# KODEX
## DES ÖSTERREICHISCHEN RECHTS

Herausgeber: Univ.-Prof. Dr. Werner Doralt

Redaktion: Dr. Veronika Doralt

# STEUER-GESETZE

**bearbeitet von**

**Dr. ANDREI BODIS**
**Hofrat des Verwaltungsgerichtshofes**



Linde

**Benützungsanleitung:** Die Novellen sind nach dem Muster der Wiederverlautbarung in Kursivdruck jeweils am Ende eines Paragraphen, eines Absatzes oder einer Ziffer durch Angabe des Bundesgesetzblattes in Klammer ausgewiesen. Soweit nach Meinung des Bearbeiters ein Bedarf nach einem genauen Novellenausweis besteht, ist der geänderte Text zusätzlich durch Anführungszeichen hervorgehoben.

# KODEX

## DES ÖSTERREICHISCHEN RECHTS

VERFASSUNGSRECHT
EU-VERFASSUNGSRECHT
VÖLKERRECHT
EINFÜHRUNGSGESETZE ABGB UND B-VG
PARLAMENTSRECHT
BÜRGERLICHES RECHT
FAMILIENRECHT
UNTERNEHMENSRECHT
ZIVILGERICHTLICHES VERFAHREN
INTERNATIONALES PRIVATRECHT
WIRTSCHAFTSPRIVATRECHT
SCHIEDSVERFAHREN
STRAFRECHT
IT-STRAFRECHT
LEGAL TECH
IP-/IT-RECHT
GERICHTSORGANISATION
ANWALTS- UND GERICHTSTARIFE
NOTARIATSRECHT
JUSTIZGESETZE
WOHNUNGSGESETZE
FINANZMARKTRECHT
VERSICHERUNGSRECHT
WIRTSCHAFTSGESETZE
UWG
TELEKOMMUNIKATION
KARTELLRECHT
VERGABEGESETZE
COMPLIANCE FÜR UNTERNEHMEN
GLÜCKSSPIEL- UND WETTRECHT
ARBEITSRECHT
EU-ARBEITSRECHT
ARBEITNEHMERSCHUTZ
SOZIALVERSICHERUNG
SOZIALVERSICHERUNG DURCHFÜHRUNGSVORSCHRIFTEN
PERSONALVERRECHNUNG
STEUERGESETZE
STEUER-ERLÄSSE
EStG-RICHTLINIENKOMMENTAR
LSt-RICHTLINIENKOMMENTAR
KStG-RICHTLINIENKOMMENTAR
UmgrStG-RICHTLINIENKOMMENTAR
UStG-RICHTLINIENKOMMENTAR
GebG-RICHTLINIENKOMMENTAR
DOPPELBESTEUERUNGSABKOMMEN
VERRECHNUNGSPREISE
FINANZPOLIZEI
ZOLLRECHT UND VERBRAUCHSTEUERN
RECHNUNGSLEGUNG UND PRÜFUNG
INTERNATIONALE RECHNUNGSLEGUNG
VERBRAUCHERRECHT
VERKEHRSRECHT
WEHRRECHT
ÄRZTERECHT
KRANKENANSTALTENGESETZE
VETERINÄRRECHT
GESUNDHEITSBERUFE
UMWELTRECHT
EU-UMWELTRECHT
WASSERRECHT
ABFALLRECHT UND ÖKO-AUDIT
CHEMIKALIENRECHT
EU-CHEMIKALIENRECHT
LEBENSMITTELRECHT
SCHULGESETZE
UNIVERSITÄTSRECHT
ASYL- UND FREMDENRECHT
BESONDERES VERWALTUNGSRECHT
VERWALTUNGSVERFAHRENSGESETZE
INNERE VERWALTUNG
POLIZEIRECHT
LANDESRECHT TIROL
LANDESRECHT VORARLBERG
BAURECHT TIROL

LINDE VERLAG Ges. m. b. H., 1210 Wien, Scheydgasse 24
Telefon: 01/24 630 Serie, Telefax: 01/24 630-23 DW

Satz und Layout: psb, Rosenthaler Str. 9, 10119 Berlin

Druck und Bindung: Czech Print Center a.s., Ostrava

# Vorwort

Mit der 66. Auflage wurde der Kodex Steuergesetze optisch und inhaltlich „verjüngt". Die vorgenommenen Änderungen in der Darstellung der Rechtsquellen stellen sicher, dass neben der Aktualität auch die Übersichtlichkeit stets im Mittelpunkt steht. Die wichtigsten Eckpunkte zur neuen Darstellung sind wie folgt:

- Neue und geänderte Normen werden unter Anführungszeichen in Fettschrift dargestellt. Am Ende der jeweiligen Gliederungsebene der Norm (Paragraf oder Artikel, Absatz, Ziffer) wird in Klammer das jeweilige BGBl, mit dem die Änderung kundgemacht wurde, ausgewiesen. Ergänzend wird auch ein Hinweis auf das Inkrafttreten aufgenommen. Aus Gründen der Übersichtlichkeit werden länger als fünf Jahre zurückliegende BGBl gestrichen, wobei das jüngste BGBl immer beibehalten wird.
- Neue Normen, die erst zukünftig in Kraft treten, werden grau hinterlegt dargestellt, ergänzt um einen Hinweis auf das Inkrafttreten. Werden durch diese – erst zukünftig in Kraft tretenden – Normen bereits bestehende Normen ersetzt, werden sowohl die noch in Kraft stehenden als auch die erst zukünftig in Kraft tretenden Normen (grau hinterlegt) dargestellt. Diese Darstellungsform findet sich auch in anderen Kodex-Bänden.
- Aufgehobene Normen, Wortfolgen uä. werden durchgestrichen dargestellt und in der darauffolgenden Auflage schließlich gänzlich gelöscht. Gesetze und Verordnungen, die zur Gänze außer Kraft getreten sind, werden zumindest noch eine Auflage – mit einem Hinweis auf das Außerkrafttreten – abgedruckt.
- Vorhandene, im BGBl kundgemachte Gliederungen bzw. Inhaltsverzeichnisse zu den jeweiligen Rechtsquellen werden durch redaktionelle, in der Darstellung vereinheitlichte Gliederungen ersetzt.

Die Neuauflage berücksichtigt Änderungen durch folgende **Bundesgesetze***:

- BGBl. I Nr. 43/2022 (FLAG)
- BGBl. I Nr. 45/2022 (BewG, BoSchätzG, GrStG)
- BGBl. I Nr. 46/2022 (EnAbgVergG)
- BGBl. I Nr. 51/2022 (DiStG)
- BGBl. I Nr. 56/2022 (EStG)
- BGBl. I Nr. 60/2022 (ASVG)
- BGBl. I Nr. 61/2022 (GGG)
- BGBl. I Nr. 63/2022 (EStG, ErdgasabgabeG, ElektrizitätsabgabeG)
- BGBl. I Nr. 93/2022 (Teuerungs-Entlastungspaket)
- BGBl. I Nr. 108/2022 (AbgÄG 2022)
- BGBl. I Nr. 135/2022 (EStG, FLAG)
- BGBl. I Nr. 138/2022 (EStG)
- BGBl. III Nr. 34/2022 (MLI – Geltungsbereich)
- BGBl. III Nr. 78/2022 (MLI – Geltungsbereich)

Weiters wurden folgende Verordnungen bzw Änderungen von **Verordnungen** berücksichtigt:

- BGBl. II Nr. 65/2022 (Limit-Verordnung 2022/23)
- BGBl. II Nr. 83/2022 (Lohnkontenverordnung 2006)
- BGBl. II Nr. 190/2022 (FOnV 2006)
- BGBl. II Nr. 193/2022 (Familienbonus Plus-Absetzbeträge-EU-AnpassungsVO)
- BGBl. II Nr. 194/2022 (VO zu § 91 Z 2 GMSG)
- BGBl. II Nr. 210/2022 (Zinsvortrags-ÜbergangsV)
- BGBl. II Nr. 275/2022 (PendlerV)

Im Anhang finden sich zudem auszugsweise (für jene Gesetze, die in diesem Kodex abgedruckt sind) die Erläuterungen bzw. Begründungen zu folgenden Gesetzespaketen:

- Teuerungs-Entlastungspaket (BGBl. I Nr. 93/2022)
- Abgabenänderungsgesetz 2022 – AbgÄG 2022 (BGBl. I Nr. 108/2022)

*Wien, im Juli 2022* *Andrei Bodis*

* Anmerkung: Es werden nur die in diesem Kodex abgedruckten Gesetze angeführt; Gesetze, die nur auszugsweise abgedruckt sind, werden nur angeführt, wenn sich in den abgedruckten Stellen Änderungen ergeben haben.

# Inhaltsverzeichnis

# 1. EINKOMMENSTEUER

## Inhaltsverzeichnis

# 1/1. Einkommensteuergesetz 1988

**Einkommensteuergesetz 1988**, BGBl 1988/400 idF

| | | |
|---|---|---|
| **1** BGBl 1989/660 (AbgÄG 1989) | **2** BGBl 1990/257 (EEG) | **3** BGBl 1990/281 |
| **4** BGBl 1991/10 (FBG) | **5** BGBl 1991/28 | **6** BGBl 1991/412 |
| **7** BGBl 1991/458 | **8** BGBl 1991/695 (AbgÄG 1991) | **9** BGBl 1991/699 (UmgrStG) |
| **10** BGBl 1992/44 | **11** BGBl 1992/99 | **12** BGBl 1992/312 (FamBestG) |
| **13** BGBl 1992/314 | **14** BGBl 1992/448 | **15** BGBl 1992/449 |
| **16** BGBl 1992/698 (VfGH) | **17** BGBl 1993/12 | **18** BGBl 1993/253 |
| **19** BGBl 1993/254 | **20** BGBl 1993/532 | **21** BGBl 1993/694 (PSG) |
| **22** BGBl 1993/818 (StReformG 1993) | **23** BGBl 1994/314 | **24** BGBl 1994/680 (AbgÄG 1994) |
| **25** BGBl 1994/681 | **26** BGBl 1995/21 | **27** BGBl 1995/297 (StruktAnpG) |
| **28** BGBl 1995/499 | **29** BGBl 1996/201 (StruktAnpG1996) | **30** BGBl 1996/411 (SRÄG 1996) |
| **31** BGBl 1996/417 | **32** BGBl 1996/600 | **33** BGBl 1996/755 |
| **34** BGBl 1996/797 (AbgÄG 1996) | **35** BGBl 1996/798 (EU-AbgÄG) | **36** BGBl I 1997/39 (VfGH) |
| **37** BGBl I 1997/122 | **38** BGBl I 1997/128 (VfGH) | **39** BGBl I 1997/130 |
| **40** BGBl I 1998/9 (AbgÄG 1997) | **41** BGBl I 1998/30 | **42** BGBl I 1998/31 (VfGH) |
| **43** BGBl I 1998/49 (VfGH) | **44** BGBl I 1998/79 | **45** BGBl I 1998/126 |
| **46** BGBl I 1999/28 (AbgÄG 1998) | **47** BGBl I 1999/48 (VfGH) | **48** BGBl I 1999/106 (StRefG 2000) |
| **49** BGBl I 2000/13 (VfGH) | **50** BGBl I 2000/21 (VfGH) | **51** BGBl I 2000/29 |
| **52** BGBl I 2000/71 | **53** BGBl II 2000/79 | **54** BGBl I 2000/142 (BudBG 2001) |
| **55** BGBl I 2001/2 (KMOG) | **56** BGBl I 2001/47 (BudBG 2002) | **57** BGBl I 2001/59 (EuroStUG 2001) |
| **58** BGBl I 2001/103 | **59** BGBl I 2001/144 (AbgÄG 2001) | **60** BGBl I 2002/7 |
| **61** BGBl I 2002/54 | **62** BGBl I 2002/68 (KonBG 2002) | **63** BGBl I 2002/78 (VfGH) |
| **64** BGBl I 2002/84 (AbgÄG 2002) | **65** BGBl I 2002/100 | **66** BGBl I 2002/132 (2. AbgÄG 2002) |
| **67** BGBl I 2002/155 | **68** BGBl I 2002/165 (VfGH) | **69** BGBl I 2003/1 (VfGH) |
| **70** BGBl I 2003/4 (VfGH) | **71** BGBl I 2003/10 | **72** BGBl I 2003/22 (VfGH) |
| **73** BGBl I 2003/71 (BBG 2003) | **74** BGBl I 2003/80 | **75** BGBl I 2003/124 (AbgÄG 2003) |
| **76** BGBl I 2003/133 | **77** BGBl I 2004/51 (VfGH) | **78** BGBl I 2004/57 (StReformG 2005) |
| **79** BGBl I 2004/130 (VfGH) | **80** BGBl I 2004/180 (AbgÄG 2004) | **81** BGBl I 2005/8 |
| **82** BGBl I 2005/34 | **83** BGBl I 2005/35 | **84** BGBl I 2005/36 |
| **85** BGBl I 2005/45 | **86** BGBl I 2005/103 (WuBG 2005) | **87** BGBl I 2005/104 |
| **88** BGBl I 2005/112 (HWG 2005) | **89** BGBl I 2005/115 | **90** BGBl I 2005/161 (AbgÄG 2005) |
| **91** BGBl I 2006/99 (BetrbG 2006) | **92** BGBl I 2006/100 (StruktAnpG 2006) | **93** BGBl I 2006/101 (KMU-FG 2006) |
| **94** BGBl I 2006/109 (VfGH) | **95** BGBl I 2006/134 | **96** BGBl I 2006/151 (VfGH) |
| **97** BGBl I 2006/155 (VfGH) | **98** BGBl I 2007/3 (VfGH) | **99** BGBl I 2007/24 (BudBG 2007) |

**100** BGBl I 2007/45 (RK-Nov. 2007)
**101** BGBl I 2007/99 (AbgSiG 2007)
**102** BGBl I 2007/100 (MiFiG-Gesetz 2007)
**103** BGBl I 2007/102
**104** BGBl I 2007/104
**105** BGBl I 2008/2 (1. BVRBG)
**106** BGBl I 2008/44
**107** BGBl I 2008/65
**108** BGBl I 2008/82
**109** BGBl I 2008/85 (SchenkMG 2008)
**110** BGBl I 2008/133
**111** BGBl I 2008/137 (KBG 2008)
**112** BGBl I 2008/140 (2. AbgÄG 2008)
**113** BGBl I 2009/26 (StRefG 2009)
**114** BGBl I 2009/27 (KonjbG)
**115** BGBl I 2009/52 (BudBG 2009)
**116** BGBl I 2009/61
**117** BGBl I 2009/79
**118** BGBl I 2009/101 (VfGH)
**119** BGBl I 2009/135 (EPG)
**120** BGBl I 2009/151 (AbgÄG 2009)
**121** BGBl I 2010/9
**122** BGBl I 2010/29
**123** BGBl I 2010/34 (AbgÄG 2010)
**124** BGBl I 2010/58 (IRÄ-BG)
**125** BGBl I 2010/81
**126** BGBl I 2010/89 (VfGH)
**127** BGBl I 2010/94 (VfGH)
**128** BGBl I 2010/105 (BBKG 2010)
**129** BGBl I 2010/111 (BudBG 2011)
**130** BGBl I 2011/41 (VfGH)
**131** BGBl I 2011/76 (AbgÄG 2011)
**132** BGBl I 2011/77
**133** BGBl I 2011/112 (BudBG 2012)
**134** BGBl I 2011/123
**135** BGBl I 2012/22 (1. StabG 2012)
**136** BGBl I 2012/112 (AbgÄG 2012)
**137** BGBl I 2013/53
**138** BGBl I 2013/135 (AIFMG)
**139** BGBl I 2013/156
**140** BGBl I 2014/13 (AbgÄG 2014)
**141** BGBl I 2014/40 (BudBG 2014)
**142** BGBl I 2014/105 (2. AbgÄG 2014)
**143** BGBl I 2015/22 (RÄG 2014)
**144** BGBl I 2015/34 (VAG 2016)
**145** BGBl I 2015/101
**146** BGBl I 2015/118 (StRefG 2015/16)
**147** BGBl I 2015/160 (GG 2015)
**148** BGBl I 2015/163 (AbgÄG 2015)
**149** BGBl I 2016/53
**150** BGBl I 2016/77 (EU-AbgÄG 2016)
**151** BGBl I 2016/117 (AbgÄG 2016)
**152** BGBl I 2017/28 (ISG)
**153** BGBl I 2017/30 (WTG)
**154** BGBl I 2017/34 (VfGH)
**155** BGBl I 2017/82
**156** BGBl I 2017/83
**157** BGBl I 2017/105 (MitarbeiterBetStG 2017)
**158** BGBl I 2017/106 (MiFiGG 2017)
**159** BGBl I 2017/125 (SV-ZG)
**160** BGBl I 2017/142
**161** BGBl I 2018/4 (VfGH)
**162** BGBl I 2018/16 (VersVertrRÄG 2018)
**163** BGBl I 2018/62 (JStG 2018)
**164** BGBl I 2018/83
**165** BGBl I 2018/98 (ZPFSG)
**166** BGBl I 2018/100
**167** BGBl I 2019/91 (AbgÄG 2020)
**168** BGBl I 2019/103 (StRefG 2020)
**169** BGBl I 2019/104 (FORG)
**170** BGBl I 2020/23 (3. COVID-19-Gesetz)
**171** BGBl I 2020/44 (18. COVID-19-Gesetz)
**172** BGBl I 2020/48 (19. COVID-19-Gesetz)
**173** BGBl I 2020/54
**174** BGBl I 2020/96 (KonStG 2020)
**175** BGBl I 2020/99 (2. FORG)
**176** BGBl I 2021/3 (COVID-19-StMG)
**177** BGBl I 2021/18
**178** BGBl I 2021/29
**179** BGBl I 2021/52 (2. COVID-19-StMG)
**180** BGBl I 2021/71
**181** BGBl I 2021/112
**182** BGBl I 2021/134
**183** BGBl I 2021/227
**184** BGBl I 2022/10 (ÖkoStRefG 2022)
**185** BGBl I 2022/56 (VfGH)
**186** BGBl I 2022/63
**187** BGBl I 2022/93 (Teuerungs-EP)
**188** BGBl I 2022/108 (AbgÄG 2022)
**189** BGBl I 2022/135
**190** BGBl I 2022/138

## GLIEDERUNG

## STICHWORTVERZEICHNIS

**T**



**U**

**Z**

**Bundesgesetz vom 7. Juli 1988 über die Besteuerung des Einkommens natürlicher Personen (Einkommensteuergesetz 1988 – EStG 1988)**

## 1. TEIL
## PERSÖNLICHE STEUERPFLICHT

**§ 1.** (1) Einkommensteuerpflichtig sind nur natürliche Personen.

(2) Unbeschränkt steuerpflichtig sind jene natürlichen Personen, die im Inland einen Wohnsitz oder ihren gewöhnlichen Aufenthalt haben. Die unbeschränkte Steuerpflicht erstreckt sich auf alle in- und ausländischen Einkünfte.

(3) Beschränkt steuerpflichtig sind jene natürlichen Personen, die im Inland weder einen Wohnsitz noch ihren gewöhnlichen Aufenthalt haben. Die beschränkte Steuerpflicht erstreckt sich nur auf die im § 98 aufgezählten Einkünfte.

(4) Auf Antrag werden auch Staatsangehörige von Mitgliedstaaten der Europäischen Union oder eines Staates, auf den das Abkommen über den Europäischen Wirtschaftsraum anzuwenden ist, als unbeschränkt steuerpflichtig behandelt, die im Inland weder einen Wohnsitz noch ihren gewöhnlichen Aufenthalt haben, soweit sie inländische Einkünfte im Sinne des § 98 haben. Dies gilt nur, wenn ihre Einkünfte im Kalenderjahr mindestens zu 90% der österreichischen Einkommensteuer unterliegen oder wenn die nicht der österreichischen Einkommensteuer unterliegenden Einkünfte nicht mehr als 11 000 Euro betragen. Inländische Einkünfte, die nach einem Abkommen zur Vermeidung der Doppelbesteuerung nur der Höhe nach beschränkt besteuert werden dürfen, gelten in diesem Zusammenhang als nicht der österreichischen Einkommensteuer unterliegend. Die Höhe der nicht der österreichischen Einkommensteuer unterliegenden Einkünfte ist durch eine Bescheinigung der zuständigen ausländischen Abgabenbehörde nachzuweisen. Der Antrag kann bis zum Eintritt der Rechtskraft des Bescheides gestellt werden.

## 2. TEIL
## SACHLICHE STEUERPFLICHT

### 1. ABSCHNITT

### Einkunftsarten, Einkünfte, Einkommen

**§ 2.** (1) Der Einkommensteuer ist das Einkommen zugrunde zu legen, das der Steuerpflichtige innerhalb eines Kalenderjahres bezogen hat.

(2) Einkommen ist der Gesamtbetrag der Einkünfte aus den im Abs. 3 aufgezählten Einkunftsarten nach Ausgleich mit Verlusten, die sich aus einzelnen Einkunftsarten ergeben, und nach Abzug der Sonderausgaben (§ 18) und außergewöhnlichen Belastungen (§§ 34 und 35) sowie des Freibetrags nach § 105.

*(BGBl I 2015/118, BGBl I 2018/62)*

(2a) Weder ausgleichsfähig noch gemäß § 18 Abs. 6 vortragsfähig sind negative Einkünfte

– aus einer Beteiligung an Gesellschaften oder Gemeinschaften, wenn das Erzielen steuerlicher Vorteile im Vordergrund steht. Dies ist insbesondere dann der Fall, wenn
  – der Erwerb oder das Eingehen derartiger Beteiligungen allgemein angeboten wird
  – und auf der Grundlage des angebotenen Gesamtkonzeptes aus derartigen Beteiligungen ohne Anwendung dieser Bestimmung Renditen erreichbar wären, die nach Steuern mehr als das Doppelte der entsprechenden Renditen vor Steuern betragen,
– aus Betrieben, deren Unternehmensschwerpunkt(e) im Verwalten unkörperlicher Wirtschaftsgüter oder in der gewerblichen Vermietung von Wirtschaftsgütern gelegen ist.

Solche negativen Einkünfte sind mit positiven Einkünften aus dieser Betätigung oder diesem Betrieb frühestmöglich zu verrechnen.

*(BGBl I 2016/117)*

(2b) (aufgehoben)

(3) Der Einkommensteuer unterliegen nur:

1. Einkünfte aus Land- und Forstwirtschaft (§ 21),
2. Einkünfte aus selbständiger Arbeit (§ 22),
3. Einkünfte aus Gewerbebetrieb (§ 23),
4. Einkünfte aus nichtselbständiger Arbeit (§ 25),
5. Einkünfte aus Kapitalvermögen (§ 27),
6. Einkünfte aus Vermietung und Verpachtung (§ 28),
7. sonstige Einkünfte im Sinne des § 29.

(4) Einkünfte im Sinne des Abs. 3 sind:

1. Der Gewinn (§§ 4 bis 14) bei Land- und Forstwirtschaft, selbständiger Arbeit und Gewerbebetrieb.
2. Der **„Überschuss“** der **„Einnahmen“** über die Werbungskosten (§§ 15 und 16) bei den anderen Einkunftsarten.

*(BGBl I 2022/135 ab 29.7.2022)*

Als gewerbliche Einkünfte (Abs. 3 Z 3) gelten stets und in vollem Umfang Einkünfte aus der Tätigkeit der offenen Gesellschaften, Kommanditgesellschaften und anderer Gesellschaften, bei denen die Gesellschafter als Mitunternehmer eines Gewerbebetriebes anzusehen sind. Betriebsstätten von nach bürgerlichem Recht nicht rechtsfähigen Personenvereinigungen gelten anteilig als Betriebsstätten der Mitglieder, wenn sich ihr alleiniger Zweck auf die Erfüllung eines einzigen Werkvertrages oder Werklieferungsvertrages beschränkt und der mit dem Auftraggeber bei Auftragsvergabe vereinbarte Auftragswert 700 000 Euro (ohne Umsatzsteuer) nicht übersteigt.

(4a) Einkünfte aus einer Tätigkeit als organschaftlicher Vertreter einer Körperschaft sowie aus einer höchstpersönlichen Tätigkeit sind der leistungserbringenden natürlichen Person zuzurechnen, wenn die Leistung von einer Körperschaft abgerechnet wird, die unter dem Einfluss dieser Person steht und über keinen eigenständigen, sich von dieser Tätigkeit abhebenden Betrieb verfügt. Höchstpersönliche Tätigkeiten sind nur solche als Künstler, Schriftsteller, Wissenschaftler, Sportler und Vortragender.

*(BGBl I 2015/163)*

(5) Gewinnermittlungszeitraum ist das Wirtschaftsjahr. Das Wirtschaftsjahr deckt sich grundsätzlich mit dem Kalenderjahr. Buchführende Land- und Forstwirte und rechnungslegungspflichtige Gewerbetreibende (§ 5) dürfen jedoch ein vom Kalenderjahr abweichendes Wirtschaftsjahr haben; in diesem Fall ist der Gewinn bei Ermittlung des Einkommens für jenes Kalenderjahr zu berücksichtigen, in dem das Wirtschaftsjahr endet.

(6) Das Wirtschaftsjahr umfaßt einen Zeitraum von zwölf Monaten. Einen kürzeren Zeitraum darf es dann umfassen, wenn

1. ein Betrieb eröffnet oder aufgegeben wird oder
2. das Wirtschaftsjahr bei einem buchführenden Land- und Forstwirt oder einem rechnungslegungspflichtigen Gewerbetreibenden auf einen anderen Stichtag umgestellt wird.

(7) Die Umstellung des Wirtschaftsjahres auf einen anderen Stichtag ist nur zulässig, wenn gewichtige betriebliche Gründe vorliegen und das Finanzamt vorher bescheidmäßig zugestimmt hat. Das Finanzamt muß zustimmen, wenn solche Gründe vorliegen. Die Erzielung eines Steuervorteils gilt nicht als gewichtiger betrieblicher Grund.

(8) Soweit im Einkommen oder bei Berechnung der Steuer ausländische Einkünfte zu berücksichtigen sind, gilt Folgendes:

1. Für die Ermittlung der ausländischen Einkünfte sind die Bestimmungen dieses Bundesgesetzes maßgebend.
2. Der Gewinn ist nach der Gewinnermittlungsart zu ermitteln, die sich ergäbe, wenn der Betrieb im Inland gelegen wäre. Wird der Gewinn des Betriebes im Ausland nach einem vom Kalenderjahr abweichenden Wirtschaftsjahr ermittelt, ist dies auch für das Inland maßgebend. Die Gewinnermittlung für eine Betriebsstätte richtet sich nach der für den gesamten Betrieb maßgebenden Gewinnermittlung.
3. Im Ausland nicht berücksichtigte Verluste sind bei der Ermittlung des Einkommens höchstens in Höhe der nach ausländischem Steuerrecht ermittelten Verluste des betreffenden Wirtschaftsjahres anzusetzen. Die angesetzten Verluste sind in der Steuererklärung an der dafür vorgesehenen Stelle auszuweisen.
4. Sind ausländische Einkünfte von der Besteuerung im Inland ausgenommen, erhöhen die nach Z 3 angesetzten ausländischen Verluste in jenem Kalenderjahr ganz oder teilweise den Gesamtbetrag der Einkünfte, in dem sie im Ausland ganz oder teilweise berücksichtigt werden oder berücksichtigt werden könnten. Angesetzte Verluste aus einem Staat, mit dem keine umfassende Amtshilfe besteht, erhöhen jedoch spätestens im dritten Jahr nach deren Ansatz den Gesamtbetrag der Einkünfte.

## 2. ABSCHNITT

### Steuerbefreiungen

**§ 3.** (1) Von der Einkommensteuer sind befreit:

1. Versorgungsleistungen an Kriegsbeschädigte und Hinterbliebene oder diesen gleichgestellte Personen auf Grund der versorgungsrechtlichen Bestimmungen sowie auf Grund des Heeresentschädigungsgesetzes, BGBl. I Nr. 162/2015.

   *(BGBl I 2016/117)*
2. Renten und Entschädigungen an Opfer des Kampfes für ein freies demokratisches Österreich auf Grund besonderer gesetzlicher Vorschriften.
3. Bezüge oder Beihilfen
   a) aus öffentlichen Mitteln oder aus Mitteln einer öffentlichen Stiftung oder einer unter § 5 Z 6 des Körperschaftsteuergesetzes 1988 fallenden Privatstiftung wegen Hilfsbedürftigkeit
   b) aus öffentlichen Mitteln oder aus Mitteln einer öffentlichen Stiftung oder einer Privatstiftung zur unmittelbaren Förderung der Kunst (Abgeltung von Aufwendungen oder Ausgaben)
   c) aus öffentlichen Mitteln, aus Mitteln einer öffentlichen Stiftung oder einer Privatstiftung oder aus Mitteln einer in § 4a Abs. 3 genannten Institution zur unmittelbaren Förderung von Wissenschaft und Forschung (Abgeltung von Aufwendungen oder Ausgaben)
   d) aus öffentlichen Mitteln oder aus Mitteln eines Fonds im Sinne des § 4a Abs. 3 Z 2 für eine Tätigkeit im Ausland, die der Kunst, der Wissenschaft oder Forschung dient
   e) nach dem Studienförderungsgesetz 1992 und dem Schülerbeihilfengesetz 1983

      *(BGBl I 2016/117)*
   f) zur Förderung von Wissenschaft und Forschung (Stipendien) im Inland, wenn diese keine Einkünfte aus nichtselbständiger Arbeit sind und für den Stipendienbezieher keine Steuererklärungspflicht gemäß § 42 Abs. 1 Z 3 vorliegt

      *(BGBl I 2016/117, BGBl I 2017/28)*
   g) aus Mitteln der Innovationsstiftung für Bildung gemäß § 1 des Innovationsstiftungs-Bildung-Gesetzes (ISBG), BGBl. I Nr. 28/2017, sowie aus Mitteln von Substiftungen gemäß § 4 Abs. 5 ISBG zur Erreichung der Ziele gemäß § 2 ISBG.

      *(BGBl I 2017/28)*
4. a) das Wochengeld und vergleichbare Bezüge aus der gesetzlichen Sozialversicherung sowie dem Grunde und der

Höhe nach gleichartige Zuwendungen aus Versorgungs- und Unterstützungseinrichtungen der Kammern der selbständig Erwerbstätigen

b) Erstattungsbeträge aus einer gesetzlichen Sozialversicherung für Kosten der Krankenheilbehandlung und für Maßnahmen der Rehabilitation sowie dem Grunde und der Höhe nach gleichartige Beträge aus Versorgungs- und Unterstützungseinrichtungen der Kammern der selbständig Erwerbstätigen

c) Erstattungsbeträge für Kosten im Zusammenhang mit der Unfallheilbehandlung oder mit Rehabilitationsmaßnahmen, weiters Geldleistungen aus einer gesetzlichen Unfallversorgung sowie dem Grunde und der Höhe nach gleichartige Beträge aus einer ausländischen gesetzlichen Unfallversorgung, die einer inländischen gesetzlichen Unfallversorgung entspricht, oder aus Versorgungs- und Unterstützungseinrichtungen der Kammern der selbstständig Erwerbstätigen.

d) Sachleistungen aus der gesetzlichen Sozialversicherung oder aus einer ausländischen gesetzlichen Sozialversicherung, die der inländischen gesetzlichen Sozialversicherung entspricht

e) Übergangsgelder aus der gesetzlichen Sozialversicherung

f) jener Teil der Ausgleichs- oder Ergänzungszulage, der ausschließlich aufgrund der Richtsatzerhöhungen die nach § 293 Abs. 1 letzter Satz ASVG, § 150 Abs. 1 letzter Satz GSVG oder § 141 Abs. 1 letzter Satz BSVG und § 1 Z 1 und 2 Ergänzungszulagenverordnung gewährt wird. Abgesehen davon sind Ausgleichs- oder Ergänzungszulagen, die aufgrund sozialversicherungs- oder pensionsrechtlicher Vorschriften gewährt werden, steuerpflichtig (§ 25 Abs. 1 Z 3 lit. f).

*(BGBl I 2019/103)*

5. a) das versicherungsmäßige Arbeitslosengeld und die Notstandshilfe oder an deren Stelle tretende Ersatzleistungen

b) Leistungen nach dem Kinderbetreuungsgeldgesetz (KBGG), BGBl. I Nr. 103/2001, der Familienzeitbonus nach dem FamZeitbG, BGBl I Nr. 53/2016, sowie das Pflegekarenzgeld

*(BGBl I 2016/53)*

c) die Überbrückungshilfe für Bundesbedienstete nach den besonderen gesetzlichen Regelungen sowie gleichartige Bezüge, die auf Grund besonderer landesgesetzlicher Regelungen gewährt werden

d) Beihilfen nach dem Arbeitsmarktförderungsgesetz, BGBl. Nr. 31/1969, Beihilfen nach dem Arbeitsmarktservicegesetz, BGBl. Nr. 313/1994, Beihilfen nach dem Berufsausbildungsgesetz, BGBl. Nr. 142/1969, sowie das Altersteilzeitgeld gemäß § 27 des Arbeitslosenversicherungsgesetzes, BGBl. Nr. 609/1977,

e) Leistungen nach dem Behinderteneinstellungsgesetz 1988.

6. Zuwendungen aus öffentlichen Mitteln (einschließlich Zinsenzuschüsse) zur Anschaffung oder Herstellung von Wirtschaftsgütern des Anlagevermögens oder zu ihrer Instandsetzung (§ 4 Abs. 7). Dies gilt auch für entsprechende Zuwendungen der in § 4a Abs. 3 genannten Institutionen.

7. Leistungen auf Grund des Familienlastenausgleichsgesetzes 1967 und gleichartige ausländische Leistungen, die den Anspruch auf Familienbeihilfe gemäß § 4 des Familienlastenausgleichsgesetzes 1967 ausschließen.

8. Bei Auslandsbeamten (§ 92) die Zulagen und Zuschüsse gemäß § 21 des Gehaltsgesetzes 1956 in der Fassung der 53. Gehaltsgesetz-Novelle, BGBl. Nr. 314/1992, sowie Kostenersätze und Entschädigungen für den Heimaturlaub oder dem Grunde und der Höhe nach gleichartige Bezüge, Kostenersätze und Entschädigungen auf Grund von Dienst(Besoldungs)ordnungen von Körperschaften des öffentlichen Rechts.

9. Jene Einkünfte von Auslandsbeamten (§ 92), die in dem Staat der Besteuerung unterliegen, in dessen Gebiet sie ihren Dienstort haben; dies gilt nicht für Einkünfte gemäß § 98.

10. 60% der steuerpflichtigen Einkünfte aus laufendem Arbeitslohn von vorübergehend ins Ausland entsendeten unbeschränkt steuerpflichtigen Arbeitnehmern, soweit dieser Betrag monatlich die für das Jahr der Tätigkeit maßgebende monatliche Höchstbeitragsgrundlage nach § 108 ASVG nicht übersteigt. Ist der Arbeitnehmer im Lohnzahlungszeitraum nicht durchgehend ins Ausland entsendet, ist der Höchstbetrag aus der täglichen Höchstbeitragsgrundlage nach § 108 ASVG abzuleiten. Für die Steuerfreiheit bestehen folgende Voraussetzungen:

a) Die Entsendung erfolgt von
   – einem Betrieb oder einer Betriebsstätte eines in einem Mitgliedstaat der Europäischen Union, einem Staat des Europäischen Wirtschaftsraumes oder der Schweiz ansässigen Arbeitgebers, oder
   – einer in einem Mitgliedstaat der Europäischen Union, in einem Staat des Europäischen Wirtschaftsraumes oder der Schweiz gelegenen Betriebsstätte eines in einem Drittstaat ansässigen Arbeitgebers.

b) Die Entsendung erfolgt an einen Einsatzort, der mehr als 400 Kilometer Luftlinie vom nächstgelegenen Punkt des österreichischen Staatsgebietes entfernt liegt.

c) Die Entsendung erfolgt nicht in eine Betriebsstätte im Sinne des § 29 Abs. 2 lit. a und b der Bundesabgabenordnung des Arbeitgebers oder des Beschäftigers im Sinne des § 3 Abs. 3 Arbeitskräfteüberlassungsgesetz.

d) Die Tätigkeit des entsendeten Arbeitnehmers im Ausland ist – ungeachtet ihrer vorübergehenden Ausübung – ihrer Natur nach nicht auf Dauer angelegt. Dies ist insbesondere bei Tätigkeiten der Fall, die mit der Erbringung einer Leistung gegenüber einem Auftraggeber abgeschlossen sind. Tätigkeiten, die Leistungen zum Gegenstand haben, die – losgelöst von den Umständen des konkreten Falles – regelmäßig ohne zeitliche Befristung erbracht werden, sind auch dann auf Dauer angelegt, wenn sie im konkreten Fall befristet ausgeübt werden oder mit der Erbringung einer Leistung abgeschlossen sind.

e) Die Entsendung erfolgt ununterbrochen für einen Zeitraum von mindestens einem Monat.

f) Die im Ausland zu leistenden Arbeiten sind überwiegend unter erschwerenden Umständen zu leisten. Solche Umstände liegen insbesondere vor, wenn die Arbeiten
   - in erheblichem Maß zwangsläufig eine Verschmutzung des Arbeitnehmers oder seiner Kleidung bewirken (§ 68 Abs. 5 erster Teilstrich), oder
   - im Vergleich zu den allgemein üblichen Arbeitsbedingungen eine außerordentliche Erschwernis darstellen (§ 68 Abs. 5 zweiter Teilstrich), oder
   - infolge der schädlichen Einwirkungen von gesundheitsgefährdenden Stoffen oder Strahlen, von Hitze, Kälte oder Nässe, von Gasen, Dämpfen, Säuren, Laugen, Staub oder Erschütterungen oder infolge einer Sturz- oder anderen Gefahr zwangsläufig eine Gefährdung von Leben, Gesundheit oder körperlicher Sicherheit des Arbeitnehmers mit sich bringen (§ 68 Abs. 5 dritter Teilstrich), oder
   - in einem Land erfolgen, in dem die Aufenthaltsbedingungen im Vergleich zum Inland eine außerordentliche Erschwernis darstellen, oder
   - in einer Region erfolgen, für die nachweislich am Beginn des jeweiligen Kalendermonats der Tätigkeit eine erhöhte Sicherheitsgefährdung vorliegt (insbesondere Kriegs- oder Terrorgefahr).

Die Steuerfreiheit besteht nicht, wenn der Arbeitgeber während der Auslandsentsendung
- die Kosten für mehr als eine Familienheimfahrt im Kalendermonat trägt oder
- Zulagen und Zuschläge gemäß § 68 steuerfrei behandelt.

Mit der Steuerfreiheit ist die Berücksichtigung der mit dieser Auslandstätigkeit verbundenen Werbungskosten gemäß § 16 Abs. 1 Z 9 sowie der Aufwendungen für Familienheimfahrten und für doppelte Haushaltsführung abgegolten, es sei denn, der Arbeitnehmer beantragt ihre Berücksichtigung im Rahmen der Veranlagung; in diesem Fall steht die Steuerbefreiung nicht zu.

11. a) Einkünfte, die Aushilfskräfte für ein geringfügiges Beschäftigungsverhältnis gemäß § 5 Abs. 2 ASVG beziehen, nach Maßgabe folgender Bestimmungen:
   - Die Aushilfskraft steht nicht bereits in einem Dienstverhältnis zum Arbeitgeber und unterliegt daneben aufgrund einer selbständigen oder unselbständigen Erwerbstätigkeit einer Vollversicherung in der gesetzlichen Kranken-, Unfall- und Pensionsversicherung oder vergleichbaren gesetzlichen Regelungen.
   - Die Beschäftigung der Aushilfskraft dient ausschließlich dazu, einen zeitlich begrenzten zusätzlichen Arbeitsanfall zu decken, der den regulären Betriebsablauf überschreitet, oder den Ausfall einer Arbeitskraft zu ersetzen.
   - Die Tätigkeit als Aushilfskraft umfasst insgesamt nicht mehr als 18 Tage im Kalenderjahr.
   - Der Arbeitgeber beschäftigt an nicht mehr als 18 Tagen im Kalenderjahr steuerfreie Aushilfskräfte.

   b) Einkünfte, die Fachkräfte der Entwicklungshilfe (Entwicklungshelfer oder Experten) als Arbeitnehmer von Entwicklungsorganisationen im Sinne des § 3 Abs. 2 des Entwicklungszusammenarbeitsgesetzes, BGBl. I Nr. 49/2002, für ihre Tätigkeit in Entwicklungsländern bei Vorhaben beziehen, die dem Dreijahresprogramm der österreichischen Entwicklungspolitik (§ 23 des Entwicklungszusammenarbeitsgesetzes) entsprechen.

*(BGBl I 2016/77)*

12. Bezüge von ausländischen Studenten (Ferialpraktikanten), die bei einer inländischen Unternehmung nicht länger als sechs Monate

beschäftigt sind, soweit vom Ausland Gegenseitigkeit gewährt wird.

13. a) Der geldwerte Vorteil aus
   – der Benützung von Einrichtungen und Anlagen (beispielsweise Erholungs- und Kurheime, Kindergärten, Betriebsbibliotheken, Sportanlagen, betriebsärztlicher Dienst) und
   – zielgerichteter, wirkungsorientierter Gesundheitsförderung (Salutogenese) und Prävention, soweit diese vom Leistungsangebot der gesetzlichen Krankenversicherung erfasst sind, sowie Impfungen,

   die der Arbeitgeber allen Arbeitnehmern oder bestimmten Gruppen seiner Arbeitnehmer zur Verfügung stellt.

   *(BGBl I 2015/118)*

   b) Zuschüsse des Arbeitgebers für die Betreuung von Kindern bis höchstens 1 000 Euro pro Kind und Kalenderjahr, die der Arbeitgeber allen Arbeitnehmern oder bestimmten Gruppen seiner Arbeitnehmer gewährt, wenn folgende Voraussetzungen vorliegen:
   – Die Betreuung betrifft ein Kind im Sinne des § 106 Abs. 1, für das dem Arbeitnehmer selbst der Kinderabsetzbetrag (§ 33 Abs. 3) für mehr als sechs Monate im Kalenderjahr zusteht.
   – Das Kind hat zu Beginn des Kalenderjahres das zehnte Lebensjahr noch nicht vollendet.
   – Die Betreuung erfolgt in einer öffentlichen institutionellen Kinderbetreuungseinrichtung oder in einer privaten institutionellen Kinderbetreuungseinrichtung, die den landesgesetzlichen Vorschriften über Kinderbetreuungseinrichtungen entspricht, oder durch eine pädagogisch qualifizierte Person, ausgenommen haushaltszugehörige Angehörige.
   – Der Zuschuss wird direkt an die Betreuungsperson, direkt an die Kinderbetreuungseinrichtung oder in Form von Gutscheinen geleistet, die nur bei institutionellen Kinderbetreuungseinrichtungen eingelöst werden können.
   – Der Arbeitnehmer erklärt dem Arbeitgeber unter Anführung der Versicherungsnummer (§ 31 ASVG) oder der Kennnummer der Europäischen Krankenversicherungskarte (§ 31a ASVG) des Kindes, dass die Voraussetzungen für einen Zuschuss vorliegen und er selbst von keinem anderen Arbeitgeber einen Zuschuss für dieses Kind erhält. Der Arbeitgeber hat die Erklärung des Arbeitnehmers zum Lohnkonto (§ 76) zu nehmen. Änderungen der Verhältnisse muss der Arbeitnehmer dem Arbeitgeber innerhalb eines Monats melden. Ab dem Zeitpunkt dieser Meldung hat der Arbeitgeber die geänderten Verhältnisse zu berücksichtigen.

14. Der geldwerte Vorteil aus der Teilnahme an Betriebsveranstaltungen (zB Betriebsausflüge, kulturelle Veranstaltungen, Betriebsfeiern) bis zu einer Höhe von 365 Euro jährlich und dabei empfangene Sachzuwendungen bis zu einer Höhe von 186 Euro jährlich sowie aus Anlass eines Dienst- oder eines Firmenjubiläums empfangene Sachzuwendungen bis zu einer Höhe von 186 Euro jährlich.

   *(BGBl I 2015/118)*

15. a) Zuwendungen des Arbeitgebers für die Zukunftssicherung seiner Arbeitnehmer, soweit diese Zuwendungen an alle Arbeitnehmer oder bestimmte Gruppen seiner Arbeitnehmer geleistet werden oder dem Betriebsratsfonds zufließen und für den einzelnen Arbeitnehmer 300 Euro jährlich nicht übersteigen.

   Werden die Zuwendungen des Arbeitgebers für die Zukunftssicherung seiner Arbeitnehmer in Form von Beiträgen für eine Er- und Ablebensversicherung oder eine Erlebensversicherung geleistet, gilt Folgendes:
   – Beiträge zu Er- und Ablebensversicherungen sind nur dann steuerfrei, wenn für den Fall des Ablebens des Versicherten mindestens die für den Erlebensfall vereinbarte Versicherungssumme zur Auszahlung gelangt und die Laufzeit der Versicherung nicht vor dem Beginn des Bezuges einer gesetzlichen Alterspension oder vor Ablauf von fünfzehn Jahren endet.
   – Beiträge zu Er- und Ablebensversicherungen, bei denen für den Fall des Ablebens des Versicherten nicht mindestens die für den Erlebensfall vereinbarte Versicherungssumme zur Auszahlung gelangt, und Beiträge zu Erlebensversicherungen sind nur dann steuerfrei, wenn die Laufzeit der Versicherung nicht vor dem Beginn des Bezuges einer gesetzlichen Alterspension endet.
   – Die Versicherungspolizze ist beim Arbeitgeber oder einem vom Arbeitgeber und der Arbeitnehmervertretung bestimmten Rechtsträger zu hinterlegen.

- Werden Versicherungsprämien zu einem früheren Zeitpunkt rückgekauft oder sonst rückvergütet, hat der Arbeitgeber die steuerfrei belassenen Beiträge als sonstigen Bezug gemäß § 67 Abs. 10 zu versteuern, es sei denn, der Rückkauf oder die Rückvergütung erfolgt bei oder nach Beendigung des Dienstverhältnisses.

b) der Vorteil aus der unentgeltlichen oder verbilligten Abgabe von Kapitalanteilen (Beteiligungen) am Unternehmen des Arbeitgebers oder an mit diesem verbundenen Konzernunternehmen oder an Unternehmen, die im Rahmen eines Sektors gesellschaftsrechtlich mit dem Unternehmen des Arbeitgebers verbunden sind oder sich mit dem Unternehmen des Arbeitgebers in einem Haftungsverbund gemäß § 30 Abs. 2a Bankwesengesetz befinden bis zu einem Betrag von 3 000 Euro jährlich nach Maßgabe der folgenden Bestimmungen:
   - Der Arbeitgeber muss den Vorteil allen Arbeitnehmern oder bestimmten Gruppen seiner Arbeitnehmer gewähren.
   - Besteht die Beteiligung in Form von Wertpapieren, müssen diese vom Arbeitnehmer bei einem inländischen Kreditinstitut hinterlegt werden. Anstelle der Hinterlegung bei einem inländischen Kreditinstitut können die vom Arbeitnehmer erworbenen Beteiligungen einem von Arbeitgeber und Arbeitnehmervertretung bestimmten Rechtsträger zur (treuhändigen) Verwaltung übertragen werden.

   Überträgt der Arbeitnehmer die Beteiligung vor Ablauf des fünften auf das Kalenderjahr der Anschaffung (Erwerb) folgenden Jahres unter Lebenden, hat der Arbeitgeber den steuerfrei belassenen Betrag zu jenem Zeitpunkt, in dem er davon Kenntnis erlangt, als sonstigen Bezug zu versteuern. Der Arbeitnehmer hat bis 31. März jeden Jahres die Einhaltung der Behaltefrist dem Arbeitgeber nachzuweisen. Der Nachweis ist zum Lohnkonto zu nehmen. Erfolgt eine Übertragung der Beteiligung vor Ablauf der Behaltefrist, ist dies dem Arbeitgeber unverzüglich zu melden. Die Meldeverpflichtung und die Besteuerung entfallen, wenn die Übertragung bei oder nach Beendigung des Dienstverhältnisses erfolgt.

   *(BGBl I 2015/118)*

c) der Vorteil für Arbeitnehmer und deren Angehörige gemäß § 4d Abs. 5 Z 2 und Z 3 aus der unentgeltlichen oder verbilligten Abgabe von Aktien an Arbeitgebergesellschaften gemäß § 4d Abs. 5 Z 1 durch diese selbst oder durch eine Mitarbeiterbeteiligungsstiftung gemäß § 4d Abs. 4 bis zu einem Betrag von 4 500 Euro jährlich pro Dienstverhältnis nach Maßgabe der folgenden Bestimmungen:
   - Der Vorteil muss allen Arbeitnehmern oder bestimmten Gruppen von Arbeitnehmern eines der genannten Unternehmen gewährt werden.
   - Der Arbeitnehmer muss die Aktien und die damit verbundenen Stimmrechte mindestens bis zur Beendigung des Dienstverhältnisses an eine Mitarbeiterbeteiligungsstiftung gemäß § 4d Abs. 4 zur treuhändigen Verwahrung und Verwaltung übertragen. Die Vereinbarung über die treuhändige Verwahrung und Verwaltung der Aktien und über die Übertragung der damit verbundenen Stimmrechte muss so ausgestaltet sein, dass eine Kündigung vor Beendigung des Dienstverhältnisses nicht zulässig ist.
   - Werden die Aktien vor Beendigung des Dienstverhältnisses dem Arbeitnehmer ausgefolgt, gilt dies als Zufluss eines geldwerten Vorteils in Höhe des auf Grund dieser Bestimmung als steuerfrei behandelten Vorteils aus der unentgeltlichen oder verbilligten Abgabe dieser Aktien.
   - Die Anschaffungskosten der Aktien entsprechen stets dem gemäß § 15 Abs. 2 Z 1 ermittelten Wert der Aktien im Zeitpunkt der Abgabe an den Arbeitnehmer.

   *(BGBl I 2017/105)*

d) der Vorteil aus der unentgeltlichen oder verbilligten treuhändigen Verwahrung und Verwaltung der Aktien durch eine Mitarbeiterbeteiligungsstiftung gemäß § 4d Abs. 4 für deren Begünstigten.

   *(BGBl I 2017/105)*

16. Freiwillige soziale Zuwendungen des Arbeitgebers an den Betriebsratsfonds, weiters freiwillige Zuwendungen zur Beseitigung von Katastrophenschäden, insbesondere Hochwasser-, Erdrutsch-, Vermurungs- und Lawinenschäden.

16a. Ortsübliche Trinkgelder, die anlässlich einer Arbeitsleistung dem Arbeitnehmer von dritter Seite freiwillig und ohne dass ein Rechtsanspruch auf sie besteht, zusätzlich zu dem Betrag gegeben werden, der für diese Arbeitsleistung zu zahlen ist. Dies gilt nicht, wenn auf Grund gesetzlicher oder kollektivvertraglicher Bestimmungen Arbeitnehmern die direkte Annahme von Trinkgeldern untersagt ist.

16b. Vom Arbeitgeber als Reiseaufwandsentschädigungen gezahlte Tagesgelder und Nächtigungsgelder, soweit sie nicht gemäß § 26 Z 4 zu berücksichtigen sind, die für eine
- Außendiensttätigkeit (zB Kundenbesuche, Patrouillendienste, Servicedienste),
- Fahrtätigkeit (zB Zustelldienste, Taxifahrten, Linienverkehr, Transportfahrten außerhalb des Werksgeländes des Arbeitgebers),
- Baustellen- und Montagetätigkeit außerhalb des Werksgeländes des Arbeitgebers,
- Arbeitskräfteüberlassung nach dem Arbeitskräfteüberlassungsgesetz, BGBl. Nr. 196/1988, oder eine
- vorübergehende Tätigkeit an einem Einsatzort in einer anderen politischen Gemeinde

gewährt werden, soweit der Arbeitgeber aufgrund einer lohngestaltenden Vorschrift gemäß § 68 Abs. 5 Z 1 bis 6 zur Zahlung verpflichtet ist. Die Tagesgelder dürfen die sich aus § 26 Z 4 ergebenden Beträge nicht übersteigen. Kann im Falle des § 68 Abs. 5 Z 6 keine Betriebsvereinbarung abgeschlossen werden, weil ein Betriebsrat nicht gebildet werden kann, ist von einer Verpflichtung des Arbeitgebers auszugehen, wenn eine vertragliche Vereinbarung für alle Arbeitnehmer oder bestimmte Gruppen von Arbeitnehmern vorliegt.

Reiseaufwandsentschädigungen sind nicht steuerfrei, soweit sie anstelle des bisher gezahlten Arbeitslohns oder üblicher Lohnerhöhungen geleistet werden.

Vom Arbeitgeber können für Fahrten zu einer Baustelle oder zu einem Einsatzort für Montage- oder Servicetätigkeit, die unmittelbar von der Wohnung angetreten werden, Fahrtkostenvergütungen nach dieser Bestimmung behandelt werden oder das Pendlerpauschale im Sinne des § 16 Abs. 1 Z 6 beim Steuerabzug vom Arbeitslohn berücksichtigt werden. Wird vom Arbeitgeber für diese Fahrten ein Pendlerpauschale im Sinne des § 16 Abs. 1 Z 6 berücksichtigt, stellen Fahrtkostenersätze bis zur Höhe des Pendlerpauschales steuerpflichtigen Arbeitslohn dar.

Reiseaufwandsentschädigungen, die an Mitglieder des Betriebsrates und Personalvertreter im Sinne des Bundes-Personalvertretungsgesetzes und ähnlicher bundes- oder landesgesetzlicher Vorschriften für ihre Tätigkeit gewährt werden, sind steuerfrei, soweit sie die Beträge gemäß § 26 Z 4 nicht übersteigen.

*(BGBl I 2015/118)*

16c. Pauschale Reiseaufwandsentschädigungen, die von begünstigten Rechtsträgern im Sinne der §§ 34 ff BAO, deren satzungsgemäßer Zweck die Ausübung oder Förderung des Körpersportes ist, an Sportler, Schiedsrichter und Sportbetreuer (zB Trainer, Masseure) gewährt werden, in Höhe von bis zu 60 Euro pro Einsatztag, höchstens aber 540 Euro pro Kalendermonat der Tätigkeit. Die Steuerfreiheit steht nur zu, wenn beim Steuerabzug vom Arbeitslohn neben den pauschalen Aufwandsentschädigungen keine Reisevergütungen, Tages- oder Nächtigungsgelder gemäß § 26 Z 4 oder Reiseaufwandsentschädigungen gemäß § 3 Abs. 1 Z 16b steuerfrei ausgezahlt werden.

17. a) Freie oder verbilligte Mahlzeiten, die der Arbeitgeber an nicht in seinen Haushalt aufgenommene Arbeitnehmer zur Verköstigung am Arbeitsplatz freiwillig gewährt.

b) Gutscheine:
- Bis zu einem Wert von 8 Euro pro Arbeitstag, wenn die Gutscheine nur zur Konsumation von Mahlzeiten eingelöst werden können, die von einer Gaststätte oder einem Lieferservice zubereitet bzw. geliefert werden.
- Bis zu einem Wert von 2 Euro pro Arbeitstag zur Bezahlung von Lebensmitteln, die nicht sofort konsumiert werden müssen.

*(BGBl I 2015/118, BGBl I 2020/48, BGBl I 2021/227)*

18. Getränke, die der Arbeitgeber zum Verbrauch im Betrieb unentgeltlich oder verbilligt abgibt.

19. Freiwillige Zuwendungen des Arbeitgebers für das Begräbnis des Arbeitnehmers, dessen (Ehe)Partners oder dessen Kinder im Sinne des § 106.

*(BGBl I 2015/118, BGBl I 2016/117)*

20. Der geldwerte Vorteil aus unverzinslichen oder zinsverbilligten Gehaltsvorschüssen und Arbeitgeberdarlehen, soweit der Gehaltsvorschuss oder das Arbeitgeberdarlehen den Betrag von 7 300 Euro insgesamt nicht übersteigen.

*(BGBl I 2015/118)*

21. Der geldwerte Vorteil gemäß § 15 Abs. 2 Z 3 lit. a aus dem kostenlosen oder verbilligten Bezug von Waren oder Dienstleistungen, die der Arbeitgeber oder ein mit dem Arbeitgeber verbundenes Konzernunternehmen im allgemeinen Geschäftsverkehr anbietet (Mitarbeiterrabatt), nach Maßgabe folgender Bestimmungen:

a) Der Mitarbeiterrabatt wird allen oder bestimmten Gruppen von Arbeitnehmern eingeräumt.

b) Die kostenlos oder verbilligt bezogenen Waren oder Dienstleistungen dürfen vom Arbeitnehmer weder verkauft noch zur Einkünfteerzielung verwendet und nur in einer solchen Menge gewährt werden, die einen Verkauf oder eine Einkünfteerzielung tatsächlich ausschließen.

c) Der Mitarbeiterrabatt ist steuerfrei, wenn er im Einzelfall 20% nicht übersteigt.

d) Kommt lit. c nicht zur Anwendung, sind Mitarbeiterrabatte insoweit steuerpflichtig, als ihr Gesamtbetrag 1 000 Euro im Kalenderjahr übersteigt.

*(BGBl I 2015/118)*

22. a) Bezüge der Soldaten nach dem 2., 3., 5. und 7. Hauptstück des Heeresgebührengesetzes 2001, BGBl. I Nr. 31, ausgenommen Leistungen eines Härteausgleiches, der sich auf das 6. Hauptstück bezieht.

b) Geldleistungen gemäß § 4 Abs. 2 des Auslandseinsatzgesetzes 2001, BGBl. I Nr. 55.

23. Bezüge der Zivildiener nach dem Zivildienstgesetz 1986, ausgenommen die Entschädigung in der Höhe des Verdienstentganges im Sinne des § 34b des Zivildienstgesetzes 1986.

24. Die Auslandszulage im Sinne des § 1 Abs. 1 des Auslandszulagen- und -hilfeleistungsgesetzes, BGBl. I Nr. 66/1999.

*(BGBl I 2016/117)*

25. Geldleistungen nach dem Bundesgesetz über die Gewährung von Hilfeleistungen an Opfer von Verbrechen, BGBl. Nr. 288/1972.

26. Entschädigungen gemäß § 12 Abs. 4 des Bewährungshilfegesetzes, BGBl. Nr. 146/1969.

27. Ersatzleistungen nach dem Strafrechtlichen Entschädigungsgesetz 2005, BGBl. I Nr. 125/2004.

28. In Geld bestehende Versorgungsleistungen nach dem Impfschadengesetz, BGBl. Nr. 371/1973.

29. Der Erwerb von Anteilsrechten auf Grund einer Kapitalerhöhung aus Gesellschaftsmitteln.

30. Einkünfte von Ortskräften (§ 10 Abs. 2 des Bundesgesetzes über Aufgaben und Organisation des auswärtigen Dienstes – Statut, BGBl. I Nr. 129/1999) aus ihrer Verwendung an einem bestimmten Dienstort im Ausland.

31. Arbeitsvergütungen und Geldbelohnungen gemäß §§ 51 bis 55 des Strafvollzugsgesetzes, BGBl. Nr. 144/1969.

32. Die einem unbeschränkt steuerpflichtigen österreichischen Abgeordneten zum Europäischen Parlament oder seinem Hinterbliebenen gebührenden Bezüge nach Artikel 9 des Abgeordnetenstatuts des Europäischen Parlaments.

33. Abgeltungen von Wertminderungen von Grundstücken im Sinne des § 30 Abs. 1 auf Grund von Maßnahmen im öffentlichen Interesse.

34. Die SV-Rückerstattung gemäß § 33 Abs. 8 sowie die Rückerstattung von Beiträgen gemäß § 24d des Bauern-Sozialversicherungsgesetzes.

*(BGBl I 2015/118)*

35. Gewinnbeteiligungen des Arbeitgebers an aktive Arbeitnehmer bis zu 3 000 Euro im Kalenderjahr. **„Bei mehreren Arbeitgebern steht die Befreiung insgesamt nur bis zu 3 000 Euro pro Arbeitnehmer im Kalenderjahr zu.“** Für die Steuerfreiheit gilt:

a) Die Gewinnbeteiligung muss allen Arbeitnehmern oder bestimmten Gruppen von Arbeitnehmern gewährt werden.

b) Insoweit die Summe der jährlich gewährten Gewinnbeteiligung das unternehmensrechtliche Ergebnis vor Zinsen und Steuern (EBIT) der im letzten Kalenderjahr endenden Wirtschaftsjahre übersteigt, besteht keine Steuerfreiheit. Abweichend davon gilt:

– Ermittelt das Unternehmen des Arbeitgebers seinen Gewinn nicht nach § 5, kann bei Vorliegen eines Betriebsvermögensvergleichs gemäß § 4 Abs. 1 statt auf unternehmensrechtliche Werte auf die entsprechenden steuerlichen Werte abgestellt werden; ansonsten ist der steuerliche Vorjahresgewinn maßgeblich.

– Gehört das Unternehmen des Arbeitgebers zu einem Konzern, kann alternativ bei sämtlichen Unternehmen des Konzerns auf das EBIT des Konzerns abgestellt werden.

c) Die Zahlung erfolgt nicht aufgrund einer lohngestaltenden Vorschrift gemäß § 68 Abs. 5 Z 1 bis 6.

d) Die Gewinnbeteiligung darf nicht anstelle des bisher gezahlten Arbeitslohns oder einer üblichen Lohnerhöhung geleistet werden.

*(BGBl I 2017/83, BGBl I 2022/10, BGBl I 2022/108 ab 20.7.2022)*

36. satzungsgemäße Zuwendungen einer nach § 718 Abs. 9 ASVG errichteten Privatstiftung an ihre Begünstigten, soweit sie nicht über jene Leistungen hinausgehen, die die jeweilige Betriebskrankenkasse nach ihrer Satzung am 31.12.2018 vorgesehen hat, entsprechend dem jeweiligen Stand der medizinischen und technischen Wissenschaften, nicht jedoch Rehabilitations- oder Krankengeld **„, sowie die Zuwendung geldwerter Vorteile gemäß Z 13 lit. a zweiter Teilstrich“**.

*(BGBl I 2019/103, BGBl I 2022/108 ab 20.7.2022)*

37. Der regionale Klimabonus.

*(BGBl I 2022/10)*

„**38. Zuschüsse oder sonstige Leistungen, auf die kein Rechtsanspruch besteht, der auf Grund des § 2 Abs. 2 Z 6 des Arbeitsverfassungsgesetzes, BGBl. Nr. 22/1974, kollektivvertraglich begründeten gemeinsamen Einrichtungen der Sozialpartner für das Bewachungsgewerbe sowie für das Denkmal-, Fassaden- und Gebäudereinigungsgewerbe, sowie vergleichbarer Einrichtungen, nach Maßgabe folgender Bestimmungen:**

**a) Die Zuschüsse oder sonstigen Leistungen werden aktiven beziehungsweise ehemaligen Arbeitnehmern in folgenden Fällen gewährt:**

- **Bei Arbeitslosigkeit bis zu einem Gesamtbetrag von 1 500 Euro pro Arbeitnehmer und Kalenderjahr;**
- **für nachweislich nach Ende eines Arbeitsverhältnisses absolvierte Weiterbildungen und Umschulungen bis zu einem Gesamtbetrag von 1 500 Euro pro Arbeitnehmer und Kalenderjahr oder**
- **bei einem mindestens 24 Tage andauernden Krankenstand, der während eines Arbeitsverhältnisses begonnen hat, bis zu einem Gesamtbetrag von 4 000 Euro pro Arbeitnehmer und Kalenderjahr.**

**b) Im Todesfall des Arbeitnehmers in Folge eines Arbeitsunfalles werden die Zuschüsse oder sonstigen Leistungen einem Angehörigen bis zu einem Gesamtbetrag von 5 000 Euro im Kalenderjahr gewährt.**

**c) In sachlich begründeten besonderen berufsspezifischen Härtefällen werden Zuschüsse an Arbeitnehmer oder an deren Angehörige bis zu einem Gesamtbetrag von 5 000 Euro pro Einzelfall gewährt.**

**d) Der kollektivvertragliche Beitrag des Arbeitgebers an die Einrichtung darf höchstens 0,5 vH des gebührenden Entgelts (Geld- und Sachbezüge) und der Sonderzahlungen, jeweils gemäß § 49 ASVG, auch über die ASVG-Höchstbeitragsgrundlage hinaus, betragen.**

**Die diese Zuschüsse oder sonstigen Leistungen gewährende Einrichtung hat bis 31. Jänner des Folgejahres dem Finanzamt des Empfängers des Zuschusses oder der sonstigen Leistung eine Mitteilung zu übersenden, die neben Namen und Anschrift des Empfängers des Zuschusses oder der sonstigen Leistung seine Sozialversicherungsnummer und die Höhe der Zuschüsse oder sonstigen Leistungen enthalten muss. Diese Mitteilung kann entfallen, wenn die entsprechenden Daten durch Datenträgeraustausch übermittelt werden.**

*(BGBl I 2022/108 ab 1.7.2022)*

**39. Einkünfte natürlicher Personen aus der Einspeisung von bis zu 12 500 kWh elektrischer Energie aus Photovoltaikanlagen, wenn die Engpassleistung der jeweiligen Anlage die Grenze von 25 kWp nicht überschreitet.**“

*(BGBl I 2022/108 ab Veranlagung 2022)*

(2) Erhält der Steuerpflichtige steuerfreie Bezüge im Sinne des Abs. 1 Z 5 lit. a oder c, Z 22 lit. a (5. Hauptstück des Heeresgebührengesetzes 2001), lit. b oder Z 23 (Bezüge gemäß § 25 Abs. 1 Z 4 und 5 des Zivildienstgesetzes 1986) nur für einen Teil des Kalenderjahres, so sind die für das restliche Kalenderjahr bezogenen laufenden Einkünfte im Sinne des § 2 Abs. 3 Z 1 bis 3 und die zum laufenden Tarif zu versteuernden Einkünfte aus nichtselbständiger Arbeit (§ 41 Abs. 4) für Zwecke der Ermittlung des Steuersatzes (§ 33 Abs. 10) auf einen Jahresbetrag umzurechnen. Dabei ist das Werbungskostenpauschale noch nicht zu berücksichtigen. Das Einkommen ist mit jenem Steuersatz zu besteuern, der sich unter Berücksichtigung der umgerechneten Einkünfte ergibt; die festzusetzende Steuer darf jedoch nicht höher sein als jene, die sich bei Besteuerung sämtlicher Bezüge ergeben würde. Die diese Bezüge auszahlende Stelle hat bis 31. Jänner des Folgejahres dem Finanzamt des Bezugsempfängers eine Mitteilung zu übersenden, die neben Namen und Anschrift des Bezugsempfängers seine Versicherungsnummer (§ 31 ASVG), die Höhe der Bezüge und die Anzahl der Tage, für die solche Bezüge ausgezahlt wurden, enthalten muß. Diese Mitteilung kann entfallen, wenn die entsprechenden Daten durch Datenträgeraustausch übermittelt werden. Der Bundesminister für Finanzen wird ermächtigt, das Verfahren des Datenträgeraustausches mit Verordnung festzulegen.

*(BGBl I 2019/104, BGBl I 2020/99)*

(3) Einkünfte im Sinne des Abs. 1 Z 11 lit. b und 32 sind bei der Festsetzung der Steuer für das übrige Einkommen des Steuerpflichtigen zu berücksichtigen.

*(BGBl I 2016/117)*

(4) Öffentliche Mittel im Sinne dieses Bundesgesetzes sind:

1. Mittel, die von inländischen Körperschaften des öffentlichen Rechts oder diesen entsprechenden ausländischen Körperschaften eines Mitgliedstaates der Europäischen Union oder eines Staates des Europäischen Wirtschaftsraumes stammen.
2. Mittel, die von Einrichtungen der Europäischen Union stammen.
3. Mittel die von gesetzlich eingerichteten in- oder ausländischen juristischen Personen des privaten Rechts stammen, an denen ausschließlich die in Z 1 und 2 genannten Insti-

tutionen beteiligt sind, wenn die Finanzierung der Förderungsmittel überwiegend durch die in Z 1 und 2 genannten Institutionen erfolgt. Ist die Vergabe von Förderungsmitteln nicht ausschließlicher Geschäftsgegenstand der Körperschaft, muss die Aufbringung und Vergabe von Förderungsmitteln in einem gesonderten Rechnungskreis geführt werden. Die Körperschaft hat gegenüber dem Empfänger der Fördermittel zu bestätigen, dass öffentliche Mittel zugewendet werden.

### 3. ABSCHNITT

### Gewinn

**§ 4.** (1) Gewinn ist der durch doppelte Buchführung zu ermittelnde Unterschiedsbetrag zwischen dem Betriebsvermögen am Schluß des Wirtschaftsjahres und dem Betriebsvermögen am Schluß des vorangegangenen Wirtschaftsjahres. Der Gewinn wird durch Entnahmen nicht gekürzt und durch Einlagen nicht erhöht. Entnahmen sind alle nicht betrieblich veranlaßten Abgänge von Werten (zB von Bargeld, Waren, Erzeugnissen und anderen Wirtschaftsgütern des Umlaufvermögens, von Leistungen, von Wirtschaftsgütern des Anlagevermögens oder von Nutzungen solcher Wirtschaftsgüter). Einlagen sind alle Zuführungen von Wirtschaftsgütern aus dem außerbetrieblichen Bereich. Für unkörperliche Wirtschaftsgüter des Anlagevermögens darf ein Aktivposten nur angesetzt werden, wenn sie entgeltlich erworben worden sind.

(2) Die Vermögensübersicht (Jahresabschluss, Bilanz) ist nach den allgemeinen Grundsätzen ordnungsmäßiger Buchführung zu erstellen. Nach Einreichung der Vermögensübersicht beim Finanzamt gilt Folgendes:

1. Eine Änderung der Vermögensübersicht ist nur mit Zustimmung des Finanzamts zulässig (Bilanzänderung). Die Zustimmung ist zu erteilen, wenn die Änderung wirtschaftlich begründet ist.
2. Entspricht die Vermögensübersicht nicht den allgemeinen Grundsätzen ordnungsmäßiger Buchführung oder den zwingenden Vorschriften dieses Bundesgesetzes, ist sie zu berichtigen (Bilanzberichtigung). Kann ein Fehler nur auf Grund der bereits eingetretenen Verjährung nicht mehr steuerwirksam berichtigt werden, gilt Folgendes:
   - Zur Erreichung des richtigen Totalgewinnes kann von Amts wegen oder auf Antrag eine Fehlerberichtigung durch Ansatz von Zu- oder Abschlägen vorgenommen werden.
   - Die Fehlerberichtigung ist im ersten zum Zeitpunkt der Bescheiderlassung noch nicht verjährten Veranlagungszeitraum insoweit vorzunehmen, als der Fehler noch steuerliche Auswirkungen haben kann.
   - Die Nichtberücksichtigung von Zu- oder Abschlägen gilt als offensichtliche Unrichtigkeit im Sinne des § 293b der Bundesabgabenordnung.

(3) Der Überschuß der Betriebseinnahmen über die Betriebsausgaben darf dann als Gewinn angesetzt werden, wenn keine gesetzliche Verpflichtung zur Buchführung besteht und Bücher auch nicht freiwillig geführt werden. Durchlaufende Posten, das sind Beträge, die im Namen und für Rechnung eines anderen vereinnahmt und verausgabt werden, scheiden dabei aus. Der Steuerpflichtige darf selbst entscheiden, ob er die für Lieferungen und sonstige Leistungen geschuldeten Umsatzsteuerbeträge und die abziehbaren Vorsteuerbeträge als durchlaufende Posten behandelt. Bei Zugehörigkeit zum Umlaufvermögen sind bei

- Grundstücken im Sinne des § 30 und bei
- Gold, Silber, Platin und Palladium, sofern sie nicht der unmittelbaren Weiterverarbeitung dienen,

die Anschaffungs- oder Herstellungskosten oder der Einlagewert erst bei Ausscheiden aus dem Betriebsvermögen abzusetzen. Grund und Boden ist in die Anlagekartei gemäß § 7 Abs. 3 aufzunehmen. Abs. 2 Z 2 gilt in Bezug auf die Fehlerberichtigung durch Ansatz von Zu- und Abschlägen sinngemäß.

(3a) Für Grundstücke im Sinne des § 30 Abs. 1, die einem Betriebsvermögen zugehören, gilt Folgendes:

1. Die Befreiungsbestimmungen für Abgeltungen von Wertminderungen gemäß § 3 Abs. 1 Z 33, für einen (drohenden) behördlichen Eingriff sowie für Zusammenlegungen, Flurbereinigungen und Baulandumlegungen gemäß § 30 Abs. 2 Z 3 und 4 sind anzuwenden.
2. Die für die Mitteilung oder Selbstberechnung gemäß § 30c anfallenden Kosten dürfen als Betriebsausgaben abgezogen werden, außer es kommt Z 3 lit. a zur Anwendung. Abziehbar sind auch anlässlich der Veräußerung entstehende Minderbeträge aus Vorsteuerberichtigungen gemäß § 6 Z 12.
3. Bei der Veräußerung von Grund und Boden des Anlagevermögens gilt Folgendes:
   a) Der Veräußerungsgewinn kann pauschal nach § 30 Abs. 4 ermittelt werden, wenn der Grund und Boden am 31. März 2012 nicht steuerverfangen war.
   b) (aufgehoben)
   *(BGBl I 2015/118)*
   c) Ein Auf- oder Abwertungsbetrag nach § 4 Abs. 10 Z 3 lit. a in der Fassung vor dem 1. Stabilitätsgesetz, BGBl. I Nr. 22/2012, ist gewinnwirksam anzusetzen. Dabei kann § 30 Abs. 4 für Grund und Boden, der ohne Wechsel zur Gewinnermittlung nach § 5 zum 31. März 2012 nicht steuerverfangen gewesen wäre, sinngemäß angewendet werden, wobei an die Stelle des Veräußerungserlöses der Teilwert im Zeitpunkt des Wechsels der Gewinnermittlung tritt.

4. Bei der Veräußerung von mit dem Teilwert eingelegten Grundstücken des Betriebsvermögens gilt der Unterschiedsbetrag zwischen dem Teilwert im Einlagezeitpunkt und den Anschaffungs- oder Herstellungskosten als Einkünfte aus privaten Grundstücksveräußerungen. Als Veräußerungserlös gilt der Teilwert im Einlagezeitpunkt. Soweit das Grundstück zum 31. März 2012 nicht steuerverfangen war oder es ohne Einlage nicht mehr steuerverfangen gewesen wäre, kann § 30 Abs. 4 angewendet werden.
5. Müssen Grundstücksteile im Zuge einer Änderung der Widmung auf Grund gesetzlicher Vorgaben an die Gemeinde übertragen werden, sind die Anschaffungskosten der verbleibenden Grundstücksteile um die Anschaffungskosten der übertragenen Grundstücksteile zu erhöhen.

(4) Betriebsausgaben sind die Aufwendungen oder Ausgaben, die durch den Betrieb veranlaßt sind. Betriebsausgaben sind jedenfalls:

1. a) Beiträge des Versicherten zur Pflichtversicherung in der gesetzlichen Kranken-, Unfall- und Pensionsversicherung, Beiträge zur gesetzlichen Arbeitslosenversicherung sowie
   b) Pflichtbeiträge zu Versorgungs- und Unterstützungseinrichtungen der Kammern der selbständig Erwerbstätigen, soweit diese Einrichtungen der Kranken-, Unfall-, Alters-, Invaliditäts- und Hinterbliebenenversorgung dienen, weiters Beiträge zu einer inländischen gesetzlichen Krankenversicherung. Beiträge zu Einrichtungen, die der Krankenversorgung dienen, sowie Beiträge zu inländischen gesetzlichen Krankenversicherungen sind nur insoweit abzugsfähig, als sie der Höhe nach insgesamt Pflichtbeiträgen in der gesetzlichen Sozialversicherung entsprechen.
   c) An eine Betriebliche Vorsorgekasse (BV-Kasse) geleistete Pflichtbeiträge im Sinne der §§ 6 und 7 BMSVG für freie Dienstnehmer, des § 52 Abs. 1 und des § 64 Abs. 1 BMSVG im Ausmaß von höchstens 1,53% der Beitragsgrundlagen gemäß § 6 Abs. 5, § 52 Abs. 3 und § 64 Abs. 3 BMSVG.

   Der Bundesminister für Finanzen wird ermächtigt, im Einvernehmen mit der Bundesministerin für Arbeit, Soziales, Gesundheit und Konsumentenschutz im Wege einer Verordnung vorzusehen, dass Beiträge für Zwecke der Berücksichtigung im Rahmen der Veranlagung elektronisch übermittelt werden. In der Verordnung sind die zur Übermittlung verpflichteten Einrichtungen und die von der Übermittlung betroffenen Beiträge zu bezeichnen. In der Verordnung ist auch das Verfahren der elektronischen Übermittlung festzulegen; es kann vorgesehen werden, dass sich die zur Übermittlung verpflichteten Einrichtungen einer bestimmten geeigneten öffentlich-rechtlichen oder privatrechtlichen Übermittlungsstelle zu bedienen haben.

   *(BGBl I 2019/103)*
2. a) Vertraglich festgelegte Pensionskassenbeiträge im Sinne des Pensionskassengesetzes, Prämien zu betrieblichen Kollektivversicherungen im Sinne des § 93 des Versicherungsaufsichtsgesetzes 2016 (VAG 2016), BGBl. I Nr. 34/2015, sowie Beiträge zu ausländischen Einrichtungen im Sinne des § 5 Z 4 des Pensionskassengesetzes unter folgenden Voraussetzungen:
      aa) Der Pensionskassenvertrag und der betriebliche Kollektivversicherungsvertrag müssen dem Betriebspensionsgesetz entsprechen.
      bb) Die Zusagen dürfen 80% des letzten laufenden Aktivbezuges nicht übersteigen. Das Überschreiten der Grenze ist unbeachtlich, wenn es auf eine Verminderung des Arbeitslohnes aus wirtschaftlich beachtlichen Gründen in den letzten Aktivitätsjahren zurückzuführen ist.
      cc) Bei beitragsorientierten Zusagen dürfen die Beiträge 10% der Lohn- und Gehaltsumme der Anwartschaftsberechtigten nicht übersteigen.
      dd) Lit. cc gilt auch für leistungsorientierte Zusagen, wenn sie nicht in einem ausschließlich betraglich oder im Verhältnis zu sonstigen Bestimmungsgrößen zugesagten Ausmaß zum Erbringen von Pensionsleistungen dienen. Bei Zusagen mit im Pensionskassenvertrag oder betrieblichen Kollektivversicherungsvertrag vereinbarter Beitragsanpassung darf der in sublit. cc genannte Grenzwert überschritten werden, solange der Arbeitgeber vorübergehend höhere Beiträge zum Schließen einer unvorhergesehenen Deckungslücke leisten muß.
      ee) Beiträge des Arbeitgebers für sich sind nicht abzugsfähig. Als Arbeitgeber gelten in diesem Zusammenhang Unternehmer und Gesellschafter von Gesellschaften, bei denen die Gesellschafter als Mitunternehmer anzusehen sind.

      *(BGBl I 2015/34)*
   b) Zuwendungen an betriebliche Unterstützungskassen und sonstige Hilfskassen, die keinen Rechtsanspruch auf Leistungen gewähren, soweit sie zusammen mit unmittelbaren Zuwendungen an

die Leistungsberechtigten der Kasse 10% der Lohn- und Gehaltssumme der Leistungsberechtigten der Kasse nicht übersteigen. Die 10%-Grenze darf nicht ausgenützt werden, falls die Leistungen zu einem unangemessen hohen Kassenvermögen führen. Als angemessenes Kassenvermögen gilt:

– Bei Kassen, die im Falle des Alters oder der Invalidität laufende Unterstützungen gewähren, das Deckungskapital für die bereits laufenden Unterstützungen und für die Anwartschaften auf Witwen- und Waisenunterstützungen. Das Deckungskapital ist nach der Anlage zu diesem Bundesgesetz zu berechnen.
– Bei Kassen, die keine laufenden Unterstützungen gewähren, der durchschnittliche Jahresbedarf der Kasse. Dieser ist nach dem Durchschnitt der Leistungen zu bemessen, die die Kasse in den letzten drei Jahren vor dem Zeitpunkt der Zuwendung an die Leistungsempfänger gewährt hat.

3. Zuwendungen an den Betriebsratsfonds bis zu 3% der Lohn- und Gehaltssumme.

4. Der Verwaltungskostenbeitrag gemäß § 118 und § 118a der Bundesabgabenordnung und die für die Bestätigung eines Wirtschaftsprüfers gemäß § 108c Abs. 8 geleisteten Aufwendungen.

„5. **Die Ausgaben für eine Wochen-, Monats- oder Jahreskarte für Massenbeförderungsmittel, soweit die Fahrten durch den Betrieb veranlasst sind. Ohne weiteren Nachweis können 50 % der aufgewendeten Kosten für eine nicht übertragbare Wochen-, Monats- oder Jahreskarte für Einzelpersonen geltend gemacht werden, wenn glaubhaft gemacht wird, dass diese Karte auch für betrieblich veranlasste Fahrten verwendet wird.**“

*(BGBl I 2022/108 ab Veranlagung 2022)*

6. (aufgehoben)

7. Aufwendungen für Aus- und Fortbildungsmaßnahmen im Zusammenhang mit der vom Steuerpflichtigen ausgeübten oder einer damit verwandten beruflichen Tätigkeit und Aufwendungen für umfassende Umschulungsmaßnahmen, die auf eine tatsächliche Ausübung eines anderen Berufes abzielen. Aufwendungen für Nächtigungen sind jedoch höchstens im Ausmaß des den Bundesbediensteten zustehenden Nächtigungsgeldes der Höchststufe bei Anwendung des § 13 Abs. 7 der Reisegebührenvorschrift zu berücksichtigen.

8. Das Arbeitsplatzpauschale für Aufwendungen aus der betrieblichen Nutzung der Wohnung nach Maßgabe folgender Bestimmungen:

a) Das Arbeitsplatzpauschale steht zu, wenn dem Steuerpflichtigen zur Ausübung der betrieblichen Tätigkeit kein anderer Raum zur Verfügung steht. Die Berücksichtigung von Aufwendungen für ein Arbeitszimmer gemäß § 20 Abs. 1 Z 2 lit. d schließt das Arbeitsplatzpauschale aus.

b) Das Arbeitsplatzpauschale beträgt für ein Wirtschaftsjahr:

– 1 200 Euro, wenn der Steuerpflichtige im Kalenderjahr keine anderen Einkünfte aus einer aktiven Erwerbstätigkeit von mehr als 11 000 Euro erzielt, für die ihm außerhalb der Wohnung ein anderer Raum zur Verfügung steht. Mit diesem Arbeitsplatzpauschale werden sämtliche Aufwendungen, die aus der betrieblichen Nutzung der Wohnung entstehen, berücksichtigt.
– 300 Euro, wenn der Steuerpflichtige im Kalenderjahr andere Einkünfte aus einer aktiven Erwerbstätigkeit von mehr als 11 000 Euro erzielt, für die ihm außerhalb der Wohnung ein anderer Raum zur Verfügung steht. Neben diesem Arbeitsplatzpauschale sind nur Aufwendungen und Ausgaben für ergonomisch geeignetes Mobiliar (insbesondere Schreibtisch, Drehstuhl, Beleuchtung) eines in der Wohnung eingerichteten Arbeitsplatzes bis zu insgesamt 300 Euro (Höchstbetrag pro Kalenderjahr) nach Maßgabe des § 16 Abs. 1 Z 7a lit. a zweiter und dritter Satz abzugsfähig. Stehen derartige Ausgaben auch mit Einkünften aus nichtselbständiger Arbeit in Zusammenhang, sind sie zur Gänze entweder als Werbungskosten oder als Betriebsausgaben zu berücksichtigen; eine Aufteilung hat zu unterbleiben.

Bei einem Rumpfwirtschaftsjahr oder bei Wegfall einer Voraussetzung der lit. a ist für jeden Monat ein Zwölftel des maßgebenden Pauschalbetrages anzusetzen.

c) Bei mehreren Betrieben steht das Arbeitsplatzpauschale nur einmal zu und ist nach dem Verhältnis der Betriebseinnahmen aufzuteilen.“

*(BGBl I 2015/118, BGBl I 2021/227)*

9. Geld- oder Sachaufwendungen im Zusammenhang mit der Hilfestellung in Katastrophenfällen (insbesondere Hochwasser-, Erdrutsch-, Vermurungs- und Lawinenschäden), wenn sie der Werbung dienen.

10. (aufgehoben)

*(BGBl I 2015/118)*

(5) Mehraufwendungen des Steuerpflichtigen für Verpflegung und Unterkunft bei ausschließlich betrieblich veranlassten Reisen sind ohne Nachweis ihrer Höhe als Betriebsausgaben anzuerkennen, soweit sie die sich aus § 26 Z 4 ergebenden Beträge nicht übersteigen. Dabei steht das volle Tagesgeld für 24 Stunden zu. Höhere Aufwendungen für Verpflegung sind nicht zu berücksichtigen.

(6) Nicht aktivierungspflichtige Vorauszahlungen von Beratungs-, Bürgschafts-, Fremdmittel-, Garantie-, Miet-, Treuhand-, Vermittlungs-, Vertriebs- und Verwaltungskosten müssen gleichmäßig auf den Zeitraum der Vorauszahlung verteilt werden, außer sie betreffen lediglich das laufende und das folgende Jahr.

(7) Bei Gebäuden, die zum Anlagevermögen gehören und Personen, die nicht betriebszugehörige Arbeitnehmer sind, für Wohnzwecke entgeltlich überlassen werden, gilt hinsichtlich der Instandsetzungsaufwendungen folgendes:

– Instandsetzungsaufwendungen, die unter Verwendung von entsprechend gewidmeten steuerfreien Subventionen aus öffentlichen Mitteln (§ 3 Abs. 1 Z 3, § 3 Abs. 1 Z 5 lit. d und e, § 3 Abs. 1 Z 6) aufgewendet werden, scheiden insoweit aus der Gewinnermittlung aus.
– Soweit Instandsetzungsaufwendungen nicht durch steuerfreie Subventionen gedeckt sind, sind sie gleichmäßig auf fünfzehn Jahre verteilt abzusetzen.

Instandsetzungsaufwendungen sind jene Aufwendungen, die nicht zu den Anschaffungs- oder Herstellungskosten gehören und allein oder zusammen mit Herstellungsaufwand den Nutzungswert des Gebäudes wesentlich erhöhen oder seine Nutzungsdauer wesentlich verlängern.

*(BGBl I 2015/118)*

(8) Wird bei land- und forstwirtschaftlichen Betrieben für das stehende Holz der höhere Teilwert (§ 6 Z 2 lit. b) nicht angesetzt, dann sind Aufwendungen für die Pflege des stehenden Holzes und Wiederaufforstungskosten als Betriebsausgaben abzusetzen.

(9) Die Beiträge für die freiwillige Mitgliedschaft bei Berufs- und Wirtschaftsverbänden sind nur unter folgenden Voraussetzungen abzugsfähig:

– Die Berufs- und Wirtschaftsverbände müssen sich nach ihrer Satzung und tatsächlichen Geschäftsführung ausschließlich oder überwiegend mit der Wahrnehmung der betrieblichen und beruflichen Interessen ihrer Mitglieder befassen.
– Die Beiträge können nur in angemessener, statutenmäßig festgesetzter Höhe abgesetzt werden.

(10) Beim Wechsel der Gewinnermittlungsart gilt folgendes:

1. Es ist durch Zu- und Abschläge auszuschließen, daß Veränderungen des Betriebsvermögens (Betriebseinnahmen, Betriebsausgaben) nicht oder doppelt berücksichtigt werden. Ergeben die Zu- und Abschläge einen Überschuß (Übergangsgewinn), so ist dieser beim Gewinn des ersten Gewinnermittlungszeitraumes nach dem Wechsel zu berücksichtigen. Ergeben die Zu- und Abschläge einen Verlust (Übergangsverlust), so ist dieser, beginnend mit dem ersten Gewinnermittlungszeitraum nach dem Wechsel, zu je einem Siebentel in den nächsten sieben Gewinnermittlungszeiträumen zu berücksichtigen. Bei Veräußerung oder Aufgabe des ganzen Betriebes, eines Teilbetriebes oder eines Mitunternehmeranteiles sind Übergangsgewinne oder (restliche) Übergangsverluste beim Gewinn des letzten Gewinnermittlungszeitraumes vor Veräußerung oder Aufgabe zu berücksichtigen.
2. Darüber hinaus ist durch Zu- oder Abschläge und durch entsprechende Bilanzansätze sicherzustellen, daß sonstige Änderungen der Gewinnermittlungsgrundsätze (zB hinsichtlich der unternehmensrechtlichen Grundsätze ordnungsmäßiger Buchführung beim Übergang von der Gewinnermittlung gemäß § 4 Abs. 1 oder 3 auf § 5 oder hinsichtlich der Berücksichtigung von Wertminderungen des Betriebsvermögens beim Übergang auf Buchführung) mit dem Wechsel der Gewinnermittlungsart berücksichtigt werden.

(11) Für Zuwendungen an und von Privatstiftungen gilt folgendes:

1. Zuwendungen an betriebliche Privatstiftungen (Unternehmenszweckförderungsstiftung, Arbeitnehmerförderungsstiftung, Belegschaftsbeteiligungsstiftung, Mitarbeiterbeteiligungsstiftung) sind nach Maßgabe des § 4d Betriebsausgaben.

   *(BGBl I 2017/105)*
2. a) Zuwendungen von Privatstiftungen sind mit dem Betrag anzusetzen, der für das einzelne Wirtschaftsgut, für sonstiges Vermögen oder sonstige geldwerte Vorteile im Zeitpunkt der Zuwendung hätte aufgewendet werden müssen (insbesondere fiktive Anschaffungskosten). Die fiktiven Anschaffungskosten sind um negative Anschaffungskosten des zugewendeten Wirtschaftsgutes bzw. negative Buchwerte des zugewendeten sonstigen Vermögens zu vermindern. Die sich ergebenden Anschaffungskosten sind evident zu halten.
   b) Die Zuwendung von Betrieben, Teilbetrieben oder Mitunternehmeranteilen ist hinsichtlich der steuerfreien Rücklagen und steuerfreien Beträge gemäß §§ 10, 12 und 116 Abs. 2 so zu behandeln, als ob eine Gesamtrechtsnachfolge vorläge.

(12) Die Einlagenrückzahlung von Körperschaften gilt als Veräußerung einer Beteiligung

und führt beim Anteilsinhaber (Beteiligten) zu einer Minderung des Buchwertes der Beteiligung. Dabei gilt für Einlagenrückzahlungen und offene Ausschüttungen Folgendes:

1. Einlagen im Sinne dieser Vorschrift sind das aufgebrachte Grund-, Stamm- oder Genossenschaftskapital und sonstige Einlagen und Zuwendungen, die als Kapitalrücklage auszuweisen sind oder bei Erwerbs- und Wirtschaftsgenossenschaften auszuweisen waren einschließlich eines Partizipations-, Genussrechtskapitals und eines Kapitals aus sonstigen Finanzierungsinstrumenten gemäß § 8 Abs. 3 Z 1 des Körperschaftsteuergesetzes 1988, sowie jene Verbindlichkeiten denen abgabenrechtlich die Eigenschaft eines verdeckten Grund-, Stamm- oder Genossenschaftskapitals zukommt.
2. Nicht zu den Einlagen gehören Beträge, die unter § 32 Abs. 1 Z 3 fallen oder die infolge einer Umgründung im Sinne des Umgründungssteuergesetzes die Eigenschaft einer Gewinnrücklage oder eines Bilanzgewinnes verloren haben.
3. Die Körperschaft hat den Stand der Einlagen im Sinne dieser Vorschrift im Wege eines Evidenzkontos zu erfassen und seine Erhöhungen durch weitere Einlagen und Zuwendungen und Verminderungen durch Ausschüttungen oder sonstige Verwendungen laufend fortzuschreiben. Bei Verschmelzungen, Umwandlungen und Aufspaltungen sind im Zeitraum zwischen dem Umgründungsstichtag und dem Tag des Umgründungsbeschlusses bzw. -vertrages getätigte
   – Einlagen in die übertragende Körperschaft und
   – Einlagenrückzahlungen durch die übertragende Körperschaft

   zum Umgründungsstichtag im Evidenzkonto der übertragenden Körperschaft zu erfassen. Das Evidenzkonto ist in geeigneter Form der jährlichen Steuererklärung anzuschließen.
4. Eine offene Ausschüttung setzt eine positive Innenfinanzierung voraus. Die Innenfinanzierung erhöht sich um Jahresüberschüsse im Sinne des Unternehmensgesetzbuches und vermindert sich um Jahresfehlbeträge im Sinne des Unternehmensgesetzbuches sowie um offene Ausschüttungen; dabei haben verdeckte Einlagen sowie erhaltene Einlagenrückzahlungen außer Ansatz zu bleiben. Gewinne, die durch Umgründungen unter Ansatz des beizulegenden Wertes entstanden sind, erhöhen die Innenfinanzierung erst in jenem Zeitpunkt und Ausmaß, in dem sie nach den Vorschriften des Unternehmensgesetzbuches ausgeschüttet werden können. Der Bundesminister für Finanzen wird ermächtigt, in einer Verordnung die weiteren Auswirkungen von Umgründungen auf die Innenfinanzierung näher festzulegen. Die Körperschaft hat den Stand der Innenfinanzierung sinngemäß nach Maßgabe der Z 3 zu erfassen.

   *(BGBl I 2015/118, BGBl I 2015/163)*

**Zuwendungen aus dem Betriebsvermögen**

**§ 4a.** (1) Freigebige Zuwendungen (Spenden) aus dem Betriebsvermögen zu begünstigten Zwecken (Abs. 2) an begünstigte Einrichtungen (Abs. 3 bis 6) gelten nach Maßgabe der folgenden Bestimmungen insoweit als Betriebsausgabe, als sie 10% des Gewinnes vor Berücksichtigung von Zuwendungen gemäß § 4b und § 4c und vor Berücksichtigung eines Gewinnfreibetrages nicht übersteigen. Werden Wirtschaftsgüter zugewendet, ist der gemeine Wert als Betriebsausgabe anzusetzen; der Restbuchwert ist nicht zusätzlich als Betriebsausgabe und der Teilwert nicht als Betriebseinnahme anzusetzen. Stille Reserven, die nach § 12 auf das zugewendete Wirtschaftsgut übertragen wurden, sind nachzuversteuern. Soweit abzugsfähige Zuwendungen die angeführte Höchstgrenze übersteigen, können diese nach Maßgabe des § 18 Abs. 1 Z 7 als Sonderausgabe abgesetzt werden.

*(BGBl I 2018/62)*

(2) Begünstigte Zwecke sind:

1. Die Durchführung von der österreichischen Wissenschaft dienenden Forschungsaufgaben oder der österreichischen Erwachsenenbildung dienenden Lehraufgaben, welche die wissenschaftliche oder künstlerische Lehre betreffen und dem Universitätsgesetz 2002 entsprechen, sowie damit verbundene wissenschaftliche Publikationen und Dokumentationen durch die in Abs. 3 genannten Einrichtungen.
2. Die Erfüllung der den in Abs. 4 genannten Einrichtungen zukommenden Zwecke.
3. Die Erfüllung folgender Zwecke durch die in Abs. 5 genannten Einrichtungen:
   a) Mildtätige Zwecke im Sinne des § 37 der Bundesabgabenordnung, die im Wesentlichen in einem Mitgliedstaat der Europäischen Union oder einem Staat des Europäischen Wirtschaftsraumes verfolgt werden.
   b) Die Bekämpfung von Armut und Not in Entwicklungsländern durch Förderung der wirtschaftlichen und sozialen Entwicklung, welche zu einem Prozess des nachhaltigen Wirtschaftens und des wirtschaftlichen Wachstums, verbunden mit strukturellem und sozialem Wandel führen soll.
   c) Die Hilfestellung in nationalen und internationalen Katastrophenfällen (insbesondere Hochwasser-, Erdrutsch-, Vermurungs- und Lawinenschäden).
   d) Maßnahmen zum Schutz der Umwelt mit dem Ziel der Erhaltung und der Pflege der natürlichen Lebensgrundlagen von Lebewesen, der Behebung der durch den Menschen verursachten Beeinträchti-

gungen und Schäden der Umwelt oder der Erhaltung von bedrohten Arten (Umwelt-, Natur- und Artenschutz).

„e) **Die dem Tierschutzgesetz, BGBl. I Nr. 118/2004, entsprechende Betreuung von Tieren im Rahmen eines behördlich genehmigten Tierheimes (einschließlich Tierasyl oder Gnadenhof; § 4 Z 9 und 9b Tierschutzgesetz) in einem Mitgliedstaat der Europäischen Union oder in einem Staat des Europäischen Wirtschaftsraumes. Das Tierheim muss eine eigenständige wirtschaftliche Einrichtung einer Körperschaft im Sinne des Abs. 5 darstellen. Die Führung des Tierheimes muss den Anforderungen der Tierschutz-Sonderhaltungsverordnung, BGBl. II Nr. 139/2018, entsprechen.“**

*(BGBl I 2022/108 ab 20.7.2022)*

4. Aufgaben der Feuerpolizei, der örtlichen Gefahrenpolizei und des Katastrophenschutzes, die aufgrund landes- oder bundesgesetzlicher Vorschriften durch die in Abs. 6 genannten Einrichtungen zu erfüllen sind.
5. Die allgemein zugängliche Durchführung von der österreichischen Kunst und Kultur dienenden künstlerischen Tätigkeiten (§ 22 Z 1 lit. a) sowie die allgemein zugängliche Präsentation von Kunstwerken durch die in Abs. 4a genannten Einrichtungen.

*(BGBl I 2015/160, BGBl I 2016/117)*

(3) Begünstigte Einrichtungen für die Erfüllung der in Abs. 2 Z 1 genannten Zwecke sind:

1. Universitäten, Kunsthochschulen und die Akademie der bildenden Künste, deren Fakultäten, Institute und besonderen Einrichtungen sowie diesen entsprechende ausländische Einrichtungen mit Sitz in einem Mitgliedstaat der Europäischen Union oder einem Staat, mit dem eine umfassende Amtshilfe besteht;
2. durch Bundes- oder Landesgesetz errichtete Fonds, die mit Aufgaben der Forschungsförderung betraut sind, sowie diesen entsprechende ausländische Einrichtungen mit Sitz in einem Mitgliedstaat der Europäischen Union oder einem Staat, mit dem eine umfassende Amtshilfe besteht;

2a. nach dem Bundes-Stiftungs- und Fondsgesetz (BStFG), BGBl. Nr. 11/1975, in der Fassung des Verwaltungsgerichtsbarkeits-Anpassungsgesetzes-Inneres, BGBl. I Nr. 161/2013, dem Bundes-Stiftungs- und Fondsgesetz 2015 (BStFG 2015), BGBl. I Nr. 160/2015 oder nach diesen Bundesgesetzen entsprechenden, landesgesetzlichen Regelungen errichtete Stiftungen oder Fonds mit Sitz im Inland, die ausschließlich der Erfüllung von Aufgaben der Forschungsförderung dienen, wenn diese
   a) nicht auf Gewinnerzielung ausgerichtet sind,
   b) seit mindestens drei Jahren nachweislich im Bereich der Forschungsförderung tätig sind und
   c) die Empfänger der Fördermittel im Wesentlichen Begünstigte gemäß Z 1, 2 und 3 bis 6 sind.

   Derartigen Stiftungen oder Fonds sind diesen entsprechende ausländische Einrichtungen mit Sitz in einem Mitgliedstaat der Europäischen Union oder einem Staat, mit dem eine umfassende Amtshilfe besteht, gleichzuhalten;

   *(BGBl I 2015/160)*

3. die Österreichische Akademie der Wissenschaften sowie dieser entsprechende ausländische Einrichtungen mit Sitz in einem Mitgliedstaat der Europäischen Union oder einem Staat, mit dem eine umfassende Amtshilfe besteht;
4. juristisch unselbständige Einrichtungen von Gebietskörperschaften, die im Wesentlichen mit Forschungs- oder Lehraufgaben der genannten Art für die österreichische Wissenschaft oder Wirtschaft und damit verbundenen wissenschaftlichen Publikationen oder Dokumentationen befasst sind sowie diesen entsprechende ausländische Einrichtungen mit Sitz in einem Mitgliedstaat der Europäischen Union oder einem Staat, mit dem eine umfassende Amtshilfe besteht;
5. juristische Personen, an denen entweder eine oder mehrere Gebietskörperschaften oder eine oder mehrere Körperschaften im Sinne der Z 1 bis 3 zumindest mehrheitlich beteiligt sind, und die im Wesentlichen mit Forschungs- oder Lehraufgaben der genannten Art für die österreichische Wissenschaft oder Wirtschaft und damit verbundenen wissenschaftlichen Publikationen oder Dokumentationen befasst sind;
6. juristische Personen, die ausschließlich mit Forschungs- oder Lehraufgaben der genannten Art für die österreichische Wissenschaft oder Wirtschaft und damit verbundenen wissenschaftlichen Publikationen oder Dokumentationen befasst und gemeinnützig im Sinne der §§ 34 ff der Bundesabgabenordnung sind.

(4) Begünstigte Einrichtungen für die Erfüllung der in Abs. 2 Z 2 genannten Zwecke sind:

a) die Österreichische Nationalbibliothek, das Österreichische Archäologische Institut, das Institut für Österreichische Geschichtsforschung und das Österreichische Filminstitut gemäß § 1 des Filmförderungsgesetzes;

   *(BGBl I 2015/160)*

b) Österreichische Museen
   – von Körperschaften des öffentlichen Rechts;
   – von anderen Rechtsträgern, wenn diese Museen einen den Museen von Körperschaften des öffent-

lichen Rechts vergleichbaren öffentlichen Zugang haben und Sammlungsgegenstände zur Schau stellen, die in geschichtlicher, künstlerischer oder sonstiger kultureller Hinsicht von überregionaler Bedeutung sind. Der Bundesminister für Finanzen wird ermächtigt, im Einvernehmen mit dem Bundesminister für Kunst und Kultur mit Verordnung Kriterien zur Beurteilung der überregionalen Bedeutung eines Museums festzulegen;

*(BGBl I 2016/117)*

c) das Bundesdenkmalamt und der Denkmalfonds gemäß § 33 Abs. 1 des Denkmalschutzgesetzes;

d) Österreichische Dachverbände von Körperschaften, Personenvereinigungen und Vermögensmassen sowie diesen vergleichbare Einrichtungen mit Sitz in einem Mitgliedstaat der Europäischen Union oder einem Staat, mit dem eine umfassende Amtshilfe besteht, wenn deren ausschließlicher Zweck die Förderung des Behindertensportes ist und der österreichische Behindertensport tatsächlich gefördert wird;

e) die Internationale Anti-Korruptions-Akademie (IACA);

f) die Diplomatische Akademie und vergleichbare Einrichtungen mit Sitz in einem Mitgliedstaat der Europäischen Union oder einem Staat, mit dem eine umfassende Amtshilfe besteht;

g) Einrichtungen mit Sitz in einem Mitgliedstaat der Europäischen Union oder einem Staat, mit dem eine umfassende Amtshilfe besteht, wenn sie den in lit. a bis c genannten vergleichbar sind und der Förderung, Erhaltung, Vermittlung und Dokumentation von Kunst und Kultur in Österreich dienen.

(4a) Begünstigte Einrichtungen für die Erfüllung der in Abs. 2 Z 5 genannten Zwecke sind Körperschaften mit Sitz in einem Mitgliedstaat der Europäischen Union oder einem Staat, mit dem eine umfassende Amtshilfe besteht unter folgenden Voraussetzungen:

1. Die Körperschaft erhält
   a) eine Förderung des Bundes im Sinne des Transparenzdatenbankgesetzes 2012 (TDBG 2012), BGBl. I Nr. 99/2012, die in der Transparenzdatenbank ersichtlich gemacht ist, oder
   b) eine Förderung eines Landes oder der Bundeshauptstadt Wien, die in der Transparenzdatenbank ersichtlich gemacht ist.
2. Die Körperschaft erhält mindestens alle zwei Jahre eine solche Förderung, wobei Förderungen in den Zeiträumen, die von der Bestätigung des Wirtschaftsprüfers im Falle der erstmaligen Beantragung der Aufnahme in die in Abs. 7 Z 1 genannten Liste (Abs. 8) nicht umfasst sind, unbeachtlich sind.
3. Die Förderung (Z 1) ist in der Transparenzdatenbank **„unter“** „Kunst und Kultur“ einheitlich kategorisiert.

   *(BGBl I 2022/108 ab 20.7.2022)*

*(BGBl I 2015/160)*

(5) Begünstigte Einrichtungen für die Erfüllung der in Abs. 2 Z 3 genannten Zwecke sind:

1. Körperschaften im Sinne des § 1 Abs. 2 Z 1 und 2 des Körperschaftsteuergesetzes 1988,
2. Körperschaften des öffentlichen Rechts,
3. vergleichbare ausländische Körperschaften eines Mitgliedstaates der Europäischen Union oder eines Staates des Europäischen Wirtschaftsraumes,

   *(BGBl I 2016/117)*
4. Körperschaften im Sinne des § 1 Abs. 2 Z 1 des Körperschaftsteuergesetzes 1988 deren ausschließlicher Zweck – abgesehen von der Mittelverwendung im Sinne des Abs. 8 Z 3 lit. c – das Sammeln von Spenden ist sowie

   *(BGBl I 2016/117)*
5. Körperschaften im Sinne des § 1 Abs. 2 Z 1 des Körperschaftsteuergesetzes 1988, deren abgabenrechtliche Begünstigung gemäß den §§ 34 bis 47 der Bundesabgabenordnung gemäß § 40a Z 1 der Bundesabgabenordnung nicht verloren geht.

   *(BGBl I 2016/117)*

(6) Begünstigte Einrichtungen für die Erfüllung der Abs. 2 Z 4 genannten Zwecke sind:

1. Freiwillige Feuerwehren unbeschadet ihrer rechtlichen Stellung,
2. Landesfeuerwehrverbände.

Diese Einrichtungen haben Aufzeichnungen hinsichtlich der Spendeneinnahmen zu führen und Ablichtungen von Bestätigungen der Kassaeingänge von Spenden aufzubewahren (§ 132 BAO).

(7) Für die Zuwendungen gilt Folgendes:

1. Zuwendungen an die in Abs. 3 Z 4 bis 6, Abs. 4 lit. d, Abs. 4a und in Abs. 5 genannten Einrichtungen sind nur abzugsfähig, wenn aus der beim Finanzamt Österreich zu führenden Liste hervorgeht, dass zum Zeitpunkt der Zuwendung die Voraussetzungen für die Anerkennung als begünstigte Einrichtung vorliegen.

   *(BGBl I 2015/160, BGBl I 2019/104, BGBl I 2020/99)*
2. Hinsichtlich der in Abs. 3 Z 4 bis 6, Abs. 4a und Abs. 5 genannten Einrichtungen sind Mitgliedsbeiträge in Höhe der satzungsgemäß von ordentlichen Mitgliedern zu entrichtenden Beiträge nicht abzugsfähig.

   *(BGBl I 2015/160)*

3. Hinsichtlich der in Abs. 6 genannten Einrichtungen sind Zuwendungen nicht abzugsfähig, wenn sie durch eine Körperschaft im Sinne des § 1 Abs. 2 Körperschaftsteuergesetz 1988 erfolgen, die mit einer Gemeinde im Sinne des Art. 116 B-VG wirtschaftlich verbunden ist.
4. Zuwendungen, denen eine Gegenleistung gegenübersteht, sind als freigebige Zuwendungen abzugsfähig, wenn der gemeine Wert der Zuwendung den Wert der Gegenleistung erheblich übersteigt. Der dem gemeinen Wert der Gegenleistung entsprechende Teil der Zuwendung ist nicht abzugsfähig.
5. Die Zuwendung ist auf Verlangen der Abgabenbehörde durch Vorlage eines Beleges (§ 18 Abs. 1 Z 7) nachzuweisen. Auf Verlangen des Zuwendenden hat der Empfänger der Zuwendung eine Spendenbestätigung (§ 18 Abs. 1 Z 7) auszustellen.

(8) Die Aufnahme in die in Abs. 7 Z 1 genannte Liste darf nur erfolgen, wenn glaubhaft gemacht wurde, dass durch die Körperschaft Maßnahmen zur Erfüllung der Datenübermittlungsverpflichtung gemäß § 18 Abs. 8 getroffen wurden und folgende Voraussetzungen erfüllt sind:

1. Für Körperschaften im Sinne des Abs. 3 Z 6, Abs. 4a und Abs. 5 Z 1 bis 3:
   a) Die Körperschaft dient ausschließlich Zwecken nach Maßgabe der §§ 34 ff der Bundesabgabenordnung.
   b) Die Körperschaft oder deren Vorgängerorganisation (Organisationsfeld mit eigenem Rechnungskreis) dient seit mindestens drei Jahren ununterbrochen im Wesentlichen unmittelbar den in der Rechtsgrundlage (beispielsweise Vereinsstatut, Satzung, Gesellschaftsvertrag) angeführten begünstigten Zwecken gemäß Abs. 2 Z 1, 3 und 5.
   *(BGBl I 2015/118, BGBl I 2015/160)*
   c) Die Körperschaft unterhält, abgesehen von völlig untergeordneten Nebentätigkeiten, ausschließlich solche wirtschaftliche Tätigkeiten, die unter § 45 Abs. 1, § 45 Abs. 2 oder § 47 der Bundesabgabenordnung fallen oder für welche die Begünstigungen gemäß § 45a der Bundesabgabenordnung bestehen bleiben.
   d) Die in Zusammenhang mit der Verwendung der Spenden stehenden Verwaltungskosten der Körperschaft betragen ohne Berücksichtigung der für die Erfüllung der Übermittlungsverpflichtung gemäß § 18 Abs. 8 anfallenden Kosten höchstens 10% der Spendeneinnahmen.
   *(BGBl I 2015/118)*
   e) Bei Auflösung der Körperschaft oder bei Wegfall des begünstigten Zweckes darf das Vermögen der Körperschaft, soweit es die eingezahlten Kapitalanteile der Mitglieder und den gemeinen Wert der von den Mitgliedern geleisteten Sacheinlagen übersteigt, nur für die in der Rechtsgrundlage angeführten begünstigten Zwecke gemäß Abs. 2 Z 1, 3 und 5 verwendet werden.
   *(BGBl I 2015/118, BGBl I 2016/117)*

*(BGBl I 2015/160)*

2. Für Körperschaften im Sinne des Abs. 3 Z 4 und 5 sowie des Abs. 4 lit. d:
   a) Das mangelnde Gewinnstreben ist – ausgenommen hinsichtlich einer untergeordneten betrieblichen Tätigkeit – in der Rechtsgrundlage verankert.
   b) Die tatsächliche Geschäftsführung entspricht den Vorgaben der Rechtsgrundlage und die Körperschaft entfaltet eine betriebliche Tätigkeit nur in untergeordnetem Ausmaß.
   c) Die Rechtsgrundlage stellt sicher, dass an Mitglieder oder Gesellschafter oder diesen nahe stehende Personen keinerlei Vermögensvorteile zugewendet werden und dass gesammelte Spendenmittel ausschließlich für die in der Rechtsgrundlage angeführten begünstigten Zwecke gemäß Abs. 2 Z 1 und 2 verwendet werden.
   *(BGBl I 2015/118)*
   d) Die Körperschaft oder deren Vorgängerorganisation (Organisationsfeld mit eigenem Rechnungskreis) dient seit mindestens drei Jahren ununterbrochen der Erfüllung der in der Rechtsgrundlage angeführten begünstigten Zwecke.
   *(BGBl I 2015/118)*
   e) Die in Zusammenhang mit der Verwendung der Spenden stehenden Verwaltungskosten der Körperschaft betragen höchstens 10% der Spendeneinnahmen.
   f) Bei Auflösung der Körperschaft oder bei Wegfall des begünstigten Zweckes darf das Vermögen der Körperschaft, soweit es die eingezahlten Kapitalanteile der Mitglieder und den gemeinen Wert der von den Mitgliedern geleisteten Sacheinlagen übersteigt, nur für die in der Rechtsgrundlage angeführten begünstigten Zwecke gemäß Abs. 2 Z 1 und 2 verwendet werden.
   *(BGBl I 2015/118)*
3. Für Körperschaften im Sinne des Abs. 5 Z 4 neben den in Z 2 genannten Voraussetzungen:
   a) Die Sammlung für begünstigte Zwecke gemäß Abs. 2 Z 3 ist, abgesehen von der Mittelverwendung im Sinne der lit. c, als ausschließlicher Zweck in der Rechtsgrundlage (Vereinsstatut, Satzung, Gesellschaftsvertrag) verankert.
   b) Die Rechtsgrundlage stellt sicher, dass jede Änderung der Rechtsgrundlage, insbesondere der Aufgaben der Körperschaft, sowie die Beendigung ihrer

begünstigten Tätigkeit dem Finanzamt Österreich unverzüglich bekannt gegeben werden.

c) Die Mittelverwendung erfolgt entweder durch Weitergabe an Körperschaften im Sinne des Abs. 5 Z 1 bis 3 oder in Durchführung von Aktionen ausschließlich zu begünstigten Zwecken gemäß Abs. 2 Z 3, wobei dazu andere Rechtsträger nach Maßgabe des § 40 Abs. 1 der Bundesabgabenordnung herangezogen werden können. Im letztgenannten Fall ist die ausschließliche Verwendung der Mittel zu begünstigten Zwecken gemäß Abs. 2 Z 3 durch die Spenden sammelnde Körperschaft sicherzustellen.

d) Die Körperschaft veröffentlicht jene Organisationen und Zwecke, denen die gesammelten Spenden zukommen.

e) Bei Auflösung der Körperschaft oder bei Wegfall des begünstigten Zweckes darf das Vermögen der Körperschaft, soweit es die eingezahlten Kapitalanteile der Mitglieder und den gemeinen Wert der von den Mitgliedern geleisteten Sacheinlagen übersteigt, nur für die in der Rechtsgrundlage angeführten begünstigten Zwecke gemäß Abs. 2 Z 3 verwendet werden.

*(BGBl I 2015/118)*

4. Für Körperschaften im Sinne des Abs. 5 Z 5 gelten die in Z 1 genannten Voraussetzungen unter der Maßgabe, dass die Körperschaft auch dann unmittelbar den in der Rechtsgrundlage angeführten begünstigten Zwecken gemäß Abs. 2 Z 3 dient, wenn die abgabenrechtliche Begünstigung nur auf Grund von § 40a Z 1 der Bundesabgabenordnung nicht verloren geht.

*(BGBl I 2016/117)*

Das Vorliegen der Voraussetzungen der Z 1 bis 4 sowie die Einhaltung der anzuwendenden Rechnungslegungsvorschriften ist von einem Wirtschaftsprüfer jährlich im Rahmen einer den Anforderungen der §§ 268 ff des Unternehmensgesetzbuches entsprechenden Prüfung zu bestätigen. Die Bestimmungen des § 275 des Unternehmensgesetzbuches gelten sinngemäß.

Diese Bestätigung ist dem Finanzamt Österreich jährlich innerhalb von neun Monaten nach dem Abschlussstichtag vorzulegen. Im Falle einer Änderung der Rechtsgrundlage, ist auch die geänderte Rechtsgrundlage (Vereinsstatut, Satzung, Gesellschaftsvertrag) vorzulegen. Das Finanzamt Österreich hat die Erfüllung der gesetzlichen Voraussetzungen mit Bescheid zu bestätigen, die Körperschaft zu erfassen und sämtliche Körperschaften, die diesen Voraussetzungen entsprechen, auf der Homepage des Bundesministeriums für Finanzen in einer Liste zu veröffentlichen.

Wird die Aufnahme in die Liste erstmalig beantragt, sind die aktuelle Rechtsgrundlage, die Bestätigungen des Wirtschaftsprüfers für die vorangegangen drei Wirtschaftsjahre und, wenn vorhanden, die Zahl, unter der die Körperschaft im Zentralen Vereinsregister oder im Firmenbuch erfasst ist, dem Finanzamt Österreich zu übermitteln.

*(BGBl I 2015/118, BGBl I 2016/117, BGBl I 2019/104, BGBl I 2020/99)*

(9) (aufgehoben)

*(BGBl I 2015/160, BGBl I 2018/62)*

### Zuwendungen zur Vermögensausstattung

**§ 4b.** (1) Zuwendungen aus dem Betriebsvermögen zum Zweck der ertragsbringenden Vermögensausstattung an eine privatrechtliche Stiftung oder an eine damit vergleichbare Vermögensmasse (Stiftung), die die Voraussetzungen der §§ 34 ff BAO erfüllt und begünstigte Zwecke gemäß § 4a Abs. 2 verfolgt, gelten bis zu einem Höchstbetrag von 500 000 Euro nach Maßgabe der folgenden Bestimmungen als Betriebsausgaben:

1. Die Stiftung ist nach ihrer Rechtsgrundlage verpflichtet, die Erträge aus der Verwaltung der zugewendeten Vermögenswerte spätestens mit Ablauf des dritten Jahres nach dem Kalenderjahr des Zuflusses dieser Erträge ausschließlich für die in der Rechtsgrundlage angeführten begünstigten Zwecke gemäß § 4a Abs. 2 zu verwenden. Als Verwendung für diese Zwecke gilt auch die Einstellung von höchstens 20% der jährlichen Erträge in eine Rücklage.
2. Eine Verwendung der zugewendeten Vermögenswerte selbst für die in der Rechtsgrundlage angeführten begünstigten Zwecke ist frühestens nach Ablauf des der Zuwendung zweitfolgenden Kalenderjahres zulässig.
3. Zum Zeitpunkt der Zuwendung muss die Anerkennung als begünstigte Einrichtung aus der Liste gemäß § 4a Abs. 7 Z 1 hervorgehen.
4. Erfolgt die Zuwendung zu einem Zeitpunkt, zu dem die Stiftung oder deren Vorgängerorganisation nicht bereits seit mindestens drei Jahren ununterbrochen im Wesentlichen unmittelbar begünstigten Zwecken gemäß § 4a Abs. 2 gedient hat, gilt die Zuwendung abweichend von Z 3 dennoch als Betriebsausgabe, wenn die Voraussetzungen für die Aufnahme der Stiftung in die in § 4a Abs. 7 Z 1 genannte Liste nach Ablauf von drei Jahren ab ihrer Errichtung vorliegen.
5. Abzugsfähig sind die erstmalige Zuwendung sowie weitere Zuwendungen des Steuerpflichtigen, die in einem der folgenden vier Wirtschaftsjahre getätigt werden. Dabei gilt:
   a) Der Gesamtbetrag der abzugsfähigen Zuwendungen ist für den fünfjährigen Zuwendungszeitraum mit 500 000 Euro begrenzt.
   b) Im Wirtschaftsjahr sind Zuwendungen insoweit abzugsfähig, als sie 10% des Gewinnes vor Berücksichtigung von Zuwendungen gemäß § 4a und § 4c und

vor Berücksichtigung eines Gewinnfreibetrages nicht übersteigen.

*(BGBl I 2018/62)*

c) Soweit eine Berücksichtigung als Betriebsausgabe gemäß lit. b nicht in Betracht kommt, kann die Zuwendung gemäß § 18 Abs. 1 Z 8 als Sonderausgabe berücksichtigt werden.

(2) Die Stiftung hat einen Zuschlag zur Körperschaftsteuer in Höhe von 30% der zugewendeten abzugsfähigen Beträge oder des abzugsfähigen gemeinen Wertes der zugewendeten Wirtschaftsgüter zu entrichten, wenn sie

1. entgegen Abs. 1 Z 4 die Voraussetzungen für die Aufnahme in die in § 4a Abs. 7 Z 1 genannte Liste nach Ablauf von drei Jahren ab ihrer Errichtung nicht erfüllt oder
2. die zugewendeten Vermögenswerte entgegen Abs. 1 Z 2 verwendet oder
3. innerhalb von fünf Jahren nach dem Zeitpunkt der Zuwendung
   a) die Erträge nicht ausschließlich gemäß Abs. 1 Z 1 verwendet oder
   b) in der in § 4a Abs. 7 Z 1 genannten Liste als nicht mehr begünstigt ausgewiesen wird.

(3) Ist der auf Grund von Abs. 2 Z 1 vorgeschriebene Betrag bei der Stiftung nicht einbringlich, gilt die Nichtaufnahme in die in § 4a Abs. 7 Z 1 genannte Liste für den Zuwendenden als rückwirkendes Ereignis im Sinne des § 295a BAO.

*(BGBl I 2015/160)*

### Zuwendungen an die Innovationsstiftung für Bildung

**§ 4c.** (1) Freigebige Zuwendungen aus dem Betriebsvermögen an die Innovationsstiftung für Bildung gemäß § 1 ISBG sowie an deren Substiftungen gemäß § 4 Abs. 5 ISBG zur Förderung ihrer Tätigkeiten gemäß § 3 Abs. 1 und 2 ISBG oder zum Zweck der ertragsbringenden Vermögensausstattung gelten als Betriebsausgaben, wobei folgende Höchstbeträge zu berücksichtigen sind:

1. Bis zu einem Gewinn vor Berücksichtigung von Zuwendungen gemäß § 4a und § 4b und vor Berücksichtigung eines Gewinnfreibetrages von höchstens 5 Millionen Euro beträgt der Höchstbetrag 500 000 Euro. Durch die Berücksichtigung der Zuwendung darf kein Verlust entstehen.

   *(BGBl I 2019/103)*
2. Bei einem Gewinn vor Berücksichtigung von Zuwendungen gemäß § 4a und § 4b und vor Berücksichtigung eines Gewinnfreibetrages von mehr als 5 Millionen Euro beträgt der Höchstbetrag 10 % dieses Gewinnes.

   *(BGBl I 2018/62)*

Werden Wirtschaftsgüter zugewendet, ist der gemeine Wert als Betriebsausgabe anzusetzen; der Restbuchwert ist nicht zusätzlich als Betriebsausgabe und der Teilwert nicht als Betriebseinnahme anzusetzen. Stille Reserven, die nach § 12 auf das zugewendete Wirtschaftsgut übertragen wurden, sind nachzuversteuern. Soweit Zuwendungen die angeführten Höchstgrenzen übersteigen, können diese nach Maßgabe des § 18 Abs. 1 Z 9 als Sonderausgabe abgesetzt werden.

(2) Wird Betriebsvermögen zur ertragsbringenden Vermögensausstattung zugewendet, ist § 4b Abs. 1 Z 1 und Abs. 2 Z 3 lit. a sinngemäß anzuwenden.

*(BGBl I 2017/28)*

### Betriebliche Privatstiftungen

**§ 4d.** (1) Betriebsausgaben sind Zuwendungen an eine Privatstiftung, die nach der Stiftungsurkunde und der tatsächlichen Geschäftsführung ausschließlich und unmittelbar dem Betriebszweck des stiftenden Unternehmers oder auch mit diesem verbundener Konzernunternehmen dient (Unternehmenszweckförderungsstiftung). Verteilt die Privatstiftung die Zuwendungen gemäß § 13 Abs. 1 Z 1 lit. b des Körperschaftsteuergesetzes 1988, sind die Zuwendungen gemäß dieser Verteilung abzugsfähig.

(2) Zuwendungen an eine Privatstiftung, die nach der Stiftungsurkunde und der tatsächlichen Geschäftsführung der Unterstützung von Arbeitnehmern gemäß Abs. 5 Z 2 dient (Arbeitnehmerförderungsstiftung), sind nach Maßgabe der folgenden Bestimmungen Betriebsausgaben:

1. Die Zuwendungen sind nur in dem in § 4 Abs. 4 Z 2 lit. b genannten Ausmaß abzugsfähig. Verteilt die Privatstiftung die nicht unter § 6 Abs. 4 des Körperschaftsteuergesetzes 1988 fallenden Zuwendungen gemäß § 13 Abs. 1 Z 1 lit. b des Körperschaftsteuergesetzes 1988, sind die Zuwendungen gemäß dieser Verteilung abzugsfähig.

   *(BGBl I 2017/142)*
2. Der Kreis der Begünstigten der Privatstiftung ist in der Stiftungs(zusatz)urkunde genau bezeichnet und beschränkt sich auf Arbeitnehmer und deren Angehörigen gemäß Abs. 5 Z 2 und 3 sowie Personen, deren Gehälter und sonstige Vergütungen jeder Art für ihre Tätigkeit im Betrieb unter die Einkünfte aus sonstiger selbständiger Arbeit im Sinne des § 22 Z 2 fallen.
3. Die ausschließliche und unmittelbare Verwendung des Vermögens und der Einkünfte der Privatstiftung ist durch die Stiftungsurkunde und tatsächlich dauernd für Zwecke der Unterstützung der Arbeitnehmer und deren Angehörigen gemäß Abs. 5 Z 2 und 3 gesichert.
4. Die dem Kreis der Begünstigten angehörenden Personen sind nicht zu laufenden Beiträgen oder zu sonstigen Zuschüssen verpflichtet.
5. Die Stiftungsurkunde sieht vor, dass das Vermögen bei Auflösung der Privatstiftung nur den Begünstigten zufällt und bei Fehlen von Begünstigten nur für gemeinnützige, mild-

tätige oder kirchliche Zwecke im Sinne der Bundesabgabenordnung verwendet werden darf.

(3) Zuwendungen an eine Privatstiftung, die nach der Stiftungsurkunde und der tatsächlichen Geschäftsführung ausschließlich und unmittelbar der Weitergabe von Beteiligungserträgen im Sinne des § 10 Abs. 1 des Körperschaftsteuergesetzes 1988 aus Beteiligungen an Arbeitgebergesellschaften gemäß Abs. 5 Z 1 an die Begünstigten dient (Belegschaftsbeteiligungsstiftung), sind nach Maßgabe der folgenden Bestimmungen Betriebsausgaben:

1. Die Zuwendungen sind nur insoweit abzugsfähig, als es sich
   – um Beteiligungen an Arbeitgebergesellschaften gemäß Abs. 5 Z 1oder
   – um den für die Anschaffung solcher Beteiligungen notwendigen Geldbetrag, oder
   – um Aufwendungen für die Gründung und die laufende Betriebsführung der Stiftung handelt.

   Verteilt die Privatstiftung die Zuwendungen gemäß § 13 Abs. 1 Z 1 lit. b des Körperschaftsteuergesetzes 1988, sind die Zuwendungen gemäß dieser Verteilung abzugsfähig.
2. Stifter laut der Stiftungsurkunde können nur die Arbeitgebergesellschaften gemäß Abs. 5 Z 1 und die innerbetrieblich bestehende gesetzliche Arbeitnehmervertretung sein. Bei der Errichtung der Stiftung ist die Zustimmung jenes Organs der Arbeitnehmerschaft gemäß § 40 Arbeitsverfassungsgesetz, welches die größtmögliche Anzahl der Arbeitnehmer repräsentiert, einzuholen. Bestehen keine gesetzlichen Arbeitnehmervertretungen ist die Zustimmung der jeweiligen zuständigen kollektivvertragsfähigen Gewerkschaft einzuholen.
3. Der Kreis der Begünstigten und Letztbegünstigten der Privatstiftung ist in der Stiftungs(zusatz)urkunde genau bezeichnet und umfasst ausschließlich alle Arbeitnehmer und gegebenenfalls deren Angehörige gemäß Abs. 5 Z 2 und 3 oder bestimmte Gruppen von diesen. Abweichend davon kann die Stiftungsurkunde vorsehen, dass nach Ablauf von 99 Jahren ab Errichtung der Stiftung der Stifter Letztbegünstigter sein kann. Sind bei Auflösung der Privatstiftung keine Letztbegünstigten vorhanden, darf das Vermögen nach der Stiftungsurkunde nur für gemeinnützige, mildtätige oder kirchliche Zwecke im Sinne der Bundesabgabenordnung verwendet werden.
4. Die Weiterleitung der Beteiligungserträge der Privatstiftung im Wirtschaftsjahr des Zuflusses ist in der Stiftungs(zusatz)urkunde ausdrücklich festgehalten. Zum Zweck der Glättung der Zuwendungen über einen mehrjährigen Zeitraum kann auch eine teilweise Weiterleitung der Beteiligungserträge vorgesehen werden.

(4) Zuwendungen an eine Privatstiftung, die gemäß den Bestimmungen der Z 1 der gemeinsamen Verwahrung und Verwaltung von Mitarbeiterkapitalbeteiligungen dient (Mitarbeiterbeteiligungsstiftung), sind nach Maßgabe der Z 2 bis 4 Betriebsausgaben.

1. Die Privatstiftung dient nach der Stiftungsurkunde und der tatsächlichen Geschäftsführung ausschließlich und unmittelbar
   – der unentgeltlichen oder verbilligten Abgabe von Aktien an Arbeitgebergesellschaften gemäß Abs. 5 Z 1 an die Begünstigten,
   – der treuhändigen Verwahrung und Verwaltung von Aktien der Begünstigten,
   – der einheitlichen Ausübung der von den Begünstigten übertragenen, mit den treuhändig verwahrten und verwalteten Aktien verbundenen, Stimmrechte und
   – dem Erwerb und dem vorübergehenden Halten von Aktien an den Arbeitgebergesellschaften gemäß Abs. 5 Z 1 über einen mehrjährigen Zeitraum bis zu einem Anteil von 10% der Stimmrechte zum Zweck der unentgeltlichen oder verbilligten Abgabe an die Begünstigten, wobei die Abgabe planmäßig erfolgen muss.
2. Die Zuwendungen sind nur insoweit abzugsfähig, als es sich
   – um Aktien an Arbeitgebergesellschaften gemäß Abs. 5 Z 1, oder
   – um den für die Anschaffung solcher Aktien notwendigen Geldbetrag, oder
   – um den für die Abdeckung der Gründungsaufwendungen und der laufenden Aufwendungen der Privatstiftung notwendigen Geldbetrag, oder
   – um den für die Abdeckung der Aufwendungen für die treuhändige Verwahrung und Verwaltung der Aktien der Begünstigten notwendigen Geldbetrag handelt.

   Werden Aktien der Privatstiftung zugewendet, die nicht im selben Kalenderjahr gemäß § 3 Abs. 1 Z 15 lit. c unentgeltlich oder verbilligt an die Begünstigten abgegeben werden, ist die Zuwendung auf das Zuwendungsjahr und die folgenden neun Wirtschaftsjahre gleichmäßig verteilt als Betriebsausgaben abzusetzen.
3. Stifter können nur Arbeitgebergesellschaften gemäß Abs. 5 Z 1 und die jeweilige innerbetrieblich bestehende gesetzliche Arbeitnehmervertretung sein. Bei der Errichtung der Stiftung ist die Zustimmung jenes Organs der Arbeitnehmerschaft gemäß § 40 Arbeitsverfassungsgesetz, welches die größtmögliche Anzahl der Arbeitnehmer repräsentiert, einzuholen. Bestehen keine gesetzlichen Arbeitnehmervertretungen ist die Zustimmung der jeweiligen zuständigen kollektivvertragsfähigen Gewerkschaft einzuholen.

4. Der Kreis der Begünstigten und Letztbegünstigten der Privatstiftung ist in der Stiftungs(zusatz)urkunde genau bezeichnet und umfasst ausschließlich alle Arbeitnehmer und gegebenenfalls deren Angehörige gemäß Abs. 5 Z 2 und 3 oder bestimmte Gruppen von diesen. Abweichend davon kann die Stiftungsurkunde vorsehen, dass nach Ablauf von 99 Jahren ab Errichtung der Stiftung der Stifter Letztbegünstigter sein kann. Sind bei Auflösung der Privatstiftung keine Letztbegünstigten vorhanden, darf das Vermögen nach der Stiftungsurkunde nur für gemeinnützige, mildtätige oder kirchliche Zwecke im Sinne der Bundesabgabenordnung verwendet werden.

Mitarbeiterbeteiligungsstiftungen haben dem Bundesminister für Finanzen für jedes Kalenderjahr Informationen zu übermitteln, die insbesondere die Anzahl der gehaltenen und der verwalteten Aktien, der begünstigten Arbeitnehmer und deren Angehörige sowie der unentgeltlich oder verbilligt weitergegebenen Aktien betreffen. Der Bundesminister für Finanzen wird ermächtigt, die Art der Übermittlung und die Spezifikationen (Form, Struktur und Inhalt) der zu übermittelnden Informationen im Wege einer Verordnung näher zu bestimmen.

(5) Für betriebliche Privatstiftungen im Sinne der Abs. 2 bis 4 gelten folgende Begriffsbestimmungen:

1. „Arbeitgebergesellschaften" sind die Gesellschaft, die Arbeitgeber der Begünstigten ist, sowie mit dieser
   - verbundene Konzernunternehmen oder
   - im Rahmen eines Sektors gesellschaftsrechtlich verbundene Unternehmen oder
   - in einem Haftungsverbund gemäß § 30 Abs. 2a Bankwesengesetz befindliche Unternehmen.
2. „Arbeitnehmer" sind die Arbeitnehmer oder ehemalige Arbeitnehmer der Arbeitgebergesellschaften im Sinne der Z 1.
3. „Angehörige" von Arbeitnehmern im Sinne der Z 2 sind deren (Ehe-)Partner und Kinder.

*(BGBl I 2017/105)*

### Gewinn der rechnungslegungspflichtigen Gewerbetreibenden

**§ 5.** (1) Für die Gewinnermittlung jener Steuerpflichtigen, die nach § 189 UGB oder anderen bundesgesetzlichen Vorschriften der Pflicht zur Rechnungslegung unterliegen und die Einkünfte aus Gewerbebetrieb (§ 23) beziehen, sind die unternehmensrechtlichen Grundsätze ordnungsmäßiger Buchführung maßgebend, außer zwingende steuerrechtliche Vorschriften treffen abweichende Regelungen. Die Widmung von Wirtschaftsgütern als gewillkürtes Betriebsvermögen ist zulässig. Beteiligt sich ein Gesellschafter als Mitunternehmer am Betrieb eines nach § 189 UGB rechnungslegungspflichtigen Gewerbetreibenden, gilt auch diese Gesellschaft als rechnungslegungspflichtiger Gewerbetreibender.

(2) Als rechnungslegungspflichtiger Gewerbetreibender im Sinne des Abs. 1 gilt auf Antrag ein Steuerpflichtiger, der Einkünfte aus Gewerbebetrieb (§ 23) bezieht und nicht mehr der Pflicht zur Gewinnermittlung nach Abs. 1 unterliegt. Der Antrag ist für das Jahr zu stellen, in dem das Wirtschaftsjahr endet, für das erstmalig keine Pflicht zur Gewinnermittlung nach Abs. 1 besteht. Der Antrag kann bis zur Rechtskraft des Bescheides gestellt werden und bindet den Steuerpflichtigen so lange, als er nicht in einer Steuererklärung für das jeweils zu veranlagende Wirtschaftsjahr mit Wirkung für dieses und die folgenden Wirtschaftsjahre widerrufen wird.

### Bewertung

**§ 6.** Für die Bewertung der einzelnen Wirtschaftsgüter des Betriebsvermögens gilt folgendes:

1. Abnutzbares Anlagevermögen ist mit den Anschaffungs- oder Herstellungskosten, vermindert um die Absetzung für Abnutzung nach den §§ 7 und 8, anzusetzen. Bei Land- und Forstwirten und bei Gewerbetreibenden gilt der Firmenwert als abnutzbares Anlagevermögen. Ist der Teilwert niedriger, so kann dieser angesetzt werden. Teilwert ist der Betrag, den der Erwerber des ganzen Betriebes im Rahmen des Gesamtkaufpreises für das einzelne Wirtschaftsgut ansetzen würde; dabei ist davon auszugehen, daß der Erwerber den Betrieb fortführt. Bei Wirtschaftsgütern, die bereits am Schluß des vorangegangenen Wirtschaftsjahres zum Anlagevermögen gehört haben, darf der Bilanzansatz, abgesehen von den Fällen der Z 13, nicht über den letzten Bilanzansatz hinausgehen.
2. a) Nicht abnutzbares Anlagevermögen und Umlaufvermögen sind mit den Anschaffungs- oder Herstellungskosten anzusetzen. Ist der Teilwert niedriger, so kann dieser angesetzt werden. Bei Wirtschaftsgütern, die bereits am Schluß des vorangegangenen Wirtschaftsjahres zum Betriebsvermögen gehört haben, kann der Steuerpflichtige in den folgenden Wirtschaftsjahren den Teilwert auch dann ansetzen, wenn er höher ist als der letzte Bilanzansatz; es dürfen jedoch höchstens die Anschaffungs- oder Herstellungskosten angesetzt werden. Eine pauschale Wertberichtigung für Forderungen ist unter den Voraussetzungen des § 201 Abs. 2 Z 7 des Unternehmensgesetzbuches in der Fassung BGBl. I Nr. 22/2015 zulässig. Zu den Herstellungskosten gehören auch angemessene Teile der Materialgemeinkosten und der Fertigungsgemeinkosten.

   *(BGBl I 2015/22, BGBl I 2021/3)*

   b) Bei land- und forstwirtschaftlichen Betrieben ist für die Wirtschaftsgüter mit biologischem Wachstum auch der Ansatz des über den Anschaffungs- oder Herstellungskosten liegenden Teilwertes zulässig.

c) Abschreibungen auf den niedrigeren Teilwert (lit. a) und Verluste aus der Veräußerung, Einlösung und sonstigen Abschichtung von Wirtschaftsgütern, Derivaten und Kryptowährungen im Sinne des § 27 Abs. 3 bis 4a, auf deren Erträge ein besonderer Steuersatz gemäß § 27a Abs. 1 anwendbar ist, sind vorrangig mit positiven Einkünften aus realisierten Wertsteigerungen von solchen Wirtschaftsgütern, Derivaten und Kryptowährungen sowie mit Zuschreibungen derartiger Wirtschaftsgüter desselben Betriebes zu verrechnen. Ein verbleibender negativer Überhang darf nur zu 55% ausgeglichen werden.

*(BGBl I 2015/118, BGBl I 2022/10)*

d) Abschreibungen auf den niedrigeren Teilwert (lit. a), Absetzungen für außergewöhnliche technische oder wirtschaftliche Abnutzung (§ 8 Abs. 4) und Verluste aus der Veräußerung von Grundstücken im Sinne des § 30 Abs. 1, auf deren Wertsteigerungen der besondere Steuersatz gemäß § 30a Abs. 1 anwendbar ist, sind vorrangig mit positiven Einkünften aus der Veräußerung oder Zuschreibung solcher Grundstücke desselben Betriebes zu verrechnen. Ein verbleibender negativer Überhang darf nur zu 60% ausgeglichen werden.

*(BGBl I 2015/118, BGBl I 2016/117)*

3. Verbindlichkeiten sind gemäß Z 2 lit. a zu bewerten. Im Jahr der Aufnahme einer Verbindlichkeit ist ein Aktivposten anzusetzen
   – in Höhe des Unterschiedsbetrages zwischen Rückzahlungsbetrag und aufgenommenem Betrag und
   – in Höhe der mit der Verbindlichkeit unmittelbar zusammenhängenden Geldbeschaffungskosten.

   Der Aktivposten ist zwingend auf die gesamte Laufzeit der Verbindlichkeit zu verteilen. Die Verteilung kann gleichmäßig oder entsprechend abweichenden unternehmensrechtlichen Grundsätzen ordnungsmäßiger Buchführung vorgenommen werden.

4. Entnahmen sind mit dem Teilwert im Zeitpunkt der Entnahme anzusetzen. Grund und Boden ist mit dem Buchwert im Zeitpunkt der Entnahme anzusetzen, sofern nicht eine Ausnahme vom besonderen Steuersatz gemäß § 30a Abs. 3 vorliegt. Der Entnahmewert tritt für nachfolgende steuerrelevante Sachverhalte an die Stelle der Anschaffungs- oder Herstellungskosten.

5. Einlagen sind wie folgt zu bewerten:

a) Wirtschaftsgüter, Derivate und Kryptowährungen im Sinne des § 27 Abs. 3 bis 4a sind mit den Anschaffungskosten anzusetzen, es sei denn, der Teilwert zum Zeitpunkt der Zuführung ist niedriger.

*(BGBl I 2022/10)*

b) Grundstücke im Sinne des § 30 Abs. 1 sind mit den Anschaffungs- oder Herstellungskosten anzusetzen. Sie sind um Herstellungsaufwendungen zu erhöhen, soweit diese nicht bei der Ermittlung von Einkünften zu berücksichtigen waren. Sie sind um Absetzungen für Abnutzungen, soweit diese bei der Ermittlung der Einkünfte abgezogen worden sind, sowie um die in § 28 Abs. 6 genannten steuerfreien Beträge zu vermindern. Ist der Teilwert zum Zeitpunkt der Zuführung niedriger, ist dieser anzusetzen.

c) Abweichend von lit. b sind Gebäude und grundstücksgleiche Rechte im Sinne des § 30 Abs. 1, die zum 31. März 2012 nicht steuerverfangen waren, stets mit dem Teilwert zum Zeitpunkt der Zuführung anzusetzen.

d) In allen übrigen Fällen ist der Teilwert im Zeitpunkt der Zuführung anzusetzen.

6. a) Werden Wirtschaftsgüter eines im Inland gelegenen Betriebes (Betriebsstätte) ins Ausland in einen anderen Betrieb (Betriebsstätte) überführt oder werden im Inland gelegene Betriebe (Betriebsstätten) ins Ausland verlegt, sind die ins Ausland überführten Wirtschaftsgüter mit den Werten anzusetzen, die im Falle einer Lieferung an einen vom Steuerpflichtigen völlig unabhängigen Betrieb angesetzt worden wären, wenn
   – der ausländische Betrieb demselben Steuerpflichtigen gehört,
   – der Steuerpflichtige Mitunternehmer des ausländischen und/oder des inländischen Betriebes ist,
   – der Steuerpflichtige an der ausländischen Kapitalgesellschaft oder die ausländische Kapitalgesellschaft am Steuerpflichtigen wesentlich, das ist zu mehr als 25%, beteiligt ist oder
   – bei beiden Betrieben dieselben Personen die Geschäftsleitung oder die Kontrolle ausüben oder darauf Einfluss haben.

   Dies gilt sinngemäß für sonstige Leistungen.

b) Treten sonstige Umstände ein, die zu einer Einschränkung des Besteuerungsrechts der Republik Österreich im Verhältnis zu anderen Staaten führen, sind Wirtschaftsgüter ebenfalls mit den nach lit. a maßgebenden Werten anzusetzen.

*(BGBl I 2015/163)*

c) Die Abgabenschuld gemäß lit. a und b ist auf Grund eines in der Steuererklärung gestellten Antrages in folgenden Fällen in Raten zu entrichten:
   - bei Überführung von Wirtschaftsgütern innerhalb eines Betriebes desselben Steuerpflichtigen oder Verlegung von Betrieben oder Betriebsstätten im Sinne der lit. a in einen EU/EWR-Staat;
   - bei einer Einschränkung des Besteuerungsrechts der Republik Österreich im Sinne der lit. b gegenüber einem EU/EWR-Staat.

   *(BGBl I 2015/163, BGBl I 2018/62)*

d) Die Raten gemäß lit. c sind für Wirtschaftsgüter des Anlagevermögens gleichmäßig über einen Zeitraum von fünf Jahren zu entrichten, wobei die erste Rate mit Ablauf eines Monats nach Bekanntgabe des Abgabenbescheides und die weiteren Raten jeweils am 30. Juni der Folgejahre fällig werden; dabei ist § 205 der Bundesabgabenordnung nicht anzuwenden. Offene Raten sind insoweit fällig zu stellen als
   - Wirtschaftsgüter, Betriebe oder Betriebsstätten veräußert werden, auf sonstige Art ausscheiden oder in einen Staat außerhalb des EU/EWR-Raumes überführt oder verlegt werden,
   - der Ort der Geschäftsleitung einer Körperschaft in einen Staat außerhalb des EU/EWR-Raumes verlegt wird,
   - der Steuerpflichtige Insolvenz anmeldet oder abgewickelt wird oder
   - der Steuerpflichtige eine Rate binnen zwölf Monaten ab Eintritt der Fälligkeit nicht oder in zu geringer Höhe entrichtet.

   Der Eintritt dieser Umstände ist der zuständigen Abgabenbehörde binnen drei Monaten ab Eintritt anzuzeigen.

   *(BGBl I 2015/163, BGBl I 2016/117, BGBl I 2018/62)*

e) Die Raten gemäß lit. c sind für Wirtschaftsgüter des Umlaufvermögens gleichmäßig über einen Zeitraum von zwei Jahren zu entrichten, wobei die erste Rate mit Ablauf eines Monats nach Bekanntgabe des Abgabenbescheides und die zweite Rate am 30. Juni des Folgejahres fällig wird.

   *(BGBl I 2015/163, BGBl I 2018/62)*

f) Werden im Sinne der lit. a Wirtschaftsgüter oder Betriebe (Betriebsstätten) aus dem Ausland ins Inland überführt oder verlegt, sind die Werte anzusetzen, die im Falle einer Lieferung an einen vom Steuerpflichtigen völlig unabhängigen Betrieb angesetzt worden wären. Dies gilt sinngemäß für sonstige Leistungen.

   *(BGBl I 2015/163)*

g) Treten sonstige Umstände im Sinne der lit. b ein, die zu einer Entstehung des Besteuerungsrechts der Republik Österreich im Verhältnis zu anderen Staaten führen, sind Wirtschaftsgüter ebenfalls mit den nach lit. f maßgebenden Werten anzusetzen.

   *(BGBl I 2015/163)*

h) Abweichend von lit. f und g sind bei Wirtschaftsgütern, für die die Abgabenschuld nicht festgesetzt worden ist, die fortgeschriebenen Buchwerte anzusetzen; § 27 Abs. 6 Z 1 lit. e ist sinngemäß anzuwenden.

7. (aufgehoben)

8. a) Bei Eröffnung eines Betriebes sind die Wirtschaftsgüter mit den Anschaffungs- oder Herstellungskosten anzusetzen. Einlagen sind gemäß Z 5 zu bewerten.

   b) Bei entgeltlichem Erwerb eines Betriebes sind die Wirtschaftsgüter mit den Anschaffungskosten anzusetzen.

9. a) Wird ein Betrieb, ein Teilbetrieb oder der Anteil eines Gesellschafters, der als Unternehmer (Mitunternehmer) eines Betriebes anzusehen ist, unentgeltlich übernommen, so hat der Rechtsnachfolger die Buchwerte des bisherigen Betriebsinhabers (Anteilsinhabers) zu übernehmen (Buchwertfortführung).

   b) Werden aus betrieblichem Anlaß einzelne Wirtschaftsgüter unentgeltlich in das Betriebsvermögen eines anderen Steuerpflichtigen übertragen, so gilt für den Empfänger als Anschaffungskosten der Betrag, den er für das einzelne Wirtschaftsgut im Zeitpunkt des Empfanges hätte aufwenden müssen (fiktive Anschaffungskosten). Liegt ein betrieblicher Anlaß nicht vor, dann gilt dies als Einlage (Z 5).

10. Bei Wirtschaftsgütern, die unter Verwendung von entsprechend gewidmeten steuerfreien Subventionen aus öffentlichen Mitteln (§ 3 Abs. 1 Z 3, § 3 Abs. 1 Z 5 lit. d und e, § 3 Abs. 1 Z 6) oder Zuwendungen im Sinne des § 3 Abs. 1 Z 16 angeschafft oder hergestellt wurden, gelten als Anschaffungs- oder Herstellungskosten nur die vom Empfänger der Zuwendungen aus anderen Mitteln geleisteten Aufwendungen.

11. Soweit die Vorsteuer abgezogen werden kann (§ 12 Abs. 1 und Artikel 12 des Umsatzsteuergesetzes 1994), gehört sie nicht zu den Anschaffungs- oder Herstellungskosten des Wirtschaftsgutes, auf dessen Anschaffung oder Herstellung sie entfällt, und ist als Forderung auszuweisen. Soweit die Vorsteuer

nicht abgezogen werden kann, gehört sie zu den Anschaffungs- oder Herstellungskosten.

12. Wird die Vorsteuer berichtigt, so sind auch die Anschaffungs- oder Herstellungskosten zu berichtigen. Dies gilt nicht, wenn die Vorsteuer nach § 12 Abs. 10 und 11 des Umsatzsteuergesetzes 1994 berichtigt wird; in diesem Fall sind die Mehrbeträge als Betriebseinnahmen und die Minderbeträge als Betriebsausgaben zu behandeln.

13. Werden nach Maßgabe der unternehmensrechtlichen Grundsätze ordnungsmäßiger Buchführung im unternehmensrechtlichen Jahresabschluss eines späteren Wirtschaftsjahres Anlagegüter aufgewertet (Zuschreibung), sind diese Zuschreibungen auch für den steuerlichen Wertansatz maßgebend und erhöhen den steuerlichen Gewinn dieses Jahres. Sind infolge einer Umgründung mit steuerlicher Buchwertfortführung die sich aus der Umgründung ergebenden Anschaffungskosten von Anlagegütern niedriger als die ursprünglichen Anschaffungskosten vor der Umgründung, ist im Falle einer späteren Werterholung steuerlich auf die ursprünglichen Anschaffungskosten vor der Umgründung abzustellen und bis zu diesen zuzuschreiben.

   *(BGBl I 2015/22, BGBl I 2019/103)*

14. a) Beim Tausch von Wirtschaftsgütern liegt jeweils eine Anschaffung und eine Veräußerung vor. Als Veräußerungspreis des hingegebenen Wirtschaftsgutes und als Anschaffungskosten des erworbenen Wirtschaftsgutes sind jeweils der gemeine Wert des hingegebenen Wirtschaftsgutes anzusetzen.

    b) Die Einlage oder die Einbringung von Wirtschaftsgütern und sonstigem Vermögen in eine Körperschaft (§ 1 des Körperschaftsteuergesetzes 1988) gilt als Tausch im Sinne der lit. a, wenn sie nicht unter das Umgründungssteuergesetz fällt oder das Umgründungssteuergesetz dies vorsieht. Die Einbringung von (Teil)Betrieben, Mitunternehmer- und Kapitalanteilen im Sinne des § 12 Abs. 2 des Umgründungssteuergesetzes ist auf den nach dem Umgründungssteuergesetz maßgeblichen Einbringungsstichtag zu beziehen.

15. Bei einer Kapitalerhöhung aus Gesellschaftsmitteln (§ 3 Abs. 1 Z 29) sind für die Anteilsrechte und Freianteile jene Beträge anzusetzen, die sich bei Verteilung des bisherigen Buchwertes entsprechend dem Verhältnis der Nennwerte der Anteilsrechte und Freianteile ergeben.

16. Liegt der Unternehmensschwerpunkt eines Betriebes in der Vermietung von Wirtschaftsgütern, kann der Unterschiedsbetrag zwischen dem Buchwert sämtlicher vermieteter Wirtschaftsgüter und dem Teilwert sämtlicher Forderungen aus der Vermietung als aktiver oder passiver Ausgleichsposten angesetzt werden. Als Teilwert der Forderungen ist dabei der Barwert der diskontierten Forderungen aus der Vermietung anzusetzen. Der Unterschiedsbetrag darf nur dann angesetzt werden, wenn er bereits bei der Gewinnermittlung für das Wirtschaftsjahr der Eröffnung des Betriebes und in den folgenden Wirtschaftsjahren angesetzt worden ist. Wird der Unterschiedsbetrag angesetzt, so ist er bei der Gewinnermittlung für die folgenden Wirtschaftsjahre ebenfalls anzusetzen.

### Absetzung für Abnutzung

**§ 7.** (1) Bei Wirtschaftsgütern, deren Verwendung oder Nutzung durch den Steuerpflichtigen zur Erzielung von Einkünften sich erfahrungsgemäß auf einen Zeitraum von mehr als einem Jahr erstreckt (abnutzbares Anlagevermögen), sind die Anschaffungs- oder Herstellungskosten gleichmäßig verteilt auf die betriebsgewöhnliche Nutzungsdauer abzusetzen lineare (Absetzung für Abnutzung). Die betriebsgewöhnliche Nutzungsdauer bemißt sich nach der Gesamtdauer der Verwendung oder Nutzung.

*(BGBl I 2020/96)*

(1a) Die Absetzung für Abnutzung kann auch in fallenden Jahresbeträgen nach einem unveränderlichen Prozentsatz von höchstens 30% erfolgen (degressive Absetzung für Abnutzung). Dieser Prozentsatz ist auf den jeweiligen Buchwert (Restbuchwert) anzuwenden und ergibt den jeweiligen Jahresbetrag. Dabei gilt Folgendes:

1. Von der degressiven Absetzung für Abnutzung sind ausgenommen:
   a) Wirtschaftsgüter, für die in § 8 ausdrücklich eine Sonderform der Absetzung für Abnutzung vorgesehen ist, ausgenommen Kraftfahrzeuge mit einem $CO_2$-Emissionswert von 0 Gramm pro Kilometer,
   b) unkörperliche Wirtschaftsgüter, die nicht den Bereichen Digitalisierung, Ökologisierung und Gesundheit/Life-Science zuzuordnen sind; ausgenommen bleiben jedoch jene unkörperliche Wirtschaftsgüter, die zur entgeltlichen Überlassung bestimmt sind oder von einem konzernzugehörigen Unternehmen bzw. von einem einen beherrschenden Einfluss ausübenden Gesellschafter erworben werden,
   c) gebrauchte Wirtschaftsgüter,
   d) Anlagen, die der Förderung, dem Transport oder der Speicherung fossiler Energieträger dienen sowie Anlagen, die fossile Energieträger direkt nutzen. Diese sind:
      – Energieerzeugungsanlagen, sofern diese mit fossiler Energie betrieben werden,

- Tank- und Zapfanlagen für Treib- und Schmierstoffe sowie Brennstofftanks, wenn diese der energetischen Nutzung fossiler Kraft- und Brennstoffe dienen,
- Luftfahrzeuge.

2. Der Übergang von der degressiven Absetzung für Abnutzung zur linearen Absetzung für Abnutzung ist mit Beginn eines Wirtschaftsjahres zulässig. In diesem Fall bemisst sich die lineare Absetzung für Abnutzung vom Zeitpunkt des Übergangs an nach dem dann noch vorhandenen Restbuchwert und der Restnutzungsdauer des einzelnen Wirtschaftsguts. Der Übergang von der linearen Absetzung für Abnutzung zur degressiven Absetzung für Abnutzung ist nicht zulässig.

*(BGBl I 2020/96)*

(2) Wird das Wirtschaftsgut im Wirtschaftsjahr mehr als sechs Monate genutzt, dann ist der gesamte auf ein Jahr entfallende Betrag abzusetzen, sonst die Hälfte dieses Betrages.

(3) Steuerpflichtige, die den Gewinn gemäß § 4 Abs. 3 ermitteln, müssen ein Verzeichnis (Anlagekartei) der im Betrieb verwendeten Wirtschaftsgüter des abnutzbaren Anlagevermögens führen. Das Verzeichnis hat unter genauer Bezeichnung jedes einzelnen Anlagegutes zu enthalten:

- Anschaffungstag,
- Anschaffungs- oder Herstellungskosten,
- Name und Anschrift des Lieferanten,
- voraussichtliche Nutzungsdauer,
- Betrag der jährlichen Absetzung für Abnutzung und
- den noch absetzbaren Betrag (Restbuchwert).

## Vorzeitige Absetzung für Abnutzung

**§ 7a.** Bei abnutzbaren, körperlichen Wirtschaftsgütern des Anlagevermögens, für die nach dem 31. Dezember 2008 und vor dem 1. Jänner 2011 Anschaffungs- oder Herstellungskosten anfallen, kann im Jahr der Anschaffung oder Herstellung eine vorzeitige Absetzung für Abnutzung von 30% der Anschaffungs- oder Herstellungskosten vorgenommen werden. Erfolgt im Wirtschaftsjahr der Anschaffung oder Herstellung auch die Inbetriebnahme des Wirtschaftsgutes, umfasst der Prozentsatz von 30% auch die nach § 7 zustehende Absetzung für Abnutzung. Die Abschreibung nach § 7 und die vorzeitige Absetzung für Abnutzung dürfen in Summe nicht die Anschaffungs- oder Herstellungskosten übersteigen. Von der vorzeitigen Absetzung für Abnutzung sind ausgenommen:

1. Gebäude und Herstellungsaufwendungen eines Mieters oder sonstigen Nutzungsberechtigten auf ein Gebäude.
2. Personen- und Kombinationskraftfahrzeuge, ausgenommen Fahrschulkraftfahrzeuge sowie Kraftfahrzeuge, die zu mindestens 80% der gewerblichen Personenbeförderung dienen.
3. Luftfahrzeuge.
4. Geringwertige **„Wirtschaftsgüter“**, die gemäß § 13 abgesetzt werden.

   *(BGBl I 2022/138 ab 29.7.2022)*
5. Gebrauchte Wirtschaftsgüter.
6. Wirtschaftsgüter, die von einem Unternehmen erworben werden, das unter beherrschendem Einfluss des Steuerpflichtigen steht.
7. Wirtschaftsgüter, mit deren Anschaffung oder Herstellung vor dem 1. Jänner 2009 begonnen worden ist.

Für Wirtschaftsgüter, deren Anschaffung oder Herstellung sich über mehr als ein Wirtschaftsjahr erstreckt, ist die vorzeitige Absetzung für Abnutzung von den auf die einzelnen Jahre entfallenden Teilbeträgen der Anschaffungs- oder Herstellungskosten vorzunehmen. Wurde für ein Wirtschaftsgut die vorzeitige Absetzung für Abnutzung in Anspruch genommen, ist die Übertragung stiller Reserven gemäß § 12 von diesem Wirtschaftsgut auf ein neu angeschafftes oder hergestelltes Wirtschaftsgut insoweit ausgeschlossen. Steuerpflichtige, die ihren Gewinn gemäß § 4 Abs. 3 ermitteln, müssen die vorzeitige Absetzung für Abnutzung im Verzeichnis gemäß § 7 Abs. 3 ausweisen.

## Sonderformen der Absetzung für Abnutzung

**§ 8.** (1) Von den Anschaffungs- oder Herstellungskosten der Gebäude beträgt die Absetzung für Abnutzung ohne Nachweis der Nutzungsdauer bis zu 2,5%. Davon abweichend beträgt bei für Wohnzwecke überlassenen Gebäuden die Absetzung für Abnutzung ohne Nachweis der Nutzungsdauer bis zu 1,5%.

*(BGBl I 2015/118)*

(1a) Im Jahr der erstmaligen Berücksichtigung der Absetzung für Abnutzung beträgt diese abweichend von Abs. 1 höchstens das Dreifache und im darauffolgenden Jahr höchstens das Zweifache des jeweiligen Prozentsatzes gemäß Abs. 1. § 7 Abs. 2 ist nicht anzuwenden.

*(BGBl I 2020/96)*

(2) Anschaffungs- oder Herstellungskosten, die für denkmalgeschützte Betriebsgebäude im Interesse der Denkmalpflege aufgewendet werden, können statt mit den Sätzen des Abs. 1 gleichmäßig auf zehn Jahre verteilt abgeschrieben werden. Dies kann unabhängig von der Behandlung im unternehmensrechtlichen Jahresabschluss erfolgen und ist im Anlageverzeichnis auszuweisen. Daß die Aufwendungen im Interesse der Denkmalpflege liegen, muß vom Bundesdenkmalamt bescheinigt sein. Die Anschaffung des Gebäudes gilt nicht als Maßnahme im Interesse der Denkmalpflege. Die Abschreibung auf zehn Jahre ist ausgeschlossen,

- wenn für die Anschaffungs- oder Herstellungskosten ein Investitionsfreibetrag oder
- soweit für die Anschaffungs- oder Herstellungskosten Förderungen aus öffentlichen Mitteln

in Anspruch genommen werden.

*(BGBl I 2015/22)*

(3) Die Anschaffungskosten eines Firmenwertes bei land- und forstwirtschaftlichen Betrieben und bei Gewerbebetrieben sind gleichmäßig verteilt auf fünfzehn Jahre abzusetzen.

(4) Absetzungen für außergewöhnliche technische oder wirtschaftliche Abnutzung sind zulässig.

(5) Bei Bergbauunternehmen, Steinbrüchen und anderen Betrieben, die einen Verbrauch der Substanz mit sich bringen, sind Absetzungen für Substanzverringerung vorzunehmen.

(6)

1. Bei Personenkraftwagen und Kombinationskraftwagen, die vor der Zuführung zum Anlagevermögen noch nicht in Nutzung standen (Neufahrzeuge), ausgenommen Fahrschulkraftfahrzeuge sowie Kraftfahrzeuge, die zu mindestens 80% der gewerblichen Personenbeförderung dienen, ist der Bemessung der Absetzung für Abnutzung eine Nutzungsdauer von mindestens acht Jahren zugrunde zu legen. Bei Kraftfahrzeugen im Sinne des vorstehenden Satzes, die bereits vor der Zuführung zum Anlagevermögen in Nutzung standen (Gebrauchtfahrzeuge), muß die Gesamtnutzungsdauer mindestens acht Jahre betragen. Eine höhere Absetzung ist nur bei Ausscheiden des Fahrzeuges zulässig. Der Bundesminister für Finanzen kann durch Verordnung die Begriffe Personenkraftwagen und Kombinationskraftwagen näher bestimmen. Die Verordnung kann mit Wirkung ab dem Veranlagungsjahr 1996 erlassen werden.
2. Wird dem Steuerpflichtigen ein Personenkraftwagen oder Kombinationskraftwagen im Sinne der Z 1 entgeltlich überlassen, gilt folgendes: Übersteigen die auf die Anschaffungs- oder Herstellungskosten entfallenden Teile des Nutzungsentgelts die sich nach den Verhältnissen des Mieters ergebende Absetzung für Abnutzung des Vermieters (Z 1), hat der Steuerpflichtige für den Unterschiedsbetrag einen Aktivposten anzusetzen. Der Aktivposten ist so abzuschreiben, daß der auf die Anschaffungs- oder Herstellungskosten entfallende Gesamtbetrag der Aufwendungen jeweils den sich aus der Z 1 ergebenden Abschreibungssätzen entspricht.

### Rückstellungen

**§ 9.** (1) Rückstellungen können nur gebildet werden für

1. Anwartschaften auf Abfertigungen,
2. laufende Pensionen und Anwartschaften auf Pensionen,
3. sonstige ungewisse Verbindlichkeiten, wenn die Rückstellungen nicht Abfertigungen, Pensionen oder Jubiläumsgelder betreffen.
4. drohende Verluste aus schwebenden Geschäften.

(2) Rückstellungen im Sinne des Abs. 1 Z 1 und 2 sowie Rückstellungen für Jubiläumsgelder sind nach § 14 zu bilden.

(3) Die Bildung von Rückstellungen ist nur dann zulässig, wenn konkrete Umstände nachgewiesen werden können, nach denen im jeweiligen Einzelfall mit dem Vorliegen oder dem Entstehen einer Verbindlichkeit (eines Verlustes) ernsthaft zu rechnen ist. Rückstellungen im Sinne des Abs. 1 Z 3 dürfen jedoch unter den Voraussetzungen des § 201 Abs. 2 Z 7 des Unternehmensgesetzbuches in der Fassung BGBl. I Nr. 22/2015 pauschal gebildet werden.

*(BGBl I 2021/3)*

(4) Rückstellungen für die Verpflichtung zu einer Zuwendung anläßlich eines Firmenjubiläums dürfen nicht gebildet werden.

(5) Rückstellungen im Sinne des Abs. 1 Z 3 und 4 sind mit dem Teilwert anzusetzen. Der Teilwert ist mit einem Zinssatz von 3,5% abzuzinsen, sofern die Laufzeit der Rückstellung am Bilanzstichtag mehr als zwölf Monate beträgt.

### Gewinnfreibetrag

**§ 10.** (1) Bei natürlichen Personen kann bei der Gewinnermittlung eines Betriebes ein Gewinnfreibetrag nach Maßgabe der folgenden Bestimmungen gewinnmindernd geltend gemacht werden:

1. Bemessungsgrundlage für den Gewinnfreibetrag ist der Gewinn, ausgenommen
   – Veräußerungsgewinne (§ 24),
   – Einkünfte im Sinne des § 27 Abs. 2 Z 1 und 2, auf die ein besonderer Steuersatz gemäß § 27a Abs. 1 angewendet wird.

   *(BGBl I 2015/118)*

„2. Der Gewinnfreibetrag beträgt:
   – Für die ersten 30 000 Euro der Bemessungsgrundlage ........................ 15 %,
   – für die nächsten 145 000 Euro der Bemessungsgrundlage .................. 13 %,
   – für die nächsten 175 000 Euro der Bemessungsgrundlage ..................... 7 %,
   – für die nächsten 230 000 Euro der Bemessungsgrundlage ................. 4,5 %,

   insgesamt somit höchstens 45 950 Euro im Veranlagungsjahr.

   *(BGBl I 2022/10)*

3. Bis zu einer Bemessungsgrundlage von 30 000 Euro, höchstens daher mit 4 500 Euro, steht der Gewinnfreibetrag dem Steuerpflichtigen für jedes Veranlagungsjahr einmal ohne Investitionserfordernis zu (Grundfreibetrag).

   *(BGBl I 2022/10)*

4. Übersteigt die Bemessungsgrundlage 30 000 Euro, steht ein investitionsbedingter Gewinnfreibetrag insoweit zu, als er durch Anschaffungs- oder Herstellungskosten begünstigter Wirtschaftsgüter gemäß Abs. 3 gedeckt ist.
5. Der investitionsbedingte Gewinnfreibetrag kann für das Wirtschaftsjahr der Anschaffung oder Herstellung begünstigter Wirtschaftsgüter (Abs. 3) geltend gemacht werden. Er ist mit

den Anschaffungs- oder Herstellungskosten begrenzt. Die Absetzung für Abnutzung wird dadurch nicht berührt.

6. Wird der Gewinn nach § 17 oder einer darauf gestützten Pauschalierungsverordnung ermittelt, steht nur der Grundfreibetrag nach Z 3 zu. Ein investitionsbedingter Gewinnfreibetrag kann nicht geltend gemacht werden.

7. Erzielt der Steuerpflichtige Einkünfte aus mehreren Betrieben und übersteigt die Bemessungsgrundlage in Summe den Betrag von 30 000 Euro, ist wie folgt vorzugehen:
   – Es ist auf Basis der Bemessungsgrundlage das höchstmögliche Ausmaß des dem Steuerpflichtigen insgesamt zustehenden Gewinnfreibetrages nach Z 2 zu ermitteln und ein Durchschnittssatz (Gewinnfreibetrag dividiert durch die Bemessungsgrundlage) zu bilden.
   – Dieser Gewinnfreibetrag ist unter Anwendung des Durchschnittssatzes auf die einzelnen Betriebe aufzuteilen.
   – Danach ist der Grundfreibetrag nach Wahl des Steuerpflichtigen zuzuordnen; wird von diesem Wahlrecht nicht Gebrauch gemacht, ist der Grundfreibetrag im Verhältnis der Gewinne zuzuordnen.

*(BGBl I 2022/10)*

Betriebe, deren Gewinn pauschal ermittelt wird, können höchstens mit einem Gewinn von 30 000 Euro bei der Ermittlung der Bemessungsgrundlage berücksichtigt werden.

(2) Bei Gesellschaften, bei denen die Gesellschafter als Mitunternehmer anzusehen sind, können nur die Gesellschafter den Gewinnfreibetrag im Sinne des Abs. 1 in Anspruch nehmen. Sowohl der Grundfreibetrag als auch der investitionsbedingte Gewinnfreibetrag, höchstens jedoch 45 950 Euro (Abs. 1), sind bei den Mitunternehmern mit einem der Gewinnbeteiligung entsprechenden Teilbetrag anzusetzen. Hält der Mitunternehmer die Beteiligung im Betriebsvermögen eines Betriebes, kann der Gewinnfreibetrag nur bei Ermittlung des Gewinnes dieses Betriebes berücksichtigt werden.

*(BGBl I 2022/10)*

(3) Begünstigte Wirtschaftsgüter im Sinne des Abs. 1 Z 4 sind:

1. Nicht unter Abs. 4 fallende abnutzbare körperliche Wirtschaftsgüter des Anlagevermögens mit einer betriebsgewöhnlichen Nutzungsdauer von mindestens vier Jahren, die inländischen Betrieben oder inländischen Betriebsstätten zuzurechnen sind, wenn der Betrieb oder die Betriebsstätte der Erzielung von Einkünften im Sinne des § 2 Abs. 3 Z 1 bis 3 dient. Dabei gelten Wirtschaftsgüter, die auf Grund einer entgeltlichen Überlassung überwiegend außerhalb eines Mitgliedstaates der Europäischen Union oder eines Staates des Europäischen Wirtschaftsraumes eingesetzt werden, nicht einem inländischen Betrieb oder einer inländischen Betriebsstätte als zugerechnet.

~~2. Wohnbauanleihen, die dem Anlagevermögen eines inländischen Betriebes oder einer inländischen Betriebsstätte ab dem Anschaffungszeitpunkt mindestens vier Jahre gewidmet werden, vorbehaltlich Abs. 5 Z 2 und Z 3. Wohnbauanleihen sind Wandelschuldverschreibungen, die von~~
   ~~a) Aktiengesellschaften im Sinne des § 1 Abs. 2 des Bundesgesetzes über steuerliche Sondermaßnahmen zur Förderung des Wohnbaus, BGBl. Nr. 253/1993, in der jeweils geltenden Fassung, oder von~~
   ~~b) diesen vergleichbaren Aktiengesellschaften mit Sitz in einem Mitgliedstaat der Europäischen Union oder einem Staat, mit dem eine umfassende Amtshilfe besteht,~~

   ~~ausgegeben worden sind und der Förderung des Wohnbaus in Österreich entsprechend den Vorschriften des Bundesgesetzes über steuerliche Sondermaßnahmen zur Förderung des Wohnbaus, BGBl. Nr. 253/1993, in der jeweils geltenden Fassung, dienen.~~

   *(BGBl I 2014/13; zum Inkrafttreten siehe § 124b Z 252; nicht mehr anwendbar für Wirtschaftsjahre, die nach dem 31.12.2016 beginnen)*

2. Wertpapiere gemäß § 14 Abs. 7 Z 4, die dem Anlagevermögen eines inländischen Betriebes oder einer inländischen Betriebsstätte ab dem Anschaffungszeitpunkt mindestens vier Jahre gewidmet werden, vorbehaltlich Abs. 5 Z 2 und Z 3.

   *(Zum Inkrafttreten siehe § 124b Z 252; anwendbar für Wirtschaftsjahre, die nach dem 31.12.2016 beginnen)*

(4) Für folgende Wirtschaftsgüter kann ein investitionsbedingter Gewinnfreibetrag nicht gewinnmindernd geltend gemacht werden:

– Personen- und Kombinationskraftfahrzeuge, ausgenommen Fahrschulkraftfahrzeuge sowie Kraftfahrzeuge, die zu mindestens 80 % der gewerblichen Personenbeförderung dienen.
– Luftfahrzeuge.
– Geringwertige Wirtschaftgüter, die gemäß § 13 abgesetzt werden.
– Gebrauchte Wirtschaftsgüter.
– Wirtschaftsgüter, die von einem Unternehmen erworben werden, das unter beherrschendem Einfluss des Steuerpflichtigen steht.
– Wirtschaftsgüter, für die eine Forschungsprämie gemäß § 108c in Anspruch genommen wird.

(5) Scheiden Wirtschaftsgüter, für die der investitionsbedingte Gewinnfreibetrag geltend gemacht worden ist, vor Ablauf der Frist von vier Jahren aus dem Betriebsvermögen aus oder werden sie ins Ausland ausgenommen im Falle der entgeltlichen Überlassung in einen Mitgliedstaat der Europäi-

schen Union oder in einen Staat des Europäischen Wirtschaftsraumes verbracht, gilt Folgendes:

1. Der investitionsbedingte Gewinnfreibetrag ist insoweit gewinnerhöhend anzusetzen. Der gewinnerhöhende Ansatz hat im Jahr des Ausscheidens oder des Verbringens zu erfolgen.

2. Im Fall des Ausscheidens von Wohnbauanleihen unterbleibt insoweit der gewinnerhöhende Ansatz, als im Jahr des Ausscheidens begünstigte Wirtschaftsgüter im Sinne des Abs. 3 Z 1, die die Voraussetzungen für den Freibetrag erfüllen, angeschafft oder hergestellt werden (Ersatzbeschaffung). Auf den Fristenlauf des angeschafften oder hergestellten Wirtschaftsgutes wird die Behaltedauer der ausgeschiedenen Wohnbauanleihe angerechnet. Die Frist kann jedoch nicht vor jenem Zeitpunkt enden, zu dem die Frist für die ausgeschiedene Wohnbauanleihe geendet hätte. Soweit Wirtschaftsgüter der Ersatzbeschaffung dienen, kann ein Freibetrag nicht in Anspruch genommen werden. Wirtschaftsgüter, die der Ersatzbeschaffung dienen, sind als solche im Verzeichnis gemäß Abs. 7 Z 2 auszuweisen.

*(BGBl I 2014/13; zum Inkrafttreten siehe § 124b Z 252; nicht mehr anwendbar für Wirtschaftsjahre, die nach dem 31.12.2016 beginnen)*

2. Im Fall des Ausscheidens von Wertpapieren gemäß § 14 Abs. 7 Z 4 unterbleibt insoweit der gewinnerhöhende Ansatz, als im Jahr des Ausscheidens begünstigte Wirtschaftsgüter im Sinne des Abs. 3 Z 1, die die Voraussetzungen für den Freibetrag erfüllen, angeschafft oder hergestellt werden (Ersatzbeschaffung). Auf den Fristenlauf des angeschafften oder hergestellten Wirtschaftsgutes wird die Behaltedauer des ausgeschiedenen Wertpapiers angerechnet. Die Frist kann jedoch nicht vor jenem Zeitpunkt enden, zu dem die Frist für das ausgeschiedene Wertpapier geendet hätte. Soweit Wirtschaftsgüter der Ersatzbeschaffung dienen, kann ein Freibetrag nicht in Anspruch genommen werden. Wirtschaftsgüter, die der Ersatzbeschaffung dienen, sind als solche im Verzeichnis gemäß Abs. 7 Z 2 auszuweisen.

*(Zum Inkrafttreten siehe § 124b Z 252; anwendbar für Wirtschaftsjahre, die nach dem 31.12.2016 beginnen)*

3. Werden Wohnbauanleihen, für die ein investitionsbedingter Gewinnfreibetrag in Anspruch genommen wurde, vorzeitig getilgt, können zur Vermeidung einer Nachversteuerung anstelle begünstigter körperlicher Wirtschaftsgüter innerhalb von zwei Monaten nach der vorzeitigen Tilgung auch Wohnbauanleihen angeschafft werden (Wohnbauanleihenersatzbeschaffung). In den ersatzbeschafften Wohnbauanleihen setzt sich der Lauf der Frist gemäß Abs. 3 hinsichtlich der vorzeitig getilgten Wohnbauanleihen unverändert fort. Soweit Wohnbauanleihen der Ersatzbeschaffung dienen, kann ein investitionsbedingter Gewinnfreibetrag nicht in Anspruch genommen werden. Wohnbauanleihen, die der Ersatzbeschaffung dienen, sind im Verzeichnis gemäß Abs. 7 Z 2 als solche auszuweisen.

*(BGBl I 2014/13; zum Inkrafttreten siehe § 124b Z 252; nicht mehr anwendbar für Wirtschaftsjahre, die nach dem 31.12.2016 beginnen)*

3. Werden Wertpapiere, für die ein investitionsbedingter Gewinnfreibetrag in Anspruch genommen wurde, vorzeitig getilgt, können zur Vermeidung einer Nachversteuerung anstelle begünstigter körperlicher Wirtschaftsgüter innerhalb von zwei Monaten nach der vorzeitigen Tilgung auch Wertpapiere gemäß § 14 Abs. 7 Z 4 angeschafft werden (Wertpapierersatzbeschaffung). In den ersatzbeschafften Wert papieren setzt sich der Lauf der Frist gemäß Abs. 3 hinsichtlich der vorzeitig getilgten Wertpapiere unverändert fort. Soweit Wertpapiere der Ersatzbeschaffung dienen, kann ein investitionsbedingter Gewinnfreibetrag nicht in Anspruch genommen werden. Wertpapiere, die der Ersatzbeschaffung dienen, sind im Verzeichnis gemäß Abs. 7 Z 2 als solche auszuweisen.

*(Zum Inkrafttreten siehe § 124b Z 252; anwendbar für Wirtschaftsjahre, die nach dem 31.12.2016 beginnen)*

Im Falle des Ausscheidens eines Wirtschaftsgutes infolge höherer Gewalt oder behördlichen Eingriffs unterbleibt der gewinnerhöhende Ansatz.

(6) Im Falle der Übertragung eines Betriebes ist der gewinnerhöhende Ansatz (Abs. 5) beim Rechtsnachfolger dann vorzunehmen, wenn die Wirtschaftsgüter, für die der investitionsbedingte Gewinnfreibetrag geltend gemacht worden ist, vor Ablauf der Frist ausscheiden oder in das Ausland (Abs. 5) verbracht werden.

(7) Voraussetzungen für die Geltendmachung des investitionsbedingten Gewinnfreibetrages (Abs. 1 Z 4) sind:

1. Der investitionsbedingte Gewinnfreibetrag wird in der Einkommensteuererklärung oder Feststellungserklärung an der dafür vorgesehenen Stelle ausgewiesen. Der Ausweis hat getrennt zu erfolgen für
   - jenen Teil des investitionsbedingten Gewinnfreibetrages, der durch körperliche Anlagegüter gedeckt ist, und
   - jenen Teil des investitionsbedingten Gewinnfreibetrages, der durch Wohnbauanleihen gedeckt ist.

2. Begünstigte körperliche Wirtschaftsgüter, die der Deckung eines investitionsbedingten Gewinnfreibetrages dienen, sind im Anlageverzeichnis bzw. in der Anlagekartei auszuweisen. Wohnbauanleihen sind für jeden Betrieb in einem gesonderten Verzeichnis auszuweisen. In diesen Verzeichnissen ist für jedes Wirtschaftsgut anzugeben, in welchem

Umfang die Anschaffungs- oder Herstellungskosten zur Deckung des investitionsbedingten Gewinnfreibetrages beitragen. Die Verzeichnisse sind der Abgabenbehörde auf Verlangen vorzulegen. Die Antragstellung oder eine Berichtigung der Verzeichnisse ist bis zur Rechtskraft des betreffenden Einkommensteuerbescheides oder Feststellungsbescheides möglich.

**§§ 10a–10c.** (aufgehoben)
*(BGBl I 2022/10)*

**Verzinsung des Eigenkapitalzuwachses**

**§ 11.**[a)] (1) Steuerpflichtige, die den Gewinn durch Betriebsvermögensvergleich ermitteln, können die angemessene Verzinsung des in einem Wirtschaftsjahr eingetretenen betrieblichen Eigenkapitalzuwachses – auch außerbilanzmäßig – als Betriebsausgabe abziehen. Der abgezogene Betrag ist als Sondergewinn anzusetzen. Die Besteuerung des Sondergewinnes richtet sich nach § 37 Abs. 8. Bei der Verzinsung gelten folgende Bestimmungen:

1. Der zu verzinsende Eigenkapitalzuwachs ergibt sich aus jenem Betrag, um den der gewichtete durchschnittliche Eigenkapitalstand des laufenden Wirtschaftsjahres den höchsten gewichteten durchschnittlichen Eigenkapitalstand eines vorangegangenen Wirtschaftsjahres übersteigt. Dabei ist der höchste gewichtete durchschnittliche Eigenkapitalstand innerhalb des Beobachtungszeitraumes maßgeblich. Der Beobachtungszeitraum umfaßt den Zeitraum ab Beginn des Betriebes, längstens jedoch den Zeitraum der letzten sieben Wirtschaftsjahre vor jenem Wirtschaftsjahr, in dem der Betriebsausgabenabzug geltend gemacht wird. Wirtschaftsjahre, die vor dem 1. Jänner 1998 geendet haben, sind nicht zu berücksichtigen.
2. Der gewichtete durchschnittliche Eigenkapitalstand eines Wirtschaftsjahres ist die Summe der an jedem Kalendertag bestehenden Eigenkapitalstände geteilt durch die Zahl der Kalendertage des Wirtschaftsjahres.
3. Als Eigenkapitalstand am Beginn des Wirtschaftsjahres gilt das steuerlich maßgebende Eigenkapital am Ende des Vorjahres (ohne Jahresgewinn oder -verlust) laut dem Eigenkapital-Evidenzkonto. Bei Eröffnung oder entgeltlichem Erwerb eines Betriebes ist von einem Eigenkapitalstand von Null auszugehen.
4. Der Eigenkapitalstand im Sinne der Z 3 wird erhöht durch Zugänge und vermindert durch Abgänge:
   a) Als Zugänge gelten alle Einlagen im Sinne des § 4 Abs. 1 sowie alle Vermögensmehrungen im Sinne des § 8 Abs. 1 des Körperschaftsteuergesetzes 1988 und zum Beginn des Wirtschaftsjahres der steuerpflichtige Gewinn des vorangegangenen Wirtschaftsjahres.
   b) Als Abgänge gelten alle Entnahmen im Sinne des § 4 Abs. 1 sowie alle Vermögensminderungen im Sinne des § 8 Abs. 2 des Körperschaftsteuergesetzes 1988 und zum Beginn des Wirtschaftsjahres der steuerlich zu berücksichtigende Verlust des vorangegangenen Wirtschaftsjahres.
   c) Für zum Anlagevermögen gehörende Beteiligungen im Sinne des § 10 Abs. 1 des Körperschaftsteuergesetzes 1988 an Kapitalgesellschaften und Erwerbs- und Wirtschaftsgenossenschaften gilt für den Anteilsinhaber abweichend von lit. a und b folgendes:
      – Die Einlage und die Entnahme der Beteiligung im Sinne des § 4 Abs. 1 bleiben außer Ansatz.
      – Vermögensmehrungen im Sinne des § 8 Abs. 1 des Körperschaftsteuergesetzes 1988, durch die eine Beteiligung entsteht oder sich erhöht, gelten als Abgänge. Einlagenrückzahlungen im Sinne des § 4 Abs. 12 gelten als Zugänge.
      – Beteiligungserträge gelten als Zugänge.
5. Voraussetzung für den Betriebsausgabenabzug ist, daß ein Eigenkapital-Evidenzkonto eingerichtet ist. Dieses hat den Anfangsstand, die Zu- und Abgänge (Z 4), den Endstand und den Betrag sowie die Berechnung des gewichteten durchschnittlichen Jahresstands des Wirtschaftsjahres, für das der Betriebsausgabenabzug geltend gemacht wird, zu umfassen. Weiters ist der entsprechende Jahresstand der vorangegangenen Wirtschaftsjahre seit dem Beginn des Betriebes, längstens aber für den Zeitraum im Sinne der Z 1 letzter Satz, auszuweisen. Ändern sich die Grundlagen für die Ermittlung des gewichteten durchschnittlichen Jahresstands, so ist ein berichtigtes Eigenkapital-Evidenzkonto aufzustellen.
6. Der im Wirtschaftsjahr eintretende Eigenkapitalzuwachs (Z 1 bis 5) ist angemessen zu verzinsen. Als angemessener Zinssatz gilt jener, den der Bundesminister für Finanzen mit Verordnung festsetzt. Der Zinssatz wird folgendermaßen ermittelt: Der Durchschnitt der Sekundärmarktrenditen gemäß Tabelle 5.5 „Renditen auf dem inländischen Rentenmarkt“ der Statistischen Monatshefte der Oesterreichischen Nationalbank Spalte 8 „Emittenten Gesamt“ oder einer entsprechenden Nachfolgetabelle wird für den Zeitraum Jänner bis Dezember eines Kalenderjahres ermittelt und um 0,8 erhöht. Dieser Prozentsatz gilt für alle Wirtschaftsjahre, die im folgenden Kalenderjahr beginnen.
7. Im Falle der Übertragung eines Betriebes sind die Verhältnisse beim Übertragenden sowie beim Erwerber insoweit fortzuführen, als es zu einer Buchwertfortführung kommt.

(2) Bei Gesellschaften, bei denen die Gesellschafter als Mitunternehmer anzusehen sind und die ihren Gewinn durch Betriebsvermögensvergleich ermitteln, können nur die Gesellschafter die Verzinsung im Sinne des Abs. 1 als Betriebsausgabe abziehen. Der Abzug ist nicht zulässig, wenn der Mitunternehmer die Beteiligung in einem Betriebsvermögen eines Betriebes hält, für den der Gewinn unter Anwendung des Abs. 1 ermittelt werden kann.

[a] Letztmals bei Veranlagung 2003 anzuwenden, siehe § 124b Z 79. Siehe auch VO zu § 11 Abs. 1 Z 6 (Eigenkapitalzuwachs).

### Investitionsfreibetrag

**§ 11.**[a] (1) Bei der Anschaffung oder Herstellung von Wirtschaftsgütern des abnutzbaren Anlagevermögens kann ein Investitionsfreibetrag als Betriebsausgabe geltend gemacht werden:

1. Der Investitionsfreibetrag beträgt 10% der Anschaffungs- oder Herstellungskosten. Für Wirtschaftsgüter, deren Anschaffung oder Herstellung dem Bereich Ökologisierung zuzuordnen ist, erhöht sich der Investitionsfreibetrag um 5% der Anschaffungs- oder Herstellungskosten. Der Bundesminister für Finanzen wird im Einvernehmen mit der Bundesministerin für Klimaschutz, Umwelt, Energie, Mobilität, Innovation und Technologie ermächtigt, die dem Bereich Ökologisierung zuzuordnenden Investitionen im Wege einer Verordnung näher festzulegen. Die Verordnung kann vorsehen, dass sich das Finanzamt für die Beurteilung, ob Investitionen dem Bereich Ökologisierung zuzuordnen sind, einer geeigneten Einrichtung bedienen kann.
2. Der Investitionsfreibetrag kann insgesamt höchstens von Anschaffungs- oder Herstellungskosten in Höhe von 1 000 000 Euro im Wirtschaftsjahr geltend gemacht werden; umfasst das Wirtschaftsjahr nicht zwölf Monate, ist für jeden Monat ein Zwölftel des Höchstbetrages anzusetzen.
3. Die Absetzung für Abnutzung (§§ 7 und 8) wird durch den Investitionsfreibetrag nicht berührt.
4. Wird der Gewinn nach § 17 oder einer darauf gestützten Pauschalierungsverordnung ermittelt, steht der Investitionsfreibetrag nicht zu.

(2) Der Investitionsfreibetrag kann nur für Wirtschaftsgüter geltend gemacht werden, die

– eine betriebsgewöhnliche Nutzungsdauer von mindestens vier Jahren haben und
– inländischen Betrieben oder inländischen Betriebsstätten zuzurechnen sind, wenn der Betrieb oder die Betriebsstätte der Erzielung von Einkünften im Sinne des § 2 Abs. 3 Z 1 bis 3 dient. Dabei gelten Wirtschaftsgüter, die aufgrund einer entgeltlichen Überlassung überwiegend außerhalb eines Mitgliedstaates der Europäischen Union oder eines Staates des Europäischen Wirtschaftsraumes eingesetzt werden, als nicht einem inländischen Betrieb oder einer inländischen Betriebsstätte zugerechnet.

(3) Für folgende Wirtschaftsgüter kann der Investitionsfreibetrag nicht geltend gemacht werden:

1. Wirtschaftsgüter, die zur Deckung eines investitionsbedingten Gewinnfreibetrages herangezogen werden,
2. Wirtschaftsgüter, für die in § 8 ausdrücklich eine Sonderform der Absetzung für Abnutzung vorgesehen ist, ausgenommen Kraftfahrzeuge mit einem CO2-Emissionswert von 0 Gramm pro Kilometer,
3. geringwertige Wirtschaftsgüter, die gemäß § 13 abgesetzt werden,
4. unkörperliche Wirtschaftsgüter, die nicht den Bereichen Digitalisierung, Ökologisierung oder Gesundheit/Life-Science zuzuordnen sind; ausgenommen vom Investitionsfreibetrag bleiben jedoch stets jene unkörperlichen Wirtschaftsgüter, die zur entgeltlichen Überlassung bestimmt sind oder von einem konzernzugehörigen Unternehmen bzw. von einem einen beherrschenden Einfluss ausübenden Gesellschafter erworben werden,
5. gebrauchte Wirtschaftsgüter,
6. Anlagen, die der Förderung, dem Transport oder der Speicherung fossiler Energieträger dienen, sowie Anlagen, die fossile Energieträger direkt nutzen. Der Bundesminister für Finanzen wird im Einvernehmen mit der Bundesministerin für Klimaschutz, Umwelt, Energie, Mobilität, Innovation und Technologie ermächtigt, die für diese Beurteilung maßgebenden Kriterien in einer Verordnung näher festzulegen.

(4) Der Investitionsfreibetrag kann nur im Jahr der Anschaffung oder Herstellung geltend gemacht werden. Erstreckt sich die Anschaffung oder Herstellung von Anlagegütern über mehr als ein Wirtschaftsjahr, kann der Investitionsfreibetrag bereits von aktivierten Teilbeträgen der Anschaffungsoder Herstellungskosten, die auf das einzelne Wirtschaftsjahr entfallen, geltend gemacht werden.

(5) Scheiden Wirtschaftsgüter, für die der Investitionsfreibetrag geltend gemacht worden ist, vor Ablauf der Frist von vier Jahren aus dem Betriebsvermögen aus oder werden sie ins Ausland – ausgenommen im Falle der entgeltlichen Überlassung in einen Mitgliedstaat der Europäischen Union oder in einen Staat des Europäischen Wirtschaftsraumes – verbracht, gilt Folgendes:

1. Der Investitionsfreibetrag ist im Jahr des Ausscheidens oder des Verbringens insoweit gewinnerhöhend anzusetzen.
2. Im Falle der Übertragung eines Betriebes ist der gewinnerhöhende Ansatz beim Rechtsnachfolger vorzunehmen.
3. Im Falle des Ausscheidens infolge höherer Gewalt oder behördlichen Eingriffs unterbleibt der gewinnerhöhende Ansatz.

(6) Voraussetzungen für die Geltendmachung des Investitionsfreibetrages sind:

1. Der Investitionsfreibetrag wird in der Steuererklärung oder Feststellungserklärung an der dafür vorgesehenen Stelle ausgewiesen.
2. Bei Wirtschaftsgütern, für die der Investitionsfreibetrag geltend gemacht wird, ist dieser im Anlageverzeichnis bzw. in der Anlagekartei auszuweisen. Die Verzeichnisse sind der Abgabenbehörde auf Verlangen vorzulegen.

*(BGBl I 2022/10)*

---

a) Tritt mit 1. Januar 2023 in Kraft.

**§ 11a.** (aufgehoben)

*(BGBl I 2022/10)*

**Übertragung stiller Reserven, Übertragungsrücklage und steuerfreier Betrag**

**§ 12.** (1) Natürliche Personen können stille Reserven (Abs. 2), die bei der Veräußerung von Anlagevermögen aufgedeckt werden, von den Anschaffungs- oder Herstellungskosten oder den Teilbeträgen der Anschaffungs- oder Herstellungskosten des im Wirtschaftsjahr der Veräußerung angeschafften oder hergestellten Anlagevermögens absetzen. Die Absetzung kann unabhängig von der Behandlung im unternehmensrechtlichen Jahresabschluss erfolgen und ist im Anlageverzeichnis auszuweisen.

*(BGBl I 2015/22)*

(2) Stille Reserven sind die Unterschiedsbeträge zwischen den Veräußerungserlösen und den Buchwerten der veräußerten Wirtschaftsgüter.

(3) Eine Übertragung ist nur zulässig, wenn

1. das veräußerte Wirtschaftsgut im Zeitpunkt der Veräußerung mindestens sieben Jahre zum Anlagevermögen dieses Betriebes gehört hat und
2. das Wirtschaftsgut, auf das stille Reserven übertragen werden sollen, in einer inländischen Betriebsstätte verwendet wird. Dabei gelten Wirtschaftsgüter, die auf Grund einer entgeltlichen Überlassung überwiegend im Ausland eingesetzt werden, nicht als in einer inländischen Betriebsstätte verwendet.

Die in Z 1 genannte Frist beträgt 15 Jahre für Grundstücke, auf die stille Reserven übertragen worden sind, und für Gebäude, die nach § 8 Abs. 2 beschleunigt abgeschrieben worden sind.

(4) Eine Übertragung stiller Reserven ist zulässig auf die Anschaffungs- oder Herstellungskosten (Teilbeträge der Anschaffungs- oder Herstellungskosten) von

1. Grund und Boden, wenn auch die stillen Reserven aus der Veräußerung von Grund und Boden stammt,
2. Gebäuden, wenn die stillen Reserven aus der Veräußerung von Gebäuden oder Grund und Boden stammen,
3. Sonstigen körperlichen Wirtschaftsgütern, wenn auch die stillen Reserven aus der Veräußerung von sonstigen körperlichen Wirtschaftsgütern stammen,
4. Unkörperlichen Wirtschaftsgütern, wenn auch die stillen Reserven aus der Veräußerung von unkörperlichen Wirtschaftsgütern stammen.

Nicht zulässig ist die Übertragung stiller Reserven auf die Anschaffungskosten von (Teil-)Betrieben, von Beteiligungen an Personengesellschaften und von Finanzanlagen sowie die Übertragung stiller Reserven, die aus der Veräußerung von (Teil-)Betrieben oder von Beteiligungen an Personengesellschaften stammen.

(5) Die Abs. 1 bis 4 gelten auch, wenn Anlagevermögen infolge höherer Gewalt, durch behördlichen Eingriff oder zur Vermeidung eines solchen nachweisbar unmittelbar drohenden Eingriffes aus dem Betriebsvermögen ausscheidet. Die Fristen des Abs. 3 gelten jedoch nicht.

(6) Als Anschaffungs- oder Herstellungskosten gelten sodann die um die übertragenen stillen Reserven gekürzten Beträge.

(7) 70 % der Einkünfte aus Waldnutzungen infolge höherer Gewalt (insbesondere Eis-, Schnee-, Windbruch, Insektenfraß, Hochwasser oder Brand) können"gemäß Abs. 1 bis 6 verwendet oder nach Abs. 8 einer Übertragungsrücklage (einem steuerfreien Betrag) zugeführt werden.

*(BGBl I 2020/96)*

(8) Stille Reserven können im Jahr der Aufdeckung einer steuerfreien Rücklage (Übertragungsrücklage) zugeführt werden, soweit eine Übertragung im selben Wirtschaftsjahr nicht erfolgt. Dies kann unabhängig von der Behandlung im unternehmensrechtlichen Jahresabschluss erfolgen. Diese Rücklage ist entsprechend zu bezeichnen und für steuerliche Zwecke in Evidenz zu halten. Bei Gewinnermittlung nach § 4 Abs. 3 kann ein Betrag in dieser Höhe steuerfrei belassen werden. Dieser Betrag ist in einem Verzeichnis auszuweisen, aus dem seine Verwendung ersichtlich ist.

*(BGBl I 2015/22)*

(9) Die Rücklage (der steuerfreie Betrag) kann

– im Falle des Abs. 5 und des Abs. 7 innerhalb von 24 Monaten ab dem Ausscheiden des Wirtschaftsgutes,
– sonst innerhalb von zwölf Monaten ab dem Ausscheiden des Wirtschaftsgutes

nach den vorstehenden Bestimmungen auf die Anschaffungs- oder Herstellungskosten (Teilbeträge) von Anlagevermögen übertragen werden. Die Frist verlängert sich auf 24 Monate, wenn Rücklagen (steuerfreie Beträge) auf Herstellungskosten (Teilbeträge) von Gebäuden übertragen werden sollen und mit der tatsächlichen Bauausführung innerhalb der Frist von zwölf Monaten begonnen worden ist. Auf welche Wirtschaftsgüter die Rücklagen (die steuerfreien Beträge) übertragen werden können, richtet sich nach den Abs. 3 und 4.

*(BGBl I 2020/96)*

(10) Die Rücklagen (steuerfreien Beträge) sind im betreffenden Wirtschaftsjahr gewinnerhöhend aufzulösen, wenn sie

– nicht bis zum Ablauf der Verwendungsfrist (Abs. 9) übertragen worden sind,
– nach einer Umgründung nach dem Umgründungssteuergesetz ganz oder teilweise einer Körperschaft zuzurechnen wären.

### Geringwertige Wirtschaftsgüter

**§ 13.** Die Anschaffungs- oder Herstellungskosten von abnutzbaren Anlagegütern können als Betriebsausgaben abgesetzt werden, wenn diese Kosten für das einzelne Anlagegut 800[a)] Euro nicht übersteigen (geringwertige Wirtschaftsgüter). Dies kann unabhängig von der Behandlung im unternehmensrechtlichen Jahresabschluss erfolgen. Bei Gewinnermittlung gemäß § 4 Abs. 3 kann dieser Betrag im Jahr der Verausgabung voll abgesetzt werden. Wirtschaftsgüter, die aus Teilen bestehen, sind als Einheit aufzufassen, wenn sie nach ihrem wirtschaftlichen Zweck oder nach der Verkehrsauffassung eine Einheit bilden. Die vorstehenden Sätze gelten nicht für Wirtschaftsgüter, die zur entgeltlichen Überlassung bestimmt sind.

*(BGBl I 2015/22, BGBl I 2019/103, BGBl I 2022/10)*

[a)] Ab 1. Jänner 2023: „1 000“.

### Vorsorge für Abfertigungen, Pensionen und Jubiläumsgelder

**§ 14.** (1) Für Wirtschaftsjahre, die nach dem 31. Dezember 2001 enden, kann eine Abfertigungsrückstellung im Ausmaß bis zu 47,5%, für die folgenden Wirtschaftsjahre eine solche bis zu 45% der am Bilanzstichtag bestehenden fiktiven Abfertigungsansprüche gebildet werden. Fiktive Abfertigungsansprüche sind jene, die bei Auflösung des Dienst- bzw. Anstellungsverhältnisses bezahlt werden müßten

1. an Arbeitnehmer als Abfertigung auf Grund
   – gesetzlicher Anordnung oder
   – eines Kollektivvertrages,

   wobei in beiden Fällen Beschäftigungszeiten (Vordienstzeiten) angerechnet werden können,
2. an andere Personen auf Grund gesetzlicher Anordnung,
3. an Arbeitnehmer oder andere Personen auf Grund schriftlicher und rechtsverbindlicher Zusagen, wenn der Gesamtbetrag der zugesagten Abfertigung einer gesetzlichen oder dem Dienst- bzw. Anstellungsverhältnis entsprechenden kollektivvertraglichen Abfertigung nachgebildet ist, wobei in beiden Fällen Beschäftigungszeiten (Vordienstzeiten) angerechnet werden können.

Die Abfertigungsrückstellung kann insoweit bis zu 60% der am Bilanzstichtag bestehenden fiktiven Abfertigungsansprüche gebildet werden, als die Arbeitnehmer oder anderen Personen, an die die Abfertigungen bei Auflösung des Dienstverhältnisses bezahlt werden müßten, am Bilanzstichtag das 50. Lebensjahr vollendet haben.

(2) Die Rückstellung ist in der Bilanz gesondert auszuweisen.

(3) Bei erstmaliger Bildung der Rückstellung hat der Steuerpflichtige das prozentuelle Ausmaß der Rückstellung festzulegen. Dieses Ausmaß ist gleichmäßig auf fünf aufeinanderfolgende Wirtschaftsjahre verteilt zu erreichen. Eine Änderung des Ausmaßes ist unzulässig.

(4) Gehen im Falle des Unternehmerwechsels Abfertigungsverpflichtungen auf den Rechtsnachfolger über, so ist die Rückstellung beim Rechtsvorgänger insoweit nicht gewinnerhöhend aufzulösen, sondern vom Rechtsnachfolger weiterzuführen.

(5) Steuerpflichtige, die ihren Gewinn gemäß § 4 Abs. 3 ermitteln, können für die am Schluss des Wirtschaftsjahres bestehenden fiktiven Abfertigungsansprüche einen Betrag steuerfrei belassen. Die Bestimmungen der Abs. 1, 3 und 4 sind anzuwenden. Die Begünstigung darf nur in Anspruch genommen werden, wenn die steuerfrei belassenen Beträge in einer laufend geführten Aufzeichnung ausgewiesen sind. Aus dieser Aufzeichnung muss die Berechnung der steuerfrei belassenen Beträge klar ersichtlich sein.

(6) Steuerpflichtige, die ihren Gewinn gemäß § 4 Abs. 1 oder § 5 ermitteln, können Pensionsrückstellungen bilden für:

– Direkte Leistungszusagen in Rentenform im Sinne des Betriebspensionsgesetzes.
– Schriftliche und rechtsverbindliche Pensionszusagen in Rentenform, die keine über § 8 und § 9 des Betriebspensionsgesetzes hinausgehende Widerrufs-, Aussetzungs- und Einschränkungsklauseln enthalten.

Für die Bildung gilt folgendes:

1. Die Pensionsrückstellung ist nach den anerkannten Regeln der Versicherungsmathematik zu bilden.
2. Die Pensionsrückstellung ist erstmals im Wirtschaftsjahr der Pensionszusage zu bilden, wobei Veränderungen der Pensionszusage wie neue Zusagen zu behandeln sind. Als neue Zusagen gelten auch Änderungen der Pensionsbemessungsgrundlage und Indexanpassungen von Pensionszusagen.
3. Der Rückstellung ist im jeweiligen Wirtschaftsjahr soviel zuzuführen, als bei Verteilung des Gesamtaufwandes auf die Zeit zwischen Pensionszusage und dem vorgesehenen Zeitpunkt der Beendigung der aktiven Arbeits- oder Werkleistung auf das einzelne Wirtschaftsjahr entfällt.
4. Soweit durch ordnungsmäßige Zuweisungen an die Pensionsrückstellung das zulässige Ausmaß der Rückstellung nicht erreicht wird, ist in dem Wirtschaftsjahr, in dem der Pensionsfall eintritt, eine erhöhte Zuweisung vorzunehmen.
5. Die zugesagte Pension darf 80% des letzten laufenden Aktivbezugs nicht übersteigen. Auf

diese Obergrenze sind zugesagte Leistungen aus Pensionskassen anzurechnen, soweit die Leistungen nicht vom Leistungsberechtigten getragen werden.

6. Der Bildung der Pensionsrückstellung ist ein Rechnungszinsfuß von 6 % zugrunde zu legen.

(7) Für die Pensionsrückstellung besteht folgendes Deckungserfordernis:

1. Am Schluss jedes Wirtschaftsjahres müssen Wertpapiere (Z 4) im Nennbetrag von mindestens 50% des am Schluss des vorangegangenen Wirtschaftsjahres in der Bilanz ausgewiesenen Rückstellungsbetrages im Betriebsvermögen vorhanden sein. Auf das Deckungserfordernis können Ansprüche aus Rückdeckungsversicherungen, die in der gesonderten Abteilung des Deckungsstocks für die Lebensversicherung im Sinne des § 300 Abs. 1 Z 1 oder für die kapitalanlageorientierte Lebensversicherung im Sinne des § 300 Abs. 1 Z 5 des VAG 2016 geführt werden, in Höhe des versicherungsmathematischen Deckungskapitals angerechnet werden. Dies gilt auch für vergleichbare Ansprüche aus Rückdeckungsversicherungen gegenüber Versicherern, die in einem Mitgliedstaat der Europäischen Union oder Staat des Europäischen Wirtschaftsraumes ansässig sind. Ist der Rückkaufswert höher als das versicherungsmathematische Deckungskapital, kann der Rückkaufswert angerechnet werden. Soweit Wertpapiere oder Ansprüche aus Rückdeckungsversicherungen nicht ausschließlich der Besicherung von Pensionsanwartschaften oder Pensionsansprüchen dienen, erfüllen sie nicht das Deckungserfordernis.

   *(BGBl I 2015/34)*

2. Beträgt die Wertpapierdeckung nach Z 1 im Wirtschaftsjahr auch nur vorübergehend weniger als 50% der maßgebenden Rückstellung, ist der Gewinn um 30% der Wertpapierunterdeckung zu erhöhen. Die Fortführung der Rückstellung wird durch die Gewinnerhöhung nicht berührt.

3. Z 2 gilt nicht
   – für jenen Teil des Rückstellungsbetrages, der infolge des Absinkens der Pensionsansprüche am Schluss des Wirtschaftsjahres nicht mehr ausgewiesen ist, und
   – für die Tilgung von Wertpapieren, wenn die getilgten Wertpapiere innerhalb von zwei Monaten nach Einlösung ersetzt werden.

4. Als Wertpapiere gelten:
   a) Auf Inhaber lautende und in Euro begebene Schuldverschreibungen inländischer Schuldner, für die die Prospektpflicht gemäß § 2 des Kapitalmarktgesetzes, BGBl. Nr. 625/1991, gilt, oder vergleichbare auf Inhaber lautende und in Euro begebene Schuldverschreibungen von Schuldnern, die in einem anderen Mitgliedstaat der Europäischen Union oder Staat des Europäischen Wirtschaftsraumes ansässig sind, ausgenommen Schuldverschreibungen, deren Ausgabewert niedriger ist als 90% des Nennbetrages.
   b) Auf Inhaber lautende und in Euro begebene Schuldverschreibungen inländischer Schuldner, für die die Prospektpflicht nur wegen § 3 des Kapitalmarktgesetzes, BGBl. Nr. 625/1991, nicht gilt, oder vergleichbare auf Inhaber lautende und in Euro begebene Schuldverschreibungen von Schuldnern, die in einem anderen Mitgliedstaat der Europäischen Union oder Staat des Europäischen Wirtschaftsraumes ansässig sind, ausgenommen Schuldverschreibungen, deren Ausgabewert niedriger ist als 90% des Nennbetrages.
   c) Auf Inhaber lautende Schuldverschreibungen inländischer Schuldner oder von Schuldnern, die in einem anderen Mitgliedstaat der Europäischen Union oder Staat des Europäischen Wirtschaftsraumes ansässig sind, die vor In-Kraft-Treten des Kapitalmarktgesetzes ausgegeben worden sind, ausgenommen Schuldverschreibungen, bei denen der Nominalwert der Gesamtemission 600 000 S nicht überschritten hat und Schuldverschreibungen, deren Ausgabewert niedriger war als 90% des Nennbetrages.
   d) Forderungen aus Schuldscheindarlehen an die Republik Österreich und an jeden anderen Mitgliedstaat der Europäischen Union oder Staat des Europäischen Wirtschaftsraumes.
   e) Anteilscheine an Investmentfonds im Sinne des § 3 Abs. 2 Z 30 des Investmentfondsgesetzes 2011. Diese Investmentfonds
      – dürfen nach den Fondsbestimmungen ausschließlich in Wertpapiere der in lit. a bis d genannten Art veranlagen, wobei Derivate im Sinne des § 73 des Investmentfondsgesetzes 2011 nur zur Absicherung erworben werden dürfen, oder
      – müssen über Fondsbestimmungen verfügen, welche § 25 Abs. 1 Z 5 bis 8, § 25 Abs. 2 bis 4 und § 25 Abs. 6 bis 8 des Pensionskassengesetzes in der Fassung BGBl. I Nr. 68/2015 entsprechen.

   Wertpapierleihgeschäfte gemäß § 84 des Investmentfondsgesetzes 2011 sind zulässig. An die Stelle des Nennwertes tritt der Erstausgabepreis.

   *(BGBl I 2018/62)*

f) Anteilscheine an inländischen Immobilienfonds im Sinne des Immobilien-Investmentfondsgesetzes sowie von ausländischen offenen Immobilienfonds im Sinne des § 42 des Immobilien-Investmentfondsgesetzes mit Sitz in einem Mitgliedstaat der Europäischen Union oder Staat des Europäischen Wirtschaftsraumes, welche nach Satzung und tatsächlicher Geschäftsführung eine Veranlagung nach den Vorschriften der §§ 21 bis 33 des Immobilien-Investmentfondsgesetzes vornehmen. An die Stelle des Nennwertes tritt der Erstausgabepreis.

(8) Abs. 6 und Abs. 7 gilt auch für Rückstellungen, die für Zusagen von Kostenersätzen für Pensionsverpflichtungen eines Dritten gebildet werden.

(9) Wird eine Pension zugesagt, für die von einem früheren Arbeitgeber (Vertragspartner) des Leistungsberechtigten Vergütungen gewährt werden, ist bei der Bildung der Pensionsrückstellung von der Höhe dieser Vergütungen, höchstens jedoch von dem nach Abs. 6 ermittelten Ausmaß auszugehen.

(10) Abs. 6 Z 5 und 6 gilt insoweit nicht, als dem Arbeitgeber die Aufgaben der gesetzlichen Pensionsversicherung übertragen sind.

(11) Abs. 7 sind auf Betriebe gewerblicher Art von Körperschaften öffentlichen Rechts (§ 2 des Körperschaftsteuergesetzes 1988) nicht anzuwenden.

(12) Für die Bildung von Rückstellungen für die Verpflichtung zu einer Zuwendung anläßlich eines Dienstjubiläums gilt folgendes: Die Bildung einer Rückstellung ist nur bei kollektivvertraglicher Vereinbarung, bei Betriebsvereinbarung oder bei anderen schriftlichen, rechtsverbindlichen und unwiderruflichen Zusagen zulässig. Die Rückstellung ist unter sinngemäßer Anwendung des Abs. 6 Z 1 bis 3, des Abs. 6 Z 6 sowie der Abs. 8 und 9 zu bilden; eine Bildung nach den Regeln der Finanzmathematik ist zulässig.

(13) Werden bei Pensionsrückstellungen oder bei Rückstellungen für die Verpflichtung zu einer Zuwendung anläßlich eines Dienstjubiläums die den anerkannten Regeln der Versicherungsmathematik entsprechenden biometrischen Rechnungsgrundlagen geändert, ist der dadurch bedingte Unterschiedsbetrag beginnend mit dem Wirtschaftsjahr der Änderung gleichmäßig auf drei Jahre zu verteilen. Der Unterschiedsbetrag errechnet sich aus der Differenz zwischen dem nach den bisherigen Rechnungsgrundlagen errechneten Rückstellungsbetrag und dem Rückstellungsbetrag auf der Grundlage der geänderten Rechnungsgrundlagen.

## 4. ABSCHNITT
## Überschuß der Einnahmen über die Werbungskosten

### Einnahmen

**§ 15.** (1) Einnahmen liegen vor, wenn dem Steuerpflichtigen Geld oder geldwerte Vorteile im Rahmen der Einkunftsarten des § 2 Abs. 3 Z 4 bis 7 zufließen. Die Veräußerung von Wirtschaftsgütern führt nur dann zu Einnahmen, wenn dies ausdrücklich angeordnet ist. Hinsichtlich der durchlaufenden Posten ist § 4 Abs. 3 anzuwenden.

(2)

1. Geldwerte Vorteile (Wohnung, Heizung, Beleuchtung, Kleidung, Kost, Waren, Überlassung von Kraftfahrzeugen zur Privatnutzung und sonstige Sachbezüge) sind mit den um übliche Preisnachlässe verminderten üblichen Endpreisen des Abgabeortes anzusetzen.
2. Der Bundesminister für Finanzen wird ermächtigt, im Einvernehmen mit dem Bundesminister für Arbeit, Soziales und Konsumentenschutz die Höhe geldwerter Vorteile mit Verordnung festzulegen sowie in der Verordnung für die Zurverfügungstellung von Kraftfahrzeugen, Krafträdern und Fahrrädern im Interesse ökologischer Zielsetzungen Ermäßigungen und Befreiungen vorzusehen.

   *(BGBl I 2019/103)*
3. Für Mitarbeiterrabatte im Sinne des § 3 Abs. 1 Z 21 gilt Folgendes:
   a) Ist die Höhe des geldwerten Vorteils nicht mit Verordnung gemäß Z 2 festgelegt, ist für Mitarbeiterrabatte der geldwerte Vorteil abweichend von Z 1 von jenem um übliche Preisnachlässe verminderten Endpreis zu bemessen, zu dem der Arbeitgeber Waren oder Dienstleistungen fremden Letztverbrauchern im allgemeinen Geschäftsverkehr anbietet. Sind die Abnehmer des Arbeitgebers keine Letztverbraucher (beispielsweise Großhandel), ist der um übliche Preisnachlässe verminderte übliche Endpreis des Abgabeortes anzusetzen.
   b) Liegen die Voraussetzungen gemäß § 3 Abs. 1 Z 21 vor, ist für Mitarbeiterrabatte der geldwerte Vorteil insoweit mit null zu bemessen.

*(BGBl I 2015/118)*

(3) Für Zuwendungen an und von Privatstiftungen sind die Z 1 und 2 zu beachten.

1. Für Zuwendungen an die Privatstiftung gilt Folgendes:

   Die zugewendeten Wirtschaftsgüter sind mit dem Betrag anzusetzen, der für die Ermittlung von Einkünften beim Stifter im Zeitpunkt der Zuwendung maßgeblich war oder maßgeblich gewesen wäre.
2. Für Zuwendungen der Privatstiftung gilt folgendes:
   a) Die zugewendeten Wirtschaftsgüter und zugewendetes sonstiges Vermögen gelten bei Ermittlung der Einkünfte als angeschafft; zugewendete sonstige

**„geldwerte“** Vorteile gelten als zugeflossen.

*(BGBl I 2022/135 ab 29.7.2022)*

b) Die Zuwendungen sind mit dem Betrag anzusetzen, der für das einzelne Wirtschaftsgut, für sonstiges Vermögen oder sonstige geldwerte Vorteile im Zeitpunkt der Zuwendung hätte aufgewendet werden müssen (insbesondere fiktive Anschaffungskosten). Die fiktiven Anschaffungskosten sind um negative Anschaffungskosten des zugewendeten Wirtschaftsgutes bzw. negative Buchwerte des zugewendeten sonstigen Vermögens zu vermindern. Die sich ergebenden Anschaffungskosten sind evident zu halten.

(4) § 4 Abs. 12 ist entsprechend anzuwenden.

### Werbungskosten

**§ 16.** (1) Werbungskosten sind die Aufwendungen oder Ausgaben zur Erwerbung, Sicherung oder Erhaltung der Einnahmen. Aufwendungen und Ausgaben für den Erwerb oder Wertminderungen von Wirtschaftsgütern sind nur insoweit als Werbungskosten abzugsfähig, als dies im folgenden ausdrücklich zugelassen ist. Hinsichtlich der durchlaufenden Posten ist § 4 Abs. 3 anzuwenden. Werbungskosten sind bei der Einkunftsart abzuziehen, bei der sie erwachsen sind. Werbungskosten sind auch:

1. Schuldzinsen und auf besonderen Verpflichtungsgründen beruhende Renten und dauernde Lasten, soweit sie mit einer Einkunftsart in wirtschaftlichem Zusammenhang stehen. Abzuziehen sind auch Renten und dauernde Lasten sowie Abfindungen derselben, wenn die Renten und dauernden Lasten zum Erwerb einer Einkunftsquelle gedient haben. Ein Abzug ist jedoch nur insoweit zulässig, als die Summe der verausgabten Beträge (Renten, dauernde Lasten, gänzliche oder teilweise Abfindungen derselben sowie allfällige Einmalzahlungen) den Wert der Gegenleistung (§ 29 Z 1) übersteigt.
2. Abgaben und Versicherungsbeiträge, soweit sie sich auf Wirtschaftsgüter beziehen, die dem Steuerpflichtigen zur Einnahmenerzielung dienen.
3. a) Pflichtbeiträge zu gesetzlichen Interessenvertretungen auf öffentlich-rechtlicher Grundlage sowie Betriebsratsumlagen.

   b) Beiträge für die freiwillige Mitgliedschaft bei Berufsverbänden und Interessenvertretungen. Die Beiträge sind nur unter folgenden Voraussetzungen abzugsfähig:

   – Die Berufsverbände und Interessenvertretungen müssen sich nach ihrer Satzung und tatsächlichen Geschäftsführung ausschließlich oder überwiegend mit der Wahrnehmung der beruflichen Interessen ihrer Mitglieder befassen.

   – Die Beiträge können nur in angemessener, statutenmäßig festgesetzter Höhe abgezogen werden.
4. a) Beiträge des Versicherten zur Pflichtversicherung in der gesetzlichen Sozialversicherung.

   b) Beiträge zu den zusätzlichen Pensionsversicherungen, die vom Pensionsinstitut der Linz AG, vom Pensionsinstitut für Verkehr und öffentliche Einrichtungen und nach der Bundesforste-Dienstordnung durchgeführt werden.

   c) Pensions(Provisions)pflichtbeiträge der Bediensteten der Gebietskörperschaften und Pflichtbeiträge der Bediensteten öffentlich-rechtlicher Körperschaften zu Versorgungseinrichtungen, soweit auf Grund öffentlich-rechtlicher Vorschriften eine Verpflichtung zur Teilnahme an einer solchen Versorgungseinrichtung besteht.

   d) Beiträge auf Grund gesetzlicher Verpflichtungen der von § 25 Abs. 1 Z 4 und § 29 Z 4 erfaßten Personen.

   e) Pflichtbeiträge zu Versorgungs- und Unterstützungseinrichtungen der Kammern der selbständig Erwerbstätigen, soweit diese Einrichtungen der Kranken-, Unfall-, Alters-, Invaliditäts- und Hinterbliebenenversorgung dienen; weiters Beiträge zu einer inländischen gesetzlichen Krankenversicherung sowie Beiträge zu einer Krankenversicherung auf Grund einer in- oder ausländischen gesetzlichen Versicherungspflicht. Beiträge zu Einrichtungen, die der Krankenversorgung dienen, Beiträge zu inländischen gesetzlichen Krankenversicherungen sowie Beiträge zu einer Krankenversicherung auf Grund einer in- oder ausländischen gesetzlichen Versicherungspflicht sind nur insoweit abzugsfähig, als sie der Höhe nach insgesamt Pflichtbeiträgen in der gesetzlichen Sozialversicherung entsprechen.

   f) Beiträge von Arbeitnehmern zu einer ausländischen Pflichtversicherung, die einer inländischen gesetzlichen Sozialversicherung entspricht.

   g) Beiträge von Grenzgängern zu einer inländischen oder ausländischen gesetzlichen Krankenversicherung. Grenzgänger sind im Inland ansässige Arbeitnehmer, die im Ausland ihren Arbeitsort haben und sich in der Regel an jedem Arbeitstag von ihrem Wohnort dorthin begeben.

   h) Beiträge von Arbeitnehmern zu ausländischen Pensionskassen, die auf Grund einer ausländischen gesetzlichen Verpflichtung zu leisten sind.

5. Von Arbeitnehmern beim Steuerabzug vom Arbeitslohn entrichtete Wohnbauförderungsbeiträge im Sinne des Bundesgesetzes über die Einführung eines Wohnbauförderungsbeitrages, BGBl. Nr. 13/1952.
6. Ausgaben des Steuerpflichtigen für Fahrten zwischen Wohnung und Arbeitsstätte. Für die Berücksichtigung dieser Aufwendungen gilt:
   a) Diese Ausgaben sind durch den Verkehrsabsetzbetrag (§ 33 Abs. 5 Z 1) abgegolten. Nach Maßgabe der lit. b bis j steht zusätzlich ein Pendlerpauschale sowie nach Maßgabe des § 33 Abs. 5 Z 4 ein Pendlereuro zu. Mit dem Verkehrsabsetzbetrag, dem Pendlerpauschale und dem Pendlereuro sind alle Ausgaben für Fahrten zwischen Wohnung und Arbeitsstätte abgegolten.
   b) Wird dem Arbeitnehmer ein arbeitgebereigenes Kraftfahrzeug für Fahrten zwischen Wohnung und Arbeitsstätte zur Verfügung gestellt, steht kein Pendlerpauschale zu; dies gilt nicht wenn ein arbeitgebereigenes Fahrrad oder Elektrofahrrad zur Verfügung gestellt wird.

      *(BGBl I 2021/18)*
   c) Beträgt die Entfernung zwischen Wohnung und Arbeitsstätte mindestens 20 km und ist die Benützung eines Massenbeförderungsmittels zumutbar, beträgt das Pendlerpauschale:

| | |
|---|---|
| Bei mindestens 20 km bis 40 km | 696 Euro jährlich, |
| bei mehr als 40 km bis 60 km | 1 356 Euro jährlich, |
| bei mehr als 60 km | 2 016 Euro jährlich. |

   d) Ist dem Arbeitnehmer die Benützung eines Massenbeförderungsmittels zwischen Wohnung und Arbeitsstätte zumindest hinsichtlich der halben Entfernung nicht zumutbar, beträgt das Pendlerpauschale abweichend von lit. c:

| | |
|---|---|
| Bei mindestens 2 km bis 20 km | 372 Euro jährlich, |
| bei mehr als 20 km bis 40 km | 1 476 Euro jährlich, |
| bei mehr als 40 km bis 60 km | 2 568 Euro jährlich, |
| bei mehr als 60 km | 3 672 Euro jährlich. |

   e) Voraussetzung für die Berücksichtigung eines Pendlerpauschales gemäß lit. c oder d ist, dass der Arbeitnehmer an mindestens elf Tagen im Kalendermonat von der Wohnung zur Arbeitsstätte fährt. Ist dies nicht der Fall gilt Folgendes:
      – Fährt der Arbeitnehmer an mindestens acht Tagen, aber an nicht mehr als zehn Tagen im Kalendermonat von der Wohnung zur Arbeitsstätte, steht das jeweilige Pendlerpauschale zu zwei Drittel zu. Werden Fahrtkosten als Familienheimfahrten berücksichtigt, steht kein Pendlerpauschale für die Wegstrecke vom Familienwohnsitz (§ 20 Abs. 1 Z 2 lit. e) zur Arbeitsstätte zu.
      – Fährt der Arbeitnehmer an mindestens vier Tagen, aber an nicht mehr als sieben Tagen im Kalendermonat von der Wohnung zur Arbeitsstätte, steht das jeweilige Pendlerpauschale zu einem Drittel zu. Werden Fahrtkosten als Familienheimfahrten berücksichtigt, steht kein Pendlerpauschale für die Wegstrecke vom Familienwohnsitz (§ 20 Abs. 1 Z 2 lit. e) zur Arbeitsstätte zu.

      Einem Steuerpflichtigen steht im Kalendermonat höchstens ein Pendlerpauschale in vollem Ausmaß zu.
   f) Bei Vorliegen mehrerer Wohnsitze ist für die Berechnung des Pendlerpauschales entweder der zur Arbeitsstätte nächstgelegene Wohnsitz oder der Familienwohnsitz (§ 20 Abs. 1 Z 2 lit. e) maßgeblich.
   g) Für die Inanspruchnahme des Pendlerpauschales hat der Arbeitnehmer dem Arbeitgeber auf einem amtlichen Formular eine Erklärung über das Vorliegen der Voraussetzungen abzugeben oder elektronisch zu übermitteln. Der Arbeitgeber hat die Erklärung des Arbeitnehmers zum Lohnkonto (§ 76) zu nehmen. Änderungen der Verhältnisse für die Berücksichtigung des Pendlerpauschales muss der Arbeitnehmer dem Arbeitgeber innerhalb eines Monates melden.

      *(BGBl I 2019/103)*
   h) Das Pendlerpauschale ist auch für Feiertage sowie für Lohnzahlungszeiträume zu berücksichtigen, in denen sich der Arbeitnehmer im Krankenstand oder Urlaub befindet.
   i) Wird ein Arbeitnehmer, bei dem die Voraussetzungen für die Berücksichtigung eines Pendlerpauschales vorliegen, überwiegend auf Kosten des Arbeitgebers gemäß § 26 Z 5 befördert, steht ihm ein Pendlerpauschale nur für jene Wegstrecke zu, die nicht von § 26 Z 5 umfasst ist. Erwachsen ihm für die Beförderung im Werkverkehr Kosten, sind diese Kosten bis zur Höhe des sich aus lit. c, d oder e ergebenden Betrages als Werbungskosten zu berücksichtigen.

      *(BGBl I 2021/18)*

**„i)[a] Liegen bei einem Arbeitnehmer die Voraussetzungen für die Berücksichtigung eines Pendlerpauschales vor, gilt bezüglich § 26 Z 5 Folgendes:**

**aa) Nutzt der Arbeitnehmer an der Mehrzahl der Arbeitstage im Lohnzahlungszeitraum einen Werkverkehr gemäß § 26 Z 5 lit. a, steht ein Pendlerpauschale nur für jene Wegstrecke zu, die nicht von § 26 Z 5 lit. a umfasst ist. Kostenbeiträge des Arbeitnehmers für die Beförderung im Werkverkehr stellen Werbungskosten dar. Das zustehende Pendlerpauschale und ein zu leistender Kostenbeitrag sind dabei insgesamt mit der Höhe des sich aus lit. c, d oder e ergebenden Betrages für die Gesamtstrecke zwischen Wohnung und Arbeitsstätte begrenzt.**

**bb) Bei Zuwendungen gemäß § 26 Z 5 lit. b vermindert sich das Pendlerpauschale gemäß lit. c, d oder e um die vom Arbeitgeber getragenen Kosten. Die Zuwendungen sind verhältnismäßig auf den gesamten Zeitraum der Gültigkeit der Wochen-, Monats- oder Jahreskarte zu verteilen.“**

*(BGBl I 2021/18, BGBl I 2022/108 ab 1.1.2023)*

[a] Tritt mit 1. Jänner 2023 in Kraft.

j) Der Bundesminister für Finanzen wird ermächtigt, Kriterien zur Festlegung der Entfernung und der Zumutbarkeit der Benützung eines Massenverkehrsmittels mit Verordnung festzulegen.

7.[a] Ausgaben für Arbeitsmittel (zB Werkzeug und Berufskleidung). Ausgaben für digitale Arbeitsmittel zur Verwendung eines in der Wohnung eingerichteten Arbeitsplatzes sind um ein Homeoffice-Pauschale gemäß § 26 Z 9 und Werbungskosten gemäß Z 7a lit. b zu kürzen. Ist die Nutzungsdauer der Arbeitsmittel länger als ein Jahr, ist Z 8 anzuwenden.

*(BGBl I 2021/52)*

[a] Tritt mit 1. Jänner 2024 außer Kraft.

7.[a] Ausgaben für Arbeitsmittel (zB Werkzeug und Berufskleidung). Ist die Nutzungsdauer der Arbeitsmittel länger als ein Jahr, ist Z 8anzuwenden.

*(BGBl I 2021/52)*

[a] Tritt mit 1. Jänner 2024 wieder in Kraft.

7a.[a] Ausgaben und Beträge eines Arbeitnehmers, der seine berufliche Tätigkeit in der Wohnung (im Homeoffice) erbringt und bei dem keine Ausgaben für ein Arbeitszimmer gemäß § 20 Abs. 1 Z 2 lit. d berücksichtigt werden:

a) Ausgaben für ergonomisch geeignetes Mobiliar (insbesondere Schreibtisch, Drehstuhl, Beleuchtung) eines in der Wohnung eingerichteten Arbeitsplatzes bis zu insgesamt 300 Euro (Höchstbetrag pro Kalenderjahr), wenn der Arbeitnehmer zumindest 26 Homeoffice-Tage gemäß § 26 Z 9 lit. a im Kalenderjahr geleistet hat. Übersteigen die Anschaffungs- oder Herstellungskosten insgesamt den Höchstbetrag, kann der Überschreitungsbetrag innerhalb des Höchstbetrages jeweils ab dem Folgejahr bis zum Kalenderjahr 2023 geltend gemacht werden. Z 8 ist nicht anzuwenden.

b) Soweit das Homeoffice-Pauschale gemäß § 26 Z 9 lit. a den Höchstbetrag von drei Euro pro Homeoffice-Tag nicht erreicht, die Differenz auf drei Euro.

*(BGBl I 2021/52; zum Inkrafttreten siehe § 124b Z 373 und 374)*

[a] Tritt mit 1. Jänner 2024 außer Kraft.

8. Absetzungen für Abnutzungen und für Substanzverringerungen (§§ 7 und 8). Gehört ein abnutzbares Wirtschaftsgut (insbesondere Gebäude) nicht zu einem Betriebsvermögen, gilt für die Bemessung der Absetzung für Abnutzung oder Substanzverringerung Folgendes:

a) Grundsätzlich sind die tatsächlichen Anschaffungs- oder Herstellungskosten zu Grunde zu legen. Bei der Ermittlung der Anschaffungs- oder Herstellungskosten sind § 6 Z 11 und 12 zu berücksichtigen. § 13 ist anzuwenden.

b) Wird ein Wirtschaftsgut unentgeltlich erworben, ist die Absetzung für Abnutzung des Rechtsvorgängers fortzusetzen.

c) Wird ein zum 31. März 2012 nicht steuerverfangenes Grundstück im Sinne des § 30 Abs. 1 erstmalig zur Erzielung von Einkünften verwendet, sind der Bemessung der Absetzung für Abnutzung die fiktiven Anschaffungskosten zum Zeitpunkt der erstmaligen Nutzung zur Einkünfteerzielung zu Grunde zu legen.

d) Bei Gebäuden, die der Erzielung von Einkünften aus Vermietung und Verpachtung dienen, können ohne Nachweis der Nutzungsdauer jährlich 1,5% der Bemessungsgrundlage (lit. a bis c) als Absetzung für Abnutzung geltend gemacht werden. Ohne Nachweis eines anderen Aufteilungsverhältnisses sind von den Anschaffungskosten eines bebauten Grundstückes 40% als Anteil des Grund und Bodens auszuscheiden. Dies gilt nicht, wenn die tatsächlichen Verhältnisse offenkundig erheblich davon abweichen. Der Bundesminister für Finanzen wird ermächtigt, an Hand geeigneter Kriterien (z. B. Lage, Bebauung) abweichende Aufteilungsverhältnisse von Grund und Boden und Gebäude im Verordnungswege festzulegen.

*(BGBl I 2015/118)*

e) Im Jahr der erstmaligen Berücksichtigung der Absetzung für Abnutzung beträgt diese abweichend von lit. d höchstens das Dreifache und im darauffolgenden Jahr höchstens das Zweifache des Prozentsatzes gemäß lit. d. § 7 Abs. 2 ist nicht anzuwenden.

*(BGBl I 2020/96)*

9. Mehraufwendungen des Steuerpflichtigen für Verpflegung und Unterkunft bei ausschließlich beruflich veranlassten Reisen. Diese Aufwendungen sind ohne Nachweis ihrer Höhe als Werbungskosten anzuerkennen, soweit sie die sich aus § 26 Z 4 ergebenden Beträge nicht übersteigen. Dabei steht das volle Tagesgeld für 24 Stunden zu. Höhere Aufwendungen für Verpflegung sind nicht zu berücksichtigen.
10. Aufwendungen für Aus- und Fortbildungsmaßnahmen im Zusammenhang mit der vom Steuerpflichtigen ausgeübten oder einer damit verwandten beruflichen Tätigkeit und Aufwendungen für umfassende Umschulungsmaßnahmen, die auf eine tatsächliche Ausübung eines anderen Berufes abzielen. Aufwendungen für Nächtigungen sind jedoch höchstens im Ausmaß des den Bundesbediensteten zustehenden Nächtigungsgeldes der Höchststufe bei Anwendung des § 13 Abs. 7 der Reisegebührenvorschrift zu berücksichtigen.

(2) Zu den Werbungskosten zählt auch die Erstattung (Rückzahlung) von Einnahmen, sofern weder der Zeitpunkt des Zufließens der Einnahmen noch der Zeitpunkt der Erstattung willkürlich festgesetzt wurde. Steht ein Arbeitnehmer in einem aufrechten Dienstverhältnis zu jenem Arbeitgeber, dem er Arbeitslohn zu erstatten (rückzuzahlen) hat, so hat der Arbeitgeber die Erstattung (Rückzahlung) beim laufenden Arbeitslohn als Werbungskosten zu berücksichtigen.

(3) Für Werbungskosten, die bei nichtselbständigen Einkünften erwachsen, ist ohne besonderen Nachweis ein Pauschbetrag von 132 Euro jährlich abzusetzen. Dies gilt nicht, wenn diese Einkünfte den Anspruch auf den Pensionistenabsetzbetrag (§ 33 Abs. 6 und § 57 Abs. 4) begründen. Der Abzug des Pauschbetrages darf nicht zu einem Verlust aus nichtselbständiger Arbeit führen. Ohne Anrechnung auf den Pauschbetrag sind abzusetzen:

- Werbungskosten im Sinne des Abs. 1 Z 3 mit Ausnahme der Betriebsratsumlagen
- Werbungskosten im Sinne des Abs. 1 Z 4, 5 und 7a[a]

*(BGBl I 2021/52)*

[a] Tritt mit 1. Jänner 2024 außer Kraft.

- Werbungskosten im Sinne des Abs. 1 Z 4 und 5[a]

*(BGBl I 2021/52)*

[a] Tritt mit 1. Jänner 2024 wieder in Kraft.

- der Pauschbetrag gemäß Abs. 1 Z 6
- dem Arbeitnehmer für den Werkverkehr erwachsende Kosten (Abs. 1 Z 6 lit. i letzter Satz) und
- Werbungskosten im Sinne des Abs. 2.

## 5. ABSCHNITT

### Durchschnittssätze

**§ 17.** (1) Bei den Einkünften aus einer Tätigkeit im Sinne des § 22 oder des § 23 können die Betriebsausgaben im Rahmen der Gewinnermittlung gemäß § 4 Abs. 3 mit einem Durchschnittssatz ermittelt werden. Der Durchschnittssatz beträgt

- bei freiberuflichen oder gewerblichen Einkünften aus einer kaufmännischen oder technischen Beratung, einer Tätigkeit im Sinne des § 22 Z 2 sowie aus einer schriftstellerischen, vortragenden, wissenschaftlichen, unterrichtenden oder erzieherischen Tätigkeit 6%, höchstens jedoch 13 200 €,
- sonst 12%, höchstens jedoch 26 400 €,

der Umsätze im Sinne des § 125 Abs. 1 der Bundesabgabenordnung. Daneben dürfen nur folgende Ausgaben als Betriebsausgaben abgesetzt werden: Ausgaben für den Eingang an Waren, Rohstoffen, Halberzeugnissen, Hilfsstoffen und Zutaten, die nach ihrer Art und ihrem betrieblichen Zweck in ein Wareneingangsbuch (§ 128 BAO) einzutragen sind oder einzutragen wären, sowie Ausgaben für Löhne (einschließlich Lohnnebenkosten) und für Fremdlöhne, soweit diese unmittelbar in Leistungen eingehen, die den Betriebsgegenstand des Unternehmens bilden, weiters Beiträge im Sinne des § 4 Abs. 4 Z 1, das Arbeitsplatzpauschale gemäß § 4 Abs. 4 Z 8 **„, Kosten gemäß § 4 Abs. 4 Z 5 zweiter Satz“** und Reise- und Fahrtkosten, soweit ihnen ein Kostenersatz in gleicher Höhe gegenübersteht; diese Reise- und Fahrtkosten vermindern die Umsätze im Sinne des zweiten Satzes. § 4 Abs. 3 dritter Satz ist anzuwenden.

*(BGBl I 2016/117, BGBl I 2019/103, BGBl I 2021/227, BGBl I 2022/108 ab Veranlagung 2022)*

(2) Die Anwendung des Durchschnittssatzes gemäß Abs. 1 setzt voraus, daß

1. keine Buchführungspflicht besteht und auch nicht freiwillig Bücher geführt werden, die eine Gewinnermittlung nach § 4 Abs. 1 ermöglichen,
2. die Umsätze im Sinne des § 125 Abs. 1 der Bundesabgabenordnung des vorangegangenen Wirtschaftsjahres nicht mehr als 220 000 Euro betragen,
3. aus der Steuererklärung hervorgeht, dass der Steuerpflichtige von der Pauschalierung Gebrauch macht.

(3) Geht der Steuerpflichtige von der Ermittlung der Betriebsausgaben mittels des Durchschnittssatzes gemäß Abs. 1 auf die Gewinnermittlung nach § 4 Abs. 1 oder im Rahmen der Gewinnermittlung gemäß § 4 Abs. 3 auf die Geltendmachung der Betriebsausgaben nach den allgemeinen Gewinnermittlungsvorschriften über, so ist eine erneute Ermittlung der Betriebsausgaben mittels des Durchschnittssatzes gemäß Abs. 1 frühestens nach Ablauf von fünf Wirtschaftsjahren zulässig.

(3a) Im Rahmen der Einnahmen-Ausgaben-Rechnung kann der Gewinn nach Maßgabe der Z 1 bis Z 9 pauschal ermittelt werden.

1. Die pauschale Gewinnermittlung betrifft Einkünfte gemäß § 22 oder § 23 mit Ausnahme von Einkünften aus einer Tätigkeit eines Gesellschafters gemäß § 22 Z 2 zweiter Teilstrich, als Aufsichtsratsmitglied oder als Stiftungsvorstand.
2. Die Pauschalierung kann angewendet werden, wenn im Veranlagungsjahr die Umsatzsteuerbefreiung gemäß § 6 Abs. 1 Z 27 UStG 1994 für Kleinunternehmer anwendbar ist oder nur deswegen nicht anwendbar ist, weil
   – auch Umsätze erzielt wurden, die zu Einkünften führen, die gemäß Z 1 von der Pauschalierung nicht betroffen sind oder
   – weil auf die Anwendung der Umsatzsteuerbefreiung gemäß § 6 Abs. 3 UStG 1994 verzichtet wurde.

   *(BGBl I 2021/3)*
3. Gewinn ist der Unterschiedsbetrag zwischen den Betriebseinnahmen (ohne Umsatzsteuer) und den gemäß Z 4 pauschal ermittelten Betriebsausgaben. Bei der Ermittlung des Gewinnes gilt:
   a) Neben den pauschalen Betriebsausgaben sind Beiträge gemäß § 4 Abs. 4 Z 1, das Arbeitsplatzpauschale gemäß § 4 Abs. 4 Z 8 **„, Kosten gemäß § 4 Abs. 4 Z 5 zweiter Satz“** und Reise- und Fahrtkosten, soweit ihnen ein Kostenersatz in gleicher Höhe gegenübersteht, zu berücksichtigen; diese Reise- und Fahrtkosten vermindern die Bemessungsgrundlage für die pauschalen Betriebsausgaben.

      *(BGBl I 2021/227, BGBl I 2022/108 ab Veranlagung 2022)*
   b) Weitere Betriebsausgaben und Entnahmen sind nicht zu berücksichtigen.

   *(BGBl I 2021/3)*
4. Die pauschalen Betriebsausgaben betragen 45% der Betriebseinnahmen gemäß Z 3, höchstens aber 18 900 Euro. Abweichend davon betragen die pauschalen Betriebsausgaben bei einem Dienstleistungsbetrieb 20% der Betriebseinnahmen gemäß Z 3, höchstens aber 8 400 Euro.

   *(BGBl I 2021/3)*
5. Der Bundesminister für Finanzen wird für die Anwendung der Z 4 ermächtigt, im Wege einer Verordnung eine branchenbezogene Einordnung eines Betriebes als Dienstleistungsbetrieb vorzunehmen. Bei einem Betrieb, der nicht ausschließlich Dienstleistungen erbringt, ist für die Anwendung des Pauschalsatzes die Tätigkeit maßgeblich, aus der die höheren Betriebseinnahmen stammen.

   *(BGBl I 2021/3)*
6. Wird ein Wirtschaftsgut des Anlagevermögens entnommen, ist § 6 Z 4 nicht anzuwenden.
7. Bei einer Mitunternehmerschaft im Sinne des § 22 Z 3 oder § 23 Z 2 gilt Folgendes:
   a) Für die Anwendung der Z 2 sind die Umsätze maßgeblich, die von der Mitunternehmerschaft insgesamt erzielt werden.
   b) Die pauschale Gewinnermittlung ist von der Mitunternehmerschaft einheitlich vorzunehmen; der so ermittelte Gewinn ist auf die Beteiligten aufzuteilen. Sonderbetriebseinnahmen und Sonderbetriebsausgaben sind beim jeweiligen Mitunternehmer in tatsächlicher Höhe zu berücksichtigen.
   c) Keiner der Mitunternehmer darf die Pauschalierung außerhalb der Gewinnermittlung für die betreffende Mitunternehmerschaft in Anspruch nehmen.
8. Bei Inanspruchnahme der Pauschalierung besteht keine Verpflichtung zur Führung eines Wareneingangsbuches und einer Anlagenkartei (§ 7 Abs. 3).
9. Wird von der Ermittlung des Gewinnes gemäß Z 1 bis Z 8 freiwillig auf eine andere Form der Gewinnermittlung übergegangen, ist eine erneute Ermittlung des Gewinnes gemäß Z 1 bis Z 8 frühestens nach Ablauf von drei Wirtschaftsjahren zulässig.

*(BGBl I 2019/103)*

(4) Für die Ermittlung des Gewinnes können weiters mit Verordnung des Bundesministers für Finanzen Durchschnittssätze für Gruppen von Steuerpflichtigen aufgestellt werden. Die Durchschnittssätze sind auf Grund von Erfahrungen über die wirtschaftlichen Verhältnisse bei der jeweiligen Gruppe von Steuerpflichtigen festzusetzen. Solche Durchschnittssätze sind nur für Fälle aufzustellen, in denen weder eine Buchführungspflicht besteht noch ordnungsmäßige Bücher geführt werden, die eine Gewinnermittlung durch Betriebsvermögensvergleich ermöglichen.

(5) In der Verordnung werden bestimmt:

1. Die Gruppen von Betrieben, für die Durchschnittssätze anzuwenden sind.
2. Die für die Einstufung jeweils maßgeblichen Betriebsmerkmale. Als solche kommen insbesondere in Betracht:

a) Bei land- und forstwirtschaftlichen Betrieben die Betriebsart und der Einheitswert.

b) Bei anderen Betrieben die örtliche Lage, die Ausstattung, der Wareneingang oder Wareneinsatz, die Zahl der Arbeitskräfte und die Stabilität der Erträge und Aufwendungen.

3. Die Art der Gewinnermittlung für die einzelnen Gruppen von Betrieben durch Aufstellung von Reingewinnsätzen und Reingewinnprozentsätzen vom Einheitswert oder vom Umsatz oder von anderen, für einen Rückschluß auf den Umsatz und Gewinn geeigneten äußeren Betriebsmerkmalen. In der Verordnung kann bestimmt werden, daß für die Gewinnermittlung nur die Betriebsausgaben oder Betriebsausgabenteile nach Durchschnittssätzen ermittelt werden.
4. Der Veranlagungszeitraum, für den die Durchschnittssätze anzuwenden sind.
5. Der Umfang, in dem jenen Steuerpflichtigen, die den Gewinn nach Durchschnittssätzen ermitteln, Erleichterungen in der Führung von Aufzeichnungen gewährt werden.

(5a) Für eine Verordnung über die Aufstellung von Durchschnittssätzen für die Ermittlung des Gewinnes aus der Land- und Forstwirtschaft gelten folgende Grundsätze:

1. Die Gewinnermittlung auf Basis von Durchschnittssätzen ist nur für Betriebe zulässig, deren gemäß § 125 Abs. 1 der Bundesabgabenordnung in der Fassung vor BGBl. I Nr. 96/2020 ermittelter Einheitswert 130 000 Euro nicht übersteigt.

   *(BGBl I 2020/96)*
2. Eine Gewinnermittlung mit Hilfe von Reingewinnprozentsätzen vom Einheitswert ist nur zulässig, wenn der gemäß § 125 Abs. 1 der Bundesabgabenordnung in der Fassung vor BGBl. I Nr. 96/2020 ermittelte Einheitswert 75 000 Euro nicht übersteigt.

   *(BGBl I 2020/96)*
3. Eine Gewinnermittlung mit Hilfe von Reingewinnprozentsätzen ist für den Gewinn aus Weinbau nur zulässig, wenn die selbst bewirtschaftete weinbaulich genutzte (§ 48 Abs. 1 BewG 1955) Fläche 60 Ar nicht übersteigt. Davon unberührt bleibt die Gewinnermittlung des übrigen Betriebes.
4. (aufgehoben)

   *(BGBl I 2020/96)*

(6) Zur Ermittlung von Werbungskosten können vom Bundesminister für Finanzen Durchschnittssätze für Werbungskosten im Verordnungswege für bestimmte Gruppen von Steuerpflichtigen nach den jeweiligen Erfahrungen der Praxis festgelegt werden.

## 6. ABSCHNITT

### Sonderausgaben*)

*) Die Topfsonderausgaben können ab der Veranlagung 2021 nicht mehr geltend gemacht werden; vgl. § 124b Z 285 und 286.

**§ 18.** (1) Folgende Ausgaben sind bei der Ermittlung des Einkommens als Sonderausgaben abzuziehen, soweit sie nicht Betriebsausgaben oder Werbungskosten sind:

1. Renten und dauernde Lasten, die auf besonderen Verpflichtungsgründen beruhen. Werden Renten oder dauernde Lasten als angemessene Gegenleistung für die Übertragung von Wirtschaftsgütern geleistet, gilt folgendes: Die Renten und dauernden Lasten sowie Abfindungen derselben sind nur insoweit abzugsfähig, als die Summe der verausgabten Beträge (Renten, dauernde Lasten, gänzliche oder teilweise Abfindungen derselben sowie allfällige Einmalzahlungen) den Wert der Gegenleistung (§ 29 Z 1) übersteigt. Stellt eine aus Anlaß der Übertragung eines Betriebes, Teilbetriebes oder Mitunternehmeranteils vereinbarte Rente oder dauernde Last keine angemessene Gegenleistung für die Übertragung dar, so sind die Renten oder dauernden Lasten nur dann abzugsfähig, wenn
   – keine Betriebsausgaben vorliegen und
   – keine derart unangemessen hohen Renten oder dauernden Lasten vorliegen, daß der Zusammenhang zwischen Übertragung und Vereinbarung einer Rente oder dauernden Last wirtschaftlich bedeutungslos und damit ein Abzug nach § 20 Abs. 1 Z 4 erster Satz ausgeschlossen ist.

1a. Beiträge für eine freiwillige Weiterversicherung einschließlich des Nachkaufs von Versicherungszeiten in der gesetzlichen Pensionsversicherung und vergleichbare Beiträge an Versorgungs- und Unterstützungseinrichtungen der Kammern der selbständig Erwerbstätigen. Besteht der Beitrag in einer einmaligen Leistung, kann der Erbringer dieser Leistung auf Antrag ein Zehntel des als Einmalprämie geleisteten Betrages durch zehn aufeinanderfolgende Jahre als Sonderausgaben in Anspruch nehmen.

   *(BGBl I 2015/118)*

2. Beiträge und Versicherungsprämien, wenn der der Zahlung zugrundeliegende Vertrag vor dem 1. Jänner 2016 abgeschlossen worden ist, ausgenommen Beiträge und Versicherungsprämien im Bereich des BMSVG und der prämienbegünstigten Zukunftsvorsorge (§ 108g) zu einer
   – freiwilligen Kranken-, Unfall- oder Pensionsversicherung, ausgenommen Beiträge für die freiwillige Höherversicherung in der gesetzlichen Pensionsversicherung (einschließlich der zusätzlichen Pensionsversicherung im Sinne

des § 479 des Allgemeinen Sozialversicherungsgesetzes), soweit dafür eine Prämie nach § 108a in Anspruch genommen wird, sowie ausgenommen Beiträge zu einer Pensionszusatzversicherung (§ 108b),

– Lebensversicherung (Kapital- oder Rentenversicherung), ausgenommen Beiträge zu einer Pensionszusatzversicherung (§ 108b),
– freiwillige Witwen-, Waisen-, Versorgungs- und Sterbekasse,
– Pensionskasse, soweit für die Beiträge nicht eine Prämie nach § 108a in Anspruch genommen wird,
– betrieblichen Kollektivversicherung im Sinne des § 93 des VAG 2016, soweit für die Beiträge nicht eine Prämie nach § 108a in Anspruch genommen wird,
– ausländischen Einrichtungen im Sinne des § 5 Z 4 des Pensionskassengesetzes.

Versicherungsprämien sind nur dann abzugsfähig, wenn das Versicherungsunternehmen Sitz oder Geschäftsleitung im Inland hat oder ihm die Erlaubnis zum Geschäftsbetrieb im Inland erteilt wurde.

Beiträge zu Versicherungsverträgen auf den Erlebensfall (Kapitalversicherungen) sind nur abzugsfähig, wenn der Versicherungsvertrag vor dem 1. Juni 1996 abgeschlossen worden ist, für den Fall des Ablebens des Versicherten mindestens die für den Erlebensfall vereinbarte Versicherungssumme zur Auszahlung kommt und überdies zwischen dem Zeitpunkt des Vertragsabschlusses und dem Zeitpunkt des Anfallens der Versicherungssumme im Erlebensfall ein Zeitraum von mindestens zwanzig Jahren liegt. Hat der Versicherte im Zeitpunkt des Vertragsabschlusses das 41. Lebensjahr vollendet, dann verkürzt sich dieser Zeitraum auf den Zeitraum bis zur Vollendung des 60. Lebensjahres, er darf jedoch nicht weniger als zehn Jahre betragen.

Beiträge zu Rentenversicherungsverträgen sind nur abzugsfähig, wenn eine mindestens auf die Lebensdauer zahlbare Rente vereinbart ist.

Besteht der Beitrag (die Versicherungsprämie) in einer einmaligen Leistung, so kann der Erbringer dieser Leistung auf Antrag ein Zehntel des als Einmalprämie geleisteten Betrages durch zehn aufeinanderfolgende Jahre als Sonderausgaben in Anspruch nehmen.

Werden als Sonderausgaben abgesetzte Versicherungsprämien ohne Nachversteuerung (Abs. 4 Z 1) vorausgezahlt, rückgekauft oder sonst rückvergütet, dann vermindern die rückvergüteten Beträge beginnend ab dem Kalenderjahr der Rückvergütung die aus diesem Vertrag als Sonderausgaben absetzbaren Versicherungsprämien.

*(BGBl I 2015/118)*

3. Ausgaben zur Wohnraumschaffung oder zur Wohnraumsanierung, wenn mit der tatsächlichen Bauausführung oder Sanierung vor dem 1. Jänner 2016 begonnen worden ist (lit. b und c) oder der der Zahlung zugrundeliegende Vertrag vor dem 1. Jänner 2016 abgeschlossen worden ist (lit. a und d):

a) Mindestens achtjährig gebundene Beträge, die vom Wohnungswerber zur Schaffung von Wohnraum an Bauträger geleistet werden. Bauträger sind
   – gemeinnützige Bau-, Wohnungs- und Siedlungsvereinigungen
   – Unternehmen, deren Betriebsgegenstand nach Satzung und tatsächlicher Geschäftsführung die Schaffung von Wohnungseigentum ist
   – Gebietskörperschaften.

   Dabei ist es gleichgültig, ob der Wohnraum dem Wohnungswerber in Nutzung (Bestand) gegeben oder ob ihm eine Kaufanwartschaft eingeräumt wird. Ebenso ist es nicht maßgeblich, ob der Wohnungswerber bis zum Ablauf der achtjährigen Bindungszeit im Falle seines Rücktrittes einen Anspruch auf volle Erstattung des Betrages hat oder nicht.

b) Beträge, die verausgabt werden zur Errichtung von Eigenheimen oder Eigentumswohnungen, die in einem Mitgliedstaat der Europäischen Union oder einem Staat des Europäischen Wirtschaftsraumes, mit dem eine umfassende Amtshilfe besteht, gelegen sind. Eigenheim ist ein Wohnhaus mit nicht mehr als zwei Wohnungen, wenn mindestens zwei Drittel der Gesamtnutzfläche des Gebäudes Wohnzwecken dienen. Das Eigenheim kann auch im Eigentum zweier oder mehrerer Personen stehen. Das Eigenheim kann auch ein Gebäude auf fremdem Grund und Boden sein. Eine Eigentumswohnung muss mindestens zu zwei Dritteln der Gesamtnutzfläche Wohnzwecken dienen. Das Eigenheim oder die Eigentumswohnung muss unmittelbar nach Fertigstellung dem Steuerpflichtigen für einen Zeitraum von zumindest zwei Jahren als Hauptwohnsitz dienen. Auch die Aufwendungen für den Erwerb von Grundstücken zur Schaffung von Eigenheimen oder Eigentumswohnungen durch den Steuerpflichtigen oder durch einen von ihm Beauftragten sind abzugsfähig.

c) Ausgaben zur Sanierung von Wohnraum, wenn die Sanierung über unmittelbaren Auftrag des Steuerpflichtigen durch einen befugten Unternehmer durchgeführt worden ist, und zwar
   – Instandsetzungsaufwendungen einschließlich Aufwendungen für

energiesparende Maßnahmen, wenn diese Aufwendungen den Nutzungswert des Wohnraumes wesentlich erhöhen oder den Zeitraum seiner Nutzung wesentlich verlängern oder

– Herstellungsaufwendungen.

d) Rückzahlungen von Darlehen, die für die Schaffung von begünstigtem Wohnraum oder für die Sanierung von Wohnraum im Sinne der lit. a bis lit. c aufgenommen wurden, sowie Zinsen für derartige Darlehen. Diesen Darlehen sind Eigenmittel der in lit. a genannten Bauträger gleichzuhalten.

*(BGBl I 2015/118)*

4. Vor dem 1. Jänner 2011 getätigte Ausgaben natürlicher Personen für die Anschaffung von Genußscheinen im Sinne des § 6 des Beteiligungsfondsgesetzes und für die Erstanschaffung junger Aktien (Abs. 3 Z 4 lit. a) von Aktiengesellschaften im Sinne des Abs. 3 Z 4 lit. b, die den Ausgabebetrag (Nennbetrag und ein Aufgeld) betreffen. Die Genußscheine oder jungen Aktien müssen bei einem inländischen Kreditinstitut

– gegen sofortige volle Zahlung der Anschaffungskosten der Genußscheine oder des Ausgabebetrages der jungen Aktien erworben und

– durch mindestens zehn Jahre ab der Anschaffung hinterlegt werden.

Das Kreditinstitut hat dem Steuerpflichtigen die Anschaffung der Genußscheine oder jungen Aktien, die bezahlten Beträge und die Tatsache der Hinterlegung auf einem amtlichen Vordruck zu bescheinigen. Eine Gleichschrift dieser Bescheinigung ist von dem Kreditinstitut dem Wohnsitzfinanzamt zu übersenden.

5. Verpflichtende Beiträge an Kirchen und Religionsgesellschaften, die in Österreich gesetzlich anerkannt sind, höchstens jedoch 400 Euro jährlich. In Österreich gesetzlich anerkannten Kirchen und Religionsgesellschaften stehen Körperschaften mit Sitz in einem Mitgliedstaat der Europäischen Union oder des Europäischen Wirtschaftsraumes gleich, die einer in Österreich gesetzlich anerkannten Kirche oder Religionsgesellschaft entsprechen.

6. Steuerberatungskosten, die an berufsrechtlich befugte Personen geleistet werden.

7. Freigebige Zuwendungen insoweit, als sie zusammen mit Zuwendungen aus dem Betriebsvermögen im Sinne des § 4a insgesamt 10% des sich nach Verlustausgleich ergebenden Gesamtbetrages der Einkünfte nicht übersteigen, wenn sie

a) an Einrichtungen im Sinne des § 4a Abs. 3 Z 1, 2 und 3 und Abs. 4, sowie

*(BGBl I 2015/160)*

b) ausschließlich in Geld an begünstigte Körperschaften im Sinne des § 4a Abs. 3 Z 2a, Z 4 bis 6, Abs. 4a, Abs. 5 und Abs. 6

*(BGBl I 2015/160)*

geleistet werden.

Eine Zuwendung an einen Empfänger, der keine feste örtliche Einrichtung im Inland unterhält, ist durch den Zuwendenden auf Verlangen der Abgabenbehörde durch Vorlage eines Beleges nachzuweisen. Dieser Beleg hat jedenfalls zu enthalten den Namen der empfangenden Körperschaft, den Namen des Zuwendenden, den Betrag und das Datum der Zuwendung. Auf Verlangen des Zuwendenden ist durch einen Empfänger der Zuwendung, der keine feste örtliche Einrichtung im Inland unterhält, eine Spendenbestätigung auszustellen. In dieser Bestätigung sind, neben den Inhalten die ein Beleg jedenfalls zu enthalten hat, auch die Anschrift des Zuwendenden und die Registrierungsnummer, unter der die empfangende Einrichtung in die Liste begünstigter Spendenempfänger eingetragen ist, anzuführen. Die Bestätigung kann für alle von demselben Zuwendenden in einem Kalenderjahr getätigten Zuwendungen ausgestellt werden.

Steht den Zuwendungen eine Gegenleistung gegenüber, sind sie als freigebige Zuwendungen abzugsfähig, wenn der gemeine Wert der Zuwendung den Wert der Gegenleistung erheblich übersteigt. Der dem gemeinen Wert der Gegenleistung entsprechende Teil der Zuwendung ist nicht abzugsfähig. Ebenso nicht abzugsfähig sind Mitgliedsbeiträge in Höhe der satzungsgemäß von ordentlichen Mitgliedern zu entrichtenden Beiträge, die an eine der begünstigten Körperschaften bezahlt werden.

Freigebige Zuwendungen an begünstigte Einrichtungen im Sinne der lit. b und an Einrichtungen gemäß § 4a Abs. 4 lit. d sind nur dann abzugsfähig, wenn die empfangende Einrichtung zum Zeitpunkt der Zuwendung in der Liste begünstigter Spendenempfänger (§ 4a Abs. 7 Z 1) eingetragen ist; dies gilt nicht für Zuwendungen an Einrichtungen gemäß § 4a Abs. 6 und Abs. 3 Z 2a.

*(BGBl I 2015/118, BGBl I 2018/62)*

8. Zuwendungen zum Zweck der ertragsbringenden Vermögensausstattung an eine privatrechtliche Stiftung oder an eine damit vergleichbare Vermögensmasse (Stiftung) im Sinne des § 4b, soweit diese zusammen mit Zuwendungen aus dem Betriebsvermögen

a) im Kalenderjahr der erstmaligen Zuwendung und den folgenden vier Kalenderjahren insgesamt den Betrag von 500 000 Euro und

b) im Kalenderjahr der jeweiligen Zuwendung 10% des sich nach Verlustausgleich ergebenden Gesamtbetrages der Einkünfte

nicht übersteigen. Die Bestimmungen des § 4b gelten entsprechend.
*(BGBl I 2015/160)*

9. Freigebige Zuwendungen an die Innovationsstiftung für Bildung gemäß § 1 ISBG sowie an deren Substiftungen gemäß § 4 Abs. 5 ISBG zur Förderung ihrer Tätigkeiten gemäß § 3 Abs. 1 und 2 ISBG oder zum Zweck der ertragsbringenden Vermögensausstattung im Sinne des § 4c, soweit diese zusammen mit Zuwendungen aus dem Betriebsvermögen im Kalenderjahr der Zuwendung 10 % des sich nach Verlustausgleich ergebenden Gesamtbetrages der Einkünfte, nicht übersteigen. Soweit freigebige Zuwendungen gemeinsam mit Zuwendungen aus dem Betriebsvermögen im Kalenderjahr der Zuwendung weder den Betrag von 500 000 Euro noch den Gesamtbetrag der Einkünfte übersteigen, sind sie jedenfalls als Sonderausgaben abzuziehen. § 4c Abs. 2 gilt entsprechend.
*(BGBl I 2017/28)*

10. a) Ausgaben für die thermisch-energetische Sanierung von Gebäuden sind unter folgenden Voraussetzungen zu berücksichtigen:
    - aa) Für die Ausgaben wurde eine Förderung des Bundes gemäß dem 3. Abschnitt des Umweltförderungsgesetzes – UFG, BGBl. Nr. 185/1993, ausbezahlt.
    - bb) Die Datenübermittlung gemäß § 40g TDBG 2012 ist erfolgt.
    - cc) Die Ausgaben abzüglich ausbezahlter Förderungen aus öffentlichen Mitteln übersteigen den Betrag von 4 000 Euro.

    b) Ausgaben für den Ersatz eines fossilen Heizungssystems durch ein klimafreundliches Heizungssystem sind unter folgenden Voraussetzungen zu berücksichtigen:
    - aa) Für die Ausgaben wurde eine Förderung des Bundes gemäß dem 3. Abschnitt des UFG ausbezahlt.
    - bb) Die Datenübermittlung gemäß § 40g TDBG 2012 ist erfolgt.
    - cc) Die Ausgaben abzüglich ausbezahlter Förderungen aus öffentlichen Mitteln übersteigen den Betrag von 2 000 Euro.

    c) Ausgaben gemäß lit. a und lit. b sind beim Empfänger der Förderung im Jahr der Auszahlung der Förderung und in den folgenden vier Kalenderjahren durch einen Pauschbetrag zu berücksichtigen. Dieser beträgt
    - – für Ausgaben gemäß lit. a 800 Euro jährlich und
    - – für Ausgaben gemäß lit. b 400 Euro jährlich.

    d) Wird im ersten Kalenderjahr des Vorliegens der Anspruchsvoraussetzungen oder innerhalb der folgenden vier Kalenderjahre eine weitere Förderung ausbezahlt, die eine begünstigte Ausgabe gemäß lit. a oder lit. b betrifft, gilt Folgendes:
    - – Der Zeitraum für die Berücksichtigung eines Pauschbetrages verlängert sich auf insgesamt zehn Kalenderjahre.
    - – Bei einer weiteren geförderten Ausgabe im ersten Kalenderjahr ist im Fall unterschiedlicher Pauschalsätze in den ersten fünf Kalenderjahren der Pauschbetrag gemäß lit. a und in den zweiten fünf Kalenderjahren der Pauschbetrag gemäß lit. b zu berücksichtigen.
    - – Bei einer weiteren geförderten Ausgabe im zweiten bis fünften Kalenderjahr ist ab dem sechsten Kalenderjahr der Pauschalsatz anzuwenden, der auf Grund der weiteren geförderten Ausgabe in Betracht kommt. Sind für weitere geförderte Ausgaben unterschiedliche Pauschalsätze anzuwenden, ist der Pauschbetrag gemäß lit. a zu berücksichtigen.

*(BGBl I 2022/10)*

(2) Für Sonderausgaben im Sinne des Abs. 1 Z 2 bis 4 mit Ausnahme der Beiträge für eine freiwillige Weiterversicherung einschließlich des Nachkaufs von Versicherungszeiten in der gesetzlichen Pensionsversicherung und vergleichbarer Beiträge an Versorgungs- und Unterstützungseinrichtungen der Kammern der selbständig Erwerbstätigen ist ohne besonderen Nachweis ein Pauschbetrag von 60 Euro jährlich abzusetzen.

(3) In Ergänzung des Abs. 1 wird bestimmt:

1. Ausgaben im Sinne des Abs. 1 Z 1a, 2, 3 und 5 kann der Steuerpflichtige auch dann absetzen, wenn er sie für seinen nicht dauernd getrennt lebenden (Ehe)Partner (§ 106 Abs. 3) und für seine Kinder (§ 106) leistet.
*(BGBl I 2015/118)*

2. Für Ausgaben im Sinne des Abs. 1 Z 2 bis 4 mit Ausnahme der Beiträge für eine freiwillige Weiterversicherung einschließlich des Nachkaufs von Versicherungszeiten in der gesetzlichen Pensionsversicherung und vergleichbarer Beiträge an Versorgungs- und Unterstützungseinrichtungen der Kammern der selbständig Erwerbstätigen besteht ein einheitlicher Höchstbetrag von 2 920 Euro jährlich. Dieser Betrag erhöht sich
    - – um 2 920 Euro, wenn dem Steuerpflichtigen der Alleinverdiener- oder der Alleinerzieherabsetzbetrag zusteht und/oder

– um 2 920 Euro, wenn dem Steuerpflichtigen kein Alleinverdiener- oder Alleinerzieherabsetzbetrag zusteht, er aber mehr als sechs Monate im Kalenderjahr verheiratet oder eingetragener Partner ist und vom (Ehe-)Partner nicht dauernd getrennt lebt und der (Ehe-)Partner Einkünfte im Sinne des § 33 Abs. 4 Z 1 von höchstens 6 000 Euro jährlich erzielt.

Sind diese Ausgaben insgesamt

– niedriger als der jeweils maßgebende Höchstbetrag, so ist ein Viertel der Ausgaben, mindestens aber der Pauschbetrag nach Abs. 2, als Sonderausgaben abzusetzen,
– gleich hoch oder höher als der jeweils maßgebende Höchstbetrag, so ist ein Viertel des Höchstbetrags als Sonderausgaben abzusetzen (Sonderausgabenviertel).

Beträgt der Gesamtbetrag der Einkünfte mehr als 36 400 Euro, vermindert sich das Sonderausgabenviertel gleichmäßig in einem solchen Ausmaß, dass sich bei einem Gesamtbetrag der Einkünfte von 60 000 Euro ein absetzbarer Betrag in Höhe des Pauschbetrages nach Abs. 2 ergibt.

*(BGBl I 2015/118)*

3. a) Soweit Beträge nach Abs. 1 Z 3 als Sonderausgaben anerkannt worden sind, können sie aus einem anderen Rechtstitel nicht nochmals als Sonderausgaben berücksichtigt werden. In gleicher Weise dürfen Beträge, bei denen gemäß § 108 Abs. 7 Z 2 die Rückforderung erstatteter Einkommensteuer (Lohnsteuer) unterbleibt, nicht als Sonderausgaben nach Abs. 1 Z 3 berücksichtigt werden.

   b) Abs. 1 Z 3 ist auch dann anzuwenden, wenn innerhalb des in Z 1 genannten Personenkreises Geldgeber oder Darlehensschuldner einerseits und Errichter (Eigentümer) bzw. Wohnungswerber (Nutzungsberechtigter, Bestandnehmer) andererseits nicht identisch sind.

4. a) Junge Aktien im Sinne des Abs. 1 Z 4 sind Aktien,

   aa) die im Rahmen der Gründung gegen Bareinzahlung mit sofortiger voller Leistung des Ausgabebetrages (Nennbetrag und Aufgeld) bis zum Ablauf von drei Monaten ab der Eintragung der Gesellschaft in das Firmenbuch angeschafft werden,

   bb) die im Rahmen einer Kapitalerhöhung gegen Bareinzahlung mit sofortiger voller Leistung des Ausgabebetrages (Nennbetrag und Aufgeld) neu ausgegeben werden und die im Rahmen einer ordentlichen oder genehmigten Kapitalerhöhung bis zum Ablauf von drei Monaten ab der Eintragung der Durchführung der Erhöhung des Grundkapitals in das Firmenbuch angeschafft werden oder bei denen im Rahmen einer bedingten Kapitalerhöhung die Ausübung des unentziehbaren Bezugsrechtes erklärt wird. Nicht begünstigt sind Aktien, die auf Grund einer Kapitalerhöhung ausgegeben werden, wenn der Beschluß auf Erhöhung des Grundkapitals (§ 149 Abs. 1 des Aktiengesetzes 1965) innerhalb von zwei Jahren nach der Eintragung des Beschlusses über die Herabsetzung des Grundkapitals zum Zwecke der Rückzahlung von Teilen des Grundkapitals (§ 177 des Aktiengesetzes 1965) gefaßt wurde; dies gilt auch für Kapitalherabsetzungen durch eine Aktiengesellschaft oder eine Gesellschaft mit beschränkter Haftung als Rechtsvorgänger der Aktiengesellschaft (§§ 219 und 245 des Aktiengesetzes 1965, § 2 des Bundesgesetzes über die Umwandlung von Handelsgesellschaften, BGBl. Nr. 187/1954).

   Die jungen Aktien müssen zur Gänze von einem oder mehreren Kreditinstituten gemeinsam übernommen werden. Die für die Zeichnung der Aktien aufgewendeten Geldmittel müssen der Aktiengesellschaft zusätzlich zugeflossen sein. Nicht begünstigt sind Aktien, für die Garantien hinsichtlich des Wertes oder der Dividendenansprüche abgegeben werden.

   b) Aktiengesellschaften im Sinne des Abs. 1 Z 4 sind Aktiengesellschaften mit Sitz und Geschäftsleitung im Inland,

   aa) die den Sektionen „Gewerbe" oder „Industrie" einer Kammer der gewerblichen Wirtschaft angehören und deren Unternehmensschwerpunkt nach der Satzung sowie den Vorbereitungshandlungen oder der tatsächlichen Geschäftsführung nachweislich die industrielle Herstellung körperlicher Wirtschaftsgüter im Inland, ausgenommen die Herstellung elektrischer Energie, Gas, Wärme oder Wohnbauten, ist und

   bb) für die keine allgemeinen Ausfallshaftungen für den Fall der Insolvenz übernommen worden sind.

   c) Als Aktiengesellschaft mit dem Unternehmensschwerpunkt im Sinne der lit. b gilt bei Vorliegen der übrigen Voraussetzungen auch eine Aktiengesellschaft, deren Unternehmensschwerpunkt die geschäftsleitende Verwaltung von Beteiligungen ist, wenn auf Grund der finanziellen und organisatorischen Verflechtung nach dem Gesamtbild der tatsächlichen Verhältnisse der Schwerpunkt des Unternehmensverbundes nachweislich die industrielle Herstellung körperlicher Wirtschaftsgüter in Aktiengesellschaften im Inland ist. Voraussetzung ist, daß die Mittel aus der Kapitalerhöhung nachweislich zur Übernahme des Grundkapitals oder einer ordentlichen Kapitalerhöhung bei einer Aktiengesellschaft im Sinne der lit. b verwendet werden.

d) Der Steuerpflichtige hat der Abgabenbehörde das Vorliegen der in lit. a bis c genannten Voraussetzungen nachzuweisen. Die Nachweispflicht entfällt insoweit, als das Finanzamt auf Antrag der ausgebenden Aktiengesellschaft das Vorliegen dieser Voraussetzungen bescheinigt.

(4) In folgenden Fällen sind die als Sonderausgaben abgesetzten Beträge nachzuversteuern:

1. Eine Nachversteuerung von Versicherungsprämien (Abs. 1 Z 2) hat zu erfolgen, wenn
   - die Ansprüche aus dem Versicherungsvertrag auf den Erlebensfall innerhalb von zwanzig Jahren seit Vertragsabschluß ganz oder zum Teil abgetreten oder rückgekauft werden. Dieser Zeitraum verkürzt sich, wenn der Versicherte im Zeitpunkt des Vertragsabschlusses das 41. Lebensjahr vollendet hat, entsprechend Abs. 1 Z 2
   - innerhalb von zehn Jahren seit Vertragsabschluß eine Vorauszahlung oder Verpfändung der Ansprüche aus dem Versicherungsvertrag erfolgt
   - die Ansprüche aus einem Rentenversicherungsvertrag ganz oder zum Teil abgetreten oder rückgekauft oder vor oder nach Beginn der Rentenzahlungen ganz oder zum Teil durch eine Kapitalzahlung abgegolten werden.

   Eine Nachversteuerung erfolgt nicht, wenn
   - die Ansprüche aus einer kurzen Ablebensversicherung abgetreten oder verpfändet wurden,
   - die Nachversteuerung bei den Erben vorzunehmen wäre oder
   - der Steuerpflichtige nachweist, daß die angeführten Tatsachen durch wirtschaftliche Notlage verursacht sind.

   Die Umstände, die zu einer Nachversteuerung oder Verminderung der absetzbaren Versicherungsprämien (Abs. 1 Z 2 letzter Satz) führen, müssen dem Finanzamt des Versicherungsnehmers ohne amtliche Aufforderung innerhalb eines Monats mitgeteilt werden
   - vom Versicherungsunternehmen im Falle des Rückkaufs, der Abgeltung der Ansprüche aus einem Rentenversicherungsvertrag sowie einer Vorauszahlung, einer Verpfändung oder einer sonstigen Rückvergütung,
   - vom Steuerpflichtigen in allen übrigen Fällen.

   Im Falle der Verminderung der absetzbaren Versicherungsprämien (Abs. 1 Z 2 letzter Satz) entfällt die Meldepflicht dann, wenn die rückvergüteten Beträge mit künftigen Versicherungsprämien aufgerechnet werden.

   *(BGBl I 2019/104, BGBl I 2020/99)*

2. a) Eine Nachversteuerung von achtjährig gebundenen Beträgen (Abs. 1 Z 3 lit. a) hat insoweit zu erfolgen, als vor Ablauf von acht Jahren seit Vertragsabschluß die geleisteten Beträge ganz oder zum Teil rückgezahlt werden. Eine Nachversteuerung erfolgt nicht,
      - wenn die Wohnung dem Wohnungswerber ins Eigentum (Eigentumswohnung, Eigenheim) übertragen wird
      - wenn der Vertrag durch den Tod des Wohnungswerbers aufgelöst wird oder
      - soweit die rückgezahlten Beträge wieder für Zwecke der Wohnraumschaffung oder der Wohnraumsanierung verwendet werden.

      Die im Abs. 1 Z 3 lit. a genannten Bauträger sind verpflichtet, die Umstände, die zu einer Nachversteuerung führen, dem Finanzamt des Wohnungswerbers innerhalb eines Monats ohne amtliche Aufforderung mitzuteilen.

      *(BGBl I 2019/104, BGBl I 2020/99)*

   b) Eine Nachversteuerung von Ausgaben zur Errichtung von Eigenheimen oder Eigentumswohnungen hat zu erfolgen, wenn die Voraussetzungen des Abs. 1 Z 3 lit. b nicht gegeben sind. Ausgaben zum Erwerb von Grundstücken sind nachzuversteuern, wenn nicht innerhalb von fünf Jahren Maßnahmen gesetzt werden, aus denen die Verwendung des Grundstücks zur Errichtung eines Eigenheimes oder einer Eigentumswohnung erkennbar ist. Eine Nachversteuerung erfolgt nicht, wenn der Steuerpflichtige inzwischen verstorben ist.

   c) Eine Nachversteuerung von Darlehensrückzahlungen (Abs. 1 Z 3 lit. d) hat zu erfolgen, wenn festgestellt wird, daß die gesetzlichen Voraussetzungen für die Anerkennung als Sonderausgaben nicht erfüllt sind. Eine Nachversteuerung erfolgt nicht, wenn der Steuerpflichtige inzwischen verstorben ist.

3. Eine Nachversteuerung von Ausgaben zur Anschaffung von Genußscheinen und jungen Aktien (Abs. 1 Z 4) hat zu erfolgen, wenn die Genußscheine oder Aktien vor Ablauf von zehn Jahren seit ihrer Hinterlegung aus dem Depot ausscheiden oder entnommen, entgeltlich oder unentgeltlich übertragen oder einem Betriebsvermögen zugeführt werden. Der Umtausch von Aktien gemäß den §§ 67, 179, 226 Abs. 7 und 233 des Aktiengesetzes und gemäß § 1 Abs. 2 des Gesetzes über die Spaltung von Kapitalgesellschaften gilt insoweit nicht als Entnahme aus dem Depot, als nicht bare Zuzahlungen geleistet werden. Eine Kapitalherabsetzung mit Rückzahlung der Einlagen gilt insoweit als Ausscheiden aus dem Depot. Im Falle eines Depotwechsels oder der Drittverwahrung unterbleibt eine Nachversteuerung, wenn das übernehmende Kreditinstitut die Verpflichtungen im Sinne dieser Ziffer übernimmt und das übertragende Kreditinstitut hievon verständigt. Die Verständigung ist von dem übertragenden Kreditinstitut zehn Jahre ab der Anschaffung aufzubewahren. Die Nachversteuerung erfolgt im Falle der Auflösung eines Beteiligungsfonds höchstens in Höhe des ausgeschütteten Liquidationserlöses, im Falle der Kapitalherabsetzung oder der Abwicklung einer Aktiengesellschaft höchstens in Höhe der rückgezahlten Beträge. Die Tatsachen, die zur Nachversteuerung führen, sind im Falle des Ausscheidens oder der Entnahme von Genußscheinen oder Aktien aus dem Depot von dem depotführenden Kreditinstitut, in allen anderen Fällen vom Steuerpflichtigen seinem Finanzamt innerhalb eines Monats ohne amtliche Aufforderung mitzuteilen. Die Nachversteuerung erfolgt nicht, soweit
   a) in den Fällen des Übergangs von Todes wegen, der Abgeltung eines Pflichtteilsanspruches, der Abgeltung von Ansprüchen aus Vermächtnissen, der Übertragung auf Miterben zur Teilung des Nachlasses, der Übertragung auf einen Ehegatten bei Aufteilung ehelichen Gebrauchsvermögens und ehelicher Ersparnisse anlässlich der Scheidung, Aufhebung oder Nichtigerklärung der Ehe oder der Übertragung auf einen eingetragenen Partner bei Aufteilung des partnerschaftlichen Gebrauchsvermögens und der partnerschaftlichen Ersparnisse anlässlich der Auflösung oder Nichtigerklärung der eingetragenen Partnerschaft die Genussscheine oder jungen Aktien weiter bei dem Kreditinstitut hinterlegt bleiben. In diesen Fällen treffen den Rechtsnachfolger die dem Steuerpflichtigen obliegenden Verpflichtungen im Sinne der vorstehenden Bestimmungen.
   b) innerhalb eines Jahres nach Eintritt der Tatsachen, die zur Nachversteuerung führen, nach Wahl des Steuerpflichtigen
      – in Höhe der dem Sonderausgabenabzug zugrunde gelegten Ausgaben bzw.
      – in den Fällen der Auflösung eines Beteiligungsfonds bzw. der Kapitalherabsetzung oder Abwicklung einer Aktiengesellschaft in Höhe der rückgezahlten Beträge

   *(BGBl I 2019/104, BGBl I 2020/99)*

   Genußscheine oder im Wege der Erstanschaffung junge Aktien bei dem depotführenden Kreditinstitut erworben und hinterlegt werden (Ersatzbeschaffung). Das Kreditinstitut hat Anschaffungen, durch die eine Nachversteuerung vermieden werden kann, unter Anwendung des Abs. 1 Z 4 zu bescheinigen. Ausgaben für die Anschaffung solcher Genußscheine oder Aktien können nicht nach Abs. 1 Z 4 abgesetzt werden; in diesen Fällen läuft die Zehnjahresfrist für die Nachversteuerung ab dem Zeitpunkt der Hinterlegung jener Genußscheine oder Aktien, deren Anschaffungskosten als Sonderausgaben abgesetzt wurden.

(5) Die Nachversteuerung der als Sonderausgaben abgesetzten Beträge hat mit einem Steuersatz von 30% für jenes Jahr zu erfolgen, in dem die Voraussetzungen für eine Nachversteuerung eingetreten sind.

(6) Als Sonderausgaben sind auch Verluste abzuziehen, die in einem vorangegangenen Jahr entstanden sind (Verlustabzug). Dies gilt nur,

– wenn die Verluste durch ordnungsmäßige Buchführung oder bei Steuerpflichtigen, die ihren Gewinn gemäß § 4 Abs. 3 ermitteln, durch ordnungsgemäße Einnahmen-Ausgaben-Rechnung, ermittelt worden sind und
– soweit die Verluste nicht bereits bei der Veranlagung für die vorangegangenen Kalenderjahre berücksichtigt wurden.

Die Höhe des Verlustes ist nach den §§ 4 bis 14 zu ermitteln.

*(BGBl I 2016/117)*

(7) (aufgehoben)

*(BGBl I 2016/117)*

(8) Für Beiträge gemäß Abs. 1 Z 1a und Z 5 sowie für Zuwendungen gemäß Abs. 1 Z 7 bis 9 gilt Folgendes:

1. Beiträge und Zuwendungen an einen Empfänger, der eine feste örtliche Einrichtung im Inland unterhält, sind nur dann als Sonderausgaben zu berücksichtigen, wenn dem Empfänger Vor- und Zunamen und das Geburtsdatum des Leistenden bekannt gegeben werden und eine Datenübermittlung gemäß Z 2 erfolgt.
2. Empfänger von Beiträgen und Zuwendungen im Sinne der Z 1 sind verpflichtet, den Abgabenbehörden im Wege von FinanzOnline

Informationen nach Maßgabe folgender Bestimmungen elektronisch zu übermitteln:

a) Zu übermitteln sind:
   – das verschlüsselte bereichsspezifische Personenkennzeichen für Steuern und Abgaben (vbPK SA) des Leistenden, wenn dieser dem Empfänger Vor- und Zunamen und sein Geburtsdatum bekannt gegeben hat, und
   – der Gesamtbetrag aller im Kalenderjahr zugewendeten Beträge des Leistenden.

   Die Übermittlung hat zu unterbleiben, wenn der Leistende dem Empfänger die Übermittlung ausdrücklich untersagt hat. In diesem Fall darf bis zum Widerruf für sämtliche Leistungen des betreffenden Kalenderjahres und der Folgejahre keine Übermittlung erfolgen.

b) Zum Zweck der Datenübermittlung an die Abgabenbehörde sind die Empfänger von Beiträgen und Zuwendungen im Sinne der Z 1 berechtigt, wie Auftraggeber des öffentlichen Bereichs nach § 10 Abs. 2 des EGovernment-Gesetzes die Ausstattung ihrer Datenanwendungen mit der vbPK SA von der Stammzahlenregisterbehörde zu verlangen.

   *(BGBl I 2015/163)*

c) Die Übermittlung hat nach Ablauf des Kalenderjahres bis Ende Februar des Folgejahres zu erfolgen.

d) Der Bundesminister für Finanzen wird ermächtigt, den Inhalt und das Verfahren der elektronischen Übermittlung mit Verordnung festzulegen. In der Verordnung kann vorgesehen werden, dass sich der Empfänger der Zuwendungen einer bestimmten geeigneten öffentlich-rechtlichen oder privatrechtlichen Übermittlungsstelle zu bedienen hat.

3. Für die Berücksichtigung der Beiträge und Zuwendungen als Sonderausgaben gilt:

   a) Die Berücksichtigung kann nur bei jenem Steuerpflichtigen erfolgen, der in der Übermittlung mit der vbPK SA ausgewiesen ist. Abweichend davon ist auf Antrag des Steuerpflichtigen ein Beitrag in Anwendung der Zehnjahresverteilung gemäß Abs. 1 Z 1a nur in Höhe eines Zehntels bzw. in Anwendung des Abs. 3 Z 1 bei einem anderen Steuerpflichtigen zu berücksichtigen. Erfolgt die Antragstellung nach Eintritt der Rechtskraft, gilt die vom Antrag abweichende Berücksichtigung als offensichtliche Unrichtigkeit im Sinne des § 293b der Bundesabgabenordnung.

   b) Der übermittlungspflichtige Empfänger hat auf Veranlassung des Steuerpflichtigen die Übermittlung zu berichtigen oder nachzuholen, wenn sie fehlerhaft oder zu Unrecht unterblieben ist. Unterbleibt diese Berichtigung oder wird die Übermittlung trotz bestehender Verpflichtung dazu nicht nachgeholt, ist abweichend von Z 1 der Betrag an Sonderausgaben zu berücksichtigen, der vom Steuerpflichtigen glaubhaft gemacht wird. Dies gilt auch, wenn eine Zuwendung gemäß Abs. 1 Z 7, Z 8 oder Z 9 aus dem Betriebsvermögen geleistet wurde, soweit sie gemäß § 4a, § 4b oder § 4c nicht als Betriebsausgabe zu berücksichtigen ist.

   *(BGBl I 2015/163, BGBl I 2018/62)*

4. Kommt der übermittlungspflichtige Empfänger seinen Übermittlungsverpflichtungen im Bezug auf alle Personen, die Beiträge oder Zuwendungen geleistet haben nicht nach, ist er von dem für die Erhebung der Einkommensteuer des Steuerpflichtigen zuständigen Finanzamt aufzufordern, dies unverzüglich nachzuholen. Wird dies unterlassen,

   a) hat das Finanzamt Österreich für einen Empfänger, der in der Liste gemäß § 4a Abs. 7 Z 1 aufscheint, den Bescheid über die Erfüllung der gesetzlichen Voraussetzungen für die Anerkennung als spendenbegünstigte Körperschaft zu widerrufen und die Geltungsdauer der Spendenbegünstigung zu begrenzen oder

   *(BGBl I 2015/163, BGBl I 2019/104, BGBl I 2020/99)*

   b) kann dem Empfänger, der auf der Liste gemäß § 4a Abs. 7 Z 1 nicht aufscheint, ein Zuschlag zur Körperschaftsteuer in Höhe von 20% der zugewendeten Beträge vorgeschrieben werden.

5. Die auf Grundlage der Z 1 bis 3 vorzunehmenden Datenverarbeitungen erfüllen die Voraussetzungen des Art. 35 Abs. 10 für den Entfall der Datenschutz-Folgeabschätzung nach der Verordnung (EU) Nr. 2016/679 zum Schutz natürlicher Personen bei der Verarbeitung personenbezogener Daten, zum freien Datenverkehr und zur Aufhebung der Richtlinie 95/46/EG (Datenschutz-Grundverordnung), ABl. Nr. L 119 vom 4.5.2016 S. 1.

   *(BGBl I 2016/117)*

*(BGBl I 2015/118, BGBl I 2015/160, BGBl I 2017/28)*

## 7. ABSCHNITT

### Zeitliche Zuordnung von Einnahmen und Ausgaben

**§ 19.** (1) Einnahmen sind in jenem Kalenderjahr bezogen, in dem sie dem Steuerpflichtigen zugeflossen sind. Abweichend davon gilt:

1. Regelmäßig wiederkehrende Einnahmen, die dem Steuerpflichtigen kurze Zeit vor Beginn oder kurze Zeit nach Beendigung des

Kalenderjahres, zu dem sie wirtschaftlich gehören, zugeflossen sind, gelten als in diesem Kalenderjahr bezogen.

2. In dem Kalenderjahr, für das der Anspruch besteht bzw. für das sie getätigt werden, gelten als zugeflossen:
   „– **Nachzahlungen von Pensionen, über deren Bezug bescheidmäßig abgesprochen wird, Bezüge gemäß § 25 Abs. 1 Z 1 lit. c, das Rehabilitationsgeld gemäß § 143a ASVG und das Wiedereingliederungsgeld gemäß § 143d ASVG,“**
   „– **das versicherungsmäßige Arbeitslosengeld, das Umschulungsgeld gemäß § 39b AlVG und die Notstandshilfe oder an deren Stelle tretende Ersatzleistungen,“**
   – Nachzahlungen im Insolvenzverfahren sowie
   – Förderungen und Zuschüsse aus öffentlichen Mitteln im Sinne des § 3 Abs. 4, mit Ausnahme der in § 3 Abs. 2 genannten Bezüge.

   *(BGBl I 2021/134 ab 1.7.2022, BGBl I 2022/108 ab 1.1.2022)*

3. Bezüge gemäß § 79 Abs. 2 gelten als im Vorjahr zugeflossen. Die Lohnsteuer ist im Zeitpunkt der tatsächlichen Zahlung einzubehalten. Für das abgelaufene Kalenderjahr ist ein Lohnzettel gemäß § 84 an das Finanzamt zu übermitteln.

(2) Ausgaben sind für das Kalenderjahr abzusetzen, in dem sie geleistet worden sind. Für regelmäßig wiederkehrende Ausgaben gilt Abs. 1 zweiter Satz. **„Rückzahlungen von Einnahmen gemäß Abs. 1 Z 2 erster und zweiter Teilstrich gelten in dem Kalenderjahr als abgeflossen, für das der Anspruch bestand bzw. für das sie getätigt wurden.“** Die Vorschriften über die Gewinnermittlung bleiben unberührt.

*(BGBl I 2022/108 ab 1.1.2022)*

(3) Vorauszahlungen von Beratungs-, Bürgschafts-, Fremdmittel-, Garantie-, Miet-, Treuhand-, Vermittlungs-, Vertriebs- und Verwaltungskosten müssen gleichmäßig auf den Zeitraum der Vorauszahlung verteilt werden, außer sie betreffen lediglich das laufende und das folgende Jahr.

## 8. ABSCHNITT

### Nichtabzugsfähige Aufwendungen und Ausgaben

**§ 20.** (1) Bei den einzelnen Einkünften dürfen nicht abgezogen werden:

1. Die für den Haushalt des Steuerpflichtigen und für den Unterhalt seiner Familienangehörigen aufgewendeten Beträge.

2. a) Aufwendungen oder Ausgaben für die Lebensführung, selbst wenn sie die wirtschaftliche oder gesellschaftliche Stellung des Steuerpflichtigen mit sich bringt und sie zur Förderung des Berufes oder der Tätigkeit des Steuerpflichtigen erfolgen.

   b) Betrieblich oder beruflich veranlaßte Aufwendungen oder Ausgaben, die auch die Lebensführung des Steuerpflichtigen berühren, und zwar insoweit, als sie nach allgemeiner Verkehrsauffassung unangemessen hoch sind. Dies gilt für Aufwendungen im Zusammenhang mit Personen- und Kombinationskraftwagen, Personenluftfahrzeugen, Sport- und Luxusbooten, Jagden, geknüpften Teppichen, Tapisserien und Antiquitäten.

   c) Reisekosten, soweit sie nach § 4 Abs. 5 und § 16 Abs. 1 Z 9 nicht abzugsfähig sind.

   d) Aufwendungen oder Ausgaben für ein im Wohnungsverband gelegenes Arbeitszimmer und dessen Einrichtung sowie für Einrichtungsgegenstände der Wohnung. Bildet ein im Wohnungsverband gelegenes Arbeitszimmer den Mittelpunkt der gesamten betrieblichen und beruflichen Tätigkeit des Steuerpflichtigen, sind die darauf entfallenden Aufwendungen und Ausgaben einschließlich der Kosten seiner Einrichtung abzugsfähig.

   e) Kosten der Fahrten zwischen Wohnsitz am Arbeits-(Tätigkeits-)ort und Familienwohnsitz (Familienheimfahrten), soweit sie den auf die Dauer der auswärtigen (Berufs)Tätigkeit bezogenen höchsten in § 16 Abs. 1 Z 6 lit. d angeführten Betrag übersteigen.

3. Repräsentationsaufwendungen oder Repräsentationsausgaben. Darunter fallen auch Aufwendungen oder Ausgaben anläßlich der Bewirtung von Geschäftsfreunden. Weist der Steuerpflichtige nach, daß die Bewirtung der Werbung dient und die betriebliche oder berufliche Veranlassung weitaus überwiegt, können derartige Aufwendungen oder Ausgaben zur Hälfte abgezogen werden. Für Steuerpflichtige, die Ausfuhrumsätze tätigen, kann der Bundesminister für Finanzen mit Verordnung Durchschnittssätze für abzugsfähige Repräsentationsaufwendungen oder Repräsentationsausgaben nach den jeweiligen Erfahrungen der Praxis festsetzen, soweit für die Ausfuhrumsätze das inländische Besteuerungsrecht auf dem Gebiet der Einkommensteuer nicht eingeschränkt ist. Als Ausfuhrumsätze gelten Leistungen an ausländische Abnehmer (§ 7 Abs. 2 des Umsatzsteuergesetzes 1994), wenn es sich überdies um Umsätze im Sinne des § 6 Abs. 1 Z 1 des Umsatzsteuergesetzes 1994, innergemeinschaftliche Lieferungen und sonstige Leistungen im Sinne des Artikels 7 des Umsatzsteuergesetzes 1994 oder um Leistungen im Ausland handelt.

4. Freiwillige Zuwendungen und Zuwendungen an gesetzlich unterhaltsberechtigte Personen, auch wenn die Zuwendungen auf einer verpflichtenden Vereinbarung beruhen. Derartige Zuwendungen liegen auch vor,
   – wenn die Gegenleistung für die Übertragung von Wirtschaftsgütern weniger als die Hälfte ihres gemeinen Wertes beträgt oder
   – soweit für die Übertragung von Wirtschaftsgütern unangemessen hohe Gegenleistungen gewährt werden und

   wenn es sich in den vorgenannten Fällen nicht um die Übertragung von Betrieben, Teilbetrieben oder Mitunternehmeranteilen handelt, aus Anlaß deren Übertragung eine Rente oder dauernde Last als unangemessene Gegenleistung vereinbart wird. Werden bei Übertragungen im Sinne des vorstehenden Satzes derart unangemessen hohe Renten oder dauernde Lasten vereinbart, daß der Zusammenhang zwischen Übertragung und Vereinbarung der Rente oder dauernden Last wirtschaftlich bedeutungslos ist, ist der erste Satz anzuwenden.
5. a) Geld- und Sachzuwendungen, deren Gewährung oder Annahme mit gerichtlicher Strafe bedroht ist.
   b) Strafen und Geldbußen, die von Gerichten, Verwaltungsbehörden oder den Organen der Europäischen Union verhängt werden.
   c) Verbandsgeldbußen nach dem Verbandsverantwortlichkeitsgesetz.
   d) Abgabenerhöhungen nach dem Finanzstrafgesetz.
   e) Leistungen aus Anlass eines Rücktrittes von der Verfolgung nach der Strafprozessordnung oder dem Verbandsverantwortlichkeitsgesetz (Diversion).
6. Steuern vom Einkommen und sonstige Personensteuern, aus Anlass einer unentgeltlichen Grundstücksübertragung anfallende Grunderwerbsteuer, Eintragungsgebühren und andere Nebenkosten; weiters die auf Umsätze gemäß § 3 Abs. 2 und § 3a Abs. 1a UStG 1994 entfallende Umsatzsteuer, soweit eine Entnahme im Sinne des § 4 Abs. 1 vorliegt, sowie die auf den Eigenverbrauch gemäß § 1 Abs. 1 Z 2 lit. a UStG 1994 entfallende Umsatzsteuer. Abzugsfähig ist die Umsatzsteuer auf den Eigenverbrauch von gemischt genutzten Grundstücken, soweit für den nicht unternehmerisch genutzten Teil eine Vorsteuer geltend gemacht werden konnte und diese als Einnahme angesetzt worden ist.
7. Aufwendungen oder Ausgaben für das Entgelt für Arbeits- oder Werkleistungen, soweit es den Betrag von 500 000 Euro pro Person und Wirtschaftsjahr übersteigt. Entgelt ist die Summe aller Geld- und Sachleistungen, ausgenommen Abfertigungen im Sinne des § 67 Abs. 3, Entgelte, die sonstige Bezüge nach § 67 Abs. 6 darstellen und Aufwandsersätze, die an einen aktiven oder ehemaligen Dienstnehmer oder an eine vergleichbar organisatorisch eingegliederte Person geleistet werden. Dabei gilt:
   a) Bei der Überlassung einer Person durch Dritte zur Erbringung von Arbeits- oder Werkleistungen gilt die Vergütung für die Überlassung als Entgelt. Das vom Überlasser an die überlassene Person geleistete Entgelt unterliegt hingegen nicht dem Abzugsverbot.
   b) Der Betrag von 500 000 Euro pro Person ist nach der tatsächlichen Aufwandstragung zu aliquotieren, wenn Arbeits- oder Werkleistungen
      – über einen Zeitraum von weniger als zwölf Monate oder
      – für mehrere verbundene Betriebe oder Personengesellschaften erbracht werden.
   c) Abfindungen von Pensionsansprüchen unterliegen dem Abzugsverbot, wenn der abgefundene jährliche Pensionsanspruch 500 000 Euro übersteigt. Der nicht abzugsfähige Betrag ergibt sich aus dem Verhältnis des nicht abzugsfähigen Pensionsbestandteiles zur gesamten Pension.

~~8.~~[a)] ~~Aufwendungen oder Ausgaben für Entgelte, die beim Empfänger sonstige Bezüge nach § 67 Abs. 6 darstellen, soweit sie bei diesem nicht mit dem Steuersatz von 6% zu versteuern sind.~~

*(BGBl I 2022/56 ab 1.1.2023)*

[a)] Die Aufhebung tritt mit Ablauf des 31. Dezember 2022 in Kraft.

9. Aufwendungen oder Ausgaben für Entgelte, die für die Erbringung von beauftragten Bauleistungen im Sinne des § 82a bar gezahlt werden und für die jeweilige Leistung den Betrag von 500 Euro übersteigen.

   *(BGBl I 2015/118)*

(2) Weiters dürfen bei der Ermittlung der Einkünfte Aufwendungen und Ausgaben nicht abgezogen werden, soweit sie in unmittelbarem wirtschaftlichen Zusammenhang stehen mit

1. nicht steuerpflichtigen Einnahmen,
2. Einkünften im Sinne des § 27 Abs. 2 bis 4, auf die ein besonderer Steuersatz gemäß § 27a Abs. 1 anwendbar ist,
3. a) Einkünften im Sinne des § 27 Abs. 4a, auf die der besondere Steuersatz gemäß § 27a Abs. 1 Z 2 angewendet wird oder
   b) Einkünften, auf die der besondere Steuersatz gemäß § 30a Abs. 1 angewendet wird.

*(BGBl I 2015/118 BGBl I 2022/10)*

(3) Aufwendungen und Ausgaben im Sinne des Abs. 1 Z 4 können nicht als Sonderausgaben

(§ 18), Aufwendungen und Ausgaben im Sinne des Abs. 1 Z 5 können weder als Sonderausgaben noch als außergewöhnliche Belastung (§ 34) abgezogen werden. Im übrigen können die bei den einzelnen Einkünften nichtabzugsfähigen Aufwendungen und Ausgaben bei Zutreffen der gesetzlichen Voraussetzungen als Sonderausgaben oder außergewöhnliche Belastungen abgezogen werden.

## 9. ABSCHNITT
## Die einzelnen Einkunftsarten

### Land- und Forstwirtschaft (§ 2 Abs. 3 Z 1)

**§ 21.** (1) Einkünfte aus Land- und Forstwirtschaft sind:

1. Einkünfte aus dem Betrieb von Landwirtschaft, Forstwirtschaft, Weinbau, Gartenbau, Obstbau, Gemüsebau und aus allen Betrieben, die Pflanzen und Pflanzenteile mit Hilfe der Naturkräfte gewinnen. Werden Einkünfte auch aus zugekauften Erzeugnissen erzielt, dann gilt für die Abgrenzung zum Gewerbebetrieb § 30 Abs. 9 bis 11 des Bewertungsgesetzes 1955.
2. Einkünfte aus Tierzucht- und Tierhaltungsbetrieben im Sinne des § 30 Abs. 3 bis 7 des Bewertungsgesetzes 1955.
3. Einkünfte aus Binnenfischerei, Fischzucht und Teichwirtschaft sowie aus Bienenzucht.
4. Einkünfte aus Jagd, wenn diese mit dem Betrieb einer Landwirtschaft oder einer Forstwirtschaft im Zusammenhang steht.
5. Einkünfte aus übrigem land- und forstwirtschaftlichem Vermögen im Sinne des § 50 des Bewertungsgesetzes 1955.

*(BGBl I 2019/103)*

(2) Zu den Einkünften im Sinne des Abs. 1 gehören auch:

1. Einkünfte aus einem land- und forstwirtschaftlichen Nebenbetrieb. Als Nebenbetrieb gilt ein Betrieb, der dem land- und forstwirtschaftlichen Hauptbetrieb zu dienen bestimmt ist.
2. Gewinnanteile der Gesellschafter von Gesellschaften, bei denen die Gesellschafter als Mitunternehmer anzusehen sind, sowie die Vergütungen, die die Gesellschafter von der Gesellschaft für ihre Tätigkeit im Dienste der Gesellschaft oder für die Hingabe von Darlehen oder für die Überlassung von Wirtschaftsgütern bezogen haben. Voraussetzung ist jedoch, daß die Tätigkeit der Gesellschaft ausschließlich als land- und forstwirtschaftliche Tätigkeit anzusehen ist.
3. Veräußerungsgewinne im Sinne des § 24.

### Selbständige Arbeit (§ 2 Abs. 3 Z 2)

**§ 22.** Einkünfte aus selbständiger Arbeit sind:

1. Einkünfte aus freiberuflicher Tätigkeit. Zu diesen Einkünften gehören nur
   a) Einkünfte aus einer wissenschaftlichen, künstlerischen, schriftstellerischen, unterrichtenden oder erzieherischen Tätigkeit. Dazu zählen auch Einkünfte aus Stipendien für eine der genannten Tätigkeiten, wenn diese wirtschaftlich einen Einkommensersatz darstellen und keine Einkünfte aus nichtselbständiger Arbeit sind. **„Stipendien stellen keinen wirtschaftlichen Einkommensersatz dar, soweit sie jährlich insgesamt nicht höher sind als die Studienbeihilfe nach Selbsterhalt gemäß § 31 Abs. 4 des Studienförderungsgesetzes 1992.“** Die Befreiung gemäß § 3 Abs. 1 Z 3 lit. e bleibt davon unberührt.

      *(BGBl I 2016/117, BGBl I 2022/108 ab 1.9.2022)*

   b) Einkünfte aus der Berufstätigkeit der
      – staatlich befugten und beeideten Ziviltechniker oder aus einer unmittelbar ähnlichen Tätigkeit sowie aus der Berufstätigkeit der
      – Ärzte, Tierärzte und Dentisten,
      – Rechtsanwälte, Patentanwälte, Notare, Steuerberater und Wirtschaftsprüfer,
      – Unternehmensberater, Versicherungsmathematiker, Schiedsrichter im Schiedsgerichtsverfahren,
      – Bildberichterstatter und Journalisten,
      – Dolmetscher und Übersetzer.

      Zu den Einkünften aus freiberuflicher Tätigkeit zählen auch die Entgelte der Ärzte für die Behandlung von Pfleglingen der Sonderklasse (einschließlich ambulatorischer Behandlung), soweit diese Entgelte nicht von einer Krankenanstalt im eigenen Namen vereinnahmt werden, **„sowie Einkünfte als Notarzt oder Vertretungsarzt gemäß § 2 Abs. 2a Z 2 oder Z 3 Freiberuflichen-Sozialversicherungsgesetz – FSVG, BGBl. Nr. 624/1978“.**

      *(BGBl I 2019/103, BGBl I 2022/108 ab 19.7.2022)*

   c) Einkünfte aus
      – der therapeutischen psychologischen Tätigkeit von Personen, die die geistes- oder naturwissenschaftlichen Universitätsstudien mit dem Hauptfach Psychologie abgeschlossen haben
      – der Tätigkeit als Hebamme
      – der Tätigkeit im medizinischen Dienst im Sinne des § 52 Abs. 4 des Bundesgesetzes BGBl. Nr. 102/1961

Eine freiberufliche Tätigkeit liegt auch dann vor, wenn ein Angehöriger eines freien Berufes in seinem Beruf

– im Rahmen von Veranstaltungen tätig wird, denen die für das Vorliegen einer freiberuflichen Tätigkeit erforderlichen Eigenschaften fehlen

– sich der Mithilfe fachlich vorgebildeter Arbeitskräfte bedient. Abgesehen vom Fall einer vorübergehenden Verhinderung muß er selbst auf Grund eigener Fachkenntnisse leitend und eigenverantwortlich tätig werden.

2. Einkünfte aus sonstiger selbständiger Arbeit. Darunter fallen nur:

– Einkünfte aus einer vermögensverwaltenden Tätigkeit (zB für die Tätigkeit als Hausverwalter oder als Aufsichtsratsmitglied).

– Die Gehälter und sonstigen Vergütungen jeder Art, die von einer Kapitalgesellschaft an wesentlich Beteiligte für ihre sonst alle Merkmale eines Dienstverhältnisses (§ 47 Abs. 2) aufweisende Beschäftigung gewährt werden. Eine Person ist dann wesentlich beteiligt, wenn ihr Anteil am Grund- oder Stammkapital der Gesellschaft mehr als 25% beträgt. Die Beteiligung durch Vermittlung eines Treuhänders oder einer Gesellschaft steht einer unmittelbaren Beteiligung gleich. Einkünfte aus sonstiger selbständiger Arbeit sind auch die Gehälter und sonstigen Vergütungen jeder Art, die für eine ehemalige Tätigkeit einer Person gewährt werden, die in einem Zeitraum von zehn Jahren vor Beendigung ihrer Tätigkeit durch mehr als die Hälfte des Zeitraumes ihrer Tätigkeit wesentlich beteiligt war. Einkünfte aus sonstiger selbständiger Arbeit sind weiters Zuwendungen von betriebliche Privatstiftungen im Sinne des § 4d, soweit sie als Bezüge und Vorteile aus einer bestehenden oder früheren Beschäftigung (Tätigkeit) anzusehen sind.

Der Bundesminister für Finanzen wird ermächtigt, die Höhe des geldwerten Vorteils aus der privaten Nutzung eines zur Verfügung gestellten Kraftfahrzeuges **„, Kraftrades oder Fahrrades“** mit Verordnung festzulegen sowie in der Verordnung im Interesse ökologischer Zielsetzungen Ermäßigungen und Befreiungen vorzusehen.

*(BGBl I 2016/117, BGBl I 2017/105, BGBl I 2022/108 ab 20.7.2022)*

3. Gewinnanteile der Gesellschafter von Gesellschaften, bei denen die Gesellschafter als Mitunternehmer anzusehen sind, sowie die Vergütungen, die die Gesellschafter von der Gesellschaft für ihre Tätigkeit im Dienste der Gesellschaft oder für die Hingabe von Darlehen oder für die Überlassung von Wirtschaftsgütern bezogen haben. Voraussetzung ist jedoch, daß

– die Tätigkeit der Gesellschaft ausschließlich als selbständige Arbeit anzusehen ist und

– jeder einzelne Gesellschafter im Rahmen der Gesellschaft selbständig im Sinne der Z 1 oder 2 tätig wird. Dies ist aber nicht erforderlich, wenn berufsrechtliche Vorschriften Gesellschaften mit berufsfremden Personen ausdrücklich zulassen.

4. Bezüge und Vorteile aus Versorgungs- und Unterstützungseinrichtungen der Kammern der selbständig Erwerbstätigen, soweit sie nicht unter § 25 fallen.

5. Veräußerungsgewinne im Sinne des § 24.

### Gewerbebetrieb (§ 2 Abs. 3 Z 3)

**§ 23.** Einkünfte aus Gewerbebetrieb sind:

1. Einkünfte aus einer selbständigen, nachhaltigen Betätigung, die mit Gewinnabsicht unternommen wird und sich als Beteiligung am allgemeinen wirtschaftlichen Verkehr darstellt, wenn die Betätigung weder als Ausübung der Land- und Forstwirtschaft noch als selbständige Arbeit anzusehen ist.
2. Gewinnanteile der Gesellschafter von Gesellschaften, bei denen die Gesellschafter als Mitunternehmer anzusehen sind (wie insbesondere offene Gesellschaften und Kommanditgesellschaften), sowie die Vergütungen, die die Gesellschafter von der Gesellschaft für ihre Tätigkeit im Dienste der Gesellschaft, für die Hingabe von Darlehen oder für die Überlassung von Wirtschaftsgütern bezogen haben.
3. Veräußerungsgewinne im Sinne des § 24.

### Verluste bei kapitalistischen Mitunternehmern mit beschränkter Haftung

**§ 23a.** (1) Bei natürlichen Personen sind Verluste eines kapitalistischen Mitunternehmers (Abs. 2) insoweit nicht ausgleichsfähig oder nach § 18 Abs. 6 vortragsfähig (Wartetastenverluste), als dadurch ein negatives steuerliches Kapitalkonto entsteht oder sich erhöht. Dies gilt nicht, soweit die Verluste aus einem Überhang von Sonderbetriebsausgaben entstehen.

*(BGBl I 2018/62)*

(2) Ein Gesellschafter ist als kapitalistischer Mitunternehmer anzusehen, wenn er Dritten gegenüber nicht oder eingeschränkt haftet und keine ausgeprägte Mitunternehmerinitiative entfaltet.

(3) Für das steuerliche Kapitalkonto nicht zu berücksichtigen sind

1. Wirtschaftsgüter, die einem Mitunternehmer oder mehreren Mitunternehmern anteilig zuzurechnen sind und der Mitunternehmerschaft zur Einkünfteerzielung überlassen werden (Sonderbetriebsvermögen) sowie damit in Zusammenhang stehende Aufwendungen und Erträge,

2. sonstige Vergütungen iSd § 23 Z 2 (Sonderbetriebseinnahmen) und Sonderbetriebsausgaben,

jeweils einschließlich deren Entnahme oder Einlage.

(4) Wartetastenverluste

1. sind zu verrechnen mit Gewinnen späterer Wirtschaftsjahre (einschließlich Übergangs- und Veräußerungsgewinnen) oder
2. werden zu ausgleichs- und abzugsfähigen Verlusten in Höhe der in einem späteren Wirtschaftsjahr geleisteten Einlagen, soweit sie die Entnahmen übersteigen. Dabei sind Entnahmen und Einlagen im Sinne des Abs. 3 nicht zu berücksichtigen. Wird der kapitalistische Mitunternehmer zur Haftung herangezogen, gilt dies steuerlich als Einlage.

Wird der kapitalistische Mitunternehmer zu einem unbeschränkten haftenden Gesellschafter gemäß § 128 des Unternehmensgesetzbuches, werden sämtliche Wartetastenverluste ab diesem Veranlagungsjahr zu ausgleichs- und vortragsfähigen Verlusten.

(5) Die Abs. 1 bis 4 gelten bei der Gewinnermittlung nach § 4 Abs. 3 entsprechend.

(6) In der Einkünftefeststellungserklärung (§ 188 BAO) ist für jeden kapitalistischen Mitunternehmer die Entwicklung des steuerlichen Kapitalkontos und der Wartetastenverluste für das betreffende Wirtschaftsjahr darzustellen. Bei Einkünften aus ausländischen Mitunternehmerschaften hat eine entsprechende Darstellung in einer Beilage zur Einkommensteuererklärung des Beteiligten zu erfolgen.

*(BGBl I 2015/118)*

### Veräußerungsgewinne

**§ 24.** (1) Veräußerungsgewinne sind Gewinne, die erzielt werden bei

1. der Veräußerung
   - des ganzen Betriebes
   - eines Teilbetriebes
   - eines Anteiles eines Gesellschafters, der als Unternehmer (Mitunternehmer) des Betriebes anzusehen ist
2. der Aufgabe des Betriebes (Teilbetriebes).

(2) Veräußerungsgewinn im Sinne des Abs. 1 ist der Betrag, um den der Veräußerungserlös nach Abzug der Veräußerungskosten den Wert des Betriebsvermögens oder den Wert des Anteils am Betriebsvermögen übersteigt. Dieser Gewinn ist für den Zeitpunkt der Veräußerung oder der Aufgabe nach § 4 Abs. 1 oder § 5 zu ermitteln. Im Falle des Ausscheidens eines Gesellschafters, der als Unternehmer (Mitunternehmer) des Betriebes anzusehen ist, ist als Veräußerungsgewinn jedenfalls der Betrag seines negativen Kapitalkontos zu erfassen, den er nicht auffüllen muß.

(3) Werden die einzelnen dem Betrieb gewidmeten Wirtschaftsgüter im Rahmen der Aufgabe des Betriebes veräußert, so sind die Veräußerungserlöse anzusetzen. Werden die Wirtschaftsgüter nicht veräußert, so ist der gemeine Wert im Zeitpunkt ihrer Überführung ins Privatvermögen anzusetzen. Für Grund und Boden ist § 6 Z 4 anzuwenden. Bei Aufgabe eines Betriebes, an dem mehrere Personen beteiligt waren, ist für jeden einzelnen Beteiligten der gemeine Wert jener Wirtschaftsgüter anzusetzen, die er bei der Auseinandersetzung erhalten hat.

(4) Der Veräußerungsgewinn ist nur insoweit steuerpflichtig, als er bei der Veräußerung (Aufgabe) des ganzen Betriebes den Betrag von 7 300 Euro und bei der Veräußerung (Aufgabe) eines Teilbetriebes oder eines Anteiles am Betriebsvermögen den entsprechenden Teil von 7 300 Euro übersteigt. Der Freibetrag steht nicht zu,

- wenn von der Progressionsermäßigung nach § 37 Abs. 2 oder Abs. 3 Gebrauch gemacht wird,
- wenn die Veräußerung unter § 37 Abs. 5 fällt oder
- wenn die Progressionsermäßigung nach § 37 Abs. 7 ausgeschlossen ist.

(5) Die Einkommensteuer vom Veräußerungsgewinn wird im Ausmaß der sonst entstehenden Doppelbelastung der stillen Reserven auf Antrag ermäßigt oder erlassen, wenn der Steuerpflichtige den Betrieb oder Teilbetrieb oder den Anteil am Betriebsvermögen innerhalb der letzten drei Jahre vor der Veräußerung (Aufgabe) erworben und infolge des Erwerbes Erbschafts- oder Schenkungssteuer, Grunderwerbsteuer oder Stiftungseingangssteuer entrichtet hat.

(6) Wird der Betrieb aufgegeben und werden aus diesem Anlass Gebäudeteile (Gebäude) ins Privatvermögen übernommen, so unterbleibt auf Antrag die Erfassung der darauf entfallenden stillen Reserven. Voraussetzung ist, dass das Gebäude bis zur Aufgabe des Betriebes der Hauptwohnsitz des Steuerpflichtigen gewesen ist, auf das Gebäude keine stillen Reserven übertragen worden sind und einer der folgenden Fälle vorliegt:

1. Der Steuerpflichtige ist gestorben und es wird dadurch eine Betriebsaufgabe veranlasst.
2. Der Steuerpflichtige ist wegen körperlicher oder geistiger Behinderung in einem Ausmaß erwerbsunfähig, dass er nicht in der Lage ist, seinen Betrieb fortzuführen oder die mit seiner Stellung als Mitunternehmer verbundenen Aufgaben oder Verpflichtungen zu erfüllen. Das Vorliegen dieser Voraussetzung ist auf Grundlage eines vom Steuerpflichtigen beizubringenden medizinischen Gutachtens eines allgemein beeideten und gerichtlich zertifizierten Sachverständigen zu beurteilen, es sei denn, es liegt eine medizinische Beurteilung durch den für den Steuerpflichtigen zuständigen Sozialversicherungsträger vor.
3. Der Steuerpflichtige hat das 60. Lebensjahr vollendet und stellt seine Erwerbstätigkeit ein. Eine Erwerbstätigkeit liegt nicht vor, wenn der Gesamtumsatz aus den ausgeübten Tätigkeiten 22.000 Euro und die gesamten Einkünfte

aus den ausgeübten Tätigkeiten 730 Euro im Kalenderjahr nicht übersteigen.

Wird das Gebäude (der Gebäudeteil) nach Betriebsaufgabe durch den Steuerpflichtigen oder einen unentgeltlichen Rechtsnachfolger zur Erzielung von Einkünften verwendet, ist sein steuerlicher Wertansatz um die unversteuerten stillen Reserven zu kürzen. Wird das Gebäude (der Gebäudeteil) innerhalb von fünf Jahren nach Aufgabe des Betriebes durch den Steuerpflichtigen oder einen unentgeltlichen Rechtsnachfolger veräußert, gilt die Veräußerung als rückwirkendes Ereignis im Sinne des § 295a der Bundesabgabenordnung, das beim Steuerpflichtigen zur Erfassung der stillen Reserven höchstens im Umfang der Bemessungsgrundlage bei Betriebsaufgabe führt. Die zu erfassenden stillen Reserven sind als Aufgabegewinn zu versteuern. Wurde das Gebäude (der Gebäudeteil) vor der Veräußerung bereits zur Erzielung von Einkünften verwendet, ist der steuerliche Wertansatz um die versteuerten stillen Reserven wieder zu erhöhen.

(7) Ein Veräußerungsgewinn ist nicht zu ermitteln, soweit das Umgründungssteuergesetz eine Buchwertfortführung vorsieht. Fällt die gesellschaftsvertragliche Übertragung von (Teil) Betrieben oder Mitunternehmeranteilen nicht unter Art. IV oder Art. V des Umgründungssteuergesetzes, ist der Veräußerungsgewinn auf den nach dem Umgründungssteuergesetz maßgeblichen Stichtag zu beziehen.

**Nichtselbständige Arbeit (§ 2 Abs. 3 Z 4)**

**§ 25.** (1) Einkünfte aus nichtselbständiger Arbeit (Arbeitslohn) sind:

1. a) Bezüge und Vorteile aus einem bestehenden oder früheren Dienstverhältnis. Dazu zählen auch Pensionszusagen, wenn sie ganz oder teilweise anstelle des bisher gezahlten Arbeitslohns oder der Lohnerhöhungen, auf die jeweils ein Anspruch besteht, gewährt werden, ausgenommen eine lohngestaltende Vorschrift im Sinne des § 68 Abs. 5 Z 1 bis 6 sieht dies vor.
   b) Bezüge und Vorteile von Personen, die an Kapitalgesellschaften nicht wesentlich im Sinne des § 22 Z 2 beteiligt sind, auch dann, wenn bei einer sonst alle Merkmale eines Dienstverhältnisses (§ 47 Abs. 2) aufweisenden Beschäftigung die Verpflichtung, den Weisungen eines anderen zu folgen, auf Grund gesellschaftsvertraglicher Sonderbestimmung fehlt.
   c) Bezüge aus einer gesetzlichen Kranken- oder Unfallversorgung.
   d) Bezüge aus einer ausländischen gesetzlichen Kranken- oder Unfallversorgung, die einer inländischen Kranken- oder Unfallversorgung entspricht.
   e) Bezüge aus einer Kranken- oder Unfallversorgung der Versorgungs- und Unterstützungseinrichtungen der Kammern der selbständig Erwerbstätigen.

   Bezüge gemäß lit. c bis e, ausgenommen solche aus einer Unfallversorgung, sind nur dann Einkünfte aus nichtselbständiger Arbeit, wenn sie auf Grund eines bestehenden oder früheren Dienstverhältnisses zufließen. In allen anderen Fällen sind diese Bezüge nach § 32 Z 1 zu erfassen.

2. a) Bezüge und Vorteile aus inländischen Pensionskassen und aus betrieblichen Kollektivversicherungen im Sinne des § 93 des VAG 2016. Jene Teile der Bezüge und Vorteile, die auf die
      aa) vom Arbeitnehmer,
      bb) vom wesentlich Beteiligten im Sinne des § 22 Z 2 und
      cc) von einer natürlichen Person als Arbeitgeber für sich selbst

      eingezahlten Beträge entfallen, sind nur mit 25% zu erfassen. Soweit für die Beiträge eine Prämie nach § 108a oder vor einer Verfügung im Sinne des § 108i Abs. 1 Z 3 eine Prämie nach § 108g in Anspruch genommen worden ist oder es sich um Bezüge handelt, die auf Grund einer Überweisung einer BV-Kasse (§ 17 BMSVG oder gleichartige österreichische Rechtsvorschriften) geleistet werden, sind die auf diese Beiträge entfallenden Bezüge und Vorteile steuerfrei. Der Bundesminister für Finanzen wird ermächtigt, ein pauschales Ausscheiden der steuerfreien Bezüge und Vorteile mit Verordnung festzulegen.

      *(BGBl I 2015/34)*
   b) Bezüge und Vorteile aus ausländischen Pensionskassen (einschließlich aus ausländischen Einrichtungen im Sinne des § 5 Z 4 des Pensionskassengesetzes). Z 2 lit. a zweiter Satz ist für Bezüge und Vorteile aus ausländischen Pensionskassen (einschließlich aus ausländischen Einrichtungen im Sinne des § 5 Z 4 des Pensionskassengesetzes) insoweit anzuwenden, als die Beitragsleistungen an derartige ausländische Pensionskassen (einschließlich an Einrichtungen im Sinne des § 5 Z 4 des Pensionskassengesetzes) die in- oder ausländischen Einkünfte nicht vermindert haben. Dies gilt sinngemäß, wenn die Beitragsleistungen das Einkommen im Ausland nicht vermindert haben.
   c) Zuwendungen von betriebliche Privatstiftungen im Sinne des § 4d, soweit sie als Bezüge und Vorteile aus einem bestehenden oder früheren Dienstverhältnis anzusehen sind, sowie Bezüge und Vorteile aus Unterstützungskassen.

      *(BGBl I 2017/105)*

d) Bezüge und Vorteile aus Betriebliche Vorsorgekassen (BV-Kassen) einschließlich der Bezüge und Vorteile im Rahmen der Selbständigenvorsorge nach dem 4. und 5. Teil des BMSVG.

e) Insolvenz-Entgelt, das durch den Insolvenz-Entgelt-Fonds ausgezahlt wird.

3. a) Pensionen aus der gesetzlichen Sozialversicherung. Besondere Steigerungsbeträge aus der Höherversicherung in der Pensionsversicherung bzw. Höherversicherungspensionen sind nur mit 25% zu erfassen; soweit besondere Steigerungsbeträge aus der Höherversicherung in der Pensionsversicherung auf Beiträgen beruhen, die im Zeitpunkt der Leistung als Pflichtbeiträge abzugsfähig waren, sind sie zur Gänze zu erfassen. Soweit für Pensionsbeiträge eine Prämie nach § 108a in Anspruch genommen worden ist, sind die auf diese Beiträge entfallenden Pensionen steuerfrei.

b) Gleichartige Bezüge aus Versorgungs- und Unterstützungseinrichtungen der Kammern der selbständig Erwerbstätigen. Soweit diese Bezüge auf Ansprüche entfallen, die von einer Pensionskasse an eine Versorgungs- und Unterstützungseinrichtung übertragen wurden, gilt Z 2 lit. a entsprechend.

c) Pensionen aus einer ausländischen gesetzlichen Sozialversicherung, die einer inländischen gesetzlichen Sozialversicherung entspricht.

d) Rückzahlungen von Pflichtbeiträgen, sofern diese ganz oder teilweise auf Grund des Vorliegens von Einkünften im Sinne der Z 1 einbehalten oder zurückgezahlt wurden.

e) Rückzahlungen von Beiträgen für freiwillige Weiterversicherungen einschließlich des Nachkaufs von Versicherungszeiten in der gesetzlichen Pensionsversicherung und vergleichbarer Beiträge an Versorgungs- und Unterstützungseinrichtungen der Kammern der selbständig Erwerbstätigen. Einkünfte aus nichtselbständiger Arbeit liegen nur insoweit vor, als die Beiträge als Sonderausgaben gemäß § 18 das Einkommen vermindert haben.

f) Ausgleichs- oder Ergänzungszulagen, die aufgrund sozialversicherungs- oder pensionsrechtlicher Vorschriften gewährt werden.

*(BGBl I 2019/103)*

4. a) Bezüge, Auslagenersätze und Ruhe-(Versorgungs)Bezüge im Sinne des Bezügegesetzes und des Verfassungsgerichtshofgesetzes.

b) Bezüge, Auslagenersätze und Ruhe-(Versorgungs)Bezüge, die Mitglieder einer Landesregierung (des Wiener Stadtsenates), Bezirksvorsteher (Stellvertreter) der Stadt Wien, Mitglieder eines Landtages sowie deren Hinterbliebene auf Grund gesetzlicher Regelung erhalten, weiters Bezüge, Auslagenersätze und Ruhe-(Versorgungs)Bezüge, die Bürgermeister, Vizebürgermeister (Bürgermeister-Stellvertreter), Stadträte und Mitglieder einer Stadt-, Gemeinde- oder Ortsvertretung sowie deren Hinterbliebene auf Grund gesetzlicher Regelung erhalten.

c) Bezüge von öffentlich-rechtlich Bediensteten (Beamten) des Bundes aus Nebentätigkeiten im Sinne des § 37 des Beamten-Dienstrechtsgesetzes 1979 und vertraglich Bediensteten des Bundes aus vergleichbaren Tätigkeiten sowie öffentlich Bediensteten anderer Gebietskörperschaften auf Grund vergleichbarer gesetzlicher Regelungen.

5. Bezüge, Auslagenersätze und Ruhe-(Versorgungs)Bezüge von Vortragenden, Lehrenden und Unterrichtenden, die diese Tätigkeit im Rahmen eines von der Bildungseinrichtung vorgegebenen Studien-, Lehr- oder Stundenplanes ausüben, und zwar auch dann, wenn mehrere Wochen- oder Monatsstunden zu Blockveranstaltungen zusammengefasst werden.

(2) Bei den Einkünften im Sinne des Abs. 1 ist es unmaßgeblich, ob es sich um einmalige oder laufende Einnahmen handelt, ob ein Rechtsanspruch auf sie besteht und ob sie dem zunächst Bezugsberechtigten oder seinem Rechtsnachfolger zufließen.

### Leistungen des Arbeitgebers, die nicht unter die Einkünfte aus nichtselbständiger Arbeit fallen

**§ 26.** Zu den Einkünften aus nichtselbständiger Arbeit gehören nicht:

1. Der Wert der unentgeltlich überlassenen Arbeitskleidung und der Reinigung der Arbeitskleidung, wenn es sich um typische Berufskleidung handelt (zB Uniformen).
2. Beträge,
   – die der Arbeitnehmer vom Arbeitgeber erhält, um sie für ihn auszugeben (durchlaufende Gelder)
   – durch die Auslagen des Arbeitnehmers für den Arbeitgeber ersetzt werden (Auslagenersätze).
3. Beträge, die vom Arbeitgeber im betrieblichen Interesse für die Ausbildung oder Fortbildung des Arbeitnehmers aufgewendet werden. Unter den Begriff Ausbildungskosten fallen nicht Vergütungen für die Lehr- und Anlernausbildung.
4. Beträge, die aus Anlass einer Dienstreise als Reisevergütungen (Fahrtkostenvergütungen, Kilometergelder) und als Tagesgelder

und Nächtigungsgelder gezahlt werden. Eine Dienstreise liegt vor, wenn ein Arbeitnehmer über Auftrag des Arbeitgebers

– seinen Dienstort (Büro, Betriebsstätte, Werksgelände, Lager usw.) zur Durchführung von Dienstverrichtungen verlässt oder
– so weit weg von seinem ständigen Wohnort (Familienwohnsitz) arbeitet, dass ihm eine tägliche Rückkehr an seinen ständigen Wohnort (Familienwohnsitz) nicht zugemutet werden kann.

Bei Arbeitnehmern, die ihre Dienstreise vom Wohnort aus antreten, tritt an die Stelle des Dienstortes der Wohnort (Wohnung, gewöhnlicher Aufenthalt, Familienwohnsitz).

a) Als Kilometergelder sind höchstens die den Bundesbediensteten zustehenden Sätze zu berücksichtigen. Fahrtkostenvergütungen (Kilometergelder) sind auch Kosten, die vom Arbeitgeber höchstens für eine Fahrt pro Woche zum ständigen Wohnort (Familienwohnsitz) für arbeitsfreie Tage gezahlt werden, wenn eine tägliche Rückkehr nicht zugemutet werden kann und für die arbeitsfreien Tage kein steuerfreies Tagesgeld gezahlt wird.

   Werden Fahrten zu einem Einsatzort in einem Kalendermonat überwiegend unmittelbar vom Wohnort aus angetreten, liegen hinsichtlich dieses Einsatzortes ab dem Folgemonat Fahrten zwischen Wohnung und Arbeitsstätte vor.

b) Das Tagesgeld für Inlandsdienstreisen darf bis zu 26,40 Euro pro Tag betragen. Dauert eine Dienstreise länger als drei Stunden, so kann für jede angefangene Stunde ein Zwölftel gerechnet werden. Das volle Tagesgeld steht für 24 Stunden zu. Erfolgt eine Abrechnung des Tagesgeldes nach Kalendertagen, steht das Tagesgeld für den Kalendertag zu.

c) Wenn bei einer Inlandsdienstreise keine höheren Kosten für Nächtigung nachgewiesen werden, kann als Nächtigungsgeld einschließlich der Kosten des Frühstücks ein Betrag bis zu 15 Euro berücksichtigt werden.

d) Das Tagesgeld für Auslandsdienstreisen darf bis zum täglichen Höchstsatz der Auslandsreisesätze der Bundesbediensteten betragen. Dauert eine Dienstreise länger als drei Stunden, so kann für jede angefangene Stunde ein Zwölftel gerechnet werden. Das volle Tagesgeld steht für 24 Stunden zu. Erfolgt eine Abrechnung des Tagesgeldes nach Kalendertagen, steht das Tagesgeld für den Kalendertag zu.

e) Wenn bei einer Auslandsdienstreise keine höheren Kosten für Nächtigung einschließlich der Kosten des Frühstücks nachgewiesen werden, kann das den Bundesbediensteten zustehende Nächtigungsgeld der Höchststufe berücksichtigt werden.

Zahlt der Arbeitgeber höhere Beträge, so sind die die genannten Grenzen übersteigenden Beträge steuerpflichtiger Arbeitslohn.

5. a) Die Beförderung des Arbeitnehmers, wenn der Arbeitgeber seine Arbeitnehmer zwischen Wohnung und Arbeitsstätte mit Fahrzeugen in der Art eines Massenbeförderungsmittels befördert oder befördern lässt (Werkverkehr).

   b) **„Die Zurverfügungstellung einer Wochen-, Monats- oder Jahreskarte für ein Massenbeförderungsmittel durch den Arbeitgeber für seine Arbeitnehmer, sofern die Karte zumindest am Wohn- oder Arbeitsort gültig ist. Dies gilt auch, wenn der Arbeitgeber die Kosten einer solchen Karte zumindest teilweise übernimmt.“**

   *(BGBl I 2022/108 ab 20.7.2022)*

   Die Beförderung und Übernahme der Kosten stellen steuerpflichtigen Arbeitslohn dar, wenn diese anstelle des bisher gezahlten Arbeitslohns oder einer üblichen Lohnerhöhung geleistet werden.

   *(BGBl I 2021/18)*

6. Umzugskostenvergütungen, die Dienstnehmer anläßlich einer Versetzung aus betrieblichen Gründen an einen anderen Dienstort oder wegen der dienstlichen Verpflichtung, eine Dienstwohnung ohne Wechsel des Dienstortes zu beziehen, erhalten; dies gilt auch für Versetzungen innerhalb von Konzernen. Zu den Umzugskostenvergütungen gehören der Ersatz

   a) der tatsächlichen Reisekosten für den Arbeitnehmer und seinen (Ehe)Partner (§ 106 Abs. 3) sowie seine Kinder (§ 106) unter Zugrundelegung der Kosten eines Massenbeförderungsmittels (Bahn, Autobus) für die Strecke vom bisherigen Wohnort zum neuen Wohnort

   b) der tatsächlichen Frachtkosten für das Übersiedlungsgut (Wohnungseinrichtung usw.) des Arbeitnehmers und seines (Ehe-)Partners und seiner Kinder

   c) sonstiger mit der Übersiedlung verbundener Aufwendungen (Umzugsvergütungen). Die Umzugsvergütung darf höchstens 1/15 des Bruttojahresarbeitslohnes betragen.

   d) des Mietzinses (einschließlich sonstiger von Mietern zu entrichtender Beträge), den der Arbeitnehmer von der Aufgabe seiner bisherigen Wohnung an bis zum nächstmöglichen Kündigungstermin noch zahlen muß.

7. a) Beitragsleistungen des Arbeitgebers für seine Arbeitnehmer an

- Pensionskassen im Sinne des Pensionskassengesetzes,
- ausländische Pensionskassen auf Grund einer ausländischen gesetzlichen Verpflichtung oder an ausländische Einrichtungen im Sinne des § 5 Z 4 des Pensionskassengesetzes,
- Unterstützungskassen, die keinen Rechtsanspruch auf Leistungen gewähren,
- betriebliche Kollektivversicherungen im Sinne des § 93 des VAG 2016,
- Arbeitnehmerförderstiftungen (§ 4d Abs. 2),
- Belegschaftsbeteiligungsstiftung (§ 4d Abs. 3).

Keine Beiträge des Arbeitgebers, sondern solche des Arbeitnehmers liegen vor, wenn sie ganz oder teilweise anstelle des bisher gezahlten Arbeitslohns oder der Lohnerhöhungen, auf die jeweils ein Anspruch besteht, geleistet werden, ausgenommen eine lohngestaltende Vorschrift im Sinne des § 68 Abs. 5 Z 1 bis 6 sieht dies vor.

*(BGBl I 2015/34, BGBl I 2017/105)*

b) Beträge, die der Arbeitgeber als Kostenersatz für Pensionsverpflichtungen eines früheren Arbeitgebers oder als Vergütung gemäß § 14 Abs. 9 leistet.

c) Beträge, die auf Grund des Betriebspensionsgesetzes oder vergleichbarer gesetzlicher Regelungen durch das Übertragen von Anwartschaften oder Leistungsverpflichtungen an einen die Verpflichtung übernehmenden inländischen Rechtsnachfolger oder an ausländische Einrichtungen im Sinne des § 5 Z 4 des Pensionskassengesetzes geleistet werden, wenn der Rückkauf ausgeschlossen ist und die Leistungen auf Grund des Betriebspensionsgesetzes oder vergleichbarer Regelungen Bezüge und Vorteile gemäß § 25 darstellen.

d) Beiträge, die der Arbeitgeber für seine Arbeitnehmer an eine BV-Kasse leistet, im Ausmaß von höchstens 1,53% des monatlichen Entgeltes im Sinne arbeitsrechtlicher Bestimmungen (§ 6 BMSVG oder gleichartige österreichische Rechtsvorschriften) bzw. von höchstens 1,53% der Bemessungsgrundlage für entgeltfreie Zeiträume (§ 7 BMSVG oder gleichartige österreichische Rechtsvorschriften), darauf entfallende zusätzliche Beiträge gemäß § 6 Abs. 2a BMSVG oder gleichartigen österreichischen Rechtsvorschriften, weiters Beiträge, die nach § 124b Z 66 geleistet werden, sowie Beträge, die auf Grund des BMSVG oder gleichartiger österreichischer Rechtsvorschriften durch das Übertragen von Anwartschaften an eine andere BV-Kasse oder als Überweisung der Abfertigung an ein Versicherungsunternehmen als Einmalprämie für eine Pensionszusatzversicherung gemäß § 108b oder als Überweisung der Abfertigung an ein Kreditinstitut zum ausschließlichen Erwerb von Anteilen an einem prämienbegünstigten Pensionsinvestmentfonds gemäß § 108b oder als Überweisung der Abfertigung an eine Pensionskasse geleistet werden.

8. Zuwendungen einer Belegschaftsbeteiligungsstiftung im Sinne des § 4d Abs. 3 bis zu einem Betrag von 4 500 € jährlich.

*(BGBl I 2017/105)*

9.[a)] Der Wert der digitalen Arbeitsmittel, die der Arbeitgeber dem Arbeitnehmer für seine berufliche Tätigkeit unentgeltlich überlässt, und ein Homeoffice-Pauschale nach Maßgabe folgender Bestimmungen:

a) Das Homeoffice-Pauschale beträgt bis zu drei Euro pro Tag, an dem der Arbeitnehmer seine berufliche Tätigkeit auf Grund einer mit dem Arbeitgeber getroffenen Vereinbarung ausschließlich in der Wohnung ausübt (Homeoffice-Tag); es steht für höchstens 100 Tage im Kalenderjahr zu.

b) Übersteigt das von mehreren Arbeitgebern nicht steuerbar ausgezahlte Homeoffice-Pauschale insgesamt den Betrag von 300 Euro pro Kalenderjahr, stellt der übersteigende Teil steuerpflichtigen Arbeitslohn dar, der in der Veranlagung zu erfassen ist.

*(BGBl I 2021/52)*

[a)] Tritt mit 1. Jänner 2024 außer Kraft.

### Einkünfte aus Kapitalvermögen

**§ 27.** (1) Einkünfte aus Kapitalvermögen sind Einkünfte aus der Überlassung von Kapital (Abs. 2), aus realisierten Wertsteigerungen von Kapitalvermögen (Abs. 3), aus Derivaten (Abs. 4) und aus Kryptowährungen (Abs. 4a), soweit sie nicht zu den Einkünften im Sinne des § 2 Abs. 3 Z 1 bis 4 gehören. Bei Tauschvorgängen ist § 6 Z 14 sinngemäß anzuwenden.

*(BGBl I 2015/118, BGBl I 2022/10)*

(2) Zu den Einkünften aus der Überlassung von Kapital gehören:

1. a) Gewinnanteile (Dividenden) und sonstige Bezüge aus Aktien oder Anteilen an Gesellschaften mit beschränkter Haftung;

   b) Gleichartige Bezüge und Rückvergütungen aus Anteilen an Erwerbs- und Wirtschaftsgenossenschaften;

c) Gleichartige Bezüge aus Genussrechten und sonstigen Finanzierungsinstrumenten sowie Bezüge aus Partizipationskapital gemäß § 8 Abs. 3 Z 1 des Körperschaftsteuergesetzes 1988;

d) Bezüge aus Anteilen an körperschaftlich organisierten Personengemeinschaften in den Angelegenheiten der Bodenreform (Agrargemeinschaften), wenn diese einen Betrag in Höhe von 4.000 Euro im Kalenderjahr übersteigen.

*(BGBl I 2019/103)*

2. Zinsen, und andere Erträgnisse aus Kapitalforderungen jeder Art, beispielsweise aus Darlehen, Anleihen, Hypotheken, Einlagen, Guthaben bei Kreditinstituten und aus Ergänzungskapital im Sinne des VAG 2016, ausgenommen Stückzinsen;

*(BGBl I 2015/34)*

3. Diskontbeträge von Wechseln und Anweisungen;

4. Gewinnanteile aus der Beteiligung an einem Unternehmen als stiller Gesellschafter sowie aus der Beteiligung nach Art eines stillen Gesellschafters, soweit sie nicht zur Auffüllung einer durch Verluste herabgeminderten Einlage zu verwenden sind.

(3) Zu den Einkünften aus realisierten Wertsteigerungen von Kapitalvermögen gehören Einkünfte aus der Veräußerung, Einlösung und sonstigen Abschichtung von Wirtschaftsgütern, deren Erträge Einkünfte aus der Überlassung von Kapital im Sinne von Abs. 2 sind (einschließlich Nullkuponanleihen).

(4) Zu den Einkünften aus Derivaten gehören

1. der Differenzausgleich,
2. die Stillhalterprämie,
3. Einkünfte aus der Veräußerung und
4. Einkünfte aus der sonstigen Abwicklung

bei Termingeschäften (beispielsweise Optionen, Futures und Swaps) sowie bei sonstigen derivativen Finanzinstrumenten (beispielsweise Indexzertifikaten).

(4a) Zu den Einkünften aus Kryptowährungen gehören laufende Einkünfte aus Kryptowährungen sowie Einkünfte aus realisierten Wertsteigerungen von Kryptowährungen nach Maßgabe des § 27b.

*(BGBl I 2022/10)*

(5) Als Einkünfte aus der Überlassung von Kapital im Sinne von Abs. 2 gelten auch:

1. Besondere Entgelte oder Vorteile, die neben den im Abs. 2 bezeichneten Einkünften oder an deren Stelle gewährt werden, beispielsweise Sachleistungen, Boni und nominelle Mehrbeträge auf Grund einer Wertsicherung.

2. Vom Abzugsverpflichteten (§ 95 Abs. 2) oder Dritten übernommene Kapitalertragsteuerbeträge.

3. Unterschiedsbeträge zwischen der eingezahlten Versicherungsprämie und der Versicherungsleistung, die

a) im Falle des Erlebens oder des Rückkaufs einer auf den Er- oder Er- und Ablebensfall abgeschlossenen Kapitalversicherung einschließlich einer fondsgebundenen Lebensversicherung,

b) im Falle der Kapitalabfindung oder des Rückkaufs einer Rentenversicherung, bei der der Beginn der Rentenzahlungen vor Ablauf von zehn beziehungsweise fünfzehn Jahren ab Vertragsabschluss vereinbart ist,

ausgezahlt werden, wenn im Versicherungsvertrag nicht laufende, im Wesentlichen gleich bleibende Prämienzahlungen vereinbart sind und die Höchstlaufzeit des Versicherungsvertrages

– weniger als zehn Jahre ab Vertragsabschluss beträgt, wenn der Versicherungsnehmer und die versicherten Personen im Zeitpunkt des Abschlusses des Versicherungsvertrages jeweils das 50. Lebensjahr vollendet haben;
– in allen anderen Fällen weniger als fünfzehn Jahre ab Vertragsabschluss beträgt.

Ist der Versicherungsnehmer keine natürliche Person, gilt das Erfordernis der Vollendung des 50. Lebensjahres nur für die versicherten Personen. Im Übrigen gilt jede Erhöhung einer Versicherungssumme im Rahmen eines bestehenden Vertrages auf insgesamt mehr als das Zweifache der ursprünglichen Versicherungssumme gegen eine nicht laufende, im Wesentlichen gleich bleibende Prämienzahlung als selbständiger Abschluss eines neuen Versicherungsvertrages.

4. Ausgleichszahlungen und Leihgebühren, die der Verleiher eines Wertpapiers vom Entleiher oder der Pensionsgeber vom Pensionsnehmer erhält.

5. und 6. (aufgehoben)

7. Zuwendungen jeder Art

– von nicht unter § 5 Z 6 des Körperschaftsteuergesetzes 1988 fallenden Privatstiftungen,
– von Belegschaftsbeteiligungsstiftungen im Sinne des § 4d Abs. 3 bis zu einem Betrag von 4 500 Euro jährlich, sowie
– von ausländischen Stiftungen oder sonstigen Vermögensmassen, die jeweils mit einer Privatstiftung vergleichbar sind.

Als Zuwendungen gelten auch Einnahmen einschließlich sonstiger Vorteile, die anlässlich der unentgeltlichen Übertragung eines Wirtschaftsgutes an die Privatstiftung, ausländische Stiftung oder sonstige Vermögensmasse, die jeweils mit einer Privatstiftung vergleichbar sind, vom Empfänger der Zuwendung erzielt werden. Dies gilt nicht hinsichtlich der bei der Zuwendung von Grundstücken mitübertragenen Belastungen des Grundstückes, soweit sie mit dem Grundstück in unmittelbarem wirtschaftlichen Zusammenhang stehen.

*(BGBl I 2017/105)*

8. Nicht zu den Einkünften im Sinne der Z 7 gehören Zuwendungen, soweit sie nach Maßgabe der folgenden Bestimmungen eine Substanzauszahlung von gestiftetem Vermögen darstellen:
   a) Zuwendungen gelten insoweit als Substanzauszahlung, als sie den maßgeblichen Wert im Sinne der lit. b übersteigen und im Evidenzkonto im Sinne der lit. c Deckung finden.
   b) Als maßgeblicher Wert gilt der am Beginn des Geschäftsjahres vorhandene Bilanzgewinn zuzüglich der gebildeten Gewinnrücklagen gemäß § 224 Abs. 3 A III und IV des Unternehmensgesetzbuches und zuzüglich der steuerrechtlichen stillen Reserven des zugewendeten Vermögens. Der am Beginn des Geschäftsjahres vorhandene Bilanzgewinn ist um Beträge zu erhöhen, die zu einer Verminderung auf Grund des Ansatzes des beizulegenden Wertes gemäß § 202 Abs. 1 des Unternehmensgesetzbuches geführt haben. Zuwendungen im Bilanzerstellungszeitraum gelten nicht als Substanzauszahlung, solange der im Jahresabschluss ausgewiesene Bilanzgewinn nicht vom Abschlussprüfer bestätigt ist.
   c) Voraussetzung für die Behandlung einer Zuwendung als Substanzauszahlung ist die laufende ordnungsgemäße Führung eines Evidenzkontos. Es erhöht sich um sämtliche Stiftungseingangswerte und vermindert sich um Substanzauszahlungen.
   d) Stiftungseingangswert ist der Wert des gestifteten Vermögens zum Zeitpunkt der Zuwendung. Dabei sind § 6 Z 5, § 6 Z 9 und § 15 Abs. 3 Z 1 anzuwenden.
   e) Soweit Zuwendungen Substanzauszahlungen darstellen, vermindern sie das Evidenzkonto in Höhe der in § 15 Abs. 3 Z 2 lit. b genannten Werte.
   f) Zuwendungen einer Stiftung (Vermögensmasse) an eine von ihr errichtete Stiftung (Vermögensmasse) gelten abweichend von lit. a als Substanzauszahlung, soweit sie im Evidenzkonto (lit. c) Deckung finden. Die empfangende Stiftung (Vermögensmasse) hat die als Substanzauszahlungen geltenden Beträge als Stiftungseingangswert in gleicher Höhe anzusetzen; dieser Stiftungseingangswert ist um den bei der zuwendenden Stiftung (Vermögensmasse) vorhandenen maßgeblichen Wert im Sinne der lit. b zu vermindern.
   g) Abweichend von lit. f gelten Zuwendungen einer Stiftung (Vermögensmasse) an eine von ihr errichtete Stiftung (Vermögensmasse) als Substanzauszahlung, soweit sie Vermögen betreffen, das in einer unternehmensrechtlichen Vermögensaufstellung zum 31. Juli 2008 erfasst ist. Die empfangende Stiftung (Vermögensmasse) hat die steuerlich maßgebenden Werte fortzuführen. Diese Zuwendungen erhöhen nicht die Stiftungseingangswerte und fließen nicht in das Evidenzkonto bei der empfangenden Stiftung (Vermögensmasse) ein. Dies gilt nur insoweit, als die Zuwendung im Stiftungszweck der zuwendenden Stiftung (Vermögensmasse) Deckung findet.
   h) Soweit Zuwendungen als Substanzauszahlung gelten, sind sie in die Kapitalertragsteuer-Anmeldung aufzunehmen.
9. Ist ein Stifter im Falle des Widerrufs einer nicht unter § 4 Abs. 11 Z 1 fallenden Privatstiftung Letztbegünstigter gemäß § 34 des Privatstiftungsgesetzes, sind die Einkünfte auf seinen Antrag um die steuerlich maßgebenden Werte seiner vor dem 1. August 2008 getätigten Zuwendungen an die Privatstiftung zu kürzen. Dies gilt nur dann, wenn der Stifter diese Werte nachweist. Für Zuwendungen nach dem 31. Juli 2008 erfolgt die Kürzung um den Letztstand des Evidenzkontos gemäß Z 8 lit. c. Die Kürzung gilt sinngemäß für den Widerruf einer ausländischen Stiftung oder sonstigen Vermögensmasse, die jeweils mit einer Privatstiftung vergleichbar sind, mit der Maßgabe, dass die nach österreichischem Steuerrecht ermittelten Werte anzusetzen sind. Voraussetzung für die Kürzung bei Widerruf einer ausländischen Stiftung (Vermögensmasse) ist, dass für die Zuwendung an die ausländische Stiftung (Vermögensmasse) Stiftungseingangssteuer oder Erbschafts- oder Schenkungssteuer entrichtet wurde.

(6) Als Veräußerung im Sinne der Abs. 3 und 4 gelten auch:

1. Umstände, die zu einer Einschränkung des Besteuerungsrechtes der Republik Österreich im Verhältnis zu anderen Staaten hinsichtlich eines Wirtschaftsgutes im Sinne des Abs. 3, eines Derivates im Sinne des Abs. 4 oder einer Kryptowährung im Sinne des Abs. 4a führen.
   a) Bei Wegzug einer natürlichen Person in einen EU/EWR-Staat ist auf Grund eines in der Steuererklärung gestellten Antrages über die dadurch entstandene Abgabenschuld im Abgabenbescheid nur abzusprechen, die Abgabenschuld jedoch bis zur tatsächlichen Veräußerung des Wirtschaftsgutes oder Derivates nicht festzusetzen. Dies gilt ebenso bei der unentgeltlichen Übertragung eines Wirtschaftsgutes oder Derivates an eine

andere natürliche Person, die in einem EU/EWR-Staat ansässig ist.

*(BGBl I 2018/62)*

„b) **Als tatsächliche Veräußerung gilt auch ein späterer Wegzug oder die spätere Überführung des Wirtschaftsgutes oder Derivates in einen Staat, der von lit. a nicht erfasst ist.“**

*(BGBl I 2019/103, BGBl I 2022/108 ab 20.7.2022)*

c) Die tatsächliche Veräußerung gilt als rückwirkendes Ereignis im Sinne des § 295a der Bundesabgabenordnung. § 205 der Bundesabgabenordnung ist nicht anzuwenden.

d) In allen nicht in lit. a genannten Fällen sind die § 6 Z 6 lit. c und d sinngemäß anzuwenden.

e) Im Falle der Entstehung des Besteuerungsrechts der Republik Österreich im Verhältnis zu anderen Staaten gilt der gemeine Wert als Anschaffungskosten. Erfolgt in den Fällen nicht festgesetzter Abgabenschuld ein Wiedereintritt in das Besteuerungsrecht der Republik Österreich, sind weiterhin die ursprünglichen Anschaffungskosten, höchstens aber die gemeinen Werte maßgeblich. Die spätere Veräußerung gilt nicht als rückwirkendes Ereignis im Sinne des § 295a der Bundesabgabenordnung. Weist der Steuerpflichtige nach, dass Wertsteigerungen im EU/EWR-Raum eingetreten sind, sind diese vom Veräußerungserlös abzuziehen.

*(BGBl I 2015/163, BGBl I 2022/10)*

2. Die Entnahme und das sonstige Ausscheiden aus dem Depot. Sofern nicht Z 1 anzuwenden ist, liegt in folgenden Fällen keine Veräußerung vor:
   - Bei der Übertragung auf ein anderes Depot desselben Steuerpflichtigen bei derselben depotführenden Stelle.
   - Bei der Übertragung auf ein Depot desselben Steuerpflichtigen bei einer inländischen depotführenden Stelle, wenn der Steuerpflichtige die übertragende depotführende Stelle beauftragt, der übernehmenden depotführenden Stelle die Anschaffungskosten mitzuteilen.
   - Bei der Übertragung von einer inländischen depotführenden Stelle auf ein Depot desselben Steuerpflichtigen bei einer ausländischen depotführenden Stelle, wenn der Steuerpflichtige die übertragende depotführende Stelle beauftragt, dem zuständigen Finanzamt innerhalb eines Monats seinen Namen und seine Steuer- oder Sozialversicherungsnummer, die übertragenen Wirtschaftsgüter, deren Anschaffungskosten sowie jene Stelle mitzuteilen, auf die die Übertragung erfolgt.
   - Bei der Übertragung von einer ausländischen depotführenden Stelle auf ein Depot desselben Steuerpflichtigen bei einer anderen ausländischen depotführenden Stelle und bei der unentgeltlichen Übertragung von einer ausländischen depotführenden Stelle auf ein Depot eines anderen Steuerpflichtigen, wenn der Steuerpflichtige dem zuständigen Finanzamt innerhalb eines Monats die übertragenen Wirtschaftsgüter, deren Anschaffungskosten sowie jene Stelle und jenen Steuerpflichtigen mitteilt, auf die die Übertragung erfolgt.
   - Bei der unentgeltlichen Übertragung von einer inländischen depotführenden Stelle auf das Depot eines anderen Steuerpflichtigen, wenn
     - der depotführenden Stelle anhand geeigneter Unterlagen (insbesondere Notariatsakt, Einantwortungsbeschluss, Schenkungsmeldung) die unentgeltliche Übertragung nachgewiesen wird, oder
     - der Steuerpflichtige die depotführende Stelle beauftragt, dem zuständigen Finanzamt innerhalb eines Monats seinen Namen und seine Steuer- oder Sozialversicherungsnummer, die übertragenen Wirtschaftsgüter, deren Anschaffungskosten und gegebenenfalls jene Stelle mitzuteilen, auf die die Übertragung erfolgt.

   „–[a)] **Bei der Übertragung im Zuge einer Umgründung im Sinne des Umgründungssteuergesetzes, wenn der Steuerpflichtige die depotführende Stelle beauftragt, dem zuständigen Finanzamt innerhalb eines Monats seinen Namen, seine Steuer- oder Sozialversicherungsnummer, die übertragenen Wirtschaftsgüter, deren Anschaffungskosten und gegebenenfalls jene Stelle mitzuteilen, auf die die Übertragung erfolgt. Bei der Übertragung von einer ausländischen depotführenden Stelle auf ein anderes Depot hat die Mitteilung an das Finanzamt durch den Steuerpflichtigen selbst zu erfolgen.“**

*(BGBl I 2015/163, BGBl I 2022/108 ab 1.1.2023)*

[a)] Tritt mit 1. Jänner 2023 in Kraft.

3. Der Untergang von Anteilen auf Grund der Auflösung (Liquidation) oder Beendigung einer Körperschaft für sämtliche Beteiligte unabhängig vom Ausmaß ihrer Beteiligung.

   *(BGBl I 2015/163)*

4. Die Veräußerung von Dividendenscheinen, Zinsscheinen und sonstigen Ansprüchen,

wenn die dazugehörigen Wirtschaftsgüter nicht mitveräußert werden.

*(BGBl I 2015/163)*

5. Der Zufluss anteiliger Einkünfte aus der Überlassung von Kapital gemäß Abs. 2 Z 2 anlässlich der Realisierung der dazugehörigen Wirtschaftsgüter (Stückzinsen).

*(BGBl I 2015/163)*

(7) Steuerfrei sind 75% der Ausschüttungen aus Anteilen und Genussrechten an natürliche Personen bis zu einer Höhe von 15 000 Euro pro Kalenderjahr, die von Mittelstandsfinanzierungsgesellschaften im Sinne des § 6b Abs. 1 des Körperschaftsteuergesetzes 1988 in der Fassung des Bundesgesetzes BGBl. I Nr. 106/2017 ausgegeben worden sind. Dabei gilt Folgendes:

1. Die Befreiung erfolgt durch Anrechnung (Erstattung) der Kapitalertragsteuer im Rahmen der Veranlagung.
2. Die Befreiung ist nur zu gewähren, wenn die Mittelstandsfinanzierungsgesellschaft im Zeitpunkt des Ausschüttungsbeschlusses auf der zuletzt veröffentlichten Liste der Mittelstandsfinanzierungsgesellschaften (§ 6b Abs. 5 des Körperschaftsteuergesetzes 1988 in der Fassung des Bundesgesetzes BGBl. I Nr. 106/2017) genannt ist.

*(BGBl I 2017/106, BGBl I 2019/103)*

(8) Der Verlustausgleich ist nur nach Maßgabe der folgenden Vorschriften zulässig:

1. Verluste aus Einkünften nach Abs. 3, 4 und 4a können nicht mit Zinserträgen aus Geldeinlagen und sonstigen Geldforderungen bei Kreditinstituten im Sinne des § 27a Abs. 1 Z 1 sowie mit Zuwendungen gemäß Abs. 5 Z 7 ausgeglichen werden.

   *(BGBl I 2015/118, BGBl I 2022/10)*

2. Verlustanteile aus der Beteiligung an einem Unternehmen als stiller Gesellschafter sowie aus der Beteiligung nach Art eines stillen Gesellschafters dürfen nicht mit anderen Einkünften ausgeglichen werden. Sie sind in Folgejahren mit Gewinnanteilen aus derselben Beteiligung zu verrechnen.
3. Einkünfte aus Kapitalvermögen, auf die ein besonderer Steuersatz gemäß § 27a Abs. 1 anwendbar ist, können nicht mit Einkünften aus Kapitalvermögen ausgeglichen werden, für die diese besonderen Steuersätze gemäß § 27a Abs. 2 nicht gelten.

   *(BGBl I 2015/118)*

4. Nicht ausgeglichene Verluste aus Kapitalvermögen dürfen nicht mit Einkünften aus anderen Einkunftsarten ausgeglichen werden.

Die vorstehenden Regelungen über den Verlustausgleich gelten auch im Falle der Regelbesteuerung gemäß § 27a Abs. 5.

### Besonderer Steuersatz und Bemessungsgrundlage für Einkünfte aus Kapitalvermögen

**§ 27a.** (1) Einkünfte aus Kapitalvermögen unterliegen

1. im Fall von Geldeinlagen und nicht verbrieften sonstigen Geldforderungen bei Kreditinstituten, ausgenommen Ausgleichzahlungen und Leihgebühren gemäß § 27 Abs. 5 Z 4, einem besonderen Steuersatz von 25%,

   *(BGBl I 2022/10)*

2. in allen anderen Fällen einem besonderen Steuersatz von 27,5%

und sind bei der Berechnung der Einkommensteuer des Steuerpflichtigen weder beim Gesamtbetrag der Einkünfte noch beim Einkommen (§ 2 Abs. 2) zu berücksichtigen, sofern nicht die Regelbesteuerung (Abs. 5) anzuwenden ist.

Auf tatsächlich ausgeschüttete und als ausgeschüttet geltende Erträge aus Einkünften im Sinne des § 27 aus einem § 186 oder § 188 des Investmentfondsgesetzes 2011 oder einem § 40 oder § 42 des Immobilien-Investmentfondsgesetzes unterliegenden Gebilde ist Z 2 anzuwenden.

*(BGBl I 2015/118)*

(2) Abs. 1 gilt nicht für

1. Einkünfte aus Darlehen und nicht verbrieften sonstigen Geldforderungen, denen kein Bankgeschäft zu Grunde liegt;

   *(BGBl I 2022/10)*

2. Einkünfte aus
   - Wertpapieren, die ein Forderungsrecht verbriefen,
   - Anteilscheinen und Anteilen an einem § 40 oder § 42 des Immobilien-Investmentfondsgesetzes unterliegenden Gebilde einschließlich der als ausgeschüttet geltenden Erträge,
   - der Überlassung von Kryptowährungen im Sinne des § 27b Abs. 2 Z 1,

   wenn diese bei ihrer Begebung in rechtlicher oder tatsächlicher Hinsicht keinem unbestimmten Personenkreis angeboten werden;

   *(BGBl I 2022/10)*

3. Einkünfte aus der Beteiligung an einem Unternehmen als stiller Gesellschafter sowie aus der Beteiligung nach Art eines stillen Gesellschafters;
4. Diskontbeträge von Wechseln und Anweisungen;
5. Ausgleichszahlungen und Leihgebühren, wenn es sich beim Entleiher (Pensionsnehmer) weder um ein Kreditinstitut noch um eine Zweigstelle im Sinne des § 95 Abs. 2 Z 1 lit. b handelt;
6. Unterschiedsbeträge zwischen der eingezahlten Versicherungsprämie und der Versicherungsleistung im Sinne des § 27 Abs. 5 Z 3 oder die realisierte Wertsteigerung aus der

Veräußerung des Anspruchs aus dem Versicherungsvertrag;

7. Einkünfte aus nicht verbrieften Derivaten. Dies gilt nicht, wenn eine der in **„§ 95 Abs. 2 Z 4“** genannten Einrichtungen eine der Kapitalertragsteuer entsprechende Steuer freiwillig einbehält und abführt; diesfalls sind § 95 Abs. 1 und § 97 sinngemäß anzuwenden.

*(BGBl I 2022/10, BGBl I 2022/108 ab 20.7.2022)*

(3) Als Einkünfte anzusetzen sind:

1. Bei der Überlassung von Kapital (§ 27 Abs. 2) die bezogenen Kapitalerträge.
2. Bei realisierten Wertsteigerungen von Kapitalvermögen (§ 27 Abs. 3)
   a) der Unterschiedsbetrag zwischen dem Veräußerungserlös, dem Einlösungs- oder Abschichtungsbetrag und den Anschaffungskosten, jeweils inklusive anteiliger Stückzinsen;
   b) im Falle der Einschränkung des Besteuerungsrechts (§ 27 Abs. 6 Z 1) sowie im Falle der Entnahme oder des sonstigen Ausscheidens aus dem Depot (§ 27 Abs. 6 Z 2) der Unterschiedsbetrag zwischen dem gemeinen Wert zum Zeitpunkt des Eintritts der Umstände, die zur Einschränkung des Besteuerungsrechts führen, bzw. der Entnahme oder des sonstigen Ausscheidens, und den Anschaffungskosten. In den Fällen nicht festgesetzter Abgabenschuld (§ 27 Abs. 6 Z 1 lit. a) sind zwischen Wegzug bzw. Übertragung und Veräußerung eingetretene Wertminderungen höchstens im Umfang der Bemessungsgrundlage bei Wegzug bzw. Übertragung zu berücksichtigen, soweit diese nicht in einem anderen Staat berücksichtigt werden.

      *(BGBl I 2015/163)*
   c) im Falle der Liquidation (§ 27 Abs. 6 Z 3) der Unterschiedsbetrag zwischen dem Abwicklungsguthaben und den Anschaffungskosten.

      *(BGBl I 2015/163)*
3. Bei Derivaten (§ 27 Abs. 4):
   a) im Falle des Differenzausgleichs
      – beim Empfänger des Differenzausgleichs der Unterschiedsbetrag zwischen diesem und den Anschaffungskosten des Derivats;
      – beim Empfänger der Stillhalterprämie oder der Einschüsse (Margins) der Unterschiedsbetrag zwischen der Stillhalterprämie bzw. den Einschüssen (Margins) und dem geleisteten Differenzausgleich;
   b) bei Verfall der Option die Stillhalterprämie;
   c) im Falle der Veräußerung oder sonstigen Abschichtung der Unterschiedsbetrag gemäß Abs. 3 Z 2; bei sonstiger Abwicklung (Glattstellen) gilt die Stillhalterprämie als Veräußerungserlös.
4. Bei Kryptowährungen (§ 27 Abs. 4a):
   a) Bei den laufenden Einkünften aus Kryptowährungen (§ 27b Abs. 2) die bezogenen Kryptowährungen bzw. sonstigen Entgelte.
   b) Bei den Einkünften aus realisierten Wertsteigerungen von Kryptowährungen (§ 27b Abs. 3)
      – der Unterschiedsbetrag zwischen dem Veräußerungserlös und den Anschaffungskosten;
      – im Falle der Einschränkung des Besteuerungsrechts gilt Z 2 lit. b sinngemäß.

   *(BGBl I 2022/10)*

(4) Für die Anschaffungskosten gilt Folgendes:

1. Bei unentgeltlichem Erwerb sind die Anschaffungskosten des Rechtsvorgängers maßgeblich.
2. Bei Wirtschaftsgütern und Derivaten im Sinne des § 27 Abs. 3 und 4, auf deren Erträge ein besonderer Steuersatz gemäß Abs. 1 anwendbar ist, sind die Anschaffungskosten ohne Anschaffungsnebenkosten anzusetzen. Dies gilt nicht für in einem Betriebsvermögen gehaltene Wirtschaftsgüter und Derivate.

   *(BGBl I 2015/118, BGBl I 2022/10)*
3. Bei allen in einem Depot befindlichen Wirtschaftsgütern und Derivaten im Sinne des § 27 Abs. 3 und 4 mit derselben Wertpapierkennnummer ist bei Erwerb in zeitlicher Aufeinanderfolge der gleitende Durchschnittspreis in Euro anzusetzen. Nach § 93 Abs. 4 angesetzte Anschaffungskosten fließen nicht in den gleitenden Durchschnittspreis ein. Der Bundesminister für Finanzen wird ermächtigt, die Ermittlung der steuerlichen Anschaffungskosten bei Kapitalmaßnahmen durch Verordnung festzulegen.
4. Bei einer Kapitalerhöhung aus Gesellschaftsmitteln (§ 3 Abs. 1 Z 29) sind für die Anteilsrechte und Freianteile jene Beträge anzusetzen, die sich bei Verteilung der bisherigen Anschaffungskosten entsprechend dem Verhältnis der Nennwerte der Anteilsrechte und Freianteile ergeben.
5. Besteht die Leistung zur Transaktionsverarbeitung vorwiegend im Einsatz von vorhandenen Kryptowährungen (Staking), werden Kryptowährungen unentgeltlich (Airdrops) oder für lediglich unwesentliche sonstige Leistungen (Bounties) übertragen oder gehen Kryptowährungen im Rahmen einer Abspaltung von der ursprünglichen Blockchain zu (Hardfork), ist für die erhaltenen Kryptowährungen von Anschaffungskosten von Null auszugehen.

   *(BGBl I 2022/10)*

(5) Anstelle der besonderen Steuersätze gemäß Abs. 1 kann auf Antrag der allgemeine Steuertarif angewendet werden (Regelbesteuerungsoption). Die Anrechnung ist betraglich insoweit ausgeschlossen, als der Steuerpflichtige den Anspruch auf einen Alleinverdienerabsetzbetrag oder einen Kinderabsetzbetrag vermittelt. Die Regelbesteuerungsoption kann nur für sämtliche Einkünfte, die einem besonderen Steuersatz gemäß Abs. 1 unterliegen, ausgeübt werden.

*(BGBl I 2015/118)*

(6) Die Abs. 1 bis 5 gelten auch für Einkünfte im Sinne des § 27 von natürlichen Personen, soweit diese zu den Einkünften im Sinne des § 2 Abs. 3 Z 1 bis 3 gehören. Abs. 1 gilt nicht für Einkünfte aus realisierten Wertsteigerungen von Kapitalvermögen, aus Derivaten und Kryptowährungen, wenn die Erzielung solcher Einkünfte einen Schwerpunkt der betrieblichen Tätigkeit darstellt.

*(BGBl I 2019/103, BGBl I 2022/10)*

### Einkünfte aus Kryptowährungen

**§ 27b.** (1) Einkünfte aus Kryptowährungen (Abs. 4) sind laufende Einkünfte (Abs. 2) und Einkünfte aus realisierten Wertsteigerungen (Abs. 3).

(2) Zu den laufenden Einkünften aus Kryptowährungen gehören

1. Entgelte für die Überlassung von Kryptowährungen und
2. der Erwerb von Kryptowährungen durch einen technischen Prozess, bei dem Leistungen zur Transaktionsverarbeitung zur Verfügung gestellt werden.

Keine laufenden Einkünfte stellen die erworbenen Kryptowährungen dar, wenn

– die Leistung zur Transaktionsverarbeitung vorwiegend im Einsatz von vorhandenen Kryptowährungen besteht (Staking) oder
– die Kryptowährungen unentgeltlich (Airdrops) oder für lediglich unwesentliche sonstige Leistungen (Bounties) übertragen werden, oder
– dem Steuerpflichtigen Kryptowährungen im Rahmen einer Abspaltung von der ursprünglichen Blockchain zugehen (Hardfork).

Die in diesen Fällen erworbenen Kryptowährungen sind nach Maßgabe des Abs. 3 zu besteuern.

(3) Zu den Einkünften aus realisierten Wertsteigerungen von Kryptowährungen gehören Einkünfte aus

1. der Veräußerung sowie
2. dem Tausch gegen andere Wirtschaftsgüter und Leistungen, einschließlich gesetzlich anerkannter Zahlungsmittel. Der Tausch einer Kryptowährung gegen eine andere Kryptowährung stellt keine Realisierung dar; damit in Zusammenhang stehende Aufwendungen sind steuerlich unbeachtlich.

§ 27 Abs. 6 Z 1 gilt sinngemäß.

(4) Eine Kryptowährung ist eine digitale Darstellung eines Werts, die von keiner Zentralbank oder öffentlichen Stelle emittiert wurde oder garantiert wird und nicht zwangsläufig an eine gesetzlich festgelegte Währung angebunden ist und die nicht den gesetzlichen Status einer Währung oder von Geld besitzt, aber von natürlichen oder juristischen Personen als Tauschmittel akzeptiert wird und die auf elektronischem Wege übertragen, gespeichert und gehandelt werden kann.

*(BGBl I 2022/10)*

### Vermietung und Verpachtung

**§ 28.** (1) Folgende Einkünfte sind, soweit sie nicht zu den Einkünften im Sinne des § 2 Abs. 3 Z 1 bis 5 gehören, Einkünfte aus Vermietung und Verpachtung:

1. Einkünfte aus der Vermietung und Verpachtung von unbeweglichem Vermögen und von Rechten, die den Vorschriften des bürgerlichen Rechts über Grundstücke unterliegen.
2. Einkünfte aus der Vermietung und Verpachtung von Sachinbegriffen, insbesondere von beweglichem Betriebsvermögen.
3. Einkünfte aus der Überlassung von Rechten auf bestimmte oder unbestimmte Zeit oder aus der Gestattung der Verwertung von Rechten, insbesondere aus
   – der Einräumung der Werknutzung (Werknutzungsbewilligung, Werknutzungsrecht) im Sinne des Urheberrechtsgesetzes
   – der Überlassung von gewerblichen Schutzrechten, von gewerblichen Erfahrungen und von Berechtigungen.
4. Einkünfte aus der Veräußerung von Miet- und Pachtzinsforderungen, und zwar auch dann, wenn diese Forderungen im Veräußerungserlös des Grundstückes mit abgegolten werden.

(2) Aufwendungen für

– nicht regelmäßig jährlich anfallende Instandhaltungsarbeiten,
– Absetzungen für außergewöhnliche technische oder wirtschaftliche Abnutzung und damit zusammenhängende Aufwendungen sowie
– außergewöhnliche Aufwendungen, die keine Instandhaltungs-, Instandsetzungs- oder Herstellungsaufwendungen sind,

sind über Antrag gleichmäßig auf fünfzehn Jahre zu verteilen. Bei Gebäuden, die Wohnzwecken dienen, gilt hinsichtlich der Instandsetzungsaufwendungen folgendes:

– Instandsetzungsaufwendungen, die unter Verwendung von entsprechend gewidmeten steuerfreien Subventionen aus öffentlichen Mitteln getätigt werden, scheiden insoweit aus der Ermittlung der Einkünfte aus.
– Soweit Instandsetzungsaufwendungen nicht durch steuerfreie Subventionen gedeckt sind, sind sie gleichmäßig auf fünfzehn Jahre verteilt abzusetzen.

Instandsetzungsaufwendungen sind jene Aufwendungen, die nicht zu den Anschaffungs- oder Herstellungskosten gehören und allein oder zusammen mit Herstellungsaufwand den Nutzungswert des Gebäudes wesentlich erhöhen oder seine Nutzungsdauer wesentlich verlängern. Bei Übertragung des Gebäudes auf eine andere Person gilt Folgendes:

- Bei entgeltlicher Übertragung können ab dem der Übertragung folgenden Kalenderjahr restliche Fünfzehntelbeträge nicht mehr abgezogen werden.
- Bei unentgeltlicher Übertragung können ab dem der Übertragung folgenden Kalenderjahr restliche Fünfzehntelbeträge vom Rechtsnachfolger fortgesetzt werden.

*(BGBl I 2015/118)*

(3) Folgende Aufwendungen, soweit sie Herstellungsaufwand darstellen, sind über Antrag gleichmäßig auf fünfzehn Jahre verteilt abzusetzen:

1. Aufwendungen im Sinne der §§ 3 bis 5 des Mietrechtsgesetzes in Gebäuden, die den Bestimmungen des Mietrechtsgesetzes über die Verwendung der Hauptmietzinse unterliegen.
2. Aufwendungen für Sanierungsmaßnahmen, wenn die Zusage für eine Förderung nach dem Wohnhaussanierungsgesetz, dem Startwohnungsgesetz oder den landesgesetzlichen Vorschriften über die Förderung der Wohnhaussanierung vorliegt.
3. Aufwendungen auf Grund des Denkmalschutzgesetzes. **„§ 8 Abs. 2 dritter und vierter Satz gilt entsprechend."**

*(BGBl I 2022/108 ab 20.7.2022)*

Werden zur Finanzierung dieses Herstellungsaufwandes erhöhte Zwangsmieten oder erhöhte Mieten, die auf ausdrücklich gesetzlich vorgesehenen Vereinbarungen beruhen, eingehoben, dann kann der Herstellungsaufwand gleichmäßig auch auf die Laufzeit der erhöhten Mieten, mindestens aber gleichmäßig auf zehn Jahre verteilt werden. Bei Übertragung des Gebäudes auf eine andere Person können restliche Teilbeträge ab dem der Übertragung folgenden Kalenderjahr vom Rechtsnachfolger nur fortgesetzt werden, wenn das Gebäude unentgeltlich erworben wurde.

(4) Der Ersatz von Aufwendungen gemäß § 10 des Mietrechtsgesetzes kann über Antrag gleichmäßig auf zehn Jahre verteilt werden. Die beiden letzten Sätze des Abs. 2 gelten auch für diese Zehntelabsetzungen.

(5) (aufgehoben)

(6) Nicht zu den Einnahmen aus Vermietung und Verpachtung zählen Zuwendungen aus öffentlichen Mitteln, die § 3 Abs. 1 Z 6 entsprechen. Diese Zuwendungen kürzen die damit in unmittelbarem wirtschaftlichen Zusammenhang stehenden Anschaffungs- oder Herstellungskosten sowie Instandhaltungs- oder Instandsetzungsaufwendungen.

(7) § 4 Abs. 2 Z 2 gilt in Bezug auf die Fehlerberichtigung durch Ansatz von Zu- und Abschlägen sinngemäß.

### Sonstige Einkünfte (§ 2 Abs. 3 Z 7)

**§ 29.** Sonstige Einkünfte sind nur:

1. Wiederkehrende Bezüge, soweit sie nicht zu den Einkünften im Sinne des § 2 Abs. 3 Z 1 bis 6 gehören. Bezüge, die
   - freiwillig oder
   - an eine gesetzlich unterhaltsberechtigte Person oder
   - als Leistung aus einer Pensionszusatzversicherung (§ 108b) gewährt werden, soweit für die Beiträge eine Prämie nach § 108a oder gegebenenfalls vor einer Verfügung im Sinne des § 108i Z 3 eine Prämie nach § 108g in Anspruch genommen worden ist, oder es sich um Bezüge handelt, die auf Grund einer Überweisung einer BV-Kasse (§ 17 BMSVG oder gleichartige österreichische Rechtsvorschriften) geleistet werden,

   sind nicht steuerpflichtig. Werden die wiederkehrenden Bezüge als angemessene Gegenleistung für die Übertragung von Wirtschaftsgütern geleistet, gilt folgendes: Die wiederkehrenden Bezüge sowie gänzliche oder teilweise Abfindungen derselben sind nur insoweit steuerpflichtig, als die Summe der vereinnahmten Beträge (Renten, dauernde Lasten, gänzliche oder teilweise Abfindungen derselben sowie allfällige Einmalzahlungen) den Wert der Gegenleistung übersteigt. Besteht die Gegenleistung nicht in Geld, ist als Gegenwert der kapitalisierte Wert der wiederkehrenden Bezüge (§§ 15 und 16 des Bewertungsgesetzes) zuzüglich allfälliger Einmalzahlungen anzusetzen. Stellt ein aus Anlaß der Übertragung eines Betriebes, Teilbetriebes oder Mitunternehmeranteils vereinbarter wiederkehrender Bezug keine angemessene Gegenleistung für die Übertragung dar, sind die Renten oder dauernden Lasten nur dann steuerpflichtig, wenn
   - sie keine Betriebseinnahmen darstellen und
   - sie keine derart unangemessen hohen wiederkehrenden Bezüge darstellen, daß der Zusammenhang zwischen Übertragung und Vereinbarung der wiederkehrenden Bezüge wirtschaftlich bedeutungslos ist und damit eine freiwillige Zuwendung (§ 20 Abs. 1 Z 4 erster Satz) vorliegt.
2. Einkünfte aus privaten Grundstücksveräußerungen (§ 30) und aus Spekulationsgeschäften (§ 31).
3. Einkünfte aus Leistungen, wie insbesondere Einkünfte aus gelegentlichen Vermittlungen und aus der Vermietung beweglicher Gegenstände, soweit sie weder zu anderen

Einkunftsarten (§ 2 Abs. 3 Z 1 bis 6) noch zu den Einkünften im Sinne der Z 1, 2 oder 4 gehören. Solche Einkünfte sind nicht steuerpflichtig, wenn sie im Kalenderjahr höchstens 220 Euro betragen. Übersteigen die Werbungskosten die Einnahmen, so darf der übersteigende Betrag bei der Ermittlung des Einkommens nicht ausgeglichen werden (§ 2 Abs. 2).

4. Funktionsgebühren der Funktionäre von öffentlich-rechtlichen Körperschaften, soweit sie nicht unter § 25 fallen.

**Private Grundstücksveräußerungen**

**§ 30.** (1) Private Grundstücksveräußerungen sind Veräußerungsgeschäfte von Grundstücken, soweit sie keinem Betriebsvermögen angehören. Der Begriff des Grundstückes umfasst Grund und Boden, Gebäude und Rechte, die den Vorschriften des bürgerlichen Rechts über Grundstücke unterliegen (grundstücksgleiche Rechte). Bei unentgeltlich erworbenen Grundstücken ist auf den Anschaffungszeitpunkt des Rechtsvorgängers abzustellen. Bei Tauschvorgängen ist § 6 Z 14 sinngemäß anzuwenden.

(2) Von der Besteuerung ausgenommen sind die Einkünfte:

1. Aus der Veräußerung von Eigenheimen oder Eigentumswohnungen samt Grund und Boden (§ 18 Abs. 1 Z 3 lit. b), wenn sie dem Veräußerer
   a) ab der Anschaffung oder Herstellung (Fertigstellung) bis zur Veräußerung für mindestens zwei Jahre durchgehend als Hauptwohnsitz gedient haben und der Hauptwohnsitz aufgegeben wird oder
   b) innerhalb der letzten zehn Jahre vor der Veräußerung mindestens fünf Jahre durchgehend als Hauptwohnsitz gedient haben und der Hauptwohnsitz aufgegeben wird.
2. Aus der Veräußerung von selbst hergestellten Gebäuden, soweit sie innerhalb der letzten zehn Jahre nicht zur Erzielung von Einkünften gedient haben.
3. Aus der Veräußerung von Grundstücken infolge eines behördlichen Eingriffs oder zur Vermeidung eines solchen nachweisbar unmittelbar drohenden Eingriffs.
4. Aus Tauschvorgängen
   – von land- und forstwirtschaftlichen Grundstücken im Rahmen eines Zusammenlegungs- oder Flurbereinigungsverfahrens im Sinne der jeweiligen Landesgesetze, soweit sie den Vorschriften des Flurverfassungs-Grundsatzgesetzes 1951, BGBl. Nr. 103/1951 in der Fassung BGBl. I Nr. 189/2013 entsprechen, sowie
   – im Rahmen behördlicher Maßnahmen zur besseren Gestaltung von Bauland, insbesondere nach den für die bessere Gestaltung von Bauland geltenden Vorschriften.

   Das in solchen Verfahren erworbene Grundstück tritt hinsichtlich aller für die Ermittlung der Einkünfte relevanter Umstände an die Stelle des hingegebenen Grundstückes.

   *(BGBl I 2019/103)*

(3) Als Einkünfte ist der Unterschiedsbetrag zwischen dem Veräußerungserlös und den Anschaffungskosten anzusetzen. Die Anschaffungskosten sind um Herstellungsaufwendungen und Instandsetzungsaufwendungen zu erhöhen, soweit diese nicht bei der Ermittlung von Einkünften zu berücksichtigen waren. Die Anschaffungskosten sind um Absetzungen für Abnutzungen, soweit diese bei der Ermittlung von Einkünften abgezogen worden sind, sowie um die in § 28 Abs. 6 genannten steuerfreien Beträge zu vermindern. Müssen Grundstücksteile im Zuge einer Änderung der Widmung auf Grund gesetzlicher Vorgaben an die Gemeinde übertragen werden, sind die Anschaffungskosten der verbleibenden Grundstücksteile um die Anschaffungskosten der übertragenen Grundstücksteile zu erhöhen. Die Einkünfte sind um die für die Mitteilung oder Selbstberechnung gemäß § 30c anfallenden Kosten und um anlässlich der Veräußerung entstehende Minderbeträge aus Vorsteuerberichtigungen gemäß § 6 Z 12 zu vermindern.

*(BGBl I 2015/118)*

(4) Soweit Grundstücke am 31. März 2012 ohne Berücksichtigung von Steuerbefreiungen nicht steuerverfangen waren, sind als Einkünfte anzusetzen:

1. Im Falle einer Umwidmung des Grundstückes nach dem 31. Dezember 1987 der Unterschiedsbetrag zwischen dem Veräußerungserlös und den mit 40% des Veräußerungserlöses anzusetzenden Anschaffungskosten. Als Umwidmung gilt eine Änderung der Widmung, die nach dem letzten entgeltlichen Erwerb stattgefunden hat und die erstmals eine Bebauung ermöglicht, die in ihrem Umfang im Wesentlichen der Widmung als Bauland oder Baufläche im Sinne der Landesgesetze auf dem Gebiet der Raumordnung entspricht. Dies gilt auch für eine in wirtschaftlichem Zusammenhang mit der Veräußerung stehende Umwidmung, wenn diese innerhalb von fünf Jahren nach der Veräußerung erfolgt ist, sowie für eine Kaufpreiserhöhung auf Grund einer späteren Umwidmung; eine spätere Umwidmung gilt als rückwirkendes Ereignis im Sinne des § 295a der Bundesabgabenordnung und ist dem Finanzamt anzuzeigen.

   *(BGBl I 2015/163)*
2. In allen übrigen Fällen der Unterschiedsbetrag zwischen dem Veräußerungserlös und den mit 86% des Veräußerungserlöses anzusetzenden Anschaffungskosten.

Der Unterschiedsbetrag erhöht sich um die Hälfte der in Teilbeträgen gemäß § 28 Abs. 3 abgesetzten Herstellungsaufwendungen, soweit sie innerhalb von fünfzehn Jahren vor der Veräußerung vom Steuerpflichtigen selbst oder im Fall der unentgeltlichen Übertragung von seinem Rechtsvorgänger geltend gemacht wurden.

*(BGBl I 2015/163)*

(5) Auf Antrag können die Einkünfte statt nach Abs. 4 auch nach Abs. 3 ermittelt werden.

(6) Für die Anwendung des Abs. 4 gilt Folgendes:

a) Wurde bei einem Grundstück die Absetzung für Abnutzung gemäß § 16 Abs. 1 Z 8 von den fiktiven Anschaffungskosten bemessen und war es zum 31. März 2012 nicht mehr steuerverfangen, sind die Einkünfte für Wertveränderungen vor und ab der erstmaligen Nutzung zur Einkünfteerzielung gesondert zu ermitteln:
   – Für Wertveränderungen bis zum Beginn der Einkünfteerzielung kann Abs. 4 angewendet werden, wobei an Stelle des Veräußerungserlöses die fiktiven Anschaffungskosten treten.
   – Wertveränderungen ab dem Beginn der Einkünfteerzielung sind nach Abs. 3 zu ermitteln, wobei an Stelle der tatsächlichen Anschaffungskosten die fiktiven Anschaffungskosten treten.

   *(BGBl I 2015/118)*

b) Werden gemäß § 4 Abs. 10 Z 3 lit. a in der Fassung vor dem 1. Stabilitätsgesetz, BGBl. I Nr. 22/2012, auf- oder abgewertete Grundstücke entnommen, gilt bei deren Veräußerung § 4 Abs. 3a Z 3 lit. c sinngemäß.

c) Bei der Veräußerung eines aus einem Betriebsvermögen entnommenen Grundstückes, das mit dem Teilwert eingelegt worden ist, gilt der Unterschiedsbetrag zwischen dem Teilwert im Einlagezeitpunkt und den Anschaffungs- oder Herstellungskosten als Einkünfte aus privaten Grundstücksveräußerungen. Als Veräußerungserlös gilt der Teilwert im Einlagezeitpunkt. Soweit das Grundstück zum 31. März 2012 nicht steuerverfangen war oder es ohne Einlage nicht mehr steuerverfangen gewesen wäre, kann § 30 Abs. 4 angewendet werden.

(7) Führen private Grundstücksveräußerungen, auf die der besondere Steuersatz gemäß § 30a Abs. 1 anwendbar ist, in einem Kalenderjahr insgesamt zu einem Verlust, ist dieser auf 60% zu kürzen und gleichmäßig auf das Jahr der Verlustentstehung und die folgenden vierzehn Jahre zu verteilen und ausschließlich mit Einkünften aus Vermietung und Verpachtung,soweit diese unter § 28 Abs. 1 Z 1 und 4 fallen, auszugleichen. Der Steuerpflichtige kann in der Steuererklärung beantragen, dass stattdessen dieser gekürzte Verlust im Verlustentstehungsjahr mit Einkünften aus Vermietung und Verpachtung,soweit diese unter § 28 Abs. 1 Z 1 und 4 fallen, ausgeglichen wird. Diese Regelungen gelten auch im Falle der Ausübung der Regelbesteuerungsoption (§ 30a Abs. 2).

*(BGBl I 2015/118, BGBl I 2018/62)*

(8) Die Einkommensteuer, die auf Grundstücksveräußerungen entfällt, wird im Ausmaß der sonst entstehenden Doppelbelastung der Einkünfte aus Grundstücksveräußerungen auf Antrag ermäßigt oder erlassen, wenn der Steuerpflichtige infolge des unentgeltlichen Erwerbes der Grundstücke innerhalb der letzten drei Jahre Erbschafts- oder Schenkungssteuer, Grunderwerbsteuer oder Stiftungseingangssteuer entrichtet hat.

### Besonderer Steuersatz für Einkünfte aus Grundstücksveräußerungen

**§ 30a.** (1) Einkünfte aus der Veräußerung von Grundstücken im Sinne des § 30 unterliegen einem besonderen Steuersatz von 30% und sind bei der Berechnung der Einkommensteuer des Steuerpflichtigen weder beim Gesamtbetrag der Einkünfte noch beim Einkommen (§ 2 Abs. 2) zu berücksichtigen, sofern nicht die Regelbesteuerung (Abs. 2) anzuwenden ist.

*(BGBl I 2015/118)*

(2) Anstelle des besonderen Steuersatzes von 30% kann auf Antrag der allgemeine Steuertarif angewendet werden (Regelbesteuerungsoption). Die Regelbesteuerungsoption kann nur für sämtliche Einkünfte, die dem besonderen Steuersatz gemäß Abs. 1 unterliegen, angewendet werden.

*(BGBl I 2015/118)*

(3) Die Abs. 1 und 2 gelten auch für betriebliche Einkünfte aus der Veräußerung, der Zuschreibung oder der Entnahme von Grundstücken. Dies gilt nicht:

1. Wenn das Grundstück dem Umlaufvermögen zuzurechnen ist. Wurde das veräußerte Grundstück in das Betriebsvermögen eingelegt, sind hinsichtlich des Unterschiedsbetrages zwischen dem Teilwert im Einlagezeitpunkt und den niedrigeren Anschaffungs- oder Herstellungskosten Abs. 1 und 2 anzuwenden; für Grund und Boden, der zum 31. März 2012 nicht steuerverfangen war, ist § 30 Abs. 4 anzuwenden, wobei an die Stelle des Veräußerungserlöses der Teilwert im Einlagezeitpunkt tritt.
2. Wenn ein Schwerpunkt der betrieblichen Tätigkeit in der gewerblichen Überlassung und Veräußerung von Grundstücken liegt. Z 1 zweiter und dritter Satz gelten entsprechend.
3. Soweit der Buchwert durch eine vor dem 1. April 2012 vorgenommene Teilwertabschreibung gemindert ist.
4. Soweit stille Reserven übertragen wurden, die vor dem 1. April 2012 aufgedeckt worden sind.

(4) Die Abs. 1 und 2 gelten nicht für Einkünfte, bei denen der Veräußerungserlös in Form einer Rente geleistet wird und diese nach Maßgabe des § 4 Abs. 3 oder des § 19 zu Einkünften führt.

### Immobilienertragsteuer

**§ 30b.** (1) Für Einkünfte aus Grundstücksveräußerungen ist im Falle der Selbstberechnung gemäß § 30c Abs. 2 eine auf volle Euro abzurundende Steuer in Höhe von 30% der Bemessungsgrundlage zu entrichten (Immobilienertragsteuer). Die Immobilienertragsteuer ist spätestens am 15. Tag des auf den Kalendermonat des Zuflusses zweitfolgenden Kalendermonats zu leisten.

*(BGBl I 2015/118)*

(1a) Abweichend von Abs. 1 kann eine Steuer in Höhe von 25% entrichtet werden, wenn der Steuerpflichtige eine Körperschaft im Sinne des § 1 Abs. 1 des Körperschaftsteuergesetzes 1988 ist.

*(BGBl I 2015/118)*

(1a)[a)] Abweichend von Abs. 1 kann eine Steuer in Höhe von 24% für im Kalenderjahr 2023 zugeflossene Einkünfte und in Höhe von 23% für ab dem Kalenderjahr 2024 zugeflossene Einkünfte entrichtet werden, wenn der Steuerpflichtige eine Körperschaft im Sinne des § 1 Abs. 1 des Körperschaftsteuergesetzes 1988 ist.

*(BGBl I 2015/118, BGBl I 2022/10)*

a) Tritt mit 1. Jänner 2023 in Kraft.

(2) Mit der Entrichtung der selbstberechneten Immobilienertragsteuer durch Parteienvertreter gilt die Einkommensteuer für Einkünfte aus privaten Grundstücksveräußerungen gemäß § 30 als abgegolten. Dies gilt jedoch nicht, wenn die der Selbstberechnung zugrunde liegenden Angaben des Steuerpflichtigen nicht den tatsächlichen Gegebenheiten entsprechen. Die Abgeltungswirkung der Immobilienertragsteuer entfällt im Falle einer späteren Umwidmung gemäß § 30 Abs. 4 Z 1 letzter Satz.

(3) Auf Antrag sind die Einkünfte aus privaten Grundstücksveräußerungen gemäß § 30, für die eine selbstberechnete Immobilienertragsteuer entrichtet wurde, mit dem besonderen Steuersatz gemäß § 30a zu veranlagen (Veranlagungsoption). Dabei ist die Immobilienertragsteuer auf die zu erhebende Einkommensteuer anzurechnen und mit dem übersteigenden Betrag zu erstatten.

(4) Wird außer in den Fällen des § 30c Abs. 4 erster, dritter und vierter Teilstrich keine Immobilienertragsteuer entrichtet, ist vom Steuerpflichtigen eine besondere Vorauszahlung in Höhe von 30% der Bemessungsgrundlage zu entrichten, wobei Beträge unter 0,50 Euro abzurunden und Beträge ab 0,50 Euro aufzurunden sind. Abweichend vom ersten Satz ist eine besondere Vorauszahlung in Höhe von 25% zu entrichten, wenn der Steuerpflichtige eine Körperschaft im Sinne des § 1 Abs. 1 des Körperschaftsteuergesetzes 1988 ist. Abs. 1 letzter Satz gilt entsprechend.

*(BGBl I 2015/118)*

(5) Abs. 1, 1a und 4 gelten auch für betriebliche Einkünfte aus der Veräußerung von Grundstücken, es sei denn, der besondere Steuersatz ist aufgrund des § 30a Abs. 3 Z 1 und 2 zumindest teilweise nicht anwendbar.

*(BGBl I 2015/163)*

(6) Werden Anteile an Grundstücken durch sämtliche Wohnungseigentümer zum Zweck der Begründung von Wohnungseigentum an bisher allgemeinen Teilen der Liegenschaft gemäß § 2 Abs. 4 des Wohnungseigentumsgesetzes 2002, BGBl. I Nr. 70, veräußert, kann für die Berechnung der Immobilienertragsteuer sämtlicher Wohnungseigentümer der Unterschiedsbetrag zwischen dem Veräußerungserlös und den mit 40% des Veräußerungserlöses anzusetzenden Anschaffungskosten als Bemessungsgrundlage gemäß Abs. 1 angesetzt werden. Dies gilt nur, wenn die Veräußerung durch mehr als fünf Wohnungseigentümer erfolgt und der Veräußerungserlös insgesamt den Betrag von 150 000 Euro nicht übersteigt.

### Mitteilung und Selbstberechnung der Immobilienertragsteuer durch Parteienvertreter

**§ 30c.** (1) Im Rahmen einer Abgabenerklärung gemäß § 10 Abs. 1 des Grunderwerbsteuergesetzes 1987 ist mitzuteilen, wenn aus dem zugrundeliegenden Erwerbsvorgang Einkünfte gemäß § 2 Abs. 3 Z 1 bis 3 oder 7 erzielt werden. Die Mitteilung hat die am Veräußerungsgeschäft beteiligten Parteien unter Angabe ihrer Steuernummer und die Höhe der nach den Angaben des Steuerpflichtigen zu entrichtenden besonderen Vorauszahlung gemäß § 30b Abs. 4 zu enthalten.

(2) Parteienvertreter, die eine Selbstberechnung gemäß § 11 des Grunderwerbsteuergesetzes 1987 vornehmen, haben gleichzeitig

1. dem für den Steuerpflichtigen zuständigen Finanzamt mitzuteilen, wenn aus dem zugrundeliegenden Erwerbsvorgang Einkünfte gemäß § 2 Abs. 3 Z 1 bis 3 oder 7 erzielt werden, und diesfalls
2. die Immobilienertragsteuer gemäß § 30b Abs. 1 auf Grund der Angaben des Steuerpflichtigen selbst zu berechnen. Dabei hat der Steuerpflichtige dem Parteienvertreter die für die Ermittlung der Bemessungsgrundlage erforderlichen Unterlagen vorzulegen und deren Richtigkeit und Vollständigkeit schriftlich zu bestätigen.

Die Mitteilung gemäß Z 1 hat die am Veräußerungsgeschäft beteiligten Parteien unter Angabe ihrer Steuernummer und die für die Selbstberechnung der Steuer notwendigen Daten zu enthalten.

(3) Die Parteienvertreter haben die selbstberechnete Immobilienertragsteuer gemäß § 30b Abs. 1 zu entrichten und haften für deren Entrichtung. Ist die Fälligkeit noch nicht eingetreten, erlischt die Verpflichtung zur Entrichtung nach einem Jahr ab Vornahme der Mitteilung nach Abs. 2 Z 1. Zusätzlich haften die Parteienvertreter für die Richtigkeit der Immobilienertragsteuer nur, wenn diese wider besseren Wissens auf Grundlage der Angaben des Steuerpflichtigen berechnet wird.

(4) Die Selbstberechnung der Immobilienertragsteuer gemäß Abs. 2 Z 2 kann auch bei Vornahme einer Selbstberechnung gemäß § 11 des Grunderwerbsteuergesetzes 1987 unterbleiben, soweit

– die Einkünfte aus dem Veräußerungsgeschäft nach § 30 Abs. 2 oder § 21 Abs. 3 Z 4 in Verbindung mit Abs. 2 KStG 1988 befreit sind oder
– der Zufluss voraussichtlich später als ein Jahr nach dem Veräußerungsgeschäft erfolgt oder
– bei der Veräußerung von Grundstücken des Betriebsvermögens, die stillen Reserven gemäß § 12 übertragen oder einer Übertragungsrücklage zugeführt werden oder
– der Veräußerungserlös in Form einer Rente geleistet wird, oder
– das Grundstück im Rahmen eines Verfahrens gemäß § 133 ff der Exekutionsordnung, RGBl. Nr. 79/1896 (Zwangsversteigerung) veräußert wird.

In diesem Fall ist in der Mitteilung gemäß Abs. 2 Z 1 anzugeben, warum die Selbstberechnung unterbleibt.

### Spekulationsgeschäfte

**§ 31.** (1) Spekulationsgeschäfte sind Veräußerungsgeschäfte von Wirtschaftsgütern des Privatvermögens, wenn die Einkünfte nicht gemäß § 27 oder § 30 steuerlich zu erfassen sind und der Zeitraum zwischen Anschaffung und Veräußerung nicht mehr als ein Jahr beträgt. Bei unentgeltlich erworbenen Wirtschaftsgütern ist auf den Anschaffungszeitpunkt des Rechtsvorgängers abzustellen. Bei Tauschvorgängen ist § 6 Z 14 sinngemäß anzuwenden.

(2) Als Einkünfte sind der Unterschiedsbetrag zwischen dem Veräußerungserlös einerseits und den Anschaffungskosten und den Werbungskosten andererseits anzusetzen.

(3) Die Einkünfte aus Spekulationsgeschäften bleiben steuerfrei, wenn sie insgesamt im Kalenderjahr 440 Euro nicht übersteigen.

(4) Führen Spekulationsgeschäfte in einem Kalenderjahr insgesamt zu einem Verlust, ist dieser nicht ausgleichsfähig (§ 2 Abs. 2).

### Gemeinsame Vorschriften

**§ 32.** (1) Zu den Einkünften im Sinne des § 2 Abs. 3 gehören auch:

1. Entschädigungen, die gewährt werden
   a) als Ersatz für entgangene oder entgehende Einnahmen einschließlich eines Krankengeldes und vergleichbarer Leistungen oder
   b) für die Aufgabe oder Nichtausübung einer Tätigkeit, für die Aufgabe einer Gewinnbeteiligung oder einer Anwartschaft auf eine solche oder
   c) für die Aufgabe von Bestandrechten, sofern der Bestandgegenstand enteignet wird oder seine Enteignung nachweisbar unmittelbar droht, oder
   d) für die Aufgabe von Bestandrechten, deren zwangsweise Auflösung im Hinblick auf die künftige Verwendung des Bestandgegenstandes für einen Zweck, für den Enteignungsrechte in Anspruch genommen werden könnten, nachweisbar unmittelbar droht.
2. Einkünfte aus
   – einer ehemaligen betrieblichen Tätigkeit im Sinne des § 2 Abs. 3 Z 1 bis 3 (zB Gewinne aus dem Eingang abgeschriebener Forderungen oder Verluste aus dem Ausfall von Forderungen),
   – einer ehemaligen nichtselbständigen Tätigkeit im Sinne des § 2 Abs. 3 Z 4 oder
   – einem früheren Rechtsverhältnis im Sinne des § 2 Abs. 3 Z 5 bis 7,

   und zwar jeweils auch beim Rechtsnachfolger. Wenn nach einem verstorbenen Arbeitnehmer an dessen Rechtsnachfolger kein laufender Arbeitslohn bezahlt wird, hat die Besteuerung von Bezügen auf Grund der vom Arbeitgeber beim verstorbenen Arbeitnehmer zu beachtenden Besteuerungsmerkmale zu erfolgen. Soweit solche Bezüge in die Veranlagung einzubeziehen sind, sind sie bei der Veranlagung der Einkommensteuer des verstorbenen Arbeitnehmers zu berücksichtigen.
3. Rückzahlungen auf Grund einer Kapitalherabsetzung, die innerhalb von zehn Jahren nach einer Kapitalerhöhung aus Gesellschaftsmitteln (§ 3 Abs. 1 Z 29) erfolgt.

(2) Die Anschaffung oder Veräußerung einer unmittelbaren oder mittelbaren Beteiligung an einer Personengesellschaft stellt eine Anschaffung oder Veräußerung der anteiligen Wirtschaftsgüter dar.

## 3. TEIL

## TARIF

### Steuersätze und Steuerabsetzbeträge

**§ 33.** (1) Die Einkommensteuer beträgt jährlich

| | |
|---|---|
| für die ersten 11 000 Euro | 0% |
| für Einkommensteile über 11 000 Euro bis 18 000 Euro | 20% |
| für Einkommensteile über 18 000 Euro bis 31 000 Euro | 30% |
| für Einkommensteile über 31 000 Euro bis 60 000 Euro | 42%[a)] |
| für Einkommensteile über 60 000 Euro bis 90 000 Euro | 48% |
| für Einkommensteile über 90 000 Euro | 50% |

Für Einkommensteile über eine Million Euro beträgt der Steuersatz in den Kalenderjahren 2016 bis 2025 55%.

*(BGBl I 2015/118, BGBl I 2020/96, BGBl I 2022/10; zum Inkrafttreten siehe § 124b Z 390 und 391)*

[a] Ab 1. Juli 2023: 40%.

(2) Von dem sich nach Abs. 1 ergebenden Betrag sind Absetzbeträge in folgender Reihenfolge abzuziehen:

1. Der Familienbonus Plus gemäß Abs. 3a; der Familienbonus Plus ist insoweit nicht abzuziehen, als er jene Steuer übersteigt, die auf das gemäß Abs. 1 zu versteuernde Einkommen entfällt.
2. Die Absetzbeträge nach Abs. 4 bis 6.

*(BGBl I 2015/118, BGBl I 2018/62)*

**„(3) Steuerpflichtigen, denen auf Grund des Familienlastenausgleichsgesetzes 1967 Familienbeihilfe gewährt wird, steht im Wege der gemeinsamen Auszahlung mit der Familienbeihilfe ein Kinderabsetzbetrag von monatlich 58,40 Euro für jedes Kind zu. Für Kinder, die sich ständig außerhalb eines Mitgliedstaates der Europäischen Union, eines Staates des Europäischen Wirtschaftsraumes oder der Schweiz aufhalten, steht kein Kinderabsetzbetrag zu. Wurden Kinderabsetzbeträge zu Unrecht bezogen, ist § 26 des Familienlastenausgleichsgesetzes 1967 anzuwenden.“**

*(BGBl I 2018/83, BGBl I 2022/135 ab 1.1.2019)*

(3a) Für ein Kind, für das Familienbeihilfe nach dem Familienlastenausgleichsgesetz 1967 gewährt wird und das sich ständig in einem Mitgliedstaat der EU oder Hoheitsgebiet einer anderen Vertragspartei des Abkommens über den Europäischen Wirtschaftsraum oder der Schweiz aufhält, steht auf Antrag ein Familienbonus Plus nach Maßgabe der folgenden Bestimmungen zu:

1. Der Familienbonus Plus beträgt
   a) bis zum Ablauf des Monats, in dem das Kind das 18. Lebensjahr vollendet, für jeden Kalendermonat 166,68 Euro,
   *(BGBl I 2022/10)*
   b) nach Ablauf des Monats, in dem das Kind das 18. Lebensjahr vollendet, für jeden Kalendermonat 54,18 Euro.
   *(BGBl I 2022/10)*

2.[a] Abweichend von Z 1 ist für Kinder, die sich ständig in einem anderen Mitgliedstaat der EU oder Hoheitsgebiet einer anderen Vertragspartei des Abkommens über den Europäischen Wirtschaftsraum oder der Schweiz aufhalten, die Höhe des Familienbonus Plus sowie der Absetzbeträge gemäß Abs. 4 auf Basis der vom Statistischen Amt der Europäischen Union veröffentlichten vergleichenden Preisniveaus für jeden einzelnen Mitgliedstaat der EU, jede Vertragspartei des Europäischen Wirtschaftsraumes und die Schweiz im Verhältnis zu Österreich zu bestimmen:
   a) Die Höhe des Familienbonus Plus und der Absetzbeträge gemäß Abs. 4 ist ab 1. Jänner 2019 auf Basis der zum Stichtag 1. Juni 2018 zuletzt veröffentlichten Werte anzupassen. Die Höhe ist in der Folge jedes zweite Jahr auf Basis der zum Stichtag 1. Juni des Vorjahres zuletzt veröffentlichten Werte anzupassen.
   b) Der Bundesminister für Finanzen hat die Berechnungsgrundlagen und die Beträge mit Verordnung bis spätestens 30. September nach dem Stichtag gemäß lit. a kundzumachen.

   *(BGBl I 2022/135)*

[a] Zum Außerkrafttreten siehe § 124b Z 410.

3. Der Familienbonus Plus ist in der Veranlagung entsprechend der Antragstellung durch den Steuerpflichtigen wie folgt zu berücksichtigen:
   a) Für ein Kind, für das im jeweiligen Monat kein Unterhaltsabsetzbetrag nach Abs. 4 Z 3 zusteht:
      – Beim Familienbeihilfenberechtigten oder dessen (Ehe-)Partner der nach Z 1 oder Z 2 zustehende Betrag oder
      – beim Familienbeihilfenberechtigten und dessen (Ehe-)Partner jeweils die Hälfte des nach Z 1 oder Z 2 zustehenden Betrages.
   b) Für ein Kind, für das im jeweiligen Monat ein Unterhaltsabsetzbetrag nach Abs. 4 Z 3 zusteht:
      – Beim Familienbeihilfenberechtigten oder vom Steuerpflichtigen, dem für das Kind der Unterhaltsabsetzbetrag zusteht, der nach Z 1 oder Z 2 zustehende Betrag oder
      – beim Familienbeihilfenberechtigten und dem Steuerpflichtigen, dem für das Kind der Unterhaltsabsetzbetrag zusteht, jeweils die Hälfte des nach Z 1 oder Z 2 zustehenden Betrages.

      Für einen Monat, für den kein Unterhaltsabsetzbetrag zusteht, steht dem Unterhaltsverpflichteten kein Familienbonus Plus zu.

      *(BGBl I 2020/96)*
   c) Die Aufteilung des Familienbonus Plus gemäß lit. a und b ist bei gleichbleibenden Verhältnissen für das gesamte Kalenderjahr einheitlich zu beantragen. Wird von den Anspruchsberechtigten die Berücksichtigung in einer Höhe beantragt, die insgesamt über das nach Z 1 oder Z 2 zustehende Ausmaß hinausgeht, ist jeweils die Hälfte des monatlich zustehenden Betrages zu berücksichtigen.

d) Der Antrag kann zurückgezogen werden. Ein Zurückziehen ist bis fünf Jahre nach Eintritt der Rechtskraft des Bescheides möglich und gilt nach Eintritt der Rechtskraft als rückwirkendes Ereignis im Sinne des § 295a der Bundesabgabenordnung sowohl für den Zurückziehenden als auch für den anderen Antragsberechtigten gemäß lit. a oder b. Wird der Antrag zurückgezogen, kann der gemäß lit. a oder b andere Antragsberechtigte den ganzen nach Z 1 oder Z 2 zustehenden Betrag beantragen.

*(BGBl I 2020/96)*

4. (Ehe-)Partner im Sinne der Z 3 ist eine Person, mit der der Familienbeihilfenberechtigte verheiratet ist, eine eingetragene Partnerschaft nach dem Eingetragene Partnerschaft-Gesetz – EPG begründet hat oder für mehr als sechs Monate im Kalenderjahr in einer Lebensgemeinschaft lebt. Die Frist von sechs Monaten im Kalenderjahr gilt nicht, wenn dem nicht die Familienbeihilfe beziehenden Partner in den restlichen Monaten des Kalenderjahres, in denen die Lebensgemeinschaft nicht besteht, der Unterhaltsabsetzbetrag für dieses Kind zusteht.

*(BGBl I 2019/103)*

5.[a)] § 26 Abs. 3 zweiter Satz der Bundesabgabenordnung kommt nicht zur Anwendung. Davon ausgenommen sind Ehegatten und Kinder von Steuerpflichtigen mit Dienstort im Ausland, die im Auftrag einer Gebietskörperschaft tätig sind.

*(BGBl I 2018/83, BGBl I 2022/135)*

[a)] Zum Außerkrafttreten siehe § 124b Z 410.

6. In der Steuererklärung ist die Versicherungsnummer (§ 31 ASVG) oder die persönliche Kennnummer der Europäischen Krankenversicherungskarte (§ 31a ASVG) jedes Kindes, für das ein Familienbonus Plus beantragt wird, anzugeben.

7. Der Bundesminister für Finanzen hat die technischen Voraussetzungen für die Berücksichtigung des Familienbonus Plus im Rahmen der Veranlagung zur Verfügung zu stellen.

*(BGBl I 2018/62)*

(4) Darüber hinaus stehen folgende Absetzbeträge zu, wenn sich das Kind ständig in einem Mitgliedstaat der EU oder Hoheitsgebiet einer anderen Vertragspartei des Abkommens über den Europäischen Wirtschaftsraum oder der Schweiz aufhält:

1. Alleinverdienenden steht ein Alleinverdienerabsetzbetrag zu. Dieser beträgt jährlich
   - bei einem Kind (§ 106 Abs. 1) 494 Euro,
   - bei zwei Kindern (§ 106 Abs. 1) 669 Euro.

   Dieser Betrag erhöht sich für das dritte und jedes weitere Kind (§ 106 Abs. 1) um jeweils 220 Euro jährlich.

   Alleinverdienende sind Steuerpflichtige mit mindestens einem Kind (§ 106 Abs. 1), die mehr als sechs Monate im Kalenderjahr verheiratet oder eingetragene Partner sind und von ihren unbeschränkt steuerpflichtigen Ehegatten oder eingetragenen Partnern nicht dauernd getrennt leben oder die mehr als sechs Monate mit einer unbeschränkt steuerpflichtigen Person in einer Lebensgemeinschaft leben. Für Steuerpflichtige im Sinne des § 1 Abs. 4 ist die unbeschränkte Steuerpflicht des Ehegatten oder eingetragenen Partners nicht erforderlich. Voraussetzung ist, dass der (Ehe)Partner (§ 106 Abs. 3) Einkünfte von höchstens 6 000 Euro jährlich erzielt. Die nach § 3 Abs. 1 Z 4 lit. a, weiters nach § 3 Abs. 1 Z 10, 11 und 32 und auf Grund zwischenstaatlicher oder anderer völkerrechtlicher Vereinbarungen steuerfreien Einkünfte sind in diese Grenzen mit einzubeziehen. Andere steuerfreie Einkünfte sind nicht zu berücksichtigen. Der Alleinverdienerabsetzbetrag steht nur einem der (Ehe)Partner zu. Erfüllen beide (Ehe)Partner die Voraussetzungen im Sinne der vorstehenden Sätze, hat jener (Ehe)Partner Anspruch auf den Alleinverdienerabsetzbetrag, der die höheren Einkünfte im Sinne der Z 1 erzielt. Haben beide (Ehe) Partner keine oder gleich hohe Einkünfte im Sinne der Z 1, steht der Absetzbetrag dem haushaltsführenden (Ehe)Partner zu.

2. Alleinerziehenden steht ein Alleinerzieherabsetzbetrag zu. Dieser beträgt jährlich
   - bei einem Kind (§ 106 Abs. 1) 494 Euro,
   - bei zwei Kindern (§ 106 Abs. 1) 669 Euro.

   Dieser Betrag erhöht sich für das dritte und jedes weitere Kind (§ 106 Abs. 1) um jeweils 220 Euro jährlich. Alleinerziehende sind Steuerpflichtige, die mit mindestens einem Kind (§ 106 Abs. 1) mehr als sechs Monate im Kalenderjahr nicht in einer Gemeinschaft mit einem (Ehe)Partner leben.

**„3. Steuerpflichtigen, die für ein Kind den gesetzlichen Unterhalt leisten, steht ein Unterhaltsabsetzbetrag von 29,20 Euro monatlich zu. Dabei gilt:**

**a) Der Unterhaltsabsetzbetrag steht zu, wenn das Kind nicht dem Haushalt des Steuerpflichtigen zugehört (§ 2 Abs. 5 Familienlastenausgleichsgesetz 1967) und weder ihm noch seinem von ihm nicht dauernd getrennt lebenden (Ehe-)Partner Familienbeihilfe für das Kind gewährt wird.**

**b) Leistet ein Steuerpflichtiger für mehr als ein nicht haushaltszugehöriges Kind den gesetzlichen Unterhalt, steht für das zweite Kind ein Absetzbetrag von 43,80 Euro und für jedes weitere Kind ein Absetzbetrag von jeweils 58,40 Euro monatlich zu.**

c) **Erfüllen mehrere Personen in Bezug auf ein Kind die Voraussetzungen für den Unterhaltsabsetzbetrag, steht der Absetzbetrag nur einmal zu.**

d) **Wird die Unterhaltsverpflichtung im Kalenderjahr nicht zur Gänze erfüllt, steht der Unterhaltsabsetzbetrag nur für jene Monate zu, für die rechnerisch die volle Unterhaltsleistung erfüllt wurde, wobei vorrangig die zeitlich am weitesten zurückliegende Unterhaltsverpflichtung getilgt wird.**

e) **Nachzahlungen von gesetzlichen Unterhaltsleistungen sind ausschließlich im Kalenderjahr der Zahlung zu berücksichtigen.“**

*(BGBl I 2018/62, BGBl I 2022/108 ab 20.7.2022)*

4.[a)] Abweichend von Z 1 bis 3 bestimmt sich die Höhe der Absetzbeträge für Kinder, die sich ständig in einem anderen Mitgliedstaat der EU oder Hoheitsgebiet einer anderen Vertragspartei des Abkommens über den Europäischen Wirtschaftsraum oder der Schweiz aufhalten, nach Abs. 3a Z 2. Steht ein Absetzbetrag für mehrere Kinder zu und halten diese sich in unterschiedlichen Ländern auf, sind zuerst ältere vor jüngeren anspruchsvermittelnden Kindern zu berücksichtigen.

*(BGBl I 2018/62, (BGBl I 2022/135)*

[a)] Zum Außerkrafttreten siehe § 124b Z 410.

5.[a)] § 26 Abs. 3 zweiter Satz der Bundesabgabenordnung kommt nicht zur Anwendung. Davon ausgenommen sind Ehegatten und Kinder von Steuerpflichtigen mit Dienstort im Ausland, die im Auftrag einer Gebietskörperschaft tätig sind.

*(BGBl I 2018/62, BGBl I 2018/83, (BGBl I 2022/135)*

[a)] Zum Außerkrafttreten siehe § 124b Z 410.

*(BGBl I 2018/62)*

(5) Bei Einkünften aus einem bestehenden Dienstverhältnis stehen folgende Absetzbeträge zu:

1. Ein Verkehrsabsetzbetrag von 400 Euro jährlich.

   *(BGBl I 2015/118)*

2. Bei Anspruch auf ein Pendlerpauschale gemäß § 16 Abs. 1 Z 6 erhöht sich der Verkehrsabsetzbetrag auf 690 Euro, wenn das Einkommen des Steuerpflichtigen 12 200 Euro im Kalenderjahr nicht übersteigt. Der erhöhte Verkehrsabsetzbetrag vermindert sich zwischen Einkommen von 12 200 Euro und 13 000 Euro gleichmäßig einschleifend auf 400 Euro.

   *(BGBl I 2015/118)*

3. Der Verkehrsabsetzbetrag gemäß Z 1 oder 2 erhöht sich um 650 Euro (Zuschlag), wenn das Einkommen des Steuerpflichtigen 16 000 Euro im Kalenderjahr nicht übersteigt. Der Zuschlag vermindert sich zwischen Einkommen von 16 000 Euro und 24 500 Euro gleichmäßig einschleifend auf null.

   *(BGBl I 2019/103, BGBl I 2020/96, BGBl I 2022/10)*

4. Ein Pendlereuro in Höhe von jährlich zwei Euro pro Kilometer der einfachen Fahrtstrecke zwischen Wohnung und Arbeitsstätte, wenn der Arbeitnehmer Anspruch auf ein Pendlerpauschale gemäß § 16 Abs. 1 Z 6 hat. Für die Berücksichtigung des Pendlereuros gelten die Bestimmungen des § 16 Abs. 1 Z 6 lit. b und lit. e bis j entsprechend.

5. (aufgehoben)

   *(BGBl I 2015/118)*

(6) Stehen einem Steuerpflichtigen die Absetzbeträge nach Abs. 5 nicht zu und erhält er Bezüge oder Vorteile im Sinne des § 25 Abs. 1 Z 1 oder 2 für frühere Dienstverhältnisse, Pensionen und gleichartige Bezüge im Sinne des § 25 Abs. 1 Z 3 oder Abs. 1 Z 4 bis 5, steht ein Pensionistenabsetzbetrag gemäß Z 1 und Z 2 oder gemäß Z 3 zu. Bei Einkünften, die den Anspruch auf einen Pensionistenabsetzbetrag begründen, steht der Werbungskostenpauschbetrag nach § 16 Abs. 3 nicht zu. Für die Berücksichtigung des Pensionistenabsetzbetrages gilt:

1. Ein erhöhter Pensionistenabsetzbetrag steht zu, wenn
   – der Steuerpflichtige mehr als sechs Monate im Kalenderjahr verheiratet oder eingetragener Partner ist und vom (Ehe-)Partner nicht dauernd getrennt lebt,
   – der (Ehe-)Partner (§ 106 Abs. 3) Einkünfte im Sinne des Abs. 4 Z 1 von höchstens 2 200 Euro jährlich erzielt und
   – der Steuerpflichtige keinen Anspruch auf den Alleinverdienerabsetzbetrag hat.

2. Der erhöhte Pensionistenabsetzbetrag beträgt 1 214 Euro, wenn die laufenden Pensionseinkünfte des Steuerpflichtigen 19 930 Euro im Kalenderjahr nicht übersteigen. Dieser Absetzbetrag vermindert sich gleichmäßig einschleifend zwischen zu versteuernden laufenden Pensionseinkünften von 19 930 Euro und 25 250[a)] Euro auf null.

   *(BGBl I 2019/103, BGBl I 2022/10, BGBl I 2022/93 ab Veranlagung 2023)*

[a)] Ab Veranlagung 2023: „25 500“.

3. Liegen die Voraussetzungen für einen erhöhten Pensionistenabsetzbetrag nach der Z 1 nicht vor, beträgt der Pensionistenabsetzbetrag 825 Euro. Dieser Absetzbetrag vermindert sich gleichmäßig einschleifend zwischen zu versteuernden laufenden Pensionseinkünften von 17 500 Euro und 25 500 Euro auf null.

   *(BGBl I 2019/103, BGBl I 2022/10)*

(7) Ergibt sich bei Steuerpflichtigen, die

– zumindest an 30 Tagen im Kalenderjahr steuerpflichtige Einkünfte gemäß § 2 Abs. 3 Z 1 bis 4 erzielen, oder

– ganzjährig Leistungen nach dem Kinderbetreuungsgeldgesetz (KBGG), BGBl. I Nr. 103/2001, oder Pflegekarenzgeld bezogen haben,

nach Abs. 1 eine Einkommensteuer unter **„550“** Euro, gilt bei Vorhandensein eines Kindes (§ 106 Abs. 1) Folgendes:

~~1.~~ Die Differenz zwischen **„550“** Euro und der Einkommensteuer nach Abs. 1 ist als Kindermehrbetrag zu erstatten, wenn
   a) der Alleinverdiener- oder Alleinerzieherabsetzbetrag zusteht oder
   b) sich auch beim (Ehe)Partner gemäß § 106 Abs. 3, der Einkünfte gemäß § 2 Abs. 3 Z 1 bis 4 erzielt, eine Einkommensteuer nach Abs. 1 unter **„550“** Euro ergibt; in diesem Fall hat nur der Familienbeihilfeberechtigte Anspruch auf den Kindermehrbetrag.

*(BGBl I 2022/135)*

2.[a] Hält sich das Kind ständig in einem anderen Mitgliedstaat der EU oder Hoheitsgebiet einer anderen Vertragspartei des Abkommens über den Europäischen Wirtschaftsraum oder der Schweiz auf, tritt an die Stelle des Betrages von **„550“** Euro der Betrag, der sich bei Anwendung des Abs. 3a Z 2 ergibt.

*(BGBl I 2022/135)*

[a] Zum Außerkrafttreten siehe § 124b Z 410.

Dieser Betrag erhöht sich für jedes weitere Kind (§ 106 Abs. 1) um den Betrag von **„550“** Euro ~~oder den an seine Stelle tretenden Betrag~~[a]).

*(BGBl I 2018/62, BGBl I 2022/10, BGBl I 2022/93 ab Veranlagung 2022, BGBl I 2022/135)*

[a] Zum Außerkrafttreten siehe § 124b Z 410.

(8)

1. Ergibt sich nach Abs. 1 und 2 eine Einkommensteuer unter null, ist insoweit der Alleinverdienerabsetzbetrag oder der Alleinerzieherabsetzbetrag zu erstatten.
2. Ergibt sich bei Steuerpflichtigen, die Anspruch auf den Verkehrsabsetzbetrag haben, nach Abs. 1 und 2 eine Einkommensteuer unter null, sind 55% der Werbungskosten im Sinne des § 16 Abs. 1 Z 3 lit. a (ausgenommen Betriebsratsumlagen) und des § 16 Abs. 1 Z 4 und 5, höchstens aber 400 Euro jährlich rückzuerstatten (SV-Rückerstattung). Bei Steuerpflichtigen, die Anspruch auf ein Pendlerpauschale gemäß § 16 Abs. 1 Z 6 haben, sind höchstens 500 Euro rückzuerstatten. Bei Steuerpflichtigen, die Anspruch auf den Zuschlag gemäß Abs. 5 Z 3 haben, ist der maximale Betrag der SV-Rückerstattung um 650 Euro zu erhöhen (SV-Bonus).

   *(BGBl I 2019/103, BGBl I 2020/96, BGBl I 2022/10)*
3. Ergibt sich bei Steuerpflichtigen, die Anspruch auf den (erhöhten) Pensionistenabsetzbetrag haben, nach Abs. 1 und 2 eine Einkommensteuer unter null, sind 80% der Werbungskosten im Sinne des § 16 Abs. 1 Z 4, höchstens aber 550 Euro jährlich, rückzuerstatten (SVRückerstattung). Die Rückerstattung vermindert sich um steuerfreie Zulagen gemäß § 3 Abs. 1 Z 4 lit. f.

   *(BGBl I 2019/103, BGBl I 2022/10)*
4. Auf Grund zwischenstaatlicher oder anderer völkerrechtlicher Vereinbarungen steuerfreie Einkünfte sind für Zwecke der Berechnung der Einkommensteuer gemäß Z 1 bis 3 wie steuerpflichtige Einkünfte zu behandeln. Der Kinderabsetzbetrag gemäß Abs. 3 bleibt bei der Berechnung außer Ansatz.
5. Die Erstattung erfolgt im Wege der Veranlagung gemäß § 41 und ist mit der nach Abs. 1 und 2 berechneten Einkommensteuer unter null begrenzt.

*(BGBl I 2015/118)*

(9) und (9a) (aufgehoben)

*(BGBl I 2015/118)*

(10) Ein im Rahmen einer Veranlagung bei der Berechnung der Steuer anzuwendender Durchschnittssteuersatz ist vorbehaltlich des Abs. 11 nach Berücksichtigung der Abzüge gemäß Abs. 3a bis 6 (ausgenommen Kinderabsetzbeträge nach Abs. 3) zu ermitteln. Diese Abzüge sind nach Anwendung des Durchschnittssteuersatzes nicht nochmals abzuziehen.

*(BGBl I 2019/103)*

(11) Ist bei der Berechnung der Steuer ein Progressionsvorbehalt aus der Anwendung eines Doppelbesteuerungsabkommens zu berücksichtigen, gilt für die Steuerberechung Folgendes: Der Durchschnittssteuersatz ist zunächst ohne Berücksichtigung der Abzüge gemäß Abs. 3a bis 6 zu ermitteln. Von der unter Anwendung dieses Durchschnittssteuersatzes ermittelten Steuer sind die Abzüge gemäß Abs. 3a bis 6 (ausgenommen Kinderabsetzbeträge nach Abs. 3) abzuziehen.

*(BGBl I 2019/103)*

### Außergewöhnliche Belastung

**§ 34.** (1) Bei der Ermittlung des Einkommens (§ 2 Abs. 2) eines unbeschränkt Steuerpflichtigen sind nach Abzug der Sonderausgaben (§ 18) außergewöhnliche Belastungen abzuziehen. Die Belastung muß folgende Voraussetzungen erfüllen:

1. Sie muß außergewöhnlich sein (Abs. 2).
2. Sie muß zwangsläufig erwachsen (Abs. 3).
3. Sie muß die wirtschaftliche Leistungsfähigkeit wesentlich beeinträchtigen (Abs. 4).

Die Belastung darf weder Betriebsausgaben, Werbungskosten noch Sonderausgaben sein.

(2) Die Belastung ist außergewöhnlich, soweit sie höher ist als jene, die der Mehrzahl der Steuerpflichtigen gleicher Einkommensverhältnisse, gleicher Vermögensverhältnisse erwächst.

(3) Die Belastung erwächst dem Steuerpflichtigen zwangsläufig, wenn er sich ihr aus tatsäch-

lichen, rechtlichen oder sittlichen Gründen nicht entziehen kann.

(4) Die Belastung beeinträchtigt wesentlich die wirtschaftliche Leistungsfähigkeit, soweit sie einen vom Steuerpflichtigen von seinem Einkommen (§ 2 Abs. 2 in Verbindung mit Abs. 5) vor Abzug der außergewöhnlichen Belastungen zu berechnenden Selbstbehalt übersteigt. Der Selbstbehalt beträgt bei einem Einkommen

von höchstens 7 300 Euro .............................. 6%.
mehr als 7 300 Euro bis 14 600 Euro............. 8%.
mehr als 14 600 Euro bis 36 400 Euro.......... 10%.
mehr als 36 400 Euro ................................. 12%.

Der Selbstbehalt vermindert sich um je einen Prozentpunkt

- wenn dem Steuerpflichtigen der Alleinverdienerabsetzbetrag oder der Alleinerzieherabsetzbetrag zusteht
- wenn dem Steuerpflichtigen kein Alleinverdiener- oder Alleinerzieherabsetzbetrag zusteht, er aber mehr als sechs Monate im Kalenderjahr verheiratet oder eingetragener Partner ist und vom (Ehe-)Partner nicht dauernd getrennt lebt und der (Ehe-)Partner Einkünfte im Sinne des § 33 Abs. 4 Z 1 von höchstens 6 000 Euro jährlich erzielt
- für jedes Kind (§ 106).

(5) Sind im Einkommen sonstige Bezüge im Sinne des § 67 enthalten, dann sind als Einkünfte aus nichtselbständiger Arbeit für Zwecke der Berechnung des Selbstbehaltes die zum laufenden Tarif zu versteuernden Einkünfte aus nichtselbständiger Arbeit, erhöht um die sonstigen Bezüge gemäß § 67 Abs. 1 und 2, anzusetzen.

(6) Folgende Aufwendungen können ohne Berücksichtigung des Selbstbehaltes abgezogen werden:

- Aufwendungen zur Beseitigung von Katastrophenschäden, insbesondere Hochwasser-, Erdrutsch-, Vermurungs- und Lawinenschäden im Ausmaß der erforderlichen Ersatzbeschaffungskosten.
- Kosten einer auswärtigen Berufsausbildung nach Abs. 8.
- Mehraufwendungen des Steuerpflichtigen für Personen, für die gemäß § 8 Abs. 4 des Familienlastenausgleichsgesetzes 1967 erhöhte Familienbeihilfe gewährt wird, soweit sie die Summe der pflegebedingten Geldleistungen (Pflegegeld, Pflegezulage, Blindengeld oder Blindenzulage) übersteigen.
- Aufwendungen im Sinne des § 35, die an Stelle der Pauschbeträge geltend gemacht werden (§ 35 Abs. 5).
- Mehraufwendungen aus dem Titel der Behinderung, wenn die Voraussetzungen des § 35 Abs. 1 vorliegen, soweit sie die Summe pflegebedingter Geldleistungen (Pflegegeld, Pflegezulage, Blindengeld oder Blindenzulage) übersteigen.

Der Bundesminister für Finanzen kann mit Verordnung festlegen, in welchen Fällen und in welcher Höhe Mehraufwendungen aus dem Titel der Behinderung ohne Anrechnung auf einen Freibetrag nach § 35 Abs. 3 und ohne Anrechnung auf eine pflegebedingte Geldleistung zu berücksichtigen sind.

*(BGBl I 2019/103)*

(7) Für Unterhaltsleistungen gilt folgendes:

1. Unterhaltsleistungen für ein Kind sind durch die Familienbeihilfe, den Familienbonus Plus gemäß § 33 Abs. 3a, den Kindermehrbetrag gemäß § 33 Abs. 7 sowie gegebenenfalls den Kinderabsetzbetrag gemäß § 33 Abs. 3 abgegolten, und zwar auch dann, wenn nicht der Steuerpflichtige selbst, sondern sein mit ihm im gemeinsamen Haushalt lebender (Ehe) Partner (§ 106 Abs. 3) Anspruch auf diese Beträge hat.

   *(BGBl I 2018/62)*
2. Leistungen des gesetzlichen Unterhalts für ein Kind sind bei Vorliegen der Voraussetzungen des § 33 Abs. 4 Z 3 durch den Unterhaltsabsetzbetrag abgegolten.
3. (aufgehoben)
4. Darüber hinaus sind Unterhaltsleistungen nur insoweit abzugsfähig, als sie zur Deckung von Aufwendungen gewährt werden, die beim Unterhaltsberechtigten selbst eine außergewöhnliche Belastung darstellen würden. Ein Selbstbehalt (Abs. 4) auf Grund eigener Einkünfte des Unterhaltsberechtigten ist nicht zu berücksichtigen.
5. **(Verfassungsbestimmung)** Unterhaltsleistungen an volljährige Kinder, für die keine Familienbeihilfe ausbezahlt wird, sind außer in den Fällen und im Ausmaß der Z 4 weder im Wege eines Kinder- oder Unterhaltsabsetzbetrages noch einer außergewöhnlichen Belastung zu berücksichtigen.

(8) Aufwendungen für eine Berufsausbildung eines Kindes außerhalb des Wohnortes gelten dann als außergewöhnliche Belastung, wenn im Einzugsbereich des Wohnortes keine entsprechende Ausbildungsmöglichkeit besteht. Diese außergewöhnliche Belastung wird durch Abzug eines Pauschbetrages von 110 Euro pro Monat der Berufsausbildung berücksichtigt.

(9) (aufgehoben)

*(BGBl I 2018/62)*

### Behinderte

**§ 35.** (1) Hat der Steuerpflichtige außergewöhnliche Belastungen

- durch eine eigene körperliche oder geistige Behinderung,
- bei Anspruch auf den Alleinverdienerabsetzbetrag durch eine Behinderung des (Ehe) Partners (§ 106 Abs. 3),
- ohne Anspruch auf den Alleinverdienerabsetzbetrag durch eine Behinderung des (Ehe-)

Partners, wenn er mehr als sechs Monate im Kalenderjahr verheiratet oder eingetragener Partner ist und vom (Ehe-)Partner nicht dauernd getrennt lebt und der (Ehe-)Partner Einkünfte im Sinne des § 33 Abs. 4 Z 1 von höchstens 6 000 Euro jährlich erzielt,

– durch eine Behinderung eines Kindes (§ 106 Abs. 1 und 2), für das keine erhöhte Familienbeihilfe gemäß § 8 Abs. 4 des Familienlastenausgleichsgesetzes 1967 gewährt wird,

und erhält weder der Steuerpflichtige noch sein (Ehe-)Partner noch sein Kind eine pflegebedingte Geldleistung (Pflegegeld, Pflegezulage, Blindengeld oder Blindenzulage), so steht ihm jeweils ein Freibetrag (Abs. 3) zu.

(2) Die Höhe des Freibetrages bestimmt sich nach dem Ausmaß der Minderung der Erwerbsfähigkeit (Grad der Behinderung). Die Minderung der Erwerbsfähigkeit (Grad der Behinderung) richtet sich in Fällen,

1. in denen Leistungen wegen einer Behinderung erbracht werden, nach der hiefür maßgebenden Einschätzung,
2. in denen keine eigenen gesetzlichen Vorschriften für die Einschätzung bestehen, nach § 7 und § 9 Abs. 1 des Kriegsopferversorgungsgesetzes 1957 bzw. nach der Einschätzungsverordnung, BGBl. II Nr. 261/2010, für die von ihr umfassten Bereiche.

Die Tatsache der Behinderung und das Ausmaß der Minderung der Erwerbsfähigkeit (Grad der Behinderung) sind durch eine amtliche Bescheinigung der für diese Feststellung zuständigen Stelle nachzuweisen. Zuständige Stelle ist:

– Der Landeshauptmann bei Empfängern einer Opferrente (§ 11 Abs. 2 des Opferfürsorgegesetzes, BGBl. Nr. 183/1947).
– Die Sozialversicherungsträger bei Berufskrankheiten oder

  Berufsunfällen von Arbeitnehmern.
– In allen übrigen Fällen sowie bei Zusammentreffen von

  Behinderungen verschiedener Art das Bundesamt für Soziales und Behindertenwesen; dieses hat den Grad der Behinderung durch Ausstellung eines Behindertenpasses nach §§ 40 ff des Bundesbehindertengesetzes, im negativen Fall durch einen in Vollziehung dieser Bestimmungen ergehenden Bescheid zu bescheinigen.

(3) Es wird jährlich gewährt

| bei einer Minderung der Erwerbsfähigkeit von | ein Freibetrag von Euro |
|---|---|
| 25% bis 34% | 124 |
| 35% bis 44% | 164 |
| 45% bis 54% | 401 |
| 55% bis 64% | 486 |
| 65% bis 74% | 599 |
| 75% bis 84% | 718 |
| 85% bis 94% | 837 |
| ab 95% | 1.198. |

*(BGBl I 2019/103)*

(4) Haben mehrere Steuerpflichtige Anspruch auf einen Freibetrag nach Abs. 3, dann ist dieser Freibetrag im Verhältnis der Kostentragung aufzuteilen. Weist einer der Steuerpflichtigen seine höheren Mehraufwendungen nach, dann ist beim anderen Steuerpflichtigen der Freibetrag um die nachgewiesenen Mehraufwendungen zu kürzen.

(5) Anstelle des Freibetrages können auch die tatsächlichen Kosten aus dem Titel der Behinderung geltend gemacht werden (§ 34 Abs. 6).

(6) Bezieht ein Arbeitnehmer Arbeitslohn von zwei oder mehreren Arbeitgebern, steht der Freibetrag nur einmal zu.

(7) Der Bundesminister für Finanzen kann nach den Erfahrungen der Praxis im Verordnungsweg Durchschnittssätze für die Kosten bestimmter Krankheiten sowie körperlicher und geistiger Gebrechen festsetzen, die zu Behinderungen im Sinne des Abs. 3 führen.

(8) Das Bundesamt für Soziales und Behindertenwesen hat mit ausdrücklicher Einwilligung der betroffenen Person dem zuständigen Finanzamt und dem Arbeitgeber, der Bezüge aus einer gesetzlichen Sozialversicherung oder Ruhegenussbezüge einer Gebietskörperschaft im Sinne des § 25 Abs. 1 Z 1, 3 oder 4 auszahlt, die vom Bundesamt für Soziales und Behindertenwesen gespeicherten und für die Berücksichtigung von Freibeträgen im Sinne der Abs. 1 bis 3 und 7 erforderlichen personenbezogenen Daten elektronisch zu übermitteln. Die Übermittlung der genannten personenbezogenen Daten ist auch hinsichtlich jener Personen zulässig, die einen Freibetrag im Sinne der Abs. 1 bis 3 und 7 bereits beantragt haben. Die Datenübermittlung ersetzt für den betroffenen Steuerpflichtigen den Nachweis gemäß Abs. 2 und die Bescheinigung gemäß § 62 Z 10. Eine Verwendung dieser personenbezogenen Daten darf nur zu diesem Zweck stattfinden. Personenbezogenen Daten, die nicht mehr benötigt werden, sind zu löschen.

*(BGBl I 2018/62)*

### Steuerfestsetzung bei Schulderlass im Rahmen eines Insolvenzverfahrens

**§ 36.** (1) Sind im Einkommen eines Steuerpflichtigen aus einem Schulderlass resultierende Gewinne enthalten, hat die Steuerfestsetzung in den Fällen des Abs. 2 nach Maßgabe des Abs. 3 zu erfolgen.

(2) Aus dem Schulderlass resultierende Gewinne sind solche, die entstanden sind durch:

1. Erfüllung eines Sanierungsplans gemäß §§ 140 bis 156 der Insolvenzordnung (IO) oder einer vergleichbaren außergerichtlichen Sanierung,

   *(BGBl I 2021/227)*
2. Erfüllung eines Zahlungsplanes (§§ 193 bis 198 IO) oder

3. Erteilung einer Restschuldbefreiung nach Durchführung eines Abschöpfungsverfahrens (§§ 199 bis 216 IO).

(3) Für die Steuerfestsetzung gilt:

1. Es ist die Steuer vom Einkommen sowohl einschließlich als auch ausschließlich der aus dem Schulderlass resultierenden Gewinne zu berechnen und daraus der Unterschiedsbetrag zu ermitteln.
2. Auf den nach Z 1 ermittelten Unterschiedsbetrag ist der dem Schulderlass entsprechende Prozentsatz (100 Prozent abzüglich der Quote) anzuwenden.
3. Der nach Z 2 ermittelte Betrag ist von der Steuer abzuziehen, die sich aus dem Einkommen einschließlich der aus dem Schulderlass resultierenden Gewinne ergibt.

**Ermäßigung der Progression, Sondergewinne**

**§ 37.** (1) Der Steuersatz ermäßigt sich für

– außerordentliche Einkünfte (Abs. 5),
– Einkünfte aus besonderen Waldnutzungen (Abs. 6), soweit diese vorrangig den Verlust aus anderen Holznutzungen und sodann einen weiteren Verlust aus demselben forstwirtschaftlichen Betriebszweig, in dem die Einkünfte aus besonderer Waldnutzung angefallen sind, übersteigen,
– Einkünfte aus der Verwertung patentrechtlich geschützter Erfindungen (§ 38)

auf die Hälfte des auf das gesamte Einkommen entfallenden Durchschnittssteuersatzes.

(2) Über Antrag sind nachstehende Einkünfte, beginnend mit dem Veranlagungsjahr, dem der Vorgang zuzurechnen ist, gleichmäßig verteilt auf drei Jahre anzusetzen:

1. Veräußerungsgewinne im Sinne des § 24, wenn seit der Eröffnung oder dem letzten entgeltlichen Erwerbsvorgang sieben Jahre verstrichen sind.
2. Entschädigungen im Sinne des § 32 Abs. 1 Z 1, wenn überdies im Falle der lit. a oder b der Zeitraum, für den die Entschädigungen gewährt werden, mindestens sieben Jahre beträgt.

(3) Über Antrag sind stille Reserven, die deswegen aufgedeckt werden, weil Wirtschaftsgüter durch behördlichen Eingriff oder zur Vermeidung eines solchen nachweisbar unmittelbar drohenden Eingriffs aus dem Betriebsvermögen ausscheiden, beginnend mit dem Veranlagungsjahr, dem der Vorgang zuzurechnen ist, gleichmäßig verteilt auf fünf Jahre anzusetzen. Diese Bestimmung ist nicht anzuwenden, soweit stille Reserven nach § 12 übertragen oder einer Übertragungsrücklage zugeführt werden.

(4) Über Antrag sind Einkünfte gemäß § 21 gleichmäßig auf drei Jahre verteilt anzusetzen. Dabei gilt:

1. In die Verteilung einzubeziehen sind:
   a) Einkünfte aus dem Betrieb von Landwirtschaft, Forstwirtschaft, Weinbau, Gartenbau, Obstbau, Gemüsebau und aus allen Betrieben, die Pflanzen und Pflanzenteile mit Hilfe der Naturkräfte gewinnen;
   b) Einkünfte aus Tierzucht- und Tierhaltungsbetrieben im Sinne des § 30 Abs. 3 bis 7 des Bewertungsgesetzes 1955;
   c) Einkünfte aus Binnenfischerei, Fischzucht und Teichwirtschaft und aus Bienenzucht;
   d) Einkünfte aus übrigem land- und forstwirtschaftlichem Vermögen im Sinne des § 50 des Bewertungsgesetzes 1955,

   wenn diese durch Teilpauschalierung (Betriebsausgabenpauschalierung), Einnahmen-Ausgaben-Rechnung oder Buchführung ermittelt worden sind.
2. Folgende Einkünfte gemäß Z 1 sind nicht in die Verteilung einzubeziehen:
   a) Einkünfte aus Nebenerwerb und Nebentätigkeiten, aus be- und/oder verarbeiteten eigenen oder zugekauften Urprodukten, aus dem Wein- und Mostbuschenschank und dem Almausschank;
   b) Einkünfte gemäß § 27;
   c) Einkünfte aus nicht regelmäßig im Betrieb anfallenden Vorgängen (insbesondere Einkünfte aus der Veräußerung von Grundstücken und Einkünfte aus der Einräumung von Rechten);
   d) Entschädigungen im Sinne des § 32 Abs. 1 Z 1 lit. a und b, wenn sie gemäß Abs. 2 verteilt angesetzt werden;
   e) Einkünfte aus besonderen Waldnutzungen, für die sich der Steuersatz gemäß Abs. 1 iVm 6 ermäßigt;
   f) Einkünfte, die gemäß Abs. 3 verteilt angesetzt werden;
   g) Übergangsgewinne und Übergangsverluste;
   h) Veräußerungsgewinne gemäß § 24.
3. Erfasst die Verteilung nicht sämtliche Einkünfte aus dem Betrieb, ist die Verteilung nur zulässig, wenn aus den Aufzeichnungen klar erkennbar ist, welche Einkünfte in die Verteilung einbezogen wurden und wie sie ermittelt wurden. Nicht eindeutig zuordenbare Betriebsausgaben sind nach dem Verhältnis der Betriebseinnahmen aus zu verteilenden Einkünften und nicht zu verteilenden Einkünften aufzuteilen. Ist eine derartige Aufteilung nicht möglich, sind die nicht eindeutig zuordenbaren Betriebsausgaben zur Gänze bei den zu verteilenden Einkünften zu berücksichtigen.
4. Zu verteilen ist der positive Saldo aus den zu verteilenden Einkünften des Betriebes, höchstens aber die gesamten aus dem Betrieb erzielten positiven Einkünfte gemäß § 21.

5. Die Einkünfte gemäß Z 1 sind im Veranlagungsjahr und den beiden Folgejahren jeweils zu einem Drittel zu berücksichtigen.
6. Die Verteilung ist bei ihrer erstmaligen Inanspruchnahme in der Steuererklärung an der dafür vorgesehenen Stelle zu beantragen. Der Antrag betrifft alle verteilungsfähigen Einkünfte eines Betriebes und ist bis zur Beendigung (Z 7) für die Folgejahre bindend.
7. Die Verteilung endet, wenn einer der folgenden Umstände eingetreten ist:
   a) Tod des Steuerpflichtigen;
   **„b) Wegfall der Voraussetzung für die Verteilung sowie Betriebsveräußerung, Betriebsaufgabe oder Veräußerung oder Aufgabe der Betätigung, aus der zu verteilende Einkünfte stammen;“**
   *(BGBl I 2022/108 ab 20.7.2022)*
   c) Übertragung des Betriebes oder Teilbetriebes, aus dem zu verteilende Einkünfte stammen, im Wege einer Umgründung gemäß Art. III, Art. IV oder Art. V des Umgründungssteuergesetzes;
   d) Unentgeltliche Übertragung des Betriebes oder der Betätigung, aus der zu verteilende Einkünfte stammen;
   e) Widerruf des Antrages auf Verteilung durch den Steuerpflichtigen. Im Fall eines Widerrufs kann ein neuerlicher Antrag erst nach Ablauf von fünf Veranlagungsjahren gestellt werden;
   f) Nichterfüllung oder grob mangelhafte Erfüllung der Aufzeichnungsverpflichtung gemäß Z 3. In diesem Fall hat das Finanzamt im Abgabenbescheid festzustellen, dass die Verteilung unterbleibt oder endet; noch ausstehende Drittelbeträge sind in einem Gesamtbetrag im Jahr der Beendigung zu erfassen. Ein neuerlicher Antrag kann erst nach Ablauf von fünf Veranlagungsjahren gestellt werden.
8. Die Beendigung der Verteilung ist in den Fällen der Z 7 lit. a bis e in der Steuererklärung des betreffenden Jahres bekannt zu geben. In den Fällen der lit. b, c, d und e hat eine Bekanntgabe zu unterbleiben, wenn die Verteilung in Bezug auf Einkünfte aus einem anderen Betrieb als jenem, auf den sich der Beendigungsgrund bezieht, aufrecht bleiben soll. Im Fall der Bekanntgabe der Beendigung ist im Beendigungsjahr und dem Folgejahr die Gesamtsumme der noch nicht erfassten Drittelbeträge jeweils zur Hälfte zu erfassen. Abweichend davon gilt bei Beendigung gemäß Z 7 lit. a bis e:
   a) Ist das Beendigungsjahr zumindest das zweitfolgende nach der erstmaligen Verteilung, ist auf Antrag der Gesamtbetrag aus den noch zu berücksichtigenden Drittelbeträgen entweder im Jahr der Beendigung zur Gänze oder im Jahr der Beendigung und den nachfolgenden drei Jahren jeweils zu einem Viertel gleichmäßig verteilt zu erfassen.
   b) Ist das Beendigungsjahr das der erstmaligen Verteilung folgende Jahr, ist der Gesamtbetrag aus den noch zu berücksichtigenden zwei Drittelbeträgen im Jahr der Beendigung zu erfassen.

*(BGBl I 2020/96)*

(5) Außerordentliche Einkünfte sind Veräußerungs- und Übergangsgewinne, wenn die Betriebsveräußerung oder aufgabe aus folgenden Gründen erfolgt:
1. Der Steuerpflichtige ist gestorben und es wird dadurch eine Betriebsveräußerung oder Betriebsaufgabe veranlasst.
2. Der Steuerpflichtige ist wegen körperlicher oder geistiger Behinderung in einem Ausmaß erwerbsunfähig, dass er nicht in der Lage ist, seinen Betrieb fortzuführen oder die mit seiner Stellung als Mitunternehmer verbundenen Aufgaben oder Verpflichtungen zu erfüllen. Das Vorliegen dieser Voraussetzung ist auf Grundlage eines vom Steuerpflichtigen beigebrachten medizinischen Gutachtens eines allgemein beeideten und gerichtlich zertifizierten Sachverständigen zu beurteilen, es sei denn, es liegt eine medizinische Beurteilung durch den für den Steuerpflichtigen zuständigen Sozialversicherungsträger vor.
3. Der Steuerpflichtige hat das 60. Lebensjahr vollendet und stellt seine Erwerbstätigkeit ein. Eine Erwerbstätigkeit liegt nicht vor, wenn der Gesamtumsatz aus den ausgeübten Tätigkeiten 22.000 Euro und die gesamten Einkünfte aus den ausgeübten Tätigkeiten 730 Euro im Kalenderjahr nicht übersteigen.

Für Veräußerungs- und Übergangsgewinne steht der ermäßigte Steuersatz nur über Antrag und nur dann zu, wenn seit der Eröffnung oder dem letzten entgeltlichen Erwerbsvorgang sieben Jahre verstrichen sind.

(6) Einkünfte aus besonderen Waldnutzungen liegen nur vor, wenn für das stehende Holz kein Bestandsvergleich vorgenommen wird und überdies außerordentliche Waldnutzungen oder Waldnutzungen infolge höherer Gewalt vorliegen. Einkünfte aus außerordentlichen Waldnutzungen sind solche, die aus wirtschaftlichen Gründen geboten sind und über die nach forstwirtschaftlichen Grundsätzen nachhaltig zu erzielenden jährlichen regelmäßigen Nutzungen hinausgehen. Die Betriebsart ist unmaßgeblich. Bei Einkünften aus Waldnutzungen infolge höherer Gewalt hindert die Behandlung eines Teiles der stillen Reserve nach § 12 Abs. 7 nicht die Versteuerung des restlichen Teiles der Einkünfte zum ermäßigten Steuersatz gemäß Abs. 1.

(7) Die Progressionsermäßigung nach Abs. 2, Abs. 3 oder Abs. 5 steht nicht zu, wenn Einkünfte nicht in einem Veranlagungszeitraum anfallen. Für Einkünfte, die zum Teil mit dem festen Steuersatz

des § 67 versteuert werden, steht keine Progressionsermäßigung zu.

(8) (aufgehoben)

(9) Bei der erstmaligen Veranlagung für ein Kalenderjahr sind auf Antrag positive Einkünfte aus selbständiger künstlerischer Tätigkeit im Sinne des **„§ 10 Abs. 3 Z 4 des Umsatzsteuergesetzes 1994“** und aus schriftstellerischer Tätigkeit beginnend mit dem Veranlagungsjahr, das zwei Jahre vor dem Kalenderjahr liegt, dem die Einkünfte zuzurechnen sind, gleichmäßig auf drei Jahre zu verteilen. Der Antrag ist in der Steuererklärung für das Kalenderjahr zu stellen, dem die zu verteilenden Einkünfte zuzurechnen sind. Der Antrag ist unwiderruflich. Wird ein derartiger Antrag gestellt, sind die betreffenden Verfahren wiederaufzunehmen.

*(BGBl I 2022/108 ab 20.7.2022)*

### Verwertung von Patentrechten

**§ 38.** (1) Sind im Einkommen Einkünfte aus der Verwertung patentrechtlich geschützter Erfindungen durch andere Personen enthalten, so ermäßigt sich der Steuersatz auf die Hälfte des auf das gesamte Einkommen entfallenden Durchschnittssteuersatzes. Diese Begünstigung steht nur dem Erfinder selbst zu.

(2) Der patentrechtliche Schutz muß für jenen Zeitraum gegeben sein, für den Lizenzzahlungen erfolgen oder in dem die Erfindung veräußert wird. Die Erfindung muß in jenem Gebiet patentrechtlich geschützt sein, in dem sie im Sinne des Abs. 1 verwertet wird; erfolgt diese Verwertung im Ausland, so genügt es, wenn die Erfindung in Österreich patentrechtlich geschützt ist.

(3) Der ermäßigte Steuersatz steht nur für Veranlagungszeiträume zu, für die der Patentschutz nach Abs. 2 aufrecht ist. Der aufrechte Patentschutz ist auf Verlangen der Abgabenbehörde vom Steuerpflichtigen nachzuweisen.

## 4. TEIL
## VERANLAGUNG

### Allgemeine Veranlagung und Veranlagungszeitraum

**§ 39.** (1) Die Einkommensteuer wird nach Ablauf des Kalenderjahres (Veranlagungszeitraumes) nach dem Einkommen veranlagt, das der Steuerpflichtige in diesem Veranlagungszeitraum bezogen hat. Hat der Steuerpflichtige lohnsteuerpflichtige Einkünfte bezogen, so erfolgt eine Veranlagung nur, wenn die Voraussetzungen des § 41 vorliegen. Sind im Einkommen Einkünfte aus Kapitalvermögen enthalten, so bleiben Überschüsse aus dieser Einkunftsart außer Ansatz, wenn sie 22 Euro nicht übersteigen.

(2) Hat die Steuerpflicht nicht während des vollen Veranlagungszeitraumes bestanden, so wird das während der Dauer der Steuerpflicht bezogene Einkommen zugrunde gelegt. Bei Wegfall der Steuerpflicht kann die Veranlagung sofort vorgenommen werden.

(3) Die im Bescheid festgesetzte Einkommensteuer ist auf volle Euro abzurunden oder aufzurunden. Dabei sind Beträge unter 0,50 Euro abzurunden, Beträge ab 0,50 Euro aufzurunden.

### Erstattung von Absetzbeträgen in der Veranlagung

**§ 40.** Eine Veranlagung nach § 39 erfolgt auch bei Steuerpflichtigen, die kein Einkommen, aber Anspruch auf den Alleinverdienerabsetzbetrag oder auf den Alleinerzieherabsetzbetrag haben und die Erstattung dieses Absetzbetrages beantragen. Der Antrag kann innerhalb von fünf Jahren ab dem Ende des jeweiligen Veranlagungszeitraums gestellt werden.

### Veranlagung von lohnsteuerpflichtigen Einkünften

**§ 41.** (1) Sind im Einkommen lohnsteuerpflichtige Einkünfte enthalten, so ist der Steuerpflichtige zu veranlagen, wenn

1. er andere Einkünfte bezogen hat, deren Gesamtbetrag 730 Euro übersteigt,
2. im Kalenderjahr zumindest zeitweise gleichzeitig zwei oder mehrere lohnsteuerpflichtige Einkünfte, die beim Lohnsteuerabzug gesondert versteuert wurden, bezogen worden sind.
3. im Kalenderjahr Bezüge gemäß § 69 Abs. 2, 3, 5, 6, 7, 8 oder 9 zugeflossen sind,
4. ein Freibetragsbescheid für das Kalenderjahr gemäß § 63 Abs. 1 oder ein Freibetrag gemäß § 103 Abs. 1a bei der Lohnverrechnung berücksichtigt wurde,

   *(BGBl I 2016/117)*
5. der Alleinverdienerabsetzbetrag, der Alleinerzieherabsetzbetrag, der erhöhte Pensionistenabsetzbetrag, der erhöhte Verkehrsabsetzbetrag oder Freibeträge nach § 62 Z 10 und Z 11 berücksichtigt wurden, aber die Voraussetzungen nicht vorlagen.

   *(BGBl I 2015/163)*

**„6. ein Pendlerpauschale gemäß § 16 Abs. 1 Z 6 berücksichtigt wurde, aber die Voraussetzungen nicht vorlagen oder ein nicht zustehender Betrag berücksichtigt wurde,“**

   *(BGBl I 2022/108 ab Veranlagung 2022)*

7. der Arbeitnehmer eine unrichtige Erklärung gemäß § 3 Abs. 1 Z 13 lit. b 5. Teilstrich abgegeben hat oder seiner Verpflichtung, Änderungen der Verhältnisse zu melden, nicht nachgekommen ist.
8. er Einkünfte im Sinn des § 3 Abs. 1 Z 32 bezogen hat.
9. er Einkünfte aus Kapitalvermögen im Sinne des § 27a Abs. 1 oder entsprechende betriebliche Einkünfte erzielt, die keinem Kapitalertragsteuerabzug unterliegen.
10. er Einkünfte aus privaten Grundstücksveräußerungen im Sinne des § 30 erzielt, für die keine Immobilienertragsteuer gemäß § 30c

Abs. 2 entrichtet wurde, oder wenn keine Abgeltung gemäß § 30b Abs. 2 gegeben ist.

11. der Arbeitnehmer nach § 83 Abs. 2 Z 2 und Abs. 3 unmittelbar in Anspruch genommen wird.

*(BGBl I 2021/3)*

12. ein Familienbonus Plus gemäß § 33 Abs. 3a berücksichtigt wurde, aber die Voraussetzungen nicht vorlagen oder wenn sich ergibt, dass ein nicht zustehender Betrag berücksichtigt wurde.

*(BGBl I 2018/62)*

13.[a)] im Kalenderjahr ein Homeoffice-Pauschale gemäß § 26 Z 9 ~~von mehreren Arbeitgebern~~ in einer insgesamt nicht zustehenden Höhe steuerfrei belassen wurde.

*(BGBl I 2021/52, BGBl I 2022/108 ab 1.1.2024)*

[a)] Tritt mit 1. Jänner 2024 außer Kraft.

**„14. im Kalenderjahr mehr als 3 000 Euro Gewinnbeteiligung gemäß § 3 Abs. 1 Z 35 steuerfrei berücksichtigt wurde,**

*(BGBl I 2022/108 ab Veranlagung 2022)*

**15. gemäß § 26 Z 5 lit. b eine Wochen-, Monats- oder Jahreskarte für ein Massenbeförderungsmittel zur Verfügung gestellt wurde oder Kosten einer solchen Karte übernommen wurden, aber die Voraussetzungen nicht vorlagen oder ein nicht zustehender Betrag unversteuert belassen wurde.“**

*(BGBl I 2022/108 ab Veranlagung 2022)*

§ 39 Abs. 1 dritter Satz ist anzuwenden.

(2)

1. Liegen die Voraussetzungen des Abs. 1 nicht vor, hat das Finanzamt auf Antrag des Steuerpflichtigen eine Veranlagung vorzunehmen, wenn der Antrag innerhalb von fünf Jahren ab dem Ende des Veranlagungszeitraums gestellt wird (Antragsveranlagung). § 39 Abs. 1 dritter Satz ist anzuwenden.

2. Wurde bis Ende des Monats Juni keine Abgabenerklärung für das vorangegangene Veranlagungsjahr eingereicht, hat das Finanzamt von Amts wegen eine antragslose Veranlagung vorzunehmen, sofern der Abgabepflichtige nicht darauf verzichtet hat. Dabei gilt Folgendes::

a) Folgende Voraussetzungen müssen vorliegen:

– Aufgrund der Aktenlage ist anzunehmen, dass der Gesamtbetrag der zu veranlagenden Einkünfte ausschließlich aus lohnsteuerpflichtigen Einkünften besteht.

– Aus der Veranlagung resultiert eine Steuergutschrift **„von zumindest fünf Euro“**.

– Aufgrund der Aktenlage ist nicht anzunehmen, dass die zustehende Steuergutschrift höher ist als jene, die sich aufgrund der übermittelten Daten gemäß **„§ 18 Abs. 1 Z 10 und Abs. 8“**, § 35 Abs. 8 und § 84 ergeben würde.

*(BGBl I 2016/117, BGBl I 2022/108 ab Veranlagung 2022)*

b) Wurde bis zum Ablauf des dem Veranlagungszeitraum zweitfolgenden Kalenderjahres keine Abgabenerklärung für den betroffenen Veranlagungszeitraum abgegeben, ist jedenfalls eine antragslose Veranlagung durchzuführen, wenn sich nach der Aktenlage eine Steuergutschrift ergibt.

c) Wird nach erfolgter antragsloser Veranlagung innerhalb der Frist der Z 1 eine Abgabenerklärung abgegeben, hat das Finanzamt darüber zu entscheiden und gleichzeitig damit den gemäß lit. a oder lit. b ergangenen Bescheid aufzuheben.

*(BGBl I 2018/62)*

**„d) Wurde der Bescheid aus der antragslosen Veranlagung aufgrund nachträglich übermittelter Daten im Sinne von lit. a dritter Teilstrich durch einen neuen Bescheid ersetzt, der die Steuergutschrift gegenüber dem bisherigen Bescheid erhöht, sind lit. c und lit. e auch auf diesen Bescheid anzuwenden. Dies gilt nicht, wenn Abs. 1 zur Anwendung kommt.“**

*(BGBl I 2022/108 ab Veranlagung 2022)*

**„e)“** Der Bescheid auf Grund einer antragslosen Veranlagung ist ersatzlos aufzuheben, wenn dies in einer Beschwerde (§ 243 BAO) beantragt wird; die Beschwerde bedarf keiner Begründung.

*(BGBl I 2018/62, BGBl I 2022/108 ab Veranlagung 2022)*

**„f)“** Die Steuererklärungspflicht (§ 42) bleibt auch nach Vornahme der Veranlagung aufrecht.

*(BGBl I 2018/62, BGBl I 2022/108 ab Veranlagung 2022)*

*(BGBl I 2018/62)*

*(BGBl I 2015/118)*

(2a) Abs. 2 Z 2 ist nicht anzuwenden, wenn der Verdacht besteht, dass der Steuerpflichtige Dienstnehmer eines Scheinunternehmers gemäß § 8 des Sozialbetrugsbekämpfungsgesetzes – SBBG, BGBl. I Nr. 113/2015, ist, Zweifel an der Identität des Steuerpflichtigen oder der Bevollmächtigung seines steuerlichen Vertreters bestehen, oder sonstige schwerwiegende Bedenken gegen die Anwendung von Abs. 2 Z 2 bestehen.

*(BGBl I 2015/118)*

(3) Sind im Einkommen lohnsteuerpflichtige Einkünfte enthalten, ist von den anderen Einkünften ein Veranlagungsfreibetrag bis zu 730 Euro abzuziehen. Dies gilt nicht für Einkünfte aus Kapitalvermögen im Sinne des § 27a Abs. 1. Der

Freibetrag vermindert sich um jenen Betrag, um den die anderen Einkünfte 730 Euro übersteigen.

(4) Bei der Ermittlung der Einkünfte aus nichtselbständiger Arbeit bleiben Bezüge, die nach § 67 Abs. 1 oder § 68 steuerfrei bleiben oder mit den festen Sätzen des § 67 oder mit den Pauschsätzen des § 69 Abs. 1 zu versteuern waren, außer Ansatz. Die Steuer, die auf sonstige Bezüge innerhalb des Jahressechstels gemäß § 67 Abs. 1 und 2 und auf Bezüge gemäß § 67 Abs. 5 zweiter Teilstrich, die gemäß § 67 Abs. 1 zu versteuern sind, entfällt, ist aber gemäß § 67 Abs. 1 und 2 neu zu berechnen, wenn diese sonstigen Bezüge 2 100 Euro übersteigen. Die Bemessungsgrundlage sind die sonstigen Bezüge innerhalb des Jahressechstels gemäß § 67 Abs. 1 und 2 sowie die Bezüge gemäß § 67 Abs. 5 zweiter Teilstrich, die gemäß § 67 Abs. 1 zu versteuern sind, abzüglich der darauf entfallenden Beiträge gemäß § 62 Z 3, 4 und 5. Bis zu einem Jahressechstel von 25 000 Euro beträgt die Steuer 6% der 620 Euro übersteigenden Bemessungsgrundlage, jedoch höchstens 30% der 2 000 Euro übersteigenden Bemessungsgrundlage. Ungeachtet des vorläufigen Steuerabzugs gemäß § 69 Abs. 2 und 3 gilt ein Siebentel dieser Bezüge als ein Bezug, der mit dem festen Steuersatz des § 67 Abs. 1 zu versteuern war und von dem 6% Lohnsteuer einbehalten wurde. Ein Siebentel der Bezüge gemäß § 69 Abs. 5 und 7 gilt als Bezug, der mit dem festen Steuersatz des § 67 Abs. 1 zu versteuern ist.

### Steuererklärungspflicht

**§ 42.** (1) Der unbeschränkt Steuerpflichtige hat eine Steuererklärung für das abgelaufene Kalenderjahr (Veranlagungszeitraum) abzugeben, wenn

1. er vom Finanzamt dazu aufgefordert wird oder
2. das Einkommen ganz oder teilweise aus Einkünften im Sinne des § 2 Abs. 3 Z 1 bis 3 bestanden hat und der Gewinn auf Grund eines Betriebsvermögensvergleiches zu ermitteln war oder ermittelt worden ist oder
3. ~~wenn~~ das Einkommen, in dem keine lohnsteuerpflichtigen Einkünfte enthalten sind, mehr als 11 000 Euro betragen hat; liegen die Voraussetzungen des **„§ 41 Abs. 1 Z 1, 2, 5, 6, 7, 12, 13, 14 oder 15"** vor, so besteht Erklärungspflicht dann, wenn das zu veranlagende Einkommen mehr als 12 000 Euro betragen hat, oder

   *(BGBl I 2022/108 ab Veranlagung 2022)*
4. ~~wenn~~ Einkünfte aus Kapitalvermögen im Sinne des § 27a Abs. 1 oder entsprechende betriebliche Einkünfte vorliegen, die keinem Kapitalertragsteuerabzug unterliegen, es sei denn, eine Regelbesteuerung gemäß § 27a Abs. 5 ergäbe keine Steuerpflicht, oder

   *(BGBl I 2022/108 ab 20.7.2022)*
5. ~~wenn~~ Einkünfte aus privaten Grundstücksveräußerungen im Sinne des § 30 erzielt werden, für die keine Immobilienertragsteuer gemäß § 30c Abs. 2 entrichtet wurde, oder wenn keine Abgeltung gemäß § 30b Abs. 2 gegeben ist.

   *(BGBl I 2022/108 ab 20.7.2022)*

Die Übermittlung der Steuererklärung hat elektronisch zu erfolgen. Ist dem Steuerpflichtigen die elektronische Übermittlung der Steuererklärung mangels technischer Voraussetzungen unzumutbar, hat die Übermittlung der Steuererklärung unter Verwendung des amtlichen Vordrucks zu erfolgen. Der Bundesminister für Finanzen wird ermächtigt, den Inhalt und das Verfahren der elektronischen Übermittlung der Steuererklärung mit Verordnung festzulegen. In der Verordnung kann vorgesehen werden, dass sich der Steuerpflichtige einer bestimmten geeigneten öffentlich-rechtlichen oder privatrechtlichen Übermittlungsstelle zu bedienen hat.

(2) Der beschränkt Steuerpflichtige hat eine Steuererklärung über die inländischen Einkünfte für das abgelaufene Kalenderjahr (Veranlagungszeitraum) abzugeben, wenn er vom Finanzamt dazu aufgefordert wird oder wenn die gesamten inländischen Einkünfte, die gemäß § 102 zur Einkommensteuer zu veranlagen sind, mehr als 2.000 Euro betragen.

### Steuererklärung bei Feststellung von Einkünften

**§ 43.** (1) Die zur Geschäftsführung oder Vertretung einer Gesellschaft oder Gemeinschaft befugten Personen sind, wenn die Einkünfte festzustellen sind (§ 188 BAO), verpflichtet, eine Steuererklärung zur Feststellung der Einkünfte der einzelnen Beteiligten abzugeben.

(2) Die Übermittlung der Steuererklärung hat elektronisch zu erfolgen. Ist die elektronische Übermittlung der Steuererklärung mangels technischer Voraussetzungen unzumutbar, hat die Übermittlung der Steuererklärung unter Verwendung des amtlichen Vordrucks zu erfolgen. Der Bundesminister für Finanzen wird ermächtigt, den Inhalt und das Verfahren der elektronischen Übermittlung der Steuererklärung mit Verordnung festzulegen. In der Verordnung kann vorgesehen werden, dass sich die zur Übermittlung verpflichteten Personen einer bestimmten geeigneten öffentlich-rechtlichen oder privatrechtlichen Übermittlungsstelle zu bedienen haben.

(3) (aufgehoben)

### Form der Steuererklärungen

**§ 44.** (1) Wer Bücher führt und regelmäßig Abschlüsse macht, muss anlässlich der Einreichung der Steuererklärung der Abgabenbehörde eine Abschrift der Vermögensübersicht (Jahresabschluss, Bilanz) und der Gewinn- und Verlustrechnung vorlegen. Diese müssen auf dem Zahlenwerk der Buchführung beruhen.

(2) Beträge, die in den Übersichten nicht den steuerlichen Erfordernissen entsprechen, sind durch geeignete Zusätze oder Anmerkungen diesen anzupassen, wenn nicht eine besondere Übersicht

mit dem Zusatz „für steuerliche Zwecke“ beigefügt wird.

(3) Liegen Jahresberichte (Geschäftsberichte) oder Treuhandberichte (Wirtschaftsprüfungsberichte) vor, so müssen diese anlässlich der Einreichung der Steuererklärung der Abgabenbehörde vorgelegt werden.

(4) Wer den Gewinn gemäß § 4 Abs. 3 ermittelt, muss nach der in der Steuererklärung vorgesehenen gruppenweisen Gliederung die Betriebseinnahmen und Betriebsausgaben ausweisen.

(5) Wer Einkünfte aus Vermietung und Verpachtung erzielt, muss nach der in der Steuererklärung vorgesehenen gruppenweisen Gliederung die Einnahmen und Werbungskosten ausweisen.

(6) Hat eine natürliche Person, eine Personengesellschaft oder eine juristische Person, die geschäftsmäßig Hilfe in Steuersachen leistet, bei der Anfertigung der Anlagen (Abs. 1 bis 5) mitgewirkt, so sind ihr Name und ihre Anschrift in der Steuererklärung anzugeben.

(7) In der Einkommensteuererklärung ist die Versicherungsnummer gemäß § 31 ASVG anzuführen.

(8) Der Bundesminister für Finanzen wird ermächtigt, die Übermittlung der in Abs. 1 und 3 genannten Unterlagen auf elektronischem Weg vorzusehen. Inhalt und Verfahren der elektronischen Übermittlung sind mit Verordnung festzulegen. In der Verordnung kann vorgesehen werden, dass sich der Steuerpflichtige einer bestimmten geeigneten öffentlich-rechtlichen oder privatrechtlichen Übermittlungsstelle zu bedienen hat. Im Fall einer der Verordnung entsprechenden elektronischen Übermittlung müssen die genannten Unterlagen der Abgabenbehörde anlässlich der Einreichung der Steuererklärung nicht vorgelegt werden.

### Vorauszahlungen

**§ 45.** (1) Der Steuerpflichtige hat auf die Einkommensteuer nach dem allgemeinen Steuertarif und nach einem besonderen Steuersatz gemäß § 27a Vorauszahlungen zu entrichten. Vorauszahlungen sind auf volle Euro abzurunden. Für Lohnsteuerpflichtige sind Vorauszahlungen nur in den Fällen des § 41 Abs. 1 Z 1 und 2 festzusetzen. Die Vorauszahlung für ein Kalenderjahr wird wie folgt berechnet:

– Einkommensteuerschuld für das letztveranlagte Kalenderjahr abzüglich der Beträge gemäß § 46 Abs. 1 Z 2 und Z 3.
– Der so ermittelte Betrag wird, wenn die Vorauszahlung erstmals für das dem Veranlagungszeitraum folgende Kalenderjahr wirkt, um 4%, wenn sie erstmals für ein späteres Kalenderjahr wirkt, um weitere 5% für jedes weitere Jahr erhöht.

Scheiden Einkünfte, die der Veranlagung zugrunde gelegt wurden, für den Vorauszahlungszeitraum infolge gesetzlicher Maßnahmen aus der Besteuerung aus, kann die Vorauszahlung pauschal mit einem entsprechend niedrigeren Betrag festgesetzt werden. Vorauszahlungen, deren Jahresbetrag 300 Euro nicht übersteigen würde, sind mit Null festzusetzen.

*(BGBl I 2015/118)*

(2) Die Vorauszahlungen sind zu je einem Viertel am 15. Februar, 15. Mai, 15. August und 15. November zu leisten.

(3) Bereits fällig gewordene oder innerhalb eines Monates ab Bekanntgabe einer Erhöhung der Vorauszahlungen fällig werdende Vorauszahlungsteilbeträge werden durch eine Änderung in der Höhe der Vorauszahlung (Abs. 1) nicht berührt. Der Unterschiedsbetrag ist, sofern er nicht eine Gutschrift ergibt, erst bei Fälligkeit des nächsten Vorauszahlungsteilbetrages auszugleichen (Ausgleichsviertel). Nach dem 30. September darf das Finanzamt Bescheide über die Änderung der Vorauszahlung für das laufende Kalenderjahr nicht mehr erlassen; dies gilt nicht für Bescheide auf Grund eines Antrages, den der Steuerpflichtige bis zum 30. September gestellt hat, sowie für eine Änderung in einem Rechtsmittelverfahren. Erfolgt die Bekanntgabe von Bescheiden über die Erhöhung oder die erstmalige Festsetzung der Vorauszahlung nach dem 15. Oktober, dann ist der Unterschiedsbetrag (der Jahresbetrag der Vorauszahlung) innerhalb eines Monates nach Bekanntgabe des Bescheides zu entrichten.

(4) Das Finanzamt kann die Vorauszahlung der Steuer anpassen, die sich für das laufende Kalenderjahr voraussichtlich ergeben wird. Dabei ist Abs. 3 anzuwenden. Scheiden Einkünfte, die der Veranlagung zugrunde gelegt wurden, für den Vorauszahlungszeitraum infolge gesetzlicher Maßnahmen aus der Besteuerung aus, so kann die Vorauszahlung pauschal entsprechend angepaßt werden. Dabei sind Abs. 1 und Abs. 3 anzuwenden.

(5) Ist ein Steuerpflichtiger von Katastrophenschäden (insbesondere Hochwasser-, Erdrutsch-, Vermurungs- und Lawinenschäden) betroffen, kann ein Antrag auf eine Änderung der Vorauszahlung abweichend von Abs. 3 bis zum 31. Oktober gestellt werden.

### Abschlußzahlungen

**§ 46.** (1) Auf die Einkommensteuerschuld werden angerechnet:

1. Die für den Veranlagungszeitraum festgesetzten Vorauszahlungen,
2. die besondere Vorauszahlung gemäß § 30b Abs. 4 und die Immobilienertragsteuer gemäß § 30b Abs. 1, soweit sie auf veranlagte Einkünfte entfällt,
3. die durch Steuerabzug einbehaltenen Beträge, soweit sie auf veranlagte Einkünfte entfallen „ ,“

*(BGBl I 2022/108 ab 20.7.2022)*

**„4. bei unbeschränkt Steuerpflichtigen die durch Steuerabzug vom Arbeitslohn (Lohnsteuer) einbehaltenen Beträge, die auf jenen Teil des Arbeitslohns entfallen, der bei der Berechnung der Einkommensteuer unter**

**Berücksichtigung eines Abkommens zur Vermeidung der Doppelbesteuerung oder einer Maßnahme gemäß § 48 Abs. 5 BAO aus der inländischen Steuerbemessungsgrundlage auszuscheiden ist.“**

*(BGBl I 2022/108 ab 20.7.2022)*

Lohnsteuer, die im Haftungsweg (§ 82) beim Arbeitgeber nachgefordert wurde, ist nur insoweit anzurechnen, als sie dem Arbeitgeber vom Arbeitnehmer ersetzt wurde.

(2) Ist die Einkommensteuerschuld kleiner als die Summe der Beträge, die nach Abs. 1 anzurechnen sind, so wird der Unterschiedsbetrag gutgeschrieben.

## 5. TEIL
## STEUERABZUG VOM ARBEITSLOHN (LOHNSTEUER)

### Arbeitgeber, Arbeitnehmer

**§ 47.** (1) Arbeitnehmer ist eine natürliche Person, die Einkünfte aus nichtselbständiger Arbeit bezieht. Arbeitgeber ist, wer Arbeitslohn im Sinne des § 25 auszahlt. Besteht im Inland eine Betriebsstätte (§ 81) des Arbeitgebers, wird bei Einkünften aus nichtselbständiger Arbeit (§ 25) die Einkommensteuer durch Abzug vom Arbeitslohn erhoben (Lohnsteuer). Besteht im Inland keine Betriebsstätte (§ 81) des Arbeitgebers gilt Folgendes:

a) für Bezüge und Vorteile aus ausländischen Einrichtungen im Sinne des § 5 Z 4 des Pensionskassengesetzes (§ 25) ist die Einkommensteuer durch Abzug vom Arbeitslohn (Lohnsteuer) zu erheben.

   *(BGBl I 2021/3)*

b) für Einkünfte aus nichtselbständiger Arbeit (§ 25) kann die Einkommensteuer durch Abzug vom Arbeitslohn (Lohnsteuer) erhoben werden. Wenn die Abfuhr der Lohnsteuer erfolgt, sind die Einkünfte wie lohnsteuerpflichtige Einkünfte zu behandeln und der Arbeitgeber hat die Pflichten gemäß § 76 bis § 79, § 84 und § 87 wahrzunehmen;

   *(BGBl I 2021/3)*

c) für Einkünfte aus nichtselbständiger Arbeit (§ 25) von unbeschränkt steuerpflichtigen Arbeitnehmern, die ihren Mittelpunkt der Tätigkeit für mehr als sechs Monate im Kalenderjahr in Österreich haben, hat der Arbeitgeber dem Finanzamt eine Lohnbescheinigung gemäß § 84a zu übermitteln, außer es kommt lit. b zur Anwendung.

   *(BGBl I 2021/3)*

*(BGBl I 2019/91)*

(2) Ein Dienstverhältnis liegt vor, wenn der Arbeitnehmer dem Arbeitgeber seine Arbeitskraft schuldet. Dies ist der Fall, wenn die tätige Person in der Betätigung ihres geschäftlichen Willens unter der Leitung des Arbeitgebers steht oder im geschäftlichen Organismus des Arbeitgebers dessen Weisungen zu folgen verpflichtet ist. Ein Dienstverhältnis ist weiters dann anzunehmen, wenn bei einer Person, die an einer Kapitalgesellschaft nicht wesentlich im Sinne des § 22 Z 2 beteiligt ist, die Voraussetzungen des § 25 Abs. 1 Z 1 lit. b vorliegen. Ein Dienstverhältnis ist weiters bei Personen anzunehmen, die Bezüge gemäß § 25 Abs. 1 Z 4 und 5 beziehen.

(3) Werden Pensionen aus der gesetzlichen Sozialversicherung sowie Bezüge oder Vorteile aus einem früheren Dienstverhältnis im Sinne des § 25 Abs. 1 Z 1 bis 4 gemeinsam mit anderen gesetzlichen Pensionen oder Bezügen und Vorteilen aus einem früheren Dienstverhältnis ausgezahlt, dann sind die Pflichten des Arbeitgebers hinsichtlich des Steuerabzugs vom Arbeitslohn für die gemeinsam ausgezahlten Beträge ausschließlich von der auszahlenden Stelle wahrzunehmen. Über die ausgezahlten Bezüge ist ein einheitlicher Lohnzettel auszustellen.

(4) Der Bundesminister für Finanzen kann anordnen, dass bei getrennter Auszahlung von zwei oder mehreren Pensionen aus der gesetzlichen Sozialversicherung, gleichartigen Bezügen aus Versorgungs- und Unterstützungseinrichtungen der Kammern der selbständig Erwerbstätigen, von inländischen Pensionskassen, von Bezügen aus betrieblichen Kollektivversicherungen im Sinne des § 93 des VAG 2016, von Bezügen oder Vorteilen aus einem früheren Dienstverhältnis bei Körperschaften öffentlichen Rechts im Sinne des § 25 Abs. 1 Z 1 bis 4 sowie von Bezügen aus einer gesetzlichen Unfallversorgung und dem Grunde und der Höhe nach gleichartigen Bezügen aus Versorgungs- und Unterstützungseinrichtungen der Kammern der selbständig Erwerbstätigen eine der auszahlenden Stellen die gemeinsame Versteuerung dieser Bezüge vornimmt. In diesem Fall hat die die gemeinsame Versteuerung durchführende auszahlende Stelle einen einheitlichen Lohnzettel auszustellen.

*(BGBl I 2015/34)*

(5) Werden Bezüge oder Vorteile aus einem früheren Dienstverhältnis neben einer Pension aus der gesetzlichen Sozialversicherung ausbezahlt, so kann der Sozialversicherungsträger eine gemeinsame Versteuerung dieser Bezüge vornehmen. In diesem Fall hat der Sozialversicherungsträger einen einheitlichen Lohnzettel auszustellen.

### Barzahlungsverbot von Arbeitslohn in der Bauwirtschaft

**§ 48.** Geldzahlungen von Arbeitslohn gemäß § 25 Abs. 1 Z 1 lit. a an zur Erbringung von Bauleistungen nach § 19 Abs. 1a UStG 1994 beschäftigte Arbeitnehmer dürfen nicht in bar geleistet oder entgegengenommen werden, wenn der Arbeitnehmer über ein bei einem Kreditinstitut geführtes Girokonto verfügt oder einen Rechtsanspruch auf ein solches hat.

*(BGBl I 2015/118)*

**§§ 49 bis 61.** (aufgehoben)

### Berücksichtigung besonderer Verhältnisse

**§ 62.** Beim Steuerabzug vom Arbeitslohn sind

vor Anwendung des Lohnsteuertarifes (§ 66) vom Arbeitslohn abzuziehen:

1. Der Pauschbetrag für Werbungskosten (§ 16 Abs. 3),
2. der Pauschbetrag für Sonderausgaben (§ 18 Abs. 2),
3. Pflichtbeiträge zu gesetzlichen Interessenvertretungen auf öffentlich-rechtlicher Grundlage, soweit sie nicht auf Bezüge entfallen, die mit einem festen Steuersatz im Sinne des § 67 zu versteuern sind, und vom Arbeitgeber einbehaltene Beiträge für die freiwillige Mitgliedschaft bei Berufsverbänden und Interessenvertretungen,
4. vom Arbeitgeber einbehaltene Beiträge im Sinne des § 16 Abs. 1 Z 4, soweit sie nicht auf Bezüge entfallen, die mit einem festen Steuersatz im Sinne des § 67 zu versteuern sind,
5. der entrichtete Wohnbauförderungsbeitrag im Sinne des § 16 Abs. 1 Z 5, soweit er nicht auf Bezüge entfällt, die mit einem festen Steuersatz im Sinne des § 67 zu versteuern sind,
6. der sich gemäß § 16 Abs. 1 Z 6 ergebende Pauschbetrag und Kosten gemäß § 16 Abs. 1 Z 6 lit. i letzter Satz,
7. die Erstattung (Rückzahlung) von Arbeitslohn gemäß § 16 Abs. 2 zweiter Satz,
8. Freibeträge auf Grund eines Freibetragsbescheides (§ 63),
9. ein gemäß § 103 Abs. 1a gewährter Zuzugsfreibetrag,

   *(BGBl I 2015/118, BGBl I 2016/117)*
10. Freibeträge gemäß §§ 35 und 105 von jenem Arbeitgeber, der Bezüge aus einer gesetzlichen Sozialversicherung oder Ruhegenussbezüge einer Gebietskörperschaft im Sinne des § 25 Abs. 1 Z 1, 3 oder 4 auszahlt, wenn eine diesbezügliche Bescheinigung vorgelegt wurde. Hat der Steuerpflichtige keinen Anspruch auf den Alleinverdienerabsetzbetrag, sind die Freibeträge gemäß § 35 für den (Ehe-)Partner nur zu berücksichtigen, wenn der Steuerpflichtige erklärt, dass die Voraussetzungen im Sinne des § 35 Abs. 1 dritter Teilstrich vorliegen. Bei mehreren Pensions- oder Ruhegenussbezügen darf die Bescheinigung nur einer auszahlenden Stelle vorgelegt werden.
11. Der Pauschbetrag für Werbungskosten gemäß § 17 Abs. 6 iVm § 1 Z 11 der Verordnung des Bundesministers für Finanzen über die Aufstellung von Durchschnittssätzen für Werbungskosten, BGBl. II Nr. 382/2001.

   *(BGBl I 2015/118)*

**§ 62a.** (1) In folgenden Fällen gilt ein Nettoarbeitslohn als vereinbart:

1. Der Arbeitgeber hat die Anmeldeverpflichtung des § 33 ASVG nicht erfüllt und die Lohnsteuer nicht vorschriftsmäßig einbehalten und abgeführt.
2. Der Arbeitgeber hat den gezahlten Arbeitslohn (einschließlich sonstiger Bezüge und Vorteile im Sinne des § 25) nicht im Lohnkonto (§ 76) erfasst, die Lohnsteuer nicht oder nicht vollständig einbehalten und abgeführt, obwohl er weiß oder wissen musste, dass dies zu Unrecht unterblieben ist, und er kann eine Bruttolohnvereinbarung nicht nachweisen.
3. Der Arbeitnehmer wird gemäß § 83 Abs. 3 unmittelbar als Steuerschuldner in Anspruch genommen.

(2) Die Annahme einer Nettolohnvereinbarung gilt nicht,

– wenn für die erhaltenen Bezüge die Meldepflichten gemäß den §§ 119 ff BAO oder § 18 GSVG erfüllt wurden
– für geldwerte Vorteile gemäß § 15 Abs. 2.

*(BGBl I 2016/117)*

### Freibetragsbescheid

**§ 63.** (1) Das Finanzamt hat für die Berücksichtigung bestimmter Werbungskosten, Sonderausgaben und außergewöhnlicher Belastungen beim Steuerabzug vom Arbeitslohn gemeinsam mit einem Veranlagungsbescheid einen Freibetragsbescheid und eine Mitteilung zur Vorlage beim Arbeitgeber zu erlassen. Der Freibetragsbescheid und eine Mitteilung sind jeweils für das dem Veranlagungszeitraum zweitfolgende Jahr zu erstellen, wenn bei der Veranlagung mindestens einer der folgenden Beträge berücksichtigt wurde:

1. Werbungskosten, die weder gemäß § 62 noch gemäß § 67 Abs. 12 oder § 77 Abs. 3 zu berücksichtigen sind,
2. Sonderausgaben im Sinne des § 18 Abs. 1 Z 2 und 3, soweit sie den Jahrespauschbetrag gemäß § 18 Abs. 2 übersteigen, sowie Beiträge für eine freiwillige Weiterversicherung einschließlich des Nachkaufs von Versicherungszeiten in der gesetzlichen Pensionsversicherung und vergleichbarer Beiträge an Versorgungs- und Unterstützungseinrichtungen der Kammern der selbständig Erwerbstätigen, weiters Sonderausgaben im Sinne des § 18 Abs. 1 Z 1, 6 und 7. Sonderausgaben im Sinne des § 18 Abs. 1 Z 2 und 3 sind letztmalig bei Freibetragsbescheiden zu berücksichtigen, die für das Kalenderjahr 2020 erstellt werden.

   *(BGBl I 2015/118)*
3. außergewöhnliche Belastungen gemäß § 34 Abs. 6 mit Ausnahme von Aufwendungen zur Beseitigung von Katastrophenschäden,
4. Freibeträge gemäß §§ 35 und 105, sofern sie nicht gemäß § 62 vom Arbeitgeber berücksichtigt werden.

Dem Freibetragsbescheid sind die gemäß Z 1 bis 4 im Einkommensteuerbescheid berücksichtigten Beträge zugrunde zu legen.

Ein Freibetragsbescheid ist jedoch nicht zu erlassen:

– Nach dem 30. November des Kalenderjahres, für das der Freibetragsbescheid zu ergehen hätte,
– bei Wegfall der unbeschränkten Steuerpflicht,
– bei einem jährlichen Freibetrag unter 90 Euro,
– wenn bei jener Veranlagung, auf Grund derer ein Freibetragsbescheid zu erlassen wäre, die Einkommensteuer die angerechnete Lohnsteuer übersteigt und Vorauszahlungen festgesetzt werden.

(2) Auf Antrag des Arbeitnehmers hat das Finanzamt keinen Freibetragsbescheid zu erlassen oder einen betragsmäßig niedrigeren als den sich gemäß Abs. 1 ergebenden Freibetrag festzusetzen.

(3) Auf der Mitteilung zur Vorlage beim Arbeitgeber sind der Freibetrag sowie das Kalenderjahr, für das der Freibetrag festgesetzt wurde, auszuweisen.

(4) Das Finanzamt hat auf Antrag des Arbeitnehmers losgelöst von einem Veranlagungsverfahren einen Freibetragsbescheid für das laufende Kalenderjahr zu erlassen, wenn glaubhaft gemacht wird, dass im Kalenderjahr

– zusätzliche Werbungskosten im Sinne des Abs. 1 Z 1 von mindestens 900 Euro oder
– Aufwendungen zur Beseitigung von Katastrophenschäden im Sinne des § 34 Abs. 6 vorliegen.

Der Antrag muss bis zum 31. Oktober gestellt werden. Gleichzeitig mit der Erlassung eines solchen Freibetragsbescheides ist eine Mitteilung zur Vorlage beim Arbeitgeber im Sinne des Abs. 1 zu erstellen. Die Einschränkung des Abs. 1 Z 3 ist bei diesem Freibetragsbescheid nicht anzuwenden.

(5) Wird der einem Freibetragsbescheid zugrundeliegende Einkommensteuerbescheid abgeändert, so sind der Freibetragsbescheid und die Mitteilung zur Vorlage beim Arbeitgeber anzupassen.

(6) Wurde für ein Kalenderjahr ein Freibetragsbescheid erlassen, ist dieser mit Erlassung eines neuen Freibetragsbescheides zu widerrufen. Der Widerruf ist auch auf der Mitteilung zur Vorlage beim Arbeitgeber anzuführen.

(7) Für beschränkt steuerpflichtige Arbeitnehmer und für Arbeitnehmer, die gemäß § 1 Abs. 4 als unbeschränkt steuerpflichtig behandelt werden, ist kein Freibetragsbescheid zu erstellen.

(8) Das Finanzamt kann abweichend von den Bestimmungen im Abs. 1 bei Aufwendungen im Sinne des Abs. 1 Z 1 und 2 gegenüber den bei der Veranlagung berücksichtigten Beträgen niedrigere Beträge als Freibeträge festsetzen, wenn die berücksichtigten Aufwendungen offensichtlich nur einmalig und nicht wiederkehrend getätigt werden.

#### Berücksichtigung des Freibetragsbescheides

**§ 64.** (1) Der Arbeitgeber hat den auf der Mitteilung zur Vorlage beim Arbeitgeber (§ 63) ausgewiesenen Freibetrag beim Steuerabzug vom Arbeitslohn zu berücksichtigen und die Mitteilung zum Lohnkonto zu nehmen. Der Arbeitnehmer kann auf der Mitteilung zur Vorlage beim Arbeitgeber erklären, daß anstelle des ausgewiesenen Freibetrages ein niedrigerer Betrag bei der Lohnverrechnung zu berücksichtigen ist.

(2) Wechselt der Arbeitnehmer während des Kalenderjahres den Arbeitgeber, so hat dieser auf dem Lohnkonto und dem Lohnzettel die Summe der bisher berücksichtigten Freibeträge auszuweisen und dem Arbeitnehmer die Mitteilung zur Vorlage beim Arbeitgeber auszuhändigen.

**§ 65.** (außerkraftgetreten)

#### Lohnsteuertarif

**§ 66.** (1) Die Lohnsteuer wird durch die Anwendung des Einkommensteuertarifes (§ 33) auf das hochgerechnete Jahreseinkommen (Abs. 2) ermittelt. Der sich dabei ergebende Betrag ist nach Abzug der Absetzbeträge gemäß § 33 Abs. 3a Z 1 bis Z 3, Abs. 4 Z 1, Z 2 und Z 4, Abs. 5 Z 1, Z 2 und Z 4 und Abs. 6 durch den Hochrechnungsfaktor (Abs. 3) zu dividieren und auf volle Cent zu runden.

*(BGBl I 2018/62, BGBl I 2019/103)*

(2) Das hochgerechnete Jahreseinkommen ergibt sich aus der Multiplikation des zum laufenden Tarif zu versteuernden Arbeitslohnes abzüglich jener Werbungskosten, die sich auf den Lohnzahlungszeitraum beziehen, mit dem Hochrechnungsfaktor. Vom sich ergebenden Betrag sind die auf das gesamte Jahr bezogenen Beträge abzuziehen.

(3) Der Hochrechnungsfaktor ist der Kehrwert des Anteils des Lohnzahlungszeitraumes (§ 77) am Kalenderjahr, wobei das Jahr zu 360 Tagen bzw. zwölf Monaten zu rechnen ist. Ist der Lohnzahlungszeitraum kürzer als ein Kalendermonat, sind arbeitsfreie Tage miteinzubeziehen.

#### Sonstige Bezüge

**§ 67.** (1) Erhält der Arbeitnehmer neben dem laufenden Arbeitslohn von demselben Arbeitgeber sonstige, insbesondere einmalige Bezüge (zum Beispiel 13. und 14. Monatsbezug, Belohnungen), beträgt die Lohnsteuer für sonstige Bezüge innerhalb des Jahressechstels gemäß Abs. 2 nach Abzug der in Abs. 12 genannten Beträge

1. für die ersten 620 Euro .......................... 0%,
2. für die nächsten 24 380 Euro .................. 6%,
3. für die nächsten 25 000 Euro ............... 27%,
4. für die nächsten 33 333 Euro ........... 35,75%.

Die Besteuerung der sonstigen Bezüge mit diesen festen Steuersätzen unterbleibt, wenn das Jahressechstel gemäß Abs. 2 höchstens 2 100 Euro beträgt. Der Freibetrag von 620 Euro und die Freigrenze von 2 100 Euro sind bei Bezügen gemäß Abs. 3, Abs. 4, Abs. 5 erster Teilstrich, Abs. 6 bis 8 und Abs. 10 nicht zu berücksichtigen.

(2) Das Jahressechstel beträgt ein Sechstel der bereits zugeflossenen, auf das Kalenderjahr umgerechneten laufenden Bezüge. Soweit die sonstigen Bezüge gemäß Abs. 1 mehr als das Jahressechstel oder nach Abzug der in Abs. 12 genannten Beträge mehr als 83 333 Euro betragen, sind diese übersteigenden Bezüge im Auszahlungsmonat

nach Abs. 10 zu besteuern. Bei der Berechnung des Jahressechstels ist jener laufende Bezug, der zusammen mit dem sonstigen Bezug ausgezahlt wird, bereits zu berücksichtigen. Wird ein sonstiger Bezug in einem Kalenderjahr vor Fälligkeit des ersten laufenden Bezuges ausgezahlt, ist dieser erste laufende Bezug in seiner voraussichtlichen Höhe auf das Kalenderjahr umzurechnen. Steuerfreie laufende Bezüge gemäß § 3, ausgenommen laufende Einkünfte gemäß § 3 Abs. 1 Z 10, 11 und 15 lit. a, erhöhen nicht das Jahressechstel, steuerfreie sonstige Bezüge gemäß § 3, ausgenommen sonstige Einkünfte gemäß § 3 Abs. 1 Z 10 und 11, werden auf das Jahressechstel nicht angerechnet. Der Arbeitgeber darf in einem Kalenderjahr nicht mehr als ein Sechstel der im Kalenderjahr zugeflossenen laufenden Bezüge als sonstige Bezüge mit den festen Steuersätzen gemäß Abs. 1 besteuern (§ 77 Abs. 4a), davon ausgenommen sind die in § 77 Abs. 4a Z 1 lit. a bis lit. j genannten Fälle.

*(BGBl I 2019/103, BGBl I 2021/3)*

(3) Die Lohnsteuer von Abfertigungen, deren Höhe sich nach einem von der Dauer des Dienstverhältnisses abhängigen Mehrfachen des laufenden Arbeitslohnes bestimmt, wird so berechnet, daß die auf den laufenden Arbeitslohn entfallende tarifmäßige Lohnsteuer mit der gleichen Zahl vervielfacht wird, die dem bei der Berechnung des Abfertigungsbetrages angewendeten Mehrfachen entspricht. Ist die Lohnsteuer bei Anwendung des Steuersatzes von 6% niedriger, so erfolgt die Besteuerung der Abfertigungen mit 6%. Unter Abfertigung ist die einmalige Entschädigung durch den Arbeitgeber zu verstehen, die an einen Arbeitnehmer bei Auflösung des Dienstverhältnisses auf Grund

– gesetzlicher Vorschriften,
– Dienstordnungen von Gebietskörperschaften,
– aufsichtsbehördlich genehmigter Dienst(Besoldungs)ordnungen der Körperschaften des öffentlichen Rechts,
– eines Kollektivvertrages oder
– der für Bedienstete des Österreichischen Gewerkschaftsbundes geltenden Arbeitsordnung

zu leisten ist.

Die vorstehenden Bestimmungen sind auf

– Bezüge und Entschädigungen im Sinne des § 14 des Bezügegesetzes sowie gleichartige Bezüge und Entschädigungen auf Grund landesgesetzlicher Regelungen,
– Bezüge und Entschädigungen im Sinne des § 5 des Verfassungsgerichtshofgesetzes,
– Abfertigungen durch die Urlaubs- und Abfertigungskasse auf Grund des Bauarbeiter-Urlaubs- und Abfertigungsgesetzes, BGBl. Nr. 414/1972

anzuwenden. Die Lohnsteuer von Abfertigungen sowie von Kapitalbeträgen (§§ 55 und 67 BMSVG) aus BV-Kassen beträgt 6%. Wird der Abfertigungsbetrag oder der Kapitalbetrag an ein Versicherungsunternehmen zur Rentenauszahlung, an ein Kreditinstitut zum ausschließlichen Erwerb von Anteilen an einem prämienbegünstigten Pensionsinvestmentfonds (§ 108b in Verbindung mit § 17 BMSVG oder gleichartigen österreichischen Rechtsvorschriften) oder an eine Pensionskasse übertragen, fällt keine Lohnsteuer an. Die Kapitalabfertigung angefallener Renten unterliegt einer Lohnsteuer von 6%. Zusätzliche Abfertigungszahlungen im Sinne dieser Bestimmung für Zeiträume, für die ein Anspruch gegenüber einer BV-Kasse besteht, sind gemäß Abs. 10 zu versteuern.

(4) Die Lohnsteuer von Abfertigungen der Witwer- oder Witwenpensionen, die auf Grund bundes- oder landesgesetzlicher Vorschriften aus dem Grunde der Wiederverehelichung geleistet werden, wird so berechnet, daß die auf die letzte laufende Witwer- oder Witwenpension entfallende tarifmäßige Lohnsteuer mit der gleichen Zahl vervielfacht wird, die dem bei der Berechnung des Abfertigungsbetrages angewendeten Mehrfachen entspricht. Ist die Lohnsteuer bei Anwendung des Steuersatzes von 6% niedriger, so erfolgt die Besteuerung der Abfertigung der Witwer- oder Witwenpension mit 6%. Diese Bestimmungen sind auch anzuwenden

– auf die Ablösung von Witwer- oder Witwenpensionen auf Grund bundes- oder landesgesetzlicher Vorschriften oder auf die Ablösung von Witwer- oder Witwenpensionen auf Grund von Satzungen der Versorgungs- und Unterstützungseinrichtungen der Kammern der selbständig Erwerbstätigen sowie
– auf Abfindungen im Sinne des § 269 ASVG und vergleichbare Abfindungen an Hinterbliebene im Rahmen der gesetzlichen Pensionsversicherung oder vergleichbare Abfindungen an Hinterbliebene auf Grund von Satzungen der Versorgungs- und Unterstützungseinrichtungen der Kammern der selbständig Erwerbstätigen.

*(BGBl I 2018/62)*

(5) Für Arbeitnehmer, die dem Bauarbeiter-Urlaubs- und Abfertigungsgesetz (BUAG), BGBl. Nr. 414/1972, unterliegen, gilt Folgendes:

– Von dem Urlaubsentgelt, der Urlaubsersatzleistung oder der Abfindung gemäß den §§ 8 bis 10 BUAG und der Überbrückungsabgeltungen gemäß § 13m Abs. 1 und 3 BUAG, ist die Hälfte als sonstiger Bezug zu behandeln und mit 6% zu besteuern.
– Weitere sonstige Bezüge sind abweichend von Abs. 2 (Jahressechstel) insoweit gemäß Abs. 1 und 2 zu besteuern, als diese vor Abzug der in Abs. 12 genannten Beiträge innerhalb eines Kalenderjahres ein Zwölftel der bereits zugeflossenen, auf das Kalenderjahr umgerechneten, laufenden Bezüge nicht übersteigen. Übersteigende Beträge sind dem laufenden Bezug des Lohnzahlungszeitraumes zuzurechnen, in dem sie ausgezahlt werden.

*(BGBl I 2016/117, BGBl I 2021/71)*

(6) Sonstige Bezüge, die bei oder nach Beendigung des Dienstverhältnisses anfallen (wie zum Beispiel freiwillige Abfertigungen und Abfindun-

gen, ausgenommen von BV-Kassen ausbezahlte Abfertigungen und Zahlungen für den Verzicht auf Arbeitsleistung für künftige Lohnzahlungszeiträume), sind nach Maßgabe folgender Bestimmungen mit dem Steuersatz von 6% zu versteuern:

1. Der Steuersatz von 6% ist auf ein Viertel der laufenden Bezüge der letzten zwölf Monate, höchstens aber auf den Betrag anzuwenden, der dem Neunfachen der monatlichen Höchstbeitragsgrundlage gemäß § 108 ASVG entspricht.
2. Über das Ausmaß der Z 1 hinaus ist bei freiwilligen Abfertigungen der Steuersatz von 6% auf einen Betrag anzuwenden, der von der nachgewiesenen Dienstzeit abhängt. Bei einer nachgewiesenen

| Dienstzeit von | ist ein Betrag bis zur Höhe von |
|---|---|
| 3 Jahren | 2/12 der laufenden Bezüge der letzten 12 Monate |
| 5 Jahren | 3/12 der laufenden Bezüge der letzten 12 Monate |
| 10 Jahren | 4/12 der laufenden Bezüge der letzten 12 Monate |
| 15 Jahren | 6/12 der laufenden Bezüge der letzten 12 Monate |
| 20 Jahren | 9/12 der laufenden Bezüge der letzten 12 Monate |
| 25 Jahren | 12/12 der laufenden Bezüge der letzten 12 Monate |

mit dem Steuersatz von 6% zu versteuern. Ergibt sich jedoch bei Anwendung der dreifachen monatlichen Höchstbeitragsgrundlage gemäß § 108 ASVG auf die der Berechnung zu Grunde zu legende Anzahl der laufenden Bezüge ein niedrigerer Betrag, ist nur dieser mit 6% zu versteuern.

3. Während dieser Dienstzeit bereits erhaltene Abfertigungen im Sinne des Abs. 3 oder gemäß den Bestimmungen dieses Absatzes sowie bestehende Ansprüche auf Abfertigungen im Sinne des Abs. 3 kürzen das sich nach Z 2 ergebende steuerlich begünstigte Ausmaß.
4. Den Nachweis über die zu berücksichtigende Dienstzeit sowie darüber, ob und in welcher Höhe Abfertigungen im Sinne des Abs. 3 oder dieses Absatzes bereits früher ausgezahlt worden sind, hat der Arbeitnehmer zu erbringen; bis zu welchem Zeitpunkt zurück die Dienstverhältnisse nachgewiesen werden, bleibt dem Arbeitnehmer überlassen. Der Nachweis ist vom Arbeitgeber zum Lohnkonto (§ 76) zu nehmen.
5. Abs. 2 ist auf Beträge, die nach Z 1 oder Z 2 mit 6% zu versteuern sind, nicht anzuwenden.
6. Soweit die Grenzen der Z 1 und der Z 2 überschritten werden, sind solche sonstigen Bezüge wie ein laufender Bezug im Zeitpunkt des Zufließens nach dem Lohnsteuertarif des jeweiligen Kalendermonats der Besteuerung zu unterziehen.
7. Die vorstehenden Bestimmungen gelten nur für jene Zeiträume, für die keine Anwartschaften gegenüber einer BV-Kasse bestehen.

(7) (aufgehoben)

*(BGBl I 2015/118)*

(8) Für die nachstehend angeführten sonstigen Bezüge gilt Folgendes:

a) auf gerichtlichen oder außergerichtlichen Vergleichen beruhende Vergleichssummen, sind, soweit sie nicht nach Abs. 3, 6 oder dem letzten Satz mit dem festen Steuersatz zu versteuern sind, gemäß Abs. 10 im Kalendermonat der Zahlung zu erfassen. Dabei ist nach Abzug der darauf entfallenden Beiträge im Sinne des § 62 Z 3, 4 und 5 ein Fünftel steuerfrei zu belassen, höchstens jedoch ein Fünftel des Neunfachen der monatlichen Höchstbeitragsgrundlage gemäß § 108 ASVG; Abs. 2 ist nicht anzuwenden. Fallen derartige Vergleichssummen bei oder nach Beendigung des Dienstverhältnisses an und werden sie für Zeiträume ausbezahlt, für die eine Anwartschaft gegenüber einer BV-Kasse besteht, sind sie bis zu einem Betrag von 7 500 Euro mit dem festen Steuersatz von 6% zu versteuern; Abs. 2 ist nicht anzuwenden.
b) Kündigungsentschädigungen sind gemäß Abs. 10 im Kalendermonat der Zahlung zu erfassen. Dabei ist nach Abzug der darauf entfallenden Beiträge im Sinne des § 62 Z 3, 4 und 5 ein Fünftel steuerfrei zu belassen, höchstens jedoch ein Fünftel des Neunfachen der monatlichen Höchstbeitragsgrundlage gemäß § 108 ASVG.
c) Nachzahlungen für abgelaufene Kalenderjahre, die nicht auf einer willkürlichen Verschiebung des Auszahlungszeitpunktes beruhen, sind, soweit sie nicht nach Abs. 3 oder 6 mit dem festen Steuersatz zu versteuern sind, gemäß Abs. 10 im Kalendermonat der Zahlung zu erfassen. Dabei ist nach Abzug der darauf entfallenden Beiträge im Sinne des § 62 Z 3, 4 und 5 ein Fünftel steuerfrei zu belassen. Soweit die Nachzahlungen laufenden Arbeitslohn für das laufende Kalenderjahr betreffen, ist die Lohnsteuer durch Aufrollen der in Betracht kommenden Lohnzahlungszeiträume zu berechnen.
d) Ersatzleistungen (Urlaubsentschädigungen, Urlaubsabfindungen sowie freiwillige Abfertigungen oder Abfindungen für diese Ansprüche) für nicht verbrauchten Urlaub sind, soweit sie laufenden Arbeitslohn betreffen, als laufender Arbeitslohn, soweit sie sonstige Bezüge betreffen, als sonstiger Bezug im Kalendermonat der Zahlung zu erfassen.
e) Zahlungen für Pensionsabfindungen, deren Barwert den Betrag im Sinne des § 1 Abs. 2 Z 1 des Pensionskassengesetzes nicht übersteigt, sind mit der Hälfte des Steuersatzes zu versteuern, der sich bei gleichmäßiger Verteilung des Bezuges auf die Monate des

Kalenderjahres als Lohnzahlungszeitraum ergibt.

f) Bezüge, die bei oder nach Beendigung des Dienstverhältnisses im Rahmen von Sozialplänen als Folge von Betriebsänderungen im Sinne des § 109 Abs. 1 Z 1 bis 6 des Arbeitsverfassungsgesetzes oder vergleichbarer gesetzlicher Bestimmungen anfallen, soweit sie nicht nach Abs. 6 mit dem Steuersatz von 6% zu versteuern sind, sind bis zu einem Betrag von 22 000 Euro mit der Hälfte des Steuersatzes, der sich bei gleichmäßiger Verteilung des Bezuges auf die Monate des Kalenderjahres als Lohnzahlungszeitraum ergibt, zu versteuern.

g) Nachzahlungen in einem Insolvenzverfahren sind, soweit sie Bezüge gemäß § 67 Abs. 3, 6 oder 8 lit. e oder f betreffen, mit 6% zu versteuern. Von den übrigen Nachzahlungen ist nach Abzug der darauf entfallenden Beiträge im Sinne des § 62 Z 3, 4 und 5 ein Fünftel steuerfrei zu belassen. Nachzahlungen für Bezüge gemäß § 3 Abs. 1 Z 10 behalten im Rahmen der gesetzlichen Bestimmungen ihre Steuerfreiheit, wobei in diesen Fällen kein steuerfreies Fünftel zu berücksichtigen ist. Der verbleibende Betrag ist als laufender Bezug mit einer vorläufigen laufenden Lohnsteuer in Höhe von 15% zu versteuern.

*(BGBl I 2016/117)*

(9) Sonstige Bezüge, die mit festen Steuersätzen versteuert werden, bleiben bei der Veranlagung der Einkommensteuer außer Betracht. § 41 Abs. 4 ist zu beachten. Als fester Steuersatz gelten auch die vervielfachte Tariflohnsteuer der Abs. 3 und 4 sowie die Tariflohnsteuer des Abs. 8 lit. e und f.

(10) Sonstige Bezüge, die nicht unter Abs. 1 bis 8 fallen, sind wie ein laufender Bezug im Zeitpunkt des Zufließens nach dem Lohnsteuertarif des jeweiligen Kalendermonats der Besteuerung zu unterziehen. Diese Bezüge erhöhen nicht das Jahressechstel gemäß Abs. 2.

(11) Die Abs. 1, 2, 6 und 8 sind auch bei der Veranlagung von Arbeitnehmern anzuwenden.

*(BGBl I 2015/118)*

(12) Die auf Bezüge, die mit festen Steuersätzen zu versteuern sind, entfallenden Beiträge im Sinne des § 62 Z 3, 4 und 5 sind vor Anwendung der festen Steuersätze in Abzug zu bringen.

### Besteuerung bestimmter Zulagen und Zuschläge

**§ 68.** (1) Schmutz-, Erschwernis- und Gefahrenzulagen sowie Zuschläge für Sonntags-, Feiertags- und Nachtarbeit und mit diesen Arbeiten zusammenhängende Überstundenzuschläge sind insgesamt bis 360 Euro monatlich steuerfrei.

(2) Zusätzlich zu Abs. 1 sind Zuschläge für die ersten zehn Überstunden im Monat im Ausmaß von höchstens 50% des Grundlohnes, insgesamt höchstens jedoch 86 Euro monatlich, steuerfrei.

(3) Soweit Zulagen und Zuschläge durch Abs. 1 und 2 nicht erfaßt werden, sind sie nach dem Tarif zu versteuern.

(4) Als Überstunde gilt jede über die Normalarbeitszeit hinaus geleistete Arbeitsstunde. Als Normalarbeitszeit gilt jene Arbeitszeit, die auf Grund

1. gesetzlicher Vorschriften,
2. von Dienstordnungen der Gebietskörperschaften,
3. aufsichtsbehördlich genehmigter Dienst(Besoldungs)ordnungen der Körperschaften des öffentlichen Rechts,
4. der vom Österreichischen Gewerkschaftsbund für seine Bediensteten festgelegten Arbeitsordnung,
5. von Kollektivverträgen oder Betriebsvereinbarungen, die auf Grund besonderer kollektivvertraglicher Ermächtigungen abgeschlossen worden sind,
6. von Betriebsvereinbarungen, die wegen Fehlens eines kollektivvertragsfähigen Vertragsteiles (§ 4 des Arbeitsverfassungsgesetzes, BGBl. Nr. 22/1974) auf der Arbeitgeberseite zwischen einem einzelnen Arbeitgeber und dem kollektivvertragsfähigen Vertragsteil auf der Arbeitnehmerseite abgeschlossen wurden,

festgesetzt wird oder die

7. innerbetrieblich für alle Arbeitnehmer oder bestimmte Gruppen von Arbeitnehmern allgemein übliche Normalarbeitszeit. Als Überstunde gilt jedoch nur jene Arbeitszeit, die 40 Stunden in der Woche übersteigt oder durch die die Tagesarbeitszeit überschritten wird, die sich auf Grund der Verteilung einer mindestens 40stündigen wöchentlichen Normalarbeitszeit auf die einzelnen Arbeitstage ergibt.

Als Überstundenzuschläge gelten die durch die Vorschriften im Sinne der Z 1 bis 6 festgelegten Zuschläge oder die im Sinne der Z 7 innerbetrieblich für alle Arbeitnehmer oder bestimmte Gruppen von Arbeitnehmern allgemein gewährten Zuschläge.

(5) Unter Schmutz-, Erschwernis- und Gefahrenzulagen sind jene Teile des Arbeitslohnes zu verstehen, die dem Arbeitnehmer deshalb gewährt werden, weil die von ihm zu leistenden Arbeiten überwiegend unter Umständen erfolgen, die

- in erheblichem Maß zwangsläufig eine Verschmutzung des Arbeitnehmers und seiner Kleidung bewirken,in erheblichem Maß zwangsläufig eine Verschmutzung des Arbeitnehmers und seiner Kleidung bewirken,
- im Vergleich zu den allgemein üblichen Arbeitsbedingungen eine außerordentliche Erschwernis darstellen, oderim Vergleich zu den allgemein üblichen Arbeitsbedingungen eine außerordentliche Erschwernis darstellen, oder
- infolge der schädlichen Einwirkungen von gesundheitsgefährdenden Stoffen oder Strahlen, von Hitze, Kälte oder Nässe, von Gasen, Dämpfen, Säuren, Laugen, Staub oder Er-

schütterungen oder infolge einer Sturz- oder anderen Gefahr zwangsläufig eine Gefährdung von Leben, Gesundheit oder körperlicher Sicherheit des Arbeitnehmers mit sich bringen.

Diese Zulagen sind nur begünstigt, soweit sie

1. auf Grund gesetzlicher Vorschriften,
2. auf Grund von Gebietskörperschaften erlassener Dienstordnungen,
3. auf Grund aufsichtsbehördlich genehmigter Dienst(Besoldungs)ordnungen der Körperschaften des öffentlichen Rechts,
4. auf Grund der vom Österreichischen Gewerkschaftsbund für seine Bediensteten festgelegten Arbeitsordnung,
5. auf Grund von Kollektivverträgen oder Betriebsvereinbarungen, die auf Grund besonderer kollektivvertraglicher Ermächtigungen abgeschlossen worden sind,
6. auf Grund von Betriebsvereinbarungen, die wegen Fehlens eines kollektivvertragsfähigen Vertragsteiles (§ 4 des Arbeitsverfassungsgesetzes, BGBl. Nr. 22/1974) auf der Arbeitgeberseite zwischen einem einzelnen Arbeitgeber und dem kollektivvertragsfähigen Vertragsteil auf der Arbeitnehmerseite abgeschlossen wurden,
7. innerbetrieblich für alle Arbeitnehmer oder bestimmte Gruppen von Arbeitnehmern

gewährt werden.

(6) Als Nachtarbeit gelten zusammenhängende Arbeitszeiten von mindestens 3 Stunden, die auf Grund betrieblicher Erfordernisse zwischen 19 Uhr und 7 Uhr erbracht werden müssen. Für Arbeitnehmer, deren Normalarbeitszeit im Lohnzahlungszeitraum überwiegend in der Zeit von 19 Uhr bis 7 Uhr liegt, erhöht sich der Freibetrag gemäß Abs. 1 um 50%.

(7) Gemäß Abs. 1 bis 5 sind auch zu behandeln

– Zulagen und Zuschläge, die in dem an freigestellte Mitglieder des Betriebsrates fortgezahlten Entgelt enthalten sind,Zulagen und Zuschläge, die in dem an freigestellte Mitglieder des Betriebsrates fortgezahlten Entgelt enthalten sind,
– gleichartige Zulagen und Zuschläge an Personalvertreter im Sinne des Bundes-Personalvertretungsgesetzes und ähnlicher landesgesetzlicher Vorschriften,gleichartige Zulagen und Zuschläge an Personalvertreter im Sinne des Bundes-Personalvertretungsgesetzes und ähnlicher landesgesetzlicher Vorschriften,
– Zulagen und Zuschläge, die im Arbeitslohn, der an den Arbeitnehmer im Krankheitsfall weitergezahlt wird, enthalten sind.Zulagen und Zuschläge, die im Arbeitslohn, der an den Arbeitnehmer im Krankheitsfall weitergezahlt wird, enthalten sind.

(8) Schmutz-, Erschwernis- und Gefahrenzulagen, in Überstundenentlohnungen enthaltene Zuschläge für Mehrarbeit und Zuschläge für Sonntags-, Feiertags- und Nachtarbeit sind bei den im § 67 Abs. 11 genannten Personen unter Anwendung der Abs. 1 bis 6 zu versteuern, sofern auf Grund eines Vertrages über Rechtsschutz und Rechtshilfe in Abgabensachen überprüft werden kann, daß die Voraussetzungen der Abs. 1 bis 6 vorliegen.

(9) Sieht eine lohngestaltende Vorschrift im Sinne des Abs. 5 Z 1 bis 6 vor, dass an Sonntagen regelmäßig Arbeitsleistungen zu erbringen sind und dafür ein Wochentag als Ersatzruhetag (Wochenruhe) zusteht, sind Zuschläge und Überstundenzuschläge am Ersatzruhetag wie Zuschläge gemäß Abs. 1 zu behandeln, wenn derartige Zuschläge für an Sonntagen geleistete Arbeit nicht zustehen.

### Lohnsteuerabzug in besonderen Fällen

**§ 69.** (1) Der Bundesminister für Finanzen kann für bestimmte Gruppen von

– Arbeitnehmern, die ausschließlich körperlich tätig sind,
– Arbeitnehmern, die statistische Erhebungen für Gebietskörperschaften durchführen,
– Arbeitnehmern der Berufsgruppen Musiker, Bühnenangehörige, Artisten und Filmschaffende,

die ununterbrochen nicht länger als eine Woche beschäftigt werden, die Einbehaltung und Abfuhr der Lohnsteuer abweichend von den §§ 33, 62 bis 64 und 66 mit einem Pauschbetrag gestatten. Der Pauschbetrag für ausschließlich körperlich tätige Arbeitnehmer darf höchstens 7,5%, für andere Berufsgruppen höchstens 15% des vollen Betrages der Bezüge betragen. Diese Bestimmungen sind nicht anzuwenden, wenn der Taglohn 55 Euro oder der Wochenlohn 220 Euro übersteigt.

(2) Bei Auszahlung von Bezügen aus einer gesetzlichen Kranken- oder Unfallversorgung sowie aus einer Kranken- oder Unfallversorgung der Versorgungs- und Unterstützungseinrichtungen der Kammern der selbständig Erwerbstätigen gemäß § 25 Abs. 1 Z 1 lit. c und e, bei Auszahlung von Rehabilitationsgeld gemäß § 143a ASVG und bei Auszahlung von Wiedereingliederungsgeld gemäß § 143d ASVG sind 20% Lohnsteuer einzubehalten, soweit diese Bezüge 30 Euro täglich übersteigen. Wird ein 13. bzw. 14. Bezug zusätzlich ausgezahlt, hat ein vorläufiger Lohnsteuerabzug von diesen Bezügen zu unterbleiben. Zur Berücksichtigung dieser Bezüge im Veranlagungsverfahren haben die Versicherungsträger bis zum 31. Jänner des folgenden Kalenderjahres einen Lohnzettel (§ 84) auszustellen und an ihr Finanzamt zu übermitteln. In diesem Lohnzettel ist ein Siebentel gesondert als sonstiger Bezug gemäß § 67 Abs. 1 auszuweisen.

*(BGBl I 2015/118, BGBl I 2017/30, BGBl I 2020/99, BGBl I 2021/3)*

(3) Bei Auszahlung von einkommensteuerpflichtigen Bezügen nach dem Heeresgebührengesetz 2001 sind 20% der Lohnsteuer einzubehalten, soweit diese Bezüge 20 Euro täglich übersteigen. Zur Berücksichtigung dieser Bezüge im Veranlagungsverfahren hat die auszahlende Stelle bis zum 31. Jänner des Folgejahres einen Lohnzettel

(§ 84) auszustellen und an ihr Finanzamt zu übermitteln. In diesem Lohnzettel ist ein Siebentel der einkommensteuerpflichtigen Bezüge nach dem Heeresgebührengesetz 2001 gesondert als sonstiger Bezug gemäß § 67 Abs. 1 auszuweisen.

*(BGBl I 2020/99, BGBl I 2021/3)*

(4)

1. Bei Auszahlung der Winterfeiertagsvergütung gemäß § 13j Bauarbeiter-Urlaubs- und Abfertigungsgesetz, BGBl. Nr. 414/1972, durch die Bauarbeiter-Urlaubs- und Abfertigungskasse sind 20% Lohnsteuer einzubehalten.

   *(BGBl I 2021/3)*

2. Bei Auszahlung von Urlaubsentgelt gemäß § 8 Abs. 8 BUAG oder Urlaubsersatzleistung gemäß § 9 BUAG durch die Bauarbeiter-Urlaubs- und Abfertigungskasse ist Lohnsteuer unter Berücksichtigung des § 67 Abs. 5 erster Teilstrich einzubehalten. Die laufenden Bezüge sind nach dem Lohnsteuertarif unter Berücksichtigung des § 77 Abs. 1 zweiter Satz zu versteuern, die sonstigen Bezüge sind mit 6% zu versteuern.
3. Zur Berücksichtigung der Bezüge nach Z 1 und 2 im Veranlagungsverfahren hat die Bauarbeiter-Urlaubs- und Abfertigungskasse bis zum 31. Jänner des Folgejahres einen Lohnzettel (§ 84) auszustellen und an ihr Finanzamt zu übermitteln.

   *(BGBl I 2020/99)*

(5) Bei Auszahlung von Bezügen im Sinne des § 25 Abs. 1 Z 3 lit. d hat die auszahlende Stelle bis 31. Jänner des folgenden Kalenderjahres einen Lohnzettel (§ 84) zur Berücksichtigung dieser Bezüge im Veranlagungsverfahren auszustellen und an ihr Finanzamt zu übermitteln. In diesem Lohnzettel sind ein Siebentel der ausgezahlten Bezüge als sonstiger Bezug gemäß § 67 Abs. 1 auszuweisen. Ein vorläufiger Lohnsteuerabzug hat zu unterbleiben.

*(BGBl I 2020/99)*

(6) Die auszahlende Stelle hat in folgenden Fällen zur Berücksichtigung der Bezüge im Veranlagungsverfahren bis zum 31. Jänner des folgenden Kalenderjahres einen Lohnzettel (§ 84) auszustellen und an ihr Finanzamt zu übermitteln:

1. Bei Auszahlung von Insolvenz-Entgelt durch den Insolvenz-Entgelt-Fonds sowie
2. bei quotaler Auszahlung zur Erfüllung von Dienstnehmerforderungen, die nicht auf den Insolvenz-Entgelt-Fonds übergegangen sind, durch den Insolvenzverwalter. Die Ausstellung eines Lohnzettels hat in diesem Fall zu unterbleiben, wenn die Bezüge 100 Euro nicht übersteigen. In diesem Lohnzettel ist die bei der Ermittlung des Auszahlungsbetrages gemäß § 67 Abs. 8 lit. g berechnete Lohnsteuer, soweit sie nicht auf Bezüge im Sinne des § 67 Abs. 3, 6 oder 8 lit. e oder f entfällt, als anrechenbare Lohnsteuer auszuweisen.

Betrifft eine Auszahlung im Sinne der Z 1 oder 2 ein abgelaufenes Kalenderjahr, ist der Lohnzettel bis zum Ende des Kalendermonats zu übermitteln, das dem Quartal der Auszahlung folgt.

*(BGBl I 2020/99)*

(7) Bei Auszahlung von Bezügen im Sinne des Dienstleistungsscheckgesetzes hat die Österreichische Gesundheitskasse bis 31. Jänner des folgenden Kalenderjahres einen Lohnzettel (§ 84) zur Berücksichtigung dieser Bezüge im Veranlagungsverfahren auszustellen und an ihr Finanzamt zu übermitteln. In diesem Lohnzettel ist ein Siebentel der ausgezahlten Bezüge als sonstiger Bezug gemäß § 67 Abs. 1 auszuweisen. Ein vorläufiger Lohnsteuerabzug hat zu unterbleiben.

*(BGBl I 2020/99)*

(8) Bei Auszahlung von Bezügen gemäß § 33f Abs. 1 Bauarbeiter-Urlaubs- und Abfertigungsgesetz, BGBl. Nr. 414/1972, in der Fassung des Bundesgesetzes BGBl. I Nr. 104/2005, durch die Bauarbeiter- Urlaubs- und Abfertigungskasse ist die Lohnsteuer nach § 70 Abs. 2 Z 1 in Verbindung mit § 67 Abs. 5 zu berechnen. Die Bauarbeiter-Urlaubs- und Abfertigungskasse hat die Lohnsteuer nur dann einzubehalten und abzuführen, wenn sie für das laufende Kalenderjahr den Betrag von 100 Euro übersteigt. Zur Berücksichtigung dieser Bezüge im Veranlagungsverfahren hat die Bauarbeiter-Urlaubs- und Abfertigungskasse bis 31. Jänner des folgenden Kalenderjahres einen Lohnzettel (§ 84) auszustellen und an ihr Finanzamt zu übermitteln.

*(BGBl I 2020/99)*

(9) Bei Auszahlung von Bezügen im Sinne des § 25 Abs. 1 Z 3 lit. e erster Satz hat die auszahlende Stelle bis 31. Jänner des Folgejahres einen Lohnzettel (§ 84) zur Berücksichtung dieser Bezüge im Veranlagungsverfahren auszustellen und an ihr Finanzamt zu übermitteln. Ein vorläufiger Lohnsteuerabzug hat zu unterbleiben.

*(BGBl I 2020/99)*

*(BGBl I 2019/104)*

**Beschränkt steuerpflichtige Arbeitnehmer**

**§ 70.** (1) Beschränkt lohnsteuerpflichtig sind Arbeitnehmer, bei denen die Voraussetzungen der §§ 1 Abs. 3 und 98 Abs. 1 Z 4 vorliegen.

(2) Die Lohnsteuer wird berechnet:

1. Soweit nicht Z 2 zur Anwendung kommt, nach § 33 Abs. 5 sowie Abs. 6 und § 66 mit der Maßgabe, dass Absetzbeträge nach § 33 Abs. 3a und § 33 Abs. 4 Z 1, Z 2 und Z 4 nicht zu berücksichtigen sind.

   *(BGBl I 2018/62)*

2. Bei Bezügen als Arbeitnehmer aus einer Tätigkeit im Sinne des § 99 Abs. 1 Z 1 mit 20% des vollen Betrages dieser Bezüge. Mit den Bezügen unmittelbar zusammenhängende Werbungskosten können vom vollen Betrag der Bezüge abgezogen werden, wenn sie ein in einem Mitgliedstaat der Europäischen Union oder Staat des Europäischen Wirtschaftsraumes ansässiger beschränkt steuerpflichtiger Arbeitnehmer dem Arbeitgeber vor Zuflie-

ßen der Bezüge schriftlich mitteilt. Zieht der Arbeitgeber diese Werbungskosten ab, beträgt die Lohnsteuer 25%.

*(BGBl I 2015/163)*

(3) (aufgehoben)

(4) Der an ausländische Arbeitnehmer gezahlte Arbeitslohn unterliegt nicht der Lohnsteuer, wenn es sich um eine Arbeitsleistung von nur vorübergehender Dauer während des Aufenthaltes eines österreichischen Schiffes in einem ausländischen Hafen handelt.

**§§ 71 bis 75.** (außerkraftgetreten)

### Lohnkonto

**§ 76.** (1) Der Arbeitgeber hat für jeden Arbeitnehmer spätestens ab dem 15. Tag des Monats, der dem Beginn des Dienstverhältnisses folgt, ein Lohnkonto zu führen. Im Lohnkonto hat der Arbeitgeber Folgendes anzugeben:

- Name,
- Versicherungsnummer gemäß § 31 ASVG,
- Wohnsitz,
- Alleinverdiener/Alleinerzieherabsetzbetrag und Kinderzuschläge zum Alleinverdiener/Alleinerzieherabsetzbetrag laut Antrag des Arbeitnehmers,
- Name und Versicherungsnummer des (Ehe) Partners, wenn der Alleinverdienerabsetzbetrag berücksichtigt wurde,
- Name und Versicherungsnummer des (jüngsten) Kindes, wenn der Alleinerzieherabsetzbetrag berücksichtigt wurde,
- Name und Versicherungsnummer des Kindes (der Kinder), wenn der Kinderzuschlag (die Kinderzuschläge) berücksichtigt wurde,
- Name, Versicherungsnummer **„und Geburtsdatum“** des Kindes (der Kinder), wenn ein Familienbonus Plus gemäß § 33 Abs. 3a berücksichtigt wurde, sowie die Anzahl der Monate und die Höhe des berücksichtigten Familienbonus Plus,
- Pauschbetrag gemäß § 16 Abs. 1 Z 6 und Kosten gemäß § 16 Abs. 1 Z 6 lit. i letzter Satz,
- Freibetrag laut Mitteilung zur Vorlage beim Arbeitgeber (§ 63). Wurde eine Versicherungsnummer nicht vergeben, ist jeweils das Geburtsdatum anstelle der Versicherungsnummer anzuführen.

*(BGBl I 2018/62, BGBl I 2022/135 ab 29.7.2022)*

(2) Der Bundesminister für Finanzen wird ermächtigt, mit Verordnung

- weitere Daten, die für Zwecke der Berechnung, Einbehaltung, Abfuhr und Prüfung lohnabhängiger Abgaben von Bedeutung und in das Lohnkonto einzutragen sind, und
- Erleichterungen für bestimmte Gruppen von Steuerpflichtigen bei der Führung des Lohnkontos

festzulegen.

### Lohnzahlungszeitraum

**§ 77.** (1) Ist der Arbeitnehmer bei einem Arbeitgeber im Kalendermonat durchgehend beschäftigt, ist der Lohnzahlungszeitraum der Kalendermonat. Beginnt oder endet die Beschäftigung während eines Kalendermonats, so ist der Lohnzahlungszeitraum der Kalendertag. Der Kalendertag ist auch dann der Lohnzahlungszeitraum, wenn bei der Berechnung der Lohnsteuer unter Berücksichtigung eines Abkommens zur Vermeidung der Doppelbesteuerung oder einer Maßnahme gemäß § 48 BAO ein Teil des für den Kalendermonat bezogenen Lohns aus der inländischen Steuerbemessungsgrundlage ausgeschieden wird.

(2) Eine durchgehende Beschäftigung liegt insbesondere auch dann vor, wenn der Arbeitnehmer während eines Kalendermonats regelmäßig beschäftigt ist (aufrechtes Dienstverhältnis). Dabei kann der Arbeitnehmer auch für einzelne Tage keinen Lohn beziehen.

(3) Der Arbeitgeber kann im laufenden Kalenderjahr von den zum laufenden Tarif zu versteuernden Bezügen durch Aufrollen der vergangenen Lohnzahlungszeiträume die Lohnsteuer neu berechnen. Umfaßt die Aufrollung die Bezüge des Monats Dezember, können dabei vom Arbeitnehmer entrichtete Beiträge für die freiwillige Mitgliedschaft bei Berufsverbänden gemäß § 16 Abs. 1 Z 3 lit. b berücksichtigt werden, wenn

- der Arbeitnehmer im Kalenderjahr ständig von diesem Arbeitgeber Arbeitslohn (§ 25) erhalten hat,
- der Arbeitgeber keine Freibeträge auf Grund einer Mitteilung im Sinne des § 63 berücksichtigt hat und
- dem Arbeitgeber die entsprechenden Belege vorgelegt werden. Eine Neuberechnung der Lohnsteuer ist, abgesehen von Fällen gemäß Abs. 4a, nicht mehr zulässig, wenn im laufenden Kalenderjahr an den Arbeitnehmer Krankengeld aus der gesetzlichen Krankenversicherung ausbezahlt wird.

*(BGBl I 2015/163, BGBl I 2019/103)*

(4) Der Arbeitgeber kann bei Arbeitnehmern, die im Kalenderjahr ständig von diesem Arbeitgeber Arbeitslohn (§ 25) erhalten haben, in dem Monat, in dem der letzte sonstige Bezug für das Kalenderjahr ausgezahlt wird, die Lohnsteuer für die im Kalenderjahr zugeflossenen sonstigen Bezüge innerhalb des Jahressechstels gemäß § 67 Abs. 1 und 2 sowie für Bezüge gemäß § 67 Abs. 5 zweiter Teilstrich, die gemäß § 67 Abs. 1 zu versteuern sind, neu berechnen, wenn das Jahressechstel 2 100 Euro übersteigt. Die Bemessungsgrundlage sind die sonstigen Bezüge innerhalb des Jahressechstels gemäß § 67 Abs. 1 und 2 sowie Bezüge gemäß § 67 Abs. 5 zweiter Teilstrich, die gemäß § 67 Abs. 1 zu versteuern sind, abzüglich der darauf entfallenden Beiträge gemäß § 62 Z 3, 4 und 5. Bis zu einem Jahressechstel von 25 000 Euro beträgt die Steuer 6% der 620 Euro übersteigenden Bemessungsgrundlage, jedoch höchstens 30% der 2 000 Euro übersteigenden Bemessungsgrundlage.

(4a) Der Arbeitgeber hat bei Auszahlung des letzten laufenden Bezuges im Kalenderjahr ein Sechstel der im Kalenderjahr zugeflossenen laufenden Bezüge zu ermitteln (Kontrollsechstel).

1. Wurden im laufenden Kalenderjahr insgesamt mehr sonstige Bezüge als das Kontrollsechstel mit den festen Steuersätzen gemäß § 67 Abs. 1 versteuert, hat der Arbeitgeber die das Kontrollsechstel übersteigenden Beträge durch Aufrollen nach § 67 Abs. 10 zu versteuern; dies gilt nicht, wenn beim Arbeitnehmer im Kalenderjahr mindestens einer der folgenden Fälle vorliegt:
   a) Elternkarenz,
   b) Bezug von Krankengeld aus der gesetzlichen Krankenversicherung,
   c) Bezug von Rehabilitationsgeld gemäß § 143a ASVG,
   d) Pflegekarenz oder Pflegeteilzeit gemäß § 14c oder § 14d AVRAG,
   e) Familienhospizkarenz oder Familienhospizteilzeit gemäß § 14a oder § 14b AVRAG,
   f) Wiedereingliederungsteilzeit gemäß § 13a AVRAG,
   g) Grundwehrdienst gemäß § 20 Wehrgesetz 2001 oder Zivildienst gemäß § 6a Zivildienstgesetz 1986,
   h) Bezug von Altersteilzeitgeld gemäß § 27 AlVG,
   i) Teilpension gemäß § 27a AlVG oder
   j) Beendigung des Dienstverhältnisses, wenn im Kalenderjahr kein neues Dienstverhältnis bei demselben Arbeitgeber oder einem mit diesem verbundenen Konzernunternehmen eingegangen wird.
2. Wurden im laufenden Kalenderjahr insgesamt weniger sonstige Bezüge als das Kontrollsechstel mit den festen Steuersätzen gemäß § 67 Abs. 1 versteuert, hat der Arbeitgeber den nicht ausgeschöpften Differenzbetrag auf das Kontrollsechstel durch Aufrollen nach § 67 Abs. 1 zu versteuern, wenn entsprechende sonstige Bezüge gemäß § 67 Abs. 1 und 2 ausbezahlt und gemäß § 67 Abs. 10 besteuert worden sind.

*(BGBl I 2019/103, BGBl I 2021/3)*

(5) Werden Bezüge für das Vorjahr bis zum 15. Februar ausgezahlt, kann der Arbeitgeber durch Aufrollen der Lohnzahlungszeiträume des Vorjahres die Lohnsteuer neu berechnen. Erfolgt keine Aufrollung, sind die Bezüge dem Lohnzahlungszeitraum Dezember des Vorjahres zuzuordnen.

### Einbehaltung der Lohnsteuer

**§ 78.** (1) Der Arbeitgeber hat die Lohnsteuer des Arbeitnehmers bei jeder Lohnzahlung einzubehalten. Als Lohnzahlungen gelten auch Vorschuss- oder Abschlagszahlungen, sonstige vorläufige Zahlungen auf erst später fällig werdenden Arbeitslohn, Bezüge aus einer gesetzlichen Krankenversorgung sowie im Rahmen des Dienstverhältnisses von einem Dritten geleistete Vergütungen, wenn der Arbeitgeber weiß oder wissen muss, dass derartige Vergütungen geleistet werden.

(2) Arbeitgeber, die ihren Arbeitnehmern den Arbeitslohn während eines Kalendermonats regelmäßig nur in ungefährer Höhe in Teilbeträgen auszahlen (Abschlagszahlung) und erst für den Kalendermonat eine genaue Lohnabrechnung vornehmen, können die Lohnsteuer abweichend von Abs. 1 erst bei der Lohnabrechnung einbehalten. Voraussetzung ist, daß die Lohnabrechnung bis zum 15. Tag des folgenden Kalendermonats erfolgt. Das Finanzamt kann jedoch anordnen, daß die Lohnsteuer gemäß Abs. 1 einzubehalten ist.

(3) Reichen die dem Arbeitgeber zur Verfügung stehenden Mittel zur Zahlung des vollen vereinbarten Arbeitslohnes nicht aus, so hat er die Lohnsteuer von dem tatsächlich zur Auszahlung gelangenden niedrigeren Betrag zu berechnen und einzubehalten.

(4) Besteht der Arbeitslohn ganz oder teilweise aus geldwerten Vorteilen und reicht der Barlohn zur Deckung der unter Berücksichtigung des Wertes der geldwerten Vorteile (§ 15 Abs. 2) einzubehaltenden Lohnsteuer nicht aus, so hat der Arbeitnehmer dem Arbeitgeber den zur Deckung der Lohnsteuer erforderlichen Betrag, soweit er nicht durch Barlohn gedeckt ist, zu zahlen. Soweit der Arbeitnehmer dieser Verpflichtung nicht nachkommt, hat der Arbeitgeber einen dem Betrag im Wert entsprechenden Teil des Arbeitslohnes (geldwerten Vorteiles) zurückzubehalten und daraus die Lohnsteuer für Rechnung des Arbeitnehmers zu decken.

(5) Der Arbeitgeber hat dem Arbeitnehmer spätestens mit der Lohnzahlung für den Lohnzahlungszeitraum eine Abrechnung für den im Kalendermonat ausbezahlten Arbeitslohn auszuhändigen oder elektronisch zur Verfügung zu stellen. Diese Abrechnung hat zumindest folgende Angaben zu enthalten:

- Bruttobezüge gemäß § 25,
- Beitragsgrundlage für Pflichtbeiträge gemäß § 16 Abs. 1 Z 3 lit. a, Z 4 und Z 5,
- Pflichtbeiträge gemäß § 16 Abs. 1 Z 3 lit. a, Z 4 und 5,
- Bemessungsgrundlage für die Ermittlung der Lohnsteuer,
- die Bemessungsgrundlage für den Beitrag zur Mitarbeitervorsorgekasse (§ 26 Z 7 lit. d) und den geleisteten Beitrag,
- die Höhe des berücksichtigten Familienbonus Plus (§ 33 Abs. 3a),
- Lohnsteuer.

*(BGBl I 2018/62)*

### Abfuhr der Lohnsteuer

**§ 79.** (1) Der Arbeitgeber hat die gesamte Lohnsteuer, die in einem Kalendermonat einzubehalten war, spätestens am 15. Tag nach Ablauf des Kalendermonates in einem Betrag an sein Finanzamt abzuführen. Die Lohnsteuer von Bezügen (Löhnen), die regelmäßig wiederkehrend bis zum 15. Tag eines Kalendermonats für den vorangegangenen Kalendermonat ausbezahlt werden, gilt als Lohnsteuer, die im vorangegangenen Kalendermonat einzubehalten war.

*(BGBl I 2019/104, BGBl I 2020/99)*

(2) Werden Bezüge für das Vorjahr nach dem 15. Jänner bis zum 15. Februar ausgezahlt, ist die Lohnsteuer bis zum 15. Februar als Lohnsteuer für das Vorjahr abzuführen. § 67 Abs. 8 lit. c ist nicht anzuwenden.

(3) Das Finanzamt hat die Höhe der rückständigen Lohnsteuer zu schätzen und den Arbeitgeber in Höhe des geschätzten Rückstandes haftbar zu machen (§ 82), wenn die fällige Abfuhr der Lohnsteuer unterbleibt oder die geleistete Abfuhr auffallend gering erscheint und eine besondere Erinnerung keinen Erfolg hat.

### Lohnsteueranmeldung

**§ 80.** (1) Das Finanzamt des Arbeitgebers kann verlangen, daß ein Arbeitgeber, der die Lohnsteuer nicht ordnungsmäßig abführt, eine Lohnsteueranmeldung abgibt. Die Lohnsteueranmeldung ist spätestens am 15. Tag nach Ablauf des Kalendermonates dem Finanzamt des Arbeitgebers zu übersenden. Der Arbeitgeber hat in der Lohnsteueranmeldung unabhängig davon, ob er die einbehaltene Lohnsteuer an das Finanzamt abgeführt hat oder nicht, zu erklären, wieviel Lohnsteuer im Kalendermonat einzubehalten war (§ 79 Abs. 1).

*(BGBl I 2019/104, BGBl I 2020/99)*

(2) Hat das Finanzamt des Arbeitgebers die Abgabe der Lohnsteueranmeldung verlangt, so muß der Arbeitgeber die Lohnsteueranmeldung auch dann abgeben, wenn er im Anmeldungszeitraum keine Lohnsteuer einzubehalten hatte. Der Arbeitgeber hat in diesem Fall in der Lohnsteueranmeldung zu erklären, daß er im Anmeldungszeitraum keine Lohnsteuer einzubehalten hatte. Der Arbeitgeber wird von der Verpflichtung zur Abgabe weiterer Lohnsteueranmeldungen befreit, wenn er Arbeitnehmer nicht mehr beschäftigt und dies dem Finanzamt mitteilt.

*(BGBl I 2019/104, BGBl I 2020/99)*

### Betriebsstätte

**§ 81.** Als Betriebsstätte für Zwecke des Steuerabzuges vom Arbeitslohn gilt jede vom Arbeitgeber im Inland für die Dauer von mehr als einem Monat unterhaltene feste örtliche Anlage oder Einrichtung, wenn sie der Ausübung der durch den Arbeitnehmer ausgeführten Tätigkeit dient; § 29 Abs. 2 der Bundesabgabenordnung gilt entsprechend. Als Betriebsstätte gilt auch der Heimathafen österreichischer Handelsschiffe, wenn die Reederei im Inland keine Niederlassung hat.

*(BGBl I 2019/104, BGBl I 2020/99)*

### Haftung

**§ 82.** Der Arbeitgeber haftet dem Bund für die Einbehaltung und Abfuhr der vom Arbeitslohn einzubehaltenden Lohnsteuer. Der Umstand, daß die Voraussetzungen des § 83 Abs. 2 Z 1 und 4 oder Abs. 3 vorliegen, steht einer Inanspruchnahme des Arbeitgebers nicht entgegen.

### Haftung bei Beauftragung zur Erbringung von Bauleistungen

**§ 82a.** (1) Wird die Erbringung von Bauleistungen nach § 19 Abs. 1a UStG 1994 von einem Unternehmen (Auftrag gebendes Unternehmen) an ein anderes Unternehmen (beauftragtes Unternehmen) ganz oder teilweise weitergegeben, so haftet das Auftrag gebende Unternehmen für die vom Finanzamt einzuhebenden lohnabhängigen Abgaben, die das beauftragte Unternehmen abzuführen hat, bis zum Höchstausmaß von 5% des geleisteten Werklohnes.

(2) Die Haftung nach Abs. 1 tritt mit dem Zeitpunkt der Zahlung des Werklohnes ein und umfasst die vom beauftragten Unternehmen zu entrichtenden und vom Finanzamt einzuhebenden lohnabhängigen Abgaben, die bis zum 15. Tag nach Ablauf des Kalendermonats fällig werden, in dem die Leistung des Werklohnes erfolgt. Als Werklohn gilt das gesamte für die Erfüllung des Auftrages zu leistende Entgelt. Als Leistung des Werklohnes gilt auch jede Teilleistung dieses Entgeltes. Als Leistung gilt insbesondere auch die Erfüllung durch Aufrechnung seitens des Auftrag gebenden Unternehmens oder des beauftragten Unternehmens. Die Haftung kann geltend gemacht werden, wenn beim beauftragten Unternehmen zur Einbringung der vom Finanzamt einzuhebenden lohnabhängigen Abgaben erfolglos Exekution geführt wurde oder bezüglich des beauftragten Unternehmens ein Insolvenztatbestand nach § 1 IESG vorliegt.

(3) Die Haftung nach Abs. 1 entfällt,

1. wenn das beauftragte Unternehmen zum Zeitpunkt der Leistung des Werklohnes in der Gesamtliste der haftungsfreistellenden Unternehmen (HFU-Gesamtliste) nach § 67b Abs. 6 ASVG geführt wird oder
2. – wenn Z 1 nicht zutrifft – das Auftrag gebende Unternehmen 5 % des zu leistenden Werklohnes (Haftungsbetrag) gleichzeitig mit der Leistung des Werklohnes an das Dienstleistungszentrum bei der Österreichischen Gesundheitskasse (§ 67c ASVG) überweist.

Die beiden letzten Sätze des § 67a Abs. 3 ASVG gelten entsprechend.

(4) Der Haftungsbetrag nach Abs. 3 Z 2 wirkt gegenüber dem beauftragten Unternehmen schuldbefreiend; er gilt als Drittleistung und unterliegt nicht dem Zweiten Abschnitt des Ersten Teiles/ Erstes Hauptstück der Insolvenzordnung. Der Haftungsbetrag ist, sofern auch eine Überweisung nach § 67a Abs. 3 Z 2 ASVG erfolgt, gemeinsam mit dieser abzuführen. Für Zwecke der Weiterleitung des Haftungsbetrages nach Abs. 3 Z 2 an

das Finanzamt sind die Umsatzsteuer-Identifikationsnummer, oder, wenn nicht vorhanden, die Steuernummer des beauftragten Unternehmens mitzuteilen. Erfolgt eine Überweisung nach § 82a Abs. 3 Z 2 gemeinsam mit der Überweisung nach § 67a Abs. 3 Z 2 ASVG sind auch die in § 67a Abs. 4 ASVG genannten Daten anzugeben. Das beauftragte Unternehmen ist verpflichtet, dem Auftrag gebenden Unternehmen seine Umsatzsteuer-Identifikationsnummer oder, wenn nicht vorhanden, seine Steuernummer bekannt zu geben.

*(BGBl I 2020/99)*

(5) Die beim Dienstleistungszentrum der Österreichischen Gesundheitskasse einlangenden Haftungsbeträge sind folgendermaßen zuzuordnen:

1. 80% entfällt auf den Haftungsbeitrag nach § 67a Abs. 3 Z 2 ASVG und 20% auf den Haftungsbetrag nach § 82a Abs. 3 Z 2.
2. Abweichend von Z 1 kann das Auftrag gebende Unternehmen mittels Verrechnungsweisung den Haftungsbetrag nach § 67a Abs. 3 Z 2 ASVG unter der Bezeichnung „AGH-SV" und den Haftungsbetrag nach § 82a Abs. 3 Z 2 unter der Bezeichnung „AGH-LSt" betragsmäßig bestimmen.
3. Bestehen für das beauftragte Unternehmen bei den österreichischen Krankenversicherungsträgern weder Beitrags- noch Meldepflichten nach dem ASVG, so entfällt abweichend von Z 1 der vom Auftrag gebenden Unternehmen entrichtete Haftungsbetrag zur Gänze auf den Haftungsbetrag nach § 82a Abs. 3 Z 2.

Der Bundesminister für Finanzen wird ermächtigt, das Verfahren des Zusammenwirkens zwischen dem Dienstleistungszentrum der Österreichischen Gesundheitskasse und den Finanzämtern hinsichtlich der Auftraggeberhaftung für vom Finanzamt einzuhebende lohnabhängige Abgaben im Einvernehmen mit dem Bundesminister für Arbeit, Soziales und Konsumentenschutz mit Verordnung festzulegen. Der Bundesminister für Finanzen hat die der Österreichischen Gesundheitskasse aufgrund dieses Gesetzes erwachsenden Adaptierungs- und Betriebskosten zu tragen, wobei die Beauftragung dieser Arbeiten durch die Österreichische Gesundheitskasse im Einvernehmen mit dem Bundesminister für Finanzen zu erfolgen hat.

(6) Das für die Erhebung der Lohnsteuer zuständige Finanzamt kann die Streichung von der HFU-Liste beantragen, wenn fällige lohnabhängige Abgaben nicht entrichtet wurden. Eine neuerliche Aufnahme in die HFU-Liste bedarf der Zustimmung des Finanzamtes.

### Steuerschuldner

**§ 83.** (1) Der Arbeitnehmer ist beim Lohnsteuerabzug Steuerschuldner.

(2) Der Arbeitnehmer wird unmittelbar in Anspruch genommen, wenn

1. die Voraussetzungen des § 41 Abs. 1 vorliegen,
2. ein Arbeitgeber ohne inländische Betriebsstätte die Einkommensteuer durch Abzug vom Arbeitslohn (§ 47 Abs. 1 lit. b) nicht entsprechend den Vorschriften dieses Bundesgesetzes berechnet und abgeführt hat.

   *(BGBl I 2021/3)*
3. die Voraussetzungen für eine Nachversteuerung gemäß § 18 Abs. 4 vorliegen,
4. eine Veranlagung auf Antrag (§ 41 Abs. 2) durchgeführt wird,
5. eine ausländische Einrichtung im Sinne des § 5 Z 4 des Pensionskassengesetzes die Einkommensteuer durch Abzug vom Arbeitslohn (§ 47) nicht erhoben hat.

(3) Der Arbeitnehmer kann unmittelbar in Anspruch genommen werden, wenn er und der Arbeitgeber vorsätzlich zusammenwirken um sich einen gesetzeswidrigen Vorteil zu verschaffen, der eine Verkürzung der vorschriftsmäßig zu berechnenden und abzuführenden Lohnsteuer bewirkt.

### Lohnzettel

**§ 84.** (1)

1. Der Arbeitgeber hat seinem Finanzamt oder der Österreichischen Gesundheitskasse ohne besondere Aufforderung die Lohnzettel aller im Kalenderjahr beschäftigten Arbeitnehmer zu übermitteln. Bei Auszahlung einer pflegebedingten Geldleistung (Pflegegeld, Pflegezulage, Blindengeld oder Blindenzulage), von Wochengeld und vergleichbaren Bezügen aus der gesetzlichen Sozialversicherung sowie dem Grunde und der Höhe nach gleichartigen Zuwendungen aus Versorgungs- und Unterstützungseinrichtungen der Kammern der selbständig Erwerbstätigen ist ein Lohnzettel von der auszahlenden Stelle auszustellen.

   *(BGBl I 2019/104, BGBl I 2020/99)*
2. Der Lohnzettel hat alle im amtlichen Formular vorgesehenen für die Erhebung von Abgaben maßgeblichen Daten zu enthalten. Die Übermittlung der Lohnzettel hat elektronisch bis Ende Februar des folgenden Kalenderjahres zu erfolgen. Ist dem Arbeitgeber bzw. der auszahlenden Stelle die elektronische Übermittlung der Lohnzettel mangels technischer Voraussetzungen unzumutbar, hat die Übermittlung der Lohnzettel auf dem amtlichen Vordruck bis Ende Jänner des folgenden Kalenderjahres zu erfolgen.

   *(BGBl I 2016/117)*
3. Abweichend vom Übermittlungsstichtag gemäß Z 2 ist ein Lohnzettel bei Eröffnung eines Insolvenzverfahrens über das Vermögen des Arbeitgebers bis zum Ende des zweitfolgenden Monats zu übermitteln. In diesem Fall ist ein Lohnzettel bis zum Tag der Eröffnung des Insolvenzverfahrens auszustellen. Der Bundesminister für Finanzen wird ermächtigt, im Einvernehmen mit dem für Angelegenheiten des Arbeitsrechts zuständigen Bundesminister durch Verordnung für diesen Lohnzettel

zusätzliche Daten, die für die Ermittlung der Ansprüche nach dem Insolvenz-Entgeltsicherungsgesetz erforderlich sind, festzulegen. Der Lohnzettel ist vom Finanzamt des Arbeitgebers oder der Österreichischen Gesundheitskasse den Geschäftsstellen der IEF-Service GmbH gemäß § 5 Abs. 1 des Insolvenz-Entgeltsicherungsgesetzes elektronisch zur Verfügung zu stellen.

*(BGBl I 2016/117, BGBl I 2019/104, BGBl I 2020/99)*

4. Der Bundesminister für Finanzen wird ermächtigt, den Inhalt und das Verfahren der elektronischen Lohnzettelübermittlung im Einvernehmen mit dem Bundesminister für soziale Sicherheit, Generationen und Konsumentenschutz mit Verordnung festzulegen. In der Verordnung kann vorgesehen werden, dass sich der Arbeitgeber einer bestimmten geeigneten öffentlich-rechtlichen oder privatrechtlichen Übermittlungsstelle zu bedienen hat.

(2) Der Arbeitgeber (der Insolvenzverwalter) hat dem Arbeitnehmer in den Fällen des Abs. 1 Z 3 oder über dessen Verlangen für Zwecke der Einkommensteuerveranlagung einen Lohnzettel nach dem amtlichen Vordruck auszustellen.

(3) Der Lohnzettel ist auf Grund der Eintragungen im Lohnkonto (§ 76) auszuschreiben. Erfolgen nach Übermittlung eines Lohnzettels Ergänzungen des Lohnkontos, welche die Bemessungsgrundlagen oder die abzuführende Steuer betreffen, ist ein berichtigter Lohnzettel innerhalb von zwei Wochen ab erfolgter Ergänzung an das Finanzamt des Arbeitgebers zu übermitteln. **„Ein in Folge einer Lohnsteuerprüfung gemäß § 86 erstellter Lohnzettel stellt ein rückwirkendes Ereignis im Sinn des § 295a der Bundesabgabenordnung dar.“**

*(BGBl I 2016/117, BGBl I 2019/104, BGBl I 2020/99, BGBl I 2022/108 ab 20.7.2022)*

(4) Ein Lohnzettel ist auch für Arbeitnehmer auszuschreiben, bei denen eine Pauschbesteuerung gemäß § 69 vorgenommen wurde, und für beschränkt steuerpflichtige Arbeitnehmer (§ 70).

(5) Auf dem Lohnzettel sind

- die Versicherungsnummer gemäß § 31 ASVG des Arbeitnehmers,
- die Versicherungsnummer des (Ehe)Partners sowie die Anzahl der Kinder (§ 106 Abs. 1) des Arbeitnehmers, falls der Alleinverdienerabsetzbetrag oder der Alleinerzieherabsetzbetrag berücksichtigt wurde,
- die Versicherungsnummer des Ehepartners oder eingetragenen Partners des Arbeitnehmers, falls der erhöhte Pensionistenabsetzbetrag berücksichtigt wurde,
- die Anzahl, Name, Versicherungsnummer **„und Geburtsdatum“** der Kinder, für die ein Familienbonus Plus berücksichtigt wurde, sowie die Monate und die Höhe des berücksichtigten Familienbonus Plus,

anzuführen. Wurde eine Versicherungsnummer nicht vergeben, ist jeweils das Geburtsdatum anstelle der Versicherungsnummer anzuführen. Auf der für die Finanzverwaltung bestimmten Ausfertigung ist zusätzlich die Steuernummer des Arbeitgebers anzuführen.

*(BGBl I 2016/117, BGBl I 2019/103, BGBl I 2022/135 ab 29.7.2022)*

(6) Dem Arbeitnehmer ist jede Änderung der vom Arbeitgeber vorgenommenen Eintragungen untersagt.

### Lohnbescheinigung

**§ 84a.** (1) Bei Auszahlungen von Einkünften gemäß § 25 in Verbindung mit § 47 Abs. 1 lit. c hat der Arbeitgeber bis Ende Jänner des Folgejahres eine Lohnbescheinigung zur Berücksichtigung dieser Bezüge im Veranlagungsverfahren auszustellen und an das Finanzamt zu übermitteln. Bei elektronischer Übermittlung hat der Arbeitgeber die Lohnbescheinigung bis Ende Februar des Folgejahres zu übermitteln.

(2) Die Lohnbescheinigung hat zumindest folgende für die Erhebung von Abgaben maßgeblichen Daten gemäß dem amtlichen Formular zu enthalten: Name, Wohnsitz, Geburtsdatum, Sozialversicherungsnummer und die Bruttobezüge.

*(BGBl I 2021/3)*

### Körperschaften des öffentlichen Rechts

**§ 85.** (1) Körperschaften des öffentlichen Rechts haben die Lohnsteuer nach diesem Bundesgesetz wie alle sonstigen Arbeitgeber einzubehalten. Öffentliche Kassen haben bei Auszahlung des Arbeitslohnes die Rechte und Pflichten des Arbeitgebers im Sinne dieses Bundesgesetzes.

(2) Wird ein Arbeitnehmer, der den Arbeitslohn im voraus für einen Lohnzahlungszeitraum erhalten hat, während dieser Zeit einer anderen Dienststelle zugeteilt und geht die Zahlung des Arbeitslohnes auf die Kasse dieser Dienststelle über, so hat die früher zuständige Kasse im Lohnzettel (§ 84) den vollen von ihr gezahlten Arbeitslohn und die davon einbehaltene Lohnsteuer auch dann aufzunehmen, wenn ihr ein Teil des Arbeitslohnes von der nunmehr zuständigen Kasse erstattet wird. Die nunmehr zuständige Kasse hat den der früher zuständigen Kasse erstatteten Teil des Arbeitslohnes in den von ihr auszuschreibenden Lohnzettel nicht aufzunehmen.

### Lohnsteuerprüfung

**§ 86.** (1) Dem Finanzamt des Arbeitgebers (§ 81) obliegt die Prüfung der Einhaltung aller für die ordnungsgemäße Einbehaltung und Abfuhr

1. der Lohnsteuer,
2. der Abzugsteuer gemäß § 99 Abs. 1 Z 1, Z 4 und Z 5 zweiter Fall

   sowie die für die Erhebung

3. des Dienstgeberbeitrages (§ 41 FLAG) und
4. des Zuschlages zum Dienstgeberbeitrag (§ 122 Abs. 8 Wirtschaftskammergesetz 1998)

maßgebenden tatsächlichen und rechtlichen Verhältnisse (Lohnsteuerprüfung) nach Maßgabe der Bestimmungen des Bundesgesetzes über die Prüfung lohnabhängiger Abgaben und Beiträge – PLABG, BGBl. I Nr. 98/2018. Es hat sich für die Durchführung der Prüfung des Prüfdienstes für Lohnabgaben und Beiträge zu bedienen.

*(BGBl I 2020/54, BGBl I 2020/99)*

(1a) Liegt ein rechtskräftiger Feststellungsbescheid nach § 412c ASVG oder § 194b GSVG oder § 182a BSVG vor, so ist die Versicherungszuordnung auch für die Qualifikation der Einkünfte nach § 2 Abs. 3 bindend. Dies gilt nicht, wenn der Bescheid auf falschen Angaben beruht oder sich der zugrunde liegende Sachverhalt geändert hat.

*(BGBl I 2017/125)*

(2) Ergibt sich bei einer Lohnsteuerprüfung, dass die genaue Ermittlung der auf den einzelnen Arbeitnehmer infolge einer Nachforderung entfallenden Lohnsteuer mit unverhältnismäßigen Schwierigkeiten verbunden ist, so kann die Nachforderung in einem Pauschbetrag erfolgen. Bei der Festsetzung dieses Pauschbetrages ist auf die Anzahl der durch die Nachforderung erfassten Arbeitnehmer, die Steuerabsetzbeträge sowie auf die durchschnittliche Höhe des Arbeitslohnes der durch die Nachforderung erfassten Arbeitnehmer Bedacht zu nehmen.

(3) Lohnsteuernachforderungen auf Grund der Haftung des Arbeitgebers (§ 82), für die der Arbeitgeber seine Arbeitnehmer nicht in Anspruch nimmt, sind nicht als Vorteil aus dem Dienstverhältnis im Sinne des § 25 anzusehen.

(4) (aufgehoben)

*(BGBl I 2018/98)*

### Verpflichtung der Arbeitgeber

**§ 87.** (1) Die Arbeitgeber und ihre Angestellten haben den Organen des Finanzamtes Einsicht in die nach § 76 vorgeschriebenen Aufzeichnungen und in die Lohnaufzeichnungen der Betriebe sowie in die Geschäftsbücher und in die Unterlagen zu gewähren, soweit dies für die Feststellung der den Arbeitnehmern gezahlten Vergütungen aller Art und für die Lohnsteuerprüfung erforderlich ist.

(2) Die Arbeitgeber haben ferner jede vom Prüfungsorgan zum Verständnis der Aufzeichnungen verlangte Erläuterung zu geben.

(3) Die Arbeitgeber haben auf Verlangen dem Prüfungsorgan des Finanzamtes auch über sonstige für den Betrieb tätige Personen, bei denen es zweifelhaft ist, ob sie Arbeitnehmer des Betriebes sind, jede gewünschte Auskunft zur Feststellung ihrer Steuerverhältnisse zu geben.

### Verpflichtung der Arbeitnehmer

**§ 88.** (1) Die Arbeitnehmer des Betriebes haben dem Prüfungsorgan jede gewünschte Auskunft über Art und Höhe ihres Arbeitslohnes zu geben und auf Verlangen die in ihrem Besitz befindlichen Aufzeichnungen und Belege über bereits entrichtete Lohnsteuer vorzulegen.

(2) Das Prüfungsorgan ist auch berechtigt, von Personen, bei denen es zweifelhaft ist, ob sie Arbeitnehmer des Betriebes sind, jede Auskunft zur Feststellung ihrer Steuerverhältnisse zu verlangen.

### Mitwirkung von Versicherungsträgern und anderen Institutionen

**§ 89.** (1) Die Träger der gesetzlichen Sozialversicherung haben den Abgabenbehörden des Bundes jede zur Durchführung des Steuerabzuges und der den Finanzämtern obliegenden Prüfung und Aufsicht dienliche Hilfe zu leisten (§ 158 Abs. 1 der Bundesabgabenordnung). Insbesondere sind ohne Aufforderung die Feststellungen und das Ergebnis aller Prüfungen (§§ 41a und 42 Abs. 1 ASVG) dem Finanzamt zur Verfügung zu stellen.

(2) Die Zurverfügungstellung der Prüfungsergebnisse im Sinne der Abs. 1 kann im Wege des Datenträgeraustausches oder der automationsunterstützten Datenübermittlung erfolgen. Der Bundesminister für Finanzen wird ermächtigt, im Einvernehmen mit dem Bundesminister für Soziales das Verfahren der Übermittlung beziehungsweise den Inhalt der Meldungen und das Verfahren des Datenträgeraustausches und der automationsunterstützten Datenübermittlung mit Verordnung festzulegen.

(3) Die Abgabenbehörden und das Amt für Betrugsbekämpfung haben im Rahmen der Vollziehung der abgabenrechtlichen Bestimmungen insbesondere zu erheben (§§ 143 und 144 BAO), ob

– die versicherungs- und melderechtlichen Bestimmungen des ASVG,
– die Anzeigepflichten des AlVG und
– die Bestimmungen, deren Missachtung den Tatbestand der §§ 366 Abs. 1 Z 1 oder 367 Z 54 GewO erfüllt,

eingehalten wurden. Zum Zweck der Prüfung der Einhaltung der Anzeigepflichten überprüfter Personen sind die Abgabenbehörden und das Amt für Betrugsbekämpfung berechtigt, die Arbeitslosmeldung und den Bezug von Leistungen aus der Arbeitslosenversicherung und von Überbrückungshilfen nach dem ÜHG für die letzten drei Monate durch Eingabe des Namens und der Sozialversicherungsnummer der überprüften Person automationsunterstützt abzufragen. Die Geschäftsstellen des Arbeitsmarktservice sind verpflichtet, den Abgabenbehörden und dem Amt für Betrugsbekämpfung den Zugriff auf diese Daten in einer technisch geeigneten Form kostenlos zur Verfügung zu stellen.

*(BGBl I 2015/118, BGBl I 2019/104, BGBl I 2020/99)*

(4) Die Finanzämter haben der Österreichischen Gesundheitskasse, der Versicherungsanstalt öffentlich Bediensteter, Eisenbahnen und Bergbau und den Gemeinden alle für die Erhebung von lohnabhängigen Abgaben bedeutsamen Daten zur Verfügung zu stellen. Insbesondere sind den Gemeinden die Daten der Dienstgeberbeitragszahlungen der Arbeitgeber bereitzustellen. Diese Daten dürfen nur in der Art und dem Umfang verwendet werden, als dies zur Wahrnehmung der gesetzlich

übertragenen Aufgaben eine wesentliche Voraussetzung ist. Die Verwendung nicht notwendiger Daten (Ballastwissen, Überschusswissen) ist unzulässig. Daten, die mit an Sicherheit grenzender Wahrscheinlichkeit nicht mehr benötigt werden, sind möglichst rasch zu löschen.

*(BGBl I 2018/98, BGBl I 2020/54)*

(5) Die IEF-Service-GmbH und deren Geschäftsstellen haben alle für die Erhebung von Abgaben bedeutsamen Daten zur Verfügung zu stellen. Die Sätze 3, 4 und 5 des Abs. 4 gelten entsprechend.

(6) Die Träger der gesetzlichen Sozialversicherung haben an dem der An- oder Abmeldung folgenden Werktag den Abgabenbehörden des Bundes den Namen, die Wohnanschrift und die Versicherungsnummer gemäß § 31 Abs. 4 Z 1 ASVG (bei Nichtvorhandensein jedenfalls das Geburtsdatum) der an- und abgemeldeten Dienstnehmer zu übermitteln. Weiters sind die Meldungen der monatlichen Beitragsgrundlagen nach Ablauf eines jeden Beitragszeitraumes sowie allfällige Berichtigungen der Beitragsgrundlagen pro versicherter Person zu übermitteln. Abs. 2 gilt sinngemäß. Der Bundesminister für Finanzen wird ermächtigt, im Einvernehmen mit dem Bundesminister für Soziales, Gesundheit, Pflege und Konsumentenschutz das Verfahren der Übermittlung bzw. den Inhalt der Meldungen und das Verfahren des Datenträgeraustausches sowie der automationsunterstützten Datenübermittlung, mit Verordnung festzulegen.

*(BGBl I 2016/117, BGBl I 2018/98, BGBl I 2020/54)*

### Auskunftspflicht der Behörde

**§ 90.** Das Finanzamt des Arbeitgebers hat auf Anfrage einer Partei tunlichst innerhalb von 14 Tagen darüber Auskunft zu geben, ob und inwieweit im einzelnen Fall die Vorschriften über die Lohnsteuer anzuwenden sind.

*(BGBl I 2019/104, BGBl I 2020/99)*

### Arbeitnehmer ohne inländischen Wohnsitz

**§ 91.** Soweit in diesem Abschnitt der Wohnsitz des Arbeitnehmers maßgebend ist, ein inländischer Wohnsitz jedoch nicht besteht, tritt an seine Stelle der inländische gewöhnliche Aufenthalt und, wenn ein solcher nicht besteht, die Betriebsstätte.

### Auslandsbeamte

**§ 92.** (1) Für Auslandsbeamte im Sinne des § 26 Abs. 3 der Bundesabgabenordnung ist die Lohnsteuer nach den §§ 33 und 66 bis 68 zu berechnen. Der Arbeitnehmer hat die für die Anwendung dieser Bestimmungen maßgebenden Verhältnisse durch eine amtliche Bescheinigung nachzuweisen.

(2) Weisen die im Abs. 1 genannten Arbeitnehmer nach, daß bei ihnen besondere Verhältnisse gemäß § 63 vorliegen, so stellt das Finanzamt des Arbeitgebers auf Antrag des Arbeitnehmers einen den §§ 63 und 64 entsprechenden Freibetragsbescheid und die Mitteilung zur Vorlage beim Arbeitgeber aus. Auf Grund dieser Mitteilung hat der Arbeitgeber die ausgewiesenen Freibeträge zu berücksichtigen.

*(BGBl I 2019/104, BGBl I 2020/99)*

## 6. TEIL
## KAPITALERTRAGSTEUER

### Abzugspflicht

**§ 93.** (1) Bei inländischen Einkünften aus Kapitalvermögen wird die Einkommensteuer durch Steuerabzug erhoben (Kapitalertragsteuer). Dies gilt nicht für die in § 27a Abs. 2 genannten Einkünfte.

(1a) Der Abzugsverpflichtete (§ 95 Abs. 2) kann bei inländischen Einkünften aus Kapitalvermögen stets Kapitalertragsteuer in Höhe von 25% einbehalten, wenn der Schuldner der Kapitalertragsteuer (§ 95 Abs. 1) eine Körperschaft im Sinne des § 1 Abs. 1 des Körperschaftsteuergesetzes 1988 ist.

*(BGBl I 2015/118)*

(1a)[a)] Der Abzugsverpflichtete (§ 95 Abs. 2) kann bei inländischen Einkünften aus Kapitalvermögen stets Kapitalertragsteuer in Höhe von 24% für im Kalenderjahr 2023 zugeflossene Einkünfte und in Höhe von 23% für ab dem Kalenderjahr 2024 zugeflossene Einkünfte einbehalten, wenn der Schuldner der Kapitalertragsteuer (§ 95 Abs. 1) eine Körperschaft im Sinne des § 1 Abs. 1 des Körperschaftsteuergesetzes 1988 ist.

*(BGBl I 2015/118, BGBl I 2022/10)*

[a)] Tritt mit 1. Jänner 2023 in Kraft.

(2) Inländische Einkünfte aus Kapitalvermögen liegen vor:

1. Bei Einkünften aus der Überlassung von Kapital (§ 27 Abs. 2), wenn sich die auszahlende Stelle (§ 95 Abs. 2 Z 1 lit. b) im Inland befindet. Bei Einkünften aus der Überlassung von Kapital gemäß § 27 Abs. 2 Z 1, § 27 Abs. 5 Z 7 und Zinsen aus Geldeinlagen bei Kreditinstituten und aus sonstigen Geldforderungen gegenüber Kreditinstituten im Sinne des § 27a Abs. 1 Z 1 liegen auch dann inländische Einkünfte aus Kapitalvermögen vor, wenn der Schuldner der Kapitalerträge Wohnsitz, Geschäftsleitung oder Sitz im Inland hat oder inländische Zweigstelle eines ausländischen Kreditinstituts ist. Als Geldeinlagen bei Kreditinstituten gelten auch von Kreditinstituten treuhändig oder zur Verwaltung aufgenommene Gelder, für deren Verlust sie das wirtschaftliche Risiko tragen.

   *(BGBl I 2015/118, BGBl I 2022/10)*

2. Bei Einkünften aus realisierten Wertsteigerungen von Kapitalvermögen (§ 27 Abs. 3) und bei Einkünften aus Derivaten (§ 27 Abs. 4), wenn eine inländische depotführende Stelle (§ 95 Abs. 2 Z 2 lit. a) oder eine inländische auszahlende Stelle (§ 95 Abs. 2 Z 2 lit. b) vorliegt und diese die Realisierung abwickelt.

   *(BGBl I 2015/118)*

3. a) Bei laufenden Einkünften aus Kryptowährungen (§ 27 Abs. 4a in Verbindung mit § 27b Abs. 2), wenn ein inländischer Schuldner oder inländischer Dienstleister (§ 95 Abs. 2 Z 3) vorliegt, der die Kryptowährungen oder sonstigen Entgelte gutschreibt.
   b) Bei Einkünften aus realisierten Wertsteigerungen (§ 27 Abs. 4a in Verbindung mit § 27b Abs. 3), wenn ein inländischer Dienstleister (§ 95 Abs. 2 Z 3) vorliegt, der die Realisierung abwickelt.

*(BGBl I 2015/118, BGBl I 2022/10)*

(3) Die Kapitalertragsteuer ist auch abzuziehen, wenn die Kapitaleinkünfte beim Empfänger zu den Einkünften im Sinne des § 2 Abs. 3 Z 1 bis 4 gehören, sofern nicht die Voraussetzungen des § 94 vorliegen.

(4) Weist der Steuerpflichtige bei den Einkünften im Sinne des § 27 Abs. 3 und 4 die tatsächlichen Anschaffungskosten oder den Wert einer vorangegangenen steuerpflichtigen Entnahme der depotführenden Stelle nicht nach, hat diese für Zwecke des Steuerabzugs davon auszugehen, dass die Anschaffungskosten dem gemeinen Wert zum Zeitpunkt der Depoteinlage, vermindert um 0,5% für jeden seit der Anschaffung vergangenen Monat entsprechen. Zumindest ist der halbe gemeine Wert zum Zeitpunkt der Depoteinlage anzusetzen. Besteht kein Kurs- oder Handelswert, hat die depotführende Stelle bei einer späteren Realisierung davon auszugehen, dass die Anschaffungskosten im Falle des § 27a Abs. 3 Z 2 lit. a dem halben Erlös, im Falle des § 27a Abs. 3 Z 2 lit. b dem halben gemeinen Wert im Zeitpunkt der Entnahme entsprechen. Besteht weder im Zeitpunkt der Depoteinlage noch im Zeitpunkt einer späteren Realisierung ein Kurs- oder Handelswert, hat die depotführende Stelle davon auszugehen, dass die Anschaffungskosten dem gemeinen Wert im Zeitpunkt der Entnahme entsprechen.

Weist der Steuerpflichtige

– bei Anteilen an Körperschaften und Anteilscheinen und Anteilen an § 186 oder § 188 des Investmentfondsgesetzes 2011 und an § 40 oder § 42 des Immobilien-Investmentfondsgesetzes unterliegende Gebilde die Anschaffung vor dem 1. Jänner 2011 nicht nach, ist davon auszugehen, dass diese am 1. Jänner 2011 entgeltlich erworben wurden;
– bei allen anderen Wirtschaftsgütern und Derivaten die Anschaffung vor dem 1. April 2012 nicht nach, ist davon auszugehen, dass diese am 1. April 2012 entgeltlich erworben wurden.

Der Steuerpflichtige kann in diesen Fällen im Rahmen der Veranlagung (§ 97 Abs. 2) nachweisen, dass die tatsächliche Anschaffung vor den genannten Zeitpunkten erfolgt ist.

Weist der Steuerpflichtige die tatsächlichen Anschaffungskosten oder den Wert einer vorangegangenen steuerpflichtigen Entnahme der depotführenden Stelle nicht nach oder besteht im Zeitpunkt einer späteren Realisierung kein Kurs- oder Handelswert, bewirkt der Steuerabzug gemäß § 93 keine Steuerabgeltung gemäß § 97. Der Steuerpflichtige hat im Rahmen der Veranlagung die tatsächlichen Anschaffungskosten oder den Wert einer vorangegangenen steuerpflichtigen Entnahme nachzuweisen.

(4a) Sind dem Abzugsverpflichteten bei den Einkünften im Sinne des § 27 Abs. 4a die tatsächlichen Anschaffungskosten nicht bekannt, ist wie folgt vorzugehen:

1. Die Anschaffungskosten und der Anschaffungszeitpunkt sind auf Grundlage der Angaben des Steuerpflichtigen anzusetzen, soweit beim Abzugsverpflichteten keine entgegenstehenden Daten vorhanden sind. Der Bundesminister für Finanzen wird ermächtigt, mittels Verordnung die nähere Vorgangsweise festzulegen und dabei insbesondere vorzusehen,
   – in welcher Form die Angaben des Steuerpflichtigen zu erfolgen haben;
   – wie bei Erwerben derselben Kryptowährung in zeitlicher Aufeinanderfolge der Ansatz der Anschaffungskosten zu erfolgen hat.
2. Ist der Anschaffungszeitpunkt nicht bekannt oder wurde dieser vom Steuerpflichtigen nicht bzw. nicht richtig angegeben, ist von einer Anschaffung nach dem 28. Februar 2021 auszugehen. Sind die Anschaffungskosten nicht bekannt oder wurden diese vom Steuerpflichtigen nicht bzw. nicht richtig angegeben, hat der Abzugsverpflichtete im Rahmen der späteren Realisierung davon auszugehen, dass die Anschaffungskosten dem halben Erlös, im Falle des § 27a Abs. 3 Z 4 lit. b zweiter Teilstrich dem halben gemeinen Wert entsprechen.

*(BGBl I 2015/118, BGBl I 2022/10)*

(5) Für Zwecke des Steuerabzuges ist davon auszugehen, dass

– Wirtschaftsgüter, Derivate und Kryptowährungen im Sinne des § 27 Abs. 3 bis 4a nicht in einem Betriebsvermögen gehalten werden;
– im Ausland begebene Wertpapiere, die ein Forderungsrecht verbriefen, sowie Anteilscheine an einem ausländischen Immobilienfonds bei ihrer Begebung im Zweifel sowohl in rechtlicher als auch in tatsächlicher Hinsicht einem unbestimmten Personenkreis angeboten wurden;
– der Zeitpunkt der Einschränkung des Besteuerungsrechts gemäß § 27 Abs. 6 Z 1 dem Zeitpunkt der Meldung im Sinne des § 94 Z 7 entspricht „;“[a]

[a] Tritt mit 1. Jänner 2023 in Kraft.

**„–[a] eine Übertragung im Sinne des § 27 Abs. 6 Z 2 sechster Teilstrich vorliegt, wenn der Schuldner der Kapitalertragsteuer (§ 95 Abs. 1) der depotführenden oder auszahlenden Stelle (§ 95 Abs. 2 Z 2) anhand geeigneter Unterlagen (insbesondere nota-**

**riell beurkundeter Beschluss bzw. Vertrag oder Notariatsakt über die Umgründung) das Vorliegen einer Umgründung nach dem Umgründungssteuergesetz glaubhaft macht.“**

*(BGBl I 2015/163, BGBl I 2022/10, BGBl I 2022/108 ab 1.1.2023)*

[a] Tritt mit 1. Jänner 2023 in Kraft.

(6) Die depotführende Stelle gemäß § 95 Abs. 2 Z 2 lit. a hat den Verlustausgleich gemäß § 27 Abs. 8 für sämtliche Depots des Steuerpflichtigen nach Maßgabe der folgenden Bestimmungen durchzuführen:

1. Werden zunächst negative und zeitgleich oder später positive Einkünfte erzielt, sind die negativen Einkünfte mit den zeitgleich oder später erzielten positiven Einkünften auszugleichen.
2. Werden zunächst positive und später negative Einkünfte erzielt, ist die für die positiven Einkünfte einbehaltene Kapitalertragsteuer gutzuschreiben, wobei die Gutschrift höchstens 27,5% der negativen Einkünfte betragen darf.
3. Negative Einkünfte dürfen nur einmalig ausgeglichen werden (Z 1) oder zu einer Gutschrift führen (Z 2).
4. Folgende Einkünfte sind vom Verlustausgleich ausgeschlossen:
   a) Einkünfte aus Depots, die gemäß den Angaben des Depotinhabers betrieblichen Zwecken dienen; diesfalls gilt Abs. 5 erster Teilstrich nicht für Zwecke des Verlustausgleichs;
   b) Einkünfte aus Depots, die gemäß den Angaben des Depotinhabers treuhändig gehalten werden;
   c) Einkünfte, bei denen dem Kapitalertragsteuerabzug gemäß Abs. 4 ermittelte Werte zu Grunde liegen;
   d) Einkünfte aus Depots mit mehreren Depotinhabern.

Der Bundesminister für Finanzen wird ermächtigt, eine Verordnung zur Durchführung dieser Bestimmung sowie zur Durchführung des § 96 Abs. 4 Z 2 zu erlassen.

(7) Der Abzugsverpflichtete gemäß § 95 Abs. 2 Z 3 hat den Verlustausgleich gemäß § 27 Abs. 8 für sämtliche von ihm gutgeschriebenen Kryptowährungen bzw. sonstigen Entgelte sowie die von ihm abgewickelten Realisierungen von Kryptowährungen (Abs. 2 Z 3) durchzuführen. Abs. 6 ist sinngemäß anzuwenden, wobei Abs. 6 Z 4 lit. c auf pauschal ermittelte Werte gemäß Abs. 4a Z 2 zu beziehen ist.

*(BGBl I 2015/118, BGBl I 2022/10)*

### Ausnahmen von der Abzugspflicht

**§ 94.** Der Abzugsverpflichtete (§ 95 Abs. 2) hat keine Kapitalertragsteuer abzuziehen:

1. Bei jeglichen Kapitalerträgen, wenn Gläubiger und Schuldner der Kapitalerträge dieselbe Person sind.
2. Unter folgenden Voraussetzungen bei den Kapitalerträgen von Körperschaften im Sinne des § 1 Abs. 2 des Körperschaftsteuergesetzes 1988:
   – Es handelt sich um Gewinnanteile (Dividenden) und sonstige Bezüge aus Aktien, Anteilen an Gesellschaften mit beschränkter Haftung oder an Erwerbs- und Wirtschaftsgenossenschaften und
   – die Körperschaft ist mindestens zu einem Zehntel mittel- oder unmittelbar am Grund- oder Stammkapital beteiligt.

   Dies gilt auch für ausländische Körperschaften, die die in der Anlage 2 zu diesem Bundesgesetz vorgesehenen Voraussetzungen des Artikels 2 der Richtlinie 2011/96/EU über das gemeinsame Steuersystem der Mutter- und Tochtergesellschaften verschiedener Mitgliedstaaten, ABl. Nr. L 345 vom 29.12.2011 S. 8 in der jeweils geltenden Fassung erfüllen, wenn die Beteiligung während eines ununterbrochenen Zeitraumes von mindestens einem Jahr bestanden hat. Davon abweichend hat der Abzugsverpflichtete die Kapitalertragsteuer dann einzubehalten, wenn Gründe vorliegen, wegen derer der Bundesminister für Finanzen dies zur Verhinderung von Steuerverkürzung und Missbrauch (§ 22 der Bundesabgabenordnung) sowie in den Fällen verdeckter Ausschüttungen (§ 8 Abs. 2 des Körperschaftsteuergesetzes 1988) durch Verordnung anordnet.

   In diesen Fällen ist eine der Richtlinie entsprechende Entlastung von der Kapitalertragsteuer auf Antrag der Muttergesellschaft durch ein Steuerrückerstattungsverfahren herbeizuführen.
3. Bei Einkünften aus Kapitalvermögen (einschließlich Ausgleichzahlungen und Leihgebühren im Sinne des § 27 Abs. 5 Z 4) bei Kreditinstituten, wenn der Gläubiger der Einkünfte ein in- oder ausländisches Kreditinstitut ist. Dies gilt nicht für Kapitalerträge gemäß § 27 Abs. 2 Z 1, deren Schuldner Geschäftsleitung oder Sitz im Inland hat.

   *(BGBl I 2018/62)*
4. Bei Einkünften aus Kapitalvermögen, das bei ausländischen Betriebsstätten von Kreditinstituten besteht.
5. Bei Einkünften gemäß § 27 Abs. 2 Z 1 lit. a bis c, deren Schuldner weder Wohnsitz noch Geschäftsleitung oder Sitz im Inland hat, sowie bei Einkünften gemäß § 27 Abs. 2 Z 2, Abs. 3 und 4, unter folgenden Voraussetzungen:
   a) Der Empfänger der Einkünfte ist keine natürliche Person.
   b) Der Empfänger erklärt dem Abzugsverpflichteten unter Nachweis seiner Identität schriftlich, dass die Kapitaleinkünfte

als Betriebseinnahmen eines in- oder ausländischen Betriebes, ausgenommen eines Hoheitsbetriebes (§ 2 Abs. 5 des Körperschaftsteuergesetzes 1988) zu erfassen sind (Befreiungserklärung).

c) Der Empfänger leitet eine Gleichschrift der Befreiungserklärung unter Angabe seiner Steuernummer im Wege des Abzugsverpflichteten dem zuständigen Finanzamt zu.

Der Empfänger hat dem Abzugsverpflichteten und dem zuständigen Finanzamt im Wege des Abzugsverpflichteten unverzüglich alle Umstände mitzuteilen, die dazu führen, dass die Kapitaleinkünfte nicht mehr zu den Einnahmen eines in- oder ausländischen Betriebes gehören (Widerrufserklärung). Die Befreiung beginnt mit dem Vorliegen sämtlicher unter lit. a bis c angeführter Umstände und endet mit dem Wegfallen der Voraussetzung der lit. c, mit der Abgabe der Widerrufserklärung oder mit der Zustellung eines Bescheides, in dem festgestellt wird, dass die Befreiungserklärung unrichtig ist.

6. Bei folgenden Einkünften beschränkt Körperschaftsteuerpflichtiger im Sinne des § 1 Abs. 3 Z 2 und 3 des Körperschaftsteuergesetzes 1988:

a) Beteiligungserträge im Sinne des § 10 des Körperschaftsteuergesetzes 1988,

b) (aufgehoben)

c) Einkünfte aus der Überlassung von Kapital gemäß § 27 Abs. 2 Z 2 sowie für Einkünfte aus realisierten Wertsteigerungen im Sinne des § 27 Abs. 3, Einkünfte aus Derivaten im Sinne des § 27 Abs. 4 und für Einkünfte aus Kryptowährungen im Sinne des § 27 Abs. 4a, die
   - innerhalb einer Veranlagungs- und Risikogemeinschaft einer befreiten Pensions- oder BV-Kasse,
   - einer befreiten Unterstützungskasse,
   - einer befreiten Privatstiftung im Sinne des § 6 Abs. 4 des Körperschaftsteuergesetzes 1988,
   - einer Versorgungs- oder Unterstützungseinrichtung einer Körperschaft des öffentlichen Rechtes,
   - einer von der unbeschränkten Steuerpflicht befreiten Körperschaft im Rahmen eines ebenfalls steuerbefreiten Betriebes (beispielsweise § 45 Abs. 2 der Bundesabgabenordnung) oder
   - einem Einlagensicherungsfonds im Sinne des § 18 des Einlagensicherungs- und Anlegerentschädigungsgesetzes oder dem Beitragsvermögen gemäß § 74 WAG 2018 nachweislich zuzurechnen sind.

   *(BGBl I 2018/62, BGBl I 2022/10)*

d) Einkünfte einer Mittelstandsfinanzierungsgesellschaft im Rahmen des § 5 Z 14 des Körperschaftsteuergesetzes 1988.

e) Kapitalerträge auf Grund von Zuwendungen im Sinne des § 27 Abs. 5 Z 7, wenn die Einkünfte gemäß § 3 befreit sind, der Empfänger unter § 4a fällt oder Zuwendungen gemäß § 4b oder § 4c vorliegen.

   *(BGBl I 2015/160, BGBl I 2017/28)*

7. Bei Kapitalerträgen gemäß § 27 Abs. 6 Z 1 und diesen gleichgestellten Einkünften aus Kryptowährungen, es sei denn, der Steuerpflichtige meldet dem Abzugsverpflichteten die Einschränkung des Besteuerungsrechts. Im Falle einer solchen Meldung ist vom Abzug abzusehen, wenn der Steuerpflichtige einen Abgabenbescheid im Sinne des § 27 Abs. 6 Z 1 vorweist. Bei Geldeinlagen und nicht verbrieften sonstigen Geldforderungen bei Kreditinstituten im Sinne des § 27a Abs. 1 Z 1 gilt im Falle der Einschränkung des Besteuerungsrechts der Schuldner der Kapitalerträge (§ 93 Abs. 2 Z 1 zweiter Satz) als depotführende Stelle im Sinne des § 95 Abs. 2 Z 2 lit. a.

   *(BGBl I 2015/118, BGBl I 2015/163, BGBl I 2022/10)*

8. Bei Kapitalerträgen im Sinne des § 98 Abs. 1 Z 5 lit. d, wenn es sich um Immobilien eines Immobilienfonds handelt, dessen Anteile im In- oder Ausland sowohl in rechtlicher als auch in tatsächlicher Hinsicht an einen unbestimmten Personenkreis angeboten werden.

9. Bei der Ausgabe von Anteilsrechten auf Grund einer Kapitalerhöhung aus Gesellschaftsmitteln (§ 3 Abs. 1 Z 29).

10. Bei Einkünften im Sinne des § 27 Abs. 2 Z 1 lit. a bis c, deren Schuldner weder Wohnsitz noch Geschäftsleitung oder Sitz im Inland hat, sowie bei Einkünften im Sinne des § 27 Abs. 2 Z 2 und des § 27 Abs. 3 bis 4a, die
   - einem § 186 oder § 188 des Investmentfondsgesetzes 2011 unterliegende Gebilde,
   - einem § 40 oder § 42 des Immobilien-Investmentfondsgesetzes unterliegende Gebilde

   zugehen. Dies gilt auch für Ausschüttungen von inländischen Grundstücks-Gesellschaften im Sinne der §§ 23 ff des Immobilien-Investmentfondsgesetzes an Immobilienfonds im Sinne des Immobilien-Investmentfondsgesetzes, soweit die Ausschüttungen auf Veräußerungsgewinne von Immobilienveräußerungen zurückzuführen sind.

   *(BGBl I 2022/10)*

11. Bei tatsächlich ausgeschütteten Erträgen und als ausgeschüttet geltenden Erträgen aus
    – einem § 186 oder § 188 des Investmentfondsgesetzes 2011 unterliegende Gebilde,
    – einem § 40 oder § 42 des Immobilien-Investmentfondsgesetzes unterliegende Gebilde,

    soweit die Erträge aus Einkünften im Sinne des § 27 Abs. 2 Z 1 lit. a bis c bestehen, deren Schuldner Wohnsitz, Geschäftsleitung oder Sitz im Inland hat.
12. Bei Einkünften im Sinne des § 27 Abs. 2 Z 1 lit. a bis c sowie bei Einkünften im Sinne des § 27 Abs. 2 Z 2, des § 27 Abs. 5 Z 1 und 2 und des § 27 Abs. 3 bis 4a, die einer nicht unter § 5 Z 6 oder nicht unter § 7 Abs. 3 des Körperschaftsteuergesetzes 1988 fallenden Privatstiftung zugehen.

    *(BGBl I 2018/62, BGBl I 2022/10)*
13. Bei folgenden Einkünften aus Kapitalvermögen von beschränkt Steuerpflichtigen und gemäß § 1 Abs. 3 Z 1 des Körperschaftsteuergesetzes 1988 beschränkt Körperschaftsteuerpflichtigen:
    – Einkünften, soweit diese im Rahmen der beschränkten Steuerpflicht gemäß § 98 Abs. 1 Z 5 nicht steuerpflichtig sind; dies berührt nicht die beschränkte Steuerpflicht gemäß § 98 Abs. 1 Z 5 lit. a bis c;
    – Einkünften aus realisierten Wertsteigerungen von Kapitalvermögen gemäß § 98 Abs. 1 Z 5 lit. e.

    *(BGBl I 2016/77)*

### Schuldner und Abzugsverpflichteter

**§ 95.** (1) Schuldner der Kapitalertragsteuer ist der Empfänger der Kapitalerträge. Der Abzugsverpflichtete (Abs. 2) haftet dem Bund für die Einbehaltung und Abfuhr der Kapitalertragsteuer. Wird Kapitalertragsteuer auf Grundlage von Meldungen gemäß § 186 Abs. 2 Z 2 des Investmentfondsgesetzes 2011 und gemäß § 40 Abs. 2 Z 1 des Immobilien-Investmentfondsgesetzes einbehalten, haften für die Richtigkeit der gemeldeten Beträge der Rechtsträger des Investmentfonds und der steuerliche Vertreter zur ungeteilten Hand; in den Fällen des **„Abs. 2 Z 4“** haften die Wertpapierfirma, der Zahlungsdienstleister, das E-Geldinstitut sowie ein allenfalls erforderlicher steuerlicher Vertreter zur ungeteilten Hand. Die Haftung ist vom Finanzamt für Großbetriebe geltend zu machen.

*(BGBl I 2019/104, BGBl I 2020/99, BGBl I 2022/10, BGBl I 2022/108 ab 20.7.2022)*

(2) Abzugsverpflichteter ist:

1. Bei Einkünften aus der Überlassung von Kapital, einschließlich tatsächlich ausgeschütteter Erträge und als ausgeschüttet geltender Erträge aus einem § 186 oder § 188 des Investmentfondsgesetzes 2011 oder einem § 40 oder § 42 des Immobilien-Investmentfondsgesetzes unterliegende Gebilde:
   a) Der Schuldner der Kapitalerträge, wenn dieser Wohnsitz, Geschäftsleitung oder Sitz im Inland hat oder inländische Zweigstelle eines ausländischen Kreditinstituts ist und es sich um Einkünfte aus der Überlassung von Kapital gemäß § 27 Abs. 2 Z 1, § 27 Abs. 5 Z 7 oder Zinsen aus Geldeinlagen bei Kreditinstituten und aus sonstigen Geldforderungen gegenüber Kreditinstituten im Sinne des § 27a Abs. 1 Z 1 handelt.

      *(BGBl I 2015/118, BGBl I 2022/10)*
   b) die auszahlende Stelle in allen anderen Fällen. Auszahlende Stelle ist:
      – das Kreditinstitut, das an den Kuponinhaber Kapitalerträge im Zeitpunkt der Fälligkeit und anteilige Kapitalerträge anlässlich der Veräußerung des Wertpapiers auszahlt,
      – der inländische Emittent, der an den Kuponinhaber solche Kapitalerträge auszahlt,
      – die Zweigstelle eines Dienstleisters mit Sitz in einem Mitgliedstaat, der auf Grund der Richtlinie 2013/36/EU, ABl. Nr. L 176 vom 27.06.2013 S. 338, oder auf Grund der Richtlinie 2004/39/EG, ABl. Nr. L 145 vom 30.04.2004 S. 1, in der Fassung der Richtlinie 2010/78/EU, ABl. Nr. L 331 vom 15.12.2010 S. 120, zur Erbringung von Wertpapierdienstleistungen und Nebendienstleistungen im Inland berechtigt ist.
      – Ein Dritter, der Kapitalerträge im Sinne des § 27 Abs. 5 Z 1 und 2 gewährt.
      – Bei ausländischen Kapitalerträgen im Sinne des § 27 Abs. 2 Z 1 lit. a bis c das Kreditinstitut, das die Kapitalerträge auszahlt.
2. Bei Einkünften aus realisierten Wertsteigerungen von Kapitalvermögen und bei Einkünften aus Derivaten **„ , ausgenommen jenen der Z 4“**:
   a) Die inländische depotführende Stelle.
   b) Die inländische auszahlende Stelle, wenn keine inländische depotführende Stelle vorliegt, es sich bei der depotführenden Stelle um eine Betriebsstätte der auszahlenden Stelle oder ein konzernzugehöriges Unternehmen handelt und die auszahlende Stelle in Zusammenarbeit mit der depotführenden Stelle die Realisierung abwickelt und die Erlöse aus realisierten Wertsteigerungen von Kapitalvermögen, aus dem Differenzausgleich, aus der Veräußerung von

Derivaten oder die Stillhalterprämie gutschreibt.

c) ~~Eine Wertpapierfirma im Sinne des § 3 WAG 2018, die sich für den Einbehalt und die Abfuhr einer der Kapitalertragsteuer entsprechenden Steuer eines konzessionierten Zahlungsdienstleisters im Sinne des § 7 ZaDiG 2018, eines E-Geldinstitutes im Sinne des § 3 Abs. 2 E-Geldgesetz oder eines zum Abzug einer der Kapitalertragsteuer vergleichbaren Steuer sonst Berechtigten bedient; selbiges gilt im Falle einer/eines ausländischen mit einer inländischen vergleichbaren Wertpapierfirma bzw. eines Zahlungsdienstleisters, sofern mit deren Ansässigkeitsstaat umfassende Amtshilfe besteht und ein steuerlicher Vertreter bestellt ist. Als steuerlicher Vertreter kann nur ein inländischer Wirtschaftstreuhänder oder eine Person bestellt werden, die vergleichbare fachliche Qualifikationen dem zuständigen Finanzamt nachweist. Bestehen Zweifel an der Vergleichbarkeit der Qualifikation, entscheidet der Bundesminister für Finanzen.~~

*(BGBl I 2022/10)*

Als inländische depotführende oder auszahlende Stellen kommen in Betracht:

- Kreditinstitute im Sinne des Bankwesengesetzes (§ 1 BWG),
- Zweigstellen eines Kreditinstituts aus Mitgliedstaaten (§ 9 BWG),
- Zweigstellen eines Dienstleisters mit Sitz in einem Mitgliedstaat, der auf Grund der Richtlinie 2013/36/EU, ABl. Nr. L 176 vom 27.06.2013 S. 338, oder auf Grund der Richtlinie 2004/39/EG, ABl. Nr. L 145 vom 30.04.2004 S. 1, in der Fassung der Richtlinie 2010/78/EU, ABl. Nr. L 331 vom 15.12.2010 S. 120, zur Erbringung von Wertpapierdienstleistungen und Nebendienstleistungen im Inland berechtigt ist.

*(BGBl I 2022/108 ab 20.7.2022)*

3. Bei Einkünften aus Kryptowährungen:

   a) Bei laufenden Einkünften aus Kryptowährungen der inländische Schuldner der Kryptowährungen oder sonstigen Entgelte; wenn kein inländischer Schuldner vorliegt, der inländische Dienstleister (lit. b), der die Kryptowährungen oder sonstigen Entgelte gutschreibt.

   b) Bei Einkünften aus realisierten Wertsteigerungen von Kryptowährungen der inländische Dienstleister.

   Als inländische Dienstleister kommen in Betracht:

   - Dienstleister mit Sitz, Wohnsitz oder Ort der Geschäftsleitung im Inland, welche Dienste zur Sicherung privater kryptografischer Schlüssel anbieten, um Kryptowährungen im Namen eines Kunden zu halten, zu speichern und zu übertragen (§ 2 Z 22 lit. a FM-GwG),
   - Dienstleister mit Sitz, Wohnsitz oder Ort der Geschäftsleitung im Inland, die den Tausch von Kryptowährungen in gesetzlich anerkannte Zahlungsmittel und umgekehrt anbieten (§ 2 Z 22 lit. b FM-GwG),
   - Die inländische Zweigstelle oder Betriebsstätte von ausländischen Dienstleistern im Sinne des § 2 Z 22 lit. a und b FM-GwG.

   *(BGBl I 2022/10)*

**„4. Bei Einkünften aus nicht verbrieften Derivaten:**

   **a) Die inländische auszahlende Stelle gemäß Z 2 lit. b;**

   **b) Eine Wertpapierfirma im Sinne des § 3 WAG 2018, die sich für den Einbehalt und die Abfuhr einer der Kapitalertragsteuer entsprechenden Steuer eines konzessionierten Zahlungsdienstleisters im Sinne des § 7 ZaDiG 2018, eines E-Geldinstitutes im Sinne des § 3 Abs. 2 E-Geldgesetz oder eines zum Abzug einer der Kapitalertragsteuer vergleichbaren Steuer sonst Berechtigten bedient.**

   **Dies gilt auch im Falle einer/eines ausländischen mit einer inländischen vergleichbaren auszahlenden Stelle oder einer Wertpapierfirma bzw. eines Zahlungsdienstleisters, sofern mit deren Ansässigkeitsstaat umfassende Amtshilfe besteht und ein steuerlicher Vertreter bestellt ist. Als steuerlicher Vertreter kann nur ein inländischer Wirtschaftstreuhänder oder eine Person bestellt werden, die vergleichbare fachliche Qualifikationen dem zuständigen Finanzamt nachweist.“**

   *(BGBl I 2022/108 ab 20.7.2022)*

(3) Der Abzugsverpflichtete hat die Kapitalertragsteuer im Zeitpunkt des Zufließens der Kapitalerträge abzuziehen. Die Kapitalerträge gelten für Zwecke der Einbehaltung der Kapitalertragsteuer als zugeflossen:

1. Bei Kapitalerträgen, deren Ausschüttung von einer Körperschaft oder deren Zuwendung durch eine nicht unter § 5 Z 6 des Körperschaftsteuergesetzes 1988 fallende Privatstiftung beschlossen wird, an jenem Tag, der im Beschluss als Tag der Auszahlung bestimmt ist. Wird im Beschluss kein Tag der Auszahlung bestimmt, gilt der Tag nach der Beschlussfassung als Zeitpunkt des Zufließens.
2. Bei anderen Kapitalerträgen aus der Überlassung von Kapital
   - nach Maßgabe des § 19, wenn es sich um Zinserträge aus Geldeinlagen bei

Kreditinstituten oder nicht unter Z 1 fallende sonstige Bezüge im Sinne des § 27 Abs. 2 Z 1 lit. a handelt,

– im Zeitpunkt der Fälligkeit der Kapitalerträge bei allen sonstigen Kapitalerträgen aus der Überlassung von Kapital.

Bei Meldung des Eintritts von Umständen, die die Abzugspflicht beenden oder begründen (insbesondere Befreiungserklärung oder Widerrufserklärung), oder bei Zustellung eines Bescheides im Sinne des § 94 Z 5 letzter Satz gelten der Zinsertrag, der auf den Zeitraum vom letzten Zufließen gemäß § 19 bis zur Meldung oder Zustellung entfällt, bzw. die anteiligen Kapitalerträge im Rahmen der Einkünfte aus realisierten Wertsteigerungen als Stückzinsen als zugeflossen. Im Falle einer Depotentnahme oder eines Wegzugs im Sinne der Z 3 sind der Zinsertrag, der auf den Zeitraum vom letzten Zufließen gemäß § 19 bis zur Meldung oder Zustellung entfällt, bzw. die anteiligen Kapitalerträge im Rahmen der Einkünfte aus realisierten Wertsteigerungen als Stückzinsen zu erfassen.

3. Bei Kapitalerträgen gemäß § 27 Abs. 3 bis 4a
   – nach Maßgabe des § 19;
   – im Falle der Einschränkung des Besteuerungsrechts im Sinne des § 27 Abs. 6 Z 1 im Zeitpunkt der Veräußerung, der Entnahme oder des sonstigen Ausscheidens aus dem Depot, jedoch höchstens im Ausmaß des Erlöses oder des gemeinen Wertes im Zeitpunkt der Entnahme oder des sonstigen Ausscheidens; bei Geldeinlagen bei Kreditinstituten und sonstigen Geldforderungen gegenüber Kreditinstituten im Sinne des § 27a Abs. 1 Z 1 jedoch nach Maßgabe des § 19. Der Abzugsverpflichtete kann die herauszugebenden Wirtschaftsgüter und Derivate im Sinne des § 27 Abs. 3 und 4 bis zum Ersatz der voraussichtlich anfallenden Kapitalertragsteuer durch den Schuldner zurückbehalten;
   – im Falle der Entnahme aus dem Depot im Sinne des § 27 Abs. 6 Z 2 im Entnahmezeitpunkt.

*(BGBl I 2015/118, BGBl I 2015/163, BGBl I 2022/10)*

(4) Dem Empfänger der Kapitalerträge ist die Kapitalertragsteuer ausnahmsweise vorzuschreiben, wenn

1. der Abzugsverpflichtete die Kapitalerträge nicht vorschriftsmäßig gekürzt hat und die Haftung nach Abs. 1 nicht oder nur erschwert durchsetzbar wäre oder

   *(BGBl I 2015/118)*

2. der Empfänger weiß, dass der Abzugsverpflichtete die einbehaltene Kapitalertragsteuer nicht vorschriftsmäßig abgeführt hat und dies dem Finanzamt nicht unverzüglich mitteilt.

(5) Werden gutgeschriebene Kapitalerträge aus der Überlassung von Kapital nachträglich gekürzt, ist vom Abzugsverpflichteten die auf die nachträglich gekürzten Kapitalerträge entfallende Kapitalertragsteuer gutzuschreiben. Verluste aus der Einlösung von Wirtschaftsgütern im Sinne des § 27 Abs. 3 stellen keine nachträgliche Kürzung dar.

**Abfuhr der Kapitalertragsteuer**

**§ 96.** (1) Die Kapitalertragsteuer ist innerhalb folgender Zeiträume abzuführen:

1. a) Bei Einkünften aus der Überlassung von Kapital gemäß § 27 Abs. 2 Z 1 und § 27 Abs. 5 Z 7, deren Schuldner Abzugsverpflichteter (§ 95 Abs. 2 Z 1 lit. a) ist, hat der Abzugsverpflichtete die einbehaltenen Steuerbeträge unter der Bezeichnung „Kapitalertragsteuer“ binnen einer Woche nach dem Zufließen der Kapitalerträge abzuführen, und zwar auch dann, wenn der Gläubiger die Einforderung des Kapitalertrages (zum Beispiel die Einlösung der Gewinnanteilscheine) unterlässt.

   b) Bei Zinsen aus Geldeinlagen bei Kreditinstituten und aus sonstigen Geldforderungen gegenüber Kreditinstituten im Sinne des § 27a Abs. 1 Z 1 hat der Abzugsverpflichtete am 15. Dezember jeden Jahres eine Vorauszahlung zu entrichten. Der Berechnung der Vorauszahlung sind folgende Werte zugrunde zu legen:
      – Der Bestand an laufend verzinsten Geldeinlagen und sonstigen Forderungen zum letzten vorangegangenen Jahresabschluss.
      – Das bis 1. Dezember des laufenden Kalenderjahres ermittelte jeweilige arithmetische Mittel der den laufend verzinsten Einlagen und sonstigen Forderungen zuzuordnenden Zinssätze des laufenden Kalenderjahres.
      – Der bis 30. Oktober des laufenden Jahres angefallene Zinsaufwand für nicht laufend verzinste Geldeinlagen und sonstige Forderungen. Dieser Zinsaufwand ist um 15% zu erhöhen.

      Die Vorauszahlung beträgt 90% der aus diesen Werten errechneten Jahressteuer. Die restliche Kapitalertragsteuer ist am 30. September des Folgejahres zu entrichten.

      *(BGBl I 2015/118, BGBl I 2022/10)*

   c) Bei Zinsen, die der beschränkten Einkommensteuerpflicht gemäß § 98 Abs. 1 Z 5 lit. b unterliegen, hat der Abzugsverpflichtete die in einem Kalenderjahr einbehaltenen Steuerbeträge spätestens am 15. Februar des Folgejahres zu entrichten.

d) Bei allen anderen kapitalertragsteuerpflichtigen Einkünften aus der Überlassung von Kapital hat der Abzugsverpflichtete die in einem Kalendermonat einbehaltenen Steuerbeträge unter der Bezeichnung „Kapitalertragsteuer" spätestens am 15. Tag nach Ablauf des folgenden Kalendermonates abzuführen.

2. Bei Einkünften aus realisierten Wertsteigerungen von Kapitalvermögen und bei Einkünften aus Derivaten hat der Abzugsverpflichtete die unter Berücksichtigung des Verlustausgleichs gemäß § 93 Abs. 6 einbehaltenen Steuerbeträge unter der Bezeichnung „Kapitalertragsteuer" spätestens am 15. Tag nach Ablauf des folgenden Kalendermonats abzuführen.

3. Bei Einkünften aus Kryptowährungen hat der Abzugsverpflichtete die unter Berücksichtigung des Verlustausgleichs gemäß § 93 Abs. 7 einbehaltenen Steuerbeträge unter der Bezeichnung „Kapitalertragsteuer" spätestens bis zum 15. Februar des Folgejahres abzuführen.

*(BGBl I 2022/10)*

(2) Die Kapitalertragsteuer ist an das für die Erhebung der Einkommen- oder Körperschaftsteuer des Abzugsverpflichteten zuständige Finanzamt abzuführen.

*(BGBl I 2019/104, BGBl I 2020/99)*

(3) Der Abzugsverpflichtete hat innerhalb der im Abs. 1 festgesetzten Frist dem Finanzamt eine Anmeldung elektronisch zu übermitteln. Der Bundesminister für Finanzen wird ermächtigt, den Inhalt und das Verfahren der elektronischen Übermittlung mit Verordnung festzulegen. In der Verordnung kann vorgesehen werden, dass sich der Abgabenschuldner einer bestimmten öffentlich-rechtlichen oder privatrechtlichen Übermittlungsstelle zu bedienen hat.

Die Anmeldung ist innerhalb der im Abs. 1 angeführten Fristen auch dann einzureichen, wenn ein Steuerabzug nicht vorzunehmen ist. In diesem Fall ist das Unterbleiben des Steuerabzugs zu begründen.

(4) Der Abzugsverpflichtete hat dem Empfänger der Kapitalerträge folgende Bescheinigungen zu erteilen:

1. Eine Bescheinigung über die Höhe der Einkünfte und des Steuerbetrages, über den Zahlungstag, über die Zeit, für welche die Einkünfte gezahlt worden sind, und über das Finanzamt, an das der Steuerbetrag abgeführt worden ist. Die Höhe der Einkünfte gemäß § 98 Abs. 1 Z 5 lit. b und der darauf entfallende Steuerbetrag sind gesondert auszuweisen.

2. Eine Bescheinigung über den Verlustausgleich gemäß § 93 Abs. 6. Darin sind für jedes Depot gesondert die bis zum Ende des Kalenderjahres erzielten positiven und negativen Einkünfte, untergliedert nach § 27 Abs. 2 und § 27 Abs. 3 und 4, sowie allfällige Änderungen der Depotinhaberschaft anzugeben. Auszuweisen ist weiters die Höhe der insgesamt im Rahmen des Verlustausgleichs gemäß § 93 Abs. 6 berücksichtigten negativen Einkünfte und erteilten Gutschriften.

3. Eine Bescheinigung über den Verlustausgleich gemäß § 93 Abs. 7. Darin sind für jeden Steuerpflichtigen die bis zum Ende des Kalenderjahres erzielten positiven und negativen Einkünfte aus Kryptowährungen, untergliedert nach § 27b Abs. 2 und § 27b Abs. 3, anzugeben. Auszuweisen ist weiters die Höhe der insgesamt im Rahmen des Verlustausgleichs gemäß § 93 Abs. 7 berücksichtigten negativen Einkünfte und erteilten Gutschriften.

*(BGBl I 2022/10)*

Die Verpflichtung des Abzugsverpflichteten nach Z 1 entfällt, wenn Kapitalerträge für seine Rechnung durch ein Kreditinstitut gezahlt werden und wenn über die Zahlung eine der Bescheinigung gleichartige Bestätigung erteilt wird.

**„(4)[a] Der Abzugsverpflichtete hat dem Empfänger der Kapitalerträge eine Bescheinigung über die Höhe der Einkünfte und des Steuerbetrages, über den Zahlungstag, über die Zeit, für welche die Einkünfte gezahlt worden sind, und über das Finanzamt, an das der Steuerbetrag abgeführt worden ist, zu erteilen. Die Höhe der Einkünfte gemäß § 98 Abs. 1 Z 5 lit. b und der darauf entfallende Steuerbetrag sind gesondert auszuweisen. Die Verpflichtung des Abzugsverpflichteten entfällt, wenn die Kapitalerträge für seine Rechnung durch ein Kreditinstitut gezahlt werden und wenn über die Zahlung eine der Bescheinigung gleichartige Bestätigung erteilt wird."**

*(BGBl I 2022/108 ab 1.1.2024)*

[a] Tritt am 1. Jänner 2024 in Kraft.

**„(5)[a] Der Abzugsverpflichtete hat dem Empfänger der Kapitalerträge auf dessen Verlangen eine Steuerbescheinigung (Steuerreporting) zu erteilen. Diese hat die für den Steuerpflichtigen relevanten Daten über die ihn betreffenden Geschäftsfälle und das für ihn verwaltete Kapitalvermögen eines Kalenderjahres zu enthalten. Dies betrifft insbesondere**

- **die Höhe der positiven und negativen Einkünfte, untergliedert nach § 27 Abs. 2, Abs. 3, Abs. 4 und Abs. 4a;**
- **die Höhe der Ausschüttungen und ausschüttungsgleichen Erträge gemäß § 186 des Investmentfondsgesetzes 2011 und § 40 des Immobilien-Investmentfondsgesetzes;**
- **die Höhe der insgesamt im Rahmen des Verlustausgleichs gemäß § 93 Abs. 6 berücksichtigten negativen Einkünfte;**
- **die Höhe der für den Verlustausgleich im Rahmen der Veranlagung zur Verfügung stehenden Verluste;**
- **die einbehaltene und gutgeschriebene Kapitalertragsteuer;**

- **die berücksichtigten ausländischen Quellensteuern;**
- **die Anwendung von § 93 Abs. 4 sowie**
- **allfällige Änderungen der Depotinhaberschaft.**

**Der Bundesminister für Finanzen wird ermächtigt, die Art der Übermittlung, die Spezifikationen (Form, Struktur und Inhalt) und Merkmale zur Überprüfung der Echtheit der Steuerbescheinigung im Wege einer Verordnung näher zu bestimmen.“**

*(BGBl I 2022/108 ab 1.1.2024)*

[a] Tritt am 1. Jänner 2024 in Kraft.

### Steuerabgeltung

**§ 97.** (1) Für natürliche Personen und für nicht unter § 7 Abs. 3 des Körperschaftsteuergesetzes 1988 fallende Körperschaften gilt die Einkommensteuer (Körperschaftsteuer) für Einkünfte aus Kapitalvermögen, auf deren Erträge ein besonderer Steuersatz gemäß § 27a Abs. 1 anwendbar ist, durch die Kapitalertragsteuer als abgegolten, ausgenommen in den Fällen der Regelbesteuerungsoption (§ 27a Abs. 5) und der Verlustausgleichsoption (Abs. 2). Die Steuerabgeltung gilt auch für als ausgeschüttet geltende Erträge aus Anteilscheinen und Anteilen an einem § 186 oder § 188 des Investmentfondsgesetzes 2011 unterliegenden Gebilde, soweit diese aus den genannten Einkünften bestehen, sowie für als ausgeschüttet geltende Erträge aus Anteilscheinen und Anteilen an einem § 40 oder § 42 des Immobilien-Investmentfondsgesetzes unterliegenden Gebilde. Die Steuerabgeltung gilt nicht:

a) für Einkünfte aus realisierten Wertsteigerungen von Kapitalvermögen (§ 27 Abs. 3), Einkünfte aus Derivaten (§ 27 Abs. 4) und Einkünfte aus Kryptowährungen (§ 27 Abs. 4a), soweit diese zu den Einkünften im Sinne des § 2 Abs. 3 Z 1 bis 4 gehören;
   *(BGBl I 2022/10)*
b) soweit dem Kapitalertragsteuerabzug gemäß § 93 Abs. 4 oder § 93 Abs. 4a ermittelte Werte nicht den tatsächlichen Gegebenheiten entsprechende Annahmen gemäß § 93 Abs. 5 oder nicht den tatsächlichen Gegebenheiten entsprechende Angaben des Steuerpflichtigen gemäß § 93 Abs. 6 Z 4 lit. a und b oder § 93 Abs. 4a Z 1 zu Grunde liegen.
   *(BGBl I 2022/10)*

*(BGBl I 2015/118)*

(2) Auf Antrag sind die der Kapitalertragsteuer unterliegenden Einkünfte aus Kapitalvermögen mit einem besonderen Steuersatz gemäß § 27a Abs. 1 zu veranlagen (Verlustausgleichsoption). Dabei ist die Kapitalertragsteuer auf Antrag auf die zu erhebende Einkommensteuer anzurechnen und mit dem übersteigenden Betrag zu erstatten. Eine solche Anrechnung und Erstattung ist weiters bei Erhebung der Kapitalertragsteuer von Einkünften vorzunehmen, hinsichtlich derer in Anwendung eines Doppelbesteuerungsabkommens eine über das entrichtete Ausmaß hinausgehende Anrechnung ausländischer Steuer beantragt wird. Der Antrag kann innerhalb von fünf Kalenderjahren ab dem Ende des Veranlagungsjahres gestellt werden. Bei der Berechnung des zu erstattenden Betrages sind die Kapitalerträge ohne jeden Abzug anzusetzen; dies gilt ungeachtet des § 20 Abs. 2 nicht hinsichtlich jener Kapitalerträge, für die eine über das entrichtete Ausmaß hinausgehende Anrechnung ausländischer Steuern beantragt wird.

*(BGBl I 2015/118)*

## 7. TEIL
## BESTEUERUNG BEI BESCHRÄNKTER STEUERPFLICHT

### Einkünfte bei beschränkter Steuerpflicht

**§ 98.** (1) Der beschränkten Einkommensteuerpflicht (§ 1 Abs. 3) unterliegen nur die folgenden Einkünfte:

1. Einkünfte aus einer im Inland betriebenen Land- und Forstwirtschaft (§ 21).
2. Einkünfte aus selbständiger Arbeit (§ 22), die im Inland ausgeübt oder verwertet wird oder worden ist. Die Arbeit wird im Inland
   – ausgeübt, wenn der Steuerpflichtige im Inland persönlich tätig geworden ist
   – verwertet, wenn sie zwar nicht im Inland persönlich ausgeübt wird, aber ihr wirtschaftlicher Erfolg der inländischen Volkswirtschaft unmittelbar zu dienen bestimmt ist.
3. Einkünfte aus Gewerbebetrieb (§ 23),
   – für den im Inland eine Betriebsstätte unterhalten wird oder
   – für den im Inland ein ständiger Vertreter bestellt ist oder
   – bei dem im Inland unbewegliches Vermögen vorliegt.

   Einkünfte
   – aus kaufmännischer oder technischer Beratung im Inland,
   – aus der Gestellung von Arbeitskräften zur inländischen Arbeitsausübung und
   – aus der gewerblichen Tätigkeit als Sportler, Artist oder als Mitwirkender an Unterhaltungsdarbietungen im Inland

   sind jedoch auch dann steuerpflichtig, wenn keine inländische Betriebsstätte unterhalten wird und kein ständiger Vertreter im Inland bestellt ist.
4. Einkünfte aus nichtselbständiger Arbeit (§ 25), die
   – im Inland oder auf österreichischen Schiffen ausgeübt oder verwertet wird oder worden ist (Z 2),
   – aus inländischen öffentlichen Kassen mit Rücksicht auf ein gegenwärtiges oder früheres Dienstverhältnis gewährt werden.

Eine Erfassung von Einkünften aus nichtselbständiger Arbeit nach dieser Ziffer hat zu unterbleiben, wenn die Einkünfte wirtschaftlich bereits nach Z 3 erfaßt wurden.

5. Einkünfte aus Kapitalvermögen im Sinne des § 27, wenn
   a) es sich dabei um Einkünfte aus der Überlassung von Kapital gemäß § 27 Abs. 2 Z 1 oder § 27 Abs. 5 Z 7 handelt, der Abzugsverpflichtete Schuldner der Kapitalerträge ist (§ 95 Abs. 2 Z 1 lit. a) und Kapitalertragsteuer einzubehalten war.
   b) es sich dabei um inländische Zinsen gemäß § 27 Abs. 2 Z 2 oder inländische Stückzinsen gemäß § 27 Abs. 6 Z 5 (einschließlich solche bei Nullkuponanleihen und sonstigen Forderungswertpapieren) handelt und Kapitalertragsteuer einzubehalten war. Inländische (Stück) Zinsen liegen vor, wenn
      – der Schuldner der Zinsen Wohnsitz, Geschäftsleitung oder Sitz im Inland hat oder eine inländische Zweigstelle eines ausländischen Kreditinstitutes ist oder
      – das Wertpapier von einem inländischen Emittenten begeben worden ist.

   Werden solche inländischen (Stück) Zinsen, die in Ausschüttungen gemäß § 186 Abs. 1 des Investmentfondsgesetzes 2011 oder in ausschüttungsgleichen Erträgen gemäß § 186 Abs. 2 Z 1 des Investmentfondsgesetzes 2011 oder § 40 Abs. 1 des Immobilien-Investmentfondsgesetzes enthalten sind, sowie die sich daraus ergebende Kapitalertragsteuer nicht in tatsächlicher Höhe der Meldestelle gemäß § 186 Abs. 2 Z 2 des Investmentfondsgesetzes 2011 bzw. gemäß § 40 Abs. 2 Z 2 des Immobilien-Investmentfondsgesetzes gemeldet, ist Kapitalertragsteuer vom Gesamtbetrag der gemeldeten Zinsen einzubehalten, ansonsten ist Kapitalertragsteuer
      – vom Gesamtbetrag der erfolgten Ausschüttungen sowie
      – zum 31. Dezember von einem Betrag in Höhe von 6% des Rücknahmepreises des Anteilscheins, oder
      – im Falle einer Veräußerung oder eines Depotübertrages vor dem 31. Dezember, ausgenommen bei einem Übertrag auf ein Depot desselben Steuerpflichtigen beim selben Abzugsverpflichteten, von einem Zinsanteil in Höhe von 0,5% des zuletzt festgestellten Rücknahmepreises des Anteilscheins für jeden angefangenen Kalendermonat des laufenden Kalenderjahres

   einzubehalten.

   *(BGBl I 2016/77, BGBl I 2018/62)*
   c) es sich dabei um Einkünfte aus der Überlassung von Kapital gemäß § 27 Abs. 2 Z 4 handelt und Abzugsteuer gemäß § 99 einzubehalten war.
   d) es sich um Einkünfte aus Kapitalvermögen im Sinne der §§ 40 und 42 des Immobilien-Investmentfondsgesetzes aus Immobilien handelt, wenn diese Immobilien im Inland gelegen sind.
   e) es sich dabei um Einkünfte aus realisierten Wertsteigerungen von Kapitalvermögen handelt, soweit diese Einkünfte aus der Veräußerung einer Beteiligung an einer Kapitalgesellschaft mit Sitz oder Geschäftsleitung im Inland stammen, an der der Steuerpflichtige oder im Falle des unentgeltlichen Erwerbs sein Rechtsvorgänger innerhalb der letzten fünf Kalenderjahre zu mindestens 1% beteiligt war.

   Von der beschränkten Steuerpflicht ausgenommen sind
   – (Stück)Zinsen, die nicht von natürlichen Personen erzielt werden;
   – (Stück)Zinsen, die von Personen erzielt werden, die in einem Staat ansässig sind, mit dem ein automatischer Informationsaustausch besteht, wobei die Begründung der Ansässigkeit in einem solchen Staat dem Abzugsverpflichteten durch Vorlage einer Ansässigkeitsbescheinigung nachzuweisen ist;
   – (Stück)Zinsen, die in Ausschüttungen gemäß § 186 Abs. 1 des Investmentfondsgesetzes 2011 oder in ausschüttungsgleichen Erträgen gemäß § 186 Abs. 2 Z 1 des Investmentfondsgesetzes 2011 oder § 40 Abs. 1 des Immobilien-Investmentfondsgesetzes enthalten sind, sofern das den §§ 186 oder 188 des Investmentfondsgesetzes 2011 bzw. §§ 40 oder 42 des Immobilien-Investmentfondsgesetzes unterliegende Gebilde direkt oder indirekt höchstens 15% seines Vermögens in Wirtschaftsgüter angelegt hat, deren Erträge inländische Zinsen sind.

   *(BGBl I 2016/77, BGBl I 2018/62)*

6. Einkünfte aus Vermietung und Verpachtung (§ 28), wenn das unbewegliche Vermögen, die Sachinbegriffe oder Rechte
   – im Inland gelegen sind oder
   – in ein inländisches öffentliches Buch oder Register eingetragen sind oder
   – in einer inländischen Betriebsstätte verwertet werden.
7. Einkünfte aus privaten Grundstücksveräußerungen im Sinne des § 30, soweit es sich um inländische Grundstücke handelt.

(2) Für Einkünfte im Sinne des Abs. 1 entfällt die beschränkte Steuerpflicht, wenn die Voraussetzungen für die Befreiung vom Steuerabzug gemäß § 99a gegeben sind.

(3) Die beschränkte Steuerpflicht erstreckt sich auch auf nachträgliche Einkünfte (§ 32 Abs. 1 Z 2) einschließlich nachzuversteuernder oder rückzuzahlender Beträge aus Vorjahren, in denen unbeschränkte oder beschränkte Steuerpflicht nach Abs. 1 bestanden hat.

(4) Für Einkünfte im Sinne des Abs. 1 Z 1 bis 3 und 7 sind die §§ 30a bis 30c entsprechend anzuwenden.

### Steuerabzug in besonderen Fällen

**§ 99.** (1) Die Einkommensteuer beschränkt Steuerpflichtiger wird durch Steuerabzug erhoben (Abzugsteuer):

1. Bei Einkünften aus im Inland ausgeübter oder verwerteter selbständiger Tätigkeit als Schriftsteller, Vortragender, Künstler, Architekt, Sportler, Artist oder Mitwirkender an Unterhaltungsdarbietungen, wobei es gleichgültig ist, an wen die Vergütungen für die genannten Tätigkeiten geleistet werden.
2. Bei Gewinnanteilen von Gesellschaftern (Mitunternehmern) einer ausländischen Gesellschaft, die an einer inländischen Personengesellschaft beteiligt ist. Ein Steuerabzug unterbleibt insoweit, als
   – die ausländische Gesellschaft der inländischen Personengesellschaft bekannt gibt oder
   – die zuständige Abgabenbehörde auf andere Weise davon Kenntnis erlangt,

   welche natürlichen Personen oder juristischen Personen Empfänger der Gewinnanteile sind. Die inländische Personengesellschaft gilt dabei als Schuldner der Gewinnanteile.
3. Bei den im § 28 Abs. 1 Z 3 aufgezählten Einkünften, wobei es gleichgültig ist, welcher der Einkunftsarten des § 2 Abs. 3 Z 1 bis 3 und 6 diese Einkünfte grundsätzlich zuzurechnen sind.
4. Bei Aufsichtsratsvergütungen.
5. Bei Einkünften aus im Inland ausgeübter kaufmännischer oder technischer Beratung und bei Einkünften aus der Gestellung von Arbeitskräften zur inländischen Arbeitsausübung.
6. Bei Einkünften im Sinne des § 98 Abs. 1 Z 5 lit. d, soweit es sich um Immobilien eines Immobilienfonds handelt, dessen Anteile im In- oder Ausland sowohl in rechtlicher als auch in tatsächlicher Hinsicht nicht an einen unbestimmten Personenkreis angeboten werden.
7. Bei Einkünften im Sinne des § 27 Abs. 2 Z 4, wenn die stille Beteiligung an einem inländischen Unternehmen besteht.

(1a) Der Bundesminister für Finanzen wird ermächtigt, mit Verordnung vorzusehen, daß bei beschränkt Steuerpflichtigen, die Einnahmen aus der Herstellung eines Werkes erzielen, die Einkommensteuer durch Steuerabzug eingehoben wird, wenn dies zur Erzielung einer den Grundsätzen der Gegenseitigkeit entsprechenden Behandlung erforderlich ist. Aus Gründen der Gegenseitigkeit kann bei Erbringen eines Nachweises, daß keine inländische Steuerpflicht vorliegt, eine Erstattung auch erst nach Ablauf des Veranlagungszeitraumes erfolgen.

(2)

1. Der Abzugsteuer unterliegt der volle Betrag der Einnahmen (Betriebseinnahmen) oder Gewinnanteile. Vom Schuldner übernommene Abzugsteuer unterliegt als weiterer Vorteil ebenfalls dem Steuerabzug.
2. Mit den Einnahmen (Betriebseinnahmen) unmittelbar zusammenhängende Ausgaben (Betriebsausgaben oder Werbungskosten) können vom vollen Betrag der Einnahmen (Betriebseinnahmen) abgezogen werden, wenn sie ein in einem Mitgliedstaat der Europäischen Union oder Staat des Europäischen Wirtschaftsraumes ansässiger beschränkt Steuerpflichtiger vor dem Zufließen der Einkünfte dem Schuldner der Einkünfte schriftlich mitgeteilt hat. Ist der Empfänger der als Ausgaben geltend gemachten Beträge beschränkt steuerpflichtig und übersteigen die Ausgaben beim Empfänger den Betrag von 2.000 Euro, ist ein Abzug vom vollen Betrag der Einnahmen nicht zulässig, wenn die steuerliche Erfassung beim Empfänger zur inländischen Besteuerung nicht ausreichend sichergestellt ist.

(3) Der Schuldner ist von der Verpflichtung zum Steuerabzug befreit, wenn er die geschuldeten Beträge auf Grund eines Übereinkommens nicht an den beschränkt steuerpflichtigen Gläubiger, sondern an eine inländische juristische Person abführt, die die Urheberrechte wahrt und von dem für die juristische Person zuständigen Finanzamt zur Vornahme des Steuerabzuges zugelassen worden ist. Diese hat den Steuerabzug vorzunehmen.

### Befreiung vom Steuerabzug

**§ 99a.** (1) Der Schuldner ist von der Verpflichtung zum Steuerabzug von Zinsen und Lizenzgebühren befreit, wenn er entweder eine unbeschränkt steuerpflichtige Körperschaft oder eine Betriebsstätte eines Unternehmens eines anderen Mitgliedstaates ist und wenn der Nutzungsberechtigte ein verbundenes Unternehmen eines anderen Mitgliedstaates oder eine in einem anderen Mitgliedstaat gelegene Betriebsstätte eines verbundenen Unternehmens eines anderen Mitgliedstaates ist.

Als Lizenzgebühren gelten Vergütungen jeder Art, die für die Benutzung oder für das Recht auf Benutzung von Urheberrechten an literarischen, künstlerischen oder wissenschaftlichen Werken, einschließlich kinematografischer Filme und Software, von Patenten, Marken, Mustern oder Modellen, Plänen, geheimen Formeln oder Verfahren oder für die Mitteilung gewerblicher, kaufmännischer oder wissenschaftlicher Erfahrungen, sowie für die Benutzung oder das Recht auf Benutzung gewerblicher, kaufmännischer oder wissenschaftlicher Ausrüstungen gezahlt werden.

Als Zinsen gelten Einkünfte aus Forderungen jeder Art, auch wenn die Forderungen durch Pfandrechte an Grundstücken gesichert oder mit einer Beteiligung am Gewinn des Schuldners ausgestattet sind, insbesondere Einkünfte aus öffentlichen Anleihen und aus Obligationen einschließlich der damit verbundenen Aufgelder und der Gewinne aus Losanleihen. Zuschläge für verspätete Zahlung gelten nicht als Zinsen.

Als Betriebsstätte gilt eine feste Geschäftseinrichtung in einem Mitgliedstaat, in der die Tätigkeit eines Unternehmens eines anderen Mitgliedstaates ganz oder teilweise ausgeführt wird.

(2) Zinsen- und Lizenzgebührenzahlungen einer inländischen Betriebsstätte sind nur dann befreit, wenn diese Zinsen und Lizenzgebühren bei ihr eine steuerlich abzugsfähige Betriebsausgabe darstellen.

(3) Ein Unternehmen eines anderen Mitgliedstaates der Europäischen Union gilt nur dann als Nutzungsberechtigter, wenn es die Zahlungen zu eigenen Gunsten und nicht als Zwischenträger, etwa als Vertreter, Treuhänder oder Bevollmächtigter für eine andere Person, erhält, und wenn die Forderung, das Recht oder der Gebrauch von Informationen, die Grundlage für Zahlungen von Zinsen oder Lizenzgebühren sind, mit dem empfangenden Unternehmen in einem konkreten Zusammenhang stehen.

(4) Eine Betriebsstätte wird als Nutzungsberechtigter der Lizenzgebühren behandelt,

1. wenn die Forderung, das Recht oder der Gebrauch von Informationen, die Grundlage für Zahlungen von Zinsen oder Lizenzgebühren sind, mit der Betriebsstätte in einem konkreten Zusammenhang stehen und
2. wenn die Zahlungen der Zinsen oder Lizenzgebühren Einkünfte darstellen, auf Grund deren die Betriebsstätte in dem Mitgliedstaat, in dem sie gelegen ist, einer der in Artikel 3 Buchstabe a Ziffer iii der Richtlinie Nr. 2003/49/EG des Rates vom 3. Juni 2003 (ABl. EG Nr. L 157 S 49) in der jeweils geltenden Fassung genannten Steuern bzw. im Fall Belgiens dem „impot des non-résidents/belasting der niet-verblijfhouders" bzw. im Fall Spaniens dem „Impuesto sobre la Renta de no Residentes" bzw. einer mit diesen Steuern identischen oder weitgehend ähnlichen Steuer unterliegt, die nach dem Zeitpunkt des In-Kraft-Tretens der Richtlinie an Stelle der bestehenden Steuern oder ergänzend zu ihnen eingeführt wurde.

(5) Als Unternehmen eines anderen Mitgliedstaates gilt jedes Unternehmen, das eine der im Anhang der Richtlinie Nr. 2003/49/EG des Rates vom 3. Juni 2003 (ABl. EG Nr. L 157 S 49 bis 54 in der jeweils geltenden Fassung) angeführten Rechtsformen aufweist und nach dem Steuerrecht des anderen Mitgliedstaates in diesem Mitgliedstaat niedergelassen ist und nicht nach einem zwischen diesem Mitgliedstaat und einem Drittstaat abgeschlossenen Doppelbesteuerungsabkommen als außerhalb der Gemeinschaft niedergelassen gilt.

(6) Als verbundenes Unternehmen gilt jedes Unternehmen, das wenigstens dadurch mit einem zweiten Unternehmen verbunden ist, dass

1. das erste Unternehmen unmittelbar mindestens zu einem Viertel in Form von Gesellschaftsrechten am zweiten Unternehmen beteiligt ist oder
2. das zweite Unternehmen unmittelbar mindestens zu einem Viertel in Form von Gesellschaftsrechten am ersten Unternehmen beteiligt ist oder
3. ein drittes Unternehmen unmittelbar mindestens zu einem Viertel in Form von Gesellschaftsrechten am ersten Unternehmen und am zweiten Unternehmen beteiligt ist.

Die Beteiligungen dürfen nur Unternehmen umfassen, die im Gemeinschaftsgebiet niedergelassen sind. Diese Beteiligungserfordernisse müssen zum Zeitpunkt der Zahlung der Zinsen oder der Lizenzgebühren für einen ununterbrochenen Zeitraum von mindestens einem Jahr bestanden haben.

(7) Die Befreiung vom Steuerabzug erfolgt nur, wenn der Schuldner bereits zum Zeitpunkt der Zahlung der Zinsen oder der Lizenzgebühren über folgende Bestätigungen verfügt:

1. Eine Bestätigung durch die zuständigen Abgabenbehörden des anderen Mitgliedstaates, dass das empfangende Unternehmen in diesem Mitgliedstaat ansässig ist und einer der in Artikel 3 der Richtlinie Nr. 2003/49/EG des Rates vom 3. Juni 2003 (ABl. EG Nr. L 157 S 49) in der jeweils geltenden Fassung angeführten Steuern oder einer weitgehend ähnlichen Steuer, die nach dem Zeitpunkt des In-Kraft-Tretens dieser Richtlinie an Stelle der bestehenden Steuern oder ergänzend zu ihnen eingeführt wurde, unterliegt.
2. Ist eine in einem anderen Mitgliedstaat gelegene Betriebsstätte Nutzungsberechtigter der Zinsen oder der Lizenzgebühren, ist zusätzlich durch die Abgabenbehörden dieses Mitgliedstaates das Bestehen der Betriebsstätte und die Tatsache zu bestätigen, dass die Betriebsstätte einer der in Z 1 genannten Steuern unterliegt.
3. Eine Bestätigung des empfangenden Unternehmens über die Erfüllung der Mindestbeteilungserfordernisse sowie über die Dauer des Bestehens der Beteiligung. Das empfangende Unternehmen hat zu bestätigen, dass es Nutzungsberechtigter im Sinne des Abs. 3 ist. Ist eine Betriebsstätte Nutzungsberechtigter der Zinsen oder der Lizenzgebühren, ist die Nutzungsberechtigung im Sinne des Abs. 4 durch die Betriebsstätte zu bestätigen.

Diese Bestätigungen gelten für einen Zeitraum von zwei Jahren ab dem Zeitpunkt der Ausstellung.

(8) Wenn zum Zeitpunkt der Zinsen- oder Lizenzgebührenzahlung die Mindestbehaltefrist im Sinne des Abs. 6 noch nicht gegeben war oder der Schuldner noch nicht über die erforderlichen Bestätigungen verfügte, kann das empfangende Unternehmen oder die empfangende Betriebsstätte eine Erstattung bei dem zuständigen Finanzamt binnen fünf Jahren ab dem Zeitpunkt der Zinsen- oder Lizenzgebührenzahlung beantragen. Bei Zutreffen der übrigen Voraussetzungen des Abs. 6 wird die zu viel einbehaltene Quellensteuer innerhalb eines Jahres nach dem ordnungsgemäßen Einlangen des Antrags erstattet. Erfolgt die Erstattung der einbehaltenen Steuer nicht innerhalb dieser Frist, so hat das empfangende Unternehmen bzw. die Betriebsstätte nach Ablauf dieses Jahres Anspruch auf eine Verzinsung der Steuer, wobei § 205 BAO sinngemäß anzuwenden ist.

(9) Keine Befreiung von der Verpflichtung zum Steuerabzug besteht jedenfalls bei:

1. Zahlungen aus Forderungen, die einen Anspruch auf Beteiligung am Gewinn des Schuldners begründen, oder
2. Transaktionen, bei denen davon auszugehen ist, dass der hauptsächliche Beweggrund oder einer der hauptsächlichen Beweggründe die Steuerhinterziehung, die Steuerumgehung oder der Missbrauch ist.

Bestehen zwischen dem Zahler und dem Nutzungsberechtigten von Zinsen oder Lizenzgebühren oder zwischen einem von ihnen und einem Dritten besondere Beziehungen und übersteigt deshalb der Betrag der Zinsen oder der Lizenzgebühren den Betrag, den der Zahler und der Nutzungsberechtigte ohne diese Beziehungen vereinbart hätten, so besteht die Befreiung von der Verpflichtung zum Steuerabzug nur hinsichtlich des letztgenannten Betrages.

### Höhe und Einbehaltung der Steuer

**§ 100.** (1) Die Abzugsteuer gemäß § 99 beträgt 20%, bei Einkünften gemäß § 99 Abs. 1 Z 6 und 7 jedoch 27,5%. In den Fällen des § 99 Abs. 2 Z 2 beträgt die Abzugsteuer 25%.

*(BGBl I 2015/118, BGBl I 2015/163)*

(1a) Der Schuldner (§ 100 Abs. 2 zweiter Satz) kann bei inländischen Einkünften gemäß § 99 Abs. 1 Z 6 und 7 stets eine Abzugsteuer in Höhe von 24% für im Kalenderjahr 2023 zugeflossene Einkünfte und in Höhe von 23% für ab dem Kalenderjahr 2024 zugeflossene Einkünfte einbehalten, wenn der Schuldner der Abzugsteuer (§ 100 Abs. 2 erster Satz) eine Körperschaft im Sinne des § 1 Abs. 1 des Körperschaftsteuergesetzes 1988 ist.

*(BGBl I 2015/163, BGBl I 2022/10)*

(2) Schuldner der Abzugsteuer ist der Empfänger der Einkünfte gemäß § 99 Abs. 1. Der Schuldner dieser Einkünfte (in den Fällen des § 99 Abs. 3 die zum Steuerabzug zugelassene Person) haftet für die Einbehaltung und Abfuhr der Steuerabzugsbeträge im Sinne des § 99.

(3) Dem Empfänger der Einkünfte ist die Abzugsteuer ausnahmsweise vorzuschreiben, wenn

1. der Schuldner die geschuldeten Beträge nicht vorschriftsmäßig gekürzt hat und die Haftung nach Abs. 2 nicht oder nur erschwert durchsetzbar wäre oder

   *(BGBl I 2015/118)*
2. der Empfänger weiß, daß der Schuldner (in den Fällen des § 99 Abs. 3 die zum Steuerabzug zugelassene Person) die einbehaltene Abzugsteuer nicht vorschriftsmäßig abgeführt hat, und dies dem Finanzamt nicht unverzüglich mitteilt.

(4) Der Steuerabzug ist vom Schuldner vorzunehmen,

1. bei Einkünften im Sinne des § 99 Abs. 1 Z 1, 3, 4, 5 und 7 in jenem Zeitpunkt, in dem sie dem Empfänger zufließen,
2. bei Einkünften im Sinne des § 99 Abs. 1 Z 2 am Tag nach Aufstellung des Jahresabschlusses, in dem der Gewinnanteil ermittelt wird,
3. bei Einkünften im Sinne des § 98 Abs. 1 Z 5 innerhalb von vier Monaten, nach Abschluss des Geschäftsjahres des ausländischen Immobilienfonds.

### Abfuhr der Abzugsteuer

**§ 101.** (1) Der Schuldner hat die innerhalb eines Kalendermonates gemäß § 99 einbehaltenen Steuerbeträge unter der Bezeichnung „Steuerabzug gemäß § 99 EStG" spätestens am 15. Tag nach Ablauf des Kalendermonates an sein Finanzamt abzuführen. Sind Steuerabzüge für mehrere Gläubiger vorgenommen worden, so ist der Gesamtbetrag in einer Summe ohne Bezeichnung der einzelnen Gläubiger abzuführen.

*(BGBl I 2019/104, BGBl I 2020/99)*

(2) Der Schuldner hat die dem Steuerabzug unterliegenden Beträge laufend aufzuzeichnen. Die Aufzeichnungen müssen insbesondere den Zeitpunkt der Zahlung oder der Gutschrift oder der Verrechnung sowie die Höhe und den Zeitpunkt der Abfuhr der einbehaltenen Steuer enthalten. Das nach Abs. 1 zuständige Finanzamt kann den Schuldner ganz oder teilweise von dieser Aufzeichnungspflicht befreien, soweit andere zur Überprüfung der Ordnungsmäßigkeit des Steuerabzuges hinreichende Aufzeichnungen geführt werden.

(3) Der Schuldner hat spätestens am 15. Tag nach Ablauf des Kalendermonates dem nach Abs. 1 zuständigen Finanzamt die Höhe der dem Steuerabzug unterliegenden Beträge und die Höhe der abgezogenen Steuerbeträge mitzuteilen.

### Veranlagung beschränkt Steuerpflichtiger

**§ 102.** (1) Zur Einkommensteuer sind zu veranlagen:

1. Einkünfte eines beschränkt Steuerpflichtigen, von denen kein Steuerabzug vom Arbeitslohn,

vom Kapitalertrag oder nach den §§ 99 bis 101 vorzunehmen ist.

2. a) Steuerabzugspflichtige Einkünfte eines beschränkt Steuerpflichtigen, die
   – zu den Betriebseinnahmen eines inländischen Betriebes,
   – zu den Einkünften aus der Beteiligung an einem Unternehmen als stiller Gesellschafter oder
   – zu den Gewinnanteilen gemäß § 99 Abs. 1 Z 2

   gehören.

   *(BGBl I 2019/103)*

   b) Lohnsteuerpflichtige Einkünfte gemäß § 70 Abs. 2 Z 1, wenn
   – andere veranlagungspflichtige Einkünfte bezogen wurden, deren Gesamtbetrag 730 Euro übersteigt,
   – im Kalenderjahr zumindest zeitweise gleichzeitig zwei oder mehrere lohnsteuerpflichtige Einkünfte, die beim Lohnsteuerabzug gesondert versteuert wurden, bezogen worden sind.

   *(BGBl I 2019/103)*

   § 41 Abs. 3 ist dabei sinngemäß anzuwenden.

3. Nicht unter Z 2 lit. b fallende lohnsteuerpflichtige Einkünfte oder Einkünfte, von denen eine Abzugssteuer nach § 99 Abs. 1 Z 1, 3, 4, 5, oder 6 zu erheben ist, über Antrag des beschränkt Steuerpflichtigen Dabei dürfen in den Fällen des § 70 Abs. 2 Z 2 Werbungskosten sowie in den Fällen des § 99 Abs. 1 Z 1 Betriebsausgaben nicht abgezogen werden, wenn sie ohne Beibringung eines inländischen Besteuerungsnachweises an Personen geleistet wurden, die hiemit der beschränkten Steuerpflicht unterliegen und die nicht in einem Mitgliedstaat der Europäischen Union oder des Europäischen Wirtschaftsraumes gegenüber der Republik Österreich ansässig sind. Der Antrag kann innerhalb von fünf Jahren ab dem Ende des Veranlagungszeitraumes gestellt werden.

   *(BGBl I 2018/62, BGBl I 2019/103)*

4. Einkünfte aus privaten Grundstücksveräußerungen im Sinne des § 30, für die keine Immobilienertragsteuer gemäß § 30c Abs. 2 entrichtet wurde, oder wenn keine Abgeltung gemäß § 30b Abs. 2 gegeben ist.

Erfolgt eine Veranlagung nach den Z 1 bis 4, bleiben jene Einkünfte aus nichtselbständiger Arbeit bei der Veranlagung außer Ansatz, von denen Lohnsteuer im Ausmaß von 20% des vollen Betrages einzubehalten war, sofern nicht ein Antrag auf Veranlagung dieser Einkünfte nach Z 3 gestellt worden ist. Bei der Veranlagung der steuerabzugspflichtigen Einkünfte nach Z 2 und 3 sind die durch Steuerabzug einbehaltenen Beträge anzurechnen.

(2) Bei der Veranlagung beschränkt Steuerpflichtiger gilt folgendes:

1. Betriebsausgaben (§ 4 Abs. 4) oder Werbungskosten (§ 16) dürfen nur insoweit berücksichtigt werden, als sie mit diesen Einkünften in wirtschaftlichem Zusammenhang stehen.
2. Sonderausgaben (§ 18) sind abzugsfähig, wenn sie sich auf das Inland beziehen. Der Verlustabzug (§ 18 Abs. 6) steht nur für Verluste zu, die in inländischen Betriebsstätten entstanden sind, die der Erzielung von Einkünften im Sinne von § 2 Abs. 3 Z 1 bis 3 dienen, oder für Verluste, die aus unbeweglichem Vermögen im Sinne des ersten Satzes des § 98 Abs. 1 Z 3 stammen. Er kann nur insoweit berücksichtigt werden, als er die nicht der beschränkten Steuerpflicht unterliegenden Einkünfte überstiegen hat.

   *(BGBl I 2016/117)*

3. Die §§ 34, 35, 38, 41 und 105 sind nicht anwendbar.

(3) Die Einkommensteuer ist bei beschränkt Steuerpflichtigen gemäß § 33 Abs. 1 mit der Maßgabe zu berechnen, dass dem Einkommen ein Betrag von 9 000 Euro hinzuzurechnen ist. Beim Steuerabzug vom Arbeitslohn angesetzte Absetzbeträge sind zu berücksichtigen.

## 8. TEIL
## SONDERVORSCHRIFTEN

### Zuzugsbegünstigung

**§ 103.** (1) Bei Personen, deren Zuzug aus dem Ausland der Förderung von Wissenschaft, Forschung, Kunst oder Sport dient und aus diesem Grunde im öffentlichen Interesse gelegen ist, kann das Finanzamt Österreich für die Dauer des im öffentlichen Interesse gelegenen Wirkens dieser Personen steuerliche Mehrbelastungen bei nicht unter § 98 fallenden Einkünften beseitigen, die durch die Begründung eines inländischen Wohnsitzes eintreten. Dabei kann auch die für eine Begünstigung in Betracht kommende Besteuerungsgrundlage oder die darauf entfallende Steuer mit einem Pauschbetrag festgesetzt werden.

*(BGBl I 2020/99)*

(1a) Bei Personen, deren Zuzug aus dem Ausland der Förderung von Wissenschaft oder Forschung dient und aus diesem Grunde im öffentlichen Interesse gelegen ist, kann das Finanzamt Österreich, unabhängig von der Gewährung einer Begünstigung gemäß Abs. 1 aufgrund des Zuzugs für einen Zeitraum von fünf Jahren ab dem Zeitpunkt des Zuzugs einen Freibetrag in Höhe von 30% der zum Tarif besteuerten Einkünfte aus wissenschaftlicher Tätigkeit festsetzen. Wird der Freibetrag gewährt, können daneben keine weiteren Betriebsausgaben, Werbungskosten oder außergewöhnliche Belastungen, die im Zusammenhang mit dem Zuzug stehen, geltend gemacht werden.

*(BGBl I 2015/118, BGBl I 2020/99)*

(2) Abs. 1 ist auf Personen, die den Mittelpunkt ihrer Lebensinteressen aus Österreich wegverlegt haben, nur dann anzuwenden, wenn zwischen diesem Wegzug und dem Zuzug mehr als zehn Jahre

verstrichen sind. Für Abs. 1a ist eine Frist von fünf Jahren maßgeblich.

*(BGBl I 2015/118, BGBl I 2016/117)*

(3) Der Bundesminister für Finanzen wird ermächtigt, das Verfahren betreffend die Erteilung der Zuzugsbegünstigung im Sinne des Abs. 1 und des Abs. 1a mit Verordnung zu regeln. Dabei ist auch näher zu bestimmen, unter welchen Voraussetzungen der Zuzug aus dem Ausland der Förderung von Wissenschaft, Forschung, Kunst oder Sport dient und aus diesem Grunde im öffentlichen Interesse gelegen ist. Ebenso kann die Verordnung den sachlichen Umfang und die Dauer von Zuzugsbegünstigungen im Sinne des Abs. 1 regeln. In dieser Verordnung kann festgelegt werden, dass die Beseitigung der steuerlichen Mehrbelastung im Sinne des Abs. 1 in Form der Anwendung eines Durchschnittssteuersatzes, der sich aus der tatsächlichen Steuerbelastung vor dem Zuzug ergibt, erfolgt. Dieser Steuersatz darf 15% nicht unterschreiten.

*(BGBl I 2015/118)*

**§ 104.** (aufgehoben)

*(BGBl I 2015/118)*

**Inhaber von Amtsbescheinigungen und Opferausweisen**

**§ 105.** Den Inhabern von Amtsbescheinigungen und Opferausweisen ist ein besonderer Freibetrag von 801 Euro jährlich bei Berechnung der Einkommensteuer (Lohnsteuer) abzuziehen.

**Kinder, (Ehe)Partnerschaften**

**§ 106.** (1) Als Kinder im Sinne dieses Bundesgesetzes gelten Kinder, für die dem Steuerpflichtigen oder seinem (Ehe)Partner (Abs. 3) mehr als sechs Monate im Kalenderjahr ein Kinderabsetzbetrag nach § 33 Abs. 3 zusteht.

*(BGBl I 2015/118)*

(2) Als Kinder im Sinne dieses Bundesgesetzes gelten auch Kinder, für die dem Steuerpflichtigen mehr als sechs Monate im Kalenderjahr ein Unterhaltsabsetzbetrag nach § 33 Abs. 4 Z 3 zusteht.

*(BGBl I 2015/118)*

(3) (Ehe-)Partner ist eine Person, mit der der Steuerpflichtige verheiratet ist oder mit mindestens einem Kind (Abs. 1) in einer Lebensgemeinschaft lebt. Einem (Ehe-)Partner ist gleichzuhalten, wer in einer Partnerschaft im Sinn des Eingetragene Partnerschaft-Gesetzes – EPG eingetragen ist.

*(BGBl I 2015/118)*

(4) Für Steuerpflichtige im Sinne des § 1 Abs. 4 sind die Abs. 1 bis 3 sinngemäß anzuwenden.

**§ 106a.** (aufgehoben)

*(BGBl I 2016/117, BGBl I 2018/62)*

**Steuerabzug bei Einkünften aus Anlass der Einräumung von Leitungsrechten**

**§ 107.** (1) Einkünfte gemäß § 21, § 22, § 23, § 27, § 28 oder § 29 Z 3 in Zusammenhang mit dem einem Infrastrukturbetreiber (Abs. 2) eingeräumten Recht, Grund und Boden zur Errichtung und zum Betrieb von ober- oder unterirdischen Leitungen im öffentlichen Interesse (Abs. 3) zu nutzen, unterliegen einer Abzugsteuer und sind bei der Berechnung der Einkommensteuer des von der Rechtseinräumung unmittelbar betroffenen Grundstückseigentümers oder -bewirtschafters weder beim Gesamtbetrag der Einkünfte noch beim Einkommen (§ 2 Abs. 2) zu berücksichtigen, sofern nicht die Regelbesteuerung (Abs. 11) beantragt wird.

(2) Infrastrukturbetreiber im Sinne dieser Bestimmung sind:

1. Elektrizitätsunternehmen (§ 7 Abs. 1 Z 11 des Elektrizitätswirtschafts- und –organisationsgesetzes 2010)
2. Erdgasunternehmen (§ 7 Abs. 1 Z 16 des Gaswirtschaftsgesetzes 2011)
3. Dem Mineralrohstoffgesetz, BGBl. I Nr. 38/1999, unterliegende Unternehmen, die Leitungsanlagen zum Zwecke des Transportes gasförmiger oder flüssiger Kohlenwasserstoffe betreiben
4. Fernwärmeversorgungsunternehmen, das sind Unternehmen, die zum Zwecke der entgeltlichen Versorgung Dritter Anlagen zur Erzeugung, Leitung und Verteilung von Fernwärme (Fernwärmeanlagen) betreiben.

*(BGBl I 2019/103)*

(3) Die Nutzung von Grund und Boden liegt bei allen Maßnahmen im öffentlichen Interesse, die von Infrastrukturbetreibern zur Errichtung und zum Betrieb von ober- oder unterirdischen Leitungen insbesondere nach Maßgabe der Bestimmungen des Elektrizitätswirtschafts und – organisationsgesetzes 2010, des Gaswirtschaftsgesetzes 2011 oder des Mineralrohstoffgesetzes durchgeführt werden.

*(BGBl I 2019/103)*

(4) Bemessungsgrundlage für die Abzugsteuer ist der bezahlte Betrag vor Berücksichtigung der Abzugsteuer, unabhängig davon, ob und in welchem Umfang dieser Betrag die Rechtseinräumung, die Abgeltung einer gemäß § 3 Abs. 1 Z 33 steuerfreien Wertminderung oder sonstige Zahlungen (z. B. Entschädigungen für Ertragsausfälle, Wirtschaftserschwernisse, Wegebenützung oder für eine temporäre Nutzung einer Liegenschaft als Lagerplatz) betrifft. Die Umsatzsteuer ist nicht Teil der Bemessungsgrundlage.

(5) Die Abzugsteuer beträgt 10%.

(6) Schuldner der Abzugsteuer ist der Empfänger der Einkünfte. Der Abzugsverpflichtete (Abs. 7) haftet für die Entrichtung der Abzugsteuer.

(7) Abzugsverpflichteter ist der Schuldner der Einkünfte. Der Abzugsverpflichtete hat die Abzugsteuer bei jeder Zahlung einzubehalten und die in einem Kalenderjahr einbehaltenen Steuerbeträge in einem Gesamtbetrag spätestens am 15. Februar des Folgejahres an sein Finanzamt abzuführen.

*(BGBl I 2019/104, BGBl I 2020/99)*

(8) Der Abzugsverpflichtete hat innerhalb der Frist des Abs. 7 dem Finanzamt eine Anmeldung elektronisch zu übermitteln, in der die Empfänger der Einkünfte zu bezeichnen und die auf diese entfallenden Steuerbeträge anzugeben sind. Der Bundesminister für Finanzen wird ermächtigt, den weiteren Inhalt der Anmeldung und das Verfahren der elektronischen Übermittlung mit Verordnung festzulegen. Der Empfänger der Einkünfte hat dem Abzugsverpflichteten für Zwecke der Anmeldung folgenden Daten bekannt zu geben:

1. Vor und Familienname, Firma bzw. sonstige Bezeichnung
2. Wohnsitz oder Sitz
3. Falls vorhanden: Steuernummer

   *(BGBl I 2020/99)*
4. Bei natürlichen Personen: Die Versicherungsnummer (§ 31 ASVG), wenn keine Steuernummer angegeben wird. Besteht keine Versicherungsnummer, ist das Geburtsdatum anzugeben.

   *(BGBl I 2020/99)*

(9) Mit der Entrichtung der Abzugsteuer durch den Abzugsverpflichteten oder Steuerschuldner gilt vorbehaltlich des Abs. 11 die Einkommensteuer in Bezug auf Einkünfte gemäß Abs. 1 als abgegolten.

*(BGBl I 2019/103)*

(10) Dem Empfänger der Einkünfte ist die Abzugsteuer ausnahmsweise vorzuschreiben, wenn

1. der Abzugsverpflichtete die geschuldeten Beträge nicht vorschriftsmäßig gekürzt hat und die Haftung nach Abs. 6 nicht oder nur erschwert durchsetzbar wäre oder
2. der Empfänger weiß, dass der Abzugsverpflichtete die einbehaltene Abzugsteuer nicht vorschriftsmäßig abgeführt hat, und dies dem Finanzamt nicht unverzüglich mitteilt.

(11) Auf Antrag ist auf Einkünfte, von denen eine Abzugsteuer einbehalten worden ist, der allgemeine Steuertarif anzuwenden (Regelbesteuerungsoption). Sofern der Steuerpflichtige die Berücksichtigung der Einkünfte nicht in der von ihm nachzuweisenden Höhe beantragt, sind diese mit 33% der auf das Veranlagungsjahr bezogenen Bemessungsgrundlage (Abs. 4) anzusetzen.

*(BGBl I 2015/118, BGBl I 2018/62)*

### Bausparen

**§ 108.** (1) Leistet ein unbeschränkt Steuerpflichtiger (§ 1 Abs. 2) Beiträge an eine Bausparkasse, die ihre Geschäftsleitung oder ihren Sitz im Inland hat, so wird ihm auf Antrag Einkommensteuer (Lohnsteuer) erstattet. Die Erstattung erfolgt mit einem Pauschbetrag, der sich nach einem Prozentsatz der im jeweiligen Kalenderjahr geleisteten Beiträge bemißt. Dieser Prozentsatz wird in dem diesem Kalenderjahr vorangehenden Berechnungsjahr wie folgt ermittelt:

1. Der Durchschnitt der von der Oesterreichischen Nationalbank veröffentlichten Umlaufgewichteten Durchschnittsrendite für Bundesanleihen (Periodendurchschnitte) oder einer entsprechenden Nachfolgetabelle für den Zeitraum vom 1. Oktober des Vorjahres bis zum 30. September des Berechnungsjahres wird um 25% vermindert und um 0,8 erhöht.

   *(BGBl I 2016/117)*
2. Der sich nach Z 1 ergebende Prozentsatz ist zu halbieren und auf halbe Prozentpunkte auf- oder abzurunden. Er darf nicht weniger als 1,5 und nicht mehr als 4 betragen.

Der Prozentsatz ist vom Bundesminister für Finanzen bis zu jedem 30. November eines jeden Berechnungsjahres festzusetzen und im Amtsblatt zur Wiener Zeitung kundzumachen. Er ist bei Ermittlung der Pauschbeträge des folgenden Kalenderjahres anzuwenden. Die Erstattung steht dem Steuerpflichtigen nur für jeweils einen Bausparvertrag zu.

(2) Die Einkommensteuer (Lohnsteuer) darf dem Steuerpflichtigen nur für die Leistung von Beiträgen bis zu 1.200 Euro jährlich erstattet werden. Die Erstattung erhöht sich durch Anwendung des Prozentsatzes gemäß Abs. 1 auf weitere Beiträge für den unbeschränkt steuerpflichtigen (Ehe)Partner (§ 106 Abs. 3) und für jedes Kind (§ 106) bis zu einer jährlichen Beitragsleistung von jeweils 1.200 Euro pro Person, sofern diesen Personen nicht im selben Kalenderjahr auf Grund einer eigenen Abgabenerklärung (Abs. 3 erster Satz) Erstattungsbeträge zustehen oder sofern diese Personen nicht im selben Kalenderjahr in der Abgabenerklärung (Abs. 3) eines anderen Steuerpflichtigen für einen Erhöhungsbetrag zu berücksichtigen sind. (Ehe) Partner (§ 106 Abs. 3) und Kinder, für die dem Steuerpflichtigen in einem Kalenderjahr Erhöhungsbeträge zustehen, dürfen im selben Kalenderjahr keine Einkommen(Lohn) steuererstattung geltend machen. Sie können jedoch erklären, daß die im Rahmen des betreffenden Bausparvertrages für sie geltend gemachten Erhöhungsbeträge dem Steuerpflichtigen ab dem folgenden Kalenderjahr nicht mehr zustehen sollen. Diese Erklärung ist auf dem amtlichen Vordruck in zweifacher Ausfertigung bis 30. November bei der Abgabenbehörde im Wege der Bausparkasse abzugeben, mit der der Steuerpflichtige den betreffenden Bausparvertrag abgeschlossen hat. Für Personen, die eine solche Erklärung abgegeben haben, stehen dem Steuerpflichtigen Erhöhungsbeträge ab dem folgenden Kalenderjahr nicht mehr zu. Die Bausparkasse ist verpflichtet, binnen zwei Wochen den Steuerpflichtigen durch Übermittlung der zweiten Erklärungsausfertigung vom Wegfall der Erhöhungsbeträge zu verständigen. Eine Mitteilungspflicht im Sinne des Abs. 4 vorletzter Satz besteht nicht. Im Kalenderjahr der Auflösung des Vertrages dürfen die in der Abgabenerklärung für die Erhöhung der Erstattung berücksichtigten Personen abweichend von den Bestimmungen des zweiten und dritten Satzes nach erfolgter Vertragsauflösung insoweit eine Einkommen(Lohn)steuererstattung geltend machen, als eine Einkommen(Lohn) steuererstattung nicht im Rahmen des aufgelösten Vertrages für sie in Anspruch genommen wurde.

Die im Jahr der Auflösung des Vertrages geltend gemachte Einkommen(Lohn) steuererstattung ist dabei gleichmäßig auf den Steuerpflichtigen und die mitberücksichtigten Personen aufzuteilen. Im Kalenderjahr der Auflösung stehen nur so viele Zwölftel der Erstattung zu, als volle Kalendermonate bis zur Rückzahlung des Guthabens oder von Teilen desselben vergangen sind.

(3)

1. Der Steuerpflichtige hat die Erstattung auf dem amtlichen Vordruck im Wege der Bausparkasse bei der Abgabenbehörde zu beantragen und dabei zu erklären, dass die in den Abs. 1 und 2 angeführten Voraussetzungen vorliegen. Diese Abgabenerklärung ist mit dem Antrag auf Abschluss des Bausparvertrages, auf Grund dessen die Einkommensteuer (Lohnsteuer) erstattet werden soll, abzugeben.
2. In der Abgabenerklärung sind die Versicherungsnummer gemäß § 31 ASVG des Antragstellers und die Versicherungsnummern jener Personen, für die Erhöhungsbeträge geltend gemacht werden, anzuführen. Wurde eine Versicherungsnummer nicht vergeben, ist jeweils das Geburtsdatum anstelle der Versicherungsnummer anzuführen.
3. Mit dem Todestag des Steuerpflichtigen sowie mit dem Tag der Übertragung eines Bausparvertrages bei Aufteilung ehelichen Gebrauchsvermögens und ehelicher Ersparnisse anlässlich der Scheidung, Aufhebung oder Nichtigerklärung der Ehe oder der Übertragung auf einen eingetragenen Partner bei Aufteilung des partnerschaftlichen Gebrauchsvermögens und der partnerschaftlichen Ersparnisse anlässlich der Auflösung oder Nichtigerklärung der eingetragenen Partnerschaft, verliert die Abgabenerklärung ihre Wirksamkeit.
4. Die Abgabenerklärung kann widerrufen werden; ebenso kann auf Erhöhungsbeträge (Abs. 2) verzichtet werden. Sowohl der Widerruf als auch der Verzicht sind erst mit Beginn des nächstfolgenden Kalenderjahres wirksam.

(4) Erhöhungsbeträge (Abs. 2), die erst nach einer Antragstellung im Sinne des Abs. 3 geltend gemacht werden, sind erst ab jenem Kalenderjahr zu berücksichtigen, zu dessen Beginn die maßgeblichen Voraussetzungen gegeben waren, sofern ein entsprechender Antrag spätestens bis 31. Jänner dieses Jahres gestellt wird. Der Steuerpflichtige hat den Wegfall der für die Erstattung bzw. für die Gewährung von Erhöhungsbeträgen maßgeblichen Voraussetzungen im Wege der Bausparkasse innerhalb eines Monats der Abgabenbehörde mitzuteilen. Eine solche Änderung ist erst nach Ablauf des Kalenderjahres zu berücksichtigen, in dem sie eingetreten ist.

(5) Die pauschale Erstattung erfolgt durch die Bausparkasse, bei welcher der Bausparvertrag abgeschlossen worden ist. Diese fordert den zu erstattenden Steuerbetrag beim Finanzamt für Großbetriebe an. Das Finanzamt überweist der Bausparkasse den Betrag zugunsten des Bausparkontos des Steuerpflichtigen. Voraussetzung für diese Überweisung ist, daß die Bausparkasse die im Antrag und der Erklärung nach Abs. 3 angegebenen Daten im Wege des Datenträgeraustausches oder der automationsunterstützten Datenübermittlung meldet. Der Bundesminister für Finanzen wird ermächtigt, den Inhalt der Meldung und das Verfahren des Datenträgeraustausches und der automationsunterstützten Datenübermittlung mit Verordnung festzulegen. In der Verordnung kann vorgesehen werden, daß sich die Bausparkasse einer bestimmten geeigneten öffentlich-rechtlichen oder privatrechtlichen Übermittlungsstelle zu bedienen hat.

*(BGBl I 2019/104, BGBl I 2020/99)*

(6) Zu Unrecht erstattete Einkommensteuer (Lohnsteuer) ist vom Steuerpflichtigen zurückzufordern. Als zu Unrecht erstattet gelten auch Erstattungsbeträge, wenn vor Ablauf von sechs Jahren seit Vertragsabschluss Beiträge, die als Grundlage einer Steuererstattung geleistet wurden, und die erstattete Steuer selbst ganz oder zum Teil zurückgezahlt werden oder die Ansprüche aus dem Bausparvertrag als Sicherstellung dienen.

(7) Eine Rückforderung gemäß Abs. 6 hat zu unterbleiben, wenn

1. Beiträge in den Fällen des Abs. 3 Z 3 zurückgezahlt werden,
2. der Steuerpflichtige erklärt, dass die zurückgezahlten Beiträge oder die Sicherstellung für Maßnahmen im Sinne des § 1 Abs. 3 Z 1, Abs. 4 und 5 des Bausparkassengesetzes, BGBl. Nr. 532/1993, durch und für den Steuerpflichtigen verwendet werden. Eine Rückforderung hat auch dann zu unterbleiben, wenn die Maßnahmen im Sinne des § 1 Abs. 3 Z 1 des Bausparkassengesetzes durch oder für im Abs. 2 genannte Personen gesetzt werden. Dem Finanzamt ist die Höhe der zurückgezahlten Steuererstattung mitzuteilen. Die Mitteilung hat im Wege des Datenträgeraustausches oder der automationsunterstützten Datenübermittlung zu erfolgen. Der Bundesminister für Finanzen wird ermächtigt, den Inhalt der Meldung und das Verfahren des Datenträgeraustausches und der automationsunterstützten Datenübermittlung mit Verordnung festzulegen. In der Verordnung kann vorgesehen werden, dass sich die Bausparkasse einer bestimmten geeigneten öffentlich-rechtlichen oder privatrechtlichen Übermittlungsstelle zu bedienen hat.

   *(BGBl I 2015/118)*
3. Beiträge gemäß § 13 Abs. 1 Einlagensicherungs- und Anlegerentschädigungsgesetz (ESAEG), BGBl. I Nr. 117/2015, zurückgezahlt werden.

   *(BGBl I 2018/62)*

(8) Einkommensteuer(Lohnsteuer)erstattungen und Rückforderungsansprüche, die sich auf Grund der Abs. 1 bis 7 ergeben, gelten als Abgaben im Sinne der Bundesabgabenordnung.

(9) Erstattungsbeträge, die keine vollen Centbetrag ergeben, sind auf volle Cent abzurunden oder aufzurunden. Hiebei sind Beträge unter 0,5 Cent abzurunden, Beträge ab 0,5 Cent aufzurunden.

(10) Sobald das Guthaben aus dem Bausparvertrag ganz oder zum Teil zurückgezahlt wird oder die Ansprüche aus dem Bausparvertrag als Sicherstellung dienen, kann der Bausparvertrag nicht mehr die Grundlage für eine Steuererstattung bilden, wobei es unmaßgeblich ist, ob eine Rückforderung im Sinne der Abs. 7 bis 9 zu erfolgen hat. Dies gilt auch, wenn dem Steuerpflichtigen nach Ablauf von sechs Jahren seit Vertragsabschluß in einem der folgenden Kalenderjahre keine Steuer mehr zu erstatten war.

### Prämienbegünstigte Pensionsvorsorge

**§ 108a.** (1) Leistet ein unbeschränkt Steuerpflichtiger (§ 1 Abs. 2) Beiträge zu einer Pensionszusatzversicherung (§ 108b Abs. 1), zu einer Pensionskasse, einer betrieblichen Kollektivversicherung im Sinne des § 93 des VAG 2016 oder für die freiwillige Höherversicherung in der gesetzlichen Pensionsversicherung (einschließlich der zusätzlichen Pensionsversicherung im Sinne des § 479 des Allgemeinen Sozialversicherungsgesetzes) oder erwirbt er Anteilscheine an einem prämienbegünstigten Investmentfonds (§ 108b Abs. 2), wird ihm auf Antrag Einkommensteuer (Lohnsteuer) erstattet. Von der Erstattung ausgenommen sind Einmalprämien im Sinne des § 108b Abs. 2 sowie Einmalprämien in Verbindung mit § 17 BMSVG oder gleichartigen österreichischen Rechtsvorschriften. Die Erstattung erfolgt mit einem Pauschbetrag, der sich nach einem Prozentsatz der im jeweiligen Kalenderjahr geleisteten Prämie bemißt. Der Prozentsatz beträgt 2,75% zuzüglich des nach § 108 Abs. 1 ermittelten Prozentsatzes.

*(BGBl I 2015/34)*

(2) Die Einkommensteuer (Lohnsteuer) darf dem Steuerpflichtigen jährlich insgesamt nur für Leistungen von Beiträgen bis zu 1 000 Euro erstattet werden.

(3) Der Steuerpflichtige hat die Erstattung auf dem amtlichen Vordruck im Wege des Versicherungsunternehmens, der Pensionskasse, des für Anteile an prämienbegünstigten Investmentfonds depotführenden Kreditinstituts oder der gesetzlichen Pensionsversicherung (zusätzlichen Pensionsversicherung) zu beantragen und dabei zu erklären, daß die in Abs. 1 und 2 angeführten Voraussetzungen vorliegen. Diese Abgabenerklärung ist mit dem Antrag auf Abschluß einer Versicherung, eines unwiderruflichen Auszahlungsplanes gemäß § 108b Abs. 2, auf Widmung des Pensionskassenbeitrags, auf Erwerb des Anteilscheines an einem prämienbegünstigten Investmentfonds oder auf Widmung des Beitrags zur Höherversicherung in der gesetzlichen Pensionsversicherung (zusätzliche Pensionsversicherung), wofür Einkommensteuer (Lohnsteuer) erstattet werden soll, abzugeben. In der Abgabenerklärung ist die Versicherungsnummer gemäß § 31 ASVG des Antragstellers anzuführen. Wurde eine Versicherungsnummer nicht vergeben, ist das Geburtsdatum anstelle der Versicherungsnummer anzuführen.

(4) Die pauschale Erstattung erfolgt durch jenen Rechtsträger, bei dem der Antrag im Sinne des Abs. 3 abzugeben ist. Dieser Rechtsträger fordert den zu erstattenden Steuerbetrag beim Finanzamt für Großbetriebe an. Die Anforderung hat bis spätestens Ende Februar im Wege des Datenträgeraustausches oder der automationsunterstützten Datenübermittlung zu erfolgen und die im Antrag und der Erklärung nach Abs. 3 angegebenen Daten zu enthalten. Das Finanzamt überweist den jeweiligen Rechtsträgern die pauschalen Erstattungsbeträge. Der Bundesminister für Finanzen wird ermächtigt, den Inhalt der Meldung und das Verfahren des Datenträgeraustausches und der automationsunterstützten Datenübermittlung mit Verordnung festzulegen. In der Verordnung kann vorgesehen werden, daß sich der Rechtsträger einer bestimmten geeigneten öffentlich-rechtlichen oder privatrechtlichen Übermittlungsstelle zu bedienen hat.

*(BGBl I 2019/104, BGBl I 2020/99)*

(5) Zu Unrecht erstattete Einkommensteuer (Lohnsteuer) ist vom Steuerpflichtigen rückzufordern. Als zu Unrecht erstattet gelten auch Erstattungsbeträge, wenn es bei prämienbegünstigten Beiträgen zu Pensionskassen, zu betrieblichen Kollektivversicherungen im Sinne des § 93 des VAG 2016 oder bei Pensionszusatzversicherungen (§ 108b Abs. 1) zu einer Kapitalabfindung kommt. Weiters gelten als zu Unrecht erstattet Erstattungsbeträge, wenn der unwiderrufliche Auszahlungsplan gemäß § 108b Abs. 2 Z 2 nicht erfüllt wird, es sei denn, an die Stelle des nicht erfüllten Auszahlungsplanes tritt nachweislich ein anderer Auszahlungsplan im Sinne des § 174 Abs. 2 des Investmentfondsgesetzes 2011. Die zurückzufordernden Beträge sind durch den Rechtsträger einzubehalten. Der Rechtsträger hat die rückzufordernden Beträge spätestens am 15. Tag nach Ablauf des Kalendermonates, in dem die Rückforderung zu erfolgen hat, an das Finanzamt für Großbetriebe abzuführen.

*(BGBl I 2015/34, BGBl I 2019/104, BGBl I 2020/99)*

(6) Einkommensteuer-(Lohnsteuer)Erstattungen und Rückforderungsansprüche gelten als Abgaben im Sinne der Bundesabgabenordnung.

(7) § 108 Abs. 9 ist anzuwenden.

### Pensionszusatzversicherung, prämienbegünstigter Pensionsinvestmentfonds

**§ 108b.** (1) Für die Pensionszusatzversicherung und für Pensionsinvestmentfonds gilt folgendes:

1. Eine Pensionszusatzversicherung ist eine Rentenversicherung, die im Versicherungsvertrag als Pensionszusatzversicherung bezeichnet ist. Soweit sich aus den folgenden Bestimmungen nichts anderes ergibt, müssen für Pensionszusatzversicherungen die Regelungen des Versicherungsvertragsgesetzes für Rentenversicherungen gelten.
2. Bei einer Pensionszusatzversicherung ist der Versicherer nach Maßgabe des Vertrages ver-

pflichtet, Rentenleistungen im Sinne der lit. a und zusätzlich eine oder mehrere Rentenleistungen im Sinne der lit. b bis e zu erbringen. Rentenleistungen dieser Art sind:

a) Eine frühestens ab Bezug einer gesetzlichen Alterspension beginnende, an den Versicherungsnehmer auf dessen Lebensdauer zu zahlende Rente. Die Rentenbeträge dürfen sich nicht vermindern.

b) Eine im Falle der Einstellung oder Einschränkung der Erwerbstätigkeit, frühestens mit Vollendung des 50. Lebensjahres beginnende und längstens bis zum Anfall der Rente gemäß lit. a zu zahlende Rente (Überbrückungsrente). Diese Überbrückungsrente ist in gleich bleibenden Beträgen über einen Zeitraum von mindestens 36 Monaten zu zahlen. Dieser Zeitraum vermindert sich entsprechend, wenn es vor Ablauf dieses Zeitraums zum Anfall der Rente gemäß lit. a kommt.

c) Eine mit Eintritt der gänzlichen oder teilweisen Erwerbsunfähigkeit beginnende und längstens bis zum Anfall der Rente gemäß lit. a an den Versicherungsnehmer zu zahlende Rente.

d) Eine mit dem Tod des Versicherungsnehmers beginnende, an den hinterbliebenen Ehegatten oder eine hinterbliebene Person, mit der der Versicherungsnehmer in einer eheähnlichen Lebensgemeinschaft gelebt hat, auf dessen Lebensdauer zu zahlende Rente.

e) Eine mit dem Tod des Versicherungsnehmers beginnende, an hinterbliebene Waisen längstens bis zur Vollendung des 27. Lebensjahres zu zahlende Rente.

3. Bei fondsgebundenen Lebensversicherungen müssen die versicherungstechnischen Rückstellungen mit Ausnahme der Prämienüberträge, der Rückstellung für noch nicht abgewickelte Versicherungsfälle und der zusätzlichen versicherungstechnischen Rückstellungen für garantierte Mindestleistungen mindestens zu 75% mit Anteilen an Investmentfonds im Sinne des § 3 Abs. 2 Z 30 des Investmentfondsgesetzes 2011 bedeckt werden, wobei diese Investmentfonds jeweils die Veranlagungsbestimmungen der §§ 171 und 172 des Investmentfondsgesetzes 2011 erfüllen müssen.

4. Bei Pensionszusatzversicherungen sind ausgeschlossen:

a) Der Rückkauf.

b) Die Erbringung von Kapitalleistungen im Todesfall.

c) Die Kapitalabfindung angefallener Renten, es sei denn, der Barwert übersteigt nicht den Betrag im Sinne des § 1 Abs. 2 Z 1 des Pensionskassengesetzes.

5. Der Versicherungsnehmer kann jederzeit für den Schluß der laufenden Versicherungsperiode die Änderung der Versicherung in der Weise verlangen, daß die Prämienzahlung eingestellt, eingeschränkt oder wieder aufgenommen wird. Verlangt der Versicherungsnehmer eine derartige Änderung, so tritt an die Stelle des vereinbarten Rentenbetrages derjenige Betrag, der sich nach den anerkannten Regeln der Versicherungsmathematik auf Grund der Rechnungsgrundlagen der Prämienkalkulkation ergibt. Dieser Betrag ist für den Schluß der laufenden Versicherungsperiode unter Berücksichtigung von Prämienrückständen zu berechnen.

### Forschungsprämien

**§ 108c.** (1) Steuerpflichtige, soweit sie nicht Mitunternehmer sind, und Gesellschaften, bei denen die Gesellschafter als Mitunternehmer anzusehen sind, können eine Forschungsprämie für eigenbetriebliche Forschung und eine Forschungsprämie für Auftragsforschung in Höhe von jeweils 14% der prämienbegünstigten Forschungsaufwendungen (-ausgaben) geltend machen. Die Prämien stellen keine Betriebseinnahmen dar; § 6 Z 10 und § 20 Abs. 2 sind auf sie nicht anwendbar.

*(BGBl I 2017/82)*

(2) Prämienbegünstigt sind:

1. Eigenbetriebliche Forschung und experimentelle Entwicklung, die systematisch und unter Einsatz wissenschaftlicher Methoden durchgeführt wird. Zielsetzung muss sein, den Stand des Wissens zu vermehren sowie neue Anwendungen dieses Wissens zu erarbeiten. Die Forschung muss in einem inländischen Betrieb oder einer inländischen Betriebsstätte erfolgen. Der Bundesminister für Finanzen wird ermächtigt, die Kriterien zur Festlegung der prämienbegünstigten Forschungsaufwendungen (-ausgaben) **„sowie die Berücksichtigung eines fiktiven Unternehmerlohnes für eine nachweislich in Forschung und experimenteller Entwicklung ausgeübte Tätigkeit“** mittels Verordnung festzulegen.

*(BGBl I 2022/108 ab 1.7.2022)*

2. Auftragsforschung für in Auftrag gegebene Forschung und experimentelle Entwicklung im Sinne der Z 1 nach Maßgabe folgender Bestimmungen:
   - Die Forschung muss von einem inländischen Betrieb oder einer inländischen Betriebsstätte in Auftrag gegeben werden.
   - Es dürfen nur Einrichtungen oder Unternehmen beauftragt werden, die mit Forschungsaufgaben und experimentellen Entwicklungsaufgaben befasst sind und deren Sitz in einem Staat der Europäischen Union oder des Europäischen Wirtschaftsraumes gelegen ist.
   - Der Auftragnehmer darf nicht unter beherrschendem Einfluss des Auftrag-

gebers stehen oder Mitglied einer Unternehmensgruppe (§ 9 des Körperschaftsteuergesetzes 1988) sein, der auch der Auftraggeber angehört.

– Die Forschungsprämie kann nur für Aufwendungen (Ausgaben) in Höhe von höchstens 1 000 000 Euro pro Wirtschaftsjahr geltend gemacht werden. Umfasst das Wirtschaftsjahr einen Zeitraum von weniger als zwölf Monaten, ist der Höchstbetrag von 1 000 000 Euro entsprechend der Anzahl der Monate des Wirtschaftsjahres zu aliquotieren. Angefangene Kalendermonate gelten dabei als volle Kalendermonate.
– Voraussetzung für die Inanspruchnahme der Forschungsprämie ist, dass der Auftraggeber bis zum Ablauf seines Wirtschaftsjahres dem Auftragnehmer nachweislich mitteilt, bis zu welchem Ausmaß an Aufwendungen (Ausgaben) er die Forschungsprämie für Auftragsforschung in Anspruch nimmt. Der Auftragnehmer kann für die in Auftrag genommene Forschung und experimentelle Entwicklung hinsichtlich der von der Mitteilung umfassten Aufwendungen (Ausgaben) keine Forschungsprämie für eigenbetriebliche Forschung in Anspruch nehmen.
– Die Forschungsprämie für Auftragsforschung kann von jenen Aufwendungen (Ausgaben) nicht geltend gemacht werden, die Grundlage einer Forschungsprämie für eigenbetriebliche Forschung ist.

**„(3) Die Prämien können jeweils für ein Kalenderjahr beantragt werden. Die Bemessungsgrundlage für die Prämie für das Kalenderjahr ist aus den Forschungsaufwendungen(-ausgaben) aus dem/den Wirtschaftsjahr(en) zu ermitteln, das/die in dem Kalenderjahr endet/enden. Die Antragsfrist beginnt mit dem Ablauf des (letzten) Wirtschaftsjahres und endet vier Jahre nach dem Beginn. Die Antragstellung hat elektronisch im Wege von FinanzOnline zu erfolgen.“**

*(BGBl I 2022/108 ab 1.7.2022)*

(4) **„Die Prämien sind auf dem Abgabenkonto gut zu schreiben, es sei denn, es wird ein Bescheid gemäß § 201 BAO oder gemäß Abs. 4a erlassen.“** Die Gutschrift wirkt auf den Tag der Antragstellung zurück. Sowohl die Prämien als auch Rückforderungsansprüche gelten als Abgabe vom Einkommen im Sinne der Bundesabgabenordnung. Auf Gutschriften und Rückforderungen sind jene Bestimmungen der Bundesabgabenordnung anzuwenden, die für wiederkehrend zu erhebende, selbst zu berechnende Abgaben gelten. Bei Gesellschaften, die nach bürgerlichem Recht nicht rechtsfähige Personenvereinigungen sind, hat die zusammengefasste Verbuchung der Gebarung mit jenen Abgaben zu erfolgen, die die Beteiligten gemeinsam schulden.

*(BGBl I 2015/118, BGBl I 2022/108 ab 20.7.2022)*

**„(4a) Das Finanzamt kann auf Antrag die Forschungsprämie für eigenbetriebliche Forschung und experimentelle Entwicklung hinsichtlich eines sachverhaltsmäßig abgegrenzten Teiles des Prämienantrages (ein Forschungsprojekt, mehrere Forschungsprojekte und/oder ein Forschungsschwerpunkt, mehrere Forschungsschwerpunkte) mit gesondertem Bescheid festsetzen, wenn damit zu rechnen ist, dass sich andernfalls die Entscheidung über den Prämienantrag erheblich verzögert. Der Antrag hat zu enthalten:**

1. **Die im Gutachten der FFG verwendete Nummer und den Titel des Forschungsprojektes bzw. des Forschungsschwerpunktes, auf die er sich bezieht.**
2. **Die darauf entfallende Bemessungsgrundlage und die Höhe der Forschungsprämie, die gesondert festgesetzt werden soll.**

**Die Forschungsprämie, die auf den nicht auf diese Weise erledigten Antrag entfällt, ist ebenfalls mit einem gesonderten Bescheid oder mit mehreren gesonderten Bescheiden festzusetzen.“**

*(BGBl I 2022/108 ab 20.7.2022)*

(5) Die Prämien sind zu Lasten des Aufkommens an veranlagter Einkommen- oder Körperschaftsteuer zu berücksichtigen.

*(BGBl I 2015/118)*

(6) Die Prämien sind insoweit zu gewähren, als die Aufwendungen nach dem 31. Dezember 2001 angefallen sind.

(7) Das Finanzamt kann sich bei der Beurteilung, ob die Voraussetzungen einer Forschung und experimentellen Entwicklung im Sinne des Abs. 2 Z 1 vorliegen, der Forschungsförderungsgesellschaft mbH (FFG) bedienen. Voraussetzung für die Gewährung einer Forschungsprämie für eigenbetriebliche Forschung und experimentelle Entwicklung ist ein vom Steuerpflichtigen bei der FFG anzuforderndes Gutachten (Abs. 8), welches die Beurteilung zum Gegenstand hat, inwieweit eine Forschung und experimentelle Entwicklung unter Zugrundelegung der vom Steuerpflichtigen bekanntgegebenen Informationen die Voraussetzungen des Abs. 2 Z 1 erfüllt. Liegt bereits eine diesbezügliche bescheidmäßige Bestätigung nach § 118a der Bundesabgabenordnung vor, genügt die Glaubhaftmachung, dass die durchgeführte Forschung und experimentelle Entwicklung der der Bestätigung zu Grunde gelegten entspricht oder davon nicht wesentlich abweicht.

(8) Für die Erstellung von Gutachten durch die FFG gilt Folgendes:

1. Die FFG hat Gutachten ausschließlich auf Grundlage der vom Steuerpflichtigen zur Verfügung gestellten Informationen zu erstellen und – vorbehaltlich der Z 4 – deren Richtigkeit und Vollständigkeit nicht zu beurteilen.

2. Die FFG hat in ihrem Gutachten nicht zu beurteilen, ob und in welchem Umfang Aufwendungen oder Ausgaben für Forschung und experimentelle Entwicklung Bestandteil der Bemessungsgrundlage für die Forschungsprämie sind.
3. Die FFG hat ein von ihr erstelltes Gutachten bis zu einer Löschungsanordnung durch das Finanzamt aufzubewahren.
4. Mit Zustimmung des Steuerpflichtigen kann die FFG, die von ihm übermittelten Informationen mit den über den jeweiligen Steuerpflichtigen bei ihr vorhandenen personenbezogenen Daten aus bereits erledigten oder anhängigen Förderungsfällen vergleichen. Ansonsten ist die FFG nur bei begründetem Verdacht auf Unrichtigkeit oder Unvollständigkeit der ihr vom Steuerpflichtigen zur Verfügung gestellten Informationen ermächtigt, diesen Datenvergleich vorzunehmen. Auf das Ergebnis dieses Vergleichs ist im Gutachten ergänzend hinzuweisen.
5. Mit Zustimmung des Steuerpflichtigen hat das Finanzamt der FFG den Zugriff auf Informationen aus einer Anforderung eines Gutachtens zur Vornahme eines Vergleichs mit den über denselben Steuerpflichtigen bei ihr vorhandenen personenbezogenen Daten aus bereits erledigten oder anhängigen Förderungsfällen einzuräumen. Ansonsten darf das Finanzamt nur bei begründetem Verdacht auf Unrichtigkeit oder Unvollständigkeit der denselben Steuerpflichtigen betreffenden Informationen aus erledigten oder anhängigen Förderungsfällen einen Datenvergleich zulassen.
6. Der Steuerpflichtige hat Gutachten der FFG elektronisch anzufordern, wobei FinanzOnline als Authentifizierungsprovider zu fungieren hat. Die FFG hat Gutachten unter Bezugnahme auf die Anforderung durch den Steuerpflichtigen im Wege von FinanzOnline der Abgabenbehörde zu übermitteln und dem Steuerpflichtigen zur Einsichtnahme zur Verfügung zu stellen.
7. Die Bundesministerin für Finanzen wird ermächtigt, die Durchführung der Gutachtenserstellung sowie den Inhalt und das Verfahren der elektronischen Anforderung und Übermittlung von Gutachten mit Verordnung festzulegen.

(9) Das Finanzamt hat auf Antrag des Steuerpflichtigen einen Feststellungsbescheid über die Höhe der Bemessungsgrundlage für die Forschungsprämie für eine eigenbetriebliche Forschung zu erlassen, wenn anlässlich der Antragstellung

a) glaubhaft gemacht **„wird“**, dass der verwirklichte Sachverhalt den Voraussetzungen einer Forschung und experimentellen Entwicklung im Sinne des Abs. 2 Z 1 entspricht, sowie

*(BGBl I 2022/108 ab 20.7.2022)*

b) nachgewiesen **„wird“**, dass die Bemessungsgrundlage für die Forschungsprämie richtig ermittelt worden ist.

*(BGBl I 2022/108 ab 20.7.2022)*

Die Glaubhaftmachung gemäß lit. a hat unter Zugrundelegung eines Gutachtens der FFG zu erfolgen. Liegt eine diesbezügliche bescheidmäßige Bestätigung nach § 118a der Bundesabgabenordnung vor, genügt die Glaubhaftmachung, dass die durchgeführte Forschung der der Bestätigung zu Grunde gelegten entspricht oder davon nicht wesentlich abweicht. Der Nachweis gemäß lit. b hat durch eine Bestätigung eines Wirtschaftsprüfers zu erfolgen, die auf Grundlage einer den Anforderungen der §§ 268 ff des Unternehmensgesetzbuches entsprechenden Prüfung über die Einhaltung der anzuwendenden Rechnungslegungsvorschriften ausgestellt wurde. Die Bestimmungen des § 275 des Unternehmensgesetzbuches gelten sinngemäß.
*(BGBl I 2015/118)*

### Befristete Sonderprämien für die katastrophenbedingte Ersatzbeschaffung von Gebäuden und sonstigen Wirtschaftsgütern

**§ 108d.** (1) Befristete Sonderprämien für die katastrophenbedingte Ersatzbeschaffung von abnutzbaren Anlagegütern im Zusammenhang mit der Beseitigung von Hochwasserschäden des Sommers 2005 im Sinne des § 10c können geltend machen:

1. Steuerpflichtige, soweit sie nicht Gesellschafter einer Gesellschaft sind, bei der die Gesellschafter als Mitunternehmer anzusehen sind,
2. Gesellschaften, bei denen die Gesellschafter als Mitunternehmer anzusehen sind.

Voraussetzung ist, dass die Aufwendungen für die Anschaffung oder Herstellung im Wege der Absetzung für Abnutzung (§§ 7 und 8) abgesetzt werden.

(2) Es betragen

1. die befristete Sonderprämie für die Ersatzbeschaffung von Gebäuden (§ 10c Abs. 1) bei Steuerpflichtigen im Sinne des § 1 5% und bei Steuerpflichtigen im Sinne des § 1 des Körperschaftsteuergesetzes 1988 3% der Aufwendungen. Wird die Sonderprämie geltend gemacht, kann für das Gebäude im betreffenden Wirtschaftsjahr keine vorzeitige Abschreibung gemäß § 10c Abs. 1 beansprucht werden;
2. die befristete Sonderprämie für die Ersatzbeschaffung von sonstigen Wirtschaftsgütern (§ 10c Abs. 2) bei Steuerpflichtigen im Sinne des § 1 10% und bei Steuerpflichtigen im Sinne des § 1 des Körperschaftsteuergesetzes 1988 5% der Aufwendungen. Wird die Sonderprämie geltend gemacht, kann für das sonstige Wirtschaftsgut im betreffenden Wirtschaftsjahr keine vorzeitige Abschreibung gemäß § 10c Abs. 2 beansprucht werden.

(3) Die befristeten Sonderprämien können für jeden Kalendermonat geltend gemacht werden.

Sie können auch in einer Beilage zur Einkommensteuer-, Körperschaftsteuer- oder Feststellungserklärung (§ 188 der Bundesabgabenordnung) des betreffenden Jahres geltend gemacht werden. Diese Beilage kann überdies bis zum Eintritt der Rechtskraft des Einkommensteuer-, Körperschaftsteuer- oder Feststellungsbescheides nachgereicht werden.

(4) Die sich aus dem Verzeichnis ergebenden Prämien sind auf dem Abgabenkonto gutzuschreiben, es sei denn, es ist ein Bescheid gemäß § 201 der Bundesabgabenordnung zu erlassen. Die Gutschrift wirkt auf den Tag der Einreichung des Verzeichnisses zurück. Sowohl die Prämien als auch Rückforderungsansprüche gelten als Abgaben vom Einkommen im Sinne der Bundesabgabenordnung und des Abgabenverwaltungsorganisationsgesetzes. Auf Gutschriften und Rückforderungen sind jene Bestimmungen der Bundesabgabenordnung anzuwenden, die für wiederkehrend zu erhebende, selbst zu berechnende Abgaben gelten. Bei Gesellschaften, die nach bürgerlichem Recht nicht rechtsfähige Personenvereinigungen sind, hat die zusammengefasste Verbuchung der Gebarung mit jenen Abgaben zu erfolgen, die die Beteiligten gemeinsam schulden.

(5) Die Prämien sind zu Lasten des Aufkommens an veranlagter Einkommensteuer zu berücksichtigen.

### Befristete Investitionszuwachsprämie

**§ 108e.** (1) Für den Investitionszuwachs bei prämienbegünstigten Wirtschaftsgütern kann eine Investitionszuwachsprämie von 10% geltend gemacht werden. Voraussetzung ist, dass die Aufwendungen für die Anschaffung oder Herstellung im Wege der Absetzung für Abnutzung (§§ 7 und 8) abgesetzt werden.

(2) Prämienbegünstigte Wirtschaftsgüter sind ungebrauchte körperliche Wirtschaftsgüter des abnutzbaren Anlagevermögens. Nicht zu den prämienbegünstigten Wirtschaftsgütern zählen:

– Gebäude.
– Geringwertige Wirtschaftsgüter, die gemäß § 13 abgesetzt werden.
– Personen- und Kombinationskraftwagen, ausgenommen Fahrschulkraftfahrzeuge sowie Kraftfahrzeuge, die zu mindestens 80% der gewerblichen Personenbeförderung dienen. Personen- und Kombinationskraftwagen, ausgenommen Fahrschulkraftfahrzeuge sowie Kraftfahrzeuge, die zu mindestens 80% der gewerblichen Personenbeförderung dienen.
– Wirtschaftsgüter, die nicht in einer inländischen Betriebsstätte verwendet werden, die der Erzielung von Einkünften im Sinne des § 2 Abs. 3 Z 1 bis 3 dient. Dabei gelten Wirtschaftsgüter, die auf Grund einer entgeltlichen Überlassung überwiegend im Ausland eingesetzt werden, nicht als in einer inländischen Betriebsstätte verwendet.

(3) Der Investitionszuwachs bei prämienbegünstigten Wirtschaftsgütern ist die Differenz zwischen deren Anschaffungs- oder Herstellungskosten der Kalenderjahre 2002, 2003 und 2004 und dem Durchschnitt der Anschaffungs- oder Herstellungskosten dieser Wirtschaftsgüter der letzten drei Wirtschaftsjahre, die vor dem 1. Jänner 2002 bzw. dem 1. Jänner 2003 bzw. dem 1. Jänner 2004 enden. Dabei gilt Folgendes:

1. Erstreckt sich die Anschaffung oder Herstellung prämienbegünstigter Wirtschaftsgüter auf mehrere Jahre, sind in die Ermittlung des durchschnittlichen Investitionszuwachses die jeweils zu aktivierenden Teilbeträge der Anschaffungs- oder Herstellungskosten mit einzubeziehen. Ändern sich nachträglich die Anschaffungs- oder Herstellungskosten, ist die Investitionszuwachsprämie im Jahr der Änderung entsprechend anzupassen.
2. Von der Summe aller Anschaffungs- oder Herstellungskosten der prämienbegünstigten Wirtschaftsgüter sind die Anschaffungs- oder Herstellungskosten jener Wirtschaftsgüter, für die die Begünstigung nach § 10c Abs. 2 oder § 108d Abs. 2 Z 2 geltend gemacht wurde, abzuziehen. Der Investitionszuwachs ist höchstens in Höhe der Differenz prämienbegünstigt.

(4) Die Prämie kann nur in einer Beilage zur Einkommensteuer-, Körperschaftsteuer- oder Feststellungserklärung (§ 188 BAO) des betreffenden Jahres geltend gemacht werden. Sie kann überdies in einer bis zum Eintritt der Rechtskraft des Einkommensteuer-, Körperschaftsteuer- oder Feststellungsbescheides nachgereichten Beilage geltend gemacht werden. In der Beilage sind die Ermittlung der Bemessungsgrundlage und die daraus ermittelte Investitionszuwachsprämie darzustellen.

(5) Die sich aus dem Verzeichnis ergebende Prämie ist auf dem Abgabenkonto gutzuschreiben, es sei denn, es ist ein Bescheid gemäß § 201 BAO zu erlassen. Die Gutschrift wirkt auf den Tag der Einreichung des Verzeichnisses zurück. Sowohl die Prämie als auch eine Prämiennachforderung bzw. Rückforderungsansprüche auf Grund einer geänderten Bemessungsgrundlage gemäß Abs. 3 gelten als Abgabe vom Einkommen im Sinne der Bundesabgabenordnung und des Abgabenverwaltungsorganisationsgesetzes. Auf die Gutschrift sind jene Bestimmungen der Bundesabgabenordnung anzuwenden, die für wiederkehrend zu erhebende, selbst zu berechnende Abgaben gelten. Die Prämie ist zu Lasten des Aufkommens an veranlagter Einkommensteuer zu berücksichtigen.

### Lehrlingsausbildungsprämie

**§ 108f.** (1) Sind Aufwendungen (Ausgaben) für die Lehrlingsausbildung als Betriebsausgaben oder Werbungskosten abzuziehen, kann unter den Voraussetzungen der Abs. 2 bis 4 eine Lehrlingsausbildungsprämie geltend gemacht werden.

(2) Einem Steuerpflichtigen, der mit einem Lehrling (§ 1 des Berufsausbildungsgesetzes) ein Lehrverhältnis hat, steht in jedem Kalenderjahr (Wirtschaftsjahr), in dem das Lehrverhältnis aufrecht ist, eine Lehrlingsausbildungsprämie in der Höhe

von 1 000 Euro zu. Voraussetzung ist, dass das Lehrverhältnis nach der Probezeit in ein definitives Lehrverhältnis umgewandelt wird. Die Fortsetzung eines begonnenen Lehrverhältnisses begründet keinen Anspruch auf eine in einem Kalenderjahr (Wirtschaftsjahr) doppelte Inanspruchnahme der Lehrlingsausbildungsprämie. Der Bundesminister für Finanzen wird ermächtigt, die Lehrlingsprämie für Lehrlinge, die in so genannten Mangelberufen tätig sind, im Einvernehmen mit dem Bundesminister für Wirtschaft und Arbeit durch Verordnung auf bis zu 2 000 Euro zu erhöhen.

(3) Für Kalenderjahre (Wirtschaftsjahre), für die ein Lehrlingsfreibetrag gemäß § 124b Z 31 geltend gemacht wird, steht keine Lehrlingsausbildungsprämie zu. Für Lehrlinge im Sinne des § 2 Abs. 4 des land- und forstwirtschaftlichen Berufsausbildungsgesetzes und des § 63 des Land- und Forstarbeiter-Dienstrechtsgesetzes gelten die vorstehenden Bestimmungen sinngemäß.

(4) Die Prämien können erst nach Ablauf des jeweiligen Wirtschaftsjahres geltend gemacht werden, spätestens jedoch bis zum Eintritt der Rechtskraft des betreffenden Einkommensteuer-, Körperschaftsteuer- oder Feststellungsbescheides (§ 188 der Bundesabgabenordnung). Die sich aus dem Verzeichnis ergebende Prämie ist auf dem Abgabenkonto gutzuschreiben, es sei denn, es ist ein Bescheid gemäß § 201 BAO zu erlassen. Die Gutschrift wirkt auf den Tag der Einreichung des Verzeichnisses zurück. Die Prämie gilt als Abgabe vom Einkommen im Sinne der Bundesabgabenordnung und des Abgabenverwaltungsorganisationsgesetzes. Auf die Gutschrift sind jene Bestimmungen der Bundesabgabenordnung anzuwenden, die für wiederkehrend zu erhebende, selbst zu berechnende Abgaben gelten. Die Prämie ist zu Lasten des Aufkommens an veranlagter Einkommensteuer zu berücksichtigen.

(5) Eine Lehrlingsausbildungsprämie gebührt nur für die Ausbildung von Lehrlingen auf Grund eines Lehrverhältnisses, das vor dem 28. Juni 2008 begonnen hat. Die Lehrlingsausbildungsprämie ist letztmalig bei der Veranlagung für das Kalenderjahr (Wirtschaftsjahr) 2012 anwendbar.

**Prämienbegünstigte Zukunftsvorsorge**

**§ 108g.** (1) Leistet ein unbeschränkt Steuerpflichtiger (§ 1 Abs. 2) Beiträge zu einer Zukunftsvorsorgeeinrichtung, wird ihm unter den nachstehenden Voraussetzungen auf Antrag Einkommensteuer (Lohnsteuer) erstattet:

1. Der Steuerpflichtige bezieht keine gesetzliche Alterspension.
2. Der Steuerpflichtige gibt eine Erklärung ab, in der er sich unwiderruflich verpflichtet, für einen Zeitraum von mindestens zehn Jahren ab Einzahlung des ersten Beitrages auf eine Rückzahlung des aus den geleisteten Beiträgen resultierenden Anspruches zu verzichten.
3. Hat der Steuerpflichtige im Zeitpunkt der Antragstellung das 50. Lebensjahr vollendet, kann er sich auch wahlweise unwiderruflich verpflichten, zu verzichten
   a) auf eine Rückzahlung des aus den geleisteten Beiträgen resultierenden Anspruchs bis zum Bezug einer gesetzlichen Alterspension und
   b) auf eine Verfügung im Sinne des § 108i Abs. 1 Z 1 im Falle des Bezuges einer gesetzlichen Alterspension vor Ablauf von zehn Jahren (Z 2).

Die Erstattung erfolgt mit einem Pauschalbetrag, der sich nach einem Prozentsatz der im jeweiligen Kalenderjahr geleisteten Prämie bemisst. Der Prozentsatz beträgt 2,75% zuzüglich des nach § 108 Abs. 1 ermittelten Prozentsatzes. Von der Erstattung ausgenommen sind Einmalprämien im Sinne des § 108i Abs. 1 Z 2 und 3.

(2) Die Einkommensteuer (Lohnsteuer) darf dem Steuerpflichtigen jährlich insgesamt nur für Leistungen im Ausmaß von 1,53% des Sechsunddreißigfachen der Höchstbeitragsgrundlage zur Sozialversicherung (§ 45 Abs. 1 ASVG) für einen Kalendermonat erstattet werden.

(3) Der Steuerpflichtige hat die Erstattung auf dem amtlichen Vordruck im Wege der Zukunftsvorsorgeeinrichtung zu beantragen und dabei zu erklären, dass die in Abs. 1 und 2 angeführten Voraussetzungen vorliegen. Diese Abgabenerklärung ist mit dem Antrag auf Abschluss auf Widmung des Beitrages, wofür Einkommensteuer (Lohnsteuer) erstattet werden soll, abzugeben. In der Abgabenerklärung ist die Versicherungsnummer gemäß § 31 ASVG des Antragstellers anzuführen. Wurde eine Versicherungsnummer nicht vergeben, ist das Geburtsdatum anstelle der Versicherungsnummer anzuführen.

(4) Die pauschale Erstattung erfolgt durch jenen Rechtsträger, bei dem der Antrag im Sinne des Abs. 3 abzugeben ist. Dieser Rechtsträger fordert den zu erstattenden Steuerbetrag beim Finanzamt für Großbetriebe an. Die Anforderung hat bis spätestens Ende Februar im Wege des Datenträgeraustausches oder der automationsunterstützten Datenübermittlung zu erfolgen und die im Antrag und der Erklärung nach Abs. 3 angegebenen Daten zu enthalten. Das Finanzamt überweist den jeweiligen Rechtsträgern die pauschalen Erstattungsbeträge. Der Bundesminister für Finanzen wird ermächtigt, den Inhalt der Meldung und das Verfahren des Datenträgeraustausches und der automationsunterstützten Datenübermittlung mit Verordnung festzulegen. In der Verordnung kann vorgesehen werden, dass sich der Rechtsträger einer bestimmten geeigneten öffentlich-rechtlichen oder privatrechtlichen Übermittlungsstelle zu bedienen hat.

*(BGBl I 2019/104, BGBl I 2020/99)*

(5) Zu Unrecht erstattete Einkommensteuer (Lohnsteuer) ist vom Steuerpflichtigen rückzufordern. Als zu Unrecht erstattet gelten auch Erstattungsbeträge, wenn der Steuerpflichtige nach Ablauf eines Zeitraumes von mindestens zehn Jahren eine Verfügung im Sinne des § 108i Abs. 1

Z 1 trifft. Ist aus diesem Grund zu Unrecht erstattete Steuer rückzufordern, so reduziert sich der zurückzufordernde Betrag auf die Hälfte. Gleichzeitig damit ist eine Nachversteuerung, der auf den Steuerpflichtigen im Rahmen der Zukunftsvorsorgeeinrichtung entfallenden Kapitalerträge unter Zugrundelegung eines Steuersatzes von 27,5% vorzunehmen. Diese Nachversteuerung tritt bei der Veräußerung von Anteilen an Pensionsinvestmentfonds oder deren Rücklösung im Sinne des § 108i Abs. 1 Z 1 an die Stelle einer Besteuerung gemäß § 27 Abs. 3. Die zurückzufordernden und nachzuversteuernden Beträge sind durch den Rechtsträger einzubehalten. Der Rechtsträger hat die einbehaltenen Beträge spätestens am 15. Tag des auf die Rückforderung (Nachversteuerung) zweitfolgenden Kalendermonates an das Finanzamt für Großbetriebe abzuführen.

*(BGBl I 2015/163, BGBl I 2019/104, BGBl I 2020/99)*

(6) Einkommensteuer-(Lohnsteuer)Erstattungen und Rückforderungsansprüche gelten als Abgaben im Sinne der Bundesabgabenordnung.

(7) § 108 Abs. 9 ist anzuwenden.

**Einrichtungen der Zukunftsvorsorge**

**§ 108h.** (1) Die Einrichtung für Zukunftsvorsorge muss folgende Voraussetzungen erfüllen:

1. Die Veranlagung der Zukunftsvorsorgebeiträge und der an die Zukunftsvorsorgeeinrichtung überwiesenen Prämien erfolgt im Wege von
   a) Pensionsinvestmentfonds im Sinne des § 168 des Investmentfondsgesetzes 2011 und/oder
   b) Betrieblichen Vorsorgekassen (§ 18 Abs. 1 BMSVG) und/oder
   c) Versicherungsunternehmen mit Sitz in einem EWR-Vertragsstaat, die die Rentenversicherung betreiben.
2. Die Veranlagung der Zukunftsvorsorgebeiträge und der an die Zukunftsvorsorgeeinrichtung überwiesenen Prämien hat zu erfolgen
   a) für Vertragsabschlüsse vor dem 1. Jänner 2010 zu mindestens 30% in Aktien.
   b) für Vertragsabschlüsse zwischen dem 31. Dezember 2009 und dem 1. August 2013 sowie für Vertragsabschlüsse vor dem 1. Jänner 2010, wenn eine Erklärung gemäß § 108h Abs. 1 Z 2 lit. b in der Fassung BGBl. I Nr. 151/2009 abgegeben worden ist, nach dem Lebenszyklusmodell zu mindestens
      – 30% in Aktien bei Steuerpflichtigen, die am 31. Dezember des Vorjahres das fünfundvierzigste Lebensjahr noch nicht vollendet haben;
      – 25% in Aktien bei Steuerpflichtigen, die am 31. Dezember des Vorjahres das fünfundvierzigste Lebensjahr vollendet und das fünfundfünfzigste Lebensjahr noch nicht vollendet haben;
      – 15% in Aktien bei Steuerpflichtigen, die am 31. Dezember des Vorjahres das fünfundfünfzigste Lebensjahr vollendet haben.
   c) für Vertragsabschlüsse nach dem 31. Juli 2013
      – mindestens zu 15% und höchstens zu 60% in Aktien bei Steuerpflichtigen, die am 31. Dezember des Vorjahres das fünfzigste Lebensjahr noch nicht vollendet haben;
      – mindestens zu 5% und höchstens zu 50% in Aktien bei Steuerpflichtigen, die am 31. Dezember des Vorjahres das fünfzigste Lebensjahr vollendet haben.
   d) nach lit. c, wenn der Steuerpflichtige bis zum Ablauf der vertraglich vereinbarten Laufzeit gegenüber der Zukunftsvorsorgeeinrichtung eine entsprechende unwiderrufliche Erklärung abgibt. Die Abgabe einer derartigen Erklärung führt weder zur Kündigung des bestehenden Vertrages noch zum Abschluss eines neuen Vertrages; die Mindestlaufzeit gemäß § 108g Abs. 1 Z 2 wird dadurch nicht berührt. Abs. 3 Z 4 und 5 sind sinngemäß anzuwenden. Die Zukunftsvorsorgeeinrichtung hat die Veranlagung entsprechend der Erklärung ab dem Ende der Mindestlaufzeit gemäß § 108g Abs. 1 Z 2, im Falle einer späteren Erklärung ab der Abgabe der Erklärung, anzupassen. Die Zukunftsvorsorgeeinrichtung hat dem Steuerpflichtigen eine Urkunde über den geänderten Inhalt des Zukunftsvorsorgevertrages auszustellen.

   Für die Berechnung der Aktienquote einer Zukunftsvorsorgeeinrichtung ist der Tageswert der gesamten Veranlagungen dem Tageswert der darin enthaltenen Aktien gegenüberzustellen. Die Aktienquote ist auf Basis eines Jahresdurchschnittes zu ermitteln. Im Falle einer Unterdeckung am Ende des Geschäftsjahres hat innerhalb einer zweimonatigen Übergangsfrist eine Aufstockung zu erfolgen.

   *(BGBl I 2021/3)*
3. Die Veranlagung hat in Aktien zu erfolgen, die an einem geregelten Markt einerin einem Mitgliedstaat der Europäischen Union oderin einem Staat des Europäischen Wirtschaftsraumes gelegenen Börse erstzugelassen sind. Der Anteil der Börsekapitalisierung der in diesem Staat erstzugelassenen Aktien darf in einem mehrjährigen Zeitraum 40% des Bruttoinlandsproduktes dieses Staates nicht übersteigen. Das gilt für Veranlagungen gemäß Z 2 lit. a und b zu 100%; für Veranlagungen gemäß Z 2 lit. c und d zu mindestens 60% der tatsächlich gehaltenen Aktien.

4. Die Zukunftsvorsorgeeinrichtung schüttet keine Gewinne aus.
5. Die Einrichtung oder ein zur Abgabe einer Garantie berechtigtes Kreditinstitut aus dem EWR-Raum garantiert, dass im Falle einer Verrentung der für die Verrentung zur Verfügung stehende Auszahlungsbetrag nicht geringer ist als die Summe der vom Steuerpflichtigen eingezahlten Beiträge zuzüglich der für diesen Steuerpflichtigen gutgeschriebenen Prämien im Sinne des § 108g. Die Garantie erlischt, wenn der Steuerpflichtige eine Verfügung im Sinne des § 108i Abs. 1 Z 1 trifft.

(2) Mitarbeitervorsorgekassen (§ 18 Abs. 1 BMSVG) sind abweichend von § 28 BMSVG für Zwecke gemäß Abs. 1 berechtigt, zusätzliche Veranlagungsgemeinschaften zu bilden. Die §§ 18 Abs. 2, 19, 20 Abs. 1 und 4, 21 bis 23, 27 Abs. 1 bis 4, 28 und 29 sowie 31 bis 45 und § 30 BMSVG mit Ausnahme von Abs. 3 Z 5 sind für die Verwaltung von Zukunftsvorsorgebeiträgen sinngemäß anzuwenden. § 20 Abs. 2 und 3 BMSVG sind für die Verwaltung von Zukunftsvorsorgebeiträgen nur insoweit anzuwenden, als die Mitarbeitervorsorgekasse selbst die in § 108h Abs. 1 Z 3 genannte Garantie oder eine zusätzliche Zinsgarantie gewährt. § 25 BMSVG ist mit der Maßgabe anzuwenden, dass in Z 2 an Stelle der vom Arbeitgeber geleisteten Beiträge die Zukunftsvorsorgebeiträge treten. § 1 Abs. 1 Z 21 BWG ist mit der Maßgabe anzuwenden, dass Mitarbeitervorsorgekassen zusätzlich berechtigt sind, Zukunftsvorsorgebeiträge hereinzunehmen und zu veranlagen (Zukunftsvorsorgegeschäft). § 93 Abs. 3d Z 2 BWG ist mit der Maßgabe anzuwenden, das sich der Höchstbetrag beim Zukunftsvorsorgegeschäft jeweils auf den Begünstigten der Zukunftsvorsorge bezieht.

(3) Bei Vertragsabschlüssen nach dem 31. Juli 2013 haben Versicherungsunternehmen gemäß Abs. 1 Z 1 lit. c den Steuerpflichtigen vor Abgabe seiner Vertragserklärung schriftlich zu informieren über

1. die Höhe der in den Beiträgen enthaltenen Kosten; dabei sind die Abschlusskosten als einheitlicher Gesamtbetrag und die übrigen Kosten als Gesamtbetrag unter Angabe der jeweiligen Laufzeit auszuweisen,
2. mögliche sonstige Kosten, insbesondere Kosten, die einmalig oder aus besonderem Anlass entstehen können und Kosten, die für eine prämienfreie Vertragsführung verrechnet werden,
3. den Betrag, der veranlagt wird und veranlagt bleibt, unter Angabe der jeweiligen Laufzeit,
4. die gesetzlichen Vorgaben zur Veranlagung gemäß Abs. 1 Z 2 lit. c sowie zur Veranlagung in Aktien gemäß Abs. 1 Z 3,
5. die Veranlagungsstrategie, die Art der Zusammensetzung der Kapitalanlagen und deren Auswirkungen auf den konkreten Vertrag, insbesondere die damit verbundenen Chancen und Risiken sowie die allfällige Möglichkeit zum Einsatz von Absicherungsinstrumenten und die damit verbundenen Vor- und Nachteile und
6. die Rechnungsgrundlagen (Sterbetafel, Rechnungszins) zur Berechnung einer allfälligen Rente und die damit verbundenen Chancen und Risiken; insbesondere ist der Steuerpflichtige darüber zu informieren, ob die Höhe der Rentenzahlungen garantiert ist.

Diese Informationen gelten als solche im Sinne des § 135c VAG 2016, in der jeweils geltenden Fassung. Weitere gesetzliche Informationspflichten bleiben unberührt.

*(BGBl I 2015/34, BGBl I 2018/16)*

(4) Für Betriebliche Vorsorgekassen gemäß Abs. 1 Z 1 lit. b gelten Abs. 3 Z 1 bis 5 sinngemäß.

### Verfügung des Steuerpflichtigen über Ansprüche

**§ 108i.** (1) Nach einem Zeitraum von mindestens zehn Jahren ab Einzahlung des ersten Beitrages (§ 108g Abs. 1) kann der Steuerpflichtige

1. die Auszahlung der aus seinen Beiträgen resultierenden Ansprüche verlangen. In diesem Fall treten die Rechtsfolgen des § 108g Abs. 5 ein,
2. die Übertragung seiner Ansprüche auf eine andere Zukunftsvorsorgeeinrichtung verlangen,
3. die Überweisung seiner Ansprüche
   a) an ein Versicherungsunternehmen seiner Wahl als Einmalprämie für eine vom Steuerpflichtigen nachweislich abgeschlossene Pensionszusatzversicherung (§ 108b), wobei abweichend von § 108b Abs. 1 Z 2 vorgesehen werden kann, dass die Zusatzpension frühestens mit Vollendung des 40. Lebensjahres auszuzahlen ist,
   *(BGBl I 2016/117)*
   b) an ein Kreditinstitut seiner Wahl zum ausschließlichen Zwecke des Erwerbes von Anteilen an einem Pensionsinvestmentfonds durch Abschluss eines unwiderruflichen Auszahlungsplanes gemäß § 174 Abs. 2 Z 2 des Investmentfondsgesetzes 2011,
   *(BGBl I 2016/117)*
   c) an eine Pensionskasse, bei der der Anwartschaftsberechtigte bereits Berechtigter im Sinne des § 5 des Pensionskassengesetzes (PKG) ist, als Beitrag gemäß § 15 Abs. 3 Z 10 PKG,
   *(BGBl I 2016/117)*
   d) an eine Betriebliche Kollektivversicherung gemäß § 93 des VAG 2016, bei der der Anwartschaftsberechtigte bereits Berechtigter ist,
   *(BGBl I 2016/117)*
   e) an ein Versicherungsunternehmen seiner Wahl als Einmalprämie für eine vom Steuerpflichtigen nachweislich abge-

schlossene selbständige Pflegeversicherung, bei der ein Rückkauf oder eine Kapitalabfindung ausgeschlossen ist und die Leistung der Pflegeversicherung an einen Anspruch auf Pflegegeld gemäß dem Bundespflegegeldgesetz, BGBl. Nr. 110/1993, geknüpft ist
*(BGBl I 2016/117)*

verlangen.

(2) Bei Veranlagungen in Pensionsinvestmentsfondsanteile, die die Voraussetzungen des § 108h Abs. 1 erfüllen, sind abweichend von § 174 Abs. 2 des Investmentfondsgesetzes 2011 Verfügungen gemäß Abs. 1 zulässig. Abweichend von § 23g Abs. 2 InvFG 1993 sind Übertragungen von Veranlagungen in Pensionsinvestmentsfondsanteile, die die Voraussetzungen des § 108h Abs. 1 nicht erfüllen, in Zukunftsvorsorgeeinrichtungen (§ 108h Abs. 1) bis zum 31. Dezember 2005 zulässig. Der Übertragungsbetrag gilt nicht als Beitrag zu einer Zukunftsvorsorgeeinrichtung im Sinne des § 108g Abs. 1.

### Verrechnung von Kinderabsetzbeträgen, Abgeltungs- und Erstattungsbeträgen

**§ 109.** Kinderabsetzbeträge gemäß § 33 Abs. 3 und Erstattungsbeträge gemäß § 108 und § 108a sind insgesamt mit 25% zu Lasten des Aufkommens an veranlagter Einkommensteuer und mit 75% zu Lasten des Aufkommens an Lohnsteuer zu verrechnen.

*(BGBl I 2015/118)*

**§ 109a.** (1) Der Bundesminister für Finanzen kann im Interesse der Gleichmäßigkeit der Besteuerung durch Verordnung anordnen, dass Unternehmer und Körperschaften des öffentlichen und privaten Rechts von Gruppen von Personen und von Personenvereinigungen (Personengemeinschaften) ohne eigene Rechtspersönlichkeit, die für sie Leistungen erbringen, Folgendes mitzuteilen haben:

1. Name (Firma), Wohnanschrift bzw. Sitz der Geschäftsleitung, bei natürlichen Personen weiters die Versicherungsnummer nach § 31 ASVG (bei Nichtvorhandensein jedenfalls das Geburtsdatum), bei Personenvereinigungen (Personengemeinschaften) ohne eigene Rechtspersönlichkeit die Steuernummer.
   *(BGBl I 2019/104, BGBl I 2020/99)*
2. Art der erbrachten Leistung,
3. Kalenderjahr, in dem das Entgelt geleistet wurde,
4. Entgelt und die darauf entfallende ausgewiesene Umsatzsteuer.

(2) Die Verordnung hat weiters zu bestimmen: Die Abgabenbehörde, an die die Mitteilung zu erfolgen hat, sowie den Zeitpunkt, bis zu dem die Mitteilung zu erfolgen hat.

(3) Die Verordnung kann eine Mitteilung im Wege der automationsunterstützten Datenübertragung insoweit vorsehen, als dies für den zur Übermittlung Verpflichteten zumutbar ist. In der Verordnung kann vorgesehen werden, dass sich der zur Übermittlung Verpflichtete einer bestimmten geeigneten öffentlich-rechtlichen oder privatrechtlichen Übermittlungsstelle zu bedienen hat.

(4) Die in der Verordnung genannten Personen und Personenvereinigungen (Personengemeinschaften) sind verpflichtet, den Unternehmern sowie den Körperschaften des öffentlichen und privaten Rechts alle Auskünfte zu erteilen, die diese zur Erfüllung der Mitteilungspflicht benötigen.

(5) Die zur Mitteilung Verpflichteten haben den in der Verordnung genannten Personen und Personenvereinigungen (Personengemeinschaften) den Inhalt der Mitteilungen bekannt zu geben.

### Mitteilung bei Auslandszahlungen

**§ 109b.** (1) Unternehmer und Körperschaften des öffentlichen und privaten Rechts, die für Leistungen im Sinne des Abs. 2 Zahlungen ins Ausland tätigen, haben die im Abs. 3 beschriebenen Informationen mitzuteilen.

(2) Die Mitteilungspflicht betrifft folgende Leistungen:

1. Leistungen für Tätigkeiten im Sinne des § 22, wenn die Tätigkeit im Inland ausgeübt wird;
2. Vermittlungsleistungen, die von unbeschränkt Steuerpflichtigen erbracht werden oder die sich auf das Inland beziehen;
3. kaufmännische oder technische Beratung im Inland.

(3) Die Mitteilung hat zu enthalten:

1. Name (Firma), Wohn- oder Firmenanschrift des Leistungserbringers samt internationaler Länderkennung des betreffenden Staates;
2. bei einer Personenvereinigung (Personengemeinschaft) ohne eigene Rechtspersönlichkeit oder einer Körperschaft als Leistungserbringer auch die im Inland maßgeblich auftretende natürliche Person;
3. hinsichtlich des Leistungserbringers sowie gegebenenfalls der im Inland maßgeblich auftretenden natürlichen Person:
   – die österreichische Steuernummer; ist diese nicht vorhanden,
   – die Versicherungsnummer nach § 31 ASVG; ist diese nicht vorhanden,
   – die Umsatzsteuer-Identifikationsnummer; ist diese nicht vorhanden,
   – das Geburtsdatum;
4. die internationale Länderkennung des Landes oder der Länder, in die Zahlungen erfolgt sind;
5. die Höhe der Zahlungen zugunsten des Leistungserbringers und das Kalenderjahr, in dem die Zahlungen geleistet wurden.

(4) Eine Mitteilung hat zu unterbleiben, wenn

– sämtliche in einem Kalenderjahr zugunsten desselben Leistungserbringers geleisteten Zahlungen ins Ausland den Betrag von 100 000 Euro nicht übersteigen,

– ein Steuerabzug gemäß § 99 zu erfolgen hat oder
– bei Zahlungen an eine ausländische Körperschaft diese im Ausland einem Steuersatz unterliegt, der nicht um mehr als 10 Prozentpunkte niedriger ist als die österreichische Körperschaftsteuer gemäß § 22 Abs. 1 KStG 1988.

(5) Die Mitteilung hat im Wege der automationsunterstützten Datenübertragung zu erfolgen, wenn dies für den zur Übermittlung Verpflichteten zumutbar ist. Der Bundesminister für Finanzen wird ermächtigt, den Inhalt und das Verfahren der elektronischen Übermittlung mit Verordnung festzulegen. In der Verordnung kann vorgesehen werden, dass sich die auszahlende Stelle einer bestimmten geeigneten öffentlich-rechtlichen oder privatrechtlichen Übermittlungsstelle zu bedienen hat.

(6) Die Mitteilung hat elektronisch bis Ende Februar des auf die Zahlung folgenden Kalenderjahres zu erfolgen. Ist der auszahlenden Stelle die elektronische Übermittlung mangels technischer Voraussetzungen unzumutbar, hat die Übermittlung auf dem amtlichen Vordruck bis Ende Jänner des auf die Zahlung folgenden Kalenderjahres zu erfolgen.

(7) Die Mitteilung ist an das Finanzamt zu übermitteln, das für die Erhebung der Umsatzsteuer des zur Mitteilung Verpflichteten zuständig ist oder es im Falle der Umsatzsteuerpflicht wäre.

(8) Der Leistungserbringer ist verpflichtet, dem zur Übermittlung Verpflichteten alle Auskünfte zu erteilen, die dieser zur Erfüllung der Mitteilungspflicht benötigt.

### Verweisungen auf andere Bundesgesetze

**§ 110.** Soweit in diesem Bundesgesetz auf andere Bundesgesetze verwiesen wird, sind diese in ihrer jeweils geltenden Fassung anzuwenden.

## 9. TEIL
## ÜBERGANGSBESTIMMUNGEN

### Verweisungen anderer Bundesgesetze

**§ 111.** Beziehen sich bundesgesetzliche Vorschriften über öffentliche Abgaben oder Beiträge auf Bestimmungen des Einkommensteuergesetzes 1972, BGBl. Nr. 440 (EStG 1972), so treten an die Stelle dieser Bestimmungen die entsprechenden Bestimmungen dieses Bundesgesetzes.

### Weitergeltung von Bestimmungen des EStG 1972

**§ 112.** Folgende Bestimmungen des EStG 1972 sind auch für Zeiträume nach dem 31. Dezember 1988 anzuwenden:

1. § 3 Z 31.

1a. § 4 Abs. 4 Z 2 für Pensionskassen, die am 1. Jänner 1989 bestanden haben, bis zum Erlöschen der Konzession im Sinne des § 49 des Pensionskassengesetzes.

2. § 9 Abs. 4 bis 9 für Rücklagen (steuerfreie Beträge), soweit sie vor dem 1. Jänner 1989 durch Wertpapieranschaffung verwendet worden sind. Im Veranlagungsjahr 1993 können die durch Wertpapieranschaffung verwendeten Rücklagenbeträge (steuerfreien Beträge) freiwillig versteuert werden. Bei einer freiwilligen Versteuerung sämtlicher Rücklagenbeträge (sämtlicher steuerfreier Beträge) im Veranlagungsjahr 1993 entfällt der Zuschlag im Sinne des § 9 Abs. 6 EStG 1972 und ist § 37 anzuwenden.

3. § 11 für Rücklagen, die für Wirtschaftsjahre gebildet wurden, die vor dem 1. Jänner 1989 abgelaufen sind.

3a. § 18 Abs. 1 Z 3 lit. e für Energiesparmaßnahmen, die vor dem 1. Jänner 1989 durchgeführt worden sind. Derartige Beträge können als Sonderausgaben im Sinne des § 18 Abs. 1 Z 3 nach Maßgabe des § 18 Abs. 3 Z 2 geltend gemacht werden.

4. § 23a für Verluste im Sinne dieser Bestimmung, die nicht bis zum Veranlagungsjahr 1988 verrechnet werden konnten.

5. § 23b für Gewinnanteile aus Beteiligungen, die vor dem 1. Jänner 1989 erworben worden sind.

6. § 27 Abs. 2 Z 3 für stille Beteiligungen, die vor dem 1. Jänner 1989 erworben worden sind. Gewinnanteile aus derartigen Beteiligungen sind auch insoweit steuerpflichtig, als sie zur Auffüllung einer durch Verluste herabgeminderten Einlage zu verwenden sind.

7. § 27 Abs. 5 für Wertpapiere, die vor dem 1. Jänner 1989 erworben worden sind, hinsichtlich der Veranlagung für die Jahre 1989 bis 1992. Im Rahmen der Kapitalertragsteuer gilt jedoch § 123.

8. § 27 Abs. 6 Z 3 für Gewinnanteile aus Beteiligungen, die vor dem 1. Jänner 1989 erworben worden sind. Im Rahmen der Kapitalertragsteuer gilt jedoch § 123.

9. § 107.

10. § 110.

**§ 112a.** § 103 ist in der Fassung BGBl. Nr. 448/1992 weiterhin anzuwenden, wenn eine Zuzugsbegünstigung bereits erteilt worden ist oder wenn die Erteilung einer Zuzugsbegünstigung schriftlich in Aussicht gestellt worden ist.

### Bewertung

**§ 113.** (1) Bei der Bewertung von Wirtschaftsgütern, die bereits am Schluß des letzten vor dem 1. Jänner 1989 abgelaufenen Wirtschaftsjahres zum Betriebsvermögen gehört haben, ist von den Wertansätzen des § 6 EStG 1972 auszugehen.

(2) Nach § 123 EStG 1972 vorgenommene Wertberichtigungen gelten dem Grunde nach als solche nach § 6 Z 2 lit. c dieses Bundesgesetzes.

### Absetzung für Abnutzung

**§ 114.** (1) Wurde die Absetzung für Abnutzung von Wirtschaftsgütern, die in einem vor dem 1. Jänner 1989 abgelaufenen Wirtschaftsjahr in Betrieb genommen worden sind, degressiv oder nach der Leistung berechnet, dann ist diese Berechnungsmethode weiterhin anzuwenden.

(2) § 8 Abs. 2 ist erstmals auf Assanierungsvorgänge in Wirtschaftsjahren anzuwenden, die nach dem 31. Dezember 1988 enden.

(3) § 8 Abs. 3 einschließlich § 6 Z 1 ist nur auf Firmenwerte anzuwenden, die nach dem 31. Dezember 1988 entgeltlich erworben worden sind.

(4) Durch § 16 Abs. 1 Z 8 wird gegenüber § 16 Abs. 1 Z 8 EStG 1972 für Wirtschaftsgüter, die vor dem 1. Jänner 1989 angeschafft, hergestellt oder unentgeltlich erworben worden sind und dem Steuerpflichtigen bereits am 31. Dezember 1988 zur Erzielung von Einkünften im Sinne des § 2 Abs. 3 Z 4 bis 7 gedient haben, weder eine neue Bemessungsgrundlage noch ein neues Wahlrecht für die Berechnung der Absetzung für Abnutzung oder für Substanzverringerung begründet.

### Vorzeitige Abschreibung

**§ 115.** (1) Bei Wirtschaftsgütern, die bis zum Schluß des letzten vor dem 1. Jänner 1989 abgelaufenen Wirtschaftsjahres nach § 8 Abs. 4 EStG 1972, § 38 Abs. 1 des Stadterneuerungsgesetzes, Art. IV des Bundesgesetzes über die Änderung mietrechtlicher Vorschriften und über Mietzinsbeihilfen, BGBl. Nr. 409/1974, und § 19 Abs. 1 des Denkmalschutzgesetzes noch nicht zur Gänze vorzeitig abgeschrieben worden sind, sind die restlichen Abschreibungen der bis zum Schluß dieses Wirtschaftsjahres angefallenen Anschaffungs-, Herstellungs- oder Teilherstellungskosten nach den angeführten Bestimmungen vorzunehmen.

(2) Wurden vorzeitige Abschreibungen von Teilherstellungskosten vorgenommen, die bis zum Schluß des letzten vor dem 1. Jänner 1989 abgelaufenen Wirtschaftsjahres angefallen sind, so kann von den restlichen Teilherstellungskosten ein Investitionsfreibetrag geltend gemacht werden.

### Rücklagen, steuerfreie Beträge, Rückstellungen

**§ 116.** (1) Bis 1993 gebildete Investitionsrücklagen (§ 9 in der bis 1993 geltenden Fassung) sind in der Bilanz nach Wirtschaftsjahren aufzugliedern und gesondert auszuweisen. Die Rücklage (im Falle der Gewinnermittlung nach § 4 Abs. 3 der steuerfreie Betrag) ist gegen jenen Betrag aufzulösen, der als Investitionsfreibetrag (§ 10) gewinnmindernd in Anspruch genommen werden könnte (bestimmungsgemäße Verwendung). Rücklagen (Rücklagenteile) bzw. steuerfreie Beträge (Teilbeträge), die nicht bestimmungsgemäß verwendet wurden, sind im vierten Wirtschaftsjahr nach der Bildung der Rücklage gewinnerhöhend aufzulösen. Die Rücklage (der steuerfreie Betrag) kann auch freiwillig vorher gewinnerhöhend aufgelöst werden. Der gewinnerhöhend aufgelöste Betrag erhöht sich um je 5% für jedes Wirtschaftsjahr ab der Bildung (Zuschlag). Der Zuschlag entfällt bei der gewinnerhöhenden Auflösung anläßlich der Betriebsaufgabe, der entgeltlichen Übertragung eines Betriebes, Teilbetriebes oder Mitunternehmeranteiles sowie anläßlich der Einbringung in eine Körperschaft. Im Wirtschaftsjahr 1993 entfällt für Rücklagen (steuerfreie Beträge), die in den Wirtschaftsjahren 1990 bis 1991 gebildet worden sind, im Falle der freiwilligen Auflösung der Zuschlag.

(2) Für die bis 1995 gebildeten Mietzinsrücklagen und steuerfreien Beträge (§ 11 in der bis 1995 geltenden Fassung) gilt folgendes:

1. Rücklagen, die nach § 4 Abs. 7 EStG 1972 gebildet wurden, gelten als Rücklagen im Sinne des § 11 in der bis 1995 geltenden Fassung.
2. Mit den im letzten vor dem 1. Jänner 1996 endenden Wirtschaftsjahr ausgewiesenen Rücklagen bzw. steuerfreien Beträge sind innerhalb von neun Jahren nach ihrer Bildung, längstens aber bis zum 31. Dezember 1999 in folgender Reihenfolge zu verrechnen:
   a) Instandsetzungsaufwendungen, soweit sie nicht durch steuerfreie Subventionen gedeckt sind.
   b) Aufwendungen im Sinne der §§ 3 bis 5 des Mietrechtsgesetzes in Gebäuden, die den Bestimmungen des Mietrechtsgesetzes über die Verwendung der Hauptmietzinse unterliegen, soweit diese Aufwendungen Herstellungsaufwand darstellen und nicht durch steuerfreie Subventionen gedeckt sind.
   c) Verluste, die sich ergeben, falls die mit dem Grundstück (Gebäude) im wirtschaftlichen Zusammenhang stehenden Betriebsausgaben die nach mietrechtlichen Vorschriften verrechnungspflichtigen Einnahmen sowie die zur Deckung von Aufwendungen nach § 10 des Mietrechtsgesetzes vereinnahmten Beträge übersteigen. Dabei sind die Betriebskosten und die laufenden öffentlichen Abgaben für das Grundstück (Gebäude) sowohl bei den Betriebseinnahmen als auch bei den Betriebsausgaben außer Ansatz zu lassen.
   d) Aufwendungen im Sinne der §§ 3 bis 5 des Mietrechtsgesetzes in anderen Gebäuden des Betriebes, die den Bestimmungen des Mietrechtsgesetzes über die Verwendung der Hauptmietzinse unterliegen, soweit diese Aufwendungen Instandsetzungs- oder Herstellungsaufwand darstellen und nicht durch steuerfreie Subventionen gedeckt sind. Soweit nach Verrechnung mit Rücklagen bzw. steuerfreien Beträgen Aufwendungen im Sinne der lit. b und d verbleiben, sind die verbleibenden Aufwendungen als Herstellungskosten anzusetzen. Die Verrechnung nach lit. b und d geht einer Übertragung stiller Reserven nach § 12 vor.
3. Rücklagen (Rücklagenteile) bzw. steuerfreie Beträge (Teilbeträge), die nicht bis zum Ende der Frist der Z 2 zu verrechnen sind, sind zu

diesem Zeitpunkt gewinnerhöhend aufzulösen.

(3) Für die Abfertigungsrückstellungen gilt folgendes:

1. Abfertigungsrücklagen (steuerfreie Beträge), die nach § 14 Abs. 1 bis 5 des EStG 1972 gebildet wurden, gelten als Abfertigungsrückstellungen (steuerfreie Beträge) im Sinne des § 14 Abs. 1 bis 6. Beträge aus Abfertigungsrücklagen im Sinne des § 14 EStG 1972, auf die Art. III des Bundesgesetzes, mit dem das Bauarbeiter-Urlaubsgesetz 1972, das Arbeiter-Abfertigungsgesetz, das Insolvenz-Entgeltsicherungsgesetz sowie abgabenrechtliche Bestimmungen geändert werden, BGBl. Nr. 618/1987, zutrifft, gelten als Beträge aus Abfertigungsrückstellungen.
2. Bei Abfertigungsrückstellungen (steuerfreien Beträgen) für Arbeitnehmer, die am Ende des jeweiligen Wirtschaftsjahres das 50. Lebensjahr vollendet haben, erhöht sich das prozentuelle Höchstausmaß gemäß § 14 Abs. 1 erster Satz für jedes Wirtschaftsjahr, das nach dem 31. Dezember 1993 endet, um zwei Prozentpunkte, höchstens jedoch um 10 Prozentpunkte.
3. Abweichend von § 14 Abs. 5 Z 4 lit. a dürfen Schuldverschreibungen, deren Ausgabewert niedriger ist als 90% des Nennbetrages, noch bis 31. Dezember 1995 zur Wertpapierdeckung herangezogen werden.
4. Abweichend von § 14 Abs. 5 Z 4 lit. b dürfen unter § 3 Abs. 1 Z 10 des Kapitalmarktgesetzes fallende Schuldverschreibungen sowie vor dem Inkrafttreten des Kapitalmarktgesetzes ausgegebene Schuldverschreibungen, deren Ausgabewert niedriger ist als 90% des Nennbetrages, noch bis 31. Dezember 1995 zur Wertpapierdeckung herangezogen werden.
5. Abweichend von § 14 Abs. 5 Z 4 lit. e dürfen Anteilscheine an Kapitalanlagefonds, die ganz oder teilweise aus Wertpapieren der in Z 3 und 4 genannten Art bestehen, noch bis 31. Dezember 1995 zur Wertpapierdeckung herangezogen werden.
6. § 14 Abs. 5 Z 4 lit. e in der Fassung des Bundesgesetzes BGBl. I Nr. 9/1998 gilt erstmals für die Wertpapierdeckung zum 31. Dezember 1997.

(4) Für die Pensionsrückstellung gilt folgendes:

1. Abweichend von § 125 Z 1 sind auf Rückstellungen für Wirtschaftsjahre, die vor dem 1. Jänner 1990 enden, noch die Bestimmungen des EStG 1972 in Verbindung mit Abschnitt I Art. II Z 2 des 2. Abgabenänderungsgesetzes 1977, BGBl. Nr. 645, anzuwenden.
2. Übersteigt zum Schluß des letzten vor dem 1. Jänner 1990 endenden Wirtschaftsjahres die Rückstellung, die sich nach § 14 errechnen würde (fiktive Neurückstellung), die steuerwirksam gebildete Rückstellung (Altrückstellung), so ergibt sich die jeweils steuerlich maßgebende Rückstellung aus der Rückstellung nach § 14 abzüglich eines seit dem genannten Bilanzstichtag jährlich um 5% verminderten Unterdeckungsbetrages. Der Unterdeckungsbetrag ergibt sich aus dem Unterschied zwischen der fiktiven Neurückstellung und der Altrückstellung. Vermindert sich die nach § 14 berechnete Rückstellung gegenüber der nach § 14 zum Schluß des vorangegangenen Wirtschaftsjahres berechneten Rückstellung, so vermindert sich der Unterdeckungsbetrag im gleichen Verhältnis; dabei sind der Berechnung der zu vergleichenden Rückstellungen jene Pensionsleistungen zugrunde zu legen, die an dem genannten Stichtag zugesagt wurden.
3. Der Bundesminister für Finanzen kann vereinfachte Berechnungen der fiktiven Neurückstellung nach anerkannten Regeln der Versicherungsmathematik durch Verordnung festlegen.
4. Die Wertpapierdeckung muß erstmalig am Schluß des im Kalenderjahr 1991 endenden Wirtschaftsjahres gegeben sein. Abweichend von § 14 Abs. 7 Z 7 ist das prozentuelle Ausmaß von 50% auf 20 Wirtschaftsjahre gleichmäßig verteilt zu erreichen. Dies gilt auch für die Wertpapierdeckung im Sinne des § 14 Abs. 7 in der Fassung BGBl. I Nr. 24/2007 mit der Maßgabe, dass das vor Aufhebung des § 14 Abs. 7 Z 7 durch BGBl. I Nr. 155/2006 bereits erreichte Prozentausmaß als Ausgangspunkt für die weitere Erhöhung heranzuziehen ist.
5. In den Fällen des § 14 Abs. 9 ist die steuerlich maßgebende Rückstellung in der Höhe anzusetzen, in der sie sich beim früheren Arbeitgeber (Vertragspartner) unter Berücksichtigung einer gleichen Pensionszusage nach Z 2 ergeben hätte.

(5) Für die bis 1995 nach § 28 Abs. 5 in der bis 1995 geltenden Fassung gebildeten steuerfreien Beträge gilt folgendes:

1. Steuerfreie Beträge, die nach § 28 Abs. 3 EStG 1972 gebildet wurden, gelten als steuerfreie Beträge im Sinne des § 28 Abs. 5 in der bis 1995 geltenden Fassung.
2. Mit den am 31. Dezember 1995 ausgewiesenen steuerfreien Beträgen sind innerhalb von neun Jahren nach ihrer Bildung, längstens aber bis zum 31. Dezember 1999 in folgender Weise zu verrechnen:
   a) Instandsetzungsaufwendungen, soweit sie nicht durch steuerfreie Subventionen gedeckt sind.
   b) Aufwendungen im Sinne der §§ 3 bis 5 des Mietrechtsgesetzes in Gebäuden, die den Bestimmungen des Mietrechtsgesetzes über die Verwendung der Hauptmietzinse unterliegen, soweit diese Aufwendungen Herstellungsaufwand darstellen und nicht durch steuerfreie Subventionen gedeckt sind.

c) Verluste, die sich ergeben, falls die mit dem Grundstück (Gebäude) im wirtschaftlichen Zusammenhang stehenden Werbungskosten die nach mietrechtlichen Vorschriften verrechnungspflichtigen Einnahmen sowie die zur Deckung von Aufwendungen nach § 10 des Mietrechtsgesetzes vereinnahmten Beträge übersteigen. Dabei sind die Betriebskosten und die laufenden öffentlichen Abgaben für das Grundstück (Gebäude) sowohl bei den Einnahmen als auch bei den Werbungskosten außer Ansatz zu lassen.

d) Aufwendungen im Sinne der §§ 3 bis 5 des Mietrechtsgesetzes in anderen der Erzielung von Einkünften aus Vermietung und Verpachtung dienenden Gebäuden des Steuerpflichtigen, die den Bestimmungen des Mietrechtsgesetzes über die Verwendung der Hauptmietzinse unterliegen, soweit diese Aufwendungen Instandsetzungs- oder Herstellungsaufwand darstellen und nicht durch steuerfreie Subventionen gedeckt sind. Soweit nach Verrechnung mit steuerfreien Beträgen Aufwendungen im Sinne der lit. b und d verbleiben, sind die verbleibenden Aufwendungen als Herstellungskosten anzusetzen.

3. Steuerfreie Beträge (Teilbeträge), die nicht bis zum Ende der Frist der Z 2 zu verrechnen sind, sind zu diesem Zeitpunkt einnahmenerhöhend aufzulösen.

4. Die steuerfreien Beträge sind bei Erwerben von Todes wegen vom Rechtsnachfolger fortzuführen.

### Sonderausgaben

**§ 117.** (1) Der dritte Satz des § 18 Abs. 1 Z 2 ist hinsichtlich der für den Fall des Ablebens zu vereinbarenden Versicherungssumme auf Versicherungsverträge anzuwenden, die nach dem 31. Dezember 1988 abgeschlossen wurden.

(2) Für Versicherungsverträge, die vor dem 1. Jänner 1989 abgeschlossen worden sind, treten an die Stelle der im § 18 Abs. 1 Z 2 und Abs. 4 Z 1 genannten Zeiträume von zehn bis zwanzig Jahren folgende Zeiträume:

1. Zehn Jahre, wenn der Antrag auf Vertragsabschluß vor dem 7. September 1979 gestellt wurde. Weiters ist für solche Versicherungsverträge § 18 Abs. 4 Z 1 hinsichtlich der Vorauszahlung und Verpfändung nicht anzuwenden.
2. Zehn bis fünfzehn Jahre, wenn der Antrag auf Vertragsabschluß nach dem 6. September 1979 gestellt wurde. Weiters tritt bei solchen Versicherungsverträgen an die Stelle des im § 18 Abs. 1 Z 2 und Abs. 4 Z 1 genannten 41. Lebensjahres das 46. Lebensjahr.

(3) Wurden für Beiträge (Versicherungsprämien) im Sinne des § 18 Abs. 1 Z 2 vor dem 1. Jänner 1989 anstelle des geleisteten Einmalbetrages Teilbeträge (Zehntel, Zwanzigstel) als Sonderausgaben in Anspruch genommen, so können die restlichen Teilbeträge auch für Zeiträume nach dem 31. Dezember 1988 nach Maßgabe des § 18 Abs. 3 Z 2 in Anspruch genommen werden.

(4) Eine Nachversteuerung von Beträgen im Sinne des § 18 Abs. 1 Z 3 lit. a EStG 1972, die vor dem 1. Jänner 1982 geleistet wurden, hat wegen Unterschreitens der achtjährigen Bindungsfrist nicht zu erfolgen.

(5) § 18 Abs. 4 und 5 gilt auch für die Nachversteuerung von Sonderausgaben, die bei der Einkommensermittlung für Zeiträume vor dem 1. Jänner 1989 zu berücksichtigen waren.

(6) § 18 Abs. 6 gilt auch für Verluste, die vor dem Inkrafttreten dieses Bundesgesetzes entstanden sind. § 18 Abs. 7 gilt erstmals für Verluste, die im Jahr 1989 entstanden sind.

(7)

1. Bei der Veranlagung für die Jahre 1996 und 1997 ist ein Verlustabzug (§ 18 Abs. 6 und 7) nicht zulässig. In den Kalenderjahren 1989 und 1990 entstandene Verluste sind, soweit sie nicht bis zur Veranlagung 1995 abgezogen worden sind, zu je einem Fünftel bei den Veranlagungen der Jahre 1998 bis 2002 abzuziehen.
2. In Fällen, in denen ein Verlust aus vorangegangenen Jahren von einem bei der Veranlagung für die Kalenderjahre 1996 oder 1997 zu berücksichtigenden Veräußerungs-, Aufgabe- oder Liquidationsgewinn abzuziehen wäre, kann der Steuerpflichtige beantragen, daß die steuerliche Erfassung des betreffenden Veräußerungs-, Aufgabe- oder Liquidationsgewinnes insoweit auf das Veranlagungsjahr 1998 verschoben wird.

**§ 117a.** (1) Für den ab der Veranlagung 1998 vorzunehmenden Verlustabzug gilt folgendes: Der Verlustabzug für in den Kalenderjahren 1989 bis 1996 entstandene Verluste ist insoweit nicht zulässig,

- als bei der Veranlagung für das Jahr 1996 bzw 1997 ein steuerfreier Sanierungsgewinn angefallen ist und
- unter Außerachtlassung der Bestimmungen des § 117 Abs. 7 Z 1 ein Verlustabzug anzusetzen wäre.

(2) § 117 Abs. 7 Z 2 ist auch auf Gewinne aus der Aufdeckung stiller Reserven bei Anteilen an einer Körperschaft von mehr als 10% sowie bei Grundstücken und Gebäuden anzuwenden, wenn in all diesen Fällen die Voraussetzungen des § 12 Abs. 2 vorliegen. Eine Verschiebung der steuerlichen Erfassung schließt die Anwendung des § 12 aus.

### Veräußerungsgewinne, Stille Reserven

**§ 118.** (1) § 24 Abs. 6 ist nur auf Gebäude (Gebäudeteile) anzuwenden, die nicht gemäß § 8 Abs. 2 Z 1 lit. a EStG 1972 vorzeitig abgeschrieben wurden.

(2) Die in § 12 Abs. 2 genannte Frist von fünfzehn Jahren gilt auch für Gebäude (Gebäudeteile), die nach den §§ 8 und 122 Abs. 3 EStG 1972, § 38 Abs. 1 des Stadterneuerungsgesetzes, Art. IV des Bundesgesetzes über die Änderung mietrechtlicher Vorschriften und über Mietzinsbeihilfen, BGBl. Nr. 409/1974, oder § 19 Abs. 1 des Denkmalschutzgesetzes vorzeitig abgeschrieben worden sind.

**Einkünfte aus Kapitalvermögen und aus Vermietung und Verpachtung**

**§ 119.** (1) § 27 Abs. 3 ist auch auf Genußscheine und junge Aktien anzuwenden, die vor dem 1. Jänner 1989 erworben worden sind.

(2) Bei Erwerben von Todes wegen gelten Zehntelabsetzungen gemäß § 28 Abs. 2 EStG 1972 als Teilbeträge im Sinne des § 28 Abs. 3.

(3) Wurden Werbungskosten nach § 28 Abs. 2 EStG 1972 auf zehn Jahre verteilt geltend gemacht, so sind die restlichen Teilbeträge auch nach Inkrafttreten dieses Bundesgesetzes in unveränderter Höhe zu berücksichtigen.

(4) § 28 Abs. 6 gilt nicht, soweit vor dem Inkrafttreten dieses Bundesgesetzes Anschaffungs- oder Herstellungskosten sowie Instandhaltungs- oder Instandsetzungsaufwand als Werbungskosten berücksichtigt wurden.

(5) Für die Ermittlung der besonderen Einkünfte aus Vermietung und Verpachtung (§ 28 Abs. 7) gelten Zehntelabsetzungen gemäß § 28 Abs. 2 EStG 1972 insoweit als Teilbeträge gemäß § 28 Abs. 3, als sie auf Herstellungsaufwand entfallen. Eine Verrechnung von Herstellungsaufwand nach § 116 Abs. 5 ist im Rahmen des § 28 Abs. 7 einer Absetzung von Herstellungsaufwand in Teilbeträgen nach § 28 Abs. 3 gleichzuhalten.

**Sonstige Einkünfte**

**§ 120.** Die §§ 30 und 31 gelten für Veräußerungsvorgänge nach dem 31. Dezember 1988.

**Vorauszahlungen**

**§ 121.** (1) Die nach § 45 EStG 1972 für Kalenderjahre ab 1989 festgesetzten Vorauszahlungen sind um 5% zu erhöhen.

(2) Werden die Vorauszahlungen für das Kalenderjahr 1995 und die folgenden Kalenderjahre nicht

a) erstmals oder

b) auf Grund einer nach dem 1. Mai 1995 erfolgten Anpassung oder

c) auf der Grundlage der Einkommensteuerschuld für das veranlagte Kalenderjahr 1995

festgesetzt, so gilt folgendes:

1. Ein Investitionsfreibetrag gemäß § 10 kann von Anschaffungs- oder Herstellungskosten (Teilbeträgen), die in einem Betrieb in Wirtschaftsjahren im Sinne der Z 2 anfallen, nur dann gewinnmindernd oder durch Verwendung einer Investitionsrücklage (eines steuerfreien Betrages) geltend gemacht werden, wenn neben den Vorauszahlungen gemäß § 45 bis zum 15. Oktober des betreffenden Kalenderjahres eine Sondervorauszahlung entrichtet wird. Dies gilt auch dann, wenn der betreffende Betrieb unter Fortführung der Buchwerte erworben worden ist. Bei Mitunternehmerschaften sind die Verhältnisse des jeweiligen Mitunternehmers in Beziehung auf die seinem Mitunternehmeranteil betraglich zuzuordnenden Investitionsfreibeträge maßgeblich.
2. Wirtschaftsjahre gemäß Z 1 sind jene, die im Kalenderjahr, in dem die Sondervorauszahlung zu entrichten ist, sowie im folgenden Kalenderjahr enden.
3. Die Sondervorauszahlung errechnet sich von jenen Anschaffungs- oder Herstellungskosten (Teilbeträgen) im betreffenden Betrieb, für die bisher ein Investitionsfreibetrag geltend gemacht worden ist. Maßgeblich ist dabei die gewinnmindernd oder durch Verwendung einer Investitionsrücklage (eines steuerfreien Betrages) erfolgte Geltendmachung eines Investitionsfreibetrags für jene Wirtschaftsjahre, die im letztveranlagten Kalenderjahr, dessen Einkommensteuerschuld Grundlage für die Vorauszahlungen gemäß § 45 ist, enden. Es sind dabei die steuerlichen Beurteilungen zum 30. September des betreffenden Jahres zu berücksichtigen.
4. Die Sondervorauszahlung beträgt 3% von den Anschaffungs- oder Herstellungskosten (Teilbeträgen), hinsichtlich der dem Kalenderjahr 1993 zuzuordnenden Investitionsfreibeträgen 4% der Anschaffungs- oder Herstellungskosten (Teilbeträge).
5. Die Steuerschuld für die Sondervorauszahlung entsteht mit der Einreichung der Anmeldung der selbst berechneten Sondervorauszahlung im Ausmaß des angemeldeten Betrages. Die Anmeldung ist nach einem amtlichen Vordruck einzureichen. Die Sondervorauszahlung wird am 15. Oktober des betreffenden Jahres fällig. § 221a Abs. 3 der Bundesabgabenordnung gilt sinngemäß für die Z 1.
6. Die Sondervorauszahlung ist auf die Einkommensteuerschuld des betreffenden Kalenderjahres anzurechnen.

(3) Für die Vorauszahlungen der Jahre 1996 bis 1998 gilt folgendes:

1. Bei der Festsetzung (§ 45 Abs. 1) der Vorauszahlungen ist von jener Einkommensteuerschuld für das letztveranlagte Kalenderjahr auszugehen, die sich ohne Vornahme eines Verlustabzugs (§ 18 Abs. 6 und 7) ergibt.
2. Erfolgt für ein Kalenderjahr keine Festsetzung im Sinne der Z 1 oder ergibt sich auch ohne Vornahme eines Verlustabzugs für das letztveranlagte Kalenderjahr keine aus einem Einkommen abgeleitete Einkommensteuerschuld, so sind die Vorauszahlungen entsprechend der Z 1 anzupassen. Über Aufforderung des Finanzamtes hat der Steuerpflichtige bis zum 15. Oktober eines Jahres eine Abgabenerklärung einzureichen, in der die für die

Anpassung erforderlichen Angaben enthalten sind. Wird die Erklärung nicht eingereicht, so ist die Höhe der Vorauszahlungen von Amts wegen zu ermitteln.

3. Bescheide über Festsetzungen (Z 1) und Anpassungen (Z 2) können abweichend von § 45 Abs. 3 jedenfalls bis zum 15. November erlassen werden.

4. Der nach § 45 unter Beachtung der Z 1 und 2 ermittelte Betrag an Vorauszahlungen ist um 5% zu erhöhen.

(4) Bei den Vorauszahlungen des Jahres 1999 ist der nach § 45 ermittelte Betrag um 5% zu erhöhen.

(5) Sind die Verhältnisse des Kalenderjahres 2000 oder eines früheren Kalenderjahres für die Festsetzung oder Nichtfestsetzung einer Vorauszahlung für das Kalenderjahr 2001 oder ein späteres Kalenderjahr maßgeblich oder sind Vorauszahlungen für diese Zeiträume vor dem Inkrafttreten dieser Bestimmung erstmalig festgesetzt worden, so gilt Folgendes:

1. Bei der Festsetzung (§ 45) der Vorauszahlungen ist von jener Einkommensteuerschuld für das letztveranlagte Kalenderjahr auszugehen, die sich bei Anwendung der Bestimmungen des § 2 Abs. 2b ergibt.

2. und 3. (aufgehoben)

4. Beantragt der Steuerpflichtige, die Vorauszahlung mit einem geringeren als dem sich aus den Z 1 bis 3 ergebenden Betrag festzusetzen, so darf diesem Antrag nur stattgegeben werden, wenn die Voraussetzungen dafür an Hand einer konkreten und detaillierten Einschätzung seines voraussichtlichen Einkommens vollständig offengelegt und nachgewiesen werden.

5. Die Z 1 bis 4 sind nicht anzuwenden, wenn der Vorauszahlung keine anderen als lohnsteuerpflichtige Einkünfte zu Grunde liegen.

### Lohnsteuerverfahren

**§ 122.** (1) Für das Jahr 1996 ausgestellte Freibetragsbescheide und Mitteilungen für den Arbeitgeber verlieren mit Ablauf des 31. Mai 1996 ihre Wirksamkeit. Das Finanzamt hat für den Zeitraum 1. Juni 1996 bis 31. Dezember 1996 einen besonderen Freibetragsbescheid sowie eine Mitteilung für den Arbeitgeber nach den Vorschriften des § 63 Abs. 1 in der Fassung des Bundesgesetzes BGBl. Nr. 201/1996 zu erlassen. Ein Freibetrag gemäß § 35 Abs. 3 in der Fassung BGBl. Nr. 499/1995 bei Bezug von Pflege- oder Blindenzulage (Pflege- oder Blindengeld, Pflege- oder Blindenbeihilfe) oder Hilflosenzuschuß (Hilflosenzulage) ist nicht zu berücksichtigen. Für Freibetragsbescheide, die für die Jahre 1996 und 1997 ausgestellt werden, gilt folgendes: Als Sonderausgaben sind nur solche im Sinne des § 18 Abs. 1 Z 1, 6 und 7 sowie die Beiträge für eine freiwillige Weiterversicherung einschließlich des Nachkaufs von Versicherungszeiten in der gesetzlichen Pensionsversicherung und vergleichbarer Beiträge an Versorgungs- und Unterstützungseinrichtungen der Kammern der selbständig Erwerbstätigen zu berücksichtigen.

(2) Aus einem Einkommensteuerbescheid 1995 gemäß § 63 Abs. 1 abgeleitete Freibetragsbescheide dürfen vor dem 30. September 1996 nicht erlassen werden.

(3) § 16 Abs. 1 Z 6 in der Fassung des Bundesgesetzes BGBl. Nr. 297/1995 ist auf Lohnzahlungszeiträume anzuwenden, die nach dem 30. April 1995 enden.

(4) Die Vorschußzahlung gemäß § 563 Abs. 3 ASVG, § 266 Abs. 2 GSVG bzw. § 255 Abs. 2 BSVG ist dem Kalenderjahr 1996 zuzuordnen. Die Vorschußzahlung ist als sonstiger Bezug gemäß § 67 Abs. 10 zu versteuern; dabei sind die besonderen Verhältnisse gemäß § 62 zu berücksichtigen. Die Vorschußzahlung bleibt bei der Ermittlung der Einkünfte aus nichtselbständiger Arbeit außer Ansatz und ist in den Lohnzettel für das Kalenderjahr 1996 nicht aufzunehmen.

(5) Freibetragsbescheide und Mitteilungen zur Vorlage beim Arbeitgeber gemäß § 63 Abs. 1 oder 4 in der Fassung BGBl. Nr. 798/1996 für das Jahr 1998 sind ab 30. Oktober 1997 nicht mehr auszustellen. Die bis zu diesem Zeitpunkt ausgestellten Freibetragsbescheide und Mitteilungen für den Arbeitgeber für das Jahr 1998 verlieren ihre Wirkung. Das Finanzamt hat für das Kalenderjahr 1998 frühestens ab 3. November 1997 neue Freibetragsbescheide und Mitteilungen zur Vorlage beim Arbeitgeber für das Jahr 1998 gemäß § 63 Abs. 1 oder 4 in der Fassung BGBl. I Nr. 122/1997 zu erlassen. Freibetragsbescheide, die für Kalenderjahre ab 1999 ausgestellt werden, sind gemäß § 63 Abs. 1 oder 4 in der Fassung BGBl. Nr. 201/1996 zu erlassen.

### Kapitalertragsteuer

**§ 123.** (1) Die Kapitalertragsteuer ist von Kapitalerträgen im Sinne des § 93 Abs. 2 Z 3 einzubehalten, die auf Zeiträume nach dem 31. Dezember 1988 entfallen. Dies gilt auch für Kapitalerträge im Sinne des § 93 Abs. 3, deren Fälligkeit nicht jedes Jahr eintritt.

(2) Abweichend von § 95 beträgt der Steuersatz für Kapitalerträge gemäß § 93 Abs. 3, die bis 31. Dezember 1989 fällig werden, bei Fälligkeit im

1. Kalendervierteljahr 1989 .......... 2,5%
2. Kalendervierteljahr 1989 .......... 5%
3. Kalendervierteljahr 1989 .......... 7,5%
4. Kalendervierteljahr 1989 .......... 10%.

(3) Die Kapitalertragsteuer ist insoweit nicht auf die Einkommensteuer anzurechnen, als sie auf steuerfreie Einkünfte gemäß § 112 Z 7 und 8 entfällt. Eine Anrechnung ist aber insoweit vorzunehmen, als von den Kapitalerträgen auch ohne Anwendung dieser Steuerbefreiungen keine oder eine geringere Einkommensteuer zu erheben wäre.

(4) Hinsichtlich von Kapitalerträgen gemäß § 93 Abs. 2 Z 3 und Abs. 3 gilt Abs. 1 in Verbindung mit § 95 Abs. 1 in der Fassung des Bundesgesetzes BGBl. Nr. 400/1988 für Zeiträume bis 31. Dezem-

ber 1992 und Art. I Z 16 lit. b des Bundesgesetzes BGBl. Nr. 12/1993 in Verbindung mit § 95 Abs. 1 in der Fassung des Bundesgesetzes BGBl. Nr. 12/1993 für Zeiträume bis 30. Juni 1996. Die Kapitalertragsteuer ist gemäß § 95 in der Fassung des Bundesgesetzes BGBl. Nr. 201/1996 von Kapitalerträgen im Sinne des § 93 Abs. 2 Z 3 einzubehalten, die auf Zeiträume nach dem 30. Juni 1996 entfallen. Dies gilt auch für Kapitalerträge im Sinne des § 93 Abs. 3, deren Fälligkeit nicht jedes Jahr eintritt. Abweichend von § 95 in der Fassung des Bundesgesetzes BGBl. Nr. 201/1996 beträgt der Steuersatz für Kapitalerträge gemäß § 93 Abs. 3, die bis 31. Dezember 1996 fällig werden, bei Fälligkeit im

3. Kalendervierteljahr 1996 .......................... 23%

4. Kalendervierteljahr 1996 .......................... 24%.

(5) Die Optionsfrist im Sinne der Z 17 des Bundesgesetzes BGBl. Nr. 12/1993 besteht für Forderungswertpapiere, die dem Steuerpflichtigen bereits vor dem 1. Jänner 1996 zuzurechnen waren, bis zum 31. Dezember 1996. Für laufend fällige Kapitalerträge gilt ein Betrag in Höhe der Kapitalertragsteuer dann als freiwillig geleistet, wenn für Fälligkeiten bis zum 31. Dezember 1995 von den Kurswerten jeweils zum Ende der Kalenderjahre 1993, 1994 und 1995 ein Betrag von je 1,5% dieser Werte, bei Anteilscheinen an Kapitalanlagefonds ein Betrag von je 0,25% der rechnerischen Werte jeweils am Ende dieser Kalenderjahre der kuponauszahlenden Stelle entrichtet wird.

(6) Soweit in den Abs. 1 bis 5 auf Bestimmungen dieses Bundesgesetzes verwiesen wird, sind diese Bestimmungen in der Fassung vor dem Budgetbegleitgesetz 2011, BGBl. I Nr. 111/2010, anzuwenden.

### Pensionskassen und betriebliche Kollektivversicherungen

**§ 124.** Werden Anwartschaften und Leistungsverpflichtungen aus Pensionszusagen und direkten Leistungszusagen (§ 14 Abs. 6) nach Maßgabe des Betriebspensionsgesetzes auf Pensionskassen im Sinne des Pensionskassengesetzes und betriebliche Kollektivversicherungen im Sinne des § 93 des VAG 2016 übertragen, gilt folgendes:

1. Für die Übertragung ist die Zehnprozentgrenze des § 4 Abs. 4 Z 2 lit. a nicht anzuwenden.
2. Das Deckungserfordernis (§ 48 des Pensionskassengesetzes und § 96 des VAG 2016) ist zum Übertragungsstichtag zu passivieren. Der Unterschiedsbetrag zwischen der steuerwirksam gebildeten Pensionsrückstellung und dem Deckungserfordernis ist zu aktivieren und gleichmäßig auf zehn Jahre verteilt abzusetzen.
   *(BGBl I 2015/34)*
3. Fällt der Übertragungsstichtag auf einen Bilanzstichtag, ist die steuerwirksam zu bildende Pensionsrückstellung zum Übertragungsstichtag heranzuziehen, andernfalls ist die steuerwirksam gebildete Pensionsrückstellung zu dem dem Übertragungsstichtag unmittelbar vorangegangenen Bilanzstichtag heranzuziehen.
4. Der Übertragungsstichtag kann sofern dies in der Betriebsvereinbarung oder der Vereinbarung nach §§ 3 Abs. 2 oder 6a Abs. 2 des Betriebspensionsgesetzes vorgesehen ist mit steuerlicher Wirkung auf einen Zeitpunkt vor der Unterfertigung des Pensionskassenvertrages oder des betrieblichen Kollektivversicherungsvertrages oder seiner Änderung, längstens aber auf den Beginn des Wirtschaftsjahres zurückbezogen werden.
5. Die Z 1 bis 4 sind nur dann anzuwenden, wenn als Übertragungsstichtag kein späterer Tag als der 31. Dezember 2023 festgelegt wird.
   *(BGBl I 2021/3)*

**§ 124a.**

1. § 108 Abs. 1 und 2 in der Fassung des Bundesgesetzes BGBl. Nr. 201/1996 gelten für Beiträge an Bausparkassen, die nach dem 31. Dezember 1995 geleistet werden, ausgenommen für Vertragsverhältnisse, die infolge Zeitablaufes vor dem 1. Juni 1996 enden.
2. § 2 Abs. 2 zweiter Satz, § 4 Abs. 11, § 4 Abs. 12, § 8 Abs. 2, § 8 Abs. 6, § 12 Abs. 3, § 12 Abs. 8, § 15 Abs. 4, § 27 Abs. 1 Z 7, § 28 Abs. 3 Z 3, § 31 Abs. 2 und 3, § 41 Abs. 1 Z 2 und § 97 Abs. 1 und 2, jeweils in der Fassung des Bundesgesetzes BGBl. Nr. 201/1996, sind erstmalig bei der Veranlagung für das Kalenderjahr 1996 anzuwenden.
3. § 18 Abs. 1 Z 3 lit. c, § 18 Abs. 3 Z 2 und § 20 Abs. 1 Z 2 lit. d und e, jeweils in der Fassung des Bundesgesetzes BGBl. Nr. 201/1996, sind, wenn die Einkommensteuer veranlagt wird, erstmalig bei der Veranlagung für das Kalenderjahr 1996, wenn die Einkommensteuer (Lohnsteuer) durch Abzug eingehoben oder durch Arbeitnehmerveranlagung festgesetzt wird, für Lohnzahlungszeiträume, die nach dem 31. Dezember 1995 enden, anzuwenden.
4. § 24 Abs. 4 und Abs. 6 und § 37, jeweils in der Fassung des Bundesgesetzes BGBl. Nr. 201/1996, sind erstmalig auf Vorgänge nach dem 14. Februar 1996 anzuwenden. Liegt dem Vorgang ein Rechtsgeschäft zugrunde, so sind die vorgenannten Bestimmungen jeweils in der Fassung des Bundesgesetzes BGBl. Nr. 201/1996 noch nicht anzuwenden, wenn das zugrunde liegende Rechtsgeschäft nachweislich vor dem 15. Februar 1996 abgeschlossen worden ist.

*(BGBl I 2015/34)*

**§ 124b.**

1. Abschreibungen gemäß § 6 Z 2 lit. c in der Fassung vor dem Bundesgesetz BGBl. Nr. 201/1996, die für vor dem 1. Jänner 1996 endende Wirtschaftsjahre gebildet worden sind, müssen mit dem im Jahresabschluß des letzten dieser Wirtschaftsjahre angesetzten Betrag jedenfalls mindestens zur Hälfte im folgenden Wirtschaftsjahr und mit dem restli-

chen Betrag im nächstfolgenden Wirtschaftsjahr gewinnerhöhend aufgelöst werden.

2. Für Privatstiftungen, bei denen die Zuwendungen vor dem 1. Jänner 1996 an diese als Betriebsausgaben abzugsfähig waren, gilt folgendes:
   a) Zuwendungen an Privatstiftungen nach dem 31. Dezember 1995, die die Voraussetzungen des § 4 Abs. 11 Z 1 nicht erfüllen, fallen nach Maßgabe folgender Bestimmungen unter diese Vorschrift:
      aa) Die Stiftungsurkunde und/oder die Stiftungszusatzurkunde wird innerhalb von sechs Monaten nach Veröffentlichung des Bundesgesetzes BGBl. Nr. 201/1996 an die Voraussetzungen im Sinne des § 4 Abs. 11 Z 1 angepaßt.
      bb) Liegt zum 1. Jänner 1996 ein unangemessen hohes Stiftungsvermögen im Sinne des § 4 Abs. 4 Z 2 lit. b vor, sind Zuwendungen nach dem 31. Dezember 1995 so lange nicht abzugsfähig, als der Stand des Stiftungsvermögens die Angemessenheitsgrenze nicht unterschreitet.
   b) § 25 Abs. 1 Z 2 lit. c ist auch auf Zuwendungen der Privatstiftung anzuwenden, die auf abzugsfähige Zuwendungen an die Privatstiftung vor dem 1. Jänner 1996 zurückzuführen sind.

3. Körperschaften haben für Zwecke des § 4 Abs. 12 in der Fassung des Bundesgesetzes BGBl. Nr. 201/1996 sowie des § 15 Abs. 4 in der Fassung des Bundesgesetzes BGBl. Nr. 201/1996 das Evidenzkonto nach dem Stand laut dem Jahresabschluß des letzten vor dem 1. Jänner 1996 endenden Wirtschaftsjahres unter Beachtung der Grundsätze des § 4 Abs. 12 in der Fassung des Bundesgesetzes BGBl. Nr. 201/1996 zu erstellen.

4. Soweit Bescheide gemäß § 131 fünfter Satz BAO mit § 76 in der Fassung des Bundesgesetzes BGBl. Nr. 201/1996 in Widerspruch stehen, verlieren sie mit Ablauf des 31. Dezember 1996 ihre Wirksamkeit.

5. § 18 Abs. 6 erster Satz in der Fassung des Bundesgesetzes BGBl. Nr. 201/1996 ist erstmalig auf Verluste anzuwenden, die im Jahr 1991 entstanden sind.

6. § 102 Abs. 2 Z 2 letzter Satz in der Fassung des Bundesgesetzes BGBl. Nr. 201/1996 ist erstmalig bei der Veranlagung für das Kalenderjahr 1990 anzuwenden.

7. § 6 Z 2 lit. c, § 6 Z 7, § 11 und § 28 Abs. 5 jeweils in der Fassung vor dem Bundesgesetz BGBl. Nr. 201/1996, sind letztmalig bei der Veranlagung für das Kalenderjahr 1995 anzuwenden.

8. § 17 Abs. 1, § 42 Abs. 1 Z 3 und § 42 Abs. 2, jeweils in der Fassung des Bundesgesetzes BGBl. Nr. 201/1996, sind erstmalig bei der Veranlagung für das Kalenderjahr 1997 anzuwenden.

9. § 18 Abs. 2, § 33 Abs. 3 und § 33 Abs. 7, jeweils in der Fassung des Bundesgesetzes BGBl. Nr. 201/1996, sind, wenn die Einkommensteuer veranlagt wird, erstmalig bei der Veranlagung für das Kalenderjahr 1997, wenn die Einkommensteuer (Lohnsteuer) durch Abzug eingehoben oder durch Veranlagung festgesetzt wird, für Lohnzahlungszeiträume, die nach dem 31. Dezember 1996 enden, anzuwenden.

10. § 63 Abs. 1 und § 68 Abs. 2, jeweils in der Fassung des Bundesgesetzes BGBl. Nr. 201/1996, sind erstmalig für Lohnzahlungszeiträume, die nach dem 31. Mai 1996 enden, anzuwenden.

11. § 34 Abs. 6, § 35 Abs. 1 und § 35 Abs. 3 und 4, jeweils in der Fassung des Bundesgesetzes BGBl. Nr. 201/1996, treten mit 1. Juni 1996 in Kraft. Der Freibetrag von 16 632 S gemäß § 35 Abs. 3 in der Fassung vor dem Bundesgesetz BGBl. Nr. 201/1996 steht für das Jahr 1996 im Ausmaß von 6 930 S zu.

12. § 25 Abs. 1 Z 2 lit. c und § 26 Z 7 lit. a, jeweils in der Fassung des Bundesgesetzes BGBl. Nr. 201/1996, sind, wenn die Einkommensteuer (Lohnsteuer) durch Abzug eingehoben oder durch Veranlagung festgesetzt wird, erstmalig für Lohnzahlungszeiträume, die nach dem 31. Dezember 1995 enden, anzuwenden.

13. § 16 Abs. 1 Z 4 lit. h, § 25 Abs. 1 Z 2 lit. a und b, § 62 Z 3, 4 und 5, § 67 Abs. 12, und § 76 erster Satz, jeweils in der Fassung des Bundesgesetzes BGBl. Nr. 201/1996, sind, wenn die Einkommensteuer (Lohnsteuer) durch Abzug eingehoben oder durch Veranlagung festgesetzt wird, erstmalig für Lohnzahlungszeiträume, die nach dem 31. Dezember 1996 enden, anzuwenden.

14. § 2 Abs. 2 erster Satz und § 36 in der Fassung vor dem Bundesgesetz BGBl. Nr. 201/1996 ist letztmals bei der Veranlagung für 1997 anzuwenden.

15. § 95 Abs. 1 in der Fassung des Bundesgesetzes BGBl. Nr. 201/1996 ist auf Kapitalerträge im Sinne des § 93 Abs. 2 Z 1 und 2 anzuwenden, die nach dem 30. Juni 1996 zufließen.

16. § 27 Abs. 1 Z 6 in der Fassung des Bundesgesetzes BGBl. Nr. 201/1996 ist auf nach dem 31. Mai 1996 abgeschlossene Versicherungsverträge anzuwenden.

17. § 109a gilt erstmals für Zeiträume ab dem 1. Juli 1996.

18. § 109a in der Fassung des Bundesgesetzes BGBl. Nr. 411/1996 tritt am 1. Juli 1996 in Kraft.

19. § 4 Abs. 4 Z 2 lit. a und § 124 Z 5, jeweils in der Fassung des Bundesgesetzes BGBl. Nr. 755/1996, sind erstmalig bei der Veranlagung für das Kalenderjahr 1997 anzuwenden.

§ 25 Abs. 1 Z 2 lit. a in der Fassung des Bundesgesetzes BGBl. Nr. 755/1996 ist erstmalig für Lohnzahlungszeiträume, die nach dem 31. Dezember 1996 enden, anzuwenden.

20. § 46 Abs. 1 Z 2 und § 109a Abs. 1, jeweils in der Fassung des Bundesgesetzes BGBl. Nr. 600/1996, treten mit 1. Juli 1996 in Kraft; § 109a Abs. 3 Z 3 in der Fassung des Bundesgesetzes BGBl. Nr. 600/1996 tritt mit 1. Jänner 1997 in Kraft.

21. § 6 Z 2 und Z 13 in der Fassung des Bundesgesetzes BGBl. Nr. 797/1996 ist erstmalig bei der Veranlagung für das Kalenderjahr 1998 anzuwenden. Abweichend davon ist § 6 Z 2 lit. a vorletzter Satz in der Fassung des Bundesgesetzes BGBl. Nr. 797/1996 erstmalig bei der Veranlagung für das Kalenderjahr 1996 anzuwenden.

22. § 27 Abs. 1 Z 6 in der Fassung des Bundesgesetzes BGBl. Nr. 797/1996 ist auf nach dem 31. Oktober 1996 abgeschlossene Versicherungsverträge anzuwenden.

23. § 27 Abs. 1 Z 7 in der Fassung des Bundesgesetzes BGBl. Nr. 797/1996 ist erstmalig bei der Veranlagung für das Kalenderjahr 1996 anzuwenden.

24. § 94a Abs. 2 Z 2 in der Fassung des Bundesgesetzes BGBl. Nr. 797/1996 ist erstmals für Anträge, die nach dem 31. Dezember 1996 gestellt werden, anzuwenden.

25. (aufgehoben)

26. § 1 Abs. 4, § 33 Abs. 4 Z 1 und § 106 Abs. 4, jeweils in der Fassung des Bundesgesetzes BGBl. Nr. 798/1996, sind erstmalig bei der Veranlagung für das Kalenderjahr 1995 anzuwenden.

27. § 70 Abs. 2 Z 1 dritter und vierter Satz in der Fassung vor dem Bundesgesetz BGBl. Nr. 798/1996 ist letztmalig für Lohnzahlungszeiträume anzuwenden, die vor dem 1. Jänner 1997 enden.

28. § 102 Abs. 1 Z 3 in der Fassung des Bundesgesetzes BGBl. Nr. 798/1996 ist erstmals bei der Veranlagung für das Kalenderjahr 1997 anzuwenden.

29. § 108 Abs. 1, 2 und 6 in der Fassung des Bundesgesetzes BGBl. I Nr. 130/1997 ist auf Erstattungen anzuwenden, die nach dem 31. Dezember 1997 erfolgen.

30. § 17 Abs. 1 vorletzter Satz sowie § 97 Abs. 4 jeweils in der Fassung des Bundesgesetzes BGBl. I Nr. 9/1998 ist erstmals ab der Veranlagung für das Kalenderjahr 1998 anzuwenden.

31. Ein Lehrlingsfreibetrag kann unter folgenden Voraussetzungen auch außerbilanzmäßig als Betriebsausgabe abgezogen werden:

    a) Einem Steuerpflichtigen, der mit einem Lehrling (§ 1 des Berufsausbildungsgesetzes) ein Lehrverhältnis beginnt, steht in jenem Kalenderjahr (Wirtschaftjahr), in dem das Lehrverhältnis begonnen hat, ein Lehrlingsfreibetrag in Höhe von 1 460 Euro zu. Voraussetzung ist, daß das Lehrverhältnis nach Ablauf der Probezeit in ein definitives Lehrverhältnis umgewandelt wird. Die Fortsetzung eines begonnenen Lehrverhältnisses begründet keinen Anspruch auf den Freibetrag.

    b) Einem Steuerpflichtigen, bei dem das Lehrverhältnis mit Ablauf der im Lehrvertrag festgelegten Dauer der Lehrzeit oder durch frühere Ablegung der Lehrabschlußprüfung endet, steht im Kalenderjahr (Wirtschaftsjahr) der Beendigung ein Lehrlingsfreibetrag von weiteren 1 460 Euro zu.

    c) Einem Steuerpflichtigen, bei dem das Lehrverhältnis auf Grund der erfolgreichen Ablegung der Lehrabschlußprüfung (§ 21 des Berufsausbildungsgesetzes) beendet wird, steht neben dem Freibetrag nach lit. b ein Lehrlingsfreibetrag von weiteren 1 460 Euro zu.

    Die lit. a bis c sind sinngemäß auf Lehrlinge im Sinne des § 2 Abs. 4 des land- und forstwirtschaftlichen Berufsausbildungsgesetzes und des § 63 des Land- und Forstarbeiter-Dienstrechtsgesetzes anzuwenden. Die vorstehenden Bestimmungen sind ab 1. Jänner 2000 und nur für Lehrverhältnisse anzuwenden, die vor dem 1. Jänner 2003 begonnen haben.

32. § 76, § 93 Abs. 3 Z 1 und 2 und § 101 Abs. 2 jeweils in der Fassung des Bundesgesetzes BGBl. I Nr. 126/1998 treten mit 1. Jänner 1999 in Kraft.

33. a) § 14 Abs. 12 in der Fassung des Bundesgesetzes BGBl. I Nr. 28/1999 ist erstmals bei der Veranlagung für das Kalenderjahr 1999 anzuwenden. Es darf dabei nur jener Betrag der Rückstellung zugeführt werden, der bei der Verteilung des Gesamtaufwandes auf das einzelne Wirtschaftsjahr entfällt.

    b) Art. I Z 64 des Steuerreformgesetzes 1993, BGBl. Nr. 818/1993, in der Fassung des Strukturanpassungsgesetzes 1996, BGBl. Nr. 201/1996, gilt nicht für Rückstellungen im Sinne des § 14 Abs. 12 in der Fassung des Bundesgesetzes BGBl. I Nr. 28/1999. Wurde in endgültig rechtskräftig veranlagten Fällen eine Auflösung derartiger Rückstellungen vorgenommen so sind diese auf Antrag des Steuerpflichtigen wiederaufzunehmen. Der Antrag kann bis 30. Juni 1999 gestellt werden.

33a. § 14 Abs. 12 in der Fassung des Bundesgesetzes BGBl. I Nr. 28/1999 ist erstmals bei der Veranlagung für das Kalenderjahr 1999 anzuwenden. Es darf dabei nur jener Betrag der Rückstellung zugeführt werden, der bei der Verteilung des Gesamtaufwandes auf das einzelne Wirtschaftsjahr entfällt.

34. § 25 Abs. 1 Z 3 lit. a zweiter Satz, § 25 Abs. 1 Z 3 lit. d und § 69 Abs. 5 jeweils in der Fassung des Bundesgesetzes BGBl. I Nr. 28/1999 sind für Lohnzahlungszeiträume anzuwenden, die nach dem 31. Dezember 1998 enden.
35. § 108 Abs. 2 in der Fassung des Bundesgesetzes BGBl. I Nr. 28/1999 ist auf Zeiträume nach dem 31. Dezember 1998 anzuwenden.
36. Besondere Steigerungsbeträge aus der Höherversicherung in der Pensionsversicherung, die auf Pflichtbeiträgen beruhen, sind weiterhin nur mit 25% zu erfassen, wenn der Pensionsanfall vor dem 1. Jänner 1999 liegt.
37. § 6 Z 5, § 30 Abs. 1, Abs. 2, Abs. 8 und § 37 Abs. 4 Z 2 lit. a, jeweils in der Fassung des Bundesgesetzes BGBl. I Nr. 106/1999, sind anzuwenden, wenn die Anschaffung des eingelegten oder veräußerten Wirtschaftsgutes nach dem 30. September 2000 erfolgt ist. Der Bundesminister für Finanzen wird ermächtigt, diesen Zeitpunkt nach Maßgabe der Möglichkeiten zur Schaffung der technischen Rahmenbedingungen bis spätestens 30. September 2001 zu verschieben.
38. § 33 Abs. 4 Z 1 in der Fassung des Bundesgesetzes BGBl. I Nr. 106/1999 ist erstmalig auf steuerfreie Einkünfte anzuwenden, die nach dem 31. Juli 1999 zufließen.
39. § 2 Abs. 2, § 2 Abs. 2a, § 4 Abs. 4 Z 4, 7 und 8, § 11, § 20 Abs. 1 Z 4, § 37 Abs. 8, § 42 Abs. 1 Z 3 und § 42 Abs. 2, jeweils in der Fassung des Bundesgesetzes BGBl. I Nr. 106/1999, sind erstmalig bei der Veranlagung für das Kalenderjahr 2000 anzuwenden.
40. § 16 Abs. 1 Z 1, § 18 Abs. 1 Z 1 und § 29 Z 1, jeweils in der Fassung des Bundesgesetzes BGBl. I Nr. 106/1999, sind ab der Veranlagung 1989 anzuwenden. Abweichend davon ist § 29 Z 1 zweiter Satz in der Fassung des Bundesgesetzes BGBl. I Nr. 106/1999 erstmalig bei der Veranlagung für das Kalenderjahr 2000 anzuwenden.
41. § 14 Abs. 12 und Abs. 13 in der Fassung des Bundesgesetzes BGBl. I Nr. 106/1999 ist erstmalig bei der Veranlagung für das Kalenderjahr 1999 anzuwenden.
42. § 18 Abs. 1 Z 2, § 33 Abs. 1 und Abs. 3, jeweils in der Fassung des Bundesgesetzes BGBl. I Nr. 106/1999, sind anzuwenden, wenn
    - die Einkommensteuer veranlagt wird, erstmalig bei der Veranlagung für das Kalenderjahr 2000
    - die Einkommensteuer (Lohnsteuer) durch Abzug eingehoben oder durch Veranlagung festgesetzt wird, erstmalig für Lohnzahlungszeiträume, die nach dem 31. Dezember 1999 enden.

    § 33 Abs. 7 in der Fassung vor dem Bundesgesetz BGBl. I Nr. 106/1999, ist anzuwenden, wenn
    - die Einkommensteuer veranlagt wird, letztmalig bei der Veranlagung für das Kalenderjahr 1999
    - die Einkommensteuer (Lohnsteuer) durch Abzug eingehoben oder durch Veranlagung festgesetzt wird, letztmalig für Lohnzahlungszeiträume, die vor dem 1. Jänner 2000 enden.
43. § 16 Abs. 1 Z 10, § 25 Abs. 1 Z 2 lit. a und Z 3 lit. a und § 67 Abs. 8 lit. b, jeweils in der Fassung des Bundesgesetzes BGBl. I Nr. 106/1999, sind anzuwenden, wenn die Einkommensteuer (Lohnsteuer) durch Abzug eingehoben oder durch Veranlagung festgesetzt wird, erstmalig für Lohnzahlungszeiträume, die nach dem 31. Dezember 1999 enden.
44. § 108 Abs. 5, § 108a und § 109, jeweils in der Fassung des Bundesgesetzes BGBl. I Nr. 106/1999 sind auf Beiträge und Erwerbe von Anteilscheinen anzuwenden, die für Zeiträume nach dem 31. Dezember 1999 geleistet werden bzw. nach dem 31. Dezember 1999 erfolgen.
45. § 2 Abs. 2b, § 8 Abs. 1, § 9 Abs. 5, § 29 Z 4 und § 41 Abs. 1 Z 3, jeweils in der Fassung des Bundesgesetzes BGBl. I Nr. 142/2000, sind erstmalig bei der Veranlagung für das Kalenderjahr 2001 anzuwenden.
46. § 6 Z 16 in der Fassung des Bundesgesetzes BGBl. I Nr. 142/2000 ist erstmalig bei der Veranlagung für das Kalenderjahr 2001 anzuwenden. Ist für einen Betrieb, dessen Unternehmensschwerpunkt in der Vermietung von Wirtschaftsgütern liegt, der Gewinn für das letzte im Kalenderjahr 2000 endende Wirtschaftsjahr zu ermitteln, so kann dabei der Unterschiedsbetrag zwischen dem Buchwert sämtlicher vermieteter Wirtschaftsgüter und dem Teilwert sämtlicher Forderungen aus der Vermietung als aktiver oder passiver Ausgleichsposten angesetzt werden. Als Teilwert der Forderungen ist dabei der Barwert der diskontierten Forderungen aus der Vermietung anzusetzen. Abweichend von § 6 Z 16 in der Fassung des Bundesgesetzes BGBl. I Nr. 142/2000 ist der Unterschiedsbetrag bei Ermittlung der Gewinnes für Wirtschaftsjahre, die nach dem 31. Dezember 2000 enden, auch dann anzusetzen, wenn dieser Unterschiedsbetrag bei Ermittlung des Gewinnes für das letzte im Kalenderjahr 2000 endende Wirtschaftsjahr angesetzt wird.
47. § 9 Abs. 5 in der Fassung des Bundesgesetzes BGBl. I Nr. 142/2000 ist auch auf Rückstellungen anzuwenden, die bereits zum Ende des letzten vor dem 1. Jänner 2001 endenden Wirtschaftsjahres gebildet worden sind. Auflösungsgewinne, die sich aus der erstmaligen Anwendung des § 9 Abs. 5 in der Fassung des Bundesgesetzes BGBl. I Nr. 142/2000 bei den zuvor genannten Rückstellungen ergeben, können auf das Wirtschaftsjahr, das nach dem 31. Dezember 2000 endet, und auf die

folgenden vier Wirtschaftsjahre (Auflösungszeitraum) verteilt werden, wobei jährlich mindestens ein Fünftel anzusetzen ist. Scheidet eine Rückstellung während des Auflösungszeitraumes aus dem Betriebsvermögen aus, ist der darauf entfallende Auflösungsgewinn im Wirtschaftsjahr des Ausscheidens jedenfalls anzusetzen.

48. § 3 Abs. 1 Z 4 lit. c in der Fassung des Bundesgesetzes BGBl. I Nr. 59/2001 sowie § 25 Abs. 1 Z 1 lit. e, § 25 Abs. 1 Z 4 und 5, § 33 Abs. 3 Z 5, § 33 Abs. 5, 6 und 8, § 47 Abs. 2, § 67 Abs. 4, 5, 6, 8, 9 und 10, § 69 Abs. 2, jeweils in der Fassung des Bundesgesetzes BGBl. I Nr. 142/2000, sind anzuwenden, wenn
   - die Einkommensteuer veranlagt wird, erstmalig bei der Veranlagung für das Kalenderjahr 2001;
   - die Einkommensteuer (Lohnsteuer) durch Abzug eingehoben oder durch Veranlagung festgesetzt wird, erstmalig für Lohnzahlungszeiträume, die nach dem 31. Dezember 2000 enden.

49. § 69 Abs. 6 und § 78 Abs. 1, jeweils in der Fassung des Bundesgesetzes BGBl. I Nr. 142/2000 sind anzuwenden, wenn der Antrag auf Insolvenz-Ausfallgeld nach dem 31. Dezember 2000 gestellt wird.

50. § 84 Abs. 1 ist erstmalig auf Lohnzettel anzuwenden, die nach dem 31. Dezember 2000 zu übermitteln sind.

51. § 108a Abs. 1 in der Fassung des Bundesgesetzes BGBl. I Nr. 142/2000 ist auf Beiträge und Erwerbe von Anteilscheinen anzuwenden, die für Zeiträume nach dem 31. Dezember 2000 geleistet werden bzw. nach dem 31. Dezember 2000 erfolgen.

52. Zur Abgeltung der erhöhten Treibstoffkosten der Jahre 2000 und 2001 sind im Kalenderjahr 2001 anstelle der Pauschbeträge gemäß § 16 Abs. 1 Z 6 lit. c folgende Pauschbeträge zu berücksichtigen:

    Bei einer einfachen Fahrtstrecke von

| | |
|---|---|
| 2 km bis 20 km | 3 600 S jährlich |
| 20 km bis 40 km | 14 400 S jährlich |
| 40 km bis 60 km | 24 480 S jährlich |
| über 60 km | 34 560 S jährlich. |

53. Zahlungen für Pensionsabfindungen, deren Barwert den Betrag im Sinne des § 1 Abs. 2 Z 1 des Pensionskassengesetzes übersteigt, sind gemäß § 67 Abs. 10 im Kalendermonat der Zahlung zu erfassen. Dabei ist bei Pensionsabfindungen, die im Jahre 2001 zufließen, nach Abzug der darauf entfallenden Beiträge im Sinne des § 62 Z 3, 4 und 5 ein Viertel steuerfrei zu belassen. Zahlungen für Pensionsabfindungen von Pensionskassen auf Grund gesetzlicher oder statutenmäßiger Regelungen sind nach Abzug der darauf entfallenden Pflichtbeiträge ab dem Jahr 2001 und in den folgenden Jahren zu einem Drittel steuerfrei zu belassen.

54. § 3 Abs. 1 Z 15 lit. b, § 26 Z 7 und § 26 Z 8, jeweils in der Fassung des Bundesgesetzes BGBl. I Nr. 2/2001, sind anzuwenden, wenn
   - die Einkommensteuer veranlagt wird, erstmalig bei der Veranlagung für das Kalenderjahr 2001;
   - die Einkommensteuer (Lohnsteuer) durch Abzug eingehoben oder durch Veranlagung festgesetzt wird, erstmalig für Lohnzahlungszeiträume, die nach dem 31. Dezember 2000 enden.

55. § 3 Abs. 1 Z 15 lit. c in der Fassung des Bundesgesetzes BGBl. I Nr. 2/2001 ist anzuwenden, wenn die Option nach dem 31. Dezember 2000 eingeräumt wird.

56. § 4 Abs. 11, § 6 Z 5, § 30, § 32 Abs. 4 und § 37 Abs. 4, jeweils in der Fassung des Bundesgesetzes BGBl. I Nr. 2/2001, sind erstmalig bei der Veranlagung für das Jahr 2001 anzuwenden. Abweichend davon ist § 4 Abs. 11 in der Fassung des Bundesgesetzes BGBl. I Nr. 2/2001 erstmalig bei der Veranlagung für das Jahr 2000 anzuwenden, wenn die Stiftung nach dem 30. November 2000 errichtet worden ist.

57. § 31 Abs. 1 in der Fassung des Bundesgesetzes BGBl. I Nr. 2/2001 ist auf Veräußerungsvorgänge nach dem 31. Dezember 2000 anzuwenden. Hat der Veräußerer oder bei unentgeltlichem Erwerb der Rechtsvorgänger die Anteile vor dem 1. Jänner 1998 angeschafft und war er nach dem 31. Dezember 1997 bis zum 31. Dezember 2000 zu nicht mehr als 10% beteiligt, kann an Stelle der Anschaffungskosten der gemeine Wert der Anteile zum 1. Jänner 2001 angesetzt werden. Der Ansatz des gemeinen Wertes ist bei Anteilen, die nur auf Grund des § 20 Abs. 5 des Umgründungssteuergesetzes als Anteile im Sinne des § 31 des Einkommensteuergesetzes gelten, nicht zulässig.

58. § 93 Abs. 3 Z 4 in der Fassung des Bundesgesetzes BGBl. I Nr. 2/2001 ist auf Ausschüttung aus Substanzgewinnen anzuwenden, wenn die Substanzgewinne nach dem 31. Dezember 2000 angefallen sind.

59. § 1 Abs. 4, § 3 Abs. 1 Z 15 lit. a, b und c, § 13, § 16 Abs. 1 Z 6 lit. b und c, § 16 Abs. 3, § 17 Abs. 2 Z 2, § 18 Abs. 1 Z 5, § 18 Abs. 2, § 18 Abs. 3 Z 2, § 24 Abs. 4, § 26 Z 4 lit. b und c, § 26 Z 8, § 27 Abs. 1 Z 7, § 27 Abs. 3 Z 3, § 29 Z 3, § 30 Abs. 4, § 33 Abs. 1, § 33 Abs. 3, § 33 Abs. 4 Z 1 und 2, § 33 Abs. 5 Z 1, 2 und 3, § 33 Abs. 6, § 34 Abs. 4, § 34 Abs. 8, § 35 Abs. 3, § 39 Abs. 1, § 40, § 41 Abs. 1 Z 1, § 41 Abs. 3, § 41 Abs. 4, § 42 Abs. 1 Z 3, § 42 Abs. 2, § 45 Abs. 1, § 63 Abs. 1 Z 4, § 63 Abs. 4, § 66 Abs. 1, § 67 Abs. 1, § 67 Abs. 8 lit. f, § 68 Abs. 1 und 2, § 69 Abs. 1, 2 und 3, § 77 Abs. 4, § 104 Abs. 1, § 105 und § 124b Z 31, jeweils in der Fassung des Bundesge-

setzes BGBl. I Nr. 59/2001, sind anzuwenden, wenn

- die Einkommensteuer veranlagt wird, erstmals bei der Veranlagung für das Kalenderjahr 2002,
- wenn die Einkommensteuer (Lohnsteuer) durch Abzug eingehoben oder durch Veranlagung festgesetzt wird, erstmals für Lohnzahlungszeiträume, die nach dem 31. Dezember 2001 enden.

60. § 76, § 101 Abs. 2, § 107 Abs. 3 lit. b, § 107 Abs. 4, 5 und 6, § 107 Abs. 9 Z 1, § 108 Abs. 2, § 108 Abs. 9 und § 108a Abs. 2, jeweils in der Fassung des Bundesgesetzes BGBl. I Nr. 59/2001, treten mit 1. Jänner 2002 in Kraft.

61. § 121 Abs. 5 Z 2 in der Fassung des Bundesgesetzes BGBl. I Nr. 59/2001 ist erstmals auf die Festsetzung von Vorauszahlungen nach dem 31. Dezember 2001 anzuwenden.

62. § 18 Abs. 3 Z 2 und § 33 Abs. 6, jeweils in der Fassung des Bundesgesetzes BGBl. I Nr. 144/2001, sind anzuwenden, wenn

- die Einkommensteuer veranlagt wird, erstmals bei der Veranlagung für das Kalenderjahr 2002,
- die Einkommensteuer (Lohnsteuer) durch Abzug eingehoben oder durch Veranlagung festgesetzt wird, erstmals für Lohnzahlungszeiträume, die nach dem 31. Dezember 2001 enden.

63. § 33 Abs. 9 tritt mit Ablauf des 31. Dezember 2001 außer Kraft.

64. § 107 in der Fassung des Bundesgesetzes, BGBl. I Nr. 7/2002, tritt mit 1. Jänner 2002 in Kraft.

65. § 4 Abs. 4 Z 4a sowie § 4 Abs. 4 Z 8, jeweils in der Fassung des Konjunkturbelebungsgesetzes 2002, BGBl. I Nr. 68, sind auf Aufwendungen anzuwenden, die nach dem 31. Dezember 2001 anfallen.

66. Werden Abfertigungsansprüche bis zum Ausmaß des sich nach § 23 des Angestelltengesetzes oder gleichartigen österreichischen Rechtsvorschriften oder des sich nach den am 1. Jänner 2002 bestehenden kollektivvertraglichen Regelungen ergebenden Betrages nach Maßgabe des BMSVG oder gleichartiger österreichischer Rechtsvorschriften auf BV-Kassen übertragen, gilt Folgendes: Der Unterschiedsbetrag zwischen der steuerwirksam gebildeten Abfertigungsrückstellung (§ 14) und dem an die BV-Kasse zu leistenden Betrag ist gleichmäßig verteilt auf fünf Jahre abzusetzen. Dies gilt sinngemäß für steuerfreie Beträge nach § 14 Abs. 6.

67. § 14 Abs. 1 in der Fassung des Bundesgesetzes BGBl. I Nr. 100/2002 ist erstmalig bei der Veranlagung für das Kalenderjahr 2002 anzuwenden. § 14 Abs. 1 in der Fassung des Bundesgesetzes BGBl. I Nr. 100/2002 ist auch auf Rückstellungen anzuwenden, die bereits zum Ende des letzten vor dem 1. Jänner 2002 endenden Wirtschaftsjahres gebildet worden sind. Auflösungsgewinne, die sich aus der erstmaligen Anwendung des in § 14 Abs. 1 in der Fassung des Bundesgesetzes BGBl. I Nr. 100/2002 vorgesehenen Satzes ergeben, sind anzusetzen

- im ersten Wirtschaftsjahr, das nach dem 31. Dezember 2001 endet, soweit der Satz 47,5% beträgt,
- im ersten Wirtschaftsjahr, das nach dem 31. Dezember 2002 endet, soweit der Satz 45% beträgt.

Die vorstehenden Sätze gelten sinngemäß für steuerfreie Beträge nach § 14 Abs. 6.

68. Wurde am Ende des letzten vor dem 1. Jänner 2002 endenden Wirtschaftsjahres eine Abfertigungsrückstellung gebildet, gilt Folgendes:

a) Der Gesamtbetrag der Abfertigungsrückstellung kann, soweit nicht die zugrunde liegenden Abfertigungsansprüche ausbezahlt werden, im ersten vor dem 1. Jänner 2003 endenden Wirtschaftsjahr auf das Kapitalkonto oder auf eine als versteuert geltende Rücklage steuerfrei übertragen werden. Erfolgt in diesem Wirtschaftsjahr keine Übertragung, so kann der Gesamtbetrag der am Ende dieses Wirtschaftsjahres bestehenden Abfertigungsrückstellung, soweit nicht die zugrunde liegenden Abfertigungsansprüche ausbezahlt oder an eine BV-Kasse übertragen werden, im folgenden Wirtschaftsjahr auf das Kapitalkonto oder auf eine als versteuert geltende Rücklage steuerfrei übertragen werden. Dies gilt auch, wenn im unternehmensrechtlichen Jahresabschluss weiterhin eine Rückstellung für Abfertigungen (§ 198 Abs. 8 Z 4 lit. a des Unternehmensgesetzbuches) gebildet wird.

b) Erfolgt eine Übertragung im Sinne der lit. a, kann der Steuerpflichtige ab dem Wirtschaftsjahr der Übertragung keine Abfertigungsrückstellung bilden.

c) Treten nach einer Übertragung im Sinne der lit. a Verpflichtungen zur Auszahlung von Abfertigungen im Sinne des § 14 Abs. 1 Z 1 und 2 ein oder erfolgt eine Übertragung der Abfertigungsansprüche an eine BV-Kasse, sind die entstehenden Aufwendungen (Ausgaben) gleichmäßig verteilt auf fünf Jahre abzusetzen.

Die lit. a bis c gelten sinngemäß für steuerfreie Beträge nach § 14 Abs. 6.

69. Die Wertpapierdeckung im Sinne des § 14 Abs. 5 vermindert sich in den nach dem 31. Dezember 2002 endenden Wirtschaftsjahren wie folgt:

- im ersten Wirtschaftsjahr auf 40%,

- im zweiten Wirtschaftsjahr auf 30%,
- im dritten Wirtschaftsjahr auf 20%,
- im vierten Wirtschaftsjahr auf 10%,

des am Schluss des vorangegangenen Wirtschaftsjahres ausgewiesenen Rückstellungsbetrages. Ab dem fünften Wirtschaftsjahr besteht keine Verpflichtung zur Wertpapierdeckung. Die Wertpapierdeckung für Pensionsrückstellungen (§ 14 Abs. 7 Z 7) ist davon nicht berührt.

70. Die §§ 81 Abs. 3 und 89 Abs. 1, 3 und 4, jeweils in der Fassung des Bundesgesetzes BGBl. I Nr. 132/2002, sind ab 1. Jänner 2003 anzuwenden. § 84 in der Fassung des Bundesgesetzes BGBl. I Nr. 132/2002 ist für Lohnzahlungszeiträume anzuwenden, die nach dem 31. Dezember 2002 enden. § 86 in der Fassung des Bundesgesetzes BGBl. I Nr. 132/2002 ist für Prüfungen anzuwenden, die nach dem 31. Dezember 2002 begonnen werden.

71. § 3 Abs. 1 Z 16 und § 34 Abs. 6, jeweils in der Fassung des Bundesgesetzes BGBl. I Nr. 155/2002, sind anzuwenden, wenn
    - die Einkommensteuer veranlagt wird, erstmalig bei der Veranlagung für das Kalenderjahr 2002,
    - die Einkommensteuer (Lohnsteuer) durch Abzug eingehoben oder durch Veranlagung festgesetzt wird, erstmalig für Lohnzahlungszeiträume, die nach dem 31. Dezember 2001 enden.

72. § 4 Abs. 4 Z 9 und § 6 Z 10, jeweils in der Fassung des Bundesgesetzes BGBl. I Nr. 155/2002, sind erstmalig bei der Veranlagung für das Kalenderjahr 2002 anzuwenden.

73. § 4 Abs. 4 Z 4a, § 4 Abs. 4 Z 7, § 4 Abs. 4 Z 10 und § 108c Abs. 2 Z 1 jeweils in der Fassung des Bundesgesetzes BGBl. I Nr. 155/2002 sind erstmalig bei der Veranlagung für das Kalenderjahr 2003 anzuwenden.

74. §§ 108g bis § 108i, jeweils in der Fassung des Bundesgesetzes BGBl. I Nr. 155/2002, sind auf Beiträge anzuwenden, die nach dem 31. Dezember 2002 geleistet werden. § 108a Abs. 1 bis Abs. 4 ist anzuwenden, wenn der Antrag auf Abschluss einer Versicherung, eines unwiderruflichen Auszahlungsplanes gemäß § 108b Abs. 2, auf Erwerb des Anteilscheines an einem prämienbegünstigten Investmentfonds oder auf Widmung des Beitrags zur Höherversicherung in der gesetzlichen Pensionsversicherung (zusätzliche Pensionsversicherung) vor dem 1. Jänner 2004 gestellt worden ist.

75. § 16 Abs. 1 Z 10 und § 67 Abs. 7, jeweils in der Fassung des Bundesgesetzes BGBl. I Nr. 155/2002, sind anzuwenden, wenn
    - die Einkommensteuer veranlagt wird, erstmalig bei der Veranlagung für das Kalenderjahr 2003,
    - die Einkommensteuer (Lohnsteuer) durch Abzug eingehoben oder durch Veranlagung festgesetzt wird, erstmalig für Lohnzahlungszeiträume, die nach dem 31. Dezember 2002 enden.

76. § 108f in der Fassung des Bundesgesetzes BGBl. I Nr. 155/2002 ist erstmalig bei der Veranlagung für das Kalenderjahr 2002 anzuwenden, und zwar bei Lehrverhältnissen, die am 1. Jänner 2002 oder an einem späteren Zeitpunkt bestanden haben.

77. § 16 Abs. 1 Z 10, § 33 Abs. 3 und § 67 Abs. 1 in der Fassung des Bundesgesetzes BGBl. I Nr. 71/2003 sind anzuwenden, wenn
    - die Einkommensteuer veranlagt wird, erstmalig bei der Veranlagung für das Kalenderjahr 2004,
    - die Einkommensteuer (Lohnsteuer) durch Abzug eingehoben oder durch Veranlagung festgesetzt wird, erstmalig für Lohnzahlungszeiträume, die nach dem 31. Dezember 2003 enden.

78. § 4 Abs. 4 Z 7, § 9 Abs. 1 Z 3, § 11a, § 12 Abs. 3, § 14 Abs. 1 und § 17 Abs. 1 in der Fassung des Bundesgesetzes BGBl. I Nr. 71/2003 sind erstmalig bei der Veranlagung für das Kalenderjahr 2004 anzuwenden.

79. § 11 in der Fassung des Bundesgesetzes BGBl. I Nr. 106/1999 ist für natürliche Personen letztmalig bei der Veranlagung für das Kalenderjahr 2003 anzuwenden.

80. § 16 Abs. 1 Z 1 und § 18 Abs. 1 Z 1 in der Fassung des Bundesgesetzes BGBl. I Nr. 71/2003 sind anzuwenden, wenn
    - die Einkommensteuer veranlagt wird, erstmalig bei der Veranlagung für das Kalenderjahr 2004,
    - die Einkommensteuer (Lohnsteuer) durch Abzug eingehoben oder durch Veranlagung festgesetzt wird, erstmalig für Lohnzahlungszeiträume, die nach dem 31. Dezember 2003 enden.

    Ist der Rechtsgrund für Renten oder dauernde Lasten vor dem 1. Jänner 2004 entstanden, gilt Folgendes:

    a) Hat der Empfänger der Renten und dauernden Lasten einen Antrag gemäß Z 82 gestellt, sind Werbungskosten oder Sonderausgaben gemäß § 16 Abs. 1 Z 1 und § 18 Abs. 1 Z 1 in der Fassung vor dem Bundesgesetz BGBl. I Nr. 71/2003 unter Anwendung der Bewertungsbestimmungen vor der Kundmachung BGBl. I Nr. 165/2002 abzuziehen.
    b) Gehören die Renten und dauernden Lasten beim Empfänger nicht zu Einkünften im Sinne des § 29 Z 1, kann der Abzug von Renten und dauernden Lasten wahlweise gemäß § 16 Abs. 1 Z 1 und § 18 Abs. 1 Z 1 in der Fassung vor dem Bundesgesetz BGBl. I Nr. 71/2003 unter Anwendung der Bewertungsbestim-

mungen vor der Kundmachung BGBl. I Nr. 165/2002 vorgenommen werden.

81. Als Sonderausgaben im Sinne des § 18 Abs. 1 sind absetzbar:

Ausgaben für die erstmalige Herstellung eines Internetzuganges mittels Breitbandtechnik bis zu einem Betrag von maximal 50 € und

die laufenden Grundentgelte für den Internetzugang mittels Breitbandtechnik bis zu einem Betrag von maximal 40 € monatlich.

Breitbandtechnik liegt vor, wenn eine physikalische Downloadbandbreite von mindestens 256 kbit/Sekunde gegeben ist und ein ständiger Internetzugang gegen ein zeitunabhängiges, laufendes Grundentgelt vereinbart ist. Voraussetzung ist, dass die erstmalige Herstellung des Internetzuganges nach dem 30. April 2003 erfolgt und die Ausgaben vor dem 1. Jänner 2005 anfallen. Nicht anzuwenden sind § 18 Abs. 2 und 3 mit Ausnahme des § 18 Abs. 3 Z 1.

82. § 29 Z 1 in der Fassung des Bundesgesetzes BGBl. I Nr. 71/2003 ist erstmalig bei der Veranlagung für das Kalenderjahr 2004 anzuwenden. Ist der Rechtsgrund für wiederkehrende Bezüge vor dem 1. Jänner 2004 entstanden, kann spätestens bis 31. Dezember 2006 im Einvernehmen mit dem zur Rentenzahlung Verpflichteten beantragt werden, dass die wiederkehrenden Bezüge gemäß § 29 Z 1 in der Fassung des Bundesgesetzes BGBl. I Nr. 71/2003 unter Anwendung der Bewertungsbestimmungen vor der Kundmachung BGBl. I Nr. 165/2002 versteuert werden.

83. § 20 Abs. 2, § 37 Abs. 1, § 37 Abs. 4 Z 1, § 37 Abs. 8 und § 97 Abs. 4 in der Fassung des Bundesgesetzes BGBl. I Nr. 71/2003 sind erstmals für Einkünfte anzuwenden, die nach dem 31. März 2003 zufließen.

84. § 93 Abs. 2 Z 1 lit. e und Abs. 3 Z 4 in der Fassung des Budgetbegleitgesetzes 2003, BGBl. I Nr. 71, ist erstmals auf Kapitalerträge anzuwenden, die nach dem 31. März 2004 zufließen. Fließen Kapitalerträge gemäß § 93 Abs. 2 Z 1 lit. e und gemäß § 93 Abs. 3 Z 4, die aus Kapitalerträgen gemäß § 93 Abs. 2 Z 1 lit. e bestehen, nach dem 31. März 2003 und vor dem 1. April 2004 im Inland zu, ist auf diese Kapitalerträge § 37 Abs. 8 in der Fassung des Budgetbegleitgesetzes 2003, BGBl. I Nr. 71/2003, anzuwenden. § 94a in der Fassung des Bundesgesetzes BGBl. I Nr. 71/2003 ist erstmals auf Ausschüttungen anzuwenden, die nach dem 31. Dezember 2003 zufließen.

85. § 27 Abs. 2 Z 2 ist nicht auf Kapitalanlagen anzuwenden, deren Verzinsung nur von der Entwicklung eines (bestehenden oder künstlich geschaffenen) Wertpapierindex oder eines vergleichbaren Index abhängig ist, wenn folgende Voraussetzungen erfüllt sind:

a) Die Kapitalanlagen wurden vor dem 1. März 2004 begeben und

b) es ist rechtlich oder faktisch eine Kapitalrückzahlung von nicht mehr als 20% des bei der Begebung eingesetzten Kapitals garantiert.

Die Wertveränderungen solcher Wertpapiere sind nicht als kapitalertragsteuerpflichtig im Sinne des § 93 Abs. 4 Z 2 zu behandeln. Dies gilt für Daueremissionen mit unbegrenztem Volumen nur dann, wenn die Emission bis zu dem in lit. a genannten Zeitpunkt geschlossen wurde, für Daueremissionen mit begrenztem Volumen, wenn die Emission vor dem 1. August 2005 geschlossen wurde. Wurde keine Schließung durchgeführt, hat eine lineare Abgrenzung der Bemessungsgrundlage für die zu späteren Stichtagen zu erhebende (oder gutzuschreibende) Kapitalertragsteuer zu erfolgen.

86. Rückstellungen für Verpflichtungen zur Rücknahme und Verwertung von Altfahrzeugen gemäß § 5 der auf Grund von § 14 Abs. 1 des Abfallwirtschaftsgesetzes 2002, BGBl. I Nr. 102/2002, erlassenen Altfahrzeugeverordnung vom 6. November 2002, BGBl. II Nr. 407/2002, sind erstmals für das nach dem 5. November 2002 endende Wirtschaftsjahr zu bilden. Soweit sich diese Verpflichtungen auf Fahrzeuge beziehen, die vor dem 1. Juli 2002 in Verkehr gebracht wurden, ist der Unterschiedsbetrag zwischen der Rückstellung und dem Betrag, der sich bei Ansammlung der Rückstellung in gleichmäßig bemessenen Jahresraten ergibt, als gesonderter Aktivposten in der Bilanz auszuweisen. Dabei ist ein Ansammlungszeitraum zugrundezulegen, der mit dem nach dem 5. November 2002 endenden Wirtschaftsjahr beginnt und mit dem letzten vor dem 1. Jänner 2007 endenden Wirtschaftsjahr endet.

87. § 108b und § 108g in der Fassung des Budgetbegleitgesetzes 2003, BGBl. I Nr. 71, sind anzuwenden, wenn Verträge nach dem 31. Juli 2003 abgeschlossen werden. Werden Verträge vor diesem Zeitpunkt abgeschlossen, kann die unwiderrufliche Verpflichtung an § 108g Abs. 1 Z 3 in der Fassung des genannten Bundesgesetzes angepasst werden.

88. § 41 Abs. 4 und § 77 Abs. 4, jeweils in der Fassung des Bundesgesetzes BGBl. I Nr. 124/2003, sind anzuwenden, wenn

– die Einkommensteuer veranlagt wird, erstmalig bei der Veranlagung für das Kalenderjahr 2004,

– die Einkommensteuer (Lohnsteuer) durch Abzug eingehoben oder durch Veranlagung festgesetzt wird, erstmalig für Lohnzahlungszeiträume, die nach dem 31. Dezember 2003 enden.

89. § 42 Abs. 1 Z 3, § 98 und § 99a, jeweils in der Fassung des Bundesgesetzes BGBl. I

Nr. 124/2003, gelten ab der Veranlagung für das Kalenderjahr 2004.

90. § 42 Abs. 1 letzter Unterabsatz, § 44 Abs. 1, Abs. 3, Abs. 4, Abs. 5 und Abs. 8 in der Fassung des Bundesgesetzes BGBl. I Nr. 124/2003 gelten ab der Veranlagung für das Kalenderjahr 2003.

91. § 98 in der Fassung des Bundesgesetzes BGBl. I Nr. 124/2003 und § 99a sind anzuwenden, wenn
   – die Einkommensteuer veranlagt wird, erstmalig bei der Veranlagung für das Kalenderjahr 2004,
   – die Einkommensteuer durch Abzug eingehoben wird, erstmalig für Zinsen- und Lizenzgebührenzahlungen, die nach dem 31. Dezember 2003 erfolgen.

92. § 109a Z 1 in der Fassung des Bundesgesetzes BGBl. I Nr. 124/2003 ist erstmals für Übermittlungen anzuwenden, die das Kalenderjahr 2004 betreffen.

93. § 4 Abs. 4 Z 4, § 4 Abs. 4 Z 4a, § 10c, § 108c Abs. 2 Z 1 und § 108e Abs. 3 jeweils in der Fassung des Wachstums- und Standortgesetzes 2003, BGBl. I Nr. 133/2003, sind erstmalig bei der Veranlagung für das Kalenderjahr 2004 anzuwenden.

94. § 1 Abs. 4, § 42 Abs. 1 Z 3 und § 42 Abs. 2, jeweils in der Fassung des Bundesgesetzes BGBl. I Nr. 57/2004, sind erstmals bei der Veranlagung für das Kalenderjahr 2005 anzuwenden.

95. § 12 in der Fassung des Bundesgesetzes BGBl. I Nr. 57/2004 ist auf stille Reserven anzuwenden, die aufgrund des Ausscheidens von Wirtschaftsgütern nach dem 31. Dezember 2004 aufgedeckt werden.

96. § 16 Abs. 1 Z 6 in der Fassung des Bundesgesetzes BGBl. I Nr. 57/2004 ist anzuwenden, wenn
   – die Einkommensteuer (Lohnsteuer) veranlagt wird, erstmalig bei der Veranlagung für das Kalenderjahr 2004,
   – die Einkommensteuer (Lohnsteuer) durch Abzug eingehoben wird, erstmalig für Lohnzahlungszeiträume, die nach dem 30. Juni 2004 enden. Für Lohnzahlungszeiträume, die nach dem 31. Dezember 2003 beginnen und vor dem 1. Juli 2004 enden, kann der Arbeitgeber spätestens im letzten vor dem 1. Dezember 2004 endenden Lohnzahlungszeitraum die Lohnsteuer nach § 77 Abs. 3 unter Berücksichtigung der erhöhten Pendlerpauschalien für das Kalenderjahr 2004 bis zu den vor dem 1. Dezember 2004 endenden Lohnzahlungszeiträumen neu berechnen.

97. § 18 Abs. 1 Z 5 in der Fassung des Bundesgesetzes BGBl. I Nr. 57/2004 ist erstmalig für im Kalenderjahr 2005 geleistete Beiträge an gesetzlich anerkannte Kirchen und Religionsgesellschaften anzuwenden.

98. § 33 Abs. 1 und 2 und § 33 Abs. 6 in der Fassung des Bundesgesetzes BGBl. I Nr. 57/2004 sind anzuwenden, wenn
   – die Einkommensteuer veranlagt wird, erstmalig bei der Veranlagung für das Kalenderjahr 2005,
   – die Einkommensteuer (Lohnsteuer) durch Abzug eingehoben oder durch Veranlagung festgesetzt wird, erstmalig für Lohnzahlungszeiträume, die nach dem 31. Dezember 2004 enden.

99. § 33 Abs. 3, § 66 Abs. 1 und § 70 Abs. 2 Z 1, jeweils in der vor dem Bundesgesetz BGBl. I Nr. 57/2004 geltenden Fassung, sind letztmalig anzuwenden, wenn
   – die Einkommensteuer veranlagt wird, bei der Veranlagung für das Kalenderjahr 2004,
   – die Einkommensteuer (Lohnsteuer) durch Abzug eingehoben oder durch Veranlagung festgesetzt wird, für Lohnzahlungszeiträume, die vor dem 1. Jänner 2005 enden.

100. § 33 Abs. 4 Z 1 und 2 in der Fassung des Bundesgesetzes BGBl. I Nr. 57/2004 ist anzuwenden, wenn
   – die Einkommensteuer (Lohnsteuer) veranlagt oder erstattet wird, erstmalig bei der Veranlagung oder Erstattung für das Kalenderjahr 2004,
   – die Einkommensteuer (Lohnsteuer) durch Abzug eingehoben wird, erstmalig für Lohnzahlungszeiträume, die nach dem 30. Juni 2004 enden. Für Lohnzahlungszeiträume, die nach dem 31. Dezember 2003 beginnen und vor dem 1. Juli 2004 enden, kann der Arbeitgeber spätestens im letzten vor dem 1. Dezember 2004 endenden Lohnzahlungszeitraum die Lohnsteuer nach § 77 Abs. 3 unter Berücksichtigung des erhöhten Alleinverdiener- oder Alleinerzieherabsetzbetrages für das Kalenderjahr 2004 bis zu den vor dem 1. Dezember 2004 endenden Lohnzahlungszeiträumen neu berechnen.

101. § 33 Abs. 8 in der Fassung des Bundesgesetzes BGBl. I Nr. 57/2004 ist erstmalig bei der Veranlagung für das Kalenderjahr 2004 anzuwenden.

102. § 40 in der Fassung des Bundesgesetzes BGBl. I Nr. 57/2004 ist erstmalig bei der Erstattung des Alleinverdiener- oder Alleinerzieherabsetzbetrages für das Kalenderjahr 2004 anzuwenden.

103. § 41 Abs. 4, § 67 Abs. 1 und § 77 Abs. 4, jeweils in der Fassung des Bundesgesetzes BGBl. I Nr. 57/2004, sind anzuwenden, wenn

– die Einkommensteuer veranlagt wird, erstmalig bei der Veranlagung für das Kalenderjahr 2005,
– die Einkommensteuer (Lohnsteuer) durch Abzug eingehoben oder durch Veranlagung festgesetzt wird, erstmalig für Lohnzahlungszeiträume, die nach dem 31. Dezember 2004 enden.

Für das Kalenderjahr 2004 (im Kalenderjahr 2004 endende Lohnzahlungszeiträume) beträgt die in diesen Bestimmungen bezeichnete Freigrenze 1.950 Euro.

104. § 84 in der Fassung des Bundesgesetzes BGBl. I Nr. 57/2004 ist erstmalig auf Lohnzettel für das Kalenderjahr 2005 anzuwenden. Die Verpflichtung des Masseverwalters zur Ausstellung von Lohnzetteln für das Kalenderjahr 2005 gemäß § 84 Abs. 1 Z 3 lit. b in der Fassung des Bundesgesetzes BGBl. I Nr. 57/2004 gilt nur in jenen Fällen, in denen der Konkurs oder im Falle eines Anschlusskonkurses die vorangegangene Eröffnung des Ausgleichsverfahrens nach dem auf die Kundmachung dieses Bundesgesetzes folgenden Kalendertag erfolgt ist; wurde eine Verordnung gemäß dieser Gesetzesstelle erlassen, ist der auf die Kundmachung dieser Verordnung folgende Kalendertag maßgeblich."

105. § 108c Abs. 3, § 108d Abs. 3 und § 108f Abs. 4, jeweils in der Fassung des Bundesgesetzes BGBl. I Nr. 57/2004, sind erstmals für Prämien anzuwenden, die ein bei der Veranlagung 2004 zu erfassendes Wirtschaftsjahr betreffen. § 108e Abs. 4 in der Fassung des Bundesgesetzes BGBl. I Nr. 57/2004 ist erstmals für Prämien anzuwenden, die das Kalenderjahr 2004 betreffen.

106. § 129 Abs. 1 in der Fassung des Bundesgesetzes BGBl. I Nr. 57/2004 ist erstmalig für das Kalenderjahr 2004 anzuwenden.

107. § 4 Abs. 4 Z 7 und § 16 Abs. 1 Z 10 in der Fassung des Bundesgesetzes BGBl. I Nr. 180/2004 sind erstmalig bei der Veranlagung für das Kalenderjahr 2003 anzuwenden.

108. § 11a Abs. 1 und § 97 Abs. 4 Z 2 in der Fassung des Bundesgesetzes BGBl. I Nr. 180/2004, sind erstmalig bei der Veranlagung für das Kalenderjahr 2004 anzuwenden.

109. § 33 Abs. 8, § 42 Abs. 2, § 67 Abs. 11 und § 102 in der Fassung des Bundesgesetzes BGBl. I Nr. 180/2004 sind erstmalig bei der Veranlagung für das Kalenderjahr 2005 anzuwenden.

110. § 24 Abs. 6 in der Fassung des Bundesgesetzes BGBl. I Nr. 180/2004 ist erstmalig bei der Veranlagung für das Kalenderjahr 2005 anzuwenden. § 24 Abs. 6 in der Fassung des Bundesgesetzes BGBl. I Nr. 180/2004 ist auf Betriebsaufgaben vor In-Kraft-Treten dieses Bundesgesetzes anzuwenden, wenn der Steuerpflichtige unwiderruflich erklärt, dass § 24 Abs. 6 in der Fassung des Bundesgesetzes BGBl. I Nr. 180/2004 auf ihn angewendet werden soll. Die Erklärung ist bis zum Ablauf jenes Kalenderjahres abzugeben, in dem eine unentgeltliche Übertragung unter Lebenden oder eine Überlassung oder Verwendung im Sinne des zweiten und dritten Teilstriches des § 24 Abs. 6 Z 2 in der Fassung des Bundesgesetzes vor BGBl. I Nr. 180/2004 erfolgt.

111. § 35 Abs. 2 in der Fassung des Bundesgesetzes BGBl. I Nr. 180/2004 ist erstmals auf Bescheinigungen anzuwenden, die nach dem 31. Dezember 2004 ausgestellt werden. Bescheinigungen, die vor dem 1. Jänner 2005 gemäß § 35 Abs. 2 in der Fassung vor dem Bundesgesetz BGBl. I Nr. 180/2004 ausgestellt werden, gelten ab 1. Jänner 2005 als Bescheinigungen im Sinne des § 35 Abs. 2 in der Fassung des Bundesgesetzes BGBl. I Nr. 180/2004.

112. § 63 und § 70 in der Fassung des Bundesgesetzes BGBl. I Nr. 180/2004 sind erstmals für Lohnzahlungszeiträume anzuwenden, die nach dem 31. Dezember 2004 enden. Für das Jahr 2005 für beschränkt Steuerpflichtige ausgestellte Freibetragsbescheide treten außer Kraft.

113. § 68 Abs. 9 in der Fassung des Bundesgesetzes BGBl. I Nr. 180/2004 ist erstmals für Lohnzahlungszeiträume anzuwenden, die nach dem 31. Dezember 2004 enden.

114. § 94 Z 6 lit. e in der Fassung des Bundesgesetzes BGBl. I Nr. 180/2004 ist auf Kapitalerträge anzuwenden, die nach dem 31. Dezember 2004 zufließen.

115. § 81 in der Fassung des Bundesgesetzes BGBl. I Nr. 180/2004 ist ab 1. Februar 2005 anzuwenden.

116. § 93 Abs. 3 Z 5 und § 95 Abs. 2 in der Fassung des Bundesgesetzes BGBl. I Nr. 180/2004 sind erstmals auf ausschüttungsgleiche Erträge anzuwenden, die nach dem 30. Juni 2005 als zugeflossen gelten.

117. § 12 Abs. 7 in der Fassung des Bundesgesetzes BGBl. I Nr. 180/2004 ist auf stille Reserven anzuwenden, die auf Grund des Ausscheidens von Wirtschaftsgütern nach dem 31. Dezember 2004 aufgedeckt werden.

118. § 4 Abs. 4 Z 2, § 18 Abs. 1 Z 2, § 26 Z 7, § 47 Abs. 4 und § 124, jeweils in der Fassung des Bundesgesetzes BGBl I Nr. 8/2005, sind erstmals anzuwenden, wenn
– die Einkommensteuer veranlagt wird, bei der Veranlagung für das Kalenderjahr 2005,
– die Einkommensteuer (Lohnsteuer) durch Abzug eingehoben oder durch Veranlagung festgesetzt wird, erstmalig für Lohnzahlungszeiträume, die nach dem 31. Dezember 2004 enden.

119. § 3 Abs. 1 Z 16a in der Fassung des Bundesgesetzes BGBl. I Nr. 35/2005 und § 3 Abs. 1 Z 31 in der Fassung des Bundesgesetzes BGBl. I Nr. 100/2006 sind anzuwenden, wenn

- die Einkommensteuer veranlagt wird, erstmals bei der Veranlagung für das Kalenderjahr 1999,
- die Einkommensteuer (Lohnsteuer) durch Abzug eingehoben oder durch Veranlagung festgesetzt wird, erstmals für Lohnzahlungszeiträume, die nach dem 31. Dezember 1998 enden.

120. § 33 Abs. 8 in der Fassung des Bundesgesetzes BGBl. I Nr. 34/2005 ist erstmals bei der Veranlagung oder im Verfahren gemäß § 40 für das Kalenderjahr 2005 anzuwenden.
121. § 41 Abs. 1 Z 3 und § 69 Abs. 7 in der Fassung des Bundesgesetzes BGBl. I Nr. 45/2005 treten mit 1. Jänner 2006 in Kraft.
122. § 3 Abs. 1 Z 15 lit. b in der Fassung des Bundesgesetzes BGBl. I Nr. 103/2005 ist erstmals auf Kapitalanteile anzuwenden, die nach dem 30. Juni 2005 unentgeltlich oder verbilligt abgegeben werden. § 3 Abs. 1 Z 15 lit. c in der Fassung des Bundesgesetzes BGBl. I Nr. 103/2005 ist erstmals auf Optionen anzuwenden, die nach dem 30. Juni 2005 eingeräumt werden.
123. § 4 Abs. 4 Z 4b und § 108c Abs. 2 Z 1 jeweils in der Fassung des Bundesgesetzes BGBl. I Nr. 103/2005 sind erstmalig für ab dem 1. Jänner 2005 erteilte Forschungsaufträge anzuwenden.
124. § 108 Abs. 6 und 7 in der Fassung des Bundesgesetzes BGBl. I Nr. 103/2005, ist ab 1. September 2005 anzuwenden.
125. § 108b Abs. 2 tritt mit Ablauf des 31. Dezember 2005 außer Kraft. Die Beschränkungen des Auszahlungsplanes gemäß § 23g Investmentfondsgesetz 1993 müssen nach dem 31. Dezember 2005 nicht mehr eingehalten werden. Bei einer Übertragung in eine Zukunftsvorsorgeeinrichtung gemäß § 108i Abs. 2 und bei Abschichtung ist § 41 Abs. 2 Investmentfondsgesetz 1993 sowie § 108a Abs. 5 nicht anzuwenden. Für Pensionsinvestmentfonds Anteile, die die Voraussetzungen des § 108 h Abs. 1 nicht erfüllen, ist § 41 Abs. 1 Investmentfondsgesetz 1993 ab 1. Jänner 2006 nicht anzuwenden.
126. § 16 Abs. 1 Z 6 in der Fassung des Bundesgesetzes BGBl. I Nr. 115/2005 ist anzuwenden, wenn
    - die Einkommensteuer (Lohnsteuer) veranlagt wird, erstmalig bei der Veranlagung für das Kalenderjahr 2006,
    - die Einkommensteuer (Lohnsteuer) durch Abzug eingehoben wird, erstmalig für Lohnzahlungszeiträume, die nach dem 31. Dezember 2005 enden.
127. § 2 Abs. 2b Z 3, § 4 Abs. 4 Z 4a lit. b, § 24 Abs. 6 Z 2, § 36 und § 37 Abs. 5 Z 2, jeweils in der Fassung des Bundesgesetzes BGBl. I Nr. 161/2005, sind erstmalig bei der Veranlagung für das Kalenderjahr 2006 anzuwenden.
128. § 3 Abs. 1 Z 10 in der Fassung des Bundesgesetzes BGBl. I Nr. 161/2005 ist anzuwenden, wenn
    - die Einkommensteuer veranlagt wird, erstmalig bei der Veranlagung für das Kalenderjahr 2006.
    - die Einkommensteuer (Lohnsteuer) durch Abzug eingehoben oder durch Veranlagung festgesetzt wird, erstmalig für Lohnzahlungszeiträume, die nach dem 31. Dezember 2005 enden.
129. § 4 Abs. 4 Z 4, der letzte Satz des § 4 Abs. 4 Z 4a, des § 4 Abs. 4 Z 4b, des § 4 Abs. 4 Z 8 sowie § 4 Abs. 4 Z 10 jeweils in der Fassung des Bundesgesetzes BGBl. I Nr. 161/2005 sind erstmalig bei der Veranlagung für das Kalenderjahr 2005 anzuwenden.
130. § 19 Abs. 1 in der Fassung des Bundesgesetzes BGBl. I Nr. 161/2005 ist erstmals für Konkurse, die nach dem 31. Dezember 2005 eröffnet werden, anzuwenden. § 69 Abs. 6 und § 84 Abs. 1 Z 3 in der Fassung des BGBl. I Nr. 161/2005 sind erstmalig auf Lohnzettel anzuwenden, die das Kalenderjahr 2006 betreffen.
131. § 98 in der Fassung des Bundesgesetzes BGBl. I Nr. 161/2005 ist erstmalig bei der Veranlagung für das Kalenderjahr 2006 anzuwenden. Für betrieblich genutzte Grundstücke und Gebäude, bei denen bis zum In-Kraft-Treten des Bundesgesetzes BGBl. I Nr. 161/2005 keine Einkünfte nach § 98 Z 3 zu erfassen waren, gilt bei Ausscheiden aus dem Betriebsvermögen Folgendes:
    a) Erfolgt eine Veräußerung zu einem Zeitpunkt, der bei Anwendung des § 98 Z 7 außerhalb der Spekulationsfrist gelegen wäre, ist der Unterschiedsbetrag zwischen dem Buchwert zum 1. Jänner 2006 und dem höheren gemeinen Wert zum 1. Jänner 2006 vom Veräußerungsgewinn abzuziehen; es darf sich dadurch aber kein Veräußerungsverlust ergeben.
    b) Im Fall einer Entnahme ist der Unterschiedsbetrag zwischen dem Buchwert zum 1. Jänner 2006 und dem höheren gemeinen Wert zum 1. Jänner 2006 vom Entnahmegewinn abzuziehen; es darf sich dadurch aber kein Entnahmeverlust ergeben.
132. § 108c Abs. 3 und § 108f Abs. 4, jeweils in der Fassung des Bundesgesetzes BGBl. Nr. 161/2005, sind erstmalig auf Prämien anzuwenden, die ein bei der Veranlagung 2006 zu erfassendes Wirtschaftsjahr betreffen.
133. Die §§ 14 Abs. 6, 37 Abs. 9 und 43 jeweils in der Fassung des Bundesgesetzes BGBl. I Nr. 99/2006 sind erstmals bei der Veranlagung für das Kalenderjahr 2006 anzuwenden. § 89 Abs. 3 in der Fassung des Bundesgesetzes BGBl. I Nr. 99/2006 tritt mit 1. Jänner 2007 in Kraft.

134. § 2 Abs. 5, 6, § 4 Abs. 10 Z 3, § 5 und § 6 Z 5 jeweils in der Fassung des Bundesgesetzes BGBl. I Nr. 100/2006 sind erstmalig für Wirtschaftsjahre anzuwenden, die nach dem 31. Dezember 2006 beginnen. § 16 Abs. 1 Z 8 lit. d sowie § 17 Abs. 1 und Abs. 2 Z 2 in der Fassung des Bundesgesetzes BGBl. I Nr. 100/2006 sind erstmalig für die Veranlagung 2007 anzuwenden. § 30 in der Fassung des Bundesgesetzes BGBl. I Nr. 100/2006 ist erstmals auf Veräußerungsvorgänge nach dem 31. Dezember 2006 anzuwenden. § 102 Abs. 2 Z 2 in der Fassung des Bundesgesetzes BGBl. I Nr. 100/2006 ist erstmalig bei der Veranlagung 2006 anzuwenden. § 2 Abs. 4, § 23 Z 2, § 27 Abs. 1 Z 2, § 93 Abs. 2 Z 2, § 95 Abs. 4 Z 2, § 96 Abs. 3 und § 102 Abs. 1 Z 2 jeweils in der Fassung des Bundesgesetzes BGBl. I Nr. 100/2006 treten mit 1. Jänner 2007 in Kraft. Bei Unternehmern, deren Betrieb vor dem 1. Jänner 2007 eröffnet wurde, ist folgendermaßen vorzugehen: Für Betriebe, die bis zu diesem Stichtag nicht im Firmenbuch eingetragen waren, richtet sich die Art der Gewinnermittlung für Wirtschaftsjahre, die vor dem 1. Jänner 2010 beginnen, auf Antrag unbeschadet der Bestimmungen des § 124 BAO nach den vor dem 1. Jänner 2007 geltenden abgabenrechtlichen Bestimmungen. Eine zwischen 1. Jänner 2007 und 31. Dezember 2009 erfolgende Eintragung in das Firmenbuch löst für Gewerbetreibende jedoch keinen Wechsel zur Gewinnermittlung nach § 5 aus. Der Antrag ist in der Steuererklärung jenes Wirtschaftsjahres zu stellen, für das sich erstmals eine Rechnungslegungspflicht nach § 189 UGB ergibt.

135. Die §§ 10, 11a Abs. 2 und 18 Abs. 7 jeweils in der Fassung des Bundesgesetzes BGBl. I Nr. 101/2006 sind erstmalig bei der Veranlagung für das Kalenderjahr 2007 anzuwenden. Anlaufverluste im Sinne der bis zur Veranlagung für das Kalenderjahr 2006 geltenden Fassung des § 18 Abs. 7 sind abzugsfähig, soweit sie vor 2007 weder ausgeglichen noch abgezogen werden konnten. Diese Verluste sind bei der Einkommensermittlung vorrangig abzuziehen.

136. § 67 Abs. 11 in der Fassung des Bundesgesetzes BGBl. I Nr. 24/2007 ist erstmals bei der Veranlagung für das Kalenderjahr 2005 anzuwenden.

137. § 38 Abs. 3 in der Fassung des Bundesgesetzes BGBl. I Nr. 24/2007 ist erstmals bei der Veranlagung für das Kalenderjahr 2006 anzuwenden. § 4 Abs. 4 Z 4 und Z 4a, § 6 Z 6 lit. b, § 10, § 11a und § 31 Abs. 2 Z 2 vorletzter Satz, jeweils in der Fassung des Bundesgesetzes BGBl. I Nr. 24/2007, sind erstmals bei der Veranlagung für das Kalenderjahr 2007 anzuwenden. § 14 in der Fassung des Bundesgesetzes BGBl. I Nr. 24/2007 ist erstmals für Wirtschaftsjahre anzuwenden, die nach dem 30. Juni 2007 beginnen. § 43 in der Fassung des Bundesgesetzes BGBl. I Nr. 24/2007 ist erstmals für Einkünftefeststellungen für das Kalenderjahr 2006 anzuwenden. § 98 Abs. 3 in der Fassung des Bundesgesetzes BGBl. I Nr. 24/2007 ist erstmals anzuwenden
   - hinsichtlich nachträglicher Einkünfte und Nachversteuerungen, die im Rahmen einer Veranlagung erfolgen, bei der Veranlagung für das Kalenderjahr 2007,
   - sonst auf Nachversteuerungs- oder Rückzahlungstatbestände, die nach dem 31. Dezember 2006 erfüllt werden.

138. § 16 Abs. 1 Z 6 in der Fassung des Bundesgesetzes BGBl. I Nr. 24/2007 ist anzuwenden, wenn
   - die Einkommensteuer (Lohnsteuer) veranlagt wird, erstmalig bei der Veranlagung für das Kalenderjahr 2007 für Lohnzahlungszeiträume, die nach dem 30. Juni 2007 enden,
   - die Einkommensteuer (Lohnsteuer) durch Abzug eingehoben wird, erstmalig für Lohnzahlungszeiträume, die nach dem 30. Juni 2007 enden.

139. § 33 Abs. 9 in der Fassung des Bundesgesetzes BGBl. I Nr. 44/2008 ist erstmals bei der Veranlagung des Kalenderjahres 2008 und letztmals bei der Veranlagung für das Kalenderjahr 2010 anzuwenden.

140. Die §§ 3 Abs. 1 Z 16b, 26 Z 4 und 67 Abs. 2 jeweils in der Fassung des Bundesgesetzes BGBl. I Nr. 45/2007 sind anzuwenden, wenn
   - die Einkommensteuer (Lohnsteuer) veranlagt wird, erstmalig bei der Veranlagung für das Kalenderjahr 2008,
   - die Einkommensteuer (Lohnsteuer) durch Abzug eingehoben wird, erstmalig für Lohnzahlungszeiträume, die nach dem 31. Dezember 2007 enden.

141. § 4 Abs. 10 Z 3 lit. b, § 10 Abs. 7 und § 33 Abs. 10 und 11 jeweils in der Fassung des Bundesgesetzes BGBl. I Nr. 99/2007 sind erstmalig bei der Veranlagung 2007 anzuwenden. § 10 Abs. 5 Z 2 in der Fassung des Bundesgesetzes BGBl I Nr. 99/2007 tritt erstmals bei der Veranlagung für das Kalenderjahr 2008 in Kraft.

142. § 27 Abs. 3 Z 3 in der Fassung des Bundesgesetzes BGBl. I Nr. 100/2007 tritt mit 1. Jänner 2008 in Kraft.

143. § 4 Abs. 4 Z 1 lit. c, § 25 Abs. 1 Z 2 lit. d und § 67 Abs. 3 jeweils in der Fassung des Bundesgesetzes BGBl. I Nr. 102/2007 treten mit 1. Jänner 2008 in Kraft.

144. § 95 Abs. 4 Z 3 in der Fassung des Bundesgesetzes BGBl. I Nr. 65/2008 tritt mit 1. Jänner 1998 in Kraft. Depotübertragungen im Sinne des § 95 Abs. 4 Z 3 vor dem 1. Jänner 2008 gelten nicht als Veräußerung.

145. § 95 Abs. 7 in der Fassung des Bundesgesetzes BGBl. I Nr. 65/2008 tritt mit 1. Jänner 1998

in Kraft. Für Depotübertragungen im Sinne des § 95 Abs. 4 Z 3 vor dem 1. Jänner 2008 steht eine Gutschrift nicht zu.

146. Die Änderungen treten wie folgt in Kraft:

a) § 15 in der Fassung des Bundesgesetzes BGBl. I Nr. 85/2008 ist auf Zuwendungen nach dem 31. Juli 2008 anzuwenden.

b) § 16 Abs. 1 Z 6 in der Fassung des Bundesgesetzes BGBl. I Nr. 85/2008 ist anzuwenden, wenn

– die Einkommensteuer (Lohnsteuer) veranlagt wird, erstmalig bei der Veranlagung für das Kalenderjahr 2008 für Zeiträume, die nach dem 30. Juni 2008 enden, und letztmalig bei der Veranlagung 2010.

– die Einkommensteuer (Lohnsteuer) durch Abzug eingehoben wird, für Lohnzahlungszeiträume, die nach dem 30. Juni 2008 und vor dem 1. Jänner 2011 enden.

c) § 16 Abs. 1 Z 8 lit. b sowie § 28 Abs. 2, Abs. 3 und Abs. 7, jeweils in der Fassung des Bundesgesetzes BGBl. I Nr. 85/2008, sind erstmalig auf Übertragungen nach dem 31. Juli 2008 anzuwenden.

d) § 24 Abs. 5, § 30 Abs. 7 und § 31 Abs. 4, jeweils in der Fassung des Bundesgesetzes BGBl. I Nr. 85/2008, sind erstmalig nach dem 31. Juli 2008 anzuwenden.

e) § 27 Abs. 1 Z 7, § 37 Abs. 4 Z 1 lit. f und Abs. 8 Z 2, jeweils in der Fassung des Bundesgesetzes BGBl. I Nr. 85/2008, sind erstmalig auf Zuwendungen nach dem 31. Juli 2008 anzuwenden.

f) § 27 Abs. 1 Z 8, in der Fassung des Bundesgesetzes BGBl. I Nr. 85/2008, gilt erstmalig für Zuwendungen an Stiftungen nach dem 31. Juli 2008.

g) § 27 Abs. 1 Z 9, in der Fassung des Bundesgesetzes BGBl. I Nr. 85/2008, ist erstmals auf Widerrufe nach dem 31. Juli 2008 anzuwenden.

h) § 32 Z 4, in der Fassung vor dem Bundesgesetz BGBl. I Nr. 85/2008, ist letztmals auf Zuwendungen oder Widerrufe vor dem 1. August 2008 anzuwenden.

147. § 3 Abs. 1 Z 16b in der Fassung des Bundesgesetzes BGBl. I Nr. 133/2008 ist anzuwenden, wenn

– die Einkommensteuer (Lohnsteuer) veranlagt wird, erstmalig bei der Veranlagung für das Kalenderjahr 2009,

– die Einkommensteuer (Lohnsteuer) durch Abzug eingehoben wird, erstmalig für Lohnzahlungszeiträume, die nach dem 31. Dezember 2008 enden.

Die §§ 68 Abs. 2 und 124b Z 140 in der Fassung des Bundesgesetzes BGBl. I Nr. 133/2008 treten mit 1. Jänner 2009 in Kraft.

148. § 108 Abs. 2 in der Fassung des Bundesgesetzes, BGBl. I Nr. 137/2008, ist auf Erstattungen anzuwenden, die nach dem 31. Dezember 2008 erfolgen.

149. § 1 Abs. 4, § 2 Abs. 2, § 41 Abs. 1 Z 7 und Abs. 4, § 42 Abs. 1 Z 3, § 97 Abs. 4 Z 2, § 102 Abs. 3 und § 106a, jeweils in der Fassung des Bundesgesetzes BGBl. I Nr. 26/2009, sind erstmals bei der Veranlagung für das Kalenderjahr 2009 anzuwenden.

150. § 3 Abs. 1 Z 13, § 67 Abs. 1 und § 77 Abs. 4, jeweils in der Fassung des Bundesgesetzes BGBl. I Nr. 26/2009, sind erstmalig für Lohnzahlungszeiträume, die nach dem 31. Dezember 2008 enden, anzuwenden.

151. § 3 Abs. 1 Z 15 lit. c in der Fassung vor dem BGBl. I Nr. 105/2017 ist letztmalig auf Optionen anzuwenden, die vor dem 1. April 2009 eingeräumt werden.

*(BGBl I 2017/105)*

152. § 4a Z 3 und Z 4 sowie § 18 Abs. 1 Z 8, jeweils in der Fassung des Bundesgesetzes BGBl. I Nr. 26/2009, sind erstmalig auf Zuwendungen anzuwenden, die im Kalenderjahr 2009 getätigt werden.

Zur Aufnahme in die in § 4a Z 4 genannten Listen für das Jahr 2009 haben Körperschaften im Sinne des § 4a Z 3, die selbst bereits seit drei Jahren bestehen und die die Voraussetzungen im Übrigen erfüllen, oder aus einer Vorgängerorganisation (Organisationsfeld mit eigenem Rechnungskreis), die diese Voraussetzungen erfüllt hat, hervorgegangen sind, zur Wahrung der rückwirkenden Spendenabzugsfähigkeit bis 15. Juni 2009 dem Finanzamt Wien 1/23 die Bestätigungen des Wirtschaftsprüfers über das Vorliegen der in § 4a Z 4 genannten Voraussetzungen zu den Abschlussstichtagen der Jahre 2006 und 2007 gemeinsam mit einer aktuellen Fassung der Rechtsgrundlage (wie Satzung, Gesellschaftsvertrag) vorzulegen. Ab dem Abschlussstichtag des Jahres 2008 gilt § 4a Z 4, sodass eine Spendenabzugsfähigkeit erst mit Eintragung in der jeweiligen Liste gegeben ist. Das Finanzamt Wien 1/23 hat die Listen für 2009 erstmalig bis 31. Juli 2009 zu veröffentlichen. Diese bis 31. Juli 2009 veröffentlichten Listen gelten für Zuwendungen ab dem 1. Jänner 2009.

Für Zwecke der Evaluierung der Abzugsfähigkeit von Zuwendungen gemäß § 4a Z 3 und 4 sowie § 18 Abs. 1 Z 8 ist ein Prüfungsbeirat beim Bundesministerium für Finanzen einzurichten. Arbeitgeber, die Bezüge aus einer gesetzlichen Sozialversicherung oder Ruhegenussbezüge einer Gebietskörperschaft im Sinne des § 25 Abs. 1 Z 1, 3 oder 4 auszahlen, können im Zuge einer Aufrollung gemäß § 77 Abs. 3 Sonderausgaben im Sinne des § 18 Abs. 1 Z 8 berücksichtigen.

153. § 10 in der Fassung des Bundesgesetzes BGBl. I Nr. 26/2009 ist erstmals bei der Ver-

anlagung für das Kalenderjahr 2010 anzuwenden. Für geltend gemachte Freibeträge für investierte Gewinne ist § 10 Abs. 5 und Abs. 6 in der Fassung vor dem BGBl. I Nr. 26/2009 weiterhin anzuwenden. Für Herstellungskosten von Gebäuden oder Herstellungsaufwendungen eines Mieters oder eines sonstigen Nutzungsberechtigten auf ein Gebäude kann ein investitionsbedingter Gewinnfreibetrag nur geltend gemacht werden, wenn mit der tatsächlichen Bauausführung nach dem 31. Dezember 2008 begonnen worden ist.

154. § 11a Abs. 1 und 2 sind letztmals bei der Veranlagung für das Kalenderjahr 2009 anzuwenden. Abweichend von § 11a Abs. 3 bis 6 kann bei der Veranlagung für das Kalenderjahr 2009 eine Nachversteuerung nach Maßgabe folgender Bestimmungen vorgenommen werden:
   - Es werden sämtliche bis zur Veranlagung für das Kalenderjahr 2008 begünstigt versteuerten Beträge, die noch nicht nachversteuert worden sind, mit einem Steuersatz von 10% nachversteuert.
   - Erfolgt eine Nachversteuerung nach Teilstrich 1, sind § 11a Abs. 1 und 2 bei der Veranlagung für das Kalenderjahr 2009 und § 11a Abs. 3 bis 6 bei der Veranlagung für das Kalenderjahr 2010 und folgende Jahre nicht mehr anzuwenden.

155. § 33 Abs. 1 und 4, jeweils in der Fassung des Bundesgesetzes BGBl. I Nr. 26/2009, sind anzuwenden, wenn
   - die Einkommensteuer veranlagt wird, erstmalig bei der Veranlagung für das Kalenderjahr 2009,
   - die Einkommensteuer (Lohnsteuer) durch Abzug eingehoben wird oder durch Veranlagung festgesetzt wird, erstmalig für Lohnzahlungszeiträume, die nach dem 31. Dezember 2008 enden. Für Lohnzahlungszeiträume, die nach dem 31. Dezember 2008 enden, ist dieser Lohnzahlungszeitraum im Sinne des § 77 Abs. 3, sofern die technischen und organisatorischen Möglichkeiten gegeben sind und ein aufrechtes Dienstverhältnis bei diesem Arbeitgeber vorliegt, ehe baldigst jedoch bis spätestens 30.6.2009 aufzurollen.

156. § 18 Abs. 1 Z 5, in der Fassung des Bundesgesetzes BGBl. I Nr. 26/2009, ist erstmalig auf Beiträge anzuwenden, die im Kalenderjahr 2009 geleistet werden.

157. § 33 Abs. 2 und 3, § 34 Abs. 6, Abs. 7 Z 1, Z 2 und Abs. 9, § 106 Abs. 1 und 2 und § 109, jeweils in der Fassung des Bundesgesetzes BGBl I Nr. 26/2009, gelten ab 1. Jänner 2009.

158. § 94 Z 6 lit. e in der Fassung des Bundesgesetzes BGBl. I Nr. 26/2009 ist erstmals auf Zuwendungen nach dem 31. Dezember 2008 anzuwenden.

159. § 3 Abs. 1 Z 16c in der Fassung des Bundesgesetzes BGBl. I Nr. 52/2009 tritt mit 1. Jänner 2009 in Kraft.

160. Die Änderungen in § 14 Abs. 7 Z 4 lit. a und b in der Fassung des Bundesgesetzes BGBl. I Nr. 52/2009 sind erstmals für Wertpapieranschaffungen nach dem 30. Juni 2009 anzuwenden.

161. § 18 Abs. 3 Z 2 in der Fassung des Bundesgesetzes BGBl. I Nr. 52/2009 ist erstmals bei der Veranlagung für das Kalenderjahr 2009 anzuwenden.

162. § 27 Abs. 1 Z 1 in der Fassung des Bundesgesetzes BGBl. I Nr. 52/2009 ist für Bezüge anzuwenden, die ab dem 1. Jänner 2009 zufließen.

163. § 69 Abs. 6 in der Fassung des Bundesgesetzes BGBl. I Nr. 52/2009 ist für Auszahlungen anzuwenden, die ab 30. September 2009 zufließen.

164. § 89 Abs. 5 in der Fassung des Bundesgesetzes BGBl. I Nr. 52/2009 tritt mit 1. Jänner 2010 in Kraft.

165. § 93 Abs. 2 Z 1 in der Fassung des Bundesgesetzes BGBl. I Nr. 52/2009 ist für Ausschüttungen anzuwenden, die ab dem 1. Jänner 2009 erfolgen.

166. § 34 Abs. 9 Z 2 in der Fassung des Bundesgesetzes BGBl. I Nr. 79/2009 tritt mit 1. Jänner 2009 in Kraft.

167. § 108h Abs. 1 Z 2 ist für Vertragsabschlüsse vor dem 1. Jänner 2010 hinsichtlich der Absenkung der Aktienquote auf 30% (§ 108h Abs. 1 Z 2 lit. b) sowie deren Berechnung bereits ab dem 1. Jänner 2009 anzuwenden.

168. § 3 Abs. 1 Z 20 in der Fassung vor dem Bundesgesetz BGBl. I Nr. 34/2010 ist letztmalig anzuwenden, wenn
   - die Einkommensteuer veranlagt wird, bei der Veranlagung für das Kalenderjahr 2009,
   - die Einkommensteuer (Lohnsteuer) durch Abzug eingehoben oder durch Veranlagung festgesetzt wird, für Lohnzahlungszeiträume, die vor dem 1. Jänner 2010 enden.

169. § 3 Abs. 4 in der Fassung des Bundesgesetzes BGBl. I Nr. 34/2010 ist auf Zuwendungen anzuwenden, die nach dem 30. Juni 2010 ausbezahlt werden.

170. § 14 Abs. 7 Z 4 lit. a und lit. b in der Fassung des Bundesgesetzes BGBl. I Nr. 34/2010 sind erstmals für Wertpapieranschaffungen nach dem 30. Juni 2010 anzuwenden.

171. § 34 Abs. 7 Z 2 in der Fassung des BGBl. I Nr. 34/2010 ist anzuwenden, wenn
   - die Einkommensteuer veranlagt wird, erstmalig bei der Veranlagung für das Kalenderjahr 2011,
   - die Einkommensteuer (Lohnsteuer) durch Abzug eingehoben oder durch

Veranlagung festgesetzt wird, erstmalig für Lohnzahlungszeiträume, die nach dem 31. Dezember 2010 enden.

172. § 2 Abs. 2b Z 3 und § 36 Abs. 2 in der Fassung des Bundesgesetzes BGBl. I Nr. 58/2010 treten mit 1. Juli 2010 in Kraft. § 2 Abs. 2b Z 3 und § 36 Abs. 2 jeweils in der Fassung des Bundesgesetzes BGBl. I Nr. 58/2010 sind auf Gewinne anzuwenden, die in einem Insolvenzverfahren entstanden sind, das nach dem 30. Juni 2010 eröffnet oder wieder aufgenommen worden ist. Davon unberührt sind § 2 Abs. 2b Z 3 und § 36 Abs. 2 jeweils in der Fassung vor dem Bundesgesetz BGBl. I Nr. 58/2010 auf Gewinne anzuwenden, die in Konkurs- oder Ausgleichsverfahren entstanden sind, die aufgrund der Rechtslage vor Inkrafttreten des Bundesgesetzes BGBl. I Nr. 58/2010, abgewickelt werden.

173. § 69 Abs. 6 Z 2, § 84 Abs. 1 Z 3 lit. b und § 84 Abs. 2 in der Fassung des Bundesgesetzes BGBl. I Nr. 58/2010 treten mit 1. Juli 2010 in Kraft. § 69 Abs. 6 Z 2, § 84 Abs. 1 Z 3 lit. b und § 84 Abs. 2 jeweils in der Fassung des Bundesgesetzes BGBl. I Nr. 58/2010 sind für Insolvenzverfahren, die nach dem 30. Juni eröffnet werden, anzuwenden. Davon unberührt sind § 69 Abs. 6 Z 2, § 84 Abs. 1 Z 3 lit. b und § 84 Abs. 2 jeweils in der Fassung vor dem Bundesgesetz BGBl. I Nr. 58/2010 für Insolvenzverfahren, die vor dem 1. Juli eröffnet werden, anzuwenden.

[174. wurde nicht vergeben]

175. § 35 Abs. 2 Z 2 in der Fassung des Bundesgesetzes, BGBl. I Nr. 81/2010 tritt mit 1. September 2010 in Kraft.

176. § 62a, § 77 Abs. 1, § 82, § 83 Abs. 3 und jeweils in der Fassung des Bundesgesetzes, BGBl. I Nr. 105/2010, treten mit 1. Jänner 2011 in Kraft.

177. § 109b in der Fassung des Bundesgesetzes, BGBl. I Nr. 105/2010, ist erstmals auf Zahlungen nach dem 31. Dezember 2010 anzuwenden.

178. § 82a und § 89 Abs. 6 in der Fassung des Bundesgesetzes, BGBl. I Nr. 105/2010 treten mit 1. Juli 2011 in Kraft.

179. § 3 Abs. 1 Z 15 lit. a erster Teilstrich und § 27 Abs. 5 Z 3, jeweils in der Fassung des Budgetbegleitgesetzes 2011, BGBl. I Nr. 111/2010, sind erstmals auf nach dem 31. Dezember 2010 abgeschlossene Versicherungsverträge anzuwenden.

180. § 4 Abs. 4 Z 4, 4a und 4b, § 10 Abs. 4 und § 108c Abs. 1 und 2, jeweils in der Fassung vor dem Budgetbegleitgesetz 2011, BGBl. I Nr. 111/2010, sind letztmalig auf Wirtschaftsjahre anzuwenden, die vor dem 1. Jänner 2011 beginnen. § 108c in der Fassung des Budgetbegleitgesetzes 2011, BGBl. I Nr. 111/2010, ist erstmalig auf Prämien anzuwenden, die Wirtschaftsjahre betreffen, die nach dem 31. Dezember 2010 beginnen.

181. § 6 Z 2 lit. a und c in der Fassung des Budgetbegleitgesetzes 2011, BGBl. I Nr. 111/2010, tritt mit 1. April 2012 in Kraft. § 6 Z 5 in der Fassung des Budgetbegleitgesetzes 2011, BGBl. I Nr. 111/2010, tritt mit 1. April 2012 in Kraft und ist ab diesem Zeitpunkt auf

- nach dem 31. Dezember 2010 entgeltlich erworbene Anteile an Körperschaften und Anteilscheine an Investmentfonds im Sinne des Investmentfondsgesetzes und an Immobilienfonds im Sinne des Immobilien-Investmentfondsgesetzes und
- nach dem 30. September 2011 entgeltlich erworbene andere Wirtschaftsgüter und Derivate im Sinne des § 27 Abs. 3 und 4

anzuwenden. Auf vor den jeweiligen Zeitpunkten entgeltlich erworbene Wirtschaftsgüter und Derivate im Sinne des § 27 Abs. 3 und 4 ist § 6 Z 5 in der Fassung vor dem Budgetbegleitgesetz 2011, BGBl. I Nr. 111/2010, weiter anzuwenden.

182. § 16 Abs. 1 Z 6, § 26 Z 5, § 33 Abs. 4 Z 1, Abs. 6, 8 und 9, § 34 Abs. 6, § 35 Abs. 1, § 40 und § 76 Abs. 1, jeweils in der Fassung des Budgetbegleitgesetzes 2011, BGBl. I Nr. 111/2010, sind anzuwenden, wenn

- die Einkommensteuer (Lohnsteuer) veranlagt wird, erstmalig bei der Veranlagung für das Kalenderjahr 2011
- die Einkommensteuer (Lohnsteuer) durch Abzug eingehoben oder durch Veranlagung festgesetzt wird, erstmalig für Lohnzahlungszeiträume, die nach dem 31. Dezember 2010 enden.

183. § 18 Abs. 1 Z 3 lit. b und Z 5 in der Fassung des Budgetbegleitgesetzes 2011, BGBl. I Nr. 111/2010, sind erstmalig bei der Veranlagung für das Kalenderjahr 2011 anzuwenden. § 18 Abs. 1 Z 3 lit. b in der Fassung vor dem Budgetbegleitgesetz 2011, BGBl. I Nr. 111/2010, ist auf Maßnahmen der Wohnraumschaffung, mit deren tatsächlicher Bauausführung vor dem 1. Jänner 2011 begonnen wurde, weiterhin anzuwenden. Auf Ausschüttungen aus Genussscheinen und jungen Aktien, die vor dem 1. Jänner 2011 angeschafft wurden und deren Anschaffung nach § 18 Abs. 1 Z 4 begünstigt war, ist § 27 Abs. 3 in der Fassung vor dem Budgetbegleitgesetz 2011, BGBl. I Nr. 111/2010, weiter anzuwenden. § 18 Abs. 6 in der Fassung des Budgetbegleitgesetzes 2011, BGBl. I Nr. 111/2010, tritt mit 1. Jänner 2011 in Kraft.

184. § 20 Abs. 2, § 98 Abs. 1, § 99 Abs. 1 und § 100 in der Fassung des Budgetbegleitgesetzes 2011, BGBl. I Nr. 111/2010, treten mit 1. April 2012 in Kraft. § 29 Z 2, § 30 und § 37 in der Fassung vor dem Budgetbegleitgesetz 2011, BGBl. I Nr. 111/2010, sind

- bei Anteilen an Körperschaften und Anteilscheinen an Investmentfonds im Sinne des Investmentfondsgesetzes und an

Immobilienfonds im Sinne des Immobilien-Investmentfondsgesetzes letztmalig auf vor dem 1. April 2012 verwirklichte Besteuerungstatbestände anzuwenden; dabei verlängert sich die Spekulationsfrist für nach dem 31. Dezember 2010 und vor dem 1. April 2011 entgeltlich erworbene Anteile an Körperschaften und Anteilscheine an Investmentfonds und Immobilienfonds bis 31. März 2012.

– bei anderen vor dem 1. April 2012 entgeltlich erworbenen Wirtschaftsgütern und Derivaten im Sinne des § 27 Abs. 3 und 4 weiter anzuwenden; dabei gilt bei nach dem 30. September 2011 und vor dem 1. April 2012 entgeltlich erworbenen Wirtschaftsgütern und Derivaten im Sinne des § 27 Abs. 3 und 4 jede Veräußerung oder sonstige Abwicklung (beispielsweise Glattstellung oder Differenzausgleich) als Spekulationsgeschäft im Sinne des § 30 Abs. 1 in der Fassung vor dem Budgetbegleitgesetz 2011, BGBl. I Nr. 111/2010. Auf die Veräußerung oder sonstige Abwicklung nach dem 31. März 2012 ist bereits der besondere Steuersatz gemäß § 27a Abs. 1 und 2 anzuwenden.

185. Die §§ 27, 27a, 93, 94, 95, 96 und 97 in der Fassung des Budgetbegleitgesetzes 2011, BGBl. I Nr. 111/2010 treten mit 1. April 2012 nach Maßgabe der folgenden Regelungen in Kraft, soweit sich nicht aus Z 193 anderes ergibt:

a) § 27 Abs. 3 und 4 in der Fassung des Budgetbegleitgesetzes 2011, BGBl. I Nr. 111/2010 sind ab 1. April 2012 erstmals anzuwenden auf

– Beteiligungen, die am 31. März 2012 die Voraussetzungen des § 31 erfüllen; bei vor dem 1. Jänner 2011 erworbenen Beteiligungen, an denen der Steuerpflichtige zum 31. März 2012 mit weniger als einem Prozent beteiligt ist, gilt dies nur dann, wenn die Beteiligungen innerhalb der Frist gemäß § 31 Abs. 1 oder innerhalb einer durch das Umgründungssteuergesetz verlängerten Frist veräußert wird;

– Anteile an Körperschaften, die nach dem 31. Dezember 2010 entgeltlich erworben worden sind;

– Anteilscheine an Investmentfonds im Sinne des Investmentfondsgesetzes und an Immobilienfonds im Sinne des Immobilien-Investmentfondsgesetzes, die nach dem 31. Dezember 2010 entgeltlich erworben worden sind;

– alle anderen Wirtschaftsgüter und Derivate im Sinne des § 27 Abs. 3 und 4, die nach dem 31. März 2012 entgeltlich erworben worden sind; dies umfasst auch Kapitalanlagen im Sinne der Z 85.

Sind dem Abzugsverpflichteten die Anschaffungskosten von Anteilen im Sinne des zweiten und dritten Teilstriches zum 1. April 2012 nicht bekannt, hat der Abzugsverpflichtete (§ 95 Abs. 2 Z 2) einen vom gemeinen Wert der Anteile zum 1. April 2012 abgeleiteten Wert als Anschaffungskosten anzusetzen; § 93 Abs. 4 dritter und vierter Satz sind sinngemäß anzuwenden. Der Bundesminister für Finanzen wird ermächtigt, mittels Verordnung festzulegen, wie dieser Wert vom gemeinen Wert zum 1. April 2012 abzuleiten ist. Die Verordnung kann zudem vorsehen, dass für Gutschriften von Kapitalertragsteuer gemäß § 95 Abs. 7 in der Fassung vor dem Budgetbegleitgesetz 2011, BGBl. I Nr. 111/2010 ein Abschlag von den tatsächlichen oder abgeleiteten Anschaffungskosten zu erfolgen hat.

b) § 31 ist letztmalig für Veräußerungen vor dem 1. April 2012 anzuwenden. Werden nach dem 31. März 2012 Beteiligungen im Sinne des § 31 in der Fassung vor dem Budgetbegleitgesetz 2011, BGBl. I Nr. 111/2010 veräußert, die vor dem 1. Jänner 2011 erworben worden sind, besteht keine Abzugspflicht gemäß § 93.

c) Auf vor dem 1. April 2012 erworbene Forderungswertpapiere im Sinne des § 93 Abs. 3 Z 1 bis 3 in der Fassung vor dem Budgetbegleitgesetz 2011, BGBl. I Nr. 111/2010 (zB Nullkuponanleihen und Indexzertifikate) sind § 21, § 22, § 23, § 27, § 37 Abs. 8, § 42 Abs. 1 Z 4, § 93 und § 95 bis § 97 in der Fassung vor dem Budgetbegleitgesetz 2011, BGBl. I Nr. 111/2010 weiter anzuwenden, wobei ab dem 1. Jänner 2016 abweichend von § 37 Abs. 8 und § 95 Abs. 1 der besondere Steuersatz bzw. die Kapitalertragsteuer 27,5% beträgt.

*(BGBl I 2015/163)*

d) Realisierte Wertsteigerungen aus Kapitalvermögen und Derivaten gemäß § 27 Abs. 3 und 4, das bzw. die im Rahmen eines vor dem 1. November 2010 abgeschlossenen Tilgungsplanes erworben wurden, bleiben auf Antrag des Steuerpflichtigen im Rahmen der Veranlagung (§ 97 Abs. 2) steuerfrei. Dies gilt nur,

– wenn der Tilgungsplan nachweislich im Zusammenhang mit einem Darlehen steht, das dem Erwerb eines Eigenheimes, der Wohnraumschaffung oder Wohnraumsanierung im Sinne des § 18 Abs. 1 Z 3 in der Fassung vor dem

Budgetbegleitgesetz 2011, BGBl. I Nr. 111/2010 dient und

– soweit die Darlehensvaluta den Betrag von 200 000 Euro nicht übersteigt.

§ 94a in der Fassung vor dem Budgetbegleitgesetz 2011, BGBl. I Nr. 111/2010 ist bis 31. März 2012 weiter anzuwenden.

e) Abschichtungsüberschüsse aus einer vor dem 1. April 2012 entgeltlich erworbenen Beteiligung an einem Unternehmen als stiller Gesellschafter sowie nach Art eines stillen Gesellschafters unterliegen ab 1. April 2012 bereits § 27 Abs. 3.

186. § 93 in der Fassung des Budgetbegleitgesetzes 2011, BGBl. I Nr. 111/2010, gilt nicht für Altemissionen. Altemissionen sind:
– Wertpapiere, die ein Forderungsrecht verbriefen und vor dem 31. Dezember 1983 in Schilling begeben wurden;
– Wertpapiere, die ein Forderungsrecht verbriefen und vor dem 31. Dezember 1988 in einer anderen Währung als Schilling begeben wurden;
– Forderungswertpapiere im Sinne des § 93 Abs. 3 in der Fassung vor dem Budgetbegleitgesetz 2011, BGBl. I Nr. 111/2010, die von internationalen Finanzinstitutionen vor dem 1. Oktober 1992 begeben wurden.

Für natürliche Personen und für Körperschaften, soweit die Körperschaften Einkünfte aus Kapitalvermögen beziehen, gilt die Einkommensteuer (Körperschaftsteuer) für solche Altemissionen durch einen der auszahlenden Stelle in Höhe der Kapitalertragsteuer freiwillig geleisteten Betrag als abgegolten. Der Auftrag zur Abfuhr eines solchen Betrages ist unwiderrufbar.

187. § 34 Abs. 7 Z 3 ist letztmalig bei der Veranlagung 2010 anzuwenden.

188. § 28 Abs. 2 und § 39 Abs. 3, jeweils in der Fassung des Budgetbegleitgesetzes 2011, BGBl. I Nr. 111/2010, sind erstmalig bei der Veranlagung für das Kalenderjahr 2010 anzuwenden.

189. § 41 Abs. 1 und 3, § 42 Abs. 1 und § 46 Abs. 1, jeweils in der Fassung des Bundesgesetzes, BGBl. I Nr. 111/2010, sind erstmalig bei der Veranlagung 2012 anzuwenden.

190. Abweichend von § 96 Abs. 1 Z 2 letzter Satz in der Fassung vor dem Budgetbegleitgesetz 2011, BGBl. I Nr. 111/2010, ist für im Jahre 2011 zu entrichtende Vorauszahlungen an Stelle des Prozentsatzes von 90% ein Prozentsatz von 93% anzuwenden.

191. § 41 Abs. 1 Z 5, § 62 Z 10 und § 129, jeweils in der Fassung des Bundesgesetzes BGBl. I Nr. 111/2010, sind anzuwenden, wenn
– die Einkommensteuer (Lohnsteuer) veranlagt wird, erstmalig bei der Veranlagung für das Kalenderjahr 2011
– die Einkommensteuer (Lohnsteuer) durch Abzug eingehoben oder durch Veranlagung festgesetzt wird, erstmalig für Lohnzahlungszeiträume, die nach dem 31. Dezember 2010 enden.

192. Auf die Veräußerung nach dem 31. März 2012 von in einem Betriebsvermögen gehaltenen
– Anteilen an Körperschaften und Anteilscheinen an Investmentfonds im Sinne des Investmentfondsgesetzes und an Immobilienfonds im Sinne des Immobilien-Investmentfondsgesetzes, die vor dem 1. Jänner 2011 entgeltlich erworben worden sind und
– anderen Wirtschaftsgütern und Derivaten im Sinne des § 27 Abs. 3 und 4, die vor dem 1. April 2012 entgeltlich erworben worden sind,

ist bereits der besondere Steuersatz gemäß § 27a Abs. 1 und 2 anzuwenden.

193. a) § 6 Z 2 lit. c letzter Satz, § 27 Abs. 5 Z 5 und 6 in der Fassung des Budgetbegleitgesetzes 2011, BGBl. I Nr. 111/2010, entfallen mit 1. April 2012.

b) § 6 Z 2 lit. c letzter Satz, § 27a Abs. 2 Z 2, Z 3 und Z 6 sowie Abs. 4 Z 3, § 93 Abs. 2 Z 1, Abs. 4 und 5, § 94 Z 3 lit. a, Z 5, Z 7 und Z 8, § 95 Abs. 1, Abs. 2 Z 1, Abs. 3 Z 2 und Z 3, Abs. 4 Z 2 und Abs. 5, § 97 Abs. 1 und Abs. 2 sowie § 108g Abs. 5, jeweils in der Fassung des Bundesgesetzes BGBl. I Nr. 76/2011, treten mit 1. April 2012 in Kraft.

194. § 3 Abs. 1 Z 10 und Abs. 3, § 41 Abs. 4, § 63 Abs. 7, § 67 Abs. 1 und 5, § 69 Abs. 4 Z 2 und § 77 Abs. 4, jeweils in der Fassung des Bundesgesetzes BGBl. I Nr. 76/2011, sind anzuwenden, wenn
– die Einkommensteuer veranlagt wird, erstmalig bei der Veranlagung für das Kalenderjahr 2012,
– die Einkommensteuer (Lohnsteuer) durch Abzug eingehoben oder durch Veranlagung festgesetzt wird, erstmalig für Lohnzahlungszeiträume, die nach dem 31. Dezember 2011 enden.

195. § 3 Abs. 1 Z 10 und Abs. 3 in der Fassung vor dem Bundesgesetz BGBl. I Nr. 76/2011 ist weiterhin anzuwenden, wenn die begünstigte Tätigkeit an einem Einsatzort erfolgt, der nicht mehr als 400 Kilometer Luftlinie vom nächstgelegenen Punkt des österreichischen Staatsgebietes entfernt liegt.

196. Die §§ 4a und 18 Abs. 1 Z 7 und 8, jeweils in der Fassung des Bundesgesetzes BGBl. I Nr. 76/2011, sind erstmalig auf Zuwendungen anzuwenden, die nach dem 31. Dezember 2011 erfolgen. Im Jahr 2011 gilt für die Aufnahme in die in § 4a Abs. 7 Z 1 genannte Liste:

a) Für Körperschaften, die begünstigte Zwecke im Sinne des § 4a Abs. 2 Z 3 lit. d (Umwelt-, Naturschutz und Artenschutz) und lit. e (Tierheime) verfolgen:
   - Die Körperschaften muss selbst bereits seit drei Jahren bestehen und die Voraussetzungen im Übrigen erfüllen, oder aus einer Vorgängerorganisation (Organisationsfeld mit eigenem Rechnungskreis), die diese Voraussetzungen erfüllt hat, hervorgegangen sein.
   - Die Bestätigungen des Wirtschaftsprüfers über das Vorliegen der jeweils in § 4a Abs. 8 genannten Voraussetzungen zu den Abschlussstichtagen der Jahre 2008, 2009 und 2010 müssen gemeinsam mit einer aktuellen Fassung der Rechtsgrundlage (Vereinsstatut, Satzung, Gesellschaftsvertrag) bis 31. Dezember 2011 vorgelegt werden.
   - Eine Anerkennung als begünstigte Einrichtung, ist vom Finanzamt 1/23 bis längstens 31. März 2012 in der Liste zu veröffentlichen. Diese Eintragung entfaltet bereits für Zuwendungen ab dem 1. Jänner 2012 Wirkung.

b) Forschungseinrichtungen, die vor dem 1. September 2011 den Antrag auf Anerkennung als begünstigte Körperschaft nach der Rechtslage vor Inkrafttreten des Bundesgesetzes, BGBl. I Nr. 76/2011, erstmalig stellen und Forschungseinrichtungen, die bereits als begünstigt anerkannt sind, müssen das Vorliegen der in § 4a Abs. 8 Z 1 oder 2 genannten Voraussetzungen bis 31. Dezember 2011 dem Finanzamt Wien 1/23 durch Vorlage einer Bestätigung des Wirtschaftsprüfers bestätigen. Dabei sind § 4a Abs. 8 Z 1 lit. b und § 4a Abs. 8 Z 2 lit. d nicht maßgeblich.

c) Für Forschungseinrichtungen, die nach dem 31. August 2011 die Anerkennung als begünstigte Körperschaft gemäß § 4a erstmalig beantragen, ist § 4a Abs. 8 in der Fassung des Bundesgesetzes BGBl. I Nr. 76/2011, anzuwenden.

197. § 14 Abs. 6 in der Fassung des Bundesgesetzes BGBl. I Nr. 76/2011 ist erstmalig auf Pensionszusagen anzuwenden, die nach dem 31. Dezember 2010 erteilt werden.

198. § 18 Abs. 1 Z 5 in der Fassung des Bundesgesetzes BGBl. I Nr. 76/2011 ist erstmalig bei der Veranlagung für das Kalenderjahr 2012 anzuwenden.

199. § 19 Abs. 1 in der Fassung des Bundesgesetzes BGBl. I Nr. 76/2011 ist erstmals bei der Veranlagung für das Kalenderjahr 2011 anzuwenden.

200. § 39 Abs. 3 in der Fassung des Bundesgesetzes BGBl. I Nr. 76/2011 ist erstmals bei der Veranlagung für das Jahr 2011 anzuwenden.

201. § 45 Abs. 1 zweiter Satz in der Fassung des Bundesgesetzes BGBl. I Nr. 76/2011 ist erstmals auf Vorauszahlungen anzuwenden, die für das Kalenderjahr 2011 festgesetzt werden oder bereits festgesetzt worden sind.

202. § 14 Abs. 7 Z 4 lit. e, § 27a Abs. 2 Z 2, § 95 Abs. 1, § 108a Abs. 5, § 108b Abs. 1 Z 3, § 108h Abs. 1 Z 1 lit. a, § 108i Abs. 1 Z 3 lit. b und Abs. 2 in der Fassung des Bundesgesetzes BGBl. I Nr. 77/2011 treten mit 1. September 2011 in Kraft.

203. § 4a Abs. 2 Z 1 und Abs. 3 Z 1 bis 4 in der Fassung des Bundesgesetzes BGBl. I Nr. 112/2011 ist auf alle offenen Veranlagungen anzuwenden.

204. § 19 Abs. 1 Z 2 in der Fassung des Bundesgesetzes BGBl. I Nr. 112/2011 ist erstmals bei der Veranlagung für das Kalenderjahr 2011 anzuwenden.

205. § 27 Abs. 2 Z 2, Abs. 3 und Abs. 8, § 27a Abs. 5, § 93 Abs. 5, § 94 Z 10, 11 und 13, § 95 Abs. 1 und Abs. 2 Z 1 sowie § 97 Abs. 1 und 2, jeweils in der Fassung des Bundesgesetzes BGBl. I Nr. 112/2011, treten mit 1. April 2012 in Kraft.

206. § 45 in der Fassung des Bundesgesetzes BGBl. I Nr. 112/2011 tritt mit 2. August 2011 in Kraft.

207. § 93 Abs. 6 und § 96 Abs. 1 Z 2 und Abs. 4, jeweils in der Fassung des Bundesgesetzes BGBl. I Nr. 112/2011, treten mit 1. Jänner 2013 in Kraft.

     Für die im Zeitraum vom 1. April 2012 bis zum 31. Dezember 2012 erzielten Einkünfte hat die depotführende Stelle gemäß § 95 Abs. 2 Z 2 lit. a den Verlustausgleich für sämtliche Depots des Steuerpflichtigen nachträglich bis zum 30. April 2013 wie folgt durchzuführen: Die unter Berücksichtigung des § 93 Abs. 6 Z 4 ausgleichbaren positiven und negativen Einkünfte gemäß § 27 sind gegenüberzustellen. Die tatsächlich für diese Einkünfte einbehaltene Kapitalertragsteuer ist
     - im Falle eines negativen Überhangs zur Gänze gutzuschreiben;
     - im Falle eines positiven Überhangs insoweit gutzuschreiben, als sie 25% des positiven Überhangs übersteigt.

     Der Abzugsverpflichtete hat dem Empfänger der Kapitalerträge für diesen Zeitraum eine Bescheinigung über den Verlustausgleich im Sinne des § 96 Abs. 4 Z 2 zu erteilen. Diese Bescheinigung ist zur Vornahme des Verlustausgleichs nach § 27 Abs. 8 im Rahmen der Veranlagung auf Verlangen des Finanzamtes vorzulegen.

208. § 18 Abs. 3 Z 2 und § 34 Abs. 4, jeweils in der Fassung des Bundesgesetzes BGBl. I

Nr. 123/2011, sind erstmals bei der Veranlagung für das Kalenderjahr 2012 anzuwenden.

209. § 33 Abs. 6 Z 1 in der Fassung des Bundesgesetzes BGBl. I Nr. 123/2011 ist anzuwenden, wenn
- die Einkommensteuer (Lohnsteuer) veranlagt wird, erstmalig bei der Veranlagung für das Kalenderjahr 2012
- die Einkommensteuer (Lohnsteuer) durch Abzug eingehoben wird, erstmalig für Lohnzahlungszeiträume, die nach dem 31. Dezember 2011 enden.

210. § 2 Abs. 8 Z 3 in der Fassung des 1. Stabilitätsgesetzes 2012, BGBl. I Nr. 22/2012, ist erstmals bei der Veranlagung für das Kalenderjahr 2012 anzuwenden.

211. § 4 Abs. 1 letzter Satz und Abs. 3 letzter Satz, jeweils in der Fassung vor dem 1. Stabilitätsgesetz 2012, BGBl. I Nr. 22/2012, sind letztmalig auf Wertveränderungen vor dem 1. April 2012 anzuwenden. § 4 Abs. 3 in der Fassung des 1. Stabilitätsgesetzes 2012, BGBl. I Nr. 22/2012, ist anzuwenden auf Wirtschaftsgüter, die nach dem 31. März 2012 angeschafft, hergestellt oder eingelegt werden.

212. § 4 Abs. 10 Z 3 in der Fassung vor dem 1. Stabilitätsgesetz 2012, BGBl. I Nr. 22/2012, ist letztmalig anzuwenden, wenn der Wechsel der Gewinnermittlung vor dem 1. April 2012 erfolgt. Zum 31. März 2012 bestehende Rücklagen oder steuerfreie Beträge im Sinne des § 4 Abs. 10 Z 3 lit. b in der Fassung vor dem 1. Stabilitätsgesetz 2012, BGBl. I Nr. 22/2012, sind im Zeitpunkt des Ausscheidens des Grund und Bodens aus dem Betriebsvermögen oder im Zeitpunkt der Veräußerung oder Aufgabe des Betriebes insoweit gemäß § 30a zu versteuern als die stillen Reserven in diesem Zeitpunkt noch vorhanden sind.

212a. § 5 Abs. 1 in der Fassung des 1. Stabilitätsgesetzes 2012, BGBl. I Nr. 22/2012, tritt mit 1. April 2012 in Kraft.

213. § 6 Z 2 lit. d, Z 4 und 5, jeweils in der Fassung des 1. Stabilitätsgesetzes 2012, BGBl. I Nr. 22/2012, treten mit 1. April 2012 in Kraft.

214. § 10 in der Fassung des 1. Stabilitätsgesetzes 2012, BGBl. I Nr. 22/2012, ist erstmalig bei der Veranlagung für das Kalenderjahr 2013 anzuwenden.

215. §§ 3 Abs. 1 Z 33, 4 Abs. 3a, 20 Abs. 2, 29 Z 2, 30, 30a, 31 und § 98 Abs. 1 Z 7, jeweils in der Fassung des 1. Stabilitätsgesetzes 2012, BGBl. I Nr. 22/2012, treten mit 1. April 2012 in Kraft und sind erstmals für Veräußerungen nach dem 31. März 2012 anzuwenden. Die §§ 41 Abs. 1 Z 10 und 42 Abs. 1 Z 5 in der Fassung des 1. Stabilitätsgesetzes 2012, BGBl. I Nr. 22/2012, sind erstmalig bei der Veranlagung für das Kalenderjahr 2012 anzuwenden. § 12 Abs. 4 in der Fassung des 1. Stabilitätsgesetzes 2012, BGBl. I Nr. 22/2012, ist erstmals anzuwenden für die Übertragung stiller Reserven auf nach dem 31. März 2012 anfallende (Teil-)Anschaffungs- oder Herstellungskosten.

216. § 27a Abs. 6 in der Fassung des 1. Stabilitätsgesetzes 2012, BGBl. I Nr. 22/2012, tritt mit 1. April 2012 in Kraft.

217. §§ 30b, 30c und 102 Abs. 1, jeweils in der Fassung des 1. Stabilitätsgesetzes 2012, BGBl. I Nr. 22/2012, sind für Veräußerungen nach dem 31. Dezember 2012 anzuwenden. § 46 Abs. 1 in der Fassung des 1. Stabilitätsgesetzes 2012, BGBl. I Nr. 22/2012, ist erstmalig bei der Veranlagung für das Kalenderjahr 2013 anzuwenden.

217a. § 98 Abs. 4 in der Fassung des 1. Stabilitätsgesetzes 2012, BGBl. I Nr. 22/2012, ist hinsichtlich der Geltung des § 30a erstmals auf Veräußerungen nach dem 31. März 2012, im Übrigen erstmals auf Veräußerungen nach dem 31. Dezember 2012 anzuwenden.

218. Für Grundstücksveräußerungen nach dem 31. März 2012 und vor dem 1. Jänner 2013 können Parteienvertreter, die eine Selbstberechnung gemäß § 11 des Grunderwerbsteuergesetzes vornehmen, einen Betrag in Höhe der Immobilienertragsteuer gemäß § 30b Abs. 1 selbst berechnen und entrichten. Mit der Entrichtung gilt unter den Voraussetzungen des § 30b Abs. 2 die Einkommensteuer als abgegolten. In diesem Fall sind die §§ 30b Abs. 3, 30c Abs. 2 Z 2 und Abs. 3, 41 Abs. 1 Z 10, 42 Abs. 1 Z 5 und 46 Abs. 1 Z 2 sinngemäß anzuwenden.

219. § 41 Abs. 4, § 67 Abs. 1 und 2, Abs. 12 sowie § 77 Abs. 4 letzter Satz, jeweils in der Fassung des 1. Stabilitätsgesetzes 2012, BGBl. I Nr. 22/2012, sind anzuwenden, wenn
- die Einkommensteuer veranlagt wird, erstmalig bei der Veranlagung für das Kalenderjahr 2013,
- die Einkommensteuer (Lohnsteuer) durch Abzug eingehoben oder durch Veranlagung festgesetzt wird, erstmalig für Lohnzahlungszeiträume, die nach dem 31. Dezember 2012 enden.

220. § 67 Abs. 3 und 4, jeweils zweiter Satz, Abs. 5, Abs. 6, Abs. 7 und Abs. 8 lit. f und g, jeweils in der Fassung des 1. Stabilitätsgesetzes 2012, BGBl. I Nr. 22/2012, sind anzuwenden, wenn
- die Einkommensteuer veranlagt wird, erstmalig bei der Veranlagung für das Kalenderjahr 2013,
- die Einkommensteuer (Lohnsteuer) durch Abzug eingehoben oder durch Veranlagung festgesetzt wird, erstmalig für Lohnzahlungszeiträume, die nach dem 31. Dezember 2012 enden.

221. § 108 Abs. 1 Z 2 in der Fassung des 1. Stabilitätsgesetzes 2012, BGBl. I Nr. 22/2012, ist für Erstattungen, die für die Kalendermonate ab April 2012 erfolgen, anzuwenden. Für Er-

stattungen, die für die Kalendermonate Jänner bis März 2012 erfolgen, ist § 108 Abs. 1 Z 2 in der Fassung vor dem 1. Stabilitätsgesetz 2012, BGBl. I Nr. 22/2012, anzuwenden. Die Bausparprämie beträgt im Kalenderjahr 2012 aliquot für die Kalendermonate Jänner bis März 2012 3% und aliquot für die Kalendermonate April bis Dezember 2012 1,5%. Erfolgt die Erstattung für das gesamte Kalenderjahr 2012, ist der Durchschnittsprozentsatz von 1,875% anzuwenden.

222. § 108a Abs. 1 und § 108g Abs. 1, jeweils in der Fassung des 1. Stabilitätsgesetzes 2012, BGBl. I Nr. 22/2012, sind auf Erstattungen anzuwenden, die nach dem 31. Dezember 2012 erfolgen. Der Prozentsatz nach § 108a Abs. 1 und § 108g Abs. 1 beträgt für Erstattungen, die für das Kalenderjahr 2012 erfolgen, 4,25%.

223. a) § 108c Abs. 2 in der Fassung des 1. Stabilitätsgesetzes 2012, BGBl. I Nr. 22/2012, ist erstmalig auf Prämien anzuwenden, die Wirtschaftsjahre betreffen, die nach dem 31. Dezember 2011 beginnen.

b) § 108c Abs. 7 und 8 in der Fassung des 1. Stabilitätsgesetzes 2012, BGBl. I Nr. 22/2012, ist erstmalig auf Prämien anzuwenden, die Wirtschaftsjahre betreffen, die nach dem 31. Dezember 2011 beginnen. Abweichend davon tritt § 108c Abs. 7 erster Satz in der Fassung des 1. Stabilitätsgesetzes 2012, BGBl. I Nr. 22/2012 mit 1. Jänner 2013 in Kraft.

c) § 108c Abs. 7, 8 und 9 in der Fassung des Bundesgesetzes BGBl. I Nr. 112/2012 ist erstmalig auf Prämien anzuwenden, die Wirtschaftsjahre betreffen, die nach dem 31. Dezember 2011 beginnen. Abweichend davon tritt § 108c Abs. 7 erster Satz in der Fassung des Bundesgesetzes BGBl. I Nr. 112/2012 mit 1. Jänner 2013 in Kraft.

224. § 3 Abs. 1 Z 10 lit. f fünfter Teilstrich und § 35 Abs. 1 dritter Teilstrich, jeweils in der Fassung des Bundesgesetzes BGBl. I Nr. 112/2012, sind anzuwenden, wenn

– die Einkommensteuer veranlagt wird, erstmalig bei der Veranlagung für das Kalenderjahr 2013
– die Einkommensteuer (Lohnsteuer) durch Abzug eingehoben oder durch Veranlagung festgesetzt wird, erstmalig für Lohnzahlungszeiträume, die nach dem 31. Dezember 2012 enden.

225. § 4 Abs. 2 und 3 und § 28 Abs. 7, jeweils in der Fassung des Bundesgesetzes BGBl. I Nr. 112/2012, treten mit 1. Jänner 2013 in Kraft und sind erstmals bei der Veranlagung für das Kalenderjahr 2004 auf Fehler anzuwenden, die Veranlagungszeiträume ab 2003 betreffen.

*(BGBl I 2015/163)*

226. § 4 Abs. 3a Z 2 bis 5, § 6 Z 2 lit. d, Z 4 und Z 5, § 12 Abs. 3, § 24 Abs. 3, § 30 Abs. 2 Z 4, Abs. 3, Abs. 5 und Abs. 6 lit. b, § 30a Abs. 3 und Abs. 4, jeweils in der Fassung des Bundesgesetzes BGBl. I Nr. 112/2012, treten mit 1. April 2012 in Kraft.

227. § 27a Abs. 2 und 4 und § 30c Abs. 4, jeweils in der Fassung des Bundesgesetzes BGBl. I Nr. 112/2012, treten mit 1. Jänner 2013 in Kraft. § 16 Abs. 1 Z 8 und § 30 Abs. 6 lit. a, jeweils in der Fassung des Bundesgesetzes BGBl. I Nr. 112/2012, sind auf Wirtschaftsgüter anzuwenden, die nach dem 31. Dezember 2012 erstmalig zur Erzielung von Einkünften verwendet werden.

228. § 4a Abs. 1, Abs. 4 lit. d, Abs. 7 Z 1 und Z 5 und Abs. 8 Z 2 in der Fassung des Bundesgesetzes BGBl. I Nr. 112/2012 ist erstmalig auf Zuwendungen anzuwenden, die nach dem 31. Dezember 2012 erfolgen.

Einrichtungen, die gemäß § 4a Abs. 4 lit. d in der Fassung vor dem BGBl. I Nr. 112/2012 begünstigt sind, können bis 30. April 2013 einen Antrag auf Aufnahme in die Liste gemäß Abs. 7 Z 1 stellen. Werden die in § 4a Abs. 8 Z 2 genannten Voraussetzungen nachgewiesen, entfaltet die Anerkennung als begünstigte Einrichtung durch das Finanzamt Wien 1/23 und die Eintragung in die Liste gemäß Abs. 7 Z 1 ab dem 1. Jänner 2013 Wirkung.

229. § 10 idF des BGBl. I Nr. 112/2012 ist erstmalig bei der Veranlagung für das Kalenderjahr 2013 anzuwenden.

230. § 17 Abs. 5a in der Fassung des Bundesgesetzes BGBl. I Nr. 112/2012 ist erstmals für die Erlassung einer Verordnung anzuwenden, die für Veranlagungszeiträume gilt, für die gemäß § 20c Bewertungsgesetz 1955 festgestellte Einheitswerte anzuwenden sind.

231. § 18 Abs. 1 Z 3 lit. b erster Satz in der Fassung des Bundesgesetzes BGBl. I Nr. 112/2012 ist erstmalig bei der Veranlagung für das Kalenderjahr 2013 anzuwenden.

232. § 18 Abs. 1 Z 7 in der Fassung des Bundesgesetzes BGBl. I Nr. 112/2012 ist erstmalig auf Zuwendungen anzuwenden, die nach dem 31. Dezember 2012 erfolgen. § 18 Abs. 1 Z 8 in der Fassung vor dem BGBl. I Nr. 112/2012 gilt letztmalig für Zuwendungen, die vor dem 1. Jänner 2013 erfolgen. Arbeitgeber, die Bezüge aus einer gesetzlichen Sozialversicherung oder Ruhegenussbezüge einer Gebietskörperschaft im Sinne des § 25 Abs. 1 Z 1, 3 oder 4 auszahlen, können im Zuge einer Aufrollung gemäß § 77 Abs. 3 für Lohnzahlungszeiträume, die vor dem 1. Jänner 2017 enden, Sonderausgaben im Sinne des § 18 Abs. 1 Z 7 in der Fassung des Bundesgesetzes BGBl. I Nr. 112/2012 berücksichtigen.

*(BGBl I 2015/163)*

233. § 30 Abs. 4 in der Fassung des Bundesgesetzes BGBl. I Nr. 112/2012 ist erstmals anzuwenden auf Veräußerungen nach dem 31. März 2012.

§ 28 Abs. 7 und § 37 Abs. 2 Z 3 in der Fassung vor dem Bundesgesetz BGBl. I Nr. 112/2012 sind letztmalig anzuwenden auf Übertragungen vor dem 1. April 2012.

234. § 30 Abs. 7 ist erstmals bei der Veranlagung für das Kalenderjahr 2012 anzuwenden.

235. § 32 Abs. 1 und 2 in der Fassung des Bundesgesetzes BGBl. I Nr. 112/2012 ist erstmals anzuwenden für Einkünfte, die nach dem 31. Dezember 2012 anfallen.

236. § 33 Abs. 3 zweiter Satz in der Fassung des Bundesgesetzes BGBl. I Nr. 112/2012 tritt mit 1. Jänner 2013 in Kraft. § 33 Abs. 4 Z 3 erster Satz, § 34 Abs. 7 Z 2 und Abs. 9 Z 1 zweiter Teilstrich und § 106a Abs. 2, jeweils in der Fassung des Bundesgesetzes BGBl. I Nr. 112/2012, sind erstmalig bei der Veranlagung für das Kalenderjahr 2012 anzuwenden.

237. § 41 Abs. 1 Z 4 in der Fassung des Bundesgesetzes BGBl. I Nr. 112/2012 ist anzuwenden, wenn
   – die Einkommensteuer veranlagt wird, erstmalig bei der Veranlagung für das Kalenderjahr 2012
   – die Einkommensteuer (Lohnsteuer) durch Abzug eingehoben oder durch Veranlagung festgesetzt wird, erstmalig für Lohnzahlungszeiträume, die nach dem 31. Dezember 2011 enden.

238. Abweichend von Z 184 ist § 37 Abs. 4 in der Fassung vor dem Budgetbegleitgesetz 2011, BGBl. I Nr. 111/2010, für Zuwendungen von Privatstiftungen im Sinne des § 27 Abs. 1 Z 7 in der Fassung vor dem Budgetbegleitgesetz 2011, die vor dem 1. April 2012 zufließen, weiter anzuwenden.

239. § 93 Abs. 6 in der Fassung des Bundesgesetzes BGBl. I Nr. 112/2012 tritt mit 1. Jänner 2013 in Kraft.

240. § 95 Abs. 3 Z 2 in der Fassung des Bundesgesetzes BGBl. I Nr. 112/2012 tritt mit 1. April 2012 in Kraft.

241. § 96 Abs. 1 Z 1 lit. a und Abs. 3 in der Fassung des Bundesgesetzes BGBl. I Nr. 112/2012 treten mit 1. Jänner 2013 in Kraft.

242. § 16 Abs. 1 Z 6 lit. a und lit. c bis j, § 16 Abs. 3, § 20 Abs. 1 Z 2 lit. e, § 26 Z 5 lit. b, § 33, § 62 Z 6, § 68 Abs. 6 und § 76 Abs. 1 jeweils in der Fassung des Bundesgesetzes BGBl. I Nr. 53/2013, sind anzuwenden, wenn
   – die Einkommensteuer veranlagt wird, erstmalig bei der Veranlagung für das Kalenderjahr 2013,
   – die Einkommensteuer (Lohnsteuer) durch Abzug eingehoben oder durch Veranlagung festgesetzt wird, erstmalig für Lohnzahlungszeiträume, die nach dem 31. Dezember 2012 enden. Wurden für derartige Lohnzahlungszeiträume § 16 Abs. 1 Z 6 und § 33 Abs. 5 Z 4 in der Fassung des BGBl. I Nr. 53/2013 noch nicht berücksichtigt, hat eine Aufrollung gemäß § 77 Abs. 3 so bald als möglich, jedoch spätestens bis 30. Juni 2013 zu erfolgen, sofern die technischen und organisatorischen Möglichkeiten dazu vorliegen und ein aufrechtes Dienstverhältnis bei demselben Arbeitgeber vorliegt.

243. § 16 Abs. 1 Z 6 lit. b in der Fassung des Bundesgesetzes BGBl. I Nr. 53/2013 tritt mit 1. Mai 2013 in Kraft.

244. § 45 Abs. 1 in der Fassung des Bundesgesetzes BGBl. I Nr. 53/2013 ist erstmals bei der Veranlagung für das Kalenderjahr 2012 anzuwenden.

245. § 33 Abs. 6 in der Fassung des Bundesgesetzes BGBl. I Nr. 53/2013 ist anzuwenden, wenn
   – die Einkommensteuer veranlagt wird, erstmalig bei der Veranlagung für das Kalenderjahr 2013,
   – die Einkommensteuer (Lohnsteuer) durch Abzug eingehoben oder durch Veranlagung festgesetzt wird, erstmalig für Lohnzahlungszeiträume, die nach dem 31. Dezember 2012 enden. Wurden für derartige Lohnzahlungszeiträume § 33 Abs. 6 in der Fassung des BGBl. I Nr. 53/2013 noch nicht berücksichtigt, hat eine Aufrollung gemäß § 77 Abs. 3 so bald als möglich, jedoch spätestens bis 30. September 2013 zu erfolgen, sofern die technischen und organisatorischen Möglichkeiten dazu vorliegen.

246. § 108h Abs. 1 Z 2 lit. d ist auf Erklärungen ab dem 1. August 2013 anzuwenden. Fällt der Ablauf der vertraglich vereinbarten Laufzeit in das Jahr 2013, kann der Steuerpflichtige die unwiderrufliche Erklärung jedenfalls bis zum 31. Dezember 2013 abgeben.

247. § 3 Abs. 1 Z 13 lit. b in der Fassung des Bundesgesetzes BGBl. I Nr. 135/2013 ist erstmalig für Lohnzahlungszeiträume, die nach dem 31. Dezember 2012 enden, anzuwenden.

248. § 2 Abs. 2b in der Fassung vor dem Bundesgesetz BGBl. I Nr. 13/2014 ist letztmalig bei der Veranlagung für das Kalenderjahr 2013 anzuwenden.

249. a) § 2 Abs. 8 Z 3 in der Fassung vor dem Bundesgesetz BGBl. I Nr. 13/2014 ist letztmalig bei der Veranlagung für das Kalenderjahr 2014 anzuwenden.
   b) § 2 Abs. 8 Z 4 in der Fassung des Bundesgesetzes BGBl. I Nr. 13/2014 ist erstmalig bei der Veranlagung für das Kalenderjahr 2015 anzuwenden. Sämtliche noch nicht nachversteuerte Verluste aus Staaten, mit denen keine umfassende Amtshilfe besteht, die bis zur Veranlagung für das Kalenderjahr 2014 berücksichtigt wurden, erhöhen in den Veranlagungsjahren 2016 bis 2018 zu mindestens einem Drittel den Gesamtbetrag der Einkünfte, soweit sie nicht bei

der Veranlagung 2016 bereits nach § 2 Abs. 8 Z 4 erster Satz nachzuversteuern sind. Angesetzte Verluste unterliegen nicht der Nachversteuerung, wenn die Verluste

– in Wirtschaftsjahren entstanden sind, die vor dem 1. März 2014 enden,
– nicht mehr im Ausland verwertet werden können, und
– aus ausländischen Betrieben oder Betriebsstätten stammen, die vor dem 1. Jänner 2017 aufgegeben oder veräußert werden.

250. § 4a Abs. 4 in der Fassung des Bundesgesetzes BGBl. I Nr. 13/2014 ist auf alle offenen Veranlagungsverfahren anzuwenden.

251. a) § 9 Abs. 5 in der Fassung des Bundesgesetzes BGBl. I Nr. 13/2014 ist für Rückstellungen anzuwenden, deren Anlass für die erstmalige Bildung in Wirtschaftsjahren liegt, die nach dem 30. Juni 2014 enden.

b) § 9 Abs. 5 in der Fassung vor dem Bundesgesetz BGBl. I Nr. 13/2014 ist letztmalig für Rückstellungen anzuwenden, die für Wirtschaftsjahre gebildet wurden, die vor dem 1. Juli 2014 enden. Für die Bewertung in den folgenden Wirtschaftsjahren gilt Folgendes:

– Ergibt sich aufgrund der erstmaligen Abzinsung für bestehende Rückstellungen nach Maßgabe von § 9 Abs. 5 in der Fassung des Bundesgesetzes BGBl. I Nr. 13/2014 ein geringerer als der bisher rückgestellte Betrag, ist die Rückstellung um den gesamten Unterschiedsbetrag zu vermindern. Der aufzulösende Unterschiedsbetrag ist im betreffenden und den nachfolgenden beiden Wirtschaftsjahren zu je einem Drittel zu berücksichtigen. Auf die um den Unterschiedsbetrag verminderte Rückstellung ist in den Folgejahren § 9 Abs. 5 in der Fassung des Bundesgesetzes BGBl. I Nr. 13/2014 anzuwenden. Im Falle einer Betriebsveräußerung oder aufgabe kann der Unterschiedsbetrag zur Gänze im betreffenden Wirtschaftsjahr berücksichtigt werden.
– Ergibt sich aufgrund der erstmaligen Abzinsung für bestehende Rückstellungen nach Maßgabe von § 9 Abs. 5 in der Fassung des Bundesgesetzes BGBl. I Nr. 13/2014 ein höherer als der bisher rückgestellte Betrag, ist die Rückstellung weiterhin mit 80% des Teilwertes anzusetzen, wenn deren Restlaufzeit mehr als ein Jahr beträgt.

252. § 10 in der Fassung des Bundesgesetzes BGBl. I Nr. 13/2014 ist erstmalig für Wirtschaftsjahre anzuwenden, die nach dem 30. Juni 2014 enden. § 10 Abs. 5 Z 2 und 3 in der Fassung vor dem Bundesgesetz BGBl. I Nr. 13/2014 sind für Wertpapiere, die in vor dem 1. Juli 2014 endenden Wirtschaftsjahren angeschafft wurden, weiter anzuwenden. § 10 in der Fassung vor dem Bundesgesetz BGBl. I Nr. 13/2014 ist wieder für Wirtschaftsjahre anzuwenden, die nach dem 31. Dezember 2016 beginnen.

253. a) § 20 Abs. 1 Z 7 in der Fassung des Bundesgesetzes BGBl. I Nr. 13/2014 ist erstmalig auf Aufwendungen anzuwenden, die nach dem 28. Februar 2014 anfallen, wobei die Aliquotierung gemäß § 20 Abs. 1 Z 7 lit. b sinngemäß anzuwenden ist. Ergibt sich aus der Anwendung des § 20 Abs. 1 Z 7 für bestehende Rückstellungen für Pensionen, die für Wirtschaftsjahre gebildet wurden, die vor dem 1. März 2014 enden, ein geringerer als der bisher rückgestellte Betrag, ist der Unterschiedsbetrag nicht gewinnerhöhend aufzulösen. Eine steuerwirksame Zuführung zu diesen Rückstellungen darf erst dann vorgenommen werden, wenn die Höhe der Pensionsansprüche unter Berücksichtigung des § 20 Abs. 1 Z 7 eine Rückstellungsbildung über den bisher rückgestellten Betrag hinaus zulässt.

b) Für die Festsetzung von Vorauszahlungen gemäß § 45 für das Jahr 2014 und die Folgejahre gilt unbeschadet des § 45 Abs. 4 Folgendes: Wurde die für die Festsetzung maßgebliche Einkommensteuerschuld unter Berücksichtigung des Ergebnisses eines vor dem 1. Jänner 2014 endenden Regelwirtschaftsjahres ermittelt und dabei für einen Arbeitnehmer oder einen ehemaligen Arbeitnehmer in einem oder mehreren Lohnzetteln ausgewiesene Bruttobezüge gemäß § 25 (ohne Bezüge gemäß § 26 und ohne Bezüge gemäß § 3 Abs. 1 Z 16b) in einer Höhe berücksichtigt, die den Betrag von 500 000 Euro übersteigen, ist bei Festsetzung von Vorauszahlungen das für die Ermittlung der Einkommensteuerschuld zu berücksichtigende Ergebnis um den 500 000 Euro übersteigenden Betrag zu erhöhen. Dies gilt nicht, soweit die maßgebliche Einkommensteuerschuld unter Berücksichtigung eines nach § 188 BAO festgestellten Ergebnisses ermittelt wurde.

254. § 20 Abs. 1 Z 8 in der Fassung des Bundesgesetzes BGBl. I Nr. 13/2014 ist erstmalig auf Auszahlungen anzuwenden, die nach dem 28. Februar 2014 anfallen. Dies gilt nicht für Auszahlungen auf Grund von Sozialplänen im Sinne des § 67 Abs. 8 lit. f, die vor dem

1. März 2014 abgeschlossen wurden. Ergibt sich aus der Anwendung des § 20 Abs. 1 Z 8 für bestehende Rückstellungen für Abfertigungen, die für Wirtschaftsjahre gebildet wurden, die vor dem 1. März 2014 enden, ein geringerer als der bisher rückgestellte Betrag, ist der Unterschiedsbetrag nicht gewinnerhöhend aufzulösen. Eine steuerwirksame Zuführung zu diesen Rückstellungen darf erst dann vorgenommen werden, wenn die Höhe der Abfertigungsansprüche unter Berücksichtigung des § 20 Abs. 1 Z 8 eine Rückstellungsbildung über den bisher rückgestellten Betrag hinaus zulässt.

255. § 27 Abs. 5 Z 3 in der Fassung des Bundesgesetzes BGBl. I Nr. 13/2014 ist erstmalig auf nach dem 28. Februar 2014 abgeschlossene Versicherungsverträge anzuwenden.

256. § 67 Abs. 6 und Abs. 8 lit. a und b, jeweils in der Fassung des Bundesgesetzes BGBl. I Nr. 13/2014, sind erstmalig auf Auszahlungen anzuwenden, die nach dem 28. Februar 2014 erfolgen. § 67 Abs. 6 in der Fassung vor dem Bundesgesetz BGBl. I Nr. 13/2014 ist auf Auszahlungen im Rahmen von Sozialplänen im Sinne des § 67 Abs. 8 lit. f, die nach dem 28. Februar 2014 erfolgen, weiterhin anzuwenden, wenn der Sozialplan vor dem 1. März 2014 abgeschlossen wurde.

257. § 89 Abs. 6 in der Fassung des Bundesgesetzes BGBl. I Nr. 13/2014 tritt mit 1. Jänner 2016 in Kraft. Datenübertragungen sind jedoch nicht vor dem Vorliegen der technischen und organisatorischen Voraussetzungen zulässig.

258. § 94 Z 13 und § 98 Abs. 1 Z 5 in der Fassung des Bundesgesetzes BGBl. I Nr. 13/2014 treten mit 1. Jänner 2015 in Kraft und gelten für Zinsen, die nach dem 31. Dezember 2014 angefallen sind. Wird für Zinsen, die davor angefallen sind, Kapitalertragsteuer abgezogen, kann diese im Rahmen der Veranlagung angerechnet oder erstattet werden.

259. § 69 Abs. 2 in der Fassung des Bundesgesetzes BGBl. I Nr. 13/2014 ist anzuwenden, wenn
- die Einkommensteuer veranlagt wird, erstmalig bei der Veranlagung für das Kalenderjahr 2014,
- die Einkommensteuer (Lohnsteuer) durch Abzug eingehoben oder durch Veranlagung festgesetzt wird, erstmalig für Lohnzahlungszeiträume, die nach dem 31. Dezember 2013 enden.

260. § 2 Abs. 4 in der Fassung des Bundesgesetzes BGBl. I Nr. 105/2014 ist erstmals auf Wirtschaftsjahre anzuwenden, die nach dem 31. Dezember 2014 beginnen, wenn die Vereinbarung des Auftragswertes bei Auftragsvergabe nach dem 31. Dezember 2014 erfolgt.

261. § 3 Abs. 1 Z 5 lit. b in der Fassung des Bundesgesetzes BGBl. I Nr. 105/2014 ist anzuwenden, wenn
- die Einkommensteuer veranlagt wird, erstmalig bei der Veranlagung für das Kalenderjahr 2014,
- die Einkommensteuer (Lohnsteuer) durch Abzug eingehoben oder durch Veranlagung festgesetzt wird, erstmalig für Lohnzahlungszeiträume, die nach dem 31. Dezember 2013 enden.

262. § 4 Abs. 3 in der Fassung des Bundesgesetzes BGBl. I Nr. 105/2014 ist erstmalig bei der Veranlagung für das Kalenderjahr 2014 anzuwenden. Für Wirtschaftsgüter im Sinne des § 4 Abs. 3 vierter Satz in der Fassung vor dem BGBl. I Nr. 105/2014, ausgenommen Grundstücke im Sinne des § 30 und nicht zur unmittelbaren Weiterverarbeitung dienendes Gold, Silber, Platin und Palladium gilt: Wurde ein derartiges Wirtschaftsgut nach dem 31. März 2012 und vor dem 1. Jänner 2014 angeschafft, hergestellt oder eingelegt und wurden die Anschaffungs- oder Herstellungskosten oder der Einlagewert nicht im Wirtschaftsjahr der Anschaffung, Herstellung oder Einlage abgesetzt, hat die Berücksichtigung der Anschaffungs- oder Herstellungskosten bzw. des Einlagewertes abweichend von § 4 Abs. 3 vierter Satz in der Fassung vor dem BGBl. I Nr. 105/2014 in dem bei der Veranlagung 2014 zu erfassenden Wirtschaftsjahr zu erfolgen; eine nochmalige Berücksichtigung bei Ausscheiden des Wirtschaftsgutes aus dem Betriebsvermögen hat zu unterbleiben.

263. § 11a Abs. 3 in der Fassung des Bundesgesetzes BGBl. I Nr. 105/2014 ist erstmals bei der Veranlagung für das Jahr 2011 anzuwenden. Dabei gilt für die Veranlagung der Jahre 2011 bis 2013: Wurde in einem vor dem 1. Jänner 2015 erlassenen rechtskräftigen Bescheid eine Nachversteuerung nach Maßgabe des § 11a Abs. 3 in der Fassung vor diesem Bundesgesetz vorgenommen und ergibt sich in Anwendung des § 11a Abs. 3 in der Fassung des Bundesgesetzes BGBl. I Nr. 105/2014 kein oder ein geringerer Nachversteuerungsbetrag gilt die Berücksichtigung des Nachversteuerungsbetrages nach Maßgabe der Rechtslage vor Inkrafttreten des Bundesgesetzes BGBl. I Nr. 105/2014 als offensichtliche Unrichtigkeit im Sinne des § 293b der Bundesabgabenordnung, sofern der Abgabepflichtige eine entsprechende Bescheidänderung beantragt. Die Ermittlung des für die Änderung in Betracht kommenden Betrages ist dabei vom Abgabepflichtigen darzustellen.

264. § 30 Abs. 4 Z 1 in der Fassung des Bundesgesetzes BGBl. I Nr. 105/2014 ist erstmalig anwendbar
- für Veräußerungen nach dem 31. Dezember 2014 und
- für Besserungsvereinbarungen, die auf Grund von Umwidmungen nach dem 31. Dezember 2014 wirksam werden.

265. § 67 Abs. 5 und § 69 Abs. 4 Z 2, jeweils in der Fassung des Bundesgesetzes BGBl. I Nr. 105/2014, treten mit 1. Juli 2014 in Kraft.

266. § 86 in der Fassung des Bundesgesetzes BGBl. I Nr. 105/2014 ist erstmals auf Prüfungen anzuwenden, die nach dem 31. Dezember 2015 beginnen.

267. § 96 Abs. 1 Z 1 und § 98 Abs. 1 Z 5, jeweils in der Fassung des Bundesgesetzes BGBl. I Nr. 105/2014, treten mit 1. Jänner 2015 in Kraft.

268. Für einen Betrieb, in dem spätestens zum 1. Juli 2016 ein dem umfassenden Nichtraucherinnen- und Nichtraucherschutz gemäß § 12 Abs. 1 Z 4 und § 13 Abs. 2 des Tabakgesetzes, BGBl. Nr. 431/1995 in der Fassung BGBl. I Nr. 101/2015, entsprechendes Rauchverbot gewährleistet ist, kann nach Maßgabe folgender Bestimmungen eine Prämie in Höhe von 30% geltend gemacht werden:

a) Bemessungsgrundlage für die Prämie sind jene Aufwendungen, die für die Bewirkung des Nichtraucherinnen- und Nichtraucherschutzes in Räumen der Gastronomie im Sinne des § 13a Abs. 2 des Tabakgesetzes, BGBl. Nr. 431/1995 in der Fassung vor dem BGBl. I Nr. 101/2015, vorgenommen und bis einschließlich des bei der Veranlagung 2015 zu erfassenden Wirtschaftsjahres steuerlich noch nicht berücksichtigt worden sind; dabei ist eine allfällige Abschreibung auf den niedrigeren Teilwert, die in dem bei der Veranlagung 2015 zu erfassenden Wirtschaftsjahr vorgenommen wird, nicht zu berücksichtigen.

b) die Prämie stellt keine Betriebseinnahme dar; § 6 Z 10 und § 20 Abs. 2 sind auf sie nicht anwendbar.

c) Die Ermittlung der Bemessungsgrundlage ist gesondert zu dokumentieren. Diese Dokumentation ist auf Verlangen der Abgabenbehörde vorzulegen.

d) Die Prämie ist in der Abgaben- oder Einkünftefeststellungserklärung gemäß § 188 BAO für das Jahr 2015 zu beantragen, wenn das Rauchverbot zum Zeitpunkt der Abgabe der Erklärung für 2015 vollständig umgesetzt ist. Ist die Abgaben- oder Einkünftefeststellungserklärung für 2015 zum Zeitpunkt der vollständigen Umsetzung des Rauchverbotes bereits abgegeben worden, ist die Prämie in der Erklärung für 2016 zu beantragen. Eine nachträgliche Antragstellung ist bis zur Rechtskraft des jeweiligen Bescheides möglich.

e) Die Prämie ist auf dem Abgabenkonto gut zu schreiben, es sei denn, es ist ein Bescheid gemäß § 201 BAO zu erlassen. Die Gutschrift wirkt auf den Tag der Antragstellung zurück. Sowohl die Prämie als auch ein Rückforderungsanspruch gelten als Abgaben vom Einkommen im Sinne der Bundesabgabenordnung. Auf Gutschriften und Rückforderungen sind jene Bestimmungen der Bundesabgabenordnung anzuwenden, die für wiederkehrend zu erhebende, selbst zu berechnende Abgaben gelten. Bei Gesellschaften, die nach bürgerlichem Recht nicht rechtsfähige Personenvereinigungen sind, hat die zusammengefasste Verbuchung der Gebarung mit jenen Abgaben zu erfolgen, die die Beteiligten gemeinsam schulden.

f) Die Prämien sind zu Lasten des Aufkommens an veranlagter Einkommen- oder Körperschaftsteuer zu berücksichtigen.

g) Für Betriebe, die nach dem 31. Juli 2015 im Sinne des § 2 Z 1 des Neugründungsförderungsgesetzes neu gegründet werden, steht keine Prämie zu.

*(BGBl I 2015/101)*

269. a) § 6 Z 2 lit. a und § 6 Z 13 jeweils in der Fassung des Rechnungslegungs-Änderungsgesetzes 2014, BGBl. I Nr. 22/2015, sind erstmalig für Wirtschaftsjahre anzuwenden, die nach dem 31. Dezember 2015 beginnen.

b) § 4 Abs. 4 Z 2 lit. a, § 14 Abs. 7 Z 1, § 18 Abs. 1 Z 2, § 25 Abs. 1 Z 2 lit. a, § 26 Z 7 lit. a, § 27 Abs. 2 Z 2, § 47 Abs. 4, § 108a Abs. 1 und 5, § 108h Abs. 3 und § 124 in der Fassung des Bundesgesetzes BGBl. I Nr. 34/2015 treten mit 1. Jänner 2016 in Kraft.

*(BGBl I 2015/34, BGBl I 2015/118)*

270. a) Soweit im ersten Wirtschaftsjahr, das nach dem 31.12.2015 beginnt, aufgrund einer bereits vor diesem Wirtschaftsjahr eingetretenen Wertaufholung eine Zuschreibung gemäß § 208 des Unternehmensgesetzbuches in der Fassung des Bundesgesetzes BGBl. I Nr. 22/2015 vorgenommen werden muss, ist diese Zuschreibung auch für steuerliche Zwecke maßgeblich und steuerwirksam. Der Zuschreibungsbetrag für das betreffende Wirtschaftsgut kann jedoch auf Grund eines in der Steuererklärung (Feststellungserklärung) gestellten Antrages einer Zuschreibungsrücklage zugeführt werden. Die Zuschreibungsrücklage ist insoweit steuerwirksam aufzulösen, als der Teilwert des betreffenden Wirtschaftsgutes den für die Bildung der Zuschreibungsrücklage maßgeblichen Teilwert unterschreitet oder eine Absetzung für Abnutzung im Sinne der §§ 7 und 8 vorgenommen wird. Die Zuschreibungsrücklage ist spätestens im Zeitpunkt des Ausscheidens des betreffenden Wirtschaftsgutes aus dem Betriebsvermögen steuerwirksam aufzulösen.

b) Wirtschaftsgüter, für die eine Zuschreibungsrücklage gemäß lit. a gebildet wurde, sind in einem Verzeichnis auszuweisen. In diesem Verzeichnis sind der steuerliche Bilanzansatz des betreffenden Wirtschaftsgutes sowie die Zuschreibungsrücklage bis zum Ausscheiden des Wirtschaftsgutes aus dem Betriebsvermögen jährlich evident zu halten.

c) Wird im unternehmensrechtlichen Jahresabschluss eines Kreditinstitutes im Sinne von Artikel 4 Abs. 1 Unterabs. 1 der Verordnung (EU) Nr. 575/2013 über Aufsichtsanforderungen an Kreditinstitute und Wertpapierfirmen und zur Änderung der Verordnung (EU) Nr. 646/2012 im ersten Geschäftsjahr, das nach dem 31. Dezember 2015 begonnen hat, anstelle von bestehenden Einzelwertberichtigungen eine pauschale Wertberichtigung für Forderungen auf Basis von statistisch ermittelten Erfahrungswerten aus gleich gelagerten Sachverhalten gemäß § 201 Abs. 2 Z 7 UGB gebildet, kann der als Betriebseinnahme zu erfassende Betrag aus der Auflösung der Einzelwertberichtigungen einer Zuschreibungsrücklage im Sinne der lit. a zugeführt werden. Diese Zuschreibungsrücklage ist bis zur Veranlagung 2020 unverändert weiter zu führen und ab der Veranlagung 2021 jährlich um ein Fünftel steuerwirksam aufzulösen.

*(BGBl I 2018/62, BGBl I 2019/103)*

*(BGBl I 2015/22, BGBl I 2016/117)*

271. § 8 Abs. 2 EStG 1988, § 12 Abs. 1 und Abs. 8 EStG 1988 sowie § 13 EStG 1988, jeweils in der Fassung des Rechnungslegungs-Änderungsgesetzes 2014, BGBl. Nr. 22/2015, sind erstmals für Wirtschaftsjahre anzuwenden, die nach dem 31. Dezember 2015 beginnen. Bestehende unversteuerte Rücklagen (einschließlich Bewertungsreserven) im Sinne des § 906 Abs. 31 UGB können unabhängig vom unternehmensrechtlichen Jahresabschluss als steuerliche Rücklagen weitergeführt werden; auf diese sind § 205 UGB und § 6 Z 13 erster Satz EStG 1988, jeweils in der Fassung vor dem Rechnungslegungs-Änderungsgesetz 2014, BGBl. I Nr. 22/2015, sinngemäß weiter anzuwenden.

*(BGBl I 2015/22)*

272. § 4a Abs. 2 Z 5, Abs. 3 Z 2a, Abs. 4, Abs. 4a, Abs. 7 Z 1 und 2 und Abs. 8, § 18 Abs. 1 Z 7 lit. a und b sowie § 94 Z 6 lit. e in der Fassung des Gemeinnützigkeitsgesetzes 2015, BGBl. I Nr. 160/2015, sind erstmalig für Zuwendungen anzuwenden, die nach dem 31. Dezember 2015 erfolgen. Im Jahr 2016 gilt für die Erteilung der Spendenbegünstigung nach § 4a Abs. 8 Z 1 an Körperschaften, die begünstigte Zwecke im Sinne des § 4a Abs. 2 Z 5 (der österreichischen Kunst und Kultur dienende künstlerische Tätigkeiten) verfolgen, Folgendes:

a) Die Körperschaft muss selbst bereits seit drei Jahren bestehen und die Voraussetzungen des § 4a im Übrigen erfüllen, oder aus einer Vorgängerorganisation (Organisationsfeld mit eigenem Rechnungskreis), die diese Voraussetzungen erfüllt hat, hervorgegangen sein.

b) Die Bestätigungen des Wirtschaftsprüfers über das Vorliegen der in § 4a Abs. 8 Z 1 genannten Voraussetzungen zu den Abschlussstichtagen der Jahre 2013, 2014 und 2015 müssen gemeinsam mit einer aktuellen Fassung der Rechtsgrundlage (zB. Vereinsstatut, Satzung, Gesellschaftsvertrag) bis 30. Juni 2016 vorgelegt werden.

c) Eine Anerkennung als begünstigte Einrichtung, ist vom Finanzamt Wien 1/23 bis längstens 31. Oktober 2016 in der Liste gemäß § 4a Abs. 7 Z 1 zu veröffentlichen. Diese Eintragung entfaltet bereits für Zuwendungen ab dem 1. Jänner 2016 Wirkung.

*(BGBl I 2015/160)*

273. § 4a Abs. 9 in der Fassung des Gemeinnützigkeitsgesetzes 2015, BGBl. I Nr. 160/2015 tritt mit 1. Jänner 2016 in Kraft.

*(BGBl I 2015/160, BGBl I 2018/62)*

274. § 4b und § 18 Abs. 1 Z 8 in der Fassung des Gemeinnützigkeitsgesetzes 2015, BGBl. I Nr. 160/2015 treten mit 1. Jänner 2016 in Kraft und sind anzuwenden, wenn die erstmalige Zuwendung gemäß § 4b Abs. 1 Z 5 nach dem 31. Dezember 2015 und vor dem 1. Jänner 2023 getätigt wird. § 18 Abs. 8 in der Fassung des Gemeinnützigkeitsgesetzes 2015, BGBl. I Nr. 160/2015 ist für alle nach dem 31. Dezember 2016 erfolgenden Beiträge und Zuwendungen anzuwenden.

*(BGBl I 2015/160, BGBl I 2021/3, BGBl I 2021/227)*

275. § 2 Abs. 2, § 3 Abs. 1 Z 13 lit. a, Z 14, Z 15 lit. b, Z 19und Z 21, § 15 Abs. 2, § 18 Abs. 1 Z 1a und Abs. 3 Z 1, § 33 Abs. 1, Abs. 2, Abs. 5 Z 1 und 2 und Abs. 8, § 62 Z 11, § 67 Abs. 11, § 69 Abs. 2, § 106a sowie § 109, jeweils in der Fassung des Bundesgesetzes, BGBl. I Nr. 118/2015, sind erstmalig anzuwenden, wenn

– die Einkommensteuer veranlagt wird, bei der Veranlagung für das Kalenderjahr 2016,
– die Einkommensteuer (Lohnsteuer) durch Abzug eingehoben oder durch Veranlagung festgesetzt wird, für Lohnzahlungszeiträume, die nach dem 31. Dezember 2015 enden.

*(BGBl I 2015/118, BGBl I 2015/163)*

276. § 4 Abs. 3a Z 3 lit. b, § 20 Abs. 2, § 30 Abs. 3, Abs. 6 lit. a und Abs. 7, § 30a, § 30b in der Fassung BGBl. I Nr. 118/2015 treten mit 1. Jänner 2016 in Kraft und sind erstmalig für Veräußerungen nach dem 31. Dezember 2015 anzuwenden.

Bei Steuerpflichtigen mit einem abweichenden Wirtschaftsjahr ist bei Veräußerungen von Grundstücken vor dem 1. Jänner 2016 noch § 30a Abs. 1 in der Fassung vor dem Bundesgesetz BGBl. I Nr. 118/2015 anzuwenden.

*(BGBl I 2015/118)*

277. § 4 Abs. 4 Z 8 und Z 10 in der Fassung vor dem BGBl. I Nr. 118/2015 ist letztmalig auf Wirtschaftsjahre anzuwenden, die vor dem 1. Jänner 2016 beginnen. § 108c in der Fassung des Bundesgesetzes BGBl. I Nr. 118/2015, ist erstmalig auf Prämien anzuwenden, die Wirtschaftsjahre betreffen, die nach dem 31. Dezember 2015 beginnen.

*(BGBl I 2015/118)*

278. § 4 Abs. 7 in der Fassung des Bundesgesetzes BGBl. I Nr. 118/2015 ist erstmalig auf Instandsetzungen anzuwenden, die in einem nach dem 31. Dezember 2015 beginnenden Wirtschaftsjahr erfolgen. Für davor erfolgte Instandsetzungen, die bisher nach Maßgabe des § 4 Abs. 7 in der Fassung vor dem Bundesgesetz BGBl. I Nr. 118/2015 steuerlich berücksichtigt worden sind, verlängert sich hinsichtlich der Beträge, die in einem nach dem 31. Dezember 2015 beginnenden Wirtschaftsjahr zu berücksichtigen sind, der ursprüngliche Verteilungszeitraum von zehn auf fünfzehn Jahre.

*(BGBl I 2015/118)*

279. § 4 Abs. 12 in Fassung des Bundesgesetzes BGBl. I Nr. 118/2015 ist erstmals für Wirtschaftsjahre anzuwenden, die nach dem 31. Juli 2015 beginnen. Dabei gilt:

a) Der Stand der Innenfinanzierung und der Stand der Einlagen sind erstmalig bereits zum letzten Bilanzstichtag vor dem 1. August 2015 zu ermitteln. Dabei kann
   – als erstmaliger Stand der Innenfinanzierung der Unterschiedsbetrag zwischen dem als Eigenkapital ausgewiesenen Betrag gemäß § 224 Abs. 3 des Unternehmensgesetzbuches und den vorhandenen Einlagen im Sinne des § 4 Abs. 12 in der Fassung vor dem Bundesgesetz BGBl. I Nr. 118/2015 und
   – als erstmaliger Stand der Einlagen die vorhandenen Einlagen im Sinne des § 4 Abs. 12 in der Fassung vor dem Bundesgesetz BGBl. I Nr. 118/2015

   angesetzt werden.

b) Abweichend von lit. a sind für nach dem 31. Mai 2015 beschlossene Umgründungen die umgründungsbedingten Differenzbeträge bereits nach Maßgabe von § 4 Abs. 12 Z 3 in der Fassung des Bundesgesetzes BGBl. I Nr. 118/2015 gesondert im Evidenzkonto zu erfassen.

c) Erstmalig erstellte Evidenzkontenstände im Sinne der lit. a und lit. b sind nach Maßgabe von § 4 Abs. 12 in der Fassung des Bundesgesetzes BGBl. I Nr. 118/2015 fortzuführen.

*(BGBl I 2015/118)*

280. § 4a Abs. 8 erster Satz und § 18 Abs. 1 Z 7 jeweils in der Fassung des Bundesgesetzes BGBl. I Nr. 118/2015 sind erstmalig nach dem 31. Dezember 2016 anzuwenden.

*(BGBl I 2015/118)*

281. § 6 Z 2 lit. c, § 10 Abs. 1 Z 1 zweiter Teilstrich, § 27 Abs. 8, § 27a Abs. 1, 4 und 5, § 45 Abs. 1, § 93, § 94, § 95 Abs. 2 und 3, § 96, § 97 Abs. 1 und 2 und § 100 Abs. 1 in der Fassung des Bundesgesetzes BGBl. I Nr. 118/2015 sind ab dem 1. Jänner 2016 anzuwenden.

Bei Steuerpflichtigen mit einem abweichenden Wirtschaftsjahr ist bei Veräußerungen oder sonstigen Realisierungen von Wirtschaftsgütern und Derivaten vor dem 1. Jänner 2016 noch § 27a Abs. 1 in der Fassung vor dem Bundesgesetz BGBl. I Nr. 118/2015 anzuwenden.

*(BGBl I 2015/118)*

282. § 6 Z 2 lit. d in der Fassung des Bundesgesetzes BGBl. I Nr. 118/2015 tritt mit 1. Jänner 2016 in Kraft.

*(BGBl I 2015/118)*

283. § 8 Abs. 1 in der Fassung des Bundesgesetzes BGBl. I Nr. 118/2015 tritt mit 1. Jänner 2016 in Kraft und ist erstmalig für nach dem 31. Dezember 2015 beginnende Wirtschaftsjahre anzuwenden. Der Steuerpflichtige kann für das erste Wirtschaftsjahr, das nach dem 31. Dezember 2015 beginnt, eine kürzere Restnutzungsdauer nachweisen als jene, die sich bei Anwendung der Prozentsätze nach § 8 Abs. 1 in der Fassung des Bundesgesetzes BGBl. I Nr. 118/2015 ergibt. Dabei sind die noch nicht abgeschriebenen Anschaffungs- oder Herstellungskosten auf die nachgewiesene kürzere Restnutzungsdauer zu verteilen.

*(BGBl I 2015/118, BGBl I 2016/77)*

284. § 16 Abs. 1 Z 8 lit. d in der Fassung des Bundesgesetzes BGBl. I Nr. 118/2015 ist erstmalig bei der Veranlagung für das Jahr 2016 anzuwenden. Wurde vor 2016 ohne Nachweis eines anderen Aufteilungsverhältnisses von Grund und Boden und Gebäude eine davon abweichende pauschale Aufteilung vorgenommen, sind die fortgeschriebenen Anschaffungskosten des Gebäudes und die Anschaffungskosten des Grund und Bodens mit Wirkung ab 1. Jänner 2016 entsprechend

anzupassen (40% Grund und Boden; 60% Gebäude oder ein im Verordnungswege festgelegtes Aufteilungsverhältnis). Dafür sind die fortgeschriebenen Anschaffungskosten des Gebäudes im Verhältnis der vorgesehenen oder im Jahr 2016 nachgewiesenen Aufteilung zu der ursprünglich angewendeten Aufteilung abzustocken und auf die Anschaffungskosten von Grund und Boden zu übertragen. Die Absetzung für Abnutzung ist entsprechend anzupassen.

*(BGBl I 2015/118)*

285. § 18 Abs. 1 Z 2 und 3, Abs. 3 Z 2 in der Fassung des Bundesgesetzes BGBl. I Nr. 118/2015 sind anzuwenden, wenn
   - die Einkommensteuer veranlagt wird, bei der Veranlagung für die Kalenderjahre 2016 bis 2020,
   - die Einkommensteuer (Lohnsteuer) durch Abzug eingehoben oder durch Veranlagung festgesetzt wird, für Lohnzahlungszeiträume, die nach dem 31. Dezember 2015 und vor dem 1. Jänner 2021 enden.

   *(BGBl I 2015/118)*

286. § 18 Abs. 2 und Abs. 3 Z 3 in der Fassung vor dem Bundesgesetz BGBl. I Nr. 118/2015 sind letztmalig anzuwenden, wenn
   - die Einkommensteuer veranlagt wird, bei der Veranlagung für das Kalenderjahr 2020,
   - die Einkommensteuer (Lohnsteuer) durch Abzug eingehoben oder durch Veranlagung festgesetzt wird, für Lohnzahlungszeiträume, die vor dem 1. Jänner 2021 enden.

   *(BGBl I 2015/118)*

287. § 18 Abs. 7 in der Fassung des Bundesgesetzes BGBl. I Nr. 118/2015 ist ab der Veranlagung 2016 anzuwenden und gilt für Verluste, die ab dem Jahr 2013 entstanden sind.

   *(BGBl I 2015/118)*

288. § 18 Abs. 1 Z 7 und Abs. 8 in der Fassung des Bundesgesetzes BGBl. I Nr. 118/2015 ist für alle nach dem 31. Dezember 2016 erfolgenden Beiträge und Zuwendungen anzuwenden.

   *(BGBl I 2015/118, BGBl I 2015/163)*

289. § 20 Abs. 1 Z 9 in der Fassung des Bundesgesetzes BGBl. I Nr. 118/2015 ist auf Aufwendungen anzuwenden, die nach dem 31. Dezember 2015 anfallen.

   *(BGBl I 2015/118)*

290. § 23a ist erstmalig für Verluste aus Wirtschaftsjahren anzuwenden, die nach dem 31. Dezember 2015 beginnen.

   *(BGBl I 2015/118)*

291. § 28 Abs. 2 in der Fassung des Bundesgesetzes BGBl. I Nr. 118/2015 ist erstmalig auf Ausgaben für Instandsetzungen und Instandhaltungen anzuwenden, die im Kalenderjahr 2016 abgeflossen sind. Für davor erfolgte Ausgaben für Instandsetzungen bei Wohngebäuden, die bisher nach Maßgabe des § 28 Abs. 2 in der Fassung vor dem Bundesgesetz BGBl. I Nr. 118/2015 steuerlich berücksichtigt worden sind, verlängert sich hinsichtlich der Beträge, die ab der Veranlagung 2016 zu berücksichtigen sind, der ursprüngliche Verteilungszeitraum von zehn auf fünfzehn Jahre.

   *(BGBl I 2015/118)*

292. a) § 33 Abs. 8 in der Fassung des Bundesgesetzes BGBl. I Nr. 118/2015 ist erstmalig bei der Veranlagung für das Kalenderjahr 2016 anzuwenden. Ergibt sich bei Steuerpflichtigen, die Anspruch auf den Pensionistenabsetzbetrag haben, für das Kalenderjahr 2015 nach § 33 Abs. 1 und 2 in der Fassung vor dem Bundesgesetz BGBl. I Nr. 118/2015 keine Einkommensteuer, sind 20% der Werbungskosten im Sinne des § 16 Abs. 1 Z 4, höchstens aber 55 Euro, rückzuerstatten (SV-Rückerstattung). Die Rückerstattung vermindert sich um steuerfreie Zulagen gemäß § 3 Abs. 1 Z 4 lit. f.

   b) § 33 Abs. 8 und Abs. 9 in der Fassung vor dem Bundesgesetz BGBl. I Nr. 118/2015 sind letztmalig nach Maßgabe folgender Bestimmungen bei der Veranlagung für das Kalenderjahr 2015 anzuwenden:
      - Bei Anwendung des § 33 Abs. 8 sind 20% der Werbungskosten im Sinne des § 16 Abs. 1 Z 3 lit. a (ausgenommen Betriebsratsumlagen) und des § 16 Abs. 1 Z 4 und 5, höchstens aber 220 Euro, rückzuerstatten.
      - Bei Anwendung des § 33 Abs. 9 sind 36% der Werbungskosten im Sinne des § 16 Abs. 1 Z 3 lit. a (ausgenommen Betriebsratsumlagen) und des § 16 Abs. 1 Z 4 und 5, höchstens aber 450 Euro, rückzuerstatten.

   c) § 18 Abs. 3 Z 2, § 33 Abs. 5 Z 3 und Z 5 und Abs. 9a, § 62 Z 9, § 67 Abs. 7 und § 104, jeweils in der Fassung vor dem Bundesgesetz BGBl. I Nr. 118/2015 sind letztmalig anzuwenden, wenn
      - die Einkommensteuer veranlagt wird, bei der Veranlagung für das Kalenderjahr 2015,
      - die Einkommensteuer (Lohnsteuer) durch Abzug eingehoben oder durch Veranlagung festgesetzt wird, für Lohnzahlungszeiträume, die vor dem 1. Jänner 2016 enden.

   *(BGBl I 2015/118, BGBl I 2015/163)*

293. § 41 Abs. 2 und 2a in der Fassung des Bundesgesetzes BGBl. I Nr. 118/2015 ist erstmalig bei

der Veranlagung für das Kalenderjahr 2016 anzuwenden.

*(BGBl I 2015/118, BGBl I 2015/163)*

294. § 48, § 89 Abs. 3 und § 108 Abs. 7 Z 2, jeweils in der Fassung des Bundesgesetzes BGBl. I Nr. 118/2015 treten mit 1. Jänner 2016 in Kraft.

*(BGBl I 2015/118)*

295. § 107 in der Fassung vor dem Bundesgesetz BGBl. I Nr. 118/2015 tritt mit Ablauf des 31. Dezember 2015 außer Kraft.

*(BGBl I 2015/118)*

296. Erfolgt nach dem 28. Februar 2015 und vor dem 1. April 2017 für den Einsatz im eigenen Betrieb eine Anschaffung eines Systems zur elektronischen Aufzeichnung der Barumsätze im Sinne des § 131b der Bundesabgabenordnung (beispielsweise einer elektronischen Registrierkasse oder eines elektronischen Kassensystems) oder eine Umrüstung eines schon bestehenden Aufzeichnungssystems zur Erfüllung der Voraussetzungen des § 131b der Bundesabgabenordnung, gilt Folgendes:

a) Die Anschaffungskosten sowie die aus Anlass der Umrüstung anfallenden Aufwendungen können in voller Höhe als Betriebsausgaben abgesetzt werden.

b) Nach Maßgabe folgender Bestimmungen kann eine Prämie geltend gemacht werden:

– Die Prämie steht bei Anschaffung eines neuen Systems oder Umrüstung eines bestehenden Systems zu.

– Sie bezieht sich auf jede einzelne Erfassungseinheit, der eine Signatur- bzw. Siegelerstellungseinheit im Sinne des § 131b Abs. 2 der Bundesabgabenordnung zugeordnet wird.

– Die Prämie beträgt 200 Euro pro Erfassungseinheit. Abweichend davon beträgt die Prämie im Falle eines elektronischen Kassensystems zumindest 200 Euro pro Kassensystem, maximal aber 30 Euro pro Erfassungseinheit.

– Im Fall der Anschaffung ist die Prämie in einer Gesamtsumme für alle im jeweiligen Kalenderjahr angeschafften Erfassungseinheiten geltend zu machen.

– Im Fall der Umrüstung ist die Prämie in einer Gesamtsumme für alle Erfassungseinheiten, für die im jeweiligen Kalenderjahr mit der Umrüstung begonnen wurde, geltend zu machen. Für Erfassungseinheiten, für deren Anschaffung eine Prämie beansprucht wurde, steht aus Anlass der Umrüstung keine Prämie mehr zu.

– Die Geltendmachung erfolgt durch Antragstellung in der jeweiligen Einkommen-, Körperschaftsteuer- oder Einkünftefeststellungserklärung gemäß § 188 der Bundesabgabenordnung bei dem Finanzamt, das für die Erhebung der Einkommen- oder Körperschaftsteuer zuständig ist oder zuständig wäre.

– Die Prämie ist auf dem Abgabenkonto gutzuschreiben, es sei denn, es ist ein Bescheid gemäß § 201 der Bundesabgabenordnung zu erlassen. Die Gutschrift wirkt auf den Tag der Antragstellung zurück. Sowohl die Prämie als auch ein Rückforderungsanspruch gelten als Abgaben vom Einkommen im Sinne der Bundesabgabenordnung. Auf Gutschriften und Rückforderungen sind jene Bestimmungen der Bundesabgabenordnung anzuwenden, die für wiederkehrend zu erhebende, selbst zu berechnende Abgaben gelten. Bei Gesellschaften, die nach bürgerlichem Recht nicht rechtsfähige Personenvereinigungen sind, hat die zusammengefasste Verbuchung der Gebarung mit jenen Abgaben zu erfolgen, die die Beteiligten gemeinsam schulden.

– Die Prämie stellt keine Betriebseinnahme dar. § 6 Z 10 und § 20 Abs. 2 sind auf die Prämie nicht anwendbar.

– Die Prämien sind zu Lasten des Aufkommens an veranlagter Einkommen- und Körperschaftsteuer zu berücksichtigen.

*(BGBl I 2016/77)*

*(BGBl I 2015/118, BGBl I 2016/77)*

297. § 3 Abs. 1 Z 16b in der Fassung des Bundesgesetzes BGBl. I Nr. 118/2015 ist erstmals anzuwenden, wenn

– die Einkommensteuer veranlagt wird, bei der Veranlagung für das Kalenderjahr 2015,

– die Einkommensteuer (Lohnsteuer) durch Abzug eingehoben oder durch Veranlagung festgesetzt wird, für Lohnzahlungszeiträume, die nach dem 31. Dezember 2014 enden.

*(BGBl I 2015/118)*

298. § 2 Abs. 4a in der Fassung des Bundesgesetzes BGBl. I Nr. 163/2015 ist erstmalig für Wirtschaftsjahre anzuwenden, die nach dem 31. Dezember 2015 beginnen.

*(BGBl I 2015/163)*

299. a) § 4 Abs. 12 in der Fassung des Bundesgesetzes BGBl. I Nr. 118/2015 ist letztmalig für vor dem 1. Jänner 2016 beschlossene

Einlagenrückzahlungen und offene Ausschüttungen anzuwenden.

b) § 4 Abs. 12 in Fassung des Bundesgesetzes BGBl. I Nr. 163/2015 ist erstmalig für nach dem 31. Dezember 2015 beschlossene Einlagenrückzahlungen und offene Ausschüttungen anzuwenden. Dabei gilt:
   - Der gemäß § 4 Abs. 12 in der Fassung des Bundesgesetzes BGBl. I Nr. 118/2015 auf dem Evidenzkonto erfasste Einlagenstand sowie der Stand der Innenfinanzierung sind nach Maßgabe von § 4 Abs. 12 in der Fassung des Bundesgesetzes BGBl. I Nr. 163/2015 fortzuführen.
   - Die gemäß § 4 Abs. 12 in der Fassung des Bundesgesetzes BGBl. I Nr. 118/2015 auf dem Evidenzkonto erfassten umgründungsbedingten Differenzbeträge sind nicht mehr gesondert in Evidenz zu halten. Bisher erfasste umgründungsbedingte Differenzbeträge erhöhen den fortzuführenden Stand der Innenfinanzierung erst in jenem Zeitpunkt und Ausmaß, in dem sie nach den Vorschriften des Unternehmensgesetzbuches ausgeschüttet werden können.

*(BGBl I 2015/163)*

300. § 6 Z 6 in der Fassung des Bundesgesetzes BGBl. I Nr. 163/2015 tritt mit 1. Jänner 2016 in Kraft. § 6 Z 6 lit. b in der Fassung vor dem Bundesgesetz BGBl. I Nr. 163/2015 ist letztmalig anzuwenden für Überführungen und Verlegungen, die vor dem 1. Jänner 2016 erfolgen~~, wobei auch ein Antrag auf Festsetzung der nicht festgesetzten Steuerschuld als Veräußerung gilt.~~.

*(BGBl I 2015/163, BGBl I 2019/103, BGBl I 2022/108 ab 20.7.2022)*

301. § 18 Abs. 8 in der Fassung des Bundesgesetzes BGBl. I Nr. 163/2015 ist für alle nach dem 31. Dezember 2016 erfolgenden Beiträge und Zuwendungen anzuwenden.

302. § 27 Abs. 6, § 27a Abs. 3 Z 2, § 93 Abs. 5, § 94 Z 7, § 95 Abs. 3 Z 3, jeweils in der Fassung des Bundesgesetzes BGBl. I Nr. 163/2015 treten mit 1. Jänner 2016 in Kraft. § 27 Abs. 6 Z 1 lit. b in der Fassung vor dem Bundesgesetz BGBl. I Nr. 163/2015 ist letztmalig auf Umstände anzuwenden, die zu einem Verlust des Besteuerungsrechts der Republik Österreich führen und vor dem 1. Jänner 2016 eintreten.

*(BGBl I 2015/163)*

303. § 27a Abs. 5 in der Fassung des Bundesgesetzes BGBl. I Nr. 163/2015 ist ab dem 1. Jänner 2016 anzuwenden.

*(BGBl I 2015/163)*

304. § 70 Abs. 2 Z 2 in der Fassung des Bundesgesetzes BGBl. I Nr. 163/2015, ist erstmalig anzuwenden, wenn
   - die Einkommensteuer veranlagt wird, bei der Veranlagung für das Kalenderjahr 2016,
   - die Einkommensteuer (Lohnsteuer) durch Abzug eingehoben oder durch Veranlagung festgesetzt wird, für Lohnzahlungszeiträume, die nach dem 31. Dezember 2015 enden.

*(BGBl I 2015/163)*

305. § 77 Abs. 3 in der Fassung vor dem Bundesgesetz BGBl. I Nr. 163/2015 ist letztmalig anzuwenden für Lohnzahlungszeiträume, die vor dem 1. Jänner 2017 enden.

*(BGBl I 2015/163)*

306. § 100 Abs. 1 und 1a in der Fassung des Bundesgesetzes BGBl. I Nr. 163/2015 tritt mit 1. Jänner 2016 in Kraft.

*(BGBl I 2015/163)*

307. § 108g Abs. 5 in der Fassung des Bundesgesetzes BGBl. I Nr. 163/2015 ist ab dem 1. Jänner 2016 anzuwenden.

*(BGBl I 2015/163)*

308. § 3 Abs. 1 Z 5 lit b in der Fassung BGBl. I Nr. 53/2016 tritt mit 1. März 2017 in Kraft.

*(BGBl I 2016/53)*

309. Die §§ 94 und 98 in der Fassung des Bundesgesetzes BGBl. I Nr. 77/2016 treten mit 1. Jänner 2017 in Kraft. Dabei ist Z 258 letzter Satz weiterhin anzuwenden. § 98 Abs. 1 Z 5 lit. b in der Fassung vor dem Bundesgesetz BGBl. I Nr. 77/2016 ist nicht mehr auf Zinsen anzuwenden, die aufgrund von § 14 Abs. 4 des EU-Quellensteuergesetzes nicht der EU-Quellensteuer unterliegen.

*(BGBl I 2016/77)*

310. § 3 Abs. 1 Z 11 lit. a in der Fassung des Bundesgesetzes BGBl. I Nr. 77/2016 ist anzuwenden, wenn
   - die Einkommensteuer veranlagt wird, bei der Veranlagung für die Kalenderjahre 2017 bis 2019,
   - die Einkommensteuer (Lohnsteuer) durch Abzug eingehoben wird, für Lohnzahlungszeiträume, die nach dem 31. Dezember 2016 und vor dem 1. Jänner 2020 enden.

*(BGBl I 2016/77, BGBl I 2016/117)*

311. § 3 Abs. 1 Z 3 lit. f und Abs. 1 Z 19, § 41 Abs. 2 Z 2 lit. a, § 62a und § 67 Abs. 5 erster Teilstrich und Abs. 8 lit. g, jeweils in der Fassung des Bundesgesetzes BGBl. I Nr. 117/2016, sind erstmalig anzuwenden, wenn
   - die Einkommensteuer veranlagt wird, bei der Veranlagung für das Kalenderjahr 2017,
   - die Einkommensteuer (Lohnsteuer) durch Abzug eingehoben oder durch

Veranlagung festgesetzt wird, für Lohnzahlungszeiträume, die nach dem 31. Dezember 2016 enden.

*(BGBl I 2016/117)*

311a. § 69 Abs. 2 in der Fassung des Bundesgesetzes BGBl. I Nr. 30/2017 ist anzuwenden, wenn

– die Einkommensteuer veranlagt wird, erstmalig bei der Veranlagung für das Kalenderjahr 2017,
– die Einkommensteuer (Lohnsteuer) durch Abzug eingehoben oder durch Veranlagung festgesetzt wird, erstmalig für Lohnzahlungszeiträume, die nach dem 30. Juni 2017 enden.

*(BGBl I 2017/30, BGBl I 2017/106)*

312. a) § 4a Abs. 2 Z 5 in der Fassung des Bundesgesetzes BGBl. I Nr. 117/2016 ist erstmalig für freigebige Zuwendungen anzuwenden, die nach dem 31. Dezember 2015 erfolgen. Dabei gilt für die Erteilung der Spendenbegünstigung nach § 4a Abs. 8 Z 1 an Körperschaften im Sinne des § 4a Abs. 4a, deren begünstigter Zweck im Sinne des § 4a Abs. 2 Z 5 die allgemein zugängliche Präsentation von Kunstwerken ist, Folgendes:

– Die Körperschaft muss selbst bereits seit drei Jahren bestehen und die Voraussetzungen des § 4a im Übrigen erfüllen oder aus einer Vorgängerorganisation (Organisationsfeld mit eigenem Rechnungskreis), die diese Voraussetzungen erfüllt hat, hervorgegangen sein und
– die Bestätigungen des Wirtschaftsprüfers über das Vorliegen der in § 4a Abs. 8 Z 1 genannten Voraussetzungen zu den Abschlussstichtagen der Jahre 2013, 2014 und 2015 müssen gemeinsam mit einer aktuellen Fassung der Rechtsgrundlage (zB. Vereinsstatut, Satzung, Gesellschaftsvertrag) bis 31. März 2017 vorgelegt werden.

Eine Anerkennung als begünstigte Einrichtung ist vom Finanzamt Wien 1/23 bis längstens 30. Juni 2017 in der Liste gemäß § 4a Abs. 7 Z 1 zu veröffentlichen. Diese Eintragung entfaltet bereits für Zuwendungen ab dem 1. Jänner 2016 Wirkung.

b) § 4a Abs. 4 lit. b in der Fassung des Bundesgesetzes BGBl. I Nr. 117/2016 ist erstmalig für freigebige Zuwendungen anzuwenden, die nach dem 31. Dezember 2016 erfolgen.

*(BGBl I 2016/117)*

313. § 6 Z 2 in der Fassung des Bundesgesetzes BGBl. I Nr. 117/2016 ist erstmalig bei der Veranlagung für das Kalenderjahr 2016 anzuwenden.

*(BGBl I 2016/117)*

314. a) § 18 Abs. 6 in der Fassung des Bundesgesetzes BGBl. I Nr. 117/2016 ist erstmalig bei der Veranlagung für das Kalenderjahr 2016 anzuwenden und gilt in Bezug auf die Einnahmen-Ausgaben-Rechnung für Verluste, die ab dem Kalenderjahr 2013 entstanden sind.

b) § 18 Abs. 8 Z 5 lit. a in der Fassung des Bundesgesetzes BGBl. I Nr. 117/2016 tritt mit Ablauf des 24. Mai 2018 außer Kraft. § 18 Z 5 lit. b in der Fassung des Bundesgesetzes BGBl. I Nr. 117/2016 tritt mit 25. Mai 2018 in Kraft.

*(BGBl I 2016/117)*

315. § 22 Z 1 lit. a in der Fassung des Bundesgesetzes BGBl. I Nr. 117/2016 ist erstmalig auf Zahlungen anzuwenden, die nach dem 31. Dezember 2016 zufließen.

*(BGBl I 2016/117)*

316. § 108i Abs. 1 Z 3 in der Fassung des Bundesgesetzes BGBl. I Nr. 117/2016 tritt mit 1. Jänner 2017 in Kraft.

*(BGBl I 2016/117)*

317. § 84 Abs. 1 Z 2, Z 3 und Abs. 3 in der Fassung des Bundesgesetzes BGBl. I Nr. 117/2016 ist erstmalig für Lohnzettel, die das Kalenderjahr 2019 betreffen, anzuwenden.

*(BGBl I 2016/117, BGBl I 2017/106)*

318. § 89 Abs. 6 in der Fassung des Bundesgesetzes BGBl. I Nr. 117/2016 tritt mit 1. Jänner 2019 in Kraft.

*(BGBl I 2016/117, BGBl I 2017/106)*

319. § 103 Abs. 2 in der Fassung des Bundesgesetzes BGBl. I Nr. 117/2016 ist erstmalig auf Zuzüge ab 1. Jänner 2017 anzuwenden.

*(BGBl I 2016/117)*

320. § 106a Abs. 2 und 3 in der Fassung des Bundesgesetzes BGBl. I Nr. 117/2016 ist erstmalig bei der Veranlagung für das Kalenderjahr 2016 anzuwenden.

*(BGBl I 2016/117)*

321. § 3 Abs. 1 Z 3, § 4c, § 18 Abs. 1 Z 9 und Abs. 8 sowie § 94 Z 6 lit. e, jeweils in der Fassung des Innovationstiftungsgesetzes, BGBl. I Nr. 28/2017, treten mit 1. Jänner 2017 in Kraft.

*(BGBl I 2017/28)*

322. § 17 Abs. 1 in der Fassung des Bundesgesetzes BGBl. I Nr. 117/2016 ist erstmalig bei der Veranlagung für das Kalenderjahr 2017 anzuwenden.

*(BGBl I 2016/117)*

323 § 108c Abs. 1 ist anzuwenden

a) für Wirtschaftsjahre, die nach dem 31. Dezember 2017 beginnen sowie für
b) ein abweichendes Wirtschaftsjahr 2017/2018. Dabei ist die Bemessungs-

grundlage linear den Kalendermonaten des Jahres 2017 und 2018 zuzuordnen. Auf den Anteil der Bemessungsgrundlage, der auf das Kalenderjahr 2018 entfällt, ist der Prämiensatz von 14% anzuwenden.

*(BGBl I 2017/82)*

324. § 3 Abs. 1 Z 15 lit. c und d in der Fassung des Bundesgesetzes BGBl. I Nr. 105/2017 sind erstmals anzuwenden, wenn
– die Einkommensteuer veranlagt wird, bei der Veranlagung für das Kalenderjahr 2018,
– die Einkommensteuer (Lohnsteuer) durch Abzug eingehoben oder durch Veranlagung festgesetzt wird, für Lohnzahlungszeiträume, die nach dem 31. Dezember 2017 enden.

*(BGBl I 2017/105)*

325. § 4 Abs. 11 Z 1, § 4d, § 22 Z 2, § 25 Abs. 1 Z 2 lit. c, § 26 Z 7 und 8 sowie § 27 Abs. 5 Z 7 lit. a in der Fassung des Bundesgesetzes BGBl. I Nr. 105/2017 treten mit 1. Jänner 2018 in Kraft. § 4d Abs. 3 Z 2 zweiter und dritter Satz gelten nur für nach dem 31. Dezember 2017 errichtete Belegschaftsbeteiligungsstiftungen.

*(BGBl I 2017/105)*

326. a) § 27 Abs. 7 in der Fassung des Bundesgesetzes BGBl. I Nr. 103/2019 tritt am 1. Oktober 2019 in Kraft.
b) § 27 Abs. 7 in der Fassung des Bundesgesetzes BGBl. I Nr. 103/2019 ist auf Ausschüttungen aus Anteilen und Genussrechten von
– zum 31. Dezember 2023 bestehenden Beteiligungen gemäß § 6b Abs. 1 des Körperschaftsteuergesetzes 1988 bis zum 31. Dezember 2029 anzuwenden;
– nach dem 31. Dezember 2023 erworbenen Beteiligungen gemäß § 6b Abs. 1 des Körperschaftsteuergesetzes 1988 nicht mehr anzuwenden.

*(BGBl I 2017/106, BGBl I 2019/103)*

327. § 108h Abs. 3 in der Fassung des Bundesgesetzes BGBl. I Nr. 16/2018 tritt mit 1. Oktober 2018 in Kraft.

*(BGBl I 2018/16)*

328. § 4a Abs. 1 und § 4b jeweils in der Fassung des Bundesgesetzes BGBl. I Nr. 62/2018 treten mit 1. Jänner 2016 in Kraft.

*(BGBl I 2018/62)*

329. § 4c in der Fassung des Bundesgesetzes BGBl. I Nr. 62/2018 tritt mit 1. Jänner 2017 in Kraft.

*(BGBl I 2018/62)*

330. § 6 Z 6 in der Fassung des Bundesgesetzes BGBl. I Nr. 62/2018 tritt mit 1. Jänner 2019 in Kraft. § 6 Z 6 lit. d und lit. e jeweils in der Fassung vor dem Bundesgesetz BGBl. I Nr. 62/2018 sind letztmalig anzuwenden für Überführungen, Verlegungen und Einschränkungen des Besteuerungsrechts der Republik Österreich, die vor dem 1. Jänner 2019 erfolgen.

*(BGBl I 2018/62)*

331. § 18 Abs. 1 Z 7 in der Fassung des Bundesgesetzes BGBl. I Nr. 62/2018 ist erstmalig für Zuwendungen anzuwenden, die nach dem 31. Dezember 2015 erfolgen. § 18 Abs. 8 Z 3 lit. b in der Fassung des Bundesgesetzes BGBl. I Nr. 62/2018 tritt mit 1. Jänner 2017 in Kraft.

*(BGBl I 2018/62)*

332. § 30 Abs. 7 in der Fassung des Bundesgesetzes BGBl. I Nr. 62/2018 ist erstmalig bei der Veranlagung für das Kalenderjahr 2018 anzuwenden.

*(BGBl I 2018/62)*

333. § 98 Abs. 1 Z 5 in der Fassung des Bundesgesetzes BGBl. I Nr. 62/2018 gilt für Geschäftsjahre von den §§ 40 und 42 ImmoInvFG unterliegenden Gebilden, die nach dem 31. Dezember 2018 beginnen.

*(BGBl I 2018/62)*

334. § 107 in der Fassung des Bundesgesetzes BGBl. I Nr. 62/2018 tritt mit 1. Jänner 2019 in Kraft und ist anzuwenden auf Zahlungen, die ab dem 1. Jänner 2019 erfolgen sowie hinsichtlich des Abs. 11 zweiter Satz auf alle zum Zeitpunkt der Kundmachung des Bundesgesetzes BGBl. I Nr. 62/2018 nicht rechtskräftig veranlagten Fälle mit Einkünften aus der Einräumung von Leitungsrechten.

*(BGBl I 2018/62)*

335. § 2 Abs. 2, § 33 Abs. 2, Abs. 3a Abs. 4 und Abs. 7, § 34 Abs. 7, § 41 Abs. 1 Z 12, § 66 Abs. 1, § 70 Abs. 2 Z 1, § 76 Abs. 1 und § 129 in der Fassung des Bundesgesetzes BGBl. I Nr. 62/2018 treten mit 1. Jänner 2019 in Kraft und sind erstmalig anzuwenden, wenn
– die Einkommensteuer veranlagt wird, bei der Veranlagung für das Kalenderjahr 2019,
– die Einkommensteuer (Lohnsteuer) durch Abzug eingehoben oder durch Veranlagung festgesetzt wird, erstmalig für Lohnzahlungszeiträume, die nach dem 31. Dezember 2018 enden.

*(BGBl I 2018/62)*

336. § 34 Abs. 9 und § 106a, jeweils in der Fassung vor dem Bundesgesetz BGBl. I Nr. 62/2018 sind letztmalig bei der Veranlagung für das Kalenderjahr 2018 anzuwenden. Abweichend von § 33 Abs. 3a Z 3 lit. b kann in der Veranlagung für die Kalenderjahre 2019 bis 2021 für ein Kind, für das ein Unterhaltsabsetzbetrag zusteht, entweder der Familienbeihilfenberechtigte oder der Steuerpflichtige, der den gesetzlichen Unterhalt im Kalenderjahr zur

Gänze leistet, 90% des nach § 33 Abs. 3a Z 1 oder Z 2 zustehenden Familienbonus Plus beantragen, wenn folgende Voraussetzungen vorliegen:

a) Es erfolgte eine Betreuung des Kindes entsprechend § 34 Abs. 9 Z 2 und 3 in der Fasssung vor dem Bundesgesetz BGBl. I Nr. 62/2018.
b) Der Antragsteller hat im Kalenderjahr mehr als die Hälfte der Aufwendungen für diese Kinderbetreuung geleistet.
c) Der Antragsteller hat im Kalenderjahr zumindest 1 000 Euro für diese Kinderbetreuung aufgewendet.

Wird dem Antrag entsprochen, stehen dem anderen Antragsberechtigten 10% des nach § 33 Abs. 3a Z 1 oder Z 2 zustehenden Familienbonus Plus zu. Für das Jahr 2019 gemäß § 63 ausgestellte Freibetragsbescheide, in welchen Kinderbetreuungskosten berücksichtigt sind, treten außer Kraft. Freibetragsbescheide gemäß § 63 für die Kalenderjahre 2019 und 2020 sind ohne die Berücksichtigung von Kinderbetreuungskosten (§ 34 Abs. 9) zu erlassen.

*(BGBl I 2018/62, BGBl I 2018/98)*

337. § 129 in der Fassung des Bundesgesetzes BGBl. I Nr 98/2018 tritt mit 1. Jänner 2019 in Kraft und ist erstmalig anzuwenden, wenn
   – die Einkommensteuer veranlagt wird, bei der Veranlagung für das Kalenderjahr 2019,
   – die Einkommensteuer (Lohnsteuer) durch Abzug eingehoben oder durch Veranlagung festgesetzt wird, erstmalig für Lohnzahlungszeiträume, die nach dem 31. Dezember 2018 enden.

   *(BGBl I 2018/98)*

338. § 86 und 89, jeweils in der Fassung des Bundesgesetzes BGBl. I Nr. 98/2018, treten mit 1. Jänner 2020 in Kraft.

   *(BGBl I 2018/98)*

339. § 3 Abs. 2, § 4a Abs. 7 Z 1 und Abs. 8, § 18 Abs. 4 Z 1, Z 2 lit. a, Z 3 und Abs. 8 Z 4 lit. a, § 69, § 79 Abs. 1, § 80 Abs. 1 und Abs. 2, § 81, § 84 Abs. 1 Z 1 und Z 3 und Abs. 3, § 86 Abs. 1, § 89 Abs. 3, § 90, § 92 Abs. 2, § 95 Abs. 1, § 96 Abs. 2, § 101 Abs. 1, § 107 Abs. 7, § 108 Abs. 5, § 108a Abs. 4 und Abs. 5 und § 108g Abs. 4 und Abs. 5 und § 109a Abs. 1 Z 1, jeweils in der Fassung des Bundesgesetzes BGBl. I Nr. 104/2019, treten mit 1. Jänner 2021 in Kraft.

   *(BGBl I 2020/99)*

340. § 30 Abs. 2 Z 4, § 95 Abs. 1 und § 107 Abs. 7, jeweils in der Fassung des Bundesgesetzes BGBl. I Nr. 103/2019, treten mit 1. Jänner 2020 in Kraft.

   *(BGBl I 2019/103)*

341. § 6 Z 13 in der Fassung BGBl. I Nr. 103/2019 ist erstmals für Zuschreibungen nach Umgründungen anzuwenden, die nach dem 30. April 2019 beschlossen oder vertraglich unterfertigt werden.

   *(BGBl I 2019/103)*

342. § 13 in der Fassung BGBl. I Nr. 103/2019 ist erstmals für Wirtschaftsjahre anzuwenden, die nach dem 31. Dezember 2019 beginnen.

   *(BGBl I 2019/103)*

343. § 17 Abs. 3a und § 21 Abs. 1 in der Fassung des Bundesgesetzes, BGBl. I Nr. 103/2019, sind erstmalig bei der Veranlagung für das Kalenderjahr 2020 anzuwenden.

   *(BGBl I 2019/103)*

344. § 3 Abs. 1 Z 4 lit. f, § 25 Abs. 1 Z 3 lit. f, § 33 Abs. 5 Z 3, Abs. 6 Z 2 und Z 3, Abs. 8 Z 2 und Z 3, § 66, § 67 Abs. 2, § 77 Abs. 3 und Abs. 4a, § 102 Abs. 1 Z 2 und 3, in der Fassung des Bundesgesetzes BGBl. I Nr. 103/2019, sind erstmalig anzuwenden, wenn
   – die Einkommensteuer veranlagt wird, bei der Veranlagung für das Kalenderjahr 2020,
   – die Einkommensteuer (Lohnsteuer) durch Abzug eingehoben oder durch Veranlagung festgesetzt wird, für Lohnzahlungszeiträume, die nach dem 31. Dezember 2019 enden.

   *(BGBl I 2019/103)*

345. § 33 Abs. 3a Z 4, § 33 Abs. 10 und Abs. 11, § 34 Abs. 6, § 84 Abs. 5 in der Fassung des Bundesgesetzes BGBl. I Nr. 103/2019, sind erstmalig anzuwenden, wenn
   – die Einkommensteuer veranlagt wird, bei der Veranlagung für das Kalenderjahr 2019,
   – die Einkommensteuer (Lohnsteuer) durch Abzug eingehoben oder durch Veranlagung festgesetzt wird, für Lohnzahlungszeiträume, die nach dem 31. Dezember 2018 enden.

   *(BGBl I 2019/103)*

346. § 47 Abs. 1, in der Fassung des Bundesgesetzes BGBl. I Nr. 91/2019, ist erstmalig anzuwenden, wenn
   – die Einkommensteuer veranlagt wird, bei der Veranlagung für das Kalenderjahr 2020,
   – die Einkommensteuer (Lohnsteuer) durch Abzug eingehoben oder durch Veranlagung festgesetzt wird, für Lohnzahlungszeiträume, die nach dem 31. Dezember 2019 enden.

   Mit Inkrafttreten des Finanz-Organisationsreformgesetzes BGBl. I Nr. 104/2019 entfällt § 47 Abs. 1 lit. d. Für das Kalenderjahr 2020 ist für die Erhebung der Lohnsteuer gemäß § 47 Abs. 1 lit. a bis c das Finanzamt Graz-Stadt zuständig.

   *(BGBl I 2019/91, BGBl I 2021/3)*

347. § 82a Abs. 4, § 103 Abs. 1 und Abs. 1a sowie § 107 Abs. 8 Z 3 und 4, jeweils in der Fassung

des Bundesgesetzes BGBl. I Nr. 99/2020, treten mit 1. Jänner 2021 in Kraft.

*(BGBl I 2020/99)*

348. Steuerfrei sind ab dem 1. März 2020:

a) Zuwendungen, die aus Mitteln des COVID-19-Krisenbewältigungsfonds gemäß dem Bundesgesetz über die Errichtung des COVID-19-Krisenbewältigungsfonds – COVID-19-FondsG, BGBl. I Nr. 12/2020, aufgebracht werden.

b) Zuschüsse aus dem Härtefallfonds gemäß dem Bundesgesetz über die Errichtung eines Härtefallfonds (Härtefallfondsgesetz, BGBl. I Nr. 16/2020).

c) Zuschüsse auf der Grundlage von § 2 Abs. 2 Z 7 ABBAG-Gesetz, BGBl. I Nr. 51/2014 idF BGBl. I Nr. 44/2020.

d) Sonstige vergleichbare Zuwendungen der Bundesländer, Gemeinden und gesetzlichen Interessenvertretungen, die für die Bewältigung der COVID-19-Krisensituation geleistet werden.

Von der Steuerfreiheit ausgenommen sind ab der Veranlagung 2020 Zahlungen zum Ersatz entgehender Umsätze nach lit. b und c sowie der NPO-Lockdown-Zuschuss gemäß § 7a der 2. NPO-FondsRLV, BGBl. II Nr. 99/2021, und ab der Veranlagung 2021 Zahlungen zum Ersatz entgehender Umsätze nach lit. a und d. Zahlungen zum Ersatz entgehender Umsätze sind bei Anwendung der Kleinunternehmerpauschalierung gemäß § 17 Abs. 3a im Rahmen der Veranlagung 2020 wie Umsätze im Sinne des UStG 1994 zu behandeln, sofern der dem Jahr 2020 zuzuordnende Umsatzersatz höher ist als die Betriebseinnahmen (ohne Umsatzsteuer) aus Umsätzen gemäß § 1 Abs. 1 Z 1 UStG 1994.

*(BGBl I 2020/23, BGBl I 2021/112)*

349. § 16 Abs. 1 Z 6 lit. h und § 68 Abs. 7 sind auch im Falle von COVID-19-Kurzarbeit, Telearbeit wegen der COVID-19-Krise bzw. Dienstverhinderungen wegen der COVID-19-Krise anwendbar. „Dies gilt für Lohnzahlungszeiträume, die vor dem 1. Juli 2021 enden.

*(BGBl I 2020/23, BGBl I 2020/96, BGBl I 2021/3, BGBl I 2021/52)*

350. a) Zulagen und Bonuszahlungen, die aufgrund der COVID-19-Krise zusätzlich geleistet werden, sind im Kalenderjahr 2020 bis 3.000 Euro steuerfrei. Ebenso sind derartige Zulagen und Bonuszahlungen die bis Februar 2022 für das Kalenderjahr 2021 geleistet werden bis 3 000 Euro steuerfrei. Es muss sich dabei um zusätzliche Zahlungen handeln, die ausschließlich zu diesem Zweck geleistet werden und üblicherweise bisher nicht gewährt wurden. Sie erhöhen nicht das Jahressechstel gemäß § 67 Abs. 2 und werden nicht auf das Jahressechstel angerechnet.

*(BGBl I 2021/227)*

b) Soweit Zulagen und Bonuszahlungen nicht durch lit. a erfasst werden, sind sie nach dem Tarif zu versteuern.

*(BGBl I 2020/23)*

351. Eine schädliche Erwerbstätigkeit im Sinne von § 24 Abs. 6 Z 3 und § 37 Abs. 5 Z 3 liegt nicht vor, wenn Ärzte im Jahr 2020 **„, 2021 oder 2022“** während der COVID-19-Pandemie als Ärzte gemäß § 36b Ärztegesetz 1998, BGBl. Nr. 169/1998 idF BGBl. I Nr. 16/2020, in Österreich tätig werden.

*(BGBl I 2020/44, BGBl I 2021/3, BGBl I 2022/108 ab 20.7.2022)*

352. Können Einsatztage im Sinne des § 3 Abs. 1 Z 16c aufgrund der COVID-19-Krise im Kalenderjahr 2020 bzw. bis einschließlich 30. Juni 2021 nicht stattfinden und werden pauschale Reiseaufwandsentschädigungen weiter gewährt, können diese gemäß § 3 Abs. 1 Z 16c steuerfrei behandelt werden.

*(BGBl I 2020/44, BGBl I 2021/3, BGBl I 2021/52)*

353. § 3 Abs. 1 Z 17 in der Fassung des Bundesgesetzes BGBl. I Nr. 48/2020 ist erstmalig anzuwenden für Lohnzahlungszeiträume, die nach dem 30. Juni 2020 enden.

*(BGBl I 2020/48)*

354. Aufwendungen oder Ausgaben anlässlich der Bewirtung von Geschäftsfreunden gemäß § 20 Abs. 1 Z 3 Satz 3, die nach dem 30. Juni 2020 und vor dem 1. Jänner 2021 anfallen, können zu 75 % abgezogen werden.

*(BGBl I 2020/48)*

354a. § 86 Abs. 1 und § 89 Abs. 4, jeweils in der Fassung des Bundesgesetzes BGBl. Nr. 54/2020, treten mit 1. Juli 2020 in Kraft.

*(BGBl I 2020/54, BGBl I 2021/3)*

355. a) Verluste aus Einkünften gemäß § 2 Abs. 3 Z 1 bis 3, die bei der Ermittlung des Gesamtbetrags der Einkünfte im Rahmen der Veranlagung 2020 nicht ausgeglichen werden, können im Rahmen der Veranlagung 2019 bis zu einem Betrag von 5 000 000 Euro vom Gesamtbetrag der Einkünfte vor Sonderausgaben und außergewöhnlichen Belastungen abgezogen werden (Verlustrücktrag). Soweit ein Abzug im Rahmen der Veranlagung 2019 nicht möglich ist, kann dieser unter bestimmten Voraussetzungen im Rahmen der Veranlagung 2018 erfolgen. Dabei gilt:

– Die Verluste müssen durch ordnungsmäßige Buchführung oder bei Steuerpflichtigen, die ihren Gewinn gemäß § 4 Abs. 3 ermitteln, durch ordnungsgemäße Einnahmen-Ausgaben-Rechnung, ermittelt worden sein.

– Der Verlustrücktrag erfolgt auf Antrag. Wurde das betreffende Jahr bereits rechtskräftig veranlagt, gilt der Antrag als rückwirkendes Ereignis im Sinne des § 295a BAO.
– Soweit Verluste aus der Veranlagung 2020 nicht rückgetragen werden, können sie nach Maßgabe des § 18 Abs. 6 in Folgejahren abgezogen werden (Verlustabzug).

Der Bundesminister für Finanzen wird ermächtigt, im Wege einer Verordnung festzulegen, dass eine Verlustberücksichtigung bereits vor Durchführung der Veranlagung 2020 erfolgen kann, um bei den Steuerpflichtigen früher positive Liquiditätseffekte herbeizuführen. Dabei sind auch die Voraussetzungen für die Verlustberücksichtigung im Rahmen der Veranlagung 2018 näher festzulegen.

*(BGBl I 2021/3)*

b) Endet im Kalenderjahr 2020 ein abweichendes Wirtschaftsjahr, besteht das Wahlrecht, den Verlust aus der Veranlagung 2020 oder aus der Veranlagung 2021 rückzutragen. Wird der Verlust aus der Veranlagung 2021 rückgetragen, beziehen sich die Regelungen der lit. a auf die Kalenderjahre 2021, 2020 und 2019.

*(BGBl I 2020/96)*

356. § 7 Abs. 1a in der Fassung BGBl. I Nr. 96/2020 ist erstmalig auf nach dem 30. Juni 2020 angeschaffte oder hergestellte Wirtschaftsgüter anzuwenden. Für vor dem 1. Jänner 2023 angeschaffte oder hergestellte Wirtschaftsgüter kann die degressive Absetzung für Abnutzung nach Maßgabe des § 7 Abs. 1a in der Fassung BGBl. I Nr. 96/2020 unabhängig von der im unternehmensrechtlichen Jahresabschluss vorgenommenen Abschreibung in Anspruch genommen werden.

*(BGBl I 2020/96, BGBl I 2021/3, BGBl I 2022/10)*

357. § 8 Abs. 1a und § 16 Abs. 1 Z 8 lit. e, jeweils in der Fassung BGBl. I Nr. 96/2020, sind erstmalig auf nach dem 30. Juni 2020 angeschaffte oder hergestellte Gebäude anzuwenden.

*(BGBl I 2020/96)*

358. § 12 in der Fassung des Bundesgesetzes BGBl. I Nr. 96/2020 ist auf stille Reserven anzuwenden, die auf Grund des Ausscheidens von Wirtschaftsgütern nach dem 31. Dezember 2019 aufgedeckt werden.

*(BGBl I 2020/96)*

359. § 17 Abs. 5a in der Fassung des Bundesgesetzes BGBl. I Nr. 96/2020 tritt mit 1. Jänner 2020 in Kraft.

*(BGBl I 2020/96)*

360. § 33 Abs. 1 in der Fassung des Bundesgesetzes BGBl. I Nr. 96/2020 ist erstmalig anzuwenden, wenn

– die Einkommensteuer veranlagt wird, bei der Veranlagung für das Kalenderjahr 2020,
– die Einkommensteuer (Lohnsteuer) durch Abzug eingehoben oder durch Veranlagung festgesetzt wird, für Lohnzahlungszeiträume, die nach dem 31. Dezember 2019 enden. Wurde für derartige Lohnzahlungszeiträume § 33 Abs. 1 in der Fassung des BGBl. I Nr. 96/2020 noch nicht berücksichtigt, hat der Arbeitgeber für seine Arbeitnehmer eine Aufrollung gemäß § 77 Abs. 3 so bald wie möglich, jedoch spätestens bis 30. September 2020 durchzuführen, sofern die technischen und organisatorischen Möglichkeiten dazu vorliegen.

*(BGBl I 2020/96)*

361. § 33 Abs. 3a Z 3 lit. d in der Fassung des Bundesgesetzes BGBl. I Nr. 96/2020 ist erstmalig für Anträge betreffend das Kalenderjahr 2019 anzuwenden.

*(BGBl I 2020/96)*

362. § 33 Abs. 5 Z 3 und Abs. 8 Z 2, jeweils in der Fassung des Bundesgesetzes BGBl. I Nr. 96/2020, sind erstmalig bei der Veranlagung für das Kalenderjahr 2020 anzuwenden.

*(BGBl I 2020/96)*

363. § 37 Abs. 4 in der Fassung des Bundesgesetzes BGBl. I Nr. 96/2020 ist erstmalig bei der Veranlagung für das Kalenderjahr 2020 anzuwenden.

*(BGBl I 2020/96)*

364. **„In den Kalenderjahren 2020, 2021 und 2022“** ist für Arbeitnehmer, welchen auf Grund von COVID-19-Kurzarbeit gemäß § 37b AMSG reduzierte laufende Bezüge zugeflossen sind, das Jahressechstel gemäß § 67 Abs. 2 pauschal um 15% zu erhöhen. Dies gilt sinngemäß auch für § 67 Abs. 5 zweiter Teilstrich, für die Neuberechnung der Lohnsteuer gemäß § 77 Abs. 4 und für das Kontrollsechstel gemäß § 77 Abs. 4a.

*(BGBl I 2020/96, BGBl I 2021/3, BGBl I 2022/108 ab 20.7.2022)*

365. Die COVID-19 Investitionsprämie für Unternehmen nach dem Investitionsprämiengesetz, BGBl. I Nr. 88/2020, stellt keine Betriebseinnahme dar; § 6 Z 10, § 20 Abs. 2 und § 12 Abs. 2 KStG 1988 sind auf sie nicht anwendbar.

*(BGBl I 2020/96)*

366. § 17 Abs. 3a Z 1 bis Z 5 in der Fassung des Bundesgesetzes BGBl. I Nr. 3/2021 sind erstmalig bei der Veranlagung für das Kalenderjahr 2021 anzuwenden.

*(BGBl I 2021/3)*

367. § 41 Abs. 1 Z 11, § 47 Abs. 1, § 83 Abs. 2 Z 2 und § 84a, jeweils in der Fassung des Bundesgesetzes BGBl. I Nr. 3/2021, sind erstmalig anzuwenden, wenn
– die Einkommensteuer veranlagt wird, bei der Veranlagung für das Kalenderjahr 2020,
– die Einkommensteuer (Lohnsteuer) durch Abzug eingehoben oder durch Veranlagung festgesetzt wird, für Lohnzahlungszeiträume, die nach dem 31. Dezember 2019 enden.

Abweichend von § 84a Abs. 1 kann die Lohnbescheinigung gemäß § 84a für das Kalenderjahr 2020 bis spätestens 31. März 2021 an das Finanzamt übermittelt werden.

*(BGBl I 2021/3)*

368. § 67 Abs. 2, § 69 Abs. 2, 3 und 4 Z 1 sowie § 77 Abs. 4a, jeweils in der Fassung des Bundesgesetzes BGBl. I Nr. 3/2021, sind erstmalig für Lohnzahlungszeiträume anzuwenden, die nach dem 31. Dezember 2020 enden.

*(BGBl I 2021/3)*

369. Bei den Veranlagungen 2020 und 2021 ist hinsichtlich der 10 %-Grenzen in den §§ 4a Abs. 1, 4b Abs. 1 Z 5 lit. b, 4c Abs. 1 Z 2 sowie § 18 Abs. 1 Z 7 bis 9 auf die höhere Grenze aus der Veranlagung 2019 bzw. dem jeweiligen Veranlagungsjahr abzustellen.

*(BGBl I 2021/3)*

370. § 26 Z 5 in der Fassung des Bundesgesetzes BGBl. I Nr. 18/2021 ist erstmalig für Lohnzahlungszeiträume anzuwenden, die nach dem 30. Juni 2021 enden, und bei Anwendung der lit. b, wenn der Erwerb der Wochen-, Monats- oder Jahreskarte nach dem 30. Juni 2021 erfolgt.

*(BGBl I 2021/18)*

371. Wird im Kalenderjahr 2020 der Freibetrag für die Teilnahme an Betriebsveranstaltungen gemäß § 3 Abs. 1 Z 14 nicht oder nicht zur Gänze ausgeschöpft, kann der Arbeitgeber im Zeitraum von 1. November 2020 bis 31. Jänner 2021 Gutscheine im Wert von bis zu 365 Euro an seine Arbeitnehmer ausgeben. Diese Gutscheine stellen einen steuerfreien geldwerten Vorteil aus der Teilnahme an Betriebsveranstaltungen gemäß § 3 Abs. 1 Z 14 dar.

*(BGBl I 2021/3)*

372. § 6 Z 2 lit. a und § 9 Abs. 3 in der Fassung des Bundesgesetzes BGBl. I Nr. 3/2021 sind erstmalig anzuwenden für Wirtschaftsjahre, die nach dem 31. Dezember 2020 beginnen. Dabei gilt:

a) Eine pauschale Forderungswertberichtigung darf auch für Forderungen erfolgen, die in Wirtschaftsjahren entstanden sind, **„die vor dem 1. Jänner 2021 beginnen“**.

*(BGBl I 2022/108 ab 20.7.2022)*

b) Eine pauschale Rückstellung darf auch gebildet werden, wenn der Anlass für deren erstmalige Bildung in Wirtschaftsjahren liegt, **„die vor dem 1. Jänner 2021 beginnen“**.

*(BGBl I 2022/108 ab 20.7.2022)*

c) Die gemäß lit. a und lit. b zu berücksichtigenden Wertberichtigungs- und Rückstellungsbeträge sind auf das Wirtschaftsjahr, das nach dem 31. Dezember 2020 beginnt, und gleichmäßig auf die folgenden vier Wirtschaftsjahre zu verteilen.

*(BGBl I 2021/3)*

373. § 16 Abs. 1 Z 7 und Z 7a lit. b, § 26 Z 9 und § 41 Abs. 1 Z 13, jeweils in der Fassung des Bundesgesetzes BGBl. I Nr. 52/2021, sind erstmalig für Homeoffice-Tage ab 1. Jänner 2021 anzuwenden, wenn
– die Einkommensteuer veranlagt wird, bei der Veranlagung für das Kalenderjahr 2021,
– die Einkommensteuer (Lohnsteuer) durch Abzug eingehoben oder durch Veranlagung festgesetzt wird, für Lohnzahlungszeiträume, die nach dem 31. Dezember 2020 enden.

*(BGBl I 2021/52)*

374. § 16 Abs. 1 Z 7a lit. a und § 16 Abs. 3 in der Fassung des Bundesgesetzes BGBl. I Nr. 52/2021 sind erstmalig bei der Veranlagung für das Kalenderjahr 2020 anzuwenden. Abweichend davon gilt für die Veranlagung der Kalenderjahre 2020 und 2021 Folgendes:
– Ausgaben im Sinne des § 16 Abs. 1 Z 7a lit. a, die im Kalenderjahr 2020 getätigt wurden, sind zu berücksichtigen, wenn der Arbeitnehmer seine berufliche Tätigkeit für den Arbeitgeber an zumindest 26 Tagen im Jahr 2020 ausschließlich in der Wohnung ausgeübt hat. Der Höchstbetrag beträgt für das Kalenderjahr 2020 150 Euro. Der Antrag auf Berücksichtigung dieser Kosten stellt ein rückwirkendes Ereignis im Sinne des § 295a BAO dar.
– Der Höchstbetrag gemäß § 16 Abs. 1 Z 7a lit. a beträgt für das Kalenderjahr 2021 300 Euro. Er vermindert sich um den Betrag, der im Kalenderjahr 2020 für Ausgaben im Sinne des § 16 Abs. 1 Z 7a lit. a berücksichtigt worden ist.

*(BGBl I 2021/52)*

375. § 16 Abs. 1 Z 7a, § 26 Z 9 und § 41 Abs. 1 Z 13 treten mit 1. Jänner 2024 außer Kraft. § 16 Abs. 1 Z 7 und § 16 Abs. 3 in der Fassung des BGBl. I Nr. 52/2021 treten mit 1. Jänner 2024 außer Kraft; § 16 Abs. 1 Z 7 und § 16 Abs. 3 in der Fassung vor BGBl. I Nr. 52/2021 treten mit 1. Jänner 2024 wieder in Kraft.

*(BGBl I 2021/52)*

376. § 67 Abs. 5 in der Fassung des Bundesgesetzes BGBl. I Nr. 71/2021 tritt mit 1. April 2021 in Kraft.

*(BGBl I 2021/71, BGBl I 2021/112)*

377. § 3 Abs. 1 Z 17 in der Fassung des Bundesgesetzes BGBl. I Nr. 227/2021 ist erstmalig anzuwenden für Lohnzahlungszeiträume, die nach dem 31. Dezember 2021 enden.

*(BGBl I 2021/227)*

378. § 4 Abs. 4 Z 8 und § 17 Abs. 1 und 3a in der Fassung des Bundesgesetzes BGBl. I Nr. 227/2021 sind erstmalig bei der Veranlagung für das Kalenderjahr 2022 anzuwenden.

*(BGBl I 2021/227)*

379. § 36 Abs. 2 Z 1 in der Fassung des Bundesgesetzes BGBl. I Nr. 227/2021 ist erstmalig bei der Veranlagung für das Kalenderjahr 2021 anzuwenden.

*(BGBl I 2021/227)*

380. § 16 Abs. 1 Z 6 lit. h und § 68 Abs. 7 sind auch im Falle von COVID-19-Kurzarbeit, Telearbeit wegen der COVID-19-Krise bzw. Dienstverhinderungen wegen der COVID-19-Krise anwendbar. Dies gilt für Lohnzahlungszeiträume, die nach dem 31. Oktober 2021 beginnen und vor dem 1. Jänner 2022 enden.

*(BGBl I 2021/227)*

381. Können Einsatztage im Sinne des § 3 Abs. 1 Z 16c aufgrund der COVID-19-Krise in den Kalendermonaten November und Dezember 2021 nicht stattfinden und werden pauschale Reiseaufwandsentschädigungen weiter gewährt, können diese gemäß § 3 Abs. 1 Z 16c steuerfrei behandelt werden.

*(BGBl I 2021/227)*

382. Wird im Kalenderjahr 2021 der Freibetrag für die Teilnahme an Betriebsveranstaltungen gemäß § 3 Abs. 1 Z 14 nicht oder nicht zur Gänze ausgeschöpft, kann der Arbeitgeber im Zeitraum von 1. November 2021 bis 31. Jänner 2022 Gutscheine im Wert von bis zu 365 Euro an seine Arbeitnehmer ausgeben. Diese Gutscheine stellen einen steuerfreien geldwerten Vorteil aus der Teilnahme an Betriebsveranstaltungen gemäß § 3 Abs. 1 Z 14 dar.

*(BGBl I 2021/227)*

383. § 3 Abs. 1 Z 35 in der Fassung des Bundesgesetzes BGBl. I Nr. 10/2022 ist erstmalig anzuwenden, wenn
   - die Einkommensteuer veranlagt wird, bei der Veranlagung für das Kalenderjahr 2022,
   - die Einkommensteuer (Lohnsteuer) durch Abzug eingehoben oder durch Veranlagung festgesetzt wird, für Lohnzahlungszeiträume, die nach dem 31. Dezember 2021 enden.

*(BGBl I 2022/10)*

384. a) § 6 Z 2 lit. c und Z 5, § 20 Abs. 2, § 27 Abs. 1, Abs. 4a, Abs. 6 und Abs. 8, § 27a Abs. 1 Z 1, Abs. 2 Z 1 und Z 2, Abs. 3 Z 4, Abs. 4 und Abs. 6, § 27b, § 93 Abs. 2 Z 1 und Z 3, Abs. 4a, Abs. 5 und Abs. 7, § 94 Z 6 lit. c, Z 7, Z 10 und Z 12, § 95 Abs. 2 Z 1 lit. a und Z 3, Abs. 3, § 96 Abs. 1 Z 1, Z 3 und Abs. 4 Z 3 und § 97 Abs. 1, jeweils in der Fassung des Bundesgesetzes BGBl. I Nr. 10/2022, treten mit 1. März 2022 in Kraft und sind erstmals auf Kryptowährungen anzuwenden, die nach dem 28. Februar 2021 angeschafft wurden.

b) Werden Kryptowährungen, die vor dem 1. März 2021 angeschafft wurden, nach dem 28. Februar 2022 zur Erzielung laufender Einkünfte aus Kryptowährungen gemäß § 27b Abs. 2 oder zum Erwerb von Kryptowährungen gemäß § 27b Abs. 2 zweiter Satz verwendet, ist bereits § 27b Abs. 2 anzuwenden und die erworbenen Kryptowährungen gelten als nach dem 28. Februar 2021 angeschafft.

c) Werden Kryptowährungen nach dem 31. Dezember 2021 und vor dem 1. März 2022 steuerpflichtig realisiert, können die Einkünfte auf Antrag des Steuerpflichtigen bereits als Einkünfte im Sinne des § 27b behandelt werden.

d) Die Verpflichtung zum Kapitalertragsteuerabzug für Einkünfte aus Kryptowährungen gilt erstmals für Kapitalerträge, die nach dem 31. Dezember 2023 anfallen. Für in den Kalenderjahren 2022 und 2023 anfallende Kapitalerträge kann freiwillig eine Kapitalertragsteuer einbehalten werden; die §§ 93 bis 97 gelten diesfalls sinngemäß.

e) § 27a Abs. 2 Z 7 und § 95 Abs. 1 sowie Abs. 2 Z 2 lit. c treten am 1. März 2022 in Kraft, wobei der freiwillige Steuerabzug erstmals für Kapitalerträge, die nach dem 1. März 2022 anfallen, vorgenommen werden kann.

*(BGBl I 2022/10)*

385. § 10 in der Fassung des Bundesgesetzes BGBl. I Nr. 10/2022 ist erstmalig für Wirtschaftsjahre anzuwenden, die nach dem 31. Dezember 2021 beginnen.

*(BGBl I 2022/10)*

386. § 11 in der Fassung des Bundesgesetzes BGBl. I Nr. 10/2022 ist erstmalig auf nach dem 31. Dezember 2022 angeschaffte oder hergestellte Wirtschaftsgüter anzuwenden.

*(BGBl I 2022/10)*

387. § 13 in der Fassung des Bundesgesetzes BGBl. I Nr. 10/2022 tritt mit 1. Jänner 2023 in Kraft. Für Einkünfte gemäß § 2 Abs. 3 Z 1 bis 3 ist § 13 in der Fassung BGBl. I Nr. 10/2022 erst-

mals für Wirtschaftsjahre anzuwenden, die nach dem 31. Dezember 2022 beginnen.

*(BGBl I 2022/10)*

388. § 18 Abs. 1 Z 10 in der Fassung des Bundesgesetzes BGBl. I Nr. 10/2022 ist erstmalig bei der Veranlagung für das Kalenderjahr 2022 anzuwenden für Ausgaben,
   a) für welche nach dem 30. Juni 2022 eine Förderung des Bundes gemäß dem 3. Abschnitt des UFG ausbezahlt wurde,
   b) sofern das zugrundeliegende Förderungsansuchen nach dem 31. März 2022 eingebracht wurde.

*(BGBl I 2022/10)*

389. § 30b Abs. 1a, § 93 Abs. 1a und § 100 Abs. 1a, jeweils in der Fassung des Bundesgesetzes BGBl. I Nr. 10/2022, treten jeweils mit 1. Jänner 2023 in Kraft und sind erstmalig für Einkünfte anzuwenden, die nach dem 31. Dezember 2022 zufließen.

*(BGBl I 2022/10)*

390. a) Die Senkung des Steuersatzes von 35% auf 30% gemäß § 33 Abs. 1 in der Fassung des Bundesgesetzes BGBl. I Nr. 10/2022 tritt mit 1. Juli 2022 in Kraft und ist erstmalig anzuwenden, wenn
   – die Einkommensteuer veranlagt oder durch Veranlagung festgesetzt wird, bei der Veranlagung für das Kalenderjahr 2023,
   – die Einkommensteuer (Lohnsteuer) durch Abzug eingehoben wird, für Lohnzahlungszeiträume, die nach dem 31. Dezember 2022 enden.

   b) Für das Kalenderjahr 2022 ist die Senkung des Steuersatzes von 35% auf 30% wie folgt zu berücksichtigen:
   – Wenn die Einkommensteuer veranlagt oder durch Veranlagung festgesetzt wird, ist für das gesamte Kalenderjahr ein Steuersatz von 32,5% anzuwenden.
   – Wenn die Einkommensteuer (Lohnsteuer) durch Abzug eingehoben wird, ist für Lohnzahlungszeiträume, die nach dem 31. Dezember 2021 enden, ein Steuersatz von 32,5% anzuwenden. Wurde für derartige Lohnzahlungszeiträume der Steuersatz von 32,5% noch nicht berücksichtigt, hat der Arbeitgeber für seine Arbeitnehmer eine Aufrollung gemäß § 77 Abs. 3 so bald wie möglich, jedoch spätestens bis 31. Mai 2022 durchzuführen, sofern die technischen und organisatorischen Möglichkeiten dazu vorliegen.

*(BGBl I 2022/10)*

391. a) Die Senkung des Steuersatzes von 42% auf 40% gemäß § 33 Abs. 1 in der Fassung des Bundesgesetzes BGBl. I Nr. 10/2022 tritt mit 1. Juli 2023 in Kraft und ist erstmalig anzuwenden, wenn
   – die Einkommensteuer veranlagt wird, bei der Veranlagung für das Kalenderjahr 2024,
   – die Einkommensteuer (Lohnsteuer) durch Abzug eingehoben oder durch Veranlagung festgesetzt wird, für Lohnzahlungszeiträume, die nach dem 31. Dezember 2023 enden.

   b) Für das Kalenderjahr 2023 ist die Senkung des Steuersatzes von 42% auf 40% wie folgt zu berücksichtigen:
   – Wenn die Einkommensteuer veranlagt oder durch Veranlagung festgesetzt wird, ist für das gesamte Kalenderjahr ein Steuersatz von 41% anzuwenden.
   – Wenn die Einkommensteuer (Lohnsteuer) durch Abzug eingehoben wird, ist für Lohnzahlungszeiträume, die nach dem 31. Dezember 2022 enden, ein Steuersatz von 41% anzuwenden.

*(BGBl I 2022/10)*

**„392. § 33 Abs. 3a Z 1 in der Fassung des Bundesgesetzes BGBl. I Nr. 10/2022 ist für Kalendermonate ab Jänner 2022 anzuwenden. Wurde für derartige Lohnzahlungszeiträume der höhere Familienbonus Plus noch nicht berücksichtigt, hat der Arbeitgeber für seine Arbeitnehmer eine Aufrollung gemäß § 77 Abs. 3 so bald wie möglich, jedoch spätestens bis 30. September 2022 durchzuführen, sofern die technischen und organisatorischen Möglichkeiten dazu vorliegen.“**

*(BGBl I 2022/10, BGBl I 2022/93 ab 1.7.2022)*

393. § 33 Abs. 5 Z 3, Abs. 6 Z 2 und Z 3, Abs. 8 Z 2 und Z 3 in der Fassung des BGBl. I Nr. 10/2022 ist erstmalig bei der Veranlagung für das Kalenderjahr 2021 anzuwenden. Wenn die Einkommensteuer (Lohnsteuer) durch Abzug eingehoben wird, ist § 33 Abs. 6 Z 2 und Z 3 in Fassung BGBl. I Nr. 10/2022 für Lohnzahlungszeiträume, die nach dem 31. Dezember 2021 enden, anzuwenden. Wurde für derartige Lohnzahlungszeiträume der höhere Absetzbetrag noch nicht berücksichtigt, hat die pensionsauszahlende Stelle eine Aufrollung gemäß § 77 Abs. 3 so bald wie möglich, jedoch spätestens bis 31. Mai 2022 durchzuführen, sofern die technischen und organisatorischen Möglichkeiten dazu vorliegen.

*(BGBl I 2022/10)*

394. a) § 33 Abs. 7 in der Fassung des Bundesgesetzes BGBl. I Nr. 10/2022 ist erstmalig bei der Veranlagung für das Kalenderjahr 2022 anzuwenden.

„b) § 33 Abs. 7 in der Fassung des Bundesgesetzes BGBl. I Nr. 93/2022 tritt nach BGBl. I Nr. 10/2022 in Kraft und ist erstmalig bei der Veranlagung für das Kalenderjahr 2022 anzuwenden.“

*(BGBl I 2022/10, BGBl I 2022/93 ab 1.7.2022)*

**„395. a) Zur Abgeltung der erhöhten Treibstoffkosten sind im Zeitraum Mai 2022 bis Juni 2023 zusätzlich zu den Pauschbeträgen gemäß § 16 Abs. 1 Z 6 lit. c folgende Pauschbeträge nach Maßgabe der Bestimmungen des § 16 Abs. 1 Z 6 lit. e bis j zu berücksichtigen:**

**Bei einer einfachen Fahrtstrecke von**

**mindestens 20 km bis 40 km 29 Euro monatlich**

**mehr als 40 km bis 60 km 56,50 Euro monatlich**

**mehr als 60 km 84 Euro monatlich**

**b) Zur Abgeltung der erhöhten Treibstoffkosten sind im Zeitraum Mai 2022 bis Juni 2023 zusätzlich zu den Pauschbeträgen gemäß § 16 Abs. 1 Z 6 lit. d folgende Pauschbeträge nach Maßgabe der Bestimmungen des § 16 Abs. 1 Z 6 lit. e bis j zu berücksichtigen:**

**Bei einer einfachen Fahrtstrecke von**

**mindestens 2 km bis 20 km 15,50 Euro monatlich**

**mehr als 20 km bis 40 km 61,50 Euro monatlich**

**mehr als 40 km bis 60 km 107 Euro monatlich**

**mehr als 60 km 153 Euro monatlich**

**c) Im Zeitraum Mai 2022 bis Juni 2023 steht zusätzlich ein Pendlereuro gemäß § 33 Abs. 5 Z 4 von 0,50 Euro monatlich pro Kilometer der einfachen Fahrtstrecke zwischen Wohnung und Arbeitsstätte zu. Für die Berücksichtigung des zusätzlichen Pendlereuros gelten die Bestimmungen des § 16 Abs. 1 Z 6 lit. b und lit. e bis j entsprechend.**

**d) Bei Steuerpflichtigen, die Anspruch auf ein Pendlerpauschale gemäß § 16 Abs. 1 Z 6 haben, erhöht sich der nach § 33 Abs. 8 Z 2 errechnete und zurückzuerstattende Betrag im Kalenderjahr 2022 um 60 Euro und im Kalenderjahr 2023 um 40 Euro.**

**e) Wenn die Einkommensteuer (Lohnsteuer) durch Abzug eingehoben wird, und für Lohnzahlungszeiträume von Mai 2022 bis Juni 2023 lit. a bis c noch nicht berücksichtigt wurden, hat der Arbeitgeber für seine Arbeitnehmer eine Aufrollung gemäß § 77 Abs. 3 so bald wie möglich, jedoch spätestens bis 31. August 2022 durchzuführen, sofern die technischen und organisatorischen Möglichkeiten dazu vorliegen.“**

*(BGBl I 2022/63 ab 14.5.2022)*

**„396. § 3 Abs. 1 Z 38 in der Fassung des Bundesgesetzes BGBl. I Nr. 108/2022 ist erstmalig auf Zuschüsse und sonstige Leistungen anzuwenden, die nach dem 30. Juni 2022 ausbezahlt werden.**

*(BGBl I 2022/108)*

**397. § 3 Abs. 1 Z 39, § 4 Abs. 4 Z 5 und § 17 Abs. 1 und 3a, jeweils in der Fassung des Bundesgesetzes BGBl. I Nr. 108/2022, sind erstmalig bei der Veranlagung für das Kalenderjahr 2022 anzuwenden.**

*(BGBl I 2022/108)*

**398. § 16 Abs. 1 Z 6 lit. i in der Fassung des Bundesgesetzes BGBl. I Nr. 108/2022 ist erstmalig anzuwenden, wenn die Einkommensteuer (Lohnsteuer) durch Abzug eingehoben oder durch Veranlagung festgesetzt wird, für Lohnzahlungszeiträume, die nach dem 31. Dezember 2022 enden.**

*(BGBl I 2022/108)*

**399. § 19 Abs. 1 Z 2 und Abs. 2 in der Fassung des Bundesgesetzes BGBl. I Nr. 108/2022 ist für Zahlungen und Rückzahlungen ab 1. Jänner 2022 anzuwenden und über Antrag des Steuerpflichtigen auf alle offenen Veranlagungsverfahren. Eine Änderung auf Antrag des Steuerpflichtigen in einem offenen Veranlagungsverfahren betreffend das Kalenderjahr der Zahlung oder Rückzahlung stellt hinsichtlich der Kalenderjahre, für die der Anspruch besteht, ein rückwirkendes Ereignis gemäß § 295a BAO dar. Wurde eine Zahlung nicht in dem Kalenderjahr steuerlich berücksichtigt, für das die Zahlung getätigt wurde, kann eine Rückzahlung abweichend von § 19 Abs. 2 in dem Kalenderjahr als abgeflossen gelten, in dem die Zahlung steuerlich berücksichtigt worden ist.**

*(BGBl I 2022/108)*

**400. § 22 Z 1 lit. a dritter Satz tritt mit 1. September 2022 in Kraft.**

*(BGBl I 2022/108)*

**401. § 22 Z 1 lit. b in der Fassung des Bundesgesetzes BGBl. I Nr. 108/2022 ist auf alle zum Zeitpunkt der Kundmachung des Bundesgesetzes BGBl. I Nr. 108/2022 nicht rechtskräftig veranlagten Fälle anzuwenden.**

*(BGBl I 2022/108)*

**402. § 27 Abs. 6 Z 2 sechster Teilstrich und § 93 Abs. 5, jeweils in der Fassung des Bundesgesetzes BGBl. I Nr. 108/2022, treten mit 1. Jänner 2023 in Kraft.**

*(BGBl I 2022/108)*

**403.** **§ 41 Abs. 1 Z 6, 13, 14 und 15, § 41 Abs. 2 Z 2 sowie § 42 Abs. 1 Z 3 in der Fassung des Bundesgesetzes BGBl. I Nr. 108/2022 sind erstmalig bei der Veranlagung für das Kalenderjahr 2022 anzuwenden.**

*(BGBl I 2022/108)*

**404.** **§ 96 Abs. 4 und 5 in der Fassung des Bundesgesetzes BGBl. I Nr. 108/2022 tritt am 1. Jänner 2024 in Kraft und ist erstmals auf Steuerbescheinigungen anzuwenden, die für das Kalenderjahr 2024 ausgestellt werden.**

*(BGBl I 2022/108)*

**405.** **§ 108c Abs. 2 Z 1 und Abs. 3 in der Fassung des Bundesgesetzes BGBl. I Nr. 108/2022 ist erstmalig auf Prämien anzuwenden, die das Kalenderjahr 2022 betreffen und nach dem 30. Juni 2022 erstmalig beantragt werden.“**

*(BGBl I 2022/108)*

**„406.** **§ 33 Abs. 6 Z 2 in der Fassung des BGBl. I Nr. 93/2022 ist erstmalig anzuwenden, wenn**

- **die Einkommensteuer veranlagt wird, bei der Veranlagung für das Kalenderjahr 2023,**
- **die Einkommensteuer (Lohnsteuer) durch Abzug eingehoben oder durch Veranlagung festgesetzt wird, für Lohnzahlungszeiträume, die nach dem 31. Dezember 2022 enden.**

*(BGBl I 2022/93)*

**407.** **Hat ein Steuerpflichtiger Anspruch auf einen der Absetzbeträge nach § 33 Abs. 5 oder 6 und hat er keine außerordentliche Einmalzahlung gemäß § 772a ASVG, § 400a GSVG, § 394a BSVG, § 95h PG 1965 und § 60 Abs. 19 BB-PG erhalten, so steht ihm für das Kalenderjahr 2022 im Wege der Einkommensteuerveranlagung ein Teuerungsabsetzbetrag in Höhe von 500 Euro zu. Für die Berücksichtigung des Teuerungsabsetzbetrages gilt:**

**„a)** **Bei Anspruch auf den Verkehrsabsetzbetrag steht der Teuerungsabsetzbetrag bis zu einem Einkommen von 18 200 Euro im Kalenderjahr zu und vermindert sich zwischen Einkommen von 18 200 Euro und 24 500 Euro gleichmäßig einschleifend auf null. Der Teuerungsabsetzbetrag vermindert sich um außerordentliche Gutschriften gemäß § 398a GSVG und § 392a BSVG. Abweichend von § 33 Abs. 8 Z 2 sind für das Kalenderjahr 2022 70% der Werbungskosten im Sinne des § 16 Abs. 1 Z 3 lit. a (ausgenommen Betriebsratsumlagen) und des § 16 Abs. 1 Z 4 und 5, höchstens aber 1 550 Euro, rückzuerstatten.**

*(BGBl I 2022/138 ab 29.7.2022)*

**b)** **Bei Anspruch auf einen der Absetzbeträge gemäß § 33 Abs. 6 steht der Teuerungsabsetzbetrag bis zu laufenden Pensionseinkünften von 20 500 Euro im Kalenderjahr zu und vermindert sich zwischen laufenden Pensionseinkünften von 20 500 Euro und 25 500 Euro gleichmäßig einschleifend auf null. Der Teuerungsabsetzbetrag vermindert sich um außerordentliche Gutschriften gemäß § 398a GSVG und gemäß § 392a BSVG. Abweichend von § 33 Abs. 8 Z 3 sind für das Kalenderjahr 2022 100% der Werbungskosten im Sinne des § 16 Abs. 1 Z 4, höchstens aber 1 050 Euro, rückzuerstatten. Bei Anspruch auf einen Pensionistenabsetzbetrag ist der Teuerungsabsetzbetrag zusätzlich zu den Absetzbeträgen gemäß § 66 Abs. 1 bei der Berechnung der Lohnsteuer zu berücksichtigen. Die pensionsauszahlende Stelle hat für die Pensionsbezieher eine Aufrollung gemäß § 77 Abs. 3 so bald wie möglich, jedoch spätestens bis 30. September 2022 durchzuführen.“**

*(BGBl I 2022/138 ab 29.7.2022)*

*(BGBl I 2022/93)*

**408.** **a)** **Zulagen und Bonuszahlungen, die der Arbeitgeber in den Kalenderjahren 2022 und 2023 aufgrund der Teuerung zusätzlich gewährt (Teuerungsprämie), sind**

- **bis 2 000 Euro pro Jahr steuerfrei und zusätzlich**
- **bis 1 000 Euro pro Jahr steuerfrei, wenn die Zahlung aufgrund einer lohngestaltenden Vorschrift gemäß § 68 Abs. 5 Z 1 bis 7 erfolgt.**

**Es muss sich dabei um zusätzliche Zahlungen handeln, die üblicherweise bisher nicht gewährt wurden. Sie erhöhen nicht das Jahressechstel gemäß § 67 Abs. 2 und werden nicht auf das Jahressechstel angerechnet.**

**b)** **Werden in den Kalenderjahren 2022 und 2023 sowohl eine Gewinnbeteiligung gemäß § 3 Abs. 1 Z 35 als auch eine Teuerungsprämie ausbezahlt, sind diese nur insoweit steuerfrei, als sie insgesamt den Betrag von 3 000 Euro pro Jahr nicht übersteigen. Eine steuerfrei gewährte Gewinnbeteiligung kann im Kalenderjahr 2022 rückwirkend als Teuerungsprämie behandelt werden.**

**c)** **Soweit Zulagen und Bonuszahlungen nicht durch lit. a erfasst werden, sind sie nach dem Tarif zu versteuern.“**

*(BGBl I 2022/93)*

**„409.** **§ 33 Abs. 3 in der Fassung vor BGBl I Nr. 135/2022 entfällt rückwirkend ab 1. Jänner 2019 und § 33 Abs. 3 in der Fassung BGBl**

I Nr. 135/2022 tritt mit 1. Jänner 2019 in Kraft. Dabei gilt:

a) Die Nachzahlungen des Kinderabsetzbetrages für Kinder, die sich ständig in Bulgarien, Deutschland, Estland, Griechenland, Italien, Kroatien, Lettland, Litauen, Malta, Polen, Portugal, Rumänien, Slowakei, Slowenien, Spanien, Tschechien, Ungarn oder Zypern aufgehalten haben oder aufhalten, erfolgen im Wege der gemeinsamen Auszahlung mit der Familienbeihilfe automationsunterstützt, soweit auf Grund der im Familienbeihilfenverfahren vorhandenen Daten eine Auszahlung durchführbar ist.

b) Der Kinderabsetzbetrag für Kinder, die sich ständig in Belgien, Dänemark, Finnland, Frankreich, Irland, Island, Luxemburg, Niederlande, Norwegen, Schweden, Schweiz oder dem Vereinigten Königreich aufgehalten haben oder aufhalten, gilt bis zum 30. Juni 2022 in Bezug auf die Höhe als rechtmäßig zuerkannt.

*(BGBl I 2022/135)*

410. a) § 33 Abs. 3a, Abs. 4 und Abs. 7 in der Fassung des Bundesgesetzes BGBl. I Nr. 135/2022 sind für Kinder, die sich ständig in Bulgarien, Deutschland, Estland, Griechenland, Italien, Kroatien, Lettland, Litauen, Malta, Polen, Portugal, Rumänien, Slowakei, Slowenien, Spanien, Tschechien, Ungarn oder Zypern aufhalten, erstmalig anzuwenden, wenn

– die Einkommensteuer veranlagt oder durch Veranlagung festgesetzt wird, bei der Veranlagung für das Kalenderjahr 2019; die Änderung des § 33 mit Bundesgesetz BGBl. I Nr. 135/2022 stellt ein rückwirkendes Ereignis im Sinne des § 295a BAO dar.

– die Einkommensteuer (Lohnsteuer) durch Abzug eingehoben wird, für Lohnzahlungszeiträume, die nach dem 31. Dezember 2021 enden. Wurden für derartige Lohnzahlungszeiträume § 33 Abs. 3a und Abs. 4 in der Fassung des BGBl. I Nr. 135/2022 noch nicht berücksichtigt, hat der Arbeitgeber für seine Arbeitnehmer eine Aufrollung gemäß § 77 Abs. 3 so bald wie möglich, jedoch spätestens bis 30. September 2022 durchzuführen, sofern die technischen und organisatorischen Möglichkeiten dazu vorliegen.

§ 205 BAO ist nicht anzuwenden.

b) § 33 Abs. 3a, Abs. 4 und Abs. 7 in der Fassung des Bundesgesetzes BGBl. I Nr. 135/2022 sind für Kinder, die sich ständig in Belgien, Dänemark, Finnland, Frankreich, Irland, Island, Luxemburg, Niederlande, Norwegen, Schweden, Schweiz oder dem Vereinigten Königreich aufhalten, erstmalig anzuwenden, wenn

– die Einkommensteuer veranlagt oder durch Veranlagung festgesetzt wird, bei der Veranlagung für das Kalenderjahr 2023,

– die Einkommensteuer (Lohnsteuer) durch Abzug eingehoben wird, für Lohnzahlungszeiträume, die nach dem 31. Juli 2022 enden.

c) Für Kinder, die sich ständig in Belgien, Dänemark, Finnland, Frankreich, Irland, Island, Luxemburg, Niederlande, Norwegen, Schweden, Schweiz oder dem Vereinigten Königreich aufhalten, sind § 33 Abs. 3a, Abs. 4 und Abs. 7 im Rahmen der Veranlagung des Kalenderjahres 2022 wie folgt anzuwenden:

– Für die Kalendermonate Jänner bis Juli 2022 sind § 33 Abs. 3a und Abs. 4 Z 3 in der Fassung vor dem Bundesgesetz BGBl. I Nr. 135/2022 anzuwenden und für die Kalendermonate August bis Dezember 2022 sind § 33 Abs. 3a und Abs. 4 Z 3 in der Fassung des Bundesgesetzes BGBl. I Nr. 135/2022 anzuwenden.

– Für die Kalendermonate Jänner bis Juli 2022 ist jeweils ein Zwölftel der Beträge gemäß § 33 Abs. 4 Z 1 und 2 und Abs. 7 in der Fassung vor dem Bundesgesetz BGBl. I Nr. 135/2022 heranzuziehen und für die Kalendermonate August bis Dezember 2022 ist jeweils ein Zwölftel der Beträge gemäß § 33 Abs. 4 Z 1 und 2 und Abs. 7 in der Fassung des Bundesgesetzes BGBl. I Nr. 135/2022 heranzuziehen.“

*(BGBl I 2022/135)*

„411. a) Die außerordentliche Gutschrift gemäß § 398a GSVG und § 392a BSVG ist von der Einkommensteuer befreit, wenn das Einkommen (§ 2 Abs. 2 Einkommensteuergesetz 1988 – EStG 1988, BGBl 1988/400) des Empfängers im Zuflussjahr vor Berücksichtigung der außerordentlichen Gutschrift nicht mehr als 24 500 Euro beträgt; andernfalls ist sie – ohne Erhöhung der betrieblichen Einkünfte – der Ein-

**kommensteuerbemessungsgrundlage hinzuzurechnen.**

b) **Liegen die Voraussetzungen für die Einkommensteuerbefreiung nicht vor, ist eine Veranlagung von lohnsteuerpflichtigen Einkünften gemäß § 41 Abs. 1 EStG 1988 vorzunehmen.**

c) **Für Personen, denen eine außerordentliche Gutschrift gemäß § 398a Abs. 2 GSVG und § 392a Abs. 2 BSVG gewährt wurde, sind folgende Daten vom jeweiligen Sozialversicherungsträger, bis spätestens Ende Februar des der Auszahlung folgenden Kalenderjahres elektronisch an den Bundesminister für Finanzen zu übermitteln: Der (die) Familienname(n), der (die) Vorname(n), das Geburtsdatum, das verschlüsselte bereichsspezifische Personenkennzeichen (vbPK SA), das Jahr der Auszahlung, sowie die Höhe der Gutschrift.“**

*(BGBl I 2022/138)*

## 10. TEIL
## SCHLUSSBESTIMMUNGEN

**§ 125.** Dieses Bundesgesetz ist anzuwenden,

1. wenn die Einkommensteuer veranlagt wird, erstmalig bei der Veranlagung für das Kalenderjahr 1989,
2. wenn die Einkommensteuer (Lohnsteuer) durch Abzug eingehoben oder durch Jahresausgleich festgesetzt wird, für Lohnzahlungszeiträume, die nach dem 31. Dezember 1988 enden,
3. beim Steuerabzug in sonstigen Fällen für Zeiträume nach dem 31. Dezember 1988, sofern sich aus § 123 nicht anderes ergibt.

### Vollziehung

**§ 126.** Mit der Vollziehung dieses Bundesgesetzes sind

1. hinsichtlich des § 4 Abs. 4 Z 4 zweiter Satz der Bundesminister für wirtschaftliche Angelegenheiten,
2. hinsichtlich des § 4 Abs. 4 Z 5 dritt- und vorletzter Satz der Bundesminister für Wissenschaft und Forschung,
3. hinsichtlich des § 103 Abs. 4 zweiter Satz der Bundesminister für Wissenschaft und Forschung,
4. hinsichtlich des § 106 der Bundesminister für Finanzen im Einvernehmen mit dem Bundesminister für Justiz,
5. hinsichtlich des § 111 der jeweils in Betracht kommende Bundesminister,
6. hinsichtlich der §§ 84 und 86 in der Fassung des Bundesgesetzes BGBl. I Nr. 132/2002 der Bundesminister für Finanzen im Einvernehmen mit dem Bundesminister für soziale Sicherheit und Generationen,
7. hinsichtlich der übrigen Bestimmungen der Bundesminister für Finanzen

betraut.

### Wegfall der Lohnsteuerkarte

**§ 127.** (1) Die §§ 48 bis 61, 65 und 71 bis 75 sind für Lohnzahlungszeiträume, die nach dem 31. Dezember 1993 enden, nicht mehr anzuwenden.

(2) Dem Arbeitgeber bis zum 31. Dezember 1993 vorgelegte Lohnsteuerkarten sind vom Arbeitgeber bis zum 31. Dezember 1998 aufzubewahren und in der Folge zu vernichten.

(3) Wurde vom Arbeitgeber im Jahre 1993 auf Grund der Eintragung auf der Lohnsteuerkarte der Alleinverdiener- oder Alleinerzieherabsetzbetrag berücksichtigt, ist der Absetzbetrag vorerst ohne Erklärung gemäß § 129 bis längstens 31. Dezember 1994 weiter zu berücksichtigen. Den Wegfall der Voraussetzungen für die Berücksichtigung des Alleinverdiener- oder des Alleinerzieherabsetzbetrages muß der Arbeitnehmer dem Arbeitgeber innerhalb eines Monats melden. Ab dem Zeitpunkt der Meldung hat der Arbeitgeber den Alleinverdiener- oder den Alleinerzieherabsetzbetrag nicht mehr zu berücksichtigen.

### Anmeldung des Arbeitnehmers

**§ 128.** Bei Antritt des Dienstverhältnisses hat der Arbeitnehmer dem Arbeitgeber unter Verwendung eines amtlichen Vordruckes und unter Vorlage einer amtlichen Urkunde, die geeignet ist, seine Identität nachzuweisen, folgende Daten bekanntzugeben:

– Name,
– Versicherungsnummer gemäß § 31 ASVG,
– Wohnsitz.

Wurde für den Arbeitnehmer eine Versicherungsnummer nicht vergeben, ist das Geburtsdatum anzuführen.

### Berücksichtigung des Familienbonus Plus und von Absetzbeträgen durch den Arbeitgeber oder die pensionsauszahlende Stelle

**§ 129.** (1) Für die Inanspruchnahme eines Familienbonus Plus, des Alleinverdiener-, Alleinerzieher-, oder des erhöhten Pensionistenabsetzbetrages hat der Arbeitnehmer (Pensionist) dem Arbeitgeber (der pensionsauszahlenden Stelle) auf einem amtlichen Formular eine Erklärung über das Vorliegen der Voraussetzungen gemäß § 33 Abs. 3a, § 33 Abs. 4 Z 1 oder Z 2 oder § 33 Abs. 6 Z 1 abzugeben oder elektronisch zu übermitteln.

*(BGBl I 2019/103)*

(2) In dieser Erklärung ist anzugeben:

1. Für die Inanspruchnahme des Alleinverdienerabsetzbetrages:
   – Name und Versicherungsnummer des (Ehe-)Partners (§ 106 Abs. 3)
   – Name und Versicherungsnummer von Kindern (§ 106 Abs. 1)
   – ~~Wohnsitz von Kindern~~

*(BGBl I 2022/135 ab 29.7.2022)*

2. Für die Inanspruchnahme des Alleinerzieherabsetzbetrages:
   – Name und Versicherungsnummer von Kindern (§ 106 Abs. 1)
   – ~~Wohnsitz von Kindern~~

   *(BGBl I 2022/135 ab 29.7.2022)*
3. Für die Inanspruchnahme des erhöhten Pensionistenabsetzbetrages:
   – Name und Versicherungsnummer des (Ehe-)Partners (§ 106 Abs. 3)
4. Für die Inanspruchnahme eines Familienbonus Plus:
   – Name, Versicherungsnummer **„und Geburtsdatum"** des Kindes, für das ein Familienbonus Plus berücksichtigt werden soll,
   – ob der Arbeitnehmer der Familienbeihilfenberechtigte oder dessen (Ehe-) Partner (§ 33 Abs. 3a Z 5) ist
   – ob der Arbeitnehmer den gesetzlichen Unterhalt für ein nicht haushaltszugehöriges Kind leistet,
   – ob der Familienbonus Plus zur Gänze oder zur Hälfte berücksichtigt werden soll

   Weiters ist dem Arbeitgeber (der pensionsauszahlenden Stelle) für die Inanspruchnahme eines Familienbonus Plus ein Nachweis über den Familienbeihilfenanspruch oder über die Unterhaltsleistung vorzulegen oder elektronisch zu übermitteln.

   *(BGBl I 2019/103, BGBl I 2022/135 ab 29.7.2022)*

(3) Der Arbeitgeber hat die Erklärung des Arbeitnehmers (Pensionisten) zum Lohnkonto (§ 76) zu nehmen.

(4) Änderungen der Verhältnisse muss der Arbeitnehmer (Pensionist) dem Arbeitgeber (der pensionsauszahlenden Stelle) innerhalb eines Monats melden. Ab dem Zeitpunkt der Meldung über die Änderung der Verhältnisse hat der Arbeitgeber (die pensionsauszahlende Stelle) den Familienbonus Plus und die Absetzbeträge, beginnend mit dem von der Änderung betroffenen Monat, nicht mehr oder in geänderter Höhe zu berücksichtigen.

(5) Die Erklärung für die Inanspruchnahme des Alleinverdienerabsetzbetrages, des Alleinerzieherabsetzbetrages oder des erhöhten Pensionistenabsetzbetrages darf bei Vorliegen mehrerer Arbeitgeber (pensionsauszahlenden Stellen) gleichzeitig nur einem Arbeitgeber (einer pensionsauszahlenden Stelle) vorgelegt oder elektronisch übermittelt werden.

*(BGBl I 2019/103)*

(6) Weiters ist beim Familienbonus Plus Folgendes zu berücksichtigen:

1. Die Erklärung für die Inanspruchnahme eines Familienbonus Plus darf von jedem Anspruchsberechtigten für ein Kind nur einem Arbeitgeber (einer pensionsauszahlenden Stelle) vorgelegt oder elektronisch übermittelt werden.

   *(BGBl I 2019/103)*
2. Der Arbeitgeber darf einen Familienbonus Plus nicht für Zeiträume berücksichtigen, für die für das Kind kein Anspruch auf Familienbeihilfe besteht.
3. Bei gleichbleibenden Verhältnissen entfaltet eine Erklärung über eine Änderung der Höhe des zu berücksichtigenden Familienbonus Plus erst ab Beginn des folgenden Kalenderjahres Wirkung.
4. Der Arbeitgeber darf einen Familienbonus Plus nur bis zu dem Monat berücksichtigen, in dem das Kind das 18. Lebensjahr vollendet. Nach Ablauf dieses Monats darf ein Familienbonus Plus nur berücksichtigt werden, wenn dem Arbeitgeber neuerlich eine Erklärung gemäß Abs. 2 Z 4 mit den dort vorgesehenen Nachweisen vorgelegt oder elektronisch übermittelt wird.

   *(BGBl I 2019/103)*

(7) Eine Haftung des Arbeitgebers nach § 82 besteht nur insoweit, als die Lohnsteuer nach Maßgabe der Verhältnisse, wie sie dem Arbeitgeber aufgrund der, nicht offensichtlich unrichtigen Erklärung gemäß Abs 2 des Arbeitnehmers, beim Steuerabzug bekannt waren, unrichtig berechnet wurde.

*(BGBl I 2018/98)*

*(BGBl I 2018/62)*

**§ 130.** § 3 Abs. 1 Z 5 lit. d in der Fassung des Bundesgesetzes BGBl. Nr. 314/1994 tritt mit 1. Juli 1994 in Kraft.

**§ 131.** § 69 Abs. 4 in der Fassung des Bundesgesetzes BGBl. Nr. 417/1996 tritt mit 1. Juli 1996 in Kraft.

**§ 132.** Die §§ 3 Abs. 1 Z 22 lit. a und 35 Abs. 2 in der Fassung des Bundesgesetzes BGBl. I Nr. 30/1998 treten mit 1. Jänner 1998 in Kraft.

**§ 133.** § 20 Abs. 1 Z 1, § 33 Abs. 4 Z 3 lit. a und c, § 33 Abs. 8, § 34 Abs. 7 Z 1 und 2, § 40, § 97 Abs. 4 Z 2 in der Fassung des Bundesgesetzes BGBl. I Nr. 79/1998 treten mit Ablauf des 31. Dezember 1998 in Kraft.

**§ 134.** (1) § 3 Abs. 1 Z 5 lit. d tritt mit 28. Juni 2008 in Kraft.

(2) § 25 Abs. 1 Z 2 lit. e, § 69 Abs. 6 Z 1 und 2 und § 84 Abs. 1 Z 3 lit. b in der Fassung des Bundesgesetzes BGBl. I Nr. 82/2008 treten mit 1. Juli 2008 in Kraft.

**Anlage 1**
**(zu § 4 Abs. 4 Z 2 lit. b)**

| Erreichtes Alter des Unterstützungsempfängers (Jahre) | Die Jahresbeträge der laufenden Unterstützungen sind zu vervielfachen bei Unterstützungen an ehemalige Betriebszugehörige mit | bei Unterstützungen an Witwen (Waisen) ehemaliger Betriebszugehöriger mit |
|---|---|---|
| bis 24 | 10 | 20 |
| 25 | 11 | 20 |
| 26 | 12 | 20 |
| 27 bis 28 | 13 | 20 |
| 29 bis 31 | 14 | 20 |
| 32 bis 37 | 15 | 19 |
| 38 bis 43 | 15 | 18 |
| 44 bis 46 | 15 | 17 |
| 47 bis 49 | 15 | 16 |
| 50 | 15 | 15 |
| 51 bis 52 | 14 | 15 |
| 53 bis 55 | 14 | 14 |
| 56 bis 57 | 14 | 13 |
| 58 bis 60 | 13 | 12 |
| 61 bis 62 | 13 | 11 |
| 63 bis 64 | 12 | 10 |
| 65 | 11 | 10 |
| 66 bis 67 | 11 | 9 |
| 68 | 10 | 9 |
| 69 | 10 | 8 |
| 70 | 9 | 8 |
| 71 bis 72 | 9 | 7 |
| 73 | 8 | 7 |
| 74 bis 75 | 8 | 6 |
| 76 | 7 | 6 |
| 77 | 7 | 5 |
| 78 bis 79 | 6 | 5 |
| 80 | 6 | 4 |
| 81 bis 84 | 5 | 4 |
| 85 bis 87 | 4 | 3 |
| 88 bis 91 | 3 | 3 |
| 92 bis 97 | 2 | 2 |
| 98 bis 100 | 1 | 1 |

**Anlage 2**
**(zu § 94 Z 2 EStG)**

Gesellschaften im Sinne des Artikels 2 der Richtlinie 2011/96/EU über das gemeinsame Steuersystem der Mutter- und Tochtergesellschaften verschiedener Mitgliedstaaten, ABl. Nr. L 345 vom 29.12.2011 S. 8.

Gesellschaft im Sinne des Artikels 2 der genannten Richtlinie ist jede Gesellschaft, die

1. eine der angeführten Formen aufweist:
   a) Die gemäß der Verordnung (EG) Nr. 2157/2001 des Rates vom 8. Oktober 2001 über das Statut der Europäischen Gesellschaft (SE) und der Richtlinie 2001/86/EG des Rates vom 8. Oktober 2001 zur Ergänzung des Statuts der Europäischen Gesellschaft hinsichtlich der Beteiligung der Arbeitnehmer gegründeten Gesellschaften sowie die gemäß der Verordnung (EG) Nr. 1435/2003 des Rates vom 22. Juli 2003 über das Statut der Europäischen Genossenschaft (SCE) und gemäß der Richtlinie 2003/72/EG des Rates vom 22. Juli 2003 zur Ergänzung des Statuts der Europäischen Genossenschaft hinsichtlich der Beteiligung der Arbeitnehmer gegründeten Genossenschaften;
   b) Gesellschaften belgischen Rechts mit der Bezeichnung „société anonyme"/„naamloze vennootschap", „société en commandite par actions"/„commanditaire vennootschap op aandelen", „société privée à responsabilité limitée"/„besloten vennootschap met beperkte aansprakelijkheid", „société coopérative à responsabilité limitée"/„coöperatieve vennootschap met beperkte aansprakelijkheid", „société coopérative à responsabilité illimitée"/„coöperatieve vennootschap met onbeperkte aansprakelijkheid", „société en nom collectif"/„vennootschap onder firma", „société en commandite simple"/„gewone commanditaire vennootschap", öffentliche Unternehmen, die eine der genannten Rechtsformen angenommen haben, und andere nach belgischem Recht gegründete Gesellschaften, die der belgischen Körperschaftsteuer unterliegen;
   c) Gesellschaften bulgarischen Rechts mit der Bezeichnung „събирателнот дружество", „командитното дружество", дружеството с ограничена отговорност", „акционерното дружество" „командитното дружество с акции", неперсонифицирано дружество" кооперации", „кооперативни съюзи", „държавни предприятия", die nach bulgarischem Recht gegründet wurden und gewerbliche Tätigkeiten ausüben;

d) Gesellschaften tschechischen Rechts mit der Bezeichnung „akciová společnost", „společnost s ručením omezeným";

e) Gesellschaften dänischen Rechts mit der Bezeichnung „aktieselskab" oder „anpartsselskab". Weitere nach dem Körperschaftsteuergesetz steuerpflichtige Gesellschaften, soweit ihr steuerbarer Gewinn nach den allgemeinen steuerrechtlichen Bestimmungen für die „aktieselskaber" ermittelt und besteuert wird;

f) Gesellschaften deutschen Rechts mit der Bezeichnung „Aktiengesellschaft", „Kommanditgesellschaft auf Aktien", „Gesellschaft mit beschränkter Haftung", „Versicherungsverein auf Gegenseitigkeit", „Erwerbs- und Wirtschaftsgenossenschaft", „Betrieb gewerblicher Art von juristischen Personen des öffentlichen Rechts", und andere nach deutschem Recht gegründete Gesellschaften, die der deutschen Körperschaftsteuer unterliegen;

g) Gesellschaften estnischen Rechts mit der Bezeichnung „täisühing", „usaldusühing", „osaühing", „aktsiaselts", „tulundusühistu";

h) Gesellschaften griechischen Rechts mit der Bezeichnung „ανώνυμη εταιρεία", „εταιρεία περισμένης ευθύνης (Ε.Π.Ε.)" und andere nach griechischem Recht gegründete Gesellschaften, die der griechischen Körperschaftsteuer unterliegen;

i) Gesellschaften spanischen Rechts mit der Bezeichnung „sociedad anónima", „sociedad comanditaria por acciones", „sociedad de responsabilidad limitada", die öffentlich-rechtlichen Körperschaften, deren Tätigkeit unter das Privatrecht fällt. Andere nach spanischem Recht gegründete Körperschaften, die der spanischen Körperschaftsteuer („impuesto sobre sociedades") unterliegen;

j) Gesellschaften französischen Rechts mit der Bezeichnung „société anonyme", „société en commandite par actions", „société à responsabilité limitée", „sociétés par actions simplifiées", „sociétés d'assurance mutuelle", „caisses d'épargne et de prévoyance", „sociétés civiles", die automatisch der Körperschaftsteuer unterliegen, „coopératives", „unions de coopératives", die öffentlichen Industrie- und Handelsbetriebe und unternehmen und andere nach französischem Recht gegründete Gesellschaften, die der französischen Körperschaftsteuer unterliegen;

k) nach irischem Recht gegründete oder eingetragene Gesellschaften, gemäß dem Industrial and Provident Societies Act eingetragene Körperschaften, gemäß dem Building Societies Act gegründete „building societies" und „trustee savings banks" im Sinne des Trustee Savings Banks Act von 1989;

l) Gesellschaften italienischen Rechts mit der Bezeichnung „società per azioni", „società in accomandita per azioni", „società a responsibilità limitata", „società cooperative", „società di mutua assicurazione" sowie öffentliche und private Körperschaften, deren Tätigkeit ganz oder überwiegend handelsgewerblicher Art ist;

m) Gesellschaften zyprischen Rechts mit der Bezeichnung „εταιρείες" im Sinne der Einkommensteuergesetze;

n) Gesellschaften lettischen Rechts mit der Bezeichnung „akciju sabiedrība", „sabiedrība ar ierobežotu atbildību";

o) Gesellschaften litauischen Rechts;

p) Gesellschaften luxemburgischen Rechts mit der Bezeichnung „société anonyme", „société en commandite par actions", „société à responsabilité limitée", „société coopérative", „société coopérative organisée comme une société anonyme", „association d'assurances mutuelles", „association d'épargne-pension", „entreprise de nature commerciale, industrielle ou minière de l'Etat, des communes, des syndicats de communes, des établissements publics et des autres personnes morales de droit public" sowie andere nach luxemburgischem Recht gegründete Gesellschaften, die der luxemburgischen Körperschaftsteuer unterliegen;

q) Gesellschaften ungarischen Rechts mit der Bezeichnung „közkereseti társaság", „betéti társaság", „közös vállalat", „korlátolt felelősségű társaság", „részvénytársaság", „egyesülés", „szövetkezet";

r) Gesellschaften maltesischen Rechts mit der Bezeichnung „Kumpaniji ta' Responsabilita' Limitata", „Soċjetajiet en commandite li l-kapital tagħhom maqsum f'azzjonijiet";

s) Gesellschaften niederländischen Rechts mit der Bezeichnung „naamloze vennootschap", „besloten vennootschap met beperkte aansprakelijkheid", „Open commanditaire vennootschap", „Coöperatie", „onderlinge waarborgmaatschappij", „Fonds voor gemene rekening", „vereniging op coöperatieve grondslag", „vereniging welke op onderlinge grondslag als verzekeraar of kredietinstelling optreedt" und andere nach niederländischem Recht gegründete Gesellschaften, die der niederländischen Körperschaftsteuer unterliegen;

t) Gesellschaften österreichischen Rechts mit der Bezeichnung „Aktiengesellschaft", „Gesellschaft mit beschränkter

Haftung“, „Versicherungsvereine auf Gegenseitigkeit“, „Erwerbs- und Wirtschaftsgenossenschaften“, „Betriebe gewerblicher Art von Körperschaften des öffentlichen Rechts“, „Sparkassen“ und andere nach österreichischem Recht gegründete Gesellschaften, die der österreichischen Körperschaftsteuer unterliegen;

u) Gesellschaften polnischen Rechts mit der Bezeichnung: ‚spółka akcyjna‘, ‚spółka z ograniczoną odpowiedzialnością‘, ‚spółka komandytowo-akcyjna‘;
*(BGBl I 2016/77)*

v) die nach portugiesischem Recht gegründeten Handelsgesellschaften oder zivilrechtlichen Handelsgesellschaften, Genossenschaften und öffentlichen Unternehmen;

w) Gesellschaften rumänischen Rechts mit der Bezeichnung: ‚societăţi pe acţiuni‘, ‚societăţi în comandită pe acţiuni‘, ‚societăţi cu răspundere limitată‘, ‚societăţi în nume colectiv‘, ‚societăţi în comandită simplă‘;
*(BGBl I 2016/77)*

x) Gesellschaften slowenischen Rechts mit der Bezeichnung „delniška družba“, „komanditna družba“, „družba z omejeno odgovornostjo“;

y) Gesellschaften slowakischen Rechts mit der Bezeichnung „akciová spoločnosť“, „spoločnosť s ručením obmedzeným“, „komanditná spoločnosť“;

z) Gesellschaften finnischen Rechts mit der Bezeichnung „osakeyhtiö“/„aktiebolag“, „osuuskunta“/„andelslag“, „säästöpankki“/„sparbank“ and „vakuutusyhtiö“/ „försäkringsbolag“;

aa) Gesellschaften schwedischen Rechts mit der Bezeichnung „aktiebolag“, „försäkringsaktiebolag“, „ekonomiska föreningar“, „sparbanker“, „ömsesidiga försäkringsbolag“ und „försäkringsföreningar“,

ab) nach dem Recht des Vereinigten Königreichs gegründete Gesellschaften;

ac) Gesellschaften kroatischen Rechts mit der Bezeichnung ‚dioničko društvo‘ oder ‚društvo s ograničenom odgovornošću‘ und andere nach kroatischem Recht gegründete Gesellschaften, die der kroatischen Gewinnsteuer unterliegen.

2. nach dem Steuerrecht eines Mitgliedstaates in Bezug auf den steuerlichen Wohnsitz als in diesem Staat ansässig und auf Grund eines mit einem dritten Staat geschlossenen Doppelbesteuerungsabkommens in Bezug auf den steuerlichen Wohnsitz nicht als außerhalb der Gemeinschaft ansässig betrachtet wird und

3. ohne Wahlmöglichkeit einer der nachstehenden Steuern

– vennootschapsbelasting/impôt des sociétés in Belgien,
– selskabsskat in Dänemark,
– Körperschaftsteuer in Deutschland,
– φόρος εισοδήματος νομικών προσώπων κερδοσκοπικού χαρακτήρα in Griechenland
– impuesto sobre sociedades in Spanien,
– impôt sur les sociétés in Frankreich,
– corporation tax in Irland,
– imposta sul reddito delle società in Italien,
– impôt sur le revenu des collectivités in Luxemburg,
– vennootschapsbelasting in den Niederlanden,
– imposto sobre o rendimento das pessoas colectivas in Portugal,
– corporation tax im Vereinigten Königreich,
– Körperschaftsteuer in Österreich,
– yhteisöjen tulovero/inkomstskatten för samfund in Finnland,
– statlig inkomstskatt in Schweden,
– Daň z příjmů právnických in der Tschechischen Republik,
– Tulumaks in Estland,
– φόρος Εισοδήματος in Zypern,
– uzņēmumu ienākuma nodoklis in Lettland,
– Pelno mokestis in Litauen,
– Társasági adó, osztalékadó in Ungarn,
– Taxxa fuq l-income in Malta,
– Podatek dochodowy od osób prawnych in Polen,
– Davek od dobička pravnih oseb in Slowenien,
– daň z príjmov právnických osôb in der Slowakei,
– корпоративен данък in Bulgarien,
– impozit pe profit in Rumänien,
– porez na dobit in Kroatien

oder irgendeiner Steuer, die eine dieser Steuern ersetzt, unterliegt, ohne davon befreit zu sein.

Z 1 lit. a ist anzuwenden: soweit es sich um eine SE handelt, auf Ausschüttungen, die nach dem 7. Oktober 2004 erfolgen, soweit es sich um eine SCE handelt, auf Ausschüttungen, die nach dem 17. August 2006 erfolgen.

Z 1 lit. d, g, m, n, o, q, r, u, x und y sind auf Ausschüttungen anzuwenden, die nach dem 30. April 2004 erfolgen.

Z 1 lit. c und w sind auf Ausschüttungen anzuwenden, die nach dem 31. Dezember 2006 erfolgen.

Die Anlage 2 zu § 94 Z 2 EStG in der Fassung des Bundesgesetzes BGBl. I Nr. 77/2016 ist auf Ausschüttungen anzuwenden, die nach dem 31. Dezember 2015 erfolgen.

*(BGBl I 2016/77)*

# 1/2. SONSTIGE GESETZE

## 1/2/1. Endbesteuerungsgesetz (Auszug)

BGBl 1993/11 idF BGBl I 2015/103

**Bundesverfassungsgesetz über eine Steuerabgeltung bei Einkünften aus Kapitalvermögen, bei sonstigem Vermögen und bei Übergang dieses Vermögens von Todes wegen durch den Abzug einer Kapitalertragsteuer, über eine Steueramnestie, über eine Sonderregelung bei der Einkommen- und Körperschaftsteuerveranlagung für das Kalenderjahr 1992 und über eine Amnestie im Bereich des Devisenrechts (Endbesteuerungsgesetz)**

### Abschnitt I
### Steuerabgeltung bei bestimmten Einkünften aus Kapitalvermögen und sonstigem Vermögen durch Abzug von Kapitalertragsteuer

**§ 1.** (1) Es ist bundesgesetzlich vorzusehen, daß bei der Besteuerung

1. von Einkünften aus Kapitalvermögen (§ 27 des Einkommensteuergesetzes 1988), und zwar von
   a) Kapitalerträgen aus Geldeinlagen bei Kreditinstituten und sonstigen Forderungen gegenüber Kreditinstituten (§ 1 des Bankwesengesetzes), denen ein Bankgeschäft zugrunde liegt,
   *(BGBl I 2015/103)*
   b) Kapitalerträgen aus Forderungswertpapieren, wenn sich die kuponauszahlende Stelle im Inland befindet,
   c) Kapitalerträgen aus Ausschüttungen inländischer Kapitalgesellschaften oder Erwerbs- und Wirtschaftsgenossenschaften auf Gesellschafts- und Genossenschaftsanteile sowie auf Genußrechte,
   d) Kapitalerträgen aus Ausschüttungen auf Partizipationskapital im Sinne des Bankwesengesetzes oder des Versicherungsaufsichtsgesetzes,
   e) Rückvergütungen aus Anteilen an Erwerbs- und Wirtschaftsgenossenschaften mit Ausnahme der Rückvergütungen gemäß § 13 des Körperschaftsteuergesetzes 1988,
   f) Zuwendungen jeder Art von Privatstiftungen an Begünstigte und Letztbegünstigte,
   *(BGBl I 2015/103)*
   g) Einkünften aus realisierten Wertsteigerungen von Kapitalvermögen (§ 27 Abs. 3 des Einkommensteuergesetzes 1988),
   *(BGBl I 2015/103)*
   h) Einkünften aus Derivaten (§ 27 Abs. 4 des Einkommensteuergesetzes 1988) sowie
   *(BGBl I 2015/103)*
2. des sonstigen Vermögens (§ 69 des Bewertungsgesetzes 1955), aus dem die Kapitalerträge im Sinne der Z 1 fließen, sowie des Erwerbes dieses Vermögens von Todes wegen die Steuern (Abs. 2) mit dem Kapitalertragsteuerabzug abgegolten sind. Für abzugsfreie Forderungswertpapiere ist bundesgesetzlich vorzusehen, daß die Abgeltung der Steuern auch dann eintritt, wenn im Wege der kuponauszahlenden Stelle ein Betrag in Höhe dieser Kapitalertragsteuer geleistet wird.

   Unter die Steuerabgeltung fallen Einkünfte aus Wertpapieren, die ein Forderungsrecht verbriefen, einschließlich Derivate sowie Einkünfte aus Anteilscheinen und Anteilen an einem § 40 oder § 42 des Immobilien-Investmentfondsgesetz unterliegenden Gebilde nur dann, wenn diese bei ihrer Begebung sowohl in rechtlicher als auch in tatsächlicher Hinsicht einem unbestimmten Personenkreis angeboten werden; dies gilt hinsichtlich der Erbschafts- und Schenkungssteuer für Erwerbe von Todes wegen, wenn der Erblasser nach dem 31. Mai 1996 verstorben ist.

   Es können bundesgesetzliche Ausnahmen von der Abgeltungswirkung vorgesehen werden, wenn die dem Kapitalertragsteuerabzug zugrunde liegenden steuerlichen Werte nicht den tatsächlichen Gegebenheiten entsprechen.
   *(BGBl I 2015/103)*

(2) Abs. 1 gilt hinsichtlich

1. Lit. a und b für die Einkommensteuer (Körperschaftsteuer) und Vermögensteuer, soweit die Steuerschuld ab 1. Jänner 1993 entstanden ist, sowie die Erbschafts- und Schenkungssteuer, wenn der Erblasser nach dem 31. Dezember 1992 verstorben ist.
2. Lit. c bis f für die Einkommensteuer, soweit die Steuerschuld ab 1. Jänner 1994 entstanden ist.
3. Lit. g und h für die Einkommensteuer (Körperschaftsteuer), soweit die Steuerschuld ab 1. April 2012 entstanden ist.
   *(BGBl I 2015/103)*

(3) Es ist bundesgesetzlich vorzusehen, daß für natürliche Personen bei Kapitalerträgen im Sinne des Abs. 1 Z 1 lit. a bis f die Einkommensteuer, soweit die Kapitalerträge nach dem 31. Dezember 1993 zugeflossen sind, auch dann mit dem Kapitalertragsteuerabzug oder mit einem im Wege der kuponauszahlenden Stelle geleisteten Betrag in Höhe der Kapitalertragsteuer (Abs. 1 vorletzter Satz) abgegolten sind, wenn sie zu den Betriebseinnahmen gehören.
*(BGBl I 2015/103)*

(4) Die Kapitalertragsteuer für Kapitalerträge im Sinne des Abs. 1 darf nicht weniger als 20% und nicht mehr als 27,5% betragen.

*(BGBl I 2015/103)*

(5) Es ist bundesgesetzlich vorzusehen, daß die einbehaltene Kapitalertragsteuer insoweit erstattet wird, als sich aus der Anwendung des für die Einkommensteuer (Körperschaftsteuer) jeweils geltenden Steuertarifs auf das Einkommen eine niedrigere Steuer ergäbe. Dabei ist das Ausmaß der Steuererstattung bei einem unterhaltsberechtigten Steuerpflichtigen um die steuerliche Abgeltung der Unterhaltsverpflichtungen zu kürzen. Ferner ist bundesgesetzlich vorzusehen, daß bei der Erstattung der für 1993 einbehaltenen Kapitalertragsteuer der für 1994 geltende Einkommensteuertarif anzuwenden ist.

**§ 2.** (1) Es ist bundesgesetzlich vorzusehen, daß für Kapitalerträge und Vermögen, für die eine Abgeltung der Steuern (§ 1 Abs. 2) eintritt, bei der Ermittlung des Einkommens (§ 2 Abs. 2 des Einkommensteuergesetzes 1988, § 7 Abs. 2 des Körperschaftsteuergesetzes 1988), des Einkommens für Zwecke der Erstattung (§ 1 Abs. 5), des Gesamtvermögens (§ 76 des Bewertungsgesetzes 1955) und des Erwerbes von Todes wegen (§ 20 des Erbschafts- und Schenkungssteuergesetzes 1955) Werbungskosten, Schulden und Lasten nicht berücksichtigt werden.

*(BGBl I 2015/103)*

(2) Es ist bundesgesetzlich vorzusehen, daß für Kapitalerträge, die zu den Betriebseinnahmen gehören und für die eine Abgeltung der Einkommensteuer eintritt (§ 1 Abs. 3), bei der Ermittlung des Einkommens (§ 2 Abs. 2 des Einkommensteuergesetzes 1988) Betriebsausgaben nicht berücksichtigt werden.

**§ 3.** Von den Maßnahmen im Sinne der §§ 1 und 2 bleiben unberührt:

1. Die Besteuerung von Einkünften und Vermögen, die nicht dieser Kapitalertragsteuer unterliegen.
2. Die Besteuerung von Erwerben von Todes wegen von Vermögen, aus dem keine Kapitalerträge im Sinne des § 1 fließen, sowie von Schenkungen unter Lebenden.

### Abschnitt V
### Vollziehung

**§ 8.** Mit der Vollziehung dieses Bundesverfassungsgesetzes ist der Bundesminister für Finanzen, hinsichtlich der §§ 4 und 5 im Einvernehmen mit dem Bundesminister für Justiz, betraut.

# 1/2/2. Bundesgesetz über steuerliche Sondermaßnahmen zur Förderung des Wohnbaus

BGBl 1993/253 idF BGBl I 2015/157

**Bundesgesetz über steuerliche Sondermaßnahmen zur Förderung des Wohnbaus**

**§ 1.** (1) Die Bestimmungen des § 18 des Einkommensteuergesetzes 1988 betreffend junge Aktien gelten auch für die Erstanschaffung junger Aktien, Wandelschuldverschreibungen und Partizipationsrechten im Sinne des Bankwesengesetzes zur Förderung des Wohnbaus. § 18 Abs. 4 Z 3 zweiter Satz des Einkommensteuergesetzes 1988 gilt sinngemäß für die Ausübung des in der Wandelschuldverschreibung eingeräumten Umtauschrechts.

(2) Eine Förderung des Wohnbaus liegt vor, wenn zusätzlich zu den Bestimmungen des § 18 des Einkommensteuergesetzes 1988 folgende Voraussetzungen erfüllt sind:

1. Es müssen ausgegeben werden
   a) junge Aktien und Wandelschuldverschreibungen von Aktiengesellschaften, die Bauträger im Sinne des § 18 Abs. 1 Z 3 des Einkommensteuergesetzes 1988, idF BGBl. I Nr. 115/2015, sind (Bauträger) oder den Sektionen ‚Geld- und Kreditwesen‘ oder ‚Gewerbe‘ einer Kammer der gewerblichen Wirtschaft angehören und deren Unternehmensschwerpunkt nach der Satzung sowie den Vorbereitungshandlungen oder der tatsächlichen Geschäftsführung nachweislich die Finanzierung (Wohnbaubanken) oder die Errichtung (Bauträger) von Wohnbauten sowie von sonstigen Maßnahmen zur Erschließung und zur Förderung von Wohngebieten ist;

      *(BGBl I 2015/157)*
   b) Partizipationsrechte von Aktiengesellschaften, die den Sektionen ‚Geld- und Kreditwesen‘ der gewerblichen Wirtschaft angehören und die in lit. a angeführten Voraussetzungen aufweisen.

      Wandelschuldverschreibungen gleichzuhalten sind Schuldverschreibungen, die von Wohnbaubanken im Sinne der lit. a begeben werden und bei denen den Gläubigern ein Umtauschrecht auf Aktien von Bauträgern im Sinne der lit. a eingeräumt ist.
2. Der Emissionserlös muss zur Errichtung, zur Erhaltung oder nützlichen Verbesserung durch bautechnische Maßnahmen von Wohnungen mit einer Nutzfläche von höchstens 150 m² oder von überwiegend zu Wohnzwecken bestimmten Gebäuden sowie zur Durchführung von Maßnahmen zur Erschließung und zur Förderung von Wohngebieten zur Verfügung stehen und innerhalb von drei

Jahren zur Bedeckung der Kosten verwendet werden.

*(BGBl I 2015/157)*

3. Im Falle einer Vermietung darf die Miete jenen Betrag nicht übersteigen, der für die Zuerkennung von Mitteln aus der Wohnbauförderung maßgebend ist. Dies muß in der Satzung verankert sein.

(3) Der einheitliche Höchstbetrag des § 18 Abs. 3 Z 2 des Einkommensteuergesetzes 1988 besteht auch für Ausgaben gemäß Abs. 1. Derartige Ausgaben sind im Rahmen dieses Höchstbetrages nur insoweit anzusetzen, als der Höchstbetrag nicht durch andere Sonderausgaben ausgeschöpft ist.

**§ 2.** Gehören Kapitalerträge aus Aktien, Wandelschuldverschreibungen und Partizipationsrechten, die von Aktiengesellschaften im Sinne des § 1 Abs. 2 ausgegeben worden sind, zu den Einkünften aus Kapitalvermögen (§ 27 des Einkommensteuergesetzes 1988), so gilt für die Zeit der Hinterlegung dieser Wertpapiere bei einem inländischen Kreditinstitut folgendes:

1. Von den Kapitalerträgen ist im Ausmaß bis zu 4% des Nennbetrages der Aktien, Wandelschuldverschreibungen und Partizipationsrechte keine Kapitalertragsteuer abzuziehen.
2. Für die Kapitalerträge gilt die Einkommensteuer als gemäß § 97 des Einkommensteuergesetzes 1988 durch Steuerabzug abgegolten.

**§ 3.** Die §§ 1 und 2 sind anzuwenden,

1. wenn die Einkommensteuer veranlagt wird, erstmalig bei der Veranlagung für das Kalenderjahr 1993,
2. wenn die Einkommensteuer (Lohnsteuer) durch Abzug eingehoben oder durch Jahresausgleich festgesetzt wird, für Lohnzahlungszeiträume, die nach dem 31. Dezember 1992 enden,
3. beim Steuerabzug in sonstigen Fällen für Zeiträume nach dem 31. Dezember 1992.

**§ 4.** Mit der Vollziehung der §§ 1 bis 3 ist der Bundesminister für Finanzen betraut.

**§ 5.** § 1 Abs. 2 Z 1 lit. a und § 1 Abs. 2 Z 2 in der Fassung des BGBl. I Nr. 157/2015 treten mit 1. Jänner 2016 in Kraft.

*(BGBl I 2015/157)*

# 1/2/3. Kunstförderungsgesetz (Auszug)

BGBl 1988/146 idF BGBl I 2020/149

### Arten der Förderung

**§ 3.** (1) Arten der Förderung im Sinne dieses Bundesgesetzes sind:

1. Geld- und Sachzuwendungen für einzelne Vorhaben (Projekte),
2. der Ankauf von Werken (insbesondere der zeitgenössischen Kunst),
3. zins- oder amortisationsbegünstigte Gelddarlehen,
4. Annuitäten-, Zinsen- und Kreditkostenzuschüsse,
5. die Vergabe von Stipendien (insbesondere von Studienaufenthalten im Ausland),
6. die Erteilung von Aufträgen zur Herstellung von Werken der zeitgenössischen Kunst,
7. die Vergabe von Staats-, Würdigungs- und Förderungspreisen sowie Prämien und Preise für hervorragende künstlerische Leistungen und
8. sonstige Geld- und Sachzuwendungen.

(2) Sofern Einrichtungen der Bundesschulen gegen jederzeitigen Widerruf für künstlerische Zwecke überlassen werden, darf diese Überlassung unentgeltlich erfolgen.

(3) Stipendien im Sinne des Abs. 1 Z 5 und Preise im Sinne des Abs. 1 Z 7 sind von der Einkommensteuer befreit. Dies gilt auch für im Grunde und der Höhe nach vergleichbare Leistungen auf Grund von landesgesetzlichen Vorschriften sowie für Stipendien und Preise, die unter vergleichbaren Voraussetzungen von nationalen und internationalen Förderungsinstitutionen vergeben werden.

(4) Der Bund kann den Ankauf von Kunstwerken durch Landes- und Gemeindegalerien durch Zuschüsse fördern, wenn dies im gesamtösterreichischen Kunstinteresse gelegen ist. § 5 Abs. 1 und 2 ist anzuwenden.

## 1/2/4. Filmförderungsgesetz (Auszug)

BGBl 1980/557 idF BGBl I 2014/81

### Ziele, Förderungsgegenstand

**§ 2.** (1) Ziel der Filmförderung ist es,

a) einen Beitrag zur Erhaltung des gemeinsamen kulturellen Erbes Europas und der weiteren Entfaltung der europäischen Kultur mit ihrer nationalen und regionalen Vielfalt unter besonderer Berücksichtigung der österreichischen Identität zu leisten,

b) die Herstellung, Verbreitung und Vermarktung österreichischer Filme zu unterstützen, die geeignet sind, die Qualität, Eigenständigkeit und kulturelle Identität des österreichischen Filmschaffens zu steigern,

c) die kulturellen, gesamtwirtschaftlichen und internationalen Belange des österreichischen Filmschaffens zu unterstützen, insbesondere durch Maßnahmen zur Nachwuchsförderung sowie durch Erstellung eines jährlichen Filmwirtschaftsberichts,

d) die internationale Orientierung des österreichischen Filmschaffens und damit die Grundlagen für die Verbreitung des österreichischen Films im Inland und seine kulturelle Ausstrahlung und Verwertung im Ausland zu verbessern, insbesondere durch die Förderung der Präsentation des österreichischen Films im In- und Ausland,

e) österreichisch-ausländische Koproduktionen zu unterstützen,

f) die Zusammenarbeit zwischen der Filmwirtschaft und den Fernsehveranstaltern zur Stärkung des österreichischen Kinofilms zu unterstützen,

g) auf eine Abstimmung und Koordinierung der Filmförderung des Bundes und der Länder (Regionalförderungen) hinzuwirken.

(2) Aufgabe des Filminstitutes ist es, die in Abs. 1 genannten Ziele durch geeignete Maßnahmen, insbesondere durch die Gewährung von finanziellen Förderungen nach Maßgabe der vorhandenen Mittel auf der Grundlage eines Auswahlverfahrens oder durch fachlich-organisatorische Hilfestellungen als Kompetenzzentrum zu verwirklichen. Zu diesem Zweck fördert das Filminstitut insbesondere die Herstellung von Filmen einerseits nach dem Projektprinzip und andererseits nach dem Erfolgsprinzip (Referenzfilmförderung). Darüber hinaus kann das Filminstitut auch an filmfördernden Maßnahmen Dritter mitwirken, sofern dafür keine Geldmittel des Filminstitutes verwendet werden. Dies gilt auch für Maßnahmen auf dem Gebiet des Filmwesens, die sich aus der Mitgliedschaft Österreichs in internationalen und supranationalen Organisationen ergeben. Aufgabe des Filminstitutes ist es weiters, die Bundesregierung und andere öffentliche Stellen in zentralen Fragen der Belange des österreichischen Films zu beraten, insbesondere im Hinblick auf die Wahrnehmung sämtlicher filmkultureller und filmwirtschaftlicher Interessen und die Harmonisierung der Maßnahmen auf dem Gebiet des Filmwesens innerhalb und außerhalb der Europäischen Union.

(3) Für die Herstellungsförderung nach dem Projektprinzip sind Vorhaben mit kulturellem Inhalt auszuwählen, die einen künstlerischen und/oder wirtschaftlichen Erfolg erwarten lassen oder den Zielsetzungen der Nachwuchsförderung entsprechen. Durch die Nachwuchsförderung soll der Einstieg in das professionelle Filmschaffen erleichtert werden.

(4) Voraussetzung für die Herstellungsförderung im Wege der Referenzfilmförderung ist, dass die Herstellerin/der Hersteller eines programmfüllenden Kinofilms mit kulturellem Inhalt einen künstlerisch oder wirtschaftlich erfolgreichen Referenzfilm vorweisen kann.

a) Als künstlerisch erfolgreich gilt ein Film, der von einem in den Förderungsrichtlinien (§ 14) festzulegenden international bedeutsamen Filmfestival (Festivalliste) zur Teilnahme ausgewählt oder ausgezeichnet wurde.

b) Als wirtschaftlich erfolgreich gilt ein Film, der die in den Förderungsrichtlinien (§ 14) festzulegenden Besucherzahlen in österreichischen Kinos erreicht hat.

c) Bei Kinder-, Dokumentar- und Nachwuchsfilmen gelten erleichterte Förderungsvoraussetzungen, insbesondere eine Herabsetzung der Besucherschwellen, die in den Förderungsrichtlinien (§ 14) festgelegt sind. Ein Nachwuchsfilm ist der erste und zweite Film, bei dem die Regisseurin/der Regisseur die Regieverantwortung für einen Kinofilm trägt.

d) Bei Dokumentar- und Kinderfilmen kann auf begründetes Ersuchen der Herstellerin/des Herstellers für die Feststellung des Zuschauererfolges eine Besucherzahl herangezogen werden, die über einen längeren Zeitraum nach Erstaufführung in einem Filmtheater im Inland ermittelt wird. Die Dauer dieses verlängerten Beobachtungszeitraumes ist in den Förderungsrichtlinien (§ 14) festzulegen.

e) Bei Dokumentar- und Kinderfilmen werden die Besucherinnen/Besucher von nichtgewerblichen Abspielstätten nach Maßgabe der in den Förderungsrichtlinien (§ 14) festzulegenden Bestimmungen berücksichtigt.

f) Bei der Erstellung der Liste der international bedeutsamen Filmfestivals ist der Festivalpraxis bei Kinder- und Dokumentarfilmen ausreichend Rechnung zu tragen.

(5) Gegenstand der Förderung sind:

a) die Stoffentwicklung;

b) die Projektentwicklung;

c) in Eigenverantwortung von österreichischen Filmherstellerinnen/Filmherstellern produzierte österreichische Filme und internationale Koproduktionen mit österreichischer Beteiligung;

d) die Verwertung österreichischer und diesen gleichgestellter Filme;
e) die berufliche Weiterbildung von im Filmwesen künstlerisch, technisch oder kaufmännisch tätigen Personen.

(6) Das Filminstitut hat seine Aufgaben nach den Grundsätzen der Wirtschaftlichkeit, Zweckmäßigkeit und Sparsamkeit zu erfüllen.

(7) Ein Rechtsanspruch auf Förderung besteht nicht. Das Filminstitut hat die Gewährung von Förderungen von Auflagen und fachlichen Voraussetzungen abhängig zu machen.

#### Abgabenrechtliche Vorschriften

**§ 17.** (1) Die Tätigkeit des Filminstitutes gilt als Betätigung für gemeinnützige Zwecke im Sinne der §§ 34 ff. der Bundesabgabenordnung, BGBl. Nr. 194/1961.

(2) Zuschüsse des Filminstitutes zur Förderung der Stoffentwicklung sowie der beruflichen Weiterbildung im Sinne des § 2 Abs. 5 lit. a und e dieses Bundesgesetzes sind von der Einkommensteuer befreit.

## 1/2/5. Mietrechtsgesetz (Auszug)

BGBl 1981/520 idF BGBl I 2021/59

#### Erhaltung

**§ 3.** (1) Der Vermieter hat nach Maßgabe der rechtlichen, wirtschaftlichen und technischen Gegebenheiten und Möglichkeiten dafür zu sorgen, dass das Haus, die Mietgegenstände und die der gemeinsamen Benützung der Bewohner des Hauses dienenden Anlagen im jeweils ortsüblichen Standard erhalten und erhebliche Gefahren für die Gesundheit der Bewohner beseitigt werden. Im übrigen bleibt § 1096 des allgemeinen bürgerlichen Gesetzbuchs unberührt.

(2) Die Erhaltung im Sinn des Abs. 1 umfaßt:

1. die Arbeiten, die zur Erhaltung der allgemeinen Teile des Hauses erforderlich sind;
2. die Arbeiten, die zur Erhaltung der Mietgegenstände des Hauses erforderlich sind; diese Arbeiten jedoch nur dann, wenn es sich um die Behebung von ernsten Schäden des Hauses oder um die Beseitigung einer vom Mietgegenstand ausgehenden erheblichen Gesundheitsgefährdung handelt oder wenn sie erforderlich sind, um einen zu vermietenden Mietgegenstand in brauchbarem Zustand zu übergeben;

2a. die Arbeiten, die zur Erhaltung von mitvermieteten Heizthermen, mitvermieteten Warmwasserboilern und sonstigen mitvermieteten Wärmebereitungsgeräten in den Mietgegenständen des Hauses erforderlich sind;

3. die Arbeiten, die zur Aufrechterhaltung des Betriebes von bestehenden, der gemeinsamen Benützung der Bewohner dienenden Anlagen, wie im besonderen von zentralen Wärmeversorgungsanlagen, Personenaufzügen oder zentralen Waschküchen erforderlich sind, es sei denn, daß alle Mieter des Hauses für die gesamte Dauer ihres Mietvertrages auf die Benützung der Anlage verzichten; ist die Erhaltung einer bestehenden Anlage unter Bedachtnahme auf die Kosten der Errichtung und des Betriebes einer vergleichbaren neuen Anlage wirtschaftlich nicht vertretbar, so ist anstelle der Erhaltung der bestehenden Anlage eine vergleichbare neue Anlage zu errichten;
4. die Neueinführungen oder Umgestaltungen, die kraft öffentlich-rechtlicher Verpflichtungen vorzunehmen sind, wie etwa der Anschluß an eine Wasserleitung oder an eine Kanalisierung, die Installation von geeigneten Schutzvorrichtungen für die Energieversorgung oder von Geräten zur Feststellung des individuellen Energieverbrauchs;
5. die Installation von technisch geeigneten Gemeinschaftseinrichtungen zur Senkung des Energieverbrauchs oder die der Senkung des Energieverbrauchs sonst dienenden Ausgestaltungen des Hauses, von einzelnen Teilen des Hauses oder von einzelnen Miet-

gegenständen, wenn und insoweit die hiefür erforderlichen Kosten in einem wirtschaftlich vernünftigen Verhältnis zum allgemeinen Erhaltungszustand des Hauses und den zu erwartenden Einsparungen stehen;

6. bei Vorliegen einer nach § 17 Abs. 1a zulässigen Vereinbarung die Installation und die Miete von technisch geeigneten Meßvorrichtungen zur Verbrauchsermittlung im Sinn dieser Bestimmung.

(3) Die Kosten von Erhaltungsarbeiten sind aus den in den vorausgegangenen zehn Kalenderjahren erzielten Mietzinsreserven einschließlich der Zuschüsse, die aus Anlaß der Durchführung einer Erhaltungsarbeit gewährt werden, zu decken. Reichen diese Beträge zur Deckung der Kosten aller unmittelbar heranstehenden Erhaltungsarbeiten nicht aus, so gilt folgendes:

1. Zur Bedeckung der Kosten einer Erhaltungsarbeit sind auch die während des Zeitraums, in dem sich solche oder ähnliche Arbeiten unter Zugrundelegung regelmäßiger Bestandsdauer erfahrungsgemäß wiederholen, zu erwartenden oder anrechenbaren Hauptmietzinse, somit einschließlich der zur Deckung eines erhöhten Aufwandes zulässigen Einhebung eines erhöhten Hauptmietzinses, für alle vermieteten, vermietbaren oder vom Vermieter benützten Wohnungen und Geschäftsräumlichkeiten des Hauses heranzuziehen; insoweit hiedurch Deckung geboten ist, hat der Vermieter zur Finanzierung der nach Abzug der erzielten Mietzinsreserven ungedeckten Kosten der Erhaltungsarbeit eigenes oder fremdes Kapital aufzuwenden; die mit der Aufnahme fremden Kapitals verbundenen notwendigen Geldbeschaffungskosten und angemessenen Sollzinsen sowie die durch den Einsatz eigenen Kapitals entgangenen angemessenen Habenzinsen (Kapitalmarktzinsen) sind in diesen Fällen Kosten der Erhaltungsarbeiten.
2. Können die Kosten aller Erhaltungsarbeiten auch auf diese Weise nicht gedeckt werden, so sind die Erhaltungsarbeiten nach Maßgabe ihrer bautechnischen Dringlichkeit zu reihen und durchzuführen; jedenfalls sind aber die Arbeiten,
   a) die kraft eines öffentlich-rechtlichen Auftrages vorzunehmen sind,
   b) die der Behebung von Baugebrechen, die die Sicherheit von Personen oder Sachen gefährden, dienen oder
   c) die zur Aufrechterhaltung des Betriebes von bestehenden Wasserleitungs-, Lichtleitungs-, Gasleitungs-, Beheizungs- (einschließlich der zentralen Wärmeversorgungsanlagen), Kanalisations- und sanitären Anlagen erforderlich sind,

vorweg durchzuführen.

**Nützliche Verbesserung durch bautechnische Maßnahmen**

**§ 4.** (1) Der Vermieter hat nützliche Verbesserungen des Hauses oder einzelner Mietgegenstände nach Maßgabe der rechtlichen, wirtschaftlichen und technischen Gegebenheiten und Möglichkeiten durchzuführen, soweit dies im Hinblick auf den allgemeinen Erhaltungszustand des Hauses zweckmäßig ist; hiebei ist nützlichen Verbesserungen des Hauses gegenüber nützlichen Verbesserungen einzelner Mietgegenstände der Vorrang einzuräumen.

(2) Unter den Voraussetzungen des Abs. 1 sind nützliche Verbesserungen:

1. die den Erfordernissen der Haushaltsführung der Bewohner dienende Neuerrichtung oder Umgestaltung von Wasserleitungs-, Lichtleitungs-, Gasleitungs-, Beheizungs- (einschließlich von zentralen Wärmeversorgungsanlagen), Kanalisations- und sanitären Anlagen in normaler Ausstattung,
2. die Errichtung oder Ausgestaltung von der gemeinsamen Benützung der Bewohner dienenden, einer zeitgemäßen Wohnkultur entsprechenden sonstigen Anlagen in normaler Ausstattung, wie etwa von Personenaufzügen, zentralen Waschküchen oder Schutzräumen vom Typ Grundschutz,
3. Maßnahmen, die eine dem jeweiligen Stand der Technik entsprechende Erhöhung der Schalldämmung bewirken, wie die Verbesserung der Schalldämmung von Fenstern, Außentüren, Außenwänden, Dächern, Kellerdecken und obersten Geschoßdecken,

3a. die Errichtung einer Anlage, die den Anschluß des Hauses (samt den einzelnen Mietgegenständen) an eine Einrichtung zur Fernwärmeversorgung bewirkt;

4. die Installation einer Wasserentnahmestelle oder eines Klosetts im Inneren eines Mietgegenstandes,
5. die bautechnische Umgestaltung eines Mietgegenstandes, im besonderen einer Mietwohnung der Ausstattungskategorie D oder C in eine Mietwohnung der Ausstattungskategorie C, B oder A.

(3) Nützliche Verbesserungen sind vom Vermieter durchzuführen

1. wenn und soweit die Kosten aus den in den vorausgegangenen zehn Kalenderjahren erzielten Mietzinsreserven einschließlich der Zuschüsse, die zur Finanzierung der nützlichen Verbesserung gewährt werden, gedeckt werden können und Erhaltungsarbeiten nicht erforderlich sind oder sichergestellt ist, daß hiemit auch die erforderlichen Erhaltungsarbeiten in einem Zug durchgeführt werden, oder
2. wenn und soweit sich der Vermieter und die Mehrheit der Mieter – berechnet nach der Anzahl der im Zeitpunkt der Vereinbarung vermieteten Mietgegenstände – des Hauses über ihre Durchführung und die Finanzierung

des durch die in den vorausgegangenen zehn Kalenderjahren erzielten Mietzinsreserven nicht gedeckten Teiles der Kosten schriftlich einigen sowie überdies sichergestellt ist, daß die übrigen Mieter des Hauses durch die Verbesserungsarbeiten finanziell nicht belastet und auch sonst nicht übermäßig beeinträchtigt werden.

(4) Nützliche Verbesserungen im Inneren eines Mietgegenstandes bedürfen der Zustimmung des Hauptmieters, es gilt jedoch § 30 Abs. 2 Z 16, sofern der Hauptmieter einer mangelhaft ausgestatteten Wohnung im Sinn des § 3 Z 10 des Stadterneuerungsgesetzes, die zur Anhebung des Standards nach Abs. 2 Z 4 geeignet ist, das vom Vermieter gestellte Angebot, die zur Abwendung eines Enteignungsantrags nach § 14 des Stadterneuerungsgesetzes erforderlichen bautechnischen Maßnahmen gegen Entrichtung des für die so verbesserte Wohnung nach § 15a Abs. 3 Z 3 berechneten Hauptmietzinses durchzuführen, ablehnt und auch nicht bereit ist, diese bautechnischen Maßnahmen selbst durchzuführen.

(5) Auf Antrag auch nur eines Mieters hat der Vermieter im Miethaus einen dem Stand der Technik entsprechenden Behindertenaufzug zu errichten, wenn und soweit eine solche Maßnahme bei billiger Abwägung aller Interessen dem Vermieter auch zumutbar ist; die Kosten der Herstellung und Erhaltung dieser Anlage hat der Mieter, der den Antrag gestellt hat, dem Vermieter zu ersetzen.

### Nützliche Verbesserung durch Vereinigung von Wohnungen; Anbotspflicht

**§ 5.** (1) Als nützliche Verbesserung gilt auch die Vereinigung und bautechnische Umgestaltung zweier oder mehrerer Wohnungen, im besonderen von Mietwohnungen der Ausstattungskategorie D oder C in eine oder mehrere Mietwohnungen der Ausstattungskategorie C, B oder A.

(2) Wird eine Wohnung der Ausstattungskategorie D durch Beendigung des Mietverhältnisses frei und ist es baurechtlich zulässig und bautechnisch möglich und zweckmäßig, diese Wohnung mit einer Nachbarwohnung der Ausstattungskategorie D zu einer Wohnung der Ausstattungskategorie C mit einer Nutzfläche bis zu 90 m² zu vereinigen und umzugestalten, so hat der Vermieter die frei gewordene Wohnung vor der Vermietung an einen Dritten dem Hauptmieter einer zur Anhebung des Standards geeigneten Nachbarwohnung der Ausstattungskategorie D zur Zumietung und Umgestaltung in eine Wohnung der Ausstattungskategorie C gegen Entrichtung des für die so vergrößerte Wohnung nach § 15a Abs. 3 Z 3 berechenbaren Hauptmietzinses anzubieten, es sei denn, daß der Vermieter die durch Beendigung des Mietverhältnisses frei gewordene Wohnung der Ausstattungskategorie D durch sonstige bautechnische Maßnahmen (§ 4 Abs. 2 Z 4 oder 5) in eine Wohnung der Ausstattungskategorie C verbessert. Zur Abgabe des Angebots genügt die Absendung eines eingeschriebenen Briefes. Der Hauptmieter der Nachbarwohnung muß das vom Vermieter gestellte Anbot binnen 30 Tagen annehmen, widrigenfalls sein Recht auf Zumietung erloschen ist.

(3) Hat der Vermieter eine durch Beendigung des Mietverhältnisses frei gewordene Wohnung der Ausstattungskategorie D allen hiefür in Betracht kommenden Hauptmietern der Nachbarwohnungen der Ausstattungskategorie D im Sinn des Abs. 2 erfolglos zur Zumietung und Umgestaltung angeboten, so kann der Vermieter die frei gewordene Wohnung der Ausstattungskategorie D an einen Dritten vermieten; mit diesem Hauptmieter darf vereinbart werden, daß sich der Hauptmieter im Fall des Freiwerdens einer zur Anhebung des Standards geeigneten Nachbarwohnung der Ausstattungskategorie D zur Zumietung und Umgestaltung in eine Wohnung der Ausstattungskategorie C gegen Entrichtung des für die so vergrößerte Wohnung nach § 15a Abs. 3 Z 3 berechenbaren Hauptmietzinses verpflichtet und daß für den Fall, in dem er dieser Pflicht nicht nachkommen sollte, das Freiwerden einer solchen Nachbarwohnung der Ausstattungskategorie D einen Kündigungsgrund darstellt, der im Sinn des § 30 Abs. 2 Z 13 als wichtig und bedeutsam anzusehen ist.

### Ersatz von Aufwendungen auf eine Wohnung

**§ 10.** (1) Der Hauptmieter einer Wohnung, der in den letzten zwanzig Jahren vor der Beendigung des Mietverhältnisses in der gemieteten Wohnung Aufwendungen zur wesentlichen Verbesserung (§ 9) gemacht hat, die über seine Mietdauer hinaus wirksam und von Nutzen sind, oder der solche Aufwendungen dem Vormieter oder dem Vermieter abgegolten hat (Abs. 6 erster und zweiter Satz), hat bei der Beendigung des Mietverhältnisses Anspruch auf Ersatz dieser Aufwendungen vermindert um eine jährliche Abschreibung. Das Ausmaß dieser Abschreibung beträgt für jedes vollendete Jahr

1. bei den in Abs. 3 Z 1 und 3 genannten Aufwendungen ein Zehntel,
2. bei den von einer Gebietskörperschaft aus öffentlichen Mitteln geförderten Aufwendungen jenen Bruchteil, der sich aus der Laufzeit der Förderung errechnet,
3. sonst ein Zwanzigstel.

(2) Der Abs. 1 gilt nicht, wenn der Vermieter berechtigterweise seine Zustimmung verweigert oder an die Verpflichtung zur Wiederherstellung des früheren Zustandes gebunden hat oder wenn er deswegen, weil ihm der Hauptmieter die beabsichtigte wesentliche Veränderung nicht angezeigt hat, verhindert war, das eine oder das andere zu tun.

(3) Die im Abs. 1 genannten Aufwendungen sind:

1. die Errichtung oder die den Erfordernissen der Haushaltsführung dienende Umgestaltung von Wasserleitungs-, Lichtleitungs-, Gasleitungs-, Beheizungs- (einschließlich der Errichtung von zentralen Wärmeversorgungsanlagen) oder sanitären Anlagen in normaler und dem jeweiligen Stand der Technik entsprechender Ausstattung, sowie die Erneuerung einer bei Beginn des Miet-

verhältnisses vorhandenen, aber schadhaft gewordenen Heiztherme oder eines solchen Warmwasserboilers,

2. die Vereinigung und die Umgestaltung der Wohnung mit der zur Zumietung angebotenen Nachbarwohnung (§ 5 Abs. 2) in normaler Ausstattung,
3. die gänzliche Erneuerung eines schadhaft gewordenen Fußbodens in einer dem sonstigen Ausstattungszustand der Wohnung entsprechenden Ausführung und
4. andere gleich wesentliche Verbesserungen, insbesondere solche, die von einer Gebietskörperschaft aus öffentlichen Mitteln gefördert worden sind.

(4) Der Anspruch auf Ersatz ist bei sonstigem Verlust des Anspruches vom Vermieter vom Hauptmieter unter Vorlage von Rechnungen schriftlich anzuzeigen;

1. bei einvernehmlicher Auflösung des Mietverhältnisses spätestens 14 Tage nach Abschluss der Auflösungsvereinbarung,
2. bei Aufkündigung des Mietverhältnisses durch den Hauptmieter spätestens 14 Tage nach Zustellung der Aufkündigung an den Vermieter,
3. in allen übrigen Fällen binnen einer Frist von zwei Monaten ab Eintritt der Rechtskraft des Räumungstitels, bei früherer Zurückstellung des Mietgegenstandes jedoch spätestens mit der Zurückstellung.

(4a) Entspricht eine rechtzeitig erstattete Anzeige des Ersatzanspruchs in Form oder Inhalt nicht der Regelung des Abs. 4, so hat der Vermieter den Mieter zur Verbesserung des Mangels binnen einer Frist von mindestens 14 Tagen aufzufordern. Der Verlust des Ersatzanspruchs tritt nur ein, wenn der Mieter einer solchen Aufforderung nicht fristgerecht nachkommt.

(5) Der Hauptmieter einer Wohnung kann den Ersatzanspruch nach Abs. 1 überdies nur gerichtlich geltend machen,

1. wenn er innerhalb von sechs Monaten nach der Zurückstellung des Mietgegenstandes dem Vermieter einen Mieter namhaft macht, der zur Befriedigung des Ersatzanspruches nach Abs. 1 bereit ist, oder
2. sobald der Vermieter den Mietgegenstand sonst vermietet oder verwertet.

(6) Befriedigt der neue Mieter den berechtigten Ersatzanspruch des früheren Mieters, so ist die dadurch abgegoltene Aufwendung bei der Bestimmung der Höhe des zulässigen Hauptmietzinses als nicht getätigt zu behandeln. Dies gilt auch dann, wenn der Vermieter die Ansprüche des früheren Mieters befriedigt hat und den Ersatz des von ihm geleisteten Betrags nun vom neuen Mieter begehrt. Verlangt der Vermieter vom neuen Mieter keinen Ersatz, so sind die Bestimmungen über den höchstzulässigen Hauptmietzins (§ 16) uneingeschränkt anzuwenden; der Vermieter kann diesfalls den von ihm an den früheren Mieter geleisteten Betrag insoweit als Ausgabe in der Hauptmietzinsabrechnung ausweisen (§ 20 Abs. 1 Z 2), als dieser Betrag unter Annahme einer zehnjährigen gleichmäßigen Mietzinszahlung den Unterschiedsbetrag zwischen dem ohne die abgegoltene Aufwendung zulässigen Hauptmietzins und dem auf Grund dieser Aufwendung zulässigen Hauptmietzins nicht übersteigt.

(7) Auf den Ersatzanspruch kann der Hauptmieter im voraus nicht rechtswirksam verzichten.

(8) Weitergehende Ansprüche nach den §§ 1097, 1036, 1037 des allgemeinen bürgerlichen Gesetzbuchs bleiben hiedurch unberührt.

## 1/2/6. Investitionsprämiengesetz

BGBl I 2020/88 idF BGBl I 2021/95

**Bundesgesetz über eine COVID-19 Investitionsprämie für Unternehmen (Investitionsprämiengesetz – InvPrG)**

### Gegenstand der Förderung, Abwicklung

**§ 1.** (1) Gegenstand des Förderungsprogrammes des Bundes ist die Schaffung eines Anreizes für Unternehmen, in und nach der COVID-19 Krise in das Anlagevermögen zu investieren. Die Förderung wird in Form eines Zuschusses gewährt.

(2) Mit der Abwicklung des Förderprogramms nach diesem Bundesgesetz wird die Austria Wirtschaftsservice Gesellschaft mit beschränkter Haftung im Namen und auf Rechnung des Bundes beauftragt.

(3) Die liquiden Mittel werden der Austria Wirtschaftsservice Gesellschaft mit beschränkter Haftung auf Anforderung bedarfsgerecht zur Verfügung gestellt. Hiefür werden maximal 7,8 Milliarden Euro zur Verfügung gestellt.[a)]

*(BGBl I 2020/110, BGBl I 2020/167, BGBl I 2021/95)*

[a)] Der letzte Satz tritt mit 31.12.2025 außer Kraft.

### COVID-19 Investitionsprämie

**§ 2.** (1) Gefördert werden materielle und immaterielle aktivierungspflichtige Neuinvestitionen in das abnutzbare Anlagevermögen eines Unternehmens an österreichischen Standorten, für die zwischen dem 1. September 2020 und 28. Februar 2021 diese Förderung beantragt werden kann. Erste Maßnahmen im Zusammenhang mit der Investition müssen zwischen 1. August 2020 und 31. Mai 2021 gesetzt werden.[a)]

*(BGBl I 2021/52)*

[a)] Der letzte Satz tritt mit 31.12.2025 außer Kraft.

(2) Nicht förderungsfähig sind insbesondere klimaschädliche Investitionen, unbebaute Grundstücke, Finanzanlagen, Unternehmensübernahmen und aktivierte Eigenleistungen. Detaillierungen dazu sind in der Förderungsrichtlinie gemäß § 3 Abs. 1 vorzunehmen.

(3) Als klimaschädliche Investitionen gelten Investitionen in die Errichtung bzw. die Erweiterung von Anlagen, die der Förderung, dem Transport oder der Speicherung fossiler Energieträger dienen, sowie die Errichtung von Anlagen, die fossile Energieträger direkt nutzen. Die Investitionsprämie für Investitionen in bestehende Anlagen, die fossile Energieträger direkt nutzen, kann nur in Anspruch genommen werden, wenn eine substanzielle Treibhausgasreduktion durch die Investition erzielt wird.

(4) Als Förderungswerber kommen bestehende und neugegründete Unternehmen aller Branchen und aller Größen mit Sitz oder Betriebsstätte in Österreich in Betracht.

(5) Die Investitionsprämie beträgt 7 % der Neuinvestitionen gemäß Abs. 1. Bei Neuinvestitionen in den Bereichen Digitalisierung, Ökologisierung und Gesundheit/Life-Science beträgt die Investitionsprämie 14 %.

### Förderungsrichtlinie

**§ 3.** (1) Die Bundesministerin für Digitalisierung und Wirtschaftsstandort wird ermächtigt, im Einvernehmen mit dem Bundesminister für Finanzen und der Bundesministerin für Klimaschutz, Umwelt, Energie, Mobilität, Innovation und Technologie eine Richtlinie für die Abwicklung der COVID-19 Investitionsprämie zu erlassen. Die Richtlinie hat insbesondere folgende Punkte zu enthalten:

1. Rechtsgrundlagen, Ziele,
2. den Gegenstand der Förderung,
3. die förderbaren Kosten,
4. die persönlichen und fachlichen Voraussetzungen für das Erlangen einer Förderung,
5. das Ausmaß und die Art der Förderung,
6. das Verfahren, insbesondere
   a) Ansuchen (Art, Inhalt und Ausstattung der Unterlagen),
   b) Entscheidung,
   c) Auszahlungsmodus,
   d) Behalteverpflichtungen,
   e) Berichtspflichten des Fördernehmers,
   f) Einstellung und Rückforderung der Förderung,
7. Geltungsdauer,
8. Evaluierung.

(2) Die Förderungsrichtlinie wird auf der Homepage des Bundesministeriums für Digitalisierung und Wirtschaftsstandort veröffentlicht.

### Datenübermittlung zur Abwicklung und Kontrolle der COVID-19 Investitionsprämie

**§ 4.** (1) Der Bundesministerin für Digitalisierung und Wirtschaftsstandort und der Austria Wirtschaftsservice Gesellschaft mit beschränkter Haftung sind zum Zwecke der Abwicklung und Kontrolle von Förderungen nach diesem Bundesgesetz von den Abgabenbehörden die erforderlichen Auskünfte zu erteilen.

(2) Der Bundesminister für Finanzen hat der Bundesministerin für Digitalisierung und Wirtschaftsstandort und der Austria Wirtschaftsservice Gesellschaft mit beschränkter Haftung – unter Beachtung der datenschutzrechtlichen Regelungen – auf ihre Anfrage unter Verwendung einer elektronischen Schnittstelle soweit verfügbar Daten zu übermitteln, die für die Kontrolle des Zuschusses notwendig sind.

**Schlussbestimmungen**

**§ 5.** (1) Dieses Bundesgesetz tritt mit dem der Kundmachung folgenden Tag in Kraft und mit 31.12.2025 außer Kraft.

(1a) § 1 Abs. 3 letzter Satz in der Fassung des BGBl. I Nr. 110/2020 tritt mit dem der Kundmachung folgenden Tag in Kraft und mit 31.12.2025 außer Kraft.

*(BGBl I 2020/110)*

(1b) § 1 Abs. 3 letzter Satz in der Fassung des BGBl. I Nr. 167/2020 tritt mit dem der Kundmachung folgenden Tag in Kraft und mit 31.12.2025 außer Kraft.

*(BGBl I 2020/167)*

(1c) § 2 Abs. 1 letzter Satz in der Fassung des BGBl. I Nr. 52/2021 tritt mit dem der Kundmachung folgenden Tag in Kraft und mit 31.12.2025 außer Kraft.

*(BGBl I 2021/52)*

(1d) § 1 Abs. 3 letzter Satz in der Fassung des BGBl. I Nr. 95/2021 tritt mit dem der Kundmachung folgenden Tag in Kraft und mit 31.12.2025 außer Kraft.

*(BGBl I 2021/95)*

(2) Sämtliche in diesem Bundesgesetz verwendeten Funktionsbezeichnungen und personenbezogenen Ausdrücke sind geschlechtsneutral zu verstehen.

(3) Mit der Vollziehung dieses Bundesgesetzes ist die Bundesministerin für Digitalisierung und Wirtschaftsstandort, hinsichtlich des § 3 Abs. 1 im Einvernehmen mit dem Bundesminister für Finanzen und der Bundesministerin für Klimaschutz, Umwelt, Energie, Mobilität, Innovation und Technologie, betraut.

# 1/3. VERORDNUNGEN

## 1/3/1. VO zu § 1

## Zweitwohnsitze

BGBl II 2003/528

**Verordnung des Bundesministers für Finanzen betreffend inländische Zweitwohnsitze**

Auf Grund des § 1 des Einkommensteuergesetzes 1988 wird verordnet:

**§ 1.** (1) Bei Abgabepflichtigen, deren Mittelpunkt der Lebensinteressen sich länger als fünf Kalenderjahre im Ausland befindet, begründet eine inländische Wohnung nur in jenen Jahren einen Wohnsitz im Sinne des § 1 des Einkommensteuergesetzes 1988, in denen diese Wohnung allein oder gemeinsam mit anderen inländischen Wohnungen an mehr als 70 Tagen benutzt wird.

(2) Absatz 1 ist nur anzuwenden, wenn ein Verzeichnis geführt wird, aus dem die Tage der inländischen Wohnungsbenutzung ersichtlich sind.

**§ 2.** Die Wirkungen des § 1 treten bei Auswärtsverlagerungen des Mittelpunktes der Lebensinteressen erstmals im folgenden Kalenderjahr und bei Einwärtsverlagerungen letztmals im vorhergehenden Kalenderjahr ein.

**§ 3.** Eine Benutzung des inländischen Wohnsitzes des unbeschränkt steuerpflichtigen (Ehe-) Partners, von dem der Abgabepflichtige nicht dauernd getrennt lebt, begründet einen zur unbeschränkten Steuerpflicht führenden Wohnsitz für den Abgabepflichtigen.

**§ 4.** Die Verordnung ist ab 1. Jänner 2004 anzuwenden.

## 1/3/2. VO zu §§ 2 und 33

## Sportler

BGBl II 2000/418

**Verordnung des Bundesministers für Finanzen betreffend die Ermittlung des Einkommens von Sportlern**

Auf Grund der §§ 2 und 33 des Einkommensteuergesetzes 1988 wird verordnet:

**§ 1.** Auf Antrag hat die Ermittlung des in Österreich steuerpflichtigen Anteils der Einkünfte von selbständig tätigen Sportlern pauschal zu erfolgen. Die pauschale Ermittlung ist nur zulässig, wenn der Sportler in Österreich unbeschränkt steuerpflichtig ist und im Kalenderjahr überwiegend im Rahmen von Sportveranstaltungen (Wettkämpfen, Turnieren) im Ausland auftritt. Die pauschale Ermittlung hat die Einkünfte aus der Tätigkeit als Sportler einschließlich der Werbetätigkeit zu umfassen.

**§ 2.** Der Anteil der in Österreich zu versteuernden Einkünfte aus der Tätigkeit als Sportler einschließlich Werbetätigkeit beträgt 33 % der insgesamt im Kalenderjahr erzielten Einkünfte aus der Tätigkeit als Sportler einschließlich der Werbetätigkeit.

**§ 3.** Erfolgt eine pauschale Ermittlung der steuerpflichtigen Einkünfte gemäß § 1, ist eine Anrechnung ausländischer Steuern, die für Einkünfte im Sinne des § 1 entrichtet wurden, ausgeschlossen. Ausländische Einkünfte aus der Tätigkeit als Sportler einschließlich der Werbetätigkeit sind bei der Festsetzung der Steuer für das übrige Einkommen zu berücksichtigen.

**§ 4.** Die Verordnung ist erstmals bei der Veranlagung für das Kalenderjahr 2000 anzuwenden.

### 1/3/3. VO zu § 2 Abs. 2

## Verwaltung unkörperlicher Wirtschaftsgüter

BGBl 1996/734

**Verordnung des Bundesministers für Finanzen zu § 2 Abs. 2 EStG 1988**

Zu § 2 Abs. 2 EStG 1988 in der Fassung BGBl. Nr. 660/1989 wird verordnet:

Als Verwalten unkörperlicher Wirtschaftsgüter ist sowohl die Verwaltung von Anlagevermögen als auch die Verwaltung von Umlaufvermögen zu verstehen. Darunter fällt insbesondere auch der gewerbliche Handel mit unkörperlichen Wirtschaftsgütern.

### 1/3/4. VO zu § 2 Abs. 3

## Liebhabereiverordnung

BGBl 1993/33 idF BGBl II 1999/15

**Verordnung des Bundesministers für Finanzen über das Vorliegen von Einkünften, über die Annahme einer gewerblichen oder beruflichen Tätigkeit und über die Erlassung vorläufiger Bescheide (Liebhabereiverordnung)**

Zu § 2 Abs. 3 EStG 1988, BGBl. Nr. 400/1988, § 7 Abs. 2 KStG 1988, BGBl. Nr. 401/1988, § 2 UStG 1972,[a] BGBl. Nr. 223/1972 in der Fassung BGBl. Nr. 587/1983 und § 200 Abs. 1 BAO, BGBl. Nr. 194/1961, wird verordnet:

[a] Gilt gem § 28 Abs 5 Z 4 UStG 1994 als auf Grund des UStG 1994 erlassen.

### Abschnitt I
### Einkommen- und Körperschaftsteuer

*[Einkünftevermutung]*

**§ 1.** (1) Einkünfte liegen vor bei einer Betätigung (einer Tätigkeit oder einem Rechtsverhältnis), die

– durch die Absicht veranlaßt ist, einen Gesamtgewinn oder einen Gesamtüberschuß der Einnahmen über die Werbungskosten (§ 3) zu erzielen, und

– nicht unter Abs. 2 fällt.

Voraussetzung ist, daß die Absicht anhand objektiver Umstände (§ 2 Abs. 1 und 3) nachvollziehbar ist. Das Vorliegen einer derartigen Absicht ist für jede organisatorisch in sich geschlossene und mit einer gewissen Selbständigkeit ausgestattete Einheit gesondert zu beurteilen.

(2) Liebhaberei ist bei einer Betätigung anzunehmen, wenn Verluste entstehen

1. aus der Bewirtschaftung von Wirtschaftsgütern, die sich nach der Verkehrsauffassung in einem besonderen Maß für eine Nutzung im Rahmen der Lebensführung eignen (z.B. Wirtschaftsgüter, die der Sport- und Freizeitausübung dienen, Luxuswirtschaftsgüter) und typischerweise einer besonderen in der Lebensführung begründeten Neigung entsprechen oder
2. aus Tätigkeiten, die typischerweise auf eine besondere in der Lebensführung begründete Neigung zurückzuführen sind, oder
3. aus der Bewirtschaftung von Eigenheimen, Eigentumswohnungen und Mietwohngrundstücken mit qualifizierten Nutzungsrechten.

Die Annahme von Liebhaberei kann in diesen Fällen nach Maßgabe des § 2 Abs. 4 ausgeschlossen sein. Das Vorliegen der Voraussetzungen der Z 1 und 2 ist für jede organisatorisch in sich geschlossene und mit einer gewissen Selbständigkeit ausgestattete Einheit gesondert zu beurteilen.

(3) Liebhaberei liegt nicht vor, wenn eine Betätigung bei einer einzelnen Einheit im Sinn des Abs. 1 vorletzter Satz, die im wirtschaftlichen

Zusammenhang mit weiteren Einheiten steht, aus Gründen der Gesamtrentabilität, der Marktpräsenz oder der wirtschaftlichen Verflechtung aufrechterhalten wird.

*[Kriterienprüfung]*

**§ 2.** (1) Fallen bei Betätigungen im Sinn des § 1 Abs. 1 Verluste an, so ist das Vorliegen der Absicht, einen Gesamtgewinn oder Gesamtüberschuß der Einnahmen über die Werbungskosten (§ 3) zu erzielen, insbesondere anhand folgender Umstände zu beurteilen:

1. Ausmaß und Entwicklung der Verluste,
2. Verhältnis der Verluste zu den Gewinnen oder Überschüssen,
3. Ursachen, auf Grund deren im Gegensatz zu vergleichbaren Betrieben, Tätigkeiten oder Rechtsverhältnissen kein Gewinn oder Überschuß erzielt wird,
4. marktgerechtes Verhalten im Hinblick auf angebotene Leistungen,
5. marktgerechtes Verhalten im Hinblick auf die Preisgestaltung,
6. Art und Ausmaß der Bemühungen zur Verbesserung der Ertragslage durch strukturverbessernde Maßnahmen (z.B. Rationalisierungsmaßnahmen).

*[Anlaufzeitraum]*

(2) Innerhalb der ersten drei Kalenderjahre (Wirtschaftsjahre) ab Beginn einer Betätigung (z.B. Eröffnung eines Betriebes) im Sinn des § 1 Abs. 1, längstens jedoch innerhalb der ersten fünf Kalenderjahre (Wirtschaftsjahre) ab dem erstmaligen Anfallen von Aufwendungen (Ausgaben) für diese Betätigung liegen jedenfalls Einkünfte vor (Anlaufzeitraum). Dieser Zeitraum wird durch die Übertragung der Grundlagen der Betätigung auf Dritte nicht unterbrochen. Nach Ablauf dieses Zeitraumes ist unter Berücksichtigung der Verhältnisse auch innerhalb dieses Zeitraumes nach dem Gesamtbild der Verhältnisse zu beurteilen, ob weiterhin vom Vorliegen von Einkünften auszugehen ist. Ein Anlaufzeitraum im Sinn des ersten Satzes darf nicht angenommen werden, wenn nach den Umständen des Einzelfalls damit zu rechnen ist, daß die Betätigung vor dem Erzielen eines Gesamtgewinnes (Gesamtüberschusses) beendet wird.

*[Entgeltliche Gebäudeüberlassung]*

(3) Abs. 2 gilt nicht für Betätigungen im Zusammenhang mit der entgeltlichen Überlassung von Gebäuden. Das Vorliegen einer Absicht im Sinn des § 1 Abs. 1 ist in diesem Fall nach dem Verhältnis des Zeitraumes, innerhalb dessen ein Gesamtgewinn oder Gesamtüberschuß geplant ist, zu einem absehbaren Zeitraum zu beurteilen. Als absehbarer Zeitraum gilt ein Zeitraum von 25 Jahren ab Beginn der entgeltlichen Überlassung, höchstens 28 Jahren ab dem erstmaligen Anfallen von Aufwendungen (Ausgaben).

*[Absehbarer Zeitraum / Vermietung von Eigenheimen]*

(4) Bei Betätigungen gemäß § 1 Abs. 2 liegt Liebhaberei dann nicht vor, wenn die Art der Bewirtschaftung oder der Tätigkeit in einem absehbaren Zeitraum einen Gesamtgewinn oder Gesamtüberschuß der Einnahmen über die Werbungskosten (§ 3) erwarten läßt. Andernfalls ist das Vorliegen von Liebhaberei ab Beginn dieser Betätigung so lange anzunehmen, als die Art der Bewirtschaftung oder der Tätigkeit nicht im Sinn des vorstehenden Satzes geändert wird. Bei Betätigungen im Sinne des § 1 Abs. 2 Z 3 gilt als absehbarer Zeitraum ein Zeitraum von 20 Jahren ab Beginn der entgeltlichen Überlassung, höchstens 23 Jahren ab dem erstmaligen Anfallen von Aufwendungen (Ausgaben).

*[Gesamtgewinn / Gesamtüberschuss]*

**§ 3.** (1) Unter Gesamtgewinn ist der Gesamtbetrag der Gewinne zuzüglich steuerfreier Einnahmen abzüglich des Gesamtbetrags der Verluste zu verstehen. Steuerfreie Einnahmen sind nur insoweit anzusetzen, als sie nicht zu einer Kürzung von Aufwendungen (Ausgaben) führen. Wertänderungen von Grund und Boden, der zum Anlagevermögen gehört, sind nur bei der Gewinnermittlung nach § 5 EStG 1988 anzusetzen.

(2) Unter Gesamtüberschuß ist der Gesamtbetrag der Überschüsse der Einnahmen über die Werbungskosten abzüglich des Gesamtbetrags der Verluste zu verstehen.

*[Personengemeinschaften]*

**§ 4.** (1) Die §§ 1 bis 3 sind auch bei Personenvereinigungen (Personengemeinschaften) ohne eigene Rechtspersönlichkeit anzuwenden.

(2) Es ist zuerst für die Personenvereinigung (Personengemeinschaft) zu prüfen, ob die gemeinschaftliche Betätigung als Liebhaberei im Sinn des § 1 zu beurteilen ist.

(3) Zusätzlich ist gesondert zu prüfen, ob jeweils beim einzelnen Gesellschafter (Mitglied) Liebhaberei vorliegt. Dabei sind auch besondere Vergütungen (Einnahmen) und Aufwendungen (Ausgaben) der einzelnen Gesellschafter (Mitglieder) zu berücksichtigen.

(4) Bei der Prüfung im Sinn des Abs. 3 ist weiters darauf Bedacht zu nehmen, ob nach den Umständen des Einzelfalls damit zu rechnen ist, daß der Gesellschafter (das Mitglied) vor dem Erzielen eines anteiligen Gesamtgewinns (Gesamtüberschusses) aus der Personenvereinigung (Personengemeinschaft) ausscheidet. In diesem Fall ist auch für den Zeitraum gemäß § 2 Abs. 2 das Vorliegen von Liebhaberei zu prüfen.

*[Ausnahmen]*

**§ 5.** Die §§ 1 bis 4 sind nicht anzuwenden auf

1. Betriebe gewerblicher Art von Körperschaften des öffentliches Rechts (§ 2 KStG 1988),

2. juristische Personen des privaten Rechts, an denen unmittelbar oder mittelbar ausschließlich Körperschaften des öffentliches Rechts beteiligt sind, soweit § 2 Abs. 4 dritter Satz KStG 1988 anzuwenden ist,
3. Körperschaften, Personenvereinigungen oder Vermögensmassen, die der Förderung gemeinnütziger, mildtätiger oder kirchlicher Zwecke nach Maßgabe der §§ 34 bis 47 BAO dienen, und
4. wirtschaftliche Geschäftsbetriebe im Sinn des § 31 BAO.

**Abschnitt II**
**Umsatzsteuer**

**§ 6.** Liebhaberei im umsatzsteuerlichen Sinn kann nur bei Betätigungen im Sinne des § 1 Abs. 2, nicht hingegen bei anderen Betätigungen vorliegen.

**Abschnitt III**
**Bundesabgabenordnung**

**§ 7.** Ergehen Bescheide gemäß § 200 Abs. 1 BAO vorläufig, weil zwar noch ungewiß, aber wahrscheinlich ist, daß Liebhaberei vorliegt, so berührt dies nicht die Verpflichtung zur Führung von Büchern und Aufzeichnungen.

**Abschnitt IV**

**§ 8.** (1) Abschnitt I und II sind anzuwenden
1. bei der Einkommen- und Körperschaftsteuer erstmalig bei der Veranlagung für das Jahr 1993
2. bei der Umsatzsteuer ab dem 1. Jänner 1993.

(2) Die Verordnung vom 18. Mai 1990, BGBl. Nr. 322/1990, tritt mit 31. Dezember 1992 außer Kraft.

(3) § 1 Abs. 2 Z 1, 2 und 3 und § 2 Abs. 3 und 4 in der Fassung der Verordnung BGBl. II Nr. 358/1997 sind auf entgeltliche Überlassungen anzuwenden, wenn der maßgebliche Zeitraum (absehbare Zeitraum, Kalkulationszeitraum, überschaubare Zeitraum) nicht vor dem 14. November 1997 begonnen hat. Bei Betätigungen im Sinne des § 1 Abs. 2 Z 3 in der Fassung der Verordnung BGBl. II Nr. 358/1997, die bisher als Betätigungen im Sinne des § 1 Abs. 2 in der Fassung vor der Verordnung BGBl. II Nr. 358/1997 zu beurteilen waren, kann der Abgabepflichtige gegenüber jenem Finanzamt, das für die Erhebung der Abgaben vom Einkommen bzw. für die Feststellung der Einkünfte zuständig ist, bis 31. Dezember 1999 schriftlich erklären, daß § 1 Abs. 2 Z 1, 2 und 3 und § 2 Abs. 4 in der Fassung der Verordnung BGBl. II Nr. 358/1997 auf alle nicht endgültig rechtskräftig veranlagten Jahre anzuwenden ist.

### 1/3/5. VO zu §§ 3 Abs. 2, 84 Abs. 1, 109a und 109b

## Datenübermittlung

BGBl II 2004/345 idF BGBl II 2020/579

**Verordnung des Bundesministers für Finanzen betreffend die elektronische Übermittlung von Daten der Lohnzettel gemäß § 84 Abs. 1 EStG 1988, der Meldungen gemäß §§ 3 Abs. 2 und 109a EStG 1988 sowie 109b EStG 1988**

Zu §§ 3 Abs. 2, 84 Abs. 1 und 109a EStG 1988, BGBl. Nr. 400/1988, wird verordnet:

**§ 1.** (1) Die elektronische Übermittlung der Daten von
- Meldungen gemäß § 3 Abs. 2 EStG 1988,
- Lohnzetteln gemäß § 69 Abs. 2 bis 9 sowie § 84 Abs. 1 EStG 1988 und

  *(BGBl II 2019/60)*
- Mitteilungen gemäß § 109a EStG 1988
- Mitteilungen gemäß § 109b EStG 1988

hat grundsätzlich über eine Übermittlungsstelle zu erfolgen.

*(BGBl II 2019/60)*

(2) Die elektronische Übermittlung von Daten gemäß Absatz 1 durch
- den Dachverband der Sozialversicherungsträger als Auftragsverarbeiter für Arbeitgeber, Auftraggeber, bezugs- oder pensionsauszahlende Stellen oder Dienstleister im Sinne der Verordnung (EU) Nr. 2016/679 zum Schutz natürlicher Personen bei der Verarbeitung personenbezogener Daten, zum freien Datenverkehr und zur Aufhebung der Richtlinie Nr. 95/46/EG, ABl. Nr. L 119 vom 04.05.2016 S. 1 (DSGVO),
- die Bundesbesoldung sowie
- das Arbeitsmarktservice

kann auch ohne Übermittlungsstelle erfolgen. Die §§ 4, 5 und 8 gelten sinngemäß.

*(BGBl II 2019/60, BGBl II 2020/579)*

(3) Die elektronische Übermittlung von Daten gemäß Absatz 1 hat an das für den zur Übermittlung Verpflichteten zuständige Finanzamt oder die Österreichische Gesundheitskasse zu erfolgen. Die Bundesrechenzentrum GmbH ist dabei als Auftragsverarbeiter der Finanzämter und der Österreichischen Gesundheitskasse tätig.

*(BGBl II 2019/60, BGBl II 2020/579 ab 1.1.2021)*

**§ 2.** Übermittlungsstelle ist das Datensammelsystem ELDA (Elektronischer Datenaustausch mit den Österreichischen Sozialversicherungsträgern), das durch den Dachverband der Sozialversicherungsträger als Auftragsverarbeiter der Finanzämter im Sinne des Art 28 DSGVO eingesetzt wird.

*(BGBl II 2019/60, BGBl II 2020/579)*

**§ 3.** (1) Für eine Übermittlung im Sinne dieser Verordnung ist eine Anmeldung bei der Übermittlungsstelle erforderlich. Die Anmeldung hat vor der ersten Übermittlung der Daten zu erfolgen und gilt für die Folgejahre bis zum Widerruf. Eine Übermittlung darf erst ab Vorliegen einer Bestätigung der Übermittlungsstelle über die Anmeldung erfolgen.

(2) Nach erfolgter Anmeldung zur Teilnahme am Übermittlungsverfahren sind die Daten sämtlicher auszustellender Meldungen, Lohnzettel und Mitteilungen elektronisch zu übermitteln.

**§ 4.** (1) Vom Bundesministerium für Finanzen sind im Einvernehmen mit dem Dachverband der Sozialversicherungsträger Richtlinien zu erstellen, die den Satzaufbau und die Regeln über die Feldinhalte der zu übermittelnden Datensätze enthalten.

*(BGBl II 2020/579)*

(2) Die Übermittlung hat diesen Richtlinien zu entsprechen.

**§ 5.** (1) Die Übermittlung der Daten kann in einer oder mehreren Sendung(en) erfolgen.

(2) Werden Daten mehrfach übermittelt, sind die jeweils zuletzt übermittelten Daten maßgeblich.

**§ 6.** (1) Über jede erfolgreiche Sendung ist durch die Übermittlungsstelle (§ 2) dem zur Übermittlung Verpflichteten oder dem vom Verpflichteten zur Übermittlung Beauftragten eine Empfangsbestätigung mit folgenden Angaben zu übermitteln:

1. Name des Verpflichteten und des Beauftragten;
2. Datum und Uhrzeit der Übermittlung;
3. Anzahl der richtigen und fehlerhaften Meldungen, Lohnzettel oder Mitteilungen.

(2) Die Empfangsbestätigung (Abs. 1) kann auch elektronisch übermittelt werden.

**§ 7.** Wird bei den übermittelten Daten ein Fehler festgestellt, so ist dies dem zur Übermittlung Verpflichteten oder dessen Beauftragten mitzuteilen.

**§ 8.** Sobald die Daten durch die Übermittlungsstelle als nicht fehlerhaft erkannt wurden, ist die Übermittlung abgeschlossen.

**§ 9.** Von der elektronischen Übermittlung der Daten kann das Finanzamt einen zur Übermittlung Verpflichteten oder dessen Beauftragten ausschließen, wenn er Versuche oder Handlungen unternimmt, die auf eine Störung des ordnungsmäßigen Ablaufes der Übermittlungen hinzielen oder eine Störung zur Folge haben.

*(BGBl II 2020/579)*

**§ 10.** Die Verordnung BGBl. II Nr. 9/1997 tritt außer Kraft.

**§ 11.** § 1 und § 2 in der Fassung der Verordnung BGBl. II Nr. 60/2019, sind erstmalig bei elektronischen Übermittlungen von Daten gemäß § 1 Abs. 1 anzuwenden, die das Kalenderjahr 2019 betreffen.

*(BGBl II 2019/60)*

**§ 12.** § 1 Abs. 3 und § 9, jeweils in der Fassung der Verordnung BGBl. II Nr. 579/2020, treten mit 1. Jänner 2021 in Kraft.

*(BGBl II 2020/579)*

**1/3/6. VO zu § 4 Abs. 12 Z 4**

# Innenfinanzierungsverordnung

BGBl II 2016/90

**Verordnung des Bundesministers für Finanzen über die Auswirkungen von Umgründungen auf die Innenfinanzierung (Innenfinanzierungsverordnung – IF-VO)**

Auf Grund des § 4 Abs. 12 Z 4 des Einkommensteuergesetzes 1988 – EStG 1988, BGBl. Nr. 400, zuletzt geändert durch das Bundesgesetz BGBl. I Nr. 163/2015, wird verordnet:

**§ 1.** (1) Für die Auswirkungen von Umgründungen nach dem Umgründungssteuergesetz – UmgrStG, BGBl. Nr. 699/1991, auf die Innenfinanzierung gemäß § 4 Abs. 12 Z 4 EStG 1988 gilt bei Buchwertfortführung Folgendes:

1. Die Innenfinanzierung ist nach Maßgabe des § 2 fortzuführen. Die Auswirkungen von Umgründungen auf den unternehmensrechtlichen Jahresüberschuss/Jahresfehlbetrag sind nicht relevant.
2. Durch Umgründungen entstehende Buchgewinne und -verluste wirken sich nicht auf die Innenfinanzierung aus.
3. Durch Umgründungen entstehende Confusiogewinne und -verluste erhöhen bzw. senken die Innenfinanzierung im Wirtschaftsjahr ihrer Berücksichtigung.

(2) Abs. 1 Z 2 gilt auch in den dem Umgründungsstichtag folgenden Wirtschaftsjahren, wenn Buchverluste aus Umgründungen im unternehmensrechtlichen Jahresabschluss durch den Ansatz eines Umgründungsmehr- bzw. Firmenwertes gemäß § 202 Abs. 2 Z 2 und 3 des Unternehmensgesetzbuches vermieden worden sind. In diesen Fällen ist bei der Ermittlung der Innenfinanzierung in Folgejahren

– die Abschreibung,
– die Zuschreibung und
– der Buchwertabgang

des Umgründungs- bzw. Firmenwerts aus dem unternehmensrechtlichen Jahresüberschuss/Jahresfehlbetrag auszuscheiden. Dies gilt sinngemäß, soweit Buchverluste durch den Ansatz des beizulegenden Wertes gemäß § 202 Abs. 1 UGB vermieden worden sind.

**§ 2.** (1) Bei Verschmelzungen gemäß Art. I UmgrStG ist die Innenfinanzierung der übertragenden Körperschaft der Innenfinanzierung der übernehmenden Körperschaft hinzuzurechnen. Dies gilt auch bei der Verschmelzung verbundener Körperschaften. Dabei ist eine negative Innenfinanzierung der Körperschaft, an der die Beteiligung besteht, insoweit zu erhöhen, als auf diese unternehmensrechtliche Abschreibungen vorgenommen wurden.

(2) Bei Umwandlungen gemäß Art. II UmgrStG ist die Innenfinanzierung der übertragenden Körperschaft im jeweiligen Beteiligungsausmaß der

Innenfinanzierung jener Rechtsnachfolger hinzuzurechnen, die selbst Evidenzkonten im Sinne des § 4 Abs. 12 EStG 1988 zu führen haben. Dabei ist die Höhe der Beteiligung an der übertragenden Körperschaft im Zeitpunkt der Eintragung des Umwandlungsbeschlusses in das Firmenbuch maßgeblich. Ein gemäß § 9 Abs. 6 UmgrStG als ausgeschüttet geltender Betrag wirkt sich nicht auf die Innenfinanzierung des Rechtsnachfolgers aus. § 2 Abs. 1 letzter Satz gilt sinngemäß.

(3) Bei Einbringungen gemäß Art. III UmgrStG erhöht die Innenfinanzierung des Einbringenden, ausgenommen in den Fällen des Abs. 4 und 5, die Innenfinanzierung der übernehmenden Körperschaft nicht. Ist der Einbringende eine natürliche Person, vermindern Beträge, die gemäß § 18 Abs. 2 Z 1 UmgrStG als ausgeschüttet gelten, die Innenfinanzierung in dem für die Ausschüttung maßgebenden Zeitpunkt.

(4) Besitzt die übernehmende Körperschaft alle Anteile an der einbringenden Körperschaft, ist die Innenfinanzierung der einbringenden Körperschaft in dem Ausmaß zu vermindern und im gleichen Ausmaß der Innenfinanzierung der übernehmenden Körperschaft zuzuschreiben, in dem sich der Wert der einbringenden Körperschaft durch die Einbringung vermindert hat.

(5) Sind die Anteile an der einbringenden und der übernehmenden Körperschaft in einer Hand vereinigt, ist die Innenfinanzierung der einbringenden Körperschaft in dem Ausmaß zu vermindern und im gleichen Ausmaß der Innenfinanzierung der übernehmenden Körperschaft zuzuschreiben, in dem sich die Werte der Anteile durch die Einbringung verschieben.

(6) Bei Abspaltungen gemäß Art. VI UmgrStG ist die Innenfinanzierung der spaltenden Körperschaft in dem Ausmaß zu vermindern und im gleichen Ausmaß der Innenfinanzierung der übernehmenden Körperschaft zuzuschreiben, in dem sich der Wert der spaltenden Körperschaft durch die Spaltung vermindert hat. Davon abweichend ist Abs. 3 sinngemäß auf Abspaltungen anzuwenden, soweit die spaltende Körperschaft an der übernehmenden Körperschaft beteiligt ist und auf die Anteilsgewährung an die Muttergesellschaft der spaltenden Körperschaft verzichtet wird.

(7) Bei Aufspaltungen gemäß Art. VI UmgrStG ist die Innenfinanzierung der aufspaltenden Körperschaft entsprechend den Wertverhältnissen des übertragenen Vermögens der Innenfinanzierung der übernehmenden Körperschaften zuzuschreiben. § 2 Abs. 1 letzter Satz gilt sinngemäß.

**§ 3.** Diese Verordnung ist erstmals für Umgründungen anzuwenden, die nach dem 31. Mai 2015 beschlossen werden. Für Zwecke der erstmaligen Ermittlung der Innenfinanzierung (mittels genauer Berechnung oder vereinfacht gemäß § 124b Z 279 lit. a erster Teilstrich EStG 1988) und deren Fortführung (§ 124b Z 279 lit. c EStG 1988) kann die Verordnung ebenfalls angewendet werden.

**1/3/7. VO zu § 4a Abs. 4 lit. b**

## Sammlungsgegenstände

BGBl II 2017/34 idF BGBl II 2020/579

**Verordnung des Bundesministers für Finanzen betreffend Sammlungsgegenstände von überregionaler Bedeutung im Sinne des § 4a EStG 1988**

Auf Grund des § 4a Abs. 4 lit. b des Einkommensteuergesetzes 1988 – EStG 1988, BGBl Nr. 400, zuletzt geändert durch das Bundesgesetz BGBl. I Nr. 30/2017, wird im Einvernehmen mit dem Bundesminister für Kunst und Kultur, Verfassung und Medien verordnet:

**§ 1.** Sammlungsgegenstände sind in geschichtlicher, künstlerischer oder sonstiger kultureller Hinsicht von überregionaler Bedeutung, wenn sie durch ihre Einzigartigkeit, Besonderheit oder Vielfalt der Sammlung einen besonderen Stellenwert verleihen oder als Grundlage eines spezifischen Alleinstellungsmerkmals fungieren. Ob dies zutrifft, ist insbesondere nach folgenden Kriterien zu beurteilen:

1. Die wissenschaftlichen, forschungsbezogenen und erzieherischen Aufgaben des Museums sind nicht nur auf den näheren regionalen Umkreis des Museums bezogen.
2. Das Publikumsinteresse ist nicht bloß der betreffenden Region zuzuordnen, sondern ein wesentlicher Teil der Besucherinnen und Besucher stammt auch aus anderen Regionen.
3. Das Medieninteresse ist nicht bloß der betreffenden Region zuzuordnen.

**§ 2.** Das Finanzamt Österreich hat zur sachverständigen Beurteilung des Vorliegens der Voraussetzungen gemäß § 1 die in Angelegenheiten der Bundesmuseen zuständige Bundesministerin oder den dafür zuständigen Bundesminister beizuziehen.

*(BGBl II 2020/579)*

**§ 3.** § 2 in der Fassung der Verordnung BGBl. II Nr. 579/2020 tritt mit 1. Jänner 2021 in Kraft

*(BGBl II 2020/579)*

## 1/3/8. VO zu § 15 Abs. 2

# Sachbezugswerteverordnung

BGBl II 2001/416 idF BGBl II 2020/221

**Verordnung über die Bewertung bestimmter Sachbezüge (Sachbezugswerteverordnung)**

Zu § 15 Abs. 2 des Einkommensteuergesetzes 1988, BGBl. Nr. 400, wird verordnet:

### Wert der vollen freien Station

**§ 1.** (1) Der Wert der vollen freien Station beträgt 196,20 Euro monatlich. In diesen Werten sind enthalten:

- Die Wohnung (ohne Beheizung und Beleuchtung) mit einem Zehntel,
- die Beheizung und Beleuchtung mit einem Zehntel,
- das erste und zweite Frühstück mit je einem Zehntel,
- das Mittagessen mit drei Zehntel,
- die Jause mit einem Zehntel,
- das Abendessen mit zwei Zehntel.

(2) Wird die volle freie Station nicht nur dem Arbeitnehmer, sondern auch seinen Familienangehörigen gewährt, so erhöhen sich die genannten Beträge

- für den Ehegatten (Lebensgefährten) um 80%,
- für jedes Kind bis zum 6. Lebensjahr um 30%,
- für jedes nicht volljährige Kind im Alter von mehr als sechs Jahren um 40% und
- für jedes volljährige Kind sowie jede andere im Haushalt des Arbeitnehmers lebende Person, sofern der Arbeitgeber die volle freie Station gewährt, um 80%.

(3) Werden im Zusammenhang mit der Gewährung der vollen freien Station Kostenersätze durch den Arbeitnehmer geleistet, vermindert sich der Betrag von 196,20 Euro um den entsprechenden Anteilswert im Sinne des Abs. 1.

### Wohnraumbewertung

**§ 2.** (1) Stellt der Arbeitgeber seinem Arbeitnehmer Wohnraum kostenlos oder verbilligt zur Verfügung, ist als monatlicher Quadratmeterwert der jeweils am 31. Oktober des Vorjahres geltende Richtwert gemäß § 5 des Richtwertgesetzes, BGBl. Nr. 800/1993, in der Fassung des Bundesgesetzes BGBl. I Nr. 50/2008, bezogen auf das Wohnflächenausmaß gemäß Abs. 5 anzusetzen. Kostenbeiträge des Arbeitnehmers vermindern den Sachbezugswert.

(2) Der Quadratmeterwert gemäß Abs. 1 ist auf einen Wohnraum anzuwenden, der hinsichtlich der Ausstattung – unabhängig vom Ausmaß der Nutzfläche – der mietrechtlichen Normwohnung gemäß § 2 des Richtwertgesetzes entspricht.

(3) Der Wert gemäß Abs. 1 verändert sich folgendermaßen:

1. Für Wohnraum, der den Standard der mietrechtlichen Normwohnung nicht erreicht, ist der Wert gemäß Abs. 1 um 30% zu vermindern.
2. Bei Dienstwohnungen für Hausbesorger, Hausbetreuer und Portiere ist der Wert gemäß Abs. 1 in Verbindung mit Z 1 um 35% zu vermindern.

(4) Für Wohnraum, dessen um 25% verminderter üblicher Endpreis des Abgabeortes um mehr als 50% niedriger oder um mehr als 100% höher ist als der sich aus Abs. 1 und 3 ergebende Wert, ist der um 25% verminderte fremdübliche Mietzins anzusetzen.

*(BGBl II 2015/395)*

(5) Die Ermittlung des Wohnflächenausmaßes ist im Sinne des § 17 Abs. 2 und 3 des Mietrechtsgesetzes BGBl. Nr. 520/1981, in der Fassung des Bundesgesetzes BGBl. I Nr. 124/2006 vorzunehmen.

(6) Die Quadratmeterwerte beinhalten auch die Betriebskosten im Sinne des § 21 des Mietrechtsgesetzes. Werden die Betriebskosten vom Arbeitnehmer getragen, ist von den Quadratmeterwerten ein Abschlag von 25% vorzunehmen.

(7) Bei einer vom Arbeitgeber gemieteten Wohnung sind die Quadratmeterwerte gemäß Abs. 1 und 3 der um 25% gekürzten tatsächlichen Miete (samt Betriebskosten, exklusive Heizkosten) einschließlich der vom Arbeitgeber getragenen Betriebskosten gegenüberzustellen; der höhere Wert bildet den maßgeblichen Sachbezug.

(7a) Überlässt der Arbeitgeber dem Arbeitnehmer kostenlos oder verbilligt eine arbeitsplatznahe Unterkunft (Wohnung, Appartement, Zimmer), die nicht den Mittelpunkt der Lebensinteressen bildet, gilt Folgendes:

*(BGBl II 2018/237)*

1. Bis zu einer Größe von 30 m² ist kein Sachbezug anzusetzen.
2. Bei einer Größe von mehr als 30 m² aber nicht mehr als 40 m² ist der Wert gemäß Abs. 1 oder der Wert gemäß Abs. 7 um 35% zu vermindern, wenn die arbeitsplatznahe Unterkunft durchgehend höchstens zwölf Monate vom selben Arbeitgeber zur Verfügung gestellt wird.

(8) Trägt die Heizkosten der Arbeitgeber, ist ganzjährig ein Heizkostenzuschlag von 0,58 Euro pro m² anzusetzen. Kostenbeiträge des Arbeitnehmers kürzen diesen Zuschlag.

(9) Trägt der Arbeitgeber bei einer von ihm gemieteten Wohnung die Heizkosten, ist der Sachbezugswert um die auf die Wohnung entfallenden tatsächlichen Heizkosten des Arbeitgebers zu erhöhen. Können die tatsächlichen Kosten nicht ermitteln werden, ist ganzjährig ein Heizkostenzuschlag von 0,58 Euro pro m² anzusetzen. Kostenbeiträge des Arbeitnehmers kürzen diesen Zuschlag.

### Deputate in der Land- und Forstwirtschaft

**§ 3.** (1) Der Wert der Wohnungen, die Arbeitern in der Land- und Forstwirtschaft kostenlos oder verbilligt zur Verfügung gestellt werden, beträgt für 190,80 Euro jährlich (15,90 Euro monatlich).

(2) Für ständig in der Land- und Forstwirtschaft beschäftigte Angestellte gilt Folgendes:

1. Der Wert des Grunddeputats (freie Wohnung, Beheizung und Beleuchtung) beträgt bei

| Kategorie nach Kollektivvertrag | Familienerhalter monatlich Euro | Alleinstehende monatlich Euro |
|---|---|---|
| I | 60,31 | 30,52 |
| II und III | 71,94 | 38,51 |
| IV und V | 81,39 | 42,87 |
| VI | 95,92 | 50,87 |

2. Für den unentgeltlichen Verbrauch von höchstens 70 kWh monatlich bei Angestellten mit Angehörigen bzw. höchstens 35 kWh monatlich bei alleinstehenden Angestellten ist kein Sachbezug anzusetzen. Als Familienerhalter ist jene Person anzusehen, die mindestens für eine weitere Person, mit welcher sie im gemeinsamen Haushalt lebt, sorgt oder auf Grund der lohngestaltenden Vorschriften als Familienerhalter anzuerkennen ist.
3. Werden nur einzelne Bestandteile des Grunddeputats gewährt, dann sind anzusetzen:
   – Die Wohnung mit ........................ 40%,
   – die Heizung mit ........................... 50%, und
   – die Beleuchtung mit ................... 10%.

### Privatnutzung des arbeitgebereigenen Kraftfahrzeuges

**§ 4.** (1) Besteht für den Arbeitnehmer die Möglichkeit, ein arbeitgebereigenes Kraftfahrzeug gemäß § 2 Abs. 1 Z 1 Kraftfahrgesetz 1967 für nicht beruflich veranlasste Fahrten einschließlich Fahrten zwischen Wohnung und Arbeitsstätte zu benützen, gilt Folgendes:

1. Es ist ein Sachbezug von 2% der tatsächlichen Anschaffungskosten des Kraftfahrzeuges (einschließlich Umsatzsteuer und Normverbrauchsabgabe), maximal 960 Euro monatlich, anzusetzen.
2. Abweichend von Z 1 ist für Kraftfahrzeuge mit einem $CO_2$-Emissionswert von nicht mehr als 141 Gramm pro Kilometer ein Sachbezug von 1,5% der tatsächlichen Anschaffungskosten des Kraftfahrzeuges (einschließlich Umsatzsteuer und Normverbrauchsabgabe), maximal 720 Euro monatlich, anzusetzen. Dabei gilt:
   a) Der $CO_2$-Emissionswert von 141 Gramm pro Kilometer gilt im Kalenderjahr 2020 für erstmalig nach dem 31. März 2020 zugelassene Kraftfahrzeuge und verringert sich beginnend ab dem Kalenderjahr 2021 bis zum Kalenderjahr 2025 um jährlich 3 Gramm. Für die Ermittlung des Sachbezugs ist die $CO_2$-Emissionswert-Grenze im Kalenderjahr der erstmaligen Zulassung maßgeblich.
   *(BGBl II 2015/395, BGBl II 2019/314)*
   b) Sofern für ein Kraftfahrzeug kein $CO_2$-Emissionswert vorliegt, ist Z 1 anzuwenden.

   *(BGBl II 2019/314)*
3. Abweichend von Z 1 und Z 2 ist für Kraftfahrzeuge mit einem $CO_2$-Emissionswert von 0 Gramm pro Kilometer ab dem Kalenderjahr 2016 ein Sachbezugswert von Null anzusetzen.
4. Als maßgeblicher $CO_2$-Emissionswert ist entsprechend § 6 Abs. 3 des Normverbrauchsabgabegesetzes (NoVAG 1991) folgender Wert laut Typenschein bzw. Einzelgenehmigungsbescheid gemäß Kraftfahrgesetz 1967 heranzuziehen:
   a) der kombinierte WLTP-Wert der $CO_2$-Emissionen in Gramm pro Kilometer, ermittelt nach dem weltweit harmonisierten Prüfverfahren für leichte Nutzfahrzeuge (WLTP),
   b) bei extern aufladbaren Elektro-Hybridfahrzeugen der gewichtet kombinierte WLTP-Wert der $CO_2$-Emissionen in Gramm pro Kilometer, ermittelt nach dem weltweit harmonisierten Prüfverfahren für leichte Nutzfahrzeuge (WLTP),
   c) für Krafträder der WMTC-Wert der $CO_2$-Emissionen in Gramm pro Kilometer, ermittelt nach dem weltweit harmonisierten Emissions-Laborprüfzyklus (WMTC).

   *(BGBl II 2019/314)*

Die Anschaffungskosten umfassen auch Kosten für Sonderausstattungen. Sonderausstattungen, die selbständige Wirtschaftsgüter darstellen, gehören nicht zu den Anschaffungskosten.

*(BGBl II 2015/243, BGBl II 2019/314)*

(2) Beträgt die monatliche Fahrtstrecke für Fahrten im Sinne des Abs. 1 im Jahr nachweislich nicht mehr als 500 km, ist ein Sachbezug im Ausmaß des halben Sachbezugswertes gemäß Abs. 1 anzusetzen. Unterschiedliche Fahrtstrecken in den einzelnen Lohnzahlungszeiträumen sind dabei unbeachtlich.

*(BGBl II 2015/243)*

(3) Ergibt sich für ein Fahrzeug mit einem Sachbezug

1. von 2% (Abs. 1 Z 1) bei Ansatz von 0,67 Euro (Fahrzeugbenützung ohne Chauffeur) bzw. 0,96 Euro (Fahrzeugbenützung mit Chauffeur),
2. von 1,5% (Abs. 1 Z 2) bei Ansatz von 0,50 Euro (Fahrzeugbenützung ohne Chauffeur) bzw. 0,72 Euro (Fahrzeugbenützung mit Chauffeur)

pro Kilometer Fahrtstrecke im Sinne des Abs. 1 ein um mehr als 50% geringerer Sachbezugswert als nach Abs. 2, ist der geringere Sachbezugswert anzusetzen. Voraussetzung ist, dass sämtliche Fahrten lückenlos in einem Fahrtenbuch aufgezeichnet werden.

*(BGBl II 2015/243)*

(4) Bei Gebrauchtfahrzeugen ist für die Sachbezugsbewertung der Listenpreis und die $CO_2$-Emmissionswert-Grenze im Zeitpunkt der erstmaligen Zulassung des Fahrzeuges maßgebend. Sonderausstattungen bleiben dabei unberücksichtigt. Anstelle dieses Betrages können die nachgewiesenen tatsächlichen Anschaffungskosten (einschließlich allfälliger Sonderausstattungen und Rabatte) im Sinne des Abs. 1 des ersten Erwerbes des Kraftfahrzeuges zu Grunde gelegt werden.

*(BGBl II 2015/243)*

(5) Bei geleasten Kraftfahrzeugen ist der Sachbezugswert von jenen Anschaffungskosten im Sinne des Abs. 1 zu berechnen, die der Berechnung der Leasingrate zu Grunde gelegt wurden.

(6) Bei Vorführkraftfahrzeugen sind die um 15% erhöhten tatsächlichen Anschaffungskosten (einschließlich Sonderausstattungen) zuzüglich Umsatzsteuer und Normverbrauchsabgabe anzusetzen.

*(BGBl II 2019/314)*

(6a) Besteht für Arbeitnehmer die Möglichkeit abwechselnd verschiedene arbeitgebereigene Fahrzeuge zu benützen, ist der Durchschnittswert der Anschaffungskosten aller Fahrzeuge und der Durchschnittswert des auf die Fahrzeuge anzuwendenden Prozentsatzes maßgebend. Ist unter diesen Fahrzeugen ein Fahrzeug mit einem Sachbezug von 2% (Abs. 1 Z 1), ist ein Sachbezug von maximal 960 Euro anzusetzen. In allen anderen Fällen ist ein Sachbezug von maximal 720 Euro anzusetzen.

*(BGBl II 2015/243)*

(7) Kostenbeiträge des Arbeitnehmers an den Arbeitgeber mindern den Sachbezugswert. Bei einem einmaligen Kostenbeitrag ist dieser zuerst von den tatsächlichen Anschaffungskosten (Abs. 1) abzuziehen, davon der Sachbezugswert zu berechnen und dann erst der Maximalbetrag gemäß Abs. 1 Z 1 oder 2 zu berücksichtigen. Bei einem laufenden Kostenbeitrag ist zuerst der Sachbezugswert von den tatsächlichen Anschaffungskosten (Abs. 1) zu berechnen, davon ist der Kostenbeitrag abzuziehen und dann erst der Maximalbetrag gemäß Abs. 1 Z 1 oder 2 zu berücksichtigen. Trägt der Arbeitnehmer Treibstoffkosten selbst, so ist der Sachbezugswert nicht zu kürzen.

*(BGBl II 2015/243, BGBl II 2019/314)*

### Privatnutzung eines arbeitgebereigenen Kfz-Abstell- oder Garagenplatzes

**§ 4a.** (1) Besteht für den Arbeitnehmer die Möglichkeit, das von ihm für Fahrten Wohnung–Arbeitsstätte genutzte Kraftfahrzeug während der Arbeitszeit in Bereichen, die einer Parkraumbewirtschaftung unterliegen, auf einem Abstell- oder Garagenplatz des Arbeitgebers zu parken, ist ein Sachbezug von 14,53 Euro monatlich anzusetzen.

(2) Abs. 1 ist sowohl bei arbeitnehmereigenen Kraftfahrzeugen als auch bei arbeitgebereigenen Kraftfahrzeugen, für die ein Sachbezug gemäß § 4 der Verordnung anzusetzen ist, anzuwenden.

(3) Parkraumbewirtschaftung im Sinne des Abs. 1 liegt vor, wenn das Abstellen von Kraftfahrzeugen auf öffentlichen Verkehrsflächen für einen bestimmten Zeitraum gebührenpflichtig ist.

### Privatnutzung eines arbeitgebereigenen Fahrrads oder Kraftrads

**§ 4b.** Besteht für den Arbeitnehmer die Möglichkeit, ein arbeitgebereigenes Fahrrad oder Kraftrad mit einem $CO_2$-Emissionswert von 0 Gramm pro Kilometer für nicht beruflich veranlasste Fahrten einschließlich Fahrten zwischen Wohnung und Arbeitsstätte zu benützen, ist ein Sachbezugswert von Null anzusetzen. Für andere Krafträder ist § 4 anzuwenden.

*(BGBl II 2019/314)*

### Zinsenersparnisse bei unverzinslichen oder zinsverbilligten Gehaltsvorschüssen und Arbeitgeberdarlehen

**§ 5.** (1) Die Zinsenersparnis bei unverzinslichen Gehaltsvorschüssen und Arbeitgeberdarlehen ist im Kalenderjahr mit dem gemäß Abs. 2 ermittelten Prozentsatz anzusetzen. Bei zinsverbilligten Gehaltsvorschüssen und Arbeitgeberdarlehen ist die Differenz zwischen dem tatsächlichen Zinssatz und dem gemäß Abs. 2 ermittelten Prozentsatz anzusetzen. Der Prozentsatz ist vom Bundesminister für Finanzen spätestens zum 30. November jeden Jahres für das Folgejahr festzusetzen und im Rechts- und Fachinformationssystem des Finanzressorts (http://findok.bmf.gv.at/findok) zu veröffentlichen.

(2) Dieser Prozentsatz wird in dem diesem Kalenderjahr vorangehenden Berechnungsjahr wie folgt ermittelt:

1. Auf Grund der vom Europäischen Bankenverband veröffentlichten Monatsdurchschnittstabelle des Euribor für zwölf Monate ist für den Zeitraum vom 1. Oktober des Vorjahres bis zum 30. September des laufenden Jahres ein Durchschnittswert zu ermitteln, der um 0,75 Prozentpunkte erhöht wird.
2. Der sich nach Z 1 ergebende Prozentsatz ist auf halbe Prozentpunkte kaufmännisch zu runden.

(3) Die Höhe der Raten und die Rückzahlungsdauer haben keinen Einfluss auf das Ausmaß des Sachbezuges. Die Zinsenersparnis ist vom aushaftenden Kapital zu berechnen. Die Zinsenersparnis ist ein sonstiger Bezug gemäß § 67 Abs. 10 des Einkommensteuergesetzes 1988, BGBl. Nr. 400. Übersteigen Gehaltsvorschüsse und Arbeitgeberdarlehen insgesamt den gemäß § 3 Abs. 1 Z 20 Einkommensteuergesetz 1988 steuerfreien Betrag von 7 300 Euro, ist ein Sachbezug nur vom übersteigenden Betrag zu ermitteln.

*(BGBl II 2015/243)*

**Sonstige Sachbezugswerte in der Land- und Forstwirtschaft**

**§ 6.** (1)

1. Holzdeputate (Brennholz), je Raummeter:
   a) Hartholz (ungeschnitten) ... 21,80 Euro
   b) Weichholz (ungeschnitten). 14,53 Euro
   c) Sägeabfallholz und Astholz 10,90 Euro

   Bei Übertragung von Holz am Stamm ist ein Abschlag von 10,90 Euro je Raummeter vorzunehmen.
2. Kartoffeln, je kg ............................ 0,21 Euro
3. Vollmilch, je Liter ......................... 0,65 Euro
4. Butter, je kg .................................. 5,23 Euro
5. Käse, je kg .................................... 5,88 Euro
6. Eier, je Stück .................................0,13 Euro
7. Fleisch, je kg gemischte Qualität ohne Knochen,
   a) Rindfleisch ........................... 5,45 Euro
   b) Schweinefleisch.................. 3,99 Euro
   c) Kalbfleisch ........................... 8,72 Euro

   Schweinehälfte im Ganzen........... 1,81 Euro
8. Ferkel, lebend ............................. 54,50 Euro
9. Getreide, je 100 kg
   a) Roggen .............................. 13,80 Euro
   b) Weizen – Futtergerste ....... 15,20 Euro
   c) Mais .................................. 15,98 Euro
10. Mahlprodukte, je kg
    a) Roggenmehl......................... 0,36 Euro
    b) Weizenmehl......................... 0,43 Euro
    c) Weizen- und Maisgrieß....... 0,43 Euro
11. Kohle und Koks, je 100 kg
    a) Steinkohle.......................... 22,67 Euro
    b) Briketts ............................. 28,34 Euro
    c) Hüttenkoks......................... 23,98 Euro

    Bei Bezug von mehr als 1.000 kg ist ein Abschlag von 15% vorzunehmen; bei Selbstabholung ist (zusätzlich) ein Abschlag von 20% vorzunehmen.
12. **Strom**

    Unentgeltlich oder verbilligt abgegebener Strom ist mit dem jeweils günstigsten regionalen Tarif für private Haushalte zu bewerten.
13. **Bereitstellung von landwirtschaftlichen Maschinen und Geräten**

    Unentgeltlich oder verbilligt bereitgestellte landwirtschaftliche Maschinen und Geräte sind mit dem Richtwert für die Maschinenselbstkosten des österreichischen Kuratoriums für Landtechnik und Landentwicklung zu bewerten.

(2) Sind die Aufwendungen des Arbeitgebers für die Anschaffung oder Herstellung der im § 6 angeführten Wirtschaftsgüter höher als die festgesetzten Werte, sind die jeweiligen Anschaffungs- oder Herstellungskosten als Sachbezugswert anzusetzen.

**§ 7.** Der Wert von an Mitarbeiter kostenlos oder verbilligt abgegebenen Optionen, die Wirtschaftsgüter darstellen, zum Erwerb von Beteiligungen (zB Aktien) ist mit dem gemeinen Wert der Option anzusetzen. Bei Optionen, die an einer Börse notieren, entspricht der gemeine Wert dem Börsenkurs am Tag des Überganges der Verfügungsmacht (der Einräumung der Option). Notiert die Option nicht an der Börse, ist der Wert der Option unter Berücksichtigung des inneren Wertes und des Zeitwertes zu ermitteln. Der innere Wert der Option ergibt sich aus der Differenz des gemeinen Wertes der Beteiligung (bei börsenotierten Wertpapieren der Börsenkurs) zum Zeitpunkt der Einräumung der Option und des (niedrigeren) Ausübungspreises. Bei einem über dem Tageskurs liegenden Ausübungspreis ergibt sich ein negativer innerer Wert. Der Zeitwert der Option ist in Höhe eines Prozentsatzes pro Kalendermonat der Laufzeit der Option vom gemeinen Wert der Beteiligung (bei börsenotierten Wertpapieren der Börsenkurs) zum Zeitpunkt der Einräumung der Option anzusetzen. Dieser Prozentsatz berücksichtigt den nicht erforderlichen Kapitaleinsatz für das Halten der Beteiligung sowie den Ausschluss eines Kursrisikos unter Abzug einer allfälligen Dividendenzahlung während der Laufzeit der Option. Für die ersten zwölf Monate der Laufzeit beträgt der Prozentsatz 1,4% pro Kalendermonat, für die restliche Laufzeit 1% pro Kalendermonat. Der gemeine Wert ergibt sich aus der Summe des inneren Wertes und des Zeitwertes, wobei durch einen negativen inneren Wert der Zeitwert maximal auf ein Drittel reduziert werden kann.

**§ 8.** (1) Die Verordnung ist erstmals für Lohnzahlungszeiträume anzuwenden, die nach dem 31. Dezember 2001 enden. § 5 Abs. 1 und 2 in der Fassung der Verordnung BGBl. II Nr. 582/2003 ist erstmals für Lohnzahlungszeiträume anzuwenden, die nach dem 31. Dezember 2003 enden. § 4 Abs. 1 in der Fassung der Verordnung BGBl. II Nr. 467/2004 sowie § 4 Abs. 2 in der Fassung der Verordnung BGBl. II Nr. 467/2004 ist anzuwenden, wenn

- die Einkommensteuer veranlagt wird, erstmals bei der Veranlagung für das Kalenderjahr 2005,
- die Einkommensteuer (Lohnsteuer) durch Abzug eingehoben wird, erstmals für Lohnzahlungszeiträume, die nach dem 31. Dezember 2004 enden.

(2) § 2 in der Fassung der Verordnung BGBl. II Nr. 468/2008 ist erstmals für Lohnzahlungszeiträume anzuwenden, die nach dem 31. Dezember 2008 enden. War vom Arbeitgeber für den Lohnzahlungszeitraum Dezember 2008 ein Sachbezugswert gemäß § 2 der Verordnung in der Fassung BGBl. II Nr. 416/2001 anzusetzen und ist der Sachbezugswert gemäß § 2 der Verordnung in der Fassung BGBl. II Nr. 468/2008 höher als der Sachbezugswert für Dezember 2008, ist für die Kalenderjahre 2009, 2010 und 2011 jeweils der Differenzbetrag zwischen dem Sachbezugswert gemäß § 2 der Verordnung in der Fassung BGBl.

II Nr. 468/2008 und dem Sachbezugswert gemäß § 2 der Verordnung in der Fassung BGBl. II Nr. 416/2001 zu ermitteln. Der sich gemäß § 2 Abs. 1 bis 4 ergebende Sachbezugswert vermindert sich

- für Lohnzahlungszeiträume des Jahres 2009 um 75% des Differenzbetrages,
- für Lohnzahlungszeiträume des Jahres 2010 um 50% des Differenzbetrages und
- für Lohnzahlungszeiträume des Jahres 2011 um 25% des Differenzbetrages.

(3) § 2 Abs. 7a in der Fassung der Verordnung BGBl. II Nr. 366/2012 ist anzuwenden, wenn

- die Einkommensteuer veranlagt wird, erstmals bei der Veranlagung für das Jahr 2013,
- die Einkommensteuer (Lohnsteuer) durch Abzug eingehoben wird, erstmals für Lohnzahlungszeiträume, die nach dem 31. Dezember 2012 enden.

(4) § 5 in der Fassung der Verordnung BGBl. II Nr. 396/2012 ist anzuwenden, wenn

1. die Einkommensteuer veranlagt wird, erstmals bei der Veranlagung für das Jahr 2013,
2. die Einkommensteuer (Lohnsteuer) durch Abzug eingehoben wird, erstmals für Lohnzahlungszeiträume, die nach dem 31. Dezember 2012 enden.

(5) § 4 Abs. 1 und 2 in der Fassung der Verordnung BGBl. II Nr. 29/2014 sind anzuwenden, wenn

1. die Einkommensteuer veranlagt wird, erstmals bei der Veranlagung für das Kalenderjahr 2014 für Zeiträume, die nach dem 28. Februar 2014 enden.
2. die Einkommensteuer (Lohnsteuer) durch Abzug eingehoben wird, erstmals für Lohnzahlungszeiträume die nach dem 28. Februar 2014 enden.

(6) § 4, § 5 und § 6, jeweils in der Fassung der Verordnung BGBl. II Nr. 243/2015, sind anzuwenden, wenn

1. die Einkommensteuer veranlagt wird, erstmals bei der Veranlagung für das Kalenderjahr 2016,
2. die Einkommensteuer (Lohnsteuer) durch Abzug eingehoben wird, erstmals für Lohnzahlungszeiträume die nach dem 31. Dezember 2015 enden.

*(BGBl II 2015/243)*

(7) § 2 Abs. 7a in der Fassung der Verordnung BGBl. II Nr. 237/2018 ist anzuwenden, wenn

- die Einkommensteuer veranlagt wird, erstmals bei der Veranlagung für das Jahr 2018,
- die Einkommensteuer (Lohnsteuer) durch Abzug eingehoben wird, erstmals für Lohnzahlungszeiträume, die nach dem 31. Dezember 2017 enden.

*(BGBl II 2018/237)*

(8)

1. § 4 Abs. 1 in der Fassung der Verordnung BGBl. II Nr. 314/2019 gilt für Kraftfahrzeuge, die nach dem 31. März 2020 erstmalig zugelassen werden und für die im Typenschein bzw. Einzelgenehmigungsbescheid gemäß Kraftfahrgesetz 1967 der WLTP-Wert bzw. WMTC-Wert der $CO_2$-Emissionen ausgewiesen ist, und ist erstmals für Lohnzahlungszeiträume anzuwenden, die nach dem 31. März 2020 enden.
2. Für folgende Kraftfahrzeuge kommt für Lohnzahlungszeiträume, die nach dem 31. März 2020 enden, weiterhin § 4 Abs. 1 in der Fassung der Verordnung BGBl. II Nr. 395/2015 zur Anwendung:
   a) für Kraftfahrzeuge die vor dem 1. April 2020 erstmalig zugelassen werden und
   b) für Kraftfahrzeuge, für die nach dem 31. März 2020 im Typenschein bzw. Einzelgenehmigungsbescheid gemäß Kraftfahrgesetz 1967 kein WLTP-Wert bzw. WMTC-Wert der $CO_2$-Emissionen ausgewiesen ist (wie insbesondere bei Kraftfahrzeugen gemäß § 15 Abs. 22 NoVAG 1991).

2a. Für Kraftfahrzeuge, für die vor dem 1. April 2020 ein gültiger Kaufvertrag bzw. Leasingvertrag abgeschlossen wurde, die nachweislich aufgrund der COVID-19 Krise nicht vor 1. April 2020 erstmalig zugelassen werden konnten und es deshalb zu einem höheren Sachbezugswert kommt, kann für Lohnzahlungszeiträume, die nach dem 31. März 2020 enden, für Erstzulassungen bis 30. Mai 2020 weiterhin § 4 Abs. 1 in der Fassung der Verordnung BGBl. II Nr. 395/2015 zur Anwendung kommen.

*(BGBl II 2020/221)*

3. § 4 Abs. 6 in der Fassung der Verordnung BGBl. II Nr. 314/2019 gilt für Vorführkraftfahrzeuge, die nach dem 31. Dezember 2019 erstmalig zugelassen werden und ist erstmals für Lohnzahlungszeiträume anzuwenden, die nach dem 31. Dezember 2019 enden. Für Vorführkraftfahrzeuge, die vor dem 1. Jänner 2020 erstmalig zugelassen werden, kommt für Lohnzahlungszeiträume, die nach dem 31. Dezember 2019 enden, weiterhin § 4 Abs. 6 in der Fassung der Verordnung BGBl. II Nr. 395/2015 zur Anwendung.

*(BGBl II 2019/314)*

1/3/9. VO zu § 16 Abs. 1 Z 8 lit. d

# GrundanteilV 2016

BGBl II 2016/99

**Verordnung des Bundesministers für Finanzen über die Festlegung des Grundanteils bei vermieteten Gebäuden im Sinne des § 16 Abs. 1 Z 8 lit. d EStG 1988 (GrundanteilV 2016)**

Aufgrund des § 16 Abs. 1 Z 8 lit. d EStG 1988, BGBl. Nr. 400/1988, zuletzt geändert durch das Bundesgesetz BGBl. I Nr. 163/2015, wird verordnet:

**§ 1.** Für die Bemessung der Absetzung für Abnutzung von den Anschaffungskosten eines bebauten Grundstückes ist der Anteil des Grund und Bodens auszuscheiden. Ohne Nachweis ist der auszuscheidende Anteil des Grund und Bodens nach Maßgabe der folgenden Bestimmungen zu ermitteln.

**§ 2.** (1) In Gemeinden mit weniger als 100 000 Einwohnern sind als Anteil des Grund und Bodens 20% auszuscheiden, wenn der durchschnittliche Quadratmeterpreis für als Bauland gewidmete und voll aufgeschlossene unbebaute Grundstücke (baureifes Land) weniger als 400 Euro beträgt.

(2) In Gemeinden mit mindestens 100 000 Einwohnern und in Gemeinden, in denen der durchschnittliche Quadratmeterpreis für als Bauland gewidmete und voll aufgeschlossene unbebaute Grundstücke (baureifes Land) mindestens 400 Euro beträgt, sind als Anteil des Grund und Bodens

– 30% auszuscheiden, wenn das Gebäude mehr als 10 Wohn- oder Geschäftseinheiten umfasst, oder
– 40% auszuscheiden, wenn das Gebäude bis zu 10 Wohn- oder Geschäftseinheiten umfasst.

Eine eigene Geschäftseinheit liegt jedenfalls pro angefangenen 400 m2 Nutzfläche vor.

(3) Für die Bestimmung der Anzahl der Einwohner ist das jeweils letzte Ergebnis einer Volkszählung heranzuziehen, das vor dem Beginn des Kalenderjahres veröffentlicht worden ist, in dem erstmalig eine Absetzung für Abnutzung angesetzt wird.

(4) Für zum Zeitpunkt des Inkrafttretens der Verordnung bereits vermietete Grundstücke ist auf die gemäß Abs. 1 bis 3 relevanten Verhältnisse zum 1. Jänner 2016 abzustellen.

**§ 3.** (1) Der auszuscheidende Anteil des Grund und Bodens ist nicht nach § 2 pauschal zu ermitteln, wenn er nachgewiesen wird. Der Nachweis kann beispielsweise durch ein Gutachten eines Sachverständigen erbracht werden. Ein vorgelegtes Gutachten unterliegt der freien Beweiswürdigung der Behörde.

(2) Der Anteil des Grund und Bodens ist gemäß § 16 Abs. 1 Z 8 lit. d dritter Satz EStG 1988 dann nicht nach § 2 pauschal auszuscheiden, wenn die tatsächlichen Verhältnisse offenkundig erheblich davon abweichen. Eine erhebliche Abweichung ist dann gegeben, wenn der tatsächliche Anteil des Grund und Bodens um zumindest 50% abweicht.

**§ 4.** Die Verordnung tritt mit 1. Jänner 2016 in Kraft und ist erstmalig bei der Veranlagung für das Jahr 2016 unter Beachtung des § 124b Z 284 EStG anzuwenden.

## 1/3/10. VO zu §§ 16, 20 und 33

# Pendlerverordnung

BGBl II 2013/276 idF BGBl II 2022/275

**Verordnung des Bundesministers für Finanzen über die Kriterien zur Ermittlung des Pendlerpauschales und des Pendlereuros, zur Einrichtung eines Pendlerrechners und zum Vorliegen eines Familienwohnsitzes (Pendlerverordnung)**

Auf Grund des § 16 Abs. 1 Z 6, des § 20 Abs. 1 Z 2 lit. e und des § 33 Abs. 5 des Einkommensteuergesetzes 1988 – EStG 1988, BGBl. Nr. 400, zuletzt geändert durch das Bundesgesetz BGBl. I Nr. 156/2013, wird verordnet:

### Entfernung zwischen Wohnung und Arbeitsstätte

**§ 1.** (1) Die Entfernung zwischen Wohnung und Arbeitsstätte umfasst die gesamte Wegstrecke, die unter Verwendung eines Massenbeförderungsmittels, ausgenommen eines Schiffes oder Luftfahrzeuges, unter Verwendung eines privaten Personenkraftwagens oder auf Gehwegen (Abs. 7) zurückgelegt werden muss, um nach Maßgabe des Abs. 2 in der kürzesten möglichen Zeitdauer (§ 2 Abs. 2) die Arbeitsstätte von der Wohnung aus zu erreichen. Entsprechendes gilt nach Maßgabe des Abs. 3 für die Entfernung zwischen Arbeitsstätte und Wohnung.

(2) Der Ermittlung der Entfernung zwischen Wohnung und Arbeitsstätte sind die Verhältnisse zu Grunde zu legen, die vorliegen, wenn die Arbeitsstätte in einem Zeitraum von 60 Minuten vor dem tatsächlichen Arbeitsbeginn bis zum tatsächlichen Arbeitsbeginn erreicht wird.

(3) Der Ermittlung der Entfernung zwischen Arbeitsstätte und Wohnung sind die Verhältnisse zu Grunde zu legen, die vorliegen, wenn die Arbeitsstätte in einem Zeitraum vom tatsächlichen Arbeitsende bis zu einem Zeitpunkt, der 60 Minuten später liegt, verlassen wird.

(4) Bei flexiblen Arbeitszeitmodellen (beispielsweise gleitender Arbeitszeit), ist der Ermittlung der Entfernung ein Arbeitsbeginn und ein Arbeitsende zu Grunde zu legen, das den überwiegenden tatsächlichen Arbeitszeiten im Kalenderjahr entspricht.

(5) Sind die zeitlichen und örtlichen Umstände der Erbringung der Arbeitsleistung während des gesamten Kalendermonats im Wesentlichen gleich und ergeben sich nach Abs. 2 einerseits und Abs. 3 andererseits abweichende Entfernungen, ist die längere Entfernung maßgebend.

(6) Sind die zeitlichen oder örtlichen Umstände der Erbringung der Arbeitsleistung während des gesamten Kalendermonats nicht im Wesentlichen gleich, ist jene Entfernung maßgebend, die im Kalendermonat überwiegend zurückgelegt wird. Liegt kein Überwiegen vor, ist die längere Entfernung maßgebend.

(7) Gehwege sind Teilstrecken, auf denen kein Massenbeförderungsmittel verkehrt. Eine Teilstrecke unmittelbar vor der Arbeitsstätte ist als Gehweg zu berücksichtigen, wenn sie zwei Kilometer nicht übersteigt. In allen übrigen Fällen sind als Gehwege Teilstrecken zu berücksichtigen, die einen Kilometer nicht übersteigen.

(8) Ist die Benützung eines Massenbeförderungsmittels zumutbar (§ 2 Abs. 1), bemisst sich die Entfernung nach den Streckenkilometern des Massenbeförderungsmittels und allfälliger zusätzlicher Straßenkilometer und Gehwege. Beträgt die Gesamtstrecke zumindest 20 Kilometer, sind angefangene Kilometer auf volle Kilometer aufzurunden.

(9) Ist die Benützung eines Massenbeförderungsmittels unzumutbar (§ 2 Abs. 1), bemisst sich die Entfernung nach den Straßenkilometern der schnellsten Straßenverbindung. Beträgt die Gesamtstrecke zumindest zwei Kilometer, sind angefangene Kilometer auf volle Kilometer aufzurunden.

(10) Bei der Ermittlung der Straßenkilometer gemäß Abs. 8 und 9 sind nur abstrakte durchschnittliche Verhältnisse zu berücksichtigen, die auf einer typisierenden Betrachtung beruhen (insbesondere Durchschnittsgeschwindigkeiten). Konkrete Verhältnisse (insbesondere Staus oder privat veranlasste Umwege) sind nicht zu berücksichtigen.

### Zumutbarkeit und Unzumutbarkeit der Benützung eines Massenbeförderungsmittels

**§ 2.** (1) Die Zumutbarkeit bzw. Unzumutbarkeit der Benützung eines Massenbeförderungsmittels ist nach Z 1 und Z 2 zu beurteilen. Dabei sind die Verhältnisse gemäß § 1 zu Grunde zu legen. Die Umstände, die die Zumutbarkeit bzw. Unzumutbarkeit begründen, müssen jeweils überwiegend im Kalendermonat vorliegen.

1. Unzumutbarkeit der Benützung eines Massenbeförderungsmittels liegt vor, wenn,
   a) zumindest für die Hälfte der Entfernung zwischen Wohnung und Arbeitsstätte oder zwischen Arbeitsstätte und Wohnung nach Maßgabe des § 1 kein Massenbeförderungsmittel zur Verfügung steht oder
   b) der Steuerpflichtige über einen gültigen Ausweis gemäß § 29b der Straßenverkehrsordnung 1960, BGBl. Nr. 159, in der Fassung des Bundesgesetzes BGBl. I Nr. 39/2013 verfügt oder
   c) die Unzumutbarkeit der Benützung öffentlicher Verkehrsmittel wegen dauernder Gesundheitsschädigung oder wegen Blindheit für den Steuerpflichtigen im Behindertenpass (§ 42 Abs. 1 Bundesbehindertengesetz BGBl. Nr. 283/1990, in der Fassung des Bundesgesetzes BGBl. I Nr. 150/2002) eingetragen ist.
2. Kommt Z 1 nicht zur Anwendung, gilt unter Zugrundelegung der Zeitdauer (Abs. 2) Folgendes:

a) Bis 60 Minuten Zeitdauer ist die Benützung eines Massenbeförderungsmittels stets zumutbar.
b) Bei mehr als 120 Minuten Zeitdauer ist die Benützung eines Massenbeförderungsmittels stets unzumutbar.
c) Übersteigt die Zeitdauer 60 Minuten nicht aber 120 Minuten, ist auf die entfernungsabhängige Höchstdauer abzustellen. Diese beträgt 60 Minuten zuzüglich einer Minute pro Kilometer der Entfernung, jedoch maximal 120 Minuten. Angefangene Kilometer sind dabei auf volle Kilometer aufzurunden. Übersteigt die kürzeste mögliche Zeitdauer die entfernungsabhängige Höchstdauer, ist die Benützung eines Massenbeförderungsmittels unzumutbar.

(2) Die Zeitdauer umfasst die gesamte Zeit, die vom Verlassen der Wohnung bis zum Arbeitsbeginn bzw. vom Arbeitsende bis zum Eintreffen bei der Wohnung verstreicht; sie umfasst auch Wartezeiten. Für die Ermittlung der Zeitdauer gilt:

1. Stehen verschiedene Massenbeförderungsmittel zur Verfügung, ist das schnellste Massenbeförderungsmittel zu berücksichtigen.
2. Zudem ist die optimale Kombination von Massenbeförderungs- und Individualverkehrsmittel zu berücksichtigen; dabei ist für mehr als die Hälfte der Entfernung ein zur Verfügung stehendes Massenbeförderungsmittel zu berücksichtigen. Ist eine Kombination von Massenbeförderungs- und Individualverkehrsmittel mit einem Anteil des Individualverkehrsmittels von höchstens 15 Prozent der Entfernung verfügbar, ist diese Kombination vorrangig zu berücksichtigen.
3. Steht sowohl ein Massenbeförderungsmittel als auch eine Kombination von Massenbeförderungs- und Individualverkehrsmittel zur Verfügung, liegt eine optimale Kombination im Sinne der Z 2 nur dann vor, wenn die nach Z 2 ermittelte Zeitdauer gegenüber dem schnellsten Massenbeförderungsmittel zu einer Zeitersparnis von mindestens 15 Minuten führt.

(3) Sind die zeitlichen und örtlichen Umstände der Erbringung der Arbeitsleistung während des gesamten Kalendermonates im Wesentlichen gleich, und ergeben sich nach § 1 Abs. 2 und 3 unterschiedliche Zeitdauern, ist die längere Zeitdauer maßgebend.

(4) Sind die zeitlichen oder örtlichen Umstände der Erbringung der Arbeitsleistung während des gesamten Kalendermonats nicht im Wesentlichen gleich, ist jene Zeit maßgebend, die erforderlich ist, um die Entfernung von der Wohnung zur Arbeitsstätte bzw. von der Arbeitsstätte zur Wohnung im Lohnzahlungszeitraum überwiegend zurückzulegen. Liegt kein Überwiegen vor, ist die längere Zeitdauer gemäß § 2 Abs. 2 maßgebend.

### Pendlerrechner

**§ 3.** (1) Für die Ermittlung der Entfernung zwischen Wohnung und Arbeitsstätte bzw. zwischen Arbeitsstätte und Wohnung (§ 1) und für die Beurteilung, ob die Benützung eines Massenbeförderungsmittels zumutbar oder unzumutbar ist (§ 2), ist für Verhältnisse innerhalb Österreichs der vom Bundesministerium für Finanzen im Internet zur Verfügung gestellte Pendlerrechner zu verwenden.

(2) Dem Pendlerrechner sind die Verhältnisse zu Grunde zu legen, die für den abgefragten Tag bestehen.

(3) Entsprechen die zeitlichen und örtlichen Umstände der Erbringung der Arbeitsleistung während des gesamten Kalendermonats im Wesentlichen jenen, die für den abgefragten Tag im Pendlerrechner bestehen, kann angenommen werden, dass das unter Verwendung des Pendlerrechners für den abgefragten Tag ermittelte Ergebnis mit dem übereinstimmt, das sich für alle maßgebenden Tage des Kalendermonats ergibt.

(4) Liegen für verschiedene abgefragte Tage unter Verwendung des Pendlerrechners unterschiedliche Ergebnisse vor, ist jenes maßgebend, das für einen abgefragten Tag (Abs. 3) ermittelt wurde, der jenem Kalenderjahr zuzurechnen ist, für das die Entfernung zwischen Wohnung und Arbeitsstätte und die Beurteilung, ob die Benützung eines Massenbeförderungsmittels zumutbar ist, zu beurteilen ist. In allen anderen Fällen ist die zeitnähere Abfrage nach Abs. 3 maßgebend.

(5) Das Ergebnis des Pendlerrechners ist nicht heranzuziehen, wenn nachgewiesen wird, dass

1. bei der Berechnung der Entfernung zwischen Wohnung und Arbeitsstätte bzw. der Entfernung zwischen Arbeitsstätte und Wohnung (§ 1) oder
2. bei der Beurteilung, ob die Benützung eines Massenbeförderungsmittels unzumutbar ist (§ 2)

unrichtige Verhältnisse berücksichtigt werden. Dieser Nachweis kann vom Steuerpflichtigen nur im Rahmen der Einkommensteuerveranlagung erbracht werden. Die Nachweismöglichkeit erstreckt sich jedoch nicht auf jene Verhältnisse, die dem Pendlerrechner auf Grund einer abstrakten Betrachtung des Individualverkehrs hinterlegt sind und auf einer typisierenden Betrachtung beruhen (beispielsweise die hinterlegte Durchschnittsgeschwindigkeit).

(6) Das Ergebnis des Pendlerrechners gilt als amtliches Formular im Sinne des § 16 Abs. 1 Z 6 lit. g EStG 1988, das der Arbeitnehmer dem Arbeitgeber ausgedruckt und unterschrieben oder elektronisch signiert übermitteln kann. Erfolgt keine Berücksichtigung des Pendlerpauschales und des Pendlereuro durch den Arbeitgeber bei Anwendung des Lohnsteuertarifs, hat der Arbeitnehmer das Ergebnis des Pendlerrechners für Zwecke der Berücksichtigung bei der Einkommensteuerveranlagung heranzuziehen und aufzubewahren.

*(BGBl II 2019/324)*

(7) Ist die Verwendung des Pendlerrechners nicht möglich (insbesondere weil die Wohnung oder Arbeitsstätte im Ausland liegt) oder liefert der Pendlerrechner dauerhaft kein Ergebnis (insbesondere bei Fehlermeldung wegen Zeitüberschreitung), hat der Arbeitnehmer für die Inanspruchnahme des Pendlerpauschales und des Pendlereuro das für derartige Fälle vorgesehene amtliche Formular zu verwenden. Wenn der Pendlerrechner dauerhaft kein Ergebnis liefert, ist dies durch einen entsprechenden Ausdruck oder durch ein PDF-Dokument des Pendlerrechners nachzuweisen.

*(BGBl II 2019/324)*

### Familienwohnsitz

**§ 4.** (1) Ein Familienwohnsitz (§ 16 Abs. 1 Z 6 lit. f und § 20 Abs. 1 Z 2 lit. e EStG 1988) liegt dort, wo

1. ein in (Ehe)Partnerschaft oder in Lebensgemeinschaft lebender Steuerpflichtiger oder
2. ein alleinstehender Steuerpflichtiger

seine engsten persönlichen Beziehungen (zB Familie, Freundeskreis) und einen eigenen Hausstand (Abs. 2) hat.

(2) Der Steuerpflichtige hat einen eigenen Hausstand, wenn er eine Wohnung besitzt, deren Einrichtung seinen Lebensbedürfnissen entspricht. Ein eigener Hausstand liegt jedenfalls nicht vor, wenn der Steuerpflichtige Räumlichkeiten innerhalb eines Wohnverbandes einer oder mehrerer Person(en), die nicht (Ehe)Partner sind oder mit denen eine Lebensgemeinschaft besteht, mitbewohnt.

### Inkrafttreten

**§ 5.** (1) Diese Verordnung ist vorbehaltlich des Abs. 2 anzuwenden, wenn

1. die Einkommensteuer veranlagt wird, erstmalig bei der Veranlagung für das Kalenderjahr 2014,
2. die Einkommensteuer (Lohnsteuer) durch Abzug eingehoben oder durch Veranlagung festgesetzt wird, für Lohnzahlungszeiträume, die nach dem 31. Dezember 2013 enden.

(2) Diese Verordnung ist solange nicht anzuwenden, als der Pendlerrechner nicht im Internet auf der Homepage des Bundesministeriums für Finanzen zur Verfügung gestellt wird. Wird der Pendlerrechner erst nach dem 1. Jänner 2014 zur Verfügung gestellt, gilt Folgendes:

1. Die Verordnung ist rückwirkend für den Zeitraum vom 1. Jänner 2014 bis zur Zurverfügungstellung des Pendlerrechners anwendbar, wenn dies für den Steuerpflichtigen mit keinen steuerlichen Nachteilen verbunden ist.
2. Trifft Z 1 zu, hat eine Aufrollung gemäß § 77 Abs. 3 EStG 1988 so bald als möglich, jedoch spätestens bis 31. Oktober zu erfolgen, sofern die technischen und organisatorischen Möglichkeiten beim Arbeitgeber dazu vorliegen und ein aufrechtes Dienstverhältnis bei demselben Arbeitgeber vorliegt.
3. Wurde bereits vor der Anwendbarkeit der Verordnung vom Arbeitnehmer eine Erklärung zur Berücksichtigung des Pendlerpauschales (amtlicher Vordruck L 34) abgegeben, so hat dieser einen Ausdruck des ermittelten Ergebnisses des Pendlerrechners (§ 3 Abs. 6) bis spätesten 30. September 2014 beim Arbeitgeber abzugeben.

(3) Elektronische Übermittlungen gemäß § 3 Abs. 6 und 7 in der Fassung BGBl. II Nr. 324/2019 sind nicht vor dem Vorliegen der technischen Voraussetzungen zulässig.

*(BGBl II 2019/324)*

### Übergangsbestimmungen

**§ 6.** (1) Liegt dem Arbeitgeber ein Ausdruck des Pendlerrechners mit einem Abfragedatum vor dem 25. Juni 2014 vor, ist dieses Ergebnis im Rahmen der Lohnverrechnung nur bis 31. Dezember 2014 zu berücksichtigen. Für Lohnzahlungszeiträume die nach dem 31. Dezember 2014 beginnen, sind ausschließlich Ausdrucke des Pendlerrechners mit einem Abfragedatum ab dem 25. Juni 2014 zu berücksichtigen.

(2) Liegt dem Arbeitgeber ein Ausdruck des Pendlerrechners mit einem Abfragedatum ab dem 25. Juni 2014 vor, gilt Folgendes:

1. Ergibt dieser Ausdruck gegenüber dem schon abgegebenen Ausdruck ein höheres Pendlerpauschale und/oder einen höheren Pendlereuro und liegt dieser Ausdruck bis spätestens 30. September 2014 beim Arbeitgeber vor, ist das höhere Pendlerpauschale und/oder der höhere Pendlereuro zu berücksichtigen. Der Arbeitgeber hat bis spätestens 31. Oktober 2014 eine Aufrollung gemäß § 77 Abs. 3 EStG 1988 mit Wirkung ab 1. Jänner 2014 vorzunehmen (§ 5 Abs. 2 Z 2).
2. Ergibt dieser Ausdruck gegenüber dem schon abgegebenen Ausdruck ein geringeres Pendlerpauschale und/oder einen geringeren Pendlereuro, ist das geringere Pendlerpauschale und/oder der geringere Pendlereuro erstmalig für Lohnzahlungszeiträume zu berücksichtigen, die nach dem 31. Dezember 2014 beginnen.

(3) Abs. 1 und 2 gelten für die Berücksichtigung des Pendlerpauschales und des Pendlereuro im Wege der Einkommensteuerveranlagung entsprechend.

**„(4) In den Monaten Mai 2022 bis Juni 2023 sind bei der Berücksichtigung des Pendlerpauschales und des Pendlereuro gemäß § 3 Abs. 6 zusätzlich zu den durch den Pendlerrechner ermittelten Pauschbeträgen (gemäß § 16 Abs. 1 Z 6 und § 33 Abs. 5 Z 4 EStG 1988) die Werte gemäß § 124b Z 395 EStG 1988 heranzuziehen. Der Arbeitgeber hat für diesen Zeitraum die höheren Werte im Rahmen der Lohnverrechnung zu berücksichtigen, eine erneute Abgabe des amtlichen Formulars nur aufgrund der höheren Werte ist nicht erforderlich.“**

*(BGBl II 2022/275 ab 9.7.2022)*

### 1/3/11. VO zu § 17 Abs. 3a Z 5

## Dienstleistungsbetriebe-Verordnung

BGBl II 2020/615

**Verordnung des Bundesministers für Finanzen zur branchenbezogenen Einordnung eines Betriebes als Dienstleistungsbetrieb (Dienstleistungsbetriebe-Verordnung)**

Auf Grund des § 17 Abs. 3a Z 5 des Einkommensteuergesetzes 1988 – EStG 1988, BGBl Nr. 400, zuletzt geändert durch das Bundesgesetz BGBl. I Nr. 99/2020, wird verordnet:

**§ 1.** (1) Der für einen Dienstleistungsbetrieb vorgesehene Pauschalsatz von 20% ist anzuwenden, wenn der Betrieb einer der folgenden Branchen mit der jeweils zugehörigen Branchenkennzahl zuzuordnen ist:

| Branche | Branchenkennzahl |
|---|---|
| **Dienstleistungen im Bereich freiberuflicher und wissenschaftlicher Tätigkeiten** | |
| Rechtsberatung | 691 |
| Wirtschaftsprüfung und Steuerberatung; Buchführung | 692 |
| Verwaltung und Führung von Unternehmen und Betrieben | 701 |
| Public-Relations- und Unternehmensberatung | 702 |
| Arzt- und Zahnarztpraxen | 862 |
| Dienstleistungen im Gesundheitswesen, anderweitig nicht genannt | 869 |
| Architektur- und Ingenieurbüros | 711 |
| Technische, physikalische und chemische Untersuchung | 712 |
| Forschung und Entwicklung im Bereich Natur-, Ingenieur-, Agrarwissenschaften und Medizin | 721 |
| Werbung | 731 |
| Markt- und Meinungsforschung | 732 |
| Forschung und Entwicklung im Bereich Rechts-, Wirtschafts-, Sozial-, Sprach-, Kultur- und Kunstwissenschaften | 722 |
| Fotografie und Fotolabors | 742 |
| Übersetzen und Dolmetschen | 743 |
| Veterinärwesen | 750 |
| Sonstige freiberufliche, wissenschaftliche und technische Tätigkeiten, anderweitig nicht genannt | 749 |
| **Dienstleistungen in Kunst, Unterhaltung, Sport und Erholung** | |
| Ateliers für Textil-, Schmuck-, Grafik- u. ä. Design | 741 |
| Kreative, künstlerische und unterhaltende Tätigkeiten | 900 |
| Erbringung von Dienstleistungen des Sports | 931 |
| Erbringung von sonstigen Dienstleistungen der Unterhaltung und der Erholung | 932 |
| **Dienstleistungen im Bereich der gewerblichen Vermietung, Beherbergung und Verpflegung** | |
| Vermietung, Verpachtung von eigenen oder geleasten Grundstücken, Gebäuden und Wohnungen | 682 |
| Vermittlung und Verwaltung von Grundstücken, Gebäuden und Wohnungen für Dritte | 683 |
| Leasing von nichtfinanziellen immateriellen Vermögensgegenständen (ohne Copyrights) | 774 |

| | |
|---|---|
| **Dienstleistungen im Bereich der Informationstechnologie und Technik** | |
| Erbringung von Dienstleistungen der Informationstechnologie | 620 |
| Datenverarbeitung, Hosting und damit verbundene Tätigkeiten; Webportale | 631 |
| Erbringung von sonstigen Informationsdienstleistungen | 639 |
| **Dienstleistungen im Bereich des Tourismus und Veranstaltungswesens** | |
| Erbringung von Reservierungsdienstleistungen | 799 |
| **Dienstleistung in der Vermittlung und Arbeitskräfteüberlassung** | |
| Handelsvermittlung | 461 |
| Vermittlung von Arbeitskräften | 781 |
| Befristete Überlassung von Arbeitskräften | 782 |
| Sonstige Überlassung von Arbeitskräften | 783 |
| **Dienstleistungen im Bereich der Beaufsichtigung, Reinigung, für private Haushalte und Ähnliches** | |
| Hausmeisterdienste | 811 |
| Reinigung von Gebäuden, Straßen und Verkehrsmitteln | 812 |
| Sekretariats- und Schreibdienste, Copy-Shops | 821 |
| Erbringung sonstiger wirtschaftlicher Dienstleistungen für Unternehmen und Privatpersonen | 829 |
| Erbringung von sonstigen überwiegend persönlichen Dienstleistungen | 960 |
| Private Haushalte mit Hauspersonal | 970 |
| Erbringungen von Dienstleistungen durch private Haushalte für den Eigenbedarf ohne ausgeprägten Schwerpunkt | 982 |
| **Dienstleistungen im Bereich des Unterrichts, Vortragstätigkeit** | |
| Unterricht (außerhalb Schulen und Kindergärten) | 855 |
| Erbringung von Dienstleistungen für den Unterricht | 856 |
| **Dienstleistungen im sozialen Bereich** | |
| Soziale Betreuung älterer Menschen und Behinderter | 881 |
| Sonstiges Sozialwesen (ohne Heime) | 889 |
| **Dienstleistungen im Bereich der Installation, für die Landwirtschaft, den Bergbau und die Gewinnung von Steinen und Erden** | |
| Installation von Maschinen und Ausrüstungen (anderweitig nicht genannt) | 332 |
| Erbringung von gewerblichen Dienstleistungen für die Forstwirtschaft und Holzeinschlag | 024 |
| Erbringung von Dienstleistungen für die Gewinnung von Erdöl und Erdgas | 091 |
| Erbringung von Dienstleistungen für den sonstigen Bergbau und die Gewinnung von Steinen und Erden | 099 |

(2) Die in Abs. 1 genannten Branchenkennzahlen entsprechen den ersten drei Ziffern (mit führender Null) der ÖNACE 2008, das ist die österreichische Version der europäischen Wirtschaftstätigkeitenklassifikation (NACE).

**§ 2.** Bei Inanspruchnahme der Pauschalierung für einen Dienstleistungsbetrieb ist in der Abgabenerklärung die für den Betrieb maßgebende Branchenkennzahl gemäß § 1 Abs. 1 anzuführen.

**§ 3.** Bei einem Betrieb, der branchenbezogen nicht ausschließlich dem § 1 zuzuordnen ist, muss aus den Aufzeichnungen klar erkennbar sein, welche Betriebseinnahmen auf Tätigkeiten entfallen, für die branchenbezogen der Pauschalsatz von 20% maßgeblich ist und welche Betriebseinnahmen auf Tätigkeiten entfallen, für die branchenbezogen der Pauschalsatz von 45% maßgeblich ist. Für die Anwendung des einheitlichen Pauschalsatzes von 20% oder 45% ist die Tätigkeit maßgeblich, aus der die höheren Betriebseinnahmen stammen.

**§ 4.** Diese Verordnung ist erstmals bei der Veranlagung für das Kalenderjahr 2020 anzuwenden.

**1/3/12. VO zu § 17 Abs. 4 und 5**

## LuF-PauschVO 2011

BGBl II 2010/471 idF BGBl II 2014/164

**Verordnung des Bundesministers für Finanzen über die Aufstellung von Durchschnittssätzen für die Ermittlung des Gewinnes aus Land- und Forstwirtschaft (LuF-PauschVO 2011)**

Auf Grund des § 17 Abs. 4 und 5 des Einkommensteuergesetzes 1988, BGBl. Nr. 400, in der jeweils geltenden Fassung, wird verordnet:

### I. Anwendung und maßgebender Einheitswert

**§ 1.** (1) Der Gewinn eines land- und forstwirtschaftlichen Betriebes, kann nach den Bestimmungen dieser Verordnung ermittelt werden, wenn

1. dessen Inhaber hinsichtlich dieses Betriebes weder zur Buchführung verpflichtet ist noch freiwillig Bücher führt und
2. die Anwendung der Verordnung nicht gemäß Abs. 1a ausgeschlossen ist.

Die Anwendung der Verordnung ist nur auf den gesamten land- und forstwirtschaftlichen Betrieb zulässig. Eine Anwendung auf bloß einzelne Betriebszweige oder einzelne betriebliche Teiltätigkeiten ist unzulässig.

(1a) Wurden in zwei aufeinander folgenden Kalenderjahren Umsätze im Sinne des § 125 der Bundesabgabenordnung – BAO, BGBl. Nr. 194/1961, von jeweils mehr als 400 000 Euro erzielt, kann mit Beginn des darauf zweitfolgenden Kalenderjahres der Gewinn des land- und forstwirtschaftlichen Betriebes nicht mehr nach den Bestimmungen dieser Verordnung ermittelt werden, es sei denn der Inhaber macht glaubhaft, dass die Umsatzgrenze nur vorübergehend und auf Grund besonderer Umstände überschritten worden ist und beantragt die weitere Anwendung dieser Verordnung. Der Gewinn eines land- und forstwirtschaftlichen Betriebes kann mit Beginn des darauf folgenden Kalenderjahres wieder nach den Bestimmungen dieser Verordnung ermittelt werden, wenn diese Umsatzgrenze in zwei aufeinanderfolgenden Kalenderjahren nicht überschritten wird.

(2) Als maßgebender Einheitswert des land- und forstwirtschaftlichen Betriebes gilt der Einheitswert für das während des Veranlagungsjahres bewirtschaftete land- und forstwirtschaftliche Vermögen zuzüglich der Einheitswertanteile der während des Veranlagungsjahres bewirtschafteten Zupachtungen, Zukäufe und zur Nutzung übernommenen Flächen und abzüglich der Einheitswertanteile der während des Veranlagungsjahres nicht selbst bewirtschafteten Verpachtungen, Verkäufe und zur Nutzung überlassenen Flächen. Für die Ermittlung der Einheitswertanteile der Zu- und Verpachtungen, der Zu- und Verkäufe bzw. der zur Nutzung übernommenen und überlassenen Flächen sind hinsichtlich des Hektarsatzes § 125 Abs. 1 lit. b der Bundesabgabenordnung, BGBl. Nr. 194/1961, in der jeweils geltenden Fassung maßgebend.

(3) Wird am 31. Dezember eines Jahres durch unterjährige Zukäufe, Zupachtungen, zur Nutzung übernommene Flächen oder unentgeltliche Erwerbe von land- und forstwirtschaftlich genutzten Grundstücken der maßgebende Einheitswert gemäß § 2 bzw. der maßgebende Teileinheitswert gemäß § 3 Abs. 2 bzw. die weinbaulich genutzte Grundfläche von 60 Ar überschritten, so sind ab Beginn des Folgejahres die §§ 8 bis 12 bzw. § 3 Abs. 2 bzw. § 4 Abs. 2 anzuwenden. Wird am 31. Dezember eines Jahres durch unterjährige Verkäufe, Verpachtungen, zur Nutzung überlassene Flächen oder unentgeltliche Übertragungen von land- und forstwirtschaftlich genutzten Grundstücken der maßgebende Einheitswert gemäß § 2 bzw. der maßgebende Teileinheitswert gemäß § 3 Abs. 2 bzw. die weinbaulich genutzte Grundfläche von 60 Ar unterschritten, so sind ab Beginn des Folgejahres die §§ 8 bis 12 bzw. § 3 Abs. 2 bzw. § 4 Abs. 2 nicht mehr anzuwenden. Bei der Ermittlung des maßgebenden Einheitswertes gemäß § 2 bzw. des maßgebenden Teileinheitswertes gemäß § 3 Abs. 2 ist § 125 Abs. 1 lit. b der Bundesabgabenordnung, BGBl. Nr. 194/1961, in der jeweils geltenden Fassung sinngemäß anzuwenden, wobei der Steuerpflichtige zum 31. Dezember jenen Hektarsatz zugrunde zu legen hat, der im zuletzt vor diesem Stichtag ergangenen Einheitswertbescheid festgestellt wurde.

(4) Durch diese Verordnung werden nur die regelmäßig in den Betrieben anfallenden Rechtsgeschäfte und Vorgänge pauschal berücksichtigt, die auch von Artikel 295 der Richtlinie des Rates vom 28. November 2006, Nr. 2006/112/EG, ABl, Nr. L 347, in der jeweils gültigen Fassung erfasst sind.

(5) Abweichend von den Abs. 1 bis 4 können aus der Veräußerung von forstwirtschaftlich genutzten Flächen entstehende Gewinne mit 35% des auf Grund und Boden, stehendes Holz und Jagdrecht entfallenden Veräußerungserlöses angenommen werden, sofern dieser 250 000 Euro im Kalenderjahr nicht überschreitet. Dies gilt abweichend von Abs. 1 auch für Betriebe, für die der Gewinn durch Buchführung gemäß § 4 Abs. 1 EStG 1988 oder vollständige Einnahmen-Ausgaben-Rechnung gemäß § 4 Abs. 3 EStG 1988 ermittelt wird.

### II. Gewinnermittlung bis zu einem Einheitswert von 100 000 Euro

#### Grundbetrag

**§ 2.** (1) Bei einem maßgebenden Einheitswert des land- und forstwirtschaftlichen Betriebes bis 100 000 Euro ist der Gewinn mittels eines Durchschnittssatzes von 39% vom maßgebenden Einheitswert (§ 1 Abs. 2) zu ermitteln (Grundbetrag), soweit die §§ 3 bis 6 nichts Gegenteiliges bestimmen. Wird die sozialversicherungsrechtliche Beitragsgrundlagenoption gemäß § 23 Abs. 1a des Bauernsozialversicherungsgesetzes ausgeübt, kommt die Anwendung dieses Durchschnittssatzes nicht in Betracht.

(2) Wird der Grundbetrag von Alpen von einem gemäß § 39 Abs. 2 Z 1 lit. a des Bewertungsgeset-

zes 1955 gesondert festgestellten Vergleichswert abgeleitet, ist der Durchschnittssatz mit 70% des sich aus Abs. 1 ergebenden Satzes anzusetzen.

(3) Übersteigt der maßgebende Einheitswert des land- und forstwirtschaftlichen Betriebes nicht 100 000 Euro und wird auch die sozialversicherungsrechtliche Beitragsgrundlagenoption gemäß § 23 Abs. 1a des Bauernsozialversicherungsgesetzes nicht ausgeübt, kann der Gewinn auf Antrag gemäß den §§ 8 bis 12 ermittelt werden. Eine erneute Gewinnermittlung gemäß den §§ 2 bis 6 dieser Verordnung oder entsprechender Bestimmungen einer dieser Verordnung nachfolgenden Pauschalierungsverordnung ist frühestens nach Ablauf von fünf Kalenderjahren zulässig.

### Forstwirtschaft

**§ 3.** (1) Beträgt der forstwirtschaftliche (Teil) Einheitswert nicht mehr als 11 000 Euro, ist der Gewinn aus Forstwirtschaft mit dem Durchschnittssatz gemäß § 2 erfasst.

(2) Übersteigt der forstwirtschaftliche (Teil)Einheitswert den Betrag von 11 000 Euro, sind von den Betriebseinnahmen pauschale Betriebsausgaben abzuziehen. Diese sind von der dem forstwirtschaftlichen (Teil)Einheitswert zugrunde liegenden Minderungszahl für Fichte und Lärche der Bonität 7 bzw. Wertziffer abhängig und betragen:

1. Bei Selbstschlägerung:
   a) 70% der Betriebseinnahmen (einschließlich Umsatzsteuer) bei einer Minderungszahl von 1 bis 61 oder einer Wertziffer von 11 bis 20,
   b) 60% der Betriebseinnahmen (einschließlich Umsatzsteuer) bei einer Minderungszahl von 62 bis 68 oder einer Wertziffer von 6 bis 10,
   c) 50% der Betriebseinnahmen (einschließlich Umsatzsteuer) bei einer Minderungszahl von 69 bis 100 oder einer Wertziffer von 1 bis 5.
2. Bei Holzverkäufen am Stock:
   a) 30% der Betriebseinnahmen (einschließlich Umsatzsteuer) bei einer Minderungszahl von 1 bis 63 oder einer Wertziffer von 10 bis 20,
   b) 20% der Betriebseinnahmen (einschließlich Umsatzsteuer) bei einer Minderungszahl von 64 bis 100 oder einer Wertziffer von 1 bis 9.

Liegt dem Einheitswert einer forstwirtschaftlich genutzten Grundfläche keine Minderungszahl oder Wertziffer zugrunde, ist vom Finanzamt eine fiktive Minderungszahl oder Wertziffer zu ermitteln.

(3) Der als forstwirtschaftlich anzusehende Teil des Einheitswertes ist bei der Berechnung des Grundbetrages (§ 2) auszuscheiden, sofern er mehr als 11 000 Euro beträgt.

### Weinbau und Buschenschank im Rahmen des Obstbaues

**§ 4.** (1) Der Gewinn aus Weinbau (zB Wein, Weintrauben, Maische, Traubensaft, Traubenmost und Sturm sowie alkoholfreie Getränke und Speisen im Rahmen des Buschenschankes) ist durch Einnahmen-Ausgaben-Rechnung gesondert zu ermitteln. Beträgt die weinbaulich genutzte Grundfläche höchstens 60 Ar, hat die gesonderte Ermittlung des Gewinnes aus Weinbau zu unterbleiben.

(2) Die Betriebsausgaben betragen 70% der Betriebseinnahmen (einschließlich Umsatzsteuer), mindestens aber 4 400 Euro je Hektar weinbaulich genutzter Grundflächen, höchstens jedoch die Höhe der Betriebseinnahmen.

(3) Ist der Gewinn aus Weinbau gemäß Abs. 1 erster Satz gesondert zu ermitteln, ist der auf die weinbaulich genutzten Grundflächen entfallende Teil des Einheitswertes bei der Berechnung des Grundbetrages (§ 2) auszuscheiden.

(4) Übersteigt die weinbaulich genutzte Grundfläche nicht 60 Ar, sind abweichend von Abs. 1 zweiter Satz die Gewinne aus dem Buschenschank und Bouteillenweinverkauf durch Einnahmen-Ausgaben-Rechnung gesondert zu ermitteln, wobei die Bestimmungen des Abs. 2 sinngemäß anzuwenden sind.

(5) Der Gewinn aus Mostbuschenschank (Buschenschank im Rahmen des Obstbaues einschließlich alkoholfreier Getränke und Speisen) ist durch Einnahmen-Ausgaben-Rechnung gesondert zu ermitteln. Die Betriebsausgaben sind mit 70% der Betriebseinahmen (einschließlich Umsatzsteuer) anzusetzen.

### Gartenbau

**§ 5.** (1) Der Gewinn aus Gartenbau (§ 49 Bewertungsgesetz 1955) ist durch Einnahmen-Ausgaben-Rechnung zu ermitteln.

(2) Die Betriebsausgaben sind mit einem Durchschnittssatz von 70% der Betriebseinnahmen (einschließlich Umsatzsteuer) anzusetzen. Neben diesem Durchschnittssatz sind die Ausgaben für Löhne (einschließlich Lohnnebenkosten) als zusätzliche Betriebsausgaben zu berücksichtigen. Der Abzug der Betriebsausgaben darf nur bis zur Höhe der Betriebseinnahmen erfolgen.

(3) Abweichend von den Bestimmungen der Abs. 1 und 2 sind für die Ermittlung des Gewinnes aus Gartenbau flächenabhängige Durchschnittssätze anzuwenden. Voraussetzung dafür ist, dass der ausschließliche Betriebsgegenstand in der Lieferung eigener gärtnerischer Erzeugnisse an Wiederverkäufer besteht. Diese Voraussetzung ist auch erfüllt, wenn die Einnahmen aus anderen Lieferungen – ausgenommen aus Anlagenverkäufen – und aus Leistungen nachhaltig insgesamt nicht mehr als 1 500 Euro (einschließlich Umsatzsteuer) jährlich betragen. Als Wiederverkäufer gelten Betriebe, die gewerbsmäßig die ihnen gelieferten Erzeugnisse entweder unverändert oder nach Bearbeitung oder Verarbeitung weiterveräußern. Die Durchschnittssätze betragen:

1. Für den Anbau von Gemüse

| | je m² der | Euro |
|---|---|---|
| | Freilandfläche | |
| a) | aa) einkulturig | 0,24 |
| | bb) mehrkulturig | 0,42 |
| b) | überdachten Kulturflächen | |
| | aa) bei Plastikfolientunnel | |
| | bis 3,5 m Basisbreite | 0,42 |
| | über 3,5 m Basisbreite | 0,84 |
| | bb) bei Niederglas (Mistbeete, Erdhäuser) | 0,84 |
| | cc) bei nicht stabilen Gewächshäusern | |
| | nicht heizbar | 0,96 |
| | heizbar | 1,2 |
| | dd) bei stabilen Gewächshäusern | |
| | nicht heizbar | 1,08 |
| | heizbar | 1,32 |

2. für den Anbau von Blumen und Stauden

| | je m² der | Euro |
|---|---|---|
| a) | Freilandfläche | |
| | aa) einkulturig | 0,3 |
| | bb) mehrkulturig | 0,48 |
| b) | überdachten Kulturflächen | |
| | aa) bei Plastikfolientunnel | |
| | bis 3,5 m Basisbreite | 0,48 |
| | über 3,5 m Basisbreite | 1,08 |
| | bb) bei Niederglas (Mistbeete, Erdhäuser) | 1,08 |
| | cc) bei nicht stabilen Gewächshäusern | |
| | nicht heizbar | 1,2 |
| | heizbar | 1,8 |
| | dd) bei stabilen Gewächshäusern | |
| | nicht heizbar | 1,5 |
| | heizbar | 2,7 |

3. für Baumschulen

| | je m² der | Euro |
|---|---|---|
| a) | Fläche zur Heranzucht von Obstgehölzen und Beerensträuchern | 0,48 |
| b) | Fläche zur Heranzucht von Ziergehölzen | 0,6 |

(4) Das Ausmaß der überdachten Kulturflächen bestimmt sich nach dem Flächenausmaß, das die Außenseiten der überdachten Flächen umschließt. Bei Gewächshäusern sind daher die Außenseiten dieser Gebäude maßgebend.

(5) Bei der Ermittlung des Grundbetrages (§ 2) scheidet der auf die gärtnerisch genutzten Grundflächen entfallende Anteil des Einheitswertes aus.

### Land- und forstwirtschaftlicher Nebenerwerb, Be- und/oder Verarbeitung und Almausschank

**§ 6.** (1) Der Gewinn aus land- und forstwirtschaftlichem Nebenerwerb, aus be- und/oder verarbeiteten eigenen und zugekauften Urprodukten sowie aus dem Almausschank ist durch Einnahmen-Ausgaben-Rechnung gesondert zu ermitteln. Bei Ermittlung des Gewinnes aus land- und forstwirtschaftlichem Nebenerwerb dürfen die Betriebsausgaben nur bis zur Höhe der entsprechenden Betriebseinnahmen in Abzug gebracht werden.

(2) Als land- und forstwirtschaftlicher Nebenerwerb sind Nebentätigkeiten zu verstehen, die nach ihrer wirtschaftlichen Zweckbestimmung zum land- und forstwirtschaftlichen Hauptbetrieb im Verhältnis der wirtschaftlichen Unterordnung stehen. Die Zimmervermietung mit Frühstück im Ausmaß von höchstens 10 Betten stellt land- und forstwirtschaftlichen Nebenerwerb dar, wobei die Betriebsausgaben mit 50% der entsprechenden Betriebseinnahmen (einschließlich Umsatzsteuer) angesetzt werden können. Wird beim land- und forstwirtschaftlichen Nebenerwerb das Entgelt überwiegend für die Bereitstellung von Fahrzeugen, Maschinen oder Geräten gegenüber Nichtlandwirten geleistet, können 50% der gesamten Einnahmen (einschließlich Umsatzsteuer) als pauschale Betriebsausgaben abgezogen werden. Dies gilt auch dann, wenn das anteilige Entgelt für die Arbeitsleistung zu Einkünften aus nichtselbständiger Arbeit führt.

(3) Bei der Ermittlung des Gewinnes aus be- und/oder verarbeiteten Urprodukten sowie aus Almausschank (Abs. 1) sind die Betriebsausgaben mit 70% der Betriebseinnahmen (einschließlich Umsatzsteuer) anzusetzen. Voraussetzung für die Zurechnung der Be- und/oder Verarbeitung des Urproduktes und des Almausschankes zur Land- und Forstwirtschaft ist, dass die Be- und/oder Verarbeitung bzw. der Almausschank nach ihrer wirtschaftlichen Zweckbestimmung zum land- und forstwirtschaftlichen Hauptbetrieb im Verhältnis der wirtschaftlichen Unterordnung stehen.

(4) Wird eine Be- und/oder Verarbeitung alleine betrieben, liegt eine Unterordnung im Sinne der Abs. 2 und 3 vor, wenn die Einnahmen aus Be- und/oder Verarbeitung 33 000 Euro (einschließlich Umsatzsteuer) nicht übersteigen. Wird eine Be- und/oder Verarbeitung bzw. ein Almausschank neben einem Nebenerwerb betrieben, ist die Unterordnung nur dann gegeben, wenn die gemeinsamen Einnahmen 33 000 Euro (einschließlich Umsatzsteuer) nicht übersteigen und das Ausmaß der land- und forstwirtschaftlichen Grundflächen mehr als 5 Hektar oder der weinbaulich oder gärtnerisch genutzten Grundflächen mehr als 1 Hektar beträgt. Auf den Betrag von 33 000 Euro sind Einnahmen aus Zimmervermietung sowie Einnahmen aus auf reiner Selbstkostenbasis und ohne Verrechnung der

eigenen Arbeitsleistung erbrachte Dienstleistungen und Vermietungen im Rahmen der zwischenbetrieblichen Zusammenarbeit (bäuerliche Nachbarschaftshilfe) nicht anzurechnen.

**Wechsel der Pauschalierungsmethode**

**§ 7.** Wechselt der Steuerpflichtige in Anwendung dieser Verordnung von der pauschalen Gewinnermittlung mittels eines Durchschnittssatzes gemäß § 2 Abs. 1 zur Gewinnermittlung mittels Berücksichtigung pauschaler Betriebsausgaben oder umgekehrt, hat die Ermittlung eines Übergangsgewinnes bzw. -verlustes gemäß § 4 Abs. 10 des Einkommensteuergesetzes 1988 zu unterbleiben.

## III. Gewinnermittlung bei einem Einheitswert von mehr als 100 000 Euro und nicht mehr als 150 000 Euro, bei Option gemäß § 2 Abs. 3 dieser Verordnung oder bei Ausübung der sozialversicherungsrechtlichen Beitragsgrundlagenoption gemäß § 23 Abs. 1a des Bauernsozialversicherungsgesetzes

**§ 8.** (1) Bei einem Einheitswert des land- und forstwirtschaftlichen Betriebes von mehr als 100 000 Euro, bei Ausübung der Option gemäß § 2 Abs. 3 dieser Verordnung oder bei Ausübung der sozialversicherungsrechtlichen Beitragsgrundlagenoption gemäß § 23 Abs. 1a des Bauernsozialversicherungsgesetzes ist der Gewinn aus Land- und Forstwirtschaft stets durch Einnahmen-Ausgaben-Rechnung zu ermitteln.

(2) Die Betriebsausgaben sind, soweit die §§ 9 bis 12 keine abweichende Regelung vorsehen, mit einem Durchschnittssatz von 70% der diesen Betriebsausgaben gegenüberstehenden Betriebseinnahmen (einschließlich Umsatzsteuer) anzusetzen.

**Forstwirtschaft**

**§ 9.** Die Betriebsausgaben aus Forstwirtschaft sind unter sinngemäßer Anwendung des § 3 Abs. 2 zu berechnen.

**Weinbau und Buschenschank im Rahmen des Obstbaues**

**§ 10.** (1) Die Betriebsausgaben aus Weinbau (zB Wein, Weintrauben, Maische, Traubensaft, Traubenmost und Sturm sowie alkoholfreie Getränke und Speisen im Rahmen des Buschenschankes) sind unter sinngemäßer Anwendung des § 4 Abs. 2 zu berechnen.

(2) Die Betriebsausgaben aus Mostbuschenschank (Buschenschank im Rahmen des Obstbaues einschließlich alkoholfreier Getränke und Speisen) sind unter sinngemäßer Anwendung des § 4 Abs. 5 zu berechnen.

**Gartenbau**

**§ 11.** Die Betriebsausgaben aus Gartenbau (§ 49 Bewertungsgesetz 1955) sind unter sinngemäßer Anwendung des § 5 Abs. 2 zu berechnen.

**Land- und forstwirtschaftlicher Nebenerwerb, Be- und/oder Verarbeitung und Almausschank**

**§ 12.** Für die Gewinnermittlung der Einkünfte aus land- und forstwirtschaftlichem Nebenerwerb, der Be- und/oder Verarbeitung und aus dem Almausschank gilt § 6 sinngemäß.

## IV. Gewinnerhöhende und gewinnmindernde Beträge

**§ 13.** (1) Die nach den Bestimmungen der §§ 1 bis 6 oder 8 bis 12 sich ergebende Zwischensumme ist um vereinnahmte Pachtzinse (einschließlich Jagdpacht und Verpachtung von Fischereirechten), um Einkünfte aus Wildabschüssen sowie um Einkünfte aus gemäß § 1 Abs. 4 und 5 nicht erfassten Vorgängen und um Einkünfte aus gemäß §§ 30 Abs. 2 Z 6 und 11 Abs. 4 des Bewertungsgesetzes 1955 nicht zum Einheitswert gehörenden Wirtschaftsgütern zu erhöhen, sofern diese Einkünfte nicht gemäß § 97 Abs. 1 Einkommensteuergesetz 1988 als endbesteuert behandelt werden. Der gesonderte Ansatz dieser durch die Pauschalierung nicht erfassten Vorgänge darf in jedem einzelnen Fall zu keinem Verlust führen.

(2) Der sich nach Zurechnung gemäß Abs. 1 ergebende Betrag ist um den Wert der Ausgedingelasten (Geld- und Sachleistungen), um Beiträge, die an die Sozialversicherungsanstalt der Bauern entrichtet wurden, um bezahlte Schuldzinsen und um bezahlte Pachtzinse zu vermindern, wobei der Abzug der bezahlten Pachtzinse 25% des auf die zugepachteten Flächen entfallenden Einheitswertes nicht übersteigen darf. Durch den Abzug dieser gewinnmindernden Beträge darf insgesamt kein Verlust entstehen.

(3) Die aus Sachleistungen bestehenden Ausgedingelasten sind pro Person mit 700 Euro jährlich anzusetzen. Werden die Sachleistungen nachgewiesen oder glaubhaft gemacht, sind sie in der nachgewiesenen (glaubhaft) gemachten Höhe zu berücksichtigen.

## V. Wechsel der Gewinnermittlungsart

**§ 14.** Geht der Steuerpflichtige von der pauschalen Gewinnermittlung auf Grund dieser Verordnung zur Gewinnermittlung nach § 4 Abs. 1 oder zur Gewinnermittlung nach § 4 Abs. 3 des Einkommensteuergesetzes 1988 über, so ist eine erneute pauschale Ermittlung der Einkünfte aus Land- und Forstwirtschaft auf Grund dieser oder einer dieser Verordnung nachfolgenden Pauschalierungsverordnung frühestens nach Ablauf von fünf Wirtschaftsjahren zulässig.

## VI. Zeitlicher Anwendungsbereich

**§ 15.** (1) Die Verordnung ist bei der Veranlagung für die Kalenderjahre 2011 bis einschließlich 2015 anzuwenden.

(2) § 7 ist auf den Wechsel von der pauschalen Gewinnermittlung in Anwendung der LuF PauschVO 2006, BGBl. II Nr. 258/2005, zur pauschalen

Gewinnermittlung in Anwendung dieser Verordnung entsprechend anzuwenden.

(3) § 1 Abs. 1 und Abs. 1a jeweils in der Fassung der Verordnung BGBl. II Nr. 164/2014 ist ab der Veranlagung für das Kalenderjahr 2014 anzuwenden.

**1/3/13. VO zu § 17 Abs. 4, 5 und 5a**

## LuF-PauschVO 2015

BGBl II 2013/125 idF BGBl II 2021/574

**Verordnung der Bundesministerin für Finanzen über die Aufstellung von Durchschnittssätzen für die Ermittlung des Gewinnes aus Land- und Forstwirtschaft (Land- und Forstwirtschaft-Pauschalierungsverordnung 2015 – LuF-PauschVO 2015)**

Auf Grund des § 17 Abs. 4, Abs. 5 und 5a des Einkommensteuergesetzes 1988 – EStG 1988, BGBl. Nr. 400, zuletzt geändert durch das Bundesgesetz BGBl. I Nr. 53/2013, wird verordnet:

### 1. Abschnitt
### Anwendungsbereich

**§ 1.** (1) Der Gewinn eines land- und forstwirtschaftlichen Betriebes, kann nach den Bestimmungen dieser Verordnung ermittelt werden, wenn

1. dessen Einheitswert 130 000 Euro nicht übersteigt und
2. dessen Inhaber hinsichtlich dieses Betriebes nicht freiwillig Bücher führt und
3. die Anwendung der Verordnung nicht gemäß Abs. 1a ausgeschlossen ist.

Die Anwendung der Verordnung ist nur auf den gesamten land- und forstwirtschaftlichen Betrieb zulässig. Eine Anwendung auf bloß einzelne Betriebszweige oder einzelne betriebliche Teiltätigkeiten ist unzulässig.

(1a) Wurden in zwei aufeinander folgenden Kalenderjahren Umsätze iSd § 125 BAO von jeweils mehr als 400 000 Euro erzielt, kann mit Beginn des darauf zweitfolgenden Kalenderjahres der Gewinn des land- und forstwirtschaftlichen Betriebes nicht mehr nach den Bestimmungen dieser Verordnung ermittelt werden, es sei denn der Inhaber macht glaubhaft, dass die Umsatzgrenze nur vorübergehend und auf Grund besonderer Umstände überschritten worden ist und beantragt die weitere Anwendung dieser Verordnung. Der Gewinn eines land- und forstwirtschaftlichen Betriebes kann mit Beginn des darauf folgenden Kalenderjahres wieder nach den Bestimmungen dieser Verordnung ermittelt werden, wenn diese Umsatzgrenze in zwei aufeinanderfolgenden Kalenderjahren nicht überschritten wird. Wird in einem landwirtschaftlichen Tierhaltungsbetrieb das Futter vom Abnehmer der Tiere zur Verfügung gestellt (insbesondere Lohnmast), ist für die Ermittlung des relevanten Umsatzes der Wert des Futters hinzuzurechnen.

*(BGBl II 2020/559)*

(2) Als maßgebender Einheitswert des land- und forstwirtschaftlichen Betriebes gilt der Einheitswert für das während des Veranlagungsjahres bewirtschaftete land- und forstwirtschaftliche Vermögen zuzüglich der Einheitswertanteile der während des Veranlagungsjahres bewirtschafteten Zupachtungen, Zukäufe und zur Nutzung übernommenen Flächen und abzüglich der Einheitswertan-

teile der während des Veranlagungsjahres nicht selbst bewirtschafteten Verpachtungen, Verkäufe und zur Nutzung überlassenen Flächen. Für die Ermittlung der Einheitswertanteile der Zu- und Verpachtungen, der Zu- und Verkäufe bzw. der zur Nutzung übernommenen und überlassenen Flächen ist hinsichtlich des Hektarsatzes § 125 Abs. 1 der Bundesabgabenordnung in der Fassung vor BGBl. I Nr. 96/2020 maßgebend.

*(BGBl II 2020/559)*

(3) Für die Anwendung der Voll- oder Teilpauschalierung gilt Folgendes:

1. Wird am 31. Dezember eines Jahres die in § 2 Abs. 1 genannte Grenze überschritten, sind im Folgejahr die §§ 9 bis 14 anzuwenden.
   *(BGBl II 2020/559)*
2. Wird am 31. Dezember eines Jahres der maßgebende Teileinheitswert gemäß § 3 Abs. 2 überschritten, ist im Folgejahr § 3 Abs. 2 anzuwenden.
3. Wird am 31. Dezember eines Jahres die selbst bewirtschaftete weinbaulich genutzte Grundfläche von 60 Ar überschritten, ist im Folgejahr § 4 Abs. 2 anzuwenden.
4. (aufgehoben)
   *(BGBl II 2020/559)*
5. Wird am 31. Dezember eines Jahres die in § 2 Abs. 1 genannte Grenze unterschritten und wird die sozialversicherungsrechtliche Beitragsgrundlagenoption gemäß § 23 Abs. 1a des Bauern-Sozialversicherungsgesetzes – BSVG, BGBl. Nr. 559/1978, in der jeweils geltenden Fassung oder die Option nach § 2 Abs. 3 nicht ausgeübt, sind im Folgejahr die §§ 9 bis 14 nicht mehr anzuwenden.
   *(BGBl II 2020/559)*
6. Wird am 31. Dezember eines Jahres der maßgebende Teileinheitswert gemäß § 3 Abs. 2 unterschritten, ist im Folgejahr § 3 Abs. 2 nicht mehr anzuwenden, es sei denn die §§ 9 bis 14 sind für den gesamten land- und forstwirtschaftlichen Betrieb anzuwenden.
7. Wird am 31. Dezember eines Jahres die selbst bewirtschaftete weinbaulich genutzte Grundfläche von mehr als 60 Ar unterschritten, ist im Folgejahr § 4 Abs. 2 nicht mehr anzuwenden, es sei denn die §§ 9 bis 14 sind für den gesamten land- und forstwirtschaftlichen Betrieb anzuwenden.
8. (aufgehoben)
   *(BGBl II 2020/559)*
9. Bei der Ermittlung des maßgebenden Einheitswertes gemäß § 2 bzw. des maßgebenden Teileinheitswertes gemäß § 3 Abs. 2 ist § 125 Abs. 1 der Bundesabgabenordnung in der Fassung vor BGBl. I Nr. 96/2020 sinngemäß anzuwenden, wobei der Steuerpflichtige zum 31. Dezember jenen Hektarsatz zugrunde zu legen hat, der im zuletzt vor diesem Stichtag ergangenen Einheitswertbescheid festgestellt wurde.
   *(BGBl II 2020/559)*
10. (aufgehoben)
   *(BGBl II 2020/559)*

(4) Durch diese Verordnung werden nur die regelmäßig in den Betrieben anfallenden Rechtsgeschäfte und Vorgänge pauschal berücksichtigt. Nicht regelmäßig in den Betrieben anfallende Vorgänge (zB die Veräußerung von Grundstücken nach § 30 EStG 1988 oder von Kapitalvermögen gemäß § 27 Abs. 3 und 4 EStG 1988) sind daher gesondert zu erfassen.

(5) Abweichend von den Abs. 1 bis 4 können aus der Veräußerung von forstwirtschaftlich genutzten Flächen entstehende Gewinne mit 35% des auf Grund und Boden, stehendes Holz und Jagdrecht entfallenden Veräußerungserlöses angenommen werden, sofern dieser 250 000 Euro im Kalenderjahr nicht überschreitet. Dies gilt abweichend von Abs. 1 auch für Betriebe, für die der Gewinn durch Buchführung gemäß § 4 Abs. 1 EStG 1988 oder vollständige Einnahmen-Ausgaben-Rechnung gemäß § 4 Abs. 3 EStG 1988 ermittelt wird.

## 2. Abschnitt
## Gewinnermittlung im Rahmen der Vollpauschalierung (einheitswertabhängige Gewinnermittlung)

### Grundbetrag

**§ 2.** (1) Der Gewinn ist mittels eines Durchschnittssatzes von 42% vom maßgebenden Einheitswert (§ 1 Abs. 2) zu ermitteln (Grundbetrag), wenn der maßgebende Einheitswert des land- und forstwirtschaftlichen Betriebes 75 000 Euro nicht übersteigt. Soweit die §§ 3 bis 7 Abweichendes bestimmen, die sozialversicherungsrechtliche Beitragsgrundlagenoption gemäß § 23 Abs. 1a des Bauern-Sozialversicherungsgesetzes – BSVG, BGBl. Nr. 559/1978 in der jeweils geltenden Fassung, oder die Option gemäß Abs. 3 ausgeübt wird, kommt die Anwendung dieses Durchschnittssatzes nicht in Betracht.

*(BGBl II 2020/559)*

(2) Wird der Grundbetrag von Alpen von einem gemäß § 39 Abs. 2 Z 1 lit. a BewG. 1955, gesondert festgestellten Vergleichswert abgeleitet, ist der Durchschnittssatz mit 70% des sich aus Abs. 1 ergebenden Satzes anzusetzen.

(3) Liegen die Voraussetzungen des Abs. 1 vor und wird die sozialversicherungsrechtliche Beitragsgrundlagenoption gemäß § 23 Abs. 1a BSVG nicht ausgeübt, kann der Gewinn auf Antrag gemäß den §§ 9 bis 14 ermittelt werden. Eine erneute Gewinnermittlung gemäß den §§ 2 bis 7 dieser Verordnung oder entsprechender Bestimmungen einer dieser Verordnung nachfolgenden Pauschalierungsverordnung ist frühestens nach Ablauf von fünf Kalenderjahren zulässig.

### Forstwirtschaft

**§ 3.** (1) Beträgt der forstwirtschaftliche (Teil) Einheitswert nicht mehr als 15 000 Euro, ist der Gewinn aus Forstwirtschaft mit dem Durchschnittssatz gemäß § 2 erfasst.

*(BGBl II 2020/559)*

(2) Übersteigt der forstwirtschaftliche (Teil)Einheitswert den Betrag von 15 000 Euro, sind von den Betriebseinnahmen pauschale Betriebsausgaben abzuziehen. Diese sind von der dem forstwirtschaftlichen (Teil)Einheitswert zugrunde liegenden Minderungszahl für Fichte und Lärche der Bonität 7 bzw. Bringungslage abhängig und betragen:

1. Bei Selbstschlägerung:
   a) 70% der Betriebseinnahmen (einschließlich Umsatzsteuer) bei einer Minderungszahl von 1 bis 61 oder bei einer Bringungslage 3,
   b) 60% der Betriebseinnahmen (einschließlich Umsatzsteuer) bei einer Minderungszahl von 62 bis 68 oder bei einer Bringungslage 2,
   c) 50% der Betriebseinnahmen (einschließlich Umsatzsteuer) bei einer Minderungszahl von 69 bis 100 oder bei einer Bringungslage 1.
2. Bei Holzverkäufen am Stock:
   a) 30% der Betriebseinnahmen (einschließlich Umsatzsteuer) bei einer Minderungszahl von 1 bis 63 oder bei einer Bringungslage 3,
   b) 20% der Betriebseinnahmen (einschließlich Umsatzsteuer) bei einer Minderungszahl von 64 bis 100 oder bei einer Bringungslage 2 oder 1.

Liegt dem Einheitswert einer forstwirtschaftlich genutzten Grundfläche keine Minderungszahl oder Bringungslage zugrunde, ist vom Finanzamt eine fiktive Bringungslage zu ermitteln.

*(BGBl II 2020/559)*

(3) Wird für die Ermittlung des Gewinnes aus Forstwirtschaft Abs. 2 angewendet, sind Abs. 2 Z 1 und Z 2 auch für die Ermittlung der Einkünfte aus besonderen Waldnutzungen gemäß § 37 Abs. 6 EStG 1988 anzuwenden. Dabei erhöhen sich für die Ermittlung der Einkünfte aus Waldnutzungen in Folge höherer Gewalt gemäß § 37 Abs. 6 EStG 1988 die in Abs. 2 Z 1 und Z 2 genannten Prozentsätze um jeweils 20 Prozentpunkte.

*(BGBl II 2020/559)*

(4) Ist der Gewinn aus Forstwirtschaft gemäß Abs. 2 gesondert zu ermitteln, ist der auf die forstwirtschaftlich genutzten Grundflächen entfallende Teil des Einheitswertes bei der Berechnung des Grundbetrages (§ 2) auszuscheiden.

*(BGBl II 2020/559)*

### Weinbau

**§ 4.** (1) Der Gewinn aus Weinbau (zB Wein, Weintrauben, Maische, Traubensaft, Traubenmost und Sturm sowie alkoholfreie Getränke und Speisen im Rahmen des Buschenschankes) ist durch Einnahmen-Ausgaben-Rechnung gesondert zu ermitteln. Beträgt die weinbaulich genutzte Grundfläche höchstens 60 Ar, hat die gesonderte Ermittlung des Gewinnes aus Weinbau zu unterbleiben.

(2) Die Betriebsausgaben betragen 70% der Betriebseinnahmen (einschließlich Umsatzsteuer), mindestens aber 5 000 Euro je Hektar weinbaulich genutzter Grundflächen, höchstens jedoch die Höhe der Betriebseinnahmen.

(3) Ist der Gewinn aus Weinbau gemäß Abs. 1 erster Satz gesondert zu ermitteln, ist der auf die weinbaulich genutzten Grundflächen entfallende Teil des Einheitswertes bei der Berechnung des Grundbetrages (§ 2) auszuscheiden.

(4) Übersteigt die selbst bewirtschaftete weinbaulich genutzte Grundfläche nicht 60 Ar, sind abweichend von Abs. 1 zweiter Satz die Gewinne aus dem Buschenschank und Bouteillenweinverkauf durch Einnahmen-Ausgaben-Rechnung gesondert zu ermitteln, wobei Abs. 2 anzuwenden ist.

### Gartenbau

**§ 5.** (1) Der Gewinn aus Gartenbau (§ 49 BewG. 1955) ist durch Einnahmen-Ausgaben-Rechnung zu ermitteln.

(2) Die Betriebsausgaben sind mit einem Durchschnittssatz von 70% der Betriebseinnahmen (einschließlich Umsatzsteuer) anzusetzen. Neben diesem Durchschnittssatz sind die Ausgaben für Löhne (einschließlich Lohnnebenkosten) als zusätzliche Betriebsausgaben zu berücksichtigen. Der Abzug der Betriebsausgaben darf nur bis zur Höhe der Betriebseinnahmen erfolgen.

(3) Abweichend von den Bestimmungen der Abs. 1 und 2 sind für die Ermittlung des Gewinnes aus Gartenbau flächenabhängige Durchschnittssätze anzuwenden. Voraussetzung dafür ist, dass der ausschließliche Betriebsgegenstand in der Lieferung eigener gärtnerischer Erzeugnisse an Wiederverkäufer oder an Land- und Forstwirte für deren erwerbsmäßige Produktion besteht. Diese Voraussetzung ist auch erfüllt, wenn die Einnahmen aus anderen Lieferungen – ausgenommen aus Anlagenverkäufen – und aus anderen Leistungen nachhaltig insgesamt nicht mehr als 2 000 Euro (einschließlich Umsatzsteuer) jährlich betragen. Als Wiederverkäufer gelten Betriebe, die gewerbsmäßig die ihnen gelieferten Erzeugnisse entweder unverändert oder nach Bearbeitung oder Verarbeitung weiterveräußern. Die Durchschnittssätze betragen:

| Gärtnerisch genutzte Fläche | Euro/m$^2$ |
|---|---|
| Freiland für Schnittblumen, Gemüse, Bauflächen, Hof, Wege, Folientunnel kleiner 3,5m Basisbreite, Rasenerzeugung | 0,13 |
| Freiland für Beeren- Obst- und Ziergehölze, Stauden; Rebschulen | 0,25 |
| Freiland für Forstgehölze | 0,10 |

| | |
|---|---|
| Folientunnel mit 3,5m bis 7,5m Basisbreite; Folientunnel einfach für Feldgemüse und Obstbau mit mindestens 3,5m Basisbreite | 0,34 |
| Folientunnel größer 7,5m Basisbreite | 0,45 |
| Foliengewächshaus einfach | 0,67 |
| Foliengewächshaus normal | 1,50 |
| Foliengewächshaus gut | 2,17 |
| Gewächshaus älter als 30 Jahre | 1,64 |
| Gewächshaus über 20 bis 30 Jahre alt | 2,17 |
| Gewächshaus bis 20 Jahre alt | 2,43 |

*(BGBl II 2020/559)*

(4) Das Ausmaß der überdachten Kulturflächen bestimmt sich nach dem Flächenausmaß, das die Innenseiten der überdachten Flächen umschließt.

(5) Bei der Ermittlung des Grundbetrages (§ 2) scheidet der auf die gärtnerisch genutzten Grundflächen entfallende Anteil des Einheitswertes aus.

**Mostbuschenschank**

**§ 6.** Der Gewinn aus Mostbuschenschank (Buschenschank im Rahmen des Obstbaues einschließlich alkoholfreier Getränke und Speisen) ist durch Einnahmen-Ausgaben-Rechnung gesondert zu ermitteln. Die Betriebsausgaben sind mit 70% der Betriebseinnahmen (einschließlich Umsatzsteuer) anzusetzen.

*(BGBl II 2020/559)*

**Land- und forstwirtschaftlicher Nebenerwerb, Be- und/oder Verarbeitung und Almausschank**

**§ 7.** (1) Der Gewinn aus land- und forstwirtschaftlichem Nebenerwerb, aus be- und/oder verarbeiteten eigenen und zugekauften Urprodukten sowie aus dem Almausschank ist durch Einnahmen-Ausgaben-Rechnung gesondert zu ermitteln. Bei Ermittlung des Gewinnes aus land- und forstwirtschaftlichem Nebenerwerb dürfen die Betriebsausgaben nur bis zur Höhe der entsprechenden Betriebseinnahmen in Abzug gebracht werden.

(2) Als land- und forstwirtschaftlicher Nebenerwerb sind Nebentätigkeiten zu verstehen, die nach ihrer wirtschaftlichen Zweckbestimmung zum land- und forstwirtschaftlichen Hauptbetrieb im Verhältnis der wirtschaftlichen Unterordnung stehen. Die Zimmervermietung mit Frühstück im Ausmaß von höchstens zehn Betten stellt land- und forstwirtschaftlichen Nebenerwerb dar, wobei die Betriebsausgaben mit 50% der entsprechenden Betriebseinnahmen (einschließlich Umsatzsteuer) angesetzt werden können. Wird beim land- und forstwirtschaftlichen Nebenerwerb das Entgelt überwiegend für die Bereitstellung von Fahrzeugen, Maschinen oder Geräten gegenüber Nichtlandwirten geleistet, können 50% der gesamten Einnahmen (einschließlich Umsatzsteuer) als pauschale Betriebsausgaben abgezogen werden. Dies gilt auch dann, wenn das anteilige Entgelt für die Arbeitsleistung zu Einkünften aus nichtselbständiger Arbeit führt.

(3) Bei der Ermittlung des Gewinnes aus be- und/oder verarbeiteten Urprodukten sowie aus Almausschank (Abs. 1) sind die Betriebsausgaben mit 70% der Betriebseinnahmen (einschließlich Umsatzsteuer) anzusetzen. Voraussetzung für die Zurechnung der Be- und/oder Verarbeitung des Urproduktes und des Almausschankes zur Land- und Forstwirtschaft ist, dass die Be- und/oder Verarbeitung bzw. der Almausschank nach ihrer wirtschaftlichen Zweckbestimmung zum land- und forstwirtschaftlichen Hauptbetrieb im Verhältnis der wirtschaftlichen Unterordnung stehen.

(4) Wird bloß eine Be- und/oder Verarbeitung oder bloß ein Almausschank betrieben, liegt eine Unterordnung im Sinne der Abs. 2 und 3 vor, wenn die Einnahmen aus Be- und/oder Verarbeitung oder dem Almausschank 40 000 Euro (einschließlich Umsatzsteuer) nicht übersteigen. Wird eine Be- und/oder Verarbeitung bzw. ein Almausschank neben einem Nebenerwerb betrieben, ist die Unterordnung nur dann gegeben, wenn die gemeinsamen Einnahmen 40 000 Euro (einschließlich Umsatzsteuer) nicht übersteigen und das Ausmaß der land- und forstwirtschaftlichen Grundflächen mehr als fünf Hektar oder der weinbaulich oder gärtnerisch genutzten Grundflächen mehr als 1 Hektar beträgt. Auf den Betrag von 40 000 Euro sind Einnahmen aus Zimmervermietung sowie Einnahmen aus auf reiner Selbstkostenbasis und ohne Verrechnung der eigenen Arbeitsleistung erbrachte Dienstleistungen und Vermietungen im Rahmen der zwischenbetrieblichen Zusammenarbeit (bäuerliche Nachbarschaftshilfe) nicht anzurechnen.

*(BGBl II 2020/559)*

**Wechsel der Pauschalierungsmethode**

**§ 8.** Wechselt der Steuerpflichtige in Anwendung dieser Verordnung von der pauschalen Gewinnermittlung mittels eines Durchschnittssatzes gemäß § 2 Abs. 1 zur Gewinnermittlung mittels Berücksichtigung pauschaler Betriebsausgaben oder umgekehrt, hat die Ermittlung eines Übergangsgewinnes bzw. -verlustes gemäß § 4 Abs. 10 EStG 1988 zu unterbleiben.

**3. Abschnitt**

**Gewinnermittlung im Rahmen der Teilpauschalierung (Ausgabenpauschalierung)**

**§ 9.** (1) In folgenden Fällen ist der Gewinn aus Land- und Forstwirtschaft stets durch Einnahmen-Ausgaben-Rechnung zu ermitteln:

1. Bei einem Einheitswert des land- und forstwirtschaftlichen Betriebes von mehr als 75 000 Euro.
2. Bei Ausübung der Option gemäß § 2 Abs. 3. *(BGBl II 2020/559)*

3. Bei Ausübung der sozialversicherungsrechtlichen Beitragsgrundlagenoption gemäß § 23 Abs. 1a BSVG.

*(BGBl II 2020/559)*

(2) Die Betriebsausgaben sind, soweit Abs. 3 und die §§ 10 bis 14 keine abweichende Regelung vorsehen, mit einem Durchschnittssatz von 70% der diesen Betriebsausgaben gegenüberstehenden Betriebseinnahmen (einschließlich Umsatzsteuer) anzusetzen.

(3) Bei Veredelungstätigkeiten (Haltung von Schweinen, Rindern, Schafen, Ziegen und Geflügel) sind die mit diesen Tätigkeiten in Zusammenhang stehenden Betriebsausgaben mit einem Durchschnittssatz von 80% der auf diese Tätigkeit entfallenden Betriebseinnahmen (einschließlich Umsatzsteuer) anzusetzen.

**Forstwirtschaft**

**§ 10.** Die Betriebsausgaben aus Forstwirtschaft sind unter sinngemäßer Anwendung des § 3 Abs. 2 und 3 zu berechnen.

*(BGBl II 2020/559)*

**Weinbau**

**§ 11.** Die Betriebsausgaben aus Weinbau (zB Wein, Weintrauben, Maische, Traubensaft, Traubenmost und Sturm sowie alkoholfreie Getränke und Speisen im Rahmen des Buschenschankes) sind unter sinngemäßer Anwendung des § 4 Abs. 2 zu berechnen.

**Gartenbau**

**§ 12.** Die Betriebsausgaben aus Gartenbau (§ 49 BewG. 1955) sind unter sinngemäßer Anwendung des § 5 Abs. 2 zu berechnen.

**Obstbau**

**§ 13.** (1) Bei Intensivobstanlagen zur Produktion von Tafelobst sind neben dem Durchschnittssatz gemäß § 9 Abs. 2 die Ausgaben für Löhne (einschließlich Lohnnebenkosten) als zusätzliche Betriebsausgaben zu berücksichtigen. Der Abzug der Betriebsausgaben darf nur bis zur Höhe der Betriebseinnahmen erfolgen.

(2) Die Betriebsausgaben aus Mostbuschenschank (Buschenschank im Rahmen des Obstbaues einschließlich alkoholfreier Getränke und Speisen) sind unter sinngemäßer Anwendung des § 6 zu berechnen.

*(BGBl II 2020/559)*

**Land- und forstwirtschaftlicher Nebenerwerb, Be- und/oder Verarbeitung und Almausschank**

**§ 14.** Für die Gewinnermittlung der Einkünfte aus land- und forstwirtschaftlichem Nebenerwerb, der Be- und/oder Verarbeitung und aus dem Almausschank gilt § 7 sinngemäß.

**4. Abschnitt**
**Gewinnerhöhende und gewinnmindernde Beträge**

**§ 15.** (1) Die sich nach den Bestimmungen der §§ 1 bis 7 oder 9 bis 14 ergebende Zwischensumme ist um vereinnahmte Pachtzinse (einschließlich Jagdpacht und Verpachtung von Fischereirechten), um Einkünfte aus Wildabschüssen sowie um Einkünfte aus gemäß § 1 Abs. 4 und 5 nicht erfassten Vorgängen und um Einkünfte aus gemäß §§ 30 Abs. 2 Z 6 und 11 Abs. 4 BewG. 1955 nicht zum Einheitswert gehörenden Wirtschaftsgütern zu erhöhen, sofern diese Einkünfte nicht gemäß § 97 Abs. 1 EStG 1988 als endbesteuert behandelt werden. Der gesonderte Ansatz dieser durch die Pauschalierung nicht erfassten Vorgänge darf in jedem einzelnen Fall zu keinem Verlust führen.

(2) Der sich nach Zurechnung gemäß Abs. 1 ergebende Betrag ist um den Wert der Ausgedingelasten (Geld- und Sachleistungen), um Beiträge, die an die Sozialversicherungsanstalt der Selbständigen entrichtet wurden, insoweit sie Pflichtbeiträge nach dem BSVG darstellen, um bezahlte Schuldzinsen und um bezahlte Pachtzinse zu vermindern, wobei der Abzug der bezahlten Pachtzinse 25% des auf die zugepachteten Flächen entfallenden Einheitswertes nicht übersteigen darf. Durch den Abzug dieser gewinnmindernden Beträge darf insgesamt kein Verlust entstehen.

*(BGBl II 2020/559, BGBl II 2021/574)*

(3) Die aus Sachleistungen bestehenden Ausgedingelasten sind pro Person mit 700 Euro jährlich anzusetzen. Werden die Sachleistungen nachgewiesen oder glaubhaft gemacht, sind sie in der nachgewiesenen (glaubhaft) gemachten Höhe zu berücksichtigen.

**5. Abschnitt**
**Wechsel der Gewinnermittlungsart**

**§ 16.** Geht der Steuerpflichtige von der pauschalen Gewinnermittlung auf Grund dieser Verordnung zur Gewinnermittlung nach § 4 Abs. 1 oder zur Gewinnermittlung nach § 4 Abs. 3 EStG 1988 über, so ist eine erneute pauschale Ermittlung der Einkünfte aus Land- und Forstwirtschaft auf Grund dieser oder einer dieser Verordnung nachfolgenden Pauschalierungsverordnung frühestens nach Ablauf von fünf Wirtschaftsjahren zulässig.

**6. Abschnitt**
**Zeitlicher Anwendungsbereich**

**§ 17.** (1) Diese Verordnung in der Fassung der Verordnung BGBl. II Nr. 164/2014, tritt mit 1. Jänner 2015 in Kraft und ist erstmals für Veranlagungszeiträume anzuwenden, für die gemäß § 20c BewG 1955 festgestellte Einheitswerte gemäß § 20 Abs. 3 BewG. 1955 erstmalig anzuwenden sind.

(2) § 8 ist auf den Wechsel von der pauschalen Gewinnermittlung in Anwendung der LuF-PauschVO 2011, BGBl. II Nr. 471/2010 in der Fassung der Verordnung BGBl. II Nr. 164/2014, zur pauschalen Gewinnermittlung in Anwendung dieser Verordnung entsprechend anzuwenden.

(3) Die LuF-PauschVO 2011, BGBl. II Nr. 471/2010 in der Fassung der Verordnung BGBl. II Nr. 4/2011, ist auf Veranlagungen für das Kalenderjahr 2015 und die folgenden Kalenderjahre weiterhin anzuwenden, wenn die Anwendungsvorausetzungen gemäß Abs. 1 nicht erfüllt sind.

(4) § 1 Abs. 2 und Abs. 3, § 2 Abs. 1, § 3, § 6, § 7 Abs. 4, § 9 Abs. 1, § 10, § 13 sowie § 15 Abs. 2 in der Fassung der Verordnung BGBl. II Nr. 559/2020 sind erstmalig bei der Veranlagung für das Kalenderjahr 2020 anzuwenden. § 5 Abs. 3 in der Fassung der Verordnung BGBl. II Nr. 559/2020 ist erstmalig bei der Veranlagung für das Kalenderjahr 2021 anzuwenden.

*(BGBl II 2020/559)*

(5) § 1 Abs. 1a in der Fassung der Verordnung BGBl. II Nr. 559/2020 ist erstmalig bei der Veranlagung für das Kalenderjahr 2021 anzuwenden. Für die Anwendung des § 1 Abs. 1a ab dem Veranlagungsjahr 2021 ist hinsichtlich der in den Jahren 2018 bis 2020 ausgeführten Umsätze bereits die geänderte Umsatzberechnung anzuwenden. Würde ein Betrieb dadurch aus dem Anwendungsbereich dieser Verordnung ausscheiden, kann der Gewinn bei der Veranlagung 2021 oder 2022 weiter nach den Bestimmungen dieser Verordnung ermittelt werden, wenn die Umsatzgrenze des § 1 Abs. 1a auch nach Hinzurechnung des Wertes des Futters im Jahr 2021 oder 2022 nicht überschritten wird.

*(BGBl II 2020/559, BGBl II 2021/574)*

(6) § 15 Abs. 2 in der Fassung der Verordnung BGBl. II Nr. 574/2021 ist erstmalig bei der Veranlagung für das Kalenderjahr 2021 anzuwenden.

*(BGBl II 2021/574)*

**1/3/14. VO zu § 17**

## Nichtbuchführende Gewerbetreibende

BGBl 1990/55 idF BGBl II 2018/215

**Verordnung des Bundesministers für Finanzen vom 14. Dezember 1989 über die Aufstellung von Durchschnittssätzen für die Ermittlung des Gewinnes bei nichtbuchführenden Gewerbetreibenden**

Auf Grund des § 17 des Einkommensteuergesetzes 1988, BGBl. Nr. 400, wird verordnet:

**§ 1.** (1) Die folgenden Durchschnittssätze für die Ermittlung der nicht von § 2 umfassten Betriebsausgaben können bei Gewerbetreibenden der angeführten Gewerbezweige unter folgenden Voraussetzungen angewendet werden:

1. Es besteht keine Buchführungspflicht und es werden keine ordnungsmäßigen Bücher geführt, die eine Gewinnermittlung durch Betriebsvermögensvergleich ermöglichen.
2. Die gemäß § 2 erforderlichen Aufzeichnungen werden ordnungsmäßig geführt.

| Gewerbezweig | Durchschnittssatz |
|---|---|
| 1. Bandagisten und Orthopädiemechaniker | 9,5 |
| 2. Bäcker | 11,5 |
| 3. Binder, Korb- und Möbelflechter | 8,8 |
| 4. Buchbinder, Kartonagewaren-, Etui- und Kassettenerzeuger | 8,7 |
| 5. Büromaschinenmechaniker | 14,3 |
| 6. Bürsten- und Pinselmacher, Kammacher und Haarschmuckerzeuger | 10,2 |
| 7. Chemischputzer | 17,2 |
| 8. Dachdecker | 10,8 |
| 9. Damenkleidermacher | 8,9 |
| 10. Drechsler und Holzbildhauer | 11,1 |
| 11. Elektroinstallateure | 8,5 |
| 12. Elektromechaniker | 12,5 |
| 13. Erzeuger von Waren nach Gablonzer Art | 9,2 |
| 14. Fleischer | 5,2 |
| 15. Fliesenleger | 8,3 |
| 16. Fotografen | 14,4 |
| 17. Friseure | 9,2 |
| 18. Fußpfleger, Kosmetiker und Masseure | 14,3 |
| 19. Gärtner und Naturblumenbinder | 9,7 |
| 20. Gas- und Wasserleitungsinstallateure | 10,2 |
| 21. Gemüsekonservenerzeuger | 13,3 |

| | |
|---|---|
| 22. Gerber | 12,8 |
| 23. Glaser | 17,7 |
| 24. Graphisches Gewerbe | 11,0 |
| 25. Hafner, Keramiker und Töpfer | 12,2 |
| 26. Herrenkleidermacher | 7,5 |
| 27. Hutmacher, Modisten und Schirmmacher | 7,1 |
| 28. Kunststoffverarbeiter | 12,4 |
| 29. Kraftfahrzeugmechaniker | 16,2 |
| 30. Kürschner, Handschuhmacher | 9,0 |
| 31. Lederwarenerzeuger, Taschner, Kunstlederwarenerzeuger | 10,6 |
| 32. Maler, Anstreicher und Lackierer | 11,9 |
| 33. Mieder- und Wäschewarenerzeuger | 8,3 |
| 34. Müller | 10,1 |
| 35. Münzreinigungsbetriebe | 20,7 |
| 36. Musikinstrumentenerzeuger | 10,8 |
| 37. Nähmaschinen- und Fahrradmechaniker | 9,1 |
| 38. Optiker | 10,8 |
| 39. Orthopädieschuhmacher | 9,7 |
| 40. Radiomechaniker | 10,0 |
| 41. Schuhmacher | 7,6 |
| 42. Sattler, Riemer | 7,6 |
| 43. Schmiede, Schlosser und Landmaschinenbauer | 16,0 |
| 44. Spengler und Kupferschmiede | 13,0 |
| 45. Steinmetzmeister | 13,0 |
| 46. Sticker, Stricker, Wirker, Weber und Seiler | 14,1 |
| 47. Tapezierer | 7,6 |
| 48. Tischler | 10,4 |
| 49. Uhrmacher | 12,0 |
| 50. Wagner und Karosseriebauer | 8,8 |
| 51. Wäscher | 16,7 |
| 52. Zimmermeister | 10,7 |
| 53. Zuckerbäcker | 8,0 |
| 54. Zahntechniker | 11,0 |

(2) Bei Mischbetrieben (zB Elektroinstallateur, Elektromechaniker) ist der Durchschnittssatz für jenen Gewerbezweig heranzuziehen, dessen Anteil am Umsatz überwiegt. Der Unternehmer ist bei entsprechender Trennung der Umsätze berechtigt, den für den einzelnen Gewerbezweig vorgesehenen Durchschnittssatz in Anspruch zu nehmen. Wird neben einem Gewerbe, das zu einem im Abs. 1 angeführten Gewerbezweig gehört, auch ein darin nicht angeführtes Gewerbe ausgeübt, so ist der Durchschnittssatz nur auf den Umsatz aus dem angeführten Gewerbe anzuwenden.

(3) Die Durchschnittssätze sind in Hundertsätzen der vereinnahmten Entgelte ausgedrückt.

(4) Die Führung von Aufzeichnungen im Sinne des § 18 des Umsatzsteuergesetzes 1994 schließt die Anwendung des Durchschnittssatzes nicht aus.

*(BGBl II 2018/215)*

**§ 2.** Neben den mittels eines Durchschnittssatzes (§ 1) berechneten Betriebsausgaben sind bei der Gewinnermittlung noch nachstehende Posten – ausgenommen Aufwendungen für betriebsfremde Zwecke (Entnahmen, § 4 Abs. 1 Einkommensteuergesetz 1988) – als Betriebsausgaben zu berücksichtigen:

1. Wareneingang an Rohstoffen, Halberzeugnissen, Hilfsstoffen und Zutaten,

   *(BGBl II 2018/215)*

2. Lohnaufwand (laut Lohnkonto, § 76 Einkommensteuergesetz 1988), Arbeitgeberanteil zur gesetzlichen Sozialversicherung, Wohnbauförderungsbeitrag des Dienstgebers, Dienstgeberbeitrag zum Ausgleichsfonds für Familienbeihilfe,
3. Fremdlöhne, soweit diese in die gewerbliche Leistung eingehen,
4. Absetzung für Abnutzung nach §§ 7 und 8 Einkommensteuergesetz 1988 (laut Anlagekartei), allenfalls der Restbuchwert (bei Verkauf, Tausch oder Entnahme),
5. Anschaffungs- oder Herstellungskosten geringwertiger Wirtschaftsgüter (§ 13 Einkommensteuergesetz 1988),

6. und 7. (aufgehoben)

   *(BGBl II 2018/215)*

8. steuerfreier Betrag nach § 12 Abs. 7 und 8 Einkommensteuergesetz 1988 (laut Verzeichnis),
9. steuerfreier Betrag nach § 14 Abs. 5 Einkommensteuergesetz 1988 (laut Verzeichnis),

   *(BGBl II 2018/215)*

10. (aufgehoben)

    *(BGBl II 2018/215)*

11. Ausgaben für Miete oder Pacht, Energie, Beheizung, Post und Telefon (laut Zahlungsbelegen),
12. abgeführte Umsatzsteuer – abzüglich Umsatzsteuer vom Eigenverbrauch – und Umsatzsteuer (Vorsteuer) für aktivierungspflichtige Aufwendungen sowie Kommunalsteuer, Dienstgeberabgabe nach dem Landesgesetz LGBl. für Wien Nr. 17/1970 (laut Zahlungsbelegen),

    *(BGBl II 2018/215)*

13. Beiträge zur Pflichtversicherung in der gesetzlichen Kranken-, Unfall- und Pensionsversicherung sowie Beiträge zur gesetzlichen Arbeitslosenversicherung.

    *(BGBl II 2018/215)*

**§ 3.** Die Verordnung ist erstmalig bei der Veranlagung für das Kalenderjahr 1989 anzuwenden.

§ 1 Abs. 1 in der Fassung der Verordnung BGBl. II Nr. 215/2018 tritt mit 1. Jänner 2018 in Kraft und ist auf alle zum Zeitpunkt der Kundmachung der Verordnung noch nicht rechtskräftig veranlagten Fälle anzuwenden.

*(BGBl II 2018/81)*

**1/3/15. VO zu § 17 Abs. 4 und 5**

## Gastgewerbepauschalierungsverordnung 2013

BGBl II 2012/488 idF BGBl II 2020/355

**Verordnung der Bundesministerin für Finanzen über die Festlegung von Durchschnittssätzen für Betriebsausgaben für Betriebe des Gastgewerbes, über die vereinfachte Führung des Wareneingangsbuches und über die Aufzeichnungspflicht bei Lieferungen von Lebensmitteln und Getränken (Gastgewerbepauschalierungsverordnung 2013)**

Auf Grund des § 17 Abs. 4 und 5 des Einkommensteuergesetzes 1988 – EStG 1988, BGBl. Nr. 400, zuletzt geändert durch das Bundesgesetz BGBl. I Nr. 112/2012, und zu § 128, § 131 Abs. 1 Z 3 und § 163 der Bundesabgabenordnung – BAO, BGBl. Nr. 194/1961, zuletzt geändert durch das Bundesgesetz BGBl. I Nr. 112/2012, wird verordnet:

**§ 1.** (1) Bei der Ermittlung des Gewinnes bei Betrieben, für die eine Gewerbeberechtigung für das Gastgewerbe (§ 111 der Gewerbeordnung 1994 – GewO 1994, BGBl. I Nr. 194) erforderlich ist und während des gesamten Wirtschaftsjahres vorliegt, können nach Maßgabe der folgenden Bestimmungen Betriebsausgaben pauschal berücksichtigt werden.

(2) Voraussetzung für die Inanspruchnahme der Pauschalierung ist:

1. Es besteht keine Buchführungspflicht und es werden auch nicht freiwillig Bücher geführt, die eine Gewinnermittlung nach § 4 Abs. 1 EStG 1988 ermöglichen.
2. Die Umsätze im Sinne des § 125 BAO betragen nicht mehr als 400 000 Euro. Dabei gilt Folgendes:
   a) Im Fall eines zwölf Kalendermonate umfassenden vorangegangenen Wirtschaftsjahres sind die Umsätze maßgebend, die der Steuerpflichtige in dem vorangegangenen Wirtschaftsjahr erzielt hat. Im Fall eines mit Buchwertfortführung erfolgten Überganges des Betriebes ist auf die Umsätze abzustellen, die der Rechtsvorgänger in diesem Wirtschaftsjahr erzielt hat.
   b) Im Fall eines vorangegangenen Rumpfwirtschaftsjahres sind die Umsätze maßgebend, die sich durch Hochrechnung der in dem vorangegangenen Rumpfwirtschaftsjahr erzielten Umsätze auf ein zwölf Kalendermonate umfassendes Wirtschaftsjahr ergeben. Lit. a letzter Satz gilt entsprechend.
   c) Im Fall der Betriebseröffnung sind für das Jahr der Betriebseröffnung die Umsätze dieses Wirtschaftsjahres maßgebend. Bei Vorliegen eines Rumpfwirtschaftsjahres sind die Umsätze maßgebend, die sich durch Hochrechnung der

in dem Rumpfwirtschaftsjahr erzielten Umsätze auf ein zwölf Kalendermonate umfassendes Wirtschaftsjahr ergeben.

*(BGBl II 2020/355)*

3. Aus der Steuererklärung geht hervor, dass der Steuerpflichtige von der Pauschalierung Gebrauch macht.

**§ 2.** (1) Die Betriebsausgaben können unter Zugrundelegung eines Grundpauschales (§ 3), eines Mobilitätspauschales (§ 4) und eines Energie- und Raumpauschales (§ 5) ermittelt werden. Bemessungsgrundlage für alle Pauschalien sind die Umsätze im Sinne des § 125 Abs. 1 BAO.

(2) Voraussetzung für die Berücksichtigung des Mobilitätspauschales ist die Inanspruchnahme des Grundpauschales.

(3) Voraussetzung für die Berücksichtigung des Energie- und Raumpauschales ist die Inanspruchnahme des Grundpauschales sowie das Vorliegen von außerhalb des Wohnungsverbandes gelegenen Räumlichkeiten, die der Ausübung des Gastgewerbes dienen.

**§ 3.** (1) Das Grundpauschale beträgt 15 % der Bemessungsgrundlage, mindestens jedoch 6 000 Euro und höchstens 60 000 Euro. Beträgt die Bemessungsgrundlage weniger als 40 000 Euro, darf durch den Ansatz des Pauschalbetrages von 6 000 Euro kein Verlust entstehen.

*(BGBl II 2020/355)*

(2) Unter das Grundpauschale fallen auch Aufwendungen und Ausgaben für ein im Wohnungsverband gelegenes Arbeitszimmer sowie Einrichtungsgegenstände der Wohnung.

(3) Neben dem Grundpauschale dürfen nur berücksichtigt werden:

1. Ausgaben für den Eingang an Waren, Rohstoffen, Halberzeugnissen, Hilfsstoffen und Zutaten, die nach ihrer Art und ihrem betrieblichen Zweck in ein Wareneingangsbuch (§ 128 BAO) einzutragen sind oder einzutragen wären,
2. Ausgaben für Löhne, Lohnnebenkosten und für Fremdlöhne, soweit diese unmittelbar in Leistungen eingehen, die den Betriebsgegenstand des Unternehmens bilden,
3. Beiträge im Sinne des § 4 Abs. 4 Z 1 EStG 1988,
4. Ausgaben, die im betrieblichen Interesse für die Ausbildung oder Fortbildung von Arbeitnehmern und für im Betrieb des Steuerpflichtigen tätige Personen aufgewendet werden, einschließlich damit zusammenhängender Vergütungen für Reisekosten, einen Verpflegungsmehraufwand (Tagesgelder) und den Nächtigungsaufwand,
5. die Absetzung für Abnutzung nach den §§ 7 und 8 EStG 1988 sowie ein zu berücksichtigender Restbuchwert,
6. betriebliche Ausgaben für die Instandsetzung und Instandhaltung,
7. Ausgaben für Miete und Pacht von unbeweglichen Wirtschaftsgütern des Betriebsvermögens sowie von (Teil-)Betrieben,
8. Fremdmittelkosten,
9. ein Bildungsfreibetrag nach § 4 Abs. 4 Z 8 und Z 10 EStG 1988 sowie ein Grundfreibetrag nach § 10 EStG 1988,

   *(BGBl II 2020/355)*
10. das Mobilitätspauschale oder die darunter fallenden tatsächlichen Aufwendungen und Ausgaben,
11. das Energie- und Raumpauschale oder die darunter fallenden tatsächlichen Aufwendungen und Ausgaben.

**§ 4.** (1) Das Mobilitätspauschale beträgt:

1. 6 % der Bemessungsgrundlage, wenn sich der Betrieb in einer Gemeinde mit höchstens 5 000 Einwohnern befindet; höchstens jedoch 24 000 Euro.
2. 4 % der Bemessungsgrundlage, wenn sich der Betrieb in einer Gemeinde mit mehr als 5 000, aber höchstens 10 000 Einwohnern befindet; höchstens jedoch 16 000 Euro.
3. 2 % der Bemessungsgrundlage, wenn sich der Betrieb in einer Gemeinde mit mehr als 10 000 Einwohnern befindet; höchstens jedoch 8 000 Euro.

Hinsichtlich der Einwohnerzahl ist auf die von der Bundesanstalt Statistik Österreich gemäß § 10 Abs. 7 Finanzausgleichsgesetz 2017 (FAG 2017) für den Finanzausgleich ermittelte Bevölkerungszahl (Volkszahl) zum Stichtag 31. Oktober des vorangegangenen Kalenderjahrs abzustellen.

*(BGBl II 2020/355)*

(2) Unter das Mobilitätspauschale fallen folgende Aufwendungen und Ausgaben, soweit diese nicht Arbeitnehmer oder Personen betreffen, die für den Betrieb des Steuerpflichtigen tätig sind:

1. Ausgaben aus Anlass der betrieblichen Nutzung eines Kraftfahrzeuges (insbesondere Abschreibung für Abnutzung, Leasing, Kilometergeld),
2. Ausgaben aus Anlass der betrieblichen Nutzung eines der Personenbeförderung dienenden Verkehrsmittels (öffentliches Verkehrsmittel, Taxi),
3. Mehraufwendungen für Verpflegung und Unterkunft bei betrieblich veranlassten Reisen im Sinne des § 4 Abs. 5 EStG 1988.

(3) Wird das Mobilitätspauschale nicht in Anspruch genommen, sind Ausgaben und Aufwendungen im Sinne des Abs. 2 gesondert zu berücksichtigen.

**§ 5.** (1) Das Energie- und Raumpauschale beträgt 8% der Bemessungsgrundlage, höchstens aber 32 000 Euro.

*(BGBl II 2020/355)*

(2) Unter das Energie- und Raumpauschale fallen sämtliche Ausgaben und Aufwendungen aus Anlass der betrieblichen Nutzung von Räumlichkeiten,

die der Ausübung des Gastgewerbes dienen. Nicht darunter fallen:

1. die Absetzung für Abnutzung nach den §§ 7 und 8 EStG 1988 sowie ein zu berücksichtigender Restbuchwert,
2. Ausgaben für die Instandsetzung und Instandhaltung,
3. Ausgaben für Miete und Pacht.

(3) Wird das Energie- und Raumpauschale nicht in Anspruch genommen, sind darunter fallende Aufwendungen und Ausgaben gesondert zu berücksichtigen.

**§ 6.** (1) Nimmt der Steuerpflichtige in einem Wirtschaftsjahr (Basisjahr) das Grundpauschale erstmalig in Anspruch, ist er in den folgenden zwei Wirtschaftsjahren verpflichtet, ebenfalls das Grundpauschale in Anspruch zu nehmen und Aufwendungen, die unter das Mobilitätspauschale und unter das Energie- und Raumpauschale fallen, in gleicher Weise zu behandeln wie im Basisjahr.

*(BGBl II 2020/355)*

(2) Geht der Steuerpflichtige von der Ermittlung der Betriebsausgaben unter Zugrundelegung dieser Verordnung auf die Gewinnermittlung nach § 4 Abs. 1 EStG 1988 oder im Rahmen der Gewinnermittlung gemäß § 4 Abs. 3 EStG 1988 auf die Geltendmachung der Betriebsausgaben nach den allgemeinen Gewinnermittlungsvorschriften freiwillig über, ist eine erneute Ermittlung der Betriebsausgaben unter Zugrundelegung dieser Verordnung frühestens nach Ablauf von drei Wirtschaftsjahren zulässig.

**§ 7.** Das Wareneingangsbuch (§ 127 BAO) kann bei Betrieben des Gastgewerbes im Sinne des § 1 in der Weise vereinfacht geführt werden, dass

1. die Belege sämtlicher Wareneingänge jeweils getrennt nach ihrer Bezeichnung (branchenüblichen Sammelbezeichnung) in richtiger zeitlicher Reihenfolge mit einer fortlaufenden Nummer versehen werden,
2. die Beträge jährlich für das abgelaufene Wirtschaftsjahr jeweils getrennt nach der Bezeichnung (branchenüblichen Sammelbezeichnung) des Wareneingangs zusammengerechnet werden, und die zusammengerechneten Beträge in das Wareneingangsbuch eingetragen werden,
3. die Berechnungsunterlagen zu den Summenbildungen (Rechenstreifen) aufbewahrt werden.

**§ 8.** Für nach dem 31. Juli 1999 erfolgte Lieferungen von Lebensmitteln und Getränken, bei denen

1. nach den äußeren Umständen (insbesondere Menge der gelieferten Gegenstände) anzunehmen ist, dass die gelieferten Gegenstände nicht im Rahmen der privaten Lebensführung verwendet werden, und
2. Name und Anschrift des Empfängers der Lieferung nicht festgehalten und aufgezeichnet werden,

gilt die Vermutung der ordnungsmäßigen Führung von Büchern und Aufzeichnungen des liefernden Unternehmers als nicht gegeben.

**§ 9.** (1) Die Verordnung ist erstmalig bei der Veranlagung für das Kalenderjahr 2013 anzuwenden. Die Verordnung des Bundesministers für Finanzen über die Aufzeichnungspflicht bei Lieferungen von Lebensmittel und Getränken sowie über die Aufstellung von Durchschnittssätzen für die Ermittlung des Gewinnes und der Vorsteuerbeträge der nichtbuchführenden Inhaber von Betrieben des Gaststätten- und Beherbergungsgewerbes, BGBl. II Nr. 227/1999, ist letztmalig bei der Veranlagung für das Kalenderjahr 2012 anzuwenden.

*(BGBl II 2020/355)*

(2) § 1 Abs. 2 Z 2, § 3 Abs. 1, § 4 Abs. 1 sowie § 5 Abs. 1 in der Fassung der Verordnung BGBl. II Nr. 355/2020 sind erstmalig bei der Veranlagung für das Kalenderjahr 2020 anzuwenden.

*(BGBl II 2020/355)*

(3) Ist das Basisjahr gemäß § 6 Abs. 1 das Jahr 2018 oder 2019, kann das Mobilitätspauschale gemäß § 4 Abs. 1 lit. a oder lit. b bei Vorliegen der diesbezüglichen Voraussetzungen stets in Anspruch genommen werden.

*(BGBl II 2020/355)*

## 1/3/16. VO zu § 17 Abs. 4 und 5

# Lebensmitteleinzel- oder Gemischtwarenhändler

BGBl II 1999/228 idF BGBl II 2003/633

**Verordnung des Bundesministers für Finanzen über die Aufstellung von Durchschnittssätzen für die Ermittlung des Gewinnes und der Vorsteuer bei nichtbuchführenden Lebensmitteleinzel- oder Gemischtwarenhändlern**

Auf Grund des § 17 Abs. 4 und 5 des Einkommensteuergesetzes 1988 und des § 14 Abs. 1 Z 2 des Umsatzsteuergesetzes 1994 sowie des § 125 Abs. 1 der Bundesabgabenordnung wird verordnet:

**§ 1.** Für die Ermittlung des Gewinnes und des Abzugs von Vorsteuern bei Betrieben von Lebensmitteleinzel- oder Gemischtwarenhändlern, deren Inhaber hinsichtlich dieser Betriebe weder zur Buchführung verpflichtet sind noch freiwillig Bücher führen, gelten die folgenden Bestimmungen.

**§ 2.** (1) Lebensmitteleinzel- oder Gemischtwarenhändler sind Gewerbetreibende, die einen Handel mit Waren des täglichen Bedarfs weitaus überwiegend in Form eines Kleinhandels unter folgenden Voraussetzungen ausüben:

1. Andere Waren als Lebensmittel dürfen im Durchschnitt der letzten drei Wirtschaftsjahre in einem Ausmaß von höchstens 50% der gesamten Betriebseinnahmen (einschließlich Umsatzsteuer) veräußert worden sein.
2. Be- und/oder verarbeitete Lebensmittel dürfen im Durchschnitt der letzten drei Wirtschaftsjahre in einem Ausmaß von höchstens 25% der Betriebseinnahmen (einschließlich Umsatzsteuer) aus Lebensmitteln veräußert worden sein.

(2) Zu den Betrieben des Lebensmitteleinzel- oder Gemischtwarenhandels gehören keinesfalls gastronomische Betriebe.

**§ 3.** (1) Der Gewinn aus dem Betrieb eines Lebensmitteleinzel- oder Gemischtwarenhändlers kann wie folgt ermittelt werden: Der Gewinn ist im Rahmen einer Einnahmen-Ausgaben-Rechnung mit einem Durchschnittssatz von 3.630 Euro [50.000 S] zuzüglich 2% der Betriebseinnahmen (einschließlich Umsatzsteuer) anzusetzen. Von dem mittels dieses Durchschnittssatzes berechneten Gewinn dürfen keine Betriebsausgaben abgezogen werden.

(2) Das Wareneingangsbuch (§ 127 der Bundesabgabenordnung) kann in der Weise vereinfacht geführt werden, daß

- die Belege sämtlicher Wareneingänge jeweils getrennt nach ihrer Bezeichnung (branchenüblichen Sammelbezeichnung) in richtiger zeitlicher Reihenfolge mit einer fortlaufenden Nummer versehen werden,
- die Beträge jährlich für das abgelaufene Wirtschaftsjahr jeweils getrennt nach der Bezeichnung (branchenüblichen Sammelbezeichnung) des Wareneingangs zusammengerechnet werden, und die zusammengerechneten Beträge in das Wareneingangsbuch eingetragen werden,
- die Berechnungsunterlagen zu den Summenbildungen (Rechenstreifen) aufbewahrt werden.

**§ 4.** (1) Die unter §§ 1 und 2 angeführten Unternehmer können die nach § 12 und Art. 12 des Umsatzsteuergesetzes 1994 abziehbaren Vorsteuerbeträge nach Maßgabe der folgenden Bestimmungen nach Durchschnittssätzen ermitteln:

1. Die Vorsteuer beträgt 7% jener Betriebseinnahmen (einschließlich Umsatzsteuer), die auf Umsätze von in der Anlage zum Umsatzsteuergesetz 1994 angeführten Lebensmitteln ausgenommen Getränke entfallen.
2. Neben dem nach Z 1 berechneten Vorsteuerbetrag können bei Vorliegen der Voraussetzungen des § 12 des Umsatzsteuergesetzes 1994 abgezogen werden:
   a) Vorsteuerbeträge im Sinne des § 14 Abs. 1 Z 1 lit. a und b des Umsatzsteuergesetzes 1994
   b) Vorsteuerbeträge im Sinne des § 14 Abs. 1 Z 1 lit. c des Umsatzsteuergesetzes 1994, soweit es sich nicht um Vorsteuerbeträge von in der Anlage zum Umsatzsteuergesetz 1994 angeführten Lebensmitteln ausgenommen Getränke handelt.

(2) Soweit die abziehbare Vorsteuer nach einem Durchschnittssatz berechnet wird, ist der Unternehmer von der Aufzeichnungspflicht gemäß § 18 Abs. 2 Z 5 und 6 des Umsatzsteuergesetzes 1994 befreit.

**§ 5.** (aufgehoben)

**§ 6.** (1) Die Verordnung ist erstmals bei der Veranlagung für das Kalenderjahr 2000 anzuwenden.

(2) § 3 Abs. 1 in der Fassung der Verordnung BGBl. II Nr. 416/2001 ist erstmals bei der Veranlagung für das Kalenderjahr 2002 anzuwenden.

(3) § 5 in der Fassung vor BGBl. II Nr. 633/2003 ist letztmalig bei der Veranlagung für das Kalenderjahr 2002 anzuwenden.

**1/3/17. VO zu § 17 Abs. 4 und 5**

## Drogisten

BGBl II 1999/229

**Verordnung des Bundesministers für Finanzen über die Aufstellung von Durchschnittssätzen für die Ermittlung des Gewinnes und der Vorsteuerbeträge der nichtbuchführenden Drogisten**

Auf Grund des § 17 Abs. 4 und 5 des Einkommensteuergesetzes 1988 und des § 14 Abs. 1 Z 2 des Umsatzsteuergesetzes 1994 wird verordnet:

**§ 1.** Für die Ermittlung des Gewinnes und des Abzugs von Vorsteuern bei Betrieben von Drogisten, deren Inhaber hinsichtlich dieser Betriebe weder zur Buchführung verpflichtet sind noch freiwillig Bücher führen, gelten die folgenden Bestimmungen.

**§ 2.** Der Gewinn aus dem Betrieb eines Drogisten kann wie folgt ermittelt werden: Der Gewinn ist nach Maßgabe des § 17 Abs. 1 bis 3 des Einkommensteuergesetzes 1988 zu ermitteln; das Vorliegen der Voraussetzungen des § 17 Abs. 2 Z 2 des Einkommensteuergesetzes 1988 ist dabei unbeachtlich.

**§ 3.** Die unter § 1 angeführten Unternehmer können die nach § 12 und Art. 12 des Umsatzsteuergesetzes 1994 abziehbaren Vorsteuerbeträge nach Maßgabe des § 14 Abs. 1 Z 1 des Umsatzsteuergesetzes 1994 ermitteln; das Vorliegen der Voraussetzungen des § 17 Abs. 2 Z 2 des Einkommensteuergesetzes 1988 ist dafür unbeachtlich.

**§ 4.** Die Verordnung ist erstmals bei der Veranlagung für das Kalenderjahr 2000 anzuwenden.

**1/3/18. VO zu § 17 Abs. 4 und 5**

## Handelsvertreter

BGBl II 2000/95 idF BGBl II 2003/635

**Verordnung des Bundesministers für Finanzen über die Aufstellung von Durchschnittssätzen für die Ermittlung von Betriebsausgaben und Vorsteuerbeträgen bei Handelsvertretern**

Auf Grund des § 17 Abs. 4 und 5 des Einkommensteuergesetzes 1988, des § 14 Abs. 1 Z 2 des Umsatzsteuergesetzes 1994 sowie des § 184 der Bundesabgabenordnung wird verordnet:

**§ 1.** Bei einer Tätigkeit als Handelsvertreter im Sinne des Handelsvertretergesetzes 1993, BGBl. Nr. 88/1993, können im Rahmen

1. der Gewinnermittlung bestimmte Betriebsausgaben
2. der Entrichtung der Umsatzsteuer bestimmte abziehbare Vorsteuersteuerbeträge

jeweils mit Durchschnittssätzen angesetzt werden.

**§ 2.** Bei der Anwendung von Durchschnittssätzen gilt folgendes:

(1) Durchschnittssätze können nur für die in Abs. 2 und 3 angeführten Betriebsausgaben und Vorsteuerbeträge angesetzt werden. Neben dem jeweiligen Durchschnittssatz dürfen Betriebsausgaben oder Vorsteuerbeträge nur dann berücksichtigt werden, wenn sie in vollem Umfang nach den tatsächlichen Verhältnissen angesetzt werden.

(2) Der Durchschnittssatz für Betriebsausgaben umfaßt

- Mehraufwendungen für die Verpflegung (Tagesgelder im Sinne des § 4 Abs. 5 in Verbindung mit § 26 Z 4 des Einkommensteuergesetzes 1988),
- Ausgaben für im Wohnungsverband gelegene Räume (insbesondere Lagerräumlichkeiten und Kanzleiräumlichkeiten),
- Ausgaben anläßlich der Bewirtung von Geschäftsfreunden,
- üblicherweise nicht belegbare Betriebsausgaben wie Trinkgelder und Ausgaben für auswärtige Telefongespräche.

Der Durchschnittssatz beträgt 12% der Umsätze (§ 125 Abs. 1 der Bundesabgabenordnung), höchstens jedoch 5.825 Euro [80.000 S] jährlich.

(3) Der Durchschnittssatz für Vorsteuerbeträge gilt die bei Betriebsausgaben im Sinne des Abs. 2 anfallenden Vorsteuern ab. Der Durchschnittssatz beträgt 12% des sich aus Abs. 2 ergebenden Durchschnittssatzes. Als Vorsteuer darf höchstens ein Betrag von 699 Euro [9.600 S] jährlich angesetzt werden. Soweit die abziehbare Vorsteuer nach einem Durchschnittssatz berechnet wird, ist das Unternehmen von der Aufzeichnungspflicht gemäß § 18 Abs. 2 Z 5 und 6 des Umsatzsteuergesetzes 1994 befreit.

**§ 3.** (aufgehoben)

**§ 4.** (1) Die Verordnung ist erstmals bei der Veranlagung für das Kalenderjahr 2000 anzuwenden.

(2) § 2 Abs. 2 und 3, jeweils in der Fassung der Verordnung BGBl. II Nr. 416/2001, sind erstmals bei der Veranlagung für das Kalenderjahr 2002 anzuwenden.

(3) § 3 in der Fassung vor BGBl. II Nr. 635/2003 ist letztmalig bei der Veranlagung für das Kalenderjahr 2002 anzuwenden.

**1/3/19. VO zu § 17 Abs. 4 und 5**

## Künstler/Schriftsteller-Pauschalierungsverordnung

BGBl II 2000/417 idF BGBl II 2003/636

**Verordnung des Bundesministers für Finanzen über die Aufstellung von Durchschnittssätzen für die Ermittlung von Betriebsausgaben und Vorsteuerbeträgen bei Künstlern und Schriftstellern (Künstler/Schriftsteller-Pauschalierungsverordnung)**

Auf Grund des § 17 Abs. 4 und 5 des Einkommensteuergesetzes 1988 und des § 14 Abs. 1 Z 2 des Umsatzsteuergesetzes 1994 wird verordnet:

**§ 1.** Bei einer selbständigen künstlerischen Tätigkeit im Sinne des § 10 Abs. 2 Z 5 des Umsatzsteuergesetzes 1994 oder einer schriftstellerischen Tätigkeit können im Rahmen

1. der Gewinnermittlung bestimmte Betriebsausgaben,
2. der Entrichtung der Umsatzsteuer bestimmte abziehbare Vorsteuerbeträge

jeweils mit Durchschnittssätzen angesetzt werden. Voraussetzung ist, dass keine Buchführungspflicht besteht und auch nicht freiwillig Bücher geführt werden, die eine Gewinnermittlung nach § 4 Abs. 1 des Einkommensteuergesetzes 1988 ermöglichen.

**§ 2.** Bei der Anwendung von Durchschnittssätzen gilt Folgendes:

(1) Durchschnittssätze können nur für die in Abs. 2 und 3 angeführten Betriebsausgaben und Vorsteuerbeträge angesetzt werden. Neben dem jeweiligen Durchschnittssatz dürfen Betriebsausgaben oder Vorsteuerbeträge nur dann berücksichtigt werden, wenn sie in vollem Umfang nach den tatsächlichen Verhältnissen angesetzt werden.

(2) Der Durchschnittssatz für Betriebsausgaben umfasst

1. Aufwendungen für übliche technische Hilfsmittel (insbesondere Computer, Ton- und Videokassetten inklusive der Aufnahme- und Abspielgeräte),
2. Aufwendungen für Telefon und Büromaterial,
3. Aufwendungen für Fachliteratur und Eintrittsgelder,
4. betrieblich veranlasste Aufwendungen für Kleidung, Kosmetika und sonstige Aufwendungen für das äußere Erscheinungsbild,
5. Mehraufwendungen für die Verpflegung (Tagesgelder im Sinne des § 4 Abs. 5 in Verbindung mit § 26 Z 4 des Einkommensteuergesetzes 1988),
6. Ausgaben für im Wohnungsverband gelegene Räume (insbesondere Arbeitszimmer, Atelier, Tonstudio, Probenräume),
7. Ausgaben anlässlich der Bewirtung von Geschäftsfreunden,
8. üblicherweise nicht belegbare Betriebsausgaben.

Der Durchschnittssatz beträgt 12% der Umsätze (§ 125 Abs. 1 der Bundesabgabenordnung), höchstens jedoch 8 725 Euro [120.000 S] jährlich.

(3) Der Durchschnittssatz für Vorsteuerbeträge gilt die bei Betriebsausgaben im Sinne des Abs. 2 anfallenden Vorsteuern ab. Der Durchschnittssatz beträgt 12% des sich aus Abs. 2 ergebenden Durchschnittssatzes. Als Vorsteuer darf höchstens ein Betrag von 1 047 Euro [14.400 S] jährlich angesetzt werden. Soweit die abziehbare Vorsteuer nach einem Durchschnittssatz berechnet wird, ist das Unternehmen von der Aufzeichnungspflicht gemäß § 18 Abs. 2 Z 5 und 6 des Umsatzsteuergesetzes 1994 befreit.

**§ 3.** (1) (aufgehoben)

(2) Die Inanspruchnahme der Pauschalierung nach § 1 Z 1 ist ausgeschlossen, wenn Betriebsausgaben oder Werbungskosten im Sinn des § 2 Abs. 2

- in tatsächlicher Höhe oder
- unter Inanspruchnahme der Verordnung über die Individualpauschalierung von Betriebsausgaben, Werbungskosten und Vorsteuern, BGBl. II Nr. 230/1999 in der Fassung BGBl. II Nr. 500/1999,

bei einer weiteren Tätigkeit geltend gemacht werden, die mit der künstlerischen oder schriftstellerischen Tätigkeit im Zusammenhang steht.

(3) Die Inanspruchnahme der Pauschalierung nach § 1 Z 2 ist ausgeschlossen, wenn Vorsteuern, die bei Betriebsausgaben im Sinn des § 2 Abs. 2 angefallen sind,

- in tatsächlicher Höhe oder
- unter Inanspruchnahme der Verordnung über die Individualpauschalierung von Betriebsausgaben, Werbungskosten und Vorsteuern, BGBl. II Nr. 230/1999 in der Fassung BGBl. II Nr. 500/1999,

bei einer weiteren Tätigkeit geltend gemacht werden, die mit der künstlerischen oder schriftstellerischen Tätigkeit im Zusammenhang steht.

(4) Neben dem Pauschbetrag nach dieser Verordnung können für die im § 2 genannten Betriebsausgaben oder Vorsteuerbeträge keine weiteren Pauschbeträge geltend gemacht werden.

**§ 4.** (1) Die Verordnung ist erstmals bei der Veranlagung für das Kalenderjahr 2000 anzuwenden.

(2) § 2 Abs. 2 und 3, jeweils in der Fassung der Verordnung BGBl. II Nr. 416/2001, ist erstmals bei der Veranlagung für das Kalenderjahr 2002 anzuwenden.

(3) § 3 Absatz 1 in der Fassung vor BGBl. II Nr. 636/2003 ist letztmalig bei der Veranlagung für das Kalenderjahr 2002 anzuwenden.

**1/3/20. VO zu § 17 Abs. 6**

## Werbungskostenpauschale

BGBl II 2001/382 idF BGBl II 2021/500

**Verordnung des Bundesministers für Finanzen über die Aufstellung von Durchschnittssätzen für Werbungskosten**

Auf Grund des § 17 Abs. 6 des Einkommensteuergesetzes 1988, BGBl. Nr. 400/1988, wird verordnet:

**§ 1.** Für nachstehend genannte Gruppen von Steuerpflichtigen werden nach den jeweiligen Erfahrungen der Praxis anstelle des Werbungskostenpauschbetrages gemäß § 16 Abs. 3 EStG 1988 folgende Werbungskosten auf die Dauer des aufrechten Dienstverhältnisses festgelegt:

1. Artisten

   5% der Bemessungsgrundlage, höchstens 2.628 Euro jährlich.

2. Bühnenangehörige, die § 1 Abs. 1 Theaterarbeitsgesetz, BGBl. I Nr. 100/2010, unterliegen, andere auf Bühnen auftretende Personen, Filmschauspieler

   5% der Bemessungsgrundlage, höchstens 2.628 Euro jährlich.

3. Fernsehschaffende, die regelmäßig (mehrmals im Monat) auf dem Bildschirm erscheinen

   7,5% der Bemessungsgrundlage, höchstens 3.942 Euro jährlich.

4. Journalisten

   7,5% der Bemessungsgrundlage, höchstens 3.942 Euro jährlich.

5. Musiker

   5% der Bemessungsgrundlage, höchstens 2.628 Euro jährlich.

6. Forstarbeiter, Förster im Revierdienst und Berufsjäger im Revierdienst

   Für Forstarbeiter ohne Motorsäge, Förster im Revierdienst und Berufsjäger im Revierdienst:

   5% der Bemessungsgrundlage, höchstens 1.752 Euro jährlich.

   Für Forstarbeiter mit Motorsäge:

   10% der Bemessungsgrundlage, höchstens 2.628 Euro jährlich.

7. Hausbesorger

   15% der Bemessungsgrundlage, höchstens 3.504 Euro jährlich.

8. Heimarbeiter

   10% der Bemessungsgrundlage, höchstens 2.628 Euro jährlich.

9. Vertreter

   5% der Bemessungsgrundlage, höchstens 2.190 Euro jährlich.

   Der Arbeitnehmer muss ausschließlich Vertretertätigkeit ausüben. Zur Vertretertätigkeit gehört sowohl die Tätigkeit im Außendienst als auch die für konkrete Aufträge erforderliche Tätigkeit im Innendienst. Von der Gesamtarbeitszeit muss dabei mehr als die Hälfte im Außendienst verbracht werden.

10. Mitglieder einer Stadt-, Gemeinde- oder Ortsvertretung

    15% der Bemessungsgrundlage, mindestens 438 Euro jährlich, höchstens 2.628 Euro jährlich. Der Mindestbetrag kann nicht zu negativen Einkünften führen.

11. Expatriates

    20% der Bemessungsgrundlage, höchstens 10 000 Euro jährlich.

    Expatriates sind Arbeitnehmer,

    a) die im Auftrag eines ausländischen Arbeitgebers in Österreich im Rahmen eines Dienstverhältnisses zu einem österreichischen Arbeitgeber (Konzerngesellschaft oder inländische Betriebsstätte im Sinne des § 81 EStG 1988) für höchstens fünf Jahre beschäftigt werden,
    b) die während der letzten zehn Jahre keinen Wohnsitz im Inland hatten,
    c) die ihren bisherigen Wohnsitz im Ausland beibehalten und
    d) für deren Einkünfte Österreich das Besteuerungsrecht zukommt.

*(BGBl II 2015/240, BGBl II 2015/382)*

**§ 2.** Bemessungsgrundlage für die Ermittlung der Pauschbeträge sind die Bruttobezüge abzüglich der steuerfreien Bezüge und abzüglich der sonstigen Bezüge, soweit diese nicht wie ein laufender Bezug nach dem Lohnsteuertarif zu versteuern sind (Bruttobezüge gemäß Kennzahl 210 abzüglich der Bezüge gemäß Kennzahlen 215 und 220 des amtlichen Lohnzettelvordruckes L 16). Bei nicht ganzjähriger Tätigkeit sind die sich aus § 1 ergebenden Beträge anteilig zu berücksichtigen; hiebei gelten angefangene Monate als volle Monate. Die Berücksichtigung der Pauschbeträge erfolgt im Veranlagungsverfahren. Im Rahmen der Lohnverrechnung können die Pauschbeträge nur im Wege eines Freibetragsbescheides gemäß § 63 EStG 1988 berücksichtigt werden; ausgenommen davon ist jener nach § 1 Z 11 (Expatriates).

*(BGBl II 2015/240)*

**§ 3.** Wird eine Tätigkeit teils nichtselbständig, teils selbständig ausgeübt und werden bei der selbständig ausgeübten Tätigkeit Betriebsausgaben geltend gemacht, können Pauschbeträge im Sinne dieser Verordnung nicht in Anspruch genommen werden.

**§ 4.** (1) Kostenersätze gemäß § 26 EStG 1988, ausgenommen jene nach § 26 Z 9 EStG 1988, kürzen die jeweiligen Pauschbeträge.

*(BGBl II 2015/382, BGBl II 2018/48, BGBl II 2018/68, BGBl II 2018/271, BGBl II 2021/500)*

(2) Bei Expatriates gemäß § 1 Z 11 kürzen Kostenersätze gemäß § 26 Z 4 EStG 1988 nicht den Pauschbetrag.

*(BGBl II 2015/382)*

**§ 5.** Werden die Pauschbeträge in Anspruch genommen, dann können daneben keine anderen Werbungskosten, ausgenommen jene Werbungskosten, die gemäß § 16 Abs. 3 EStG 1988 nicht auf den Pauschbetrag anzurechnen sind, aus dieser Tätigkeit geltend gemacht werden.

*(BGBl II 2015/382, BGBl II 2018/48, BGBl II 2018/68, BGBl II 2018/271, BGBl II 2021/500)*

**§ 6.** (1) Diese Verordnung ist anzuwenden,

1. wenn die Einkommensteuer im Wege des Abzugs vom Arbeitslohn erhoben wird, erstmalig für Lohnzahlungszeiträume, die nach dem 31. Dezember 2001 enden,
2. wenn die Einkommensteuer veranlagt wird, erstmalig bei der Veranlagung für das Kalenderjahr 2002.

*(BGBl II 2015/240)*

(2) Die Verordnung des Bundesministers für Finanzen über die Aufstellung von Durchschnittssätzen für Werbungskosten von Angehörigen bestimmter Berufsgruppen, BGBl. Nr. 32/1993 in der Fassung der Verordnung BGBl. II Nr. 383/2001, tritt außer Kraft.

*(BGBl II 2015/240)*

(3) § 1 Z 11 und § 4 Abs. 2, jeweils in der Fassung der Verordnung BGBl. II Nr. 382/2015, sind anzuwenden, wenn

1. die Einkommensteuer veranlagt wird, erstmalig bei der Veranlagung 2016,
2. die Einkommensteuer (Lohnsteuer) durch Abzug eingehoben oder durch Veranlagung festgesetzt wird, erstmalig für Lohnzahlungszeiträume, die nach dem 31. Dezember 2015 enden.

*(BGBl II 2015/382)*

(4) § 4 Abs. 1 in der Fassung der Verordnung BGBl. II Nr. 68/2018 ist erstmalig bei der Veranlagung für das Kalenderjahr 2018 anzuwenden.

*(BGBl II 2018/68)*

(5) § 1 Z 9 ist auch anwendbar, wenn aufgrund der COVID-19-Krise im Kalenderjahr 2020 nicht mehr als die Hälfte der Gesamtarbeitszeit im Außendienst verbracht wurde.

*(BGBl II 2021/39)*

(6) § 4 Abs. 1 und § 5, jeweils in der Fassung der Verordnung BGBl. II Nr. 500/2021, sind anzuwenden, wenn

1. die Einkommensteuer veranlagt wird, erstmalig bei der Veranlagung 2021,
2. die Einkommensteuer (Lohnsteuer) durch Abzug eingehoben oder durch Veranlagung festgesetzt wird, erstmalig für Lohnzahlungszeiträume, die nach dem 31. Dezember 2020 enden.

*(BGBl II 2021/500)*

## 1/3/21. VO zu § 18 Abs. 8

# Sonderausgaben-DÜV

BGBl II 2016/289 idF BGBl II 2020/579

**Verordnung des Bundesministers für Finanzen zur Übermittlung von Daten für die Berücksichtigung von Sonderausgaben in der Einkommensteuerveranlagung (Sonderausgaben-Datenübermittlungsverordnung – Sonderausgaben-DÜV)**

Auf Grund des § 18 Abs. 8 des Einkommensteuergesetzes 1988 – EStG 1988, BGBl. Nr. 400/1988, zuletzt geändert durch das Bundesgesetz BGBl. I Nr. 77/2016 wird verordnet:

### 1. Abschnitt

### Allgemeines

**§ 1.** (1) Ein Zuwendungsempfänger, für den gesetzlich die Verpflichtung zur Datenübermittlung vorgesehen ist (übermittlungspflichtige Organisation) hat in Bezug auf Zuwendungen, die nach dem 31. Dezember 2016 erfolgen, eine Datenübermittlung durchzuführen, wenn diesem der Vor- und Zunamen und das Geburtsdatum (Identifikationsdaten) des Zuwendenden bekannt gegeben wurden.

(2) Die Verpflichtung zur Datenübermittlung betrifft sämtliche Zuwendungen, die im Kalenderjahr der Bekanntgabe der Identifikationsdaten und einem späteren Kalenderjahr erfolgen. Die Verpflichtung entfällt durch die Untersagung der Übermittlung durch den Zuwendenden.

**§ 2.** Erfolgte eine Bekanntgabe der Identifikationsdaten, kann die übermittlungspflichtige Organisation davon ausgehen, dass die Zuwendung der Person steuerlich zuzuordnen ist, deren Daten bekannt gegeben wurden.

**§ 3.** Sind einer übermittlungspflichtigen Organisation zum 1. Jänner 2017 die Identifikationsdaten einer Person, die eine Zuwendung geleistet hat, bereits bekannt, muss sie die betreffende Person bis zum 30. November 2017 über diesen Umstand verständigen und ihr Gelegenheit geben, innerhalb einer Frist von zumindest vier Wochen die Datenübermittlung zu untersagen. Erfolgt fristgerecht keine Untersagung, hat eine Datenübermittlung zu erfolgen. Die übermittlungspflichtige Organisation ist nicht verpflichtet, nach ergebnislosem Ablauf der Frist, weitere Maßnahmen in Bezug auf eine Untersagung vorzunehmen.

**§ 4.** Der Zuwendende kann der übermittlungspflichtigen Organisation die Datenübermittlung ausdrücklich untersagen. In diesem Fall darf ab der Untersagung bis zu einer neuerlichen Bekanntgabe der Identifikationsdaten keine Datenübermittlung erfolgen. Die Untersagung der Datenübermittlung muss der übermittlungspflichtigen Organisation gegenüber so erteilt werden, dass sie für diese unzweifelhaft als solche erkennbar ist; sie ist von ihr zu dokumentieren.

**§ 5.** (1) Wird von einer Kirche oder Religionsgesellschaft für Beitragszahlungen mehrerer Beitragsverpflichteter ein gemeinsames Konto geführt, hat für die Übermittlung eine anteilige Zuordnung des gemeinsamen Beitrages entsprechend den Berechnungsanteilen der betroffenen Personen zu erfolgen. Ein davon abweichender Sachverhalt ist vom Zuwendenden gemäß § 18 Abs. 8 Z 3 lit. a EStG 1988 gegenüber der zuständigen Abgabenbehörde offen zu legen.

(2) Sind einer Kirche oder Religionsgesellschaft die Identitätsdaten gemäß § 20 Abs. 7 des Meldegesetzes 1991, BGBl. Nr. 9/1992 in der jeweils geltenden Fassung, oder aufgrund der verpflichtend zu führenden Mitgliederverzeichnisse bekannt, muss sie die betreffende Person spätestens bei der erstmaligen Vorschreibung von Beiträgen darüber verständigen, dass eine Datenübermittlung in Bezug auf Beitragszahlungen des betreffenden Jahres und nachfolgender Jahre bis zu einer allfälligen Untersagung durch den Betroffenen erfolgen wird. Sie muss der betroffenen Person gleichzeitig Gelegenheit geben, innerhalb einer Frist von zumindest vier Wochen die Datenübermittlung zu untersagen. Erfolgt fristgerecht keine Untersagung, hat eine Datenübermittlung zu erfolgen.

*(BGBl II 2017/122)*

**§ 6.** Die übermittlungspflichtige Organisation kann davon ausgehen, dass Kontogutschriften, deren spätestes Wertstellungsdatum (§ 43 Abs. 1 des Zahlungsdienstegesetzes, BGBl. I Nr. 66/2009 in der jeweils geltenden Fassung) der 3. Jänner eines Kalenderjahres ist, solche Zahlungen betreffen, die beim Zuwendenden vor dem 1. Jänner des Kalenderjahres gemäß § 19 EStG 1988 abgeflossen und damit für die Datenübermittlung dem Vorjahr zuzuordnen sind. Ein davon abweichender Sachverhalt ist der übermittlungspflichtigen Organisation gegenüber offen zu legen, die gegebenenfalls eine Berichtigung vorzunehmen hat.

**§ 7.** (1) Die übermittlungspflichtige Organisation hat eine Berichtigung einer unrichtigen Datenübermittlung längstens innerhalb von drei Monaten nach Entdeckung des Fehlers vorzunehmen und dabei den zutreffenden Gesamtbetrag sowie zum Zweck der Identifizierung des zu berichtigenden Datensatzes jedenfalls auch dessen Referenznummer anzugeben. Die Berichtigung kann unterbleiben, wenn sie im Abgabenverfahren des betroffenen Steuerpflichtigen wegen eingetretener Verjährung keine steuerliche Auswirkung mehr entfaltet.

(2) Eine zu Unrecht unterbliebene Datenübermittlung ist längstens innerhalb von drei Monaten nach Entdeckung des Fehlers nachzuholen. Abs. 1 letzter Satz gilt entsprechend.

(3) Wird eine Zahlung, die von einer Datenübermittlung erfasst ist, zu einem Zeitpunkt rückerstattet, zu dem die die Zuwendung umfassende Datenübermittlung bereits erfolgt ist, ist Abs. 1 anzuwenden; bei vollständiger Rückerstattung ist der Betrag mit Null zu berücksichtigen.

**§ 8.** Die übermittlungspflichtige Organisation ist nicht verpflichtet zu prüfen, ob eine freigebige Zuwendung beim Zuwendenden steuerlich als Betriebsausgabe oder als Sonderausgabe zu qualifizieren ist.

**2. Abschnitt**

**Übermittlung der Daten**

**§ 9.** Die elektronische Datenübermittlung hat nach der FinanzOnline-Verordnung 2006 – FOnV 2006, BGBl. II Nr. 97/2006 in der jeweils geltenden Fassung, im Verfahren FinanzOnline (https://finanzonline.bmf.gv.at) zu erfolgen.

**§ 10.** (1) Für die Teilnahme an der Datenübermittlung betreffend Sonderausgaben in FinanzOnline gilt:

1. Folgende übermittlungspflichtige Organisationen sind ohne bescheidmäßige Zulassung gemäß Z 2 Teilnehmer an der Datenübermittlung:
   a) eine Organisation, die auf der Homepage des Bundesministeriums für Finanzen als spendenbegünstigt ausgewiesen ist (§ 4a Abs. 8 EStG 1988)
   b) die Österreichische Akademie der Wissenschaften
   c) das Österreichische Archäologische Institut
   d) das Institut für Österreichische Geschichtsforschung
   *(BGBl II 2017/122)*
   e) die Österreichische Nationalbibliothek
   f) das Österreichisches Filminstitut gemäß § 1 des Filmförderungsgesetzes, BGBl. Nr. 557/1980
   g) das Bundesdenkmalamt
   h) der Bundesdenkmalfonds gemäß § 33 des Denkmalschutzgesetzes, BGBl. Nr. 533/1923
   i) die Internationale Anti-Korruptions-Akademie (IACA)
   j) die Diplomatische Akademie
   k) ein Landesfeuerwehrverband und eine freiwillige Feuerwehr. Der Österreichische Bundesfeuerwehrverband hat dem Bundesministerium für Finanzen die Landesfeuerwehrverbände und die Bezeichnungen der freiwilligen Feuerwehren im Bundesgebiet für die Teilnahme an der Datenübermittlung bekannt zu geben und allfällige nachträgliche Änderungen zu melden.
2. Andere als die in Z 1 genannten übermittlungspflichtigen Organisationen haben beim Finanzamt Österreich unter Verwendung des amtlichen Formulars den Antrag zu stellen, als Teilnehmer an der Datenübermittlung zugelassen zu werden. Das Finanzamt Österreich hat festzustellen, ob die Voraussetzungen für die Datenübermittlung vorliegen und über den Antrag bescheidmäßig abzusprechen. Jede Änderung der tatsächlichen Verhältnisse, die auf die bescheidmäßige Zulassung von Einfluss ist, ist dem Finanzamt Österreich innerhalb eines Monats anzuzeigen.
   *(BGBl II 2020/579)*

(2) Teilnehmer an der Datenübermittlung gemäß Z 1 lit. b bis k und Z 2 sind auf der Homepage des Bundesministeriums für Finanzen als spendenbegünstigte Organisation zu veröffentlichen.

(3) Teilnehmer können sich zur Datenübermittlung eines namhaft zu machenden Dienstleisters (insbesondere eines Rechenzentrums) bedienen. Die Beendigung des Dienstleistungsverhältnisses ist unverzüglich mitzuteilen. Im Einzelfall kann der Dienstleister aus den in § 6 FonV 2006 genannten Gründen ausgeschlossen oder abgelehnt werden.

(4) Für die Anmeldung übermittlungspflichtiger Organisationen zu FinanzOnline gilt § 3 FOnV 2006 entsprechend. Keine Anmeldung zu FinanzOnline ist für die in Abs. 1 Z 1 genannten Organisationen und solche Einrichtungen erforderlich, die bereits Teilnehmer gemäß § 2 Abs. 1 FOnV 2006 sind.

*(BGBl II 2017/122)*

**§ 11.** (1) Für Teilnehmer an der Datenübermittlung betreffend Sonderausgaben ist in FinanzOnline zum Zweck der Ermittlung des vbPK SA des Zuwendenden und zum Zweck der Ausstattung der Daten der Zuwendenden mit einem vbPK SA ein Link zur Stammzahlenregisterbehörde einzurichten. Dabei hat FinanzOnline als Authentifizierungsprovider zu fungieren.

(2) Die Strukturen für die Datenübermittlung im Weg der Datenstromübermittlung und im Weg eines Webservices sind im Internet unter https://www.bmf.gv.at zu veröffentlichen.

**§ 12.** Kann auf Grundlage der bekannt gegebenen Identifikationsdaten und nach Ausschöpfung der bei der übermittlungspflichtigen Organisation bereits vorhandenen Daten ein vbPK SA nicht ermittelt werden, hat eine Datenübermittlung zu unterbleiben.

**§ 13.** Datenübertragungen sind nicht vor dem Vorliegen der technischen und organisatorischen Voraussetzungen zulässig.

**3. Abschnitt**

**Behandlung der Daten**

**§ 14.** Im Interesse des Schutzes der Persönlichkeitssphäre des Zuwendenden ist verwaltungsorganisatorisch und technisch Folgendes sicherzustellen:

1. Einem berechtigten Organwalter dürfen Informationen betreffend die konkrete(n) übermittlungspflichtige(n) Organisation(en) nur in Fällen zugänglich gemacht werden, in denen übermittelte Zuwendungen Gegenstand einer Überprüfungshandlung sind.

2. In allen von Z 1 nicht betroffenen Fällen dürfen Daten, die übermittelte Zuwendungen betreffen, im Rahmen der automatisationsunterstützten Datenverarbeitung nur summarisch und ohne Benennung der jeweils übermittelnden Organisation zugänglich gemacht werden. Der Gesamtbetrag der von der Datenübermittlung betroffenen Zuwendungen ist nach Kategorien gegliedert darzustellen. Dabei gilt:
   a) Beiträge für eine freiwillige Weiterversicherung bzw. den Nachkauf von Versicherungszeiten hinsichtlich der Pensionsversicherung (§ 18 Abs. 1 Z 1a EStG 1988) und verpflichtende Beiträge an gesetzlich anerkannte Kirchen und Religionsgesellschaften (§ 18 Abs. 1 Z 5 EStG 1988) sind jeweils gesondert gegliedert in einer Gesamtsumme darzustellen.
   b) Die sonstigen übermittelten Zuwendungen sind nach der in der Abgabenerklärung für derartige Betriebsausgaben vorgesehenen Gliederung und Bezeichnung in einer Gesamtsumme darzustellen.
3. Die von übermittlungspflichtigen Organisationen durchgeführten Übermittlungen sind dem betroffenen Steuerpflichtigen in FinanzOnline einsehbar zu machen. Dabei sind die übermittelten Daten nach den übermittlungspflichtigen Organisationen zu gliedern und betragsmäßig anzuzeigen.
4. In einem Abgabenbescheid dürfen betragsmäßig Informationen, die sich auf die übermittlungspflichtigen Organisationen beziehen, nur in einer Beilage ersichtlich gemacht werden. Im Rahmen der automatisationsunterstützten Datenverarbeitung darf diese Beilage für Organwalter nicht einsehbar gemacht werden.

**§ 15.** § 10 Abs. 1 Z 2 in der Fassung der Verordnung BGBl. II Nr. 579/2020 tritt mit 1. Jänner 2021 in Kraft.

*(BGBl II 2020/579)*

**1/3/22. VO zu § 20 Abs. 1 Z 2 lit. b**

## PKW-Angemessenheitsverordnung

BGBl II 2004/466

**Verordnung des Bundesministers für Finanzen betreffend die Angemessenheit von Aufwendungen im Zusammenhang mit Personen- und Kombinationskraftwagen (PKW-Angemessenheitsverordnung)**

Zu § 20 Abs. 1 Z 2 lit. b des Einkommensteuergesetzes 1988, BGBl. Nr. 400, und § 12 Abs. 1 Z 2 des Körperschaftsteuergesetzes 1988, BGBl. Nr. 401, wird verordnet:

**§ 1.** Aufwendungen oder Ausgaben im Zusammenhang mit der Anschaffung eines Personen- oder Kombinationskraftwagens sind insoweit angemessen, als die Anschaffungskosten inklusive Umsatzsteuer und Normverbrauchsabgabe im Kalenderjahr 2004 34.000 Euro und ab dem Kalenderjahr 2005 40.000 Euro nicht übersteigen. Diese Anschaffungskosten umfassen auch Kosten für Sonderausstattungen. Selbständig bewertbare Sonderausstattungen gehören nicht zu den Anschaffungskosten. Anschaffungskostenabhängige Nutzungsaufwendungen oder -ausgaben sind im entsprechenden Ausmaß zu kürzen.

**§ 2.** Bei in gebrauchtem Zustand angeschafften Personen- oder Kombinationskraftwagen, die nicht mehr als fünf Jahre (60 Monate) nach ihrer Erstzulassung angeschafft wurden, hat eine Kürzung der Aufwendungen oder Ausgaben auf Grund der Verhältnisse zum Zeitpunkt der Erstzulassung des Fahrzeuges zu erfolgen. Eine Kürzung ist vorzunehmen, wenn der Neupreis des Fahrzeuges abzüglich der ortsüblichen Preisnachlässe den Betrag gemäß § 1 übersteigt. Bei in gebrauchtem Zustand angeschafften Fahrzeugen, die mehr als fünf Jahre (60 Monate) nach ihrer Erstzulassung angeschafft wurden, ist hinsichtlich der Kürzung auf die tatsächlichen Anschaffungskosten des Gebrauchtfahrzeuges abzustellen.

**§ 3.** Bei Leasingfahrzeugen hat eine Kürzung von Aufwendungen oder Ausgaben beim Leasingnehmer insoweit zu erfolgen, als die der Berechnung der Leasingrate im Zeitpunkt der erstmaligen Vermietung zugrunde liegenden Anschaffungskosten den Betrag gemäß § 1 übersteigen. Dies gilt sinngemäß für Mietfahrzeuge, es sei denn, die Anmietung erfolgt für einen Zeitraum von höchstens 21 Tagen.

**§ 4.** Die Verordnung ist erstmals bei der Veranlagung für das Kalenderjahr 2004 anzuwenden.

## 1/3/23. VO zu § 22 Z 2

# Sachbezüge Kraftfahrzeuge

BGBl II 2018/70

**Verordnung des Bundesministers für Finanzen über die Bewertung von Sachbezügen betreffend Kraftfahrzeuge bei wesentlich beteiligten Gesellschafter-Geschäftsführern**

Auf Grund des § 22 Z 2 des Einkommensteuergesetzes 1988 – EStG 1988, BGBl. Nr. 400/1988, zuletzt geändert durch das BGBl. I Nr. 4/2018, wird verordnet:

### Privatnutzung eines überlassenen Kraftfahrzeuges

**§ 1.** Besteht für einen an einer Kapitalgesellschaft wesentlich Beteiligten im Sinne des § 22 Z 2 zweiter Teilstrich des Einkommensteuergesetzes 1988 die Möglichkeit, ein von der Kapitalgesellschaft zur Verfügung gestelltes Kraftfahrzeug für privat veranlasste Fahrten zu benützen, gilt Folgendes:

1. § 4 der Sachbezugswerteverordnung, BGBl. II 2008/468, in der jeweils geltenden Fassung, ist für die Bemessung des geldwerten Vorteils aus der privaten Nutzung des zur Verfügung gestellten Kraftfahrzeuges sinngemäß anzuwenden.
2. Abweichend von Z 1 kann der geldwerte Vorteil aus der privaten Nutzung des zur Verfügung gestellten Kraftfahrzeuges nach den auf die private Nutzung entfallenden, von der Kapitalgesellschaft getragenen Aufwendungen bemessen werden. Dazu ist erforderlich, dass der wesentlich Beteiligte den Anteil der privaten Fahrten (beispielsweise durch Vorlage eines Fahrtenbuches) nachweist.

**§ 2.** Die Verordnung ist erstmalig bei der Veranlagung für das Kalenderjahr 2018 anzuwenden.

## 1/3/24. VO zu § 27a

# Kapitalmaßnahmen-VO

BGBl II 2011/322 idF BGBl II 2017/115

**Verordnung der Bundesministerin für Finanzen betreffend KESt-Behandlung von Kapitalmaßnahmen (Kapitalmaßnahmen-VO)**

Aufgrund des § 27a Abs. 4 Z 3 EStG und § 93 Abs. 2 Z 2 EStG, BGBI. Nr. 400/1988, wird verordnet:

**§ 1.** Unter Kapitalmaßnahmen werden verschiedene zivil- und gesellschaftsrechtliche Vorgänge im Zusammenhang mit Wertpapieren verstanden. Für steuerliche Zwecke ist nach dieser Verordnung zwischen steuerrelevanten Kapitalmaßnahmen (§ 2 bis 7) und nicht steuerrelevanten Kapitalmaßnahmen (§ 8) zu unterscheiden.

### Steuerrelevante Kapitalmaßnahmen

**§ 2.** (1) Steuerrelevante Kapitalmaßnahmen sind:

1. Maßnahmen, die sich
   – auf das Eigenkapital einer Körperschaft und/oder
   – auf die Stückelung von Wertpapieren

   beziehen. Darunter fallen insbesondere Änderungen des Kapitals durch Erhöhung, Herabsetzung, Emission von Bezugsrechten auf Aktien, Aktiensplit und Aktienzusammenlegung, Aktienumtausch infolge von Unternehmenszusammenschlüssen oder -aufspaltungen sowie die Einbuchung von Aktien auf Grund von Unternehmensabspaltungen.

   *(BGBl II 2017/115)*
2. Spaltungen und Verschmelzungen von Investmentfonds gemäß § 65 und §§ 114 bis 127 InvFG 2011.

   *(BGBl II 2017/115)*
3. Die Lieferung von Wertpapieren zur Tilgung bei Schuldverschreibungen, mit denen untrennbar das Recht verbunden ist, an Stelle der Rückzahlung eine vorher festgelegte Anzahl von Wertpapieren zu fordern (Inhaber) oder anzudienen (Emittent).

(2) Für Kapitalmaßnahmen im Sinne des Abs. 1 gilt:

1. Eine Abwicklung der Realisierung im Sinne des § 93 Abs. 2 Z 2 EStG 1988 liegt nicht vor.

   Davon ausgenommen sind:
   – Zahlungen aufgrund einer Einlagenrückzahlung oder infolge einer Liquidation, wenn der Abzugsverpflichtete davon Kenntnis hat. Zahlungen aufgrund einer Einlagenrückzahlung führen zu einer Verminderung der entsprechenden Anschaffungskosten (§ 4 Abs. 12 und § 15 Abs. 4 EStG 1988); insoweit sie die Anschaffungskosten übersteigen, liegen

Einkünfte im Sinne des § 27 Abs. 3 EStG 1988 vor. Dasselbe gilt für Liquidationen.

– Kapitalmaßnahmen, bei denen dem Steuerpflichtigen ein Wahlrecht zum Umtausch eingeräumt wird.

*(BGBl II 2017/115)*

2. Im Zuge einer steuerrelevanten Kapitalmaßnahme eingebuchte Wertpapiere treten für Zwecke des Kapitalertragsteuerabzuges zur Abgrenzung von Alt- und Neuvermögen nach § 124b Z 185 lit. a EStG 1988 an Stelle der ausgebuchten Wertpapiere. Werden im Zuge einer steuerrelevanten Kapitalmaßnahme Wertpapiere eingebucht, ohne dass es zuvor zur Ausbuchung von anderen Wertpapieren kommt, ist für Zwecke der Einstufung als Alt- oder Neuvermögen auf die bisherigen Wertpapiere abzustellen.

   *(BGBl II 2017/115)*

3. Der Abzugsverpflichtete darf sich grundsätzlich auf entsprechende Informationen von im Wertpapiergeschäft anerkannten Informationssystemen und Datenprovidern verlassen. Dies gilt nicht, wenn dem Abzugsverpflichteten im Vorhinein Informationen vorliegen, die zu begründeten Zweifeln an den Informationen der genannten Datenprovider führen.

**§ 3.** Kommt es im Zuge von steuerrelevanten Kapitalmaßnahmen gemäß § 2 Abs. 1 Z 1 zum Tausch oder zur Einbuchung von Wertpapieren, gilt nur für Zwecke des Kapitalertragsteuerabzuges Folgendes:

1. Die Anschaffungskosten der im Zuge des Tausches ausgebuchten Wertpapiere sind auf die dafür erhaltenen Wertpapiere zu übertragen; dies gilt auch für Kapitalmaßnahmen gemäß § 2 Abs. 1 Z 2. Werden Wertpapiere mit unterschiedlicher Wertpapierkennnummer eingebucht, sind die Anschaffungskosten der ausgebuchten Wertpapiere im Verhältnis der Verkehrswerte der eingebuchten Wertpapiere auf diese aufzuteilen. Sind keine Verkehrswerte vorhanden, hat diese Aufteilung nach Stücken zu erfolgen.

   *(BGBl II 2017/115)*

2. Vom Steuerpflichtigen im Zuge des Tausches empfangene Barzahlungen senken und geleistete Zuzahlungen erhöhen die Anschaffungskosten der eingebuchten Wertpapiere.

   *(BGBl II 2017/115)*

3. Werden Wertpapiere auf ein Wertpapierdepot eingebucht, ohne dass es zuvor zur Ausbuchung von anderen Wertpapieren kommt, sind für Zwecke des Kapitalertragsteuerabzuges die Anschaffungskosten der bestehenden Wertpapiere auf die bestehenden und die neu eingebuchten Wertpapiere aufzuteilen. Diese Aufteilung hat im Verhältnis der Verkehrswerte der bestehenden zu den eingebuchten Wertpapieren zu erfolgen. Sind keine Verkehrswerte vorhanden, hat diese Aufteilung nach Stücken zu erfolgen.

   *(BGBl II 2017/115)*

*(BGBl II 2017/115)*

**§ 4.** (1) Werden Aktien im Zuge einer Kapitalerhöhung aus Gesellschaftsmitteln auf ein Wertpapierdepot eingebucht, sind für Zwecke des Kapitalertragsteuerabzuges die Anschaffungskosten der vor der Kapitalerhöhung bestehenden Aktien auf die bestehenden und neu eingebuchten Aktien aufzuteilen.

*(BGBl II 2017/115)*

(2) Werden Aktien im Zuge einer Abspaltung auf ein Wertpapierdepot eingebucht, sind für Zwecke des Kapitalertragsteuerabzuges die Anschaffungskosten der vor der Abspaltung bestehenden Aktien auf die bestehenden und die neu eingebuchten Aktien aufzuteilen. Diese Aufteilung hat im Verhältnis der Verkehrswerte der bestehenden zu den eingebuchten Aktien zu erfolgen. Sind keine Verkehrswerte vorhanden, hat diese Aufteilung nach Stücken zu erfolgen. Dies gilt auch für Kapitalmaßnahmen gemäß § 2 Abs. 1 Z 2.

*(BGBl II 2017/115)*

**§ 5.** Auf einem Wertpapierdepot eingebuchte Bezugsrechte sind für Zwecke des Kapitalertragsteuerabzuges mit einem Wert von Null anzusetzen. Die Anschaffungskosten der Aktien, die die Bezugsrechte vermitteln, bleiben unberührt.

**§ 6.** (1) Wird im Zuge eines Aktiensplits der Nennwert einer Aktie heruntergesetzt und daher die Anzahl der ausgegebenen Aktien erhöht, sind die bisherigen Anschaffungskosten auf die im Zuge des Aktiensplits ausgegebenen Aktien aufzuteilen.

(2) Werden im Zuge einer Aktienzusammenlegung (Reverse Split) mehrere Aktien zusammengelegt, sind die bisherigen Anschaffungskosten auf die zusammengelegten Aktien aufzuteilen.

**§ 7.** Bei steuerrelevanten Kapitalmaßnahmen gemäß § 2 Abs. 1 Z 3 stellt die Lieferung der Wertpapiere keinen Tausch dar. Die Anschaffungskosten der ausgebuchten Schuldverschreibungen sind auf die dafür erhaltenen Wertpapiere aufzuteilen. Bare Zuzahlungen bis zur Höhe von 10% des Gesamtnennbetrags der erhaltenen Wertpapiere, die der Steuerpflichtige zum Zweck der Rundung auf ganze Stücke erhält, senken die Anschaffungskosten der eingebuchten Wertpapiere. Bei Wertpapieren ohne Nennwert (z. B. Stückaktien) sind Zuzahlungen generell steuerpflichtig.

*(BGBl II 2017/115)*

**Nicht steuerrelevante Kapitalmaßnahmen**

**§ 8.** Nicht unter § 2 fallende Kapitalmaßnahmen bilden lediglich abwicklungs- oder buchungstechnische Vorgänge auf dem Depot ab oder bewirken Stammdatenänderungen bloß informativer oder administrativer Art und sind daher in steuerlicher Hinsicht unbeachtlich. Darunter fallen insbesondere die bloße Erneuerung der Wertpapierurkunde, Gesellschaftshinweise, Eigentümer- und Gesellschaftsversammlungen, Nennwährungsänderungen, Publikumsöffnungen, Zertifizierungshinweise, bloße Wertpapierkennnummeränderungen.

**1/3/25. VO zu § 28 Abs. 2 und 3**

## Bauherrenverordnung

BGBl 1990/321

**Verordnung des Bundesministers für Finanzen vom 18. Mai 1990 betreffend Herstellungs- und Instandsetzungsaufwendungen bei Gebäuden (Bauherrenverordnung)**

Zu § 28 Abs. 2 Z 2 bis 4 EStG 1972, BGBl. Nr. 440/1972, und § 28 Abs. 2 und 3 EStG 1988, BGBl. Nr. 400/1988, wird verordnet:

### Artikel I

**§ 1.** Im Zusammenhang mit der Anschaffung von Grund und Boden (Gebäuden) durch den Steuerpflichtigen gelten für die Herstellung (Instandsetzung) die §§ 2 bis 4.

**§ 2.** Aufwendungen für die Herstellung (Instandsetzung) eines Gebäudes können nur dann gemäß § 28 Abs. 2 und 3 Einkommensteuergesetz 1988 (§ 28 Abs. 2 Z 2 bis 4 Einkommensteuergesetz 1972) abgesetzt werden, wenn der Steuerpflichtige das mit der Herstellung (Instandsetzung) verbundene wirtschaftliche Risiko trägt. Dieses Risiko trägt derjenige, der auf eigene Rechnung und Gefahr ein Gebäude herstellt (instand setzt) oder herstellen (instand setzen) läßt.

**§ 3.** Ein wirtschaftliches Risiko gemäß § 2 ist anzunehmen, wenn folgende Voraussetzungen vorliegen:

1. Die Leistungen der die Herstellung (Instandsetzung) tatsächlich ausführenden Unternehmer müssen dem Steuerpflichtigen gegenüber aufgeschlüsselt werden. Wird gegenüber dem Steuerpflichtigen eine Preisgarantie abgegeben, so darf nicht ausgeschlossen sein, daß Preisunterschiede, die durch den Steuerpflichtigen oder durch Gesetze, Verordnungen bzw. behördliche Anordnungen verursacht worden sind, auf Rechnung des Steuerpflichtigen gehen.
2. Mit der tatsächlichen Bauausführung darf erst nach der Anschaffung des Grund und Bodens (Gebäudes) durch den Steuerpflichtigen begonnen werden.

**§ 4.** Im Falle einer Personenvereinigung (Personengemeinschaft) ohne eigene Rechtspersönlichkeit können Aufwendungen nur von jenen Steuerpflichtigen gemäß § 28 Abs. 2 Z 2 bis 4 EStG 1972 bzw. gemäß § 28 Abs. 2 und 3 EStG 1988 abgesetzt werden, die die Voraussetzungen der §§ 2 und 3 erfüllen.

### Artikel II

Artikel I ist auf alle noch nicht endgültig rechtskräftig veranlagten Fälle anzuwenden.

### 1/3/26. VO zu § 33 Abs. 3

## Familienbeihilfe-Kinderabsetzbetrag-EU-Anpassungsverordnung

BGBl II 2020/482

**Verordnung der Bundesministerin für Arbeit, Familien und Jugend und des Bundesministers für Finanzen über die Anpassung der Familienbeihilfe und des Kinderabsetzbetrages in Bezug auf Kinder, die sich ständig in einem anderen Mitgliedstaat der EU oder einer Vertragspartei des Europäischen Wirtschaftsraumes oder der Schweiz aufhalten (Familienbeihilfe-Kinderabsetzbetrag-EU-Anpassungsverordnung)**

Aufgrund des § 8a des Familienlastenausgleichsgesetzes 1967, BGBl. Nr. 376, in der Fassung BGBl. I Nr. 103/2020, und des § 33 Abs. 3 des Einkommensteuergesetzes 1988, BGBl. Nr. 400, in der Fassung BGBl. I Nr. 99/2020, wird verordnet:

**§ 1.** Diese Verordnung bestimmt die Beträge an Familienbeihilfe gemäß § 8 des Familienlastenausgleichsgesetzes 1967 sowie des Kindesabsetzbetrages gemäß § 33 Abs. 3 EStG 1988 in Bezug auf Kinder, die sich ständig in einem anderen Mitgliedstaat der EU oder Hoheitsgebiet einer anderen Vertragspartei des Abkommens über den Europäischen Wirtschaftsraum oder der Schweiz aufhalten.

**§ 2.** (1) Zur Bestimmung der Beträge nach §1 wird ein Anpassungsfaktor festgelegt, der auf den vom Statistischen Amt der Europäischen Union am 1. Juni 2020 veröffentlichten Indikatoren im Rahmen der *„Vergleichenden Preisniveaus des Endverbrauchs der privaten Haushalte einschließlich indirekter Steuern (EU-27=100)"* basiert.

(2) Das Statistische Amt der Europäischen Union hat den Indikator für Österreich mit 112 festgelegt. Um den Anpassungsfaktor zu ermitteln, wird das Verhältnis der Indikatoren der einzelnen Staaten zum Indikator Österreichs in Verhältnis gesetzt. Die Berechnung des Anpassungsfaktors erfolgt auf drei Nachkommastellen, ohne Anwendung einer Rundung. Der Anpassungsfaktor wird demnach wie folgt festgelegt:

| Staat, in dem sich die Kinder ständig aufhalten | Indikator des Statistischen Amtes der Europäischen Union | Anpassungsfaktor |
|---|---|---|
| Belgien | 114,8 | 1,025 |
| Bulgarien | 52,0 | 0,464 |
| Dänemark | 141,6 | 1,264 |
| Deutschland | 106,8 | 0,953 |
| Estland | 83,0 | 0,741 |
| Finnland | 126,0 | 1,125 |
| Frankreich | 113,6 | 1,014 |
| Griechenland | 86,5 | 0,772 |
| Irland | 132,7 | 1,184 |
| Island | 162,3 | 1,449 |
| Italien | 103,5 | 0,924 |
| Kroatien | 70,2 | 0,626 |
| Lettland | 76,5 | 0,683 |
| Litauen | 68,0 | 0,607 |
| Luxemburg | 129,5 | 1,156 |
| Malta | 85,2 | 0,760 |
| Niederlande | 115,5 | 1,031 |
| Norwegen | 151,0 | 1,348 |
| Polen | 59,5 | 0,531 |
| Portugal | 89,1 | 0,795 |
| Rumänien | 54,1 | 0,483 |
| Schweden | 123,6 | 1,103 |
| Schweiz | 156,0 | 1,392 |
| Slowakei | 79,7 | 0,711 |
| Slowenien | 87,2 | 0,778 |
| Spanien | 95,7 | 0,854 |
| Tschechien | 73,4 | 0,655 |
| Ungarn | 64,5 | 0,575 |
| Vereinigtes Königreich | 120,1 | 1,072 |
| Zypern | 89,9 | 0,802 |

(3) Da für das Fürstentum Liechtenstein kein Indikator des Statistischen Amtes der Europäischen Union vorliegt, sind in Bezug auf Kinder, die sich ständig im Fürstentum Liechtenstein aufhalten, die gesetzlich festgelegten Beträge an Familienbeihilfe gemäß § 8 des Familienlastenausgleichsgesetzes 1967 sowie des Kinderabsetzbetrages gemäß § 33 Abs. 3 EStG 1988 anzuwenden.

**§ 3.** (1) Die im Folgenden angepassten Beträge werden jeweils auf die zweite Nachkommastelle kaufmännisch gerundet.

(2) In Bezug auf Kinder, die sich ständig in Belgien aufhalten, werden die Beträge an Familienbeihilfe aufgrund des Anpassungsfaktors nach § 2 Abs. 2 wie folgt bestimmt:

| Beträge gemäß §§ des Familienlastenausgleichsgesetzes 1967: | | Angepasste Beträge in Euro |
|---|---|---|
| 8 Abs. 2 Z 3 lit. a | 114,0 | 116,85 |
| 8 Abs. 2 Z 3 lit. b | 121,9 | 124,95 |
| 8 Abs. 2 Z 3 lit. c | 141,5 | 145,04 |
| 8 Abs. 2 Z 3 lit. d | 165,1 | 169,23 |
| 8 Abs. 3 Z 3 lit. a | 7,1 | 7,28 |
| 8 Abs. 3 Z 3 lit. b | 17,4 | 17,84 |
| 8 Abs. 3 Z 3 lit. c | 26,5 | 27,16 |
| 8 Abs. 3 Z 3 lit. d | 32,0 | 32,80 |
| 8 Abs. 3 Z 3 lit. e | 35,7 | 36,59 |
| 8 Abs. 3 Z 3 lit. f | 52,0 | 53,30 |

| | | |
|---|---|---|
| 8 Abs. 4 Z 3 | 155,9 | 159,80 |
| 8 Abs. 8 | 100,0 | 102,50 |

(3) In Bezug auf Kinder, die sich ständig in Bulgarien aufhalten, werden die Beträge an Familienbeihilfe aufgrund des Anpassungsfaktors nach § 2 Abs. 2 wie folgt bestimmt:

| Beträge gemäß §§ des Familienlastenausgleichsgesetzes 1967: | | Angepasste Beträge in Euro |
|---|---|---|
| 8 Abs. 2 Z 3 lit. a | 114,0 | 52,90 |
| 8 Abs. 2 Z 3 lit. b | 121,9 | 56,56 |
| 8 Abs. 2 Z 3 lit. c | 141,5 | 65,66 |
| 8 Abs. 2 Z 3 lit. d | 165,1 | 76,61 |
| 8 Abs. 3 Z 3 lit. a | 7,1 | 3,29 |
| 8 Abs. 3 Z 3 lit. b | 17,4 | 8,07 |
| 8 Abs. 3 Z 3 lit. c | 26,5 | 12,30 |
| 8 Abs. 3 Z 3 lit. d | 32,0 | 14,85 |
| 8 Abs. 3 Z 3 lit. e | 35,7 | 16,56 |
| 8 Abs. 3 Z 3 lit. f | 52,0 | 24,13 |
| 8 Abs. 4 Z 3 | 155,9 | 72,34 |
| 8 Abs. 8 | 100,0 | 46,40 |

(4) In Bezug auf Kinder, die sich ständig in Dänemark aufhalten, werden die Beträge an Familienbeihilfe aufgrund des Anpassungsfaktors nach § 2 Abs. 2 wie folgt bestimmt:

| Beträge gemäß §§ des Familienlastenausgleichsgesetzes 1967: | | Angepasste Beträge in Euro |
|---|---|---|
| 8 Abs. 2 Z 3 lit. a | 114,0 | 144,10 |
| 8 Abs. 2 Z 3 lit. b | 121,9 | 154,08 |
| 8 Abs. 2 Z 3 lit. c | 141,5 | 178,86 |
| 8 Abs. 2 Z 3 lit. d | 165,1 | 208,69 |
| 8 Abs. 3 Z 3 lit. a | 7,1 | 8,97 |
| 8 Abs. 3 Z 3 lit. b | 17,4 | 21,99 |
| 8 Abs. 3 Z 3 lit. c | 26,5 | 33,50 |
| 8 Abs. 3 Z 3 lit. d | 32,0 | 40,45 |
| 8 Abs. 3 Z 3 lit. e | 35,7 | 45,12 |
| 8 Abs. 3 Z 3 lit. f | 52,0 | 65,73 |
| 8 Abs. 4 Z 3 | 155,9 | 197,06 |
| 8 Abs. 8 | 100,0 | 126,40 |

(5) In Bezug auf Kinder, die sich ständig in Deutschland aufhalten, werden die Beträge an Familienbeihilfe aufgrund des Anpassungsfaktors nach § 2 Abs. 2 wie folgt bestimmt:

| Beträge gemäß §§ des Familienlastenausgleichsgesetzes 1967: | | Angepasste Beträge in Euro |
|---|---|---|
| 8 Abs. 2 Z 3 lit. a | 114,0 | 108,64 |
| 8 Abs. 2 Z 3 lit. b | 121,9 | 116,17 |
| 8 Abs. 2 Z 3 lit. c | 141,5 | 134,85 |
| 8 Abs. 2 Z 3 lit. d | 165,1 | 157,34 |
| 8 Abs. 3 Z 3 lit. a | 7,1 | 6,77 |
| 8 Abs. 3 Z 3 lit. b | 17,4 | 16,58 |
| 8 Abs. 3 Z 3 lit. c | 26,5 | 25,25 |
| 8 Abs. 3 Z 3 lit. d | 32,0 | 30,50 |
| 8 Abs. 3 Z 3 lit. e | 35,7 | 34,02 |
| 8 Abs. 3 Z 3 lit. f | 52,0 | 49,56 |
| 8 Abs. 4 Z 3 | 155,9 | 148,57 |
| 8 Abs. 8 | 100,0 | 95,30 |

(6) In Bezug auf Kinder, die sich ständig in Estland aufhalten, werden die Beträge an Familienbeihilfe aufgrund des Anpassungsfaktors nach § 2 Abs. 2 wie folgt bestimmt:

| Beträge gemäß §§ des Familienlastenausgleichsgesetzes 1967: | | Angepasste Beträge in Euro |
|---|---|---|
| 8 Abs. 2 Z 3 lit. a | 114,0 | 84,47 |
| 8 Abs. 2 Z 3 lit. b | 121,9 | 90,33 |
| 8 Abs. 2 Z 3 lit. c | 141,5 | 104,85 |
| 8 Abs. 2 Z 3 lit. d | 165,1 | 122,34 |
| 8 Abs. 3 Z 3 lit. a | 7,1 | 5,26 |
| 8 Abs. 3 Z 3 lit. b | 17,4 | 12,89 |
| 8 Abs. 3 Z 3 lit. c | 26,5 | 19,64 |
| 8 Abs. 3 Z 3 lit. d | 32,0 | 23,71 |
| 8 Abs. 3 Z 3 lit. e | 35,7 | 26,45 |
| 8 Abs. 3 Z 3 lit. f | 52,0 | 38,53 |
| 8 Abs. 4 Z 3 | 155,9 | 115,52 |
| 8 Abs. 8 | 100,0 | 74,10 |

(7) In Bezug auf Kinder, die sich ständig in Finnland aufhalten, werden die Beträge an Familienbeihilfe aufgrund des Anpassungsfaktors nach § 2 Abs. 2 wie folgt bestimmt:

| Beträge gemäß §§ des Familienlastenausgleichsgesetzes 1967: | | Angepasste Beträge in Euro |
|---|---|---|
| 8 Abs. 2 Z 3 lit. a | 114,0 | 128,25 |
| 8 Abs. 2 Z 3 lit. b | 121,9 | 137,14 |
| 8 Abs. 2 Z 3 lit. c | 141,5 | 159,19 |
| 8 Abs. 2 Z 3 lit. d | 165,1 | 185,74 |
| 8 Abs. 3 Z 3 lit. a | 7,1 | 7,99 |
| 8 Abs. 3 Z 3 lit. b | 17,4 | 19,58 |
| 8 Abs. 3 Z 3 lit. c | 26,5 | 29,81 |
| 8 Abs. 3 Z 3 lit. d | 32,0 | 36,00 |
| 8 Abs. 3 Z 3 lit. e | 35,7 | 40,16 |
| 8 Abs. 3 Z 3 lit. f | 52,0 | 58,50 |
| 8 Abs. 4 Z 3 | 155,9 | 175,39 |
| 8 Abs. 8 | 100,0 | 112,50 |

(8) In Bezug auf Kinder, die sich ständig in Frankreich aufhalten, werden die Beträge an Fa-

milienbeihilfe aufgrund des Anpassungsfaktors nach § 2 Abs. 2 wie folgt bestimmt:

| Beträge gemäß §§ des Familienlastenausgleichsgesetzes 1967: | | Angepasste Beträge in Euro |
|---|---|---|
| 8 Abs. 2 Z 3 lit. a | 114,0 | 115,60 |
| 8 Abs. 2 Z 3 lit. b | 121,9 | 123,61 |
| 8 Abs. 2 Z 3 lit. c | 141,5 | 143,48 |
| 8 Abs. 2 Z 3 lit. d | 165,1 | 167,41 |
| 8 Abs. 3 Z 3 lit. a | 7,1 | 7,20 |
| 8 Abs. 3 Z 3 lit. b | 17,4 | 17,64 |
| 8 Abs. 3 Z 3 lit. c | 26,5 | 26,87 |
| 8 Abs. 3 Z 3 lit. d | 32,0 | 32,45 |
| 8 Abs. 3 Z 3 lit. e | 35,7 | 36,20 |
| 8 Abs. 3 Z 3 lit. f | 52,0 | 52,73 |
| 8 Abs. 4 Z 3 | 155,9 | 158,08 |
| 8 Abs. 8 | 100,0 | 101,40 |

(9) In Bezug auf Kinder, die sich ständig in Griechenland aufhalten, werden die Beträge an Familienbeihilfe aufgrund des Anpassungsfaktors nach § 2 Abs. 2 wie folgt bestimmt:

| Beträge gemäß §§ des Familienlastenausgleichsgesetzes 1967: | | Angepasste Beträge in Euro |
|---|---|---|
| 8 Abs. 2 Z 3 lit. a | 114,0 | 88,01 |
| 8 Abs. 2 Z 3 lit. b | 121,9 | 94,11 |
| 8 Abs. 2 Z 3 lit. c | 141,5 | 109,24 |
| 8 Abs. 2 Z 3 lit. d | 165,1 | 127,46 |
| 8 Abs. 3 Z 3 lit. a | 7,1 | 5,48 |
| 8 Abs. 3 Z 3 lit. b | 17,4 | 13,43 |
| 8 Abs. 3 Z 3 lit. c | 26,5 | 20,46 |
| 8 Abs. 3 Z 3 lit. d | 32,0 | 24,70 |
| 8 Abs. 3 Z 3 lit. e | 35,7 | 27,56 |
| 8 Abs. 3 Z 3 lit. f | 52,0 | 40,14 |
| 8 Abs. 4 Z 3 | 155,9 | 120,35 |
| 8 Abs. 8 | 100,0 | 77,20 |

(10) In Bezug auf Kinder, die sich ständig in Irland aufhalten, werden die Beträge an Familienbeihilfe aufgrund des Anpassungsfaktors nach § 2 Abs. 2 wie folgt bestimmt:

| Beträge gemäß §§ des Familienlastenausgleichsgesetzes 1967: | | Angepasste Beträge in Euro |
|---|---|---|
| 8 Abs. 2 Z 3 lit. a | 114,0 | 134,98 |
| 8 Abs. 2 Z 3 lit. b | 121,9 | 144,33 |
| 8 Abs. 2 Z 3 lit. c | 141,5 | 167,54 |
| 8 Abs. 2 Z 3 lit. d | 165,1 | 195,48 |
| 8 Abs. 3 Z 3 lit. a | 7,1 | 8,41 |
| 8 Abs. 3 Z 3 lit. b | 17,4 | 20,60 |
| 8 Abs. 3 Z 3 lit. c | 26,5 | 31,38 |
| 8 Abs. 3 Z 3 lit. d | 32,0 | 37,89 |
| 8 Abs. 3 Z 3 lit. e | 35,7 | 42, 27 |
| 8 Abs. 3 Z 3 lit. f | 52,0 | 61,57 |
| 8 Abs. 4 Z 3 | 155,9 | 184,59 |
| 8 Abs. 8 | 100,0 | 118,40 |

(11) In Bezug auf Kinder, die sich ständig in Island aufhalten, werden die Beträge an Familienbeihilfe aufgrund des Anpassungsfaktors nach § 2 Abs. 2 wie folgt bestimmt:

| Beträge gemäß §§ des Familienlastenausgleichsgesetzes 1967: | | Angepasste Beträge in Euro |
|---|---|---|
| 8 Abs. 2 Z 3 lit. a | 114,0 | 165,19 |
| 8 Abs. 2 Z 3 lit. b | 121,9 | 176,63 |
| 8 Abs. 2 Z 3 lit. c | 141,5 | 205,03 |
| 8 Abs. 2 Z 3 lit. d | 165,1 | 239,23 |
| 8 Abs. 3 Z 3 lit. a | 7,1 | 10,29 |
| 8 Abs. 3 Z 3 lit. b | 17,4 | 25,21 |
| 8 Abs. 3 Z 3 lit. c | 26,5 | 38,40 |
| 8 Abs. 3 Z 3 lit. d | 32,0 | 46,37 |
| 8 Abs. 3 Z 3 lit. e | 35,7 | 51,73 |
| 8 Abs. 3 Z 3 lit. f | 52,0 | 75,35 |
| 8 Abs. 4 Z 3 | 155,9 | 225,90 |
| 8 Abs. 8 | 100,0 | 144,90 |

(12) In Bezug auf Kinder, die sich ständig in Italien aufhalten, werden die Beträge an Familienbeihilfe aufgrund des Anpassungsfaktors nach § 2 Abs. 2 wie folgt bestimmt:

| Beträge gemäß §§ des Familienlastenausgleichsgesetzes 1967: | | Angepasste Beträge in Euro |
|---|---|---|
| 8 Abs. 2 Z 3 lit. a | 114,0 | 105,34 |
| 8 Abs. 2 Z 3 lit. b | 121,9 | 112,64 |
| 8 Abs. 2 Z 3 lit. c | 141,5 | 130,75 |
| 8 Abs. 2 Z 3 lit. d | 165,1 | 152,55 |
| 8 Abs. 3 Z 3 lit. a | 7,1 | 6,56 |
| 8 Abs. 3 Z 3 lit. b | 17,4 | 16,08 |
| 8 Abs. 3 Z 3 lit. c | 26,5 | 24,49 |
| 8 Abs. 3 Z 3 lit. d | 32,0 | 29,57 |
| 8 Abs. 3 Z 3 lit. e | 35,7 | 32,99 |
| 8 Abs. 3 Z 3 lit. f | 52,0 | 48,05 |
| 8 Abs. 4 Z 3 | 155,9 | 144,05 |
| 8 Abs. 8 | 100,0 | 92,40 |

(13) In Bezug auf Kinder, die sich ständig in Kroatien aufhalten, werden die Beträge an Familienbeihilfe aufgrund des Anpassungsfaktors nach § 2 Abs. 2 wie folgt bestimmt:

| Beträge gemäß §§ des Familienlastenausgleichsgesetzes 1967: | | Angepasste Beträge in Euro |
|---|---|---|
| 8 Abs. 2 Z 3 lit. a | 114,0 | 71,36 |
| 8 Abs. 2 Z 3 lit. b | 121,9 | 76,31 |
| 8 Abs. 2 Z 3 lit. c | 141,5 | 88,58 |
| 8 Abs. 2 Z 3 lit. d | 165,1 | 103,35 |
| 8 Abs. 3 Z 3 lit. a | 7,1 | 4,44 |
| 8 Abs. 3 Z 3 lit. b | 17,4 | 10,89 |
| 8 Abs. 3 Z 3 lit. c | 26,5 | 16,59 |
| 8 Abs. 3 Z 3 lit. d | 32,0 | 20,03 |
| 8 Abs. 3 Z 3 lit. e | 35,7 | 22,35 |
| 8 Abs. 3 Z 3 lit. f | 52,0 | 32,55 |
| 8 Abs. 4 Z 3 | 155,9 | 97,59 |
| 8 Abs. 8 | 100,0 | 62,60 |

(14) In Bezug auf Kinder, die sich ständig in Lettland aufhalten, werden die Beträge an Familienbeihilfe aufgrund des Anpassungsfaktors nach § 2 Abs. 2 wie folgt bestimmt:

| Beträge gemäß §§ des Familienlastenausgleichsgesetzes 1967: | | Angepasste Beträge in Euro |
|---|---|---|
| 8 Abs. 2 Z 3 lit. a | 114,0 | 77,86 |
| 8 Abs. 2 Z 3 lit. b | 121,9 | 83,26 |
| 8 Abs. 2 Z 3 lit. c | 141,5 | 96,64 |
| 8 Abs. 2 Z 3 lit. d | 165,1 | 112,76 |
| 8 Abs. 3 Z 3 lit. a | 7,1 | 4,85 |
| 8 Abs. 3 Z 3 lit. b | 17,4 | 11,88 |
| 8 Abs. 3 Z 3 lit. c | 26,5 | 18,10 |
| 8 Abs. 3 Z 3 lit. d | 32,0 | 21,86 |
| 8 Abs. 3 Z 3 lit. e | 35,7 | 24,38 |
| 8 Abs. 3 Z 3 lit. f | 52,0 | 35,52 |
| 8 Abs. 4 Z 3 | 155,9 | 106,48 |
| 8 Abs. 8 | 100,0 | 68,30 |

(15) In Bezug auf Kinder, die sich ständig in Liechtenstein aufhalten, werden die Beträge an Familienbeihilfe nach § 2 Abs. 3 wie folgt bestimmt:

| Beträge gemäß §§ des Familienlastenausgleichsgesetzes 1967: | |
|---|---|
| 8 Abs. 2 Z 3 lit. a | 114,0 |
| 8 Abs. 2 Z 3 lit. b | 121,9 |
| 8 Abs. 2 Z 3 lit. c | 141,5 |
| 8 Abs. 2 Z 3 lit. d | 165,1 |
| 8 Abs. 3 Z 3 lit. a | 7,1 |
| 8 Abs. 3 Z 3 lit. b | 17,4 |
| 8 Abs. 3 Z 3 lit. c | 26,5 |
| 8 Abs. 3 Z 3 lit. d | 32,0 |
| 8 Abs. 3 Z 3 lit. e | 35,7 |
| 8 Abs. 3 Z 3 lit. f | 52,0 |
| 8 Abs. 4 Z 3 | 155,9 |
| 8 Abs. 8 | 100,0 |

(16) In Bezug auf Kinder, die sich ständig in Litauen aufhalten, werden die Beträge an Familienbeihilfe aufgrund des Anpassungsfaktors nach § 2 Abs. 2 wie folgt bestimmt:

| Beträge gemäß §§ des Familienlastenausgleichsgesetzes 1967: | | Angepasste Beträge in Euro |
|---|---|---|
| 8 Abs. 2 Z 3 lit. a | 114,0 | 69,20 |
| 8 Abs. 2 Z 3 lit. b | 121,9 | 73,99 |
| 8 Abs. 2 Z 3 lit. c | 141,5 | 85,89 |
| 8 Abs. 2 Z 3 lit. d | 165,1 | 100,22 |
| 8 Abs. 3 Z 3 lit. a | 7,1 | 4,31 |
| 8 Abs. 3 Z 3 lit. b | 17,4 | 10,56 |
| 8 Abs. 3 Z 3 lit. c | 26,5 | 16,09 |
| 8 Abs. 3 Z 3 lit. d | 32,0 | 19,42 |
| 8 Abs. 3 Z 3 lit. e | 35,7 | 21,67 |
| 8 Abs. 3 Z 3 lit. f | 52,0 | 31,56 |
| 8 Abs. 4 Z 3 | 155,9 | 94,63 |
| 8 Abs. 8 | 100,0 | 60,70 |

(17) In Bezug auf Kinder, die sich ständig in Luxemburg aufhalten, werden die Beträge an Familienbeihilfe aufgrund des Anpassungsfaktors nach § 2 Abs. 2 wie folgt bestimmt:

| Beträge gemäß §§ des Familienlastenausgleichsgesetzes 1967: | | Angepasste Beträge in Euro |
|---|---|---|
| 8 Abs. 2 Z 3 lit. a | 114,0 | 131,78 |
| 8 Abs. 2 Z 3 lit. b | 121,9 | 140,92 |
| 8 Abs. 2 Z 3 lit. c | 141,5 | 163,57 |
| 8 Abs. 2 Z 3 lit. d | 165,1 | 190,86 |
| 8 Abs. 3 Z 3 lit. a | 7,1 | 8,21 |
| 8 Abs. 3 Z 3 lit. b | 17,4 | 20,11 |
| 8 Abs. 3 Z 3 lit. c | 26,5 | 30,63 |
| 8 Abs. 3 Z 3 lit. d | 32,0 | 36,99 |
| 8 Abs. 3 Z 3 lit. e | 35,7 | 41,27 |
| 8 Abs. 3 Z 3 lit. f | 52,0 | 60,11 |
| 8 Abs. 4 Z 3 | 155,9 | 180,22 |
| 8 Abs. 8 | 100,0 | 115,60 |

(18) In Bezug auf Kinder, die sich ständig in Malta aufhalten, werden die Beträge an Familienbeihilfe aufgrund des Anpassungsfaktors nach § 2 Abs. 2 wie folgt bestimmt:

| Beträge gemäß §§ des Familienlastenausgleichsgesetzes 1967: | | Angepasste Beträge in Euro |
|---|---|---|
| 8 Abs. 2 Z 3 lit. a | 114,0 | 86,64 |
| 8 Abs. 2 Z 3 lit. b | 121,9 | 92,64 |

| | | |
|---|---|---|
| 8 Abs. 2 Z 3 lit. c | 141,5 | 107,54 |
| 8 Abs. 2 Z 3 lit. d | 165,1 | 125,48 |
| 8 Abs. 3 Z 3 lit. a | 7,1 | 5,40 |
| 8 Abs. 3 Z 3 lit. b | 17,4 | 13,22 |
| 8 Abs. 3 Z 3 lit. c | 26,5 | 20,14 |
| 8 Abs. 3 Z 3 lit. d | 32,0 | 24,32 |
| 8 Abs. 3 Z 3 lit. e | 35,7 | 27,13 |
| 8 Abs. 3 Z 3 lit. f | 52,0 | 39,52 |
| 8 Abs. 4 Z 3 | 155,9 | 118,48 |
| 8 Abs. 8 | 100,0 | 76,00 |

(19) In Bezug auf Kinder, die sich ständig in den Niederlanden aufhalten, werden die Beträge an Familienbeihilfe aufgrund des Anpassungsfaktors nach § 2 Abs. 2 wie folgt bestimmt:

| Beträge gemäß §§ des Familienlastenausgleichsgesetzes 1967: | | Angepasste Beträge in Euro |
|---|---|---|
| 8 Abs. 2 Z 3 lit. a | 114,0 | 117,53 |
| 8 Abs. 2 Z 3 lit. b | 121,9 | 125,68 |
| 8 Abs. 2 Z 3 lit. c | 141,5 | 145,89 |
| 8 Abs. 2 Z 3 lit. d | 165,1 | 170,22 |
| 8 Abs. 3 Z 3 lit. a | 7,1 | 7,32 |
| 8 Abs. 3 Z 3 lit. b | 17,4 | 17,94 |
| 8 Abs. 3 Z 3 lit. c | 26,5 | 27,32 |
| 8 Abs. 3 Z 3 lit. d | 32,0 | 32,99 |
| 8 Abs. 3 Z 3 lit. e | 35,7 | 36,81 |
| 8 Abs. 3 Z 3 lit. f | 52,0 | 53,61 |
| 8 Abs. 4 Z 3 | 155,9 | 160,73 |
| 8 Abs. 8 | 100,0 | 103,10 |

(20) In Bezug auf Kinder, die sich ständig in Norwegen aufhalten, werden die Beträge an Familienbeihilfe aufgrund des Anpassungsfaktors nach § 2 Abs. 2 wie folgt bestimmt:

| Beträge gemäß §§ des Familienlastenausgleichsgesetzes 1967: | | Angepasste Beträge in Euro |
|---|---|---|
| 8 Abs. 2 Z 3 lit. a | 114,0 | 153,67 |
| 8 Abs. 2 Z 3 lit. b | 121,9 | 164,32 |
| 8 Abs. 2 Z 3 lit. c | 141,5 | 190,74 |
| 8 Abs. 2 Z 3 lit. d | 165,1 | 222,55 |
| 8 Abs. 3 Z 3 lit. a | 7,1 | 9,57 |
| 8 Abs. 3 Z 3 lit. b | 17,4 | 23,46 |
| 8 Abs. 3 Z 3 lit. c | 26,5 | 35,72 |
| 8 Abs. 3 Z 3 lit. d | 32,0 | 43,14 |
| 8 Abs. 3 Z 3 lit. e | 35,7 | 48,12 |
| 8 Abs. 3 Z 3 lit. f | 52,0 | 70,10 |
| 8 Abs. 4 Z 3 | 155,9 | 210,15 |
| 8 Abs. 8 | 100,0 | 134,80 |

(21) In Bezug auf Kinder, die sich ständig in Polen aufhalten, werden die Beträge an Familienbeihilfe aufgrund des Anpassungsfaktors nach § 2 Abs. 2 wie folgt bestimmt:

| Beträge gemäß §§ des Familienlastenausgleichsgesetzes 1967: | | Angepasste Beträge in Euro |
|---|---|---|
| 8 Abs. 2 Z 3 lit. a | 114,0 | 60,53 |
| 8 Abs. 2 Z 3 lit. b | 121,9 | 64,73 |
| 8 Abs. 2 Z 3 lit. c | 141,5 | 75,14 |
| 8 Abs. 2 Z 3 lit. d | 165,1 | 87,67 |
| 8 Abs. 3 Z 3 lit. a | 7,1 | 3,77 |
| 8 Abs. 3 Z 3 lit. b | 17,4 | 9,24 |
| 8 Abs. 3 Z 3 lit. c | 26,5 | 14,07 |
| 8 Abs. 3 Z 3 lit. d | 32,0 | 16,99 |
| 8 Abs. 3 Z 3 lit. e | 35,7 | 18,96 |
| 8 Abs. 3 Z 3 lit. f | 52,0 | 27,61 |
| 8 Abs. 4 Z 3 | 155,9 | 82,78 |
| 8 Abs. 8 | 100,0 | 53,10 |

(22) In Bezug auf Kinder, die sich ständig in Portugal aufhalten, werden die Beträge an Familienbeihilfe aufgrund des Anpassungsfaktors nach § 2 Abs. 2 wie folgt bestimmt:

| Beträge gemäß §§ des Familienlastenausgleichsgesetzes 1967: | | Angepasste Beträge in Euro |
|---|---|---|
| 8 Abs. 2 Z 3 lit. a | 114,0 | 90,63 |
| 8 Abs. 2 Z 3 lit. b | 121,9 | 96,91 |
| 8 Abs. 2 Z 3 lit. c | 141,5 | 112,49 |
| 8 Abs. 2 Z 3 lit. d | 165,1 | 131,25 |
| 8 Abs. 3 Z 3 lit. a | 7,1 | 5,64 |
| 8 Abs. 3 Z 3 lit. b | 17,4 | 13,83 |
| 8 Abs. 3 Z 3 lit. c | 26,5 | 21,07 |
| 8 Abs. 3 Z 3 lit. d | 32,0 | 25,44 |
| 8 Abs. 3 Z 3 lit. e | 35,7 | 28,38 |
| 8 Abs. 3 Z 3 lit. f | 52,0 | 41,34 |
| 8 Abs. 4 Z 3 | 155,9 | 123,94 |
| 8 Abs. 8 | 100,0 | 79,50 |

(23) In Bezug auf Kinder, die sich ständig in Rumänien aufhalten, werden die Beträge an Familienbeihilfe aufgrund des Anpassungsfaktors nach § 2 Abs. 2 wie folgt bestimmt:

| Beträge gemäß §§ des Familienlastenausgleichsgesetzes 1967: | | Angepasste Beträge in Euro |
|---|---|---|
| 8 Abs. 2 Z 3 lit. a | 114,0 | 55,06 |
| 8 Abs. 2 Z 3 lit. b | 121,9 | 58,88 |
| 8 Abs. 2 Z 3 lit. c | 141,5 | 68,34 |
| 8 Abs. 2 Z 3 lit. d | 165,1 | 79,74 |
| 8 Abs. 3 Z 3 lit. a | 7,1 | 3,43 |

| | | |
|---|---|---|
| 8 Abs. 3 Z 3 lit. b | 17,4 | 8,40 |
| 8 Abs. 3 Z 3 lit. c | 26,5 | 12,80 |
| 8 Abs. 3 Z 3 lit. d | 32,0 | 15,46 |
| 8 Abs. 3 Z 3 lit. e | 35,7 | 17,24 |
| 8 Abs. 3 Z 3 lit. f | 52,0 | 25,12 |
| 8 Abs. 4 Z 3 | 155,9 | 75,30 |
| 8 Abs. 8 | 100,0 | 48,30 |

(24) In Bezug auf Kinder, die sich ständig in Schweden aufhalten, werden die Beträge an Familienbeihilfe aufgrund des Anpassungsfaktors nach § 2 Abs. 2 wie folgt bestimmt:

| Beträge gemäß §§ des Familienlastenausgleichsgesetzes 1967: | | Angepasste Beträge in Euro |
|---|---|---|
| 8 Abs. 2 Z 3 lit. a | 114,0 | 125,74 |
| 8 Abs. 2 Z 3 lit. b | 121,9 | 134,46 |
| 8 Abs. 2 Z 3 lit. c | 141,5 | 156,07 |
| 8 Abs. 2 Z 3 lit. d | 165,1 | 182,11 |
| 8 Abs. 3 Z 3 lit. a | 7,1 | 7,83 |
| 8 Abs. 3 Z 3 lit. b | 17,4 | 19,19 |
| 8 Abs. 3 Z 3 lit. c | 26,5 | 29,23 |
| 8 Abs. 3 Z 3 lit. d | 32,0 | 35,30 |
| 8 Abs. 3 Z 3 lit. e | 35,7 | 39,38 |
| 8 Abs. 3 Z 3 lit. f | 52,0 | 57,36 |
| 8 Abs. 4 Z 3 | 155,9 | 171,96 |
| 8 Abs. 8 | 100,0 | 110,30 |

(25) In Bezug auf Kinder, die sich ständig in der Schweiz aufhalten, werden die Beträge an Familienbeihilfe aufgrund des Anpassungsfaktors nach § 2 Abs. 2 wie folgt bestimmt:

| Beträge gemäß §§ des Familienlastenausgleichsgesetzes 1967: | | Angepasste Beträge in Euro |
|---|---|---|
| 8 Abs. 2 Z 3 lit. a | 114,0 | 158,69 |
| 8 Abs. 2 Z 3 lit. b | 121,9 | 169,68 |
| 8 Abs. 2 Z 3 lit. c | 141,5 | 196,97 |
| 8 Abs. 2 Z 3 lit. d | 165,1 | 229,82 |
| 8 Abs. 3 Z 3 lit. a | 7,1 | 9,88 |
| 8 Abs. 3 Z 3 lit. b | 17,4 | 24,22 |
| 8 Abs. 3 Z 3 lit. c | 26,5 | 36,89 |
| 8 Abs. 3 Z 3 lit. d | 32,0 | 44,54 |
| 8 Abs. 3 Z 3 lit. e | 35,7 | 49,69 |
| 8 Abs. 3 Z 3 lit. f | 52,0 | 72,38 |
| 8 Abs. 4 Z 3 | 155,9 | 217,01 |
| 8 Abs. 8 | 100,0 | 139,20 |

(26) In Bezug auf Kinder, die sich ständig in Slowakei aufhalten, werden die Beträge an Familienbeihilfe aufgrund des Anpassungsfaktors nach § 2 Abs. 2 wie folgt bestimmt:

| Beträge gemäß §§ des Familienlastenausgleichsgesetzes 1967: | | Angepasste Beträge in Euro |
|---|---|---|
| 8 Abs. 2 Z 3 lit. a | 114,0 | 81,05 |
| 8 Abs. 2 Z 3 lit. b | 121,9 | 86,67 |
| 8 Abs. 2 Z 3 lit. c | 141,5 | 100,61 |
| 8 Abs. 2 Z 3 lit. d | 165,1 | 117,39 |
| 8 Abs. 3 Z 3 lit. a | 7,1 | 5,05 |
| 8 Abs. 3 Z 3 lit. b | 17,4 | 12,37 |
| 8 Abs. 3 Z 3 lit. c | 26,5 | 18,84 |
| 8 Abs. 3 Z 3 lit. d | 32,0 | 22,75 |
| 8 Abs. 3 Z 3 lit. e | 35,7 | 25,38 |
| 8 Abs. 3 Z 3 lit. f | 52,0 | 36,97 |
| 8 Abs. 4 Z 3 | 155,9 | 110,84 |
| 8 Abs. 8 | 100,0 | 71,10 |

(27) In Bezug auf Kinder, die sich ständig in Slowenien aufhalten, werden die Beträge an Familienbeihilfe aufgrund des Anpassungsfaktors nach § 2 Abs. 2 wie folgt bestimmt:

| Beträge gemäß §§ des Familienlastenausgleichsgesetzes 1967: | | Angepasste Beträge in Euro |
|---|---|---|
| 8 Abs. 2 Z 3 lit. a | 114,0 | 88,69 |
| 8 Abs. 2 Z 3 lit. b | 121,9 | 94,84 |
| 8 Abs. 2 Z 3 lit. c | 141,5 | 110,09 |
| 8 Abs. 2 Z 3 lit. d | 165,1 | 128,45 |
| 8 Abs. 3 Z 3 lit. a | 7,1 | 5,52 |
| 8 Abs. 3 Z 3 lit. b | 17,4 | 13,54 |
| 8 Abs. 3 Z 3 lit. c | 26,5 | 20,62 |
| 8 Abs. 3 Z 3 lit. d | 32,0 | 24,90 |
| 8 Abs. 3 Z 3 lit. e | 35,7 | 27,77 |
| 8 Abs. 3 Z 3 lit. f | 52,0 | 40,46 |
| 8 Abs. 4 Z 3 | 155,9 | 121,29 |
| 8 Abs. 8 | 100,0 | 77,80 |

(28) In Bezug auf Kinder, die sich ständig in Spanien aufhalten, werden die Beträge an Familienbeihilfe aufgrund des Anpassungsfaktors nach § 2 Abs. 2 wie folgt bestimmt:

| Beträge gemäß §§ des Familienlastenausgleichsgesetzes 1967: | | Angepasste Beträge in Euro |
|---|---|---|
| 8 Abs. 2 Z 3 lit. a | 114,0 | 97,36 |
| 8 Abs. 2 Z 3 lit. b | 121,9 | 104,10 |
| 8 Abs. 2 Z 3 lit. c | 141,5 | 120,84 |
| 8 Abs. 2 Z 3 lit. d | 165,1 | 141,00 |
| 8 Abs. 3 Z 3 lit. a | 7,1 | 6,06 |
| 8 Abs. 3 Z 3 lit. b | 17,4 | 14,86 |
| 8 Abs. 3 Z 3 lit. c | 26,5 | 22,63 |
| 8 Abs. 3 Z 3 lit. d | 32,0 | 27,33 |

| | | |
|---|---|---|
| 8 Abs. 3 Z 3 lit. e | 35,7 | 30,49 |
| 8 Abs. 3 Z 3 lit. f | 52,0 | 44,41 |
| 8 Abs. 4 Z 3 | 155,9 | 133,14 |
| 8 Abs. 8 | 100,0 | 85,40 |

(29) In Bezug auf Kinder, die sich ständig in Tschechien aufhalten, werden die Beträge an Familienbeihilfe aufgrund des Anpassungsfaktors nach § 2 Abs. 2 wie folgt bestimmt:

| Beträge gemäß §§ des Familienlastenausgleichsgesetzes 1967: | | Angepasste Beträge in Euro |
|---|---|---|
| 8 Abs. 2 Z 3 lit. a | 114,0 | 74,67 |
| 8 Abs. 2 Z 3 lit. b | 121,9 | 79,84 |
| 8 Abs. 2 Z 3 lit. c | 141,5 | 92,68 |
| 8 Abs. 2 Z 3 lit. d | 165,1 | 108,14 |
| 8 Abs. 3 Z 3 lit. a | 7,1 | 4,65 |
| 8 Abs. 3 Z 3 lit. b | 17,4 | 11,40 |
| 8 Abs. 3 Z 3 lit. c | 26,5 | 17,36 |
| 8 Abs. 3 Z 3 lit. d | 32,0 | 20,96 |
| 8 Abs. 3 Z 3 lit. e | 35,7 | 23,38 |
| 8 Abs. 3 Z 3 lit. f | 52,0 | 34,06 |
| 8 Abs. 4 Z 3 | 155,9 | 102,11 |
| 8 Abs. 8 | 100,0 | 65,50 |

(30) In Bezug auf Kinder, die sich ständig in Ungarn aufhalten, werden die Beträge an Familienbeihilfe aufgrund des Anpassungsfaktors nach § 2 Abs. 2 wie folgt bestimmt:

| Beträge gemäß §§ des Familienlastenausgleichsgesetzes 1967: | | Angepasste Beträge in Euro |
|---|---|---|
| 8 Abs. 2 Z 3 lit. a | 114,0 | 65,55 |
| 8 Abs. 2 Z 3 lit. b | 121,9 | 70,09 |
| 8 Abs. 2 Z 3 lit. c | 141,5 | 81,36 |
| 8 Abs. 2 Z 3 lit. d | 165,1 | 94,93 |
| 8 Abs. 3 Z 3 lit. a | 7,1 | 4,08 |
| 8 Abs. 3 Z 3 lit. b | 17,4 | 10,01 |
| 8 Abs. 3 Z 3 lit. c | 26,5 | 15,24 |
| 8 Abs. 3 Z 3 lit. d | 32,0 | 18,40 |
| 8 Abs. 3 Z 3 lit. e | 35,7 | 20,53 |
| 8 Abs. 3 Z 3 lit. f | 52,0 | 29,90 |
| 8 Abs. 4 Z 3 | 155,9 | 89,64 |
| 8 Abs. 8 | 100,0 | 57,50 |

(31) In Bezug auf Kinder, die sich ständig im Vereinigten Königreich aufhalten, werden die Beträge an Familienbeihilfe aufgrund des Anpassungsfaktors nach § 2 Abs. 2 wie folgt bestimmt:

| Beträge gemäß §§ des Familienlastenausgleichsgesetzes 1967: | | Angepasste Beträge in Euro |
|---|---|---|
| 8 Abs. 2 Z 3 lit. a | 114,0 | 122,21 |
| 8 Abs. 2 Z 3 lit. b | 121,9 | 130,68 |
| 8 Abs. 2 Z 3 lit. c | 141,5 | 151,69 |
| 8 Abs. 2 Z 3 lit. d | 165,1 | 176,99 |
| 8 Abs. 3 Z 3 lit. a | 7,1 | 7,61 |
| 8 Abs. 3 Z 3 lit. b | 17,4 | 18,65 |
| 8 Abs. 3 Z 3 lit. c | 26,5 | 28,41 |
| 8 Abs. 3 Z 3 lit. d | 32,0 | 34,30 |
| 8 Abs. 3 Z 3 lit. e | 35,7 | 38,27 |
| 8 Abs. 3 Z 3 lit. f | 52,0 | 55,74 |
| 8 Abs. 4 Z 3 | 155,9 | 167,12 |
| 8 Abs. 8 | 100,0 | 107,20 |

(32) In Bezug auf Kinder, die sich ständig in Zypern aufhalten, werden die Beträge an Familienbeihilfe aufgrund des Anpassungsfaktors nach § 2 Abs. 2 wie folgt bestimmt:

| Beträge gemäß §§ des Familienlastenausgleichsgesetzes 1967: | | Angepasste Beträge in Euro |
|---|---|---|
| 8 Abs. 2 Z 3 lit. a | 114,0 | 91,43 |
| 8 Abs. 2 Z 3 lit. b | 121,9 | 97,76 |
| 8 Abs. 2 Z 3 lit. c | 141,5 | 113,48 |
| 8 Abs. 2 Z 3 lit. d | 165,1 | 132,41 |
| 8 Abs. 3 Z 3 lit. a | 7,1 | 5,69 |
| 8 Abs. 3 Z 3 lit. b | 17,4 | 13,95 |
| 8 Abs. 3 Z 3 lit. c | 26,5 | 21,25 |
| 8 Abs. 3 Z 3 lit. d | 32,0 | 25,66 |
| 8 Abs. 3 Z 3 lit. e | 35,7 | 28,63 |
| 8 Abs. 3 Z 3 lit. f | 52,0 | 41,70 |
| 8 Abs. 4 Z 3 | 155,9 | 125,03 |
| 8 Abs. 8 | 100,0 | 80,20 |

**§ 4.** (1) Der Kinderabsetzbetrag gemäß § 33 Abs. 3 EStG 1988 wird aufgrund des Anpassungsfaktors nach § 2 Abs. 2 sowie nach § 2 Abs. 3 wie folgt bestimmt:

| Staat, in dem sich die Kinder ständig aufhalten | Kinderabsetzbetrag gemäß § 33 Abs. 3 EStG 1988 | Angepasster Betrag in Euro |
|---|---|---|
| Belgien | 58,40 | 59,86 |
| Bulgarien | 58,40 | 27,10 |
| Dänemark | 58,40 | 73,82 |
| Deutschland | 58,40 | 55,66 |
| Estland | 58,40 | 43,27 |
| Finnland | 58,40 | 65,70 |
| Frankreich | 58,40 | 59,22 |

| | | |
|---|---|---|
| Griechenland | 58,40 | 45,08 |
| Irland | 58,40 | 69,15 |
| Island | 58,40 | 84,62 |
| Italien | 58,40 | 53,96 |
| Kroatien | 58,40 | 36,56 |
| Lettland | 58,40 | 39,89 |
| Liechtenstein | 58,40 | 58,40 |
| Litauen | 58,40 | 35,45 |
| Luxemburg | 58,40 | 67,51 |
| Malta | 58,40 | 44,38 |
| Niederlande | 58,40 | 60,21 |
| Norwegen | 58,40 | 78,72 |
| Polen | 58,40 | 31,01 |
| Portugal | 58,40 | 46,43 |
| Rumänien | 58,40 | 28,21 |
| Schweden | 58,40 | 64,42 |
| Schweiz | 58,40 | 81,29 |
| Slowakei | 58,40 | 41,52 |
| Slowenien | 58,40 | 45,44 |
| Spanien | 58,40 | 49,87 |
| Tschechien | 58,40 | 38,25 |
| Ungarn | 58,40 | 33,58 |
| Vereinigtes Königreich | 58,40 | 62,60 |
| Zypern | 58,40 | 46,84 |

**§ 5.** (1) Die Familienbeihilfe-Kinderabsetzbetrag-EU-Anpassungsverordnung, BGBl. II Nr. 318/2018 in der Fassung BGBl. II Nr. 204/2019 und BGBl. II Nr. 366/2020, tritt mit 31. Dezember 2020 außer Kraft.

(2) Diese Verordnung tritt mit 1. Jänner 2021 in Kraft.

### 1/3/27. VO zu § 33 Abs. 3a Z 2

## Familienbonus Plus-Absetzbeträge-EU-Anpassungsverordnung

BGBl II 2018/257 idF BGBl II 2022/193

**Verordnung des Bundesministers für Finanzen über die Anpassung des Familienbonus Plus, des Alleinverdiener-, Alleinerzieher- und Unterhaltsabsetzbetrages sowie des Kindermehrbetrages in Bezug auf Kinder, die sich ständig in einem anderen Mitgliedstaat der EU oder einer Vertragspartei des Europäischen Wirtschaftsraumes oder der Schweiz aufhalten (Familienbonus Plus-Absetzbeträge-EU-Anpassungsverordnung)**

Aufgrund des § 33 Abs. 3a Z 2 des Einkommensteuergesetzes 1988, BGBl. Nr. 400, zuletzt geändert durch das Bundesgesetz BGBl. I Nr. 62/2018, wird verordnet:

**§ 1.** Diese Verordnung bestimmt die Absetzbeträge gemäß § 33 Abs. 3a und Abs. 4 EStG 1988 sowie den Kindermehrbetrag gemäß § 33 Abs. 7 EStG 1988 in Bezug auf Kinder, die sich ständig in einem anderen Mitgliedstaat der EU oder Hoheitsgebiet einer anderen Vertragspartei des Abkommens über den Europäischen Wirtschaftsraum oder der Schweiz aufhalten.

**§ 2.** (1) Zur Bestimmung der Beträge nach § 1 wird ein Anpassungsfaktor festgelegt, der auf den vom Statistischen Amt der Europäischen Union am 1. Juni 2020 veröffentlichten Indikatoren im Rahmen der „Vergleichenden Preisniveaus des Endverbrauchs der privaten Haushalte einschließlich indirekter Steuern (EU-27=100)“ basiert.

(2) Das Statistische Amt der Europäischen Union hat den Indikator für Österreich mit 112 festgelegt. Um den Anpassungsfaktor zu ermitteln, wird das Verhältnis der Indikatoren der einzelnen Staaten zum Indikator Österreichs in Verhältnis gesetzt. Die Berechnung des Anpassungsfaktors erfolgt auf drei Nachkommastellen, ohne Anwendung einer Rundung. Der Anpassungsfaktor wird demnach wie folgt festgelegt:

| Staat, in dem sich die Kinder ständig aufhalten | Indikator des Statistischen Amtes der Europäischen Union | Anpassungsfaktor |
|---|---|---|
| Belgien | 114,8 | 1,025 |
| Bulgarien | 52,0 | 0,464 |
| Dänemark | 141,6 | 1,264 |
| Deutschland | 106,8 | 0,953 |
| Estland | 83,0 | 0,741 |
| Finnland | 126,0 | 1,125 |
| Frankreich | 113,6 | 1,014 |
| Griechenland | 86,5 | 0,772 |
| Irland | 132,7 | 1,184 |

| | | |
|---|---|---|
| Island | 162,3 | 1,449 |
| Italien | 103,5 | 0,924 |
| Kroatien | 70,2 | 0,626 |
| Lettland | 76,5 | 0,683 |
| Litauen | 68,0 | 0,607 |
| Luxemburg | 129,5 | 1,156 |
| Malta | 85,2 | 0,760 |
| Niederlande | 115,5 | 1,031 |
| Norwegen | 151,0 | 1,348 |
| Polen | 59,5 | 0,531 |
| Portugal | 89,1 | 0,795 |
| Rumänien | 54,1 | 0,483 |
| Schweden | 123,6 | 1,103 |
| Schweiz | 156,0 | 1,392 |
| Slowakei | 79,7 | 0,711 |
| Slowenien | 87,2 | 0,778 |
| Spanien | 95,7 | 0,854 |
| Tschechien | 73,4 | 0,655 |
| Ungarn | 64,5 | 0,575 |
| Vereinigtes Königreich | 120,1 | 1,072 |
| Zypern | 89,9 | 0,802 |

(3) Da für das Fürstentum Liechtenstein kein Indikator des Statistischen Amtes der Europäischen Union vorliegt, sind in Bezug auf Kinder, die sich ständig im Fürstentum Liechtenstein aufhalten, die gesetzlich festgelegten Absetzbeträge gemäß § 33 Abs. 3a und Abs. 4 EStG 1988 sowie der Kindermehrbetrag gemäß § 33 Abs. 7 EStG 1988 anzuwenden.

*(BGBl II 2020/417)*

**§ 3.** (1) Die im Folgenden angepassten Beträge werden jeweils auf die zweite Nachkommastelle kaufmännisch gerundet.

**„(2) Der Familienbonus Plus gemäß § 33 Abs. 3a Z 1 lit. a und lit. b EStG 1988 wird aufgrund des Anpassungsfaktors nach § 2 Abs. 2 wie folgt bestimmt:**

| **Familienbonus Plus § 33 Abs. 3a Z 1 lit. a und b EStG 1988:** | **166,68 Euro** | **54,18 Euro** |
|---|---|---|
| **Staat, in dem sich die Kinder ständig aufhalten** | **Angepasster Betrag in Euro** | **Angepasster Betrag in Euro** |
| **Belgien** | **170,85** | **55,53** |
| **Bulgarien** | **77,34** | **25,14** |
| **Dänemark** | **210,68** | **68,48** |
| **Deutschland** | **158,85** | **51,63** |
| **Estland** | **123,51** | **40,15** |
| **Finnland** | **187,52** | **60,95** |
| **Frankreich** | **169,01** | **54,94** |
| **Griechenland** | **128,68** | **41,83** |
| **Irland** | **197,35** | **64,15** |
| **Island** | **241,52** | **78,51** |
| **Italien** | **154,01** | **50,06** |
| **Kroatien** | **104,34** | **33,92** |
| **Lettland** | **113,84** | **37,00** |
| **Liechtenstein** | **166,68** | **54,18** |
| **Litauen** | **101,17** | **32,89** |
| **Luxemburg** | **192,68** | **62,63** |
| **Malta** | **126,68** | **41,18** |
| **Niederlande** | **171,85** | **55,86** |
| **Norwegen** | **224,68** | **73,03** |
| **Polen** | **88,51** | **28,77** |
| **Portugal** | **132,51** | **43,07** |
| **Rumänien** | **80,51** | **26,17** |
| **Schweden** | **183,85** | **59,76** |
| **Schweiz** | **232,02** | **75,42** |
| **Slowakei** | **118,51** | **38,52** |
| **Slowenien** | **129,68** | **42,15** |
| **Spanien** | **142,34** | **46,27** |
| **Tschechien** | **109,18** | **35,49** |
| **Ungarn** | **95,84** | **31,15** |
| **Vereinigtes Königreich** | **178,68** | **58,08** |
| **Zypern** | **133,68** | **43,45“** |

*(BGBl II 2022/193 ab Juli 2022*

(3) Der Alleinverdiener- und der Alleinerzieherabsetzbetrag gemäß § 33 Abs. 4 Z 1 und Z 2 EStG 1988 werden aufgrund des Anpassungsfaktors nach § 2 Abs. 2 wie folgt bestimmt:

| Alleinverdiener- und Alleinerzieherabsetzbetrag § 33 Abs. 4 Z 1 und Z 2 EStG 1988: | bei einem Kind 494 Euro | für das zweite Kind 175 Euro | für jedes weitere Kind 220 Euro |
|---|---|---|---|
| Staat, in dem sich die Kinder ständig aufhalten | Angepasster Betrag in Euro | Angepasster Betrag in Euro | Angepasster Betrag in Euro |
| Belgien | 506,35 | 179,38 | 225,50 |
| Bulgarien | 229,22 | 81,20 | 102,08 |
| Dänemark | 624,42 | 221,20 | 278,08 |
| Deutschland | 470,78 | 166,78 | 209,66 |
| Estland | 366,05 | 129,68 | 163,02 |
| Finnland | 555,75 | 196,88 | 247,50 |
| Frankreich | 500,92 | 177,45 | 223,08 |
| Griechenland | 381,37 | 135,10 | 169,84 |
| Irland | 584,90 | 207,20 | 260,48 |
| Island | 715,81 | 253,58 | 318,78 |
| Italien | 456,46 | 161,70 | 203,28 |
| Kroatien | 309,24 | 109,55 | 137,72 |
| Lettland | 337,40 | 119,53 | 150,26 |
| Liechtenstein | 494,00 | 175,00 | 220,00 |
| Litauen | 299,86 | 106,23 | 133,54 |
| Luxemburg | 571,06 | 202,30 | 254,32 |
| Malta | 375,44 | 133,00 | 167,20 |
| Niederlande | 509,31 | 180,43 | 226,82 |
| Norwegen | 665,91 | 235,90 | 296,56 |
| Polen | 262,31 | 92,93 | 116,82 |
| Portugal | 392,73 | 139,13 | 174,90 |
| Rumänien | 238,60 | 84,53 | 106,26 |
| Schweden | 544,88 | 193,03 | 242,66 |
| Schweiz | 687,65 | 243,60 | 306,24 |
| Slowakei | 351,23 | 124,43 | 156,42 |
| Slowenien | 384,33 | 136,15 | 171,16 |
| Spanien | 421,88 | 149,45 | 187,88 |
| Tschechien | 323,57 | 114,63 | 144,10 |
| Ungarn | 284,05 | 100,63 | 126,50 |
| Vereinigtes Königreich | 529,57 | 187,60 | 235,84 |
| Zypern | 396,19 | 140,35 | 176,44 |

(4) Der Unterhaltsabsetzbetrag gemäß § 33 Abs. 4 Z 3 EStG 1988 wird aufgrund des Anpassungsfaktors nach § 2 Abs. 2 wie folgt bestimmt:

| Unterhaltsabsetzbetrag § 33 Abs. 4 Z 3 EStG 1988: | für das erste Kind 29,20 Euro | für das zweite Kind 43,80 Euro | für jedes weitere Kind 58,40 Euro |
|---|---|---|---|
| Staat, in dem sich die Kinder ständig aufhalten | Angepasster Betrag in Euro | Angepasster Betrag in Euro | Angepasster Betrag in Euro |
| Belgien | 29,93 | 44,90 | 59,86 |
| Bulgarien | 13,55 | 20,32 | 27,10 |

| | | | |
|---|---|---|---|
| Dänemark | 36,91 | 55,36 | 73,82 |
| Deutschland | 27,83 | 41,74 | 55,66 |
| Estland | 21,64 | 32,46 | 43,27 |
| Finnland | 32,85 | 49,28 | 65,70 |
| Frankreich | 29,61 | 44,41 | 59,22 |
| Griechenland | 22,54 | 33,81 | 45,08 |
| Irland | 34,57 | 51,86 | 69,15 |
| Island | 42,31 | 63,47 | 84,62 |
| Italien | 26,98 | 40,47 | 53,96 |
| Kroatien | 18,28 | 27,42 | 36,56 |
| Lettland | 19,94 | 29,92 | 39,89 |
| Liechtenstein | 29,20 | 43,80 | 58,40 |
| Litauen | 17,72 | 26,59 | 35,45 |
| Luxemburg | 33,76 | 50,63 | 67,51 |
| Malta | 22,19 | 33,29 | 44,38 |
| Niederlande | 30,11 | 45,16 | 60,21 |
| Norwegen | 39,36 | 59,04 | 78,72 |
| Polen | 15,51 | 23,26 | 31,01 |
| Portugal | 23,21 | 34,82 | 46,43 |
| Rumänien | 14,10 | 21,16 | 28,21 |
| Schweden | 32,21 | 48,31 | 64,42 |
| Schweiz | 40,65 | 60,97 | 81,29 |
| Slowakei | 20,76 | 31,14 | 41,52 |
| Slowenien | 22,72 | 34,08 | 45,44 |
| Spanien | 24,94 | 37,41 | 49,87 |
| Tschechien | 19,13 | 28,69 | 38,25 |
| Ungarn | 16,79 | 25,19 | 33,58 |
| Vereinigtes Königreich | 31,30 | 46,95 | 62,60 |
| Zypern | 23,42 | 35,13 | 46,84 |

**„(5) Der Kindermehrbetrag gemäß § 33 Abs. 7 EStG 1988 wird aufgrund des Anpassungsfaktors nach § 2 Abs. 2 wie folgt bestimmt:**

| **Kindermehrbetrag § 33 Abs. 7 EStG 1988:** | **pro Kind 350 Euro** |
|---|---|
| **Staat, in dem sich die Kinder ständig aufhalten** | **Angepasster Betrag in Euro** |
| **Belgien** | **358,75** |
| **Bulgarien** | **162,40** |
| **Dänemark** | **442,40** |
| **Deutschland** | **333,55** |
| **Estland** | **259,35** |
| **Finnland** | **393,75** |
| **Frankreich** | **354,90** |
| **Griechenland** | **270,20** |
| **Irland** | **414,40** |
| **Island** | **507,15** |
| **Italien** | **323,40** |
| **Kroatien** | **219,10** |
| **Lettland** | **239,05** |
| **Liechtenstein** | **350,00** |
| **Litauen** | **212,45** |
| **Luxemburg** | **404,60** |
| **Malta** | **266,00** |
| **Niederlande** | **360,85** |
| **Norwegen** | **471,80** |
| **Polen** | **185,85** |
| **Portugal** | **278,25** |
| **Rumänien** | **169,05** |
| **Schweden** | **386,05** |
| **Schweiz** | **487,20** |
| **Slowakei** | **248,85** |
| **Slowenien** | **272,30** |
| **Spanien** | **298,90** |

| | |
|---|---|
| Tschechien | 229,25 |
| Ungarn | 201,25 |
| Vereinigtes Königreich | 375,20 |
| Zypern | 280,70“ |

*(BGBl II 2022/193 ab Veranlagung 2022*

*(BGBl II 2020/417)*

**§ 4.** (1) Diese Verordnung ist erstmalig anzuwenden, wenn

– die Einkommensteuer veranlagt wird, bei der Veranlagung für das Kalenderjahr 2019,

– die Einkommensteuer (Lohnsteuer) durch Abzug eingehoben oder durch Veranlagung festgesetzt wird, erstmalig für Lohnzahlungszeiträume, die nach dem 31. Dezember 2018 enden.

*(BGBl II 2019/141)*

(2) § 2 Abs. 2 und § 3 Abs. 2 bis Abs. 5, jeweils in der Fassung BGBl. II Nr. 141/2019, sind ab dem Folgemonat nach dem Wirksamwerden des Austritts des Vereinigten Königreichs aus der Europäischen Union anzuwenden, unter der Bedingung, dass der Austritt ohne Austrittsabkommen gemäß Art. 50 Abs. 2 EUV erfolgt.

*(BGBl II 2019/141)*

(3) § 2 und § 3 in der Fassung des BGBl. II Nr. 417/2020 treten mit 1. Jänner 2021 in Kraft und sind erstmalig anzuwenden, wenn

– die Einkommensteuer veranlagt wird, bei der Veranlagung für das Kalenderjahr 2021,

– die Einkommensteuer (Lohnsteuer) durch Abzug eingehoben oder durch Veranlagung festgesetzt wird, erstmalig für Lohnzahlungszeiträume, die nach dem 31. Dezember 2020 enden.

*(BGBl II 2020/417)*

**„(4) § 3 Abs. 2 in der Fassung des BGBl. II Nr. 193/2022 ist für Kalendermonate ab Juli 2022 anzuwenden.**

*(BGBl II 2022/193)*

**(5) § 3 Abs. 5 in der Fassung des BGBl. II Nr. 193/2022 ist bei der Veranlagung für das Kalenderjahr 2022 anzuwenden.**

*(BGBl II 2022/193)*

**(6) Für die Veranlagung für das Kalenderjahr 2021 wird der Kindermehrbetrag gemäß § 33 Abs. 7 EStG 1988 aufgrund des Anpassungsfaktors nach § 2 Abs. 2 wie folgt bestimmt:**

| Kindermehrbetrag § 33 Abs. 7 EStG 1988: | pro Kind 350 Euro |
|---|---|
| **Staat, in dem sich die Kinder ständig aufhalten** | **Angepasster Betrag in Euro** |
| Belgien | 256,25 |
| Bulgarien | 116,00 |
| Dänemark | 316,00 |
| Deutschland | 238,25 |
| Estland | 185,25 |
| Finnland | 281,25 |
| Frankreich | 253,50 |
| Griechenland | 193,00 |
| Irland | 296,00 |
| Island | 362,25 |
| Italien | 231,00 |
| Kroatien | 156,50 |
| Lettland | 170,75 |
| Liechtenstein | 250,00 |
| Litauen | 151,75 |
| Luxemburg | 289,00 |
| Malta | 190,00 |
| Niederlande | 257,75 |
| Norwegen | 337,00 |
| Polen | 132,75 |
| Portugal | 198,75 |
| Rumänien | 120,75 |
| Schweden | 275,75 |
| Schweiz | 348,00 |
| Slowakei | 177,75 |
| Slowenien | 194,50 |
| Spanien | 213,50 |
| Tschechien | 163,75 |
| Ungarn | 143,75 |
| Zypern | 200,50“ |

*(BGBl II 2022/193)*

### 1/3/28. VO zu §§ 34 und 35

## Außergewöhnliche Belastungen

BGBl 1996/303 idF BGBl II 2010/430

**Verordnung des Bundesministers für Finanzen über außergewöhnliche Belastungen**

Auf Grund der §§ 34 und 35 des Einkommensteuergesetzes 1988, BGBl. Nr. 400, wird verordnet:

**§ 1.** (1) Hat der Steuerpflichtige Aufwendungen

– durch eine eigene körperliche oder geistige Behinderung,
– bei Anspruch auf den Alleinverdienerabsetzbetrag durch eine Behinderung des (Ehe-) Partners (§ 106 Abs. 3 EStG 1988),
– ohne Anspruch auf den Alleinverdienerabsetzbetrag durch eine Behinderung des (Ehe-) Partners (§ 106 Abs. 3 EStG 1988), wenn dieser Einkünfte im Sinne des § 33 Abs. 4 Z 1 EStG 1988 von höchstens 6 000 Euro jährlich erzielt, oder
– bei Anspruch des Steuerpflichtigen selbst oder seines (Ehe-)Partners auf den Kinderabsetzbetrag oder den Unterhaltsabsetzbetrag, durch eine Behinderung des Kindes (§ 106 Abs. 1 und 2 EStG 1988), für das keine erhöhte Familienbeihilfe gemäß § 8 Abs. 4 des Familienlastenausgleichsgesetzes 1967 gewährt wird,

so sind die in den §§ 2 bis 4 dieser Verordnung genannten Mehraufwendungen als außergewöhnliche Belastungen zu berücksichtigen.

(2) Eine Behinderung liegt vor, wenn das Ausmaß der Minderung der Erwerbsfähigkeit (Grad der Behinderung) mindestens 25% beträgt.

(3) Die Mehraufwendungen gemäß §§ 2 bis 4 dieser Verordnung sind nicht um eine pflegebedingte Geldleistung (Pflegegeld, Pflegezulage oder Blindenzulage) oder um einen Freibetrag nach § 35 Abs. 3 EStG 1988 zu kürzen.

**§ 2.** (1) Als Mehraufwendungen wegen Krankendiätverpflegung sind ohne Nachweis der tatsächlichen Kosten bei

– Tuberkulose, Zuckerkrankheit, Zöliakie oder Aids ............ 70 Euro
– Gallen-, Leber- oder Nierenkrankheit ............ 51 Euro
– Magenkrankheit oder einer anderen inneren Krankheit ............ 42 Euro

pro Kalendermonat zu berücksichtigen. Bei Zusammentreffen mehrerer Krankheiten ist der höhere Pauschbetrag zu berücksichtigen.

(2) Bei einer Minderung der Erwerbsfähigkeit von weniger als 25% sind die angeführten Beträge ohne Nachweis der tatsächlichen Kosten nach Abzug des Selbstbehaltes gemäß § 34 Abs. 4 EStG 1988 zu berücksichtigen.

**§ 3.** (1) Für Körperbehinderte, die zur Fortbewegung ein eigenes Kraftfahrzeug benützen, ist zur Abgeltung der Mehraufwendungen für besondere Behindertenvorrichtungen und für den Umstand, daß ein Massenbeförderungsmittel auf Grund der Behinderung nicht benützt werden kann, ein Freibetrag von 190 Euro monatlich zu berücksichtigen. Die Körperbehinderung ist durch eine Bescheinigung gemäß § 29 b der Straßenverkehrsordnung 1960 oder einen Bescheid über die Befreiung von der Kraftfahrzeugsteuer gemäß § 2 Abs. 2 des Kraftfahrzeugsteuergesetzes 1952, gemäß § 2 Abs. 1 Z 12 des Kraftfahrzeugsteuergesetzes 1992 oder gemäß § 4 Abs. 3 Z 9 des Versicherungssteuergesetzes 1953 nachzuweisen.

(2) Bei einem Gehbehinderten mit einer mindestens 50%igen Erwerbsminderung, der über kein eigenes Kraftfahrzeug verfügt, sind die Aufwendungen für Taxifahrten bis zu einem Betrag von monatlich 153 Euro [2.100 S] zu berücksichtigen.

**§ 4.** Nicht regelmäßig anfallende Aufwendungen für Hilfsmittel (z.B. Rollstuhl, Hörgerät, Blindenhilfsmittel) sowie Kosten der Heilbehandlung sind im nachgewiesenen Ausmaß zu berücksichtigen.

**§ 5.** (1) Mehraufwendungen des Steuerpflichtigen für unterhaltsberechtigte Personen, für die gemäß § 8 Abs. 4 des Familienlastenausgleichsgesetzes 1967 erhöhte Familienbeihilfe gewährt wird, sind ohne Nachweis der tatsächlichen Kosten mit monatlich 262 Euro [3.600 S] vermindert um die Summe der pflegebedingten Geldleistungen (Pflegegeld, Pflegezulage oder Blindenzulage) zu berücksichtigen.

(2) Bei Unterbringung in einem Vollinternat vermindert sich der nach Abs. 1 zustehende Pauschbetrag pro Tag des Internatsaufenthaltes um je ein Dreißigstel.

(3) Zusätzlich zum (gegebenenfalls verminderten) Pauschbetrag nach Abs. 1 sind auch Aufwendungen gemäß § 4 sowie das Entgelt für die Unterrichtserteilung in einer Sonder- oder Pflegeschule oder für die Tätigkeit in einer Behindertenwerkstätte im nachgewiesenen Ausmaß zu berücksichtigen.

**§ 6.** Haben mehrere Steuerpflichtige Anspruch auf einen Pauschbetrag nach §§ 2, 3 oder 5, dann ist dieser Pauschbetrag im Verhältnis der Kostentragung aufzuteilen. Weist einer der Steuerpflichtigen seine höheren Mehraufwendungen nach, dann ist beim anderen Steuerpflichtigen der Pauschbetrag um die nachgewiesenen Mehraufwendungen zu kürzen.

**§ 7.** (1) Diese Verordnung ist anzuwenden:

1. wenn die Einkommensteuer veranlagt wird, erstmalig für die Veranlagung für das Kalenderjahr 1996,
2. wenn die Einkommensteuer im Wege des Abzugs vom Arbeitslohn erhoben wird, für Lohnzahlungszeiträume, die nach dem 31. Dezember 1995 enden.

(2) Der Pauschbetrag gemäß § 5 ist im Jahr 1996 für den Zeitraum 1. Jänner bis 31. Mai nicht um eine pflegebedingte Geldleistung zu vermindern.

(3) § 2 Abs. 1, § 3 Abs. 1 und 2 sowie § 5 Abs. 1, jeweils in der Fassung der Verordnung BGBl. II Nr. 416/2001, sind anzuwenden,

1. wenn die Einkommensteuer veranlagt wird, erstmalig bei der Veranlagung für das Kalenderjahr 2002,
2. wenn die Einkommensteuer im Wege des Abzugs vom Arbeitslohn erhoben wird, für Lohnzahlungszeiträume, die nach dem 31. Dezember 2001 enden.

(4) § 1 Abs. 1 und § 3 Abs. 1 in der Fassung der Verordnung BGBl. II Nr. 430/2010 sind anzuwenden,

1. wenn die Einkommensteuer (Lohnsteuer) veranlagt wird, erstmalig bei der Veranlagung 2011,
2. wenn die Einkommensteuer (Lohnsteuer) im Wege des Abzugs von Arbeitslohn erhoben wird, für Lohnzahlungszeiträume, die nach dem 31. Dezember 2010 enden.

**§ 8.** Die Verordnung vom 5. Dezember 1988, BGBl. Nr. 675, tritt mit 31. Dezember 1995 außer Kraft.

**1/3/29. VO zu § 34 Abs. 8**

## Berufsausbildung – Kinder

BGBl 1995/624 idF BGBl II 2018/37

**Verordnung des Bundesministers für Finanzen betreffend eine Berufsausbildung eines Kindes außerhalb des Wohnortes**

Zu § 34 Abs. 8 des Einkommensteuergesetzes 1988, BGBl. Nr. 400, wird verordnet:

**§ 1.** Ausbildungsstätten, die vom Wohnort mehr als 80 km entfernt sind, liegen nicht innerhalb des Einzugsbereiches des Wohnortes.

**§ 2.** (1) Ausbildungsstätten innerhalb einer Entfernung von 80 km zum Wohnort gelten dann als nicht innerhalb des Einzugsbereiches des Wohnortes gelegen, wenn die Fahrzeit vom Wohnort zum Ausbildungsort und vom Ausbildungsort zum Wohnort mehr als je eine Stunde unter Benützung des günstigsten öffentlichen Verkehrsmittels beträgt. Dabei sind die Grundsätze des § 26 Abs. 3 des Studienförderungsgesetzes 1992, BGBl. Nr. 305 in der Fassung des Bundesgesetzes BGBl. I Nr. 50/2016, anzuwenden.

*(BGBl II 2018/37)*

(2) Ausbildungsstätten innerhalb einer Entfernung von 80 km zum Wohnort gelten als innerhalb des Einzugsbereiches des Wohnortes gelegen, wenn von diesen Gemeinden die tägliche Hin- und Rückfahrt zum und vom Studienort nach den Verordnungen gemäß § 26 Abs. 3 des Studienförderungsgesetzes 1992, BGBl. Nr. 305 in der Fassung des Bundesgesetzes BGBl. I Nr. 50/2016, zeitlich noch zumutbar sind. Abweichend davon kann nachgewiesen werden, dass von einer Gemeinde die tägliche Fahrzeit zum und vom Studienort unter Benützung der günstigsten öffentlichen Verkehrsmittel mehr als je eine Stunde beträgt. Dabei sind die Grundsätze des § 26 Abs. 3 des Studienförderungsgesetzes 1992, BGBl. Nr. 305 in der Fassung des Bundesgesetzes BGBl. I Nr. 50/2016, anzuwenden. In diesem Fall gilt die tägliche Fahrt von dieser Gemeinde an den Studienort trotz Nennung in einer Verordnung gemäß § 26 Abs. 3 des Studienförderungsgesetzes 1992, BGBl. Nr. 305 in der Fassung des Bundesgesetzes BGBl. I Nr. 50/2016, in der jeweils geltenden Fassung als nicht mehr zumutbar.

*(BGBl II 2018/37)*

(3) Ausbildungsstätten innerhalb einer Entfernung von 80 km gelten als nicht im Einzugsbereich des Wohnortes gelegen, wenn Schüler oder Lehrlinge, die innerhalb von 25 km keine adäquate Ausbildungsmöglichkeit haben, für Zwecke der Ausbildung außerhalb des Hauptwohnortes eine Zweitunterkunft am Ausbildungsort bewohnen (zB Unterbringung in einem Internat).

**§ 3.** Erfolgt die auswärtige Berufsausbildung im Rahmen eines Dienstverhältnisses, steht der pauschale Freibetrag für die auswärtige Berufsausbildung nur dann zu, wenn die Voraussetzungen gemäß §§ 1 und 2 vorliegen und von den Eltern

Unterhaltszahlungen von nicht untergeordneter Bedeutung für eine Zweitunterkunft am Schulort oder für Fahrtkosten zu leisten sind.

**§ 4.** Die Verordnung ist für Zeiträume ab 1. September 1995 anzuwenden. § 2 in der Fassung der Verordnung BGBl. II Nr. 449/2001 ist für Zeiträume ab 1. Jänner 2002 anzuwenden.

**1/3/30. VO zu §§ 26 Abs. 4 und 76 Abs. 2 StudFG**

## Erreichbarkeit von Studienorten

BGBl II 2017/103

**Verordnung des Bundesministers für Wissenschaft, Forschung und Wirtschaft über die Erreichbarkeit von Studienorten nach dem Studienförderungsgesetz 1992**

Aufgrund der §§ 26 Abs. 4 und 76 Abs. 2 des Studienförderungsgesetzes 1992 – StudFG, BGBl. Nr. 305/1992, zuletzt geändert durch das Bundesgesetz BGBl. I Nr. 54/2016, wird im Einvernehmen mit dem Bundesminister für Finanzen verordnet:

### Zumutbarkeit der täglichen Fahrt zum Studienort

**§ 1.** (1) Die tägliche Hin- und Rückfahrt zwischen dem Wohnsitz der Eltern bzw. dem Wohnsitz des Elternteils, bei dem der Studierende zuletzt im gemeinsamen Haushalt gelebt hat, und dem Studienort ist nur zumutbar, wenn die Wegzeit bei Benützung des günstigsten öffentlichen Verkehrsmittels pro Strecke nicht länger als eine Stunde dauert.

(2) Das günstigste öffentliche Verkehrsmittel (Massenbeförderungsmittel ausgenommen Schiffe, Luftfahrzeuge und Flughafenschnellverkehr) ist jenes, das nach Maßgabe der folgenden Bestimmungen zur kürzesten Wegzeit führt.

(3) Die tägliche Hin- und Rückfahrt zwischen dem Elternwohnsitz und dem Studienort ist jedenfalls unzumutbar, wenn der Studierende

1. über einen gültigen Ausweis gemäß § 29b der Straßenverkehrsordnung 1960, BGBl. Nr. 159, oder
2. über einen Behindertenpass, in dem die Unzumutbarkeit der Benützung öffentlicher Verkehrsmittel wegen dauernder Gesundheitsschädigung oder wegen Blindheit eingetragen ist (§ 42 Abs. 1 des Bundesbehindertengesetzes, BGBl Nr. 283/1990), verfügt.

(4) Die Bestimmungen dieser Verordnung gelten auch für die Beurteilung der Zumutbarkeit der täglichen Hin- und Rückfahrt zwischen dem Wohnsitz des Studierenden und dem Studienort gemäß § 26 Abs. 3 Z 2 des Studienförderungsgesetzes 1992 – StudFG, BGBl. Nr. 305/1992. Dabei tritt an die Stelle des Elternwohnsitzes der Wohnsitz des Studierenden.

### Wegzeit

**§ 2.** Die Wegzeit umfasst

1. die Gehzeit zwischen dem Elternwohnsitz und der nächstgelegenen Haltestelle des günstigsten öffentlichen Verkehrsmittels, wobei ein Fußweg von mehr als 2.000 m nicht zumutbar ist, und
2. die Fahrzeit (einschließlich allfälliger Umstiegszeiten) mit dem günstigsten öffentlichen Verkehrsmittel zwischen der zum Eltern-

wohnsitz nächstgelegenen Haltestelle und der nach Anlage 1 maßgeblichen Haltestelle am Studienort. Sind Studienorte nicht in der Anlage 1 genannt, ist der (Haupt-) Bahnhof oder eine zentrale Haltestelle des öffentlichen Verkehrs heranzuziehen.

### Berechnung der Wegzeit

**§ 3.** (1) Die Studienbeihilfenbehörde berechnet die Wegzeit automationsunterstützt unter Verwendung der von einem öffentlichen Verkehrsinformationssystem zur Verfügung gestellten Daten.

(2) Die Berechnung der Wegzeit erfolgt für alle Anträge eines Studienjahres auf der Grundlage der am 1. Oktober eines jeden Jahres bestehenden Verkehrsverbindungen, wie sie laut der am 31. August eines jeden Jahres erfolgenden Abfrage des öffentlichen Verkehrsinformationssystems bestehen. Fällt der 1. Oktober auf einen Samstag oder Sonntag, gilt der darauf folgende Werktag als Stichtag für die Verbindungsdaten.

(3) Die Berechnung der Wegzeit erfolgt nur bei erstmaliger Antragstellung von Amts wegen. Eine Neuberechnung der Wegzeit ist von Amts wegen nur bei Änderung des Wohnortes des Studierenden oder bei einer Änderung des Studienortes vorzunehmen.

(4) Für die Berechnung der Fahrzeit vom Elternwohnort zum Studienort sind die Verkehrsverbindungen zwischen 7:00 Uhr und 9:00 Uhr, für die Fahrt vom Studienort zum Elternwohnort die Verkehrsverbindungen zwischen 17:00 Uhr und 19:00 Uhr heranzuziehen.

### Inkrafttreten

**§ 4.** (1) Diese Verordnung tritt mit 1. September 2017 in Kraft.

### Anlage 1

Für die Berechnung der Wegzeit gemäß § 2 der Verordnung des Bundesministers für Wissenschaft, Forschung und Wirtschaft über die Erreichbarkeit von Studienorten nach dem Studienförderungsgesetz 1992 sind an den jeweiligen Studienorten folgende Haltestellen maßgeblich:

| **Standort** | **Haltestelle** |
|---|---|
| Bad Gleichenberg | Bushaltestelle Villa D´Orsay |
| Bad Radkersburg | Bahnhof |
| Baden | Bahnhof |
| Badgastein | Bahnhof |
| Bregenz | Bahnhof |
| Dornbirn | Bahnhof |
| Eisenstadt | Bahnhof |
| Feldkirch | Bahnhof |
| Feldkirchen in Kärnten | Bahnhof |
| Graz | Hauptbahnhof |
| Hagenberg im Mühlkreis | Bushaltestelle Hagenberg, Softwarepark Süd |
| Hall in Tirol | Bahnhof |
| Heiligenkreuz | Bushaltestelle Stift Heiligenkreuz |
| Innsbruck | Hauptbahnhof |
| Kapfenberg | Bahnhof |
| Klagenfurt | Hauptbahnhof |
| Krems an der Donau | Bahnhof |
| Kuchl | Bahnhof |
| Kufstein | Bahnhof |
| Landeck | Bahnhof |
| Leoben | Hauptbahnhof |
| Lienz | Bahnhof |
| Linz | Hauptbahnhof |
| Mödling | Bahnhof |
| Oberschützen | Bushaltestelle Oberschützen Hauptplatz |
| Pinkafeld | Bushaltestelle HTL Pinkafeld |
| Puch bei Hallein | Bahnhof |
| Ried im Innkreis | Bahnhof |
| Rottenmann | Bahnhof |
| Salzburg | Hauptbahnhof |
| Sankt Pölten | Hauptbahnhof |
| Seekirchen am Wallersee | Bahnhof |
| Spittal an der Drau | Bahnhof |
| Stams | Bahnhof |
| Steyr | Bahnhof |
| Trumau | Bahnhof |
| Tulln | Bahnhof |
| Übelbach | Bahnhof |
| Villach | Hauptbahnhof |
| Vöcklabruck | Bahnhof |
| Wels | Hauptbahnhof |
| Wien | Hauptbahnhof |
| Wiener Neustadt | Hauptbahnhof |
| Wieselburg | Bahnhof |

## 1/3/31. VO zu § 47 Abs. 4

# Gemeinsame Versteuerung mehrerer Pensionen

BGBl II 2001/55 idF BGBl II 2006/255

**Verordnung des Bundesministers für Finanzen betreffend die gemeinsame Versteuerung mehrerer Pensionen**

Auf Grund des § 47 Abs. 4 des Einkommensteuergesetzes 1988, BGBl. Nr. 400/1998, in der Fassung BGBl. I Nr. 142/2000, wird verordnet:

**§ 1.** Eine gemeinsame Versteuerung ist vorzunehmen, wenn steuerpflichtige Bezüge im Sinne des § 2 gleichzeitig einer Person zufließen.

**§ 2.** Bezüge im Sinne dieser Verordnung sind:

(1)

1. Pensionen nach dem Allgemeinen Sozialversicherungsgesetz (ASVG), dem Bauern-Sozialversicherungsgesetz (BSVG), dem Gewerblichen Sozialversicherungsgesetz (GSVG), dem Beamten-Kranken- und Unfallversicherungsgesetz (B-KUVG) sowie dem Bundesbahn-Pensionsgesetz 2000 (BB-PG),
2. Bezüge und Vorteile aus einem früheren Dienstverhältnis zum Bund,
3. Ruhe(Versorgungs)bezüge im Sinne des Bezügegesetzes und des Verfassungsgerichtshofgesetzes.

(2) Bezüge und Vorteile aus einem früheren Dienstverhältnis zu einem Bundesland oder zur Gemeinde Wien.

(3) Bezüge und Vorteile aus inländischen Pensionskassen sowie Bezüge aus betrieblichen Kollektivversicherungen im Sinne des § 18f des Versicherungsaufsichtsgesetzes.

**§ 3.** (1) Die gemeinsame Versteuerung hat jene bezugsauszahlende Stelle vorzunehmen, die den höheren steuerpflichtigen Bezug auszahlt.

(2) Abweichend von Abs. 1 hat bei Vorliegen von Bezügen und Vorteilen aus inländischen Pensionskassen oder von Bezügen aus betrieblichen Kollektivversicherungen im Sinne des § 18f des Versicherungsaufsichtsgesetzes die gemeinsame Versteuerung immer von jener Stelle zu erfolgen, die eine Pension oder einen Vorteil aus einem früheren Dienstverhältnis im Sinne des § 2 Abs. 1 oder 2 auszahlt. Bei mehreren derartigen Bezügen hat die gemeinsame Versteuerung jene bezugsauszahlende Stelle vorzunehmen, die den höheren steuerpflichtigen Bezug auszahlt.

**§ 4.** Fließen einer Person gleichzeitig steuerpflichtige Bezüge im Sinne des § 47 Abs. 4 EStG 1988 zu, die nicht gemäß § 1 und § 2 dieser Verordnung gemeinsam zu versteuern sind, kann eine gemeinsame Versteuerung vorgenommen werden. § 3 ist anzuwenden.

**§ 5.** Die gemeinsame Versteuerung kann unterbleiben, wenn die laufend einzubehaltende Lohnsteuer höher ist als der Bezug, den die gemäß § 3 für die gemeinsame Versteuerung zuständige bezugsauszahlende Stelle auszahlt.

**§ 6.** Wird eine gemeinsame Versteuerung nicht durchgeführt, sind die Bezüge gemäß § 41 Abs. 1 EStG 1988 zu veranlagen.

**§ 7.** (1) Die Verordnung mit Ausnahme der Bestimmungen des § 2 Abs. 2 und 3 tritt mit 1. Jänner 2001 in Kraft.

(2) § 2 Abs. 2 und 3 der Verordnung treten mit 1. Jänner 2002 in Kraft.

(3) Die Verordnung betreffend die gemeinsame Versteuerung mehrerer Pensionen BGBl 41/1994 tritt mit 31. Dezember 2000 außer Kraft.

(4) § 2 Abs. 1 Z 1, § 2 Abs. 3 und § 3 Abs. 2, jeweils in der Fassung der Verordnung BGBl. II Nr. 255/2006, treten mit 1. Jänner 2007 in Kraft.

1/3/32. VO zu § 69 Abs. 1

## Pauschbesteuerung vorübergehend beschäftigter Arbeitnehmer

BGBl 1988/594 idF BGBl II 2001/416

**Verordnung des Bundesministers für Finanzen vom 27. Oktober 1988 über die Pauschbesteuerung von vorübergehend beschäftigten Arbeitnehmern**

Auf Grund des § 69 Abs. 1 des Einkommensteuergesetzes 1988, BGBl. Nr. 400, wird verordnet:

**§ 1.** Der Pauschbetrag bei vorübergehend beschäftigten Arbeitnehmern beträgt

1. bei allen ausschließlich körperlich tätigen Arbeitnehmern 2% des Bruttolohnes,
2. bei Arbeitnehmern, die statistische Erhebungen für Gebietskörperschaften durchführen, sowie Arbeitnehmern der Berufsgruppen Musiker, Bühnenangehörige, Artisten und Filmschaffende
   a) wenn der Taglohn 44 Euro [600 S], aber nicht 55 Euro [750 S], oder der Wochenlohn 175 Euro [2.400 S], aber nicht 219 Euro [3.000 S] übersteigt, 15% des vollen Betrages der Bezüge,
   b) wenn der Taglohn 39 Euro [525 S], aber nicht 44 Euro [600 S], oder der Wochenlohn 153 Euro [2.100 S], aber nicht 175 Euro [2.400 S] übersteigt, 12% des vollen Betrages der Bezüge,
   c) wenn der Taglohn 33 Euro [450 S], aber nicht 39 Euro [525 S], oder der Wochenlohn 131 Euro [1.800 S], aber nicht 153 Euro [2.100 S] übersteigt, 9% des vollen Betrages der Bezüge,
   d) wenn der Taglohn 28 Euro [375 S], aber nicht 33 Euro [450 S], oder der Wochenlohn 110 Euro [1.500 S], aber nicht 131 Euro [1.800 S] übersteigt, 7% des vollen Betrages der Bezüge,
   e) wenn der Taglohn 22 Euro [300 S], aber nicht 28 Euro [375 S], oder der Wochenlohn 88 Euro [1.200 S], aber nicht 110 Euro [1.500 S] übersteigt, 4% des vollen Betrages der Bezüge,
   f) wenn der Taglohn 19 Euro [250 S], aber nicht 22 Euro [300 S], oder der Wochenlohn 73 Euro [1.000 S], aber nicht 88 Euro [1.200 S] übersteigt, 3% des vollen Betrages der Bezüge,
   g) wenn der Taglohn 19 Euro [250 S] oder der Wochenlohn 73 Euro [1.000 S] nicht übersteigt, 2% des vollen Betrages der Bezüge.

**§ 2.** (1) Diese Verordnung ist für Lohnzahlungszeiträume anzuwenden, die nach dem 31. Dezember 1988 enden.

(2) § 1 Z 2 lit. a bis g, jeweils in der Fassung der Verordnung BGBl. II Nr. 416/2001, sind erstmals für Lohnzahlungszeiträume anzuwenden, die nach dem 31. Dezember 2001 enden.

1/3/33. VO zu § 76 Abs. 2

## Lohnkontenverordnung 2006

BGBl II 2005/256 idF BGBl II 2022/83

**Verordnung des Bundesministers für Finanzen, mit der Daten, die in ein Lohnkonto einzutragen sind, sowie Erleichterungen bei der Lohnkontenführung ab 2006 festgelegt werden (Lohnkontenverordnung 2006)**

Auf Grund § 76 Abs. 2 des Einkommensteuergesetzes 1988, BGBl. Nr. 400, in der Fassung des Abgabenänderungsgesetzes 2004, BGBl. I Nr. 180/2004, wird verordnet:

**§ 1.** (1) Folgende Daten sind fortlaufend in das Lohnkonto einzutragen:

1. Der gezahlte Arbeitslohn (einschließlich sonstiger Bezüge und Vorteile im Sinne des § 25 EStG 1988) ohne jeden Abzug unter Angabe des Zahltages und des Lohnzahlungszeitraumes,
2. die einbehaltene Lohnsteuer,
3. die Beitragsgrundlage für Pflichtbeiträge gemäß § 16 Abs. 1 Z 3 lit. a, Z 4 und 5 EStG 1988,
4. vom Arbeitgeber für lohnsteuerpflichtige Einkünfte einbehaltene Beiträge gemäß § 16 Abs. 1 Z 3 lit. a, Z 4 und 5 EStG 1988,
5. vom Arbeitgeber einbehaltene Beiträge für die freiwillige Mitgliedschaft bei Berufsverbänden und Interessenvertretungen gemäß § 16 Abs. 1 Z 3 lit. b EStG 1988,
6. der Pauschbetrag gemäß § 16 Abs. 1 Z 6 EStG 1988 sowie der Pendlereuro gemäß § 33 Abs. 5 Z 4 EStG 1988.
7. der erstattete (rückgezahlte) Arbeitslohn gemäß § 16 Abs. 2 EStG 1988,
8. die Bemessungsgrundlage für den Beitrag zur BV-Kasse (§ 26 Z 7 lit. d EStG 1988) und der geleistete Beitrag,
9. die Beiträge an ausländische Pensionskassen (einschließlich Beiträge an ausländische Einrichtungen im Sinne des § 5 Z 4 des Pensionskassengesetzes),
10. sofern der Arbeitgeber Betriebsstätten in mehreren Gemeinden hat, die Betriebsstätte gemäß § 4 des Kommunalsteuergesetzes 1993 und der Zeitraum, in dem der Arbeitnehmer bei dieser Betriebsstätte tätig ist, sowie die jeweils erhebungsberechtigte Gemeinde gemäß § 7 des Kommunalsteuergesetzes 1993,
11. die Bemessungsgrundlage für den Dienstgeberbeitrag gemäß § 41 des Familienlastenausgleichsgesetzes 1967 und für den Zuschlag zum Dienstgeberbeitrag gemäß § 122 des Wirtschaftskammergesetzes 1998 sowie die geleisteten Beiträge,
12. die Bezeichnung des für den Arbeitnehmer zuständigen Sozialversicherungsträgers,

13. die Kalendermonate, in denen der Arbeitnehmer gemäß § 26 Z 5 EStG 1988 auf Kosten des Arbeitgebers befördert wird, und die Kalendermonate, in denen dem Arbeitnehmer ein arbeitgebereigenes Kraftfahrzeug für Fahrten zwischen Wohnung und Arbeitsstätte zur Verfügung gestellt wird,

    *(BGBl II 2015/383, BGBl II 2021/122)*
14. der erhöhte Pensionistenabsetzbetrag (§ 33 Abs. 6 Z 1 EStG 1988),

    *(BGBl II 2015/383)*
15. Mitarbeiterrabatte gemäß § 3 Abs. 1 Z 21 EStG 1988, die im Einzelfall 20% übersteigen,

    *(BGBl II 2015/383)*
16. der Pauschbetrag für Werbungskosten gemäß § 17 Abs. 6 EStG 1988 iVm § 1 Z 11 der Verordnung des Bundesministers für Finanzen über die Aufstellung von Durchschnittssätzen für Werbungskosten,

    *(BGBl II 2015/383, BGBl II 2021/122)*
17. die Anzahl der Homeoffice-Tage im Sinne des § 16 Abs. 1 Z 7a lit. a und des § 26 Z 9 lit. a EStG 1988, an denen der Arbeitnehmer seine berufliche Tätigkeit für den Arbeitgeber ausschließlich in seiner Wohnung ausgeübt hat.

    *(BGBl II 2021/122)*

(2) Die Daten der Z 1 bis 4 sind getrennt nach

– Bezügen, die nach dem Tarif (§ 66 EStG 1988), und
– Bezügen, die nach festen Steuersätzen (§ 67 EStG 1988) zu versteuern sind,

einzutragen.

(3) (aufgehoben)

*(BGBl II 2015/383)*

**§ 2.** Folgende Bezüge, die nicht zum steuerpflichtigen Arbeitslohn gehören (§§ 3 und 26 EStG 1988), sind in das Lohnkonto aufzunehmen:

**„1. Die steuerfreien Bezüge gemäß §§ 3 Abs. 1 Z 4 lit. a, 5 lit. a und c, 8, 9, 10, 11, 12, 15 lit. a, b und c, 16, soweit es sich um freiwillige Zuwendungen zur Beseitigung von Katastrophenschäden handelt, 22, 23, 24, 30 und 35 EStG 1988,“**

*(BGBl II 2015/383, BGBl II 2022/83 ab 1.3.2022)*

2. die steuerfreien Bezüge gemäß § 3 Abs. 1 Z 16b EStG 1988, die nicht steuerbaren Leistungen gemäß § 26 Z 4 EStG 1988, soweit es sich um Tagesgelder, Kilometergelder und pauschale Nächtigungsgelder handelt, sowie gemäß § 26 Z 5 lit. b, 6, 7 lit. a und Z 9 EStG 1988.

   *(BGBl II 2015/383, BGBl II 2021/122)*
3. steuerfreie Mitarbeiterrabatte gemäß § 3 Abs. 1 Z 21 EStG 1988, die im Einzelfall 20% übersteigen.

   *(BGBl II 2015/383)*

**§ 3.** Für Arbeitnehmer, die ausschließlich Bezüge gemäß § 25 Abs. 1 Z 4 lit. b EStG 1988 erhalten, die den Betrag von monatlich 200 Euro nicht übersteigen, kann die Führung eines Lohnkontos entfallen, sofern die erforderlichen Daten aus anderen Aufzeichnungen hervorgehen.

**§ 4.** Die Daten gemäß § 76 Abs. 1 EStG 1988 sowie gemäß Abs. 1 und 2 dieser Verordnung brauchen für Arbeitnehmer, die im Inland weder der beschränkten noch der unbeschränkten Steuerpflicht unterliegen, insoweit nicht in einem Lohnkonto angeführt werden, als sie aus anderen Aufzeichnungen des Arbeitgebers hervorgehen. Dies gilt nicht für Arbeitnehmer, die von inländischen Arbeitgebern ins Ausland entsendet werden.

**§ 5.** (1) Diese Verordnung ist auf Lohnzahlungszeiträume anzuwenden, die nach dem 31. Dezember 2005 enden.

*(BGBl II 2015/383)*

(2) Die Verordnung des Bundesministers für Finanzen, mit der Daten, die in ein Lohnkonto einzutragen sind, sowie Erleichterungen bei der Lohnkontenführung für das Kalenderjahr 2005 festgelegt werden (Lohnkontenverordnung 2005), BGBl. II Nr. 116/2005, tritt außer Kraft.

*(BGBl II 2015/383)*

## 1/3/34. VO zu § 93 EStG und § 48 BAO

# Auslands-KESt VO 2012

BGBl II 2012/92 idF BGBl II 2012/195

**Verordnung der Bundesministerin für Finanzen zur Durchführung der KESt-Entlastung in Bezug auf Auslandszinsen sowie zur Anrechnung ausländischer Quellensteuer bei Kapitalertragsteuerabzug bei Auslandsdividenden (Auslands-KESt VO 2012)**

Zur Durchführung von Abkommen zur Vermeidung der Doppelbesteuerung auf dem Gebiete der Steuer vom Einkommen (Doppelbesteuerungsabkommen) sowie gemäß § 48 der Bundesabgabenordnung, BGBl. Nr. 194/1961, in der jeweils geltenden Fassung wird verordnet:

**§ 1.** (1) Bei im Inland bezogenen ausländischen Kapitalerträgen aus Wertpapieren, die ein Forderungsrecht verbriefen, ist der Steuerabzug (§ 93 des Einkommensteuergesetzes 1988) ungeachtet der Bestimmung der Doppelbesteuerungsabkommen vorzunehmen, wenn bei unmittelbarer Abkommensanwendung der Gesamtbetrag des in- und ausländischen Steuerabzuges unter den in § 27a Abs. 1 des Einkommensteuergesetzes 1988 vorgesehenen Steuersatz sinkt.

(2) Beim Abzug von Kapitalertragsteuer von ausländischen Kapitalerträgen im Sinne des § 27 Abs. 2 Z 1 lit. a bis c des Einkommensteuergesetzes 1988 kann der zum Abzug Verpflichtete (§ 95 Abs. 2 Z 1 lit. b fünfter Teilstrich des Einkommensteuergesetzes 1988) eine tatsächlich entrichtete ausländische Quellensteuer auf die Kapitalertragsteuer anrechnen. Der Anrechnungsbetrag darf jedoch 15% der Kapitalerträge nicht übersteigen.

**§ 2.** Bei tatsächlich ausgeschütteten und als ausgeschüttet geltenden Erträgen aus einem Investmentfonds im Sinne des Investmentfondsgesetzes oder einem Immobilienfonds im Sinne des Immobilien-Investmentfondsgesetzes findet § 1 Abs. 2 insoweit Anwendung, als diese aus ausländischen Kapitalerträgen gemäß § 27 Abs. 2 Z 1 lit. a bis c des Einkommensteuergesetzes 1988 oder aus derartigen ausgeschütteten oder als ausgeschüttet geltenden Erträgen eines anderen Investmentfonds oder Immobilienfonds bestehen. Solche, dem Fonds zugegangenen Erträge sind einschließlich der anrechenbaren ausländischen Quellensteuer auf die Anteilsinhaber zum Ende des Fondsgeschäftsjahres zu verteilen.

**§ 3.** Ein Kapitalertragsteuerabzug von Kapitalerträgen im Sinne des § 27 Abs. 2 Z 1 lit. a bis c des Einkommensteuergesetzes 1988, deren Schuldner weder Wohnsitz noch Geschäftsleitung oder Sitz im Inland hat, unterbleibt in folgenden Fällen:

1. Wenn die Kapitalerträge von Wertpapieren stammen, die in einem Depot sind, wenn der Depotinhaber ein anderes in- oder ausländisches Kreditinstitut ist und die Kapitalerträge an den Depotinhaber ausbezahlt werden.
2. Unter den Voraussetzungen des § 94 Z 5 EStG 1988.

**§ 4.** Soweit in dieser Verordnung auf Bundesgesetze verwiesen wird, sind diese in ihrer jeweils geltenden Fassung anzuwenden.

**§ 5.** (1) Diese Verordnung ist auf Kapitalerträge anzuwenden, die nach dem 31. März 2012 zugehen. Die Auslands-KESt VO 2003, BGBl. II Nr. 393/2003, ist letztmalig auf Kapitalerträge anzuwenden, die vor dem 1. April 2012 zugehen, soweit in Abs. 2 keine gegenteilige Regelung getroffen ist.

(2) Auf Kapitalerträge aus vor dem 1. April 2012 erworbenen Forderungswertpapieren im Sinne des § 93 Abs. 3 Z 1 bis 3 in der Fassung vor dem Budgetbegleitgesetz 2011, BGBl. I Nr. 111/2010 (§ 124b Z 185 lit. c EStG 1988) ist § 1 Abs. 1 der Auslands-KESt VO 2003, BGBl. II Nr. 393/2003, weiter anzuwenden.

### 1/3/35. VO zu § 94a Abs. 2

## KESt-Erstattung Mutter- und Tochtergesellschaften

BGBl 1995/56

**Verordnung des Bundesministers für Finanzen zur Einbehaltung von Kapitalertragsteuer und deren Erstattung bei Mutter- und Tochtergesellschaften im Sinne der Mutter-Tochter-Richtlinie**

Auf Grund des § 94 a Abs. 2 des Einkommensteuergesetzes 1988, BGBl. Nr. 400/1988, wird verordnet:

**§ 1.** Eine Unterlassung des Steuerabzugs im Sinne des § 94 a Abs. 1 des Einkommensteuergesetzes 1988 ist unzulässig, wenn

1. Umstände vorliegen, die für die Annahme eines Mißbrauchs im Sinne des § 22 der Bundesabgabenordnung sprechen und ein Mißbrauch von dem zum Abzug Verpflichteten zu vertreten wäre (§ 2), oder
2. eine offenkundige verdeckte Ausschüttung (§ 8 Abs. 2 des Körperschaftsteuergesetzes 1988 vorliegt (§ 3) oder
3. der zum Abzug Verpflichtete nicht ausreichend nachweisen kann, daß die Voraussetzungen für eine Befreiung vom Kapitalertragsteuerabzug vorliegen (§ 4).

**§ 2.** (1) Ein Mißbrauch im Sinne des § 22 der Bundesabgabenordnung wäre von dem zum Abzug Verpflichteten nur dann nicht zu vertreten, wenn er über eine schriftliche Erklärung der die Kapitalerträge empfangenden Gesellschaft verfügt, aus der die in Abs. 2 angeführten Umstände hervorgehen. Überdies dürfen dem zum Abzug Verpflichteten keine Umstände erkennbar sein, die Zweifel an der Richtigkeit dieser Erklärung auslösen.

(2) Schriftliche Erklärungen im Sinne des Abs. 1 müssen folgende Aussagen enthalten:

1. Die Gesellschaft entfaltet eine Betätigung, die über die bloße Vermögensverwaltung hinausgeht.
2. Die Gesellschaft beschäftigt eigene Arbeitskräfte.
3. Die Gesellschaft verfügt über eigene Betriebsräumlichkeiten.

**§ 3.** Eine offenkundige verdeckte Ausschüttung liegt vor, wenn der zum Abzug Verpflichtete die verdeckte Ausschüttung bei Beachtung der Sorgfalt eines ordentlichen Kaufmannes insbesondere auf Grund der Rechtsprechung der Gerichtshöfe des öffentlichen Rechts oder der allgemein zugänglichen Verwaltungspraxis erkannte oder erkennen mußte.

**§ 4.** (1) Der Nachweis der Voraussetzungen für eine Befreiung vom Kapitalertragsteuerabzug ist durch Unterlagen zu führen, aus denen diese Voraussetzungen jederzeit leicht nachprüfbar sind. Der Nachweis darüber, daß die Kapitalerträge einer in einem Mitgliedstaat der Europäischen Union ansässigen Gesellschaft zufließen, ist nach Maßgabe des Abs. 2 zu führen.

(2) Das Vorliegen der Voraussetzung im Sinne des Abs. 1 zweiter Satz ist folgendermaßen nachzuweisen:

a) Es ist eine von der Steuerverwaltung des Ansässigkeitsstaates erteilte Ansässigkeitsbescheinigung zu erbringen.
b) Diese Ansässigkeitsbescheinigung kann auf jenen Vordrucken beigebracht werden, die auf Grund der mit den Ansässigkeitsstaaten abgeschlossenen Abkommen zur Vermeidung der Doppelbesteuerung für Zwecke der Rückerstattung der österreichischen Kapitalertragsteuer oder sonst für Zwecke einer abkommensgemäßen Steuerentlastung in Österreich aufgelegt sind.
c) Die Ansässigkeitsbescheinigung muß zeitnah vor oder nach der Zahlung der Kapitalerträge ausgestellt sein. Sind für den Abzugsverpflichteten keine Umstände erkennbar, die auf eine ungerechtfertigte Steuerentlastung hindeuten könnten, ist eine Bescheinigung innerhalb eines Zeitraumes von einem Jahr noch als zeitnah anzusehen.

**§ 5.** Macht der zum Abzug Verpflichtete ein berechtigtes Interesse daran glaubhaft, so kann das für die Erhebung der Kapitalertragsteuer zuständige Finanzamt über dessen Anfrage Auskunft geben, welche Wirkungen sich für seine Stellung als Haftungspflichtiger im Sinne des § 95 Abs. 2 des Einkommensteuergesetzes 1988 aus den Bestimmungen des § 94 a des Einkommensteuergesetzes 1988 sowie aus den Bestimmungen der §§ 1 bis 4 dieser Verordnung ergeben werden.

## 1/3/36. VO zu § 99

# DBA-Entlastungsverordnung

BGBl III 2005/92 idF BGBl II 2020/579

**Verordnung des Bundesministers für Finanzen betreffend die Entlastung von der Abzugsbesteuerung auf Grund von Doppelbesteuerungsabkommen (DBA-Entlastungsverordnung)**

Zur Durchführung von Doppelbesteuerungsabkommen wird auf deren Grundlage verordnet:

**§ 1.** Sind Einkünfte von im Ausland ansässigen Personen auf Grund von Doppelbesteuerungsabkommen ganz oder teilweise von einer inländischen Abzugsbesteuerung zu entlasten, kann diese Entlastung in unmittelbarer Anwendung der Doppelbesteuerungsabkommen vorbehaltlich der nachfolgenden Bestimmungen vom Vergütungsschuldner (vom Abfuhrpflichtigen) herbeigeführt werden (Entlastung an der Quelle). Der Vergütungsschuldner ist in diesem Fall verpflichtet, die Richtigkeit der Unterlassung oder Einschränkung des Steuerabzuges zu beweisen oder nach Maßgabe des § 138 BAO glaubhaft zu machen.

**§ 2.** (1) Die Abkommensberechtigung des ausländischen Einkünfteempfängers kann dem Grunde nach durch eine von der ausländischen Steuerverwaltung ausgestellte Ansässigkeitsbescheinigung unter Verwendung der Vordrucke ZS-QU1 (für natürliche Personen) oder ZS-QU2 (für juristische Personen) glaubhaft gemacht werden.

(2) Sofern die vom Schuldner der Einkünfte an den einzelnen Einkünfteempfänger geleisteten Vergütungen 10 000 Euro im Kalenderjahr nicht übersteigen und in Österreich kein Wohnsitz des Einkünfteempfängers besteht, kann die Abkommensberechtigung dem Grunde nach als glaubhaft gemacht angesehen werden, wenn anstelle einer Ansässigkeitsbescheinigung eine schriftliche Erklärung des Einkünfteempfängers vorliegt, die folgende Angaben enthält:

1. bei natürlichen Personen den Familien- und Vornamen und bei juristischen Personen die genaue Bezeichnung (z.B. den Firmennamen),
2. bei natürlichen Personen die Erklärung, dass sich in Österreich kein weiterer Wohnsitz (keine Wohnstätte) befindet,
3. bei natürlichen Personen die Anschriften aller in verschiedenen ausländischen Staaten unterhaltenen Wohnungen sowie die Bezeichnung jener Wohnung, an der sich der Mittelpunkt der Lebensinteressen befindet,
4. bei juristischen Personen die Angabe des Gründungsstaates und die Anschrift des Ortes der tatsächlichen Geschäftsleitung,
5. die Erklärung, dass keine Verpflichtung zur Weitergabe der Einkünfte an andere Personen besteht,
6. die Erklärung, dass die Einkünfte nicht einer vom Einkünfteempfänger unterhaltenen inländischen Betriebstätte zufließen,
7. Art und Höhe der bezogenen Vergütung.

**§ 3.** (1) Ist der Einkünfteempfänger eine juristische Person oder eine als solche im anderen Staat behandelte Personengesellschaft, dann ist neben den in § 2 genannten Dokumentationserfordernissen noch eine Erklärung abzugeben, dass der Einkünfteempfänger

1. eine Betätigung entfaltet, die über den Rahmen der Vermögensverwaltung hinausgeht,
2. eigene Arbeitskräfte beschäftigt und
3. über eigene Betriebsräumlichkeiten verfügt.

(2) Die Erklärung im Sinn von Abs. 1 kann durch einen Nachweis ersetzt werden, aus dem sich ergibt, dass innerhalb der letzten drei Jahre einem Antrag des Einkünfteempfängers auf abkommenskonforme Steuerrückzahlung in Bezug auf Einkünftezahlungen des Vergütungsschuldners von der Abgabenbehörde stattgegeben worden ist.

**§ 4.** Ist der Empfänger eine im ausländischen Staat als steuerlich transparent behandelte Personengesellschaft, sind der Firmenname und die Anschrift der Gesellschaft anzugeben. Ansässigkeitsbescheinigungen unter Verwendung der Vordrucke ZS-QU1 oder ZS-QU2 sind für jene Gesellschafter erforderlich, deren Anteil an den abkommensrechtlich zu entlastenden Vergütungen 10.000 Euro im Kalenderjahr überschreiten. Für andere Gesellschafter muss der Vergütungsschuldner Namen und Anschriften in Evidenz nehmen, sofern nicht auf andere Weise die Entlastungsberechtigung auf Grund des Abkommens glaubhaft gemacht werden kann.

**§ 5.** (1) Eine Entlastung an der Quelle ist in folgenden Fällen unzulässig:

1. wenn den Dokumentationsanforderungen der §§ 2 bis 4 nicht ausreichend entsprochen wird,
2. wenn dem Vergütungsschuldner Umstände bekannt sind oder bei Anwendung der Sorgfalt eines ordentlichen Kaufmannes hätten bekannt sein müssen, dass die Einkünfte dem ausländischen Empfänger der Vergütung steuerlich nicht zuzurechnen sind,
3. wenn Vergütungen aus einer Tätigkeit im Sinne des § 99 Abs. 1 Z 1 EStG nicht an den Erbringer der dort genannten Tätigkeiten, sondern an Dritte gezahlt werden und keine Belege über Name und Anschrift des Erbringers der Tätigkeit sowie Angaben über die Höhe der an ihn fließenden Vergütungen vorliegen,
4. wenn Vergütungen für die Gestellung von Arbeitskräften zur inländischen Arbeitsausübung gezahlt werden (ausgenommen konzerninterne Personalüberlassung von Angestellten),
5. wenn der Einkünfteempfänger eine ausländische Stiftung, ein ausländischer Trust oder ein ausländischer Investmentfonds ist,
6. wenn der Einkünfteempfänger eine juristische Person ist, deren Ort der tatsächlichen Geschäftsleitung sich nicht im Gründungsstaat befindet,

7. wenn Kapitalerträge im Zeitpunkt der Fälligkeit oder anlässlich der Veräußerung von Wertpapieren von Kreditinstituten in ihrer Funktion als Verwahrer oder Verwalter von Wertpapieren ausbezahlt werden.

(2) Werden zur beschränkten Steuerpflicht zu erfassende Vergütungen im Sinn des § 99 Abs. 1 Z 1 EStG nicht an den Erbringer der dort genannten Tätigkeiten, sondern an Dritte gezahlt, kann der Steuerabzug auf den an den Erbringer der Tätigkeit weiter fließenden Teil der Vergütungen eingeschränkt werden; für diesen Teil ist eine Entlastung an der Quelle auf Grund von Doppelbesteuerungsabkommen unzulässig.

(3) Das Finanzamt für Großbetriebe kann über Antrag eines abkommensberechtigten Arbeitskräfteüberlassungsunternehmens bei Vergütungen für die Gestellung von Arbeitskräften zur inländischen Arbeitsausübung zeitlich befristet durch Bescheid eine Entlastung an der Quelle zulassen, wenn sichergestellt ist, dass keine Umgehungsgestaltung vorliegt und das ausländische Arbeitskräfteüberlassungsunternehmen oder der inländische Gestellungsnehmer (Beschäftiger) für die überlassenen Arbeitskräfte die Pflichten des Arbeitgebers im Sinne der §§ 76, 78, 79, 80, 82, 84 und 87 EStG 1988 wahrnimmt. Gestellungsnehmer können die Arbeitskräftegestellungsvergütungen von der Besteuerung für jene Zeiträume entlasten, für die ihnen eine Kopie des Bescheides vorliegt.

*(BGBl II 2020/579)*

**§ 6.** (1) Die Verordnung tritt am 1. Juli 2005 in Kraft und ist auf Einkünfte anzuwenden, die ab diesem Zeitpunkt zufließen.

(2) Ab dem Wirksamkeitsbeginn dieser Verordnung sind hinsichtlich der Steuerentlastung in Österreich nicht mehr anzuwenden:

– Durchführungsverordnung zum DBA-Belgien, BGBl. Nr. 216/1974
– Durchführungsverordnung zum DBA-Brasilien, BGBl. Nr. 633/1976
– Durchführungsverordnung zum DBA-CSSR (betreffend Tschechien und Slowakei), BGBl. Nr. 484/1979
– Durchführungsverordnung zum DBA-Großbritannien, BGBl. Nr. 505/1979
– Durchführungsverordnung zum DBA-Irland, BGBl. Nr. 154/1970
– Durchführungsverordnung zum DBA-Kanada, BGBl. Nr. 318/1982
– Durchführungsverordnung zum DBA-Niederlande, BGBl. Nr. 83/1972
– Durchführungsverordnung zum DBA-Polen, BGBl. Nr. 472/1977
– Durchführungsverordnung zum DBA-Portugal, BGBl. Nr. 469/1975
– Durchführungsverordnung zum DBA-Spanien, BGBl. Nr. 266/1973
– Durchführungsverordnung zum DBA-Ungarn, BGBl. Nr. 101/1978.

(3) Nachstehende Durchführungsvereinbarungen stehen der Anwendung des Systems der Entlastung an der Quelle nach dieser Verordnung nicht entgegen:

– Durchführungsvereinbarung zum DBA-Dänemark, BGBl. Nr. 172/1972
– Durchführungsvereinbarung zum DBA-Liechtenstein, BGBl. Nr. 437/1971
– Durchführungsvereinbarung zum DBA-Luxemburg, BGBl. Nr. 143/1964
– Durchführungsvereinbarung zum DBA-Schweden, BGBl. Nr. 298/1972
– Durchführungsvereinbarung zum DBA-Schweiz, BGBl. Nr. 65/1975.

(4) § 5 Abs. 3 in der Fassung der Verordnung BGBl. II Nr. 579/2020 tritt mit 1. Jänner 2021 in Kraft.

*(BGBl II 2020/579)*

## 1/3/37. VO zu § 103

# Zuzugsbegünstigungsverordnung 2016

BGBl II 2016/261 idF BGBl II 2020/579

**Verordnung des Bundesministers für Finanzen betreffend Zuzugsbegünstigungen (Zuzugsbegünstigungsverordnung 2016 – ZBV 2016)**

Auf Grund des § 103 Abs. 3 des Einkommensteuergesetzes 1988, BGBl. Nr. 400/1988, zuletzt geändert durch das Bundesgesetz BGBl. I Nr. 118/2015, wird verordnet:

### Antragstellung und Bescheid

**§ 1.** (1) Das Finanzamt Österreich kann auf Antrag der zuziehenden Person die Beseitigung der steuerlichen Mehrbelastungen (§ 103 Abs. 1 EStG 1988) und einen Zuzugsfreibetrag (§ 103 Abs. 1a EStG 1988) zuerkennen. Dem Antrag ist ein Verzeichnis im Sinne des § 7 Abs. 1 samt den dazugehörigen Nachweisen beizulegen.

*(BGBl II 2020/579)*

(2) Der Antrag ist spätestens sechs Monate nach dem Zuzug einzubringen.

(3) Ist es dem Antragsteller nicht möglich, bei der Antragstellung alle erforderlichen Unterlagen (§ 7 Abs. 1) vorzulegen, kann das Finanzamt Österreich auf Antrag eine Frist zur Nachreichung der Unterlagen gewähren.

*(BGBl II 2020/579)*

(4) Das Finanzamt Österreich hat über einen Antrag für die gesamte Dauer der Zuzugsbegünstigung (§ 6) abzusprechen. Im Fall der Beseitigung der steuerlichen Mehrbelastungen durch Anwendung eines pauschalen Durchschnittssteuersatzes ist auch die Höhe des Durchschnittssteuersatzes im Sinne des § 5 Abs. 1 festzusetzen.

*(BGBl II 2020/579)*

### Wissenschaft und Forschung

**§ 2.** (1) Der Zuzug hochqualifizierter Personen aus dem Ausland dient der Förderung von Wissenschaft und Forschung und ist aus diesem Grund im öffentlichen Interesse gelegen, wenn folgende Voraussetzungen vorliegen:

1. Die Tätigkeit der zuziehenden Person im Bereich der Wissenschaft und Forschung besteht überwiegend in einer wissenschaftlichen Tätigkeit (einschließlich der universitären Erschließung und Entwicklung der Künste). Eine Tätigkeit ist als wissenschaftlich anzusehen, wenn sie auf systematische Weise unter Verwendung wissenschaftlicher Methoden mit dem Ziel durchgeführt wird, den Stand des Wissens zu vermehren sowie neue Anwendungen dieses Wissens zu erarbeiten (Forschung und experimentelle Entwicklung).
2. Die Tätigkeit im Bereich der Wissenschaft und Forschung liegt maßgeblich im öffentlichen Interesse Österreichs.
3. Die Förderung von Wissenschaft und Forschung würde ohne Zuzug nicht in diesem Ausmaß eintreten und erfolgt unmittelbar.
4. Die hohe wissenschaftliche Qualifikation des Antragstellers ist hinreichend dokumentiert.

(2) Ein der Förderung der Wissenschaft und Forschung dienender Zuzug aus dem Ausland liegt in folgenden Fällen jedenfalls im öffentlichen Interesse:

1. Der zuziehende Wissenschaftler wird als Professorin/Professor im Sinne des § 94 Abs. 2 Z 1 Universitätsgesetz 2002 (UG), BGBl. I Nr. 120, tätig oder des § 12 Abs. 1 Bundesgesetz über das Institute of Science and Technology – Austria, BGBl. I Nr. 69/2006 in Verbindung mit § 94 Abs. 2 Z 1 UG.
2. Der zuziehende Wissenschaftler wird in seinem Habilitationsfach oder einem an sein Habilitationsfach angrenzenden wissenschaftlichen oder künstlerischen Fach tätig, und zwar an einer
   a) Universität im Sinne des § 4 UG oder § 1 Bundesgesetz über die Universität für Weiterbildung Krems (DUK-Gesetz 2004), BGBl. I Nr. 22/2004, an einer
   b) Privatuniversität im Sinne des § 1 Privatuniversitätengesetz (PUG), BGBl. I Nr. 74/2011, an einer
   c) Fachhochschule im Sinne des § 8 Fachhochschul-Studiengesetz (FHStG), BGBl. Nr. 340/1993, in einer
   d) wissenschaftlichen Einrichtung im Sinne des Forschungsorganisationsgesetzes (FOG), BGBl. Nr. 341/1981, in einer
   e) Körperschaft, die kraft Gesetzes eines Mitgliedstaats der Europäischen Union oder eines Staates, mit dem eine umfassende Amtshilfe besteht, im Wesentlichen der Forschung dient, oder in einer
   f) nach § 71 Niederlassungs- und Aufenthaltsgesetz (NAG), BGBl. I Nr. 100/2005 zertifizierten Forschungseinrichtung.

   Die Forschung und experimentelle Entwicklung muss in einem inländischen Betrieb, einer inländischen Betriebsstätte oder einer anderen inländischen wirtschaftlich selbständigen Einheit dieser Forschungseinrichtung erfolgen. Bei Personen, die nicht ausschließlich in Forschung und experimenteller Entwicklung tätig sind, müssen dabei die der Forschung und experimentellen Entwicklung (einschließlich der universitären Erschließung und Entwicklung der Künste) dienenden Tätigkeiten im Kalenderjahr überwiegen.
3. Die dem zuziehenden Wissenschaftler zu bezahlenden Vergütungen (Löhne, Gehälter, Honorare) stellen Aufwendungen (Ausgaben) im Sinne des § 108c Abs. 1 EStG 1988 dar und betragen mindestens das für die Blaue Karte EU erforderliche Bruttojahresgehalt. Z 2 letzter Satz gilt entsprechend.

### Kunst

**§ 3.** (1) Der Zuzug aus dem Ausland dient der Förderung der Kunst und ist aus diesem Grund im öffentlichen Interesse gelegen, wenn folgende Voraussetzungen vorliegen:

1. Die der Förderung der Kunst zu Grunde liegende Tätigkeit besteht ungeachtet der Einkunftsart überwiegend in einer künstlerischen Tätigkeit im Sinne des § 22 Z 1 lit. a EStG 1988.
2. Die Tätigkeit im Bereich der Kunst liegt maßgeblich im öffentlichen Interesse Österreichs.
3. Die Förderung der Kunst würde ohne Zuzug nicht in diesem Ausmaß eintreten und erfolgt unmittelbar.
4. Der Antragsteller ist Künstler von herausragender internationaler Bedeutung.

(2) Ein der Förderung der Kunst dienender Zuzug aus dem Ausland liegt jedenfalls im öffentlichen Interesse, wenn der zuziehende Künstler gemäß Artikel III Abs. 1 der Entschließung des Bundespräsidenten betreffend die Schaffung von Berufstiteln, BGBl. II Nr. 49/2008, zur Führung des Berufstitels Kammersängerin/Kammersänger oder Kammerschauspielerin/Kammerschauspieler berechtigt ist und im Rahmen dieser Tätigkeit bei mindestens zehn inländischen Aufführungen im Jahr auftritt.

### Sport

**§ 4.** Der Zuzug aus dem Ausland dient der Förderung des Sports und ist aus diesem Grund im öffentlichen Interesse gelegen, wenn folgende Voraussetzungen vorliegen:

1. Der Sportler ist Spitzensportlerin/Spitzensportler im Sinne des § 3 Z 11 Bundes-Sportförderungsgesetz 2013 (BSFG 2013), BGBl. I Nr. 100.
2. Die Förderung der sportlichen Tätigkeit liegt maßgeblich im öffentlichen Interesse.
3. Der Sportler tritt bei internationalen Wettkampfveranstaltungen im Sinne des § 3 Z 6 BSFG 2013 offiziell als Repräsentant Österreichs in Erscheinung.
4. Die Förderung des Sports erfolgt unmittelbar.

### Umfang der Begünstigung

**§ 5.** (1) Die Beseitigung der steuerlichen Mehrbelastungen erfolgt durch Anwendung eines pauschalen Durchschnittssteuersatzes von mindestens 15% auf die nicht unter § 98 EStG 1988 fallenden Einkünfte unter Hinzurechnung der Hälfte des in § 102 Abs. 3 EStG 1988 genannten Betrages. Dabei werden ausländische Steuern in sinngemäßer Anwendung des § 1 Abs. 2 erster und zweiter Satz der Verordnung des Bundesministers betreffend die Vermeidung von Doppelbesteuerung in der Stammfassung BGBl. II Nr. 474/2002, angerechnet. Für die Ermittlung des pauschalen Durchschnittssteuersatzes gilt:

1. Es ist die Summe sämtlicher nicht in Österreich erhobener Steuern auf das Einkommen der letzten drei Kalenderjahre, die dem Jahr des Zuzuges vorangegangen sind, zu ermitteln. Dabei sind auch ausländische Steuern anzusetzen, die das Einkommen mittelbar belasten.
2. Es ist die Summe der Einkommen zu ermitteln, die in den letzten drei Kalenderjahren, die dem Jahr des Zuzuges vorangegangen sind, erzielt wurden. Dabei sind die für unbeschränkt Steuerpflichtige geltenden Vorschriften des EStG 1988 anzuwenden; Einkünfte, die einem besonderen Steuersatz unterliegen, sind zu berücksichtigen, nicht aber Einkünfte, die unter § 98 EStG 1988 fallen.
3. Der pauschale Durchschnittssteuersatz ergibt sich aus dem Verhältnis der Gesamtsteuer gemäß Z 1 zum Gesamteinkommen gemäß Z 2.

(2) Durch den pauschalen Durchschnittssteuersatz gelten allfällige Doppelbesteuerungsabkommen als bereits berücksichtigt. Die nicht unter § 98 EStG 1988 fallenden Einkünfte sind bei der Berechnung der Einkommensteuer des Steuerpflichtigen weder beim Gesamtbetrag der Einkünfte noch beim Einkommen (§ 2 Abs. 2 EStG 1988) zu berücksichtigen.

(3) Nach Ablauf des zehnten Kalenderjahres ab dem Zuzug erhöht sich der pauschale Durchschnittssteuersatz im Sinne des Abs. 1 mit 1. Jänner eines Kalenderjahres jährlich um 2 Prozentpunkte.

### Dauer

**§ 6.** (1) Die Beseitigung der steuerlichen Mehrbelastungen ist ab dem Zuzugszeitpunkt bis zum 31. Dezember des Kalenderjahres zuzuerkennen, in dem der Steuersatz im Sinne des § 5 Abs. 3 erstmalig mindestens 48% erreicht.

(2) Der Zuzugsfreibetrag ist ab dem Zuzugszeitpunkt für fünf Jahre zuzuerkennen.

(3) Die Zuzugsbegünstigung erlischt in folgenden Fällen vorzeitig:

1. Es kommen Tatsachen oder Beweismittel neu hervor, denen zufolge für die Begünstigung bedeutsame Umstände nicht vollständig und wahrheitsgemäß offengelegt wurden, und deren Kenntnis einen im Spruch anders lautenden Bescheid herbeigeführt hätte.
2. Die begünstigte Person zieht aus Österreich weg.
3. Die begünstigte Person beendet die für die Zuerkennung der Zuzugsbegünstigung maßgebliche Tätigkeit, ohne eine andere begünstigungswürdige Tätigkeit aufzunehmen.
4. Es treten Umstände ein, die dem öffentlichen Interesse an der Gewährung der Zuzugsbegünstigung wesentlich entgegenstehen.
5. Es wird den in § 7 Abs. 2 genannten Verpflichtungen nicht nachgekommen.
6. Es wird in einer Beilage zur Steuererklärung durch ausdrückliche Erklärung freiwillig auf die weitere Anwendung der Begünstigung verzichtet.

(4) Das Finanzamt hat jeweils im Rahmen der Veranlagung zu prüfen, ob einer der in Abs. 3 genannten Umstände eingetreten ist.

### Formelle Voraussetzungen

**§ 7.** (1) Dem Antrag auf Zuzugsbegünstigung ist ein Verzeichnis anzuschließen, das folgende Angaben zu enthalten hat:

1. Die Glaubhaftmachung, dass der Zuzug gemäß §§ 2, 3 oder 4 im öffentlichen Interesse gelegen sein wird. Belege, die der Glaubhaftmachung dienen, sind beizulegen,
2. die Bekanntgabe des Wegzugsstaates,
3. die Bekanntgabe des Zuzugszeitpunktes,
4. die Bekanntgabe der inländischen Wohnsitze in einem Zeitraum von zehn Jahren vor dem Zuzug und zum Antragszeitpunkt,
5. die Bekanntgabe der ausländischen Wohnsitze in einem Zeitraum von fünf Jahren vor dem Zuzug und zum Antragszeitpunkt,
6. die Bekanntgabe der Mittelpunkte der Lebensinteressen in einem Zeitraum von zehn Jahren vor dem Zuzug und zum Antragszeitpunkt und
7. für Anträge auf Beseitigung der steuerlichen Mehrbelastungen die vollständige Darstellung der Ermittlung des pauschalen Steuersatzes.

*(BGBl II 2020/579)*

(2) Die gemäß § 1 Abs. 4 zugesprochene Zuzugsbegünstigung darf vom Finanzamt nur berücksichtigt werden, wenn vom Steuerpflichtigen als Beilage zur Steuererklärung des jeweiligen Veranlagungsjahres ein ordnungsgemäß geführtes Verzeichnis vorgelegt wird, das unter Hinweis auf die den Eintragungen zugrunde liegenden Belege folgende Angaben zu enthalten hat:

1. Die Glaubhaftmachung, dass das öffentliche Interesse am Zuzug gemäß §§ 2, 3 oder 4 im Veranlagungsjahr vorliegt.
2. Die Bekanntgabe der ausländischen und inländischen Wohnsitze im jeweiligen Veranlagungszeitraum.
3. Die Glaubhaftmachung, dass der Mittelpunkt der Lebensinteressen im jeweiligen Veranlagungszeitraum in Österreich war.

*(BGBl II 2020/579)*

### Beiziehung von Sachverständigen

**§ 8.** Liegt das öffentliche Interesse nicht gemäß § 2 Abs. 2 oder § 3 Abs. 2 jedenfalls vor, kann das Finanzamt zur sachverständigen Beurteilung des öffentlichen Interesses in Fällen des § 2 die Österreichische Forschungsförderungsgesellschaft mbH (FFG), in Fällen des § 3 den für Kunst und Kultur zuständigen Bundesminister und in Fällen des § 4 den für Sport zuständigen Bundesminister beiziehen.

*(BGBl II 2020/579)*

### Verweisungen

**§ 9.** (1) Soweit in dieser Verordnung auf Bestimmungen anderer Bundesgesetze, Verordnungen und Entschließungen verwiesen wird, sind diese in ihrer jeweils geltenden Fassung anzuwenden.

(2) Dies gilt nicht für § 1 Abs. 2 der Verordnung des Bundesministers betreffend die Vermeidung von Doppelbesteuerung.

### Schluss- und Übergangsbestimmungen

**§ 10.** (1) Diese Verordnung tritt mit Ablauf des Tages der Kundmachung im Bundesgesetzblatt in Kraft.

(2) Mit dem Inkrafttreten dieser Verordnung tritt die Zuzugsbegünstigungsverordnung, BGBl. II Nr. 102/2005, außer Kraft.

(3) Erfolgte der Zuzug vor dem 15. August 2015, gelten folgende Übergangsbestimmungen:

1. Die gemäß § 2 Abs. 2 Z 3 erforderliche Mindestvergütung gilt nicht.
2. Abweichend von § 5 erfolgt die Beseitigung der durch den Zuzug eintretenden steuerlichen Mehrbelastungen bei Personen, denen bereits eine Zuzugsbegünstigung gewährt wurde, durch Anwendung der im zuletzt ergangenen Bescheid vorgesehenen Entlastungsmethode.
3. Die Zuzugsbegünstigung ist für Zeiträume nach dem 31. Dezember 2016 nicht zuzuerkennen, wenn die gesamte Dauer der Begünstigung 20 Jahre überschreiten würde.
4. § 6 Abs. 1 ist nicht anzuwenden.

(4) § 1 Abs. 1, 3 und 4, § 7 Abs. 1 und 2 und § 8, jeweils in der Fassung der Verordnung BGBl. II Nr. 579/2020, treten mit 1. Jänner 2021 in Kraft. Die Übergangsbestimmungen des § 323b Abs. 4 der Bundesabgabenordnung – BAO, BGBl. Nr. 194/1961 in der Fassung des Bundesgesetzes BGBl. I Nr. 99/2020, sind anzuwenden.

*(BGBl II 2020/579)*

**1/3/38. VO zu § 107 Abs. 8**

## Leitungsrechte-Datenübermittlungs-verordnung

BGBl II 2018/321

**Verordnung des Bundesministers für Finanzen zur Datenübermittlung gemäß § 107 Abs. 8 EStG 1988 betreffend den Steuerabzug bei Einkünften aus Anlass der Einräumung von Leitungsrechten (Leitungsrechte-Datenübermittlungsverordnung – Leitungsrechte-DÜV)**

Auf Grund des § 107 Abs. 8 des Einkommensteuergesetzes 1988 – EStG 1988, BGBl. Nr. 400/1988, zuletzt geändert durch das Bundesgesetz BGBl. I Nr. 83/2018 wird verordnet.

**§ 1.** (1) Ein Abzugsverpflichteter hat in einer Anmeldung die Daten und den Steuerbetrag für jene Personen oder Einrichtungen zu übermitteln, gegenüber denen er zahlungsverpflichtet ist.

(2) Kommen mehrere Personen oder Einrichtungen als Empfänger der Einkünfte in Betracht und ist der Abzugsverpflichtete nicht gegenüber jeder einzelnen von ihnen zahlungsverpflichtet, insbesondere weil erhaltene Zahlungen vom Empfänger weitergegeben werden, muss der Abzugsverpflichtete von der Person oder Einrichtung, der gegenüber er zahlungsverpflichtet ist, über diesen Umstand informiert werden. Der Abzugsverpflichtete hat die erhaltene Information in der Anmeldung bei der Person oder Einrichtung anzuführen, deren Daten er übermittelt.

(3) Werden mehrere Zahlungen an denselben Empfänger geleistet, kann der Steuerbetrag für jede einzelne Zahlung getrennt oder für alle Zahlungen des Kalenderjahres zusammengefasst übermittelt werden.

**§ 2.** (1) Die elektronische Übermittlung der Anmeldung hat nach der FinanzOnlineVerordnung 2006 – FOnV 2006, BGBl. II Nr. 97/2006, in der jeweils geltenden Fassung, im Verfahren FinanzOnline (https://finanzonline.bmf.gv.at) zu erfolgen.

(2) Der Umfang der elektronisch zu übermittelnden Anmeldung bestimmt sich nach § 1 Abs. 2 FOnV 2006.

(3) Die elektronische Übermittlung der Anmeldung ist nur im Weg der Datenstromübermittlung und im Weg eines Webservices zulässig. Sie ist nicht vor dem Vorliegen der technischen und organisatorischen Voraussetzungen zulässig.

**§ 3.** Diese Verordnung tritt mit 1. Jänner 2019 in Kraft.

**1/3/39. VO zu § 108 EStG und § 86a BAO:**

## Bausparen

BGBl II 2005/296 idF BGBl II 2020/579

**Verordnung des Bundesministers für Finanzen betreffend Bausparen gemäß § 108 EStG 1988**

Auf Grund des § 108 des Einkommensteuergesetzes 1988 (EStG 1988), BGBl. Nr. 400, zuletzt geändert durch BGBl. I Nr. 104/2005, in Verbindung mit § 86a der Bundesabgabenordnung (BAO), BGBl. Nr. 194/1961, zuletzt geändert durch BGBl. I Nr. 5/2005, wird verordnet:

**§ 1.** Der Abgabenpflichtige hat die Erstattung der Einkommensteuer (Lohnsteuer) gemäß § 108 EStG 1988 (Bausparprämie) nach dem in Anhang 1 zu dieser Verordnung kundgemachten amtlichen Vordruck (Abgabenerklärung) zu beantragen sowie die widmungsgemäße Verwendung der begünstigten Beiträge und Erstattungsbeträge oder der Sicherstellung gemäß § 108 Abs. 7 Z 2 EStG 1988 nach dem in Anhang 2 zu dieser Verordnung kundgemachten amtlichen Vordruck (Abgabenerklärung) zu erklären. Erstellt die Bausparkasse die Abgabenerklärung gemäß Anhang 1 nach diesem amtlichen Vordruck, können für die Eintragungen unter „Angaben zum Kind bzw. zu den Kindern (nur bei Erhöhungsbetrag)“ eine oder mehrere Zeilen vorgesehen werden.

### II. Elektronischer Antrag auf Erstattung der Bausparprämie

**§ 2.** (1) Wird der Antrag auf Abschluss eines Bausparvertrages elektronisch gestellt, kann auch der Antrag auf Erstattung der Bausparprämie elektronisch gestellt werden.

(2) Der Antrag auf Erstattung der Bausparprämie hat im Rahmen des von der Bausparkasse angebotenen Verfahrens zur Stellung eines elektronischen Antrags auf Abschluss eines Bausparvertrages zu erfolgen. Für den Antrag auf Erstattung der Bausparprämie muss Folgendes gewährleistet sein:

1. In dem von der Bausparkasse angebotenen Verfahren zur Stellung eines elektronischen Antrags auf Abschluss eines Bausparvertrages ist die eindeutige Identifizierung und Authentifizierung des Antragstellers sicher gestellt.
2. Das von der Bausparkasse angebotene Verfahren zur Stellung eines elektronischen Antrags auf Abschluss eines Bausparvertrages entspricht den jeweiligen Standards der Datensicherheit und Datenintegrität (Verschlüsselung).
3. Der Antrag auf Erstattung der Bausparprämie ist vom Antrag auf Abschluss des Bausparvertrages deutlich getrennt, insbesondere wird dem Antragsteller die Tatsache, dass er eine Abgabenerklärung abgibt, deutlich gemacht, indem

– der Antrag als „Antrag auf Erstattung der Einkommensteuer (Lohnsteuer) gemäß § 108 Einkommensteuergesetz 1988 (EStG 1988), im Wege der Bausparkasse" bezeichnet ist, und
– dem Antragsteller jener Text zur ausdrücklichen Bestätigung angezeigt wird, der in der amtlichen Drucksorte (Anhang 1)[a] mit „Erklärung:" bezeichnet ist.

[a] Vordruck nicht abgedruckt

4. Der Antrag auf Erstattung der Prämie enthält die in der amtlichen Drucksorte (Anhang 1) umrandeten Inhalte, wobei es zulässig ist, dass die Daten aus dem Antrag auf Abschluss des Bausparvertrages übernommen werden. Für die Eintragungen unter „Angaben zum Kind bzw. zu den Kindern (nur bei Erhöhungsbetrag)" können eine oder mehrere Zeilen vorgesehen werden.
5. Die Bausparkassen bewahren die elektronischen Anträge auf Erstattung der Prämie entsprechend den jeweiligen Standards der Datensicherheit und Datenintegrität auf, wobei § 131 und § 132 BAO sinngemäß anzuwenden sind.

### III. Erstattung der Bausparprämie

**§ 3.** Die Bausparkasse hat einmal jährlich auf Grund der vorgelegten Abgabenerklärungen bis zum 15. Jänner des Folgejahres den zu erstattenden Steuerbetrag beim Finanzamt für Großbetriebe anzufordern. Die Anforderung kann ein Mal korrigiert werden; diese Korrekturmeldung ist bis zum 30. Juni des Folgejahres zulässig.

*(BGBl II 2020/579)*

**§ 4.** Beitragsnachzahlungen für Vorjahre sind nicht zulässig.

**§ 5.** Die Bausparkasse hat im Zuge der Anforderung des zu erstattenden Steuerbetrages im Wege des Datenträgeraustausches oder der automationsunterstützten Datenübermittlung folgende Daten auf Grund der Abgabenerklärung dem Finanzamt für Großbetriebe zu übermitteln:

– Bezeichnung der Bausparkasse
– Nummer des Bausparvertrages
– Name des Abgabepflichtigen
– Sozialversicherungsnummer des Abgabepflichtigen (wurde für den Abgabepflichtigen eine Versicherungsnummer nicht vergeben, ist das Geburtsdatum anzuführen)
– Adresse des Abgabepflichtigen
– Name des (Ehe-)Partners, wenn der Erhöhungsbetrag geltend gemacht wurde
– Sozialversicherungsnummer des (Ehe-)Partners, wenn der Erhöhungsbetrag geltend gemacht wurde (wurde für den (Ehe-)Partner eine Versicherungsnummer nicht vergeben, ist das Geburtsdatum anzuführen)
– Name des Kindes, wenn der Erhöhungsbetrag geltend gemacht wurde
– Sozialversicherungsnummer des Kindes, wenn der Erhöhungsbetrag geltend gemacht wurde (wurde für das Kind eine Versicherungsnummer nicht vergeben, ist das Geburtsdatum anzuführen)
– Beginn der Prämienbegünstigung für mitberücksichtigte Personen
– Bemessungsgrundlage für die Prämienbegünstigung (eingezahlte prämienwirksame Beiträge)
– Vertragsbeginn des Bausparvertrages
– Ende der Prämienbegünstigung.

*(BGBl II 2020/579)*

**§ 6.** (1) Bemessungsgrundlage für die Prämienerstattung ist der eingezahlte Beitrag, höchstens der gemäß § 108 EStG 1988 prämienwirksame Betrag. Werden mehrere Abgabenerklärungen mit gleichzeitiger Prämienwirksamkeit zu Gunsten des Antragstellers oder einer mitberücksichtigten Person festgestellt, erfolgt die Prämienerstattung für den Bausparvertrag mit dem früheren Vertragsbeginn. Wird zu Gunsten eines Antragstellers mehr als eine Abgabenerklärung mit nicht gleichzeitiger Prämienwirksamkeit festgestellt, erfolgt die Prämienerstattung insgesamt bis zum gesetzlichen Höchstbetrag.

(2) Bei mehreren Abgabenerklärungen mit demselben Vertragsbeginn erfolgt zunächst keine Prämienerstattung. Die Prämienerstattung erfolgt erst, wenn sie im Rahmen der Korrekturmeldung (§ 3) für den Abgabepflichtigen nur ein Mal geltend gemacht wird.

**§ 7.** Werden angeforderte zu erstattende Steuerbeträge durch das Finanzamt für Großbetriebe gekürzt, hat eine Rückmeldung des Finanzamts für Großbetriebe an die Bausparkasse zu erfolgen.

*(BGBl II 2020/579)*

### IV. Elektronische Erklärung zur widmungsgemäßen Verwendung

**§ 8.** (1) Die Erklärung zur widmungsgemäßen Verwendung kann elektronisch abgegeben werden, wenn

1. die Verwendung der begünstigten Beiträge und der Erstattungsbeträge selbst ganz oder zum Teil vor Ablauf der in § 108 Abs. 6 EStG 1988 genannten Frist erfolgt und der Bausparvertrag elektronisch gekündigt wird, oder
2. die Ansprüche aus dem Bausparvertrag vor Ablauf der in § 108 Abs. 6 EStG 1988 genannten Frist als Sicherstellung dienen.

(2) Die Erklärung zur widmungsgemäßen Verwendung hat im Rahmen des von der Bausparkasse angebotenen Verfahrens zur elektronischen Kündigung eines Bausparvertrages zu erfolgen. Für die Erklärung der widmungsgemäßen Verwendung muss Folgendes gewährleistet sein:

1. In dem von der Bausparkasse angebotenen Verfahren zur elektronischen Kündigung eines Bausparvertrages ist die eindeutige

Identifizierung und Authentifizierung des Erklärenden sichergestellt.

2. Das von der Bausparkasse angebotene Verfahren zur elektronischen Kündigung eines Bausparvertrages entspricht den jeweiligen Standards der Datensicherheit und Datenintegrität (Verschlüsselung).
3. Dem Erklärenden wird die Tatsache, dass er eine Abgabenerklärung abgibt, deutlich gemacht, indem
   - die Erklärung als „Erklärung zur widmungsgemäßen Verwendung begünstigter Beiträge und Erstattungsbeträge (Bausparprämie) gemäß § 108 Abs. 7 Z 2 Einkommensteuergesetz 1988 (EStG 1988), im Wege der Bausparkasse" bezeichnet ist, und
   - dem Erklärenden jener Text zur ausdrücklichen Bestätigung angezeigt wird, der in der amtlichen Drucksorte (Anhang 2)[a] mit „Erklärung:" bezeichnet ist.

[a] Vordruck nicht abgedruckt

4. Die Erklärung zur widmungsgemäßen Verwendung enthält die in der amtlichen Drucksorte (Anhang 2) umrandeten Inhalte, wobei es zulässig ist, dass die Daten aus dem Antrag auf Abschluss des Bausparvertrages übernommen werden.
5. Die Bausparkassen bewahren die elektronischen Erklärungen zur widmungsgemäßen Verwendung entsprechend den jeweiligen Standards der Datensicherheit und Datenintegrität auf, wobei § 131 und § 132 BAO sinngemäß anzuwenden sind.

## V. Mitteilung der Höhe der zurückgezahlten Steuererstattung

**§ 9.** Die Bausparkasse hat in den Fällen des § 108 Abs. 7 Z 2 EStG 1988 ein Mal jährlich auf Grund der vorgelegten Erklärungen zur widmungsgemäßen Verwendung bis zum 30. April des Folgejahres die Höhe der zurückgezahlten Steuererstattung dem Finanzamt für Großbetriebe mitzuteilen.

*(BGBl II 2020/579)*

**§ 10.** Die Bausparkasse hat im Zuge der Mitteilung der Höhe der zurückgezahlten Steuererstattung im Wege des Datenträgeraustausches oder der automationsunterstützten Datenübermittlung folgende Daten auf Grund der Erklärungen dem Finanzamt zu übermitteln:

- Bezeichnung der Bausparkasse
- Nummer des Bausparvertrages
- Name des Abgabepflichtigen
- Sozialversicherungsnummer des Abgabepflichtigen (wurde für den Abgabepflichtigen eine Versicherungsnummer nicht vergeben, ist das Geburtsdatum anzuführen)
- Adresse des Abgabepflichtigen
- Vertragsbeginn des Bausparvertrages
- Datum des Endes der Prämienbegünstigung
- Erstattungsbetrag
- Verwendungsgrund
- Name und Adresse des gesetzlichen Vertreters.

## VI. Zeitliche Anwendung

**§ 11.** Diese Verordnung ist erstmals auf Abgabenerklärungen, die ab dem In-Kraft-Treten dieser Verordnung unterschrieben werden, anzuwenden; die §§ 8 bis 10 sind auch auf zu diesem Zeitpunkt bereits bestehende Bausparverträge anzuwenden. Die Erstattung der Einkommensteuer (Lohnsteuer) gemäß § 108 EStG 1988 kann bis 31. Dezember 2006 auch in der Form der im Anhang zur Verordnung des Bundesministers für Finanzen betreffend Bausparen gemäß § 108 EStG in der Fassung BGBl. II Nr. 515/1999 kundgemachten Abgabenerklärung beantragt werden.

**§ 12.** (1) Die Verordnung des Bundesministers für Finanzen betreffend Bausparen gemäß § 108 EStG 1988, BGBl. II Nr. 515/1999, soweit sie noch in Anwendung ist, tritt mit 1. Juli 2010 außer Kraft.

*(BGBl II 2020/579)*

(2) § 3, § 5, § 7 und § 9, jeweils in der Fassung der Verordnung BGBl. II Nr. 579/2020, treten mit 1. Jänner 2021 in Kraft.

*(BGBl II 2020/579)*

**1/3/40. VO zu § 108 Abs. 1**

## Bausparprämie 2021

BMF-AV Nr. 159/2020

Erlass des BMF vom 15.10.2020, 2020-0.591.325

Gemäß § 108 Abs. 1 EStG 1988 beträgt die Höhe der Bausparprämie für das **Kalenderjahr 2021 1,5 %** der prämienbegünstigten Bausparkassenbeiträge.

**1/3/41. VO zu § 108 Abs. 1**

## Bausparprämie 2022

BMF-AV Nr. 147/2021

Erlass des BMF vom 21.10.2021, 2021-0.684.297

Gemäß § 108 Abs. 1 EStG 1988 beträgt die Höhe der Bausparprämie für das **Kalenderjahr 2022 1,5%** der prämienbegünstigten Bausparkassenbeiträge.

## 1/3/42. VO zu § 108a

# Pensionsvorsorge

BGBl II 2003/530 idF BGBl II 2020/579

**Verordnung des Bundesministers für Finanzen betreffend prämienbegünstigte Pensionsvorsorge gemäß § 108a EStG 1988**

Auf Grund des § 108a EStG 1988, BGBl. Nr. 400, in der Fassung des Bundesgesetzes BGBl. I Nr. 71/2003 wird verordnet:

**§ 1.** Der Abgabepflichtige hat die Erstattung der Prämie gemäß § 108a EStG 1988 nach dem amtlichen Vordruck (Abgabenerklärung) zu beantragen.

**§ 2.** Als amtlicher Vordruck (Lg.Nr. 108a) gilt die im Anhang zu dieser Verordnung kundgemachte Abgabenerklärung.[a)]

[a)] Vordruck nicht abgedruckt.

**§ 3.** (1) Der Rechtsträger hat einmal jährlich auf Grund der vorgelegten Abgabenerklärungen (§ 2) bis spätestens Ende Februar des Folgejahres den Antrag auf Prämienerstattung an das Finanzamt für Großbetriebe zu stellen. Eine einmalige Korrekturmeldung hat bis zum 30. Juni des Folgejahres zu erfolgen und ist nur für jene Abgabenerklärungen zulässig, die bereits im Prämienerstattungsantrag berücksichtigt wurden.

*(BGBl II 2020/579)*

(2) Bei Erwerb von Anteilen an einen Pensionsinvestmentfonds hat das depotführende Kreditinstitut die Aufgaben des Rechtsträgers wahrzunehmen.

**§ 4.** Beitragsnachzahlungen für Vorjahre sind nicht zulässig. Beitragszahlungen für das Folgejahr sind zulässig, wenn die Zahlungen nach dem 15. Dezember des laufenden Kalenderjahres erfolgen.

**§ 5.** Der Rechtsträger hat im Zuge der Antragstellung auf Prämienerstattung im Wege von Finanz-Online folgende Daten auf Grund der Abgabenerklärung dem Finanzamt für Großbetriebe zu übermitteln:

- Bezeichnung des Rechtsträgers
- Vertragsnummer
- Name des Abgabepflichtigen
- Sozialversicherungsnummer des Abgabepflichtigen (Wurde für den Abgabepflichtigen eine Versicherungsnummer nicht vergeben, ist das Geburtsdatum anzuführen)
- Adresse des Abgabepflichtigen
- Bemessungsgrundlage für die Prämienbegünstigung
- Höhe der Prämie
- Datum der Unterschrift der Abgabenerklärung.

*(BGBl II 2020/579)*

**§ 6.** Bemessungsgrundlage für die Prämienerstattung ist der eingezahlte Betrag, höchstens jedoch der in der Abgabenerklärung beantragte Betrag. Eine Indexanpassung ist jedoch zulässig. Bei Überschreiten der Bemessungsgrundlage von 1.000 Euro hat die Erstattung der Prämie nur bis zu einer Bemessungsgrundlage von 1.000 Euro zu erfolgen. Werden von einem Antragsteller mehrere Abgabenerklärungen abgegeben, erfolgt die Prämienerstattung vorrangig für die früher abgegebene Abgabenerklärung (Datum der Unterschrift). Bei mehreren Abgabenerklärungen mit demselben Datum der Unterschrift ist eine Aliquotierung nach Maßgabe der Bemessungsgrundlagen vorzunehmen.

**§ 7.** Werden beantragte Prämienerstattungen durch das Finanzamt für Großbetriebe gekürzt, hat eine Rückmeldung des Finanzamtes an den Rechtsträger zu erfolgen.

*(BGBl II 2020/579)*

**§ 8.** Wird eine Erhöhung der Bemessungsgrundlage bei einem Rechtsträger beantragt, hat der Abgabepflichtige eine neue Abgabenerklärung beim Rechtsträger abzugeben, ausgenommen die Erhöhung bezieht sich auf eine Indexanpassung.

**§ 9.** (1) Die Verordnung BGBl. II Nr. 441/1999 tritt außer Kraft.

*(BGBl II 2020/579)*

(2) § 3 Abs. 1, § 5 und § 7, jeweils in der Fassung der Verordnung BGBl. II Nr. 579/2020, treten mit 1. Jänner 2021 in Kraft.

*(BGBl II 2020/579)*

## 1/3/43. VO zu § 108c EStG und § 118a BAO

# Forschungsprämienverordnung

BGBl II 2012/515

**Verordnung der Bundesministerin für Finanzen über die Kriterien zur Festlegung förderbarer Forschungs- und Entwicklungsaufwendungen (-ausgaben), zur Forschungsbestätigung sowie über die Erstellung von Gutachten durch die Österreichische Forschungsförderungsgesellschaft mbH (Forschungsprämienverordnung)**

Auf Grund des § 108c des Einkommensteuergesetzes 1988 – EStG 1988, BGBl. Nr. 400, zuletzt geändert durch das Bundesgesetz BGBl. I Nr. 112/2012, und des § 118a der Bundesabgabenordnung – BAO, BGBl. Nr. 194/1961, zuletzt geändert durch das Bundesgesetz BGBl. I Nr. 112/2012, wird verordnet:

### 1. Abschnitt
### Allgemeine Vorschriften

**§ 1.** (1) Der Geltendmachung einer Forschungsprämie sind Aufwendungen (Ausgaben) im Sinne der Abs. 2 und 3 im Bereich von Forschung und experimenteller Entwicklung (Anhang I) zu Grunde zu legen. Die Bestimmungen der § 6 Z 10 und § 20 Abs. 2 EStG 1988 sowie § 12 Abs. 2 KStG 1988 sind anzuwenden.

(2) Aufwendungen (Ausgaben) zur Forschung und experimentellen Entwicklung (Anhang I, Teil A) sind:

1. Löhne und Gehälter für in Forschung und experimenteller Entwicklung Beschäftigte einschließlich Arbeitgeberbeiträge zur Sozialversicherung, Wohnbauförderungsbeiträge und sonstige Personalaufwendungen (beispielsweise freiwillige Sozialleistungen) sowie Vergütungen für in Forschung und experimenteller Entwicklung Beschäftigte, die außerhalb eines Dienstverhältnisses tätig werden. Bei Beschäftigten, die nicht ausschließlich in Forschung und experimenteller Entwicklung tätig sind, werden die der Arbeitsleistung für Forschung und experimentelle Entwicklung entsprechenden Anteile an diesen Aufwendungen (Ausgaben) herangezogen.
2. Unmittelbare Aufwendungen (Ausgaben) und unmittelbare Investitionen (einschließlich der Anschaffung von Grundstücken), soweit sie nachhaltig Forschung und experimenteller Entwicklung dienen.
3. Finanzierungsaufwendungen (-ausgaben), soweit sie der Forschung und experimentellen Entwicklung zuzuordnen sind.
4. Gemeinkosten, soweit sie der Forschung und experimentellen Entwicklung zuzuordnen sind.

(3) Aufwendungen (Ausgaben) für Forschung und experimentelle Entwicklung im Sinne dieser Verordnung, die gemäß § 108c Abs. 2 Z 2 EStG 1988 an Dritte außer Haus vergeben werden (externe Aufwendungen und Ausgaben für Forschung und experimentelle Entwicklung, Auftragsforschung), sind keine Aufwendungen (Ausgaben) für Forschung und experimentelle Entwicklung im Sinne des § 108c Abs. 2 Z 1 EStG 1988.

(4) Die Aufwendungen (Ausgaben) für Forschung und experimentelle Entwicklung eines Wirtschaftsjahres sind in einem nach Maßgabe des Anhanges II zu dieser Verordnung erstellten Verzeichnis darzustellen. Das Verzeichnis hat die Ermittlung der Bemessungsgrundlage und die daraus ermittelte Forschungsprämie zu enthalten. Das Verzeichnis ist auf Verlangen der Abgabenbehörde vorzulegen.

**§ 2.** (1) Eine Forschungsbestätigung gemäß § 118a BAO kann für jeweils ein Forschungsprojekt (Anhang I, Teil A, Punkt 5) beantragt werden. Ein Forschungsschwerpunkt (Anhang I, Teil A, Punkt 6) kann nicht Gegenstand einer Forschungsbestätigung sein.

(2) Die Forschungsbestätigung darf keinen Zeitraum betreffen, der nicht von dem entsprechenden Projektgutachten erfasst ist (§ 5 Abs. 3).

### 2. Abschnitt
### Gutachten

**§ 3.** (1) Gutachten (§ 4 und § 5) der Österreichischen Forschungsförderungsgesellschaft mbH (§ 1 FFG-G, BGBl. I Nr. 73/2004, im Folgenden: FFG) betreffen:

1. Die Beurteilung, inwieweit ein Forschungsschwerpunkt/Forschungsprojekt, aus dem für die Forschungsprämie maßgebliche Aufwendungen resultieren, unter Zugrundelegung der vom Steuerpflichtigen bekanntgegebenen Informationen die Voraussetzungen des § 108c Abs. 2 Z 1 EStG 1988 erfüllt.
2. Die Beurteilung, ob nicht forschungsschwerpunkt- oder forschungsprojektbezogen zugeordnete Investitionen nach der Beschreibung in der Anforderung des Gutachtens so beschaffen sind, dass sie nachhaltig der Forschung und experimentellen Entwicklung dienen können.

(2) Das Gutachten umfasst nicht

- die Tatsachenfeststellung, ob die bekannt gegebenen Informationen zu einem Forschungsschwerpunkt/Forschungsprojekt oder zu nicht forschungsschwerpunkt- oder forschungsprojektbezogen zugeordneten Investitionen richtig sind, sowie
- die Beurteilung, ob und in welchem Umfang Aufwendungen oder Ausgaben für Forschung und experimentelle Entwicklung Bestandteil der Bemessungsgrundlage für die Forschungsprämie sind.

(3) Die Gutachten der FFG haben sich auf jene Forschungsschwerpunkte/Forschungsprojekte oder nicht forschungsschwerpunkt- oder forschungsprojektbezogen zugeordnete Investitionen zu beziehen, für die die Beurteilung durch die FFG angefordert

worden ist. Die vom Steuerpflichtigen bekannt gegebenen Informationen aus der Anforderung des Gutachtens bilden einen integralen Bestandteil des Gutachtens.

**§ 4.** (1) Die FFG hat zur Geltendmachung einer Forschungsprämie für eigenbetriebliche Forschung und experimentelle Entwicklung auf Anforderung des Steuerpflichtigen ein Jahresgutachten zu erstellen. Das Jahresgutachten hat sich auf alle Forschungsschwerpunkte/Forschungsprojekte und nicht forschungsschwerpunkt- oder forschungsprojektbezogen zugeordnete Investitionen zu beziehen, aus denen für die Forschungsprämie maßgebliche Aufwendungen resultieren.

(2) Das Jahresgutachten ist nach Ablauf des Wirtschaftsjahres, für das die Forschungsprämie beantragt wird, bei der FFG anzufordern. Dazu sind die Forschungsschwerpunkte/Forschungsprojekte und nicht forschungsschwerpunkt- oder forschungsprojektbezogen zugeordneten Investitionen inhaltlich genau zu umschreiben und die im Anhang III, Teil A, enthaltenen Daten und Informationen bekannt zu geben. Für ein Wirtschaftsjahr kann nur ein Jahresgutachten angefordert werden.

**§ 5.** (1) Die FFG hat für das Forschungsprojekt, das Gegenstand eines Antrages auf Forschungsbestätigung gemäß § 118a BAO ist, auf Anforderung des Steuerpflichtigen ein Projektgutachten zu erstellen.

(2) Das Projektgutachten kann nach Beantragung der Forschungsbestätigung für das jeweilige Forschungsprojekt bei der FFG angefordert werden. Die Anforderung muss sich auf das Forschungsprojekt beziehen, das Gegenstand des Antrages auf Erteilung der Forschungsbestätigung ist. In der Anforderung ist das Forschungsprojekt inhaltlich genau zu umschreiben; es sind die (geplanten) bemessungsgrundlagenrelevanten Gesamtaufwendungen nach Maßgabe der Gliederung des Verzeichnisses laut Anhang II anzuführen und nach Wirtschaftsjahren zu gliedern sowie die im Anhang III, Teil A, enthaltenen Daten und Informationen bekannt zu geben.

(3) Das Projektgutachten hat sich auf die (geplante) Projektdauer, höchstens aber auf einen Zeitraum zu beziehen, der das Wirtschaftsjahr der Anforderung des Gutachtens und die nachfolgenden drei Wirtschaftsjahre umfasst. Nach Ablauf dieses Zeitraumes kann für dasselbe Projekt ein neuerliches Projektgutachten angefordert werden.

**§ 6.** Die Erstellung von Jahresgutachten und Projektgutachten ist für den Steuerpflichtigen kostenlos.

**§ 7.** (1) Die FFG ist befugt, zur Erstellung von Gutachten in einzelnen Fällen nach Bedarf externe Gutachter beizuziehen.

(2) Für die Beiziehung eines externen Gutachters gilt:

1. Als externe Gutachter beigezogen werden dürfen nur
   a) Personen, die nachweislich als befugte Sachverständige auf dem zu beurteilenden Fachgebiet tätig sind oder
   b) Organisationen, die der FFG vergleichbare Aufgaben in der Abwicklung von Förderungen im Bereich der Forschung und experimentellen Entwicklung an Unternehmen oder im Bereich der Beratung von Unternehmen in der Forschung und experimentellen Entwicklung erfüllen oder
   c) Personen, die in oder für derartige Organisationen tätig sind und über die erforderlichen Fachkenntnisse verfügen.
2. Nicht als externe Gutachter beigezogen werde dürfen Personen und Organisationen, die
   a) nach den bei der FFG vorhandenen Informationen im Geschäftsfeld des Steuerpflichtigen als Mitbewerber tätig sind oder
   b) nach den bei der FFG vorhandenen Informationen für den Steuerpflichtigen selbst oder einen Marktteilnehmer, mit dem der Steuerpflichtige im Wettbewerb steht, tätig sind, oder die
   c) nicht vertraglich verpflichtet wurden, alle Verpflichtungen, die die FFG aus der Wahrnehmung ihrer Funktion als Gutachter treffen, in gleicher Weise zu erfüllen, wie die FFG selbst oder die
   d) vom Steuerpflichtigen abgelehnt wurden.
3. Die FFG hat dem Steuerpflichtigen eine beabsichtigte Beiziehung eines externen Gutachters unter Wahrung der Anonymität des Gutachters mittels E-Mail an die ihr in der Gutachtensanforderung übermittelte E-Mail-Adresse bekannt zu geben. Darin hat die FFG
   a) dem Steuerpflichtigen bekannt zu geben,
      – in welchem Gebiet (Technologiefeld/Wissenschaftsdisziplin und Branche) die als Gutachter in Aussicht genommenen Person (Z 1 lit. a oder lit. c) tätig ist bzw.
      – welches Aufgabengebiet die als Gutachter in Aussicht genommene Organisation (Z 2 lit. b) hat sowie
   b) den Steuerpflichtigen darüber zu informieren, dass er die Möglichkeit hat, innerhalb von vierzehn Tagen ohne Angabe von Gründen jene Personen zu benennen, die nicht als externer Gutachter beigezogen werden dürfen.
4. Die FFG darf keine Person oder Organisation als externen Gutachter beiziehen, die
   a) den Voraussetzungen der Z 1 nicht entspricht oder
   b) gemäß Z 2 nicht beigezogen werde darf oder
   c) vom Steuerpflichtigen gemäß Z 3 fristgerecht abgelehnt worden ist oder

d) in einem Gebiet tätig ist oder ein Aufgabengebiet hat, über das der Steuerpflichtige nicht gemäß Z 3 informiert worden ist.

5. Die FFG darf Informationen, die ihr vom Steuerpflichtigen im Rahmen der Anforderung des Gutachtens bekannt gegeben wurden, nur in einer Weise an einen externen Gutachter weitergeben, dass die Anonymität des Steuerpflichtigen gegenüber dem externen Gutachter gewahrt bleibt.
6. Die FFG hat über die Einhaltung der Verpflichtungen aus den Z 1 bis 5 eine Dokumentation zu führen und der zuständigen Abgabenbehörde die Einsicht in diese jederzeit zu ermöglichen.

**§ 8.** Die FFG hat die Gutachten nach Möglichkeit innerhalb von zwei Monaten, jedenfalls aber innerhalb von vier Monaten ab der Anforderung zu erstellen, es sei denn, der Bearbeitung einer Gutachtensanforderung durch die FFG stehen Umstände entgegen, die nicht von ihr zu vertreten sind.

**§ 9.** Das Gutachten ist im Wege des Verfahrens FinanzOnline dem Finanzamt weiterzugeben und dem Steuerpflichtigen zur elektronischen Akteneinsicht (§ 90a BAO) zur Verfügung zu stellen. Die FFG hat den Steuerpflichtigen unverzüglich nach Fertigstellung des Gutachtens mittels E-Mail unter Verwendung der in der Gutachtensanforderung bekannt gegebenen E-Mail-Adresse auf die Möglichkeit der Einsichtnahme des Gutachtens im Wege von FinanzOnline hinzuweisen.

**§ 10.** Die Abwicklung des Prozesses betreffend die Gutachtenserstellung hat nach Maßgabe des Anhanges III, Teil B, zu erfolgen.

### 3. Abschnitt
### Datenschutz und Geheimhaltung

**§ 11.** (1) Die FFG ist bezüglich der Erstellung von Gutachten Dienstleister iSd § 4 Z 5 des Datenschutzgesetzes 2000 – DSG 2000, BGBl. I Nr. 165/1999, für das zuständige Finanzamt.

(2) Die FFG ist befugt, zur Erfüllung ihres Auftrages als Gutachter treuhändig für das Finanzamt eine Datenanwendung zu führen, in der die für die Erstellung eines Gutachtens erforderlichen personenbezogenen Daten erfasst und verarbeitet werden. Das zuständige Finanzamt ist dafür Auftraggeber iSd § 4 Z 4 DSG 2000.

(3) Im Zuge der Gutachtenserstellung hat die FFG treuhändig für das zuständige Finanzamt die personenbezogenen Daten im Zusammenhang mit der Erstellung von Gutachten zu speichern.

(4) Die FFG hat auch nach Erstellung des Gutachtens treuhändig für das zuständige Finanzamt die für die Erstellung des Gutachtens erforderlichen personenbezogenen Daten einschließlich des Gutachtens selbst dauerhaft und vor unbefugter Einsicht Dritter geschützt aufzubewahren und nach einer Löschungsanordnung des zuständigen Finanzamtes zu vernichten.

(5) Dem zuständigen Finanzamt ist in Bezug auf Daten, die mit der Erstellung von Gutachten in Zusammenhang stehen, die jederzeitige Einsichtnahme und Kontrolle der Datenverarbeitungseinrichtungen, zu gewähren.

**§ 12.** (1) Die FFG hat die ermittelten Daten und Verarbeitungsergebnisse ausschließlich im Rahmen der Erfüllung ihrer Verpflichtung zur Erstellung von Gutachten nach Maßgabe des § 108c EStG 1988 und § 118a BAO zu verwenden. Hierbei treffen die FFG die Dienstleisterpflichten nach § 11 Abs. 1 DSG 2000.

(2) Die FFG hat im Rahmen der Gutachtensanforderung auf die Zulässigkeit der Verarbeitung von Daten nach § 108c Abs. 8 Z 4 oder 5 EStG 1988 hinzuweisen.

**§ 13.** (1) Die Organe, Mitarbeiter und Auftragnehmer der FFG sind über Tatsachen, die ihnen in Wahrnehmung ihrer Tätigkeit für die Gutachtenserstellung zur Kenntnis gelangen, im Rahmen des § 48a BAO zur Geheimhaltung verpflichtet.

(2) Die FFG ist verpflichtet, im Zuge der Datenverarbeitung im Zusammenhang mit der Erstellung von Gutachten das Datengeheimnis zu wahren und sämtliche Mitarbeiter und Auftragnehmer vor Aufnahme ihrer Tätigkeit zur Wahrung dieses Datengeheimnisses gemäß § 15 DSG 2000 zu verpflichten.

### 4. Abschnitt
### Inkrafttreten

**§ 14.** Diese Verordnung ist mit Ausnahme des § 2 erstmalig auf Forschungsprämien anzuwenden, die Wirtschaftsjahre betreffen, die nach dem 31. Dezember 2011 beginnen. § 2 dieser Verordnung tritt mit 1. Jänner 2013 in Kraft. Die Verordnung des Bundesministers für Finanzen über die Kriterien zur Festlegung förderbarer Forschungs- und Entwicklungsaufwendungen (-ausgaben) gemäß § 4 Abs. 4 Z 4a bzw. § 108c Abs. 2 Z 1 EStG 1988, BGBl. II Nr. 506/2002, ist letztmalig auf Forschungsprämien anzuwenden, die Wirtschaftsjahre betreffen, die vor dem 1. Jänner 2012 beginnen.

### Anhang I
### Begriffsbestimmungen und Abgrenzungen

#### A. Allgemeine Begriffsbestimmungen

1. Forschung und experimentelle Entwicklung im Sinne des § 108c Abs. 2 Z 1 EStG 1988 ist eine schöpferische Tätigkeit, die auf systematische Weise unter Verwendung wissenschaftlicher Methoden mit dem Ziel durchgeführt wird, den Stand des Wissens zu vermehren sowie neue Anwendungen dieses Wissens zu erarbeiten. Forschung und experimentelle Entwicklung in diesem Sinne umfasst Grundlagenforschung (Z 2) und/oder angewandte Forschung (Z 3) und/oder experimentelle Entwicklung (Z 4). Sie umfasst sowohl den naturwissenschaftlich-technischen als auch den sozial- und geisteswissenschaftlichen Bereich.
2. Grundlagenforschung umfasst originäre Untersuchungen mit dem Ziel, den Stand

des Wissens ohne Ausrichtung auf ein spezifisches praktisches Ziel zu vermehren.

3. Angewandte Forschung umfasst originäre Untersuchungen mit dem Ziel, den Stand des Wissens zu vermehren, jedoch mit Ausrichtung auf ein spezifisches praktisches Ziel.
4. Experimentelle Entwicklung umfasst den systematischen Einsatz von Wissen mit dem Ziel, neue oder wesentlich verbesserte Materialien, Vorrichtungen, Produkte, Verfahren, Methoden oder Systeme hervorzubringen.
5. Forschungsprojekte sind auf ein definiertes wissenschaftliches oder spezifisch praktisches Ziel gerichtete inhaltlich und zeitlich abgrenzbare Arbeiten im Bereich der Forschung und experimentellen Entwicklung unter Einsatz von personellen und sachlichen Ressourcen.
6. Ein Forschungsschwerpunkt ist eine Zusammenfassung von Forschungsprojekten oder laufenden Arbeiten im Bereich der Forschung und experimentellen Entwicklung, die inhaltlich einem übergeordneten Thema zugeordnet werden können.

Als Grundsatz gilt, dass Forschung und experimentelle Entwicklung (Z 1) aus Tätigkeiten besteht, deren primäres Ziel die weitere technische Verbesserung des Produktes oder des Verfahrens ist. Dies gilt insbesondere für die Abgrenzung der experimentellen Entwicklung von Produktionstätigkeiten. Sind hingegen das Produkt oder das Verfahren im Wesentlichen festgelegt und ist das primäre Ziel der weiteren Arbeiten die Marktentwicklung oder soll durch diese Arbeiten das Produktionssystem zum reibungslosen Funktionieren gebracht werden, können diese Tätigkeiten nicht mehr der Forschung und experimentellen Entwicklung (Z 1) zugerechnet werden. Grundlage dieser Begriffsbestimmungen und Abgrenzungen ist das Frascati Manual (2002) der OECD in der jeweils gültigen Fassung, das ergänzend zu diesen Begriffsbestimmungen und Abgrenzungen herangezogen wird.

### B. Weitere Abgrenzungen (in alphabetischer Reihenfolge)

1. Datensammlung: Datensammlungen fallen nicht unter Forschung und experimentelle Entwicklung (Teil A, Z 1), es sei denn, sie werden unmittelbar für ein bestimmtes Forschungs- und Entwicklungsprojekt (Teil A, Z 1) durchgeführt.
2. Dokumentation: Dokumentationen fallen nicht unter Forschung und experimentelle Entwicklung (Teil A, Z 1), es sei denn, sie werden unmittelbar für ein bestimmtes Forschungs- und Entwicklungsprojekt (Teil A, Z 1) durchgeführt.
3. Fehlgeschlagene Forschung und experimentelle Entwicklung: Unter den Voraussetzungen der Punkte 1 bis 4 des Teils A sind auch Aufwendungen (Ausgaben) für eine fehlgeschlagene Forschung und experimentelle Entwicklung begünstigt.
4. Industrial Design (industrielles Entwerfen und Konstruieren): Der Forschung und experimentellen Entwicklung (Teil A, Z 1) sind Entwürfe (technische Zeichnungen, Modelle), welche der Definition von Prozessabläufen und technischen Spezifikationen dienen und für die Konzeption, Entwicklung und Herstellung neuer Produkte und Prozesse notwendig sind, zuzuordnen. Industrial Design umfasst daher auch Entwicklungsarbeiten zur Definition der Fertigungsüberleitung bzw. des Up-Scalings von Labor- und Versuchsanordnungen für die Produktion. Industrial Design fällt demnach nur dann unter Forschung und experimentelle Entwicklung (Teil A, Z 1), wenn es integraler Bestandteil eines Forschungs- und Entwicklungsprojektes (Teil A, Z 1) ist. Dienen Konstruktion und industrielle Entwürfe lediglich der Serienfertigung, fallen sie nicht unter Forschung und experimentelle Entwicklung.
5. Industrielles Engineering und Umrüsten von Anlagen für den Produktionsprozess: Unter industriellem Engineering sind jene technischen Arbeiten zu verstehen, die notwendig werden, um den Produktionsprozess in Gang zu setzen. Grundsätzlich sind industrielles Engineering und das Umrüsten von Maschinen und Anlagen, einschließlich der Erstausrüstung für die Serienproduktion, Teil des Produktionsprozesses und nicht der Forschung und experimentellen Entwicklung (Teil A, Z 1) zuzuordnen. Ergibt sich jedoch aus diesem Prozess die Notwendigkeit zu weiteren Forschungs- und Entwicklungsarbeiten, wie etwa Entwicklungen an Maschinen und Werkzeugen, Entwicklungen zum Up-Scaling von Labor- und Versuchsanordnungen für die Produktion oder die Fertigungsüberleitung, Veränderungen in der Produktions- und Qualitätskontrolle oder die Entwicklung neuer Methoden und Standards, sind solche Arbeiten als Aufwendungen für Forschung und experimentelle Entwicklung (Teil A, Z 1) zu klassifizieren.
6. Lizenzarbeiten: Administrative und juristische Arbeiten, die im Zusammenhang mit Lizenzen stehen, fallen nur dann unter Forschung und experimentelle Entwicklung (Teil A, Z 1), wenn sie in unmittelbarem Zusammenhang mit konkreten Forschungs- und Entwicklungsprojekten (Teil A, Z 1) stehen.
7. Marktforschung: Marktforschung fällt grundsätzlich nicht unter Forschung und experimentelle Entwicklung (Teil A, Z 1). Werden grundlegend neue Methoden zur Gewinnung von Informationen systematisch erprobt oder neue Stichproben-, Erhebungs- oder Auswertungsverfahren entwickelt und getestet, sind diese Tätigkeiten der Forschung und experimentellen Entwicklung (Teil A, Z 1) zuzuordnen.

8. Nachbetreuung und Fehlerbehebung („trouble shooting“): Nachbetreuung und „trouble shooting“ (Störungssuche, Fehlerbehebung) sind ab dem Stadium der Versuchsproduktion der Vertriebstätigkeit zuzuordnen und können daher generell nicht unter Forschung und experimentelle Entwicklung (Teil A, Z 1) fallen.
9. Patentarbeiten: Administrative und juristische Arbeiten, die im Zusammenhang mit Patenten stehen, fallen nur dann unter Forschung und experimentelle Entwicklung (Teil A, Z 1), wenn sie in unmittelbarem Zusammenhang mit konkreten Forschungs- und Entwicklungsprojekten (Teil A, Z 1) stehen.
10. Pilotanlagen (Bau und Betrieb von): Pilotanlagen sind Anlagen, deren Hauptzweck darin besteht, weitere Erfahrungen, technisches Wissen und Informationen zu erzielen, die insbesondere als Grundlage für weitere Produktbeschreibungen und -spezifikationen dienen. Pilotanlagen fallen zur Gänze unter Forschung und experimentelle Entwicklung (Teil A, Z 1), solange der Hauptzweck Forschung und experimentelle Entwicklung (Teil A, Z 1) ist. Wird nach Abschluss der experimentellen Phase eine Pilotanlage auf normalen kommerziellen Betrieb umgestellt, gilt die Aktivität nicht mehr als Forschung und experimentelle Entwicklung (Teil A, Z 1), selbst wenn die Einrichtung weiterhin als Pilotanlage bezeichnet wird.
11. Prototypen (Konstruktion, Errichtung und Erprobung von): Ein Prototyp ist ein Modell, das alle technischen Eigenschaften und Ausführungen eines neuen Produkts aufweist. Die Konstruktion, Errichtung und Erprobung eines Prototyps fällt zur Gänze unter Forschung und experimentelle Entwicklung (Teil A, Z 1), jedoch nur so lange, bis der beabsichtigte Entwicklungsendstand (Produktionsreife) erreicht ist.
12. Routine-Tests: Routinemäßige Qualitäts- und Produktionskontrollen im Rahmen des Produktionsvorganges fallen nicht unter Forschung und experimentelle Entwicklung (Teil A, Z 1), selbst wenn sie von im Rahmen von Forschung und experimenteller Entwicklung (Teil A, Z 1) eingesetztem Personal durchgeführt werden. Nur Qualitätskontrollen, die im Rahmen eines konkreten Forschungs- und Entwicklungsprojektes erfolgen, fallen unter Teil A, Z 1.
13. Standardisierungsarbeiten: Standardisierungsarbeiten sind grundsätzlich keine Forschung und experimentelle Entwicklung (Teil A, Z 1). Dies gilt nicht in Fällen, in denen eine Forschungstätigkeit unter Einsatz wissenschaftlicher Methoden zum Zwecke der Standardisierung erfolgt.
14. Software (Herstellung von): Software-Entwicklung ist unabhängig davon, ob sie Teil eines Projektes oder Endprodukt ist, nur dann der Forschung und experimentellen Entwicklung (Teil A, Z 1) zuzuordnen, wenn sie zu Problemlösungen beiträgt, die einen wissenschaftlichen und/oder technologischen Fortschritt darstellen. Das Ziel des Projektes muss in der Klärung bzw. Beseitigung einer wissenschaftlichen und/oder technologischen Unsicherheit bestehen. Dieses Ziel muss auf systematischer wissenschaftlicher Basis verfolgt werden. Die routinemäßige Herstellung von Software (Standard- und Individualsoftware) stellt keine Forschung und experimentelle Entwicklung (Teil A, Z 1) dar. Der Einsatz von Software für eine neue Anwendung bzw. einen neuen Zweck ist als solcher gleichfalls nicht der Forschung und experimentellen Entwicklung (Teil A, Z 1) zuzuordnen. Weicht eine derartige Anwendung signifikant von bisherigen Lösungen ab und löst sie ein Problem von allgemeiner Relevanz, ist sie der Forschung und experimentellen Entwicklung (Teil A, Z 1) zuzuordnen.

    Insbesondere sind folgende Software-Entwicklungen der Forschung und experimentellen Entwicklung (Teil A, Z 1) zuzuordnen:
    - die Entwicklung neuer Lehrsätze oder Algorithmen auf dem Gebiet der theoretischen Computerwissenschaften,
    - die Entwicklung von Betriebssystemen, Programmiersprachen, Datenverwaltungssystemen, Kommunikationssoftware, Zugangstechniken und Werkzeugen zur Software-Entwicklung (software development tools, embedded systems, ergonomische interfaces),
    - die Entwicklung von Internet-Technologien,
    - Forschung zu Methoden der Entwicklung, der Anwendung, des Schutzes und der Speicherung (Aufbewahrung) von Software,
    - Software-Entwicklungen, die allgemeine Fortschritte auf dem Gebiet der Erfassung, Übertragung, Speicherung, Abrufbarkeit, Verarbeitung, Integration und Darstellung sowie des Schutzes von Daten bewirken,
    - experimentelle Entwicklung, die darauf ausgerichtet ist, technologische Wissenslücken bei der Erarbeitung von Softwareprogrammen oder -systemen zu schließen,
    - Forschung und experimentelle Entwicklung (Teil A, Z 1) zu Software-Tools oder Software-Technologien in spezialisierten Einsatzbereichen (Bildbearbeitung, Präsentation geographischer und anderer Daten, Zeichenerkennung, künstliche Intelligenz, Visualisierung, Integration von Telemetrie- und Sensorikdaten, Aggregation oder Disaggregation zur Weiterverarbeitung, Simulation und andere Gebiete).

Insbesondere sind folgende Software-Entwicklungen nicht der Forschung und experimentellen Entwicklung (Teil A, Z 1) zuzuordnen:

- Standardisierte Anwendersoftware und Informationssysteme, die bekannte Methoden und bereits existierende Softwaretools verwenden,
- der Support von bereits existierenden Systemen,
- die Anpassung von existierender Software ohne wesentliche Veränderung der Struktur oder des Ablaufes,
- die Konvertierung und/oder Übersetzung von Computersprachen,
- das Bereinigen von Programmfehlern,
- die Vorbereitung von Nutzerhandbüchern und Dokumentationen.

15. Versuchsproduktion (Probefertigung, Probebetrieb): Die Versuchsproduktion ist die Startphase der Serienproduktion und kann Produkt- und Verfahrensmodifikationen, Umschulungen des Personals auf neue Techniken und deren Einweisung in den Betrieb neuer Maschinen einschließen. Das Endprodukt dieses Vorganges muss wirtschaftlich verwertbar sein. Versuchsproduktion ist nicht der Forschung und experimentellen Entwicklung (Teil A, Z 1) zuzuordnen.

16. Zugang zu wissenschaftlich-technischen Erkenntnissen: Aufwendungen für den Zugang zu wissenschaftlich-technischen Erkenntnissen fallen nur dann unter Forschung und experimentelle Entwicklung, wenn sie unmittelbar einem oder mehreren konkreten Forschungszielen zuzuordnen sind und nachhaltig der Forschung oder experimentellen Entwicklung dienen.

## Anhang II

## Verzeichnis der Aufwendungen (Ausgaben) für Forschung und experimentelle Entwicklung (§ 108c Abs. 4 EStG 1988)

| Forschungsaufwendungen (Art; vor allfälliger Kürzung um steuerfreie Zuschüsse aus öffentlichen Mitteln) | | Betrag in Euro |
|---|---|---|
| 1. | Löhne und Gehälter für in Forschung und experimenteller Entwicklung Beschäftigte einschließlich Arbeitgeberbeiträge zur Sozialversicherung, Wohnbauförderungsbeiträge und sonstige Personalaufwendungen (z.B. freiwillige Sozialleistungen) sowie Vergütungen für in Forschung und experimenteller Entwicklung Beschäftigte, die außerhalb eines Dienstverhältnisses tätig werden. Für Beschäftigte, die nicht ausschließlich in Forschung und experimenteller Entwicklung tätig sind, sind nur die der Arbeitsleistung für Forschung und experimentelle Entwicklung entsprechenden Anteile an diesen Aufwendungen (Ausgaben) einzubeziehen. | |
| 2. | Unmittelbare Aufwendungen (Ausgaben) und unmittelbare Investitionen (einschließlich der Anschaffung von Grundstücken), soweit sie nachhaltig Forschung und experimenteller Entwicklung dienen (**Anhang I**, Teil A, Z 1). | |
| 3. | Finanzierungsaufwendungen (-ausgaben), soweit sie der Forschung und experimentellen Entwicklung (**Anhang I**, Teil A, Z 1) zuzuordnen sind. | |
| 4. | Gemeinkosten, soweit sie der Forschung und experimentellen Entwicklung (**Anhang I**, Teil A, Z 1) zuzuordnen sind. | |
| **Forschungsaufwendungen gesamt (Summe aus 1 bis 4)** | | |
| **Abzüglich steuerfreier Zuwendungen aus öffentlichen Mitteln (§ 3 Abs. 4 EStG 1988), die die Bemessungsgrundlage für die Forschungsprämie mindern, und/ oder Aufwendungen/Ausgaben, die von einer Mitteilung gemäß § 108c Abs. 2 Z 2 vorletzter Teilstrich erfasst sind** | | |
| **Bemessungsgrundlage für die Forschungsprämie gemäß § 108c EStG 1988** | | |
| **Forschungsprämie gemäß § 108c EStG 1988** | | |

## Anhang III

### A. Informationen an die FFG im Rahmen der Anforderung eines Jahres- oder Projektgutachtens

Der FFG sind im Rahmen der an sie gerichteten Gutachtensanforderung jedenfalls folgende Daten zu übermitteln und folgende Informationen in deutscher Sprache bekannt zu geben:

**1. Identifikationsdaten**

1.1. Firmenbuchnummer, soweit vorhanden

1.2. E-Mail-Adresse des Steuerpflichtigen und gegebenenfalls der steuerlichen Vertretung

1.3. Wirtschaftsjahr mit Beginn und Ende

**2. Informationen zur Plausibilitätsprüfung**

2.1. Umsatz im Wirtschaftsjahr

2.2. Bilanzsumme im Wirtschaftsjahr

2.3. Beschäftigtenanzahl (Vollzeitäquivalente, VZÄ) im Wirtschaftsjahr sowie hinsichtlich der gesamten eigenbetrieblichen Forschung und experimentellen Entwicklung

2.3.1. Beschäftigte mit Universitäts- oder Fachhochschulabschluss

2.3.2. Beschäftigte mit Matura

2.3.3. Beschäftigte mit anderer Ausbildung

2.4. Darstellung der (gesamten) dem Antrag auf Forschungsprämie zu Grunde liegenden bemessungsgrundlagenrelevanten Aufwendungen für eigenbetriebliche Forschung und experimentelle Entwicklung entsprechend der Gliederung des Verzeichnisses laut Anhang II. Für Jahresgutachten darf die hier angegebene Bemessungsgrundlage von der Bemessungsgrundlage, die dem Antrag auf die Forschungsprämie für eigenbetriebliche Forschung zu Grunde gelegt wird, im Ausmaß von höchstens +/-10 % abweichen; dies gilt nicht, wenn unter Berücksichtigung des Gutachtens der FFG dem Prämienantrag eine niedrigere Bemessungsgrundlage zu Grunde gelegt wird.

2.5. Für die Anforderung von Projektgutachten:

2.5.1. Gesamtaufwendungen (Gesamtausgaben) für eigenbetriebliche Forschung und experimentelle Entwicklung im letzten Wirtschaftsjahr

2.5.2. Beschäftigte in eigenbetrieblicher Forschung und experimenteller Entwicklung im letzten Wirtschaftsjahr (in VZÄ)

**3. Informationen zum jeweiligen Forschungsschwerpunkt/Forschungsprojekt, zur Forschungstätigkeit und zum Wirtschaftsjahr**

3.1. Informationen zum Forschungsschwerpunkt/Forschungsprojekt

3.1.1. Titel des Forschungsprojektes/Forschungsschwerpunktes

3.1.2. Ziel und Inhalt

3.1.3. Methode bzw. Vorgangsweise

3.1.4. Neuheit

3.1.5. Gewichtung des einzelnen Forschungsschwerpunktes/Forschungsprojekts im Rahmen der gesamten bemessungsgrundlagenrelevanten Forschungstätigkeit (in % der gesamten bemessungsgrundlagenrelevanten Aufwendungen)

3.1.6. Gegebenenfalls: Mitteilung, dass für dasselbe Forschungsprojekt ein Projektgutachten angefordert wurde oder bereits vorliegt oder dass eine aufrechte Forschungsbestätigung gemäß § 118a BAO vorliegt.

3.1.7. Für die Anforderung eines Projektgutachtens: Voraussichtlicher Beginn und voraussichtliches Ende des Forschungsprojektes

3.2. Informationen zu nicht zugeordneten Investitionen und sonstigen Aufwendungen/Ausgaben

Soweit eine Zuordnung zu einzelnen Forschungsschwerpunkten/Forschungsprojekten nicht möglich oder zielführend ist:

3.2.1. Beschreibung der Investitionen, die nachhaltig der Forschung und experimentellen Entwicklung dienen, mit Erläuterung der nachhaltigen Bedeutung für diese Zwecke

3.2.1.1. Davon Investitionen in Gebäude und Grundstücke

3.2.1.2. Davon Investitionen in sonstige Anlagen und Ausstattung

3.2.2. Beschreibung (Schlagworte, Tätigkeitshinweise) der übrigen nicht forschungsschwerpunkt- oder forschungsprojektbezogen beschriebenen Aktivitäten in Forschung und experimenteller Entwicklung im Ausmaß von höchstens 10 % der gesamten bemessungsgrundlagenrelevanten Aufwendungen/Ausgaben entsprechend Punkt 2.4.

### B. Übermittlung der Anforderung und Bekanntgabe eines Gutachtens auf elektronischem Weg

(1) Die FFG ist befugt, in der für die Anforderung eines Jahresgutachtens zur Verfügung gestellten Eingabemaske die zur Beschreibung eines Forschungsprojektes oder eines Forschungsschwerpunktes (Anhang III, Teil A, Punkte 3.1.1 bis 3.1.5) und zur Darstellung der Informationen gemäß Anhang III, Teil A, Punkte 3.2.1 und 3.2.2, zur Verfügung gestellte Anzahl von Zeichen mit 3 000 zu begrenzen.

(2) Die FFG ist befugt, in der für die Anforderung des Jahresgutachtens zur Verfügung gestellten Eingabemaske die Anzahl der für Zwecke der Begutachtung zu beschreibenden Forschungsprojekte oder Forschungsschwerpunkte mit 20 zu begrenzen.

(3) Es liegt im Ermessen des Steuerpflichtigen, ob und wie viele inhaltlich zusammengehörige Forschungsprojekte im Rahmen der Anforderung eines Jahresgutachtens zu einem Forschungsschwerpunkt zusammengefasst werden. Übersteigen die bemessungsgrundlagenrelevanten Aufwendungen gemäß Anhang III, Teil A, Punkt 2.4, nicht den Betrag von 100 000 Euro, können sämtliche Forschungsaktivitäten als ein Forschungsschwerpunkt dargestellt werden.

(4) Die FFG ist befugt, in der für die Anforderung eines Projektgutachtens zur Verfügung gestellten Eingabemaske die zur Beschreibung des Forschungsprojektes zur Verfügung gestellte Anzahl von Zeichen mit 10 000 zu begrenzen.

(5) Nach Absenden der Gutachtensanforderung ist diese nicht mehr veränderbar.

(6) Sollten übermittelte Informationen offensichtlich lückenhaft, widersprüchlich oder aufgrund eines offensichtlichen Irrtums entstanden sein, ist die FFG berechtigt, den Anfordernden um Aufklärung zu ersuchen. Dieses Ersuchen hat den Hinweis zu enthalten, dass die Bearbeitung sodann auf Grundlage der Gutachtensanforderung und dieser ergänzenden Informationen erfolgt und weitere Informationen durch die FFG nicht mehr abgefragt werden.

## 1/3/44. VO zu § 108g

# Zukunftsvorsorge

BGBl II 2003/529 idF BGBl II 2020/579

**Verordnung des Bundesministers für Finanzen betreffend prämienbegünstigte Zukunftsvorsorge gemäß § 108g EStG 1988**

Auf Grund des § 108g EStG 1988, BGBl. Nr. 400, in der Fassung des Bundesgesetzes BGBl. I Nr. 71/2003 wird verordnet:

**§ 1.** Der Abgabepflichtige hat die Erstattung der Prämie gemäß § 108g EStG 1988 nach dem amtlichen Vordruck (Abgabenerklärung) zu beantragen.

**§ 2.** Als amtlicher Vordruck (Lg.Nr. 108g) gilt die im Anhang zu dieser Verordnung kundgemachte Abgabenerklärung.[a)]

[a)] Vordruck nicht abgedruckt.

**§ 3.** (1) Der Rechtsträger hat einmal jährlich auf Grund der vorgelegten Abgabenerklärungen (§ 2) bis spätestens Ende Februar des Folgejahres den Antrag auf Prämienerstattung an das Finanzamt für Großbetriebe zu stellen. Eine einmalige Korrekturmeldung hat bis zum 30. Juni des Folgejahres zu erfolgen und ist nur für jene Abgabenerklärungen zulässig, die bereits im Prämienerstattungsantrag berücksichtigt wurden.

*(BGBl II 2020/579)*

(2) Bei Erwerb von Anteilen an einen Pensionsinvestmentfonds hat das depotführende Kreditinstitut die Aufgaben des Rechtsträgers wahrzunehmen.

**§ 4.** Beitragsnachzahlungen für Vorjahre sind nicht zulässig. Beitragszahlungen für das Folgejahr sind zulässig, wenn die Zahlungen nach dem 15. Dezember des laufenden Kalenderjahres erfolgen.

**§ 5.** Der Rechtsträger hat im Zuge der Antragstellung auf Prämienerstattung im Wege von FinanzOnline folgende Daten auf Grund der Abgabenerklärung dem Finanzamt für Großbetriebe zu übermitteln:

- Bezeichnung des Rechtsträgers
- Vertragsnummer
- Name des Abgabepflichtigen
- Sozialversicherungsnummer des Abgabepflichtigen (Wurde für den Abgabepflichtigen eine Versicherungsnummer nicht vergeben, ist das Geburtsdatum anzuführen)
- Adresse des Abgabepflichtigen
- Bemessungsgrundlage für die Prämienbegünstigung
- Höhe der Prämie
- Datum der Unterschrift der Abgabenerklärung.

*(BGBl II 2020/579)*

**§ 6.** Bemessungsgrundlage für die Prämienerstattung ist der eingezahlte Betrag, höchstens jedoch der in der Abgabenerklärung beantragte Betrag. Bei Überschreiten der höchsten prämienbegünstigten Bemessungsgrundlage gemäß § 108g Abs. 2 EStG 1988 im Ausmaß von 1,53% des Sechsunddreißigfachen der monatlichen Höchstbeitragsgrundlage zur Sozialversicherung (§ 45 Abs. 1 ASVG) hat die Erstattung der Prämie nur bis zur höchsten prämienbegünstigten Bemessungsgrundlage zu erfolgen. Werden von einem Antragsteller mehrere Abgabenerklärungen abgegeben, erfolgt die Prämienerstattung vorrangig für die früher abgegebene Abgabenerklärung (Datum der Unterschrift). Bei mehreren Abgabenerklärungen mit demselben Datum der Unterschrift ist eine Aliquotierung nach Maßgabe der Bemessungsgrundlage vor zunehmen.

**§ 7.** Werden beantragte Prämienerstattungen durch das Finanzamt für Großbetriebe gekürzt, hat eine Rückmeldung des Finanzamtes an den Rechtsträger zu erfolgen.

*(BGBl II 2020/579)*

**§ 8.** Wird eine Erhöhung der Bemessungsgrundlage bei einem Rechtsträger beantragt, hat der Abgabepflichtige eine neue Abgabenerklärung beim Rechtsträger abzugeben, ausgenommen die Erhöhung bezieht sich auf die Höhe der prämienbegünstigten Bemessungsgrundlage oder auf eine Indexanpassung.

**§ 9.** § 3 Abs. 1, § 5 und § 7, jeweils in der Fassung der Verordnung BGBl. II Nr. 579/2020, treten mit 1. Jänner 2021 in Kraft.

*(BGBl II 2020/579)*

## 1/3/45. VO zu §§ 44 und 109a

# Mitteilungen

BGBl II 2001/417 idF BGBl II 2006/51

**Verordnung des Bundesministers für Finanzen betreffend Mitteilungen gemäß § 109a EStG 1988**

Auf Grund des § 44 und des § 109a des Einkommensteuergesetzes 1988 (EStG 1988), BGBl. Nr. 400, in der Fassung des Bundesgesetzes BGBl. I Nr. 59/2001, wird verordnet:

**§ 1.** (1) Unternehmer sowie Körperschaften des öffentlichen und privaten Rechts haben für folgende natürliche Personen und Personenvereinigungen (Personengemeinschaften) ohne eigene Rechtspersönlichkeit die in § 109a Abs. 1 Z 1 bis 4 EStG 1988 genannten Daten mitzuteilen, soweit diese die folgenden Leistungen außerhalb eines Dienstverhältnisses (§ 47 EStG 1988) erbringen:

1. Leistungen als Mitglied des Aufsichtsrates, Verwaltungsrates und andere Leistungen von mit der Überwachung der Geschäftsführung beauftragten Personen (im Sinne des § 6 Abs. 1 Z 9 lit. b UStG 1994),
2. Leistungen als Bausparkassenvertreter und Versicherungsvertreter (im Sinne des § 6 Abs. 1 Z 13 UStG 1994),
3. Leistungen als Stiftungsvorstand (§ 15 Privatstiftungsgesetz),
4. Leistungen als Vortragender, Lehrender und Unterrichtender,
5. Leistungen als Kolporteur und Zeitungszusteller,
6. Leistungen als Privatgeschäftsvermittler,
7. Leistungen als Funktionär von öffentlich-rechtlichen Körperschaften, wenn die Tätigkeit zu Funktionsgebühren nach § 29 Z 4 EStG 1988 führt,
8. sonstige Leistungen, die im Rahmen eines freien Dienstvertrages erbracht werden und der Versicherungspflicht gemäß § 4 Abs. 4 ASVG unterliegen.

(2) Eine Mitteilung gemäß Abs. 1 kann unterbleiben, wenn das einer Person oder Personenvereinigung (Personengemeinschaft) im Kalenderjahr insgesamt geleistete (Gesamt-)-Entgelt einschließlich allfälliger Reisekostenersätze nicht mehr als 900 Euro und das (Gesamt-)Entgelt einschließlich allfälliger Reisekostenersätze für jede einzelne Leistung nicht mehr als 450 Euro beträgt.

**§ 2.** Die Mitteilung gemäß § 1 hat an das Finanzamt, das für die Erhebung der Umsatzsteuer des zur Mitteilung Verpflichteten zuständig ist oder es im Fall der Umsatzsteuerpflicht wäre, zu erfolgen.

**§ 3.** (1) Die Mitteilung gemäß § 1 hat im Wege der automationsunterstützten Datenübertragung zu erfolgen, soweit dies dem zur Übermittlung Verpflichteten auf Grund der vorliegenden technischen Voraussetzungen zumutbar ist. Für solche automationsunterstützte Übermittlungen gilt die Verordnung des Bundesministers für Finanzen, BGBl. II Nr. 345/2004. Die Übermittlung hat jeweils für die Daten des Vorjahres bis zum letzten Tag des Monates Februar zu erfolgen.

(2) Soweit die Übermittlung der Mitteilung gemäß § 1 im Wege der automationsunterstützten Datenübertragung mangels technischer Voraussetzungen nicht zumutbar ist, hat die Mitteilung für jedes Kalenderjahr jeweils bis Ende Jänner des Folgejahres unter Verwendung des amtlichen Vordruckes zu erfolgen.

(3) Die zur Mitteilung Verpflichteten haben den in § 1 genannten Personen oder Personenvereinigungen (Personengemeinschaften) für Zwecke der Einkommensteuererklärung eine gleich lautende Mitteilung nach dem amtlichen Vordruck für jedes Kalenderjahr jeweils bis Ende Jänner des Folgejahres auszustellen (§ 109a Abs. 5 EStG 1988).

**§ 4.** Personen und Personenvereinigungen (Personengemeinschaften) ohne eigene Rechtspersönlichkeit, für die Mitteilungen gemäß § 3 Abs. 3 ausgestellt wurden, haben in der ihrer Einkommensteuer- oder Einkünftefeststellungserklärung beigeschlossenen Gewinn- und Verlustrechnung, Einnahmen-Ausgaben-Rechnung oder Überschussrechnung jene (Betriebs-)Einnahmen, für die Mitteilungen gemäß § 3 Abs. 3 ausgestellt wurden, gesondert auszuweisen.

**§ 5.** Die Verordnung ist erstmals auf Leistungen anzuwenden, für die das Entgelt ab dem 1. Jänner 2002 geleistet wird.

**1/3/46. VO zu § 124b**

## WP-Anschaffungskosten-VO

BGBl II 2012/94

**Verordnung der Bundesministerin für Finanzen über Ableitung der Anschaffungskosten bei Wertpapieren vom gemeinen Wert (WP-Anschaffungskosten-VO)**

Gemäß § 124b Z 185 lit. a EStG 1988 wird verordnet:

**§ 1.** Sind nach § 124b Z 185 lit. a EStG 1988 dem Abzugsverpflichteten die tatsächlichen Anschaffungskosten nicht bekannt, hat dieser für Zwecke des Kapitalertragsteuerabzuges den gemeinen Wert der Anteile oder Anteilscheine zum 1. April 2012 als Anschaffungskosten anzusetzen. Als nicht bekannt gelten die tatsächlichen Anschaffungskosten auch dann, wenn sie vom Abzugsverpflichteten nur mit unverhältnismäßig hohem Aufwand ermittelt werden können. Dies ist insbesondere der Fall, wenn die steuerlichen Anschaffungskosten nicht vollautomatisch ohne Adaptierungen verarbeitet werden können.

**§ 2.** Werden nach dieser Verordnung abgeleitete Anschaffungskosten angesetzt

– entfaltet ein auf deren Basis vorgenommener Kapitalertragsteuerabzug Abgeltungswirkung gemäß § 97 Abs. 1 EStG 1988; der Nachweis der tatsächlichen Anschaffungskosten kann im Wege der Veranlagung erfolgen;
– gehen diese in die Bildung des gleitenden Durchschnittspreises gemäß § 27a Abs. 4 Z 3 EStG 1988 ein;
– sind die betroffenen Wirtschaftsgüter und Derivate nach Maßgabe des § 93 Abs. 6 EStG 1988 in den Verlustausgleich einzubeziehen.

**1/3/47. VO zu § 229a Abs. 3 GSVG**

## Datenübermittlung an SV-Träger

BGBl II 1998/107 idF BGBl II 2020/38

**Verordnung des Bundesministers für Finanzen betreffend die Durchführung der Übermittlung von Einkommensteuerdaten an die Sozialversicherungsanstalt der Selbständigen**

Auf Grund des § 229 a Abs. 3 des Gewerblichen Sozialversicherungsgesetzes, BGBl. Nr.560/1978, wird im Einvernehmen mit dem Bundesminister für Arbeit, Gesundheit und Soziales verordnet:

**§ 1.** Die Übermittlung der im § 229 a Abs. 1 bis 3 GSVG genannten Daten hat unbeschadet der Bestimmungen des § 5 in magnetisch gespeicherter Form zu erfolgen. Die Durchführung obliegt den Abgabenbehörden des Bundes. Diese haben sich der Bundesrechenzentrum Gesellschaft mit beschränkter Haftung zu bedienen, die in Angelegenheiten des § 2 Abs. 3 Z 1 des Bundesgesetzes über die Bundesrechenzentrum GmbH, BGBl. Nr. 757/1996, in ihrer Eigenschaft als Auftragsverarbeiter im Sinne des Art. 4 Z 8 der Datenschutz-Grundverordnung, ABl. Nr. L 119 vom 04.05.2016, S. 1, tätig ist.

*(BGBl II 2020/38)*

**§ 2.** Die Sozialversicherungsanstalt der Selbständigen hat die Datenübermittlung gemäß § 229 a Abs. 1 GSVG für den einzelnen Versicherten anzufordern. Die Anforderung hat die Steuernummer, die Beitragsnummer, die ersten fünf Buchstaben des Familiennamens und den Zeitraum, für den Daten angefordert werden, zu enthalten. Die Anforderungen sind der Bundesrechenzentrum Gesellschaft mit beschränkter Haftung in magnetisch gespeicherter Form zur Verfügung zu stellen.

*(BGBl II 2020/38)*

**§ 3.** (1) Die Bundesrechenzentrum Gesellschaft mit beschränkter Haftung hat gemäß § 229 a Abs. 2 GSVG – zur Einbeziehung der nach § 2 Abs. 1 Z 4 GSVG Pflichtversicherten und zur Bemessung der Beiträge – unaufgefordert die in § 229 a Abs. 1 GSVG angeführten Daten von Personen, die mit Einkünften aus selbständiger Arbeit oder aus Gewerbebetrieb zur Einkommensteuer veranlagt sind, der Sozialversicherungsanstalt der Selbständigen zu übermitteln. Einkünfte aus selbständiger Arbeit und aus Gewerbebetrieb sind auch für die Kalenderjahre 1995, 1996 und 1997 zu übermitteln.

*(BGBl II 2020/38)*

(2) Für die in Abs. 1 genannten Personen sind zusätzlich die Daten aus einer Kapitalertragsteueranmeldung (§ 96 Abs. 3 EStG 1988) insoweit elektronisch zur Verfügung zu stellen, als sie sich auf Ausschüttungen an Empfänger beziehen, die in dieser als GSVG-pflichtige Gesellschafter-Geschäftsführer einer Gesellschaft mit beschränkter Haftung genannt sind.

*(BGBl II 2020/38)*

**§ 4.** Die Bundesrechenzentrum Gesellschaft mit beschränkter Haftung hat die benötigten Daten, sofern die zugrunde liegenden Einkommensteuerbescheide in Rechtskraft erwachsen sind, zu übermitteln oder einen Hinweis darauf zu geben, warum keine Daten übermittelt werden können. Die Daten oder die Hinweise sind der Sozialversicherungsanstalt der Selbständigen in magnetisch gespeicherter Form zur Verfügung zu stellen.

*(BGBl II 2020/38)*

**§ 5.** In den Fällen, in denen eine Übermittlung der in § 229 a Abs. 1 GSVG genannten Daten in magnetisch gespeicherter Form nicht möglich ist und Erhebungen beim Versicherten ergebnislos verlaufen sind, können die Daten durch die Sozialversicherungsanstalt der Selbständigen bei der zuständigen Abgabenbehörde des Bundes angefordert werden.

*(BGBl II 2020/38)*

**§ 6.** Die Übermittlung von Daten ist mit Inkrafttreten der Verordnung aufzunehmen.

**§ 7.** (1) § 2 und § 5, jeweils in der Fassung der Verordnung BGBl. II Nr. 38/2020, treten mit 1. Juli 2020 in Kraft.

(2) § 3 Abs. 2 in der Fassung der Verordnung BGBl. II Nr. 38/2020 ist erstmals auf Kapitalertragsteueranmeldungen anzuwenden, die Ausschüttungen betreffen, die im Kalenderjahr 2019 zugeflossen sind. Eine Berücksichtigung erfolgt für Beitragszeiträume ab 1. Jänner 2019.

*(BGBl II 2020/38)*

**1/3/48. VO zu § 124b Z 355 EStG und § 26c Z 76 KStG**

# COVID-19-Verlustberücksichtigungsverordnung

BGBl II 2020/405

**Verordnung des Bundesministers für Finanzen zur Verlustberücksichtigung 2019 und 2018 (COVID-19-Verlustberücksichtigungsverordnung)**

Auf Grund des § 124b Z 355 des Einkommensteuergesetzes 1988 (EStG 1988), BGBl. Nr. 400/1988, zuletzt geändert durch das Bundesgesetz BGBl. I Nr. 99/2020, und des § 26c Z 76 des Körperschaftsteuergesetzes 1988 (KStG 1988), BGBl. Nr. 401/1988, zuletzt geändert durch das Bundesgesetz BGBl. I Nr. 96/2020, wird verordnet:

## 1. Abschnitt
## COVID-19-Rücklage

**§ 1.** (1) Zur Schaffung von positiven Liquiditätseffekten vor Durchführung der Veranlagung 2020 können voraussichtliche betriebliche Verluste 2020 bereits im Rahmen der Veranlagung 2019 bei Ermittlung des Gesamtbetrages der Einkünfte durch einen besonderen Abzugsposten (COVID-19-Rücklage) berücksichtigt werden. Dabei gilt:

1. Die Bildung der COVID-19-Rücklage setzt voraus, dass der Gesamtbetrag der betrieblichen Einkünfte im Jahr 2019 positiv und im Jahr 2020 voraussichtlich negativ ist. Als Gesamtbetrag der betrieblichen Einkünfte gilt der Saldo der nach dem Tarif zu versteuernden Gewinne und Verluste (§ 2 Abs. 3 Z 1 bis 3 EStG 1988) aus Wirtschaftsjahren, die im jeweiligen Kalenderjahr enden.
2. Die COVID-19-Rücklage kürzt den Gesamtbetrag der Einkünfte 2019. Sie lässt die Höhe der betrieblichen Einkünfte unberührt.
3. Für die Ermittlung der Höhe der COVID-19-Rücklage gilt:
   a) Sie beträgt ohne weiteren Nachweis bis zu 30% des positiven Gesamtbetrages der betrieblichen Einkünfte 2019, wenn die Vorauszahlungen Null betragen oder nur in Höhe der Mindeststeuer gemäß § 24a KStG 1988 festgesetzt wurden.
   b) Sie beträgt bis zu 60% des positiven Gesamtbetrages der betrieblichen Einkünfte 2019, insoweit ein voraussichtlicher negativer Gesamtbetrag der betrieblichen Einkünfte 2020 glaubhaft gemacht wird.
   c) Sie darf fünf Millionen Euro nicht übersteigen.

(2) Der Abzug und die Hinzurechnung (§ 2) der COVID-19-Rücklage hat beim selben Steuerpflichtigen zu erfolgen. Bei Gesellschaften, deren Gesellschafter als Mitunternehmer anzusehen sind, wird die COVID-19-Rücklage nicht im Rahmen des

Feststellungsverfahrens (§ 188 der Bundesabgabenordnung (BAO), BGBl. Nr. 1961/194), sondern im Rahmen der Veranlagung der Mitunternehmer berücksichtigt.

(3) Bei Unternehmensgruppen darf eine COVID-19-Rücklage nur durch den Gruppenträger gebildet werden; das Höchstausmaß gemäß Abs. 1 Z 3 lit. c richtet sich entsprechend § 26c Z 76 lit. c KStG 1988 nach der Anzahl der unbeschränkt und beschränkt steuerpflichtigen Gruppenmitglieder zuzüglich des Gruppenträgers.

**§ 2.** Die bei der Veranlagung 2019 berücksichtigte COVID-19-Rücklage ist im Rahmen der Veranlagung 2020 als Hinzurechnungsposten bei Ermittlung des Gesamtbetrages der Einkünfte anzusetzen. Dieser lässt die Höhe der betrieblichen Einkünfte unberührt.

**§ 3.** Endet im Kalenderjahr 2020 ein abweichendes Wirtschaftsjahr, besteht das Wahlrecht, die COVID-19-Rücklage nach dem voraussichtlichen negativen Gesamtbetrag der betrieblichen Einkünfte 2020 oder vom voraussichtlichen negativen Gesamtbetrag der betrieblichen Einkünfte 2021 zu bemessen. Wird der voraussichtliche negative Gesamtbetrag der betrieblichen Einkünfte 2021 herangezogen, sind sämtliche Bestimmungen der § 1 und § 2, die sich auf die Jahre 2020 und 2019 beziehen, auf die Jahre 2021 und 2020 zu beziehen. Bei Unternehmensgruppen ist auf das abweichende Wirtschaftsjahr des Gruppenträgers abzustellen.

**§ 4.** Die Bildung einer COVID-19-Rücklage erfolgt auf Antrag. Der Antrag kann ab 21. September 2020 unter Verwendung des dafür vorgesehenen amtlichen Formulars gestellt werden. Wurde das betreffende Jahr bereits rechtskräftig veranlagt, gilt der Antrag als rückwirkendes Ereignis im Sinne des § 295a BAO.

**2. Abschnitt**
**Herabsetzung von Vorauszahlungen für 2019**

**§ 5.** Sind die Voraussetzungen für die Berücksichtigung einer COVID-19-Rücklage im Rahmen der Veranlagung 2019 gegeben, kann bis zur Abgabe der Steuererklärung für 2019 beantragt werden, die Vorauszahlungen an Einkommen- bzw. Körperschaftsteuer für das Jahr 2019 nachträglich herabzusetzen. Die Steuer ist mit dem Betrag festzusetzen, der sich als voraussichtliche Steuer des Jahres 2019 auf Grundlage einer Veranlagung unter Berücksichtigung einer COVID-19-Rücklage ergibt. Eine Ermittlung dieses voraussichtlichen Betrages ist dem Antrag anzuschließen.

**3. Abschnitt**
**Verlustrücktrag**

**§ 6.** Die nach Hinzurechnung der COVID-19-Rücklage verbleibenden Verluste des Jahres 2020 können nach Maßgabe der § 124b Z 355 EStG 1988 sowie § 26c Z 76 KStG 1988 in das Jahr 2019 rückgetragen werden. Die erfolgte Berücksichtigung der COVID-19-Rücklage bleibt dadurch unberührt.

**§ 7.** Wird durch den bei der Veranlagung 2019 zu berücksichtigenden Verlustrücktrag aus dem Jahr 2020 der Höchstbetrag nicht ausgeschöpft, kann insoweit eine Berücksichtigung des Verlustrücktrages im Rahmen der Veranlagung 2018 beantragt werden. Dabei gilt:

1. Als Verlustrücktrag kann im Jahr 2018 höchstens ein Betrag von zwei Millionen Euro nach Maßgabe der § 124b Z 355 EStG 1988 sowie § 26c Z 76 KStG 1988 abgezogen werden.
2. Soweit Verluste aus der Veranlagung 2020 weder bei der Veranlagung 2019 noch bei der Veranlagung 2018 berücksichtigt werden, können sie nach Maßgabe des § 18 Abs. 6 ab dem Veranlagungszeitraum 2021 abgezogen werden (Verlustabzug).

Wird bei einem abweichenden Wirtschaftsjahr das Wahlrecht ausgeübt, den Verlust aus der Veranlagung 2021 rückzutragen (§ 124b Z 355 lit. b), sind die vorstehenden Bestimmungen, soweit sie das Jahr 2020, 2019 und 2018 betreffen, auf das Jahr 2021, 2020 und 2019 zu beziehen.

**§ 8.** Für die Übertragung des Verlustrücktrages auf einen anderen Steuerpflichtigen gelten die für den Verlustabzug bestehenden Grundsätze. Eine Übertragung des Verlustrücktrages im Rahmen von Umgründungen auf den Rechtsvorgänger ist nicht zulässig.

# 2. KÖRPERSCHAFTSTEUER

## Inhaltsverzeichnis

# 2/1. Körperschaftsteuergesetz 1988

**Körperschaftsteuergesetz 1988**, BGBl 1988/401 idF

**1** BGBl 1989/660 (AbgÄG 1989)
**2** BGBl 1990/281
**3** BGBl 1991/697
**4** BGBl 1991/699
**5** BGBl 1993/253
**6** BGBl 1993/530
**7** BGBl 1993/532
**8** BGBl 1993/694 (PSG)
**9** BGBl 1993/818 (StRefG 1993)
**10** BGBl 1994/680 (AbgÄG 1994)
**11** BGBl 1994/681
**12** BGBl 1994/922
**13** BGBl 1995/21
**14** BGBl 1996/201 (StruktAnpG 1996)
**15** BGBl 1996/797 (AbgÄG 1996)
**16** BGBl I 1997/18 (VfGH)
**17** BGBl I 1997/70
**18** BGBl I 1998/9
**19** BGBl I 1998/32 (VfGH)
**20** BGBl I 1998/184
**21** BGBl I 1999/28 AbgÄG 1998)
**22** BGBl I 1999/106
**23** BGBl I 2000/142 (BudgetbegleitG 2001)
**24** BGBl I 2001/2 (KMOG)
**25** BGBl I 2001/59 (EuroStUG 2001)
**26** BGBl I 2001/114 (VfGH)
**27** BGBl I 2001/144 (AbgÄG 2001)
**28** BGBl I 2002/68 (KonjunkturbelebungsG 2002)
**29** BGBl I 2002/84 (AbgÄG 2002)
**30** BGBl I 2002/100
**31** BGBl I 2002/155
**32** BGBl I 2003/71 (BudgetbegleitG 2003)
**33** BGBl I 2003/80
**34** BGBl I 2003/124 (AbgÄG 2003)
**35** BGBl I 2004/57 (StReformG 2005)
**36** BGBl I 2004/180 (AbgÄG 2004)
**37** BGBl I 2005/8
**38** BGBl I 2005/93 (VAG-Nov. 2005)
**39** BGBl I 2005/161 (AbgÄG 2005)
**40** BGBl I 2006/100 (StruktAnpG 2006)
**41** BGBl I 2007/24 (BudBG 2007)
**42** BGBl I 2007/99 (AbgSiG 2007)
**43** BGBl I 2007/100 (MiFiG-Gesetz 2007)
**44** BGBl I 2007/102
**45** BGBl I 2009/52 (BudBG 2009)
**46** BGBl I 2009/135 (EPG)
**47** BGBl I 2009/151 (AbgÄG 2009)
**48** BGBl I 2010/34 (AbgÄG 2010)
**49** BGBl I 2010/58 (IRÄ-BG)
**50** BGBl I 2010/105 (BBKG 2010)
**51** BGBl I 2010/111 (BudBG 2011)
**52** BGBl I 2011/76 (AbgÄG 2011)
**53** BGBl I 2011/112 (BudBG 2012)
**54** BGBl I 2012/22 (1. StabG 2012)
**55** BGBl I 2012/112 (AbgÄG 2012)
**56** BGBl I 2013/109 (GesRÄG 2013)
**57** BGBl I 2013/135 (AIFMG)
**58** BGBl I 2014/13 (AbgÄG 2014)
**59** BGBl I 2014/40 (BudBG 2014)
**60** BGBl I 2014/105 (2. AbgÄG 2014)
**61** BGBl I 2015/34 (VAG 2016)
**62** BGBl I 2015/68 (RÄ-BG 2015)
**63** BGBl I 2015/101
**64** BGBl I 2015/118 (StRefG 2015/16)
**65** BGBl I 2015/160 (GG 2015)
**66** BGBl I 2015/163 (AbgÄG 2015)
**67** BGBl I 2016/77 (EU-AbgÄG 2016)
**68** BGBl I 2016/117 (AbgÄG 2016)
**69** BGBl I 2017/28 (ISG)
**70** BGBl I 2017/105 (MitarbeiterBetStG 2017)
**71** BGBl I 2017/106 (MiFiGG 2017)
**72** BGBl I 2017/107
**73** BGBl I 2017/142
**74** BGBl I 2018/62 (JStG 2018)
**75** BGBl I 2019/103 (StRefG 2020)
**76** BGBl I 2019/104 (FORG)
**77** BGBl I 2020/96 (KonStG 2020)
**78** BGBl I 2021/3 (COVID-19-StMG)
**79** BGBl I 2021/227
**80** BGBl I 2022/10 (ÖkoStRefG 2022)
**81** BGBl I 2022/108 (AbgÄG 2022)

## GLIEDERUNG



## STICHWORTVERZEICHNIS

**Bundesgesetz vom 7. Juli 1988 über die Besteuerung des Einkommens von Körperschaften (Körperschaftsteuergesetz 1988 – KStG 1988)**

## 1. TEIL
## PERSÖNLICHE STEUERPFLICHT

### 1. ABSCHNITT
### Arten der Steuerpflicht

**Unbeschränkte und beschränkte Steuerpflicht**

**§ 1.** (1) Körperschaftsteuerpflichtig sind nur Körperschaften.

(2) Unbeschränkt steuerpflichtig sind Körperschaften, die im Inland ihre Geschäftsleitung oder ihren Sitz (§ 27 der Bundesabgabenordnung) haben. Als Körperschaften gelten:

1. Juristische Personen des privaten Rechts.
2. Betriebe gewerblicher Art von Körperschaften des öffentlichen Rechts (§ 2).
3. Nichtrechtsfähige Personenvereinigungen, Anstalten, Stiftungen und andere Zweckvermögen (§ 3).

Die unbeschränkte Steuerpflicht erstreckt sich auf alle in- und ausländischen Einkünfte im Sinne des § 2 des Einkommensteuergesetzes 1988.

(3) Beschränkt steuerpflichtig sind:

1. Körperschaften, die im Inland weder ihre Geschäftsleitung noch ihren Sitz (§ 27 der Bundesabgabenordnung) haben, mit ihren Einkünften im Sinne des § 21 Abs. 1. Als Körperschaften gelten:
   a) Körperschaften, Personenvereinigungen und Vermögensmassen, die einer inländischen juristischen Person vergleichbar sind.
   b) Nichtrechtsfähige Personenvereinigungen, Anstalten, Stiftungen und andere Zweckvermögen (§ 3).
2. Inländische Körperschaften des öffentlichen Rechts mit ihren Einkünften im Sinne des § 21 Abs. 2 und 3. Politische Parteien sind wie Körperschaften des öffentlichen Rechts zu behandeln, wenn ihnen gemäß § 1 Abs. 4 des Parteiengesetzes 2012, BGBl. I Nr. 56/2012, Rechtspersönlichkeit zukommt.
   *(BGBl I 2016/77)*

3. Körperschaften im Sinne des Abs. 2, soweit sie nach § 5 oder nach anderen Bundesgesetzen von der Körperschaftsteuerpflicht befreit sind, mit ihren Einkünften im Sinne des § 21 Abs. 2 und 3. Dies gilt auch für den Fall einer umfassenden Befreiung.

### Betriebe gewerblicher Art von Körperschaften des öffentlichen Rechts

**§ 2.** (1) Betrieb gewerblicher Art einer Körperschaft des öffentlichen Rechts ist jede Einrichtung, die

- wirtschaftlich selbständig ist und
- ausschließlich oder überwiegend einer nachhaltigen privatwirtschaftlichen Tätigkeit von wirtschaftlichem Gewicht und
- zur Erzielung von Einnahmen oder im Falle des Fehlens der Beteiligung am allgemeinen wirtschaftlichen Verkehr von anderen wirtschaftlichen Vorteilen und
- nicht der Land- und Forstwirtschaft (§ 21 des Einkommensteuergesetzes 1988)

dient. Die Absicht, Gewinn zu erzielen, ist nicht erforderlich. Die Tätigkeit der Einrichtung gilt stets als Gewerbebetrieb.

(2) Als Betrieb gewerblicher Art gelten auch:

1. Die Beteiligung an einer Gesellschaft, bei der die Gesellschafter als Mitunternehmer anzusehen sind.
2. Die entgeltliche Überlassung eines Betriebes gewerblicher Art.
3. Die entgeltliche Überlassung von Grundstücken zu anderen als land- und forstwirtschaftlichen Zwecken durch
   - Personengemeinschaften in den Angelegenheiten der Bodenreform und
   - Siedlungsträger,

   die nach den landesgesetzlichen Vorschriften als Körperschaften des öffentlichen Rechtes anerkannt sind.

   *(BGBl I 2019/103)*

(3) Versorgungsbetriebe einer Körperschaft des öffentlichen Rechts werden als einheitlicher Betrieb gewerblicher Art behandelt, wenn sie organisatorisch zusammengefaßt sind und unter einer gemeinsamen Leitung stehen. Versorgungsbetrieb ist nur ein Betrieb, der die Bevölkerung mit

- Wasser oder
- Gas oder
- Elektrizität oder
- Wärme

versorgt oder der

- dem öffentlichen Verkehr einschließlich des Rundfunks oder
- dem Hafenbetrieb

dient.

(4) Ein Betrieb gewerblicher Art ist auch dann unbeschränkt steuerpflichtig, wenn er selbst eine Körperschaft des öffentlichen Rechts ist. Betriebe, die von juristischen Personen des privaten Rechts geführt werden, sind nach den für diese Rechtsform geltenden Vorschriften zu besteuern. Sind an der juristischen Person des privaten Rechts unmittelbar oder mittelbar ausschließlich Körperschaften des öffentlichen Rechts beteiligt, gelten in einem gesonderten Rechnungskreis geführte Tätigkeiten im Sinne des Abs. 3 als einheitliche Tätigkeit, auch wenn bei den einzelnen Tätigkeiten die Absicht fehlt, Gewinne zu erzielen. Auf das Zusammenfassen derartiger Tätigkeiten in einer juristischen Person des privaten Rechts ist § 8 Abs. 2 nicht anzuwenden.

(5) Eine privatwirtschaftliche Tätigkeit im Sinne des Abs. 1 liegt nicht vor, wenn die Tätigkeit überwiegend der öffentlichen Gewalt dient (Hoheitsbetrieb). Eine Ausübung der öffentlichen Gewalt ist insbesondere anzunehmen, wenn es sich um Leistungen handelt, zu deren Annahme der Leistungsempfänger auf Grund gesetzlicher oder behördlicher Anordnung verpflichtet ist. Als Hoheitsbetriebe gelten insbesondere Wasserwerke, wenn sie überwiegend der Trinkwasserversorgung dienen, Forschungsanstalten, Wetterwarten, Friedhöfe, Anstalten zur Nahrungsmitteluntersuchung, zur Desinfektion, zur Leichenverbrennung, zur Müllbeseitigung, zur Straßenreinigung und zur Abfuhr von Spülwasser und Abfällen.

### Abgrenzung der persönlichen Steuerpflicht

**§ 3.** Nichtrechtsfähige Personenvereinigungen, Anstalten, Stiftungen und andere Zweckvermögen sind körperschaftsteuerpflichtig, wenn ihr Einkommen weder nach diesem Bundesgesetz noch nach dem Einkommensteuergesetz 1988 unmittelbar bei einem anderen Steuerpflichtigen zu versteuern ist.

### Beginn und Ende der Steuerpflicht

**§ 4.** (1) Körperschaften im Sinne des § 1 Abs. 2 Z 1 sind ab jenem Zeitpunkt steuerpflichtig, in dem die Rechtsgrundlage wie Satzung, Gesellschaftsvertrag oder Stiftungsbrief festgestellt ist und sie erstmalig nach außen in Erscheinung treten. Der Beginn der Steuerpflicht der Körperschaften im Sinne des § 1 Abs. 2 Z 2 und 3 richtet sich nach den §§ 2 und 3.

(2) Körperschaften im Sinne des § 1 Abs. 2 sind bis zu jenem Zeitpunkt steuerpflichtig, in dem die Rechtspersönlichkeit untergeht, jedenfalls bis zu jenem Zeitpunkt, in dem das gesamte Vermögen auf andere übergegangen ist.

## 2. ABSCHNITT

### Befreiungen

**§ 5.** Von der unbeschränkten Körperschaftsteuerpflicht sind befreit:

1. (aufgehoben)
2. Die staatlichen Monopolbetriebe, soweit sie nicht in eine privatrechtliche Form gekleidet sind.

3. Kreditinstitute im Sinne des Kreditwesengesetzes, wenn folgende Voraussetzungen zutreffen:
   a) Der genehmigte Geschäftsgegenstand darf ausschließlich in der Übernahme von Bürgschaften und sonstigen Haftungen für Kredite und Darlehen mit oder ohne Gewährung von nicht rückzahlbaren Zinsenzuschüssen sowie in der Durchführung allfälliger sonstiger Zuschußaktionen des Bundes oder eines Landes bestehen.
   b) Das Kreditinstitut darf nach der Satzung oder der sonstigen Rechtsgrundlage und der tatsächlichen Geschäftsführung keinen Gewinn anstreben; ihre Eigentümer oder Anteilseigner dürfen keine Gewinnanteile oder sonstigen Zuwendungen aus Mitteln des Kreditinstitutes erhalten.
   c) Das Kreditinstitut darf keine Person durch Verwaltungsausgaben, die dem Zweck des Kreditinstitutes fremd sind, und kein Vorstandsmitglied, keinen Geschäftsführer und kein Aufsichtsratsmitglied durch unverhältnismäßig hohe Vergütungen begünstigen.
   d) Bei Auflösung des Kreditinstitutes dürfen die Eigentümer oder Anteilseigner jene Kapitalanteile nicht zurückerhalten, die zur Deckung von Verlusten aus im Zeitpunkt der Auflösung bestehenden Verpflichtungen aus Bürgschaften und sonstigen Haftungen benötigt werden; das restliche Vermögen des Kreditinstitutes darf nur im Rahmen des genehmigten Geschäftsgegenstandes verwendet werden.
4. Sicherungseinrichtungen gemäß § 1 Abs. 1 und § 59 Z 1 des Einlagensicherungs- und Anlegerentschädigungsgesetzes – ESAEG, BGBl. I Nr. 117/2015, hinsichtlich der Einkünfte aus der Dotierung und Veranlagung der Einlagensicherungsfonds gemäß § 21 und § 19 ESAEG und die Entschädigungseinrichtung gemäß § 73 Abs. 2 des Wertpapieraufsichtsgesetzes 2018 – WAG 2018, BGBl. I Nr. 107/2017, hinsichtlich der Einkünfte aus der Dotierung und Veranlagung des Beitragsvermögens gemäß § 74 WAG 2018.

   *(BGBl I 2016/117, BGBl I 2017/107)*
5. Personengemeinschaften in den Angelegenheiten der Bodenreform, weiters Siedlungsträger, wenn und soweit sie nach den landesgesetzlichen Vorschriften anerkannt sind.

   Sie sind insoweit unbeschränkt steuerpflichtig, als sie
   – einen Gewerbebetrieb unterhalten, der über den Umfang eines Nebenbetriebes hinausgeht, oder
   – einen solchen Gewerbebetrieb verpachten, oder
   – Grundstücke entgeltlich für andere als land- und forstwirtschaftliche Zwecke zur Nutzung überlassen.

   *(BGBl I 2019/103)*
6. Körperschaften im Sinne des § 1 Abs. 2, die der Förderung gemeinnütziger, mildtätiger oder kirchlicher Zwecke nach Maßgabe der §§ 34 bis 47 der Bundesabgabenordnung dienen.
7. Pensions-, Unterstützungs- und Mitarbeitervorsorgekassen nach Maßgabe des § 6
8. Kleine Versicherungsvereine im Sinne des § 5 Z 4 des Versicherungsaufsichtsgesetzes 2016 (VAG 2016), BGBl. I Nr. 34/2015, die nicht unter Z 7 fallen, wenn ihre Beitragseinnahmen im Durchschnitt der letzten drei Wirtschaftsjahre (einschließlich des im Veranlagungsjahr endenden Wirtschaftsjahres) 4 400 Euro jährlich nicht überstiegen haben.

   *(BGBl I 2015/34)*
9. a) Erwerbs- und Wirtschaftsgenossenschaften, deren Zweck und tatsächlicher Geschäftsbetrieb sich auf die gemeinschaftliche Benutzung land- und forstwirtschaftlicher Betriebseinrichtungen oder Betriebsgegenstände durch ihre Mitglieder beschränkt (zB Zucht-, Weide-, Maschinengenossenschaften).
   b) Winzergenossenschaften, deren tatsächlicher Geschäftsbetrieb sich auf die Bearbeitung oder Verwertung der von den Mitgliedern selbst gewonnenen landwirtschaftlichen Erzeugnisse beschränkt, wenn die Bearbeitung oder Verwertung im Bereich der Landwirtschaft liegt.

   Die Steuerbefreiung geht nicht verloren, wenn die Genossenschaften im Rahmen ihres Geschäftsbetriebes Hilfsgeschäfte tätigen.
10. Bauvereinigungen, die nach dem Wohnungsgemeinnützigkeitsgesetz als gemeinnützig anerkannt sind, wenn sich ihre Tätigkeit auf die in § 7 Abs. 1 bis 3 des Wohnungsgemeinnützigkeitsgesetzes genannten Geschäfte und die Vermögensverwaltung beschränkt, nach Maßgabe des § 6a.
11. Privatstiftungen, die nicht unter Z 6 oder 7 fallen, nach Maßgabe des § 13.
12. a) Betriebe gewerblicher Art von Körperschaften des öffentlichen Rechtes unter folgenden Voraussetzungen:
      – Der Betrieb besteht ausschließlich in der entgeltlichen Durchführung von geselligen oder gesellschaftlichen Veranstaltungen aller Art (insbesondere Feste, Bälle, Kränzchen, Feiern, Juxveranstaltungen, Heurigenausschank, Wandertage, Vergnügungs-Sportveranstaltungen), und
      – diese Veranstaltungen müssen nach außen hin erkennbar zur materiel-

len Förderung eines bestimmten Zweckes im Sinne der §§ 35, 37 und 38 der Bundesabgabenordnung abgehalten werden, und

– die Erträge aus der jeweiligen Veranstaltung müssen nachweislich für diesen Zweck verwendet werden, und
– diese Veranstaltungen dürfen insgesamt eine Dauer von 72 Stunden im Kalenderjahr nicht überschreiten.

b) Abweichend von lit. a zweiter Teilstrich darf eine gesellige oder gesellschaftliche Veranstaltung einer Körperschaft im Sinne des § 1 Abs. 3 Z 2 zweiter Satz, die an der Wahlwerbung zu einem allgemeinen Vertretungskörper oder dem Europäischen Parlament beteiligt oder in einem solchen Vertretungskörper oder dem Europäischen Parlament vertreten ist, auch zur materiellen Förderung von Zwecken im Sinne des § 1 des Parteiengesetzes 2012 dieser Körperschaft abgehalten werden, wenn folgende zusätzliche Voraussetzungen erfüllt sind:
– Die gesellige oder gesellschaftliche Veranstaltung erfüllt jene Kriterien, die auch für das Vorliegen eines Betriebes gemäß § 45 Abs. 1a BAO maßgebend sind.
– Die Umsätze aus diesen Veranstaltungen betragen insgesamt nicht mehr als 15 000 Euro im Kalenderjahr.

Nicht unter § 34 bis § 47 BAO fallende Körperschaften im Sinne des § 2 Z 3 Parteiengesetzes 2012 sowie Gliederungen mit eigener Rechtspersönlichkeit von Körperschaften im Sinne des § 1 Abs. 3 Z 2 zweiter Satz, die an der Wahlwerbung zu einem allgemeinen Vertretungskörper oder dem Europäischen Parlament beteiligt oder in einem solchen Vertretungskörper oder dem Europäischen Parlament vertreten ist, sind für Zwecke der Z 12 wie Körperschaften des öffentlichen Rechts zu behandeln.

c) Die Gesamtdauer gemäß lit. a der geselligen oder gesellschaftlichen Veranstaltung pro Kalenderjahr sowie die Umsätze gemäß lit. b zweiter Teilstrich sind für jede kleinste territoriale Gliederung ohne eigene Rechtspersönlichkeit
– einer Körperschaft öffentlichen Rechts,
– einer Körperschaft im Sinne des § 1 Abs. 3 Z 2 zweiter Satz, die an der Wahlwerbung zu einem allgemeinen Vertretungskörper oder dem Europäischen Parlament beteiligt oder in einem solchen Vertretungskörper oder dem Europäischen Parlament vertreten ist, oder deren Gliederungen mit eigener Rechtspersönlichkeit oder
– einer Körperschaft im Sinne des § 2 Z 3 Parteiengesetzes 2012

gesondert zu bemessen. Die kleinste territoriale Gliederung umfasst die Katastralgemeinde.

*(BGBl I 2016/77)*

13. Körperschaften, denen als Berufsvereinigung im Sinne des § 4 Abs. 2 des Arbeitsverfassungsgesetzes, BGBl. Nr. 22/1974, gemäß § 5 Abs. 1 dieses Gesetzes die Kollektivvertragsfähigkeit zuerkannt wurde, für die Dauer der Kollektivvertragsfähigkeit. Sie sind insoweit unbeschränkt steuerpflichtig, als sie einen wirtschaftlichen Geschäftsbetrieb (§ 31 der Bundesabgabenordnung), der nicht unmittelbar der Zweckerfüllung dient, einen land- und forstwirtschaftlichen Betrieb oder einen Gewerbebetrieb unterhalten.
14. Mittelstandsfinanzierungsgesellschaften hinsichtlich des dem Finanzierungsbereich zuzurechnenden Teiles des Einkommens nach Maßgabe des § 6b. Die Befreiung entfällt rückwirkend, wenn der angestrebte begünstigte Zweck innerhalb der ersten sieben Jahre nach der Eintragung der neu gegründeten Mittelstandsfinanzierungsgesellschaft in das Firmenbuch aufgegeben wird.

    *(BGBl I 2017/106)*
15. Privatstiftungen, die gemäß § 718 Abs. 9 ASVG errichtet wurden.

    *(BGBl I 2019/103)*

**Pensions-, Unterstützungs- und Betriebliche Vorsorgekassen**

**§ 6.** (1) Pensionskassen im Sinne des Pensionskassengesetzes und ausländische Einrichtungen im Sinne des § 5 Z 4 des Pensionskassengesetzes sind hinsichtlich des einer Veranlagungs- oder Risikogemeinschaft zuzurechnenden Teiles des Einkommens von der Körperschaftsteuer befreit, wenn die Pensionszusagen 80% des letzten laufenden Aktivbezuges nicht übersteigen. Dies gilt sinngemäß für Versicherungen hinsichtlich betrieblicher Kollektivversicherungen im Sinne des § 93 des VAG 2016. Das Überschreiten der genannten Grenze ist unbeachtlich, wenn es auf eine Verminderung des Arbeitslohnes aus wirtschaftlich beachtlichen Gründen in den letzten Aktivitätsjahren zurückzuführen ist. Bei ausländischen Einrichtungen im Sinne des § 5 Z 4 des Pensionskassengesetzes umfasst die Befreiung auch die beschränkte Steuerpflicht.

*(BGBl I 2015/34)*

(2) Unterstützungskassen und sonstige Hilfskassen, die keinen Rechtsanspruch auf Leistungen gewähren, sind von der Körperschaftsteuer unter folgenden Voraussetzungen befreit:

1. Der Kreis der Leistungsberechtigten der Kasse muß sich auf Zugehörige oder frühere Zugehörige der Betriebe
   – eines Arbeitgebers oder
   – mehrerer finanziell verbundener Unternehmen

   beschränken (Trägerunternehmen). Zu den Zugehörigen zählen auch deren Angehörige. Angehörige sind nur der Ehegatte, der eingetragene Partner und Kinder (§ 106 Abs. 1 und 2 des Einkommensteuergesetzes 1988).
2. Der Kreis der Leistungsberechtigten muß in den Satzungen oder Geschäftsbedingungen der Kasse genau bezeichnet werden. Die Mehrzahl dieser Personen darf sich nicht aus dem Unternehmer oder dessen Angehörigen (Z 1) und bei Gesellschaften nicht aus den Gesellschaftern und deren Angehörigen (Z 1) zusammensetzen.
3. Die ausschließliche und unmittelbare Verwendung des Vermögens und der Einkünfte der Kasse muß satzungsmäßig und tatsächlich dauernd für Zwecke der Kasse gesichert sein.
4. Die Leistungsberechtigten dürfen nicht zu laufenden Beiträgen oder zu sonstigen Zuschüssen verpflichtet sein.
5. Die Leistungen der Kasse dürfen folgende Beträge nicht übersteigen:

| | |
|---|---|
| Als Pension (Pensionszuschuß) | 1 200 Euro jährlich, |
| als Witwengeld | 900 Euro jährlich, |
| als Waisengeld | 350 Euro jährlich für jede Waise, |
| als Sterbegeld | 150 Euro als Gesamtleistung. |

6. Den Zugehörigen oder den Betriebsräten des Trägerunternehmens muß satzungsmäßig und tatsächlich das Recht zustehen, an der Verwaltung sämtlicher Beträge, die der Kasse zufließen, beratend mitzuwirken.
7. Bei Auflösung der Kasse darf ihr Vermögen satzungsmäßig nur den Leistungsberechtigten zufallen. Darüber hinaus darf das Vermögen nur für gemeinnützige, mildtätige oder kirchliche Zwecke im Sinne der Bundesabgabenordnung verwendet werden.

(3) Erfüllt eine bestehende Kasse die in den Abs. 1 und 2 genannten Voraussetzungen erst im Laufe eines Kalender(Wirtschafts)jahres, so tritt die Steuerbefreiung erst mit Beginn des folgenden Kalender(Wirtschafts)jahres ein.

(4) Privatstiftungen, die die Voraussetzungen des § 4d Abs. 2 des Einkommensteuergesetzes 1988 erfüllen, sind befreit, wenn die Zuwendungen an die Begünstigten die Leistungsgrenzen des Abs. 2 Z 5 nicht übersteigen. Abs. 3 ist anzuwenden.

*(BGBl I 2017/105)*

(5) Betriebliche Vorsorgekassen im Sinne des BMSVG, sind hinsichtlich des einer Veranlagungsgemeinschaft zuzurechnenden Teiles des Einkommens befreit.

### Gemeinnützige Bauvereinigungen

**§ 6a.** (1) Bauvereinigungen im Sinne des § 5 Z 10, die Geschäfte außerhalb der in § 7 Abs. 1 bis 3 des Wohnungsgemeinnützigkeitsgesetzes bezeichneten Art tätigen, sind ab dem Wirtschaftsjahr unbeschränkt steuerpflichtig, in dem die Tätigkeit aufgenommen wird. Die Tätigkeit gilt als aufgenommen, wenn konkrete Vorbereitungshandlungen für solche Geschäfte vorgenommen werden. Die unbeschränkte Steuerpflicht endet mit Ablauf des Wirtschaftsjahres, in dem die Tätigkeit im Sinne des ersten Satzes abgeschlossen wird.

(2) Auf Antrag der Bauvereinigung hat das zuständige Finanzamt die unbeschränkte Steuerpflicht bescheidmäßig auf geplante Geschäfte im Sinne des Abs. 1 unter der Auflage zu beschränken, daß für diese Geschäfte insgesamt ein gesonderter Rechnungskreis geführt wird. Der Antrag ist von der Bauvereinigung vor der Aufnahme der Geschäfte im Sinne des Abs. 1 zu stellen. Ein aus diesen Geschäften insgesamt entstehender Verlust ist nicht ausgleichsfähig. Das Antragsrecht des zuständigen Finanzamtes nach § 35 des Wohnungsgemeinnützigkeitsgesetzes bleibt unberührt.

*(BGBl I 2019/104)*

(3) Auf Antrag der Bauvereinigung hat das zuständige Finanzamt im Zweifelsfall bescheidmäßig festzustellen, ob ein geplantes Geschäft unter § 7 Abs. 1 bis 3 des Wohnungsgemeinnützigkeitsgesetzes fällt oder nicht. Der Antrag ist von der Bauvereinigung vor der Aufnahme des Geschäftes zu stellen. Der Antrag kann mit einem Antrag nach Abs. 2 verbunden werden.

*(BGBl I 2019/104)*

(4) Einkünfte einer Bauvereinigung im Sinne des § 5 Z 10 aus der Verwaltung von Eigenkapital im Sinne des § 7 Abs. 6 des Wohnungsgemeinnützigkeitsgesetzes sind in einem eigenen Rechnungskreis zu erfassen und sind nach Maßgabe des Abs. 5 steuerpflichtig. Bei der Ermittlung dieser Einkünfte sind nur die mit den Betriebseinnahmen in unmittelbarem wirtschaftlichen Zusammenhang stehenden Aufwendungen zu berücksichtigen.

(5) Einkünfte im Sinne des Abs. 4 können einer steuerfreien Rücklage zugeführt werden. Die Zuführung und Verwendung ist in einem gesonderten Verzeichnis als Beilage zur Körperschaftsteuererklärung getrennt nach den einzelnen Wirtschaftsjahren aufzugliedern. Die Rücklage ist im Bildungsjahr und in den Folgejahren in jenem Verhältnis steuerneutral aufzulösen, in dem sich das in Abs. 4 genannte Eigenkapital am Schluß des Wirtschaftsjahres gegenüber dem Stand am Schluß des vorangegangenen Wirtschaftsjahres vermindert hat. Die Verhältniszahl ist dabei stets auf die Rücklage (Rücklagenteile) des Vorjahres zu beziehen. Rücklagen (Rücklagenteile), die nicht bis zum Ablauf des der Zuführung folgenden dritten Wirtschaftsjahres verwendet werden konnten, sind im dritten Wirtschaftsjahr gewinnerhöhend aufzu-

lösen. In diesen Zeitraum werden Wirtschaftsjahre, für die im Sinne des § 7 Abs. 5 des Wohnungsgemeinnützigkeitsgesetzes von der Landesregierung festgelegt wurde, daß die Bautätigkeit unterbrochen werden darf, nicht eingerechnet. Der gewinnerhöhend aufzulösende Betrag erhöht sich um einen Zuschlag von 20%.

(6) (aufgehoben)

*(BGBl I 2019/104)*

**Mittelstandsfinanzierungsgesellschaften**

**§ 6b.** (1) Bei Mittelstandsfinanzierungsgesellschaften bleiben im Finanzierungsbereich (Z 3 lit. a) Veräußerungsgewinne, Veräußerungsverluste und sonstige Wertänderungen aus Beteiligungen (Abs. 2 Z 4) bei der Ermittlung der Einkünfte außer Ansatz, wenn folgende Voraussetzungen erfüllt sind:

1. Die Mittelstandsfinanzierungsgesellschaft ist eine Aktiengesellschaft, eine Gesellschaft mit beschränkter Haftung oder eine vergleichbare ausländische Körperschaft.
2. Die Satzung der Mittelstandsfinanzierungsgesellschaft kann die Ausgabe von Genussrechten gemäß § 8 Abs. 3 Z 1 zweiter Teilstrich vorsehen, wenn der Gesamtnennbetrag der Genussrechte mit der Höhe des aufgebrachten Grund- oder Stammkapitals beschränkt ist.
3. Der Geschäftsgegenstand der Mittelstandsfinanzierungsgesellschaft umfasst den Finanzierungsbereich und den Veranlagungsbereich sowie damit zusammenhängende Nebenleistungen und ist wie folgt beschränkt:
   a) Der Finanzierungsbereich umfasst die Investition des Eigenkapitals der Mittelstandsfinanzierungsgesellschaft nach Maßgabe des Abs. 2 und beträgt nachhaltig mindestens 75% des Eigenkapitals.
   b) Der Veranlagungsbereich umfasst die Veranlagung des Eigenkapitals der Mittelstandsfinanzierungsgesellschaft und beträgt nachhaltig höchstens 25% des Eigenkapitals. Die Veranlagung erfolgt ausschließlich in Form von Geldeinlagen, sonstigen Forderungen bei Kreditinstituten oder Forderungswertpapieren; mit dem Finanzierungsbereich zusammenhängende Sicherungsgeschäfte sind innerhalb der 25%-Grenze zulässig.

   Der Bundesminister für Finanzen wird ermächtigt, die Voraussetzungen für die nachhaltige Investition und Veranlagung des Eigenkapitals in einer Verordnung näher festzulegen.
4. Die Investitionsstrategie der Mittelstandsfinanzierungsgesellschaft ist wirtschaftlich solide und umfasst eine nach Maßgabe der Rz 67 der Leitlinien für staatliche Beihilfen zur Förderung von Risikofinanzierungen, ABl. C 19 vom 22.1.2014 (Leitlinien 2014) geeignete Risikodiversifizierungsstrategie.
5. Am Grund- oder Stammkapital und an den Stimmrechten der Mittelstandsfinanzierungsgesellschaft sind mindestens fünf Gesellschafter unmittelbar oder mittelbar beteiligt, wobei die Beteiligung eines Gesellschafters nicht mehr als 49% beträgt.
6. Bei Veräußerung einer Beteiligung (Abs. 2 Z 4) wird im folgenden Wirtschaftsjahr mindestens ein Betrag in Höhe der sich aus der Steuerfreiheit ergebenden Steuerersparnis an die Anteilsinhaber der Mittelstandsfinanzierungsgesellschaft ausgeschüttet.

   *(BGBl I 2019/103)*

Die Befreiung umfasst auch Erträge aus der Annexfinanzierung gemäß Abs. 2 Z 3 lit. f.

(2) Die Investition des Eigenkapitals (Finanzierungsbereich) erfolgt ausschließlich in Form von Beteiligungen an operativen Unternehmen in der Frühphase und Unternehmen in der Wachstumsphase nach Maßgabe der folgenden Bestimmungen:

1. Unternehmen in der Frühphase sind zu Beginn der Finanzierung durch die Mittelstandsfinanzierungsgesellschaft nicht börsennotiert und erfüllen eine der folgenden Voraussetzungen:
   a) sie sind noch auf keinem Markt tätig;
   b) sie sind seit ihrem ersten kommerziellen Verkauf noch keine sieben Jahre gewerblich tätig;
   c) sie benötigen eine erste Risikofinanzierung, die ausgehend von einem mit Blick auf den Eintritt in einen neuen sachlich oder räumlich relevanten Markt erstellten Geschäftsplan mehr als 50% ihres durchschnittlichen Jahresumsatzes in den vorangegangenen fünf Jahren beträgt.

   Die Investition umfasst auch eine Anschlussfinanzierung nach Ablauf des in lit. b genannten Zeitraums, wenn die Möglichkeit dafür bereits im ursprünglichen Geschäftsplan vorgesehen war und nicht bereits eine Risikofinanzierung durch ein mit dem Unternehmen in der Frühphase verbundenes Unternehmen im Sinne des Anhang 1 Art. 3 Abs. 3 der Verordnung (EU) Nr 651/2014 zur Feststellung der Vereinbarkeit bestimmter Gruppen von Beihilfen mit dem Binnenmarkt in Anwendung der Artikel 107 und 108 des Vertrags über die Arbeitsweise der Europäischen Union (im Folgenden: AGVO 2014), ABl. Nr. L 187 vom 26.06.2014 S. 1, in der Fassung der Berichtigung ABl. Nr. L 283 vom 27.9.2014 S. 65, erfolgt.
2. Unternehmen in der Wachstumsphase sind zu Beginn der Finanzierung durch die Mittelstandsfinanzierungsgesellschaft nicht börsennotiert, fallen nicht unter Z 1, sind seit ihrem ersten kommerziellen Verkauf noch keine zehn Jahre gewerblich tätig und sind
   a) nach Maßgabe des Art. 2 Abs. 80 der AGVO 2014 innovativ oder

b) in einem stark risikobehafteten Sektor (zB Biotechnologie) im Sinne der Rz 73 der Leitlinien 2014 tätig.

*(BGBl I 2019/103)*

3. Als Beteiligungen an Unternehmen gemäß Z 1 oder Z 2 gelten
   a) Aktien, Geschäftsanteile einer Gesellschaft mit beschränkter Haftung und Genossenschaftsanteile;
   b) Genussrechte gemäß § 8 Abs. 3 Z 1 zweiter Teilstrich;
   c) Anteile an einer Kommanditgesellschaft, wenn damit die Stellung als Mitunternehmer gemäß § 23 des Einkommensteuergesetzes 1988 verbunden ist;
   d) stille Beteiligungen im Sinne des § 179 des Unternehmensgesetzbuches, wenn damit die Stellung als Mitunternehmer gemäß § 23 des Einkommensteuergesetzes 1988 verbunden ist;
   e) Anteile an ausländischen Gesellschaften, die den in lit. a bis d genannten vergleichbar sind, wenn von deren Ansässigkeitsstaat bzw. Belegenheitsstaat das Vorliegen eines Marktversagens auf Grundlage der Leitlinien 2014 erfolgreich nachgewiesen wurde;
   f) Geldveranlagungen neben Beteiligungen im Sinne der lit. a bis e in Form von Darlehen, Schuldverschreibungen, nicht unter lit. d fallenden stillen Beteiligungen oder nicht unter lit. b fallenden Genussrechten, sowie in Form von Zuzahlungen in wirtschaftlich begründeten Fällen (Annexfinanzierung).
4. Eine Investition darf nicht in Unternehmen erfolgen, die zu Unrecht staatliche Beihilfen erhalten und diese noch nicht zurückgezahlt haben.

*(BGBl I 2019/103)*

(3) Im Finanzierungsbereich gilt für die Mittelstandsfinanzierungsgesellschaft Folgendes:

1. Das Gesamtinvestitionsvolumen ist ausschließlich in
   a) kleine und mittlere Unternehmen im Sinne des Anhang I Art. 2 der AGVO 2014,
   b) kleine Unternehmen mittlerer Kapitalisierung im Sinne der Rz 52 der Leitlinien 2014 und
   c) innovative Unternehmen mittlerer Kapitalisierung im Sinne der Rz 52 der Leitlinien 2014 zu investieren. Dabei müssen mindestens 70% in Unternehmen gemäß lit. a investiert werden.
2. Die Mittelstandsfinanzierungsgesellschaft darf in ein einzelnes Unternehmen
   a) höchstens 20% ihres Eigenkapitals und
   b) höchstens 15 Millionen Euro einschließlich Anschluss- und Annexfinanzierung investieren. Der Betrag von 15 Millionen Euro vermindert sich, soweit das Unternehmen bereits Investitionen, einschließlich Anschluss- und Annexfinanzierung, von anderen Mittelstandsfinanzierungsgesellschaften erhalten hat.

   *(BGBl I 2019/103)*
3. Die Mittelstandsfinanzierungsgesellschaft darf sich an einem einzelnen Unternehmen zu höchstens 49% des Grund- oder Stammkapitals bzw. des fixen Kapitals beteiligen und keine beherrschende Stellung ausüben.

(4) Wird bei Beteiligungen gemäß Abs. 2 Z 3 lit. e eine Option zur Steuerwirksamkeit gemäß § 10 Abs. 3 ausgeübt, sind Veräußerungsgewinne, Veräußerungsverluste und sonstige Wertänderungen steuerwirksam.

(5) Die Mittelstandsfinanzierungsgesellschaft hat das Vorliegen der Voraussetzungen jährlich durch Bestätigung eines Wirtschaftsprüfers oder einer Wirtschaftsprüfungsgesellschaft nachzuweisen und Informationen über die getätigten Investitionen entsprechend den Anforderungen in Rz 166 lit. v der Leitlinien 2014 offenzulegen. Die Bestimmungen des § 275 des Unternehmensgesetzbuches gelten dabei sinngemäß. Das Finanzamt für Großbetriebe hat das Vorliegen der Voraussetzungen zu bescheinigen und sämtliche Mittelstandsfinanzierungsgesellschaften, die diese Voraussetzungen erfüllen, einmal jährlich elektronisch zu veröffentlichen (Liste der Mittelstandsfinanzierungsgesellschaften); dabei ist das Datum der Veröffentlichung auf der Liste anzugeben. Davon abweichend ist im Fall der erstmaligen Bestätigung eines Wirtschaftsprüfers oder einer Wirtschaftsprüfungsgesellschaft das Vorliegen der Voraussetzungen binnen acht Wochen zu bescheinigen und die Mittelstandsfinanzierungsgesellschaft auf die zuletzt veröffentlichte Liste aufzunehmen; dabei ist zusätzlich zum Datum der Veröffentlichung der Zusatz „neu aufgenommen" anzuführen.

*(BGBl I 2019/103, BGBl I 2019/104)*

(6) Verletzt eine Mittelstandsfinanzierungsgesellschaft nachhaltig die genannten Voraussetzungen, hat sie den Bruttobetrag aller Ausschüttungen für von der Verletzung der Voraussetzungen betroffene Geschäftsjahre, die bei den Anteilsinhabern eine Steuerbefreiung gemäß § 27 Abs. 7 des Einkommensteuergesetzes 1988 vermitteln können, neben ihrem Einkommen mit dem besonderen Steuersatz gemäß § 27a Abs. 1 Z 2 des Einkommensteuergesetzes 1988 zu versteuern; dabei ist zudem eine von der Mittelstandsfinanzierungsgesellschaft für die Anteilsinhaber übernommene Kapitalertragsteuerpflicht zu berücksichtigen.

*(BGBl I 2017/106)*

## 2.TEIL
## EINKOMMEN

### 3. ABSCHNITT
### Allgemeine Vorschriften

#### Einkommen, Einkommensermittlung

**§ 7.** (1) Der Körperschaftsteuer ist das Einkommen zugrunde zu legen, das der unbeschränkt Steuerpflichtige innerhalb eines Kalenderjahres bezogen hat.

(2) Einkommen ist der Gesamtbetrag der Einkünfte aus den im § 2 Abs. 3 des Einkommensteuergesetzes 1988 aufgezählten Einkunftsarten nach Ausgleich mit Verlusten, die sich aus den einzelnen Einkunftsarten ergeben, und nach Abzug der Sonderausgaben (§ 8 Abs. 4) und des Freibetrages für begünstigte Zwecke (§ 23). Wie das Einkommen zu ermitteln ist, bestimmt sich nach dem Einkommensteuergesetz 1988 und diesem Bundesgesetz. Anzuwenden sind § 2 Abs. 2a des Einkommensteuergesetzes 1988 auf Einkünfte aus einer Beteiligung, wenn das Erzielen steuerlicher Vorteile im Vordergrund steht, sowie § 2 Abs. 8 des Einkommensteuergesetzes 1988.

(3) Bei Steuerpflichtigen, die auf Grund der Rechtsform nach unternehmensrechtlichen Vorschriften zur Rechnungslegung verpflichtet sind, bei rechnungslegungspflichtigen Erwerbs- und Wirtschaftsgenossenschaften und bei vergleichbaren unbeschränkt steuerpflichtigen ausländischen Körperschaften sind alle Einkünfte (§ 2 Abs. 3 des Einkommensteuergesetzes 1988) den Einkünften aus Gewerbebetrieb (§ 23 Z 1 des Einkommensteuergesetzes 1988) zuzurechnen. Der Gewinn ist

- bei vergleichbaren unbeschränkt steuerpflichtigen ausländischen Körperschaften und
- bei Betrieben gewerblicher Art (§ 2), die nach unternehmensrechtlichen oder vergleichbaren Vorschriften zur Rechnungslegung verpflichtet sind und deren jeweilige Umsätze iSd § 125 Abs. 1 der Bundesabgabenordnung in zwei aufeinanderfolgenden Wirtschaftsjahren mehr als 700 000 Euro betragen, in sinngemäßer Anwendung von § 125 Abs. 3 und 4 der Bundesabgabenordnung,

nach § 5 Abs. 1 EStG 1988 zu ermitteln. § 6 Z 2 lit. c und d des Einkommensteuergesetzes 1988 ist nicht anzuwenden. Auf den Wechsel zwischen der Einkommensermittlung nach Abs. 2 und diesem Absatz sind die Vorschriften des § 6 Z 4 und 5 des Einkommensteuergesetzes 1988 anzuwenden.

Als rechnungslegungspflichtige Erwerbs- und Wirtschaftsgenossenschaft im Sinne des ersten Satzes gilt auf Antrag auch eine Erwerbs- und Wirtschaftsgenossenschaft, die nicht mehr unter den ersten Satz fällt. Der Antrag ist in der Steuererklärung des Jahres zu stellen, in dem das Wirtschaftsjahr endet, für das erstmalig keine Pflicht zur Gewinnermittlung nach dem ersten Satz besteht. Der Antrag kann bis zur Rechtskraft des Bescheides gestellt werden und bindet die Erwerbs- und Wirtschaftsgenossenschaft so lange, als er nicht in einer Steuererklärung für das jeweils zu veranlagende Wirtschaftsjahr mit Wirkung für dieses und die folgenden Wirtschaftsjahre widerrufen wird.

*(BGBl I 2021/3)*

(4) Gewinnermittlungszeitraum ist das Wirtschaftsjahr. Das Wirtschaftsjahr deckt sich grundsätzlich mit dem Kalenderjahr.

(5) Steuerpflichtige, die zur Rechnungslegung verpflichtet sind, und buchführende Steuerpflichtige, die eine Land- und Forstwirtschaft betreiben, dürfen ein vom Kalenderjahr abweichendes Wirtschaftsjahr haben; in diesem Fall ist der Gewinn bei Ermittlung des Einkommens für jenes Kalenderjahr zu berücksichtigen, in dem das Wirtschaftsjahr endet. § 2 Abs. 6 und 7 des Einkommensteuergesetzes 1988 ist anzuwenden.

#### Einlagen, Entnahmen und Einkommensverwendung

**§ 8.** (1) Bei der Ermittlung des Einkommens bleiben Einlagen und Beiträge jeder Art insoweit außer Ansatz, als sie von Personen in ihrer Eigenschaft als Gesellschafter, Mitglieder oder in ähnlicher Eigenschaft geleistet werden. § 6 Z 14 lit. b des Einkommensteuergesetzes 1988 ist sinngemäß anzuwenden. Bei einem Forderungsverzicht auf Seiten des Gesellschafters ist der nicht mehr werthaltige Teil der Forderung steuerwirksam.

(2) Für die Ermittlung des Einkommens ist es ohne Bedeutung, ob das Einkommen

- im Wege offener oder verdeckter Ausschüttungen verteilt oder
- entnommen oder
- in anderer Weise verwendet wird.

(3) Eine Einkommensverwendung ist auch anzunehmen bei:

1. Ausschüttungen jeder Art
   - auf Partizipationskapital im Sinne des Bankwesengesetzes in der Fassung vor dem Bundesgesetz BGBl. I Nr. 184/2013 und des Versicherungsaufsichtsgesetzes in der Fassung vor dem Bundesgesetz BGBl. I Nr. 34/2015 sowie
   - auf Genussrechte und sonstige Finanzierungsinstrumente, mit denen das Recht auf Beteiligung am Gewinn und am Liquidationsgewinn des Steuerpflichtigen verbunden ist.

   *(BGBl I 2015/34)*
2. Rückvergütungen, die von Erwerbs- und Wirtschaftsgenossenschaften in Form von Kaufpreisrückvergütungen gewährt werden und aus dem Mitgliedergeschäft erwirtschaftet wurden.
3. Zuwendungen eines Steuerpflichtigen an Anteilsinhaber, die Gesellschafter einer mit dem Steuerpflichtigen verbundenen Gesellschaft sind, als Ausgleich für entgehende Ausschüttungen auf Grund des Bestehens einer Gewinngemeinschaft (Dividendengarantie).

(4) Folgende Ausgaben sind bei der Ermittlung des Einkommens als Sonderausgaben abzuziehen, soweit sie nicht Betriebsausgaben oder Werbungskosten darstellen:

1. Ausgaben im Sinne des § 18 Abs. 1 Z 1 und 6 bis 9 des Einkommensteuergesetzes 1988.

   *(BGBl I 2015/160, BGBl I 2017/28)*

2. Der Verlustabzug im Sinne des § 18 Abs. 6 des Einkommensteuergesetzes 1988 nach Maßgabe folgender Bestimmungen:

   a) Der Verlustabzug steht nur im Ausmaß von 75% des Gesamtbetrages der Einkünfte zu. Insoweit die Verluste im laufenden Jahr nicht abgezogen werden können, sind sie in den folgenden Jahren unter Beachtung dieser Grenze abzuziehen.

   b) Lit. a ist in folgenden Fällen insoweit nicht anzuwenden, als im Gesamtbetrag der Einkünfte enthalten sind:

      – Gewinne aus einem Schulderlass, insbesondere Sanierungsgewinne gemäß § 23a,
      – Gewinne, die in Veranlagungszeiträumen anfallen, die von einem Insolvenzverfahren betroffen sind,
      – Gewinne aus der Veräußerung sowie der Aufgabe von Betrieben, Teilbetrieben und Mitunternehmeranteilen,
      – Liquidationsgewinne gemäß § 19,
      – Beträge, die gemäß § 9 Abs. 6 Z 7 oder nach § 2 Abs. 8 Z 4 des Einkommensteuergesetzes 1988 nachzuversteuern sind,
      – Beträge gemäß § 6 Z 6 des Einkommensteuergesetzes 1988, ausgenommen jene nach § 6 Z 6 lit. a letzter Satz des Einkommensteuergesetzes 1988.

      *(BGBl I 2015/163, BGBl I 2021/227)*

   c) Der Verlustabzug steht ab jenem Zeitpunkt nicht mehr zu, ab dem die Identität des Steuerpflichtigen infolge einer wesentlichen Änderung der organisatorischen und wirtschaftlichen Struktur im Zusammenhang mit einer wesentlichen Änderung der Gesellschafterstruktur auf entgeltlicher Grundlage nach dem Gesamtbild der Verhältnisse wirtschaftlich nicht mehr gegeben ist (Mantelkauf). Dies gilt nicht, wenn diese Änderungen zum Zwecke der Sanierung des Steuerpflichtigen mit dem Ziel der Erhaltung eines wesentlichen Teiles betrieblicher Arbeitsplätze erfolgen. Verluste sind jedenfalls insoweit abzugsfähig, als infolge der Änderung der wirtschaftlichen Struktur bis zum Ende des Wirtschaftsjahres der Änderung stille Reserven steuerwirksam aufgedeckt werden.

   *(BGBl I 2016/117)*

### Unternehmensgruppen

**§ 9.** (1) Abweichend von § 7 können finanziell verbundene Körperschaften (Abs. 2 bis 5) nach Maßgabe des Abs. 8 eine Unternehmensgruppe bilden. Dabei wird das steuerlich maßgebende Ergebnis des jeweiligen Gruppenmitglieds (Abs. 6 und Abs. 7) dem steuerlich maßgebenden Ergebnis des beteiligten Gruppenmitglieds bzw. Gruppenträgers jenes Wirtschaftsjahres zugerechnet, in das der Bilanzstichtag des Wirtschaftsjahres des Gruppenmitgliedes fällt.

(2) Gruppenmitglieder (als Beteiligungskörperschaften oder als beteiligte inländische Körperschaften) können sein:

– unbeschränkt steuerpflichtige Kapitalgesellschaften und Erwerbs- und Wirtschaftsgenossenschaften, die unter § 7 Abs. 3 fallen,
– vergleichbare nicht unbeschränkt steuerpflichtige Körperschaften, die
  – in einem Mitgliedstaat der Europäischen Union oder in einem Staat, mit dem eine umfassende Amtshilfe besteht, ansässig sind und
  – ausschließlich mit unbeschränkt steuerpflichtigen Gruppenmitgliedern oder dem Gruppenträger finanziell verbunden sind (Abs. 4).

Gruppenmitglieder können nicht Mitbeteiligte einer Beteiligungsgemeinschaft sein.

(3) Gruppenträger können sein

– unbeschränkt steuerpflichtige Kapitalgesellschaften und Erwerbs- und Wirtschaftsgenossenschaften, die unter § 7 Abs. 3 fallen,
– unbeschränkt steuerpflichtige Versicherungsvereine auf Gegenseitigkeit im Sinne des VAG 2016,
– unbeschränkt steuerpflichtige Kreditinstitute im Sinne des Bankwesengesetzes,
– beschränkt steuerpflichtige
  – in der Anlage 2 zum Einkommensteuergesetz 1988 in der jeweils geltenden Fassung genannten, den von den Teilstrichen 1 bis 4 umfassten inländischen Rechtsformen vergleichbaren Gesellschaften und
  – den Kapitalgesellschaften vergleichbare Gesellschaften, die den Ort der Geschäftsleitung und den Sitz in einem Mitgliedstaat des Europäischen Wirtschaftsraumes haben,

  wenn sie mit einer Zweigniederlassung im Firmenbuch eingetragen sind und die Beteiligung an den Gruppenmitgliedern (Abs. 2) der Zweigniederlassung zuzurechnen ist, und
– Beteiligungsgemeinschaften (als Personengesellschaft, Beteiligungssyndikat oder im Wege gemeinsamer Kontrolle), wenn sie aus-

schließlich aus den in den Vorpunkten genannten Steuerpflichtigen gebildet werden, nach Maßgabe des Abs. 4. Als Beteiligungsgemeinschaft gelten jedenfalls Personen, die die Beteiligungskörperschaft gemeinsam im Sinne des Art. 3 der Fusionskontrollverordnung, (EWG) Nr. 139/2004 in der jeweils geltenden Fassung, kontrollieren oder an der gemeinsamen Kontrolle mitwirken. Ein Mitbeteiligter einer Beteiligungsgemeinschaft kann nicht gleichzeitig Gruppenmitglied einer anderen Unternehmensgruppe sein.

Ist eine Körperschaft in mehreren Staaten unbeschränkt steuerpflichtig, kann sie nur dann Gruppenträger sein, wenn sie im Inland mit einer Zweigniederlassung im Firmenbuch eingetragen ist und die Beteiligung an Gruppenmitgliedern der Zweigniederlassung zuzurechnen ist.

*(BGBl I 2015/34)*

(4) Als finanziell verbundene Körperschaften gelten solche, bei denen

– die beteiligte Körperschaft unmittelbar mehr als 50% des Grund-, Stamm- oder Genossenschaftskapitals und der Stimmrechte der Beteiligungskörperschaft besitzt,
– die beteiligte Körperschaft mittelbar über eine Personengesellschaft oder zusammen mit einer unmittelbar gehaltenen Beteiligung in einem Ausmaß beteiligt ist, dass sie unter Berücksichtigung der an der Personengesellschaft bestehenden Beteiligungsquote mehr als 50% des Grund-, Stamm- oder Genossenschaftskapitals und der Stimmrechte der Beteiligungskörperschaft besitzt,
– die beteiligte Körperschaft mittelbar über eine oder mehrere unmittelbar gehaltene Beteiligung(en) an Gruppenmitgliedern, die für sich nicht im Sinne des ersten Teilstriches an der Beteiligungskörperschaft beteiligt sind, allein oder zusammen mit einer unmittelbar gehaltenen Beteiligung insgesamt eine Beteiligung von mehr als 50% des Grund-, Stamm- oder Genossenschaftskapitals und der Stimmrechte der Beteiligungskörperschaft besitzt,
– die Beteiligungsgemeinschaft insgesamt unmittelbar oder mittelbar über eine Personengesellschaft mehr als 50% des Grund-, Stamm- oder Genossenschaftskapitals und der Stimmrechte an einer Beteiligungskörperschaft besitzt und zumindest ein Mitbeteiligter der Gemeinschaft eine Beteiligung am Grund-, Stamm- oder Genossenschaftskapital und an den Stimmrechten von mindestens 40% der Beteiligungskörperschaft und jeder weitere Mitbeteiligte eine solche von mindestens 15% besitzt.

(5) Die finanzielle Verbindung im Sinne des Abs. 4 muss während des gesamten Wirtschaftsjahres des jeweiligen Gruppenmitgliedes vorliegen. Erfüllen im Falle einer Beteiligungsgemeinschaft die Mitbeteiligten die Voraussetzungen des Abs. 4 zu Beginn des Wirtschaftsjahres des jeweiligen Gruppenmitglieds, kann die Beteiligungsgemeinschaft bis zum Gruppenantrag gebildet werden. Steuerlich wirksame rückwirkende Anteilserwerbe und Anteilsübertragungen im Sinne der Abgabenvorschriften sind auch für die Frage der finanziellen Verbindung maßgebend.

Vermögensübertragungen innerhalb der Unternehmensgruppe gelten nicht als Änderung der Voraussetzungen für Gruppenverhältnisse, sofern die Unternehmensgruppe weiterhin finanziell verbunden bleibt.

(6) Bei Ermittlung des zuzurechnenden steuerlich maßgebenden Ergebnisses ist Folgendes zu beachten:

1. Als Ergebnis eines unbeschränkt steuerpflichtigen Gruppenmitglieds gilt das Einkommen unter Berücksichtigung der Z 4.
2. Das Einkommen im Sinne der Z 1 ist dem am Gruppenmitglied nach Abs. 4 entsprechend unmittelbar oder mittelbar beteiligten Gruppenmitglied bzw. Gruppenträger zuzurechnen. Als Ergebnis des Gruppenträgers gilt das Einkommen mit der Maßgabe, dass Sonderausgaben vom zusammengefassten Ergebnis abzuziehen sind.
3. Bei Beteiligungsgemeinschaften ist das Einkommen des Gruppenmitglieds im Sinne der Z 1 und 2, an dem die Beteiligung besteht, den Mitbeteiligten im Ausmaß ihrer Beteiligung an der Beteiligungsgemeinschaft zuzurechnen.
4. Vortragsfähige Verluste (§ 8 Abs. 4 Z 2) des unbeschränkt steuerpflichtigen Gruppenmitglieds aus Zeiträumen vor dem Wirksamwerden der Unternehmensgruppe (Vorgruppenverluste) oder aus einer umgründungsbedingten Übernahme durch ein Gruppenmitglied (Außergruppenverluste) können bis zur Höhe des eigenen Gewinnes des jeweiligen Gruppenmitglieds verrechnet werden. Außergruppenverluste liegen nicht vor, wenn vortragsfähige Verluste innerhalb der Gruppe entstanden sind und umgründungsbedingt auf ein anderes Gruppenmitglied übergehen.
5. Steuerumlagen zum Zwecke des Ausgleichs der steuerlichen Wirkungen, die sich aus der Zurechnung der Einkommen der Gruppenmitglieder zum Gruppenträger ergeben, sind steuerneutral.
6. Bei nicht unbeschränkt steuerpflichtigen ausländischen Gruppenmitgliedern sind nur die nach § 5 Abs. 1 und den übrigen Vorschriften des Einkommensteuergesetzes 1988 und dieses Bundesgesetzes ermittelten Verluste aus Einkunftsquellen des jeweiligen Wirtschaftsjahres, höchstens jedoch die nach ausländischem Steuerrecht ermittelten Verluste des betreffenden Wirtschaftsjahres dem unmittelbar beteiligten Gruppenmitglied bzw. Gruppenträger im Ausmaß der Beteiligungen aller beteiligter Gruppenmitglieder einschließlich eines beteiligten Gruppenträgers zuzurechnen. Zuzurechnende Verluste können nur im Ausmaß von 75% der Summe der

eigenen Einkommen sämtlicher unbeschränkt steuerpflichtiger Gruppenmitglieder sowie des Gruppenträgers berücksichtigt werden. Insoweit dabei die Verluste im laufenden Jahr nicht berücksichtigt werden können, sind sie in folgenden Jahren als vortragsfähige Verluste des Gruppenträgers abzuziehen.

7. In Jahren, in denen ein gemäß Z 6 zugerechneter ausländischer Verlust mit einem ausländischen Gewinn verrechnet wird oder verrechnet werden könnte, ist ein Betrag in diesem Ausmaß beim beteiligten inländischen Gruppenmitglied bzw. Gruppenträger, dem der Verlust zugerechnet wurde, als Gewinn zuzurechnen. Scheidet das nicht unbeschränkt steuerpflichtige ausländische Gruppenmitglied aus der Unternehmensgruppe aus, ist im Jahr des Ausscheidens ein Betrag im Ausmaß aller zugerechneten im Ausland nicht verrechneten Verluste beim Gruppenmitglied bzw. beim Gruppenträger als Gewinn zuzurechnen. Dem Ausscheiden ist ein Verlust der Vergleichbarkeit im Sinne § 4 Z 1 lit. c des Umgründungssteuergesetzes gleichzuhalten. Im Falle des Untergangs (Liquidation oder Insolvenz) des ausländischen Gruppenmitglieds ist bei tatsächlichem und endgültigem Vermögensverlust der zuzurechnende Betrag um die während der Gruppenzugehörigkeit nicht steuerwirksamen Teilwertabschreibungen zu kürzen.

(7) Bei der Gewinnermittlung sind Abschreibungen auf den niedrigeren Teilwert (§ 6 Z 2 lit. a des Einkommensteuergesetzes 1988) und Veräußerungsverluste hinsichtlich von Beteiligungen an Gruppenmitgliedern nicht abzugsfähig. Im Falle der Anschaffung einer Beteiligung (Abs. 4) vor dem 1. März 2014 durch ein Gruppenmitglied bzw. den Gruppenträger oder eine für eine Gruppenbildung geeignete Körperschaft an einer betriebsführenden unbeschränkt steuerpflichtigen Beteiligungskörperschaft (Abs. 2), ausgenommen unmittelbar oder mittelbar von einem konzernzugehörigen Unternehmen bzw. unmittelbar oder mittelbar von einem einen beherrschenden Einfluss ausübenden Gesellschafter, ist ab Zugehörigkeit dieser Körperschaft zur Unternehmensgruppe beim unmittelbar beteiligten Gruppenmitglied bzw. Gruppenträger eine Firmenwertabschreibung in folgender Weise vorzunehmen:

– Als Firmenwert gilt der dem Beteiligungsausmaß entsprechende Unterschiedsbetrag zwischen dem handelsrechtlichen Eigenkapital der Beteiligungskörperschaft zuzüglich stiller Reserven im nicht abnutzbaren Anlagevermögen und den steuerlich maßgebenden Anschaffungskosten, höchstens aber 50% dieser Anschaffungskosten. Der abzugsfähige Firmenwert ist gleichmäßig auf 15 Jahre verteilt abzusetzen.
– Insoweit von den Anschaffungskosten einer Beteiligung steuerwirksame Abschreibungen auf den niedrigeren Teilwert (§ 6 Z 2 lit. a des Einkommensteuergesetzes 1988) vorgenommen worden sind, ist der Firmenwert im ersten Jahr der Zugehörigkeit zur Unternehmensgruppe um den vollen Betrag der Teilwertabschreibung, saldiert mit erfolgten Zuschreibungen, zu kürzen. Offene Teilbeträge der Teilwertabschreibung sind unabhängig davon gem. § 12 Abs. 3 Z 2 weiter zu berücksichtigen.
– Findet die Gruppenbildung erst nach dem Anschaffungsjahr statt, können jene Fünfzehntel abgesetzt werden, die ab dem Jahr des Wirksamwerdens der Unternehmensgruppe offen sind. Die Firmenwertabschreibung ist auf die Dauer der Zugehörigkeit der beteiligten Körperschaft und der Zugehörigkeit des Betriebes oder der Teilbetriebe der Beteiligungskörperschaft zur Unternehmensgruppe beschränkt.
– Ergibt sich auf Grund der Anschaffung der Beteiligung ein negativer Firmenwert, ist dieser im Sinne der vorstehenden Sätze gewinnerhöhend anzusetzen.
– Die steuerlich berücksichtigten Fünfzehntelbeträge vermindern oder erhöhen den steuerlich maßgeblichen Buchwert.
– Gehen Beteiligungen, auf die eine Firmenwertabschreibung vorgenommen wurde, umgründungsbedingt unter oder werden sie zur Abfindung der Anteilsinhaber der übertragenden Körperschaft verwendet, sind abgesetzte Fünfzehntelbeträge zum Umgründungsstichtag steuerwirksam nachzuerfassen, soweit der Nacherfassungsbetrag im Unterschiedsbetrag zwischen Buchwert und Verkehrswert der abgeschriebenen Beteiligung Deckung findet. Tritt an die Stelle der firmenwertabgeschriebenen Beteiligung umgründungsbedingt die Beteiligung an einer übernehmenden Körperschaft, hat die Nacherfassung erst dann zu erfolgen, wenn die Beteiligung an der übernehmenden Körperschaft umgründungsbedingt untergeht.

(8) Die Gruppenbesteuerung erstreckt sich auf den Gruppenträger und die Gruppenmitglieder, die in einem schriftlichen Gruppenantrag genannt sind. Dabei gilt Folgendes:

– Der Gruppenantrag ist von den gesetzlichen Vertretern des Gruppenträgers und aller einzubeziehenden inländischen Körperschaften zu unterfertigen.
– Der Gruppenantrag muss nachweislich vor dem Ablauf jenes Wirtschaftsjahres jeder einzubeziehenden inländischen Körperschaft unterfertigt werden, für das die Zurechnung des steuerlich maßgebenden Ergebnisses erstmalig wirksam sein soll.
– Im Gruppenantrag ist zu erklären, dass zwischen den finanziell verbundenen inländischen Körperschaften jeweils eine Regelung über den Steuerausgleich vereinbart worden ist.
– Im Gruppenantrag sind Beteiligungs- und Stimmrechtsverhältnisse sowie die Wirt-

schaftsjahre aller einzubeziehenden Körperschaften anzugeben.

– Der Gruppenantrag ist vom Gruppenträger, bei Vorliegen einer Beteiligungsgemeinschaft vom Hauptbeteiligten oder im Zweifel von einem von der Beteiligungsgemeinschaft bestimmten Mitbeteiligten bei dem für den Antragsteller für die Erhebung der Körperschaftsteuer zuständigen Finanzamt, unter Verwendung des amtlichen Vordruckes, innerhalb eines Kalendermonats nach der Unterfertigung des letzten gesetzlichen Vertreters zu stellen. Alle übrigen einzubeziehenden inländischen Körperschaften haben dem jeweils für jede Körperschaft zuständigen Finanzamt die Tatsache einer Antragstellung anzuzeigen.
– Das für die Erhebung der Körperschaftsteuer des Antragstellers zuständige Finanzamt hat das Vorliegen der Voraussetzungen für das Bestehen der Unternehmensgruppe gegenüber allen den Antrag unterfertigten Körperschaften bescheidmäßig festzustellen.

(9) Für Änderungen einer bestehenden Unternehmensgruppe gilt Folgendes:

– Jede Änderung ist vom betroffenen Gruppenmitglied bzw. vom betroffenen Gruppenträger dem für die Erhebung der Körperschaftsteuer des Antragstellers zuständigen Finanzamt (Abs. 8) innerhalb eines Monats anzuzeigen.
– Jedes Gruppenmitglied kann dem für den Antragsteller zuständigen Finanzamt (Abs. 8) gegenüber sein Ausscheiden aus der Unternehmensgruppe erklären. Erklärt der Gruppenträger sein Ausscheiden aus der Unternehmensgruppe, ist die Unternehmensgruppe beendet.
– Im Falle des nachträglichen Eintritts einer Körperschaft (Abs. 2) gilt Abs. 8 für den Gruppenträger und die eintretende Körperschaft sinngemäß.
– Der Feststellungsbescheid (Abs. 8) ist in allen Fällen der Änderung gegenüber dem Gruppenträger und und dem betroffenen Gruppenmitglied abzuändern.

(10) Die Unternehmensgruppe muss für einen Zeitraum von mindestens drei Jahren bestehen. Dabei gilt Folgendes:

– Die Mindestdauer ist nur erfüllt, wenn das steuerlich maßgebende Ergebnis von drei jeweils zwölf Monate umfassenden Wirtschaftsjahren in Sinne des Abs. 6 zugerechnet wird.
– Die Regelung über die Mindestdauer gilt im Falle des nachträglichen Eintritts einer weiteren Körperschaft (Abs. 2) in eine bestehende Unternehmensgruppe für die eintretende Körperschaft.
– Scheidet eine Körperschaft innerhalb von drei Jahren nach dem Eintritt aus der Unternehmensgruppe aus, gilt dieses Ausscheiden als rückwirkendes Ereignis im Sinn des § 295a der Bundesabgabenordnung. Im Wege der Veranlagung und der Anpassung der abgeleiteten Bescheide gemäß § 295 der Bundesabgabenordnung sind jene steuerlich maßgebenden Verhältnisse herzustellen, die sich ohne Gruppenzugehörigkeit ergeben hätten.

**Befreiung für Beteiligungserträge und internationale Schachtelbeteiligungen**

**§ 10.** (1) Von der Körperschaftsteuer sind Beteiligungserträge befreit. Beteiligungserträge sind:

1. Gewinnanteile jeder Art auf Grund einer Beteiligung an inländischen Kapitalgesellschaften und Erwerbs- und Wirtschaftsgenossenschaften in Form von Gesellschafts- und Genossenschaftsanteilen.
2. Rückvergütungen von inländischen Erwerbs- und Wirtschaftsgenossenschaften nach § 8 Abs. 3 Z 2 und Bezüge aus Anteilen an körperschaftlich organisierten Personengemeinschaften (Agrargemeinschaften).
   *(BGBl I 2019/103)*
3. Gewinnanteile jeder Art auf Grund einer Beteiligung an inländischen Körperschaften in Form von Genussrechten und sonstigen Finanzierungsinstrumenten gemäß § 8 Abs. 3 Z 1 zweiter Teilstrich.
4. Gewinnanteile jeder Art auf Grund von Partizipationskapital gemäß § 8 Abs. 3 Z 1 erster Teilstrich.
5. Gewinnanteile im Sinne der Z 1 bis 4 aus einer Beteiligung an einer ausländischen Körperschaft, die die in der Anlage 2 zum Einkommensteuergesetz 1988 vorgesehenen Voraussetzungen des Art. 2 der Richtlinie 2011/96/EU über das gemeinsame Steuersystem der Mutter- und Tochtergesellschaften verschiedener Mitgliedstaaten, ABl. Nr. L 345 vom 29.12.2011 S. 8 in der jeweils geltenden Fassung erfüllt und die nicht unter Z 7 fällt.
6. Gewinnanteile im Sinne der Z 1 bis 4 aus einer Beteiligung an einer ausländischen Körperschaft, die mit einer inländischen unter § 7 Abs. 3 fallenden Körperschaft vergleichbar ist und mit deren Ansässigkeitsstaat eine umfassende Amtshilfe besteht, wenn sie nicht unter Z 7 fällt.
7. Gewinnanteile jeder Art auf Grund einer internationalen Schachtelbeteiligung im Sinne des Abs. 2.

(2) Eine internationale Schachtelbeteiligung liegt vor, wenn unter § 7 Abs. 3 fallende Steuerpflichtige oder sonstige unbeschränkt steuerpflichtige ausländische Körperschaften, die einem inländischen unter § 7 Abs. 3 fallenden Steuerpflichtigen vergleichbar sind, nachweislich in Form von Kapitalanteilen während eines ununterbrochenen Zeitraumes von mindestens einem Jahr mindestens zu einem Zehntel

1. an ausländischen Körperschaften, die einer inländischen Kapitalgesellschaft vergleichbar sind,

2. an anderen ausländischen Körperschaften, die die in der Anlage 2 zum Einkommensteuergesetz 1988 vorgesehenen Voraussetzungen des Artikels 2 der Richtlinie 2011/96/EU in der jeweils geltenden Fassung erfüllen,

beteiligt sind. Die genannte Frist von einem Jahr gilt nicht für Anteile, die auf Grund einer Kapitalerhöhung erworben wurden, soweit sich das Beteiligungsausmaß dadurch nicht erhöht hat.

(3) Bei der Ermittlung der Einkünfte bleiben Veräußerungsgewinne, Veräußerungsverluste und sonstige Wertänderungen aus internationalen Schachtelbeteiligungen im Sinne des Abs. 2 außer Ansatz. Dies gilt auch für den Untergang (Liquidation oder Insolvenz) der ausländischen Körperschaft, sofern nicht tatsächliche und endgültige Vermögensverluste vorliegen. Diese Verluste sind um steuerfreie Gewinnanteile jeder Art, die innerhalb der letzten fünf Wirtschaftsjahre vor dem Wirtschaftsjahr der Liquidationseröffnung oder des Eintrittes der Insolvenz anfallen, zu kürzen. Die Steuerneutralität der Beteiligung gilt nach Maßgabe der folgenden Bestimmungen nicht:

1. Der Steuerpflichtige erklärt in der Körperschaftsteuererklärung für das Jahr der Anschaffung einer internationalen Schachtelbeteiligung oder des Entstehens einer internationalen Schachtelbeteiligung durch die zusätzliche Anschaffung von Anteilen, dass Gewinne, Verluste und sonstige Wertänderungen für diese steuerwirksam sein sollen (Option zugunsten der Steuerwirksamkeit der Beteiligung).
2. Die Option kann nur innerhalb eines Monats ab Abgabe der Körperschaftsteuererklärung durch deren Berichtigung nachgeholt oder widerrufen werden.
3. Die getroffene Option erstreckt sich auch auf die Erweiterung einer bestehenden internationalen Schachtelbeteiligung durch zusätzliche Anschaffungen.
4. Im Falle der Veräußerung oder der Übertragung einer bestehenden internationalen Schachtelbeteiligung im Rahmen einer Umgründung im Sinne des Umgründungssteuergesetzes an eine unmittelbar oder mittelbar konzernzugehörige Körperschaft ist auch die erwerbende Körperschaft an die Option im Sinne der Z 1 gebunden. Dies gilt auch für den Fall, dass die erwerbende Konzernkörperschaft eine internationale Schachtelbeteiligung an derselben ausländischen Körperschaft besitzt, für die die Option anders ausgeübt worden ist.
5. Entsteht eine internationale Schachtelbeteiligung durch die Sitzverlegung der Körperschaft, an der die Beteiligung besteht, in das Ausland, erstreckt sich die Steuerneutralität nicht auf den Unterschiedsbetrag zwischen dem Buchwert und dem höheren Teilwert im Zeitpunkt der Sitzverlegung. Geht eine internationale Schachtelbeteiligung, soweit für sie keine Option zugunsten der Steuerwirksamkeit erklärt worden ist, durch die Sitzverlegung der Körperschaft, an der die Beteiligung besteht, in das Inland unter, gilt der höhere Teilwert im Zeitpunkt der Sitzverlegung als Buchwert.

(4) Von der Körperschaftsteuer nicht befreit sind Gewinnanteile im Sinne des § 10 Abs. 1 Z 5 bis 7, soweit sie bei der ausländischen Körperschaft abzugsfähig sind.

*(BGBl I 2018/62)*

### Passiveinkünfte niedrigbesteuerter Körperschaften

**§ 10a.** (1) Erzielt eine niedrigbesteuerte ausländische Körperschaft Passiveinkünfte im Sinne des Abs. 2, sind

1. diese Passiveinkünfte der beherrschenden Körperschaft im Sinne des Abs. 4 Z 2 nach Maßgabe der Abs. 4 und 5 hinzuzurechnen (Hinzurechnungsbesteuerung);
2. Erträge aus internationalen Schachtelbeteiligungen sowie aus qualifizierten Portfoliobeteiligungen im Sinne des Abs. 7 bei der beteiligten Körperschaft nach Maßgabe des Abs. 7 nicht von der Körperschaftsteuer befreit, sondern unterliegen unter Anrechnung der ausländischen Steuer der Steuerpflicht (Methodenwechsel).

(2) Passiveinkünfte sind:

1. Zinsen oder sonstige Einkünfte aus Finanzanlagevermögen;
2. Lizenzgebühren oder sonstige Einkünfte aus geistigem Eigentum;
3. Dividenden und Einkünfte aus der Veräußerung von Anteilen, soweit diese bei der beteiligten Körperschaft steuerpflichtig wären;
4. Einkünfte aus Finanzierungsleasing;
5. Einkünfte aus Tätigkeiten von Versicherungen und Banken und anderen finanziellen Tätigkeiten sowie
6. Einkünfte aus Abrechnungsunternehmen, die Einkünfte aus dem Verkauf von Waren und der Erbringung von Dienstleistungen erzielen, die von verbundenen Unternehmen erworben und an verbundene Unternehmen verkauft werden, und keinen oder nur geringen wirtschaftlichen Mehrwert bringen.

(3) Niedrigbesteuerung einer ausländischen Körperschaft liegt vor, wenn deren tatsächliche Steuerbelastung im Ausland nicht mehr als 12,5% beträgt. Dabei ist das Einkommen der ausländischen Körperschaft nach § 5 Abs. 1 des Einkommensteuergesetzes 1988, den übrigen Vorschriften des Einkommensteuergesetzes 1988 sowie dieses Bundesgesetzes zu ermitteln; § 12a bleibt dabei unberücksichtigt. Dem Einkommen ist die im Ausland tatsächlich entrichtete Steuer gegenüberzustellen.

*(BGBl I 2021/3)*

(4) Zu einer Hinzurechnung nach Abs. 5 kommt es unter folgenden Voraussetzungen:

1. Die niedrigbesteuerte ausländische Körperschaft erzielt Passiveinkünfte im Sinne des Abs. 2, die mehr als ein Drittel der gesamten Einkünfte der ausländischen Körperschaft betragen. Dabei ist Abs. 3 zweiter Satz sinngemäß anzuwenden, wobei auch steuerbefreite Dividenden und Einkünfte aus der Veräußerung von Anteilen zu den gesamten Einkünften zählen.
2. Eine unter § 1 Abs. 2 oder § 1 Abs. 3 Z 1 fallende Körperschaft (beherrschende Körperschaft) hält selbst oder zusammen mit ihren verbundenen Unternehmen unmittelbar oder mittelbar mehr als 50% der Stimmrechte oder des Kapitals oder hat Anspruch auf mehr als 50% der Gewinne der ausländischen Körperschaft (beherrschte Körperschaft). Für Zwecke dieser Bestimmung liegt ein verbundenes Unternehmen vor, wenn
   a) die Körperschaft an diesem unmittelbar oder mittelbar eine Beteiligung in Form von Stimmrechten oder Kapital von mindestens 25% hält oder bei dem sie Anspruch auf mindestens 25% der Gewinne hat;
   b) eine juristische oder natürliche Person oder eine Personenvereinigung unmittelbar oder mittelbar eine Beteiligung an der Körperschaft in Form von Stimmrechten oder Kapital von mindestens 25% hält oder Anspruch auf mindestens 25% der Gewinne dieser Körperschaft hat.

   Halten verbundene juristische oder natürliche Personen oder Personenvereinigungen Beteiligungen im Sinne der lit. b an weiteren Unternehmen, gelten auch diese als verbundene Unternehmen.
3. Die ausländische beherrschte Körperschaft übt bezogen auf Personal, Ausstattung, Vermögenswerte und Räumlichkeiten keine wesentliche wirtschaftliche Tätigkeit aus. Das Vorliegen einer wesentlichen wirtschaftlichen Tätigkeit ist von der beherrschenden Körperschaft nachzuweisen (Substanznachweis).

(5) Für die Hinzurechnung der Passiveinkünfte gilt Folgendes:

1. Das Ausmaß der Hinzurechnung bestimmt sich nach der Höhe der von der jeweiligen beherrschenden Körperschaft unmittelbar und mittelbar (anteilig) gehaltenen Beteiligung am Nennkapital der ausländischen beherrschten Körperschaft. Weicht die Gewinnverteilung von der Beteiligung am Nennkapital ab, ist der anteilige Anspruch auf Gewinn maßgebend.
2. Die Passiveinkünfte werden der beherrschenden Körperschaft in jenem Wirtschaftsjahr hinzugerechnet, in das der Bilanzstichtag des Wirtschaftsjahres der ausländischen Körperschaft fällt.
3. Abs. 3 zweiter Satz ist sinngemäß anzuwenden. Ein etwaiger Verlust ist nicht hinzuzurechnen.

(6) Die Vorschriften über die Hinzurechnung von Passiveinkünften sowie die Vermeidung der Doppelbesteuerung (Abs. 9) sind sinngemäß anzuwenden

1. auf inländische Körperschaften, die aufgrund eines Doppelbesteuerungsabkommens im Ausland ansässig sind und

   *(BGBl I 2019/103)*
2. auf ausländische Betriebsstätten, auch wenn das Doppelbesteuerungsabkommen eine Befreiung vorsieht.

(7) Zu einem Methodenwechsel kommt es bei internationalen Schachtelbeteiligungen im Sinne des § 10 Abs. 2 sowie bei Beteiligungen von mindestens 5%, deren Gewinnanteile unter § 10 Abs. 1 Z 5 oder 6 fallen (qualifizierte Portfoliobeteiligungen), wenn der Unternehmensschwerpunkt der niedrigbesteuerten ausländischen Körperschaft in der Erzielung von Passiveinkünften im Sinne des Abs. 2 liegt. Dabei gilt Folgendes:

1. Die Steuerbefreiung für Gewinnanteile gemäß § 10 Abs. 1 Z 5 bis 7 sowie die Steuerneutralität gemäß § 10 Abs. 3 kommen nicht zur Anwendung.
2. Ein Methodenwechsel unterbleibt insoweit, als Passiveinkünfte nachweislich bereits im Rahmen der Hinzurechnungsbesteuerung erfasst wurden.

(8) Die Hinzurechnung von Passiveinkünften gemäß Abs. 5 sowie der Methodenwechsel gemäß Abs. 7 unterbleiben für ausländische Finanzunternehmen im Sinne von Artikel 2 Abs. 5 der Richtlinie (EU) 2016/1164 mit Vorschriften zur Bekämpfung von Steuervermeidungspraktiken mit unmittelbaren Auswirkungen auf das Funktionieren des Binnenmarkts, ABl. Nr. L 193 vom 19.7.2016 S. 1, wenn nicht mehr als ein Drittel der Passiveinkünfte des Unternehmens im Sinne des Abs. 2 aus Transaktionen mit der inländischen beherrschenden oder beteiligten Körperschaft oder deren verbundenen Unternehmen stammen.

*(BGBl I 2019/103)*

(9) Die Doppelbesteuerung ist wie folgt zu vermeiden:

1. Die Hinzurechnung bei mittelbar beteiligten beherrschenden Körperschaften unterbleibt insoweit, als die Passiveinkünfte bereits bei einer unmittelbar oder mittelbar näher beteiligten beherrschenden Körperschaft im Inland hinzugerechnet werden.

   *(BGBl I 2019/103)*
2. Veräußert die beherrschende Körperschaft ihre Beteiligung an der ausländischen Körperschaft, ist der Veräußerungserlös insoweit von der Körperschaftsteuer befreit, als in diesem Gewinne enthalten sind, die bereits gemäß Abs. 5 hinzugerechnet wurden.
3. Bei der Hinzurechnung gemäß Abs. 5 wird auf Antrag die auf die hinzugerechneten Passiveinkünfte entfallende tatsächliche Steuerbelastung der beherrschten Körperschaft sowie eine auf diese entfallende vergleichbare

ausländische vorgelagerte Hinzurechnungsbesteuerung angerechnet.

4. Beim Methodenwechsel gemäß Abs. 7 wird auf Antrag die auf die steuerpflichtigen Gewinnanteile entfallende tatsächliche Steuerbelastung, vorrangig die ausländische Körperschaftsteuer, angerechnet. Die anrechenbare ausländische Steuer erhöht die steuerpflichtigen Gewinnanteile.

*(BGBl I 2019/103)*

Übersteigt in den Fällen der Z 3 und Z 4 die anrechenbare ausländische Körperschaftsteuer die Steuerschuld unter Außerachtlassung einer Mindeststeuer nach § 24 Abs. 4, kann der Übersteigungsbetrag auf die Steuerschuld in folgenden Jahren auf Antrag angerechnet werden. Über die Höhe des Übersteigungsbetrages ist im Abgabenbescheid abzusprechen.

(10) Der Bundesminister für Finanzen wird ermächtigt, in einer Verordnung die nähere Vorgehensweise für die Hinzurechnungsbesteuerung und den Methodenwechsel festzulegen.

(11) Als niedrigbesteuert iSd Abs. 3 in einem Wirtschaftsjahr gilt eine Körperschaft, wenn diese in einem Staat ansässig ist, der zum Abschlussstichtag dieses Wirtschaftsjahres in der Liste jener Drittländer geführt wird, die von den Mitgliedstaaten gemeinsam als nicht kooperierende Länder eingestuft worden sind.

*(BGBl I 2021/3)*

*(BGBl I 2018/62)*

### Abzugsfähige Aufwendungen und Ausgaben

**§ 11.** (1) Bei der Gewinnermittlung gelten auch folgende Aufwendungen als Betriebsausgaben im Sinne des Einkommensteuergesetzes 1988:

1. Bei unter § 7 Abs. 3 fallenden Steuerpflichtigen die von ihnen zu tragenden Aufwendungen, soweit sie mit Einlagen und Beiträgen (§ 8 Abs. 1) in unmittelbarem wirtschaftlichen Zusammenhang stehen.
2. ~~Bei Kreditinstituten die Zuführung zur Haftrücklage nach § 14.~~

   *(BGBl I 2022/108 ab 20.7.2022)*
3. Bei Versicherungsunternehmen die Zuführungen zu versicherungstechnischen Rückstellungen und Rücklagen sowie die Gewährung von Prämienrückerstattungen (Gewinnbeteiligungen) nach den §§ 15 bis 17.
4. Die Zinsen in Zusammenhang mit der Fremdfinanzierung des Erwerbes von Kapitalanteilen im Sinne des § 10, soweit sie zum Betriebsvermögen zählen. Nicht abgezogen werden dürfen Geldbeschaffungs- und Nebenkosten sowie Aufwendungen, die unter § 12 Abs. 1 Z 9 oder 10 fallen.

(2) Ist eine nach § 5 oder nach anderen Bundesgesetzen befreite Körperschaft zum Teil unbeschränkt steuerpflichtig, dürfen bei der Ermittlung der Einkünfte Aufwendungen und Ausgaben nur insoweit abgezogen werden, als sie mit steuerpflichtigen Erträgen und Einnahmen in unmittelbarem wirtschaftlichen Zusammenhang stehen.

### Nichtabzugsfähige Aufwendungen und Ausgaben

**§ 12.** (1) Bei den einzelnen Einkünften dürfen nicht abgezogen werden:

1. Die Aufwendungen für die Erfüllung von Zwecken des Steuerpflichtigen, die durch Stiftung, Satzung oder sonstige Verfassung vorgeschrieben sind. Eine Privatstiftung kann Zuwendungen an Begünstigte und Letztbegünstigte auch nicht als Sonderausgaben (§ 8 Abs. 4 Z 1) abziehen.
2. Aufwendungen nach § 20 Abs. 1 Z 2 lit. b des Einkommensteuergesetzes 1988, die nicht schon unter § 8 Abs. 2 fallen, soweit sie nach allgemeiner Verkehrsauffassung unangemessen hoch sind.
3. Repräsentationsaufwendungen nach § 20 Abs. 1 Z 3 des Einkommensteuergesetzes 1988.
4. a) Geld- und Sachzuwendungen, deren Gewährung oder Annahme mit gerichtlicher Strafe bedroht ist.
   b) Strafen und Geldbußen, die von Gerichten, Verwaltungsbehörden oder den Organen der Europäischen Union verhängt werden.
   c) Verbandsgeldbußen nach dem Verbandsverantwortlichkeitsgesetz.
   d) Abgabenerhöhungen nach dem Finanzstrafgesetz.
   e) Leistungen aus Anlass eines Rücktrittes von der Verfolgung nach der Strafprozessordnung oder dem Verbandsverantwortlichkeitsgesetz (Diversion).
5. Aufwendungen zu gemeinnützigen, mildtätigen oder kirchlichen Zwecken und andere freiwillige Zuwendungen (Spenden), soweit sie nicht nach § 4a des Einkommensteuergesetzes 1988 oder nach § 8 Abs. 4 Z 1 abzugsfähig sind.
6. Die Steuern vom Einkommen und sonstige Personensteuern und die aus Anlass einer unentgeltlichen Grundstücksübertragung anfallende Grunderwerbsteuer, Eintragungsgebühren und andere Nebenkosten; weiters die Umsatzsteuer, die auf nichtabzugsfähige Aufwendungen entfällt.
7. Die Hälfte der Vergütungen jeder Art, die an Mitglieder des Aufsichtsrates, Verwaltungsrates oder andere mit der Überwachung der Geschäftsführung beauftragte Personen für diese Funktion gewährt werden. Ein Viertel der Vergütungen jeder Art, die an nicht ausschließlich mit geschäftsleitenden Funktionen betraute Verwaltungsräte im monistischen System gewährt werden. Die ersten beiden Sätze gelten auch für Reisekostenersätze, soweit sie die in § 26 Z 4 des Einkommen-

steuergesetzes 1988 angeführten Sätze übersteigen.

8. Aufwendungen nach § 20 Abs. 1 Z 7 und Z 8 des Einkommensteuergesetzes 1988. Für die Anwendung des § 20 Abs. 1 Z 7 des Einkommensteuergesetzes 1988 gilt: Der Betrag von 500 000 Euro ist zu aliquotieren, wenn eine Person von mehreren Unternehmen Entgelte erhält, die unmittelbar oder mittelbar konzernzugehörig sind oder unmittelbar oder mittelbar unter dem beherrschenden Einfluss desselben Gesellschafters stehen. Werden Umlagen für diese Entgelte geleistet, sind die Aufwendungen um die empfangenen Umlagen zu kürzen und die Aliquotierung hat nach dieser Kürzung stattzufinden. § 20 Abs. 1 Z 7 lit. a des Einkommensteuergesetzes 1988 ist in diesen Fällen nicht anzuwenden.

9. Aufwendungen für Zinsen in Zusammenhang mit einer Fremdfinanzierung, die dem Erwerb von Kapitalanteilen gedient hat, wenn diese Kapitalanteile unmittelbar oder mittelbar von einem konzernzugehörigen Unternehmen bzw. unmittelbar oder mittelbar von einem einen beherrschenden Einfluss ausübenden Gesellschafter erworben worden sind. Dies gilt auch bei Kapitalerhöhungen oder Zuschüssen, die in Zusammenhang mit einem Erwerb von Kapitalanteilen im Sinne des vorherigen Satzes stehen.

   *(BGBl I 2018/62)*

10. Aufwendungen für Zinsen oder Lizenzgebühren im Sinne des § 99a Abs. 1 zweiter und dritter Satz des Einkommensteuergesetzes 1988 unter folgenden Voraussetzungen:

    a) Empfänger der Zinsen oder Lizenzgebühren ist eine Körperschaft im Sinne des § 1 Abs. 2 Z 1 oder eine vergleichbare ausländische Körperschaft.

    b) Die empfangende Körperschaft ist unmittelbar oder mittelbar konzernzugehörig oder steht unmittelbar oder mittelbar unter dem beherrschenden Einfluss desselben Gesellschafters.

    c) Die Zinsen oder Lizenzgebühren unterliegen bei der empfangenden Körperschaft

       – aufgrund einer persönlichen oder sachlichen Befreiung keiner Besteuerung oder
       – einem Steuersatz von weniger als 10% oder
       – aufgrund einer auch dafür vorgesehenen Steuerermäßigung einer tatsächlichen Steuerbelastung von weniger als 10% oder
       – aufgrund einer Steuerrückerstattung einer Steuerbelastung von weniger als 10%, wobei auch eine Steuerrückerstattung an die Anteilsinhaber zu berücksichtigen ist.

       Kann eine Steuerermäßigung oder -rückerstattung im Sinne des dritten und vierten Teilstriches erst in einem späteren Wirtschaftsjahr in Anspruch genommen werden, ist diese bereits bei der Ermittlung der Steuerbelastung zu berücksichtigen. Erfolgt jedoch innerhalb von neun Wirtschaftsjahren nach dem Anfallen der Aufwendungen für Zinsen oder Lizenzgebühren tatsächlich keine solche Steuerermäßigung oder -rückerstattung, stellt dies ein rückwirkendes Ereignis im Sinne des § 295a der Bundesabgabenordnung dar.

       Ist der Empfänger nicht Nutzungsberechtigter, ist auf den Nutzungsberechtigten abzustellen. Die Aufwendungen dürfen abgezogen werden, wenn

       – die Zinsen oder Lizenzgebühren aufgrund der Hinzurechnungsbesteuerung gemäß § 10a oder einer vergleichbaren ausländischen Regelung nachweislich keiner Niedrigbesteuerung im Sinne der lit. c unterliegen oder
       – die empfangende Körperschaft die unionsrechtlichen Vorschriften für Risikokapitalbeihilfen erfüllt.

   *(BGBl I 2018/62, BGBl I 2019/103)*

11. Aufwendungen nach § 20 Abs. 1 Z 9 des Einkommensteuergesetzes 1988.

   *(BGBl I 2015/118)*

(2) Weiters dürfen bei der Ermittlung der Einkünfte die nicht unter § 11 Abs. 1 fallenden Aufwendungen und Ausgaben nicht abgezogen werden, soweit sie mit

– nicht steuerpflichtigen (steuerneutralen) Vermögensmehrungen und Einnahmen,
– Einkünften aus der Überlassung von Kapital, aus realisierten Wertsteigerungen von Kapitalvermögen und Einkünften aus Derivaten, mit Ausnahme der in § 27a Abs. 2 des Einkommensteuergesetzes 1988 genannten Einkünfte oder
– Einkünften aus Grundstücksveräußerungen, außer in den Fällen des § 30a Abs. 3 Z 1 bis 4 oder Abs. 4 des Einkommensteuergesetzes 1988

in unmittelbarem wirtschaftlichem Zusammenhang stehen. Für unter § 7 Abs. 3 fallende Steuerpflichtige sind der zweite und dritte Teilstrich nicht anzuwenden.

(3) Für Kapitalanteile gilt Folgendes:

1. Die Abschreibung auf den niedrigeren Teilwert (§ 6 Z 2 lit. a des Einkommensteuergesetzes 1988) oder ein Verlust anläßlich der Veräußerung oder eines sonstigen Ausscheidens darf nur insoweit abgezogen werden, als nachgewiesen wird, daß die Wertminderung oder der Verlust nicht mit Einkommensverwendungen im Sinne des § 8 Abs. 2 und 3 der Körperschaft, an der die Beteiligung besteht,

in ursächlichem Zusammenhang steht (ausschüttungsbedingte Teilwertabschreibung und ausschüttungsbedingter Verlust). Dies gilt nur, wenn die Beteiligungserträge aus dem Kapitalanteil unter § 10 Abs. 1 fallen.

*(BGBl I 2018/62)*

2. Abzugsfähige Abschreibungen auf den niedrigeren Teilwert (§ 6 Z 2 lit. a des Einkommensteuergesetzes 1988) oder Verluste anläßlich der Veräußerung oder eines sonstigen Ausscheidens einer zum Anlagevermögen gehörenden Beteiligung sind im betreffenden Wirtschaftsjahr und den nachfolgenden sechs Wirtschaftsjahren zu je einem Siebentel zu berücksichtigen, soweit nicht
   - eine Zuschreibung erfolgt oder
   - stille Reserven anläßlich der Veräußerung oder eines sonstigen Ausscheidens der Beteiligung steuerwirksam aufgedeckt werden oder
   - im Wirtschaftjahr der Abschreibung oder des Verlustes stille Reserven anläßlich der Veräußerung oder eines sonstigen Ausscheidens einer anderen zum Anlagevermögen gehörenden von dieser Vorschrift nicht berührten Beteiligung steuerwirksam

   aufgedeckt und auf Antrag des Steuerpflichtigen gegenverrechnet werden.
3. Im Falle von Einlagen in mittelbar verbundene Körperschaften darf bei den Zwischenkörperschaften insoweit der niedrigere Teilwert nicht angesetzt werden, es sei denn, ein wirtschaftlicher Zusammenhang zwischen Einlagen und Ansatz des niedrigeren Teilwertes ist nachweislich nicht gegeben. Dasselbe gilt auch für unmittelbare Einlagen in Zwischenkörperschaften mit nachfolgender mittelbarer oder unmittelbarer Durchleitung an die Zielkörperschaft. Verluste bei einer Zwischenkörperschaft anlässlich der Veräußerung oder des sonstigen Ausscheidens der Beteiligung sind im Ausmaß der nicht abschreibbaren Einlagen nicht abzugsfähig.

*(BGBl I 2018/62)*

### Zinsschranke

**§ 12a.** (1) Ein Zinsüberhang im Sinne des Abs. 3 ist in einem Wirtschaftsjahr nur im Ausmaß von 30% des steuerlichen EBITDA im Sinne des Abs. 4 dieses Wirtschaftsjahres abzugsfähig. Ein Zinsüberhang ist jedoch jedenfalls bis zu einem Betrag von 3 Millionen Euro pro Veranlagungszeitraum abzugsfähig (Freibetrag).

(2) Abs. 1 ist anzuwenden auf unbeschränkt steuerpflichtige Körperschaften iSd § 1 Abs. 2 Z 1 und beschränkt steuerpflichtige Körperschaften iSd § 1 Abs. 3 Z 1 lit. a, die im Inland eine Betriebsstätte unterhalten. Davon ausgenommen sind Körperschaften, die
- nicht vollständig in einen Konzernabschluss einbezogen werden,
- über kein verbundenes Unternehmen im Sinne des § 10a Abs. 4 Z 2 verfügen und
- keine ausländische Betriebsstätte unterhalten.

(3) Ein Zinsüberhang liegt vor, soweit abzugsfähige Zinsaufwendungen steuerpflichtige Zinserträge des Wirtschaftsjahres übersteigen. Zinsen im Sinne dieser Bestimmung sind jegliche Vergütungen für Fremdkapital einschließlich sämtlicher Zahlungen für dessen Beschaffung sowie sonstige Vergütungen, die wirtschaftlich gleichwertig sind.

(4) Als steuerliches EBITDA gilt der vor Anwendung des § 12a ermittelte Gesamtbetrag der Einkünfte, neutralisiert um steuerliche Abschreibungen und Zuschreibungen sowie den Zinsüberhang nach Abs. 3. Als verrechenbares EBITDA gelten 30% des steuerlichen EBITDA.

(5) Ungeachtet des Abs. 1 ist ein Zinsüberhang in einem Wirtschaftsjahr zur Gänze abzugsfähig, wenn die Körperschaft in einen Konzernabschluss nach dem Unternehmensgesetzbuch, den International Financial Reporting Standards (IFRS) oder anderen vergleichbaren Rechnungslegungsstandards vollständig einbezogen wird und das Verhältnis zwischen ihrem Eigenkapital und ihrer Bilanzsumme (Eigenkapitalquote) am Abschlussstichtag dieses Wirtschaftsjahres gleich hoch oder höher ist als die Eigenkapitalquote des Konzerns (Eigenkapitalquotenvergleich). Dies gilt auch dann, wenn die Eigenkapitalquote der Körperschaft bis zu 2 Prozentpunkte unter der Eigenkapitalquote des Konzerns liegt. Beim Eigenkapitalquotenvergleich ist Folgendes zu beachten:
1. Die Ermittlung der Eigenkapitalquote des Konzerns hat zum Abschlussstichtag des Konzerns für das Wirtschaftsjahr zu erfolgen, in das der Jahresabschluss der Körperschaft eingegangen ist.
2. Wurde der Jahresabschluss der Körperschaft nicht nach demselben Rechnungslegungsstandard wie im Konzernabschluss erstellt, hat eine Überleitung auf den für den Konzernabschluss geltenden Rechnungslegungsstandard zu erfolgen. Die Richtigkeit der Überleitungsrechnung ist auf Verlangen der Abgabenbehörde durch einen Wirtschaftsprüfer zu bestätigen.
3. Die Bewertung im Jahresabschluss der Körperschaft hat nach derselben Methode wie im Konzernabschluss zu erfolgen.

(6)
1. Ein Zinsüberhang, der nach Maßgabe der Abs. 1 bis 5 im laufenden Wirtschaftsjahr nicht abgezogen werden kann, ist auf Antrag in darauffolgende Wirtschaftsjahre vorzutragen (Zinsvortrag). Dieser Zinsvortrag erhöht die Zinsaufwendungen im Sinne des Abs. 3 in den darauffolgenden Wirtschaftsjahren, nicht aber das steuerliche EBITDA im Sinne des Abs. 4.
2. a) Soweit das verrechenbare EBITDA im Sinne des Abs. 4 den Zinsüberhang in einem Wirtschaftsjahr übersteigt, ist

dieses auf Antrag in die darauffolgenden fünf Wirtschaftsjahre vorzutragen (EBITDA-Vortrag).

b) Soweit ein Zinsüberhang nach Maßgabe dieser Bestimmung nicht abgezogen werden kann, ist dieser bis zur Höhe der EBITDA-Vorträge aus vorangegangenen Wirtschaftsjahren abziehbar. Dabei sind vorrangig die ältesten EBITDA-Vorträge zu verrechnen.

3. Der Bundesminister für Finanzen wird ermächtigt, in einer Verordnung die Voraussetzungen für den Übergang von nicht verrechneten Zinsvorträgen (Z 1) und nicht verrechneten EBITDA- Vorträgen (Z 2) auf Rechtsnachfolger im Rahmen von Umgründungen näher festzulegen.

(7) Liegt eine Unternehmensgruppe im Sinne des § 9 vor, kommt § 12a ausschließlich auf Ebene des Gruppenträgers im Rahmen der Ermittlung des zusammengefassten Ergebnisses zur Anwendung. Dabei gilt Folgendes:

1. Ein Gruppen-Zinsüberhang ist bei der Ermittlung des zusammengefassten Ergebnisses des Veranlagungszeitraumes nur im Ausmaß von 30% des steuerlichen Gruppen-EBITDA abzugsfähig. Ein Gruppen-Zinsüberhang ist jedoch jedenfalls bis zu einem Betrag von 3 Millionen Euro pro Veranlagungszeitraum abzugsfähig (Gruppen-Freibetrag). Dabei gelten als
   a) Gruppen-Zinsüberhang die um die steuerpflichtigen Zinserträge verminderten abzugsfähigen Zinsaufwendungen des Gruppenträgers und der unbeschränkt sowie beschränkt steuerpflichtigen Gruppenmitglieder aus inländischen Betriebsstätten;
   b) Gruppen-EBITDA die Summe
      – der Gesamtbeträge der Einkünfte des Gruppenträgers und der unbeschränkt steuerpflichtigen Gruppenmitglieder sowie
      – der Einkünfte beschränkt steuerpflichtiger Gruppenmitglieder aus inländischen Betriebsstätten

      neutralisiert um die darin enthaltenen steuerlichen Abschreibungen und Zuschreibungen sowie den Gruppen-Zinsüberhang nach lit. a;
   c) verrechenbares Gruppen-EBITDA 30% des Gruppen-EBITDA.
2. Für den Eigenkapitalquotenvergleich gemäß Abs. 5 ist maßgeblich, dass der Gruppenträger vollständig in einen Konzernabschluss einbezogen wird und die Eigenkapitalquote der Unternehmensgruppe gleich hoch oder höher ist als die Eigenkapitalquote des Konzerns. Für Zwecke der Ermittlung der Eigenkapitalquote der Unternehmensgruppe ist ein konsolidierter Gruppenabschluss zu erstellen, in den der Gruppenträger, die unbeschränkt steuerpflichtigen Gruppenmitglieder und Betriebsstätten der beschränkt steuerpflichtigen Gruppenmitglieder vollständig einzubeziehen sind. Dieser Gruppenabschluss ist zum Abschlussstichtag des Gruppenträgers zu erstellen.
3. Ein Gruppen-Zinsüberhang sowie nicht verrechenbares Gruppen-EBITDA können in sinngemäßer Anwendung des Abs. 6 vom Gruppenträger auf Antrag vorgetragen werden.
4. Zinsvorträge gemäß Abs. 6 aus Zeiträumen vor Wirksamwerden der Unternehmensgruppe erhöhen den Gruppen-Zinsüberhang; EBITDA-Vorträge gemäß Abs. 6 aus Zeiträumen vor Wirksamwerden der Unternehmensgruppe erhöhen das Gruppen-EBITDA.
5. Abs. 2 letzter Satz ist nicht anzuwenden.

(8) Der Bundesminister für Finanzen wird ermächtigt, in einer Verordnung die Ermittlung des steuerlichen EBITDA (Abs. 4) sowie des Gruppen-EBITDA (Abs. 7 Z 1 lit. b), und insbesondere die dabei zu neutralisierenden steuerlichen Zu- und Abschreibungen, näher festzulegen.

(9) Bei der Ermittlung des Zinsüberhangs im Sinne des Abs. 3 bleiben Zinsaufwendungen für Darlehen außer Ansatz, die nachweislich und ausschließlich zur Finanzierung von langfristigen öffentlichen Infrastrukturprojekten innerhalb der Europäischen Union von allgemeinem öffentlichen Interesse verwendet werden. Ausgenommen davon sind Atomkraftwerke und klimaschädliche Infrastrukturprojekte, wobei der Bundesminister für Finanzen im Einvernehmen mit der Bundesministern für Klimaschutz, Umwelt, Energie, Mobilität, Innovation und Technologie ermächtigt wird, die Voraussetzungen näher mit Verordnung festzulegen. Bei der Ermittlung des steuerlichen EBITDA im Sinne des Abs. 4 bleiben Einkünfte aus langfristigen öffentlichen Infrastrukturprojekten außer Ansatz.

*(BGBl I 2021/3)*

## 4. ABSCHNITT

### Sondervorschriften für Privatstiftungen

**§ 13.** (1) Bei der Einkommensermittlung von Privatstiftungen, die die Offenlegungsverpflichtungen gemäß Abs. 6 erfüllen, gilt Folgendes:

1. a) § 7 Abs. 3 ist nicht anzuwenden. Dies gilt nicht für betriebliche Privatstiftungen gemäß § 4d des Einkommensteuergesetzes 1988.
   b) Bei Unternehmenszweckförderungsstiftungen, Arbeitnehmerförderungsstiftungen und Belegschaftsbeteiligungsstiftungen gemäß § 4d Abs. 1 bis 3 des Einkommensteuergesetzes 1988 können Zuwendungen auf das Zuwendungsjahr und die folgenden neun Wirtschaftsjahre gleichmäßig verteilt als Betriebseinnahmen angesetzt werden, es sei denn, aus

dem Zweck der Zuwendung ergibt sich ein kürzerer Zeitraum.

c) Zuwendungen an Belegschaftsbeteiligungsstiftungen gemäß § 4d Abs. 3 des Einkommensteuergesetzes 1988 sind bei dieser insoweit steuerfrei, als sich diese Zuwendungen auf den Zugang (Erwerb) der Beteiligungen oder den für die Anschaffung der Beteiligungen notwendigen Geldbetrag beschränken und für jeden Begünstigten pro Kalenderjahr den Betrag von 4 500 Euro nicht übersteigen.

d) Zuwendungen an Mitarbeiterbeteiligungsstiftungen gemäß § 4d Abs. 4 des Einkommensteuergesetzes 1988 sind bei dieser steuerfrei.

*(BGBl I 2017/105)*

2. Bei der Ermittlung der Einkünfte aus Land- und Forstwirtschaft ist § 125 Abs. 5 der Bundesabgabenordnung anzuwenden.

3. § 5 des Einkommensteuergesetzes 1988 ist nur für die Ermittlung der Einkünfte aus Gewerbebetrieb anzuwenden.

4. Nicht im Rahmen der Ermittlung des Einkommens berücksichtigte Zuwendungen gemäß § 4a bis § 4c oder § 18 Abs. 1 Z 7 bis Z 9 des Einkommensteuergesetzes 1988 können von den Einkünften gemäß Abs. 3 und 4 als Sonderausgabe abgesetzt werden. Dabei ist der Abzug nur bis zu einem Betrag von 10 % der Einkünfte gemäß Abs. 3 und 4 sowie unter Berücksichtigung des Höchstbetrages gemäß § 4b **„des Einkommensteuergesetzes 1988“** zulässig. § 4c Abs. 2 des Einkommensteuergesetzes 1988 gilt entsprechend.

   Freigebige Zuwendungen an die Innovationsstiftung für Bildung gemäß § 1 ISBG sind bis zu einem Höchstbetrag von 500 000 Euro jedenfalls als Sonderausgabe abzuziehen, wobei durch den Abzug die Einkünfte gemäß Abs. 3 und 4 höchstens auf null reduziert werden können. Der Höchstbetrag von 500 000 Euro reduziert sich um den Betrag der Zuwendungen, der im Rahmen der Ermittlung des Einkommens im selben Kalenderjahr gemäß § 4c und § 18 Abs. 1 Z 9 des Einkommensteuergesetzes 1988 berücksichtigt wurde.

   *(BGBl I 2015/160, BGBl I 2017/28, BGBl I 2022/108 ab 20.7.2022)*

Auf den Wechsel zwischen der Einkommensermittlung nach Abs. 1 und nach § 7 Abs. 3 sind die Vorschriften des § 6 Z 4 und 5 des Einkommensteuergesetzes 1988 anzuwenden.

(2) Privatstiftungen im Sinne des Abs. 1, die nicht unter § 5 Z 6 fallen, sind mit ausländischen Beteiligungserträgen im Sinne des § 10 Abs. 1 befreit, soweit kein Anwendungsfall des § 10 Abs. 4 in der Fassung BGBl. I Nr. 62/2018 vorliegt. § 10a ist sinngemäß anzuwenden.

*(BGBl I 2018/62)*

(3) Bei Privatstiftungen, die nicht unter § 5 Z 6 oder 7 oder unter § 7 Abs. 3 fallen, sind weder bei den Einkünften noch beim Einkommen zu berücksichtigen, sondern nach Maßgabe des § 22 Abs. 2 gesondert zu versteuern:

1. Einkünfte aus Kapitalvermögen gemäß § 27 des Einkommensteuergesetzes 1988, soweit es sich um
   a) Einkünfte aus der Überlassung von Kapital im Sinne des § 27 Abs. 2 Z 2 des Einkommensteuergesetzes 1988,
   b) Einkünfte aus realisierten Wertsteigerungen von Kapitalvermögen im Sinne des § 27 Abs. 3 des Einkommensteuergesetzes 1988, soweit nicht Abs. 4 angewandt wird,

      *(BGBl I 2022/10)*
   c) Einkünfte aus Derivaten im Sinne des § 27 Abs. 4 des Einkommensteuergesetzes 1988, und

      *(BGBl I 2022/10)*
   d) Einkünfte aus Kryptowährungen im Sinne des § 27 Abs. 4a des Einkommensteuergesetzes 1988,

      *(BGBl I 2022/10)*

   handelt und diese nicht in § 27a Abs. 2 des Einkommensteuergesetzes 1988 genannt sind.
2. Einkünfte aus privaten Grundstücksveräußerungen gemäß § 30 des Einkommensteuergesetzes 1988.

Die Summe der Einkünfte gemäß Z 1 und 2 ist um die Summe der im Veranlagungszeitraum getätigten Zuwendungen im Sinne des § 27 Abs. 5 Z 7 des Einkommensteuergesetzes 1988 zu verringern, insoweit davon Kapitalertragsteuer einbehalten und abgeführt worden ist. Findet eine Entlastung der Zuwendungen von der Kapitalertragsteuer auf Grund eines Doppelbesteuerungsabkommens statt, ist die Summe der Zuwendungen insoweit zu verringern, als sie nicht endgültig mit Kapitalertragsteuer belastet ist. Dies gilt auch, wenn die Entlastung nach Abfuhr der Kapitalertragsteuer stattfindet; die nachträgliche Entlastung gilt als rückwirkendes Ereignis im Sinne des § 295a der Bundesabgabenordnung.

*(BGBl I 2015/163)*

(4) Wird ein nicht in einem Betriebsvermögen gehaltener Anteil an einer Körperschaft veräußert, an dem die Privatstiftung oder bei unentgeltlichem Erwerb ihr Rechtsvorgänger innerhalb der letzten fünf Jahre zu mindestens 1% beteiligt war, gilt Folgendes:

1. Soweit nicht Abs. 3 letzter Satz anzuwenden ist, können die dabei aufgedeckten stillen Reserven von den Anschaffungskosten eines im Kalenderjahr der Veräußerung angeschafften Anteils an einer Körperschaft, der mehr als 10% beträgt, abgesetzt werden (Übertragung stiller Reserven). Davon ausgenommen sind Anschaffungen von bestehenden Anteilen von einer Körperschaft, an der die Privatstiftung,

der Stifter oder ein Begünstigter allein oder gemeinsam unmittelbar oder mittelbar zu mindestens 20% beteiligt sind.

2. Stille Reserven sind der Unterschiedsbetrag zwischen den Anschaffungskosten und dem Veräußerungserlös.
3. Als Anschaffungskosten des erworbenen Anteils gelten die um die übertragenen stillen Reserven gekürzten Beträge. Diese Anschaffungskosten sind in Evidenz zu nehmen.
4. Erfolgt im Kalenderjahr der Aufdeckung keine Übertragung stiller Reserven, kann dafür ein steuerfreier Betrag gebildet werden. Der steuerfreie Betrag kann innerhalb von zwölf Monaten ab der Veräußerung der Beteiligung als stille Reserve im Sinne der Z 1 bis 3 übertragen werden. Steuerfreie Beträge, die nicht innerhalb dieser Frist übertragen werden, sind nach § 22 Abs. 2 zu versteuern. Abs. 3 letzter Satz ist sinngemäß anzuwenden.

(5) Für Privatstiftungen im Sinne des § 27a Abs. 4 des Sparkassengesetzes, BGBl. Nr. 64/1979, und des § 66 VAG 2016 gelten die Abs. 1 bis 4 nach Maßgabe folgender Bestimmungen:

1. Die formwechselnde Umwandlung einer anteilsverwaltenden Sparkasse oder eines Versicherungsvereins auf Gegenseitigkeit in eine Privatstiftung gemäß § 27a Abs. 4 des Sparkassengesetzes beziehungsweise § 66 VAG 2016 gilt mit Ablauf des Umwandlungsstichtages als bewirkt. Umwandlungsstichtag ist der Tag, zu dem die Schlussbilanz einer anteilsverwaltenden Sparkasse im Sinne des § 27a Abs. 6 des Sparkassengesetzes oder des Versicherungsvereins auf Gegenseitigkeit im Sinne des § 66 Abs. 5 VAG 2016 aufgestellt ist. Das Wirtschaftsjahr der übertragenden Sparkasse oder des umgewandelten Vereins endet mit dem Umwandlungsstichtag.

   *(BGBl I 2015/34)*
2. Z 1 gilt für die übernehmende Privatstiftung mit dem Beginn des dem Umwandlungsstichtag folgenden Tages. Eine aus der Anwendung des § 6 Z 4 des Einkommensteuergesetzes 1988 entstehende Steuerpflicht verschiebt sich auf Antrag, wenn der bei sofortiger Besteuerung entstehende Unterschiedsbetrag zwischen den steuerlich maßgebenden Buchwerten und den Teilwerten ermittelt und in Evidenz genommen wird. Die auf die einzelnen Wirtschaftsgüter entfallenden Unterschiedsbeträge werden erst im Jahr der Veräußerung oder eines sonstigen Ausscheidens dieser Wirtschaftsgüter steuerwirksam.

Kapitalerhöhungen führen nicht zu einem sonstigen Ausscheiden, wenn das Beteiligungsausmaß ohne Substanzwertauswirkung vermindert wird. Umgründungen nach dem Umgründungssteuergesetz führen dann nicht zu einem sonstigen Ausscheiden einer Beteiligung, wenn

- der in Evidenz gehaltene Unterschiedsbetrag auf die als Gegenleistung erhaltene Beteiligung übertragen und bei dieser evident gehalten wird, oder
- durch eine Umgründung das Beteiligungsausmaß ohne Substanzwertauswirkung verändert wird.

*(BGBl I 2015/34)*

(6) Privatstiftungen haben dem zuständigen Finanzamt Abschriften ihrer Stiftungsurkunde und Stiftungszusatzurkunde in der jeweils geltenden Fassung vorzulegen. Tritt der Stifter über eine verdeckte Treuhandschaft auf, ist diese gegenüber dem zuständigen Finanzamt offenzulegen. Kommt die Privatstiftung diesen Verpflichtungen trotz Aufforderung durch das Finanzamt nicht nach, hat das zuständige Finanzamt hievon unverzüglich die Geldwäschemeldestelle (§ 4 Abs. 2 des Bundeskriminalamt-Gesetzes, BGBl. I Nr. 22/2002) zu informieren.

## 5. ABSCHNITT
## Sondervorschriften für hybride Gestaltungen

*(BGBl I 2019/103)*

**§ 14.** (1) Eine Steuerdiskrepanz im Sinne des Abs. 2 im Rahmen einer hybriden Gestaltung im Sinne der Abs. 3 bis 5 ist nach Maßgabe der Abs. 6 bis 10 zu neutralisieren.

(2) Eine Steuerdiskrepanz liegt vor, wenn

1. Aufwendungen in einem Staat abzugsfähig sind und die korrespondierenden Erträge steuerlich in keinem anderen Staat erfasst werden (Abzug ohne korrespondierende Einnahme) oder
2. dieselben Aufwendungen in mehr als einem Staat abzugsfähig sind (doppelter Abzug).

(3) Eine hybride Gestaltung liegt unter folgenden Voraussetzungen vor:

1. a) Eine Steuerdiskrepanz im Sinne des Abs. 2 Z 1 entsteht aufgrund von Unterschieden hinsichtlich der
      - Einstufung eines Finanzinstrumentes (hybrides Finanzinstrument),
      - Zurechnung der Einkünfte aus einem übertragenen Finanzinstrument (hybride Übertragung),
      - Beurteilung der Steuersubjektivität des Zahlers oder Zahlungsempfängers (hybrides Unternehmen),
      - Zuordnung von Aufwendungen und Erträgen zu einer Betriebsstätte (hybride Betriebsstätte),
      - Beurteilung über das Bestehen einer Betriebsstätte (unberücksichtigte Betriebsstätte).
   b) Eine Steuerdiskrepanz im Sinne des Abs. 2 Z 2 führt aufgrund von steuerlichen Sondervorschriften zu einem doppelten Abzug von Aufwendungen eines hybriden Unternehmens, einer Betriebsstätte oder einer doppelt ansässigen Körperschaft.

2. Die Steuerdiskrepanz im Sinne der Z 1 ergibt sich
   – zwischen verbundenen Unternehmen im Sinne des Abs. 4,
   – zwischen dem Stammhaus und einer Betriebsstätte eines Unternehmens,
   – zwischen zwei oder mehreren Betriebsstätten desselben Unternehmens oder
   – im Rahmen einer strukturierten Gestaltung im Sinne des Abs. 5.

(4) Für Zwecke dieser Bestimmung gelten als verbundene Unternehmen:
– Unternehmen im Sinne des § 10a Abs. 4 Z 2,
– Unternehmen, die vollständig in denselben Konzernabschluss gemäß §§ 245a oder 247 UGB einbezogen werden,
– Unternehmen, in denen die Körperschaft maßgeblichen Einfluss auf die Unternehmensleitung nimmt und
– Unternehmen mit einem maßgeblichen Einfluss auf die Leitung der Körperschaft.

(5) Eine strukturierte Gestaltung liegt vor, wenn
– die Steuerdiskrepanz in die Bedingungen der Gestaltung eingerechnet ist oder
– diese mit der Absicht der Erzielung einer Steuerdiskrepanz entwickelt wurde.

Dies gilt nicht, wenn die Körperschaft nicht an dem Steuervorteil aus der hybriden Gestaltung beteiligt wurde und vernünftigerweise davon ausgegangen werden kann, dass die Körperschaft oder ein verbundenes Unternehmen von der hybriden Gestaltung nichts wusste.

(6) Soweit eine hybride Gestaltung zu einem Abzug von Aufwendungen ohne korrespondierende steuerliche Erfassung der Erträge im Sinne des Abs. 2 Z 1 führt, gilt Folgendes:
1. Diese Aufwendung dürfen im Inland nicht abgezogen werden.
2. Wird der Abzug im Ausland nicht verweigert, sind die Erträge bei der inländischen Körperschaft steuerlich zu erfassen, wenn eine Zahlung eines ausländischen hybriden Unternehmens an die an ihm beteiligte inländische Körperschaft stattfindet.

(7) Soweit eine hybride Gestaltung zu einem doppelten Abzug von Aufwendungen im Sinne des Abs. 2 Z 2 führt, gilt Folgendes:
1. Diese Aufwendungen dürfen im Inland bei der (beteiligten) Körperschaft nicht abgezogen werden.
2. Wird der Abzug im Ausland nicht verweigert, dürfen diese Aufwendungen bei einem inländischen hybriden Unternehmen oder einer inländischen Betriebsstätte nicht abgezogen werden.
3. Bei einer doppelt ansässigen Körperschaft dürfen diese Aufwendungen im Inland nicht abgezogen werden. Dies gilt nicht, wenn die Körperschaft aufgrund eines Doppelbesteuerungsabkommens mit einem Mitgliedstaat der Europäischen Union abkommensrechtlich als im Inland steuerlich ansässig betrachtet wird.

Die Z 1 bis 3 gelten nicht für Aufwendungen, die mit steuerlich doppelt berücksichtigten Einkünften im jeweiligen oder in einem späteren Wirtschaftsjahr verrechnet werden.

(8) Werden bei einer ausländischen unberücksichtigten Betriebsstätte Erträge weder im Inland noch im Betriebsstättenstaat erfasst, sind diese im Inland steuerlich zu erfassen. Dies gilt nicht, wenn die Einkünfte gemäß einem Doppelbesteuerungsabkommen mit einem Drittstaat von der Steuer zu befreien sind.

(9) Aufwendungen für eine Zahlung einer Körperschaft an ein verbundenes Unternehmen in einem Drittstaat dürfen im Inland nicht abgezogen werden, wenn diese Zahlung in einem Drittstaat mit abzugsfähigen Aufwendungen im Rahmen einer hybriden Gestaltung verrechnet wird (importierte hybride Gestaltung). Dies gilt nicht, wenn bereits einer der beteiligten Drittstaaten die hybride Gestaltung neutralisiert hat.

(10) Soweit in den Fällen des Abs. 6 Z 2, Abs. 7 Z 2, Abs. 8 und Abs. 9 eine hybride Gestaltung nachträglich im anderen Staat neutralisiert wird, stellt dies ein rückwirkendes Ereignis im Sinne des § 295a BAO dar.

(11) Soweit eine hybride Übertragung im Sinne des Abs. 3 Z 1 lit. a zweiter Teilstrich mit der Absicht entwickelt wurde, bei mehr als einer der beteiligten Parteien eine Ermäßigung oder Anrechnung der Quellensteuer auf eine Zahlung aus einem übertragenen Finanzinstrument herbeizuführen, wird der sich aus der Ermäßigung oder Anrechnung ergebende Vorteil im Verhältnis zu den steuerpflichtigen Nettoeinkünften in Zusammenhang mit der Zahlung begrenzt.

(12) Einkünfte einer beherrschenden Körperschaft (Z 2) aus der Beteiligung an einem umgekehrt hybriden Unternehmen (Z 1) unterliegen ungeachtet eines Doppelbesteuerungsabkommens unter folgenden Voraussetzungen der beschränkten Steuerpflicht (§ 21 Abs. 1 Z 1):
1. Eine inländische Personenvereinigung (Personengesellschaft) gilt nach ausländischem Steuerrecht als Körperschaftsteuersubjekt (umgekehrt hybrides Unternehmen) und ist kein Organismus für gemeinsame Anlagen im Sinne des Art. 9a Abs. 2 der Richtlinie (EU) 2016/1164, ABl. Nr. L 193 vom 12.7.2016 S. 1.
2. Eine Körperschaft im Sinne des § 1 Abs. 3 Z 1 hält selbst oder zusammen mit ihren nicht der unbeschränkten Steuerpflicht unterliegenden verbundenen Unternehmen unmittelbar oder mittelbar mehr als 50 % der Stimmrechte oder des Kapitals oder hat Anspruch auf mehr als 50 % der Gewinne der Personenvereinigung (beherrschende Körperschaft).
3. Die Einkünfte aus der Beteiligung an einem umgekehrt hybriden Unternehmen unterliegen weder

– im Ansässigkeitsstaat der beherrschenden Körperschaft (Z 2) noch
– im Inland nach Maßgabe von § 98 Abs. 1 Z 1 bis Z 7 des Einkommensteuergesetzes 1988 noch
– in einem anderen Staat

der Besteuerung.

*(BGBl I 2021/227)*

*(BGBl I 2019/103)*

## 6. ABSCHNITT
## Sondervorschriften für Versicherungsunternehmen

### Versicherungstechnische Rückstellungen

**§ 15.** (1) Zuführungen zu versicherungstechnischen Rückstellungen sind insoweit abzugsfähig, als deren Bildung im VAG 2016 oder in den dazu ergangenen Verordnungen vorgeschrieben ist. Dabei dürfen die versicherungstechnischen Rückstellungen den Betrag nicht übersteigen, der zur Sicherstellung der Verpflichtungen aus den am Bilanzstichtag bestehenden Versicherungsverträgen erforderlich ist. Für die Lebensversicherung, die Krankenversicherung und die nach Art der Lebensversicherung betriebene Unfallversicherung sind die versicherungstechnischen Rückstellungen unter Verwendung der der Finanzmarktaufsichtsbehörde gemäß § 92 Abs. 1 bzw. § 102 Abs. 1 des VAG 2016 vorgelegten oder mitgeteilten versicherungsmathematischen Grundlagen zu berechnen.

*(BGBl I 2015/34)*

(2) Rückstellungen zum Ausgleich des schwankenden Jahresbedarfes sind insbesondere unter folgenden Voraussetzungen steuerlich zu berücksichtigen:

1. Es muss nach den Erfahrungen in dem betreffenden Versicherungszweig mit erheblichen Schwankungen des Jahresbedarfes zu rechnen sein.
2. Die Schwankungen des Jahresbedarfes dürfen nicht durch die Prämien ausgeglichen werden. Sie müssen aus den am Bilanzstichtag bestehenden Versicherungsverträgen herrühren und dürfen nicht durch Rückversicherungen gedeckt sein.
3. Die Änderung der Rückstellung ist zur Hälfte steuerwirksam.

(3) Rückstellungen für noch nicht abgewickelte Versicherungsfälle und sonstige Rückstellungen (§ 144 Abs. 3 C VII VAG 2016) sind mit 80% des Teilwertes anzusetzen. Rückstellungen, deren Laufzeit am Bilanzstichtag weniger als zwölf Monate beträgt, sind ohne Kürzung des maßgeblichen Teilwertes anzusetzen. Bei den Rückstellungen für noch nicht abgewickelte Versicherungsfälle ist davon auszugehen, dass bei 70% der Summe dieser Rückstellungen die Laufzeit am Bilanzstichtag weniger als zwölf Monate beträgt.

*(BGBl I 2015/34, BGBl I 2015/68)*

### Rückstellungen bei Pensionskassen

**§ 16.** Bei Pensionskassen sind Zuführungen zur geschäftsplanmäßigen Rückstellung für die nach Pensionsbeginn anfallenden Verwaltungskosten insoweit abzugsfähig, als deren Bildung im Pensionskassengesetz oder in dazu ergangenen Verordnungen vorgeschrieben und im Geschäftsplan der Pensionskasse vorgesehen ist.

### Prämienrückerstattungen (Gewinnbeteiligungen)

**§ 17.** (1) Für erfolgsabhängige Prämienrückerstattungen (Gewinnbeteiligungen), die auf Grund des Ergebnisses des direkten Versicherungsgeschäftes im Eigenbehalt gewährt werden, gilt folgendes:

1. Prämienrückerstattungen (Gewinnbeteiligungen) im Lebens-, Kranken- oder Unfallversicherungsgeschäft mit Prämienrückgewähr sind abzugsfähig.
2. Prämienrückerstattungen (Gewinnbeteiligungen) in anderen Versicherungszweigen sind nur insoweit abzugsfähig, als sie in diesen Versicherungszweigen insgesamt die auf das Wirtschaftsjahr entfallenden Prämieneinnahmen
   – zuzüglich einer Verminderung der versicherungstechnischen Rückstellungen und der den versicherungstechnischen Rückstellungen einschließlich der Rückstellungen für Prämienrückerstattungen (Gewinnbeteiligungen) zuzuordnenden Nettoerträge der Kapitalanlagen, und
   – abzüglich der auf das Wirtschaftsjahr entfallenden Versicherungsleistungen, Erhöhungen der versicherungstechnischen Rückstellungen und Aufwendungen für den Versicherungsbetrieb

   nicht übersteigen. Bei Versicherungsunternehmen, die ausschließlich das Rückversicherungsgeschäft betreiben, ist das Rückversicherungsgeschäft dem direkten Versicherungsgeschäft gleichzuhalten.

(2) Für Rückstellungen für Prämienrückerstattungen (Gewinnbeteiligungen) gilt folgendes:

1. Zuführungen sind bei Zutreffen der Voraussetzungen des Abs. 1 abzugsfähig,
   – wenn die ausschließliche bestimmungsgemäße Verwendung dieser Rückstellungen gesichert ist oder als gesichert gilt und
   – soweit die noch nicht verwendeten Rückstellungen das unter Bedachtnahme auf eine kontinuierliche Prämienrückerstattung für Leistungen aus den am Bilanzstichtag laufenden Versicherungsverträgen erforderliche Ausmaß nicht übersteigen.
2. Jene Teile der Rückstellungen gelten als bereits verwendet, die spätestens bei Genehmigung des Abschlusses des Wirtschaftsjahres durch die satzungsmäßig zuständigen Organe

mit der Maßgabe beschlossen werden, daß sie spätestens an dem auf die Beschlußfassung folgenden Bilanzstichtag oder in dem auf die Beschlußfassung folgenden Kalenderjahr

– den einzelnen Versicherungsnehmern gutzuschreiben oder
– bis zum Ende des auf die Beschlußfassung folgenden Kalenderjahres bar auszuzahlen oder
– auf fällig werdende Prämien anzurechnen

sind.

3. Die ausschließliche Verwendung der Rückstellungen für erfolgsabhängige Prämienrückerstattung (Gewinnbeteiligung) gilt im Lebens- und Krankenversicherungsgeschäft und in dem nach Art der Lebensversicherung betriebenen Unfallversicherungsgeschäft auch als gesichert, wenn der Rückstellung Beträge zur Deckung von Verlusten entnommen werden dürfen.

*(BGBl I 2015/163)*

(3) Versicherungsunternehmen haben mindestens 20% des nach den Vorschriften des Einkommensteuergesetzes 1988 und dieses Bundesgesetzes jeweils ermittelten Gewinnes

– aus dem Lebensversicherungsgeschäft,
– aus dem Krankenversicherungsgeschäft,
– aus dem Unfallversicherungsgeschäft mit Prämienrückgewähr und
– aus den anderen Versicherungszweigen

zu versteuern, von dem der für die Versicherten bestimmte Anteil noch nicht abgezogen ist. Dies gilt nicht für Pensionszusatzversicherungen im Sinne des § 108b sowie für Versicherungen im Rahmen einer Zukunftsvorsorgeeinrichtung im Sinne des § 108h des Einkommensteuergesetzes 1988 sowie für betriebliche Kollektivversicherungen im Sinne des § 93 des VAG 2016.

*(BGBl I 2015/34)*

## 7. ABSCHNITT
## Einkommensermittlung bei Beginn und Ende der Steuerpflicht

### Beginn und Ende einer Steuerbefreiung

**§ 18.** (1) Wird eine unbeschränkt steuerpflichtige Körperschaft von der unbeschränkten Körperschaftsteuerpflicht befreit, hat sie zum Zeitpunkt des Endes der Steuerpflicht den Buchwert der Wirtschaftsgüter des Betriebsvermögens dem gemeinen Wert dieser Wirtschaftsgüter gegenüberzustellen und den Unterschiedsbetrag der Besteuerung zugrunde zu legen. Von diesem Unterschiedsbetrag ist bei einem nicht unter § 7 Abs. 3 fallenden Steuerpflichtigen der Freibetrag gemäß § 24 Abs. 4 des Einkommensteuergesetzes 1988 abzuziehen.

(2) Wird eine von der unbeschränkten Körperschaftsteuerpflicht befreite Körperschaft unbeschränkt steuerpflichtig, hat sie auf den Beginn der Steuerpflicht den gemeinen Wert der bislang nicht steuerhängigen Wirtschaftsgüter des Betriebsvermögens anzusetzen.

(3) Beginnt oder endet die unbeschränkte Steuerpflicht nicht zur Gänze, gelten die Abs. 1 und 2 für die betroffenen Teile.

### Auflösung und Abwicklung (Liquidation)

**§ 19.** (1) Erfolgt bei einem unter § 7 Abs. 3 fallenden Steuerpflichtigen, der seine Auflösung beschlossen hat, tatsächlich die Abwicklung, ist der Besteuerung der Liquidationsgewinn zugrunde zu legen.

(2) Liquidationsgewinn ist der im Zeitraum der Abwicklung erzielte Gewinn, der sich aus der Gegenüberstellung des Abwicklungs-Endvermögens und des Abwicklungs-Anfangsvermögens ergibt.

(3) Der Besteuerungszeitraum darf drei Jahre, in den Fällen der Abwicklung im Insolvenzverfahren fünf Jahre nicht übersteigen. Das Finanzamt kann diesen Zeitraum in berücksichtigungswürdigen Fällen auf Antrag verlängern.

(4) Abwicklungs-Endvermögen ist das zur Verteilung kommende Vermögen. Sind im Abwicklungs-Endvermögen nicht veräußerte Wirtschaftsgüter enthalten, sind sie mit dem gemeinen Wert anzusetzen.

(5) Abwicklungs-Anfangsvermögen ist das Betriebsvermögen, das am Schluß des der Auflösung vorangegangenen Wirtschaftsjahres nach den Vorschriften über die Gewinnermittlung anzusetzen war. Wird die Auflösung im Wirtschaftsjahr der Gründung (Errichtung) beschlossen, ist Abwicklungs-Anfangsvermögen das eingezahlte Kapital.

(6) Auf die Gewinnermittlung sind im übrigen die sonst geltenden Vorschriften anzuwenden.

(7) Erfolgt bei einem nicht unter Abs. 1 fallenden Steuerpflichtigen die Abwicklung, richtet sich die Steuerpflicht nach den Vorschriften des Einkommensteuergesetzes 1988 und dieses Bundesgesetzes.

### Umgründungen

**§ 20.** (1) Geht das Vermögen einer unbeschränkt steuerpflichtigen Körperschaft auf einen anderen über, sind

1. bei Verschmelzungen, Umwandlungen, Aufspaltungen und vergleichbaren Vermögensübertragungen § 19,
2. bei Einbringungen und Abspaltungen § 6 Z 14 des Einkommensteuergesetzes 1988 und
3. bei Zusammenschlüssen und Realteilungen § 24 Abs. 7 des Einkommensteuergesetzes 1988

anzuwenden, wenn die Voraussetzungen des Umgründungssteuergesetzes nicht gegeben sind oder das Umgründungssteuergesetz dies vorsieht.

(2) Für die Ermittlung des Liquidations- oder Veräußerungsgewinnes gilt folgendes:

1. In den Fällen des Abs. 1 Z 1 tritt an die Stelle des zur Verteilung kommenden Vermögens

der Wert der für die Vermögensübertragung gewährten Gegenleistung

– nach dem Stand im Zeitpunkt der tatsächlichen Übertragung, jedenfalls aber nicht vor der Eintragung im Firmenbuch,
– im Falle der Verschmelzung, Umwandlung oder Aufspaltung nach dem Stand zum Verschmelzungs-, Umwandlungs- oder Spaltungsstichtag im Sinne des Umgründungssteuergesetzes.

2. In den Fällen des Abs. 1 Z 2 und 3 ist der Wert der Gegenleistung nach dem Stand zum Einbringungs-, Spaltungs-, Zusammenschluß- oder Realteilungsstichtag im Sinne des Umgründungssteuergesetzes anzusetzen.

Soweit eine Gegenleistungen in Form von Gesellschafts- oder anderen Mitgliedschaftsrechten nicht gewährt wird, ist der Teilwert der Wirtschaftsgüter einschließlich selbstgeschaffener unkörperlicher Wirtschaftsgüter anzusetzen.

(3) Der Rechtsnachfolger hat das übernommene Vermögen mit den nach Abs. 2 jeweils maßgebenden Werten anzusetzen. Die Einkünfte sind ihm ab dem Beginn des Tages zuzurechnen, der dem gemäß Abs. 2, § 6 Z 14 oder § 24 Abs. 7 des Einkommensteuergesetzes 1988 maßgebenden Stichtag folgt.

## 3. TEIL
## BESTEUERUNG BEI BESCHRÄNKTER STEUERPFLICHT

### Einkünfte bei beschränkter Steuerpflicht

**§ 21.** (1) Bei beschränkt Steuerpflichtigen im Sinne des § 1 Abs. 3 Z 1 gilt folgendes:

1. Die Steuerpflicht erstreckt sich nur auf Einkünfte im Sinne des § 98 des Einkommensteuergesetzes 1988 und im Sinne des § 14 Abs. 12. Wie die Einkünfte zu ermitteln sind, bestimmt sich nach dem Einkommensteuergesetz 1988 und diesem Bundesgesetz. § 5 Z 6 ist sinngemäß anzuwenden, wenn die Körperschaft, Personenvereinigung oder Vermögensmasse
   – ihren Sitz oder ihre Geschäftsleitung im übrigen Gemeinschaftsgebiet der Europäischen Union oder einem Staat des Europäischen Wirtschaftsraumes hat oder
   – der Förderung gemeinnütziger, mildtätiger oder kirchlicher Zwecke im Sinne des § 34 der Bundesabgabenordnung zumindest überwiegend im Bundesgebiet dient.

   § 10 und § 10a sind nicht anzuwenden. Von den Einkünften sind nach Maßgabe des § 8 Abs. 4 Sonderausgaben abzuziehen; § 102 Abs. 2 Z 2 des Einkommensteuergesetzes 1988 ist anzuwenden.

   *(BGBl I 2018/62, BGBl I 2021/227)*

„1a. **Beschränkt Steuerpflichtigen, die in einem Mitgliedstaat der Europäischen Union oder einem Staat des Europäischen Wirtschaftsraumes ansässig sind, ist die Kapitalertragsteuer für die von ihnen bezogenen Einkünfte gemäß § 27 Abs. 2 Z 1 lit. a, b und c des Einkommensteuergesetzes 1988 auf Antrag zurückzuzahlen, soweit die Kapitalertragsteuer nicht auf Grund eines Doppelbesteuerungsabkommens im Ansässigkeitsstaat angerechnet werden kann. Dies gilt auch für beschränkt Steuerpflichtige, die in einem anderen Staat ansässig sind, mit dem eine umfassende Amtshilfe besteht, wenn diese weniger als zu einem Zehntel am Kapital des Abzugsverpflichteten (§ 95 Abs. 2 Z 1 lit. a Einkommensteuergesetz 1988) beteiligt sind. Der Steuerpflichtige hat den Nachweis zu erbringen, dass die Kapitalertragsteuer ganz oder teilweise nicht angerechnet werden kann.“**

   *(BGBl I 2018/62, BGBl I 2022/108 ab 20.7.2022)*

2. Bei beschränkt Steuerpflichtigen gilt hinsichtlich jener Einkünfte, die einer im Inland unterhaltenen Betriebsstätte zuzurechnen sind, folgendes:
   a) Abweichend von der Z 1 sind § 10 und § 10a sinngemäß anzuwenden. Für Zwecke des Eigenkapitalquotenvergleichs gemäß § 12a Abs. 5 ist ausschließlich das Eigenkapital der inländischen Betriebsstätte maßgeblich.

      *(BGBl I 2018/62, BGBl I 2021/3)*

   b) Besteht bei nicht unter Z 3 fallenden Steuerpflichtigen hinsichtlich einer im Inland unterhaltenen Betriebsstätte nach unternehmensrechtlichen Vorschriften eine Verpflichtung zur Rechnungslegung, sind alle Einkünfte, die dieser Betriebstätte zuzurechnen sind, als gewerbliche Einkünfte zu behandeln. Der Gewinn ist nach § 5 des Einkommensteuergesetzes 1988 zu ermitteln.

3. Bei beschränkt Steuerpflichtigen, die inländischen unter § 7 Abs. 3 fallenden Körperschaften vergleichbar sind, ist § 7 Abs. 3 auf Betriebsstätten und unbewegliches Vermögen anzuwenden.

(2) Bei beschränkt Steuerpflichtigen im Sinne des § 1 Abs. 3 Z 2 und 3 erstreckt sich die Steuerpflicht auf Einkünfte, bei denen die Steuer durch Steuerabzug erhoben wird. Dies gilt nicht

1. für Beteiligungserträge im Sinne des § 10,
2. (aufgehoben)
3. für Einkünfte aus der Überlassung von Kapital gemäß § 27 Abs. 2 Z 2 des Einkommensteuergesetzes 1988, für Einkünfte aus realisierten Wertsteigerungen im Sinne des § 27 Abs. 3 des Einkommensteuergesetzes 1988, für Einkünfte aus Derivaten im Sinne des § 27 Abs. 4 des Einkommensteuergesetzes 1988 und für Einkünfte aus Kryptowährungen

im Sinne des § 27 Abs. 4a des Einkommensteuergesetzes 1988, die

– innerhalb einer Veranlagungs- oder Risikogemeinschaft einer Pensions- oder Mitarbeitervorsorgekasse (§ 6 Abs. 1 und 5),
– einer Unterstützungskasse (§ 6 Abs. 2),
– einer Privatstiftung im Sinne des § 6 Abs. 4,
– einer Versorgungs- oder Unterstützungseinrichtung einer Körperschaft des öffentlichen Rechts,
– den Einkünften aus Kapitalvermögen (§ 27 des Einkommensteuergesetzes 1988) einer nicht unter § 5 Z 6 fallenden Privatstiftung,

  *(BGBl I 2016/117)*
– einem von der unbeschränkten Steuerpflicht befreiten Steuerpflichtigen im Rahmen eines ebenfalls steuerbefreiten Betriebes (beispielsweise § 45 Abs. 2 der Bundesabgabenordnung) oder

  *(BGBl I 2016/117)*
– einem Einlagensicherungsfonds gemäß § 18 ESAEG oder dem Beitragsvermögen gemäß § 74 WAG 2018

  *(BGBl I 2016/117)*
– einer nach § 718 Abs. 9 ASVG errichteten Privatstiftung

  *(BGBl I 2019/103)*

nachweislich zuzurechnen sind.

*(BGBl I 2017/107, BGBl I 2022/10)*

4. für Einkünfte einer Mittelstandsfinanzierungsgesellschaft im Rahmen des § 5 Z 14,
5. (aufgehoben)
6. für Kapitalerträge auf Grund von Zuwendungen im Sinne des § 27 Abs. 5 Z 7 erster oder dritter Teilstrich des Einkommensteuergesetzes 1988, wenn die Einkünfte gemäß § 3 des Einkommensteuergesetzes 1988 befreit sind, der Empfänger unter § 4a des Einkommensteuergesetzes 1988 fällt oder Zuwendungen gemäß § 4b oder § 4c des Einkommensteuergesetzes 1988 vorliegen.

   *(BGBl I 2015/160, BGBl I 2017/28)*

(3) Bei Steuerpflichtigen im Sinne des § 1 Abs. 3 Z 2 und 3 erstreckt sich die Steuerpflicht unter sinngemäßer Anwendung von Abs. 2 auch auf:

1. ausländische Kapitalerträge, die den Kapitalerträgen im Sinne des Abs. 2 vergleichbar sind. Ein vergleichbarer ausländischer Kapitalertrag liegt insoweit vor, als wegen seines Bezugs zum Ausland keine Kapitalertragsteuer erhoben wird.
2. Einkünfte gemäß § 27a Abs. 2 des Einkommensteuergesetzes 1988, ausgenommen Einkünfte aus Förderungsdarlehen (insbesondere zur Förderung des Wohnbaus, der Wirtschaft oder des Gesundheitswesens).
3. Einkünfte aus realisierten Wertsteigerungen von Anteilen an Körperschaften.

3a. Einkünfte aus Kryptowährungen gemäß § 27 Abs. 4a des Einkommensteuergesetzes 1988, bei denen kein inländischer Schuldner oder inländischer Dienstleister (§ 95 Abs. 2 Z 3 des Einkommensteuergesetzes 1988) vorliegt, der die Kryptowährungen oder sonstigen Entgelte gutschreibt bzw. die Realisierung abwickelt.

   *(BGBl I 2022/10)*

4. Einkünfte aus privaten Grundstücksveräußerungen gemäß § 30 des Einkommensteuergesetzes 1988. Die §§ 30b und 30c des Einkommensteuergesetzes 1988 sind sinngemäß anzuwenden.

## 4. TEIL
## TARIF

### Steuersätze

**§ 22.** (1) Die Körperschaftsteuer vom Einkommen (§ 7 Abs. 2) oder vom Gesamtbetrag der Einkünfte beschränkt Steuerpflichtiger im Sinne des § 21 beträgt 25%.

(1)[a] Die Körperschaftsteuer vom Einkommen (§ 7 Abs. 2) oder vom Gesamtbetrag der Einkünfte beschränkt Steuerpflichtiger im Sinne des § 21 beträgt für das Kalenderjahr 2023 24% und für die Kalenderjahre ab 2024 23%.

*(BGBl I 2022/10)*

[a] Tritt mit 1. Jänner 2023 in Kraft.

(2) Die Körperschaftsteuer beträgt 25% für nach § 13 Abs. 3 und 4 zu versteuernde Einkünfte einer Privatstiftung nach Abzug von Sonderausgaben gemäß § 13 Abs. 1 Z 4.

*(BGBl I 2015/163, BGBl I 2019/103)*

(2)[a] Die Körperschaftsteuer für nach § 13 Abs. 3 und 4 zu versteuernde Einkünfte einer Privatstiftung nach Abzug von Sonderausgaben gemäß § 13 Abs. 1 Z 4 beträgt für das Kalenderjahr 2023 24% und für die Kalenderjahre ab 2024 23%.

*(BGBl I 2015/163, BGBl I 2019/103, BGBl I 2022/10)*

[a] Tritt mit 1. Jänner 2023 in Kraft.

(3) Zusätzlich zur Körperschaftsteuer gemäß Abs. 1 und 2 ist ein Zuschlag in Höhe von 25% von jenen Beträgen zu entrichten, bei denen der Abgabepflichtige auf Verlangen der Abgabenbehörde die Gläubiger oder Empfänger der Beträge nicht genau bezeichnet.

### Freibetrag für begünstigte Zwecke

**§ 23.** (1) Bei Körperschaften im Sinne des § 5 Z 6 ist bei der Ermittlung des Einkommens nach Abzug der Sonderausgaben ein Betrag in Höhe des Einkommens, höchstens jedoch 10 000 Euro, abzuziehen.

(2) Erzielt eine Körperschaft im Sinne des Abs. 1 in einem Kalenderjahr vor Anwendung des Abs. 1 kein steuerpflichtiges Einkommen, ist der nicht wirksam gewordene Freibetrag vom Einkommen,

das in einem der zehn folgenden Jahre (Ansammlungszeitraum) erzielt wird, in folgender Weise abzuziehen:

1. Es ist zunächst der für das jeweilige Jahr zustehende Freibetrag abzuziehen.
2. Verbleibt nach Abzug des Freibetrages nach Z 1 ein Einkommen, sind aus vorangegangenen Jahren zustehende Freibeträge abzuziehen, wobei die Freibeträge der zeitlich am weitesten zurückliegenden Jahre vorrangig zu berücksichtigen sind.
3. Nicht verrechnete Freibeträge nach Z 2 bleiben innerhalb der Frist von zehn Jahren weiter abzugsfähig.

Übersteigt das steuerpflichtige Einkommen vor Anwendung des Abs. 1 in einem Kalenderjahr nicht 10% des Freibetrages und übersteigt das kumulierte steuerpflichtige Einkommen vor Anwendung des Abs. 1 im Ansammlungszeitraum nicht 5% der im Ansammlungszeitraum maximal vortragsfähigen Freibeträge, kann der im jeweiligen Kalenderjahr noch nicht verbrauchte Freibetrag nach Z 1 bis 3 vorgetragen werden.

### Sanierungsgewinne

**§ 23a.** (1) Zu den Einkünften gehören Sanierungsgewinne, das sind Gewinne, die durch Vermehrungen des Betriebsvermögens infolge eines gänzlichen oder teilweisen Erlasses von Schulden zum Zwecke der Sanierung entstanden sind.

(2) Sind im Einkommen Sanierungsgewinne enthalten, die durch Erfüllung der Sanierungsplanquote nach Abschluss eines Sanierungsplans gemäß §§ 140 bis 156 der Insolvenzordnung (IO) oder einer vergleichbaren außergerichtlichen Sanierung entstanden sind, gilt für die Berechnung der Steuer Folgendes:

1. Es ist die rechnerische Steuer sowohl einschließlich als auch ausschließlich der Sanierungsgewinne zu ermitteln.
2. Der Unterschiedsbetrag ist mit jenem Prozentsatz zu vervielfachen, der dem Forderungsnachlass entspricht (100% abzüglich Sanierungsplanquote).
3. Das Ergebnis ist von der nach Z 1 ermittelten Steuer einschließlich der Sanierungsgewinne abzuziehen.

*(BGBl I 2021/227)*

## 5. TEIL
## ERHEBUNG DER STEUER

**§ 24.** (1) Die Körperschaftsteuer wird nach Ablauf des Kalenderjahres (Veranlagungszeitraum) nach dem Einkommen oder dem Gesamtbetrag der Einkünfte beschränkt Steuerpflichtiger im Sinne des § 21 Abs. 1 und 3 veranlagt, das der Steuerpflichtige in diesem Veranlagungszeitraum bezogen hat.

(2) Die Körperschaftsteuer für Einkünfte, die dem Steuerabzug unterliegen, gilt bei beschränkt Steuerpflichtigen durch den Steuerabzug als abgegolten, außer es ergibt sich aus den Vorschriften des Einkommensteuergesetzes 1988, daß eine Veranlagung zu erfolgen hat. Dies gilt sinngemäß für die selbstberechnete Immobilienertragsteuer gemäß § 30b Abs. 1 desEinkommensteuergesetzes 1988, es sei denn, dass die der Selbstberechnung zugrunde liegenden Angabendes Steuerpflichtigen nicht den tatsächlichen Gegebenheiten entsprechen.

(3) Für die Veranlagung und Entrichtung der Steuer gilt Folgendes:

1. Es sind die Vorschriften des Einkommensteuergesetzes 1988 über die Veranlagung und Entrichtung ~~der Körperschaftsteuer~~ sinngemäß anzuwenden. Die Körperschaftsteuererklärung für unbeschränkt Steuerpflichtige ist elektronisch zu übermitteln. Ist dem Steuerpflichtigen die elektronische Übermittlung der Steuererklärung mangels technischer Voraussetzungen unzumutbar, hat die Übermittlung der Steuererklärung unter Verwendung des amtlichen Vordrucks zu erfolgen. Der Bundesminister für Finanzen wird ermächtigt, den Inhalt und das Verfahren der elektronischen Übermittlung der Steuererklärung mit Verordnung festzulegen. In der Verordnung kann vorgesehen werden, dass sich der Steuerpflichtige einer bestimmten geeigneten öffentlich-rechtlichen oder privatrechtlichen Übermittlungsstelle zu bedienen hat.

   *(BGBl I 2022/108 ab 20.7.2022)*
2. Bei der Festsetzung von Vorauszahlungen ist eine sich aus § 22 Abs. 2 ergebende Körperschaftsteuerschuld zu berücksichtigen. Ein Zuschlag zur Körperschaftsteuer gemäß § 22 Abs. 3 ist nicht zu berücksichtigen.
3. Das Finanzamt hat die Vorauszahlungen für Privatstiftungen im Sinne des § 13 bis 30. September 2011 für das Kalenderjahr 2011 und Folgejahre auf Grund der Anhebung der Zwischensteuer gemäß § 22 Abs. 2 und § 24 Abs. 5 Z 3 entsprechend anzupassen.
4. Die §§ 30b und 30c des Einkommensteuergesetzes 1988 sind nicht anzuwenden auf
   – Körperschaften gemäß § 1 Abs. 2 und Abs. 3 Z 1, sofern diese unter § 7 Abs. 3 fallen, und
   – Privatstiftungen.

(4) Für unbeschränkt steuerpflichtige inländische Kapitalgesellschaften und diesen vergleichbaren unbeschränkt steuerpflichtigen ausländischen Körperschaften gilt Folgendes:

1. Es ist für jedes volle Kalendervierteljahr des Bestehens der unbeschränkten Steuerpflicht eine Mindeststeuer in Höhe von 5% eines Viertels der gesetzlichen Mindesthöhe des Grund- oder Stammkapitals (§ 7 des Aktiengesetzes 1965, § 6 des GmbH-Gesetzes und Art. 4 der Verordnung (EG) Nr. 2157/2001 über das Statut der Europäischen Gesellschaft (SE), ABl. Nr. L 294 vom 10.11.2001 S. 1) zu entrichten. Fehlt bei ausländischen Körperschaften eine gesetzliche Mindesthöhe

des Kapitals oder ist diese niedriger als die gesetzliche Mindesthöhe nach § 6 des GmbH-Gesetzes, ist § 6 des GmbH-Gesetzes maßgebend. Ändert sich die für die Mindeststeuer maßgebliche Rechtsform während eines Kalendervierteljahres, ist dafür die am Beginn des Kalendervierteljahres bestehende Rechtsform maßgeblich.

2. Abweichend von Z 1 beträgt die Mindeststeuer für unbeschränkt steuerpflichtige Kreditinstitute und Versicherungsunternehmen in der Rechtsform einer Kapitalgesellschaft für jedes volle Kalendervierteljahr 1 363 Euro.
3. Abweichend von Z 1 und 2 beträgt die Mindeststeuer für unbeschränkt steuerpflichtige Gesellschaften mit beschränkter Haftung in den ersten fünf Jahren ab Eintritt in die unbeschränkte Steuerpflicht für jedes volle Kalendervierteljahr 125 Euro und in den folgenden fünf Jahren für jedes volle Kalendervierteljahr 250 Euro.
4. Die Mindeststeuer ist in dem Umfang, in dem sie die tatsächliche Körperschaftsteuerschuld übersteigt, wie eine Vorauszahlung im Sinne des § 45 des Einkommensteuergesetzes 1988 anzurechnen. Die Anrechnung ist mit jenem Betrag begrenzt, mit dem die im Veranlagungsjahr oder in den folgenden Veranlagungszeiträumen entstehende tatsächliche Körperschaftsteuerschuld den sich aus den Z 1 bis 3 für diesen Veranlagungszeitraum ergebenden Betrag übersteigt.

(5) Körperschaftsteuer, die auf Einkünfte im Sinne des § 13 Abs. 3 und 4 entfällt, ist nach Maßgabe der nachstehenden Bestimmungen in der Veranlagung gutzuschreiben:

1. Die Körperschaftsteuer ist bei Abgabe der Steuererklärung auf Grund einer erfolgten Veranlagung festgesetzt und entrichtet.
2. Die Privatstiftung tätigt Zuwendungen im Sinne des § 27 Abs. 5 Z 7 des Einkommensteuergesetzes 1988, für die Kapitalertragsteuer abgeführt wurde.
3. a) Die Bemessungsgrundlage für die Gutschrift ist der Unterschiedsbetrag zwischen
   – der Summe der gemäß § 13 Abs. 3 gesondert zu versteuernden Einkünfte und
   – der Summe der Zuwendungen im Sinne des § 27 Abs. 5 Z 7 des Einkommensteuergesetzes 1988, wenn diese die Summe der Einkünfte im Sinne des ersten Teilstriches übersteigt.

   b) Findet eine Entlastung der Zuwendungen von der Kapitalertragsteuer auf Grund eines Doppelbesteuerungsabkommens statt, ist die Summe der Zuwendungen bei der Ermittlung der Bemessungsgrundlage gemäß lit. a insoweit zu verringern, als sie nicht endgültig mit Kapitalertragsteuer belastet ist. Dies gilt auch, wenn die Entlastung nach Abfuhr der Kapitalertragsteuer stattfindet; die nachträgliche Entlastung gilt als rückwirkendes Ereignis im Sinne des § 295a der Bundesabgabenordnung.
4. Wird die Körperschaftsteuer der Jahre vor 2011 gutgeschrieben, beträgt die Gutschrift 12,5% der Bemessungsgrundlage gemäß Z 3. Wird die Körperschaftsteuer der Jahre ab 2011 gutgeschrieben, beträgt die Gutschrift 25% der Bemessungsgrundlage gemäß Z 3. Die Körperschaftsteuer der Jahre vor 2011 ist vorrangig gutzuschreiben.

4.[a] Wird die Körperschaftsteuer der Jahre vor 2011 gutgeschrieben, beträgt die Gutschrift 12,5% der Bemessungsgrundlage gemäß Z 3. Die Gutschrift der Körperschaftsteuer der Jahre ab 2011 bis 2022 beträgt 25%, des Jahres 2023 24% und der Jahre ab 2024 23% der jeweiligen Bemessungsgrundlage gemäß Z 3. Die Körperschaftsteuer der ältesten Jahre ist vorrangig gutzuschreiben.

*(BGBl I 2022/10)*

[a] Tritt mit 1. Jänner 2023 in Kraft.

5. Die Privatstiftung führt ein Evidenzkonto, in dem die jährlich entrichtete Körperschaftsteuer, die gutgeschriebenen Beträge und der jeweils für eine Gutschrift in Betracht kommende Restbetrag fortlaufend aufgezeichnet werden.
6. Im Falle der Auflösung der Privatstiftung ist die Höhe der Gutschrift gemäß Z 3 und 4 zu ermitteln. Dabei ist bei der Berechnung der Gutschrift nach Z 3 auch der Restbetrag gemäß Z 5 wie eine Zuwendung im Sinne des § 27 Abs. 5 Z 7 des Einkommensteuergesetzes 1988 zu behandeln. Abweichend von Z 3 lit. b ist trotz Abfuhr der Kapitalertragsteuer im Fall einer möglichen nachträglichen Entlastung der Zuwendungsbetrag entsprechend zu reduzieren. Die Erteilung der Gutschrift erfolgt mit der letzten Veranlagung.

*(BGBl I 2015/163)*

(6) Die Bestimmungen des § 108c EStG 1988 gelten sinngemäß für Körperschaften im Sinne des § 1, soweit sie nicht von der Körperschaftsteuer befreit sind. § 124b Z 268 sowie § 124b Z 296 des Einkommensteuergesetzes 1988 sind sinngemäß für Körperschaften im Sinne des § 1 anzuwenden.

*(BGBl I 2015/101, BGBl I 2015/118)*

(7) § 107 des Einkommensteuergesetzes 1988 gilt für Körperschaften im Sinne des § 1 Abs. 2 und Abs. 3 Z 1 nach Maßgabe folgender Bestimmungen sinngemäß:

1. Die Abzugsteuer beträgt 8,25%.

1.[a] Die Abzugsteuer beträgt 7,5%.

*(BGBl I 2022/10)*

[a] Tritt mit 1. Jänner 2023 in Kraft.

2. Abweichend von § 107 Abs. 6 des Einkommensteuergesetzes 1988 haftet der Schuldner

der Einkünfte für die Entrichtung der Abzugsteuer nicht, wenn eine Anmeldung und der Abzug auf Grundlage der Angaben des Einkünfteempfängers unterblieben ist und diese Angaben nicht offensichtlich unrichtig sind.

3. Dem Empfänger der Einkünfte ist die Abzugsteuer vorzuschreiben, wenn ein Abzug gemäß Z 2 zu Unrecht unterblieben ist.

*(BGBl I 2018/62)*

**Sondervorschriften für Unternehmensgruppen**

**§ 24a.** (1)

1. Das Ergebnis jedes unbeschränkt steuerpflichtigen Gruppenmitgliedes (§ 9 Abs. 2) ist mit Bescheid (§ 92 Abs. 1 lit. b der Bundesabgabenordnung) festzustellen. In diesem Bescheid ist abzusprechen über:
   – Das eigene Einkommen gemäß § 9 Abs. 6 Z 1,
   – die zuzurechnenden Verluste nicht unbeschränkt steuerpflichtiger ausländischer Gruppenmitglieder, an denen eine ausreichende finanzielle Verbindung besteht, sowie deren allenfalls nachzuversteuernde Verluste,
   – die anzurechnenden inländischen Steuern,
   – die anrechenbaren ausländischen Steuern,
   – die verrechenbare Mindeststeuer (Abs. 4 Z 2) und
   – die Aufteilung des vom Gruppenmitglied zuzurechnenden Ergebnisses auf die Mitbeteiligten einer dem Gruppenmitglied übergeordneten Beteiligungsgemeinschaft.
2. Das Ergebnis des Gruppenträgers (§ 9 Abs. 3) oder des Hauptbeteiligten einer Beteiligungsgemeinschaft als Gruppenträger ist mit Bescheid (§ 92 Abs. 1 lit. b der Bundesabgabenordnung) festzustellen. In diesem Bescheid ist abzusprechen über:
   – Das eigene Einkommen gemäß § 9 Abs. 6 Z 2 zweiter Satz,
   – die zuzurechnenden Verluste nicht unbeschränkt steuerpflichtiger ausländischer Gruppenmitglieder, an denen eine ausreichende finanzielle Verbindung besteht, sowie deren allenfalls nachzuversteuernde Verluste,
   – die anzurechnenden inländischen Steuern,
   – die anrechenbaren ausländischen Steuern und
   – die verrechenbare Mindeststeuer (Abs. 4 Z 2).
3. Das Ergebnis jedes beschränkt steuerpflichtigen ausländischen Gruppenmitglieds (§ 9 Abs. 2 zweiter Teilstrich) ~~und beschränkt steuerpflichtigen ausländischen Gruppenträgers (§ 9 Abs. 3 fünfter Teilstrich)~~ ist mit Bescheid (§ 92 Abs. 1 lit. b der Bundesabgabenordnung) festzustellen. In diesem Bescheid ist über den Gesamtbetrag der beschränkt steuerpflichtigen Einkünfte aus inländischen Betriebsstätten und inländischem unbeweglichen Vermögen abzusprechen.

   *(BGBl I 2019/103, BGBl I 2022/108 ab 20.7.2022)*

(2) Der Feststellungsbescheid im Sinne des Abs. 1 ergeht an das jeweilige Gruppenmitglied, den Gruppenträger und im Falle einer dem Gruppenmitglied übergeordneten Beteiligungsgemeinschaft den Minderbeteiligten. Der Feststellungsbescheid ist Grundlage für die Festsetzung der Körperschaftsteuer beim Gruppenträger.

(3) Die Körperschaftsteuer wird nach Ablauf des Kalenderjahres (Veranlagungszeitraum) nach dem Gruppeneinkommen veranlagt, das dem Gruppenträger zuzurechnen ist (§ 9 Abs. 6 Z 2). Das Gruppeneinkommen ergibt sich wie folgt:

1. Bei Gruppenträgern im Sinne des § 9 Abs. 3 erster bis vierter Teilstrich durch Zusammenrechnung des eigenen Einkommens mit den im jeweiligen Veranlagungsjahr zuzurechnenden Ergebnissen der Gruppenmitglieder unter Berücksichtigung des § 12a und der Sonderausgaben.

   *(BGBl I 2016/77, BGBl I 2021/3)*
2. Bei allen Mitbeteiligten einer Beteiligungsgemeinschaft im Sinne des § 9 Abs. 3 fünfter Teilstrich durch Zusammenrechnung des eigenen Einkommens des Mitbeteiligten mit dem anteilig auf jeden entfallenden Anteil an den Ergebnissen der ruppenmitglieder unter Berücksichtigung der Sonderausgaben.

   *(BGBl I 2016/77)*

Auf die sich daraus ergebende Körperschaftsteuerschuld sind anzurechnende inländische Steuern, anrechenbare ausländische Steuern und verrechenbare Mindeststeuern (Abs. 4) ganz oder im Falle einer Beteiligungsgemeinschaft anteilig anzurechnen. Mit der Erlassung des Körperschaftsteuerbescheides ist zuzuwarten, bis sämtliche Feststellungsbescheide im Sinn des Abs. 1 erlassen sind.

(4) In der Unternehmensgruppe gilt hinsichtlich der Mindeststeuer Folgendes:

1. Eine Mindeststeuer ist für jedes mindeststeuerpflichtige Gruppenmitglied und den Gruppenträger zu berechnen und vom Gruppenträger zu entrichten, wenn das Gesamteinkommen in der Unternehmensgruppe nicht ausreichend positiv ist. Das Gesamteinkommen in der Unternehmensgruppe ist dann nicht ausreichend positiv, wenn es unter dem Betrag liegt, der sich für alle mindeststeuerpflichtigen Gruppenmitglieder und den mindeststeuerpflichtigen Gruppenträger nach § 24 Abs. 4 Z 1 bis 3 zusammengezählt ergibt.

2. Mindeststeuern aus Zeiträumen vor dem Wirksamwerden der Unternehmensgruppe sind dem finanziell ausreichend beteiligten Gruppenmitglied bzw. dem Gruppenträger in jener Höhe zuzurechnen, die auf das vom Gruppenmitglied weitergeleitete eigene Einkommen anrechenbar wäre. Das beteiligte Gruppenmitglied leitet die zugerechnete Mindeststeuer gemeinsam mit dem eigenen Einkommen jenes Zeitraumes weiter, in dem die Zurechnung erfolgt ist.

## 6. TEIL
## VERWEISE AUF ANDERE BUNDESGESETZE

**§ 25.** Soweit in diesem Bundesgesetz auf andere Bundesgesetze verwiesen wird, sind diese in ihrer jeweils geltenden Fassung anzuwenden.

## 7. TEIL
## ÜBERGANGS- UND SCHLUSSVORSCHRIFTEN

### Inkrafttreten und Aufhebung

**§ 26.** (1) Dieses Bundesgesetz ist anzuwenden,

1. wenn die Körperschaftsteuer veranlagt wird, erstmalig bei der Veranlagung für das Kalenderjahr 1989,
2. wenn die Körperschaftsteuer durch Abzug erhoben wird, für die Zeit ab 1. Jänner 1989.

(2) Das Körperschaftsteuergesetz 1966 ist letztmalig anzuwenden,

1. wenn die Körperschaftsteuer veranlagt wird, bei der Veranlagung für das Kalenderjahr 1988,
2. wenn die Körperschaftsteuer durch Abzug erhoben wird, für die Zeit bis 31. Dezember 1988.

(3) Abweichend von Abs. 1 und 2 gilt folgendes:

1. § 8 Abs. 3 Z 3 und § 18 sind auf alle nicht rechtskräftigen Veranlagungen anzuwenden.
2. a) § 8 Abs. 4 Z 3 ist anzuwenden auf Mantelkäufe, die in Wirtschaftsjahren erfolgen, die nach dem 31. Dezember 1988 enden.
   b) § 117 Abs. 6 des Einkommensteuergesetzes 1988 ist anzuwenden.
3. § 14 Abs. 3 ist erstmalig ab der Veranlagung für das Kalenderjahr 1987 anzuwenden.

(4) Für gemeinnützige Bauvereinigungen im Sinne des Wohnungsgemeinnützigkeitsgesetzes gilt folgendes:

1. § 1 Abs. 3 des Wohnungsgemeinnützigkeitsgesetzes ist für Wirtschaftsjahre anzuwenden, die vor dem 1. Jänner 1989 enden.
2. § 5 Z 10 ist erstmalig für jenes Wirtschaftsjahr anzuwenden, das nach dem 31. Dezember 1988 endet. Bei gemeinnützigen Bauvereinigungen, die am Beginn des im ersten Satz genannten Wirtschaftsjahres Geschäfte außerhalb der in § 7 Abs. 1 bis 3 des Wohnungsgemeinnützigkeitsgesetzes bezeichneten Art tätigen, ist der Bescheid der Finanzlandesdirektion für dieses Wirtschaftsjahr unter der Voraussetzung wirksam, daß der Antrag innerhalb von drei Monaten ab Beginn des Wirtschaftsjahres gestellt wird. Der Antrag muß jedoch in keinem Fall vor dem 1. April 1989 gestellt werden.

(5) Pensionskassen, die nach § 6 des Körperschaftsteuergesetzes 1966 befreit waren und die Voraussetzungen für die Körperschaftsteuerbefreiung nach § 6 am 1. Jänner 1989 nicht erfüllen, bleiben bis zum Erlöschen der Konzession im Sinne des § 49 des Pensionskassengesetzes steuerfrei, wenn sie die Voraussetzungen für die Körperschaftsteuerbefreiung nach § 6 des Körperschaftsteuergesetzes 1966 weiterhin erfüllen.

(6) Hat ein Organträger im Sinne des § 8 Abs. 4 des Körperschaftsteuergesetzes 1966 ein abweichendes Wirtschaftsjahr, ist das Einkommen der Organgesellschaft für das Jahr 1988 dem Einkommen des Organträgers für das Jahr 1988 zuzurechnen.

(7) Beziehen sich bundesgesetzliche Vorschriften auf Bestimmungen des Körperschaftsteuergesetzes 1966, treten an die Stelle dieser Bestimmungen die entsprechenden Bestimmungen dieses Bundesgesetzes.

**§ 26a.** (1) § 117 Abs. 7 Z 2 des Einkommensteuergesetzes 1988 in der Fassung des Bundesgesetzes BGBl. Nr. 201/1996 ist anzuwenden.

(2) § 14 Abs. 1 in der Fassung des Bundesgesetzes BGBl. Nr. 818/1993 ist auf Wirtschaftsjahre, die vor dem 1. Jänner 1997 und nach dem 31. Dezember 1995 enden, mit der Maßgabe anzuwenden, daß an Stelle der Hälfte der Zuführung zur Haftrücklage ein Viertel der Zuführung zur Haftrücklage tritt. Auf Wirtschaftsjahre, die nach dem 31. Dezember 1996 enden, sind die Abs. 1 bis 3 nicht anzuwenden. Soweit für Wirtschaftsjahre, die vor dem 1. Jänner 1997 enden, steuerwirksame Haftrücklagen gebildet wurden, sind sie in den Jahren ihrer bestimmungsgemäßen Verwendung nachzuversteuern. Bei bestimmungsgemäßer Verwendung ist die steuerwirksame Haftrücklage im Verhältnis des Standes der steuerwirksam und der steuerneutral gebildeten Rücklagenteile vor der bestimmungsgemäßen Verwendung steuerwirksam aufzulösen.

(3) § 16 ist auf Wirtschaftsjahre, die vor dem 1. Jänner 1997 und nach dem 31. Dezember 1995 enden, mit der Maßgabe anzuwenden, daß die Hälfte der Zuführung zur Risikorücklage abzugsfähig ist. Auf Wirtschaftsjahre, die nach dem 31. Dezember 1996 enden, ist § 16 nicht anzuwenden. Soweit für Wirtschaftsjahre, die vor dem 1. Jänner 1997 enden, steuerwirksame Risikorücklagen gebildet wurden, sind sie in den Jahren ihrer bestimmungsgemäßen Verwendung nachzuversteuern.

(4) § 17 Abs. 3 in der Fassung des Bundesgesetzes BGBl. Nr. 201/1996 ist erstmalig bei der Veranlagung für 1997 anzuwenden. Bei der Veranlagung für 1996 tritt an die Stelle der Prozentzahl „10“ die Prozentzahl „15“.

(5) § 24 Abs. 4 in der Fassung des Bundesgesetzes BGBl. Nr. 201/1996 ist erstmals für Zeiträume nach dem 31. Dezember 1995 anzuwenden. Die am 1. Jänner 1996 bestehenden der Mindeststeuer unterliegenden unbeschränkt Steuerpflichtigen haben die für das erste und zweite Quartal maßgebenden Beträge am 15. August 1996 nachzuentrichten. Für in den Jahren 1994 bis 1996 zu entrichtende Mindeststeuerbeträge entfällt die nach § 24 Abs. 4 in der Fassung des Bundesgesetzes BGBl. Nr. 680/1994 vorgesehene siebenjährige Verrechnungsfrist.

(6) § 7 Abs. 2 und § 23 in der Fassung vor dem Bundesgesetz BGBl. Nr. 201/1996 ist letztmals bei der Veranlagung für 1997 anzuwenden. Im übrigen ist § 7 Abs. 2 bei der Veranlagung für 1996 und 1997 mit der Maßgabe anzuwenden, daß Verluste aus der Beteiligung als Mitunternehmer oder stiller Gesellschafter an Betrieben, deren Unternehmensschwerpunkt in der Verwaltung unkörperlicher Wirtschaftsgüter oder in der gewerblichen Vermietung von Wirtschaftsgütern gelegen ist, weder ausgleichsfähig noch gemäß § 8 Abs. 4 vortragsfähig sind, wenn die Beteiligung in Wirtschaftsjahren angeschafft wurde, die in den Jahren 1996 oder 1997 enden. Solche Verluste sind mit Gewinnen (Gewinnanteilen) aus dieser Beteiligung frühestmöglich zu verrechnen.

(7) § 10 Abs. 2 in der Fassung des Bundesgesetzes BGBl. Nr. 797/1996 ist für Beteiligungserträge im Sinne des § 10 Abs. 2 Z 2 lit. a erstmalig bei der Veranlagung für 1996 und für Beteiligungserträge im Sinne des § 10 Abs. 2 Z 2 lit. b, erstmalig bei der Veranlagung für 1997 anzuwenden.

(8) § 117a des Einkommensteuergesetzes 1988 ist anzuwenden.

(9) § 11 Abs. 2, § 17 Abs. 3 und § 22 Abs. 3 und 4 in der Fassung des Bundesgesetzes BGBl. I Nr. 106/1999 sind erstmals bei der Veranlagung für das Jahr 2000 anzuwenden.

(10) § 7 Abs. 2, § 13 Abs. 2 bis 4, § 15 Abs. 2 und 3, § 22 Abs. 2 und 3 und § 24 Abs. 5, jeweils in der Fassung des Bundesgesetzes BGBl. I Nr. 142/2000, sind erstmalig bei der Veranlagung für das Kalenderjahr 2001 anzuwenden.

(11) Rückstellungen zum Ausgleich des schwankenden Jahresbedarfes, die bereits zum Ende des letzten vor dem 1. Jänner 2001 endenden Wirtschaftsjahres gebildet worden sind, sind mit der Hälfte jenes Betrages gewinnerhöhend aufzulösen, mit dem die Rückstellungen im Jahresabschluss für das letzte vor dem 1. Jänner 2001 endende Wirtschaftsjahr angesetzt wurden. Die gewinnerhöhende Auflösung ist im Wirtschaftsjahr, das nach dem 31. Dezember 2000 endet, und in den folgenden zwei Wirtschaftsjahren (Auflösungszeitraum) mit jährlich mindestens einem Drittel vorzunehmen.

(12) § 15 Abs. 3 in der Fassung des Bundesgesetzes BGBl. I Nr. 142/2000 ist auch auf Rückstellungen für noch nicht abgewickelte Versicherungsfälle und auf sonstige Rückstellungen (§ 81c Abs. 3 Pos. D VII des Versicherungsaufsichtsgesetzes) anzuwenden, die bereits zum Ende des letzten vor dem 1. Jänner 2001 endenden Wirtschaftsjahres gebildet worden sind. Auflösungsgewinne, die sich aus der erstmaligen Anwendung des § 15 Abs. 3 in der Fassung des Bundesgesetzes BGBl. I Nr. 142/2000 bei den zuvor genannten Rückstellungen ergeben, können auf das Wirtschaftsjahr, das nach dem 31. Dezember 2000 endet, und auf die folgenden vier Wirtschaftsjahre (Auflösungszeitraum) verteilt werden, wobei jährlich mindestens ein Fünftel anzusetzen ist. Scheidet eine Rückstellung während des Auflösungszeitraumes aus dem Betriebsvermögen aus, ist der darauf entfallende Auflösungsgewinn im Wirtschaftsjahr des Ausscheidens jedenfalls anzusetzen.

(13) § 6 Abs. 4 und § 13 Abs. 1 Z 1, jeweils in der Fassung des Bundesgesetzes BGBl. I Nr. 2/2001, sind erstmalig bei der Veranlagung für das Jahr 2001 anzuwenden. Abweichend davon sind § 6 Abs. 4 und § 13 Abs. 1 Z 1, jeweils in der Fassung des Bundesgesetzes BGBl. I Nr. 2/2001, erstmalig bei der Veranlagung für das Jahr 2000 anzuwenden, wenn die Stiftung nach dem 30. November 2000 errichtet worden ist.

(14) § 5 Z 8, § 6 Abs. 2 Z 5, § 23 und § 24 Abs. 4 Z 2 und 3, jeweils in der Fassung des Bundesgesetzes BGBl. I Nr. 59/2001, sind erstmals bei der Veranlagung für das Jahr 2002 anzuwenden.

(15) § 22 Abs. 4 ist letztmalig bei der Veranlagung für das Jahr 2001 anzuwenden.

(16)

1. § 10 Abs. 2 in der Fassung des Bundesgesetzes BGBl. I Nr. 71/2003 ist ab der Veranlagung für das Kalenderjahr 2004 anzuwenden.
2. § 10 Abs. 3 in der Fassung des Bundesgesetzes BGBl. I Nr. 71/2003 ist anzuwenden:
   a) auf Steuerpflichtige, die vor dem 1. Jänner 2001 in das Firmenbuch eingetragen worden sind, ab der Veranlagung für das Kalenderjahr 2006, und zwar dahin gehend, dass sie die Option für bestehende und vor dem 1. Jänner 2006 erworbene Beteiligungen mit Wirkung für das Jahr 2006 ausüben und spätestens mit der Körperschaftsteuererklärung für das Jahr 2006 eine entsprechende Optionserklärung abgeben; § 10 Abs. 2 Z 2 in der Fassung vor Bundesgesetz BGBl. I Nr. 71/2003 gilt, unbeschadet der Wirksamkeit des § 10 Abs. 2 KStG 1988 in der Fassung des Bundesgesetzes BGBl. I Nr. 71/2003, bis zum Jahr der Ausübung der Option,
   b) auf Steuerpflichtige, die nach dem 31. Dezember 2000 in das Firmenbuch eingetragen worden sind ab der Veranlagung für 2004, und zwar dahin gehend, dass sie die Option für bestehende und vor dem 1. Jänner 2004 erworbene Beteiligungen, mit Wirksamkeit für die Veranlagung 2004 ausüben und eine entsprechende Erklärung spätestens gemeinsam mit der Körperschaftsteuererklärung für das Jahr 2004 ab-

geben. Dies gilt auch dann, wenn bei einer bestehenden und vor dem ersten Jänner 2004 erworbenen Beteiligung ausschließlich durch das In-Kraft-Treten des § 10 Abs. 2 in der Fassung des Bundesgesetzes BGBl. I Nr. 71/2003 die Voraussetzungen für eine internationale Schachtelbeteiligung eintreten.

3. Wird keine Option im Sinne der Z 2 lit. a bzw. der Z 2 lit. b ausgeübt, gilt Folgendes:

   Ist im Fall der Z 2 lit. a vor dem letzten im Kalenderjahr 2006 endenden Wirtschaftsjahr, im Fall der Z 2 lit. b vor dem letzten im Kalenderjahr 2004 endenden Wirtschaftsjahr für eine Beteiligung oder für Teile hievon der niedrigere Teilwert (§ 6 Z 2 lit. a des Einkommensteuergesetzes 1988) angesetzt worden, ist der Unterschiedsbetrag zwischen dem steuerlich maßgebenden Buchwert und den seinerzeitigen Anschaffungskosten jeweils im unmittelbar folgenden Wirtschaftsjahr mit mindestens einem Siebentel und in den jeweils sechs weiteren Wirtschaftsjahren ebenfalls mit mindestens einem Siebentel gewinnerhöhend anzusetzen.

4. Im Falle der Ausübung einer Option kann anstelle des steuerlichen Buchwertes der Beteiligung der gemeine Wert abzüglich vorgenommener Teilwertabschreibungen am Ende des Wirtschaftsjahres, in dem die Option ausgeübt wurde, angesetzt werden.

5. § 10 Abs. 4 in der Fassung des Bundesgesetzes BGBl. I Nr. 71/2003 ist anzuwenden:

   a) auf Steuerpflichtige, die vor dem 1. Jänner 2001 in das Firmenbuch eingetragen worden sind, ab der Veranlagung für das Kalenderjahr 2006,

   b) auf Steuerpflichtige, die nach dem 31. Dezember 2000 in das Firmenbuch eingetragen worden sind, ab der Veranlagung für das Kalenderjahr 2004.

   c) Am Ende des ersten im Kalenderjahr 2006 endenden Wirtschaftsjahres (lit. a) bzw. des ersten im Kalenderjahr 2004 endenden Wirtschaftsjahres (lit. b) kann an Stelle des steuerlichen Buchwertes der Beteiligung der gemeine Wert abzüglich vorgenommener Teilwertabschreibungen angesetzt werden. Dies gilt nur dann, wenn bei einer vor dem Beginn des ersten im Kalenderjahr 2004 bzw. 2006 endenden Wirtschaftsjahres erworbenen Beteiligung ausschließlich durch das In-Kraft-Treten des § 10 Abs. 4 in der Fassung des BGBl. I Nr. 71/2003 die Voraussetzungen für die Steuerbefreiung der Erträge aus der internationalen Schachtelbeteiligung entfallen.

(17) § 22 Abs. 2 in der Fassung des Bundesgesetzes BGBl. I Nr. 71/2003 ist erstmals auf Kapitalerträge anzuwenden, die nach dem 31. März 2003 zufließen.

(18) § 24 Abs. 3 Z 1 in der Fassung des Bundesgesetzes BGBl. I Nr. 124/2003 gilt ab der Veranlagung für das Kalenderjahr 2003.

(19) Für bestehende Mittelstandsfinanzierungsgesellschaften, die vor dem 31. Dezember 2007 zur Eintragung in das Firmenbuch angemeldet wurden, sind § 5 Z 14 und § 6b jeweils in der Fassung vor dem Bundesgesetz BGBl. I Nr. 100/2007

1. für zum 31. März 2008 bestehende Beteiligungen bis zum ersten Wirtschaftsjahr, das nach dem 31. Dezember 2012 beginnt, anzuwenden. Diese Frist verlängert sich um zwei Jahre, soweit sich die Mittelstandsfinanzierungsgesellschaft vor dem 31. Dezember 2007 zum Halten der Beteiligungen über den 31. Dezember 2012 hinaus verpflichtet hat und diese Verpflichtung gegenüber Dritten eingegangen ist, soweit diese Verpflichtung Voraussetzung für die Gewährung einer zusätzlichen Komplementärfinanzierung am Markt war.

2. für nach dem 31. März 2008 erworbene Beteiligungen bis zum ersten Wirtschaftsjahr, das nach dem 31. Dezember 2012 beginnt, anzuwenden,

   – wenn deren Erwerb ausschließlich aus bis zum 31. Dezember 2007 eingezahltem Kapital der Mittelstandsfinanzierungsgesellschaft finanziert worden ist, oder

   – wenn deren Erwerb ausschließlich aus bis zum 31. Oktober 2007 kommittiertem Kapital der Mittelstandsfinanzierungsgesellschaft finanziert worden ist und sich die Mittelstandsfinanzierungsgesellschaft im Rahmen eines Beteiligungsplans bereits zum Erwerb zusätzlicher Beteiligungen an dem Zielunternehmen verpflichtet hat. Kommittiertes Kapital der Mittelstandsfinanzierungsgesellschaft ist Kapital, das dieser aufgrund vertraglicher Verpflichtung bereits verbindlich zugesagt worden ist.

3. für alle anderen nach dem 31. März 2008 erworbenen Beteiligungen bis zum ersten Wirtschaftsjahr, das nach dem 31. Dezember 2012 beginnt, nicht mehr anzuwenden. Auf diese neu erworbenen Beteiligungen sind bereits § 5 Z 14, § 6b Abs. 1 Z 6 lit. a und b und § 6b Abs. 2 in der Fassung dieses Bundesgesetzes BGBl. I Nr. 100/2007 bis zum ersten Wirtschaftsjahr, das nach dem 31. Dezember 2012 beginnt, anzuwenden.

Bestehende Mittelstandsfinanzierungsgesellschaften können jedoch ihre Tätigkeit auf die Erfordernisse des § 6b in der Fassung des Bundesgesetzes BGBl. I Nr. 100/2007 bis zum Ende des letzten Wirtschaftsjahres, auf das § 6b in der Fassung vor dem Bundesgesetz BGBl. I Nr. 100/2007 anzuwenden ist, umstellen. Die Begünstigung des dem Veranlagungsbereich zuzurechnenden Ergebnisses gemäß § 5 Z 14 in der Fassung vor dem Bundesgesetz BGBl. I Nr. 100/2007 läuft bei bestehenden Mittelstandsfinanzierungsgesellschaften mit dem Ablauf des fünften auf das Jahr der Eintragung der Gesellschaft in das Firmenbuch folgenden Kalenderjahres, spätestens jedoch mit 31. Dezember 2010, aus.

(20) Für Mittelstandsfinanzierungsgesellschaften, die nach dem 31. Dezember 2007 zur Eintragung in das Firmenbuch angemeldet wurden, sind § 5 Z 14 und § 6b jeweils in der Fassung des Bundesgesetzes BGBl. I Nr. 100/2007 erstmalig für Wirtschaftsjahre anzuwenden, die nach dem 31. Dezember 2007 beginnen.

(21) Für Mittelstandsfinanzierungsgesellschaften, die nach dem 31. Dezember 2007 zur Eintragung in das Firmenbuch angemeldet wurden oder nach Abs. 19 vorletzter Satz ihre Tätigkeit umgestellt haben, sind § 5 Z 14 und § 6b jeweils in der Fassung des Bundesgesetzes BGBl. I Nr. 100/2007

1. für zum 31. Dezember 2012 bestehende Beteiligungen bis zum ersten Wirtschaftsjahr, das nach dem 31. Dezember 2018 beginnt, anzuwenden.
2. für nach dem 31. Dezember 2012 erworbene Beteiligungen nicht mehr anzuwenden.

(22) § 5 Z 14 und § 6b jeweils in der Fassung des Bundesgesetzes BGBl. I Nr. 100/2007 treten erst mit Tag nach der Veröffentlichung der Genehmigung durch die Kommission der Europäischen Gemeinschaften im Bundesgesetzblatt in Kraft. Liegt dieser Tag nach dem 31. Dezember 2007, ändert sich der Zeitpunkt in Abs. 19 und 20 vom 31. Dezember 2007 auf diesen Tag.

**§ 26b. (Verfassungsbestimmung)** (1) § 13 in der Fassung des Bundesgesetzes BGBl. Nr. 201/1996 ist erstmalig bei der Veranlagung für 1996 anzuwenden. Die Bestimmung ist auch auf Privatstiftungen, die die in Abs. 1 genannten Voraussetzungen im Zeitpunkt des Inkrafttretens dieses Bundesgesetzes nicht erfüllen, anzuwenden, wenn die Offenlegung innerhalb der folgenden zwei Monate gegenüber dem für die Privatstiftung zuständigen Finanzamt erfolgt.

(2) § 6 Abs. 4 ist erstmalig bei der Veranlagung für das Jahr 1996 anzuwenden. Die Bestimmung ist auch auf Privatstiftungen, die die in § 6 Abs. 4 genannten Voraussetzungen im Zeitpunkt des Inkrafttretens dieses Bundesgesetzes nicht erfüllen, anzuwenden, wenn die Anpassung an die Voraussetzungen im Sinne des § 4 Abs. 11 Z 1 des Einkommensteuergesetzes 1988 innerhalb von sechs Monaten nach Inkrafttreten des Bundesgesetzes BGBl. Nr. 201/1996 erfolgt.

(3) § 5 Z 11, § 12 Abs. 3 und § 22 Abs. 2, jeweils in der Fassung des Bundesgesetzes BGBl. Nr. 201/1996, sind erstmalig bei der Veranlagung für das Jahr 1996 anzuwenden.

(4) § 117 Abs. 7 Z 1 des Einkommensteuergesetzes 1988 in der Fassung des Bundesgesetzes BGBl. Nr. 201/1996 ist anzuwenden.

**§ 26c.**

1. § 8 Abs. 3 Z 3, § 11, § 12 und § 15 Abs. 3 in der Fassung des Bundesgesetzes BGBl. I Nr. 57/2004 ist erstmals bei der Veranlagung für das Jahr 2005 anzuwenden.
2. § 22 in der Fassung des Bundesgesetzes BGBl. I Nr. 57/2004 ist erstmals bei der Veranlagung für das Kalenderjahr 2005 anzuwenden. Wird das Einkommen unter Berücksichtigung eines vom Kalenderjahr abweichenden Wirtschaftsjahres, das vor dem 1. Jänner 2005 beginnt und nach dem 31. Dezember 2004 endet, ermittelt, ist der dem Jahr 2004 zuzurechnende Einkommensteil zwar im Einkommen des Kalenderjahres 2005 zu erfassen, aber mit dem Steuersatz des § 22 Abs. 1 in der Fassung vor diesem Bundesgesetz zu besteuern. Dabei gilt Folgendes:
   a) Das Einkommen ist durch die Anzahl der Kalendermonate dieses Wirtschaftsjahres zu teilen und mit der Anzahl der in das Kalenderjahr 2004 fallenden Kalendermonate zu vervielfachen. Angefangene Kalendermonate gelten als volle Kalendermonate.
   b) Sinngemäß ist das Einkommen des Gruppenträgers bzw. der Gruppenmitglieder zu ermitteln. Für Wirtschaftsjahre von Gruppenmitgliedern, die vor dem 1. Jänner 2005 beginnen und auf die Z 2 zweiter Satz nicht zur Anwendung kommt, ist § 22 Abs. 1 in der Fassung vor dem Bundesgesetz BGBl. I Nr. 57/2004 anzuwenden. Dies gilt für Veranlagungen ab dem Kalenderjahr 2005.
   c) Dem Unternehmer steht es frei, den bis zum 31. Dezember 2004 angefallenen Gewinn durch Zwischenabschluss zu ermitteln und das Einkommen entsprechend der Gewinnrelation aufzuteilen.
   d) Ist im Einkommen des Jahres 2005 oder 2006 der Körperschaft das Ergebnis aus einer Mitunternehmerbeteiligung enthalten, gilt Folgendes:
      – Wird der Gewinn der Mitunternehmerschaft nach einem abweichenden Wirtschaftsjahr ermittelt, das vor dem 1. Jänner 2005 beginnt und nach dem 31. Dezember 2004 endet, ist unabhängig davon, ob die beteiligte Körperschaft selbst den Gewinn nach einem abweichenden Wirtschaftsjahr ermittelt, dieser Gewinnanteil nach lit. a) aufzuteilen und der auf das Kalenderjahr 2004 entfallende Teil zwar im Einkommen des Kalenderjahres 2005 oder 2006 zu erfassen, aber mit dem Steuersatz des § 22 Abs. 1 in der Fassung vor dem Bundesgesetz BGBl. I Nr. 57/2004 zu besteuern.
      – Wird der Gewinn der Mitunternehmerschaft nach dem Kalenderjahr, das der beteiligten Körperschaft aber nach einem abweichenden

Wirtschaftjahr, das vor dem 1. Jänner 2005 beginnt und nach dem 31. Dezember 2004 endet, ermittelt, ist der in dieses Wirtschaftsjahr fallende Gewinn der Mitunternehmerschaft zwar im Einkommen des Kalenderjahres 2005 zu erfassen, aber mit dem Steuersatz des § 22 Abs. 1 in der Fassung vor dem Bundesgesetz BGBl. I Nr. 57/2004 zu besteuern.

3. § 9 in der Fassung des Bundesgesetzes BGBl. I Nr. 57/2004 ist erstmals bei der Veranlagung für das Kalenderjahr 2005 anzuwenden. Die Firmenwertabschreibung im Sinne des § 9 Abs. 7 ist auf Beteiligungen anzuwenden, die nach dem 31. Dezember 2004 angeschafft worden sind. Bestehende Organschaften im Sinne des § 9 in der Fassung vor dem Bundesgesetz BGBl. I Nr. 57/2004 gelten unabhängig davon, ob der Ergebnisabführungsvertrag aufgehoben wird oder nicht, und unabhängig vom Ende des Wirtschaftsjahres der Organgesellschaften als Unternehmensgruppe, wenn der Antrag im Sinne des § 9 Abs. 8 bis 31. Dezember 2005 dem zuständigen Finanzamt übermittelt wird. Die Jahre der Zugehörigkeit zum Organkreis sind beim Übergang in die Gruppe in die Mindestbestandsfrist des § 9 Abs. 10 in der Fassung dieses Bundesgesetzes einzurechnen.

4. § 15 Abs. 3 in der Fassung des Bundesgesetzes BGBl. I Nr. 57/2004 ist auch auf Rückstellungen für noch nicht abgewickelte Versicherungsfälle und auf sonstige Rückstellungen (§ 81c Abs. 3 Pos. D VII des Versicherungsaufsichtsgesetzes) anzuwenden, die bereits zum Ende des letzten vor dem 1. Jänner 2005 endenden Wirtschaftsjahres gebildet worden sind. Unterschiedsbeträge, die sich aus der erstmaligen Anwendung des § 15 Abs. 3 in der Fassung des Bundesgesetzes BGBl. I Nr. 57/2004 ergeben, sind gleichmäßig auf das Wirtschaftsjahr, das nach dem 31. Dezember 2004 endet und auf die folgenden vier Wirtschaftsjahre (Aufbauzeitraum) zu verteilen. § 26a Abs. 12 bleibt von dieser Bestimmung unberührt. Scheidet eine Rückstellung während des Aufbauzeitraumes aus dem Betriebsvermögen aus, ist der darauf entfallende Differenzbetrag im Wirtschaftsjahr des Ausscheidens anzusetzen.

5. Sind die Verhältnisse des Kalenderjahres 2004 oder eines früheren Kalenderjahres für die Festsetzung einer Vorauszahlung für das Kalenderjahr 2005 oder eines späteren Kalenderjahres maßgeblich oder sind Vorauszahlungen für diese Zeiträume vor dem In-Kraft-Treten dieser Bestimmung erstmalig festgesetzt worden, gilt Folgendes:

   Beantragt der Steuerpflichtige eine Herabsetzung der Vorauszahlung, darf diesem Antrag nur statt gegeben werden, wenn die Voraussetzungen dafür anhand einer konkreten und detaillierten Einschätzung seines voraussichtlichen Einkommens vollständig offengelegt und nachgewiesen werden.

6. § 2 Abs. 2 Z 4, § 9, § 24 Abs. 4 und § 26c Z 2 in der Fassung des Bundesgesetzes BGBl. I Nr. 180/2004 sind erstmalig bei der Veranlagung für das Kalenderjahr 2005 anzuwenden. § 2 Abs. 4 Z 4 in der Fassung des Bundesgesetzes BGBl. I Nr. 180/2004 ist nicht auf die entgeltliche Überlassung von Finanzmitteln anzuwenden, denen ein Vertragsabschluss vor dem 1. November 2004 zu Grunde liegt.

7. § 12 Abs. 1 Z 7 in der Fassung des Bundesgesetzes BGBl. I Nr. 180/2004 ist auf Vergütungen aller Art und übersteigende Reisekostenersätze anzuwenden, die für die Zeit nach dem 7. Oktober 2004 gewährt werden.

8. § 21 Abs. 2 Z 6 in der Fassung des Bundesgesetzes BGBl. I Nr. 180/2004 ist auf Kapitalerträge auf Grund von Zuwendungen anzuwenden, die nach dem 31. Dezember 2004 zufließen.

9. § 6 Abs. 1 und § 17 Abs. 3 in der Fassung des Bundesgesetzes BGBl. Nr. 8/2005 ist erstmals bei der Veranlagung für das Kalenderjahr 2005 anzuwenden.

10. a) § 10 Abs. 3 Z 5 und § 24 Abs. 3 Z 1 in der Fassung des Bundesgesetzes BGBl. I 161/2005 sind erstmals bei der Veranlagung für das Kalenderjahr 2006 anzuwenden.

    b) § 21 in der Fassung des Bundesgesetzes BGBl. I Nr. 161/2005 ist erstmalig bei der Veranlagung für das Kalenderjahr 2006 anzuwenden. Für betrieblich genutzte Grundstücke und Gebäude, bei denen bis zum In-Kraft-Treten des Bundesgesetzes BGBl. I Nr. 161/2005 keine Einkünfte nach § 98 Abs. 1 Z 3 des Einkommensteuergesetzes 1988 zu erfassen waren oder die unter § 4 Abs. 1 letzter Satz des Einkommensteuergesetzes 1988 gefallen sind, gilt Folgendes: Erfolgt ihre Veräußerung zu einem Zeitpunkt, der bei Anwendung des § 98 Abs. 1 Z 7 des Einkommensteuergesetzes 1988 außerhalb der Spekulationsfrist (§ 30 Einkommensteuergesetz 1988) gelegen wäre, ist der Unterschiedsbetrag zwischen dem Buchwert zum 1. Jänner 2006 und dem höheren gemeinen Wert zum 1. Jänner 2006 vom Veräußerungsgewinn abzuziehen; es darf sich dadurch aber kein Veräußerungsverlust ergeben.

    c) § 24 Abs. 4 in der Fassung des Bundesgesetzes BGBl. I Nr. 161/2005 ist erstmals für Zeiträume nach dem 31. Jänner 2006 anzuwenden.

    d) § 24a Abs. 1 und 2 ist erstmals auf Ergebnisse anzuwenden, die einem im Kalenderjahr 2005 endenden Wirtschaftsjahr zuzurechnen sind oder ein im Kalenderjahr 2005 endendes Wirtschaftsjahr betreffen.

e) § 24a Abs. 3 und 4 in der Fassung des Bundesgesetzes BGBl. I Nr. 161/2005 ist erstmals bei der Veranlagung für das Kalenderjahr 2005 anzuwenden.

11. § 7 Abs. 3 und § 21 Abs. 1 Z 2 lit. b jeweils in der Fassung des Bundesgesetzes BGBl. I Nr. 100/2006 sind erstmalig für Wirtschaftsjahre anzuwenden, die nach dem 31. Dezember 2006 beginnen. Die letzten drei Sätze des § 124b Z 134 EStG 1988 sind anzuwenden.

12. § 7 Abs. 3 in der Fassung des Bundesgesetzes BGBl. I Nr. 24/2007 ist erstmals für die Veranlagung des Jahres 2007 anzuwenden.

13. § 9 Abs. 7 in der Fassung des Bundesgesetzes BGBl. I Nr. 99/2007 ist erstmals auf Umgründungen anzuwenden, denen ein Stichtag nach dem 30. Dezember 2007 zugrunde liegt.

14. § 13 Abs. 4 in der Fassung des Bundesgesetzes BGBl. I Nr. 99/2007 ist erstmals auf Anschaffungen nach dem 31. Dezember 2007 anzuwenden.

15. § 23 Abs. 2 in der Fassung des Bundesgesetzes BGBl. I Nr. 99/2007 ist erstmals bei Ermittlung des steuerpflichtigen Einkommens für das Jahr 2004 mit der Maßgabe anzuwenden, dass die ab dem Jahr 1995 nicht wirksam gewordenen Freibeträge berücksichtigt werden können.

16. In der Fassung des Bundesgesetzes BGBl. I Nr. 52/2009

a) ist § 9 Abs. 6 Z 6 erstmals auf Sachverhalte nach dem 30. Juni 2009 anzuwenden;

b) sind § 10 und § 21 Abs. 1 Z 1 auf alle offenen Veranlagungen anzuwenden;

c) ist § 12 Abs. 1 Z 5 erstmalig auf Zuwendungen anzuwenden, die im Kalenderjahr 2009 getätigt werden;

d) ist § 13 Abs. 5 Z 2 auf alle offenen Verfahren anzuwenden.

e) ist § 6 Abs. 1 erster und zweiter Satz auf alle Anträge auf Rückzahlung des einbehaltenen Betrages gemäß § 240 Abs. 3 BAO anzuwenden, die nach dem 22. September 2005 gestellt werden oder gestellt worden sind und die noch nicht rechtskräftig erledigt worden sind.

17. § 9 Abs. 2 und Abs. 3 in der Fassung des Bundesgesetzes BGBl. I Nr. 34/2010 treten mit 1. Juli 2010 in Kraft.

18. Auf zum 30. Juni 2010 bestehende Beteiligungsgemeinschaften sind § 9 Abs. 2 und 3 in der Fassung vor dem Bundesgesetz BGBl. I Nr. 34/2010 bis 31. Dezember 2020 unter folgenden Voraussetzungen weiter anzuwenden:

– Die Beteiligungsgemeinschaft nimmt keine neuen Körperschaften in die Unternehmensgruppe auf.
– Es werden keine neuen Mitbeteiligten in die Beteiligungsgemeinschaft aufgenommen.
– Das Beteiligungsausmaß der Beteiligungsgemeinschaft an den Beteiligungskörperschaften bleibt unverändert.

Die Verletzung einer dieser Voraussetzungen führt im Zeitpunkt der Verletzung zur Auflösung der Beteiligungsgemeinschaft. Zum 1. Jänner 2021 noch bestehende Beteiligungsgemeinschaften, die nicht Gruppenträger sind, gelten als an diesem Tag aufgelöst.

19. Mitbeteiligte einer zum 30. Juni 2010 bestehenden Beteiligungsgemeinschaft, die gleichzeitig Gruppenmitglied einer anderen Unternehmensgruppe sind, scheiden spätestens am 1. Jänner 2021 aus der Beteiligungsgemeinschaft aus.

20. § 13 Abs. 1 und 6 in der Fassung des Bundesgesetzes BGBl. I Nr. 34/2010 treten mit 1. Juli 2010 in Kraft. Bei vor dem 1. Juli 2010 gegründeten Privatstiftungen erfolgt eine Meldung gemäß § 13 Abs. 6 nur, wenn die Privatstiftung ihren Verpflichtungen gemäß § 13 Abs. 6 bis zum 31. Dezember 2010 nicht nachkommt.

21. § 23a Abs. 2 tritt mit 1. Juli 2010 in Kraft. § 23a Abs. 2 in der Fassung des Bundesgesetzes BGBl. I Nr. 58/2010 ist auf Gewinne anzuwenden, die in einem Insolvenzverfahren entstanden sind, das nach dem 30. Juni 2010 eröffnet oder wieder aufgenommen worden ist. Davon unberührt ist § 23a Abs. 2 in der Fassung vor dem Bundesgesetz BGBl. I Nr. 58/2010 auf Gewinne anzuwenden, die in Konkurs- oder Ausgleichsverfahren entstanden sind, die aufgrund der Rechtslage vor Inkrafttreten des Bundesgesetzes BGBl. I Nr. 58/2010, abgewickelt werden.

22. § 22 Abs. 3 in der Fassung des Bundesgesetzes BGBl. I Nr. 105/2010 ist erstmals bei der Veranlagung 2011 anzuwenden.

23. In der Fassung des Budgetbegleitgesetzes 2011, BGBl. I Nr. 111/2010,

a) treten § 2 Abs. 2 Z 4, § 6b Abs. 4, § 7 Abs. 3, § 12 Abs. 2 und § 21 Abs. 2 Z 3 und 6 sowie § 21 Abs. 3 mit 1. April 2012 in Kraft; § 21 Abs. 2 Z 5 entfällt mit 31. März 2012.

b) sind § 10 Abs. 7 und § 11 Abs. 1 Z 4 erstmals auf Wirtschaftsjahre anzuwenden, die nach dem 31. Dezember 2010 beginnen;

c) ist § 13 Abs. 1 Z 4 auf Grundstücke und Rechte im Sinne des § 30 Abs. 1 Z 1 lit. a des Einkommensteuergesetzes 1988 anzuwenden,

– die der Privatstiftung nach dem 31. Dezember 2010 zugewendet werden und beim Stifter oder Zustifter im Zeitpunkt der Zuwendung steuerhängig sind, oder

– von der Privatstiftung nach dem 31. Dezember 2010 angeschafft werden, oder
– deren Veräußerung durch die Privatstiftung zum 31. Dezember 2010 gemäß § 30 EStG 1988 nach der vor Inkrafttreten des Budgetbegleitgesetzes 2011, BGBl. I Nr. 111/2010, geltenden Rechtslage steuerpflichtig wäre;

d) tritt § 13 Abs. 3 mit 1. April 2012 in Kraft;

e) ist § 13 Abs. 4 erstmals auf Veräußerungen nach dem 31. März 2012 anzuwenden; nicht übertragene steuerfreie Beträge, die vor dem 1. Jänner 2011 gebildet wurden, sind nach § 22 Abs. 2 in der Fassung vor dem Budgetbegleitgesetz 2011, BGBl. I Nr. 111/2010, zu versteuern;

f) ist § 22 Abs. 2 erstmals bei der Veranlagung 2011 anzuwenden;

g) ist § 24 Abs. 5 Z 3 erstmals auf die Gutschrift von Körperschaftsteuer gemäß § 22 Abs. 2 des Jahres 2011 anzuwenden. Auf die Gutschrift von Körperschaftsteuer der Jahre vor 2011 ist § 24 Abs. 5 Z 3 in der vor Inkrafttreten dieses Bundesgesetzes geltenden Fassung weiterhin anzuwenden.

24. § 21 Abs. 1 Z 1a in der Fassung des Budgetbegleitgesetzes 2011, BGBl. I Nr. 111/2010, tritt mit 1. Jänner 2011 in Kraft. Für bis zum 1. April 2012 zugeflossene Kapitalerträge gemäß § 93 Abs. 2 Z 1 lit. a, b und c des Einkommensteuergesetzes 1988 ist § 21 Abs. 1 Z 1a sinngemäß anzuwenden.

25. § 21 Abs. 3 in der Fassung des Bundesgesetzes, BGBl. I Nr. 76/2011 tritt mit 1. April 2012 nach Maßgabe der folgenden Regelungen in Kraft:

a) § 21 Abs. 3 Z 3 tritt mit 1. April 2012 in Kraft und ist erstmals auf nach dem 31. August 2011 entgeltlich erworbene Anteile an Körperschaften anzuwenden.

b) § 21 Abs. 3 Z 4 tritt mit 1. April 2012 in Kraft. Einkünfte aus realisierten Wertsteigerungen sind nur steuerpflichtig, wenn sie aus nicht öffentlich begebenen
– nach dem 31. März 2012 entgeltlich erworbenen Wertpapieren oder
– nach dem 31. Dezember 2010 entgeltlich erworbenen Anteilscheinen an Immobilienfonds

stammen.

26. § 10 Abs. 1 Z 6 und § 22 Abs. 3 in der Fassung des Bundesgesetzes BGBl. I Nr. 76/2011 sind erstmals bei der Veranlagung für das Kalenderjahr 2011 anzuwenden.

27. § 13 Abs. 4 in der Fassung des Bundesgesetzes BGBl. I Nr. 76/2011 tritt mit 1. April 2012 in Kraft.

28. § 2 Abs. 2 Z 4 entfällt mit Ablauf des 31. März 2012.

29. a) § 24 Abs. 5 Z 2 in der Fassung des Bundesgesetzes BGBl. I Nr. 112/2011 tritt mit 1. April 2012 in Kraft.

b) § 13 Abs. 3 in der Fassung des Bundesgesetzes BGBl. I Nr. 111/2010 ist auch auf die Veräußerung oder sonstige Abschichtung nach dem 31. März 2012 von nach dem 30. September 2011 und vor dem 1. April 2012 entgeltlich erworbenen Wirtschaftsgütern und Derivaten im Sinne des § 124b Z 184 zweiter Teilstrich EStG 1988 anzuwenden.

30. § 21 Abs. 3 Z 2 in der Fassung des Bundesgesetzes BGBl. I Nr. 112/2011 ist ab 1. April 2012 erstmals anzuwenden auf:

a) Einkünfte aus Darlehen und sonstigen Forderungen im Sinne des § 27a Abs. 2 Z 1 EStG 1988, Ausgleichszahlungen und Leihgebühren im Sinne des § 27a Abs. 2 Z 5 EStG 1988 sowie Unterschiedsbeträge im Sinne des § 27a Abs. 2 Z 6 EStG 1988, wenn die entsprechenden Verträge nach dem 31. März 2012 abgeschlossen wurden.

b) Einkünfte aus der entgeltlichen Überlassung von Finanzmitteln gemäß § 2 Abs. 2 Z 4 in der Fassung vor dem Bundesgesetz BGBl. I Nr. 112/2011, denen ein Vertragsabschluss nach dem 31. Oktober 2004 zu Grunde liegt.

c) Nicht öffentlich begebene
– nach dem 31. März 2012 entgeltlich erworbene Wertpapiere, die ein Forderungsrecht verbriefen, und
– nach dem 31. Dezember 2010 entgeltlich erworbene Anteilscheine an Immobilienfonds

im Sinne des § 27a Abs. 2 Z 2 EStG 1988, soweit es sich um Einkünfte aus realisierten Wertsteigerungen handelt. Einkünfte aus der Überlassung von Kapital aus solchen Wertpapieren und Anteilscheinen sind dagegen stets steuerpflichtig.

d) Beteiligungen als stiller Gesellschafter sowie nach Art eines stillen Gesellschafters im Sinne des § 27a Abs. 2 Z 3 EStG 1988. Einkünfte aus der Veräußerung einer stillen Beteiligung sind steuerpflichtig, wenn die Beteiligung nach dem 31. März 2012 entgeltlich erworben worden ist.

e) Diskontbeträge im Sinne des § 27a Abs. 2 Z 4 EStG 1988 aus nach dem 31. März 2012 entgeltlich erworbenen Wechseln und Anweisungen.

31. § 1 Abs. 3 Z 3 zweiter Satz tritt mit 1. April 2012 in Kraft. § 1 Abs. 3 Z 3 zweiter Satz, in der Fassung des 1. Stabilitätsgesetzes 2012, BGBl. I Nr. 22/2012, gilt nicht für die Österreichische Bundesfinanzierungsagentur.
32. § 9 Abs. 6 Z 6 in der Fassung des 1. Stabilitätsgesetzes 2012, BGBl. I Nr. 22/2012, ist erstmals bei der Veranlagung für das Kalenderjahr 2012 anzuwenden.
33. § 12 Abs. 2 in der Fassung des 1. Stabilitätsgesetzes 2012, BGBl. I Nr. 22/2012, tritt mit 1. April 2012 in Kraft und ist erstmals für Grundstücksveräußerungen nach dem 31. März 2012 anzuwenden.
34. § 13 Abs. 1 und 3 in der Fassung des 1. Stabilitätsgesetzes 2012, BGBl. I Nr. 22/2012, tritt mit 1. April 2012 in Kraft.
35. § 21 Abs. 3 Z 4 in der Fassung des 1. Stabilitätsgesetzes 2012, BGBl. I Nr. 22/2012, tritt mit 1. April 2012 in Kraft und ist erstmals für Veräußerungen nach dem 31. März 2012 anzuwenden.
36. § 24 Abs. 2 und Abs. 3 in der Fassung des 1. Stabilitätsgesetzes 2012, BGBl. I Nr. 22/2012, ist erstmals für die Veranlagung 2012 anzuwenden.
37. § 7 Abs. 3 und § 12 Abs. 2 jeweils in der Fassung des Bundesgesetzes BGBl. I Nr. 112/2012 treten mit 1. April 2012 in Kraft.
38. § 24 Abs. 4 Z 3 tritt mit Ablauf des 31.12.2013 außer Kraft. Ab dem 1.7.2013 kommt § 24 Abs. 4 Z 3 in der Fassung vor dem BGBl. I Nr. 109/2013 nur zur Anwendung, wenn die sich aus § 24 Abs. 4 Z 1 oder Z 2 ergebende Mindeststeuer höher ist.
39. Für das Kalenderjahr 2013 sind für bereits vor dem 1.7.2013 unbeschränkt steuerpflichtige Gesellschaften mit beschränkter Haftung bereits festgesetzte Vorauszahlungen nicht neu festzusetzen.
40. § 5 Z 4 und § 21 Abs. 2 Z 2 entfallen mit 22. Juli 2013. § 6b Abs. 2 Z 2 lit. d in der Fassung des Bundesgesetzes BGBl. I Nr. 135/2013 tritt mit 23. Juli 2013 in Kraft.
41. § 6a Abs. 5 in der Fassung des Bundesgesetzes BGBl. I Nr. 135/2013 ist erstmalig bei der Veranlagung für das Kalenderjahr 2014 anzuwenden.
42. § 23 Abs. 1 in der Fassung des Bundesgesetzes BGBl. I Nr. 135/2013 ist erstmalig bei der Veranlagung für das Kalenderjahr 2013 anzuwenden.
43. § 7 Abs. 2 in der Fassung vor dem Bundesgesetz BGBl. I Nr. 13/2014 ist letztmalig bei der Veranlagung für das Kalenderjahr 2013 anzuwenden.
44. § 8 Abs. 4 in der Fassung des Bundesgesetzes BGBl. I Nr. 13/2014 ist erstmals bei der Veranlagung für das Kalenderjahr 2014 anzuwenden. Davon abweichend ist § 8 Abs. 4 Z 2 lit. b letzter Teilstrich erstmals bei der Veranlagung für das Kalenderjahr 2015 anzuwenden.
45. a) § 9 Abs. 2 in der Fassung des Bundesgesetzes BGBl. I Nr. 13/2014 tritt mit 1. März 2014 in Kraft. Ausländische Gruppenmitglieder, die die Voraussetzungen des § 9 Abs. 2 in der Fassung des Bundesgesetzes BGBl. I Nr. 13/2014 nicht mehr erfüllen, scheiden am 1. Jänner 2015 aus der Unternehmensgruppe aus. Dieses Ausscheiden sowie das dadurch bewirkte Ausscheiden weiterer Gruppenmitglieder führt zu keiner Verletzung der Mindestdauer des § 9 Abs. 10.
    b) Kommt es aufgrund des Ausscheidens nach lit. a zur Nachversteuerung gemäß § 9 Abs. 6 Z 7, sind die nachzuversteuernden Beträge gleichmäßig auf drei Jahre zu verteilen.
    c) § 9 Abs. 2 in der Fassung vor dem Bundesgesetz BGBl. I Nr. 13/2014 ist bei der Feststellung des Ergebnisses des unmittelbar beteiligten Gruppenmitglieds oder Gruppenträgers sowie bei der Veranlagung des Gruppeneinkommens weiterhin anzuwenden, wenn das Ergebnis eines vor dem 1. Jänner 2015 endenden Wirtschaftsjahres des nach lit. a ausgeschiedenen Gruppenmitglieds zugerechnet wird.
46. § 9 Abs. 6 Z 6 in der Fassung vor dem Bundesgesetz BGBl. I Nr. 13/2014 tritt mit Ablauf des 31. Dezember 2014 außer Kraft. § 9 Abs. 6 Z 6 und Z 7 in der Fassung des Bundesgesetzes BGBl. I Nr. 13/2014 treten am 1. Jänner 2015 in Kraft und sind erstmals bei der Veranlagung des Gruppeneinkommens für das Kalenderjahr 2015 anzuwenden.
47. § 9 Abs. 7 in der Fassung des Bundesgesetzes BGBl. I Nr. 13/2014 tritt mit 1. März 2014 in Kraft. Offene Fünfzehntel für Beteiligungen, die vor dem 1. März 2014 angeschafft wurden, sind nur dann weiter zu berücksichtigen, wenn sich der steuerliche Vorteil aus der Firmenwertabschreibung beim Erwerb der Beteiligung auf die Bemessung des Kaufpreises auswirken konnte und die Einbeziehung dieser Körperschaft in eine Unternehmensgruppe spätestens für ein Wirtschaftsjahr dieser Körperschaft erfolgt, das im Kalenderjahr 2015 endet.
48. Für einen Gruppenträger gilt für die Festsetzung von Vorauszahlungen gemäß § 24 Abs. 3 Z 1 in Verbindung mit § 45 Abs. 1 des Einkommensteuergesetzes 1988 für das Jahr 2015 und die Folgejahre Folgendes: Ist der Festsetzung von Vorauszahlungen die Körperschaftsteuerschuld eines Kalenderjahres vor 2015 zu Grunde zu legen, ist der sich nach Maßgabe des § 45 Abs. 1 des Einkommensteuergesetzes 1988 ergebende Betrag an Vorauszahlungen um 3,5% zu erhöhen.

49. § 11 Abs. 1 Z 4 sowie § 12 Abs. 1 Z 9 und 10 in der Fassung des Bundesgesetzes BGBl. I Nr. 13/2014 sind auf Aufwendungen anzuwenden, die nach dem 28. Februar 2014 anfallen.
50. § 12 Abs. 1 Z 8 in der Fassung des Bundesgesetzes BGBl. I Nr. 13/2014 ist auf Aufwendungen anzuwenden, die nach dem 28. Februar 2014 anfallen. § 124b Z 253 des Einkommensteuergesetzes 1988 in der Fassung des Bundesgesetzes BGBl. I Nr. 13/2014 ist sinngemäß anzuwenden.
51. § 24 Abs. 4 Z 3 in der Fassung des Bundesgesetzes BGBl. I Nr. 13/2014 tritt mit 1. März 2014 in Kraft und ist auf nach dem 30. Juni 2013 gegründete unbeschränkt steuerpflichtige Gesellschaften mit beschränkter Haftung anzuwenden. Die erstmalige Festsetzung von Vorauszahlungen in Höhe der Mindeststeuer für vor dem 1. Juli 2013 gegründete Gesellschaften mit beschränkter Haftung kann im Jahr 2014 je Kalendervierteljahr noch in Höhe von jeweils 125 Euro erfolgen. Wurde für das Kalenderjahr 2014 bereits eine Vorauszahlung in Höhe der Mindeststeuer festgesetzt, ist die Vorauszahlung unter Berücksichtigung des § 6 Abs. 1 GmbHG in der Fassung des Bundesgesetzes BGBl. I Nr. 13/2014 neu festzusetzen.
52. § 10 Abs. 3 Z 1 bis Z 3 in der Fassung des Bundesgesetzes BGBl. I Nr. 105/2014 ist erstmalig bei der Veranlagung für das Kalenderjahr 2014 anzuwenden.
53. § 21 Abs. 3 in der Fassung des Bundesgesetzes BGBl. I Nr. 105/2014 ist erstmalig bei der Veranlagung für das Kalenderjahr 2014 anzuwenden.
54. § 5 Z 8, § 6 Abs. 1, § 8 Abs. 3 Z 1, § 9 Abs. 3, § 13 Abs. 5, § 15 Abs. 1 und 3 und § 17 Abs. 3 in der Fassung des Bundesgesetzes BGBl. I Nr. 34/2015 treten mit 1. Jänner 2016 in Kraft.

   *(BGBl I 2015/34)*
55. § 15 Abs. 3 in der Fassung des Bundesgesetzes BGBl. I Nr. 68/2015 tritt mit 1. Jänner 2016 in Kraft.

   *(BGBl I 2015/68)*
56. § 12 Abs. 1 Z 11 in der Fassung BGBl. I Nr. 118/2015 ist für Aufwendungen anzuwenden, die nach dem 31. Dezember 2015 anfallen.

   *(BGBl I 2015/118)*
57. § 8 Abs. 4 und § 17 Abs. 2 Z 3 in der Fassung des BGBl. Nr. 163/2015 treten mit 1. Jänner 2016 in Kraft.

   *(BGBl I 2015/163)*
58. §§ 13 Abs. 3 und § 24 Abs. 5 Z 3 und Z 4, jeweils in der Fassung des Bundesgesetzes BGBl. I Nr. 163/2015, treten mit 1. Jänner 2016 in Kraft und sind auf alle offenen Verfahren anzuwenden. § 24 Abs. 5 Z 6 in der Fassung des Bundesgesetzes BGBl. I Nr. 163/2015 tritt mit 1. Jänner 2016 in Kraft und ist auf Privatstiftungen anwendbar, deren Auflösung gemäß § 35 Abs. 5 zweiter Satz des Privatstiftungsgesetzes nach dem 31. Dezember 2015 in das Firmenbuch eingetragen wurde.

   *(BGBl I 2015/163)*
59. § 8 Abs. 4 Z 1 und § 13 Abs. 1 Z 4 in der Fassung des Gemeinnützigkeitsgesetzes 2015, BGBl. I Nr. 160/2015 treten mit 1. Jänner 2016 in Kraft und sind erstmals bei der Veranlagung für das Kalenderjahr 2016 anzuwenden.

   *(BGBl I 2015/160)*
60. § 21 Abs. 2 Z 6 in der Fassung des Gemeinnützigkeitsgesetzes 2015, BGBl. I Nr. 160/2015, ist erstmalig für Zuwendungen anzuwenden, die nach dem 31. Dezember 2015 erfolgen.

   *(BGBl I 2015/160)*
61. § 5 Z 12 lit. a in der Fassung des Bundesgesetzes BGBl. I Nr. 77/2016, ist auf gesellige und gesellschaftliche Veranstaltungen anzuwenden, die ab 1. Jänner 2016 stattfinden.

   *(BGBl I 2016/77)*
62. § 5 Z 12 lit. b und c in der Fassung des Bundesgesetzes BGBl. I Nr. 77/2016 ist auf gesellige und gesellschaftliche Veranstaltungen anzuwenden, die ab 1. Jänner 2016 stattfinden. Abweichend von § 5 Z 12 lit. c letzter Satz sind bei Körperschaften im Sinne des § 5 Z 12 lit. b, die zum 31. Mai 2016 über Katastralgemeinden hinausgehende weitere territoriale Gliederungsebenen verfügen (beispielsweise Sektionen), diese territorialen Gliederungsebenen maßgeblich. Dies gilt nur für zum 31. Mai 2016 bereits bestehende weitere territoriale Gliederungsebenen.

   *(BGBl I 2016/77)*
63. § 8 Abs. 4 Z 1, § 13 Abs. 1 Z 4 und § 21 Abs. 2 Z 6, jeweils in der Fassung des Innovationsstiftungsgesetzes, BGBl. I Nr. 28/2017, treten mit 1. Jänner 2017 in Kraft.

   *(BGBl I 2017/28)*
64. § 6 Abs. 4 und § 13 Abs. 1 Z 1 in der Fassung des Bundesgesetzes BGBl. I Nr. 105/2017 treten mit 1. Jänner 2018 in Kraft.

   *(BGBl I 2017/105, BGBl I 2017/142)*
65. a) § 5 Z 14 in der Fassung des Bundesgesetzes BGBl. I Nr. 106/2017 und § 6b, mit Ausnahme des Abs. 5 dritter Satz, in der Fassung des Bundesgesetzes BGBl. I Nr. 103/2019 treten am 1. Oktober 2019 in Kraft.

   b) § 5 Z 14 in der Fassung des Bundesgesetzes BGBl. I Nr. 106/2017 und § 6b in der Fassung des Bundesgesetzes BGBl. I Nr. 103/2019 sind auf zum 31. Dezember 2023 bestehende Beteiligungen gemäß § 6b Abs. 2 bis zum 31. Dezember 2029 weiter anzuwenden.

   *(BGBl I 2017/106, BGBl I 2017/142, BGBl I 2019/103)*

66. § 5 Z 4 und § 21 Abs. 2 Z 3 in der Fassung des Bundesgesetzes BGBl. I Nr. 107/2017 treten mit 3. Jänner 2018 in Kraft.
*(BGBl I 2017/107, BGBl I 2017/142)*
67. § 10 Abs. 4 bis 6 in der Fassung des Bundesgesetzes vor BGBl. I Nr. 62/2018 treten mit Ablauf des 31. Dezember 2018 außer Kraft.
*(BGBl I 2018/62)*
68. § 10a, § 13 Abs. 2 und § 21 Abs. 1 treten mit 1. Jänner 2019 in Kraft. § 10a Abs. 5 ist erstmalig für Wirtschaftsjahre der beherrschenden und beherrschten Körperschaften anzuwenden, die nach dem 31. Dezember 2018 beginnen.
*(BGBl I 2018/62)*
69. § 24 Abs. 7 in der Fassung des des Bundesgesetzes BGBl. I Nr. 62/2018 tritt mit 1. Jänner 2019 in Kraft und ist anzuwenden auf Zahlungen, die ab dem 1. Jänner 2019 erfolgen sowie hinsichtlich des § 107 Abs. 11 zweiter Satz des Einkommensteuergesetzes 1988 auf alle zum Zeitpunkt der Kundmachung des Bundesgesetzes BGBl. I Nr. 62/2018 nicht rechtskräftig veranlagten Fälle mit Einkünften aus der Einräumung von Leitungsrechten.
*(BGBl I 2018/62)*
[70. wurde nicht vergeben]
71. § 6a und § 6b Abs. 5 dritter Satz, jeweils in der Fassung des Bundesgesetzes BGBl. I Nr. 104/2019 treten mit 1. Juli 2020 in Kraft. § 6b Abs. 5 dritter Satz in der Fassung des Bundesgesetzes BGBl. I Nr. 104/2019, tritt jedoch nicht vor dem sich aus Z 65 ergebenden Zeitpunkt in Kraft.
*(BGBl I 2019/104)*
72. § 14 in der Fassung des Bundesgesetzes BGBl. I Nr. 103/2019 tritt mit 1. Jänner 2020 in Kraft.
*(BGBl I 2019/103)*
73. § 10a und § 12 Abs. 1 Z 10, jeweils in der Fassung des Bundesgesetzes BGBl. I Nr. 103/2019, sind erstmalig bei der Veranlagung 2019 anzuwenden.
*(BGBl I 2019/103)*
74. § 24a Abs. 1 in der Fassung des Bundesgesetzes BGBl. I Nr. 103/2019 ist auf alle offenen Verfahren anzuwenden.
*(BGBl I 2019/103)*
75. § 2 Abs. 2 Z 3, § 5 Z 5, § 10 Abs. 1 Z 2, jeweils in der Fassung des Bundesgesetzes BGBl. I Nr. 103/2019, treten mit 1. Jänner 2020 in Kraft.
*(BGBl I 2019/103)*
76. Der Verlustrücktrag gemäß § 124b Z 355 Einkommensteuergesetz 1988 steht auch Körperschaften zu. Für Unternehmensgruppen (§ 9) gilt Folgendes:
    a) Der Verlustrücktrag kann nur vom Gruppenträger beantragt werden. Körperschaften, deren Einkommen in der Veranlagung 2019 oder 2018 im Rahmen der Gruppenbesteuerung zugerechnet wurden, können selbst keinen Verlustrücktrag beantragen.
    b) Bei Durchführung des Verlustrücktrags durch den Gruppenträger ist anstelle des Gesamtbetrags der Einkünfte jeweils das Gruppeneinkommen (§ 24a Abs. 3) vor Berücksichtigung von Sonderausgaben auf das zusammengefasste Ergebnis (§ 9 Abs. 6 Z 2 zweiter Satz) maßgeblich.
    c) Der für den Verlustrücktrag in der Veranlagung 2019 durch den Gruppenträger insgesamt zulässige Höchstbetrag beträgt 5 000 000 Euro für den Gruppenträger und 5 000 000 Euro für jedes unbeschränkt oder beschränkt steuerpflichtige Gruppenmitglied, dessen Einkommen bei dieser Veranlagung dem Gruppenträger zugerechnet wurde.
    *(BGBl I 2021/3)*

    Der Bundesminister für Finanzen wird ermächtigt, im Rahmen einer gemäß § 124b Z 355 Einkommensteuergesetz 1988 erlassenen Verordnung die Ausgestaltung des Verlustrücktrags bei Unternehmensgruppen näher festzulegen.
    *(BGBl I 2020/96)*
77. § 7 Abs. 3 in der Fassung BGBl. I Nr. 3/2021, ist erstmalig bei der Veranlagung 2020 anzuwenden. Für die Anwendung des § 7 Abs. 3 zweiter Satz in der Fassung BGBl. I Nr. 3/2021 ab dem Kalenderjahr 2020 sind auch die in den Jahren 2018 und 2019 ausgeführten Umsätze des Betriebes gewerblicher Art zu berücksichtigen.
*(BGBl I 2021/3)*
78. § 10a Abs. 3 in der Fassung BGBl. I Nr. 3/2021 tritt mit 1. Jänner 2021 in Kraft.
*(BGBl I 2021/3)*
79. § 10a Abs. 11 in der Fassung BGBl. I Nr. 3/2021 tritt mit 1. Jänner 2021 in Kraft und ist erstmalig für Wirtschaftsjahre der ausländischen Körperschaft anzuwenden, die nach dem 31.12.2020 beginnen.
*(BGBl I 2021/3)*
80. § 12a in der Fassung des Bundesgesetzes BGBl. I Nr. 3/2021 tritt mit 1. Jänner 2021 in Kraft und ist erstmalig für Wirtschaftsjahre anzuwenden, die nach dem 31. Dezember 2020 beginnen. Bei der Ermittlung eines Zinsüberhangs gemäß § 12a Abs. 3 in der Fassung des Bundesgesetzes BGBl. I Nr. 3/2021 bleiben Zinsaufwendungen außer Ansatz, die aufgrund von vor dem 17. Juni 2016 geschlossenen Verträgen anfallen. Dies gilt letztmalig bei der Veranlagung 2025.
*(BGBl I 2021/3)*
81. § 24a Abs. 3 Z 1 in der Fassung des Bundesgesetzes BGBl. I Nr. 3/2021 ist

erstmalig bei der Veranlagung für das Kalenderjahr 2021 anzuwenden.

*(BGBl I 2021/3)*

82. § 8 Abs. 4 Z 2 lit. b erster Teilstrich und § 23a Abs. 2, jeweils in der Fassung des Bundesgesetzes BGBl. I Nr. 227/2021, sind erstmalig bei der Veranlagung für das Kalenderjahr 2021 anzuwenden.

*(BGBl I 2021/227)*

83. § 14 Abs. 12 und § 21 Abs. 1 Z 1 erster Satz, jeweils in der Fassung BGBl. I Nr. 227/2021, treten mit 1. Jänner 2022 in Kraft.

*(BGBl I 2021/227)*

84. § 13 Abs. 3, § 21 Abs. 2 Z 3 und Abs. 3 Z 3a, jeweils in der Fassung des Bundesgesetzes BGBl. I Nr. 10/2022, treten mit 1. März 2022 in Kraft und sind erstmals auf Kryptowährungen anzuwenden, die nach dem 28. Februar 2021 angeschafft wurden.

*(BGBl I 2022/10)*

85. a) § 22 Abs. 1 und Abs. 2, jeweils in der Fassung des Bundesgesetzes BGBl. I Nr. 10/2022, treten mit 1. Jänner 2023 in Kraft und sind für die Veranlagung der Kalenderjahre ab 2023 anzuwenden.

b) Wird das Einkommen für das Kalenderjahr 2023 (2024) unter Berücksichtigung eines abweichenden Wirtschaftsjahres ermittelt, ist

– der dem Jahr 2022 zuzurechnende Einkommensteil bei der Veranlagung 2023 insoweit mit dem Steuersatz gemäß § 22 Abs. 1 in der Fassung vor dem BGBl. I Nr. 10/2022,

– der dem Jahr 2023 zuzurechnende Einkommensteil bei der Veranlagung 2024 insoweit mit dem für das Kalenderjahr 2023 maßgeblichen Körperschaftsteuersatz gemäß § 22 Abs. 1 in der Fassung des Bundesgesetzes BGBl. I Nr. 10/2022

zu besteuern. Der dem Jahr 2022 (2023) zuzurechnende Einkommensteil wird ermittelt, indem das im Jahr 2023 (2024) zu versteuernde Einkommen durch die Anzahl der Kalendermonate des Wirtschaftsjahres 2022/2023 (2023/2024) zu teilen und mit der Anzahl der in das Kalenderjahr 2022 (2023) fallenden Kalendermonate zu vervielfältigen ist. Angefangene Kalendermonate gelten als volle Kalendermonate. Der Körperschaft steht es frei, den bis zum 31. Dezember 2022 (31. Dezember 2023) angefallenen Gewinn durch Zwischenabschluss zu ermitteln und das im Jahr 2023 (2024) zu versteuernde Einkommen entsprechend der Gewinnrelation aufzuteilen.

c) Wird bei Unternehmensgruppen das Gruppeneinkommen für das Kalenderjahr 2023 (2024) unter Berücksichtigung eines abweichenden Wirtschaftsjahres des Gruppenträgers ermittelt, ist lit. b mit Ausnahme des letzten Satzes sinngemäß anzuwenden, wobei für die Aufteilung des Gruppeneinkommens die Kalendermonate des Gruppenträgers maßgeblich sind.

*(BGBl I 2022/10)*

86. § 24 Abs. 5 Z 4 in der Fassung des Bundesgesetzes BGBl. I Nr. 10/2022 tritt mit 1. Jänner 2023 in Kraft.

*(BGBl I 2022/10)*

87. § 24 Abs. 7 Z 1 in der Fassung des Bundesgesetzes BGBl. I Nr. 10/2022 tritt mit 1. Jänner 2023 in Kraft und ist erstmalig auf Zahlungen anzuwenden, die nach dem 31. Dezember 2022 erfolgen.

*(BGBl I 2022/10)*

### Vollziehung

**§ 27.** Mit der Vollziehung dieses Bundesgesetzes ist der Bundesminister für Finanzen betraut.

# 2/2. SONSTIGE GESETZE

## 2/2/1. Stabilitätsabgabegesetz

BGBl I 2010/111 idF BGBl I 2019/104 (FORG)

### GLIEDERUNG



**Bundesgesetz, mit dem eine Stabilitätsabgabe von Kreditinstituten eingeführt wird (Stabilitätsabgabegesetz – StabAbgG)**

Der Nationalrat hat beschlossen:

### Steuergegenstand

**§ 1.** Der Stabilitätsabgabe unterliegt der Betrieb von Kreditinstituten. Kreditinstitute im Sinne dieses Bundesgesetzes sind solche, die über eine Konzession nach dem Bankwesengesetz (BWG), BGBl. Nr. 532/1993, verfügen und Zweigstellen von ausländischen Kreditinstituten, die gemäß BWG berechtigt sind, Dienstleistungen im Wege einer Zweigstelle in Österreich anzubieten. BV-Kassen im Sinne des Betrieblichen Mitarbeiter- und Selbständigenvorsorgegesetzes (BMSVG), BGBl. I Nr. 100/2002, sind keine Kreditinstitute im Sinne dieses Bundesgesetzes.

### Bemessungsgrundlage der Abgabe

**§ 2.** (1) Bemessungsgrundlage für die Stabilitätsabgabe ist die durchschnittliche unkonsolidierte Bilanzsumme (Abs. 2) des Kreditinstitutes, vermindert um die in Abs. 2 genannten Beträge. Für die Kalenderjahre 2011, 2012 und 2013 ist die durchschnittliche unkonsolidierte Bilanzsumme jenes Geschäftsjahres zugrunde zu legen, das im Jahr 2010 endet. Ab dem darauf folgenden Kalenderjahr ist die durchschnittliche unkonsolidierte Bilanzsumme jenes Geschäftsjahres, das im Jahr vor dem Kalenderjahr endet, für das die Stabilitätsabgabe zu entrichten ist, zugrunde zu legen.

(2) Die durchschnittliche unkonsolidierte Bilanzsumme errechnet sich aus dem arithmetischen Mittel der für die ersten drei Kalendervierteljahre des Geschäftsjahres übermittelten Aufstellung über die Kapital- und Gruppensolvenz, die im Rahmen des Meldewesens (§ 74 BWG) ermittelt wird, und der Bilanzsumme des Jahresabschlusses des Geschäftsjahres. Die Bilanzsumme des Kreditinstitutes ist nach den Vorschriften des § 43 ff BWG und der Anlage 2 zu § 43 BWG zu ermitteln. Die Bilanzsumme des Jahresabschlusses und die Vermögensausweise gemäß § 74 BWG sind dabei jeweils um folgende Beträge zu vermindern:

1. Gedeckte Einlagen gemäß § 7 Abs. 1 Z 5 des Einlagensicherungs- und Anlegerentschädigungsgesetzes (ESAEG), BGBl. I Nr. 117/2015;
   *(BGBl I 2016/117)*
2. gezeichnetes Kapital und Rücklagen;
3. Verpflichtungen gegenüber Kreditinstituten, soweit diese aus der Erfüllung des Liquiditätserfordernisses gemäß § 25 BWG entstanden sind. Eine Verminderung ist nur in jenem Ausmaß zulässig, als Forderungen an das Zentralinstitut oder ein anderes Kreditinstitut gemäß § 27a BWG bestehen, die der Erfüllung der eigenen Liquiditätshaltungspflicht gemäß § 25 BWG dienen und das Zentralinstitut oder das andere Kreditinstitut gemäß § 27a BWG der Stabilitätsabgabe gemäß diesem Bundesgesetz oder einer vergleichbaren Abgabe in einem Mitgliedstaat (§ 2 Z 5 BWG) unterliegt;

3a. Verpflichtungen gegenüber Kreditinstituten, soweit diese aus der Erfüllung des Liquiditätserfordernisses gemäß Teil 6 der Verordnung (EU) Nr. 575/2013 entstanden sind. Eine Verminderung ist nur in jenem Ausmaß zulässig, als Forderungen an das Zentralinstitut oder ein anderes Kreditinstitut gemäß § 27a BWG bestehen, die der Erfüllung der eigenen Liquiditätshaltungspflicht gemäß Teil 6 der Verordnung (EU) Nr. 575/2013 dienen und das Zentralinstitut oder das andere Kreditinstitut gemäß § 27a BWG der Stabilitätsabgabe gemäß diesem Bundesgesetz oder einer vergleichbaren Abgabe in einem Mitgliedstaat (§ 2 Z 5 BWG) unterliegt;

4. Verbindlichkeiten und andere Passivposten von Kreditinstituten, die der Europäischen Kommission nach den unionsrechtlichen Vorschriften über staatliche Beihilfen gemäß Art 107 ff AEUV einen Abwicklungs- oder Restrukturierungsplan vorzulegen haben, sofern das Kreditinstitut abgewickelt wird und kein Neugeschäft abgeschlossen werden darf; dies umfasst auch Verbindlichkeiten von Kreditinstituten aus Anleiheemissionen, deren Gegenwert solchen Kreditinstituten zur Verfügung gestellt wurde und diese Transaktion Teil des Restrukturierungsplanes ist;
5. Verbindlichkeiten, für die der Bund Haftungen nach dem Ausfuhrfinanzierungsförderungsgesetz 1981, (AFFG), BGBl. Nr. 216/1981, übernommen hat sowie Verbindlichkeiten aus Guthaben des Bundes auf den gemäß § 5 AFFG und § 7 des Ausfuhrförde-

rungsgesetzes, (AusfFG), BGBl. Nr. 215/1981, eingerichteten Konten;

*(BGBl I 2016/117)*

6. Verbindlichkeiten auf Grund von Treuhandgeschäften, für die das Kreditinstitut lediglich das Gestionsrisiko trägt, soweit sie in der Bilanzsumme enthalten sind.
7. Verbindlichkeiten der Österreichischer Exportfonds GmbH, die der Refinanzierung von Rechtsgeschäften mit Haftung des Bundes gemäß den §§ 1 und 2 AusfFG dienen;

*(BGBl I 2016/117)*

8. Verbindlichkeiten der Oesterreichische Entwicklungsbank AG, die zur Erfüllung ihrer Aufgaben gemäß § 9 Abs. 2 AusfFG eingegangen worden sind.

*(BGBl I 2016/117)*

(3) Bei ab dem Jahr 2010 neu gegründeten Kreditinstituten, die nicht unter Abs. 5 fallen, ist die durchschnittliche unkonsolidierte Bilanzsumme jenes Geschäftsjahres, das im Jahr vor dem Kalenderjahr endet, für das die Stabilitätsabgabe zu entrichten ist, zugrunde zu legen.

(4) Kommen in einem Kalenderjahr mehrere Bilanzsummen des Jahresabschlusses als Bemessungsgrundlage in Betracht, dann ist jener Jahresabschluss maßgebend, der für das zuletzt im Kalenderjahr endende Geschäftsjahr aufgestellt wird. Endet in einem Kalenderjahr kein Geschäftsjahr, dann ist die Bilanzsumme der Eröffnungsbilanz maßgebend. Bei einem Rumpfgeschäftsjahr ist Abs. 1 letzter Satz entsprechend der Anzahl der vorhandenen Kalendervierteljahre sinngemäß anzuwenden.

(5) Ist im Zeitraum zwischen dem nach Abs. 1 maßgeblichen Bilanzstichtag und dem Jahr, für das die Stabilitätsabgabe zu entrichten ist, Vermögen durch eine Umgründung im Sinne des Umgründungssteuergesetzes (UmgrStG), BGBl. Nr. 699/1991, auf ein Kreditinstitut im Sinne des § 1 übergegangen, erfolgt eine Erfassung dieses Vermögens beim Rechtsnachfolger. Beim Rechtsvorgänger ist dieses Vermögen zum Abzug zu bringen.

(6) Für Kreditinstitute gemäß § 1 mit Sitz in einem anderen Mitgliedstaat (§ 2 Z 5 BWG), die in Österreich im Wege einer Zweigstelle tätig sind, ist eine fiktive Bilanzsumme des dieser Zweigstelle zuzurechnenden Geschäftsvolumens nach den Bestimmungen des Abs. 1 bis 5 zu errechnen und bildet diese die Bemessungsgrundlage. Dabei treten anstelle der Einlagen gemäß Abs. 2 Z 1 gedeckte Einlagen, die einem vergleichbaren Sicherungssystem eines Mitgliedstaates unterliegen und bei der Zweigstelle entgegengenommen werden.

*(BGBl I 2016/117)*

### Höhe der Stabilitätsabgabe

**§ 3.** Die Stabilitätsabgabe beträgt für jene Teile der Bemessungsgrundlage gemäß § 2,

1. die einen Betrag von 300 Millionen Euro überschreiten und 20 Milliarden Euro nicht überschreiten 0,024%,

*(BGBl I 2016/117)*

2. die einen Betrag von 20 Milliarden Euro überschreiten 0,029%.

*(BGBl I 2016/117)*

### Begrenzung der Stabilitätsabgabe

**§ 4.** Die gemäß § 2 und § 3 errechnete Stabilitätsabgabe wird nach Maßgabe der folgenden Bestimmungen begrenzt:

1. Die Stabilitätsabgabe darf höchstens 20% des Jahresüberschusses/Jahresfehlbetrages gemäß Anlage 2 zu Artikel I § 43 BWG zuzüglich des im Jahresüberschuss/Jahresfehlbetrag enthaltenen Aufwands für die Stabilitätsabgabe und die Sonderzahlung sowie unter Außerachtlassung des außerordentlichen Ergebnisses aus der Dotierung/Auflösung des Fonds für allgemeine Bankrisiken gemäß § 57 Abs. 3 BWG betragen (Zumutbarkeitsgrenze). Dabei ist der Jahresüberschuss/Jahresfehlbetrag jenes Geschäftsjahres heranzuziehen, das vor dem Kalenderjahr endet, für das die Stabilitätsabgabe zu entrichten ist.
2. Die Stabilitätsabgabe darf 50% des arithmetischen Mittels der letzten drei nach Z 1 ermittelten Jahresergebnisse nicht übersteigen (Belastungsobergrenze). Für die Berechnung des arithmetischen Mittels sind negative Jahresergebnisse mit Null anzusetzen.
3. Die zu entrichtende Stabilitätsabgabe beträgt mindestens 5% der nach den Bestimmungen der §§ 2 und 3 errechneten Stabilitätsabgabe, auch wenn damit die Zumutbarkeitsgrenze der Z 1 oder die Belastungsobergrenze der Z 2 überschritten werden (Mindestbeitrag).
4. Für die Ermittlung der Zumutbarkeitsgrenze und der Belastungsobergrenze sind im Fall eines Rumpfwirtschaftsjahres die nach Z 1 ermittelten Jahresüberschüsse/Jahresfehlbeträge auf ein volles Wirtschaftsjahr hochzurechnen.
5. Wird ein Kreditinstitut neu gegründet und ist § 2 Abs. 5 nicht anzuwenden, sind die Z 1 bis 3 für die Berechnung der Stabilitätsabgabe für das Jahr der Neugründung nicht anzuwenden.

*(BGBl I 2016/117)*

### Sonderzahlung

**§ 5.** (1) Zusätzlich zur Abgabenschuld der Stabilitätsabgabe hat das Kreditinstitut (§ 1) eine Sonderzahlung zu entrichten. Die Sonderzahlung wird nach Maßgabe folgender Bestimmungen errechnet:

1. Die Bemessungsgrundlage bemisst sich nach § 2. Der Sonderzahlung ist die durchschnittliche unkonsolidierte Bilanzsumme (§ 2) jenes Geschäftsjahres zugrunde zu legen, das im Jahr 2015 endet.
2. Die Sonderzahlung beträgt für jene Teile der Bemessungsgrundlage gemäß Abs. 1,

a) die einen Betrag von 300 Millionen Euro überschreiten und 20 Milliarden Euro nicht überschreiten ................ 0,211%,
b) die einen Betrag von 20 Milliarden Euro überschreiten ......................... 0,258%.

§ 4 ist für die Berechnung der Sonderzahlung nicht anzuwenden. § 2 Abs. 5 ist sinngemäß anzuwenden.

3. Die Abgabenschuld für die Sonderzahlung entsteht jeweils zu einem Viertel am 1. Jänner der Jahre 2017 bis 2020 und ist jeweils bis zum 31. März in den Jahren 2017 bis 2020 selbst zu berechnen und zu entrichten. Bis zum 31. März der Jahre 2017 bis 2020 hat das Kreditinstitut jeweils eine Voranmeldung beim Finanzamt für Großbetriebe einzureichen, in der die Bemessungsgrundlage und die Abgabenschuld für den Voranmeldungszeitraum selbst berechnet werden. Die Voranmeldung gilt als Steuererklärung.

*(BGBl I 2019/104)*

4. Die Abgabenschuld für die Sonderzahlung entsteht mit Beginn des letzten Kalendervierteljahres 2016, wenn ein Kreditinstitut die Sonderzahlung bis zum 31. Jänner 2017 selbst berechnet, mit einer Verrechnungsweisung (§ 214 Abs. 4 der Bundesabgabenordnung, BGBl. Nr. 194/1961) Sonderzahlung Stabilitätsabgabe 2016 auf das Abgabenkonto entrichtet und dies dem Finanzamt für Großbetriebe unter Bekanntgabe der Bemessungsgrundlage und der Abgabenschuld mitteilt. Diese Mitteilung gilt als Steuererklärung.

*(BGBl I 2019/104)*

(2) Die Sonderzahlung ist eine ausschließliche Bundesabgabe.

*(BGBl I 2016/117)*

### Abgabenschuldner und Abgabenschuld

**§ 6.** (1) Abgabenschuldner ist das Kreditinstitut im Sinne des § 1.

(2) Die Abgabenschuld entsteht mit 1. Jänner des Kalenderjahres, für das die Stabilitätsabgabe zu entrichten ist. Abweichend davon entsteht die Abgabenschuld bei unterjähriger Neugründung eines Kreditinstitutes mit der Eintragung des Kreditinstitutes im Firmenbuch.

(3) Bei unterjähriger Begründung oder Beendigung der Abgabepflicht ist die Stabilitätsabgabe anteilig nach der Zahl der vollen Kalendermonate zu entrichten, in denen die Steuerpflicht im Kalenderjahr bestanden hat.

(4) Die Abgabenschuld für Kreditinstitute im Sinne des § 2 Abs. 2 Z 4 endet mit jenem Monat, in dem die Europäische Kommission den Beschluss gefasst hat, dass die staatliche Beihilfe für die geordnete Abwicklung eines Kreditinstituts mit dem Binnenmarkt gemäß Art. 107 Abs. 3 Buchst. b AEUV vereinbar ist.

### Erhebung der Abgabe

**§ 7.** (1) Jedes Kreditinstitut im Sinne des § 1 hat bis zum 31. Oktober des Kalenderjahres, für das die Stabilitätsabgabe zu berechnen ist, eine Abgabenerklärung über die Stabilitätsabgabe abzugeben. Dies hat elektronisch zu erfolgen. Der Bundesminister für Finanzen wird ermächtigt, den Inhalt und das Verfahren der elektronischen Übermittlung mit Verordnung festzulegen. In der Verordnung kann vorgesehen werden, dass sich der Abgabenschuldner einer bestimmten öffentlich-rechtlichen oder privatrechtlichen Übermittlungsstelle zu bedienen hat.

(2) Die Stabilitätsabgabe ist vom Kreditinstitut selbst zu berechnen und vierteljährlich jeweils bis zum 31. Jänner, 30. April, 31. Juli und 31. Oktober zu gleichen Teilen zu entrichten (Fälligkeitstage). Soweit sich aus der Abgabenerklärung und dem Betrag, der den vierteljährlichen Zahlungen zu Grunde gelegt wird, ein Unterschiedsbetrag ergibt, mindert oder erhöht dieser die Zahlung am 31. Oktober entsprechend.

(3) Bei Neugründung eines Kreditinstitutes nach dem 31. Oktober eines Kalenderjahres ist die Stabilitätsabgabe dieses Kalenderjahres erstmals zum 31. Jänner des Folgejahres zu entrichten. Die Abgabenerklärung für dieses Kalenderjahr ist bis zum 31. Jänner des Folgejahres abzugeben.

**§ 7a.** (aufgehoben)

*(BGBl I 2016/117)*

**§ 7b.** (1) Abweichend von § 6 Abs. 2 erster Satz entsteht die Abgabenschuld für das Kalenderjahr 2014 mit 1. April 2014. Der zum 31. Jänner 2014 zu entrichtende Betrag gemäß § 7 Abs. 2 stellt eine Vorauszahlung auf die Stabilitätsabgabe dar.

(2) Für das Kalenderjahr 2014 berechnet sich die Stabilitätsabgabe wie folgt:

1. Für das erste Kalendervierteljahr ist das Stabilitätsabgabegesetz in der Fassung vor dem Bundesgesetz BGBl. I Nr. 13/2014 anzuwenden mit der Maßgabe, dass ein Viertel der durchschnittlichen unkonsolidierten Bilanzsumme gemäß § 2 Abs. 2 in der Fassung vor dem Bundesgesetz BGBl. I Nr. 184/2013 für das Geschäftsjahr 2013 die Bemessungsgrundlage für den Steuersatz gemäß § 3 in der Fassung vor dem Bundesgesetz BGBl. I Nr. 13/2014 bildet. Für die Berechnung der Stabilitätsabgabe für das erste Kalendervierteljahr ist § 3 in der Fassung vor dem Bundesgesetz BGBl. I Nr. 13/2014 mit der Maßgabe anzuwenden, dass an die Stelle des Betrages von einer Milliarde ein Betrag von 250 Millionen und an die Stelle des Betrages von 20 Milliarden ein Betrag von fünf Milliarden tritt. Ein Viertel des durchschnittlichen Geschäftsvolumens der Derivate gemäß § 4 Abs. 2 in der Fassung vor dem Bundesgesetz BGBl. I Nr. 13/2014 des Kalenderjahres 2013 bildet die Bemessungsgrundlage für den Steuersatz gemäß § 4 Abs. 1 in der Fassung vor dem Bundesgesetz BGBl. I Nr. 13/2014.

2. Für das zweite bis vierte Kalendervierteljahr ist die Stabilitätsabgabe gemäß §§ 2 und 3 zu berechnen mit der Maßgabe, dass drei Viertel der durchschnittlichen unkonsolidierten Bilanzsumme gemäß § 2 Abs. 2 in der Fassung vor dem Bundesgesetz BGBl. I Nr. 184/2013 für das Geschäftsjahr 2013 die Bemessungsgrundlage für den Steuersatz gemäß § 3 bilden. Für die Berechnung der Stabilitätsabgabe für das zweite bis vierte Kalendervierteljahr ist § 3 mit der Maßgabe anzuwenden, dass an die Stelle des Betrages von einer Milliarde ein Betrag von 750 Millionen und an die Stelle des Betrages von 20 Milliarden ein Betrag von 15 Milliarden tritt.
3. Die errechnete Steuer gemäß Z 1 ist mit der errechneten Steuer gemäß Z 2 zu addieren und bildet die Abgabenschuld für das Jahr 2014.

**Zuständigkeit**

**§ 8.** Die Erhebung der Stabilitätsabgabe obliegt dem Finanzamt für Großbetriebe.

*(BGBl I 2019/104)*

**Inkrafttreten**

**§ 9.** (1) Dieses Bundesgesetz tritt mit 1. Jänner 2011 in Kraft.

(2) § 2 Abs. 2 erster Satz und Z 3 und § 4 Abs. 2 in der Fassung des Bundesgesetzes BGBl. I Nr. 184/2013 treten mit 1. Jänner 2014 in Kraft. § 2 Abs. 2 Z 3a in der Fassung des Bundesgesetzes BGBl. I Nr. 184/2013 tritt mit 1. Jänner 2015 in Kraft. § 2 Abs. 2 Z 3 in der Fassung des Bundesgesetzes BGBl. I Nr. 184/2013 tritt mit Ablauf des 31. Dezember 2014 außer Kraft.

(3) § 3, § 7a und § 7b in der Fassung des Bundesgesetzes BGBl. I Nr. 13/2014 treten mit 1. April 2014 in Kraft. § 4 und § 5 treten mit Ablauf des 31. März 2014 außer Kraft.

(4) § 6 Abs. 4 tritt mit der Veranlagung 2013 in Kraft.

(5) Die §§ 2 Abs. 2 Z 1 und Abs. 6 sowie die §§ 3 und 4 in der Fassung des Bundesgesetzes BGBl. I Nr. 117/2016 treten mit 1. Jänner 2017 in Kraft.

(6) § 2 Abs. 2 Z 5, Z 7 und Z 8 sowie § 5 in der Fassung des Bundesgesetzes BGBl. I Nr. 117/2016 treten mit 31. Dezember 2016 in Kraft.

*(BGBl I 2016/117)*

(7) § 7a tritt mit Ablauf des 31. Dezember 2016 außer Kraft.

*(BGBl I 2016/117)*

(8) § 10 Abs. 1 in der Fassung des Bundesgesetzes BGBl. I Nr. 117/2016 tritt mit 1. Jänner 2017 in Kraft und ist erstmals für Zahlungen anzuwenden, die für Abgabenschulden geleistet werden, die nach dem 31. Dezember 2016 entstehen.

*(BGBl I 2016/117)*

(9) § 10 Abs. 2 in der Fassung des Bundesgesetzes BGBl. I Nr. 117/2016 tritt mit 1. Jänner 2017 in Kraft und ist, wenn ein Kreditinstitut § 5 Abs. 1 Z 4 in Anspruch nimmt, bereits bei der Körperschaftsteuerveranlagung für das Jahr 2016 anzuwenden.

*(BGBl I 2016/117)*

(10) § 5 Abs. 1 Z 3 und Z 4 und § 8, jeweils in der Fassung des Bundesgesetzes BGBl. I Nr. 104/2019 treten mit 1. Juli 2020 in Kraft.

**Schlussbestimmungen**

**§ 10.** (1) Die Stabilitätsabgabe stellt eine nicht abzugsfähige Betriebsausgabe dar (§ 12 Abs. 1 Z 6 Körperschaftsteuergesetz 1988, BGBl. Nr. 401/1988).

*(BGBl I 2016/117)*

(2) Abweichend von Abs. 1 ist die Sonderzahlung (§ 5) als Betriebsausgabe abzugsfähig.

*(BGBl I 2016/117)*

(3) Mit der Vollziehung dieses Bundesgesetzes ist die Bundesministerin oder der Bundesminister für Finanzen betraut.

*(BGBl I 2016/117)*

(4) Der Bundesminister für Finanzen hat im Hinblick auf die Entwicklungen in der Europäischen Union die Stabilitätsabgabe unter Einbeziehung der Oesterreichischen Nationalbank spätestens bis 30. September 2012 und im Hinblick auf die Wirkungsweise des Fonds gemäß § 7a Abs. 3 spätestens bis 30. September 2013 zu evaluieren.

*(BGBl I 2016/117)*

(5) Soweit in diesem Bundesgesetz auf Bestimmungen anderer Bundesgesetze verwiesen wird, sind diese in ihrer jeweils geltenden Fassung anzuwenden.

*(BGBl I 2016/117)*

## 2/2/2. BudgetbegleitG 2001 (Art 34)

BGBl I 2000/142 idF BGBl I 2013/5

### Artikel 34

**Steuerliche Sonderregelungen für die Ausgliederung von Aufgaben der Körperschaften öffentlichen Rechts**

**§ 1.** (1) Die durch die Ausgliederung und Übertragung von Aufgaben der Körperschaften öffentlichen Rechts an juristische Personen des privaten oder öffentlichen Rechts sowie an Personenvereinigungen (Personengemeinschaften), die unter beherrschendem Einfluss einer Körperschaft öffentlichen Rechts stehen, unmittelbar veranlassten (anfallenden) Schriften, Rechtsvorgänge und Rechtsgeschäfte sind von der Gesellschaftsteuer, Grunderwerbsteuer, den Stempel- und Rechtsgebühren sowie von den Gerichts- und Justizverwaltungsgebühren befreit. Derartige Vorgänge gelten nicht als steuerbare Umsätze. Ist die juristische Person des privaten oder öffentlichen Rechts im Rahmen der Aufgabenerfüllung als Unternehmer tätig, gelten für Zwecke der Umsatzsteuer die Rechtsverhältnisse für diese Tätigkeit als Unternehmer weiter.

(2) Miet- und Pachtverträge, die zwischen der juristischen Person des privaten oder öffentlichen Rechts oder der Personenvereinigung (Personengemeinschaft) als Vermieterin und der übertragenden Körperschaft öffentlichen Rechts als Mieterin unmittelbar anlässlich der Ausgliederung bezüglich der übertragenen Objekte abgeschlossen werden, sind von den Stempel- und Rechtsgebühren befreit.

**§ 2.** § 1 ist sinngemäß auf alle durch die Rückgängigmachung von Ausgliederungen und Übertragungen, die von § 1 erfasst waren, unmittelbar veranlassten (anfallenden) Schriften, Rechtsvorgänge und Rechtsgeschäfte anzuwenden. Für Zwecke der Umsatzsteuer gilt dies erst nach Ablauf des Vorsteuerberichtigungszeitraumes gemäß § 12 Abs. 10 und 11 UStG 1994. Darüber hinaus unterliegen diese Vorgänge insoweit nicht der Körperschaftsteuer (Einkommensteuer), als Wirtschaftsgüter dem Beteiligungsverhältnis entsprechend auf eine Körperschaft öffentlichen Rechts rückübertragen werden; dabei sind für die rückübertragenen Wirtschaftsgüter die Buchwerte des Rechtsvorgängers fortzuführen.

**§ 3.** § 1 ist sinngemäß auf alle auf Grund der Zusammenlegung von Gebietskörperschaften anfallenden Schriften, Rechtsvorgänge und Rechtsgeschäfte anzuwenden. Wenn durch eine solche Zusammenlegung ein Rechtsvorgang verwirklicht wird, der gemäß § 1 des Grunderwerbsteuergesetzes 1987 – GrEStG 1987, BGBl. Nr. 309, der Grunderwerbsteuer unterliegt, kann die Abgabenerklärung gemäß § 10 GrEStG 1987 in der geltenden Fassung abweichend von § 10 Abs. 2 GrEStG 1987 in der geltenden Fassung auch durch die in § 9 GrEStG 1987 in der geltenden Fassung genannten Personen vorgelegt und elektronisch übermittelt werden. Ertragsteuerrechtlich gelten auf Grund der Zusammenlegung von Gebietskörperschaften übertragene Wirtschaftsgüter als unentgeltlich übertragen.

**§ 4.** Mit der Vollziehung dieses Bundesgesetzes ist hinsichtlich der Befreiung von den Gerichts- und Justizverwaltungsgebühren der Bundesminister für Justiz, im übrigen der Bundesminister für Finanzen betraut.

# 2/3. VERORDNUNGEN

## 2/3/1. VO zu § 10a Abs. 10

## Passiveinkünfte niedrigbesteuerter Körperschaften

BGBl II 2019/21

**Verordnung des Bundesministers für Finanzen zur Durchführung der Hinzurechnungsbesteuerung und des Methodenwechsels bei Passiveinkünften niedrigbesteuerter Körperschaften (VO-Passiveinkünfte niedrigbesteuerter Körperschaften)**

Auf Grund des § 10a Abs. 10 des Körperschaftsteuergesetzes 1988, BGBl. I Nr. 401/1988, zuletzt geändert durch das Bundesgesetz BGBl. I Nr. 62/2018, wird verordnet:

### 1. Abschnitt
### Niedrigbesteuerung

**§ 1.** (1) Für die Beurteilung der Niedrigbesteuerung gemäß § 10a Abs. 3 KStG 1988 sind dem Einkommen (Abs. 2) die im Ausland tatsächlich entrichteten Steuern (Abs. 3) gegenüberzustellen (Durchschnittsteuerbelastung). Die Niedrigbesteuerung ist für jedes Wirtschaftsjahr gesondert zu beurteilen.

(2) Für die Ermittlung des Einkommens der ausländischen Körperschaft nach § 10a Abs. 3 zweiter Satz KStG 1988 gilt Folgendes:

1. Das Einkommen ist nach § 5 Abs. 1 des Einkommensteuergesetzes 1988, den übrigen Vorschriften des Einkommensteuergesetzes 1988 sowie des KStG 1988 zu ermitteln.
2. Inländische Einkünfte sind nicht zu berücksichtigen, wenn Österreich für diese ein Besteuerungsrecht zusteht.
3. § 10 KStG 1988 ist mit der Maßgabe anzuwenden, dass für Beteiligungen der ausländischen Körperschaft
   - an inländischen Körperschaften § 10 Abs. 1 Z 1 bis 4 KStG 1988 und
   - an ausländischen Körperschaften § 10 Abs. 1 Z 5 bis 7 und § 10 Abs. 2 und 3 KStG 1988

   sinngemäß gilt.
4. Eine Hinzurechnung von Passiveinkünften im Sinne des § 10a Abs. 5 KStG 1988 ist bei der Ermittlung des Einkommens der ausländischen Körperschaft nicht zu berücksichtigen. Ein Methodenwechsel ist nach Maßgabe des § 10a Abs. 7 KStG 1988 anzuwenden.

(3) Für die Ermittlung der tatsächlich entrichteten ausländischen Steuern gilt Folgendes:

1. Die auf das Wirtschaftsjahr entfallenden Steuern sind von der beteiligten Körperschaft glaubhaft zu machen. Ändert sich nachträglich die Höhe der tatsächlich entrichteten Steuern, stellt dies ein rückwirkendes Ereignis im Sinne des § 295a der Bundesabgabenordnung dar.
2. Ausländische Steuern sind anzusetzen, wenn sie hinsichtlich deren Bemessungsgrundlage mit der Körperschaftsteuer vergleichbar sind und das gemäß Abs. 2 ermittelte Einkommen der ausländischen Körperschaft unmittelbar belasten. Ist bei der Ermittlung des Einkommens der ausländischen Körperschaft der Methodenwechsel gemäß Abs. 2 Z 4 anzuwenden, kann darüber hinaus die als Vorbelastung anzusehende ausländische Steuer jener Körperschaften angesetzt werden, deren Erträge dem Methodenwechsel unterliegen.
3. Unterliegt das Einkommen der ausländischen Körperschaft erst anlässlich der Ausschüttung an ihre Anteilsinhaber bei der ausschüttenden Körperschaft einer der Körperschaftsteuer vergleichbaren Steuer, erfolgt die Beurteilung der Niedrigbesteuerung anhand des nominellen Steuersatzes.
4. An die ausländische Körperschaft oder ihre Anteilsinhaber rückerstattete Steuern gelten als nicht tatsächlich entrichtet. Kann eine Steuerrückerstattung erst in einem späteren Wirtschaftsjahr in Anspruch genommen werden, ist diese bereits bei der Ermittlung der Durchschnittsteuerbelastung zu berücksichtigen. Erfolgt jedoch innerhalb von neun Jahren nach dem hinsichtlich der Niedrigbesteuerung zu beurteilenden Wirtschaftsjahr tatsächlich keine solche Steuerrückerstattung und liegt deshalb in diesem Wirtschaftsjahr keine Niedrigbesteuerung vor, stellt dies ein rückwirkendes Ereignis im Sinne des § 295a der Bundesabgabenordnung dar.

(4) Überschreitet die Durchschnittsteuerbelastung der ausländischen Körperschaft nur deshalb nicht den in § 10a Abs. 3 des KStG 1988 vorgesehenen Prozentsatz, weil das ausländische Steuerrecht abweichende Regelungen für

- die Abschreibung von Wirtschaftsgütern und damit zusammenhängende Ausgleichsposten (wie insbesondere § 6 Z 16 des Einkommensteuergesetzes 1988) und Verteilungsregelungen (§ 12 Abs. 3 Z 2 KStG 1988),
- die Bildung von Rückstellungen oder
- die Verrechnung von Verlusten aus anderen Veranlagungszeiträumen vorsieht,

ist keine Niedrigbesteuerung im Sinne des § 10a Abs. 3 KStG 1988 anzunehmen.

(5) Ist der Gesamtbetrag der gemäß § 10a Abs. 3 KStG 1988 ermittelten Einkünfte negativ, hat die Beurteilung der Niedrigbesteuerung anhand des nominellen ausländischen Steuersatzes zu erfolgen.

## 2. Abschnitt Hinzurechnungsbesteuerung

### Drittelgrenze

**§ 2.** Für die Beurteilung der für die Anwendung der Hinzurechnungsbesteuerung gemäß § 10a Abs. 4 Z 1 KStG 1988 maßgeblichen Drittelgrenze gilt Folgendes:

1. Die Drittelgrenze ist für jedes Wirtschaftsjahr gesondert zu beurteilen.
2. Überschreiten die Passiveinkünfte in einem Wirtschaftsjahr die Drittelgrenze um nicht mehr als 25% oder sind die aktiven Einkünfte negativ, können in die Beurteilung dieses Wirtschaftsjahres auch die beiden vorangegangenen Wirtschaftsjahre mit einbezogen werden. Eine Hinzurechnung unterbleibt, wenn die gesamten Passiveinkünfte des Beurteilungszeitraumes nicht mehr als ein Drittel der gesamten Einkünfte des Beurteilungszeitraumes betragen.

### Beherrschung

**§ 3.** Eine beherrschte ausländische Körperschaft im Sinne des § 10a Abs. 4 Z 2 KStG 1988 liegt vor, wenn die Summe der vom Steuerpflichtigen und seinen verbundenen Unternehmen unmittelbar gehaltenen Beteiligungen mehr als 50% der Stimmrechte oder des Kapitals oder des Gewinnanspruches an der ausländischen Körperschaft vermittelt.

### Substanznachweis

**§ 4.** Für den Nachweis, ob die ausländische Körperschaft eine wesentliche wirtschaftliche Tätigkeit im Sinne des § 10a Abs. 4 Z 3 KStG 1988 ausübt, gilt Folgendes:

1. Das Vorliegen einer wesentlichen wirtschaftlichen Tätigkeit ist stets nach dem Gesamtbild der Verhältnisse unter Einbeziehung aller aktiven und passiven Einkünfte zu beurteilen. Im Falle des § 10a Abs. 6 Z 2 KStG 1988 ist auf die ausländische Betriebsstätte abzustellen.
2. Eine wesentliche wirtschaftliche Tätigkeit setzt voraus, dass die ausländische Körperschaft über jenes Ausmaß an Personal, Ausstattung, Vermögenswerte und Räumlichkeiten verfügt, das in einem angemessenen wirtschaftlichen Verhältnis zu den behaupteten wirtschaftlichen Tätigkeiten steht.
3. Insbesondere bei folgenden Tätigkeiten besteht die Vermutung, dass eine oder mehrere dieser Tätigkeiten noch keine wesentliche wirtschaftliche Tätigkeit begründen:
   - das bloße Halten von Beteiligungen und ihre Veräußerung;
   - das Durchleiten von Vermögenswerten;
   - das Bündeln von unkörperlichen Wirtschaftsgütern, für deren Herstellung die ausländische Körperschaft nicht im Wesentlichen selbst die Aufwendungen getragen hat.
4. Übt die ausländische Körperschaft mehrere Tätigkeiten aus, besteht die Vermutung, dass die wirtschaftlichen Tätigkeiten wesentlich sind, wenn
   - Personal, Ausstattung, Vermögenswerte und Räumlichkeiten mindestens zu einem Drittel für diese wirtschaftlichen Tätigkeiten eingesetzt werden und
   - mindestens ein Drittel der gesamten Einkünfte aus diesen wirtschaftlichen Tätigkeit erzielt werden.

### Durchführung der Hinzurechnung

**§ 5.** Für die Hinzurechnung der Passiveinkünfte gemäß § 10a Abs. 5 KStG 1988 gilt Folgendes:

1. Für das Ausmaß der Hinzurechnung sind die unmittelbare Beteiligung der beherrschenden Körperschaft sowie die aliquoten Beteiligungen, die die beherrschende Körperschaft mittelbar über ihre verbundenen Unternehmen hält, maßgeblich.
2. Bei der Einkünfteermittlung sind positive und negative Passiveinkünfte auszugleichen. Aktiveinkünfte sind hingegen nicht zu berücksichtigen. Übersteigen die negativen Passiveinkünfte die positiven Passiveinkünfte kann der übersteigende Betrag in Folgejahren mit den positiven Passiveinkünften ausgeglichen werden (Wartetaste).
3. Die hinzuzurechnenden Passiveinkünfte sind bei der beherrschenden Körperschaft als Einkünfte aus Gewerbebetrieb zu erfassen.

## 3. Abschnitt Methodenwechsel

**§ 6.** Für die Beurteilung gemäß § 10a Abs. 7 KStG 1988, ob der Unternehmensschwerpunkt der niedrigbesteuerten ausländischen Körperschaft in der Erzielung von Passiveinkünften liegt, gilt Folgendes:

1. Der Unternehmensschwerpunkt ist unabhängig davon zu beurteilen, ob die Betätigung der niedrigbesteuerten ausländischen Körperschaft als gewerbliche Tätigkeit oder als Vermögensverwaltung einzustufen ist.
2. Ein passiver Unternehmensschwerpunkt liegt vor, wenn die passiven Einkünfte mehr als die Hälfte der gesamten Einkünfte dieses Wirtschaftsjahres betragen. Dabei ist § 10a Abs. 3 zweiter Satz KStG 1988 sinngemäß anzuwenden, wobei auch steuerbefreite Dividenden und Einkünfte aus der Veräußerung von Anteilen zu den gesamten Einkünften zählen.
3. Abweichend von Z 2 gilt:
   a) Überschreiten die Passiveinkünfte die Grenze gemäß Z 2 um nicht mehr als 25%, können in die Beurteilung dieses Wirtschaftsjahres auch die beiden vorangegangenen Wirtschaftsjahre mit einbezogen werden. Kein passiver Unternehmensschwerpunkt liegt vor, wenn die gesamten Passiveinkünfte nicht mehr

als die Hälfte der gesamten Einkünfte des Beurteilungszeitraumes betragen.

b) Überschreiten die Passiveinkünfte die Grenze gemäß Z 2, weil die Aktiveinkünfte aufgrund besonderer Umstände (insbesondere Anlaufverluste, Konjunktureinbruch) weniger als die Hälfte der gesamten Einkünfte betragen, können in die Beurteilung auch der Kapital- und Arbeitskräfteeinsatz einbezogen werden. Dabei liegt kein passiver Unternehmensschwerpunkt vor, wenn die beteiligte Körperschaft nachweist, dass Kapital und Arbeitskräfte der niedrigbesteuerten Körperschaft nachhaltig nahezu ausschließlich zur Erzielung von Aktiveinkünften eingesetzt werden.

4. Die Beurteilung des Unternehmensschwerpunktes und der Niedrigbesteuerung erfolgt nach Maßgabe der Verhältnisse jenes Wirtschaftsjahres, in dem die ausgeschütteten Gewinne erwirtschaftet wurden. Umfasst eine Ausschüttung Gewinne mehrerer Wirtschaftsjahre, erfolgt diese Beurteilung und die etwaige Anwendung des Methodenwechsels für jedes Wirtschaftsjahr gesondert. Kann die beteiligte Körperschaft nicht glaubhaft machen, welchen Wirtschaftsjahren die ausgeschütteten Gewinne zuzuordnen sind, gelten die Gewinne früherer Wirtschaftsjahre als zuerst ausgeschüttet.

5. Wird eine internationale Schachtelbeteiligung veräußert, erfolgt die Beurteilung des Unternehmensschwerpunktes und der Niedrigbesteuerung anhand der letzten sieben abgeschlossenen Wirtschaftsjahre vor der Veräußerung. Ein passiver Unternehmensschwerpunkt liegt vor, wenn die gesamten Passiveinkünfte mehr als die Hälfte der gesamten Einkünfte des Beurteilungszeitraumes betragen. Dies gilt nicht, wenn die beteiligte Körperschaft glaubhaft macht, dass der Veräußerungsgewinn überwiegend aus dem aktiven Unternehmensbereich stammt. Ein etwaiger Methodenwechsel ist stets auf den gesamten Veräußerungsgewinn anzuwenden.

### 4. Abschnitt
### Verhältnis zwischen Hinzurechnungsbesteuerung und Methodenwechsel

**§ 7.** Für das Verhältnis zwischen der Hinzurechnungsbesteuerung und dem Methodenwechsel gilt Folgendes:

1. Wurden Passiveinkünfte nachweislich bereits im Rahmen der Hinzurechnungsbesteuerung erfasst, unterbleibt gemäß § 10a Abs. 7 Z 2 KStG 1988 der Methodenwechsel, indem diese von der für den Methodenwechsel maßgeblichen Bemessungsgrundlage abgezogen werden.
2. Die Hinzurechnung von Passiveinkünften eines Wirtschaftsjahres erfolgt auch, wenn diese vor oder mit Ablauf dieses Wirtschaftsjahres ausgeschüttet werden. Dies gilt jedoch nicht, wenn diese Passiveinkünfte auf Grund dieser Ausschüttung bereits dem Methodenwechsel unterlagen.

### 5. Abschnitt
### Inkrafttreten und Anwendungszeitraum

**§ 8.** Die Beurteilung gemäß § 2 Z 2 und § 6 dieser Verordnung umfasst auch Wirtschaftsjahre, die vor dem 1. Jänner 2019 begonnen haben. Bei neu gegründeten ausländischen Körperschaften verkürzt sich der Beurteilungszeitraum gemäß § 2 Z 2 und § 6 Z 3 dieser Verordnung auf bereits abgeschlossene Wirtschaftsjahre.

**§ 9.** Die Verordnung ist erstmalig bei der Veranlagung für das Jahr 2019 unter Beachtung des § 26c Z 68 KStG 1988 anzuwenden.

**§ 10.** Die Verordnung des Bundesministers für Finanzen betreffend die steuerliche Entlastung von Erträgen aus der internationalen Schachtelbeteiligung, BGBl. II Nr. 295/2004, tritt mit Ablauf des 31. Dezember 2018 außer Kraft und ist letztmalig anzuwenden auf Erträge aus internationalen Schachtelbeteiligungen, die vor dem 1. Jänner 2019 realisiert wurden.

2/3/2. VO zu § 12a Abs. 8

# EBITDA-Ermittlungs-VO

BGBl II 2021/390

**Verordnung des Bundesministers für Finanzen zur Ermittlung des steuerlichen EBITDA sowie des Gruppen-EBITDA (EBITDA-Ermittlungs-VO)**

Aufgrund des § 12a Abs. 8 des Körperschaftsteuergesetzes 1988, BGBl. I Nr. 401/1988, zuletzt geändert durch das Bundesgesetz BGBl. I Nr. 3/2021, wird verordnet:

**§ 1.** Bei der Ermittlung des steuerlichen EBITDA gemäß § 12a Abs. 4 des Körperschaftsteuergesetzes (KStG 1988) eines Wirtschaftsjahres gilt Folgendes:

1. Der Gesamtbetrag der Einkünfte vor Anwendung des § 12a KStG 1988 ist zu erhöhen um darin enthaltene
   a) Absetzungen für Abnutzungen im Sinne von § 7, § 8, § 13, § 16 Abs. 1 Z 8 und § 28 Abs. 3 des Einkommensteuergesetzes 1988 (EStG 1988),
   b) Abschreibungen des Anlagevermögens auf den niedrigeren Teilwert im Sinne von § 6 Z 1 und 2 lit. a EStG 1988 sowie
   c) abzugsfähige Zinsaufwendungen des jeweiligen Wirtschaftsjahres.
2. Der Gesamtbetrag der Einkünfte vor Anwendung des § 12a KStG 1988 ist zu vermindern um darin enthaltene
   a) Zuschreibungen des Anlagevermögens im Sinne von § 6 Z 1 und Z 2 lit. a sowie Z 13 EStG 1988 sowie
   b) steuerpflichtige Zinserträge des jeweiligen Wirtschaftsjahres.
3. Erhöhungen gemäß Z 1 und Verminderungen gemäß Z 2 sind nur insoweit vorzunehmen, als sich diese nach den Vorschriften des EStG 1988 und des KStG 1988 bei der Ermittlung des Gesamtbetrages der Einkünfte vor Anwendung des § 12a KStG 1988 in diesem Wirtschaftsjahr steuerlich auswirken.

**§ 2.** Bei der Ermittlung des Gruppen-EBITDA eines Veranlagungszeitraumes gemäß § 12a Abs. 7 Z 1 lit. b KStG 1988 gilt § 1 sinngemäß. Weiters sind die in den Gesamtbeträgen der Einkünfte enthaltenen Firmenwertabschreibungsfünfzehntel gemäß § 9 Abs. 7 KStG 1988 erhöhend, nachzuerfassende Fünfzehntelbeträge gemäß § 9 Abs. 7 letzter Teilstrich KStG 1988 vermindernd zu berücksichtigen.

**§ 3.** Diese Verordnung ist erstmalig für Wirtschaftsjahre anzuwenden, die nach dem 31. Dezember 2020 beginnen. Zuschreibungen gemäß § 1 Z 2 lit. a sowie nachzuerfassende Fünfzehntelbeträge gemäß § 2 sind nur dann vermindernd zu berücksichtigen, wenn die vorangegangenen Abschreibungen (§ 1 Z 1 lit. b, § 2) Wirtschaftsjahren zuzuordnen sind, die nach dem 31. Dezember 2020 beginnen.

2/3/3. VO zu § 12a Abs. 6 Z 3

# Zinsvortrags-ÜbergangsV

BGBl II 2022/210

**Verordnung des Bundesministers für Finanzen zum Übergang eines Zins- und EBITDA-Vortrages (Zinsvortrags-Übergangsverordnung – Zinsvortrags-ÜbergangsV)**

Aufgrund des § 12a Abs. 6 Z 3 des Körperschaftsteuergesetzes 1988, BGBl. Nr. 401/1988, zuletzt geändert durch das Bundesgesetz BGBl. I Nr. 10/2022, wird verordnet:

**§ 1.** Der Übergang eines nicht verrechneten Zinsvortrages gemäß § 12a Abs. 6 Z 1 des Körperschaftsteuergesetzes 1988 (KStG 1988), BGBl. Nr. 401/1988, oder eines nicht verrechneten EBITDA-Vortrages gemäß § 12a Abs. 6 Z 2 lit. a KStG 1988 im Rahmen von Umgründungen im Sinne des Umgründungssteuergesetzes (UmgrStG), BGBl. Nr. 699/1991, auf Rechtsnachfolger erfolgt nur unter den folgenden Voraussetzungen:

1. Es handelt sich um eine Umgründung unter Buchwertfortführung und
2. beim übernehmenden Rechtsnachfolger handelt es sich um eine unter § 12a Abs. 2 KStG 1988 fallende Körperschaft.

**§ 2.** Der Übergang eines Zins- oder EBITDA-Vortrages im Sinne des § 1 richtet sich nach den für den Verlustabzug maßgebenden Grundsätzen und erfolgt bei den einzelnen Umgründungsarten nach Maßgabe der folgenden Bestimmungen:

1. Bei der Verschmelzung gemäß Art. I UmgrStG ist § 4 Z 1 lit. a und c UmgrStG sinngemäß anzuwenden.
2. Bei der Umwandlung gemäß Art. II UmgrStG ist § 10 Z 1 lit. a und b UmgrStG sinngemäß anzuwenden, wobei für Zwecke des § 10 Z 1 lit. a UmgrStG die Anwendung von § 4 Z 1 lit. d UmgrStG ausgenommen ist.
3. Bei der Einbringung gemäß Art. III UmgrStG und der Spaltung gemäß Art. VI UmgrStG ist § 21 Z 1 UmgrStG sinngemäß anzuwenden, wobei die Anwendung von § 4 Z 1 lit. d UmgrStG ausgenommen ist.

Kann ein Zins- oder EBITDA-Vortrag den noch vorhandenen und nicht mehr vorhandenen Betrieben, Teilbetrieben oder nicht einem Betrieb zurechenbaren Vermögensteilen nicht eindeutig zugeordnet werden, ist eine sachgerechte Zuordnung vorzunehmen.

**§ 3.** Für einen beim Gruppenträger einer Unternehmensgruppe (§ 9 KStG 1988) bestehenden und zum Umgründungsstichtag noch nicht verrechneten Zins- oder EBITDA-Vortrag gemäß § 12a Abs. 7 Z 3 KStG 1988 sind die §§ 1 und 2 sinngemäß mit der Maßgabe anzuwenden, dass die Betriebe, Teilbetriebe oder nicht einem Betrieb zurechenbaren Vermögensteile, denen der Zins- oder EBITDA-Vortrag zugeordnet werden kann, in der Unternehmensgruppe noch tatsächlich vorhanden sind.

**§ 4.** Diese Verordnung ist erstmals für Umgründungen anzuwenden, die nach dem 31. Dezember 2021 beschlossen oder vertraglich unterfertigt werden.

# 3. UMGRÜNDUNGSSTEUER

## Inhaltsverzeichnis

# 3/1. Umgründungssteuergesetz

**Umgründungssteuergesetz**, BGBl 1991/699 idF

| | | |
|---|---|---|
| **1** BGBl 1993/818 | **2** BGBl 1994/680 | **3** BGBl 1994/681 |
| **4** BGBl 1995/21 | **5** BGBl 1996/201 (StruktAnpG 1996) | **6** BGBl 1996/797 (AbgÄG 1996) |
| **7** BGBl I 1998/9 (AbgÄG 1997) | **8** BGBl I 1999/28 (AbgÄG 1998) | **9** BGBl I 1999/106 (StReformG 2000) |
| **10** BGBl I 2000/22 (VfGH) | **11** BGBl I 2000/142 (BudgetbegleitG 2001) | **12** BGBl I 2001/47 (BudgetbegleitG 2002) |
| **13** BGBl I 2001/144 (AbgÄG 2001) | **14** BGBl I 2003/71 (BudgetbegleitG 2003) | **15** BGBl I 2003/124 (AbgÄG 2003) |
| **16** BGBl I 2004/180 (AbgÄG 2004) | **17** BGBl I 2005/161 (AbgÄG 2005) | **18** BGBl I 2007/24 (BudBG 2007) |
| **19** BGBl I 2007/99 (AbgSiG 2007) | **20** BGBl I 2008/2 (1. BVRBG) | **21** BGBl I 2010/9 |
| **22** BGBl I 2010/34 (AbgÄG 2010) | **23** BGBl I 2010/111 (BudBG 2011) | **24** BGBl I 2011/79 (VfGH) |
| **25** BGBl I 2011/112 (BudBG 2012) | **26** BGBl I 2012/112 (AbgÄG 2012) | **27** BGBl I 2014/13 (AbgÄG 2014) |
| **28** BGBl I 2014/105 (2. AbgÄG 2014) | **29** BGBl I 2015/34 (VAG 2016) | **30** BGBl I 2015/118 (StRefG 2015/16) |
| **31** BGBl I 2015/163 (AbgÄG 2015) | **32** BGBl I 2016/117 (AbgÄG 2016) | **33** BGBl I 2018/62 (JStG 2018) |
| **34** BGBl I 2018/69 | **35** BGBl I 2019/103 (StRefG 2020) | **36** BGBl I 2019/104 (FORG) |
| **37** BGBl I 2020/1 (VfGH) | **38** BGBl I 2022/10 (ÖkoStRefG 2022) | **39** BGBl I 2022/108 (AbgÄG 2022) |

## GLIEDERUNG

## STICHWORTVERZEICHNIS

**Bundesgesetz, mit dem abgabenrechtliche Maßnahmen bei der Umgründung von Unternehmen getroffen werden (Umgründungssteuergesetz – UmgrStG)**

## 1. TEIL UMGRÜNDUNGSSTEUERGESETZ

## 1. HAUPTSTÜCK Umgründungen

### Artikel I Verschmelzung

#### Anwendungsbereich

**§ 1.** (1) Verschmelzungen im Sinne dieses Bundesgesetzes sind

1. Verschmelzungen auf Grund gesellschaftsrechtlicher Vorschriften,
2. Verschmelzungen im Sinne gesellschaftsrechtlicher Vorschriften auf Grund anderer Gesetze,
3. Vermögensübertragungen im Sinne des § 236 des Aktiengesetzes und
   *(BGBl I 2015/34)*
4. Verschmelzungen ausländischer Körperschaften im Ausland auf Grund vergleichbarer Vorschriften.

(2) Abs. 1 Z 1 bis 4 findet nur insoweit Anwendung, als das Besteuerungsrecht der Republik Österreich hinsichtlich der stillen Reserven einschließlich eines allfälligen Firmenwertes bei der übernehmenden Körperschaft nicht eingeschränkt wird. Soweit bei der Verschmelzung auf eine übernehmende

- in der Anlage genannte Gesellschaft eines Mitgliedstaates der Europäischen Union oder
- den Kapitalgesellschaften vergleichbare Gesellschaft eines Staates des Europäischen Wirtschaftsraumes,
  *(BGBl I 2018/62)*

die auch den Ort der Geschäftsleitung in einem Mitgliedstaat der Europäischen Union oder in einem Staat des Europäischen Wirtschaftsraumes hat, eine Steuerpflicht nach § 20 des Körperschaftsteuergesetzes 1988 entsteht, ist die Abgabenschuld auf Grund eines in der Steuererklärung gestellten Antrages in Raten zu entrichten; dabei sind § 6 Z 6 lit. d bis e des Einkommensteuergesetzes 1988 sinngemäß anzuwenden.

*(BGBl I 2015/163)*

(3) Auf Verschmelzungen sind die §§ 2 bis 6 anzuwenden.

#### Übertragende Körperschaft

**§ 2.** (1) Bei der Ermittlung des Gewinnes ist für das mit dem Verschmelzungsstichtag endende Wirtschaftsjahr das Betriebsvermögen mit dem Wert anzusetzen, der sich nach den steuerrechtlichen Vorschriften über die Gewinnermittlung ergibt.

(2) Abweichend von Abs. 1 kann

1. bei Verschmelzungen im Sinne des § 1 Abs. 1 Z 1 bis 3 das ausländische Vermögen und
2. bei Verschmelzungen im Sinne des § 1 Abs. 1 Z 4 das Betriebsvermögen und sonstige Vermögensteile

mit dem sich aus § 20 des Körperschaftsteuergesetzes 1988 ergebenden Wert angesetzt werden, wenn die Verschmelzung im Ausland zur Gewinnverwirklichung führt und mit dem in Betracht kommenden ausländischen Staat ein Doppelbesteuerungsabkommen besteht, das dafür die Anrechnungsmethode vorsieht, oder eine vergleichbare innerstaatliche Maßnahme zur Vermeidung der Doppelbesteuerung getroffen wurde.

(3) Das Einkommen der übertragenden Körperschaft ist so zu ermitteln, als ob der Vermögensübergang mit Ablauf des Verschmelzungsstichtages erfolgt wäre.

(4) Abs. 3 gilt nicht für Gewinnausschüttungen der übertragenden Körperschaft auf Grund von Beschlüssen nach dem Verschmelzungsstichtag sowie für

- die Einlagenrückzahlung im Sinne des § 4 Abs. 12 des Einkommensteuergesetzes 1988 durch die übertragende Körperschaft und
- Einlagen im Sinne des § 8 Abs. 1 des Körperschaftsteuergesetzes 1988 in die übertragende Körperschaft

in der Zeit zwischen dem Verschmelzungsstichtag und dem Tag des Abschlusses des Verschmelzungsvertrages.

(5) Verschmelzungsstichtag ist der Tag, zu dem die Schlußbilanz aufgestellt ist, die der Verschmelzung zugrunde gelegt wird. Zum Verschmelzungsstichtag ist weiters eine Verschmelzungsbilanz aufzustellen, in der die nach Abs. 1 oder 2 steuerlich maßgebenden Buchwerte oder Werte und das sich daraus ergebende Verschmelzungskapital unter Berücksichtigung nachträglicher Veränderungen im Sinne des Abs. 4 darzustellen sind.

#### Übernehmende Körperschaft

**§ 3.** (1) Für die übernehmende Körperschaft gilt Folgendes:

1. Sie hat die zum Verschmelzungsstichtag steuerlich maßgebenden Buchwerte im Sinne des § 2 fortzuführen.
2. Soweit das Besteuerungsrecht der Republik Österreich hinsichtlich des übernommenen Vermögens entsteht, gilt Folgendes:
   - Das übernommene Vermögen ist mit dem gemeinen Wert anzusetzen.
   - Wird Vermögen ganz oder teilweise übernommen, für das die Abgabenschuld bei der übernehmenden Körperschaft oder einer konzernzugehörigen Körperschaft der übernehmenden Körperschaft nicht festgesetzt worden ist oder gemäß § 16 Abs. 1a nicht entstanden ist, sind die fortgeschriebenen Buchwerte, höchstens aber die gemeinen Werte anzusetzen. Die spätere Veräu-

ßerung oder das sonstige Ausscheiden gilt nicht als rückwirkendes Ereignis im Sinn des § 295a der Bundesabgabenordnung. Weist die übernehmende Körperschaft nach, dass Wertsteigerungen im übrigen EU/EWR-Raum eingetreten sind, sind diese vom Veräußerungserlös oder vom gemeinen Wert im Zeitpunkt des Ausscheidens abzuziehen.

*(BGBl I 2015/163)*

3. Ist die übernehmende Körperschaft oder ein konzernzugehöriges Unternehmen der übernehmenden Körperschaft am Verschmelzungsstichtag an der übertragenden ausländischen Körperschaft beteiligt und würden die Gewinnanteile der übertragenden Körperschaft bei der übernehmenden Körperschaft oder dem konzernzugehörigen Unternehmen am Verschmelzungsstichtag § 10 Abs. 4 oder Abs. 5 in der Fassung vor BGBl. I Nr. 62/2018 oder § 10a Abs. 7 des Körperschaftsteuergesetzes 1988 unterliegen, gilt der Unterschiedsbetrag zwischen dem Verschmelzungskapital im Sinne des § 2 Abs. 5 und den vorhandenen Einlagen im Sinne des § 4 Abs. 12 des Einkommensteuergesetzes 1988 zum Verschmelzungsstichtag mit dem Beginn des auf den Verschmelzungsstichtag folgenden Tages als offen ausgeschüttet. Dies gilt nur für Gewinne der übertragenden Körperschaft aus Wirtschaftsjahren, die vor dem 1. Jänner 2019 geendet haben. Der Steuerpflichtige hat nachzuweisen, dass die Einlagen nicht aus Gesellschaftsmitteln stammen.

*(BGBl I 2015/118, BGBl I 2015/163, BGBl I 2018/62)*

4. § 2 Abs. 3 gilt mit dem Beginn des auf den Verschmelzungsstichtag folgenden Tages.

(2) Buchgewinne und Buchverluste bleiben bei der Gewinnermittlung außer Ansatz.

(3) Unabhängig vom Vorliegen eines Buchgewinnes oder verlustes sind Veränderungen des Betriebsvermögens, die aus der Vereinigung von Aktiven und Passiven (Confusio) stammen, in dem dem Verschmelzungsstichtag folgenden Wirtschaftsjahr zu berücksichtigen.

(4) Entsteht durch die Verschmelzung bei der übernehmenden Körperschaft eine internationale Schachtelbeteiligung im Sinne des § 10 Abs. 2 des Körperschaftsteuergesetzes 1988 oder wird ihr Ausmaß erweitert, ist hinsichtlich der bisher nicht steuerbegünstigten Beteiligungsquoten auf den Unterschiedsbetrag zwischen den Buchwerten und den höheren Teilwerten § 10 Abs. 3 erster Satz des Körperschaftsteuergesetzes 1988 nicht anzuwenden.

### Verlustabzug

**§ 4.** § 8 Abs. 4 Z 2 des Körperschaftsteuergesetzes 1988 ist nach Maßgabe folgender Bestimmungen anzuwenden:

1. a) Verluste der übertragenden Körperschaft, die bis zum Verschmelzungsstichtag entstanden und noch nicht verrechnet sind, gelten im Rahmen der Buchwertfortführung ab dem dem Verschmelzungsstichtag folgenden Veranlagungszeitraum der übernehmenden Körperschaft insoweit als abzugsfähige Verluste dieser Körperschaft, als sie den übertragenen Betrieben, Teilbetrieben oder nicht einem Betrieb zurechenbaren Vermögensteilen zugerechnet werden können. Voraussetzung ist weiters, daß das übertragene Vermögen am Verschmelzungsstichtag tatsächlich vorhanden ist.

b) Verluste der übernehmenden Körperschaft, die bis zum Verschmelzungsstichtag entstanden und noch nicht verrechnet sind, bleiben abzugsfähig, soweit die Betriebe, Teilbetriebe oder nicht einem Betrieb zurechenbaren Vermögensteile, die die Verluste verursacht haben, am Verschmelzungsstichtag tatsächlich vorhanden sind.

c) Ist in den Fällen der lit. a und b der Umfang der Betriebe, Teilbetriebe oder nicht einem Betrieb zurechenbaren Vermögensteile am Verschmelzungsstichtag gegenüber jenem im Zeitpunkt des Entstehens der Verluste derart vermindert, daß nach dem Gesamtbild der wirtschaftlichen Verhältnisse eine Vergleichbarkeit nicht mehr gegeben ist, ist der von diesen Betrieben, Teilbetrieben oder Vermögensteilen verursachte Verlust vom Abzug ausgeschlossen.

d) Im Falle der Verschmelzung verbundener Körperschaften sind vortragsfähige Verluste der Körperschaft, an der die Beteiligung besteht, um abzugsfähige Teilwertabschreibungen zu kürzen, die die beteiligte Körperschaft auf die Beteiligung in Wirtschaftsjahren, die nach dem 31. Dezember 1990 geendet haben, vorgenommen hat; die Kürzung vermindert sich insoweit, als in der Folge Zuschreibungen erfolgt sind. Eine Kürzung unterbleibt, soweit eine solche nach dem letzten Satz erfolgt ist. Die Kürzung hat im Falle der Verschmelzung auf die Mutterkörperschaft in dem dem Verschmelzungsstichtag folgenden Veranlagungszeitraum und im Falle der Verschmelzung auf die Tochterkörperschaft in dem Veranlagungszeitraum zu erfolgen, in den der Verschmelzungsstichtag fällt. § 12 Abs. 3 Z 2 des Körperschaftsteuergesetzes 1988 gilt im Falle der Verschmelzung auf die Tochterkörperschaft ab dem dem Verschmelzungsstichtag folgenden Wirtschaftsjahr und im Übrigen mit der Maßgabe, dass in dem Jahr, in dem die Kürzung zu erfolgen hat, zusätzlich der Unterschiedsbetrag zwischen den insgesamt berücksichtigten Teilen der Teilwertabschreibung und dem Kürzungsbetrag im Sinne des ersten Satzes zu berücksichtigen ist. Die vorstehenden Bestimmungen gelten sinngemäß auch im Falle der Verschmelzung mittelbar verbundender Körperschaften, soweit abzugsfähige Teilwertabschreibungen auf Verluste zurückzuführen sind, die die mittelbar verbundene Körperschaft erlitten hat.

2. Ein Mantelkauf, der den Abzug von Verlusten ausschließt, liegt auch dann vor, wenn die wesentlichen Änderungen der Struktur zu einem Teil bei der übertragenden und zum anderen Teil bei der übernehmenden Körperschaft erfolgen. Änderungen zum Zwecke der Verbesserung oder Rationalisierung der betrieblichen Struktur im Unternehmenskonzept der übernehmenden Körperschaft stehen Sanierungen im Sinne des § 8 Abs. 4 Z 2 dritter Satz des Körperschaftsteuergesetzes 1988 gleich.

### Behandlung der Anteilsinhaber

**§ 5.** (1) Für die Anteilsinhaber gilt Folgendes:

1. Der Austausch von Anteilen an der übertragenden Körperschaft auf Grund der Verschmelzung gilt nicht als Tausch. Die Anteile an der übernehmenden Körperschaft gelten mit Beginn des dem Verschmelzungsstichtag folgenden Tages als erworben.
2. Zuzahlungen auf Grund gesellschaftsrechtlicher Vorschriften kürzen die Anschaffungskosten oder Buchwerte.
3. Soweit das Besteuerungsrecht der Republik Österreich hinsichtlich des übertragenen Vermögens auf Grund der Verschmelzung eingeschränkt wird, gilt Z 1 auch für Anteilsinhaber, die in einem Staat des EU/EWR-Raumes ansässig sind.

   *(BGBl I 2015/163, BGBl I 2018/62)*
4. Soweit das Besteuerungsrecht der Republik Österreich hinsichtlich der Anteile der übertragenden Körperschaft an der übernehmenden Körperschaft eingeschränkt wird, sind diese bei der übernehmenden Körperschaft mit den nach § 6 Z 6 lit. a des Einkommensteuergesetzes 1988 maßgebenden Werten anzusetzen, wobei § 6 Z 6 lit. c bis e des Einkommensteuergesetzes 1988 sinngemäß anzuwenden sind.

   *(BGBl I 2015/163)*
5. Werden ausländischen Anteilsinhabern eigene Anteile der übernehmenden Körperschaft gewährt, sind diese mit den nach § 6 Z 6 lit. a des Einkommensteuergesetzes 1988 maßgebenden Werte anzusetzen, wobei § 6 Z 6 lit. c bis e des Einkommensteuergesetzes 1988 sinngemäß anzuwenden sind.

   *(BGBl I 2015/163)*

(2) Für neue Anteile sind die Anschaffungszeitpunkte der alten Anteile maßgeblich.

(3) und (4) (aufgehoben)

(5) Unterbleibt die Gewährung von Anteilen, weil die Beteiligungsverhältnisse an der übertragenden und der übernehmenden Körperschaft übereinstimmen (§ 224 Abs. 2 Z 1 des Aktiengesetzes), sind die steuerlich maßgebenden Anschaffungskosten oder Buchwerte der Anteile an der übertragenden Körperschaft den Anteilen an der übernehmenden Körperschaft zuzurechnen.

(6) Unterbleibt die Gewährung von Anteilen, weil Anteilsinhaber der übertragenden Körperschaft auf die Gewährung verzichten (§ 224 Abs. 2 Z 2 des Aktiengesetzes), ist § 3 Abs. 2 anzuwenden.

(7) Für internationale Schachtelbeteiligungen im Sinne des § 10 Abs. 2 des Körperschaftsteuergesetzes 1988 gilt folgendes:

1. Entsteht durch eine Verschmelzung im Sinne des § 1 Abs. 1 bei einer Körperschaft als Anteilsinhaber eine internationale Schachtelbeteiligung oder wird ihr Ausmaß durch neue Anteile oder durch Zurechnung zur bestehenden Beteiligung verändert, ist hinsichtlich der bisher nicht steuerbegünstigten Beteiligungsquoten auf den Unterschiedsbetrag zwischen den Buchwerten und den höheren Teilwerten § 10 Abs. 3 erster Satz des Körperschaftsteuergesetzes 1988 nicht anzuwenden.
2. Geht durch eine Verschmelzung im Sinne des § 1 Abs. 1 die Eigenschaft einer Beteiligung als internationale Schachtelbeteiligung unter, gilt, soweit für sie keine Option zugunsten der Steuerwirksamkeit erklärt worden ist, der höhere Teilwert zum Verschmelzungsstichtag, abzüglich auf Grund einer Umgründung nach diesem Bundesgesetz von § 10 Abs. 3 erster Satz des Körperschaftsteuergesetzes 1988 ausgenommener Beträge, als Buchwert.

### Sonstige Rechtsfolgen der Verschmelzung

**§ 6.** (1) Die übertragende Körperschaft bleibt bis zu ihrem Erlöschen Arbeitgeber im Sinne des § 47 des Einkommensteuergesetzes 1988. Dies gilt auch für die Beurteilung von Tätigkeitsvergütungen als solche im Sinne des § 22 Z 2 des Einkommensteuergesetzes 1988.

(2) Entsprechen die Beteiligungsverhältnisse nach der Verschmelzung nicht den Wertverhältnissen, gilt der Unterschiedsbetrag, wenn der Wertausgleich nicht auf andere Weise erfolgt, als unentgeltlich zugewendet. Die Wertverhältnisse sind im Zweifel durch das Gutachten eines Sachverständigen nachzuweisen.

(3) Die Annahme eines Abfindungsangebotes gilt als Anteilsveräußerung. Beim Erwerber gilt der Beginn des dem Verschmelzungsstichtag folgenden Tages als Anschaffungstag der Anteile.

(4) Verschmelzungen nach § 1 gelten nicht als steuerbare Umsätze im Sinne des Umsatzsteuergesetzes 1994; die übernehmende Körperschaft tritt

für den Bereich der Umsatzsteuer unmittelbar in die Rechtsstellung der übertragenden Körperschaft ein.

(5) Werden auf Grund einer Verschmelzung nach § 1 Erwerbsvorgänge nach § 1 des Grunderwerbsteuergesetzes 1987 verwirklicht, so ist die Grunderwerbsteuer gemäß § 4 in Verbindung mit § 7 des Grunderwerbsteuergesetzes 1987 zu berechnen.

*(BGBl I 2015/118, BGBl I 2019/103)*

## Artikel II
## Umwandlung

### Anwendungsbereich

**§ 7.** (1) Umwandlungen im Sinne dieses Bundesgesetzes sind

1. errichtende Umwandlungen nach dem Bundesgesetz über die Umwandlung von Handelsgesellschaften, BGBl. Nr. 304/1996, wenn am Umwandlungsstichtag und am Tag des Umwandlungsbeschlusses ein Betrieb vorhanden ist,
2. verschmelzende Umwandlungen nach dem Bundesgesetz über die Umwandlung von Handelsgesellschaften, BGBl. Nr. 304/1996, wenn
   – am Umwandlungsstichtag und am Tag des Umwandlungsbeschlusses ein Betrieb vorhanden ist oder
   – Hauptgesellschafter eine unter § 7 Abs. 3 des Körperschaftsteuergesetzes 1988 fallende Körperschaft oder eine ausländische Gesellschaft eines Mitgliedstaates der Europäischen Union, die die in der Anlage zu diesem Bundesgesetz vorgesehenen Voraussetzungen des Artikels 3 der Richtlinie 2009/133/EG über das gemeinsame Steuersystem für Fusionen, Spaltungen, Abspaltungen, die Einbringung von Unternehmensteilen und den Austausch von Anteilen, die Gesellschaften verschiedener Mitgliedstaaten betreffen, sowie für die Verlegung des Sitzes einer Europäischen Gesellschaft oder einer Europäischen Genossenschaft von einem Mitgliedstaat in einen anderen Mitgliedstaat, ABl. Nr. L 310 vom 25.11.2009 S. 34, in der jeweils geltenden Fassung erfüllt, ist,
3. vergleichbare Umwandlungen ausländischer Körperschaften im Ausland.

(2) Abs. 1 Z 1 bis 3 findet nur insoweit Anwendung, als das Besteuerungsrecht der Republik Österreich hinsichtlich der stillen Reserven einschließlich eines allfälligen Firmenwertes beim Rechtsnachfolger nicht eingeschränkt wird. Soweit bei der Umwandlung das Besteuerungsrecht der Republik Österreich gegenüber einem EU/EWR-Staat eingeschränkt wird, ist die nach § 20 des Körperschaftsteuergesetzes 1988 entstehende Abgabenschuld auf Grund eines in der Steuererklärung gestellten Antrages in Raten zu entrichten; dabei sind § 6 Z 6 lit. d bis e des Einkommensteuergesetzes 1988 sinngemäß anzuwenden.

*(BGBl I 2015/163, BGBl I 2018/62)*

(3) Rechtsnachfolger sind der Hauptgesellschafter (§ 2 Abs. 1 UmwG), beziehungsweise dessen Gesellschafter (Mitunternehmer), oder die Gesellschafter (Mitunternehmer) der errichteten Personengesellschaft (§ 5 Abs. 1 UmwG).

(4) Auf Umwandlungen sind die §§ 8 bis 11 anzuwenden.

### Übertragende Körperschaft

**§ 8.** (1) Bei der Ermittlung des Gewinnes ist für das mit dem Umwandlungsstichtag endende Wirtschaftsjahr das Betriebsvermögen mit dem Wert anzusetzen, der sich nach den steuerrechtlichen Vorschriften über die Gewinnermittlung ergibt.

(2) Abweichend von Abs. 1 kann

1. bei Umwandlungen im Sinne des § 7 Abs. 1 Z 1 und 2 das ausländische Vermögen und
2. bei Umwandlungen im Sinne des § 7 Abs. 1 Z 3 das Betriebsvermögen und sonstige Vermögensteile mit dem sich aus § 20 des Körperschaftsteuergesetzes 1988 ergebenden Wert angesetzt werden, wenn die Umwandlung im Ausland zur Gewinnverwirklichung führt und mit dem in Betracht kommenden ausländischen Staat ein Doppelbesteuerungsabkommen besteht, das dafür die Anrechnungsmethode vorsieht, oder eine vergleichbare innerstaatliche Maßnahme zur Vermeidung der Doppelbesteuerung getroffen wurde.

(3) Das Einkommen ist so zu ermitteln, als ob der Vermögensübergang mit Ablauf des Umwandlungsstichtages erfolgt wäre.

(4) Abs. 3 gilt nicht für Gewinnausschüttungen der übertragenden Körperschaft auf Grund von Beschlüssen nach dem Umwandlungsstichtag sowie für

– die Einlagenrückzahlung im Sinne des § 4 Abs. 12 des Einkommensteuergesetzes 1988 durch die übertragende Körperschaft und
– Einlagen im Sinne des § 8 Abs. 1 des Körperschaftsteuergesetzes 1988 in die übertragende Körperschaft

in der Zeit zwischen dem Umwandlungsstichtag und dem Tag des Umwandlungsbeschlusses.

(5) Umwandlungsstichtag ist der Tag, zu dem die Schlußbilanz aufgestellt ist, die der Umwandlung zugrunde gelegt wird. Zum Umwandlungsstichtag ist weiters eine Umwandlungsbilanz aufzustellen, in der die nach Abs. 1 oder 2 steuerlich maßgebenden Buchwerte oder Werte und das sich daraus ergebende Umwandlungskapital unter Berücksichtigung nachträglicher Veränderungen im Sinne des Abs. 4 darzustellen sind.

### Rechtsnachfolger

**§ 9.** (1) Für die Rechtsnachfolger gilt Folgendes:

1. Sie haben die zum Umwandlungsstichtag maßgebenden Buchwerte im Sinne des § 8

fortzuführen. § 8 Abs. 3 gilt für die Rechtsnachfolger mit Beginn des dem Umwandlungsstichtag folgenden Tages.

2. Soweit das Besteuerungsrecht der Republik Österreich hinsichtlich der Anteile an der übertragenden Körperschaft durch die Umwandlung eingeschränkt wird, gilt dies als Tausch im Sinne des § 6 Z 14 lit. a des Einkommensteuergesetzes 1988 an dem dem Umwandlungsstichtag folgenden Tag. § 6 Z 6 lit. c bis e des Einkommensteuergesetzes 1988 sind sinngemäß anzuwenden.

   *(BGBl I 2015/163)*

3. Soweit das Besteuerungsrecht der Republik Österreich entsteht, gilt Folgendes:
   – Das übernommene Vermögen ist mit dem gemeinen Wert anzusetzen.
   – Wird Vermögen ganz oder teilweise übernommen, für das die Abgabenschuld bei einem Rechtsnachfolger oder bei einer konzernzugehörigen Körperschaft eines Rechtsnachfolgers nicht festgesetzt worden ist oder gemäß § 16 Abs. 1a nicht entstanden ist, sind die fortgeschriebenen Buchwerte oder die ursprünglichen Anschaffungskosten, höchstens aber die gemeinen Werte anzusetzen. Die spätere Veräußerung oder das sonstige Ausscheiden gilt nicht als rückwirkendes Ereignis im Sinn des § 295a der Bundesabgabenordnung. Weist die übernehmende Körperschaft nach, dass Wertsteigerungen im übrigen EU/EWR-Raum eingetreten sind, sind diese vom Veräußerungserlös abzuziehen. auf Grund einer Umgründung im Sinne dieses Bundesgesetzes oder auf Grund des § 6 Z 6 oder des § 27 Abs. 6 Z 1 lit. b des Einkommensteuergesetzes 1988 nicht festgesetzt worden ist oder gemäß § 16 Abs. 1 zweiter Teilstrich nicht entstanden ist, sind die fortgeschriebenen Buchwerte oder die Anschaffungskosten vor der Umgründung oder Verlegung anzusetzen. Die spätere Veräußerung oder das sonstige Ausscheiden gilt nicht als rückwirkendes Ereignis im Sinn des § 295a der Bundesabgabenordnung. Weist die übernehmende Körperschaft nach, dass Wertsteigerungen im übrigen EU/EWR-Raum eingetreten sind, sind diese vom Veräußerungserlös abzuziehen.

     *(BGBl I 2015/163)*

   –[a] Soweit das Besteuerungsrecht der Republik Österreich hinsichtlich der Anteile an der durch eine errichtende Umwandlung entstandenen Personengesellschaft entsteht, ist der Unterschiedsbetrag zwischen dem Buchwert und dem gemeinen Wert der Anteile am Umwandlungsstichtag bei einer späteren Realisierung der Anteile bei natürlichen Personen als Rechtsnachfolger mit einem besonderen Steuersatz von
     – 25% für vor dem 1. Jänner 2023 gelegene Umgründungsstichtage;
     – 24% für zwischen dem 31. Dezember 2022 und dem 1. Jänner 2024 gelegene Umgründungsstichtage;
     – 23% für nach dem 31. Dezember 2023 gelegene Umgründungsstichtage zu besteuern. Dies gilt sinngemäß für verschmelzende Umwandlungen auf natürliche Personen als Rechtsnachfolger.

     *(BGBl I 2022/10 ab 1.1.2023)*

[a] Tritt mit 1. Jänner 2023 in Kraft.

(2) Auf Buchgewinne und Buchverluste ist § 3 Abs. 2 und 3 anzuwenden. Dies gilt sinngemäß auch für Umwandlungsgewinne und Umwandlungsverluste in Bezug auf die Anschaffungskosten von außerbetrieblich gehaltenen Anteilen an der übertragenen Körperschaft.

(3) Auf einen durch die Umwandlung bewirkten Wechsel der Gewinnermittlungsart ist § 4 Abs. 10 des Einkommensteuergesetzes 1988 anzuwenden. Diese Bestimmung gilt auch für den Fall des durch die Umwandlung bewirkten Ausscheidens von Wirtschaftsgütern aus dem Betriebsvermögen und für Gewinnerhöhungen, die sich aus der Änderung der Besteuerungsgrundsätze ergeben. Ein sich daraus insgesamt ergebender Gewinn ist in dem dem Umwandlungsstichtag folgenden Wirtschaftsjahr zu berücksichtigen; auf Antrag der Rechtsnachfolger ist der Gewinn einschließlich eines steuerwirksamen Buchgewinnes im Sinne des Abs. 2 in den dem Umwandlungsstichtag folgenden drei Wirtschaftsjahren gleichmäßig verteilt zu berücksichtigen.

(4) Für internationale Schachtelbeteiligungen im Sinne des § 10 Abs. 2 des Körperschaftsteuergesetzes 1988 gilt folgendes:

1. Entsteht durch die Umwandlung eine internationale Schachtelbeteiligung oder wird ihr Ausmaß erweitert, ist hinsichtlich der bisher nicht steuerbegünstigten Beteiligungsquoten auf den Unterschiedsbetrag zwischen den Buchwerten und den höheren Teilwerten § 10 Abs. 3 erster Satz des Körperschaftsteuergesetzes 1988 nicht anzuwenden.
2. Geht durch die Umwandlung die Eigenschaft einer Beteiligung als internationale Schachtelbeteiligung unter, gilt, soweit für sie keine Option zugunsten der Steuerwirksamkeit erklärt worden ist, der höhere Teilwert zum Umwandlungsstichtag, abzüglich auf Grund einer Umgründung nach diesem Bundesgesetz von § 10 Abs. 3 erster Satz des Körperschaftsteuergesetzes 1988 ausgenommener Beträge, als Buchwert.

(5) Forderungen und Verbindlichkeiten eines Anteilsinhabers der übertragenden Körperschaft aus Leistungsbeziehungen, die nicht unter Abs. 2 fallen, gelten spätestens mit dem Tag der Anmel-

dung des Umwandlungsbeschlusses zur Eintragung in das Firmenbuch im Rahmen der betreffenden Einkunftsart nach § 19 des Einkommensteuergesetzes 1988 als vereinnahmt oder verausgabt.

(6) Mit dem Tag der Anmeldung des Umwandlungsbeschlusses zur Eintragung in das Firmenbuch gilt das Gewinnkapital der übertragenden Körperschaft als offen an die Rechtsnachfolger ausgeschüttet. Gewinnkapital ist der Unterschiedsbetrag zwischen dem Umwandlungskapital im Sinne des § 8 Abs. 5 und den vorhandenen Einlagen im Sinne des § 4 Abs. 12 des Einkommensteuergesetzes 1988 zum Umwandlungsstichtag. Wurde im Zuge von Umgründungen innerhalb von zehn Jahren vor dem Umwandlungsstichtag Vermögen mit negativem Buchwert übernommen, erhöht sich das Gewinnkapital um diesen Betrag, soweit er nicht im Rahmen des § 18 Abs. 2 als ausgeschüttet gilt. Der Tag der Anmeldung des Umwandlungsbeschlusses zur Eintragung in das Firmenbuch gilt als Tag des Zufließens im Sinne des § 95 Abs. 3 Z 1 des Einkommensteuergesetzes 1988.

*(BGBl I 2015/118, BGBl I 2015/163)*

(7) (aufgehoben)

(8) Mindeststeuern der übertragenden Körperschaft im Sinne des § 24 Abs. 4 des Körperschaftsteuergesetzes 1988, die bis zum Umwandlungsstichtag entstanden und noch nicht verrechnet sind, sind den Rechtsnachfolgern ab dem dem Umwandlungsstichtag folgenden Wirtschaftsjahr in jenem Ausmaß zuzurechnen, das sich aus der Höhe der Beteiligung an der umgewandelten Körperschaft im Zeitpunkt der Eintragung des Umwandlungsbeschlusses in das Firmenbuch ergibt. Dabei sind die Anteile abfindungsberechtigter Anteilsinhaber den Rechtsnachfolgern quotenmäßig zuzurechnen. § 24 Abs. 4 Z 4 des Körperschaftsteuergesetzes 1988 gilt für natürliche Personen als Rechtsnachfolger, wenn der Betrieb nach § 7 Abs. 1 am Ende des Jahres, für das die Anrechnung erfolgen soll, noch vorhanden ist; unabhängig von diesem Betriebserfordernis ist auf die Einkommensteuer, die auf Veräußerungsgewinne gemäß § 24 des Einkommensteuergesetzes 1988 dieses Betriebes entfällt, eine Anrechnung vorzunehmen. § 46 Abs. 2 des Einkommensteuergesetzes 1988 ist nicht anzuwenden.

(9) Entfällt durch die Umwandlung die Befreiung von nach dem Umwandlungsstichtag angefallenen Kapitalerträgen gemäß § 94 Z 2 oder § 94 Z 5 des Einkommensteuergesetzes 1988, gilt Folgendes:

1. Kapitalerträge im Sinne des § 94 Z 2 des Einkommensteuergesetzes 1988 gelten mit dem Tag der Anmeldung des Umwandlungsbeschlusses zur Eintragung in das Firmenbuch als zugeflossen.
2. Bei Kapitalerträgen im Sinne des § 94 Z 5 des Einkommensteuergesetzes 1988 ist eine Widerrufserklärung innerhalb einer Woche nach dem Tag der Anmeldung des Umwandlungsbeschlusses zur Eintragung in das Firmenbuch abzugeben. Die Widerrufserklärung ist auf den dem Umwandlungsstichtag folgenden Tag zu beziehen.

### Verlustabzug

**§ 10.** § 8 Abs. 4 Z 2 des Körperschaftsteuergesetzes 1988 ist nach Maßgabe folgender Bestimmungen anzuwenden:

1. a) Für Verluste der übertragenden Körperschaft ist § 4 Z 1 lit. a, c und d anzuwenden.
   b) Übergehende Verluste sind den Rechtsnachfolgern als Verluste gemäß § 18 Abs. 6 des Einkommensteuergesetzes 1988 oder § 8 Abs. 4 Z 2 des Körperschaftsteuergesetzes 1988 in jenem Ausmaß zuzurechnen, das sich aus der Höhe der Beteiligung an der umgewandelten Körperschaft im Zeitpunkt der Eintragung des Umwandlungsbeschlusses in das Firmenbuch ergibt. Dabei sind die Anteile abfindungsberechtigter Anteilsinhaber den Rechtsnachfolgern quotenmäßig zuzurechnen.
   c) Das Ausmaß der nach lit. b maßgebenden Beteiligungen verringert sich um jene Anteile, die im Wege der Einzelrechtsnachfolge, ausgenommen
      – die Kapitalerhöhung innerhalb des gesetzlichen Bezugsrechtes,
      – Erwerbe von Todes wegen,
      – Erwerbe eines unter § 7 Abs. 3 des Körperschaftsteuergesetzes 1988 fallenden Hauptgesellschafters
        – vor der verschmelzenden Umwandlung oder
        – vor der errichtenden Umwandlung, an der neben dem Hauptgesellschafter nur ein Arbeitsgesellschafter teilnimmt, oder
      – Erwerbe einer Mitunternehmerschaft als Hauptgesellschafter, an der neben einem Arbeitsgesellschafter nur eine unter § 7 Abs. 3 des Körperschaftsteuergesetzes 1988 fallende Körperschaft beteiligt ist,

      erworben worden sind, sofern die Verluste nicht erst in Wirtschaftsjahren entstanden sind, die nach dem Anteilserwerb begonnen haben.
2. § 4 Z 1 lit. b und c ist auch für eigene Verluste einer Körperschaft anzuwenden, die am Nennkapital der umgewandelten Körperschaft am Tage der Eintragung der Umwandlung in das Firmenbuch mindestens zu einem Viertel beteiligt ist.
3. § 4 Z 2 ist auf Verluste der übertragenden und der übernehmenden Körperschaft anzuwenden.

**Sonstige Rechtsfolgen der Umwandlung**

**§ 11.** (1) Die übertragende Körperschaft bleibt bis zu ihrem Erlöschen Arbeitgeber im Sinne des § 47 des Einkommensteuergesetzes 1988. Dies gilt auch für die Beurteilung von Tätigkeitsvergütungen als solche im Sinne des § 22 Z 2 des Einkommensteuergesetzes 1988.

(2) Die Anteile abfindungsberechtigter Anteilsinhaber gelten am Tag der Eintragung des Umwandlungsbeschlusses in das Firmenbuch als veräußert.

(3) Umwandlungen nach § 7 gelten nicht als steuerbare Umsätze im Sinne des Umsatzsteuergesetzes 1994; die Rechtsnachfolger treten für den Bereich der Umsatzsteuer unmittelbar in die Rechtsstellung der übertragenden Körperschaft ein.

(4) Werden auf Grund einer Umwandlung nach § 7 Erwerbsvorgänge nach § 1 des Grunderwerbsteuergesetzes 1987 verwirklicht, so ist die Grunderwerbsteuer gemäß § 4 in Verbindung mit § 7 des Grunderwerbsteuergesetzes 1987 zu berechnen.

*(BGBl I 2015/118, BGBl I 2019/103)*

**Artikel III**
**Einbringung**

**Anwendungsbereich**

**§ 12.** (1) Eine Einbringung im Sinne dieses Bundesgesetzes liegt vor, wenn Vermögen (Abs. 2) auf Grundlage eines schriftlichen Einbringungsvertrages (Sacheinlagevertrages) und einer Einbringungsbilanz (§ 15) nach Maßgabe des § 19 einer übernehmenden Körperschaft (Abs. 3) tatsächlich übertragen wird. Voraussetzung ist, dass das Vermögen am Einbringungsstichtag, jedenfalls aber am Tag des Abschlusses des Einbringungsvertrages, für sich allein einen positiven Verkehrswert besitzt. Der Einbringende hat im Zweifel die Höhe des positiven Verkehrswertes durch ein begründetes Gutachten eines Sachverständigen nachzuweisen.

(2) Zum Vermögen zählen nur

1. Betriebe und Teilbetriebe, die der Einkunftserzielung gemäß § 2 Abs. 3 Z 1 bis 3 des Einkommensteuergesetzes 1988 dienen, wenn sie zu einem Stichtag eingebracht werden, zu dem eine Bilanz (§ 4 Abs. 1 des Einkommensteuergesetzes 1988) für den gesamten Betrieb des Einbringenden vorliegt,
2. Mitunternehmeranteile, das sind Anteile an Gesellschaften, bei denen die Gesellschafter als Mitunternehmer anzusehen sind, wenn sie zu einem Stichtag eingebracht werden, zu dem eine Bilanz (§ 4 Abs. 1 des Einkommensteuergesetzes 1988) der Mitunternehmerschaft vorliegt, an der die Beteiligung besteht,
3. Kapitalanteile, das sind Anteile an inländischen und vergleichbaren ausländischen Kapitalgesellschaften sowie Erwerbs- und Wirtschaftsgenossenschaften, weiters an anderen ausländischen Gesellschaften eines Mitgliedstaates der Europäischen Union, die die in der Anlage zu diesem Bundesgesetz vorgesehenen Voraussetzungen des Artikels 3 der Richtlinie 2009/133/EG in der jeweils geltenden Fassung erfüllen,
   – wenn sie mindestens ein Viertel des gesamten Nennkapitals oder des rechnerischen Wertes der Gesamtanteile umfassen oder
   – wenn die eingebrachten Anteile der übernehmenden Gesellschaft für sich oder gemeinsam mit ihr bereits vor der Einbringung gehörenden Anteilen unmittelbar die Mehrheit der Stimmrechte an der Gesellschaft, deren Anteile eingebracht werden, vermitteln oder erweitern.

   Zum Begriff des Kapitalanteiles zählt bei vertraglicher Einbeziehung auch der am Einbringungsstichtag ausstehende Teil des nachweisbar ausschließlich zur Anschaffung des einzubringenden Anteiles aufgenommenen Fremdkapitals. Verbindlichkeiten in unmittelbarem Zusammenhang mit einer Einlage im Sinne des § 8 Abs. 1 des Körperschaftsteuergesetzes 1988 in die Körperschaft, deren Anteile übertragen werden, zählen jedenfalls zum Begriff des Kapitalanteils, wenn die Einlage innerhalb von zwei Jahren vor dem Einbringungsstichtag erfolgt ist.

(3) Übernehmende Körperschaften können sein:

1. Unbeschränkt steuerpflichtige Kapitalgesellschaften oder Erwerbs- und Wirtschaftsgenossenschaften (§ 1 Abs. 2 des Körperschaftsteuergesetzes 1988).
2. Ausländische Körperschaften, die mit einer inländischen Kapitalgesellschaft oder Erwerbs- und Wirtschaftsgenossenschaft vergleichbar sind, wenn mit dem in Betracht kommenden ausländischen Staat ein Doppelbesteuerungsabkommen besteht sowie andere ausländische Gesellschaften eines Mitgliedstaates der Europäischen Union, die die in der Anlage zu diesem Bundesgesetz vorgesehenen Voraussetzungen des Artikels 3 der Richtlinie 2009/133/EG in der jeweils geltenden Fassung erfüllen.

(4) Auf Einbringungen sind die §§ 13 bis 22 anzuwenden.

**Einbringungsstichtag**

**§ 13.** (1) Einbringungsstichtag ist der Tag, zu dem das Vermögen mit steuerlicher Wirkung auf die übernehmende Körperschaft übergehen soll. Der Stichtag kann auch auf einen Zeitpunkt vor Unterfertigung des Einbringungsvertrages rückbezogen werden. In jedem Fall ist innerhalb einer Frist von neun Monaten nach Ablauf des Einbringungsstichtages (§ 108 der Bundesabgabenordnung)

– die Anmeldung der Einbringung im Wege der Sachgründung bzw. einer Kapitalerhöhung zur Eintragung in das Firmenbuch und
– in den übrigen Fällen die Meldung der Einbringung bei dem für die Erhebung der Kör-

perschaftsteuer der übernehmenden Körperschaft zuständigen Finanzamt

vorzunehmen. Erfolgt die Anmeldung oder Meldung nach Ablauf der genannten Frist, gilt als Einbringungsstichtag der Tag des Abschlusses des Einbringungsvertrages, wenn dies innerhalb einer Frist von neun Monaten nach Ablauf des Ersatzstichtages (§ 108 BAO) dem für die Erhebung der Körperschaftsteuer der übernehmenden Körperschaft zuständigen Finanzamt gemeldet wird und die in § 12 Abs. 1 genannten Voraussetzungen auf den Ersatzstichtag vorliegen. Erfolgt die Einbringung in eine im Ausland ansässige übernehmende Körperschaft, für die bis zur Einbringung kein inländisches Finanzamt zuständig ist, tritt an die Stelle der vorgenannten Behörden das für die Erhebung der Einkommen- oder Körperschaftsteuer des Einbringenden zuständige Finanzamt.

*(BGBl I 2019/104)*

(2) Einbringungsstichtag kann nur ein Tag sein, zu dem das einzubringende Vermögen dem Einbringenden zuzurechnen war. Im Falle der Einbringung durch eine Gesellschaft, bei der die Gesellschafter als Mitunternehmer anzusehen sind, gelten für die Frage der Zurechnung auch die Mitunternehmer als Einbringende. Erfolgt eine Einbringung auf einen Stichtag, zu dem das einzubringende Vermögen dem Einbringenden nicht zuzurechnen war, gilt als Einbringungsstichtag der Tag des Abschlusses des Einbringungsvertrages, wenn dies innerhalb einer Frist von neun Monaten nach Ablauf des Ersatzstichtages (§ 108 BAO) dem für die Erhebung der Körperschaftsteuer der übernehmenden Körperschaft zuständigen Finanzamt gemeldet wird und die in § 12 Abs. 1 genannten Voraussetzungen auf den Ersatzstichtag vorliegen. Die vorstehenden Sätze kommen nicht zur Anwendung, wenn das Vermögen im Erbwege erworben wurde und eine Buchwerteinbringung (§§ 16 und 17) erfolgt.

### Der Einbringende

**§ 14.** (1) Bei der Einbringung von Betrieben und Teilbetrieben endet für das eingebrachte Vermögen das Wirtschaftsjahr des Einbringenden mit dem Einbringungsstichtag. Dabei ist das Betriebsvermögen mit dem Wert anzusetzen, der sich nach den steuerrechtlichen Vorschriften über die Gewinnermittlung ergibt. Das gilt auch für einzubringende Kapitalanteile. Bei einzubringenden internationalen Schachtelbeteiligungen kommt die zeitliche Beschränkung des § 10 Abs. 2 des Körperschaftsteuergesetzes 1988 nicht zur Anwendung.

(2) Die Einkünfte des Einbringenden sind hinsichtlich des einzubringenden Vermögens so zu ermitteln, als ob der Vermögensübergang mit Ablauf des Einbringungsstichtages erfolgt wäre.

### Einbringungsbilanz

**§ 15.** Bei der Einbringung von Betrieben, Teilbetrieben, Mitunternehmeranteilen und zu einem Betriebsvermögen gehörenden Kapitalanteilen ist zum Einbringungsstichtag eine Einbringungsbilanz aufzustellen, in der das einzubringende Vermögen nach Maßgabe des § 16 und das sich daraus ergebende Einbringungskapital darzustellen ist. Die Einbringungsbilanz ist dem für die übernehmende Körperschaft zuständigen Finanzamt vorzulegen. Die Einbringungsbilanz kann entfallen, wenn die steuerlich maßgebenden Werte und das Einbringungskapital im Einbringungsvertrag beschrieben werden.

### Bewertung von Betriebsvermögen

**§ 16.** (1) Der Einbringende hat das in § 15 genannte Vermögen in der Einbringungsbilanz (oder im Einbringungsvertrag) und einzubringende Kapitalanteile im Einbringungsvertrag mit den in § 14 Abs. 1 genannten Werten anzusetzen (Buchwerteinbringung). Soweit im Rahmen der Einbringung in eine inländische oder ausländische Körperschaft das Besteuerungsrecht der Republik Österreich ganz oder teilweise eingeschränkt wird, sind die nach § 6 Z 6 lit. a des Einkommensteuergesetzes 1988 maßgebenden Werte anzusetzen, wobei § 6 Z 6 lit. c bis e des Einkommensteuergesetzes 1988 sinngemäß anzuwenden sind. Dabei sind offene Raten auch dann fällig zu stellen, wenn in weiterer Folge die Gegenleistung durch den Einbringenden veräußert wird oder auf sonstige Art ausscheidet. Bei teilweiser Einschränkung des Besteuerungsrechtes der Republik Österreich ist auf den nach dem zweiten Satz ermittelten Gewinn der besondere Steuersatz gemäß § 27a Abs. 1 Z 2 des Einkommensteuergesetzes 1988 anzuwenden. Dabei sind offene Raten nur dann fällig zu stellen, wenn in weiterer Folge die Gegenleistung durch den Einbringenden veräußert wird oder auf sonstige Art ausscheidet.

*(BGBl I 2015/163, BGBl I 2019/103)*

(1a) Abweichend von Abs. 1 gilt bei Einbringung von Kapitalanteilen im Sinne des § 12 Abs. 2 Z 3 in eine in einem EU/EWR-Staat ansässige Gesellschaft, wenn dem Einbringenden eine Gegenleistung gewährt wird (Anteilstausch), Folgendes:

– Abs. 1 erster Satz ist anzuwenden.
– Entsteht durch die Einbringung eine internationale Schachtelbeteiligung im Sinne des § 10 Abs. 2 des Körperschaftsteuergesetzes 1988 oder wird ihr Ausmaß durch neue Anteile oder durch Zurechnung zur bestehenden Beteiligung verändert, entsteht eine Steuerschuld hinsichtlich des Unterschiedsbetrages zwischen dem Buchwert und dem nach § 6 Z 14 des Einkommensteuergesetzes 1988 maßgebenden Wert zum Einbringungsstichtag, wenn die Kapitalanteile von der übernehmenden Gesellschaft in weiterer Folge veräußert werden oder sonst aus dem Betriebsvermögen ausscheiden. Dies gilt nicht, soweit die Anteile an der übernehmenden Körperschaft vor dem Entstehen der Abgabenschuld entgeltlich übertragen werden.
– Zwischen dem Einbringungsstichtag und der Veräußerung (Ausscheiden) eingetretene Wertminderungen sind höchstens im Ausmaß

des Unterschiedsbetrages zu berücksichtigen, soweit diese nicht in einem anderen Staat berücksichtigt werden.

*(BGBl I 2019/103)*

– Bei einer natürlichen Person als Einbringendem sind § 17 Abs. 1 und Abs. 1a sinngemäß anzuwenden.

*(BGBl I 2019/103)*

*(BGBl I 2015/163, BGBl I 2016/117, BGBl I 2019/103)*

(2) Ist beim Einbringenden das Besteuerungsrecht der Republik Österreich hinsichtlich der Gegenleistung (§ 19) eingeschränkt, gilt Folgendes:

1. Wird das Besteuerungsrecht im Verhältnis zu anderen Mitgliedstaaten der Europäischen Union oder zu anderen Mitgliedstaaten des Europäischen Wirtschaftsraumes eingeschränkt, sind die Abs. 1, 1a und 3 anzuwenden. Dies gilt auch bei der Einbringung von inländischem Vermögen gemäß § 12 Abs. 2 Z 1 und 2 (Betriebe, Teilbetriebe und Mitunternehmeranteile) durch natürliche Personen, wenn lediglich das Besteuerungsrecht an der Gegenleistung und nicht am Vermögen eingeschränkt wird (teilweise Einschränkung).

   *(BGBl I 2015/163, BGBl I 2018/62, BGBl I 2019/103)*

2. Wird das Besteuerungsrecht im Verhältnis zu anderen als in Z 1 angeführten Staaten eingeschränkt, sind für das inländische und das ausländische Vermögen die nach § 6 Z 14 des Einkommensteuergesetzes 1988 maßgebenden Werte anzusetzen.

(3) Abweichend von Abs. 1 gilt bei der Einbringung von inländischem und ausländischem Vermögen folgendes:

1. Alle unter Abs. 2 Z 1 fallende Personen können vorbehaltlich des Abs. 4 das inländische und das ausländische Vermögen mit dem nach § 6 Z 14 des Einkommensteuergesetzes 1988 maßgebenden Wert ansetzen, wenn die Einbringung im Ausland zur Gewinnverwirklichung führt und mit dem in Betracht kommenden ausländischen Staat ein Doppelbesteuerungsabkommen besteht, das dafür die Anrechnungsmethode vorsieht oder eine vergleichbare innerstaatliche Maßnahme zur Vermeidung der Doppelbesteuerung getroffen wurde.
2. Alle nicht unter Abs. 2 fallenden Personen können vorbehaltlich des Abs. 4 das ausländische Vermögen mit dem nach § 6 Z 14 des Einkommensteuergesetzes 1988 maßgebenden Wert ansetzen, wenn die Einbringung im Ausland zur Gewinnverwirklichung führt und mit dem in Betracht kommenden ausländischen Staat ein Doppelbesteuerungsabkommen besteht, das dafür die Anrechnungsmethode vorsieht oder eine vergleichbare innerstaatliche Maßnahme zur Vermeidung der Doppelbesteuerung getroffen wurde.
3. Zum ausländischen Vermögen zählen ausländische Betriebe, Teilbetriebe, Anteile an ausländischen Mitunternehmerschaften und Kapitalanteile im Sinne des § 12 Abs. 2 Z 3 an ausländischen Körperschaften, die mit einer inländischen Kapitalgesellschaft oder Erwerbs- und Wirtschaftsgenossenschaft vergleichbar sind. Inländisches Vermögen ist das übrige Vermögen im Sinne des § 12 Abs. 2.

(4) Bringt eine Gesellschaft, bei der die Gesellschafter als Mitunternehmer anzusehen sind, Vermögen ein, gilt folgendes:

1. Der jeweils nach Abs. 1 bis 3 in Betracht kommende Wertansatz ist für alle Mitunternehmer maßgebend.
2. Fallen nicht sämtliche Mitunternehmer unter Abs. 1 oder unter Abs. 2 Z 2, ist abweichend von Z 1 für sämtliche Mitunternehmer Abs. 1 maßgebend. Unabhängig vom Wertansatz in der Einbringungsbilanz ist für die unter Abs. 2 Z 2 fallenden Mitunternehmer und für die im Falle der gemeinsamen Ausübung des Wahlrechtes unter Abs. 3 fallenden Mitunternehmer § 6 Z 14 des Einkommensteuergesetzes 1988 anzuwenden. Die übernehmende Körperschaft hat den Betrag, der sich als Unterschied zwischen dem Buchwertanteil und dem nach § 6 Z 14 des Einkommensteuergesetzes 1988 maßgebenden Wert ergibt, wie einen Firmenwert im Sinne des § 8 Abs. 3 des Einkommensteuergesetzes 1988 zu behandeln und ab dem dem Einbringungsstichtag folgenden Wirtschaftsjahr außerbilanzmäßig abzusetzen.

(5) Abweichend von § 14 Abs. 2 kann bei der Einbringung von Betrieben, Teilbetrieben oder Mitunternehmeranteilen das nach § 14 Abs. 1 anzusetzende Vermögen, sofern die Voraussetzungen des § 12 gewahrt bleiben, in folgender Weise verändert werden:

1. Entnahmen und Einlagen, die in der Zeit zwischen dem Einbringungsstichtag und dem Tag des Abschlusses des Einbringungsvertrages getätigt werden, können an Stelle der Erfassung als Verrechnungsforderung oder verbindlichkeit gegenüber der übernehmenden Körperschaft zurückbezogen werden. Diese Vorgänge gelten als mit Ablauf des Einbringungsstichtages getätigt, wenn sie in der Einbringungsbilanz durch den Ansatz einer Passivpost für Entnahmen oder einer Aktivpost für Einlagen berücksichtigt werden.
2. Neben der in Z 1 genannten Passivpost kann eine weitere Passivpost für vorbehaltene Entnahmen in folgender Weise gebildet werden:
   – Auszugehen ist vom positiven Verkehrswert am Einbringungsstichtag (§ 12 Abs. 1).
   – Sämtliche Veränderungen auf Grund der Inanspruchnahme der Z 1, Z 3 und Z 4 und der nicht nach Z 1 rückbezogenen Entnahmen sind zu berücksichtigen,

sofern diese Veränderungen insgesamt zu einer Verminderung des Verkehrswertes führen.
– Der sich danach ergebende Betrag ist höchstens in Höhe von 50% anzusetzen.

Der sich ergebende Betrag gilt mit Ablauf des Einbringungsstichtages als entnommen.

3. Bis zum Tag des Abschlusses des Einbringungsvertrages können vorhandene Wirtschaftsgüter des Anlagevermögens einschließlich mit ihnen unmittelbar zusammenhängendes Fremdkapital und vorhandene Verbindlichkeiten zurückbehalten werden. Ein unmittelbarer Zusammenhang zwischen Wirtschaftsgütern und Fremdkapital ist jedenfalls nicht mehr gegeben, wenn die Wirtschaftsgüter am Einbringungsstichtag bereits länger als sieben Wirtschaftjahre durchgehend dem Anlagevermögen zuzuordnen waren. Das Zurückbehalten gilt durch die Nichtaufnahme in die Einbringungsbilanz als eine mit Ablauf des Einbringungsstichtages getätigte Entnahme beziehungsweise Einlage, sofern der Vorgang nicht unter Z 4 fällt.
4. Wirtschaftsgüter und mit diesen unmittelbar zusammenhängendes Fremdkapital können im verbleibenden Betrieb des Einbringenden zurückbehalten oder aus demselben zugeführt werden. Diese Vorgänge gelten durch die Nichtaufnahme bzw. Einbeziehung in die Einbringungsbilanz als mit Ablauf des Einbringungsstichtages getätigt. Einbringende unter § 7 Abs. 3 des Körperschaftsteuergesetzes 1988 fallende Körperschaften können Wirtschaftsgüter und mit ihnen unmittelbar zusammenhängendes Fremdkapital auch dann zurückbehalten, wenn ein Betrieb nicht verbleibt. Ein unmittelbarer Zusammenhang ist jedenfalls nicht mehr gegeben, wenn die Wirtschaftsgüter am Einbringungsstichtag bereits länger als sieben Wirtschaftjahre durchgehend dem Betrieb zuzuordnen waren.
5. Gewinnausschüttungen einbringender Körperschaften, Einlagen im Sinne des § 8 Abs. 1 des Körperschaftsteuergesetzes 1988 und die Einlagenrückzahlung im Sinne des § 4 Abs. 12 des Einkommensteuergesetzes 1988 in dem in Z 1 genannten Zeitraum können auf das einzubringende Vermögen bezogen werden.

Bei einem bebauten Grundstück kann der Grund und Boden gemäß Z 3 oder 4 zurückbehalten werden, indem nur das Gebäude im Wege eines Baurechtes im Sinne des Baurechtsgesetzes auf die übernehmende Körperschaft übertragen wird. Dabei gilt die Übertragung des Gebäudes als im Zuge der Einbringung verwirklicht, wenn Baurechtsvertrag und Einbringungsvertrag aufeinander Bezug nehmen und das Gesuch auf Einverleibung des Baurechts im Rückwirkungszeitraum gestellt wird; das Baurecht muss in weiterer Folge tatsächlich eingetragen werden.

*(BGBl I 2018/62)*

(6) Abweichend von § 14 Abs. 1 kann bei der Einbringung von Vermögen im Sinne des § 12 Abs. 2 Z 1 und 2 der zum Betriebsvermögen gehörende Grund und Boden mit den nach § 6 Z 14 des Einkommensteuergesetzes 1988 maßgebenden Werten angesetzt werden, wenn im Falle einer Veräußerung am Einbringungsstichtag § 30 Abs. 4 des Einkommensteuergesetzes 1988 auf den Grund und Boden ganz oder eingeschränkt anwendbar wäre. Dies ist im Einbringungsvertrag festzuhalten.

### Bewertung der nicht zu einem inländischen Betriebsvermögen gehörenden Kapitalanteile

**§ 17.** (1) Der Einbringende hat Kapitalanteile, die nicht zu einem Betriebsvermögen gehören, mit den nach § 27a Abs. 3 Z 2 des Einkommensteuergesetzes 1988 maßgebenden Anschaffungskosten anzusetzen. Die Bewertungsregeln des § 16 Abs. 1 zweiter Satz, Abs. 2 und 3 sind anzuwenden.

(1a) Eine sich im Zuge eines Anteilstausches aus der Anwendung der Bewertungsregelungen des Abs. 1 oder in Verbindung mit § 16 Abs. 1 zweiter Satz ergebende Steuerschuld ist auf Antrag in der Einkommen- oder Körperschaftsteuererklärung des Einbringenden nicht festzusetzen, wobei § 27 Abs. 6 Z 1 lit. a bis c und **„§ 27a Abs. 3 Z 2 lit. b letzter Satz des Einkommensteuergesetzes 1988"** sinngemäß anzuwenden sind. Zu einer Festsetzung kommt es im Fall der tatsächlichen Veräußerung, des sonstigen Ausscheidens oder des steuerneutralen Untergangs der Gegenleistung (§ 19). **„Als tatsächliche Veräußerung der Gegenleistung gilt auch, wenn die eingebrachten Kapitalanteile von der übernehmenden Gesellschaft veräußert werden oder sonst aus deren Betriebsvermögen ausscheiden und in diesem Zusammenhang ein Wegzug oder eine unentgeltliche Übertragung der Gegenleistung durch den Steuerpflichtigen erfolgt; diesfalls ist § 27 Abs. 6 Z 1 lit. a des Einkommensteuergesetzes 1988 nicht anzuwenden."**

*(BGBl I 2019/103, BGBl I 2022/108 ab 20.7.2022)*

(2) Abweichend von Abs. 1 gilt Folgendes:

1. Kapitalanteile, bei denen am Einbringungsstichtag ein Besteuerungsrecht der Republik Österreich im Verhältnis zu anderen Staaten nicht besteht, sind mit dem gemeinen Wert anzusetzen, es sei denn, dass im Einbringungsvertrag der Ansatz der niedrigeren Anschaffungskosten bzw. Buchwerte festgelegt wird.
2. Kapitalanteile, bei denen am Einbringungsstichtag ein Besteuerungsrecht der Republik Österreich auf Grund einer Ausnahme von der unbeschränkten Körperschaftsteuerpflicht nicht besteht, sind mit dem höheren gemeinen Wert anzusetzen.

### Die übernehmende Körperschaft

**§ 18.** (1) Für die übernehmende Körperschaft gilt Folgendes:

1. Sie hat das eingebrachte Vermögen mit den für den Einbringenden nach § 16 maßgebenden Werten anzusetzen. Bei einer teilweisen Ein-

schränkung des Besteuerungsrechtes gemäß § 16 Abs. 1 vierter Satz hat die übernehmende Körperschaft das übernommene Vermögen mit den Buchwerten anzusetzen.

*(BGBl I 2015/163)*

2. Kapitalanteile, die nicht aus einem Betriebsvermögen eingebracht wurden, sind mit den nach § 17 maßgebenden Werten, höchstens jedoch mit den gemeinen Werten anzusetzen.
3. Soweit das Besteuerungsrecht der Republik Österreich hinsichtlich übernommener Vermögensteile entsteht, gilt Folgendes:
   – Die übernommenen Vermögensteile sind mit dem gemeinen Wert anzusetzen, soweit sich aus § 17 Abs. 2 Z 1 nichts anderes ergibt.
   – Wird Vermögen ganz oder teilweise übernommen, für das die Abgabenschuld bei der übernehmenden Körperschaft oder einer konzernzugehörigen Körperschaft der übernehmenden Körperschaft nicht festgesetzt worden ist oder gemäß § 16 Abs. 1a nicht entstanden ist sind die fortgeschriebenen Buchwerte, höchstens aber die gemeinen Werte anzusetzen. Die spätere Veräußerung oder das sonstige Ausscheiden gilt nicht als rückwirkendes Ereignis im Sinn des § 295a der Bundesabgabenordnung. Weist die übernehmende Körperschaft nach, dass Wertsteigerungen im übrigen EU/EWR-Raum eingetreten sind, sind diese vom Veräußerungserlös oder vom gemeinen Wert im Zeitpunkt des Ausscheidens abzuziehen. auf Grund einer Umgründung im Sinne dieses Bundesgesetzes nicht festgesetzt worden ist, nicht gemäß § 16 Abs. 1 zweiter Teilstrich entstanden ist oder auf Grund des § 6 Z 6 des Einkommensteuergesetzes 1988 nicht festgesetzt worden ist, sind die fortgeschriebenen Buchwerte vor der Umgründung oder Verlegung anzusetzen. Die spätere Veräußerung oder das sonstige Ausscheiden gilt nicht als rückwirkendes Ereignis im Sinn des § 295a der Bundesabgabenordnung. Weist die übernehmende Körperschaft nach, dass Wertsteigerungen im übrigen EU/EWR-Raum eingetreten sind, sind diese vom Veräußerungserlös oder vom gemeinen Wert im Zeitpunkt des Ausscheidens abzuziehen.

   *(BGBl I 2015/163)*
4. Sie ist im Rahmen einer Buchwerteinbringung für Zwecke der Gewinnermittlung so zu behandeln, als ob sie Gesamtrechtsnachfolger wäre.
5. § 14 Abs. 2 gilt mit Beginn des dem Einbringungsstichtag folgenden Tages, soweit in Abs. 3 und in § 16 Abs. 5 keine Ausnahmen vorgesehen sind.

(2) Für nach § 16 Abs. 5 Z 1 und 2 gebildete Passivposten gilt Folgendes:

1. Soweit sich auf Grund sämtlicher Veränderungen im Sinne des § 16 Abs. 5 ein negativer Buchwert des einzubringenden Vermögens ergibt oder sich ein solcher erhöht, gelten die als rückwirkende Entnahmen zu behandelnden Beträge der Passivposten im Ausmaß des negativen Buchwertes mit dem Tag der nach § 13 Abs. 1 maßgebenden Anmeldung oder Meldung der Einbringung als an den Einbringenden ausgeschüttet. Der als ausgeschüttet geltende Betrag ist in der Anmeldung gemäß § 96 Abs. 3 des Einkommensteuergesetzes 1988 anzugeben. Abweichend von § 96 Abs. 1 des Einkommensteuergesetzes 1988 ist die Kapitalertragsteuer
   – bei Entnahmen gemäß § 16 Abs. 5 Z 1 binnen einer Woche nach dem Tag der nach § 13 Abs. 1 maßgebenden Anmeldung oder Meldung der Einbringung und
   – bei Entnahmen gemäß § 16 Abs. 5 Z 2 binnen einer Woche
     – nach einer Tilgung oder
     – nach dem Beschluss auf Auflösung oder
     – nach dem Beschluss auf Verschmelzung, Umwandlung oder Aufspaltung oder
     – nach Zuwendung der Beteiligung an eine Privatstiftung

   abzuführen. Die Ausschüttungsfiktion nach dem ersten Satz entfällt, soweit Anteile an der übernehmenden Körperschaft vor den im Vorsatz genannten Maßnahmen entgeltlich übertragen worden sind.
2. Ein nicht als rückwirkende Entnahme geltender Betrag der Passivpost ist als versteuerte Rücklage zu behandeln.

(3) Abweichend von Abs. 1 Z 5 sind Rechtsbeziehungen des Einbringenden zur übernehmenden Körperschaft im Zusammenhang mit der Beschäftigung, der Kreditgewährung und der Nutzungsüberlassung, soweit sie sich auf das eingebrachte Vermögen beziehen, ab Vertragsabschluß, frühestens jedoch für Zeiträume steuerwirksam, die nach dem Abschluß des Einbringungsvertrages beginnen. Dies gilt im Falle der Einbringung durch eine Gesellschaft, bei der die Gesellschafter als Mitunternehmer anzusehen sind, auch für die Mitunternehmer. Ausgenommen von den vorangehenden Sätzen sind Entgelte, die sich auf eine Rechtsbeziehung auf Grund einer Maßnahme nach § 16 Abs. 5 Z 2 bis 4 beziehen, wenn die Entgeltvereinbarung am Tage des Abschlusses des Einbringungsvertrages (Sacheinlagevertrages) getroffen wird.

(4) Für internationale Schachtelbeteiligungen im Sinne des § 10 Abs. 2 des Körperschaftsteuergesetzes 1988 gilt folgendes:

1. Entsteht durch die Einbringung bei der übernehmenden Körperschaft eine internationale Schachtelbeteiligung oder wird ihr Ausmaß

erweitert, ist hinsichtlich der bisher nicht steuerbegünstigten Beteiligungsquoten auf den Unterschiedsbetrag zwischen den Buchwerten und den höheren Teilwerten § 10 Abs. 3 erster Satz des Körperschaftsteuergesetzes 1988 nicht anzuwenden.

2. Geht durch die Einbringung die Eigenschaft einer Beteiligung als internationale Schachtelbeteiligung unter, gilt, soweit für sie keine Option zugunsten der Steuerwirksamkeit erklärt worden ist, der höhere Teilwert zum Einbringungsstichtag, abzüglich von auf Grund einer Umgründung nach diesem Bundesgesetz von § 10 Abs. 3 erster Satz des Körperschaftsteuergesetzes 1988 ausgenommener Beträge, als Buchwert.

(5) Für zum Buchwert übernommene Grundstücke im Sinne des § 30 Abs. 1 des Einkommensteuergesetzes 1988 gilt Folgendes:

1. Der Teilwert von Grund und Boden ist in Evidenz zu nehmen, wenn beim Rechtsvorgänger im Falle einer Veräußerung am Einbringungsstichtag § 30 Abs. 4 des Einkommensteuergesetzes 1988 auf den gesamten Grund und Boden anwendbar wäre. Bei späterer Veräußerung des Grund und Bodens ist wie folgt vorzugehen:
   - Für Wertveränderungen bis zum Einbringungsstichtag kann § 30 Abs. 4 des Einkommensteuergesetzes 1988 angewendet werden, wobei an Stelle des Veräußerungserlöses der in Evidenz genommene Teilwert tritt.
   - Für Wertveränderungen nach dem Einbringungsstichtag tritt der in Evidenz genommene Teilwert an die Stelle des Buchwerts.

   *(BGBl I 2015/118)*

2. § 30 Abs. 4 des Einkommensteuergesetzes 1988 kann bei der übernehmenden Körperschaft insoweit angewendet werden, als beim Rechtsvorgänger im Falle einer Veräußerung am Einbringungsstichtag § 30 Abs. 4 des Einkommensteuergesetzes 1988 aufgrund eines Wechsels der Gewinnermittlungsart oder einer Einlage (§ 4 Abs. 3a Z 3 lit. c oder Z 4 des Einkommensteuergesetzes 1988) nur eingeschränkt anwendbar wäre.

(6) Auf Buchgewinne und Buchverluste ist § 3 Abs. 2 und 3 anzuwenden.

### Die Gegenleistung

**§ 19.** (1) Die Einbringung muß ausschließlich gegen Gewährung von neuen Anteilen an der übernehmenden Körperschaft erfolgen.

(2) Die Gewährung von neuen Anteilen kann unterbleiben,

1. soweit die übernehmende Körperschaft den Einbringenden mit eigenen Anteilen abfindet,
2. soweit die Anteilsinhaber der übernehmenden Körperschaft den Einbringenden mit bestehenden Anteilen an dieser abfinden,
3. soweit die übernehmende Körperschaft zum Zweck der Rundung auf volle Beteiligungsprozentsätze bare Zuzahlungen leistet, sofern diese 10% des Gesamtnennbetrages der neuen Anteile nicht übersteigen,
4. soweit die übernehmende Körperschaft Anteile an der einbringenden Mitunternehmerschaft aufgibt,
5. wenn der Einbringende unmittelbar oder mittelbar Alleingesellschafter der übernehmenden Körperschaft ist oder wenn die unmittelbaren oder mittelbaren Beteiligungsverhältnisse an der einbringenden und der übernehmenden Körperschaft übereinstimmen; im Falle der Einbringung eines Kapitalanteiles (§ 12 Abs. 2 Z 3) in eine ausländische übernehmende Körperschaft (§ 12 Abs. 3 Z 2) gilt dies nur, wenn die Einbringung ausschließlich bei inländischen Anteilen an der übernehmenden Körperschaft eine Zu- oder Abschreibung auslöst.

(3) Die in Abs. 1 und 2 genannten Anteile und Zuzahlungen müssen dem Einbringenden gewährt werden.

### Die Anteile an der übernehmenden Körperschaft

**§ 20.** (1) Neue Anteile gelten mit dem Beginn des dem Einbringungsstichtag folgenden Tages als angeschafft. Soweit eine Kapitalerhöhung nach § 19 nicht erfolgt, gilt die Gegenleistung mit Beginn des dem Einbringungsstichtag folgenden Tages als bewirkt.

(2) Für die Bewertung der Anteile und der sonstigen Gegenleistung im Sinne des Abs. 1 gilt Folgendes:

1. Im Falle der Gewährung von Anteilen im Sinne des § 19 Abs. 1 und Abs. 2 Z 1 und 2 gilt der nach den §§ 16 und 17 maßgebende Wert der Sacheinlage als deren Anschaffungskosten.
2. Kommt die Abfindung im Sinne des § 19 Abs. 2 Z 1 ausländischen Einbringenden zu, ist § 6 Z 6 des Einkommensteuergesetzes 1988 sinngemäß anzuwenden.
3. Zuzahlungen im Sinne des § 19 Abs. 2 Z 3 kürzen beim Empfänger die Anschaffungskosten oder Buchwerte.
4. Ausschüttungen im Sinne des § 18 Abs. 2 Z 1 erhöhen ab Eintritt der Fälligkeit die Anschaffungskosten oder Buchwerte.
5. Kommt es in Fällen des § 16 Abs. 1 oder Abs. 2 Z 1 in der Fassung des Bundesgesetzes vor BGBl. I Nr. 163/2015 oder des § 17 Abs. 1a zur Festsetzung der Steuerschuld, erhöhen sich rückwirkend mit Beginn des dem Einbringungsstichtag folgenden Tages die Anschaffungskosten oder Buchwerte entsprechend.

   *(BGBl I 2015/163, BGBl I 2019/103)*

(3) Im Falle des § 19 Abs. 2 Z 2 sind bei den abtretenden Gesellschaftern die Anschaffungs-

kosten oder der Buchwert der bisherigen Anteile weiterhin maßgebend. Bei von den Beteiligungsverhältnissen abweichenden Wertverhältnissen ist § 6 Abs. 2 anzuwenden.

(4) Bei Vorliegen der Voraussetzung des § 19 Abs. 2 Z 5 gilt folgendes:

1. Der nach den §§ 16 und 17 maßgebende Wert der Sacheinlage ist dem steuerlich maßgebenden Wert der bisherigen Anteile des Einbringenden an der übernehmenden Körperschaft zuzuschreiben oder von ihm abzuschreiben. Gehören die Anteile an der übernehmenden Körperschaft nicht zum Betriebsvermögen des Einbringenden, bleibt ein Buchgewinn oder Buchverlust bei der Gewinnermittlung außer Ansatz. Abs. 2 Z 4 und Z 5 ist anzuwenden.
   *(BGBl I 2019/103)*
2. Besitzt die übernehmende Körperschaft alle Anteile an der einbringenden Körperschaft, ist § 3 Abs. 2 mit der Maßgabe anzuwenden, daß bei der Ermittlung des Buchgewinnes oder Buchverlustes der steuerlich maßgebende Buchwert der Anteile an der übertragenden Körperschaft in dem Verhältnis zu vermindern ist, in dem sich der Wert der übertragenden Körperschaft durch die Einbringung vermindert hat. § 3 Abs. 3 ist anzuwenden. Der bei der einbringenden Körperschaft entstehende Buchverlust oder Buchgewinn bleibt bei der Gewinnermittlung außer Ansatz.
3. Unterbleibt die Gewährung von Anteilen, weil die Anteile an der einbringenden und der übernehmenden Körperschaft in einer Hand vereinigt sind, sind die steuerlich maßgebenden Anschaffungskosten oder Buchwerte der Anteile an der übertragenden Körperschaft in dem Ausmaß zu vermindern und im gleichen Ausmaß bei den Anteilen an der übernehmenden Körperschaft zuzuschreiben, in dem sich die Werte der Anteile durch die Einbringung verschieben. Der bei der einbringenden Körperschaft entstehende Buchgewinn oder Buchverlust bleibt bei der Gewinnermittlung außer Ansatz.

(5) (aufgehoben)

(6) Wird ein Kapitalanteil eingebracht, bei dem die Möglichkeit der Besteuerung der stillen Reserven nach den Regelungen des Einkommensteuergesetzes 1988 am Tag des Abschlusses des Einbringungsvertrages nicht gegeben ist, sind § 5 Abs. 1 und 2 sinngemäß anzuwenden.

(7) Für internationale Schachtelbeteiligungen im Sinne des § 10 Abs. 2 des Körperschaftsteuergesetzes 1988 gilt folgendes:

1. Entsteht durch eine Einbringung eine internationale Schachtelbeteiligung oder wird ihr Ausmaß durch neue Anteile oder durch Zurechnung zur bestehenden Beteiligung verändert, ist hinsichtlich der bisher nicht steuerbegünstigten Beteiligungsquoten auf den Unterschiedsbetrag zwischen den Buchwerten und den höheren Teilwerten § 10 Abs. 3 erster Satz des Körperschaftsteuergesetzes 1988 nicht anzuwenden. Dies gilt nicht im Falle des Entstehens der Steuerschuld nach § 16 Abs. 1a oder § 16 Abs. 2 auf Grund der Einbringung von Kapitalanteilen im Sinne des § 12 Abs. 2 Z 3.
   *(BGBl I 2015/163)*
2. Geht durch eine Einbringung die Eigenschaft einer Beteiligung als internationale Schachtelbeteiligung unter, gilt, soweit für sie keine Option zugunsten der Steuerwirksamkeit erklärt worden ist, der höhere Teilwert zum Einbringungsstichtag, abzüglich auf Grund einer Umgründung nach diesem Bundesgesetz von § 10 Abs. 3 erster Satz des Körperschaftsteuergesetzes 1988 ausgenommener Beträge, als Buchwert.

(8) Kommt es auf Grund der Einbringung zum Wechsel der Gewinnermittlungsart, ist das sich nach den vorstehenden Absätzen ergebende Ausmaß der Anschaffungskosten oder des Buchwertes der Anteile um jene Beträge zu erhöhen oder zu vermindern, die sich auf Grund von Änderungen des Betriebsvermögens nach § 4 Abs. 10 des Einkommensteuergesetzes 1988 ergeben.

### Verlustabzug

**§ 21.** § 18 Abs. 6 und 7 des Einkommensteuergesetzes 1988 und § 8 Abs. 4 Z 2 des Körperschaftsteuergesetzes 1988 sind nach Maßgabe der folgenden Bestimmungen anzuwenden:

1. Verluste des Einbringenden, die bis zum Einbringungsstichtag entstanden und bis zum Veranlagungszeitraum, in den der Einbringungsstichtag fällt, nicht verrechnet sind, gelten im Rahmen einer Buchwerteinbringung (§ 16 Abs. 1) ab dem dem Einbringungsstichtag folgenden Veranlagungszeitraum der übernehmenden Körperschaft insoweit als abzugsfähige Verluste dieser Körperschaft, als sie dem übertragenen Vermögen im Sinne des § 12 Abs. 2 zugerechnet werden können. Voraussetzung ist weiters, daß das übertragene Vermögen am Einbringungsstichtag tatsächlich vorhanden ist. § 4 Z 1 lit. c und d ist anzuwenden. Im Falle der Einbringung durch eine Gesellschaft, bei der die Gesellschafter als Mitunternehmer anzusehen sind, gelten auch die Mitunternehmer als Einbringende.
2. Für eigene Verluste der übernehmenden Körperschaft ist § 4 Z 1 lit. b, c und d anzuwenden.
3. Die Bestimmung des § 4 Z 2 über den Mantelkauf ist zu beachten.

Dies gilt auch für Verluste gemäß § 23a des Einkommensteuergesetzes 1988, wobei die übernehmende Körperschaft für diese § 23a des Einkommensteuergesetzes 1988 sinngemäß weiter anzuwenden hat.
*(BGBl I 2015/163)*

**Sonstige Rechtsfolgen der Einbringung**

**§ 22.** (1) Weichen die Beteiligungsverhältnisse nach der Einbringung von den Wertverhältnissen ab, ist § 6 Abs. 2 mit der Maßgabe anzuwenden, dass der Unterschiedsbetrag mit Beginn des dem Einbringungsstichtag folgenden Tages als unentgeltlich zugewendet gilt.

(2) Entsteht auf Grund der Einbringung von Vermögen im Sinne des § 12 Abs. 2 durch einen Arbeitnehmer einer Körperschaft in diese als Gegenleistung eine wesentliche Beteiligung im Sinne des § 22 Z 2 des Einkommensteuergesetzes 1988, bleiben die Bezüge und Vorteile aus dem Dienstverhältnis abweichend von § 14 Abs. 2 bis zur Eintragung der Einbringung in das Firmenbuch, andernfalls bis zum Tag der Meldung im Sinne des § 13 Einkünfte aus nichtselbständiger Arbeit, soweit sie sich auf diese Zeit beziehen.

(3) Einbringungen nach § 12 gelten nicht als steuerbare Umsätze im Sinne des Umsatzsteuergesetzes 1994; die übernehmende Körperschaft tritt für den Bereich der Umsatzsteuer unmittelbar in die Rechtsstellung des Einbringenden ein.

(4) Einbringungen nach § 12 und dafür gewährte Gegenleistungen nach § 19 sind von den Gebühren nach § 33 TP 21 des Gebührengesetzes 1957 befreit, wenn das zu übertragende Vermögen am Tag des Abschlusses des Einbringungsvertrages länger als zwei Jahre als Vermögen des Einbringenden besteht.

*(BGBl I 2019/103)*

(5) Werden auf Grund einer Einbringung nach § 12 Erwerbsvorgänge nach § 1 des Grunderwerbsteuergesetzes 1987 verwirklicht, so ist die Grunderwerbsteuer gemäß § 4 in Verbindung mit § 7 des Grunderwerbsteuergesetzes 1987 zu berechnen.

*(BGBl I 2015/118)*

## Artikel IV
## Zusammenschluß

**Anwendungsbereich**

**§ 23.** (1) Ein Zusammenschluss im Sinne dieses Bundesgesetzes liegt vor, wenn Vermögen (Abs. 2) ausschließlich gegen Gewährung von Gesellschafterrechten auf Grundlage eines schriftlichen Zusammenschlussvertrages (Gesellschaftsvertrages) und einer Zusammenschlussbilanz einer Personengesellschaft tatsächlich übertragen wird. Voraussetzung ist, dass das übertragene Vermögen am Zusammenschlussstichtag, jedenfalls aber am Tag des Abschlusses des Zusammenschlussvertrages, für sich allein einen positiven Verkehrswert besitzt. Der Übertragende hat im Zweifel die Höhe des positiven Verkehrswertes durch ein begründetes Gutachten eines Sachverständigen nachzuweisen.

(2) Zum Vermögen zählen nur Betriebe, Teilbetriebe und Mitunternehmeranteile im Sinne des § 12 Abs. 2.

(3) Personengesellschaften sind Gesellschaften, bei denen die Gesellschafter als Unternehmer (Mitunternehmer) anzusehen sind.

(4) Auf Zusammenschlüsse sind die §§ 24 bis 26 anzuwenden.

**Übertragungsvorgang**

**§ 24.** (1) Für den Übertragenden gilt Folgendes:

1. Hinsichtlich des Zusammenschlußstichtages, der Behandlung des Übertragenden und der zum Zwecke der Darstellung des Vermögens erstellten Zusammenschlußbilanz sind die §§ 13 bis 15 sowie § 16 Abs. 1 und 5 anzuwenden.
2. § 13 Abs. 1 ist mit der Maßgabe anzuwenden, daß sich die Firmenbuchzuständigkeit auf die Sachgründung einer einzutragenden Personengesellschaft und auf den Eintritt neuer Gesellschafter in eingetragene Personengesellschaften bezieht und die Meldung bei dem für die Feststellung der Einkünfte der Personengesellschaft zuständigen Finanzamt zu erfolgen hat.
3. Soweit im Rahmen des Zusammenschlusses das Besteuerungsrecht der Republik Österreich hinsichtlich des Vermögens eingeschränkt wird, sind die nach § 6 Z 6 lit. a des Einkommensteuergesetzes 1988 maßgebenden Werte anzusetzen, wobei § 6 Z 6 lit. c bis e des Einkommensteuergesetzes 1988 sinngemäß anzuwenden sind.

   *(BGBl I 2015/163)*
4. Für den Fall der Übertragung von ausländischen Betrieben, Teilbetrieben und Anteilen an ausländischen Mitunternehmerschaften in Personengesellschaften ist § 16 Abs. 3 mit der Maßgabe anzuwenden, dass an die Stelle des gemeinen Wertes die höheren Teilwerte einschließlich selbstgeschaffener unkörperlicher Wirtschaftsgüter treten.

(2) Die Buchwertfortführung ist in Anwendung des § 16 Abs. 1 nur zulässig, wenn für die weitere Gewinnermittlung Vorsorge getroffen wird, daß es bei den am Zusammenschluß beteiligten Steuerpflichtigen durch den Vorgang der Übertragung zu keiner endgültigen Verschiebung der Steuerbelastung kommt. Ist nach dem vorstehenden Satz keine Buchwertfortführung zulässig, ist der Teilwert der Wirtschaftsgüter einschließlich selbstgeschaffener unkörperlicher Wirtschaftsgüter anzusetzen.

(3) Grund und Boden, auf den im Falle einer Veräußerung am Zusammenschlussstichtag § 30 Abs. 4 des Einkommensteuergesetzes 1988 ganz oder eingeschränkt anwendbar wäre, kann zur Gänze mit den nach § 6 Z 14 des Einkommensteuergesetzes 1988 maßgebenden Werten angesetzt werden. Dies ist im Zusammenschlussvertrag festzuhalten. Dies gilt auch für nicht zum Betriebsvermögen gehörenden Grund und Boden.

**Die übernehmende Personengesellschaft**

**§ 25.** (1) Für die übernehmende Personengesellschaft gilt Folgendes:

1. Sie hat das übernommene Vermögen mit jenen Werten anzusetzen, die sich beim Übertragen-

den unter Anwendung des § 16 bei Beachtung des § 24 Abs. 2 ergeben.

2. Soweit das Besteuerungsrecht der Republik Österreich hinsichtlich übernommener Vermögensteile entsteht, gilt Folgendes:
   – Sie sind mit dem höheren Teilwert anzusetzen.
   – Werden Vermögensteile übernommen, für die die Abgabenschuld nicht festgesetzt worden ist, sind die ursprünglichen Anschaffungskosten oder fortgeschriebenen Buchwerte, höchstens aber die gemeinen Werte anzusetzen. Die spätere Veräußerung oder das sonstige Ausscheiden gilt nicht als rückwirkendes Ereignis im Sinn des § 295a der Bundesabgabenordnung. Weist die übernehmende Personengesellschaft nach, dass Wertsteigerungen im übrigen EU/EWR-Raum eingetreten sind, sind diese vom Veräußerungserlös abzuziehen.

   *(BGBl I 2015/163)*

3. Sie ist im Rahmen einer Buchwertübertragung für Zwecke der Gewinnermittlung so zu behandeln, als ob sie Gesamtrechtsnachfolger wäre.

(2) § 14 Abs. 2 gilt für die übernehmende Personengesellschaft mit Beginn des dem Zusammenschlussstichtag folgenden Tages, soweit in § 16 Abs. 5 und § 26 Abs. 2 keine Ausnahmen vorgesehen sind.

(3) Für internationale Schachtelbeteiligungen im Sinne des § 10 Abs. 2 des Körperschaftsteuergesetzes 1988 gilt Folgendes:

1. Entsteht durch den Zusammenschluss eine internationale Schachtelbeteiligung oder wird ihr Ausmaß erweitert, ist hinsichtlich der bisher nicht steuerbegünstigten Beteiligungsquoten auf den Unterschiedsbetrag zwischen den Buchwerten und den höheren Teilwerten § 10 Abs. 3 erster Satz des Körperschaftsteuergesetzes 1988 nicht anzuwenden.
2. Geht durch den Zusammenschluss die Eigenschaft einer Beteiligung als internationale Schachtelbeteiligung unter, gilt, soweit für sie keine Option zugunsten der Steuerwirksamkeit erklärt worden ist, der höhere Teilwert zum Zusammenschlussstichtag, abzüglich auf Grund einer Umgründung nach diesem Bundesgesetz von § 10 Abs. 3 erster Satz des Körperschaftsteuergesetzes 1988 ausgenommener Beträge, als Buchwert.

(4) § 9 Abs. 9 ist sinngemäß anzuwenden.

(5) Für zum Buchwert übernommene Grundstücke im Sinne des § 30 Abs. 1 des Einkommensteuergesetzes 1988 gilt Folgendes:

1. Der Teilwert von Grund und Boden ist in Evidenz zu nehmen, wenn im Falle einer Veräußerung am Zusammenschlussstichtag § 30 Abs. 4 des Einkommensteuergesetzes 1988 beim Übertragenden auf den gesamten Grund und Boden anwendbar wäre. Bei späterer Veräußerung des Grund und Bodens ist wie folgt vorzugehen:
   – Für Wertveränderungen bis zum Zusammenschlussstichtag kann § 30 Abs. 4 des Einkommensteuergesetzes 1988 beim Übertragenden angewendet werden, wobei an Stelle des Veräußerungserlöses der in Evidenz genommene Teilwert tritt.
   – Für Wertveränderungen nach dem Zusammenschlussstichtag kann § 30 Abs. 4 des Einkommensteuergesetzes 1988 beim Übertragenden insoweit angewendet werden, als diesem der Grund und Boden weiterhin zuzurechnen ist. Darüber hinaus ist § 30 Abs. 4 des Einkommensteuergesetzes 1988 nicht anwendbar.

   *(BGBl I 2015/118)*

2. § 30 Abs. 4 des Einkommensteuergesetzes 1988 kann insoweit beim Übertragenden angewendet werden, als bei diesem im Falle einer Veräußerung am Zusammenschlussstichtag § 30 Abs. 4 des Einkommensteuergesetzes 1988 aufgrund eines Wechsels der Gewinnermittlungsart oder einer Einlage (§ 4 Abs. 3a Z 3 lit. c oder Z 4 des Einkommensteuergesetzes 1988) nur eingeschränkt anwendbar wäre.

Dies gilt sinngemäß für nicht zum Betriebsvermögen gehörende Grundstücke, soweit auf diese § 6 Z 5 des Einkommensteuergesetzes 1988 angewendet wird.

**Sonstige Rechtsfolgen des Zusammenschlusses**

**§ 26.** (1) Es sind anzuwenden:

1. § 6 Abs. 2 hinsichtlich einer im Zuge der Übertragung auftretenden Verschiebung der Beteiligungsverhältnisse mit der Maßgabe, dass der Unterschiedsbetrag mit Beginn des dem Zusammenschlussstichtag folgenden Tages als unentgeltlich zugewendet gilt.
2. § 22 Abs. 3 hinsichtlich der Umsatzsteuer.

(2) Nimmt ein Arbeitnehmer des zu übertragenden Betriebes am Zusammenschluß teil, bleiben die Bezüge und Vorteile aus diesem Dienstverhältnis abweichend von § 14 Abs. 2 bis zur Eintragung des Zusammenschlusses in das Firmenbuch, andernfalls bis zum Tag der Meldung im Sinne des § 24 Abs. 1 Einkünfte aus nichtselbständiger Arbeit, soweit sie sich auf diese Zeit beziehen.

(3) Zusammenschlüsse nach § 23 sind hinsichtlich des übertragenen Vermögens (§ 23 Abs. 2) von den Gebühren nach § 33 TP 21 des Gebührengesetzes 1957 befreit, wenn das zu übertragene Vermögen am Tag des Abschlusses des Zusammenschlußvertrages länger als zwei Jahre als Vermögen des Übertragenden besteht.

*(BGBl I 2019/103)*

(4) Werden auf Grund eines Zusammenschlusses nach § 23 Erwerbsvorgänge nach § 1 des Grunderwerbsteuergesetzes 1987 verwirklicht, so ist

die Grunderwerbsteuer gemäß § 4 in Verbindung mit § 7 des Grunderwerbsteuergesetzes 1987 zu berechnen.

*(BGBl I 2015/118)*

## Artikel V
## Realteilung

### Anwendungsbereich

**§ 27.** (1) Eine Realteilung im Sinne dieses Bundesgesetzes liegt vor, wenn Vermögen (Abs. 2 oder 3) von Personengesellschaften auf Grundlage eines schriftlichen Teilungsvertrages (Gesellschaftsvertrages) und einer Teilungsbilanz zum Ausgleich untergehender Gesellschafterrechte ohne oder ohne wesentliche Ausgleichszahlung (§ 29 Abs. 2) tatsächlich auf Nachfolgeunternehmer übertragen wird, denen das Vermögen zur Gänze oder teilweise zuzurechnen war. Voraussetzung ist, dass das übertragene Vermögen am Teilungsstichtag, jedenfalls aber am Tag des Abschlusses des Teilungsvertrages, für sich allein einen positiven Verkehrswert besitzt. Die Personengesellschaft hat im Zweifel die Höhe des positiven Verkehrswertes durch ein begründetes Gutachten eines Sachverständigen nachzuweisen. Besteht die Personengesellschaft weiter, muss ihr aus der Realteilung Vermögen (Abs. 2 oder 3) verbleiben.

(2) Zum Vermögen zählen nur Betriebe, Teilbetriebe und Mitunternehmeranteile im Sinne des § 12 Abs. 2.

(3) Abweichend von Abs. 2 gilt folgendes:

1. Liegen bei einem Forstbetrieb keine Teilbetriebe im Sinne des § 12 Abs. 2 Z 1 vor, gilt als Teilbetrieb die Übertragung von Flächen, für die ein gesetzlicher Realteilungsanspruch besteht und die vom Nachfolgeunternehmer für sich als Forstbetrieb geführt werden können.
2. Liegen bei einem Betrieb, dessen wesentliche Grundlage der Klienten- oder Kundenstock ist, keine Teilbetriebe im Sinne des § 12 Abs. 2 Z 1 vor, gilt als Teilbetrieb die Übertragung jenes Teiles des Klienten- oder Kundenstocks, der vom Nachfolgeunternehmer bereits vor der Realteilung dauerhaft betreut worden ist und für sich als Betrieb geführt werden kann.

(4) Personengesellschaften sind solche, bei denen die Gesellschafter als Unternehmer (Mitunternehmer) anzusehen sind.

(5) Auf Realteilungen sind die §§ 28 bis 31 anzuwenden.

### Teilungsvorgang

**§ 28.** Hinsichtlich des Teilungsstichtages, der Behandlung der zu teilenden Personengesellschaft und der zum Zweck der Darstellung des Vermögens erstellten Teilungsbilanz sind die §§ 13 bis 15 anzuwenden. § 13 Abs. 1 ist mit der Maßgabe anzuwenden, daß sich die Firmenbuchzuständigkeit auf die teilungsbedingte Löschung einer eingetragenen Personengesellschaft und das teilungsbedingte Ausscheiden eines Gesellschafters aus einer solchen bezieht und die Meldung bei dem für die Feststellung der Einkünfte der zu teilenden Personengesellschaft zuständigen Finanzamt zu erfolgen hat.

### Bewertung des Betriebsvermögens in der Teilungsbilanz

**§ 29.** (1) Für der Bewertung des Betriebsvermögens in der Teilungsbilanz gilt Folgendes:

1. Es sind § 14 Abs. 1 und § 16 Abs. 5 anzuwenden.
2. Die Teilung zu Buchwerten (Buchwertteilung) ist nur zulässig, wenn für die weitere Gewinnermittlung Vorsorge getroffen wird, daß es bei den an der Teilung beteiligten Steuerpflichtigen durch den Vorgang der Teilung zu keiner endgültigen Verschiebung der Steuerbelastung kommt. Die dafür bei den Nachfolgeunternehmern eingestellten Ausgleichsposten sind ab dem dem Teilungsstichtag folgenden Wirtschaftsjahr gleichmäßig verteilt auf fünfzehn Wirtschaftsjahre abzusetzen oder aufzulösen. § 24 Abs. 2 letzter Satz ist anzuwenden.

2a. Für Wirtschaftsgüter, auf deren Erträge bzw. Wertsteigerungen ein besonderer Steuersatz gemäß § 27a Abs. 1 oder der besondere Steuersatz gemäß § 30a Abs. 1 des Einkommensteuergesetzes 1988 anwendbar ist, sind gesonderte Ausgleichsposten im Sinne der Z 2 zu bilden. Diese sind zum jeweiligen besonderen Steuersatz gemäß § 27a Abs. 1 oder § 30a Abs. 1 des Einkommensteuergesetzes 1988 aufzulösen oder jeweils unter sinngemäßer Anwendung von § 6 Z 2 lit. c oder d des Einkommensteuergesetzes 1988 abzusetzen. Abweichend davon kann, wenn am Teilungsstichtag § 30 Abs. 4 des Einkommensteuergesetzes 1988 ganz oder eingeschränkt anwendbar wäre, Grund und Boden zur Gänze mit den nach § 6 Z 14 des Einkommensteuergesetzes 1988 maßgebenden Werten angesetzt werden. Dies ist im Teilungsvertrag festzuhalten.

   *(BGBl I 2015/118)*

3. Soweit im Rahmen der Realteilung auf einen ausländischen Nachfolgeunternehmer das Besteuerungsrecht der Republik Österreich hinsichtlich des Vermögens eingeschränkt wird, sind die nach § 6 Z 6 lit. a des Einkommensteuergesetzes 1988 maßgebenden Werte anzusetzen, wobei § 6 Z 6 lit. c bis e des Einkommensteuergesetzes 1988 sinngemäß anzuwenden sind.

   *(BGBl I 2015/163)*

4. Für den Fall der Übertragung von ausländischen Betrieben, Teilbetrieben und Anteilen an ausländischen Mitunternehmerschaften in Personengesellschaften ist § 16 Abs. 3 mit der Maßgabe anzuwenden, dass an die Stelle des gemeinen Wertes die höheren Teilwerte einschließlich selbstgeschaffener unkörperlicher Wirtschaftsgüter treten.

(2) Sind im Hinblick auf die Wertverhältnisse des übertragenen Vermögens Ausgleichszahlungen erforderlich, dürfen sie ein Drittel des Wertes des empfangenen Vermögens des Zahlungsempfängers nicht übersteigen.

**Der Nachfolgeunternehmer**

**§ 30.** (1) Für den Nachfolgeunternehmer gilt Folgendes:

1. Er hat das übertragene Vermögen mit jenen Werten anzusetzen, die sich bei der geteilten Personengesellschaft bei Anwendung des § 16 unter Beachtung des § 29 ergeben haben.
2. Soweit das Besteuerungsrecht der Republik Österreich hinsichtlich übernommener Vermögensteile entsteht, gilt Folgendes:
   – Sie sind mit dem höheren Teilwert anzusetzen.
   – Werden Vermögensteile übernommen, für die bei dem übernehmenden Nachfolgeunternehmer die Abgabenschuld nicht festgesetzt worden ist oder gemäß § 16 Abs. 1a nicht entstanden ist, sind beim übernehmenden Nachfolgeunternehmer die fortgeschriebenen Buchwerte oder die ursprünglichen Anschaffungskosten, höchstens aber die gemeinen Werte anzusetzen. Die spätere Veräußerung oder das sonstige Ausscheiden gilt nicht als rückwirkendes Ereignis im Sinn des § 295a der Bundesabgabenordnung. Weist der übernehmende Nachfolgeunternehmer nach, dass Wertsteigerungen im übrigen EU/EWR-Raum eingetreten sind, sind diese vom Veräußerungserlös abzuziehen.

   *(BGBl I 2015/163)*
3. Er ist im Rahmen einer Buchwertteilung für Zwecke der Gewinnermittlung so zu behandeln, als ob er Gesamtrechtsnachfolger wäre.

(2) § 14 Abs. 2 gilt für den Nachfolgeunternehmer mit Beginn des dem Teilungsstichtag folgenden Tages, soweit in § 16 Abs. 5 keine Ausnahmen vorgesehen sind.

(3) Für internationale Schachtelbeteiligungen im Sinne des § 10 Abs. 2 des Körperschaftsteuergesetzes 1988 gilt Folgendes:

1. Entsteht durch die Realteilung eine internationale Schachtelbeteiligung oder wird ihr Ausmaß erweitert, ist hinsichtlich der bisher nicht steuerbegünstigten Beteiligungsquoten auf den Unterschiedsbetrag zwischen den Buchwerten und den höheren Teilwerten § 10 Abs. 3 erster Satz des Körperschaftsteuergesetzes 1988 nicht anzuwenden.
2. Geht durch die Realteilung die Eigenschaft einer Beteiligung als internationale Schachtelbeteiligung unter, gilt, soweit für sie keine Option zugunsten der Steuerwirksamkeit erklärt worden ist, der höhere Teilwert zum Teilungsstichtag, abzüglich auf Grund einer Umgründung nach diesem Bundesgesetz von § 10 Abs. 3 erster Satz des Körperschaftsteuergesetzes 1988 ausgenommener Beträge, als Buchwert.

(4) Soweit im Fall der Veräußerung eines Grundstücks im Sinne des § 30 Abs. 1 des Einkommensteuergesetzes 1988 am Teilungsstichtag § 30 Abs. 4 des Einkommensteuergesetzes 1988 anwendbar wäre, kann dies bei der Bildung der Ausgleichposten (§ 29 Abs. 1 Z 2a) einheitlich berücksichtigt werden. Bei späterer Veräußerung des Grundstücks ist wie folgt vorzugehen:

– Für Wertveränderungen bis zum Teilungsstichtag ist § 30 Abs. 4 des Einkommensteuergesetzes 1988 anzuwenden, soweit dies bei der Bildung der Ausgleichposten berücksichtigt wurde.
– Für Wertveränderungen nach dem Teilungsstichtag kann § 30 Abs. 4 des Einkommensteuergesetzes 1988 bei dem das Grundstück übernehmenden Nachfolgeunternehmer insoweit weiter angewendet werden, als ihm das Grundstück schon vor dem Teilungsstichtag zuzurechnen war; bei der Übertragung einer Mehrzahl von Grundstücken ist dabei eine verkehrswertmäßige Betrachtung anzuwenden. Darüber hinaus ist § 30 Abs. 4 des Einkommensteuergesetzes 1988 nicht anwendbar.

*(BGBl I 2015/118)*

**Sonstige Rechtsfolgen der Realteilung**

**§ 31.** (1) Es sind anzuwenden:

1. § 6 Abs. 2 hinsichtlich einer im Zuge der Teilung auftretenden Verschiebung im Verhältnis der zuzurechnenden Werte mit der Maßgabe, dass der Unterschiedsbetrag mit Beginn des dem Teilungsstichtag folgenden Tages als unentgeltlich zugewendet gilt.
2. § 22 Abs. 3 hinsichtlich der Umsatzsteuer.

(2) Realteilungen nach § 27 sind von den Gebühren nach § 33 TP 21 des Gebührengesetzes 1957 befreit, wenn das zu teilende Vermögen am Tag des Abschlusses des Teilungsvertrages länger als zwei Jahre als Vermögen der zu teilenden Personengesellschaft besteht.

*(BGBl I 2019/103)*

(3) Werden auf Grund einer Realteilung nach § 27 Erwerbsvorgänge nach § 1 des Grunderwerbsteuergesetzes 1987 verwirklicht, so ist die Grunderwerbsteuer gemäß § 4 in Verbindung mit § 7 des Grunderwerbsteuergesetzes 1987 zu berechnen, sofern diese Grundstücke nicht innerhalb der letzten drei Jahre Gegenstand eines nach diesem Bundesgesetz begünstigten Erwerbsvorganges waren.

*(BGBl I 2015/118)*

## Artikel VI
## Spaltung

### Anwendungsbereich

**§ 32.** (1) Spaltungen im Sinne dieses Bundesgesetzes sind

1. Auf- und Abspaltungen zur Neugründung oder zur Aufnahme auf Grund des Bundesgesetzes über die Spaltung von Kapitalgesellschaften, BGBl. Nr. 304/1996, oder auf Grund des Bundesgesetzes über die Spaltung von Genossenschaften (GenSpaltG), BGBl. I Nr. 69/2018, und

   *(BGBl I 2018/69)*

2. Spaltungen ausländischer Körperschaften im Ausland auf Grund vergleichbarer Vorschriften,

wenn nur Vermögen im Sinne der Abs. 2 und/oder 3 auf die neuen oder übernehmenden Körperschaften tatsächlich übertragen wird und soweit das Besteuerungsrecht der Republik Österreich hinsichtlich der stillen Reserven einschließlich eines allfälligen Firmenwertes beim Rechtsnachfolger nicht eingeschränkt wird.

(2) Zum Vermögen zählen Betriebe, Teilbetriebe, Mitunternehmeranteile und Kapitalanteile im Sinne des § 12 Abs. 2.

(3) Abweichend von Abs. 2 gilt Folgendes:

1. Liegen bei einem Forstbetrieb keine Teilbetriebe im Sinne des § 12 Abs. 2 Z 1 vor, gilt als Teilbetrieb die Übertragung von Flächen, für die ein gesetzlicher Realteilungsanspruch besteht und die von der neuen oder übernehmenden Körperschaft für sich als Forstbetrieb geführt werden können.
2. Liegen bei einem Betrieb, dessen wesentliche Grundlage der Klienten- oder Kundenstock ist, keine Teilbetriebe im Sinne des § 12 Abs. 2 Z 1 vor, gilt bei einer nicht verhältniswahrenden Auf- oder Abspaltung als Teilbetrieb die Übertragung jenes Teiles des Klienten- oder Kundenstocks, der in der spaltenden Körperschaft bereits vor der Spaltung von einem Anteilsinhaber dauerhaft betreut worden ist und in der neuen oder übernehmenden Körperschaft für sich als Betrieb geführt werden kann.

(4) Auf Spaltungen im Sinne des Abs. 1 sind die §§ 33 bis 38 anzuwenden.

### Spaltende Körperschaft

**§ 33.** (1) Bei der Ermittlung des Gewinnes für das hinsichtlich des zu übertragenden Vermögens mit dem Spaltungsstichtag endende Wirtschaftsjahr ist das Betriebsvermögen mit dem Wert anzusetzen, der sich nach den steuerrechtlichen Vorschriften über die Gewinnermittlung ergibt.

(2) Abweichend von Abs. 1 kann ausländisches Vermögen (§ 16 Abs. 3 Z 3) mit dem sich aus § 20 des Körperschaftsteuergesetzes 1988 ergebenden Wert angesetzt werden, wenn die Spaltung im Ausland zur Gewinnverwirklichung führt und mit dem in Betracht kommenden ausländischen Staat ein Doppelbesteuerungsabkommen besteht, das dafür die Anrechnungsmethode vorsieht, oder eine vergleichbare innerstaatliche Maßnahme zur Vermeidung der Doppelbesteuerung getroffen wurde.

(3) Das Einkommen (der Gewinn) der spaltenden Körperschaft ist so zu ermitteln, als ob der Vermögensübergang mit Ablauf des Spaltungsstichtages erfolgt wäre.

(4) Bei Aufspaltungen gilt Abs. 3 nicht für Gewinnausschüttungen der spaltenden Körperschaft auf Grund von Beschlüssen nach dem Spaltungsstichtag, sowie für

- die Einlagenrückzahlung im Sinne des § 4 Abs. 12 des Einkommensteuergesetzes 1988 durch die spaltende Körperschaft und
- Einlagen im Sinne des § 8 Abs. 1 des Körperschaftsteuergesetzes 1988 in die spaltende Körperschaft

in der Zeit zwischen dem Spaltungsstichtag und dem Tag des Spaltungsbeschlusses. Weiters kann § 16 Abs. 5 Z 4 samt Schlussteil sinngemäß angewendet werden.

*(BGBl I 2018/62)*

(5) Bei Abspaltungen kann abweichend von Abs. 3 auf das zu übertragende Vermögen § 16 Abs. 5 Z 4 und 5 samt Schlussteil angewendet werden.

*(BGBl I 2018/62)*

(6) Spaltungsstichtag ist der Tag, zu dem die Schlußbilanz aufgestellt ist, die der Spaltung zugrunde gelegt ist. Die spaltende Körperschaft hat zum Spaltungsstichtag weiters aufzustellen

- eine Übertragungsbilanz, in der das auf die neuen oder übernehmenden Körperschaften jeweils zu übertragende Vermögen mit den nach Abs. 1 und 2 steuerlich maßgebenden Buchwerten bzw. Werten und dem sich jeweils daraus ergebenden Übertragungskapital unter Berücksichtigung nachträglicher Veränderungen im Sinne der Abs. 4 und 5 darzustellen ist und
- im Falle der Abspaltung auch eine Restbilanz zur Darstellung der steuerlich maßgebenden Buchwerte des nach der Spaltung verbleibenden Vermögens.

(7) Bei einer Abspaltung bleiben Buchverluste oder Buchgewinne bei der Gewinnermittlung außer Ansatz. § 20 Abs. 4 Z 1 ist anzuwenden.

### Neue oder übernehmende Körperschaften

**§ 34.** (1) Die neue oder übernehmende Körperschaft hat die zum Spaltungsstichtag steuerlich maßgebenden Buchwerte im Sinne des § 33 fortzuführen. § 33 Abs. 3 gilt für die neue oder übernehmende Körperschaft mit dem Beginn des auf den Spaltungsstichtag folgenden Tages. § 18 Abs. 3 ist anzuwenden.

(2) Für übernehmende Körperschaften gilt folgendes:

1. Buchgewinne und Buchverluste bleiben bei der Gewinnermittlung außer Ansatz.
2. Besitzt die übernehmende Körperschaft Anteile an der abspaltenden Körperschaft, ist Z 1 mit der Maßgabe anzuwenden, daß bei der Ermittlung des Buchgewinnes oder Buch-

verlustes der steuerlich maßgebende Buchwert der Anteile an der abspaltenden Körperschaft in dem Verhältnis zu vermindern ist, in dem sich der Wert der abspaltenden Körperschaft durch die Abspaltung vermindert hat. Bei Nominalwertspaltungen im Sinne des § 2 Abs. 2 GenSpaltG ist für die Verminderung des Wertes der Anteile an der spaltenden Genossenschaft das gemäß § 2 Abs. 2 GenSpaltG festgelegte Umtauschverhältnis maßgeblich, wenn die übernehmende Körperschaft eine Genossenschaft ist.

*(BGBl I 2018/69)*

3. Unabhängig vom Vorliegen eines Buchgewinnes oder verlustes sind Veränderungen des Betriebsvermögens, die aus der Vereinigung von Aktiven und Passiven (Confusio) stammen, in dem dem Spaltungsstichtag folgenden Wirtschaftsjahr zu berücksichtigen.

(3) Für internationale Schachtelbeteiligungen im Sinne des § 10 Abs. 2 des Körperschaftsteuergesetzes 1988 gilt folgendes:

1. Entsteht durch die Spaltung bei der übernehmenden Körperschaft eine internationale Schachtelbeteiligung oder wird ihr Ausmaß erweitert, ist hinsichtlich der bisher nicht steuerbegünstigten Beteiligungsquoten auf den Unterschiedsbetrag zwischen den Buchwerten und den höheren Teilwerten § 10 Abs. 3 erster Satz des Körperschaftsteuergesetzes 1988 nicht anzuwenden.
2. Geht durch die Spaltung die Eigenschaft einer Beteiligung als internationale Schachtelbeteiligung unter, gilt, soweit für sie keine Option zugunsten der Steuerwirksamkeit erklärt worden ist, der höhere Teilwert zum Spaltungsstichtag, abzüglich vorgenommener oder als nach diesem Bundesgesetz vorgenommen geltender Teilwertabschreibungen im Sinne des § 6 Z 2 lit. a des Einkommensteuergesetzes 1988, als Buchwert.

### Verlustabzug

**§ 35.** § 8 Abs. 4 Z 2 des Körperschaftsteuergesetzes 1988 ist nach Maßgabe des § 21 anzuwenden.

### Behandlung der Anteilsinhaber bei einer verhältniswahrenden Spaltung

**§ 36.** (1) Bei den Anteilsinhabern der spaltenden Körperschaft und im Falle der Spaltung zur Aufnahme auch bei den Anteilsinhabern übernehmender Körperschaften gilt der dem Spaltungsplan oder Spaltungs- und Übernahmevertrag entsprechende Austausch von Anteilen nicht als Tausch. Die Anteile an den neuen oder übernehmenden Körperschaften gelten mit Beginn des dem Spaltungsstichtag folgenden Tages als erworben. Für neue Anteile sind die Anschaffungszeitpunkte der alten Anteile maßgeblich.

(2) Für Spaltungen zur Neugründung gilt folgendes:

1. Bei einer Aufspaltung haben die Anteilsinhaber den Buchwert oder die Anschaffungskosten der Anteile an der spaltenden Körperschaft, abzüglich erhaltener Zuzahlungen der beteiligten Körperschaften (§ 2 Abs. 1 Z 3 SpaltG und § 2 Abs. 2 GenSpaltG) fortzuführen und den gewährten Anteilen entsprechend den Wertverhältnissen zuzuordnen.

   *(BGBl I 2018/69)*
2. Bei einer Abspaltung ist für die Bewertung der Anteile an der spaltenden und den neuen Körperschaften § 20 Abs. 4 Z 3 anzuwenden.

Bei Nominalwertspaltungen im Sinne des § 2 Abs. 2 GenSpaltG ist für die Verschiebung des Wertes der Anteile das gemäß § 2 Abs. 2 GenSpaltG festgelegte Umtauschverhältnis maßgeblich, wenn die übernehmende Körperschaft eine Genossenschaft ist.

*(BGBl I 2018/69)*

(3) Abweichend von Abs. 1 gilt Folgendes:

1. Soweit das Besteuerungsrecht der Republik Österreich hinsichtlich der Anteile der übertragenden Körperschaft an der übernehmenden Körperschaft eingeschränkt wird, sind diese bei der übernehmenden Körperschaft mit den nach § 6 Z 6 lit. a des Einkommensteuergesetzes 1988 maßgebenden Werte anzusetzen, wobei § 6 Z 6 lit. c bis e des Einkommensteuergesetzes 1988 sinngemäß anzuwenden sind.

   *(BGBl I 2015/163)*
2. Werden ausländischen Anteilsinhabern eigene Anteile der übernehmenden Körperschaft gewährt, sind diese mit den nach § 6 Z 6 lit. a des Einkommensteuergesetzes 1988 maßgebenden Werte anzusetzen, wobei § 6 Z 6 lit. c bis e des Einkommensteuergesetzes 1988 sinngemäß anzuwenden sind.

   *(BGBl I 2015/163)*

(4) Bei Auf- und Abspaltungen zur Aufnahme gilt, soweit auf Anteilsinhaber nicht § 33 Abs. 7 und § 34 Abs. 2 anzuwenden ist, die spaltungs- und übernahmsvertragsmäßige Anteilsaufteilung zunächst als Austausch von Anteilen auf Grund einer Auf- oder Abspaltung zur Neugründung, auf den Abs. 2 anzuwenden ist, und nachfolgend als Austausch von Anteilen auf Grund einer Verschmelzung, auf den § 5 anzuwenden ist.

(5) Für internationale Schachtelbeteiligungen im Sinne des § 10 Abs. 2 des Körperschaftsteuergesetzes 1988 gilt folgendes:

1. Entsteht durch eine Spaltung im Sinne des § 32 Abs. 1 Z 2 bei einer Körperschaft als Anteilsinhaber eine internationale Schachtelbeteiligung oder wird ihr Ausmaß durch neue Anteile oder durch Zurechnung zur bestehenden Beteiligung verändert, ist hinsichtlich der bisher nicht steuerbegünstigten Beteiligungsquoten auf den Unterschiedsbetrag zwischen den Buchwerten und den höheren Teilwerten § 10 Abs. 3 erster Satz des Körperschaftsteuergesetzes 1988 nicht anzuwenden.

2. Geht durch die Spaltung die Eigenschaft einer Beteiligung als internationale Schachtelbeteiligung unter, gilt der höhere Teilwert zum Spaltungsstichtag, abzüglich auf Grund einer Umgründung nach diesem Bundesgesetz von § 10 Abs. 3 erster Satz des Körperschaftsteuergesetzes 1988 ausgenommener Beträge, als Buchwert.

### Behandlung der Anteilsinhaber bei einer nicht verhältniswahrenden Spaltung

**§ 37.** (1) Bei einer nicht unter § 36 fallenden Auf- oder Abspaltung gilt die spaltungsplanmäßige oder spaltungs- und übernahmsvertragsmäßige Anteilsaufteilung zwischen den Anteilsinhabern der spaltenden Körperschaft als Anteilstausch nach Durchführung einer Spaltung im Sinne des § 36.

(2) Tauschvorgänge im Sinne des Abs. 1, die ohne oder ohne wesentliche Zuzahlung (Abs. 4) erfolgen, gelten nicht als Veräußerung und Anschaffung. Die Anteile an den neuen oder übernehmenden Körperschaften gelten mit Beginn des dem Spaltungsstichtag folgenden Tages als erworben. Für neue Anteile sind die Anschaffungszeitpunkte der alten Anteile maßgeblich.

(3) Der Anteilsinhaber hat den Buchwert oder die Anschaffungskosten der im Sinne des Abs. 1 hingegebenen Anteile fortzuführen und den eingetauschten Anteilen entsprechend den Wertverhältnissen zuzuordnen. § 5 ist anzuwenden.

(4) Zuzahlungen von Anteilsinhabern sind nicht wesentlich, wenn sie ein Drittel des gemeinen Wertes der in Anteilen empfangenen Gegenleistung des Zahlungsempfängers nicht übersteigen. Abweichend von Abs. 2 gilt in diesem Fall die Zahlung beim Empfänger als Veräußerungsentgelt und beim Leistenden als Anschaffung.

### Sonstige Rechtsfolgen der Spaltung

**§ 38.** (1) Die spaltende Körperschaft bleibt bis zur Eintragung der Spaltung in das Firmenbuch Arbeitgeber im Sinne des § 47 des Einkommensteuergesetzes 1988. Dies gilt auch für die Beurteilung von Tätigkeitsvergütungen als solche im Sinne des § 22 Z 2 des Einkommensteuergesetzes 1988.

(2) Die Annahme eines Barabfindungsangebotes (§ 9 SpaltG) sowie die Auseinandersetzung anlässlich der Kündigung (§ 9 Abs. 1 Z 1 iVm § 10 Abs. 2 GenSpaltG) gelten als Anteilsveräußerung. Beim Erwerber gilt der Spaltungsstichtag als Anschaffungstag der Anteile.

*(BGBl I 2018/69)*

(3) Spaltungen gelten nicht als steuerbare Umsätze im Sinne des Umsatzsteuergesetzes 1994; neue oder übernehmende Körperschaften treten für den Bereich der Umsatzsteuer unmittelbar in die Rechtsstellung der übertragenden Körperschaft ein.

(4) Erfolgen die spaltungsplanmäßigen Anteilstauschvorgänge außerhalb des § 37 Abs. 2 nicht wertgleich, ist § 6 Abs. 2 anzuwenden.

(5) Werden auf Grund einer Spaltung im Sinne des § 32 Erwerbsvorgänge nach § 1 des Grunderwerbsteuergesetzes 1987 verwirklicht, so ist die Grunderwerbsteuer gemäß § 4 in Verbindung mit § 7 des Grunderwerbsteuergesetzes 1987 zu berechnen.

*(BGBl I 2015/118, BGBl I 2019/103)*

### Steuerspaltungen

**§ 38a.** (1) Steuerspaltungen im Sinne dieses Bundesgesetzes sind Auf- und Abspaltungen auf Grund eines Spaltungsvertrages (§ 38b) nach Maßgabe der Abs. 2 und 3.

(2) Eine Aufspaltung im Sinne des Abs. 1 liegt unter folgender Voraussetzung vor:

Die spaltende Körperschaft bringt Vermögen (§ 12 Abs. 2) in zwei oder mehrere übernehmende Körperschaften, die nicht an der spaltenden Körperschaft beteiligt sind, nach Art. III ein. § 32 Abs. 3 kann angewendet werden. Der spaltenden Körperschaft verbleiben zu dem in § 20 Abs. 1 genannten Zeitpunkt neben der Gegenleistung im Sinne des § 19 nur liquide Mittel und allfällige restliche Verbindlichkeiten. Die Auflösung der spaltenden Körperschaft wird innerhalb von neun Monaten nach dem Einbringungsstichtag zur Eintragung in das Firmenbuch angemeldet. Im Rahmen der Liquidation der spaltenden Körperschaft kommen die Kapitalanteile und restlichen liquiden Mittel den Anteilsinhabern im Verhältnis ihrer Beteiligungen im Sinne des § 38d oder nach Maßgabe des § 38e zu; dabei dürfen die restlichen liquiden Mittel 10% des gemeinen Wertes des zu verteilenden Gesamtvermögens nicht übersteigen.

(3) Eine Abspaltung im Sinne des Abs. 1 liegt in folgenden Fällen vor:

1. Die spaltende Körperschaft bringt Vermögen (§ 12 Abs. 2) in eine oder mehrere übernehmende Körperschaften, die nicht an der spaltenden Körperschaft beteiligt sind, nach Art. III ein. § 32 Abs. 3 kann angewendet werden. Die spaltende Körperschaft überträgt die Anteile an der übernehmenden Körperschaft (§ 20) an ihre Anteilsinhaber im Verhältnis ihrer Beteiligungen im Sinne des § 38d oder nach Maßgabe des § 38e.
2. Die spaltende Körperschaft bringt Vermögen (§ 12 Abs. 2) in eine oder mehrere übernehmende Körperschaften nach Art. III ein, wobei die Gewährung von Anteilen nach § 19 Abs. 2 Z 5 unterbleibt, weil die Anteile an der spaltenden und übernehmenden Körperschaft in einer Hand vereinigt sind. § 32 Abs. 3 kann angewendet werden. Die Anteilsinhaber der spaltenden Körperschaft tauschen in der Folge Anteile nach Maßgabe des § 38e.

(4) Spaltende und übernehmende Körperschaften können nur unbeschränkt steuerpflichtige Kapitalgesellschaften, Erwerbs- und Wirtschaftsgenossenschaften und Versicherungsvereine auf Gegenseitigkeit (§ 1 Abs. 2 des Körperschaftsteuergesetzes 1988) und ausländische Gesellschaften eines Mitgliedstaates der Europäischen Union, die die in der Anlage zu diesem Bundesgesetz

vorgesehenen Voraussetzungen des Artikels 3 der Richtlinie 2009/133/EG in der jeweils geltenden Fassung erfüllen, sein, wenn an der spaltenden Körperschaft am Spaltungsstichtag mehr als ein Anteilsinhaber beteiligt ist.

(5) Auf Spaltungen im Sinne des Abs. 1 sind die §§ 38b bis 38f anzuwenden.

### Spaltungsvertrag

**§ 38b.** (1) Der Spaltungsvertrag bedarf eines Beschlusses der Anteilsinhaber nach Maßgabe der Mehrheitsverhältnisse für Spaltungsbeschlüsse im Sinne des Bundesgesetzes über die Spaltung von Kapitalgesellschaften. Er hat die Art und Durchführung der geplanten Spaltung genau zu beschreiben. Dabei sind die wesentlichen Umstände anzugeben, die der Bewertung des einzubringenden Vermögens und der auszutauschenden Anteile einschließlich allfälliger Ausgleichszahlungen zugrunde gelegt werden.

(2) Der Spaltungsvertrag hat vorzusehen, daß die zur Durchführung der Spaltung erforderlichen Tauschvorgänge innerhalb eines Monats nach dem Zeitpunkt durchgeführt werden, ab dem sie gesellschaftsrechtlich zulässig sind.

(3) Der Spaltungsvertrag ist dem für die Erhebung der Körperschaftsteuer der spaltenden Körperschaft zuständigen Finanzamt innerhalb eines Monats vorzulegen.

### Spaltende Körperschaft

**§ 38c.** Bei einer Spaltung im Sinne des § 38a unterbleibt die Besteuerung der stillen Reserven im eingebrachten Vermögen (Art. III) und in den als Gegenleistung (§ 19) gewährten Anteilen sowie die Liquidationsbesteuerung nach § 19 des Körperschaftsteuergesetzes 1988 bezüglich der übertragenen Kapitalanteile im Sinne des § 38a Abs. 2. Der Buchverlust oder Buchgewinn auf Grund der Gewährung von Anteilen bleibt bei der Gewinnermittlung außer Ansatz.

### Behandlung der Anteilsinhaber bei einer die Beteiligungsverhältnisse wahrenden Spaltung

**§ 38d.** (1) Bei den Anteilsinhabern der spaltenden Körperschaft unterbleibt die Besteuerung hinsichtlich der übertragenen im Spaltungsvertrag festgelegten Gegenleistung im Sinne des § 38a. Dies gilt auch dann, wenn die spaltende Körperschaft nicht liquidiert wird.

(2) Die Anteilsinhaber haben den Buchwert oder die Anschaffungskosten der Anteile an der liquidierten Körperschaft, abzüglich liquider Mittel im Sinne des § 38a Abs. 2 und 3 fortzuführen und den gewährten Anteilen zuzuordnen. Kommen den Anteilsinhabern Anteile an übernehmenden Körperschaften zu, ohne daß die spaltende Körperschaft beendigt oder liquidiert wird, ist für die Bewertung der Anteile an der spaltenden und den übernehmenden Körperschaften § 20 Abs. 4 Z 3 anzuwenden.

(3) (aufgehoben)

(4) Für internationale Schachtelbeteiligungen im Sinne des § 10 Abs. 2 des Körperschaftsteuergesetzes 1988 gilt folgendes:

1. Entsteht durch die Spaltung bei einer Körperschaft als Anteilsinhaber eine internationale Schachtelbeteiligung oder wird ihr Ausmaß durch neue Anteile oder durch Zurechnung zur bestehenden Beteiligung verändert, ist hinsichtlich der bisher nicht steuerbegünstigten Beteiligungsquoten auf den Unterschiedsbetrag zwischen den Buchwerten und den höheren Teilwerten § 10 Abs. 3 erster Satz des Körperschaftsteuergesetzes 1988 nicht anzuwenden.
2. Geht durch die Spaltung die Eigenschaft einer Beteiligung als internationale Schachtelbeteiligung unter, gilt, soweit für sie keine Option zugunsten der Steuerwirksamkeit erklärt worden ist, der höhere Teilwert zum Spaltungsstichtag, abzüglich auf Grund einer Umgründung nach diesem Bundesgesetz von § 10 Abs. 3 erster Satz des Körperschaftsteuergesetzes 1988 ausgenommener Beträge, als Buchwert.

### Behandlung der Anteilsinhaber bei einer die Beteiligungsverhältnisse nicht wahrenden Spaltung

**§ 38e.** (1) Bei einer nicht unter § 38d fallenden Spaltung gilt der spaltungsvertragsmäßige Tausch eines Anteils an der spaltenden Körperschaft gegen Anteile an übernehmenden Körperschaften ohne oder ohne wesentliche Ausgleichszahlung (Abs. 3) nicht als Veräußerung und Anschaffung. Dies gilt auch, wenn die Anteilsinhaber der spaltenden Körperschaft spaltungsvertragsmäßig nur Anteile an den übernehmenden Körperschaften tauschen. Für neue Anteile sind die Anschaffungszeitpunkte der alten Anteile maßgeblich.

(2) Der Anteilsinhaber hat den Buchwert oder die Anschaffungskosten der bisherigen Anteile unter Beachtung des § 38d Abs. 2 fortzuführen und den nach der Spaltung bestehenden Anteilen zuzuordnen. § 38d Abs. 3 und 4 ist anzuwenden.

(3) Ausgleichszahlungen von Anteilsinhabern sind nicht wesentlich, wenn sie ein Drittel des gemeinen Wertes der in Anteilen empfangenen Gegenleistung des Zahlungsempfängers nicht übersteigen. Abweichend von Abs. 2 gilt in diesem Fall die Zahlung beim Empfänger als Veräußerungsentgelt und beim Leistenden als Anschaffung.

(4) Die Durchführung der im Spaltungsvertrag festgelegten Tauschvorgänge ist dem für die Erhebung der Körperschaftsteuer der spaltenden Körperschaft zuständigen Finanzamt innerhalb eines Monats anzuzeigen.

### Sonstige Rechtsfolgen der Spaltung

**§ 38f.** (1) Erfolgen die spaltungsvertragsmäßigen Anteilstauschvorgänge außerhalb des § 38e Abs. 1 nicht wertgleich, ist § 6 Abs. 2 anzuwenden.

(2) Spaltungen gelten nicht als steuerbare Umsätze im Sinne des Umsatzsteuergesetzes 1994; über-

nehmende Körperschaften treten für den Bereich der Umsatzsteuer unmittelbar in die Rechtsstellung der übertragenden Körperschaft ein.

(3) Ist der Anteilsinhaber am Tage des Abschlusses des Spaltungsvertrages an der spaltenden Körperschaft länger als zwei Jahre beteiligt, so ist eine Vermögensübertragung im Rahmen der Liquidation der spaltenden Körperschaft oder der Abspaltung oder ein Anteilstausch von den Gebühren nach § 33 TP 21 des Gebührengesetzes befreit.

*(BGBl I 2019/103)*

## 2. HAUPTSTÜCK
## Ergänzende Vorschriften

### Mehrfache Umgründungen auf einen Stichtag

**§ 39.** Werden mehrere Umgründungen, die dasselbe Vermögen ganz oder teilweise betreffen, auf einen Stichtag bezogen, gilt für ertragsteuerliche Zwecke erst die letzte Vermögensübertragung für den oder die davon betroffenen Rechtsnachfolger als mit dem Beginn des auf den ersten Umgründungsstichtag folgenden Stichtages bewirkt, wenn dies von sämtlichen an den Umgründungen Beteiligten in einem Umgründungsplan festgelegt wird. Voraussetzung ist, daß der Umgründungsplan spätestens am Tag der Beschlußfassung der ersten Umgründung gefaßt und in allen Umgründungsverträgen auf diesen Plan Bezug genommen wird.

### Rechtsgrundlage der Umgründungen

**§ 40.** Gerichtliche Entscheidungen sind den jeweiligen Umgründungsbeschlüssen oder verträgen im Sinne des ersten Hauptstückes gleichzuhalten.

### Lohnsteuerliche Verhältnisse

**§ 41.** Übernehmende Körperschaften, Personengesellschaften und Nachfolgeunternehmer treten hinsichtlich der lohnsteuerlichen Verhältnisse in die Rechtsstellung des bisherigen Arbeitgebers ein, soweit bei den übernommenen Arbeitnehmern auch arbeitsrechtlich die entsprechenden Folgerungen gezogen werden.

### Vertragsübernahme

**§ 42.** Rechtsgeschäfte, mit denen anläßlich eines gebührenbegünstigten Vorganges nach Artikel III bis VI des ersten Hauptstückes eine Vertragsstellung übertragen wird (Vertragsübernahme), sind von den Stempel- und Rechtsgebühren befreit.

*(BGBl I 2019/103)*

### Anzeige- und Evidenzpflicht

**§ 43.** (1) Wer Vermögen durch eine Umgründung überträgt oder übernimmt und nicht schon nach dem ersten Hauptstück zu einer Meldung verpflichtet ist, hat die Umgründung abweichend von der Frist des § 121 der Bundesabgabenordnung innerhalb der im ersten Hauptstück genannten Frist unter Nachweis der Rechtsgrundlage dem für die Erhebung der Einkommen- oder Körperschaftsteuer zuständigen Finanzamt anzuzeigen.

*(BGBl I 2019/104)*

(2) Die sich auf Grund einer Umgründung ergebenden oder die zu übernehmenden Buchwerte oder Anschaffungskosten von Anteilen sind von den davon Betroffenen und im Falle eines unentgeltlichen Erwerbes von ihren Rechtsnachfolgern aufzuzeichnen und evident zu halten.

### Mißbräuchliche Umgründungen

**§ 44.** Die Anwendung der Bestimmungen dieses Bundesgesetzes ist zu versagen, wenn die Umgründungsmaßnahmen der Umgehung oder Minderung einer Abgabenpflicht im Sinne des § 22 der Bundesabgabenordnung dienen oder wenn die Umgründungsmaßnahmen als hauptsächlichen Beweggrund oder als einen der hauptsächlichen Beweggründe die Steuerhinterziehung oder –umgehung im Sinne des Artikels 15 der Richtlinie Nr. 2009/133/EG über das gemeinsame Steuersystem für Fusionen, Spaltungen, die Einbringung von Unternehmensteilen und den Austausch von Anteilen, die Gesellschaften verschiedener Mitgliedstaaten betreffen, sowie für die Verlegung des Sitzes einer Europäischen Gesellschaft oder einer Europäischen Genossenschaft von einem Mitgliedstaat in einen anderen Mitgliedstaat, ABl. L 310 vom 25.11.2009 S. 34 ff) in der jeweils geltenden Fassung haben.

### Verweisung auf andere Bundesgesetze

**§ 45.** Soweit in diesem Bundesgesetz auf andere Bundesgesetze verwiesen wird, sind diese in ihrer jeweils geltenden Fassung anzuwenden.

## 3. TEIL
## ÜBERGANGS- UND SCHLUSSBESTIMMUNGEN

1. a) Der 1. Teil dieses Bundesgesetzes ist auf Umgründungen anzuwenden, denen ein Stichtag nach dem 31. Dezember 1991 zugrunde gelegt wird.
   b) § 9 Abs. 6 dieses Bundesgesetzes gilt nur für Gewinne aus Wirtschaftsjahren, die nach dem 31. Dezember 1988 enden.
   c) § 9 Abs. 7 dieses Bundesgesetzes gilt auch, wenn die in § 4 Abs. 1 des Bundesgesetzes über steuerliche Maßnahmen bei der Kapitalerhöhung aus Gesellschaftsmitteln, BGBl. Nr. 157/1966, vorgesehene Frist noch nicht abgelaufen ist.
   d) Ist die einer Verschmelzung oder Einbringung nach Art. I und III des Strukturverbesserungsgesetzes zugrunde zu legende Bilanz der übertragenden Gesellschaft oder des Einbringenden auf einen nach dem 30. Juni 1987 liegenden Zeitpunkt aufgestellt, so ist für alle nicht endgültig rechtskräftig veranlagten Fälle die Grunderwerbsteuer für Erwerbsvorgänge nach § 1 Abs. 1 oder 2 des Grunderwerbsteuergesetzes 1987 vom Zweifachen des Einheitswertes der Grundstücke zu berechnen. Dies gilt auch bei Zusammenschlüssen nach

Art. IV des Strukturverbesserungsgesetzes, wenn die Erwerbsvorgänge nach dem 30. Juni 1987 verwirklicht wurden.

2. Der 2. Teil dieses Bundesgesetzes ist, wenn die Steuern veranlagt werden, erstmalig bei der Veranlagung für das Kalenderjahr 1992 anzuwenden.

3. a) Abweichend von Abschnitt IX Art. II des Bundesgesetzes vom 10. Juni 1986, mit dem das Kreditwesengesetz, das Postsparkassengesetz, das Rekonstruktionsgesetz, das Einkommensteuergesetz, das Körperschaftsteuergesetz, das Bewertungsgesetz, die Bundesabgabenordnung und das Strukturverbesserungsgesetz geändert und kapitalverkehrsteuerliche Bestimmungen geschaffen werden, BGBl. Nr. 325, gilt folgendes:

Die Art. I, III und V bis VII des Strukturverbesserungsgesetzes, BGBl. Nr. 69/1969, in der geltenden Fassung, sowie die Bestimmungen zu Vorgängen im Sinne des Kreditwesengesetzes, BGBl. Nr. 63/1979, in der jeweils geltenden Fassung, sind letztmalig auf Vorgänge anzuwenden, denen ein Stichtag vor dem 1. Jänner 1992 zugrunde gelegt wird.

b) Die Rücklagen nach § 1 Abs. 3 und in § 8 Abs. 1 lit. d des Strukturverbesserungsgesetzes gelten ab dem 1. Jänner 1992 als versteuerte Rücklagen.

c) Abweichend von § 1 Abs. 2 und § 8 Abs. 4 des Strukturverbesserungsgesetzes kann bei Einbringungen jeder Stichtag innerhalb der dort genannten Frist zugrunde gelegt werden. Voraussetzung ist bei der Einbringung von Betrieben oder Teilbetrieben, daß zum gewählten Stichtag eine Bilanz (§ 4 Abs. 1 des Einkommensteuergesetzes) des gesamten Betriebes vorliegt.

4. a) (aufgehoben)

b) § 3 Abs. 3 Z 1 in der Fassung des Bundesgesetzes BGBl. Nr. 699/1991 ist auch auf Umgründungen anzuwenden, denen ein Stichtag nach dem 31. Dezember 1995 zugrunde liegt.

c) § 9 Abs. 8 in der Fassung des Bundesgesetzes BGBl. Nr. 201/1996 ist erstmalig auf Umwandlungen anzuwenden, denen ein Stichtag nach dem 30. Dezember 1995 zugrunde gelegt wird.

d) § 2 Abs. 4, § 3 Abs. 2 und 3, § 8 Abs. 4, § 9 Abs. 3 und 6, § 16 Abs. 5 Z 5, § 18 Abs. 5 und § 34 Abs. 1, jeweils in der Fassung des Bundesgesetzes BGBl. Nr. 201/1996, sind erstmalig auf Umgründungen anzuwenden, denen ein Stichtag nach dem 31. Dezember 1995 zugrunde gelegt wird.

5. § 4 Z 1 in der Fassung des Bundesgesetzes BGBl. Nr. 201/1996 ist erstmalig auf Umgründungen anzuwenden, denen ein Stichtag nach dem 31. Dezember 1995 zugrunde gelegt wird.

6. a) § 2 Abs. 5, § 3 Abs. 4, § 4 Z 1, § 5 Abs. 7 Z 1, § 8 Abs. 5, § 9 Abs. 4 Z 1, § 10 Z 1 lit. a, § 12, § 13 Abs. 1, § 16 Abs. 5 Z 3, § 17 Abs. 2, § 18 Abs. 3, § 18 Abs. 4 Z 1, § 19 Abs. 2 Z 5, § 20 Abs. 7, § 21 Z 1, § 23 Abs. 1, § 24 Abs. 1, § 28 und § 30 Abs. 3, jeweils in der Fassung des Bundesgesetzes BGBl. Nr. 797/1996, sind erstmalig auf Umgründungen anzuwenden, denen ein Stichtag nach dem 31. Dezember 1996 zugrunde gelegt wird.

b) Als Teilwertabschreibung im Sinne des § 4 Z 1 lit. d in der Fassung des Bundesgesetzes BGBl. Nr. 797/1996 gilt auch jener Betrag, um den sich die gewinnerhöhende Auflösung stiller Reserven im Sinne des § 3 Abs. 3 Z 1 zweiter Satz in der Fassung des Bundesgesetzes BGBl. Nr. 699/1991 vermindert.

c) § 7 Abs. 1 und Abs. 2 in der Fassung des Bundesgesetzes BGBl. Nr. 797/1996 ist bereits auf Umwandlungen auf Grund des Bundesgesetzes über die Umwandlung von Handelsgesellschaften, BGBl. Nr. 304/1996, anzuwenden, die vor dem Inkrafttreten des Bundesgesetzes BGBl. Nr. 797/1996 im Firmenbuch eingetragen worden sind.

d) § 9 Abs. 3 und § 27 in der Fassung des Bundesgesetzes BGBl. Nr. 797/1996 ist auf Umwandlungen und Realteilungen anzuwenden, denen ein Stichtag nach dem 31. Dezember 1995 zugrunde gelegt wird.

e) In § 10 Z 1 lit. a in der Fassung vor dem Bundesgesetz BGBl. Nr. 797/1996 tritt an die Stelle des Verweises „§ 4 Z 1 lit. a und c" der Verweis „§ 4 Z 1".

f) In § 21 Z 1 in der Fassung vor dem Bundesgesetz BGBl. Nr. 797/1996 tritt an die Stelle des Verweises „§ 4 Z 1 lit. c" der Verweis „§ 4 Z 1".

g) Die §§ 32 bis 38 in der Fassung des Bundesgesetzes BGBl. Nr. 797/1996 sind bereits auf Spaltungen auf Grund des Bundesgesetzes über die Spaltung von Kapitalgesellschaften, BGBl. Nr. 304/1996, anzuwenden, die vor dem Inkrafttreten des Bundesgesetzes BGBl. Nr. 797/1996 im Firmenbuch eingetragen worden sind. § 33 Abs. 6, § 34 Abs. 3 Z 1 und § 36 Abs. 4 Z 1, jeweils in der Fassung des Bundesgesetzes BGBl. Nr. 797/1996, ist auf Spaltungen anzuwenden, denen ein Stichtag nach dem 31. Dezember 1996 zugrunde gelegt wird.

h) Die §§ 32 bis 38 in der Fassung vor dem Bundesgesetz BGBl. Nr. 797/1996 sind, soweit sie sich auf Spaltungen im Sinne des § 32 Abs. 2 und 3 beziehen, letztmalig auf Spaltungen anzuwenden, denen ein Stichtag vor dem 1. Jänner 1997 zugrunde liegt. Die §§ 38a bis 38f sind auf Steuerspaltungen anzuwenden, denen ein Stichtag nach dem 31. Dezember 1996 und vor dem 1. Jänner 2023 zu Grunde liegt.
*(BGBl I 2018/62)*

i) Bei Spaltungen im Sinne des § 32 Abs. 2 und Abs. 3 Z 1 in der Fassung vor dem Bundesgesetz, BGBl. Nr. 797/1996, und im Sinne des § 38a Abs. 2 und Abs. 3 Z 1 in der Fassung des Bundesgesetzes BGBl. Nr. 797/1996, bei denen der Spaltungsvertrag nach dem 31. Dezember 1996 abgeschlossen wird, unterbleibt abweichend von § 32 Abs. 2 Z 1 in der Fassung vor dem Bundesgesetz, BGBl. Nr. 797/1996, bzw. § 38c in der Fassung des Bundesgesetzes BGBl. Nr. 797/1996 die Besteuerung nicht hinsichtlich stiller Reserven, die die spaltende Körperschaft nach § 12 des Einkommensteuergesetzes 1988 in der Fassung vor dem Strukturanpassungsgesetz 1996, BGBl. Nr. 201, innerhalb der letzten fünf Jahre vor dem Spaltungsstichtag beziehungsweise vor dem in § 19 Abs. 5 des Körperschaftsteuergesetzes 1988 genannten Zeitpunkt auf Anteile übertragen hat, die auf Anteilsinhaber der spaltenden Körperschaft übergehen. Der nachzuversteuernde Betrag vermindert sich insoweit, als auf Grund der Anwendung des § 12 des Einkommensteuergesetzes 1988 für die Anteile der Ansatz des niedrigeren Teilwertes zu unterbleiben hatte. Die Nachversteuerung hat in dem mit dem Einbringungsstichtag endenden oder dem der Auflösung vorangegangenen Wirtschaftsjahr zu erfolgen.

j) Die Aufzeichnungs- und Evidenzhaltungspflicht gemäß § 43 gilt ab 1. Jänner 1997 und erstreckt sich auch auf alle Buchwerte und Anschaffungskosten von Anteilen, die sich auf Grund einer Umgründung im Sinne dieses Bundesgesetzes ergeben haben oder zu übernehmen waren.

7. § 9 Abs. 6 in der Fassung des Abgabenänderungsgesetzes 2001, BGBl. I Nr. 144/2001, ist auf Umwandlungen anzuwenden, bei denen der Umwandlungsbeschluss nach dem 31. Dezember 2001 zur Eintragung in das Firmenbuch angemeldet wird.

8. § 5 Abs.1, § 20 Abs. 2, § 22 Abs. 2, § 32, § 38a Abs. 2 Z 1 und § 38a Abs. 3 Z 1 und Z 2 in der Fassung des Bundesgesetzes BGBl. I Nr. 71/2003 ist auf Umgründungen anzuwenden, denen ein Stichtag nach dem 30. Dezember 2002 zu Grunde liegt. § 10 Z 1 lit. c in der Fassung des Bundesgesetzes BGBl. I Nr. 71/2003 ist auf Umwandlungen anzuwenden, denen ein Stichtag nach dem 30. Dezember 1995 zugrunde liegt.

9. § 1, § 3 Abs. 1, § 5 Abs. 1, § 7, § 16 Abs. 2 Z 1, § 17 Abs. 2, § 18 Abs. 1, § 29 Abs. 1 und § 30 Abs. 1 in der Fassung des Bundesgesetzes BGBl. I 180/2004, ist auf Umgründungen anzuwenden, denen ein Stichtag nach dem 7. Oktober 2004 zu Grunde liegt. § 38a Abs. 2 in der Fassung des Bundesgesetzes BGBl. I 180/2004, ist auf Spaltungen anzuwenden, denen ein Stichtag nach dem 31. Dezember 2004 zu Grunde liegt.

10. Artikel V und Artikel VI sind auch dann anzuwenden, wenn kein Teilbetrieb im Sinne des § 12 Abs. 2 Z 2 vorliegt und die Übertragung im Zusammenhang mit gesetzlichen Unvereinbarkeitsvorschriften erfolgt. Dies gilt für Umgründungen, die nach dem 31. Dezember 2004 beschlossen oder vertraglich unterfertigt werden.

11. Die §§ 3, 5, 7 bis 9, 12 bis 20, 23, 25, 27, 30, 33, 34, 38d und 44, jeweils in der Fassung des Bundesgesetzes BGBl. I Nr. 161/2005, sind auf Umgründungen anzuwenden, bei denen die Beschlüsse oder Verträge nach dem 31. Jänner 2006 bei dem zuständigen Firmenbuchgericht zur Eintragung angemeldet oder bei dem zuständigen Finanzamt gemeldet werden.

12. Die §§ 5, 18, 20, 36 und 37, jeweils in der Fassung des Bundesgesetzes BGBl. I Nr. 24/2007, sind auf Umgründungen anzuwenden, denen ein Stichtag nach dem 31. Dezember 2006 zu Grunde liegt.

13. § 1 Abs. 2 zweiter Satz in der Fassung des Bundesgesetzes BGBl. I Nr. 99/2007 ist erstmals auf Verschmelzungen anzuwenden, denen ein Stichtag nach dem 14. Dezember 2007 zugrunde liegt.

14. § 5 Abs. 1 Z 5 und § 36 Abs. 3 jeweils in der Fassung des Bundesgesetzes BGBl. I Nr. 99/2007 sind erstmals auf Umgründungen anzuwenden, die nach dem 31. Dezember 2007 beschlossen werden.

15. § 18 Abs. 2 Z 1 in der Fassung des Bundesgesetzes BGBl. I Nr. 99/2007 ist erstmals auf Zuwendungen nach dem 31. Dezember 2007 anzuwenden.

16. § 3 Abs. 1 in der Fassung des Bundesgesetzes BGBl. I Nr. 34/2010 ist erstmals auf Umgründungen anzuwenden, die nach dem 30. Juni 2010 beschlossen werden.

17. § 9 Abs. 6 in der Fassung des Budgetbegleitgesetzes 2011, BGBl. I Nr. 111/2010, ist erstmals auf Umwandlungen anzuwenden, die nach dem 31. Dezember 2010 beschlossen werden.

18. § 9 Abs. 1 Z 3 letzter Teilstrich in der Fassung des Bundesgesetzes BGBl. I Nr. 112/2011 ist erstmals auf Umwandlungen anzuwenden,

bei denen der Umwandlungsbeschluss nach dem 31. Oktober 2011 zur Eintragung in das Firmenbuch angemeldet wird.

19. § 9 Abs. 8 in der Fassung des Bundesgesetzes BGBl. I Nr. 112/2011 ist erstmals bei der Veranlagung 2011 anzuwenden.

20. § 3 Abs. 1 Z 3 in der Fassung des Bundesgesetzes BGBl. I Nr. 112/2012 ist erstmals auf Verschmelzungen anzuwenden, die nach dem 31. Dezember 2012 zur Eintragung in das Firmenbuch angemeldet werden.

21. § 5 Abs. 2, § 36 Abs. 1, § 37 Abs. 2 und § 38e Abs. 1, jeweils in der Fassung des Bundesgesetzes BGBl. I Nr. 112/2012, sind erstmals auf Umgründungen anzuwenden, denen ein Stichtag nach dem 31. März 2012 zu Grunde liegt. Die Anwendbarkeit des § 27 Abs. 3 EStG 1988 auf neue Anteile richtet sich nach § 124b Z 185 lit. a EStG 1988.

22. § 9 Abs. 1 Z 3, § 17 Abs. 1, § 30 Abs. 1 Z 2, jeweils in der Fassung des Bundesgesetzes BGBl. I Nr. 112/2012, sind erstmals auf Umgründungen anzuwenden, denen ein Stichtag nach dem 31. März 2012 zu Grunde liegt. § 9 Abs. 1 Z 3 und § 30 Abs. 1 Z 2 zweiter Teilstrich in der Fassung des Bundesgesetzes BGBl. I Nr. 112/2012 sind sinngemäß anzuwenden, wenn die Steuerschuld auf Grund des § 31 des Einkommensteuergesetzes 1988 in der Fassung vor dem Budgetbegleitgesetz 2011, BGBl. I Nr. 111/2010, nicht festgesetzt wurde.

    § 5 Abs. 3 und 4 und § 38d Abs. 3, jeweils in der Fassung vor dem BGBl. I Nr. 112/2012, sind letztmalig auf Umgründungen anzuwenden, denen ein Stichtag vor dem 1. April 2012 zu Grunde liegt. Die Aufwertung gemäß § 5 Abs. 4 und § 38d Abs. 3 gilt nicht, insoweit Anteile nach dem 31. Dezember 2010 entgeltlich erworben worden sind.

23. § 9 Abs. 6 und § 10 Z 2 und 3, jeweils in der Fassung des Bundesgesetzes BGBl. I Nr. 112/2012, sind erstmals für Umwandlungen anzuwenden, bei denen der Umwandlungsbeschluss nach dem 31. Dezember 2012 zur Eintragung in das Firmenbuch angemeldet wird. Bei der Anwendung von § 9 Abs. 6 dritter Satz sind im Zuge von Vorumgründungen übernommene negative Buchwerte nur zu berücksichtigen, wenn der Vorumgründung ein Stichtag nach dem 31. Dezember 2007 zu Grunde lag. § 9 Abs. 7 ist letztmalig auf Umwandlungen anzuwenden, bei denen der Umwandlungsbeschluss vor dem 1. Jänner 2013 zur Eintragung in das Firmenbuch angemeldet wird.

24. § 12 Abs. 2 Z 3 letzter Satz in der Fassung des Bundesgesetzes BGBl. I Nr. 112/2012, ist erstmals auf Umgründungen anzuwenden, bei denen die Beschlüsse oder Verträge nach dem 31. Dezember 2012 bei dem zuständigen Firmenbuchgericht zur Eintragung angemeldet oder bei dem zuständigen Finanzamt gemeldet werden.

25. § 16 Abs. 6 und § 18 Abs. 5 in der Fassung des Bundesgesetzes BGBl. I Nr. 112/2012 sind erstmals auf Umgründungen anzuwenden, denen ein Stichtag nach dem 31. März 2012 zu Grunde liegt.

26. § 16 Abs. 6 letzter Satz in der Fassung des Bundesgesetzes BGBl. I Nr. 105/2014 ist auf Einbringungsverträge anzuwenden, die nach dem 31. Dezember 2014 abgeschlossen werden.

27. a) § 3 Abs. 1 Z 2 zweiter Teilstrich, § 9 Abs. 1 Z 3 zweiter Teilstrich, § 18 Abs. 1 Z 3 zweiter Teilstrich, § 24 Abs. 3, § 25 Abs. 5, § 29 Abs. 1 Z 2a und § 30 Abs. 4, jeweils in der Fassung des Bundesgesetzes BGBl. I Nr. 105/2014, sind erstmals auf Umgründungen anzuwenden, die nach dem Tag der Kundmachung dieses Bundesgesetzes im BGBl. I Nr. 105/2014 beschlossen oder vertraglich unterfertigt werden.

    b) § 3 Abs. 1 Z 2 zweiter Teilstrich, § 9 Abs. 1 Z 3 zweiter Teilstrich und § 18 Abs. 1 Z 3 zweiter Teilstrich sind sinngemäß anzuwenden, wenn eine Beteiligung übernommen wird, an der das Besteuerungsrecht der Republik Österreich aufgrund einer Umgründung mit einem Stichtag vor dem 8. Oktober 2004 oder der Verlegung eines Betriebes vor dem 1. Jänner 2005 eingeschränkt worden ist. Dies gilt für Umgründungen, die nach dem Tag der Kundmachung dieses Bundesgesetzes im BGBl. I Nr. 105/2014 beschlossen oder vertraglich unterfertigt werden.

28. § 1 Abs. 1 Z 3 in der Fassung des Bundesgesetzes BGBl. I Nr. 34/2015 tritt mit 1. Jänner 2016 in Kraft.

    *(BGBl I 2015/34)*

29. § 6 Abs. 6, § 11 Abs. 5, § 18 Abs. 5 Z 1, § 22 Abs. 5, § 25 Abs. 5 Z 1, § 26 Abs. 4, § 30 Abs. 4, § 31 Abs. 3 und § 38 Abs. 6, jeweils in der Fassung BGBl. I Nr. 118/2015 sind erstmals auf Umgründungen mit einem Stichtag nach dem 31. Dezember 2015 anzuwenden.

    *(BGBl I 2015/118)*

30. § 1 Abs. 2, § 3 Abs. 1, § 5 Abs. 1 Z 3 bis 5, § 7 Abs. 2, § 9 Abs. 1 Z 2 und 3, § 16 Abs. 1, 1a und 2, § 18 Abs. 1 Z 3, § 20 Abs. 2 Z 5 und Abs. 7 Z 1, § 21, § 24 Abs. 1 Z 3, § 25 Abs. 1 Z 2, § 29 Abs. 1 Z 3, § 30 Abs. 1 Z 2 und § 36 Abs. 3 Z 1 und 2, jeweils in der Fassung des Bundesgesetzes BGBl. I Nr. 163/2015, sind erstmals auf Umgründungen anzuwenden, die nach dem 31. Dezember 2015 beschlossen oder vertraglich unterfertigt werden. ~~Für Umgründungen, die vor dem 1. Jänner 2016 beschlossen oder vertraglich unterfertigt wurden, gilt auch ein Antrag auf Festsetzung~~

~~einer nicht festgesetzten Steuerschuld als Veräußerung.~~

*(BGBl I 2015/163, BGBl I 2019/103, BGBl I 2022/108 ab 20.7.2022)*

31. Für Umgründungen mit einem Stichtag nach dem 31. Dezember 2018 ist § 6 Z 6 des Einkommensteuergesetzes 1988 in der Fassung des Bundesgesetzes BGBl. I Nr. 62/2018 erstmals anzuwenden. Dabei gilt § 124b Z 330 des Einkommensteuergesetzes 1988 sinngemäß für Umgründungen, denen ein Stichtag vor dem 1. Jänner 2019 zu Grunde liegt.

*(BGBl I 2018/62, BGBl I 2019/103)*

32. § 16 Abs. 5 in der Fassung des Bundesgesetzes BGBl. I Nr. 62/2018 ist auf Umgründungen anzuwenden, die nach dem 31. Juli 2018 beschlossen oder vertraglich unterfertigt werden.

*(BGBl I 2018/62)*

33. § 32 Abs. 1 Z 1, § 34 Abs. 2 Z 2, § 36 Abs. 2 sowie § 38 Abs. 2, jeweils in der Fassung des Bundesgesetzes BGBl. I Nr. 69/2018, sind erstmals auf Umgründungen anzuwenden, die nach dem 1. Jänner 2019 beschlossen oder vertraglich unterfertigt werden.

*(BGBl I 2018/69)*

34. § 13 Abs. 1 und § 43 Abs. 1, jeweils in der Fassung des Bundesgesetzes BGBl. I Nr. 104/2019, treten mit 1. Juli 2020 in Kraft.

*(BGBl I 2019/104)*

35. § 16 Abs. 1a und § 17 Abs. 1a in der Fassung des Bundesgesetzes BGBl. I Nr. 103/2019 sind erstmals auf Einbringungen anzuwenden, die nach dem 31. Dezember 2019 beschlossen oder vertraglich unterfertigt werden.

*(BGBl I 2019/103)*

36. § 9 Abs. 1 Z 3 letzter Teilstrich in der Fassung des Bundesgesetzes BGBl. I Nr. 10/2022 tritt mit 1. Jänner 2023 in Kraft und ist erstmalig anwendbar für Umwandlungsstichtage nach dem 31. Dezember 2022.

*(BGBl I 2022/10)*

## 4. TEIL
## VOLLZIEHUNG

Mit der Vollziehung dieses Bundesgesetzes ist der Bundesminister für Finanzen betraut.

## Anlage
## (zu Art. I, II, III und VI)

Gesellschaften im Sinne des Artikels 3 der Richtlinie 2009/133/EG über das gemeinsame Steuersystem für Fusionen, Spaltungen, Abspaltungen, die Einbringung von Unternehmensteilen und den Austausch von Anteilen, die Gesellschaften verschiedener Mitgliedstaaten betreffen, sowie für die Verlegung des Sitzes einer Europäischen Gesellschaft oder einer Europäischen Genossenschaft von einem Mitgliedstaat in einen anderen Mitgliedstaat, ABl. Nr. L 310 vom 25.11.2009 S. 34.

Gesellschaft im Sinne des Artikels 3 der genannten Richtlinie ist jede Gesellschaft, die

1. eine der angeführten Formen aufweist:
   a) Die gemäß der Verordnung (EG) Nr. 2157/2001 des Rates vom 8. Oktober 2001 über das Statut der Europäischen Gesellschaft (SE) und der Richtlinie 2001/86/EG des Rates vom 8. Oktober 2001 zur Ergänzung des Statuts der Europäischen Gesellschaft hinsichtlich der Beteiligung der Arbeitnehmer gegründeten Gesellschaften sowie die gemäß der Verordnung (EG) Nr. 1435/2003 des Rates vom 22. Juli 2003 über das Statut der Europäischen Genossenschaft (SCE) und der Richtlinie 2003/72/EG des Rates vom 22. Juli 2003 zur Ergänzung des Statuts der Europäischen Genossenschaft hinsichtlich der Beteiligung der Arbeitnehmer gegründeten Genossenschaften;
   b) die Gesellschaften belgischen Rechts mit der Bezeichnung „société anonyme"/„naamloze vennootschap", „société en commandite par actions"/„commanditaire vennootschap op aandelen", „société privée à responsabilité limitée"/„besloten vennootschap met beperkte aansprakelijkheid", „société coopérative à responsabilité limitée"/„coöperatieve vennootschap met beperkte aansprakelijkheid", „société coopérative à responsabilité illimitée"/„coöperatieve vennootschap met onbeperkte aansprakelijkheid", „société en nom collectif"/„vennootschap onder firma", „société en commandite simple"/„gewone commanditaire vennootschap", öffentliche Unternehmen, die eine der genannten Rechtsformen angenommen haben und andere nach belgischem Recht gegründete Gesellschaften, die der belgischen Körperschaftsteuer unterliegen;
   c) die Gesellschaften tschechischen Rechts mit der Bezeichnung „akciová společnost", „společnost s ručením omezeným";
   d) die Gesellschaften dänischen Rechts mit der Bezeichnung „aktieselskab" und „anpartsselskab"; weitere nach dem Körperschaftsteuergesetz steuerpflichtige Unternehmen, soweit ihr steuerbarer Gewinn nach den allgemeinen steuerrechtlichen Bestimmungen für „aktieselskaber" ermittelt und besteuert wird;
   e) die Gesellschaften deutschen Rechts mit der Bezeichnung „Aktiengesellschaft", „Kommanditgesellschaft auf Aktien", „Gesellschaft mit beschränkter Haftung", „Versicherungsverein auf Gegenseitigkeit", „Erwerbs- und Wirtschaftsgenossenschaft", „Betriebe gewerblicher Art von juristischen Personen

des öffentlichen Rechts“ und andere nach deutschem Recht gegründete Gesellschaften, die der deutschen Körperschaftsteuer unterliegen;

f) die Gesellschaften estnischen Rechts mit der Bezeichnung „täisühing“, „usaldusühing“, „osaühing“, „aktsiaselts“, „tulundusühistu“;

g) die Gesellschaften griechischen Rechts mit der Bezeichnung „ανώνυμη εταιρεία“, „εταιρεία περισμένης ευθύνης (Ε.Π.Ε.)“;

h) die Gesellschaften spanischen Rechts mit der Bezeichnung „sociedad anónima“, „sociedad comanditaria por acciones“ und „sociedad de responsabilidad limitada“ sowie die öffentlich-rechtlichen Körperschaften, deren Tätigkeit unter das Privatrecht fällt;

i) die Gesellschaften französischen Rechts mit der Bezeichnung „société anonyme“, „société en commandite par actions“ und „société à responsabilité limitée“, „sociétés par actions simplifiées“, „sociétés d“assurances mutuelles“, „caisses d“épargne et de prévoyance“, „sociétés civiles“, die automatisch der Körperschaftsteuer unterliegen, „coopératives“, „unions de coopératives“, die öffentlichen Industrie- und Handelsbetriebe und unternehmen und andere nach französischem Recht gegründete Gesellschaften, die der französischen Körperschaftsteuer unterliegen;

j) nach irischem Recht gegründete oder eingetragene Gesellschaften, gemäß dem Industrial and Provident Societies Act eingetragene Körperschaften, gemäß den Building Societies Acts gegründete „building societies“ und „trustee savings banks“ im Sinne des Trustee Savings Banks Act von 1989;

k) die Gesellschaften italienischen Rechts mit der Bezeichnung „società per azioni“, „società in accomandita per azioni“, „società a responsabilità limitata“, „società cooperative“, „società di mutua assicurazione“ sowie öffentliche und private Körperschaften, deren Tätigkeit ganz oder überwiegend handelsgewerblicher Art ist;

l) die nach zyprischem Recht gegründeten Gesellschaften „εταιρείες“ gemäß der Begriffsbestimmung in den Einkommensteuergesetzen;

m) die Gesellschaften lettischen Rechts mit der Bezeichnung „akciju sabiedrība“, „sabiedrība ar ierobežotu atbildību“;

n) die nach litauischem Recht gegründeten Gesellschaften;

o) die Gesellschaften luxemburgischen Rechts mit der Bezeichnung „société anonyme“, „société en commandite paractions“, ‚société à responsabilité limitée“, ‚société coopérative“, ‚société coopérative organisée comme une société anonyme“, „association d“assurances mutuelles“, „association d'épargne-pension“, ‚“entreprise de nature commerciale“, „industrielle ou minière de l'État“, „des communes“, „des syndicats de communes“, „des établissements publics et des autres personnes morales de droit public“ sowie andere nach luxemburgischem Recht gegründete Gesellschaften, die der luxemburgischen Körperschaftsteuer unterliegen;

p) die Gesellschaften ungarischen Rechts mit der Bezeichnung „közkereseti társaság“, ‚“betéti társaság“, „közös vállalat“, „korlátolt felelősségű társaság“, „részvénytársaság“, „egyesülés“, „közhasznú társaság“, „szövetkezet“;

q) die Gesellschaften maltesischen Rechts mit der Bezeichnung „Kumpaniji ta Responsabilita“, „Limitata“, „Soċjetajiet en commandite li l-kapital tagħhom maqsum f“azzjonijiet“;

r) die Gesellschaften niederländischen Rechts mit der Bezeichnung „naamloze vennnootschap“, „besloten vennootschap met beperkte aansprakelijkheid“, „open commanditaire vennootschap“, „coöperatie“, „onderlinge waarborgmaatschappij“, „fonds voor gemene rekening“, „vereniging op coöperatieve grondslag“ und „vereniging welke op onderlinge grondslag als verzekeraar of kredietinstelling optreedt“ sowie andere nach niederländischem Recht gegründete Gesellschaften, die der niederländischen Körperschaftsteuer unterliegen;

s) die Gesellschaften österreichischen Rechts mit der Bezeichnung „Aktiengesellschaft“, „Gesellschaft mit beschränkter Haftung“, „Erwerbs- und Wirtschaftsgenossenschaft“;

t) die Gesellschaften polnischen Rechts mit der Bezeichnung „spółka akcyjna“, „spółka z ograniczoną odpowiedzialnością“;

u) die nach portugiesischem Recht gegründeten „Handelsgesellschaften“ und zivilrechtlichen Handelsgesellschaften sowie andere nach portugiesischem Recht gegründete juristische Personen, die Industrie- oder Handelsunternehmen sind;

v) die Gesellschaften slowenischen Rechts mit der Bezeichnung „delniška družba“, „komanditna družba“, „družba z omejeno odgovornostjo“;

w) die Gesellschaften slowakischen Rechts mit der Bezeichnung „akciová spoločnosť“, „spoločnosť s ručením obmedzeným“, „komanditná spoločnosť“;

x) die Gesellschaften finnischen Rechts mit der Bezeichnung „osakeyhtiö“/„aktiebolag“, „osuuskunta“/„andelslag“, „säästöpankki“/„sparbank“ und „vakuutusyhtiö“/„försäkringsbolag“;

y) die Gesellschaften schwedischen Rechts mit der Bezeichnung „aktiebolag“, „bankaktiebolag“, „försäkringsaktiebolag“, „ekonomiska föreningar“, „sparbanker“ und „ömsesidiga försäkringsbolag“;

z) die nach dem Recht des Vereinigten Königreichs gegründeten Gesellschaften;

aa) Gesellschaften bulgarischen Rechts mit der Bezeichnung „събирателнот дружество“, „командитното дружество“, дружеството с ограничена отговорност“, „акционерното дружество“ „командитното дружество с акции“, кооперации“, „кооперативни съюзи“, „държавни предприятия“, die nach bulgarischem Recht gegründet wurden und gewerbliche Tätigkeiten ausüben;

ab) Gesellschaften rumänischen Rechts mit der Bezeichnung „societăţi pe acţiuni“, „societăţi în comandită pe acţiuni“, „societăţi cu răspundere limitată“;

ac) Gesellschaften kroatischen Rechts mit der Bezeichnung ‚dioničko društvo‘ oder ‚društvo s ograničenom odgovornošću‘ und andere nach kroatischem Recht gegründete Gesellschaften, die der kroatischen Gewinnsteuer unterliegen;

2. nach dem Steuerrecht eines Mitgliedstaats der Europäischen Gemeinschaft als in diesem Staat ansässig und nicht auf Grund eines Doppelbesteuerungsabkommens mit einem dritten Staat als außerhalb der Gemeinschaft ansässig anzusehen ist und

3. ohne Wahlmöglichkeit einer der nachstehenden Steuern

- vennootschapsbelasting/impôt des sociétés in Belgien,
- selskabsskat in Dänemark,
- Körperschaftsteuer in Deutschland,
- φόρος εισοδήματος νομικών προσώπων κερδοσκοπικού χαρακτήρα in Griechenland
- impuesto sobre sociedades in Spanien,
- impôt sur les sociétés in Frankreich,
- corporation tax in Irland,
- imposta sul reddito delle società in Italien,
- impôt sur le revenu des collectivités in Luxemburg,
- vennootschapsbelasting in den Niederlanden,
- imposto sobre o rendimento das pessoas colectivas in Portugal,
- corporation tax im Vereinigten Königreich,
- Körperschaftsteuer in Österreich,
- yhteisöjen tulovero/inkomstskatten för samfund in Finnland,
- statlig inkomstskatt in Schweden,
- daň z příjmů právnických osob in der Tschechischen Republik,
- Tulumaks in Estland,
- φόρος Εισοδήματος in Zypern,
- uzņēmumu ienākuma nodoklis in Lettland,
- Pelno mokestis in Litauen,
- Társasági adó in Ungarn,
- Taxxa fuq l-income in Malta,
- Podatek dochodowy od osób prawnych in Polen,
- Davek od dobička pravnih oseb in Slowenien,
- daň z príjmov právnických osôb in der Slowakei,
- корлоративен данък in Bulgarien,
- impozit pe profit in Rumänien,
- porez na dobit in Kroatien

oder irgendeiner Steuer, die eine dieser Steuern ersetzt, unterliegt, ohne davon befreit zu sein.

Z 1 lit. a ist anzuwenden: soweit es sich um eine SE handelt, auf Umgründungen, wenn die zugrundeliegenden Beschlüsse nach dem 7. Oktober 2004 zustandegekommen sind, soweit es sich um eine SCE handelt, auf Umgründungen, wenn die zugrundeliegenden Beschlüsse nach dem 17. August 2006 zustandegekommen sind.

Z 1 lit. c, f, l, m, n, p, q, t, v, w sind auf Umgründungen anzuwenden, wenn die zugrundeliegenden Beschlüsse nach dem 30. April 2004 zustandegekommen sind.

Z 1 lit. aa und bb sind auf Umgründungen anzuwenden, wenn die zugrundeliegenden Beschlüsse nach dem 31. Dezember 2006 zustandegekommen sind.

Die Anlage (zu Art. I, II, III und IV) in der Fasssung des Bundesgesetzes BGBl. I Nr. 13/2014 ist auf Umgründungen anzuwenden, wenn die zugrundeliegenden Beschlüsse nach dem 30. Juni 2013 zustande gekommen sind.

# 3/2. SONSTIGE GESETZE

## 3/2/1. Umwandlungsgesetz

BGBl 1996/304 idF BGBl I 2009/71

### GLIEDERUNG



**Bundesgesetz über die Umwandlung von Handelsgesellschaften (UmwG)**

Der Nationalrat hat beschlossen:

### Begriff der Umwandlung

**§ 1.** Kapitalgesellschaften können nach Maßgabe der folgenden Bestimmungen unter Ausschluß der Abwicklung durch Übertragung des Unternehmens im Weg der Gesamtrechtsnachfolge auf einen Gesellschafter oder in eine offene Gesellschaft oder Kommanditgesellschaft (Nachfolgerechtsträger) umgewandelt werden.

### Umwandlung durch Übertragung des Unternehmens auf den Hauptgesellschafter

**§ 2.** (1) Die Hauptversammlung (Generalversammlung) der Kapitalgesellschaft kann die Umwandlung durch Übertragung des Unternehmens auf den Hauptgesellschafter beschließen, wenn ihm Anteilsrechte an mindestens neun Zehnteln des Grundkapitals (Stammkapitals) gehören und er für die Umwandlung stimmt, es sei denn, dass der Hauptgesellschafter eine Aktiengesellschaft, eine Gesellschaft mit beschränkter Haftung oder sonst eine Kapitalgesellschaft im Sinn des § 1 Abs. 2 EU-Verschmelzungsgesetz mit Sitz in einem Mitgliedstaat im Sinn des § 1 Abs. 3 EU-Verschmelzungsgesetz ist. Hiebei werden eigene Aktien der Kapitalgesellschaft den Gesellschaftern nach dem Verhältnis ihrer Anteilsrechte zugerechnet.

(2) Mit der Eintragung der Umwandlung bei der übertragenden Gesellschaft treten folgende Rechtswirkungen ein:

1. Das Vermögen der Kapitalgesellschaft geht einschließlich der Schulden auf den Hauptgesellschafter über. Treffen aus gegenseitigen Verträgen, die zur Zeit der Umwandlung von keiner Seite vollständig erfüllt sind, Abnahme-, Lieferungs- oder ähnliche Verpflichtungen zusammen, die miteinander unvereinbar sind oder die beide zu erfüllen eine schwere Unbilligkeit für den Hauptgesellschafter bedeuten würde, so bestimmt sich der Umfang der Verpflichtungen nach Billigkeit unter Würdigung der vertraglichen Rechte aller Beteiligten.
2. Die Kapitalgesellschaft erlischt, einer besonderen Löschung bedarf es nicht.
3. Der Hauptgesellschafter hat den anderen Gesellschaftern und den Berechtigten aus von der Gesellschaft eingeräumten Rechten zum Bezug von Anteilen (Umtausch-, Bezugs-, Optionsrechte oder ähnliche Rechte) eine angemessene Barabfindung zu gewähren. Der Tag der Beschlussfassung durch die Gesellschafterversammlung gilt als Stichtag für die Feststellung der Angemessenheit. Werden Sonderrechte entzogen, so ist dies bei der Festlegung der Abfindung zu berücksichtigen. Die Barabfindung ist zwei Monate nach dem Tag fällig, an dem die Eintragung der Umwandlung gemäß § 10 UGB als bekannt gemacht gilt; der Anspruch verjährt innerhalb von drei Jahren. Die Barabfindung ist ab dem der Beschlussfassung durch die Gesellschafterversammlung folgenden Tag bis zur Fälligkeit mit jährlich zwei Prozentpunkten über dem jeweils geltenden Basiszinssatz zu verzinsen. Die Kosten der Durchführung des Ausschlusses, insbesondere der Auszahlung der Barabfindung trägt der Hauptgesellschafter.
4. Der Mangel der notariellen Beurkundung des Umwandlungsbeschlusses wird durch die Eintragung in das Firmenbuch geheilt.

(3) Im Übrigen sind auf die übertragende Kapitalgesellschaft, soweit in diesem Bundesgesetz nichts anderes bestimmt wird, die Vorschriften über die Verschmelzung durch Aufnahme (§§ 220 bis 221a, § 225a Abs. 2, §§ 225b bis 225m AktG – ausgenommen § 225c Abs. 3 und 4, § 225e Abs. 3 zweiter Satz und § 225j –, §§ 226 bis 232 AktG, §§ 97, 98 und 100 GmbHG) nach Maßgabe der folgenden Bestimmungen sinngemäß anzuwenden:

1. (aufgehoben)
2. An die Stelle des Verschmelzungsvertrags tritt der Umwandlungsvertrag, der zwischen der Kapitalgesellschaft und dem Hauptgesellschafter abzuschließen ist, an die Stelle des Verschmelzungsberichts der Umwandlungsbericht, den der Vorstand (die Geschäftsführung) der umzuwandelnden Kapitalgesellschaft gemeinsam mit dem Hauptgesellschafter aufzustellen hat, an die Stelle des Umtauschverhältnisses die Höhe der baren Abfindung für die Anteilsrechte.
3. Im Umwandlungsbericht ist insbesondere die Angemessenheit der Barabfindung zu erläutern und zu begründen; auf besondere Schwierigkeiten bei der Bewertung des Unternehmens ist hinzuweisen. Es ist weiters darauf hinzuweisen, dass jedem Minder-

heitsgesellschafter ein Anspruch auf eine angemessene Abfindung gemäß Abs. 2 Z 3 zusteht, weiters darauf, dass die Gesellschafter, auch wenn sie dem Beschluss zustimmen, bei dem Gericht, in dessen Sprengel die Kapitalgesellschaft ihren Sitz hat, innerhalb einer Frist von einem Monat nach dem Tag, an dem die Eintragung des Beschlusses gemäß § 10 UGB als bekannt gemacht gilt, einen Antrag auf Überprüfung der Barabfindung stellen können.

4. Der Umwandlungsprüfer (§ 220b AktG) wird auf gemeinsamen Antrag des Aufsichtsrats der Kapitalgesellschaft und des Hauptgesellschafters vom Gericht ausgewählt und bestellt. Er hat insbesondere die Angemessenheit der Barabfindung zu überprüfen. Das Auskunftsrecht des Prüfers besteht auch gegenüber dem Hauptgesellschafter.
5. Neben den Unterlagen gemäß § 221a Abs. 2 AktG sind auch allfällige Gutachten, auf denen die Beurteilung der Angemessenheit beruht, vorzulegen; § 118 Abs. 3 AktG ist sinngemäß anzuwenden.
6. Jedem Gesellschafter ist auf Verlangen in der Gesellschafterversammlung auch über alle für den Ausschluss wesentlichen Angelegenheiten des Hauptgesellschafters Auskunft zu geben. § 118 Abs. 3 AktG ist sinngemäß anzuwenden. Bei der GmbH besteht dieses Recht auch außerhalb der Gesellschafterversammlung; in der Einberufung ist auf dieses Recht ausdrücklich hinzuweisen.
7. Der Hauptgesellschafter hat einen Treuhänder zu bestellen; § 2 Abs. 3 und § 3 Abs. 10 GesAusG gelten sinngemäß.

(4) Der Umwandlungsbeschluß ist notariell zu beurkunden.

### Anmeldung und Eintragung der Umwandlung

**§ 3.** (1) Der Vorstand (die Geschäftsführung) der Kapitalgesellschaft und der Hauptgesellschafter haben die Umwandlung zur Eintragung in das Firmenbuch beim Gericht, in dessen Sprengel die Kapitalgesellschaft ihren Sitz hat, anzumelden. Der Anmeldung sind in Urschrift, Ausfertigung oder beglaubigter Abschrift beizufügen:

1. der Umwandlungsvertrag;
2. die Niederschrift des Umwandlungsbeschlusses;
3. wenn die Umwandlung einer behördlichen Genehmigung bedarf, die Genehmigungsurkunde;
4. der Umwandlungsbericht;
5. der Prüfungsbericht;
6. die Schlussbilanz der umzuwandelnden Kapitalgesellschaft;
7. die Erklärung des Vorstands der umzuwandelnden Kapitalgesellschaft, dass eine Klage auf Anfechtung oder Feststellung der Nichtigkeit des Umwandlungsbeschlusses innerhalb eines Monats nach der Beschlussfassung nicht erhoben oder zurückgenommen wurde oder dass alle Anteilsinhaber durch notariell beurkundete Erklärung auf eine solche Klage verzichtet haben;
8. eine Erklärung des Treuhänders, dass er im Besitz der Gesamtsumme der Barabfindungen oder einer entsprechenden Bankgarantie für den voraussichtlichen Zeitpunkt der Auszahlung ist (§ 2 Abs. 3 Z 7).

Kann die Erklärung gemäß Z 7 nicht vorgelegt werden, so hat das Gericht gemäß § 19 FBG vorzugehen.

(2) Ist der Hauptgesellschafter nicht im Firmenbuch eingetragen, aber als Nachfolgerechtsträger hiezu verpflichtet, so sind der Anmeldung der Umwandlung alle hiefür erforderlichen Unterlagen anzuschließen. Wenn die umzuwandelnde Kapitalgesellschaft und der Nachfolgerechtsträger ihren Sitz nicht im selben Gerichtssprengel haben, hat das Gericht, in dessen Sprengel die umzuwandelnde Kapitalgesellschaft ihren Sitz hat, gleichzeitig mit der Umwandlung und der Eintragung des Nachfolgerechtsträgers die Beendigung seiner Zuständigkeit auszusprechen und dies dem Gericht, in dessen Sprengel der Nachfolgerechtsträger seinen Sitz hat, mitzuteilen. Weiters hat es diesem Gericht die bei ihm aufbewahrten Urkunden und sonstigen Schriftstücke zu übersenden.

### Firmenfortführung

**§ 4.** Führt der Hauptgesellschafter das von der umzuwandelnden Kapitalgesellschaft betriebene Unternehmen weiter, kann er die bisherige Firma unter den Voraussetzungen des § 22 UGB fortführen.

### Umwandlung unter gleichzeitiger Errichtung einer eingetragenen Personengesellschaft

**§ 5.** (1) Die Hauptversammlung (Generalversammlung) einer Kapitalgesellschaft kann die Errichtung einer offenen Gesellschaft oder einer Kommanditgesellschaft und zugleich die Übertragung des Vermögens der Kapitalgesellschaft auf die offene Gesellschaft oder Kommanditgesellschaft beschließen. An dieser Personengesellschaft müssen Personen, deren Anteilsrechte zumindest neun Zehntel des Grundkapitals (Stammkapitals) der Kapitalgesellschaft umfassen, beteiligt sein; die übrigen Gesellschafter haben einen Anspruch auf Abfindung. Neue Gesellschafter dürfen höchstens im Umfang von einem Zehntel der Anteilsrechte am Grundkapital (Stammkapital) hinzutreten.

(2) Der Umwandlungsbeschluss bedarf der Zustimmung von neun Zehnteln des gesamten Grundkapitals (Stammkapitals), wenn ein Gesellschafter diese Anteile hält; § 1 Abs. 3 GesAusG gilt sinngemäß. Ansonsten bedarf der Umwandlungsbeschluss der Zustimmung aller Gesellschafter. Die Zustimmung kann auch außerhalb der Hauptversammlung (Generalversammlung) durch Erklärung innerhalb dreier Monate ab Beschlussfassung erfolgen; solche Erklärungen müssen gerichtlich oder notariell beglaubigt unterfertigt sein.

(3) Im Umwandlungsbeschluß gemäß Abs. 1 sind auch die Namen der Gesellschafter, das Ausmaß ihrer Beteiligung, die Firma, die Rechtsform und der Sitz der Personengesellschaft festzusetzen.

(4) Der Vorstand (die Geschäftsführung) der umzuwandelnden Kapitalgesellschaft und die Gesellschafter der zu errichtenden Personengesellschaft haben die Umwandlung sowie die Errichtung der Personengesellschaft zur Eintragung bei dem Gericht, in dessen Sprengel die umzuwandelnde Kapitalgesellschaft ihren Sitz hat, anzumelden; hiebei sind die Vorschriften über die Anmeldung und Eintragung von Personengesellschaften zu beachten.

(5) Die §§ 2 bis 4 sind sinngemäß anzuwenden. Die Personengesellschaft entsteht mit der Eintragung des Umwandlungsbeschlusses im Firmenbuch.

### In-Kraft-Treten

**§ 6.** (1) § 1, § 2, § 4 und § 5 Abs. 1 in der Fassung des Handelsrechts-Änderungsgesetzes, BGBl. I Nr. 120/2005, treten mit 1. Jänner 2007 in Kraft. § 4 ist in dieser Fassung auf Umwandlungen anzuwenden, die nach dem 31. Dezember 2006 zur Eintragung in das Firmenbuch angemeldet werden.

(2) § 2 Abs. 2 und 3, § 3 Abs. 1 sowie § 5 Abs. 1, 2 und 5 in der Fassung des Übernahmerechts-Änderungsgesetzes 2006, BGBl. I Nr. 75/2006, treten mit 20. Mai 2006 in Kraft und sind auf Umwandlungen anzuwenden, bei denen der Umwandlungsbeschluss nach diesem Zeitpunkt gefasst wurde. Auf Umwandlungen, bei denen der Umwandlungsbeschluss vor diesem Zeitpunkt gefasst wurde, ist das Umwandlungsgesetz in der vor In-Kraft-Treten des Übernahmerechts-Änderungsgesetzes 2006, BGBl. I Nr. 75/2006, geltenden Fassung weiter anzuwenden.

(3) § 2 in der Fassung des Bundesgesetzes BGBl. I Nr. 72/2007 ist auf Umwandlungen anzuwenden, die nach dem 1. Dezember 2007 zum Firmenbuch angemeldet werden.

(4) § 2 Abs. 3 und § 3 Abs. 1 in der Fassung des Aktienrechts-Änderungsgesetzes 2009, BGBl. I Nr. 71/2009, treten mit 1. August 2009 in Kraft. § 2 Abs. 3 ist auf Umwandlungen anzuwenden, bei denen die Gesellschafterversammlung nach dem 31. Juli 2009 einberufen wird. Auf Umwandlungen, bei denen die Gesellschafterversammlung vor diesem Zeitpunkt einberufen wurde, ist § 2 Abs. 3 in der bisher geltenden Fassung weiter anzuwenden. § 3 Abs. 1 ist auf Umwandlungen anzuwenden, bei denen der Umwandlungsbeschluss nach dem 31. Juli 2009 gefasst wird. Auf vor diesem Zeitpunkt beschlossene Umwandlungen ist § 3 Abs. 1 in der bisher geltenden Fassung weiter anzuwenden.

# 3/2/2. Spaltungsgesetz

BGBl 1996/304 idF BGBl I 2017/107

## GLIEDERUNG



## STICHWORTVERZEICHNIS

**Bundesgesetz über die Spaltung von Kapitalgesellschaften (SpaltG)**

Der Nationalrat hat beschlossen:

## 1. Teil: Begriff der Spaltung

**§ 1.** (1) Eine Kapitalgesellschaft kann ihr Vermögen nach diesem Bundesgesetz spalten.

(2) Die Spaltung ist möglich

1. unter Beendigung ohne Abwicklung der übertragenden Gesellschaft durch gleichzeitige Übertragung aller ihrer Vermögensteile (Vermögensgegenstände, Schulden und Rechtsverhältnisse) im Weg der Gesamtrechtsnachfolge auf andere dadurch gegründete neue Kapitalgesellschaften (Aufspaltung zur Neugründung) oder auf übernehmende Kapitalgesellschaften (Aufspaltung zur Aufnahme) oder
2. unter Fortbestand der übertragenden Gesellschaft durch Übertragung eines oder mehrerer Vermögensteile dieser Gesellschaft im Weg der Gesamtrechtsnachfolge auf eine oder mehrere dadurch gegründete neue Kapitalgesellschaften (Abspaltung zur Neugründung) oder auf übernehmende Kapitalgesellschaften (Abspaltung zur Aufnahme)

gegen Gewährung von Anteilen (Aktien oder Geschäftsanteilen) der neuen oder übernehmenden Kapitalgesellschaften an die Anteilsinhaber der übertragenden Gesellschaft.

(3) Die gleichzeitige Übertragung auf neue und übernehmende Kapitalgesellschaften ist zulässig.

## 2. Teil: Spaltung zur Neugründung

### Spaltungsplan

**§ 2.** (1) Der Vorstand (der Vorstand einer Aktiengesellschaft, die Geschäftsführer einer Gesellschaft mit beschränkter Haftung) der übertragenden Gesellschaft hat einen Spaltungsplan aufzustellen. Dieser muß jedenfalls enthalten:

1. die Firma und den Sitz der übertragenden Gesellschaft und die vorgesehenen Satzungen (Gesellschaftsverträge) der an der Spaltung beteiligten Gesellschaften;
2. die Erklärung über die Übertragung der Vermögensteile der übertragenden Gesellschaft jeweils im Wege der Gesamtrechtsnachfolge gegen Gewährung von Anteilen an den neuen Gesellschaften;
3. das Umtauschverhältnis der Anteile und deren Aufteilung auf die Anteilsinhaber sowie gegebenenfalls die Höhe einer baren Zuzahlung der beteiligten Gesellschaften, die zehn von Hundert des auf die gewährten Anteile entfallenden anteiligen Betrages des Grundkapitals nicht übersteigen darf, sowie von Zuzahlungen Dritter, die unbeschränkt zulässig sind;
4. die Einzelheiten der Herabsetzung des Nennbetrages bei Nennbetragsaktien oder der Zusammenlegung von Anteilen an der übertragenden Gesellschaft, wenn diese ihr Nennkapital gemäß § 3 herabsetzt;
5. die Einzelheiten für die Gewährung von Anteilen an den neuen Gesellschaften;
6. den Zeitpunkt, von dem an die Anteile einen Anspruch auf einen Anteil am Bilanzgewinn gewähren, sowie alle Besonderheiten in bezug auf diesen Anspruch;
7. den Stichtag, von dem an die Handlungen der übertragenden Gesellschaft als für Rechnung der neuen Gesellschaften vorgenommen gelten (Spaltungsstichtag);
8. die Rechte, die die neuen Gesellschaften einzelnen Anteilsinhabern sowie den Inhabern besonderer Rechte, wie Anteilen ohne Stimmrecht, Vorzugsaktien, Mehrstimmrechtsan-

teilen, Gewinnschuldverschreibungen und Genußrechten, gewähren, und gegebenenfalls die für diese Personen vorgesehenen Maßnahmen;

9. jeden besonderen Vorteil, der einem Mitglied des Vorstands oder eines Aufsichtsorgans der an der Spaltung beteiligten Gesellschaften oder einem Abschluß-, Gründungs- oder Spaltungsprüfer gewährt wird;
10. die genaue Beschreibung und Zuordnung der Vermögensteile, die an jede der übernehmenden Gesellschaften übertragen werden; dabei kann auf Urkunden, wie Bilanzen, insbesondere gemäß Z 12, und Inventare, Bezug genommen werden, soweit deren Inhalt eine Zuordnung des einzelnen Vermögensteiles ermöglicht;
11. eine Regelung über die Zuordnung von Vermögensteilen, die sonst auf Grund des Spaltungsplans keiner der an der Spaltung beteiligten Gesellschaften zugeordnet werden können;
12. die Schlußbilanz der übertragenden Gesellschaft, weiters Eröffnungsbilanzen der neuen Gesellschaften und bei der Abspaltung eine Spaltungsbilanz, die das der übertragenden Gesellschaft verbleibende Vermögen ausweist;
13. bei einer nicht verhältniswahrenden Spaltung (§ 8 Abs. 3) und einer rechtsformübergreifenden Spaltung (§ 11) die Bedingungen der von einer beteiligten Gesellschaft oder einem Dritten angebotenen Barabfindung; diese Regelung kann entfallen, wenn alle Gesellschafter der übertragenden Gesellschaft schriftlich in einer gesonderten Erklärung darauf verzichten.

(2) Die übertragende Gesellschaft hat auf den Spaltungsstichtag eine Schlußbilanz aufzustellen. Für sie gelten die Vorschriften des UGB über den Jahresabschluß und dessen Prüfung sinngemäß; sie braucht nicht veröffentlicht zu werden. Die Schlußbilanz muß auf einen höchstens neun Monate vor der Anmeldung der Spaltung liegenden Stichtag aufgestellt werden.

(3) Die Erklärungen eines Dritten, Zuzahlungen gemäß Abs. 1 Z 3 oder eine Barabfindung gemäß Abs. 1 Z 13 anzubieten, müssen gerichtlich oder notariell beglaubigt unterfertigt sein.

### Kapitalerhaltung, Anwendung des Gründungsrechts, Haftung der Organe

**§ 3.** (1) Die Summe der Nennkapitalien der an der Spaltung beteiligten Gesellschaften muß mindestens die Höhe des Nennkapitals der übertragenden Gesellschaft vor der Spaltung erreichen, die Summe der gebundenen Rücklagen der an der Spaltung beteiligten Gesellschaften mindestens die Höhe der gebundenen Rücklagen der übertragenden Gesellschaft vor der Spaltung. Gebundene Rücklagen dürfen auf die neuen Gesellschaften übertragen werden. Für solche Rücklagen gilt auch bei kleinen Gesellschaften mit beschränkter Haftung § 229 Abs. 7 UGB.

(2) Bei der Abspaltung darf das Nennkapital der übertragenden Gesellschaft ohne Einhaltung der Vorschriften über die Kapitalherabsetzung herabgesetzt werden. Werden die Vorschriften über die ordentliche Kapitalherabsetzung eingehalten, so darf insoweit von Abs. 1 erster Satz abgewichen werden.

(3) Auf die neuen Gesellschaften sind die für deren Rechtsform geltenden Gründungsvorschriften anzuwenden, soweit sich aus diesem Bundesgesetz nichts anderes ergibt. Als Gründer ist die übertragende Gesellschaft anzusehen.

(4) Der Hergang der Gründung der neuen Gesellschaften ist einer Prüfung zu unterziehen; ebenso ist zu prüfen, ob der tatsächliche Wert des verbliebenen Nettoaktivvermögens der übertragenden Gesellschaft wenigstens der Höhe ihres Nennkapitals zuzüglich gebundener Rücklagen nach Durchführung der Spaltung entspricht. Die aktienrechtlichen Bestimmungen über die Gründungsprüfung sind sinngemäß anzuwenden. Der Prüfer kann gleichzeitig Spaltungsprüfer sein. Der Gründungsbericht gemäß § 24 AktG entfällt.

(5) Die Mitglieder des Vorstands und des Aufsichtsrats der übertragenden Gesellschaft haften den beteiligten Gesellschaften in sinngemäßer Anwendung des § 41 AktG. Weiters haften sie den Anteilsinhabern für den Ersatz des Schadens, den diese durch die Spaltung erleiden; sie können sich von der Schadenersatzpflicht durch den Gegenbeweis befreien, daß sie ihre Sorgfaltspflicht beobachtet haben. Anspruchsberechtigt sind die Anteilsinhaber, die die Voraussetzungen gemäß § 225c Abs. 3 Z 2 erfüllen. Die Ansprüche verjähren in fünf Jahren seit dem Tage, an dem die Eintragung der Spaltung in das Firmenbuch gemäß § 10 UGB als bekanntgemacht gilt.

### Spaltungsbericht

**§ 4.** (1) Der Vorstand der übertragenden Gesellschaft hat einen schriftlichen Bericht zu erstatten, in dem die Spaltung, der Spaltungsplan im einzelnen und insbesondere das Umtauschverhältnis der Anteile (einschließlich allfälliger barer Zuzahlungen) sowie deren Aufteilung auf die Anteilsinhaber und die Maßnahmen gemäß § 15 Abs. 5 rechtlich und wirtschaftlich ausführlich erläutert und begründet werden. Auf besondere Schwierigkeiten bei der Bewertung der Unternehmen und auf die gemäß § 3 Abs. 4 zu erstellenden Gründungsprüfungsberichte ist hinzuweisen; weiters sind die Gerichte anzuführen, bei welchen die Gründungsprüfungsberichte gemäß § 14 Abs. 1 einzureichen sein werden. § 118 Abs. 3 AktG ist sinngemäß anzuwenden.

(2) Der Bericht des Vorstands ist nicht erforderlich, wenn alle Anteilsinhaber schriftlich oder in der Niederschrift zur Hauptversammlung (Generalversammlung) darauf verzichten.

### Prüfung der Spaltung

**§ 5.** (1) Der Spaltungsplan ist durch einen Spaltungsprüfer zu prüfen.

(2) Der Spaltungsprüfer wird vom Aufsichtsrat, wenn kein Aufsichtsrat bestellt ist, vom Vorstand der übertragenden Gesellschaft bestellt.

(3) Für die Auswahl, das Auskunftsrecht und die Verantwortlichkeit des Spaltungsprüfers gelten die §§ 268 Abs. 4, 271, 271a, 272 und 275 UGB sinngemäß. Die Haftung besteht gegenüber den an der Spaltung beteiligten Gesellschaften und deren Anteilsinhabern.

(4) Der Spaltungsprüfer hat über das Ergebnis der Prüfung schriftlich zu berichten. Bei einer nicht verhältniswahrenden Spaltung ist der Bericht mit einer Erklärung darüber abzuschließen, ob das vorgeschlagene Umtauschverhältnis der Anteile und gegebenenfalls die Höhe der baren Zuzahlungen und deren Aufteilung auf die Anteilsinhaber sowie das Barabfindungsangebot angemessen sind. Dabei ist insbesondere anzugeben:

1. nach welchen Methoden das vorgeschlagene Umtauschverhältnis der Anteile, deren Aufteilung auf die Anteilsinhaber sowie das Barabfindungsangebot ermittelt worden sind;
2. aus welchen Gründen die Anwendung dieser Methoden angemessen ist;
3. welches Umtauschverhältnis und welche Verteilung auf die Anteilsinhaber sich bei der Anwendung verschiedener Methoden, sofern mehrere angewendet worden sind, jeweils ergeben würde; zugleich ist dazu Stellung zu nehmen, welche Gewichtung diesen Methoden beigemessen wurde und darauf hinzuweisen, ob und welche besonderen Schwierigkeiten bei der Bewertung aufgetreten sind.

Der Spaltungsprüfer hat den Prüfungsbericht dem Vorstand und den Mitgliedern des Aufsichtsrats vorzulegen.

(5) Besteht in sinngemäßer Anwendung von § 133 Abs. 3 zweiter Satz AktG ein Geheimhaltungsinteresse, so hat der Spaltungsprüfer auch eine darauf Bedacht nehmende Fassung vorzulegen, die zur Einsicht der Anteilsinhaber bestimmt ist.

(6) Die Spaltungsprüfung ist nicht erforderlich, wenn alle Anteilsinhaber schriftlich oder in der Niederschrift zur Hauptversammlung (Generalversammlung) darauf verzichten.

### Prüfung durch den Aufsichtsrat

**§ 6.** (1) Der Aufsichtsrat der übertragenden Gesellschaft hat die beabsichtigte Spaltung auf der Grundlage des Spaltungsprüfer zu prüfen und darüber einen schriftlichen Bericht zu erstatten; § 118 Abs. 3 AktG ist sinngemäß anzuwenden.

(2) Die Prüfung durch den Aufsichtsrat der übertragenden Gesellschaft ist nicht erforderlich, wenn alle Anteilsinhaber schriftlich in einer gesonderten Erklärung darauf verzichten. In diesem Fall hat der Vorstand den Aufsichtsrat unverzüglich über die geplante Spaltung zu informieren. Gehören dem Aufsichtsrat gemäß § 110 ArbVG entsandte Mitglieder an, so hat der Vorstand gegebenenfalls auch darüber zu informieren, welche Auswirkungen für die Arbeitnehmer (betreffend Arbeitsplätze, Beschäftigungsbedingungen und Standorte) die Spaltung voraussichtlich haben wird.

### Vorbereitung der Beschlußfassung

**§ 7.** (1) Der Vorstand der übertragenden Gesellschaften hat mindestens einen Monat vor dem Tag der Beschlußfassung durch die Anteilsinhaber den Spaltungsplan nach Prüfung durch den Aufsichtsrat bei dem Gericht, in dessen Sprengel die übertragende Gesellschaft ihren Sitz hat, einzureichen und einen Hinweis auf diese Einreichung gemäß § 18 AktG zu veröffentlichen. In dieser Veröffentlichung sind die Anteilsinhaber, die Gläubiger und der Betriebsrat auf ihre Rechte gemäß Abs. 2, 4 und 5 hinzuweisen.

(1a) Die Einreichung des Spaltungsplans bei Gericht und die Veröffentlichung des Hinweises auf die Einreichung gemäß Abs. 1 sind nicht erforderlich, wenn die Gesellschaft den Spaltungsplan sowie den Hinweis gemäß Abs. 1 zweiter Satz spätestens einen Monat vor dem Tag der Beschlussfassung durch die Anteilsinhaber in elektronischer Form in der Ediktsdatei (§ 89j GOG) veröffentlicht. Die Bundesministerin für Justiz kann die technischen Details der Vorgangsweise bei der Veröffentlichung durch Verordnung regeln.

(2) Mindestens während eines Monats vor dem Tag der Hauptversammlung, die über die Zustimmung zur Spaltung beschließen soll, sind gemäß § 108 Abs. 3 bis 5 AktG bereit zu stellen:

1. der Spaltungsplan;
2. die Jahresabschlüsse und die Lageberichte der übertragenden Gesellschaft für die letzten drei Geschäftsjahre, weiters die Schlußbilanz, wenn der Spaltungsstichtag vom Stichtag des letzten Jahresabschlusses abweicht und die Schlußbilanz – gegebenenfalls in geprüfter Form – bereits vorliegt:
3. falls sich der letzte Jahresabschluß auf ein Geschäftsjahr bezieht, das mehr als sechs Monate vor der Aufstellung des Spaltungsplans abgelaufen ist, eine Bilanz auf einen Stichtag, der nicht vor dem ersten Tag des dritten Monats liegt, welcher dem Monat der Aufstellung vorausgeht (Zwischenbilanz);
4. der Spaltungsbericht;
5. der Prüfungsbericht;
6. der Bericht des Aufsichtsrats.

(3) Die Zwischenbilanz (Abs. 2 Z 3) ist nach den Vorschriften aufzustellen, die auf die letzte Jahresbilanz der Gesellschaft angewendet worden sind. Eine körperliche Bestandsaufnahme ist nicht erforderlich. Die Wertansätze der letzten Jahresbilanz dürfen übernommen werden. Abschreibungen, Wertberichtigungen und Rückstellungen sowie wesentliche, aus den Büchern nicht ersichtliche Veränderungen der wirklichen Werte

von Vermögensgegenständen bis zum Stichtag der Zwischenbilanz sind jedoch zu berücksichtigen.

(3a) Die Zwischenbilanz (Abs. 2 Z 3) muss nicht aufgestellt werden, wenn die Gesellschaft seit dem letzten Jahresabschluss einen Halbjahresfinanzbericht nach §§ 125 und 126 Börsegesetz 2018 – BörseG 2018, BGBl. I Nr. 107/2017, oder nach den vom Aufnahmemitgliedstaat gemäß Art. 5 der Transparenz-Richtlinie 2004/109/EG erlassenen Vorschriften veröffentlicht hat. In diesem Fall tritt der Halbjahresfinanzbericht bei der Vorbereitung der Hauptversammlung an die Stelle der Zwischenbilanz.

*(BGBl I 2017/107)*

(4) Den Gesellschaftern einer Gesellschaft mit beschränkter Haftung sind die in Abs. 2 bezeichneten Unterlagen zu übersenden. Zwischen dem Tag der Aufgabe der Sendung zur Post und der Beschlußfassung muß mindestens ein Zeitraum von 14 Tagen liegen.

(5) Werden die in Abs. 2 bezeichneten Unterlagen nicht auf der Internetseite der Gesellschaft allgemein zugänglich gemacht, so ist den Gläubigern und dem Betriebsrat auf Verlangen unverzüglich und kostenlos eine Abschrift der in Abs. 2 Z 1 bis 3 bezeichneten Unterlagen zu erteilen.

(6) In der Hauptversammlung (Generalversammlung) sind die in Abs. 2 bezeichneten Unterlagen aufzulegen. Der Vorstand hat den Spaltungsplan zu Beginn der Verhandlung mündlich zu erläutern. Der Vorstand hat die Anteilsinhaber vor der Beschlußfassung über jede wesentliche Veränderung der Vermögens- oder Ertragslage der Gesellschaft, die zwischen der Aufstellung des Spaltungsplans und dem Zeitpunkt der Beschlußfassung eingetreten ist, zu unterrichten; dies gilt insbesondere, wenn die Veränderung ein anderes Umtauschverhältnis oder eine andere Aufteilung der Anteile rechtfertigen würde.

### Spaltungsbeschluß

**§ 8.** (1) Die Spaltung bedarf eines Beschlusses der Anteilsinhaber, der bei einer Aktiengesellschaft mit einer Mehrheit von drei Vierteln des bei der Beschlußfassung vertretenen Grundkapitals, bei einer Gesellschaft mit beschränkter Haftung von drei Vierteln der abgegebenen Stimmen zu fassen ist. die Satzung (der Gesellschaftsvertrag) kann eine größere Mehrheit und weitere Erfordernisse bestimmen.

(2) Sind bei einer Aktiengesellschaft mehrere Gattungen von stimmberechtigten Aktien vorhanden, so bedarf der Beschluss der Hauptversammlung zu seiner Wirksamkeit eines in gesonderter Abstimmung gefassten Beschlusses der Aktionäre jeder Gattung; für diesen gilt Abs. 1.

(3) Werden die Anteile der neuen Gesellschaften den Anteilsinhabern der übertragenden Gesellschaft nicht in dem Verhältnis zugeteilt, das ihrer Beteiligung an der übertragenden Gesellschaft entspricht (nicht verhältniswahrende Spaltung), so bedarf der Beschluss überdies einer Mehrheit von neun Zehnteln des gesamten Nennkapitals. Abweichend davon bedarf der Beschluss der Zustimmung aller Gesellschafter, wenn

1. die Anteile an einer oder mehreren beteiligten Gesellschaften ausschließlich oder überwiegend Gesellschaftern zugewiesen werden, die insgesamt über Anteile von nicht mehr als einem Zehntel des Nennkapitals der übertragenden Gesellschaft verfügen, oder
2. einer oder mehreren beteiligten Gesellschaften, an denen die in Z 1 genannten Gesellschafter beteiligt sind, überwiegend Wertpapiere, flüssige Mittel (§ 224 Abs. 2 B IV UGB) oder andere nicht betrieblich genutzte Vermögensgegenstände zugeordnet werden.

Werden die dazu erforderlichen Stimmen nicht in der Gesellschafterversammlung abgegeben, so wird der Beschluss nur wirksam, wenn der übertragenden Gesellschaft innerhalb von drei Monaten Zustimmungserklärungen von Anteilsinhabern, die gegen den Beschluss gestimmt haben oder an der Abstimmung nicht beteiligt waren, im jeweils erforderlichen Ausmaß zugehen.

(4) Der Spaltungsbeschluß ist notariell zu beurkunden, die Zustimmungserklärungen müssen gerichtlich oder notariell beglaubigt unterfertigt sein. Der beschlossene Spaltungsplan ist in die Niederschrift über den Beschluß und in die Zustimmungserklärungen aufzunehmen oder diesen als Anlage beizufügen.

### Barabfindungsangebot bei nicht verhältniswahrender Spaltung: Ausschluß von Anfechtungsklagen

**§ 9.** (1) Jeder Anteilsinhaber, der einer nicht verhältniswahrenden Spaltung nicht zugestimmt hat, hat Anspruch auf angemessene Barabfindung seiner Anteile (§ 2 Abs. 1 Z 13), wenn er vom Zeitpunkt der Beschlussfassung der Gesellschafterversammlung bis zur Geltendmachung des Rechts Gesellschafter war. Dieser Anspruch steht einem Anteilsinhaber nicht zu, wenn er an allen beteiligten Gesellschaften im gleichen Verhältnis wie an der übertragenden Gesellschaft beteiligt ist. Bei Gesellschaften mit beschränkter Haftung sind an Stelle von § 81 GmbHG die für den Erwerb eigener Aktien für die Entschädigung von Minderheitsaktionären geltenden Vorschriften sinngemäß anzuwenden. Das Angebot kann nur binnen zwei Monaten nach dem Tag angenommen werden, an dem die Eintragung der Spaltung gemäß § 10 UGB als bekanntgemacht gilt. Die Zahlung ist binnen zwei Monaten ab Zugang der Annahmeerklärung fällig und verjährt in drei Jahren. Der Erwerber hat die Kosten der Übertragung zu tragen. Die beteiligten Gesellschaften haften als Gesamtschuldner. Für die Erfüllung der angebotenen Barabfindung einschließlich der Übertragungskosten ist den Abfindungsberechtigten Sicherheit zu leisten.

(2) Eine Klage auf Anfechtung des Spaltungsbeschlusses kann nicht darauf gestützt werden, dass das Umtauschverhältnis der Anteile (einschließlich allfälliger Zuzahlungen), deren Aufteilung auf die

Anteilsinhaber oder die angebotene Barabfindung nicht angemessen festgelegt ist, oder dass die im Spaltungsbericht, im Prüfungsbericht des Spaltungsprüfers oder im Bericht des Aufsichtsrats enthaltenen Erläuterungen des Umtauschverhältnisses der Anteile (einschließlich allfälliger Zuzahlungen), deren Aufteilung auf die Anteilsinhaber oder des Barabfindungsangebots den gesetzlichen Bestimmungen nicht entsprechen. Anteilsinhaber, die das Angebot nach Abs. 1 angenommen haben, können bei Gericht den Antrag stellen, dass die angebotene Barabfindung überprüft und eine höhere Barabfindung festgelegt wird; sie haben glaubhaft zu machen, dass sie vom Zeitpunkt der Beschlussfassung der Gesellschafterversammlung der übertragenden Gesellschaft bis zur Antragstellung Anteilsinhaber waren. Für das Verfahren auf gerichtliche Überprüfung gelten die §§ 225d bis 225m, ausgenommen § 225e Abs. 3 zweiter Satz und § 225j Abs. 2 AktG, sinngemäß. Wird die gerichtliche Überprüfung der angebotenen Barabfindung begehrt, so endet die Frist für die Annahme des Barabfindungsangebots einen Monat nach dem Tag der letzten Bekanntmachung gemäß § 225k Abs. 1 AktG.

### Besondere Zustimmungserfordernisse

**§ 10.** (1) Werden durch die Spaltung Rechte beeinträchtigt, die in der Satzung (dem Gesellschaftsvertrag) einem einzelnen Anteilsinhaber oder einzelnen Anteilinhabern insbesondere bei der Geschäftsführung der Gesellschaft, bei der Bestellung von Geschäftsführern oder des Aufsichtsrats oder bei der Übertragung von Geschäftsanteilen eingeräumt sind, so bedarf auch der Spaltungsbeschluß der Zustimmung dieses Anteilsinhabers (dieser Anteilsinhaber), es sei denn, daß die Satzung (der Gesellschaftsvertrag) der beteiligten Gesellschaften im Spaltungsplan gleichwertige Rechte festlegen.

(2) Sieht die Satzung (der Gesellschaftsvertrag) für einzelne Beschlußgegenstände eine Beschlußmehrheit über die Mehrheit von drei Vierteln des bei der Beschlußfassung vertretenen Nennkapitals oder der abgegebenen Stimmen vor, so bedarf auch der Spaltungsbeschluß dieser Mehrheit, es sei denn, daß in der Satzung (im Gesellschaftsvertrag) der beteiligten Gesellschaften durch entsprechende Gestaltung der Beschlußmehrheiten die Rechte der Minderheit gewahrt werden.

(3) Sind die Aktien (Geschäftsanteile) der übertragenden Gesellschaft frei übertragbar und macht die Satzung (der Gesellschaftsvertrag) einer neuen Gesellschaft die Übertragung von bestimmten Voraussetzungen, insbesondere von der Zustimmung der Gesellschaft abhängig, so bedarf der Spaltungsbeschluß der Zustimmung aller Gesellschafter der übertragenden Gesellschaft.

(4) Ist nach den vorhergehenden Vorschriften die Zustimmung eines Gesellschafters erforderlich, so kann diese auch außerhalb der Hauptversammlung (Generalversammlung) erteilt werden. In diesem Fall muß sie gerichtlich oder notariell beglaubigt unterfertigt sein und der übertragenden Gesellschaft spätestens innerhalb einer Frist von drei Monaten nach der Beschlußfassung zugehen; der Spaltungsplan ist in die Zustimmungserklärung aufzunehmen oder dieser als Anlage beizufügen.

### Barabfindungsangebot bei rechtsformübergreifender Spaltung

**§ 11.** (1) Hat die neue Gesellschaft eine andere Rechtsform als die übertragende Gesellschaft (rechtsformübergreifende Spaltung), so steht jedem Anteilsinhaber, der gegen den Spaltungsbeschuß Widerspruch zur Niederschrift erklärt hat, das Recht auf angemessene Barabfindung seiner Anteile zu (§ 2 Abs. 1 Z 13). § 9 ist sinngemäß anwendbar; das Antragsrecht gemäß § 9 Abs. 2 steht nur denjenigen Anteilsinhabern zu, die gegen den Spaltungsbeschluss Widerspruch zur Niederschrift erklärt haben.

(2) Bei einer Spaltung im Sinn des Abs. 1 ist eine Prüfung durch einen Spaltungsprüfer (§§ 5 und 7 Abs. 2 Z 5) auch dann erforderlich, wenn es sich um eine verhältniswahrende Spaltung (§ 16a) handelt.

### Anmeldung

**§ 12.** (1) Sämtliche Mitglieder des Vorstands der übertragenden Gesellschaft und sämtliche Mitglieder der Vorstände aller neuen Gesellschaften haben die Spaltung und die Errichtung der neuen Gesellschaften zur Eintragung bei dem Gericht am Sitz der übertragenden Gesellschaft anzumelden. Der Anmeldung sind so viele Ausfertigungen (einschließlich der Beilagen) anzuschließen, wie neue Gesellschaften entstehen.

(2) Weiters ist dem Gericht eine Erklärung des Vorstands der übertragenden Gesellschaft vorzulegen, daß eine Klage auf Anfechtung oder Feststellung der Nichtigkeit des Spaltungsbeschlusses innerhalb eines Monats nach der Beschlußfassung nicht erhoben oder zurückgezogen worden ist oder daß alle Anteilsinhaber durch notariell beurkundete Erklärung auf eine solche Klage verzichtet haben. Können diese Erklärungen nicht vorgelegt werden, so hat das Gericht gemäß § 19 FBG vorzugehen.

(3) Ist die übertragende Gesellschaft im Inland börsenotiert und führt die Spaltung zu einer Beendigung der Börsenotierung oder hat sie mit einer Beendigung der Börsenotierung vergleichbare Auswirkungen, so darf die Spaltung erst zur Eintragung angemeldet werden, nachdem unter Hinweis auf die geplante Spaltung innerhalb der letzten sechs Monate vor der Anmeldung oder unter Hinweis auf den gefassten Spaltungsbeschluss eine Angebotsunterlage nach dem 5. Teil des ÜbG veröffentlicht wurde. Ein solches Angebot ist jedoch dann nicht erforderlich, wenn bei einer Spaltung zur Aufnahme für die zu gewährenden Beteiligungspapiere der übernehmenden Gesellschaft die Zulassung und der Handel an zumindest einem geregelten Markt in einem EWR-Vertragsstaat gewährleistet sind, an dem für einen Widerruf der Zulassung zum Handel an diesem Markt mit § 38

Abs. 6 bis 8 BörseG 2018 gleichwertige Voraussetzungen gelten.

*(BGBl I 2017/107)*

### Beilage zur Anmeldung

**§ 13.** Der Anmeldung sind in Urschrift, Ausfertigung oder beglaubigter Abschrift beizufügen:

1. die Niederschrift des Spaltungsbeschlusses samt Spaltungsplan;
2. die allenfalls erforderlichen Zustimmungserklärungen einzelner Anteilsinhaber;
3. den Spaltungsbericht gemäß § 4 und den Prüfungsbericht gemäß § 5;
4. die nach den Gründungsvorschriften für die Eintragung der neuen Gesellschaften erforderlichen weiteren Urkunden;
5. die Genehmigung, falls die Spaltung einer behördlichen Genehmigung bedarf;
6. der Nachweis der Veröffentlichung der beabsichtigten Spaltung gemäß § 7 Abs. 1 oder 1a;
7. die Erklärungen gemäß § 2 Abs. 3;
8. der Nachweis der Sicherheit gemäß §§ 9 und 11.

### Eintragung und ihre Rechtswirkungen

**§ 14.** (1) Die Spaltung und die neuen Gesellschaften sind im Firmenbuch gleichzeitig einzutragen. Das Gericht, in dessen Sprengel die übertragende Gesellschaft ihren Sitz hat, hat zu prüfen, ob im Hinblick auf den satzungsmäßigen Sitz der neuen Gesellschaften § 30 UGB beachtet ist. Unter Hinweis auf die Firmenbuchnummer der übertragenden Gesellschaft ist einzutragen, daß die neuen Gesellschaften aus einer Spaltung hervorgegangen sind. Die Eintragung der neuen Gesellschaft ist dem Gericht in dessen Sprengel die neue Gesellschaft ihren Sitz hat, mitzuteilen. Der Mitteilung sind auch der Akt und die Urkunden der neuen Gesellschaft beizufügen. Die Beendigung der Zuständigkeit für die Ersteintragung (§ 120 Abs. 6 JN) ist vom Gericht, in dessen Sprengel die neue Gesellschaft ihren Sitz hat, einzutragen.

(2) Mit der Eintragung der Spaltung in das Firmenbuch treten folgende Rechtswirkungen ein:

1. Die Vermögensteile der übertragenden Gesellschaft gehen entsprechend der im Spaltungsplan vorgesehenen Zuordnung jeweils im Wege der Gesamtrechtsnachfolge auf die neue Gesellschaft oder die neuen Gesellschaften über.
2. Bei der Aufspaltung erlischt die übertragende Gesellschaft; bei der Abspaltung werden die im Spaltungsplan vorgesehenen Änderungen der Satzung (des Gesellschaftsvertrags) der übertragenden Gesellschaft wirksam. Darauf ist in der Eintragung hinzuweisen.
3. Die Anteile an den beteiligten Gesellschaften werden entsprechend dem Spaltungsplan erworben. Rechte Dritter an den Anteilen der übertragenden Gesellschaft bestehen an den an ihre Stelle tretenden Anteile und an allfälligen baren Zuzahlungen weiter.
4. Der Mangel der notariellen Beurkundung des Spaltungsbeschlusses wird geheilt.

(3) Mängel der Spaltung lassen die Wirkungen der Eintragung gemäß Abs. 2 unberührt. Nach der Eintragung der Spaltung in das Firmenbuch ist eine Anfechtung des Spaltungsbeschlusses der übertragenden Gesellschaft gegen die neuen Gesellschaften zu richten, bei der Abspaltung gegen alle beteiligten Gesellschaften. Das auf Anfechtung oder Feststellung der Nichtigkeit eines Spaltungsbeschlusses gerichtete Begehren kann ohne Vorliegen der Voraussetzungen des § 235 ZPO auf den Ersatz des Schadens, der dem Kläger aus der auf dem Beschluß beruhenden Eintragung der Spaltung ins Firmenbuch entstanden ist, abgeändert oder auf Ersatz der Prozeßkosten eingeschränkt werden.

(4) Solange einem Schuldner nicht bekannt wird, welcher der an der Spaltung beteiligten Gesellschaften die Forderung zugeordnet ist, kann er mit schuldbefreiender Wirkung an jede von ihnen bezahlen oder sich sonst mit jeder von ihnen abfinden.

(5) Solange einem Gläubiger nicht bekannt wird, welcher der an der Spaltung beteiligten Gesellschaften die Verbindlichkeit zugeordnet ist, kann er Erklärungen, die diese Verbindlichkeit betreffen, gegenüber jeder von ihnen abgeben.

(6) Für den Umtausch der Aktien der übertragenden Gesellschaft gilt § 67 AktG, bei Zusammenlegung von Aktien § 179 AktG über die Kraftloserklärung von Aktien sinngemäß; einer Genehmigung des Gerichts bedarf es nicht.

### Schutz der Gläubiger

**§ 15.** (1) Für die bis zur Eintragung der Spaltung begründeten Verbindlichkeiten der übertragenden Gesellschaft, einschließlich Verbindlichkeiten aus späterer nicht gehöriger Erfüllung und aus späterer Rückabwicklung, haften neben der Gesellschaft, der die Verbindlichkeit nach dem Spaltungsplan zugeordnet wird, die übrigen an der Spaltung beteiligten Gesellschaften bis zur Höhe des ihnen jeweils zugeordneten Nettoaktivvermögens (Wert der der haftenden Gesellschaft zugeordneten aktiven Vermögensteile abzüglich Wert der ihr zugeordneten Verbindlichkeiten) als Gesamtschuldner. Jede haftende Gesellschaft wird insoweit frei, als sie Schulden für andere Gesellschaften berichtigt hat. Keine Haftung besteht für solche Verbindlichkeiten, für die nach den folgenden Absätzen Sicherheit geleistet wurde.

(2) Den Gläubigern der übertragenden Gesellschaften ist von den beteiligten Gesellschaften Sicherheit zu leisten, soweit sie nicht Befriedigung verlangen können, wenn sie sich binnen sechs Monaten nach der Veröffentlichung der Eintragung der Spaltung zu diesem Zweck melden; dieses Recht steht den Gläubigern jedoch nur zu, wenn sie glaubhaft machen, dass durch die Spaltung die Erfüllung ihrer Forderung gefährdet wird. Die Gläubiger sind in der Veröffentlichung der Eintragung auf dieses Recht hinzuweisen.

(3) Wird innerhalb der in Abs. 2 genannten Frist eine Sicherheitsleistung gerichtlich verlangt, so haften ab diesem Zeitpunkt alle beteiligten Gesellschaften für die Forderung betraglich unbeschränkt als Gesamtschuldner, bis entweder die Sicherheit geleistet oder die Klage rechtskräftig abgewiesen wird.

(4) Das Recht, Sicherheitsleistung zu verlangen, steht solchen Gläubigern nicht zu, die im Insolvenzverfahren ein Recht auf vorzugsweise Befriedigung aus einer nach gesetzlicher Vorschrift zu ihrem Schutz errichteten und behördlich überwachten Deckungsmasse haben.

(5) Den Inhabern von Schuldverschreibungen und Genußrechten sind gleichwertige Rechte zu gewähren oder die Änderung der Rechte oder als Recht selbst angemessen abzugelten.

**Auskunftserteilung**

**§ 16.** (1) Wer durch die Spaltung in seinen rechtlichen Interessen betroffen wird, kann von jeder an der Spaltung beteiligten Gesellschaft die Erteilung von Auskünften über die Zuordnung von Vermögensteilen verlangen.

(2) Über diesen Anspruch entscheidet das Gericht im außerstreitigen Verfahren; die Glaubhaftmachung des rechtlichen Interesses genügt. Das Gericht kann die Vorlage der Handelsbücher sowie die Einsichtnahme durch die Partei oder durch einen zu beruflichen Verschwiegenheit verpflichteten Sachverständigen anordnen. Das Gericht kann auch anordnen, daß der zu Auskunft Verpflichtete einen Eid dahin zu leisten hat, daß die Auskunft richtig und vollständig ist.

**Verhältniswahrende Spaltung**

**§ 16a.** (1) Wenn die Anteilsinhaber an der übertragenden Gesellschaft und an den neuen Gesellschaften im selben Verhältnis beteiligt sein sollen (verhältniswahrende Spaltung), sind der Spaltungsbericht des Vorstands (§§ 4 und 7 Abs. 2 Z 4), die Prüfung der Spaltung durch einen Spaltungsprüfer (§§ 5 und 7 Abs. 2 Z 5), die Prüfung sowie Berichterstattung durch den Aufsichtsrat (§§ 6 und 7 Abs. 2 Z 6) und die Erstellung einer Zwischenbilanz (§ 7 Abs. 2 Z 3 und Abs. 3) nicht erforderlich.

(2) Sofern keine Berichterstattung durch den Aufsichtsrat (§ 6) erfolgen soll, ist § 6 Abs. 2 zweiter und dritter Satz sinngemäß anzuwenden.

**3. Teil:**
**Spaltung zur Aufnahme**

**§ 17.** Auf die Spaltung zur Aufnahme sind die Vorschriften der §§ 2 bis 16 sinngemäß anzuwenden, soweit im folgenden nichts anderes bestimmt wird:

1. An die Stelle des Spaltungsplans (§ 2) tritt der Spaltungs- und Übernahmsvertrag, der von den Vorständen der übertragenden und der übernehmenden Gesellschaft bis zur Anmeldung zum Firmenbuch in notariell beurkundeter Form abzuschließen ist;
2. an die Stelle der neuen Gesellschaft tritt die übernehmende Gesellschaft;
3. bei einer Aufspaltung zur Aufnahme und bei einer Abspaltung zur Aufnahme, bei der das Nennkapital der übertragenden Gesellschaft herabgesetzt wird, darf die Spaltung erst eingetragen werden, nachdem die Vorschriften über die ordentliche Kapitalherabsetzung eingehalten worden sind;

3a. wird bei der übernehmenden Gesellschaft zur Durchführung der Spaltung zur Aufnahme das Nennkapital erhöht, so hat eine Prüfung durch einen oder mehrere Prüfer stattzufinden; § 25 Abs. 3 bis 5 sowie die §§ 26, 27, 42 und 44 gelten sinngemäß. Der Prüfer kann gleichzeitig Spaltungsprüfer sein;

4. jene Gläubiger der übertragenden Gesellschaft, deren Forderungen einer übernehmenden Gesellschaft zugewiesen werden, haben zusätzlich zu den Rechten gemäß § 15 Anspruch auf Sicherheitsleistung in sinngemäßer Anwendung von § 226 AktG;
5. im übrigen gelten für die übernehmende Gesellschaft die Vorschriften über die Verschmelzung durch Aufnahme sinngemäß, an die Stelle des Verschmelzungsberichts tritt der Spaltungsbericht, an die Stelle der Verschmelzungsprüfung die Spaltungsprüfung. Bei Beteiligung einer Aktiengesellschaft bedarf der Verzicht auf den Spaltungsbericht (§ 4 Abs. 2) und die Spaltungsprüfung (§ 5 Abs. 6) der Zustimmung sämtlicher Anteilsinhaber aller beteiligten Gesellschaften. § 221a Abs. 5 AktG dritter Satz gilt auch für den Vorstand (Geschäftsführer) der übertragenden Gesellschaft;
6. sämtliche Mitglieder des Vorstands der übertragenden Gesellschaft und der Vorstand der übernehmenden Gesellschaft haben die Spaltung zur Aufnahme zur Eintragung beim Gericht, in dessen Sprengel ihre Gesellschaft den Sitz hat, anzumelden. Die erforderlichen Unterlagen sind der Anmeldung der übertragenden Gesellschaft beizufügen. Wird zur Durchführung der Spaltung zur Aufnahme das Nennkapital erhöht, so sind die hiefür erforderliche Anmeldungen zur Eintragung in das Firmenbuch mit der Anmeldung der Spaltung gemäß § 12 zu verbinden;
7. befinden sich alle Anteile der übertragenden Gesellschaft direkt oder indirekt in der Hand der übernehmenden Gesellschaft(en), so bedarf die Spaltung nicht der Beschlussfassung durch die Anteilsinhaber der übertragenden Gesellschaft. Findet auch in der übernehmenden Gesellschaft keine Beschlussfassung über die Spaltung zur Aufnahme statt, so darf die Eintragung der Spaltung gemäß § 14 erst erfolgen, wenn bei Aktiengesellschaften seit der Veröffentlichung oder Bereitstellung nach § 7 Abs. 1, 1a und 2 ein Monat, bei Gesellschaften mit beschränkter Haftung seit Übersendung

der Unterlagen nach § 7 Abs. 4 14 Tage vergangen sind.

**§ 18.** (aufgehoben)

*(BGBl I 2015/112)*

**5. Teil:**
**In-Kraft-Treten**

**§ 19.** (1) § 8 Abs. 3, § 9 Abs. 1 und 2 und § 11 in der Fassung des Übernahmerechts-Änderungsgesetzes 2006, BGBl. I Nr. 75/2006, treten mit 20. Mai 2006 in Kraft und sind auf Spaltungen anzuwenden, bei denen der Spaltungsbeschluss (§ 8) nach diesem Zeitpunkt gefasst wurde. Auf Spaltungen, bei denen der Spaltungsbeschluss vor diesem Zeitpunkt gefasst wurde, ist das Spaltungsgesetz in der vor In-Kraft-Treten des Übernahmerechts-Änderungsgesetzes 2006, BGBl. I Nr. 75/2006, geltenden Fassung weiter anzuwenden.

(2) § 5 in der Fassung des Bundesgesetzes BGBl. I Nr. 70/2008 tritt mit 1. Juni 2008 in Kraft und ist auf die Bestellung von Prüfern nach dem 31. Mai 2008 anzuwenden.

(3) Die §§ 3 Abs. 1, 4 Abs. 1, 5 Abs. 5, 6 Abs. 1 und 7 Abs. 1, 2 und 5 und § 8 Abs. 2 in der Fassung des Aktienrechts-Änderungsgesetzes 2009, BGBl. I Nr. 71/2009, treten mit 1. August 2009 in Kraft und sind auf Spaltungen anzuwenden, wenn die Gesellschafterversammlung nach dem 31. Juli 2009 einberufen wird oder wenn bei einer Gesellschaft mit beschränkter Haftung die zur Beschlussfassung notwendigen Unterlagen nach dem 31. Juli 2009 an die Gesellschafter übersendet werden. Auf Spaltungen, bei denen vor diesem Zeitpunkt die Gesellschafterversammlung einberufen wurde oder die Unterlagen an die Gesellschafter übersendet wurden, sind die bisher geltenden Bestimmungen weiter anzuwenden.

(4) § 15 Abs. 4 in der Fassung des Bundesgesetzes BGBl. I Nr. 58/2010 tritt mit 1. August 2010 in Kraft.

(5) § 3 Abs. 4, § 4 Abs. 1, § 6 Abs. 2, § 7 Abs. 1a, 3a und 6, § 11, § 13, § 15 Abs. 2 und 3, § 16a und § 17 in der Fassung des Gesellschaftsrechts-Änderungsgesetzes 2011, BGBl. I Nr. 53/2011, treten mit 1. August 2011 in Kraft. Auf Spaltungen, bei denen vor diesem Zeitpunkt die Bereitstellung oder Übersendung der Unterlagen (§ 7 Abs. 2 und 4) erfolgte, sind die bis dahin geltenden Bestimmungen weiter anzuwenden.

(6) § 18 tritt mit Ablauf des 31. Dezember 2015 außer Kraft.

*(BGBl I 2015/112)*

(7) § 7 Abs. 3a und § 12 Abs. 3 in der Fassung des Bundesgesetzes BGBl. I Nr. 107/2017 treten mit 3. Jänner 2018 in Kraft.

*(BGBl I 2017/107)*

## 3/2/3. EU-Verschmelzungsgesetz

BGBl I 2007/72 idF BGBl I 2017/107

### GLIEDERUNG



**Bundesgesetz über die grenzüberschreitende Verschmelzung von Kapitalgesellschaften in der Europäischen Union (EU-Verschmelzungsgesetz – EU-VerschG)**

### Zweck und Begriffsbestimmungen

**§ 1.** (1) Dieses Bundesgesetz dient der Umsetzung der Richtlinie 2005/56/EG über die Verschmelzung von Kapitalgesellschaften aus verschiedenen Mitgliedstaaten, ABl. Nr. L 310 vom 25.11.2005 S.1.

(2) Eine „Kapitalgesellschaft" im Sinn dieses Gesetzes ist

1. eine Gesellschaft im Sinn des Artikels 1 der Richtlinie 2009/101/EG zur Koordinierung der Schutzbestimmungen, die in den Mitgliedstaaten den Gesellschaften im Sinne des Artikels 48 Absatz 2 des Vertrags im Interesse der Gesellschafter sowie Dritter vorgeschrieben sind, um diese Bestimmungen gleichwertig zu gestalten, ABl. Nr. L 258 vom 1.10.2009 S. 11, oder
2. eine Gesellschaft, die Rechtspersönlichkeit besitzt und über gesondertes Gesellschaftskapital verfügt, das allein für die Verbindlichkeiten der Gesellschaft haftet, und die nach dem für sie maßgebenden innerstaatlichen Recht Schutzbestimmungen im Sinn der Richtlinie 2009/101/EG im Interesse der Gesellschafter sowie Dritter einhalten muss.

(3) Soweit in diesem Bundesgesetz auf einen „Mitgliedstaat" verwiesen wird, sind darunter die Mitgliedstaaten der Europäischen Union und die Vertragsstaaten des Abkommens über den Europäischen Wirtschaftsraum zu verstehen.

(4) Eine „aus der Verschmelzung hervorgehende Gesellschaft" im Sinn dieses Gesetzes ist sowohl eine übernehmende Gesellschaft (§ 219 Z 1 AktG) als auch eine durch die Verschmelzung gegründete neue Gesellschaft (§ 219 Z 2 AktG).

### Gericht

**§ 2.** Über die Rechtmäßigkeit der einer grenzüberschreitenden Verschmelzung vorangehenden Rechtshandlungen und Formalitäten (§ 14 Abs. 3), über die Rechtmäßigkeit der Durchführung der grenzüberschreitenden Verschmelzung (§ 15 Abs. 3) sowie die sonst in diesem Bundesgesetz dem Gericht zugewiesenen Angelegenheiten verhandelt und entscheidet der für den Sitz der beteiligten inländischen Gesellschaft zuständige, zur Ausübung der Gerichtsbarkeit in Handelssachen berufene Gerichtshof erster Instanz im Verfahren außer Streitsachen. Sind an der grenzüberschreitenden Verschmelzung sowohl eine übertragende als auch eine aus der Verschmelzung hervorgehende Gesellschaft mit Sitz in Österreich beteiligt, ist jenes Gericht örtlich zuständig, in dessen Sprengel die aus der Verschmelzung hervorgehende Gesellschaft ihren Sitz hat; für die übertragende inländische Gesellschaft gilt § 225 Abs. 3 AktG.

### Grenzüberschreitende Verschmelzung

**§ 3.** (1) Aktiengesellschaften und Gesellschaften mit beschränkter Haftung können sich mit Kapitalgesellschaften, die nach dem Recht eines anderen Mitgliedstaats gegründet worden sind und ihren satzungsmäßigen Sitz, ihre Hauptverwaltung oder ihre Hauptniederlassung in der Gemeinschaft haben, nach den Bestimmungen dieses Bundesgesetzes grenzüberschreitend verschmelzen beziehungsweise aus einer Verschmelzung von Kapitalgesellschaften, die nach dem Recht eines anderen Mitgliedstaats gegründet worden sind, hervorgehen.

(2) Soweit dieses Gesetz nichts anderes bestimmt, sind auf an einer grenzüberschreitenden Verschmelzung beteiligte Aktiengesellschaften die §§ 219 bis 233 AktG und auf an einer grenzüberschreitenden Verschmelzung beteiligte Gesellschaften mit beschränkter Haftung die §§ 96 bis 101 GmbHG anzuwenden.

(3) Der Zeitpunkt, an dem die grenzüberschreitende Verschmelzung wirksam wird, ist nach dem Personalstatut der aus der Verschmelzung hervorgehenden Gesellschaft zu beurteilen.

### Ausnahme

**§ 4.** Dieses Bundesgesetz gilt nicht für grenzüberschreitende Verschmelzungen, an denen eine Gesellschaft beteiligt ist, deren Zweck es ist, die vom Publikum bei ihr eingelegten Gelder nach dem Grundsatz der Risikostreuung gemeinsam anzulegen, und deren Anteile auf Verlangen der Anteilsinhaber unmittelbar oder mittelbar zulasten des Vermögens dieser Gesellschaft zurückgenommen oder ausgezahlt werden. Diesen Rücknahmen oder Auszahlungen gleichgestellt sind Handlungen, mit denen eine solche Gesellschaft sicherstellen will, dass der Börsenwert ihrer Anteile nicht erheblich von deren Nettoinventarwert abweicht.

### Verschmelzungsplan

**§ 5.** (1) Die Vorstände (der Vorstand einer Aktiengesellschaft, die Geschäftsführer einer Gesellschaft mit beschränkter Haftung) der sich verschmelzenden Gesellschaften haben einen gemeinsamen Plan für die grenzüberschreitende Verschmelzung aufzustellen.

(2) Der Verschmelzungsplan muss mindestens folgenden Inhalt haben:

1. Rechtsform, Firma und Sitz der übertragenden und der aus der Verschmelzung hervorgehenden Gesellschaft;
2. das Umtauschverhältnis der Gesellschaftsanteile und gegebenenfalls die Höhe der baren Zuzahlungen;
3. die Einzelheiten für die Gewährung von Anteilen der aus der Verschmelzung hervorgehenden Gesellschaft; werden keine Anteile gewährt, sind die Gründe hiefür anzugeben;
4. die voraussichtlichen Auswirkungen der Verschmelzung auf die Beschäftigung, insbesondere auf die in den beteiligten Gesellschaften beschäftigten Arbeitnehmer, die Beschäftigungslage und die Beschäftigungsbedingungen;
5. den Zeitpunkt, von dem an die Gesellschaftsanteile deren Inhabern das Recht auf Beteiligung am Gewinn gewähren, sowie alle Besonderheiten, die eine Auswirkung auf dieses Recht haben;
6. den Stichtag, von dem an die Handlungen der übertragenden Gesellschaften als für Rechnung der aus der Verschmelzung hervorgehenden Gesellschaft vorgenommen gelten (Verschmelzungsstichtag);
7. die Rechte, welche die aus der Verschmelzung hervorgehende Gesellschaft den mit Sonderrechten ausgestatteten Gesellschaftern und den Inhabern von anderen Wertpapieren als Gesellschaftsanteilen gewährt, oder die für diese Personen vorgeschlagenen Maßnahmen;
8. jeden besonderen Vorteil, der einem Mitglied des Verwaltungs-, Leitungs-, Aufsichts- oder Kontrollorgans, einem Abschlussprüfer der an der Verschmelzung beteiligten Gesellschaften oder einem Verschmelzungsprüfer gewährt wird;
9. die Satzung oder der Gesellschaftsvertrag der aus der Verschmelzung hervorgehenden Gesellschaft;
10. gegebenenfalls Angaben zu dem Verfahren, nach dem die Einzelheiten über die Beteiligung von Arbeitnehmern an der Festlegung ihrer Mitbestimmungsrechte in der aus der grenzüberschreitenden Verschmelzung hervorgehenden Gesellschaft geregelt werden;
11. Angaben zur Bewertung des Aktiv- und Passivvermögens, das auf die aus der grenzüberschreitenden Verschmelzung hervorgehende Gesellschaft übertragen wird;
12. den Stichtag der Jahresabschlüsse der an der Verschmelzung beteiligten Gesellschaften, die zur Festlegung der Bedingungen der grenzüberschreitenden Verschmelzung verwendet werden.

(3) Befinden sich alle Anteile einer übertragenden Gesellschaft in der Hand der übernehmenden Gesellschaft, so sind die Angaben über den Umtausch der Anteile (Abs. 2 Z 2, 3 und 5) sowie die Erläuterungen hiezu im Verschmelzungsbericht (§ 220a AktG) nicht erforderlich, soweit sie nur die Aufnahme dieser Gesellschaft betreffen.

(4) Der Verschmelzungsplan hat auch die Bedingungen der Barabfindung zu enthalten, die einem Gesellschafter, der der Übertragung des Vermögens seiner Gesellschaft auf eine ausländische Gesellschaft widerspricht, von der Gesellschaft oder einem Dritten gegen Hingabe seiner Anteile angeboten wird. Diese Angaben sind nicht erforderlich, wenn sich alle Anteile der Gesellschaft in der Hand eines Gesellschafters befinden oder sämtliche Gesellschafter schriftlich oder in der Niederschrift zur Gesellschafterversammlung auf ihr Recht auf Barabfindung verzichten.

(5) Der Verschmelzungsplan bedarf der notariellen Beurkundung.

### Verschmelzungsbericht

**§ 6.** (1) Im Verschmelzungsbericht sind auch die Auswirkungen der grenzüberschreitenden Verschmelzung auf die Gläubiger und die Arbeitnehmer der an der Verschmelzung beteiligten Gesellschaften einschließlich der Auswirkungen der Verschmelzung auf die schuldrechtlichen Ansprüche der Arbeitnehmer zu erläutern. Der Verschmelzungsbericht ist überdies dem zuständigen Organ der Arbeitnehmervertretung oder, falls es ein solches nicht gibt, den Arbeitnehmern der an der Verschmelzung beteiligten Gesellschaften mindestens einen Monat vor dem Tag der Gesellschafterversammlung, die über die Zustimmung zur Verschmelzung beschließen soll, zur Verfügung zu stellen. Auf den Bericht gemäß § 220a AktG kann nicht verzichtet werden. Erhält der

Vorstand einer der sich verschmelzenden Gesellschaften vor der Gesellschafterversammlung eine Stellungnahme der Vertreter ihrer Arbeitnehmer, so ist diese Stellungnahme dem Bericht anzufügen.

(2) Überträgt eine Gesellschaft ihr Vermögen auf eine aus der Verschmelzung hervorgehende Gesellschaft mit Sitz in einem anderen Mitgliedstaat, so hat der Verschmelzungsbericht auch eine Erklärung über die Höhe des Nennkapitals und der gebundenen Rücklagen der beteiligten Gesellschaften abzugeben.

**Prüfung des Verschmelzungsplans**

**§ 7.** (1) Für eine an einer grenzüberschreitenden Verschmelzung beteiligte Gesellschaft mit beschränkter Haftung gilt § 100 Abs. 2 GmbHG mit der Maßgabe, dass der Verschmelzungsplan nur dann nicht gemäß § 220b AktG zu prüfen ist, wenn alle Gesellschafter schriftlich oder in der Niederschrift zur Generalversammlung darauf verzichten.

(2) Ein gemeinsamer Verschmelzungsprüfer kann neben dem Gericht, in dessen Sprengel die übernehmende Gesellschaft ihren Sitz hat (§ 220b Abs. 2 AktG), auch von dem Gericht bestellt werden, in dem eine übertragende Gesellschaft ihren Sitz hat.

(3) Im Rahmen der Prüfung der Verschmelzung ist auch die Angemessenheit der Bedingungen der Barabfindung zu prüfen, die einem Gesellschafter, der der Übertragung des Vermögens seiner Gesellschaft auf eine Gesellschaft mit Sitz in einem anderen Mitgliedstaat widerspricht, von der Gesellschaft oder einem Dritten gegen Hingabe seiner Anteile angeboten wird. Der Prüfungsbericht hat auch dazu eine Erklärung abzugeben, ob die Bedingungen des Barabfindungsangebots angemessen sind, und dabei insbesondere anzugeben,

1. nach welchen Methoden das vorgeschlagene Barabfindungsangebot ermittelt worden ist;
2. aus welchen Gründen die Anwendung dieser Methoden angemessen ist;
3. welches Ergebnis sich bei der Anwendung verschiedener Methoden, sofern mehrere angewendet worden sind, jeweils ergeben würde;
4. zugleich ist dazu Stellung zu nehmen, welche Gewichtung diesen Methoden beigemessen wurde, und darauf hinzuweisen, ob und welche besonderen Schwierigkeiten bei der Bewertung aufgetreten sind.

Die Prüfung der Angemessenheit der Barabfindung ist nicht erforderlich, wenn sich alle Anteile der Gesellschaft in der Hand eines Gesellschafters befinden oder sämtliche Gesellschafter schriftlich oder in der Niederschrift zur Gesellschafterversammlung auf ihr Recht auf Barabfindung verzichten.

(4) Überträgt eine Gesellschaft ihr Vermögen auf eine aus der Verschmelzung hervorgehende Gesellschaft mit Sitz in einem anderen Mitgliedstaat, so hat der Prüfungsbericht auch eine Erklärung über die Höhe des Nennkapitals und der gebundenen Rücklagen der beteiligten Gesellschaften abzugeben.

**Vorbereitung der Gesellschafterversammlung**

**§ 8.** (1) Für eine an einer grenzüberschreitenden Verschmelzung beteiligte Gesellschaft mit beschränkter Haftung gilt § 97 GmbHG mit der Maßgabe, dass

1. zwischen dem Tag der Aufgabe der gemäß § 221a Abs. 2 AktG erforderlichen Unterlagen zur Post und der Beschlussfassung mindestens ein Zeitraum von einem Monat liegen muss,
2. der Verschmelzungsplan bei dem Gericht einzureichen und ein Hinweis auf die Einreichung in den Bekanntmachungsblättern zu veröffentlichen ist.

(2) In die Veröffentlichung des Hinweises auf die Einreichung des Verschmelzungsplans bei Gericht (§ 221a Abs. 1 AktG und Abs. 1) sind folgende Angaben aufzunehmen:

1. Rechtsform, Firma und Sitz jeder der sich verschmelzenden Gesellschaften,
2. das Register, bei dem die in Artikel 3 Absatz 3 der Richtlinie 2009/101/EG genannten Urkunden für jede der sich verschmelzenden Gesellschaften hinterlegt worden sind, sowie die Nummer der Eintragung in das Register,
3. für jede der sich verschmelzenden Gesellschaften ein Hinweis auf die Modalitäten für die Ausübung der Rechte der Gläubiger (§ 13) und der Minderheitsgesellschafter der sich verschmelzenden Gesellschaften sowie die Anschrift, unter der vollständige Auskünfte über diese Modalitäten kostenlos eingeholt werden können. Bekannte Gläubiger einer Gesellschaft, die ihr Vermögen auf eine aus der Verschmelzung hervorgehende Gesellschaft mit Sitz in einem anderen Mitgliedstaat überträgt, sind unmittelbar zu verständigen, wenn die Summe des Nennkapitals und der gebundenen Rücklagen der aus der Verschmelzung hervorgehenden Gesellschaft niedriger als die Summe des Nennkapital und der gebundenen Rücklagen der übertragenden Gesellschaft ist.

(2a) Die Einreichung des Verschmelzungsplans bei Gericht und die Veröffentlichung des Hinweises auf die Einreichung (§ 221a Abs. 1 AktG und Abs. 1) sind nicht erforderlich, wenn die Gesellschaft den Verschmelzungsplan sowie den Hinweis gemäß § 221a Abs. 1 zweiter Satz AktG in sinngemäßer Anwendung des § 221a Abs. 1a AktG in der Ediktsdatei (§ 89j GOG) veröffentlicht.

(3) Auf Verlangen ist jedem Gläubiger einer Gesellschaft, die ihr Vermögen auf eine aus der Verschmelzung hervorgehende Gesellschaft mit Sitz in einem anderen Mitgliedstaat überträgt, unverzüglich und kostenlos eine Abschrift der in § 221a Abs. 2 AktG bezeichneten Unterlagen zu erteilen.

(4) Auf die Einreichung des Verschmelzungsplans zum Firmenbuch und die Veröffentlichung des Hinweises auf die Einreichung kann nicht verzichtet werden.

**Zustimmung der Gesellschafterversammlung**

**§ 9.** (1) Die Gesellschafterversammlung jeder der sich verschmelzenden Gesellschaften kann die Verschmelzung davon abhängig machen, dass die Modalitäten für die Mitbestimmung der Arbeitnehmer in der aus der grenzüberschreitenden Verschmelzung hervorgehenden Gesellschaft ausdrücklich von ihr bestätigt werden.

(2) Befinden sich alle Anteile der übertragenden Gesellschaft in der Hand der übernehmenden Gesellschaft, so ist die Zustimmung der Gesellschafterversammlung der übertragenden Gesellschaft zum Verschmelzungsplan nicht erforderlich.

**Barabfindung widersprechender Gesellschafter**

**§ 10.** (1) Jedem Gesellschafter einer Gesellschaft, die ihr Vermögen auf eine Gesellschaft mit Sitz in einem anderen Mitgliedstaat überträgt, steht gegenüber der Gesellschaft oder dem Dritten, der eine Barabfindung angeboten hat (§ 5 Abs. 4), das Recht auf angemessene Barabfindung gegen Hingabe seiner Anteile zu, wenn er gegen den Verschmelzungsbeschluss Widerspruch zur Niederschrift erklärt hat und vom Zeitpunkt der Beschlussfassung der Gesellschafterversammlung bis zur Geltendmachung des Rechts Gesellschafter war. Das Angebot kann gleichzeitig mit dem Widerspruch zur Niederschrift in der Gesellschafterversammlung angenommen werden, andernfalls muss die Annahmeerklärung der Gesellschaft oder dem Dritten schriftlich binnen eines Monats nach dem Verschmelzungsbeschluss zugehen. Der Anspruch auf Barabfindung ist mit Eintragung der Verschmelzung bedingt, wird mit dieser Eintragung fällig und verjährt in drei Jahren. Die Gesellschaft oder der Dritte hat die Kosten der Übertragung zu tragen. Für die Erfüllung der Barabfindung einschließlich der Übertragungskosten ist den Abfindungsberechtigten Sicherheit zu leisten.

(2) Die Bescheinigung nach § 14 Abs. 3 darf erst ausgestellt werden, wenn die Barabfindungsansprüche der Gesellschafter ausreichend sichergestellt sind oder nachgewiesen wird, dass alle Gesellschafter auf die Barabfindung verzichtet haben.

(3) Einer anderweitigen Veräußerung des Anteils durch einen dem Verschmelzungsbeschluss widersprechenden Gesellschafter stehen nach Fassung des Verschmelzungsbeschlusses bis zum Ablauf der Frist für die Geltendmachung der Barabfindung satzungsgemäße Verfügungsbeschränkungen nicht entgegen.

**Gerichtliche Überprüfung der Barabfindung**

**§ 11.** (1) Die Anfechtung des Verschmelzungsbeschlusses kann nicht darauf gestützt werden, dass das Angebot auf Barabfindung nicht angemessen bemessen oder dass die im Verschmelzungsplan, in den Verschmelzungsberichten, den Prüfungsberichten oder den Berichten der Aufsichtsräte enthaltenen Erläuterungen des Barabfindungsangebots den gesetzlichen Bestimmungen nicht entsprechen.

(2) Gesellschafter, die gegen den Verschmelzungsbeschluss Widerspruch zur Niederschrift erklärt haben, können binnen eines Monats nach dem Verschmelzungsbeschluss bei Gericht den Antrag stellen, dass die Barabfindung überprüft und eine höhere Barabfindung festgelegt wird. Das Gericht hat den Antrag in den Bekanntmachungsblättern der Gesellschaft bekannt zu machen. Gesellschafter, die die Voraussetzungen gemäß § 225c Abs. 3 Z 1 AktG erfüllen, können binnen eines weiteren Monats nach dieser Bekanntmachung eigene Anträge stellen. Nach Ablauf dieser Frist sind Anträge weiterer Gesellschafter unzulässig; darauf ist in der Bekanntmachung hinzuweisen. Im Übrigen gelten für das Verfahren auf gerichtliche Überprüfung §§ 225d bis 225m, ausgenommen § 225e Abs. 2 erster Satz und Abs. 3 und § 225j Abs. 2 AktG, sinngemäß.

**Ausschluss von Anfechtungsklagen, gerichtliche Überprüfung des Umtauschverhältnisses**

**§ 12.** (1) Die Anfechtung des Beschlusses der Gesellschafterversammlung ist gemäß § 225b AktG wegen Mängel der Festlegung des Umtauschverhältnisses ausgeschlossen, wenn alle beteiligten Gesellschaften mit Sitz in anderen Mitgliedstaaten, in denen ein der Eintragung der Verschmelzung nicht entgegenstehendes Verfahren zur Überprüfung des Umtauschverhältnisses nicht vorgesehen ist, bei der Zustimmung der Gesellschafterversammlung zum Verschmelzungsplan ausdrücklich akzeptieren, dass

1. die Gesellschafter einer Gesellschaft mit Sitz in Österreich auf ein solches Verfahren gegen eine aus der Verschmelzung hervorgegangene Gesellschaft mit Sitz in Österreich zurückgreifen können oder
2. die Gesellschafter einer übertragenden Gesellschaft mit Sitz in Österreich ein Verfahren gegen eine aus der Verschmelzung hervorgegangene Gesellschaft mit Sitz in einem anderen Mitgliedstaat nach den für Aktiengesellschaften geltenden Bestimmungen über die Überprüfung des Umtauschverhältnisses gemäß §§ 225c ff AktG bei dem für den Sitz der übertragenden Gesellschaft zuständigen, zur Ausübung der Gerichtsbarkeit in Handelssachen berufenen Gerichtshof einleiten können.

(2) Im Fall des Abs. 1 Z 2 sind nur solche Gesellschafter zum Antrag auf Überprüfung des Umtauschverhältnisses berechtigt, die entweder zur Niederschrift in der Gesellschafterversammlung oder binnen eines Monats nach dem Verschmelzungsbeschluss gegenüber der Gesellschaft erklärt haben, dass sie den Antrag auf Überprüfung des Umtauschverhältnisses zu stellen beabsichtigen. In der Bescheinigung nach § 14 Abs. 3 ist darauf hinzuweisen, ob und von welchem Gesellschafter eine solche Erklärung abgegeben wurde.

(3) Ein Gesellschafter einer übertragenden Gesellschaft mit Sitz in einem anderen Mitgliedstaat ist zum Antrag auf Überprüfung des Umtausch-

verhältnisses berechtigt, wenn aus der diese Gesellschaft betreffenden Bescheinigung hervorgeht, dass die Gesellschafter auf die Anfechtung des Gesellschafterbeschlusses wegen Mängel der Festlegung des Umtauschverhältnisses verzichtet haben und sämtliche übertragenden Gesellschaften mit Sitz in anderen Mitgliedstaaten das Verfahren zur Überprüfung des Umtauschverhältnisses im Sinn des Abs. 1 Z 1 akzeptieren.

### Gläubigerschutz und Schutz sonstiger schuldrechtlich Beteiligter

**§ 13.** (1) Überträgt eine Gesellschaft ihr Vermögen auf eine aus der Verschmelzung hervorgehende Gesellschaft mit Sitz in einem anderen Mitgliedstaat, ist den Gläubigern der Gesellschaft, wenn sie sich binnen zwei Monaten nach dem Tag, an dem der Verschmelzungsplan bekannt gemacht worden ist, schriftlich zu diesem Zweck melden, für bis dahin entstehende Forderungen Sicherheit zu leisten, soweit sie nicht Befriedigung verlangen können. Dieses Recht steht den Gläubigern jedoch nur zu, wenn sie glaubhaft machen, dass durch die Verschmelzung die Erfüllung ihrer Forderungen gefährdet wird. Einer solchen Glaubhaftmachung bedarf es nicht, wenn die Summe des Nennkapitals und der gebundenen Rücklagen der aus der Verschmelzung hervorgehenden Gesellschaft, wie sie nach der Eintragung der Verschmelzung besteht, niedriger ist als die Summe des Nennkapitals und der gebundenen Rücklagen der übertragenden Gesellschaft. Das Recht, Sicherheitsleistung zu verlangen, steht solchen Gläubigern nicht zu, die im Fall des Insolvenzverfahrens ein Recht auf vorzugsweise Befriedigung aus einer nach gesetzlicher Vorschrift zu ihrem Schutz errichteten und behördlich überwachten Deckungsmasse haben.

(2) Die Bescheinigung nach § 14 Abs. 3 darf erst ausgestellt werden, wenn allen Gläubigern, die nach Abs. 1 einen Anspruch auf Sicherheitsleistung haben, eine angemessene Sicherheit geleistet wurde, und sichergestellt ist, dass den Inhabern von Schuldverschreibungen und Genussrechten gleichwertige Rechte gewährt werden.

### Anmeldung der beabsichtigten Verschmelzung durch Übertragung des Vermögens einer Gesellschaft mit Sitz in Österreich auf eine Gesellschaft mit Sitz in einem anderen Mitgliedstaat, Bescheinigung der Ordnungsmäßigkeit der der Verschmelzung vorangehenden Rechtshandlungen und Formalitäten

**§ 14.** (1) Der Vorstand einer Gesellschaft, die ihr Vermögen auf eine aus der Verschmelzung hervorgehende Gesellschaft mit Sitz in einem anderen Mitgliedstaat überträgt, hat die beabsichtigte Verschmelzung zur Eintragung beim Gericht, in dessen Sprengel seine Gesellschaft ihren Sitz hat, anzumelden. Der Anmeldung sind in Urschrift, Ausfertigung oder beglaubigter Abschrift beizufügen:

1. der Verschmelzungsplan;
2. die Niederschrift des Verschmelzungsbeschlusses der übertragenden Gesellschaft;
3. wenn die Verschmelzung einer behördlichen Genehmigung bedarf, die Genehmigungsurkunde;
4. der Verschmelzungsbericht für die übertragende Gesellschaft;
5. der Prüfungsbericht für die übertragende Gesellschaft;
6. die Schlussbilanz der übertragenden Gesellschaft;
7. der Nachweis der Veröffentlichung des Verschmelzungsplans für die übertragende Gesellschaft;
8. der Nachweis der Sicherstellung der Barabfindung widersprechender Gesellschafter (§ 10) und die allenfalls erforderliche Zustimmung der Gesellschaften mit Sitz in anderen Mitgliedstaaten zur Einleitung eines Verfahrens auf Überprüfung des Umtauschverhältnisses (§ 12);
9. der Nachweis der Sicherstellung der Gläubiger (§ 13) und die Erklärung, dass sich andere als die befriedigten oder sichergestellten Gläubiger innerhalb der Frist des § 13 Abs. 1 nicht gemeldet haben.

(2) Weiters haben sämtliche Mitglieder des Vorstands dem Gericht gegenüber zu erklären,

1. dass eine Klage auf Anfechtung oder Feststellung der Nichtigkeit des Verschmelzungsbeschlusses innerhalb eines Monats nach der Beschlussfassung nicht erhoben oder zurückgezogen worden ist oder dass alle Gesellschafter durch notariell beurkundete Erklärung auf eine solche Klage verzichtet haben;
2. ob und wie viele Gesellschafter von ihrem Recht auf Barabfindung gemäß § 10 Gebrauch gemacht haben und dass die Anteile der austrittswilligen Gesellschafter entsprechend den gesetzlichen Bestimmungen übernommen werden können.

Kann die Erklärung nicht vorgelegt werden, so hat das Gericht gemäß § 19 FBG vorzugehen.

(2a) Ist die übertragende Aktiengesellschaft im Inland börsenotiert, so darf die beabsichtigte Verschmelzung erst zur Eintragung angemeldet werden, nachdem unter Hinweis auf die geplante Verschmelzung innerhalb der letzten sechs Monate vor der Anmeldung oder unter Hinweis auf den gefassten Verschmelzungsbeschluss eine Angebotsunterlage nach dem 5. Teil des ÜbG veröffentlicht wurde. Ein solches Angebot ist jedoch dann nicht erforderlich, wenn für die zu gewährenden Beteiligungspapiere der übernehmenden Gesellschaft die Zulassung und der Handel an zumindest einem geregelten Markt in einem EWR-Vertragsstaat gewährleistet sind, an dem für einen Widerruf der Zulassung zum Handel an diesem Markt mit § 38 Abs. 6 bis 8 BörseG 2018 gleichwertige Voraussetzungen gelten.

*(BGBl I 2017/107)*

(3) Das Gericht hat zu prüfen, ob die der Verschmelzung vorangehenden Rechtshandlungen und Formalitäten ordnungsgemäß durchgeführt wurden und die Forderungen der Gläubiger und sonstigen schuldrechtlich Beteiligten sowie die Abfindung der austrittswilligen Gesellschafter sichergestellt sind. Ist dies der Fall, so hat es die Eintragung durchzuführen und eine Bescheinigung hierüber auszustellen.

(4) Bei der Eintragung der beabsichtigten Verschmelzung sind der geplante Sitz der aus der Verschmelzung hervorgehenden Gesellschaft, das Register, bei dem die aus der Verschmelzung hervorgehende Gesellschaft geführt werden soll, und die Tatsache anzugeben, dass die Bescheinigung über die Ordnungsmäßigkeit der der Verschmelzung vorangehenden Rechtshandlungen und Formalitäten ausgestellt wurde.

(5) Sobald die Verschmelzung nach dem Recht, dem die aus der Verschmelzung hervorgehenden Gesellschaft unterliegt, wirksam geworden ist, hat der Vorstand dieser Gesellschaft unter Anschluss der Mitteilung des Registers des neuen Sitzes die Eintragung der Durchführung der Verschmelzung und der Löschung der Gesellschaft zum Firmenbuch anzumelden. Ist diese Mitteilung nicht in deutscher Sprache verfasst, so ist überdies eine beglaubigte Übersetzung in die deutsche Sprache beizufügen. Übermittelt das Register, in dem die aus der grenzüberschreitenden Verschmelzung hervorgehende Gesellschaft eingetragen wird, eine Meldung über das Wirksamwerden der grenzüberschreitenden Verschmelzung unmittelbar an das Gericht, so ist der Vorstand zur Anmeldung aufzufordern (§ 24 FBG).

### Anmeldung, Prüfung und Eintragung der Verschmelzung

**§ 15.** (1) Die Vorstände der an der Verschmelzung beteiligten Gesellschaften haben die Verschmelzung zur Eintragung bei dem Gericht, in dessen Sprengel die aus der Verschmelzung hervorgehende Gesellschaft ihren Sitz hat, anzumelden.

(2) Der Anmeldung der Verschmelzung zur Eintragung im Firmenbuch sind neben den in § 225 Abs. 1 AktG und § 233 AktG bezeichneten Unterlagen die Nachweise, dass die allenfalls erforderlichen Verhandlungen mit den Arbeitnehmervertretern über die Beteiligung der Arbeitnehmer in der aus der Verschmelzung hervorgehenden Gesellschaft ordnungsgemäß geführt und abgeschlossen wurden, gegebenenfalls die Vereinbarung über die Beteiligung der Arbeitnehmer, oder dass die Vorstände der an der Verschmelzung beteiligten Gesellschaften die Arbeitnehmervertreter oder die Arbeitnehmer darüber informiert haben, dass sie beschlossen haben, ohne Verhandlungen mit den Arbeitnehmervertretern die Auffangregelung zur Mitbestimmung anzuwenden (§ 262 Abs. 2 ArbVG), sowie für übertragende Gesellschaften aus anderen Mitgliedstaaten eine Bescheinigung über die Ordnungsmäßigkeit der der Verschmelzung vorangehenden Formalitäten und Rechtshandlungen beizuschließen, die nicht älter als sechs Monate ist.

(3) Vor der Eintragung der Verschmelzung hat das Gericht insbesondere zu prüfen, dass die verschmelzenden Gesellschaften einem gemeinsamen gleichlautenden Verschmelzungsplan zugestimmt haben und gegebenenfalls dass die allenfalls erforderlichen Verhandlungen mit den Arbeitnehmervertretern über die Beteiligung der Arbeitnehmer in der aus der Verschmelzung hervorgehenden Gesellschaft ordnungsgemäß geführt und abgeschlossen wurden.

(4) Falls keine automatische Verständigung nach § 37 Abs. 3 Z 4 FBG erfolgt, hat das Gericht den Registern, bei denen die Gesellschaften mit Sitz im Ausland ihre Unterlagen zu hinterlegen hatten, unverzüglich zu melden, dass die Verschmelzung in das Firmenbuch eingetragen und damit die Verschmelzung wirksam geworden ist.

*(BGBl I 2017/60)*

(5) In Hinblick auf übertragende Gesellschaften mit Sitz in Österreich bleibt § 225 AktG unberührt.

### Verweisungen

**§ 16.** Soweit in diesem Bundesgesetz auf Bestimmungen anderer Bundesgesetze verwiesen wird, sind diese in ihrer jeweils geltenden Fassung anzuwenden.

### In-Kraft-Treten

**§ 17.** (1) Dieses Bundesgesetz tritt mit 15. Dezember 2007 in Kraft.

(2) § 13 Abs. 1 in der Fassung des Bundesgesetzes BGBl. I Nr. 58/2010 tritt mit 1. August 2010 in Kraft.

(3) § 1 Abs. 2, § 8 Abs. 2 und 2a sowie § 14 Abs. 1 in der Fassung des Gesellschaftsrechts-Änderungsgesetzes 2011, BGBl. I Nr. 53/2011, treten mit 1. August 2011 in Kraft. Auf grenzüberschreitende Verschmelzungen, bei denen vor diesem Zeitpunkt die Bereitstellung (§ 221a Abs. 2 AktG) oder Übersendung der Unterlagen (§ 8 Abs. 1 und § 97 Abs. 1 GmbHG) erfolgte oder ein Verzicht darauf wirksam wurde, sind die bis dahin geltenden Bestimmungen weiter anzuwenden.

(4) § 15 Abs. 4 in der Fassung des Bundesgesetzes BGBl. I Nr. 60/2017 tritt mit 1. Juni 2017 in Kraft.

*(BGBl I 2017/60)*

(5) § 14 Abs. 2a in der Fassung des Bundesgesetzes BGBl. I Nr. 107/2017 tritt mit 3. Jänner 2018 in Kraft.

*(BGBl I 2017/107)*

### Vollziehung

**§ 18.** Mit der Vollziehung dieses Bundesgesetzes ist der Bundesminister für Justiz betraut.

# 3/2/4. Genossenschaftsspaltungsgesetz (GenSpaltG)

BGBl I 2018/69

## GLIEDERUNG



**Bundesgesetz, mit dem ein Bundesgesetz über die Spaltung von Genossenschaften (Genossenschaftsspaltungsgesetz – GenSpaltG) erlassen wird und mit dem das Genossenschaftsrevisionsgesetz 1997, das Genossenschaftsrevisionsrechtsänderungsgesetz 1997, das Gesetz über Erwerbs- und Wirtschaftsgenossenschaften, das SCE-Gesetz, das Firmenbuchgesetz, das Rechtspflegergesetz, das Wohnungsgemeinnützigkeitsgesetz, das Umgründungssteuergesetz und das Bankwesengesetz geändert werden**

Der Nationalrat hat beschlossen:

## 1. Teil: Begriff der Spaltung

**§ 1.** (1) Eine Genossenschaft kann ihr Vermögen nach diesem Bundesgesetz spalten.

(2) Die Spaltung ist möglich

1. unter Beendigung ohne Abwicklung der übertragenden Genossenschaft durch gleichzeitige Übertragung aller ihrer Vermögensteile (Vermögensgegenstände, Schulden und Rechtsverhältnisse) im Weg der Gesamtrechtsnachfolge auf andere dadurch gegründete neue Genossenschaften (Aufspaltung zur Neugründung) oder auf übernehmende Genossenschaften (Aufspaltung zur Aufnahme) oder
2. unter Fortbestand der übertragenden Genossenschaft durch Übertragung eines oder mehrerer Vermögensteile dieser Genossenschaft im Weg der Gesamtrechtsnachfolge auf eine oder mehrere dadurch gegründete neue Genossenschaften (Abspaltung zur Neugründung) oder auf übernehmende Genossenschaften (Abspaltung zur Aufnahme)

gegen Gewährung von Geschäftsanteilen der neuen oder übernehmenden Genossenschaften an die Mitglieder der übertragenden Genossenschaft.

(3) Die neue bzw. übernehmende Genossenschaft muss eine Genossenschaft gleicher Haftungsart wie die übertragende Genossenschaft sein. Liegen die Voraussetzungen des § 21 Abs. 1 vor, so kann die übertragende Genossenschaft Teile ihres Vermögens alternativ auch auf eine Kapitalgesellschaft abspalten.

(4) Die gleichzeitige Übertragung auf neue und übernehmende Genossenschaften ist zulässig.

## 2. Teil: Spaltung zur Neugründung

### Spaltungsplan

**§ 2.** (1) Der Vorstand der übertragenden Genossenschaft hat einen Spaltungsplan aufzustellen. Dieser muss jedenfalls enthalten:

1. die Firma, den Sitz und die vorgesehenen Genossenschaftsverträge der an der Spaltung beteiligten Genossenschaften;
2. die Erklärung über die Übertragung der Vermögensteile der übertragenden Genossenschaft jeweils im Wege der Gesamtrechtsnachfolge gegen Gewährung von Anteilen an den neuen Genossenschaften;

3. das Umtauschverhältnis der Anteile (Abs. 2) und deren Aufteilung auf die Mitglieder;
4. den Hinweis, dass bei einer Herabsetzung der Nennbeträge der Geschäftsanteile der übertragenden Genossenschaft das Aufgebotsverfahren gemäß § 33a Abs. 1 GenG unterbleiben kann;
5. die Einzelheiten für die Gewährung von Geschäftsanteilen an den neuen Genossenschaften;
6. den Zeitpunkt, von dem an die Anteile gegebenenfalls einen Anspruch auf Gewinnausschüttung gewähren, sowie alle Besonderheiten in Bezug auf diesen Anspruch;
7. den Stichtag, von dem an die Handlungen der übertragenden Genossenschaft als für Rechnung der neuen Genossenschaft vorgenommen gelten (Spaltungsstichtag);
8. die Rechte, die die neuen Genossenschaften einzelnen Mitgliedern oder Gruppen von Mitgliedern gewähren, und gegebenenfalls die für diese Personen vorgesehenen Maßnahmen;
9. jeden besonderen Vorteil, der einem Mitglied des Vorstands oder eines Aufsichtsorgans der an der Spaltung beteiligten Genossenschaften gewährt wird;
10. die genaue Beschreibung und Zuordnung der Vermögensteile, die an jede der neuen Genossenschaften übertragen werden; dabei kann auf Urkunden, wie Bilanzen, insbesondere gemäß Z 12, und Inventare, Bezug genommen werden, soweit deren Inhalt eine Zuordnung des einzelnen Vermögensteiles ermöglicht;
11. eine Regelung über die Zuordnung von Vermögensteilen, die sonst auf Grund des Spaltungsplans keiner der an der Spaltung beteiligten Genossenschaften zugeordnet werden können;
12. die Schlussbilanz der übertragenden Genossenschaft, weiters Eröffnungsbilanzen der neuen Genossenschaften und bei der Abspaltung eine Spaltungsbilanz, die das der übertragenden Genossenschaft verbleibende Vermögen ausweist;
13. bei einer nicht verhältniswahrenden Spaltung die Angabe, bei welcher Genossenschaft (oder welchen Genossenschaften) welche Mitglieder der übertragenden Genossenschaft die Mitgliedschaft erhalten oder behalten sollen;
14. bei einer nicht verhältniswahrenden Spaltung Angaben zur Höhe der der übertragenden und den neuen Genossenschaften über das Geschäftsanteilskapital hinaus zugewiesenen Gesellschaftsmittel (offenen Rücklagen einschließlich eines Gewinnvortrages und abzüglich eines Bilanzverlustes oder eines Verlustvortrages), durch welche die Ausübung des Wahlrechts gemäß § 9 Abs. 1 Z 2 ermöglicht wird.

(2) Das Umtauschverhältnis kann in jenen Fällen, in denen die Mitglieder satzungsgemäß bei Ausscheiden aus der übertragenden Genossenschaft und bei deren Liquidation nach Befriedigung der Gläubiger lediglich ihre auf den Geschäftsanteil geleisteten Einlagen („Geschäftsguthaben“) zurückerhalten, vereinfacht in der Weise festgelegt werden, dass die Höhe ihres Geschäftsguthabens insgesamt möglichst gleich bleibt (Nominalwertspaltung). Ein allenfalls erforderlicher Spitzenausgleich erfolgt entweder durch ergänzende Einzahlung der Mitglieder auf die gewährten Geschäftsanteile oder durch bare Zuzahlung der an der Spaltung beteiligten Genossenschaften. Allfällige bare Zuzahlungen dürfen frühestens sechs Monate nach Veröffentlichung des Gläubigeraufrufs gemäß § 18 Abs. 2 und überdies nicht eher geschehen, als die Gläubiger, die sich gemäß § 18 gemeldet haben, befriedigt oder sichergestellt sind. Dasselbe gilt bei einer verhältniswahrenden Spaltung. Bei einer nicht verhältniswahrenden Spaltung einer Genossenschaft mit einer satzungsmäßig für das Ausscheiden oder die Liquidation vorgesehenen Substanzbeteiligung hat die Festsetzung des Umtauschverhältnisses auf Basis einer Unternehmensbewertung zu erfolgen; die Regeln über ergänzende Einzahlungen oder bare Zuzahlungen gelten in diesem Fall entsprechend.

(3) Die übertragende Genossenschaft hat, auch wenn sie nicht mindestens zwei der in § 221 Abs. 1 UGB bezeichneten Merkmale überschreitet, auf den Spaltungsstichtag eine Schlussbilanz aufzustellen und gegebenenfalls prüfen zu lassen. Für sie gelten die Vorschriften des UGB nach Maßgabe des § 22 Abs. 4 und 6 GenG sinngemäß. Die Schlussbilanz muss auf einen höchstens neun Monate vor der Anmeldung der Spaltung liegenden Stichtag aufgestellt werden.

### Kapitalerhaltung, Anwendung des Gründungsrechts, Haftung der Organe

**§ 3.** (1) Sofern die übertragende Genossenschaft ein Mindestgeschäftsanteilskapital nach § 5a Abs. 2 Z 2 GenG festgesetzt hat, muss die Summe der Geschäftsanteilskapitalien der an der Spaltung beteiligten Genossenschaften mindestens die Höhe dieses Mindestgeschäftsanteilskapitals der übertragenden Genossenschaft vor der Spaltung erreichen. Allen beteiligten Genossenschaften ist ein – insbesondere aus Gläubigersicht – angemessener Anteil an diesem Mindestgeschäftsanteilskapital zuzuweisen. Die Ausstattung aller beteiligten Genossenschaften mit einem angemessenen Anteil am Mindestgeschäftsanteilskapital kann unterbleiben, wenn der Revisor in seinem Gutachten gemäß § 5 ausspricht, dass die Lebensfähigkeit aller beteiligten Genossenschaften unzweifelhaft gegeben ist.

(2) Bei der Abspaltung dürfen die Geschäftsanteile der übertragenden Genossenschaft ohne Einhaltung der Vorschriften des § 33a Abs. 1 GenG herabgesetzt werden.

(3) Auf die Gründung der neuen Genossenschaft sind die Gründungsvorschriften des GenG anzuwenden, soweit sich aus diesem Bundesgesetz nichts anderes ergibt. Als Gründer ist die übertragende Genossenschaft anzusehen.

(4) Die Mitglieder des Vorstands und des Aufsichtsrats der übertragenden Genossenschaft sind den Mitgliedern und den Gläubigern dieser Genossenschaft als Gesamtschuldner zum Ersatz jenes Schadens verpflichtet, den diese durch die Spaltung erleiden; sie können sich von der Schadenersatzpflicht durch den Gegenbeweis befreien, dass sie ihre Sorgfaltspflicht beobachtet haben. Die Ersatzansprüche sind beim zuständigen Gericht (§ 23) geltend zu machen und verjähren in fünf Jahren seit dem Tage, an dem die Eintragung der Spaltung in das Firmenbuch gemäß § 10 UGB als bekanntgemacht gilt.

### Spaltungsbericht

**§ 4.** (1) Der Vorstand der übertragenden Genossenschaft hat einen schriftlichen Bericht zu erstatten, in dem die Spaltung, der Spaltungsplan im Einzelnen und insbesondere das Umtauschverhältnis der Geschäftsanteile (einschließlich allfälliger barer Zuzahlungen), deren Aufteilung auf die Mitglieder sowie die künftige Mitgliederzusammensetzung (§ 2 Abs. 1 Z 13) und die Maßnahmen gemäß § 18 Abs. 5 rechtlich und wirtschaftlich ausführlich erläutert und begründet werden. Auf besondere Schwierigkeiten bei der Bewertung der Unternehmen ist hinzuweisen. § 118 Abs. 3 AktG ist sinngemäß anzuwenden.

(2) Der Bericht des Vorstands ist nicht erforderlich, wenn alle Mitglieder schriftlich oder in der Niederschrift zur Generalversammlung darauf verzichten.

### Gutachten des Revisors

**§ 5.** (1) Vor der Beschlussfassung der Generalversammlung hat ein hierfür nach den Rechtsvorschriften für die Revision von Genossenschaften zu bestellender Revisor ein schriftliches Gutachten darüber zu erstatten, ob die Spaltung mit den Belangen der Mitglieder und den Belangen der Gläubiger der an der Spaltung beteiligten Genossenschaften vereinbar ist.

(2) Die Spaltung ist nur zulässig, wenn der Revisor in seinem Gutachten bestätigt, dass das allen beteiligten Genossenschaften zugewiesene Vermögen jeweils einen positiven Verkehrswert hat, der bei den neuen Genossenschaften mindestens der Höhe der dafür gewährten Geschäftsanteile entspricht. Weiters hat das Gutachten einzugehen auf:

1. die Lebensfähigkeit der neuen Genossenschaften sowie (bei Fortbestand) der übertragenden Genossenschaft;
2. die Gewährleistung der Erfüllung des Förderungsauftrages durch alle an der Spaltung beteiligten (und fortbestehenden) Genossenschaften;
3. im Falle einer nicht verhältniswahrenden Spaltung das Vorliegen einer angemessenen Eigenkapitalausstattung.

### Prüfung durch den Aufsichtsrat

**§ 6.** (1) Hat die übertragende Genossenschaft einen Aufsichtsrat, so hat dieser die beabsichtigte Spaltung auf Grundlage des Spaltungsberichts und des Gutachtens des Revisors zu prüfen und darüber einen schriftlichen Bericht zu erstatten; § 118 Abs. 3 AktG ist sinngemäß anzuwenden.

(2) Die Prüfung durch den Aufsichtsrat der übertragenden Genossenschaft ist nicht erforderlich, wenn alle Mitglieder der Genossenschaft schriftlich in einer gesonderten Erklärung darauf verzichten. In diesem Fall hat der Vorstand den Aufsichtsrat unverzüglich über die geplante Spaltung zu informieren. Gehören dem Aufsichtsrat gemäß § 110 ArbVG entsandte Mitglieder an, so hat der Vorstand gegebenenfalls auch darüber zu informieren, welche Auswirkungen für die Arbeitnehmer (betreffend Arbeitsplätze, Beschäftigungsbedingungen und Standorte) die Spaltung voraussichtlich haben wird.

### Vorbereitung der Beschlussfassung

**§ 7.** (1) Der Vorstand der übertragenden Genossenschaften hat mindestens einen Monat vor dem Tag der Beschlussfassung durch die Mitglieder den Spaltungsplan nach Prüfung durch den Aufsichtsrat beim zuständigen Gericht (§ 23) einzureichen und einen Hinweis auf diese Einreichung in sinngemäßer Anwendung des § 18 AktG zu veröffentlichen. In dieser Veröffentlichung sind die Mitglieder, die Gläubiger und der Betriebsrat auf ihre Rechte gemäß Abs. 2, 4 und 5 hinzuweisen. § 7 Abs. 1a SpaltG ist sinngemäß anzuwenden.

(2) Mindestens während eines Monats vor dem Tag der Generalversammlung, die über die Zustimmung zur Spaltung beschließen soll, sind in sinngemäßer Anwendung von § 108 Abs. 3 und 5 AktG bereit zu stellen:

1. der Spaltungsplan;
2. die Jahresabschlüsse oder sonstigen Rechnungsabschlüsse (§ 22 Abs. 2 GenG) und bei großen und mittelgroßen Genossenschaften (§ 22 Abs. 4 GenG) die Lageberichte der übertragenden Genossenschaft für die letzten drei Geschäftsjahre, weiters die Schlussbilanz, wenn der Spaltungsstichtag vom Stichtag des letzten Jahresabschlusses oder sonstigen Rechnungsabschlusses abweicht und die Schlussbilanz – gegebenenfalls in geprüfter Form – bereits vorliegt;
3. falls sich der letzte Jahresabschluss oder sonstige Rechnungsabschluss auf ein Geschäftsjahr bezieht, das mehr als sechs Monate vor der Aufstellung des Spaltungsplans abgelaufen ist, eine Bilanz auf einen Stichtag, der nicht vor dem ersten Tag des dritten Monats liegt, welcher dem Monat der Aufstellung vorausgeht (Zwischenbilanz);
4. der Spaltungsbericht;
5. das Gutachten des Revisors;
6. der Bericht des Aufsichtsrats.

(3) Die Zwischenbilanz (Abs. 2 Z 3) ist nach denselben Vorschriften aufzustellen wie die Schlussbilanz (§ 2 Abs. 3), wobei weder eine körperliche Bestandsaufnahme, noch eine Prüfung erforderlich ist. Die Wertansätze der letzten Jahresbilanz

dürfen übernommen werden. Abschreibungen, Wertberichtigungen und Rückstellungen sowie wesentliche, aus den Büchern nicht ersichtliche Veränderungen der wirklichen Werte von Vermögensgegenständen bis zum Stichtag der Zwischenbilanz sind jedoch zu berücksichtigen.

(4) Werden die in Abs. 2 bezeichneten Unterlagen nicht auf der Internetseite der Genossenschaft allgemein zugänglich gemacht, so ist den Gläubigern und dem Betriebsrat auf Verlangen unverzüglich und kostenlos eine Abschrift der in Abs. 2 Z 1 bis 3 bezeichneten Unterlagen zu erteilen.

(5) In der Generalversammlung sind die in Abs. 2 bezeichneten Unterlagen aufzulegen. Der Vorstand hat den Spaltungsplan zu Beginn der Verhandlung mündlich zu erläutern. Der Vorstand hat die Mitglieder vor der Beschlussfassung über jede wesentliche Veränderung der Vermögens- oder Ertragslage der Genossenschaft, die zwischen der Aufstellung des Spaltungsplans und dem Zeitpunkt der Beschlussfassung eingetreten ist, zu unterrichten; dies gilt insbesondere, wenn die Veränderung ein anderes Umtauschverhältnis der Geschäftsanteile oder eine andere Aufteilung der Geschäftsanteile auf die Mitglieder rechtfertigen würde.

### Spaltungsbeschluss

**§ 8.** (1) Die Spaltung zur Neugründung ist nur zulässig, wenn die Generalversammlung der übertragenden Genossenschaft sie beschließt. Der Beschluss bedarf einer Mehrheit, die mindestens zwei Drittel der abgegebenen Stimmen umfasst. Der Genossenschaftsvertrag kann eine größere Mehrheit und weitere Erfordernisse bestimmen.

(2) Vor der Beschlussfassung ist das Gutachten des Revisors (§ 5) zu verlesen. Der Revisor und der Revisionsverband sind berechtigt, an der Generalversammlung beratend teilzunehmen. Spricht sich der Revisor aus einem der Gründe des § 5 Abs. 1 oder Abs. 2 Z 1 bis 3 gegen die Spaltung aus, so bedarf der Beschluss einer Mehrheit, die mindestens zwei Drittel der abgegebenen Stimmen in zwei mit einem Abstand von mindestens einem Monat aufeinanderfolgenden Generalversammlungen umfasst.

(3) Werden die Anteile der neuen Genossenschaften den Mitgliedern der übertragenden Genossenschaft nicht in dem Verhältnis zugeteilt, das ihrer Beteiligung an der übertragenden Genossenschaft entspricht (nicht verhältniswahrende Spaltung), so bedarf der Beschluss folgender Mehrheiten:

1. einer Mehrheit von neun Zehnteln der insgesamt abgegebenen Stimmen;
2. einer Mehrheit von zwei Dritteln der abgegebenen Stimmen jener Mitglieder, die laut Spaltungsplan der übertragenden Genossenschaft zugeordnet sind, sofern diese fortbesteht;
3. in Bezug auf jede der neuen Genossenschaften einer Mehrheit von zwei Dritteln der abgegebenen Stimmen jener Mitglieder, die laut Spaltungsplan dieser Genossenschaft zugeordnet sind.

(4) Der Spaltungsbeschluss ist zu protokollieren (§ 34 Abs. 2 GenG), die Zustimmungserklärungen müssen unterfertigt sein. Der beschlossene Spaltungsplan ist in die Niederschrift über den Beschluss und in die Zustimmungserklärungen aufzunehmen oder diesen als Anlage beizufügen.

### Kündigungsrecht, Wahlrecht bei nicht verhältniswahrender Spaltung; Ausschluss von Anfechtungsklagen

**§ 9.** (1) Jedes Mitglied, das einer nicht verhältniswahrenden Spaltung nicht zugestimmt hat, kann durch schriftliche Erklärung

1. seine Mitgliedschaft oder einzelne Geschäftsanteile bei der übertragenden Genossenschaft bzw. bei der neuen Genossenschaft kündigen (Kündigungsrecht), oder
2. verlangen, unter Berücksichtigung des vorgesehenen Umtauschverhältnisses entgegen dem Spaltungsplan (§ 2 Abs. 1 Z 13) mit einem, mehreren oder allen Geschäftsanteilen Mitglied einer oder mehrerer anderer an der Spaltung beteiligter Genossenschaften zu werden, sofern es die Voraussetzungen für die Mitgliedschaft in den gewählten Genossenschaften erfüllt (Wahlrecht).

Das Kündigungsrecht nach Z 1 steht jedem Mitglied auch bei einer verhältniswahrenden Spaltung sowie im Fall des Abs. 4 zu, wenn sich der Revisor gegen die Spaltung ausgesprochen (§ 8 Abs. 2 dritter Satz) und das betreffende Mitglied der Spaltung nicht zugestimmt hat.

(2) Die Kündigung muss der Genossenschaft gegenüber erklärt werden, aus der das Mitglied austreten möchte; dies können je nach Spaltungsplan die übertragende Genossenschaft, die neue Genossenschaft oder beide Genossenschaften sein. Die Ausübung seines Wahlrechts hat das Mitglied sowohl gegenüber jener Genossenschaft zu erklären, bei der es laut Spaltungsplan (§ 2 Abs. 1 Z 13) Mitglied ist, als auch gegenüber jener Genossenschaft, deren Mitgliedschaft es verlangt.

(3) Kündigung und Wahlrecht müssen innerhalb von sechs Monaten seit Eintragung der Spaltung in das Firmenbuch des Sitzes der übertragenden Genossenschaft erklärt werden.

(4) Kündigungsrecht und Wahlrecht stehen einem einzelnen Mitglied außer im Fall des Abs. 1 letzter Satz nicht zu, wenn es individuell an allen beteiligten Genossenschaften im gleichen Verhältnis wie an der übertragenden Genossenschaft beteiligt ist.

(5) Die Durchführung einer nicht verhältniswahrenden Spaltung ist nur zulässig, wenn sichergestellt ist, dass jede der beteiligten Genossenschaften in der Lage ist, allen Mitgliedern, die der Spaltung nicht zugestimmt und auf ihr Wahlrecht nach Abs. 1 Z 2 nicht verzichtet haben und die im Spaltungsplan jeweils einer anderen Genossenschaft zugewiesen wurden, bei Ausübung des Wahlrechts Geschäftsanteile aus über das Geschäftsanteilskapital hinausgehenden Gesellschaftsmitteln (offene Rücklagen einschließlich eines Gewinnvortrages

und abzüglich eines allfälligen Bilanzverlusts oder eines Verlustvortrages) zu gewähren.

(6) Eine Klage auf Anfechtung des Spaltungsbeschlusses kann, auch wenn das Umtauschverhältnis nicht gemäß § 2 Abs. 1 Z 3 vereinfacht festgesetzt wurde, nicht darauf gestützt werden, dass das Umtauschverhältnis der Geschäftsanteile (einschließlich allfälliger Zuzahlungen) oder deren Aufteilung auf die Mitglieder nicht angemessen festgelegt ist.

### Rechtsfolgen der Kündigung oder der Ausübung des Wahlrechts

**§ 10.** (1) Kündigt ein Mitglied seine Mitgliedschaft oder einzelne Geschäftsanteile bei der neuen Genossenschaft (§ 9 Abs. 1 Z 1) oder macht es von seinem Wahlrecht Gebrauch, mit einzelnen, mehreren oder allen Geschäftsanteilen Mitglied der übertragenden Genossenschaft zu bleiben (§ 9 Abs. 1 Z 2), so gelten die Mitgliedschaft oder die Geschäftsanteile bei der neuen Genossenschaft als nicht erworben; dies ist bei der Eintragung des Ausscheidens in das Register der Mitglieder der neuen Genossenschaft zu vermerken.

(2) Mit einem kündigenden Mitglied hat sich jene Genossenschaft auseinanderzusetzen, aus der das Mitglied austreten möchte. Maßgebend ist die nach den Grundsätzen ordnungsgemäßer Buchführung aufgestellte Schlussbilanz der übertragenden Genossenschaft. Das kündigende Mitglied ist nur berechtigt, seinen Geschäftsanteil zu verlangen; auf den Reservefonds und auf das sonst vorhandene Vermögen der übertragenden Genossenschaft hat es, wenn der Genossenschaftsvertrag nichts anderes bestimmt, keinen Anspruch. Die Ansprüche des kündigenden Mitglieds sind innerhalb von sechs Monaten ab der Kündigung zu befriedigen; die Auszahlung darf jedoch nicht geschehen, bevor die Gläubiger, die sich nach § 18 gemeldet haben, befriedigt oder sichergestellt sind, und überdies nicht vor Ablauf von sechs Monaten seit der Veröffentlichung nach § 18 Abs. 2.

(3) Reichen die Geschäftsanteile und die in der Schlussbilanz ausgewiesenen Rücklagen zur Deckung eines in dieser Bilanz ausgewiesenen Verlustes nicht aus, so hat das kündigende Mitglied den anteiligen Fehlbetrag an die Genossenschaft, aus der es austreten möchte, zu zahlen, bei der Genossenschaft mit beschränkter Haftung jedoch höchstens bis zur Höhe des Haftungsbetrages; der anteilige Fehlbetrag wird, falls der Genossenschaftsvertrag der übertragenden Genossenschaft nichts anderes bestimmt, nach der Kopfzahl der Mitglieder der übertragenden Genossenschaft, bei der Genossenschaft mit beschränkter Haftung, falls der Genossenschaftsvertrag die Beteiligung mit mehreren Geschäftsanteilen zulässt, nach der Zahl der Geschäftsanteile errechnet.

### Verhältniswahrende Spaltung und Nominalwertspaltung

**§ 11.** (1) Wenn die Mitglieder an der übertragenden Genossenschaft und an den neuen Genossenschaften im selben Verhältnis beteiligt sein sollen (verhältniswahrende Spaltung), sind der Spaltungsbericht des Vorstands (§§ 4 und 7 Abs. 2 Z 4), die Prüfung sowie die Berichterstattung durch den Aufsichtsrat (§§ 6 und 7 Abs. 2 Z 6) und die Erstellung einer Zwischenbilanz (§ 7 Abs. 2 Z 3 und Abs. 3) nicht erforderlich. Für Nominalwertspaltungen (§ 2 Abs. 2) gelten dieselben Erleichterungen.

(2) Sofern keine Berichterstattung durch den Aufsichtsrat (§ 6) erfolgen soll, ist § 6 Abs. 2 zweiter und dritter Satz sinngemäß anzuwenden.

### Besondere Zustimmungserfordernisse

**§ 12.** Sieht der Genossenschaftsvertrag für einzelne Beschlussgegenstände eine Beschlussmehrheit über die Mehrheit von zwei Dritteln der abgegebenen Stimmen oder ein doppeltes Mehrheitserfordernis vor, so bedarf auch der Spaltungsbeschluss dieser Mehrheiten, es sei denn, dass in den Genossenschaftsverträgen der beteiligten Genossenschaften durch entsprechende Gestaltung der Beschlussmehrheiten die Rechte der Minderheit gewahrt werden.

### Anmeldung

**§ 13.** (1) Der Vorstand der übertragenden Genossenschaft und die Vorstände aller neuen Genossenschaften haben die Spaltung und die Errichtung der neuen Genossenschaften zur Eintragung beim zuständigen Gericht (§ 23) anzumelden. Der Anmeldung sind so viele Ausfertigungen (einschließlich der Beilagen) anzuschließen, wie neue Genossenschaften entstehen.

(2) Weiters ist dem Gericht eine Erklärung des Vorstands der übertragenden Genossenschaft vorzulegen, dass eine Klage auf Anfechtung oder Feststellung der Nichtigkeit des Spaltungsbeschlusses innerhalb eines Monats nach der Beschlussfassung nicht erhoben oder zurückgezogen worden ist oder dass alle Mitglieder durch schriftliche Erklärung auf eine solche Klage verzichtet haben. Können diese Erklärungen nicht vorgelegt werden, so hat das Gericht gemäß § 19 FBG vorzugehen.

### Beilagen zur Anmeldung

**§ 14.** Der Anmeldung sind in Urschrift, Ausfertigung oder beglaubigter Abschrift beizufügen:

1. die Niederschrift des Spaltungsbeschlusses samt Spaltungsplan;
2. den Spaltungsbericht des Vorstands (§ 4) und das Gutachten des Revisors (§ 5);
3. die nach den Gründungsvorschriften für die Eintragung der neuen Genossenschaft erforderlichen weiteren Urkunden;
4. die Genehmigung, falls die Spaltung einer behördlichen Genehmigung bedarf
5. der Nachweis der Veröffentlichung der beabsichtigten Spaltung gemäß § 7 Abs. 1.

### Eintragung und ihre Rechtswirkungen

**§ 15.** (1) Die Spaltung und die neuen Genossenschaften sind im Firmenbuch gleichzeitig einzutragen. Das Gericht (§ 23) hat zu prüfen, ob im Hinblick auf den satzungsmäßigen Sitz der neuen

Genossenschaften § 30 UGB beachtet ist. Unter Hinweis auf die Firmenbuchnummer der übertragenden Genossenschaft ist einzutragen, dass die neuen Genossenschaften aus einer Spaltung hervorgegangen sind. Die Eintragung der neuen Genossenschaft ist dem Gericht, in dessen Sprengel die neue Genossenschaft ihren Sitz hat, mitzuteilen. Der Mitteilung sind auch der Akt und die Urkunden der neuen Genossenschaft beizufügen. Die Beendigung der Zuständigkeit für die Ersteintragung (§ 23 Abs. 2 zweiter Satz) ist vom Gericht, in dessen Sprengel die neue Genossenschaft ihren Sitz hat, einzutragen.

(2) Mit der Eintragung der Spaltung in das Firmenbuch treten folgende Rechtswirkungen ein:

1. Die Vermögensteile der übertragenden Genossenschaft gehen entsprechend der im Spaltungsplan vorgesehenen Zuordnung jeweils im Wege der Gesamtrechtsnachfolge auf die neue Genossenschaft oder die neuen Genossenschaften über.
2. Bei der Aufspaltung erlischt die übertragende Genossenschaft; bei der Abspaltung werden die im Spaltungsplan vorgesehenen Änderungen des Genossenschaftsvertrags der übertragenden Genossenschaft wirksam. Darauf ist in der Eintragung hinzuweisen.
3. Die Geschäftsanteile an den beteiligten Genossenschaften werden entsprechend dem Spaltungsplan von den Mitgliedern der übertragenden Genossenschaft erworben. Rechte Dritter an den Anteilen der übertragenden Genossenschaft bestehen an den an ihre Stelle tretenden Anteilen und an allfälligen baren Zuzahlungen weiter.

(3) Mängel der Spaltung lassen die Wirkungen der Eintragung gemäß Abs. 2 unberührt. Nach der Eintragung der Spaltung in das Firmenbuch ist eine Anfechtung des Spaltungsbeschlusses der übertragenden Genossenschaft gegen die neuen Genossenschaften zu richten, bei einer Abspaltung gegen alle beteiligten Genossenschaften. Das auf Anfechtung oder Feststellung der Nichtigkeit eines Spaltungsbeschlusses gerichtete Begehren kann ohne Vorliegen der Voraussetzungen des § 235 ZPO auf den Ersatz des Schadens, der dem Kläger aus der auf dem Beschluss beruhenden Eintragung der Spaltung ins Firmenbuch entstanden ist, abgeändert oder auf Ersatz der Prozesskosten eingeschränkt werden.

(4) Solange einem Schuldner nicht bekannt wird, welcher der an der Spaltung beteiligten Genossenschaften die Forderung zugeordnet ist, kann er mit schuldbefreiender Wirkung an jede von ihnen bezahlen oder sich sonst mit jeder von ihnen abfinden.

(5) Solange einem Gläubiger nicht bekannt wird, welcher der an der Spaltung beteiligten Genossenschaften die Verbindlichkeit zugeordnet ist, kann er Erklärungen, die diese Verbindlichkeit betreffen, gegenüber jeder von ihnen abgeben.

### Mitgliederregister

**§ 16.** (1) Der Vorstand der neuen Genossenschaft hat die Mitglieder der übertragenden Genossenschaft nach der Eintragung der Spaltung in das Firmenbuch des Sitzes der übertragenden Genossenschaft unverzüglich in das Register der Mitglieder der neuen Genossenschaft einzutragen.

(2) Im Falle einer nicht verhältniswahrenden Abspaltung erfolgt die Eintragung nach Abs. 1 nur hinsichtlich jener Mitglieder, die gemäß dem Spaltungsplan (§ 2 Abs. 1 Z 13) oder aufgrund der Ausübung des Wahlrechts gemäß § 9 Abs. 1 Z 2 Mitglied bei der neuen Genossenschaft sind. Abgesehen vom Falle einer Doppelmitgliedschaft (§ 2 Abs. 1 Z 13) sind diese Mitglieder aus dem Mitgliederregister der übertragenden Genossenschaft zu löschen.

### Besondere Mitteilungspflichten

**§ 17.** (1) Der Vorstand der neuen Genossenschaft hat jedes Mitglied der neuen Genossenschaft spätestens binnen drei Monaten seit der Eintragung der Spaltung in das Firmenbuch des Sitzes der übertragenden Genossenschaft von der Eintragung in das Mitgliederregister (§ 16) schriftlich zu benachrichtigen und ihm mitzuteilen:

1. den Betrag des Geschäftsanteiles bei der neuen Genossenschaft;
2. bei Genossenschaften mit beschränkter Haftung den Haftungsbetrag der neuen Genossenschaft;
3. die Zahl der Geschäftsanteile, mit denen das Mitglied an der neuen Genossenschaft beteiligt ist;
4. den Betrag der ergänzenden Einzahlungen oder der baren Zuzahlungen, die für einen allfälligen Spitzenausgleich erforderlichen sind (§ 2 Abs. 1 Z 3).

(2) Im Falle einer nicht verhältniswahrenden Abspaltung sind die Mitglieder unverzüglich nach der Eintragung der Spaltung in das Firmenbuch des Sitzes der übertragenden Genossenschaft darüber zu informieren, bei welcher Genossenschaft sie laut Spaltungsplan Mitglied sind, und von ihrem Wahlrecht gemäß § 9 Abs. 1 Z 2 in Kenntnis zu setzen.

### Schutz der Gläubiger

**§ 18.** (1) Für die bis zur Eintragung der Spaltung begründeten Verbindlichkeiten der übertragenden Genossenschaft, einschließlich Verbindlichkeiten aus späterer nicht gehöriger Erfüllung und aus späterer Rückabwicklung, haften neben der Genossenschaft, der die Verbindlichkeit nach dem Spaltungsplan zugeordnet wird, die übrigen an der Spaltung beteiligten Genossenschaften bis zur Höhe des ihnen jeweils zugeordneten Nettoaktivvermögens (Wert der der haftenden Genossenschaft zugeordneten aktiven Vermögensteile abzüglich Wert der ihr zugeordneten Verbindlichkeiten) als Gesamtschuldner. Jede haftende Genossenschaft wird insoweit frei, als sie Schulden für andere Genossenschaften berichtigt hat. Keine Haftung besteht für solche Verbindlichkeiten, für die nach den folgenden Absätzen Sicherheit geleistet wurde.

(2) Den Gläubigern der übertragenden Genossenschaften ist von den beteiligten Genossenschaften Sicherheit zu leisten, soweit sie nicht Befriedigung verlangen können, wenn sie sich binnen sechs Monaten nach der Veröffentlichung der Eintragung der Spaltung zu diesem Zweck melden; dieses Recht steht den Gläubigern jedoch nur zu, wenn sie glaubhaft machen, dass durch die Spaltung die Erfüllung ihrer Forderung gefährdet wird. Die Gläubiger sind in der Veröffentlichung der Eintragung auf dieses Recht hinzuweisen.

(3) Wird innerhalb der in Abs. 2 genannten Frist eine Sicherheitsleistung gerichtlich verlangt, so haften ab diesem Zeitpunkt alle beteiligten Genossenschaften für die Forderung betraglich unbeschränkt als Gesamtschuldner, bis entweder die Sicherheit geleistet oder die Klage rechtskräftig abgewiesen wird.

(4) Das Recht, Sicherheitsleistung zu verlangen, steht solchen Gläubigern nicht zu, die im Insolvenzverfahren ein Recht auf vorzugsweise Befriedigung aus einer nach gesetzlicher Vorschrift zu ihrem Schutz errichteten und behördlich überwachten Deckungsmasse haben.

(5) Den Inhabern von Schuldverschreibungen und Genussrechten sind gleichwertige Rechte zu gewähren oder die Änderung der Rechte oder das Recht selbst angemessen abzugelten.

### Auskunftserteilung

**§ 19.** (1) Wer durch die Spaltung in seinen rechtlichen Interessen betroffen wird, kann von jeder an der Spaltung beteiligten Genossenschaften die Erteilung von Auskünften über die Zuordnung von Vermögensteilen verlangen.

(2) Über diesen Anspruch entscheidet das Gericht (§ 23) im außerstreitigen Verfahren; die Glaubhaftmachung des rechtlichen Interesses genügt. Das Gericht kann die Vorlage der Handelsbücher sowie die Einsichtnahme durch die Partei oder durch einen zur beruflichen Verschwiegenheit verpflichteten Sachverständigen anordnen. Das Gericht kann auch anordnen, dass der zur Auskunft Verpflichtete einen Eid dahin zu leisten hat, dass die Auskunft richtig und vollständig ist.

## 3. Teil:
## Spaltung zur Aufnahme

### Allgemeines

**§ 20.** Auf die Spaltung zur Aufnahme sind die Vorschriften der §§ 2 bis 19 sinngemäß anzuwenden, soweit im Folgenden nichts anderes bestimmt wird:

1. An die Stelle des Spaltungsplans (§ 2) tritt der Spaltungs- und Übernahmsvertrag, der von den Vorständen der übertragenden Genossenschaft und des übernehmenden Rechtsträgers (§ 1 Abs. 3) bis zur Anmeldung zum Firmenbuch in schriftlicher Form abzuschließen ist.
2. An die Stelle der neuen Genossenschaft tritt der übernehmende Rechtsträger.
3. Jene Gläubiger der übertragenden Genossenschaft, deren Forderungen einem übernehmenden Rechtsträger zugewiesen werden, haben zusätzlich zu den Rechten gemäß § 18 Anspruch auf Sicherheitsleistung in sinngemäßer Anwendung von § 226 AktG.
4. Im Übrigen gelten für den übernehmenden Rechtsträger die seiner Rechtsform entsprechenden Vorschriften über die Verschmelzung durch Aufnahme sinngemäß. Handelt es sich beim übernehmenden Rechtsträger um eine Kapitalgesellschaft, so tritt an die Stelle des Verschmelzungsberichts der Spaltungsbericht (§ 4 SpaltG) und an die Stelle der Verschmelzungsprüfung die Spaltungsprüfung (§ 5 SpaltG).
5. Der Vorstand der übertragenden Genossenschaft und der Vorstand des übernehmenden Rechtsträgers haben die Spaltung zur Aufnahme zur Eintragung beim Gericht, in dessen Sprengel ihr Rechtsträger den Sitz hat, anzumelden. Die erforderlichen Unterlagen sind der Anmeldung der übertragenden Genossenschaft beizufügen. Wird zur Durchführung der Spaltung zur Aufnahme das Nennkapital der übernehmenden Kapitalgesellschaft erhöht, so sind die hierfür erforderlichen Anmeldungen zur Eintragung in das Firmenbuch mit der Anmeldung der Spaltung gemäß § 13 zu verbinden.

### Abspaltung zur Aufnahme durch eine Kapitalgesellschaft

**§ 21.** (1) Der übernehmende Rechtsträger kann eine Kapitalgesellschaft sein, wenn es sich um eine Abspaltung handelt und eine Anteilsgewährung gemäß § 22 unterbleibt.

(2) Handelt es sich bei der übertragenden Genossenschaft um eine Kreditgenossenschaft und wird ein bankgeschäftlicher Betrieb oder Teilbetrieb abgespalten, so ist die Abspaltung auf eine Kapitalgesellschaft nur zulässig, sofern diese demselben Fachverband angehört wie die übertragende Genossenschaft. § 92 Abs. 7 BWG und § 60 Abs. 2 zweiter Satz BWG gelten entsprechend.

(3) Der Spaltungsbeschluss bedarf einer Mehrheit von zwei Dritteln der abgegebenen Stimmen (§ 8 Abs. 1). Den Mitgliedern der übertragenden Genossenschaft kommt kein Kündigungs- oder Wahlrecht gemäß § 9 zu. Die Erleichterungen gemäß § 11 Abs. 1 sind anwendbar.

### Unterbleiben der Anteilsgewährung

**§ 22.** Eine Anteilsgewährung kann unterbleiben, wenn die Mitglieder am übernehmenden Rechtsträger unmittelbar oder mittelbar im selben Verhältnis wie an der übertragenden Genossenschaft beteiligt sind.

## 4. Teil: Gerichtszuständigkeit und Schlussbestimmungen

### Gerichtszuständigkeit

**§ 23.** (1) Für die nach diesem Bundesgesetz vom Gericht zu erledigenden Angelegenheiten sind die mit Handelssachen betrauten Gerichtshöfe erster Instanz sachlich zuständig.

(2) Örtlich zuständig ist jenes Gericht, in dessen Sprengel die übertragende Genossenschaft ihren Sitz hat oder hatte. Dieses Gericht ist bei einer Spaltung zur Neugründung auch für die erste Eintragung der neuen Genossenschaft und bei einer Spaltung zur Aufnahme auch für die Eintragung beim übernehmenden Rechtsträger zuständig.

### Gerichtszuständigkeit

**§ 24.** Soweit in diesem Bundesgesetz auf Bestimmungen anderer Bundesgesetze verwiesen wird, sind diese in ihrer jeweils geltenden Fassung anzuwenden.

### Inkrafttreten

**§ 25.** Dieses Bundesgesetz tritt mit 1. Jänner 2019 in Kraft.

### Vollziehung

**§ 26.** Mit der Vollziehung dieses Bundesgesetzes ist der Bundesminister für Verfassung, Reformen, Deregulierung und Justiz betraut.

# 4. UMSATZSTEUER



## Inhaltsverzeichnis

**Hinweise:**

Verordnung betreffend ein Verzeichnis jener **Goldmünzen**, die die Kriterien der Steuerbefreiung gemäß § 6 Abs 1 Z 8 lit j Umsatzsteuergesetz 1994 im Kalenderjahr 2022 jedenfalls erfüllen, BGBl II 2022/37, nicht abgedruckt.

Verordnungen, die auch **Durchschnittssätze für Vorsteuern** regeln, sind bei den Verordnungen zu § 17 EStG abgedruckt.

# 4/1. Umsatzsteuergesetz 1994



**Umsatzsteuergesetz 1994**, BGBl 1994/663 idF
**1** BGBl 1994/819
**2** BGBl 1995/21
**3** BGBl 1995/831
**4** BGBl 1996/201 (StrukturAnpG 1996)
**5** BGBl 1996/756
**6** BGBl I 1997/123
**7** BGBl I 1998/9 (AbgÄG 1997)
**8** BGBl I 1998/79
**9** BGBl I 1998/126
**10** BGBl I 1999/28 (AbgÄG 1998)
**11** BGBl I 1999/106 (StRefG 2000)
**12** BGBl I 2000/29
**13** BGBl I 2000/142 (BudgetbegleitG 2001)
**14** BGBl I 2001/47 (BudgetbegleitG 2002)
**15** BGBl I 2001/59 (EuroStUG 2001)
**16** BGBl I 2001/144 (AbgÄG 2001)
**17** BGBl I 2002/56
**18** BGBl I 2002/100
**19** BGBl I 2002/132 (2. AbgÄG 2002)
**20** BGBl I 2003/10
**21** BGBl I 2003/71 (BudgetbegleitG 2003)
**22** BGBl I 2003/134
**23** BGBl I 2004/27
**24** BGBl I 2004/180 (AbgÄG)
**25** BGBl I 2005/103 (WuBG 2005)
**26** BGBl I 2005/105 (ABÄG)
**27** BGBl I 2006/101 (KMU-FG 2006)
**28** BGBl I 2007/24 (BudBG 2007)
**29** BGBl I 2007/45 (RK-Nov. 2007)
**30** BGBl I 2007/99 (AbgSiG 2007)
**31** BGBl I 2008/132
**32** BGBl I 2008/140 (2. AbgÄG 2008)
**33** BGBl I 2009/52 (BudBG 2009)
**34** BGBl I 2009/135 (EPG)
**35** BGBl I 2010/34 (AbgÄG 2010)
**36** BGBl I 2010/54 (GSpG-Nov 2008)
**37** BGBl I 2010/111 (BudBG 2011)
**38** BGBl I 2011/76 (AbgÄG 2011)
**39** BGBl I 2012/22 (1. StabG 2012)
**40** BGBl I 2012/112 (AbgÄG 2012)
**41** BGBl I 2013/63
**42** BGBl I 2014/13 (AbgÄG 2014)
**43** BGBl I 2014/40 (BudBG)
**44** BGBl I 2015/118 (StRefG 2015/16)
**45** BGBl I 2015/163 (AbgÄG 2015)
**46** BGBl I 2016/117 (AbgÄG 2016)
**47** BGBl I 2017/106 (MiFiGG 2017)
**48** BGBl I 2018/12
**49** BGBl I 2018/62 (JStG 2018)
**50** BGBl I 2019/91 (AbgÄG 2020)
**51** BGBl I 2019/103 (StRefG 2020)
**52** BGBl I 2019/104 (FORG)
**53** BGBl I 2020/44 (18. COVID-19-Gesetz)
**54** BGBl I 2020/48 (19. COVID-19-Gesetz)
**55** BGBl I 2020/60
**56** BGBl I 2021/3 (COVID-19-StMG)
**57** BGBl I 2021/52 (2. COVID-19-StMG)
**58** BGBl I 2021/112
**59** BGBl I 2021/227
**60** BGBl I 2022/10 (ÖkoStRefG 2022)
**61** BGBl I 2022/108 (AbgÄG 2022)

## GLIEDERUNG

## STICHWORTVERZEICHNIS

**T**

**Bundesgesetz über die Besteuerung der Umsätze (Umsatzsteuergesetz 1994 – UStG 1994)**

### Steuerbare Umsätze

**§ 1.** (1) Der Umsatzsteuer unterliegen die folgenden Umsätze:

1. Die Lieferungen und sonstigen Leistungen, die ein Unternehmer im Inland gegen Entgelt im Rahmen seines Unternehmens ausführt. Die Steuerbarkeit wird nicht dadurch ausgeschlossen, daß der Umsatz auf Grund gesetzlicher oder behördlicher Anordnung bewirkt wird oder kraft gesetzlicher Vorschrift als bewirkt gilt;
2. der Eigenverbrauch im Inland. Eigenverbrauch liegt vor,
   a) soweit ein Unternehmer Ausgaben (Aufwendungen) tätigt, die Leistungen betreffen, die Zwecken des Unternehmens dienen, und nach § 20 Abs. 1 Z 1 bis 5 des Einkommensteuergesetzes 1988 oder nach § 12 Abs. 1 Z 1 bis 5 des Körperschaftsteuergesetzes 1988 nicht abzugsfähig sind. Dies gilt nicht für Ausgaben (Aufwendungen), die Lieferungen und sonstige Leistungen betreffen, welche auf Grund des § 12 Abs. 2 nicht als für das Unternehmen ausgeführt gelten, sowie für Geldzuwendungen. Eine Besteuerung erfolgt nur, wenn der Gegenstand oder seine Bestandteile zu einem vollen oder teilweisen Vorsteuerabzug berechtigt haben;
   b) (aufgehoben)
3. die Einfuhr von Gegenständen (Einfuhrumsatzsteuer). Eine Einfuhr liegt vor, wenn ein Gegenstand aus dem Drittlandsgebiet in das Inland, ausgenommen die Gebiete Jungholz und Mittelberg, gelangt.

(2) Inland ist das Bundesgebiet. Ausland ist das Gebiet, das hienach nicht Inland ist. Wird ein Umsatz im Inland ausgeführt, so kommt es für die Besteuerung nicht darauf an, ob der Unternehmer österreichischer Staatsbürger ist, seinen Wohnsitz oder seinen Sitz im Inland hat, im Inland eine Betriebsstätte unterhält, die Rechnung ausstellt oder die Zahlung empfängt.

(3) Das Gemeinschaftsgebiet im Sinne dieses Gesetzes umfaßt das Inland und die Gebiete der übrigen Mitgliedstaaten der Europäischen Union, die nach dem Gemeinschaftsrecht als Inland dieser Mitgliedstaaten gelten (übriges Gemeinschaftsgebiet). Das Fürstentum Monaco gilt als Gebiet der Französischen Republik. Drittlandsgebiet im Sinne dieses Gesetzes ist das Gebiet, das nicht Gemeinschaftsgebiet ist. Ein Mitgliedstaat im Sinne dieses Gesetzes ist ein solcher der Europäischen Union. In Bezug auf Waren gilt Nordirland als Gemeinschaftsgebiet und Mitgliedstaat.

*(BGBl I 2021/3)*

### Unternehmer, Unternehmen

**§ 2.** (1) Unternehmer ist, wer eine gewerbliche oder berufliche Tätigkeit selbständig ausübt. Das Unternehmen umfaßt die gesamte gewerbliche oder berufliche Tätigkeit des Unternehmers. Gewerblich oder beruflich ist jede nachhaltige Tätigkeit zur Erzielung von Einnahmen, auch wenn die Absicht, Gewinn zu erzielen, fehlt oder eine Personenvereinigung nur gegenüber ihren Mitgliedern tätig wird.

(2) Die gewerbliche oder berufliche Tätigkeit wird nicht selbständig ausgeübt,

1. soweit natürliche Personen, einzeln oder zusammengeschlossen, einem Unternehmen derart eingegliedert sind, daß sie den Weisungen des Unternehmers zu folgen, verpflichtet sind;
2. wenn eine juristische Person dem Willen eines Unternehmers derart untergeordnet ist, daß sie keinen eigenen Willen hat. Eine juristische, Person ist dem Willen eines Unternehmers dann derart untergeordnet, daß sie keinen eigenen Willen hat (Organschaft), wenn sie nach dem Gesamtbild der tatsächlichen Verhältnisse finanziell, wirtschaftlich und organisatorisch in sein Unternehmen eingegliedert ist.

   Die Wirkungen der Organschaft sind auf Innenleistungen zwischen den im Inland gelegenen Unternehmensteilen beschränkt. Diese Unternehmensteile sind als ein Unternehmen zu behandeln. Hat der Organträger seine Geschäftsleitung im Ausland, gilt der wirtschaftlich bedeutendste Unternehmensteil im Inland als Unternehmer.

(3) Die Körperschaften des öffentlichen Rechts sind nur im Rahmen ihrer Betriebe gewerblicher Art (§ 2 des Körperschaftsteuergesetzes 1988), ausgenommen solche, die gemäß § 5 Z 12 des Körperschaftsteuergesetzes 1988 von der Körperschaftsteuer befreit sind, und ihrer land- und forstwirtschaftlichen Betriebe gewerblich oder beruflich tätig. Als Betriebe gewerblicher Art im Sinne dieses Bundesgesetzes gelten jedoch stets

- Wasserwerke,
- Schlachthöfe,
- Anstalten zur Müllbeseitigung und
- zur Abfuhr von Spülwasser und Abfällen sowie
- die Vermietung und Verpachtung von Grundstücken durch öffentlich-rechtliche Körperschaften.

(4) Als gewerbliche oder berufliche Tätigkeit gilt auch

1. die Tätigkeit der Träger der Sozialversicherung und ihrer Verbände, der Krankenfürsorgeeinrichtungen im Sinne des § 2 Abs. 1 Z 2 des Beamten-Kranken- und Unfallversicherungsgesetzes, BGBl. Nr. 200/1967, sowie der Träger des öffentlichen Fürsorgewesens, soweit diese im Rahmen der Mutterschafts-, Säuglings- und Jugendfürsorge, der allgemeinen Fürsorge (Sozialhilfe), der Kriegsopfer-

versorgung, der Behindertengesetze oder der Blindenhilfegesetze tätig werden;

2. und 3. (aufgehoben)

4. die Tätigkeit des Bundes, soweit sie in der Duldung der Benützung oder der Übertragung der Eisenbahninfrastruktur besteht.

(5) Nicht als gewerbliche oder berufliche Tätigkeit gilt

1. die von Funktionären im Sinne des § 29 Z 4 des Einkommensteuergesetzes 1988 in Wahrnehmung ihrer Funktionen ausgeübte Tätigkeit;
2. eine Tätigkeit, die auf Dauer gesehen Gewinne oder Einnahmenüberschüsse nicht erwarten läßt (Liebhaberei).

(6) Als Unternehmer gilt auch ein in einem Dienstverhältnis zu einer Krankenanstalt stehender Arzt, soweit er in Ausübung seiner ärztlichen Tätigkeit Entgelte vereinnahmt, die gemäß § 22 Z 1 lit. b des Einkommensteuergesetzes 1988 zu den Einkünften aus selbständiger Arbeit zählen.

**Lieferung**

**§ 3.** (1) Lieferungen sind Leistungen, durch die ein Unternehmer den Abnehmer oder in dessen Auftrag einen Dritten befähigt, im eigenen Namen über einen Gegenstand zu verfügen. Die Verfügungsmacht über den Gegenstand kann von dem Unternehmer selbst oder in dessen Auftrag durch einen Dritten verschafft werden.

(2) Einer Lieferung gegen Entgelt gleichgestellt wird die Entnahme eines Gegenstandes durch einen Unternehmer aus seinem Unternehmen

- für Zwecke, die außerhalb des Unternehmens liegen,
- für den Bedarf seines Personals, sofern keine Aufmerksamkeiten vorliegen, oder
- für jede andere unentgeltliche Zuwendung, ausgenommen Geschenke von geringem Wert und Warenmuster für Zwecke des Unternehmens.

Eine Besteuerung erfolgt nur dann, wenn der Gegenstand oder seine Bestandteile zu einem vollen oder teilweisen Vorsteuerabzug berechtigt haben.

(3) Beim Kommissionsgeschäft liegt zwischen dem Kommittenten und dem Kommissionär eine Lieferung vor. Bei der Verkaufskommission gilt die Lieferung des Kommittenten erst mit der Lieferung durch den Kommissionär als ausgeführt.

(3a)

1. Unternehmer, die Einfuhr-Versandhandelsumsätze (§ 3 Abs. 8a), bei denen der Einzelwert der Waren je Sendung 150 Euro nicht übersteigt, durch die Nutzung einer elektronischen Schnittstelle, beispielsweise eines Marktplatzes, einer Plattform, eines Portals oder Ähnlichem, unterstützen, werden behandelt, als ob sie diese Gegenstände selbst erhalten und geliefert hätten.
2. Unternehmer, die die Lieferung von Gegenständen innerhalb der Gemeinschaft durch einen Unternehmer, der im Gemeinschaftsgebiet weder sein Unternehmen betreibt noch eine Betriebsstätte hat, an einen Nichtunternehmer durch die Nutzung einer elektronischen Schnittstelle, beispielsweise eines Marktplatzes, einer Plattform, eines Portals oder Ähnlichem, unterstützen, werden behandelt, als ob sie diese Gegenstände selbst erhalten und geliefert hätten.

*(BGBl I 2019/91)*

(4) Hat der Unternehmer die Bearbeitung oder die Verarbeitung eines vom Auftraggeber beigestellten Gegenstandes übernommen und verwendet er hiebei Stoffe, die er selbst beschafft, so ist die Leistung als Lieferung anzusehen, wenn es sich bei den Stoffen nicht nur um Zutaten oder sonstige Nebensachen handelt (Werklieferung). Das gilt auch dann, wenn die Gegenstände mit dem Grund und Boden fest verbunden werden.

(5) Hat ein Abnehmer dem Lieferer die Nebenerzeugnisse oder Abfälle, die bei der Bearbeitung oder Verarbeitung des ihm übergebenen Gegenstandes entstehen, zurückzugeben, so beschränkt sich die Lieferung auf den Gehalt des Gegenstandes an den Bestandteilen, die dem Abnehmer verbleiben. Das gilt auch dann, wenn der Abnehmer an Stelle der bei der Bearbeitung oder Verarbeitung entstehenden Nebenerzeugnisse oder Abfälle Gegenstände gleicher Art zurückgibt, wie sie in seinem Unternehmen regelmäßig anfallen.

(6) Als Bearbeitung oder Verarbeitung gilt jede Behandlung des Gegenstandes, durch welche nach der Verkehrsauffassung ein neues Verkehrsgut (ein Gegenstand anderer Marktgängigkeit) entsteht.

(7) Eine Lieferung wird dort ausgeführt, wo sich der Gegenstand zur Zeit der Verschaffung der Verfügungsmacht befindet.

(8) Wird der Gegenstand der Lieferung durch den Lieferer oder den Abnehmer befördert oder versendet, so gilt die Lieferung dort als ausgeführt, wo die Beförderung oder Versendung an den Abnehmer oder in dessen Auftrag an einen Dritten beginnt. Versenden liegt vor, wenn der Gegenstand durch einen Frachtführer oder Verfrachter befördert oder eine solche Beförderung durch einen Spediteur besorgt wird. Die Versendung beginnt mit der Übergabe des Gegenstandes an den Spediteur, Frachtführer oder Verfrachter.

(8a) Beim Einfuhr-Versandhandel gilt die Lieferung als dort ausgeführt, wo die Beförderung oder Versendung endet, wenn

a) der Gegenstand in einem anderen Mitgliedstaat eingeführt wird, als jenem, in dem die Beförderung oder Versendung endet, oder
b) der Unternehmer die Sonderregelung gemäß § 25b in Anspruch nimmt.

Ein Einfuhr-Versandhandel liegt vor bei Lieferungen an einen Abnehmer gemäß Art. 3 Abs. 4, bei denen Gegenstände durch den Lieferer oder für dessen Rechnung vom Drittlandsgebiet in einen Mitgliedstaat versandt oder befördert werden, einschließlich jene, an deren Beförderung oder

Versendung der Lieferer indirekt beteiligt ist. Dies gilt nicht für die Lieferung neuer Fahrzeuge. Bei verbrauchsteuerpflichtigen Waren gilt dies nur für Lieferungen an Nichtunternehmer, die keine juristischen Personen sind.

*(BGBl I 2019/91)*

(9) Gelangt der Gegenstand der Lieferung bei der Beförderung oder Versendung an den Abnehmer oder in dessen Auftrag an einen Dritten aus dem Drittlandsgebiet in das Gebiet eines Mitgliedstaates, so ist diese Lieferung als im Einfuhrland ausgeführt zu behandeln, wenn der Lieferer oder sein Beauftragter Schuldner der bei der Einfuhr zu entrichtenden Umsatzsteuer ist.

(10) Ein Tausch liegt vor, wenn das Entgelt für eine Lieferung in einer Lieferung besteht.

(11) Wird ein Gegenstand an Bord eines Schiffes, in einem Luftfahrzeug oder in einer Eisenbahn während einer Beförderung innerhalb der Gemeinschaft geliefert, so gilt der Abgangsort des jeweiligen Personenbeförderungsmittels im Gemeinschaftsgebiet als Ort der Lieferung.

(12) Als Beförderung innerhalb des Gemeinschaftsgebiets im Sinne des Abs. 11 gilt die Beförderung oder der Teil der Beförderung zwischen dem Abgangsort und dem Ankunftsort des Beförderungsmittels im Gemeinschaftsgebiet ohne Zwischenaufenthalt außerhalb des Gemeinschaftsgebiets. Abgangsort im Sinne des ersten Satzes ist der erste Ort innerhalb des Gemeinschaftsgebiets, an dem Reisende in das Beförderungsmittel einsteigen können. Ankunftsort im Sinne des ersten Satzes ist der letzte Ort innerhalb des Gemeinschaftsgebiets, an dem Reisende das Beförderungsmittel verlassen können. Hin- und Rückfahrt gelten als gesonderte Beförderungen.

(13) Die Lieferung von

- Gas über ein Erdgasnetz im Gebiet der Gemeinschaft oder jedes an ein solches Netz angeschlossene Netz,
- Elektrizität,
- Wärme oder Kälte über Wärme- oder Kältenetze

an einen Unternehmer, dessen Haupttätigkeit in Bezug auf den Erwerb dieser Gegenstände in deren Weiterlieferung besteht und dessen eigener Verbrauch dieser Gegenstände von untergeordneter Bedeutung ist, gilt dort ausgeführt, wo der Abnehmer sein Unternehmen betreibt. Wird die Lieferung jedoch an die Betriebsstätte des Unternehmers ausgeführt, so ist stattdessen der Ort der Betriebsstätte maßgebend.

(14) Fällt die Lieferung von

- Gas über ein Erdgasnetz im Gebiet der Gemeinschaft oder jedes an ein solches Netz angeschlossene Netz,
- Elektrizität,
- Wärme oder Kälte über Wärme- oder Kältenetze

nicht unter Abs. 13, so gilt die Lieferung dort ausgeführt, wo der Abnehmer die Gegenstände tatsächlich nutzt und verbraucht. Soweit die Gegenstände von diesem Abnehmer nicht tatsächlich verbraucht werden, gelten sie an dem Ort genutzt oder verbraucht, wo der Abnehmer den Sitz seiner wirtschaftlichen Tätigkeit oder eine Betriebsstätte hat, an die die Gegenstände geliefert werden. In Ermangelung eines solchen Sitzes oder einer solchen Betriebsstätte gelten sie an seinem Wohnsitz oder seinem gewöhnlichen Aufenthalt genutzt oder verbraucht.

(15)

1. Bei Reihengeschäften wird die Beförderung oder Versendung folgender Lieferung zugeordnet:
   a) der Lieferung durch den ersten Lieferer in der Reihe, wenn er die Gegenstände befördert oder versendet;
   b) der Lieferung durch den Zwischenhändler, wenn er seinem Lieferer die Umsatzsteuer-Identifikationsnummer mitgeteilt hat, die ihm vom Mitgliedstaat, aus dem die Gegenstände befördert oder versandt werden, erteilt wurde;
   c) der Lieferung an den Zwischenhändler, wenn kein Fall der lit. b vorliegt;
   d) der Lieferung an den letzten Abnehmer (Empfänger), wenn er die Gegenstände befördert oder versendet.
2. Bei Anwendung von Abs. 3a wird die Beförderung oder Versendung abweichend von Z 1 der Lieferung durch den Unternehmer gemäß Abs. 3a Z 1 bzw. 2 zugeordnet.
3. Lieferungen in der Reihe vor der Lieferung, der die Beförderung oder Versendung zugeordnet wird, gelten dort als ausgeführt, wo die Beförderung oder Versendung beginnt.
4. Lieferungen in der Reihe nach der Lieferung, der die Beförderung oder Versendung zugeordnet wird, gelten dort als ausgeführt, wo die Beförderung oder Versendung endet.
5. Ein Reihengeschäft liegt vor, wenn dieselben Gegenstände nacheinander geliefert werden und diese Gegenstände unmittelbar vom ersten Lieferer bis zum letzten Abnehmer (Empfänger) in der Reihe befördert oder versandt werden.
6. Zwischenhändler ist ein Lieferer innerhalb der Reihe (mit Ausnahme des ersten Lieferers), der die Gegenstände befördert oder versendet.

*(BGBl I 2019/103)*

### Sonstige Leistung

**§ 3a.** (1) Sonstige Leistungen sind Leistungen, die nicht in einer Lieferung bestehen. Eine sonstige Leistung kann auch in einem Unterlassen oder im Dulden einer Handlung oder eines Zustandes bestehen.

(1a) Einer sonstigen Leistung gegen Entgelt werden gleichgestellt:

1. Die Verwendung eines dem Unternehmen zugeordneten Gegenstandes, der zum vollen

oder teilweisen Vorsteuerabzug berechtigt hat, durch den Unternehmer
- für Zwecke, die außerhalb des Unternehmens liegen,
- für den Bedarf seines Personals, sofern keine Aufmerksamkeiten vorliegen;

2. die unentgeltliche Erbringung von anderen sonstigen Leistungen durch den Unternehmer
   - für Zwecke, die außerhalb des Unternehmens liegen,
   - für den Bedarf seines Personals, sofern keine Aufmerksamkeiten vorliegen.

Z 1 gilt nicht für die Verwendung eines dem Unternehmen zugeordneten Grundstückes.

(2) Ein tauschähnlicher Umsatz liegt vor, wenn das Entgelt für eine sonstige Leistung in einer Lieferung oder in einer sonstigen Leistung besteht.

(3) Überläßt ein Unternehmer einem Auftraggeber, der ihm einen Stoff zur Herstellung eines Gegenstandes übergeben hat, an Stelle des herzustellenden Gegenstandes einen gleichartigen Gegenstand, wie er ihn in seinem Unternehmen aus solchem Stoff herzustellen pflegt, so gilt die Leistung des Unternehmers als sonstige Leistung (Werkleistung), wenn das Entgelt für die Leistung nach Art eines Werklohnes unabhängig vom Unterschied zwischen dem Marktpreis des empfangenen Stoffes und dem des überlassenen Gegenstandes berechnet wird.

(4) Besorgt ein Unternehmer eine sonstige Leistung, so sind die für die besorgte Leistung geltenden Rechtsvorschriften auf die Besorgungsleistung entsprechend anzuwenden.

*Ort der sonstigen Leistung*

(5) Für Zwecke der Anwendung der Abs. 6 bis 16 und Art. 3a gilt

1. als Unternehmer ein Unternehmer gemäß § 2, wobei ein Unternehmer, der auch nicht steuerbare Umsätze bewirkt, in Bezug auf alle an ihn erbrachten sonstigen Leistungen als Unternehmer gilt;
2. eine nicht unternehmerisch tätige juristische Person mit Umsatzsteuer-Identifikationsnummer als Unternehmer;
3. eine Person oder Personengemeinschaft, die nicht in den Anwendungsbereich der Z 1 und 2 fällt, als Nichtunternehmer.

(6) Eine sonstige Leistung, die an einen Unternehmer im Sinne des Abs. 5 Z 1 und 2 ausgeführt wird, wird vorbehaltlich der Abs. 8 bis 16 und Art. 3a an dem Ort ausgeführt, von dem aus der Empfänger sein Unternehmen betreibt. Wird die sonstige Leistung an die Betriebsstätte eines Unternehmers ausgeführt, ist stattdessen der Ort der Betriebsstätte maßgebend.

(7) Eine sonstige Leistung, die an einen Nichtunternehmer im Sinne des Abs. 5 Z 3 ausgeführt wird, wird vorbehaltlich der Abs. 8 bis 16 und Art. 3a an dem Ort ausgeführt, von dem aus der Unternehmer sein Unternehmen betreibt. Wird die sonstige Leistung von einer Betriebsstätte ausgeführt, gilt die Betriebsstätte als der Ort der sonstigen Leistung.

(8) Eine Vermittlungsleistung an einen Nichtunternehmer im Sinne des Abs. 5 Z 3 wird an dem Ort erbracht, an dem der vermittelte Umsatz ausgeführt wird.

(9) Eine sonstige Leistung im Zusammenhang mit einem Grundstück wird dort ausgeführt, wo das Grundstück gelegen ist. Sonstige Leistungen im Zusammenhang mit einem Grundstück sind auch:

a) die sonstigen Leistungen der Grundstücksmakler und Grundstückssachverständigen;
b) die Beherbergung in der Hotelbranche oder in Branchen mit ähnlicher Funktion (zB in Ferienlagern oder auf Campingplätzen);
c) die Einräumung von Rechten zur Nutzung von Grundstücken;
d) die sonstigen Leistungen zur Vorbereitung oder zur Koordinierung von Bauleistungen (zB die Leistungen von Architekten und Bauaufsichtsbüros).

(10) Eine Personenbeförderungsleistung wird dort ausgeführt, wo die Beförderung bewirkt wird. Erstreckt sich eine Beförderungsleistung sowohl auf das Inland als auch auf das Ausland, so fällt der inländische Teil der Leistung unter dieses Bundesgesetz. Als inländischer Teil der Leistung gilt auch die Beförderung auf den von inländischen Eisenbahnverwaltungen betriebenen, auf ausländischem Gebiet gelegenen Anschlussstrecken, sowie die Beförderung auf ausländischen Durchgangsstrecken, soweit eine durchgehende Abfertigung nach Inlandstarifen erfolgt. Gleiches gilt für eine Güterbeförderungsleistung, wenn der Leistungsempfänger ein Nichtunternehmer im Sinne des Abs. 5 Z 3 ist.

(11) Die folgenden sonstigen Leistungen werden dort ausgeführt, wo der Unternehmer ausschließlich oder zum wesentlichen Teil tätig wird:

a) kulturelle, künstlerische, wissenschaftliche, unterrichtende, sportliche, unterhaltende oder ähnliche Leistungen, wie Leistungen im Zusammenhang mit Messen und Ausstellungen einschließlich der Leistungen der jeweiligen Veranstalter, soweit diese Leistungen an einen Nichtunternehmer im Sinne des Abs. 5 Z 3 erbracht werden;
b) Umschlag, Lagerung oder ähnliche Leistungen, die mit Beförderungsleistungen üblicherweise verbunden sind, soweit diese Leistungen an einen Nichtunternehmer im Sinne des Abs. 5 Z 3 erbracht werden;
c) Arbeiten an beweglichen körperlichen Gegenständen und die Begutachtung dieser Gegenstände, soweit diese Leistungen an einen Nichtunternehmer im Sinne des Abs. 5 Z 3 erbracht werden;
d) Restaurant- und Verpflegungsdienstleistungen.

(11a) Sonstige Leistungen betreffend die Eintrittsberechtigung sowie die damit zusammenhängenden sonstigen Leistungen für kulturelle, künstlerische, wissenschaftliche, unterrichtende, sportliche, unterhaltende oder ähnliche Veranstaltungen, wie Messen und Ausstellungen, werden dort ausgeführt, wo diese Veranstaltungen tatsächlich stattfinden, soweit diese Leistungen an einen Unternehmer im Sinne des Abs. 5 Z 1 und 2 erbracht werden.

(12)

1. Die kurzfristige Vermietung eines Beförderungsmittels wird an dem Ort ausgeführt, an dem dieses Beförderungsmittel dem Leistungsempfänger tatsächlich zur Verfügung gestellt wird. Als kurzfristig gilt eine Vermietung während eines ununterbrochenen Zeitraumes
   a) von nicht mehr als 90 Tagen bei Wasserfahrzeugen,
   b) von nicht mehr als 30 Tagen bei allen anderen Beförderungsmitteln.
2. Die Vermietung eines Beförderungsmittels, ausgenommen die kurzfristige Vermietung im Sinne der Z 1, wird an dem Ort ausgeführt, an dem der Leistungsempfänger seinen Wohnsitz, Sitz oder gewöhnlichen Aufenthalt hat, soweit diese Leistung an einen Nichtunternehmer im Sinne des Abs. 5 Z 3 erbracht wird.

   Die Vermietung eines Sportbootes wird bei Vorliegen der Voraussetzungen des ersten Satzes jedoch an dem Ort ausgeführt, an dem das Sportboot dem Leistungsempfänger tatsächlich zur Verfügung gestellt wird, wenn dieser Ort mit dem Ort, von dem aus der Unternehmer sein Unternehmen betreibt, oder mit dem Ort der Betriebsstätte, wenn die Leistung von der Betriebsstätte ausgeführt wird, übereinstimmt.

(13) Elektronisch erbrachte sonstige Leistungen sowie Telekommunikations-, Rundfunk- und Fernsehdienstleistungen werden an dem Ort ausgeführt, an dem der Leistungsempfänger seinen Wohnsitz, Sitz oder gewöhnlichen Aufenthalt hat, soweit diese Leistungen an einen Nichtunternehmer im Sinne des Abs. 5 Z 3 erbracht werden.

(14) Ist der Empfänger ein Nichtunternehmer im Sinne des Abs. 5 Z 3 und hat er keinen Wohnsitz, Sitz oder gewöhnlichen Aufenthalt im Gemeinschaftsgebiet, werden die folgenden sonstigen Leistungen an seinem Wohnsitz, Sitz oder gewöhnlichen Aufenthalt im Drittlandsgebiet ausgeführt:

1. Die Einräumung, Übertragung und Wahrnehmung von Rechten, die sich aus urheberrechtlichen Vorschriften ergeben;
2. die Leistungen, die der Werbung oder der Öffentlichkeitsarbeit dienen;
3. die sonstigen Leistungen aus der Tätigkeit als Rechtsanwalt, Patentanwalt, Steuerberater, Wirtschaftsprüfer, Sachverständiger, Ingenieur, Aufsichtsratsmitglied, Dolmetscher und Übersetzer sowie ähnliche Leistungen anderer Unternehmer;
4. die rechtliche, technische und wirtschaftliche Beratung;
5. die Datenverarbeitung;
6. die Überlassung von Informationen einschließlich gewerblicher Verfahren und Erfahrungen;
7. die sonstigen Leistungen der in § 6 Abs. 1 Z 8 lit. a bis i und Z 9 lit. c bezeichneten Art;
8. die Gestellung von Personal;
9. der Verzicht, ein in diesem Absatz bezeichnetes Recht wahrzunehmen;
10. der Verzicht, ganz oder teilweise eine gewerbliche oder berufliche Tätigkeit auszuüben;
11. die Vermietung beweglicher körperlicher Gegenstände, ausgenommen Beförderungsmittel;
12. die Gewährung des Zugangs zu einem Erdgasnetz im Gebiet der Gemeinschaft oder zu einem an ein solches Netz angeschlossenes Netz, zum Elektrizitätsnetz oder zu Wärme- oder Kältenetzen sowie die Fernleitung, Übertragung oder Verteilung über diese Netze und die Erbringung anderer unmittelbar damit verbundener Dienstleistungen.

(15) Bei einer in Abs. 14 bezeichneten sonstigen Leistung an eine juristische Person des öffentlichen Rechts, die Nichtunternehmer im Sinne des Abs. 5 Z 3 ist, verlagert sich der Ort der sonstigen Leistung vom Drittlandsgebiet ins Inland, wenn sie im Inland genutzt oder ausgewertet wird.

*(BGBl I 2015/118)*

(16) Der Bundesminister für Finanzen kann, um Doppelbesteuerungen, Nichtbesteuerungen oder Wettbewerbsverzerrungen zu vermeiden, durch Verordnung festlegen, dass sich bei sonstigen Leistungen, deren Leistungsort sich nach Abs. 6, 7, 12, 13 oder 14 bestimmt, der Ort der sonstigen Leistung danach richtet, wo die sonstige Leistung genutzt oder ausgewertet wird. Der Ort der sonstigen Leistung kann danach

1. statt im Inland als im Drittlandsgebiet gelegen und
2. statt im Drittlandsgebiet als im Inland gelegen

behandelt werden.

*(BGBl I 2015/118)*

### Bemessungsgrundlage für die Lieferungen, sonstigen Leistungen und den Eigenverbrauch

**§ 4.** (1) Der Umsatz wird im Falle des § 1 Abs. 1 Z 1 nach dem Entgelt bemessen. Entgelt ist alles, was der Empfänger einer Lieferung oder sonstigen Leistung aufzuwenden hat, um die Lieferung oder sonstige Leistung zu erhalten (Solleinnahme); dazu gehören insbesondere auch Gebühren für Rechtsgeschäfte und andere mit der Errichtung von Verträgen über Lieferungen oder sonstige Leistungen verbundene Kosten, die der Empfänger einer Lieferung oder sonstigen Leistung dem Unternehmer zu ersetzen hat.

(2) Zum Entgelt gehört auch,

1. was der Empfänger einer Lieferung oder sonstigen Leistung freiwillig aufwendet, um die Lieferung oder sonstige Leistung zu erhalten,
2. was ein anderer als der Empfänger dem Unternehmer für die Lieferung oder sonstige Leistung gewährt.

(3) Nicht zum Entgelt gehören die Beträge, die der Unternehmer im Namen und für Rechnung eines anderen vereinnahmt und verausgabt (durchlaufende Posten).

(4) Bei der Ermittlung der Bemessungsgrundlage für Lieferungen von Kunstgegenständen, Sammlungsstücken, Antiquitäten oder bestimmten anderen beweglichen körperlichen Gegenständen ist § 24 (Differenzbesteuerung) zu beachten.

(5) Werden Rechte übertragen, die mit dem Besitz eines Pfandscheines verbunden sind, so gilt als Entgelt der Preis des Pfandscheines zuzüglich der Pfandsumme. Beim Spiel mit Gewinnmöglichkeit und bei der Wette ist Bemessungsgrundlage das Entgelt für den einzelnen Spielabschluß oder für die einzelne Wette, wobei ein ausbezahlter Gewinn das Entgelt nicht mindert.

Bemessungsgrundlage bei Umsätzen aus Glücksspielautomaten (§ 2 Abs. 3 GSpG) und aus Video Lotterie Terminals sind die Jahresbruttospieleinnahmen. Jahresbruttospieleinnahmen sind die Einsätze abzüglich der ausgezahlten Gewinne eines Kalenderjahres.

(6) Beim Tausch, bei tauschähnlichen Umsätzen und bei Hingabe an Zahlungs Statt gilt der Wert jedes Umsatzes als Entgelt für den anderen Umsatz.

(7) Wird ein Unternehmen oder ein in der Gliederung eines Unternehmens gesondert geführter Betrieb im ganzen veräußert (Geschäftsveräußerung), so ist Bemessungsgrundlage das Entgelt für die auf den Erwerber übertragenen Gegenstände und Rechte (Besitzposten). Die Befreiungsvorschriften bleiben unberührt. Die übernommenen Schulden können nicht abgezogen werden.

(8) Der Umsatz bemisst sich

a) im Falle des § 3 Abs. 2 nach dem Einkaufspreis zuzüglich der mit dem Einkauf verbundenen Nebenkosten für den Gegenstand oder für einen gleichartigen Gegenstand oder mangels eines Einkaufspreises nach den Selbstkosten, jeweils im Zeitpunkt des Umsatzes;
b) im Falle des § 3a Abs. 1a Z 1 und 2 nach den auf die Ausführung dieser Leistungen entfallenden Kosten;
c) im Falle des § 1 Abs. 1 Z 2 lit. a nach den nichtabzugsfähigen Ausgaben (Aufwendungen).

(9) Ungeachtet Abs. 1 ist der Normalwert die Bemessungsgrundlage für Lieferungen und sonstige Leistungen durch den Unternehmer für Zwecke, die außerhalb des Unternehmens liegen oder für den Bedarf seines Personals, sofern

a) das Entgelt niedriger als der Normalwert ist und der Empfänger der Lieferung oder sonstigen Leistung nicht oder nicht zum vollen Vorsteuerabzug berechtigt ist;
b) das Entgelt niedriger als der Normalwert ist, der Unternehmer nicht oder nicht zum vollen Vorsteuerabzug berechtigt ist und der Umsatz gemäß § 6 Abs. 1 Z 7 bis 26 oder Z 28 steuerfrei ist;
c) das Entgelt höher als der Normalwert ist und der Unternehmer nicht oder nicht zum vollen Vorsteuerabzug berechtigt ist.

„Normalwert“ ist der gesamte Betrag, den ein Empfänger einer Lieferung oder sonstigen Leistung auf derselben Absatzstufe, auf der die Lieferung oder sonstige Leistung erfolgt, an einen unabhängigen Lieferer oder Leistungserbringer zahlen müsste, um die betreffenden Gegenstände oder sonstigen Leistungen zu diesem Zeitpunkt unter den Bedingungen des freien Wettbewerbs zu erhalten. Kann keine vergleichbare Lieferung oder sonstige Leistung ermittelt werden, ist der Normalwert unter sinngemäßer Anwendung von Abs. 8 lit. a und b zu bestimmen.

*(BGBl I 2015/118)*

(10) Die Umsatzsteuer gehört nicht zur Bemessungsgrundlage.

### Bemessungsgrundlage für die Einfuhr

**§ 5.** (1) Der Umsatz wird bei der Einfuhr (§ 1 Abs. 1 Z 3) nach dem Zollwert des eingeführten Gegenstandes bemessen.

(2) Ist ein Gegenstand ausgeführt, in einem Drittlandsgebiet für den Ausführer veredelt und von dem Ausführer oder für ihn wieder eingeführt worden, so wird der Umsatz bei der Einfuhr nach dem für die Veredlung zu zahlenden Entgelt, falls aber ein solches Entgelt nicht gezahlt wird, nach der durch die Veredlung eingetretenen Wertsteigerung bemessen. Ist der eingeführte Gegenstand vor der Einfuhr geliefert worden und ist diese Lieferung nicht der Umsatzsteuer unterlegen, so gilt Abs. 1.

(3) (aufgehoben)

(4) Der sich aus den Abs. 1 bis 3 ergebenden Bemessungsgrundlage sind hinzuzurechnen, soweit sie darin nicht enthalten sind:

1. die nicht im Inland, ausgenommen die Gebiete Jungholz und Mittelberg, für den eingeführten Gegenstand geschuldeten Beträge an Einfuhrabgaben, Steuern und sonstigen Abgaben;
2. die im Zeitpunkt der Entstehung der Steuerschuld auf den Gegenstand entfallenden Beträge an Zoll einschließlich der Abschöpfung, Verbrauchsteuern und Monopolabgaben sowie an anderen Abgaben mit gleicher Wirkung wie Zölle, wenn, diese Abgaben anläßlich oder im Zusammenhang mit der Einfuhr von Gegenständen vom Zollamt Österreich zu erheben sind;

   *(BGBl I 2019/104)*
3. die auf den eingeführten Gegenstand entfallenden Nebenkosten wie Beförderungs-, Versicherungs-, Verpackungskosten, Provisionen und Maklerlöhne bis zum ersten Bestimmungsort im Gebiet eines Mitgliedstaates der Europäischen Union. Das gilt auch, wenn

sich diese Nebenkosten aus der Beförderung nach einem anderen in der Gemeinschaft gelegenen Bestimmungsort ergeben, der im Zeitpunkt des Entstehens der Einfuhrumsatzsteuer bekannt ist.

4. (aufgehoben)

(5) Für die Umrechnung von Werten in fremder Währung gelten die entsprechenden Vorschriften über den Zollwert der Waren.

(6) Die Umsatzsteuer (Einfuhrumsatzsteuer) gehört nicht zur Bemessungsgrundlage.

### Steuerbefreiungen

**§ 6.** (1) Von den unter § 1 Abs. 1 Z 1 fallenden Umsätzen sind steuerfrei:

1. Die Ausfuhrlieferungen (§ 7) und die Lohnveredlungen an Gegenständen der Ausfuhr (§ 8);
2. die Umsätze für die Seeschiffahrt und für die Luftfahrt (§ 9);
3. a) die Beförderungen von Gegenständen im grenzüberschreitenden Beförderungsverkehr und im internationalen Eisenbahnfrachtverkehr und andere sonstige Leistungen, wenn sich die Leistungen
   aa) auf Gegenstände der Einfuhr in das Gebiet eines Mitgliedstaates der Europäischen Union beziehen und die Kosten für diese Leistungen in der Bemessungsgrundlage für die Einfuhr (§ 5) enthalten sind oder
   bb) unmittelbar auf Gegenstände der Ausfuhr beziehen oder auf eingeführte Gegenstände beziehen, die im externen Versandverfahren in das Drittlandsgebiet befördert werden;
   b) die Beförderungen von Gegenständen nach und von den Inseln, die die autonomen Regionen Azoren und Madeira bilden;
   c) sonstige Leistungen, die sich unmittelbar auf eingeführte Gegenstände beziehen, für die zollamtlich eine vorübergehende Verwendung im Inland, ausgenommen die Gebiete Jungholz und Mittelberg, bewilligt worden ist, und der Leistungsempfänger ein ausländischer Auftraggeber (§ 8 Abs. 2) ist. Dies gilt nicht für sonstige Leistungen, die sich auf Beförderungsmittel, Paletten und Container beziehen;
   d) die Beförderungen von Personen mit **„Eisenbahnen,“**[a] Schiffen und Luftfahrzeugen im grenzüberschreitenden Beförderungsverkehr, ausgenommen die Personenbeförderung auf dem Bodensee.

   *(BGBl I 2022/108 ab 1.1.2023)*

[a] Die Einfügung tritt mit 1. Jänner 2023 in Kraft.

   Lit. a bis c gelten nicht für die im § 6 Abs. 1 Z 8, 9 lit. c und 13 bezeichneten Umsätze und für die Bearbeitung oder Verarbeitung eines Gegenstandes einschließlich der Werkleistung im Sinne des § 3a Abs. 3. Die Voraussetzungen der Steuerbefreiung der lit. a bis c müssen vom Unternehmer buchmäßig nachgewiesen sein;
4. die Lieferung von Gold an Zentralbanken;
5. die Vermittlung
   a) der unter Z 1 bis 4 und Z 6 fallenden Umsätze,
   b) der Umsätze, die ausschließlich im Drittlandsgebiet bewirkt werden,
   c) der Lieferungen, die nach § 3 Abs. 9 als im Inland ausgeführt zu behandeln sind.

   Die Voraussetzungen der Steuerbefreiung müssen vom Unternehmer buchmäßig nachgewiesen sein;
6. a) die Lieferungen von eingeführten Gegenständen an Abnehmer, die keinen Wohnsitz (Sitz) im Gemeinschaftsgebiet haben, soweit für die Gegenstände zollamtlich eine vorübergehende Verwendung im Inland, ausgenommen die Gebiete Jungholz und Mittelberg, bewilligt worden ist und diese Bewilligung auch nach der Lieferung gilt. Nicht befreit sind die Lieferungen von Beförderungsmitteln, Paletten und Containern;
   b) die Leistungen der Eisenbahnunternehmer für ausländische Eisenbahnen in den Gemeinschaftsbahnhöfen, Betriebswechselbahnhöfen und Grenzbetriebsstrecken;
   **„c) die Lieferungen, ausgenommen Lieferungen neuer Fahrzeuge im Sinne des Art. 1 Abs. 8 des Anhanges, und die sonstigen Leistungen an**
   – **die im Gebiet eines anderen Mitgliedstaates errichteten ständigen diplomatischen Missionen, berufskonsularischen Vertretungen und zwischenstaatlichen Einrichtungen sowie deren Mitglieder,**
   – **die im Gebiet eines anderen Mitgliedstaates stationierten Streitkräfte der Vertragsparteien des Nordatlantikvertrages, soweit sie nicht an die Streitkräfte dieses Mitgliedstaates ausgeführt werden, wenn diese Umsätze für den Gebrauch oder Verbrauch dieser Streitkräfte, ihres zivilen Begleitpersonals oder für die Versorgung ihrer Kasinos oder Kantinen bestimmt sind und wenn diese Streitkräfte der gemeinsamen Verteidigungsanstrengung dienen,**

– **die Streitkräfte anderer Mitgliedstaaten, wenn diese Streitkräfte an einer Verteidigungsanstrengung teilnehmen, die zur Durchführung einer Tätigkeit der Union im Rahmen der Gemeinsamen Sicherheits- und Verteidigungspolitik unternommen wird und, wenn die Umsätze entweder für den Gebrauch oder Verbrauch durch die Streitkräfte anderer Mitgliedstaaten oder ihr ziviles Begleitpersonal oder für die Versorgung ihrer Kasinos oder Kantinen bestimmt sind, und**

– **die im Gebiet eines anderen Mitgliedstaates stationierten Streitkräfte eines Mitgliedstaates, wenn diese Streitkräfte an einer Verteidigungsanstrengung teilnehmen, die zur Durchführung einer Tätigkeit der Union im Rahmen der Gemeinsamen Sicherheits- und Verteidigungspolitik unternommen wird und, wenn die Umsätze für den Gebrauch oder Verbrauch durch die Streitkräfte eines anderen Mitgliedstaats als die des Bestimmungsmitgliedstaats selbst oder ihr ziviles Begleitpersonal oder für die Versorgung ihrer Kasinos oder Kantinen bestimmt sind.**

**Für die Steuerbefreiung sind die in dem anderen Mitgliedstaat geltenden Voraussetzungen maßgebend. Die Voraussetzungen der Steuerbefreiung müssen vom Unternehmer dadurch nachgewiesen werden, dass ihm der Abnehmer eine von der zuständigen Behörde des anderen Mitgliedstaates oder, wenn er hiezu ermächtigt ist, eine selbst ausgestellte Bescheinigung auf amtlichem Vordruck aushändigt. Der Bundesminister für Finanzen kann durch Verordnung bestimmen, wie der Unternehmer die übrigen Voraussetzungen nachzuweisen hat;“**

*(BGBl I 2022/108 ab 1.7.2022)*

d) – die Lieferung von Kraftfahrzeugen an Vergütungsberechtigte im Sinne des § 1 Abs. 1 Z 1 IStVG für ihren amtlichen Gebrauch,

– die Lieferung eines Kraftfahrzeuges innerhalb eines Zeitraumes von zwei Jahren an Vergütungsberechtigte im Sinne des § 1 Abs. 1 Z 2 IStVG für ihren persönlichen Gebrauch,

– die Vermietung von Grundstücken an Vergütungsberechtigte im Sinne des § 1 Abs. 1 Z 1 IStVG für ihren amtlichen Gebrauch und

– die Vermietung von Grundstücken für Wohnzwecke an Vergütungsberechtigte im Sinne des § 1 Abs. 1 Z 2 IStVG, so weit sie ihrem persönlichen Gebrauch dienen.

§ 1 Abs. 3 IStVG (Grundsatz der Gleichbehandlung) ist sinngemäß anzuwenden.

Die Voraussetzungen für die Steuerbefreiung müssen vom Unternehmer durch eine vom Bundesminister für auswärtige Angelegenheiten nach amtlichem Vordruck ausgestellte, ihm vom Abnehmer auszuhändigende Bescheinigung nachgewiesen werden. Der Bundesminister für Finanzen trifft im Einvernehmen mit dem Bundesminister für auswärtige Angelegenheiten durch Verordnung die nähere Regelung hinsichtlich der Bescheinigung.

e) die Lieferungen und sonstigen Leistungen, die an die Kommission oder an Agenturen oder Einrichtungen, die nach Unionsrecht errichtet worden sind, ausgeführt bzw. erbracht werden. Voraussetzung ist, dass diese

– die Leistungen in Wahrnehmung der ihnen durch das Unionsrecht übertragenen Aufgaben zur Bekämpfung der COVID-19 Pandemie empfangen und

– die Leistungen nicht für Zwecke eines entgeltlichen Umsatzes verwenden, der unmittelbar oder zu einem späteren Zeitpunkt erfolgt.

Liegen die Voraussetzungen für die Steuerbefreiung nicht mehr vor, hat die Kommission, eine solche Agentur oder Einrichtung das Bundesministerium für Finanzen hievon zu informieren.

*(BGBl I 2021/227)*

7. die Umsätze der Träger der Sozialversicherung und ihrer Verbände, der Krankenfürsorgeeinrichtungen im Sinne des § 2 Abs. 1 Z 2 des Beamten-Kranken- und Unfallversicherungsgesetzes, BGBl. Nr. 200/1967, und der Träger des öffentlichen Fürsorgewesens untereinander und an die Versicherten, die mitversicherten Familienangehörigen, die Versorgungsberechtigten oder die Hilfeempfänger oder die zum Ersatz von Fürsorgekosten Verpflichteten;

8. a) die Gewährung und die Vermittlung von Krediten sowie die Verwaltung von Krediten und Kreditsicherheiten durch die Kreditgeber,

b) die Umsätze und die Vermittlung der Umsätze von gesetzlichen Zahlungsmitteln. Das gilt nicht, wenn die Zahlungsmittel wegen ihres Metallgehaltes oder ihres Sammlerwertes umgesetzt werden,

c) die Umsätze im Geschäft mit Geldforderungen und die Vermittlung dieser Umsätze, ausgenommen die Einziehung von Forderungen,
d) die Umsätze von im Inland gültigen amtlichen Wertzeichen zum aufgedruckten Wert,
e) die Umsätze und die Vermittlung der Umsätze im Einlagengeschäft und Kontokorrentverkehr einschließlich Zahlungs- und Überweisungsverkehr; das Inkasso von Handelspapieren,
f) die Umsätze im Geschäft mit Wertpapieren und die Vermittlung dieser Umsätze, ausgenommen die Verwahrung und Verwaltung von Wertpapieren,
g) die Umsätze und die Vermittlung von Anteilen an Gesellschaften und anderen Vereinigungen,
h) die Übernahme von Verbindlichkeiten, von Bürgschaften und anderen Sicherheiten sowie die Vermittlung dieser Umsätze,
i) die Verwaltung von
   aa) Sondervermögen nach dem Investmentfondsgesetz 2011, BGBl. I Nr. 77/2011,
   bb) Sondervermögen nach dem Immobilien-Investmentfondsgesetz, BGBl. I Nr. 80/2003,
   cc) Sondervermögen durch einen konzessionierten oder registrierten AIFM gemäß § 4 Abs. 1 bzw. § 1 Abs. 5 des Alternative Investmentfonds Manager-Gesetz, BGBl. I Nr. 135/2013, durch einen in einem anderen Mitgliedstaat gemäß Art. 6 Abs. 1 der Richtlinie 2011/61/EU zugelassenen AIFM oder durch eine Verwaltungsgesellschaft gemäß Art. 6 der Richtlinie 2009/65/EG, die in einem anderen Mitgliedstaat konzessioniert ist,
   dd) Sondervermögen, das keinen OGAW gemäß Art. 1 Abs. 2 der Richtlinie 2009/65/EG und keinen AIF gemäß Art. 4 Abs. 1 Buchst. a der Richtlinie 2011/61/EU darstellt, wenn es von einem anderen Mitgliedstaat als solches definiert ist und einer besonderen staatlichen Aufsicht unterliegt;

   *(BGBl I 2017/106)*
j) die Lieferung von Anlagegold, einschließlich Anlagegold in Form von Zertifikaten über sammel- oder einzelverwahrtes Gold und über Goldkonten gehandeltes Gold, durch die ein Eigentumsrecht an Anlagegold oder ein schuldrechtlicher Anspruch auf Anlagegold begründet wird, sowie die Optionsgeschäfte mit Anlagegold und die Vermittlung der Lieferung von Anlagegold.

   Anlagegold im Sinne dieses Bundesgesetzes sind:
   aa) Gold in Barren- oder Plättchenform mit einem von den Goldmärkten akzeptierten Gewicht und einem Feingehalt von mindestens 995 Tausendstel, unabhängig davon, ob es durch Wertpapiere verbrieft ist oder nicht;
   bb) Goldmünzen,
      – die einen Feingehalt von mindestens 900 Tausendstel aufweisen,
      – die nach dem Jahr 1800 geprägt wurden,
      – die in ihrem Ursprungsland gesetzliches Zahlungsmittel sind oder waren und
      – die üblicherweise zu einem Preis verkauft werden, der den Offenmarktwert ihres Goldgehaltes um nicht mehr als 80% übersteigt.

   Der Bundesminister für Finanzen kann mit Verordnung ein Verzeichnis jener Münzen aufstellen, die diese Kriterien jedenfalls erfüllen. Die in dem Verzeichnis angeführten Münzen gelten als Münzen, die während des gesamten Zeitraumes, für den das Verzeichnis gilt, die genannten Kriterien erfüllen;
k) (aufgehoben)

9. a) die Lieferungen von Grundstücken;

   *(BGBl I 2016/117)*
   b) die Vergütungen jeder Art einschließlich der Reisekostenersätze, die an Mitglieder des Aufsichtsrates, Verwaltungsrates oder andere mit der Überwachung der Geschäftsführung beauftragte Personen für diese Funktion gewährt werden;
   c) die Umsätze aus Versicherungsverhältnissen und aus Pensionskassengeschäften im Sinne des Pensionskassengesetzes, soweit für diese Umsätze ein Versicherungsentgelt im Sinne des § 3 des Versicherungssteuergesetzes 1953 gezahlt wird oder das Deckungserfordernis gemäß § 48 des Pensionskassengesetzes oder vergleichbare Deckungsbeträge überwiesen werden, sowie die Leistungen, die darin bestehen, daß anderen Personen Versicherungsschutz verschafft wird, weiters die Umsätze aus dem Mitarbeiter- und Selbständigenvorsorgekassengeschäft im Sinne des Betrieblichen Mitarbeiter- und Selbständigenvorsorgegesetzes – BMSVG, BGBl. I Nr. 100/2002;

d) aa) die mit Wetten gemäß § 33 TP 17 Abs. 1 Z 1 GebG 1957 und mit Ausspielungen gemäß § 2 Abs. 1 GSpG, ausgenommen Ausspielungen mit Glücksspielautomaten (§ 2 Abs. 3 GSpG) und mit Video Lotterie Terminals, unmittelbar verbundenen Umsätze,

bb) Umsätze aus der Mitwirkung im Rahmen von Ausspielungen, soweit hierfür vom Konzessionär (§ 14 GSpG) Vergütungen gewährt werden, ausgenommen Vergütungen aufgrund von Ausspielungen mittels Video Lotterie Terminals, und

cc) die Zuwendungen im Sinne des § 27 Abs. 3 des Glücksspielgesetzes.

10. a) die Umsätze der Blinden, wenn sie nicht mehr als drei sehende Arbeitnehmer beschäftigen und die Voraussetzungen der Steuerfreiheit durch eine Bescheinigung über den Erhalt der Blindenbeihilfe oder durch eine Bestätigung der zuständigen Bezirksverwaltungsbehörde oder durch den Rentenbescheid oder eine Bestätigung des zuständigen Bundesamtes für Soziales und Behindertenwesen nachweisen. Nicht als Arbeitnehmer gelten der Ehegatte, der eingetragene Partner, die minderjährigen Abkömmlinge, die Eltern des Blinden und die Lehrlinge. Die Steuerfreiheit gilt nicht für die Umsätze von Gegenständen, die einer Verbrauchsteuer unterliegen, wenn der Blinde Schuldner der Verbrauchsteuer ist;

b) Postdienstleistungen, die ein Universaldienstbetreiber im Sinne des § 12 des Postmarktgesetzes, BGBl. I Nr. 123/2009, als solcher erbringt. Dies gilt nicht für Leistungen, deren Bedingungen individuell ausgehandelt worden sind;

c) (aufgehoben)

11. a) die Umsätze von privaten Schulen und anderen allgemeinbildenden oder berufsbildenden Einrichtungen, soweit es sich um die Vermittlung von Kenntnissen allgemeinbildender oder berufsbildender Art oder der Berufsausübung dienenden Fertigkeiten handelt und nachgewiesen werden kann, daß eine den öffentlichen Schulen vergleichbare Zielsetzung verfolgt wird. Der Bundesminister für Finanzen kann unter Berücksichtigung der Vermeidung von Wettbewerbsverzerrungen mit Verordnung festlegen, wann eine vergleichbare Zielsetzung vorliegt;

*(BGBl I 2018/62)*

b) die Umsätze von Privatlehrern an öffentlichen Schulen und Schulen im Sinne der lit. a;

12. die Umsätze aus den von öffentlich-rechtlichen Körperschaften oder Volksbildungsvereinen veranstalteten Vorträgen, Kursen und Filmvorführungen wissenschaftlicher oder unterrichtender oder belehrender Art, wenn die Einnahmen vorwiegend zur Deckung der Kosten verwendet werden;

13. die Umsätze aus der Tätigkeit als Bausparkassenvertreter und Versicherungsvertreter;

14. die Umsätze von gemeinnützigen Vereinigungen (§§ 34 bis 36 der Bundesabgabenordnung), deren satzungsgemäßer Zweck die Ausübung oder Förderung des Körpersportes ist; dies gilt nicht für Leistungen, die im Rahmen eines land- und forstwirtschaftlichen Betriebes, eines Gewerbebetriebes oder eines wirtschaftlichen Geschäftsbetriebes im Sinne des § 45 Abs. 3 der Bundesabgabenordnung ausgeführt werden;

15. die Umsätze der Pflege- und Tagesmütter oder Pflegeeltern, die regelmäßig mit der Betreuung, Erziehung, Beherbergung und Verköstigung von Pflegekindern verbunden sind, sowie die Umsätze, soweit sie in der Betreuung, Beherbergung und Verköstigung von pflegebedürftigen Personen, die im Rahmen der Sozialhilfe bei Pflegefamilien untergebracht sind, bestehen;

16. die Vermietung und Verpachtung von Grundstücken. Nicht befreit sind:
   – die Vermietung (Nutzungsüberlassung) von Grundstücken für Wohnzwecke;
   – die Vermietung und Verpachtung von Maschinen und sonstigen Vorrichtungen aller Art, die zu einer Betriebsanlage gehören, auch wenn sie wesentliche Bestandteile eines Grundstückes sind;
   – die Beherbergung in eingerichteten Wohn- und Schlafräumen;
   – die Vermietung (Nutzungsüberlassung) von Räumlichkeiten oder Plätzen für das Abstellen von Fahrzeugen aller Art;
   – die Vermietung (Nutzungsüberlassung) von Grundstücken für Campingzwecke;
   – die Vermietung von Grundstücken während eines ununterbrochenen Zeitraumes von nicht mehr als 14 Tagen (kurzfristige Vermietung), wenn der Unternehmer das Grundstück sonst nur zur Ausführung von Umsätzen, die den Vorsteuerabzug nicht ausschließen, für kurzfristige Vermietungen oder zur Befriedigung eines Wohnbedürfnisses verwendet;

   *(BGBl I 2016/117)*

*(BGBl I 2016/117)*

17. die Leistungen von Personenvereinigungen zur Erhaltung, Verwaltung oder zum Betrieb der in ihrem gemeinsamen Eigentum stehen-

den Teile und Anlagen einer Liegenschaft, an der Wohnungseigentum besteht, und die nicht für Wohnzwecke oder das Abstellen von Fahrzeugen aller Art verwendet werden;

*(BGBl I 2015/118)*

18. die Umsätze der Kranken- und Pflegeanstalten, der Alters-, Blinden- und Siechenheime sowie jener Anstalten, die eine Bewilligung als Kuranstalt oder Kureinrichtung nach den jeweils geltenden Rechtsvorschriften über natürliche Heilvorkommen und Kurorte besitzen, soweit sie von Körperschaften des öffentlichen Rechts bewirkt werden und es sich um Leistungen handelt, die unmittelbar mit der Kranken- oder Kurbehandlung oder unmittelbar mit der Betreuung der Pfleglinge im Zusammenhang stehen;
19. die Umsätze aus Heilbehandlungen im Bereich der Humanmedizin, die im Rahmen der Tätigkeit als Arzt, Zahnarzt, Dentist, Psychotherapeut, Hebamme sowie als freiberuflich Tätiger im Sinne des § 35 Abs. 1 Z 1 in Verbindung mit § 11 des Gesundheits- und Krankenpflegegesetzes, BGBl. I Nr. 108/1997, des § 7 Abs. 1 in Verbindung mit § 1 Z 1 bis 7 des MTD-Gesetzes, BGBl. Nr. 460/1992 sowie § 45 Z 1 in Verbindung mit § 29 des Medizinischer Masseur- und Heilmasseurgesetzes, BGBl. I Nr. 169/2002, durchgeführt werden; steuerfrei sind auch die sonstigen Leistungen von Gemeinschaften, deren Mitglieder Angehörige der oben bezeichneten Berufe sind, gegenüber ihren Mitgliedern, soweit diese Leistungen unmittelbar zur Ausführung der nach dieser Bestimmung steuerfreien Umsätze verwendet werden und soweit die Gemeinschaften von ihren Mitgliedern lediglich die genaue Erstattung des jeweiligen Anteils an den gemeinsamen Kosten fordern;
20. die sonstigen Leistungen, die Zahntechniker im Rahmen ihrer Berufsausübung erbringen, sowie die Lieferungen von Zahnersatz durch Zahnärzte und Zahntechniker. Das gilt nicht für die Lieferungen von Zahnersatz, bei denen sich der Ort der Lieferung gemäß Art. 3 Abs. 3 aus dem Gebiet eines Mitgliedstaates nach Österreich verlagert, wenn für die an den Unternehmer erbrachten Leistungen im anderen Mitgliedstaat das Recht auf Vorsteuerabzug nicht ausgeschlossen ist.
21. die Lieferungen von menschlichen Organen, menschlichem Blut und Frauenmilch;
22. die Beförderungen von kranken und verletzten Personen mit Fahrzeugen, die hiefür besonders eingerichtet sind;
23. die Leistungen der Jugend-, Erziehungs-, Ausbildungs-, Fortbildungs- und Erholungsheime an Personen, die das 27. Lebensjahr nicht vollendet haben, soweit diese Leistungen in deren Betreuung, Beherbergung, Verköstigung und den hiebei üblichen Nebenleistungen bestehen und diese von Körperschaften öffentlichen Rechts bewirkt werden;
24. folgende Umsätze des Bundes, der Länder und Gemeinden:
    a) die Leistungen, die regelmäßig mit dem Betrieb eines Theaters verbunden sind,
    b) die Musik- und Gesangsaufführungen, insbesondere durch Orchester, Musikensembles und Chöre,
    c) die Leistungen, die regelmäßig mit dem Betrieb eines Museums, eines botanischen oder eines zoologischen Gartens sowie eines Naturparks verbunden sind;
25. die in den Ziffern 18, 23 und 24 genannten Leistungen, sofern sie von Körperschaften, Personenvereinigungen und Vermögensmassen, die gemeinnützigen, mildtätigen oder kirchlichen Zwecken dienen (§§ 34 bis 47 der Bundesabgabenordnung), bewirkt werden. Dies gilt nicht für Leistungen, die im Rahmen eines land- und forstwirtschaftlichen Betriebes, eines Gewerbebetriebes oder eines wirtschaftlichen Geschäftsbetriebes im Sinne des § 45 Abs. 3 der Bundesabgabenordnung ausgeführt werden;
26. die Lieferungen von Gegenständen, wenn der Unternehmer für diese Gegenstände keinen Vorsteuerabzug vornehmen konnte und die gelieferten Gegenstände ausschließlich für eine nach den Z 7 bis 25 steuerfreie Tätigkeit verwendet hat;
27. die Umsätze der Kleinunternehmer. Kleinunternehmer ist ein Unternehmer, der im Inland sein Unternehmen betreibt und dessen Umsätze nach § 1 Abs. 1 Z 1 und 2 im Veranlagungszeitraum 35 000 Euro nicht übersteigen. Bei dieser Umsatzgrenze bleiben Umsätze aus Hilfsgeschäften einschließlich der Geschäftsveräußerungen sowie Umsätze, die nach § 6 Abs. 1 Z 8 lit. d und j, Z 9 lit. b und d, Z 10 bis 15, Z 17 bis 26 und Z 28 steuerfrei sind, außer Ansatz. Das einmalige Überschreiten der Umsatzgrenze um nicht mehr als 15% innerhalb eines Zeitraumes von fünf Kalenderjahren ist unbeachtlich;

    *(BGBl I 2016/117, BGBl I 2019/103)*
28. die sonstigen Leistungen von Zusammenschlüssen von Unternehmern, die überwiegend Bank-, Versicherungs- oder Pensionskassenumsätze tätigen, an ihre Mitglieder, soweit diese Leistungen unmittelbar zur Ausführung der genannten steuerfreien Umsätze verwendet werden und soweit diese Zusammenschlüsse von ihren Mitgliedern lediglich die genaue Erstattung des jeweiligen Anteils an den gemeinsamen Kosten fordern. Das gilt auch für sonstige Leistungen, die zwischen Unternehmern erbracht werden, die überwiegend Bank-, Versicherungs- oder Pensionskassenumsätze ausführen, soweit diese Leistungen unmittelbar zur Ausführung der genannten steuerfreien Umsätze verwendet werden, und für die Personalgestellung dieser Unternehmer an die im ersten Satz genannten Zusammenschlüsse.

(2) Der Unternehmer kann eine gemäß § 6 Abs. 1 Z 8 lit. a steuerfreie Kreditgewährung, bei der er dem Leistungsempfänger den Preis für eine Lieferung oder sonstige Leistung kreditiert, sowie einen Umsatz, der nach § 6 Abs. 1 Z 9 lit. a, Z 16 oder Z 17 steuerfrei ist, als steuerpflichtig behandeln. Weiters kann der Unternehmer einen Umsatz im Zusammenhang mit Kreditkarten, der nach § 6 Abs. 1 Z 8 lit. h steuerfrei ist, als steuerpflichtig behandeln. Behandelt der Unternehmer die Kreditgewährung als steuerpflichtig, unterliegt sie dem Steuersatz, der für die Leistung anzuwenden ist, deren Leistungspreis kreditiert wird. Behandelt der Unternehmer einen Umsatz, der nach § 6 Abs. 1 Z 8 lit. h, Z 9 lit. a, Z 16 oder Z 17 steuerfrei ist, als steuerpflichtig, unterliegt er dem Steuersatz nach § 10 Abs. 1 bzw. 4.

Behandelt ein Unternehmer einen nach § 6 Abs. 1 Z 9 lit. a steuerfreien Umsatz als steuerpflichtig, so kann eine bis dahin vom Vorsteuerabzug ausgeschlossene Steuer (§ 12 Abs. 3) oder eine zu berichtigende Vorsteuer (§ 12 Abs. 10 bis 12) frühestens für den Voranmeldungszeitraum abgezogen werden, in dem der Unternehmer den Umsatz als steuerpflichtig behandelt.

Der Verzicht auf die Steuerbefreiung gemäß § 6 Abs. 1 Z 9 lit. a ist bei der Lieferung von Grundstücken im Zwangsversteigerungsverfahren durch den Verpflichteten an den Ersteher (§ 19 Abs. 1b lit. c) nur zulässig, wenn er spätestens bis vierzehn Tage nach Bekanntgabe des Schätzwerts (§ 144 EO) dem Exekutionsgericht mitgeteilt wird.

Der Verzicht auf die Steuerbefreiung gemäß § 6 Abs. 1 Z 16 und Z 17 ist nur zulässig, soweit der Leistungsempfänger das Grundstück oder einen baulich abgeschlossenen, selbständigen Teil des Grundstücks nahezu ausschließlich für Umsätze verwendet, die den Vorsteuerabzug nicht ausschließen. Der Unternehmer hat diese Voraussetzung nachzuweisen.

*(BGBl I 2016/117)*

(3) Der Unternehmer, dessen Umsätze nach § 6 Abs. 1 Z 27 befreit sind, kann bis zur Rechtskraft des Bescheides gegenüber dem Finanzamt schriftlich erklären, daß er auf die Anwendung des § 6 Abs. 1 Z 27 verzichtet. Die Erklärung bindet den Unternehmer mindestens für fünf Kalenderjahre. Sie kann nur mit Wirkung vom Beginn eines Kalenderjahres an widerrufen werden. Der Widerruf ist spätestens bis zum Ablauf des ersten Kalendermonates nach Beginn dieses Kalenderjahres zu erklären.

(4) Steuerfrei ist die Einfuhr

1. der in Abs. 1 Z 8 lit. f bis j, in Abs. 1 Z 20 und der in Abs. 1 Z 21 angeführten Gegenstände;
2. der in Abs. 1 Z 8 lit. b und d, in § 9 Abs. 1 Z 1, 2 und 3 sowie in § 9 Abs. 2 Z 1, 2 und 3 angeführten Gegenstände unter den in diesen Bestimmungen genannten Voraussetzungen;
3. von Gold durch Zentralbanken;

3a. von Gas über ein Erdgasnetz oder jedes an ein solches Netz angeschlossene Netz oder von Gas, das von einem Gastanker aus in ein Erdgasnetz oder ein vorgelagertes Gasleitungsnetz eingespeist wird, von Elektrizität oder von Wärme oder Kälte über Wärme- oder Kältenetze;

4. der Gegenstände, die nach Titel I, II und IV der Verordnung (EG) Nr. 1186/2009 über das gemeinschaftliche System der Zollbefreiungen, ABl. Nr. L 324 vom 10.12.2009 S. 23, zollfrei eingeführt werden können, nach Maßgabe der folgenden Bestimmungen:
   a) Nicht anzuwenden sind die Artikel 23, 24, 41, 44 bis 52, 57 und 58 der Verordnung.
   b) Die in Artikel 27 der Verordnung enthaltene Aufzählung von Waren, für die die Befreiung nach Artikel 25 Abs. 1 der Verordnung je Sendung auf bestimmte Höchstmengen beschränkt ist, wird wie folgt ergänzt:
      – 500 Gramm Kaffee oder 200 Gramm Kaffee-Extrakte und -Essenzen;
      – 100 Gramm Tee oder 40 Gramm Tee Extrakte und -Essenzen.
   c) Die in den Artikeln 28 bis 34 der Verordnung enthaltene Befreiung für Investitionsgüter und andere Ausrüstungsgegenstände, die anläßlich einer Betriebsverlegung eingeführt werden, ist für Gegenstände ausgeschlossen,
      – für die der Vorsteuerabzug gemäß § 12 Abs. 2 Z 2 oder Abs. 3 ganz oder teilweise ausgeschlossen ist,
      – die für einen nichtunternehmerischen Bereich des Unternehmers eingeführt werden,
      – für die der Vorsteuerabzug nach Durchschnittssätzen gemäß § 14 oder § 22 ermittelt wird oder
      – für die bei ihrem Erwerb in einem Mitgliedstaat eine Befreiung von der Umsatzsteuer deshalb gewährt wurde, weil die Gegenstände an Körperschaften geliefert wurden, die diese im Rahmen ihrer Tätigkeit auf humanitärem, karitativem oder erzieherischem Gebiet nach Orten außerhalb der Gemeinschaft ausgeführt haben.

      Die Befreiung ist weiters davon abhängig, daß die Betriebseröffnung dem zuständigen Finanzamt im Inland angezeigt wurde.
   d) Die nach Artikel 35 der Verordnung für bestimmte landwirtschaftliche Erzeugnisse vorgesehene Befreiung gilt auch für reinrassige Pferde, die nicht älter als sechs Monate und im Drittlandsgebiet von einem Tier geboren sind, das im Inland befruchtet und danach für die

Niederkunft vorübergehend ausgeführt wurde.

e) und f) (aufgehoben)

g) Die in Artikeln 42 und 43 der Verordnung enthaltene Befreiung für Gegenstände erzieherischen, wissenschaftlichen oder kulturellen Charakters ist auf die Gegenstände der lit. B der Anhänge 1 und 11 der Verordnung beschränkt. Die Steuerfreiheit für Sammlungsstücke und Kunstgegenstände erzieherischen, wissenschaftlichen oder kulturellen Charakters (Artikel 43 der Verordnung) hängt weiters davon ab, daß

– die Gegenstände unentgeltlich eingeführt werden oder

– im Falle der entgeltlichen Einfuhr nicht von einem Unternehmer geliefert werden.

h) Die in Artikel 53 Abs. 1 lit. a und Abs. 2 der Verordnung enthaltene Befreiung für Tiere für Laborzwecke hängt davon ab, daß die Tiere unentgeltlich eingeführt werden.

i) Die in Artikel 61 Abs. 1 lit. a der Verordnung enthaltene Befreiung für lebenswichtige Waren zur unentgeltlichen Verteilung an Bedürftige hängt davon ab, daß die Waren unentgeltlich eingeführt werden.

j) Die in den Artikeln 66 bis 68 und 70 bis 73 der Verordnung enthaltene Befreiung für Gegenstände für Behinderte hängt davon ab, daß die Gegenstände unentgeltlich eingeführt werden. Die Befreiung gilt nicht für Gegenstände, die von Behinderten selbst eingeführt werden.

k) Die Steuerfreiheit für Werbedrucke (Artikel 87 der Verordnung) gilt überdies für Werbedrucke betreffend Dienstleistungen allgemein, wenn die Angebote von einer in einem anderen Mitgliedstaat ansässigen Person ausgehen. Für die Steuerfreiheit für Werbedrucke betreffend zum Verkauf oder zur Vermietung angebotene Waren (Artikel 87 lit. a der Verordnung) ist es ausreichend, wenn die Angebote von einer nicht im Inland ansässigen Person ausgehen.

l) Die Bedingungen des Artikels 88 lit. b und c der Verordnung gelten nicht für Werbedrucke,

– wenn die Angebote von einer in einem anderen Mitgliedstaat ansässigen Person ausgehen und

– sie zur kostenlosen Verteilung eingeführt werden.

m) Die in Artikel 103 lit. a der Verordnung enthaltene Einschränkung, daß das Werbematerial keine private Geschäftsreklame zugunsten von Gemeinschaftsfirmen enthalten darf, gilt nicht.

n) Die in Artikel 105 der Verordnung enthaltene Befreiung für Verpackungsmittel hängt davon ab, daß ihr Wert in die Bemessungsgrundlage für die Einfuhr (§ 5) einbezogen wird. Unter derselben Voraussetzung gilt die Befreiung auch für Behältnisse und Verpackungen im Sinne des Anhanges Teil I Titel II lit. E der Verordnung (EWG) Nr. 2658/87 des Rates vom 23. Juli 1987 über die zolltarifliche und statistische Nomenklatur sowie den gemeinsamen Zolltarif (ABl. Nr. L 256/1).

o) Die Bestimmungen der §§ 94, 96 und 97 Abs. 1 des Zollrechts-Durchführungsgesetzes, BGBl. Nr. 659/1994, sind sinngemäß anzuwenden.

p) (aufgehoben)

5. der Gegenstände, die nach den §§ 89 bis 93 des Bundesgesetzes BGBl. Nr. 659/1994 zollfrei eingeführt werden können;

6. der amtlichen Veröffentlichungen, mit denen das Ausfuhrland und die dort niedergelassenen internationalen Organisationen, öffentlichen Körperschaften und öffentlich-rechtlichen Einrichtungen Maßnahmen öffentlicher Gewalt bekanntmachen, sowie die Einfuhr der Drucksachen, die die in den Mitgliedstaaten als solche offiziell anerkannten ausländischen politischen Organisationen anläßlich der Wahlen zum Europäischen Parlament oder anläßlich nationaler Wahlen, die vom Herkunftsland aus organisiert werden, verteilen;

7. der Gegenstände, die nach den Art. 250 bis 253 der Verordnung (EU) Nr. 952/2013 zur Festlegung des Zollkodex der Union (Zollkodex), ABl. Nr. L 269 vom 10.10.2013 S. 1, in der Fassung der Berichtigung ABl. Nr. L 287 vom 29.10.2013 S. 90, im Verfahren der vorübergehenden Verwendung frei von den Einfuhrabgaben eingeführt werden können, ausgenommen die Fälle der teilweisen Befreiung von den Einfuhrabgaben. Die Steuerfreiheit gilt für Formen, Matrizen, Klischees, Zeichnungen, Modelle, Geräte zum Messen, Überprüfen oder Überwachen und ähnliche Gegenstände mit der Maßgabe, dass die hergestellten Gegenstände zur Gänze aus dem Zollgebiet der Union auszuführen sind;

*(BGBl I 2015/163)*

8. der Gegenstände, die nach den Art. 203 bis 207 des Zollkodex als Rückwaren frei von Einfuhrabgaben eingeführt werden können. Die Ausnahme von der Befreiung nach Art. 204 des Zollkodex gilt nicht. Die Steuerfreiheit ist ausgeschlossen, wenn der eingeführte Gegenstand

a) vor der Einfuhr geliefert worden ist,

b) auf Grund einer Hilfsgüterlieferung ins Ausland von der Umsatzsteuer entlastet worden ist oder

c) im Rahmen einer steuerfreien Lieferung aus dem Gemeinschaftsgebiet ausgeführt worden ist. Dieser Ausschluß gilt nicht, wenn derjenige, der die Lieferung bewirkt hat, den Gegenstand zurückerhält und hinsichtlich dieses Gegenstandes in vollem Umfang zum Vorsteuerabzug berechtigt ist;

*(BGBl I 2015/163)*

9. der Gegenstände, für die die Umsatzsteuer im Rahmen der Sonderregelung gemäß § 25b zu erklären ist und für die spätestens bei der Abgabe der Einfuhrzollanmeldung die, für die Anwendung dieser Sonderregelung zu erteilende, Identifikationsnummer des Lieferers der zuständigen Zollstelle vorgelegt wurde.

*(BGBl I 2019/91)*

10. von Gegenständen unter den in Abs. 1 Z 6 lit. e genannten Voraussetzungen. Liegen die Voraussetzungen für die Steuerbefreiung nicht mehr vor, hat die Kommission, eine Agentur oder eine Einrichtung, die nach Unionsrecht errichtet worden ist, das Bundesministerium für Finanzen hievon zu informieren „;“

*(BGBl I 2021/227, BGBl I 2022/108 ab 1.7.2022)*

**„11. der Gegenstände durch die Streitkräfte anderer Mitgliedstaaten für den eigenen Gebrauch oder Verbrauch oder für den ihres zivilen Begleitpersonals oder für die Versorgung ihrer Kasinos oder Kantinen, wenn diese Streitkräfte an einer Verteidigungsanstrengung teilnehmen, die zur Durchführung einer Tätigkeit der Union im Rahmen der Gemeinsamen Sicherheits- und Verteidigungspolitik unternommen wird.“**

*(BGBl I 2022/108 ab 1.7.2022)*

(5) Steuerfrei ist die Einfuhr folgender Waren, die im persönlichen Gepäck von Reisenden eingeführt werden, sofern es sich um nichtgewerbliche Einfuhren handelt:

a) Tabakwaren für jeden Reisenden – ausgenommen in den Fällen der lit. b – bis zu folgenden Höchstmengen:
- 200 Zigaretten oder
- 100 Zigarillos oder
- 50 Zigarren oder
- 250 Gramm Rauchtabak.

Die Befreiung kann bei einem Reisenden auf jede Kombination der genannten Tabakwaren angewandt werden, sofern die ausgeschöpften prozentuellen Anteile der einzelnen Tabakwaren insgesamt 100% nicht übersteigen;

b) Tabakwaren, die von Reisenden direkt von der schweizerischen Enklave Samnauntal eingeführt werden, für jeden Reisenden nur bis zu folgenden Höchstmengen:
- 40 Zigaretten oder
- 20 Zigarillos oder
- 10 Zigarren oder
- 50 Gramm Rauchtabak.

Die Befreiung kann bei einem Reisenden auf jede Kombination der genannten Tabakwaren angewandt werden, sofern die ausgeschöpften prozentuellen Anteile der einzelnen Tabakwaren insgesamt 100% nicht übersteigen;

c) Alkohol und alkoholische Getränke, ausgenommen nicht schäumender Wein und Bier, für jeden Reisenden bis zu folgenden Höchstmengen:
- 1 Liter Alkohol und alkoholische Getränke mit einem Alkoholgehalt von mehr als 22% vol oder unvergällter Ethylalkohol mit einem Alkoholgehalt von 80% vol oder mehr oder
- 2 Liter Alkohol und alkoholische Getränke mit einem Alkoholgehalt von höchstens 22% vol.

Die Befreiung kann bei einem Reisenden auf jede Kombination der genannten Arten von Alkohol und alkoholischen Getränken angewandt werden, sofern die ausgeschöpften prozentuellen Anteile der einzelnen Arten insgesamt 100% nicht übersteigen;

d) 4 Liter nicht schäumender Wein für jeden Reisenden;

e) 16 Liter Bier für jeden Reisenden;

f) der im Hauptbehälter befindliche Kraftstoff und bis zu 10 Liter Kraftstoff in einem tragbaren Behälter für jedes Motorfahrzeug;

g) andere als die in lit. a bis f genannten Waren, deren Gesamtwert 300 Euro je Reisenden nicht übersteigt; für Flugreisende beträgt dieser Schwellenwert 430 Euro. Flugreisende sind Passagiere, die im Luftverkehr mit Ausnahme der privaten nichtgewerblichen Luftfahrt reisen. Für Reisende unter 15 Jahren verringert sich dieser Schwellenwert generell auf 150 Euro. Der Wert einer Ware darf bei Anwendung der Schwellenwerte nicht aufgeteilt werden. Der Wert der in lit. a bis f genannten Waren sowie der Wert des persönlichen Gepäcks eines Reisenden, das vorübergehend eingeführt wird oder nach seiner vorübergehenden Ausfuhr wieder eingeführt wird, und der Wert von Arzneimitteln, die dem persönlichen Bedarf eines Reisenden entsprechen, bleiben bei Anwendung dieser Befreiung außer Ansatz.

Die Befreiungen nach lit. a bis e gelten nicht für Reisende unter 17 Jahren.

Als persönliches Gepäck im Sinne dieser Bestimmung gelten sämtliche Gepäckstücke, die der Reisende der Zollstelle bei seiner Ankunft gestellen kann, sowie die Gepäckstücke, die er derselben Zollstelle später gestellt, wobei er nachweisen muss, dass sie bei seiner Abreise bei der Gesellschaft, die ihn befördert hat, als Reisegepäck aufgegeben wurden. Anderer Kraftstoff als der

Kraftstoff im Sinne der lit. f gilt nicht als persönliches Gepäck.

Einfuhren gelten als nichtgewerblich im Sinne dieser Bestimmung, wenn sie

- gelegentlich erfolgen,
- sich ausschließlich aus Waren zusammensetzen, die zum persönlichen Ge- oder Verbrauch des Reisenden oder seiner Familienangehörigen oder als Geschenk bestimmt sind und
- Art und Menge der Waren nicht darauf schließen lassen, dass die Einfuhr aus gewerblichen Gründen erfolgt.

(6) Abweichend von Abs. 5 gelten für

- Personen mit gewöhnlichem Wohnsitz im Grenzgebiet (das ist ein Gebiet, das in einer Entfernung von bis zu 15 Kilometer Luftlinie vom Ort der Einreise liegt,)
- Grenzarbeitnehmer, die im Rahmen der Ausübung ihrer gewöhnlichen beruflichen Tätigkeit die Grenze überschreiten und
- Besatzungen von Verkehrsmitteln, die für die Reise aus einem Drittland eingesetzt werden

folgende Höchstmengen für jeden Reisenden:

a) Tabakwaren:
   - 25 Zigaretten oder
   - 10 Zigarillos oder
   - 5 Zigarren oder
   - 25 Gramm Rauchtabak;

b) Alkohol und alkoholische Getränke, ausgenommen nicht schäumender Wein und Bier:
   - 0,25 Liter Alkohol und alkoholische Getränke mit einem Alkoholgehalt von mehr als 22% vol oder unvergällter Ethylalkohol mit einem Alkoholgehalt von 80% vol oder mehr oder
   - 0,75 Liter Alkohol und alkoholische Getränke mit einem Alkoholgehalt von höchstens 22% vol;

c) 1 Liter nicht schäumender Wein;

d) 2 Liter Bier;

e) andere als die in lit. a bis d genannten Waren, deren Gesamtwert 40 Euro nicht übersteigt.
*(BGBl I 2016/117)*

Die Einschränkungen nach diesem Absatz gelten nicht, wenn ein von dieser Regelung betroffener Reisender nachweist, dass er aus dem Grenzgebiet des Mitgliedstaates ausreist oder dass er nicht aus dem Grenzgebiet des benachbarten Drittlandes (das ist ein Gebiet, das in einer Entfernung von bis zu 15 Kilometer Luftlinie vom Ort der Einreise liegt) zurückkommt. Die Einschränkungen nach diesem Absatz gelten jedoch, wenn Grenzarbeitnehmer oder die Besatzungen von im grenzüberschreitenden Verkehr eingesetzten Verkehrsmitteln bei einer im Rahmen ihrer Berufstätigkeit unternommenen Reise Waren einführen.

Die Befreiungen nach lit. a bis d gelten nicht für Reisende unter 17 Jahren.

### Ausfuhrlieferung

**§ 7.** (1) Eine Ausfuhrlieferung (§ 6 Abs. 1 Z 1) liegt vor, wenn

1. der Unternehmer den Gegenstand der Lieferung in das Drittlandsgebiet befördert oder versendet (§ 3 Abs. 8) hat oder
2. der Unternehmer das Umsatzgeschäft, das seiner Lieferung zugrunde liegt, mit einem ausländischen Abnehmer abgeschlossen hat, und der Abnehmer den Gegenstand der Lieferung in das Drittland befördert oder versendet hat, ausgenommen die unter

   Z 3 genannten Fälle.
3. Wird in den Fällen der Z 2 der Gegenstand der Lieferung nicht für unternehmerische Zwecke erworben und durch den Abnehmer im persönlichen Reisegepäck ausgeführt, liegt eine Ausfuhrlieferung nur vor, wenn
   a) der Abnehmer keinen Wohnsitz (Sitz) oder gewöhnlichen Aufenthalt im Gemeinschaftsgebiet hat,
   b) der Gegenstand der Lieferung vor Ablauf des dritten Kalendermonates, der auf den Monat der Lieferung folgt, ausgeführt wird und
   c) der Gesamtbetrag der Rechnung für die von einem Unternehmer an den Abnehmer gelieferten Gegenstände 75 Euro übersteigt.

Als Wohnsitz oder gewöhnlicher Aufenthalt gilt der Ort, der im Reisepaß oder sonstigen Grenzübertrittsdokument eingetragen ist. Der Gegenstand der Lieferung kann durch Beauftragte vor der Ausfuhr bearbeitet oder verarbeitet worden sein.

Die vorstehenden Voraussetzungen müssen buchmäßig nachgewiesen sein.

(2) Ausländischer Abnehmer ist

a) ein Abnehmer, der keinen Wohnsitz (Sitz) im Inland hat,

b) eine Zweigniederlassung eines im Inland ansässigen Unternehmers, die ihren Sitz nicht im Inland hat, wenn sie das Umsatzgeschäft im eigenen Namen abgeschlossen hat. Eine im Inland befindliche Zweigniederlassung eines Unternehmers ist nicht ausländischer Abnehmer.

(3) Ist in den Fällen des Abs. 1 Z 2 und 3 der Gegenstand der Lieferung zur Ausrüstung oder Versorgung eines Beförderungsmittels bestimmt, so liegt eine Ausfuhrlieferung nur im Fall des Abs. 1 Z 2 vor, wenn

1. der Abnehmer ein ausländischer Unternehmer ist und
2. das Beförderungsmittel den Zwecken des Unternehmens des Abnehmers dient.

Im Falle des Abs. 1 Z 3 ist eine Ausfuhrlieferung ausgeschlossen.

(4) Über die erfolgte Ausfuhr muß ein Ausfuhrnachweis erbracht werden. Der Unternehmer ist berechtigt, die Steuerfreiheit schon vor Er-

bringung des Ausfuhrnachweises in Anspruch zu nehmen, wenn der Ausfuhrnachweis innerhalb von sechs Monaten nach Bewirkung der Lieferung erbracht wird.

Macht der Unternehmer in den Fällen des Abs. 1 Z 3 von dieser Berechtigung keinen Gebrauch und nimmt er die Steuerfreiheit stets erst nach Vorliegen des Ausfuhrnachweises in Anspruch, so kann die zunächst vorgenommene Versteuerung des Ausfuhrumsatzes in der Voranmeldung für jenen Voranmeldungszeitraum rückgängig gemacht werden, in welchem der Ausfuhrnachweis beim Unternehmer einlangt, vorausgesetzt, daß diese Vorgangsweise in allen Fällen des Abs. 1 Z 3 eingehalten wird. Dies gilt auch dann, wenn der Ausfuhrnachweis erst nach Ablauf jenes Veranlagungszeitraumes einlangt, in dem die Lieferung an den ausländischen Abnehmer ausgeführt worden ist. Der Unternehmer hat die Höhe der Ausfuhrumsätze, für welche die Versteuerung nach Maßgabe des Zeitpunktes des Einlangens des Ausfuhrnachweises rückgängig gemacht wird, nachzuweisen.

(5) Die Versendung des Gegenstandes in das Drittlandsgebiet ist durch Versendungsbelege, wie Frachtbriefe, Postaufgabebescheinigungen, Konnossemente und dergleichen, oder deren Doppelstücke nachzuweisen. Anstelle dieser Versendungsbelege darf der Unternehmer den Ausfuhrnachweis auch in folgender Weise führen:

1. Durch eine von einem im Gemeinschaftsgebiet ansässigen Spediteur auszustellende Ausfuhrbescheinigung oder
2. durch eine Bescheinigung des Ausgangs der Waren im Sinne des Artikel 334 Durchführungsverordnung (EU) Nr. 2015/2447 der Kommission vom 24. November 2015 mit Einzelheiten zur Umsetzung von Bestimmungen der Verordnung (EU) Nr. 952/2013 des Europäischen Parlaments und des Rates zur Festlegung des Zollkodex der Union oder durch die mit der zollamtlichen Ausgangsbestätigung versehene schriftliche Anmeldung in der Ausfuhr.

   *(BGBl I 2016/117)*

(6) In den nachstehend angeführten Fällen hat der Unternehmer den Ausfuhrnachweis in folgender Weise zu führen:

1. Im Falle des Abholens durch eine vom liefernden Unternehmer ausgestellte und mit der zollamtlichen Ausgangsbestätigung versehene Ausfuhrbescheinigung, wenn der Gegenstand der Lieferung nicht für unternehmerische Zwecke erworben und im persönlichen Reisegepäck ausgeführt wird.
2. im Falle der Beförderung des Gegenstandes in das Drittland durch
   a) eine Bescheinigung des Ausgangs der Waren im Sinne des Artikel 334 Durchführungsverordnung (EU) Nr. 2015/2447 der Kommission vom 24. November 2015 mit Einzelheiten zur Umsetzung von Bestimmungen der Verordnung (EU) Nr. 952/2013 des Europäischen Parlaments und des Rates zur Festlegung des Zollkodex der Union oder die mit der zollamtlichen Ausgangsbestätigung versehene schriftliche Anmeldung in der Ausfuhr,

      *(BGBl I 2016/117)*

   b) eine vom liefernden Unternehmer ausgestellte und mit der zollamtlichen Ausgangsbestätigung versehene Ausfuhrbescheinigung, wenn eine schriftliche oder elektronische Anmeldung nach den zollrechtlichen Vorschriften nicht erforderlich ist.

(7) Die in den Abs. 5 Z 1 und 2 und Abs. 6 angeführten Belege für den Ausfuhrnachweis sind nach einem vom Bundesminister für Finanzen durch Verordnung zu bestimmenden Muster auszustellen und haben alle für die Beurteilung der Ausfuhrlieferung erforderlichen Angaben, insbesondere auch Angaben zur Person des ausländischen Abnehmers und desjenigen, der den Gegenstand in das Drittland verbringt, zu enthalten. Der Unternehmer hat die Ausfuhrbelege sieben Jahre aufzubewahren.

### Lohnveredlung an Gegenständen der Ausfuhr

**§ 8.** (1) Eine Lohnveredlung (§ 6 Abs. 1 Z 1) liegt vor, wenn der Unternehmer einen Gegenstand, den der Auftraggeber zu diesem Zweck in das Gemeinschaftsgebiet eingeführt oder zu diesem Zweck im Gemeinschaftsgebiet erworben hat, bearbeitet oder verarbeitet (§ 3 Abs. 6) oder eine sonstige Leistung im Sinne des § 3a Abs. 3 bewirkt und

1. der Unternehmer den bearbeiteten oder verarbeiteten Gegenstand vom Inland in das Drittlandsgebiet befördert oder versendet (§ 3 Abs. 8) hat oder
2. der Unternehmer das Umsatzgeschäft, das seiner Lohnveredlung zugrunde liegt, mit einem ausländischen Auftraggeber abgeschlossen hat, und der Auftraggeber den bearbeiteten oder verarbeiteten Gegenstand vom Inland in das Drittlandsgebiet befördert oder versendet hat.

Der bearbeitete oder verarbeitete Gegenstand kann durch weitere Beauftragte vor der Ausfuhr bearbeitet oder verarbeitet worden sein. Die vorstehenden Voraussetzungen müssen buchmäßig nachgewiesen sein.

(2) Ein ausländischer Auftraggeber ist ein solcher, der die für den ausländischen Abnehmer geforderten Voraussetzungen (§ 7 Abs. 2) erfüllt.

(3) Die Bestimmungen des § 7 Abs. 4 bis 7 gelten sinngemäß.

### Umsätze für die Seeschiffahrt und für die Luftfahrt

**§ 9.** (1) Umsätze für die Seeschiffahrt (§ 6 Abs. 1 Z 2) sind:

1. die Lieferungen, Umbauten, Instandsetzungen, Wartungen, Vercharterungen und Vermietungen von Wasserfahrzeugen für die Seeschiffahrt, die dem Erwerb durch die

Seeschiffahrt oder der Rettung Schiffbrüchiger zu dienen bestimmt sind;

2. die Lieferungen, Instandsetzungen, Wartungen und Vermietungen von Gegenständen, die zur Ausrüstung der in Z 1 bezeichneten Wasserfahrzeuge bestimmt sind;
3. die Lieferungen von Gegenständen, die zur Versorgung der in Z 1 bezeichneten Wasserfahrzeuge bestimmt sind. Nicht befreit sind die Lieferungen von Bordproviant zur Versorgung von Wasserfahrzeugen der Küstenfischerei;
4. andere als die in den Z 1 und 2 bezeichneten sonstigen Leistungen, die für den unmittelbaren Bedarf der in Z 1 bezeichneten Wasserfahrzeuge, einschließlich ihrer Ausrüstungsgegenstände und ihrer Ladungen, bestimmt sind.

(2) Umsätze für die Luftfahrt (§ 6 Abs. 1 Z 2) sind:

1. die Lieferungen, Umbauten, Instandsetzungen, Wartungen, Vercharterungen und Vermietungen von Luftfahrzeugen, die zur Verwendung durch Unternehmer bestimmt sind, die im entgeltlichen Luftverkehr überwiegend grenzüberschreitende Beförderungen oder Beförderungen auf ausschließlich im Ausland gelegenen Strecken durchführen;
2. die Lieferungen, Instandsetzungen, Wartungen und Vermietungen von Gegenständen, die zur Ausrüstung der in Z 1 bezeichneten Luftfahrzeuge bestimmt sind;
3. die Lieferungen von Gegenständen, die zur Versorgung der in Z 1 bezeichneten Luftfahrzeuge bestimmt sind;
4. andere als die in den Z 1 und 2 bezeichneten sonstigen Leistungen, die für den unmittelbaren Bedarf der in Z 1 bezeichneten Luftfahrzeuge, einschließlich ihrer Ausrüstungsgegenstände und ihrer Ladungen, bestimmt sind.

(3) Die in den Absätzen 1 und 2 bezeichneten Voraussetzungen müssen vom Unternehmer buchmäßig nachgewiesen sein.

### Steuersätze

**§ 10.** (1) Die Steuer beträgt für jeden steuerpflichtigen Umsatz 20% der Bemessungsgrundlage (§§ 4 und 5).

(2) Die Steuer ermäßigt sich auf 10% für

1. a) die Lieferungen und die Einfuhr der in der Anlage 1 aufgezählten Gegenstände;
   b) die Abgabe von in der Anlage 1 genannten Speisen und Getränken im Rahmen einer sonstigen Leistung (Restaurationsumsätze);
   c) (aufgehoben)
   *(BGBl I 2018/12)*
2. die Vermietung von in der Anlage 1 Z 33 aufgezählten Gegenständen;
3. a) die Vermietung (Nutzungsüberlassung) von Grundstücken für Wohnzwecke, ausgenommen eine als Nebenleistung erbrachte Lieferung von Wärme;
   b) die Leistungen von Personenvereinigungen zur Erhaltung, Verwaltung oder zum Betrieb der in ihrem gemeinsamen Eigentum stehenden Teile und Anlagen einer Liegenschaft, an der Wohnungseigentum besteht und die Wohnzwecken dienen, ausgenommen eine als Nebenleistung erbrachte Lieferung von Wärme;
   c) die Beherbergung in eingerichteten Wohn- und Schlafräumen und die regelmäßig damit verbundenen Nebenleistungen (einschließlich Beheizung), wobei als Nebenleistung auch die Verabreichung eines ortsüblichen Frühstücks anzusehen ist, wenn der Preis hiefür im Beherbergungsentgelt enthalten ist;
   *(BGBl I 2016/117, BGBl I 2018/12)*
   d) die Vermietung (Nutzungsüberlassung) von Grundstücken für Campingzwecke und die regelmäßig damit verbundenen Nebenleistungen, soweit hiefür ein einheitliches Benützungsentgelt entrichtet wird;
   *(BGBl I 2018/12)*
4. die Leistungen der Körperschaften, Personenvereinigungen und Vermögensmassen, die gemeinnützigen, mildtätigen oder kirchlichen Zwecken dienen (§§ 34 bis 47 der Bundesabgabenordnung), soweit diese Leistungen nicht unter § 6 Abs. 1 fallen, sowie die von Bauvereinigungen, die nach dem Wohnungsgemeinnützigkeitsgesetz als gemeinnützig anerkannt sind, im Rahmen ihrer Tätigkeiten nach § 7 Abs. 1 bis 3 des Wohnungsgemeinnützigkeitsgesetzes erbrachten Leistungen. Dies gilt nicht für Leistungen, die im Rahmen eines land- und forstwirtschaftlichen Betriebes, eines Gewerbebetriebes oder eines wirtschaftlichen Geschäftsbetriebes im Sinne des § 45 Abs. 3 der Bundesabgabenordnung ausgeführt werden, für die steuerpflichtige Lieferung von Gebäuden oder Gebäudeteilen, für die Vermietung (Nutzungsüberlassung) von Räumlichkeiten oder Plätzen für das Abstellen von Fahrzeugen aller Art, für eine als Nebenleistung erbrachte Lieferung von Wärme sowie die steuerpflichtige Lieferung der nachfolgend aufgezählten Gegenstände:
   a) Feste mineralische Brennstoffe, ausgenommen Retortenkohle (Positionen 2701 und 2702 sowie aus Unterpositionen 2703 00 00 und 2704 00 der Kombinierten Nomenklatur);
   b) Leuchtöl (Unterposition 2710 19 25 der Kombinierten Nomenklatur), Heizöle (aus Unterpositionen 2710 19 und 2710 20 der Kombinierten Nomenklatur) und Gasöle (aus Unterposition

2710 19, außer Unterpositionen 2710 19 31 und 2710 19 35 und aus Unterposition 2710 20 der Kombinierten Nomenklatur);

c) Gase und elektrischer Strom (Unterposition 2705 00 00, Position 2711 und Unterposition 2716 00 00 der Kombinierten Nomenklatur);

d) Wärme;

5. die Leistungen der Rundfunkunternehmen, soweit hiefür Rundfunk- und Fernsehrundfunkentgelte entrichtet werden, sowie die sonstigen Leistungen von Kabelfernsehunternehmen, soweit sie in der zeitgleichen, vollständigen und unveränderten Verbreitung von in- und ausländischen Rundfunk- und Fernsehrundfunksendungen, die der Allgemeinheit mit Hilfe von Leitungen gegen ein fortlaufend zu entrichtendes Entgelt wahrnehmbar gemacht werden, bestehen;

6. die Beförderung von Personen mit Verkehrsmitteln aller Art, soweit nicht § 6 Abs. 1 Z 3 oder § 10 Abs. 3 Z 9 anzuwenden ist. Das Gleiche gilt sinngemäß für die Einräumung oder Übertragung des Rechtes auf Inanspruchnahme von Leistungen, die in einer Personenbeförderung bestehen;

7. die mit dem Betrieb von Unternehmen zur Müllbeseitigung und zur Abfuhr von Spülwasser und Abfällen regelmäßig verbundenen sonstigen Leistungen;

8. die Umsätze der Kranken- und Pflegeanstalten, der Alters-, Blinden- und Siechenheime sowie jener Anstalten, die eine Bewilligung als Kuranstalt oder Kureinrichtung nach den jeweils geltenden Rechtsvorschriften über natürliche Heilvorkommen und Kurorte besitzen, soweit es sich um Leistungen handelt, die unmittelbar mit der Kranken- oder Kurbehandlung oder unmittelbar mit der Betreuung der Pfleglinge im Zusammenhang stehen, und sofern die Umsätze nicht unter § 6 Abs. 1 Z 18 oder 25 fallen;

*(BGBl I 2019/103)*

9. elektronische Publikationen im Sinne der Anlage 1 Z 33 sowie Teile davon, die nicht vollständig oder im Wesentlichen aus Video- oder Musikinhalten bestehen bzw. Werbezwecken dienen. Z 2 gilt sinngemäß;

*(BGBl I 2019/103, BGBl I 2021/3)*

10. Reparaturdienstleistungen (einschließlich Ausbesserung und Änderung) betreffend Fahrräder, Schuhe, Lederwaren, Kleidung oder Haushaltswäsche.

*(BGBl I 2021/3)*

*(BGBl I 2015/118)*

(3) Ist der Steuersatz nach Abs. 2 nicht anzuwenden, ermäßigt sich die Steuer auf 13% für

1. a) die Lieferungen und die Einfuhr der in der Anlage 2 Z 1 bis Z 9 genannten Gegenstände;

b) die Einfuhr der in der Anlage 2 Z 10 bis 13 aufgezählten Gegenstände;

c) die Lieferungen der in der Anlage 2 Z 10 aufgezählten Gegenstände, wenn diese Lieferungen

– vom Urheber oder dessen Rechtsnachfolger bewirkt werden oder

– von einem Unternehmer bewirkt werden, der kein Wiederverkäufer ist, wenn dieser den Gegenstand entweder selbst eingeführt hat, ihn vom Urheber oder dessen Rechtsnachfolger erworben hat oder er für den Erwerb zum vollen Vorsteuerabzug berechtigt war;

2. a) die Aufzucht, das Mästen und Halten von Tieren, die in der Anlage 2 Z 1 genannt sind, sowie die Anzucht von Pflanzen;

b) die Leistungen, die unmittelbar der Vatertierhaltung, der Förderung der Tierzucht oder der künstlichen Tierbesamung von Tieren dienen, die in der Anlage 2 Z 1 genannt sind;

3. (aufgehoben)

*(BGBl I 2018/12)*

4. die Umsätze aus der Tätigkeit als Künstler;

5. die unmittelbar mit dem Betrieb von Schwimmbädern verbundenen Umsätze und die Thermalbehandlung;

6. folgende Leistungen, sofern sie nicht unter § 6 Abs. 1 Z 24 oder 25 fallen:

a) die Leistungen, die regelmäßig mit dem Betrieb eines Theaters verbunden sind. Das Gleiche gilt sinngemäß für Veranstaltungen von Theateraufführungen durch andere Unternehmer;

b) die Musik- und Gesangsaufführungen durch Einzelpersonen oder durch Personenzusammenschlüsse, insbesondere durch Orchester, Musikensembles und Chöre. Das Gleiche gilt sinngemäß für Veranstaltungen derartiger Musik- und Gesangsaufführungen durch andere Unternehmer;

c) die Leistungen, die regelmäßig mit dem Betrieb eines Museums, eines botanischen oder eines zoologischen Gartens sowie eines Naturparks verbunden sind;

7. die Filmvorführungen;

8. die Zirkusvorführungen sowie die Leistungen aus der Tätigkeit als Schausteller;

9. die Beförderung von Personen mit Luftverkehrsfahrzeugen, soweit nicht § 6 Abs. 1 Z 3 anzuwenden ist. Das Gleiche gilt sinngemäß für die Einräumung oder Übertragung des Rechtes auf Inanspruchnahme von Leistungen, die in einer Personenbeförderung bestehen;

10. folgende Leistungen, sofern sie nicht unter § 6 Abs. 1 Z 23 oder 25 fallen:

die Leistungen der Jugend-, Erziehungs-, Ausbildungs-, Fortbildungs- und Erholungsheime an Personen, die das 27. Lebensjahr nicht vollendet haben, soweit diese Leistungen in deren Betreuung, Beherbergung, Verköstigung und den hiebei üblichen Nebenleistungen bestehen;

11. die Lieferungen von Wein aus frischen Weintrauben aus den Unterpositionen 2204 21, 2204 22 und 2204 29 der Kombinierten Nomenklatur und von anderen gegorenen Getränken aus der Position 2206 der Kombinierten Nomenklatur, die innerhalb eines landwirtschaftlichen Betriebes im Inland erzeugt wurden, soweit der Erzeuger die Getränke im Rahmen seines landwirtschaftlichen Betriebes liefert. Dies gilt nicht für die Lieferungen von Getränken, die aus erworbenen Stoffen (zB Trauben, Maische, Most, Sturm) erzeugt wurden oder innerhalb der Betriebsräume, einschließlich der Gastgärten, ausgeschenkt werden (Buschenschank). Im Falle der Übergabe eines landwirtschaftlichen Betriebes im Ganzen an den Ehegatten oder an den eingetragenen Partner, sowie an Abkömmlinge, Stiefkinder, Wahlkinder oder deren Ehegatten, eingetragenen Partner oder Abkömmlinge gilt auch der Betriebsübernehmer als Erzeuger der im Rahmen der Betriebsübertragung übernommenen Getränke, soweit die Steuerermäßigung auch auf die Lieferung dieser Getränke durch den Betriebsübergeber anwendbar gewesen wäre;

    *(BGBl I 2016/117)*

12. die Eintrittsberechtigungen für sportliche Veranstaltungen.

*(BGBl I 2015/118)*

(4) Die Steuer ermäßigt sich auf 19% für die in den Gebieten Jungholz und Mittelberg bewirkten Umsätze im Sinne des § 1 Abs. 1 Z 1 und 2 durch Unternehmer, die einen Wohnsitz (Sitz), gewöhnlichen Aufenthalt oder eine Betriebsstätte in diesen Gebieten haben. Dies gilt nicht für die Lieferung und die Vermietung von Kraftfahrzeugen an Leistungsempfänger, die ihren Wohnsitz oder Sitz im Inland, ausgenommen in den Gebieten Jungholz und Mittelberg, haben, und für Umsätze an die Betriebsstätte eines Unternehmers im Inland, ausgenommen in den Gebieten Jungholz und Mittelberg. Die Regelung gilt nicht für Umsätze, auf welche die Bestimmungen des Abs. 2 und 3 anzuwenden sind.

### Ausstellung von Rechnungen

**§ 11.** (1)

1. Führt der Unternehmer Umsätze im Sinne des § 1 Abs. 1 Z 1 aus, ist er berechtigt, Rechnungen auszustellen. Führt er die Umsätze an einen anderen Unternehmer für dessen Unternehmen oder an eine juristische Person, soweit sie nicht Unternehmer ist, aus, ist er verpflichtet, Rechnungen auszustellen. Führt der Unternehmer eine steuerpflichtige Werklieferung oder Werkleistung im Zusammenhang mit einem Grundstück an einen Nichtunternehmer aus, ist er verpflichtet eine Rechnung auszustellen. Der Unternehmer hat seiner Verpflichtung zur Rechnungsausstellung innerhalb von sechs Monaten nach Ausführung des Umsatzes nachzukommen.

2. Die Verpflichtung zur Rechnungsausstellung besteht auch, wenn
   - der leistende Unternehmer sein Unternehmen vom Inland aus betreibt oder sich die Betriebsstätte, von der aus die Leistung erbracht wird, im Inland befindet,
   - der Leistungsempfänger ein Unternehmer ist, der die Lieferung oder sonstige Leistung für sein Unternehmen bezieht oder eine juristische Person ist, die nicht Unternehmer ist,
   - die Steuerschuld für die im anderen Mitgliedstaat ausgeführte Lieferung oder sonstige Leistung auf den Leistungsempfänger übergeht und
   - der leistende Unternehmer in diesem Mitgliedstaat weder sein Unternehmen betreibt noch eine an der Leistungserbringung beteiligte Betriebsstätte hat.

   Dies gilt nicht, wenn mittels Gutschrift abgerechnet wird.

   Der Unternehmer hat seiner Verpflichtung zur Rechnungsausstellung für im übrigen Gemeinschaftsgebiet ausgeführte sonstige Leistungen, für die der Leistungsempfänger entsprechend Art. 196 der Richtlinie 2006/112/EG über das gemeinsame Mehrwertsteuersystem, ABl. Nr. L 347 vom 11.12.2006 S. 1, die Steuer schuldet, spätestens am fünfzehnten Tag des Kalendermonates, der auf den Kalendermonat folgt, in dem die sonstige Leistung ausgeführt worden ist, nachzukommen.

   Die Verpflichtung zur Rechnungsausstellung besteht auch, wenn der leistende Unternehmer sein Unternehmen vom Inland aus betreibt oder sich die Betriebsstätte, von der aus die Leistung erbracht wird, im Inland befindet und die Lieferung oder sonstige Leistung im Drittlandsgebiet an einen anderen Unternehmer für dessen Unternehmen oder an eine juristische Person, soweit sie nicht Unternehmer ist, ausgeführt wird.

2a. Die Verpflichtung zur Rechnungsausstellung besteht auch bei Einfuhr-Versandhandelsumsätzen nach § 3 Abs. 8a, wenn
   a) der Unternehmer die Sonderregelung nach § 25b im Inland in Anspruch nimmt oder
   b) der Unternehmer in keinem Mitgliedstaat eine Sonderregelung gemäß Art. 369l bis 369x der Richtlinie 2006/112/EG in Anspruch nimmt und
      - die Lieferung im Inland als ausgeführt gilt oder

– die Beförderung oder Versendung im Inland endet und der Unternehmer innerhalb der EU weder seinen Wohnsitz oder gewöhnlichen Aufenthalt, noch seinen Sitz der wirtschaftlichen Tätigkeit oder eine feste Niederlassung, von der aus die Lieferung ausgeführt wird, hat.

In diesen Fällen kommt Abs. 6 nicht zur Anwendung.

*(BGBl I 2019/91, BGBl I 2021/227)*

3. Rechnungen müssen – soweit in den nachfolgenden Absätzen nichts anderes bestimmt ist – die folgenden Angaben enthalten:

a) den Namen und die Anschrift des liefernden oder leistenden Unternehmers;

b) den Namen und die Anschrift des Abnehmers der Lieferung oder des Empfängers der sonstigen Leistung. Bei Rechnungen, deren Gesamtbetrag 10 000 Euro übersteigt, ist weiters die dem Leistungsempfänger vom Finanzamt erteilte Umsatzsteuer-Identifikationsnummer anzugeben, wenn der leistende Unternehmer im Inland einen Wohnsitz (Sitz), seinen gewöhnlichen Aufenthalt oder eine Betriebsstätte hat und der Umsatz an einen anderen Unternehmer für dessen Unternehmen ausgeführt wird;

c) die Menge und die handelsübliche Bezeichnung der gelieferten Gegenstände oder die Art und den Umfang der sonstigen Leistung;

d) den Tag der Lieferung oder der sonstigen Leistung oder den Zeitraum, über den sich die sonstige Leistung erstreckt. Bei Lieferungen oder sonstigen Leistungen, die abschnittsweise abgerechnet werden (beispielsweise Lebensmittellieferungen), genügt die Angabe des Abrechnungszeitraumes, soweit dieser einen Kalendermonat nicht übersteigt;

e) das Entgelt für die Lieferung oder sonstige Leistung (§ 4) und den anzuwendenden Steuersatz, im Falle einer Steuerbefreiung einen Hinweis, dass für diese Lieferung oder sonstige Leistung eine Steuerbefreiung gilt;

f) den auf das Entgelt (lit. e) entfallenden Steuerbetrag. Wird die Rechnung in einer anderen Währung als Euro ausgestellt, ist der Steuerbetrag nach Anwendung einer dem § 20 Abs. 6 entsprechenden Umrechnungsmethode zusätzlich in Euro anzugeben. Steht der Betrag in Euro im Zeitpunkt der Rechnungsausstellung noch nicht fest, hat der Unternehmer nachvollziehbar anzugeben, welche Umrechnungsmethode gemäß § 20 Abs. 6 angewendet wird. Der Vorsteuerabzug (§ 12) bemisst sich nach dem in Euro angegebenen oder jenem Betrag in Euro, der sich nach der ausgewiesenen Umrechnungsmethode ergibt;

g) das Ausstellungsdatum;

h) eine fortlaufende Nummer mit einer oder mehreren Zahlenreihen, die zur Identifizierung der Rechnung einmalig vergeben wird;

i) soweit der Unternehmer im Inland Lieferungen oder sonstige Leistungen erbringt, für die das Recht auf Vorsteuerabzug besteht, die dem Unternehmer vom Finanzamt erteilte Umsatzsteuer-Identifikationsnummer.

4. Vereinnahmt der Unternehmer das Entgelt oder einen Teil des Entgeltes für eine noch nicht ausgeführte Lieferung oder sonstige Leistung, so gelten die Vorschriften dieses Bundesgesetzes über die Rechnungsausstellung sinngemäß.

Wird eine Endrechnung erteilt, so sind in ihr die vor Ausführung der Lieferung oder sonstigen Leistung vereinnahmten Teilentgelte und die auf sie entfallenden Steuerbeträge abzusetzen, wenn über die Teilentgelte Rechnungen im Sinne dieses Absatzes ausgestellt worden sind.

(1a) Führt der Unternehmer Lieferungen oder sonstige Leistungen aus, für die der Leistungsempfänger nach § 19 Abs. 1 zweiter Satz, Abs. 1a, Abs. 1b, Abs. 1c, Abs. 1d oder Abs. 1e die Steuer schuldet, hat er in den Rechnungen die Umsatzsteuer-Identifikationsnummer des Leistungsempfängers anzugeben und auf die Steuerschuldnerschaft des Leistungsempfängers hinzuweisen. Die Vorschrift über den gesonderten Steuerausweis in einer Rechnung ist nicht anzuwenden.

Dies gilt auch, wenn der Unternehmer Lieferungen oder sonstige Leistungen im übrigen Gemeinschaftsgebiet ausführt, für die eine Verpflichtung zur Rechnungsausstellung nach Abs. 1 besteht.

Führt der Unternehmer Lieferungen oder sonstige Leistungen im Sinne des § 19 Abs. 1 zweiter Satz oder des § 19 Abs. 1c aus, besteht keine Verpflichtung zur Rechnungsausstellung nach Abs. 1, wenn er sein Unternehmen vom übrigen Gemeinschaftsgebiet aus betreibt oder sich die Betriebsstätte, von der aus die Leistung erbracht wird, im übrigen Gemeinschaftsgebiet befindet. Dies gilt nicht, wenn der Leistungsempfänger mittels Gutschrift abrechnet. Eine solche Gutschrift hat auch die Umsatzsteuer-Identifikationsnummer des Leistungsempfängers sowie den Hinweis auf die Steuerschuldnerschaft des Leistungsempfängers zu enthalten. Die Vorschrift über den gesonderten Steuerausweis in einer Rechnung ist nicht anzuwenden. Richtet sich die Rechnungsausstellung für eine nach § 3a Abs. 6 im Inland steuerbare sonstige Leistung, für die der Leistungsempfänger die Steuer nach § 19 Abs. 1 zweiter Satz schuldet, nach den Vorschriften dieses Bundesgesetzes, hat diese spätestens am fünfzehnten Tag des Kalendermonates, der auf den Kalendermonat folgt, in dem die sonstige Leistung ausgeführt worden ist, zu erfolgen.

(2) Als Rechnung im Sinne des Abs. 1 und Abs. 1a gilt jede Urkunde, mit der ein Unternehmer über eine Lieferung oder sonstige Leistung abrechnet, gleichgültig, wie diese Urkunde im Geschäftsverkehr bezeichnet wird. Die nach Abs. 1 und Abs. 1a erforderlichen Angaben können auch in anderen Belegen enthalten sein, auf die in der Rechnung hingewiesen wird.

Als Rechnung gilt auch eine elektronische Rechnung, sofern der Empfänger dieser Art der Rechnungsausstellung zustimmt. Eine elektronische Rechnung ist eine Rechnung, die in einem elektronischen Format ausgestellt und empfangen wird. Sie gilt nur unter der Voraussetzung als Rechnung im Sinne des Abs. 1 und Abs. 1a, dass die Echtheit ihrer Herkunft, die Unversehrtheit ihres Inhalts und ihre Lesbarkeit gewährleistet sind. Echtheit der Herkunft bedeutet die Sicherheit der Identität des leistenden Unternehmers oder des Ausstellers der Rechnung. Unversehrtheit des Inhalts bedeutet, dass der nach diesem Bundesgesetz erforderliche Rechnungsinhalt nicht geändert wurde. Der Bundesminister für Finanzen bestimmt mit Verordnung die Anforderungen, bei deren Vorliegen diese Voraussetzungen jedenfalls erfüllt sind.

Stellt der Unternehmer Rechnungen gemäß Abs. 1 und Abs. 1a aus, so hat er eine Durchschrift oder Abschrift anzufertigen und sieben Jahre aufzubewahren; das gleiche gilt sinngemäß für Belege, auf die in einer Rechnung hingewiesen wird. Auf die Durchschriften oder Abschriften ist § 132 Abs. 2 der Bundesabgabenordnung anwendbar. Die Echtheit der Herkunft, die Unversehrtheit des Inhalts und die Lesbarkeit der elektronischen Rechnungen müssen für die Dauer von sieben Jahren gewährleistet sein.

(3) Für die unter Abs. 1 Z 3 lit. a und b geforderten Angaben ist jede Bezeichnung ausreichend, die eine eindeutige Feststellung des Namens und der Anschrift des Unternehmens sowie des Abnehmers der Lieferung oder des Empfängers der sonstigen Leistung ermöglicht.

(4) Die im Abs. 1 Z 3 lit. a bis c geforderten Angaben können auch durch Schlüsselzahlen oder Symbole ausgedrückt werden, wenn ihre eindeutige Bestimmung aus der Rechnung oder aus anderen Unterlagen gewährleistet ist. Diese Unterlagen müssen sowohl beim Aussteller als auch beim Empfänger der Rechnung vorhanden sein, es sei denn, daß vom Rechnungsaussteller öffentlich kundgemachte Tarife zur Verrechnung kommen.

(5) In einer Rechnung über Lieferungen und sonstige Leistungen, die verschiedenen Steuersätzen unterliegen, sind die Entgelte und Steuerbeträge nach Steuersätzen zu trennen. Wird der Steuerbetrag durch Maschinen (zB Fakturierautomaten) ermittelt und durch diese in der Rechnung angegeben, so ist der Ausweis des Steuerbetrages in einer Summe zulässig, wenn für die einzelnen Posten der Rechnung der Steuersatz angegeben ist.

(6) Bei Rechnungen, deren Gesamtbetrag 400 Euro nicht übersteigt, genügen neben dem Ausstellungsdatum folgende Angaben:

1. Der Name und die Anschrift des liefernden oder leistenden Unternehmers;
2. die Menge und die handelsübliche Bezeichnung der gelieferten Gegenstände oder die Art und der Umfang der sonstigen Leistung;
3. der Tag der Lieferung oder sonstigen Leistung oder der Zeitraum, über den sich die Leistung erstreckt;
4. das Entgelt und der Steuerbetrag für die Lieferung oder sonstige Leistung in einer Summe und
5. der Steuersatz.

Die Abs. 4 und 5 sind sinngemäß anzuwenden.

Besteht nach Abs. 1 eine Verpflichtung zur Rechnungsausstellung für im übrigen Gemeinschaftsgebiet ausgeführte Lieferungen und sonstige Leistungen, ist eine vereinfachte Rechnungsausstellung ausgeschlossen. Das gilt auch in den Fällen des § 19 Abs. 1 zweiter Satz und des § 19 Abs. 1c, wenn sich die Rechnungsausstellung nach den Vorschriften dieses Bundesgesetzes richtet.

(7) Gutschriften, die im Geschäftsverkehr an die Stelle von Rechnungen treten, gelten bei Vorliegen der im Abs. 8 genannten Voraussetzungen als Rechnungen des Unternehmers, der steuerpflichtige Lieferungen oder sonstige Leistungen an den Aussteller der Gutschrift ausführt. Gutschrift im Sinne dieser Bestimmung ist jede Urkunde, mit der ein Unternehmer über eine Lieferung oder sonstige Leistung abrechnet, die an ihn ausgeführt wird.

Die Gutschrift verliert die Wirkung einer Rechnung, soweit der Empfänger der Gutschrift dem in ihr enthaltenen Steuerbetrag widerspricht.

(8) Eine Gutschrift ist als Rechnung anzuerkennen, wenn folgende Voraussetzungen vorliegen:

1. Der Unternehmer, der die Lieferungen oder sonstigen Leistungen ausführt (Empfänger der Gutschrift), muß zum gesonderten Ausweis der Steuer in einer Rechnung nach Abs. 1 berechtigt sein;
2. zwischen dem Aussteller und dem Empfänger der Gutschrift muß Einverständnis darüber bestehen, daß mit einer Gutschrift über die Lieferung oder sonstige Leistung abgerechnet wird;
3. die Gutschrift muss die in Abs. 1 und Abs. 1a geforderten Angaben enthalten und als solche bezeichnet werden. Die Abs. 2 bis 6 sind sinngemäß anzuwenden;
4. die Gutschrift muß dem Unternehmer, der die Lieferung oder sonstige Leistung bewirkt, zugeleitet worden sein.

(9) Fahrausweise, die für die Beförderung im Personenverkehr ausgegeben werden, gelten als Rechnungen im Sinne des Abs. 1, wenn sie neben dem Ausstellungsdatum mindestens folgende Angaben enthalten:

1. Den Namen und die Anschrift des Unternehmers, der die Beförderung ausführt. Abs. 3 ist sinngemäß anzuwenden;
2. das Entgelt und den Steuerbetrag in einer Summe und
3. den Steuersatz.

(10) Fahrausweise für eine grenzüberschreitende Beförderung im Personenverkehr und im internationalen Eisenbahn-Personenverkehr gelten nur dann als Rechnung im Sinne des Abs. 1, wenn eine Bescheinigung des Beförderungsunternehmers oder seines Beauftragten darüber vorliegt, welcher Anteil des Beförderungspreises auf die inländische Strecke entfällt. In diesen Fällen ist der für den inländischen Teil der Beförderungsleistung maßgebende Steuersatz in der Bescheinigung anzugeben.

(11) Die Abs. 9 und 10 gelten für Belege im Reisegepäckverkehr sinngemäß.

(12) Hat der Unternehmer in einer Rechnung für eine Lieferung oder sonstige Leistung einen Steuerbetrag, den er nach diesem Bundesgesetz für den Umsatz nicht schuldet, gesondert ausgewiesen, so schuldet er diesen Betrag auf Grund der Rechnung, wenn er sie nicht gegenüber dem Abnehmer der Lieferung oder dem Empfänger der sonstigen Leistung entsprechend berichtigt. Im Falle der Berichtigung gilt § 16 Abs. 1 sinngemäß.

(13) Bei einer Minderung des Entgeltes ist eine Berichtigung der Rechnung im Sinne des Abs. 12 nur vorzunehmen, wenn sich das Entgelt wegen des Abzuges von Wechselvorzinsen vermindert hat.

(14) Wer in einer Rechnung einen Steuerbetrag gesondert ausweist, obwohl er eine Lieferung oder sonstige Leistung nicht ausführt oder nicht Unternehmer ist, schuldet diesen Betrag.

(15) Der Bundesminister für Finanzen kann aus Vereinfachungsgründen mit Verordnung bestimmen, dass eine Verpflichtung des Unternehmers zur Ausstellung von Rechnungen entfällt.

### Vorsteuerabzug

**§ 12.** (1) Der Unternehmer kann die folgenden Vorsteuerbeträge abziehen:

1. a) Die von anderen Unternehmern in einer Rechnung (§ 11) an ihn gesondert ausgewiesene Steuer für Lieferungen oder sonstige Leistungen, die im Inland für sein Unternehmen ausgeführt worden sind.

   Findet keine Überrechnung gemäß § 215 Abs. 4 BAO in Höhe der gesamten auf die Lieferung oder sonstige Leistung entfallenden Umsatzsteuer auf das Abgabenkonto des Leistungserbringers statt, ist bei einem Unternehmer, der seine Umsätze nach vereinnahmten Entgelten (§ 17) besteuert, zusätzliche Voraussetzung, dass die Zahlung geleistet worden ist. Dies gilt nicht bei Unternehmen im Sinne des § 17 Abs. 1 zweiter Satz oder wenn die Umsätze des Unternehmers nach § 1 Abs. 1 Z 1 und 2 im vorangegangenen Veranlagungszeitraum 2 000 000 Euro übersteigen. Bei der Berechnung dieser Grenze bleiben die Umsätze aus Hilfsgeschäften einschließlich der Geschäftsveräußerungen außer Ansatz.

   *(BGBl I 2016/117)*

   b) Soweit in den Fällen der lit. a der gesondert ausgewiesene Steuerbetrag auf eine Zahlung vor Ausführung der Umsätze entfällt, ist er bereits abziehbar, wenn die Rechnung vorliegt und die Zahlung geleistet worden ist.

   *(BGBl I 2015/118)*

2. a) die entrichtete Einfuhrumsatzsteuer für Gegenstände, die für sein Unternehmen eingeführt worden sind,

   b) in den Fällen des § 26 Abs. 3 Z 2 die geschuldete und auf dem Abgabenkonto verbuchte Einfuhrumsatzsteuer für Gegenstände, die für sein Unternehmen eingeführt worden sind;

3. die gemäß § 19 Abs. 1 zweiter Satz, Abs. 1a, Abs. 1b, Abs. 1c, Abs. 1d und Abs. 1e geschuldeten Beträge für Lieferungen und sonstige Leistungen, die im Inland für sein Unternehmen ausgeführt worden sind.

Der Bundesminister für Finanzen kann durch Verordnung für Unternehmer,

- die im Gemeinschaftsgebiet weder ihren Sitz noch eine Betriebsstätte haben und
- im Inland keine Umsätze,
- ausgenommen Beförderungsumsätze und damit verbundene Nebentätigkeiten, die gem. § 6 Abs. 1 Z 3 und 5 befreit sind, sowie
- Umsätze, bei denen die Steuer gem. § 27 Abs. 4 vom Leistungsempfänger einzubehalten und abzuführen ist,

ausführen, den Vorsteuerabzug einschränken oder versagen, soweit dies zur Erzielung einer den Grundsätzen der Gegenseitigkeit entsprechenden Behandlung erforderlich ist.

Der Bundesminister für Finanzen kann aus Vereinfachungsgründen durch Verordnung bestimmen, daß in den Fällen, in denen ein anderer als der Unternehmer, für dessen Unternehmen der Gegenstand eingeführt worden ist, die Einfuhrumsatzsteuer entrichtet, der andere den Vorsteuerabzug in Anspruch nehmen kann.

(2)

1. a) Lieferungen und sonstige Leistungen sowie die Einfuhr von Gegenständen gelten als für das Unternehmen ausgeführt, wenn sie für Zwecke des Unternehmens erfolgen und wenn sie zu mindestens 10% unternehmerischen Zwecken dienen.

   b) Der Unternehmer kann Lieferungen oder sonstige Leistungen sowie Einfuhren nur insoweit als für das Unternehmen ausgeführt behandeln, als sie tatsächlich unternehmerischen Zwecken dienen, sofern sie mindestens 10% unternehmerischen Zwecken dienen.

Diese Zuordnung hat der Unternehmer bis zum Ablauf des Veranlagungszeitraumes dem Finanzamt schriftlich mitzuteilen.

2. Nicht als für das Unternehmen ausgeführt gelten Lieferungen, sonstige Leistungen oder Einfuhren,
   a) deren Entgelte überwiegend keine abzugsfähigen Ausgaben (Aufwendungen) im Sinne des § 20 Abs. 1 Z 1 bis 5 des Einkommensteuergesetzes 1988 oder der §§ 8 Abs. 2 und 12 Abs. 1 Z 1 bis 5 des Körperschaftsteuergesetzes 1988 sind,
   b) die im Zusammenhang mit der Anschaffung (Herstellung), Miete oder dem Betrieb von Personenkraftwagen, Kombinationskraftwagen oder Krafträdern stehen, ausgenommen Fahrschulkraftfahrzeuge, Vorführkraftfahrzeuge und Kraftfahrzeuge, die ausschließlich zur gewerblichen Weiterveräußerung bestimmt sind, sowie Kraftfahrzeuge, die zu mindestens 80% dem Zweck der gewerblichen Personenbeförderung oder der gewerblichen Vermietung dienen.

   Der Bundesminister für Finanzen kann durch Verordnung die Begriffe Personenkraftwagen und Kombinationskraftwagen näher bestimmen. Die Verordnung kann mit Wirkung ab 15. Februar 1996 erlassen werden.

2a. Lieferungen, sonstige Leistungen oder Einfuhren, die im Zusammenhang mit der Anschaffung (Herstellung), Miete oder dem Betrieb von Personenkraftwagen, Kombinationskraftwagen oder Krafträdern mit einem $CO_2$-Emissionswert von 0 Gramm pro Kilometer stehen und für die nicht nach § 12 Abs. 2 Z 2 lit. b ein Vorsteuerabzug vorgenommen werden kann, berechtigen nach den allgemeinen Vorschriften des § 12 zum Vorsteuerabzug. Z 2 lit. a bleibt unberührt.

*(BGBl I 2015/118, BGBl I 2019/103)*

3. Läßt ein Absender einen Gegenstand durch einen Frachtführer oder Verfrachter unfrei zu einem Dritten befördern oder eine solche Beförderung durch einen Spediteur unfrei besorgen, so gilt für den Vorsteuerabzug die Beförderung oder deren Besorgung als für das Unternehmen des Empfängers der Sendung ausgeführt, wenn diesem die Rechnung über die Beförderung oder deren Besorgung erteilt wird.

4. Erteilt bei einem Bestandvertrag (Leasingvertrag) über Kraftfahrzeuge oder Krafträder im Falle der Beschädigung des Bestandobjektes durch Unfall oder höhere Gewalt der Bestandgeber (Leasinggeber) den Auftrag zur Wiederinstandsetzung des Kraftfahrzeuges, so gelten für den Vorsteuerabzug auf Grund dieses Auftrages erbrachte Reparaturleistungen nicht als für das Unternehmen des Bestandgebers (Leasinggebers) sondern als für den Bestandnehmer (Leasingnehmer) ausgeführt. Die in einer Rechnung an den Auftraggeber über derartige Reparaturleistungen ausgewiesene Umsatzsteuer berechtigt bei Zutreffen der sonstigen Voraussetzungen des § 12 den Bestandnehmer (Leasingnehmer) zum Vorsteuerabzug.

(3) Vom Vorsteuerabzug sind ausgeschlossen:

1. Die Steuer für die Lieferungen und die Einfuhr von Gegenständen, soweit der Unternehmer diese Gegenstände zur Ausführung steuerfreier Umsätze verwendet,
2. die Steuer für sonstige Leistungen, soweit der Unternehmer diese sonstigen Leistungen zur Ausführung steuerfreier Umsätze in Anspruch nimmt;
3. die Steuer für Lieferungen und sonstige Leistungen sowie für die Einfuhr von Gegenständen, soweit sie mit Umsätzen im Zusammenhang steht, die der Unternehmer im Ausland ausführt und die – wären sie steuerbar – steuerfrei sein würden;
4. die Steuer für Lieferungen und sonstige Leistungen sowie für die Einfuhr von Gegenständen, soweit sie im Zusammenhang mit der Verwendung eines dem Unternehmen zugeordneten Grundstückes für die in § 3a Abs. 1a Z 1 genannten Zwecke steht.

Der Ausschluß vom Vorsteuerabzug tritt nicht ein, wenn die Umsätze

a) nach § 6 Abs. 1 Z 1 bis 6 oder § 23 Abs. 5 steuerfrei sind oder steuerfrei wären oder
b) nach § 6 Abs. 1 Z 8 lit. a bis c und lit. e bis h und § 6 Abs. 1 Z 9 lit. c steuerfrei sind und sich unmittelbar auf Gegenstände beziehen, die in das Drittlandsgebiet ausgeführt werden oder
c) nach § 6 Abs. 1 Z 8 lit. a bis c und lit. e bis h und § 6 Abs. 1 Z 9 lit. c steuerfrei wären und der Leistungsempfänger keinen Wohnsitz (Sitz) im Gemeinschaftsgebiet hat.

(4) Bewirkt der Unternehmer neben Umsätzen, die zum Ausschluß vom Vorsteuerabzug führen, auch Umsätze, bei denen ein solcher Ausschluß nicht eintritt, so hat der Unternehmer die Vorsteuerbeträge nach Maßgabe der Abs. 1 und 3 in abziehbare und nicht abziehbare Vorsteuerbeträge aufzuteilen.

(5) An Stelle einer Aufteilung nach Abs. 4 kann der Unternehmer

1. die Vorsteuerbeträge nach dem Verhältnis der zum Ausschluß vom Vorsteuerabzug führenden Umsätze zu den übrigen Umsätzen in nicht abziehbare und abziehbare Vorsteuerbeträge aufteilen, oder
2. nur jene Vorsteuerbeträge nach dem Verhältnis der Umsätze aufteilen, die den zum Ausschluß vom Vorsteuerabzug nach Abs. 3

führenden Umsätzen oder den übrigen Umsätzen nicht ausschließlich zuzurechnen sind.

Einfuhren sind nicht Umsätze im Sinne dieser Vorschrift.

(6) Die Aufteilung der Vorsteuerbeträge nach Abs. 5 ist ausgeschlossen, wenn in einem Veranlagungszeitraum die auf Grund der Aufteilung der Vorsteuern nach den Umsätzen sich ergebende abziehbare Vorsteuer um mehr als 5%, mindestens aber um 75 Euro, oder um mehr als 750 Euro höher ist als die Vorsteuer, welche sich auf Grund der Aufteilung nach Abs. 4 ergibt.

(7) Bei Anwendung der Abs. 4 und 5 hat das Finanzamt auf Antrag zu gestatten, daß ein in der Gliederung des Unternehmens gesondert geführter Betrieb wie ein selbständiges Unternehmen behandelt wird.

(8) Die Bewilligung gemäß Abs. 7 kann zwecks Vermeidung eines ungerechtfertigten Steuervorteiles im Sinne des Abs. 6 mit Auflagen verbunden werden.

(9) Bei Rechnungen im Sinne des § 11 Abs. 6, 9, 10 und 11 kann der Unternehmer den Vorsteuerabzug in Anspruch nehmen, wenn er die Rechnungsbeträge in Entgelt und Steuerbetrag aufteilt.

(10) Ändern sich bei einem Gegenstand, den der Unternehmer in seinem Unternehmen als Anlagevermögen verwendet oder nutzt, in den auf das Jahr der erstmaligen Verwendung folgenden vier Kalenderjahren die Verhältnisse, die im Kalenderjahr der erstmaligen Verwendung für den Vorsteuerabzug maßgebend waren (Abs. 3), so ist für jedes Jahr der Änderung ein Ausgleich durch eine Berichtigung des Vorsteuerabzuges durchzuführen.

Dies gilt sinngemäß für Vorsteuerbeträge, die auf nachträgliche Anschaffungs- oder Herstellungskosten, aktivierungspflichtige Aufwendungen oder bei Gebäuden auch auf Kosten von Großreparaturen entfallen, wobei der Berichtigungszeitraum vom Beginn des Kalenderjahres an zu laufen beginnt, das dem Jahr folgt, in dem die diesen Kosten und Aufwendungen zugrunde liegenden Leistungen im Zusammenhang mit dem Anlagevermögen erstmals in Verwendung genommen worden sind.

Bei Grundstücken (einschließlich der aktivierungspflichtigen Aufwendungen und der Kosten von Großreparaturen) tritt an die Stelle des Zeitraumes von vier Kalenderjahren ein solcher von neunzehn Kalenderjahren , außer es erfolgt eine nachträgliche Eigentumsübertragung – ausgenommen von Geschäftsräumen – aufgrund eines Anspruches gemäß § 15c des Wohnungsgemeinnützigkeitsgesetzes – WGG, BGBl. Nr. 139/1979. Diesfalls beträgt der Zeitraum neun Kalenderjahre.

Bei der Berichtigung, die jeweils für das Jahr der Änderung zu erfolgen hat, ist für jedes Jahr der Änderung von einem Fünftel, bei nachträglicher Eigentumsübertragung – ausgenommen von Geschäftsräumen – aufgrund eines Anspruches gemäß § 15c WGG (einschließlich der aktivierungspflichtigen Aufwendungen und der Kosten von Großreparaturen) von einem Zehntel und bei sonstigen Grundstücken (einschließlich der aktivierungspflichtigen Aufwendungen und der Kosten von Großreparaturen) von einem Zwanzigstel der gesamten auf den Gegenstand, die Aufwendungen oder die Kosten entfallenden Vorsteuer auszugehen; im Falle der Lieferung ist die Berichtigung für den restlichen Berichtigungszeitraum spätestens in der letzten Voranmeldung des Veranlagungszeitraumes vorzunehmen, in dem die Lieferung erfolgte.

*(BGBl I 2016/117, BGBl I 2022/10)*

(10a) (aufgehoben)

(11) Ändern sich bei einem Gegenstand, den der Unternehmer für sein Unternehmen hergestellt oder erworben hat oder bei sonstigen Leistungen, die für sein Unternehmen ausgeführt worden sind, die Voraussetzungen, die für den Vorsteuerabzug maßgebend waren (Abs. 3), so ist, sofern nicht Abs. 10 zur Anwendung gelangt, eine Berichtigung des Vorsteuerabzuges für den Veranlagungszeitraum vorzunehmen, in dem die Änderung eingetreten ist.

(12) Die Bestimmungen der Abs. 10 und 11 gelten sinngemäß auch für Gegenstände, die nicht zu einem Betriebsvermögen gehören. Eine Änderung der Verhältnisse, die für den Vorsteuerabzug maßgebend sind, liegt auch vor, wenn die Änderung darin besteht, dass ein Wechsel in der Anwendung der allgemeinen Vorschriften und der Vorschriften des § 22 für den Vorsteuerabzug vorliegt.

(13) Eine Berichtigung des Vorsteuerabzuges nach Abs. 10 ist nicht durchzuführen, wenn der Betrag, um den der Vorsteuerabzug für einen Gegenstand für das Kalenderjahr zu berichtigen ist, 60 Euro nicht übersteigt.

*(BGBl I 2016/117)*

(14) Das Recht auf Vorsteuerabzug entfällt, wenn der Unternehmer wusste oder wissen musste, dass der betreffende Umsatz im Zusammenhang mit Umsatzsteuerhinterziehungen oder sonstigen, die Umsatzsteuer betreffenden Finanzvergehen steht. Dies gilt insbesondere auch, wenn ein solches Finanzvergehen einen vor- oder nachgelagerten Umsatz betrifft.

*(BGBl I 2015/118)*

(15) Erbringt ein Unternehmer an einen anderen Unternehmer für dessen Unternehmen eine Lieferung gemäß § 3 Abs. 2 oder eine sonstige Leistung gemäß § 3a Abs. 1a, so ist er berechtigt, dem Empfänger der Lieferung oder sonstigen Leistung den dafür geschuldeten Steuerbetrag gesondert in Rechnung zu stellen. Dieser in der Rechnung gesondert ausgewiesene Betrag gilt für den Empfänger der Lieferung oder sonstigen Leistung als eine für eine entgeltliche steuerpflichtige Lieferung oder sonstige Leistung gesondert in Rechnung gestellte Steuer. Weist der Unternehmer in der Rechnung einen Betrag aus, den er für diesen Umsatz nicht schuldet, so ist dieser Betrag wie eine nach § 11 Abs. 12 auf Grund der Rechnung geschuldete Steuer zu behandeln. Ist aufgrund der Anwendung des § 4 Abs. 9 das Entgelt niedriger als die Bemessungsgrundlage, gelten die vorherigen Ausführungen sinngemäß.

(16) und (17) (aufgehoben)

### Vorsteuerabzug bei Reisekosten

**§ 13.** (1) Für eine im Inland ausschließlich durch den Betrieb veranlaßte Reise kann der Unternehmer – unbeschadet der sonstigen Voraussetzungen für den Vorsteuerabzug nach § 12 die auf die Mehraufwendungen für Verpflegung entfallende abziehbare Vorsteuer nur aus den nach den einkommensteuerrechtlichen Vorschriften für die Gewinnermittlung festgesetzten Pauschbeträgen errechnen. Bei Aufwendungen für Nächtigung (einschließlich Frühstück) kann die abziehbare Vorsteuer entweder aus den für die Gewinnermittlung festgesetzten Pauschbeträgen errechnet oder in tatsächlicher Höhe durch eine Rechnung nachgewiesen werden. Aus den Pauschbeträgen ist die abziehbare Vorsteuer unter Anwendung des Steuersatzes nach § 10 Abs. 2 herauszurechnen.

*(BGBl I 2015/118, BGBl I 2018/62)*

(2) Die Bestimmungen des Abs. 1 gelten sinngemäß, soweit ein Unternehmer einem Arbeitnehmer, dessen Einkünfte dem Steuerabzug vom Arbeitslohn im Inland unterliegen, aus Anlass einer Dienstreise im Inland oder einer Tätigkeit im Sinne des § 3 Abs. 1 Z 16b des Einkommensteuergesetzes 1988 im Inland die Mehraufwendungen für Verpflegung sowie die Aufwendungen für Nächtigung (einschließlich Frühstück) erstattet oder soweit der Unternehmer diese Aufwendungen unmittelbar selbst trägt. Sowohl im Falle der Erstattung der Mehraufwendungen für Verpflegung an den Arbeitnehmer als auch im Falle der unmittelbaren Verrechnung der Aufwendungen für die Verpflegung an den Unternehmer kann die abziehbare Vorsteuer nur aus den Tagesgeldern, die nach den einkommensteuerrechtlichen Vorschriften nicht zu den Einkünften aus nichtselbständiger Arbeit gehören oder gemäß § 3 Abs. 1 Z 16b des Einkommensteuergesetzes 1988 steuerfrei sind, ermittelt werden. Bei den Aufwendungen für Nächtigung (einschließlich Frühstück) kann die abziehbare Vorsteuer entweder aus den Nächtigungsgeldern, die nach den einkommensteuerrechtlichen Vorschriften nicht zu den Einkünften aus nichtselbständiger Arbeit gehören, errechnet oder in tatsächlicher Höhe durch eine Rechnung nachgewiesen werden. Werden für Nächtigung (einschließlich Frühstück) die tatsächlichen Aufwendungen nachgewiesen, so können die Rechnungen auch auf den Namen der Person lauten, von der die Reise ausgeführt worden ist.

(3) Unternehmer, die nicht der inländischen Einkommensbesteuerung unterliegen oder deren Arbeitnehmer im Inland nicht unter den Steuerabzug vom Arbeitslohn fallen, können aus Anlaß einer Geschäfts- oder Dienstreise nur jene Vorsteuerbeträge abziehen, die in einer Rechnung (§ 11) an sie gesondert ausgewiesen werden. Im Falle der Mehraufwendungen für Verpflegung darf ein Vorsteuerabzug jedoch höchstens von den nach Abs. 1 und 2 als Tagesgeld festgesetzten Pauschbeträgen ermittelt werden.

(4) Die nach den vorstehenden Absätzen errechneten Vorsteuerbeträge können nur abgezogen werden, wenn über die Reise ein Beleg ausgestellt wird, welcher über Zeit, Ziel und Zweck der Reise, die Person, von der die Reise ausgeführt worden ist, und über den Betrag Aufschluß gibt, aus dem die Vorsteuer errechnet wird. Die Verpflichtung zur Ausstellung eines eigenen Beleges für Zwecke des Vorsteuerabzuges entfällt, wenn die erwähnten Angaben bereits aus den für die Erhebung der Einkommensteuer (Lohnsteuer) erforderlichen Unterlagen hervorgehen.

### Vorsteuerabzug nach Durchschnittssätzen

**§ 14.** (1) Unternehmer können die abziehbaren Vorsteuerbeträge wahlweise nach folgenden Durchschnittssätzen ermitteln:

1. Unternehmer, bei denen die Voraussetzungen gemäß § 17 Abs. 2 Z 1 und 2 des Einkommensteuergesetzes 1988 für die Ermittlung der Betriebsausgaben mit einem Durchschnittssatz vorliegen, können die abziehbaren Vorsteuer beträge mit einem Durchschnittssatz von 1,8% des Gesamtumsatzes aus Tätigkeiten im Sinne des § 22 und § 23 des Einkommensteuergesetzes 1988 mit Ausnahme der Umsätze aus Hilfsgeschäften, höchstens jedoch mit einer abziehbaren Vorsteuer von 3 960 Euro, berechnen. Eine Ermittlung der abziehbaren Vorsteuer beträge mit dem Durchschnittssatz ist gesondert für jeden Betrieb möglich. Mit diesem Durchschnittssatz werden sämtliche Vorsteuern abgegolten, ausgenommen
   a) Vorsteuerbeträge für Lieferungen von Wirtschaftsgütern des Anlagevermögens, die der Abnutzung unterliegen und deren Anschaffungskosten 1 100 Euro übersteigen, sowie für die Lieferung von Grundstücken des Anlagevermögens. Diese Ausnahme gilt sinngemäß für die entrichtete Einfuhrumsatzsteuer für Einfuhren, die diesen Lieferungen entsprechen;
   b) Vorsteuerbeträge für sonstige Leistungen im Zusammenhang mit der Herstellung von abnutzbaren Wirtschaftsgütern des Anlagevermögens, deren Herstellungskosten 1 100 Euro übersteigen;
   c) Vorsteuerbeträge für Lieferungen von Waren, Rohstoffen, Halberzeugnissen, Hilfsstoffen und Zutaten, die nach ihrer Art und ihrem betrieblichen Zweck in ein Wareneingangsbuch (§ 128 der Bundesabgabenordnung) einzutragen sind oder einzutragen wären, sowie Vorsteuerbeträge für Fremdlöhne, soweit diese unmittelbar in Leistungen eingehen, die den Betriebsgegenstand bilden. Diese Ausnahme gilt sinngemäß für die entrichtete Einfuhrumsatzsteuer für Einfuhren, die diesen Lieferungen entsprechen.

   Diese Vorsteuerbeträge sind bei Vorliegen der Voraussetzungen des § 12 zusätzlich abziehbar.

   *(BGBl I 2015/118)*

2. Der Bundesminister für Finanzen kann weiters mit Verordnung für die Ermittlung der abziehbaren Vorsteuerbeträge Durchschnittssätze für Gruppen von Unternehmern aufstellen. Die Durchschnittssätze sind auf Grund von Erfahrungen über die wirtschaftlichen Verhältnisse bei der jeweiligen Gruppe von Unternehmern festzusetzen.

(2) In der Verordnung gemäß Abs. 1 Z 2 werden bestimmt:

1. Die Gruppe von Betrieben, für welche Durchschnittssätze anwendbar sind;
2. die für die Ermittlung der Durchschnittssätze jeweils maßgebenden Merkmale. Als solche kommen insbesondere Art und Höhe der an den Betrieb ausgeführten Umsätze in Betracht;
3. der Umfang, in dem Unternehmern, deren Vorsteuer nach diesen Durchschnittssätzen zu ermitteln ist, Erleichterungen in der Führung von Aufzeichnungen gewährt werden.

(3) Die Durchschnittssätze gemäß Abs. 1 Z 2 müssen zu einer Vorsteuer führen, die nicht wesentlich von dem Betrag abweicht, der sich ohne Anwendung der Durchschnittssätze ergeben würde.

(4) Unternehmer, bei denen die Voraussetzungen für eine Ermittlung des Vorsteuerabzuges nach Durchschnittssätzen gegeben sind, können bis zur Rechtskraft des Bescheides gegenüber dem Finanzamt schriftlich erklären, daß sie ihre abziehbaren Vorsteuerbeträge nach Durchschnittssätzen ermitteln. Sowohl die Erklärung, die Vorsteuerbeträge nach Abs. 1 Z 1, als auch die Erklärung, die Vorsteuerbeträge nach Abs. 1 Z 2 zu ermitteln, bindet den Unternehmer mindestens für zwei Kalenderjahre.

(5) Die Erklärung gemäß Abs. 4 kann nur mit Wirkung vom Beginn eines Kalenderjahres an widerrufen werden. Der Widerruf ist bis zur Rechtskraft des dieses Kalenderjahr betreffenden Bescheides gegenüber dem Finanzamt schriftlich zu erklären. Mit dem Widerruf kann der Unternehmer erklären,

a) die Durchschnittssätze anstelle nach Abs. 1 Z 1 nach Abs. 1 Z 2 oder umgekehrt zu ermitteln. Diese Erklärung bindet den Unternehmer wieder für mindestens zwei Kalenderjahre;
b) die Vorsteuerbeträge nach den allgemeinen Vorschriften zu ermitteln. Eine erneute Ermittlung des Vorsteuerabzuges nach Durchschnittssätzen ist frühestens nach Ablauf von fünf Kalenderjahren zulässig.

### Erleichterungen bei der Aufteilung der Vorsteuerbeträge

**§ 15.** (1) Bewirkt der Unternehmer Umsätze von Geldforderungen, die nach § 6 Abs. 1 Z 8 steuerfrei sind und bei denen mit der Vereinnahmung des Entgeltes zugleich das Entgelt für einen anderen, zum Vorsteuerabzug berechtigenden Umsatz des Unternehmers vereinnahmt wird, so müssen diese Umsätze bei der Aufteilung der Vorsteuerbeträge nach § 12 Abs. 5 in den Umsatzschlüssel nicht einbezogen werden. Bei der Aufteilung der Vorsteuerbeträge nach § 12 Abs. 5 Z 2 sind in diesen Fällen nur jene Vorsteuerbeträge nicht abziehbar, die diesen Umsätzen ausschließlich zuzurechnen sind.

(2) Die Erleichterung nach Abs. 1 gilt ferner für die nach § 6 Abs. 1 Z 8 steuerfreien verzinslichen Einlagen bei Kreditinstituten sowie für Lieferungen von gesetzlichen Zahlungsmitteln und inländischen amtlichen Wertzeichen, wenn diese Umsätze nur als Hilfsgeschäfte getätigt werden.

(3) Bei der Aufteilung der Vorsteuerbeträge nach § 12 Abs. 5 Z 2 gilt die Erleichterung nach Abs. 1 auch für steuerfreie Umsätze nach § 6 Abs. 1 Z 9 lit. a, wenn sie vom Unternehmer nur als Hilfsgeschäfte bewirkt werden.

### Änderung der Bemessungsgrundlage

**§ 16.** (1) Hat sich die Bemessungsgrundlage für einen steuerpflichtigen Umsatz im Sinne des § 1 Abs. 1 Z 1 und 2 geändert, so haben

1. der Unternehmer, der diesen Umsatz ausgeführt hat, den dafür geschuldeten Steuerbetrag, und
2. der Unternehmer, an den dieser Umsatz ausgeführt worden ist, den dafür in Anspruch genommenen Vorsteuerabzug entsprechend zu berichtigen. Die Berichtigungen sind für den Veranlagungszeitraum vorzunehmen, in dem die Änderung des Entgeltes eingetreten ist.

(2) Die Berichtigung des Vorsteuerabzuges kann unterbleiben, wenn ein dritter Unternehmer den auf die Minderung des Entgeltes entfallenden Steuerbetrag an das Finanzamt entrichtet; in diesem Fall ist der dritte Unternehmer Schuldner der Steuer. Die Steuer ist für den Veranlagungszeitraum zu entrichten, in dem die Änderung des Entgeltes eingetreten ist.

(3) Abs. 1 gilt sinngemäß, wenn

1. das Entgelt für eine steuerpflichtige Lieferung oder sonstige Leistung uneinbringlich geworden ist. Wird das Entgelt nachträglich vereinnahmt, so sind Steuerbetrag und Vorsteuerabzug erneut zu berichtigen;
2. für eine vereinbarte Lieferung oder sonstige Leistung ein Entgelt entrichtet, die Lieferung oder sonstige Leistung jedoch nicht ausgeführt worden ist;
3. eine steuerpflichtige Lieferung oder sonstige Leistung rückgängig gemacht worden ist.

(4) Ist eine Einfuhrumsatzsteuer, die als Vorsteuer abgezogen worden ist, herabgesetzt, erlassen oder erstattet worden, so hat der Unternehmer den Vorsteuerabzug entsprechend zu berichtigen. Der letzte Satz des Abs. 1 gilt sinngemäß.

(5) Werden die Entgelte für unterschiedlich besteuerte Lieferungen oder sonstige Leistungen eines bestimmten Zeitabschnittes gemeinsam geändert (zB Jahresboni, Jahresrückvergütungen), so hat der Unternehmer dem Abnehmer der Lieferungen oder dem Empfänger der sonstigen Leistungen

einen Beleg zu erteilen, aus dem zu ersehen ist, wie sich die Änderung der Entgelte auf die unterschiedlich besteuerten Umsätze verteilt.

**Besteuerung nach vereinnahmten Entgelten**

**§ 17.** (1) Unternehmer, die der Art nach eine Tätigkeit im Sinne des § 22 Z 1 des Einkommensteuergesetzes 1988 ausüben, haben die Steuer für die mit diesen Tätigkeiten zusammenhängenden Umsätze nach den vereinnahmten Entgelten zu berechnen (Istbesteuerung). Das gleiche gilt bei Unternehmen, welche Gas-, Wasser-, Elektrizitäts- oder Heizwerke betreiben, und bei Anstalten zur Müllbeseitigung und zur Abfuhr von Spülwasser und Abfällen, für alle Umsätze, die mit dem Betrieb von solchen Werken oder Anstalten regelmäßig verbunden sind, wobei mit der Rechnungslegung das Entgelt als vereinnahmt und die Lieferungen und sonstigen Leistungen als ausgeführt anzusehen sind; Teilzahlungsanforderungen für Gas-, Wasser-, Elektrizitäts- und Wärmelieferungen gelten auch dann als Rechnungen im Sinne des § 11, wenn sie die im § 11 Abs. 1 Z 3 lit. c und d geforderten Angaben nicht enthalten.

Das Finanzamt hat auf Antrag zu gestatten, daß ein Unternehmer im Sinne des § 17 Abs. 1 erster Satz die Steuer für die mit diesen Tätigkeiten zusammenhängenden Umsätze nach den vereinbarten Entgelten berechnet (Sollbesteuerung).

*(BGBl I 2018/62)*

(2) Unternehmer,

1. die hinsichtlich ihrer Umsätze aus Tätigkeiten im Sinne der §§ 21 und 23 des Einkommensteuergesetzes 1988 nicht buchführungspflichtig sind, oder
2. deren Gesamtumsatz aus Tätigkeiten, die nicht unter die §§ 21 und 23 des Einkommensteuergesetzes 1988 fallen, in einem der beiden vorangegangenen Kalenderjahre nicht mehr als 110 000 Euro betragen hat,

haben die Steuer nach den vereinnahmten Entgelten zu berechnen (Istbesteuerung). Ist der Unternehmer nur hinsichtlich einzelner Betriebe nicht buchführungspflichtig, so erstreckt sich die Verpflichtung zur Berechnung der Steuer nach vereinnahmten Entgelten gemäß Z 1 nur auf diese Betriebe.

Das Finanzamt hat auf Antrag zu gestatten, daß ein Unternehmer im Sinne der Z 1 und 2 die Steuer für die mit diesen Tätigkeiten zusammenhängenden Umsätze nach den vereinbarten Entgelten berechnet (Sollbesteuerung). Der Antrag kann auf einen von mehreren Betrieben desselben Unternehmers beschränkt werden.

(3) Die Steuer ist nach vereinbarten Entgelten zu berechnen:

– in den Fällen des Abs. 2 Z 1 mit Beginn des Kalenderjahres, für das die Buchführungspflicht eingetreten ist,
– in den Fällen des Abs. 2 Z 2, wenn der Gesamtumsatz in zwei aufeinanderfolgenden Kalenderjahren 110 000 Euro überstiegen hat, mit Ablauf dieses Zeitraumes.

(4) Bei einem Wechsel der Besteuerungsart dürfen Umsätze nicht doppelt erfaßt werden oder unversteuert bleiben. Bei dem Übergang von der Istbesteuerung zu der Sollbesteuerung hat der Unternehmer bereits früher bewirkte Umsätze, für die ein Entgelt noch nicht vereinnahmt wurde, als Umsatz für den ersten Voranmeldungszeitraum nach dem Übergang zu versteuern. Der Wechsel in der Besteuerungsart ist nur zum Beginn eines Veranlagungsjahres zuzulassen.

(5) Hängt die Anwendung einer Besteuerungsvorschrift vom Gesamtumsatz ab, so ist bei der Sollbesteuerung von den steuerbaren Lieferungen und sonstigen Leistungen, bei der Istbesteuerung von den vereinnahmten Entgelten und den Umsätzen gemäß § 3 Abs. 2 und § 3a Abs. 1a auszugehen. Außer Betracht bleiben die steuerfreien Umsätze mit Ausnahme der nach § 6 Abs. 1 Z 1 bis 6 befreiten Umsätze sowie die Geschäftsveräußerungen nach § 4 Abs. 7. Ist die Besteuerung von der Summe der Umsätze eines Kalenderjahres abhängig und ist der Veranlagungszeitraum kürzer als ein Kalenderjahr, so ist der tatsächliche Umsatz in einen Jahresumsatz umzurechnen.

(6) Bei der Istbesteuerung treten an die Stelle der Entgelte für die ausgeführten Lieferungen und sonstigen Leistungen die vereinnahmten Entgelte.

(7) Die Bestimmungen der Abs. 1 und 2 finden auf die Geschäftsveräußerung im ganzen (§ 4 Abs. 7) keine Anwendung.

**Aufzeichnungspflichten und buchmäßiger Nachweis**

**§ 18.** (1) Der Unternehmer ist verpflichtet, zur Feststellung der Steuer und der Grundlagen ihrer Berechnung Aufzeichnungen zu führen. Diese Verpflichtung gilt in den Fällen des § 11 Abs. 14 auch für Personen, die nicht Unternehmer sind.

(2) Der Aufzeichnungspflicht ist genügt, wenn

1. die vereinbarten, im Falle der Istbesteuerung die vereinnahmten Entgelte für die vom Unternehmer ausgeführten Lieferungen und sonstigen Leistungen fortlaufend, unter Angabe des Tages derart aufgezeichnet werden, dass zu ersehen ist, wie sich die Entgelte auf steuerpflichtige Umsätze, getrennt nach Steuersätzen, und auf steuerfreie Umsätze verteilen. Die Entgelte für Umsätze, bei denen die Steuer vom Empfänger der Leistung geschuldet wird, sind gesondert aufzuzeichnen;
2. die vereinnahmten Entgelte für noch nicht ausgeführte Lieferungen und sonstige Leistungen fortlaufend, unter Angabe des Tages derart aufgezeichnet werden, dass zu ersehen ist, wie sich die Entgelte auf steuerpflichtige Umsätze, getrennt nach Steuersätzen, und auf steuerfreie Umsätze verteilen. Die Entgelte für Umsätze, bei denen die Steuer vom Empfänger der Leistung geschuldet wird, sind gesondert aufzuzeichnen;
3. die Bemessungsgrundlagen für die Umsätze gemäß § 1 Abs. 1 Z 2, § 3 Abs. 2 und § 3a

Abs. 1a aufgezeichnet werden. Z 1 gilt sinngemäß;

4. – die nach § 11 Abs. 12 und 14 sowie nach § 16 Abs. 2 geschuldeten Steuerbeträge und
   – die Bemessungsgrundlagen für die Lieferungen und sonstigen Leistungen, für die die Steuer gemäß § 19 Abs. 1 zweiter Satz, Abs. 1a, Abs. 1b, Abs. 1c, Abs. 1d und Abs. 1e geschuldet wird, getrennt nach Steuersätzen, sowie die hierauf entfallenden Steuerbeträge aufgezeichnet werden;
5. – die Entgelte für steuerpflichtige Lieferungen und sonstige Leistungen, die an den Unternehmer für sein Unternehmen aus geführt worden sind,
   – die vor Ausführung dieser Umsätze gezahlten Entgelte, soweit für sie die Steuerschuld gemäß § 19 Abs. 2 Z 1 lit. a entsteht,
   – und die auf diese Entgelte entfallende Steuer fortlaufend aufgezeichnet werden;
6. die Bemessungsgrundlage (§ 5) von eingeführten Gegenständen und die für ihre Einfuhr entrichtete Einfuhrumsatzsteuer unter Angabe des Tages der Entrichtung fortlaufend aufgezeichnet werden;
7. die aufgezeichneten Entgelte (Z 1 und 2) und Steuerbeträge sowie die Bemessungsgrundlagen für die Umsätze gemäß § 1 Abs. 1 Z 2, § 3 Abs. 2 und § 3a Abs. 1a, mindestens zum Schluss jedes Voranmeldungszeitraumes, aufgerechnet werden.

(3) Der Unternehmer kann die im Abs. 2 Z 1 und 2 festgelegte Aufzeichnungspflicht auch in der Weise erfüllen, daß er Entgelt und Steuerbetrag in einer Summe aufzeichnet. Die Verpflichtung zur Trennung von Entgelten nach Steuersätzen und steuerfreien Umsätzen wird hiedurch nicht berührt.

Spätestens zum Schluß jedes Voranmeldungszeitraumes hat der Unternehmer die Summe der Entgelte zu errechnen und aufzuzeichnen.

(4) Der Unternehmer kann die im Abs. 2 Z 5 festgelegte Aufzeichnungspflicht auch in der Weise erfüllen, daß er Entgelt und Steuerbetrag in einer Summe, getrennt nach den in den Eingangsrechnungen angewandten Steuersätzen, aufzeichnet. Spätestens zum Schluß jedes Voranmeldungszeitraumes hat der Unternehmer die Summe der Entgelte und die Summe der Steuerbeträge zu errechnen und aufzuzeichnen. Die Verpflichtung zur Aufzeichnung nach Abs. 2 Z 5 und 6 entfällt, wenn der Unternehmer nur Umsätze bewirkt, für die der Vorsteuerabzug nach 12 Abs. 1 ausgeschlossen ist; die Verpflichtung entfällt nicht, insoweit der Unternehmer gemäß § 6 Abs. 1 Z 9 lit. a steuerfreie Umsätze tätigt.

(5) In den Fällen des § 12 Abs. 4 und 5 Z 2 müssen aus den Aufzeichnungen des Unternehmers jene Vorsteuerbeträge leicht nachprüfbar zu ersehen sein, welche den zum Vorsteuerabzug berechtigenden Umsätzen ganz oder teilweise zuzurechnen sind. Außerdem hat der Unternehmer in diesen Fällen die Entgelte für die Umsätze, die nach § 12 Abs. 3 den Vorsteuerabzug ausschließen, getrennt von den übrigen Entgelten aufzuzeichnen, wobei die Verpflichtung zur Trennung der Entgelte nach Abs. 2 Z 1 und 2 unberührt bleibt.

(6) Macht der Unternehmer von der Vorschrift des § 12 Abs. 7 Gebrauch, so hat er die Aufzeichnungspflichten der Abs. 1 bis 5 für jeden Betrieb gesondert zu erfüllen. In den Fällen des § 12 Abs. 10 bis 12 hat der Unternehmer die Berechnungsgrundlagen für den Ausgleich aufzuzeichnen, der von ihm in den in Betracht kommenden Kalenderjahren durchzuführen ist.

(7) Unternehmern, denen nach Art und Umfang ihres Unternehmens eine Trennung der Entgelte nach Steuersätzen im Sinne des Abs. 2 Z 1, 2 und Abs. 3 nicht zumutbar ist, kann das Finanzamt auf Antrag gestatten, daß sie die Entgelte nachträglich unter Berücksichtigung des Wareneinganges trennen. Das Finanzamt darf nur ein Verfahren zulassen, dessen steuerliches Ergebnis nicht wesentlich von dem Ergebnis einer Aufzeichnung der Entgelte, getrennt nach Steuersätzen, abweicht.

(8) Hängt die Besteuerung von einem buchmäßigen Nachweis ab, so sind die diesem Nachweis dienenden Bücher oder Aufzeichnungen zu führen und mit den dazugehörigen Unterlagen aufzubewahren; die nachzuweisenden Voraussetzungen müssen daraus leicht nachprüfbar zu ersehen sein.

*(BGBl I 2015/118)*

(9) Wird die abziehbare Vorsteuer nach einem Durchschnittssatz gemäß § 14 Abs. 1 Z 1 berechnet, so ist der Unternehmer insoweit von der Aufzeichnungspflicht gemäß § 18 Abs. 2 Z 5 und 6 befreit.

(10) Die Aufzeichnungen und Unterlagen, die Grundstücke im Sinne des § 6 Abs. 1 Z 9 lit. a betreffen, sind zweiundzwanzig Jahre aufzubewahren. Aufzeichnungen und Unterlagen, die nur Eigentumsübertragungen – ausgenommen von Geschäftsräumen – aufgrund eines Anspruches gemäß § 15c WGG betreffen, sind hingegen zwölf Jahre aufzubewahren.

*(BGBl I 2022/10)*

(11) Unterstützt ein Unternehmer, der nicht selbst Steuerschuldner ist, die Lieferung von Gegenständen, deren Beförderung oder Versendung im Inland endet, an einen Abnehmer gemäß Art. 3 Abs. 4 oder sonstige Leistungen im Inland an einen Nichtunternehmer durch die Nutzung einer elektronischen Schnittstelle, beispielsweise eines Marktplatzes, einer Plattform, eines Portals oder Ähnlichem, muss dieser Unternehmer Aufzeichnungen über diese Umsätze führen. Diese Aufzeichnungen müssen so ausführlich sein, dass die Abgabenbehörden feststellen können, ob die Steuer korrekt berücksichtigt worden ist. Der Bundesminister für Finanzen kann mit Verordnung bestimmen, welche Informationen die Aufzeichnungen enthalten müssen.

*(BGBl I 2019/91)*

(12) Die Aufzeichnungen nach Abs. 11 sind auf Verlangen elektronisch zur Verfügung zu stellen. Übersteigt der Gesamtwert der Umsätze, für die eine Aufzeichnungspflicht besteht, insgesamt 1.000.000 Euro pro Kalenderjahr, hat der Unternehmer diese Aufzeichnungen auch ohne Aufforderung bis zum 31. Jänner des Folgejahres elektronisch zu übermitteln. Die Aufzeichnungen sind vom Ende des Jahres an, in dem der Umsatz bewirkt wurde, zehn Jahre lang aufzubewahren.

*(BGBl I 2019/91)*

**Steuerschuldner, Entstehung der Steuerschuld**

**§ 19.** (1) Steuerschuldner ist in den Fällen des § 1 Abs. 1 Z 1 und 2 der Unternehmer, in den Fällen des § 11 Abs. 14 der Aussteller der Rechnung.

Bei sonstigen Leistungen **„(ausgenommen die entgeltliche Duldung der Benützung von Bundesstraßen, die in § 3a Abs. 11a genannten Leistungen sowie die Vermietung von Grundstücken)“** und bei Werklieferungen wird die Steuer vom Empfänger der Leistung geschuldet, wenn

– der leistende Unternehmer im Inland weder sein Unternehmen betreibt noch eine an der Leistungserbringung beteiligte Betriebsstätte hat und
– der Leistungsempfänger Unternehmer im Sinne des § 3a Abs. 5 Z 1 und 2 ist oder eine juristische Person des öffentlichen Rechts ist, die Nichtunternehmer im Sinne des § 3a Abs. 5 Z 3 ist.

Der leistende Unternehmer haftet für diese Steuer.

*(BGBl I 2022/108 ab 20.7.2022)*

(1a) Bei Bauleistungen wird die Steuer vom Empfänger der Leistung geschuldet, wenn der Empfänger Unternehmer ist, der seinerseits mit der Erbringung der Bauleistungen beauftragt ist. Der Leistungsempfänger hat auf den Umstand, dass er mit der Erbringung der Bauleistungen beauftragt ist, hinzuweisen. Erfolgt dies zu Unrecht, so schuldet auch der Leistungsempfänger die auf den Umsatz entfallende Steuer.

Werden Bauleistungen an einen Unternehmer erbracht, der üblicherweise selbst Bauleistungen erbringt, so wird die Steuer für diese Bauleistungen stets vom Leistungsempfänger geschuldet. Bauleistungen sind alle Leistungen, die der Herstellung, Instandsetzung, Instandhaltung, Reinigung, Änderung oder Beseitigung von Bauwerken dienen. Das gilt auch für die Überlassung von Arbeitskräften, wenn die überlassenen Arbeitskräfte Bauleistungen erbringen.

(1b) Bei der Lieferung

a) sicherungsübereigneter Gegenstände durch den Sicherungsgeber an den Sicherungsnehmer,
b) des Vorbehaltskäufers an den Vorbehaltseigentümer im Falle der vorangegangenen Übertragung des vorbehaltenen Eigentums und

*(BGBl I 2016/117)*

c) von Grundstücken im Zwangsversteigerungsverfahren durch den Verpflichteten an den Ersteher

*(BGBl I 2016/117)*

wird die Steuer vom Empfänger der Leistung geschuldet, wenn dieser Unternehmer oder eine juristische Person des öffentlichen Rechts ist. Der leistende Unternehmer haftet für diese Steuer.

(1c) Bei der Lieferung von Gas über ein Erdgasnetz im Gebiet der Gemeinschaft oder jedes an ein solches Netz angeschlossene Netz, von Elektrizität oder von Wärme oder Kälte über Wärme- oder Kältenetze, wenn sich der Ort dieser Lieferung nach § 3 Abs. 13 oder 14 bestimmt und der liefernde Unternehmer im Inland weder sein Unternehmen betreibt noch eine an der Lieferung beteiligte Betriebsstätte hat, wird die Steuer vom Empfänger der Lieferung geschuldet, wenn er im Inland für Zwecke der Umsatzsteuer erfasst ist.

Der liefernde Unternehmer haftet für diese Steuer.

(1d) Der Bundesminister für Finanzen kann zur Vermeidung von Steuerhinterziehungen oder -umgehungen durch Verordnung festlegen, dass für bestimmte Umsätze die Steuer vom Leistungsempfänger geschuldet wird, wenn dieser Unternehmer ist und diese Möglichkeit den Mitgliedstaaten in Titel XI Kapitel 1 Abschnitt 1 der Richtlinie 2006/112/EG eingeräumt wird oder dafür eine Ermächtigung gemäß Art. 395 der Richtlinie 2006/112/EG vorliegt. Weiters kann in der Verordnung bestimmt werden, dass der leistende Unternehmer für diese Steuer haftet.

(1e) Die Steuer wird vom Empfänger der Leistung geschuldet, wenn dieser Unternehmer ist, bei

a) der Übertragung von Treibhausgasemissionszertifikaten im Sinne des Art. 3 der Richtlinie 2003/87/EG über ein System für den Handel mit Treibhausgasemissionszertifikaten in der Gemeinschaft und zur Änderung der Richtlinie 96/61/EG des Rates, ABl. Nr. L 275 vom 25.10.2003 S. 32, und bei der Übertragung von anderen Einheiten, die genutzt werden können, um den Auflagen dieser Richtlinie nachzukommen,
b) der Lieferung von Mobilfunkgeräten (Unterpositionen 8517 12 00 und 8517 18 00 der Kombinierten Nomenklatur) und integrierten Schaltkreisen (Unterpositionen 8542 31 90, 8473 30 20, 8473 30 80 und 8471 50 00 der Kombinierten Nomenklatur), wenn das in der Rechnung ausgewiesene Entgelt mindestens 5 000 Euro beträgt.

Der leistende Unternehmer haftet für diese Steuer.

(2) Die Steuerschuld entsteht

1. für Lieferungen und sonstige Leistungen
   a) mit Ablauf des Kalendermonates, in dem die Lieferungen oder sonstigen Leistungen ausgeführt worden sind (Sollbesteuerung); dieser Zeitpunkt verschiebt sich – ausgenommen in den Fällen des

§ 19 Abs. 1 zweiter Satz – um einen Kalendermonat, wenn die Rechnungsausstellung erst nach Ablauf des Kalendermonates erfolgt, in dem die Lieferung oder sonstige Leistung erbracht worden ist.

Wird das Entgelt oder ein Teil des Entgeltes vereinnahmt, bevor die Leistung ausgeführt worden ist, so entsteht insoweit die Steuerschuld mit Ablauf des Voranmeldungszeitraumes, in dem das Entgelt vereinnahmt worden ist;

b) in den Fällen der Besteuerung nach vereinnahmten Entgelten (§ 17) mit Ablauf des Kalendermonates, in dem die Entgelte vereinnahmt worden sind (Istbesteuerung). Wird die Steuer vom Empfänger der Leistung geschuldet (Abs. 1 zweiter Satz, Abs. 1a, Abs. 1b, Abs. 1c, Abs. 1d und Abs. 1e), entsteht abweichend davon die Steuerschuld für vereinbarte, im Zeitpunkt der Leistungserbringung noch nicht vereinnahmte Entgelte, mit Ablauf des Kalendermonates, in dem die Lieferung oder sonstige Leistung ausgeführt worden ist. Dieser Zeitpunkt verschiebt sich – ausgenommen in den Fällen des § 19 Abs. 1 zweiter Satz – um einen Kalendermonat, wenn die Rechnungsausstellung erst nach Ablauf des Kalendermonates erfolgt, in dem die Lieferung oder sonstige Leistung erbracht worden ist;

c) (aufgehoben)

1a. Abweichend von Z 1 entsteht die Steuerschuld in Fällen des § 3 Abs. 3a mit Ablauf des Kalendermonates, in dem die Zahlung angenommen wurde.

*(BGBl I 2019/91)*

2. für die Umsätze gemäß § 1 Abs. 1 Z 2, § 3 Abs. 2 und § 3a Abs. 1a mit Ablauf des Kalendermonates, in dem die Aufwendungen im Sinne des § 1 Abs. 1 Z 2 getätigt worden sind, in dem die Gegenstände für die im § 3 Abs. 2 bezeichneten Zwecke entnommen oder die Leistungen im Sinne des § 3a Abs. 1a ausgeführt worden sind.

(3) In den Fällen des § 11 Abs. 12 und 14 entsteht die Steuerschuld mit Ablauf des Kalendermonates, in dem die Rechnung ausgefolgt worden ist.

(4) In den Fällen des § 16 Abs. 2 entsteht die Steuerschuld mit Ablauf des Kalendermonates, in dem die Minderung des Entgeltes eingetreten ist.

(5) Für die Einfuhrumsatzsteuer gilt § 26 Abs. 1.

### Veranlagungszeitraum und Einzelbesteuerung

**§ 20.** (1) Bei der Berechnung der Steuer ist in den Fällen des § 1 Abs. 1 Z 1 und 2 von der Summe der Umsätze auszugehen, für welche die Steuerschuld im Laufe eines Veranlagungszeitraumes entstanden ist. Dem ermittelten Betrag sind die nach § 11 Abs. 12 und 14, die nach § 16 Abs. 2 und die gemäß § 19 Abs. 1 zweiter Satz, Abs. 1a, Abs. 1b, Abs. 1c, Abs. 1d und Abs. 1e geschuldeten Beträge hinzuzurechnen. Ein Unternehmer, der für einen Betrieb den Gewinn gemäß § 2 Abs. 5 des Einkommensteuergesetzes 1988 oder gemäß § 7 Abs. 5 des Körperschaftsteuergesetzes 1988 nach einem vom Kalenderjahr abweichenden Wirtschaftsjahr ermittelt, kann dieses Wirtschaftsjahr durch eine gegenüber dem Finanzamt abgegebene schriftliche Erklärung als Veranlagungszeitraum wählen; dies gilt jedoch nicht für Unternehmer,

1. die ihre Umsätze gemäß § 17 Abs. 2 nach vereinnahmten Entgelten berechnen oder
2. bei denen Voranmeldungszeitraum das Kalendervierteljahr ist oder
3. bei denen das Wirtschaftsjahr nicht mit Ablauf eines Kalendermonates endet.

Die Erklärung ist innerhalb der Frist zur Abgabe der Voranmeldung für den ersten Voranmeldungszeitraum des vom Kalenderjahr abweichenden Wirtschaftsjahres abzugeben und bindet den Unternehmer an das für die Gewinnermittlung maßgebende Wirtschaftsjahr. Im Falle der Änderung des für die Gewinnermittlung maßgebenden Wirtschaftsjahres tritt auch eine entsprechende Änderung des Veranlagungszeitraumes für die Umsatzsteuer ein. Weicht der Veranlagungszeitraum vom Kalenderjahr ab, so finden die Bestimmungen des § 6 Abs. 1 Z 27 und § 21 Abs. 2 und Abs. 6 keine Anwendung.

(2)

1. Von dem nach Abs. 1 errechneten Betrag sind die in den Veranlagungszeitraum fallenden, nach § 12 abziehbaren Vorsteuerbeträge abzusetzen.
2. Die abziehbare Einfuhrumsatzsteuer fällt in jenen Kalendermonat, in dem sie entrichtet worden ist. In den Fällen des § 26 Abs. 3 Z 2 fällt die abziehbare Einfuhrumsatzsteuer in jenen Kalendermonat, der zwei Monate vor dem Monat liegt, in dem die Einfuhrumsatzsteuerschuld fällig ist; sie wird am Tag der Fälligkeit der Einfuhrumsatzsteuerschuld wirksam.

(3) Hat der Unternehmer seine gewerbliche oder berufliche Tätigkeit nur in einem Teil des Kalenderjahres ausgeübt, so tritt dieser Teil an die Stelle des Kalenderjahres. Wählt ein Unternehmer ein vom Kalenderjahr abweichendes Wirtschaftsjahr als Veranlagungszeitraum (Abs. 1), so sind alle Umsätze, die er in diesem Zeitraum im Rahmen seines Unternehmens ausführt, diesem Veranlagungszeitraum zuzuordnen; als Veranlagungszeitraum im Jahr des Überganges gilt der Zeitraum vom Beginn des Kalenderjahres bis zum Beginn des Wirtschaftsjahres. Fallen die Voraussetzungen für einen vom Kalenderjahr abweichenden Veranlagungszeitraum nachträglich weg, so ist nach Ablauf des Kalenderjahres, in dem das Wirtschaftsjahr endet, das Kalenderjahr Veranlagungszeitraum; in einem solchen Fall gilt der Zeitraum vom Ende des Wirtschaftsjahres bis zum Beginn des folgen-

den Kalenderjahres als eigener Veranlagungszeitraum. Ist das vom Kalenderjahr abweichende Wirtschaftsjahr Veranlagungszeitraum, so tritt in den einzelnen Bestimmungen dieses Bundesgesetzes an die Stelle des Kalenderjahres sinngemäß das vom Kalenderjahr abweichende Wirtschaftsjahr.

(4) und (5) (aufgehoben)

(6) Werte in einer anderen Währung als Euro sind auf Euro nach dem Kurs umzurechnen, den der Bundesminister für Finanzen als Durchschnittskurs für den Zeitraum festsetzt, in dem die Leistung ausgeführt, das Entgelt oder ein Teil des Entgeltes vor Ausführung der Leistung (§ 19 Abs. 2 Z 1 lit. a) vereinnahmt wird oder – bei der Besteuerung nach vereinnahmten Entgelten (§ 17) – das Entgelt vereinnahmt wird. Der Unternehmer kann stattdessen auch den letzten, von der Europäischen Zentralbank veröffentlichten, Umrechnungskurs anwenden.

Weiters ist der Unternehmer berechtigt, die Umrechnung nach dem Tageskurs vorzunehmen, wenn die einzelnen Beträge durch Bankmitteilungen oder Kurszettel belegt werden.

(7) Für die Einfuhrumsatzsteuer gelten § 5 Abs. 5, § 26 und § 26a.

*(BGBl I 2019/91)*

### Voranmeldung und Vorauszahlung, Veranlagung

**§ 21.** (1) Der Unternehmer hat spätestens am 15. Tag (Fälligkeitstag) des auf einen Kalendermonat (Voranmeldungszeitraum) zweitfolgenden Kalendermonates eine Voranmeldung bei dem für die Einhebung der Umsatzsteuer zuständigen Finanzamt einzureichen, in der er die für den Voranmeldungszeitraum zu entrichtende Steuer (Vorauszahlung) oder den auf den Voranmeldungszeitraum entfallenden Überschuß unter entsprechender Anwendung des § 20 Abs. 1 und 2 und des § 16 selbst zu berechnen hat. Die Voranmeldung gilt als Steuererklärung. Als Voranmeldung gilt auch eine berichtigte Voranmeldung, sofern sie bis zu dem im ersten Satz angegebenen Tag eingereicht wird. Der Unternehmer hat eine sich ergebende Vorauszahlung spätestens am Fälligkeitstag zu entrichten. Die Vorauszahlung und der Überschuß sind Abgaben im Sinne der Bundesabgabenordnung. Ein vorangemeldeter Überschuß ist gutzuschreiben, sofern nicht Abs. 3 zur Anwendung gelangt. Die Gutschrift wirkt auf den Tag der Einreichung der Voranmeldung, frühestens jedoch auf den Tag nach Ablauf des Voranmeldungszeitraumes, zurück.

Der Bundesminister für Finanzen kann durch Verordnung vorsehen, daß in bestimmten Fällen die Verpflichtung zur Einreichung einer Voranmeldung entfällt, sofern der Unternehmer seinen abgabenrechtlichen Verpflichtungen nachkommt. Unternehmer, die danach für einen Voranmeldungszeitraum keine Voranmeldung einzureichen haben, sind verpflichtet, für diesen Voranmeldungszeitraum unter Verwendung des amtlichen Vordruckes für Voranmeldungen eine Aufstellung der Besteuerungsgrundlagen anzufertigen, es sei denn, es ergibt sich für diesen Voranmeldungszeitraum weder eine Vorauszahlung noch ein Überschuß.

Von den Voranmeldungen sind Durchschriften (Zweitschriften) anzufertigen. Die Durchschriften der Voranmeldungen sowie die Aufstellungen der Besteuerungsgrundlagen gehören zu den Aufzeichnungen im Sinne des § 18 Abs. 1.

Die Übermittlung der Voranmeldungen hat elektronisch zu erfolgen. Ist dem Unternehmer die elektronische Übermittlung der Voranmeldung mangels technischer Voraussetzungen unzumutbar, hat die Übermittlung der Voranmeldungen auf dem amtlichen Vordruck zu erfolgen. Der Bundesminister für Finanzen wird ermächtigt, den Inhalt und das Verfahren der elektronischen Übermittlung der Voranmeldung mit Verordnung festzulegen. In der Verordnung kann vorgesehen werden, dass sich der Unternehmer einer bestimmten geeigneten öffentlich-rechtlichen oder privatrechtlichen Übermittlungsstelle zu bedienen hat.

(1a) (aufgehoben)

(2) Für Unternehmer, deren Umsätze nach § 1 Abs. 1 Z 1 und 2 im vorangegangenen Kalenderjahr 100 000 Euro nicht überstiegen haben, ist das Kalendervierteljahr der Voranmeldungszeitraum; der Unternehmer kann jedoch durch fristgerechte Abgabe einer Voranmeldung für den ersten Kalendermonat eines Veranlagungszeitraumes mit Wirkung für den ganzen Veranlagungszeitraum den Kalendermonat als Voranmeldungszeitraum wählen.

(3) Wenn der Unternehmer die Einreichung der Voranmeldung pflichtwidrig unterläßt oder wenn sich die Voranmeldung als unvollständig oder die Selbstberechnung als nicht richtig erweist, so hat das Finanzamt die Steuer festzusetzen. Eine Festsetzung kann nur so lange erfolgen, als nicht ein den Voranmeldungszeitraum beinhaltender Veranlagungsbescheid erlassen wurde. Eine festgesetzte Vorauszahlung hat den im Abs. 1 genannten Fälligkeitstag. Die Gutschrift eines festgesetzten Überschusses wirkt bis zur Höhe des vorangemeldeten Überschußbetrages auf den Tag der Einreichung der Voranmeldung, frühestens jedoch auf den Tag nach Ablauf des Voranmeldungszeitraumes, zurück. Führt eine Festsetzung zur Verminderung eines Überschusses, so gilt als Fälligkeitstag der Nachforderung der Zeitpunkt, in dem die Gutschrift des Überschusses wirksam war.

(4) Der Unternehmer wird nach Ablauf des Kalenderjahres zur Steuer veranlagt. Enden mehrere Veranlagungszeiträume in einem Kalenderjahr (§ 20 Abs. 1 und 3), so sind diese zusammenzufassen. Der Unternehmer hat für das abgelaufene Kalenderjahr eine Steuererklärung abzugeben, die alle in diesem Kalenderjahr endenden Veranlagungszeiträume zu umfassen hat.

Die Übermittlung der Steuererklärung hat elektronisch zu erfolgen. Ist dem Unternehmer die elektronische Übermittlung der Steuererklärung mangels technischer Voraussetzungen unzumutbar, hat die Übermittlung der Steuererklärung auf dem amtlichen Vordruck zu erfolgen.

Der Bundesminister für Finanzen wird ermächtigt, den Inhalt und das Verfahren der elektronischen Übermittlung der Steuererklärung mit Verordnung festzulegen. In der Verordnung kann vorgesehen werden, dass sich der Unternehmer einer bestimmten geeigneten öffentlichrechtlichen oder privatrechtlichen Übermittlungsstelle zu bedienen hat.

Unternehmer im Sinne des § 19 Abs. 1 erster Gedankenstrich, die im Inland keine Umsätze ausgeführt haben oder nur Umsätze, für die der Leistungsempfänger die Steuer schuldet, und die ausschließlich eine Steuer gemäß § 19 Abs. 1 zweiter Satz oder Abs. 1a schulden, hinsichtlich der sie zum vollen Vorsteuerabzug berechtigt sind, werden nur dann zur Steuer veranlagt, wenn sie dies ausdrücklich schriftlich beantragen.

*(BGBl I 2015/118)*

(5) Durch eine Nachforderung auf Grund der Veranlagung wird keine von Abs. 1 und 3 abweichende Fälligkeit begründet.

(6) Ein Kleinunternehmer (§ 6 Abs. 1 Z 27), dessen Umsätze nach § 1 Abs. 1 Z 1 und 2 im Veranlagungszeitraum 35 000 Euro nicht übersteigen und der für den Veranlagungszeitraum keine Steuer zu entrichten hat, ist von der Verpflichtung zur Abgabe einer Steuererklärung befreit. Die Durchführung einer Veranlagung ist nicht erforderlich. Bei der Umsatzgrenze bleiben die Umsätze aus Hilfsgeschäften einschließlich der Geschäftsveräußerungen außer Ansatz.

*(BGBl I 2019/103)*

(7) (aufgehoben)

(8) Der Bundesminister für Finanzen kann aus Vereinfachungsgründen mit Verordnung für Gruppen von Unternehmern für die Ermittlung der Höhe der Umsätze gemäß § 3 Abs. 2 und § 3a Abs. 1a Schätzungsrichtlinien erlassen und bestimmen, dass die auf diese Umsätze entfallende Steuer zu anderen als den im Abs. 1 und 2 angeführten Fälligkeitszeitpunkten zu entrichten ist. Bei Erstellung der Richtlinien ist auf die durchschnittliche Höhe dieser Umsätze innerhalb der Gruppe von Unternehmern, für welche die Durchschnittssätze gelten sollen, Bedacht zu nehmen. Die Richtlinien sind nur anzuwenden, soweit der Unternehmer die Höhe dieser Umsätze nicht durch ordnungsgemäß geführte Aufzeichnungen nachweist.

(9) Der Bundesminister für Finanzen kann bei nicht im Inland ansässigen Unternehmern, das sind solche, die im Inland weder ihren Sitz noch eine Betriebsstätte haben, durch Verordnung die Erstattung der Vorsteuern abweichend von den Abs. 1 bis 5 sowie den §§ 12 und 20 regeln. Bei nicht im Gemeinschaftsgebiet ansässigen Unternehmern kann weiters bestimmt werden, dass bestimmte Vorsteuerbeträge von der Erstattung ausgeschlossen sind. In der Verordnung kann festgelegt werden:

- ein besonderes Verfahren für die Vorsteuererstattung,
- ein Mindestbetrag, ab dem eine Vorsteuererstattung erfolgt,
- innerhalb welcher Frist der Erstattungsantrag zu stellen ist,
- dass der Bescheid über die Erstattung der Vorsteuerbeträge elektronisch zugestellt wird,
- wie und in welchem Umfang der zu erstattende Betrag zu verzinsen oder zu vergebühren ist.

Vorsteuern im Zusammenhang mit Umsätzen eines im übrigen Gemeinschaftsgebiet ansässigen Unternehmers sind nur erstattungsfähig, wenn die Umsätze in dem Mitgliedstaat, in dem der Unternehmer ansässig ist, ein Recht auf Vorsteuerabzug begründen. Einem Unternehmer, der im Gemeinschaftsgebiet ansässig ist und Umsätze ausführt, die zum Teil den Vorsteuerabzug ausschließen, wird die Vorsteuer höchstens in der Höhe erstattet, in der er in dem Mitgliedstaat, in dem er ansässig ist, zum Vorsteuerabzug berechtigt wäre.

(10) Die Bestimmungen der Abs. 1 bis 5 gelten auch für juristische Personen, die ausschließlich eine Steuer gemäß § 19 Abs. 1 zweiter Satz, Abs. 1a und Abs. 1b schulden.

(10a) Die Bestimmungen der Abs. 1 bis 5 gelten auch für Personen, die keine Unternehmer sind, wenn diese Steuerbeträge nach § 11 Abs. 14 schulden.

*(BGBl I 2019/91)*

*Antrag auf Erstattung von Vorsteuerbeträgen in einem anderen Mitgliedstaat*

(11) Ein im Inland ansässiger Unternehmer, der einen Antrag auf Erstattung von Vorsteuerbeträgen – entsprechend der Richtlinie 2008/9/EG zur Regelung der Erstattung der Mehrwertsteuer gemäß der Richtlinie 2006/112/EG an nicht im Mitgliedstaat der Erstattung, sondern in einem anderen Mitgliedstaat ansässige Steuerpflichtige, ABl. Nr. L 44 vom 20.02.2008 S. 23 – in einem anderen Mitgliedstaat stellt, hat diesen Antrag elektronisch zu übermitteln. Der Bundesminister für Finanzen wird ermächtigt, den Inhalt und das Verfahren der elektronischen Übermittlung des Erstattungsantrages mit Verordnung festzulegen. Im Antrag ist die Steuer für den Erstattungszeitraum selbst zu berechnen. Enthält der Antrag nicht die in den Art. 8, 9 und 11 der im ersten Satz genannten Richtlinie festgelegten Angaben, so ist er ungeachtet einer allfälligen tatsächlichen Übermittlung unbeachtlich. Der Antrag wird nicht an den Mitgliedstaat der Erstattung weitergeleitet, wenn die in Art. 18 der im ersten Satz genannten Richtlinie festgelegten Voraussetzungen nicht erfüllt sind. Zustellungen im Zusammenhang mit der Erstattung von Vorsteuerbeträgen in einem anderen Mitgliedstaat haben unabhängig vom Vorliegen einer Zustimmung im Sinne des § 97 Abs. 3 BAO elektronisch zu erfolgen.

**Besteuerung der Umsätze bei land- und forstwirtschaftlichen Betrieben**

**§ 22.** (1) Bei nichtbuchführungspflichtigen Unternehmern, deren im Rahmen eines land- und forstwirtschaftlichen Betriebes ausgeführte Umsätze 400 000 Euro nicht übersteigen, wird die Steuer für diese Umsätze mit 10% der Bemessungsgrundlage festgesetzt. Soweit diese Umsätze an einen Unternehmer für dessen Unternehmen erbracht werden oder der ermäßigte Steuersatz nach § 10 Abs. 3 anzuwenden ist, wird die Steuer für diese Umsätze mit 13% der Bemessungsgrundlage festgesetzt. Die diesen Umsätzen zuzurechnenden Vorsteuerbeträge werden jeweils in gleicher Höhe festgesetzt.

Die Bestimmungen des § 6 Abs. 1 Z 8 bis 26, des § 11 und des § 12 Abs. 10 bis 12 sind anzuwenden. Weiters sind Berichtigungen nach § 16 vorzunehmen, die Zeiträume betreffen, in denen die allgemeinen Vorschriften dieses Bundesgesetzes Anwendung gefunden haben.

(1a) Für die Ermittlung der Umsatzgrenze von 400 000 Euro nach Abs. 1 und den Zeitpunkt des Eintritts der aus Über- oder Unterschreiten der Umsatzgrenze resultierenden umsatzsteuerlichen Folgen ist § 125 BAO sinngemäß anzuwenden.

*(BGBl I 2015/118)*

(2) Unternehmer im Sinne des Abs. 1 haben für die Lieferungen von Getränken und alkoholischen Flüssigkeiten, die weder in § 10 Abs. 3 Z 11, § 28 Abs. 51 Z 1, § 28 Abs. 52 Z 1 lit. a noch in den Anlagen angeführt sind, eine zusätzliche Steuer von 10% der Bemessungsgrundlage, soweit diese Umsätze an einen Unternehmer für dessen Unternehmen erbracht werden, eine zusätzliche Steuer von 7% der Bemessungsgrundlage zu entrichten. Für diese zusätzliche Steuer sowie für Steuerbeträge, die nach § 11 Abs. 12 und 14 oder § 12 Abs. 10 bis 12 geschuldet werden oder die sich nach § 16 ergeben, gelten die allgemeinen Vorschriften dieses Bundesgesetzes mit der Einschränkung sinngemäß, dass ein weiterer Vorsteuerabzug entfällt.

*(BGBl I 2015/118, BGBl I 2020/48, BGBl I 2020/60)*

(3) Als land- und forstwirtschaftlicher Betrieb ist ein Betrieb anzusehen, dessen Hauptzweck auf die Land- und Forstwirtschaft gerichtet ist. Als Landwirtschaft gelten insbesondere der Acker-, Garten-, Gemüse-, Obst- und Weinbau, die Wiesen- und Weidewirtschaft einschließlich der Wanderschäferei, die Fischzucht einschließlich der Teichwirtschaft und die Binnenfischerei, die Imkerei sowie Tierzucht- und Tierhaltungsbetriebe im Sinne des § 30 des Bewertungsgesetzes 1955. Die Übertragung eines land- und forstwirtschaftlichen Betriebes oder Teilbetriebes gilt nicht als steuerbarer Umsatz.

*(BGBl I 2019/103)*

(4) Zum land- und forstwirtschaftlichen Betrieb gehören auch die Nebenbetriebe, die dem land- und forstwirtschaftlichen Hauptbetrieb zu dienen bestimmt sind.

(5) Führt der Unternehmer neben den im Abs. 1 angeführten Umsätzen auch andere Umsätze aus, so ist der land- und forstwirtschaftliche Betrieb als gesondert geführter Betrieb im Sinne des § 12 Abs. 7 zu behandeln.

(6) Der Unternehmer kann bis zum Ablauf des Veranlagungszeitraumes gegenüber dem Finanzamt schriftlich erklären, dass seine Umsätze vom Beginn dieses Kalenderjahres oder des vorangegangenen Kalenderjahres an nicht nach den Abs. 1 bis 5, sondern nach den allgemeinen Vorschriften dieses Bundesgesetzes besteuert werden sollen. Wird die Erklärung für Umsätze von Beginn des vorangegangenen Kalenderjahres an ausgeübt, hat der Unternehmer in diesem Zeitpunkt eine Steuererklärung für das vorangegangene Kalenderjahr einzureichen. Diese Erklärung bindet den Unternehmer für mindestens fünf Kalenderjahre. Sie kann nur mit Wirkung vom Beginn eines Kalenderjahres an widerrufen werden. Der Widerruf ist spätestens bis zum Ablauf des ersten Kalendermonates nach Beginn dieses Kalenderjahres zu erklären.

*(BGBl I 2019/103)*

(7) Die Bestimmungen der Abs. 1 bis 6 sind auch auf land- und forstwirtschaftliche Betriebe einer Körperschaft des öffentlichen Rechts anzuwenden, wenn die Umsätze der land- und forstwirtschaftlichen Betriebe gemäß § 1 Abs. 1 Z 1 in einem der dem Veranlagungsjahr vorangegangenen drei Kalenderjahre 400 000 Euro nicht überstiegen haben. Wird diese Umsatzgrenze nicht überschritten, so gelten die Abs. 1 bis 6 nur für jene land- und forstwirtschaftlichen Betriebe, hinsichtlich welcher der nach den Grundsätzen des ersten Abschnittes des zweiten Teiles des Bewertungsgesetzes 1955 unter Berücksichtigung von Zupachtungen und Verpachtungen zum 1. Jänner eines Jahres ermittelte Wert der bei Unterhalten eines zum land- und forstwirtschaftlichen Vermögen gehörenden Betriebes selbstbewirtschafteten Fläche 150 000 Euro nicht übersteigt.

(8) (aufgehoben)

*(BGBl I 2015/118)*

### Besteuerung von Reiseleistungen

**§ 23.** (1) Die nachfolgenden Vorschriften gelten für Reiseleistungen eines Unternehmers,

- soweit der Unternehmer dabei gegenüber dem Leistungsempfänger im eigenen Namen auftritt und
- Reisevorleistungen in Anspruch nimmt.

*(BGBl I 2015/163)*

(2) Die Leistung des Unternehmers ist als sonstige Leistung anzusehen. Erbringt der Unternehmer an einen Leistungsempfänger im Rahmen einer Reise mehrere Leistungen dieser Art, so gelten sie als eine einheitliche sonstige Leistung.

(3) Die sonstige Leistung wird an dem Ort ausgeführt, von dem aus der Unternehmer sein Unternehmen betreibt. Wird die sonstige Leistung von einer Betriebsstätte ausgeführt, gilt die Betriebsstätte als der Ort der sonstigen Leistung.

*(BGBl I 2015/163)*

(4) Reisevorleistungen sind Lieferungen und sonstige Leistungen Dritter, die den Kunden unmittelbar zugutekommen.

*(BGBl I 2021/112)*

(5) Die sonstige Leistung ist steuerfrei, wenn die Reisevorleistungen im Drittlandsgebiet bewirkt werden.

(6) Sind die Reisevorleistungen nur zum Teil Reisevorleistungen im Sinne des Abs. 5, so ist nur der Teil der sonstigen Leistung steuerfrei, dem die im Abs. 5 bezeichneten Reisevorleistungen zuzurechnen sind. Die Voraussetzungen der Steuerbefreiung müssen vom Unternehmer buchmäßig nachgewiesen sein. Der Bundesminister für Finanzen kann aus Vereinfachungsgründen bei Schiffs- und Flugreisen durch Verordnung bestimmen, wie der auf das Drittlandsgebiet entfallende Teil der Reisevorleistung zu ermitteln ist.

(7) Die sonstige Leistung bemißt sich nach dem Unterschied zwischen dem Betrag, den der Leistungsempfänger aufwendet, um die Leistung zu erhalten und dem Betrag, den der Unternehmer für die Reisevorleistungen aufwendet. Die Umsatzsteuer gehört nicht zur Bemessungsgrundlage.

*(BGBl I 2018/62)*

(8) Der Unternehmer hat in der Rechnung darauf hinzuweisen, dass die Sonderregelung für Reisebüros angewendet wurde, beispielsweise durch die Angabe „Reiseleistungen/Sonderregelung" oder „Margenbesteuerung". Abweichend von § 12 Abs. 1 ist der Unternehmer nicht berechtigt, die ihm für die Reisevorleistungen gesondert in Rechnung gestellten sowie die nach § 19 Abs. 1 zweiter Satz geschuldeten Steuerbeträge als Vorsteuer abzuziehen. Im übrigen bleibt § 12 unberührt.

*(BGBl I 2015/163)*

(9) Für die sonstigen Leistungen gilt § 18 mit der Maßgabe, daß aus den Aufzeichnungen des Unternehmers zu ersehen sein müssen:

1. der Betrag, den der Leistungsempfänger für die Leistung aufwendet,
2. die Beträge, die der Unternehmer für die Reisevorleistungen aufwendet,
3. die Bemessungsgrundlage nach Abs. 7 und
4. wie sich die in § 1 und 2 bezeichneten Beträge und die Bemessungsgrundlage nach Abs. 7 auf steuerpflichtige und steuerfreie Leistungen verteilen.

## Differenzbesteuerung

*Differenzbesteuerung*

**§ 24.** (1) Für die Lieferungen im Sinne des § 1 Abs. 1 Z 1 von Kunstgegenständen, Sammlungsstücken oder Antiquitäten (Z 10 bis 13 der Anlage 2) oder anderen beweglichen körperlichen Gegenständen, ausgenommen Edelsteine (aus Positionen 7102 und 7103 der Kombinierten Nomenklatur) oder Edelmetalle (aus Positionen 7106, 7108, 7110 und 7112 der Kombinierten Nomenklatur), gilt eine Besteuerung nach Maßgabe der nachfolgenden Vorschriften (Differenzbesteuerung), wenn folgende Voraussetzungen erfüllt sind:

1. Der Unternehmer ist ein Händler, der gewerbsmäßig mit diesen Gegenständen handelt oder solche Gegenstände im eigenen Namen öffentlich versteigert (Wiederverkäufer).
2. Die Lieferung der Gegenstände an den Unternehmer wurde im Gemeinschaftsgebiet ausgeführt. Für diese Lieferung wurde
   a) Umsatzsteuer nicht geschuldet oder
   b) die Differenzbesteuerung vorgenommen.

*(BGBl I 2015/118)*

*Differenzbesteuerung in besonderen Fällen*

(2) Der Wiederverkäufer (Abs. 1 Z 1) kann erklären, daß er die Differenzbesteuerung auch bei der Lieferung folgender Gegenstände anwendet:

a) von ihm selbst eingeführte Kunstgegenstände, Sammlungsstücke oder Antiquitäten;
b) vom Urheber oder von dessen Rechtsnachfolgern gelieferte Kunstgegenstände;
c) Kunstgegenstände, die nicht von einem Wiederverkäufer an ihn geliefert werden, wenn auf diese Lieferung der ermäßigte Steuersatz nach § 10 Abs. 3 Z 1 lit. c anzuwenden ist.

*(BGBl I 2015/118)*

(3) Die Erklärung gemäß Abs. 2 hat der Unternehmer innerhalb der Frist zur Abgabe der Voranmeldung für den Voranmeldungszeitraum eines Kalenderjahres, in dem erstmals eine Lieferung gemäß Abs. 2 getätigt worden ist, gegenüber dem Finanzamt schriftlich abzugeben. Diese Erklärung bindet den Unternehmer, unbeschadet der Bestimmung des Abs. 12, für mindestens zwei Kalenderjahre. Die Erklärung kann nur mit Wirkung vom Beginn eines Kalenderjahres an widerrufen werden. Der Widerruf ist innerhalb der Frist zur Abgabe der Voranmeldung für den Voranmeldungszeitraum des Kalenderjahres, in dem erstmals eine Lieferung im Sinne des Abs. 2 getätigt worden ist, gegenüber dem Finanzamt schriftlich zu erklären.

*Bemessungsgrundlage*

(4) Der Umsatz wird bemessen:

1. bei Lieferungen nach dem Betrag, um den der Verkaufspreis den Einkaufspreis für den Gegenstand übersteigt;
2. bei den Umsätzen gemäß § 3 Abs. 2 nach dem Betrag, um den der Wert nach § 4 Abs. 8 lit. a den Einkaufspreis für den Gegenstand übersteigt;
3. bei der Lieferung von Kunstgegenständen, Sammlungsstücken oder Antiquitäten, die der steuerpflichtige Wiederverkäufer selbst eingeführt hat (Abs. 2), entspricht der für die Berechnung der Differenz zugrunde zu legende Einkaufspreis der gemäß § 5 ermittelten Bemessungsgrundlage bei der Einfuhr zuzüglich der dafür geschuldeten oder entrichteten Einfuhrumsatzsteuer.

*Die Umsatzsteuer gehört nicht zur Bemessungsgrundlage.*

(5) Der Unternehmer kann die gesamten innerhalb eines Veranlagungszeitraumes (Voranmeldungszeitraumes) ausgeführten Umsätze nach dem Gesamtbetrag bemessen, um den die Summe der Verkaufspreise und der Werte nach § 4 Abs. 8 lit. a die Summe der Einkaufspreise dieses Zeitraums übersteigt (Gesamtdifferenz). Die Besteuerung nach der Gesamtdifferenz ist nur bei solchen Gegenständen zulässig, deren Einkaufspreis 220 Euro nicht übersteigt. Im übrigen gilt Abs. 4 entsprechend.

*Steuerbefreiung und Steuersatz*

(6) Die Lieferungen unterliegen dem Steuersatz nach § 10 Abs. 1 bzw. 4. Die Steuerbefreiung gemäß § 7 ist anzuwenden.

*Rechnung*

(7) Der Unternehmer hat in der Rechnung darauf hinzuweisen, dass die Differenzbesteuerung angewendet wurde, beispielsweise durch die Angabe

- „Kunstgegenstände/Sonderregelung“,
- „Sammlungsstücke und Antiquitäten/Sonderregelung“, oder
- „Gebrauchtgegenstände/Sonderregelung“ bei anderen beweglichen körperlichen Gegenständen im Sinne des Abs. 1.

Die Vorschrift über den gesonderten Steuerausweis in einer Rechnung (§ 11 Abs. 1) findet keine Anwendung. § 11 Abs. 12 ist sinngemäß anzuwenden.

*Vorsteuerabzug*

(8) Ein Unternehmer ist nicht berechtigt, die ihm für Gegenstände, die von einem Wiederverkäufer geliefert werden, gesondert in Rechnung gestellte Umsatzsteuer als Vorsteuer abzuziehen, wenn diese Lieferung der Differenzbesteuerung unterliegt.

(9) Sofern die Gegenstände für Lieferungen verwendet werden, die der Differenzbesteuerung gemäß Abs. 2 unterliegen, ist der Wiederverkäufer nicht berechtigt, die entrichtete Einfuhrumsatzsteuer oder die gesondert ausgewiesene Steuer für die an ihn ausgeführte Lieferung als Vorsteuer abzuziehen.

(10) Optiert der Wiederverkäufer gemäß Abs. 12 zur Besteuerung nach den allgemeinen Vorschriften, kann die für den an den Unternehmer gelieferten Gegenstand in Rechnung gestellte oder die für den eingeführten Gegenstand entrichtete Einfuhrumsatzsteuer erst in jenem Voranmeldungszeitraum geltend gemacht werden, in dem dieser Gegenstand, für den der Wiederverkäufer die Anwendung der allgemeinen Vorschriften gewählt hat, geliefert oder entnommen wird.

*Aufzeichnungspflichten*

(11) § 18 gilt mit der Maßgabe, daß aus den Aufzeichnungen des Unternehmers zu ersehen sein müssen

1. die Verkaufspreise oder die Werte nach § 4 Abs. 8 lit. a,
2. die Einkaufspreise und
3. die Bemessungsgrundlagen nach Abs. 4 oder 5.

Wendet der Unternehmer neben der Differenzbesteuerung die Besteuerung nach den allgemeinen Vorschriften an, hat er getrennte Aufzeichnungen zu führen.

*Option*

(12) Der Unternehmer kann bei jeder Lieferung auf die Differenzbesteuerung verzichten, soweit er die Vereinfachungsregelung nach Abs. 5 nicht anwendet.

(13) Die Anwendung des § 3 Abs. 8a ist bei der Differenzbesteuerung ausgeschlossen.

*(BGBl I 2019/91)*

**Sonderregelung für Anlagegold**

*Vorsteuerabzug*

**§ 24a.** (1) Der Unternehmer ist abweichend von § 12 Abs. 3 berechtigt, für gemäß § 6 Abs. 1 Z 8 lit. j steuerfreie Lieferungen folgende Vorsteuerbeträge abzuziehen:

a) Die Steuer für die Lieferung von Anlagegold, das von einem Unternehmer geliefert wird, der gemäß Abs. 5 oder 6 seinen Umsatz steuerpflichtig behandelt;
b) die Steuer für die Lieferung oder die Einfuhr von Gold, das kein Anlagegold ist und anschließend von ihm oder für ihn in Anlagegold umgewandelt wird;
c) die Steuer für sonstige Leistungen, die in der Veränderung der Form, des Gewichtes oder des Feingehaltes von Gold bestehen.

(2) Der Unternehmer, der Anlagegold herstellt oder Gold in Anlagegold umwandelt, ist berechtigt, folgende Vorsteuerbeträge abzuziehen, so als wäre die gemäß § 6 Abs. 1 Z 8 lit. j steuerfreie Lieferung steuerpflichtig:

a) Die Steuer für die Lieferung oder die Einfuhr von Gegenständen, die mit der Herstellung oder Umwandlung von Anlagegold im Zusammenhang stehen;
b) die Steuer für eine mit der Herstellung oder Umwandlung dieses Goldes direkt im Zusammenhang stehende sonstige Leistung.

*Aufzeichnungspflichten*

(3) Der Unternehmer hat bei Umsätzen von Anlagegold, deren Bemessungsgrundlage 15 000 Euro überschreitet, eine Rechnung gemäß § 11 zu legen und die Identität des Abnehmers festzuhalten. Unterlagen, die einer Identifizierung dienen, sind sieben Jahre aufzubewahren. Im übrigen ist § 132 der Bundesabgabenordnung anzuwenden.

(4) (aufgehoben)

*Option*

(5) Unternehmer, die Anlagegold herstellen oder Gold in Anlagegold umwandeln, können eine gemäß § 6 Abs. 1 Z 8 lit. j steuerfreie Lieferung von Anlagegold an einen anderen Unternehmer als steuerpflichtig behandeln.

(6) Unternehmer, die im Rahmen ihrer Tätigkeit üblicherweise Gold zu gewerblichen Zwecken liefern, können eine gemäß § 6 Abs. 1 Z 8 lit. j steuerfreie Lieferung von Anlagegold im Sinne des § 6 Abs. 1 Z 8 lit. j sublit. aa an einen anderen Unternehmer als steuerpflichtig behandeln.

(7) Hat der Lieferer gemäß Abs. 5 oder 6 einen Umsatz steuerpflichtig behandelt, so kann auch der Unternehmer, der diesen Umsatz vermittelt hat, seinen Vermittlungsumsatz steuerpflichtig behandeln.

**Zoll- und Steuerlager**

**§ 24b.** (1) Der Bundesminister für Finanzen kann durch Verordnung bestimmen, daß unter den Voraussetzungen des Abs. 2 bis 5 folgende oder einige der folgenden Umsätze steuerfrei sind:

1. Die Einfuhr von Gegenständen, die einer anderen Lagerregelung als der Zollagerregelung unterliegen sollen.
2. Die Lieferung von Gegenständen,
   a) die zollamtlich erfaßt und gegebenenfalls vorläufig verwahrt bleiben sollen,
   b) die einer Freilagerregelung unterliegen sollen,
   c) die einer Zollagerregelung oder einer Regelung für den aktiven Veredelungsverkehr unterliegen sollen,
   d) die im Inland einer anderen Lagerregelung als der Zollagerregelung unterliegen sollen.
3. Die Lieferung von Gegenständen, die sich in den unter Z 2 genannten Regelungen befinden.
4. Die Lieferung von Gegenständen, die sich im Zollverfahren der vorübergehenden Verwendung bei vollständiger Befreiung der Eingangsabgaben, im externen Versandverfahren oder im internen gemeinschaftlichen Versandverfahren befinden.
5. Die sonstigen Leistungen, die mit den unter Z 2 bis 4 genannten Lieferungen zusammenhängen.

(2)

1. Bei den Gegenständen der Lieferung oder Einfuhr darf es sich nicht um solche handeln, die für eine endgültige Verwendung oder einen Endverbrauch bestimmt sind. Bei einer anderen Regelung als einer Zollagerregelung dürfen die Gegenstände überdies nicht zur Lieferung auf der Einzelhandelsstufe bestimmt sein.
2. Bei Verlassen der unter Abs. 1 genannten Regelungen muß die zu entrichtende Steuer jenem Betrag entsprechen, der bei der Steuerpflicht der befreiten Umsätze zu entrichten gewesen wäre.

(3) Die nach Abs. 2 Z 2 zu entrichtende Steuer wird von der Person geschuldet, die veranlaßt, daß die Gegenstände die im Abs. 1 angeführten Regelungen verlassen.

(4) Der Bundesminister für Finanzen kann für die Umsätze gemäß Abs. 1 und für die bei Verlassen der unter Abs. 1 genannten Verfahren geschuldete Steuer von den §§ 4, 12, 18 bis 21 abweichende Regelungen treffen. In der Verordnung wird das im Steuerlager einzuhaltende Verfahren geregelt.

(5) Die Eröffnung eines Steuerlagers bedarf einer Bewilligung. In der Verordnung werden festgelegt:

– welche Voraussetzungen für die Bewilligung als Steuerlager erforderlich sind;
– welche Aufzeichnungen der Unternehmer, dem ein Steuerlager bewilligt wurde, zu führen hat und welche Unterlagen er aufzubewahren hat;
– welche Haftungen den Unternehmer, dem ein Steuerlager bewilligt wurde, hinsichtlich der Vorgänge im Steuerlager treffen.

**Besondere Besteuerungsformen**

**§ 25.** (1) Der Bundesminister für Finanzen kann zur Vereinfachung des Besteuerungsverfahrens für Gruppen von Unternehmern, bei denen hinsichtlich der Besteuerungsgrundlagen annähernd gleiche Verhältnisse vorliegen und die nicht buchführungspflichtig sind, Durchschnittssätze für die zu entrichtende Steuer oder die Grundlagen ihrer Berechnung festsetzen.

(2) In der Verordnung werden bestimmt:

1. Die Gruppe von Betrieben, für welche Durchschnittssätze anwendbar sind,
2. die für die Ermittlung der Durchschnittssätze jeweils maßgebenden Merkmale. Als solche kommen insbesondere der Wareneingang oder Wareneinsatz, die örtliche Lage oder die Ausstattung des Betriebs und die Zahl der Arbeitskräfte in Betracht;
3. der Umfang, in dem Unternehmen, welche die zu entrichtende Steuer oder die Grundlagen ihrer Berechnung nach Durchschnittssätzen ermitteln, Erleichterungen in der Führung von Aufzeichnungen gewährt werden.

(3) Die Durchschnittssätze müssen zu einer Steuer führen, die nicht wesentlich von dem Betrag abweicht, der sich ohne Anwendung der Durchschnittssätze ergeben würde.

(4) Der Unternehmer, bei dem die Voraussetzungen für eine Besteuerung nach Durchschnittssätzen im Sinne des Abs. 1 gegeben sind, kann innerhalb der Frist zur Abgabe der Voranmeldung für den ersten Voranmeldungszeitraum eines Kalenderjahres gegenüber dem Finanzamt schriftlich erklären, daß er von dieser Besteuerungsform Gebrauch macht. Die Erklärung bindet den Unternehmer mindestens für zwei Kalenderjahres. Sie kann nur mit Wirkung vom Beginn eines Kalenderjahres an widerrufen werden. Der Widerruf ist innerhalb der Frist zur

Abgabe der Voranmeldung für den ersten Voranmeldungszeitraum dieses Kalenderjahres beim Finanzamt schriftlich zu erklären. Eine erneute Besteuerung nach Durchschnittssätzen ist frühestens nach Ablauf von fünf Kalenderjahren zulässig.

**Sonderregelung für Drittlandsunternehmer, die sonstige Leistungen an Nichtunternehmer im Gemeinschaftsgebiet erbringen**

*(BGBl I 2019/91)*

**§ 25a.**

*Voraussetzungen für die Inanspruchnahme der Sonderregelung*

(1) Ein Unternehmer, der im Gemeinschaftsgebiet weder sein Unternehmen betreibt noch eine Betriebsstätte hat, kann auf Antrag für sonstige Leistungen an Nichtunternehmer gemäß § 3a Abs. 5 Z 3, die im Gemeinschaftsgebiet ausgeführt werden, abweichend von den allgemeinen Vorschriften, die nachstehende Sonderregelung in Anspruch nehmen, wenn dies nicht nach Abs. 10, § 25b Abs. 8 Z 1, Art. 25a Abs. 8 oder einer vergleichbaren Sperrfrist in einem anderen Mitgliedstaat ausgeschlossen ist und er in keinem anderen Mitgliedstaat der Sonderregelung gemäß Art. 358 bis 369 der Richtlinie 2006/112/EG unterliegt. Der Antrag auf Inanspruchnahme der Sonderregelung ist über das für diese Zwecke beim Bundesministerium für Finanzen eingerichtete Portal einzubringen.

Unterliegt ein Unternehmer in einem anderen Mitgliedstaat der Sonderregelung gemäß Art. 358 bis 369 der Richtlinie 2006/112/EG, gelten die folgenden Absätze sinngemäß.

*(BGBl I 2018/62, BGBl I 2019/91)*

*Beginn der Inanspruchnahme*

(2) Die Sonderregelung ist ab dem ersten Tag des auf den Antrag nach Abs. 1 folgenden Kalendervierteljahres anzuwenden. Abweichend davon ist sie ab dem Tag der Erbringung der ersten sonstigen Leistung im Sinne des Abs. 1 anzuwenden, wenn der Unternehmer die Aufnahme der Tätigkeit spätestens am zehnten Tag des auf die erste Leistungserbringung folgenden Monates meldet. Letzteres gilt sinngemäß auch bei einem Wechsel von der Sonderregelung gemäß Art. 25a zur Sonderregelung gemäß § 25a.

*Steuererklärung, Erklärungszeitraum*

(3) Der Unternehmer hat spätestens am letzten Tag des auf einen Erklärungszeitraum folgenden Monates eine Steuererklärung über alle in diesem Erklärungszeitraum ausgeführten steuerpflichtigen Umsätze, die unter die Sonderregelung fallen, über das für diese Zwecke beim Bundesministerium für Finanzen eingerichtete Portal abzugeben. Eine Steuererklärung ist auch dann abzugeben, wenn im Erklärungszeitraum keine Umsätze ausgeführt worden sind. Die für den Erklärungszeitraum zu entrichtende Steuer ist selbst zu berechnen. Der Erklärungszeitraum ist das Kalendervierteljahr.

*(BGBl I 2019/91)*

(4) In der Steuererklärung sind die unter die Sonderregelung fallenden Umsätze, die darauf anzuwendenden Steuersätze und die zu entrichtende Steuer hinsichtlich jedes Mitgliedstaates sowie die gesamte zu entrichtende Steuer anzugeben. Weiters ist die eigens für diese Sonderregelung vom Finanzamt zu erteilende Identifikationsnummer anzugeben.

*Werte in fremder Währung*

(5) Die Beträge in der Steuererklärung sind in Euro anzugeben. Der Unternehmer hat zur Berechnung der Steuer Werte in fremder Währung nach den Kursen umzurechnen, die für den letzten Tag des Erklärungszeitraumes von der Europäischen Zentralbank festgestellt worden sind. Sind für diesen Tag keine Umrechnungskurse festgestellt worden, hat der Unternehmer die Steuer nach den für den nächsten Tag nach Ablauf des Erklärungszeitraumes von der Europäischen Zentralbank festgestellten Umrechnungskursen umzurechnen.

*Änderung der Bemessungsgrundlage*

(6) Änderungen der Bemessungsgrundlage der Umsätze gemäß Abs. 1 durch den Unternehmer sind innerhalb von drei Jahren ab dem Tag, an dem die ursprüngliche Erklärung abzugeben war, durch Aufnahme in eine spätere Erklärung vorzunehmen. Aus der späteren Erklärung muss der Besteuerungszeitraum und der Steuerbetrag, für den die Änderungen erforderlich sind, hervorgehen.

*(BGBl I 2019/91)*

*Entrichtung der Steuer*

(7) Die Steuer ist spätestens am letzten Tag (Fälligkeitstag) des auf den Erklärungszeitraum, in dem die sonstige Leistung im Sinne des Abs. 1 ausgeführt worden ist, folgenden Monates zu entrichten. Die Zahlung erfolgt unter Hinweis auf die zugrundeliegende Steuererklärung.

*(BGBl I 2019/91)*

*Beendigung oder Ausschluss von der Sonderregelung*

(8) Ein Unternehmer kann die Inanspruchnahme dieser Sonderregelung beenden, unabhängig davon, ob er weiterhin sonstige Leistungen erbringt, die unter diese Sonderregelung fallen können. Die Beendigung der Sonderregelung kann nur mit Wirkung von Beginn eines Kalendervierteljahres an erfolgen. Sie ist spätestens fünfzehn Tage vor Ablauf des diesem vorangehenden Kalendervierteljahres über das für diese Zwecke beim Bundesministerium für Finanzen eingerichtete Portal zu erklären.

(9) In folgenden Fällen ist ein Unternehmer von der Inanspruchnahme der Sonderregelung auszuschließen:

1. der Unternehmer teilt mit, dass er keine unter die Sonderregelung fallenden sonstigen Leistungen mehr erbringt;

   *(BGBl I 2019/91)*
2. es werden während eines Zeitraums von acht aufeinanderfolgenden Kalendervierteljahren keine sonstigen Leistungen im Sinne des Abs. 1 erbracht;

   *(BGBl I 2019/91)*
3. der Unternehmer erfüllt die Voraussetzungen für die Inanspruchnahme dieser Sonderregelung nicht mehr;
4. der Unternehmer verstößt wiederholt gegen die Vorschriften dieser Sonderregelung.

Die Ausschlussentscheidung ist elektronisch zu übermitteln und wirkt ab dem ersten Tag des Kalendervierteljahres, das auf die Übermittlung der Ausschlussentscheidung folgt. Ist der Ausschluss jedoch auf eine Verlegung des Ortes, von dem aus der Unternehmer sein Unternehmen betreibt, ins Gemeinschaftsgebiet oder auf eine Begründung einer Betriebsstätte im Gemeinschaftsgebiet zurückzuführen, so ist der Ausschluss ab dem Tag dieser Änderung wirksam.

*Sperrfristen*

(10) Erfolgt ein Ausschluss gemäß Abs. 9 Z 4, kann der Unternehmer diese Sonderregelung zwei Jahre ab Wirksamkeit des Ausschlusses nicht in Anspruch nehmen. Der Ausschluss gilt auch für die Sonderregelungen gemäß § 25b und Art. 25a.

*(BGBl I 2019/91)*

*Berichtspflichten*

(11) Der Unternehmer hat die Beendigung seiner dieser Sonderregelung unterliegenden Tätigkeit, Änderungen, durch die er die Voraussetzungen für die Inanspruchnahme dieser Sonderregelung nicht mehr erfüllt, sowie Änderungen der im Rahmen der Sonderregelung mitgeteilten Angaben bis zum zehnten Tag des folgenden Monates über das für diese Zwecke beim Bundesministerium für Finanzen eingerichtete Portal zu melden.

*Aufzeichnungspflichten*

(12) Die Aufzeichnungen über die nach dieser Sonderregelung getätigten Umsätze haben getrennt nach den Mitgliedstaaten zu erfolgen, in denen die Umsätze ausgeführt worden sind. Die Aufzeichnungen sind zehn Jahre aufzubewahren und über Aufforderung der zuständigen Behörde elektronisch zur Verfügung zu stellen.

*Festsetzung und Entstehung der Steuerschuld inländischer Umsätze*

(13) Unterlässt der Unternehmer die Einreichung der Steuererklärung pflichtwidrig oder erweist sich die Steuererklärung als unvollständig oder die Selbstberechnung als unrichtig, so hat das Finanzamt die Steuer festzusetzen, soweit es sich um im Inland ausgeführte Umsätze im Sinne des Abs. 1 handelt. Die festgesetzte Steuer hat den im Abs. 7 genannten Fälligkeitstag.

(14) Die Steuerschuld für im Inland ausgeführte Umsätze gemäß Abs. 1 entsteht in dem Zeitpunkt, in dem die sonstigen Leistungen ausgeführt werden.

(15) Für im Inland ausgeführte Umsätze gemäß Abs. 1 sind § 19 Abs. 1 zweiter Satz, § 21 Abs. 1 bis 6 und § 27 Abs. 7 zweiter Satz nicht anzuwenden.

*(BGBl I 2016/117)*

**Sonderregelung für Einfuhr-Versandhandel**
**§ 25b.**

*~~Im Inland ansässige Unternehmer~~*

*(BGBl I 2022/108 ab 20.7.2022)*

*Voraussetzungen für die Inanspruchnahme der Sonderregelung*

(1) Unternehmer gemäß Z 1 können für Einfuhr-Versandhandel gemäß § 3 Abs. 8a, bei dem der Einzelwert der Waren je Sendung 150 Euro nicht übersteigt, auf Antrag, abweichend von den allgemeinen Vorschriften, die nachstehende Sonderregelung in Anspruch nehmen, wenn dies nicht nach Abs. 8, § 25a Abs. 10, Art. 25a Abs. 10 oder einer vergleichbaren Sperrfrist in einem anderen Mitgliedstaat ausgeschlossen ist. Diese Bestimmung gilt nicht für verbrauchsteuerpflichtige Waren.

Der Antrag ist über das für diese Zwecke beim Bundesministerium für Finanzen eingerichtete Portal einzureichen.

1. Folgende Unternehmer können die Sonderregelung in Anspruch nehmen:
   a) Unternehmer im Sinne des Art. 25a Abs. 1 Z 1 lit. a bis c;
   b) andere Unternehmer, die ihr Unternehmen in einem Drittland betreiben, mit dem die Europäische Union ein Abkommen über gegenseitige Amtshilfe geschlossen hat, dessen Anwendungsbereich der Richtlinie 2010/24/EU und der Verordnung (EU) Nr. 904/2010 ähnelt, wenn die Gegenstände aus diesem Land ins Inland gelangen;
   c) Unternehmer, die von einem Vertreter gemäß Z 2 vertreten werden.
2. Ein Vertreter im Sinne der Z 1 lit. c ist ein Unternehmer im Sinne des Art. 25a Abs. 1 Z 1 lit. a bis c, der von einem anderen Unternehmer für Einfuhr-Versandhandel als Steuerschuldner und zur Erfüllung der Verpflichtungen gemäß dieser Sonderregelung im Namen und für Rechnung des anderen Unternehmers benannt wird, wenn dies nicht nach Abs. 8 Z 2 oder einer vergleichbaren Sperrfrist in einem anderen Mitgliedstaat ausgeschlossen ist. Zudem muss der Vertreter die Voraussetzungen im Sinne des § 27 Abs. 8 erfüllen, wobei hinsichtlich § 27 Abs. 8 zweiter Satz eine Betriebsstätte im Inland ausreichend ist.

*(BGBl I 2021/112)*

*Beginn der Inanspruchnahme*

(2) Liegen die Voraussetzungen nach Abs. 1 vor, ist dem Unternehmer eine Identifikationsnummer für die Ausübung dieser Sonderregelung zu erteilen. Die Sonderregelung ist ab dem Tag der Erteilung dieser Nummer anwendbar.

*Steuererklärung, Erklärungszeitraum*

(3) Der Unternehmer oder sein Vertreter hat spätestens am letzten Tag des auf einen Erklärungszeitraum folgenden Monates eine Steuererklärung über alle Umsätze, die unter die Sonderregelung fallen und für die im Erklärungszeitraum die Zahlung angenommen wurde, über das für diese Zwecke beim Bundesministerium für Finanzen eingerichtete Portal abzugeben. Eine Steuererklärung ist auch dann abzugeben, wenn im Erklärungszeitraum keine Umsätze ausgeführt worden sind. Der Erklärungszeitraum ist der Kalendermonat.

(4) In der Steuererklärung sind anzugeben:

1. Die nach Abs. 2 erteilte Identifikationsnummer für die Ausübung dieser Sonderregelung;
2. für jeden Mitgliedstaat die Summe der steuerpflichtigen Umsätze, die unter die Sonderregelung fallen und für die im Erklärungszeitraum die Zahlung angenommen wurde, und die darauf entfallende Steuer, aufgegliedert nach Steuersätzen;

*Werte in fremder Währung*

(5) Die Beträge in der Steuererklärung sind in Euro anzugeben. Der Unternehmer hat zur Berechnung der Steuer Werte in fremder Währung nach den Kursen umzurechnen, die für den letzten Tag des Erklärungszeitraumes von der Europäischen Zentralbank festgestellt worden sind. Sind für diesen Tag keine Umrechnungskurse festgestellt worden, hat der Unternehmer die Steuer nach den für den nächsten Tag nach Ablauf des Erklärungszeitraumes von der Europäischen Zentralbank festgestellten Umrechnungskursen umzurechnen.

*Beendigung oder Ausschluss von der Sonderregelung*

(6) Ein Unternehmer kann die Inanspruchnahme dieser Sonderregelung beenden, unabhängig davon, ob er weiterhin Umsätze ausführt, die unter diese Sonderregelung fallen können. Die Beendigung der Sonderregelung kann nur mit Wirkung von Beginn eines Kalendermonates an erfolgen. Sie ist spätestens fünfzehn Tage vor Ablauf des diesem vorangehenden Kalendermonates über das für diese Zwecke beim Bundesministerium für Finanzen eingerichtete Portal zu erklären.

Die nach Abs. 2 erteilte Identifikationsnummer für die Ausübung dieser Sonderregelung bleibt bis zu zwei Monate nach Wirksamkeit der Beendigung gültig, wenn dies für die Einfuhr von Gegenständen notwendig ist, die vor Wirksamkeit der Beendigung geliefert wurden.

(7)

1. In folgenden Fällen ist ein Unternehmer von der Inanspruchnahme der Sonderregelung auszuschließen:
   a) der Unternehmer teilt mit, dass er keine unter die Sonderregelung fallenden Umsätze mehr ausführt;
   b) es werden während eines Zeitraums von 24 aufeinanderfolgenden Kalendermonaten keine Umsätze im Sinne des Abs. 1 erbracht;
   c) der Unternehmer erfüllt die Voraussetzungen für die Inanspruchnahme dieser Sonderregelung nicht mehr;
   d) der Unternehmer verstößt wiederholt gegen die Vorschriften dieser Sonderregelung.

   Die Ausschlussentscheidung ist elektronisch zu übermitteln und wirkt ab dem ersten Tag des Kalendermonates, das auf die Übermittlung der Ausschlussentscheidung folgt. Ist der Ausschluss jedoch auf eine Änderung des Ortes, von dem aus der Unternehmer sein Unternehmen betreibt oder auf eine Änderung des Ortes der Betriebsstätte zurückzuführen, ist der Ausschluss ab dem Tag dieser Änderung wirksam. Ein Ausschluss gemäß lit. d wirkt ab dem Tag, der auf den Tag folgt, an dem die Entscheidung über den Ausschluss dem Steuerpflichtigen elektronisch übermittelt wurde.

   Abs. 6 letzter Satz gilt sinngemäß, wenn kein Ausschluss gemäß lit. d vorliegt.
2. In folgenden Fällen ist dem Vertreter gemäß Abs. 1 Z 2 das Recht zu entziehen, andere Unternehmer im Rahmen dieser Sonderregelung zu vertreten:
   a) der Vertreter war während eines Zeitraums von sechs aufeinanderfolgenden Kalendermonaten nicht als Vertreter im Auftrag eines diese Sonderregelung in Anspruch nehmenden Steuerpflichtigen tätig;
   b) der Vertreter erfüllt die Voraussetzungen für ein Tätigwerden als Vertreter nicht mehr;
   c) der Vertreter verstößt wiederholt gegen die Vorschriften dieser Sonderregelung.

   Die Entscheidung über den Entzug des Rechts, andere Unternehmer im Rahmen dieser Sonderregelung zu vertreten, ist dem Vertreter und den Personen, die er vertritt elektronisch zu übermitteln und wirkt ab dem ersten Tag des Kalendermonates, das auf die Übermittlung der Entzugsentscheidung folgt. Ist der Entzug des Vertretungsrechts jedoch auf eine Änderung des Ortes, von dem aus der Unternehmer sein Unternehmen betreibt oder auf eine Änderung des Ortes der Betriebsstätte zurückzuführen, ist der Ausschluss ab dem Tag dieser Änderung wirksam. Ein Entzug des Vertretungsrechts gemäß lit. c wirkt ab dem Tag, der auf den Tag folgt, an dem die Entscheidung elektronisch übermittelt wurde.

*Sperrfristen*

(8)

1. Erfolgt ein Ausschluss gemäß Abs. 7 Z 1 lit. d, kann der Unternehmer diese Sonderregelung zwei Jahre ab Wirksamkeit des Ausschlusses nicht in Anspruch nehmen. Der Ausschluss gilt auch für die Sonderregelungen gemäß § 25a und Art. 25a.
2. Erfolgt ein Entzug des Vertretungsrechts gemäß Abs. 7 Z 2 lit. c, kann der Unternehmer für zwei Jahre nach dem Monat, in dem der Entzug wirksam wurde, nicht mehr als Vertreter im Sinne von Abs. 1 tätig werden.

*Berichtspflichten*

(9) Der Unternehmer oder sein Vertreter hat die Beendigung seiner dieser Sonderregelung unterliegenden Tätigkeit, Änderungen, durch die er die Voraussetzungen für die Inanspruchnahme dieser Sonderregelung nicht mehr erfüllt, sowie Änderungen der im Rahmen der Sonderregelung mitgeteilten Angaben bis zum zehnten Tag des folgenden Monates über das für diese Zwecke beim Bundesministerium für Finanzen eingerichtete Portal zu melden.

*Aufzeichnungspflichten*

(10) Die Aufzeichnungen über die nach dieser Sonderregelung getätigten Umsätze haben getrennt nach den Mitgliedstaaten zu erfolgen, in denen die Umsätze ausgeführt worden sind. Die Aufzeichnungen sind zehn Jahre aufzubewahren und über Aufforderung der zuständigen Behörde vom Unternehmer oder seinem Vertreter elektronisch zur Verfügung zu stellen.

*Umsätze im Inland*

(11) Die Abs. 2 bis 10 sind für die im Inland ausgeführten, der Sonderregelung unterliegenden steuerpflichtigen Umsätze sinngemäß anzuwenden, wenn der Unternehmer in einem anderen Mitgliedstaat der Sonderregelung gemäß Art. 369l bis 369x der Richtlinie 2006/112/EG unterliegt.

*Änderung der Bemessungsgrundlage*

(12) Änderungen der Bemessungsgrundlage von Umsätzen gemäß Abs. 11 durch den Unternehmer oder seinen Vertreter sind innerhalb von drei Jahren ab dem Tag, an dem die ursprüngliche Erklärung abzugeben war, in eine spätere Erklärung aufzunehmen. Dabei ist auf den Steuerzeitraum und den Steuerbetrag, für den Änderungen erforderlich sind, zu verweisen.

*Entstehung der Steuerschuld, Fälligkeit, Entrichtung*

(13) Die Steuerschuld für Umsätze gemäß Abs. 11 entsteht im Zeitpunkt, in dem die Zahlung angenommen wird. Die Steuer ist spätestens am letzten Tag (Fälligkeitstag) des folgenden Monates zu entrichten. Für diese Umsätze ist § 21 Abs. 1 bis 6 nicht anzuwenden.

*Festsetzung der Steuer*

(14) Unterlässt der Unternehmer oder sein Vertreter die Einreichung der Steuererklärung pflichtwidrig oder erweist sich die Steuererklärung als unvollständig oder die Selbstberechnung als unrichtig, hat das Finanzamt die Steuer für Umsätze im Sinne des Abs. 11 festzusetzen. Die festgesetzte Steuer hat den im Abs. 13 genannten Fälligkeitstag.

*Vorsteuerabzug*

(15) Ein Unternehmer, der Umsätze erbringt, die einer Sonderregelung gemäß Art. 369l bis 369x der Richtlinie 2006/112/EG im Inland oder in einem anderen Mitgliedstaat unterliegen, und der nicht verpflichtet ist, gemäß § 21 Abs. 4 eine Steuererklärung abzugeben, hat den mit diesen Umsätzen in Zusammenhang stehenden Vorsteuerabzug unter Anwendung des § 21 Abs. 9 vorzunehmen, unabhängig davon, ob es sich um einen im Inland ansässigen Unternehmer handelt.

*(BGBl I 2019/91)*

**Sondervorschriften für die Einfuhrumsatzsteuer**

**§ 26.** (1) Soweit in diesem Bundesgesetz nichts anderes bestimmt ist, gelten für die Einfuhrumsatzsteuer die Rechtsvorschriften für Zölle sinngemäß; ausgenommen sind die Vorschriften über den passiven Veredlungsverkehr. Eine Erstattung oder ein Erlaß der Einfuhrumsatzsteuer findet in den Fällen der Art. 116 bis 123 des Zollkodex statt, ausgenommen der Antragsteller ist in vollem Umfang zum Vorsteuerabzug berechtigt; diese Einschränkung gilt in den Fällen des des Art. 116 Abs. 1 lit. a des Zollkodex nicht, wenn ein ausdrücklicher Antrag auf Erstattung oder Erlaß der Einfuhrumsatzsteuer gestellt wird.

*(BGBl I 2015/163)*

(2) In der Zollanmeldung von einfuhrumsatzsteuerbaren Waren sind auch alle für die Festsetzung der Einfuhrumsatzsteuer maßgeblichen Angaben zu machen und die erforderlichen Unterlagen beizufügen.

(3)

1. Für die Erhebung der Einfuhrumsatzsteuer ist das Zollamt Österreich zuständig.
   *(BGBl I 2019/104)*
2. Abweichend davon sind für die Einhebung und zwangsweise Einbringung der Einfuhrumsatzsteuer unter folgenden Voraussetzungen die Finanzämter zuständig:
   - Die Einfuhrumsatzsteuerschuld ist nach Art. 77 des Zollkodex entstanden und es handelt sich um keine nachträgliche Berichtigung,
     *(BGBl I 2015/163)*
   - der Schuldner der Einfuhrumsatzsteuer ist Unternehmer (§ 2), im Inland zur Umsatzsteuer erfasst und die Gegenstände

werden für sein Unternehmen eingeführt und

– der Schuldner der Einfuhrumsatzsteuer erklärt in der Zollanmeldung, dass er von dieser Regelung Gebrauch macht.

(4) Die Abs. 1 bis 3 gelten entsprechend für Gegenstände, die nicht Waren im Sinne des Zollrechts sind und für die keine Zollvorschriften bestehen.

(5) In den Fällen des Abs. 3 Z 2 gilt weiters Folgendes:

a) Die Einfuhrumsatzsteuer wird am 15. des Kalendermonates, der dem Tage der Verbuchung auf dem Abgabenkonto folgt, frühestens am 15. Tag des auf den Voranmeldungszeitraum, in dem die Einfuhrumsatzsteuerschuld entsteht, zweitfolgenden Kalendermonates fällig.

b) Die Gebarung der Einfuhrumsatzsteuer ist mit jener der Umsatzsteuer in laufender Rechnung zusammengefasst zu verbuchen.

c) Einfuhrumsatzsteuerschulden, die in einem Kalendermonat entstanden sind, gelten für die Einhebung und zwangsweise Einbringung als eine Abgabe.

d) Wurde eine unrichtige Zollanmeldung eingereicht, so gilt ein sich daraus ergebender Fehlbetrag an Einfuhrumsatzsteuer als nicht entrichtete Abgabe im Sinne des Finanzstrafgesetzes.

e) Im Falle der indirekten Vertretung ist der Anmelder nicht Schuldner der Einfuhrumsatzsteuer, wenn dem Anmelder ein schriftlicher Auftrag des Vertretenen zur Anwendung der Regelung des Abs. 3 Z 2 vorliegt. Dies gilt nicht, wenn der Zollanmeldung unrichtige Angaben zugrunde liegen und der Anmelder wusste oder vernünftigerweise hätte wissen müssen, dass die Angaben unrichtig sind.

### Sonderregelungen für die Erklärung und Entrichtung der Steuer bei der Einfuhr

**§ 26a.** (1) Für die Einfuhr von Waren, deren Einzelwert je Sendung 150 Euro nicht übersteigt, kann die Person, die die Gegenstände im Namen der Person, für die die Gegenstände bestimmt sind, im Inland dem Zoll gestellt, die nachstehende Sonderregelung in Anspruch nehmen. Dies gilt nicht bei verbrauchsteuerpflichtigen Waren oder wenn die Sonderregelung gemäß § 25b in Anspruch genommen wird.

(2) Für die Zwecke dieser Sonderregelung ist

a) Steuerschuldner: die Person, für die die Gegenstände bestimmt sind;

b) Abfuhrverpflichteter: die Person, die die Gegenstände dem Zoll gestellt.

(3) Der Abfuhrverpflichtete hat geeignete Maßnahmen zu ergreifen, um sicherzustellen, dass der richtige Steuerbetrag entrichtet wird.

(4) § 10 Abs. 2 bis 4 findet für Einfuhren von Gegenständen im Rahmen dieser Sonderregelung keine Anwendung.

(5) Der Abfuhrverpflichtete hat die Steuer monatlich auf elektronischem Weg zu erklären. Aus der Erklärung muss der Gesamtbetrag der während des betreffenden Monates unter Anwendung dieser Sonderregelung erhobenen Mehrwertsteuer hervorgehen. Die Summe der einzelnen Zollanmeldungen des betreffenden Monates für die unter diese Sonderregelung fallenden Einfuhren gilt als monatliche Erklärung im Sinne dieser Bestimmung. Die Steuer ist spätestens am 15. des Folgemonates zu entrichten.

(6) Der Abfuhrverpflichtete führt Aufzeichnungen über die Geschäftsvorgänge im Rahmen dieser Sonderregelung. Diese Aufzeichnungen müssen so ausführlich sein, dass festgestellt werden kann, ob die erklärte Steuer korrekt ist. Sie sind sieben Jahre lang aufzubewahren und über Aufforderung der zuständigen Behörde elektronisch zur Verfügung zu stellen.

*(BGBl I 2019/91)*

### Besondere Aufsichtsmaßnahmen zur Sicherung des Steueranspruches

**§ 27.** (1) Folgende Personen haften für die Steuer, wenn sie nicht mit ausreichender Sorgfalt davon ausgehen können, dass der Steuerpflichtige seinen abgabenrechtlichen Pflichten nachkommt:

1. Unternehmer, die eine Aufzeichnungspflicht gemäß § 18 Abs. 11 haben, für die Steuer auf die von dieser Bestimmung erfassten Umsätze;

2. Unternehmer, die an einem innergemeinschaftlichen Versandhandel oder einem Einfuhr-Versandhandel beteiligt sind, für die im Rahmen des Versandhandels anfallende Steuer;

   *(BGBl I 2019/91)*

3. Unternehmer, die an einer sonstigen Leistung an einen Nichtunternehmer, die durch die Nutzung einer elektronischen Schnittstelle, beispielsweise eines Marktplatzes, einer Plattform, eines Portals oder Ähnlichem unterstützt oder angebahnt wird, beteiligt sind, für die im Rahmen dieser sonstigen Leistung anfallende Steuer.

   *(BGBl I 2019/91)*

Der Bundesminister für Finanzen legt mit Verordnung fest, wann keine ausreichende Sorgfalt im Sinne dieser Bestimmung vorliegt und welche Unternehmer als an einer Leistung im Sinne der Z 2 und 3 beteiligt gelten.

*(BGBl I 2018/62)*

(2) und (3) (aufgehoben)

*(BGBl I 2018/62)*

(4) Erbringt ein Unternehmer, der im Inland weder einen Wohnsitz (Sitz) noch seinen gewöhnlichen Aufenthalt oder eine Betriebsstätte hat, im Inland eine steuerpflichtige Leistung (**„ausgenommen die entgeltliche Duldung der Benützung von Bundesstraßen, die in § 3a Abs. 11a genannten Leistungen, die Vermietung von Grundstücken“**) sowie Versandhandelslieferungen an einen Ab-

nehmer gemäß Art. 3 Abs. 4 und Lieferungen von elektronischen Schnittstellen gemäß § 3 Abs. 3a Z 2, wenn eine Sonderregelung gemäß § 25b oder Art. 25a oder eine Sonderregelung gemäß Art. 369l bis 369x der Richtlinie 2006/112/EG oder gemäß Art. 369a bis 369k der Richtlinie 2006/112/EG in einem anderen Mitgliedstaat in Anspruch genommen wird), hat der Leistungsempfänger, wenn er eine juristische Person des öffentlichen Rechts ist oder ein Unternehmer, für dessen Unternehmen die Leistung ausgeführt wird, die auf diese Leistung entfallende Umsatzsteuer einzubehalten und im Namen und für Rechnung des leistenden Unternehmers an das für diesen zuständige Finanzamt abzuführen. Kommt der Leistungsempfänger dieser Verpflichtung nicht nach, so haftet er für den hiedurch entstehenden Steuerausfall.

*(BGBl I 2021/227, BGBl I 2022/108 ab 20.7.2022)*

(5) Auf Verlangen eines Organs des Zollamtes Österreich, soweit es sich um Vorgänge im Zusammenhang mit dem grenzüberschreitenden Warenverkehr handelt, oder des Finanzamtes ist die Besichtigung von in Transportmitteln oder Transportbehältnissen beförderten, abgeholten oder verbrachten Gegenständen sowie die Einsichtnahme in die diese Gegenstände begleitenden Geschäftspapiere wie Frachtbriefe, Lieferscheine, Rechnungen und dergleichen zu gestatten. Die mit der Ausübung der Aufsicht beauftragten Organe haben sich zu Beginn der Amtshandlung unaufgefordert über ihre Person und darüber auszuweisen, dass sie zur Ausübung der Aufsicht berechtigt sind.

*(BGBl I 2015/118, BGBl I 2018/62, BGBl I 2019/104)*

(6) Unternehmer, die Postdienste im Sinne des Postgesetzes 1997, BGBl. I Nr. 18/1998, oder des Postmarktgesetzes, BGBl. I Nr. 123/2009, erbringen, haben über Verlangen der Abgabenbehörde Auskunft über im grenzüberschreitenden Warenverkehr erfolgte Lieferungen von nicht im Inland ansässigen Unternehmern an Abnehmer im Inland zu erteilen. Die Abgabenbehörde ist berechtigt, Auskunft über alle für die Erhebung von Abgaben erforderlichen Tatsachen zu verlangen, insbesondere die Namen und Adressen der liefernden Unternehmer und der Empfänger der Lieferungen, sowie die Anzahl der Lieferungen.

*(BGBl I 2015/118)*

(7) Ein Unternehmer, der im Inland weder Wohnsitz noch Sitz oder Betriebsstätte hat und der steuerpflichtige Umsätze im Inland tätigt, kann einen nach Abs. 8 zugelassenen Bevollmächtigten (Fiskalvertreter), der auch Zustellungsbevollmächtigter sein muss, beauftragen und dem Finanzamt bekannt geben. Ein Unternehmer, der im Gemeinschaftsgebiet weder Wohnsitz noch Sitz oder Betriebsstätte hat und der steuerpflichtige Umsätze im Inland tätigt, ausgenommen solche, für die der Leistungsempfänger gemäß § 27 Abs. 4 haftet, hat einen nach Abs. 8 zugelassenen Bevollmächtigten (Fiskalvertreter), der auch Zustellungsbevollmächtigter sein muss, zu beauftragen und dem Finanzamt bekannt zu geben. Das gilt nicht, wenn mit dem Staat, in dem dieser Unternehmer seinen Wohnsitz oder Sitz hat, eine Rechtsvereinbarung über die gegenseitige Amtshilfe, deren Anwendungsbereich mit dem der Richtlinien 2010/24/EU über die Amtshilfe bei der Beitreibung von Forderungen in Bezug auf bestimmte Steuern, Abgaben und sonstige Maßnahmen, ABl. Nr. L 84 vom 31.03.2010 S. 1 und 2011/16/EU über die Zusammenarbeit der Verwaltungsbehörden im Bereich der Besteuerung und zur Aufhebung der Richtlinie 77/799/EWG, ABl. Nr. L 64 vom 11.03.2011 S. 1 sowie der Verordnung (EU) Nr. 904/2010 über die Zusammenarbeit der Verwaltungsbehörden und die Betrugsbekämpfung auf dem Gebiet der Mehrwertsteuer, ABl. Nr. L 268 vom 12.10.2010 S. 1, vergleichbar ist, besteht. Der Bundesminister für Finanzen stellt mit Verordnung fest, wenn eine solche Rechtsvereinbarung besteht.

(8) Zugelassene Fiskalvertreter sind Wirtschaftstreuhänder, Rechtsanwälte und Notare mit Wohnsitz oder Sitz im Inland sowie Spediteure, die Mitglieder des Fachverbandes der Wirtschaftskammer Österreich sind. Weiters ist jeder Unternehmer mit Wohnsitz oder Sitz im Inland über seinen Antrag vom Finanzamt als Fiskalvertreter unter dem Vorbehalt des jederzeitigen Widerrufes zuzulassen, wenn er in der Lage ist, den abgabenrechtlichen Pflichten nachzukommen.

*(BGBl I 2019/104)*

**„(9)[a] Nimmt ein Unternehmer die Sonderregelung gemäß Art. 25a in Anspruch, gelten Abs. 7 und 8 unabhängig vom Lieferort für alle Lieferungen gemäß Art. 25a Abs. 1 Z 2. Für Lieferungen im Sinne des Art. 25a Abs. 1 Z 2, die im Inland ausgeführt werden und für die die Sonderregelung gemäß Art. 369a bis 369k der Richtlinie 2006/112/EG in einem anderen Mitgliedstaat in Anspruch genommen wird, ist es abweichend von Abs. 8 ausreichend, wenn der Steuervertreter im Sinne des Art. 204 der Richtlinie 2006/112/EG die entsprechenden Vorschriften dieses Mitgliedstaates erfüllt.“**

*(BGBl I 2022/108 ab 1.1.2023)*

[a] Tritt mit 1. Jänner 2023 in Kraft.

### Allgemeine Übergangsvorschriften

**§ 28.** (1) Dieses Bundesgesetz tritt mit Wirksamkeit des Beitritts Österreichs zur Europäischen Union in Kraft. Verordnungen auf Grund der Bestimmungen dieses Bundesgesetzes können von dem der Kundmachung dieses Bundesgesetzes folgenden Tag an erlassen werden;

sie treten frühestens mit den betreffenden Bestimmungen in Kraft. Bescheide gemäß Art. 28 Abs. 1 des Anhangs können von dem der Kundmachung dieses Bundesgesetzes folgenden Tag an erlassen werden;

anläßlich des Beitritts Österreichs zur Europäischen Union kann die Vergabe der Umsatzsteuer-Identifikationsnummer von Amts wegen erfolgen.

(2) Auf Umsätze und sonstige Sachverhalte aus der Zeit vor der Wirksamkeit des Beitritts Österreichs zur Europäischen Union ist das im Zeitpunkt

des maßgebenden Ereignisses für sie geltende Umsatzsteuerrecht weiterhin anzuwenden.

(3) Mit dem Inkrafttreten dieses Gesetzes tritt das Umsatzsteuergesetz 1972, BGBl. Nr. 223/1972, vorbehaltlich des Abs. 2 und des § 29, außer Kraft. Andere Rechtsvorschriften, die von diesem Bundesgesetz abweichende Regelungen zum Inhalt haben, sind nach den oben bezeichneten Zeitpunkten nicht mehr anzuwenden. Das gilt nicht für folgende Rechtsvorschriften:

1. Auf völkerrechtlichen Verträgen beruhende sowie internationalen Organisationen eingeräumte umsatzsteuerrechtliche Begünstigungen;
2. Umgründungssteuergesetz, BGBl. Nr. 699/1991;
3. Art. VIII § 10 des Steuerreformgesetzes 1993, BGBl. Nr. 818/1993;
4. Bundesgesetz vom 19. Mai 1976 über die Umsatzsteuervergütung an ausländische Vertretungsbehörden und ihre im diplomatischen und berufskonsularischen Rang stehenden Mitglieder, BGBl. Nr. 257/1976;
5. Verordnung des Bundesministers für Finanzen für eine Umsatzsteuerentlastung bei Hilfsgüterlieferungen ins Ausland, BGBl. Nr. 787/1992.

(4) § 19 Abs. 2 Z 1 lit. a letzter Satz ist nicht anzuwenden, wenn die Zahlung des Entgelts auf einem Vertrag beruht, der vor Inkrafttreten dieses Gesetzes abgeschlossen worden ist. Dies gilt nicht, wenn der Unternehmer eine Rechnung mit gesondertem Ausweis der Steuer (§ 11 Abs. 1) erteilt hat.

(5) Folgende Verordnungen gelten als auf Grund dieses Bundesgesetzes ergangen:

1. Verordnung des Bundesministers für Finanzen über die umsatzsteuerliche Behandlung von Leistungen ausländischer Unternehmer, BGBl. Nr. 800/1974.
2. Verordnung des Bundesministers für Finanzen über die Aufstellung von Schätzungsrichtlinien für die Ermittlung der Höhe des Eigenverbrauches bei bestimmten Unternehmern und über die Fälligkeit der auf den Eigenverbrauch entfallenden Umsatzsteuer, BGBl. Nr. 628/1983, in der Fassung BGBl. Nr. 499/1985.
3. Verordnung des Bundesministers für Finanzen über die Aufstellung von Durchschnittssätzen für die Ermittlung der abziehbaren Vorsteuerbeträge bei bestimmten Gruppen von Unternehmern, BGBl. Nr. 627/1983.
4. Verordnung des Bundesministers für Finanzen über das Vorliegen von Einkünften, über die Annahme einer gewerblichen oder beruflichen Tätigkeit und über die Erlassung vorläufiger Bescheide (Liebhabereiverordnung), BGBl. Nr. 33/1993.
5. Verordnung des Bundesministers für Finanzen über die steuerliche Einstufung von Fahrzeugen als Kleinlastkraftwagen, BGBl. Nr. 134/1993. Diese Verordnung tritt mit 14. Februar 1996 außer Kraft.
6. Verordnung des Bundesministers für Finanzen, mit der ein eigenes Verfahren für die Erstattung der abziehbaren Vorsteuern an ausländische Unternehmer geschaffen wird, BGBl. Nr. 882/1993.

(6) Auf Grund des Umsatzsteuergesetzes 1972, BGBl. Nr. 223/1972, ergangene Bescheide, die auch Zeiträume nach dem 31. Dezember 1994 betreffen, gelten weiter.

(7) Soweit in diesem Bundesgesetz auf Bestimmungen anderer Bundesgesetze verwiesen wird, sind diese Bestimmungen in ihrer jeweils geltenden Fassung anzuwenden. Ausgenommen hiervon sind die Verweise auf das EStG 1988 und das KStG 1988 in § 1 Abs. 1 Z 2 und § 12 Abs. 2 Z 2 lit. a. In diesen Bestimmungen beziehen sich die Verweise auf das EStG 1988 in der Fassung BGBl. Nr. 681/1994 und das KStG 1988 in der Fassung BGBl. Nr. 922/1994.

*(BGBl I 2016/117)*

(8) Beziehen sich bundesgesetzliche Vorschriften auf Bestimmungen des Umsatzsteuergesetzes 1972, BGBl. Nr. 223/1972, so treten an die Stelle dieser Bestimmungen die entsprechenden Bestimmungen dieses Bundesgesetzes.

(9) In den Fällen des § 127 Abs. 4 und des § 132 Abs. 1 des Zollrechts-Durchführungsgesetzes, BGBl. Nr. 659/1994, ist das Verlassen, einschließlich des unrechtmäßigen Verlassens, des vorangegangenen Zollverfahrens oder einer Zollfreizone oder eines Zollagers einer Einfuhr im Sinne des § 1 Abs. 1 Z 3 gleichgestellt, ausgenommen

– der Gegenstand wird in ein Gebiet außerhalb der Gemeinschaft versendet oder befördert oder
– im Falle des Verfahrens der vorübergehenden Verwendung wird der Gegenstand – mit Ausnahme von Fahrzeugen im Sinne des Art. 1 Abs. 8 des Anhangs – in den Mitgliedstaat, aus dem er ausgeführt wurde und an denjenigen, der ihn ausgeführt hat, zurückversendet oder zurückbefördert oder
– im Falle des Verfahrens der vorübergehenden Verwendung betreffend ein Fahrzeug im Sinne des Art. 1 Abs. 8 des Anhangs, wenn das Fahrzeug unter den für den Binnenmarkt eines der neuen Mitgliedstaaten oder eines der Mitgliedstaaten der Europäischen Union geltenden allgemeinen Steuerbedingungen vor dem Beitritt erworben oder eingeführt wurde und/oder für das Fahrzeug bei der Ausfuhr keine Befreiung oder Vergütung der Umsatzsteuer gewährt wurde. Diese Bedingung gilt als erfüllt, wenn das Fahrzeug vor dem 1. Jänner 1987 in Betrieb genommen wurde oder wenn der Betrag der bei der Einfuhr für das Fahrzeug fälligen Steuer 200 S nicht überschreitet.

(10) Einer Einfuhr im Sinne des § 1 Abs. 1 Z 3 gleichgestellt wird weiters die ab der Wirksamkeit

des Beitritts Österreichs zur Europäischen Union erfolgende Verwendung von Gegenständen im Inland, sofern folgende Voraussetzungen vorliegen:

- Die Gegenstände wurden vor der Wirksamkeit des Beitritts Österreichs zur Europäischen Union in der Gemeinschaft in der damaligen Zusammensetzung oder in einem anderen neuen Mitgliedstaat geliefert,
- die Lieferung dieser Gegenstände war nach einer dem Artikel 15 Z 1 und 2 der 6. EG-Richtlinie entsprechenden Bestimmung steuerfrei oder befreiungsfähig,
- die Gegenstände wurden ab der Wirksamkeit des Beitritts Österreichs zur Europäischen Union in das Inland verbracht.

Steuerschuldner ist derjenige, der die Gegenstände im Inland verwendet.

(10a) Im Zusammenhang mit der Erweiterung der Europäischen Union mit 1. Mai 2004 gilt folgende Übergangsregelung:

1. Für Gegenstände, die
   - vor dem 1. Mai 2004 in das Gemeinschaftsgebiet oder in einen der am 1. Mai 2004 der Europäischen Union beigetretenen Mitgliedstaaten (neue Mitgliedstaaten) verbracht wurden und
   - beim Verbringen in die Gemeinschaft oder in einen der neuen Mitgliedstaaten unter ein Verfahren der vorübergehenden Verwendung bei vollständiger Befreiung von Eingangsabgaben oder eine der in Artikel 16 Absatz 1 Teil B lit. a bis d der 6. EG-Richtlinie genannten Regelungen oder eine diesen Regelungen entsprechenden Regelung in einem der neuen Mitgliedstaaten gestellt wurden und
   - dieses Verfahren oder diese Regelung nicht vor dem 1. Mai 2004 verlassen haben, finden die Vorschriften, die bei der Unterstellung der Gegenstände unter das Verfahren oder die Regelung galten, nach dem 30. April 2004 bis zum Verlassen dieses Verfahrens oder dieser Regelung weiterhin Anwendung.
2. Für Gegenstände, die
   - vor dem 1. Mai 2004 unter das gemeinsame Versandverfahren oder ein anderes zollrechtliches Versandverfahren gestellt wurden und
   - dieses Verfahren nicht vor dem 1. Mai 2004 verlassen haben,

   finden die Vorschriften, die bei der Unterstellung der Gegenstände unter das Verfahren galten, nach dem 30. April 2004 bis zum Verlassen dieses Verfahrens weiterhin Anwendung.
3. Die folgenden Vorgänge werden der Einfuhr eines Gegenstandes im Sinne des § 1 Abs. 1 Z 3 gleichgestellt, sofern sich der Gegenstand in einem der neuen Mitgliedstaaten oder in der Gemeinschaft im freien Verkehr befand:
   a) das Verlassen, einschließlich des unrechtmäßigen Verlassens, eines Verfahrens der vorübergehenden Verwendung, unter die der betreffende Gegenstand vor dem 1. Mai 2004 gemäß Z 1 gestellt worden ist;
   b) das Verlassen, einschließlich des unrechtmäßigen Verlassens, einer der in Artikel 16 Absatz 1 Teil B lit. a bis d der 6. EG-Richtlinie genannten Regelungen oder einer diesen Regelungen entsprechenden Regelung, unter die der betreffende Gegenstand vor dem 1. Mai 2004 gemäß Z 1 gestellt worden ist;
   c) die Beendigung eines der in Z 2 genannten Verfahren, das vor dem 1. Mai 2004 in einem der neuen Mitgliedstaaten für die Zwecke einer vor dem 1. Mai 2004 in diesem Mitgliedstaat gegen Entgelt bewirkten Lieferung von Gegenständen durch einen Unternehmer begonnen wurde;
   d) jede Unregelmäßigkeit oder jeder Verstoß anlässlich oder im Verlauf eines der in der Z 2 genannten Verfahren, das gemäß lit. c begonnen wurde.

   Voraussetzung für die Gleichstellung mit der Einfuhr im Sinne des § 1 Abs. 1 Z 3 ist, dass das Verlassen, einschließlich des unrechtmäßigen Verlassens, oder die Beendigung des Verfahrens oder der Regelung oder die Unregelmäßigkeit oder der Verstoß im Inland, ausgenommen die Gebiete Jungholz und Mittelberg, erfolgt.
4. Einer Einfuhr im Sinne des § 1 Abs. 1 Z 3 ebenfalls gleichgestellt wird die im Inland, ausgenommen die Gebiete Jungholz und Mittelberg, durch einen Unternehmer oder Nichtunternehmer nach dem 30. April 2004 erfolgende Verwendung von Gegenständen, die ihm vor dem 1. Mai 2004 in einem der neuen Mitgliedstaaten geliefert wurden, sofern folgende Voraussetzungen gegeben sind:
   - Die Lieferung dieser Gegenstände war nach einer dem Artikel 15 Z 1 und 2 der 6. EG-Richtlinie entsprechenden Bestimmung steuerfrei oder befreiungsfähig und
   - die Gegenstände wurden nicht vor dem 1. Mai 2004 in das Inland, ausgenommen die Gebiete Jungholz und Mittelberg, verbracht.

   Steuerschuldner ist derjenige, der die Gegenstände im Inland, ausgenommen die Gebiete Jungholz und Mittelberg, verwendet.
5. Die Einfuhr von Gegenständen im Sinne der Z 3 und 4 wird nicht besteuert, wenn
   a) der eingeführte Gegenstand in ein Gebiet außerhalb des Gemeinschaftsgebietes, wie es nach dem Beitritt der neuen

Mitgliedstaaten besteht, versendet oder befördert wird oder

b) der im Sinne der Z 3 lit. a eingeführte Gegenstand – mit Ausnahme von Fahrzeugen – in den Mitgliedstaat, aus dem er ausgeführt wurde, und an denjenigen, der ihn ausgeführt hat, zurückversendet oder zurückbefördert wird oder

c) der im Sinne der Z 3 lit. a eingeführte Gegenstand ein Fahrzeug ist, welches unter den für den Binnenmarkt eines der neuen Mitgliedstaaten oder eines der Mitgliedstaaten der Gemeinschaft geltenden allgemeinen Steuerbedingungen vor dem 1. Mai 2004 erworben oder eingeführt wurde und/oder für welches bei der Ausfuhr keine Befreiung oder Vergütung der Umsatzsteuer gewährt worden ist.

Diese Bedingung gilt als erfüllt, wenn das Fahrzeug vor dem 1. Mai 1996 in Betrieb genommen wurde oder wenn der Betrag der bei der Einfuhr fälligen Umsatzsteuer 20 Euro nicht überschreitet.

(10b) Anlässlich des Beitritts neuer Mitgliedstaaten zur Europäischen Union gilt folgende Übergangsregelung:

1. Für einen Gegenstand, der
   a) vor dem Beitrittsdatum in das Gemeinschaftsgebiet oder in einen der neu beitretenden Mitgliedstaaten (neue Mitgliedstaaten) verbracht wurde und
   b) seit der Verbringung in das Gemeinschaftsgebiet oder in einen der neuen Mitgliedstaaten dem Verfahren der vorübergehenden Verwendung mit vollständiger Befreiung von den Einfuhrabgaben oder einem Verfahren oder einer sonstigen Regelung nach Art. 156 der Richtlinie 2006/112/EG oder ähnlichen Verfahren oder Regelungen des neuen Mitgliedstaates unterstellt war und
   c) dieses Verfahren oder diese Regelung nicht vor dem Beitrittsdatum verlassen hat,

   finden die Vorschriften, die bei der Unterstellung des Gegenstands unter das Verfahren oder die Regelung galten, nach dem Beitrittsdatum bis zum Verlassen dieses Verfahrens oder dieser Regelung weiterhin Anwendung.

2. Für einen Gegenstand, der
   a) vor dem Beitrittsdatum unter ein zollrechtliches Versandverfahren gestellt wurde und
   b) dieses Verfahren nicht vor dem Beitrittsdatum verlassen hat, finden die Vorschriften, die bei der Unterstellung des Gegenstands unter das Verfahren galten, nach dem Beitrittsdatum bis zum Verlassen dieses Verfahrens weiterhin Anwendung.

3. Die folgenden Vorgänge werden der Einfuhr eines Gegenstandes im Sinne des § 1 Abs. 1 Z 3 gleichgestellt, sofern sich der Gegenstand in einem der neuen Mitgliedstaaten oder im Gemeinschaftsgebiet im freien Verkehr befand:
   a) das Verlassen, einschließlich des unrechtmäßigen Verlassens, eines Verfahrens der vorübergehenden Verwendung, unter das der betreffende Gegenstand vor dem Beitrittsdatum gemäß Z 1 gestellt worden ist;
   b) das Verlassen, einschließlich des unrechtmäßigen Verlassens, eines Verfahrens oder einer sonstigen Regelung nach Art. 156 der Richtlinie 2006/112/EG oder ähnlicher Verfahren oder Regelungen, unter die der betreffende Gegenstand vor dem Beitrittsdatum gemäß Z 1 gestellt worden ist;
   c) die Beendigung eines der in Z 2 genannten Verfahren, das vor dem Beitrittsdatum im Gebiet eines der neuen Mitgliedstaaten für die Zwecke einer vor dem Beitrittsdatum im Gebiet dieses Mitgliedstaates gegen Entgelt bewirkten Lieferung von Gegenständen durch einen Unternehmer begonnen wurde;
   d) jede Unregelmäßigkeit oder jeder Verstoß anlässlich oder im Verlauf eines zollrechtlichen Versandverfahrens, das gemäß lit. c begonnen wurde.

   Voraussetzung für die Gleichstellung mit der Einfuhr im Sinne des § 1 Abs. 1 Z 3 ist, dass das Verlassen, einschließlich des unrechtmäßigen Verlassens, oder die Beendigung des Verfahrens oder der Regelung oder die Unregelmäßigkeit oder der Verstoß im Inland, ausgenommen die Gebiete Jungholz und Mittelberg, erfolgt.

4. Einer Einfuhr im Sinne des § 1 Abs. 1 Z 3 ebenfalls gleichgestellt wird die im Inland, ausgenommen die Gebiete Jungholz und Mittelberg, durch einen Unternehmer oder Nichtunternehmer nach dem Beitrittsdatum erfolgende Verwendung von Gegenständen, die ihm vor dem Beitrittsdatum im Gebiet der Gemeinschaft oder eines der neuen Mitgliedstaaten geliefert wurden, sofern folgende Voraussetzungen gegeben sind:
   a) Die Lieferung dieser Gegenstände war nach Art. 146 Abs. 1 Buchst. a und b der Richtlinie 2006/112/EG des Rates oder nach einer entsprechenden Bestimmung in den neuen Mitgliedstaaten steuerfrei oder befreiungsfähig und
   b) die Gegenstände wurden nicht vor dem Beitrittsdatum in einen der neuen Mitgliedstaaten oder in die Gemeinschaft verbracht.

   Steuerschuldner ist derjenige, der die Gegenstände im Inland, ausgenommen die Gebiete Jungholz und Mittelberg, verwendet.

5. Die Einfuhr eines Gegenstandes im Sinne der Z 3 und 4 wird nicht besteuert, wenn
   a) der eingeführte Gegenstand in ein Gebiet außerhalb des Gemeinschaftsgebietes, wie es nach dem Beitritt neuer Mitgliedstaaten besteht, versendet oder befördert wird oder
   b) der im Sinne der Z 3 lit. a eingeführte Gegenstand – mit Ausnahme von Fahrzeugen – in den Mitgliedstaat, aus dem er ausgeführt wurde, und an denjenigen, der ihn ausgeführt hat, zurückversendet oder zurückbefördert wird oder
   c) der im Sinne der Z 3 lit. a eingeführte Gegenstand ein Fahrzeug ist, welches unter den für den Binnenmarkt eines der neuen Mitgliedstaaten oder eines der Mitgliedstaaten der Gemeinschaft geltenden allgemeinen Steuerbedingungen vor dem Beitrittsdatum erworben oder eingeführt wurde oder für welches bei der Ausfuhr keine Befreiung oder Vergütung der Umsatzsteuer gewährt worden ist.

      Diese Bedingung gilt als erfüllt, wenn der Zeitraum zwischen der ersten Inbetriebnahme des Fahrzeugs und dem Beitritt zur Europäischen Union mehr als 8 Jahre beträgt oder wenn der Betrag der bei der Einfuhr fälligen Umsatzsteuer 20 Euro nicht überschreitet.

(11) § 21 Abs. 1 zweiter Unterabsatz in der Fassung vor dem BGBl. Nr. 201/1996 ist letztmalig bei der Sondervorauszahlung 1995 anzuwenden. § 21 Abs. 1a ist ab der Sondervorauszahlung 1996 anzuwenden. Der Entfall des § 2 Abs. 4 Z 2 und 3, der Entfall des Abs. 5 Z 3, die Neubezeichnung der Z 10 lit. a sowie die Anfügung der lit. b in § 6 Abs. 1 sowie der Entfall von § 29 Abs. 1 und Abs. 2 Z 1 in der Fassung des Bundesgesetzes BGBl. Nr. 201/1996 treten mit 1. Mai 1996 in Kraft.

(12) Die Änderungen des Bundesgesetzes BGBl. Nr. 756/1996 treten in Kraft:

a) Folgende Änderungen sind auf Umsätze und sonstige Sachverhalte anzuwenden, die nach dem 31. Dezember 1994 ausgeführt wurden bzw. sich ereignet haben:

   § 6 Abs. 1 Z 26 lit. a, § 6 Abs. 2 erster Satz, § 10 Abs. 2 Z 1 lit. d, § 14 Abs. 4 erster Satz, § 14 Abs. 5 zweiter Satz, § 19 Abs. 5, § 21 Abs. 7, § 27 Abs. 7, § 27 Abs. 8, § 28 Abs. 4, Z 30 lit. a der Anlage, Z 45 lit. b der Anlage, Art. 1 Abs. 5, Art. 3 Abs. 6.

b) Folgende Änderungen sind auf Umsätze und sonstige Sachverhalte anzuwenden, die nach dem 31. Dezember 1995 ausgeführt wurden bzw. sich ereignet haben:

   § 1 Abs. 1 Z 2 lit. c, § 6 Abs. 1 Z 27, § 20 Abs. 5.

c) § 6 Abs. 4 Z 4 lit. o tritt zum selben Zeitpunkt wie § 97a des Zollrechts-Durchführungsgesetzes in Kraft.

d) Der Entfall des § 2 Abs. 4 Z 2 und 3 tritt mit 1. Mai 1996 in Kraft.

e) Folgende Änderungen sind auf Umsätze und sonstige Sachverhalte anzuwenden, die nach Ablauf des Tages, an dem das Gesetz im Bundesgesetzblatt kundgemacht wurde, ausgeführt werden bzw. sich ereignen:

   § 3 Abs. 11, § 3a Abs. 9 lit. c, § 5 Abs. 4 Z 2, § 6 Abs. 1 Z 6 lit. d, § 6 Abs. 4 Z 8 lit. c erster Satz, § 7 Abs. 6 Z 1, § 14 Abs. 1 Z 1 lit. c, § 19 Abs. 2 Z 2, § 26 Abs. 1 letzter Teilsatz, Art. 3a Abs. 4, Art. 6 Abs. 3.

f) Folgende Änderungen sind auf Umsätze und sonstige Sachverhalte anzuwenden, die nach dem 31. Dezember 1996 ausgeführt werden bzw. sich ereignen:

   § 3 Abs. 2, § 3 Abs. 9, § 3a Abs. 11 erster Satz, § 3a Abs. 13 letzter Satz, § 5 Abs. 3, § 5 Abs. 4 Z 3, § 5 Abs. 4 Z 4, § 6 Abs. 1 Z 3, § 6 Abs. 1 Z 5 lit. a, § 6 Abs. 1 Z 6 lit. a, § 7 Abs. 1 und Abs. 3, § 7 Abs. 4 zweiter Unterabsatz, § 7 Abs. 5 Z 1 bis 3, § 7 Abs. 6 Z 2, § 7 Abs. 7, § 8 Abs. 1 Z 1, § 8 Abs. 1 Z 2 erster Satz, § 10 Abs. 2 Z 14 und 15, § 10 Abs. 4, § 12 Abs. 1 Z 2, § 17 Abs. 2 und 3, § 19 Abs. 1 zweiter Satz, § 21 Abs. 9, § 24 Abs. 11 Z 2, Z 38a der Anlage, Art. 1 Abs. 3 Z 1 lit. d, Art. 1 Abs. 3 Z 1 lit. e, Art. 1 Abs. 3 Z 2, Art. 3 Abs. 1 Z 1 lit. d, Art. 3 Abs. 1 Z 1 lit. e, Art. 3 Abs. 1 Z 2, Art. 3 Abs. 2, Art. 3a Abs. 2, Art. 3a Abs. 6, Art. 6 Abs. 1, Art. 6 Abs. 4, Art. 7 Abs. 1 erster Satz, Art. 7 Abs. 2 Z 2, Art. 11 Abs. 1 zweiter Satz, Art. 11 Abs. 2 erster Satz, Art. 18 Abs. 1 zweiter Unterabsatz, Art. 18 Abs. 2, Art. 18 Abs. 3, Art. 19 Abs. 1 Z 3 erster Halbsatz, Art. 21 Abs. 1, Art. 21 Abs. 3, Art. 21 Abs. 4 Z 3, Art. 21 Abs. 5, Art. 21 Abs. 6 Z 1, Art. 21 Abs. 6 Z 3, Art. 21 Abs. 7 letzter Satz, Art. 21 Abs. 11 erster Satz.

g) Die Änderungen des § 3a Abs. 10 Z 12 und 13 sind auf Umsätze nach dem 31. März 1997 anzuwenden.

(13) Die Änderungen des Bundesgesetzes BGBl. I Nr. 9/1998 treten in Kraft:

a) Folgende Änderungen sind auf Umsätze und sonstige Sachverhalte anzuwenden, die nach dem 31. Dezember 1994 ausgeführt wurden bzw. sich ereignet haben:

   § 6 Abs. 2 zweiter Satz, § 6 Abs. 2 vierter Satz hinsichtlich § 6 Abs. 1 Z 8 lit. h.

b) Folgende Änderungen sind auf Umsätze und sonstige Sachverhalte anzuwenden, die nach dem 31. Dezember 1997 ausgeführt werden bzw. sich ereignen:

   § 6 Abs. 1 Z 16, § 6 Abs. 1 Z 20, § 6 Abs. 2 erster Satz hinsichtlich des Eigenverbrauches, § 10 Abs. 2 Z 4 lit. e, § 12 Abs. 2 Z 1, Art. 27.

(14)

a) § 21 Abs. 1 in der Fassung BGBl. I Nr. 79/1998 ist erstmals auf Voranmeldungszeiträume anzuwenden, die nach dem 30. Juni 1998 beginnen. Verordnungen auf Grund der Bestimmungen dieses Bundesgesetzes können von dem der Kundmachung des Bundesgesetzes BGBl. I Nr. 79/1998 folgenden Tag an erlassen werden; sie treten frühestens mit den betreffenden Bestimmungen in Kraft.

b) § 6 Abs. 2, § 12 Abs. 14 und § 12 Abs. 15 in der Fassung des Bundesgesetzes BGBl. I Nr. 79/1998 ist erstmals auf Umsätze und Sachverhalte anzuwenden, die nach Ablauf des Tages, an dem das Gesetz im Bundesgesetzblatt kundgemacht wurde, ausgeführt werden bzw. sich ereignen.

(15) § 20 Abs. 6 in der Fassung des Bundesgesetzes BGBl. I Nr. 126/1998 ist auf Umsätze und sonstige Sachverhalte anzuwenden, die nach dem 31. Dezember 1998 ausgeführt werden bzw. sich ereignen.

(16)

a) § 6 Abs. 1 Z 8 lit. j und k ist auf Umsätze anzuwenden, die nach dem 31. Dezember 1998 ausgeführt werden.

b) § 6 Abs. 2 letzter Unterabsatz ist erstmals auf Veranlagungszeiträume anzuwenden, die im Kalenderjahr 1998 enden.

(17) Die Änderungen des Bundesgesetzes BGBl. I Nr. 106/1999 treten in Kraft:

a) Folgende Änderungen sind auf Umsätze und sonstige Sachverhalte anzuwenden, die nach dem 31. Dezember 1999 ausgeführt werden bzw. sich ereignen:

   § 3 Abs. 8, § 6 Abs. 1 Z 8 lit. j und k, § 6 Abs. 4 Z 1, § 7 Abs. 6 Z 1, § 12 Abs. 2 Z 1 und der erste Halbsatz der Z 2, § 22 Abs. 1 erster Unterabsatz, § 22 Abs. 2 erster Satz, § 22 Abs. 8 erster Satz, § 24 Abs. 3, § 24a ausgenommen Abs. 1 lit. b, § 24b, Art. 1 Abs. 4 Z 2 erster Satz, Art. 3 Abs. 5 erster und zweiter Satz, Art. 6 Abs. 2 Z 1, Art. 24a hinsichtlich § 24a Abs. 2 lit. a, Art. 24b, Art. 25 Abs. 1, Art. 25 Abs. 3 lit. d.

b) § 21 Abs. 1a letzter Unterabsatz ist ab der Sondervorauszahlung 1999 anzuwenden.

c) Folgende Änderungen sind auf Umsätze und sonstige Sachverhalte anzuwenden, die nach Ablauf des Tages, an dem das Gesetz im Bundesgesetzblatt kundgemacht wurde, ausgeführt werden bzw. sich ereignen:

   § 3a Abs. 8 lit. c, § 24 Abs. 7.

d) Folgende Änderungen sind auf Umsätze und sonstige Sachverhalte anzuwenden, die nach dem 31. Dezember 1998 ausgeführt wurden bzw. sich ereignet haben:

   § 21 Abs. 9 erster Satz, § 24a Abs. 1 lit. b, Z 42 lit. b der Anlage, Art. 24a hinsichtlich § 24a Abs. 1 lit. b.

e) § 14 Abs. 1 Z 1 lit. a erster Satz ist auf Umsätze und sonstige Sachverhalte anzuwenden, die nach dem 18. Juni 1998 ausgeführt wurden bzw. sich ereigneten.

f) Folgende Änderungen sind auf Umsätze und sonstige Sachverhalte anzuwenden, die nach dem 31. Dezember 1997 ausgeführt wurden bzw. sich ereignet haben:

   Z 22 lit. d der Anlage.

g) Folgende Änderungen sind auf Umsätze und sonstige Sachverhalte anzuwenden, die nach dem 31. Dezember 1996 ausgeführt wurden bzw. sich ereignet haben:

   Z 20 lit. d der Anlage, Z 20 lit. e der Anlage, Z 40a der Anlage.

h) Verordnungen auf Grund der Bestimmungen dieses Bundesgesetzes können von dem der Kundmachung des Bundesgesetzes BGBl. I Nr. 106/1999 folgenden Tag an erlassen werden; sie treten frühestens mit den betreffenden Bestimmungen in Kraft.

(18) Die Änderungen des Bundesgesetzes BGBl. I Nr. 29/2000 treten in Kraft:

a) Folgende Änderung ist auf Umsätze und sonstige Sachverhalte anzuwenden, die nach Ablauf des Tages, an dem das Gesetz im Bundesgesetzblatt kundgemacht wurde, ausgeführt werden bzw. sich ereignen:

   § 6 Abs. 1 Z 6 lit. c.

b) Folgende Änderungen sind auf Umsätze und sonstige Sachverhalte anzuwenden, die nach dem 31. Mai 2000 ausgeführt werden bzw. sich ereignen:

   § 10 Abs. 2 Z 1 lit. a, § 10 Abs. 2 Z 1 lit. d, § 10 Abs. 2 Z 4 lit. b, § 10 Abs. 3, § 13 Abs. 1 letzter Satz, § 22 Abs. 2, § 22 Abs. 8, Z 14 und Z 28 der Anlage.

c) § 12 Abs. 2 Z 4 ist auf Bestandverträge (Leasingverträge) anzuwenden, die nach dem 30. Juni 2000 abgeschlossen werden.

d) Folgende Änderung ist auf Umsätze und sonstige Sachverhalte anzuwenden, die nach dem 31. Dezember 2000 ausgeführt werden bzw. sich ereignen:

   Z 30 der Anlage.

(19) Die Änderungen des Bundesgesetzes BGBl. I Nr. 142/2000 sind auf Umsätze und sonstige Sachverhalte anzuwenden, die nach dem 31. Dezember 2000 ausgeführt werden bzw. sich ereignen.

(20) Die Änderungen des Bundesgesetzes BGBl. I Nr. 144/2001 treten in Kraft:

a) § 6 Abs. 1 Z 10 lit. b, § 6 Abs. 4 Z 1, Art. 6 Abs. 2 Z 1 sind auf Umsätze und sonstige Sachverhalte anzuwenden, die nach Ablauf des Tages, an dem das Gesetz im Bundesgesetzblatt kundgemacht wurde, ausgeführt werden bzw. sich ereignen.

b) § 19 Abs. 1 zweiter Gedankenstrich, § 24a Abs. 4, § 27 Abs. 7 und Art. 19 Abs. 1 Z 3 zweiter Gedankenstrich sind auf Umsätze und sonstige Sachverhalte anzuwenden, die nach dem 31. Dezember 2001 ausgeführt werden bzw. sich ereignen.

(21) Die Änderungen des Bundesgesetzes BGBl. I Nr. 132/2002 sind auf Umsätze und sonstige Sachverhalte anzuwenden, die nach dem

30. September 2002 ausgeführt werden bzw. sich ereignen:

§ 11 Abs. 1a, § 12 Abs. 1 Z 3 erster Satz, § 18 Abs. 2 Z 1 und 2, § 18 Abs. 2 Z 4, § 19 Abs. 1a, § 19 Abs. 2 lit. b.

Die Änderungen des Bundesgesetzes BGBl. I Nr. 132/2002 sind auf Umsätze und sonstige Sachverhalte anzuwenden, die nach dem 31. Dezember 2002 ausgeführt werden bzw. sich ereignen:

§ 11 Abs. 1, § 11 Abs. 2, § 24 Abs. 7, § 27 Abs. 9, Art. 11 Abs. 4, Art. 28 Abs. 1.

(22) Die durch das Budgetbegleitgesetz 2003, BGBl. I Nr. 71, erfolgten Änderungen dieses Bundesgesetzes treten wie folgt in Kraft:

1. Folgende Änderung ist auf Umsätze und sonstige Sachverhalte anzuwenden, die nach dem 30. September 2002 ausgeführt werden bzw. sich ereignen:

   § 20 Abs. 1 zweiter Satz.

2. Folgende Änderungen sind auf Umsätze und sonstige Sachverhalte anzuwenden, die nach dem 31. Dezember 2002 ausgeführt werden bzw. sich ereignen:

   § 11 Abs. 1, Art. 28 Abs. 1.

3. Folgende Änderungen sind auf Umsätze und sonstige Sachverhalte anzuwenden, die nach dem 30. Juni 2003 ausgeführt werden bzw. sich ereignen:

   § 3a Abs. 9 lit. c, § 3a Abs. 10 Z 14 und Z 15, § 3a Abs. 11, § 3a Abs. 13, § 25a.

4. § 12 Abs. 1 Z 2, § 20 Abs. 2, § 26 Abs. 3 und Abs. 5 sind auf Einfuhren anzuwenden, für die die Einfuhrumsatzsteuerschuld nach dem 30. September 2003 entsteht.

5. Folgende Änderungen sind auf Umsätze und sonstige Sachverhalte anzuwenden, die nach dem 31. Dezember 2003 ausgeführt werden bzw. sich ereignen:

   § 6 Abs. 1 Z 6 lit. d, § 19 Abs. 1, § 27 Abs. 4, Art. 19 Abs. 1 Z 3.

6. Folgende Änderungen sind auf Umsätze und sonstige Sachverhalte anzuwenden, die nach Ablauf des Tages, an dem das Gesetz im Bundesgesetzblatt kundgemacht wurde, ausgeführt werden bzw. sich ereignen:

   § 19 Abs. 2 Z 1 lit. b, § 20 Abs. 6 erster Unterabsatz, § 27 Abs. 6.

7. Der Entfall des § 21 Abs. 1a ist ab der Sondervorauszahlung 2003 anzuwenden.

8. § 21 Abs. 4 ist erstmals auf die Steuererklärung für das Kalenderjahr 2003 anzuwenden.

9. Art. 21 Abs. 3 und Abs. 10 ist auf Meldezeiträume anzuwenden, die nach dem 31. Dezember 2003 beginnen.

10. § 14 Abs. 1 Z 1 ist auf Veranlagungszeiträume anzuwenden, die nach dem 31. Dezember 2003 beginnen.

11. Folgende Änderungen sind auf Umsätze und sonstige Sachverhalte anzuwenden, die nach dem 31. Dezember 2006 ausgeführt werden bzw. sich ereignen:

   § 6 Abs. 1 Z 10 lit. c, § 6 Abs. 4 Z 2, Art. 6 Abs. 2 Z 2. Verordnungen auf Grund dieses Bundesgesetzes in der Fassung des Budgetbegleitgesetzes 2003 können von dem der Kundmachung des genannten Bundesgesetzes folgenden Tag an erlassen werden; sie treten frühestens zugleich mit den durchzuführenden Gesetzesbestimmungen in Kraft.

(23) Die Änderungen des Bundesgesetzes BGBl. I Nr. 134/2003 treten in Kraft:

1. Folgende Änderungen sind auf Umsätze und sonstige Sachverhalte anzuwenden, die nach dem 31. Dezember 2003 ausgeführt werden bzw. sich ereignen:

   § 1 Abs. 1 Z 2, § 3 Abs. 2, § 3a Abs. 1a, § 4 Abs. 4, § 4 Abs. 8, § 6 Abs. 1 erster Satz, § 6 Abs. 1 Z 6 lit. d, § 6 Abs. 1 Z 8 lit. i, § 6 Abs. 1 Z 16, § 6 Abs. 1 Z 26, § 6 Abs. 2 erster Unterabsatz, § 10 Abs. 2 Z 1 lit. a und c, § 10 Abs. 2 Z 4 lit. e, § 10 Abs. 3, § 11 Abs. 1 erster Unterabsatz, § 11 Abs. 6 erster Satz, § 11 Abs. 9, § 12 Abs. 10 vierter Unterabsatz, § 12 Abs. 15, § 14 Abs. 1 Z 1 lit. a, § 17 Abs. 5, § 18 Abs. 2 Z 3 und 7, § 19 Abs. 2 Z 2, § 21 Abs. 8, § 22 Abs. 2 und Abs. 7 erster Satz, § 24 Abs. 1 erster Satz, § 24 Abs. 4 Z 2, Art. 11 Abs. 5, Art. 24 Abs. 1 lit. a.

2. Folgende Änderung ist auf Umsätze und sonstige Sachverhalte anzuwenden, die nach Ablauf des Tages, an dem das Gesetz im Bundesgesetzblatt kundgemacht wurde, ausgeführt werden bzw. sich ereignen:

   § 6 Abs. 4 Z 7.

3. § 20 Abs. 2 Z 2 und § 26 Abs. 5 lit. a und e sind auf Einfuhren anzuwenden, für die die Einfuhrumsatzsteuerschuld nach dem 30. September 2003 entstanden ist.

4. § 11 Abs. 1a, § 12 Abs. 1 Z 3 erster Satz, § 18 Abs. 2 Z 4, § 19 Abs. 1b, § 19 Abs. 2 Z 1 lit. b, § 20 Abs. 1 zweiter Satz sind auf Umsätze und sonstige Sachverhalte anzuwenden, die nach Ablauf des der Veröffentlichung der Ermächtigung zu dieser Regelung gemäß Art. 27 der Sechsten Richtlinie 77/388/EWG im Amtsblatt der Europäischen Gemeinschaften folgenden Kalendermonates ausgeführt werden bzw. sich ereignen.

Verordnungen auf Grund dieses Bundesgesetzes in der Fassung des Wachstums- und Standortgesetzes 2003 können von dem der Kundmachung des genannten Bundesgesetzes folgenden Tag an erlassen werden; sie treten frühestens zugleich mit den durchzuführenden Gesetzesbestimmungen in Kraft.

(24) Die Änderungen des Bundesgesetzes BGBl. I Nr. 27/2004 treten in Kraft:

1. Folgende Änderung ist auf Umsätze und sonstige Sachverhalte anzuwenden, die nach Ablauf des Tages, an dem das Gesetz im

Bundesgesetzblatt kundgemacht wurde, ausgeführt werden bzw. sich ereignen:

§ 11 Abs. 15.

2. Folgende Änderungen sind auf Umsätze und sonstige Sachverhalte anzuwenden, die nach Ablauf des Monates, in dem das Gesetz im Bundesgesetzblatt kundgemacht wurde, ausgeführt werden bzw. sich ereignen.

   § 3a Abs. 1a letzter Satz, § 12 Abs. 3 Z 4, § 18 Abs. 10 zweiter Satz.

3. § 12 Abs. 10a ist auf Berichtigungen von Vorsteuerbeträgen anzuwenden, die Gegenstände betreffen, die der Unternehmer nach Ablauf des Monates, in dem das Gesetz im Bundesgesetzblatt kundgemacht wurde, erstmals in seinem Unternehmen als Anlagevermögen verwendet oder nutzt.

(25) Die Änderungen des Bundesgesetzes BGBl. I Nr. 180/2004 treten in Kraft:

1. Folgende Änderungen sind auf Umsätze und sonstige Sachverhalte anzuwenden, die nach Ablauf des Tages, an dem das Gesetz im Bundesgesetzblatt kundgemacht wurde, ausgeführt werden bzw. sich ereignen:

   Z 2 der Anlage, Art. 11 Abs. 4, Art. 12 Abs. 1 Z 3, Art. 18 Abs. 1 erster Satz, Art. 20 Abs. 1 zweiter Satz.

2. § 21 Abs. 4 ist erstmals auf Veranlagungszeiträume anzuwenden, die im Kalenderjahr 2004 enden.

3. Folgende Änderungen sind auf Umsätze und sonstige Sachverhalte anzuwenden, die nach dem 31. Dezember 2004 ausgeführt werden bzw. sich ereignen:

   § 3 Abs. 13 und 14, § 3a Abs. 10 Z 16, § 6 Abs. 2, § 6 Abs. 4 Z 3a, § 19 Abs. 1 zweiter Unterabsatz, § 19 Abs. 1c, § 21 Abs. 10, § 27 Abs. 4, Art. 1 Abs. 3 Z 1 lit. h, Art. 3 Abs. 1 Z 1 lit. h.

4. § 12 Abs. 2 Z 1 ist auf Umsätze und sonstige Sachverhalte anzuwenden, die nach Ablauf des der Veröffentlichung der Ermächtigung zu dieser Regelung gemäß Art. 27 der Sechsten Richtlinie 77/388/EWG im Amtsblatt der Europäischen Gemeinschaften folgenden Kalendermonates ausgeführt werden bzw. sich ereignen.

5. § 19 Abs. 1b lit. c ist auf Umsätze und sonstige Sachverhalte anzuwenden, die nach Ablauf des der Veröffentlichung der Ermächtigung zu dieser Regelung gemäß Art. 27 der Sechsten Richtlinie 77/388/EWG im Amtsblatt der Europäischen Gemeinschaften folgenden Kalendermonates ausgeführt werden bzw. sich ereignen.

(26) § 11 Abs.1 Z 2 in der Fassung des Bundesgesetzes BGBl. I Nr. 103/2005 ist auf Umsätze und sonstige Sachverhalte anzuwenden, die nach dem 30. Juni 2006 ausgeführt werden bzw. sich ereignen. Art. 21 Abs. 3 in der Fassung des Bundesgesetzes BGBl. I Nr. 103/2005 ist auf Umsätze und sonstige Sachverhalte anzuwenden, die nach dem 31. Dezember 2005 ausgeführt werden bzw. sich ereignen.

(27) § 6 Abs. 1 Z 9 lit. d sublit. dd in der Fassung des Bundesgesetzes BGBl. I Nr. 105/2005 ist auf Umsätze und sonstige Sachverhalte anzuwenden, die nach dem 31. Dezember 1998 ausgeführt wurden bzw. sich ereignet haben.

(28) Die Änderung des Bundesgesetzes BGBl. I Nr. 101/2006 tritt in Kraft:

1. § 6 Abs. 1 Z 27 ist auf Umsätze und sonstige Sachverhalte anzuwenden, die nach dem 31. Dezember 2006 ausgeführt werden bzw. sich ereignen.

(29) Die Änderungen des Bundesgesetzes BGBl. I Nr. 24/2007 treten wie folgt in Kraft:

1. § 28 Abs. 10b ist auf Umsätze und sonstige Sachverhalte im Zusammenhang mit nach dem 31. Dezember 2006 erfolgenden Beitritten neuer Mitgliedstaaten zur Europäischen Union anzuwenden.
2. Z 20 und Z 30 der Anlage sind auf Umsätze und sonstige Sachverhalte anzuwenden, die nach dem 31. Dezember 2006 ausgeführt werden bzw. sich ereignen.
3. § 7 Abs. 5 und § 7 Abs. 6 sind auf Umsätze und sonstige Sachverhalte anzuwenden, die nach dem 30. Juni 2007 ausgeführt werden bzw. sich ereignen.
4. § 10 Abs. 4 ist auf Umsätze anzuwenden, die nach dem 30. Juni 2007 ausgeführt werden.
5. § 10 Abs. 2 Z 13 und Art. 1 Abs. 6 sind auf Umsätze und sonstige Sachverhalte anzuwenden, die nach dem 31. Dezember 2007 ausgeführt werden bzw. sich ereignen.
6. § 3a Abs. 10 Z 7, § 6 Abs. 1 Z 8 lit. i, § 11 Abs. 1a, § 12 Abs. 1 Z 3, § 18 Abs. 2 Z 4 und § 19 Abs. 1d treten nach Ablauf des Tages, an dem das Gesetz im Bundesgesetzblatt kundgemacht wurde, in Kraft.

(30) Die Änderungen des Bundesgesetzes BGBl. I Nr. 99/2007 treten in Kraft:

1. § 11 Abs. 1 und § 12 Abs. 1 Z 1 sind auf Umsätze, die nach dem 31. Dezember 2007 ausgeführt werden, anzuwenden.
2. § 12 Abs. 16 und 17 sowie § 27 Abs. 9 sind auf Umsätze, die nach dem 31. Dezember 2007 ausgeführt werden, nicht mehr anzuwenden.
3. Art. 28 Abs. 1 tritt mit 1. Jänner 2008 in Kraft.

(30) Die Änderungen des Bundesgesetzes BGBl. I Nr. 99/2007 treten in Kraft:

1. § 11 Abs. 1 und § 12 Abs. 1 Z 1 sind auf Umsätze, die nach dem 31. Dezember 2007 ausgeführt werden, anzuwenden.
2. § 12 Abs. 16 und 17 sowie § 27 Abs. 9 sind auf Umsätze, die nach dem 31. Dezember 2007 ausgeführt werden, nicht mehr anzuwenden.
3. Art. 28 Abs. 1 tritt mit 1. Jänner 2008 in Kraft.

(31) § 10 Abs. 2 Z 1 lit. a erster Teilstrich in der Fassung des Bundesgesetzes BGBl. I Nr. 140/2008 ist auf Lieferungen und sonstige Leistungen, die nach dem 31. Dezember 2008 ausgeführt werden,

anzuwenden sowie auf Einfuhren, für die die Einfuhrumsatzsteuerschuld nach dem 31. Dezember 2008 entsteht.

(32) Die Änderungen des Bundesgesetzes BGBl. I Nr. 140/2008 treten in Kraft:

1. § 6 Abs. 4 Z 4 lit. a, § 6 Abs. 4 Z 9, § 6 Abs. 5 und § 6 Abs. 6 sind auf Einfuhren anzuwenden, für die die Einfuhrumsatzsteuerschuld nach dem 30. November 2008 entsteht.
2. § 6 Abs. 4 Z 4 lit. e, f und p ist auf Einfuhren nicht mehr anzuwenden, für die die Einfuhrumsatzsteuerschuld nach dem 30. November 2008 entsteht.

(33) Die Änderungen des Bundesgesetzes BGBl. I Nr. 52/2009 treten in Kraft:

1. § 3a Abs. 4 bis 15, § 19 Abs. 1, § 19 Abs. 2 Z 1 lit. a und lit. b letzter Satz, § 23 Abs. 3, § 25a Abs. 1 bis 3, Art. 3a, Art. 11 Abs. 1 und 2, Art. 18 Abs. 3, Art. 21 Abs. 3, Abs. 6 Z 3, Abs. 7, 9 zweiter Satz, Art. 28 Abs. 1 zweiter und dritter Satz sind auf Umsätze und sonstige Sachverhalte anzuwenden, die nach dem 31. Dezember 2009 ausgeführt werden bzw. sich ereignen.
2. § 21 Abs. 2 ist erstmals auf Voranmeldungszeiträume anzuwenden, die nach dem 31. Dezember 2009 beginnen.
3. Die letzten beiden Sätze des § 21 Abs. 9 sind auf Vorsteuererstattungsanträge anzuwenden, die nach dem 31. Dezember 2009 gestellt werden.
4. Die in § 3a Abs. 16, § 21 Abs. 9 und 11 festgelegten Verordnungsermächtigungen treten mit 1. Jänner 2010 in Kraft. Verordnungen auf Grund dieser Bestimmungen dürfen bereits nach Ablauf des Tages, an dem dieses Bundesgesetz im Bundesgesetzblatt kundgemacht wurde, erlassen werden; sie dürfen jedoch nicht vor den durchzuführenden Gesetzesbestimmungen in Kraft treten.

(34)

1. § 11 Abs. 1a, § 12 Abs. 1 Z 3, § 18 Abs. 2 Z 4, § 19 Abs. 1e, § 19 Abs. 2 Z 1 lit. b und § 20 Abs. 1 sind auf Umsätze anzuwenden, die nach dem 30. Juni 2010 ausgeführt werden.
2. § 3 Abs. 13 und 14, § 3a Abs. 11 lit. a, § 3a Abs. 11a, § 3a Abs. 14 Z 15, § 6 Abs. 1 Z 10 lit. b, § 6 Abs. 4 Z 3a, § 19 Abs. 1c, Art. 1 Abs. 3 Z 1 lit. h, Art. 1 Abs. 6, Art. 3 Abs. 1 Z 1 lit. h und Art. 3 Abs. 5 Z 1 sind auf Umsätze und sonstige Sachverhalte anzuwenden, die nach dem 31. Dezember 2010 ausgeführt werden bzw. sich ereignen.
3. Art. 6 Abs. 3 ist auf Einfuhren, die nach dem 31. Dezember 2010 erfolgen, anzuwenden.
4. Art. 28 Abs. 2 tritt mit 1. Juli 2011 in Kraft.
5. § 21 Abs. 2 ist erstmals auf Voranmeldungszeiträume anzuwenden, die nach dem 31. Dezember 2010 beginnen.
6. § 21 Abs. 6 ist erstmals bei der Veranlagung für das Kalenderjahr 2011 anzuwenden.

(35) § 4 Abs. 5 und § 6 Abs. 1 Z 9 lit. d sublit. aa, bb und cc jeweils in der Fassung des Bundesgesetzes BGBl. I Nr. 54/2010, sind erstmals auf Umsätze und sonstige Sachverhalte anzuwenden, die nach dem 1. Jänner 2011 ausgeführt werden bzw. sich ereignen. § 6 Abs. 1 Z 9 lit. d sublit. dd ist auf Umsätze, die nach dem 31. Dezember 2010 ausgeführt werden, nicht mehr anzuwenden.

(36)

1. § 6 Abs. 1 Z 10 lit. c tritt mit Ablauf des 31. Dezember 2010 außer Kraft und ist auf Umsätze, die nach dem 31. Dezember 2010 ausgeführt werden, nicht mehr anzuwenden.
2. § 6 Abs. 4 Z 2 und Art. 6 Abs. 2 Z 2 in der Fassung des Budgetbegleitgesetzes 2011, BGBl. I Nr. 111/2010, treten mit 1. Jänner 2011 in Kraft und sind auf Einfuhren und innergemeinschaftliche Erwerbe anzuwenden, die nach dem 31. Dezember 2010 erfolgen.
3. § 19 Abs. 1a letzter Unterabsatz ist auf Umsätze anzuwenden, die nach dem 31. Dezember 2010 ausgeführt werden.

(37) § 19 Abs. 1 zweiter Satz, § 19 Abs. 1e, § 27 Abs. 4 erster Satz und Z 1 der Anlage, jeweils in der Fassung des Bundesgesetzes BGBl. I Nr. 76/2011, sind auf Umsätze und sonstige Sachverhalte anzuwenden, die nach dem 31. Dezember 2011 ausgeführt werden bzw. sich ereignen.

(38)

1. § 6 Abs. 2 letzter Unterabsatz in der Fassung des 1. Stabilitätsgesetzes 2012, BGBl. I Nr. 22/2012, ist hinsichtlich § 6 Abs. 1 Z 16 auf Miet- und Pachtverhältnisse anzuwenden, die nach dem 31. August 2012 beginnen, sofern mit der Errichtung des Gebäudes durch den Unternehmer nicht bereits vor dem 1. September 2012 begonnen wurde, sowie hinsichtlich § 6 Abs. 1 Z 17 auf Wohnungseigentum, das nach dem 31. August 2012 erworben wird. Als Beginn der Errichtung ist der Zeitpunkt zu verstehen, in dem bei vorliegender Baubewilligung mit der Bauausführung tatsächlich begonnen wird, also tatsächliche handwerkliche Baumaßnahmen erfolgen. § 6 Abs. 2 letzter Unterabsatz in der Fassung des 1. Stabilitätsgesetzes 2012 ist nicht anzuwenden, wenn der Leistungsempfänger das Grundstück für Umsätze verwendet, die ihn zum Bezug einer Beihilfe nach § 1, § 2 oder § 3 Abs. 2 des Gesundheits- und Sozialbereich-Beihilfengesetzes, BGBl. Nr. 746/1996, berechtigen.
2. § 12 Abs. 10 dritter und vierter Unterabsatz in der Fassung des 1. Stabilitätsgesetzes 2012, BGBl. I Nr. 22/2012, und der Entfall des § 12 Abs. 10a sind auf Berichtigungen von Vorsteuerbeträgen anzuwenden, die Grundstücke (einschließlich der aktivierungspflichtigen Aufwendungen und der Kosten von Großreparaturen) betreffen, die der Unternehmer nach dem 31. März 2012 erstmals in seinem Unternehmen als Anlagevermögen (wobei § 12 Abs. 12 zu beachten ist) verwendet oder

nutzt und wenn bei der Vermietung (Nutzungsüberlassung) von Grundstücken für Wohnzwecke der Vertragsabschluss über die Vermietung (Nutzungsüberlassung) nach dem 31. März 2012 erfolgt. § 12 Abs. 10 dritter und vierter Unterabsatz und § 12 Abs. 10a, jeweils in der Fassung vor dem 1. Stabilitätsgesetz 2012, BGBl. I Nr. 22/2012, sind auf Berichtigungen von Vorsteuerbeträgen weiterhin anzuwenden, die Grundstücke (einschließlich der aktivierungspflichtigen Aufwendungen und der Kosten von Großreparaturen) betreffen, die der Unternehmer vor dem 1. April 2012 erstmals in seinem Unternehmen als Anlagevermögen (wobei § 12 Abs. 12 zu beachten ist) verwendet oder nutzt, oder wenn bei der Vermietung (Nutzungsüberlassung) von Grundstücken für Wohnzwecke der Vertragsabschluss über die Vermietung (Nutzungsüberlassung) vor dem 1. April 2012 erfolgt.

3. § 18 Abs. 10 in der Fassung des 1. Stabilitätsgesetzes 2012, BGBl. I Nr. 22/2012, ist auf Grundstücke im Sinne des § 6 Abs. 1 Z 9 lit. a anzuwenden, die der Unternehmer nach dem 31. März 2012 erstmals in seinem Unternehmen als Anlagevermögen (wobei § 12 Abs. 12 zu beachten ist) verwendet oder nutzt und wenn bei der Vermietung (Nutzungsüberlassung) von Grundstücken für Wohnzwecke der Vertragsabschluss über die Vermietung (Nutzungsüberlassung) nach dem 31. März 2012 erfolgt.

(39)

1. § 3a Abs. 12 Z 1 und Z 2, § 4 Abs. 9, § 11 Abs. 1, Abs. 1a, Abs. 2, Abs. 3, Abs. 4, Abs. 6, Abs. 8 Z 3, § 12 Abs. 15, § 17 Abs. 1, § 20 Abs. 6, § 24 Abs. 7, § 27 Abs. 7, Art. 1 Abs. 3 Z 1 lit. e, Art. 3 Abs. 1 Z 1 lit. e, Art. 4 Abs. 3, Art. 11 Abs. 1 erster Satz, Art. 11 Abs. 4, Art. 11 Abs. 5 und Art. 25 Abs. 4, jeweils in der Fassung des Bundesgesetzes BGBl. I Nr. 112/2012, treten mit 1. Jänner 2013 in Kraft und sind erstmals auf Umsätze und sonstige Sachverhalte anzuwenden, die nach dem 31. Dezember 2012 ausgeführt werden bzw. sich ereignen.
2. § 12 Abs. 1 Z 1 in der Fassung des Bundesgesetzes BGBl. I Nr. 112/2012 tritt mit 1. Jänner 2013 in Kraft und ist erstmals auf Umsätze an den Unternehmer anzuwenden, die nach dem 31. Dezember 2012 ausgeführt werden.
3. Z 6, Z 22 lit. g, Z 33, Z 41, Z 42 lit. b und Z 42 lit. c der Anlage treten mit Ablauf des 31. Dezember 2012 außer Kraft; sie sind jedoch auf Lieferungen und innergemeinschaftliche Erwerbe, die vor dem 1. Jänner 2013 ausgeführt werden, sowie auf Einfuhren, für die die Einfuhrumsatzsteuerschuld vor dem 1. Jänner 2013 entsteht, weiterhin anzuwenden.
4. Die Änderungen in § 12 Abs. 12 sowie in § 22 Abs. 1 und Abs. 2 sind ab dem Veranlagungsjahr 2014 anzuwenden. Zusätzliche Voraussetzung ist, dass die erstmalige Verwendung oder Nutzung durch den Unternehmer in seinem Unternehmen als Anlagevermögen nach dem 31. Dezember 2013 erfolgt.

(40) § 11 Abs. 6 in der Fassung des Bundesgesetzes BGBl. I Nr. 13/2014 tritt mit 1. März 2014 in Kraft und ist auf Umsätze und sonstige Sachverhalte anzuwenden, die nach dem 28. Februar 2014 ausgeführt werden bzw. sich ereignen.

(41) § 3a Abs. 13 bis 16, § 22 Abs. 1 und 1a, § 25a samt Überschrift, Art. 25a samt Überschrift und Art. 28, jeweils in der Fassung des Budgetbegleitgesetzes 2014, BGBl. I Nr. 40/2014, treten mit 1. Jänner 2015 in Kraft und sind erstmals auf Umsätze und sonstige Sachverhalte anzuwenden, die nach dem 31. Dezember 2014 ausgeführt werden. Werden Umsätze gemäß § 3a Abs. 13 in der Fassung des genannten Bundesgesetzes nach dem 31. Dezember 2014 ausgeführt, gilt dies nur für den Teil des Entgelts, der nicht vor dem 1. Jänner 2015 vereinnahmt wurde. Der Antrag auf Inanspruchnahme der Sonderregelung nach Art. 25a Abs. 1 ist ab 1. Oktober 2014 möglich.

(42)

1. § 3a Abs. 15, § 4 Abs. 9, § 6 Abs. 1 Z 17, § 10 Abs. 2 und Abs. 3 Z 1, Z 2, Z 4, Z 5 und Z 7 bis Z 12 sowie Anlage 1 und Anlage 2, § 12 Abs. 2 Z 2a, § 13 Abs. 1, § 14 Abs. 1 Z 1, § 22 Abs. 1 und Abs. 2, § 24 Abs. 1 und Abs. 2 sowie Art. 11 Abs. 1 und Abs. 5, jeweils in der Fassung des Bundesgesetzes BGBl. I Nr. 118/2015 treten mit 1. Jänner 2016 in Kraft und sind erstmals auf Umsätze und sonstige Sachverhalte anzuwenden, die nach dem 31. Dezember 2015 ausgeführt werden bzw. sich ereignen. Auf Umsätze und sonstige Sachverhalte, die nach dem 31. Dezember 2015 und vor dem 1. Mai 2016 ausgeführt werden bzw. sich ereignen, ist § 10 Abs. 2 Z 4 lit. b und lit. c sowie Z 8 in der Fassung vor dem Bundesgesetz BGBl. I Nr. 118/2015 weiterhin anzuwenden.
2. § 10 Abs. 3 Z 3 in der Fassung des Bundesgesetzes BGBl. I Nr. 118/2015 tritt mit 1. Mai 2016 in Kraft und ist erstmals auf Umsätze und sonstige Sachverhalte anzuwenden, die nach dem 30. April 2016 ausgeführt werden bzw. sich ereignen. Auf Umsätze und sonstige Sachverhalte, die zwischen dem 1. Mai 2016 und dem 31. Dezember 2017 ausgeführt werden bzw. sich ereignen und für die eine Buchung und An- oder Vorauszahlung vor dem 1. September 2015 vorgenommen wurde, ist § 10 Abs. 2 Z 4 lit. b und lit. c in der Fassung vor dem Bundesgesetz BGBl. I Nr. 118/2015 weiterhin anzuwenden.
3. § 10 Abs. 3 Z 6 in der Fassung des Bundesgesetzes BGBl. I Nr. 118/2015 tritt mit 1. Mai 2016 in Kraft und ist erstmals auf Umsätze und sonstige Sachverhalte anzuwenden, die nach dem 30. April 2016 ausgeführt werden bzw. sich ereignen. Auf Umsätze und sonstige Sachverhalte, die zwischen dem 1. Mai

2016 und dem 31. Dezember 2017 ausgeführt werden bzw. sich ereignen und für die eine An- oder Vorauszahlung vor dem 1. September 2015 vorgenommen wurde, ist § 10 Abs. 2 Z 8 in der Fassung vor dem Bundesgesetz BGBl. I Nr. 118/2015 weiterhin anzuwenden.

4. § 22 Abs. 8 tritt mit Ablauf des 31. Dezember 2015 außer Kraft und ist auf Umsätze und sonstige Sachverhalte, die nach dem 31. Dezember 2015 ausgeführt werden bzw. sich ereignen, nicht mehr anzuwenden.

*(BGBl I 2015/118)*

(43)

1. § 6 Abs. 4 Z 7 und Z 8 sowie § 26 Abs. 1 und Abs. 3 Z 2, jeweils in der Fassung des Bundesgesetzes BGBl. I Nr. 163/2015, treten mit 1. Mai 2016 in Kraft.
2. § 23 Abs. 1, 3 und 8, jeweils in der Fassung des Bundesgesetzes BGBl. I Nr. 163/2015, treten mit 1. Jänner 2022 in Kraft und sind erstmals auf Umsätze und sonstige Sachverhalte anzuwenden, die nach dem 31. Dezember 2021 ausgeführt werden bzw. sich ereignen. § 23 Abs. 4 in der Fassung des Bundesgesetzes BGBl. I Nr. 163/2015 tritt nicht in Kraft.

   *(BGBl I 2016/117, BGBl I 2018/62, BGBl I 2019/91, BGBl I 2021/112)*

*(BGBl I 2015/163)*

(44)

1. § 6 Abs. 1 Z 9 lit. a, Z 16, Z 27, Abs. 2 und Abs. 6 lit. e, § 10 Abs. 3 Z 11, § 12 Abs. 10 und Abs. 13, § 19 Abs. 1b lit. b und c, § 25a Abs. 15, Anlage 1 Z 23 und Z 32 sowie Art. 25a Abs. 13, jeweils in der Fassung des Bundesgesetzes BGBl. I Nr. 117/2016, treten mit 1. Jänner 2017 in Kraft und sind erstmals auf Umsätze und sonstige Sachverhalte anzuwenden, die nach dem 31. Dezember 2016 ausgeführt werden.
2. § 7 Abs. 5 Z 2 und Abs. 6 Z 2 lit. a jeweils in der Fassung des Bundesgesetzes BGBl. I Nr. 117/2016, treten mit 1. Mai 2016 in Kraft und sind erstmals auf Umsätze und sonstige Sachverhalte anzuwenden, die nach dem 30. April 2016 ausgeführt werden.

*(BGBl I 2016/117)*

(45) § 10 Abs. 2 Z 1 lit. c, Z 3 lit. c und lit. d und Abs. 3 Z 3 in der Fassung des Bundesgesetzes BGBl. I Nr. 12/2018 tritt mit 1. November 2018 in Kraft und ist erstmals auf Umsätze und sonstige Sachverhalte anzuwenden, die nach dem 31. Oktober 2018 ausgeführt werden bzw. sich ereignen.

*(BGBl I 2018/12)*

(46)

1. § 6 Abs. 1 Z 11 lit. a, § 17 Abs. 1 erster Satz, § 25a Abs. 1, § 27 Abs. 5, Anlage 1 Z 32 und Art. 3a Abs. 5 jeweils in der Fassung des Bundesgesetzes BGBl. I Nr. 62/2018, treten mit 1. Jänner 2019 in Kraft und sind erstmals auf Umsätze und sonstige Sachverhalte anzuwenden, die nach dem 31. Dezember 2018 ausgeführt werden bzw. sich ereignen.
2. § 13 Abs. 1 in der Fassung des Bundesgesetzes BGBl. I Nr. 62/2018, tritt mit 1. November 2018 in Kraft und ist erstmals auf Umsätze und sonstige Sachverhalte anzuwenden, die nach dem 31. Oktober 2018 ausgeführt werden bzw. sich ereignen.
3. § 23 Abs. 7 in der Fassung des Bundesgesetzes BGBl. I Nr. 62/2018, tritt mit 1. Jänner 2022 in Kraft und ist erstmals auf Umsätze und sonstige Sachverhalte anzuwenden, die nach dem 31. Dezember 2021 ausgeführt werden bzw. sich ereignen.

   *(BGBl I 2019/91)*
4. § 27 Abs. 1 bis Abs. 3 treten mit 1. Jänner 2019 außer Kraft und sind auf Umsätze und sonstige Sachverhalte, die nach dem 31. Dezember 2018 ausgeführt werden bzw. sich ereignen, nicht mehr anzuwenden.

*(BGBl I 2018/62)*

(47)

1. § 18 Abs. 11 und 12 und § 27 Abs. 1 Z 1, jeweils in der Fassung des Bundesgesetzes BGBl. I Nr. 91/2019, treten mit 1. Jänner 2020 in Kraft und sind erstmals auf Umsätze und sonstige Sachverhalte anzuwenden, die nach dem 31. Dezember 2019 ausgeführt werden bzw. sich ereignen.
2. § 3 Abs. 8a (ausgenommen lit. b), § 24 Abs. 13, § 25a, § 27 Abs. 1 Z 2 (ausgenommen Einfuhr-Versandhandel) und Z 3, Art. 3 Abs. 3, Abs. 5 und Abs. 6, Art. 3a Abs. 5 Z 1 lit. c, Art. 11 Abs. 1 Z 4 und Abs. 5, Art. 25a und Art. 28 Abs. 1, jeweils in der Fassung des Bundesgesetzes BGBl. I Nr. 91/2019, treten mit 1. Juli 2021 in Kraft und sind erstmals auf Umsätze und sonstige Sachverhalte anzuwenden, die nach dem 30. Juni 2021 ausgeführt werden bzw. sich ereignen.

   *(BGBl I 2021/3)*
3. § 6 Abs. 4 Z 9, § 20 Abs. 7 und § 26a, jeweils in der Fassung des Bundesgesetzes BGBl. I Nr. 91/2019, treten mit 1. Juli 2021 in Kraft und sind erstmals auf die Einfuhr von Gegenständen nach dem 30. Juni 2021 anzuwenden. Liegen die technischen und organisatorischen Voraussetzungen für die Festsetzung, Abfuhr und Einhebung der Einfuhrumsatzsteuer für Gegenstände, deren Gesamtwert 22 Euro nicht übersteigt, vor dem 1. Juli 2021 vor, findet § 6 Abs. 4 Z 9 in der Fassung vor dem Bundesgesetz BGBl. I Nr. 91/2019 ab diesem Zeitpunkt keine Anwendung. Dieser Zeitpunkt ist vom Bundesminister für Finanzen im Bundesgesetzblatt kundzumachen.

   *(BGBl I 2021/3)*
4. § 3 Abs. 3a, § 3 Abs. 8a lit. b, § 11 Abs. 1 Z 2a, § 19 Abs. 2 Z 1a, § 25b, § 27 Abs. 1 Z 2 (für Einfuhr-Versandhandel), Art. 6 Abs. 4 und Art. 12 Abs. 2, jeweils in der Fassung des Bundesgesetzes BGBl. I Nr. 91/2019, treten

mit 1. Juli 2021 in Kraft und sind erstmals auf Lieferungen anzuwenden, für die die Zahlung nach dem 30. Juni 2021 angenommen wird. Der Antrag auf Inanspruchnahme der Sonderregelung nach § 25b ist ab 1. April 2021 möglich.

*(BGBl I 2021/3)*

*(BGBl I 2019/91)*

(48) § 5 Abs. 4 Z 2, § 26 Abs. 3 Z 1 und § 27 Abs. 5 und 8 sowie Art. 6 Abs. 3, jeweils in der Fassung des Bundesgesetzes BGBl. I Nr. 104/2019, treten mit 1. Juli 2020 in Kraft und sind erstmals auf Umsätze und sonstige Sachverhalte anzuwenden, die nach dem 30. Juni 2020 ausgeführt werden bzw. sich ereignen.

*(BGBl I 2019/104)*

(49)

1. § 3 Abs. 15, § 6 Abs. 1 Z 27, § 10 Abs. 2 Z 8 und Z 9, § 12 Abs. 2 Z 2a, § 21 Abs. 6, Art. 1a, Art. 3 Abs. 1 und 2, Art. 7 Abs. 1 Z 1 und Z 3 bis 5 sowie Abs. 2, Art. 21 Abs. 3, Abs. 4 Z 2, Abs. 6 und 7 und Art. 24 Abs. 1 lit. a, jeweils in der Fassung des Bundesgesetzes BGBl. I Nr. 103/2019, treten mit 1. Jänner 2020 in Kraft und sind erstmals auf Umsätze und sonstige Sachverhalte anzuwenden, die nach dem 31. Dezember 2019 ausgeführt werden bzw. sich ereignen.
2. § 22 Abs. 6 in der Fassung des Bundesgesetzes BGBl. I Nr. 103/2019 tritt mit 1. Jänner 2020 in Kraft und ist erstmals auf Veranlagungszeiträume anzuwenden, die nach dem 31. Dezember 2019 beginnen.

*(BGBl I 2019/103)*

(50) Abweichend von § 10 ermäßigt sich die Steuer auf 0% für die Lieferungen und die innergemeinschaftlichen Erwerbe von Schutzmasken, die nach dem 13. April 2020 und vor dem 1. August 2020 ausgeführt werden bzw. sich ereignen.

*(BGBl I 2020/44)*

(51)

1. Die Steuer ermäßigt sich auf 10% für die Lieferungen und Restaurationsumsätze von nicht in der Anlage 1 genannten offenen nichtalkoholischen Getränken, die nach dem 30. Juni 2020 und vor dem 1. Jänner 2021 ausgeführt werden bzw. sich ereignen.
2. § 22 Abs. 2 in der Fassung des Bundesgesetzes BGBl. I Nr. 48/2020 ist auf Umsätze und sonstige Sachverhalte anzuwenden, die nach dem 30. Juni 2020 und vor dem 1. Jänner 2021 ausgeführt werden bzw. sich ereignen.

*(BGBl I 2020/48)*

(52)

1. Abweichend von § 10 in der Fassung des Bundesgesetzes BGBl. I Nr. 60/2020, ermäßigt sich die Steuer auf 5% für
   a) die Verabreichung von Speisen und den Ausschank von Getränken im Sinne des § 111 Abs. 1 GewO 1994;
   b) die von § 10 Abs. 2 Z 1 lit. a iVm Anlage 1 Z 33, Z 3 lit. c und d, Z 9, Abs. 3 Z 1 lit. b (ausgenommen der in Anlage 2 Z 11 bis 13 aufgezählten Gegenstände) und lit. c, Z 4 und Z 6 bis 8 erfassten Lieferungen, sonstigen Leistungen, Einfuhren oder innergemeinschaftlichen Erwerbe;
   c) die Einfuhr von vom Künstler aufgenommenen Fotografien, die von ihm oder unter seiner Überwachung abgezogen wurden und signiert sowie nummeriert sind, sofern die Gesamtzahl der Abzüge (alle Formate und Trägermaterialien zusammengenommen) 30 nicht überschreitet, sowie Lieferungen solcher Fotografien, wenn sie
      – vom Urheber oder dessen Rechtsnachfolger bewirkt werden oder
      – von einem Unternehmer bewirkt werden, der kein Wiederverkäufer ist, wenn dieser den Gegenstand entweder selbst eingeführt hat, ihn vom Urheber oder dessen Rechtsnachfolger erworben hat oder er für den Erwerb zum vollen Vorsteuerabzug berechtigt war;

   die nach dem 30. Juni 2020 und vor dem 1. Jänner 2022 bzw. bei den von § 10 Abs. 2 Z 1 lit. a iVm Anlage 1 Z 33 lit. b und Z 9 iVm Anlage 1 Z 33 lit. b erfassten Lieferungen, sonstigen Leistungen, Einfuhren oder innergemeinschaftlichen Erwerben vor dem 1. Jänner 2021 ausgeführt werden bzw. sich ereignen. § 7 Preisgesetz findet auf diese Regelung keine Anwendung.

   *(BGBl I 2021/3)*
2. § 22 Abs. 2 in der Fassung des Bundesgesetzes BGBl. I Nr. 60/2020 ist auf Umsätze und sonstige Sachverhalte anzuwenden, die nach dem 30. Juni 2020 und vor dem 1. Jänner 2022 ausgeführt werden bzw. sich ereignen.

   *(BGBl I 2021/3)*

*(BGBl I 2020/60)*

(53)

1. § 1 Abs. 3, § 10 Abs. 2 Z 9 und 10 sowie Anlage 1 Z 35, jeweils in der Fassung des Bundesgesetzes BGBl. I Nr. 3/2021, treten mit 1. Jänner 2021 in Kraft und sind erstmals auf Umsätze und sonstige Sachverhalte anzuwenden, die nach dem 31. Dezember 2020 ausgeführt werden bzw. sich ereignen.
2. Das Vereinigte Königreich gilt als Gemeinschaftsgebiet und Mitgliedstaat hinsichtlich:
   a) der Waren, die aus dem Gebiet des Vereinigten Königreichs in das Gebiet eines Mitgliedstaats oder umgekehrt befördert oder versandt werden, sofern die Beförderung oder Versendung vor dem 1. Jänner 2021 beginnt und nach dem 31. Dezember 2020 endet;

b) der Rechte und Pflichten von steuerpflichtigen Personen in Bezug auf die vor dem 1. Jänner 2021 ausgeführten Umsätze mit einem grenzüberschreitenden Element zwischen dem Gebiet des Vereinigten Königreichs und einem Mitgliedstaat sowie in Bezug auf die unter lit. a fallenden Waren. Dies gilt bis 31. Dezember 2025 und mit folgenden Einschränkungen:
   aa) Erstattungsanträge eines im Gebiet des Vereinigten Königreichs ansässigen Unternehmers sind spätestens am 31. März 2021 zu stellen.
   bb) Berichtigungen von Erklärungen gemäß § 25a Abs. 6 oder Art. 25a Abs. 12 sind vor dem 1. Jänner 2022 abzugeben.

3. Unabhängig von § 6 und Art. 6 sind die Lieferung, der innergemeinschaftliche Erwerb und die Einfuhr von COVID-19-In-vitro-Diagnostika und COVID-19-Impfstoffen, sowie eng mit diesen Diagnostika oder Impfstoffen zusammenhängende sonstige Leistungen steuerfrei. Bei diesen Umsätzen tritt abweichend von § 12 Abs. 3 der Ausschluss vom Vorsteuerabzug nicht ein.
4. Der Unternehmer kann auf die Anwendung der Z 3 verzichten.
5. Z 3 und 4 in der Fassung des Bundesgesetzes BGBl. I Nr. 3/2021 treten mit 1. Jänner 2021 in Kraft und sind auf Umsätze und sonstige Sachverhalte anzuwenden, die nach dem 31. Dezember 2020 und vor dem 1. Jänner 2023 ausgeführt werden bzw. sich ereignen.

*(BGBl I 2021/3)*

(54) Abweichend von § 10 ermäßigt sich die Steuer auf 0% für die Lieferungen und die innergemeinschaftlichen Erwerbe von Schutzmasken, die nach dem 22. Jänner 2021 und vor dem **„1. Juli 2023“** ausgeführt werden bzw. sich ereignen.

*(BGBl I 2021/52, BGBl I 2021/112, BGBl I 2021/227, BGBl I 2022/108 ab 20.7.2022)*

(55)

1. § 23 Abs. 4 in der Fassung des Bundesgesetzes BGBl. I Nr. 112/2021, tritt mit 1. Jänner 2022 in Kraft und ist erstmals auf Umsätze und sonstige Sachverhalte anzuwenden, die nach dem 31. Dezember 2021 ausgeführt werden bzw. sich ereignen.
2. § 25b Abs. 1 in der Fassung des Bundesgesetzes BGBl. I Nr. 112/2021, tritt mit 1. Juli 2021 in Kraft und ist erstmals auf Lieferungen anzuwenden, für die die Zahlung nach dem 30. Juni 2021 angenommen wird.

*(BGBl I 2021/112)*

(56)

1. § 6 Abs. 1 Z 6 lit. e und Abs. 4 Z 10 jeweils in der Fassung des Bundesgesetzes BGBl. I Nr. 227/2021 treten mit 1. Jänner 2021 in Kraft und sind erstmals auf Umsätze und sonstige Sachverhalte anzuwenden, die nach dem 31. Dezember 2020 ausgeführt werden bzw. sich ereignen.
2. § 27 Abs. 4 und Art. 25a Abs. 6 und 7 jeweils in der Fassung des Bundesgesetzes BGBl. I Nr. 227/2021 treten mit 1. Juli 2021 in Kraft und sind erstmals auf Umsätze und sonstige Sachverhalte anzuwenden, die nach dem 30. Juni 2021 ausgeführt werden bzw. sich ereignen.
3. § 11 Abs. 1 Z 2a, Art. 11 Abs. 1 Z 4 und Art. 28 Abs. 1 jeweils in der Fassung des Bundesgesetzes BGBl. I Nr. 227/2021 treten mit 1. Jänner 2022 in Kraft und sind erstmals auf Umsätze und sonstige Sachverhalte anzuwenden, die nach dem 31. Dezember 2021 ausgeführt werden bzw. sich ereignen.

*(BGBl I 2021/227)*

(57) § 12 Abs. 10 und § 18 Abs. 10, jeweils in der Fassung des Bundesgesetzes BGBl. I Nr. 10/2022, treten mit 1. April 2022 in Kraft und sind bei nachträglichen Übertragungen in das Wohnungseigentum aufgrund eines Anspruches gemäß § 15c WGG anzuwenden, die nach dem 31. März 2022 ausgeführt werden.

*(BGBl I 2022/10)*

**„(58)**

1. **§ 6 Abs. 1 Z 6 lit. c und Abs. 4 Z 10 und 11, Art. 1 Abs. 3 Z 2 und Abs. 10 sowie Art. 4 Abs. 2 jeweils in der Fassung des Bundesgesetzes BGBl. I Nr. 108/2022, treten mit 1. Juli 2022 in Kraft und sind erstmals auf Umsätze und sonstige Sachverhalte anzuwenden, die nach dem 30. Juni 2022 ausgeführt werden bzw. sich ereignen.**
2. **§ 6 Abs. 1 Z 3 lit. d, § 27 Abs. 9 und Art. 25 jeweils in der Fassung des Bundesgesetzes BGBl. I Nr. 108/2022, treten mit 1. Jänner 2023 in Kraft und sind erstmals auf Umsätze und sonstige Sachverhalte anzuwenden, die nach dem 31. Dezember 2022 ausgeführt werden bzw. sich ereignen.“**

*(BGBl I 2022/108)*

### Zeitlich begrenzte Fassungen einzelner Gesetzesvorschriften

**§ 29.** (1) (aufgehoben)

(2) Hinsichtlich der Bestimmungen des Umsatzsteuergesetzes 1972, BGBl. Nr. 223/1972, gilt folgendes:

1. (aufgehoben)
2. § 10 Abs. 2 Z 9 des Umsatzsteuergesetzes 1972 ist auf Umsätze anzuwenden, die vor dem 1. Jänner 1997 ausgeführt werden.
3. § 12 Abs. 8 des Umsatzsteuergesetzes 1972 ist bis einschließlich dem Veranlagungsjahr 1996 anzuwenden.

(3) Der Ausschluß vom Vorsteuerabzug gemäß § 12 Abs. 3 tritt nicht ein, wenn Umsätze gem. § 6 Abs. 1 Z 7 vor dem 1. Jänner 1997 ausgeführt werden.

(4) Für Umsätze, die vor dem 1. Jänner 1997 ausgeführt werden, lautet § 6 Abs. 1 Z 26:

„26. a) die Lieferungen von Gegenständen, wenn der Unternehmer für diese Gegenstände keinen Vorsteuerabzug vornehmen konnte und die gelieferten oder entnommenen Gegenstände
– ausschließlich für eine nach den Z 8 bis 25 steuerfreie oder
– nach lit. b steuerfreie Tätigkeit verwendet hat;

b) die vorübergehende Verwendung von Gegenständen für Zwecke, die außerhalb des Unternehmens liegen (§ 1 Abs. 1 Z 2 lit. a), wenn diese Gegenstände im Unternehmen stets ausschließlich für eine nach den Z 8 bis 25 steuerfreie Tätigkeit verwendet wurden;“

(5) § 6 Abs. 1 Z 18 bis 22 ist erst auf Umsätze anzuwenden, die nach dem 31. Dezember 1996 ausgeführt werden. Dasselbe gilt für § 6 Abs. 1 Z 25, soweit es sich um in § 6 Abs. 1 Z 18 genannte Leistungen handelt.

(6) § 10 Abs. 3 Z 2 ist anzuwenden auf steuerbare Umsätze, die vor dem 1. Jänner 1997 ausgeführt werden.

(7) § 4 Abs. 9, § 20 Abs. 4 und § 21 Abs. 7 sind auf Umsätze anzuwenden, die vor dem 1. Jänner 2001, nach dem 8. Mai 2001 und vor dem 1. April 2002 liegen.

(8) Bis auf weiteres gelten als Übergangsregelung für die Besteuerung des Handels zwischen den Mitgliedstaaten die Bestimmungen dieses Bundesgesetzes – soweit sie nicht unmittelbar anwendbar sind (zB für die Besteuerung des Erwerbes) gelten sie sinngemäß – ergänzt um die entsprechenden Artikel im Anhang (Binnenmarkt).

(9) Für die Anwendung der Bestimmungen des § 12 Abs. 10 und 11 gilt die Tätigkeit des Bundes im Rahmen des Fernmeldewesens ab 1. Jänner 1987 als gewerblich oder beruflich und gelten die Umsätze gemäß § 1 Abs. 1 Z 1 und 2 des Umsatzsteuergesetzes 1972 aus der Tätigkeit des Bundes im Rahmen des Fernmeldewesens, die nach dem 31. Dezember 1986 und vor dem 1. Mai 1996 ausgeführt wurden, ausgenommen die Lieferung von Fernsprechnebenstellenanlagen durch die Post, als befreit.

**Umstellung langfristiger Verträge**

**§ 30.** (1) Beruht eine Leistung, die nach dem im § 28 Abs. 1 erster Satz genannten Zeitpunkt erbracht wird, auf einem Vertrag, der vor dem im § 28 Abs. 1 erster Satz genannten Zeitpunkt geschlossen worden ist, so kann, falls nach diesem Gesetz ein anderer Steuersatz anzuwenden ist, der Umsatz steuerpflichtig, steuerfrei oder nicht steuerbar wird, der eine Vertragsteil von dem anderen einen angemessenen Ausgleich der umsatzsteuerlichen Mehr- oder Minderbelastung verlangen. Das gilt nicht, wenn die Parteien ausdrücklich oder schlüssig etwas anderes vereinbart haben oder auch bei Kenntnis der Änderungen kein anderes Entgelt vereinbart hätten.

(2) Abs. 1 gilt sinngemäß bei einer Änderung dieses Gesetzes.

**Vollziehung**

**§ 31.** (1) Mit der Vollziehung dieses Bundesgesetzes ist der Bundesminister für Finanzen betraut.

(2) Mit der Vollziehung der §§ 11 und 30 sowie Art. 11 des Anhanges ist auch – sofern es sich um zivilrechtliche Bestimmungen handelt – der Bundesminister für Justiz betraut.

**Anlage 1**
**(zu § 10 Abs. 2 UStG)**

**Verzeichnis der dem Steuersatz von 10% unterliegenden Gegenstände**

1. Bienen (Unterposition 0106 41 00 der Kombinierten Nomenklatur) und Assistenzhunde gemäß § 39a Bundesbehindertengesetz, BGBl. Nr. 283/1990, die ausschließlich für den persönlichen Gebrauch von Behinderten bestimmt sind.

   *(BGBl I 2019/103)*

2. Fleisch und genießbare Schlachtnebenerzeugnisse (Kapitel 2 der Kombinierten Nomenklatur).
3. Fische, ausgenommen Zierfische; Krebstiere, Weichtiere und andere wirbellose Wassertiere (Kapitel 3 der Kombinierten Nomenklatur, ausgenommen Unterpositionen 0301 11 00 und 0301 19 00).
4. Milch und Milcherzeugnisse; Vogeleier; natürlicher Honig; genießbare Waren tierischen Ursprungs, anderweit weder genannt noch inbegriffen (Kapitel 4 der Kombinierten Nomenklatur).
5. Gemüse und trockene, ausgelöste Hülsenfrüchte, auch geschält oder zerkleinert (Positionen 0701 bis 0714 der Kombinierten Nomenklatur).
6. Genießbare Früchte und Nüsse (Positionen 0801 bis 0813 der Kombinierten Nomenklatur).
7. Gewürze (Positionen 0904 bis 0910 der Kombinierten Nomenklatur).
8. Getreide (Kapitel 10 der Kombinierten Nomenklatur).
9. Müllereierzeugnisse (Positionen 1101 bis 1104 der Kombinierten Nomenklatur).
10. Mehl, Grieß, Flocken, Granulat und Pellets von Kartoffeln (Position 1105 der Kombinierten Nomenklatur).
11. Mehl und Grieß von trockenen Hülsenfrüchten der Position 0713; Mehl, Grieß und Pulver von Erzeugnissen des Kapitels 8 (Unterpositionen 1106 10 00 und 1106 30 der Kombinierten Nomenklatur).

12. Stärke von Weizen, Mais und Kartoffeln (Unterpositionen 1108 11 00, 1108 12 00 und 1108 13 00 der Kombinierten Nomenklatur).
13. Waren des Kapitels 12 der Kombinierten Nomenklatur, und zwar
    a) Ölsamen und ölhaltige Früchte sowie Mehl daraus (Positionen 1201 bis 1208 der Kombinierten Nomenklatur),
    b) Hopfen (Blütenzapfen), frisch oder getrocknet, auch gemahlen, sonst zerkleinert oder in Form von Pellets; Lupulin (Position 1210 der Kombinierten Nomenklatur),
    c) Minze, Lindenblüten und –blätter, Salbei, Kamillenblüten, Holunderblüten und anderer Haustee (aus Unterposition 1211 90 86 der Kombinierten Nomenklatur),
    d) Rosmarin, Beifuß, Basilikum und Dost in Aufmachungen für den Einzelverkauf als Gewürz (aus Unterpositionen 1211 90 86 der Kombinierten Nomenklatur),
    e) Johannisbrot, Zuckerrüben, frisch, gekühlt, gefroren oder getrocknet, auch gemahlen; Steine und Kerne von Früchten sowie andere pflanzliche Waren (einschließlich nichtgerösteter Zichorienwurzeln der Varietät Cichorium intybus sativum) der hauptsächlich zur menschlichen Ernährung verwendeten Art, anderweit weder genannt noch inbegriffen (Unterpositionen 1212 91 20, 1212 91 80, 1212 92 00, 1212 94 00, 1212 99 und 1212 99 41 der Kombinierten Nomenklatur),
    f) Stroh und Spreu von Getreide, roh, auch gehäckselt, gemahlen, gepresst oder in Form von Pellets (Position 1213 00 00 der Kombinierten Nomenklatur).
14. Pektinstoffe, Pektinate und Pektate (Unterposition 1302 20 der Kombinierten Nomenklatur).
15. Waren des Kapitels 15 der Kombinierten Nomenklatur, und zwar
    a) Schweineschmalz und Geflügelfett (Unterposition 1501 10 90 und aus Unterposition 1501 90 00 der Kombinierten Nomenklatur),
    b) Premierjus und Speisetalg (aus Unterposition 1502 10 90 der Kombinierten Nomenklatur),
    c) Oleomargarin (aus Unterposition 1503 00 90 der Kombinierten Nomenklatur),
    d) genießbare pflanzliche Öle sowie deren Fraktionen, auch raffiniert, jedoch nicht chemisch modifiziert (Unterpositionen 1507 10 90, 1507 90 90, 1508 10 90, 1508 90 90, Positionen 1509 und 1510 00, Unterpositionen 1511 10 90, 1511 90 11, 1511 90 19, 1511 90 99, 1512 11 91, 1512 11 99, 1512 19 90, 1512 21 90, 1512 29 90, 1513 11 91, 1513 11 99, 1513 19 11, 1513 19 19, 1513 19 91, 1513 19 99, 1513 21 30, 1513 21 90, 1513 29 11, 1513 29 19, 1513 29 50, 1513 29 90, 1514 11 90, 1514 19 90, 1514 91 90, 1514 99 90, 1515 11 00, 1515 19 90, 1515 21 90, 1515 29 90, 1515 30 90, 1515 50 19, 1515 50 99, 1515 90 11, 1515 90 29, 1515 90 39, 1515 90 51, 1515 90 59, 1515 90 91 und 1515 90 99 der Kombinierten Nomenklatur),
    e) genießbare tierische oder pflanzliche Fette und Öle sowie deren Fraktionen, ganz oder teilweise hydriert, umgeestert, wiederverestert oder elaidiniert, auch raffiniert, jedoch nicht weiterverarbeitet (aus Unterpositionen 1516 10 und 1516 20 der Kombinierten Nomenklatur),
    f) Margarine; genießbare Mischungen oder Zubereitungen von tierischen oder pflanzlichen Fetten und Ölen sowie von Fraktionen verschiedener Fette und Öle dieses Kapitels, ausgenommen genießbare Fette und Öle sowie deren Fraktionen der Position 1516 (Unterpositionen 1517 10, 1517 90 10, 1517 90 91 und 1517 90 99 der Kombinierten Nomenklatur),
16. Zubereitungen von Fleisch, Fischen oder von Krebstieren, Weichtieren und anderen wirbellosen Wassertieren (Kapitel 16 der Kombinierten Nomenklatur).
17. Zucker und Zuckerwaren, ausgenommen chemisch reine Fructose und chemisch reine Maltose (Kapitel 17 der Kombinierten Nomenklatur, ausgenommen Unterpositionen 1702 50 00 und 1702 90 10).
18. Kakaopulver ohne Zusatz von Zucker oder anderen Süßmitteln; Schokolade und andere kakaohaltige Lebensmittelzubereitungen (Positionen 1805 00 00 und 1806 der Kombinierten Nomenklatur).
19. Zubereitungen aus Getreide, Mehl, Stärke oder Milch; Backwaren (Kapitel 19 der Kombinierten Nomenklatur).
20. Zubereitungen von Gemüse, Früchten, Nüssen oder anderen Pflanzenteilen, ausgenommen Frucht- und Gemüsesäfte (Positionen 2001 bis 2008 der Kombinierten Nomenklatur).
21. Verschiedene Lebensmittelzubereitungen (Unterposition 2101 30 und Positionen 2102 bis 2106 der Kombinierten Nomenklatur, ausgenommen Sirupe der Unterpositionen 2106 90 in Gebinden, die ausschließlich für den Ausschank durch eine Schankanlage vorgesehen sind).
22. Wasser (aus Unterposition 2201 90 00 der Kombinierten Nomenklatur).
23. Milch und Milcherzeugnisse der Positionen 0401, 0402, 0403 und 0404, mit Zusätzen,

ausgenommen Zusätze von Kaffee, Tee oder Mate und von Auszügen, Essenzen und Konzentraten aus Kaffee, Tee oder Mate und von Zubereitungen auf der Grundlage dieser Waren (aus Unterpositionen 2202 99 91, 2202 99 95 und 2202 99 99 der Kombinierten Nomenklatur).

*(BGBl I 2016/117)*

24. Speiseessig (Position 2209 der Kombinierten Nomenklatur).
25. Speisesalz (Unterposition 2501 00 91 der Kombinierten Nomenklatur).
26. Handelsübliches Ammoniumcarbonat und andere Ammoniumcarbonate sowie Dinatriumcarbonat (Unterpositionen 2836 99 17 und 2836 20 00 der Kombinierten Nomenklatur).
27. Essigsäure (Unterposition 2915 21 00 der Kombinierten Nomenklatur).
28. Saccharin und seine Salze (Unterposition 2925 11 00 der Kombinierten Nomenklatur).
29. Mischungen von Riechstoffen und Mischungen (einschließlich alkoholischer Lösungen) auf der Grundlage eines oder mehrerer dieser Stoffe, von der in der Lebensmittelindustrie verwendeten Art in Aufmachungen für den Einzelverkauf (aus Unterposition 3302 10 der Kombinierten Nomenklatur).
30. Gelatine (aus Unterposition 3503 00 10 der Kombinierten Nomenklatur).
31. Zubereitete Enzyme, die Nährstoffe enthalten (aus Unterposition 3507 90 der Kombinierten Nomenklatur).
32. Süßungsmittel (aus Unterpositionen 3824 99 92 und 3824 99 93 der Kombinierten Nomenklatur)

    *(BGBl I 2016/117, BGBl I 2018/62)*
33. Waren des Kapitels 49 der Kombinierten Nomenklatur, und zwar
    a) Bücher, Broschüren und ähnliche Drucke, auch in losen Bogen oder Blättern (Position 4901 und aus Positionen 9705 00 00 und 9706 00 00 der Kombinierten Nomenklatur),
    b) Zeitungen und andere periodische Druckschriften, auch mit Bildern oder Werbung enthaltend (Position 4902 der Kombinierten Nomenklatur),
    c) Bilderalben, Bilderbücher und Zeichen- oder Malbücher, für Kinder (Position 4903 00 00 der Kombinierten Nomenklatur),
    d) Noten, handgeschrieben oder gedruckt, auch mit Bildern, auch gebunden (Position 4904 00 00 der Kombinierten Nomenklatur),
    e) kartographische Erzeugnisse aller Art, einschließlich Wandkarten, topographische Pläne und Globen, gedruckt (Position 4905 der Kombinierten Nomenklatur).
34. Arzneimittel.
35. Waren der monatlichen Damenhygiene aller Art (aus Unterpositionen 3924 90, 4014 90, 0511 99 39 und 9619 00 der Kombinierten Nomenklatur).

    *(BGBl I 2021/3)*

*(BGBl I 2015/118)*

**Anlage 2**
**(zu § 10 Abs. 3 und § 24 UStG)**

**Verzeichnis der dem Steuersatz von 13% unterliegenden Gegenstände**

1. Lebende Tiere der Unterpositionen 0101 30 00, 0101 29 10, 0101 90 00 und der Positionen 0102 bis 0105 der Kombinierten Nomenklatur.
2. Bulben, Zwiebeln, Knollen, Wurzelknollen und Wurzelstöcke, ruhend, im Wachstum oder in Blüte; Zichorienpflanzen und –wurzeln (ausgenommen Zichorienwurzeln der Position 1212) (Position 0601 der Kombinierten Nomenklatur).
3. Andere lebende Pflanzen (einschließlich ihrer Wurzeln), Stecklinge und Pfropfreiser; Pilzmycel (Position 0602 der Kombinierten Nomenklatur).
4. Blumen und Blüten sowie deren Knospen, geschnitten, zu Binde- oder Zierzwecken, frisch (aus Position 0603 der Kombinierten Nomenklatur).
5. Blattwerk, Blätter, Zweige und andere Pflanzenteile, ohne Blüten und Blütenknospen, sowie Gräser, Moose und Flechten, zu Binde- oder Zierzwecken, frisch (Unterposition 0604 20 der Kombinierten Nomenklatur).
6. Waren des Kapitels 12 der Kombinierten Nomenklatur, und zwar
    a) Samen, Früchte und Sporen, zur Aussaat (Position 1209 der Kombinierten Nomenklatur),
    b) Steckrüben, Futterrüben, Wurzeln zu Futterzwecken, Heu, Luzerne, Klee, Esparsette, Futterkohl, Lupinen, Wicken und ähnliches Futter, auch in Form von Pellets (Position 1214 der Kombinierten Nomenklatur).
7. Rückstände und Abfälle der Lebensmittelindustrie; zubereitetes Futter (Kapitel 23 der Kombinierten Nomenklatur).
8. Tierische und pflanzliche Düngemittel (ausgenommen Guano), auch untereinander gemischt, nicht chemisch behandelt (aus Position 3101 00 00 der Kombinierten Nomenklatur).
9. Brennholz, in Form von Rundlingen, Scheiten, Zweigen, Reisigbündeln oder ähnlichen Formen; Holz in Form von Plättchen oder Schnitzeln; Sägespäne, Holzabfälle und Holzausschuss, auch zu Pellets, Briketts, Scheiten oder ähnlichen Formen zusammengepresst (Position 4401 der Kombinierten Nomenklatur).
10. Kunstgegenstände, und zwar

a) Gemälde (zB Ölgemälde, Aquarelle, Pastelle) und Zeichnungen, vollständig mit der Hand geschaffen, ausgenommen Zeichnungen der Position 4906 00 00 und handbemalte oder handverzierte gewerbliche Erzeugnisse; Collagen und ähnliche dekorative Bildwerke (Position 9701 der Kombinierten Nomenklatur),
b) Originalstiche, –schnitte und –steindrucke (Position 9702 00 00 der Kombinierten Nomenklatur),
c) Originalerzeugnisse der Bildhauerkunst, aus Stoffen aller Art (Position 9703 00 00 der Kombinierten Nomenklatur),
d) Tapisserien, handgewebt, nach Originalentwürfen von Künstlern, jedoch höchstens acht Kopien je Werk (aus Position 5805 00 00 der Kombinierten Nomenklatur),
e) Textilwaren für Wandbekleidung nach Originalentwürfen von Künstlern, jedoch höchstens acht Kopien je Werk (aus Position 6304 der Kombinierten Nomenklatur).

11. Briefmarken, Stempelmarken, Steuerzeichen, Ersttagsbriefe, Ganzsachen und dergleichen, entwertet oder nicht entwertet, jedoch im Bestimmungsland weder gültig noch zum Umlauf vorgesehen (Position 9704 00 00 der Kombinierten Nomenklatur),
12. Zoologische, botanische, mineralogische oder anatomische Sammlungsstücke und Sammlungen; Sammlungsstücke von geschichtlichem, archäologischem, paläontologischem, völkerkundlichem oder münzkundlichem Wert (Position 9705 00 00 der Kombinierten Nomenklatur).
13. Antiquitäten, mehr als 100 Jahre alt (Position 9706 00 00 der Kombinierten Nomenklatur).

*(BGBl I 2015/118)*

## Anhang
## (Zu § 29 Abs. 8)
## Binnenmarktregelung

### Innergemeinschaftlicher Erwerb

**Art. 1.** (1) Der Umsatzsteuer unterliegt auch der innergemeinschaftliche Erwerb im Inland gegen Entgelt.

(2) Ein innergemeinschaftlicher Erwerb gegen Entgelt liegt vor, wenn die folgenden Voraussetzungen erfüllt sind:

1. Ein Gegenstand gelangt bei einer Lieferung an den Abnehmer (Erwerber) aus dem Gebiet eines Mitgliedstaates in das Gebiet eines anderen Mitgliedstaates, auch wenn der Lieferer den Gegenstand in das Gemeinschaftsgebiet eingeführt hat;
2. der Erwerber ist
   a) ein Unternehmer, der den Gegenstand für sein Unternehmen erwirbt, oder
   b) eine juristische Person, die nicht Unternehmer ist oder die den Gegenstand nicht für ihr Unternehmen erwirbt, und
3. die Lieferung an den Erwerber
   a) wird durch einen Unternehmer gegen Entgelt im Rahmen seines Unternehmens ausgeführt und
   b) ist nach dem Recht des Mitgliedstaates, der für die Besteuerung des Lieferers zuständig ist, nicht auf Grund der Sonderregelung für Kleinunternehmer steuerfrei.

(3) Als innergemeinschaftlicher Erwerb gegen Entgelt gilt:

1. das Verbringen eines Gegenstandes des Unternehmens aus dem übrigen Gemeinschaftsgebiet in das Inland durch einen Unternehmer zu seiner Verfügung, ausgenommen zu einer nur vorübergehenden Verwendung, auch wenn der Unternehmer den Gegenstand in das Gemeinschaftsgebiet eingeführt hat. Der Unternehmer gilt als Erwerber.

   Eine vorübergehende Verwendung liegt vor, wenn der Unternehmer den Gegenstand verwendet:
   a) zur Ausführung einer Werklieferung oder einer Lieferung, bei der sich der Lieferort nach Art. 3 Abs. 3 **„oder § 3 Abs. 8a“** bestimmt;

      *(BGBl I 2022/108 ab 20.7.2022)*
   b) zur Ausführung einer Lieferung, deren Lieferort sich nach § 3 Abs. 11 bestimmt;
   c) zur Ausführung einer gemäß § 7 oder gemäß Art. 7 steuerfreien Lieferung;
   d) (aufgehoben)
   e) für Arbeiten an dem Gegenstand oder die Begutachtung dieses Gegenstandes durch einen anderen Unternehmer, sofern der Gegenstand nach Erbringung der sonstigen Leistung wieder zur Verfügung des Auftraggebers in den Mitgliedstaat gelangt, von dem aus der Gegenstand versendet oder befördert worden ist;
   f) vorübergehend zur Ausführung einer sonstigen Leistung und der Unternehmer im Mitgliedstaat, von dem aus der Gegenstand verbracht wurde, einen Wohnsitz oder Sitz hat;
   g) während höchstens 24 Monaten, wenn für die Einfuhr des gleichen Gegenstands aus einem Drittland im Hinblick auf eine vorübergehende Verwendung die Regelung über die vollständige Befreiung von Eingangsabgaben bei der vorübergehenden Einfuhr gelten würde;
   h) zur Ausführung einer Lieferung von Gas über ein Erdgasnetz im Gebiet der Gemeinschaft oder ein an ein solches Netz angeschlossenes Netz, von Elektrizität oder von Wärme oder Kälte über

Wärme- oder Kältenetze, wenn sich der Ort dieser Lieferungen nach § 3 Abs. 13 oder 14 bestimmt.

Bei Wegfall der unter lit. a bis g genannten Bedingungen gilt die Verbringung in diesem Zeitpunkt als erfolgt;

**„2. das Verbringen eines Gegenstandes in das Inland, der nicht gemäß den allgemeinen Besteuerungsbedingungen des Binnenmarkts eines Mitgliedstaats gekauft wurde, durch die inländischen Streitkräfte, die an einer Verteidigungsanstrengung teilnehmen, die zur Durchführung einer Tätigkeit der Union im Rahmen der Gemeinsamen Sicherheits- und Verteidigungspolitik unternommen wird, zum Gebrauch oder Verbrauch dieser Streitkräfte oder ihres zivilen Begleitpersonals.“**

*(BGBl I 2022/108 ab 1.7.2022)*

(4) Ein innergemeinschaftlicher Erwerb im Sinne der Abs. 2 und 3 liegt nicht vor, wenn die folgenden Voraussetzungen erfüllt sind:

1. Der Erwerber ist
   a) ein Unternehmer, der nur steuerfreie Umsätze ausführt, die zum Ausschluß vom Vorsteuerabzug führen,
   b) ein Unternehmer, der den Gegenstand zur Ausführung von Umsätzen verwendet, für die die Steuer nach den Durchschnittssätzen des § 22 festgesetzt ist, oder
   c) eine juristische Person, die nicht Unternehmer ist oder die den Gegenstand nicht für ihr Unternehmen erwirbt, und
2. der Gesamtbetrag der Entgelte für Erwerbe im Sinne des Abs. 2 Z 1 und des Abs. 3 hat den Betrag von 11 000 Euro im vorangegangenen Kalenderjahr nicht und im laufenden Kalenderjahr noch nicht überstiegen (Erwerbsschwelle); ab dem Entgelt für den Erwerb, mit dem im laufenden Jahr die Erwerbsschwelle überstiegen wird, unterliegt der Erwerb der Besteuerung. In die Erwerbsschwelle sind die Entgelte für den Erwerb neuer Fahrzeuge und verbrauchsteuerpflichtiger Waren nicht einzubeziehen.

(5) Der Erwerber kann auf die Anwendung des Abs. 4 verzichten. Der Verzicht ist gegenüber dem Finanzamt innerhalb der Frist zur Abgabe der Voranmeldung für den Voranmeldungszeitraum eines Kalenderjahres, in dem erstmals ein Erwerb getätigt worden ist, schriftlich zu erklären. Als Verzicht gilt auch die Verwendung einer aufgrund eines Antrags gemäß Art. 28 Abs. 1 zweiter Satz erteilten Umsatzsteuer-Identifikationsnummer gegenüber dem Lieferer beim Erwerb von Gegenständen aus dem übrigen Unionsgebiet. Ein Verzicht bindet den Erwerber mindestens für zwei Kalenderjahre und kann nur mit Wirkung vom Beginn eines Kalenderjahres an widerrufen werden. Der Widerruf ist innerhalb der Frist zur Abgabe der Voranmeldung für den Voranmeldungszeitraum dieses Kalenderjahres, in dem erstmals ein Erwerb getätigt worden ist, gegenüber dem Finanzamt schriftlich zu erklären.

(6) Abs. 4 gilt nicht für den Erwerb neuer Fahrzeuge und verbrauchsteuerpflichtiger Waren. Verbrauchsteuerpflichtige Waren im Sinne dieses Gesetzes sind Alkohol und alkoholische Getränke, Tabakwaren sowie Energieerzeugnisse, jeweils im Sinne der geltenden Gemeinschaftsvorschriften, nicht jedoch Gas, das über ein Erdgasnetz im Gebiet der Gemeinschaft oder jedes an ein solches Netz angeschlossenes Netz geliefert wird.

(7) Der Erwerb eines neuen Fahrzeugs durch einen Erwerber, der nicht zu den in Abs. 2 Z 2 genannten Personen gehört, ist unter den Voraussetzungen des Abs. 2 Z 1 innergemeinschaftlicher Erwerb.

(8) Fahrzeuge im Sinne des Abs. 7 sind

1. motorbetriebene Landfahrzeuge mit einem Hubraum von mehr als 48 Kubikzentimetern oder einer Leistung von mehr als 7,2 Kilowatt,
2. Wasserfahrzeuge mit einer Länge von mehr als 7,5 Metern,
3. Luftfahrzeuge, deren Starthöchstmasse mehr als 1 550 Kilogramm beträgt,

soweit diese Fahrzeuge zur Personen- oder Güterbeförderung bestimmt sind.

(9) Ein Fahrzeug gilt als neu, wenn die erste Inbetriebnahme im Zeitpunkt des Erwerbs nicht mehr als drei Monate zurückliegt. Für motorbetriebene Landfahrzeuge nach Abs. 8 Z 1 beträgt der Zeitraum sechs Monate. Dasselbe gilt, wenn das

1. Landfahrzeug nicht mehr als 6 000 Kilometer zurückgelegt hat,
2. Wasserfahrzeug nicht mehr als 100 Betriebsstunden auf dem Wasser zurückgelegt hat,
3. Luftfahrzeug nicht länger als 40 Betriebsstunden genutzt worden ist.

***„Erwerb durch diplomatische Missionen, zwischenstaatliche Einrichtungen und Streitkräfte im Rahmen der Gemeinsamen Sicherheits- und Verteidigungspolitik***

**(10) Ein innergemeinschaftlicher Erwerb im Sinne des Abs. 1 liegt nicht vor, wenn ein Gegenstand bei einer Lieferung aus dem Gebiet eines anderen Mitgliedstaates in das Inland gelangt und die Erwerber folgende Einrichtungen sind, soweit sie nicht Unternehmer sind oder den Gegenstand nicht für ihr Unternehmen erwerben:**

1. **im Inland ansässige ständige diplomatische Missionen und berufskonsularische Vertretungen oder**
2. **im Inland ansässige zwischenstaatliche Einrichtungen oder**
3. **Streitkräfte anderer Mitgliedstaaten, die im Inland an einer Verteidigungsanstrengung teilnehmen, die zur Durchführung einer Tätigkeit der Union im Rahmen der Gemeinsamen Sicherheits- und Verteidigungspolitik unternommen wird.**

**Diese Einrichtungen gelten nicht als Erwerber im Sinne des Abs. 2 Z 2. Die Abs. 7 bis 9 bleiben unberührt."**

*(BGBl I 2022/108 ab 1.7.2022)*

### Konsignationslagerregelung

**Art. 1a.** (1) Das Verbringen eines Gegenstandes gemäß Art. 1 Abs. 3 gilt nicht als innergemeinschaftlicher Erwerb gegen Entgelt (Konsignationslagerregelung), wenn

a) die Gegenstände vom Unternehmer oder auf seine Rechnung von einem Dritten in das Inland im Hinblick darauf befördert oder versandt werden, um zu einem späteren Zeitpunkt an einen anderen Unternehmer geliefert zu werden, der gemäß einer bestehenden Vereinbarung zwischen den beiden Unternehmern zum Erwerb des Eigentums an diesen Gegenständen berechtigt ist (geplanter Erwerber);

b) der Unternehmer im Inland weder sein Unternehmen betreibt noch eine Betriebstätte hat;

c) dem Unternehmer die Identität und die inländische Umsatzsteuer-Identifikationsnummer des geplanten Erwerbers zum Zeitpunkt des Beginns der Beförderung oder Versendung bekannt sind und der Unternehmer diese Informationen in die Zusammenfassende Meldung gemäß Art. 21 Abs. 3 aufnimmt; und

d) der Unternehmer die Verbringung der Gegenstände in das Register gemäß Abs. 6 einträgt.

(2) Wurde ein Gegenstand gemäß Abs. 1 verbracht und wird der Gegenstand, wie geplant, innerhalb der in Abs. 3 genannten Frist an den Erwerber geliefert, gelten die Voraussetzungen des Art. 1 Abs. 2 Z 1 in diesem Zeitpunkt als erfüllt.

(3) Werden die Gegenstände nicht innerhalb von 12 Monaten nach ihrer Ankunft im Inland an den geplanten Erwerber geliefert und ist keiner der in Abs. 4 Z 1 oder Abs. 5 genannten Umstände eingetreten, liegt ein innergemeinschaftlicher Erwerb gegen Entgelt gemäß Art. 1 Abs. 3 am Tag nach Ablauf dieses Zeitraums vor.

(4) Kein Verbringen eines Gegenstandes gemäß Art. 1 Abs. 3 liegt vor, wenn vor der Lieferung an den geplanten Erwerber und innerhalb des in Abs. 3 genannten Zeitraums:

1. der Gegenstand in den Mitgliedstaat zurückgesandt wird, von dem aus er befördert oder versandt wurde und der Unternehmer den Rückversand in das Register gemäß Abs. 6 einträgt; oder

2. der geplante Erwerber durch einen anderen Erwerber ersetzt wird, die Voraussetzungen gemäß Abs. 1 sinngemäß erfüllt sind und der Unternehmer die Ersetzung in das Register gemäß Abs. 6 einträgt.

(5) Ist eine der Voraussetzungen gemäß Abs. 1 und Abs. 4 Z 2 innerhalb des in Abs. 3 genannten Zeitraums nicht mehr erfüllt, liegt ein innergemeinschaftlicher Erwerb gegen Entgelt gemäß Art. 1 Abs. 3 vor:

1. unmittelbar vor der Lieferung, wenn die Gegenstände an eine andere Person als den geplanten Erwerber geliefert werden;

2. unmittelbar vor dem Beginn dieser Beförderung oder Versendung, wenn die Gegenstände in ein anderes Land als den Mitgliedstaat, aus dem sie ursprünglich verbracht wurden, befördert oder versandt werden;

3. an dem Tag, an dem die Gegenstände tatsächlich abhandenkamen oder zerstört wurden, oder – falls ein solcher Tag nicht bestimmt werden kann – an dem Tag, an dem die Zerstörung oder das Fehlen der Gegenstände festgestellt wurde, bei Zerstörung, Verlust oder Diebstahl der Gegenstände;

4. zum Zeitpunkt, zu dem die betreffende Voraussetzung nicht mehr erfüllt ist, in allen anderen Fällen.

(6) Unternehmer, die Gegenstände im Rahmen dieser Konsignationslagerregelung verbringen, sowie geplante Erwerber gemäß Abs. 1 lit. a müssen ein Register führen, das es den Steuerbehörden ermöglicht, die korrekte Anwendung des genannten Artikels zu überprüfen.

*(BGBl I 2019/103)*

### Fahrzeuglieferer

**Art. 2.** Wer im Inland ein neues Fahrzeug liefert, das bei der Lieferung in das übrige Gemeinschaftsgebiet gelangt, wird, wenn er nicht Unternehmer im Sinne des § 2 ist, für diese Lieferung wie ein Unternehmer behandelt. Dasselbe gilt, wenn der Lieferer eines neuen Fahrzeugs Unternehmer im Sinne des § 2 ist und die Lieferung nicht im Rahmen des Unternehmens ausführt.

### Lieferung

**Art. 3.** (1) Als Lieferung gegen Entgelt gilt:

Das Verbringen eines Gegenstandes des Unternehmens aus dem Inland in das übrige Gemeinschaftsgebiet durch einen Unternehmer zu seiner Verfügung, ausgenommen einer nur vorübergehenden Verwendung, auch wenn der Unternehmer den Gegenstand in das Inland eingeführt hat. Der Unternehmer gilt als Lieferer. Eine vorübergehende Verwendung liegt vor, wenn der Unternehmer den Gegenstand verwendet:

a) zur Ausführung einer Werklieferung oder einer Lieferung, bei der sich der Lieferort nach Art. 3 Abs. 3 bestimmt;

b) zur Ausführung einer Lieferung, deren Lieferort sich nach § 3 Abs. 11 bestimmt;

c) zur Ausführung einer steuerfreien Lieferung im Sinne des § 7 oder Art. 7;

d) (aufgehoben)

e) für Arbeiten an dem Gegenstand oder die Begutachtung dieses Gegenstandes durch einen anderen Unternehmer, sofern der Gegenstand nach Erbringung der sonstigen Leistung wieder zur Verfügung des Auftraggebers in den Mitgliedstaat gelangt, von dem aus der Gegenstand versendet oder befördert worden ist;

f) vorübergehend zur Ausführung einer sonstigen Leistung und der Unternehmer im Inland einen Wohnsitz oder Sitz hat;

g) während höchstens 24 Monaten in dem Gebiet eines anderen Mitgliedstaats, in dem für die Einfuhr des gleichen Gegenstands aus einem Drittland im Hinblick auf eine vorübergehende Verwendung die Regelung über die vollständige Befreiung von Eingangsabgaben bei der vorübergehenden Einfuhr gelten würde.

h) zur Ausführung einer Lieferung von Gas über ein Erdgasnetz im Gebiet der Gemeinschaft oder ein an ein solches Netz angeschlossenes Netz, von Elektrizität oder von Wärme oder Kälte über Wärme- oder Kältenetze, wenn sich der Ort dieser Lieferungen nach § 3 Abs. 13 oder 14 bestimmt.

Bei Wegfall der unter lit. a bis g genannten Bedingungen gilt die Verbringung in diesem Zeitpunkt als erfolgt;

*(BGBl I 2019/103)*

*Konsignationslagerregelung*

(2) Das Verbringen eines Gegenstandes gemäß Abs. 1 im Rahmen einer Konsignationslagerregelung gilt nicht als Lieferung gegen Entgelt. Art. 1a ist sinngemäß anzuwenden.

*(BGBl I 2019/103)*

*Innergemeinschaftlicher Versandhandel*[a)]

(3) Beim innergemeinschaftlichen Versandhandel gilt die Lieferung als dort ausgeführt, wo die Beförderung oder Versendung an den Abnehmer endet. Ein inngemeinschaftlicher Versandhandel liegt vor bei Lieferungen von Gegenständen, die durch den Lieferer oder für dessen Rechnung von einem anderen Mitgliedstaat als jenem, in dem die Beförderung oder Versendung (an den Abnehmer) endet, versandt oder befördert werden, einschließlich jene, an deren Beförderung oder Versendung der Lieferer indirekt beteiligt ist.

*(BGBl I 2019/91)*

(4) Abs. 3 ist anzuwenden, wenn der Abnehmer

1. nicht zu den in Art. 1 Abs. 2 Z 2 genannten Personen gehört oder
2. a) ein Unternehmer ist, der nur steuerfreie Umsätze ausführt, die zum Ausschluß vom Vorsteuerabzug führen, oder

   b) ein Kleinunternehmer ist, der nach dem Recht des für die Besteuerung zuständigen Mitgliedstaates von der Steuer befreit ist oder auf andere Weise von der Besteuerung ausgenommen ist, oder

   c) ein Unternehmer ist, der nach dem Recht des für die Besteuerung zuständigen Mitgliedstaates die Pauschalregelung für landwirtschaftliche Erzeuger anwendet, oder

   d) eine juristische Person ist, die nicht Unternehmer ist oder die den Gegenstand nicht für ihr Unternehmen erwirbt,

und als einer der in den lit. a bis d genannten Abnehmer weder die maßgebende Erwerbsschwelle (Art. 1 Abs. 4 Z 2) überschreitet noch auf ihre Anwendung verzichtet. Im Fall der Beendigung der Beförderung oder Versendung im Gebiet eines anderen Mitgliedstaates ist die von diesem Mitgliedstaat festgesetzte Erwerbsschwelle maßgebend.

(5) Abs. 3 ist nicht anzuwenden, wenn

a) der Unternehmer sein Unternehmen in einem Mitgliedstaat betreibt und außerhalb dieses Mitgliedstaates keine Betriebstätte hat,

b) die Gegenstände in einen anderen Mitgliedstaat geliefert werden, und

c) der Gesamtbetrag der Entgelte für diese Lieferungen und die sonstigen Leistungen gemäß Art. 3a Abs. 5 Z 1 den Betrag von 10 000 Euro im vorangegangen Kalenderjahr nicht und im laufenden Kalenderjahr noch nicht überstiegen hat.

*(BGBl I 2019/91)*

(6) Der Unternehmer kann auf die Anwendung des Abs. 5 verzichten. Der Verzicht ist gegenüber dem Finanzamt innerhalb der Frist zur Abgabe der Voranmeldung für den Voranmeldungszeitraum eines Kalenderjahres, in dem erstmals eine Lieferung im Sinne des Abs. 3 getätigt worden ist, schriftlich zu erklären. Er bindet den Lieferer mindestens für zwei Kalenderjahre. Die Erklärung kann nur mit Wirkung vom Beginn eines Kalenderjahres an widerrufen werden. Der Widerruf ist innerhalb der Frist zur Abgabe der Voranmeldung für den Voranmeldungszeitraum dieses Kalenderjahres, in dem erstmals eine Lieferung im Sinne des Abs. 3 getätigt worden ist, gegenüber dem Finanzamt schriftlich zu erklären.

*(BGBl I 2019/91)*

(7) Die Abs. 3 bis 6 gelten nicht für die Lieferung neuer Fahrzeuge. Abs. 4 Z 2 und Abs. 5 gelten nicht für die Lieferung verbrauchsteuerpflichtiger Waren.

*Ort des innergemeinschaftlichen Erwerbs*

(8) Der innergemeinschaftliche Erwerb wird in dem Gebiet des Mitgliedstaates bewirkt, in dem sich der Gegenstand am Ende der Beförderung oder Versendung befindet. Verwendet der Erwerber gegenüber dem Lieferer eine ihm von einem anderen Mitgliedstaat erteilte Umsatzsteuer-Identifikationsnummer, so gilt der Erwerb solange in dem Gebiet dieses Mitgliedstaates als bewirkt, bis der Erwerber nachweist, daß der Erwerb durch den im ersten Satz bezeichneten Mitgliedstaat besteuert worden ist. Im Falle des Nachweises gilt § 16 sinngemäß.

### Sonstige Leistung

*Vermittlungsleistungen*

**Art. 3a.** (1) Die Beförderung eines Gegenstandes, die in dem Gebiet eines Mitgliedstaates beginnt und in dem Gebiete eines anderen Mitgliedstaates endet (innergemeinschaftliche Beförderung eines Gegenstandes), für einen Nichtunternehmer im Sinne des § 3a Abs. 5 Z 3, wird an dem Ort ausgeführt, an dem die Beförderung des Gegenstandes beginnt.

(2) Im Falle einer unfreien Versendung (§ 12 Abs. 2 Z 3) gilt die Beförderung als für das Unternehmen des Empfängers der Sendung ausgeführt, wenn diesem die Rechnung über die Beförderung erteilt wird.

(3) Werden Restaurant- und Verpflegungsdienstleistungen an Bord eines Schiffes, in einem Luftfahrzeug oder in einer Eisenbahn während einer Beförderung innerhalb der Gemeinschaft erbracht, so gilt der Abgangsort des jeweiligen Personenbeförderungsmittels im Gemeinschaftsgebiet als Ort der sonstigen Leistung.

(4) Als Beförderung innerhalb des Gemeinschaftsgebiets im Sinne des Abs. 3 gilt die Beförderung oder der Teil der Beförderung zwischen dem Abgangsort und dem Ankunftsort des Beförderungsmittels im Gemeinschaftsgebiet ohne Zwischenaufenthalt außerhalb des Gemeinschaftsgebiets. Abgangsort im Sinne des ersten Satzes ist der erste Ort innerhalb des Gemeinschaftsgebiets, an dem Reisende in das Beförderungsmittel einsteigen können. Ankunftsort im Sinne des ersten Satzes ist der letzte Ort innerhalb des Gemeinschaftsgebiets, an dem Reisende das Beförderungsmittel verlassen können. Hin- und Rückfahrt gelten als gesonderte Beförderungen.

(5)

1. § 3a Abs. 13 ist nicht anzuwenden, wenn
   a) der Unternehmer sein Unternehmen in einem Mitgliedstaat betreibt und außerhalb dieses Mitgliedstaates keine Betriebstätte hat,
   b) die Leistung an einen Nichtunternehmer im Sinne des § 3a Abs. 5 Z 3 erbracht wird, der in einem anderen Mitgliedstaat seinen Wohnsitz, Sitz oder gewöhnlichen Aufenthalt hat, und
   c) der Gesamtbetrag der Entgelte für diese Leistungen und die Lieferungen gemäß Art. 3 Abs. 5 den Betrag von 10 000 Euro im vorangegangen Kalenderjahr nicht und im laufenden Kalenderjahr noch nicht überstiegen hat.

   *(BGBl I 2019/91)*
2. Der Unternehmer kann auf die Anwendung von Z 1 verzichten. Der Verzicht bindet ihn für mindestens zwei Kalenderjahre. Art. 3 Abs. 6 ist sinngemäß anzuwenden.

*(BGBl I 2018/62)*

### Bemessungsgrundlage

**Art. 4.** (1) Bei dem innergemeinschaftlichen Erwerb sind Verbrauchsteuern, die vom Erwerber geschuldet oder entrichtet werden, in die Bemessungsgrundlage (Entgelt) einzubeziehen.

(2) Der Umsatz wird bei Verbringen eines Gegenstandes im Sinne des **„Art. 1 Abs. 3“** und Art. 3 Abs. 1 Z 1 gemäß § 4 Abs. 8 lit. a bemessen.

*(BGBl I 2022/108 ab 1.7.2022)*

(3) § 4 Abs. 9 gilt auch für den innergemeinschaftlichen Erwerb.

### Steuerbefreiungen

**Art. 6.** (1) Steuerfrei sind die innergemeinschaftlichen Lieferungen (Art. 7). Dies gilt nicht, wenn der Unternehmer wusste oder wissen musste, dass die betreffende Lieferung im Zusammenhang mit Umsatzsteuerhinterziehungen oder sonstigen, die Umsatzsteuer betreffenden Finanzvergehen steht.

*(BGBl I 2015/118)*

(2) Steuerfrei ist der innergemeinschaftliche Erwerb

1. der in § 6 Abs. 1 Z 8 lit. f bis j, in Abs. 1 Z 20 und der in Abs. 1 Z 21 angeführten Gegenstände;
2. der in § 6 Abs. 1 Z 4, Z 8 lit. b und d, in § 9 Abs. 1 Z 1, 2 und 3 sowie in § 9 Abs. 2 Z 1, 2 und 3 angeführten Gegenstände unter den in diesen Bestimmungen genannten Voraussetzungen;
3. der Gegenstände, deren Einfuhr (§ 1 Abs. 1 Z 3) nach den für die Einfuhrumsatzsteuer geltenden Vorschriften steuerfrei wäre,
4. der Gegenstände, die zur Ausführung von steuerfreien Umsätzen verwendet werden, für die der Ausschluß vom Vorsteuerabzug nach § 12 Abs. 3 nicht eintritt.

(3) Steuerfrei ist die Einfuhr der Gegenstände, die vom Anmelder im Anschluß an die Einfuhr unmittelbar zur Ausführung von innergemeinschaftlichen Lieferungen (Art. 7) verwendet werden; der Anmelder hat das Vorliegen der Voraussetzungen des Art. 7 buchmäßig nachzuweisen. Die Befreiung ist nur anzuwenden, wenn derjenige, für dessen Unternehmen der Gegenstand eingeführt worden ist, die anschließende innergemeinschaftliche Lieferung tätigt.

Weiters ist Voraussetzung für die Anwendung der Steuerbefreiung, dass der Schuldner der Einfuhrumsatzsteuer zum Zeitpunkt der Einfuhr dem Zollamt Österreich die unter lit. a und b genannten Angaben zukommen lässt und den unter lit. c genannten Nachweis erbringt:

a) seine im Inland erteilte Umsatzsteuer-Identifikationsnummer oder die Umsatzsteuer-Identifikationsnummer seines Steuervertreters;
b) die in einem anderen Mitgliedstaat erteilte Umsatzsteuer-Identifikationsnummer des Abnehmers im Falle der innergemeinschaftlichen Lieferung nach Art. 7 Abs. 1 oder seine eigene Umsatzsteuer-Identifikationsnummer

im Falle des der Lieferung gleichgestellten Verbringens nach Art. 7 Abs. 2;

c) den Nachweis, aus dem hervorgeht, dass die eingeführten Gegenstände dazu bestimmt sind, vom Inland in einen anderen Mitgliedstaat befördert oder versendet zu werden.

(4) Steuerfrei ist die Lieferung an den Unternehmer, der gemäß § 3 Abs. 3a Z 2 behandelt wird, als ob er die Gegenstände selbst erhalten und geliefert hätte.

*(BGBl I 2019/91)*

(5) § 6 Abs. 1 Z 27 gilt nicht für die innergemeinschaftliche Lieferung neuer Fahrzeuge.

### Innergemeinschaftliche Lieferung

**Art. 7.** (1) Eine innergemeinschaftliche Lieferung (Art. 6 Abs. 1) liegt vor, wenn bei einer Lieferung die folgenden Voraussetzungen vorliegen:

1. Der Unternehmer oder der Abnehmer hat den Gegenstand der Lieferung in das übrige Gemeinschaftsgebiet befördert oder versendet. Wurde ein Gegenstand gemäß Art. 3 Abs. 2 im Rahmen einer Konsignationslagerregelung verbracht und wird der Gegenstand, innerhalb der in Art. 1a Abs. 3 genannten Frist an den geplanten Erwerber geliefert, gilt die Voraussetzung des ersten Satzes in diesem Zeitpunkt als erfüllt;

   *(BGBl I 2019/103)*

2. der Abnehmer ist
   a) ein Unternehmer, der den Gegenstand der Lieferung für sein Unternehmen erworben hat,
   b) eine juristische Person, die nicht Unternehmer ist oder die den Gegenstand der Lieferung nicht für ihr Unternehmen erworben hat, oder
   c) bei der Lieferung eines neuen Fahrzeuges auch jeder andere Erwerber und

3. der Erwerb des Gegenstandes der Lieferung ist beim Abnehmer in einem anderen Mitgliedstaat steuerbar;

   *(BGBl I 2019/103)*

4. der Abnehmer im Sinne der Z 2 lit. a und lit. b hat dem Unternehmer, die in einem anderen Mitgliedstaat erteilte Umsatzsteuer-Identifikationsnummer mitgeteilt;

   *(BGBl I 2019/103)*

5. der Unternehmer ist der Verpflichtung zur Abgabe einer Zusammenfassenden Meldung nach Art. 21 Abs. 3 nachgekommen oder hat sein Versäumnis zur Zufriedenheit der zuständigen Behörden ordnungsgemäß begründet.

   *(BGBl I 2019/103)*

Der Gegenstand der Lieferung kann durch Beauftragte vor der Beförderung oder Versendung in das übrige Gemeinschaftsgebiet bearbeitet oder verarbeitet worden sein.

(2) Als innergemeinschaftliche Lieferung gilt auch das einer Lieferung gleichgestellte Verbringen eines Gegenstandes (Art. 3 Abs. 1).

*(BGBl I 2019/103)*

(3) Die Voraussetzungen der Abs. 1 und 2 müssen vom Unternehmer buchmäßig nachgewiesen sein. Der Bundesminister für Finanzen kann durch Verordnung bestimmen, wie der Unternehmer den Nachweis zu führen hat, daß der Gegenstand in das übrige Gemeinschaftsgebiet befördert oder versendet worden ist.

(4) Hat der Unternehmer eine Lieferung als steuerfrei behandelt, obwohl die Voraussetzungen nach Abs. 1 nicht vorliegen, so ist die Lieferung dennoch als steuerfrei anzusehen, wenn die Inanspruchnahme der Steuerbefreiung auf unrichtigen Angaben des Abnehmers beruht und der Unternehmer die Unrichtigkeit dieser Angaben auch bei Beachtung der Sorgfalt eines ordentlichen Kaufmanns nicht erkennen konnte. In diesem Fall schuldet der Abnehmer die entgangene Steuer. In Abholfällen hat der Unternehmer die Identität des Abholenden festzuhalten.

### Ausstellung von Rechnungen in besonderen Fällen

**Art. 11.** (1) Der Unternehmer ist zur Ausstellung von Rechnungen verpflichtet für:

1. steuerfreie Lieferungen im Sinne des Art. 6 Abs. 1;
2. Lieferungen im Sinne des Art. 2;
3. sonstige Leistungen, die gemäß Art. 3a Abs. 1 im Inland ausgeführt werden;
4. den innergemeinschaftlichen Versandhandel, der gemäß Art. 3 Abs. 3 im Inland ausgeführt wird, wenn der Unternehmer weder die Sonderregelung nach Art. 25a im Inland, noch die Sonderregelung gemäß Art. 369a bis 369k der Richtlinie 2006/112/EG in einem Mitgliedstaat in Anspruch nimmt.

   *(BGBl I 2019/91, BGBl I 2021/227)*

In Fällen der Z 1 und 2 ist die Rechnung bis spätestens am fünfzehnten Tag des Kalendermonates, der auf den Kalendermonat folgt, in dem die Lieferung ausgeführt worden ist, unter Hinweis auf die Steuerfreiheit auszustellen. Besteht eine Verpflichtung gemäß Z 3 muss die Steuer gesondert auf der Rechnung ausgewiesen werden.

*(BGBl I 2015/118)*

(2) Wird in Rechnungen über steuerfreie Lieferungen im Sinne des Art. 7 abgerechnet, so sind die Umsatzsteuer-Identifikationsnummer des Unternehmers und die des Leistungsempfängers anzugeben. Das gilt nicht in den Fällen des Art. 1 Abs. 7 und des Art. 2.

(3) Rechnungen über die innergemeinschaftlichen Lieferungen von neuen Fahrzeugen an die nicht in Art. 1 Abs. 2 Z 2 genannten Erwerber müssen die in Art. 1 Abs. 8 und 9 bezeichneten Merkmale enthalten. Das gilt auch in den Fällen des Art. 2.

(4) Vereinnahmt der Unternehmer das Entgelt oder einen Teil des Entgeltes für eine noch nicht ausgeführte steuerfreie innergemeinschaftliche Lieferung, besteht hiefür keine Verpflichtung zur Rechnungsausstellung.

(5) § 11 Abs. 6 gilt nicht für Rechnungen über innergemeinschaftliche Lieferungen, Rechnungen gemäß Abs. 1 Z 4 und für Rechnungen gemäß Art. 25 Abs. 4.

*(BGBl I 2015/118, BGBl I 2019/91)*

### Vorsteuerabzug

**Art. 12.** (1) Der Unternehmer kann neben den in § 12 Abs. 1 Z 1 und 2 genannten Vorsteuerbeträgen folgende Beträge abziehen:

1. Die Steuer für den innergemeinschaftlichen Erwerb von Gegenständen für sein Unternehmen. Das gilt nicht für die sich auf Grund des Abs. 4 ergebende Steuer für den innergemeinschaftlichen Erwerb;
2. die gemäß Art. 25 Abs. 5 geschuldeten Beträge für Lieferungen, die im Inland für sein Unternehmen ausgeführt worden sind;
3. (aufgehoben)

(2) Der Ausschluss vom Vorsteuerabzug (§ 12 Abs. 3) tritt nicht ein, wenn die Umsätze nach Art. 6 Abs. 1 und 4 steuerfrei sind oder steuerfrei wären.

*(BGBl I 2019/91)*

(3) Für Fahrzeuglieferer (Art. 2) gelten folgende Einschränkungen des Vorsteuerabzugs:

1. Abziehbar ist nur die auf die Lieferung, die Einfuhr oder den innergemeinschaftlichen Erwerb des neuen Fahrzeugs entfallende Steuer.
2. Die Steuer kann nur bis zu dem Betrag abgezogen werden, der für die Lieferung des neuen Fahrzeugs geschuldet würde, wenn die Lieferung nicht steuerfrei wäre.
3. Die Steuer kann erst in dem Zeitpunkt abgezogen werden, in dem der Fahrzeuglieferer die innergemeinschaftliche Lieferung des neuen Fahrzeugs ausführt.

(4) § 12 Abs. 2 Z 2 gilt nicht für den innergemeinschaftlichen Erwerb.

### Aufzeichnungspflichten

**Art. 18.** (1) Aus den Aufzeichnungen müssen die Bemessungsgrundlagen

– für den innergemeinschaftlichen Erwerb von Gegenständen und
– für die Lieferungen, für die die Steuer gemäß Art. 25 Abs. 5 geschuldet wird,

jeweils getrennt nach Steuersätzen, sowie die hierauf entfallenden Steuerbeträge zu ersehen sein.

Aus den Aufzeichnungen des Erwerbers, der eine inländische Umsatzsteuer-Identifikationsnummer verwendet, müssen die Entgelte für die Lieferungen im Sinne des Art. 25 Abs. 5 sowie die Umsatzsteuer-Identifikationsnummern der Empfänger dieser Lieferungen zu ersehen sein.

(2) Gegenstände, die der Unternehmer zu seiner Verfügung vom Inland in das übrige Gemeinschaftsgebiet verbringt, müssen aufgezeichnet werden, wenn es sich um eine vorübergehende Verwendung im Sinne des Art. 3 Abs. 1 Z 1 lit. e bis g handelt.

(3) Gegenstände, die der Unternehmer von einem im übrigen Gemeinschaftsgebiet ansässigen Unternehmer im Sinne des § 3a Abs. 5 Z 1 und 2 zur Ausführung von Arbeiten an diesen beweglichen körperlichen Gegenständen oder zur Begutachtung erhält, müssen aufgezeichnet werden.

### Steuerschuldner, Entstehung der Steuerschuld

**Art. 19.** (1) Steuerschuldner ist in den Fällen

1. des Art. 1 der Erwerber und
2. des Art. 7 Abs. 4 der Abnehmer;
3. (aufgehoben)

Der leistende Unternehmer haftet für diese Steuer.

(2) Die Steuerschuld entsteht

1. für den innergemeinschaftlichen Erwerb im Sinne des Art. 1 Abs. 1 bis 6 mit Ausstellung der Rechnung, spätestens jedoch am 15. Tag des dem Erwerb folgenden Kalendermonates;
2. für den innergemeinschaftlichen Erwerb von neuen Fahrzeugen im Sinne des Art. 1 Abs. 7 am Tag des Erwerbs;
3. im Fall des Art. 7 Abs. 4 zweiter Satz in dem Zeitpunkt, in dem die Lieferung ausgeführt wird.

### Veranlagungszeitraum und Einzelbesteuerung

**Art. 20.** (1) Bei der Berechnung der Steuer ist die Summe der Umsätze gem. Art. 1 Abs. 1, für welche die Steuerschuld im Laufe eines Veranlagungszeitraumes entstanden ist, zu berücksichtigen. Dem ermittelten Betrag sind die nach Art. 7 Abs. 4 zweiter Satz geschuldeten Beträge hinzuzurechnen.

(2) Beim innergemeinschaftlichen Erwerb neuer Fahrzeuge durch andere Erwerber als die in Art. 1 Abs. 2 Z 2 genannten Personen ist die Steuer für jeden einzelnen steuerpflichtigen Erwerb zu berechnen (Fahrzeugeinzelbesteuerung).

### Voranmeldung und Vorauszahlung, Veranlagung

*Nichtunternehmer*

**Art. 21.** (1) Die Bestimmung des § 21 gilt sinngemäß auch für juristische Personen, die ausschließlich eine Steuer für Umsätze nach Art. 1 oder Art. 25 Abs. 5 zu entrichten haben, sowie für Personen, die keine Unternehmer sind und Steuerbeträge nach Art. 7 Abs. 4 zweiter Satz schulden.

*Fahrzeugeinzelbesteuerung*

(2) In den Fällen der Fahrzeugeinzelbesteuerung (Art. 20 Abs. 2) hat der Erwerber spätestens bis zum Ablauf eines Monates, nach dem die Steuerschuld entstanden ist (Fälligkeitstag), eine Steuererklärung auf amtlichem Vordruck abzugeben, in

der er die zu entrichtende Steuer selbst zu berechnen hat (Steueranmeldung). Gibt der Erwerber die Steueranmeldung nicht ab oder erweist sich die Selbstberechnung als nicht richtig, so kann das Finanzamt die Steuer festsetzen. Die Steuer ist spätestens am Fälligkeitstag zu entrichten.

*Zusammenfassende Meldung*

(3) Der Unternehmer im Sinne des § 2 hat bis zum Ablauf des auf jeden Kalendermonat (Meldezeitraum) folgenden Kalendermonates, in dem er innergemeinschaftliche Warenlieferungen ausgeführt oder Gegenstände im Rahmen einer Konsignationslagerregelung gemäß Art. 3 Abs. 2 verbracht hat, beim Finanzamt eine Meldung abzugeben (Zusammenfassende Meldung), in der er die Angaben nach Abs. 6 zu machen hat. Das gilt auch, wenn er im übrigen Gemeinschaftsgebiet steuerpflichtige sonstige Leistungen ausgeführt hat, für die der Leistungsempfänger entsprechend Art. 196 der Richtlinie 2006/112/EG in der Fassung der Richtlinie 2008/8/EG die Steuer schuldet. Unternehmer, für die das Kalendervierteljahr der Voranmeldungszeitraum ist (§ 21 Abs. 2), haben diese Meldung bis zum Ablauf des auf jedes Kalendervierteljahr (Meldezeitraum) folgenden Kalendermonates abzugeben. Für die Anwendung dieser Vorschrift gelten auch nichtselbständige juristische Personen im Sinne des § 2 Abs. 2 Z 2 als Unternehmer, sofern sie eine eigene Umsatzsteuer-Identifikationsnummer haben. Die Zuständigkeit in Angelegenheiten der Zusammenfassenden Meldung richtet sich nach der Zuständigkeit für die Festsetzung der Umsatzsteuer des Unternehmers.

*(BGBl I 2019/103)*

(4) Eine innergemeinschaftliche Warenlieferung im Sinne dieser Vorschrift ist

1. eine innergemeinschaftliche Lieferung im Sinne des Art. 7 Abs. 1 mit Ausnahme der Lieferungen neuer Fahrzeuge an Abnehmer ohne Umsatzsteuer-Identifikationsnummer;
2. eine innergemeinschaftliche Lieferung im Sinne des Art. 7 Abs. 2.

   *(BGBl I 2019/103)*
3. (aufgehoben)

(5) (aufgehoben)

(6) Die Zusammenfassende Meldung muss folgende Angaben enthalten:

1. für innergemeinschaftliche Warenlieferungen im Sinne des Abs. 4 Z 1
   a) die Umsatzsteuer-Identifikationsnummer jedes Erwerbers, die ihm in einem anderen Mitgliedstaat erteilt worden ist und unter der die innergemeinschaftlichen Warenlieferungen an ihn ausgeführt worden sind, und
   b) für jeden Erwerber die Summe der Bemessungsgrundlagen der an ihn ausgeführten innergemeinschaftlichen Warenlieferungen;
2. für innergemeinschaftliche Warenlieferungen im Sinne des Abs. 4 Z 2
   a) die Umsatzsteuer-Identifikationsnummern des Unternehmers in den Mitgliedstaaten, in die er Gegenstände verbracht hat und
   b) die darauf entfallende Summe der Bemessungsgrundlagen;

2a. für das Verbringen von Gegenständen im Rahmen einer Konsignationslagerregelung gemäß Art. 3 Abs. 2 die Umsatzsteuer-Identifikationsnummern der geplanten Erwerber im Sinne des Art. 1a Abs. 1 lit. a sowie jede Änderung der gemeldeten Angaben;

   *(BGBl I 2019/103)*

3. für im übrigen Gemeinschaftsgebiet ausgeführte steuerpflichtige sonstige Leistungen, für die der Leistungsempfänger entsprechend Art. 196 der Richtlinie 2006/112/EG in der Fassung der Richtlinie 2008/8/EG die Steuer schuldet
   a) die Umsatzsteuer-Identifikationsnummer jedes Leistungsempfängers, die ihm in einem anderen Mitgliedstaat erteilt worden ist und unter der die steuerpflichtigen sonstigen Leistungen an ihn erbracht worden sind, und
   b) für jeden Leistungsempfänger die Summe der Bemessungsgrundlagen der an ihn erbrachten steuerpflichtigen sonstigen Leistungen.

*(BGBl I 2019/103)*

(7) Die Angaben nach Abs. 6 Z 1 und 2 sind für den Meldezeitraum zu machen, in dem die Rechnung für die innergemeinschaftliche Warenlieferung ausgestellt wird, spätestens jedoch für den Meldezeitraum, in dem der auf die Ausführung der innergemeinschaftlichen Warenlieferung folgende Monat endet. Die Angaben nach Abs. 6 Z 2a sind für den Meldezeitraum zu machen, in dem der auf die Verbringung der Gegenstände gemäß Art. 3 Abs. 2 bzw. die Änderung folgende Monat endet.

Die Angaben nach Abs. 6 Z 3 sind für den Meldezeitraum zu machen, in dem die steuerpflichtige sonstige Leistung ausgeführt wird.

*(BGBl I 2019/103)*

(8) Erkennt der Unternehmer nachträglich, daß eine von ihm abgegebene Zusammenfassende Meldung unrichtig oder unvollständig ist, so ist er verpflichtet, die ursprüngliche Zusammenfassende Meldung innerhalb eines Monates zu berichtigen.

(9) Die Zusammenfassende Meldung gilt als Steuererklärung. § 135 der Bundesabgabenordnung ist sinngemäß mit der Maßgabe anzuwenden, dass der Verspätungszuschlag 1% der Summe aller nach Abs. 6 Z 1 lit. b, Z 2 lit. b und Z 3 lit. b zu meldenden Bemessungsgrundlagen für innergemeinschaftliche Warenlieferungen im Sinne des Abs. 4 und im übrigen Gemeinschaftsgebiet ausgeführte steuerpflichtige sonstige Leistungen, für die der Leistungsempfänger entsprechend Art. 196 der Richtlinie 2006/112/EG in der Fassung der Richtlinie 2008/8/EG die Steuer schuldet, nicht übersteigen und höchstens 2 200 Euro betragen darf.

(10) Die Übermittlung der Zusammenfassenden Meldung hat elektronisch zu erfolgen. Ist dem Unternehmer die elektronische Übermittlung der Steuererklärung mangels technischer Voraussetzungen unzumutbar, hat die Übermittlung der Zusammenfassenden Meldung auf dem amtlichen Vordruck zu erfolgen.

Der Bundesminister für Finanzen wird ermächtigt, den Inhalt und das Verfahren der elektronischen Übermittlung der Zusammenfassenden Meldung mit Verordnung festzulegen. In der Verordnung kann vorgesehen werden, dass sich der Unternehmer einer bestimmten geeigneten öffentlich-rechtlichen oder privatrechtlichen Übermittlungsstelle zu bedienen hat; weiters kann ein vom Abs. 3 abweichender Abgabetermin bestimmt werden.

*Gesonderte Erklärung innergemeinschaftlicher Lieferungen im Besteuerungsverfahren*

(11) Der Unternehmer im Sinne des § 2 hat für jeden Voranmeldungszeitraum in der Voranmeldung (§ 21 Abs. 1 und 2) die Bemessungsgrundlagen seiner innergemeinschaftlichen Lieferungen und seiner Lieferungen im Sinne des Art. 25 Abs. 5 gesondert zu erklären. Die Angaben sind in dem Voranmeldungszeitraum zu machen, in dem die Rechnung für die innergemeinschaftliche Lieferung ausgestellt wird, spätestens jedoch in dem Voranmeldungszeitraum, in dem der auf die Ausführung der innergemeinschaftlichen Lieferung folgende Monat endet. Der zweite Satz gilt für die Steuererklärung (§ 21 Abs. 4) entsprechend.

**Innergemeinschaftlicher Warenverkehr mit Gebrauchtgegenständen, Kunstgegenständen, Sammlungsstücken und Antiquitäten**

**Art. 24.** (1) Die Differenzbesteuerung gemäß § 24 findet keine Anwendung,

a) auf die Lieferung eines Gegenstandes, den der Wiederverkäufer innergemeinschaftlich erworben hat, wenn auf die Lieferung des Gegenstandes an den Wiederverkäufer die Steuerbefreiung für innergemeinschaftliche Lieferungen im übrigen Gemeinschaftsgebiet angewendet worden ist. Dies gilt nicht für Kunstgegenstände, die vom Urheber oder dessen Rechtsnachfolgern geliefert wurden;
*(BGBl I 2019/103)*

b) auf die innergemeinschaftliche Lieferung neuer Fahrzeuge im Sinne des Art. 1 Abs. 8 und 9.

(2) Der innergemeinschaftliche Erwerb unterliegt nicht der Umsatzsteuer, wenn auf die Lieferung der Gegenstände an den Erwerber im Sinne des Art. 1 Abs. 2 im übrigen Gemeinschaftsgebiet die Differenzbesteuerung (§ 24) angewendet worden ist.

(3) Die Anwendung des Art. 3 Abs. 3 und die Steuerbefreiung für innergemeinschaftliche Lieferungen (Art. 7 Abs. 1) sind bei der Differenzbesteuerung (§ 24) ausgeschlossen.

**Sonderregelung für Anlagegold**

**Art. 24a.** Die Bestimmungen des § 24a Abs. 1 lit. b und § 24a Abs. 2 lit. a gelten auch für den innergemeinschaftlichen Erwerb.

**Zoll- und Steuerlager**

**Art. 24b.** Die Verordnungsermächtigung des § 24b gilt sinngemäß für Erwerbe von Gegenständen, die in eine im § 24b Abs. 1 Z 2 genannte Regelung überführt werden sollen.

**Dreiecksgeschäft**

*Begriff*

**Art. 25.** (1) Ein Dreiecksgeschäft liegt vor, wenn drei Unternehmer in drei verschiedenen Mitgliedstaaten über denselben Gegenstand Umsatzgeschäfte abschließen, dieser Gegenstand unmittelbar vom ersten Lieferer an den letzten Abnehmer gelangt und die in Abs. 3 genannten Voraussetzungen erfüllt werden. Das gilt auch, wenn der letzte Abnehmer eine juristische Person ist, die nicht Unternehmer ist oder den Gegenstand nicht für ihr Unternehmen erwirbt.

*Ort des innergemeinschaftlichen Erwerbs beim Dreiecksgeschäft*

(2) Der innergemeinschaftliche Erwerb im Sinne des Art. 3 Abs. 8 zweiter Satz gilt als besteuert, wenn der Unternehmer (Erwerber) nachweist, daß ein Dreiecksgeschäft vorliegt und daß er seiner Erklärungspflicht gemäß Abs. 6 nachgekommen ist. Kommt der Unternehmer seiner Erklärungspflicht nicht nach, fällt die Steuerfreiheit rückwirkend weg.

*Steuerbefreiung beim innergemeinschaftlichen Erwerb von Gegenständen*

(3) Der innergemeinschaftliche Erwerb ist unter folgenden Voraussetzungen von der Umsatzsteuer befreit:

a) Der Unternehmer (Erwerber) hat keinen Wohnsitz oder Sitz im Inland, wird jedoch im Gemeinschaftsgebiet zur Umsatzsteuer erfaßt;

b) der Erwerb erfolgt für Zwecke einer anschließenden Lieferung des Unternehmers (Erwerbers) im Inland an einen Unternehmer oder eine juristische Person, der bzw. die für Zwecke der Umsatzsteuer im Inland erfaßt ist;

c) die erworbenen Gegenstände stammen aus einem anderen Mitgliedstaat als jenem, in dem der Unternehmer (Erwerber) zur Umsatzsteuer erfaßt wird;

d) die Verfügungsmacht über die erworbenen Gegenstände wird unmittelbar vom ersten Unternehmer oder ersten Abnehmer dem letzten Abnehmer (Empfänger) verschafft;

e) die Steuer wird gemäß Abs. 5 vom Empfänger geschuldet.

*Rechnungsausstellung durch den Erwerber*

(4) Die Rechnungsausstellung richtet sich nach den Vorschriften des Mitgliedstaates, von dem aus der Erwerber sein Unternehmen betreibt. Wird die Lieferung von der Betriebsstätte des Erwerbers ausgeführt, ist das Recht des Mitgliedstaates maßgebend, in dem sich die Betriebsstätte befindet. Rechnet der Leistungsempfänger, auf den die Steuerschuld übergeht, mittels Gutschrift ab, richtet sich die Rechnungsausstellung nach den Vorschriften des Mitgliedstaates, in dem die Lieferung ausgeführt wird.

Sind für die Rechnungsausstellung die Vorschriften dieses Bundesgesetzes maßgebend, muss die Rechnung zusätzlich folgende Angaben enthalten:

– einen ausdrücklichen Hinweis auf das Vorliegen eines innergemeinschaftlichen Dreiecksgeschäftes und die Steuerschuldnerschaft des letzten Abnehmers,
– die Umsatzsteuer-Identifikationsnummer, unter der der Unternehmer (Erwerber) den innergemeinschaftlichen Erwerb und die nachfolgende Lieferung der Gegenstände bewirkt hat, und
– die Umsatzsteuer-Identifikationsnummer des Empfängers der Lieferung.

*Steuerschuldner*

(5) Bei einem Dreiecksgeschäft wird die Steuer vom Empfänger der steuerpflichtigen Lieferung geschuldet, wenn die vom Erwerber ausgestellte Rechnung dem Abs. 4 entspricht.

*Pflichten des Erwerbers*

(6) Zur Erfüllung seiner Erklärungspflicht im Sinne des Abs. 2 hat der Unternehmer in der Zusammenfassenden Meldung folgende Angaben zu machen:

– die Umsatzsteuer-Identifikationsnummer im Inland, unter der er den innergemeinschaftlichen Erwerb und die nachfolgende Lieferung der Gegenstände bewirkt hat;
– die Umsatzsteuer-Identifikationsnummer des Empfängers der vom Unternehmer bewirkten nachfolgenden Lieferung, die diesem im Bestimmungsmitgliedstaat der versandten oder beförderten Gegenstände erteilt worden ist;
– für jeden einzelnen dieser Empfänger die Summe der Entgelte der auf diese Weise vom Unternehmer im Bestimmungsmitgliedstaat der versandten oder beförderten Gegenstände bewirkten Lieferungen. Diese Beträge sind für den Meldezeitraum gemäß Art. 21 Abs. 3 anzugeben, in dem die Steuerschuld entstanden ist.

*(BGBl I 2015/118)*

*Pflichten des Empfängers*

(7) Bei der Berechnung der Steuer gemäß § 20 ist dem ermittelten Betrag der nach Abs. 5 geschuldete Betrag hinzuzurechnen.

**„Dreiecksgeschäft**

***Begriff***

**Art. 25.[a)] (1) Ein Dreiecksgeschäft liegt vor, wenn bei einem Reihengeschäft (§ 3 Abs. 15) die in Abs. 3 genannten Voraussetzungen erfüllt werden.**

***Ort des innergemeinschaftlichen Erwerbs beim Dreiecksgeschäft***

**(2) Der innergemeinschaftliche Erwerb im Sinne des Art. 3 Abs. 8 zweiter Satz gilt als besteuert, wenn der Unternehmer, der den innergemeinschaftlichen Erwerb bewirkt (Erwerber), nachweist, dass ein Dreiecksgeschäft vorliegt und dass er seiner Erklärungspflicht gemäß Abs. 6 nachgekommen ist. Kommt der Unternehmer seiner Erklärungspflicht nicht nach, fällt die Steuerfreiheit rückwirkend weg.**

***Steuerbefreiung beim innergemeinschaftlichen Erwerb von Gegenständen***

**(3) Der innergemeinschaftliche Erwerb ist unter folgenden Voraussetzungen von der Umsatzsteuer befreit:**

**a) Der Erwerber betreibt im Inland weder sein Unternehmen noch hat er dort eine Betriebstätte;**
**b) der Erwerber verwendet für den Erwerb eine Umsatzsteuer-Identifikationsnummer, die weder eine inländische noch eine des Mitgliedstaates ist, aus dem die Gegenstände stammen;**
**c) der Erwerb erfolgt für Zwecke einer anschließenden Lieferung des Erwerbers im Inland an einen Unternehmer oder eine juristische Person, der bzw. die für Zwecke der Umsatzsteuer im Inland erfasst ist (Abnehmer);**
**d) die Steuer für die anschließende Lieferung wird gemäß Abs. 5 vom Abnehmer geschuldet.**

***Rechnungsausstellung durch den Erwerber***

**(4) Die Rechnungsausstellung richtet sich nach den Vorschriften des Mitgliedstaates, von dem aus der Erwerber sein Unternehmen betreibt. Wird die Lieferung von der Betriebsstätte des Erwerbers ausgeführt, ist das Recht des Mitgliedstaates maßgebend, in dem sich die Betriebsstätte befindet. Rechnet der Leistungsempfänger, auf den die Steuerschuld übergeht, mittels Gutschrift ab, richtet sich die Rechnungsausstellung nach den Vorschriften des Mitgliedstaates, in dem die Lieferung ausgeführt wird. Sind für die Rechnungsausstellung die Vorschriften dieses Bundesgesetzes maßgebend, muss die Rechnung zusätzlich folgende Angaben enthalten:**

**– einen ausdrücklichen Hinweis auf das Vorliegen eines innergemeinschaftlichen Dreiecksgeschäftes und die Steuerschuldnerschaft des Abnehmers,**

– **die Umsatzsteuer-Identifikationsnummer, unter der der Erwerber den innergemeinschaftlichen Erwerb und die nachfolgende Lieferung der Gegenstände bewirkt hat, und**
– **die Umsatzsteuer-Identifikationsnummer des Abnehmers.**

***Steuerschuldner***

**(5) Bei einem Dreiecksgeschäft wird die Steuer vom Abnehmer der steuerpflichtigen Lieferung geschuldet, wenn die vom Erwerber ausgestellte Rechnung dem Abs. 4 entspricht.**

***Pflichten des Erwerbers***

**(6) Zur Erfüllung seiner Erklärungspflicht im Sinne des Abs. 2 hat der Erwerber in der Zusammenfassenden Meldung folgende Angaben zu machen:**
– **die Umsatzsteuer-Identifikationsnummer im Inland, unter der er den innergemeinschaftlichen Erwerb und die nachfolgende Lieferung der Gegenstände bewirkt hat;**
– **die Umsatzsteuer-Identifikationsnummer des Abnehmers der vom Erwerber bewirkten nachfolgenden Lieferung, die diesem im Bestimmungsmitgliedstaat der versandten oder beförderten Gegenstände erteilt worden ist;**
– **für jeden einzelnen dieser Abnehmer die Summe der Entgelte der auf diese Weise vom Erwerber im Bestimmungsmitgliedstaat der versandten oder beförderten Gegenstände bewirkten Lieferungen. Diese Beträge sind für den Meldezeitraum gemäß Art. 21 Abs. 3 anzugeben, in dem die Steuerschuld entstanden ist.**

***Pflichten des Abnehmers***

**(7) Bei der Berechnung der Steuer gemäß § 20 ist dem ermittelten Betrag der nach Abs. 5 geschuldete Betrag hinzuzurechnen.“**

*(BGBl I 2022/108 ab 1.1.2023)*

[a]) Tritt mit 1. Jänner 2023 in Kraft.

**Sonderregelung für im Gemeinschaftsgebiet ansässige Unternehmer, die sonstige Leistungen an Nichtunternehmer im Gemeinschaftsgebiet erbringen, für innergemeinschaftlichen Versandhandel und für Lieferungen durch elektronische Schnittstellen innerhalb eines Mitgliedstaates**

*(BGBl I 2019/91)*

**Art. 25a.**

*Im Inland ansässige Unternehmer*

*Voraussetzungen für die Inanspruchnahme der Sonderregelung*

(1) Unternehmer können auf Antrag über das für diese Zwecke beim Bundesministerium für Finanzen eingerichtete Portal, abweichend von den allgemeinen Vorschriften, die nachstehende Sonderregelung in Anspruch nehmen, wenn dies nicht nach Abs. 8, § 25a Abs. 10, § 25b Abs. 8 Z 1 oder einer vergleichbaren Sperrfrist in einem anderen Mitgliedstaat ausgeschlossen ist, für folgende Umsätze:

1. sonstige Leistungen an Nichtunternehmer gemäß § 3a Abs. 5 Z 3, die in anderen Mitgliedstaaten ausgeführt werden, in denen sie weder ihr Unternehmen betreiben noch eine Betriebsstätte haben, wenn es sich um einen Unternehmer handelt, der
   a) sein Unternehmen im Inland betreibt,
   b) sein Unternehmen im Drittlandsgebiet betreibt und innerhalb des Gemeinschaftsgebiets nur im Inland eine Betriebsstätte hat, oder
   c) sein Unternehmen im Drittlandsgebiet betreibt, im Inland eine Betriebsstätte hat, im übrigen Gemeinschaftsgebiet zumindest eine weitere Betriebsstätte hat und sich für die Inanspruchnahme der Sonderregelung nach diesem Bundesgesetz entscheidet.

   In den Fällen der lit. c kann sich der Unternehmer nur für die Inanspruchnahme der Sonderreglung nach diesem Bundesgesetz entscheiden, wenn er innerhalb der zwei vorangegangenen Kalenderjahre nicht in einem anderen Mitgliedstaat, in dem er zum Zeitpunkt der Antragstellung eine Betriebstätte hat, eine Sonderregelung gemäß Art. 369a bis 369k der Richtlinie 2006/112/EG unter den der lit. c entsprechenden Voraussetzungen in Anspruch genommen hat.
2. Lieferungen
   a) gemäß Art. 3 Abs. 3 oder
   b) durch elektronische Schnittstellen gemäß § 3 Abs. 3a Z 2 bei denen die Beförderung oder Versendung im selben Mitgliedstaat beginnt und endet.

   Für diese Lieferungen können folgende Unternehmer die Sonderregelung in Anspruch nehmen:
   aa) Unternehmer gemäß Z 1 lit. a bis c, oder
   bb) andere Unternehmer, wenn sie im Gemeinschaftsgebiet weder ihr Unternehmen betreiben noch eine Betriebstätte haben und:
      – die Beförderung oder Versendung aller unter die Sonderregelung fallenden Lieferungen im Inland beginnt; oder
      – die Beförderung oder Versendung eines Teils der unter die Sonderregelung fallenden Lieferungen im Inland beginnt, der Unternehmer sich für die Inanspruchnahme der Sonderregelung nach diesem Bundesgesetz entscheidet und er in keinem

anderen Mitgliedstaat, in dem die Beförderung oder Versendung eines anderen Teils dieser Lieferungen beginnt, innerhalb der zwei vorangegangenen Kalenderjahre eine Sonderregelung gemäß Art. 369a bis 369k der Richtlinie 2006/112/EG unter vergleichbaren Umständen in Anspruch genommen hat.

*(BGBl I 2019/91)*

*Beginn der Inanspruchnahme*

(2) Die Sonderregelung ist ab dem ersten Tag des auf den Antrag nach Abs. 1 folgenden Kalendervierteljahres anzuwenden. Abweichend davon ist sie

1. ab dem Tag der Erbringung der ersten Lieferung oder sonstigen Leistung im Sinne des Abs. 1 anzuwenden, wenn der Unternehmer die Aufnahme der Tätigkeit spätestens am zehnten Tag des auf die erste Leistungserbringung folgenden Monates meldet;
2. ab dem Tag der Änderung anzuwenden, wenn der Unternehmer eine Sonderregelung gemäß Art. 369a bis 369k der Richtlinie 2006/112/EG in einem anderen Mitgliedstaat in Anspruch genommen hat und
   a) den Ort, von dem aus der Unternehmer sein Unternehmen betreibt, ins Inland oder ins Drittlandsgebiet verlegt oder seine Betriebsstätte in dem anderen Mitgliedstaat auflässt; oder
   b) es sich um einen Unternehmer gemäß Abs. 1 Z 2 lit. bb handelt, der keine unter die Sonderregelung fallenden Lieferungen mehr ausführt, deren Beförderung oder Versendung in dem anderen Mitgliedstaat beginnt;

   und der Unternehmer die Änderung spätestens am zehnten Tag des auf die Änderung folgenden Monates beiden Mitgliedstaaten elektronisch meldet.

Wechselt der Unternehmer von einer Sonderregelung im Sinne des § 25a zu dieser Sonderregelung, gilt lit. a sinngemäß.

*(BGBl I 2019/91)*

*Steuererklärung, Erklärungszeitraum, Entrichtung*

(3) Der Unternehmer hat spätestens am letzten Tag des auf einen Erklärungszeitraum folgenden Monates eine Steuererklärung über alle in diesem Erklärungszeitraum ausgeführten steuerpflichtigen Umsätze, die unter die Sonderregelung fallen, über das für diese Zwecke beim Bundesministerium für Finanzen eingerichtete Portal abzugeben. Eine Steuererklärung ist auch dann abzugeben, wenn im Erklärungszeitraum keine Umsätze ausgeführt worden sind. Die für den Erklärungszeitraum zu entrichtende Steuer ist selbst zu berechnen und bei Abgabe der Erklärung, jedoch spätestens am zwanzigsten Tag des auf den Erklärungszeitraum folgenden Monates zu entrichten. Die Zahlung erfolgt unter Hinweis auf die zugrundeliegende Steuererklärung. Für Berichtigungen gilt Abs. 12 sinngemäß.

Der Erklärungszeitraum ist das Kalendervierteljahr.

*(BGBl I 2019/91)*

(4) In der Steuererklärung sind anzugeben:

1. die dem Unternehmer vom Finanzamt gemäß Art. 28 erteilte Umsatzsteuer-Identifikationsnummer;
2. für jeden Mitgliedstaat die Summe der in diesem Erklärungszeitraum ausgeführten, unter die Sonderregelung fallenden steuerpflichtigen Umsätze und die darauf entfallende Steuer aufgegliedert nach Steuersätzen;
3. die Gesamtsteuerschuld.

Erbringt der Unternehmer von Betriebsstätten in anderen Mitgliedstaaten Umsätze, die unter diese Sonderregelung fallen, so sind die in Z 1 bis 3 genannten Angaben auch für jeden dieser Mitgliedstaaten in der Steuererklärung anzuführen. Mangels Umsatzsteuer-Identifikationsnummer ist die Steuerregisternummer der jeweiligen Betriebsstätte anzugeben. Werden Gegenstände aus anderen Mitgliedstaaten versandt oder befördert sind die in Z 1 bis 3 genannten Angaben auch für jeden dieser Mitgliedstaaten anzuführen. Mangels Umsatzsteuer-Identifikationsnummer ist die Steuerregisternummer für jeden dieser Mitgliedstaaten anzugeben. Im Fall des Abs. 1 Z 2 lit. b gilt dies nur, wenn eine dieser Nummern vorhanden ist.

*(BGBl I 2019/91)*

*Werte in fremder Währung*

(5) Die Beträge in der Steuererklärung sind in Euro anzugeben.

Der Unternehmer hat zur Berechnung der Steuer Werte in fremder Währung nach den Kursen umzurechnen, die für den letzten Tag des Erklärungszeitraumes von der Europäischen Zentralbank festgestellt worden sind. Sind für diesen Tag keine Umrechnungskurse festgestellt worden, hat der Unternehmer die Steuer nach den für den nächsten Tag nach Ablauf des Erklärungszeitraumes von der Europäischen Zentralbank festgestellten Umrechnungskursen umzurechnen.

*Beendigung oder Ausschluss von der Sonderregelung*

(6) Ein Unternehmer kann die Inanspruchnahme dieser Sonderregelung beenden, unabhängig davon, ob er weiterhin Lieferungen oder sonstige Leistungen erbringt, die unter diese Sonderregelung fallen können. Die Beendigung der Sonderregelung kann nur mit Wirkung von Beginn eines Kalendervierteljahres an erfolgen. Sie ist spätestens fünfzehn Tage vor Ablauf des diesem vorangehenden Kalendervierteljahres über das für diese Zwecke beim

Bundesministerium für Finanzen eingerichtete Portal zu erklären.

*(BGBl I 2021/227)*

(7) In folgenden Fällen ist ein Unternehmer von der Inanspruchnahme der Sonderregelung auszuschließen:

1. der Unternehmer teilt mit, dass er keine unter die Sonderregelung fallenden Umsätze mehr ausführt;

   *(BGBl I 2019/91)*

2. es werden über einen Zeitraum von acht aufeinanderfolgenden Kalendervierteljahren keine Lieferungen oder sonstigen Leistungen im Sinne des Abs. 1 erbracht;

   *(BGBl I 2021/227)*

3. der Unternehmer erfüllt die Voraussetzungen für die Inanspruchnahme dieser Sonderregelung nicht mehr;
4. der Unternehmer verstößt wiederholt gegen die Vorschriften dieser Sonderregelung.

Die Ausschlussentscheidung ist elektronisch zu übermitteln und wirkt ab dem ersten Tag des Kalendervierteljahres, das auf die Übermittlung der Ausschlussentscheidung folgt. Ist der Ausschluss jedoch auf eine Änderung des Ortes, von dem aus der Unternehmer sein Unternehmen betreibt, auf eine Änderung des Ortes der Betriebsstätte oder auf eine Änderung des Ortes zurückzuführen, an dem die Beförderung oder Versendung beginnt, ist der Ausschluss ab dem Tag dieser Änderung wirksam. Ein Ausschluss gemäß Z 4 wirkt ab dem Tag, der auf den Tag folgt, an dem die Entscheidung über den Ausschluss dem Steuerpflichtigen elektronisch übermittelt wurde.

Ist eine elektronische Übermittlung über FinanzOnline nicht möglich, so hat sie an die vom Unternehmer bekannt gegebene E-Mail-Adresse zu erfolgen. Die Übermittlung des E-Mails gilt mit dessen Absendung als bewirkt, ausgenommen der Unternehmer weist nach, dass ihm das E-Mail nicht übermittelt worden ist.

*(BGBl I 2019/91)*

*Sperrfristen*

(8) Erfolgt ein Ausschluss gemäß Abs. 7 Z 4, kann der Unternehmer diese Sonderregelung zwei Jahre ab Wirksamkeit des Ausschlusses nicht in Anspruch nehmen. Der Ausschluss gilt auch für die Sonderregelungen gemäß § 25a und § 25b.

*(BGBl I 2019/91)*

*Berichtspflichten*

(9) Der Unternehmer hat die Beendigung seiner dieser Sonderregelung unterliegenden Tätigkeit, Änderungen, durch die er die Voraussetzungen für die Inanspruchnahme dieser Sonderregelung nicht mehr erfüllt, sowie Änderungen der im Rahmen der Sonderregelung mitgeteilten Angaben bis zum zehnten Tag des folgenden Monates über das für diese Zwecke beim Bundesministerium für Finanzen eingerichtete Portal zu melden.

*Aufzeichnungspflichten*

(10) Die Aufzeichnungen über die nach dieser Sonderregelung getätigten Umsätze haben getrennt nach den Mitgliedstaaten zu erfolgen, in denen die Umsätze ausgeführt worden sind. Die Aufzeichnungen sind zehn Jahre aufzubewahren und über Aufforderung der zuständigen Behörde elektronisch zur Verfügung zu stellen.

*Umsätze im Inland*

(11) Die Abs. 2 bis 10 sind für die im Inland ausgeführten, der Sonderregelungen unterliegenden steuerpflichtigen Umsätze sinngemäß anzuwenden, wenn der Unternehmer in einem anderen Mitgliedstaat der Sonderregelung gemäß Art. 369a bis 369k der Richtlinie 2006/112/EG unterliegt. Für sonstige Leistungen gilt dies nur, wenn er keine Betriebsstätte im Inland hat.

*(BGBl I 2019/91)*

*Änderung der Bemessungsgrundlage*

(12) Änderungen der Bemessungsgrundlage von Umsätzen gemäß Abs. 11 durch den Unternehmer sind innerhalb von drei Jahren ab dem Tag, an dem die ursprüngliche Erklärung abzugeben war, in eine spätere Erklärung aufzunehmen. Dabei ist auf den Steuerzeitraum und den Steuerbetrag, für den Änderungen erforderlich sind, zu verweisen.

*(BGBl I 2019/91)*

*Entstehung der Steuerschuld, Fälligkeit, Entrichtung*

(13) Die Steuerschuld für Umsätze gemäß Abs. 11 entsteht außer in den Fällen gemäß § 19 Abs. 2 Z 1a im Zeitpunkt, in dem die Umsätze ausgeführt werden. Die Steuer ist spätestens am letzten Tag (Fälligkeitstag) des auf den Erklärungszeitraum, in dem der Umsatz ausgeführt worden ist, folgenden Monates zu entrichten. Für diese Umsätze sind § 19 Abs. 1 zweiter Satz und § 21 Abs. 1 bis 6 nicht anzuwenden.

*(BGBl I 2016/117, BGBl I 2019/91)*

*Festsetzung der Steuer*

(14) Unterlässt der Unternehmer die Einreichung der Steuererklärung pflichtwidrig oder erweist sich die Steuererklärung als unvollständig oder die Selbstberechnung als unrichtig, so hat das Finanzamt die Steuer für Umsätze im Sinne des Abs. 11 festzusetzen. Die festgesetzte Steuer hat den im Abs. 13 genannten Fälligkeitstag.

*Vorsteuerabzug*

(15) Ein Unternehmer, der **„Lieferungen oder“** sonstige Leistungen erbringt, die einer Sonderregelung gemäß Art. 369a bis 369k der Richtlinie 2006/112/EG im Inland oder in einem anderen Mitgliedstaat unterliegen, und der nicht verpflichtet ist, gemäß § 21 Abs. 4 eine Steuererklärung abzugeben, hat den mit diesen Umsätzen in Zusammenhang stehenden Vorsteuerabzug unter Anwendung des § 21 Abs. 9 vorzunehmen, unabhängig davon,

ob es sich um einen im Inland ansässigen Unternehmer handelt.

*(BGBl I 2019/91, BGBl I 2022/108 ab 20.7.2022)*

**Besondere Aufsichtsmaßnahmen zur Sicherung des Steueranspruches**

*Bescheinigung zum Zwecke der Vorlage bei der Zulassungsbehörde*

**Art. 27.** (1) Zur Sicherung des Steueranspruchs in Fällen des innergemeinschaftlichen Erwerbs neuer motorbetriebener Landfahrzeuge, neuer Luftfahrzeuge und neuer Wasserfahrzeuge (Art. 1 Abs. 8) gilt folgendes:

1. Im Falle der Anschaffung von Fahrzeugen im Sinne des Art. 1 Abs. 8 aus dem übrigen Gemeinschaftsgebiet hat das Finanzamt zu bescheinigen, daß gegen die Zulassung des Fahrzeuges aus steuerlichen Gründen keine Bedenken bestehen. Diese Bescheinigung ist nur zu erteilen, wenn die in Z 2, 3 beziehungsweise 4 vorgeschriebenen Angaben gemacht werden. Bei Erwerben im Sinne des Art. 1 Abs. 7 ist die Bescheinigung überdies nur dann zu erteilen, wenn der Nachweis über die Entrichtung der gemäß Art. 19 Abs. 2 Z 2 geschuldeten Steuer erbracht wird.
2. Für Zwecke der Bescheinigung betreffend motorbetriebene Landfahrzeuge im Sinne des Art. 1 Abs. 8 Z 1 sind folgende Angaben zu machen:
   a) der Name und die Anschrift des Lieferers,
   b) der Tag der Lieferung,
   c) das Entgelt (Kaufpreis),
   d) der Tag der ersten Inbetriebnahme,
   e) der Kilometerstand am Tag der Lieferung,
   f) die Fahrzeugart, der Fahrzeughersteller und der Fahrzeugtyp,
   g) der Verwendungszweck.

   Liegen die Voraussetzungen für die Erteilung einer solchen Bescheinigung vor, ist eine bestehende Zulassungssperre in der Genehmigungsdatenbank (§ 30a Abs. 9a Kraftfahrgesetz 1967, BGBl. Nr. 267/1967) aufzuheben. In diesem Fall entfällt die Ausstellung der Bescheinigung.
3. Für Zwecke der Bescheinigung betreffend Wasserfahrzeuge im Sinne des Art. 1 Abs. 8 Z 2 sind folgende Angaben zu machen:
   a) der Name und die Anschrift des Lieferers,
   b) der Tag der Lieferung,
   c) das Entgelt (Kaufpreis),
   d) der Tag der ersten Inbetriebnahme,
   e) die Fahrzeuglänge,
   f) die Zahl der bisherigen Betriebsstunden am Tag der Lieferung,
   g) der Wasserfahrzeughersteller und der Wasserfahrzeugtyp,
   h) der Verwendungszweck.
4. Für Zwecke der Bescheinigung betreffend Luftfahrzeuge im Sinne des Art. 1 Abs. 8 Z 3 sind folgende Angaben zu machen:
   a) der Name und die Anschrift des Lieferers,
   b) der Tag der Lieferung,
   c) das Entgelt (Kaufpreis),
   d) der Tag der ersten Inbetriebnahme,
   e) die Starthöchstmasse,
   f) die Zahl der bisherigen Betriebsstunden am Tag der Lieferung,
   g) der Flugzeughersteller und der Flugzeugtyp,
   h) der Verwendungszweck.

Die Angaben nach den Ziffern 2 bis 4 sind auch dann zu machen, wenn Zweifel daran bestehen, ob die Eigenschaften als neues Fahrzeug im Sinne des Art. 1 Abs. 8 vorliegen.

*Meldepflicht bei der Lieferung neuer Fahrzeuge*

(2) Zur Sicherung des Steueraufkommens durch einen regelmäßigen Austausch von Auskünften mit anderen Mitgliedstaaten auf der Grundlage der Gegenseitigkeit kann der Bundesminister für Finanzen durch Verordnung bestimmen, daß Unternehmer (§ 2) und Fahrzeuglieferer (Art. 2) der Abgabenbehörde ihre innergemeinschaftlichen Lieferungen neuer Fahrzeuge an Abnehmer ohne Umsatzsteuer-Identifikationsnummer melden müssen. Dabei können insbesondere geregelt werden:

1. die Art und Weise der Meldung;
2. der Inhalt der Meldung;
3. die Zuständigkeit der Abgabenbehörden;
4. der Abgabezeitpunkt der Meldung;
5. die Ahndung der Zuwiderhandlung gegen die Meldepflicht.

*Vorlage von Urkunden*

(3) Für Erhebungen zur Erfüllung der Auskunftsverpflichtung nach der Verordnung (EU) Nr. 904/2010 gilt die Bundesabgabenordnung sinngemäß.

*Fiskalvertreter*

(4) § 27 Abs. 7 gilt auch für Unternehmer, die innergemeinschaftliche Lieferungen und innergemeinschaftliche Erwerbe ausführen.

(5) (aufgehoben)

**Umsatzsteuer-Identifikationsnummer**

**Art. 28.** (1) Das Finanzamt hat Unternehmern im Sinne des § 2, die im Inland Lieferungen oder sonstige Leistungen erbringen, für die das Recht auf Vorsteuerabzug besteht, oder innergemeinschaftliche Erwerbe bewirken oder zur Inanspruchnahme der Sonderregelung gemäß § 25b oder Art. 25a eine Umsatzsteuer-Identifikationsnummer zu erteilen.

Eine Umsatzsteuer-Identifikationsnummer ist nicht zu erteilen, wenn der Unternehmer nur Lieferungen oder sonstige Leistungen im Inland erbringt, die über eine Sonderregelung gemäß Art. 358 bis 369 der Richtlinie 2006/112/EG, gemäß Art. 369a bis 369k der Richtlinie 2006/112/EG oder gemäß Art. 369l bis 369x der Richtlinie 2006/112/EG in einem anderen Mitgliedstaat erklärt werden. Das Finanzamt hat Unternehmern, die ihre Umsätze ausschließlich gemäß § 22 versteuern oder die nur Umsätze ausführen, die zum Ausschluss vom Vorsteuerabzug führen, auf Antrag eine Umsatzsteuer-Identifikationsnummer zu erteilen, wenn sie diese benötigen für

- innergemeinschaftliche Lieferungen,
- innergemeinschaftliche Erwerbe,
- im Inland ausgeführte steuerpflichtige sonstige Leistungen, für die sie als Leistungsempfänger die Steuer entsprechend Art. 196 der Richtlinie 2006/112/EG in der Fassung der Richtlinie 2008/8/EG schulden, oder für
- im übrigen Gemeinschaftsgebiet ausgeführte steuerpflichtige sonstige Leistungen, für die gemäß Artikel 196 der Richtlinie 2006/112/EG in der Fassung der Richtlinie 2008/8/EG der Leistungsempfänger die Steuer schuldet.

Der zweite Satz gilt – soweit er sich auf innergemeinschaftliche Erwerbe bezieht – für juristische Personen, die nicht Unternehmer sind, entsprechend. Im Falle der Organschaft wird auf Antrag für jede juristische Person eine eigene Umsatzsteuer-Identifikationsnummer erteilt. Der Antrag auf Erteilung einer Umsatzsteuer-Identifikationsnummer ist schriftlich zu stellen. In dem Antrag sind Name, Anschrift und Steuernummer, unter der der Antragsteller umsatzsteuerlich geführt wird, anzugeben. Der Bescheid über die Erteilung der Umsatzsteuer-Identifikationsnummer ist zurückzunehmen, wenn sich die tatsächlichen oder rechtlichen Verhältnisse geändert haben, die für die Erteilung der Umsatzsteuer-Identifikationsnummer maßgebend gewesen sind oder wenn das Vorhandensein dieser Verhältnisse zu Unrecht angenommen worden ist. Der Unternehmer ist verpflichtet, jede Änderung der tatsächlichen oder rechtlichen Verhältnisse, die für die Erteilung der Umsatzsteuer-Identifikationsnummer maßgebend gewesen sind, insbesondere die Aufgabe seiner unternehmerischen Tätigkeit, dem Finanzamt binnen eines Kalendermonats anzuzeigen.

*(BGBl I 2019/91, BGBl I 2021/227)*

*Bestätigungsverfahren*

(2) Das Bundesministerium für Finanzen bestätigt dem Unternehmer im Sinne des § 2 auf Anfrage die Gültigkeit einer Umsatzsteuer-Identifikationsnummer sowie den Namen und die Anschrift der Person, der die Umsatzsteuer-Identifikationsnummer von einem anderen Mitgliedstaat erteilt wurde. Die Übermittlung der Anfrage hat, soweit dies nicht mangels technischer Voraussetzungen unzumutbar ist, elektronisch zu erfolgen. Der Bundesminister für Finanzen kann mit Verordnung das Bestätigungsverfahren regeln.

(3) Anfragen und Bestätigungen über die Gültigkeit einer Umsatzsteuer-Identifikationsnummer sind von den Stempelgebühren befreit.

# 4/2. SONSTIGE GESETZE



## 4/2/1. UStG 1994 Begleitmaßnahmen

BGBl 1995/21 idF BGBl 1996/756

**Bundesgesetz, mit dem das Einkommensteuergesetz 1988, das Umgründungssteuergesetz, das Umsatzsteuergesetz 1994, das Bewertungsgesetz 1955, das Straßenbenützungsabgabegesetz und das Kapitalverkehrsteuergesetz geändert werden, mit dem eine Sonderregelung zum Abkommen zwischen der Republik Österreich und dem Königreich Spanien zur Vermeidung der Doppelbesteuerung auf dem Gebiete der Steuern vom Einkommen und vom Vermögen getroffen wird, weiters das Handelskammergesetz, das Körperschaftsteuergesetz 1988, das Normverbrauchsabgabegesetz, das Bundesgesetz, mit dem eine Sonderabgabe von Erdöl erhoben wird, das Kraftfahrzeugsteuergesetz 1992, das Versicherungssteuergesetz 1953 geändert werden, mit dem Begleitmaßnahmen zum Umsatzsteuergesetz 1994 vorgesehen werden, und mit dem das Finanzausgleichsgesetz 1993 geändert wird**

Der Nationalrat hat beschlossen:

### Artikel XIV
### Begleitmaßnahmen zum Umsatzsteuergesetz 1994

1. Die Umsatzsteuerbefreiung gemäß § 6 Abs. 1 Z 18, soweit sie sich auf Pflegeanstalten, Alters-, Blinden- und Siechenheime bezieht, sowie gemäß Z 23 und 24, weiters die Umsatzsteuerbefreiung des § 6 Abs. 1 Z 25 Umsatzsteuergesetz 1994, soweit die Befreiung sich auf die in Z 18 genannten Umsätze der Pflegeanstalten, Alters-, Blinden- und Siechenheime sowie auf die Z 23 und 24 bezieht, sind nicht anzuwenden, wenn
   a) die Körperschaft, Personenvereinigung oder Vermögensmasse bei dem für die Erhebung der Umsatzsteuer zuständigen Finanzamt eine schriftliche Erklärung abgibt, daß sie ihre Betätigung
      – in erheblichem Umfang privatwirtschaftlich organisiert und ausgerichtet hat und
      – die Steuerbefreiung zu größeren Wettbewerbsverzerrungen führen könnte, oder
   b) das Bundesministerium für Finanzen mit Bescheid feststellt, daß Umstände im Sinne des lit. a vorliegen.

   Die schriftliche Erklärung sowie der Bescheid des Bundesministeriums für Finanzen können nur abgeändert oder aufgehoben werden, wenn nachgewiesen wird, daß sich die hiefür maßgeblichen Verhältnisse gegenüber jenen im Zeitpunkt der Abgabe der Erklärung oder der Erlassung des Bescheides verändert haben. § 28 Abs. 3 des Umsatzsteuergesetzes 1994 ist nicht anzuwenden.
2. Steuerschulden, die aus der Berichtigung des Vorsteuerabzugs gemäß § 12 Abs. 10 und 11 des Umsatzsteuergesetzes 1994 in künftigen Geschäftsjahren (Wirtschaftsjahren) entstehen können, sind nicht ungewisse Verbindlichkeiten im Sinne des § 198 Abs. 8 Z 3 des Handelsgesetzbuches. Es dürfen dafür weder im handelsrechtlichen Jahresabschluß noch bei der steuerlichen Gewinnermittlung Rückstellungen gebildet werden. Dies gilt insbesondere für jene Fälle der Berichtigung des Vorsteuerabzugs, die durch die Einführung unechter Umsatzsteuerbefreiungen durch das Umsatzsteuergesetz 1994 veranlaßt werden.
3. Die Berichtigung des Vorsteuerabzuges gemäß § 12 Abs. 10 und 11 Umsatzsteuergesetz 1994, die wegen der nach dem 31. Dezember 1996 erfolgenden erstmaligen Anwendung der Bestimmungen des § 6 Abs. 1 Z 7, Z 18, ausgenommen soweit sie sich auf Pflegeanstalten, Alters-, Blinden- und Siechenheime bezieht, und Z 19 bis 22 des Umsatzsteuergesetzes 1994 durchzuführen wäre, entfällt. Dasselbe gilt für § 6 Abs. 1 Z 25, soweit es sich um in § 6 Abs. 1 Z 18 des Umsatzsteuergesetzes 1994 genannte Leistungen handelt, jedoch nicht, soweit sich die Z 18 auf Pflegeanstalten, Alters-, Blinden- und Siechenheime bezieht.
4. Die Änderung der Z 1 ist auf Umsätze anzuwenden, die nach dem 31. Dezember 1996 ausgeführt werden.

## 4/2/2. Umsatzsteuereinführungsgesetz 1972 (Auszug)

BGBl 1972/224

**Bundesgesetz vom 15. Juni 1972 über die Einführung des Umsatzsteuergesetzes 1972**

Der Nationalrat hat beschlossen:

**Art. XII**
**Änderungen auf dem Gebiete des Zivilrechtes**

3. Ersatzrechtliche Sondervorschriften

Der Umstand, daß jemand, der Anspruch auf Ersatz für eine Sache oder Leistung hat, als Unternehmer zum Abzug von Vorsteuern (§ 12 des Umsatzsteuergesetzes 1972) berechtigt ist, berührt an sich die Bemessung des Ersatzes nicht. Schließt der Ersatzbetrag auch Umsatzsteuer ein, so erwächst jedoch dem Ersatzpflichtigen gegen den Ersatzberechtigten ein Rückersatzanspruch in der Höhe des Umsatzsteuerbetrages, sobald und soweit ihn der Ersatzberechtigte als Vorsteuer abziehen könnte. Dient der Ersatzbetrag dazu, die Wiederbeschaffung oder Wiederherstellung einer Sache oder Leistung zu ermöglichen, so ist als Zeitpunkt, in dem der Ersatzberechtigte den Vorsteuerabzug geltend machen könnte, der Zeitpunkt anzusehen, in dem er dies unter Annahme einer unverzüglichen Wiederbeschaffung oder Wiederherstellung tun könnte. Der Ersatzberechtigte ist verpflichtet, dem Ersatzpflichtigen Auskunft über den Vorsteuerabzug zu geben und ihm in die darauf bezüglichen Belege Einsicht zu gewähren.

## 4/2/3. Bundesgesetz über die internationale Steuervergütung

BGBl I 2003/71 idF BGBl I 2021/54

**Bundesgesetz über die internationale Steuervergütung (IStVG)**

*(BGBl I 2021/3, BGBl I 2021/54)*

Der Nationalrat hat beschlossen:

**Umsatzsteuer**

**§ 1.** (1) Anspruch auf Vergütung von der österreichischen Umsatzsteuer nach diesem Bundesgesetz haben die folgenden Vergütungsberechtigten:

1. In Österreich errichtete ausländische Vertretungsbehörden hinsichtlich der ausschließlich für ihren amtlichen Gebrauch empfangenen Lieferungen und sonstigen Leistungen.
2. Im diplomatischen oder berufskonsularischen Rang stehende Mitglieder der ausländischen Vertretungsbehörden hinsichtlich Lieferungen und sonstige Leistungen, die für ihren persönlichen Gebrauch bestimmt sind.

(1a) Ist aufgrund völkerrechtlicher Verpflichtungen oder der Einräumung von Vorrechten und Befreiungen durch Bundesgesetz oder Verordnung eine Steuervergütung erforderlich, kommt dieses Bundesgesetz sinngemäß zur Anwendung, insoweit das Verfahren dazu nicht geregelt ist. Internationale Einrichtungen im Sinne des Amtssitzgesetzes, BGBl. I Nr. 54/2021, werden dabei ausländischen Vertretungsbehörden gleichgestellt.

*(BGBl I 2021/3, BGBl I 2021/54)*

(2) Ausländische Vertretungsbehörden im Sinn dieses Bundesgesetzes sind diplomatische Missionen, berufskonsularische Vertretungen sowie ständige Vertretungen bei internationalen Organisationen, die ihren Amtssitz in Österreich haben.

(3) Die Umsatzsteuervergütung wird den Vergütungsberechtigten aller Staaten unter der Voraussetzung gewährt, dass österreichischen Vertretungsbehörden und ihren im diplomatischen oder berufskonsularischen Rang stehenden Mitgliedern in diesen Staaten eine mit dem Grundsatz der Gleichbehandlung vereinbare abgabenrechtliche Stellung zukommt. Liegt diese mit dem Grundsatz der Gleichbehandlung vereinbare abgabenrechtliche Stellung insgesamt nicht vor, so besteht kein Anspruch auf Umsatzsteuervergütung; eine reziprozitätsbedingt bloß eingeschränkte Umsatzsteuervergütung erfolgt nicht.

**Vergütbare Umsatzsteuer und Nachweispflichten**

*(BGBl I 2021/3)*

**§ 2.** (1) Vergütbar sind jene Umsatzsteuerbeträge, die in einer an den Vergütungsberechtigten ausgestellten Rechnung eines Unternehmers gesondert ausgewiesen sind und vom Vergütungsberechtigten getragen werden. Zu diesem Zweck sind die Vergütungsberechtigten berechtigt, vom leistenden Unternehmer die Ausstellung einer Rechnung mit gesondertem Steuerausweis zu verlangen. § 11 UStG 1994 gilt sinngemäß.

(2) Ein Anspruch auf Umsatzsteuervergütung besteht nur hinsichtlich jener Lieferungen und sonstigen Leistungen, deren Entgelt zuzüglich der Umsatzsteuer mindestens 73 Euro beträgt. Werden von einem Unternehmer mehrere Leistungen gemeinsam erbracht und wird hierüber nach den üblichen Regeln des Geschäftsverkehrs eine einheitliche Rechnung im Sinn des § 11 UStG 1994 ausgestellt, so ist das Gesamtentgelt der Rechnung zuzüglich Umsatzsteuer maßgebend. In den Fällen des § 6 Abs. 1 Z 6 lit. d UStG 1994 besteht kein Anspruch auf Umsatzsteuervergütung.

(3) Der Vergütungsberechtigte ist verpflichtet, jene Rechnungen, hinsichtlich derer er Umsatzsteuervergütung geltend macht, samt Zahlungsbeleg sieben Jahre ab dem Ablauf des Kalenderjahres, in dem die Umsatzsteuervergütung geltend gemacht wurde, aufzubewahren und der zuständigen Behörde über deren Ersuchen zur Einsichtnahme in geordneter Form vorzulegen.

(4) Hinsichtlich der Vergütungsberechtigten im Sinne des § 1 Abs. 1 Z 2 gilt weiters, dass die Vergütung für den einzelnen Vergütungsberechtigten den Gesamtbetrag von 2 900 Euro pro Kalenderjahr nicht übersteigen darf.

### Pauschalierung und Ortskräftevorbehalt

*(BGBl I 2021/3)*

**§ 3.** (1) Anstelle einer Steuervergütung auf Basis der einzelnen Lieferungen und sonstigen Leistungen gemäß der §§ 2, 10 und 11 können Vergütungsberechtigte im Sinne des § 1 Abs. 1 Z 2 eine einheitliche pauschale Vergütung in Höhe von 110 Euro je angefangenem oder vollem Kalendermonat, in dem die Voraussetzungen für die Vergütung der Umsatzsteuer erfüllt sind, in Anspruch nehmen. Die Vergütungsberechtigten haben in diesem Fall die Inanspruchnahme der Pauschalvergütung jeweils in ihrem ersten für ein Kalenderjahr eingereichten Vergütungsantrag zu erklären und sind daran für dieses Kalenderjahr gebunden. Eine gesonderte Inanspruchnahme der pauschalen Vergütung für Umsatzsteuer, Elektrizitätsabgabe oder Erdgasabgabe ist nicht zulässig.

(2) Personen, die im Sinn des Artikels 38 des Wiener Übereinkommens über diplomatische Beziehungen, BGBl. Nr. 66/1966, Angehörige der Republik Österreich oder in ihr ständig ansässig sind, haben keinen Vergütungsanspruch.

### Umsatzsteuervergütungsverfahren

*(BGBl I 2021/3)*

**§ 4.** (1) Vergütungszeitraum ist das Kalendervierteljahr. Für jeden Vergütungszeitraum ist ein gesonderter Antrag zu stellen, der mit dem auf den Ablauf des Vergütungszeitraums beginnenden Tag eingereicht werden kann. Der Antrag darf nur Vergütungsbeträge von Rechnungen, deren Ausstellungsdatum innerhalb dieses Vergütungszeitraums liegt, enthalten. Wurde für ein Kalenderjahr gemäß § 3 Z 2 die Pauschalierung in Anspruch genommen, so ist für jeden Vergütungszeitraum ein eigener Antrag zwecks Auszahlung des jeweiligen pauschalen Vergütungsbetrages einzureichen.

(2) Der Antrag auf Umsatzsteuervergütung ist nach dem amtlichen Vordruck unmittelbar bei der zuständigen Behörde einzureichen. Die Einreichung hat durch die ausländischen Vertretungsbehörden zu erfolgen.

*(BGBl I 2021/54)*

(3) Die zuständige Behörde ist berechtigt, die geltend gemachten Ansprüche auf Umsatzsteuervergütung unter Mitwirkung der Vergütungsberechtigten auf ihre Richtigkeit zu prüfen und zu diesem Zweck die Vergütungsberechtigten um Vorlage der Rechnungen (§ 2 Abs. 3) zu ersuchen. Wird dieser Mitwirkung nicht entsprochen, so ist für den Vergütungszeitraum, auf den sich das Ersuchen um Rechnungsvorlage bezieht, keine Umsatzsteuer zu vergüten. Ergibt sich auf Grund der vorgelegten Rechnungen ein geringerer Umsatzsteuerbetrag als nach diesem Bundesgesetz vergütbar ist, so ist, vorbehaltlich des § 3 Z 1, nur der geringere Betrag an Umsatzsteuer zu vergüten.

(4) Der von Vergütungsberechtigten im Sinn des § 1 Abs. 1 Z 1 in einem formell mängelfreien Antrag (Abs. 2) geltend gemachte Umsatzsteuerbetrag ist ohne unnötigen Aufschub zur Auszahlung zu bringen. Auf Grund von Überprüfungen der Rechnungen (Abs. 3) festgestellte Überzahlungen sind auf geltend gemachte Umsatzsteuerbeträge späterer Vergütungszeiträume anzurechnen.

(5) Soweit dem Vergütungsantrag entsprochen wird, unterbleibt eine schriftliche Erledigung.

(6) Wenn schriftliche Erledigungen zu ergehen haben, ist § 11 Abs. 2 Zustellgesetz nicht anzuwenden.

### Sperrfrist und Rückzahlung zu Unrecht vergüteter Umsatzsteuer

*(BGBl I 2021/3)*

**§ 5.** (1) Werden Gegenstände, hinsichtlich derer Umsatzsteuer vergütet wurde, innerhalb von zwei Jahren ab der Anschaffung entgeltlich oder unentgeltlich abgegeben, so ist die vergütete Umsatzsteuer zurückzuzahlen oder auf den Vergütungsbetrag des Vergütungszeitraumes, in dem die entgeltliche oder unentgeltliche Abgabe erfolgt, anzurechnen. Ein allenfalls verbleibender Restbetrag ist auf geltend gemachte Umsatzsteuerbeträge späterer Vergütungszeiträume anzurechnen.

(2) Für Kraftfahrzeuge, die gemäß § 6 Abs. 1 Z 6 lit. d UStG 1994 steuerfrei geliefert wurden, gilt die jeweilige Sperrfrist nach § 93 Abs. 1 ZollR-DG. Würden bei sinngemäßer Anwendung des § 93 Abs. 1 ZollR-DG die Einfuhrabgaben nicht erhoben, so erfolgt auch keine Nacherhebung der Umsatzsteuer. Andernfalls ist die Umsatzsteuer beim Vergütungsberechtigten, dem steuerfrei geliefert wurde, nachzuerheben. Zu diesem Zweck gilt die Umsatzsteuer mit dem Steuerbetrag, der sich bei steuerpflichtiger Lieferung ergeben hätte, als vergütet. Die Nacherhebung hat nach Abs. 1 zu erfolgen.

(3) Für neue Kraftfahrzeuge, die von Vergütungsberechtigten im Sinn des § 1 Abs. 1 gemäß Art. 6 Abs. 2 Z 3 iVm § 93 Abs. 1 ZollR-DG steuerfrei erworben wurden, gilt Abs. 2 sinngemäß.

(4) Ändert sich der Steuerbetrag für eine erbrachte Leistung nach erfolgter Antragstellung oder kommt hervor, dass auf andere Weise Umsatzsteuer zu Unrecht vergütet wurde, so ist der zu Unrecht vergütete Betrag zurückzuzahlen oder auf den Umsatzsteuerbetrag des Vergütungszeitraums anzurechnen, in dem die zuständige Behörde davon Kenntnis erhalten hat. Ein allenfalls verbleibender Restbetrag ist auf geltend gemachte Umsatzsteuerbeträge späterer Vergütungszeiträume anzurechnen. Die Rückzahlung oder Anrechnung hat zu unterbleiben, wenn seit Ablauf des Kalenderjahres, in dem die Umsatzsteuer zu Unrecht vergütet wurde, ein Zeitraum von mehr als zehn Jahren verstrichen ist.

### Elektrizitäts- und Erdgasabgabe

**§ 6.** (1) Vergütungsberechtigte im Sinne des § 1 Abs. 1 Z 1 haben in sinngemäßer Anwendung der für die Vergütung der Umsatzsteuer nach diesem Bundesgesetz maßgebenden Bestimmungen Anspruch auf Vergütung der Elektrizitätsabgabe und der Erdgasabgabe.

(2) Vergütungsberechtigte im Sinne des § 1 Abs. 1 Z 2 haben in sinngemäßer Anwendung der für die Vergütung der Umsatzsteuer nach diesem Bundesgesetz maßgebenden Bestimmungen und nach Maßgabe der folgenden Bestimmungen Anspruch auf Vergütung der Elektrizitätsabgabe und der Erdgasabgabe:

1. Die Vergütung darf für den einzelnen Vergütungsberechtigten den Gesamtbetrag von 360 Euro pro Kalenderjahr nicht übersteigen.
2. Voraussetzung ist weiters, dass die ausländische Vertretungsbehörde, durch welche gemäß § 4 Abs. 2 die Einreichung des Vergütungsantrages zu erfolgen hat, auf dem Vergütungsantrag bestätigt, dass sie selbst für das betreffende Kalenderjahr keine Vergütung der diesbezüglichen Elektrizitätsabgabe oder der Erdgasabgabe beantragt.

*(BGBl I 2021/54)*

*(BGBl I 2021/3)*

### Zuständige Behörde

**§ 7.** Zuständige Behörde im Sinne dieses Bundesgesetzes ist das Finanzamt für Großbetriebe. Die zuständige Behörde ist berechtigt, mit den Vergütungsberechtigten unmittelbar zu verkehren.

*(BGBl I 2021/3, BGBl I 2021/54)*

### Verarbeitung und Austausch von Daten und Informationen

**§ 8.** (1) Im Zusammenhang mit diesem Bundesgesetz sind der Bundesminister für europäische und internationale Angelegenheiten und die zuständige Behörde ermächtigt, Informationen und personenbezogene Daten im dafür erforderlichen Ausmaß zu verarbeiten und untereinander auszutauschen.

(2) Der Bundesminister für europäische und internationale Angelegenheiten ist verpflichtet, der zuständigen Behörde die für die Vollziehung dieses Bundesgesetzes erforderlichen Daten zu übermitteln.

*(BGBl I 2021/3)*

### Verordnungsermächtigung

**§ 9.** Der Bundesminister für Finanzen im Einvernehmen mit dem Bundesminister für europäische und internationale Angelegenheiten wird ermächtigt, die Übermittlung der Daten sowie Durchführungsbestimmungen mit Verordnung näher zu regeln.

*(BGBl I 2021/3)*

### Anwendungsbereich der Bundesabgabenordnung

**§ 10.** Die Vergütung nach diesem Bundesgesetz ist eine Vergütung im Sinne des § 2 BAO.

*(BGBl I 2021/3)*

### Verweisungen

**§ 11.** (1) Verweisungen auf das Bundesgesetz vom 19. Mai 1976 über die Umsatzsteuervergütung an ausländische Vertretungsbehörden und ihre im diplomatischen und berufskonsularischen Rang stehenden Mitglieder (BGBl. Nr. 257/1976, zuletzt geändert durch BGBl. I Nr. 59/2001) beziehen sich für Zeiträume ab dem 1. Jänner 2004 auf dieses Bundesgesetz.

(2) Soweit in diesem Bundesgesetz auf Bestimmungen anderer Bundesgesetze verwiesen wird, sind diese Bestimmungen in ihrer jeweils geltenden Fassung anzuwenden.

*(BGBl I 2021/3)*

### Geschlechtsneutrale Formulierung

*(BGBl I 2021/3)*

**§ 12.** Die verwendeten personenbezogenen Bezeichnungen gelten für Frauen und Männer in gleicher Weise. Bei der Anwendung auf bestimmte Personen ist die jeweils geschlechtsspezifische Form zu verwenden.

### Schluss- und Übergangsbestimmungen

*(BGBl I 2021/3)*

**§ 13.** (1) Dieses Bundesgesetz ist auf Vergütungszeiträume ab dem 1. Jänner 2004 anzuwenden.

(2) Umsatzsteuervergütungen nach dem Bundesgesetz vom 19. Mai 1976 über die Umsatzsteuervergütung an ausländische Vertretungsbehörden und ihre im diplomatischen und berufskonsularischen Rang stehenden Mitglieder (BGBl. Nr. 257/1976, zuletzt geändert durch BGBl. I Nr. 59/2001), Vergütungen von Elektrizitätsabgabe nach § 6 Abs. 4 Elektrizitätsabgabegesetz und Vergütungen von Erdgasabgabe nach § 7 Abs. 4 Erdgasabgabegesetz haben letztmalig für den Abrechnungszeitraum

zweites Halbjahr 2003 zu erfolgen. Käme es auf Grund des Übergangs von der Anwendung der genannten Gesetze zu diesem Bundesgesetz zu einer doppelten Vergütung oder zu keiner Vergütung, so steht der Anspruch auf Vergütung insgesamt ein Mal zu.

(3) § 7 tritt mit 1. Juli 2002 in Kraft. Mit diesem Tag kann auch die Verordnung des Bundesministers für Finanzen im Einvernehmen mit dem Bundesminister für europäische und internationale Angelegenheiten zur näheren Regelung der Übermittlung der Daten in Kraft gesetzt werden.

*(BGBl I 2021/3)*

(4) § 2 Abs. 4, § 3, § 10 Abs. 2 und § 11 Abs. 2, jeweils in der Fassung des Bundesgesetzes BGBl. I Nr. 180/2004, sind erstmalig auf Vergütungszeiträume ab dem 1. Jänner 2005 anzuwenden.

(5) §§ 6, 7, 8, 9, 10, 11 und 14 Abs. 2, jeweils in der Fassung des Bundesgesetzes BGBl. I Nr. 3/2021, treten mit 1. Jänner 2021 in Kraft.

*(BGBl I 2021/3)*

(6) Die §§ 1 Abs. 1a, 4 Abs. 2, 6 Abs. 2 Z 2 und 7 in der Fassung des Bundesgesetzes BGBl. I Nr. 54/2021 treten mit 1. Mai 2021 in Kraft.

*(BGBl I 2021/54)*

### Vollziehung

*(BGBl I 2021/3)*

**§ 14.** (1) Mit der Vollziehung dieses Bundesgesetzes ist der Bundesminister für Finanzen betraut.

(2) Mit der Vollziehung des § 1 Abs. 3, des § 8 und des § 9 ist auch der Bundesminister für europäische und internationale Angelegenheiten, und mit der Vollziehung des § 2 Abs. 1 ist auch – soweit es sich um zivilrechtliche Bestimmungen handelt – der Bundesminister für Justiz betraut.

*(BGBl I 2021/3)*

## 4/2/4. Gesundheits- und Sozialbereich-Beihilfengesetz

BGBl 1996/746 idF BGBl I 2019/104

**Bundesgesetz, mit dem Beihilfen im Gesundheits- und Sozialbereich geregelt werden (Gesundheits- und Sozialbereich-Beihilfengesetz – GSBG)**

Der Nationalrat hat beschlossen:

**§ 1.** (1) Unternehmer, die nach § 6 Abs. 1 Z 7 UStG 1994 befreite Umsätze bewirken, haben einen Anspruch auf eine Beihilfe.

(2) Diese Beihilfe für die Träger der Sozialversicherung und ihre Verbände, die Krankenfürsorgeeinrichtungen im Sinne des § 2 Abs. 1 Z 2 des Beamten-Kranken- und Unfallversicherungsgesetzes, BGBl. Nr. 200/1967, und die Träger des öffentlichen Fürsorgewesens ergibt sich aus den unmittelbar in Zusammenhang mit den gemäß § 6 Abs. 1 Z 7 UStG 1994 befreiten Umsätzen stehenden, nach § 12 Abs. 3 UStG 1994 nicht abziehbaren Vorsteuern.

(3) Die Beihilfe für die Träger des öffentlichen Fürsorgewesens ergibt sich weiters aus einem Ausgleich für die Kürzung der Beihilfe bei Kranken- oder Kuranstalten auf Grund von Leistungen an den Träger des öffentlichen Fürsorgewesens, sofern der Kürzungsbetrag dem Träger des öffentlichen Fürsorgewesens in der über diese Leistung gelegten Rechnung bekanntgegeben wird.

**§ 1a.** Zusätzlich zur Beihilfe nach § 1 ist eine pauschalierte Beihilfe

1. der Österreichischen Gesundheitskasse in der Höhe von 100 Millionen Euro pro Jahr;
2. der Sozialversicherungsanstalt der Selbständigen in der Höhe von 30 Millionen Euro pro Jahr, zuzurechnen dem Rechenkreis der bäuerlichen Sozialversicherung,

zu gewähren. Der Betrag ist monatlich bis zum 25. des Folgemonates vom Bundesminister für Finanzen an die in den Z 1 und 2 genannten Versicherungsträger zu überweisen.

*(BGBl I 2018/100)*

**§ 2.** (1) Kranken- und Kuranstalten einschließlich der eigenen Kranken- und Kuranstalten der Sozialversicherungsträger und der Krankenfürsorgeeinrichtungen, die nach § 6 Abs. 1 Z 18 und 25 UStG 1994 befreite Umsätze bewirken, haben einen Anspruch auf eine Beihilfe in Höhe der im Zusammenhang mit den befreiten Umsätzen stehenden, nach § 12 Abs. 3 UStG 1994 nicht abziehbaren Vorsteuern, abzüglich 10% der Entgelte für nach § 6 Abs. 1 Z 18 oder 25 UStG 1994 befreite Umsätze, soweit sie nicht aus öffentlichen Mitteln stammen (Klassegelder, Entgelte für Privatpatienten). Eine Kürzung der Beihilfe im Ausmaß von 10% der nicht aus öffentlichen Mitteln stammenden Entgelte ist auch bei anderen befreiten Umsätzen vorzunehmen, für die zuvor nicht abzugsfähige Vorsteuern als Beihilfe in Anspruch genommen worden sind. Das Ausmaß der Kürzung wird bei steuerfreien

Grundstücksumsätzen durch die Höhe der in den vorangegangenen 20 Jahren anteilig in Anspruch genommenen Beihilfen begrenzt. Die Beihilfe gilt in Fällen, in denen die Sachleistungskosten mit einem Landesfonds oder mit einem inländischen Sozialversicherungsträger verrechnet werden, als Teil der Mittel des jeweiligen Landesfonds oder inländischen Sozialversicherungsträgers.

*(BGBl I 2018/62)*

(2) Die Regelung des Abs. 1 gilt auch für Unternehmer, die Lieferungen von menschlichem Blut (§ 6 Abs. 1 Z 21 UStG 1994) oder Umsätze gemäß § 6 Abs. 1 Z 22 UStG 1994 bewirken, wobei Umsätze an Unternehmer, die nach § 6 Abs. 1 Z 18 und 25 UStG befreite Umsätze bewirken, nicht unter die Kürzungsbestimmungen des Abs. 1 fallen. Für die Höhe der Beihilfe können auch mit den befreiten Umsätzen in direkten Zusammenhang stehende Vorsteuern geltend gemacht werden, die in einem anderen Mitgliedstaat der Europäischen Union angefallen sind, dort weder geltend gemacht werden dürfen noch anderweitig ersetzt werden können, und die für die Beihilfe angerechnet würden, wenn die Vorsteuern in Österreich bewirkt worden wären. Der Bundesminister für Finanzen kann durch Verordnung festlegen, wie der Nachweis des Beihilfenanspruchs in diesen Fällen erbracht werden muss.

*(BGBl I 2016/116, BGBl I 2018/62)*

(3) Wird eine nach § 6 Abs. 1 Z 18, 22 oder 25 UStG 1994 befreite Leistung durch einen inländischen Sozialversicherungsträger regressiert, unterliegt auch das für den durchschnittlichen Vorsteuerkostenanteil verrechnete Beihilfenäquivalent in Höhe von 11,11% den Legalzessionsbestimmungen gemäß § 332 ASVG bzw. den vergleichbaren Legalzessionsbestimmungen in § 190 GSVG, § 178 BSVG, § 125 B-KUVG und § 64a NVG.

(4) Besteht für eine Einrichtung, die Beihilfen nach Abs. 1 in Anspruch genommen hat, dieser Anspruch nicht mehr und kann eine Vorsteuerberichtigung gemäß § 12 Abs. 10 UStG 1994 geltend gemacht werden, so ist der gemeine Wert der Anlagegüter der Einrichtung als fiktiver Verkaufserlös für eine Kürzung nach Abs. 1 anzusetzen. Die Kürzung ist durch die in Anspruch genommene Vorsteuerberichtigung begrenzt.

(5) Wird ein Gegenstand des Anlagevermögens eines Unternehmers, welcher nach § 1 oder § 2 eine Beihilfe bezieht, durch eine Änderung der Verwendung einer Vorsteuerberichtigung unterworfen, so ist die dafür in Anspruch genommene Beihilfe für die gleichen Zeiträume und in gleicher Höhe wie die Vorsteuerberichtigung zu kürzen. Wechselt die Verfügungsmacht über einen solchen im Zuge eines gemäß UStG 1994 nicht steuerbaren Umsatzes, so erfolgt eine Kürzung in der Höhe, die bei Steuerbarkeit eine zum Zeitpunkt der Verwirklichung des Sachverhalts erfolgte Vorsteuerberichtigung bzw. eine Beihilfenkürzung nach Abs. 1 unter Anwendung eines fiktiven Entgelts in Höhe des gemeinen Werts ausgelöst hätte.

**§ 3.** (1) Ärzte, Dentisten und sonstige Vertragspartner haben Anspruch auf einen Ausgleich, der sich nach den von den Sozialversicherungsträgern, den Krankenfürsorgeeinrichtungen und den von den Trägern des öffentlichen Fürsorgewesens gezahlten Entgelten für Leistungen im Sinne des § 6 Abs. 1 Z 19 UStG 1994 richtet.

(2) Alten-, Behinderten- und Pflegeheime, die nach § 6 Abs. 1 Z 18 und 25 UStG 1994 befreite Umsätze bewirken, haben Anspruch auf einen Ausgleich, der sich nach den Entgelten von seiten der Träger des öffentlichen Fürsorgewesens richtet.

(3) Der Bundesminister für Finanzen hat im Einvernehmen mit dem Bundesminister für Arbeit und Soziales mit Verordnung die Ausgleichssätze auf Grund von Erfahrungen über die wirtschaftlichen Verhältnisse bei der jeweiligen Gruppe von Unternehmern festzusetzen.

**§ 4.** Mit Ausnahme der im letzten Satz geregelten sinngemäßen Anwendung des ASVG finden die Bestimmungen der BAO Anwendung; die Beihilfen und Ausgleichszahlungen gemäß §§ 1 bis 3 und die Beträge gemäß § 9 gelten als selbst zu berechnende Abgaben. Für die Ausgleichszahlungen des § 3 Abs. 1 gelten bezüglich der Beziehungen zwischen anspruchsberechtigten Vertragspartnern (Ärzte, Dentisten und sonstige Vertragspartner) einerseits und Sozialversicherungsträgern, Krankenfürsorgeeinrichtungen und Trägern des öffentlichen Fürsorgewesens andererseits sinngemäß die Verfahrensbestimmungen der §§ 352 ff ASVG.

*(BGBl I 2019/104)*

**§ 5.** Ändert sich nachträglich die Bemessungsgrundlage für die Beihilfe, so ist die Beihilfe entsprechend zu berichtigen. Die Berichtigung ist vor Abgabe der Jahreserklärung für jenen Kalendermonat vorzunehmen, in dem sich die Verhältnisse geändert haben, dann mit einer Jahreserklärung für das Kalenderjahr.

**§ 6.** (1) Die Geltendmachung der Beihilfe nach §§ 1 und 2 hat von den in §§ 1 und 2 genannten Unternehmern bzw. ihren Rechtsträgern für jeden Monat mit Erklärung zu erfolgen. Die Erklärungen sind bei der gemäß § 4 für die Einhebung und zwangsweise Einbringung zuständigen Stelle im Wege der Länder, des Hauptverbandes der Sozialversicherungsträger oder – soweit sie Beihilfen gemäß § 2 Abs. 2 betreffen und nicht Krankenbeförderungseinrichtungen der Länder und Gemeinden zuordenbar sind – des Österreichischen Roten Kreuzes einzureichen.

(2) In gleichem Wege ist, beginnend für das Jahr 2014, eine zusammenfassende Jahreserklärung bis zum Ende des Monats Juni des Folgejahres abzugeben.

(3) Wird die Beihilfe nachträglich für ein Jahr erklärt, für das keine Monatserklärungen eingebracht wurden, so kann die Erklärung im Wege der zusammenfassenden Jahreserklärung eingebracht werden.

*(BGBl I 2018/62)*

(4) Der Anspruch auf Geltendmachung der Beihilfe verjährt fünf Jahre nach Ablauf des Jahres, in dem der Beihilfenanspruch entstanden ist.

*(BGBl I 2018/62)*

**§ 7.** Die Beihilfe nach § 1a wird in zwölf Teilbeträgen, jeweils am Ersten eines Kalendermonats, an den Hauptverband der Sozialversicherungsträger ausbezahlt. Der Hauptverband der Sozialversicherungsträger hat die erhaltenen Beträge entsprechend weiter zu verteilen.

**§ 8.** (1) Die Auszahlung der Beihilfen nach § 1 Abs. 2 für die Träger der Sozialversicherung erfolgt im Wege des Hauptverbandes der Sozialversicherungsträger. Die Auszahlung der Beihilfen nach § 1 Abs. 2 an die Krankenfürsorgeeinrichtungen und Träger des öffentlichen Fürsorgewesens und nach § 1 Abs. 3 hat im Wege der Länder zu erfolgen.

(2) Die Auszahlung der Beihilfen nach § 2 Abs. 1 hat, wenn eine Leistungserbringung auf Grund von Verträgen mit österreichischen Sozialversicherungsträgern erfolgt und für eigene Kranken- und Kuranstalten der Sozialversicherungsträger im Wege des Hauptverbandes, für Krankenanstalten, die Sachleistungen mit Landesfonds verrechnen, im Wege der Landesfonds, in allen anderen Fällen im Wege der Länder zu erfolgen.

(3) Die Auszahlung der Beihilfen nach § 2 Abs. 2 hat – soweit sie sich auf Krankenbeförderungseinrichtungen der Länder und Gemeinden beziehen – im Wege der Länder, die Auszahlung der anderen Beihilfen nach § 2 Abs. 2 im Wege des Österreichischen Roten Kreuzes zu erfolgen.

(4) Die Beihilfen sind spätestens am 25. Tag des auf die Einreichung der gesammelten Erklärungen folgenden Kalendermonats den Ländern, dem Hauptverband bzw. dem Österreichischen Roten Kreuz anzuweisen. Die ausgezahlten Beträge sind unverzüglich an die Anspruchsberechtigten weiterzuleiten.

**§ 9.** (1) Soweit 10% der Entgelte aus Leistungen gegenüber Privatpatienten (einschließlich Klassegelder) die nicht abziehbaren Vorsteuern übersteigen (§ 2), ist dieser Betrag bis spätestens zum 25. Tag des zweitfolgenden Kalendermonates selbst zu berechnen, in die Erklärung (§ 6) aufzunehmen und zugleich unmittelbar an den Bund zu entrichten.

(2) Die Verpflichtung nach Abs. 1 erlischt nach zehn Jahren, gerechnet vom letzten Kalendermonat, für den eine Beihilfe geltend gemacht worden ist.

**§ 10.** Die Auszahlung des Ausgleichs nach § 3 Abs. 1 durch die Sozialversicherungsträger, die Krankenfürsorgeeinrichtungen oder die Träger des öffentlichen Fürsorgewesens und die Auszahlung des Ausgleichs nach § 3 Abs. 2 durch die Träger des öffentlichen Fürsorgewesens hat zugleich mit der Auszahlung des Entgelts zu erfolgen. Die zu Recht ausgezahlten Ausgleichsbeträge sind diesen Institutionen im Wege der Länder und des Hauptverbandes der Sozialversicherungsträger zu ersetzen. Diese Beträge sind vom Bund bis zum 25. Tage des der Geltendmachung folgenden Kalendermonats dem Hauptverband der Sozialversicherungsträger und den Ländern zu überweisen und von diesen unverzüglich weiterzuleiten.



**§ 11.** (1) Leistet ein Unternehmer, der nach § 1 beihilfenberechtigt ist, einem Versicherten, mitversicherten Familienangehörigen, Versorgungsberechtigten oder Hilfeempfänger oder einem zum Ersatz von Fürsorgekosten Verpflichteten Kostenersatz für Leistungen, die auf Grund gesetzlicher oder satzungsmäßiger Vorschriften als Sachleistung gewährt werden könnten, so gilt die auf den Kostenersatz entfallende, in einer Rechnung ausgewiesene Umsatzsteuer als Vorsteuer nach § 1 Abs. 2, soweit sie bei direkter Verrechnung der Leistung mit dem Unternehmer ebenfalls beihilfefähig gewesen wäre.

(2) Erhält ein Unternehmer, der nach § 1 beihilfenberechtigt ist, für eine ihm verrechnete Leistung einen privaten Kostenbeitrag von einem Versicherten, mitversicherten Familienangehörigen, Versorgungsberechtigten oder Hilfeempfänger oder einem zum Ersatz von Fürsorgekosten Verpflichteten oder von Dritten, wird die Höhe der nach § 1 Abs. 2 ermittelten beihilfenfähigen Vorsteuer bzw. der Ausgleichsbeträge nach § 1 Abs. 3 entsprechend des Anteils des Kostenbeitrags am Preis einschließlich Umsatzsteuer gekürzt.

*(BGBl I 2018/62)*

(3) Wird ein privater Kostenbeitrag für die Leistung eines eigenen Alten-, Behinderten- oder Pflegeheims eines Unternehmers, der nach § 1 beihilfenberechtigt ist, eingehoben, ist die Regelung des § 2 Abs. 1 sinngemäß mit einem Satz von 4% anzuwenden.

*(BGBl I 2018/62)*

**§ 12.** Für die in § 3 genannten Unternehmer gilt die Ausgleichszahlung als Ausgleich der umsatzsteuerlichen Mehrbelastung gemäß § 30 UStG 1994.

**§ 13.** Dem Bundesminister für Finanzen und von diesem beauftragten Organen ist auf Verlangen von den Beihilfenempfängern jederzeit Zugang und Einsicht in die für die Berechnung der Beihilfe relevanten Unterlagen zu gewähren.

**§ 14.** Für die Mitwirkung anderer Gebietskörperschaften und Einrichtungen bei der technischen Durchführung ist der Bundesminister für Finanzen hinsichtlich der entstehenden Verwaltungskosten nicht ersatzpflichtig.

**§ 15.** Mit der Vollziehung dieses Bundesgesetzes ist der Bundesminister für Finanzen, soweit die Sozialversicherungsträger und ihr Verband betroffen sind, im Einvernehmen mit dem Bundesminister für Arbeit und Soziales betraut.

**§ 16.** (1) § 2 Abs. 1 und § 8 in der Fassung des Bundesgesetzes BGBl. I Nr. 62/1998 treten mit 1. Jänner 1998 in Kraft und sind auf Sachverhalte anzuwenden, die nach dem 31. Dezember 1997 verwirklicht wurden.

(2) § 1 Abs. 2 in der Fassung des Bundesgesetzes BGBl. I Nr. 105/2004 ist auf Zeiträume anzuwenden, die nach dem 31. Dezember 2003 liegen.

(3) § 1 Abs. 2 und Abs. 3, § 6, § 8 und § 11, jeweils in der Fassung des 1. Stabilitätsgesetzes 2012, BGBl. I Nr. 22/2012, sind auf Vorsteuerbeträge anzuwenden, die sich auf beihilfenfähige Umsätze beziehen und nach dem 31. Dezember 2013 anfallen. Die Berechnung der Bemessungsgrundlage der Beihilfe nach § 1 Abs. 2 in der Fassung vor dem 1. Stabilitätsgesetz 2012, BGBl. I Nr. 22/2012, ist für Tatbestände, die nach dem 31. Dezember 2010, aber vor dem 1. Jänner 2014 verwirklicht wurden, vom Bundesminister für Finanzen im Einvernehmen mit dem Bundesminister für Gesundheit unter Bedachtnahme auf die Erfolgsrechnung der Sozialversicherungsträger durch Verordnung festzusetzen.

(4) § 1a und § 7, jeweils in der Fassung des 1. Stabilitätsgesetzes 2012, BGBl. I Nr. 22/2012, treten mit 1. März 2014 in Kraft. Für die Zeit bis einschließlich 28. Februar 2014 werden weiterhin Akontozahlungen gemäß § 7 in der Fassung vor dem 1. Stabilitätsgesetz 2012, BGBl. I Nr. 22/2012, durchgeführt. Eine Jahresabrechnung gemäß § 7 in der Fassung vor dem 1. Stabilitätsgesetz 2012, BGBl. I Nr. 22/2012, ist vom Hauptverband bis 31. Dezember 2014 abzugeben. Der sich aus den Jahresabrechnungen ergebende Unterschiedsbetrag zu den Akontozahlungen wird mit der nächsten Beihilfenzahlung ausgeglichen. Zum 1. März 2014 wird eine einmalige Akontozahlung in sinngemäßer Anwendung des § 7 in der Fassung vor dem 1. Stabilitätsgesetz 2012, BGBl. I Nr. 22/2012, mit dem Pauschalsatz von 4,3% durchgeführt, die mit den folgenden Beihilfenzahlungen bis Jahresende 2014 gleichmäßig gegenzurechnen ist.

(5) § 1a in der Fassung des Bundesgesetzes BGBl. I Nr. 17/2017 tritt mit 1. Jänner 2017 in Kraft.

*(BGBl I 2017/17)*

(6) § 1a in der Fassung des Bundesgesetzes BGBl. I Nr. 100/2018 tritt mit 1. Jänner 2020 in Kraft.

*(BGBl I 2018/100)*

(7) § 4 in der Fassung des Bundesgesetzes BGBl. I Nr. 104/2019 tritt mit 1. Juli 2020 in Kraft.

*(BGBl I 2019/104)*

# 4/2/5. DVO (EU) 282/2011 Gemeinsames EU-Mehrwertsteuersystem

ABl L 2011/77 idF ABl L 2022/88

## GLIEDERUNG

**Durchführungsverordnung (EU) Nr. 282/2011 des Rates vom 15. März 2011 zur Festlegung von Durchführungsvorschriften zur Richtlinie 2006/112/EG über das gemeinsame Mehrwertsteuersystem**

DER RAT DER EUROPÄISCHEN UNION –

gestützt auf den Vertrag über die Arbeitsweise der Europäischen Union,

gestützt auf die Richtlinie 2006/112/EG des Rates vom 28. November 2006 über das gemeinsame Mehrwertsteuersystem, insbesondere Artikel 397,

auf Vorschlag der Europäischen Kommission,

in Erwägung nachstehender Gründe:

(1) Die Verordnung (EG) Nr. 1777/2005 des Rates vom 17. Oktober 2005 zur Festlegung von Durchführungsvorschriften zur Richtlinie 77/388/EWG über das gemeinsame Mehrwertsteuersystem muss in einigen wesentlichen Punkten geändert werden. Aus Gründen der Klarheit und der Vereinfachung sollte die Verordnung neu gefasst werden.

(2) Die Richtlinie 2006/112/EG legt Vorschriften im Bereich der Mehrwertsteuer fest, die in bestimmten Fällen für die Auslegung durch die Mitgliedstaaten offen sind. Der Erlass von gemeinsamen Vorschriften zur Durchführung der Richtlinie 2006/112/EG sollte gewährleisten, dass in Fällen, in denen es zu Divergenzen bei der Anwendung kommt oder kommen könnte, die nicht mit dem reibungslosen Funktionieren des Binnenmarkts zu vereinbaren sind, die Anwendung des Mehrwertsteuersystems stärker auf das Ziel eines solchen Binnenmarkts ausgerichtet wird. Diese Durchführungsvorschriften sind erst vom Zeitpunkt des Inkrafttretens dieser Verordnung an rechtsverbindlich; sie berühren nicht die Gültigkeit der von den Mitgliedstaaten in der Vergangenheit angenommenen Rechtsvorschriften und Auslegungen.

(3) Die Änderungen, die sich aus dem Erlass der Richtlinie 2008/8/EG des Rates vom 12. Februar 2008 zur Änderung der Richtlinie 2006/112/EG bezüglich des Ortes der Dienstleistung ergeben, sollten in dieser Verordnung berücksichtigt werden.

(4) Das Ziel dieser Verordnung ist, die einheitliche Anwendung des Mehrwertsteuersystems in seiner derzeitigen Form dadurch sicherzustellen, dass Vorschriften zur Durchführung der Richtlinie 2006/112/EG erlassen werden, und zwar insbesondere in Bezug auf den Steuerpflichtigen, die Lieferung von Gegenständen und die Erbringung von Dienstleistungen sowie den Ort der steuerbaren Umsätze. Im Einklang mit dem Grundsatz der Verhältnismäßigkeit gemäß Artikel 5 Absatz 4 des Vertrags über die Europäische Union geht diese Verordnung nicht über das für die Erreichung dieses Ziels erforderliche Maß hinaus. Da sie in allen Mitgliedstaaten verbindlich ist und unmittelbar gilt, wird die Einheitlichkeit der Anwendung am besten durch eine Verordnung gewährleistet.

(5) Diese Durchführungsvorschriften enthalten spezifische Regelungen zu einzelnen Anwendungsfragen und sind ausschließlich im Hinblick auf eine unionsweit einheitliche steuerliche Behandlung dieser Einzelfälle konzipiert. Sie sind daher nicht auf andere Fälle übertragbar und auf der Grundlage ihres Wortlauts restriktiv anzuwenden.

(6) Ändert ein Nichtsteuerpflichtiger seinen Wohnort und überführt er bei dieser Gelegenheit ein neues Fahrzeug oder wird ein neues Fahrzeug in den Mitgliedstaat zurücküberführt, aus dem es ursprünglich mehrwertsteuerfrei an den Nichtsteuerpflichtigen, der es zurücküberführt, geliefert worden war, so sollte klargestellt werden, dass es sich dabei nicht um den innergemeinschaftlichen Erwerb eines neuen Fahrzeugs handelt.

(7) Für bestimmte Dienstleistungen ist es ausreichend, dass der Dienstleistungserbringer nachweist, dass der steuerpflichtige oder nichtsteuerpflichtiger Empfänger dieser Dienstleistungen außerhalb der Gemeinschaft ansässig ist, damit die Erbringung dieser Dienstleistungen nicht der Mehrwertsteuer unterliegt.

(8) Die Zuteilung einer Mehrwertsteuer-Identifikationsnummer an einen Steuerpflichtigen, der eine Dienstleistung für einen Empfänger in einem anderen Mitgliedstaat erbringt oder der aus einem anderen Mitgliedstaat eine Dienstleistung erhält, für die die Mehrwertsteuer ausschließlich vom Dienstleistungsempfänger zu zahlen ist, sollte nicht das Recht dieses Steuerpflichtigen auf Nichtbesteuerung seiner innergemeinschaftlichen Erwerbe von Gegenständen beeinträchtigen. Teilt jedoch ein Steuerpflichtiger im Zusammenhang mit einem innergemeinschaftlichen Erwerb von Gegenständen dem Lieferer seine Mehrwertsteuer-Identifikationsnummer mit, so wird der Steuerpflichtige in jedem Fall so behandelt, als habe er von der Möglichkeit Gebrauch gemacht, diese Umsätze der Steuer zu unterwerfen.

(9) Die weitere Integration des Binnenmarkts erfordert eine stärkere grenzüberschreitende Zusammenarbeit von in verschiedenen Mitgliedstaaten ansässigen Wirtschaftsbeteiligten und hat zu einer steigenden Anzahl von Europäischen wirtschaftlichen Interessenvereinigungen (EWIV) im Sinne der Verordnung (EWG) Nr. 2137/85 des Rates vom 25. Juli 1985 über die Schaffung einer Europäischen wirtschaftlichen Interessenvereinigung (EWIV) geführt. Daher sollte klargestellt werden, dass EWIV steuerpflichtig sind, wenn sie gegen Entgelt Gegenstände liefern oder Dienstleistungen erbringen.

(10) Es ist erforderlich, Restaurant- und Verpflegungsdienstleistungen, die Abgrenzung zwischen diesen beiden Dienstleistungen sowie ihre angemessene Behandlung klar zu definieren.

(11) Im Interesse der Klarheit sollten Umsätze, die als elektronisch erbrachte Dienstleistungen eingestuft werden, in Verzeichnissen aufgelistet werden, wobei diese Verzeichnisse weder endgültig noch erschöpfend sind.

(12) Es ist erforderlich, einerseits festzulegen, dass es sich bei einer Leistung, die nur aus der Montage verschiedener vom Dienstleistungsempfänger zur Verfügung gestellter Teile einer Maschine be-

steht, um eine Dienstleistung handelt, und andererseits, wo der Ort dieser Dienstleistung liegt, wenn sie an einen Nichtsteuerpflichtigen erbracht wird.

(13) Der Verkauf einer Option als Finanzinstrument sollte als Dienstleistung behandelt werden, die von den Umsätzen, auf die sich die Option bezieht, getrennt ist.

(14) Um die einheitliche Anwendung der Regeln für die Bestimmung des Ortes der steuerbaren Umsätze sicherzustellen, sollten der Begriff des Ortes, an dem ein Steuerpflichtiger den Sitz seiner wirtschaftlichen Tätigkeit hat, und der Begriff der festen Niederlassung, des Wohnsitzes und des gewöhnlichen Aufenthaltsortes klargestellt werden. Die Zugrundelegung möglichst klarer und objektiver Kriterien sollte die praktische Anwendung dieser Begriffe erleichtern, wobei der Rechtsprechung des Gerichtshofs Rechnung getragen werden sollte.

(15) Es sollten Vorschriften erlassen werden, die eine einheitliche Behandlung von Lieferungen von Gegenständen gewährleisten, wenn ein Lieferer den Schwellenwert für Fernverkäufe in einen anderen Mitgliedstaat überschritten hat.

(16) Es sollte klargestellt werden, dass zur Bestimmung des innerhalb der Gemeinschaft stattfindenden Teils der Personenbeförderung die Reisestrecke des Beförderungsmittels und nicht die von den Fahrgästen zurückgelegte Reisestrecke ausschlaggebend ist.

(17) Das Recht des Erwerbsmitgliedstaats zur Besteuerung eines innergemeinschaftlichen Erwerbs sollte nicht durch die mehrwertsteuerliche Behandlung der Umsätze im Abgangsmitgliedstaat beeinträchtigt werden.

(18) Für die richtige Anwendung der Regeln über den Ort der Dienstleistung kommt es hauptsächlich auf den Status des Dienstleistungsempfängers als Steuerpflichtiger oder Nichtsteuerpflichtiger und die Eigenschaft, in der er handelt, an. Um den steuerlichen Status des Dienstleistungsempfängers zu bestimmen, sollte festgelegt werden, welche Nachweise sich der Dienstleistungserbringer vom Dienstleistungsempfänger vorlegen lassen muss.

(19) Es sollte klargestellt werden, dass dann, wenn für einen Steuerpflichtigen erbrachte Dienstleistungen für den privaten Bedarf, einschließlich für den Bedarf des Personals des Dienstleistungsempfängers, bestimmt sind, dieser Steuerpflichtige nicht als in seiner Eigenschaft als Steuerpflichtiger handelnd eingestuft werden kann. Zur Entscheidung, ob der Dienstleistungsempfänger als Steuerpflichtiger handelt oder nicht, ist die Mitteilung seiner Mehrwertsteuer-Identifikationsnummer an den Dienstleistungserbringer ausreichend, um ihm die Eigenschaft als Steuerpflichtiger zuzuerkennen, es sei denn, dem Dienstleistungserbringer liegen gegenteilige Informationen vor. Es sollte außerdem sichergestellt werden, dass eine Dienstleistung, die sowohl für Unternehmenszwecke erworben als auch privat genutzt wird, nur an einem einzigen Ort besteuert wird.

(20) Zur genauen Bestimmung des Ortes der Niederlassung des Dienstleistungsempfängers ist der Dienstleistungserbringer verpflichtet, die vom Dienstleistungsempfänger übermittelten Angaben zu überprüfen.

(21) Unbeschadet der allgemeinen Bestimmung über den Ort einer Dienstleistung an einen Steuerpflichtigen sollten Regeln festgelegt werden, um dem Dienstleistungserbringer für den Fall, dass Dienstleistungen an einen Steuerpflichtigen erbracht werden, der an mehr als einem Ort ansässig ist, zu helfen, den Ort der festen Niederlassung des Steuerpflichtigen, an die die Dienstleistung erbracht wird, unter Berücksichtigung der jeweiligen Umstände zu bestimmen. Wenn es dem Dienstleistungserbringer nicht möglich ist, diesen Ort zu bestimmen, sollten Bestimmungen zur Präzisierung der Pflichten des Dienstleistungserbringers festgelegt werden. Diese Bestimmungen sollten die Pflichten des Steuerpflichtigen weder berühren noch ändern.

(22) Es sollte auch festgelegt werden, zu welchem Zeitpunkt der Dienstleistungserbringer den Status des Dienstleistungsempfängers als Steuerpflichtiger oder Nichtsteuerpflichtiger, seine Eigenschaft und seinen Ort bestimmen muss.

(23) Der Grundsatz in Bezug auf missbräuchliche Praktiken von Wirtschaftsbeteiligten gilt generell für die vorliegende Verordnung, doch ist es angezeigt, speziell im Zusammenhang mit einigen Bestimmungen dieser Verordnung auf seine Gültigkeit hinzuweisen.

(24) Bestimmte Dienstleistungen wie die Erteilung des Rechts zur Fernsehübertragung von Fußballspielen, Textübersetzungen, Dienstleistungen im Zusammenhang mit der Mehrwertsteuererstattung und Dienstleistungen von Vermittlern, die an einen Nichtsteuerpflichtigen erbracht werden, sind mit grenzübergreifenden Sachverhalten verbunden oder beziehen sogar außerhalb der Gemeinschaft ansässige Wirtschaftsbeteiligte ein. Zur Verbesserung der Rechtssicherheit sollte der Ort dieser Dienstleistungen eindeutig bestimmt werden.

(25) Es sollte festgelegt werden, dass für Dienstleistungen von Vermittlern, die im Namen und für Rechnung Dritter handeln und die Beherbergungsdienstleistungen in der Hotelbranche vermitteln, nicht die spezifische Regel für Dienstleistungen im Zusammenhang mit einem Grundstück gilt.

(26) Werden mehrere Dienstleistungen im Rahmen von Bestattungen als Bestandteil einer einheitlichen Dienstleistung erbracht, sollte festgelegt werden, nach welcher Vorschrift der Ort der Dienstleistung zu bestimmen ist.

(27) Um die einheitliche Behandlung von Dienstleistungen auf dem Gebiet der Kultur, der Künste, des Sports, der Wissenschaften, des Unterrichts sowie der Unterhaltung und ähnlichen Ereignissen sicherzustellen, sollten die Eintrittsberechtigung zu solchen Ereignissen und die mit der Eintrittsberechtigung zusammenhängenden Dienstleistungen definiert werden.

(28) Es sollte klargestellt werden, wie Restaurant- und Verpflegungsdienstleistungen zu behandeln sind, die an Bord eines Beförderungsmittels

erbracht werden, sofern die Personenbeförderung auf dem Gebiet mehrerer Länder erfolgt.

(29) Da bestimmte Regeln für die Vermietung von Beförderungsmitteln auf die Dauer des Besitzes oder der Verwendung abstellen, muss nicht nur festgelegt werden, welche Fahrzeuge als Beförderungsmittel anzusehen sind, sondern es ist auch klarzustellen, wie solche Dienstleistungen zu behandeln sind, wenn mehrere aufeinanderfolgende Verträge abgeschlossen werden. Es ist auch der Ort festzulegen, an dem das Beförderungsmittel dem Dienstleistungsempfänger tatsächlich zur Verfügung gestellt wird.

(30) Unter bestimmten Umständen sollte eine bei der Bezahlung eines Umsatzes mittels Kredit- oder Geldkarte anfallende Bearbeitungsgebühr nicht zu einer Minderung der Besteuerungsgrundlage für diesen Umsatz führen.

(31) Es muss klargestellt werden, dass auf die Vermietung von Zelten, Wohnanhängern und Wohnmobilen, die auf Campingplätzen aufgestellt sind und als Unterkünfte dienen, ein ermäßigter Steuersatz angewandt werden kann.

(32) Als Ausbildung, Fortbildung oder berufliche Umschulung sollten sowohl Schulungsmaßnahmen mit direktem Bezug zu einem Gewerbe oder einem Beruf als auch jegliche Schulungsmaßnahme im Hinblick auf den Erwerb oder die Erhaltung beruflicher Kenntnisse gelten, und zwar unabhängig von ihrer Dauer.

(33) „Platinum Nobles" sollten in allen Fällen von der Steuerbefreiung für Umsätze mit Devisen, Banknoten und Münzen ausgeschlossen sein.

(34) Es sollte festgelegt werden, dass die Steuerbefreiung für Dienstleistungen im Zusammenhang mit der Einfuhr von Gegenständen, deren Wert in der Steuerbemessungsgrundlage für diese Gegenstände enthalten ist, auch für im Rahmen eines Wohnortwechsels erbrachte Beförderungsdienstleistungen gilt.

(35) Die vom Abnehmer nach Orten außerhalb der Gemeinschaft beförderten und für die Ausrüstung oder die Versorgung von Beförderungsmitteln – die von Personen, die keine natürlichen Personen sind, wie etwa Einrichtungen des öffentlichen Rechts oder Vereine, für nichtgeschäftliche Zwecke genutzt werden – bestimmten Gegenstände sollten von der Steuerbefreiung bei Ausfuhrumsätzen ausgeschlossen sein.

(36) Um eine einheitliche Verwaltungspraxis bei der Berechnung des Mindestwerts für die Steuerbefreiung der Ausfuhr von Gegenständen zur Mitführung im persönlichen Gepäck von Reisenden sicherzustellen, sollten die Bestimmungen für diese Berechnung harmonisiert werden.

(37) Es sollte festgelegt werden, dass die Steuerbefreiung für bestimmte Umsätze, die Ausfuhren gleichgestellt sind, auch für Dienstleistungen gilt, die unter die besondere Regelung für elektronisch erbrachte Dienstleistungen fallen.

(38) Eine entsprechend dem Rechtsrahmen für ein Konsortium für eine europäische Forschungsinfrastruktur (ERIC) zu schaffende Einrichtung sollte zum Zweck der Mehrwertsteuerbefreiung nur unter bestimmten Voraussetzungen als internationale Einrichtung gelten. Die für die Inanspruchnahme der Befreiung erforderlichen Voraussetzungen sollten daher festgelegt werden.

(39) Lieferungen von Gegenständen und Dienstleistungen, die im Rahmen diplomatischer und konsularischer Beziehungen bewirkt oder anerkannten internationalen Einrichtungen oder bestimmten Streitkräften erbracht werden, sind vorbehaltlich bestimmter Beschränkungen und Bedingungen von der Mehrwertsteuer befreit. Damit ein Steuerpflichtiger, der eine solche Lieferung oder Dienstleistung von einem anderen Mitgliedstaat aus bewirkt, nachweisen kann, dass die Voraussetzungen für diese Befreiung vorliegen, sollte eine Freistellungsbescheinigung eingeführt werden.

(40) Für die Ausübung des Rechts auf Vorsteuerabzug sollten auch elektronische Einfuhrdokumente zugelassen werden, wenn sie dieselben Anforderungen erfüllen wie Papierdokumente.

(41) Hat ein Lieferer von Gegenständen oder ein Erbringer von Dienstleistungen eine feste Niederlassung in dem Gebiet des Mitgliedstaats, in dem die Steuer geschuldet wird, so sollte festgelegt werden, unter welchen Umständen die Steuer von dieser Niederlassung zu entrichten ist.

(42) Es sollte klargestellt werden, dass ein Steuerpflichtiger, dessen Sitz der wirtschaftlichen Tätigkeit sich in dem Gebiet des Mitgliedstaats befindet, in dem die Mehrwertsteuer geschuldet wird, im Hinblick auf diese Steuerschuld selbst dann als ein in diesem Mitgliedstaat ansässiger Steuerschuldner anzusehen ist, wenn dieser Sitz nicht bei der Lieferung von Gegenständen oder der Erbringung von Dienstleistungen mitwirkt.

(43) Es sollte klargestellt werden, dass jeder Steuerpflichtige verpflichtet ist, für bestimmte steuerbare Umsätze seine Mehrwertsteuer-Identifikationsnummer mitzuteilen, sobald er diese erhalten hat, damit eine gerechtere Steuererhebung gewährleistet ist.

(44) Um die Gleichbehandlung der Wirtschaftsbeteiligten zu gewährleisten, sollte festgelegt werden, welche Anlagegold-Gewichte auf den Goldmärkten definitiv akzeptiert werden und an welchem Datum der Wert der Goldmünzen festzustellen ist.

(45) Die Sonderregelung für die Erbringung elektronisch erbrachter Dienstleistungen durch nicht in der Gemeinschaft ansässige Steuerpflichtige an in der Gemeinschaft ansässige oder wohnhafte Nichtsteuerpflichtige ist an bestimmte Voraussetzungen geknüpft. Es sollte insbesondere genau angegeben werden, welche Folgen es hat, wenn diese Voraussetzungen nicht mehr erfüllt werden.

(46) Bestimmte Änderungen resultieren aus der Richtlinie 2008/8/EG. Da diese Änderungen zum einen die Besteuerung der Vermietung von Beförderungsmitteln über einen längeren Zeitraum ab dem 1. Januar 2013 und zum anderen die Besteuerung elektronisch erbrachter Dienstleistungen

ab dem 1. Januar 2015 betreffen, sollte festgelegt werden, dass die entsprechenden Bestimmungen dieser Verordnung erst ab diesen Daten anwendbar sind –

HAT FOLGENDE VERORDNUNG ERLASSEN:

## KAPITEL I
## GEGENSTAND

**Art. 1** Diese Verordnung regelt die Durchführung einiger Bestimmungen der Titel I bis V und VII bis XII der Richtlinie 2006/112/EG.

## KAPITEL II
## ANWENDUNGSBEREICH

*(TITEL I DER RICHTLINIE 2006/112/EG)*

**Art. 2** Folgendes führt nicht zu einem innergemeinschaftlichen Erwerb im Sinne von Artikel 2 Absatz 1 Buchstabe b der Richtlinie 2006/112/EG:

a) die Verbringung eines neuen Fahrzeugs durch einen Nichtsteuerpflichtigen aufgrund eines Wohnortwechsels, vorausgesetzt, die Befreiung nach Artikel 138 Absatz 2 Buchstabe a der Richtlinie 2006/112/EG war zum Zeitpunkt der Lieferung nicht anwendbar;

b) die Rückführung eines neuen Fahrzeugs durch einen Nichtsteuerpflichtigen in denjenigen Mitgliedstaat, aus dem es ihm ursprünglich unter Inanspruchnahme der Steuerbefreiung nach Artikel 138 Absatz 2 Buchstabe a der Richtlinie 2006/112/EG geliefert wurde.

**Art. 3** Unbeschadet des Artikels 59a Absatz 1 Buchstabe b der Richtlinie 2006/112/EG unterliegt die Erbringung der nachstehend aufgeführten Dienstleistungen nicht der Mehrwertsteuer, wenn der Dienstleistungserbringer nachweist, dass der nach Kapitel V Abschnitt 4 Unterabschnitte 3 und 4 der vorliegenden Verordnung ermittelte Ort der Dienstleistung außerhalb der Gemeinschaft liegt:

a) ab 1. Januar 2013 die in Artikel 56 Absatz 2 Unterabsatz 1 der Richtlinie 2006/112/EG genannten Dienstleistungen;

b) ab 1. Januar 2015 die in Artikel 58 der Richtlinie 2006/112/EG aufgeführten Dienstleistungen;

c) die in Artikel 59 der Richtlinie 2006/112/EG aufgeführten Dienstleistungen.

**Art. 4** Einem Steuerpflichtigen, dessen innergemeinschaftliche Erwerbe von Gegenständen gemäß Artikel 3 der Richtlinie 2006/112/EG nicht der Mehrwertsteuer unterliegen, steht dieses Recht auf Nichtbesteuerung auch dann weiterhin zu, wenn ihm nach Artikel 214 Absatz 1 Buchstabe d oder e jener Richtlinie für empfangene Dienstleistungen, für die er Mehrwertsteuer zu entrichten hat, oder für von ihm im Gebiet eines anderen Mitgliedstaats erbrachte Dienstleistungen, für die die Mehrwertsteuer ausschließlich vom Empfänger zu entrichten ist, eine Mehrwertsteuer-Identifikationsnummer zugeteilt wurde.

Teilt dieser Steuerpflichtige jedoch im Zusammenhang mit dem innergemeinschaftlichen Erwerb von Gegenständen seine Mehrwertsteuer-Identifikationsnummer einem Lieferer mit, so gilt damit die Wahlmöglichkeit nach Artikel 3 Absatz 3 der genannten Richtlinie als in Anspruch genommen.

## KAPITEL III
## STEUERPFLICHTIGER

*(TITEL III DER RICHTLINIE 2006/112/EG)*

**Art. 5** Eine gemäß der Verordnung (EWG) Nr. 2137/85 gegründete Europäische wirtschaftliche Interessenvereinigung (EWIV), die gegen Entgelt Lieferungen von Gegenständen oder Dienstleistungen an ihre Mitglieder oder an Dritte bewirkt, ist ein Steuerpflichtiger im Sinne von Artikel 9 Absatz 1 der Richtlinie 2006/112/EG.

## KAPITEL IV
## STEUERBARER UMSATZ

*(TITEL IV DER RICHTLINIE 2006/112/EG)*

### ABSCHNITT 1
### Lieferung von Gegenständen

*(Artikel 14 bis 19 der Richtlinie 2006/112/EG)*
*(ABl L 2019/313)*

**Art. 5a** Für die Anwendung von Artikel 14 Absatz 4 der Richtlinie 2006/112/EG gelten Gegenstände als durch den Lieferer oder für dessen Rechnung versandt oder befördert – einschließlich der mittelbaren Beteiligung des Lieferers an der Versendung oder Beförderung –, insbesondere wenn

a) die Versendung oder Beförderung der Gegenstände vom Lieferer als Unterauftrag an einen Dritten vergeben wird, der die Gegenstände an den Erwerber liefert;

b) die Versendung oder Beförderung der Gegenstände durch einen Dritten erfolgt, der Lieferer jedoch entweder die gesamte oder die teilweise Verantwortung für die Lieferung der Gegenstände an den Erwerber trägt;

c) der Lieferer dem Erwerber die Transportkosten in Rechnung stellt und diese einzieht und sie dann an einen Dritten weiterleitet, der die Versendung oder Beförderung der Waren übernimmt;

d) der Lieferer in jeglicher Weise gegenüber dem Erwerber die Zustelldienste eines Dritten bewirbt, den Kontakt zwischen dem Erwerber und einem Dritten herstellt oder einem Dritten auf andere Weise die Informationen, die dieser für die Zustellung der Gegenstände an den Erwerber benötigt, übermittelt.

Die Gegenstände gelten jedoch dann nicht als vom Lieferer oder für dessen Rechnung versandt oder befördert, wenn der Erwerber die Gegenstände selbst befördert oder wenn der Erwerber die Lieferung der Gegenstände selbst mit einem Dritten vereinbart und der Lieferer nicht mittelbar oder unmittelbar die Organisation der Versendung oder Beförderung dieser Gegenstände übernimmt oder dabei hilft.
*(ABl L 2019/313)*

**Art. 5b** Für die Anwendung von Artikel 14a der Richtlinie 2006/112/EG bezeichnet der Begriff 'unterstützen' die Nutzung einer elektronischen Schnittstelle, um es einem Erwerber und einem Lieferer, der über eine elektronische Schnittstelle Gegenstände zum Verkauf anbietet, zu ermöglichen, in Kontakt zu treten, woraus eine Lieferung von Gegenständen über die elektronische Schnittstelle an diesen Erwerber resultiert.

Ein Steuerpflichtiger unterstützt die Lieferung von Gegenständen jedoch dann nicht, wenn alle folgenden Voraussetzungen erfüllt sind:

a) Der Steuerpflichtige legt weder unmittelbar noch mittelbar irgendeine der Bedingungen für die Lieferung der Gegenstände fest;

b) der Steuerpflichtige ist weder unmittelbar noch mittelbar an der Autorisierung der Abrechnung mit dem Erwerber bezüglich der getätigten Zahlung beteiligt;

c) der Steuerpflichtige ist weder unmittelbar noch mittelbar an der Bestellung oder Lieferung der Gegenstände beteiligt.

Artikel 14a der Richtlinie 2006/112/EG findet auch keine Anwendung auf Steuerpflichtige, die lediglich eine der folgenden Leistungen anbieten:

a) die Verarbeitung von Zahlungen im Zusammenhang mit der Lieferung von Gegenständen;

b) die Auflistung von Gegenständen oder die Werbung für diese;

c) die Weiterleitung oder Vermittlung von Erwerbern an andere elektronische Schnittstellen, über die Gegenstände zum Verkauf angeboten werden, ohne dass eine weitere Einbindung in die Lieferung besteht.

*(ABl L 2019/313)*

**Art. 5c** Für die Anwendung von Artikel 14a der Richtlinie 2006/112/EG schuldet ein Steuerpflichtiger, der behandelt wird, als ob er die Gegenstände selbst erhalten und selbst geliefert hätte, nicht die Mehrwertsteuerbeträge, die die Mehrwertsteuer übersteigen, die er für diese Lieferungen erklärt und entrichtet hat, wenn alle folgenden Voraussetzungen erfüllt sind:

a) Der Steuerpflichtige ist auf die Angaben angewiesen, die von Lieferern, die Gegenstände über eine elektronische Schnittstelle verkaufen, oder von Dritten erteilt werden, um die Mehrwertsteuer für diese Lieferungen korrekt erklären und entrichten zu können;

b) die in Buchstabe a genannten Angaben sind falsch;

c) der Steuerpflichtige kann nachweisen, dass er nicht wusste und nach vernünftigem Ermessen nicht wissen konnte, dass diese Angaben nicht zutreffend waren.

*(ABl L 2019/313)*

**Art. 5d** Sofern ihm keine gegenteiligen Angaben vorliegen, betrachtet der Steuerpflichtige, der gemäß Artikel 14a der Richtlinie 2006/112/EG so behandelt wird, als ob er die Gegenstände selbst erhalten und selbst geliefert hätte:

a) die Person, die die Gegenstände über eine elektronische Schnittstelle verkauft, als steuerpflichtig;

b) die Person, die diese Gegenstände kauft, als nicht steuerpflichtig.

*(ABl L 2019/313)*

## ABSCHNITT 2
## Erbringung von Dienstleistungen

*(Artikel 24 bis 29 der Richtlinie 2006/112/EG)*
*(ABl L 2019/313)*

**Art. 6** (1) Als Restaurant- und Verpflegungsdienstleistungen gelten die Abgabe zubereiteter oder nicht zubereiteter Speisen und/oder Getränke, zusammen mit ausreichenden unterstützenden Dienstleistungen, die deren sofortigen Verzehr ermöglichen. Die Abgabe von Speisen und/oder Getränken ist nur eine Komponente der gesamten Leistung, bei der der Dienstleistungsanteil überwiegt. Restaurantdienstleistungen sind die Erbringung solcher Dienstleistungen in den Räumlichkeiten des Dienstleistungserbringers und Verpflegungsdienstleistungen sind die Erbringung solcher Dienstleistungen an einem anderen Ort als den Räumlichkeiten des Dienstleistungserbringers.

(2) Die Abgabe von zubereiteten oder nicht zubereiteten Speisen und/oder Getränken mit oder ohne Beförderung, jedoch ohne andere unterstützende Dienstleistungen, gilt nicht als Restaurant- oder Verpflegungsdienstleistung im Sinne des Absatzes 1.

**Art. 6a** (1) Telekommunikationsdienstleistungen im Sinne von Artikel 24 Absatz 2 der Richtlinie 2006/112/EG umfassen insbesondere

a) Festnetz- und Mobiltelefondienste zur wechselseitigen Ton-, Daten- und Videoübertragung einschließlich Telefondienstleistungen mit bildgebender Komponente (Videofonie),

b) über das Internet erbrachte Telefondienste einschließlich VoIP-Diensten (Voice over Internet Protocol);

c) Sprachspeicherung (Voicemail), Anklopfen, Rufumleitung, Anruferkennung, Dreiwegeanruf und andere Anrufverwaltungsdienste;

d) Personenrufdienste (Paging-Dienste);

e) Audiotextdienste;

f) Fax, Telegrafie und Fernschreiben;

g) den Zugang zum Internet einschließlich des World Wide Web;

h) private Netzanschlüsse für Telekommunikationsverbindungen zur ausschließlichen Nutzung durch den Dienstleistungsempfänger.

(2) Telekommunikationsdienstleistungen im Sinne von Artikel 24 Absatz 2 der Richtlinie 2006/112/EG umfassen nicht

a) elektronisch erbrachte Dienstleistungen;

b) Rundfunk- und Fernsehdienstleistungen (im Folgenden ‚Rundfunkdienstleistungen.‘).

**Art. 6b** (1) Rundfunkdienstleistungen umfassen Dienstleistungen in Form von Audio- und audiovisuellen Inhalten wie Rundfunk- oder Fernsehsendungen, die auf der Grundlage eines Sendeplans über Kommunikationsnetze durch einen Mediendiensteanbieter unter dessen redaktioneller Verantwortung der Öffentlichkeit zum zeitgleichen Anhören oder Ansehen zur Verfügung gestellt werden.

(2) Unter Absatz 01 fällt insbesondere Folgendes:

a) Rundfunk- oder Fernsehsendungen, die über einen Rundfunk- oder Fernsehsender verbreitet oder weiterverbreitet werden;

b) Rundfunk -oder Fernsehsendungen, die über das Internet oder ein ähnliches elektronisches Netzwerk (IP-Streaming) verbreitet werden, wenn sie zeitgleich zu ihrer Verbreitung oder Weiterverbreitung durch einen Rundfunk- oder Fernsehsender übertragen werden.

(3) Absatz 1 findet keine Anwendung auf

a) Telekommunikationsdienstleistungen;

b) elektronisch erbrachte Dienstleistungen;

c) die Bereitstellung von Informationen über bestimmte auf Abruf erhältliche Programme;

d) die Übertragung von Sende- oder Verbreitungsrechten;

e) das Leasing von Geräten und technischer Ausrüstung zum Empfang von Rundfunkdienstleistungen;

f) Rundfunk- oder Fernsehsendungen, die über das Internet oder ein ähnliches elektronisches Netz (IP-Streaming) verbreitet werden, es sei denn, sie werden zeitgleich zu ihrer Verbreitung oder Weiterverbreitung durch herkömmliche Rundfunk- oder Fernsehsender übertragen.

**Art. 7** (1) „Elektronisch erbrachte Dienstleistungen“ im Sinne der Richtlinie 2006/112/EG umfassen Dienstleistungen, die über das Internet oder ein ähnliches elektronisches Netz erbracht werden, deren Erbringung aufgrund ihrer Art im Wesentlichen automatisiert und nur mit minimaler menschlicher Beteiligung erfolgt und ohne Informationstechnologie nicht möglich wäre.

(2) Unter Absatz 1 fällt insbesondere das Folgende:

a) Überlassung digitaler Produkte allgemein, z. B. Software und zugehörige Änderungen oder Upgrades;

b) Dienste, die in elektronischen Netzen eine Präsenz zu geschäftlichen oder persönlichen Zwecken, z. B. eine Website oder eine Webpage, vermitteln oder unterstützen;

c) von einem Computer automatisch generierte Dienstleistungen über das Internet oder ein ähnliches elektronisches Netz auf der Grundlage spezifischer Dateninputs des Dienstleistungsempfängers;

d) Einräumung des Rechts, gegen Entgelt eine Leistung auf einer Website, die als Online-Marktplatz fungiert, zum Kauf anzubieten, wobei die potenziellen Käufer ihr Gebot im Wege eines automatisierten Verfahrens abgeben und die Beteiligten durch eine automatische, computergenerierte E-Mail über das Zustandekommen eines Verkaufs unterrichtet werden;

e) Internet-Service-Pakete, in denen die Telekommunikations-Komponente ein ergänzender oder untergeordneter Bestandteil ist (d. h. Pakete, die mehr ermöglichen als nur die Gewährung des Zugangs zum Internet und die weitere Elemente wie etwa Nachrichten, Wetterbericht, Reiseinformationen, Spielforen, Webhosting, Zugang zu Chatlines usw. umfassen);

f) die in Anhang I genannten Dienstleistungen.

(3) Absatz 1 findet keine Anwendung auf.

a) Rundfunkdienstleistungen;

b) Telekommunikationsdienstleistungen;

c) Gegenstände bei elektronischer Bestellung und Auftragsbearbeitung;

d) CD-ROMs, Disketten und ähnliche körperliche Datenträger;

e) Druckerzeugnisse wie Bücher, Newsletter, Zeitungen und Zeitschriften;

f) CDs und Audiokassetten;

g) Videokassetten und DVDs;

h) Spiele auf CD-ROM;

i) Beratungsleistungen durch Rechtsanwälte, Finanzberater usw. per E-Mail;

j) Unterrichtsleistungen, wobei ein Lehrer den Unterricht über das Internet oder ein elektronisches Netz, d. h. über einen Remote Link, erteilt;

k) physische Offline-Reparatur von EDV-Ausrüstung;

l) Offline-Data-Warehousing;

m) Zeitungs-, Plakat- und Fernsehwerbung;

n) Telefon-Helpdesks;

o) Fernunterricht im herkömmlichen Sinne, z. B. per Post;

p) Versteigerungen herkömmlicher Art, bei denen Menschen direkt tätig werden, unabhängig davon, wie die Gebote abgegeben werden;

q)–s) (aufgehoben)

t) online gebuchte Eintrittskarten für Veranstaltungen auf dem Gebiet der Kultur, der Künste, des Sports, der Wissenschaft, des Unterrichts, der Unterhaltung und ähnliche Veranstaltungen;

u) online gebuchte Beherbergungsleistungen, Mietwagen, Restaurantdienstleistungen, Personenbeförderungsdienste oder ähnliche Dienstleistungen.

**Art. 8** Baut ein Steuerpflichtiger lediglich die verschiedenen Teile einer Maschine zusammen, die ihm alle vom Empfänger seiner Dienstleistung zur Verfügung gestellt wurden, so ist dieser Umsatz eine Dienstleistung im Sinne von Artikel 24 Absatz 1 der Richtlinie 2006/112/EG.

**Art. 9** Der Verkauf einer Option, der in den Anwendungsbereich von Artikel 135 Absatz 1 Buchstabe f der Richtlinie 2006/112/EG fällt, ist eine Dienstleistung im Sinne von Artikel 24 Absatz 1 der genannten Richtlinie. Diese Dienstleistung ist von den der Option zugrunde liegenden Umsätzen zu unterscheiden.

**Art. 9a** (1) Für die Anwendung von Artikel 28 der Richtlinie 2006/112/EG gilt, dass wenn elektronisch erbrachte Dienstleistungen über ein Telekommunikationsnetz, eine Schnittstelle oder ein Portal wie einen Appstore erbracht werden, davon auszugehen ist, dass ein an dieser Erbringung beteiligter Steuerpflichtiger im eigenen Namen, aber für Rechnung des Anbieters dieser Dienstleistungen tätig ist, es sei denn, dass dieser Anbieter von dem Steuerpflichtigen ausdrücklich als Leistungserbringer genannt wird und dies in den vertraglichen Vereinbarungen zwischen den Parteien zum Ausdruck kommt.

Damit der Anbieter der elektronisch erbrachten Dienstleistungen als vom Steuerpflichtigen ausdrücklich genannter Erbringer der elektronisch erbrachten Dienstleistungen angesehen werden kann, müssen die folgenden Bedingungen erfüllt sein:

a) Auf der von jedem an der Erbringung der elektronisch erbrachten Dienstleistungen beteiligten Steuerpflichtigen ausgestellten oder verfügbar gemachten Rechnung müssen die elektronisch erbrachten Dienstleistungen und der Erbringer dieser elektronisch erbrachten Dienstleistungen angegeben sein;
b) auf der dem Dienstleistungsempfänger ausgestellten oder verfügbar gemachten Rechnung oder Quittung müssen die elektronisch erbrachten Dienstleistungen und ihr Erbringer angegeben sein.

Für die Zwecke dieses Absatzes ist es einem Steuerpflichtigen nicht gestattet, eine andere Person ausdrücklich als Erbringer von elektronischen Dienstleistungen anzugeben, wenn er hinsichtlich der Erbringung dieser Dienstleistungen die Abrechnung mit dem Dienstleistungsempfänger autorisiert oder die Erbringung der Dienstleistungen genehmigt oder die allgemeinen Bedingungen der Erbringung festlegt.

(2) Absatz 1 findet auch Abwendung, wenn über das Internet erbrachte Telefondienste einschließlich VoIP-Diensten (Voice over Internet Protocol) über ein Telekommunikationsnetz, eine Schnittstelle oder ein Portal wie einen Appstore erbracht werden und diese Erbringung unter den in Absatz 1 genannten Bedingungen erfolgt.

(3) Dieser Artikel gilt nicht für einen Steuerpflichtigen, der lediglich Zahlungen in Bezug auf elektronisch erbrachte Dienstleistungen oder über das Internet erbrachte Telefondienste einschließlich VoIP-Diensten (Voice over Internet Protocol) abwickelt und nicht an der Erbringung dieser elektronisch erbrachten Dienstleistungen oder Telefondienste beteiligt ist.

## KAPITEL V
## ORT DES STEUERBAREN UMSATZES

### ABSCHNITT 1
### Begriffe

**Art. 10** (1) Für die Anwendung der Artikel 44 und 45 der Richtlinie 2006/112/EG gilt als Ort, an dem der Steuerpflichtige den Sitz seiner wirtschaftlichen Tätigkeit hat, der Ort, an dem die Handlungen zur zentralen Verwaltung des Unternehmens vorgenommen werden.

(2) Zur Bestimmung des Ortes nach Absatz 1 werden der Ort, an dem die wesentlichen Entscheidungen zur allgemeinen Leitung des Unternehmens getroffen werden, der Ort seines satzungsmäßigen Sitzes und der Ort, an dem die Unternehmensleitung zusammenkommt, herangezogen.

Kann anhand dieser Kriterien der Ort des Sitzes der wirtschaftlichen Tätigkeit eines Unternehmens nicht mit Sicherheit bestimmt werden, so wird der Ort, an dem die wesentlichen Entscheidungen zur allgemeinen Leitung des Unternehmens getroffen werden, zum vorrangigen Kriterium.

(3) Allein aus dem Vorliegen einer Postanschrift kann nicht geschlossen werden, dass sich dort der Sitz der wirtschaftlichen Tätigkeit eines Unternehmens befindet.

**Art. 11** (1) Für die Anwendung des Artikels 44 der Richtlinie 2006/112/EG gilt als „feste Niederlassung“ jede Niederlassung mit Ausnahme des Sitzes der wirtschaftlichen Tätigkeit nach Artikel 10 dieser Verordnung, die einen hinreichenden Grad an Beständigkeit sowie eine Struktur aufweist, die es ihr von der personellen und technischen Ausstattung her erlaubt, Dienstleistungen, die für den eigenen Bedarf dieser Niederlassung erbracht werden, zu empfangen und dort zu verwenden.

(2) Für die Anwendung der folgenden Artikel gilt als „feste Niederlassung“ jede Niederlassung mit Ausnahme des Sitzes der wirtschaftlichen Tätigkeit nach Artikel 10 dieser Verordnung, die einen hinreichenden Grad an Beständigkeit sowie eine Struktur aufweist, die es von der personellen und technischen Ausstattung her erlaubt, Dienstleistungen zu erbringen:

a) Artikel 45 der Richtlinie 2006/112/EG;
b) ab 1. Januar 2013 Artikel 56 Absatz 2 Unterabsatz 2 der Richtlinie 2006/112/EG;
c) bis 31. Dezember 2014 Artikel 58 der Richtlinie 2006/112/EG;
d) Artikel 192a der Richtlinie 2006/112/EG.

(3) Allein aus der Tatsache, dass eine Mehrwertsteuer-Identifikationsnummer zugeteilt wurde, kann nicht darauf geschlossen werden, dass ein Steuerpflichtiger eine „feste Niederlassung“ hat.

**Art. 12** Für die Anwendung der Richtlinie 2006/112/EG gilt als „Wohnsitz“ einer natürlichen Person, unabhängig davon, ob diese Person steuerpflichtig ist oder nicht, der im Melderegister oder in einem ähnlichen Register eingetragene Wohnsitz oder der Wohnsitz, den die betreffende Person bei der zuständigen Steuerbehörde angegeben hat, es sei denn, es liegen Anhaltspunkte dafür vor, dass dieser Wohnsitz nicht die tatsächlichen Gegebenheiten widerspiegelt.

**Art. 13** Im Sinne der Richtlinie 2006/112/EG gilt als „gewöhnlicher Aufenthaltsort" einer natürlichen Person, unabhängig davon, ob diese Person steuerpflichtig ist oder nicht, der Ort, an dem diese natürliche Person aufgrund persönlicher und beruflicher Bindungen gewöhnlich lebt.

Liegen die beruflichen Bindungen einer natürlichen Person in einem anderen Land als dem ihrer persönlichen Bindungen oder gibt es keine beruflichen Bindungen, so bestimmt sich der gewöhnliche Aufenthaltsort nach den persönlichen Bindungen, die enge Beziehungen zwischen der natürlichen Person und einem Wohnort erkennen lassen.

**Art. 13a** Als Ort, an dem eine nichtsteuerpflichtige juristische Person im Sinne von Artikel 56 Absatz 2 Unterabsatz 1, Artikel 58 und Artikel 59 der Richtlinie 2006/112/EG ansässig ist, gilt

a) der Ort, an dem Handlungen zu ihrer zentralen Verwaltung ausgeführt werden, oder

b) der Ort jeder anderen Niederlassung, die einen hinreichenden Grad an Beständigkeit sowie eine Struktur aufweist, die es ihr von der personellen und technischen Ausstattung her erlaubt, Dienstleistungen, die für den eigenen Bedarf dieser Niederlassung erbracht werden, zu empfangen und dort zu verwenden.

**Art. 13b** Für die Zwecke der Anwendung der Richtlinie 2006/112/EG gilt als ‚Grundstück'

a) ein bestimmter über- oder unterirdischer Teil der Erdoberfläche, an dem Eigentum und Besitz begründet werden kann;

b) jedes mit oder in dem Boden über oder unter dem Meeresspiegel befestigte Gebäude oder jedes derartige Bauwerk, das nicht leicht abgebaut oder bewegt werden kann;

c) jede Sache, die einen wesentlichen Bestandteil eines Gebäudes oder eines Bauwerks bildet, ohne die das Gebäude oder das Bauwerk unvollständig ist, wie zum Beispiel Türen, Fenster, Dächer, Treppenhäuser und Aufzüge;

d) Sachen, Ausstattungsgegenstände oder Maschinen, die auf Dauer in einem Gebäude oder einem Bauwerk installiert sind, und die nicht bewegt werden können, ohne das Gebäude oder das Bauwerk zu zerstören oder zu verändern.

### ABSCHNITT 2
### Ort der Lieferung von Gegenständen

*(Artikel 31 bis 39 der Richtlinie 2006/112/EG)*

**Art. 14** (aufgehoben)

*(ABl L 2019/313)*

**Art. 15** Zur Bestimmung des innerhalb der Gemeinschaft stattfindenden Teils der Personenbeförderung im Sinne des Artikels 37 der Richtlinie 2006/112/EG ist die Reisestrecke des Beförderungsmittels, nicht die der beförderten Personen, ausschlaggebend.

### ABSCHNITT 3
### Ort des innergemeinschaftlichen Erwerbs von Gegenständen

*(Artikel 40, 41 und 42 der Richtlinie 2006/112/EG)*

**Art. 16** Der Mitgliedstaat der Beendigung des Versands oder der Beförderung der Gegenstände, in dem ein innergemeinschaftlicher Erwerb von Gegenständen im Sinne von Artikel 20 der Richtlinie 2006/112/EG erfolgt, nimmt seine Besteuerungskompetenz unabhängig von der mehrwertsteuerlichen Behandlung des Umsatzes im Mitgliedstaat des Beginns des Versands oder der Beförderung der Gegenstände wahr.

Ein etwaiger vom Lieferer der Gegenstände gestellter Antrag auf Berichtigung der in Rechnung gestellten und gegenüber dem Mitgliedstaat des Beginns des Versands oder der Beförderung der Gegenstände erklärten Mehrwertsteuer wird von diesem Mitgliedstaat nach seinen nationalen Vorschriften bearbeitet.

### ABSCHNITT 4
### Ort der Dienstleistung

*(Artikel 43 bis 59 der Richtlinie 2006/112/EG)*

#### Unterabschnitt 1
#### Status des Dienstleistungsempfängers

**Art. 17** (1) Hängt die Bestimmung des Ortes der Dienstleistung davon ab, ob es sich bei dem Dienstleistungsempfänger um einen Steuerpflichtigen oder um einen Nichtsteuerpflichtigen handelt, so wird der Status des Dienstleistungsempfängers nach den Artikeln 9 bis 13 und 43 der Richtlinie 2006/112/EG bestimmt.

(2) Eine nicht steuerpflichtige juristische Person, der gemäß Artikel 214 Absatz 1 Buchstabe b der Richtlinie 2006/112/EG eine Mehrwertsteuer-Identifikationsnummer zugeteilt wurde oder die verpflichtet ist, sich für Mehrwertsteuerzwecke erfassen zu lassen, weil ihre innergemeinschaftlichen Erwerbe von Gegenständen der Mehrwertsteuer unterliegen oder weil sie die Wahlmöglichkeit in Anspruch genommen hat, diese Umsätze der Mehrwertsteuerpflicht zu unterwerfen, gilt als Steuerpflichtiger im Sinne des Artikels 43 jener Richtlinie.

**Art. 18** (1) Sofern dem Dienstleistungserbringer keine gegenteiligen Informationen vorliegen, kann er davon ausgehen, dass ein in der Gemeinschaft ansässiger Dienstleistungsempfänger den Status eines Steuerpflichtigen hat,

a) wenn der Dienstleistungsempfänger ihm seine individuelle Mehrwertsteuer-Identifikationsnummer mitgeteilt hat und er die Bestätigung der Gültigkeit dieser Nummer sowie die des zugehörigen Namens und der zugehörigen Anschrift gemäß Artikel 31 der Verordnung

(EG) Nr. 904/2010 des Rates vom 7. Oktober 2010 über die Zusammenarbeit der Verwaltungsbehörden und die Betrugsbekämpfung auf dem Gebiet der Mehrwertsteuer erlangt hat;

b) wenn er, sofern der Dienstleistungsempfänger noch keine individuelle Mehrwertsteuer-Identifikationsnummer erhalten hat, jedoch mitteilt, dass er die Zuteilung einer solchen Nummer beantragt hat, anhand eines anderen Nachweises feststellt, dass es sich bei dem Dienstleistungsempfänger um einen Steuerpflichtigen oder eine nicht steuerpflichtige juristische Person handelt, die verpflichtet ist, sich für Mehrwertsteuerzwecke erfassen zu lassen, und mittels handelsüblicher Sicherheitsmaßnahmen (wie beispielsweise der Kontrolle der Angaben zur Person oder von Zahlungen) in zumutbarem Umfang die Richtigkeit der vom Dienstleistungsempfänger gemachten Angaben überprüft.

(2) Sofern dem Dienstleistungserbringer keine gegenteiligen Informationen vorliegen, kann er davon ausgehen, dass ein in der Gemeinschaft ansässiger Dienstleistungsempfänger den Status eines Nichtsteuerpflichtigen hat, wenn er nachweist, dass Letzterer ihm seine individuelle Mehrwertsteuer-Identifikationsnummer nicht mitgeteilt hat.

Ungeachtet gegenteiliger Informationen kann jedoch der Erbringer von Telekommunikations-, Rundfunk- oder elektronisch erbrachten Dienstleistungen davon ausgehen, dass ein innerhalb der Gemeinschaft ansässiger Dienstleistungsempfänger den Status eines Nichtsteuerpflichtigen hat, solange der Dienstleistungsempfänger ihm seine individuelle Mehrwertsteuer-Identifikationsnummer nicht mitgeteilt hat.

(3) Sofern dem Dienstleistungserbringer keine gegenteiligen Informationen vorliegen, kann er davon ausgehen, dass ein außerhalb der Gemeinschaft ansässiger Dienstleistungsempfänger den Status eines Steuerpflichtigen hat,

a) wenn er vom Dienstleistungsempfänger die von den für den Dienstleistungsempfänger zuständigen Steuerbehörden ausgestellte Bescheinigung erlangt, wonach der Dienstleistungsempfänger eine wirtschaftliche Tätigkeit ausübt, die es ihm ermöglicht, eine Erstattung der Mehrwertsteuer gemäß der Richtlinie 86/560/EWG des Rates vom 17. November 1986 zur Harmonisierung der Rechtsvorschriften der Mitgliedstaaten über die Umsatzsteuern – Verfahren der Erstattung der Mehrwertsteuer an nicht im Gebiet der Gemeinschaft ansässige Steuerpflichtige zu erhalten;

b) wenn ihm, sofern der Dienstleistungsempfänger diese Bescheinigung nicht besitzt, eine Mehrwertsteuernummer oder eine ähnliche dem Dienstleistungsempfänger von seinem Ansässigkeitsstaat zugeteilte und zur Identifizierung von Unternehmen verwendete Nummer vorliegt oder er anhand eines anderen Nachweises feststellt, dass es sich bei dem Dienstleistungsempfänger um einen Steuerpflichtigen handelt, und er mittels handelsüblicher Sicherheitsmaßnahmen (wie beispielsweise derjenigen in Bezug auf die Kontrolle der Angaben zur Person oder von Zahlungen) in zumutbarem Umfang die Richtigkeit der vom Dienstleistungsempfänger gemachten Angaben überprüft.

### Unterabschnitt 2
### Eigenschaft des Dienstleistungsempfängers

**Art. 19** Für die Zwecke der Anwendung der Bestimmungen über den Ort der Dienstleistung nach Artikel 44 und 45 der Richtlinie 2006/112/EG gilt ein Steuerpflichtiger oder eine als Steuerpflichtiger geltende nichtsteuerpflichtige juristische Person, der/die Dienstleistungen ausschließlich zum privaten Gebrauch, einschließlich zum Gebrauch durch sein/ihr Personal empfängt, als nicht steuerpflichtig.

Sofern dem Dienstleistungserbringer keine gegenteiligen Informationen – wie etwa die Art der erbrachten Dienstleistungen – vorliegen, kann er davon ausgehen, dass es sich um Dienstleistungen für die unternehmerischen Zwecke des Dienstleistungsempfängers handelt, wenn Letzterer ihm für diesen Umsatz seine individuelle Mehrwertsteuer-Identifikationsnummer mitgeteilt hat.

Ist ein und dieselbe Dienstleistung sowohl zum privaten Gebrauch, einschließlich zum Gebrauch durch das Personal, als auch für die unternehmerischen Zwecke des Dienstleistungsempfängers bestimmt, so fällt diese Dienstleistung ausschließlich unter Artikel 44 der Richtlinie 2006/112/EG, sofern keine missbräuchlichen Praktiken vorliegen.

### Unterabschnitt 3
### Ort des Dienstleistungsempfängers

**Art. 20** Fällt eine Dienstleistung an einen Steuerpflichtigen oder an eine nicht steuerpflichtige juristische Person, die als Steuerpflichtiger gilt, in den Anwendungsbereich des Artikels 44 der Richtlinie 2006/112/EG und ist dieser Steuerpflichtige in einem einzigen Land ansässig oder befindet sich, in Ermangelung eines Sitzes der wirtschaftlichen Tätigkeit oder einer festen Niederlassung, sein Wohnsitz und sein gewöhnlicher Aufenthaltsort in einem einzigen Land, so ist diese Dienstleistung in diesem Land zu besteuern.

Der Dienstleistungserbringer stellt diesen Ort auf der Grundlage der vom Dienstleistungsempfänger erhaltenen Informationen fest und überprüft diese Informationen mittels handelsüblicher Sicherheitsmaßnahmen, wie beispielsweise der Kontrolle der Angaben zur Person oder von Zahlungen.

Die Information kann auch eine von dem Mitgliedstaat, in dem der Dienstleistungsempfänger ansässig ist, zugeteilten Mehrwertsteuer-Identifikationsnummer beinhalten.

**Art. 21** Fällt eine Dienstleistung an einen Steuerpflichtigen oder an eine nicht steuerpflichtige juristische Person, die als Steuerpflichtiger gilt, in den Anwendungsbereich des Artikels 44 der Richtlinie 2006/112/EG und ist der Steuerpflichtige in mehr als einem Land ansässig, so ist diese Dienstleistung in dem Land zu besteuern, in dem der Dienstleistungsempfänger den Sitz seiner wirtschaftlichen Tätigkeit hat.

Wird die Dienstleistung jedoch an eine feste Niederlassung des Steuerpflichtigen an einem anderen Ort erbracht als dem Ort, an dem sich der Sitz der wirtschaftlichen Tätigkeit des Dienstleistungsempfängers befindet, so ist diese Dienstleistung am Ort der festen Niederlassung zu besteuern, die Empfänger der Dienstleistung ist und sie für den eigenen Bedarf verwendet.

Verfügt der Steuerpflichtige weder über einen Sitz der wirtschaftlichen Tätigkeit noch über eine feste Niederlassung, so ist die Dienstleistung am Wohnsitz des Steuerpflichtigen oder am Ort seines gewöhnlichen Aufenthalts zu besteuern.

**Art. 22** (1) Der Dienstleistungserbringer prüft die Art und die Verwendung der erbrachten Dienstleistung, um die feste Niederlassung des Dienstleistungsempfängers zu ermitteln, an die die Dienstleistung erbracht wird.

Kann der Dienstleistungserbringer weder anhand der Art der erbrachten Dienstleistung noch ihrer Verwendung die feste Niederlassung ermitteln, an die die Dienstleistung erbracht wird, so prüft er bei der Ermittlung dieser festen Niederlassung insbesondere, ob der Vertrag, der Bestellschein und die vom Mitgliedstaat des Dienstleistungsempfängers vergebene und ihm vom Dienstleistungsempfänger mitgeteilte Mehrwertsteuer-Identifikationsnummer die feste Niederlassung als Dienstleistungsempfänger ausweisen und ob die feste Niederlassung die Dienstleistung bezahlt.

Kann die feste Niederlassung des Dienstleistungsempfängers, an die die Dienstleistung erbracht wird, gemäß den Unterabsätzen 1 und 2 des vorliegenden Absatzes nicht bestimmt werden oder werden einem Steuerpflichtigen unter Artikel 44 der Richtlinie 2006/112/EG fallende Dienstleistungen innerhalb eines Vertrags erbracht, der eine oder mehrere Dienstleistungen umfasst, die auf nicht feststellbare oder nicht quantifizierbare Weise genutzt werden, so kann der Dienstleistungserbringer berechtigterweise davon ausgehen, dass diese Dienstleistungen an dem Ort erbracht werden, an dem der Dienstleistungsempfänger den Sitz seiner wirtschaftlichen Tätigkeit hat.

(2) Die Pflichten des Dienstleistungsempfängers bleiben von der Anwendung dieses Artikels unberührt.

**Art. 23** (1) Ist eine Dienstleistung ab 1. Januar 2013 entsprechend Artikel 56 Absatz 2 Unterabsatz 1 der Richtlinie 2006/112/EG an dem Ort zu versteuern, an dem der Dienstleistungsempfänger ansässig ist, oder in Ermangelung eines solchen Sitzes an seinem Wohnsitz oder an seinem gewöhnlichen Aufenthaltsort, so stellt der Dienstleistungserbringer diesen Ort auf der Grundlage der vom Dienstleistungsempfänger erhaltenen Sachinformationen fest und überprüft diese Informationen mittels handelsüblicher Sicherheitsmaßnahmen, wie beispielsweise der Kontrolle von Angaben zur Person oder von Zahlungen.

(2) Ist eine Dienstleistung entsprechend den Artikeln 58 und 59 der Richtlinie 2006/112/EG an dem Ort zu versteuern, an dem der Dienstleistungsempfänger ansässig ist, oder in Ermangelung eines solchen Sitzes an seinem Wohnsitz oder an seinem gewöhnlichen Aufenthaltsort, so stellt der Dienstleistungserbringer diesen Ort auf der Grundlage der vom Dienstleistungsempfänger erhaltenen Sachinformationen fest und überprüft diese Informationen mittels der handelsüblichen Sicherheitsmaßnahmen, wie beispielsweise der Kontrolle von Angaben zur Person oder von Zahlungen.

**Art. 24** Wird eine Dienstleistung, die unter Artikel 56 Absatz 2 Unterabsatz 1 oder unter die Artikel 58 und 59 der Richtlinie 2006/112/EG fällt, an einen Nichtsteuerpflichtigen erbracht, der in verschiedenen Ländern ansässig ist oder seinen Wohnsitz in einem Land und seinen gewöhnlichen Aufenthaltsort in einem anderen Land hat, so ist folgender Ort vorrangig:

a) im Fall einer nichtsteuerpflichtigen juristischen Person der in Artikel 13a Buchstabe a dieser Verordnung genannte Ort, es sei denn, es liegen Anhaltspunkte dafür vor, dass die Dienstleistung tatsächlich an dem in Artikel 13a Buchstabe b genannten Ort ihrer Niederlassung in Anspruch genommen wird;

b) im Fall einer natürlichen Person der gewöhnliche Aufenthaltsort, es sei denn, es liegen Anhaltspunkte dafür vor, dass die Dienstleistung am Wohnsitz der betreffenden Person in Anspruch genommen wird.

**Unterabschnitt 3a**
**Vermutungen bezüglich des Ortes des Dienstleistungsempfängers**

**Art. 24a** (1) Für die Zwecke der Anwendung der Artikel 44, 58 und 59a der Richtlinie 2006/112/EG wird vermutet, dass wenn ein Dienstleistungserbringer Telekommunikations-, Rundfunk- oder elektronisch erbrachte Dienstleistungen an Orten wie Telefonzellen, Kiosk-Telefonen, WLAN-Hot-Spots, Internetcafés, Restaurants oder Hotellobbys erbringt, und der Dienstleistungsempfänger an diesem Ort physisch anwesend sein muss, damit ihm die Dienstleistung durch diesen Dienstleistungserbringer erbracht werden kann, der Dienstleistungsempfänger an dem betreffenden Ort ansässig ist oder seinen Wohnsitz oder seinen gewöhnlichen Aufenthaltsort hat und dass die Dienstleistung an diesem Ort tatsächlich genutzt und ausgewertet wird.

(2) Befindet sich der Ort im Sinne von Absatz 1 des vorliegenden Artikels an Bord eines Schiffes, eines Flugzeugs oder in einer Eisenbahn während einer Personenbeförderung, die innerhalb der Gemeinschaft gemäß den Artikeln 37 und 57 der Richtlinie 2006/112/EG stattfindet, so ist das Land, in dem sich der Ort befindet, das Abgangsland der Personenbeförderung.

**Art. 24b** Für die Zwecke der Anwendung von Artikel 58 der Richtlinie 2006/112/EG gilt, dass wenn einem Nichtsteuerpflichtigen Telekommunikations-, Rundfunk- oder elektronisch erbrachte Dienstleistungen:

a) über seinen Festnetzanschluss erbracht werden, die Vermutung gilt, dass der Dienstleistungsempfänger an dem Ort, an dem sich der Festnetzanschluss befindet, ansässig ist oder seinen Wohnsitz oder seinen gewöhnlichen Aufenthaltsort hat;

b) über mobile Netze erbracht werden, die Vermutung gilt, dass der Dienstleistungsempfänger in dem Land, das durch den Ländercode der bei Inanspruchnahme der Dienstleistungen verwendeten SIM-Karte bezeichnet wird, ansässig ist oder seinen Wohnsitz oder seinen gewöhnlichen Aufenthaltsort hat;

c) erbracht werden, für die ein Decoder oder ein ähnliches Gerät oder eine Programm- oder Satellitenkarte verwendet werden muss und wird kein Festnetzanschluss verwendet, die Vermutung gilt, dass der Dienstleistungsempfänger an dem Ort, an dem sich der Decoder oder das ähnliche Gerät befindet, oder, wenn dieser Ort unbekannt ist, an dem Ort, an den die Programm- oder Satellitenkarte zur Verwendung gesendet wird, ansässig ist oder seinen Wohnsitz oder seinen gewöhnlichen Aufenthaltsort hat;

d) unter anderen als den in den Artikeln 24a und in den Buchstaben a, b und c des vorliegenden Artikels genannten Bedingungen erbracht werden, die Vermutung gilt, dass der Dienstleistungsempfänger an dem Ort ansässig ist oder seinen Wohnsitz oder seinen gewöhnlichen Aufenthaltsort hat, der vom Leistungserbringer unter Verwendung von zwei einander nicht widersprechenden Beweismitteln gemäß Artikel 24f der vorliegenden Verordnung als solcher bestimmt wird.

**Art. 24c** Werden einem Nichtsteuerpflichtigen Beförderungsmittel vermietet, ausgenommen die Vermietung über einen kürzeren Zeitraum, so ist für die Zwecke der Anwendung von Artikel 56 Absatz 2 der Richtlinie 2006/112/EG von der Vermutung auszugehen, dass der Dienstleistungsempfänger an dem Ort ansässig ist oder seinen Wohnsitz oder seinen gewöhnlichen Aufenthaltsort hat, der vom Leistungserbringer unter Verwendung von zwei einander nicht widersprechenden Beweismitteln gemäß Artikel 24e der vorliegenden Verordnung als solcher bestimmt wird.

### Unterabschnitt 3b
### Widerlegung von Vermutungen

**Art. 24d** (1) Erbringt ein Leistungserbringer eine in Artikel 58 der Richtlinie 2006/112/EG des Rates aufgeführte Dienstleistung, so kann er eine Vermutung nach Artikel 24a oder 24b Buchstaben a, b oder c der vorliegenden Verordnung durch drei einander nicht widersprechende Beweismittel widerlegen, aus denen hervorgeht, dass der Dienstleistungsempfänger an einem anderen Ort ansässig ist oder seinen Wohnsitz oder seinen gewöhnlichen Aufenthaltsort hat.

(2) Der Fiskus kann Vermutungen nach Artikel 24a, 24b, 24c widerlegen, wenn es Hinweise auf falsche Anwendung oder Missbrauch durch den Leistungserbringer gibt.

### Unterabschnitt 3c
### Beweismittel für die Bestimmung des Ortes des Dienstleistungsempfängers und Widerlegung von Vermutungen

**Art. 24e** Für die Zwecke der Anwendung von Artikel 56 Absatz 2 der Richtlinie 2006/112/EG und der Erfüllung der Anforderungen gemäß Artikel 24c der vorliegenden Verordnung gilt als Beweismittel insbesondere Folgendes:

a) die Rechnungsanschrift des Dienstleistungsempfängers;

b) Bankangaben wie der Ort, an dem das für die Zahlung verwendete Bankkonto geführt wird, oder die der Bank vorliegende Rechnungsanschrift des Dienstleistungsempfängers;

c) die Zulassungsdaten des von dem Dienstleistungsempfänger gemieteten Beförderungsmittels, wenn dieses an dem Ort, an dem es genutzt wird, zugelassen sein muss, oder ähnliche Informationen;

d) sonstige wirtschaftlich relevante Informationen.

**Art. 24f** Für die Zwecke der Anwendung von Artikel 58 der Richtlinie 2006/112/EG und der Erfüllung der Anforderungen gemäß Artikel 24b Buchstabe d oder Artikel 24d Absatz 1 der vorliegenden Verordnung gilt als Beweismittel insbesondere Folgendes:

a) die Rechnungsanschrift des Dienstleistungsempfängers;

b) die Internet-Protokoll-Adresse (IP-Adresse) des von dem Dienstleistungsempfänger verwendeten Geräts oder jedes Verfahren der Geolokalisierung;

c) Bankangaben wie der Ort, an dem das für die Zahlung verwendete Bankkonto geführt wird oder die der Bank vorliegende Rechnungsanschrift des Dienstleistungsempfängers;

d) der Mobilfunk-Ländercode (Mobile Country Code – MCC) der Internationalen Mobilfunk-Teilnehmerkennung (International Mobile Subscriber Identity – IMSI), der auf der von dem Dienstleistungsempfänger verwendeten SIM-Karte (Teilnehmer-Identifikationsmodul – Subscriber Identity Module) gespeichert ist;

e) der Ort des Festnetzanschlusses des Dienstleistungsempfängers, über den ihm die Dienstleistung erbracht wird;

f) sonstige wirtschaftlich relevante Informationen.

### Unterabschnitt 4
### Allgemeine Bestimmungen zur Ermittlung des Status, der Eigenschaft und des Ortes des Dienstleistungsempfängers

**Art. 25** Zur Anwendung der Vorschriften hinsichtlich des Ortes der Dienstleistung sind lediglich die Umstände zu dem Zeitpunkt zu berücksichtigen, zu dem der Steuertatbestand eintritt. Jede spätere Änderung des Verwendungszwecks der betreffenden Dienstleistung wirkt sich nicht auf die Bestimmung des Orts der Dienstleistung aus, sofern keine missbräuchlichen Praktiken vorliegen.

### Unterabschnitt 5
### Dienstleistungen, die unter die Allgemeinen Bestimmungen fallen

**Art. 26** Die Erteilung des Rechts zur Fernsehübertragung von Fußballspielen durch Organisationen an Steuerpflichtige fällt unter Artikel 44 der Richtlinie 2006/112/EG.

**Art. 27** Dienstleistungen, die in der Beantragung oder Vereinnahmung von Erstattungen der Mehrwertsteuer gemäß der Richtlinie 2008/9/EG des Rates vom 12. Februar 2008 zur Regelung der Erstattung der Mehrwertsteuer gemäß der Richtlinie 2006/112/EG an nicht im Mitgliedstaat der Erstattung, sondern in einem anderen Mitgliedstaat ansässige Steuerpflichtige bestehen, fallen unter Artikel 44 der Richtlinie 2006/112/EG.

**Art. 28** Insoweit sie eine einheitliche Dienstleistung darstellen, fallen Dienstleistungen, die im Rahmen einer Bestattung erbracht werden, unter Artikel 44 und 45 der Richtlinie 2006/112/EG.

**Art. 29** Unbeschadet des Artikels 41 der vorliegenden Verordnung fallen Dienstleistungen der Textübersetzung unter die Artikel 44 und 45 der Richtlinie 2006/112/EG.

### Unterabschnitt 6
### Dienstleistungen von Vermittlern

**Art. 30** Unter den Begriff der Dienstleistung von Vermittlern in Artikel 46 der Richtlinie 2006/112/EG fallen sowohl Dienstleistungen von Vermittlern, die im Namen und für Rechnung des Empfängers der vermittelten Dienstleistung handeln, als auch Dienstleistungen von Vermittlern, die im Namen und für Rechnung des Erbringers der vermittelten Dienstleistungen handeln.

**Art. 31** Dienstleistungen von Vermittlern, die im Namen und für Rechnung Dritter handeln, und die in der Vermittlung einer Beherbergungsdienstleistung in der Hotelbranche oder in Branchen mit ähnlicher Funktion bestehen, fallen in den Anwendungsbereich:

a) des Artikels 44 der Richtlinie 2006/112/EG, wenn sie an einen Steuerpflichtigen, der als solcher handelt, oder an eine nichtsteuerpflichtige juristische Person, die als Steuerpflichtiger gilt, erbracht werden;
b) des Artikels 46 der genannten Richtlinie, wenn sie an einen Nichtsteuerpflichtigen erbracht werden.

### Unterabschnitt 6a
### Dienstleistungen im Zusammenhang mit Grundstücken

**Art. 31a** (1) Dienstleistungen im Zusammenhang mit einem Grundstück im Sinne von Artikel 47 der Richtlinie 2006/112/EG umfassen nur Dienstleistungen, die in einen hinreichend direkten Zusammenhang mit dem Grundstück stehen. In folgenden Fällen sind Dienstleistungen als in einem hinreichend direkten Zusammenhang mit einem Grundstück stehend anzusehen:

a) wenn sie von einem Grundstück abgeleitet sind und das Grundstück einen wesentlichen Bestandteil der Dienstleistung darstellt und zentral und wesentlich für die erbrachte Dienstleistung ist;
b) wenn sie für das Grundstück selbst erbracht werden oder auf das Grundstück selbst gerichtet sind, und deren Zweck in rechtlichen oder physischen Veränderungen an dem Grundstück besteht.

(2) Unter Absatz 1 fällt insbesondere Folgendes:

a) Erstellung von Bauplänen für Gebäude oder Gebäudeteile für ein bestimmtes Grundstück ungeachtet der Tatsache, ob dieses Gebäude tatsächlich errichtet wird oder nicht;
b) Bauaufsichtsmaßnahmen oder grundstücksbezogene Sicherheitsdienste, die vor Ort erbracht werden;
c) Errichtung eines Gebäudes an Land sowie Bauleistungen und Abrissarbeiten an einem Gebäude oder Gebäudeteil;
d) Errichtung anderer auf Dauer angelegter Konstruktionen an Land sowie Bauleistungen und Abrissarbeiten an anderen auf Dauer angelegten Konstruktionen wie Leitungen für Gas, Wasser, Abwasser und dergleichen;
e) Landbearbeitung einschließlich landwirtschaftlicher Dienstleistungen wie Landbestellung, Säen, Bewässerung und Düngung;
f) Vermessung und Begutachtung von Gefahr und Zustand von Grundstücken;
g) Bewertung von Grundstücken, auch zu Versicherungszwecken, zur Ermittlung des Grundstückswerts als Sicherheit für ein Darlehen oder für die Bewertung von Gefahren und Schäden in Streitfällen;
h) Vermietung und Verpachtung von Grundstücken mit der Ausnahme der unter Absatz 3 Buchstabe c genannten Dienstleistungen, einschließlich der Lagerung von Gegenständen, wenn hierfür ein bestimmter Teil des Grundstücks der ausschließlichen Nutzung durch den Dienstleistungsempfänger gewidmet ist;
i) Zurverfügungstellen von Unterkünften in der Hotelbranche oder in Branchen mit ähnlicher Funktion, wie zum Beispiel in Ferienlagern oder auf einem als Campingplatz hergerichteten Gelände einschließlich Umwandlung von Teilzeitnutzungsrechten (Timesharing) und dergleichen für Aufenthalte an einem bestimmten Ort;

j) Gewährung und Übertragung sonstiger nicht unter den Buchstaben h und i aufgeführter Nutzungsrechte an Grundstücken und Teilen davon einschließlich der Erlaubnis, einen Teil des Grundstücks zu nutzen, wie zum Beispiel die Gewährung von Fischereirechten und Jagdrechten oder die Zugangsberechtigung zu Warteräumen in Flughäfen, oder die Nutzung von Infrastruktur, für die Maut gefordert wird, wie Brücken oder Tunnel;

k) Wartungs-, Renovierungs- und Reparaturarbeiten an einem Gebäude oder an Gebäudeteilen einschließlich Reinigung, Verlegen von Fliesen und Parkett sowie Tapezieren;

l) Wartungs-, Renovierungs- und Reparaturarbeiten an anderen auf Dauer angelegten Strukturen wie Leitungen für Gas, Wasser oder Abwasser und dergleichen;

m) Installation oder Montage von Maschinen oder Ausstattungsgegenständen, die damit als Grundstück gelten;

n) Wartung und Reparatur sowie Kontrolle und Überwachung von Maschinen oder Ausstattungsgegenständen, die als Grundstück gelten;

o) Eigentumsverwaltung, mit Ausnahme von Portfolioverwaltung in Zusammenhang mit Eigentumsanteilen an Grundstücken unter Absatz 3 Buchstabe g, die sich auf den Betrieb von Geschäfts-, Industrie- oder Wohnimmobilien durch oder für den Eigentümer des Grundstücks bezieht;

p) Vermittlungsleistungen beim Verkauf oder bei der Vermietung oder Verpachtung von Grundstücken sowie bei der Begründung oder Übertragung von bestimmten Rechten an Grundstücken oder dinglichen Rechten an Grundstücken (unabhängig davon, ob diese Rechte einem körperlichen Gegenstand gleichgestellt sind), ausgenommen Vermittlungsleistungen gemäß Absatz 3 Buchstabe d;

q) juristische Dienstleistungen im Zusammenhang mit Grundstücksübertragungen sowie mit der Begründung oder Übertragung von bestimmten Rechten an Grundstücken oder dinglichen Rechten an Grundstücken (unabhängig davon ob diese Rechte einem körperlichen Gegenstand gleichgestellt sind), wie zum Beispiel die Tätigkeiten von Notaren, oder das Aufsetzen eines Vertrags über den Verkauf oder den Kauf eines Grundstücks, selbst wenn die zugrunde liegende Transaktion, die zur rechtlichen Veränderung an dem Grundstück führt, letztendlich nicht stattfindet.

(3) Absatz 1 findet keine Anwendung auf

a) Erstellung von Bauplänen für Gebäude oder Gebäudeteile, die keinem bestimmten Grundstück zugeordnet sind;

b) Lagerung von Gegenständen auf einem Grundstück, wenn dem Kunden kein bestimmter Teil des Grundstücks zur ausschließlichen Nutzung zur Verfügung steht;

c) Bereitstellung von Werbung, selbst wenn dies die Nutzung eines Grundstücks einschließt;

d) Vermittlung der Beherbergung in einem Hotel oder Beherbergung in Branchen mit ähnlicher Funktion, wie zum Beispiel in Ferienlagern oder auf einem als Campingplatz hergerichteten Gelände, wenn der Vermittler im Namen und für die Rechnung eines Dritten handelt;

e) Bereitstellung eines Standplatzes auf einem Messe- oder Ausstellungsgelände zusammen mit anderen ähnlichen Dienstleistungen, die dem Aussteller die Darbietung seines Angebots ermöglichen, wie die Aufmachung und Gestaltung des Standes, die Beförderung und Lagerung der Ausstellungsstücke, die Bereitstellung von Maschinen, die Verlegung von Kabeln, Versicherungen und Werbung;

f) Installation oder Montage, Wartung und Reparatur sowie Kontrolle und Überwachung von Maschinen oder Ausstattungsgegenständen, die kein fester Bestandteil des Grundstücks sind oder sein werden;

g) Portfolioverwaltung im Zusammenhang mit Eigentumsanteilen an Grundstücken;

h) juristische Dienstleistungen, mit Ausnahme der unter Absatz 2 Buchstabe q genannten Dienstleistungen, einschließlich Beratungsdienstleistungen betreffend die Vertragsbedingungen eines Grundstücksübertragungsvertrags, die Durchsetzung eines solchen Vertrags oder den Nachweis, dass ein solcher Vertrag besteht, sofern diese Dienstleistungen nicht speziell mit der Übertragung von Rechten an Grundstücken zusammenhängen.

**Art. 31b** Wird einem Dienstleistungsempfänger Ausrüstung zur Durchführung von Arbeiten an einem Grundstück zur Verfügung gestellt, so ist diese Leistung nur dann eine Dienstleistung im Zusammenhang mit einem Grundstück, wenn der Dienstleistungserbringer für die Durchführung der Arbeiten verantwortlich ist.

Stellt ein Dienstleistungserbringer dem Dienstleistungsempfänger neben der Ausrüstung ausreichendes Bedienpersonal zur Durchführung von Arbeiten zur Verfügung, so ist von der Vermutung auszugehen, dass er für die Durchführung der Arbeiten verantwortlich ist. Die Vermutung, dass der Dienstleistungserbringer für die Durchführung der Arbeiten verantwortlich ist, kann durch jegliche sachdienliche, auf Fakten oder Gesetz gestützte Mittel widerlegt werden.

**Art. 31c** Erbringt ein im eigenen Namen handelnder Steuerpflichtiger neben der Beherbergung in der Hotelbranche oder in Branchen mit ähnlicher Funktion, wie zum Beispiel in Ferienlagern oder auf einem als Campingplatz hergerichteten Gelände, Telekommunikations-, Rundfunk- oder elektronisch erbrachte Dienstleistungen, so gelten diese für die Zwecke der Bestimmung des Ortes dieser Dienstleistung als an diesen Orten erbracht.

### Unterabschnitt 7
### Dienstleistungen auf dem Gebiet der Kultur, der Künste, des Sports, der Wissenschaft, des Unterrichts, der Unterhaltung und ähnliche Veranstaltungen

**Art. 32** (1) Zu den Dienstleistungen betreffend die Eintrittsberechtigung zu Veranstaltungen auf dem Gebiet der Kultur, der Künste, des Sports, der Wissenschaft, des Unterrichts, der Unterhaltung oder ähnlichen Veranstaltungen im Sinne des Artikels 53 der Richtlinie 2006/112/EG, gehören Dienstleistungen, deren wesentliche Merkmale darin bestehen, gegen eine Eintrittskarte oder eine Vergütung, auch in Form eines Abonnements, einer Zeitkarte oder einer regelmäßigen Gebühr, das Recht auf Eintritt zu einer Veranstaltung zu gewähren.

(2) Absatz 1 gilt insbesondere für:

a) das Recht auf Eintritt zu Darbietungen, Theateraufführungen, Zirkusvorstellungen, Freizeitparks, Konzerten, Ausstellungen sowie anderen ähnlichen kulturellen Veranstaltungen;
b) das Recht auf Eintritt zu Sportveranstaltungen wie Spielen oder Wettkämpfen;
c) das Recht auf Eintritt zu Veranstaltungen auf dem Gebiet des Unterrichts und der Wissenschaft, wie beispielsweise Konferenzen und Seminare.

(3) Die Nutzung von Räumlichkeiten, wie beispielsweise Turnhallen oder anderen, gegen Zahlung einer Gebühr fällt nicht unter Absatz 1.

**Art. 33** Zu den mit der Eintrittsberechtigung zu Veranstaltungen auf dem Gebiet der Kultur, der Künste, des Sports, der Wissenschaft, des Unterrichts, der Unterhaltung oder ähnlichen Veranstaltungen zusammenhängenden Dienstleistungen nach Artikel 53 der Richtlinie 2006/112/EG gehören die Dienstleistungen, die direkt mit der Eintrittsberechtigung zu diesen Veranstaltungen in Verbindung stehen und an die Person, die einer Veranstaltung beiwohnt, gegen eine Gegenleistung gesondert erbracht werden.

Zu diesen zusammenhängenden Dienstleistungen gehören insbesondere die Nutzung von Garderoben oder von sanitären Einrichtungen, nicht aber bloße Vermittlungsleistungen im Zusammenhang mit dem Verkauf von Eintrittskarten.

**Art. 33a** Vertreibt ein Vermittler, der im eigenen Namen, aber für Rechnung des Veranstalters handelt, oder ein anderer Steuerpflichtiger als der Veranstalter, der auf eigene Rechnung handelt, Eintrittskarten für Veranstaltungen auf dem Gebiet der Kultur, der Künste, des Sports, der Wissenschaft, des Unterrichts, der Unterhaltung oder für ähnliche Veranstaltungen, so fällt diese Dienstleistung unter Artikel 53 und Artikel 54 Absatz 1 der Richtlinie 2006/112/EG.

### Unterabschnitt 8
### Nebentätigkeiten zur Beförderung, Begutachtung von beweglichen Gegenständen und Arbeiten an solchen Gegenständen

**Art. 34** Außer in den Fällen, in denen die zusammengebauten Gegenstände Bestandteil eines Grundstücks werden, bestimmt sich der Ort der Dienstleistungen an einen Nichtsteuerpflichtigen, die lediglich in der Montage verschiedener Teile einer Maschine durch einen Steuerpflichtigen bestehen, wobei der Dienstleistungsempfänger ihm alle Teile beigestellt hat, nach Artikel 54 der Richtlinie 2006/112/EG.

### Unterabschnitt 9
### Restaurant- und Verpflegungsdienstleistungen an Bord eines Beförderungsmittels

**Art. 35** Zur Bestimmung des innerhalb der Gemeinschaft stattfindenden Teils der Personenbeförderung im Sinne des Artikels 57 der Richtlinie 2006/112/EG ist die Reisestrecke des Beförderungsmittels, nicht die der beförderten Personen, ausschlaggebend.

**Art. 36** Werden die Restaurant- und Verpflegungsdienstleistungen während des innerhalb der Gemeinschaft stattfindenden Teils der Personenbeförderung erbracht, so fallen diese Dienstleistungen unter Artikel 57 der Richtlinie 2006/112/EG.

Werden die Restaurant- und Verpflegungsdienstleistungen außerhalb dieses Teils der Personenbeförderung, aber im Gebiet eines Mitgliedstaats oder eines Drittlandes oder eines Drittgebiets erbracht, so fallen diese Dienstleistungen unter Artikel 55 der genannten Richtlinie.

**Art. 37** Der Ort der Dienstleistung einer Restaurant- oder Verpflegungsdienstleistung innerhalb der Gemeinschaft, die teilweise während, teilweise außerhalb des innerhalb der Gemeinschaft stattfindenden Teils der Personenbeförderung, aber auf dem Gebiet eines Mitgliedstaats erbracht wird, bestimmt sich für die gesamte Dienstleistung nach den Regeln für die Bestimmung des Ortes der Dienstleistung, die zu Beginn der Erbringung der Restaurant- oder Verpflegungsdienstleistung gelten.

### Unterabschnitt 10
### Vermietung von Beförderungsmitteln

**Art. 38** (1) Als „Beförderungsmittel" im Sinne von Artikel 56 und Artikel 59 Unterabsatz 1 Buchstabe g der Richtlinie 2006/112/EG gelten motorbetriebene Fahrzeuge oder Fahrzeuge ohne Motor und sonstige Ausrüstungen und Vorrichtungen, die zur Beförderung von Gegenständen oder Personen von einem Ort an einen anderen konzipiert wurden und von Fahrzeugen gezogen oder geschoben werden können und die normalerweise zur Beförderung von Gegenständen oder Personen konzipiert und tatsächlich geeignet sind.

(2) Als Beförderungsmittel nach Absatz 1 gelten insbesondere folgende Fahrzeuge:

a) Landfahrzeuge wie Personenkraftwagen, Motorräder, Fahrräder, Dreiräder sowie Wohnanhänger;
b) Anhänger und Sattelanhänger;
c) Eisenbahnwagen;
d) Wasserfahrzeuge;
e) Luftfahrzeuge;
f) Fahrzeuge, die speziell für den Transport von Kranken oder Verletzten konzipiert sind;
g) landwirtschaftliche Zugmaschinen und andere landwirtschaftliche Fahrzeuge;
h) Rollstühle und ähnliche Fahrzeuge für Kranke und Körperbehinderte, mit mechanischen oder elektronischen Vorrichtungen zur Fortbewegung.

(3) Als Beförderungsmittel nach Absatz 1 gelten nicht Fahrzeuge, die dauerhaft stillgelegt sind, sowie Container.

**Art. 39** (1) Für die Anwendung des Artikels 56 der Richtlinie 2006/112/EG wird die Dauer des Besitzes oder der Verwendung eines Beförderungsmittels während eines ununterbrochenen Zeitraums, das Gegenstand einer Vermietung ist, auf der Grundlage der vertraglichen Vereinbarung zwischen den beteiligten Parteien bestimmt.

Der Vertrag begründet eine Vermutung, die durch jegliche auf Fakten oder Gesetz gestützte Mittel widerlegt werden kann, um die tatsächliche Dauer des Besitzes oder der Verwendung während eines ununterbrochenen Zeitraums festzustellen.

Wird die vertraglich festgelegte Dauer einer Vermietung über einen kürzeren Zeitraum im Sinne des Artikels 56 der Richtlinie 2006/112/EG aufgrund höherer Gewalt überschritten, so ist dies für die Feststellung der Dauer des Besitzes oder der Verwendung des Beförderungsmittels während eines ununterbrochenen Zeitraums unerheblich.

(2) Werden für ein und dasselbe Beförderungsmittel mehrere aufeinanderfolgende Mietverträge zwischen denselben Parteien geschlossen, so ist als Dauer des Besitzes oder der Verwendung dieses Beförderungsmittels während eines ununterbrochenen Zeitraums die Gesamtlaufzeit aller Verträge zugrunde zu legen.

Für die Zwecke von Unterabsatz 1 sind ein Vertrag und die zugehörigen Verlängerungsverträge aufeinanderfolgende Verträge.

Die Laufzeit des Mietvertrags oder der Mietverträge über einen kürzeren Zeitraum, die einem als langfristig geltenden Mietvertrag vorausgehen, wird jedoch nicht in Frage gestellt, sofern keine missbräuchlichen Praktiken vorliegen.

(3) Sofern keine missbräuchlichen Praktiken vorliegen, gelten aufeinanderfolgende Mietverträge, die zwischen denselben Parteien geschlossen werden, jedoch unterschiedliche Beförderungsmittel zum Gegenstand haben, nicht als aufeinanderfolgende Verträge nach Absatz 2.

**Art. 40** Der Ort, an dem das Beförderungsmittel dem Dienstleistungsempfänger gemäß Artikel 56 Absatz 1 der Richtlinie 2006/112/EG tatsächlich zur Verfügung gestellt wird, ist der Ort, an dem der Dienstleistungsempfänger oder eine von ihm beauftragte Person es unmittelbar physisch in Besitz nimmt.

### Unterabschnitt 11
### Dienstleistungen an Nichtsteuerpflichtige außerhalb der Gemeinschaft

**Art. 41** Dienstleistungen der Textübersetzung, die an einen außerhalb der Gemeinschaft ansässigen Nichtsteuerpflichtigen erbracht werden, fallen unter Artikel 59 Unterabsatz 1 Buchstabe c der Richtlinie 2006/112/EG.

## KAPITEL Va
## STEUERTATBESTAND UND STEUERANSPRUCH

*(TITEL VI DER RICHTLINIE 2006/112/EG)*

*(ABl L 2019/313)*

**Art. 41a** Für die Anwendung von Artikel 66a der Richtlinie 2006/112/EG bezeichnet der Zeitpunkt, zu dem die Zahlung angenommen wurde, den Zeitpunkt, zu dem die Zahlung bestätigt wurde oder die Zahlungsgenehmigungsmeldung oder eine Zahlungszusage des Erwerbers beim Lieferer, der die Gegenstände über eine elektronische Schnittstelle verkauft, oder für dessen Rechnung eingeht, und zwar unabhängig davon, wann die tatsächliche Zahlung erfolgt, je nachdem, welcher Zeitpunkt der frühere ist.

*(ABl L 2019/313)*

## KAPITEL VI
## BESTEUERUNGSGRUNDLAGE

*(TITEL VII DER RICHTLINIE 2006/112/EG)*

**Art. 42** Verlangt ein Lieferer von Gegenständen oder ein Erbringer von Dienstleistungen als Bedingung für die Annahme einer Bezahlung mit Kredit- oder Geldkarte, dass der Dienstleistungsempfänger ihm oder einem anderen Unternehmen hierfür einen Betrag entrichtet und der von diesem Empfänger zu zahlende Gesamtpreis durch die Zahlungsweise nicht beeinflusst wird, so ist dieser Betrag Bestandteil der Besteuerungsgrundlage der Lieferung von Gegenständen oder der Dienstleistung gemäß Artikel 73 bis 80 der Richtlinie 2006/112/EG.

## KAPITEL VII
## STEUERSÄTZE

**Art. 43** „Beherbergung in Ferienunterkünften" gemäß Anhang III Nummer 12 der Richtlinie 2006/112/EG umfasst auch die Vermietung von Zelten, Wohnanhängern oder Wohnmobilen, die auf Campingplätzen aufgestellt sind und als Unterkünfte dienen.

## KAPITEL VIII
## STEUERBEFREIUNGEN

### ABSCHNITT 1
### Steuerbefreiungen für bestimmte, dem Gemeinwohl dienende Tätigkeiten

*(Artikel 132, 133 und 134 der Richtlinie 2006/112/EG)*

**Art. 44** Die Dienstleistungen der Ausbildung, Fortbildung oder beruflichen Umschulung, die unter den Voraussetzungen des Artikels 132 Absatz 1 Buchstabe i der Richtlinie 2006/112/EG erbracht werden, umfassen Schulungsmaßnahmen mit direktem Bezug zu einem Gewerbe oder einem Beruf sowie jegliche Schulungsmaßnahme, die dem Erwerb oder der Erhaltung beruflicher Kenntnisse dient. Die Dauer der Ausbildung, Fortbildung oder beruflichen Umschulung ist hierfür unerheblich.

### ABSCHNITT 2
### Steuerbefreiungen für andere Tätigkeiten

*(Artikel 135, 136 und 137 der Richtlinie 2006/112/EG)*

**Art. 45** Die Steuerbefreiung in Artikel 135 Absatz 1 Buchstabe e der Richtlinie 2006/112/EG findet keine Anwendung auf Platinum Nobles.

### Abschnitt 2a
### Steuerbefreiungen bei innergemeinschaftlichen Umsätzen

*(Artikel 138 bis 142 der Richtlinie 2006/112/EG)*

**Art. 45a** (1) Für die Zwecke der Anwendung der Befreiungen gemäß Artikel 138 der Richtlinie 2006/112/EG wird vermutet, dass Gegenstände von einem Mitgliedstaat an einen Bestimmungsort außerhalb seines Gebiets, jedoch innerhalb der Gemeinschaft versandt oder befördert wurden, wenn einer der folgenden Fälle eintritt:

a) Der Verkäufer gibt an, dass die Gegenstände von ihm oder auf seine Rechnung von einem Dritten versandt oder befördert wurden, und entweder ist der Verkäufer im Besitz von mindestens zwei einander nicht widersprechenden Nachweisen nach Absatz 3 Buchstabe a, die von zwei verschiedenen Parteien ausgestellt wurden, die voneinander, vom Verkäufer und vom Erwerber unabhängig sind, oder der Verkäufer ist im Besitz eines Schriftstücks nach Absatz 3 Buchstabe a und einem nicht widersprechenden Nachweis nach Absatz 3 Buchstabe b, mit dem der Versand oder die Beförderung bestätigt wird, welche von zwei verschiedenen Parteien ausgestellt wurden, die voneinander, vom Verkäufer und vom Erwerber unabhängig sind.

b) Der Verkäufer ist im Besitz folgender Unterlagen:
   i) einer schriftlichen Erklärung des Erwerbers, aus der hervorgeht, dass die Gegenstände vom Erwerber oder auf Rechnung des Erwerbers von einem Dritten versandt oder befördert wurden, und in der der Bestimmungsmitgliedstaat der Gegenstände angegeben ist; in dieser schriftlichen Erklärung muss Folgendes angegeben sein: das Ausstellungsdatum; Name und Anschrift des Erwerbers; Menge und Art der Gegenstände; Ankunftsdatum und -ort der Gegenstände; bei Lieferung von Fahrzeugen die Identifikationsnummer des Fahrzeugs; die Identifikation der Person, die die Gegenstände auf Rechnung des Erwerbers entgegennimmt; und
   ii) mindestens zwei einander nicht widersprechender Nachweise nach Absatz 3 Buchstabe a, die von zwei voneinander unabhängigen Parteien – vom Verkäufer und vom Erwerber – ausgestellt wurden, oder eines Schriftstücks nach Absatz 3 Buchstabe a zusammen mit einem nicht widersprechenden Nachweis nach Absatz 3 Buchstabe b, mit dem der Versand oder die Beförderung bestätigt wird, welche von zwei verschiedenen Parteien ausgestellt wurden, die voneinander, vom Verkäufer und vom Erwerber unabhängig sind.

Der Erwerber legt dem Verkäufer die schriftliche Erklärung gemäß Buchstabe b Ziffer i spätestens am zehnten Tag des auf die Lieferung folgenden Monats vor.

(2) Eine Steuerbehörde kann Vermutungen gemäß Absatz 1 widerlegen.

(3) Für die Zwecke von Absatz 1 wird Folgendes als Nachweis des Versands oder der Beförderung akzeptiert:

a) Unterlagen zum Versand oder zur Beförderung der Gegenstände wie beispielsweise ein unterzeichneter CMR-Frachtbrief, ein Konnossement, eine Luftfracht-Rechnung oder eine Rechnung des Beförderers der Gegenstände;

b) die folgenden Dokumente:
   i) eine Versicherungspolice für den Versand oder die Beförderung der Gegenstände oder Bankunterlagen, die die Bezahlung des Versands oder der Beförderung der Gegenstände belegen;
   ii) von einer öffentlichen Stelle wie z. B. einem Notar ausgestellte offizielle Unterlagen, die die Ankunft der Gegenstände im Bestimmungsmitgliedstaat bestätigen;
   iii) eine Quittung, ausgestellt von einem Lagerinhaber im Bestimmungsmitgliedstaat, durch die die Lagerung der Gegenstände in diesem Mitgliedstaat bestätigt wird.

## ABSCHNITT 3
## Steuerbefreiungen bei der Einfuhr

*(Artikel 143, 144 und 145 der Richtlinie 2006/112/EG)*

**Art. 46** Die Steuerbefreiung in Artikel 144 der Richtlinie 2006/112/EG gilt auch für Beförderungsleistungen, die mit einer Einfuhr beweglicher körperlicher Gegenstände anlässlich eines Wohnortwechsels verbunden sind.

## ABSCHNITT 4
## Steuerbefreiungen bei der Ausfuhr

*(Artikel 146 und 147 der Richtlinie 2006/112/EG)*

**Art. 47** „Privaten Zwecken dienende Beförderungsmittel" im Sinne des Artikels 146 Absatz 1 Buchstabe b der Richtlinie 2006/112/EG umfassen auch Beförderungsmittel, die von Personen, die keine natürlichen Personen sind, wie etwa Einrichtungen des öffentlichen Rechts im Sinne von Artikel 13 der genannten Richtlinie oder Vereine, für nichtgeschäftliche Zwecke verwendet werden.

**Art. 48** Für die Feststellung, ob der von einem Mitgliedstaat gemäß Artikel 147 Absatz 1 Unterabsatz 1 Buchstabe c der Richtlinie 2006/112/EG festgelegte Schwellenwert überschritten wurde, was eine Bedingung für die Steuerbefreiung von Lieferungen zur Mitführung im persönlichen Gepäck von Reisenden ist, wird der Rechnungsbetrag zugrunde gelegt. Der Gesamtwert mehrerer Gegenstände darf nur dann zugrunde gelegt werden, wenn alle diese Gegenstände in ein und derselben Rechnung aufgeführt sind und diese Rechnung von ein und demselben Steuerpflichtigen, der diese Gegenstände liefert, an ein und denselben Abnehmer ausgestellt wurde.

## ABSCHNITT 5
## Steuerbefreiungen bei bestimmten, Ausfuhren gleichgestellten Umsätzen

*(Artikel 151 und 152 der Richtlinie 2006/112/EG)*

**Art. 49** Die in Artikel 151 der Richtlinie 2006/112/EG vorgesehene Steuerbefreiung ist auch auf elektronische Dienstleistungen anwendbar, wenn diese von einem Steuerpflichtigen erbracht werden, auf den die in den Artikeln 357 bis 369 jener Richtlinie vorgesehene Sonderregelung für elektronisch erbrachte Dienstleistungen anwendbar ist.

**Art. 50** (1) Um als internationale Einrichtung für die Anwendung des Artikels 143 Absatz 1 Buchstabe g und des Artikels 151 Absatz 1 Unterabsatz 1 Buchstabe b der Richtlinie 2006/112/EG anerkannt werden zu können, muss eine Einrichtung, die als Konsortium für eine europäische Forschungsinfrastruktur (ERIC) im Sinne der Verordnung (EG) Nr. 723/2009 des Rates vom 25. Juni 2009 über den gemeinschaftlichen Rechtsrahmen für ein Konsortium für eine europäische Forschungsinfrastruktur (ERIC) gegründet werden soll, alle nachfolgenden Voraussetzungen erfüllen:

a) sie besitzt eine eigene Rechtspersönlichkeit und ist voll rechtsfähig;
b) sie wurde auf der Grundlage des Rechts der Europäischen Union errichtet und unterliegt diesem;
c) sie hat Mitgliedstaaten als Mitglieder und darf Drittländer und zwischenstaatliche Organisationen als Mitglieder einschließen, jedoch keine privaten Einrichtungen;
d) sie hat besondere und legitime Ziele, die gemeinsam verfolgt werden und im Wesentlichen nicht wirtschaftlicher Natur sind.

(2) Die in Artikel 143 Absatz 1 Buchstabe g und Artikel 151 Absatz 1 Unterabsatz 1 Buchstabe b der Richtlinie 2006/112/EG vorgesehene Steuerbefreiung ist auf eine ERIC im Sinne des Absatzes 1 anwendbar, wenn diese vom Aufnahmemitgliedstaat als internationale Einrichtung anerkannt wird.

Die Grenzen und Voraussetzungen dieser Steuerbefreiung werden in einem Abkommen zwischen den Mitgliedern der ERIC gemäß Artikel 5 Absatz 1 Buchstabe d der Verordnung (EG) Nr. 723/2009 festgelegt. Bei Gegenständen, die nicht aus dem Mitgliedstaat versandt oder befördert werden, in dem ihre Lieferung bewirkt wird, und bei Dienstleistungen kann die Steuerbefreiung entsprechend Artikel 151 Absatz 2 der Richtlinie 2006/112/EG im Wege der Mehrwertsteuererstattung erfolgen.

**Art. 51** (1) Ist der Empfänger eines Gegenstands oder einer Dienstleistung innerhalb der Gemeinschaft, aber nicht in dem Mitgliedstaat der Lieferung oder Dienstleistung ansässig, so dient die Bescheinigung über die Befreiung von der Mehrwertsteuer und/oder der Verbrauchsteuer nach dem Muster in Anhang II dieser Verordnung entsprechend den Erläuterungen im Anhang zu dieser Bescheinigung als Bestätigung dafür, dass der Umsatz nach Artikel 151 der Richtlinie 2006/112/EG von der Steuer befreit werden kann.

Bei Verwendung der Bescheinigung kann der Mitgliedstaat, in dem der Empfänger eines Gegenstands oder einer Dienstleistung ansässig ist, entscheiden, ob er eine gemeinsame Bescheinigung für Mehrwertsteuer und Verbrauchsteuer oder zwei getrennte Bescheinigungen verwendet.

(2) Die in Absatz 1 genannte Bescheinigung wird von den zuständigen Behörden des Aufnahmemitgliedstaats mit einem Dienststempelabdruck versehen. Sind die Gegenstände oder Dienstleistungen jedoch für amtliche Zwecke bestimmt, so können die Mitgliedstaaten bei Vorliegen von ihnen festzulegender Voraussetzungen auf die Anbringung des Dienststempelabdrucks verzichten. Diese Freistellung kann im Falle von Missbrauch widerrufen werden.

Die Mitgliedstaaten teilen der Kommission mit, welche Kontaktstelle zur Angabe der für das Abstempeln der Bescheinigung zuständigen Dienststellen benannt wurde und in welchem Umfang sie auf das Abstempeln der Bescheinigung verzichten. Die Kommission gibt diese Information an die anderen Mitgliedstaaten weiter.

(3) Wendet der Mitgliedstaat der Lieferung oder Dienstleistung die direkte Befreiung an, so erhält der Lieferer oder Dienstleistungserbringer die in Absatz 1 genannte Bescheinigung vom Empfänger der Lieferung oder Dienstleistung und nimmt sie in seine Buchführung auf. Wird die Befreiung nach Artikel 151 Absatz 2 der Richtlinie 2006/112/EG im Wege der Mehrwertsteuererstattung gewährt, so ist die Bescheinigung dem in dem betreffenden Mitgliedstaat gestellten Erstattungsantrag beizufügen.

## KAPITEL IX VORSTEUERABZUG

*(TITEL X DER RICHTLINIE 2006/112/EG)*

**Art. 52** Verfügt der Einfuhrmitgliedstaat über ein elektronisches System zur Erfüllung der Zollformalitäten, so fallen unter den Begriff „die Einfuhr bescheinigendes Dokument" in Artikel 178 Buchstabe e der Richtlinie 2006/112/EG auch die elektronischen Fassungen derartiger Dokumente, sofern sie eine Überprüfung des Vorsteuerabzugs erlauben.

## KAPITEL X PFLICHTEN DER STEUERPFLICHTIGEN UND BESTIMMTER NICHTSTEUERPFLICHTIGER PERSONEN

*(TITEL XI DER RICHTLINIE 2006/112/EG)*

### ABSCHNITT 1 Steuerschuldner gegenüber dem Fiskus

*(Artikel 192a bis 205 der Richtlinie 2006/112/EG)*

**Art. 53** (1) Für die Durchführung des Artikels 192a der Richtlinie 2006/112/EG wird eine feste Niederlassung eines Steuerpflichtigen nur dann berücksichtigt, wenn diese feste Niederlassung einen hinreichenden Grad an Beständigkeit sowie eine Struktur aufweist, die es ihr von der personellen und technischen Ausstattung her erlaubt, die Lieferung von Gegenständen oder die Erbringung von Dienstleistungen, an der sie beteiligt ist, auszuführen.

(2) Verfügt ein Steuerpflichtiger über eine feste Niederlassung in dem Gebiet des Mitgliedstaats, in dem die Mehrwertsteuer geschuldet wird, gilt diese feste Niederlassung als nicht an der Lieferung von Gegenständen oder der Erbringung von Dienstleistungen im Sinne des Artikels 192a Buchstabe b der Richtlinie 2006/112/EG beteiligt, es sei denn, der Steuerpflichtige nutzt die technische und personelle Ausstattung dieser Niederlassung für Umsätze, die mit der Ausführung der steuerbaren Lieferung dieser Gegenstände oder der steuerbaren Erbringung dieser Dienstleistungen vor oder während der Ausführung in diesem Mitgliedstaat notwendig verbunden sind.

Wird die Ausstattung der festen Niederlassung nur für unterstützende verwaltungstechnische Aufgaben wie z. B. Buchhaltung, Rechnungsstellung und Einziehung von Forderungen genutzt, so gilt dies nicht als Nutzung bei der Ausführung der Lieferung oder der Dienstleistung.

Wird eine Rechnung jedoch unter der durch den Mitgliedstaat der festen Niederlassung vergebenen Mehrwertsteuer-Identifikationsnummer ausgestellt, so gilt diese feste Niederlassung bis zum Beweis des Gegenteils als an der Lieferung oder Dienstleistung beteiligt.

**Art. 54** Hat ein Steuerpflichtiger den Sitz seiner wirtschaftlichen Tätigkeit in dem Mitgliedstaat, in dem die Mehrwertsteuer geschuldet wird, so findet Artikel 192a der Richtlinie 2006/112/EG keine Anwendung, unabhängig davon, ob dieser Sitz der wirtschaftlichen Tätigkeit an der von ihm getätigten Lieferung oder Dienstleistung innerhalb dieses Mitgliedstaats beteiligt ist.

### Abschnitt 1a Allgemeine Pflichten

*(Artikel 242 bis 243 der Richtlinie 2006/112/EG)*

**Art. 54a** (1) In dem Register gemäß Artikel 243 Absatz 3 der Richtlinie 2006/112/EG, das jeder Steuerpflichtige führen muss, der Gegenstände im Rahmen einer Konsignationslagerregelung verbringt, sind die folgenden Informationen zu verzeichnen:

a) der Mitgliedstaat, aus dem die Gegenstände versandt oder befördert wurden, und das Datum des Versands oder der Beförderung der Gegenstände;

b) die von dem Mitgliedstaat, in den die Gegenstände versandt oder befördert werden, ausgestellte Mehrwertsteuer-Identifikationsnummer des Steuerpflichtigen, für den die Gegenstände bestimmt sind;

c) der Mitgliedstaat, in den die Gegenstände versandt oder befördert werden, die Mehrwertsteuer-Identifikationsnummer des Lagerinhabers, die Anschrift des Lagers, in dem die Gegenstände nach der Ankunft gelagert werden, und das Ankunftsdatum der Gegenstände im Lager;

d) Wert, Beschreibung und Menge der im Lager angekommenen Gegenstände;

e) die Mehrwertsteuer-Identifikationsnummer des Steuerpflichtigen, der die in Buchstabe b dieses Absatzes genannte Person unter den Voraussetzungen des Artikels 17a Absatz 6 der Richtlinie 2006/112/EG ersetzt;

f) Steuerbemessungsgrundlage, Beschreibung und Menge der gelieferten Gegenstände, das Datum, an dem die Lieferung von Gegenständen gemäß Artikel 17a Absatz 3 Buchstabe a der Richtlinie 2006/112/EG erfolgt, und die Mehrwertsteuer-Identifikationsnummer des Erwerbers;

g) Steuerbemessungsgrundlage, Beschreibung und Menge der Gegenstände sowie das Datum, an dem eine der Voraussetzungen und der entsprechende Grund gemäß Artikel 17a Absatz 7 der Richtlinie 2006/112/EG gegeben sind;

h) Wert, Beschreibung und Menge der zurückgesandten Gegenstände und Rücksendedatum der Gegenstände gemäß Artikel 17a Absatz 5 der Richtlinie 2006/112/EG.

(2) In dem Register gemäß Artikel 243 Absatz 3 der Richtlinie 2006/112/EG, das jeder Steuerpflichtige führen muss, an den Gegenstände im Rahmen einer Konsignationslagerregelung geliefert werden, sind die folgenden Informationen zu verzeichnen:

a) die Mehrwertsteuer-Identifikationsnummer des Steuerpflichtigen, der die Gegenstände im Rahmen einer Konsignationslagerregelung verbringt;
b) Beschreibung und Menge der für ihn bestimmten Gegenstände;
c) das Datum, an dem die für ihn bestimmten Gegenstände im Lager ankommen;
d) Steuerbemessungsgrundlage, Beschreibung und Menge der an ihn gelieferten Gegenstände und das Datum, an dem der innergemeinschaftliche Erwerb von Gegenständen gemäß Artikel 17a Absatz 3 Buchstabe b der Richtlinie 2006/112/EG erfolgt;
e) Beschreibung und Menge der Gegenstände und das Datum, an dem die Gegenstände auf Anordnung der in Buchstabe a genannten steuerpflichtigen Person aus dem Lager entnommen wurden;
f) Beschreibung und Menge der zerstörten oder fehlenden Gegenstände und das Datum der Zerstörung, des Verlusts oder des Diebstahls der zuvor im Lager angekommenen Gegenstände oder das Datum, an dem die Zerstörung oder das Fehlen der Gegenstände festgestellt wurde.

Wenn die Gegenstände im Rahmen einer Konsignationslagerregelung an einen Lagerinhaber versandt oder befördert werden, der mit dem Steuerpflichtigen, für den die Lieferung der Gegenstände bestimmt ist, nicht identisch ist, müssen die Informationen gemäß Unterabsatz 1 Buchstaben c, e und f im Register dieses Steuerpflichtigen nicht verzeichnet sein.

## ABSCHNITT 1B
## Aufzeichnungen

*(ABl L 2019/313)*

*(Artikel 241 bis 249 der Richtlinie 2006/112/EG)*

**Art. 54b** (1) Für die Anwendung von Artikel 242a der Richtlinie 2006/112/EG bezeichnet der Begriff 'unterstützen' die Nutzung einer elektronischen Schnittstelle, um es einem Erwerber und einem Lieferer, der über eine elektronische Schnittstelle Dienstleistungen oder Gegenstände zum Verkauf anbietet, zu ermöglichen, in Kontakt zu treten, woraus eine Erbringung von Dienstleistungen oder eine Lieferung von Gegenständen über die elektronische Schnittstelle resultiert.

Die Lieferung von Gegenständen oder die Erbringung von Dienstleistungen fallen jedoch dann nicht unter den Begriff 'unterstützen', wenn alle folgenden Voraussetzungen erfüllt sind:

a) Der Steuerpflichtige legt weder unmittelbar noch mittelbar irgendeine der Bedingungen für die Lieferung der Gegenstände bzw. die Erbringung der Dienstleistungen fest;
b) der Steuerpflichtige ist weder unmittelbar noch mittelbar an der Autorisierung der Abrechnung mit dem Erwerber bezüglich der getätigten Zahlung beteiligt;
c) der Steuerpflichtige ist weder unmittelbar noch mittelbar an der Bestellung oder Lieferung der Gegenstände oder der Bestellung oder Erbringung der Dienstleistungen beteiligt.

(2) Für die Anwendung von Artikel 242a der Richtlinie 2006/112/EG fallen Situationen, in denen der Steuerpflichtige lediglich eine der folgenden Leistungen erbringt, nicht unter den Begriff 'unterstützen':

a) die Verarbeitung von Zahlungen im Zusammenhang mit der Lieferung von Gegenständen und der Erbringung von Dienstleistungen;
b) die Auflistung der Gegenstände oder Dienstleistungen oder die Werbung für diese;
c) die Weiterleitung oder Vermittlung von Erwerbern an andere elektronische Schnittstellen, über die Gegenstände oder Dienstleistungen angeboten werden, ohne dass eine weitere Einbindung in der Lieferung bzw. Dienstleistungserbringung besteht.

*(ABl L 2019/313)*

**Art. 54c** (1) Ein Steuerpflichtiger gemäß Artikel 242a der Richtlinie 2006/112/EG muss die folgenden Aufzeichnungen über Leistungen führen, bezüglich derer er gemäß Artikel 14a der Richtlinie 2006/112/EG behandelt wird, als ob er die Gegenstände selbst erhalten und geliefert hätte, oder wenn er an der Erbringung elektronisch erbrachter Dienstleistungen beteiligt ist, bezüglich derer er gemäß Artikel 9a dieser Verordnung als im eigenen Namen handelnd angesehen wird:

a) Die Aufzeichnungen gemäß Artikel 63c dieser Verordnung, wenn sich der Steuerpflichtige entschieden hat, eine der Sonderregelungen nach Titel XII Kapitel 6 der Richtlinie 2006/112/EG in Anspruch zu nehmen;
b) die Aufzeichnungen gemäß Artikel 242 der Richtlinie 2006/112/EG, wenn sich der Steuerpflichtige nicht dafür entschieden hat, eine der Sonderregelungen nach Titel XII Kapitel 6 der Richtlinie 2006/112/EG in Anspruch zu nehmen.

(2) Ein Steuerpflichtiger gemäß Artikel 242a der Richtlinie 2006/112/EG muss die folgenden Angaben über Leistungen, die nicht unter Absatz 1 fallen, aufbewahren:

a) Name, Postanschrift und elektronische Adresse oder Website des Lieferers oder Dienstleistungserbringers, dessen Lieferungen oder Dienstleistungen durch die Nutzung der elektronischen Schnittstelle unterstützt werden, und – falls erhältlich –

i) die Mehrwertsteuer-Identifikationsnummer oder nationale Steuernummer des Lieferers oder Dienstleistungserbringers;
ii) die Bankverbindung oder Nummer des virtuellen Kontos des Lieferers oder Dienstleistungserbringers;

b) eine Beschreibung der Gegenstände, ihres Wertes und des Ortes, an dem die Versendung oder die Beförderung der Gegenstände endet, zusammen mit dem Zeitpunkt der Lieferung, und falls erhältlich die Bestellnummer oder die eindeutige Transaktionsnummer;
c) eine Beschreibung der Dienstleistungen, ihres Wertes und Angaben, mittels derer Ort und Zeit der Erbringung der Dienstleistungen bestimmt werden können, und falls erhältlich die Bestellnummer oder die eindeutige Transaktionsnummer.

*(ABl L 2019/313)*

## ABSCHNITT 2
## Ergänzende Bestimmungen

*(Artikel 272 und 273 der Richtlinie 2006/112/EG)*

**Art. 55** Für Umsätze nach Artikel 262 der Richtlinie 2006/112/EG müssen Steuerpflichtige, denen nach Artikel 214 jener Richtlinie eine individuelle Mehrwertsteuer-Identifikationsnummer zuzuteilen ist, und nichtsteuerpflichtige juristische Personen, die für Mehrwertsteuerzwecke erfasst sind, wenn sie als solche handeln, ihren Lieferern oder Dienstleistungserbringern ihre Mehrwertsteuer-Identifikationsnummer mitteilen, sowie diese ihnen bekannt ist.

Steuerpflichtige im Sinne des Artikels 3 Absatz 1 Buchstabe b der Richtlinie 2006/112/EG, deren innergemeinschaftliche Erwerbe von Gegenständen nach Artikel 4 Absatz 1 der vorliegenden Verordnung nicht der Mehrwertsteuer unterliegen, müssen ihren Lieferern ihre individuelle Mehrwertsteuer-Identifikationsnummer nicht mitteilen, wenn sie gemäß Artikel 214 Absatz 1 Buchstabe d oder e jener Richtlinie für Mehrwertsteuerzwecke erfasst sind.

# KAPITEL XI
# SONDERREGELUNGEN

## ABSCHNITT 1
## Sonderregelung für Anlagegold

*(Artikel 344 bis 356 der Richtlinie 2006/112/EG)*

**Art. 56** Der Begriff „mit einem von den Goldmärkten akzeptierten Gewicht" in Artikel 344 Absatz 1 Nummer 1 der Richtlinie 2006/112/EG umfasst mindestens die in Anhang III dieser Verordnung aufgeführten Einheiten und Gewichte.

**Art. 57** Für die Zwecke der Erstellung des in Artikel 345 der Richtlinie 2006/112/EG genannten Verzeichnisses von Goldmünzen beziehen sich die in Artikel 344 Absatz 1 Nummer 2 jener Richtlinie genannten Begriffe „Preis" und „Offenmarktwert" auf den Preis bzw. den Offenmarktwert am 1. April eines jeden Jahres. Fällt der 1. April nicht auf einen Tag, an dem derartige Preise bzw. Offenmarktwerte festgesetzt werden, so sind diejenigen des nächsten Tages, an dem eine Festsetzung erfolgt, zugrunde zu legen.

## ABSCHNITT 2
## Sonderregelungen für Steuerpflichtige, die Dienstleistungen an Nichtsteuerpflichtige erbringen oder Fernverkäufe von Gegenständen oder bestimmte Lieferungen von Gegenständen innerhalb der Union tätigen

*(Artikel 358 bis 369x der Richtlinie 2006/112/EG)*
*(ABl L 2019/313)*

### Unterabschnitt 1
### Begriffsbestimmungen

**Art. 57a** Für die Zwecke dieses Abschnitts bezeichnet der Begriff

1. 'Nicht-EU-Regelung' die Sonderregelung für von nicht in der Gemeinschaft ansässigen Steuerpflichtigen erbrachte Dienstleistungen gemäß Titel XII Kapitel 6 Abschnitt 2 der Richtlinie 2006/112/EG;
2. 'EU-Regelung' die Sonderregelung für innergemeinschaftliche Fernverkäufe von Gegenständen, für Lieferungen von Gegenständen innerhalb eines Mitgliedstaats, die über eine elektronische Schnittstelle zur Unterstützung dieser Lieferungen erfolgen, und für von in der Gemeinschaft, nicht aber im Mitgliedstaat des Verbrauchs ansässigen Steuerpflichtigen erbrachte Dienstleistungen gemäß Titel XII Kapitel 6 Abschnitt 3 der Richtlinie 2006/112/EG;
3. 'Einfuhrregelung' die Sonderregelung für Fernverkäufe von aus Drittgebieten oder Drittländern eingeführten Gegenständen gemäß Titel XII Kapitel 6 Abschnitt 4 der Richtlinie 2006/112/EG;
4. 'Sonderregelung' je nach Zusammenhang die 'Nicht-EU-Regelung', die 'EU-Regelung' oder die 'Einfuhrregelung';
5. 'Steuerpflichtiger' einen Steuerpflichtigen im Sinne des Artikels 359 der Richtlinie 2006/112/EG, der die Nicht-EU-Regelung in Anspruch nehmen darf, einen Steuerpflichtigen im Sinne des Artikels 369b der genannten Richtlinie, der die EU-Regelung in Anspruch nehmen darf, oder einen Steuerpflichtigen im Sinne des Artikels 369m der genannten Richtlinie, der die Einfuhrregelung in Anspruch nehmen darf;
6. 'Vermittler' eine Person im Sinne von Artikel 369l Absatz 2 Nummer 2 der Richtlinie 2006/112/EG.

*(ABl L 2019/313)*

### Unterabschnitt 2
### Anwendung der EU-Regelung

**Art. 57b** (aufgehoben)

*(ABl L 2019/313)*

### Unterabschnitt 3
### Geltungsbereich der EU-Regelung

**Art. 57c** Die EU-Regelung gilt nicht für Dienstleistungen, die in einem Mitgliedstaat erbracht werden, in dem der Steuerpflichtige den Sitz seiner wirtschaftlichen Tätigkeit oder eine feste Niederlassung hat. Die Erbringung dieser Dienstleistungen wird den zuständigen Steuerbehörden dieses Mitgliedstaats in der Mehrwertsteuererklärung gemäß Artikel 250 der Richtlinie 2006/112/EG gemeldet.

*(ABl L 2019/313)*

### Unterabschnitt 4
### Identifizierung

**Art. 57d** (1) Erklärt ein Steuerpflichtiger dem Mitgliedstaat der Identifizierung, dass er beabsichtigt, die Nicht-EU-Regelung oder die EU-Regelung in Anspruch zu nehmen, so gilt die betreffende Sonderregelung ab dem ersten Tag des folgenden Kalenderquartals.

Erfolgt die erste Lieferung von Gegenständen oder Erbringung von Dienstleistungen, die unter die Nicht-EU-Regelung oder die EU-Regelung fallen, jedoch vor diesem Datum, so gilt die Sonderregelung ab dem Tag der ersten Lieferung oder Dienstleistungserbringung, vorausgesetzt der Steuerpflichtige unterrichtet den Mitgliedstaat der Identifizierung spätestens am zehnten Tag des Monats, der auf diese erste Lieferung oder Dienstleistungserbringung folgt, über die Aufnahme der unter die Regelung fallenden Tätigkeiten.

(2) Teilt ein Steuerpflichtiger oder ein für seine Rechnung handelnder Vermittler dem Mitgliedstaat der Identifizierung seine Absicht mit, die Einfuhrregelung in Anspruch zu nehmen, so gilt diese Sonderregelung ab dem Tag, an dem dem Steuerpflichtigen oder dem Vermittler die individuelle Mehrwertsteuer-Identifikationsnummer für die Einfuhrregelung gemäß Artikel 369q Absätze 1 und 3 der Richtlinie 2006/112/EG zugeteilt wurde.

*(ABl L 2019/313)*

**Art. 57e** Der Mitgliedstaat der Identifizierung identifiziert einen Steuerpflichtigen, der die EU-Regelung in Anspruch nimmt, anhand seiner Mehrwertsteuer-Identifikationsnummer gemäß den Artikeln 214 und 215 der Richtlinie 2006/112/EG.

Die einem Vermittler gemäß Artikel 369q Absatz 2 der Richtlinie 2006/112/EG zugeteilte individuelle Identifikationsnummer ermöglicht es ihm, als Vermittler für Rechnung von Steuerpflichtigen zu handeln, die die Einfuhrregelung in Anspruch nehmen. Diese Nummer kann vom Vermittler jedoch nicht verwendet werden, um Mehrwertsteuer auf steuerbare Umsätze zu erklären.

*(ABl L 2019/313)*

**Art. 57f** (1) Erfüllt ein Steuerpflichtiger, der die EU-Regelung in Anspruch nimmt, nicht mehr die Voraussetzungen gemäß der Begriffsbestimmung in Artikel 369a Nummer 2 der Richtlinie 2006/112/EG, so ist der Mitgliedstaat, der ihm die Mehrwertsteuer-Identifikationsnummer zugeteilt hat, nicht mehr der Mitgliedstaat der Identifizierung.

Erfüllt ein Steuerpflichtiger jedoch weiter die Voraussetzungen für die Inanspruchnahme dieser Sonderregelung, so nennt er, um diese Regelung weiterhin in Anspruch zu nehmen, als neuen Mitgliedstaat der Identifizierung den Mitgliedstaat, in dem er den Sitz seiner wirtschaftlichen Tätigkeit hat, oder, wenn er den Sitz seiner wirtschaftlichen Tätigkeit nicht in der Gemeinschaft hat, einen Mitgliedstaat, in dem er eine feste Niederlassung hat. Ist der Steuerpflichtige, der die EU-Regelung für die Lieferung von Gegenständen in Anspruch nimmt, nicht in der Gemeinschaft ansässig, so nennt er als neuen Mitgliedstaat der Identifizierung einen Mitgliedstaat, von dem aus er Gegenstände versendet oder befördert.

Ändert sich der Mitgliedstaat der Identifizierung gemäß Unterabsatz 2, so gilt diese Änderung ab dem Tag, an dem der Steuerpflichtige nicht mehr den Sitz seiner wirtschaftlichen Tätigkeit oder keine feste Niederlassung mehr in dem zuvor als Mitgliedstaat der Identifizierung angegebenen Mitgliedstaat hat, oder ab dem Tag, an dem der Steuerpflichtige die Versendung oder Beförderung von Gegenständen aus diesem Mitgliedstaat einstellt.

(2) Erfüllt ein Steuerpflichtiger, der die Einfuhrregelung in Anspruch nimmt, oder ein für seine Rechnung handelnder Vermittler nicht mehr die Voraussetzungen gemäß Artikel 369l Unterabsatz 2 Nummer 3 Buchstaben b bis e der Richtlinie 2006/112/EG, so ist der Mitgliedstaat, in dem der Steuerpflichtige oder sein Vermittler identifiziert wurde, nicht mehr der Mitgliedstaat der Identifizierung.

Erfüllt ein Steuerpflichtiger oder sein Vermittler jedoch weiter die Voraussetzungen für die Inanspruchnahme dieser Sonderregelung, so nennt er, um diese Regelung weiterhin in Anspruch nehmen zu können, als neuen Mitgliedstaat der Identifizierung den Mitgliedstaat, in dem er den Sitz seiner wirtschaftlichen Tätigkeit hat, oder, wenn er den Sitz seiner wirtschaftlichen Tätigkeit nicht in der Gemeinschaft hat, einen Mitgliedstaat, in dem er eine feste Niederlassung hat.

Ändert sich gemäß Unterabsatz 2 der Mitgliedstaat der Identifizierung, so gilt diese Änderung ab dem Tag, an dem der Steuerpflichtige oder sein Vermittler nicht mehr den Sitz seiner wirtschaftlichen Tätigkeit oder keine feste Niederlassung mehr in dem zuvor als Mitgliedstaat der Identifizierung angegebenen Mitgliedstaat hat.

*(ABl L 2019/313)*

**Art. 57g** (1) Ein Steuerpflichtiger, der die Nicht-EU-Regelung oder die EU-Regelung in Anspruch nimmt, kann die Inanspruchnahme dieser Sonderregelung beenden, und zwar unabhängig davon, ob er weiterhin Gegenstände liefert oder Dienstleistungen erbringt, die unter diese Sonderregelung fallen können. Der Steuerpflichtige unterrichtet den Mitgliedstaat der Identifizierung mindestens 15 Tage vor Ablauf des Kalenderquartals vor demjenigen, in dem er die Inanspruchnahme der Regelung beenden will. Eine Beendigung ist ab dem ersten Tag des nächsten Kalenderquartals wirksam.

Mehrwertsteuerpflichten im Zusammenhang mit der Lieferung von Gegenständen oder der Erbringung von Dienstleistungen, die nach dem Zeitpunkt entstehen, zu dem die Beendigung der Inanspruchnahme wirksam wurde, wird direkt bei den Steuerbehörden des betreffenden Mitgliedstaats des Verbrauchs nachgekommen.

(2) Ein Steuerpflichtiger, der die Einfuhrregelung in Anspruch nimmt, kann die Inanspruchnahme dieser Regelung beenden, und zwar unabhängig davon, ob er weiterhin Fernverkäufe von Gegenständen tätigt, die aus Drittgebieten oder Drittländern eingeführt werden. Der Steuerpflichtige oder der für seine Rechnung handelnde Vermittler unterrichtet den Mitgliedstaat der Identifizierung mindestens 15 Tage vor Ende des Monats, vor dem er die Inanspruchnahme der Regelung beenden will. Beendigungen sind ab dem ersten Tag des nächsten Monats wirksam, und der Steuerpflichtige darf die Regelung für ab diesem Tag erbrachte Lieferungen nicht mehr nutzen.

*(ABl L 2019/313)*

### Unterabschnitt 5
### Berichterstattungspflichten

**Art. 57h** (1) Ein Steuerpflichtiger oder ein für seine Rechnung handelnder Vermittler unterrichtet den Mitgliedstaat der Identifizierung spätestens am zehnten Tag des folgenden Monats auf elektronischem Wege von

a) der Beendigung seiner unter eine Sonderregelung fallenden Tätigkeiten;

b) sämtlichen Änderungen seiner unter eine Sonderregelung fallenden Tätigkeiten, durch die er die Voraussetzungen für die Inanspruchnahme dieser Sonderregelung nicht mehr erfüllt;

c) sämtlichen Änderungen der zuvor dem Mitgliedstaat der Identifizierung erteilten Angaben.

(2) Ändert sich der Mitgliedstaat der Identifizierung gemäß Artikel 57f, so unterrichtet der Steuerpflichtige oder der für seine Rechnung handelnde Vermittler die beiden betroffenen Mitgliedstaaten spätestens am zehnten Tag des Monats, der auf die Änderung folgt, über diese Änderung. Er teilt dem neuen Mitgliedstaat der Identifizierung die Registrierungsdaten mit, die erforderlich sind, wenn ein Steuerpflichtiger eine Sonderregelung erstmals in Anspruch nimmt.

*(ABl L 2019/313)*

### Unterabschnitt 6
### Ausschluss

**Art. 58** (1) Findet zumindest eines der Ausschlusskriterien gemäß Artikel 369e oder der Kriterien für die Streichung aus dem Identifikationsregister gemäß Artikel 363 oder Artikel 369r Absätze 1 und 3 der Richtlinie 2006/112/EG auf einen Steuerpflichtigen Anwendung, der eine der Sonderregelungen in Anspruch nimmt, so schließt der Mitgliedstaat der Identifizierung diesen Steuerpflichtigen von der betreffenden Regelung aus.

Nur der Mitgliedstaat der Identifizierung kann einen Steuerpflichtigen von einer der Sonderregelungen ausschließen.

Der Mitgliedstaat der Identifizierung stützt seine Entscheidung über den Ausschluss oder die Streichung auf alle verfügbaren Informationen, einschließlich Informationen eines anderen Mitgliedstaats.

(2) Der Ausschluss eines Steuerpflichtigen von der Nicht-EU-Regelung oder der EU-Regelung ist ab dem ersten Tag des Kalenderquartals wirksam, das auf den Tag folgt, an dem die Entscheidung über den Ausschluss dem Steuerpflichtigen elektronisch übermittelt worden ist. Ist der Ausschluss jedoch auf eine Änderung des Sitzes der wirtschaftlichen Tätigkeit oder der festen Niederlassung oder des Ortes zurückzuführen, von dem aus die Versendung oder Beförderung von Gegenständen ausgeht, so ist der Ausschluss ab dem Tag dieser Änderung wirksam.

(3) Der Ausschluss eines Steuerpflichtigen von der Einfuhrregelung ist ab dem ersten Tag des Monats wirksam, der auf den Tag folgt, an dem die Entscheidung über den Ausschluss dem Steuerpflichtigen elektronisch übermittelt worden ist; dies gilt nicht in den folgenden Fällen:

a) Ist der Ausschluss auf eine Änderung des Sitzes der wirtschaftlichen Tätigkeit oder der festen Niederlassung zurückzuführen, so ist der Ausschluss ab dem Tag dieser Änderung wirksam;

b) wird der Ausschluss wegen eines wiederholten Verstoßes gegen die Vorschriften der Einfuhrregelung vorgenommen, so ist der Ausschluss ab dem Tag wirksam, der auf den Tag folgt, an dem die Entscheidung über den Ausschluss dem Steuerpflichtigen elektronisch übermittelt worden ist.

(4) Mit Ausnahme der unter Absatz 3 Buchstabe b erfassten Fälle bleibt die individuelle Mehrwertsteuer-Identifikationsnummer, die für die Inanspruchnahme der Einfuhrregelung zugeteilt wurde, für den Zeitraum gültig, der für die Einfuhr der Gegenstände notwendig ist, die vor dem Ausschlussdatum geliefert wurden; dieser Zeitraum darf jedoch zwei Monate ab diesem Datum nicht überschreiten.

(5) Findet eines der Streichungskriterien gemäß Artikel 369r Absatz 2 der Richtlinie 2006/112/EG auf einen Vermittler Anwendung, so streicht der Mitgliedstaat der Identifizierung diesen Vermittler aus dem Identifikationsregister und schließt die durch diesen Vermittler vertretenen Steuerpflichtigen von der Einfuhrregelung aus.

Nur der Mitgliedstaat der Identifizierung kann einen Vermittler aus dem Identifikationsregister streichen.

Der Mitgliedstaat der Identifizierung stützt seine Entscheidung über die Streichung auf alle verfügbaren Informationen, einschließlich Informationen eines anderen Mitgliedstaats.

Die Streichung eines Vermittlers aus dem Identifikationsregister ist ab dem ersten Tag des Monats wirksam, der auf den Tag folgt, an dem die Entscheidung über die Streichung dem Vermittler und den durch ihn vertretenen Steuerpflichtigen elektronisch übermittelt worden ist; dies gilt nicht in den folgenden Fällen:

a) Ist die Streichung auf eine Änderung des Sitzes der wirtschaftlichen Tätigkeit oder der festen Niederlassung zurückzuführen, so ist die Streichung ab dem Tag dieser Änderung wirksam;
b) wird die Streichung des Vermittlers wegen eines wiederholten Verstoßes gegen die Vorschriften der Einfuhrregelung vorgenommen, so ist die Streichung ab dem Tag wirksam, der auf den Tag folgt, an dem die Entscheidung über die Streichung dem Vermittler und den durch ihn vertretenen Steuerpflichtigen elektronisch übermittelt worden ist.

*(ABl L 2019/313)*

**Art. 58a** Hinsichtlich eines Steuerpflichtigen, der eine Sonderregelung in Anspruch nimmt und der über einen Zeitraum von zwei Jahren in keinem Mitgliedstaat des Verbrauchs der betreffenden Regelung unterliegende Gegenstände geliefert oder Dienstleistungen erbracht hat, wird davon ausgegangen, dass er seine steuerbaren Tätigkeiten im Sinne des Artikels 363 Buchstabe b, des Artikels 369e Buchstabe b, des Artikels 369r Absatz 1 Buchstabe b bzw. des Artikels 369r Absatz 3 Buchstabe b der Richtlinie 2006/112/EG eingestellt hat. Diese Einstellung der Tätigkeit hindert ihn nicht daran, bei Wiederaufnahme seiner unter eine Sonderregelung fallenden Tätigkeiten eine Sonderregelung in Anspruch zu nehmen.

*(ABl L 2019/313)*

**Art. 58b** (1) Der Ausschluss eines Steuerpflichtigen von einer der Sonderregelungen wegen wiederholten Verstoßes gegen die einschlägigen Vorschriften gilt in jedem Mitgliedstaat und für alle Sonderregelungen während des Zeitraums von zwei Jahren, der auf den Erklärungszeitraum folgt, in dem der Steuerpflichtige ausgeschlossen wurde.

Unterabsatz 1 gilt jedoch nicht für die Einfuhrregelung, wenn der Ausschluss durch einen wiederholten Verstoß gegen die Vorschriften durch den Vermittler bedingt war, der für Rechnung des Steuerpflichtigen gehandelt hat.

Wird ein Vermittler aufgrund eines wiederholten Verstoßes gegen die Vorschriften der Einfuhrregelung aus dem Identifikationsregister gestrichen, ist es ihm untersagt, während der zwei Jahre, die auf den Monat folgen, in dem er aus dem Register gestrichen wurde, als Vermittler tätig zu werden.

(2) Als wiederholter Verstoß gegen die Vorschriften einer der Sonderregelungen im Sinne des Artikels 363 Buchstabe d, des Artikels 369e Buchstabe d, des Artikels 369r Absatz 1 Buchstabe d, des Artikels 369r Absatz 2 Buchstabe c oder des Artikels 369r Absatz 3 Buchstabe d der Richtlinie 2006/112/EG durch einen Steuerpflichtigen oder einen Vermittler gelten mindestens die folgenden Fälle:

a) Dem Steuerpflichtigen oder dem für seine Rechnung handelnden Vermittler wurden vom Mitgliedstaat der Identifizierung für drei unmittelbar vorangegangene Erklärungszeiträume Erinnerungen gemäß Artikel 60a erteilt, und die Mehrwertsteuererklärung wurde für jeden dieser Erklärungszeiträume nicht binnen zehn Tagen, nachdem die Erinnerung erteilt wurde, abgegeben;
b) dem Steuerpflichtigen oder dem für seine Rechnung handelnden Vermittler wurden vom Mitgliedstaat der Identifizierung für drei unmittelbar vorangegangene Erklärungszeiträume Erinnerungen gemäß Artikel 63a erteilt, und der Gesamtbetrag der erklärten Mehrwertsteuer wurde vom Steuerpflichtigen oder von dem für seine Rechnung handelnden Vermittler nicht binnen zehn Tagen, nachdem die Erinnerung erteilt wurde, für jeden dieser Erklärungszeiträume gezahlt, außer wenn der ausstehende Betrag weniger als 100 EUR für jeden dieser Erklärungszeiträume beträgt;
c) der Steuerpflichtige oder der für seine Rechnung handelnde Vermittler hat nach einer Aufforderung des Mitgliedstaats der Identifizierung und einen Monat nach einer nachfolgenden Erinnerung des Mitgliedstaats der Identifizierung die in den Artikeln 369, 369k und 369x der Richtlinie 2006/112/EG genannten Aufzeichnungen nicht elektronisch zur Verfügung gestellt.

*(ABl L 2019/313)*

**Art. 58c** Ein Steuerpflichtiger, der von der Nicht-EU-Regelung oder der EU-Regelung ausgeschlossen worden ist, kommt allen seinen Mehrwertsteuerpflichten im Zusammenhang mit der Lieferung von Gegenständen und der Erbringung von Dienstleistungen, die nach dem Zeitpunkt entstehen, zu dem der Ausschluss wirksam wurde, direkt bei den Steuerbehörden des betreffenden Mitgliedstaats des Verbrauchs nach.

**Unterabschnitt 7**
**Mehrwertsteuererklärung**

**Art. 59** (1) Jeder Erklärungszeitraum im Sinne der Artikel 364, 369f oder 369s der Richtlinie 2006/112/EG ist ein eigenständiger Erklärungszeitraum.

(2) Gilt die Nicht-EU-Regelung oder die EU-Regelung gemäß Artikel 57d Absatz 1 Unterabsatz 2 ab dem ersten Tag der Lieferung bzw. Dienstleistungserbringung, so gibt der Steuerpflichtige eine gesonderte Mehrwertsteuererklärung für das Kalenderquartal ab, in dem die erste Dienstleistungserbringung erfolgt ist.

(3) Wurde ein Steuerpflichtiger während eines Erklärungszeitraums im Rahmen der Nicht-EU-

Regelung und der EU-Regelung registriert, so richtet er im Rahmen jeder Regelung Mehrwertsteuererklärungen und entsprechende Zahlungen hinsichtlich der Lieferung von Gegenständen bzw. Erbringung von Dienstleistungen und der von dieser Regelung erfassten Zeiträume an den Mitgliedstaat der Identifizierung.

(4) Ändert sich gemäß Artikel 57f der Mitgliedstaat der Identifizierung nach dem ersten Tag des betreffenden Erklärungszeitraums, so richtet der Steuerpflichtige oder der für seine Rechnung handelnde Vermittler Mehrwertsteuererklärungen und entsprechende Mehrwertsteuerzahlungen an den ehemaligen und an den neuen Mitgliedstaat der Identifizierung, die sich auf die Lieferung von Gegenständen bzw. Erbringung von Dienstleistungen während der Zeiträume beziehen, in denen die Mitgliedstaaten jeweils der Mitgliedstaat der Identifizierung waren.

*(ABl L 2019/313)*

**Art. 59a** Hat ein Steuerpflichtiger, der eine Sonderregelung in Anspruch nimmt, während eines Erklärungszeitraums keine Gegenstände oder Dienstleistungen in irgendeinem Mitgliedstaat des Verbrauchs im Rahmen dieser Sonderregelung geliefert bzw. erbracht und hat er keine Berichtigungen an früheren Erklärungen vorzunehmen, so reicht er oder der für seine Rechnung handelnde Vermittler eine Mehrwertsteuererklärung ein, aus der hervorgeht, dass in dem Zeitraum keine Lieferungen getätigt bzw. Dienstleistungen erbracht wurden (MwSt.-Nullmeldung).

*(ABl L 2019/313)*

**Art. 60** Die Beträge in den Mehrwertsteuererklärungen im Rahmen der Sonderregelungen werden nicht auf die nächste volle Einheit auf- oder abgerundet. Es wird jeweils der genaue Mehrwertsteuerbetrag angegeben und abgeführt.

*(ABl L 2019/313)*

**Art. 60a** Der Mitgliedstaat der Identifizierung erinnert Steuerpflichtige oder auf ihre Rechnung handelnde Vermittler, die keine Mehrwertsteuererklärung gemäß den Artikeln 364, 369f oder 369s der Richtlinie 2006/112/EG abgegeben haben, auf elektronischem Wege an ihre Verpflichtung zur Abgabe dieser Erklärung. Der Mitgliedstaat der Identifizierung erteilt die Erinnerung am zehnten Tag, der auf den Tag folgt, an dem die Erklärung hätte vorliegen sollen, und unterrichtet die übrigen Mitgliedstaaten auf elektronischem Wege über die Erteilung einer Erinnerung.

Für alle nachfolgenden Erinnerungen und sonstigen Schritte zur Festsetzung und Erhebung der Mehrwertsteuer ist der betreffende Mitgliedstaat des Verbrauchs zuständig.

Der Steuerpflichtige oder der für seine Rechnung handelnde Vermittler gibt die Mehrwertsteuererklärung ungeachtet jeglicher durch den Mitgliedstaat des Verbrauchs erteilter Erinnerungen und getroffener Maßnahmen im Mitgliedstaat der Identifizierung ab.

*(ABl L 2019/313)*

**Art. 61** (1) Änderungen der Zahlen, die in einer Mehrwertsteuererklärung enthalten sind, die sich auf Zeiträume bis einschließlich zum zweiten Erklärungszeitraum im Jahr 2021 bezieht, werden nach der Abgabe dieser Mehrwertsteuererklärung ausschließlich im Wege von Änderungen dieser Erklärung und nicht durch Berichtigungen in einer nachfolgenden Erklärung vorgenommen.

Änderungen der Zahlen, die in einer Mehrwertsteuererklärung enthalten sind, die sich auf Zeiträume ab dem dritten Erklärungszeitraum 2021 bezieht, werden nach der Abgabe dieser Mehrwertsteuererklärung ausschließlich durch Berichtigungen in einer nachfolgenden Erklärung vorgenommen.

(2) Die Änderungen gemäß Absatz 1 werden dem Mitgliedstaat der Identifizierung innerhalb von drei Jahren ab dem Tag, an dem die ursprüngliche Erklärung abzugeben war, auf elektronischem Wege übermittelt.

Die Vorschriften des Mitgliedstaats des Verbrauchs in Bezug auf Steuerfestsetzungen und Änderungen bleiben jedoch unberührt.

*(ABl L 2019/313, ABl L 2020/244)*

**Art. 61a** (1) Der Steuerpflichtige oder der für seine Rechnung handelnde Vermittler richtet seine abschließende Mehrwertsteuererklärung sowie jegliche verspätete Abgabe vorangegangener Mehrwertsteuererklärungen und die entsprechenden Zahlungen an den Mitgliedstaat, der vor der Beendigung, dem Ausschluss oder der Änderung der Mitgliedstaat der Identifizierung war, wenn er

a) die Inanspruchnahme einer der Sonderregelungen beendet,
b) von den Sonderregelungen ausgeschlossen wird oder
c) den Mitgliedstaat der Identifizierung gemäß Artikel 57f ändert.

Berichtigungen der abschließenden Erklärung und früherer Erklärungen, die sich nach der Abgabe der abschließenden Erklärung ergeben, wird direkt bei den Steuerbehörden des betreffenden Mitgliedstaats des Verbrauchs nachgekommen.

(2) Für alle Steuerpflichtigen, für deren Rechnung er handelt, richtet ein Vermittler die abschließenden Mehrwertsteuererklärungen sowie jegliche verspätete Abgabe vorangegangener Mehrwertsteuererklärungen und die entsprechenden Zahlungen an den Mitgliedstaat, der vor der Streichung oder der Änderung der Mitgliedstaat der Identifizierung war, wenn er

a) aus dem Identifikationsregister gestrichen wird oder
b) den Mitgliedstaat der Identifizierung gemäß Artikel 57f Absatz 2 ändert.

Berichtigungen der abschließenden Erklärung und früherer Erklärungen, die sich nach der Abgabe der abschließenden Erklärung ergeben, wird direkt bei den Steuerbehörden des betreffenden Mitgliedstaats des Verbrauchs nachgekommen.

*(ABl L 2019/313)*

### Unterabschnitt 7a
### Einfuhrregelung – Steuertatbestand

**Art. 61b** Für die Anwendung von Artikel 369n der Richtlinie 2006/112/EG bezeichnet der Zeitpunkt, zu dem die Zahlung angenommen wurde, den Zeitpunkt, zu dem die Zahlung bestätigt wurde oder die Zahlungsgenehmigungsmeldung oder eine Zahlungszusage des Erwerbers beim Steuerpflichtigen, der die Einfuhrregelung in Anspruch nimmt, oder für dessen Rechnung eingegangen ist, und zwar unabhängig davon, wann die tatsächliche Zahlung erfolgt, je nachdem, welcher Zeitpunkt der frühere ist.

*(ABl L 2019/313)*

### Unterabschnitt 8
### Währung

**Art. 61c** Bestimmt ein Mitgliedstaat der Identifizierung, dessen Währung nicht der Euro ist, dass Mehrwertsteuererklärungen in seiner Landeswährung zu erstellen sind, so gilt diese Bestimmung für die Mehrwertsteuererklärungen von allen Steuerpflichtigen, die Sonderregelungen in Anspruch nehmen.

*(ABl L 2019/313)*

### Unterabschnitt 9
### Zahlungen

**Art. 62** Unbeschadet des Artikels 63a Unterabsatz 3 und des Artikels 63b richtet ein Steuerpflichtiger oder ein für seine Rechnung handelnder Vermittler alle Zahlungen an den Mitgliedstaat der Identifizierung.

Mehrwertsteuerzahlungen des Steuerpflichtigen oder des für seine Rechnung handelnden Vermittlers gemäß den Artikeln 367, 369i oder 369v der Richtlinie 2006/112/EG beziehen sich nur auf die gemäß den Artikeln 364, 369f oder 369s dieser Richtlinie abgegebene Mehrwertsteuererklärung. Jede spätere Berichtigung der gezahlten Beträge durch den Steuerpflichtigen oder den für seine Rechnung handelnden Vermittler wird ausschließlich unter Bezugnahme auf diese Erklärung vorgenommen und darf weder einer anderen Erklärung zugeordnet noch bei einer späteren Erklärung berichtigt werden. Bei jeder Zahlung ist die Referenznummer der betreffenden Steuererklärung anzugeben.

*(ABl L 2019/313)*

**Art. 63** Hat ein Mitgliedstaat der Identifizierung einen Betrag vereinnahmt, der höher ist, als es der Mehrwertsteuererklärung gemäß den Artikeln 364, 369f oder 369s der Richtlinie 2006/112/EG entspricht, so erstattet er dem betreffenden Steuerpflichtigen oder dem für seine Rechnung handelnden Vermittler den zu viel gezahlten Betrag direkt.

Hat ein Mitgliedstaat der Identifizierung einen Betrag aufgrund einer Mehrwertsteuererklärung erhalten, die sich später als unrichtig herausstellt, und hat er diesen Betrag bereits an die Mitgliedstaaten des Verbrauchs weitergeleitet, so erstatten diese Mitgliedstaaten des Verbrauchs dem Steuerpflichtigen oder dem für seine Rechnung handelnden Vermittler direkt ihren jeweiligen Anteil an dem zu viel gezahlten Betrag.

Beziehen sich die zu viel gezahlten Beträge jedoch auf Zeiträume bis einschließlich zum letzten Erklärungszeitraum im Jahr 2018, erstattet der Mitgliedstaat der Identifizierung den betreffenden Anteil des entsprechenden Teils des gemäß Artikel 46 Absatz 3 der Verordnung (EU) Nr. 904/2010 einbehaltenen Betrags, und der Mitgliedstaat des Verbrauchs erstattet den zu viel gezahlten Betrag abzüglich des vom Mitgliedstaat der Identifizierung erstatteten Betrags.

Die Mitgliedstaaten des Verbrauchs unterrichten den Mitgliedstaat der Identifizierung auf elektronischem Wege über den Betrag dieser Erstattungen.

*(ABl L 2019/313)*

**Art. 63a** Gibt ein Steuerpflichtiger oder ein für seine Rechnung handelnder Vermittler zwar eine Mehrwertsteuererklärung gemäß den Artikeln 364, 369f oder 369s der Richtlinie 2006/112/EG ab, aber es wird keine Zahlung oder eine geringere Zahlung als die sich aus der Erklärung ergebende Zahlung geleistet, so schickt der Mitgliedstaat der Identifizierung dem Steuerpflichtigen oder dem für seine Rechnung handelnden Vermittler am zehnten Tag nach dem Tag, an dem die Zahlung gemäß den Artikeln 367, 369i oder 369v der Richtlinie 2006/112/EG spätestens zu leisten war, wegen der überfälligen Mehrwertsteuer eine Erinnerung auf elektronischem Wege.

Der Mitgliedstaat der Identifizierung unterrichtet die Mitgliedstaaten des Verbrauchs auf elektronischem Wege über die Versendung der Erinnerung.

Für alle nachfolgenden Erinnerungen und sonstigen Schritte zur Erhebung der Mehrwertsteuer ist der betreffende Mitgliedstaat des Verbrauchs zuständig. Sind vom Mitgliedstaat des Verbrauchs nachfolgende Erinnerungen erteilt worden, erfolgt die entsprechende Mehrwertsteuerzahlung an diesen Mitgliedstaat.

Der Mitgliedstaat des Verbrauchs unterrichtet den Mitgliedstaat der Identifizierung auf elektronischem Wege über die Erteilung der Erinnerung.

*(ABl L 2019/313)*

**Art. 63b** Ist keine Mehrwertsteuererklärung abgegeben worden, oder ist die Mehrwertsteuererklärung zu spät abgegeben worden, oder ist sie unvollständig oder unrichtig, oder wird die Mehrwertsteuer zu spät gezahlt, so werden etwaige Zinsen, Geldbußen oder sonstige Abgaben von dem Mitgliedstaat des Verbrauchs berechnet und festgesetzt. Der Steuerpflichtige oder für seine Rechnung handelnde Vermittler zahlt diese Zinsen, Geldbußen oder sonstige Abgaben direkt an den Mitgliedstaat des Verbrauchs.

*(ABl L 2019/313)*

### Unterabschnitt 10
### Aufzeichnungen

**Art. 63c** (1) Um als hinreichend ausführlich im Sinne der Artikel 369 und 369k der Richtlinie

2006/112/EG zu gelten, enthalten die vom Steuerpflichtigen zu führenden Aufzeichnungen die folgenden Informationen:

a) den Mitgliedstaat des Verbrauchs, in den die Gegenstände geliefert oder in dem die Dienstleistungen erbracht werden;
b) die Art der erbrachten Dienstleistung oder die Beschreibung und die Menge der gelieferten Gegenstände;
c) das Datum der Lieferung der Gegenstände oder der Erbringung der Dienstleistungen;
d) die Steuerbemessungsgrundlage unter Angabe der verwendeten Währung;
e) jede anschließende Erhöhung oder Senkung der Steuerbemessungsgrundlage;
f) den anzuwendenden Mehrwertsteuersatz;
g) den Betrag der zu zahlenden Mehrwertsteuer unter Angabe der verwendeten Währung;
h) das Datum und den Betrag der erhaltenen Zahlungen;
i) alle vor Lieferung der Gegenstände oder Erbringung der Dienstleistung erhaltenen Vorauszahlungen;
j) falls eine Rechnung ausgestellt wurde, die darin enthaltenen Informationen;
k) in Bezug auf Dienstleistungen die Informationen, die zur Bestimmung des Ortes verwendet werden, an dem der Erwerber ansässig ist oder seinen Wohnsitz oder gewöhnlichen Aufenthaltsort hat, und in Bezug auf Gegenstände die Informationen, die zur Bestimmung des Ortes verwendet werden, an dem die Versendung oder Beförderung der Gegenstände zum Erwerber beginnt und endet;
l) jegliche Nachweise über etwaige Rücksendungen von Gegenständen, einschließlich der Steuerbemessungsgrundlage und des anzuwendenden Mehrwertsteuersatzes.

(2) Um als hinreichend ausführlich im Sinne des Artikels 369x der Richtlinie 2006/112/EG zu gelten, enthalten die vom Steuerpflichtigen oder für seine Rechnung handelnden Vermittler zu führenden Aufzeichnungen die folgenden Informationen:

a) den Mitgliedstaat des Verbrauchs, in den die Gegenstände geliefert werden;
b) die Beschreibung und die Menge der gelieferten Gegenstände;
c) das Datum der Lieferung der Gegenstände;
d) die Steuerbemessungsgrundlage unter Angabe der verwendeten Währung;
e) jede anschließende Erhöhung oder Senkung der Steuerbemessungsgrundlage;
f) den anzuwendenden Mehrwertsteuersatz;
g) den Betrag der zu zahlenden Mehrwertsteuer unter Angabe der verwendeten Währung;
h) das Datum und den Betrag der erhaltenen Zahlungen;
i) falls eine Rechnung ausgestellt wurde, die darin enthaltenen Informationen;
j) die zur Bestimmung des Ortes, an dem die Versendung oder Beförderung der Gegenstände zum Erwerber beginnt und endet, verwendeten Informationen;
k) Nachweise über etwaige Rücksendungen von Gegenständen, einschließlich der Steuerbemessungsgrundlage und des anzuwendenden Mehrwertsteuersatzes;
l) die Bestellnummer oder die eindeutige Transaktionsnummer;
m) die eindeutige Sendungsnummer, falls der Steuerpflichtige unmittelbar an der Lieferung beteiligt ist.

(3) Der Steuerpflichtige oder der für seine Rechnung handelnde Vermittler erfasst die Informationen gemäß den Absätzen 1 und 2 so, dass sie unverzüglich und für jeden einzelnen gelieferten Gegenstand oder jede einzelne erbrachte Dienstleistung auf elektronischem Wege zur Verfügung gestellt werden können.

Wurde der Steuerpflichtige oder der für seine Rechnung handelnde Vermittler aufgefordert, die Aufzeichnungen gemäß den Artikeln 369, 369k und 369x der Richtlinie 2006/112/EG elektronisch zu übermitteln, und ist er dieser Aufforderung nicht innerhalb von 20 Tagen nach dem Datum der Aufforderung nachgekommen, so erinnert der Mitgliedstaat der Identifizierung den Steuerpflichtigen oder den für seine Rechnung handelnden Vermittler an die Übermittlung der genannten Aufzeichnungen. Der Mitgliedstaat der Identifizierung unterrichtet die Mitgliedstaaten des Verbrauchs auf elektronischem Wege über die Versendung der Erinnerung.

*(ABl L 2019/313)*

### ABSCHNITT 3
### Sonderregelungen für die Erklärung und Entrichtung der Mehrwertsteuer bei der Einfuhr

*(Artikel 369y bis 369zb der Richtlinie 2006/112/EG)*

**Art. 63d** Die Anwendung der monatlichen Zahlung der Mehrwertsteuer bei der Einfuhr gemäß den in Titel XII Kapitel 7 der Richtlinie 2006/112/EG vorgesehenen Sonderregelungen für die Erklärung und Entrichtung der Mehrwertsteuer bei der Einfuhr kann an die Bedingungen für einen Zahlungsaufschub gemäß der Verordnung (EU) Nr. 952/2013 des Europäischen Parlaments und des Rates geknüpft sein.

Für die Zwecke der Anwendung der Sonderregelungen können die Mitgliedstaaten die Bedingung, dass die Gegenstände beim Zoll im Namen der Person, für die die Gegenstände bestimmt sind, vorzuführen sind, als erfüllt ansehen, wenn die Person, die die Gegenstände beim Zoll vorführt, ihre Absicht erklärt, von den Sonderregelungen Gebrauch zu machen und die Mehrwertsteuer von der Person, für die die Gegenstände bestimmt sind, einzutreiben.

*(ABl L 2019/313)*

## KAPITEL XII
## SCHLUSSBESTIMMUNGEN

**Art. 64** Die Verordnung (EG) Nr. 1777/2005 wird aufgehoben.

Bezugnahmen auf die aufgehobene Verordnung gelten als Bezugnahmen auf die vorliegende Verordnung und sind nach Maßgabe der Entsprechungstabelle in Anhang IV zu lesen.

**Art. 65** Diese Verordnung tritt am zwanzigsten Tag nach ihrer Veröffentlichung im Amtsblatt der Europäischen Union in Kraft.

Sie gilt ab 1. Juli 2011.

Jedoch

– gelten Artikel 3 Buchstabe a, Artikel 11 Absatz 2 Buchstabe b, Artikel 23 Absatz 1 und Artikel 24 Absatz 1 ab dem 1. Januar 2013;
– gilt Artikel 3 Buchstabe b ab dem 1. Januar 2015;
– gilt Artikel 11 Absatz 2 Buchstabe c bis zum 31. Dezember 2014.

Diese Verordnung ist in allen ihren Teilen verbindlich und gilt unmittelbar in jedem Mitgliedstaat.

## ANHANG I
### Artikel 7 der vorliegenden Verordnung

1. Anhang II Nummer 1 der Richtlinie 2006/112/EG:
   a) Webhosting (Websites und Webpages);
   b) automatisierte Online-Fernwartung von Programmen;
   c) Fernverwaltung von Systemen;
   d) Online-Data-Warehousing (Datenspeicherung und -abruf auf elektronischem Wege);
   e) Online-Bereitstellung von Speicherplatz nach Bedarf.
2. Anhang II Nummer 2 der Richtlinie 2006/112/EG:
   a) Gewährung des Zugangs zu oder Herunterladen von Software (z. B. Beschaffungs- oder Buchführungsprogramme, Software zur Virusbekämpfung) und Updates;
   b) Bannerblocker (Software zur Unterdrückung der Anzeige von Werbebannern);
   c) Herunterladen von Treibern (z. B. Software für Schnittstellen zwischen Computern und Peripheriegeräten wie z. B. Printer);
   d) automatisierte Online-Installation von Filtern auf Websites;
   e) automatisierte Online-Installation von Firewalls.
3. Anhang II Nummer 3 der Richtlinie 2006/112/EG:
   a) Gewährung des Zugangs zu oder Herunterladen von Desktop-Gestaltungen;
   b) Gewährung des Zugangs zu oder Herunterladen von Fotos, Bildern und Screensavern;
   c) digitalisierter Inhalt von E-Books und anderen elektronischen Publikationen;
   d) Abonnement von Online-Zeitungen und -Zeitschriften;
   e) Web-Protokolle und Website-Statistiken;
   f) Online-Nachrichten, -Verkehrsinformationen und -Wetterbericht;
   g) Online-Informationen, die automatisch anhand spezifischer, vom Dienstleistungsempfänger eingegebener Daten etwa aus dem Rechts- oder Finanzbereich generiert werden (z. B. Börsendaten in Echtzeit);
   h) Bereitstellung von Werbeplätzen (z. B. Bannerwerbung auf Websites und Webpages);
   i) Benutzung von Suchmaschinen und Internetverzeichnissen.
4. Anhang II Nummer 4 der Richtlinie 2006/112/EG:
   a) Gewährung des Zugangs zu oder Herunterladen von Musik auf Computer und Mobiltelefon;
   b) Gewährung des Zugangs zu oder Herunterladen von Jingles, Ausschnitten, Klingeltönen und anderen Tönen;
   c) Gewährung des Zugangs zu oder Herunterladen von Filmen;
   d) Herunterladen von Spielen auf Computer und Mobiltelefon;
   e) Gewährung des Zugangs zu automatisierten Online-Spielen, die nur über das Internet oder ähnliche elektronische Netze laufen und bei denen die Spieler räumlich voneinander getrennt sind.
   f) Empfang von Rundfunk- oder Fernsehsendungen, die über ein Rundfunk- oder Fernsehnetz, das Internet oder ein ähnliches elektronisches Netz verbreitet werden und die der Nutzer auf individuellen Abruf zum Anhören oder Anschauen zu einem von ihm bestimmten Zeitpunkt aus einem von dem Mediendiensteanbieter bereitgestellten Programmverzeichnis auswählt, wie Fernsehen auf Abruf oder Video-on-Demand;
   g) Empfang von Rundfunk- oder Fernsehsendungen, die über das Internet oder ein ähnliches elektronisches Netz (IP-Streaming) übertragen werden, es sei denn, sie werden zeitgleich zu ihrer Verbreitung oder Weiterverbreitung durch herkömmliche Rundfunk- und Fernsehnetze übertragen;
   h) die Erbringung von Audio- und audiovisuellen Inhalten über Kommunikationsnetze, die weder durch einen Me-

diendiensteanbieter noch unter dessen redaktioneller Verantwortung erfolgt;

i) die Weiterleitung der Audio- und audiovisuellen Erzeugnisse eines Mediendiensteanbieters über Kommunikationsnetze durch eine andere Person als den Mediendiensteanbieter.

5. Anhang II Nummer 5 der Richtlinie 2006/112/EG:

   a) Automatisierter Fernunterricht, dessen Funktionieren auf das Internet oder ein ähnliches elektronisches Netz angewiesen ist und dessen Erbringung wenig oder gar keine menschliche Beteiligung erfordert, einschließlich sogenannter virtueller Klassenzimmer, es sei denn, das Internet oder das elektronische Netz dient nur als Kommunikationsmittel zwischen Lehrer und Schüler;

   b) Arbeitsunterlagen, die vom Schüler online bearbeitet und anschließend ohne menschliches Eingreifen automatisch korrigiert werden.

**„ANHANG II**
**Artikel 51 dieser Verordnung**

EUROPÄISCHE UNION

BESCHEINIGUNG ÜBER DIE BEFREIUNG VON DER MEHRWERTSTEUER UND/ODER DER VERBRAUCHSTEUER (*)
**(Richtlinie 2006/112/EG — Artikel 151 — und Richtlinie 2008/118/EG — Artikel 13)**

**Laufende Nummer (nicht zwingend):**

1. **ANTRAGSTELLENDE EINRICHTUNG BZW. PRIVATPERSON**

Bezeichnung/Name

Straße, Hausnummer

Postleitzahl, Ort

(Aufnahme-)Mitgliedstaat

2. **FÜR DAS ANBRINGEN DES DIENSTSTEMPELS ZUSTÄNDIGE BEHÖRDE (Bezeichnung, Anschrift und Rufnummer)**

3. **ERKLÄRUNG DER ANTRAGSTELLENDEN EINRICHTUNG ODER PRIVATPERSON**
Der Antragsteller (Einrichtung/Privatperson) ([1]) erklärt hiermit,
a) dass die in Feld 5 genannten Gegenstände und/oder Dienstleistungen bestimmt sind ([2])

| | |
|---|---|
| ☐ für amtliche Zwecke | ☐ zur privaten Verwendung durch |
| ☐ einer ausländischen diplomatischen Vertretung | ☐ einen Angehörigen einer ausländischen diplomatischen Vertretung |
| ☐ einer ausländischen berufskonsularischen Vertretung | ☐ einen Angehörigen einer ausländischen berufskonsularischen Vertretung |
| ☐ einer europäischen Einrichtung, auf die das Protokoll über die Vorrechte und Befreiungen der Europäischen Union Anwendung findet | |
| ☐ einer internationalen Organisation | ☐ einen Bediensteten einer internationalen Organisation |
| ☐ der Streitkräfte eines der NATO angehörenden Staates | |
| ☐ der Streitkräfte eines Mitgliedstaats, die an Maßnahmen der Union im Rahmen der Gemeinsamen Sicherheits- und Verteidigungspolitik (GSVP) Union beteiligt sind | |
| ☐ der auf Zypern stationierten Streitkräfte des Vereinigten Königreichs | |
| ☐ für die Verwendung durch die Europäische Kommission oder eine andere nach Unionsrecht geschaffene Einrichtung oder sonstige Stelle, wenn die Kommission oder diese Einrichtung oder sonstige Stelle ihre Aufgaben im Rahmen der Reaktion auf die COVID-19-Pandemie wahrnimmt | |

(Bezeichnung der Einrichtung) (siehe Feld 4)

b) dass die in Feld 5 genannten Gegenstände und/oder Dienstleistungen mit den Bedingungen und Beschränkungen vereinbar sind, die in dem in Feld 1 genannten Aufnahmemitgliedstaat für die Freistellung gelten, und
c) dass die obigen Angaben richtig und vollständig sind.

Der Antragsteller (Einrichtung/Privatperson) verpflichtet sich hiermit, an den Mitgliedstaat, aus dem die Gegenstände versandt wurden oder von dem aus die Gegenstände geliefert oder die Dienstleistungen erbracht wurden, die Mehrwertsteuer und/oder Verbrauchsteuer zu entrichten, die fällig wird, falls die Gegenstände und/oder Dienstleistungen die Bedingungen für die Befreiung nicht erfüllen oder nicht für die beabsichtigten Zwecke verwendet werden bzw. nicht den beabsichtigten Zwecken dienen.

Ort, Datum

Name und Stellung des Unterzeichnenden

Unterschrift

4. **DIENSTSTEMPEL DER EINRICHTUNG (bei Freistellung zur privaten Verwendung)**

| Ort, Datum | Stempel | Name und Stellung des Unterzeichnenden<br>Unterschrift |
|---|---|---|

5. **BEZEICHNUNG DER GEGENSTÄNDE UND/ODER DIENSTLEISTUNGEN, FÜR DIE DIE BEFREIUNG VON DER MEHRWERTSTEUER UND/ODER VERBRAUCHSTEUER BEANTRAGT WIRD**

A. Angaben zu dem Unternehmer/zugelassenen Lagerinhaber:

1) Bezeichnung und Anschrift

2) Mitgliedstaat

3) Mehrwertsteuer-Identifikationsnummer oder Steuerregisternummer/Verbrauchsteuernummer

B. Angaben zu den Gegenständen und/oder Dienstleistungen:

| Nr. | Ausführliche Beschreibung der Gegenstände und/oder Dienstleistungen (3) (oder Verweis auf beigefügten Bestellschein) | Menge oder Anzahl | Preis ohne Mehrwertsteuer und Verbrauchsteuer | | Währung |
|---|---|---|---|---|---|
| | | | Preis pro Einheit | Gesamtwert | |
| | | | | | |
| | | | | | |
| | | | | | |
| | | | | | |
| | | | | | |
| | | Gesamtbetrag | | | |

6. **BESCHEINIGUNG DER ZUSTÄNDIGEN BEHÖRDE(N) DES AUFNAHMEMITGLIEDSTAATES**

Die Versendung/Lieferung bzw. Erbringung der in Feld 5 genannten Gegenstände und/oder Dienstleistungen entspricht

☐ in vollem Umfang ☐ in folgendem Umfang (Menge bzw. Anzahl) (4)

den Bedingungen für die Befreiung von der Mehrwertsteuer und/oder Verbrauchsteuer.

Name und Stellung des Unterzeichnenden

Ort, Datum Stempel Unterschrift

7. **VERZICHT AUF ANBRINGUNG DES DIENSTSTEMPELABDRUCKS IN FELD 6 (nur bei Freistellung für amtliche Zwecke)**

Mit Schreiben Nr.

vom

wird für
(Bezeichnung der antragstellenden Einrichtung)

auf die Anbringung des Dienststempelabdrucks in Feld 6 durch
(Bezeichnung der zuständigen Behörde des Aufnahmemitgliedstaates) verzichtet.

Name und Stellung des Unterzeichnenden

Ort, Datum | Stempel | Unterschrift

(*) Nichtzutreffendes streichen.
(¹) Nichtzutreffendes streichen.
(²) Zutreffendes ankreuzen.
(³) Nicht benutzte Felder durchstreichen. Dies gilt auch, wenn ein Bestellschein beigefügt ist.
(⁴) Gegenstände und/oder Dienstleistungen, für die keine Befreiung gewährt werden kann, sind in Feld 5 oder auf dem Bestellschein durchzustreichen.

**Erläuterungen**

**1.** **Dem Unternehmer und/oder zugelassenen Lagerinhaber dient diese Bescheinigung als Beleg für die Steuerbefreiung von Gegenständen oder Dienstleistungen, die an Einrichtungen bzw. Privatpersonen im Sinne von Artikel 151 der Richtlinie 2006/112/EG und Artikel 13 der Richtlinie 2008/118/EG versendet und/oder geliefert werden. Dementsprechend ist für jeden Lieferer/Lagerinhaber eine Bescheinigung auszufertigen. Der Lieferer/Lagerinhaber hat die Bescheinigung gemäß den in seinem Mitgliedstaat geltenden Rechtsvorschriften in seine Buchführung aufzunehmen.**

**2.** **a)** **Die allgemeinen Hinweise zum zu verwendenden Papier und zu den Abmessungen der Felder sind dem Amtsblatt der Europäischen Gemeinschaften (C 164 vom 1.7.1989, S. 3)zu entnehmen.**

**Für alle Exemplare ist weißes Papier im Format 210 × 297 mm zu verwenden, wobei in der Länge Abweichungen von -5 bis + 8 mm zulässig sind.**

**Bei einer Befreiung von der Verbrauchsteuer ist die Befreiungsbescheinigung in zwei Exemplaren auszufertigen:**

- **eine Ausfertigung für den Versender;**
- **eine Ausfertigung, die die Bewegungen der der Verbrauchsteuer unterliegenden Produkte begleitet.**

**b)** **Nicht genutzter Raum in Feld 5 Buchstabe B ist so durchzustreichen, dass keine zusätzlichen Eintragungen vorgenommen werden können.**

**c)** **Das Dokument ist leserlich und in dauerhafter Schrift auszufüllen. Löschungen oder Überschreibungen sind nicht zulässig. Die Bescheinigung ist in einer vom Aufnahmemitgliedstaat anerkannten Sprache auszufüllen.**

**d)** **Wird bei der Beschreibung der Gegenstände und/oder Dienstleistungen (Feld 5 Buchstabe B der Bescheinigung) auf einen Bestellschein Bezug genommen, der nicht in einer vom Aufnahmemitgliedstaat anerkannten Sprache abgefasst ist, so hat der Antragsteller (Einrichtung/Privatperson) eine Übersetzung beizufügen.**

**e)** **Ist die Bescheinigung in einer vom Mitgliedstaat des Lieferers/Lagerinhabers nicht anerkannten Sprache verfasst, so hat der Antragsteller (Einrichtung/Privatperson) eine Übersetzung der Angaben über die in Feld 5 Buchstabe B aufgeführten Gegenstände und Dienstleistungen beizufügen.**

**f)** **Unter einer anerkannten Sprache ist eine der Sprachen zu verstehen, die in dem betroffenen Mitgliedstaat amtlich in Gebrauch ist, oder eine andere Amtssprache der Union, die der Mitgliedstaat als zu diesem Zwecke verwendbar erklärt.**

**3.** **In Feld 3 der Bescheinigung macht der Antragsteller (Einrichtung/Privatperson) die für die Entscheidung über den Freistellungsantrag im Aufnahmemitgliedstaat erforderlichen Angaben.**

**4.** **In Feld 4 der Bescheinigung bestätigt die Einrichtung die Angaben in den Feldern 1 und 3 Buchstabe a des Dokuments und bescheinigt, dass der Antragsteller – wenn**

es sich um eine Privatperson handelt – Bediensteter der Einrichtung ist.

5. a) Wird (in Feld 5 Buchstabe B der Bescheinigung) auf einen Bestellschein verwiesen, so sind mindestens Bestelldatum und Bestellnummer anzugeben. Der Bestellschein hat alle Angaben zu enthalten, die in Feld 5 der Bescheinigung genannt werden. Muss die Bescheinigung von der zuständigen Behörde des Aufnahmemitgliedstaates abgestempelt werden, so ist auch der Bestellschein abzustempeln.

b) Die Angabe der in Artikel 2 Nummer 12 der Verordnung (EU) Nr. 389/2012 des Rates vom 2. Mai 2012über die Zusammenarbeit der Verwaltungsbehörden auf dem Gebiet der Verbrauchsteuern und zur Aufhebung von Verordnung (EG) Nr. 2073/2004 definierten Verbrauchsteuernummer ist nicht zwingend; die Mehrwertsteuer- Identifikationsnummer oder die Steuerregisternummer ist anzugeben.

c) Währungen sind mit den aus drei Buchstaben bestehenden Codes der internationalen ISOIDIS-4217-Norm zu bezeichnen, die von der Internationalen Normenorganisation festgelegt wurde[1]

[1] Die Codes einiger häufig benutzter Währungen lauten: EUR (Euro), BGN (Leva), CZK (Tschechische Kronen), DKK (Dänische Kronen), GBP (Pfund Sterling), HUF (Forint), LTL (Litai), PLN (Zloty), RON (Rumänische Lei), SEK (Schwedische Kronen), USD (US-Dollar).

6. Die genannte Erklärung einer antragstellenden Einrichtung/Privatperson ist in Feld 6 durch die Dienststempel der zuständigen Behörde(n) des Aufnahmemitgliedstaates zu beglaubigen. Diese Behörde(n) kann/können die Beglaubigung davon abhängig machen, dass eine andere Behörde des Mitgliedstaats zustimmt. Es obliegt der zuständigen Steuerbehörde, eine derartige Zustimmung zu erlangen.

7. Zur Vereinfachung des Verfahrens kann die zuständige Behörde darauf verzichten, von einer Einrichtung, die eine Befreiung für amtliche Zwecke beantragt, die Erlangung des Dienststempels zu fordern. Die antragstellende Einrichtung hat diese Verzichterklärung in Feld 7 der Bescheinigung anzugeben.“

*(ABl L 2022/88)*

## ANHANG III
### Artikel 56 der vorliegenden Verordnung

| Einheit | Gehandelte Gewichte |
|---|---|
| Kilogramm | 12,5/1 |
| Gramm | 500/250/100/50/20/10/5/2,5/2 |
| Unze (1 oz = 31,1035 g) | 100/10/5/1/1/2/1/4 |
| Tael (1 tael = 1,193 oz)[1] | 10/5/1 |
| Tola (10 tola = 3,75 oz)[2] | 10 |

[1] Tael = traditionelle chinesische Gewichtseinheit. In Hongkong haben Taelbarren einen nominalen Feingehalt von 990 Tausendstel, aber in Taiwan können Barren von 5 und 10 Tael einen Feingehalt von 999,9 Tausendstel haben.

[2] Tola = traditionelle indische Gewichtseinheit für Gold. Am weitesten verbreitet sind Barren von 10 Tola mit einem Feingehalt von 999 Tausendstel.

## ANHANG IV
### Entsprechungstabelle

| Verordnung (EG) Nr. 1777/2005 | Vorliegende Verordnung |
|---|---|
| Kapitel I | Kapitel I |
| Artikel 1 | Artikel 1 |
| Kapitel II | Kapitel III und IV |
| Kapitel II Abschnitt 1 | Kapitel III |
| Artikel 2 | Artikel 5 |
| Kapitel II Abschnitt 2 | Kapitel IV |
| Artikel 3 Absatz 1 | Artikel 9 |
| Artikel 3 Absatz 2 | Artikel 8 |
| Kapitel III | Kapitel V |

| | |
|---|---|
| Kapitel III Abschnitt 1 | Kapitel V Abschnitt 4 |
| Artikel 4 | Artikel 28 |
| Kapitel III Abschnitt 2 | Kapitel V Abschnitt 4 |
| Artikel 5 | Artikel 34 |
| Artikel 6 | Artikel 29 und 41 |
| Artikel 7 | Artikel 26 |
| Artikel 8 | Artikel 27 |
| Artikel 9 | Artikel 30 |
| Artikel 10 | Artikel 38 Absatz 2 Buchstaben b und c |
| Artikel 11 Absätze 1 und 2 | Artikel 7 Absätze 1 und 2 |
| Artikel 12 | Artikel 7 Absatz 3 |
| Kapitel IV | Kapitel VI |
| Artikel 13 | Artikel 42 |
| Kapitel V | Kapitel VIII |
| Kapitel V Abschnitt 1 | Kapitel VIII Abschnitt 1 |
| Artikel 14 | Artikel 44 |
| Artikel 15 | Artikel 45 |
| Kapitel V Abschnitt 2 | Kapitel VIII Abschnitt 4 |
| Artikel 16 | Artikel 47 |
| Artikel 17 | Artikel 48 |
| Kapitel VI | Kapitel IX |
| Artikel 18 | Artikel 52 |
| Kapitel VII | Kapitel XI |
| Artikel 19 Absatz 1 | Artikel 56 |
| Artikel 19 Absatz 2 | Artikel 57 |
| Artikel 20 Absatz 1 | Artikel 58 |
| Artikel 20 Absatz 2 | Artikel 62 |
| Artikel 20 Absatz 3 Unterabsatz 1 | Artikel 59 |
| Artikel 20 Absatz 3 Unterabsatz 2 | Artikel 60 |
| Artikel 20 Absatz 3 Unterabsatz 3 | Artikel 63 |
| Artikel 20 Absatz 4 | Artikel 61 |
| Kapitel VIII | Kapitel V Abschnitt 3 |
| Artikel 21 | Artikel 16 |
| Artikel 22 | Artikel 14 |
| Kapitel IX | Kapitel XII |
| Artikel 23 | Artikel 65 |
| Anhang I | Anhang I |
| Anhang II | Anhang III |

# 4/3. VERORDNUNGEN



## 4/3/1. VO zu §§ 7 und 13 Abs. 3 IStVG:

## Steuervergütung an ausländische Vertretungsbehörden

BGBl II 2003/613 idF BGBl II 2021/7

**Verordnung des Bundesministers für Finanzen betreffend die Datenübermittlung zur Internationalen Steuervergütung (Internationale Steuervergütung-Datenübermittlungsverordnung – IStVDÜV)**

*(BGBl II 2021/7)*

Auf Grund der §§ 7 und 13 Abs. 3 Internationales Steuervergütungsgesetz (IStVG) wird im Einvernehmen mit dem Bundesminister für auswärtige Angelegenheiten verordnet:

**§ 1.** Die gemäß § 8 Abs. 2 IStVG, BGBl. I Nr. 613/2003, in der Fassung BGBl. I Nr. 3/2021 angeordnete Übermittlung der für die Vollziehung des IStVG erforderlichen Daten vom Bundesministerium für europäische und internationale Angelegenheiten an das Finanzamt für Großbetriebe erfolgt bis zum 15. Tag nach Ablauf jedes Kalendervierteljahres. Die zu übermittelnden Daten haben dem Stand zum Ende des Kalendermonats zu entsprechen.

*(BGBl II 2021/7)*

**§ 2.** Die nach § 1 zu übertragenden Daten sind:

1. Hinsichtlich der Vergütungsberechtigten im Sinn des § 1 Z 1 IStVG
   - Laufende Nummer
   - Organisationsnummer
   - Bezeichnung der Einrichtung
   - Kurzbezeichnung der Einrichtung
   - Unterabteilung
   - Staatszugehörigkeit
   - Art
   - PLZ
   - Ort
   - Straße
   - Land
   - Telefon
   - FAX
   - Email
   - Gültig bis
2. Hinsichtlich der Vergütungsberechtigten im Sinn des § 1 Z 2 IStVG
   - Laufende Nummer
   - Legitimationskartennummer
   - Nachname
   - Vorname
   - Geschlecht
   - Geburtsdatum
   - In Österreich
   - In Österreich seit
   - Adresse geheim
   - PLZ
   - Ort
   - Land
   - Telefon
   - FAX
   - Email
   - Gültig ab
   - Gültig bis
   - Abmeldedatum

**§ 3.** Für Kraftfahrzeuge, auf die § 5 Abs. 2 und 3 IStVG angewendet werden, sind folgende Daten zu übermitteln:

- Zulassungsbesitzerin oder Zulassungsbesitzer samt Akkreditierung
- Marke und Type
- Fahrgestellnummer (Fahrzeugidentitätsnummer)
- Sperrfrist
- Erwerbsart

**§ 4.** (1) Die Verordnung tritt mit 1. Juli 2002 in Kraft.

(2) § 3 in der Fassung der Verordnung BGBl. II Nr. 451/2013 tritt mit 1. Jänner 2014 in Kraft.

*(BGBl II 2021/7)*

(3) § 1 in der Fassung der Verordnung BGBl. II Nr. 7/2021 tritt mit 1. Jänner 2021 in Kraft.

*(BGBl II 2021/7)*

## 4/3/2. VO zu 1 Abs. 2 und 3 Gesundheits- und Sozialbereich-Beihilfengesetzes:

# Beihilfen

BGBl II 1997/56 idF BGBl II 2020/579

**Verordnung des Bundesministers für Finanzen zu den Beihilfen- und Ausgleichsprozentsätzen, die im Rahmen des Gesundheits- und Sozialbereich-Beihilfengesetzes anzuwenden sind**

Auf Grund des § 3 Abs. 3 des Gesundheits- und Sozialbereich-Beihilfengesetzes, BGBl. Nr. 746/1996, zuletzt geändert durch das Bundesgesetz BGBl. I Nr. 104/2019, wird im Einvernehmen mit dem Bundesminister für Soziales, Gesundheit Pflege und Konsumentenschutz verordnet:

*(BGBl II 2020/579)*

**§ 1.** (aufgehoben)

*(BGBl II 2020/579)*

**§ 2.** (1) Die Ausgleichssätze für die in § 3 Abs. 1 Gesundheits- und Sozialbereich-Beihilfengesetz genannten Gruppen betragen für die folgenden Fachärzte:

| | |
|---|---|
| Augenheilkunde und Optometrie | 3,9% |
| Chirurgie | 4,5% |
| Frauenheilkunde und Geburtshilfe | 3,1% |
| Hals-Nasen-Ohrenkrankheiten | 3,3% |
| Haut- und Geschlechtskrankheiten | 3,4% |
| Innere Medizin | 4,4% |
| Kinder- und Jugendheilkunde | 3,3% |
| Lungenkrankheiten | 4,5% |
| Neurologie/Psychiatrie | 3,0% |
| Orthopädie und orthopädische Chirurgie | 3,1% |
| Physikalische Medizin | 3,3% |
| Radiologie, med. Radiologie-Diagnostik, Strahlentherapie-Radioonkologie | 5,8% |
| Unfallchirurgie | 4,3% |
| Urologie | 3,3% |
| Zahn-, Mund- und Kieferheilkunde | 4,8% |
| Medizinische und chemische Labordiagnostik | 6,7%. |

(2) Für Dentisten gilt der für Zahnärzte angeführte Ausgleichssatz.

(3) Für Ärzte für Allgemeinmedizin, in Abs. 1 nicht eigens angeführte Fachärzte, Gutachterärzte sowie die sonstigen Vertragspartner, die Leistungen im Sinne des § 6 Abs. 1 Z 19 UStG 1994 bewirken, gilt ein Ausgleichssatz von 3,4%.

(4) Als Entgelt gilt der in den Tarifverträgen und ähnlichen Verträgen festgelegte Betrag an den Arzt, Dentisten oder sonstigen Vertragspartner, soweit die Leistung im Rahmen eines Vertrages (Einzelvertrag) mit einem Sozialversicherungsträger, einer Krankenfürsorgeeinrichtung oder einem Träger des öffentlichen Fürsorgewesens erbracht wird. Die Auszahlung erfolgt im Zuge der Endabrechnung mit der Sozialversicherung.

(5) Ist gesetzlich oder vertraglich eine (teilweise) Bezahlung seitens des Patienten vorgesehen, bezieht sich der erstattungsfähige Ausgleich auf das gesamte Entgelt. Voraussetzung ist jedoch, daß es sich um eine Leistung im Rahmen eines Einzelvertrags handelt und der vom Patienten zu zahlende Betrag im Tarifvertrag festgelegt ist.

(6) Für Leistungen für Versicherte gemäß § 80 in Verbindung mit § 85 BSVG wird die Ausgleichszahlung im Ausmaß des jeweiligen nach Abs. 1 bis 3 festgelegten Ausgleichssatzes gewährt. Als Berechnungsgrundlage werden jene Leistungen herangezogen, die vom Versicherungsträger verrechnet werden oder für die dem Versicherten eine Kostenerstattung gebührt. In Fällen einer Kostenerstattung erfolgt die Anweisung an den Vertragspartner durch den Versicherungsträger.

**§ 3.** Der Ausgleichssatz für die Alten-, Behinderten- und Pflegeheime gem. § 3 Abs. 2 Gesundheits- und Sozialbereich-Beihilfengesetz beträgt 4% des Entgelts ohne Ausgleich.

**§ 4.** (1) Unter Entgelte aus öffentlichen Mitteln im Sinne des § 2 Gesundheits- und Sozialbereich-Beihilfengesetz fallen auch Entgelte für nach § 6 Abs. 1 Z 18 und 25 UStG 1994 befreite Leistungen, die an andere Kranken- und Kuranstalten, die nach diesen Umsatzsteuerbestimmungen befreite Leistungen bewirken, erbracht werden.

(2) Falls eine steuerfreie Leistung einer Kranken- oder Kuranstalt im Zusammenhang mit der Inanspruchnahme der Sonderklasse einem Patienten ganz oder teilweise weiterverrechnet wird, zählt dieser Betrag nicht zu den Entgelten aus öffentlichen Mitteln und fällt unter die Kürzungsbestimmung des § 2 Abs. 1 Gesundheits- und Sozialbereich-Beihilfengesetz. Er ist daher der leistungserbringenden Kranken- oder Kuranstalt mitzuteilen.

(3) Entgelte für im Ausland versicherte Patienten – soweit sie nicht über einen Landesfonds oder einen inländischen Sozialversicherungsträger abgerechnet werden – sind solchen für Privatpatienten gleichzusetzen und fallen daher unter die Kürzungsbestimmung des § 2 Abs. 1 Gesundheits- und Sozialbereich-Beihilfengesetz. Falls seitens der Kranken- oder Kuranstalt keine Verrechnung mit dem Patienten oder dessen Versicherung erfolgt, ist für die Ermittlung des Kürzungsbetrages vereinfachend der jeweilige anstaltsbezogene Pflegegebührensatz (inklusive Vorsteuerkostenzuschlag) heranzuziehen.

(4) Für den Landesfonds oder inländischen Sozialversicherungsträger gilt im Einzelfall als Beihilfenäquivalent 11,1% des Entgelts. Sofern durch einen Dritten an den Landesfonds oder den Sozialversicherungsträger eine Kostenerstattung erfolgt, die ein Beihilfenäquivalent beinhaltet, ist dieses an das Finanzamt für Großbetriebe bis zum

20. des auf den Zahlungseingang folgenden Monats schriftlich zu erklären und abzuführen.

*(BGBl II 2020/579)*

**§ 5.** (aufgehoben)

*(BGBl II 2020/579)*

**§ 6.** (1) § 4 Abs. 3 und 4 treten mit 1. Jänner 1998 in Kraft und sind auf Sachverhalte anzuwenden, die nach dem 31. Dezember 1997 verwirklicht wurden.

(2) § 2 Abs. 6 entfällt für Leistungen, die nach dem 30. Juni 1998 erbracht werden.

(3) § 5 tritt mit 1. November 2003 in Kraft. Beihilfen- und Ausgleichzahlungserklärungen, die nach dem 31. Oktober 2003 von den Einreichstellen weitergeleitet werden, sind dem Finanzamt für Gebühren und Verkehrsteuern in Wien zu übermitteln.

(4) § 1 Abs. 1 in der Fassung der Verordnung BGBl. II Nr. 90/2005 ist auf Zeiträume anzuwenden, die nach dem 31. Dezember 2003 liegen.

(5) § 1 Abs. 1 tritt mit 1. März 2014 in Kraft. § 1 Abs. 1 in der Fassung BGBl. II Nr. 90/2005 ist weiterhin auf Sachverhalte anzuwenden, die nach § 1 Abs. 2 des Gesundheits- und Sozialbereich-Beihilfengesetzes, BGBl. Nr. 746/1996 in der Fassung von BGBl. I Nr. 105/2004 zu behandeln sind. § 1 Abs. 2 tritt mit 1. Jänner 2014 außer Kraft. § 1 Abs. 3 ist rückwirkend auf Sachverhalte anzuwenden, die nach dem 1. Jänner 2011 verwirklicht wurden und bis Kundmachung dieser Verordnung noch nicht mit rechtskräftigem Bescheid erledigt worden sind.

(6) § 4 Abs. 4 in der Fassung der Verordnung BGBl. II Nr. 579/2020, tritt mit 1. Jänner 2021 in Kraft. § 1 und § 5 treten mit Ablauf des 31. Dezember 2020 außer Kraft.

*(BGBl II 2020/579)*

### 4/3/3. VO zu § 3a Abs. 10:

## Telekommunikationsdienste



BGBl II 2003/383 idF BGBl II 2009/221

**Verordnung des Bundesministers für Finanzen über die Verlagerung des Ortes der sonstigen Leistung bei Telekommunikationsdiensten sowie Rundfunk- und Fernsehdienstleistungen**

Auf Grund des § 3a Abs. 10 Z 13 und 14 sowie Abs. 13 des Umsatzsteuergesetzes 1994, BGBl. Nr. 663/1994, in der Fassung des Bundesgesetzes BGBl. I Nr. 71/2003 wird verordnet:

**§ 1.** Liegt bei einer in § 3a Abs. 14 Z 12 und 13 des Umsatzsteuergesetzes 1994, BGBl. Nr. 663, in der Fassung des Bundesgesetzes BGBl. I Nr. 52/2009, bezeichneten Leistung der Ort der Leistung gemäß § 3a des Umsatzsteuergesetzes 1994 außerhalb des Gemeinschaftsgebietes, so wird die Leistung im Inland ausgeführt, wenn sie dort genutzt oder ausgewertet wird.

**§ 2.** Als Telekommunikationsdienste gelten solche Dienstleistungen, mit denen Übertragung, Ausstrahlung oder Empfang von Signalen, Schrift, Bild und Ton oder Informationen jeglicher Art über Draht, Funk, optische oder sonstige elektromagnetische Medien gewährleistet werden; dazu gehören auch die Abtretung und Einräumung von Nutzungsrechten an Einrichtungen zur Übertragung, Ausstrahlung oder zum Empfang.

**§ 3.** (1) Die Verordnung ist auf Umsätze anzuwenden, die nach Ablauf des Tages, an dem die Verordnung im Bundesgesetzblatt kundgemacht wurde, ausgeführt werden.

(2) Die Verordnung des Bundesministers für Finanzen über die Verlagerung des Ortes der sonstigen Leistung bei Telekommunikationsdiensten, BGBl. II Nr. 102/1997, ist nicht mehr auf Umsätze anzuwenden, die nach Ablauf des Tages, an dem die Verordnung im Bundesgesetzblatt kundgemacht wurde, ausgeführt werden.

(3) § 1 in der Fassung der Verordnung BGBl. II Nr. 221/2009 ist auf Umsätze anzuwenden, die nach dem 31. Dezember 2009 ausgeführt werden.

### 4/3/4. § 3a Abs. 13:

## Beförderungsmittel

BGBl 1996/5

**Verordnung des Bundesministers für Finanzen über die Verlagerung des Ortes der sonstigen Leistung bei der Vermietung von Beförderungsmitteln**

Auf Grund des § 3 a Abs. 13 UStG 1994, BGBl. Nr. 663/1994, in der Fassung des Bundesgesetzes BGBl. Nr. 21/1995 wird verordnet:

**§ 1.** Der Ort der sonstigen Leistung bei der Vermietung von Beförderungsmitteln bestimmt sich unter folgenden Voraussetzungen danach, wo das Beförderungsmittel genutzt wird:

1. Die Nutzung muß im Drittlandsgebiet erfolgen.
2. Bei Kraftfahrzeugen und Anhängern muß die kraftfahrrechtliche Zulassung im Drittlandsgebiet erfolgen. Kraftfahrzeuge müssen daher ein Kennzeichen eines Staates aus dem Drittlandsgebiet aufweisen.
3. Handelt es sich bei dem Beförderungsmittel zunächst um eine Gemeinschaftsware, muß eine mit der zollrechtlichen Ausgangsbescheinigung versehene Ausfuhranmeldung vorliegen.

**§ 2.** Bei der Vermietung von Eisenbahngüterwagen (einschließlich Eisenbahnkesselwagen) an Unternehmer in Staaten außerhalb der Europäischen Union bestimmt sich der Ort der Leistung danach, wo die Eisenbahngüterwagen zum wesentlichen Teil genutzt werden, wenn diese Nutzung außerhalb des Gebiets der Europäischen Union erfolgt.

**§ 3.** Die Verordnung ist auf Umsätze anzuwenden, die nach dem 31. Dezember 1994 ausgeführt werden.

### 4/3/5. VO zu § 3a Abs. 13:

## Personalgestellung

BGBl II 1998/218

**Verordnung des Bundesministers für Finanzen über die Verlagerung des Ortes der sonstigen Leistung bei der Gestellung von Personal**

Auf Grund des § 3a Abs. 13 UStG 1994, BGBl. Nr. 663/1994, wird verordnet:

Der Ort der sonstigen Leistung bei der Gestellung von Personal wird vom Inland in das Drittlandsgebiet verlagert, wenn das gestellte Personal im Drittland eingesetzt wird.

**4/3/6. VO zu § 3a Abs. 16:**

## Bestimmte Umsätze

BGBl II 2010/173

**Verordnung des Bundesministers für Finanzen über die Verlagerung des Ortes der sonstigen Leistung bei bestimmten Umsätzen**

Auf Grund des § 3a Abs. 16 des Umsatzsteuergesetzes 1994, BGBl. Nr. 663/1994, zuletzt geändert durch das Bundesgesetz BGBl. I Nr. 34/2010 wird verordnet:

**§ 1.** Bei der Vermietung von beweglichen körperlichen Gegenständen, ausgenommen Beförderungsmitteln, verlagert sich der Leistungsort vom Drittland ins Inland, wenn diese Gegenstände tatsächlich im Inland genutzt werden.

**§ 2.** (1) Bei Sportwetten und Ausspielungen gemäß § 2 GSpG verlagert sich der Leistungsort vom Drittland ins Inland, wenn die tatsächliche Nutzung oder Auswertung dieser Leistung im Inland erfolgt. Das gilt nicht für Leistungen im Sinne des § 3a Abs. 14 Z 14 UStG 1994, wenn der Leistungsempfänger ein Nichtunternehmer im Sinne des § 3a Abs. 5 Z 3 UStG 1994 ist, der keinen Wohnsitz, Sitz oder gewöhnlichen Aufenthalt im Gemeinschaftsgebiet hat.

(2) Bei der Vermittlung von Sportwetten und Ausspielungen gemäß § 2 GSpG an im Drittland ansässige Unternehmer im Sinne des § 3a Abs. 5 Z 1 und 2 UStG 1994 verlagert sich der Leistungsort vom Drittland ins Inland, wenn die tatsächliche Nutzung oder Auswertung dieser Leistung im Inland erfolgt.

**§ 3.** Die Verordnung ist auf Umsätze anzuwenden, die nach dem 30. Juni 2010 ausgeführt werden.

**4/3/7. VO zu § 6 Abs. 1 Z 6:**

## Bescheinigung Diplomaten

BGBl II 2003/581

**Verordnung des Bundesministers für Finanzen betreffend die nähere Regelung der Bescheinigung der Voraussetzungen für die Steuerfreiheit der Lieferung von Kraftfahrzeugen und der Vermietung von Grundstücken an ausländische Vertretungsbehörden und deren im diplomatischen oder berufskonsularischen Rang stehende Mitglieder**

Auf Grund des § 6 Abs. 1 Z 6 lit. d Umsatzsteuergesetz 1994 (UStG 1994), BGBl. Nr. 663/1994 und des § 3 Z 4 lit. d Normverbrauchsabgabegesetz 1991 (NoVAG 1991), BGBl. Nr. 695/1991, jeweils in der Fassung BGBl. I Nr. 71/2003, wird im Einvernehmen mit dem Bundesminister für auswärtige Angelegenheiten verordnet:

**§ 1.** (1) Das Bundesministerium für auswärtige Angelegenheiten hat über Antrag der im § 6 Abs. 1 Z 6 lit. d UStG 1994 genannten Personen und Einrichtungen zu bescheinigen, dass die Voraussetzungen für die Steuerbefreiung gemäß § 6 Abs. 1 Z 6 lit. d UStG 1994 vorliegen bzw. im Sinne des § 3 Z 4 lit. d NoVAG 1991 vorliegen würden. Der Antragsteller hat den amtlichen beziehungsweise persönlichen Gebrauch des Kraftfahrzeuges oder Grundstückes glaubhaft zu machen.

(2) Liegen die Voraussetzungen für die Ausstellung einer Bescheinigung nicht vor, hat ein Bescheid nur über Verlangen des Antragstellers zu ergehen.

**§ 2.** (1) Eine Bescheinigung betreffend die Lieferung beziehungsweise die Vermietung von Kraftfahrzeugen ist nur für jeweils ein Kraftfahrzeug auszustellen. Bei Vergütungsberechtigten im Sinne des § 1 Abs. 1 Z 2 Internationales Steuervergütungsgesetz (IStVG) darf eine weitere Bescheinigung erst nach Ablauf von zwei Jahren ausgestellt werden.

(2) Eine Bescheinigung betreffend die Vermietung von Grundstücken ist nur für jeweils ein Mietverhältnis (Räumlichkeiten der Mission, der Residenz, Wohnräumlichkeiten usw.) auszustellen. Die Bescheinigung darf nicht für einen Zeitraum von mehr als fünf Jahren ausgestellt werden, bei Vergütungsberechtigten im Sinne des § 1 Abs. 1 Z 2 IStVG längstens für einen Zeitraum, der die auf dem Lichtbildausweis im Sinne der Verordnung des Bundesministers für auswärtige Angelegenheiten über die Ausstellung von Lichtbildausweisen an Angehörige jener Personengruppen, die in Österreich Privilegien und Immunitäten genießen, BGBl. II Nr. 189/2003, vermerkte Gültigkeitsdauer nicht übersteigt. Bei Vergütungsberechtigten im Sinne des § 1 Abs. 1 Z 2 IStVG ist eine solche Bescheinigung nur hinsichtlich des Hauptwohnsitzes auszustellen.

## 4/3/8. VO zu § 6 Abs. 1 Z 11 lit. a:

# UStBLV

BGBl II 2018/214 idF BGBl II 2020/614

**Verordnung des Bundesministers für Finanzen über das Vorliegen einer vergleichbaren Zielsetzung bei Bildungsleistungen (Umsatzsteuer-Bildungsleistungsverordnung, UStBLV)**

Aufgrund des § 6 Abs. 1 Z 11 lit. a des Umsatzsteuergesetzes 1994, BGBl. Nr. 663/1994, zuletzt geändert durch das Bundesgesetz BGBl. I Nr. 62/2018, wird verordnet:

**§ 1.** Eine vergleichbare Zielsetzung liegt vor, bei:

1. Privatschulen im Sinne des Privatschulgesetzes, BGBl. Nr. 244/1962, oder des land- und forstwirtschaftlichen Privatschulgesetzes, BGBl. Nr. 318/1975;
2. Privathochschulen und Privatuniversitäten nach dem Privathochschulgesetz (PrivHG), BGBl. I Nr. 77/2020, sowie Privatuniversitäten, die unter den Voraussetzungen des Privatuniversitätengesetzes (PUG), BGBl. I Nr. 74/2011 oder des § 2 des Universitäts-Akkreditierungsgesetzes (UniAkkG), BGBl. I Nr. 168/1999, akkreditiert wurden;
   *(BGBl II 2020/614)*
3. Fachhochschulen nach dem Fachhochschulgesetz (FHG), BGBl. Nr. 340/1993;
   *(BGBl II 2020/614)*
4. privaten Pädagogischen Hochschulen im Sinne des § 4 Hochschulgesetzes 2005, BGBl. I Nr. 30/2006 sowie öffentlichen Pädagogischen Hochschulen im Rahmen der eigenen Rechtspersönlichkeit gemäß § 3 Hochschulgesetz 2005, BGBl. I Nr. 30/2006;
5. anderen berufsbezogenen Ausbildungseinrichtungen privaten Rechts, die aufgrund einer speziellen gesetzlichen Ermächtigung als solche anerkannt sind;
6. post-sekundären Bildungseinrichtungen, die im Rahmen einer Kooperation mit einer Universität oder Fachhochschule berufsbezogene post-graduale Aus- und Weiterbildungen durchführen;
7. einer aufrechten Zertifizierung als Erwachsenenbildungseinrichtung im Sinne der Vereinbarung gemäß Art. 15a B-VG zwischen dem Bund und den Ländern über die Anerkennung des Qualitätsrahmens für die Erwachsenenbildung Ö-Cert, BGBl. II Nr. 269/2012;
8. Einrichtungen im Sinne des Bundesgesetzes über die Förderung der Erwachsenenbildung und des Volksbüchereiwesens, BGBl. Nr. 171/1973 in Verbindung mit der Kundmachung der Bundesministerin für Bildung, Wissenschaft und Kultur gemäß § 7 Abs. 1 des Bundesgesetzes über die Förderung der Erwachsenenbildung und des Volksbüchereiwesens aus Bundesmitteln, BGBl. II Nr. 228/2001;
9. jeder anderen vergleichbaren behördlichen Zertifizierung.

**§ 2.** Eine vergleichbare Zielsetzung liegt nicht vor, wenn der Unternehmer nachweist, dass die Anwendung des § 1 Z 5 bis 9 zu Wettbewerbsverzerrungen führen würde. Voraussetzung dafür ist jedenfalls, dass die Bildungsleistungen überwiegend an Unternehmer erbracht werden.

**§ 3.**

1. Diese Verordnung tritt mit 1. Jänner 2019 in Kraft und ist erstmals auf Umsätze und sonstige Sachverhalte anzuwenden, die nach dem 31. Dezember 2018 ausgeführt werden bzw. sich ereignen.
   *(BGBl II 2020/614)*
2. § 1 Z 2 und 3 idF BGBl. II Nr. 614/2020 treten mit 1. Jänner 2021 in Kraft und sind erstmals auf Umsätze und sonstige Sachverhalte anzuwenden, die nach dem 31. Dezember 2020 ausgeführt werden bzw. sich ereignen.
   *(BGBl II 2020/614)*

**4/3/9. VO zu § 11 Abs. 2:**

## Elektronische Rechnung

BGBl II 2003/583 idF BGBl II 2016/382

**Verordnung der Bundesministerin für Finanzen, mit der die Anforderungen an eine elektronische Rechnung bestimmt werden (E-Rechnung-UStV)**

Auf Grund des § 11 Abs. 2 UStG 1994, BGBl. Nr. 663/1994, in der Fassung BGBl. I Nr. 71/2003 wird verordnet:

**§ 1.** Die Echtheit der Herkunft und die Unversehrtheit des Inhalts einer elektronischen Rechnung sind jedenfalls gewährleistet,

1. wenn der Unternehmer ein innerbetriebliches Steuerungsverfahren anwendet, durch das ein verlässlicher Prüfpfad zwischen der Rechnung und der Lieferung oder sonstigen Leistung geschaffen wird,
2. wenn eine elektronische Rechnung über das Unternehmensserviceportal oder über PEP-POL (Pan-European Public Procurement On-Line) übermittelt wird,
3. wenn die Rechnung mit einer qualifizierten elektronischen Signatur im Sinne des Art. 3 Nr. 12 oder mit einem qualifizierten elektronischen Siegel im Sinne des Art. 3 Nr. 27 der Verordnung (EU) Nr. 910/2014 über elektronische Identifizierung und Vertrauensdienste für elektronische Transaktionen im Binnenmarkt und zur Aufhebung der Richtlinie 1999/93/EG, ABl. Nr. L 257 vom 28.08.2014, S. 73 in der Fassung der Berichtigung ABl. Nr. L 155 vom 14.06.2016, S. 44, versehen ist, oder

   *(BGBl II 2016/382)*
4. wenn die Rechnung durch elektronischen Datenaustausch (EDI) gemäß Artikel 2 des Anhangs 1 der Empfehlung 94/820/EG der Kommission über die rechtlichen Aspekte des elektronischen Datenaustausches, ABl. Nr. L 338 vom 28.12.1994 S. 98, übermittelt wird, wenn in der Vereinbarung über diesen Datenaustausch der Einsatz von Verfahren vorgesehen ist, die die Echtheit der Herkunft und die Unversehrtheit der Daten gewährleisten.

**§ 2.** (aufgehoben)

**§ 3.** (1) § 2 Z 2 tritt mit 1. Jänner 2011 in Kraft.

(2) § 1 in der Fassung der Verordnung BGBl. II Nr. 516/2012 tritt mit 1. Jänner 2013 in Kraft und ist erstmals auf Umsätze anzuwenden, die nach dem 31. Dezember 2012 ausgeführt werden. § 2 tritt mit Ablauf des 31. Dezember 2012 außer Kraft; er ist jedoch auf Umsätze, die vor dem 1. Jänner 2013 ausgeführt werden, weiterhin anzuwenden.

**4/3/10. VO zu § 11 Abs. 15:**

## Ausstellung von Rechnungen

BGBl II 2004/279

**Verordnung des Bundesministers für Finanzen betreffend den Entfall der Verpflichtung zur Ausstellung von Rechnungen**

Auf Grund des § 11 Abs. 15 des Umsatzsteuergesetzes 1994, BGBl. Nr. 663/1994, in der Fassung des Bundesgesetzes BGBl. I Nr. 27/2004, wird verordnet:

1. Unternehmer, die überwiegend Umsätze gemäß § 6 Abs. 1 Z 8 und Z 9 lit. c UStG 1994 ausführen, sind nicht verpflichtet, für diese Umsätze gemäß § 11 Abs. 1 UStG 1994 Rechnungen auszustellen.
2. Die Verordnung ist auf Umsätze und sonstige Sachverhalte anzuwenden, die nach dem 31. Dezember 2003 ausgeführt werden bzw. sich ereignen.

## 4/3/11. VO zu § 12 Abs. 1:

# Einfuhrumsatzsteuer ausländischer Unternehmer

BGBl II 2003/584

**Verordnung des Bundesministers für Finanzen betreffend die umsatzsteuerliche Behandlung der Lieferungen und des Vorsteuerabzuges (Einfuhrumsatzsteuer) ausländischer Unternehmer**

Auf Grund des § 12 Abs. 1 letzter Unterabsatz und des § 28 Abs. 5 Z 1 des Umsatzsteuergesetzes 1994, BGBl. Nr. 663, in der Fassung BGBl. I Nr. 71/2003 wird verordnet:

**§ 1.** (1) Gelangt der Gegenstand der Lieferung im Rahmen eines Reihengeschäftes aus dem Drittlandsgebiet in das Inland und ist der letzte Abnehmer in der Reihe Schuldner der Einfuhrumsatzsteuer, so ist dieser und nicht der Unternehmer, für dessen Unternehmen der Gegenstand eingeführt worden ist, berechtigt, die entrichtete Einfuhrumsatzsteuer als Vorsteuer abzuziehen. Dies unter der Voraussetzung, dass die Lieferung an den letzten Abnehmer nach Abs. 2 steuerfrei ist.

(2) Im Rahmen eines Reihengeschäfts gemäß Abs. 1 ist die Lieferung an den letzten Abnehmer in der Reihe unter folgenden Voraussetzungen steuerfrei:

1. Der erste Abnehmer in der Reihe hat im Inland weder einen Wohnsitz (Sitz) noch seinen gewöhnlichen Aufenthalt oder eine Betriebsstätte und ist im Inland nicht zur Umsatzsteuer erfasst.
2. Der letzte Abnehmer in der Reihe wäre hinsichtlich einer für diese Lieferung in Rechnung gestellten Umsatzsteuer gemäß § 12 UStG 1994 zum vollen Vorsteuerabzug berechtigt.
3. Über diese Lieferung wird keine Rechnung ausgestellt, in der die Umsatzsteuer gesondert ausgewiesen ist.

(3) Für Lieferungen, die gemäß Abs. 2 befreit sind, gilt weiters:

1. Der Vorsteuerabzug ist gemäß § 12 Abs. 3 UStG 1994 ausgeschlossen.
2. Es besteht keine Aufzeichnungspflicht nach § 18 UStG 1994.
3. Soweit von einem Unternehmer in einem Kalenderjahr nur steuerfreie Umsätze gemäß Abs. 2 bewirkt werden, ist er zur Abgabe einer Voranmeldung und einer Umsatzsteuererklärung nicht verpflichtet.

(4) Ändert sich nachträglich eine der unter Abs. 2 geforderten Voraussetzungen, so entfällt die Steuerfreiheit. Die Steuerpflicht tritt für jenen Veranlagungszeitraum ein, in dem die Voraussetzung für die Steuerfreiheit weggefallen ist. Der Vorsteuerabzug (Abs. 1) ist in diesem Veranlagungszeitraum zu berichtigen.

(5) Als Reihengeschäft gelten Umsatzgeschäfte, die von drei Unternehmern über denselben Gegenstand abgeschlossen werden und bei denen der erste Unternehmer oder der erste Abnehmer dem letzten Abnehmer in der Reihe unmittelbar die Verfügungsmacht an dem Gegenstand verschafft.

**§ 2.** Erbringt ein Unternehmer, der im Inland weder einen Wohnsitz (Sitz) noch seinen gewöhnlichen Aufenthalt oder eine Betriebsstätte hat, im Inland eine Werklieferung (§ 3 Abs. 4 UStG 1994) und wurden Bestandteile des herzustellenden Werkes aus dem Drittlandsgebiet in das Inland eingeführt, so gelten diese Bestandteile als für das Unternehmen des Leistungsempfängers eingeführt, wenn vom Werklieferer über diese Bestandteile eine gesonderte Rechnung gelegt und die Einfuhrumsatzsteuer vom Leistungsempfänger oder für dessen Rechnung entrichtet wurde. Hinsichtlich des auf die eingeführten Bestandteile entfallenden Entgeltes kommt es zu keinem Übergang der Steuerschuld gemäß § 19 UStG 1994.

**§ 3.** Diese Verordnung ist auf steuerbare Umsätze und sonstige Vorgänge anzuwenden, die nach dem 31. Dezember 2003 ausgeführt werden bzw. sich ereignen.

**§ 4.** (1) § 1 und § 3 der Verordnung des Bundesministers für Finanzen vom 11. Dezember 1974 über die umsatzsteuerliche Behandlung von Leistungen ausländischer Unternehmer, BGBl. Nr. 800/1974, ist nicht mehr auf Umsätze anzuwenden, die nach dem 31. Dezember 2003 ausgeführt werden.

(2) § 2 der Verordnung des Bundesministers für Finanzen vom 11. Dezember 1974 über die umsatzsteuerliche Behandlung von Leistungen ausländischer Unternehmer, BGBl. Nr. 800/1974, ist nicht mehr auf Umsätze und sonstige Sachverhalte anzuwenden, die nach dem 31. Dezember 2003 ausgeführt werden bzw. sich ereignen.

**§ 5.** Die Verordnung des Bundesministers für Finanzen, mit der bestimmt wird, dass im Falle von Reihengeschäften nicht der Unternehmer, für dessen Unternehmen der Gegenstand eingeführt worden ist, sondern der Unternehmer, der die Einfuhrumsatzsteuer entrichtet hat, den Abzug der Einfuhrumsatzsteuer vornehmen kann, BGBl. II Nr. 33/1998, ist nicht mehr auf Umsätze und sonstige Sachverhalte anzuwen den, die nach dem 31. Dezember 2003 ausgeführt werden bzw. sich ereignen.

## 4/3/12. VO zu § 12 Abs. 2 Z 2 lit. b:

# PKW

BGBl II 2002/193

**Verordnung des Bundesministers für Finanzen über die steuerliche Einstufung von Fahrzeugen als Kleinlastkraftwagen und Kleinbusse**

Zu § 12 Abs. 2 Z 2 lit. b UStG 1994, BGBl. Nr. 663/1994, in der Fassung BGBl. I Nr. 56/2002 und zu § 8 Abs. 6 Z 1 und § 20 Abs. 1 Z 2 lit. b EStG 1988, BGBl. Nr. 400/1988, in der Fassung BGBl. I Nr. 68/2002 wird verordnet:

**§ 1.** Kleinlastkraftwagen und Kleinbusse fallen nicht unter die Begriffe „Personenkraftwagen" und „Kombinationskraftwagen".

**§ 2.** Als Kleinlastkraftwagen können nur solche Fahrzeuge angesehen werden, die sich sowohl nach dem äußeren Erscheinungsbild als auch von der Ausstattung her erheblich von einem der Personenbeförderung dienenden Fahrzeug unterscheiden. Das Fahrzeug muss so gebaut sein, dass ein Umbau in einen Personen- oder Kombinationskraftwagen mit äußerst großem technischen und finanziellen Aufwand verbunden und somit wirtschaftlich sinnlos wäre.

**§ 3.** (1) Fahrzeuge, die vom Aufbau der Karosserie her auch als Personen- oder Kombinationskraftwagen gefertigt werden, können nur bei Vorliegen folgender Mindesterfordernisse als Kleinlastkraftwagen eingestuft werden:

1. Das Fahrzeug muss eine Heckklappe oder Hecktüre(n) aufweisen.
2. Das Fahrzeug darf mit nur einer Sitzreihe für Fahrer und Beifahrer ausgestattet sein.
3. Hinter der Sitzreihe muss ein Trenngitter oder eine Trennwand oder eine Kombination beider Vorrichtungen angebracht sein. Das Trenngitter (die Trennwand) muss mit der Bodenplatte (Originalbodenplatte oder Bodenplattenverlängerung, siehe Punkt 6) und mit der Karosserie fest und nicht leicht trennbar verbunden werden. Diese Verbindung wird insbesondere durch Verschweißen oder Vernieten oder einer Kombination beider Maßnahmen herzustellen sein.
4. Der Laderaum muss seitlich verblecht sein; er darf somit keine seitlichen Fenster aufweisen. Die Verblechung muss mit der Karosserie so fest verbunden sein, dass deren Entfernung nur unter Beschädigung der Karosserie möglich wäre. Diese Verbindung wird insbesondere durch Verschweißen oder Verkleben mit einem Kleber, dessen Wirkung einer Verschweißung gleichkommt (zB Kleber auf Polyurethanbasis), herzustellen sein. Die Verblechung muss in Wagenfarbe lackiert sein. Ein bloßes Einsetzen von Blechtafeln in die für die Fenster vorgesehenen Führungen unter Belassung der Fensterdichtungen ist nicht ausreichend.
5. Halterungen für hintere Sitze und Sitzgurte müssen entfernt und entsprechende Ausnehmungen unbenützbar (zB durch Verschweißen oder Ausbohren der Gewinde) gemacht worden sein.
6. Der Laderaumboden muss aus einer durchgehenden, ebenen Stahlverblechung bestehen. Es muss daher eine allfällige Fußmulde durch eine selbsttragende, mit der Originalbodenplatte fest verbundenen und bis zum Trenngitter (Trennwand) vorgezogenen Stahlblechplatte überdeckt werden. Die Verbindung mit der Originalbodenplatte muss so erfolgen, dass eine Trennung nur unter Beschädigung der Originalbodenplatte möglich wäre. Zur Herstellung dieser Verbindung eignet sich insbesondere ein Verschweißen. Sind größere Auflageflächen vorhanden, ist auch ein durchgehendes Verkleben der Auflageflächen mit einem Kleber, dessen Wirkung einer Verschweißung gleichkommt (zB Kleber auf Polyurethanbasis), in Verbindung mit einem Vernieten (Durchnieten durch die Originalbodenplatte) möglich. Die Fußmulde muss auch durch seitliche Verblechungen abgeschlossen werden.
7. Seitliche Laderaumtüren darf das Fahrzeug nur dann aufweisen, wenn es eine untere Laderaumlänge von grundsätzlich mindestens 1.500 mm aufweist. Diese Mindestladeraumlänge darf durch eine schräge Heckklappe nicht sehr erheblich eingeschränkt werden. Bei den seitlichen Laderaumtüren muss die Fensterhebemechanik unbenützbar gemacht worden sein.
8. Das Fahrzeug muss kraftfahrrechtlich und zolltarifarisch als Lastkraftwagen (Kraftfahrzeug für die Warenbeförderung) einzustufen sein.
9. Für Geländefahrzeuge, die keine Fußmulde aufweisen, gilt ergänzend Folgendes: Die Trennvorrichtung hinter der Sitzreihe (vergleiche Punkt 1) muss im unteren Bereich in einer Trennwand bestehen, die sich nach hinten waagrecht etwa 20 cm fortsetzen muss. Diese Trennwandfortsetzung muss mit der Originalbodenplatte so fest verbunden werden, dass eine Trennung nur unter Beschädigung der Originalbodenplatte möglich wäre. Bezüglich geeigneter Maßnahmen zur Herstellung dieser Verbindung siehe Punkt 6.

(2) Der Kleinlastkraftwagen muss die angeführten Merkmale bereits werkseitig aufweisen. „Werkseitig" bedeutet, dass allenfalls für die Einstufung als Kleinlastkraftwagen noch erforderliche Umbaumaßnahmen bereits vom Erzeuger oder in dessen Auftrag oder von dem gemäß § 29 Abs. 2 Kraftfahrgesetz 1967 Bevollmächtigten oder in dessen Auftrag durchgeführt werden müssen.

**§ 4.** Nicht als Personen- oder Kombinationskraftwagen sind unter den im § 2 angeführten allgemeinen Voraussetzungen weiters folgende

Fahrzeuge anzusehen (Kleinlastkraftwagen im weiteren Sinn):

- Kastenwagen; das sind Fahrzeuge, die bereits werkseitig (§ 3 Abs. 2) so konstruiert sind, dass sie einen vom Führerhaus abgesetzten kastenförmigen Laderaum aufweisen. Die Fahrzeuge sind mit hinteren Flügeltüren ausgestattet und dürfen außer einem kleinen rechtsseitigen Sichtfenster (Höchstausmaß 38 cm × 38 cm), das mit einem Innenschutzgitter versehen sein muss, keine seitlichen Laderaumfenster aufweisen. Diese Fahrzeuge müssen kraftfahrrechtlich und zolltarifarisch als Lastkraftwagen (Kraftfahrzeuge für die Warenbeförderung) einzustufen sein.
- Pritschenwagen (Pick-Up-Fahrzeuge); das sind Fahrzeuge, die bereits werkseitig (§ 3 Abs. 2) so konstruiert sind, dass sie ein geschlossenes Führerhaus (mit einer Sitzreihe oder mit zwei Sitzreihen) und eine sich daran anschließende, grundsätzlich offene Ladefläche aufweisen. Die Ladefläche kann auch mit einem Hardtop, einer Plane oder einer ähnlichen zum Schutz der Transportgüter bestimmten Zusatzausstattung versehen werden. Die Fahrzeuge müssen kraftfahrrechtlich und zolltarifarisch als Lastkraftwagen (Kraftfahrzeuge für die Warenbeförderung) einzustufen sein.
- Leichenwagen; das sind Fahrzeuge, die sich sowohl von der Bauweise (geschlossenes Führerhaus, durchgehende seitliche Verglasung des Laderaumes) als auch von der Ausstattung (spezielle Vorrichtungen für den Sargtransport) her wesentlich von den üblichen Typen von Personen- und Kombinationskraftwagen unterscheiden.

**§ 5.** Unter einem Kleinbus ist ein Fahrzeug zu verstehen, das ein kastenwagenförmiges Äußeres sowie Beförderungsmöglichkeiten für mehr als sechs Personen (einschließlich des Fahrzeuglenkers) aufweist. Bei der Beurteilung der Personenbeförderungskapazität ist nicht auf die tatsächlich vorhandene Anzahl der Sitzplätze, sondern auf die auf Grund der Bauart und Größe des Fahrzeuges maximal zulässige Personenbeförderungsmöglichkeit abzustellen. Es ist auch unmaßgebend, ob ein nach diesen Kriterien als Kleinbus anerkanntes Fahrzeug Zwecken des Personentransportes oder des Lastentransportes dient oder kombiniert eingesetzt wird.

**§ 6.** (1) Die Verordnung ist in Bezug auf die Umsatzsteuer in allen nicht rechtskräftigen Fällen anzuwenden.

(2) Die Verordnung ist in Bezug auf die Einkommensteuer auf Fahrzeuge anzuwenden, die ab 8. Jänner 2002 angeschafft (hergestellt) werden bzw. bei denen der Beginn der entgeltlichen Überlassung ab 8. Jänner 2002 erfolgt.

(3) Entsprechend dem In-Kraft-Treten dieser Verordnung tritt die Verordnung BGBl. Nr. 273/1996 außer Kraft.

### 4/3/13. VO zu § 14 Abs. 1:

## Durchschnittssätze

BGBl 1983/627 idF BGBl II 2001/416

**Verordnung des Bundesministers für Finanzen vom 14. Dezember 1983 über die Aufstellung von Durchschnittssätzen für die Ermittlung der abziehbaren Vorsteuerbeträge bei bestimmten Gruppen von Unternehmern[a)]**

[a)] Gilt gem § 28 Abs. 5 Z 3 UStG 1994 als auf Grund des UStG 1994 ergangen.

Auf Grund des § 14 Abs. 1 des Umsatzsteuergesetzes 1972, BGBl. Nr. 223, wird verordnet:

### 1. Abschnitt
### Freiberuflich tätige Unternehmer

**§ 1.** (1) Unternehmer der im § 3 angeführten Berufsgruppen können die nach § 12 des Umsatzsteuergesetzes 1972 abziehbaren Vorsteuerbeträge nach Durchschnittssätzen berechnen. Die anzuwendenden Durchschnittssätze sind jeweils in einem Vomhundertsatz des Umsatzes angegeben.

(2) Umsatz im Sinne dieses Abschnittes ist der im Inland erzielte Umsatz aus der freiberuflichen Tätigkeit der im § 3 bezeichneten Berufsgruppen (einschließlich Eigenverbrauch) mit Ausnahme der Einfuhr, der Umsätze nach § 6 Z 8 und 9 lit. a und b des Umsatzsteuergesetzes 1972 sowie der Umsätze aus Hilfsgeschäften einschließlich der Geschäftsveräußerungen.

**§ 2.** Die Durchschnittssätze gelten für Unternehmer, deren Umsatz nach § 1 Abs. 1 Z 1 und 2 des Umsatzsteuergesetzes 1972 im vorangegangenen Kalenderjahr nicht mehr als 255.000 Euro betragen hat.

**§ 3.** Die Durchschnittssätze betragen für

| | | v.H. des Umsatzes |
|---|---|---|
| 1.–5. | (aufgehoben) | |
| 6. | Tierärzte | 4,9 |
| 7. | Rechtsanwälte, Patentanwälte und Notare | 1,7 |
| 8. | Wirtschaftstreuhänder | 1,7 |
| 9. | staatlich befugte und beeidete Ziviltechniker | 2,8 |

**§ 4.** (1) Soweit im Abs. 2 nicht anderes bestimmt ist, werden mit dem Durchschnittssatz sämtliche Vorsteuern abgegolten, die mit der freiberuflichen Tätigkeit der im § 3 bezeichneten Berufsgruppen zusammenhängen.

(2) Neben dem nach einem Durchschnittssatz berechneten Vorsteuerbetrag kann bei Vorliegen der Voraussetzungen des § 12 des Umsatzsteuergesetzes 1972 abgezogen werden:

a) die von anderen Unternehmern gesondert in Rechnung gestellte Steuer für Lieferungen von Wirtschaftsgütern des Anlagevermögens, die der Abnutzung unterliegen und deren Anschaffungskosten nach den Vorschriften des Einkommensteuerrechtes im Kalenderjahr der Anschaffung nicht in voller Höhe als Betriebsausgaben abgesetzt werden können;

b) die entrichtete Einfuhrumsatzsteuer für Einfuhren, die den unter lit. a bezeichneten Lieferungen entsprechen;

c) die den im § 3 unter Z 8 genannten Unternehmern von Rechenzentren für sonstige Leistungen im Zusammenhang mit Datenverarbeitungsaufträgen in Rechnung gestellte Steuer.

### 2. Abschnitt
### Nichtbuchführungspflichtige Handels- und Gewerbetreibende

**§ 5.** (1) Nichtbuchführungspflichtige Unternehmer der im § 6 dieser Verordnung angeführten Berufsgruppen können die nach § 12 des Umsatzsteuergesetzes 1972 abziehbaren Vorsteuerbeträge nach Durchschnittssätzen berechnen. Die anzuwendenden Durchschnittssätze sind jeweils in einem Vomhundertsatz des Umsatzes angegeben.

(2) Umsatz im Sinne dieses Abschnittes ist der im Inland erzielte Umsatz aus der jeweils im § 6 Abs. 1 dieser Verordnung angeführten Betriebsart (einschließlich Eigenverbrauch) mit Ausnahme der Einfuhr, der Umsätze nach § 6 Z 8 und 9 des Umsatzsteuergesetzes 1972 sowie der Umsätze aus Hilfsgeschäften einschließlich der Geschäftsveräußerungen.

**§ 6.** (1) Der Durchschnittssatz beträgt:

| Sektion Gewerbe | v.H. des Umsatzes |
|---|---|
| 1. Für folgende der Bundesinnung der Steinmetzmeister zugehörigen Berufsgruppen (Z 2): | |
| Steinmetzmeister, Grabsteinerzeuger, Steinbildhauer, Marmorwarenerzeuger, Schleifsteinhauer und Werksteinbruchunternehmer | 1,8 |
| 2. für folgende der Bundesinnung der Dachdecker und Pflasterer zugehörigen Berufsgruppen (Z 3): | |
| a) Dachdecker | 1,4 |
| b) Pflasterer | 1,6 |
| 3. für folgende der Bundesinnung der Hafner zugehörigen Berufsgruppen (Z 4): | |
| a) Hafner (Ofensetzer), Töpfer und Keramiker | 1,5 |
| b) Platten- und Fliesenleger | 1,4 |
| 4. für folgende der Bundesinnung der Glaser zugehörigen Berufsgruppen (Z 5): | |
| Glaser (Bauglaser), Glasschleifer, Glasätzer, Glasbläser, Glasinstrumentenerzeuger, Glasbeleger und Erzeuger von Waren nach Gablonzer Art | 1,5 |
| 5. für folgende der Bundesinnung der Maler, Anstreicher und Lackierer zugehörigen Berufsgruppen (Z 6): | |
| Anstreicher, Lackierer, Schilder-, Schriften- und Zimmermaler | 1,6 |
| 6. für folgende der Bundesinnung der Zimmermeister zugehörige Berufsgruppe (Z 8): | |
| Zimmermeister | 1,8 |
| 7. für folgende der Bundesinnung der Tischler zugehörigen Berufsgruppen (Z 9): | |
| Tischler (Bau- und Möbeltischler), Modelltischler, Kistentischler, Boot- und Schiffbauer | 1,6 |
| 8. für folgende der Bundesinnung der Karosseriebauer und Wagner zugehörigen Berufsgruppen (Z 10): | |
| Wagner, Karosseriebauer, Ski- und Rodelerzeuger, Leiternerzeuger, Werkzeugstiel-, Gabel- und Rechenmacher | 1,6 |
| 9. für folgende der Bundesinnung der Binder, Korb- und Möbelflechter zugehörigen Berufsgruppen (Z 11): | |
| Binder, Bastwarenerzeuger, Korb- und Möbelflechter | 1,8 |
| 10. für folgende der Bundesinnung der Bürsten- und Pinselmacher, Drechsler, Holzbildhauer und Spielzeughersteller zugehörigen Berufsgruppen (Z 12): | |
| Bürstenmacher, Pinselmacher, Besenerzeuger, Bürstenholzerzeuger, Kammmacher, Haarschmuckerzeuger, Drechsler, Holzbildhauer (gewerbliche Holzschnitzer), Erzeuger von Probierbüsten und -puppen, Wachsbüsten und -puppen sowie von Hornknöpfen, Knopfformen, Wickelrahmen, Muschelgalanteriewaren, Domino- und Schachspielen, Rauchrequisiten, Holzrundstäben, Schuhleisten- und Stiefelbrettschneider, Holzsohlen- und Holzstöckelerzeuger, Holzdrahterzeuger, Erzeuger von Perlmutterwaren, Zelluloid- und Kunsthornwaren, Puppenerzeuger, Erzeuger aller Art von Spielzeug, Christbaumschmuckerzeuger, Erzeuger magischer Geräte | 1,9 |
| 11. für folgende der Bundesinnung der Schlosser, Landmaschinenmechaniker und Schmiede zugehörigen Berufsgruppen (Z 14): | |

a) Schlosser (einschließlich Maschinenschlosser), Metallmöbelschlosser, Schweißer, Kassenerzeuger und Metalldreher 1,8

b) Landmaschinenerzeuger und Landmaschinenreparaturwerkstätten 1,7

c) Hufschmiede, Nagelschmiede, Wagenschmiede, Feilenhauer, Zeug- und Messerschmiede 1,8

12. für folgende der Bundesinnung der Spengler und Kupferschmiede zugehörigen Berufsgruppen (Z 15):

Spengler und Kupferschmiede 1,5

13. für folgende der Bundesinnung der Sanitär- und Heizungsinstallateure zugehörigen Berufsgruppen (Z 16):

Gas- und Wasserleitungsinstallateure 1,3

14. für folgende der Bundesinnung der Elektro-, Radio- und Fernsehtechniker zugehörigen Berufsgruppen (Z 17):

Elektroinstallateure, Radio- und Fernsehtechniker, Erzeuger elektrischer Batterien, Errichtung von Blitzschutzanlagen und Laden von Akkumulatoren 1,3

15. für folgende der Bundesinnung der Kunststoffverarbeiter zugehörigen Berufsgruppen (Z 18):

Kunststoffpresser, Kunststoffspritzer und Kunststoffhalbzeughersteller 1,6

16. für folgende der Bundesinnung der Metallgießer, Gürtler, Graveure, Metalldrücker, Metallschleifer und Galvaniseure zugehörigen Berufsgruppen (Z 19):

Metallgießer, Gürtler, Graveure, Metalldrücker, Metallschleifer und Galvaniseure 2,1

17. für folgende der Bundesinnung der Mechaniker zugehörigen Berufsgruppen (Z 20):

a) Mechaniker einschließlich Feinmechaniker, Werkzeugmechaniker und Erzeuger chirurgischer und medizinischer Instrumente und Apparate (Chirurgiemechaniker) 2,1

b) Elektromechaniker 1,9

c) Büromaschinenmechaniker 2,2

d) Fahrrad- und Nähmaschinenmechaniker 1,2

e) Kühlmaschinenmechaniker 1,6

18. für folgende der Bundesinnung der Kraftfahrzeugmechaniker zugehörigen Berufsgruppen (Z 21):

a) Kraftfahrzeugmechaniker und Kraftfahrzeugelektriker 1,4

b) Vulkaniseure einschließlich Handel mit Reifen 1,1

19. für folgende der Bundesinnung der Gold- und Silberschmiede, Juweliere und Uhrmacher zugehörigen Berufsgruppen (Z 23):

a) Gold- und Silberschmiede und Juweliere 1,2

b) Uhrmacher 1,3

20. für folgende der Bundesinnung der Musikinstrumentenerzeuger zugehörigen Berufsgruppen (Z 24):

Klaviermacher, Erzeuger von Orgeln, Harmonien und ähnlichen Musikinstrumenten, sowie von Blas-, Streich-, Saiten- und Schlaginstrumenten, Harmonikamacher, Erzeuger von sonstigen Musikinstrumenten und Musikspielwerken aller Art und Saitenerzeuger 1,9

21. für folgende der Bundesinnung der Kürschner, Handschuhmacher und Gerber zugehörigen Berufsgruppen (Z 25):

a) Kürschner und Kappenmacher sowie Handschuhmacher und Säckler 2,0

b) Gerber 1,6

22. für folgende der Bundesinnung der Lederwarenerzeuger, Taschner, Sattler und Riemer zugehörigen Berufsgruppen (Z 26):

Taschner, Riemer, Sattler, Lederwarenerzeuger, Erzeuger von Fußbällen, Hundesportartikeln und Fechtartikeln, Kunstlederwaren- und Ledergalanteriewarenerzeuger 1,4

23. für folgende der Bundesinnung der Schuhmacher zugehörigen Berufsgruppen (Z 27):

Maßschuhmacher, Erzeuger serienmäßig hergestellter Schuhwaren, Erzeuger orthopädischer Schuhe sowie von Patschen und Filzschuhen, Holzschuhmacher und Reparaturschuhmacher 1,6

24. für folgende der Bundesinnung der Buchbinder, Kartonagewaren- und Etuierzeuger zugehörigen Berufsgruppen (Z 28):
Buchbinder, Kartonagewarenerzeuger, Papierwarenerzeuger sowie Etui- und Kassettenerzeuger 1,7
25. für folgende der Bundesinnung der Tapezierer zugehörigen Berufsgruppen (Z 29):
Tapezierer, Dekorateure, Bettwarenerzeuger und Bettwarenreiniger 1,3
26. für folgende der Bundesinnung der Hutmacher, Modisten und Schirmmacher zugehörigen Berufsgruppen (Z 30):
Hutmacher, Modisten, Damenfilzhutmacher, Strohhuterzeuger, Kunstblumenerzeuger, Sonnenschirm- und Regenschirmmacher 1,6
27. für folgende der Bundesinnung der Kleidermacher zugehörigen Berufsgruppen (Z 31):
a) Herrenkleidermacher 1,6
b) Damenkleidermacher 1,6
28. für folgende der Bundesinnung der Mieder- und Wäschewarenerzeuger zugehörigen Berufsgruppen (Z 32):
Miedererzeuger, Wäschewarenerzeuger, Wäscheschneider und Krawattenerzeuger 1,4
29. für folgende der Bundesinnung der Sticker, Stricker, Wirker, Weber, Posamentierer und Seiler zugehörigen Berufsgruppen (Z 33):
a) Handsticker, Gold-, Silber- und Perlensticker sowie Maschinsticker 1,2
b) Handstricker, Maschinstricker und Wirker 1,8
c) Weber (Tuchmacher) und Banderzeuger, Posamentierer und Seiler 1,4
30. für folgende der Bundesinnung der Müller zugehörigen Berufsgruppen (Z 34):
Getreidemüller, Futterschrotmüller, Futtermittelhersteller und Saatgutreiniger 1,9
31. für folgende der Bundesinnung der Bäcker zugehörige Berufsgruppe (Z 35):
Bäcker 1,9
32. für folgende der Bundesinnung der Konditoren (Zuckerbäcker) zugehörigen Berufsgruppen (Z 36):
Konditoren (Zuckerbäcker) einschließlich Kaffee-Konditoreien, Kuchenbäcker, Kanditen-, Gefrorenes- und Schokoladewarenerzeuger, Lebzelter und Wachszieher (Wachswarenerzeuger) 2,1
33. für folgende der Bundesinnung der Fleischer zugehörigen Berufsgruppen (Z 37):
Fleischhauer und Fleischselcher, Pferdefleischhauer und Pferdefleischselcher sowie Wildbret- und Geflügelausschroter (Wildbret- und Geflügeleinzelhändler) 1,1
34. für folgende der Bundesinnung der Molkereien und Käsereien zugehörigen Berufsgruppen (Z 38):
Molkereien, Buttereien, Käsereien, Milchkäuferbetriebe, Butter- und Käseschmelzwerke, Erzeuger von Kondensmilch, Milchpulver, Milchzucker, Milchprodukten, Streichkäse und Quargel sowie Eierkennzeichnungsstellen 0,7
35. für folgende der Bundesinnung der Nahrungs- und Genußmittelgewerbe zugehörigen Berufsgruppen (Z 39):
a) Gemüsekonservenerzeuger 2,3
b) Sodawasser- und Limonadenerzeuger sowie Likör- und Spirituosenerzeuger 2,0
36. für folgende der Bundesinnung der Gärtner und Blumenbinder zugehörigen Berufsgruppen (Z 40):
Friedhofs- und Ziergärtner sowie andere gewerbliche Gärtner, Blumenbinder 1,8
37. für folgende der Bundesinnung Druck zugehörigen Berufsgruppen (Z 41):
Drucker, auch solche nach einfachen Verfahren, Schriftgießer und Druckletternerzeuger, Erzeuger von Druckstöcken und Druckträgern sowie Schreibbüros 2,0
38. für folgende der Bundesinnung der Fotografen zugehörigen Berufsgruppen (Z 42):
a) Fotografen, Pressefotografen, Fotokopierer und Erzeuger von Laufbildern 2,3
b) Lichtpauser 2,3

39. für folgende der Bundesinnung der chemischen Gewerbe zugehörigen Berufsgruppen (Z 43): Erzeuger von Farben und Lacken, Kunststoffen und Klebstoffen, Erzeuger von Schädlingsbekämpfungsmitteln, Seifensieder, Erzeuger von Lederkonservierungsmitteln, Schuhcreme, Fußbodenpflegemitteln, technischen Schmiermitteln, Metallputzmitteln und anderen chemisch-technischen Waren, Parfümeriewaren, kosmetische Waren, Feuerwerksmaterial, Feuerwerkskörpern und Sprengpräparaten; Verarbeiter von Erdöl und Erdölprodukten, Waschmittel- und Textilhilfsmittelerzeuger sowie Erzeuger waschaktiver Substanzen, Erzeuger pharmazeutischer Waren, chemische Laboratorien, Schädlingsbekämpfer, Zimmer- und Gebäudereiniger sowie Unternehmer der Schwelchemie (Trockendestillation des Holzes) 1,8
40. für folgende der Bundesinnung der Friseure zugehörigen Berufsgruppen (Z 44):
   Friseure, Raseure, Perückenmacher und Haarverarbeiter 4,0
41. für folgende der Bundesinnung der Chemischreiniger, Wäscher und Färber zugehörigen Berufsgruppen (Z 45):
   a) Chemischreiniger und Färber 6,2
   b) Wäscher, Wäschebügler, Heißmangler, Wäscheroller, Bleicher und Vorhangappreteure 5,8
   c) Münzreiniger 7,0
42. für folgende der Bundesinnung der Rauchfangkehrer zugehörige Berufsgruppe (Z 46):
   Rauchfangkehrer 2,0
43. für folgende der Bundesinnung der Optiker, Bandagisten und Orthopädietechniker zugehörigen Berufsgruppen (Z 49):
   a) Optiker und Glasaugenerzeuger 1,4
   b) Bandagisten und Orthopädietechniker 1,2
44. für folgende der Bundesinnung der Zahntechniker zugehörige Berufsgruppe (Z 50):
   Zahntechniker 1,6
45. für folgende der Bundesinnung der Fußpfleger, Kosmetiker und Masseure zugehörigen Berufsgruppen (Z 51):
   Hand- und Fußpfleger, Kosmetiker und Masseure 3,0

Sektion Handel — v.H. des Umsatzes

46. für folgende dem Bundesgremium des Lebensmittelhandels zugehörigen Berufsgruppen (Z 2):
   Einzelhandel mit Lebens- und Genußmitteln, Obst und Grünwaren, Süßwaren, Molkereiprodukten, Eiern und Fett sowie Fischen 0,7
47. für folgende dem Bundesgremium des Textilhandels zugehörigen Berufsgruppen (Z 8):
   Einzelhandel mit Bekleidung und Textilien sowie mit Borsten, Haaren und Federn 0,9
48. für folgende dem Bundesgremium des Schuhhandels zugehörige Berufsgruppe (Z 9):
   Einzelhandel mit Schuhen 0,8
49. für folgende dem Bundesgremium des Handels mit Leder, Häuten, Rauhwaren und Tapezürerbedarf zugehörigen Berufsgruppen (Z 10):
   Einzelhandel mit Häuten und Fellen, Leder und Schuhzubehör sowie mit Tapezierer- und Sattlerbedarf 1,3
50. für folgende dem Bundesgremium des Papierhandels zugehörigen Berufsgruppen (Z 12):
   Einzelhandel mit Papier, Papier- und Schreibwaren sowie Büroartikeln und Zeichenbedarf 0,9
51. für folgende dem Bundesgremium des Handels mit Büchern, Kunstblättern, Musikalien, Zeitungen und Zeitschriften zugehörigen Berufsgruppen (Z 13):
   Einzelhandel mit Büchern, Musikalien und Kunstblättern (Reproduktionen) 0,9
52. für folgende dem Bundesgremium des Handels mit Juwelen, Gold und Silberwaren, Uhren, Gemälden, Antiquitäten, Kunstgegenständen und Briefmarken zugehörigen Berufsgruppen (Z 15):
   Einzelhandel mit Uhren, Edelmetallen, Edelmetallwaren, echten, rekonstituierten, synthetischen und unechten Edel- und Halbedelsteinen, Korallen, Perlen und

anderen Schnitzstoffen, wie Bernstein, Perlmutter u. dgl., sowie Edelmetallplattierungen und Waren daraus, Antiquitäten, Gemälden, Kunstgegenständen, Werken der Graphik und der Plastik, sowie mit Briefmarken, philatelistischen Bedarfsgegenständen, Medaillen, Münzen numismatischen Gegenständen und einschlägigen Bedarfsgegenständen 1,8

53. für folgende dem Bundesgremium des Eisenhandels (umfassend den Handel mit Stahl, Metallen, Eisen-, Stahl- und Metallwaren, Sanitärartikeln, Werkzeugen, Waffen, Haus- und Küchengeräten, Glas-, Porzellan- und Keramikwaren) zugehörigen Berufsgruppen (Z 16):

    Einzelhandel mit Eisen, Stahl und Metallen, Röhren und Sanitärartikeln sowie mit zentralheizungstechnischem Zubehör; Einzelhandel mit Eisen-, Stahl- und Metallwaren, Waffen und Werkzeugen, Haus- und Küchengeräten sowie mit Glas-, Porzellan- und Keramikwaren 0,8

54. für folgende dem Bundesgremium des Fahrzeughandels zugehörigen Berufsgruppen (Z 18):

    Einzelhandel mit Automobilen, Motorrädern, Fahrrädern, motorbetriebenen Wasserfahrzeugen sowie deren Bereifung, Bestandteilen und Zubehör; Einzelhandel mit Automobil-, Motorradteilen und Zubehör 1,3

55. für folgende dem Bundesgremium des Handels mit fotografischem, optischem und ärztlichem Bedarf zugehörigen Berufsgruppen (Z 19):

    Einzelhandel mit Artikeln der Fotobranche und Kinobedarf, Einzelhandel mit optischen undfeinmechanischen Geräten sowie mit ärztlichen Apparaten, Instrumenten und Einrichtungsgegenständen; Einzelhandel mit Sanitätswaren und medizinischen Gummiwaren 1,2

56. für folgende dem Bundesgremium des Radio- und Elektrohandels zugehörigen Berufsgruppen (Z 20): Einzelhandel mit Elektrowaren, Elektroinstallationsmaterial, Radioapparaten, Musikinstrumenten, Tonaufnahme- und -wiedergabegeräten und Zubehör, Schallplatten und Schallträgern sowie mit Fernsehgeräten und Zubehör 1,0

57. für folgende dem Bundesgremium des Handels mit Möbeln, Waren der Raumausstattung und Tapeten zugehörigen Berufsgruppen (Z 23):

    a) Einzelhandel mit Möbeln, Linoleum, Teppichen und sonstigem Fußbodenbelag sowie mit einschlägigen Waren der Raumausstattung 1,6

    b) Einzelhandel mit Tapeten 1,6

58. für folgende dem Bundesgremium des Altstoffhandels zugehörige Berufsgruppe (Z 24):

    Einzelhandel mit Alt- und Abfallstoffen 2,1

59. für folgende dem Bundesgremium des Handels mit Drogen, Pharmazeutika, Farben, Lacken und Chemikalien zugehörigen Berufsgruppen (Z 25):

    Einzelhandel mit Drogen und Chemikalien; Einzelhandel mit Farben, Lacken und Anstreicherbedarf; Einzelhandel mit pflanzlichen und tierischen Ölen sowie Fettstoffen für technische Zwecke 0,8

60. für folgende dem Bundesgremium des Parfümeriewarenhandels zugehörige Berufsgruppe (Z 26):

    Einzelhandel mit Parfümerie-, Wasch- und Haushaltsartikeln 0,7

61. für folgende dem Bundesgremium der Tabakverschleißer zugehörige Berufsgruppe (Z 28):

    Tabaktrafikanten 0,3

62. für folgende dem Bundesgremium der Handelsvertreter, Kommissionäre und Vermittler zugehörige Berufsgruppe (Z 29):

    Handelsvertreter 4,3

63. für folgende dem Bundesgremium des Markt-, Straßen- und Wanderhandels zugehörigen Berufsgruppen (Z 30):

    Marktfahrer, Markthändler, die andere Waren als Lebensmittel führen, Marktviktualienhändler, Straßenhändler und Wanderhändler 1,4

64. für folgende dem Allgemeinen Bundesgremium zugehörigen Berufsgruppen (Z 31):

    Einzelhandel mit zoologischen Artikeln sowie mit Altwaren (Trödler, Tandler) 1,9

| Sektion Tourismus und Freizeitwirtschaft | v.H. des Umsatzes |
|---|---|
| 65. für folgende dem Fachverband der Vergnügungsbetriebe zugehörige Berufsgruppe (Z 6): | |
| Schausteller | 3,1 |
| 66. für folgende dem Allgemeinen Fachverband des Fremdenverkehrs zugehörigen Berufsgruppen (Z 9): | |
| a) Theaterkartenbüroinhaber | 0,6 |
| b) Fremdenführer | 2,0 |
| **Sektion Industrie** | **v.H. des Umsatzes** |
| 67. für die dem Fachverband der Sägeindustrie zugehörigen Sägewerksunternehmungen (Z 9): | |
| a) für Umsätze im Lohnschnitt | 4,0 |
| b) für alle übrigen Umsätze | 2,0 |

(2) Die Einreihung der im Abs. 1 angeführten Berufsgruppen erfolgt unter Bedachtnahme auf den Fachgruppenkatalog (Anhang zur Fachgruppenordnung, BGBl. Nr. 223/1947, zuletzt geändert durch die Verordnung BGBl. Nr. 454/1979). Die in Klammern angeführten Ziffern der Fachverbände (Bundesinnungen, Bundesgremien) ergeben sich aus den Bestimmungen des Fachgruppenkataloges.

**§ 7.** (1) Soweit im Abs. 2 nicht anderes bestimmt ist, werden mit dem Durchschnittssatz sämtliche Vorsteuern abgegolten, die mit der gewerblichen oder beruflichen Tätigkeit der im § 6 angeführten Berufsgruppen zusammenhängen.

(2) Neben dem nach einem Durchschnittssatz berechneten Vorsteuerbetrag kann bei Vorliegen der Voraussetzungen des § 12 des Umsatzsteuergesetzes 1972 abgezogen werden:

1. Von den im § 6 angeführten Berufsgruppen mit Ausnahme jener der Z 40, 41 und 62:
   a) die von anderen Unternehmern gesondert in Rechnung gestellte Steuer für Fremd- und Lohnarbeiten, soweit diese unmittelbar in die gewerbliche Leistung eingehen, sowie für Lieferungen von Gegenständen einschließlich der Rohstoffe, Halberzeugnisse, Hilfsstoffe und Zutaten, die der Unternehmer zur gewerblichen Weiterveräußerung – sei es in derselben Beschaffenheit, sei es nach vorheriger Bearbeitung oder Verarbeitung – erwirbt;
   b) die entrichtete Einfuhrumsatzsteuer für Einfuhren, die den unter lit. a bezeichneten Lieferungen entsprechen;
2. Von allen im § 6 angeführten Berufsgruppen:
   a) die von anderen Unternehmern gesondert in Rechnung gestellte Steuer für Lieferungen von Wirtschaftsgütern des Anlagevermögens, die der Abnutzung unterliegen und deren Anschaffungskosten nach den Vorschriften des Einkommensteuerrechtes im Kalenderjahr der Anschaffung nicht in voller Höhe als Betriebsausgaben abgesetzt werden können. Das gleiche gilt sinngemäß für jene Steuern, die von anderen Unternehmern für sonstige Leistungen im Zusammenhang mit der Herstellung eines abnutzbaren Wirtschaftsgutes des Anlagevermögens, dessen Herstellungskosten nach den Vorschriften des Einkommensteuerrechtes im Kalenderjahr der Herstellung nicht in voller Höhe als Betriebsausgabe abgesetzt werden können, gesondert in Rechnung gestellt wird;
   b) die entrichtete Einfuhrumsatzsteuer für Einfuhren, die den unter lit. a bezeichneten Lieferungen entsprechen.

**§ 8.** (1) Bei Mischbetrieben (z.B. Tischlerei und Möbelhandel, Bäcker und Zuckerbäcker) ist der Durchschnittssatz für jene Berufsgruppe heranzuziehen, deren Anteil am Umsatz im Sinne des § 5 Abs. 2 überwiegt. Der Unternehmer ist jedoch berechtigt, bei entsprechender Trennung der Umsätze den für die einzelne Berufsgruppe vorgesehenen Durchschnittssatz in Anspruch zu nehmen; die Trennung der Umsätze kann auch unter sinngemäßer Anwendung des § 18 Abs. 7 des Umsatzsteuergesetzes 1972 erfolgen.

(2) Werden bei Mischbetrieben Umsätze überwiegend in einer nicht im § 6 angeführten Berufsgruppe bewirkt, so ist die Ermittlung der abziehbaren Vorsteuer nach einem Durchschnittssatz grundsätzlich ausgeschlossen. Überwiegen hingegen die Umsätze in einer im § 6 angeführten Berufsgruppe, so ist die Anwendung eines Durchschnittssatzes insoweit möglich, als die Umsätze auf diese im § 6 angeführte Berufsgruppe entfallen. Die Trennung der Umsätze nach den einzelnen Berufsgruppen kann auch unter sinngemäßer Anwendung des § 18 Abs. 7 des Umsatzsteuergesetzes 1972 vorgenommen werden.

(3) Bei einem Handelsbetrieb, der nach § 6 zu einer der Sektion Handel zugehörigen Berufsgruppe zählt, ist die Ermittlung der abziehbaren Vorsteuer nach einem Durchschnittssatz nur dann ausgeschlossen, wenn die Umsätze im Großhandel sowie allfällige Handelsumsätze von im § 6 nicht angeführten Handelszweigen überwiegen.

### 3. Abschnitt
### Gemeinnützige Einrichtungen

**§ 9.** (1) Körperschaften, Personenvereinigungen und Vermögensmassen, die gemeinnützigen, mildtätigen oder kirchlichen Zwecken dienen (§§ 34 bis 38 der Bundesabgabenordnung), können für Ferienaktionen für Kinder und Jugendliche, Tagesmütteraktionen die nach § 12 des Umsatzsteuergesetzes 1972 abziehbaren Vorsteuerbeträge mit einem Durchschnittssatz von 10 v.H. des aus der Tätigkeit der genannten Betriebe erzielten Umsatzes (§ 1 Abs. 1 Z 1 und 2 des Umsatzsteuergesetzes 1972) berechnen, wenn sie für keine der in den genannten Betrieben erbrachten Leistungen eine

Rechnung im Sinne des § 11 des Umsatzsteuergesetzes 1972 ausstellen.

(2) Der Durchschnittssatz gilt nicht für Vorsteuern im Zusammenhang mit Leistungen, die im Rahmen eines land- und forstwirtschaftlichen Betriebes, eines Gewerbebetriebes oder eines wirtschaftlichen Geschäftsbetriebes im Sinne des § 45 Abs. 3 der Bundesabgabenordnung ausgeführt werden.

(3) Betriebe, für welche die Vorsteuern nach dem im Abs. 1 genannten Durchschnittssatz ermittelt werden, gelten als gesondert geführte Betriebe im Sinne des § 12 Abs. 7 des Umsatzsteuergesetzes 1972.

(4) Mit dem Durchschnittssatz werden sämtliche Vorsteuern abgegolten, die mit den im Abs. 1 bezeichneten Leistungen (einschließlich der Vorsteuern für Bauleistungen) zusammenhängen.

### 4. Abschnitt
### Aufzeichnungspflichten und Geltungsbereich

**§ 10.** Wird die abziehbare Vorsteuer nach einem Durchschnittssatz berechnet, so ist der Unternehmer insoweit von der Aufzeichnungspflicht gemäß § 18 Abs. 2 Z 4 und 5 des Umsatzsteuergesetzes 1972 befreit.

**§ 11.** (1) Diese Verordnung tritt mit 1. Jänner 1984 in Kraft und ist erstmals auf Vorsteuerbeträge anzuwenden, die gemäß § 20 Abs. 2 des Umsatzsteuergesetzes 1972 in das Kalenderjahr 1984 fallen. Die Verordnung vom 3. Dezember 1980, BGBl. Nr. 576, in der Fassung der Verordnung vom 4. Dezember 1981, BGBl. Nr. 547, ist auf Vorsteuerbeträge, die nach dem 31. Dezember 1983 anfallen, nicht mehr anzuwenden.

(2) § 2 in der Fassung der Verordnung BGBl. II Nr. 416/2001 ist erstmals bei der Veranlagung für das Kalenderjahr 2002 anzuwenden.

## 4/3/14. VO zu § 14 Abs. 1 Z 2:

## PferdePauschV

BGBl II 2014/48 idF BGBl II 2020/247

**Verordnung des Bundesministers für Finanzen über die Aufstellung eines Durchschnittssatzes für die Ermittlung der abziehbaren Vorsteuerbeträge bei Umsätzen aus dem Einstellen von fremden Pferden (PferdePauschV)**

Aufgrund des § 14 Abs. 1 Z 2 iVm § 14 Abs. 2 des Umsatzsteuergesetzes 1994, BGBl. Nr. 663/1994, zuletzt geändert durch das Bundesgesetz BGBl. I Nr. 13/2014, wird verordnet:

**§ 1.** Unternehmer, die weder buchführungspflichtig sind noch freiwillig Bücher führen, können die mit Umsätzen im Sinne des § 2 Abs. 1 zusammenhängenden Vorsteuerbeträge, die gemäß § 12 und Art. 12 des Umsatzsteuergesetzes 1994 abziehbar sind, ausgenommen solcher des § 2 Abs. 2, nach dem Durchschnittssatz gemäß § 3 berechnen.

**§ 1a.** Bei Unternehmern, deren Umsätze gemäß § 2 Abs. 1 ertragsteuerlich zu Einkünften gemäß § 21 des Einkommensteuergesetzes 1988, BGBl. Nr. 400/1988 in der Fassung des Bundesgesetzes BGBl. I Nr. 13/2014, führen, ist die Verordnung nur anwendbar, wenn eine Umsatzgrenze von 400.000 Euro nicht überschritten wird. Für die Ermittlung dieser Umsatzgrenze und für den Zeitpunkt des Eintritts der aus Über- oder Unterschreiten der Umsatzgrenze resultierenden umsatzsteuerlichen Folgen ist § 125 der Bundesabgabenordnung, BGBl. Nr. 194/1961 in der Fassung des Bundesgesetzes BGBl. I Nr. 40/2014, sinngemäß anzuwenden.

**§ 2.** (1) Ungeachtet der ertragsteuerlichen Beurteilung, sind Umsätze im Sinne des § 1 solche aus dem Einstellen fremder Pferde (Pensionshaltung von Pferden), die von ihren Eigentümern zur Ausübung von Freizeitsport, selbständigen oder gewerblichen, nicht land- und forstwirtschaftlichen Zwecken genutzt werden. Die Pensionshaltung von Pferden muss zumindest die Grundversorgung der Pferde (Unterbringung, Zurverfügungstellung von Futter und Mistentsorgung oder -verbringung) abdecken und umfasst neben der Grundversorgung sämtliche im Rahmen der Pensionshaltung von Pferden erbrachte Lieferungen und sonstige Leistungen (z. B. Pflege).

(2) Vorsteuerbeträge aus der Lieferung von ertragsteuerlich als Anschaffungs- oder Herstellungskosten zu qualifizierendem unbeweglichen Anlagevermögen, insoweit dieses der Pensionshaltung von Pferden dient, sind bei Vorliegen der Voraussetzungen des § 12 Umsatzsteuergesetz 1994 gesondert abziehbar.

**§ 3.** Der Durchschnittssatz pro eingestelltem Pferd und Monat beträgt 27 Euro. Ist das Pferd nicht den ganzen Monat eingestellt, ist der Durchschnittssatz aliquot zu kürzen.

*(BGBl II 2020/247)*

**§ 4.** Soweit die abziehbaren Vorsteuerbeträge nach dem Durchschnittssatz berechnet werden, ist der Unternehmer von der Aufzeichnungspflicht gemäß § 18 Abs. 2 Z 5 und 6 Umsatzsteuergesetz 1994 befreit.

**§ 5.** (1) Diese Verordnung ist erstmals bei der Veranlagung für das Kalenderjahr 2014 anzuwenden.

(2) § 1a in der Fassung der Verordnung BGBl. II Nr. 159/2014 ist erstmals bei der Veranlagung für das Kalenderjahr 2015 anzuwenden.

(3) § 3 in der Fassung der Verordnung BGBl. II Nr. 247/2020 ist erstmals auf Voranmeldungszeiträume anzuwenden, die nach dem 31. März 2020 beginnen.

*(BGBl II 2020/247)*

**4/3/15. VO zu § 18 Abs. 11 und § 27 Abs. 1:**

## Sorgfaltspflichten-UStV

BGBl II 2019/315 idF BGBl II 2021/6

**Verordnung des Bundesministers für Finanzen, mit der Aufzeichnungs- und Sorgfaltspflichten im Bereich des E-Commerce und des Versandhandels bestimmt werden (Sorgfaltspflichten-Umsatzsteuerverordnung – Sorgfaltspflichten-UStV)**

Aufgrund des § 18 Abs. 11 und des § 27 Abs. 1 des Umsatzsteuergesetzes 1994, BGBl. I Nr. 663/1994, zuletzt geändert durch das Bundesgesetz BGBl. I Nr. 104/2019, wird verordnet:

### Beteiligte Unternehmer

**§ 1.** Als Unternehmer, die gemäß § 27 Abs. 1 Z 2 Umsatzsteuergesetz 1994 (UStG 1994) an einem innergemeinschaftlichen Versandhandel oder einem Einfuhr-Versandhandel beteiligt sind, gelten:

1. Unternehmer, die über eine elektronische Schnittstelle potentielle Kunden in den Webshop oder auf die Website des Lieferanten leiten, wenn die Höhe des Entgelts, das sie dafür vom Lieferanten erhalten zumindest teilweise vom Zustandekommen und der Höhe des Umsatzes des Lieferanten abhängt und diese Umsätze der Lieferanten insgesamt 1.000.000 Euro im Kalenderjahr übersteigen.

**§ 2.** Als Unternehmer, die gemäß § 27 Abs. 1 Z 3 UStG 1994 an einer sonstigen Leistung an einen Nichtunternehmer, die durch die Nutzung einer elektronischen Schnittstelle, beispielsweise eines Marktplatzes, einer Plattform, eines Portals oder Ähnlichem unterstützt oder angebahnt wird, beteiligt sind, gelten:

1. Unternehmer, die über eine elektronische Schnittstelle potentielle Kunden in den Webshop oder auf die Website des Leistungserbringers leiten, wenn die Höhe des Entgelts, das sie dafür vom Leistungserbringer erhalten zumindest teilweise vom Zustandekommen und der Höhe des Umsatzes des Leistungserbringers abhängt und diese Umsätze der Leistungserbringer insgesamt 1.000.000 Euro im Kalenderjahr übersteigen.

### Ausreichende Sorgfalt

**§ 3.** Folgende Unternehmer können nicht mit ausreichender Sorgfalt gemäß § 27 Abs. 1 UStG 1994 davon ausgehen, dass der Steuerpflichtige seinen abgabenrechtlichen Pflichten nachkommt:

1. Unternehmer gemäß § 27 Abs. 1 Z 1 UStG 1994, bei denen der Gesamtwert der Umsätze, für die eine Aufzeichnungspflicht besteht und der Umsätze nach § 3 Abs. 3a UStG 1994 insgesamt 1.000.000 Euro im Kalenderjahr übersteigt:
   a) wenn der Unternehmer seinen Aufzeichnungsverpflichtungen nach § 18 Abs. 11 UStG 1994 nicht nachkommt oder die

Aufzeichnungen nicht rechtzeitig gemäß § 18 Abs. 12 UStG 1994 dem zuständigen Finanzamt zur Verfügung stellt;

b) wenn eine Person sonstige Leistungen im Inland erbringt, für die der Unternehmer eine Aufzeichnungspflicht gemäß § 18 Abs. 11 UStG 1994 hat, der Gesamtbetrag der Entgelte für diese sonstigen Leistungen 35.000 Euro im Kalenderjahr übersteigt und diese Person dem Unternehmer
   – weder eine inländische Umsatzsteuer-Identifikationsnummer mitgeteilt hat,
   – noch Informationen über den Mitgliedstaat, in dem die Sonderregelung gemäß Art. 369a bis 369k der Richtlinie 2006/112/EG in Anspruch genommen wird samt UmsatzsteuerIdentifikationsnummer aus diesem Mitgliedstaat, mitgeteilt hat,
   – noch andere Nachweise erbringt, dass er seinen steuerlichen Verpflichtungen nachkommt.

c) wenn eine Person Lieferungen von Gegenständen ausführt, für die der Unternehmer eine Aufzeichnungspflicht gemäß § 18 Abs. 11 UStG 1994 hat, der Gesamtbetrag der Entgelte für diese Lieferungen 10.000 Euro im Kalenderjahr übersteigt und diese Person dem Unternehmer
   – weder eine inländische Umsatzsteuer-Identifikationsnummer mitgeteilt hat,
   – noch Informationen über den Mitgliedstaat, in dem die Sonderregelung gemäß Art. 369a bis 369k oder Art. 369l bis 369x der Richtlinie 2006/112/EG in Anspruch genommen wird samt Umsatzsteuer-Identifikationsnummer oder Identifikationsnummer gemäß Art. 369q der Richtlinie 2006/112/EG aus diesem Mitgliedstaat, mitgeteilt hat,
   – noch andere Nachweise erbringt, dass er seinen steuerlichen Verpflichtungen nachkommt.

2. Unternehmer gemäß § 1 Z 1 und § 2 Z 1, wenn der Gesamtbetrag der Entgelte für Lieferungen eines Lieferanten an Personen, die eine österreichische Internet-Protokoll-Adresse (IP-Adresse) haben und in den Webshop oder auf die Website des Lieferanten geleitet werden 10.000 Euro im Kalenderjahr übersteigt und der Lieferant dem Unternehmer
   – weder eine inländische Umsatzsteuer-Identifikationsnummer mitgeteilt hat,
   – noch Informationen über den Mitgliedstaat, in dem die Sonderregelung gemäß Art. 369a bis 369k oder Art. 369l bis 369x der Richtlinie 2006/112/EG in Anspruch genommen wird samt Umsatzsteuer-Identifikationsnummer oder Identifikationsnummer gemäß Art. 369q der Richtlinie 2006/112/EG aus diesem Mitgliedstaat, mitgeteilt hat,
   – noch andere Nachweise erbringt, dass er seinen steuerlichen Verpflichtungen nachkommt.

Dies gilt sinngemäß für sonstige Leistungen, wobei der maßgebliche Gesamtbetrag 35.000 Euro im Kalenderjahr ist.

### Aufzeichnungspflichten

**§ 4.** Die Aufzeichnungen nach § 18 Abs. 11 UStG 1994 müssen jedenfalls folgende Informationen enthalten:

1. Name, Postadresse und E-Mail-, Website- oder andere elektronische Adresse des Lieferanten oder Erbringers der sonstigen Leistung;
2. Mehrwertsteuer-Identifikationsnummer oder nationale Steuernummer des Lieferanten oder Erbringers der sonstigen Leistung, falls erhältlich;
3. Bankverbindung oder Nummer des virtuellen Kontos des Lieferanten oder Erbringers der sonstigen Leistung, falls erhältlich;
4. im Fall einer Lieferung
   a) eine Beschreibung der Gegenstände,
   b) das dafür bezahlte Entgelt bzw. den Wert der Gegenstände,
   c) der Ort an dem die Beförderung oder Versendung endet,
   d) der Zeitpunkt, an dem die Lieferung ausgeführt wird oder, falls nicht vorhanden, der Zeitpunkt der Bestellung und
   e) falls erhältlich, eine einmalig vergebene Transaktionsnummer;
5. im Fall einer sonstigen Leistung
   a) eine Beschreibung der sonstigen Leistung,
   b) das dafür bezahlte Entgelt bzw. deren Wert,
   c) die Informationen zur Feststellung des Ortes der sonstigen Leistung,
   d) der Zeitpunkt, an dem die sonstige Leistung ausgeführt wird oder, falls nicht vorhanden, der Zeitpunkt der Bestellung und
   e) falls erhältlich, eine einmalig vergebene Transaktionsnummer.

**§ 5.** Unterstützt ein Unternehmer die Vermietung von Grundstücken für Wohn- oder Campingzwecke oder die Beherbergung in eingerichteten Wohn- und Schlafräumen gilt folgendes:

1. die Beschreibung der sonstigen Leistung gemäß § 4 Z 5 lit. a hat jedenfalls die Aufenthalts- bzw. Mietdauer und die Anzahl der Personen, die übernachten oder, falls nicht

erhältlich, die Anzahl und Art der gebuchten Betten zu enthalten;

2. die Informationen zur Feststellung des Ortes der sonstigen Leistung gemäß § 4 Z 5 lit. c haben jedenfalls die Postadresse des Grundstückes zu enthalten.

**Übergangsvorschriften**

**§ 6.**

1. Die Verordnung ist auf Umsätze anzuwenden, die nach dem 31. Dezember 2019 ausgeführt werden.
2. Abweichend von Z 1 sind § 1, § 2 und § 3 Z 1 lit. c und Z 2 auf Umsätze anzuwenden, die nach dem 30. Juni 2021 ausgeführt werden.

*(BGBl II 2021/6)*

**4/3/16. VO zu § 19 Abs. 1d:**

## Schrott-UStV

BGBl II 2007/129 idF BGBl II 2012/320

**Verordnung des Bundesministers für Finanzen betreffend die Umsätze von Abfallstoffen, für die die Steuerschuld auf den Leistungsempfänger übergeht (Schrott-Umsatzsteuerverordnung – Schrott-UStV)**

Auf Grund des § 19 Abs. 1d des Umsatzsteuergesetzes 1994, BGBl. Nr. 663/1994, zuletzt geändert durch das Bundesgesetz BGBl. I Nr. 24/2007, wird verordnet:

**§ 1.** Bei den im § 2 angeführten Umsätzen wird die Steuer vom Leistungsempfänger geschuldet, wenn dieser Unternehmer ist. Der leistende Unternehmer haftet für diese Steuer.

**§ 2.** Es handelt sich um folgende Umsätze:

1. Die Lieferung der in der Anlage aufgezählten Gegenstände.
2. Die sonstigen Leistungen in Form des Sortierens, Zerschneidens, Zerteilens (einschließlich der Demontage) und des Pressens der in der Z 3 sowie in der Anlage zu Z 1 genannten Gegenstände.
3. Die Lieferung von Bruchgold, das offensichtlich nicht mehr dem ursprünglichen Zweck entsprechend wieder verwendet werden soll, sowie die Lieferung von aus solchem Bruchgold hergestellten Barren oder Granulaten. Dies gilt sinngemäß auch für andere Edelmetalle.

Unter Bruchgold ist jeglicher Goldschmuck sowie sonstige Objekte aus Gold, die zerbrochen, zerstört oder beschädigt sind und somit nicht mehr für ihren ursprünglichen Zweck verwendet werden können, zu verstehen, wie beispielsweise alte Ketten, Ringe und andere nicht mehr getragene Schmuckgegenstände, Besteck, Münzen, goldene Federspitzen, defekte Goldbarren, aber auch Zahngoldabfälle (Dentallegierungen) oder sonstige Edelmetallreste in jeder Form.

**§ 3.** Unter § 2 Z 1 fällt auch die Lieferung von Zusammensetzungen (Mischungen) aus den in der Anlage zu § 2 Z 1 genannten Gegenständen oder in Verbindung mit anderen Gegenständen (zB Verbundstoffe), wenn das Entgelt überwiegend für die in der Anlage zu § 2 Z 1 genannten Gegenstände geleistet wird. Dasselbe gilt für die Lieferung der genannten Gegenstände, nachdem sie gereinigt, sortiert, geschnitten, fragmentiert oder gepresst wurden.

**§ 4.** (1) Die Verordnung ist auf Umsätze anzuwenden, die nach dem 30. Juni 2007 ausgeführt werden.

(2) § 2 Z 2 und 3 in der Fassung der Verordnung BGBl. II Nr. 320/2012 ist auf Umsätze anzuwenden, die nach dem 30. September 2012 ausgeführt werden.

**Anlage (zu § 2 Z 1)**

| Nr. | Bezeichnung der Gegenstände | Position der Kombinierten Nomenklatur |
|---|---|---|
| 1. | Granulierte Schlacke (Schlackensand) aus der Eisen- und Stahlherstellung | 2618 00 00 |
| 2. | Schlacken (ausgenommen granulierte Schlacke), Zunder und andere Abfälle der Eisen- und Stahlherstellung | 2619 00 |
| 3. | Schlacken, Aschen und Rückstände (ausgenommen solche der Eisen- und Stahlherstellung), die Metalle, Arsen oder deren Verbindungen enthalten | 2620 |
| 4. | Abfälle, Schnitzel und Bruch von Kunststoffen | 3915 |
| 5. | Abfälle, Bruch und Schnitzel von Weichkautschuk, auch zu Pulver oder Granulat zerkleinert | 4004 00 00 |
| 6. | Papier oder Pappe (Abfälle und Ausschuss) zur Wiedergewinnung | 4707 |
| 7. | Lumpen, aus Spinnstoffen; Bindfäden, Seile, Taue und Waren daraus, aus Spinnstoffen, in Form von Abfällen oder unbrauchbar gewordenen Waren | 6310 |
| 8. | Bruchglas und andere Abfälle und Scherben von Glas | 7001 00 10 |
| 9. | Abfälle und Schrott von Edelmetallen oder Edelmetallplattierungen; andere Abfälle und Schrott, Edelmetalle oder Edelmetallverbindungen enthaltend, von der hauptsächlich zur Wiedergewinnung von Edelmetallen verwendeten Art | 7112 |
| 10. | Abfälle und Schrott aus Eisen oder Stahl; Abfallblöcke aus Eisen oder Stahl | 7204 |
| 11. | Abfälle und Schrott aus Kupfer | 7404 00 |
| 12. | Abfälle und Schrott aus Nickel | 7503 00 |
| 13. | Abfälle und Schrott aus Aluminium | 7602 00 |
| 14. | Abfälle und Schrott aus Blei | 7802 00 00 |
| 15. | Abfälle und Schrott aus Zink | 7902 00 00 |
| 16. | Abfälle und Schrott aus Zinn | 8002 00 00 |
| 17. | Abfälle und Schrott aus Wolfram | 8101 97 00 |
| 18. | Abfälle und Schrott aus Molybdän | 8102 97 00 |
| 19. | Abfälle und Schrott aus Tantal | 8103 30 00 |
| 20. | Abfälle und Schrott aus Magnesium | 8104 20 00 |
| 21. | Abfälle und Schrott aus Cobalt | 8105 30 00 |
| 22. | Abfälle und Schrott aus Bismut | ex 8106 00 10 |
| 23. | Abfälle und Schrott aus Cadmium | 8107 30 00 |
| 24. | Abfälle und Schrott aus Titan | 8108 30 00 |
| 25. | Abfälle und Schrott aus Zirconium | 8109 30 00 |
| 26. | Abfälle und Schrott aus Antimon | 8110 20 00 |
| 27. | Abfälle und Schrott aus Mangan | 8111 00 19 |
| 28. | Abfälle und Schrott aus Beryllium | 8112 13 00 |
| 29. | Abfälle und Schrott aus Chrom | 8112 22 00 |
| 30. | Abfälle und Schrott aus Thallium | 8112 52 00 |
| 31. | Abfälle und Schrott aus Niob (Columbium), Rhenium, Gallium, Indium, Vanadium und Germanium | 8112 92 21 |
| 32. | Abfälle und Schrott aus Cermets | 8113 00 40 |
| 33. | Abfälle und Schrott von elektrischen Primärelementen, Primärbatterien und Akkumulatoren; ausgebrauchte elektrische Primärelemente, Primärbatterien und Akkumulatoren | 8548 10 |

**4/3/17. VO zu § 19 Abs. 1d:**

## UStBBKV

BGBl II 2013/369 idF BGBl II 2014/120

**Verordnung der Bundesministerin für Finanzen betreffend Umsätze, für welche die Steuerschuld zur Bekämpfung des Umsatzsteuerbetrugs auf den Leistungsempfänger übergeht (Umsatzsteuerbetrugsbekämpfungsverordnung – UStBBKV)**

Aufgrund des § 19 Abs. 1d des Umsatzsteuergesetzes 1994, BGBl. Nr. 663/1994, zuletzt geändert durch das Bundesgesetz BGBl. I Nr. 63/2013, wird verordnet:

**§ 1.** Bei den in § 2 angeführten Umsätzen wird die Umsatzsteuer vom Leistungsempfänger geschuldet, wenn dieser Unternehmer ist. Der leistende Unternehmer haftet für diese Steuer.

**§ 2.** Dies gilt für folgende Umsätze:

1. Lieferungen von Videospielkonsolen (aus Position 9504 der Kombinierten Nomenklatur), Laptops und Tablet-Computern (aus Unterposition 8471 30 00 der Kombinierten Nomenklatur), wenn das in der Rechnung ausgewiesene Entgelt mindestens 5 000 Euro beträgt.
2. Lieferungen von Gas und Elektrizität an einen Unternehmer, dessen Haupttätigkeit in Bezug auf den Erwerb dieser Gegenstände in deren Weiterlieferung besteht und dessen eigener Verbrauch dieser Gegenstände von untergeordneter Bedeutung ist.
3. Übertragungen von Gas- und Elektrizitätszertifikaten.
4. a) Lieferungen von Metallen aus Kapitel 71 und aus Abschnitt XV der Kombinierten Nomenklatur. Ausgenommen hiervon sind:
   – Die Lieferungen von Metallen aus den Positionen 7113 bis 7118, Kapitel 73, Positionen 7411 bis 7419, 7507, 7508, 7608, Unterposition 7609 00 00 bis Position 7616, Unterpositionen 7806 00, 7907 00 00, 8007 00 80, 8101 99 90, 8102 99 00, 8103 90 90, 8104 90 00, 8105 90 00, 8106 00 90, 8107 90 00, 8108 90 60, 8108 90 90, 8109 90 00, 8110 90 00, 8111 00 90, 8112 19 00, 8112 29 00, 8112 59 00, 8112 99, Unterposition 8113 00 90, Kapitel 82 und 83 der Kombinierten Nomenklatur.
   – Die Lieferungen von Metallen, die unter die Schrott-Umsatzsteuerverordnung, BGBl. II Nr. 129/2007 fallen.
   – Die Lieferungen von Metallen, für die die Differenzbesteuerung nach § 24 UStG 1994 angewendet wird.

   b) Beträgt das in der Rechnung ausgewiesene Entgelt weniger als 5 000 Euro, kann der liefernde Unternehmer auf die Anwendung des § 1 in Verbindung mit § 2 Z 4 lit. a verzichten. Steuerschuldner ist in diesen Fällen der liefernde Unternehmer.
5. Steuerpflichtige Lieferungen von Anlagegold im Sinne des § 24a Abs. 5 und Abs. 6 UStG 1994.

**§ 3.** (1) Die Verordnung ist auf Umsätze anzuwenden, die nach dem 31. Dezember 2013 ausgeführt werden.

(2) § 2 Z 4 in der Fassung der Verordnung BGBl. II Nr. 120/2014 ist auf Umsätze anzuwenden, die nach dem 31. Dezember 2013 ausgeführt werden.

## 4/3/18. VO zu § 21 Abs. 1:

## Voranmeldung

BGBl II 1998/206 idF BGBl II 2019/313

**Verordnung des Bundesministers für Finanzen betreffend die Abstandnahme von der Verpflichtung zur Abgabe von Voranmeldungen**

Auf Grund des § 21 Abs. 1 zweiter Unterabsatz des Umsatzsteuergesetzes 1994, BGBl. Nr. 663, in der Fassung des Bundesgesetzes BGBl. I Nr. 79/1998 wird verordnet:

**§ 1.** Wird die nach Maßgabe der gesetzlichen Bestimmungen (§ 21 Abs. 1 UStG 1994) errechnete Vorauszahlung zur Gänze spätestens am Fälligkeitstag entrichtet oder ergibt sich für einen Voranmeldungszeitraum keine Vorauszahlung, so entfällt für Unternehmer, deren Umsätze gemäß § 1 Abs. 1 Z 1 und 2 UStG 1994 im vorangegangenen Kalenderjahr 35 000 Euro nicht überstiegen haben, die Verpflichtung zur Einreichung der Voranmeldung. Bei dieser Umsatzgrenze bleiben Umsätze, die nach § 6 Abs. 1 Z 7 bis 28 UStG 1994 steuerfrei sind, außer Ansatz.

*(BGBl II 2019/313)*

**§ 2.** Unternehmer, die Vorauszahlungen nicht vorschriftsmäßig entrichtet, Überschüsse nicht vorschriftsmäßig vorangemeldet oder die Aufzeichnungspflichten nicht erfüllt haben, können abweichend von § 1 vom Finanzamt zur Einreichung von Voranmeldungen aufgefordert werden.

**§ 3.** Die Verordnung ist erstmals auf Voranmeldungszeiträume anzuwenden, die nach dem 30. Juni 1998 beginnen.

**§ 4.** (1) § 1 in der Fassung der Verordnung BGBl. II Nr. 462/2002 ist erstmals auf Voranmeldungszeiträume anzuwenden, die nach dem 31. Dezember 2002 beginnen.

(2) § 1 in der Fassung der Verordnung BGBl. II Nr. 171/2010 ist erstmals auf Voranmeldungszeiträume anzuwenden, die nach dem 31. Dezember 2010 beginnen.

(3) § 1 in der Fassung der Verordnung BGBl. II Nr. 313/2019 ist erstmals auf Voranmeldungszeiträume anzuwenden, die nach dem 31. Dezember 2019 beginnen.

*(BGBl II 2019/313)*

## 4/3/19. VO zu § 21 Abs. 9:

## Vorsteuern

BGBl 1995/279 idF BGBl II 2021/16

**Verordnung des Bundesministers für Finanzen, mit der ein eigenes Verfahren für die Erstattung der abziehbaren Vorsteuern an ausländische Unternehmer geschaffen wird**

Auf Grund des § 21 Abs. 9 UStG 1994, BGBl. Nr. 663/1994, in der Fassung BGBl. Nr. 21/1995 wird verordnet:

### Artikel I
### Erstattung der Vorsteuerbeträge in einem besonderen Verfahren

### Berechtigte Unternehmer

**§ 1.** (1) Die Erstattung der abziehbaren Vorsteuerbeträge an nicht im Inland ansässige Unternehmer, das sind solche, die im Inland weder ihren Sitz noch eine Betriebsstätte haben, ist abweichend von den §§ 20 und 21 Abs. 1 bis 5 UStG 1994 nach Maßgabe der §§ 2, 3 und 3a durchzuführen, wenn der Unternehmer im Erstattungszeitraum

1. keine Umsätze im Sinne des § 1 Abs. 1 Z 1 und 2 und Art. 1 UStG 1994 oder
2. nur steuerfreie Umsätze im Sinne des § 6 Abs. 1 Z 3 UStG 1994 oder
3. nur Umsätze, bei denen die Steuerschuld auf den Leistungsempfänger übergeht (§ 19 Abs. 1 zweiter Unterabsatz UStG 1994) oder
4. im Inland nur Umsätze, die unter eine Sonderregelung gemäß § 25a, Art. 25a, § 25b UStG 1994 oder eine Regelung gemäß Art. 358 bis 369k der Richtlinie 2006/112/EG in einem anderen Mitgliedstaat fallen,

   *(BGBl II 2020/579)*

ausgeführt hat.

(2) Abs. 1 gilt nicht für Vorsteuerbeträge, die anderen als den in Abs. 1 bezeichneten Umsätzen im Inland zuzurechnen sind.

### Erstattungszeitraum

**§ 2.** Erstattungszeitraum ist nach der Wahl des Unternehmers ein Zeitraum von mindestens drei Monaten bis zu höchstens einem Kalenderjahr. Der Erstattungszeitraum kann weniger als drei Monate umfassen, wenn es sich um den restlichen Zeitraum des Kalenderjahres handelt. In dem Antrag für diesen Zeitraum können auch abziehbare Vorsteuerbeträge aufgenommen werden, die in vorangegangene Erstattungszeiträume des betreffenden Kalenderjahres fallen.

### Erstattungsverfahren für im übrigen Gemeinschaftsgebiet ansässige Unternehmer

**§ 3.** (1) Der im übrigen Gemeinschaftsgebiet ansässige Unternehmer hat den Erstattungsantrag auf elektronischem Weg über das in dem Mitgliedstaat, in dem er ansässig ist, eingerichtete elektronische

Portal zu übermitteln. Der Antrag ist vorbehaltlich des § 28 Abs. 53 Z 1 und 2 UStG 1994 binnen neun Monaten nach Ablauf des Kalenderjahres zu stellen, in dem der Erstattungsanspruch entstanden ist. In dem Antrag hat der Unternehmer den zu erstattenden Betrag selbst zu berechnen. Der Erstattungsantrag gilt nur dann als vorgelegt, wenn er alle in den Art. 8, 9 und 11 der Richtlinie 2008/9/EG des Rates vom 12. Februar 2008 zur Regelung der Erstattung der Mehrwertsteuer gemäß der Richtlinie 2006/112/EG[a] an nicht im Mitgliedstaat der Erstattung, sondern in einem anderen Mitgliedstaat ansässige Steuerpflichtige (ABl. Nr. L 44 S. 23) festgelegten Angaben enthält. Die Abgabenbehörde kann zusätzliche Informationen anfordern, welche auch die Einreichung des Originals oder einer Durchschrift der Rechnung oder des Einfuhrdokumentes umfassen können. Diese Anforderung kann auch mit E-Mail erfolgen. Die Zustellung des E-Mails gilt mit dessen Absendung als bewirkt, ausgenommen der Antragsteller weist nach, dass ihm das E-Mail nicht zugestellt worden ist.

*(BGBl II 2021/16)*

[a] Art. 8 bis 11 der RL 2008/9 siehe unmittelbar im Anschluss.

(1a) (aufgehoben)

*(BGBl II 2020/579)*

(2) Der zu erstattende Betrag muss mindestens 400 Euro betragen. Das gilt nicht, wenn der Erstattungszeitraum das Kalenderjahr oder der letzte Zeitraum eines Kalenderjahres ist. Für diese Erstattungszeiträume muss der zu erstattende Betrag mindestens 50 Euro betragen.

(3) Bescheide im Erstattungsverfahren können elektronisch, über das in dem Mitgliedstaat, in dem der Unternehmer ansässig ist, eingerichtete elektronische Portal, zugestellt werden. Die Zustellung gilt mit dem Einlangen im elektronischen Portal des Mitgliedstaates, in dem der Unternehmer ansässig ist, als bewirkt. Die Zustellung kann auch mit E-Mail erfolgen. Abs. 1 letzter Satz gilt entsprechend.

*(BGBl II 2021/16)*

(4) Für den zu erstattenden Betrag ist bei Fristversäumnis nach Maßgabe der Abs. 5 bis 11 eine Säumnisabgeltung festzusetzen.

(5) Die Säumnisabgeltung ist festzusetzen, wenn nach Ablauf von vier Monaten und zehn Werktagen nach Eingang des Erstattungsantrages bei der Abgabenbehörde des Erstattungsstaates keine Zahlung des zu erstattenden Betrages erfolgt.

(6) Fordert die Abgabenbehörde zusätzliche Informationen gemäß Abs. 1 an, so besteht der Anspruch auf die Säumnisabgeltung erst mit Ablauf von zehn Werktagen nach Ablauf einer Frist von zwei Monaten ab Entsprechung der Aufforderung. Die Säumnisabgeltung ist diesfalls jedoch frühestens mit Ablauf von zehn Werktagen nach Ablauf einer Frist von sechs Monaten ab Eingang des Erstattungsantrages festzusetzen. Werden weitere zusätzliche Informationen angefordert, so besteht der Anspruch auf Säumnisabgeltung mit Ablauf von zehn Werktagen nach Ablauf einer Frist von acht Monaten ab Eingang des Erstattungsantrages.

(7) Die Zahlung gilt als erfolgt mit Ablauf von zehn Werktagen nach dem Tag der Bekanntgabe des Erstattungsbescheides, es sei denn, der Unternehmer weist nach, dass er den zu erstattenden Betrag später erhalten hat.

(8) Als Zahlung gilt auch die Pfändung des Erstattungsbetrages oder dessen Verwendung zur Tilgung einer fälligen Schuld des Antragstellers gegenüber dem Bund.

(9) Die Höhe der Säumnisabgeltung beträgt für den nicht zeitgerecht erstatteten Abgabenbetrag 2%. Eine zweite Säumnisabgeltung ist festzusetzen, soweit der Abgabenbetrag nicht spätestens drei Monate nach dem Ende der Fristen in Abs. 5 und Abs. 6 erstattet wird. Eine dritte Säumnisabgeltung ist festzusetzen, soweit der Abgabenbetrag nicht spätestens drei Monate nach dem Eintritt der Verpflichtung zur zweiten Säumnisabgeltung erstattet wird. Die zweite und die dritte Säumnisabgeltung betragen jeweils 1% des zum maßgebenden Stichtag nicht erstatteten Abgabenbetrages.

(10) Ein Anspruch auf Säumnisabgeltung besteht nicht, wenn der Unternehmer seiner Mitwirkungspflicht nicht innerhalb einer Frist von einem Monat nach Zugang einer entsprechenden Aufforderung der Abgabenbehörde nachkommt.

(11) Eine Säumnisabgeltung, die den Betrag von 50 Euro nicht erreicht, ist nicht festzusetzen.

**Erstattungsverfahren für nicht im Gemeinschaftsgebiet ansässige Unternehmer**

**§ 3a.** (1) Der nicht im Gemeinschaftsgebiet ansässige Unternehmer hat die Erstattung mittels amtlich vorgeschriebenem Vordruck beim Finanzamt Österreich zu beantragen. Der Antrag ist binnen sechs Monaten nach Ablauf des Kalenderjahres zu stellen, in dem der Erstattungsanspruch entstanden ist. In dem Antrag hat der Unternehmer den zu erstattenden Betrag selbst zu berechnen. Dem Erstattungsantrag sind die Rechnungen und die Belege über die entrichtete Einfuhrumsatzsteuer im Original beizufügen.

*(BGBl II 2020/579)*

(2) Der zu erstattende Betrag muss mindestens 400 Euro betragen. Das gilt nicht, wenn der Erstattungszeitraum das Kalenderjahr oder der letzte Zeitraum eines Kalenderjahres ist. Für diese Erstattungszeiträume muss der zu erstattende Betrag mindestens 50 Euro betragen. Von der Erstattung ausgeschlossen sind die Vorsteuerbeträge, die auf den Bezug von Kraftstoffen entfallen.

*(BGBl II 2021/16)*

(3) Der Unternehmer muss dem Finanzamt Österreich in den Fällen des § 1 Abs. 1 Z 1 durch behördliche Bescheinigung des Staates, in dem er ansässig ist, nachweisen, dass er als Unternehmer unter einer Steuernummer eingetragen ist.

*(BGBl II 2020/579)*

**Berücksichtigung von Vorsteuerbeträgen, Belegnachweis**

**§ 4.** (1) Ist bei den in § 1 Abs. 1 genannten Unternehmern die Besteuerung nach den §§ 20 und 21 Abs. 1 bis 5 UStG 1994 durchzuführen, so sind hiebei die Vorsteuerbeträge nicht zu berücksichtigen, die nach § 1 Abs. 1 erstattet worden sind.

(2) Die abziehbaren Vorsteuerbeträge sind in den Fällen des Abs. 1 durch Vorlage der Rechnungen und zollamtlichen Belege (Einfuhrumsatzsteuer) im Original nachzuweisen.

**Artikel II**

(1) Diese Verordnung tritt mit 1. Jänner 1995 in Kraft und ist erstmals auf Vorsteuerbeträge anzuwenden, die in das Kalenderjahr 1995 fallen.

(2) Die Verordnung BGBl. Nr. 882/1993 tritt mit 31. Dezember 1994 außer Kraft.

(3) Art. 1 § 3 Abs. 2 in der Fassung der Verordnung BGBl. II Nr. 416/2001 ist erstmals auf Vorsteuerbeträge anzuwenden, die in das Kalenderjahr 2002 fallen.

(4) Art. I § 1 Abs. 1 Z 5 ist erstmals auf Vorsteuerbeträge anzuwenden, die in Zeiträume nach dem 30. Juni 2003 fallen.

(5) Art. I § 1 Abs. 1, § 3 und § 3a, jeweils in der Fassung der Verordnung BGBl. II Nr. 222/2009, sind erstmals auf Vorsteuererstattungsanträge anzuwenden, die nach dem 31. Dezember 2009 gestellt werden.

(6) Art. I § 1 Abs. 1 in der Fassung der Verordnung BGBl. II Nr. 158/2014 ist erstmals auf Vorsteuerbeträge anzuwenden, die in das Kalenderjahr 2015 fallen.

(7) Art. I § 1 Abs. 1 Z 4 in der Fassung der Verordnung BGBl. II Nr. 579/2020 ist erstmals auf Vorsteuerbeträge anzuwenden, die in das Kalenderjahr 2021 fallen. Art. I § 3a Abs. 1 und 3, jeweils in der Fassung der Verordnung BGBl. II Nr. 579/2020, treten mit 1. Jänner 2021 in Kraft.

*(BGBl II 2020/579)*

(8) Art. I § 3 Abs. 1 und 3 in der Fassung der Verordnung BGBl. II Nr. 16/2021 ist erstmals auf Vorsteuerbeträge anzuwenden, die in das Kalenderjahr 2021 fallen.

*(BGBl II 2021/16)*

(9) § 3a Abs. 2 in der Fassung der Verordnung BGBl. II Nr. 16/2021 ist erstmals auf Vorsteuerbeträge anzuwenden, die auf den Bezug von Kraftstoffen nach dem 14. Jänner 2021 entfallen.

*(BGBl II 2021/16)*

**Richtlinie 2008/9/EG zur Regelung der Erstattung der Mehrwertsteuer gemäß der Richtlinie 2006/112/EG (Auszug)**

**Art. 8** (1) Der Erstattungsantrag muss die folgenden Angaben enthalten:

a) Name und vollständige Anschrift des Antragstellers;

b) eine Adresse für die elektronische Kommunikation;

c) eine Beschreibung der Geschäftstätigkeit des Antragstellers, für die die Gegenstände und Dienstleistungen erworben werden;

d) der Erstattungszeitraum, auf den sich der Antrag bezieht;

e) eine Erklärung des Antragstellers, dass er während des Erstattungszeitraums keine Lieferungen von Gegenständen bewirkt und Dienstleistungen erbracht hat, die als im Mitgliedstaat der Erstattung bewirkt gelten, mit Ausnahme der Umsätze gemäß Artikel 3 Buchstabe b Ziffern i und ii;

f) die Mehrwertsteuer-Identifikationsnummer oder Steuerregisternummer des Antragstellers;

g) seine Bankverbindung (inklusive IBAN und BIC).

(2) Neben den in Absatz 1 genannten Angaben sind in dem Erstattungsantrag für jeden Mitgliedstaat der Erstattung und für jede Rechnung oder jedes Einfuhrdokument folgende Angaben zu machen:

a) Name und vollständige Anschrift des Lieferers oder Dienstleistungserbringers;

b) außer im Falle der Einfuhr die Mehrwertsteuer-Identifikationsnummer des Lieferers oder Dienstleistungserbringers oder die ihm vom Mitgliedstaat der Erstattung zugeteilte Steuerregisternummer im Sinne der Artikel 239 und 240 der Richtlinie 2006/112/EG;

c) außer im Falle der Einfuhr das Präfix des Mitgliedstaats der Erstattung im Sinne des Artikels 215 der Richtlinie 2006/112/EG;

d) Datum und Nummer der Rechnung oder des Einfuhrdokuments;

e) Steuerbemessungsgrundlage und Mehrwertsteuerbetrag in der Währung des Mitgliedstaats der Erstattung;

f) gemäß Artikel 5 und Artikel 6 Absatz 2 berechneter Betrag der abziehbaren Mehrwertsteuer in der Währung des Mitgliedstaats der Erstattung;

g) gegebenenfalls der nach Artikel 6 berechnete und als Prozentsatz ausgedrückte Pro-rata-Satz des Vorsteuerabzugs;

h) Art der erworbenen Gegenstände und Dienstleistungen aufschlüsselt nach den Kennziffern gemäß Artikel 9.

**Art. 9** (1) In dem Erstattungsantrag muss die Art der erworbenen Gegenstände und Dienstleistungen nach folgenden Kennziffern aufgeschlüsselt werden:

1 = Kraftstoff;

2 = Vermietung von Beförderungsmitteln;

3 = Ausgaben für Transportmittel (andere als unter Kennziffer 1 oder 2 beschriebene Gegenstände und Dienstleistungen);

4 = Maut und Straßenbenutzungsgebühren;

5 = Fahrtkosten wie Taxikosten, Kosten für die Benutzung öffentlicher Verkehrsmittel;
6 = Beherbergung;
7 = Speisen, Getränke und Restaurantdienstleistungen;
8 = Eintrittsgelder für Messen und Ausstellungen;
9 = Luxusausgaben, Ausgaben für Vergnügungen und Repräsentationsaufwendungen;
10 = Sonstiges.

Wird die Kennziffer 10 verwendet, ist die Art der gelieferten Gegenstände und erbrachten Dienstleistungen anzugeben.

(2) Der Mitgliedstaat der Erstattung kann vom Antragsteller verlangen, dass er zusätzliche elektronisch verschlüsselte Angaben zu jeder Kennziffer gemäß Absatz 1 vorlegt, sofern dies aufgrund von Einschränkungen des Rechts auf Vorsteuerabzug gemäß der Richtlinie 2006/112/EG, wie diese im Mitgliedstaat der Erstattung angewendet wird, oder im Hinblick auf die Anwendung einer vom Mitgliedstaat der Erstattung gemäß den Artikeln 395 oder 396 jener Richtlinie gewährten relevanten Ausnahmeregelung erforderlich ist.

**Art. 10** Unbeschadet der Informationsersuchen gemäß Artikel 20 kann der Mitgliedstaat der Erstattung verlangen, dass der Antragsteller zusammen mit dem Erstattungsantrag auf elektronischem Wege eine Kopie der Rechnung oder des Einfuhrdokuments einreicht, falls sich die Steuerbemessungsgrundlage auf einer Rechnung oder einem Einfuhrdokument auf mindestens 1000 EUR oder den Gegenwert in der jeweiligen Landeswährung beläuft. Betrifft die Rechnung Kraftstoff, so ist dieser Schwellenwert 250 EUR oder der Gegenwert in der jeweiligen Landeswährung.

**Art. 11** Der Mitgliedstaat der Erstattung kann vom Antragsteller verlangen, eine Beschreibung seiner Geschäftstätigkeit anhand der harmonisierten Codes vorzulegen, die gemäß Artikel 34a Absatz 3 Unterabsatz 2 der Verordnung (EG) Nr. 1798/2003 des Rates bestimmt werden.

### 4/3/20. VO zu § 21 Abs. 10:

## Eigenverbrauch

BGBl 1983/628 idF BGBl 1985/499

**Verordnung des Bundesministers für Finanzen vom 14. Dezember 1983 über die Aufstellung von Schätzungsrichtlinien für die Ermittlung der Höhe des Eigenverbrauches bei bestimmten Unternehmern und über die Fälligkeit der auf den Eigenverbrauch entfallenden Umsatzsteuer**[a)]

[a)] Gilt gem § 28 Abs 5 Z 2 UStG 1994 als auf Grund des UStG 1994 ergangen.

Auf Grund des § 21 Abs. 10 des Umsatzsteuergesetzes 1972, BGBl. Nr. 223, wird verordnet:

**§ 1.** Soweit die Höhe des Eigenverbrauches eines Unternehmers nicht durch ordnungsgemäß geführte Aufzeichnungen im Sinne des § 18 des Umsatzsteuergesetzes 1972 nachgewiesen wird und auch nicht außergewöhnliche Umstände vorliegen, die eine diesen Umständen entsprechende Ermittlung der Bemessungsgrundlage erforderlich machen, ist bei der Berechnung der Umsatzsteuer für den Eigenverbrauch die Bemessungsgrundlage wie folgt zu ermitteln:

1. a) Für den Eigenverbrauch von Speisen und Getränken im Gast-, Schank- und Beherbergungsgewerbe ist bei voller Verpflegung von jenen Werten auszugehen, welche nach den einkommensteuerrechtlichen Vorschriften für Zwecke des Steuerabzuges vom Arbeitslohn (§ 15 Abs. 2 des Einkommensteuergesetzes 1972) als Sachbezug für Speisen und Getränke (Kost) anzusetzen sind. Werden auch Familienangehörige des Unternehmers voll verpflegt, so erhöht sich der anzusetzende Wert

| | |
|---|---|
| für den Ehegatten um | 80 v.H. |
| für jedes Kind bis zum 6. Lebensjahr um | 30 v.H. |
| für jedes Kind zwischen dem 6. und 16. Lebensjahr um | 40 v.H. und |
| für jedes Kind ab dem 16. Lebensjahr und für sonstige Personen um | 80 v.H. |

Bei nur teilweiser Verpflegung können die entsprechenden Anteile der so ermittelten Sachbezugswerte angesetzt werden;

b) von den nach lit. a ermittelten Werten, welche die Umsatzsteuer einschließen, entfallen 85 v.H. auf Speisen und Getränke, die dem ermäßigten Steuersatz gemäß § 10 Abs. 2 des Umsatzsteuergesetzes 1972 und 15 v.H. auf Getränke, die dem Normalsteuersatz gemäß § 10 Abs. 1 des Umsatzsteuergesetzes 1972 unterliegen. Eine Aufteilung dieser Art kann unterbleiben, wenn außer einem ortsüblichen Frühstücksgetränk kein dem Normalsteuersatz unterliegendes Getränk entnommen wird;

2. soweit ein Unternehmer im Inland einen seinem Unternehmen dienenden Gegenstand für Zwecke verwendet oder verwenden läßt, die außerhalb des Unternehmens liegen, ist als Bemessungsgrundlage für den Eigenverbrauch jener Wert heranzuziehen, der bei der steuerlichen Gewinnermittlung nach den einkommensteuerrechtlichen Vorschriften als Privatentnahme zu berücksichtigen ist.

**§ 2.** (1) Ist die Bemessungsgrundlage für den Eigenverbrauch nach den Bestimmungen dieser Verordnung zu ermitteln, so entfällt insoweit die Aufzeichnungsverpflichtung gemäß § 18 Abs. 2 Z 2 des Umsatzsteuergesetzes 1972. Die Steuer für den Eigenverbrauch im Sinne des § 1 Z 2 ist erst in der für den letzten Voranmeldungszeitraum eines Veranlagungszeitraumes abzugebenden Voranmeldung zu berechnen; das gleiche gilt für Eigenverbrauchstatbestände gemäß § 1 Abs. 1 Z 2 lit. b des Umsatzsteuergesetzes 1972.

(2) Die Fälligkeit der auf den Eigenverbrauch im Sinne des § 1 Z 2 dieser Verordnung sowie des § 1 Abs. 1 Z 2 lit. b des Umsatzsteuergesetzes 1972 entfallenden Umsatzsteuer wird abweichend von der gesetzlichen Regelung des § 21 Abs. 1 und 2 des Umsatzsteuergesetzes 1972 mit dem 10. Tag des zweiten Monates nach Ablauf des Veranlagungszeitraumes (§ 20 Abs. 1 und 3 des Umsatzsteuergesetzes 1972) bestimmt.

**§ 3.** (1) Diese Verordnung ist erstmals auf den Veranlagungszeitraum 1984 anzuwenden. Die Verordnung vom 15. Feber 1973, BGBl. Nr. 86, ist letztmals auf den Veranlagungszeitraum 1983 anzuwenden.

### 4/3/21. VO zu § 28:

## Hilfsgüterlieferungen

BGBl 1992/787 idF BGBl 1993/850

**Verordnung des Bundesministers für Finanzen für eine Umsatzsteuerentlastung bei Hilfsgüterlieferungen ins Ausland**[a)]

[a)] Nach § 28 Abs 3 Z 5 UStG 1994 nicht außer Kraft getreten.

Auf Grund des § 48 der Bundesabgabenordnung, BGBl. Nr. 194/1961, zuletzt geändert durch das Bundesgesetz BGBl. Nr. 449/1992, wird verordnet:

**§ 1.** Zur Erzielung einer den Grundsätzen der Gegenseitigkeit entsprechenden Behandlung wird angeordnet, daß nach Maßgabe der in § 3 genannten Erklärung entgeltliche und unentgeltliche Hilfsgüterlieferungen (Eigenverbrauch) im Rahmen von nationalen oder internationalen Hilfsprogrammen in Notstandsfällen mit Bestimmungsort in Staaten, die in § 5 genannt sind, aus der Umsatzsteuerpflicht ausgeschieden werden (nicht steuerbare Umsätze). Diese Sonderregelung gilt für Hilfsgüterlieferungen nur insoweit, als deren widmungsgemäße Verbringung in den begünstigten Staat der Abgabenbehörde nachgewiesen werden kann (Nachweisvorsorgepflicht). Die entgeltliche Lieferung muß an eine Körperschaft des öffentlichen Rechts oder an eine Körperschaft, Personenvereinigung oder Vermögensmasse, die gemeinnützige, mildtätige oder kirchliche Zwecke verfolgt (§§ 34 bis 47 BAO), erbracht werden.

**§ 2.** Die Ausscheidung aus der Umsatzsteuerpflicht kommt bei entgeltlichen Lieferungen nicht zur Anwendung, wenn der Abnehmer zum Vorsteuerabzug berechtigt ist und eine Umsatzsteuerentlastung des Vorganges im Wege des Vorsteuerabzuges herbeigeführt werden kann.

**§ 3.** Die Ausscheidung aus der Umsatzsteuerpflicht kann nur in Anspruch genommen werden, wenn dem für die Erhebung der Umsatzsteuer zuständigen Finanzamt vor der Erbringung der Lieferung eine schriftliche Erklärung abgegeben wird, daß dem Abnehmer der Lieferung keine Umsatzsteuer angelastet wird; in der Erklärung sind weiters Art und Menge der nach dieser Verordnung steuerentlastet zu liefernden Hilfsgüter sowie die genaue Bezeichnung und Anschrift des Abnehmers der entgeltlichen Lieferung (§ 1 letzter Satz) anzugeben.

**§ 4.** Die Umsätze sind auf Grund dieser Verordnung nicht aus der Umsatzsteuerpflicht auszuscheiden, wenn der Steuervorteil nicht den Zwecken der Hilfsaktion zugute kommt.

**§ 5.** Gegenseitigkeit im Sinn des § 1 besteht im Verhältnis zu folgenden Staaten:

- Albanien
- Armenien
- Aserbaidschan
- Bosnien-Herzegowina
- Estland

- Georgien
- Kasachstan
- Kirgistan
- Kroatien
- Lettland
- Moldowa
- Rumänien
- Russische Föderation
- Slowakei
- Slowenien
- Tadschikistan
- Tschechien
- Türkei
- Turkmenistan
- Ukraine
- Usbekistan und
- Weißrußland.

**4/3/22. VO zu Art. 7:**

## Innergemeinschaftliche Lieferung

BGBl 1996/401 idF BGBl II 2010/172

**Verordnung des Bundesministers für Finanzen über den Nachweis der Beförderung oder Versendung und den Buchnachweis bei innergemeinschaftlichen Lieferungen**

Auf Grund des Artikels 7 des Umsatzsteuergesetzes 1994, BGBl. Nr. 663/1994, zuletzt geändert durch das Bundesgesetz BGBl. Nr. 201/1996, wird verordnet.

### Nachweis der Beförderung oder Versendung bei innergemeinschaftlichen Lieferungen

**§ 1.** Bei innergemeinschaftlichen Lieferungen (Art. 7 UStG 1994) muß der Unternehmer eindeutig und leicht nachprüfbar nachweisen, daß er oder der Abnehmer den Gegenstand der Lieferung in das übrige Gemeinschaftsgebiet befördert oder versendet hat.

**§ 2.** In den Fällen, in denen der Unternehmer oder der Abnehmer den Gegenstand der Lieferung in das übrige Gemeinschaftsgebiet befördert, hat der Unternehmer den Nachweis wie folgt zu führen:

1. durch die Durchschrift oder Abschrift der Rechnung (§ 11, Art. 11 UStG 1994),
2. durch einen handelsüblichen Beleg, aus dem sich der Bestimmungsort ergibt, insbesondere Lieferschein, und
3. durch eine Empfangsbestätigung des Abnehmers oder seines Beauftragten oder in den Fällen der Beförderung des Gegenstandes durch den Abnehmer durch eine Erklärung des Abnehmers oder seines Beauftragten, daß er den Gegenstand in das übrige Gemeinschaftsgebiet befördern wird.

**§ 3.** (1) In den Fällen, in denen der Unternehmer oder der Abnehmer den Gegenstand der Lieferung in das übrige Gemeinschaftsgebiet versendet, hat der Unternehmer den Nachweis wie folgt zu führen:

1. durch die Durchschrift oder Abschrift der Rechnung (§ 11 Art. 11 UStG 1994) und
2. durch einen Versendungsbeleg im Sinne des § 7 Abs. 5 UStG 1994, insbesondere durch Frachtbriefe, Postaufgabebescheinigungen, Konnossemente und dergleichen oder deren Doppelstücke.

(2) Ist es dem Unternehmer nicht möglich oder nicht zumutbar, den Versendungsnachweis nach Absatz 1 zu führen, kann er den Nachweis auch nach § 2 führen.

**§ 4.** (1) Ist der Gegenstand der Lieferung vor der Beförderung oder Versendung in das übrige Gemeinschaftsgebiet durch einen Beauftragten bearbeitet oder verarbeitet worden (Art. 7 Abs. 1 letzter Unterabsatz UStG 1994), so hat der Unternehmer die Versendung oder Beförderung nachzuweisen (§ 2). Zusätzlich dazu hat der Unternehmer auf einem Beleg festzuhalten:

1. den Namen und die Anschrift des Beauftragten,
2. die handelsübliche Bezeichnung und die Menge des an den Beauftragten übergebenen oder versendeten Gegenstandes,
3. den Ort und den Tag der Entgegennahme des Gegenstandes durch den Beauftragten und
4. die Bezeichnung des Auftrages und der vom Beauftragten vorgenommenen Bearbeitung oder Verarbeitung.

(2) Ist der Gegenstand der Lieferung durch mehrere Beauftragte bearbeitet oder verarbeitet worden, so haben sich die in Absatz 1 bezeichneten Angaben auf die Bearbeitungen oder Verarbeitungen eines jeden Beauftragten zu erstrecken.

### Buchnachweis bei innergemeinschaftlichen Lieferungen

**§ 5.** Bei innergemeinschaftlichen Lieferungen muß der Unternehmer die Voraussetzungen der Steuerbefreiung einschließlich Umsatzsteuer-Identifikationsnummer des Abnehmers buchmäßig nachweisen. Die Voraussetzungen müssen leicht nachprüfbar aus der Buchführung zu ersehen sein.

**§ 6.** Der Unternehmer hat folgendes aufzuzeichnen:

1. den Namen, die Anschrift und die Umsatzsteuer-Identifikationsnummer des Abnehmers,
2. den Namen und die Anschrift des Beauftragten des Abnehmers in Abholfällen,
3. die handelsübliche Bezeichnung und die Menge des Gegenstandes der Lieferung,
4. den Tag der Lieferung,
5. das vereinbarte Entgelt oder bei der Besteuerung nach vereinnahmten Entgelten das vereinnahmte Entgelt und den Tag der Vereinnahmung,
6. die Art und den Umfang einer Bearbeitung oder Verarbeitung vor der Beförderung oder Versendung in das übrige Gemeinschaftsgebiet (Art. 7 Abs. 1 letzter Unterabsatz UStG 1994),
7. die Beförderung oder Versendung in das übrige Gemeinschaftsgebiet und
8. den Bestimmungsort im übrigen Gemeinschaftsgebiet.

**§ 7.** In den einer Lieferung gleichgestellten Verbringungsfällen (Art. 3 Abs. 1 UStG 1994) hat der Unternehmer folgendes aufzuzeichnen:

1. die handelsübliche Bezeichnung und die Menge des verbrachten Gegenstandes,
2. die Anschrift und die Umsatzsteuer-Identifikationsnummer des im anderen Mitgliedstaates gelegenen Unternehmensteils,
3. den Tag des Verbringens und
4. die Bemessungsgrundlage nach Art. 4 Abs. 2 UStG 1994.

**§ 8.** In den Fällen, in denen neue Fahrzeuge an Abnehmer ohne Umsatzsteuer-Identifikationsnummer in das übrige Gemeinschaftsgebiet geliefert werden, hat der Unternehmer folgendes aufzuzeichnen:

1. den Namen und die Anschrift des Erwerbers,
2. die handelsübliche Bezeichnung des gelieferten Fahrzeuges,
3. den Tag der Lieferung,
4. das vereinbarte Entgelt oder bei der Besteuerung nach vereinnahmten Entgelten das vereinnahmte Entgelt und den Tag der Vereinnahmung,
5. die in Art. 1 Abs. 8 und 9 UStG 1994 bezeichneten Merkmale,
6. die Beförderung oder Versendung in das übrige Gemeinschaftsgebiet und
7. den Bestimmungsort im übrigen Gemeinschaftsgebiet.

### Sperre in der Genehmigungsdatenbank

**§ 9.** Als weiterer Nachweis, dass der Gegenstand der Lieferung in das übrige Gemeinschaftsgebiet befördert oder versendet wird, ist bei der Lieferung von Fahrzeugen im Sinne des § 2 des Normverbrauchsabgabegesetzes, BGBl. Nr. 695/1991, die Sperre des Fahrzeuges in der Genehmigungsdatenbank nach § 30a KFG 1967 erforderlich.

## 4/3/23. VO zu Art. 27 Abs. 2:

# PKW

BGBl II 2003/308

**Verordnung des Bundesministers für Finanzen betreffend die Meldepflicht der innergemeinschaftlichen Lieferung neuer Fahrzeuge**

Auf Grund des Artikels 27 Abs. 2 des Umsatzsteuergesetzes 1994, BGBl. Nr. 663, in der Fassung des Bundesgesetzes BGBl. I Nr. 10/2003 wird verordnet:

**§ 1.** (1) Unternehmer (§ 2 UStG 1994) haben ihre innergemeinschaftlichen Lieferungen neuer Fahrzeuge im Sinne des Art. 1 UStG 1994 an Abnehmer ohne Umsatzsteuer-Identifikationsnummer nach amtlichem Vordruck zu melden.

(2) Fahrzeuglieferer (Art. 2 UStG 1994) haben ihre innergemeinschaftlichen Lieferungen neuer Fahrzeuge im Sinne des Art. 1 UStG 1994 nach amtlichem Vordruck zu melden.

**§ 2.** Die Meldung hat folgende Angaben zu enthalten:

– Rechnungsdatum,
– Name und Anschrift des Verkäufers; sofern der Verkäufer Unternehmer ist, auch dessen Umsatzsteuer-Identifikationsnummer,
– Bestimmungsmitgliedstaat (falls dies nicht möglich, den Mitgliedstaat, in dem der Käufer Wohnsitz, Sitz oder gewöhnlichen Aufenthalt hat),
– Name und Anschrift des Käufers,
– Entgelt für das gelieferte Fahrzeug samt Zubehör,
– Art des Fahrzeuges (Land-, Wasser- oder Luftfahrzeug),
– Beschreibung des Fahrzeuges (Marke und Modell),
– Datum der ersten Inbetriebnahme, sofern diese vor der Rechnungslegung liegt,
– Kilometerstand (Landfahrzeuge), Anzahl der Betriebsstunden (Wasserfahrzeuge, Luftfahrzeuge),
– Fahrgestellnummer oder Kraftfahrzeug-Kennzeichen (Landfahrzeuge) bzw. Zellennummer (Luftfahrzeuge).

**§ 3.** Die Meldung ist

1. von Unternehmern (§ 2 UStG 1994) bis zum Ablauf des auf jedes Kalendervierteljahr folgenden Kalendermonates, in dem die innergemeinschaftlichen Lieferungen von Kraftfahrzeugen ausgeführt wurden,
2. von Fahrzeuglieferern (Art. 2 UStG 1994) im Zeitpunkt der Geltendmachung des Vorsteuerabzuges (Art. 12 Abs. 3 UStG 1994), spätestens bis zum Ablauf des dem Kalendermonat folgenden Monates, in dem die innergemeinschaftliche Lieferung des Kraftfahrzeuges ausgeführt wurde,

abzugeben.

**§ 4.** Die Meldung gemäß § 3 ist bei dem für die Erhebung der Umsatzsteuer zuständigen Finanzamt einzureichen.

**§ 5.** Die Verordnung ist auf die Meldung von Lieferungen anzuwenden, die in Kalendervierteljahre fallen, die nach der Kundmachung der Verordnung beginnen.

# 5. BEWERTUNG

## Inhaltsverzeichnis

# 5/1. Bewertungsgesetz 1955



**Bewertungsgesetz 1955**, BGBl 1955/148 idF

| | | |
|---|---|---|
| **1** BGBl 1955/231 | **2** BGBl 1963/145 | **3** BGBl 1965/181 |
| **4** BGBl 1971/172 | **5** BGBl 1971/276 | **6** BGBl 1972/447 |
| **7** BGBl 1975/17 | **8** BGBl 1976/143 | **9** BGBl 1976/318 |
| **10** BGBl 1977/320 | **11** BGBl 1977/645 | **12** BGBl 1978/273 |
| **13** BGBl 1978/597 | **14** BGBl 1979/318 | **15** BGBl 1980/289 |
| **16** BGBl 1981/620 | **17** BGBl 1982/111 | **18** BGBl 1982/546 |
| **19** BGBl 1982/570 | **20** BGBl 1983/587 | **21** BGBl 1984/210 |
| **22** BGBl 1986/325 | **23** BGBl 1986/327 | **24** BGBl 1987/312 |
| **25** BGBl 1987/649 | **26** BGBl 1988/402 | **27** BGBl 1989/660 |
| **28** BGBl 1991/699 | **29** BGBl 1992/450 | **30** BGBl 1993/12 |
| **31** BGBl 1993/253 | **32** BGBl 1993/532 | **33** BGBl 1993/818 |
| **34** BGBl 1994/371 | **35** BGBl 1994/680 | **36** BGBl 1994/681 |
| **37** BGBl 1995/21 | **38** BGBl 1996/201 (StruktAnpG 1996) | **39** BGBl I 1999/28 (AbgÄG 1998) |
| **40** BGBl I 2000/142 (BudgetBG 2001) | **41** BGBl I 2001/59 (EuroStUG 2001) | **42** BGBl I 2002/19 |
| **43** BGBl I 2002/165 (VfGH) | **44** BGBl I 2003/71 (BudgetBG 2003) | **45** BGBl I 2003/124 (AbgÄG 2003) |
| **46** BGBl I 2004/72 | **47** BGBl I 2004/180 (AbgÄG 2004) | **48** BGBl I 2006/100 (StruktAnpG 2006) |
| **49** BGBl I 2009/80 (BewG-Nov 2009) | **50** BGBl I 2009/135 (EPG) | **51** BGBl I 2010/111 (BudBG 2011) |
| **52** BGBl I 2012/22 (1. StabG 2012) | **53** BGBl I 2012/112 (AbgÄG 2012) | **54** BGBl I 2013/63 |
| **55** BGBl I 2015/34 (VAG 2016) | **56** BGBl I 2016/77 (EU-AbgÄG 2016) | **57** BGBl I 2019/104 (FORG) |
| **58** BGBl I 2022/45 | | |

## GLIEDERUNG

## STICHWORTVERZEICHNIS

**Bundesgesetz vom 13. Juli 1955 über die Bewertung von Vermögenschaften (Bewertungsgesetz 1955 – BewG. 1955)**

Der Nationalrat hat beschlossen:

### Anwendungsbereich des Gesetzes

**§ 1.** (1) Die Bestimmungen des ersten Teiles dieses Bundesgesetzes (§§ 2 bis 17) gelten, soweit sich nicht aus den abgabenrechtlichen Vorschriften oder aus dem zweiten Teil dieses Gesetzes etwas anderes ergibt, für die bundesrechtlich geregelten Abgaben sowie für die bundesrechtlich geregelten Beiträge an sonstige Körperschaften des öffentlichen Rechtes und an Fonds.

(2) Die Bestimmungen des zweiten Teiles dieses Bundesgesetzes (§§ 18 bis 79) gelten für die Vermögensteuer und für die Stempel- und Rechtsgebühren; der erste Abschnitt des zweiten Teiles (§§ 19 bis 68) gilt nach näherer Regelung durch die in Betracht kommenden Gesetze auch für die Grundsteuer, die Gewerbesteuer, die Erbschafts- und Schenkungssteuer, die Grunderwerbsteuer und für die Beiträge nach dem Wohnhaus-Wiederaufbaugesetz.

(3) Soweit sich nicht aus den §§ 19 bis 79 etwas anderes ergibt, finden neben diesen auch die Vorschriften des ersten Teiles dieses Gesetzes (§§ 2 bis 17) Anwendung.

## Erster Teil
## Allgemeine Bewertungsvorschriften

### Wirtschaftliche Einheit

**§ 2.** (1) Jede wirtschaftliche Einheit ist für sich zu bewerten. Ihr Wert ist im ganzen festzustellen. Was als wirtschaftliche Einheit zu gelten hat, ist nach den Anschauungen des Verkehrs zu entscheiden. Die örtliche Gewohnheit, die tatsächliche Übung, die Zweckbestimmung und die wirtschaftliche Zusammengehörigkeit der einzelnen Wirtschaftsgüter sind zu berücksichtigen.

(2) Mehrere Wirtschaftsgüter kommen als wirtschaftliche Einheit nur insoweit in Betracht, als sie demselben Eigentümer gehören.

(3) Die Vorschriften der Abs. 1 und 2 gelten nicht, soweit eine Bewertung der einzelnen Wirtschaftsgüter vorgeschrieben ist.

### Wertermittlung bei mehreren Beteiligten

**§ 3.** Steht ein Wirtschaftsgut mehreren Personen zu, so ist sein Wert im ganzen zu ermitteln. Der Wert ist auf die Beteiligten nach dem Verhältnis ihrer Anteile zu verteilen, soweit nicht nach dem maßgebenden Steuergesetz die Gemeinschaft selbständig steuerpflichtig ist.

### Aufschiebend bedingter Erwerb

**§ 4.** Wirtschaftsgüter, deren Erwerb vom Eintritt einer aufschiebenden Bedingung abhängt, werden erst berücksichtigt, wenn die Bedingung eingetreten ist.

### Auflösend bedingter Erwerb

**§ 5.** (1) Wirtschaftsgüter, die unter einer auflösenden Bedingung erworben sind, werden wie unbedingt erworbene behandelt. Die Vorschriften über die Berechnung des Kapitalwertes der Nutzungen von unbestimmter Dauer (§ 15 Abs. 2 und 3, § 16, § 17 Abs. 3) bleiben unberührt.

(2) Tritt die Bedingung ein, so ist die Festsetzung der nicht laufend veranlagten Steuern auf Antrag nach dem tatsächlichen Wert des Erwerbes zu berichtigen. Der Antrag ist bis zum Ablauf des Jahres zu stellen, das auf den Eintritt der Bedingung folgt. Die Antragsfrist ist eine Ausschlußfrist.

### Aufschiebend bedingte Lasten

**§ 6.** (1) Lasten, deren Entstehung vom Eintritt einer aufschiebenden Bedingung abhängt, werden nicht berücksichtigt.

(2) Für den Fall des Eintrittes der Bedingung gilt § 5 Abs. 2 entsprechend.

### Auflösend bedingte Lasten

**§ 7.** (1) Lasten, deren Fortdauer auflösend bedingt ist, werden, soweit nicht ihr Kapitalwert nach § 15 Abs. 2 und 3, § 16, § 17 Abs. 3 zu berechnen ist, wie unbedingte abgezogen.

(2) Tritt die Bedingung ein, so ist die Festsetzung der nicht laufend veranlagten Steuern entsprechend zu berichtigen.

### Befristung auf einen unbestimmten Zeitpunkt

**§ 8.** Die §§ 4 bis 7 gelten auch, wenn der Erwerb des Wirtschaftsgutes oder die Entstehung oder der Wegfall der Last von einem Ereignis abhängt, bei dem nur der Zeitpunkt ungewiß ist.



### Verfügungsbeschränkungen

**§ 9.** Bei der Bewertung werden Beschränkungen, denen ein Steuerpflichtiger in seiner Eigenschaft als Vorerbe und nach Aushändigung des Vermächtnisses als Vorvermächtnisnehmer oder in seiner Eigenschaft als Inhaber eines gebundenen Vermögens unterliegt, nicht berücksichtigt.

### Bewertungsgrundsatz, gemeiner Wert

**§ 10.** (1) Bei Bewertungen ist, soweit nichts anderes vorgeschrieben ist, der gemeine Wert zugrundezulegen.

(2) Der gemeine Wert wird durch den Preis bestimmt, der im gewöhnlichen Geschäftsverkehr nach der Beschaffenheit des Wirtschaftsgutes bei einer Veräußerung zu erzielen wäre. Dabei sind alle Umstände, die den Preis beeinflussen, zu berücksichtigen. Ungewöhnliche oder persönliche Verhältnisse sind nicht zu berücksichtigen.

(3) Als persönliche Verhältnisse sind auch Verfügungsbeschränkungen anzusehen, die in der Person des Steuerpflichtigen oder eines Rechtsvorgängers begründet sind. Das gilt insbesondere für Verfügungsbeschränkungen, die auf letztwilligen Anordnungen beruhen.

### Mit Grundbesitz verbundene Rechte, Bestandteile und Zubehör

**§ 11.** (1) Bei Grundbesitz erstreckt sich die Bewertung auf die Rechte und Nutzungen, die mit dem Grundbesitz als solchem verbunden sind. Rechte, die den Vorschriften des bürgerlichen Rechtes über Grundstücke unterliegen (grundstücksgleiche Rechte), werden selbständig wie Grundbesitz behandelt.

(2) Wird bei Bewertung von inländischem Grundbesitz als solchem der gemeine Wert (§ 10) zugrunde gelegt, so sind die Bestandteile einzubeziehen. Das Zubehör ist außer Betracht zu lassen. Maschinen und sonstige Vorrichtungen aller Art, die zu einer Betriebsanlage gehören, sind nicht zu berücksichtigen, auch wenn sie wesentliche Bestandteile des Grundbesitzes sind.

(3) Bei der Bewertung von ausländischem Grundbesitz als solchem ist neben den Bestandteilen auch das Zubehör zu berücksichtigen. Zahlungsmittel, Geldforderungen, Wertpapiere und Geldschulden sind nicht einzubeziehen.

(4) Abweichend von den Vorschriften des Abs. 1 sind Holzungs- und Bezugsrechte von Holz im Sinne des § 1 Abs. 1 Z 1 der Anlage 3 zur Kundmachung der Bundesregierung vom 13. Februar 1951, BGBl. Nr. 103, bei der Bewertung des Grundbesitzes nicht zu berücksichtigen.

### Begriff des Teilwertes

**§ 12.** (1) Wirtschaftsgüter, die einem Betrieb dienen, sind in der Regel mit dem Teilwert anzusetzen. Teilwert ist der Betrag, den ein Erwerber des ganzen Betriebes im Rahmen des Gesamtkaufpreises für das einzelne Wirtschaftsgut ansetzen würde. Dabei ist davon auszugehen, daß der Erwerber den Betrieb fortführt.

### Wertpapiere und Anteile

**§ 13.** (1) Wertpapiere, die im Inland einen Kurswert haben, sind mit dem Kurswert, Forderungen, die in das Schuldbuch einer öffentlich-rechtlichen Körperschaft eingetragen sind, mit dem Kurswert der entsprechenden Schuldverschreibungen der öffentlich-rechtlichen Körperschaft anzusetzen.

(2) Für Aktien, für Anteile an Gesellschaften mit beschränkter Haftung und für Genußscheine ist, soweit sie im Inland keinen Kurswert haben, der gemeine Wert (§ 10) maßgebend. Läßt sich der gemeine Wert aus Verkäufen nicht ableiten, so ist er unter Berücksichtigung des Gesamtvermögens und der Ertragsaussichten der Gesellschaft zu schätzen. Dies gilt sinngemäß für Partizipationsscheine im Sinne des Bankwesengesetzes, BGBl. Nr. 63/1979, in der jeweils geltenden Fassung, oder des Versicherungsaufsichtsgesetzes 2016 (VAG 2016), BGBl. I Nr. 34/2015, in der jeweils geltenden Fassung. Der gemeine Wert von Genußscheinen gemäß § 6 des Beteiligungsfondsgesetzes ist, sofern er sich nicht aus Verkäufen ableiten läßt, mit 80 v.H. des Ausgabepreises anzunehmen.

*(BGBl I 2015/34)*

(3) Ist der gemeine Wert einer Anzahl von Anteilen an einer Gesellschaft, die einer Person gehören, infolge besonderer Umstände (zum Beispiel weil die Höhe der Beteiligung die Beherrschung der Gesellschaft ermöglicht) höher als der Wert, der sich auf Grund der Kurswerte (Abs. 1) oder der gemeinen Werte (Abs. 2) für die einzelnen Anteile insgesamt ergibt, so ist der gemeine Wert der Beteiligung maßgebend.

### Kapitalforderungen und Schulden

**§ 14.** (1) Kapitalforderungen, die nicht im § 13 bezeichnet sind, und Schulden sind mit dem Nennwert anzusetzen, wenn nicht besondere Umstände einen höheren oder geringeren Wert begründen.

(2) Forderungen, die uneinbringlich sind, bleiben außer Ansatz.

(3) Der Wert unverzinslicher befristeter Forderungen oder Schulden ist der Betrag, der nach Abzug von Jahreszinsen unter Berücksichtigung von Zinseszinsen in Höhe von 5,5 v.H. des Nennwertes bis zur Fälligkeit verbleibt.

(4) Noch nicht fällige Ansprüche aus Lebens-, Kapital- oder Rentenversicherungen werden mit zwei Dritteln der eingezahlten Prämien oder Kapitalbeiträge bewertet. Weist der Steuerpflichtige den Rückkaufswert nach, so ist dieser maßgebend. Rückkaufswert ist der Betrag, zu dem das Versicherungsunternehmen nach seiner Satzung oder nach den Versicherungsbedingungen den Versicherungsschein zurückkaufen würde.

### Kapitalwert von wiederkehrenden Nutzungen und Leistungen

**§ 15.** (1) Der Gesamtwert von Nutzungen oder Leistungen, die auf bestimmte Zeit beschränkt sind, ist die Summe der einzelnen Jahreswerte abzüglich der Zwischenzinsen unter Berücksichtigung von Zinseszinsen. Dabei ist von einem Zinssatz in Höhe von 5,5 v.H. auszugehen. Der Gesamtwert darf das Achtzehnfache des Jahreswertes nicht übersteigen.

(2) Immerwährende Nutzungen oder Leistungen sind mit dem Achtzehnfachen des Jahreswertes, Nutzungen oder Leistungen von unbestimmter Dauer vorbehaltlich des § 16 mit dem Neunfachen des Jahreswertes zu bewerten.

(3) Beruhen die wiederkehrenden Nutzungen oder Leistungen auf der Überlassung von Rechten im Sinne des § 69 Abs. 1 Z 4 oder auf der Überlassung von gewerblichen Erfahrungen und von Berechtigungen oder auf der Gestattung der Verwertung solcher Rechte, so gilt als gemeiner Wert der gesamten Nutzungen und Leistungen das Dreifache des Jahreswertes.

### Kapitalwert von lebenslänglichen Nutzungen und Leistungen

**§ 16.** (1) Der Wert von Renten, wiederkehrenden Nutzungen oder Leistungen sowie dauernden Lasten, die vom Ableben einer oder mehrerer Personen abhängen, ergibt sich aus der Summe der von der Erlebenswahrscheinlichkeit abgeleiteten Werte sämtlicher Rentenzahlungen, der einzelnen wiederkehrenden Nutzungen oder Leistungen, sowie dauernden Lasten abzüglich der Zwischenzinsen unter Berücksichtigung von Zinseszinsen (versicherungsmathematische Berechnung). Dabei ist der Zinssatz gemäß § 15 Abs. 1 anzuwenden.

(2) Der Bundesminister für Finanzen ist ermächtigt, an Hand anerkannter Methoden durch Verordnung festzusetzen, von welchen Erlebenswahrscheinlichkeiten auszugehen ist.

(3) Hat eine Rente, wiederkehrende Nutzung oder Leistung sowie dauernde Last tatsächlich weniger als die Hälfte des nach Abs. 1 und 2 ermittelten Wertes betragen und beruht der Wegfall auf dem Tod des Berechtigten oder Verpflichteten, so ist die Festsetzung von nicht laufend veranlagten Steuern auf Antrag nach der wirklichen Höhe der Rente Nutzung, Leistung oder Last zu berichtigen. § 5 Abs. 2 zweiter und dritter Satz gelten entsprechend. Ist eine Last weggefallen, so bedarf die Berichtigung keines Antrages.

### Jahreswert von Nutzungen und Leistungen

**§ 17.** (1) Der einjährige Betrag der Nutzung einer Geldsumme ist, wenn kein anderer Wert feststeht, mit 5,5 v.H. anzunehmen.

(2) Nutzungen oder Leistungen, die nicht in Geld bestehen (Wohnung, Kost, Waren und sonstige

Sachbezüge), sind mit den üblichen Mittelpreisen des Verbrauchsortes anzusetzen.

(3) Bei Nutzungen oder Leistungen, die in ihrem Betrag ungewiß sind oder schwanken, ist als Jahreswert der Betrag zugrundezulegen, der in Zukunft im Durchschnitt der Jahre voraussichtlich erzielt werden wird.

## Zweiter Teil
## Besondere Bewertungsvorschriften

### Vermögensarten

**§ 18.** (1) Das Vermögen, das nach den Vorschriften des zweiten Teiles dieses Bundesgesetzes zu bewerten ist, umfaßt die folgenden Vermögensarten:

1. Land- und forstwirtschaftliches Vermögen;
2. Grundvermögen;
3. Betriebsvermögen;
4. sonstiges Vermögen.

(2) Das land- und forstwirtschaftliche Vermögen, das Grundvermögen und die zum Betriebsvermögen gehörigen Grundstücke (Betriebsgrundstücke) gelten als Grundbesitz im Sinne dieses Bundesgesetzes.

## Erster Abschnitt
## Einheitsbewertung

### Einheitswerte

**§ 19.** Die Werte, die nach den Vorschriften dieses Abschnittes für wirtschaftliche Einheiten (land- und forstwirtschaftliche Betriebe, gewerbliche Betriebe sowie Grundstücke und Gewerbeberechtigungen, die nicht zu einem gewerblichen Betrieb gehören) oder Untereinheiten (Grundstücke und Gewerbeberechtigungen, die zu einem gewerblichen Betrieb gehören) gesondert festgestellt werden, gelten als Einheitswerte.

### Hauptfeststellung

**§ 20.** (1) Die Einheitswerte werden allgemein festgestellt (Hauptfeststellung) in Zeitabständen von je neun Jahren für die wirtschaftlichen Einheiten des land- und forstwirtschaftlichen Vermögens und des Grundvermögens, für die Betriebsgrundstücke und die Gewerbeberechtigungen.

(2) Der Hauptfeststellung werden die Verhältnisse zu Beginn des Kalenderjahres (Hauptfeststellungszeitpunkt) zugrunde gelegt. Die Vorschriften im § 65 über die Zugrundelegung eines anderen Zeitpunktes bleiben unberührt.

(3) Die gemäß Abs. 1 festzustellenden Einheitswerte werden erst mit Beginn des jeweiligen Folgejahres wirksam. Bis zu diesem Zeitpunkt gelten die zur vorangegangenen Hauptfeststellung festgestellten Einheitswerte, soweit nicht die Voraussetzungen für die Durchführung von Fortschreibungen oder Nachfeststellungen gemäß §§ 21 und 22 gegeben sind; beim Vorliegen der erwähnten Voraussetzungen sind Fortschreibungen und Nachfeststellungen auch zu den Hauptfeststellungszeitpunkten gemäß Abs. 1 Z 1 durchzuführen.

**§ 20a.** Die gemäß § 20 zum 1. Jänner 1997 vorgesehene Hauptfeststellung der Einheitswerte für wirtschaftliche Einheiten des land- und forstwirtschaftlichen Vermögens und der Betriebsgrundstücke gemäß § 60 Abs. 1 Z 2 ist zum 1. Jänner 2001 durchzuführen, wobei § 20 Abs. 3 sinngemäß Anwendung findet.

**§ 20b.** Die in § 20 a zum 1. Jänner 2001 vorgesehene Hauptfeststellung der Einheitswerte für wirtschaftliche Einheiten des land- und forstwirtschaftlichen Vermögens und der Betriebsgrundstücke gemäß § 60 Abs. 1 Z 2 gilt zum 1. Jänner 2001 als durchgeführt. Dabei sind die Wertverhältnisse vom 1. Jänner 1988 sowie die gemäß Abschnitt II Artikel I des BGBl Nr. 649/1987 festgesetzten Hektarsätze für die Betriebszahl 100 maßgebend. Die im Zusammenhang mit der Hauptfeststellung zum 1. Jänner 1988 ergangenen Kundmachungen sind weiterhin rechtsverbindlich. Die zur Hauptfeststellung zum 1. Jänner 1988 festgestellten Einheitswerte gelten, soweit nicht die Voraussetzungen für die Durchführung von Fortschreibungen oder Nachfeststellungen gemäß §§ 21 und 22 gegeben sind, weiter. Dies gilt sinngemäß auch für die Wohnungswerte gemäß § 33.

**§ 20c.** Die gemäß § 20 in Verbindung mit § 20a und § 20b zum 1. Jänner 2010 vorgesehene Hauptfeststellung der Einheitswerte für wirtschaftliche Einheiten des land- und forstwirtschaftlichen Vermögens und der Betriebsgrundstücke gemäß § 60 Abs. 1 Z 2 ist zum 1. Jänner 2014 durchzuführen, wobei § 20 Abs. 3 sinngemäße Anwendung findet.

**„§ 20d. Die zum 1. Jänner 2023 vorgesehene Hauptfeststellung der Einheitswerte für wirtschaftliche Einheiten des land- und forstwirtschaftlichen Vermögens ist in der Form durchzuführen, dass ausschließlich klimatische Kriterien auf Basis eines Temperatur- und Niederschlagsindex sowie eine Neubewertung der Betriebsgröße neu berücksichtigt werden. Die im Zusammenhang mit der Hauptfeststellung zum 1. Jänner 2014 ergangenen Kundmachungen gelten weiter und sind nur insoweit zu berichtigen, als sie davon betroffen sind. Die Hauptfeststellungsbescheide haben bis zum 30. September 2023 zu ergehen. § 20 Abs. 3 ist nicht anzuwenden.**

*(BGBl I 2022/45 ab 14.4.2022)*

**§ 20e. Für Stichtage ab dem 1. Jänner 2032 ist für wirtschaftliche Einheiten des land- und forstwirtschaftlichen Vermögens § 20 nicht mehr anzuwenden. Stattdessen ist ein neuer Einheitswert festzustellen, soweit sich auf Grund offizieller land- und forstwirtschaftlicher Statistiken oder einer Neufeststellung der Bodenschätzung ergibt, dass sich die Wertverhältnisse der natürlichen und wirtschaftlichen Ertragsbedingungen zumindest im Durchschnitt der letzten fünf Jahre nachhaltig und wesentlich verändert haben. Eine sich daraus ergebende Änderung der Bewertungsgrundlagen ist vom Bundesminister für Finanzen nach Anhörung des Bewertungsbeirates nach den Vorschriften des § 44 rechtsverbindlich festzulegen. Abgeän-**

**derte Einheitswertbescheide haben jeweils zum darauffolgenden 1. Jänner zu ergehen.“**
*(BGBl I 2022/45 ab 14.4.2022)*

### Fortschreibung

**§ 21.** (1) Der Einheitswert wird neu festgestellt,

1. wenn der gemäß § 25 abgerundete Wert, der sich für den Beginn eines Kalenderjahres ergibt,
   a) bei wirtschaftlichen Einheiten des land- und forstwirtschaftlichen Vermögens entweder um mehr als ein Zwanzigstel, mindestens aber um 300 Euro, oder um mehr als 1 000 Euro,
   b) bei den übrigen wirtschaftlichen Einheiten und Untereinheiten des Grundbesitzes entweder um mehr als ein Zehntel, mindestens aber um 400 Euro oder um mehr als 7.300 Euro, von dem zum letzten Feststellungszeitpunkt festgestellten Einheitswert abweicht (Wertfortschreibung) oder
2. wenn die Art des Bewertungsgegenstandes von der zuletzt im Einheitswertbescheid festgestellten Art abweicht (Artfortschreibung). Der Wechsel von einer Unterart in eine andere Unterart des land- und forstwirtschaftlichen Vermögens führt nur dann zu einer Fortschreibung, wenn die Wertgrenzen der Z 1 lit. a überschritten werden.

(2) Die im Abs. 1 Z 1 festgesetzten Wertgrenzen sind nicht zu beachten, wenn für einen Teil des Bewertungsgegenstandes ein Grund für eine Abgabenbefreiung eintritt oder wegfällt, sowie, wenn der Mindestwert gemäß § 25 über- oder unterschritten wird.

(3) Fällt eine wirtschaftliche Einheit oder Untereinheit, für die ein Einheitswert bereits festgestellt ist, weg oder ist gemäß § 25 ein Einheitswert nicht mehr festzustellen oder tritt für den ganzen Steuergegenstand eine Steuerbefreiung ein, so ist der Einheitswert auf den Wert Null fortzuschreiben.

(4) Allen Fortschreibungen einschließlich der Fortschreibungen auf Grund einer Änderung der steuerlichen Zurechnung des Bewertungsgegenstandes (Zurechnungsfortschreibung) sind die Verhältnisse bei Beginn des Kalenderjahres zugrundezulegen, das auf die Änderung folgt (Fortschreibungszeitpunkt). Die Vorschriften im § 65 über die Zugrundelegung eines anderen Zeitpunktes bleiben unberührt.

### Nachfeststellung

**§ 22.** (1) Für wirtschaftliche Einheiten (Untereinheiten), für die ein Einheitswert festzustellen ist, wird der Einheitswert nachträglich festgestellt (Nachfeststellung), wenn nach dem Hauptfeststellungszeitpunkt

1. die wirtschaftliche Einheit (Untereinheit) neu gegründet wird;
2. für eine bereits bestehende wirtschaftliche Einheit (Untereinheit) der Grund für die Befreiung von einer Steuer wegfällt.

(2) Der Nachfeststellung werden die Verhältnisse zugrundegelegt, die auf den Beginn des Kalenderjahres ermittelt worden sind, das dem maßgebenden Ereignis folgt (Nachfeststellungszeitpunkt). Endet in den Fällen des Abs. 1 Z 2 die Steuerbefreiung aus dem Grund, weil die Befreiung für eine bestimmte Frist galt und diese Frist abgelaufen ist, so ist abweichend von Satz 1 Nachfeststellungszeitpunkt der Beginn des Kalenderjahres, in dem die Steuerpflicht eintritt. Die Vorschriften im § 65 über die Zugrundelegung eines anderen Zeitpunktes bleiben unberührt.

(3) Ist in den Fällen des Abs. 1 Z 1 der Nachfeststellungszeitpunkt (Abs. 2 erster Satz) nicht mehr feststellbar, so gilt der Beginn des Kalenderjahres als Nachfeststellungszeitpunkt, das der erstmaligen Kenntnisnahme des maßgebenden Ereignisses durch das Finanzamt folgt.

(4) Eine Nachfeststellung ist weiters in jenen Fällen zulässig, in denen der Bescheid über die Hauptfeststellung oder über die Nachfeststellung nicht oder nicht rechtswirksam ergangen ist. Als Nachfeststellungszeitpunkt gilt in diesen Fällen frühestens der Beginn des Kalenderjahres, in dem das Recht auf Festsetzung der vom Einheitswert abgeleiteten Abgaben und Beiträge noch nicht verjährt ist.

(5) Eine Nachfeststellung ist auch vorzunehmen, wenn sich die Vermögensart bei einer wirtschaftlichen Einheit von land- und forstwirtschaftlichem Vermögen auf Grundvermögen oder von Grundvermögen auf land- und forstwirtschaftliches Vermögen ändert.

### Wertverhältnisse bei Fortschreibungen und bei Nachfeststellungen

**§ 23.** Bei Fortschreibungen und bei Nachfeststellungen der Einheitswerte für Grundbesitz sind der tatsächliche Zustand des Grundbesitzes vom Fortschreibungszeitpunkt oder vom Nachfeststellungszeitpunkt und die Wertverhältnisse vom Hauptfeststellungszeitpunkt zugrundezulegen.

### Umfang der wirtschaftlichen Einheit in Sonderfällen

**§ 24.** Die Zurechnung mehrerer Wirtschaftsgüter zu einer wirtschaftlichen Einheit wird nicht dadurch ausgeschlossen, daß die Wirtschaftsgüter zum Teil dem einen, zum Teil dem anderen Ehegatten oder eingetragenen Partner gehören, wenn die Ehegatten oder eingetragenen Partner in dauernder Haushaltsgemeinschaft leben.

### Abrundung der Einheitswerte und Nichtfeststellung geringfügiger Einheitswerte

**§ 25.** Die Einheitswerte sind auf volle 100 Euro nach unten abzurunden. Abweichend hievon sind Einheitswerte beim land- und forstwirtschaftlichen Vermögen sowie bei den Betriebsgrundstücken gemäß § 60 Abs. 1 Z 2 zwischen 150 Euro und weniger als 200 Euro mit 150 Euro festzusetzen. Einheitswerte, deren Höhe

1. beim land- und forstwirtschaftlichen Vermögen sowie bei den Betriebsgrundstücken gemäß § 60 Abs. 1 Z 2 geringer ist als 150 Euro und
2. beim Grundvermögen sowie bei den Betriebsgrundstücken gemäß § 60 Abs. 1 Z 1 geringer ist als 400 Euro,

sind nicht festzustellen.

**Bewertung von ausländischem Vermögen**

**§ 26.** Für die Bewertung des ausländischen land- und forstwirtschaftlichen Vermögens, Grundvermögens und Betriebsvermögens gelten die Vorschriften des ersten Teiles dieses Bundesgesetzes, insbesondere § 10 (gemeiner Wert) und § 11 Abs. 3. Nach diesen Vorschriften sind auch die ausländischen Teile einer wirtschaftlichen Einheit zu bewerten, die sich sowohl auf das Inland als auch auf das Ausland erstreckt.[a)]

[a)] Berichtigt gem Kundmachung BGBl Nr 231/1955.

**Bewertung von inländischem Vermögen**

**§ 27.** Für die Bewertung des inländischen land- und forstwirtschaftlichen Vermögens, Grundvermögens und Betriebsvermögens gelten die Vorschriften der §§ 29 bis 68. Nach diesen Vorschriften sind auch die inländischen Teile einer wirtschaftlichen Einheit zu bewerten, die sich sowohl auf das Inland als auch auf das Ausland erstreckt.

**Grundbesitz, dessen Erhaltung im öffentlichen Interesse liegt**

**§ 28.** Einheitswerte für Grundbesitz, dessen Erhaltung wegen seiner Bedeutung für Kunst, Geschichte oder Wissenschaft im öffentlichen Interesse liegt, insbesondere unter Denkmalschutz stehende Gebäude, sind mit 30 v.H. des an sich maßgebenden Wertes festzustellen, wenn die durchschnittlichen Erhaltungskosten die erzielten Einnahmen und sonstigen Vorteile übersteigen.

## I. Land- und forstwirtschaftliches Vermögen

### Unterarten des land- und forstwirtschaftlichen Vermögens

**§ 29.** Zum land- und forstwirtschaftlichen Vermögen gehören

1. das landwirtschaftliche Vermögen,
2. das forstwirtschaftliche Vermögen,
3. das Weinbauvermögen,
4. das gärtnerische Vermögen,
5. das übrige land- und forstwirtschaftliche Vermögen.

### a) Landwirtschaftliches Vermögen

**Begriff des landwirtschaftlichen Vermögens**

**§ 30.** (1)

1. Zum landwirtschaftlichen Vermögen gehören alle Teile (insbesondere Grund und Boden, Gebäude, stehende und umlaufende Betriebsmittel, Nebenbetriebe und Sonder- und Obstkulturen) einer wirtschaftlichen Einheit, die dauernd einem landwirtschaftlichen Hauptzweck dient (landwirtschaftlicher Betrieb).
2. Z 1 gilt auch für landwirtschaftliche Flächen, deren Bewirtschaftung auf Grund naturschutzbehördlicher Auflagen eingeschränkt ist.

(2) Als Teile des landwirtschaftlichen Betriebes gelten nicht

1. Zahlungsmittel, Wertpapiere und Geldforderungen mit Ausnahme der in Zusammenhang mit der Bewirtschaftung zur Auszahlung gelangten öffentlichen Gelder,
2. Geldschulden,
3. Gebäude oder Räume des Gebäudes, die zu eigenen gewerblichen Zwecken des Betriebsinhabers verwendet werden, zu gewerblichen oder Wohnzwecken vermietet sind oder sonstigen betriebsfremden Zwecken dienen,
4. der den Vergleichswert übersteigende Teil des Wohnungswertes gemäß § 33 Abs. 2,
5. ein über den normalen Bestand hinausgehender Bestand (Überbestand) an umlaufenden Betriebsmitteln. Als normaler Bestand an umlaufenden Betriebsmitteln gilt ein solcher, der zur Fortführung des Betriebes bis zum Beginn der nächsten Ernte erforderlich ist. Bei seiner Ermittlung sind die in dieser Zeit eingehenden Einnahmen und aufzuwendenden Barlöhne nicht zu berücksichtigen. Als Beginn der Ernte gilt der Zeitpunkt, in dem der Betriebsinhaber bei ordnungsgemäßer Wirtschaftsführung frühestens die Möglichkeit hat, Erzeugnisse der Ernte in nennenswertem Umfang zu veräußern,
6. Beteiligungen, Anteile an Agrargemeinschaften sowie Ansprüche auf Entgelte aus nichtlandwirtschaftlichen Nutzungsüberlassungen von Grund und Boden.

(3) Die Zucht oder das Halten von Tieren gilt als landwirtschaftlicher Betrieb, wenn zur Tierzucht oder Tierhaltung überwiegend Erzeugnisse verwendet werden, die im eigenen landwirtschaftlichen Betrieb gewonnen worden sind.

(4) Geflügelvermehrungszuchtbetriebe gelten als landwirtschaftliche Betriebe, wenn sie von einer Landwirtschaftskammer anerkannt sind. Geflügelvermehrungszuchtbetriebe sind mit dem Einzelertragswert zu bewerten. Der Bundesminister für Finanzen kann im Bedarfsfall nach Beratung im Bewertungsbeirat mit Verordnung Bewertungsansätze festlegen (§ 44).

(5) Die Zucht oder das Halten der in Abs. 7 genannten Tiere gilt als landwirtschaftlicher Betrieb, wenn, bezogen auf die reduzierte landwirtschaftliche Nutzfläche dieses Betriebes (Abs. 6),

für die ersten .................... 10 ha nicht mehr als 8,
für die nächsten ............... 10 ha nicht mehr als 6,
für die nächsten ............... 10 ha nicht mehr als 4,

für die nächsten ............... 10 ha nicht mehr als 3,
für die nächsten ................ 10 ha nicht mehr als 2 Vieheinheiten (Abs. 7) und für die restliche reduzierte landwirtschaftliche Nutzfläche nicht mehr als 1,5 Vieheinheiten je Hektar im Wirtschaftsjahr durchschnittlich erzeugt oder gehalten werden. Wird jedoch dieser Höchstbestand nachhaltig überschritten, so ist hinsichtlich des gesamten Tierbestandes das Vorliegen eines gewerblichen Betriebes anzunehmen. Für die Anzahl der zulässigen Vieheinheiten und für die Ermittlung der reduzierten landwirtschaftlichen Nutzfläche ist das Gesamtausmaß der vom Betrieb aus bewirtschafteten Flächen maßgebend; zugepachtete Flächen sind miteinzubeziehen, verpachtete auszuschließen.

(6) Gehören zur bewirtschafteten Fläche eines landwirtschaftlichen Betriebes Hutweiden, Streuwiesen, Alpen oder Bergmähder, so sind bei Anwendung des Abs. 5 die Flächenausmaße der Hutweiden und der Streuwiesen auf ein Drittel, jene der Alpen und Bergmähder auf ein Fünftel zu reduzieren. Die so ermittelte Fläche ist die reduzierte landwirtschaftliche Nutzfläche des landwirtschaftlichen Betriebes.

(7) Die Vieheinheiten werden nach dem zur Erreichung des Produktionszieles erforderlichen Futterbedarf bestimmt. Für die Umrechnung der Tierbestände in Vieheinheiten (VE) gilt folgender Schlüssel:

| | |
|---|---|
| Pferde: | |
| Fohlen Jungpferde bis ein Jahr | 0,35 VE |
| Jungpferde bis drei Jahre, Kleinpferde | 0,6 VE |
| andere Pferde über drei Jahre | 0,8 VE |
| Rinder: | |
| Rinder bis sechs Monate | 0,3 VE |
| Rinder sechs Monate bis ein Jahr | 0,55 VE |
| Rinder ein bis eineinhalb Jahren | 0,65 VE |
| Rinder eineinhalb bis zwei Jahre | 0,8 VE |
| Rinder über zwei Jahre | 1,0 VE |
| (aufgehoben) | |
| Schafe: | |
| Lämmer bis sechs Monate | 0,02 VE |
| Schafe sechs Monate bis ein Jahr | 0,1 VE |
| Schafe über ein Jahr | 0,15 VE |
| Ziegen: | |
| Ziegen sechs Monate bis ein Jahr | 0,05 VE |
| Ziegen über ein Jahr | 0,12 VE |
| Schweine: | |
| Ferkel (10 bis 30 kg) | 0,01 VE |
| Mastschweine aus zugekauften Ferkeln | 0,06 VE |
| Mastschweine aus eigenen Ferkeln | 0,07 VE |
| Jungsauen, Jungeber | 0,1 VE |
| Zuchtsauen, Zuchteber | 0,35 VE |
| Hühner: | |
| Junghennen | 0,002 VE |
| Legehennen aus zugekauften Junghennen | 0,013 VE |
| Jungmasthühner | 0,001 VE |
| Übriges Geflügel: | |
| Mastenten | 0,003 VE |
| Mastgänse | 0,006 VE |
| Mastputen | 0,009 VE |
| Kaninchen: | |
| Zucht- und Angorakaninchen | 0,034 VE |
| Mastkaninchen | 0,002 VE |
| Damtiere: | |
| Damtiere | 0,09 VE |

(8) Als landwirtschaftlicher Nebenbetrieb gilt ein Betrieb, der dem landwirtschaftlichen Hauptbetrieb zu dienen bestimmt ist.

(9) Werden im Rahmen eines landwirtschaftlichen Hauptbetriebes auch Umsätze aus zugekauften Erzeugnissen erzielt, so ist ein einheitlicher landwirtschaftlicher Betrieb auch dann anzunehmen, wenn der Einkaufswert des Zukaufes fremder Erzeugnisse nicht mehr als 25 v.H. des Umsatzes dieses Betriebes beträgt. Abweichend davon ist bei Weinbaubetrieben ein einheitlicher Weinbaubetrieb auch dann anzunehmen, wenn die Einkaufsmenge des Zukaufes nicht mehr als 2.000 kg frische Weintrauben der Unternummer 0806 10 der Kombinierten Nomenklatur oder insgesamt 1.500 l Wein aus frischen Weintrauben aus den Unterpositionen 2204 21 und 2204 29 der Kombinierten Nomenklatur sowie Traubenmost der Unterposition 2204 30 der Kombinierten Nomenklatur, jeweils pro Hektar bewirtschafteter Betriebsfläche, beträgt. Gehören zu einem landwirtschaftlichen Betrieb auch Betriebsteile, die gemäß § 39 Abs. 2 Z 2 bis 5 gesondert zu bewerten sind, so sind der erste und zweite Satz auf jeden Betriebsteil gesondert anzuwenden.

(10) Übersteigt der Zukauf fremder Erzeugnisse die im Abs. 9 genannten Werte oder Mengen, so ist hinsichtlich des Betriebes (Betriebsteiles) ein einheitlicher Gewerbebetrieb anzunehmen.

(11) Für die Beurteilung der in Abs. 9 und 10 genannten Ausmaße sind die Umsätze oder Mengen des dem Feststellungszeitpunkt vorangehenden Kalenderjahres maßgebend, sofern aus der Art der Betriebsführung eine Nachhaltigkeit zu erwarten ist.

(12) Die Verbesserung der Ertragsfähigkeit eines landwirtschaftlichen Betriebes durch überdurchschnittliche Tierhaltung sowie durch Umsätze aus zugekauften fremden Erzeugnissen ist gemäß § 40 zu berücksichtigen.

### Abgrenzung des landwirtschaftlichen Betriebes

**§ 31.** (1) In den landwirtschaftlichen Betrieb sind auch solche Grundstücksflächen einzubeziehen, die anderen als landwirtschaftlichen Zwecken dienen, wenn die Zugehörigkeit dieser Flächen zu dem landwirtschaftlichen Betrieb den landwirtschaftlichen Hauptzweck des Betriebes nicht wesentlich beeinflußt. Dies gilt nicht für solche Flächen, die als selbständige Betriebe oder als Teile davon anzusehen sind.

(2) In den landwirtschaftlichen Betrieb sind Betriebsmittel, die der Bewirtschaftung des Betriebes dienen, auch dann einzubeziehen, wenn sie nicht dem Eigentümer des Grund und Bodens gehören.

(3) In den landwirtschaftlichen Betrieb kann ein Anteil des Eigentümers an anderen Flächen einbezogen werden, soweit er mit dem Betrieb zusammen bewirtschaftet wird.

(4) In einen landwirtschaftlichen Betrieb sind auch Wirtschaftsgebäude oder Wirtschaftsgebäudeteile einzubeziehen, die auf dem einem landwirtschaftlichen Betrieb dienenden Grund und Boden errichtet sind, aber dem Eigentümer des Grund und Bodens nicht oder nicht alleine gehören.

(5) Verfügt der Bewirtschafter über keine Eigenflächen, so sind die in Zusammenhang mit der Bewirtschaftung fremder Flächen an ihn ausbezahlten Gelder im Sinne des § 35 eine eigene wirtschaftliche Einheit. Sitz dieses landwirtschaftlichen Betriebes ist in jener Gemeinde, von der aus die Bewirtschaftung erfolgt.

(6) Nicht genutzte landwirtschaftliche Wirtschaftsgebäude gehören unbeschadet der Bestimmungen des § 52 Abs. 2 zum land- und forstwirtschaftlichen Vermögen, solange sie keinem anderen Zweck zugeführt werden.

**§ 31a.** (aufgehoben)

### Bewertungsgrundsatz, Ertragswert

**§ 32.** (1) Für landwirtschaftliche Betriebe gelten die Grundsätze über die Bewertung nach Ertragswerten.

(2) Ertragswert ist das Achtzehnfache des Reinertrages, den der Betrieb seiner wirtschaftlichen Bestimmung gemäß im Durchschnitt der Jahre nachhaltig erbringen kann. Dabei ist davon auszugehen, daß der Betrieb unter gewöhnlichen Verhältnissen, ordnungsmäßig, gemeinüblich und mit entlohnten fremden Arbeitskräften bewirtschaftet wird. Außerdem ist zu unterstellen, daß der Betrieb schuldenfrei ist und mit einem für die ordnungsgemäße, gemeinübliche Bewirtschaftung des Betriebes notwendigen Bestand an Wirtschaftsgebäuden ausgestattet ist.

(3) Bei der Beurteilung der nachhaltigen Ertragsfähigkeit sind die wesentlichen Umstände zu berücksichtigen, die den Wirtschaftserfolg beeinflussen oder von denen die Verwertung der gewonnenen Erzeugnisse abhängig ist. Demgemäß sind insbesondere zu berücksichtigen:

1. Die natürlichen Ertragsbedingungen im Sinne des § 1 Abs. 2 Z 2 des Bodenschätzungsgesetzes 1970 (Bodenbeschaffenheit, Geländegestaltung, klimatische Verhältnisse, Wasserverhältnisse);
2. die folgenden wirtschaftlichen Ertragsbedingungen:
   a) regionalwirtschaftliche Verhältnisse des Standortes,
   b) Entfernung der Betriebsflächen zum Hof,
   c) Größe und Hangneigung der Betriebsflächen und
   d) Betriebsgröße.

(4) Die Gebäude, Betriebsmittel, Nebenbetriebe, Sonder- und Obstkulturen sowie Rechte und Nutzungen (§ 11), die zu dem Betrieb gehören, werden unbeschadet der §§ 33 und 40 nicht besonders bewertet, sondern bei der Ermittlung des Ertragswertes berücksichtigt. Dabei sind Zuschläge gemäß § 40 für Sonder- und Obstkulturen, die keine Dauerkulturen sind, der wirtschaftlichen Einheit des Bewirtschafters zuzurechnen, während Zuschläge für Dauerkulturen beim Ertragswert des Eigentümers der wirtschaftlichen Einheit, auf der sie sich befinden, zu erfassen sind. Sofern der Bewirtschafter keinen land- und forstwirtschaftlichen Grundbesitz im Eigentum hat, bildet der Zuschlag einen landwirtschaftlichen Betrieb in jener Gemeinde, in der die Hofstelle des Pächters gelegen ist, oder bei Fehlen einer Hofstelle, in jener Gemeinde, in der sich der wertmäßig überwiegende Anteil der Sonder- und Obstkulturen befindet.

### Wohnungswert

**§ 33.** (1) Wohnungswert ist der Wert der Gebäude oder Gebäudeteile, die dem Betriebsinhaber, seinen Familienangehörigen, den Ausnehmern und den überwiegend im Haushalt des Betriebsinhabers beschäftigten Personen als Wohnung dienen. Der Wohnungswert ist bei den unter § 29 Z 1 und 3 genannten Unterarten des land- und forstwirtschaftlichen Vermögens bis zu einem, nach den Vorschriften über die Bewertung von bebauten Grundstücken ermittelten Wohnungswert von 2.180,185 Euro Bestandteil des Vergleichswertes (§ 39).

(2) Übersteigt jedoch der nach den Vorschriften über die Bewertung von bebauten Grundstücken ermittelte Wohnungswert den in Abs. 1 genannten Betrag, so ist der den Betrag von 2.180,185 Euro übersteigende Teil des Wohnungswertes als sonstiges bebautes Grundstück (§ 54 Abs. 1 Z 5) dem Grundvermögen zuzurechnen.

(3) Bei der Ermittlung des Wohnungswertes sind, wenn der Hauptfeststellungszeitpunkt für das Grundvermögen von dem Hauptfeststellungszeitpunkt für das land- und forstwirtschaftliche Vermögen abweicht, die Wertverhältnisse vom vorhergehenden Hauptfeststellungszeitpunkt für das Grundvermögen zugrunde zu legen; der zu diesem Zeitpunkt ermittelte Wohnungswert gilt, soweit nicht Fortschreibungen oder Nachfeststel-

lungen vorzunehmen sind, bis zum nächstfolgenden Hauptfeststellungszeitpunkt der Einheitswerte des land- und forstwirtschaftlichen Vermögens.

(4) Für nach dem 31. Dezember 2013 liegende Stichtage hat eine Hauptfeststellung für Gebäude oder Gebäudeteile im Sinne des Abs. 1 zum Hauptfeststellungszeitpunkt des Grundvermögens zu erfolgen. Die festgestellten Wohnungswerte gelten weiter, sofern nicht die Voraussetzungen für eine Wertfortschreibung oder eine Nachfeststellung gemäß §§ 21 und 22 gegeben sind.

### Hauptvergleichsbetrieb, Vergleichsbetriebe, Betriebszahl

**§ 34.** (1) Für die Bewertung aller landwirtschaftlichen Betriebe innerhalb des Bundesgebietes wird von einem Hauptvergleichsbetrieb ausgegangen, der die besten natürlichen Ertragsbedingungen im Sinne des § 32 Abs. 3 Z 1 aufweist und bei dem sich die wirtschaftlichen Ertragsbedingungen in ihrer Gesamtheit weder ertragsmindernd noch ertragserhöhend auswirken. Die Merkmale der natürlichen und wirtschaftlichen Ertragsbedingungen dieses Hauptvergleichsbetriebes sind vom Bundesministerium für Finanzen nach Beratung im Bewertungsbeirat durch Verordnung rechtsverbindlich festzustellen und im „Amtsblatt zur Wiener Zeitung" kundzumachen (§ 44). Die Bodenklimazahl (§ 16 Abs. 2 Bodenschätzungsgesetz 1970, BGBl. Nr. 233) dieses Hauptvergleichsbetriebes ist mit der Wertzahl 100 anzunehmen.

(2) Um für die Bewertung aller in der Natur tatsächlich vorkommenden landwirtschaftlichen Betriebe innerhalb des Bundesgebietes die Gleichmäßigkeit zu sichern und Grundlagen durch feststehende Ausgangspunkte zu schaffen, stellt das Bundesministerium für Finanzen für bestimmte Betriebe (Vergleichsbetriebe) nach Beratung im Bewertungsbeirat mit rechtsverbindlicher Kraft das Verhältnis fest, in dem die Vergleichsbetriebe nach ihrer Ertragsfähigkeit auf die Flächeneinheit (Hektar) bezogen zum Hauptvergleichsbetriebe stehen. Diese Feststellungen sind im „Amtsblatt zur Wiener Zeitung" kundzumachen. Die Vergleichsbetriebe sind in allen Teilen des Bundesgebietes (Bundesländer) so auszuwählen, daß die Vergleichsbetriebe für die jeweilige Gegend kennzeichnend sind. In ihrer Gesamtheit haben diese einen Querschnitt über die Ertragsverhältnisse der landwirtschaftlichen Betriebe des Bundesgebietes zu ergeben.

(3) Das Verhältnis zum Hauptvergleichsbetrieb im Sinne des Abs. 1 wird jeweils in einem Hundertsatz ausgedrückt (Betriebszahl). Die Betriebszahl des Hauptvergleichsbetriebes ist 100.

### Berücksichtigung von öffentlichen Geldern

**§ 35. „Bei der Bewertung sind nur solche wiederkehrenden Direktzahlungen gesondert zu berücksichtigen, welche zur Einkommensunterstützung gewährt werden, soweit sie nicht für die Abgeltung ertragswirksamen Mehraufwandes oder Minderertrages auf Grund von Verpflichtungen, die über die allgemeinen Mindestanforderungen hinausgehen oder aufgrund von Mehraufwendungen für besonders zu berücksichtigende Bewirtschaftungsverhältnisse resultieren, vorgesehen sind."** Diese öffentlichen Gelder sind in Höhe von 33 vH der dem jeweiligen Betriebsinhaber für das Antragsjahr gewährten Erstauszahlung unter Berücksichtigung allfälliger Vorschusszahlungen anzusetzen.

*(BGBl I 2022/45 ab 14.4.2022)*

### Ermittlung der Betriebszahlen

**§ 36.** (1) Bei der Feststellung der Betriebszahlen sind die tatsächlichen Verhältnisse hinsichtlich der im § 32 Abs. 3 bezeichneten Ertragsbedingungen zugrunde zu legen; hiebei sind hinsichtlich der natürlichen Ertragsbedingungen die rechtskräftigen Ergebnisse der Bodenschätzung maßgebend (§ 16 Bodenschätzungsgesetz 1970, BGBl. Nr. 233).

(2) Hinsichtlich der übrigen Umstände, die die Ertragsfähigkeit beeinflussen können, sind ohne Rücksicht auf die tatsächlichen Verhältnisse solche zu unterstellen, die in der betreffenden Gegend für die Bewirtschaftung als regelmäßig anzusehen sind. Dies gilt insbesondere hinsichtlich des Bestandes an Betriebsmitteln. Als regelmäßig im Sinne des Satzes 1 ist nicht anzusehen, daß Nebenbetriebe, Obstbau- und andere Sonderkulturen, Alpen sowie Rechte und Nutzungen (§ 11) zu den Betrieben gehören.

(3) Zugepachtete Flächen, die zusammen mit einem Vergleichsbetrieb bewirtschaftet werden, können bei der Feststellung der Betriebszahl mitberücksichtigt werden; in diesem Fall ist der Hektarsatz des Betriebes nicht durch Anwendung der für ihn festgestellten Betriebszahl zu ermitteln. Für seine Ermittlung sind vielmehr die für alle übrigen Betriebe geltenden Vorschriften anzuwenden. Dabei sind die zugepachteten Flächen außer Betracht zu lassen.

### Gang der Bewertung

**§ 37.** Zur Feststellung des Einheitswertes wird für alle landwirtschaftlichen Betriebe der Vergleichswert nach den §§ 38 und 39 ermittelt. Bei Vorliegen der Voraussetzungen des § 40 ist der Vergleichswert durch einen Abschlag zu vermindern oder durch einen Zuschlag zu erhöhen. Unterbleibt ein Abschlag oder ein Zuschlag, so ist Einheitswert der Vergleichswert, soweit nicht noch Grundstücksflächen nach § 31 Abs. 1 und 3 und öffentliche Gelder gemäß § 35 einzubeziehen sind.

### Ermittlung des Hektarsatzes

**§ 38.** (1) Für die Betriebszahl 100, das heißt für den Hauptvergleichsbetrieb (§ 34), beträgt der Ertragswert je Hektar (Hektarsatz) 2 400 Euro.

(2) Der Bundesminister für Finanzen bestimmt mit Verordnung, mit welchen Ertragswerten pro Hektar (Hektarsätzen) die im § 39 Abs. 2 Z 1 lit. a und b genannten Grundstücksflächen anzusetzen sind.

(3) Für die übrigen Vergleichsbetriebe ergibt sich der Hektarsatz aus der Anwendung der für

sie festgestellten Betriebszahl auf den Hektarsatz des Hauptvergleichsbetriebes.

(4) Für alle übrigen Betriebe wird der Hektarsatz nach dem Verhältnis ihrer Ertragsfähigkeit zu derjenigen der Vergleichsbetriebe ermittelt. Hiebei sind für die wirtschaftlichen Ertragsbedingungen im Sinne des § 32 Abs. 3 Z 2 lit. a, b und c ortsübliche Verhältnisse zugrunde zu legen.

### Ermittlung der Vergleichswerte und Einheitswerte

**§ 39.** (1) Der Vergleichswert ergibt sich unbeschadet der Bestimmungen der Abs. 2 bis 4 für alle Betriebe aus der Vervielfachung des Hektarsatzes mit der in Hektar ausgedrückten Fläche des Betriebes. Wege, Gräben, Hecken, Grenzraine und dergleichen, die Teile eines landwirtschaftlichen Betriebes sind, sind der Grundstücksfläche, zu der sie gehören, zuzurechnen und, unbeschadet des § 40, gemeinschaftlich mit dieser zu bewerten.

(2) Bei der Feststellung des Einheitswertes eines landwirtschaftlichen Betriebes sind die folgenden Teile des Betriebes gesondert zu bewerten:

1. durch Ermittlung des Hektarsatzes nach dem Verhältnis ihrer Ertragsfähigkeit zu derjenigen der Vergleichsbetriebe
   a) Alpen, das sind Vegetationsflächen oberhalb und außerhalb der höhenbezogenen Dauersiedlungsgrenze, die vorwiegend durch Beweidung während der Sommermonate genutzt werden, sowie die in regelmäßigen Abständen gemähten Dauergrasflächen im Almbereich;
   b) Vegetationsflächen, deren Ertragsfähigkeit so gering ist, daß sie in ihrem derzeitigen Zustand land- und forstwirtschaftlich nicht bestellt werden können;
2. nach den Vorschriften des § 46 forstwirtschaftlich genutzte Grundstücksflächen;
3. nach den Vorschriften des § 48 Abs. 2 und 4 weinbaumäßig genutzte Grundstücksflächen;
4. nach den Bestimmungen des § 49 gärtnerisch genutzte Grundstücksflächen mit Ausnahme der Hausgärten;
5. mit ihrem Einzelertragswert Teile des landwirtschaftlichen Betriebes, soweit sie, losgelöst von ihrer Zugehörigkeit zu diesem Betrieb, zum übrigen land- und forstwirtschaftlichen Vermögen gehören würden;
6. öffentliche Gelder nach den Vorschriften des § 35.

(3) Teile des landwirtschaftlichen Betriebes, die unproduktives Land sind, scheiden für die Bewertung aus; als unproduktives Land gilt alles Land, das durch keinerlei Nutzung einen Ertrag abwirft und das auch bei geordneter, verständiger Wirtschaftsweise nicht in Kultur genommen werden kann. Unbeschadet der Bestimmungen des 1. Satzes sind jene Flächen, die zwar nicht in Kultur genommen werden können, aber anderwärtig genutzt werden, gemäß Abs. 2 Z 1 lit. b gesondert zu bewerten.

(4) Weicht der Wert, der sich für den landwirtschaftlichen Betrieb bei Anwendungen der Abs. 2 und 3 ergeben würde, nur unerheblich von dem Wert ab, der sich bei Anwendung des maßgebenden Hektarsatzes auf den ganzen Betrieb ergibt, so kann von der Anwendung dieser Bestimmungen abgesehen und der maßgebende Hektarsatz auf den ganzen Betrieb angewendet werden.



### Abschläge und Zuschläge

**§ 40.** Für die Abschläge und Zuschläge am Vergleichswert gelten die folgenden Vorschriften:

1. Abschläge oder Zuschläge sind nur zu machen, wenn
   a) die tatsächlichen Verhältnisse der im § 36 Abs. 2 bezeichneten Ertragsbedingungen von den regelmäßigen Verhältnissen, die bei der Feststellung der Betriebszahl oder bei der Ermittlung des Hektarsatzes unterstellt worden sind, wesentlich abweichen und außerdem
   b) die Abweichung zu einer wesentlichen Minderung oder Steigerung der Ertragsfähigkeit führt und
   c) die Abweichung nicht durch Be- und/oder Verarbeitung im Sinne des § 2 Abs. 4 Z 1 der Gewerbeordnung 1994 oder durch Buschenschank (§§ 2 Abs. 1 Z 5 und 111 Abs. 2 Z 5 Gewerbeordnung 1994) begründet ist.
2. für die Bemessung der Abschläge und Zuschläge ist von dem Unterschiedsbetrag auszugehen zwischen dem Ertrag, der beim Vorliegen der regelmäßigen Verhältnisse zu erzielen wäre und dem Ertrag, den der landwirtschaftliche Betrieb in seinem tatsächlichen Zustand nachhaltig erzielen kann. Der Unterschiedsbetrag ist mit 18 zu vervielfachen.

### Bewertungsbeirat

**§ 41.** (1) Der Bundesminister für Finanzen hat zur Sicherung einer wirksamen Durchführung der Vorschriften der §§ 34 und 36 einen Bewertungsbeirat zu bilden.

(2) Dem Bewertungsbeirat gehören an:

1. ein vom Bundesminister für Finanzen beauftragter rechtskundiger Bundesbeamter als Vorsitzender und ein Beamter des höheren Bodenschätzungsdienstes für die technischen Belange des Bewertungsbeirates;
2. zwei Landesbeamte als Vertreter der Bundesländer; der Bundesminister für Finanzen bestimmt die Bundesländer, welche die Vertreter entsenden;
3. sechs unter Bedachtnahme auf den Vorschlag der Präsidentenkonferenz der Landwirtschaftskammern Österreichs im Einvernehmen mit dem Bundesminister für Land- und Forstwirtschaft berufene Mitglieder, die über eingehende Sachkenntnis auf dem Gebiete der Landwirtschaft verfügen. Hievon müssen

jedoch mindestens zwei Mitglieder ausübende Landwirte sein. Nach Bedarf können vorübergehend mehr als sechs Mitglieder in gleicher Weise berufen werden. Der Bundesminister für Finanzen kann die Berufung jederzeit zurücknehmen.

(3) Die im Abs. 2 unter Z 3 berufenen Mitglieder üben ihre Funktion ehrenamtlich aus. Alle im Abs. 2 angeführten Personen sind verpflichtet, über alle ihnen in Ausübung ihrer Tätigkeit bekannt gewordenen Amts-, Geschäfts- und Betriebsgeheimnisse Verschwiegenheit zu bewahren. Auf Verletzung der Geheimhaltungspflicht finden die Bestimmungen der §§ 251 und 252 des Finanzstrafgesetzes, BGBl. Nr. 129/1958, Anwendung.

### Geschäftsführung des Bewertungsbeirates

**§ 42.** (1) Das Bundesministerium für Finanzen führt die Geschäfte des Bewertungsbeirates.

(2) Der Vorsitzende des Bewertungsbeirates leitet die Verhandlungen. Eine Abstimmung findet nicht statt.

(3) Der Bewertungsbeirat ist berechtigt, Grundstücke zu betreten, Betriebe zu besichtigen und die für seine Arbeiten notwendigen Auskünfte zu verlangen.

(4) Das Bundesministerium für Finanzen bestimmt die Geschäftsordnung des Bewertungsbeirates und die Entschädigung der nichtbeamteten Mitglieder.

### Aufgaben des Bewertungsbeirates

**§ 43.** Der Bewertungsbeirat berät das Bundesministerium für Finanzen

1. bei der Beschreibung der Merkmale des Hauptvergleichsbetriebes (§ 34 Abs. 1),
2. bei der Bestimmung der Vergleichsbetriebe,
3. bei der Feststellung der Betriebszahlen für die Vergleichsbetriebe,
4. bei der Festsetzung der Hektarsätze gemäß § 38 Abs. 2,
5. bei weiteren Maßnahmen, die zur Sicherung der Gleichmäßigkeit der Bewertung innerhalb des Bundesgebietes zu treffen sind.

### Bekanntgabe und Wirkung der Entscheidung

**§ 44.** Nach Beratung im Bewertungsbeirat trifft das Bundesministerium für Finanzen über den Gegenstand der Beratung die Entscheidung. Durch die Kundmachung der Entscheidungen im „Amtsblatt zur Wiener Zeitung“ erhalten diese für die Hauptfeststellung der Einheitswerte und für alle Fortschreibungen und Nachfeststellungen bis zur nächsten Hauptfeststellung rechtsverbindliche Kraft. War der Einheitswert eines Vergleichsbetriebes bereits vor der Bekanntgabe seiner Betriebszahl festgestellt, so gilt die Feststellung des Einheitswertes als nicht erfolgt.

**§ 45.** (aufgehoben)

## b) Forstwirtschaftliches Vermögen

### Begriff und Bewertung des forstwirtschaftlichen Vermögens

**§ 46.** (1) Zum forstwirtschaftlichen Vermögen gehören alle Teile einer wirtschaftlichen Einheit, die dauernd einem forstwirtschaftlichen Hauptzweck dienen (forstwirtschaftlicher Betrieb). Einem forstwirtschaftlichen Hauptzweck dienen insbesondere Flächen, die Wald im Sinne des Forstgesetzes 1975 sind.

(2) Für die Bewertung des forstwirtschaftlichen Vermögens sind die §§ 30 bis 32 Abs. 2 und 4, §§ 35, 39 Abs. 1 zweiter Satz, § 39 Abs. 2 Z 1 lit. b, §§ 40, 41, 42 und 44 entsprechend anzuwenden, soweit sich nicht aus den folgenden Absätzen etwas anderes ergibt. Eingeschlagenes Holz rechnet nur insoweit zum Überbestand an umlaufenden Betriebsmitteln, als es den betriebsplanmäßigen jährlichen Einschlag übersteigt.

(3) Der forstwirtschaftliche Ertragswert ist ausgehend vom Hektarsatz eines nicht aussetzenden Betriebes mit regelmäßigen Altersklassen (Normalwaldbetrieb) und günstigen forstwirtschaftlichen Bewirtschaftungsbedingungen abzuleiten. Die Hektarsätze für das forstwirtschaftliche Vermögen ergeben sich nach dem Verhältnis zum Normalwaldbetrieb und sind nach den verschiedenen in Betracht kommenden Baumarten, Ertragsklassen und erzielbaren Holzpreisen sowie vom Umstand, ob auf Grund der forstwirtschaftlichen Betriebsgröße eine überwiegend regelmäßige Nutzung möglich ist, zu differenzieren. Weichen die tatsächlichen Verhältnisse davon ab, erfolgt eine Berücksichtigung durch Zu- oder Abschläge. Zu diesem Zweck kann der Bundesminister für Finanzen nach Beratung in der forstwirtschaftlichen Abteilung des Bewertungsbeirates mit rechtsverbindlicher Kraft feststellen

1. von welchem Wert für die Flächeneinheit (Hektar) eines Betriebes mit überwiegend regelmäßiger forstwirtschaftlicher Nutzung und regelmäßigen Altersklassenverhältnis auszugehen ist (Hektarsatz);
2. mit welchem Hundertsatz des nach Z 1 festgestellten Hektarsatzes die einzelnen Altersklassen anzusetzen sind;
3. mit welchem Hektarsatz Mittelwald-, Niederwald- und Auwaldbetriebe, Schutz- oder Bannwälder und sonstige in der Bewirtschaftung eingeschränkte Wälder oder derartige Flächen innerhalb anderer Betriebe anzusetzen sind;
4. die forstwirtschaftliche Betriebsgröße, ab der überwiegend regelmäßige forstwirtschaftliche Nutzungen möglich sind.

(4) Bei der Feststellung der Hektarsätze nach Abs. 3 sind die tatsächlichen Verhältnisse hinsichtlich der natürlichen Ertragsbedingungen wie insbesondere Betriebsklassen, Holzarten, Standortbedingungen und Schäden weiters hinsichtlich der Vermarktungsmöglichkeiten und des Holzbestandes zugrunde zu legen. Hinsichtlich der übrigen

Umstände und der Bewirtschaftungsbedingungen sind regelmäßige Verhältnisse zu unterstellen. Dies gilt insbesondere hinsichtlich des Bestandes an Betriebsmitteln und der Betriebsgröße. Als regelmäßig im Sinne des zweiten Satzes ist anzusehen, dass Nebenbetriebe, ausgenommen solche gemäß § 40 Z 1 lit. c, Sonderkulturen, Rechte und Nutzungen (§ 11) sowie Gebäude nicht vorhanden sind und Nebennutzungen nicht erzielt werden.

(5) Der ermittelte Ertragswert ist durch einen Abschlag zu vermindern oder durch einen Zuschlag zu erhöhen, wenn die tatsächlichen Verhältnisse der im Abs. 4 zweiter bis vierter Satz bezeichneten Ertragsbedingungen von den regelmäßigen Verhältnissen, die bei der Feststellung der Hektarsätze unterstellt worden sind, wesentlich abweichen und diese Abweichung zu einer wesentlichen Minderung oder Steigerung der Ertragsfähigkeit führt. § 40 Z 2 gilt entsprechend. Das Wohngebäude des Betriebsinhabers oder der seiner Wohnung dienende Gebäudeteil gehört abweichend von § 32 Abs. 4 nicht zum forstwirtschaftlichen Vermögen. Gehört das Wohngebäude zu Grundstücksflächen, die gemäß Abs. 6 zu bewerten sind, findet § 33 entsprechend Anwendung.

(6) Bei der Feststellung des Einheitswertes eines forstwirtschaftlichen Betriebes sind landwirtschaftlich genutzte Grundstücksflächen unbeschadet der Bestimmungen des § 39 Abs. 2 Z 1 durch Ermittlung des Hektarsatzes nach dem Verhältnis ihrer Ertragsfähigkeit zu derjenigen der landwirtschaftlichen Vergleichsbetriebe zu bewerten. Die Bestimmungen des § 39 Abs. 2 Z 3, 4 und 5 sowie § 39 Abs. 3 und 4 gelten entsprechend.

### Forstwirtschaftliche Abteilung des Bewertungsbeirates

**§ 47.** (1) Für die forstwirtschaftliche Abteilung des Bewertungsbeirates treten an Stelle der im § 41 Abs. 2 Z 3 Satz 1 bezeichneten sechs Mitglieder vier Mitglieder, die über eingehende Sachkenntnis auf dem Gebiete der Forstwirtschaft verfügen. Hievon müssen jedoch mindestens zwei Mitglieder ausübende Forstwirte sein.

(2) Der Bewertungsbeirat berät das Bundesministerium für Finanzen hinsichtlich der forstwirtschaftlichen Betriebe

1. bei den im § 46 Abs. 3 bezeichneten Feststellungen;
2. bei weiteren Maßnahmen, die zur Sicherung der Gleichmäßigkeit der Bewertung innerhalb des Bundesgebietes zu treffen sind.

## c) Weinbauvermögen

### Begriff und Bewertung des Weinbauvermögens

**§ 48.** (1) Zum Weinbauvermögen gehören alle Teile einer wirtschaftlichen Einheit, die dauernd dem Weinbau als Hauptzweck dient (Weinbaubetrieb).

(2) Auf die Weinbaubetriebe finden die §§ 30 bis 32 Abs. 2 und § 32 Abs. 4 bis § 44 entsprechende Anwendung, soweit sich nicht aus den Abs. 3 bis 6 etwas anderes ergibt.

(3) Zum normalen Bestand an umlaufenden Betriebsmitteln gehören auch die Weinvorräte, die aus der Ernte der letzten zwei Jahre stammen oder die sich bei gemeinüblicher Bewirtschaftung noch im Ausbau befinden. Hiezu gehören jedoch nicht Vorräte an Weinen solcher Jahrgänge, die ihrer besonderen Eigenart wegen über die regelmäßige Ausbauzeit hinaus einer Kellerbehandlung unterzogen werden.

(4) Der Hektarsatz für die Betriebszahl 100 (Weinbauhauptvergleichsbetrieb) ist nach Beratung in der Weinbauabteilung des Bewertungsbeirates (Abs. 6) vom Bundesminister für Finanzen mit Verordnung (§ 44) im Verhältnis der Ertragsfähigkeit zum Hektarsatz gemäß § 38 Abs. 1 festzulegen.

Bei der Beurteilung der nachhaltigen Ertragsfähigkeit von Weinbaubetrieben sind die wesentlichen Umstände zu berücksichtigen, die den Wirtschaftserfolg beeinflussen oder von denen die Verwertung der gewonnenen Erzeugnisse abhängig ist. Demgemäß sind insbesondere zu berücksichtigen:

1. Die natürlichen Ertragsbedingungen im Sinne des § 1 Abs. 2 Z 2 des Bodenschätzungsgesetzes 1970 sowie die regionalen weinbauklimatischen Verhältnisse;
2. die folgenden wirtschaftlichen Ertragsbedingungen:
   a) Lage des Hofes in Hinblick auf Vermarktungsmöglichkeiten der Erzeugnisse,
   b) tatsächliche Vermarktungsverhältnisse des Betriebes,
   c) Größe und Hangneigung der Betriebsflächen und
   d) Betriebsgröße.
3. Ertragssteigerungen aus Buschenschank sind unbeschadet des § 40 Z 1 lit. c gesondert durch Zuschlag zu berücksichtigen.

(5) Bei der Feststellung des Einheitswertes eines Weinbaubetriebes sind landwirtschaftlich genutzte Grundstücksflächen unbeschadet der Bestimmungen des § 39 Abs. 2 Z 1 durch Ermittlung des Hektarsatzes nach dem Verhältnis ihrer Ertragsfähigkeit zu derjenigen der landwirtschaftlichen Vergleichsbetriebe (Untervergleichsbetriebe) zu bewerten.

(6) Für die Weinbauabteilung des Bewertungsbeirates treten an die Stelle der im § 41 Abs. 2 Z 3 Satz 1 bezeichneten sechs Mitglieder vier Mitglieder, die über eingehende Sachkenntnis auf dem Gebiete des Weinbaues verfügen. Hievon muß jedoch mindestens ein Mitglied ausübender Weinbautreibender sein.

## d) Gärtnerisches Vermögen

### Begriff und Bewertung des gärtnerischen Vermögens

**§ 49.** (1) Zum gärtnerischen Vermögen gehören alle Teile einer wirtschaftlichen Einheit, die dauernd einem gärtnerischen Hauptzweck dient (gärtnerischer Betrieb). Ein gärtnerischer Betrieb liegt auch dann vor, wenn die gärtnerischen Erzeugnisse unter Glas oder anderen Einrichtungen zur Beeinflussung der natürlichen Ertragsbedingungen gewonnen werden. Nicht zum gärtnerischen Vermögen, sondern zum Grundvermögen gehören solche Flächen, die vorwiegend der Erholung dienen bzw. bei deren Bewirtschaftung ein Reinertrag nicht zu erwarten ist.

(2) Auf die gärtnerischen Betriebe finden die §§ 30 bis 32 Abs. 2, § 32 Abs. 4, § 35, § 41, § 42 und § 44 entsprechende Anwendung, soweit sich nicht aus den Abs. 3 bis 6 etwas anderes ergibt.

(3) Gärtnerische Betriebe sind grundsätzlich mit dem Einzelertragswert zu bewerten. Der Bundesminister für Finanzen kann nach Beratung im Bewertungsbeirat mit rechtsverbindlicher Kraft Bewertungsansätze für bestimmte Kategorien der gärtnerischen Nutzung sowie die Art und den Umfang der Berücksichtigung von Umständen im Sinne des § 32 festlegen (§ 44).

(4) Das Wohngebäude des Betriebsinhabers oder der seiner Wohnung dienende Gebäudeteil gehört abweichend von § 32 Abs. 4 nicht zum gärtnerischen Vermögen.

(5) Bei der Feststellung des Einheitswertes eines gärtnerischen Betriebes sind landwirtschaftlich genutzte Grundstücksflächen unbeschadet der Bestimmung des § 39 Abs. 2 Z 1 durch Ermittlung des Hektarsatzes nach dem Verhältnis ihrer Ertragsfähigkeit zu derjenigen der landwirtschaftlichen Vergleichsbetriebe zu bewerten. Die Bestimmungen des § 39 Abs. 2 Z 2, 3 und 5 sowie Abs. 3 gelten entsprechend.

(6) Für die gärtnerische Abteilung des Bewertungsbeirates treten an Stelle der im § 41 Abs. 2 Z 3 Satz 1 bezeichneten sechs Mitglieder drei Mitglieder, die über eingehende Sachkenntnis auf dem Gebiete des Gartenbaues verfügen. Hievon muß jedoch mindestens ein Mitglied ausübender Erwerbsgärtner sein. Der Bewertungsbeirat berät das Bundesministerium für Finanzen bei den im Abs. 3 bezeichneten Feststellungen und bei weiteren Maßnahmen, die zur Sicherung der Gleichmäßigkeit der Bewertung innerhalb des Bundesgebietes zu treffen sind.

### e) Übriges land- und forstwirtschaftliches Vermögen

#### Begriff und Bewertung des übrigen land- und forstwirtschaftlichen Vermögens

**§ 50.** (1) Zum übrigen land- und forstwirtschaftlichen Vermögen gehören insbesondere:

1. Das der Fischzucht und der Teichwirtschaft gewidmete Vermögen;
2. das Fischereirecht und das übrige der Fischerei gewidmete Vermögen;
3. das der Bienenzucht gewidmete Vermögen (Imkereien).

(2) Auf das übrige land- und forstwirtschaftliche Vermögen sind § 30 Abs. 2, 8 bis 12 und § 32 Abs. 1, 2 und 4 entsprechend anzuwenden. Das Wohngebäude des Betriebsinhabers oder der seiner Wohnung dienende Gebäudeteil gehört abweichend vom § 32 Abs. 4 nicht zum übrigen land- und forstwirtschaftlichen Vermögen. Der Bundesminister für Finanzen kann im Bedarfsfall nach Beratung im Bewertungsbeirat mit Verordnung Bewertungsansätze für bestimmte Teile des übrigen land- und forstwirtschaftlichen Vermögens festlegen (§ 44).

(3) Abs. 1 gilt auch für Flächen (z.B. auch Gewässer), deren Bewirtschaftung auf Grund naturschutzbehördlicher Auflagen eingeschränkt ist.

## II. Grundvermögen

#### Begriff des Grundvermögens

**§ 51.** (1) Zum Grundvermögen gehört der Grund und Boden einschließlich der Bestandteile (insbesondere Gebäude) und des Zubehörs. In das Grundvermögen sind nicht einzubeziehen die Maschinen und sonstigen Vorrichtungen aller Art, die zu einer Betriebsanlage gehören, auch wenn sie wesentliche Bestandteile sind. Umzäunungen sowie Weg- und Platzbefestigungen sind bei gewerblich genutzten Grundstücken stets als Vorrichtungen anzusehen, die zu einer Betriebsanlage gehören. Jede wirtschaftliche Einheit des Grundvermögens bildet ein selbständiges Grundstück im Sinne dieses Bundesgesetzes.

(2) Als Grundstücke gelten auch das Baurecht und sonstige grundstücksgleiche Rechte.

(3) Als Grundstück gilt auch ein Gebäude, das auf fremdem Grund und Boden errichtet ist, selbst wenn es wesentlicher Bestandteil des Grund und Bodens geworden ist.

#### Abgrenzung des Grundvermögens von anderen Vermögensarten

**§ 52.** (1) Zum Grundvermögen gehört nicht Grundbesitz, der zum land- und forstwirtschaftlichen Vermögen gehört.

(2) Land- und forstwirtschaftlich genutzte Grundstücksflächen sind dem Grundvermögen zuzurechnen, wenn nach ihrer Lage und den sonstigen Verhältnissen, insbesondere mit Rücksicht auf die bestehenden Verwertungsmöglichkeiten, anzunehmen ist, daß sie in absehbarer Zeit anderen als land- und forstwirtschaftlichen Zwecken dienen werden, z.B, wenn sie hienach als Bauland, Industrieland oder als Land für Verkehrszwecke anzusehen sind.

(3) Zum Grundvermögen gehören nicht die Betriebsgrundstücke (§ 60) und die Gewerbeberechtigungen (§ 61).

#### Bewertung von bebauten Grundstücken

**§ 53.** (1) Bei der Bewertung von bebauten Grundstücken (Grundstücke, deren Bebauung abgeschlossen ist, und Grundstücke, die sich zum Feststellungszeitpunkt im Zustand der Bebauung befinden), ist vom Bodenwert (Abs. 2) und vom Gebäudewert (Abs. 3 bis 6) auszugehen.

(2) Als Bodenwert ist der Wert maßgebend, mit dem der Grund und Boden allein als unbebautes Grundstück gemäß § 55 zu bewerten wäre. Da-

bei sind insbesondere die Lage und die Form des Grundstückes sowie alle anderen den gemeinen Wert von unbebauten Grundstücken beeinflussende Umstände zu berücksichtigen. Der Wert jener Fläche, die das Zehnfache der bebauten Fläche nicht übersteigt, ist um 25 v.H. zu kürzen.

(3) Der Gebäudewert ist vorbehaltlich der Bestimmungen der Abs. 4 und 5 aus dem Neuherstellungswert abzuleiten, der sich je nach der Bauweise und Ausstattung der Gebäude oder der Gebäudeteile bei Unterstellung von Durchschnittspreisen je Kubikmeter des umbauten Raumes der Gebäude oder der Gebäudeteile ergibt. Umbauter Raum ist der auf mindestens drei Seiten von Wänden umschlossene innere nutzbare Raum zuzüglich des Raumes, den die Umwandung einnimmt.

(4) Bei offenen Hallen (Überdachungen, Flugdächer), das sind von höchstens zwei Seiten durch Wände umschlossene Räume, ist der Gebäudewert aus dem Neuherstellungswert abzuleiten, der sich je nach der Bauweise und Höhe bei Unterstellung von Durchschnittspreisen je Quadratmeter der überdachten Fläche ergibt.

(5) Bei Mietwohngrundstücken und bei gemischtgenutzten Grundstücken ist der Gebäudewert aus dem Neuherstellungswert abzuleiten, der sich je nach der Bauweise und Ausstattung der Gebäude oder der Gebäudeteile bei Unterstellung von Durchschnittspreisen je Quadratmeter der nutzbaren Fläche der Gebäude oder der Gebäudeteile ergibt. Nutzbare Fläche ist die Gesamtfläche der insbesondere für Wohnzwecke, für gewerbliche Zwecke oder für öffentliche Zwecke nutzbar ausgestatteten Räume einschließlich der Nebenräume und Wandnischen (Einbauschränke) sowie einschließlich der für die erwähnten Zwecke nutzbar ausgestatteten Keller- und Dachbodenräume; Garagen sind in die nutzbare Fläche einzubeziehen. Die Wandstärke ist bei der Berechnung der nutzbaren Fläche außer Betracht zu lassen. Räume oder Teile von Räumen, die weniger als 150 cm hoch sind, sowie Treppen, Stiegenhäuser, Gänge, offene Balkone und Terrassen sind bei der Berechnung der nutzbaren Fläche nicht einzubeziehen.

(6) Bei der Ermittlung des Gebäudewertes ist der Neuherstellungswert (Abs. 3 bis 5) entsprechend dem Alter der Gebäude oder der Gebäudeteile im Hauptfeststellungszeitpunkt durch einen Abschlag für technische Abnützung zu ermäßigen. Als Alter des Gebäudes oder des Gebäudeteiles gilt der Zeitraum vom Beginn des Kalenderjahres, in dem das Gebäude oder der Gebäudeteil benützungsfertig wurde, bis zum Hauptfeststellungszeitpunkt. Benützungsfertig ist ein Gebäude oder Gebäudeteil mit jenem Tag, mit dem die Behörde die Benützung für zulässig erklärt hat. Als benützungsfertig im Sinne dieses Gesetzes gilt ein Gebäude oder Gebäudeteil auch mit der ersten tatsächlichen Benützung oder Vermietung. Der Abschlag beträgt jährlich

a) allgemein 1,3 v.H.,

b) bei Gebäuden, die der gewerblichen Beherbergung dienen 2,0 v.H.,

c) bei Lagerhäusern und Kühlhäusern 2,0 v.H.,

d) bei Fabriksgebäuden, Werkstättengebäuden, Garagen, Lagerhäusern und Kühlhäusern, die Teile der wirtschaftlichen Einheit eines Fabriksgrundstückes sind, weiters bei offenen Hallen, soweit sie nicht unter lit. e oder f fallen 2,5 v.H.,

e) bei leichter oder behelfsmäßiger Bauweise 3,0 v.H.,

f) bei einfachen Holzgebäuden oder offenen Hallen in Holzkonstruktion 5,0 v.H.

des Neuherstellungswertes. Bei noch benützbaren Gebäuden oder Gebäudeteilen darf der Abschlag in den Fällen gemäß lit. a und b nicht mehr als 70 v.H. in den Fällen gemäß lit. c bis f nicht mehr als 80 v.H. betragen.

(7) Zur Berücksichtigung der unterschiedlichen Ertragsfähigkeit bebauter Grundstücke ist die gemäß Abs. 1 bis 6 ermittelte Summe aus dem Bodenwert und aus dem Gebäudewert um die in lit. a bis d festgesetzten Hundertsätze zu kürzen. Die Kürzung darf sich jedoch hinsichtlich des Bodenwertes nur auf eine Fläche bis zum Zehnfachen der bebauten Fläche erstrecken; dies gilt nicht für Geschäftsgrundstücke, auf denen sich ein Fabriksbetrieb befindet. Das Ausmaß der Kürzung beträgt

a) bei bebauten Grundstücken, soweit ein durch gesetzliche Vorschriften beschränkter Mietzins entrichtet wird, entsprechend dem Anteil der von der Mietzinsbeschränkung betroffenen nutzbaren Flächen an der gesamten nutzbaren Fläche (Abs. 5), bei einem Anteil von

 100 v. H. bis 80 v. H. an der gesamten nutzbaren Fläche

 60. v. H, weniger als 80 v. H. bis 60 v. H. an der gesamten nutzbaren Fläche 55 v. H.,

 weniger als 60 v. H. bis 50 v. H. an der gesamten nutzbaren Fläche 50 v. H.,

 weniger als 50 v. H. bis 40 v. H. an der gesamten nutzbaren Fläche 45 v. H.,

 weniger als 40 v. H. bis 30 v. H. an der gesamten nutzbaren Fläche 40 v. H.,

 weniger als 30 v. H. bis 20 v. H. an der gesamten nutzbaren Fläche 35 v. H.,

 weniger als 20 v. H. bis 10 v. H. an der gesamten nutzbaren Fläche 30 v. H.,

 weniger als 10 v. H. an der gesamten nutzbaren Fläche 25 v. H.;

 bei der Ermittlung des Anteiles der von der Mietzinsbeschränkung betroffenen nutzbaren Fläche sind die Wohnräume mit ihrer tatsächlichen nutzbaren Fläche, die gewerblichen oder öffentlichen Zwecken dienenden Räume jedoch nur mit ihrer halben nutzbaren Fläche anzusetzen;

b) bei Einfamilienhäusern und sonstigen bebauten Grundstücken gemäß § 33 Abs. 2 30 v.H.,

c) bei Schlössern, Burgen und Klöstern 50 v.H.,
d) bei allen übrigen bebauten Grundstücken 25 v.H.

(8) Übersteigt die gesamte bebaute Fläche einer wirtschaftlichen Einheit das Ausmaß von 2.000 m, so ist der gemäß Abs. 1 bis 7 ermittelte Wert bei einer bebauten Fläche von

mehr als 2.000 m² bis 5.000 m² um 4 v.H.,

mehr als 5.000 m² bis 10.000 m² um 7 v.H.,

mehr als 10.000 m² bis 20.000 m² um 10 v.H.,

mehr als 20.000 m² bis 30.000 m² um 14 v.H.

mehr als 30.000 m² um 20 v.H.

zu kürzen.

(9) Bei der Feststellung der Einheitswerte von Grundstücken, die sich zum Feststellungszeitpunkt im Zustand der Bebauung befinden, sind zu dem Wert des Grund und Bodens und der benützungsfertigen Gebäude und Gebäudeteile die Kosten hinzuzurechnen, die für die in Bau befindlichen Gebäude und Gebäudeteile bis zum Feststellungszeitpunkt entstanden sind. Der so festgestellte Einheitswert darf jedoch nicht höher sein als der Einheitswert, der sich ergeben wird, wenn das Gebäude oder der Gebäudeteil benützungsfertig (Abs. 6 dritter Satz) sind. Für Zwecke der Grundsteuer ist ein besonderer Einheitswert festzustellen; dabei ist nur der Wert des Grund und Bodens und der benützungsfertigen Gebäude und Gebäudeteile zu erfassen. Grundstücke im Zustand der Bebauung sind in diejenige Grundstückshauptgruppe (§ 54) einzureihen, der sie auf Grund der zum Bewertungsstichtag vorliegenden Pläne nach Beendigung der Bebauung angehören werden. Wird die Bebauung abgeschlossen, liegt eine Änderung der Art des Bewertungsgegenstandes im Sinne des § 21 Abs. 1 Z 2 vor.

(10) Bei bebauten Grundstücken, deren gemeiner Wert geringer ist als der auf Grund der Bestimmungen der Abs. 1 bis 9 ermittelte Wert, ist auf Antrag der gemeine Wert zugrunde zu legen.

(11) Mindestens sind als Einheitswert eines bebauten Grundstückes, wenn sich gemäß Abs. 1 bis 10 ein geringerer Wert ergibt, sieben Zehntel des Wertes anzusetzen, mit dem der Grund und Boden gemäß Abs. 2 zu bewerten ist.

### Durchschnittspreise

**§ 53a.** Die bei der Ermittlung des Gebäudewertes gemäß § 53 Abs. 3 bis 5 zu unterstellenden Durchschnittspreise sind in der Anlage festgesetzt; die Anlage ist ein Bestandteil dieses Bundesgesetzes.

### Grundstückshauptgruppen

**§ 54.** (1) Die bebauten Grundstücke werden eingeteilt in:

1. Mietwohngrundstücke. Als Mietwohngrundstücke gelten solche Grundstücke, die zu mehr als 80 vom Hundert Wohnzwecken dienen, mit Ausnahme der Einfamilienhäuser (Z 4).
2. Geschäftsgrundstücke. Als Geschäftsgrundstücke gelten solche Grundstücke, die zu mehr als 80 vom Hundert unmittelbar eigenen oder fremden gewerblichen oder öffentlichen Zwecken dienen.
3. Gemischtgenutzte Grundstücke. Als gemischtgenutzte Grundstücke gelten solche Grundstücke, die teils Wohnzwecken, teils unmittelbar eigenen oder fremden gewerblichen oder öffentlichen Zwecken dienen und weder nach Z 1 als Mietwohngrundstücke, noch nach Z 2 als Geschäftsgrundstücke, noch nach Z 4 als Einfamilienhäuser anzusehen sind.
4. Einfamilienhäuser. Als Einfamilienhäuser gelten solche Wohngrundstücke, die nach ihrer baulichen Gestaltung nicht mehr als eine Wohnung enthalten. Dabei sind Wohnungen, die für Hauspersonal bestimmt sind, nicht mitzurechnen. Die Eigenschaft als Einfamilienhaus wird auch dadurch nicht beeinträchtigt, daß durch Abtrennung von Räumen weitere Wohnungen geschaffen werden, wenn mit ihrem dauernden Bestand nicht gerechnet werden kann. Ein Grundstück gilt auch dann als Einfamilienhaus, wenn es teilweise unmittelbar eigenen oder fremden gewerblichen oder öffentlichen Zwecken dient und dadurch die Eigenart als Einfamilienhaus nach der Verkehrsauffassung nicht wesentlich beeinträchtigt wird.
5. Sonstige bebaute Grundstücke. Die nicht unter Z 1 bis 4 fallenden bebauten Grundstücke gelten als sonstige bebaute Grundstücke.

(2) Die Frage, ob die im Abs. 1 Z 1 bis 3 bezeichneten Grenzen erreicht sind, ist nach dem Verhältnis der nutzbaren Fläche zu beurteilen.

### Bewertung von unbebauten Grundstücken

**§ 55.** (1) Unbebaute Grundstücke sind mit dem gemeinen Wert zu bewerten.

(2) Als unbebaute Grundstücke gelten auch Grundstücke, auf denen sich Gebäude befinden, deren Wert und Zweckbestimmung gegenüber dem Wert und der Zweckbestimmung des Grund und Bodens von untergeordneter Bedeutung sind.

### Bewertung des Baurechtes und der sonstigen grundstücksgleichen Rechte

**§ 56.** (1) Grundstücke. die mit Baurechten oder sonstigen grundstücksgleichen Rechten belastet sind, werden wie bebaute oder unbebaute Grundstücke bewertet.

(2) Beträgt die Dauer des Baurechtes in dem für die Bewertung maßgebenden Zeitpunkt noch 50 Jahre oder mehr, so ist der Gesamtwert gemäß Abs. 1 in vollem Umfang dem Berechtigten zuzurechnen.

(3) Beträgt die Dauer des Baurechtes in dem für die Bewertung maßgebenden Zeitpunkt weniger als 50 Jahre, so ist der Gesamtwert gemäß Abs. 1 auf den Grund und Boden und auf die Gebäude nach dem Verhältnis der gemeinen Werte zu verteilen. Dabei sind zuzurechnen:

1. Dem Berechtigten der Wert der Gebäude und außerdem der Anteil des Baurechtes am Wert des Grund und Bodens. Dieser Anteil ist nach der restlichen Dauer des Baurechtes zu bemessen. Er beträgt bei einer Dauer des Baurechtes

| | | | | | | | |
|---|---|---|---|---|---|---|---|
| unter | 50 | bis | zu | 45 | Jahren | 90 | v.H., |
| " | 45 | " | " | 40 | " | 80 | ", |
| " | 40 | " | " | 35 | " | 70 | ", |
| " | 35 | " | " | 30 | " | 60 | ", |
| " | 30 | " | " | 25 | " | 50 | ", |
| " | 25 | " | " | 20 | " | 40 | ", |
| " | 20 | " | " | 15 | " | 30 | ", |
| " | 15 | " | " | 10 | " | 20 | ", |
| " | 10 | " | " | 5 | " | 10 | ", |
| " | 5 | | | | " | 0 | " |

des Wertes des Grund und Bodens;

2. dem Eigentümer des Grund und Bodens der Wert des Grund und Bodens, der nach Abzug des in Z 1 genannten Anteiles verbleibt.

(4) Abweichend von Abs. 3 kann auch dem Eigentümer des Grund und Bodens ein Anteil am Wert des Gebäudes zugerechnet werden, wenn besondere Vereinbarungen es rechtfertigen. Dies gilt insbesondere, wenn bei Erlöschen des Baurechtes durch Zeitablauf der Eigentümer des Grund und Bodens keine dem Wert des Gebäudes entsprechende Entschädigung zu leisten hat.

(5) Das Recht auf den Bauzins ist nicht als Bestandteil des Grundstückes zu berücksichtigen, sondern erst bei der Ermittlung des sonstigen Vermögens oder Betriebsvermögens des Eigentümers des Grund und Bodens anzusetzen. Dementsprechend ist die Verpflichtung zur Zahlung des Bauzinses nicht bei der Bewertung des Baurechtes zu berücksichtigen, sondern erst bei der Ermittlung des Gesamtvermögens (Inlandsvermögens) oder Betriebsvermögens des Berechtigten abzuziehen.

## III. Betriebsvermögen

### Begriff des Betriebsvermögens

**§ 57.** (1) Zum Betriebsvermögen gehören alle Teile einer wirtschaftlichen Einheit, die dem Betrieb eines Gewerbes als Hauptzweck dient, soweit die Wirtschaftsgüter dem Betriebsinhaber gehören (gewerblicher Betrieb).

(2) Als Gewerbe im Sinne dieses Bundesgesetzes gilt auch die gewerbliche Bodenbewirtschaftung, zum Beispiel der Bergbau und die Gewinnung von Torf, Steinen und Erden.

(3) Als Gewerbe gilt unbeschadet des § 59 nicht die Land- und Forstwirtschaft, wenn sie den Hauptzweck des Unternehmens bildet.

### Freie Berufe

**§ 58.** Dem Betrieb eines Gewerbes im Sinne dieses Bundesgesetzes steht die Ausübung eines freien Berufes gleich. Zu den freien Berufen gehören insbesondere die wissenschaftliche, künstlerische, schriftstellerische, unterrichtende oder erzieherische Tätigkeit, die Berufstätigkeit der Ärzte, Dentisten, Rechtsanwälte und Notare, der staatlich befugten und beeideten Ziviltechniker, der Wirtschaftstreuhänder und ähnlicher Berufe. Als freier Beruf im Sinne dieses Bundesgesetzes gilt auch die Verwaltung fremden Vermögens, sofern sie nicht unter § 57 fällt.



### Betriebsvermögen von Körperschaften, Personenvereinigungen und Vermögensmassen

**§ 59.** (1) Einen gewerblichen Betrieb bilden insbesondere alle Wirtschaftsgüter, die den folgenden Körperschaften, Personenvereinigungen und Vermögensmassen gehören, wenn diese ihre Geschäftsleitung oder ihren Sitz im Inland haben:

1. Kapitalgesellschaften (Aktiengesellschaften, Gesellschaften mit beschränkter Haftung);
2. Erwerbs- und Wirtschaftsgenossenschaften;
3. Versicherungsvereinen auf Gegenseitigkeit;
4. sonstigen juristischen Personen des privaten Rechtes, soweit diese Wirtschaftsgüter einem wirtschaftlichen Geschäftsbetrieb dienen;
5. Kreditanstalten des öffentlichen Rechtes, Sparkassen;
6. offenen Handelsgesellschaften und Kommanditgesellschaften; weiters ähnlichen Gesellschaften, bei denen die Gesellschafter als Unternehmer (Mitunternehmer) anzusehen sind.

(2) Bei allen Körperschaften, Personenvereinigungen und Vermögensmassen, die weder ihre Geschäftsleitung noch ihren Sitz im Inland haben, bilden nur die Wirtschaftsgüter einen gewerblichen Betrieb, die zum inländischen Betriebsvermögen gehören (§ 79 Abs. 2 Z 3).

### Betriebsgrundstücke

**§ 60.** (1) Betriebsgrundstück im Sinne dieses Bundesgesetzes ist der zu einem gewerblichen Betrieb gehörige Grundbesitz, soweit er, losgelöst von seiner Zugehörigkeit zu dem gewerblichen Betrieb,

1. zum Grundvermögen gehören würde oder
2. einen land- und forstwirtschaftlichen Betrieb bilden würde.

(2) Dient das Grundstück, das, losgelöst von dem gewerblichen Betrieb, zum Grundvermögen gehören würde, zu mehr als der Hälfte seines Wertes dem gewerblichen Betrieb, so gilt das ganze Grundstück als Teil des gewerblichen Betriebes und als Betriebsgrundstück. Dient das Grundstück nur zur Hälfte seines Wertes oder zu einem geringeren Teil dem gewerblichen Betrieb, so gehört das ganze Grundstück zum Grundvermögen. Abweichend von den Sätzen 1 und 2 gehört der Grundbesitz der im § 59 Abs. 1 bezeichneten inländischen Körperschaften, Personenvereinigungen und Vermögensmassen stets zu den Betriebsgrundstücken.

(3) Gehört ein Grundstück, das, losgelöst von dem gewerblichen Betrieb, zum Grundvermögen

gehören würde, mehreren Personen, so rechnet das ganze Grundstück stets zum Grundvermögen ohne Rücksicht darauf, in welchem Umfang es einem gewerblichen Betrieb der Beteiligten dient. Sind an dem Grundstück inländische Körperschaften, Personenvereinigungen und Vermögensmassen der im § 59 Abs. 1 bezeichneten Art beteiligt, so gilt ihr Anteil stets als Betriebsgrundstück.

(4) Betriebsgrundstücke im Sinne des Abs. 1 Z 1 sind wie Grundvermögen, Betriebsgrundstücke im Sinne des Abs. 1 Z 2 wie land- und forstwirtschaftliches Vermögen zu bewerten.

### Gewerbeberechtigungen

**§ 61.** (1) Als Gewerbeberechtigungen im Sinne dieses Bundesgesetzes gelten die Berechtigungen, deren Ausübung allein schon ein Gewerbe begründen würde, z.B. Berechtigungen nach dem Berggesetz 1954, BGBl. Nr. 73/1954, Apothekengerechtigkeiten.

(2) Gewerbeberechtigungen, die grundstücksgleich sind, gelten nicht als Betriebsgrundstücke. Gewerbeberechtigungen, die mit dem Eigentum an einem Grundstück verbunden sind, gelten nicht als Bestandteile eines Betriebsgrundstückes.

(3) Zu den Gewerbeberechtigungen sind deren Bestandteile und Zubehör zu rechnen mit Ausnahme des Grund und Bodens und der Gebäude und mit Ausnahme der Maschinen und sonstigen Vorrichtungen aller Art, die zu einer Betriebsanlage gehören.

(4) Gewerbeberechtigungen sind mit dem gemeinen Wert zu bewerten. Als gemeiner Wert gilt der zum maßgebenden Stichtag in einer Vermögensübersicht (Bilanz) anzusetzende Wert.

### Nicht zum Betriebsvermögen gehörige Wirtschaftsgüter

**§ 62.** (1) Zum Betriebsvermögen gehören nicht

1. die Wirtschaftsgüter, die nach den Vorschriften des Vermögensteuergesetzes oder anderer Gesetze von der Vermögensteuer befreit sind;
2. Wirtschaftsgüter, die nach § 69 Abs. 1 Z 4 nicht zum sonstigen Vermögen gehören;
3. Wirtschaftsgüter und Rechte an Wirtschaftsgütern, soweit sie dazu dienen, Umweltbelastungen zu verhindern, zu beseitigen oder zu verringern, die durch den eigenen Betrieb verursacht werden oder diesen beeinträchtigen, und deren Anschaffung oder Herstellung gesetzlich vorgeschrieben oder im öffentlichen Interesse erforderlich war;
4. Pflichtnotstandsreserven nach dem Erdöl-Bevorratungs- und Meldegesetz 1982, BGBl. Nr. 546;
5. Wirtschaftsgüter, soweit sie nicht unter Z 4 fallen und für die Haltung von Pflichtnotstandsreserven nach dem Erdöl-Bevorratungs- und Meldegesetz 1982 zu dienen bestimmt sind;
6. Wirtschaftsgüter, die ausschließlich und unmittelbar der Entwicklung oder Verbesserung volkswirtschaftlich wertvoller Erfindungen dienen, wenn der volkswirtschaftliche Wert der betreffenden Erfindung durch eine Bescheinigung des Bundesministers für wirtschaftliche Angelegenheiten nachgewiesen wird. Die Bescheinigung ist nicht erforderlich, wenn die Erfindung bereits patentrechtlich geschützt ist.

(2) Abs. 1 Z 3 bis 6 ist nicht auf Wirtschaftsgüter anzuwenden, die Grundbesitz darstellen.

(3) Abs. 1 Z 4 und 5 ist nur anzuwenden, wenn der Bundesminister für wirtschaftliche Angelegenheiten bescheinigt, daß es sich um Pflichtnotstandsreserven im Sinne des Erdöl-Bevorratungs- und Meldegesetzes 1982 handelt.

### Begünstigung für Beteiligungen

**§ 63.** Beteiligungen von Vermögensteuerpflichtigen im Sinne der §§ 1 Abs. 1 Z 2 und 2 Abs. 1 Z 2 des Vermögensteuergesetzes 1954 gehören nach Maßgabe der folgenden Bestimmungen nicht zum gewerblichen Betrieb:

1. Beteiligungen an inländischen Körperschaften müssen in Form von Gesellschaftsanteilen, Genossenschaftsanteilen, Genußrechten oder Partizipationskapital im Sinne des Bankwesengesetzes oder des VAG 2016 bestehen;

   *(BGBl I 2015/34)*
2. Beteiligungen an ausländischen Gesellschaften, die einer inländischen Kapitalgesellschaft vergleichbar sind, müssen nachweislich seit Beginn des Wirtschaftsjahres, das dem Feststellungszeitpunkt vorangeht, mindestens aber seit zwölf Monaten, ununterbrochen und unmittelbar an dem Grund- oder Stammkapital der ausländischen Gesellschaft in Form von Gesellschaftsanteilen mindestens zu einem Viertel bestehen. Die Frist gilt nicht für Anteile, die auf Grund einer Kapitalerhöhung erworben worden sind, soweit sich das Beteiligungsverhältnis dadurch nicht erhöht hat. Der Unternehmensgegenstand der ausländischen Gesellschaft darf zu nicht mehr als 25% im Verwalten von eigenen Forderungswertpapieren (Teilschuldverschreibungen, Pfandbriefe, Kommunalschuldverschreibungen und ähnliche Wertpapiere) und Beteiligungen an anderen Unternehmen mit einem derartigen Unternehmensgegenstand liegen, es sei denn, die Gesellschaft unterhält einen Bankbetrieb.

### Betriebsschulden und Rücklagen

**§ 64.** (1) Zur Ermittlung des Einheitswertes des gewerblichen Betriebes sind vom Rohvermögen diejenigen Schulden abzuziehen, die mit der Gesamtheit oder mit einzelnen Teilen des gewerblichen Betriebes im wirtschaftlichen Zusammenhang stehen.

(2) Der Abzug von Schulden aus laufend veranlagten Steuern hängt davon ab, daß die Steuern entweder

1. spätestens im Feststellungszeitpunkt fällig geworden sind oder

2. – bei späterer Fälligkeit – für einen Zeitraum erhoben werden, der spätestens im Feststellungszeitpunkt geendet hat.

(3) Für Betriebe, deren Einheitswert nach § 65 Abs. 3 auf den Abschlußzeitpunkt ermittelt wird, ist statt des Feststellungszeitpunktes der Abschlußzeitpunkt maßgebend.

(4) Vom Rohvermögen sind bei Versicherungsunternehmen versicherungstechnische Rücklagen abzuziehen, soweit sie für Leistungen aus den laufenden Versicherungsverträgen erforderlich sind.

(5) Vom Rohvermögen ist bei Kreditinstituten die Haftrücklage (§ 23 Abs. 6 des Bankwesengesetzes, BGBl. Nr. 532/1993, in der jeweils geltenden Fassung) einschließlich einer Sonderhaftrücklage (§ 103 Z 6 lit. c des Bankwesengesetzes) bis zu einem Betrag von 36.336.400 Euro zur Gänze sowie hinsichtlich des übersteigenden Betrages zu einem Drittel abzuziehen.

### Bewertungsstichtag

**§ 65.** (1) Für den Bestand und die Bewertung sind die Verhältnisse im Feststellungszeitpunkt maßgebend. Für die Bewertung von Wertpapieren, Anteilen und Genußscheinen an Kapitalgesellschaften gilt der Stichtag, der sich nach § 71 ergibt.

(2) Für Betriebe, die regelmäßig jährliche Abschlüsse auf den Schluß des Kalenderjahres machen, ist dieser Abschlußtag zugrundezulegen.

(3) Für Betriebe, die regelmäßig jährliche Abschlüsse auf einen anderen Tag machen, kann auf Antrag zugelassen werden, daß der Schluß des Wirtschaftsjahres zugrundegelegt wird, das dem Feststellungszeitpunkt vorangeht. An den Antrag bleibt der Betrieb auch für künftige Feststellungen der Einheitswerte insofern gebunden, als stets der Schluß des letzten regelmäßigen Wirtschaftsjahres zugrundezulegen ist.

(4) Der auf den Abschlußzeitpunkt (Abs. 2 und 3) ermittelte Einheitswert gilt als Einheitswert vom Feststellungszeitpunkt.

(5) Die Abs. 2 und 3 sind nicht anzuwenden

1. auf Betriebsgrundstücke. Für ihren Bestand und ihre Bewertung bleiben die Verhältnisse im Feststellungszeitpunkt maßgebend;
2. auf die Bewertung von Wertpapieren, Anteilen und Genußscheinen an Kapitalgesellschaften. Für die Bewertung bleiben die Verhältnisse des Stichtages maßgebend, der sich nach § 71 ergibt. Für den Bestand ist der Abschlußzeitpunkt (Abs. 2 und 3) maßgebend;
3. auf die Beteiligung an Personengesellschaften. Für die Zurechnung und die Bewertung verbleibt es in diesen Fällen bei den Feststellungen, die bei der einheitlichen und gesonderten Feststellung des Einheitswertes der Personengesellschaft getroffen werden;
4. Auf Wirtschaftsgüter, die von der Vereinigung von Betrieben, vom Übergang von Betrieben infolge einer Umwandlung sowie von der Einbringung von Betrieben, Teilbetrieben oder Beteiligungen in einen Betrieb betroffen sind, wenn diese Vorgänge mit steuerlicher Wirkung zwischen dem Abschlußtag des übernehmenden Betriebes und dem Feststellungszeitpunkt oder zum Feststellungszeitpunkterfolgen. Für den Bestand und die Bewertung aller nicht unter Z 1 und 3 fallenden, von den vorgenannten Vorgängen betroffenen Wirtschaftsgüter, Schulden und Lasten ist beim aufnehmenden Unternehmen der auf die Vorgänge folgende Feststellungszeitpunkt maßgebend. Sind Wertpapiere, Anteile und Genußscheine an Kapitalgesellschaften von den angeführten Vorgängen betroffen, so ist Z 2 nur hinsichtlich der Bewertung dieser Wirtschaftsgüter anzuwenden. Dies gilt sinngemäß auch für jene Betriebe, bei denen Teilbetriebe oder Beteiligungen ausscheiden.

### Ausgleich von Vermögensänderungen nach dem Abschlußzeitpunkt

**§ 66.** Zum Ausgleich von Verschiebungen, die in der Zeit zwischen dem Abschlußzeitpunkt und dem Feststellungszeitpunkt eingetreten sind, gelten die folgenden Vorschriften:

1. Für Betriebsgrundstücke:
   a) Ist ein Betriebsgrundstück aus dem gewerblichen Betrieb ausgeschieden und der Gegenwert dem Betrieb zugeführt worden, so wird der Gegenwert dem Betriebsvermögen zugerechnet;
   b) ist Grundbesitz als Betriebsgrundstück dem gewerblichen Betrieb zugeführt und der Gegenwert dem gewerblichen Betrieb entnommen worden, so wird der Gegenwert vom Betriebsvermögen abgezogen. Entsprechend werden Aufwendungen abgezogen, die aus Mitteln des gewerblichen Betriebes auf Betriebsgrundstücke gemacht worden sind.
2. Für andere Wirtschaftsgüter als Betriebsgrundstücke:
   a) Ist ein derartiges Wirtschaftsgut aus einem gewerblichen Betrieb ausgeschieden und dem übrigen Vermögen des Betriebsinhabers zugeführt worden, so wird das Wirtschaftsgut so behandelt, als wenn es im Feststellungszeitpunkt noch zum gewerblichen Betrieb gehörte;
   b) ist ein derartiges Wirtschaftsgut aus dem übrigen Vermögen des Betriebsinhabers ausgeschieden und dem gewerblichen Betrieb zugeführt worden, so wird das Wirtschaftsgut so behandelt, als wenn es im Feststellungszeitpunkt noch zum übrigen Vermögen gehörte;
   c) die Vorschriften zu a und b gelten jedoch nicht, wenn mit dem ausgeschiedenen Wirtschaftsgut Grundbesitz erworben worden ist, Aufwendungen auf Grundbesitz gemacht worden sind, oder Wirtschaftsgüter betroffen sind, deren Erträge der Steuerabgeltung gemäß § 97 des Einkommensteuergesetzes 1988

unterliegen können. In diesen Fällen ist das Wirtschaftsgut von dem Vermögen, aus dem es ausgeschieden worden ist, abzuziehen;

d) ist eine Beteiligung an einer Personengesellschaft aus dem gewerblichen Betrieb ausgeschieden und der Gegenwert dem Betrieb zugeführt worden, so wird der Gegenwert dem Betriebsvermögen zugerechnet. Ist eine Beteiligung an einer Personengesellschaft dem gewerblichen Betrieb zugeführt und der Gegenwert dem gewerblichen Betrieb entnommen worden, so wird der Gegenwert vom Betriebsvermögen abgezogen;

e) bei Vorgängen im Sinne des § 65 Abs. 5 Z 4 sind die dem gewerblichen Betrieb entnommenen oder zugeführten Gegenwerte für die betroffenen Wirtschaftsgüter vom Betriebsvermögen abzuziehen oder diesem hinzuzurechnen.

### Steuersicherung durch Zurechnung ausgeschiedener Wirtschaftsgüter

**§ 67.** (1) Sind innerhalb der letzten drei Monate vor dem Feststellungszeitpunkt oder dem Abschlußzeitpunkt Wirtschaftsgüter aus dem inländischen Teil eines gewerblichen Betriebes ausgeschieden worden, ohne daß diesem ein entsprechender Gegenwert zugeführt worden ist, so sind die ausgeschiedenen Wirtschaftsgüter dem gewerblichen Betrieb zuzurechnen, wenn sie durch die Ausscheidung der inländischen Vermögensbesteuerung entgehen würden und der Wert des noch vorhandenen, der inländischen Vermögensbesteuerung unterliegenden Teiles des Betriebes in einem offenbaren Mißverhältnis zu dem Wert der ausgeschiedenen Wirtschaftsgüter steht.

(2) Abs. 1 gilt nicht

1. für Gewinnausschüttungen,
2. für Fälle, in denen der Betriebsinhaber nachweist, daß die Wirtschaftsgüter in der Absicht einer entsprechenden Einschränkung des Betriebes ausgeschieden worden sind.

### Bewertung

**§ 68.** (1) Die zu einem gewerblichen Betrieb gehörigen Wirtschaftsgüter sind vorbehaltlich der Abs. 2 bis 4 in der Regel mit dem Teilwert anzusetzen.

(2) Für die Bewertung der Betriebsgrundstücke gilt § 60 Abs. 4. Für die Bewertung der Gewerbeberechtigungen gilt § 61 Abs. 4.

(3) Für die Bewertung von Wertpapieren, Anteilen und Genußscheinen an Kapitalgesellschaften sowie von Partizipationsscheinen im Sinne des Bankwesengesetzes, in der jeweils geltenden Fassung, oder des VAG 2016, in der jeweils geltenden Fassung, gilt § 72.

*(BGBl I 2015/34)*

(4)

1. Forderungen aus Ausfuhrumsätzen sind mit 85 v.H. des Nennwertes anzusetzen, sofern nicht besondere Umstände gemäß § 14 einen geringeren Wert begründen. Als Ausfuhrumsätze gelten Leistungen an ausländische Abnehmer (§ 7 Abs. 2 des Umsatzsteuergesetzes 1994), wenn es sich überdies um Umsätze im Sinne des § 6 Abs. 1 Z 1, § 6 Abs. 1 Z 3 lit. b, § 6 Abs. 1 Z 5 des Umsatzsteuergesetzes 1994, diesen Umsätzen entsprechende innergemeinschaftliche Lieferungen und sonstige Leistungen im Sinne des Artikels 7 des Umsatzsteuergesetzes 1994 oder Leistungen im Ausland handelt.
2. Bei Kreditinstituten ist eine pauschale Wertberichtigung für Forderungen nur insoweit zulässig, als sie den nach § 64 Abs. 5 abziehbaren Betrag übersteigt.

(5) Der Gesamtwert des gewerblichen Betriebes ist die Summe der Werte, die sich nach den Abs. 1 bis 4 für die einzelnen Wirtschaftsgüter ergeben, vermindert um die Schulden und Rücklagen (§ 64) des Betriebes. Bei der Ermittlung des Gesamtwertes sind die Betriebsgrundstücke (§ 60) und die Gewerbeberechtigungen (§ 61) mit den für sie festgestellten Einheitswerten anzusetzen.

## Zweiter Abschnitt
## Sonstiges Vermögen, Gesamtvermögen und Inlandsvermögen

### A. Sonstiges Vermögen

### Begriff und Umfang des sonstigen Vermögens

**§ 69.** (1) Als sonstiges Vermögen kommen, soweit die einzelnen Wirtschaftsgüter nicht zum land- und forstwirtschaftlichen Vermögen, zum Grundvermögen oder zum Betriebsvermögen gehören, alle Wirtschaftsgüter in Betracht, insbesondere:

1. a) Verzinsliche und unverzinsliche Kapitalforderungen jeder Art, soweit sie nicht unter lit. b und c fallen;

   b) Spareinlagen, Bankguthaben, Postscheckguthaben und sonstige laufende Guthaben, inländische und ausländische Zahlungsmittel;

   c) Aktien oder Anteilscheine, Geschäftsanteile, andere Gesellschaftseinlagen, Geschäftsguthaben bei Genossenschaften und Genußscheine; Genußscheine im Sinne des § 6 des Beteiligungsfondsgesetzes und junge Aktien im Sinne des § 18 Abs. 3 Z 4 des Einkommensteuergesetzes 1988 gehören, solange sie bei einem inländischen Kreditinstitut hinterlegt sind, nur insoweit zum sonstigen Vermögen, als ihr Wert insgesamt 14.500 Euro [200.000 S] übersteigt.

   d) Wirtschaftsgüter im Sinne der lit. a bis c gehören nicht zum sonstigen Vermögen, soweit deren Erträge der Steuerabgeltung gemäß § 97 des Einkommensteuergesetzes 1988 unterliegen;

2. der Kapitalwert von Nießbrauchrechten und von Rechten auf Renten und andere wiederkehrende Nutzungen und Leistungen;
3. der Kapitalwert des Rechtes auf den Bauzins;
4. Urheberrechte und verwandte Schutzrechte im Sinne des Urheberrechtsgesetzes vom 9. April 1936, BGBl. Nr. 111, Erfindungen im Sinne des Patentgesetzes 1970, BGBl. Nr. 259, sowie sonstige gewerbliche Schutzrechte. Die angeführten Wirtschaftsgüter gehören nicht zum sonstigen Vermögen, wenn sie bei unbeschränkter Vermögensteuerpflicht dem Urheber (Erfinder) und im Falle des Todes des Urhebers (Erfinders) seinen Kindern oder seinem Ehegatten oder eingetragenem Partner zustehen;
5. noch nicht fällige Ansprüche aus Lebens-, Kapital- und Rentenversicherungen. Nicht zum sonstigen Vermögen gehören jedoch
   a) Rentenversicherungen, die mit Rücksicht auf ein Arbeits- oder Dienstverhältnis abgeschlossen worden sind;
   b) Rentenversicherungen, bei denen die Ansprüche erst fällig werden, wenn der Berechtigte das 60. Lebensjahr vollendet hat oder erwerbsunfähig geworden ist.

   Versicherungen bei solchen Versicherungsunternehmen, die weder ihre Geschäftsleitung noch ihren Sitz im Inland haben, gehören nur dann nicht zum sonstigen Vermögen, wenn den Versicherungsunternehmen die Erlaubnis zum Geschäftsbetrieb im Inland erteilt ist;
6. der Überbestand an umlaufenden Betriebsmitteln eines land- und forstwirtschaftlichen Betriebes;
7. Wirtschaftsgüter, die einem land- und forstwirtschaftlichen Betrieb oder einem gewerblichen Betrieb zu dienen bestimmt sind, tatsächlich an dem für die Veranlagung zur Vermögensteuer maßgebenden Zeitpunkt aber einem derartigen Betrieb des Eigentümers nicht dienen;
8. Kraftfahrzeuge und Anhänger, Luftfahrzeuge, Motor- und Segelboote, Motor- und Segeljachten;
9. Edelmetalle, Edelsteine und Perlen;
10. Gegenstände aus edlem Metall, Schmuckgegenstände und solche Luxusgegenstände, die nicht zur Ausstattung der Wohnung des Steuerpflichtigen gehören, wenn ihr gemeiner Wert insgesamt 10.900 Euro [150.000 S] übersteigt.
11. Kunstgegenstände und Sammlungen. Nicht zum sonstigen Vermögen gehören, auch soweit sie unter Z 10 fallen,
   a) Kunstgegenstände ohne Rücksicht auf den Wert, wenn sie von österreichischen Künstlern geschaffen sind, die noch leben oder seit nicht mehr als 15 Jahren verstorben sind,
   b) die übrigen Kunstgegenstände und Sammlungen, insoweit ihr gemeiner Wert 21.800 Euro nicht übersteigt.

(2) Auf Inhaber lautende Teilschuldverschreibungen, Pfandbriefe und Kommunalschuldverschreibungen inländischer Schuldner, natürlichen Personen gehörende auf Euro lautende Wirtschaftsgüter im Sinne des Abs. 1 Z 1 lit. b und die im Abs. 1 Z 5 erster Satz angeführten Versicherungsansprüche gehören nur insoweit zum sonstigen Vermögen, als ihr Wert insgesamt 21.800 Euro übersteigt.

### Nicht zum sonstigen Vermögen gehörige Wirtschaftsgüter

**§ 70.** Zum sonstigen Vermögen gehören nicht:

1. Ansprüche an Witwen-, Waisen- und Pensionskassen, die auf ein früheres Arbeits- oder Dienstverhältnis zurückzuführen sind;
2. Leistungsansprüche jeder Art aus der innerstaatlichen oder einer fremdstaatlichen Sozialversicherung sowie Ansprüche aus einer auf Vertrag beruhenden Kranken- oder Unfallversicherung;
3. Ansprüche auf Renten und ähnliche Bezüge, die mit Rücksicht auf ein früheres Arbeits- oder Dienstverhältnis gewährt werden;
4. Ansprüche auf Renten aus Rentenversicherungen, wenn der Versicherungsnehmer das 60. Lebensjahr vollendet hat oder voraussichtlich für mindestens drei Jahre erwerbsunfähig ist;
5. Ansprüche auf gesetzliche Versorgungsbezüge, ohne Rücksicht darauf, ob diese laufend oder in Form von Kapitalabfindungen gewährt werden;
6. Ansprüche auf wiederkehrende Leistungen aus den Versorgungs- und Unterstützungseinrichtungen der Kammern der freien Berufe;
7. Ansprüche auf Renten,
   a) die auf gesetzlicher Unterhaltspflicht beruhen,
   b) die dem Steuerpflichtigen als Entschädigung für den durch Körperverletzung oder Krankheit herbeigeführten gänzlichen oder teilweisen Verlust der Erwerbsfähigkeit zustehen. Das gleiche gilt für Ansprüche auf Renten, die den Angehörigen einer in dieser Weise geschädigten Person auf Grund der Schädigung zustehen;
8. Ansprüche auf eine Kapitalabfindung, die dem Berechtigten an Stelle einer in Z 3, 4, 6 und 7 bezeichneten Rente zusteht;
9. Hausrat und andere bewegliche körperliche Gegenstände, soweit sie nicht im § 69 besonders als zum sonstigen Vermögen gehörig bezeichnet sind.

10. Wirtschaftsgüter, die gemäß § 62 Abs. 1 Z 3 bis 6 als nicht zum Betriebsvermögen gehörend bezeichnet sind.
11. Ansprüche auf Leistungen aus land- und forstwirtschaftlichen Ausgedingsverträgen sowie Ansprüche auf diesbezügliche Kapitalabfindungen.

**§§ 71. bis 75.** (aufgehoben)

### B. Gesamtvermögen

#### Ermittlung des Gesamtvermögens

**§ 76.** (1) Das Gesamtvermögen wird aus dem Rohvermögen abzüglich der Schulden und sonstigen Abzüge gemäß § 77 ermittelt. Das Rohvermögen ist der Gesamtbetrag der Werte aller Wirtschaftsgüter der einzelnen Vermögensarten (§ 18).

(2) Bei der Ermittlung des Rohvermögens sind Wirtschaftsgüter, für die ein Einheitswert festzustellen ist, mit dem Einheitswert, andere Wirtschaftsgüter mit dem nach den Vorschriften dieses Bundesgesetzes zu ermittelnden Wert anzusetzen.

#### Schulden und sonstige Abzüge

**§ 77.** (1) Zur Ermittlung des Wertes des Gesamtvermögens sind vom Rohvermögen abzuziehen:

1. Schulden; die Bestimmungen des § 64 Abs. 2 gelten sinngemäß;
2. der Wert von Leistungen der im § 69 Abs. 1 Z 2 bezeichneten Art, die dem Steuerpflichtigen obliegen oder die auf einem gebundenen Vermögen ruhen;
3. der Wert der Verpflichtung zur Zahlung des Bauzinses bei dem Bauberechtigten.

(2) Nicht abzugsfähig sind Schulden und Lasten, soweit sie mit einem gewerblichen Betrieb in wirtschaftlichem Zusammenhang stehen oder in wirtschaftlichem Zusammenhang mit Wirtschaftsgütern stehen, die nicht zum Vermögen im Sinne dieses Gesetzes gehören. Es sind auch Schulden und Lasten nicht abzugsfähig, die in wirtschaftlichem Zusammenhang mit Wirtschaftsgütern stehen, die gemäß § 69 Abs. 1 lit. d nicht zum sonstigen Vermögen gehören.

(3) Nicht abzugsfähig sind Schulden und Lasten, die den in § 70 Z 11 angeführten Ansprüchen entsprechen.

(4) In den Fällen, in denen § 5 Abs. 3 des Vermögensteuergesetzes in geltender Fassung Anwendung findet, sind nur jene Schulden und Lasten abzugsfähig, die im unmittelbaren wirtschaftlichen Zusammenhang mit Wirtschaftsgütern stehen, die der inländischen Besteuerung unterliegen.

**§ 78.** (aufgehoben)

### C. Inlandsvermögen

**§ 79.** (1) Zum Inlandsvermögen gehören:

1. Das inländische land- und forstwirtschaftliche Vermögen;
2. das inländische Grundvermögen;
3. das inländische Betriebsvermögen. Als solches gilt das Vermögen, das einem im Inland betriebenen Gewerbe dient, wenn hiefür im Inland eine Betriebsstätte unterhalten wird oder ein ständiger Vertreter bestellt ist;
4. nicht unter Z 3 fallende gewerblich genutzte Urheberrechte, die in ein inländisches Buch oder Register eingetragen sind, mit Ausnahme von Urheberrechten an Werken der bildenden Kunst, des Schrifttums und der Tonkunst;
5. Wirtschaftsgüter, die nicht unter die Z 1, 2 und 4 fallen, und einem inländischen gewerblichen Betrieb überlassen, insbesondere an diesen vermietet oder verpachtet sind;
6. Hypotheken und andere Forderungen oder Rechte, wenn sie durch inländischen Grundbesitz, durch inländische grundstücksgleiche Rechte oder durch Schiffe, die in ein inländisches Schiffsregister eingetragen sind, unmittelbar oder mittelbar gesichert sind. Ausgenommen sind Anleihen und Forderungen, über die Teilschuldverschreibungen ausgegeben sind, sowie Pfandbriefe;
7. Forderungen aus der Beteiligung an einem Handelsgewerbe als stiller Gesellschafter, wenn der Schuldner Wohnsitz, Geschäftsleitung oder Sitz im Inland hat.

(2) Die Vorschriften im § 76 Abs. 2 sind entsprechend anzuwenden. Dies gilt auch von den Vorschriften im § 77, jedoch mit der Einschränkung, daß nur die Schulden und Lasten abzuziehen sind, die in wirtschaftlichem Zusammenhang mit dem Inlandsvermögen stehen.

## Dritter Teil

### A. Sonstige Vorschriften

#### Erklärungs- und Anzeigepflicht

**§ 80.** (1) Die zur Feststellung der Einheitswerte erforderlichen Erklärungen sind von den Steuerpflichtigen bis zu den vom Bundesministerium für Finanzen jeweils zu bestimmenden Zeitpunkten unter Verwendung der amtlich aufgelegten Formblätter abzugeben. Unabhängig hievon hat jeder eine derartige Erklärung abzugeben, der vom Finanzamt Österreich hiezu besonders aufgefordert wird. Ebenso hat derjenige, dem eine wirtschaftliche Einheit zuzurechnen ist, eine Erklärung abzugeben, wenn Umstände vorliegen, die zu einer Fortschreibung (§ 21) oder Nachfeststellung (§ 22) führen und diese Umstände nicht gemäß Abs. 4 bis 6 dem Finanzamt Österreich mitgeteilt werden. § 133 Abs. 2 BAO gilt entsprechend.

*(BGBl I 2019/104)*

(2) Für die Hauptfeststellung der Einheitswerte kann das Finanzamt Österreich und die sonstigen mit der Vorbereitung der Einheitsbewertung befaßten Behörden schon vor dem Hauptfeststellungszeitpunkt von den Eigentümern von Grundbesitz Angaben und Erklärungen über die Bewertungsgrundlagen für ihren Grundbesitz abverlangen. Änderungen in den Bewertungsgrundlagen, die bis zum Hauptfeststellungszeitpunkt eintreten,

sind dem Finanzamt Österreich unverzüglich mitzuteilen.

*(BGBl I 2019/104)*

(3) Die Erklärungen nach Abs. 1 und 2 gelten als Steuererklärungen im Sinne der Abgabenverfahrensgesetze.

(4) Die Behörden des Bundes, der Länder und der Gemeinden haben dem Finanzamt Österreich nach Maßgabe einer Verordnung des Bundesministers für Finanzen jene tatsächlichen und rechtlichen Umstände mitzuteilen, die ihnen im Rahmen ihrer Aufgabenerfüllung bekannt geworden sind und die auf die Feststellung von Einheitswerten des Grundbesitzes Einfluss haben (insbesondere Fertigstellung von Bauvorhaben, Pläne über Bauwerke, Flächenwidmungspläne, Bebauungspläne). In der Verordnung sind die zur Übermittlung verpflichteten Behörden zu bezeichnen sowie Art und Umfang der zu übermittelnden Sachverhalte und Daten zu bestimmen, wobei eine Übermittlung im Wege der automationsunterstützten Datenübertragung vorgesehen werden kann. In der Verordnung kann vorgesehen werden, dass sich die Behörden einer bestimmten geeigneten privatrechtlichen oder öffentlich-rechtlichen Übermittlungsstelle zu bedienen haben.

*(BGBl I 2019/104)*

(5) Unbeschadet der Bestimmung des § 158 BAO haben die Grundbuchsgerichte und das Bundesamt für Eich- und Vermessungswesen insbesondere nachstehende bewertungsrechtlich relevanten Daten den Abgabenbehörden des Bundes zu übermitteln:

1. Die Grundbuchsgerichte haben nach grundbücherlicher Durchführung folgende für die Feststellung der Einheitswerte sowie der davon abgeleiteten Abgaben und Beiträge erforderlichen Daten jedes Grundbuchsbeschlusses, mit dem Zu- und Abschreibungen von Grundstücken oder Teilen von Grundstücken, die Eintragung des Eigentumsrechtes, die Eintragung oder Löschung des Baurechtes oder die Hinterlegung einer Urkunde über den Eigentumserwerb bewilligt oder angeordnet werden, zu übermitteln:
   – Grundbuchsnummer und Einlagezahl,
   – Katastralgemeinde- und Grundstücksnummer,
   – Tagebuchzahl,
   – Bezeichnung und Datum des Erwerbstitels,
   – laufende Nummern,
   – Name und Geburtsdatum der neuen Eigentümer,
   – Sitz oder Anschrift der natürlichen oder juristischen Person oder Personengesellschaft,
   – Firmenbuch- oder Vereinsregisternummer oder sonstige Registernummer einer juristischen Person oder Personengesellschaft und
   – Daten der bewilligten Grundbuchseintragungen.
2. Das Bundesamt für Eich- und Vermessungswesen hat unbeschadet der §§ 46 und 57 Abs. 8 des Vermessungsgesetzes nach der Durchführung von Änderungen im Grenz- oder Grundsteuerkataster folgende Daten zu übermitteln:
   – Katastralgemeinde- und Grundstücksnummer,
   – Einlagezahl und Grundbuchsnummer,
   – Tagebuchzahl,
   – Fläche gegliedert nach Benützungsart bzw. Benützungsabschnitt und Nutzungsart bzw. Nutzungsabschnitt,
   – rechtliche Zusatzinformation zu den Benützungsarten,
   – Ertragsmesszahl und
   – Datum der katastertechnischen Durchführung.

Bei einer Übermittlung der oben angeführten Daten sind auch die Grundstücksadressen zu übermitteln. Den Abgabenbehörden des Bundes ist die unmittelbare Einsichtnahme in die digitale Katastralmappe zu gewähren.

Die in Z 1 bis 2 genannten Daten sind automationsunterstützt in strukturierter Form so zu übermitteln, dass sie elektronisch weiterverarbeitet werden können. Der Bundesminister für Finanzen wird ermächtigt, gegebenenfalls die technischen Erfordernisse der elektronischen Datenübermittlung für die zur Feststellung von Einheitswerten bedeutsamen Daten mittels Verordnung festzulegen. Sofern die Verordnung eine Datenübermittlung gemäß Z 1 betrifft, ist sie im Einvernehmen mit dem Bundesminister für Justiz zu erlassen; sofern die Verordnung eine Datenübermittlung gemäß Z 2 betrifft, ist sie im Einvernehmen mit dem Bundesminister für Wirtschaft, Familie und Jugend zu erlassen.

(6) Unbeschadet der Bestimmung des § 158 BAO haben das für Land- und Forstwirtschaft zuständige Bundesministerium und die Agrarmarkt Austria sowie die Sozialversicherungsanstalt der Bauern nachstehende bewertungsrechtlich relevante Daten den Abgabenbehörden des Bundes zu übermitteln:

1. Das für Land- und Forstwirtschaft zuständige Bundesministerium und die Agrarmarkt Austria haben bis zum 15. März jeden Jahres folgende im Zuge der Abwicklung als Marktordnungs- und Zahlstelle verfügbaren Daten
   – zur Identifizierung des Bewirtschafters, erweitert um die Sozialversicherungsnummer, Firmenbuchnummer oder Vereinsregisterzahl und Betriebsanschrift,
   – über den Bestand, die Jahresproduktion und die Betriebsformen im Tiersektor des abgelaufenen Jahres,
   – über die Nutzung land- und forstwirtschaftlicher Flächen im abgelaufenen Jahr, insbesondere Flächenausmaße von Obst- und Sonderkulturen sowie gärt-

nerisch und baumschulmäßig genutzte Flächen,
- die Erhebungsmerkmale der inneren und äußeren Verkehrslage des Berghöfekatasters und
- im Falle einer nach der Antragstellung und vor dem 1. Jänner des der Antragstellung folgenden Jahres erfolgten Übertragung von Zahlungsansprüchen gemäß § 35 zusätzlich Daten des übergebenden und übernehmenden Bewirtschafters gemäß dem ersten Teilstrich sowie die damit verknüpfte Anzahl und Höhe der jeweils übertragenen Ansprüche

zu übermitteln. Die Daten über die Direktzahlungen gemäß § 35 sind bis zum 15. März des dem Antragsjahr folgenden Jahres zu übermitteln. Ist bis zu diesem Zeitpunkt noch keine Berechnung erfolgt, sind diese Betriebe zunächst bekannt zu geben. Sofern eine Abrechnung vorliegt oder eine Übertragung gemäß dem fünften Teilstrich bekannt wird, sind die Daten zum darauffolgenden 30. Juni bzw. 15. Oktober zu übermitteln.

*(BGBl I 2016/77)*

2. Die Sozialversicherungsanstalt der Bauern hat jährlich bis zum 31. Jänner die Daten zur Identifizierung des Bewirtschafters einschließlich Sozialversicherungsnummer, Einheitswertaktenzeichen des Betriebes sowie Flächenausmaße von Zu- und Verpachtungen (einschließlich der betroffenen Einheitswertaktenzeichen) jeweils nach Nutzungen getrennt zu übermitteln.

Die in Z 1 bis 2 genannten Daten sind automationsunterstützt in strukturierter Form so zu übermitteln, dass sie elektronisch weiterverarbeitet werden können. Der Bundesminister für Finanzen wird ermächtigt, gegebenenfalls die technischen Erfordernisse der elektronischen Datenübermittlung für die zur Feststellung von Einheitswerten bedeutsamen Daten mittels Verordnung festzulegen. Verordnungen hinsichtlich Z 1 erlässt der Bundesminister für Finanzen im Einvernehmen mit dem für Land- und Forstwirtschaft zuständigen Bundesminister.

### Zuständigkeit

**§ 80a.** (1) Für die Feststellung der Einheitswerte für wirtschaftliche Einheiten oder Untereinheiten ist das Finanzamt Österreich zuständig.

*(BGBl I 2019/104)*

(2) Unbeschadet der Zuständigkeit des Finanzamtes Österreich zur Feststellung der Einheitswerte des Grundvermögens einschließlich der Betriebsgrundstücke gemäß § 60 Abs. 1 Z 1 sowie der davon abgeleiteten Grundsteuermessbetragsbescheide kann der Bundesminister für Finanzen, soweit es im Interesse einer zweckmäßigen, sparsamen und wirtschaftlichen Vollziehung liegt, mit Zustimmung der jeweiligen Gemeinde durch Verordnung festlegen, dass und inwieweit im Rahmen der Feststellung der Einheitswerte des Grundvermögens einschließlich der Betriebsgrundstücke gemäß § 60 Abs. 1 Z 1 sowie der davon abgeleiteten Grundsteuermessbetragsbescheide Bedienstete dieser Gemeinde für das „Finanzamt Österreich“ tätig werden. Sie haben dabei die für die Erhebung der Einheitswerte des Grundvermögens einschließlich der Betriebsgrundstücke gemäß § 60 Abs. 1 Z 1 sowie für die davon abgeleiteten Grundsteuermessbetragsbescheide maßgebenden Bestimmungen insbesondere dieses Bundesgesetzes, des Grundsteuergesetzes 1955 und der Bundesabgabenordnung anzuwenden.

*(BGBl I 2019/104)*

## B. Übergangs- und Schlußbestimmungen

### Erste Hauptfeststellung

**§ 81.** Die erste Hauptfeststellung der Einheitswerte nach den Vorschriften dieses Bundesgesetzes ist zum 1. Jänner 1956 durchzuführen.

**§ 82.** Sonderbestimmungen für die Hauptfeststellung der Einheitswerte zum 1. Jänner 1956.

(1) Bei der Hauptfeststellung der Einheitswerte des Betriebsvermögens zum 1. Jänner 1956 sowie bei Fortschreibungen und Nachfeststellungen bis zum nächsten Hauptfeststellungszeitpunkt kann für die zu einem gewerblichen Betrieb gehörenden beweglichen abnutzbaren Anlagegüter, die nach dem 31. Dezember 1952 angeschafft oder hergestellt wurden, als Teilwert gemäß § 68 Abs. 1 der Wert angesetzt werden, der sich auf Grund der Anschaffungs- oder Herstellungskosten vermindert um Absetzung für Abnutzung gemäß § 7 Einkommensteuergesetz 1953 ergibt, wobei der Wert des Wirtschaftsgutes mit mindestens 20 vom Hundert des Ausgangswertes angesetzt werden muß. Das gleiche gilt für bewegliche abnutzbare Anlagegüter, die vor dem 1. Jänner 1953 angeschafft oder hergestellt und auf Grund des Schillingseröffnungsbilanzengesetzes aufgewertet wurden.

(2) Bei der Hauptfeststellung der Einheitswerte von Gewerbeberechtigungen zum 1. Jänner 1956 sowie bei Fortschreibungen und Nachfeststellungen bis zum nächsten Hauptfeststellungszeitpunkt gilt der zum maßgebenden Stichtag für die Gewerbeberechtigung in einer Vermögensübersicht (Bilanz) anzusetzende Wert als gemeiner Wert gemäß § 61 Abs. 4.

(3) Der Hektarsatz für die Betriebszahl 100 gemäß § 38 Z 1 in Verbindung mit § 48 Abs. 2 beträgt für den Hauptfeststellungszeitpunkt zum 1. Jänner 1956 für das landwirtschaftliche Vermögen 19.000 S und für das Weinbauvermögen 125.000 S.

### Sonderbestimmungen über die Zurechnung von Rückstellungs- und Rückgabevermögen

**§ 83.** (1) Werden Vermögen, die während der deutschen Besetzung Österreichs den Eigentümern (Berechtigten) im Zusammenhang mit der nationalsozialistischen Machtübernahme entzogen worden sind, nach dem 31. Dezember 1954 im Sinne der Rückstellungsgesetze rückgestellt, so sind sie ab 1. Jänner 1955 demjenigen zuzurechnen, dem sie rückgestellt wurden. Das gleiche gilt für Vermögen, auf die die Bestimmungen der Rückgabegesetze Anwendung finden.

(2) In der Zeit zwischen dem 1. Jänner 1955 und der Rückstellung (Rückgabe) rechtskräftig gewordene Feststellungs- und Veranlagungsbescheide sind entsprechend zu berichtigen.

**Sonderbestimmungen für die Hauptveranlagung der Vermögensteuer zum 1. Jänner 1955**

**§ 84.** (1) Aktien, Kuxe, sonstige Anteile, Wandelschuldverschreibungen und Genußscheine an inländischen Kapitalgesellschaften sind bei der Hauptveranlagung der Vermögensteuer zum 1. Jänner 1955 und vorbehaltlich der Bestimmungen des zweiten Satzes auch bei Neu- und Nachveranlagungen bis zum nächsten Hauptveranlagungszeitpunkt nur mit der Hälfte des Wertes anzusetzen, der sich nach den Vorschriften des Bewertungsgesetzes vom 16. Oktober 1934 oder dieses Bundesgesetzes ergibt. Notiert ein Wertpapier im Dezember 1955 oder im Dezember 1956 an der Wiener Börse mit einem höheren Kurs als im Dezember 1954, so ist der einer Neu- oder Nachveranlagung der Vermögensteuer zum 1. Jänner 1956 oder zum 1. Jänner 1957 gemäß erstem Satz zugrunde zu legende halbe Wert in dem Verhältnis zu erhöhen, das sich aus dem Vergleich der Börsenkurse ergibt. In diesem Fall finden die Bestimmungen des § 71 Abs. 2 erster Satz dieses Bundesgesetzes keine Anwendung. Die Regelung des ersten bis dritten Satzes gilt zu den gleichen Stichtagen auch bei der Einheitswertermittlung des Betriebsvermögens sinngemäß.

(2) Holzungs- und Bezugsrechte von Holz im Sinne des § 1 Abs. 1 Z 1 der Anlage 3 zur Kundmachung der Bundesregierung vom 13. Februar 1951, BGBl. Nr. 103, sind bei der Hauptveranlagung der Vermögensteuer zum 1. Jänner 1955 beim Berechtigten als sonstiges Vermögen zu erfassen und beim Verpflichteten nur bei der Ermittlung des Gesamtvermögens (Inlandsvermögens) zu berücksichtigen.

**Bestimmungen betreffend die Beiträge gemäß § 7 Wohnhaus-Wiederaufbaugesetz**

**§ 85.** Abweichend von den Bestimmungen des § 7 Abs. 1 Z 2 lit. b des Wohnhaus-Wiederaufbaugesetzes vom 16. Juni 1948, BGBl. Nr. 130, in der derzeit geltenden Fassung wird der Jahresbetrag für die Kalenderjahre 1956 und 1957 in der gleichen Höhe wie für das Kalenderjahr 1955 erhoben. Änderungen in der steuerlichen Zurechnung des Beitragsgegenstandes sind lediglich durch eine entsprechende Aufteilung des Beitrages zu berücksichtigen. Andere Änderungen sind nicht zu beachten. Zur Beurteilung, ob die im § 7 Abs. 1 Z 2 lit. a des im Satz 1 zitierten Bundesgesetzes vorgesehene Wertgrenze von 10.000 S überschritten wird, ist bei der Beitragserhebung für die Kalenderjahre 1956 und 1957 von dem zum 1. Jänner 1955 maßgebenden Einheitswert auszugehen.

**Inkrafttreten; Aufhebung bisheriger Rechtsvorschriften**

**§ 86.** (1) Die §§ 1 bis 82 sind auf Bewertungszeitpunkte ab 1. Jänner 1956 anzuwenden; die §§ 83 und 84 treten rückwirkend mit 1. Jänner 1955 in Kraft.



(2) Die Vorschriften des Bewertungsgesetzes vom 16. Oktober 1934, Deutsches RGBl. I S. 1035, in der Fassung des 2. Steueränderungsgesetzes 1951 vom 17. Dezember 1951, BGBl. Nr. 8/1952, und sämtlicher hiezu ergangenen Verordnungen, insbesondere der Durchführungsverordnung zum Bewertungsgesetz vom 2. Februar 1935, Deutsches RGBl. I S. 81, sind für Bewertungszeitpunkte ab 1. Jänner 1956 nicht mehr anzuwenden.

(3) Wo in Rechtsvorschriften auf Bestimmungen des Bewertungsgesetzes vom 16. Oktober 1934 oder der hiezu ergangenen Verordnungen verwiesen wird, treten die entsprechenden Bestimmungen dieses Bundesgesetzes an ihre Stelle.

(4) § 21 Abs. 1 Z 1 lit. a und b, § 25, § 33 Abs. 1 und 2 sowie die Anlage zu § 53a, jeweils in der Fassung des Bundesgesetzes BGBl. I Nr. 59/ 2001, sind erstmals bei Fortschreibungen und Nachfeststellungen der Einheitswerte anzuwenden, die Stichtage ab dem 1. Jänner 2002 betreffen, wobei Wertänderungen, die sich ausschließlich auf Grund der Artikel V und VII des Euro-Steuerumstellungsgesetzes, BGBl. I Nr. 59/2001, ergeben, zu keiner Fortschreibung führen.

(5) § 64 Abs. 5, § 69 Abs. 1 Z 1 lit. c, Z 10 und Z 11 lit. b sowie § 69 Abs. 2, jeweils in der Fassung des Bundesgesetzes BGBl. I Nr. 59/2001, sind erstmals ab dem 1. Jänner 2002 anzuwenden.

(6) Schillingbeträge in gemäß § 44 ergangenen Kundmachungen, welche für Stichtage ab dem 1. Jänner 2002 rechtsverbindliche Kraft haben, sind auf Euro umzurechnen und auf vier Dezimalstellen auf- und abzurunden. Bei einem Ergebnis genau in der Mitte wird der Betrag aufgerundet.

(7) § 40 in der Fassung des Bundesgesetzes BGBl. I Nr. 19/2002 ist für Stichtage ab dem 1. Jänner 2002 anzuwenden.

(8) § 15 Abs. 1 und § 16 Abs. 1 und 2 in der Fassung des Bundesgesetzes BGBl. I Nr. 71/2003 ist erstmals für Abgabentatbestände anzuwenden, auf Grund derer die jeweilige Abgabenschuld nach dem 31. Dezember 2003 entsteht.

(9) § 16 Abs. 3 in der Fassung des Bundesgesetzes BGBl. I Nr. 71/2003 ist auf Berichtigungen von Renten, wiederkehrenden Nutzungen oder Leistungen sowie dauernden Lasten anzuwenden, die nach den Vorschriften des § 16 Abs. 1 und 2 in der Fassung des Bundesgesetzes BGBl. I Nr. 71/2003 bewertet wurden. In allen anderen Fällen ist § 16 Abs. 3 in der Fassung vor der Kundmachung BGBl. I Nr. 165/2002 maßgebend.

(10) Die Änderungen in § 34 Abs. 2, § 35 und § 45 in der Fassung des Bundesgesetzes BGBl. I Nr. 124/2003 treten mit 1. Mai 2004 in Kraft. Personen, die im Zeitpunkt des In-Kraft-Tretens des Bundesgesetzes BGBl. I Nr. 124/2003 Mitglieder

eines Gutachterausschusses sind, bleiben bis zu ihrer Abberufung weiterhin im Amt.

(11) § 35, § 45 Abs. 2 Z 1 und § 45 Abs. 3 in der Fassung des Bundesgesetzes BGBl. I Nr. 72/2004 treten mit 1. Mai 2004 in Kraft. Personen, die im Zeitpunkt des In-Kraft-Tretens des Bundesgesetzes BGBl. I Nr. 72/2004 Mitglieder eines Gutachterausschusses sind, bleiben bis zu ihrer Abberufung weiterhin im Amt.

(12) Schriftstücke, die Form und Inhalt von Feststellungsbescheiden über Einheitswerte für wirtschaftliche Einheiten oder Untereinheiten des Grundbesitzes sowie davon abgeleiteten Bescheiden haben, gelten auch dann als an alle Beteiligten rechtswirksam ergangene Bescheide, wenn sie vor dem 1. Jänner 2005 nicht der nach § 81 BAO vertretungsbefugten Person, sondern einem der am Gegenstand der Feststellung Beteiligten zugestellt wurden.

(13) Soweit nach sozialversicherungsrechtlichen Vorschriften Einheitswerte land- und forstwirtschaftlicher Betriebe heranzuziehen sind, sind Änderungen dieser Einheitswerte anlässlich der Hauptfeststellung zum 1. Jänner 2014 für die Zeit vor dem 1. Jänner 2017 nicht zu berücksichtigen.

(14) § 21, § 30, § 32, § 34, § 35, § 36, § 37, § 38, § 39, § 46, § 48 Abs. 2 und 4, § 49 Abs. 2, 3 und 5 sowie § 50 Abs. 2, jeweils in der Fassung des Bundesgesetzes BGBl. I Nr. 112/2012, sowie § 30 Abs. 7 in der Fassung des Bundesgesetzes BGBl. I Nr. 63/2013, sind erstmals für die Hauptfeststellung des land- und forstwirtschaftlichen Vermögens zum 1. Jänner 2014 und nachfolgende Fortschreibungen und Nachfeststellungen anzuwenden. § 45 in der Fassung vor dem BGBl. I Nr. 112/2012 ist letztmalig für Stichtage vor der Hauptfeststellung der Einheitswerte des land- und forstwirtschaftlichen Vermögens zum 1. Jänner 2014 anzuwenden.

(15) § 13 Abs. 2, § 63 Z 1 und § 68 Abs. 3 in der Fassung des Bundesgesetzes BGBl. I Nr. 34/2015 treten mit 1. Jänner 2016 in Kraft.

*(BGBl I 2015/34)*

(16) § 35 in der Fassung des Bundesgesetzes BGBl. I Nr. 77/2016 ist für alle Stichtage anzuwenden, die nach dem 31. Dezember 2014 liegen. Bei der Berechnung der 33 vH zum 1. Jänner 2015 ist von den für das Antragsjahr 2014 zugegangenen Beträgen gemäß Artikel 2 lit. d der Verordnung (EG) Nr. 73/2009 in der Fassung der Verordnung (EG) Nr. 1250/2009 vom 30. November 2009 auszugehen.

(17) Die für die Antragsjahre 2014 und 2015 gemäß § 80 Abs. 6 Z 1 in der Fassung vor dem Bundesgesetz BGBl. I Nr. 77/2016 übermittelten Daten sind von der AMA bis zum 31. Oktober 2016 entsprechend Abs. 16 und § 80 Abs. 6 Z 1 in der Fassung des Bundesgesetzes BGBl. I Nr. 77/2016 zu ergänzen.

*(BGBl I 2016/77)*

(18) § 80 Abs. 1, Abs. 2 und Abs. 4, § 80a, jeweils in der Fassung des Bundesgesetzes BGBl. I Nr. 104/2019, treten mit 1. Juli 2020 in Kraft.

*(BGBl I 2019/104)*

**„(19) Für die im § 80 Abs. 6 angeführten durch die AMA bis zum 15. Oktober zu übermittelnden Daten hat im Jahr 2023 die Übermittlung bis zum 15. September zu erfolgen."**

*(BGBl I 2022/45)*

### Vollziehung

**§ 87.** Mit der Vollziehung dieses Bundesgesetzes ist das Bundesministerium für Finanzen betraut.

**Anlage**
**(zu § 53a)**

**Bauklasseneinteilung und Durchschnittspreise je Kubikmeter umbauten Raumes oder je Quadratmeter nutzbarer Fläche**

| | | | Euro/m³ |
|---|---|---|---|
| 1. | Bürogebäude, Wohngebäude, Laboratorien und andere Gebäude, die nicht unmittelbar der Fabrikation oder Lagerzwecken dienen, die jedoch Teile der wirtschaftlichen Einheit eines Fabriksgrundstückes sind | | |
| | 1.1 | Holzgebäude und Fachwerkgebäude | |
| | 1.11 | sehr einfache Ausführung | 10,9009 |
| | 1.12 | einfache Ausführung | 12,3544 |
| | 1.13 | mittlere Ausführung | 14,5346 |
| | 1.14 | gute Ausführung | 18,1682 |
| | 1.15 | sehr gute Ausführung | 21,8019 |
| | 1.2 | Massivgebäude, Stahl- oder Stahlbetonskelettgebäude | |
| | 1.21 | sehr einfache Ausführung | 14,5346 |
| | 1.22 | einfache Ausführung | 18,1682 |
| | 1.23 | mittlere Ausführung | 21,8019 |
| | 1.24 | gute Ausführung | 29,0691 |
| | 1.25 | sehr gute Ausführung | 36,3364 |

2. Fabriksgebäude, Werkstättengebäude, Garagen, Lagergebäude und Kühlhäuser, die Teile der wirtschaftlichen Einheit eines Fabriksgrundstückes sind (bei den Wertansätzen ist eine einfache Ausstattung unterstellt)

| | | Euro/m³ bei Geschoßhöhen[1]) bis zu | | |
|---|---|---|---|---|
| | | 4 m | 5 m | 6 m |
| 2.1 | Schuppen (einseitig offene Gebäude) | | | |
| 2.11 | Holz, Fachwerk oder Wellblech | 8,7207 | 7,9940 | 7,2673 |
| 2.12 | Massiv | 11,6277 | 10,9009 | 10,1742 |
| 2.2 | Shedbauten | | | |
| 2.21 | mit Holzbindern | 9,4475 | 8,7207 | 7,9940 |
| 2.22 | mit Stahlbindern | 10,9009 | 10,1742 | 9,4475 |
| 2.23 | in Stahl- oder Stahlbetonkonstruktion | 13,0811 | 12,3544 | 11,6277 |
| 2.3 | Stahlbetonfachwerk- oder Stahlfachwerkbauten mit Plattenverkleidungen | 11,6277 | 10,1742 | 9,4475 |
| 2.4 | Holz- und Holzfachwerkgebäude | 12,3544 | 11,6277 | 10,9009 |
| 2.5 | Massivgebäude, Stahl- oder Stahlbetonskelettgebäude; diese Durchschnittspreise erhöhen sich bei vorhandenem Personenaufzug um 5 v.H. bei besonderer innerer Ausstattung – soweit es sich nicht um eine Betriebsvorrichtung handelt – um 5 bis 20 v.H.; diese Durchschnittspreise ermäßigen sich unbeschadet der Zuschläge nach 18., bei fehlendem Fußboden um 10 v.H. | | | |
| 2.51 | ohne Decke, ohne Raumaufteilung | 13,0811 | 12,3544 | 11,6277 |
| 2.52 | mit Decke, ohne Raumaufteilung | 15,9880 | 15,2613 | 14,5346 |
| 2.53 | mit Decke, mit Raumaufteilung | 18,1682 | 17,4415 | 16,7148 |

| | | Euro/m³ bei Geschoßhöhen bis zu | | |
|---|---|---|---|---|
| 2.6 | Hallengebäude (Gebäude mit Geschoßhöhen über 6 m) | 8 m | 10 m | 12 m |
| 2.61 | Holzkonstruktion | 5,0871 | 4,3604 | 3,6336 |

| | | | 8 m | 10 m | 12 m |
|---|---|---|---|---|---|
| | | bei Geschoßhöhen bis zu | 8 m | 10 m | 12 m |
| | 2.62 | Massivgebäude, Stahl- oder Stahlbetonskelettgebäude; diese Durchschnittspreise ermäßigen sich, unbeschadet der Zuschläge nach 18., bei Rundhallen um 20 v.H., bei fehlendem Fußboden um 10 v.H. | 8,7207 | 8,3574 | 7,9940 |
| | | | 14 m | 16 m | 18 m |
| | | und bei fehlender Decke um 10 v.H. | 7,6306 | 7,2673 | 6,9093 |
| | | | | | 20 m und darüber 6,5406 |

| | | | |
|---|---|---|---|
| 3. | Hotels, Gasthöfe, Pensionsbetriebe, Erholungs- und Kurheime, Restaurants und ähnliche | | |
| 3.1 | Holzgebäude und Fachwerkgebäude | | |
| | 3.11 | sehr einfache Ausführung | 10,9009 |
| | 3.12 | einfache Ausführung | 13,0811 |
| | 3.13 | mittlere Ausführung | 16,7148 |
| | 3.14 | gute Ausführung | 20,3484 |
| | 3.15 | sehr gute Ausführung | 25,4355 |
| 3.2 | Massivgebäude Stahl- oder Stahlbetonskelettgebäude | | |
| | 3.21 | sehr einfache Ausführung | 14,5346 |
| | 3.22 | einfache Ausführung | 20,3484 |
| | 3.23 | mittlere Ausführung | 26,8889 |
| | 3.24 | gute Ausführung | 34,8830 |
| | 3.25 | sehr gute Ausführung | 43,6037 |
| 3.3 | Nebengebäude (Garagen, Waschküchen, Wirtschaftsgebäude u. ähnl.), | | |
| | 3.31 | sehr einfache Ausführung | 10,9009 |
| | 3.32 | einfache Ausführung | 14,5346 |
| | 3.33 | mittlere Ausführung | 18,1682 |
| | 3.34 | gute Ausführung | 21,8019 |
| 4. | Bank-, Versicherungs-, Geschäfts-, Büro- und Verwaltungsgebäude | | |
| 4.1 | sehr einfache Ausführung | | 18,1682 |
| 4.2 | einfache Ausführung | | 25,4355 |
| 4.3 | mittlere Ausführung | | 32,7028 |
| 4.4 | gute Ausführung | | 39,9701 |
| 4.5 | sehr gute Ausführung | | 47,2373 |
| 5. | Lagerhäuser und Kühlhäuser | | |
| 5.1 | Holzgebäude und Fachwerkgebäude | | 10,9009 |
| 5.2 | Massivgebäude, Stahl- oder Stahlbetonskelettgebäude | | |
| | 5.21 | ebenerdig | 14,5346 |
| | 5.22 | Tragfähigkeit der Decken bis 1.000 kg/m² | 18,1682 |
| | 5.23 | Tragfähigkeit der Decken über 1.000 kg/m² | 25,4355 |
| 6. | Theater und Lichtspielhäuser | | |
| 6.1 | Saaltheater (ohne besonderes Bühnenhaus) | | |
| | 6.11 | sehr einfache Ausführung | 14,5346 |
| | 6.12 | einfache Ausführung | 18,1682 |
| | 6.13 | mittlere Ausführung | 23,2553 |
| | 6.14 | gute Ausführung | 29,0691 |
| | 6.15 | sehr gute Ausführung | 36,3364 |
| 6.2 | Volltheater (mit besonderem Bühnenhaus) | | |
| | 6.21 | sehr einfache Ausführung | 14,5346 |

| | | |
|---|---|---|
| | 6.22 einfache Ausführung | 17,4415 |
| | 6.23 mittlere Ausführung | 21,8019 |
| | 6.24 gute Ausführung | 26,8889 |
| | 6.25 sehr gute Ausführung | 32,7028 |
| | | Euro/m³ |
| 7. | Warenhäuser, Kaufhäuser, Markt-, Messe- und Sporthallen, Kioske u. ähnl. | |
| | 7.1 Holzgebäude und Fachwerkgebäude | |
| | 7.11 sehr einfache Ausführung | 10,9009 |
| | 7.12 einfache Ausführung | 13,0811 |
| | 7.13 mittlere Ausführung | 16,7148 |
| | 7.14 gute Ausführung | 20,3484 |
| | 7.15 sehr gute Ausführung | 25,4355 |
| | 7.2 Massivgebäude, Stahl- oder Stahlbetonskelettgebäude | |
| | 7.21 sehr einfache Ausführung | 14,5346 |
| | 7.22 einfache Ausführung | 19,6217 |
| | 7.23 mittlere Ausführung | 25,4355 |
| | 7.24 gute Ausführung | 31,9760 |
| | 7.25 sehr gute Ausführung | 39,9701 |
| | 7.3 Hallenbauten (Gebäude mit Geschoßhöhen über 6 m und wenig innerer Ausstattung) | |
| | 7.31 Holzgebäude und Fachwerkgebäude ohne feste Tribüneneinbauten | 6,5406 |
| | 7.32 wie 7.31 jedoch mit Tribüneneinbauten | 7,9940 |
| | 7.33 Massivgebäude, Stahl- oder Stahlbetonskelettgebäude ohne feste Tribünen oder Rangeinbauten | 10,9009 |
| | 7.34 wie 7.33 jedoch mit Tribünen oder Rangeinbauten | 14,5346 |
| 8. | Krankenhäuser und Sanatorien | |
| | 8.1 sehr einfache Ausführung | 14,5346 |
| | 8.2 einfache Ausführung | 19,6217 |
| | 8.3 mittlere Ausführung | 25,4355 |
| | 8.4 gute Ausführung | 30,5226 |
| | 8.5 sehr gute Ausführung | 36,3364 |
| | 8.6 Nebengebäude (Garagen, Küchen und Wirtschaftsgebäude) | wie Bauklasse 3.3 |
| 9. | Tankstellengebäude | |
| | 9.1 sehr einfache Ausführung | 12,3544 |
| | 9.2 einfache Ausführung | 14,5346 |
| | 9.3 mittlere Ausführung | 18,1682 |
| | 9.4 gute Ausführung | 21,8019 |
| | 9.5 sehr gute Ausführung | 29,0691 |
| 10. | Hallenbäder | |
| | 10.1 sehr einfache Ausführung | 18,1682 |
| | 10.2 einfache Ausführung | 21,8019 |
| | 10.3 mittlere Ausführung | 25,4355 |
| | 10.4 gute Ausführung | 29,0691 |
| | 10.5 sehr gute Ausführung | 36,3364 |
| 11. | Einfamilienhäuser und einfamilienhausartige Gebäude | |
| | 11.1 Holzgebäude und Fachwerkgebäude | |
| | 11.11 sehr einfache Ausführung | 10,9009 |
| | 11.12 einfache Ausführung | 14,5346 |

| | | |
|---|---|---|
| 11.13 | mittlere Ausführung | 18,1682 |
| 11.14 | gute Ausführung | 21,8019 |
| 11.15 | sehr gute Ausführung | 29,0691 |
| 11.2 | Massivgebäude, Stahl- oder Stahlbetonskelettgebäude | |
| 11.21 | sehr einfache Ausführung | 14,5346 |
| 11.22 | einfache Ausführung | 19,6217 |
| 11.23 | mittlere Ausführung | 27,6157 |
| 11.24 | gute Ausführung | 36,3364 |
| 11.25 | sehr gute Ausführung | 47,2373 |
| 11.3 | Nebengebäude (z.B. Garagen, Werkstätten) | wie Bauklasse 3.3 |

12. Klöster und Burgen; Gebäude, die vor dem Jahre 1800 errichtet wurden und eine Mauerstärke von 1 m oder mehr haben; Kotziegelbauten

| | | |
|---|---|---|
| 12.1 | sehr einfache Ausführung | 7,2673 |
| 12.2 | einfache Ausführung | 10,9009 |
| 12.3 | mittlere Ausführung | 14,5346 |
| 12.4 | gute Ausführung | 19,6217 |
| 12.5 | sehr gute Ausführung | 29,0691 |

13. Keller und Kellergeschosse

| | | |
|---|---|---|
| 13.1 | sehr einfache Ausführung | 10,9009 |
| 13.2 | einfache Ausführung | 13,8078 |
| 13.3 | mittlere Ausführung | 18,1682 |
| 13.4 | gute Ausführung | 25,4355 |
| 13.5 | sehr gute Ausführung | 36,3364 |

14. Überdachungen Flugdächer;

die Durchschnittspreise sind bei Vorhandensein von Fußböden um 3,6336 Euro bis 7,2673 Euro je m² zu erhöhen; Umwandungen sind mit 3,6336 Euro bis 7,2673 Euro je m² der Umwandung anzusetzen

| | | Euro/m² Preis je m² überdachter Fläche bis 3 m | über 3 m auskragend |
|---|---|---|---|
| 14.1 | Überdachungen ohne eigene Stützen | | |
| 14.11 | in Holzkonstruktion oder Kunststoff | 7,2673 | 10,9009 |
| 14.12 | in Stahl- oder Stahlbetonkonstruktion | 14,5346 | 21,8019 |

| | | Euro/m² bei einer Höhe bis zu 3 m | 4 m | 5 m und darüber |
|---|---|---|---|---|
| 14.2 | Überdachungen mit eigenen Stützen | | | |
| 14.21 | in Holzkonstruktion oder Kunststoff | 10,9009 | 14,5346 | 18,1682 |
| 14.22 | in Stahl- oder Stahlbetonkonstruktion | 14,5346 | 21,8019 | 25,4355 |
| | | | | Euro/m² |

15. Mietwohngrundstücke und gemischtgenutzte Grundstücke

| | | |
|---|---|---|
| 15.1 | Holzgebäude und Fachwerkgebäude | |
| 15.11 | sehr einfache Ausführung | 29,0691 |
| 15.12 | einfache Ausführung | 39,9701 |

| | |
|---|---|
| 15.13 mittlere Ausführung | 54,5046 |
| 15.14 gute Ausführung | 69,0392 |
| 15.15 sehr gute Ausführung | 94,4747 |
| 15.2 Massivgebäude, Stahl- oder Stahlbetonskelettgebäude | |
| 15.21 sehr einfache Ausführung | 36,3364 |
| 15.22 einfache Ausführung | 58,1383 |
| 15.23 mittlere Ausführung | 87,2074 |
| 15.24 gute Ausführung | 130,8111 |
| 15.25 sehr gute Ausführung | 181,6821 |
| 15.3 Nebengebäude (z.B. Garagen, Werkstätten) | |
| 15.31 sehr einfache Ausführung | 32,7028 |
| 15.32 einfache Ausführung | 39,9701 |
| 15.33 mittlere Ausführung | 54,5046 |
| 15.34 gute Ausführung | 72,6728 |

16. Ist innerhalb der Bauklassen 1, 3, 4, 6 bis 13 und 15 eine eindeutige Einstufung nicht möglich, so ist ein entsprechender Zwischenwert anzusetzen.

17. In obigen Bauklassen nicht enthaltene Gebäude und Gebäudeteile sind nach jener Bauklasse zu bewerten, die ihrer Bauweise und Ausstattung entspricht.

18. Die Durchschnittspreise sind zu erhöhen:

| | |
|---|---|
| 18.1 bei aufwendiger Ausführung[2]), dies gilt nicht für die in 2. bezeichneten Bauklassen, um | 5 bis 25 v.H.; |
| 18.2 bei Hochhäusern, d.s. Gebäude oder Gebäudeteile, bei denen der Fußboden mindestens eines Geschosses über 25 m über der Erdoberfläche liegt, für jeden weiteren vollen Meter um je maßgebend ist der Unterschied zwischen 25 m und der Oberkante der Decke des obersten Vollgeschosses; der Zuschlag ist auf die Durchschnittspreise aller Geschosse (auch Kellergeschosse) anzuwenden; | 0,5 v.H.; |
| 18.3 bei als Teil des Grundstückes zu betrachtenden Zentralheizungen um | 3 bis 6 v.H. |
| 18.4 Klimaanlagen | 8 bis 10 v.H. |

[1]) Bei der Ermittlung der Geschoßhöhen sind die Bestimmungen der ÖNORM, B 4000, 6. Teil, maßgebend.
[2]) Überdurchschnittliche Verwendung hochwertiger Materialien wie Naturstein, Klinker, Marmor, Metalle, Edelhölzer, Schmiedeeisen, Glas u. ähnl. bzw. aufwendige Ausstattung wie Schwimmbecken, Sauna, offene Kamine u. ähnl.

**Merkmale für die Beurteilung der baulichen Ausführung eines Gebäudes oder Gebäudeteiles**

Die Tabelle enthält die bei allen Gebäudearten möglichen Merkmale. Sind bei Gebäuden (Gebäudeteilen) einzelne Merkmale üblicherweise nicht vorhanden, sind sie nicht zu beachten. Maßgeblich für die Einstufung ist die im Durchschnitt zutreffende Güte der Ausführung

| Bau- und Gebäudeteil<br>Ausführung | | sehr einfache | einfache | mittlere | gute | sehr gute |
|---|---|---|---|---|---|---|
| 1. | Dach: | Stroh, Schindel, Pappe | einfache Ziegeleindeckung | doppelte Ziegel-, Welleternit- oder Preßkieseindeckung | Eternit- oder Blecheindeckung | Naturschiefereindeckung; Dächer mit besonderer Wärmeisolierung |
| 2. | Fassade: | einfacher Putz oder Rohbau | einfacher Putz | einfacher Putz | Edelputz | Edelputz; Verkleidungen mit Natur- oder Verblendstein |
| 3. | Decken: | Holzbalken | Gewölbe, Holzbalken | Massiv- oder Fertigteildecken | | |
| 4. | Fenster | teilweise Einfachfenster | überwiegend Doppelfenster | Doppelfenster; Holzverbundfenster | | Metall-, Kunststoff-, Edelholzfenster, Isolierverglasung |
| 5. | Türen: | Brettertüren | Füllungstüren | Füllungstüren oder Paneeltüren | Paneeltüren furniert oder lackiert | wie gute Ausführung, teilweise Türen aus Edelhölzern oder Metall |
| 6. | Fußböden: | Weichholz; Beton | Weichholz, Linoleum und Kunststoff | Weichholz, Linoleum und Kunststoff, in mehreren Räumen Hartholz | in Wohn- und Büroräumen Hartholz, Parkett oder Spannteppiche | in einigen Räumen Parkett aus besten Hölzern |
| 7. | Boden- und Wandfliesen in den in Betracht kommenden Räumen (z. B. Küchen, Bädern, Toiletten, Verkaufs- und Lagerräumen sowie Erzeugungsstätten): | keine | geringfügig | in beschränktem Ausmaß | im erforderlichen Ausmaß | wie gute Ausführung unter teilweiser Verwendung von Mosaikboden- und Mosaikfliesen u. ähnl. |
| 8. | Wasser und Toiletten: | außerhalb der Wohnungen | teilweise in den Wohnungen | in den Wohnungen | in den Wohnungen; Gästezimmer mit Fließwasser | wie gute Ausführung und zusätzliche Toiletten |

| | | | | | | |
|---|---|---|---|---|---|---|
| 9. | Badezimmer: | keine | in einigen Wohnungen | in der überwiegenden Anzahl der Wohnungen | in den Wohnungen; Gästezimmer mit Fließwasser | in einer Anzahl, die über die Wohnungseinheiten hinausgeht |
| | | | | Beherbergungsbetriebe: | | |
| | | | | Etagenbäder in ausreichender Anzahl | wie mittlere Ausführung, teilweise Zimmer mit Bad | überwiegend Zimmer mit Bad |
| 10. | Anteil besonderer Räume (Direktionszimmer, Gesellschaftsräume, Salons u. ähnl.): | keine | keine | geringer Anteil | kleinere und größere Räume in beachtlichem Anteil | besonders großer Anteil |
| 11. | Lift: | keiner | | | bei mehr als 4 Vollgeschossen | |

# 5/2. Bodenschätzungsgesetz 1970

**Bodenschätzungsgesetz 1970**, BGBl 1970/233 idF

**1** BGBl I 2003/124 (AbgÄG 2003)
**2** BGBl I 2004/72
**3** BGBl I 2005/161 (AbgÄG 2005)
**4** BGBl I 2006/143 (UFSG-Nov. 2006)
**5** BGBl I 2012/112 (AbgÄG 2012)
**6** BGBl I 2019/104 (FORG)
**7** BGBl I 2020/99 (2. FORG)
**8** BGBl I 2022/45

**Bundesgesetz vom 9. Juli 1970 über die Schätzung des landwirtschaftlichen Kulturbodens (Bodenschätzungsgesetz 1970 – BoSchätzG 1970)**

Der Nationalrat hat beschlossen:

**§ 1.** (1) Die landwirtschaftlich nutzbaren Bodenflächen des Bundesgebietes sind zur Schaffung von Bewertungsgrundlagen insbesondere für steuerliche Zwecke einer Bodenschätzung zu unterziehen.

(2) Die Bodenschätzung umfaßt:

1. die Untersuchung des Bodens auf seine Beschaffenheit und die kartenmäßige Darstellung des Untersuchungsergebnisses (Bestandsaufnahme),
2. die Feststellung der Ertragsfähigkeit auf Grund der natürlichen Ertragsbedingungen, das sind Bodenbeschaffenheit, Geländegestaltung, klimatische Verhältnisse (§ 32 Abs. 3 Z 1 des Bewertungsgesetzes 1955, BGBl. Nr. 148) und Wasserverhältnisse.

(3) Die Feststellungen der Bodenschätzung (Abs. 2) sind in den Schätzungsbüchern (Feldschätzungsbuch, Schätzungsreinbuch) und in den Schätzungskarten (Feldschätzungskarte und Schätzungsreinkarte) festzuhalten. Die Erfassung und Verwaltung der Bodenschätzungsergebnisse hat nach Maßgabe der technischen und personellen Möglichkeiten automationsunterstützt zu erfolgen.

(4) Für die Durchführung der Bodenschätzung ist das Finanzamt Österreich zuständig.

*(BGBl I 2020/99)*

**§ 2.** (1) Die Musterstücke der Bodenschätzung (§ 5) sind in Zeitabschnitten von dreißig Jahren zu überprüfen. Die Überprüfung hat sich darauf zu erstrecken, ob und in welchem Umfang sich das Ertragsverhältnis der Bodenflächen innerhalb des Bundesgebietes zueinander verschoben hat.

(2) Im Zusammenhang mit der Überprüfung nach Abs. 1 sind auch die Ergebnisse der Bodenschätzung zu überprüfen. Hiebei ist auch zu erheben, inwieweit die den Bodenschätzungsergebnissen zugrunde gelegten Gegebenheiten noch mit der Natur übereinstimmen.

(3) Ergibt die Überprüfung nach Abs. 2, daß eine wesentliche und nachhaltige Änderung der Ertragsfähigkeit eingetreten ist, so sind die Bodenschätzungsergebnisse dementsprechend abzuändern. Die Ergebnisse der Abänderung sind in den Schätzungsbüchern und den Schätzungskarten (§ 1 Abs. 3) zu erfassen.

(4) Die Abänderung wirkt vom Beginn des der Überprüfung nachfolgenden Kalenderjahres.

**„(5) Abweichend von Abs. 1 hat die nächste Überprüfung der Musterstücke der Bodenschätzung nur hinsichtlich der klimatischen Verhältnisse (§ 1 Abs. 2 Z 2) zu erfolgen. Die Musterstücke sind bis spätestens 31. Dezember 2027 neu kundzumachen. Anschließend sind sämtliche nicht als Musterstücke ausgewählte landwirtschaftlich genutzte Bodenflächen unter Zugrundelegung dieser Kundmachung zu ändern und die Ergebnisse der Bodenschätzung nach den Vorschriften des § 11 unter Außerachtlassung des § 11 Abs. 3 so aufzulegen, dass die Auflagefrist spätestens mit 31. Dezember 2028 endet.“**

*(BGBl I 2022/45 ab 14.4.2022)*

**§ 3.** (1) Wenn sich die natürlichen Ertragsbedingungen (§ 1 Abs. 2 Z 2), die den Bodenschätzungsergebnissen einzelner Bodenflächen zugrunde liegen, durch natürliche Ereignisse (zum Beispiel Vermurungen, Bergrutsche) oder durch künstliche Maßnahmen (zum Beispiel Ent- und Bewässerungen, Kraftwerks- und Straßenbauten) wesentlich und nachhaltig verändert haben oder die Benützungsart (§ 10 des Vermessungsgesetzes, BGBl. Nr. 306/1968) nachhaltig geändert wurde, ist eine Nachschätzung durchzuführen.

(2) Im Rahmen der Nachschätzung sind Flächen, die nicht mehr zum landwirtschaftlichen Kulturboden gehören, auszuscheiden, sowie Flächen, die bisher nicht einer Bodenschätzung unterzogen waren, nunmehr aber als landwirtschaftlicher Kulturboden anzusehen sind, zu erfassen.

(3) Die Nachschätzung umfaßt:

1. die Feststellung der geänderten Ertragsfähigkeit und
2. deren Erfassung in den Schätzungsbüchern und den Schätzungskarten.

(4) Die Nachschätzung wirkt vom Beginn jenes Kalenderjahres, das dem Kalenderjahr nachfolgt, in welchem erstmalig die Voraussetzungen für eine Nachschätzung im Sinne des Abs. 1 gegeben sind. Spätestens wirkt die Nachschätzung vom Beginn jenes Kalenderjahres, das dem Kalenderjahr nachfolgt, in welchem das zuständige Finanzamt von der Änderung der Ertragsfähigkeit Kenntnis erlangt hat.

**§ 4.** (1) Der Bundesminister für Finanzen hat zu seiner Unterstützung und Beratung bei der Bodenschätzung einen Bundesschätzungsbeirat zu bilden.

Dem Bundesschätzungsbeirat gehören an:

1. ein vom Bundesminister für Finanzen beauftragter rechtskundiger Bundesbeamter als Vorsitzender des Bundesschätzungsbeirates,
2. der technische Leiter der Bodenschätzung im Bundesministerium für Finanzen,
3. zwölf unter Bedachtnahme auf den Vorschlag der Präsidentenkonferenz der Landwirtschaftskammern Österreichs im Einvernehmen mit dem Bundesminister für Land- und Forstwirtschaft berufene Mitglieder, die Landwirte sind oder, ohne die Landwirtschaft auszuüben, über eingehende Sachkenntnis auf dem Gebiet der Landwirtschaft oder der Bodenkunde verfügen.

(2) Das Bundesministerium für Finanzen hat zur Unterstützung und Beratung bei der Bodenschätzung für den Bereich jedes Bundeslandes einen Landesschätzungsbeirat zu bilden. Diesem gehören an:

1. ein vom Bundesminister für Finanzen allgemein oder im einzelnen Fall beauftragter rechtskundiger Bundesbediensteter als Vorsitzender des jeweiligen Landesschätzungsbeirates,
2. der technische Leiter der Bodenschätzung für das jeweilige Bundesland,
3. drei unter Bedachtnahme auf den Vorschlag der zuständigen Landeslandwirtschaftskammer berufene Mitglieder, die die im Abs. 1 Z 3 vorgesehenen Voraussetzungen erfüllen. Eine gleichzeitige Mitgliedschaft im Bundesschätzungsbeirat und in Landesschätzungsbeiräten ist möglich.

(3) Das Finanzamt Österreich hat im Einvernehmen mit dem Bundesministerium für Finanzen zur Durchführung der Bodenschätzung für bestimmte abgegrenzte örtliche Bereiche Schätzungsausschüsse nach Erfordernis zu bilden.

Diesen gehören an:

1. der Vorstand oder die Vorständin des zuständigen Finanzamtes (§ 1 Abs. 4) oder von ihm beauftragte rechtskundige Bedienstete des Finanzamtes als Leiter bzw. Leiterin des Schätzungsausschusses,

   *(BGBl I 2020/99)*
2. ein Bediensteter des Bodenschätzungsdienstes als Stellvertreter des Leiters des Schätzungsausschusses für die technische Durchführung der Bodenschätzung,
3. zwei unter Bedachtnahme auf den Vorschlag der zuständigen Landeslandwirtschaftskammer berufene Mitglieder, die die im Abs. 1 Z 3 vorgesehenen Voraussetzungen erfüllen; soweit von der Landeslandwirtschaftskammer keine Personen namhaft gemacht werden, ist von der Beiziehung solcher Mitglieder abzusehen,
4. ein Bediensteter der Vermessungsbehörde für die vermessungstechnischen Belange; es sei denn, dass vermessungstechnische Arbeiten für den Schätzungsausschuss nicht erforderlich sind.

*(BGBl I 2019/104)*

(4) Die in den Abs. 1 bis 3 jeweils unter Z 3 berufenen Mitglieder üben ihre Funktionen ehrenamtlich aus. Alle in den Abs. 1 bis 3 angeführten Personen sind verpflichtet, über alle ihnen in Ausübung ihrer Tätigkeit bekannt gewordenen Amts-, Geschäfts- und Betriebsgeheimnisse Verschwiegenheit zu bewahren. Auf Verletzungen der Geheimhaltungspflicht finden die Bestimmungen der §§ 251 und 252 des Finanzstrafgesetzes, BGBl. Nr. 129/1958, Anwendung. Die für die Bodenschätzung maßgebenden objektiven Verhältnisse, das sind die natürlichen Ertragsbedingungen, unterliegen der Geheimhaltungspflicht nicht.

(5) Der Vorsitzende des Bundesschätzungsbeirates sowie die Vorsitzenden der Landesschätzungsbeiräte leiten die Verhandlungen jener Beiräte, für die sie bestellt wurden. Abstimmungen finden nicht statt. Ein Beirat ist funktionsfähig, wenn die in Abs. 1 und 2 jeweils unter Z 1 und 2 angeführten Mitglieder vollzählig, die in den gleichen Absätzen unter Z 3 angeführten Mitglieder zumindest zur Hälfte bei ordnungsgemäßer Ladung aller Mitglieder anwesend sind. Die Ladung ist ordnungsgemäß, wenn sie mindestens zwei Wochen vor dem Beratungstermin abgesendet wurde.

(6) Der Bundesminister für Finanzen hat entsprechend den im Abs. 5 dargelegten Grundsätzen im Verordnungswege eine Geschäftsordnung für Bundesschätzungsbeirat, Landesschätzungsbeiräte und Schätzungsausschüsse zu erlassen und hiebei die Höhe der Entschädigung für den Aufwand, der dem in den Abs. 1 bis 3 jeweils unter Z 3 umschriebenen Personenkreis in Ausübung der Funktion notwendigerweise erwächst, festzusetzen.

**§ 5.** (1) Als Vergleichsflächen der Bodenschätzung dienen die Musterstücke. Diese sind Bodenflächen, die zur Sicherung der Gleichmäßigkeit der Bodenschätzung und zur Schaffung feststehender Hauptstützpunkte vom Bundesministerium für Finanzen nach Beratung im Bundesschätzungsbeirat auszuwählen und zu schätzen sind (Bundesmusterstücke).

(2) Die Musterstücke sind in allen Teilen des Bundesgebietes so auszuwählen, daß das einzelne Musterstück für seine Umgebung kennzeichnend ist, so daß die Gesamtheit der Musterstücke einen Querschnitt über die im Bundesgebiet hauptsächlich vorhandenen Bodenflächen hinsichtlich ihrer natürlichen Ertragsfähigkeit darstellt.

(3) Die Musterstücke sind nach ihrer durch die natürlichen Ertragsbedingungen bewirkten Ertragsfähigkeit zueinander ins Verhältnis zu setzen. Dieses Verhältnis ist in einem Hundertsatz (Wertzahl) auszudrücken. Die ertragsfähigste Bodenfläche erhält die Wertzahl 100.

(4) Das Bundesministerium für Finanzen oder das vom Bundesministerium für Finanzen beauf-

tragte Finanzamt Österreich hat im Bedarfsfall unter Beachtung der für die Bundesmusterstücke geltenden Grundsätze weitere Musterstücke (Landesmusterstücke) nach Beratung im Landesschätzungsbeirat des jeweiligen Bundeslandes, in dem das Musterstück gelegen ist, auszuwählen und zu schätzen. Weiters hat das Finanzamt Österreich auch den Bundesschätzungsbeirat (Abs. 1) bei der Aufgabenerfüllung zu unterstützen.

*(BGBl I 2020/99)*

(5) Die Ergebnisse der Schätzung der Bundesmusterstücke und der Landesmusterstücke sind vom Bundesminister für Finanzen im „Amtsblatt zur Wiener Zeitung" kundzumachen. Die gemäß § 8 Abs. 1 für die Musterstücke zu ermittelnden Wertzahlen erhalten durch die Kundmachung rechtsverbindliche Kraft. Hiebei sind für jedes Musterstück die die Ertragsfähigkeit dieses Musterstückes beeinflussenden Umstände anzuführen.

(6) Sofern Musterstücke nicht mehr als Vergleichsflächen geeignet sind, ist dies im Sinne des Abs. 5 ebenfalls kundzumachen.

**§ 6.** Die nicht als Musterstücke ausgewählten landwirtschaftlich genutzten Bodenflächen sind unter Zugrundelegung der rechtsverbindlichen Ergebnisse der Schätzung der Musterstücke (§ 5 Abs. 5) zu schätzen.

**§ 7.** (1) Alle landwirtschaftlich genutzten Bodenflächen einschließlich der Musterstücke sind nach ihren natürlichen Ertragsbedingungen

1. dem Ackerland mit den Kulturarten
   Ackerland und
   Acker-Grünland,
2. dem Grünland mit den Kulturarten
   Grünland,
   Grünland-Acker,
   Grünland-Wiese,
   Grünland-Bergmahd,
   Grünland-Streu und
   Grünland-Hutweide

zuzuordnen, dabei sind Nutzungen, die den natürlichen Ertragsbedingungen nicht entsprechen, zum Beispiel Ackerwiesen und Ackerweiden, unberücksichtigt zu lassen. Bei einem regelmäßigen Wechsel verschiedener Kulturarten auf derselben Fläche (Wechselland) ist die gemäß den natürlichen Ertragsbedingungen vorherrschende Kulturart anzunehmen.

(2) Die wesentlichen Merkmale für die einzelnen Kulturarten sind in der Anlage enthalten, die einen Bestandteil dieses Bundesgesetzes bildet.

(3) Wege, Gräben, Hecken, Grenzraine, Wasserlöcher, Gebüsch u. dgl. sind der Grundstücksfläche, zu der sie gehören, zuzurechnen, soweit sie nicht in dem von den Vermessungsbehörden geführten Kataster gesondert ausgeschieden sind. Landwirtschaftliche Kulturarten bis zu einer Größe von 300 m² sind bei der Bodenschätzung der angrenzenden Kulturart zuzurechnen.

**§ 8.** (1) Bei der Ermittlung der Wertzahlen für die Musterstücke gemäß § 5 Abs. 3 und für die danach zu schätzenden übrigen landwirtschaftlich nutzbaren Bodenflächen sind alle die Ertragsfähigkeit beeinflussenden Umstände, das sind beim Ackerland besonders die Bodenart, die Zustandsstufe und die Entstehungsart und beim Grünland besonders die Bodenart, die Zustandsstufe, die Klimastufe und die Wasserverhältnisse, zu berücksichtigen.

(2) Für das Ackerland sind zwei Wertzahlen (Bodenzahl und Ackerzahl) festzustellen. Die Bodenzahl hat die durch die Verschiedenheit der Bodenbeschaffenheit im Zusammenhang mit den Grundwasserverhältnissen bedingten Ertragsunterschiede zum Ausdruck zu bringen, wobei für das ganze Bundesgebiet Einheitlichkeit der Geländegestaltung, der klimatischen Verhältnisse und der wirtschaftlichen Ertragsbedingungen zu unterstellen ist. Abweichungen von den Unterstellungen bezüglich der Geländegestaltung und der klimatischen Verhältnisse sowie die Beurteilung anderer von der Natur gegebenen Besonderheiten sind in der Ackerzahl zu berücksichtigen.

(3) Für das Grünland sind ebenfalls zwei Wertzahlen (Grünlandgrundzahl und Grünlandzahl) festzustellen. Die Grünlandgrundzahl hat die auf Grund der Beurteilung von Boden-, Klima- und Wasserverhältnissen sich ergebenden Ertragsunterschiede zum Ausdruck zu bringen, wobei für das ganze Bundesgebiet Einheitlichkeit der Geländegestaltung und der wirtschaftlichen Ertragsbedingungen zu unterstellen ist. Abweichungen von der Unterstellung bezüglich der Geländegestaltung sowie die Beurteilung anderer von der Natur gegebenen Besonderheiten sind in der Grünlandzahl zu berücksichtigen.

**§ 9.** (1) Die gemäß § 6 zu schätzenden Bodenflächen sind durch den Schätzungsausschuß an Ort und Stelle auf ihre nachhaltige Ertragsfähigkeit zu untersuchen, ohne auf die bestehenden Eigentumsverhältnisse Rücksicht zu nehmen. Hiebei ist einheitlich der in der Gegend übliche Kulturzustand zu unterstellen. Verhältnisse, die die Ertragsfähigkeit einer Bodenfläche nur vorübergehend berühren, sind unberücksichtigt zu lassen. Zusammenhängende Bodenflächen gleicher Ertragsfähigkeit sind in Klassen (Klassenflächen) zusammenzufassen.

(2) In einer Kopie der Katastralmappe sind insbesondere die Abgrenzungen der Klassenflächen, die Bezeichnungen der Klassen, die für die Klassen bestimmten Wertzahlen und die Geländeneigungen darzustellen.

**§ 10.** (1) Die Gemeinden haben die für die amtlichen Arbeiten nötigen Kanzleiräume zur Verfügung zu stellen, in gehörigem Zustand zu halten und für die zur Unterstützung der Amtshandlungen nötigen Hilfeleistungen gegen Ersatz der Kosten Sorge zu tragen.

(2) Eigentümer und Nutzungsberechtigte der zu schätzenden Bodenflächen sind verpflichtet, den mit den Arbeiten zur Durchführung dieses Bundesgesetzes Beauftragten jederzeit das Betreten dieser

Flächen im notwendigen Ausmaß zu gestatten und die hiebei erforderlichen Maßnahmen, zum Beispiel Aufgrabungen, zuzulassen. Ein Anspruch auf Entschädigung besteht nicht.

(3) Die Vermessungsbehörden sind verpflichtet, die bei der Durchführung dieses Bundesgesetzes anfallenden Vermessungsarbeiten durchzuführen und die für die Bodenschätzung erforderlichen Kopien der Katastralmappe beizustellen.

(4) Die Österreichische Agentur für Gesundheit und Ernährungssicherheit GmbH hat die für die Auswahl und Schätzung von Musterstücken (§ 5) erforderlichen bodenchemischen und -physikalischen Untersuchungen auf Anforderung durchzuführen.

(5) Das Bundesforschungs- und Ausbildungszentrum für Wald, Naturgefahren und Landschaft hat zur Unterstützung der Bodenschätzung die digitalen Daten der Bodenkartierung auf Anforderung an den Bundesminister für Finanzen zu übermitteln.

**§ 11.** (1) Die Ergebnisse der Bodenschätzung einschließlich der gemäß § 2 Abs. 2 und 3 durchgeführten Überprüfungen und der gemäß § 3 durchgeführten Nachschätzungen sind zur allgemeinen Einsichtnahme aufzulegen.

(2) Ergebnisse im Sinne des Abs. 1 sind die Feststellungen, die zur Beschreibung und Kennzeichnung der Bodenflächen nach

1. der Beschaffenheit,
2. der Ertragsfähigkeit,
3. der Abgrenzung

getroffen und in den Schätzungsbüchern und den Schätzungskarten (§ 1 Abs. 3) niedergelegt sind.

(3) Die Einsichtnahme nach Abs. 1 hat grundsätzlich in den Diensträumen des Finanzamtes zu erfolgen. Die Frist zur Einsichtnahme beträgt einen Monat. Innerhalb dieser Frist hat jedoch an einem Werktag unter Anwesenheit eines zur Auskunftsleistung befähigten Bediensteten der Finanzverwaltung die Einsichtnahme in geeigneten Räumen der betreffenden Gemeinde zu erfolgen, sofern diese Gemeinde nicht mit der Sitzgemeinde des Finanzamtes ident ist. Die Einsichtnahme innerhalb der Gemeinde ist bis auf zwei bzw. drei Tage zu erweitern, wenn die von der Einsichtnahme betroffenen Flächen 500 ha bzw. 1000 ha überschreiten.

**„(3)[a] Nach Beendigung der Schätzungsarbeiten sind vor Beginn der Bekanntgabe im Wege des Auflageverfahrens die Ergebnisse der Schätzung den Grundeigentümern öffentlich zu präsentieren und ist diesen Gelegenheit zur Stellungnahme zu geben. Das Finanzamt hat den Ort, die Zeit und den Beginn dieser Präsentation allgemein bekannt zu geben. Überdies sind die betroffene Gemeinde und die örtlich zuständige gesetzliche berufliche Vertretung der Land- und Forstwirte zu verständigen. Die von der Schätzung betroffene Gemeinde ist verpflichtet, dafür geeignete Räumlichkeiten zur Verfügung zu stellen sowie das Finanzamt hinsichtlich der Bekanntgabe von Ort, Zeit und Beginn zu unterstützen.“**

*(BGBl I 2022/45 ab 1.1.2024)*

[a] Tritt mit 1. Jänner 2024 in Kraft.

(4) Das Finanzamt hat vor Beginn dieser Frist den Beginn und das Ende sowie den Ort der Einsichtnahme öffentlich bekanntzugeben. Hiebei ist gleichzeitig bekanntzugeben, an welchen Tagen und in welchen Räumen die Einsichtnahme in der Gemeinde stattfindet. Ferner ist hiebei bekanntzugeben, binnen welcher Frist und bei welcher Behörde ein Rechtsmittel gegen die zur Einsicht aufgelegten Ergebnisse eingebracht werden kann. Die öffentliche Bekanntmachung hat durch Anschlag in den Diensträumen des Finanzamtes und der zuständigen Gemeinde zu erfolgen. Überdies ist von der Einsichtnahme die örtlich zuständige gesetzliche berufliche Vertretung der Land- und Forstwirte zu verständigen.

**„(4)[a] Die Auflage hat einen Monat zu dauern und hat in elektronischer Form zu erfolgen. Dazu sind Schätzungsreinbuch und Schätzungsreinkarten in elektronischer Form ersichtlich zu machen oder zur Abfrage bereit zu halten. Die dauerhafte Nachvollziehbarkeit der Kundmachungsdaten in inhaltlicher und zeitlicher Hinsicht ist sicherzustellen. Für jeden Tag, an dem die Erreichbarkeit nicht mindestens 23 Stunden gegeben ist, verlängert sich die Auflagefrist jeweils um einen Tag.“**

*(BGBl I 2022/45 ab 1.1.2024)*

[a] Tritt mit 1. Jänner 2024 in Kraft.

(5) Abweichend von den Bestimmungen des Abs. 4 ist die öffentliche Bekanntmachung durch Benachrichtigung aller Betroffenen zu ersetzen, wenn die von der Einsichtnahme betroffenen Flächen 50 ha nicht übersteigen. Der Tag der Zustellung der Benachrichtigung gilt dann als Beginn der Einsichtnahmefrist.

**„(5)[a] Der Beginn der Auflagefrist sowie die Webadresse sind vom Finanzamt öffentlich bekannt zu geben.“**

*(BGBl I 2022/45 ab 1.1.2024)*

[a] Tritt mit 1. Jänner 2024 in Kraft.

(6) Die zur Einsicht aufgelegten Schätzungsergebnisse sind ein gesonderter Feststellungsbescheid im Sinne des § 185 der Bundesabgabenordnung (BGBl. Nr. 194/1961). Die Bekanntgabe dieser Feststellung gilt mit Ablauf des letzten Tages der Frist als erfolgt.

**§ 12.** (1) Im Rechtsmittelverfahren gegen die gemäß § 11 zur Einsichtnahme aufgelegten Schätzungsergebnisse gelten die für Rechtsmittel vorgesehenen Bestimmungen der Bundesabgabenordnung.

(2) Vor der Entscheidung der Abgabenbehörde zweiter Instanz ist der Landesschätzungsbeirat zu hören. Dies kann insoweit unterbleiben, wenn die Berufung zurückzuweisen ist (§ 273 BAO) oder als zurückgenommen zu erklären ist (§ 85 Abs. 2,

§ 86a Abs. 1, § 275 BAO) oder als gegenstandslos zu erklären ist (§ 256 Abs. 3, § 274 BAO).

**§ 13.** (1) Die Abgabenbehörden des Bundes haben die rechtskräftig festgestellten Ergebnisse der Bodenschätzung den Vermessungsbehörden zu übermitteln.

(2) Die Vermessungsbehörden haben daraus für jedes Grundstück die Ertragsmesszahl gemäß § 14 zu ermitteln. Außerdem haben sie die Bodenklimazahlen gemäß § 16 für die gemäß § 46 des Vermessungsgesetzes zu erstellenden Auszüge aus dem Grundstücksverzeichnis des Grenz- oder Grundsteuerkatasters sowie durchschnittliche Bodenklimazahlen für Katastralgemeinden zu berechnen. Bei Änderung im Ausmaß der landwirtschaftlich nutzbaren Fläche eines Grundstückes sind die Ertragsmesszahl und die Bodenklimazahlen neu zu berechnen.

**§ 14.** (1) Die Ertragsmeßzahl ist das Produkt der Fläche des Grundstückes in Ar mit der Acker- oder Grünlandzahl (Wertzahlen).

(2) Bestehen innerhalb eines Grundstückes mehrere Teilflächen mit verschiedenen Acker- oder Grünlandzahlen, so bildet die Summe der Produkte der Ausmaße der einzelnen Teilflächen in Ar mit der jeweiligen Wertzahl die Ertragsmeßzahl des Grundstückes.

(3) (aufgehoben)

**§ 15.** (1) Die gemäß § 14 ermittelten Ertragsmesszahlen sind im Grundstücksverzeichnis des Grenz- oder Grundsteuerkatasters ersichtlich zu machen.

(2) Die in den Schätzungsreinkarten und Schätzungsreinbüchern festgestellten Ergebnisse der Bodenschätzung gemäß § 11 Abs. 2 sind mit den Angaben des Grenz- oder Grundsteuerkatasters wiederzugeben.

(3) Die gemäß § 5 Abs. 5 kundgemachten Ergebnisse der Schätzung der Musterstücke der Bodenschätzung (Bundes- und Landesmusterstücke) sind einschließlich der bodenkundlichen, klimatologischen und lagemäßigen Beschreibung mit den Angaben des Grenz- oder Grundsteuerkatasters wiederzugeben.

(4) Die Daten gemäß Abs. 1 bis 3 sind den Abgabenbehörden des Bundes, soweit dies zur Erfüllung ihrer Aufgaben erforderlich ist, mit der Katastralmappe und mit dem Grundstücksverzeichnis des Grenz- oder Grundsteuerkatasters nach Maßgabe der technischen Möglichkeiten im Wege der automationsunterstützten Datenverarbeitung zur Verfügung zu stellen.

**§ 16.** (1) Die Ertragsmeßzahl eines Grundstückes geteilt durch dessen Flächeninhalt oder die Summe der Ertragsmeßzahlen von mehreren Grundstücken geteilt durch deren Gesamtflächeninhalt bildet die Bodenklimazahl.

(2) Die Bodenklimazahl gibt das Verhältnis der natürlichen Ertragsfähigkeit der in Betracht gezogenen Flächen zu der ertragsfähigsten Bodenfläche des Bundesgebietes mit der Wertzahl 100 an.

**§ 16a.** (1) Das Finanzamt Österreich ist berechtigt, außerhalb eines Abgabenverfahrens Auszüge und Abschriften (Kopien) der Schätzungsbücher und Musterstücksbeschreibungen sowie auszugsweise Abschriften (Kopien) der Schätzungskarten und die zugrunde gelegten Daten hinsichtlich der natürlichen Ertragsbedingungen (§ 1 Abs. 2 Z 2), auch in automationsunterstützter Form, abzugeben, soweit eine Abgabe nicht nach Abs. 2 beantragt werden kann. Hinsichtlich der Abgabe von Auszügen und Abschriften (Kopien) sowie von Daten ist § 1 Abs. 2 des Auskunftspflichtgesetzes anzuwenden.

*(BGBl I 2019/104, BGBl I 2020/99)*

(2) Die Vermessungsbehörden haben auf Antrag Auszüge und Abschriften (Kopien) von Daten gemäß § 15 Abs. 1 bis 3 auch in Verbindung mit Bestandteilen des Grenz- oder Grundsteuerkatasters nach den Vorschriften des Vermessungsgesetzes abzugeben. Sie haben weiters den Abgabenbehörden des Bundes die erforderliche Unterstützung bei der Vollziehung der in Abs. 1 geregelten Tätigkeiten zu gewähren.

*(BGBl I 2019/104, BGBl I 2020/99)*

(3) Die Abgabe von Auszügen, Abschriften (Kopien) und Daten gemäß Abs. 1 und 2 und des Zugriffs darauf sowie die Gestattung der Weiterverwendung hat gegen angemessene Vergütung zu erfolgen. Die Festlegung der Vergütung und die Regelung der Bedingungen für eine Weiterverwendung obliegt dem Bundesministerium für Finanzen im Einvernehmen mit dem Bundesministerium für Wirtschaft, Familie und Jugend. Soweit die Daten ausschließlich aus dem Bereich der Abgabenbehörden des Bundes stammen, ist das Einvernehmen nicht erforderlich.

(4) Unbeglaubigte amtliche Abschriften und Auszüge gemäß Abs. 1 und 2 sind von den Stempelgebühren befreit.

**§ 17.** (1) Die Vorschriften des Bodenschätzungsgesetzes vom 16. Oktober 1934, Deutsches RGBl. I S. 1050, sowie die hiezu ergangenen Durchführungsvorschriften, insbesondere die Durchführungsbestimmungen zum Bodenschätzungsgesetz vom 12. Februar 1935, Deutsches RGBl. I S. 198, samt Berichtigung hiezu vom 22. Februar 1935, Deutsches RGBl. I S. 276, und die Verordnung über die Offenlegung der Ergebnisse der Bodenschätzung vom 31. Jänner 1936, Deutsches RGBl. I S. 120, werden unbeschadet der Bestimmungen der Absätze 2 bis 4 aufgehoben.

(2) Die Bestimmungen der §§ 13 bis 16 dieses Bundesgesetzes finden auch für die nach den im Abs. 1 angeführten Rechtsvorschriften ermittelten Bodenschätzungsergebnisse Anwendung.

(3) Die bereits nach den im Abs. 1 angeführten Bestimmungen durchgeführten Bodenschätzungen sind einer Bodenschätzung im Sinne des § 1 gleichzuhalten. In Katastralgemeinden, in denen bisher noch keine Bodenschätzung nach den im Abs. 1 angeführten Bestimmungen abgeschlossen werden konnte, sind hinsichtlich der Ermittlung der Bodenschätzungsergebnisse vorbehaltlich der

Bestimmungen des dritten Satzes die im Abs. 1 angeführten bisherigen Rechtsvorschriften zur Durchführung dieser Bodenschätzung – längstens jedoch bis 31. Dezember 1973 – anzuwenden. Hinsichtlich der Einsichtnahme (§ 11), des Rechtsmittelverfahrens (§ 12) und der im Abs. 2 angeführten Bestimmungen haben bereits die Bestimmungen dieses Bundesgesetzes sinngemäß Anwendung zu finden.

(4) Bis zur Kundmachung der Musterstücke nach § 5 – längstens jedoch bis 31. Dezember 1973 – sind erforderliche Nachschätzungen nach den im Abs. 1 angeführten Rechtsvorschriften unter Beachtung der Bestimmungen des Abs. 3 dritter Satz durchzuführen.

(5) Die Bestimmungen des § 2 Abs. 3 wirken erstmalig auf den Beginn jenes Kalenderjahres, das den Kundmachungen der Musterstücke gemäß § 5 folgt.

(6) Die Änderungen in § 4 Abs. 2 und 3 und § 5 Abs. 4 in der Fassung des Bundesgesetzes BGBl. I Nr. 124/2003 treten mit 1. Mai 2004 in Kraft. Personen, die im Zeitpunkt des In-Kraft-Tretens des Bundesgesetzes BGBl. I Nr. 124/2003 Mitglieder eines Landesschätzungsbeirates sind, bleiben bis zu ihrer Abberufung weiterhin im Amt.

(7) § 4 Abs. 2 Z 1, § 4 Abs. 3 sowie § 5 Abs. 4 in der Fassung des Bundesgesetzes BGBl. I Nr. 72/2004 treten mit 1. Mai 2004 in Kraft. Personen, die im Zeitpunkt des In-Kraft-Tretens des Bundesgesetzes BGBl. I Nr. 72/2004 Mitglieder eines Landesschätzungsbeirates sind, bleiben bis zu ihrer Abberufung weiterhin im Amt.

(8) § 15 tritt in der Fassung des Bundesgesetzes BGBl. I Nr. 161/2005 wie folgt in Kraft:

1. Die Wiedergabe der in den Schätzungsreinkarten festgestellten Ergebnisse der Bodenschätzung (§ 15 Abs. 2) und der Ergebnisse der Schätzung der Musterstücke (§ 15 Abs. 3) hat bis längstens 31. Dezember 2010 zu erfolgen.
2. Die in den Schätzungsreinbüchern festgestellten Ergebnisse der Bodenschätzung (§ 15 Abs. 2) sind zumindest durch elektronisches Festhalten des Schriftbildes (Scannen) der Schätzungsreinbücher bis längstens 31. Dezember 2012 im Grenz- oder Grundsteuerkataster wiederzugeben. Dies gilt auch für Schätzungsbücher für Ackerland und Schätzungsbücher für Grünland (§ 1 Abs. 3 in der Fassung vor dem Bundesgesetz BGBl. I Nr. 161/2005) rechtskräftiger Bodenschätzungsergebnisse.
3. Die Wiedergabe der Daten der Bodenschätzung gemäß § 15 Abs. 1 bis 3 ist nach Maßgabe der technischen und personellen Möglichkeiten auf automationsunterstützte Datenverarbeitung umzustellen.
4. Die gemäß § 15 Abs. 3 vorgesehene Wiedergabe der Ergebnisse der Schätzung von Musterstücken ist erstmals für Musterstücke anzuwenden, die nach dem 31. Dezember 1996 im Amtsblatt zur Wiener Zeitung kundgemacht wurden.

(9) § 1 Abs. 4, § 4 Abs. 3, § 5 Abs. 4 und § 16a Abs. 1 und 2, jeweils in der Fassung des Bundesgesetzes BGBl. I Nr. 104/2019 treten am 1. Jänner 2021 in Kraft.

*(BGBl I 2019/104, BGBl I 2020/99)*

(10) § 1 Abs. 4, § 4 Abs. 3 Z 1 und § 5 Abs. 4, jeweils in der Fassung des Bundesgesetzes BGBl. I Nr. 104/2019, treten nicht in Kraft.

*(BGBl I 2020/99)*

(11) § 1 Abs. 4, § 4 Abs. 3 Z 1 und § 5 Abs. 4, jeweils in der Fassung des Bundesgesetzes BGBl. I Nr. 99/2020, treten mit 1. Jänner 2021 in Kraft.

*(BGBl I 2020/99)*

**„(12) § 11 in der Fassung des Bundesgesetzes BGBl. I Nr. 45/2022 ist erstmals für Auflegungen anzuwenden, die nach dem 31. Dezember 2023 erfolgen.“**

*(BGBl I 2022/45)*

**§ 18.** Mit der Vollziehung dieses Bundesgesetzes ist hinsichtlich des § 4 Abs. 3 Z 4, § 10 Abs. 3, § 13 Abs. 2, § 14, § 15, § 16 Abs. 1 sowie § 16a Abs. 2 der Bundesminister für Wirtschaft, Familie und Jugend im Einvernehmen mit dem Bundesminister für Finanzen, hinsichtlich des § 16a Abs. 3 der Bundesminister für Finanzen im Einvernehmen mit dem Bundesminister für Wirtschaft, Familie und Jugend, hinsichtlich des § 4 Abs. 1 Z 3 der Bundesminister für Finanzen im Einvernehmen mit dem Bundesminister für Land- und Forstwirtschaft, Umwelt und Wasserwirtschaft, hinsichtlich des § 10 Abs. 4 und 5 der Bundesminister für Land- und Forstwirtschaft, Umwelt und Wasserwirtschaft und hinsichtlich der übrigen Bestimmungen der Bundesminister für Finanzen betraut.



### Anlage

Die Kulturarten der Bodenschätzung (§ 7 Abs. 1) werden durch folgende Merkmale bestimmt:

1. Ackerland (A). Das Ackerland umfaßt die Bodenflächen zum feldmäßigen Anbau von Getreide, Hülsenfrüchten, Hackfrüchten, Handelsgewächsen, Futterpflanzen und die dem feldmäßigen Anbau von Gartengewächsen dienenden Flächen.
2. Acker-Grünland (AGr). Die Bezeichnung Acker-Grünland wird angewendet für
   a) das eigentliche Wechselland, bei dem auf der gleichen Fläche Acker- und Grünlandnutzung zeitlich wechseln, wobei die Ackernutzung überwiegt;
   b) Flächen, die bei gleichen natürlichen Ertragsbedingungen Acker- und Grünlandnutzung in größerem Umfang räumlich nebeneinander aufweisen, wobei die Ackernutzung jedoch überwiegt.
3. Grünland (Gr). Als Grünland werden Dauergrasflächen bezeichnet, die in der Regel zur Futtergewinnung gemäht werden und mit Großvieh beweidet werden können.

4. Grünland-Acker (GrA). Hiefür gilt dasselbe wie für Acker-Grünland, doch überwiegt die Grünlandnutzung.
5. Grünland-Wiese (GrW). Als Grünland-Wiese werden Dauergrasflächen bezeichnet, die zwar noch zur Futtergewinnung gemäht werden, zufolge ihrer feuchten Lage aber durch Großvieh nicht beweidet werden können.
6. Grünland-Bergmahd (GrBgm). Als Grünland-Bergmahd werden Dauergrünlandflächen im Hochgebirge bezeichnet, die für die Beweidung zu steil sind und ausschließlich der Heugewinnung dienen.
7. Grünland-Streu (GrStr). Als Grünland-Streu werden nasse Dauergrünlandflächen bezeichnet, die vorwiegend der Streunutzung dienen.
8. Grünland-Hutweide (GrHu). Als Grünland-Hutweide werden Dauergrünlandflächen bezeichnet, die nur geringe Ertragsfähigkeit haben, landwirtschaftlich nicht bestellt werden können und nur eine gelegentliche Weidenutzung zulassen.

# 5/3. VERORDNUNGEN

## 5/3/1.

## ErlWS-VO 2009

BGBl II 2009/20

**Verordnung des Bundesministers für Finanzen zur verbindlichen Festsetzung von Erlebenswahrscheinlichkeiten zum Zwecke der Bewertung von Renten und dauernden Lasten (ErlWS-VO 2009)**

Gemäß § 16 Abs. 2 des Bewertungsgesetzes 1955 wird verordnet:

**§ 1.** Soweit die jeweiligen Abgabenvorschriften keine abweichenden Regelungen treffen, ist bei allen bundesrechtlich geregelten Abgaben für Zwecke der Bewertung von Renten und dauernden Lasten von einer Erlebenswahrscheinlichkeit auszugehen, die sich aus den in der Anlage ausgewiesenen Sterbewahrscheinlichkeiten ergibt.

**§ 2.** Die Sterbewahrscheinlichkeiten gemäß § 1 verschieben sich wie folgt:

1. Für Männer
   - a) des Jahrganges 1937 und älter ist die Sterbewahrscheinlichkeit des jeweils um vier Jahre Älteren maßgeblich.
   - b) des Jahrganges 1938 bis einschließlich des Jahrganges 1946 ist die Sterbewahrscheinlichkeit des jeweils um drei Jahre Älteren maßgeblich.
   - c) des Jahrganges 1947 bis einschließlich des Jahrganges 1953 ist die Sterbewahrscheinlichkeit des jeweils um zwei Jahre Älteren maßgeblich.
   - d) des Jahrganges 1954 bis einschließlich des Jahrganges 1961 ist die Sterbewahrscheinlichkeit des jeweils um ein Jahr Älteren maßgeblich.
   - e) des Jahrganges 1970 bis einschließlich des Jahrganges 1978 ist die Sterbewahrscheinlichkeit des jeweils um ein Jahr Jüngeren maßgeblich.
   - f) des Jahrganges 1979 bis einschließlich des Jahrganges 1989 ist die Sterbewahrscheinlichkeit des jeweils um zwei Jahre Jüngeren maßgeblich.
   - g) des Jahrganges 1990 bis einschließlich des Jahrganges 2002 ist die Sterbewahrscheinlichkeit des jeweils um drei Jahre Jüngeren maßgeblich.
   - h) des Jahrganges 2003 und jünger ist die Sterbewahrscheinlichkeit des jeweils um vier Jahre Jüngeren maßgeblich.
2. Für Frauen
   - a) des Jahrganges 1921 und älter ist die Sterbewahrscheinlichkeit der jeweils um fünf Jahre Älteren maßgeblich.
   - b) des Jahrganges 1922 und bis einschließlich des Jahrganges 1935 ist die Sterbewahrscheinlichkeit der jeweils um vier Jahre Älteren maßgeblich.
   - c) des Jahrganges 1936 und bis einschließlich des Jahrganges 1945 ist die Sterbewahrscheinlichkeit der jeweils um drei Jahre Älteren maßgeblich.
   - d) des Jahrganges 1946 und bis einschließlich des Jahrganges 1952 ist die Sterbewahrscheinlichkeit der jeweils um zwei Jahre Älteren maßgeblich.
   - e) des Jahrganges 1953 und bis einschließlich des Jahrganges 1960 ist die Sterbewahrscheinlichkeit der jeweils um ein Jahr Älteren maßgeblich.
   - f) des Jahrganges 1970 und bis einschließlich des Jahrganges 1980 ist die Sterbewahrscheinlichkeit der jeweils um ein Jahr Jüngeren maßgeblich.
   - g) des Jahrganges 1981 und bis einschließlich des Jahrganges 1993 ist die Sterbewahrscheinlichkeit der jeweils um zwei Jahre Jüngeren maßgeblich.
   - h) des Jahrganges 1994 und bis einschließlich des Jahrganges 2010 ist die Sterbewahrscheinlichkeit der jeweils um drei Jahre Jüngeren maßgeblich.
   - i) des Jahrganges 2011 und jünger ist die Sterbewahrscheinlichkeit der jeweils um vier Jahre Jüngeren maßgeblich.

**§ 3.** (1) Diese Verordnung ist auf alle Vereinbarungen über Renten und dauernde Lasten anzuwenden, die nach dem 31. Dezember 2008 abgeschlossen werden.

(2) Für Vereinbarungen, die vor dem 1. Jänner 2009 abgeschlossen wurden, ist diese Verordnung nur anzuwenden, für

1. die Ermittlung jenes Betrages, ab dessen Überschreitung die Leistungen aus einer Gegenleistungsrente zu den Einkünften aus wiederkehrenden Bezügen gehören,
2. die Ermittlung jenes Betrages, ab dessen Überschreitung die Zahlungen für Gegenleistungsrenten als Sonderausgaben oder Werbungskosten abzugsfähig sind,
3. die Ermittlung des Rentenbarwertes zum Zwecke der Ermittlung von Anschaffungskosten für ein Wirtschaftsgut, mit dem außerbetriebliche Einkünfte erzielt werden, und überdies vom Wahlrecht gemäß § 124b Z 80 lit b Einkommensteuergesetz 1988 kein Gebrauch gemacht wird oder kein Antrag gemäß § 124b Z 82 Einkommensteuergesetz 1988 gestellt wurde.

**Anlage**

| Alter | Männer | Frauen |
|---|---|---|
| x / y | Sterbewahr-scheinlichkeit (q x) | Sterbewahr-scheinlichkeit (q y) |
| 0 | 0,000 230 | 0,000 150 |
| 1 | 0,000 230 | 0,000 150 |
| 2 | 0,000 230 | 0,000 150 |
| 3 | 0,000 230 | 0,000 150 |
| 4 | 0,000 230 | 0,000 150 |
| 5 | 0,000 230 | 0,000 150 |
| 6 | 0,000 230 | 0,000 150 |
| 7 | 0,000 230 | 0,000 150 |
| 8 | 0,000 230 | 0,000 150 |
| 9 | 0,000 230 | 0,000 150 |
| 10 | 0,000 230 | 0,000 150 |
| 11 | 0,000 230 | 0,000 150 |
| 12 | 0,000 230 | 0,000 150 |
| 13 | 0,000 290 | 0,000 150 |
| 14 | 0,000 290 | 0,000 150 |
| 15 | 0,000 529 | 0,000 227 |
| 16 | 0,000 726 | 0,000 227 |
| 17 | 0,000 726 | 0,000 227 |
| 18 | 0,000 726 | 0,000 227 |
| 19 | 0,000 726 | 0,000 227 |
| 20 | 0,000 726 | 0,000 227 |
| 21 | 0,000 726 | 0,000 227 |
| 22 | 0,000 726 | 0,000 227 |
| 23 | 0,000 726 | 0,000 227 |
| 24 | 0,000 726 | 0,000 227 |
| 25 | 0,000 726 | 0,000 227 |
| 26 | 0,000 726 | 0,000 278 |
| 27 | 0,000 726 | 0,000 278 |
| 28 | 0,000 726 | 0,000 298 |
| 29 | 0,000 726 | 0,000 298 |
| 30 | 0,000 726 | 0,000 298 |
| 31 | 0,000 726 | 0,000 298 |
| 32 | 0,000 726 | 0,000 298 |
| 33 | 0,000 741 | 0,000 298 |
| 34 | 0,000 741 | 0,000 377 |
| 35 | 0,000 818 | 0,000 377 |
| 36 | 0,000 958 | 0,000 468 |
| 37 | 0,001 022 | 0,000 507 |
| 38 | 0,001 109 | 0,000 559 |
| 39 | 0,001 207 | 0,000 615 |
| 40 | 0,001 310 | 0,000 675 |
| 41 | 0,001 384 | 0,000 722 |
| 42 | 0,001 449 | 0,000 765 |
| 43 | 0,001 512 | 0,000 806 |
| 44 | 0,001 579 | 0,000 845 |
| 45 | 0,001 655 | 0,000 886 |
| 46 | 0,001 740 | 0,000 936 |
| 47 | 0,001 831 | 0,000 992 |
| 48 | 0,001 931 | 0,001 048 |
| 49 | 0,002 041 | 0,001 101 |
| 50 | 0,002 160 | 0,001 155 |
| 51 | 0,002 280 | 0,001 206 |
| 52 | 0,002 394 | 0,001 252 |
| 53 | 0,002 494 | 0,001 290 |
| 54 | 0,002 578 | 0,001 321 |
| 55 | 0,002 649 | 0,001 346 |
| 56 | 0,002 709 | 0,001 368 |
| 57 | 0,002 761 | 0,001 386 |
| 58 | 0,002 809 | 0,001 401 |
| 59 | 0,002 858 | 0,001 418 |
| 60 | 0,002 916 | 0,001 445 |
| 61 | 0,003 079 | 0,001 516 |
| 62 | 0,003 277 | 0,001 605 |
| 63 | 0,003 514 | 0,001 713 |
| 64 | 0,003 791 | 0,001 839 |
| 65 | 0,004 102 | 0,001 982 |
| 66 | 0,004 444 | 0,002 154 |
| 67 | 0,004 818 | 0,002 352 |
| 68 | 0,005 227 | 0,002 570 |
| 69 | 0,005 672 | 0,002 800 |
| 70 | 0,006 157 | 0,003 056 |
| 71 | 0,006 687 | 0,003 339 |
| 72 | 0,007 271 | 0,003 670 |
| 73 | 0,007 919 | 0,004 055 |
| 74 | 0,008 639 | 0,004 515 |
| 75 | 0,009 438 | 0,005 058 |
| 76 | 0,010 340 | 0,005 681 |
| 77 | 0,011 361 | 0,006 391 |
| 78 | 0,012 526 | 0,007 199 |
| 79 | 0,014 000 | 0,008 141 |
| 80 | 0,015 811 | 0,009 267 |
| 81 | 0,018 016 | 0,010 627 |
| 82 | 0,020 714 | 0,012 237 |
| 83 | 0,023 780 | 0,014 199 |
| 84 | 0,027 252 | 0,016 633 |
| 85 | 0,031 358 | 0,019 620 |
| 86 | 0,036 280 | 0,023 337 |
| 87 | 0,042 142 | 0,027 830 |
| 88 | 0,049 121 | 0,033 308 |
| 89 | 0,057 379 | 0,040 084 |
| 90 | 0,066 996 | 0,048 305 |
| 91 | 0,078 333 | 0,058 167 |

| | | |
|---|---|---|
| 92 | 0,091 274 | 0,069 910 |
| 93 | 0,106 417 | 0,083 612 |
| 94 | 0,124 227 | 0,099 220 |
| 95 | 0,145 858 | 0,116 560 |
| 96 | 0,171 913 | 0,136 682 |
| 97 | 0,202 689 | 0,160 088 |
| 98 | 0,235 659 | 0,186 745 |
| 99 | 0,270 953 | 0,216 829 |
| 100 | 0,309 692 | 0,250 257 |
| 101 | 0,342 308 | 0,279 901 |
| 102 | 0,375 319 | 0,310 493 |
| 103 | 0,408 553 | 0,341 867 |
| 104 | 0,441 870 | 0,373 882 |
| 105 | 0,475 160 | 0,406 413 |
| 106 | 0,508 332 | 0,439 339 |
| 107 | 0,541 315 | 0,472 556 |
| 108 | 0,574 054 | 0,505 968 |
| 109 | 0,606 510 | 0,539 492 |
| 110 | 0,638 654 | 0,573 056 |
| 111 | 0,670 471 | 0,606 598 |
| 112 | 0,701 950 | 0,640 066 |
| 113 | 0,735 219 | 0,678 694 |
| 114 | 0,763 144 | 0,710 115 |
| 115 | 0,789 494 | 0,740 060 |
| 116 | 0,814 170 | 0,768 354 |
| 117 | 0,837 095 | 0,794 849 |
| 118 | 0,858 218 | 0,819 435 |
| 119 | 0,877 513 | 0,842 034 |
| 120 | 0,894 982 | 0,862 610 |

## 5/3/2.

# Mitwirkungs-V

BGBl II 2007/248 idF BGBl II 2020/373



**Verordnung des Bundesministers für Finanzen über die Mitwirkung von Bediensteten der Stadtgemeinden Bludenz, Dornbirn und Feldkirch, der Marktgemeinden Lustenau und Rankweil sowie der Gemeinde Zwischenwasser für das Finanzamt Österreich bei der Einheitsbewertung (Mitwirkungs-V Stadtgemeinden Bludenz, Dornbirn, Feldkirch, Marktgemeinden Lustenau, Rankweil und Gemeinde Zwischenwasser)**
*(BGBl II 2020/373)*

Mit Zustimmung der Stadtgemeinden Bludenz, Dornbirn und Feldkirch, der Marktgemeinden Lustenau und Rankweil sowie der Gemeinde Zwischenwasser wird gemäß § 80a des Bewertungsgesetzes 1955, BGBl. Nr. 148/1955, in der Fassung BGBl. I Nr. 100/2006, verordnet:

**§ 1.** Bei der Ermittlung und Feststellung von Einheitswerten (einschließlich der Bewertungsgrundlagen) des Grundvermögens und der Betriebsgrundstücke gemäß § 60 Abs. 1 Z 1 des Bewertungsgesetzes 1955 sowie der davon abgeleiteten Grundsteuermessbetragsbescheide werden Bedienstete der Stadtgemeinden Bludenz, Dornbirn und Feldkirch, der Marktgemeinden Lustenau und Rankweil sowie der Gemeinde Zwischenwasser als Organe des Finanzamtes Österreich tätig.
*(BGBl II 2020/373)*

**§ 2.** (1) Die Mitwirkung ist eingeschränkt auf wirtschaftliche Einheiten gemäß § 2 des Bewertungsgesetzes 1955 oder Betriebsgrundstücke, die jeweils zur Gänze auf dem Gebiet der zuständigen Gemeinde liegen.

(2) Ausgenommen von der Anwendung dieser Verordnung sind übersteigende Wohnungswerte im Sinne des § 33 des Bewertungsgesetzes 1955 und Grundbesitz, der bisher als land- und forstwirtschaftliches Vermögen oder als Betriebsgrundstück gemäß § 60 Abs. 1 Z 2 des Bewertungsgesetzes 1955 bewertet ist.

**§ 3.** (1) Die Fassung der Verordnung BGBl. II Nr. 373/2020 tritt mit 1. Jänner 2021 in Kraft.

(2) Diese Verordnung tritt mit Ablauf des 31. Dezember 2025 außer Kraft.
*(BGBl II 2020/373)*

# 6. GRUNDSTEUER

## Inhaltsverzeichnis

# 6/1. Grundsteuergesetz 1955

**Grundsteuergesetz 1955**, BGBl 1955/149 idF



**1** BGBl 1961/281
**2** BGBl 1963/146
**3** BGBl 1963/327
**4** BGBl 1965/182
**5** BGBl 1974/406
**6** BGBl 1977/320
**7** BGBl 1979/556
**8** BGBl 1982/570
**9** BGBl 1987/649
**10** BGBl 1996/201 (StruktAnpG 1996)
**11** BGBl I 1999/28 (AbgÄG 1998)
**12** BGBl I 2000/142 (BudgetbegleitG 2001)
**13** BGBl I 2001/59 (EuroStUG 2001)
**14** BGBl I 2004/151 (SPG-Novelle 2005)
**15** BGBl I 2008/122 (AbgÄG 2008)
**16** BGBl I 2009/20 (AbgVRefG)
**17** BGBl I 2010/34 (AbgÄG 2010)
**18** BGBl I 2019/104 (FORG)
**19** BGBl I 2022/45

## GLIEDERUNG



## STICHWORTVERZEICHNIS

**Bundesgesetz vom 13. Juli 1955 über die Grundsteuer (Grundsteuergesetz 1955 – GrStG 1955)**

## Abschnitt I
## Steuerpflicht

### Steuergegenstand

**§ 1.** (1) Der Grundsteuer unterliegt der inländische Grundbesitz. Grundbesitz ist:

1. Das land- und forstwirtschaftliche Vermögen (§§ 29 bis 50 des Bewertungsgesetzes 1955);
2. das Grundvermögen (§§ 51 bis 56 des Bewertungsgesetzes 1955);
3. das Betriebsvermögen, soweit es in Betriebsgrundstücken besteht (§ 60 des Bewertungsgesetzes 1955).

(2) Steuergegenstände sind, soweit sie sich auf das Inland erstrecken:

1. Die land- und forstwirtschaftlichen Betriebe (§§ 30, 46 und 48 bis 50 des Bewertungsgesetzes 1955). Den land- und forstwirtschaftlichen Betrieben stehen die im § 60 Abs. 1 Z 2 des Bewertungsgesetzes 1955 bezeichneten Betriebsgrundstücke gleich;
2. die Grundstücke (§ 51 des Bewertungsgesetzes 1955). Den Grundstücken stehen die im § 60 Abs. 1 Z 1 des Bewertungsgesetzes 1955 bezeichneten Betriebsgrundstücke gleich.

### Befreiungen

**§ 2.** Keine Grundsteuer ist zu entrichten für:

1. Grundbesitz
   a) des Bundes, eines Landes, einer Gemeinde oder eines Gemeindeverbandes, wenn der Grundbesitz vom Eigentümer für einen öffentlichen Dienst oder Gebrauch benutzt wird (§ 6),
   b) der Österreichischen Bundesbahnen, der für ihre Betriebs- oder Verwaltungszwecke benutzt wird. Die Befreiung beschränkt sich bei dem Grundbesitz, der für Betriebszwecke benutzt wird, auf die Hälfte der an sich zu entrichtenden Steuer;
2. Grundbesitz
   a) der Österreichischen Gesellschaft vom Roten Kreuz und der ihr angeschlossenen Verbände, wenn der Grundbesitz vom Eigentümer für seine Aufgaben benutzt wird,
   b) eines Landes-Feuerwehrverbandes und der ihm angeschlossenen Freiwilligen Feuerwehren, wenn der Grundbesitz vom Eigentümer für Aufgaben der Feuerwehr benutzt wird;
3. Grundbesitz
   a) des Bundes, eines Landes, einer Gemeinde oder eines Gemeindeverbandes,
   b) einer inländischen Körperschaft, Personenvereinigung oder Vermögensmasse, die nach der Satzung, Stiftung oder sonstigen Verfassung und nach ihrer tatsächlichen Geschäftsführung ausschließlich und unmittelbar mildtätigen oder mildtätigen und gemeinnützigen Zwecken dient,

   wenn der Grundbesitz vom Eigentümer für mildtätige Zwecke benutzt wird;
4. Grundbesitz eines Sportvereines, der von ihm für sportliche Zwecke benutzt wird (§ 7). Nicht begünstigt sind jedoch
   a) Sportvereine, deren Aufwendungen erheblich über das zur Durchführung ihrer sportlichen Zwecke erforderliche Maß hinausgehen,
   b) Vereine, die den Sport gewerbsmäßig betreiben (Berufssport);
5. a) Grundbesitz, der dem Gottesdienst einer gesetzlich anerkannten Kirche oder Religionsgesellschaft gewidmet ist,
   b) Grundbesitz einer gesetzlich anerkannten Kirche oder Religionsgesellschaft oder einer anderen Körperschaft des öffentlichen Rechtes, der von der gesetzlich anerkannten Kirche oder Religionsgesellschaft für Zwecke der Seelsorge oder der religiösen Unterweisung benutzt wird,
   c) Grundbesitz einer gesetzlich anerkannten Kirche oder Religionsgesellschaft oder einer anderen Körperschaft des öffentlichen Rechtes, der von der gesetzlich anerkannten Kirche oder Religionsgesellschaft für ihre Verwaltungszwecke benutzt wird;
   d) Grundbesitz einer gesetzlich anerkannten Kirche oder Religionsgesellschaft oder einer anderen Körperschaft des öffentlichen Rechtes, der von der gesetzlich anerkannten Kirche oder Religionsgesellschaft als Altenheim benutzt

wird, wenn der bestimmungsgemäße Gebrauch der Allgemeinheit freisteht und das Entgelt nicht in der Absicht, Gewinn zu erzielen, gefordert wird;

6. Grundbesitz einer der unter den Z 1 bis 5 lit. a genannten Körperschaften, Personenvereinigungen, Vermögensmassen oder Verbände, der von einer anderen derartigen Körperschaft, Personenvereinigung, Vermögensmasse oder einem anderen derartigen Verband für ihre nach den Z 1 bis 5 begünstigten Zwecke benutzt wird;

7. a) Grundbesitz, der von einer Gebietskörperschaft oder einer anderen Körperschaft des öffentlichen Rechtes für Zwecke der Wissenschaft, des Unterrichtes oder der Erziehung, insbesondere für Zwecke von Schulen, Erziehungsanstalten, Schülerheimen, Halbinternaten, Tagesschulheimstätten, Lehrlingsheimen, Kindergärten, Kinderheimen, Horten oder Kindertagesstätten benutzt wird und nicht bereits nach den vorstehenden Vorschriften befreit ist. Wird der Grundbesitz nicht vom Eigentümer für die bezeichneten Zwecke benutzt, so tritt Befreiung nur ein, wenn der Eigentümer eine Körperschaft des öffentlichen Rechtes ist,

   b) Grundbesitz, der nicht von den unter lit. a genannten Körperschaften für die in lit. a bezeichneten Zwecke benutzt wird, wenn der Bundesminister für Finanzen im Einvernehmen mit dem für das Fachgebiet zuständigen Bundesminister anerkannt hat, daß der Benutzungszweck im öffentlichen Interesse liegt. Lit. a zweiter Satz gilt entsprechend.

   Bei Vorliegen sämtlicher Befreiungsvoraussetzungen (einschließlich der Anerkennung) ist der Grundbesitz von der Entrichtung der Grundsteuer ab dem Beginn jenes Kalenderjahres befreit, das dem Kalenderjahr folgt, in dem dem Bundesminister für Finanzen bekanntgegeben wird, daß der Grundbesitz für die bezeichneten Zwecke benutzt wird;

8. Grundbesitz, der für Zwecke einer Krankenanstalt gemäß §§ 1 und 2 des Krankenanstaltengesetzes, BGBl. Nr. 1/1957, benutzt wird, wenn die Krankenanstalt gemäß §§ 34 bis 36 der Bundesabgabenordnung, BGBl. Nr. 194/1961, als gemeinnützig anzusehen ist. Z 7 lit. a zweiter Satz gilt entsprechend;

9. a) die dem öffentlichen Verkehr dienenden Straßen, Wege, Plätze, Brücken, künstlichen Wasserläufe, Häfen und Schienenwege, einschließlich der Seitengräben, Böschungen, Schutzstreifen, Schneedämme und der zwischen den Gleisen oder Fahrbahnen liegenden Geländestreifen,

   b) den dem Betrieb eines Flughafens des allgemeinen Verkehrs dienenden sowie den für den Flugsicherungsdienst benutzten Grundbesitz,

   c) die fließenden Gewässer (Ströme und Flüsse einschließlich der Altwasser sowie Bäche), die deren Abfluß regelnden Sammelbecken und die im Eigentum des Bundes, eines Landes, einer Gemeinde oder eines Gemeindeverbandes stehenden Seen und Teiche,

   d) die im Interesse der Ordnung und Verbesserung der Wasser- und Bodenverhältnisse unterhaltenen Einrichtungen der Gebietskörperschaften, der Wassergenossenschaften und der Wasserverbände sowie sonstige der wasserrechtlichen Bewilligung unterliegende Schutz- und Regulierungswasserbauten (§§ 41 bis 44 und 73 bis 97 des Wasserrechtsgesetzes 1959, BGBl. Nr. 215),

   e) die Bestattungsplätze;

10. Grundbesitz eines fremden Staates, der für Zwecke von Botschaften, Gesandtschaften oder Konsulaten dieses Staates benutzt wird, unter der Voraussetzung der Gegenseitigkeit.

11. Grundbesitz, der von einer internationalen Organisation mit Sitz in Österreich oder von einer Einrichtung einer internationalen Organisation mit Sitz im Ausland als ihr ständiger Amtssitz benutzt wird, wenn die internationale Organisation oder ihre Einrichtung in Österreich persönlich steuerbefreit ist. Internationale Organisationen im Sinne dieser Bestimmung sind

    a) Organisationen, die ausschließlich aus Staaten oder Staatenverbindungen gebildet werden,

    b) Organisationen, die entweder zur Gänze aus juristischen Personen des öffentlichen Rechts mehrerer Staaten oder aus dieser Rechtsform nach gleichartigen Einrichtungen bestehen oder teilweise aus diesen und teilweise aus Staaten oder Staatenverbindungen gebildet werden.

**Befreiung bei Miteigentum**

**§ 2a.** (1) Steht der Steuergegenstand im Miteigentum von Körperschaften, Personen, Personenvereinigungen oder Vermögensmassen, die nicht alle als begünstigte Eigentümer im Sinne dieses Bundesgesetzes anzusehen sind, ist der Grundbesitz von der Entrichtung der Grundsteuer nicht zu befreien. Dies gilt auch sinngemäß, wenn andere als die Eigentümer des Grundbesitzes Schuldner der Grundsteuer (§ 9) sind.

(2) Die Vorschriften des Abs. 1 finden keine Anwendung,

1. wenn das Vorliegen eines begünstigten Eigentümers für die Befreiung von der Grundsteuer nicht Voraussetzung ist, oder

2. bei Vorliegen von Wohnungseigentum nach dem Wohnungseigentumsgesetz, BGBl. Nr. 417/1975 i.g.F., hinsichtlich jenes Teiles des Steuergegenstandes, für den das Recht auf ausschließliche Nutzung und alleinige Verfügung eingeräumt wurde und sämtliche Befreiungsvoraussetzungen erfüllt sind.

**Steuerpflicht bei Benutzung zu Wohnzwecken**

**§ 3.** (1) Grundbesitz, der Wohnzwecken dient, ist nicht als für einen der nach § 2 begünstigten Zwecke benutzt anzusehen; dies gilt auch für die zugehörigen Hofräume und Hausgärten. Den begünstigten Zwecken dient jedoch der unter Z 1 bis 6 nachstehend bezeichnete Grundbesitz. Demnach ist unter den weiteren Voraussetzungen des § 2 keine Grundsteuer zu entrichten für:

1. Die Kasernen und Lagerunterkünfte des Bundesheeres, der Bundespolizei und der Justizwache einschließlich der Wohnungen, die den kasernenbenutzungspflichtigen Personen zugewiesen sind (Kasernenwohnungen);
2. die Wohnräume in den Heimen der Österreichischen Gesellschaft vom Roten Kreuz und der ihr angeschlossenen Verbände, die für die Aufnahme erholungsbedürftiger oder hilfsbedürftiger Personen bestimmt sind;
3. a) die Wohnräume der hilfsbedürftigen Personen in den Gebäuden, für die wegen Benutzung für mildtätige Zwecke keine Grundsteuer zu entrichten ist,
   b) die Wohnräume jenes Grundbesitzes, der gemäß § 2 Z 5 lit. d benutzt wird;
4. a) die Wohnräume für Schüler, Zöglinge, Lehrlinge oder Kinder bei Grundbesitz, der gemäß § 2 Z 7 lit. a benutzt wird;
   b) die Wohnräume für Schüler, Zöglinge, Lehrlinge oder Kinder bei Grundbesitz, der gemäß § 2 Z 7 lit. b für die in § 2 Z 7 lit. a genannten Zwecke benutzt wird, wenn der Bundesminister für Finanzen im Einvernehmen mit dem für das Fachgebiet zuständigen Bundesminister anerkannt hat, daß die Unterbringung der Schüler, Zöglinge, Lehrlinge oder Kinder in den Wohnräumen zur Erfüllung der im § 2 Z 7 bezeichneten Zwecke notwendig ist. Der besonderen Anerkennung bedarf es ohne Rücksicht darauf, ob hinsichtlich des Grundbesitzes, zu dem die Wohnräume gehören, eine Anerkennung im Sinne des § 2 Z 7 lit. b ausgesprochen wurde oder nicht; § 2 Z 7 lit. b letzter Satz gilt sinngemäß;
5. Räume, in denen sich Personen für die Erfüllung der begünstigten Zwecke ständig bereithalten müssen (Bereitschaftsräume), wenn sie nicht zugleich die Wohnung des Inhabers darstellen;
6. Grundbesitz eines fremden Staates, der den Wohnzwecken der Beamten und Angestellten der fremden Vertretung dient.

(2) Gemeinschaftliche Speiseräume und sonstige gemeinschaftliche Aufenthaltsräume sowie Empfangsräume sind den im Abs. 1 bezeichneten Räumen gleichzustellen.

**Unmittelbare Benutzung des Steuergegenstandes als Voraussetzung für die Steuerbefreiung**

**§ 4.** (1) Die Befreiung tritt nur ein, wenn der Steuergegenstand für die in den §§ 2 und 3 bezeichneten Zwecke unmittelbar benutzt wird.

(2) Dient der Steuergegenstand auch anderen Zwecken und wird für die steuerbegünstigten Zwecke ein räumlich abgegrenzter Teil des Steuergegenstandes benutzt, so ist nur dieser Teil befreit.

(3) Dient der Steuergegenstand oder ein Teil des Steuergegenstandes sowohl steuerbegünstigten als auch anderen Zwecken, ohne daß eine räumliche Abgrenzung für die verschiedenen Zwecke möglich ist, so ist der Steuergegenstand oder der Teil nur befreit, wenn die steuerbegünstigten Zwecke überwiegen.

(4) Bei Werkstätten und ähnlichen Einrichtungen in Strafvollzugsanstalten, Arbeitshäusern, Erziehungsanstalten, Blinden- und Behindertenheimen und anderen derartigen Anstalten, die unter § 2 fallen, ist eine unmittelbare Benutzung für steuerbegünstigte Zwecke anzunehmen, wenn die Beschäftigung der Anstaltsinsassen in den Werkstätten usw. zur Erfüllung des Anstaltszweckes (zum Beispiel aus Gründen der Besserung, der Erziehung oder der Gesundung) unerläßlich ist.

(5) Ein Steuergegenstand wird für steuerbegünstigte Zwecke erst von dem Zeitpunkt ab unmittelbar benutzt, in dem er dem Benutzungszweck tatsächlich zugeführt worden ist. Unmittelbare Benutzung liegt vor, sobald der Steuergegenstand für den steuerbegünstigten Zweck hergerichtet wird.

**Dauer der Voraussetzungen für die Steuerbefreiung**

**§ 5.** Die Voraussetzungen für die Steuerbefreiung sind nur dann als erfüllt anzusehen, wenn anzunehmen ist, daß die im Gesetz bestimmten Voraussetzungen wenigstens auf die Dauer von zwölf Monaten vorliegen werden. Dabei ist der Zeitraum, für den die Voraussetzungen unmittelbar vor dem Stichtag, auf den die Steuer festgesetzt wird, vorgelegen haben, mitzuberücksichtigen. Die Vorschrift des ersten Satzes gilt auch für die Fälle, in denen die Voraussetzungen der Steuerbefreiung für den ganzen Steuergegenstand eintreten (§ 23 Abs. 1).

**Öffentlicher Dienst oder Gebrauch**

**§ 6.** (1) Öffentlicher Dienst oder Gebrauch im Sinne des § 2 Z 1 lit. a ist die Ausübung der öffentlichen Gewalt oder der Gebrauch durch die Allgemeinheit.

(2) Eine im öffentlichen Interesse getroffene Regelung des Allgemeingebrauches oder die Forderung eines Entgeltes schließt die Annahme eines öffentlichen Dienstes oder Gebrauches nicht aus. Notwendig ist jedoch, daß der bestimmungsgemäße

Gebrauch der Allgemeinheit tatsächlich freisteht und daß das Entgelt nicht in der Absicht, Gewinn zu erzielen, gefordert wird.

(3) Als öffentlicher Dienst oder Gebrauch ist nicht anzusehen die Herstellung oder Gewinnung von Gegenständen, die für einen öffentlichen Dienst oder Gebrauch verwendet werden sollen. Dagegen fällt die Lagerung derartiger Gegenstände nach ihrer Übernahme aus dem Betrieb, in dem sie hergestellt oder gewonnen sind, unter den Begriff des öffentlichen Dienstes oder Gebrauches, wenn die Lagerung dem Zweck dient, die Gegenstände für eine Verwendung im öffentlichen Dienst oder Gebrauch bereitzustellen.

(4) Öffentlicher Dienst oder Gebrauch ist nicht anzunehmen bei Betrieben, die der Versorgung der Bevölkerung mit Wasser, Gas, Elektrizität oder Wärme, dem öffentlichen Verkehr oder dem öffentlichen Hafenbetrieb dienen.

### Für sportliche Zwecke benutzter Grundbesitz

**§ 7.** (1) Als für sportliche Zwecke benutzter Grundbesitz sind solche Anlagen (Plätze und Räume) anzusehen, die für die körperliche Ertüchtigung durch Leibesübungen (Turnen, Spiel, Sport) benutzt werden und für diese Zwecke besonders hergerichtet sind (sportliche Anlagen).

(2) Zu den sportlichen Anlagen (Abs. 1) rechnen auch Unterrichts- und Schulungsräume, Übernachtungsräume für Trainingsmannschaften, Umkleide-, Bade-, Dusch- und Waschräume sowie Räume zur Aufbewahrung des Sportgeräts, auch wenn sie für diesen Zweck an Vereinsmitglieder ganz oder teilweise vermietet sind. Zu den sportlichen Anlagen gehören ferner Unterkunfts- und Schutzhütten von Bergsteiger-, Schi- und Wandervereinen.

(3) Zu den sportlichen Anlagen rechnen nicht solche Räume, die der Erholung oder der Geselligkeit dienen.

(4) Werkstatträume gehören nur dann zu den sportlichen Anlagen, wenn in ihnen lediglich Arbeiten an den Sportgeräten des Vereines oder seiner Mitglieder vorgenommen werden und sich die Arbeiten auf die laufende Instandhaltung beschränken.

### Steuerpflicht des land- und forstwirtschaftlich genutzten Grundbesitzes

**§ 8.** (1) Land- und forstwirtschaftlich genutzter Grundbesitz ist auch dann steuerpflichtig, wenn er einem der in § 2 bezeichneten Zwecke unmittelbar dient.

(2) Die Einschränkung der Steuerbefreiung nach Abs. 1 gilt nicht:

1. Für land- und forstwirtschaftlich genutzten Grundbesitz, der Lehr- oder Versuchszwecken dient und dessen Fläche 10 Hektar nicht übersteigt. Auch wenn diese Grenze überschritten wird, gilt die Einschränkung des Abs. 1 nicht für Gebäude und Betriebsmittel, die über den zur Bewirtschaftung erforderlichen Bestand hinaus vorhanden sind und unmittelbar für die Lehr- und Versuchszwecke benutzt werden;
2. für Grundbesitz, der unter § 2 Z 9 fällt.

### Steuerschuldner

**§ 9.** (1) Schuldner der Grundsteuer ist:

1. Der Eigentümer oder, wenn der Steuergegenstand ein grundstücksgleiches Recht ist, der Berechtigte. Dies gilt nicht hinsichtlich jenes Miteigentümers, dessen Anteil am Steuergegenstand gemäß § 2 a Abs. 2 Z 2 von der Entrichtung der Grundsteuer befreit ist;
2. wenn die Betriebsmittel oder Gebäude eines land- und forstwirtschaftlichen Betriebes (§ 1 Abs. 2 Z 1) einem anderen als dem Eigentümer des Grund und Bodens gehören, der Eigentümer des Grund und Bodens für den gesamten Betrieb;
3. im Falle des Baurechtes oder des Erbpachtrechtes der Berechtigte für den Grund und Boden und, wenn dieser bebaut ist, auch für die darauf stehenden Gebäude.

(2) Gehört der Steuergegenstand mehreren, so sind sie Gesamtschuldner.

(3) Ist der Steuergegenstand bei der Feststellung des Einheitswertes (§ 12) einem anderen als dem Eigentümer (bei grundstücksgleichen Rechten einem anderen als dem Berechtigten) zugerechnet worden, so ist der andere an Stelle des Eigentümers (Berechtigten) Steuerschuldner im Sinne der Abs. 1 und 2.

### Persönliche Haftung

**§ 10.** Neben dem Steuerschuldner haften als Gesamtschuldner:

1. Der Fruchtnießer;
2. wenn die Betriebsmittel oder Gebäude eines land- und forstwirtschaftlichen Betriebes einem anderen als dem Eigentümer des Grund und Bodens gehören, der Eigentümer der Betriebsmittel oder Gebäude für den auf diese entfallenden Steuerbetrag.

### Dingliche Haftung

**§ 11.** Für die Grundsteuer samt Nebengebühren haftet auf dem Steuergegenstand ein gesetzliches Pfandrecht.

## Abschnitt II
## Berechnung der Grundsteuer

### Unterabschnitt 1
### Besteuerungsgrundlage

### Maßgebender Wert

**§ 12.** Besteuerungsgrundlage ist der für den Veranlagungszeitpunkt maßgebende Einheitswert des Steuergegenstandes.

### Zerlegung der Einheitswerte

**§ 13.** (1) Erstreckt sich der Steuergegenstand über mehrere Gemeinden, so ist der auf die einzelne Gemeinde entfallende Teilbetrag des Einheitswertes durch Zerlegung zu ermitteln (Zerlegungsanteil). In den Fällen, in denen der Steuergegenstand in der Gemeinde der Steuer nur mit einem Teil unterliegt, gilt als Zerlegungsanteil dieser Gemeinde nur der Teilbetrag des Einheitswertes, der sich für den in der Gemeinde gelegenen nicht befreiten Teil des Steuergegenstandes ergibt.

(2) Für die Zerlegung sind die Verhältnisse in dem Feststellungszeitpunkt maßgebend, auf den der Einheitswert festgestellt ist.

### Zerlegungsmaßstab für land- und forstwirtschaftliche Betriebe

**§ 14.** (1) Bei einem land- und forstwirtschaftlichen Betrieb ist der fünfte Teil des Einheitswertes der Gemeinde zuzuweisen, in der sich die Wohn- und Wirtschaftsgebäude befinden (Sitzgemeinde). Liegen die Gebäude in mehreren Gemeinden, so ist der fünfte Teil der Gemeinde zuzuweisen, in der sich der wertvollste Teil des Gebäudebestandes befindet. Ist die Zuweisung des fünften Teiles offenbar unbillig, so ist nach billigem Ermessen ein geringerer oder höherer Betrag für die Gebäude zuzuweisen.

(2) Der Teil des Einheitswertes, der nach Abzug des für die Wohn- und Wirtschaftsgebäude zugewiesenen Betrages verbleibt, ist auf die Gemeinden nach dem Verhältnis der in den einzelnen Gemeinden gelegenen Flächen zu zerlegen. Dabei sind die bereits nach Abs. 1 berücksichtigten Gebäude einschließlich ihrer Grundfläche und die zugehörigen Hofräume und Hausgärten nicht zu berücksichtigen.

(3) Übersteigt der Einheitswert nicht den Betrag von 2.900 Euro, so ist er ganz der Gemeinde zuzuweisen, in der sich der wertvollste Teil des Betriebes befindet. Übersteigt der Einheitswert zwar den Betrag von 2.900 Euro, würde aber nach den Abs. 1 und 2 einer Gemeinde ein Teilbetrag zuzuweisen sein, der nicht mehr als 1.450 Euro beträgt, so ist dieser Teilbetrag der Gemeinde zuzuweisen, in der sich die Wohn- und Wirtschaftsgebäude befinden oder, wenn diese in mehreren Gemeinden gelegen sind, jener Gemeinde, in der sich der wertvollste Teil des Gebäudebestandes befindet.

### Zerlegungsmaßstab für Grundstücke

**§ 15.** (1) Bei einem Grundstück ist der Einheitswert auf die beteiligten Gemeinden nach dem Verhältnis zu zerlegen, in dem die Werte der in den einzelnen Gemeinden gelegenen Teile des Grundstückes zueinander stehen.

(2) Übersteigt der Einheitswert nicht den Betrag von 2.900 Euro, so ist er ganz der Gemeinde zuzuweisen, in der sich der wertvollste Teil des Grundstückes befindet. Übersteigt der Einheitswert zwar den Betrag von 2.900 Euro, würde aber nach Abs. 1 einer Gemeinde ein Teilbetrag zuzuweisen sein, der nicht mehr als 1.450 Euro beträgt, so ist dieser Teilbetrag der im Satz 1 bezeichneten Gemeinde zuzuweisen.

### Zerlegungsmaßstab für besondere Fälle

**§ 16.** (1) Haben sich im einzelnen Fall die Gemeinden mit dem Steuerschuldner über die Zerlegung geeinigt, so ist die Zerlegung nach Maßgabe der Einigung vorzunehmen, sofern die Grenzen im § 14 und (oder) im § 15 erreicht werden.

(2) Ergibt sich aus den Besonderheiten des einzelnen Falles ein Zerlegungsmaßstab, der nach Lage der Verhältnisse leichter anwendbar ist als der in den §§ 14 Abs. 1 und 2 und 15 Abs. 1 vorgesehene Zerlegungsmaßstab und der den tatsächlichen Beteiligungsverhältnissen hinreichend Rechnung trägt, so kann die Zerlegung nach diesem Zerlegungsmaßstab vorgenommen werden.

(3) Führt die Zerlegung nach dem in den §§ 14 Abs. 1 und 2 und 15 Abs. 1 vorgesehenen Zerlegungsmaßstab im einzelnen Fall zu einem offenbar unbilligen Ergebnis, so kann die Zerlegung nach einem Maßstab vorgenommen werden, der dem tatsächlichen Beteiligungsverhältnis Rechnung trägt.

### Zerlegungsverfahren

**§ 17.** (1) Für das Zerlegungsverfahren gelten die Vorschriften der Bundesabgabenordnung.

(2) Den beteiligten Gemeinden ist der Inhalt der Zerlegungsbescheide schriftlich bekanntzugeben. Die Bekanntgabe bedarf nicht der für die Zerlegungsbescheide vorgesehenen Form; sie kann auch listenmäßig erfolgen.

## Unterabschnitt 2
## Festsetzung der Steuermeßbeträge

### Steuermeßbetrag

**§ 18.** (1) Bei der Berechnung der Grundsteuer ist von einem Steuermeßbetrag auszugehen. Dieser ist durch Anwendung der Steuermesszahl (§ 19) auf den Einheitswert zu ermitteln und auf volle Cent abzurunden oder aufzurunden. Hiebei sind Beträge bis einschließlich 0,5 Cent abzurunden, Beträge über 0,5 Cent aufzurunden. Steuermessbeträge unter 15 Cent sind nicht festzustellen.

(2) Im Falle der Belastung des Grundbesitzes mit einem Baurecht ist für die Festsetzung des Steuermeßbetrages ohne Rücksicht auf die Dauer des Baurechtes der Gesamtwert maßgebend, der nach den Bestimmungen des Bewertungsgesetzes 1955 für den Grund und Boden einschließlich der Gebäude ermittelt worden ist.

(3) Im Falle der Belastung des Grundbesitzes mit einem Erbpachtrecht ist, wenn gegenüber dem Eigentümer des Grund und Bodens und gegenüber dem Berechtigten je ein besonderer Einheitswert festgestellt worden ist, für die Festsetzung des Steuermeßbetrages die Summe der beiden Einheitswerte maßgebend.

(4) Für Grundbesitz, der für Betriebszwecke der Österreichischen Bundesbahnen benutzt wird und nach § 2 Z 1 lit. b von der Hälfte der an sich zu entrichtenden Grundsteuer befreit ist, ist die Steuerbefreiung in der Weise durchzuführen, daß der Steuermeßbetrag nur zur Hälfte festgesetzt wird.

**Steuermeßzahl**

**§ 19.** Die Steuermeßzahl beträgt:

1. Bei land- und forstwirtschaftlichen Betrieben (§ 1 Abs. 2 Z 1) für die ersten angefangenen oder vollen 3.650 Euro des Einheitswertes 1,6 vom Tausend, für den Rest des Einheitswertes 2 vom Tausend;
2. bei Grundstücken (§ 1 Abs. 2 Z 2) allgemein 2 vom Tausend; diese Steuermeßzahl ermäßigt sich
   a) bei Einfamilienhäusern für die ersten angefangenen oder vollen 3.650 Euro des Einheitswertes auf 0,5 vom Tausend, für die folgenden angefangenen oder vollen 7.300 Euro des Einheitswertes auf 1 vom Tausend,
   b) bei Mietwohngrundstücken und bei gemischtgenutzten Grundstücken für die ersten angefangenen oder vollen 3.650 Euro des Einheitswertes auf 1 vom Tausend, für die folgenden angefangenen oder vollen 3.650 Euro des Einheitswertes auf 1,5 vom Tausend,
   c) bei den übrigen Grundstücken für die ersten angefangenen oder vollen 3.650 Euro des Einheitswertes auf 1 vom Tausend.

**Hauptveranlagung**

**§ 20.** (1) Die Steuermeßbeträge sind im Anschluß an die Hauptfeststellung der Einheitswerte (§ 20 des Bewertungsgesetzes 1955) allgemein festzusetzen (Hauptveranlagung).

(2) Der Hauptveranlagung ist der Einheitswert zugrunde zu legen, der auf den Hauptfeststellungszeitpunkt (§ 20 Abs. 2 des Bewertungsgesetzes 1955) festgestellt worden ist. Entsprechendes gilt für die anderen im Einheitswertbescheid getroffenen Feststellungen.

(3) Die im Anschluß an die Hauptfeststellung der Einheitswerte festzusetzenden Grundsteuermeßbeträge werden erst mit den im § 20 Abs. 3 erster Satz des Bewertungsgesetzes 1955 genannten Zeitpunkten wirksam. Bis zu diesen Zeitpunkten gilt die bisherige Veranlagung, soweit nicht die Voraussetzungen für die Durchführung von Fortschreibungsveranlagungen oder Nachveranlagungen gemäß §§ 21 und 22 des Grundsteuergesetzes 1955 gegeben sind; beim Vorliegen der erwähnten Voraussetzungen sind Fortschreibungsveranlagungen und Nachveranlagungen der Grundsteuermeßbeträge auch zu den Hauptfeststellungszeitpunkten gemäß Abs. 1 Z 1 durchzuführen.

**„(4) Bei der im Anschluss an die Hauptfeststellung gemäß § 20d des Bewertungsgesetzes 1955 durchzuführenden Hauptveranlagung werden die Grundsteuermessbeträge zum Hauptfeststellungszeitpunkt wirksam.“**

*(BGBl I 2022/45 ab 14.4.2022)*

**§ 20a.** Die Hauptveranlagung der Steuermessbeträge im Anschluss an die Hauptfeststellung gemäß § 20 b Bewertungsgesetz 1955 unterbleibt. Die zur Hauptveranlagung zum 1. Jänner 1988 festgestellten Steuermessbeträge gelten, soweit nicht die Voraussetzungen für die Durchführung von Fortschreibungsveranlagungen oder Nachveranlagungen gemäß §§ 21 und 22 gegeben sind, weiter.

**Fortschreibungsveranlagung**

**§ 21.** (1) Im Falle einer Fortschreibung des Feststellungsbescheides über einen Einheitswert ist der neuen Veranlagung des Steuermeßbetrages (Fortschreibungsveranlagung) der Einheitswert zugrunde zu legen, der auf den Fortschreibungszeitpunkt (§ 21 Abs. 4 des Bewertungsgesetzes 1955) festgestellt worden ist. Entsprechendes gilt für die anderen im Fortschreibungsbescheid getroffenen Feststellungen.

(2) Der Steuermeßbetrag ist auch dann neu zu veranlagen (Fortschreibungsveranlagung), wenn der Grund für eine Befreiung von der Grundsteuer für den ganzen Steuergegenstand eintritt oder für einen Teil des Steuergegenstandes eintritt oder wegfällt, eine Fortschreibung des Einheitswertes aber nicht zu erfolgen hat. Dies gilt auch, wenn dem Finanzamt bekannt wird, daß die letzte Veranlagung fehlerhaft ist.

(3) Die Fortschreibungsveranlagung gilt

a) in den Fällen des Abs. 1 von dem Kalenderjahr an, das mit dem Fortschreibungszeitpunkt beginnt,
b) in den Fällen des Abs. 2 erster Satz von dem Kalenderjahr an, das dem Eintritt oder Wegfall des Steuerbefreiungsgrundes folgt,
c) in den Fällen des Abs. 2 zweiter Satz von dem Kalenderjahr an, in dem der Fehler dem Finanzamt bekannt wird.

Die bisherige Veranlagung gilt bis zu diesem Zeitpunkt.

**Nachveranlagung**

**§ 22.** (1) Im Falle einer Nachfeststellung des Einheitswertes (§ 22 des Bewertungsgesetzes 1955) ist der nachträglichen Veranlagung des Steuermeßbetrages (Nachveranlagung) der Einheitswert zugrunde zu legen, der auf den Nachfeststellungszeitpunkt festgestellt worden ist. Entsprechendes gilt für die anderen im Nachfeststellungsbescheid getroffenen Feststellungen.

(2) Die Nachveranlagung gilt von dem Kalenderjahr an, das mit dem Nachfeststellungszeitpunkt beginnt.

(3) Der Steuermeßbetrag ist auch dann nachträglich zu veranlagen, wenn der Grund für die Befreiung des Steuergegenstandes von der Grundsteuer wegfällt, eine Nachfeststellung des Einheitswertes aber deswegen nicht in Betracht kommt, weil ein Einheitswert auf den letzten Hauptfeststellungszeitpunkt oder einen späteren Feststellungszeitpunkt bereits festzustellen war.

(4) Die Nachveranlagung gilt in den Fällen des Abs. 3 vom Beginn des auf den Wegfall des Befreiungsgrundes folgenden Kalenderjahres.

**Steuerentrichtung bei Wegfall der Steuerpflicht**

**§ 23.** (1) Die Steuerpflicht für den ganzen Steuergegenstand fällt weg, wenn dieser untergeht oder für ihn ein Befreiungsgrund eintritt. Bei Wegfall der Steuerpflicht für den ganzen Steuergegenstand ist die Steuer bis zum Schluß des laufenden Kalenderjahres zu entrichten.

(2) Für einen Steuergegenstand, der mit einem anderen Steuergegenstand verbunden wird und dadurch die Eigenschaft als wirtschaftliche Einheit oder Untereinheit verliert, hat der bisherige Steuerpflichtige die Steuer bis zum Ende des Kalenderjahres zu entrichten.

**Unterabschnitt 3**
**Zerlegung der Steuermeßbeträge**

**Voraussetzung der Zerlegung**

**§ 24.** Erstreckt sich der Steuergegenstand über mehrere Gemeinden, so ist der Steuermeßbetrag zu zerlegen und auf die einzelnen Gemeinden zu verteilen. Die Zerlegungsanteile sind auf volle Cent abzurunden oder aufzurunden. Hiebei sind Beträge bis einschließlich 0,5 Cent abzurunden, Beträge über 0,5 Cent aufzurunden.

**Zerlegungsstichtag**

**§ 25.** (1) Der Zerlegung des Steuermeßbetrages sind die Verhältnisse im Feststellungszeitpunkt zugrunde zu legen, auf den der für die Veranlagung des Steuermeßbetrages maßgebende Einheitswert festgestellt ist.

(2) Ändern sich die Grundlagen für die Zerlegung, ohne daß der Einheitswert fortgeschrieben oder nachträglich festgestellt wird, so sind die Zerlegungsanteile nach dem Stand vom 1. Jänner des folgenden Jahres neu zu ermitteln.

(3) Die Zerlegungsanteile eines Grundsteuermeßbetrages sind in den Fällen des Abs. 2 nur dann neu zu ermitteln, wenn wenigstens bei einer Gemeinde der neue Anteil um mehr als ein Zehntel, mindestens aber um 10 Euro [100 S] von ihrem bisherigen Anteil abweicht.

(4) Fällt der Anteil einer Gemeinde am Grundbesitz in Fällen des Abs. 2 gänzlich weg, so ist dieser Gemeinde unbeachtlich des Abs. 3 kein Anteil am Steuermessbetrag mehr zuzuteilen.

**Zerlegungsmaßstab**

**§ 26.** Der Steuermeßbetrag ist nach dem Verhältnis zu zerlegen, in dem die Teile des maßgebenden Einheitswertes, die auf die einzelnen Gemeinden entfallen (§§ 13 bis 17), zueinander stehen.

**Unterabschnitt 4**
**Berechnung und Festsetzung des Jahresbetrages**

**Hebesatz**

**§ 27.** (1) Der Jahresbetrag der Steuer ist nach einem Hundertsatz (Hebesatz) des Steuermeßbetrages oder des auf die Gemeinde entfallenden Teiles des Steuermeßbetrages zu berechnen. Der Hebesatz wird nach Maßgabe der Bestimmungen des Finanzausgleichsgesetzes in der jeweils geltenden Fassung von der Gemeinde festgesetzt.

(2) Der Hebesatz muß für alle in der Gemeinde gelegenen land- und forstwirtschaftlichen Betriebe (§ 1 Abs. 2 Z 1) einheitlich sein. Das gleiche gilt von dem Hebesatz für die in der Gemeinde gelegenen Grundstücke (§ 1 Abs. 2 Z 2). Der Hebesatz für die land- und forstwirtschaftlichen Betriebe kann jedoch von dem Hebesatz für die Grundstücke abweichen.

**Festsetzung des Jahresbetrages**

**§ 28.** Der Jahresbetrag der Steuer ist mit Steuerbescheid festzusetzen. Diese Festsetzung gilt innerhalb des Hauptveranlagungszeitraumes der Grundsteuermeßbeträge auch für die folgenden Jahre, soweit nicht infolge einer Änderung der Voraussetzungen für die Festsetzung des Jahresbetrages ein neuer Steuerbescheid zu erlassen ist.

**Entstehung des Abgabenanspruches**

**§ 28a.** (1) Der Abgabenanspruch entsteht mit dem Beginn des Kalenderjahres, für das die Grundsteuer auf Grund eines von der Gemeinde festgesetzten Hebesatzes erhoben werden soll.

(2) Der Zeitpunkt der Festsetzung und der Fälligkeit der Grundsteuer ist ohne Einfluß auf die Entstehung des Abgabenanspruches.

**Verjährung**

**§ 28b.** (1) Das Recht, die Grundsteuer festzusetzen, unterliegt nach Maßgabe der nachstehenden Bestimmungen der Verjährung.

(2) Die Verjährungsfrist beträgt fünf Jahre, im Falle der Hinterziehung zehn Jahre.

(3) Die Verjährung beginnt mit Ablauf des Jahres, in dem der Abgabenanspruch entstanden ist.

(4) Die Verjährung wird durch jede zur Geltendmachung des Abgabenanspruches oder zur Feststellung des Abgabepflichtigen von der Abgabenbehörde oder dem für die Festsetzung des Meßbetrages zuständigen Finanzamt unternommene, nach außen erkennbare Amtshandlung unterbrochen. Mit Ablauf des Jahres, in welchem die Unterbrechung eingetreten ist, beginnt die Verjährungsfrist neu zu laufen.

(5) Die Verjährung ist gehemmt,

a) solange die Geltendmachung des Anspruches innerhalb der letzten sechs Monate der Verjährungsfrist wegen höherer Gewalt nicht möglich ist;

b) solange die Entscheidung über eine Berufung gegen den Einheitswert- bzw. Grundsteuermeßbescheid oder Grundsteuerbescheid ausgesetzt ist.

(6) Das Recht auf Festsetzung der Grundsteuer verjährt spätestens dann, wenn seit der Entstehung des Abgabenanspruches (§ 28 a) fünfzehn Jahre verstrichen sind.

### Grundsteuerbescheid

**§ 28c.** Ein Grundsteuerbescheid wirkt auch gegen den Rechtsnachfolger, auf den der Steuergegenstand nach dem Feststellungszeitpunkt übergegangen ist oder übergeht. Das gleiche gilt bei Nachfolge im Besitz. In diesen Fällen gilt mit der Zustellung an den Rechtsvorgänger (Vorgänger) auch die Bekanntgabe des Bescheides an den Rechtsnachfolger (Nachfolger) als vollzogen.

## Abschnitt III
## Entrichtung der Grundsteuer

### Fälligkeit

**§ 29.** (1) Die Grundsteuer wird am 15. Feber, 15. Mai, 15. August und 15. November zu je einem Viertel ihres Jahresbetrages fällig. Abweichend hievon wird die Grundsteuer am 15. Mai mit ihrem Jahresbetrag fällig, wenn dieser 75 Euro nicht übersteigt.

(2) Wird der Jahresbetrag im Laufe eines Kalenderjahres durch einen neuen Steuerbescheid geändert, so bleiben bereits fällig gewordene Beträge (Abs. 1) unverändert. Ferner dürfen der innerhalb eines Monates ab Bekanntgabe des neuen Steuerbescheides fällig werdende Betrag sowie der am 15. August fällig werdende Vierteljahresbetrag, sofern die Bekanntgabe des neuen Steuerbescheides nicht spätestens am 8. Juli erfolgt, nicht erhöht werden. Der Unterschiedsbetrag ist anläßlich der der Änderung nächstfolgenden Vierteljahresfälligkeit (Abs. 1), in den Fällen des zweiten Satzes anläßlich der der Änderung zweitfolgenden Vierteljahresfälligkeit auszugleichen. Die Termine der Vierteljahresfälligkeiten gelten auch für den Ausgleich bei Jahresbeträgen, die 75 Euro nicht übersteigen. Unterschiedsbetrag ist die Differenz zwischen der Summe der von der Änderung nicht berührten Beträge und der Summe jener Beträge, die sich gemäß Abs. 1 unter Zugrundelegung des neu festgesetzten Jahresbetrages zu den gleichen Terminen ergeben. Bei einer Erhöhung des Jahresbetrages nach dem 15. Oktober des laufenden Jahres ist der Unterschiedsbetrag innerhalb eines Monates ab Bekanntgabe des diesbezüglichen Bescheides zu entrichten. Bei einer Herabsetzung des Jahresbetrages nach dem 15. November des laufenden Jahres ist der Unterschiedsbetrag gutzuschreiben.

(3) Wird durch einen Bescheid auch der Jahresbetrag für abgelaufene Kalenderjahre geändert oder erstmalig festgesetzt, so ist eine sich daraus ergebende Nachzahlung innerhalb eines Monates ab Bekanntgabe des Steuerbescheides zu entrichten.

### Vorauszahlungen

**§ 30.** (1) Der Steuerschuldner hat nach Ablauf des Wirksamkeitszeitraumes einer Hauptveranlagung der Grundsteuermeßbeträge (§ 20 Abs. 3) bis zur Bekanntgabe eines neuen Steuerbescheides zu den Fälligkeitszeitpunkten gemäß § 29 Vorauszahlungen unter Zugrundelegung des zuletzt festgesetzten Jahresbetrages zu entrichten.

(2) Auf Unterschiedsbeträge für das laufende Jahr und Nachzahlungen für abgelaufene Jahre, die sich nach Bekanntgabe des Steuerbescheides durch Anrechnung der bis dahin zu entrichtenden Vorauszahlungen (Abs. 1) ergeben, ist § 29 Abs. 2 und 3 sinngemäß anzuwenden.

(3) Wird der Hebesatz (§ 27) in jenem Kalenderjahr, in dem die im Anschluß an die Hauptfeststellung der Einheitswerte festzusetzenden Grundsteuermeßbeträge gemäß § 20 Abs. 3 wirksam werden, um mehr als 10 v.H. des zuletzt festgesetzten Hebesatzes geändert, so kann der Vorauszahlungsbetrag unter Zugrundelegung des zuletzt gültigen Grundsteuermeßbetrages und des geänderten Hebesatzes festgesetzt werden. Der festgesetzte Vorauszahlungsbetrag gilt auch für die folgenden Kalenderjahre bis zur Bekanntgabe des neuen Steuerbescheides.

### Zuständigkeit

**§ 30a.** Für die Zerlegung der Einheitswerte und für die Festsetzung und Zerlegung der Steuermessbeträge ist das Finanzamt Österreich zuständig.

*(BGBl I 2019/104)*

### Inkrafttreten, Aufhebung und Weitergeltung bisheriger Rechtsvorschriften

**§ 31.** (1) Dieses Bundesgesetz tritt am 1. Jänner 1956 in Kraft. Abweichend vom § 20 Abs. 3 gelten die zum 1. Jänner 1956 festgesetzten Grundsteuermeßbeträge erst vom Beginn des Kalenderjahres 1958. Soweit der Grundsteuermeßbetrag durch Fortschreibungsveranlagung geändert wird, ist der Jahresbetrag der Grundsteuer für das Kalenderjahr 1958 auf Grund des zum 1. Jänner 1958 maßgebenden Grundsteuermeßbetrages festzusetzen. Bei der Berechnung der Grundsteuer für die Kalenderjahre 1956 und 1957 ist weiterhin von der für das Kalenderjahr 1955 geltenden Bemessungsgrundlage (Grundsteuermeßbetrag oder Erstarrungsbetrag) auszugehen; Änderungen in der Zurechnung des Steuergegenstandes oder von Teilen eines bisherigen Steuergegenstandes sind lediglich durch eine entsprechende Aufteilung der Bemessungsgrundlage auf die Steuerschuldner zu berücksichtigen. Andere Veränderungen des Steuergegenstandes sind nicht zu beachten. Die Verpflichtung zur Entrichtung von Vorauszahlungen gemäß § 29 Abs. 3 gilt erstmals für das Kalenderjahr 1958.

(2) Soweit die Grundsteuer im Zeitpunkt des Inkrafttretens dieses Bundesgesetzes zur Gänze von den Finanzämtern verwaltet wird, obliegt für die Kalenderjahre 1956 und 1957 die Verwaltung der Grundsteuer im bisherigen Umfang weiterhin den Finanzämtern.

(3) Die in diesem Bundesgesetz nicht enthaltenen Vorschriften auf dem Gebiete der Grundsteuer sind unbeschadet der Bestimmungen des Abs. 4 letztmalig für das Kalenderjahr 1955 anzuwenden.

(4) Die im Wohnhaus-Wiederaufbaugesetz vom 16. Juni 1948, BGBl. Nr. 130, und im Bundesgesetz vom 11. Juli 1951, BGBl. Nr. 157, enthaltenen Vor-

schriften betreffend Grundsteuer sowie die auf dem Gebiete der Grundsteuer bestehenden Vorschriften über die Förderung von Arbeiterwohnstätten sind weiterhin anzuwenden.

(5) § 29 Abs. 1 zweiter Satz in der Fassung des Bundesgesetzes BGBl. Nr. 201/1996 ist auf Zeiträume nach dem 31. Dezember 1996 anzuwenden.

(6) § 14 Abs. 3, § 15 Abs. 2, § 18 Abs. 1 zweiter bis vierter Satz, § 19, § 24 zweiter und dritter Satz und § 25 Abs. 3, jeweils in der Fassung des Bundesgesetzes BGBl. I Nr. 59/2001, sind erstmals bei Fortschreibungsveranlagungen und Nachveranlagungen der Steuermessbeträge anzuwenden, die Stichtage ab dem 1. Jänner 2002 betreffen.

(7) § 29 Abs. 1 und 2 in der Fassung des Bundesgesetzes BGBl. I Nr. 59/2001 sind erstmals auf Zeiträume nach dem 31. Dezember 2001 anzuwenden.

(8) § 28c in der Fassung des Bundesgesetzes BGBl. I Nr. 20/2009 tritt mit 1. Jänner 2010 in Kraft.

(9) § 4 Abs. 5, § 14 Abs. 2 und § 25 Abs. 4 in der Fassung des Bundesgesetzes BGBl. I Nr. 34/2010 sind für Stichtage ab dem 1. Jänner 2011 anzuwenden.

(10) § 30a in der Fassung des Bundesgesetzes BGBl. I Nr. 104/2019 tritt mit 1. Juli 2020 in Kraft.

*(BGBl I 2019/104)*

### Vollziehung

**§ 32.** Mit der Vollziehung dieses Bundesgesetzes ist das Bundesministerium für Finanzen betraut.

# 6/2. BG Abgabe von land- und forstwirtschaftlichen Betrieben

**Abgabe von land- und forstwirtschaftlichen Betrieben**, BGBl 1960/166 idF

**1** BGBl 1962/5 **2** BGBl 1964/295 **3** BGBl 1967/52
**4** BGBl 1968/159 **5** BGBl 1984/486 **6** BGBl I 2012/22 (1. StabG 2012)



## GLIEDERUNG



## STICHWORTVERZEICHNIS



**Bundesgesetz vom 14. Juli 1960 über eine Abgabe von land- und forstwirtschaftlichen Betrieben (AbglufBG)**

### Artikel I

### Gegenstand der Abgabe

**§ 1.** Gegenstand der Abgabe sind

1. die land- und forstwirtschaftlichen Betriebe im Sinne des § 1 Abs. 2 Z 1 des Grundsteuergesetzes 1955, BGBl. Nr. 149, und
2. die Grundstücke im Sinne des § 1 Abs. 2 Z 2 des Grundsteuergesetzes 1955, soweit es sich um unbebaute Grundstücke handelt, die nachhaltig land- und forstwirtschaftlich genutzt werden.

### Bemessungsgrundlage

**§ 2.** Bemessungsgrundlage für die Abgabe ist

a) hinsichtlich der im § 1 Z 1 angeführten Betriebe der für Zwecke der Grundsteuer festgesetzte Meßbetrag und
b) hinsichtlich der im § 1 Z 2 angeführten Grundstücke ein besonderer Meßbetrag, der sich nach den Vorschriften des Grundsteuergesetzes 1955 ergeben würde, wenn das Grundstück als land- und forstwirtschaftliches Vermögen im Sinne des Bewertungsgesetzes 1955, BGBl. Nr. 148, bewertet worden wäre.

### Festsetzung des Jahresbetrages

**§ 3.** Die Abgabe beträgt ..................... 150 v.H.,
ab 1. Jänner 1962 ................................... 175 v.H.,

ab 1. Jänner 1963 .................................... 200 v.H.,
ab 1. Jänner 1965 .................................... 225 v.H.,
ab 1. Jänner 1967 .................................... 245 v.H.,
ab 1. Jänner 1968 .................................... 345 v.H.,
ab 1. Jänner 1985 .................................... 400 v.H.
und ab 1. Jänner 2013 ............................... 600 vH
der Bemessungsgrundlage nach § 2.

Der Jahresbetrag der Abgabe ist mit Bescheid festzusetzen. Diese Festsetzung gilt innerhalb des Hauptveranlagungszeitraumes der Grundsteuermeßbeträge auch für die folgenden Jahre, soweit nicht infolge einer Änderung der Voraussetzungen für die Festsetzung des Jahresbetrages ein neuer Bescheid zu erlassen ist.

### Abgabeschuldner

**§ 4.** Abgabeschuldner ist derjenige, der für den im § 1 bezeichneten Abgabegegenstand gemäß § 9 des Grundsteuergesetzes 1955 Schuldner der Grundsteuer ist. Für Grundbesitz, den der Abgabeschuldner nicht selbst bewirtschaftet, kann der Abgabeschuldner von demjenigen, der den Grundbesitz bewirtschaftet, die Rückerstattung der Abgabe verlangen.

### Haftung

**§ 5.** Hinsichtlich der Haftung gelten entsprechend die Bestimmungen der §§ 10 und 11 des Grundsteuergesetzes 1955.

### Zuständigkeit

**§ 6.** Die Berechnung und Festsetzung des Jahresbetrages der Abgabe sowie die Einhebung und zwangsweise Einbringung obliegt jenem Finanzamt, das für die Zwecke der Grundsteuer den Meßbetrag festzusetzen hat.

### Entrichtung

**§ 7.** Hinsichtlich der Entrichtung der Abgabe gelten sinngemäß die Bestimmungen der §§ 29 und 30 des Grundsteuergesetzes 1955.

### Berechtigte Gebietskörperschaft

**§ 8.** (überholt)

## Artikel II

### Inkrafttreten

**§ 9.** Dieses Bundesgesetz tritt rückwirkend mit Beginn des Kalenderjahres 1960 in Kraft.

### Vollziehung

**§ 10.** Mit der Vollziehung dieses Bundesgesetzes ist das Bundesministerium für Finanzen betraut.

# 6/3. Bodenwertabgabegesetz

**Bodenwertabgabegesetz**, BGBl 1960/285 idF

**1** BGBl 1962/4
**2** BGBl 1965/183
**3** BGBl 1973/383
**4** BGBl I 2000/142 (BudgetbegleitG 2001)
**5** BGBl I 2010/34 (AbgÄG 2010)



## GLIEDERUNG



## STICHWORTVERZEICHNIS

**Bundesgesetz vom 15. Dezember 1960 über eine Abgabe vom Bodenwert bei unbebauten Grundstücken und über eine Änderung des Einkommensteuergesetzes 1953 zur stärkeren Erfassung des Wertzuwachses bei Grundstücksveräußerungen (Bodenwertabgabegesetz – BWAG)**

### Artikel I

### Gegenstand der Bodenwertabgabe

**§ 1.** Gegenstand der Bodenwertabgabe sind die unbebauten Grundstücke gemäß § 55 des Bewertungsgesetzes 1955, BGBl. Nr. 148, einschließlich der Betriebsgrundstücke.

### Bemessungsgrundlage

**§ 2.** Bemessungsgrundlage für die Bodenwertabgabe ist der für den Beginn des jeweiligen Kalenderjahres maßgebende Einheitswert des einzelnen Abgabegegenstandes.

### Befreiungen

**§ 3.** (1) Soweit für unbebaute Grundstücke keine Grundsteuer zu entrichten ist, entfällt auch die Entrichtung der Bodenwertabgabe.

(2) Die Entrichtung der Bodenwertabgabe entfällt außerdem

1. für unbebaute Grundstücke mit einem Einheitswert bis einschließlich 14.600 Euro.
2. für unbebaute Grundstücke,
   a) die im Eigentum von Gebietskörperschaften stehen und nicht Betriebsgrundstücke sind oder
   b) die im Eigentum von gemeinnützigen Bau-, Wohnungs- und Siedlungsvereinigungen stehen, sowie für unbebaute Grundstücke oder für Anteile an solchen Grundstücken, die durch physische oder juristische Personen von diesen Vereinigungen zum Zwecke der Bebauung oder zum Zwecke der Begründung von Wohnungseigentum erworben wurden, oder
   c) die im Eigentum von Vereinigungen stehen, deren statutenmäßige Aufgabe überwiegend die Schaffung von Wohnungseigentum ist, sowie für unbebaute Grundstücke oder für Anteile an solchen Grundstücken, die durch physische oder juristische Personen von diesen Vereinigungen zum Zwecke der Bebauung oder zum Zwecke der Begründung von Wohnungseigentum erworben wurden, oder
   d) die nachhaltig land- und forstwirtschaftlich genutzt werden und für die aus diesem Grunde die für land- und forstwirtschaftliche Betriebe vorgesehene Abgabe im Sinne des Bundesgesetzes vom 14. Juli 1960, BGBl. Nr. 166, zu entrichten ist oder
   e) auf denen sich Superädifikate befinden oder
   f) für die ein den flächenmäßig überwiegenden Teil des Grundstückes betreffendes Bauverbot oder eine Bausperre besteht.

(3) Tritt ein Befreiungsgrund erstmalig ein oder fällt ein Befreiungsgrund weg, so hat der Abgabepflichtige dies dem Finanzamt innerhalb eines Monates anzuzeigen.

### Festsetzung des Jahresbetrages

**§ 4.** (1) Für das Kalenderjahr 1961 beträgt die Bodenwertabgabe 2 vom Hundert des maßgebenden Einheitswertes; bei unbebauten Grundstücken mit einem Einheitswert von mehr als 10.000 S bis einschließlich 20.000 S ermäßigt sich die Bodenwertabgabe auf 1 v.H. des maßgebenden Einheitswertes.

(2) Für das Kalenderjahr 1962 und die folgenden Kalenderjahre beträgt die Bodenwertabgabe 1 v.H. des maßgebenden Einheitswertes, soweit dieser 14.600 Euro übersteigt.

(3) Der Jahresbetrag der Abgabe ist mit Bescheid festzusetzen. Diese Festsetzung gilt innerhalb des Hauptveranlagungszeitraumes der Grundsteuermeßbeträge auch für die folgenden Jahre, soweit nicht infolge einer Änderung der Voraussetzungen für die Festsetzung des Jahresbetrages ein neuer Bescheid zu erlassen ist.

### Abgabeschuldner

**§ 5.** (1) Abgabeschuldner ist derjenige, der für den im § 1 bezeichneten Abgabegegenstand gemäß § 9 des Grundsteuergesetzes 1955, BGBl. Nr. 149, Schuldner der Grundsteuer ist.

(2) Bei unbebauten Grundstücken, die als Kleingärten im Sinne des § 1 des Kleingartengesetzes, BGBl. Nr. 6/1959, gelten und verpachtet sind, darf die Bodenwertabgabe auf den Pächter nicht überwälzt werden.

### Haftung

**§ 6.** Hinsichtlich der Haftung gelten die Bestimmungen der §§ 10 und 11 des Grundsteuergesetzes 1955.

### Zuständigkeit

**§ 7.** Die Berechnung und Festsetzung des Jahresbetrages der Bodenwertabgabe sowie die Einhebung und zwangsweise Einbringung obliegen jenem Finanzamt, das für die Feststellung des Einheitswertes zuständig ist.

### Entrichtung

**§ 8.** Hinsichtlich der Entrichtung der Bodenwertabgabe gelten sinngemäß die Bestimmungen der §§ 29 und 30 des Grundsteuergesetzes 1955.

### Wegfall der Abgabepflicht bei Errichtung eines Einfamilienhauses

**§ 9.** Wird auf einem der Bodenwertabgabe unterliegenden unbebauten Grundstück ein Einfamilienhaus errichtet und erfolgt aus diesem Grunde eine Artfortschreibung, so ist, wenn das Einfamilienhaus vom Abgabeschuldner (§ 5) selbst errichtet wurde, die für die letzten fünf Jahre vor dem Fortschreibungszeitpunkt erfolgte Festsetzung der Bodenwertabgabe von Amts wegen aufzuheben.

**§ 10.** (aufgehoben)

**Artikel III**

(1) Artikel I tritt mit Beginn des Kalenderjahres 1961 in Kraft.

(2) Artikel II ist erstmalig bei der Veranlagung für das Kalenderjahr 1961 anzuwenden. Für Wirtschaftsgüter der in § 23 Abs. 1 Z 1 lit. a genannten Art, die nach dem 31. Dezember 1954 angeschafft wurden, verlängert sich jedoch die fünfjährige Frist derart, daß sie nicht vor Ablauf des Kalenderjahres 1965 endet.

**Artikel IV**

Mit der Vollziehung dieses Bundesgesetzes ist das Bundesministerium für Finanzen betraut.

# 7. GEBÜHREN

## Inhaltsverzeichnis



GebG

Hinweis: Artikel 34 Budgetbegleitgesetz 2001 (Steuerliche Sonderregelungen für die Ausgliederung von Aufgaben der Körperschaften öffentlichen Rechts) ist unter 2/2/2. abgedruckt.

# 7/1. Gebührengesetz 1957

**Gebührengesetz 1957**, BGBl 1957/267 idF

**1** BGBl 1958/129
**2** BGBl 1958/137
**3** BGBl 1960/111
**4** BGBl 1962/106
**5** BGBl 1962/198
**6** BGBl 1963/45
**7** BGBl 1963/115
**8** BGBl 1965/87
**9** BGBl 1966/63
**10** BGBl 1968/44
**11** BGBl 1968/306
**12** BGBl 1968/314
**13** BGBl 1972/224
**14** BGBl 1974/401
**15** BGBl 1976/668
**16** BGBl 1980/266
**17** BGBl 1980/563
**18** BGBl 1981/48
**19** BGBl 1982/207
**20** BGBl 1982/570
**21** BGBl 1983/170
**22** BGBl 1983/587
**23** BGBl 1984/127
**24** BGBl 1984/531
**25** BGBl 1985/315
**26** BGBl 1985/491
**27** BGBl 1985/557
**28** BGBl 1986/290
**29** BGBl 1986/292
**30** BGBl 1986/325
**31** BGBl 1987/80
**32** BGBl 1987/312
**33** BGBl 1987/606
**34** BGBl 1987/663
**35** BGBl 1988/407
**36** BGBl 1989/660
**37** BGBl 1989/661
**38** BGBl 1990/281
**39** BGBl 1991/10
**40** BGBl 1992/469
**41** BGBl 1992/780
**42** BGBl 1993/109
**43** BGBl 1993/532
**44** BGBl 1993/818
**45** BGBl 1993/965
**46** BGBl 1994/212
**47** BGBl 1994/629
**48** BGBl 1995/172
**49** BGBl 1996/797 (AbgÄG 1996)
**50** BGBl I 1997/69
**51** BGBl I 1997/88
**52** BGBl I 1997/103
**53** BGBl I 1997/130 (2. BudgetbegleitG 1997)
**54** BGBl I 1999/28 (AbgÄG 1998)
**55** BGBl I 1999/92
**56** BGBl I 1999/106 (StRefG 2000)
**57** BGBl I 2000/26 (BudgetbegleitG 2000)
**58** BGBl I 2000/29
**59** BGBl I 2000/142 (BudgetbegleitG 2001)
**60** BGBl I 2001/44 (Passgesetz-Nov 2001)
**61** BGBl I 2001/144 (AbgÄG 2001)
**62** BGBl I 2002/84 (AbgÄG 2002)
**63** BGBl I 2004/10
**64** BGBl I 2004/72
**65** BGBl I 2004/180 (AbgÄG 2004)
**66** BGBl I 2005/100 (Fremdenrechtspaket 2005
**67** BGBl I 2005/105 (ABÄG)
**68** BGBl I 2005/112 (HWG 2005)
**69** BGBl I 2006/37 (StbG-Nov 2005)
**70** BGBl I 2006/44
**71** BGBl I 2006/121 (VfGH)
**72** BGBl I 2007/24 (BudBG 2007)
**73** BGBl I 2007/105
**74** BGBl II 2007/128
**75** BGBl I 2009/6
**76** BGBl I 2009/34 (VfGH)
**77** BGBl I 2009/52 (BudBG 2009)
**78** BGBl I 2009/75 (FamRÄG 2009)
**79** BGBl I 2009/79
**80** BGBl I 2009/122 (FrÄG 2009)
**81** BGBl I 2009/135 (EPG)
**82** BGBl I 2010/9
**83** BGBl I 2010/34 (AbgÄG 2010)
**84** BGBl I 2010/54 (GSpG-Nov 2008)
**85** BGBl I 2010/111 (BudBG 2011)
**86** BGBl II 2011/191
**87** BGBl I 2011/76 (AbgÄG 2011)
**88** BGBl I 2012/17
**89** BGBl I 2012/112 (AbgÄG 2012)
**90** BGBl I 2013/28 (VfGH)
**91** BGBl I 2013/70 (VwG-AnpG)
**92** BGBl I 2014/13 (AbgÄG 2014)
**93** BGBl I 2014/105 (2. AbgÄG 2014)
**94** BGBl I 2015/17
**95** BGBl I 2015/105
**96** BGBl I 2015/163 (AbgÄG 2015)
**97** BGBl I 2017/147
**98** BGBl II 2018/140
**99** BGBl I 2018/62 (JStG 2018)
**100** BGBl I 2019/103 (StRefG 2020)
**101** BGBl I 2019/104 (FORG)
**102** BGBl I 2020/16 (2. COVID-19-Gesetz)
**103** BGBl I 2020/23 (3. COVID-19-Gesetz)
**104** BGBl I 2020/99 (2. FORG)
**105** BGBl I 2021/3 (COVID-19-StMG)
**106** BGBl I 2021/52 (2. COVID-19-StMG)
**107** BGBl I 2021/123 (PassG-Nov 2021)
**108** BGBl I 2021/227

**109** BGBl I 2022/108
(AbgÄG 2022)

## GLIEDERUNG



## STICHWORTVERZEICHNIS

**Gebührengesetz 1957 (GebG)**

**I. Abschnitt**
**Allgemeine Bestimmungen.**

**§ 1.** Den Gebühren im Sinne dieses Bundesgesetzes unterliegen Schriften und Amtshandlungen nach Maßgabe der Bestimmungen im II. Abschnitte sowie Rechtsgeschäfte nach Maßgabe der Bestimmungen im III. Abschnitte.

**§ 2.** Von der Entrichtung von Gebühren sind befreit:

1. Der Bund, die von ihm betriebenen Unternehmungen sowie öffentlich-rechtliche Fonds, deren Abgänge er zu decken verpflichtet ist;
2. die übrigen Gebietskörperschaften im Rahmen ihres öffentlich-rechtlichen Wirkungskreises;
3. öffentlich-rechtliche Körperschaften, weiters alle Vereinigungen, die ausschließlich wissenschaftliche, Humanitäts- oder Wohltätigkeitszwecke verfolgen, hinsichtlich ihres Schriftenverkehres mit den öffentlichen Behörden und Ämtern;
4. die als Gesandte fremder Mächte bestellten Angehörigen auswärtiger Staaten rücksichtlich der von ihnen selbst oder ihren Bevollmächtigten oder Vertretern statt ihrer ausgestellten Schriften, sofern diese sich nicht auf Rechtsgeschäfte über unbewegliche, im Inlande gelegene Sachen oder auf den letzteren haftende Forderungen beziehen. (BGBl. Nr. 116/1957, Z 1 lit. a.)

**§ 3.** (1) Die Gebühren sind entweder feste Gebühren oder Hundertsatzgebühren.

(2)

1. Die festen Gebühren sind durch Barzahlung, durch Einzahlung mit Erlagschein, mittels Bankomat- oder Kreditkarte oder durch andere bargeldlose elektronische Zahlungsformen zu entrichten. Die über die Barzahlung und Einzahlung mit Erlagschein hinausgehenden zulässigen Entrichtungsarten sind bei der Behörde, bei der die gebührenpflichtigen Schriften oder Amtshandlungen anfallen, nach Maßgabe der technisch-organisatorischen Voraussetzungen zu bestimmen und entsprechend bekannt zu machen. Die Behörde hat die Höhe der entrichteten oder zu entrichtenden Gebühr im bezughabenden Verwaltungsakt in nachprüfbarer Weise festzuhalten. Im Übrigen gelten § 203 BAO und § 241 Abs. 2 und 3 BAO sinngemäß.
2. Der Rechtsträger der Behörde hat die in einem Kalendervierteljahr gemäß Z 1 entrichteten Gebühren bis zum 15. Tag des auf ein Kalendervierteljahr folgenden Monats an das Finanzamt Österreich abzüglich der im § 14 Tarifpost 6 Abs. 3 lit. a und lit. c, Tarifpost 8 Abs. 6, Tarifpost 9 Abs. 5 und Tarifpost 16 Abs. 5 angeführten Pauschalbeträge abzuführen. Auf dem Zahlungs- oder Überweisungsbeleg sind der Gesamtbetrag der entrichteten Gebühren, der Gesamtbetrag der Pauschalbeträge sowie der abzuführende Nettobetrag anzuführen.

*(BGBl I 2019/103, BGBl I 2019/104, BGBl I 2020/99, BGBl I 2021/3)*

2.[a] Der Rechtsträger der Behörde hat die in einem Kalendervierteljahr gemäß Z 1 entrichteten Gebühren bis zum 15. Tag des auf ein Kalendervierteljahr folgenden Monats an das Finanzamt Österreich abzüglich der im § 14 Tarifpost 6 Abs. 3 lit. a und lit. c, Tarifpost 8 Abs. 6, Tarifpost 9 Abs. 5 „,“ Tarifpost 16 Abs. 5 **„, Tarifpost 20 Abs. 6, Tarifpost 21 Abs. 9 und Tarifpost 22 Abs. 7“** angeführten Pauschalbeträge abzuführen. Auf dem Zahlungs- oder Überweisungsbeleg sind der Gesamtbetrag der entrichteten Gebühren, der Gesamtbetrag der Pauschalbeträge sowie der abzuführende Nettobetrag anzuführen.

*(BGBl I 2019/103, BGBl I 2019/104, BGBl I 2020/99, BGBl I 2021/3, BGBl I 2022/108 ab 1.10.2022)*

[a] Tritt mit 1. Oktober 2022 in Kraft.

(3) Die Hundertsatzgebühren sind, sofern in diesem Bundesgesetz nichts anderes bestimmt ist, mit Bescheid festzusetzen.

(4) Sofern in diesem Bundesgesetz nichts anderes bestimmt ist, hat das Finanzamt Österreich einem Gebührenschuldner, der in seinem Betrieb laufend eine Vielzahl gleichartiger Rechtsgeschäfte abschließt und die Gewähr für die ordnungsgemäße Einhaltung der Gebührenvorschriften bietet, auf Antrag zu bewilligen, dass er die auf diese Rechtsgeschäfte entfallenden Hundertsatzgebühren anstelle der sonst in diesem Bundesgesetz angeordneten Entrichtungsformen selbst berechnet und bis zum 15. Tag (Fälligkeitstag) des dem Entstehen der Gebührenschuld zweitfolgenden Monats an das Finanzamt Österreich entrichtet. Personen, die auf Grund der erteilten Bewilligung verpflichtet sind, die Hundertsatzgebühren auf diese Art zu entrichten, haben über diese gebührenpflichtigen Rechtsgeschäfte fortlaufende Aufschreibungen zu führen, welche die für die Gebührenbemessung erforderlichen Angaben enthalten. Innerhalb der Zahlungsfrist ist dem Finanzamt Österreich für den jeweiligen Berechnungs- und Zahlungszeitraum eine Abschrift dieser Aufschreibungen zu übersenden. Die Übersendung der Abschrift gilt als Gebührenanzeige gemäß § 31. Auf den Urkunden ist ein Vermerk anzubringen, der die Bezeichnung des Bewilligungsbescheides und die fortlaufende Nummer der Aufschreibungen enthält. Das Finanzamt Österreich hat jeweils für den Zeitraum eines Kalenderjahres die Hundertsatzgebühren für jedes gebührenpflichtige Rechtsgeschäft, das in den Aufschreibungen abgerechnet wurde, mit Bescheid festzusetzen.

*(BGBl I 2019/104, BGBl I 2020/99)*

(4a) Sofern in diesem Bundesgesetz nichts anderes bestimmt ist, sind Rechtsanwälte, Notare und Wirtschaftstreuhänder (Parteienvertreter) befugt, innerhalb der Anzeigefrist des § 31 Abs. 1 die Hundertsatzgebühr für Rechtsgeschäfte als

Bevollmächtigte eines Gebührenschuldners oder eines für die Gebühr Haftenden selbst zu berechnen und bis zum 15. Tag (Fälligkeitstag) des auf den Kalendermonat, in dem die Selbstberechnung erfolgt, zweitfolgenden Monats an das Finanzamt Österreich zu entrichten. Parteienvertreter, die von der Befugnis zur Selbstberechnung Gebrauch machen wollen, haben beim Finanzamt die Zuteilung einer Steuernummer zu beantragen. Sie haben über die gebührenpflichtigen Rechtsgeschäfte Aufschreibungen zu führen. Diese haben die für die Gebührenberechnung erforderlichen Angaben zu enthalten. Insbesondere sind Angaben zur Art des Rechtsgeschäftes, zu den Gebührenschuldnern oder zu den für die Gebühr Haftenden, zum Zeitpunkt des Entstehens der Gebührenschuld, zur Bemessungsgrundlage und zur Höhe der selbst berechneten Gebühr aufzunehmen. Eine Abschrift dieser Aufschreibungen für die in einem Kalendermonat selbst berechneten Rechtsgeschäfte ist dem Finanzamt Österreich bis zum Fälligkeitstag zu übermitteln; dies gilt als Gebührenanzeige gemäß § 31. Auf den Urkunden ist ein Vermerk über die erfolgte Selbstberechnung anzubringen, der die Steuernummer des Parteienvertreters, die Nummer der Aufschreibungen und die Höhe des berechneten Gebührenbetrages enthält. Der Parteienvertreter hat die Aufschreibungen und je eine Abschrift (Durchschrift, Gleichschrift) der über die Rechtsgeschäfte ausgefertigten Urkunden sieben Jahre aufzubewahren. Im übrigen ist § 132 BAO anzuwenden. Die selbst berechnete Gebühr ist spätestens am Fälligkeitstag zu entrichten. Im Zweifel ist bei den betreffenden Gebührenschuldnern oder Haftenden eine verhältnismäßige Entrichtung anzunehmen. Ein gemäß § 201 BAO festgesetzter Gebührenbetrag hat den im ersten Satz genannten Fälligkeitstag. Die Parteienvertreter haften für die Entrichtung der selbst berechneten Gebühr. Die Abgabenbehörden sind befugt, Prüfungen hinsichtlich sämtlicher in die Aufschreibungen aufzunehmenden Angaben durchzuführen.

*(BGBl I 2019/104, BGBl I 2020/99)*

(4b) Der Bundesminister für Finanzen wird ermächtigt, ein Verfahren der automationsunterstützten Übermittlung der Daten der Aufschreibungen gemäß Abs. 4 und 4a durch Verordnung festzulegen. In der Verordnung ist der Inhalt der Aufschreibungen sowie der Beginn der Datenübermittlung nach Maßgabe der technisch-organisatorischen Gegebenheiten festzulegen. Weiters kann vorgesehen werden, daß sich die Abgabenbehörde einer bestimmten öffentlich-rechtlichen oder privatrechtlichen Übermittlungsstelle bedienen darf.

(4c) Das Finanzamt Österreich kann die Befugnis zur Selbstberechnung der Gebühren gemäß Abs. 4a und § 33 Tarifpost 5 Abs. 5 Z 4 mit Bescheid aberkennen, wenn der zur Selbstberechnung Befugte vorsätzlich oder wiederholt grob fahrlässig die Bestimmungen des Abs. 4a oder des § 33 Tarifpost 5 Abs. 5 Z 4 verletzt. Die Aberkennung kann für mindestens drei Jahre oder unbefristet erfolgen. Bei unbefristeter Aberkennung kann frühestens fünf Jahre nach Aberkennung auf Antrag des zur Selbstberechnung Befugten der Aberkennungsbescheid aufgehoben werden, wenn glaubhaft ist, daß er in Hinkunft seinen abgabenrechtlichen Pflichten nachkommen wird.

*(BGBl I 2019/104, BGBl I 2020/99)*

(5) Notare oder andere zur Beurkundung befugte Personen (Urkundspersonen) haben die in einem Kalendermonat entrichteten Gebühren des § 14 Tarifpost 7 Abs. 1 Z 4 bis 6 und Tarifpost 13 bis zum 15. Tag (Fälligkeitstag) des auf den Kalendermonat, in dem die Gebührenschuld entsteht, zweitfolgenden Monats an das Finanzamt Österreich abzuführen. Die Urkundspersonen haben Aufschreibungen zu führen, die Angaben über die Art der Schrift, die Gebührenschuldner und den Zeitpunkt des Entstehens der Gebührenschuld enthalten müssen. Dieser Verpflichtung wird durch die Führung der in den berufsrechtlichen Vorschriften vorgesehenen Register und Aufzeichnungen entsprochen. Das Finanzamt ist befugt, Prüfungen hinsichtlich der in die Aufschreibungen aufzunehmenden Angaben durchzuführen.

*(BGBl I 2019/104, BGBl I 2020/99)*

**§ 4.** (aufgehoben)

**§ 5.** (1) Unter Papier ist jeder zur Ausfertigung stempelpflichtiger Schriften bestimmte oder verwendete Stoff zu verstehen.

(2) Unter Bogen ist Papier zu verstehen, dessen Seitengröße das Ausmaß von zweimal 210 mm X 297 mm nach einer oder nach beiden Richtungen nicht überschreitet. Für dieses Ausmaß überschreitende Papierblätter sind die festen Stempelgebühren im zweifachen Betrag zu entrichten. Bei inhaltlich fortlaufendem Text bleiben unbeschriebene Seiten bei der Berechnung der Anzahl der Bogen außer Ansatz.

(3) Die in den Tarifbestimmungen „für jeden Bogen“ festgesetzte Gebühr ist im vollen Betrage zu entrichten, auch wenn zu der bezüglichen Schrift weniger als ein Bogen verwendet wird.

**§ 6.** Bei Schriften mit einer vom ersten Bogen festen Gebühr (§ 14 Tarifpost 2 und Tarifpost 7 Abs. 1 Z 4 und Z 5) unterliegen der zweite und jeder weitere Bogen einer Gebühr von 13 Euro.

**§ 7.** Besteht zwischen zwei oder mehreren Personen eine solche Rechtsgemeinschaft, daß sie in bezug auf den Gegenstand der Gebühr als eine Person anzusehen sind oder leiten sie ihren Anspruch oder ihre Verpflichtung aus einem gemeinschaftlichen Rechtsgrund ab, so ist die Gebühr nur im einfachen Betrage zu entrichten.

**§ 8.** (1) Unter dem Ausdruck „Amtlicher Gebrauch“ wird die Verwendung einer Schrift bei einer öffentlichen Behörde, einem Gericht, einem Amt oder einer öffentlichen Kasse zu dem Zwecke, zu dem sie ausgestellt ist, verstanden, gleichgültig, ob sie in Urschrift oder in Abschrift beigebracht wird.

(2) Die Veranlassung einer amtlichen einfachen oder vidimierten Abschrift oder die Vidimierung einer von der Partei selbst verfaßten Abschrift oder die Überreichung einer Schrift zur amtlichen

Aufbewahrung ist kein amtlicher Gebrauch im Sinne des Abs. 1.

**§ 9.** (1) Wird eine feste Gebühr, die nicht vorschriftsmäßig entrichtet wurde, mit Bescheid festgesetzt, so ist eine Gebührenerhöhung im Ausmaß von 50 vH der verkürzten Gebühr zu erheben.

(2) Das Finanzamt Österreich kann zur Sicherung der Einhaltung der Gebührenvorschriften bei nicht ordnungsgemäßer Entrichtung oder nicht ordnungsgemäßer Gebührenanzeige bei den im Abs. 1 genannten Gebühren zusätzlich eine Erhöhung bis zu 50 vH, bei den anderen Gebühren, mit Ausnahme der Wettgebühren nach § 33 TP 17 Abs. 1 Z 1, eine Erhöhung bis zum Ausmaß der verkürzten (gesetzmäßigen) Gebühr erheben. Bei Festsetzung dieser Gebührenerhöhung ist insbesondere zu berücksichtigen, inwieweit dem Gebührenschuldner bei Beachtung dieses Bundesgesetzes das Erkennen der Gebührenpflicht einer Schrift oder eines Rechtsgeschäftes zugemutet werden konnte, ob eine Gebührenanzeige geringfügig oder beträchtlich verspätet erstattet wurde sowie, ob eine Verletzung der Gebührenbestimmungen erstmalig oder wiederholt erfolgt ist.

*(BGBl I 2019/104, BGBl I 2020/99)*

### II. Abschnitt
### Feste Stempelgebühren für Schriften und Amtshandlungen

**§ 10.** Unter Schriften im Sinne des § 1 sind die in den Tarifbestimmungen (§ 14) angeführten Eingaben und Beilagen, amtlichen Ausfertigungen, Protokolle, Rechnungen und Zeugnisse zu verstehen.

**§ 11.** (1) Die Gebührenschuld entsteht

1. bei Ansuchen um Erteilung oder Neuausstellung eines Aufenthaltstitels sowie bei den im § 14 Tarifpost 10 Abs. 1 Z 1 bis 9 angeführten Schriften in Patent-, Gebrauchsmuster-, Marken- und Musterangelegenheiten mit Überreichung, bei den übrigen Eingaben sowie bei Beilagen und Protokollen gemäß § 14 Tarifpost 7 Abs. 1 Z 1 und 2 in dem Zeitpunkt, in dem die das Verfahren in einer Instanz schriftlich ergehende abschließende Erledigung über die in der Eingabe enthaltenen Anbringen zugestellt wird;

   *(BGBl I 2019/103, BGBl I 2021/3)*
2. bei amtlichen Ausfertigungen mit deren Hinausgabe (Aushändigung, Übersendung);
3. bei Amtshandlungen mit deren Beginn;
4. bei Protokollen gemäß § 14 Tarifpost 7 Abs. 1 Z 4 bis 6 im Zeitpunkt der Unterzeichnung;
5. bei Zeugnissen im Zeitpunkt der Unterzeichnung oder der Hinausgabe; bei den im Ausland ausgestellten Zeugnissen, sobald von ihnen im Inland ein amtlicher Gebrauch gemacht wird;
6. bei Unterschriftsbeglaubigungen im Zeitpunkt der Unterzeichnung durch die Urkundsperson; bei Unterschriftsbeglaubigungen durch vergleichbare ausländische Urkundspersonen, sobald von der Beglaubigung im Inland ein amtlicher Gebrauch gemacht wird.

(2) Automationsunterstützt oder in jeder anderen technisch möglichen Weise eingebrachte Eingaben und Beilagen sowie auf die Weise ergehende Erledigungen, amtliche Ausfertigungen, Protokolle und Zeugnisse stehen schriftlichen Eingaben und Beilagen, Erledigungen, amtlichen Ausfertigungen, Protokollen und Zeugnissen gleich.

(3) Für Eingaben und Beilagen, die auf elektronischem Weg unter Inanspruchnahme der Funktion Bürgerkarte (§§ 4 ff E-GovG) eingebracht werden, ermäßigen sich die in den Tarifposten 5 Abs. 1 und 6 Abs. 1 und 2 des § 14 angeführten Beträge

- von 3,90 Euro ........................ auf 2,30 Euro,
- von 14,30 Euro ...................... auf 8,60 Euro,
- von 21,80 Euro ...................... auf 13,10 Euro,
- von 47,30 Euro ...................... auf 28,40 Euro.

*(BGBl I 2015/163)*

**§ 12.** (1) Werden in einer Eingabe mehrere Ansuchen gestellt, so ist für jedes Ansuchen die Eingabengebühr zu entrichten.

(2) Werden in einer amtlichen Ausfertigung mehrere Bewilligungen (Berechtigungen, Bescheinigungen) erteilt, so ist für jede die Stempelgebühr zu entrichten.

**§ 13.** (1) Zur Entrichtung der Stempelgebühren sind verpflichtet:

1. Bei Eingaben, deren Beilagen und den die Eingaben vertretenden Protokollen sowie sonstigen gebührenpflichtigen Protokollen derjenige, in dessen Interesse die Eingabe eingebracht oder das Protokoll verfaßt wird;
2. bei amtlichen Ausfertigungen und Zeugnissen derjenige, für den oder in dessen Interesse diese ausgestellt werden;
3. bei Amtshandlungen derjenige, in dessen Interesse die Amtshandlung erfolgt;

(2) Trifft die Verpflichtung zur Entrichtung der Stempelgebühr zwei oder mehrere Personen, so sind sie zur ungeteilten Hand verpflichtet.

(3) Mit den im Abs. 1 genannten Personen ist zur Entrichtung der Stempelgebühren zur ungeteilten Hand verpflichtet, wer im Namen eines anderen eine Eingabe oder Beilage überreicht oder eine gebührenpflichtige amtliche Ausfertigung oder ein Protokoll oder eine Amtshandlung veranlaßt.

(4) Der Gebührenschuldner hat die Gebühren des § 14 Tarifpost 7 Abs. 1 Z 4 bis 6 und Tarifpost 13 an die Urkundsperson (§ 3 Abs. 5), bei den übrigen Schriften und Amtshandlungen an die Behörde, bei der die gebührenpflichtige Schrift anfällt oder von der die gebührenpflichtige Amtshandlung vorgenommen wird, zu entrichten. Die Urkundsperson oder die Behörde haben auf der gebührenpflichtigen Schrift einen Vermerk über die Höhe der entrichteten oder zu entrichtenden Gebühr anzubringen. **„Ist die Anbringung des Vermerkes auf der Schrift selbst nicht möglich, muss die Gebührenentrichtung aus dem Verwaltungsakt nachvollziehbar sein.“** Verbleibt die

gebührenpflichtige Schrift nicht im Verwaltungsakt, hat der Vermerk außerdem die Bezeichnung der Behörde oder der Urkundsperson sowie das Datum, an dem diese den Vermerk angebracht hat, zu enthalten. Für die Urkundsperson sind hinsichtlich der Gebühren des § 14 Tarifpost 7 Abs. 1 Z 4 bis 6 und Tarifpost 13 die Vorschriften des § 34 Abs. 1 sinngemäß anzuwenden.

*(BGBl I 2022/108 ab 20.7.2022)*

**§ 14.** Tarife der festen Stempelgebühren für Schriften und Amtshandlungen.

Tarifpost

**1 Abschriften**

(1)

1. Amtliche Abschriften, wenn sie von anderen Behörden als Gerichten ausgestellt und beglaubigt werden, von jedem Bogen feste Gebühr ........................................ 14,30 Euro,
2. nichtamtliche Abschriften, von den Parteien selbst verfasste, wenn sie von anderen Behörden als Gerichten beglaubigt werden, von jedem Bogen feste Gebühr ........... 7,20 Euro.

(2) Werden auf einem Bogen die Abschriften mehrerer Urkunden (Schriften) und deren Beilagen vereint und beglaubigt, so ist die Gebühr für jede Abschrift gesondert zu entrichten.

(3) und (4) (aufgehoben)

**2 Amtliche Ausfertigungen**

(1)

| | | vom ersten Bogen feste Gebühr |
|---|---|---|
| 1. | Erteilung einer Befugnis oder Anerkennung einer Befähigung oder sonstigen gesetzlichen Voraussetzung zur Ausübung einer Erwerbstätigkeit, sofern nicht unten besonders angeführt .............................. | 83,60 Euro, |
| 2. | Ernennung zum Notare, Handelsmakler, Zulassung als Steuerberater oder Wirtschaftsprüfer, Eintragung als Rechtsanwalt oder Patentanwalt........................................ | 285,90 Euro, |
| 3. | Verleihung der österreichischen Staatsbürgerschaft | |
| | a) in den Fällen des § 10 StbG, soweit es sich nicht um solche des § 10 Abs. 4 StbG handelt,..... | 1 115,30 Euro, |
| | b) in den Fällen der §§ 10 Abs. 4, 11a Abs. 2, 11b oder 12 Abs. 2 StbG ..... | 247,90 Euro, |
| | c) in den Fällen der §§ 12 Abs. 1 Z 3, 17 und 25 StbG ........................ | 247,90 Euro, |
| | d) in anderen als in lit. a bis c genannten Fällen........ | 867,40 Euro, |
| 4. | Bergführerbücher................. | 16,50 Euro, |
| 5. | Trägerlegitimationen............ | 14,30 Euro, |
| 6. | Ausstellung eines Leichenpasses .................................. | 83,60 Euro, |
| 7. | Bewilligung zur Enterdigung einer Leiche .......................... | 83,60 Euro, |
| 8. | Erteilung einer bergrechtlichen Suchbewilligung oder Verlängerung von deren Geltungsdauer, Erteilung einer bergrechtlichen Bewilligung zum Suchen und Erforschen nichtkohlenwasserstoffführender geologischer Strukturen | 382,60 Euro, |
| 9. | a) Verleihung einer Bergwerksberechtigung für ein Grubenmaß oder eine Überschar, Genehmigung der Übertragung einer Bergwerksberechtigung durch Rechtsgeschäft unter Lebenden | 95,60 Euro, |
| | b) Anerkennung eines bergrechtlichen Gewinnungsfeldes, Erteilung einer bergrechtlichen Speicherbewilligung oder Genehmigung der Übertragung einer Speicherbewilligung durch Rechtsgeschäft unter Lebenden.......................... | 797 Euro, |
| 10. | Bewilligung zur Änderung des Familiennamens oder des Vornamens............................. | 382,60 Euro. |

(2) Wird die unter Z 10 genannte Bewilligung mittels eines Bescheides gleichzeitig einer Mehrheit von Personen erteilt, für die sie nicht schon kraft gesetzlicher Bestimmung gilt, so ist die Gebühr so oftmals zu entrichten, als die Anzahl dieser Personen beträgt. Die Gebührenentrichtung obliegt allen Personen zur ungeteilten Hand, denen die Bewilligung erteilt wurde oder für die sie kraft gesetzlicher Bestimmung wirkt.

**3** (aufgehoben)

**4 Auszüge**

(1)

1. Auszüge aus Amtsschriften und amtlich verwahrten Privatschriften im allgemeinen wie amtliche Abschriften;
2. Auszüge, Abschriften aus Personenstandsbüchern, aus dem Partnerschaftsbuch, aus Registern, Matriken sowie Bescheinigungen über Geburten, Aufgebote, Trauungen, Eintragungen einer Partnerschaft und Sterbefälle von jedem Bogen feste Gebühr .... 7,20 Euro.

(2) Werden zwei oder mehrere Geburts-, Trauungs- oder Sterbefälle oder Fälle der Eintragung einer Partnerschaft in einer Ausfertigung bestätigt,

so ist die Gebühr von 7,20 Euro so oft zu entrichten, als Fälle bestätigt werden.

(3) Auszüge, Abschriften und Bescheinigungen gemäß Abs. 1 Z 2, die von gesetzlich anerkannten Kirchen oder Religionsgesellschaften ausgestellt werden, sind gebührenfrei.

(4) Auszüge, Abschriften und Bescheinigungen gemäß Abs. 1 Z 2, die für Zwecke der Verleihung oder der Erstreckung der Verleihung der österreichischen Staatsbürgerschaft ausgestellt werden, sind gebührenfrei; dies gilt auch für jene ausländischen Schriften, die in diesem Zusammenhang zum amtlichen Gebrauch vorgelegt werden.

(5) Auszüge aus dem Register der wirtschaftlichen Eigentümer, für die ein Nutzungsentgelt gemäß § 17 Wirtschaftliche Eigentümer Registergesetz (WiEReG), BGBl. I Nr. 136/2017, in der geltenden Fassung, zu entrichten ist, sind gebührenfrei.

*(BGBl I 2018/62)*

**5 Beilagen**

(1) Beilagen, das sind Schriften und Druckwerke aller Art, wenn sie einer gebührenpflichtigen Eingabe (einem Protokolle)[a] beigelegt werden, von jedem Bogen feste Gebühr .................. 3,90 Euro, jedoch nicht mehr als 21,80 Euro je Beilage.

*(BGBl I 2022/108 ab 1.1.2023)*

[a] Ab 1. Jänner 2023 statt „(einem Protokolle)": „(einem Protokoll)".

**„(1a) Beilagen, die auf elektronischem Wege einer gebührenpflichtigen Eingabe (einem Protokoll) beigelegt werden, je Beilage 3,90 Euro"**

*(BGBl I 2022/108 ab 20.7.2022)*

(2) Die Beilagengebühr entfällt, wenn eine Schrift bei einer früheren Verwendung als Beilage bereits vorschriftsmäßig gestempelt wurde oder für sie eine Gebühr nach einer anderen Bestimmung dieses Bundesgesetzes entrichtet wurde oder festzusetzen ist oder mit einem Vermerk gemäß § 13 Abs. 4 versehen ist.

(3) Von der Beilagengebühr sind befreit

1. Armutszeugnisse;
2. die in- und ausländischen öffentlichen Kreditpapiere, deren Kupons und Talons und die geldvertretenden Papiere;
3. Schriften und Druckwerke, die einem Ansuchen um Verleihung oder Erstreckung der Verleihung der österreichischen Staatsbürgerschaft oder einem Ansuchen um Erteilung oder Neuausstellung eines Aufenthaltstitels beigelegt werden.

*(BGBl I 2019/103)*

**6 Eingaben**

(1) Eingaben von Privatpersonen (natürlichen und juristischen Personen) an Organe der Gebietskörperschaften in Angelegenheiten ihres öffentlich-rechtlichen Wirkungskreises, die die Privatinteressen der Einschreiter betreffen, feste Gebühr ............................................ 14,30 Euro.

(2) Der erhöhten Eingabengebühr von 47,30 Euro unterliegen

1. Ansuchen um Erteilung einer Befugnis oder die Anerkennung einer Befähigung oder sonstigen gesetzlichen Voraussetzung zur Ausübung einer Erwerbstätigkeit;
2. Ansuchen um Ernennung zum Notar, Handelsmakler, um Zulassung als Steuerberater oder Wirtschaftsprüfer, um Eintragung als Patentanwalt;
3. (aufgehoben)
4. Ansuchen um Bewilligung, ausländische Orden anzunehmen und zu tragen, um Verleihung von Titeln und Auszeichnungen einschließlich jener für gewerbliche Unternehmungen;
5. Anmeldungen einer Sorte nach dem Sortenschutzgesetz, BGBl. Nr. 108/1993, in der jeweils geltenden Fassung.

(3) Der erhöhten Eingabengebühr

a) von 120 Euro, bei Kindern unter 6 Jahren von 75 Euro, unterliegen Ansuchen um Erteilung oder Neuausstellung eines Aufenthaltstitels. Der im Inland tätig werdenden Gebietskörperschaft steht je Ansuchen ein Pauschalbetrag von 15 Euro zu;

   *(BGBl I 2018/62, BGBl I 2019/103)*

b) von 125,60 Euro unterliegen Ansuchen um Verleihung oder Erstreckung der Verleihung der österreichischen Staatsbürgerschaft; bei Minderjährigen beträgt die Gebühr 68,50 Euro;

   *(BGBl I 2021/3)*

c) von 61,50 Euro **„ , bei Personen, die bei der Antragstellung das 16. Lebensjahr noch nicht vollendet haben, von 26,30 Euro,"** unterliegen Ansuchen um Erteilung oder Neuausstellung eines Aufenthaltstitels „Artikel 50 EUV". Erfolgt das Ansuchen um Erteilung oder Neuausstellung bei einer Behörde eines Landes oder einer Gemeinde, steht dieser Gebietskörperschaft je Ansuchen ein Pauschalbetrag in Höhe von 15 Euro zu. Die Erteilung oder Neuausstellung ist von den Verwaltungsabgaben des Bundes befreit.

   *(BGBl I 2021/3, BGBl I 2022/108 ab 1.1.2021)*

(4) Werden Eingaben in mehrfacher Ausfertigung überreicht, so unterliegen die zweite und jede weitere Gleichschrift nur der einfachen Eingabengebühr.

(5) Der Eingabengebühr unterliegen nicht

1. Eingaben an die Gerichte nach Maßgabe der folgenden Bestimmungen:
   a) Eingaben in Justizverwaltungsangelegenheiten sind nur dann von der Eingabengebühr befreit, wenn hiefür eine Justizverwaltungsgebühr vorgesehen ist;
   b) von der Befreiung ausgenommen sind Eingaben an die Verwaltungsgerichte der Länder, das Bundesverwaltungsgericht und das Bundesfinanzgericht im Sinne des Art. 129 B-VG; der Bundesminister für Finanzen wird ermächtigt,

für Eingaben einschließlich Beilagen an das Bundesverwaltungsgericht sowie an die Verwaltungsgerichte der Länder durch Verordnung Pauschalgebühren festzulegen, sowie den Zeitpunkt des Entstehens der Gebührenschuld und die Art der Entrichtung der Pauschalgebühren zu regeln;

2. Gesuche um Erteilung von Unterstützungen und sonstige Eingaben im öffentlichen Fürsorgewesen;
3. Gesuche um die Verleihung eines Stipendiums sowie Eingaben in Unterrichtsangelegenheiten (einschließlich Begründung und Beendigung des Schulverhältnisses) und in Prüfungsangelegenheiten öffentlicher oder mit dem Öffentlichkeitsrecht ausgestatteter Schulen, der Schulen im Sinne des Gesundheits- und Krankenpflegegesetzes, des Bundesgesetzes über die Regelung des medizinisch-technischen Fachdienstes und der Sanitätshilfsdienste, sowie der Akademien im Sinne des Bundesgesetzes über die Regelung der gehobenen medizinisch-technischen Dienste und der Hebammenakademien im Sinne des Hebammengesetzes, mit Ausnahme von Eingaben im Verfahren betreffend Eignungserklärung von Unterrichtsmitteln, Externistenprüfungen, Nostrifikation ausländischer Zeugnisse und Ersatzbestätigungen für verlorene Zeugnisse;
4. Eingaben an Verwaltungsbehörden, außer an das Zollamt Österreich in den Fällen der Z 4a, und an die Verwaltungsgerichte der Länder, das Bundesverwaltungsgericht und das Bundesfinanzgericht in Abgabensachen;

   *(BGBl I 2020/99)*

4a. Eingaben an das Zollamt Österreich und an das Bundesfinanzgericht in Angelegenheiten des Zollrechts oder der sonstigen Eingangs- oder Ausgangsabgaben;

   *(BGBl I 2020/99)*

5. Eingaben in konsularischen Angelegenheiten an österreichische Vertretungsbehörden im Ausland;
6. Eingaben (Ansuchen, Anträge) in Bewirtschaftungsangelegenheiten (zum Beispiel Ansuchen um Bezugscheine, Dringlichkeitsbescheinigungen, Kontingentscheine usw.);
7. Eingaben im Verwaltungsstrafverfahren;

   *(BGBl I 2021/3)*

8. (aufgehoben)
9. Eingaben um Befreiung von der Rundfunk-, Fernsehrundfunk- und Fernsprechgebühr sowie Eingaben, mit denen die Übertragung der Rundfunk- oder Fernsehrundfunkbewilligung auf eine andere Person am angegebenen Standort beantragt wird, die Übernahme der Bewilligung nach dem Tod des Bewilligungsinhabers oder die Verlegung des Standortes durch den Bewilligungsinhaber angezeigt oder der Verzicht auf die Bewilligung erklärt wird;
10. Ansuchen um Aufnahme in das öffentlich-rechtliche Dienstverhältnis und Eingaben öffentlich-rechtlich Bediensteter und ihrer Hinterbliebenen in Dienstrechtsangelegenheiten;
11. Eingaben im Studien- und Prüfungswesen der **„hochschulischen postsekundären Bildungseinrichtungen im Sinne des § 1 Abs. 1 des Hochschul-Qualitätssicherungsgesetzes, BGBl. I Nr. 74/2011,“** und der kirchlichen theologischen Lehranstalten (Art. V § 1 des Konkordates zwischen dem Heiligen Stuhle und der Republik Österreich, BGBl. II Nr. 2/1934), einschließlich der Eingaben an diese Einrichtungen im Bereich der Studienberechtigung;

    *(BGBl I 2022/108 ab 20.7.2022)*

12. Eingaben von Personen, die nicht durch berufsmäßige Parteienvertreter vertreten sind, um Anleitung zur Vornahme von Verfahrenshandlungen während eines Verfahrens;
13. Eingaben von Zeugen und Auskunftspersonen zur Erlangung der gesetzlich vorgesehenen Zeugengebühren;
14. Verlustanzeigen;
15. Anfragen um Bekanntgabe, welches Organ einer Gebietskörperschaft für eine bestimmte Angelegenheit zuständig ist;
16. Anfragen über Ausbildungsmöglichkeiten;
17. Eingaben, mit welchen in einem anhängigen Verfahren zu einer vorangegangenen Eingabe eine ergänzende Begründung erstattet, eine Erledigung urgiert oder eine Eingabe zurückgezogen wird;
18. Eingaben nach den landesgesetzlichen Vorschriften zur Förderung des Wohnbaues und der Wohnhaussanierung;
19. Eingaben in Angelegenheiten des Außenhandelsgesetzes und auf Grund einer auf Artikel 113 des Vertrages zur Gründung der Europäischen Gemeinschaft gestützten Verordnung im Bereich der handelspolitischen Maßnahmen;
20. Einwendungen und Stellungnahmen zur Wahrung der rechtlichen Interessen zu Vorhaben der Errichtung oder Inbetriebnahme von Bauwerken und Anlagen aller Art sowie im Verfahren zur Genehmigung solcher Vorhaben dies gilt nicht für Eingaben des Bewilligungswerbers;
21. Eingaben an die parlamentarischen Organe und Einrichtungen (die Präsidenten des Nationalrates, die Präsidenten des Bundesrates, die parlamentarischen Ausschüsse, die Ausschußobmänner sowie die Parlamentsdirektion);
22. Eingaben an gemäß § 40a KFG 1967, BGBl. Nr. 267, in der jeweils geltenden Fassung, eingerichtete Zulassungsstellen;

23. Anträge auf Bekanntgabe von Umweltdaten nach dem Umweltinformationsgesetz, BGBl. Nr. 495/1993, in der jeweils geltenden Fassung, und nach gleichartigen landesgesetzlichen Vorschriften;
24. Ansuchen um Ausstellung und Vornahme der in § 14 Tarifpost 8 Abs. 1 und Abs. 1a, Abs. 4a und Abs. 4b, Tarifpost 9 und Tarifpost 16 angeführten Schriften und Amtshandlungen;

    *(BGBl I 2019/103, BGBl I 2021/3)*
25. Anfragen über das Bestehen von Rechtsvorschriften oder deren Anwendung;
26. Eingaben um Ausstellung von Bescheinigungen und Genehmigungen in Angelegenheiten der Verordnung (EG) Nr. 939/97 der Kommission vom 26. Mai 1997 mit Durchführungsbestimmungen zur Verordnung (EG) Nr. 338/97 des Rates über den Schutz von Exemplaren wild lebender Tiere und Pflanzenarten durch Überwachung des Handels in der jeweils geltenden Fassung;
27. Eingaben um Ausstellung von Strafregisterbescheinigungen für ehrenamtliche Sanitäter gemäß § 14 Abs. 1 Z 1 Sanitätergesetz;
28. Eingaben um Ausstellung von Strafregisterbescheinigungen für freiwilliges Engagement im Rahmen von Freiwilligenorganisationen gemäß § 3 Abs. 1 Freiwilligengesetz;

    *(BGBl I 2021/3)*
29. Anträge, die im Zusammenhang mit dem Register der wirtschaftlichen Eigentümer gestellt werden, und diesbezügliche Rechtsmittelverfahren, wenn der Rechtszug an das Bundesfinanzgericht geht;

    *(BGBl I 2018/62, BGBl I 2021/3)*
30. Ansuchen um Austausch einer bis zum Ablauf des Übergangszeitraumes ausgestellten Bescheinigung des Daueraufenthaltes (§ 53a NAG), einer Daueraufenthaltskarte (§ 54a NAG) oder eines Aufenthaltstitels „Daueraufenthalt – EU“ (§ 45 NAG) gegen den Aufenthaltstitel „Artikel 50 EUV“. Der Bundesminister für Finanzen wird davon abweichend ermächtigt, mittels Verordnung Pauschalgebühren für das Ansuchen um Austausch eines gültigen Daueraufenthaltsdokumentes oder inländischen Einwanderungsdokumentes gegen ein neues Aufenthaltsdokument festzusetzen.

    *(BGBl I 2021/3)*

**7 Protokolle (Niederschriften)**

(1)

1. Protokolle, die an Stelle einer Eingabe errichtet werden, unterliegen der für die Eingabe, die sie vertreten, in der Tarifpost 6 festgesetzten Gebühr. Dies gilt nicht für Protokolle, die Eingaben an die Gerichte vertreten; in Justizverwaltungsangelegenheiten jedoch nur, wenn hiefür eine Justizverwaltungsgebühr vorgesehen ist
2. Befunde und Vernehmungen anläßlich der Erteilung eines amtlichen Zeugnisses oder einer amtlichen Bewilligung auf Einschreiten von Privatpersonen von jedem Bogen feste Gebühr ........................................ 14,30 Euro;
3. (aufgehoben)
4. Protokolle (Niederschriften) über
   a) eine Hauptversammlung einer Aktiengesellschaft vom ersten Bogen feste Gebühr ............................ 285,90 Euro,
   b) eine Versammlung der Gesellschafter einer Gesellschaft mit beschränkter Haftung vom ersten Bogen feste Gebühr .............................142,90 Euro.
5. Protokolle (Niederschriften) über Verlosungen oder Auslosungen von Wertpapieren vom ersten Bogen feste Gebühr .......107,80 Euro;
6. Protokolle über die Aufnahme eines Wechsel(Scheck)protestes, wenn sie vom Notar aufgenommen werden.................14,30 Euro.

(2) Protokolle (Niederschriften) nach Abs. 1 Z 4 lit. a und b, die ausschließlich die Anpassung der Satzungen oder der Gesellschaftsverträge an die Bestimmungen des 1. Euro-Justiz-Begleitgesetzes, BGBl. I Nr. 125/1998, zum Gegenstand haben, sind gebührenfrei.

(3) Protokolle und Niederschriften, die für Zwecke der Verleihung oder Erstreckung der Verleihung der österreichischen Staatsbürgerschaft errichtet werden, sind gebührenfrei.

**8 Einreise- und Aufenthaltstitel**

(1) Einbringung eines Antrages auf Erteilung eines Einreisetitels als Aufenthaltsvisum (Visum für den längerfristigen Aufenthalt, Visum D) für Personen über 6 Jahren ...........................150 Euro

(1a) Einbringung eines Antrages auf Erteilung eines Einreisetitels als Aufenthaltsvisum (Visum für den längerfristigen Aufenthalt, Visum D) für Kinder unter 6 Jahren................................75 Euro

(2)

1. Gebührenfrei ist die Einbringung eines Antrages auf Erteilung eines Visums für:
   a) Forscher aus Drittstaaten, die sich im Sinne der Empfehlung 2005/761/EG, ABl. Nr. L 289 vom 03.11.2005 S. 23, zu Forschungszwecken innerhalb der Gemeinschaft bewegen,
   b) begünstigte Drittstaatsangehörige im Sinne des § 2 Abs. 4 Z 11 des Fremdenpolizeigesetzes 2005 (FPG);
2. die Einbringung eines Antrages auf Erteilung eines Einreisetitels gemäß Abs. 1 und 1a, wenn diese der Wahrung kultureller, außenpolitischer, entwicklungspolitischer, humanitärer oder sonstiger erheblicher öffentlicher Interessen dienen oder dafür eine völkerrechtliche Verpflichtung besteht, sowie Diplomatenvisa und Dienstvisa, sofern Gegenseitigkeit besteht, sind von den Gebühren befreit.

(3) Die Gebührenschuld für den Antrag auf Erteilung eines Einreisetitels gemäß Abs. 1 und

1a entsteht mit der Überreichung des Antrages. Gebührenschuldner ist derjenige, für den oder in dessen Interesse der Antrag gestellt wird.

(4) Erteilung, Ausfolgung und Neuausstellung eines Aufenthaltstitels durch eine Behörde mit dem Sitz im Inland

1. auf Antrag
   a) befristeter Aufenthaltstitel (§ 8 Abs. 1 Z 1 bis 6, 8 bis 12 NAG) ......... 20 Euro,
      bei Kindern unter 6 Jahren .... 50 Euro,
   b) unbefristeter Aufenthaltstitel (§ 8 Abs. 1 Z 7 NAG) ............................... 70 Euro,
      bei Kindern unter 6 Jahren .. 100 Euro,
2. von Amts wegen 140 Euro.

(4a) Ausstellung

1. einer Anmeldebescheinigung (§ 9 Abs. 1 Z 1 NAG) oder einer Bescheinigung des Daueraufenthalts (§ 9 Abs. 2 Z 1 NAG)... 15 Euro,
2. einer Daueraufenthaltskarte (§ 9 Abs. 2 Z 2 NAG) oder einer Aufenthaltskarte für Angehörige eines EWR-Bürgers (§ 9 Abs. 1 Z 2 NAG) .............................................. 56 Euro.

(4b) Abnahme der erforderlichen erkennungsdienstlichen Daten bei Antragstellung oder Erteilung von Amts wegen ausgenommen in Verfahren zur Erteilung oder Neuausstellung eines Aufenthaltstitels „Artikel 50 EUV“.................. 20 Euro.

Erfolgt die Abnahme dieser Daten durch eine Behörde eines Landes oder einer Gemeinde, steht dieser Gebietskörperschaft der Betrag zur Gänze zu.

*(BGBl I 2021/3)*

(4c) Ausstellung

1. einer Karte für Geduldete (§ 46a FPG) ............................... 26,30 Euro,
2. einer Identitätskarte für Fremde (§ 94a FPG) .................................. 56 Euro,
3. eines Lichtbildausweises für EWR-Bürger (§ 9 Abs. 3 NAG)........................... 56 Euro.

(5) Die Erteilung und Neuausstellung von Aufenthaltstiteln gemäß Abs. 4, die Dokumentationen des unionsrechtlichen Aufenthaltsrechts gemäß Abs. 4a und Schriften gemäß Abs. 4c sind von den Verwaltungsabgaben des Bundes befreit.

(6) Hinsichtlich des Entstehens der Gebührenschuld und des Gebührenschuldners bei Aufenthaltstiteln gemäß Abs. 4, bei Dokumentationen des unionsrechtlichen Aufenthaltsrechts gemäß Abs. 4a sowie bei Schriften gemäß Abs. 4c gilt der Abs. 3 sinngemäß. Erfolgt die Ausfolgung eines Aufenthaltstitels gemäß Abs. 4, einer Dokumentation des unionsrechtlichen Aufenthaltsrechts gemäß Abs. 4a oder einer Schrift gemäß Abs. 4c durch eine Behörde eines Landes **„oder einer Gemeinde“**, steht dieser Gebietskörperschaft je erteiltem Dokument ein Pauschalbetrag zu. Der Pauschalbetrag beträgt im Falle des Abs. 4 Z 1 lit. a 20 Euro, im Falle des Abs. 4 Z 1 lit. b und Z 2 35 Euro je erteiltem Aufenthaltstitel, im Falle des Abs. 4a Z 1 3 Euro und im Falle des Abs. 4a Z 2 35 Euro je ausgestellter Dokumentation des unionsrechtlichen Aufenthaltsrechts. Im Falle des Abs. 4c Z 1 steht der Gebietskörperschaft der gesamte Betrag, im Falle des Abs. 4c Z 2 und 3 der Betrag von 35 Euro zu. Bei Abnahme der Daten nach Abs. 4b sind für das Entstehen der Gebührenschuld § 11 Abs. 1 Z 3 und für die Person des Gebührenschuldners § 13 Abs. 1 Z 3 anzuwenden. Die Behörde darf **„auf Antrag erteilte Aufenthaltstitel (Abs. 4 Z 1)“**, Dokumentationen des unionsrechtlichen Aufenthaltsrechts (Abs. 4a) sowie Schriften gemäß Abs. 4c nur nach erfolgter Entrichtung der Gebühr aushändigen.

GebG

*(BGBl I 2018/62, BGBl I 2022/108 ab 20.7.2022)*

**9 Reisedokumente**

(1) Reisepässe

1. gewöhnlicher Reisepass, Fremdenpass, Konventionsreisepass .........................75,90 Euro
2. Reisepass gemäß § 17 Abs. 2 erster Satz Passgesetz............................................ 100 Euro
2a. Reisepass gemäß § 17 Abs. 2 zweiter Satz Passgesetz...................................... 220 Euro
3. Reisepass gemäß § 8 Abs. 5 Passgesetz........................................ 30 Euro
4. Reisepass gemäß § 8 Abs. 5 in Verbindung mit § 17 Abs. 2 erster Satz Passgesetz....................................... 45 Euro
4a. Reisepass gemäß § 8 Abs. 5 in Verbindung mit § 17 Abs. 2 zweiter Satz Passgesetz.......................................165 Euro
5. Erweiterung des Geltungsbereiches 66 Euro
6. (aufgehoben)
7. sonstige über Antrag erfolgte Änderungen oder Ergänzungen, ohne Rücksicht auf deren Anzahl ........................................ 28,50 Euro
8. Ausstellung eines Identitätsausweises....................................61,50 Euro

(2) Passersätze

1. Personalausweis ..........................61,50 Euro,
1a. Personalausweis für eine Person, die bei der Antragstellung das 16. Lebensjahr noch nicht vollendet hat ............................... 26,30 Euro
2. sonstiger Passersatz (zB Grenzkarte, Ausflugsschein)
   a) Bewilligung zum einmaligen Grenzübertritt................................1,10 Euro,
   b) Bewilligung zum mehrmaligen Grenzübertritt
      – bei einer Gültigkeitsdauer bis zu einem halben Jahr ....... 2,30 Euro,
      – bei einer Gültigkeitsdauer von mehr als einem halben Jahr ............................. 3,50 Euro,
   c) Bewilligung zum mehrmaligen Grenzübertritt im Ausflugsverkehr für mehrere Personen (Sammelausflugsschein) je Person.................................. 2 Euro.

(3) Die Ausstellung der in den Abs. 1 und 2 angeführten Schriften und die Vornahme der darin angeführten Amtshandlungen sind von den Verwaltungsabgaben des Bundes befreit.

(4) Die Gebührenschuld entsteht mit der Hinausgabe (Aushändigung) des Reisedokumentes durch die Behörde. Gebührenschuldner ist derjenige, für den oder in dessen Interesse das Reisedokument ausgestellt wird. Der Gebührenschuldner hat bei Überreichung des Antrages auf Ausstellung des Reisedokumentes eine Vorauszahlung in Höhe der voraussichtlichen Gebühr zu entrichten. Die Vorauszahlung ist auf Antrag zu erstatten, wenn keine Gebührenschuld entsteht. § 241 Abs. 2 und 3 BAO gelten sinngemäß. Die Behörde darf das Reisedokument nur nach erfolgter Entrichtung der Gebühr aushändigen.

(5) Erfolgt die Ausstellung des Reisedokumentes durch eine Behörde eines Landes oder einer Gemeinde, steht dieser Gebietskörperschaft je Reisedokument ein Pauschalbetrag zu.

1. Der Pauschalbetrag beträgt, wenn der Antrag vor dem 2. August 2021 gestellt wird, in den Fällen
   – des Abs. 1 Z 1 ...................... 53,03 Euro
   – des Abs. 1 Z 2 .......................... 79 Euro
   – des Abs. 1 Z 2a ...................... 199 Euro
   – des Abs. 1 Z 5 .................... 34,50 Euro
   – des Abs. 1 Z 8 .................... 30,50 Euro
   – des Abs. 2 Z 1 .......................... 35 Euro
2. Abweichend von Z 1 beträgt der Pauschalbetrag, wenn der Antrag nach dem 1. August 2021 gestellt wird, in den Fällen
   – des Abs. 1 Z 1 ..................... 53,03 Euro,
   – des Abs. 1 Z 2 ......................... 79 Euro,
   – des Abs. 1 Z 2a ..................... 199 Euro,
   – des Abs. 1 Z 5 ................... 34,50 Euro,
   – des Abs. 1 Z 8 ................... 30,50 Euro,
   – des Abs. 2 Z 1 ..................... 40,13 Euro.

   In den Fällen des Abs. 1 Z 1, 2 und 2a erhöht sich der Pauschalbetrag um 0,84 Euro, wenn der Reisepass mit einem zusätzlichen Sekundärlichtbild in der Personaldatenseite ausgestattet ist.
3. Abweichend von Z 1 und Z 2 beträgt der Pauschalbetrag, wenn der Antrag ab dem 1. Juli 2023 gestellt wird, in den Fällen
   – des Abs. 1 Z 1 ..................... 59,10 Euro,
   – des Abs. 1 Z 2 .................. 85,07 Euro,
   – des Abs. 1 Z 2a ................ 205,07 Euro,
   – des Abs. 1 Z 5 ................... 34,50 Euro,
   – des Abs. 1 Z 8 ................... 30,50 Euro,
   – des Abs. 2 Z 1 ..................... 40,13 Euro.

   Wird das Datum des 1. Juli 2023 gemäß § 25 Abs. 21 erster Satz Passgesetz 1992, in der Fassung BGBl. I Nr. 123/2021, durch eine Verordnung des Bundesministers für Inneres gemäß § 25 Abs. 21 zweiter Satz Passgesetz 1992, in der Fassung BGBl. I Nr. 123/2021, verschoben, sind die Pauschalbeträge für Anträge, die ab dem durch die Verordnung festgesetzten Zeitpunkt gestellt werden, anzuwenden.
4. In den Fällen des Abs. 1 Z 3, 4 und 4a sowie des Abs. 2 Z 1a und 2 steht der Gebietskörperschaft der gesamte Betrag zu.

*(BGBl I 2021/123)*

**10 Schriften in Patent-, Gebrauchsmuster-, Marken- und Musterangelegenheiten**

(1)

1. Anmeldungen von Patenten, Gebrauchsmustern, Schutzzertifikaten oder Halbleiterschutzrechten, Schutzzertifikatsverlängerungen, Anträge auf Recherchen und Gutachten, Einsprüche oder Widersprüche, je Antrag.......................................... 50 Euro
2. Anmeldungen oder Warenerweiterungen von Marken, je Antrag............................ 30 Euro
3. Anmeldungen von Mustern, je Antrag.......................................... 20 Euro
4. (aufgehoben)
5. Anträge zur Einleitung von Verfahren vor der Nichtigkeitsabteilung, je Antrag ... 230 Euro
6. (aufgehoben)
7. Anträge auf Änderung des Namens oder der Firma des Anmelders oder Rechtsinhabers, Anträge auf Änderung des Anmelders oder Rechtsinhabers, auf Eintragung oder Löschung einer Lizenz oder Lizenzübertragung, eines Pfandrechtes oder eines sonstigen, insbesondere dinglichen Rechtes, sowie Anträge auf Wiedereinsetzung in den vorigen Stand, je Antrag.......................................... 40 Euro
8. Anträge auf Eintragung einer Streitanmerkung, je Antrag ............................... 15 Euro
9. Anträge auf Veröffentlichung oder Berichtigung von Übersetzungen europäischer Patentschriften, je Antrag......................... 30 Euro
10. Registerauszüge, je Auszug............ 23 Euro
11. Prioritätsbelege, je Beleg................. 75 Euro.

(2) Wird vom Patentamt zur Geltendmachung von Prioritätsrechten in anderen Ländern gleichzeitig die Herstellung mehrerer Abschriften (Prioritätsbelege) von Patentanmeldungen oder Gebrauchsmusteranmeldungen begehrt, so ist die Gebühr nur für eine Abschrift (Prioritätsbeleg) zu entrichten; auf der zweiten und jeder weiteren Abschrift ist vom Patentamt ein Vermerk über die Gebührenfreiheit nach dieser Bestimmung anzubringen.

(3) Eingaben gemäß Abs. 1 Z 1 bis 9 und Eingaben um Ausstellung der in Abs. 1 Z 10 und 11 angeführten Schriften sind von der Gebührenpflicht des § 14 Tarifpost 6 Abs. 1 befreit. Beilagen, die einer gemäß Abs. 1 gebührenpflichtigen Eingabe oder Niederschrift beigelegt oder zu dieser nachgereicht werden, sind von der Gebührenpflicht des § 14 Tarifpost 5 befreit. Registerauszüge gemäß Abs. 1 Z 10 sind von der Gebührenpflicht des § 14 Tarifpost 4 Abs. 1 Z 2 und Abschriften von der Gebührenpflicht des § 14 Tarifpost 1 befreit.

**11 Waffendokumente**

(1) Waffenbesitzkarte

1. Ausstellung einer Waffenbesitzkarte ~~(§ 21 Abs. 1 WaffG)~~ ............................ 74,40 Euro
   a) sofern der Besitz von mehr als zwei Schusswaffen erlaubt wird ~~(§ 23 Abs. 2 WaffG)~~, zusätzlich ................. 43 Euro
   b) sofern dadurch eine Ausnahme vom Verbot des § 17 Abs. 1 oder 2 bewilligt wird ~~(§ 17 Abs. 3 WaffG)~~, zusätzlich ................................ 43 Euro

(2) Waffenpass

1. Ausstellung eines Waffenpasses ~~(§ 21 Abs. 2 WaffG)~~ ....................................... 118,40 Euro
   a) sofern der Besitz von mehr als zwei Schusswaffen erlaubt wird ~~(§ 23 Abs. 2 WaffG)~~, zusätzlich ................. 87 Euro
   b) sofern dadurch eine Ausnahme vom Verbot des § 17 Abs. 1 oder 2 WaffG bewilligt wird ~~(§ 17 Abs. 3 WaffG)~~, zusätzlich .................................... 87 Euro
2. Ausstellung eines Waffenpasses für Schusswaffen der Kategorie C oder D ~~(§ 35 Abs. 3 WaffG)~~ ....................................... 118,40 Euro

(3) Der Antrag auf Ausstellung eines Waffendokumentes ist von der Gebührenpflicht des § 14 Tarifpost 6 befreit. Die Ausstellung der in Abs. 1 und 2 genannten Waffendokumente und die Vornahme der darin angeführten Amtshandlungen sind von den Verwaltungsabgaben des Bundes befreit.

(4) Die Gebührenschuld entsteht mit der Hinausgabe (Aushändigung) des Waffendokuments durch die Behörde. Gebührenschuldner ist derjenige, für den das Waffendokument ausgestellt wird. Der Gebührenschuldner hat bei Stellung des Antrags auf Ausstellung eines Waffendokuments eine Vorauszahlung in Höhe der voraussichtlichen Gebühr zu entrichten. Die Vorauszahlung ist auf Antrag zu erstatten, wenn keine Gebührenschuld entsteht. § 241 Abs. 2 und 3 BAO gelten sinngemäß. Die Behörde darf das Waffendokument nur nach erfolgter Entrichtung der Gebühr aushändigen.

(5) Erfolgt die Ausstellung eines Waffendokuments durch eine Behörde des Landes, steht dieser Gebietskörperschaft je Waffendokument ein Pauschalbetrag zu. Dieser beträgt in den Fällen

– des Abs. 1 Z 1 ............................ 56,20 Euro
– des Abs. 1 Z 1 lit. a und b ........... 99,20 Euro
– des Abs. 2 Z 1 und 2 ................. 100,20 Euro
– des Abs. 2 Z 1 lit. a und b ......... 187,20 Euro.

*(BGBl I 2022/108 ab 20.7.2022)*

**„12 Ausländerbeschäftigungsverfahren[a)]**

**(1) Antragsgebühr**

**1. Ansuchen um Ausstellung der in Abs. 2 Z 1 angeführten Schrift ...................... 26 Euro**
**2. Ansuchen um Ausstellung der in Abs. 2 Z 2 bis Z 9 angeführten Schriften ...... 20 Euro**
**3. Ansuchen um Registrierung als Stammsaisonier gemäß § 5 Abs. 6a des Ausländerbeschäftigungsgesetzes (AuslBG), BGBl. Nr. 218/1975 .......................................... 20 Euro**

**(2) Erledigungsgebühr**

**1. Ausstellung einer Entsendebestätigung gemäß § 18 Abs. 12 AuslBG ........... 8 Euro**
**2. Ausstellung einer Sicherungsbescheinigung gemäß § 11 AuslBG ........................ 14 Euro**
**3. Ausstellung einer Entsendebewilligung gemäß § 18 Abs. 1 AuslBG ........... 12 Euro**
**4. Ausstellung einer Beschäftigungsbewilligung gemäß §§ 4 und 5 AuslBG ... 12 Euro**
**5. Ausstellung einer Bestätigung gemäß § 3 Abs. 8 AuslBG ................................ 20 Euro**
**6. Schriftliche Feststellung gemäß § 2 Abs. 4 AuslBG, dass ein wesentlicher Einfluss auf die Geschäftsführung der Gesellschaft durch den Gesellschafter tatsächlich persönlich ausgeübt wird ...................... 6 Euro**
**7. Ausstellung einer Anzeigebestätigung für Au-Pair-Kräfte gemäß § 1 Z 10 der Ausländerbeschäftigungsverordnung, BGBl. Nr. 609/1990, in der Fassung der Verordnung BGBl. II Nr. 263/2019 ................... 12 Euro**
**8. Ausstellung einer Anzeigebestätigung gemäß § 3 Abs. 5 AuslBG für Ausländer, die als Volontäre, Ferial- oder Berufspraktikanten oder Praktikanten beschäftigt werden ............................................ 12 Euro**
**9. Ausstellung einer Anzeigebestätigung gemäß § 18 Abs. 3 AuslBG für Ausländer, die eine Schulungs- bzw. Aus- und Weiterbildungsmaßnahme absolvieren ....... 12 Euro**
**10. Ausstellung einer Bestätigung über die Registrierung als Stammsaisonier gemäß § 5 Abs. 6a AuslBG ....................... 15 Euro**
**11. Von Amts wegen ausgestellte Beschäftigungsbewilligung gemäß § 4c Abs. 1 AuslBG ............................................ 7 Euro**
**12. Von Amts wegen ausgestellter Befreiungsschein gemäß § 4c Abs. 2 AuslBG ........................................................ 90 Euro**
**13. Von Amts wegen ausgestellte Beschäftigungsbewilligung gemäß § 19 Abs. 7 AuslBG ............................................ 7 Euro**

**(3) Die Gebührenschuld für Anträge gemäß Abs. 1 entsteht mit Zustellung der das Verfahren in einer Instanz abschließenden schriftlichen Erledigung. Die Gebührenschuld für die Ausstellung der Schriften gemäß Abs. 2 entsteht mit deren Hinausgabe.**

**(4) Gebührenschuldner ist in den Fällen des Abs. 1 derjenige, in dessen Interesse der Antrag gestellt wird. Gebührenschuldner ist in den Fällen des Abs. 2 derjenige, für den oder in dessen Interesse die Erledigung ausgestellt wird.**

**(5) Anträge gemäß Abs. 1 sind von der Gebührenpflicht des § 14 Tarifpost 6 befreit. Schriften gemäß Abs. 2 sind von der Gebührenpflicht des § 14 Tarifpost 2 und 14 befreit.**

**(6) Die Ausstellung der in Abs. 2 angeführten**

GebG

**Schriften und die in diesen Verfahren vorgenommenen Amtshandlungen sowie die Vornahme der in Abs. 2 angeführten Amtshandlungen sind von den Verwaltungsabgaben des Bundes befreit.“**

*(BGBl I 2022/108 ab 1.10.2022)*

a) Tritt mit 1. Oktober 2022 in Kraft.

**13 Unterschriftsbeglaubigungen**

Beurkundung der Echtheit von Unterschriften oder von Handzeichen durch Notare oder andere zur Beurkundung befugte Personen (Urkundspersonen) sowie durch vergleichbare ausländische Urkundspersonen, sofern die die Beglaubigung enthaltende Schrift geeignet ist, die Echtheit der Unterschriften oder Handzeichen nicht nur gegenüber einer bestimmten Behörde oder einem bestimmten Gericht zu bekunden, von jedem Bogen feste Gebühr ........................................14,30 Euro.

**14 Zeugnisse**

(1) Amtliche Zeugnisse, das sind Schriften, die von Organen der Gebietskörperschaften oder von ausländischen Behörden oder Gerichten ausgestellt werden und durch die persönliche Eigenschaften oder Fähigkeiten oder tatsächliche Umstände bekundet werden, von jedem Bogen feste Gebühr ........................................14,30 Euro.

(2) Der Gebühr unterliegen nicht

1. Armutszeugnisse, auch als Beilagen stempelpflichtiger Eingaben und Protokolle;
2. Zeugnisse, die im öffentlichen Fürsorgewesen beizubringen sind;
3. Impfzeugnisse;
4. Zeugnisse in Unterrichtsangelegenheiten von öffentlichen oder mit dem Öffentlichkeitsrecht ausgestatteten Schulen, von Schulen im Sinne des Gesundheits- und Krankenpflegegesetzes, des Bundesgesetzes über die Regelung des medizinisch-technischen Fachdienstes und der Sanitätshilfsdienste, sowie der Akademien im Sinne des Bundesgesetzes über die Regelung der gehobenen medizinisch-technischen Dienste und der Hebammenakademien im Sinne des Hebammengesetzes, mit Ausnahme der Zeugnisse über Externistenprüfungen;
5. Zeugnisse zur Rechtfertigung des Fernbleibens der Schüler vom Unterricht in diesen Schulen;
6. Zeugnisse in Studienangelegenheiten im Bereich der **„hochschulischen postsekundären Bildungseinrichtungen im Sinne des § 1 Abs. 1 des Hochschul-Qualitätssicherungsgesetzes, BGBl. I Nr. 74/2011,“** und der kirchlichen theologischen Lehranstalten (Art. V § 1 des Konkordates zwischen dem Heiligen Stuhle und der Republik Österreich, BGBl. II Nr. 2/1934), einschließlich der Zeugnisse dieser Einrichtungen im Rahmen der Studienberechtigung;
*(BGBl I 2022/108 ab 20.7.2022)*
7. Zeugnisse über die Anmeldung des Übertrittes von einem Glaubensbekenntnisse zu einem anderen;
8. Zeugnisse, die aus Sanitätsrücksichten von einer öffentlichen Behörde oder einem Amte gefordert werden;
9. Zeugnisse zum Nachweise der Voraussetzungen für den Bezug eines Unterhaltsbeitrages von einer Gebietskörperschaft, einer öffentlichen Anstalt, einem Privatpensionsinstitut, einer Versorgungsanstalt;
10. Zeugnisse über die erfüllte Verbindlichkeit zur Lesung von Messen, behufs der Erfolglassung des darüber gewidmeten Betrages oder der dafür gestifteten Rente;
11. Zeugnisse, durch die eine in öffentlichen Angelegenheiten zu legende Rechnung belegt werden muß;
12. Klauseln, die auf Grund besonderer Rechtsvorschriften einzelnen Urkunden der Kontrolle wegen oder zur Beglaubigung amtlich beigefügt werden müssen;
13. Zeugnisse über vertragsmäßige Leistungen an Gebietskörperschaften oder öffentliche Anstalten über die Qualität dieser Leistungen oder die Einhaltung der Vertragsbedingungen, damit die Unternehmer zur Befriedigung ihrer Forderung gelangen können;
14. Waagzettel, solange davon kein amtlicher Gebrauch durch Verwendung als Beilage gemacht wird;
15. Auszüge aus Tauf-, Geburts-, Trauungs- und Sterberegistern und aus dem Partnerschaftsbuch, dann Zeugnisse über Geburts-, Trauungs-, Todesfälle und Fälle der Eintragung einer Partnerschaft um die im diplomatischen Wege von auswärtigen Behörden entweder durch die österreichischen Gesandtschaften im Ausland oder durch die fremden, hierlands anwesenden Gesandten angesucht wird, bei reziprokem Verfahren, solange sie im Ausland verwendet werden;
16. Abstammungspapiere, die im Interesse der Landestierzucht für Zuchttiere zu erbringen sind;
17. Zeugnisse der Reisenden in Bergführerbüchern und in Trägerlegitimationen;
18. Ursprungszeugnisse sowie auf Handelsrechnungen angebrachte Vidierungsvermerke, die von in- oder ausländischen Einfuhrbehörden bei der Eingangsabfertigung von Waren verlangt werden;
19. Bestätigungen zum Nachweis, daß im Zollverfahren eine Gesamtsicherheit oder eine Befreiung von der Sicherheitsleistung bewilligt worden ist;
20. An- und Abmeldevermerke, die von den Meldebehörden anläßlich der An- oder Abmeldung auf den Meldezetteln angebracht werden;
21. Kursbesuchsbestätigungen, die von juristischen Personen im Sinne des § 4 des Bundesgesetzes über die Förderung der Erwachsenenbildung und des Volksbüchereiwesens

aus Bundesmitteln, BGBl. Nr. 171/1973, ausgestellt werden;
22. Zeugnisse, die von gemäß § 40a KFG 1967, BGBl. Nr. 267, in der jeweils geltenden Fassung, eingerichteten Zulassungsstellen in Erfüllung der ihnen übertragenen Aufgaben ausgestellt werden;
23. Verschlußanerkenntnisse, die auf Grund zollrechtlicher Vorschriften vom Zollamt Österreich ausgestellt oder anerkannt werden;
*(BGBl I 2019/104, BGBl I 2020/99)*
24. Bescheinigungen in Angelegenheiten der Verordnung (EG) Nr. 939/97 der Kommission vom 26. Mai 1997 mit Durchführungsbestimmungen zur Verordnung (EG) Nr. 338/97 des Rates über den Schutz von Exemplaren wild lebender Tiere und Pflanzenarten durch Überwachung des Handels in der jeweils geltenden Fassung;
25. Zeugnisse über Dienstleistungen;
26. von inländischen Gerichten ausgestellte Zeugnisse; in Justizverwaltungsangelegenheiten jedoch nur, wenn hiefür eine Justizverwaltungsgebühr vorgesehen ist;
27. Strafregisterbescheinigungen, die als Nachweis der persönlichen Eignung zur Verwendung als ehrenamtliche Sanitäter gemäß § 14 Abs. 1 Z 1 Sanitätergesetz dienen;
28. Zeugnisse, die für Zwecke der Verleihung oder Erstreckung der Verleihung der österreichischen Staatsbürgerschaft ausgestellt werden;
29. Diebstahls- und Verlustanzeigebestätigungen, die auch als Berechtigung verwendet werden können;
*(BGBl I 2021/3)*
30. Bestätigungen über die Antragstellung gemäß Artikel 18 Abs. 1 lit. b des Abkommens über den Austritt des Vereinigten Königreichs Großbritannien und Nordirland aus der Europäische Union und der Europäischen Atomgemeinschaft (Austrittsabkommen).
*(BGBl I 2021/3)*

(3) Die Bestätigung über die Antragstellung gemäß Artikel 18 Abs. 1 lit. b des Abkommens über den Austritt des Vereinigten Königreichs Großbritannien und Nordirland aus der Europäische Union und der Europäischen Atomgemeinschaft (Austrittsabkommen) ist von den Verwaltungsabgaben des Bundes befreit.

*(BGBl I 2021/3)*

**15 Zulassungsscheine und Überstellungsfahrtscheine (§§ 41 und 46 KFG, BGBl. Nr. 267, in der jeweils geltenden Fassung)**

(1) Bescheinigungen, die von einer gemäß § 40a KFG 1967, BGBl. Nr. 267, in der jeweils geltenden Fassung, eingerichteten Zulassungsstelle

a) aus Anlaß der Zulassung zum Verkehr über die erfolgte Zulassung ausgestellt werden (Zulassungsschein), feste Gebühr .. 119,80 Euro,
b) über die erteilte Bewilligung von Überstellungsfahrten ausgestellt werden (Überstellungsfahrtschein), feste Gebühr 83,60 Euro.

(2) Die Gebührenschuld entsteht mit der Ausfertigung des Zulassungsscheines (Überstellungsfahrtscheines) durch die Zulassungsstelle. Gebührenschuldner ist derjenige, für den oder in dessen Interesse der Zulassungsschein (Überstellungsfahrtschein) ausgestellt wird. Die Gebühr ist bei der Zulassungsstelle einzuzahlen. § 241 Abs. 2 und Abs. 3 BAO gilt sinngemäß. Die Zulassungsstelle darf den Zulassungsschein (Überstellungsfahrtschein) nur nach erfolgter Zahlung der Gebühr aushändigen.

(3) Der Rechtsträger der Zulassungsstelle haftet für die Gebühr. Er hat gesondert für jede von ihm eingerichtete Zulassungsstelle die Gebühr für die in einem Kalendermonat erteilten Zulassungen und bewilligten Überstellungsfahrten bis zum 15. des nächstfolgenden Monats (Fälligkeitstag) an das Finanzamt Österreich zu entrichten.

*(BGBl I 2019/104, BGBl I 2020/99)*

(4) Die Gebührenpflicht gemäß TP 14 für Zulassungsscheine (Überstellungsfahrtscheine), die von Behörden des Bundes oder der Länder ausgestellt sind, bleibt unberührt.

**16 Führerscheine**

(1) Führerscheine, ausgestellt

1. auf Grund der Erteilung der Lenkberechtigung ............................................ 60,50 Euro,
ausgenommen solche gemäß § 22 Abs. 1 FSG, BGBl. I Nr. 120/1997, in der jeweils geltenden Fassung,
2. als Duplikat ..................................49,50 Euro,
3. auf Grund der Umschreibung einer ausländischen Lenkberechtigung............ 60,50 Euro,
4. auf Grund der Verlängerung einer befristeten Lenkberechtigung.......................49,50 Euro,
ausgenommen solche gemäß **„§ 17a Abs. 2 FSG, BGBl. I Nr. 120/1997,“**
*(BGBl I 2022/108 ab 20.7.2022)*
5. auf Grund der Ausdehnung der Lenkberechtigung auf weitere Klassen oder Unterklassen ....................................................49,50 Euro,
6. auf Grund von sonstigen Änderungen oder Ergänzungen, ohne Rücksicht auf ihre Anzahl .............................................49,50 Euro.

(2)

~~1. Vornahme von Änderungen oder Ergänzungen in einem Führerschein, ohne Rücksicht auf ihre Anzahl ......................... 35,90 Euro,~~
*(BGBl I 2022/108 ab 20.7.2022)*
2. Wiederausfolgung des Führerscheines nach Ablauf der Entziehungsdauer .....39,60 Euro.

(3) (aufgehoben)

(4) Die in den **„Abs. 1 und 2“** angeführten Amtshandlungen sind von den Verwaltungsabgaben des Bundes befreit.

*(BGBl I 2022/108 ab 20.7.2022)*

GebG

(5) Hinsichtlich des Entstehens der Gebührenschuld, des Gebührenschuldners sowie des Pauschalbetrages gilt § 14 Tarifpost 9 Abs. 4 und 5 sinngemäß mit der Maßgabe, dass der Pauschalbetrag in den Fällen des Abs. 1 Z 1 und 3 je Schrift 21,80 Euro, in allen anderen Fällen 19,60 Euro je Schrift oder Amtshandlung beträgt. Die Behörde darf den Führerschein ~~oder den Mopedausweis~~ nur nach erfolgter Entrichtung der Gebühr aushändigen.

*(BGBl I 2022/108 ab 20.7.2022)*

**17 Eheschließung**

(1) Verfahren zur Ermittlung der Ehefähigkeit ........................................................ 50 Euro

(2) Eingaben, Protokolle, und Zeugnisse, die sich im Verfahren gemäß Abs. 1 ergeben, sind von der Gebührenpflicht gemäß § 14 Tarifpost 6, 7 und 14 befreit. Heiratsurkunden, die unmittelbar im Zuge der Eheschließung ausgestellt werden, sind von der Gebührenpflicht gemäß § 14 Tarifpost 4 befreit.

(3) Ausländische Schriften, die im Verfahren zur Ermittlung der Ehefähigkeit vorgelegt werden (einschließlich darauf angebrachter Beglaubigungsvermerke) .............................................. 80 Euro

(4) Die gemäß Abs. 3 vergebührten Schriften sind von der Gebührenpflicht gemäß § 14 Tarifpost 4, 13 und 14 befreit.

(5) Die Gebührenschuld entsteht mit der Einbringung des Antrages auf Ermittlung der Ehefähigkeit. Gebührenschuldner sind die Antragsteller zur ungeteilten Hand.

**18 Eingetragene Partnerschaft**

(1) Ermittlungen der Fähigkeit eine eingetragene Partnerschaft zu begründen .................... 50 Euro.

(2) Eingaben, Protokolle, und Zeugnisse, die sich im Verfahren gemäß Abs. 1 ergeben, sind von der Gebührenpflicht gemäß § 14 Tarifpost 6, 7 und 14 befreit. Partnerschaftsurkunden, die unmittelbar im Zuge der Begründung der eingetragenen Partnerschaft ausgestellt werden, sind von der Gebührenpflicht gemäß § 14 Tarifpost 4 befreit.

(3) Ausländische Schriften, die im Verfahren zur Ermittlung der Fähigkeit, eine eingetragene Partnerschaft begründen zu können, vorgelegt werden (einschließlich darauf angebrachter Beglaubigungsvermerke) ............................. 80 Euro

(4) Die gemäß Abs. 3 vergebührten Schriften sind von der Gebührenpflicht gemäß § 14 Tarifpost 4, 13 und 14 befreit.

(5) Die Gebührenschuld entsteht mit der Einbringung des Antrages auf Ermittlung der Fähigkeit, eine eingetragene Partnerschaft begründen zu können. Gebührenschuldner sind die Antragsteller zur ungeteilten Hand.

**„19 Grenzüberschreitende Abfallverbringung**

**(1) Erledigungsgebühr**

1. **Genehmigung einer Ein- und/oder Ausfuhr gemäß § 69 Abs. 1 des Abfallwirtschaftsgesetzes 2002 (AWG 2002), BGBl. I Nr. 102/2002, mit Bescheid ............... 400 Euro**
2. **Genehmigung einer Durchfuhr gemäß § 69 Abs. 1 AWG 2002, mit Bescheid ........................................................100 Euro**
3. **Vorabzustimmung gemäß § 71a AWG 2002, mit Bescheid................................. 850 Euro**
4. **Änderung einer Genehmigung gemäß § 69 Abs. 1 oder § 71a AWG 2002, mit Bescheid .............................................100 Euro**

**(2) Die Gebührenschuld für Erledigungen gemäß Abs. 1 entsteht mit deren Hinausgabe.**

**(3) Gebührenschuldner ist derjenige, für den oder in dessen Interesse die Erledigung ausgestellt wird.**

**(4) Die Ansuchen umw Ausstellung der in Abs. 1 angeführten Schriften sind von der Gebührenpflicht des § 14 Tarifpost 6 befreit.**

**(5) Die Ausstellung der in Abs. 1 angeführten Schriften und die Vornahme der darin angeführten Amtshandlungen sind von den Verwaltungsabgaben des Bundes befreit.“**

*(BGBl I 2022/108 ab 1.8.2022)*

**„20 Zivilluftfahrtwesen**[a]

**(1) Erledigungsgebühr**

1. **Bewilligung einer Außenlandung und eines Außenabfluges gemäß § 9 Abs. 2 des Luftfahrtgesetzes (LFG), BGBl. Nr. 253/1957, je Bewilligung für einen Ort und einen Zeitraum ........................................23 Euro**

   **jedoch nicht mehr als 115 Euro**
2. **Bewilligung des Abwerfens von Sachen gemäß § 133 Abs. 2 LFG, je Bewilligung für einen Ort und einen Zeitraum 43,90 Euro**

   **jedoch nicht mehr als 131,70 Euro**

**(2) Die Gebührenschuld für Erledigungen gemäß Abs. 1 entsteht mit deren Hinausgabe.**

**(3) Gebührenschuldner ist derjenige, für den oder in dessen Interesse die Erledigung ausgestellt wird.**

**(4) Die Ansuchen um Ausstellung der in Abs. 1 angeführten Schriften sind von der Gebührenpflicht des § 14 Tarifpost 6 befreit.**

**(5) Die Ausstellung der in Abs. 1 angeführten Schriften und die Vornahme der darin angeführten Amtshandlungen sind von den Verwaltungsabgaben des Bundes befreit.**

**(6) Erfolgt die Bewilligung gemäß Abs. 1 Z 1 und Z 2 durch eine Behörde eines Landes, steht dieser Gebietskörperschaft je Bewilligung ein Pauschalbetrag zu. Dieser beträgt in den Fällen**

1. **des Abs. 1 Z 1............................ 6,50 Euro**

   **jedoch nicht mehr als 32,50 Euro**
2. **des Abs. 1 Z 2.......................... 21,80 Euro**

   **jedoch nicht mehr als 65,40 Euro“**

*(BGBl I 2022/108 ab 1.10.2022)*

[a] Tritt mit 1. Oktober 2022 in Kraft.

**„21 Ausweise für Personenbeförderungsgewerbe mit Pkw (Taxi)[a)]**

**(1) Ansuchen um Ausstellung eines Ausweises für Personenbeförderungsgewerbe mit Pkw (Taxi) gemäß §§ 4 und 5 der Betriebsordnung für den nichtlinienmäßigen Personenverkehr (BO 1994), BGBl. Nr. 951/1993, in der Fassung der Verordnung BGBl. II Nr. 408/2020 ............ 40 Euro**

**(2) Ausstellung eines Ausweises für Personenbeförderungsgewerbe mit Pkw (Taxi) gemäß §§ 4 und 5 der Betriebsordnung für den nichtlinienmäßigen Personenverkehr (BO 1994), BGBl. Nr. 951/1993, in der Fassung der Verordnung BGBl. II Nr. 408/2020............ 30 Euro**

**(3) Wiederausfolgung des Ausweises für Personenbeförderungsgewerbe mit Pkw (Taxi) ............ 40 Euro**

**(4) Die Gebührenschuld für das Ansuchen um Ausstellung eines Ausweises für Personenbeförderungsgewerbe mit Pkw (Taxi) entsteht mit der Einbringung des Antrages. Die Gebührenschuld für die Ausstellung des Ausweises für Personenbeförderungsgewerbe mit Pkw (Taxi) entsteht mit dessen Hinausgabe.**

**(5) Gebührenschuldner ist im Falle des Abs. 1 der Antragsteller und im Falle des Abs. 2 derjenige, für den oder in dessen Interesse der Ausweis ausgestellt wird.**

**(6) Ist eine positive Erledigung des Ansuchens um Ausstellung eines Ausweises für Personenbeförderungsgewerbe mit Pkw (Taxi) aufgrund der Aktenlage im Zeitpunkt der Antragstellung wahrscheinlich, hat die Behörde vom Gebührenschuldner bei Überreichung des Ansuchens eine Vorauszahlung der Gebühr gemäß Abs. 2 zu verlangen. Die Vorauszahlung ist auf Antrag zu erstatten, wenn keine Gebührenschuld entsteht. § 241 Abs. 2 und 3 BAO gelten sinngemäß. Die Behörde darf den Ausweis für Personenbeförderungsgewerbe mit Pkw (Taxi) nur nach erfolgter Entrichtung der Gebühr aushändigen.**

**(7) Die Ansuchen um Ausstellung und Wiederausfolgung eines Ausweises für Personenbeförderungsgewerbe mit Pkw (Taxi) sind von der Gebührenpflicht des § 14 Tarifpost 6 befreit. Der Ausweis für Personenbeförderungsgewerbe mit Pkw (Taxi) ist von der Gebührenpflicht des § 14 Tarifpost 14 befreit.**

**(8) Die Ausstellung eines Ausweises für Personenbeförderungsgewerbe mit Pkw (Taxi) und die in diesem Verfahren vorgenommenen Amtshandlungen sowie die Wiederausfolgung des Ausweises für Personenbeförderungsgewerbe mit Pkw (Taxi) sind von den Verwaltungsabgaben des Bundes befreit.**

**(9) Erfolgt die Ausstellung eines Ausweises für Personenbeförderungsgewerbe mit Pkw (Taxi) durch eine Behörde eines Landes, steht dieser Gebietskörperschaft je Ausweis ein Pauschalbetrag von 30 Euro zu.“**

*(BGBl I 2022/108 ab 1.10.2022)*

[a)] Tritt mit 1. Oktober 2022 in Kraft.

**„22 Fahrerqualifizierungsnachweise[a)]**

**(1) Ansuchen um Ausstellung eines Fahrerqualifizierungsnachweises gemäß § 14 Abs. 3 der Grundqualifikations- und Weiterbildungsverordnung – Berufskraftfahrer (GWB), BGBl. II Nr. 139/2008, in der Fassung der Verordnung BGBl. II Nr. 531/2021 ............ 50 Euro**

**(2) Die Gebührenschuld entsteht mit der Einbringung des Antrages.**

**(3) Gebührenschuldner ist der Antragsteller.**

**(4) Der Antrag auf Ausstellung eines Fahrerqualifizierungsnachweises ist von der Gebührenpflicht des § 14 Tarifpost 6 befreit. Der Fahrerqualifizierungsnachweis ist von der Gebührenpflicht des § 14 Tarifpost 14 befreit.**

**(5) Die Ausstellung eines Fahrerqualifizierungsnachweises und die in diesem Verfahren vorgenommenen Amtshandlungen sind von den Verwaltungsabgaben des Bundes befreit.**

**(6) Die Behörde darf den Fahrerqualifizierungsnachweis nur nach erfolgter Entrichtung der Gebühr aushändigen.**

**(7) Erfolgt die Ausstellung eines Fahrerqualifizierungsnachweises durch eine Behörde eines Landes, steht dieser Gebietskörperschaft je Nachweis ein Pauschalbetrag von 20 Euro zu.“**

*(BGBl I 2022/108 ab 1.10.2022)*

[a)] Tritt mit 1. Oktober 2022 in Kraft.

**§ 14a.** Der Bundesminister für Finanzen wird ermächtigt, zur Abgeltung der Inflation die festen Gebührensätze des § 11 Abs. 3 und § 14 einmal jährlich im Verordnungsweg zu erhöhen. Der Vergleichsstichtag für die erste Inflationsanpassung ist der 31. Dezember 2005. Die Verordnung ist bis spätestens 30. Juni eines jeden Kalenderjahres im Bundesgesetzblatt kundzumachen und gilt für die jeweiligen Gebühren ab 1. Juli des Jahres der Kundmachung.

*(BGBl I 2015/163)*

## III. Abschnitt
## Gebühren für Rechtsgeschäfte

**§ 15.** (1) Rechtsgeschäfte sind nur dann gebührenpflichtig, wenn über sie eine Urkunde errichtet wird, es sei denn, daß in diesem Bundesgesetz etwas Abweichendes bestimmt ist.

(2) Als Urkunden gelten auch bei schriftlicher Annahme eines Vertragsanbotes das Annahmeschreiben. Wird die mündliche Annahme eines Vertragsanbotes beurkundet, so gilt diese Schrift als Annahmeschreiben.

(3) Rechtsgeschäfte, die unter das Erbschafts- und Schenkungssteuergesetz, Grunderwerbsteuergesetz, Kapitalverkehrsteuergesetz (I. Teil Gesellschaftsteuer und II. Teil Wertpapiersteuer) oder Versicherungssteuergesetz fallen, sind von der

Gebührenpflicht ausgenommen; dies gilt auch für Rechtsgeschäfte, sofern und insoweit diese unter das Stiftungseingangssteuergesetz fallen.

**§ 16.** (1) Die Gebührenschuld entsteht, wenn die Urkunde über das Rechtsgeschäft im Inland errichtet wird,

1. bei zweiseitig verbindlichen Rechtsgeschäften,
   a) wenn die Urkunde von den Vertragsteilen unterzeichnet wird, im Zeitpunkte der Unterzeichnung;
   b) wenn die Urkunde von einem Vertragsteil unterzeichnet wird, im Zeitpunkte der Aushändigung (Übersendung) der Urkunde an den anderen Vertragsteil oder an dessen Vertreter oder an einen Dritten;
2. bei einseitig verbindlichen Rechtsgeschäften,
   a) wenn die Urkunde nur von dem unterzeichnet wird, der sich verbindet, im Zeitpunkte der Aushändigung (Übersendung) der Urkunde an den Berechtigten oder dessen Vertreter;
   b) wenn die Urkunde auch von dem Berechtigten unterzeichnet wird, im Zeitpunkte der Unterzeichnung.

(2) Wird über ein Rechtsgeschäft eine Urkunde im Ausland errichtet, so entsteht die Gebührenschuld,

1. wenn die Parteien des Rechtsgeschäftes im Inland einen Wohnsitz (gewöhnlichen Aufenthalt), ihre Geschäftsleitung oder ihren Sitz haben oder eine inländische Betriebsstätte unterhalten und
   a) das Rechtsgeschäft eine im Inland befindliche Sache betrifft oder
   b) eine Partei im Inland zu einer Leistung auf Grund des Rechtsgeschäftes berechtigt oder verpflichtet ist, in dem für im Inland errichtete Urkunden maßgeblichen Zeitpunkt; wenn jedoch die in lit. a oder lit. b bezeichneten Erfordernisse erst im Zeitpunkt der Errichtung eines Zusatzes oder Nachtrages erfüllt sind, in diesem Zeitpunkt, im übrigen
2. wenn die Urkunde (beglaubigte Abschrift) in das Inland gebracht wird und entweder
   a) das Rechtsgeschäft ein in Z 1 lit. a oder lit. b bezeichnetes Erfordernis erfüllt, im Zeitpunkt der Einbringung der Urkunde in das Inland, oder
   b) auf Grund des Rechtsgeschäftes im Inland eine rechtserhebliche Handlung vorgenommen oder von der Urkunde (Abschrift) ein amtlicher Gebrauch gemacht wird, mit der Vornahme dieser Handlungen.

(3) Die Gebührenschuld entsteht bei einem Wechsel in dem Zeitpunkt, in welchem der Wechsel im Inland entweder dem Wechselnehmer oder einem Indossatar übergeben oder mit einem Indossament oder mit einem Akzept versehen wird oder zum amtlichen Gebrauch gelangt. Handelt es sich hiebei um einen unvollständigen Wechsel, so entsteht die Gebührenschuld im Zeitpunkt der Vervollständigung.

(4) Gilt ein Annahmeschreiben oder ein Anbotschreiben als Urkunde über den Vertrag, so entsteht die Gebührenschuld mit dem Zustandekommen des Vertrages, im Falle des § 15 Abs. 2 letzter Satz mit Errichtung der Schrift. Befindet sich die Urkunde zu diesem Zeitpunkt im Ausland, so ist Abs. 2 sinngemäß anzuwenden.

(5) Die Gebührenschuld entsteht bei Wetten im Sinne des § 33 TP 17 Abs. 1 Z 1 mit der Bezahlung des Wetteinsatzes.

(6) Bedarf ein Rechtsgeschäft der Genehmigung oder Bestätigung einer Behörde oder eines Dritten, so entsteht die Gebührenschuld für das beurkundete Rechtsgeschäft erst im Zeitpunkte der Genehmigung oder Bestätigung.

**§ 17.** (1) Für die Festsetzung der Gebühren ist der Inhalt der über das Rechtsgeschäft errichteten Schrift (Urkunde) maßgebend. Zum Urkundeninhalt zählt auch der Inhalt von Schriften, der durch Bezugnahme zum rechtsgeschäftlichen Inhalt gemacht wird.

(2) Wenn aus der Urkunde die Art oder Beschaffenheit eines Rechtsgeschäftes oder andere für die Festsetzung der Gebühren bedeutsame Umstände nicht deutlich zu entnehmen sind, so wird bis zum Gegenbeweise der Tatbestand vermutet, der die Gebührenschuld begründet oder die höhere Gebühr zur Folge hat.

(3) Der Umstand, daß die Urkunde nicht in der zu ihrer Beweiskraft erforderlichen Förmlichkeit errichtet wurde, ist für die Gebührenpflicht ohne Belang.

(4) Auf die Entstehung der Gebührenschuld ist es ohne Einfluß, ob die Wirksamkeit eines Rechtsgeschäftes von einer Bedingung oder von der Genehmigung eines der Beteiligten abhängt.

(5) Die Vernichtung der Urkunde, die Aufhebung des Rechtsgeschäftes oder das Unterbleiben seiner Ausführung heben die entstandene Gebührenschuld nicht auf.

**§ 18.** (1) Der handschriftlichen Unterzeichnung durch den Aussteller steht die Unterschrift gleich, die von ihm oder in seinem Auftrag, oder mit seinem Einverständnis mechanisch oder in jeder anderen technisch möglichen Weise hergestellt oder mit Namenszeichnung vollzogen wird.

(2) Der Unterzeichnung steht auch eine Verhandlungsniederschrift gleich

1. über einen Vertrag, wenn die Niederschrift nur von einem Vertragsteil unterzeichnet wird,
2. über eine einseitige Erklärung, wenn die Niederschrift nur vom Erklärungsempfänger unterzeichnet wird.

(3) Gedenkprotokolle, das sind Niederschriften, in denen von einer oder mehreren Personen durch Beisetzung ihrer Unterschrift bekundet wird, daß andere Personen in ihrer Gegenwart ein

Rechtsgeschäft geschlossen oder ihnen über den erfolgten Abschluß eines Rechtsgeschäftes Mitteilung gemacht haben, unterliegen der Gebühr für das Rechtsgeschäft, auf das sich das Gedenkprotokoll bezieht.

(4) Erklärungen (Eingaben, Protokolle), womit vor Gericht oder anderen Behörden ein Rechtsgeschäft beurkundet wird, sind, sofern über das Rechtsgeschäft noch keine andere Urkunde in einer für das Entstehen der Gebührenschuld maßgeblichen Weise errichtet worden ist, als Rechtsurkunden anzusehen und unterliegen der für das Rechtsgeschäft vorgesehenen Gebühr.

(5) Punktationen im Sinne des § 885 ABGB. sind nach ihrem Inhalte wie Urkunden über Rechtsgeschäfte gebührenpflichtig; dasselbe gilt von Entwürfen oder Aufsätzen von zweiseitig verbindlichen Rechtsgeschäften, wenn sie von beiden vertragschließenden Teilen unterzeichnet sind oder wenn sie bloß von einem Teil unterzeichnet sind und sich in den Händen des anderen Teiles befinden.

**§ 19.** (1) Hat eine der Gebühr nach der Größe des Geldwertes unterliegende Schrift (Urkunde) mehrere einzelne Leistungen zum Inhalt oder werden in einem und demselben Rechtsgeschäfte verschiedene Leistungen oder eine Hauptleistung und Nebenleistungen bedungen, so ist die Gebühr in dem Betrage zu entrichten, der sich aus der Summe der Gebühren für alle einzelnen Leistungen ergibt. Als Nebenleistungen sind jene zusätzlichen Leistungen anzusehen, zu deren Gewährung ohne ausdrückliche Vereinbarung nach den allgemeinen Rechtsvorschriften keine Verpflichtung besteht.

(2) Werden in einer Urkunde mehrere Rechtsgeschäfte derselben oder verschiedener Art, die nicht zusammenhängende Bestandteile des Hauptgeschäftes sind, abgeschlossen, so ist die Gebühr für jedes einzelne Rechtsgeschäft zu entrichten. Die in der Urkunde über das Hauptgeschäft zwischen denselben Vertragsteilen zur Sicherung oder Erfüllung des Hauptgeschäftes abgeschlossenen Nebengeschäfte sind gebührenbefreit, wenn das Hauptgeschäft nach diesem Gesetz oder einem Verkehrsteuergesetz einer Gebühr oder Verkehrsteuer unterliegt; für Sicherungs- und Erfüllungsgeschäfte zu Darlehens-, Kredit-, Haftungs- und Garantiekreditverträgen sowie zu den im Rahmen des Factoringgeschäftes (§ 1 Abs. 1 Z 16 BWG) getroffenen Vereinbarungen über die Gewährung eines Rahmens für die Inanspruchnahme von Anzahlungen gilt § 20 Z 5.

(3) (aufgehoben)

**§ 20.** Der Gebührenpflicht unterliegen nicht

1. die am Schluß einer Urkunde über ein durch einen Bevollmächtigten eingegangenes Geschäft beigesetzte Genehmigung (Ratifikation) des Machtgebers;
2. die den Vollmachten beigefügten Erklärungen betreffend Stellvertretung und deren Annahme;
3. die Bestätigung des Handzeichens eines Schreibunfähigen durch den Namensfertiger und durch den (die) Zeugen;
4. die von dem abgetretenen Schuldner an Kreditunternehmen abgegebene Bestätigung, daß ihm die Abtretung der Forderung und der neue Gläubiger mitgeteilt wurden, sowie die Anerkennung der Richtigkeit (Liquidität) von seiten des Schuldners gegenüber einem Kreditinstitut;
5. Sicherungs- und Erfüllungsgeschäfte – ausgenommen Wechsel – zu Darlehens-, Kredit-, Haftungs- und Garantiekreditverträgen sowie zu den im Rahmen des Factoringgeschäftes (§ 1 Abs. 1 Z 16 BWG) getroffenen Vereinbarungen über die Gewährung eines Rahmens für die Inanspruchnahme von Anzahlungen;
6. Rechtsgeschäfte, über die eine Urkunde im Ausland errichtet wurde, solange keine andere Voraussetzung für das Entstehen der Gebührenschuld gegeben ist als die Verwendung der Urkunde (beglaubigten Abschrift) bei einem Gericht (Schiedsgericht), das nur auf Grund einer Vereinbarung eines inländischen Gerichtsstandes zuständig ist;
7. durch die Währungsumstellung auf den Euro veranlaßte neuerliche Beurkundungen eines Rechtsgeschäftes, über das schon eine die Gebührenpflicht begründende Urkunde errichtet worden ist, Zusätze und Nachträge sowie schriftliche Mitteilungen zu einer bereits ausgefertigten Urkunde, sofern die in Geld vereinbarten Leistungen durch auf Euro lautende Beträge nach dem vom Rat der Europäischen Union gemäß Artikel 109 l Abs. 4 erster Satz des EG-Vertrages unwiderruflich festgelegten Umrechnungskurs ersetzt werden oder der umgerechnete Betrag auf den nächsten vollen Eurobetrag gerundet wird. Sonstige Änderungen des Rechtsgeschäftes unterliegen nach Maßgabe des § 21 der Gebühr.

**§ 21.** Werden durch einen Zusatz oder Nachtrag zu einer bereits ausgefertigten Urkunde die darin beurkundeten Rechte oder Verbindlichkeiten ihrer Art oder ihrem Umfang nach geändert oder wird die vereinbarte Geltungsdauer des Rechtsgeschäftes verlängert, so ist dieser Zusatz oder Nachtrag im Umfang der vereinbarten Änderung oder Verlängerung als selbständiges Rechtsgeschäft gebührenpflichtig.

**§ 22.** Ist zwischen zwei oder mehreren Rechten oder Verbindlichkeiten eine Wahl bedungen, so ist die Gebühr nach dem größeren Geldwerte der zur Wahl gestellten Leistungen zu entrichten.

**§ 23.** Sind in einer Urkunde über ein Rechtsgeschäft schätzbare und unschätzbare Leistungen bedungen, so bleiben für die Gebührenermittlung die unschätzbaren Leistungen außer Anschlag.

**§ 24.** Im Fall eines Neuerungsvertrages (Novation) kommt die Gebühr für das Rechtsgeschäft in Anwendung, in welches das frühere Rechtsgeschäft umgeändert wurde.

**§ 25.** (aufgehoben)

**§ 26.** Für die Bewertung der gebührenpflichtigen Gegenstände gelten, insoweit nicht in den Tarifbestimmungen abweichende Bestimmungen getroffen sind, die Vorschriften des Bewertungsgesetzes 1955, BGBl. Nr. 148, mit der Maßgabe, daß bedingte Leistungen und Lasten als unbedingte, betagte Leistungen und Lasten als sofort fällige zu behandeln sind und daß bei wiederkehrenden Leistungen die Anwendung der Bestimmungen des § 15 Abs. 1 über den Abzug der Zwischenzinsen unter Berücksichtigung von Zinseszinsen und des § 16 Abs. 3 des vorerwähnten Gesetzes ausgeschlossen ist. (BGBl. Nr. 7/1951, Art. I Z 7; BGBl. Nr. 116/1957, Z 2; BGBl. Nr. 148/1955, § 86 Abs. 2 und 3.)

**§ 27.** (aufgehoben)

**§ 28.** (1) Zur Entrichtung der Gebühren sind verpflichtet:

1. Bei zweiseitig verbindlichen Rechtsgeschäften,
   a) wenn die Urkunde von beiden Vertragsteilen unterfertigt ist, die Unterzeichner der Urkunde;
   b) wenn die Urkunde nur von einem Vertragsteil unterfertigt ist und dem anderen Vertragsteil oder einem Dritten ausgehändigt wird, beide Vertragsteile und der Dritte;
2. bei einseitig verbindlichen Rechtsgeschäften derjenige, in dessen Interesse die Urkunde ausgestellt ist;
3. bei Gedenkprotokollen jene Personen, von denen in dem Protokolle bekundet wird, daß sie das Rechtsgeschäft abgeschlossen oder von dem Abschlusse des Rechtsgeschäftes Mitteilung gemacht haben.

(2) Zur Entrichtung der Gebühr bei Wechseln sind der Aussteller, der Akzeptant und jeder Inhaber eines Wechsels zur ungeteilten Hand verpflichtet.

(3) Zur Entrichtung der Gebühr bei Wetten im Sinne des § 33 TP 17 Abs. 1 Z 1 sind die Personen, die gewerbsmäßig Wetten abschließen oder vermitteln, zur ungeteilten Hand verpflichtet. Die Gebühr ist von diesen Personen unmittelbar zu entrichten. Als Vermittlung im Sinne dieser Bestimmung gilt jedenfalls die Annahme und die Weiterleitung von Wetteinsätzen sowie die Mitwirkung am Zustandekommen der Wette auf andere Art und Weise.

(4) Personen, die gewerbsmäßig Wetten abschließen oder vermitteln, haben besondere Aufzeichnungen zu führen, aus denen die für die Berechnung der Gebühr erforderlichen Grundlagen zu entnehmen sind.

(5) Bei Geschäften, die von zwei Teilen geschlossen werden, von denen der eine Teil von der Gebührenentrichtung befreit ist, dem anderen Teil aber diese Befreiung nicht zukommt, sind die Gebühren von dem nicht befreiten Teile zur Gänze zu entrichten.

(6) Trifft die Verpflichtung zur Gebührenentrichtung zwei oder mehrere Personen, so sind sie zur ungeteilten Hand verpflichtet.

**§ 29.** Hat jemand im Namen eines anderen, ohne von diesem ausdrücklich oder stillschweigend bevollmächtigt zu sein,

1. eine Urkunde über ein Rechtsgeschäft im Inland ausgestellt oder angenommen oder
2. von einer im Ausland ausgestellten Urkunde über ein Rechtsgeschäft einen die Gebührenpflicht begründenden Gebrauch gemacht,

so ist derjenige, für den diese Handlungen vorgenommen worden sind, zur Entrichtung der durch sie begründeten Gebühr verpflichtet, wenn er

a) die ohne seinen Auftrag stattgefundene Geschäftsführung ausdrücklich oder stillschweigend genehmigt oder
b) durch sie einen Vorteil erlangt hat.

Ist hingegen keine dieser Bedingungen (lit. a und b) gegeben, so ist der Geschäftsführer zur Entrichtung der Gebühr verpflichtet.

**§ 30.** Für die Gebühr haften neben den Gebührenschuldnern die übrigen am Rechtsgeschäft beteiligten Personen sowie bei nicht ordnungsgemäßer Gebührenanzeige alle sonst gemäß § 31 Abs. 2 zur Gebührenanzeige verpflichteten Personen.

**§ 31.** (1) Rechtsgeschäfte, für die eine Hundertsatzgebühr mit Bescheid festzusetzen ist, sind, soweit in diesem Bundesgesetz nichts anderes bestimmt ist, bis zum 15. Tag des auf den Kalendermonat, in dem die Gebührenschuld entstanden ist, zweitfolgenden Monats mit einer beglaubigten Abschrift oder mit einer Gleichschrift der die Gebührenpflicht begründenden Urkunde, bei nicht in der Amtssprache abgefaßten Urkunden mit einer beglaubigten Übersetzung, beim Finanzamt Österreich anzuzeigen. Ist diese Urkunde ein Annahmeschreiben, so ist ein bezügliches Anbotschreiben anzuschließen. Das Finanzamt Österreich hat auf der die Gebührenpflicht begründenden Urkunde die erfolgte Anzeige zu bestätigen.

*(BGBl I 2019/104, BGBl I 2020/99)*

(2) Zur Gebührenanzeige sind die am Rechtsgeschäft beteiligten Personen verpflichtet sowie der Urkundenverfasser und jeder, der eine Urkunde als Bevollmächtigter oder ein Gedenkprotokoll als Zeuge unterzeichnet oder eine im Ausland errichtete Urkunde (deren beglaubigte Abschrift) im Zeitpunkt des Entstehens der Gebührenschuld in Händen hat. Sind zur Gebührenanzeige mehrere Personen verpflichtet und hat eine dieser Personen die Verpflichtung zur Selbstberechnung (§ 33 Tarifpost 5 Abs. 5) oder die Bewilligung zur Selbstberechnung (§ 3 Abs. 4) oder wird von der Befugnis zur Selbstberechnung (§ 3 Abs. 4a) Gebrauch gemacht, so entfällt für die übrigen die Anzeigepflicht.

(3) (aufgehoben)

**§ 32.** Sind die Gebühren bescheidmäßig festzusetzen, so kann das Finanzamt Österreich nach der bei ihm erfolgten Gebührenanzeige auf Grund eines Antrages und nach Rechtsmittelverzicht des

Gebührenschuldners den Bescheid mündlich erlassen; die Gebühr wird mit der Bekanntgabe des Bescheides fällig.

*(BGBl I 2019/104, BGBl I 2020/99)*

**§ 33.** Tarif der Gebühren für Rechtsgeschäfte.

Tarifpost

**1 Annahmeverträge**

(1) Annahmeverträge, das sind Verträge über die Annahme an Kindes statt, wenn der Wert des Vermögens des Annehmenden 22 000 Euro übersteigt, vom Wert des Vermögens 1 vH.

(2) Gebührenfrei sind Annahmeverträge über die Annahme von Minderjährigen, von Stiefkindern und von eigenen unehelichen Kindern an Kindes statt.

(3) Die Gebühr ermäßigt sich auf je 1/3 vH des Wertes des Vermögens bei Annahme einer zweiten und jeder weiteren Person an Kindes statt.

**2** (aufgehoben)

**3** (aufgehoben)

**4 Anweisungen**

(1) Anweisungen, wodurch von dem Anweisenden einem Dritten eine Leistung an eine andere Person aufgetragen wird, vom Werte der Leistung 2 v.H.

(2) Der Gebühr unterliegen nicht

1. amtliche Anweisungen;
2. Anweisungen von Unternehmern oder auf Unternehmer, unbeschadet der Bestimmungen der TP 22.

**5 Bestandverträge**

(1) Bestandverträge (§§ 1090 ff. ABGB) und sonstige Verträge, wodurch jemand den Gebrauch einer unverbrauchbaren Sache auf eine gewisse Zeit und gegen einen bestimmten Preis erhält, nach dem Wert

1. im allgemeinen....................................1 v.H.;
2. beim Jagdpachtvertrag..........................2 v.H.

(2) Einmalige oder wiederkehrende Leistungen, die für die Überlassung des Gebrauches vereinbart werden, zählen auch dann zum Wert, wenn sie unter vertraglich bestimmten Voraussetzungen auf andere Leistungen angerechnet werden können.

(3) Bei unbestimmter Vertragsdauer sind die wiederkehrenden Leistungen mit dem Dreifachen des Jahreswertes zu bewerten, bei bestimmter Vertragsdauer mit dem dieser Vertragsdauer entsprechend vervielfachten Jahreswert, höchstens jedoch dem Achtzehnfachen des Jahreswertes. Ist die Vertragsdauer bestimmt, aber der Vorbehalt des Rechtes einer früheren Aufkündigung gemacht, so bleibt dieser Vorbehalt für die Gebührenermittlung außer Betracht.

*(BGBl I 2017/147)*

(4) Gebührenfrei sind

1. Verträge über die Miete von Wohnräumen; *(BGBl I 2017/147)*
2. Urheberrechtliche und leistungsschutzrechtliche Nutzungsverträge sowie Patent-, Marken- und Musterlizenzverträge;
3. Bestandverträge, bei denen der für die Gebührenbemessung maßgebliche Wert 150 Euro nicht übersteigt;
4. Aufforderungsschreiben, mit denen die Entrichtung eines Erhaltungsbeitrages gemäß § 45 MRG begehrt wird.



(5)

1. Die Hundertsatzgebühr ist vom Bestandgeber, der im Inland einen Wohnsitz, den gewöhnlichen Aufenthalt, seine Geschäftsleitung oder seinen Sitz hat oder eine inländische Betriebsstätte unterhält, selbst zu berechnen und bis zum 15. Tag (Fälligkeitstag) des dem Entstehen der Gebührenschuld zweitfolgenden Monats an das Finanzamt Österreich zu entrichten.

   *(BGBl I 2019/104, BGBl I 2020/99)*
2. Der Bundesminister für Finanzen kann mit Verordnung Ausnahmen von der Verpflichtung zur Selbstberechnung der Gebühr nach Z 1 für atypische oder gemischte Rechtsgeschäfte, für Rechtsgeschäfte, bei denen Leistungen von einem erst in Zukunft ermittelbaren Betrag abhängen, sowie für Bestandgeber, denen eine persönliche Befreiung von den Gebühren zukommt, bestimmen. Für Fälle, in denen die vom Bestandnehmer zu erbringenden Nebenleistungen in der über das Rechtsgeschäft errichteten Urkunde der Höhe nach nicht festgehalten sind, können weiters mit Verordnung des Bundesministers für Finanzen für Gruppen von Bestandobjekten Durchschnittssätze aufgestellt werden; diese sind auf Grund von Erfahrungen über die Höhe der bei der jeweiligen Gruppe von Bestandobjekten üblicherweise anfallenden Kosten festzusetzen.
3. Der Bestandgeber hat dem Finanzamt Österreich über die in einem Kalendermonat abgeschlossenen Bestandverträge eine Anmeldung unter Verwendung eines amtlichen Vordruckes bis zum Fälligkeitstag zu übermitteln, welche die für die Gebührenberechnung erforderlichen Angaben zu enthalten hat; dies gilt als Gebührenanzeige gemäß § 31. Auf den Urkunden ist ein Vermerk über die erfolgte Selbstberechnung anzubringen, der den berechneten Gebührenbetrag, das Datum des Tages der Selbstberechnung und die Unterschrift des Bestandgebers enthält. Eine Anmeldung kann unterbleiben, wenn die Gebührenschuld mit Verrechnungsweisung (§ 214 Abs. 4 BAO) im Wege von FinanzOnline bis zum Fälligkeitstag entrichtet wird.

   *(BGBl I 2019/104, BGBl I 2020/99)*
4. Rechtsanwälte, Notare, Wirtschaftstreuhänder sowie Immobilienmakler und Immobilienverwalter im Sinne der Bestimmungen der Gewerbeordnung 1994, BGBl. Nr. 194, in der jeweils geltenden Fassung, (Parteienver-

treter) und gemeinnützige Bauvereinigungen im Sinne der Bestimmungen des Wohnungsgemeinnützigkeitsgesetzes 1979, BGBl. Nr. 139, in der jeweils geltenden Fassung, sind befugt, innerhalb der in der Z 1 angeführten Frist die Gebühr für Rechtsgeschäfte gemäß § 33 Tarifpost 5 als Bevollmächtigte des Bestandgebers selbst zu berechnen und bis zum 15. Tag (Fälligkeitstag) des auf den Kalendermonat, in dem die Selbstberechnung erfolgt, zweitfolgenden Monats an das Finanzamt Österreich zu entrichten. Im Übrigen ist § 3 Abs. 4a, 4b und 4c sinngemäß anzuwenden.

*(BGBl I 2019/104, BGBl I 2020/99)*

5. Für Bestandgeber, zu deren Geschäftstätigkeit laufend der Abschluss von Rechtsgeschäften im Sinne dieser Tarifpost gehört, sind die Bestimmungen des § 3 Abs. 4a über die Führung von Aufschreibungen und die Entrichtung der Hundertsatzgebühr sowie die Bestimmungen des Abs. 4b sinngemäß anzuwenden.

**„6. Das Finanzamt Österreich hat Bestandnehmern, zu deren Geschäftstätigkeit laufend der Abschluss von Rechtsgeschäften im Sinne dieser Tarifpost gehört und die Gewähr für die ordnungsgemäße Einhaltung der Gebührenvorschriften bieten, auf Antrag zu bewilligen, dass die auf die Bestandverträge entfallenden Hundertsatzgebühren selbst berechnet und bis zum 15. Tag (Fälligkeitstag) des dem Entstehen der Gebührenschuld zweitfolgenden Monats an das Finanzamt Österreich entrichtet werden. Bestandnehmer, die von der Befugnis zur Selbstberechnung Gebrauch machen wollen, haben beim Finanzamt Österreich die Zuteilung einer Steuernummer zu beantragen. Es sind die Bestimmungen des § 3 Abs. 4a über die Führung von Aufschreibungen sowie die Bestimmungen des § 3 Abs. 4b und 4c sinngemäß anzuwenden. Macht der Bestandnehmer von seiner Befugnis zur Selbstberechnung Gebrauch, erlischt die Verpflichtung zur Selbstberechnung des Bestandgebers gemäß Z 1.“**

*(BGBl I 2022/108 ab 20.7.2022)*

**6** (aufgehoben)

**7 Bürgschaftserklärungen**

(1) Bürgschaftserklärungen; der Bürgschaftserklärung steht die Erklärung gleich, durch die jemand einer Verbindlichkeit als Mitschuldner beitritt (§ 1347 ABGB), nach dem Werte der verbürgten Verbindlichkeit ............................... 1 vH.

(2) Der Gebühr unterliegen nicht

1. Bürgschaftserklärungen, die im Strafverfahren und überhaupt zur Sicherung allgemeiner Interessen außer dem öffentlichen Dienst oder einem Vertragsverhältnisse gegeben werden müssen.
2. Bürgschaftserklärungen von Kreditinstituten an Körperschaften des öffentlichen Rechtes sowie an Eisenbahnunternehmungen, die dem öffentlichen Verkehre dienen.
3. Bürgschaftserklärungen zu gemäß § 33 Tarifpost 5 Abs. 4 Z 1 befreiten Mietverträgen.

*(BGBl I 2018/62)*

**8** (aufgehoben)

**9 Dienstbarkeiten**

Dienstbarkeiten, wenn jemandem der Titel zur Erwerbung einer Dienstbarkeit entgeltlich eingeräumt oder die entgeltliche Erwerbung von dem Verpflichteten bestätigt wird, von dem Werte des bedungenen Entgeltes.................................2 v.H.

**10** (aufgehoben)

**11 Ehepakte**

(1) Ehepakte, das sind Verträge, die in Absicht auf die eheliche Verbindung geschlossen werden und diesen gleichzuhaltende Verträge eingetragener Partner, nach dem Wert..........................1 v.H.

(2) Als Wert ist das der Gütergemeinschaft bei Lebzeiten (§ 1233 ABGB.) unterzogene Vermögen anzunehmen. Wird durch einen solchen Vertrag das Eigentum (Miteigentum) einer unbeweglichen Sache übertragen, so finden die Bestimmungen des Grunderwerbsteuergesetzes Anwendung.

**12–16** (aufgehoben)

**17 Glücksverträge**

(1) Glücksverträge, wodurch die Hoffnung eines noch ungewissen Vorteiles versprochen und angenommen wird:

1. Im Inland abgeschlossene Wetten, die nicht dem GSpG unterliegen, wenn zumindest eine der am Rechtsgeschäft mitwirkenden Personen Unternehmer im Sinne des § 2 Abs. 2 GSpG ist, vom Wetteinsatz und, wenn die Wetteinsätze verschieden sind, vom höheren Wetteinsatz......................................... 2 vH;
2. Hoffnungskäufe beweglicher Sachen, vom Kaufpreise........................................... 2 vH;
3. Leibrentenverträge, die nicht von Versicherungsanstalten abgeschlossen werden, wenn gegen die Leibrente bewegliche Sachen überlassen werden, vom Werte der Leibrente, mindestens aber vom Werte der Sachen ................................................ 2 vH;

(2) Eine Wette gilt auch dann als im Inland abgeschlossen, wenn sie vom Inland in das Ausland vermittelt (§ 28 Abs. 3) wird oder wenn die Teilnahme an dem Rechtsgeschäft Wette vom Inland aus erfolgt.

(3) Die Wettgebühr nach Abs. 1 Z 1 ist, auch wenn eine Urkunde nicht errichtet wird, ohne amtliche Bemessung unmittelbar zu entrichten. Die Gebühr ist am 20. des dem Entstehen der Gebührenschuld folgenden Kalendermonats fällig. Bis zu diesem Zeitpunkt hat der gemäß § 28 Abs. 3 zur Gebührenentrichtung Verpflichtete eine Abrechnung unter Verwendung des amtlichen Vordrucks beim Finanzamt Österreich vorzulegen; dies gilt als Gebührenanzeige. Die Abrechnung ist elektronisch zu übermitteln, sofern dies dem Verpflichteten auf Grund der technischen Vor-

aussetzungen zumutbar ist. Der Bundesminister für Finanzen wird ermächtigt, die elektronische Übermittlung der Abrechnung und das Verfahren mit Verordnung näher zu regeln.

*(BGBl I 2019/104, BGBl I 2020/99)*

(4) Nicht gebührenpflichtig nach Abs. 1 sind

1. Treffer der von inländischen Gebietskörperschaften begebenen Anleihen, die mit einer Verlosung verbunden sind,
2. Differenzgeschäfte.

**18 Hypothekarverschreibungen**

(1) Hypothekarverschreibungen, wodurch zur Sicherstellung einer Verbindlichkeit eine Hypothek bestellt wird, nach dem Werte der Verbindlichkeit, für welche die Hypothek eingeräumt wird..1 v.H.

(2) Ist die Verbindlichkeit, für welche die Hypothek eingeräumt wird, unbestimmt und kann deren Betrag auch nicht annähernd festgesetzt werden, so hat sich die Gebühr nach dem Werte der Hypothek, soweit dieser nicht durch vorhergehende Hypothekarsicherstellungen erschöpft ist, zu richten.

**19** (aufgehoben)

**20 Vergleiche (außergerichtliche)**

(1) Vergleiche (außergerichtliche),

a) wenn der Vergleich über anhängige Rechtsstreitigkeiten getroffen wird................ 1 vH,
b) sonst..................................................... 2 vH

vom Gesamtwert der von jeder Partei übernommenen Leistungen.

(2) Gebührenfrei sind

1. Vergleiche über Unterhaltsansprüche Minderjähriger;
2. Vergleiche mit Versicherungsunternehmungen über Ansprüche aus Kranken- oder Schadensversicherungsverträgen;
3. Vergleiche, die mit einem Sozialhilfeträger über Ersatzansprüche abgeschlossen werden;
4. Vergleiche mit dem Bundesminister für Finanzen namens des Bundes über Ansprüche aus Haftungen nach dem Ausfuhrförderungsgesetz 1981.
5. Vergleiche über Verbraucherstreitigkeiten, die vor einer AS-Stelle gemäß § 4 des Alternative-Streitbeilegung-Gesetzes, BGBl. Nr. 105/2015 (Anm.: richtig: BGBl. I Nr. 105/2015) geschlossen werden.

*(BGBl I 2015/105)*

**21 Zessionen**

(1) Zessionen oder Abtretungen von Schuldforderungen oder anderen Rechten vom Entgelt........................................................0,8 v.H.

(2) Der Gebühr unterliegen nicht:

1. Zessionen an Gebietskörperschaften zur Sicherung rückständiger öffentlicher Abgaben;
2. Zessionen von Forderungen zwischen Kreditinstituten, der Oesterreichischen Nationalbank und den Bausparkassen sowie Zessionen von Forderungen gegen Gebietskörperschaften zwischen den genannten Instituten einerseits und Versicherungsunternehmen oder Pensionskassen im Sinne des Pensionskassengesetzes andererseits; den Kreditinstituten stehen ausländische Kreditinstitute und Finanzinstitute gleich, die zur Erbringung von Bankgeschäften im Sinne des § 1 Abs. 1 BWG berechtigt sind.
3. Zessionen von Forderungen zur Erfüllung eines Factoringvertrages;
4. Zessionen der Exporteure von Forderungen aus Ausfuhrgeschäften, soweit dafür der Bundesminister für Finanzen namens des Bundes eine Haftung nach dem Ausfuhrförderungsgesetz 1981 übernommen hat;
5. Zessionen von Forderungen, für die der Bundesminister für Finanzen namens des Bundes eine Haftung nach dem Ausfuhrförderungsgesetz 1981 übernommen hat, an den Bund nach Eintritt eines Haftungsfalles;
6. Abtretungen von Anteilen an einer Gesellschaft mit beschränkter Haftung, Übertragungen von Aktien, Übertragungen von Geschäftsanteilen an einer Erwerbs- und Wirtschaftsgenossenschaft und Übertragungen der mit der Stellung eines Gesellschafters einer Personengesellschaft verbundenen Rechte und Pflichten.
7. Zessionen an Verbriefungsspezialgesellschaften.



**22 Wechsel**

(1) Im Inland oder Ausland ausgestellte, gezogene und eigene Wechsel, sowohl mit bestimmter Zahlungsfrist als auch auf Sicht oder auf eine bestimmte Zeit nach Sicht unterliegen der Gebühr von 1/8 v. H. der Wechselsumme.

(2) Alle Vervielfältigungen eines Wechsels (Secunda, Tertia usw.) sowie alle girierten Wechselkopien unterliegen derselben Gebühr wie das erste Exemplar. Ebenso unterliegt jede schriftliche Prolongation eines Wechsels der gleichen Gebühr wie der Wechsel.

(3) Die einem Wechsel beigesetzte Hypothekarverschreibung unterliegt der in der Tarifpost 18 festgesetzten Gebühr. Alle sonstigen wechselrechtlichen Zusätze sind gebührenfrei.

(4) Für im Ausland ausgestellte und ausschließlich im Auslande zahlbare Wechsel ermäßigt sich die unter Abs. 1 festgesetzte Gebühr auf die Hälfte. Wird ein solcher Wechsel nachträglich im Inlande zahlbar gemacht oder gelangt er im Inlande zu einem amtlichen Gebrauche, so ist beim Eintritt dieses Umstandes die Gebühr auf das unter Abs. 1 festgesetzte Ausmaß zu ergänzen.

(5) Dem Wechsel stehen Anweisungen auf einen Unternehmer und Verpflichtungsscheine eines Unternehmers gleich, wenn sie an Order lauten und über eine Geldleistung ausgestellt sind.

(6) Die Gebühr ist

a) bei Inlandswechseln vom Aussteller oder Inhaber oder Akzeptanten,

b) bei Auslandswechseln vom ersten inländischen Inhaber oder Akzeptanten

selbst zu berechnen und bis zum 15. Tag (Fälligkeitstag) des dem Entstehen der Gebührenschuld zweitfolgenden Monats an das Finanzamt Österreich zu entrichten. Auf dem Wechsel ist ein Vermerk über die erfolgte Selbstberechnung anzubringen, der den berechneten Gebührenbetrag, das Datum des Tages der Selbstberechnung und die Unterschrift des Gebührenschuldners, der die Selbstberechnung durchgeführt hat, enthält. Der Gebührenschuldner, der die Selbstberechnung durchgeführt hat, hat dem Finanzamt eine Anmeldung über das Rechtsgeschäft unter Verwendung eines amtlichen Vordruckes bis zum Fälligkeitstag zu übermitteln, welche die für die Gebührenberechnung erforderlichen Angaben zu enthalten hat; dies gilt als Gebührenanzeige gemäß § 31.

*(BGBl I 2019/104, BGBl I 2020/99)*

(7) Gebührenfrei sind

1. Finanzwechsel und deren Prolongationen, die für einen ERP-Kredit beigebracht werden müssen, sofern sie mit einem von der Oesterreichischen Nationalbank oder von einem von der Geschäftsführung des ERP-Fonds ermächtigten Kreditinstitut zu fertigenden Vermerk über das Vorliegen der Voraussetzungen für die Gebührenfreiheit nach dieser Bestimmung versehen sind;
2. Finanzwechsel und deren Prolongationen, die für einen Kredit, für den eine Refinanzierungszusage der Exportfonds-Gesellschaft mit beschränkter Haftung besteht, beigebracht werden müssen, sofern sie mit einem von der Exportfonds-Gesellschaft mit beschränkter Haftung oder von einem von dieser ermächtigten Kreditinstitut zu fertigenden Vermerk über das Vorliegen der Voraussetzungen für die Gebührenfreiheit nach dieser Bestimmung versehen sind;
3. Finanzwechsel und deren Prolongationen, die für Kredite begeben werden, für die der Bundesminister für Finanzen namens des Bundes eine Haftung nach dem Ausfuhrfinanzierungsförderungsgesetz 1981 übernommen hat, sofern sie von einem Bevollmächtigten des Bundes im Sinne des § 5 Abs. 1 Ausfuhrförderungsgesetz 1981 mit einem Vermerk über das Vorliegen der Voraussetzungen für die Gebührenfreiheit nach dieser Bestimmung versehen sind;
4. Finanzwechsel und deren Prolongationen über Forderungen aus Ausfuhrgeschäften und Kreditverträgen, für die der Bundesminister für Finanzen namens des Bundes eine Haftung nach dem Ausfuhrförderungsgesetz 1981 übernommen hat, sofern sie von einem Bevollmächtigten des Bundes im Sinne des § 5 Abs. 1 Ausfuhrförderungsgesetz 1981 mit einem Vermerk über das Vorliegen der Voraussetzungen für die Gebührenfreiheit nach dieser Bestimmung versehen sind.

## IV. Abschnitt
## Schlußbestimmungen

**§ 34.** (1) Die Organe der Gebietskörperschaften sind verpflichtet, die bei ihnen anfallenden Schriften und Amtshandlungen auf die Einhaltung der Vorschriften dieses Bundesgesetzes zu überprüfen. Stellen sie hiebei eine Verletzung der Gebührenvorschriften fest, so haben sie hierüber einen Befund aufzunehmen und diesen dem Finanzamt Österreich zu übersenden. Die näheren Bestimmungen über die Befundaufnahme werden durch Verordnung getroffen.

*(BGBl I 2019/104, BGBl I 2020/99)*

**„(1)[a] Die Organe der Gebietskörperschaften haben den Gebührenschuldner über die Rechtsgrundlage und die Höhe der zu entrichtenden Gebühren zu informieren sowie die bei ihnen anfallenden Schriften und Amtshandlungen auf die Einhaltung der Vorschriften dieses Bundesgesetzes zu überprüfen. Stellen sie hiebei eine Verletzung der Gebührenvorschriften fest, so haben sie hierüber einen Befund aufzunehmen und diesen dem Finanzamt Österreich zu übermitteln. Die näheren Bestimmungen über die Informationspflicht, die Befundaufnahme sowie über die Übermittlung des Befundes werden durch Verordnung getroffen.“**

*(BGBl I 2019/104, BGBl I 2020/99, BGBl I 2022/108 ab 1.10.2022)*

[a] Tritt mit 1. Oktober 2022 in Kraft.

(2) Das Finanzamt Österreich ist berechtigt, bei Behörden, Ämtern und öffentlich-rechtlichen Körperschaften die Einhaltung der Vorschriften dieses Bundesgesetzes von Zeit zu Zeit durch eine Nachschau zu überprüfen.

*(BGBl I 2019/104, BGBl I 2020/99)*

**§ 35.** (1) Stempel- und Rechtsgebührenbefreiungen, die in österreichischen Gesetzen vorgesehen waren, die vor dem 13. März 1938 erlassen wurden, finden, sofern diese Gesetze in Kraft stehen oder wieder in Kraft gesetzt werden, sinngemäß Anwendung.

(2) Bis zur Neuregelung der Arbeitsvermittlung sind alle Rechtsgeschäfte, Schriften und Amtshandlungen, die mittelbar oder unmittelbar zur Begründung und Abwicklung der Rechtsverhältnisse zwischen den Behörden der Arbeitsvermittlung einerseits und den Arbeit(Dienst)gebern und Versicherten anderseits erforderlich sind, von den Stempel- und Rechtsgebühren befreit.

(3)

a) Die durch die Europawahlordnung, das Europa-Wählerevidenzgesetz, das Wählerevidenzgesetz 1973, das Volksabstimmungsgesetz 1972, das Volksbefragungsgesetz 1989, die Nationalrats-Wahlordnung 1992, das Bundespräsidentenwahlgesetz 1971 und das Volksbegehrengesetz 1973 unmittelbar veranlassten Schriften sind von den Stempelgebühren befreit; dies gilt auch für jene Schriften, die durch gleichartige landesgesetzliche Vorschriften veranlasst sind.

b) Die im Volksanwaltschaftsgesetz 1982 enthaltene Gebührenbefreiung ist auch auf jene Schriften anzuwenden, die durch gleichartige landesgesetzliche Vorschriften veranlasst sind.

(4) Bescheide, mit denen die Bewilligung zur Selbstberechnung der Hundertsatzgebühren gemäß § 3 Abs. 4 erteilt worden sind und die dem § 33 Tarifpost 5 in der Fassung des Bundesgesetzes BGBl. I Nr. 28/1999 entgegenstehen, verlieren insoweit mit dessen Inkrafttreten ihre Wirkung.

(5)

1. Die durch die Folgen eines durch Katastrophenschäden (insbesondere Hochwasser-, Erdrutsch-, Vermurungs- und Lawinenschäden) ausgelösten Notstandes veranlassten Schriften, die der Ersatzausstellung von gebührenpflichtigen Schriften oder der Schadensfeststellung, Schadensabwicklung oder der Schadensbereinigung dienen, sind von den Gebühren befreit.
2. Die im Zusammenhang mit einer Katastrophe im Sinne der Z 1 zur Finanzierung der Beseitigung des eingetretenen Schadens durch den Geschädigten selbst oder seinen den Schaden wirtschaftlich tragenden Rechtsnachfolger abgeschlossenen Darlehens- und Kreditverträge (einschließlich Prolongationen, Aufstockungen und Vertragsübernahmen) sowie die damit verbundenen Sicherungs- und Erfüllungsgeschäfte sind gebührenbefreit. Dies gilt auch für Bestandverträge, mit denen eine Ersatzbeschaffung vorgenommen wird.
3. Die Gebührenbefreiungen der Z 1 und 2 stehen nur zu, wenn
   a) im Falle der Z 1 der Antrag auf Ausstellung der Schrift innerhalb eines Jahres ab Schadenseintritt bei der die Schrift ausstellenden Stelle einlangt und dieser ein entsprechender Nachweis des Schadens vorgelegt wird,
   b) im Falle der Z 2 die Rechtsgeschäfte innerhalb von zwei Jahren ab Schadenseintritt abgeschlossen werden und der Eintritt sowie die Höhe des Schadens bei Selbstberechnung dem gemäß § 3 Abs. 4 und 4a zur Selbstberechnung Befugten, bei Selbstberechnung gemäß § 33 TP 5 Abs. 5 Z 1 und 5 dem zur Selbstberechnung Verpflichteten und im Übrigen dem Finanzamt Österreich nachgewiesen wird.

   *(BGBl I 2019/104, BGBl I 2020/99)*
4. Auf den Schriften und Urkunden über Rechtsgeschäfte, die nach Z 1 bis 3 befreit sind, ist der Vermerk „Gebührenfrei gemäß § 35 Abs. 5 GebG 1957“ anzubringen. Ist die Anbringung des Vermerkes nicht möglich, hat die die Schrift ausstellende Stelle die Gebührenfreiheit im bezughabenden Verwaltungsakt festzuhalten.

(6) Schriften, die unmittelbar durch die Geburt eines Kindes veranlasst sind (insbesondere Geburtsurkunde, Staatsbürgerschaftsnachweis, Reisedokument), sofern sie innerhalb von zwei Jahren ab der Geburt ausgestellt werden, sind von den Stempelgebühren und den Verwaltungsabgaben des Bundes befreit; dies gilt auch für jene ausländischen Schriften, die in diesem Zusammenhang zum amtlichen Gebrauch vorgelegt werden. Die Befreiung ist auf Schriften gemäß § 14 Tarifpost 2 Abs. 1 Z 3 sowie auf Reisedokumente gemäß § 14 Tarifpost 9 Abs. 1 Z 4 und 4a nicht anzuwenden. Den Städten mit eigenem Statut (einschließlich Wien) sowie den Gemeinden Leoben und Schwechat steht für die Ausstellung von gebührenfreien Reisedokumenten und Aufenthaltstiteln ein Pauschalbetrag zu, der für die Städte mit eigenem Statut 0,12 Euro jährlich je Einwohner und für die Gemeinden Leoben und Schwechat 0,20 Euro jährlich je Einwohner (§ 9 Abs. 9 des Finanzausgleichsgesetzes 2008, BGBl. I Nr. 103/2007, in der jeweils geltenden Fassung) beträgt.

*(BGBl I 2015/17)*



(7) Rechtsgeschäfte, die die Grundlage für die Erzielung von Einkünften in Zusammenhang mit dem einem Infrastrukturbetreiber eingeräumten Recht, Grund und Boden zur Errichtung und zum Betrieb von ober- oder unterirdischen Leitungen im öffentlichen Interesse zu nutzen, darstellen (§ 107 des Einkommensteuergesetzes 1988 bzw. § 24 Abs. 7 des Körperschaftsteuergesetzes 1988), sind von den Gebühren gemäß § 33 TP 5 und 9 befreit.

*(BGBl I 2018/62)*

(8)[a] Schriften und Amtshandlungen, die mittelbar oder unmittelbar aufgrund der erforderlichen hoheitlichen Maßnahmen zur Bewältigung der COVID-19-Krisensituation erfolgen, sind von den Gebühren und Bundesverwaltungsabgaben befreit. Die Befreiung gilt auch in Verfahren vor den Verwaltungsgerichten, dem Verwaltungsgerichtshof und dem Verfassungsgerichtshof. Wurden Bundesverwaltungsabgaben bereits bescheidmäßig festgesetzt, so ist auf Antrag der Bescheid durch die Behörde abzuändern und eine bereits entrichtete Bundesverwaltungsabgabe rückzuerstatten. Hinsichtlich der Gebühren gilt § 241 Abs. 2 BAO sinngemäß. Rechtsgeschäfte, die zur Durchführung der Maßnahmen im Zusammenhang mit der Bewältigung der COVID-19-Krisensituation notwendig sind, sind von den Hundertsatzgebühren befreit.

*(BGBl I 2020/16, BGBl I 2020/23, BGBl I 2021/227)*

[a] Tritt mit 31. Dezember 2022 außer Kraft.

(9)[a] Bestandverträge im Zusammenhang mit Veranstaltungen, deren Bestandzeitraum zur Gänze zwischen 1. März 2020 und 30. Juni 2022 liegt und deren Ausführung wegen der COVID-19 Krisensituation gänzlich unterbleibt, sind von den Hundertsatzgebühren befreit. Wurde die Hundertsatzgebühr bereits festgesetzt, so ist auf Antrag der Abgabenbescheid vom Finanzamt Österreich mit Bescheid aufzuheben. Wurde die Hundertsatzgebühr bereits selbstberechnet, ist auf Antrag vom Finanzamt

Österreich ein Bescheid zu erlassen, wonach die Hundertsatzgebühr nicht festgesetzt wird.

*(BGBl I 2021/3, BGBl I 2021/52, BGBl I 2021/227)*

[a]) Tritt mit 31. Dezember 2022 außer Kraft.

**§ 36.** (aufgehoben)

**§ 37.** (1) § 14 TP 6 Abs. 5 Z 1 in der Fassung des Bundesgesetzes BGBl. I Nr. 88/1997 tritt am 1. September 1997 in Kraft.

(2) Die festen Gebührensätze, § 2 Z 3, § 4, § 5 Abs. 2, § 14 Tarifpost 1 Abs. 1 Z 1 und Abs. 3, Tarifpost 6 Abs. 3, Tarifpost 6 Abs. 5 Z 3, Z 4, Z 4a, Z 8, Z 14, Z 17, Z 19, Tarifpost 11 und Tarifpost 14 Abs. 2 Z 4, jeweils in der Fassung des Bundesgesetzes BGBl. I Nr. 130/1997, treten mit 1. Dezember 1997 in Kraft und sind auf alle Sachverhalte anzuwenden, die nach dem 30. November 1997 verwirklicht werden. § 14 Tarifpost 1 Abs. 4 in der Fassung vor dem Bundesgesetz BGBl. I Nr. 130/1997 ist auf Sachverhalte anzuwenden, die vor dem 1. Dezember 1997 verwirklicht wurden. Abweichend vom ersten Satz treten die Gebührensätze des § 14 Tarifpost 15 (Anm.: idF BGBl. I Nr. 103/1997) mit 1. März 1998 in Kraft und sind auf alle Sachverhalte anzuwenden, die nach dem 28. Februar 1998 verwirklicht werden. § 14 Tarifpost 6 Abs. 5 Z 22 tritt mit 1. März 1998 in Kraft und ersetzt Art. IV Z 1 des Bundesgesetzes, mit dem das Kraftfahrgesetz 1967 (19. KFG-Novelle), die 4. Kraftfahrgesetz-Novelle und das Gebührengesetz 1957 geändert werden, BGBl. I Nr. 103/1997.

(3) Die §§ 3 Abs. 3, 4, 4a, 4b und 4c; 6 Abs. 2; 25 Abs. 2, 3 und 6; 31 Abs. 1 und 2; 33 Tarifpost 5 Abs. 3 und 5; 35 Abs. 4, jeweils in der Fassung des Bundesgesetzes BGBl. I Nr. 28/1999, treten mit 1. Juli 1999 in Kraft und sind auf alle Sachverhalte anzuwenden, für welche die Gebührenschuld nach dem 30. Juni 1999 entsteht. § 14 Tarifpost 6 Abs. 3 und Abs. 5 Z 8, jeweils in der Fassung vor dem Bundesgesetz BGBl. I Nr. 28/1999, sind letztmalig auf Sachverhalte anzuwenden, für welche die Gebührenschuld vor dem 1. Jänner 1999 entsteht.

(4) §§ 3 Abs. 2 Z 1, 3 und 4; 9 Abs. 1; 14 Tarifpost 6 Abs. 5 Z 24, Tarifpost 8, 9 und 16, jeweils in der Fassung des Bundesgesetzes BGBl. I Nr. 92/1999, treten mit 1. Juli 1999 in Kraft und sind auf alle Sachverhalte anzuwenden, bei denen die Eingabe um Ausstellung der betreffenden Schrift oder um Vornahme der betreffenden Amtshandlung nach dem 30. Juni 1999 eingebracht wird. § 3 Abs. 2 Z 2 tritt mit 1. Jänner 2000 in Kraft. § 14 Tarifpost 9 Abs. 2 in der Fassung vor dem Bundesgesetz BGBl. I Nr. 92/1999 ist auf alle Sachverhalte anzuwenden, bei denen die Eingabe um Ausstellung der betreffenden Schrift oder um Vornahme der betreffenden Amtshandlung vor dem 1. Juli 1999 eingebracht wird.

(5) § 16 Abs. 2 Z 1 sowie § 33 Tarifpost 21 Abs. 2 Z 4 in der Fassung des Bundesgesetzes BGBl. I Nr. 106/1999 treten mit 1. Jänner 2000 in Kraft und sind auf alle Sachverhalte anzuwenden, die nach dem 31. Dezember 1999 verwirklicht werden.

(6) § 14 Tarifpost 9 Abs. 1, 2 und 5 sowie Tarifpost 16 Abs. 1 bis 3 und 5, jeweils in der Fassung des Bundesgesetzes BGBl. I Nr. 26/2000, treten mit 1. Juni 2000 in Kraft und sind auf alle Sachverhalte anzuwenden, bei denen die Eingabe um Ausstellung der betreffenden Schrift oder um Vornahme der betreffenden Amtshandlung nach dem 31. Mai 2000 eingebracht wird. § 14 Tarifpost 9 Abs. 1, 2 und 5 sowie Tarifpost 16 Abs. 1 bis 3 und 5, jeweils in der Fassung vor dem Bundesgesetz BGBl. I Nr. 26/2000, sind letztmalig auf Sachverhalte anzuwenden, bei denen die Eingabe um Ausstellung der betreffenden Schrift oder um Vornahme der betreffenden Amtshandlung vor dem 1. Juni 2000 eingebracht wird.

(7) § 14 Tarifpost 6 Abs. 5 Z 26 und Tarifpost 14 Abs. 2 Z 24 treten mit 1. Juli 2000 in Kraft und sind auf alle Sachverhalte anzuwenden, in denen die Gebührenschuld nach dem 30. Juni 2000 entsteht.

(8) § 14 Tarifpost 6 Abs. 5 Z 11 und Tarifpost 14 Abs. 2 Z 6 in der Fassung des Bundesgesetzes BGBl. I Nr. 142/2000 ist auf alle Sachverhalte anzuwenden, in denen die Gebührenschuld nach dem 31. Dezember 2000 entsteht. § 14 Tarifpost 6 Abs. 5 Z 11 und Tarifpost 14 Abs. 2 Z 6 in der Fassung vor dem Bundesgesetz BGBl. I Nr. 142/2000 ist auf alle Sachverhalte anzuwenden, in denen die Gebührenschuld vor dem 1. Jänner 2001 entsteht.

(9) § 14 Tarifpost 9 Abs. 5 in der Fassung des Bundesgesetzes BGBl. I Nr. 44/2001 tritt mit 1. Mai 2001 in Kraft.

(10) Die festen Gebührensätze, die Pauschalbeträge des § 14 Tarifpost 8 Abs. 4, Tarifpost 9 Abs. 5 und Tarifpost 16 Abs. 5, §§ 3 Abs. 2, 3, 4 erster Satz, 4a erster Satz und 5; 6; 9 Abs. 1; 11; 13 Abs. 4; 14 Tarifpost 4 Abs. 1 Z 2 und Abs. 2; Tarifpost 5 Abs. 2; Tarifpost 6 Abs. 2 Z 6; Abs. 5 Z 1, 4, 4a und 7; Tarifpost 9 Abs. 4; Tarifpost 13; Tarifpost 14 Abs. 1 und 2 Z 25; 16 Abs. 6; 18 Abs. 1 und 4; 23; 25; 30; 33 Tarifpost 1; Tarifpost 5 Abs. 4 Z 3 und Abs. 5; Tarifpost 7 Abs. 1; Tarifpost 8 Abs. 4 erster Satz; Tarifpost 17 Abs. 1 Z 6; Tarifpost 18 Abs. 2; Tarifpost 20 Abs. 1; Tarifpost 22 Abs. 3 und 6, jeweils in der Fassung des BGBl. I Nr. 144/2001, treten mit 1. Jänner 2002 in Kraft und sind auf alle Sachverhalte anzuwenden, für welche die Gebührenschuld nach dem 31. Dezember 2001 entsteht. §§ 3 Abs. 2, 3, 4 erster Satz, 4a erster Satz und 5; 4; 6; 9 Abs. 1; 11; 13 Abs. 4; 14 Tarifpost 1 Abs. 1 Z 2 lit. c; Tarifpost 3; Tarifpost 4 Abs. 1 Z 2 und 3 und Abs. 2; Tarifpost 5 Abs. 2; Tarifpost 6 Abs. 2 Z 6; Abs. 5 Z 1, 4, 4a und 7; Tarifpost 7 Abs. 1 Z 3; Tarifpost 9 Abs. 4; Tarifpost 10; Tarifpost 11; Tarifpost 13; Tarifpost 14 Abs. 1 und 2 Z 25; Tarifpost 15 Abs. 5; 16 Abs. 6; 18 Abs. 1 und 4; 19 Abs. 3; 23; 25; 27; 30; 33 Tarifpost 1; Tarifpost 5 Abs. 4 Z 3 und Abs. 5; Tarifpost 7 Abs. 1; Tarifpost 8 Abs. 4 erster Satz; Tarifpost 12; Tarifpost 14; Tarifpost 17 Abs. 1 Z 5 und 6; Tarifpost 18 Abs. 2; Tarifpost 20 Abs. 1; Tarifpost 22 Abs. 3 und 6, jeweils in der Fassung vor dem BGBl. I Nr. 144/2001, sind letztmalig auf Sachverhalte anzuwenden, für welche die Gebührenschuld vor dem 1. Jänner 2002 entsteht.

(11) § 10 in der Fassung des Bundesgesetzes BGBl. I Nr. 10/2004 tritt mit 1. März 2004 in Kraft und mit 31. Dezember 2006 außer Kraft.

(12) § 14 Tarifpost 6 Abs. 5 Z 24, Tarifpost 8 Abs. 1, 5, 6 und 7 und Tarifpost 9 Abs. 5, jeweils in der Fassung des Bundesgesetzes BGBl. I Nr. 72/2004 treten mit 1. August 2004 in Kraft und sind auf alle Sachverhalte anzuwenden, bei denen die Eingabe um Ausstellung der betreffenden Schrift oder um Vornahme der betreffenden Amtshandlung nach dem 31. Juli 2004 eingebracht wird. § 14 Tarifpost 6 Abs. 5 Z 24, Tarifpost 8 Abs. 1 und 5 sowie Tarifpost 9 Abs. 5, jeweils in der Fassung vor dem Bundesgesetz BGBl. I Nr. 72/2004, sind letztmalig auf Sachverhalte anzuwenden, bei denen die Eingabe um Ausstellung der betreffenden Schrift oder um Vornahme der betreffenden Amtshandlung vor dem 1. August 2004 eingebracht wird.

(13) § 14 Tarifpost 8 Abs. 5 in der Fassung des Bundesgesetzes BGBl. I Nr. 180/2004 tritt mit 1. März 2005 in Kraft und ist auf alle Sachverhalte anzuwenden, für welche die Gebührenschuld nach dem 28. Februar 2005 entsteht. § 14 Tarifpost 8 Abs. 5 in der Fassung vor dem Bundesgesetz BGBl. I Nr. 180/2004, ist letztmalig auf Sachverhalte anzuwenden, für welche die Gebührenschuld vor dem 1. März 2005 entsteht.

(14) § 14 Tarifpost 8 Abs. 5, 5a, 5b, 6 und 7 in der Fassung des Bundesgesetzes BGBl. I Nr. 100/2005 treten mit 1. Jänner 2006 in Kraft und sind auf alle Sachverhalte anzuwenden, für welche die Gebührenschuld nach dem 31. Dezember 2005 entsteht. § 14 Tarifpost 8 Abs. 5, 6 und 7 in der Fassung vor dem Bundesgesetz BGBl. I Nr. 100/2005 sind letztmalig auf Sachverhalte anzuwenden, für welche die Gebührenschuld vor dem 1. Jänner 2006 entsteht.

(15) § 28 Abs. 3 und § 33 TP 17 Abs. 1 Z 6 in der Fassung des Bundesgesetzes BGBl. I Nr. 105/2005 treten mit 1. Oktober 2005 in Kraft und sind auf alle Sachverhalte anzuwenden, für welche die Gebührenschuld nach dem 30. September 2005 entsteht. § 33 TP 17 Abs. 3 in der Fassung vor dem BGBl. I Nr. 105/2005 ist letztmalig auf Sachverhalte anzuwenden, für welche die Gebührenschuld vor dem 1. Oktober 2005 entsteht.

(16) § 35 Abs. 5 tritt mit 1. Juli 2005 in Kraft und ist auf alle Sachverhalte anzuwenden, die nach dem 30. Juni 2005 verwirklicht werden.

(17) § 14 Tarifpost 2 Abs. 1 Z 3 in der Fassung des Bundesgesetzes BGBl. I Nr. 37/2006 tritt gleichzeitig mit dem Bundesgesetz, mit dem das Staatsbürgerschaftsgesetz geändert wird, BGBl. I. Nr. 37/2006, in Kraft und ist auf Sachverhalte anzuwenden, für die die Gebührenschuld ab diesem Zeitpunkt entsteht. § 14 Tarifpost 2 Abs. 1 Z 3 in der Fassung vor dem Bundesgesetz BGBl. I Nr. 37/2006 ist letztmalig auf Sachverhalte anzuwenden, für die die Gebührenschuld vor dem In-Kraft-Treten des Bundesgesetzes, mit dem das Staatsbürgerschaftsgesetz geändert wird, BGBl. I Nr. 37/2006, entsteht.

(18) § 14 Tarifpost 9 Abs. 1, Abs. 2 Z 2 und Abs. 5, jeweils in der Fassung des Bundesgesetzes BGBl. I Nr. 44/2006, treten gleichzeitig mit dem Bundesgesetz, mit dem das Passgesetz geändert wird, BGBl. I Nr. 44/2006, in Kraft und sind auf Sachverhalte anzuwenden, für welche die Gebührenschuld nach dem In-Kraft-Treten des Bundesgesetzes, mit dem das Passgesetz geändert wird, BGBl. I Nr. 44/2006, entsteht. § 14 Tarifpost 9 Abs. 1, Abs. 2 Z 2 und Abs. 5 in der Fassung vor dem Bundesgesetz BGBl. I Nr. 44/2006 sind letztmalig auf Sachverhalte anzuwenden, für welche die Gebührenschuld vor dem In-Kraft-Treten des Bundesgesetzes, mit dem das Passgesetz geändert wird, BGBl. I Nr. 44/2006, entsteht.



(19) § 14 Tarifpost 8 Abs. 1 Z 1 bis 3, Abs. 1a und 1b sowie Abs. 2 Z 2 in der Fassung des Budgetbegleitgesetzes 2007, BGBl. I Nr. 24, tritt mit 1. Juni 2007 in Kraft und ist auf alle Sachverhalte anzuwenden, für welche die Gebührenschuld nach dem 31. Mai 2007 entsteht. § 33 Tarifpost 5 Abs. 4 Z 2 in der Fassung des Budgetbegleitgesetzes 2007 ist auf alle Sachverhalte anzuwenden, für die die Gebührenschuld nach dem 31. Dezember 2001 entstanden ist. § 14 Tarifpost 8 Abs. 1 Z 1 bis 3 in der Fassung vor dem Budgetbegleitgesetz 2007 ist letztmalig auf Sachverhalte anzuwenden, für welche die Gebührenschuld vor dem 1. Juni 2007 entsteht.

(20) § 35 Abs. 6 in der Fassung des Bundesgesetzes BGBl. I Nr. 105/2007 tritt mit 1. Jänner 2008 in Kraft und ist auf alle Sachverhalte anzuwenden, die nach dem 31. Dezember 2007 verwirklicht werden.

(21) § 14 Tarifpost 9 Abs. 2 Z 1a und Abs. 5, in der Fassung des Bundesgesetzes BGBl. I Nr. 6/2009, tritt gleichzeitig mit dem Bundesgesetz, mit dem das Passgesetz 1992 geändert wird, BGBl. I Nr. 6/2009, in Kraft.

(22) § 14 Tarifpost 4 Abs. 4, Tarifpost 5 Abs. 3 Z 3 bezüglich Schriften und Druckwerke, die einem Ansuchen um Verleihung der österreichischen Staatsbürgerschaft beigelegt werden, Tarifpost 6 Abs. 3 lit. b, Tarifpost 7 Abs. 3 und Tarifpost 14 Abs. 2 Z 28, jeweils in der Fassung des Bundesgesetzes BGBl. I Nr. 52/2009, treten mit 1. September 2009 in Kraft und sind auf alle Sachverhalte anzuwenden, für die die Gebührenschuld nach dem 31. August 2009 entsteht.

§ 11 Abs. 1 Z 1, § 14 Tarifpost 5 Abs. 3 Z 3 bezüglich Schriften und Druckwerke, die einem Ansuchen um Erteilung eines Aufenthaltstitels beigelegt werden, Tarifpost 6 Abs. 3 lit. a sowie Abs. 5 Z 24, Tarifpost 8 Abs. 5 und 7, jeweils in der Fassung des Bundesgesetzes BGBl. I Nr. 52/2009, treten mit 1. Juli 2009 in Kraft und sind auf alle Sachverhalte anzuwenden, für die das Ansuchen um Erteilung eines Aufenthaltstitels nach dem 30. Juni 2009 gestellt wird.

§ 14 Tarifpost 6 Abs. 5 Z 24 sowie Tarifpost 8 Abs. 5 und 7, jeweils in der Fassung vor dem Bundesgesetz BGBl. I Nr. 52/2009, sind letztmalig auf Sachverhalte anzuwenden, für die das Ansuchen um Erteilung eines Aufenthaltstitels vor dem 1. Juli 2009 gestellt wird.

§ 14 Tarifpost 6 Abs. 2 Z 3 in der Fassung vor dem Bundesgesetz BGBl. I Nr. 52/2009 ist letztmalig auf Sachverhalte anzuwenden, für welche die Gebührenschuld vor dem 1. September 2009 entsteht. § 15 Abs. 3 in der Fassung des Bundesgesetzes BGBl. I Nr. 52/2009 tritt mit 1. August 2008 in Kraft und ist auf alle Sachverhalte anzuwenden, die nach dem 31. Juli 2008 verwirklicht werden.

(23) § 14 Tarifpost 9 Abs. 1 Z 2, 2a, 3, 4, 4a, Abs. 2 Z 1a und Abs. 5 sowie § 35 Abs. 6, jeweils in der Fassung des Bundesgesetzes BGBl. I Nr. 79/2009, treten mit 19. August 2009 in Kraft und sind auf alle Sachverhalte anzuwenden, für welche die Gebührenschuld nach dem 18. August 2009 entsteht oder entstanden ist. § 35 Abs. 6 in der Fassung vor dem Bundesgesetz BGBl. I Nr. 79/2009 ist letztmalig auf Sachverhalte anzuwenden, die vor dem 19. August 2009 verwirklicht werden. § 14 Tarifpost 9 Abs. 1 Z 6 tritt mit 15. Juli 2009 außer Kraft.

(24) § 33 Tarifpost 11 Abs. 2 in der Fassung vor dem Bundesgesetz BGBl. I Nr. 75/2009 ist letztmalig auf Sachverhalte anzuwenden, für die die Gebührenschuld vor dem 1. Jänner 2010 entsteht.

(24) § 14 Tarifpost 15 Abs. 3 in der Fassung des Bundesgesetzes BGBl. I Nr. 9/2010 tritt mit 1. Juli 2010 in Kraft.

(25) § 14 Tarifpost 8 Abs. 5, Abs. 5a, Abs. 5b erster Satz, Abs. 5c, Abs. 6 und 7, jeweils in der Fassung des Bundesgesetzes BGBl. I Nr. 122/2009, treten mit 1. Jänner 2010 in Kraft und sind auf alle Sachverhalte anzuwenden, für welche die Gebührenschuld nach dem 31. Dezember 2009 entsteht. § 14 Tarifpost 4 Abs. 4, Tarifpost 5 Abs. 3 Z 3 bezüglich Schriften und Druckwerke, die einem Ansuchen um Erstreckung der Verleihung der österreichischen Staatsbürgerschaft beigelegt werden, Tarifpost 6 Abs. 3 lit. b, Tarifpost 7 Abs. 3 und Tarifpost 14 Abs. 2 Z 28, jeweils in der Fassung des Bundesgesetzes BGBl. I Nr. 122/2009, treten mit 1. Jänner 2010 in Kraft und sind auf alle Sachverhalte anzuwenden, für die die Gebührenschuld nach dem 31. Dezember 2009 entsteht.

(26) § 11 Abs. 1 Z 1, § 14 Tarifpost 6 Abs. 2 Z 5 und Tarifpost 10, jeweils in der Fassung des Bundesgesetzes BGBl. I Nr. 34/2010, treten mit 1. Juli 2010 in Kraft und sind auf alle Sachverhalte anzuwenden, für die die Gebührenschuld nach dem 30. Juni 2010 entsteht. § 11 Abs. 1 Z 1, § 14 Tarifpost 1 Abs. 3 und Tarifpost 6 Abs. 2 Z 5 und 6, jeweils in der Fassung vor dem Bundesgesetz BGBl. I Nr. 34/2010, treten mit 1. Juli 2010 außer Kraft und sind letztmalig auf alle Sachverhalte anzuwenden, für die die Gebührenschuld vor dem 1. Juli 2010 entsteht. Für die in § 14 Tarifpost 10 Abs. 1 angeführten Eingaben und Niederschriften, für die im Zeitpunkt des Inkrafttretens dieses Bundesgesetzes noch keine Gebührenschuld gemäß § 11 Abs. 1 entstanden ist, entsteht die Gebührenschuld nach § 14 Tarifpost 10 mit dem 1. Juli 2010.

(27) §§ 9 Abs. 2 erster Satz, 16 Abs. 5, 28 Abs. 3, 31 Abs. 3 und 33 Tarifpost 17, jeweils in der Fassung des Bundesgesetzes BGBl. I Nr. 54/2010, treten mit 1. Jänner 2011 in Kraft und sind auf alle Sachverhalte anzuwenden, für die die Gebührenschuld nach dem 31. Dezember 2010 entsteht. §§ 9 Abs. 2 erster Satz, 16 Abs. 5, 28 Abs. 3, 31 Abs. 3 und 33 Tarifpost 17, jeweils in der Fassung vor dem Bundesgesetz BGBl. I Nr. 54/2010, treten mit 1. Jänner 2011 außer Kraft und sind letztmalig auf alle Sachverhalte anzuwenden, für die die Gebührenschuld vor dem 1. Jänner 2011 entsteht.

(28) § 3 Abs. 2 Z 2 erster Satz, § 3 Abs. 4 erster und letzter Satz, § 3 Abs. 4a erster Satz, § 3 Abs. 4c erster Satz, § 3 Abs. 5 erster Satz, § 3 Abs. 5 letzter Satz, § 14 Tarifpost 15 Abs. 3 zweiter Satz, § 33 Tarifpost 5 Abs. 5 Z 1, § 33 Tarifpost 5 Abs. 5 Z 4 erster Satz, § 33 Tarifpost 17 Abs. 3, § 33 Tarifpost 22 Abs. 6 erster Satz, § 34 Abs. 1 zweiter Satz, § 34 Abs. 2, § 35 Abs. 5 Z 3 lit. b, jeweils in der Fassung des Budgetbegleitgesetzes 2011, BGBl. I Nr. 111/2010, treten mit 1. Jänner 2011 in Kraft. § 3 Abs. 4 vorletzter Satz, § 3 Abs. 4c dritter Satz, § 31 Abs. 1 letzter Satz und Abs. 3 treten mit Ablauf des 31. Dezember 2010 außer Kraft. § 16 Abs. 6 in der Fassung vor dem Budgetbegleitgesetz 2011, BGBl. I Nr. 111/2010, ist letztmalig auf Sachverhalte anzuwenden, für die die Gebührenschuld vor dem 1. Jänner 2011 entsteht. § 19 Abs. 2 zweiter Satz, § 20 Z 5 und § 33 Tarifpost 21 Abs. 2 Z 3, jeweils in der Fassung des Budgetbegleitgesetzes 2011, BGBl. I Nr. 111/2010, treten mit 1. Jänner 2011 in Kraft und sind auf Sachverhalte anzuwenden, die nach dem 31. Dezember 2010 verwirklicht werden. § 19 Abs. 2 zweiter Satz, § 20 Z 5 und § 33 Tarifpost 21 Abs. 2 Z 3, jeweils in der Fassung vor dem Budgetbegleitgesetz 2011, BGBl. I Nr. 111/2010, sind letztmalig auf Sachverhalte anzuwenden, die vor dem 1. Jänner 2011 verwirklicht werden. § 33 Tarifposten 8 und 19 treten mit Ablauf des 31. Dezember 2010 außer Kraft und sind letztmalig auf Sachverhalte anzuwenden, für die die Gebührenschuld vor dem 1. Jänner 2011 entsteht.

(29)

1. § 14 Tarifpost 8 Abs. 5b in der Fassung des Bundesgesetzes BGBl. I Nr. 76/2011 tritt mit 1. September 2011 in Kraft und ist erstmalig auf Sachverhalte anzuwenden, für die die Gebührenschuld nach dem 31. August 2011 entsteht. § 14 Tarifpost 8 Abs. 5b in der Fassung vor dem Bundesgesetz BGBl. I Nr. 76/2011 ist letztmalig auf Sachverhalte anzuwenden, für die die Gebührenschuld vor dem 1. September 2011 entsteht. § 35 Abs. 6 letzter Satz in der Fassung des Bundesgesetzes BGBl. I Nr. 76/2011 tritt mit 1. Jänner 2011 in Kraft.
2. § 35 Abs. 3 in der Fassung des Bundesgesetzes BGBl. I Nr. 76/2011 ist auf alle nach dem 31. Dezember 2007 verwirklichte Sachverhalte anzuwenden.

(30) § 14 Tarifpost 6 Abs. 5 Ziffer 28 in der Fassung des Bundesgesetzes BGBl. I Nr. 17/2012 tritt mit 1. Juni 2012 in Kraft und ist auf alle Sachverhalte anzuwenden, bei denen die Gebührenschuld nach dem 31. Mai 2012 entstünde.

(31) § 14 Tarifpost 11 in der Fassung des Bundesgesetzes BGBI. I Nr. 112/2012 tritt mit 1. Jänner 2013 in Kraft und ist auf Waffendokumente anzu-

wenden, für die der Antrag auf Ausstellung nach dem 31. Dezember 2012 gestellt wird. § 14 Tarifposten 17 und 18 in der Fassung des Bundesgesetzes BGBl. I Nr. 112/2012 treten mit 1. April 2013 in Kraft und sind auf Anträge anzuwenden, die nach dem 31. März 2013 gestellt werden.

§ 33 Tarifpost 5 Abs. 5 Z 3 in der Fassung des Bundesgesetzes BGBI. I Nr. 112/2012 tritt mit 1. Jänner 2013 in Kraft und ist auf alle Bestandverträge anzuwenden, die nach dem 31. Dezember 2012 abgeschlossen werden.

(32) § 14 Tarifpost 6 Abs. 5 Z 1, 4 und 4a, jeweils in der Fassung des Bundesgesetzes BGBl. I Nr. 70/2013, tritt mit 1. Jänner 2014 in Kraft. § 14 Tarifpost 10 Abs. 1 Z 4 und Z 6 in der Fassung vor dem Bundesgesetz BGBl. I Nr. 70/2013 tritt mit 1. Jänner 2014 außer Kraft und ist letztmalig auf alle Sachverhalte anzuwenden, für die die Gebührenschuld vor dem 1. Jänner 2014 entsteht.

(33) § 14 Tarifpost 2 Abs. 1 Z 3 lit. b und c in der Fassung des Bundesgesetzes BGBl. I Nr. 13/2014 tritt mit 1. August 2013 in Kraft und ist auf alle Sachverhalte anzuwenden, für die die Gebührenschuld nach dem 31. Juli 2013 entstanden ist.

(34) § 14 Tarifpost 8 in der Fassung des Bundesgesetzes BGBl. I Nr. 105/2014 tritt mit 1. Jänner 2015 in Kraft und ist auf alle Anträge anzuwenden, die nach dem 31. Dezember 2014 eingebracht werden. § 14 Tarifpost 8 in der Fassung vor dem Bundesgesetz BGBl. I Nr. 105/2014 ist auf die Erteilung jener Einreisetitel anzuwenden, für die ein Ansuchen auf Erteilung vor dem 1. Jänner 2015 eingebracht wird.

(35) § 35 Abs. 6 letzter Satz in der Fassung des Bundesgesetzes BGBl. I Nr. 17/2015 tritt mit 1. Jänner 2014 in Kraft.

*(BGBl I 2015/17)*

(36) § 33 Tarifpost 20 Abs. 2 Z 5 in der Fassung des Bundesgesetzes BGBl. I Nr. 105/2015 tritt mit 9. Jänner 2016 in Kraft.

*(BGBl I 2015/105)*

(37) § 11 Abs. 3 tritt mit 1. Jänner 2016 in Kraft.

*(BGBl I 2015/163)*

(38) § 14 Tarifpost 4 Abs. 5 und Tarifpost 6 Abs. 5 Z 29 in der Fassung des Bundesgesetzes BGBl. I Nr. 62/2018 treten mit 2. Mai 2018 in Kraft. § 14 Tarifpost 6 Abs. 3 lit. a und § 14 Tarifpost 8, jeweils in der Fassung des Bundesgesetzes BGBl. I Nr. 62/2018 treten mit 1. August 2018 in Kraft und sind auf alle Sachverhalte anzuwenden, bei denen die Eingabe um Ausstellung der betreffenden Schrift oder um Vornahme der betreffenden Amtshandlung nach dem 31. Juli 2018 eingebracht wird. § 33 Tarifpost 7 Abs. 2 Z 3 in der Fassung des Bundesgesetzes BGBl. I Nr. 62/2018 tritt mit 11. November 2017 in Kraft. § 35 Abs. 7 in der Fassung des Bundesgesetzes BGBl. I Nr. 62/2018 tritt mit 1. Jänner 2019 in Kraft und ist auf alle nach dem 31. Dezember 2018 verwirklichten Sachverhalte anzuwenden.

*(BGBl I 2018/62)*

(39) § 3 Abs. 2 Z 2, Abs. 4, Abs. 4a, Abs. 4c und Abs. 5, § 9 Abs. 2, § 14 Tarifpost 14 Abs. 2 Z 23, Tarifpost 15 Abs. 3, § 31 Abs. 1, § 32, § 33 Tarifpost 5 Abs. 5 Z 1, Z 3 und Z 4, Tarifpost 17 Abs. 3, Tarifpost 22 Abs. 6 lit. b, § 34 Abs. 1 und Abs. 2 und § 35 Abs. 5 Z 3 lit. b, jeweils in der Fassung des Bundesgesetzes BGBl. I Nr. 104/ 2019, treten mit 1. Jänner 2021 in Kraft.

*(BGBl I 2019/104, BGBl I 2020/99)*



(40) In der Fassung des Bundesgesetzes BGBl. I Nr. 103/2019 treten in Kraft,

1. § 3 Abs. 2 Z 2 erster Satz, § 11 Abs. 1 Z 1 sowie § 14 Tarifpost 6 Abs. 5 Z 24 mit 1. August 2018,
2. § 14 Tarifpost 5 Abs. 3 Z 3 und Tarifpost 6 Abs. 3 lit. a mit 1. Jänner 2020 und sind auf Ansuchen und Beilagen anzuwenden, die nach dem 31. Dezember 2019 eingebracht werden.

*(BGBl I 2019/103)*

(41) § 35 Abs. 8 in der Fassung des Bundesgesetzes BGBl. I Nr. 23/2020, tritt mit 1. März 2020 in Kraft und mit 30. Juni 2021 außer Kraft.

*(BGBl I 2020/16, BGBl I 2020/23, BGBl I 2021/3, BGBl I 2021/52)*

(42) § 14 Tarifpost 6 Abs. 5 Z 4 und Z 4a, jeweils in der Fassung des Bundesgesetzes BGBl. I Nr. 99/2020, treten mit 1. Jänner 2021 in Kraft.

*(BGBl I 2020/99)*

(43) § 3 Abs. 2 Z 2, § 11 Abs. 1 Z 1, § 14 Tarifpost 6 Abs. 3 lit. b und lit. c, § 14 Tarifpost 6 Abs. 5 Z 7, Z 28, Z 29 und Z 30, § 14 Tarifpost 8 Abs. 4b, § 14 Tarifpost 14 Abs. 2 Z 29 und Z 30, § 14 Tarifpost 14 Abs. 3 sowie § 35 Abs. 9, jeweils in der Fassung des Bundesgesetzes BGBl. I Nr. 3/2021, treten mit 1. Jänner 2021 in Kraft.

*(BGBl I 2021/3)*

(44) § 14 Tarifpost 9 Abs. 5 in der Fassung des Bundesgesetzes BGBl. I Nr. 123/2021 tritt mit 15. Juli 2021 in Kraft.

*(BGBl I 2021/123)*

(45) § 35 Abs. 8 und 9, jeweils in der Fassung des Bundesgesetzes BGBl. I Nr. 227/2021, treten mit 1. Juli 2021 in Kraft und mit **„31. Dezember 2022“** außer Kraft. § 35 Abs. 8 ist letztmalig auf Eingaben anzuwenden, die vor dem **„1. Jänner 2023“** eingebracht werden sowie auf Erledigungen anzuwenden, deren Ansuchen vor dem **„1. Jänner 2023“** gestellt wurden.

*(BGBl I 2021/227, BGBl I 2022/108 ab 20.7.2022)*

**„(46)**

1. **§ 14 Tarifpost 6 Abs. 3 lit. c, in der Fassung des Bundesgesetzes BGBl. I Nr. 108/2022, tritt mit 1. Jänner 2021 in Kraft.**
2. **§ 14 Tarifpost 19, in der Fassung des Bundesgesetzes BGBl. I Nr. 108/2022, tritt mit 1. August 2022 in Kraft und ist auf Ansuchen anzuwenden, die nach dem 31. Juli 2022 gestellt werden sowie auf Erledigun-**

**gen anzuwenden, deren Ansuchen nach dem 31. Juli 2022 gestellt werden.**

3. **§ 3 Abs. 2 Z 2 und § 34 Abs. 1, jeweils in der Fassung des Bundesgesetzes BGBl. I Nr. 108/2022, treten mit 1. Oktober 2022 in Kraft.**

4. **§ 14 Tarifpost 5 Abs. 1, in der Fassung des Bundesgesetzes BGBl. I Nr. 108/2021, tritt mit 1. Oktober 2022 in Kraft und ist auf Beilagen anzuwenden, die nach dem 30. September 2022 eingebracht werden.**

5. **§ 14 Tarifpost 12, Tarifpost 20, Tarifpost 21 und Tarifpost 22, in der Fassung des Bundesgesetzes BGBl. I Nr. 108/2022, tritt mit 1. Oktober 2022 in Kraft und ist auf Ansuchen anzuwenden, die nach dem 30. September 2022 gestellt werden sowie auf Erledigungen anzuwenden, deren Ansuchen nach dem 30. September 2022 gestellt werden.“**

*(BGBl I 2022/108)*

**§ 38. „(1)“** Mit der Vollziehung dieses Bundesgesetzes ist **„der Bundesminister“** für Finanzen betraut.

*(BGBl I 2022/108 ab 20.7.2022)*

**„(2) Soweit in diesem Bundesgesetz auf Bestimmungen anderer Bundesgesetze verwiesen wird, sind diese in ihrer jeweils geltenden Fassung anzuwenden.“**

*(BGBl I 2022/108 ab 20.7.2022)*

# 7/2. SONSTIGE GESETZE

## 7/2/1.

## § 17a VerfassungsgerichtshofG 1953

BGBl 1953/85 idF BGBl I 2022/125

**§ 17a.** Für Anträge gemäß § 15 Abs. 1 einschließlich der Beilagen ist nach Maßgabe der folgenden Bestimmungen eine Eingabengebühr zu entrichten:

1. Die Gebühr beträgt 240 Euro. Der Bundeskanzler und der Bundesminister für Finanzen sind ermächtigt, die Eingabengebühr durch Verordnung neu festzusetzen, sobald und soweit sich der von der Bundesanstalt „Statistik Österreich“ verlautbarte Verbraucherpreisindex 2010 oder ein an dessen Stelle tretender Index gegenüber der für Jänner 2013 verlautbarten und in der Folge gegenüber der der letzten Festsetzung zugrunde gelegten Indexzahl um mehr als 10% geändert hat. Der neue Betrag ist aus dem im ersten Satz genannten Betrag im Verhältnis der Veränderung der für Jänner 2013 verlautbarten Indexzahl zu der für die Neufestsetzung maßgebenden Indexzahl zu berechnen, jedoch auf ganze zehn Euro kaufmännisch auf- oder abzurunden.
2. Gebietskörperschaften und Mitglieder des Nationalrates in den Angelegenheiten des Art. 138b Abs. 1 Z 1 bis 6 B-VG sind von der Entrichtung der Gebühr befreit.
3. Die Gebührenschuld entsteht im Zeitpunkt der Überreichung der Eingabe; die Gebühr wird mit diesem Zeitpunkt fällig. Bei elektronisch eingebrachten Schriftsätzen ist in den Fällen des § 14a Abs. 1 jener Zeitpunkt maßgeblich, der sich aus den für die jeweilige Form der Einbringung maßgeblichen Bestimmungen des GOG bzw. des ZustG ergibt; soweit eine andere Form der Einbringung für zulässig erklärt ist (§ 14a Abs. 2), ist der Zeitpunkt des Einlangens in den elektronischen Verfügungsbereich des Verfassungsgerichtshofes maßgeblich.
4. Die Gebühr ist unter Angabe des Verwendungszwecks durch Überweisung auf ein entsprechendes Konto des Finanzamtes Österreich zu entrichten. Die Entrichtung der Gebühr ist durch einen von einer Post-Geschäftsstelle oder einem Kreditinstitut bestätigten Zahlungsbeleg in Urschrift nachzuweisen. Dieser Beleg ist der Eingabe anzuschließen. Die Einlaufstelle hat den Beleg dem Beschwerdeführer (Antragsteller) auf Verlangen zurückzustellen, zuvor darauf einen deutlichen Sichtvermerk anzubringen und auf der im Akt verbleibenden Ausfertigung der Eingabe zu bestätigen, dass die Gebührenentrichtung durch Vorlage des Zahlungsbeleges nachgewiesen wurde. Für jede Eingabe ist die Vorlage eines gesonderten Beleges erforderlich. Rechtsanwälte können die Entrichtung der Gebühr auch durch einen schriftlichen Beleg des spätestens zugleich mit der Eingabe weiterzuleitenden Überweisungsauftrages nachweisen, wenn sie darauf mit Datum und Unterschrift bestätigen, dass der Überweisungsauftrag unter einem unwiderruflich erteilt wird.

   *(BGBl I 2019/104)*
5. Wird der Antrag im Weg des elektronischen Rechtsverkehrs (§ 14a Abs. 1 Z 1) eingebracht, so hat der Gebührenentrichter das Konto, von dem die Eingabengebühr einzuziehen ist, oder einen Anschriftcode, unter dem ein Konto zur Einziehung der Eingabengebühr gespeichert ist, anzugeben. Gibt der Gebührenentrichter sowohl einen Anschriftcode, unter dem ein Konto zur Einziehung der Eingabengebühr gespeichert ist, als auch ein Konto zur Einziehung der Eingabengebühr an, so ist die Eingabengebühr von diesem Konto einzuziehen. Die Abbuchung und die Einziehung der Eingabengebühr sind im Weg der automationsunterstützten Datenverarbeitung durchzuführen.
6. Für die Erhebung der Gebühr (Z 4 und 5) ist das Finanzamt Österreich zuständig.

   *(BGBl I 2019/104)*
7. Im Übrigen sind auf die Gebühr die Bestimmungen des Gebührengesetzes 1957, BGBl. Nr. 267/1957, über Eingaben mit Ausnahme der §§ 11 Z 1 und 14 anzuwenden.

7/2/2.

## § 24a VerwaltungsgerichtshofG 1985

BGBl 1985/197 idF BGBl I 2021/109

**§ 24a.** Für Revisionen, Fristsetzungsanträge und Anträge auf Wiederaufnahme des Verfahrens und auf Wiedereinsetzung in den vorigen Stand einschließlich der Beilagen ist nach Maßgabe der folgenden Bestimmungen eine Eingabengebühr zu entrichten:

1. Die Gebühr beträgt 240 Euro. Der Bundeskanzler und der Bundesminister für Finanzen sind ermächtigt, die Eingabengebühr durch Verordnung neu festzusetzen, sobald und soweit sich der von der Bundesanstalt „Statistik Österreich" verlautbarte Verbraucherpreisindex 2010 oder ein an dessen Stelle tretender Index gegenüber der für Jänner 2013 verlautbarten und in der Folge gegenüber der der letzten Festsetzung zugrunde gelegten Indexzahl um mehr als 10% geändert hat. Der neue Betrag ist aus dem im ersten Satz genannten Betrag im Verhältnis der Veränderung der für Jänner 2013 verlautbarten Indexzahl zu der für die Neufestsetzung maßgebenden Indexzahl zu berechnen, jedoch auf ganze zehn Euro kaufmännisch auf- oder abzurunden.
2. Gebietskörperschaften und, in Angelegenheiten des Art. 130 Abs. 1a B-VG, Untersuchungsausschüsse des Nationalrates bzw. deren Vorsitzende sind von der Entrichtung der Gebühr befreit.

   *(BGBl I 2021/72)*
3. Die Gebührenschuld entsteht im Zeitpunkt der Überreichung der Eingabe oder, wenn diese im Weg des elektronischen Rechtsverkehrs eingebracht wird, mit dem Zeitpunkt der Einbringung beim Verwaltungsgerichtshof gemäß § 75 Abs. 1. Die Gebühr wird mit diesem Zeitpunkt fällig.
4. Die Gebühr ist unter Angabe des Verwendungszwecks durch Überweisung auf ein entsprechendes Konto des Finanzamtes Österreich zu entrichten. Die Entrichtung der Gebühr ist durch einen von einer Post-Geschäftsstelle oder einem Kreditinstitut bestätigten Zahlungsbeleg in Urschrift nachzuweisen. Dieser Beleg ist der Eingabe anzuschließen. Die Einlaufstelle des Verwaltungsgerichtes oder des Verwaltungsgerichtshofes hat den Beleg dem Revisionswerber (Antragsteller) auf Verlangen zurückzustellen, zuvor darauf einen deutlichen Sichtvermerk anzubringen und auf der im Akt verbleibenden Ausfertigung der Eingabe zu bestätigen, dass die Gebührenentrichtung durch Vorlage des Zahlungsbeleges nachgewiesen wurde. Für jede Eingabe ist die Vorlage eines gesonderten Beleges erforderlich. Rechtsanwälte (Steuerberater oder Wirtschaftsprüfer) können die Entrichtung der Gebühr auch durch einen schriftlichen Beleg des spätestens zugleich mit der Eingabe weiterzuleitenden Überweisungsauftrages nachweisen, wenn sie darauf mit Datum und Unterschrift bestätigen, dass der Überweisungsauftrag unter einem unwiderruflich erteilt wird.

   *(BGBl I 2019/104)*
5. Wird eine Eingabe im Weg des elektronischen Rechtsverkehrs eingebracht, so ist die Gebühr durch Abbuchung und Einziehung zu entrichten. In der Eingabe ist das Konto, von dem die Gebühr einzuziehen ist, oder der Anschriftcode (§ 73), unter dem ein Konto gespeichert ist, von dem die Gebühr eingezogen werden soll, anzugeben. Der Präsident hat nach Anhörung der Vollversammlung durch Verordnung unter Bedachtnahme auf die Grundsätze einer einfachen und sparsamen Verwaltung und eine Sicherung vor Missbrauch das Verfahren bei der Abbuchung und Einziehung der Gebühr im Weg automationsunterstützter Datenverarbeitung und nach Maßgabe der technischen und organisatorischen Voraussetzungen den Zeitpunkt zu bestimmen, ab dem die Gebühr durch Abbuchung und Einziehung entrichtet werden kann.
6. Für die Erhebung der Gebühr (Z 4 und 5) ist das Finanzamt Österreich zuständig.

   *(BGBl I 2019/104)*
7. Im Übrigen sind auf die Gebühr die Bestimmungen des Gebührengesetzes 1957, BGBl. Nr. 267/1957, über Eingaben mit Ausnahme der §§ 11 Z 1 und 14 anzuwenden.

# 7/3. VERORDNUNGEN

## 7/3/1.

## Bestandvertragsgebühr

BGBl II 1999/241

**Verordnung des Bundesministers für Finanzen betreffend Ausnahmen von der Verpflichtung des Bestandgebers zur Selbstberechnung der Bestandvertragsgebühr**

Auf Grund des § 33 Tarifpost 5 Abs. 5 Z 2 des Gebührengesetzes 1957, BGBl. Nr. 267/1957, in der Fassung des Bundesgesetzes BGBl. I Nr. 28/1999, wird verordnet:

**§ 1.** Eine nach § 33 Tarifpost 5 Abs. 5 Z 1 GebG bestehende Verpflichtung des Bestandgebers zur Selbstberechnung der Gebühr entfällt für:

1. atypische und gemischte Rechtsgeschäfte, deren Beurteilung als Bestandvertrag im Sinne des § 33 Tarifpost 5 Abs. 1 GebG nicht zumutbar ist;
2. Rechtsgeschäfte, bei denen Leistungen von einem erst in Zukunft ermittelbaren Betrag abhängen;
3. Rechtsgeschäfte, bei denen dem Bestandgeber eine persönliche Befreiung von den Gebühren zukommt.

**§ 2.** (1) Atypische und gemischte Rechtsgeschäfte sind solche, die für Bestandverträge atypische Vertragselemente oder Vertragselemente, die einem anderen Vertragstyp entnommen sind, enthalten.

(2) Atypische Vertragselemente sind Nebenabreden der Vertragsparteien, die nicht typischerweise mit der Erfüllung eines Bestandvertrages verbunden sind. Solche sind insbesondere Nebenleistungen wie Organisations- und Werbeleistungen, Vereinbarungen über Wettbewerbsbeschränkungen oder die Überlassung von Lizenzen oder Know-how.

(3) Gemischte Rechtsgeschäfte sind Verträge, die sowohl Elemente eines Bestandvertrages als auch solche eines anderen Vertrages enthalten. Dies können beispielsweise Elemente eines Verwahrungsvertrages (z.B. Aufstellungsvertrag über Automaten, Garagierungsvertrag), eines Dienstvertrages, eines Kaufvertrages (z.B. Hard- und Softwareleasingvertrag, Finanzierungsleasingvertrag, Abbauvertrag), oder eines Werkvertrages (z.B. Wäscheservicevertrag) sein.

**§ 3.** Wenn ein Bestandgeber am 30. Juni 1999 die Bewilligung zur Selbstberechnung der Gebühr nach § 3 Abs. 4 GebG gehabt hat, ist diesem zumutbar, die Gebühr für die weiterhin in seinem Betrieb abgeschlossenen gleichartigen Rechtsgeschäfte selbst zu berechnen.

**§ 4.** Rechtsgeschäfte, bei denen Leistungen von einem erst in Zukunft ermittelbaren Betrag abhängen, sind beispielsweise solche, bei denen ein umsatz- oder gewinnabhängiger Bestandzins vereinbart wird oder in denen sich der Bestandnehmer zur Übernahme von Kosten (z.B. Baukosten oder Renovierungskosten) verpflichtet, deren Höhe bei Vertragsabschluß unter Beachtung der sich aus § 22 und § 26 GebG ergebenden Grundsätze noch nicht abschätzbar ist.

**§ 5.** Rechtsgeschäfte, bei denen dem Bestandgeber eine persönliche Befreiung von den Gebühren zukommt, sind solche, für die der Bestandgeber auf Grund der Bestimmung des § 2 GebG oder einer sonstigen gesetzlichen Bestimmung außerhalb des Gebührengesetzes von der Entrichtung der Gebühr befreit ist.

**§ 6.** In allen Fällen, in denen keine Verpflichtung zur Selbstberechnung der Gebühr durch den Bestandgeber besteht, bleibt es dem Bestandgeber unbenommen, dennoch eine Selbstberechnung und Entrichtung der Gebühr nach den Grundsätzen des § 33 Tarifpost 5 Abs. 5 Z 1 GebG durchzuführen. Wird von diesem Recht kein Gebrauch gemacht, bleiben die Anzeigeverpflichtungen nach § 31 GebG aufrecht.

## 7/3/2.

# Bestandvertragsgebühr

BGBl II 1999/242 idF BGBl II 2001/469

**Verordnung des Bundesministers für Finanzen betreffend Feststellung von Durchschnittssätzen für Gruppen von Bestandobjekten für die Selbstberechnung der Bestandvertragsgebühr**

Auf Grund des § 33 Tarifpost 5 Abs. 5 Z 2 des Gebührengesetzes 1957, BGBl. Nr. 267/1957, in der Fassung des Bundesgesetzes BGBl. I Nr. 28/1999, wird verordnet:

**§ 1.** Gemäß § 17 Abs. 1 GebG ist für die Festsetzung der Gebühren der Inhalt der über das Rechtsgeschäft errichteten Vertragsurkunde maßgebend. Zum Urkundeninhalt zählt auch der Inhalt von Schriften, der durch Bezugnahme zum rechtsgeschäftlichen Inhalt gemacht wird. Dies hat zur Folge, daß Leistungen, zu deren Erbringung sich der Bestandnehmer vertraglich verpflichtet hat, für die Ermittlung der Bemessungsgrundlage der Gebühr mit den in der Vertragskunde angeführten Werten anzusetzen sind.

**§ 2.** Hat der Bestandnehmer sich vertraglich zwar zur Erbringung von Leistungen verpflichtet, die in der Urkunde aber nicht ziffernmäßig angeführt werden, so sind diese Leistungen mit den Beträgen, die im Zeitpunkt des Entstehens der Gebührenschuld (§ 16 GebG) tatsächlich anfallen, anzusetzen.

**§ 3.** Ist die Höhe der Leistungen im Zeitpunkt des Entstehens der Gebührenschuld ziffernmäßig unbekannt, so sind folgende Werte exklusive Umsatzsteuer je Monat und je Quadratmeter Nutzfläche anzusetzen:

a) für Betriebskosten (ohne Heizung und ohne Warmwasser) ................................. 1,30 Euro
b) für die Heizkosten .......................... 0,58 Euro
c) für die Warmwasserkosten ........... 0,29 Euro

**§ 4.** Wird der Bestandnehmer in einem Kraftfahrzeugleasingvertrag zum Abschluß einer Versicherung verpflichtet, so ist diese mit folgenden Werten anzusetzen:

a) bei Verpflichtung zum Abschluß einer Haftpflichtversicherung mit 6% der jährlichen Gebührenbemessungsgrundlage pro Versicherungsjahr,
b) bei Verpflichtung zum Abschluß einer Kaskoversicherung mit 10% der jährlichen Gebührenbemessungsgrundlage pro Versicherungsjahr.

**§ 5.** § 3 in der Fassung der Verordnung BGBl. II Nr. 469/2001 ist ab 1. Jänner 2002 anzuwenden.

7/3/3.

## BuLVwG-Eingabengebühr-verordnung

BGBl II 2014/387 idF BGBl II 2020/579

**Verordnung des Bundesministers für Finanzen betreffend die Gebühr für Eingaben beim Bundesverwaltungsgericht sowie bei den Landesverwaltungsgerichten (BuLVwG-Eingabengebührverordnung – BuLVwG-EGebV)**

Auf Grund des § 14 Tarifpost 6 Abs. 5 Z 1 lit. b des Gebührengesetzes 1957, BGBl. Nr. 276/1957, in der Fassung des Bundesgesetzes BGBl. I Nr. 105/2014, wird verordnet:

**§ 1.** (1) Eingaben und Beilagen an das Bundesverwaltungsgericht oder an ein Verwaltungsgericht eines Landes (Beschwerden, Anträge auf Wiedereinsetzung, auf Wiederaufnahme oder gesonderte Anträge auf Ausschluss oder Zuerkennung der aufschiebenden Wirkung, Vorlageanträge) sind gebührenpflichtig, soweit nicht gesetzlich Gebührenfreiheit vorgesehen ist.

(2) Die Gebührenschuld für die Eingaben und Beilagen entsteht im Zeitpunkt der Einbringung der Eingabe; erfolgt die Einbringung jedoch im Wege des elektronischen Rechtsverkehrs, entsteht die Gebührenschuld, wenn ihre Daten zur Gänze bei der Bundesrechenzentrum GmbH eingelangt sind. Mit dem Entstehen der Gebührenschuld wird die Gebühr fällig.

(3) Die Gebühr ist unter Angabe des Verwendungszwecks auf ein Konto des Finanzamtes Österreich zu entrichten. Die Entrichtung der Gebühr ist durch einen Zahlungsbeleg oder einen Ausdruck über die erfolgte Erteilung einer Zahlungsanweisung nachzuweisen; dieser Beleg ist der Eingabe anzuschließen. Die Einlaufstelle der Behörde oder des Gerichtes, bei der (bei dem) die Eingabe (samt Beilagen) eingebracht wird, hat den Beleg dem Beschwerdeführer (Antragsteller) auf Verlangen zurückzustellen, zuvor darauf einen deutlichen Sichtvermerk anzubringen und auf der im Akt verbleibenden Ausfertigung der Eingabe zu bestätigen, dass die Gebührenentrichtung durch Vorlage des Beleges nachgewiesen wurde. Für jede Eingabe ist die Vorlage eines gesonderten Beleges erforderlich. Notare, Rechtsanwälte, Steuerberater oder Wirtschaftsprüfer können die Entrichtung der Gebühr auch durch einen schriftlichen Beleg des spätestens zugleich mit der Eingabe weiterzuleitenden Überweisungsauftrages nachweisen, wenn sie darauf mit Datum und Unterschrift bestätigen, dass der Überweisungsauftrag unter einem unwiderruflich erteilt wird.

*(BGBl II 2020/579)*

(4) Wird eine Eingabe im Weg des elektronischen Rechtsverkehrs eingebracht, ist die Gebühr durch Abbuchung und Einziehung zu entrichten. In der Eingabe ist das Konto, von dem die Gebühr einzuziehen ist, oder der Anschriftcode (§ 21 Abs. 3 des Bundesverwaltungsgerichtsgesetzes, BGBl. I Nr. 10/2013 in der geltenden Fassung), unter dem ein Konto gespeichert ist, von dem die Gebühr eingezogen werden soll, anzugeben.

(5) Die Stelle, bei der eine Eingabe eingebracht wird, die nicht oder nicht ausreichend vergebührt wurde, hat gemäß § 34 Abs. 1 des Gebührengesetzes 1957 das Finanzamt Österreich darüber in Kenntnis zu setzen.

*(BGBl II 2020/579)*

**§ 2.** (1) Die Höhe der Pauschalgebühr für Beschwerden, Wiedereinsetzungsanträge und Wiederaufnahmeanträge (samt Beilagen) beträgt 30 Euro, für Vorlageanträge 15 Euro.

(2) Die für einen von einer Beschwerde gesondert eingebrachten Antrag (samt Beilagen) auf Ausschluss oder Zuerkennung der aufschiebenden Wirkung einer Beschwerde zu entrichtende Pauschalgebühr beträgt 15 Euro.

**§ 3.** Soweit in dieser Verordnung auf natürliche Personen bezogene Bezeichnungen nur in männlicher Form angeführt sind, beziehen sie sich auf Frauen und Männer in gleicher Weise. Bei der Anwendung der Bezeichnung auf bestimmte natürliche Personen ist die jeweils geschlechtsspezifische Form zu verwenden.

**§ 4.** (1) Diese Verordnung tritt mit 1. Februar 2015 in Kraft und ist auf jene Eingaben anzuwenden, die sich auf Bescheide beziehen, die ein Bescheiddatum nach dem 31. Jänner 2015 aufweisen; im Übrigen auf Eingaben, die nach dem 31. Jänner 2015 eingebracht werden.

(2) Mit Inkrafttreten dieser Verordnung tritt die BVwG-Eingabengebührverordnung, BGBl. II Nr. 490/2013, außer Kraft.

(3) § 1 Abs. 3 und 5, jeweils in der Fassung der Verordnung BGBl. II Nr. 579/2020, treten mit 1. Jänner 2021 in Kraft.

*(BGBl II 2020/579)*

# 8/1. Erbschafts- und SchenkungssteuerG 1955

**Erbschafts- und Schenkungssteuergesetz 1955**, BGBl 1955/141 idF

| | | |
|---|---|---|
| **1** BGBl 1968/15 | **2** BGBl 1980/151 | **3** BGBl 1985/557 |
| **4** BGBl 1987/74 | **5** BGBl 1987/312 | **6** BGBl 1989/656 |
| **7** BGBl 1993/12 | **8** BGBl 1993/694 | **9** BGBl 1994/680 |
| **10** BGBl 1996/201 (StruktAnpG 1996) | **11** BGBl 1996/797 (AbgÄG 1996) | **12** BGBl I 1999/106 (StRefG 2000) |
| **13** BGBl I 2000/42 | **14** BGBl I 2000/142 (BudgetbegleitG 2001) | **15** BGBl I 2001/2 (KMOG) |
| **16** BGBl I 2001/59 (EuroStUG 2001) | **17** BGBl I 2001/144 (AbgÄG 2001) | **18** BGBl I 2002/100 |
| **19** BGBl I 2002/133 | **20** BGBl I 2003/10 | **21** BGBl I 2003/71 (BudgetbegleitG 2003) |
| **22** BGBl I 2004/180 | **23** BGBl I 2005/8 | **24** BGBl I 2005/26 (VfGH) |
| **25** BGBl I 2005/112 (HWG 2005) | **26** BGBl I 2005/161 (AbgÄG 2005) | **27** BGBl I 2007/9 (VfGH) |
| **28** BGBl I 2007/39 (VfGH) | **29** BGBl I 2008/85 (SchenkMG 2008) | **30** BGBl I 2009/52 (BudBG 2009) |

ErbStG

## GLIEDERUNG



## STICHWORTVERZEICHNIS

**Bundesgesetz vom 30. Juni 1955, betreffend die Erhebung einer Erbschafts- und Schenkungssteuer (Erbschafts- und Schenkungssteuergesetz 1955)**

## I. Teil
## Steuerpflicht

### 1. Gegenstand der Steuer

**§ 1.** (1) Der Steuer nach diesem Bundesgesetz unterliegen

1. und 2. (aufgehoben)

3. Zweckzuwendungen.

(2) Soweit nichts Besonderes bestimmt ist, gelten die Vorschriften dieses Gesetzes über den Erwerb von Todes wegen auch für Schenkungen und Zweckzuwendungen, die Vorschriften über Schenkungen auch für Zweckzuwendungen unter Lebenden.

***[Erwerb von Todes wegen]***

**§ 2.** (1) Als Erwerb von Todes wegen gilt

1. der Erwerb durch Erbanfall, durch Vermächtnis oder auf Grund eines geltend gemachten Pflichtteilsanspruches;
2. der Erwerb durch Schenkung auf den Todesfall sowie jeder andere Erwerb, auf den die für Vermächtnisse geltenden Vorschriften des bürgerlichen Rechtes Anwendung finden;
3. der Erwerb von Vermögensvorteilen, der auf Grund eines vom Erblasser geschlossenen Vertrages unter Lebenden von einem Dritten mit dem Tode des Erblassers unmittelbar gemacht wird.

(2) Als vom Erblasser zugewendet gilt auch

1. der Übergang von Vermögen auf eine vom Erblasser angeordnete Stiftung;
2. was jemand infolge Vollziehung einer vom Erblasser angeordneten Auflage oder infolge Erfüllung einer vom Erblasser gesetzten Bedingung erwirbt, es sei denn, daß eine einheitliche Zweckzuwendung vorliegt;
3. was jemand dadurch erlangt, daß bei Genehmigung einer Zuwendung des Erblassers

Leistungen an andere Personen angeordnet oder zur Erlangung der Genehmigung freiwillig übernommen werden;
4. was als Abfindung für einen Verzicht auf den entstandenen Pflichtteilsanspruch oder für die Ausschlagung einer Erbschaft oder eines Vermächtnisses von dritter Seite gewährt wird;
5. was als Entgelt für die Übertragung der Anwartschaft eines Nacherben gewährt wird.

(3) Das Erlöschen von Leibrenten und anderen von dem Leben einer Person abhängigen Lasten gilt nicht als Erwerb von Todes wegen.

***[Schenkung unter Lebenden]***

**§ 3.** (1) Als Schenkung im Sinne des Gesetzes gilt
1. jede Schenkung im Sinne des bürgerlichen Rechtes;
2. jede andere freigebige Zuwendung unter Lebenden, soweit der Bedachte durch sie auf Kosten des Zuwendenden bereichert wird;
3. was infolge Vollziehung einer von dem Geschenkgeber angeordneten Auflage oder infolge Erfüllung einer einem Rechtsgeschäft unter Lebenden beigefügten Bedingung ohne entsprechende Gegenleistung erlangt wird, es sei denn, daß eine einheitliche Zweckzuwendung vorliegt;
4. was jemand dadurch erlangt, daß bei Genehmigung einer Schenkung Leistungen an andere Personen angeordnet oder zur Erlangung der Genehmigung freiwillig übernommen werden;
5. was als Abfindung für einen Erbverzicht (§ 551 des Allgemeinen Bürgerlichen Gesetzbuches) gewährt wird;
6. was ein Vorerbe dem Nacherben mit Rücksicht auf die angeordnete Nacherbschaft vor ihrem Eintritt herausgibt;
7. der Übergang von Vermögen auf Grund eines Stiftungsgeschäftes unter Lebenden;
8. was bei Aufhebung einer Stiftung erworben wird.

(2) Im Falle des Abs. 1 Z 6 ist der Besteuerung auf Antrag das Verhältnis des Nacherben zum Erblasser zugrunde zu legen.

(3) Gegenleistungen, die nicht in Geld veranschlagt werden können, werden bei der Feststellung, ob eine Bereicherung vorliegt, nicht berücksichtigt.

(4) Die Steuerpflicht einer Schenkung wird nicht dadurch ausgeschlossen, daß sie zur Belohnung oder unter einer Auflage gemacht oder in die Form eines lästigen Vertrages gekleidet wird.

(5) Eine Ausstattung oder ein Heiratsgut, das Abkömmlingen zur Einrichtung eines den Vermögensverhältnissen und der Lebensstellung der Beteiligten angemessenen Haushaltes gewährt wird, gilt nicht als Schenkung, sofern zur Zeit der Zuwendung ein Anlaß für eine Ausstattung oder ein Heiratsgut gegeben ist und der Zweck der Zuwendung innerhalb zweier Jahre erfüllt wird. Eine Ausstattung oder ein Heiratsgut, das über das angegebene Maß hinausgeht, ist insoweit steuerpflichtig.

***[Zweckzuwendungen]***

**§ 4.** Als Zweckzuwendung gilt
1. bei einer Zuwendung von Todes wegen
   a) eine der Zuwendung beigefügte Auflage zugunsten eines Zweckes,
   b) eine Leistung zugunsten eines Zweckes, von der die Zuwendung abhängig gemacht ist,

   soweit die Bereicherung des Erwerbers durch die Anordnung gemindert wird;
2. bei einer freigebigen Zuwendung unter Lebenden
   a) eine der Zuwendung beigefügte Auflage zugunsten eines Zweckes oder eine Leistung zugunsten eines Zweckes, von der die Zuwendung oder ein gegenseitiger Vertrag abhängig gemacht ist,
   b) eine in einem entgeltlichen Vertrage vereinbarte Leistung zugunsten eines Zweckes, sofern das Entgelt nicht der Umsatzsteuer unterliegt.

ErbStG

***[Vor- und Nacherbschaft]***

**§ 5.** (1) Der Vorerbe gilt als Erbe.

(2) Beim Eintritt des Falles der Nacherbfolge haben diejenigen, auf die das Vermögen übergeht, den Erwerb als vom Vorerben stammend zu versteuern. Auf Antrag ist der Besteuerung das Verhältnis des Nacherben zum Erblasser zugrunde zu legen.

(3) Tritt der Fall der Nacherbfolge nicht durch den Tod des Vorerben ein, so gilt die Vorerbfolge als auflösend bedingter, die Nacherbfolge als aufschiebend bedingter Anfall. In diesem Falle ist dem Nacherben die vom Vorerben entrichtete Steuer abzüglich desjenigen Steuerbetrages anzurechnen, welche der tatsächlichen Bereicherung des Vorerben entspricht.

(4) Nachvermächtnisse und beim Tode des Beschwerten fällige Vermächtnisse stehen den Nacherbschaften gleich.

**2. Persönliche Steuerpflicht**

**§ 6.** (1) Die Steuerpflicht ist gegeben
1. für den gesamten Erbanfall, wenn der Erblasser zur Zeit seines Todes oder der Erwerber zur Zeit des Eintrittes der Steuerpflicht ein Inländer ist;
2. für den Erbanfall, soweit er in inländischem landwirtschaftlichem und forstwirtschaftlichem Vermögen, inländischem Betriebsvermögen oder inländischem Grundvermögen, in einem Nutzungsrecht an einem solchen Vermögen oder in solchen Rechten besteht, deren Übertragung an eine Eintragung in inländische Bücher geknüpft ist, in allen anderen Fällen.

(2) Als Inländer im Sinne dieses Bundesgesetzes gelten

1. österreichische Staatsbürger, die im Inland einen Wohnsitz oder ihren gewöhnlichen Aufenthalt haben;
2. Ausländer, die im Inland einen Wohnsitz oder in Ermangelung eines solchen einen gewöhnlichen Aufenthalt haben;
3. juristische Personen und Personenvereinigungen sowie Anstalten, Stiftungen und andere Zweckvermögen, die ihren Sitz oder ihre Geschäftsleitung im Inland haben.

(3) Soweit die Steuerpflicht im Ausland befindliche Grundstücke, Sachen, Forderungen gegen ausländische Schuldner oder Rechte, deren Übertragung an eine Eintragung in ausländische Bücher geknüpft ist, betrifft, ist auf Antrag die von dem ausländischen Staate aus Anlaß des Erbfalles erhobene Steuer bei Berechnung der Erbschaftssteuer als Nachlaßverbindlichkeit abzuziehen. Inwieweit statt dessen bei Gewährung der Gegenseitigkeit eine Anrechnung der ausländischen Steuer auf die inländische Steuer erfolgt, bestimmt das Bundesministerium für Finanzen.

(4) Ist im Falle des Abs. 1 Z 1 ein Teil des Vermögens der inländischen Besteuerung auf Grund von Staatsverträgen entzogen, so ist die Steuer nach dem Steuersatze zu erheben, der dem ganzen Erwerb entspricht.

### *[Steuerklassen]*

**§ 7.** (1) Nach dem persönlichen Verhältnis des Erwerbers zum Erblasser werden die folgenden fünf Steuerklassen unterschieden:

#### I. Steuerklasse I.

1. Der Ehegatte,
2. die Kinder; als solche gelten auch
   a) die an Kindes Statt angenommenen Personen,
   b) die Stiefkinder.

#### II. Steuerklasse II.

Die Abkömmlinge der in der Steuerklasse I Z 2 Genannten, die Abkömmlinge der an Kindes Statt angenommenen Personen jedoch nur dann, wenn sich die Wirkungen der Annahme an Kindes Statt auch auf die Abkömmlinge erstrecken.

#### III. Steuerklasse III.

1. Die Eltern, Großeltern und weiteren Voreltern,
2. die Stiefeltern,
3. die voll- und halbbürtigen Geschwister.

#### IV. Steuerklasse IV.

1. Die Schwiegerkinder,
2. die Schwiegereltern,
3. die Abkömmlinge ersten Grades von Geschwistern.

#### V. Steuerklasse V.

Alle übrigen Erwerber und die Zweckzuwendungen.

(2) Im Falle des § 3 Abs. 1 Z 8 gilt als Geschenkgeber der zuletzt Berechtigte; in den Fällen des § 2 Abs. 2 Z 1 und § 3 Abs. 1 Z 7 ist der Besteuerung das Verwandtschaftsverhältnis des nach der Stiftungsurkunde entferntest Berechtigten zu dem Erblasser oder Geschenkgeber zugrunde zu legen, sofern die Stiftung wesentlich im Interesse einer Familie oder bestimmter Familien gemacht ist.

### 3. Berechnung der Steuer

**§ 8.** (1)
Die Steuer beträgt bei Erwerben

| bis einschließlich Euro | in der Steuerklasse | | | | |
|---|---|---|---|---|---|
| | I | II | III | IV | V |
| 7.300 | 2 | 4 | 6 | 8 | 14 |
| 14.600 | 2,5 | 5 | 7,5 | 10 | 16 |
| 29.200 | 3 | 6 | 9 | 12 | 18 |
| 43.800 | 3,5 | 7 | 10,5 | 14 | 20 |
| 58.400 | 4 | 8 | 12 | 16 | 22 |
| 73.000 | 5 | 10 | 15 | 20 | 26 |
| 109.500 | 6 | 12 | 18 | 24 | 30 |
| 146.000 | 7 | 14 | 21 | 28 | 34 |
| 219.000 | 8 | 16 | 24 | 32 | 38 |
| 365.000 | 9 | 18 | 27 | 36 | 42 |
| 730.000 | 10 | 20 | 30 | 40 | 46 |
| 1,095.000 | 11 | 21 | 32 | 42 | 48 |
| 1,460.000 | 12 | 22 | 34 | 44 | 51 |
| 2,920.000 | 13 | 23 | 36 | 46 | 54 |
| 4,380.000 | 14 | 24 | 38 | 48 | 57 |
| und darüber | 15 | 25 | 40 | 50 | 60 |

v.H. des Erwerbes.

(2) Die Steuer nach Abs. 1 ist in der Weise zu berechnen, daß von dem Wertbetrag des Erwerbes nach Abzug der Steuer nicht weniger erübrigt wird, als von dem höchsten Wertbetrage der nächstniedrigeren Stufe des Tarifes nach Abzug der nach dieser entfallenden Steuer.

(3) Die Steuer beträgt ohne Rücksicht auf die Höhe der Zuwendungen:

a) von Zuwendungen an solche inländische juristische Personen, die gemeinnützige, mildtätige oder kirchliche Zwecke verfolgen, sowie an inländische Institutionen gesetzlich anerkannter Kirchen und Religionsgesellschaften 2,5 v.H. und
b) von Zuwendungen an nicht unter lit. a fallende Privatstiftungen durch den Stifter selbst 5 v.H., ist der Stifter eine Privatstiftung 2,5 v.H. Werden zugewendetes Vermögen oder an dessen Stelle getretene Vermögenswerte innerhalb von zehn Jahren, ausgenommen zurück an den Stifter oder zur satzungsge-

mäßen Erfüllung von angemessenen Unterhaltsleistungen, unentgeltlich veräußert, so ist die Differenz auf die Steuer nach Abs. 1 nachzuerheben; Umstände, die zur Nacherhebung der Steuer führen, sind innerhalb eines Monats nach ihrem Eintritt dem Finanzamt anzuzeigen;

c) abweichend von lit. b kann für Zuwendungen des Stifters an eine Familienstiftung (§ 7 Abs. 2) nach Wahl eines Steuerschuldners die Steuer stattdessen nach dem maßgeblichen Steuersatz des § 8 Abs. 1 berechnet werden.

(4) Die sich nach den Abs. 1 und 2 oder nach dem Abs. 3 ergebende Steuer erhöht sich bei Zuwendungen

a) an den Ehegatten, einen Elternteil, ein Kind, ein Enkelkind, ein Stiefkind, ein Wahlkind oder ein Schwiegerkind des Zuwendenden um ........ 2 v.H.

b) an andere Personen um ........ 3,5 v.H.

des Wertes der durch die Zuwendung erworbenen Grundstücke.

(5) Die sich nach den Abs. 1, 2 und 4 oder nach den Abs. 3 und 4 ergebende Steuer darf im Falle des Abs. 4 lit. a nicht weniger als 2 v.H., im Falle des Abs. 4 lit. b nicht weniger als 3,5 v.H. des Wertes der erworbenen Grundstücke betragen.

(6) Wird durch die Zuwendung auch land- und forstwirtschaftliches Vermögen erworben, so ermäßigt sich die nach den Abs. 1, 2 und 4 errechnete Steuer, soweit sie auf land- und forstwirtschaftliches Vermögen entfällt, um 110 Euro.

*[Ungültige Verfügungen]*

**§ 9.** Erfüllt der Erbe eine wegen Formmangels nichtige Verfügung von Todes wegen, so ist nur die Steuer zu erheben, die bei Gültigkeit der Verfügung des Erblassers zu entrichten gewesen wäre.

*[Steuervermächtnis]*

**§ 10.** Hat der Erblasser die Entrichtung der von dem Erwerber geschuldeten Steuer einem anderen auferlegt, so ist die Steuer so zu berechnen, wie wenn die Auflage nicht erfolgt wäre. Dies gilt nicht für Schenkungen, bei denen der Geschenkgeber die Zahlung der Steuer übernimmt.

*[Frühere Erwerbe]*

**§ 11.** (1) Mehrere innerhalb zehn Jahren von derselben Person anfallende Vermögensvorteile werden in der Weise zusammengerechnet, daß dem letzten Erwerbe die früheren Erwerbe nach ihrem früheren Werte zugerechnet werden und von der Steuer für den Gesamtbetrag die Steuer abgezogen wird, welche für die früheren Erwerbe zur Zeit des letzten zu erheben gewesen wäre. Erwerbe, für die sich nach den steuerlichen Bewertungsvorschriften kein positiver Wert ergeben hat, bleiben unberücksichtigt.

(2) Die durch jeden weiteren Erwerb veranlaßte Steuer darf nicht mehr betragen als 60 v.H. dieses Erwerbes.

**4. Steuerschuld und Steuerschuldner**

*[Entstehen der Steuerschuld]*

**§ 12.** (1) Die Steuerschuld entsteht

1. bei Erwerben von Todes wegen mit dem Tode des Erblassers, jedoch
   a) für den Erwerb des unter einer aufschiebenden Bedingung oder unter einer Befristung Bedachten mit dem Zeitpunkt des Eintrittes der Bedingung oder des Ereignisses;
   b) für den Erwerb eines geltend gemachten Pflichtteilsanspruches mit dem Zeitpunkt der Geltendmachung;
   c) im Falle des § 2 Abs. 2 Z 1 mit dem Zeitpunkt der Genehmigung der Stiftung;
   d) in den Fällen des § 2 Abs. 2 Z 2 mit dem Zeitpunkt der Vollziehung der Auflage oder der Erfüllung der Bedingung;
   e) in den Fällen des § 2 Abs. 2 Z 3 mit dem Zeitpunkt der Genehmigung;
   f) in den Fällen des § 2 Abs. 2 Z 4 mit dem Zeitpunkt des Verzichtes oder der Ausschlagung;
   g) im Falle des § 2 Abs. 2 Z 5 mit dem Zeitpunkt der Übertragung der Anwartschaft;
   h) für den Erwerb des Nacherben mit dem Zeitpunkt des Eintrittes der Nacherbfolge;
2. bei Schenkungen unter Lebenden
   mit dem Zeitpunkt der Ausführung der Zuwendung;
3. bei Zweckzuwendungen
   mit dem Zeitpunkt des Eintrittes der Verpflichtung des Beschwerten.

(2) Im Falle der Aussetzung der Besteuerung nach § 30 gilt die Steuerschuld für den Erwerb des mit dem Nutzungsrecht belasteten Vermögens als mit dem Zeitpunkt des Erlöschens des Nutzungsrechtes entstanden.

(3) In den Fällen des Abs. 1 Z 1 lit. a kann das Finanzamt vor Entstehung der Steuerschuld Sicherheitsleistung aus dem Nachlaß verlangen.

*[Steuerschuldner, Haftungen]*

**§ 13.** (1) Steuerschuldner ist der Erwerber, bei einer Schenkung auch der Geschenkgeber und bei einer Zweckzuwendung der mit der Ausführung der Zuwendung Beschwerte.

(2) Neben den im Abs. 1 Genannten haftet der Nachlaß sowie jeder Erbe in Höhe des Wertes des aus der Erbschaft Empfangenen für die Steuer der am Erbfall Beteiligten als Gesamtschuldner.

(3) Der Vorerbe hat die durch die Vorerbschaft veranlaßte Steuer aus den Mitteln der Vorerbschaft zu entrichten.

(4) Haben Erben, gesetzliche Vertreter oder Bevollmächtigte der Erben, Testamentsvollstrecker, Nachlaßpfleger oder Nachlaßverwalter den

Nachlaß oder Teile desselben vor der Berichtigung oder Sicherstellung der Steuer anderen Personen ausgehändigt, so haften diese Personen in Höhe des aus der Erbschaft Empfangenen persönlich für die Steuer, es sei denn, daß sie zur Zeit der Empfangnahme in gutem Glauben sind. Sie sind nicht in gutem Glauben, wenn ihnen bekannt oder infolge grober Fahrlässigkeit unbekannt ist, daß die Steuer weder entrichtet noch sichergestellt ist.

(5) Versicherungsunternehmen, die vor Berichtigung oder Sicherstellung der Steuer die von ihnen zu leistende Versicherungssumme oder Leibrente in das Ausland zahlen oder ausländischen Berechtigten zur Verfügung stellen, haften in Höhe des herausgegebenen Betrages für die Steuer, soweit dieser 220 Euro übersteigt. Das gleiche gilt für Personen, in deren Gewahrsam sich Vermögen des Erblassers befindet, soweit sie das Vermögen vorsätzlich oder fahrlässig vor Berichtigung oder Sicherstellung der Steuer in das Ausland bringen oder ausländischen Berechtigten zur Verfügung stellen.

### 5. Befreiungen und Ermäßigungen

***[Freibeträge]***

**§ 14.** (1) Bei der Berechnung der Steuer nach § 8 Abs. 1 oder § 8 Abs. 3 bleibt bei jedem Erwerb steuerfrei:

1. für Personen der Steuerklasse I oder II ein Betrag von 2.200 Euro
2. für Personen der Steuerklasse III oder IV ein Betrag von 440 Euro
3. für Personen der Steuerklasse V ein Betrag von 110 Euro.

(2) In den Fällen, in denen sich die Besteuerung gemäß § 6 Abs. 1 Z 2 auf das dort angeführte Vermögen beschränkt, beträgt der Steuerfreibetrag 110 Euro.

(3) Bei Schenkungen unter Lebenden zwischen Ehegatten bleiben neben dem Freibetrag nach Abs. 1 Z 1 7.300 Euro steuerfrei.

***[Befreiungen]***

**§ 15.** (1) Steuerfrei bleiben außerdem

1. a) Hausrat (einschließlich Wäsche und Kleidungsstücke) beim Erwerb durch Personen der Steuerklasse I oder II ohne Rücksicht auf den Wert, der Steuerklasse III oder IV, soweit der Wert 1.460 Euro nicht übersteigt,

   b) andere bewegliche körperliche Gegenstände, die nicht nach Z 2 befreit sind, beim Erwerb durch Personen der Steuerklasse I oder II, soweit der Wert 1.460 Euro nicht übersteigt, der Steuerklasse III oder IV, soweit der Wert 600 Euro nicht übersteigt. Die Befreiung gilt nicht für Gegenstände, die zum land- und forstwirtschaftlichen Vermögen, Grundvermögen oder Betriebsvermögen gehören, für Zahlungsmittel, für Edelmetalle, Edelsteine und Perlen,

   c) Schenkungen unter Lebenden zwischen Ehegatten unmittelbar zum Zwecke der gleichteiligen Anschaffung oder Errichtung einer Wohnstätte mit höchstens 150 m² Wohnnutzfläche zur Befriedigung des dringenden Wohnbedürfnisses der Ehegatten. Die Steuerbefreiung tritt außer Kraft, wenn diese Wohnstätte nicht unter Aufgabe der Rechte an der bisherigen Ehewohnung innerhalb von drei Monaten ab Übergabe zur Befriedigung des dringenden Wohnbedürfnisses bezogen und ohne Änderung der Eigentumsverhältnisse weitere fünf Jahre benützt wird; wird die Wohnstätte erst errichtet, muß die Benützung zur Befriedigung des dringenden Wohnbedürfnisses innerhalb von drei Monaten ab Fertigstellung, längstens jedoch innerhalb von acht Jahren nach vertraglicher Begründung des Miteigentums – bei schon bestehendem, nicht nach dieser Bestimmung steuerfrei erworbenem Miteigentum ab Einreichung des Ansuchens um Erteilung der Baubewilligung – erfolgen; Umstände, die zur Nacherhebung der Steuer führen, sind innerhalb eines Monats nach ihrem Eintritt dem Finanzamt anzuzeigen;
2. nicht zur Veräußerung bestimmte bewegliche körperliche Gegenstände, die geschichtlichen oder kunstgeschichtlichen oder wissenschaftlichen Wert haben und sich seit mindestens 20 Jahren im Besitze der Familie des Erblassers befinden, sofern sie Personen der Steuerklasse I, II, III anfallen und nach näherer behördlicher Anweisung den Zwecken der Forschung oder Volksbildung nutzbar gemacht werden. Werden solche Gegenstände innerhalb zehn Jahren nach dem Erbfall veräußert, so tritt die Steuerbefreiung außer Kraft;
3. die Befreiung eines Steuerpflichtigen der Steuerklassen I, II von einer Schuld gegenüber dem Erblasser, soweit durch den Anfall lediglich die Beseitigung einer Überschuldung erreicht wird;
4. die Befreiung von einer Schuld gegenüber dem Erblasser, sofern die Schuld durch Gewährung von Mitteln zum Zwecke des angemessenen Unterhaltes oder zur Ausbildung des Bedachten begründet worden ist oder der Erblasser die Befreiung mit Rücksicht auf die Notlage des Schuldners angeordnet hat und diese auch durch die Zuwendung nicht beseitigt wird. Die Steuerbefreiung entfällt, soweit die Steuer aus der Hälfte einer neben der erlassenen Schuld dem Bedachten anfallenden Zuwendung gedeckt werden kann;
5. ein Erwerb, der Eltern, Stiefeltern oder Großeltern des Erblassers anfällt, sofern der Erwerb zusammen mit dem sonstigen Vermögen des Erwerbers 2.920 Euro [40.000 S] nicht übersteigt und der Erwerber infolge körperlicher oder geistiger Gebrechen und unter

Berücksichtigung seiner bisherigen Lebensstellung als erwerbsunfähig anzusehen ist oder durch die Führung eines gemeinsamen Hausstandes mit erwerbsunfähigen oder in der Ausbildung zu einem Lebensberufe begriffenen Abkömmlingen an der Ausübung einer Erwerbstätigkeit gehindert ist. Übersteigt der Wert des Erwerbes zusammen mit dem sonstigen Vermögen des Erwerbers den Betrag von 2.920 Euro [40.000 S], so wird die Steuer nur insoweit erhoben, als sie aus der Hälfte des die Wertgrenze übersteigenden Betrages gedeckt werden kann;

6. Gewinne aus unentgeltlichen Ausspielungen (wie Preisausschreiben und andere Gewinnspiele), die an die Öffentlichkeit gerichtet sind;
7. Vermögen, soweit es von Eltern, Großeltern oder weiteren Voreltern ihren Abkömmlingen unentgeltlich zugewendet wurde und an diese Personen zurückfällt;
8. der Verzicht auf den Pflichtteilsanspruch;
9. Zuwendungen unter Lebenden zum Zwecke des angemessenen Unterhaltes oder zur Ausbildung des Bedachten;
10. Ruhegehälter und ähnliche Zuwendungen, die ohne rechtliche Verpflichtung früheren oder jetzigen Angestellten oder Bediensteten gewährt werden, Zuwendungen an Pensions- oder Unterstützungskassen des eigenen Betriebes, Zuwendungen an ausländische Einrichtungen im Sinne des § 5 Z 4 des Pensionskassengesetzes sowie Zuwendungen an sonstige Versicherungsunternehmen, soweit die Zuwendungen einer betrieblichen Kollektivversicherung im Sinne des § 18f des Versicherungsaufsichtsgesetzes zuzurechnen sind;
11. die üblichen Gelegenheitsgeschenke;
12. Anfälle an den Bund und an Anstalten und Fonds, deren Abgänge der Bund zu decken verpflichtet ist, ferner Anfälle an die übrigen Gebietskörperschaften sowie Anfälle, die ausschließlich Zwecken des Bundes oder einer sonstigen Gebietskörperschaft dienen;
13. Zuwendungen, die der Pflege des Andenkens oder dem Seelenheile des Zuwendenden oder seiner Angehörigen dienen;
14. Zuwendungen unter Lebenden von körperlichen beweglichen Sachen und Geldforderungen an
    a) inländische juristische Personen, die gemeinnützige, mildtätige oder kirchliche Zwecke verfolgen,
    b) inländische Institutionen gesetzlich anerkannter Kirchen und Religionsgesellschaften,
    c) politische Parteien im Sinne des § 1 Parteiengesetz, BGBl. Nr. 404/1975 in der jeweils geltenden Fassung,
    d) ausländische Vereinigungen und Institutionen der in lit. a und b genannten Art, soweit Gegenseitigkeit besteht;

14a. Zuwendungen unter Lebenden von körperlichen beweglichen Sachen und Geldforderungen, die ausschließlich gemeinnützigen, mildtätigen oder kirchlichen Zwecken gewidmet sind, sofern die Verwendung zu dem begünstigten Zweck gesichert ist; dies gilt auch für solche Zuwendungen in das Ausland, soweit Gegenseitigkeit besteht.

ErbStG

15. Zuwendungen öffentlich-rechtlicher Körperschaften;
16. Ruhegehälter, Pensionen und ähnliche Zuwendungen, die Ehegatten, Kinder oder Personen, mit denen der Erblasser in einer eheähnlichen Gemeinschaft gelebt hat,
    – auf Grund eines vom Erblasser mit seinem Dienstgeber geschlossenen Pensionsvertrages oder
    – auf Grund eines für die Pensionsansprüche geltenden Kollektivvertrages oder
    – auf Grund einer Pensionszusage des Dienstgebers oder von einer Pensionskasse des Betriebes des Dienstgebers oder
    – auf Grund einer betrieblichen Kollektivversicherung im Sinne des § 18f des Versicherungsaufsichtsgesetzes oder
    – von ausländischen Einrichtungen im Sinne des § 5 Z 4 des Pensionskassengesetzes oder
    – auf Grund einer vom Erblasser abgeschlossenen Pensionszusatzversicherung (§ 108b des Einkommensteuergesetzes 1988) einschließlich von Pensionszusatzversicherungen in Verbindung mit § 17 des Betrieblichen Mitarbeitervorsorgegesetzes – BMVG, BGBl. I Nr. 100/2002, oder gleichartigen österreichischen Rechtsvorschriften,

    beziehen;
17. Erwerbe von Todes wegen
    – von Kapitalvermögen, soweit dessen Erträge im Zeitpunkt des Todes des Erblassers der Steuerabgeltung gemäß § 97 Abs. 1 erster Satz sowie § 97 Abs. 2 erster bis dritter Satz des Einkommensteuergesetzes 1988 in der Fassung des Bundesgesetzes, BGBl. Nr. 12/1993, unterliegen, sowie von vergleichbaren Kapitalvermögen, soweit dessen Erträge im Zeitpunkt des Todes des Erblassers der besonderen Einkommensteuer gemäß § 37 Abs. 8 des Einkommensteuergesetz 1988 unterliegen; dies gilt für Forderungswertpapiere nur dann, wenn sie bei der Begebung sowohl in rechtlicher als auch in tatsächlicher Hinsicht einem unbestimmten Personenkreis angeboten werden;

- von Ansprüchen gegenüber Einrichtungen im Sinne des § 108h des Einkommensteuergesetzes 1988;
- von Anteilen an in- und ausländischen Kapitalgesellschaften, wenn der Steuerpflichtige nachweist, dass der Erblasser im Zeitpunkt des Entstehens der Steuerschuld unter 1 vH am gesamten Nennkapital der Gesellschaft beteiligt ist.

18. was bei Herausgabe von Vermögen einer Privatstiftung oder deren Aufhebung erworben wird;
19. Schenkungen unter Lebenden und Zweckzuwendungen (§ 4 Z 2) – ausgenommen Zuwendungen an Stiftungen – von Geldeinlagen bei inländischen Kreditinstituten (§ 1 des Bankwesengesetzes)
    a) beim Erwerb durch Personen der Steuerklassen I bis IV, wenn die Steuerschuld vor dem 1. Jänner 2004 entsteht, ohne Rücksicht auf die Höhe der Zuwendungen,
    b) beim Erwerb durch Personen der Steuerklasse V,
        - wenn die Steuerschuld vor dem In-Kraft-Treten des Bundesgesetzes BGBl. I Nr. 10/2003 entsteht, ohne Rücksicht auf die Höhe der Zuwendungen,
        - wenn die Steuerschuld nach dem In-Kraft-Treten des Bundesgesetzes BGBl. I Nr. 10/2003 und vor dem 1. Jänner 2004 entsteht, bis zu einer Höhe von 100 000 Euro (Freibetrag).

    Die Befreiung (lit. a und lit. b erster Teilstrich) gilt auch für Vorgänge, für die die Steuerschuld vor dem 8. Juli 2000 entstanden ist, es sei denn, der Steuerpflichtige hatte zu diesem Zeitpunkt davon Kenntnis, dass der Vorgang Gegenstand abgabenrechtlicher oder finanzstrafrechtlicher Ermittlungen war oder der Abgabenbehörde bekannt war. Die Befreiung (lit. a und lit. b) ist auch im Falle der Zusammenrechnung nach § 11 mit Zuwendungen, die nach dem 31. Dezember 2003 erfolgen, zu berücksichtigen.
20. Zuwendungen, die dazu dienen, den durch Katastrophenschäden (insbesondere Hochwasser-, Erdrutsch-, Vermurungs- und Lawinenschäden) entstandenen Schaden zu beseitigen, der nicht durch Ersatzleistungen (zB Versicherungsleistungen) oder durch nach anderen Bestimmungen des § 15 steuerbefreite Zuwendungen abgedeckt ist. Darüber hinausgehende Zuwendungen sind steuerpflichtig;
21. die Übertragung von Gutschriften bei Kindererziehung nach § 14 des Allgemeinen Pensionsgesetzes, BGBl. I Nr. 142/2004.

(2) Angemessen im Sinne des Abs. 1 Z 9 ist eine den Vermögensverhältnissen und der Lebensstellung des Bedachten entsprechende Zuwendung. Eine dieses Maß übersteigende Zuwendung ist in vollem Umfang steuerpflichtig.

(3) Jede Befreiungsbestimmung ist für sich anzuwenden.

***[Unternehmensübertragung]***

**§ 15a.** (1) Erwerbe von Todes wegen und Schenkungen unter Lebenden von Vermögen gemäß Abs. 2, sofern der Erwerber eine natürliche Person ist und der Geschenkgeber das 55. Lebensjahr vollendet hat oder wegen körperlicher oder geistiger Gebrechen in einem Ausmaß erwerbsunfähig ist, daß er nicht in der Lage ist, seinen Betrieb fortzuführen oder die mit seiner Stellung als Gesellschafter verbundenen Aufgaben oder Verpflichtungen zu erfüllen, bleiben nach Maßgabe der Abs. 3 und 4 bis zu einem Wert von 365.000 Euro (Freibetrag) steuerfrei. Das Vorliegen der Erwerbsunfähigkeit wegen körperlicher oder geistiger Gebrechen ist auf Grundlage eines vom Steuerpflichtigen beizubringenden medizinischen Gutachtens eines allgemein beeideten und gerichtlich zertifizierten Sachverständigen zu beurteilen, es sei denn, es liegt eine medizinische Beurteilung durch den für den Steuerpflichtigen zuständigen Sozialversicherungsträger vor.

(2) Zum Vermögen zählen nur

1. inländische Betriebe und inländische Teilbetriebe, die der Einkunftserzielung gemäß § 2 Abs. 3 Z 1 bis 3 des Einkommensteuergesetzes 1988, in der jeweils geltenden Fassung, dienen;
2. Mitunternehmeranteile, das sind Anteile an inländischen Gesellschaften, bei denen die Gesellschafter als Mitunternehmer anzusehen sind, wenn der Erblasser oder Geschenkgeber im Zeitpunkt des Entstehens der Steuerschuld mindestens zu einem Viertel unmittelbar am Vermögen der Gesellschaft beteiligt ist;
3. Kapitalanteile, das sind Anteile an inländischen Kapitalgesellschaften, wenn der Erblasser oder Geschenkgeber im Zeitpunkt des Entstehens der Steuerschuld mindestens zu einem Viertel des gesamten Nennkapitals unmittelbar beteiligt ist.

(3) Der Freibetrag (Freibetragsteil gemäß Abs. 4) steht bei jedem Erwerb von Vermögen gemäß Abs. 2 zu, wenn Gegenstand der Zuwendung des Erblassers (Geschenkgebers) ist

1. ein Anteil von mindestens einem Viertel des Betriebes,
2. ein gesamter Teilbetrieb oder ein Anteil des Teilbetriebes, vorausgesetzt der Wert des Teilbetriebes oder der Anteil desselben beträgt mindestens ein Viertel des gesamten Betriebes,
3. ein Mitunternehmeranteil oder ein Kapitalanteil in dem im Abs. 2 Z 2 und 3 angeführten Ausmaß.

(4) Der Freibetrag steht beim Erwerb

1. eines Anteiles eines Betriebes nur entsprechend dem Anteil des erworbenen Vermögens zu;
2. eines Teilbetriebes oder eines Anteiles daran nur in dem Verhältnis zu, in dem der Wert des Teilbetriebes (Anteil des Teilbetriebes) zum Wert des gesamten Betriebes steht;
3. eines Mitunternehmeranteiles (Teil eines Mitunternehmeranteiles) oder Kapitalanteiles (Teil eines Kapitalanteiles) nur in dem Ausmaß zu, der dem übertragenen Anteil am Vermögen der Gesellschaft oder am Nennkapital der Gesellschaft entspricht.

Bei einem Erwerb durch mehrere Erwerber steht jedem Erwerber unter Berücksichtigung der Z 1 bis 3 der seinem Anteil am erworbenen Vermögen entsprechende Teil des Freibetrages zu.

(5) Die Steuer ist nachzuerheben, wenn der Erwerber innerhalb von fünf Jahren nach dem Erwerb das zugewendete Vermögen oder wesentliche Grundlagen davon entgeltlich oder unentgeltlich überträgt, betriebsfremden Zwecken zuführt oder wenn der Betrieb oder Teilbetrieb aufgegeben wird.

(6) Abs. 5 gilt nicht, wenn die Vermögensübertragung einen nach Abs. 1 bis 3 steuerbegünstigten Erwerb darstellt oder das zugewendete Vermögen Gegenstand einer Umgründung nach dem Umgründungssteuergesetz, BGBl. Nr. 699/1991, in der jeweils geltenden Fassung, ist, sofern für das an seine Stelle getretene Vermögen kein im Abs. 5 angeführter Grund für eine Nacherhebung der Steuer eintritt.

(7) Der Erwerber des begünstigten Vermögens hat Umstände, die zur Nacherhebung der Steuer führen, innerhalb eines Monats nach ihrem Eintritt dem Finanzamt anzuzeigen.

### *[Erbschaftssteuerversicherung]*

**§ 16.** (1) Wird in einem Lebensversicherungsvertrag vereinbart, daß die Versicherungssumme innerhalb von zwei Monaten nach dem Eintritt des Versicherungsfalles an das jeweils zur Entgegennahme der Einzahlung der Erbschaftssteuer zuständige Finanzamt von der Versicherungsanstalt zur Deckung der Erbschaftssteuer zu überweisen ist, so liegt eine Erbschaftssteuerversicherung vor.

(2) Das zuständige Finanzamt hat den überwiesenen Betrag in Verwahrung zu nehmen, darf ihn aber nur insoweit als Erbschaftssteuer eines oder mehrerer Erben (Vermächtnisnehmer) verrechnen, als dieser oder diese dem Finanzamt eine Anweisung erteilen. Fällt der Nachlaß mehreren Personen zu, so ist in der Anweisung zu bestimmen, welcher Teil der Versicherungssumme als Erbschaftssteuer jeder einzelnen Person zu verrechnen ist. Wird eine Anweisung bis zur endgültigen Festsetzung der Erbschaftssteuer nicht erteilt, so ist die Versicherungssumme an die Versicherungsanstalt rückzuüberweisen.

(3) Die Erbschaftssteuer ermäßigt sich um den Betrag, der sich aus der Anwendung des für die Berechnung der Steuer maßgebenden Prozentsatzes auf die als Erbschaftssteuer verrechnete Erbschaftssteuerversicherungssumme jedes Erben (Vermächtnisnehmers) ergibt.

(4) (aufgehoben)

### *[Mehrfacher Erwerb desselben Vermögens]*

**§ 17.** Wenn Personen der Steuerklassen I oder II Vermögen anfällt, das in den letzten fünf Jahren vor dem Anfall von Personen der gleichen Steuerklassen erworben worden ist und der Besteuerung nach diesem Bundesgesetz unterlegen hat, wird die auf dieses Vermögen entfallende Steuer um die Hälfte und, wenn der frühere Steuerfall mehr als fünf Jahre, aber nicht mehr als zehn Jahre hinter dem späteren zurückliegt, um ein Viertel ermäßigt.



## II. Teil
## Wertermittlung

### *[Bewertungsstichtag]*

**§ 18.** Für die Wertermittlung ist, soweit in diesem Gesetze nichts anderes bestimmt ist, der Zeitpunkt des Entstehens der Steuerschuld maßgebend.

### *[Bewertung]*

**§ 19.** (1) Die Bewertung richtet sich, soweit nicht im Abs. 2 etwas Besonderes vorgeschrieben ist, nach den Vorschriften des Ersten Teiles des Bewertungsgesetzes (Allgemeine Bewertungsvorschriften).

(2) Für inländisches land- und forstwirtschaftliches Vermögen, für inländisches Grundvermögen und für inländische Betriebsgrundstücke ist das Dreifache des Einheitswertes maßgebend, der nach den Vorschriften des Zweiten Teiles des Bewertungsgesetzes (Besondere Bewertungsvorschriften) auf den dem Entstehen der Steuerschuld unmittelbar vorausgegangenen Feststellungszeitpunkt festgestellt ist oder festgestellt wird. Wird von einem Steuerschuldner nachgewiesen, dass der gemeine Wert dieser Vermögenswerte im Zeitpunkt des Entstehens der Steuerschuld geringer ist als das Dreifache des Einheitswertes, ist der nachgewiesene gemeine Wert maßgebend.

(3) Haben sich in den Fällen des Abs. 2 die Verhältnisse zwischen dem unmittelbar vorausgegangenen Feststellungszeitpunkt und dem Zeitpunkt des Entstehens der Steuerschuld dergestalt geändert, daß nach den Vorschriften des Bewertungsgesetzes die Voraussetzungen für eine Wertfortschreibung oder eine Artfortschreibung gegeben sind, so ist auf den Zeitpunkt des Entstehens der Steuerschuld ein besonderer Einheitswert zu ermitteln. In diesem Fall ist das Dreifache des besonderen Einheitswertes maßgebend.

### *[Steuerpflichtige Erwerbe]*

**§ 20.** (1) Als Erwerb gilt, soweit nichts anderes vorgeschrieben ist, der gesamte Vermögensanfall an den Erwerber. Bei der Zweckzuwendung tritt an die Stelle des Anfalles die Verpflichtung des Beschwerten.

(2) Die infolge des Anfalles durch Vereinigung von Recht und Verbindlichkeit oder von Recht und

Belastung erloschenen Rechtsverhältnisse gelten als nicht erloschen.

(3) Die Anwartschaft eines Nacherben gehört nicht zu seinem Nachlaß.

(4) Von dem Erwerbe sind insbesondere abzuziehen

1. die Kosten der Bestattung des Erblassers einschließlich der Kosten der landesüblichen kirchlichen und bürgerlichen Leichenfeierlichkeiten und der Kosten eines angemessenen Grabdenkmales;
2. die im Falle der Todeserklärung des Erblassers dem Nachlaß zur Last fallenden Kosten des Verfahrens;
3. die Kosten der Eröffnung einer letztwilligen Verfügung des Erblassers, die gerichtlichen und außergerichtlichen Kosten der Regelung des Nachlasses, die Kosten der gerichtlichen Sicherung des Nachlasses, einer Nachlaßpflegschaft, des Aufgebotes der Nachlaßgläubiger und der Inventarerrichtung;
4. die Kosten eines für den Nachlaß oder wegen des Erwerbes geführten Rechtsstreites.

(5) Schulden und Lasten, die in wirtschaftlicher Beziehung zu nicht steuerbaren Teilen des Erwerbes stehen, sind nicht abzuziehen. Beschränkt sich die Besteuerung auf einzelne Vermögensgegenstände (§ 6 Abs. 1 Z 2 und Abs. 4), so sind nur die in einer wirtschaftlichen Beziehung zu diesem Teile des Erwerbes stehenden Schulden und Lasten abzugsfähig.

(6) Verbindlichkeiten aus Pflichtteilsrechten können nur insoweit abgezogen werden, als der Anspruch auf den Pflichtteil geltend gemacht wird.

(7) Die Steuer nach diesem Bundesgesetz wird nicht abgezogen.

(8) Ist eine Zuwendung unter einer Auflage gemacht, die in Geld veranschlagt werden kann, so ist die Zuwendung nur insoweit steuerpflichtig, als sie den Wert der Leistung des Beschwerten übersteigt, es sei denn, daß die Leistung dem Zwecke der Zuwendung dient.

***[Abzug wegen unentgeltlich geleisteter Dienste]***

**§ 21.** Hat der Erwerber nach Vollendung des 15. Lebensjahres im Haushalt oder im Betriebe des Erblassers ohne Barlohn Dienste geleistet und dadurch eine fremde Arbeitskraft erspart, so wird auf Antrag ein der Arbeit und der Dienstzeit angemessener Betrag von dem Anfall abgezogen. Dienste, die früher als drei Jahre vor dem Tode des Erblassers geleistet wurden, werden nicht berücksichtigt.

## III. Teil
## Veranlagung und Einhebung

### 1. Steuererklärung

***[Anmeldung des Erwerbs]***

**§ 22.** (1) Jeder der Steuer nach diesem Bundesgesetz unterliegende Erwerb ist vom Erwerber, bei einer Zweckzuwendung vom Beschwerten binnen einer Frist von drei Monaten nach erlangter Kenntnis von dem Anfall oder von dem Eintritt der Verpflichtung dem Finanzamt anzumelden. Diese Verpflichtung entfällt bei Rechtsvorgängen, für die gemäß § 23 a eine Selbstberechnung der Steuer erfolgt.

(2) Erfolgt der steuerpflichtige Erwerb durch ein Rechtsgeschäft unter Lebenden, so ist zur Anmeldung auch derjenige verpflichtet, aus dessen Vermögen der Erwerb stammt.

***[Steuererklärung]***

**§ 23.** (1) In den Fällen des § 22 kann das Finanzamt von den zur Anmeldung Verpflichteten innerhalb einer von ihm zu bestimmenden Frist die Abgabe einer Erklärung verlangen. Die Frist muß mindestens einen Monat betragen.

(2) Die Erklärung hat ein Verzeichnis der zum Nachlaß gehörenden Gegenstände und die sonstigen für die Feststellung des Gegenstandes und des Wertes des Erwerbes erforderlichen Angaben nach näherer Bestimmung des Bundesministeriums für Finanzen zu enthalten.

### 1a. Selbstberechnung der Schenkungssteuer durch Parteienvertreter

**§ 23a.** (1) Rechtsanwälte und Notare (Parteienvertreter) sind nach Maßgabe der Abs. 1 bis 5 befugt, die Steuer für die in § 3 und § 4 Z 2 bezeichneten Rechtsvorgänge, mit Ausnahme der Rechtsvorgänge im Sinne der § 3 Abs. 5 und § 15 Abs. 1 Z 9, als Bevollmächtigte eines Steuerschuldners selbst zu berechnen, wenn die Selbstberechnung innerhalb der Anmeldungsfrist (§ 22 Abs. 1) erfolgt. Die Anwendung der §§ 29 bis 31 ist im Falle einer Selbstberechnung der Schenkungssteuer ausgeschlossen. Für Grundstücksschenkungen unter einer Auflage sowie für Grundstücksschenkungen, die teils entgeltlich und teils unentgeltlich sind, ist eine Selbstberechnung nur dann zulässig, wenn auch die Grunderwerbsteuer vom Parteienvertreter selbst berechnet wird (§§ 11 bis 13 und 15 des Grunderwerbsteuergesetzes 1987).

(2) Parteienvertreter haben für Rechtsvorgänge, für die sie eine Selbstberechnung vornehmen, spätestens am 15. Tag (Fälligkeitstag) des auf den Kalendermonat (Anmeldungszeitraum), in dem die Selbstberechnung erfolgt, zweitfolgenden Kalendermonats eine Anmeldung über die selbst berechneten Rechtsvorgänge beim Finanzamt (§ 63 Abs. 2, § 64 Abs. 2 der Bundesabgabenordnung) vorzulegen. Die Selbstberechnung und Anmeldung hat elektronisch zu erfolgen. Ist über einen der in der elektronischen Anmeldung enthaltenen Rechtsvorgänge eine Urkunde errichtet worden, die in ein durch Bundesgesetz vorgesehenes Urkundenarchiv aufgenommen wurde, so ist der Abgabenbehörde der Zugriffscode zu dieser Urkunde bekannt zu geben. Die Abgabenbehörden sind berechtigt, auf diese Urkunde lesend zuzugreifen. Aus der Anmeldung muss sich ergeben, für welchen Steuerschuldner in welchem Ausmaß die Steuer und die Eintragungsgebühren nach dem Gerichtsgebührengesetz selbst berechnet und entrichtet wurden.

Die Anmeldung gilt als Abgabenerklärung. Die Abgabenbehörden sind befugt, Prüfungen hinsichtlich sämtlicher in die Anmeldung aufzunehmenden Angaben durchzuführen.

(3) Ist über den Rechtsvorgang eine Schrift errichtet worden, so ist der Umstand der Selbstberechnung und der im automationsunterstützten Verfahren vergebene Ordnungsbegriff (Erfassungsnummer) zu vermerken. Der Parteienvertreter hat die Abschriften (Durchschriften) der Erklärungen (Abs. 6) und die Abschriften (Durchschriften, Gleichschriften) der über den Erwerbsvorgang ausgefertigten Schriften sieben Jahre aufzubewahren. Im Übrigen ist § 132 BAO anzuwenden.

(4) Der Bundesminister für Finanzen wird ermächtigt, die elektronische Selbstberechnung und Anmeldung durch Verordnung näher zu regeln, soweit sich die Regelungen auf die gerichtlichen Eintragungsgebühren beziehen, im Einvernehmen mit dem Bundesminister für Justiz.

(5) Die selbst berechnete Steuer ist spätestens am Fälligkeitstag zu entrichten. Im Zweifel ist bei den betreffenden Steuerschuldnern eine verhältnismäßige Entrichtung anzunehmen. Eine gemäß § 201 der Bundesabgabenordnung festgesetzte Steuer hat den in Abs. 2 genannten Fälligkeitstag.

(6) Der Parteienvertreter ist befugt, unter Verwendung des amtlichen Vordrucks gegenüber dem Grundbuchsgericht je Rechtsvorgang zu erklären, daß eine Selbstberechnung der Schenkungssteuer vorgenommen worden ist und die Schenkungssteuer sowie die Eintragungsgebühr nach dem Gerichtsgebührengesetz gemäß Abs. 5 abgeführt werden. Auf der Selbstberechnungserklärung sind überdies anzugeben

1. der Wert, der der Selbstberechnung der Eintragungsgebühr nach dem Gerichtsgebührengesetz zugrunde gelegt worden ist (Bemessungsgrundlage),
2. der Betrag der selbst berechneten Eintragungsgebühr,
3. die Erklärung, daß die Eintragungsgebühr nicht zurückgezahlt und kein Antrag auf Zurückzahlung der Eintragungsgebühr gestellt worden ist. Diese Erklärung ist vom Parteienvertreter nach seinem Wissensstand zum Zeitpunkt der Ausstellung der Erklärung abzugeben.

Die Selbstberechnungserklärung muß diese Angaben auch dann enthalten, wenn keine Schenkungssteuer bzw. Eintragungsgebühr anfällt.

(7) Der Parteienvertreter haftet für die Entrichtung der selbstberechneten Steuer.

(8) Das für die Erhebung der Steuer sachlich zuständige Finanzamt, von dessen Bereich aus der Parteienvertreter seine Berufstätigkeit vorwiegend ausübt, kann die Befugnisse gemäß Abs. 1 mit Bescheid aberkennen, wenn der Parteienvertreter vorsätzlich oder wiederholt grob fahrlässig die Bestimmungen der Abs. 1 bis 6 verletzt. Die Aberkennung kann für mindestens drei Jahre oder unbefristet erfolgen. Sie ist hinsichtlich des Amtsbereiches aller sachlich zuständigen Finanzämter wirksam. Von der Aberkennung sowie von deren Aufhebung sind die vier Präsidenten der Oberlandesgerichte zu verständigen. Bei unbefristeter Aberkennung kann frühestens fünf Jahre nach Aberkennung auf Antrag des Parteienvertreters der Aberkennungsbescheid aufgehoben werden, wenn glaubhaft ist, daß der Parteienvertreter in Hinkunft seinen abgabenrechtlichen Pflichten nachkommen wird.

(9) Stellt sich die Unrichtigkeit der Bemessungsgrundlage für die Selbstberechnung bei der Schenkungssteuer, von der eine gerichtliche Eintragungsgebühr abhängig ist, oder eine unrichtige Entrichtung der selbstberechneten Eintragungsgebühr nach dem Gerichtsgebührengesetz (Fehlbetrag nach § 4 Abs. 5 a des Gerichtsgebührengesetzes) heraus, so hat das Finanzamt ohne unnötigen Aufschub dem Grundbuchsgericht die richtige Bemessungsgrundlage oder den zu entrichtenden Betrag an selbstberechneter Eintragungsgebühr mitzuteilen. Dies gilt sinngemäß, wenn eine Selbstberechnungserklärung ausgestellt worden ist, aber eine Selbstberechnung der Eintragungsgebühr unterblieben ist.



### 2. Pflichten Dritter

#### *[Gerichte und Notare]*

**§ 24.** (1) Die Gerichte haben, sofern eine Abhandlung stattfindet, dem Finanzamt die Todesfälle, die eröffneten letztwilligen Anordnungen und die Vornahme von Erbteilungen bekannt zu geben.

(2) Notare und Rechtsanwälte haben dem Finanzamt Abschriften der Niederschriften über die von ihnen beurkundeten Schenkungen und Zweckzuwendungen zu übermitteln. Ist es dem Notar oder Rechtsanwalt auf Grund seiner technischen Voraussetzungen zumutbar, so hat er die Anmeldung elektronisch zu übermitteln. Ist über den in der elektronischen Anmeldung enthaltenen Rechtsvorgang eine Urkunde errichtet worden, die in ein durch Bundesgesetz vorgesehenes Urkundenarchiv aufgenommen wurde, so ist der Abgabenbehörde der Zugriffscode zu dieser Urkunde bekannt zu geben. Die Abgabenbehörden sind berechtigt, auf diese Urkunde lesend zuzugreifen. Die über den Rechtsvorgang errichtete Urkunde ist nur über Verlangen der Abgabenbehörde vorzulegen; auf der Urkunde ist der im automationsunterstützten Verfahren vergebene Ordnungsbegriff (Erfassungsnummer) anzugeben. Der Bundesminister für Finanzen wird ermächtigt, die Übermittlung der elektronischen Anmeldung mit Verordnung näher zu regeln.

#### *[Namenspapiere]*

**§ 25.** Dem Finanzamt ist seitens derjenigen, die auf den Namen lautende Aktien oder Schuldverschreibungen ausgegeben haben, bevor sie die auf den Namen des Erblassers lautenden Wertpapiere nach Eintritt des ihnen bekanntgewordenen Erbfalles in ihren Büchern auf den Namen einer anderen Person umschreiben, von der beantragten

Umschreibung schriftlich oder zu Protokoll Mitteilung zu machen.

*[Versicherungsunternehmen]*

**§ 26.** Versicherungsunternehmungen sind verpflichtet, bevor sie Versicherungssummen oder Leibrenten an einen anderen als den Versicherungsnehmer auszahlen, dem Finanzamt den wesentlichen Inhalt des Versicherungsvertrages und die Person des Empfangsberechtigten mitzuteilen.

**3. Steuerfestsetzung**

*[Vorläufige Festsetzung]*

**§ 27.** Auf Grund der Steuererklärung ist der ihr entsprechende Betrag der Steuer vom Finanzamt vorläufig festzusetzen. Der festgesetzte Betrag wird binnen einem Monat nach der Zustellung des Steuerbescheides fällig.

*[Abrundung]*

**§ 28.** Für die Berechnung der Steuer nach § 8 und bei der Anwendung des § 14 und des § 15 Abs. 1 Z 5 wird der Erwerb auf volle 1 Euro abgerundet.

*[Rentenbesteuerung]*

**§ 29.** (1) Ist die Steuer vom Kapitalwert von Renten oder anderen wiederkehrenden Nutzungen oder Leistungen zu entrichten, so kann sie nach Wahl des Steuerpflichtigen statt vom Kapitalwert jährlich im voraus vom Jahreswert entrichtet werden. Die Steuer wird in diesem Falle nach dem Hundertsatz erhoben, der sich nach § 8 für den gesamten Kapitalbetrag ergibt.

(2) Ist die Steuer von einem land- und forstwirtschaftlichen Vermögen zu bemessen, so ist die auf das land- und forstwirtschaftliche Vermögen entfallende Steuer über Antrag statt in einem Betrag in zehn Jahresbeträgen festzusetzen, wenn der Steuerpflichtige für die Steuer Sicherheit leistet und glaubhaft macht, daß er bei ordnungsgemäßer Wirtschaftsführung im Falle der Zahlung der Steuer in einem Betrag gezwungen wäre, das land- und forstwirtschaftliche Vermögen ganz oder teilweise zu veräußern. Der einzelne Jahresbetrag ist in der Weise zu ermitteln, daß der um 20 v.H. erhöhte Gesamtbetrag in zehn gleiche Teile aufgeteilt wird. Die Jahresbeträge für den Zeitraum zwischen dem Entstehen der Steuerschuld und dem Ende des Kalenderjahres, in dem der Steuerbescheid zugestellt wird, werden mit Ablauf eines Monats nach dessen Zustellung fällig. Die Fälligkeit der Jahresbeträge für die auf die Zustellung des Steuerbescheides folgenden Kalenderjahre tritt jeweils am 31. März jedes folgenden Kalenderjahres ein.

*[Aussetzen der Besteuerung]*

**§ 30.** (1) Beim Erwerb von Vermögen, dessen Nutzung einem anderen als dem Steuerpflichtigen zusteht, kann der Steuerpflichtige verlangen, daß die Besteuerung bis zum Erlöschen des Nutzungsrechtes ausgesetzt bleibt. Auf Verlangen des Finanzamtes hat der Steuerpflichtige für die Steuer Sicherheit zu leisten.

(2) Geht in dem Falle des Abs. 1 das mit dem Nutzungsrechte belastete Vermögen vor dem Erlöschen des Nutzungsrechtes durch Erbfolge auf einen anderen über, so wird die Steuer für diesen Übergang nicht erhoben, vielmehr tritt die gleiche Behandlung ein, wie wenn derjenige, dem das Vermögen zur Zeit des Erlöschens gehört, das Vermögen unmittelbar von dem ursprünglichen Erblasser erworben hätte.

*[Pauschbetrag]*

**§ 31.** Das Finanzamt kann im Einvernehmen mit dem Steuerpflichtigen von der genauen Ermittlung des Steuerbetrages absehen und die Steuer in einem Pauschbetrag festsetzen.

*[Berichtigung der Veranlagung]*

**§ 32.** Sind bei der Erteilung des Steuerbescheides abzugsfähige Verbindlichkeiten nicht berücksichtigt worden, weil sie dem Steuerpflichtigen unbekannt waren, so kann er bis zum Ablauf von fünf Jahren seit der Veranlagung die Berichtigung des Steuerbescheides beantragen.

**4. Erstattung**

**§ 33.** Die Steuer ist zu erstatten,

a) wenn und insoweit das Geschenk herausgegeben werden mußte;

b) wenn und insoweit ein Erwerb von Todes wegen herausgegeben werden mußte, eine Änderung der Steuer nicht mehr möglich ist und das herausgegebene Vermögen beim Empfänger einen Erwerb von Todes wegen darstellt.

**IV. Teil**
**Übergangs- und Schlußbestimmungen**

**§ 34.** (1)

1. Die Bestimmungen dieses Bundesgesetzes sind auf alle Vorgänge anzuwenden, für die die Steuerschuld nach dem Inkrafttreten dieses Bundesgesetzes eintritt. Auf diese Vorgänge sind mit Ausnahme der Bestimmungen im Artikel II des Bundesgesetzes vom 6. Juli 1954, BGBl. Nr. 181, auch alle im Zeitpunkt des Inkrafttretens dieses Bundesgesetzes in Geltung stehenden gesetzlichen Bestimmungen anzuwenden, die auf die Erbschaftssteuer oder auf das Erbschaftssteuergesetz hinweisen und nicht im Widerspruch zu den Bestimmungen dieses Bundesgesetzes stehen.
2. § 8 Abs. 4 und Abs. 5 sowie § 29 Abs. 2, jeweils in der Fassung des Bundesgesetzes BGBl. Nr. 201/1996, sind auf alle Vorgänge anzuwenden, für die die Steuerschuld nach dem 31. Mai 1996 entsteht.
3. § 15 Abs. 1 Z 17 in der Fassung des Bundesgesetzes BGBl. Nr. 201/1996 ist auf alle Erwerbe von Todes wegen nach Personen anzuwenden, die nach dem 31. Mai 1996 verstorben sind.

4. §§ 15 Abs. 1 Z 17, 15 a, 22 Abs. 1 und 23 a, jeweils in der Fassung des Bundesgesetzes BGBl. I Nr. 106/1999, sind auf Rechtsvorgänge anzuwenden, für die die Steuerschuld nach dem 31. Dezember 1999 entsteht.
5. §§ 8 Abs. 3, Abs. 4 lit. b, Abs. 5, 19 Abs. 2 und Abs. 3, jeweils in der Fassung des Bundesgesetzes BGBl. I Nr. 142/2000, sind auf Rechtsvorgänge anzuwenden, für die die Steuerschuld nach dem 31. Dezember 2000 entsteht.
6. § 15 Abs. 1 Z 17 in der Fassung des Bundesgesetzes BGBl. I Nr. 2/2001 ist auf Rechtsvorgänge anzuwenden, für die die Steuerschuld nach dem 31. Dezember 2000 entsteht.
7. § 8 Abs. 1, § 8 Abs. 6, § 13 Abs. 5, § 14 Abs. 1 Z 1, § 14 Abs. 1 Z 2, § 14 Abs. 1 Z 3, § 14 Abs. 2, § 14 Abs. 3, § 15 Abs. 1 Z 1 lit. a, § 15 Abs. 1 Z 1 lit. b, § 15 Abs. 1 Z 5, § 15a Abs. 1 und § 28, jeweils in der Fassung des Bundesgesetzes BGBl. I Nr. 59/2001, ist auf Rechtsvorgänge anzuwenden, für die die Steuerschuld nach dem 31. Dezember 2001 entsteht.
8. §§ 8 Abs. 3 lit. b, 15 Abs. 1 Z 1 lit. c, 23a Abs. 1 bis 4 und 24 Abs. 1 und 2, jeweils in der Fassung des Bundesgesetzes BGBl. I Nr. 144/2001, sind auf Vorgänge anzuwenden, für die die Steuerschuld nach dem 31. Dezember 2001 entsteht. §§ 8 Abs. 3 lit. b, 15 Abs. 1 Z 1 lit. c, 23a Abs. 1 bis 4 und 24, jeweils in der Fassung vor dem Bundesgesetz BGBl. I Nr. 144/2001, sind auf Vorgänge anzuwenden, für die die Steuerschuld vor dem 1. Jänner 2002 entsteht.
9. § 15 Abs. 1 Z 19 in der Fassung des BGBl. I Nr. 133/2002 tritt mit 1. Juli 2002 in Kraft.
10. § 15 Abs. 1 Z 6 in der Fassung des Bundesgesetzes BGBl. I Nr. 180/2004 ist auf alle Vorgänge anzuwenden, für die die Steuerschuld nach dem 31.Dezember 2002 entsteht.
11. § 15 Abs. 1 Z 10 und Z 16, jeweils in der Fassung des Bundesgesetzes BGBl. I Nr. 8/2005, sind auf Vorgänge anzuwenden, für die die Steuerschuld nach dem 22. September 2005 entsteht.
12. § 15 Abs. 1 Z 20 tritt mit 1. Juli 2005 in Kraft und ist auf alle Sachverhalte anzuwenden, für die die Steuerschuld nach dem 30. Juni 2005 entsteht.
13. Abgaben nach diesem Bundesgesetz werden für Vorgänge gemäß § 1 Abs. 1 Z 3, für die die Steuerschuld nach dem 31. Juli 2008 entsteht, nicht mehr erhoben. § 22 und § 24 Abs. 2 sind letztmalig auf Erwerbe anzuwenden, für die die Steuerschuld vor dem 1. August 2008 entsteht. § 33 ist auf Vorgänge, die sich nach Ablauf des Tages, an dem das Bundesgesetz BGBl. I Nr. 85/2008 im Bundesgesetzblatt kundgemacht wurde, ereignen, nicht mehr anzuwenden.
14. § 24 Abs. 1, § 25 und § 26 sind letztmalig auf Vorgänge anzuwenden, für die die Steuerschuld vor dem 1. August 2008 entstanden ist.

(2) Artikel I des Bundesgesetzes vom 27. Mai 1952, BGBl. Nr. 108, bleibt unberührt.

(3) Mit der Vollziehung dieses Bundesgesetzes ist das Bundesministerium für Finanzen betraut.

# 9. GRUNDERWERBSTEUER

## Inhaltsverzeichnis

# 9/1. Grunderwerbsteuergesetz 1987

**Grunderwerbsteuergesetz 1987**, BGBl 1994/682 idF

**1** BGBl I 1999/28 (AbgÄG 1998)
**2** BGBl I 1999/106 (StRefG 2000)
**3** BGBl I 2000/142 (BudgetbegleitG 2001)
**4** BGBl I 2001/59 (EuroStUG 2001)
**5** BGBl I 2001/144 (AbgÄG 2001)
**6** BGBl I 2008/85 (SchenkMG 2008)
**7** BGBl I 2009/52 (BudBG 2009)
**8** BGBl I 2009/135 (EPG)
**9** BGBl I 2010/111 (BudBG 2011)
**10** BGBl I 2011/112 (BudBG 2012)
**11** BGBl I 2012/22 (1. StabG 2012)
**12** BGBl I 2012/112 (AbgÄG 2012)
**13** BGBl I 2012/116 (VfGH)
**14** BGBl I 2013/1 (GGN)
**15** BGBl I 2014/36
**16** BGBl I 2015/118 (StRefG 2015/16)
**17** BGBl I 2015/160 (GG 2015)
**18** BGBl I 2015/163 (AbgÄG 2015)
**19** BGBl I 2018/62 (JStG 2018)
**20** BGBl I 2019/103 (StRefG 2020)
**21** BGBl I 2019/104 (FORG)



## GLIEDERUNG



## STICHWORTVERZEICHNIS

**Bundesgesetz vom 2. Juli 1987 betreffend die Erhebung einer Grunderwerbsteuer (Grunderwerbsteuergesetz 1987 – GrEStG 1987)**

Der Nationalrat hat beschlossen:

### Erwerbsvorgänge[a)]

[a)] Siehe auch § 6 Abs 5, § 11 Abs 5, § 22 Abs 4, § 26 Abs 3, § 31 Abs 3 UmgrStG (BGBl 1991/699) sowie dessen Z 1d im 3. Teil (abgedruckt 3/1.)

**§ 1.** (1) Der Grunderwerbsteuer unterliegen die folgenden Rechtsvorgänge, soweit sie sich auf inländische Grundstücke beziehen:

1. ein Kaufvertrag oder ein anderes Rechtsgeschäft, das den Anspruch auf Übereignung begründet,
2. der Erwerb des Eigentums, wenn kein den Anspruch auf Übereignung begründendes Rechtsgeschäft vorausgegangen ist,
3. ein Rechtsgeschäft, das den Anspruch auf Abtretung eines Übereignungsanspruches begründet,
4. ein Rechtsgeschäft, das den Anspruch auf Abtretung der Rechte aus einem Kaufanbot begründet. Dem Kaufanbot steht ein Anbot zum Abschluß eines anderen Vertrages gleich, kraft dessen die Übereignung verlangt werden kann,
5. der Erwerb eines der in den Z 3 und 4 bezeichneten Rechte, wenn kein Rechtsgeschäft vorausgegangen ist, das den Anspruch auf Erwerb der Rechte begründet.

(2) Der Grunderwerbsteuer unterliegen auch Rechtsvorgänge, die es ohne Begründung eines Anspruches auf Übereignung einem anderen rechtlich oder wirtschaftlich ermöglichen, ein inländisches Grundstück auf eigene Rechnung zu verwerten.

(2a) Gehört zum Vermögen einer Personengesellschaft ein inländisches Grundstück, unterliegt der Steuer eine Änderung des Gesellschafterbestandes dergestalt, dass innerhalb von fünf Jahren mindestens 95% der Anteile am Gesellschaftsvermögen auf neue Gesellschafter übergehen. Treuhändig gehaltene Gesellschaftsanteile sind dem Treugeber zuzurechnen. Ein inländisches Grundstück gehört zum Vermögen einer Personengesellschaft, wenn sie das Grundstück durch einen Rechtsvorgang gemäß Abs. 1 oder Abs. 2 erworben hat.

*(BGBl I 2015/118, BGBl I 2018/62)*

(3) Gehört zum Vermögen einer Gesellschaft ein inländisches Grundstück, so unterliegen der Steuer, soweit eine Besteuerung nach Abs. 2a nicht in Betracht kommt, außerdem:

1. ein Rechtsgeschäft, das den Anspruch auf Übertragung eines oder mehrerer Anteile am Gesellschaftsvermögen oder der Gesellschaft begründet, wenn durch die Übertragung mindestens 95% aller Anteile am Gesellschaftsvermögen oder der Gesellschaft in der Hand des Erwerbers allein oder in der Hand einer Unternehmensgruppe gemäß § 9 des Körperschaftsteuergesetzes 1988 vereinigt werden würden;
2. die Vereinigung von mindestens 95% aller Anteile am Gesellschaftsvermögen oder der Gesellschaft, wenn kein schuldrechtliches Geschäft im Sinne der Z 1 vorausgegangen ist;
3. ein Rechtsgeschäft, das den Anspruch auf Übertragung von mindestens 95% aller Anteile am Gesellschaftsvermögen oder der Gesellschaft begründet;
4. der Erwerb von mindestens 95% aller Anteile am Gesellschaftsvermögen oder der Gesellschaft, wenn kein schuldrechtliches Geschäft im Sinne der Z 3 vorausgegangen ist.

Treuhändig gehaltene Gesellschaftsanteile sind dem Treugeber zuzurechnen. Ein inländisches Grundstück gehört zum Vermögen einer Gesellschaft, wenn sie das Grundstück durch einen Rechtsvorgang gemäß Abs. 1 oder Abs. 2 erworben hat.

*(BGBl I 2015/118, BGBl I 2018/62)*

(4) Ein im Abs. 1 bezeichneter Rechtsvorgang unterliegt der Steuer auch dann, wenn ihm einer der in den Abs. 2 und 3 bezeichneten Rechtsvorgänge vorausgegangen ist. Ein im Abs. 2 bezeichneter Rechtsvorgang unterliegt der Steuer auch dann, wenn ihm einer der im Abs. 1 bezeichneten Rechtsvorgänge vorausgegangen ist. Die Steuer wird jedoch nur insoweit erhoben, als die Bemessungsgrundlage für den späteren Rechtsvorgang den Betrag übersteigt, von dem beim vorausgegangenen Rechtsvorgang die Steuer berechnet worden ist.

*(BGBl I 2015/118)*

(5) Ein im Abs. 2a bezeichneter Rechtsvorgang unterliegt der Steuer auch dann, wenn ein in Abs. 2a oder Abs. 3 bezeichneter Rechtsvorgang vorausgegangen ist. Ein im Abs. 3 bezeichneter Rechtsvorgang unterliegt der Steuer auch dann, wenn ein in Abs. 2a oder Abs. 3 bezeichneter Rechtsvorgang vorausgegangen ist. Sofern die Rechtsvorgänge nach Abs. 2a oder Abs. 3 in der gleichen Unternehmensgruppe verwirklicht werden, wird die Steuer nur insoweit erhoben, als die Bemessungsgrundlage für den späteren Rechtsvorgang den Betrag übersteigt, von dem beim vorausgegangenen Rechtsvorgang die Steuer berechnet worden ist.

*(BGBl I 2015/118, BGBl I 2018/62)*

### Grundstücke

**§ 2.** (1) Unter Grundstücken im Sinne dieses Gesetzes sind Grundstücke im Sinne des bürgerlichen Rechtes zu verstehen. Was als Zugehör des Grundstückes zu gelten hat, bestimmt sich nach den Vorschriften des bürgerlichen Rechtes. Zum Grundstück werden jedoch nicht gerechnet:

1. Maschinen und sonstige Vorrichtungen aller Art, die zu einer Betriebsanlage gehören,
2. Gewinnungsbewilligungen nach dem Berggesetz 1975, BGBl. Nr. 259, in der jeweils geltenden Fassung sowie Apothekengerechtigkeiten.

(2) Den Grundstücken stehen gleich:

1. Baurechte,
2. Gebäude auf fremdem Boden.

(3) Bezieht sich ein Rechtsvorgang auf mehrere Grundstücke, die zu einer wirtschaftlichen Einheit gehören, so werden diese Grundstücke als ein Grundstück behandelt. Bezieht sich ein Rechtsvorgang auf einen oder mehrere Teile eines Grundstückes, so werden diese Teile als ein Grundstück behandelt.

### Ausnahmen von der Besteuerung[a)]

[a)] Siehe auch § 6 Abs 5, § 11 Abs 5, § 22 Abs 4, § 26 Abs 3, § 31 Abs 3 UmgrStG (BGBl 1993/699) sowie dessen Z 1d im 3. Teil (abgedruckt 3/1).

**§ 3.** (1) Von der Besteuerung sind ausgenommen:

1. a) der Erwerb eines Grundstückes, wenn der für die Berechnung der Steuer maßgebende Wert 1 100 Euro nicht übersteigt oder
   b) der Erwerb eines Grundstückes gemäß § 13 des Liegenschaftsteilungsgesetzes, BGBl. Nr. 3/1930 in der geltenden Fassung, wenn der für die Berechnung der Steuer maßgebende Wert 2 000 Euro nicht übersteigt,
2. Unentgeltliche oder teilentgeltliche Erwerbe (§ 7 Abs. 1 Z 1) eines Grundstückes durch natürliche Personen nach Maßgabe der folgenden Bestimmungen:
   a) Umfasst sind nur Grundstücke,
      – soweit sie zum Betriebsvermögen eines erworbenen Betriebes oder Teilbetriebes gehören, der der Einkunftserzielung gemäß § 2 Abs. 3 Z 2 oder 3 des Einkommensteuergesetzes 1988 dient, oder
      – die der Mitunternehmerschaft von einem Mitunternehmer zur Nutzung überlassen sind (Sonderbetriebsvermögen), wenn diese gemeinsam mit Mitunternehmeranteilen zugewendet werden und der Übergeber im Zeitpunkt des Entstehens der Steuerschuld mindestens zu einem Viertel unmittelbar am Vermögen der Gesellschaft beteiligt ist.
   b) Der Übergeber hat im Falle einer Zuwendung unter Lebenden
      – das 55. Lebensjahr vollendet oder
      – ist wegen körperlicher, psychischer, sinnesbedingter oder kognitiver Funktionseinschränkungen in einem Ausmaß erwerbsunfähig, dass er nicht in der Lage ist, seinen Betrieb fortzuführen oder die mit seiner Stellung als Gesellschafter verbundenen Aufgaben oder Verpflichtungen zu erfüllen. Das Vorliegen der Erwerbsunfähigkeit ist auf Grundlage eines vom Steuerpflichtigen beizubringenden medizinischen Gutachtens eines allgemein beeideten und gerichtlich zertifizierten Sachverständigen zu beurteilen, es sei denn, es liegt eine medizinische Beurteilung durch den für den Steuerpflichtigen zuständigen Sozialversicherungsträger vor.
   c) Die Befreiung steht nur bis zu einem Wert von 900 000 Euro (Freibetrag) zu. Liegt ein teilentgeltlicher Erwerb vor, vermindert sich der Freibetrag aliquot in jenem Ausmaß, der dem entgeltlichen Teil entspricht; der verminderte Freibetrag ist vom Wert des unentgeltlichen Teils abzuziehen.
   d) Der Freibetrag (Freibetragsteil gemäß lit. e) steht bei jedem Erwerb von Vermögen gemäß lit. a zu, wenn Gegenstand der Zuwendung ist
      – ein Anteil von mindestens einem Viertel des Betriebes,
      – ein gesamter Teilbetrieb oder ein Anteil des Teilbetriebes, vorausgesetzt der Wert des Teilbetriebes oder der Anteil desselben beträgt mindestens ein Viertel des gesamten Betriebes,
      – ein Mitunternehmeranteil in dem in lit. a zweiter Teilstrich angeführten Ausmaß.
   e) Der Freibetrag steht beim Erwerb
      – eines Anteiles eines Betriebes nur entsprechend dem Anteil des erworbenen Vermögens zu,
      – eines Teilbetriebes oder eines Anteiles daran nur in dem Verhältnis zu, in dem der Wert des Teilbetriebes (Anteil des Teilbetriebes) zum Wert des gesamten Betriebes steht,
      – eines Mitunternehmeranteiles nur in dem Ausmaß zu, der dem übertragenen Anteil am Vermögen der Gesellschaft entspricht.

      Bei einem Erwerb durch mehrere Erwerber steht jedem Erwerber unter Berücksichtigung der Teilstriche 1 bis 3 der seinem Anteil am erworbenen Vermögen entsprechende Teil des Freibetrages zu.
   f) Die Steuer ist nachzuerheben, wenn der Erwerber innerhalb von fünf Jahren nach dem Erwerb das Vermögen gemäß lit. a oder wesentliche Grundlagen davon entgeltlich oder unentgeltlich überträgt, betriebsfremden Zwecken zuführt oder wenn der Betrieb oder Teilbetrieb aufgegeben wird. Der Erwerber hat Umstände, die zur Nacherhebung der Steuer führen, innerhalb eines Monats nach ihrem Eintritt dem Finanzamt Österreich anzuzeigen.

      *(BGBl I 2019/104)*

g) Lit. f gilt nicht, wenn die Vermögensübertragung einen nach dieser Bestimmung steuerbegünstigten Erwerb darstellt oder das erworbene Vermögen Gegenstand einer Umgründung nach dem Umgründungssteuergesetz, BGBl. Nr. 699/1991, in der jeweils geltenden Fassung, ist, sofern für das an seine Stelle getretene Vermögen kein in lit. f angeführter Grund für eine Nacherhebung der Steuer eintritt.

*(BGBl I 2015/118)*

2a. Erwerbe von land- und forstwirtschaftlichen Grundstücken durch den in § 26a Abs. 1 Z 1 des Gerichtsgebührengesetzes, BGBl. Nr. 501/1984 in der geltenden Fassung, genannten Personenkreis, sofern eine Gegenleistung nicht vorhanden, nicht ermittelbar oder geringer als der Einheitswert des Grundstückes ist, nach Maßgabe der folgenden Bestimmungen:

a) Umfasst sind nur Grundstücke,
- soweit sie zum Betriebsvermögen eines erworbenen Betriebes oder Teilbetriebes gehören, der der Einkunftserzielung gemäß § 2 Abs. 3 Z 1 des Einkommensteuergesetzes 1988 dient, oder
- die der Mitunternehmerschaft von einem Mitunternehmer zur Nutzung überlassen sind (Sonderbetriebsvermögen), wenn diese gemeinsam mit Mitunternehmeranteilen zugewendet werden und der Übergeber im Zeitpunkt des Entstehens der Steuerschuld mindestens zu einem Viertel unmittelbar am Vermögen der Gesellschaft beteiligt ist.

b) Die Befreiung steht nur bis zu einem Wert von 365 000 Euro (Freibetrag) zu.

c) Z 2 lit. b und d bis g sind anzuwenden.

*(BGBl I 2015/118)*

3. der unentgeltliche Erwerb eines Grundstückes durch Körperschaften, Personenvereinigungen oder Vermögensmassen, die der Förderung gemeinnütziger, mildtätiger oder kirchlicher Zwecke nach Maßgabe der §§ 34 bis 47 BAO in der jeweils geltenden Fassung dienen.

*(BGBl I 2015/160)*

4. Der Erwerb eines land- und forstwirtschaftlichen Grundstückes im Rahmen eines Zusammenlegungs- oder Flurbereinigungsverfahrens im Sinne der jeweiligen Landesgesetze, soweit sie den Vorschriften des Flurverfassungs-Grundsatzgesetzes 1951, BGBl. Nr. 103/1951 in der Fassung des Bundesgesetzes BGBl. I Nr. 189/2013 entsprechen.

*(BGBl I 2019/103)*

5. bei behördlichen Maßnahmen zur besseren Gestaltung von Bauland der Erwerb eines Grundstückes nach den für die bessere Gestaltung von Bauland geltenden Vorschriften,

6. der Erwerb eines Grundstückes durch einen fremden Staat für Zwecke seiner ausländischen Vertretungsbehörden, soweit Gegenseitigkeit gewährleistet ist.

7. Erwerbe eines Grundstückes unter Lebenden durch den Ehegatten oder eingetragenen Partner unmittelbar zum Zwecke der gleichteiligen Anschaffung oder Errichtung einer Wohnstätte zur Befriedigung des dringenden Wohnbedürfnisses der Ehegatten oder eingetragenen Partner, soweit die Wohnnutzfläche 150 m2 nicht übersteigt. Die Steuerbefreiung tritt außer Kraft, wenn diese Wohnstätte nicht unter Aufgabe der Rechte an der bisherigen Ehewohnung oder der gemeinsamen Wohnung der eingetragenen Partner innerhalb von drei Monaten ab Übergabe zur Befriedigung des dringenden Wohnbedürfnisses bezogen und ohne Änderung der Eigentumsverhältnisse weitere fünf Jahre benützt wird; wird die Wohnstätte erst errichtet, muss die Benutzung zur Befriedigung des dringenden Wohnbedürfnisses innerhalb von drei Monaten ab Fertigstellung, längstens jedoch innerhalb von acht Jahren nach vertraglicher Begründung des Miteigentums – bei schon bestehendem, nicht nach dieser Bestimmung steuerfrei erworbenem Miteigentum ab Einreichung des Ansuchens um Erteilung der Baubewilligung – erfolgen; Umstände, die zur Nacherhebung der Steuer führen, sind innerhalb eines Monats nach ihrem Eintritt dem Finanzamt Österreich anzuzeigen,

*(BGBl I 2015/118, BGBl I 2019/104)*

7a. der Erwerb einer Wohnstätte oder eines Anteiles an dieser
- durch Erbanfall,
- durch Vermächtnis,
- durch Erfüllung eines Pflichtteilsanspruchs, wenn die Leistung an Erfüllung Statt vor Beendigung des Verlassenschaftsverfahrens vereinbart wird,
- durch Schenkung auf den Todesfall oder
- gemäß § 14 Abs. 1 Z 1 WEG

durch den Ehegatten oder eingetragenen Partner, wenn das Grundstück dem Erwerber im Zeitpunkt des Todes als Hauptwohnsitz gedient hat und soweit die Wohnnutzfläche 150 m2 nicht übersteigt.

*(BGBl I 2015/118, BGBl I 2018/62)*

8. der Erwerb eines Grundstückes infolge eines behördlichen Eingriffs oder aufgrund eines Rechtsgeschäftes zur Vermeidung eines solchen nachweisbar unmittelbar drohenden Eingriffs,

9. Zuwendungen öffentlich-rechtlicher Körperschaften.

(2) Wird ein Grundstück, das mehreren Miteigentümern gehört, von diesen der Fläche nach

geteilt, so wird die Steuer nicht erhoben, soweit der Wert des Teilgrundstückes, das der einzelne Erwerber erhält, dem Bruchteil entspricht, mit dem er am gesamten zu verteilenden Grundstück beteiligt ist.

### Art der Berechnung

**§ 4.** (1) Die Steuer ist zu berechnen vom Wert der Gegenleistung (§ 5), mindestens vom Grundstückswert. Bei Vorgängen gemäß § 1 Abs. 2a und 3, bei Vorgängen nach dem Umgründungssteuergesetz sowie bei Erwerben gemäß § 7 Abs. 1 Z 1 lit. b und c ist die Steuer immer vom Grundstückswert zu berechnen. Der Grundstückswert ist entweder

– als Summe des hochgerechneten (anteiligen) dreifachen Bodenwertes gemäß § 53 Abs. 2 des Bewertungsgesetzes 1955 – BewG. 1955, BGBl. Nr. 148/1955 in der jeweils geltenden Fassung, und des (anteiligen) Wertes des Gebäudes oder
– in Höhe eines von einem geeigneten Immobilienpreisspiegel abgeleiteten Wertes

zu berechnen.

Der Bundesminister für Finanzen hat im Einvernehmen mit dem Bundeskanzler unter Berücksichtigung der Grundsätze einer einfachen und sparsamen Verwaltung durch Verordnung sowohl die näheren Umstände und Modalitäten für die Hochrechnung des Bodenwertes und die Ermittlung des Gebäudewertes als auch den anzuwendenden Immobilienpreisspiegel samt Höhe eines Abschlages festzulegen.

Weist ein Steuerschuldner nach, dass der gemeine Wert des Grundstückes im Zeitpunkt des Entstehens der Steuerschuld geringer ist als der nach der Verordnung ermittelte Grundstückswert, gilt der geringere gemeine Wert als Grundstückswert. Erfolgt dieser Nachweis durch Vorlage eines Schätzungsgutachtens, das von einem allgemein beeideten und gerichtlich zertifizierten Immobiliensachverständigen erstellt wurde, hat der von diesem festgestellte Wert die Vermutung der Richtigkeit für sich.

*(BGBl I 2015/163)*

(2) Abweichend von Abs. 1 ist bei den nachstehend angeführten Erwerbsvorgängen betreffend land- und forstwirtschaftliche Grundstücke die Steuer vom Einheitswert (§ 6) zu berechnen:

1. bei Übertragung eines Grundstückes an den in § 26a Abs. 1 Z 1 des Gerichtsgebührengesetzes, BGBl. Nr. 501/1984 in der geltenden Fassung, angeführten Personenkreis;
2. bei Erwerb eines Grundstückes durch Erbanfall, durch Vermächtnis oder in Erfüllung eines Pflichtteilsanspruches, wenn die Leistung an Erfüllungs Statt vor Beendigung des Verlassenschaftsverfahrens vereinbart wird, durch den in § 26a Abs. 1 Z 1 des Gerichtsgebührengesetzes, BGBl. Nr. 501/1984 in der geltenden Fassung, angeführten Personenkreis;
3. bei Vorgängen gemäß § 1 Abs. 2a und 3;
4. bei Erwerb eines Grundstückes auf Grund einer Umgründung im Sinne des Umgründungssteuergesetzes.

(3) Bei einem Tauschvertrag, der für jeden Vertragsteil den Anspruch auf Übereignung eines Grundstückes begründet, ist die Steuer sowohl vom Wert der Leistung des einen als auch vom Wert der Leistung des anderen Vertragsteils zu berechnen.

*(BGBl I 2015/118)*

### Gegenleistung

**§ 5.** (1) Gegenleistung ist

1. bei einem Kauf

   der Kaufpreis einschließlich der vom Käufer übernommenen sonstigen Leistungen und der dem Verkäufer vorbehaltenen Nutzungen,
2. bei einem Tausch

   die Tauschleistung des anderen Vertragsteiles einschließlich einer vereinbarten zusätzlichen Leistung,
3. bei einer Leistung an Erfüllungs Statt

   der Wert, zu dem die Leistung an Erfüllungs Statt angenommen wird,
4. beim Zuschlag im Zwangsversteigerungsverfahren

   das Meistbot einschließlich der Rechte, die nach den Zwangsversteigerungsbedingungen bestehen bleiben, und der Beträge, um die der Ersteher bei einem Überbot sein Meistbot erhöht. An die Stelle des Meistbotes tritt das Überbot, wenn der Zuschlag dem Überbieter erteilt wird,
5. bei der Übernahme auf Grund eines Übernahmsanerbietens

   der Übernahmspreis einschließlich der Rechte, die der Übernehmer ohne Anrechnung auf den Preis übernimmt, und der Kosten des Versteigerungsverfahrens,
6. bei der Abtretung des Übereignungsanspruches

   die Übernahme der Verpflichtung aus dem Rechtsgeschäft, das den Übereignungsanspruch begründet hat, einschließlich der besonderen Leistungen, zu denen sich der Übernehmer dem Abtretenden gegenüber verpflichtet (Leistungen, die der Abtretende dem Übernehmer gegenüber übernimmt, sind abzusetzen),
7. bei der Enteignung

   die Entschädigung. Wird ein Grundstück enteignet, das zusammen mit anderen Grundstücken eine wirtschaftliche Einheit bildet, so gehört die besondere Entschädigung für eine Wertminderung der nicht enteigneten Grundstücke nicht zur Gegenleistung; dies gilt auch dann, wenn ein Grundstück zur Vermeidung der Enteignung freiwillig veräußert wird.

(2) Zur Gegenleistung gehören

1. Leistungen, die der Erwerber des Grundstückes dem Veräußerer neben der beim Er-

werbsvorgang vereinbarten Gegenleistung zusätzlich gewährt,

2. Belastungen, die auf dem Grundstück ruhen, soweit sie auf den Erwerber kraft Gesetzes übergehen, ausgenommen dauernde Lasten.

(3) Der Gegenleistung sind hinzuzurechnen

1. Leistungen, die der Erwerber des Grundstückes anderen Personen als dem Veräußerer als Gegenleistung dafür gewährt, daß sie auf den Erwerb des Grundstückes verzichten,

2. Leistungen, die ein anderer als der Erwerber des Grundstückes dem Veräußerer als Gegenleistung dafür gewährt, daß der Veräußerer dem Erwerber das Grundstück überläßt.

(4) Die Grunderwerbsteuer, die für den zu besteuernden Erwerbsvorgang zu entrichten ist, wird der Gegenleistung weder hinzugerechnet noch von ihr abgezogen.

### Einheitswert

**§ 6.** (1) Maßgebend ist der Einheitswert, der auf den dem Erwerbsvorgang unmittelbar vorausgegangenen Feststellungszeitpunkt festgestellt ist.

(2) Bildet das Grundstück, das Gegenstand des Erwerbsvorganges ist, einen Teil einer wirtschaftlichen Einheit (Untereinheit), für die ein Einheitswert festgestellt ist, so ist als Wert der entsprechende Teilbetrag des Einheitswertes anzusetzen. Der Teilbetrag ist unter sinngemäßer Anwendung der Grundsätze, die für die Zerlegung der Einheitswerte gelten, zu ermitteln.

(3) Haben sich die Verhältnisse zwischen dem unmittelbar vorausgegangenen Feststellungszeitpunkt und dem Zeitpunkt des Erwerbsvorganges (Stichtag) dergestalt geändert, dass nach den Vorschriften des Bewertungsgesetzes die Voraussetzungen für eine Wertfortschreibung oder eine Artfortschreibung oder spätestens durch den Erwerbsvorgang die Voraussetzungen für eine Nachfeststellung gegeben sind, so ist auf den Zeitpunkt des Erwerbsvorganges (Stichtag) ein besonderer Einheitswert unter sinngemäßer Anwendung der Grundsätze für Fortschreibungen oder Nachfeststellungen zu ermitteln; in den Fällen des Abs. 2 aber nur dann, wenn sich die Wertabweichung auch auf den Teil der wirtschaftlichen Einheit erstreckt.

### Tarif

**§ 7.** (1)

1. a) Ein Erwerb gilt als
   – unentgeltlich, wenn die Gegenleistung nicht mehr als 30%,
   – teilentgeltlich, wenn die Gegenleistung mehr als 30%, aber nicht mehr als 70%,
   – entgeltlich, wenn die Gegenleistung mehr als 70%

   des Grundstückswertes beträgt.

   b) Ein Erwerb gilt als unentgeltlich, wenn er durch Erbanfall, durch Vermächtnis, durch Erfüllung eines Pflichtteilsanspruchs, wenn die Leistung an Erfüllung Statt vor Beendigung des Verlassenschaftsverfahrens vereinbart wird, oder gemäß § 14 Abs. 1 Z 1 WEG erfolgt.

   c) Ein Erwerb unter Lebenden durch den in § 26a Abs. 1 Z 1 des Gerichtsgebührengesetzes[a], BGBl. Nr. 501/1984 in der geltenden Fassung, angeführten Personenkreis gilt als unentgeltlich.

[a] abgedruckt unter 9/2.

   d) Liegt eine Gegenleistung vor und ist ihre Höhe nicht zu ermitteln, gilt der Erwerbsvorgang als teilentgeltlich, wobei die Gegenleistung in Höhe von 50% des Grundstückswertes angenommen wird.

GrEStG

2. a) Die Steuer beträgt beim unentgeltlichen Erwerb von Grundstücken
   – für die ersten 250 000 Euro ...................... 0,5%,
   – für die nächsten 150 000 Euro ......................... 2%,
   – darüber hinaus .................... 3,5%

   des Grundstückswertes.

   Dies gilt auch bei teilentgeltlichen Erwerben, insoweit keine Gegenleistung zu erbringen ist; insoweit eine Gegenleistung zu erbringen ist, gilt Z 3.

   Für die Ermittlung des anzuwendenden Steuersatzes sind von derselben Person an dieselbe Person anfallende Erwerbe innerhalb der letzten fünf Jahre, soweit die Steuer nach dieser Litera berechnet wurde, zusammenzurechnen; dabei sind frühere Erwerbe mit ihrem früheren Wert anzusetzen. Für die Berechnung der Fünfjahresfrist ist jeweils auf den Zeitpunkt des Entstehens der Steuerschuld abzustellen. Eine Zusammenrechnung hat auch dann zu erfolgen, wenn – durch zwei oder mehrere Erwerbsvorgänge – eine wirtschaftliche Einheit oder Teile einer wirtschaftlichen Einheit innerhalb der Fünfjahresfrist an dieselbe Person anfällt.

   b) Bei Erwerben, die unter § 3 Abs. 1 Z 2 fallen, ist die Steuer nach lit. a zu berechnen, beträgt aber höchstens 0,5% vom Grundstückswert. Dies gilt auch bei teilentgeltlichen Erwerben, insoweit keine Gegenleistung zu erbringen ist; insoweit eine Gegenleistung zu erbringen ist, gilt Z 3. Im Fall einer Nacherhebung gemäß § 3 Abs. 1 Z 2 lit. f ist die Steuer ohne Begrenzung zu berechnen.

   c) Die Steuer beträgt bei Vorgängen gemäß § 1 Abs. 2a und 3 oder bei Vorgängen nach dem Umgründungssteuergesetz, wenn die Steuer nicht vom Einheitswert zu berechnen ist, ......................... 0,5%.

   d) Die Steuer beträgt bei Erwerben, bei denen die Steuer gemäß § 4 Abs. 2 Z 1 und 2 vom Einheitswert zu berechnen ist,................................................ 2%.

3. In allen übrigen Fällen beträgt die Steuer.......................................... 3,5%.

(2) Fällt bei unentgeltlichen oder teilentgeltlichen Erwerben durch eine privatrechtliche Stiftung oder durch eine damit vergleichbare Vermögensmasse eine Steuer gemäß Abs. 1 an, erhöht sich diese Steuer um 2,5% des Unterschiedsbetrages zwischen dem Grundstückswert und einer allfälligen Gegenleistung (Stiftungseingangssteueräquivalent).

*(BGBl I 2018/62)*

(3) Die Steuer ist über Antrag statt in einem Betrag in höchstens fünf Jahresbeträgen festzusetzen, soweit sie nach Abs. 1 Z 2 lit. a, lit. b erster Satz oder lit. c berechnet und der Erwerbsvorgang mit einer Abgabenerklärung (§ 10) angezeigt wird. Der einzelne Jahresbetrag ist in der Weise zu ermitteln, dass bei einer Verteilung auf zwei, drei, vier oder fünf Jahre der Gesamtbetrag um vier, sechs, acht oder zehn Prozent zu erhöhen und in zwei, drei, vier oder fünf gleiche Teile aufzuteilen ist. Der erste Teil wird mit Ablauf eines Monats nach Zustellung des Steuerbescheides fällig. Die Fälligkeit der Jahresbeträge für die auf die Zustellung des Steuerbescheides folgenden Kalenderjahre tritt jeweils am 31. März jedes folgenden Kalenderjahres ein.

*(BGBl I 2015/118)*

### Steuerschuld

**§ 8.** (1) Die Steuerschuld entsteht, sobald ein nach diesem Bundesgesetz steuerpflichtiger Erwerbsvorgang verwirklicht ist.

(2) Ist die Wirksamkeit des Erwerbsvorganges vom Eintritt einer Bedingung oder von der Genehmigung einer Behörde abhängig, so entsteht die Steuerschuld mit dem Eintritt der Bedingung oder mit der Genehmigung.

(3) Für Erwerbe aufgrund einer Schenkung auf den Todesfall entsteht die Steuerschuld mit dem Tod des Geschenkgebers.

(4) Bei Erwerben durch Erbanfall entsteht die Steuerschuld mit der Rechtskraft des Beschlusses über die Einantwortung und bei Erwerben durch Vermächtnis mit Bestätigung des Verlassenschaftsgerichts gemäß § 182 Abs. 3 Außerstreitgesetz, BGBl. I Nr. 111/2003, in der jeweils geltenden Fassung.

### Steuerschuldner

**§ 9.** Steuerschuldner sind

1. beim Erwerb kraft Gesetzes der bisherige Eigentümer und Erwerber, bei Erwerben von Todes wegen und bei Schenkungen auf den Todesfall der Erwerber,
2. beim Enteignungsverfahren und beim Zuschlag im Zwangsversteigerungsverfahren der Erwerber,
3. a) bei der Änderung des Gesellschafterbestandes einer Personengesellschaft die Personengesellschaft,
   b) bei der Vereinigung von mindestens 95% der Anteile am Gesellschaftsvermögen oder einer Gesellschaft in der Hand des Erwerbers, derjenige in dessen Hand die Anteile vereinigt werden,
   c) bei der Vereinigung von mindestens 95% der Anteile am Gesellschaftsvermögen oder einer Gesellschaft in der Hand einer Unternehmensgruppe, die am Erwerbsvorgang Beteiligten.

   *(BGBl I 2015/118)*
4. bei allen übrigen Erwerbsvorgängen die am Erwerbsvorgang beteiligten Personen.

### Abgabenerklärung

**§ 10.** (1) Erwerbsvorgänge, die diesem Bundesgesetz unterliegen, sind bis zum 15. Tag des auf den Kalendermonat, in dem die Steuerschuld entstanden ist, zweitfolgenden Monats beim Finanzamt Österreich mit einer Abgabenerklärung anzuzeigen; die Abgabenerklärung hat die Sozialversicherungsnummer oder Steuernummer der am Erwerbsvorgang Beteiligten zu enthalten. Hierzu sind die in § 9 genannten Personen sowie die Notare, Rechtsanwälte und sonstigen Bevollmächtigten, die beim Erwerb des Grundstückes oder bei Errichtung der Vertragsurkunde über den Erwerb mitgewirkt haben, zur ungeteilten Hand verpflichtet. Sind Erwerbsvorgänge von der Besteuerung ausgenommen, ist die Abgabenerklärung bis zum 15. Tag des auf den Kalendermonat, in dem die Steuerschuld entstanden wäre, zweitfolgenden Monats vorzulegen; in den Fällen des § 3 Abs. 1 Z 1 lit. b ist keine Abgabenerklärung vorzulegen. Ist über den Erwerbsvorgang eine Schrift (Urkunde, Beschluss, usw.) ausgefertigt worden, so ist sie unter Angabe des im automationsunterstützten Verfahren vergebenen Ordnungsbegriffes (Erfassungsnummer) dem Finanzamt Österreich in Abschrift zu übermitteln. Diese Verpflichtungen entfallen insgesamt bei Erwerbsvorgängen, für die gemäß § 11 eine Selbstberechnung der Steuer erfolgt.

*(BGBl I 2015/118, BGBl I 2019/104)*

(2) Die Abgabenerklärung ist durch einen Parteienvertreter im Sinne des § 11 vorzulegen und elektronisch zu übermitteln. In den Fällen des § 3 Abs. 1 Z 4 und 5 kann die Abgabenerklärung auch durch die in § 9 genannten Personen vorgelegt und elektronisch übermittelt werden. Ist über den in der elektronischen Abgabenerklärung enthaltenen Erwerbsvorgang eine Urkunde errichtet worden, die in ein durch Bundesgesetz vorgesehenes Urkundenarchiv aufgenommen wurde, so ist der Abgabenbehörde der Zugriffscode zu dieser Urkunde bekannt zu geben. Die Abgabenbehörden sind berechtigt, auf diese Urkunden lesend zuzugreifen. Abweichend von Abs. 1 ist die Schrift nur über Verlangen der Abgabenbehörde vorzulegen; auf der Schrift ist der im automationsunterstützten Verfahren vergebene Ordnungsbegriff (Erfassungsnummer) anzugeben. Der Bundesminister für Finanzen wird ermächtigt, die Übermittlung der elektronischen Abgabenerklärung mit Verordnung näher zu regeln.

(3) Eine Abgabenerklärung (Abs. 1) ist bis zum 15. Tag des auf den Kalendermonat, in dem die Leistung gewährt wird, zweitfolgenden Monats jedenfalls dann vorzulegen, wenn

1. die Gegenleistung des Erwerbers durch Gewährung von zusätzlichen Leistungen neben der beim Erwerbsvorgang vereinbarten Gegenleistung erhöht wird,
2. der Erwerber des Grundstückes anderen Personen als dem Veräußerer nachträglich eine Leistung als Gegenleistung dafür gewährt, daß sie auf den Erwerb des Grundstückes verzichten,
3. ein anderer als der Erwerber des Grundstückes dem Veräußerer nachträglich eine Leistung als Gegenleistung dafür gewährt, daß der Veräußerer dem Erwerber das Grundstück überläßt.

**Befugnis zur Selbstberechnung**

**§ 11.** (1) Rechtsanwälte und Notare (Parteienvertreter) sind nach Maßgabe der §§ 12, 13 und 15 befugt, die Steuer für Erwerbsvorgänge, die diesem Bundesgesetz unterliegen, als Bevollmächtigte eines Steuerschuldners selbst zu berechnen, wenn die Selbstberechnung innerhalb der Frist für die Vorlage der Abgabenerklärung (§ 10) erfolgt. Die Anwendung des § 17 ist von der Selbstberechnung ausgenommen.

(2) Das Finanzamt Österreich kann die Befugnisse gemäß Abs. 1 mit Bescheid aberkennen, wenn der Parteienvertreter vorsätzlich oder wiederholt grob fahrlässig die Bestimmungen der §§ 13 und 15 verletzt. Die Aberkennung kann für mindestens drei Jahre oder unbefristet erfolgen. Von der Aberkennung sowie von deren Aufhebung sind die vier Präsidenten der Oberlandesgerichte sowie die jeweils zuständige Rechtsanwaltskammer oder Notariatskammer zu verständigen. Bei unbefristeter Aberkennung kann frühestens fünf Jahre nach Aberkennung auf Antrag des Parteienvertreters der Aberkennungsbescheid aufgehoben werden, wenn glaubhaft ist, daß der Parteienvertreter in Hinkunft seinen abgabenrechtlichen Pflichten nachkommen wird.

*(BGBl I 2019/103, BGBl I 2019/104)*

(3) Der Steuerschuldner hat dem selbstberechnenden Parteienvertreter die Grundlagen für die Selbstberechnung anzugeben und deren Richtigkeit und Vollständigkeit schriftlich zu bestätigen. Entsprechen die der Selbstberechnung zugrundeliegenden Angaben nicht den tatsächlichen Gegebenheiten, haben die in § 9 genannten Personen die Verpflichtungen des § 10 zu erfüllen; § 10 Abs. 1 letzter Satz ist nicht anzuwenden.

*(BGBl I 2015/118)*

**Selbstberechnungserklärung**

**§ 12.** Der Parteienvertreter ist befugt, gegenüber dem Grundbuchsgericht je Erwerbsvorgang elektronisch zu erklären, dass eine Selbstberechnung gemäß § 11 vorgenommen worden ist und die Grunderwerbsteuer sowie die Eintragungsgebühr nach dem Gerichtsgebührengesetz – GGG, BGBl. Nr. 501/1984 in der jeweils geltenden Fassung, soweit das GGG die gemeinsame Entrichtung mit der Grunderwerbsteuer vorsieht, gemäß § 13 abgeführt werden. Die nähere Regelung betreffend die Form, den Inhalt und den elektronischen Übermittlungsweg der Selbstberechnungserklärung wird einer Verordnung des Bundesministers für Finanzen im Einvernehmen mit dem Bundesminister für Justiz vorbehalten.

**Erhebung der Steuer bei Selbstberechnung**

GrEStG

**§ 13.** (1) Parteienvertreter haben für Erwerbsvorgänge, für die sie eine Selbstberechnung vornehmen, spätestens am 15. Tag (Fälligkeitstag) des auf den Kalendermonat (Anmeldungszeitraum), in dem die Selbstberechnung erfolgt, zweitfolgenden Kalendermonats eine Anmeldung über die selbst berechneten Erwerbsvorgänge beim Finanzamt Österreich vorzulegen; die Anmeldung hat die Sozialversicherungsnummer oder Steuernummer der am Erwerbsvorgang Beteiligten zu enthalten. Die Selbstberechnung und Anmeldung hat elektronisch zu erfolgen. Ist über einen der in der elektronischen Anmeldung enthaltenen Erwerbsvorgänge eine Urkunde errichtet worden, die in ein durch Bundesgesetz vorgesehenes Urkundenarchiv aufgenommen wurde, so ist der Abgabenbehörde der Zugriffscode zu dieser Urkunde bekannt zu geben. Die Abgabenbehörden sind berechtigt, auf diese Urkunde lesend zuzugreifen. Der Bundesminister für Finanzen wird ermächtigt, die elektronische Selbstberechnung und Anmeldung durch Verordnung näher zu regeln, soweit sich die Regelungen auf die gerichtlichen Eintragungsgebühren und die elektronische Übermittlung der Daten an die Justiz beziehen, im Einvernehmen mit dem Bundesminister für Justiz. Aus der Anmeldung muss sich ergeben, für welchen Steuerschuldner in welchem Ausmaß die Steuer und – nach Maßgabe der Bestimmungen im GGG – die Eintragungsgebühren nach dem GGG selbst berechnet und entrichtet wurden. Im Zweifel ist bei den betreffenden Steuerschuldnern eine verhältnismäßige Entrichtung anzunehmen. Die Anmeldung gilt als Abgabenerklärung.

*(BGBl I 2015/118, BGBl I 2019/104)*

(2) Ist über den Erwerbsvorgang eine Schrift errichtet worden, so ist darauf der Umstand der Selbstberechnung und der im automationsunterstützten Verfahren vergebene Ordnungsbegriff (Erfassungsnummer) zu vermerken.

(3) Ein gemäß § 201 BAO festgesetzter Steuerbetrag hat den im Abs. 1 genannten Fälligkeitstag. Die selbstzuberechnende Steuer ist spätestens am Fälligkeitstag zu entrichten.

(4) Die Parteienvertreter haften für die Entrichtung der selbstberechneten Steuer.

**§ 14.** (aufgehoben)

**Aufbewahrung, Überprüfung**

**§ 15.** (1) Der Parteienvertreter hat die Bestätigung gemäß § 11 Abs. 3 (Kopien), Abschriften (Kopien) der Erklärungen (§ 12) und die Abschriften

(Kopien, Gleichschriften) der über den Erwerbsvorgang ausgefertigten Schriften sieben Jahre aufzubewahren. Die Verpflichtung zur Aufbewahrung dieser Unterlagen beim Parteienvertreter entfällt, wenn sie in den Urkundensammlungen des Grundbuchs und des Firmenbuchs (§ 91b GOG) oder Urkundenarchiven von Körperschaften des öffentlichen Rechts (§ 91c GOG) abrufbar sind. § 132 BAO ist anzuwenden.

*(BGBl I 2015/118)*

(2) Das Finanzamt Österreich ist befugt, Prüfungen hinsichtlich sämtlicher in der Anmeldung enthaltenen Angaben durchzuführen.

*(BGBl I 2019/104)*

### Mitteilungspflicht

**§ 16.** Stellt sich die Unrichtigkeit der Bemessungsgrundlage für die Selbstberechnung bei der Grunderwerbsteuer heraus, hat das Finanzamt Österreich ohne unnötigen Aufschub dem Grundbuchsgericht in elektronischer Form die richtige Bemessungsgrundlage mitzuteilen. Die nähere Regelung betreffend die Form, den Inhalt und den elektronischen Übermittlungsweg der Selbstberechnungserklärung wird einer Verordnung des Bundesministers für Finanzen im Einvernehmen mit dem Bundesminister für Justiz vorbehalten.

*(BGBl I 2019/104)*

### Nichtfestsetzung oder Abänderung der Steuer

**§ 17.** (1) Die Steuer wird auf Antrag nicht festgesetzt,

1. wenn der Erwerbsvorgang innerhalb von drei Jahren seit der Entstehung der Steuerschuld durch Vereinbarung, durch Ausübung eines vorbehaltenen Rücktrittsrechtes oder eines Wiederkaufsrechtes rückgängig gemacht wird,
2. wenn der Erwerbsvorgang auf Grund eines Rechtsanspruches rückgängig gemacht wird, weil die Vertragsbestimmungen nicht erfüllt werden,
3. wenn das Rechtsgeschäft, das den Anspruch auf Übereignung begründen sollte, ungültig ist und das wirtschaftliche Ergebnis des ungültigen Rechtsgeschäftes beseitigt wird,
4. wenn das geschenkte Grundstück aufgrund eines Rechtsanspruches herausgegeben werden musste oder ein von Todes wegen erworbenes Grundstück herausgegeben werden musste und dieses beim Empfänger einen Erwerb von Todes wegen darstellt.

(2) Ist zur Durchführung einer Rückgängigmachung zwischen dem seinerzeitigen Veräußerer und dem seinerzeitigen Erwerber ein Rechtsvorgang erforderlich, der selbst einen Erwerbsvorgang nach § 1 darstellt, so gelten die Bestimmungen des Abs. 1 Z 1, 2 und 4. sinngemäß.

(3) Wird die Gegenleistung für das Grundstück herabgesetzt, so wird die Steuer auf Antrag der Herabsetzung entsprechend festgesetzt,

1. wenn die Herabsetzung innerhalb von drei Jahren seit der Entstehung der Steuerschuld stattfindet,
2. wenn die Herabsetzung (Minderung) auf Grund der §§ 932 und 933 des Allgemeinen Bürgerlichen Gesetzbuches vollzogen wird.

(4) Ist in den Fällen der Abs. 1 bis 3 die Steuer bereits festgesetzt, so ist auf Antrag die Festsetzung entsprechend abzuändern. Bei Selbstberechnung ist in den Fällen der Abs. 1 bis 3 die Steuer entsprechend festzusetzen oder ein Bescheid zu erlassen, wonach die Steuer nicht festgesetzt wird.

(5) Anträge nach Abs. 1 bis 4 sind bis zum Ablauf des fünften Kalenderjahres zu stellen, das auf das Jahr folgt, in dem das den Anspruch auf Nichtfestsetzung oder Abänderung der Steuer begründende Ereignis eingetreten ist. Die Frist endet keinesfalls jedoch vor Ablauf eines Jahres nach Wirksamwerden der Festsetzung.

### Übergangsbestimmungen und Aufhebung bisheriger Rechtsvorschriften

**§ 18.** (1) Die Bestimmungen dieses Bundesgesetzes sind auf alle Erwerbsvorgänge anzuwenden, die nach dem 30. Juni 1987 verwirklicht werden. Andere Rechtsvorschriften, die eine Grunderwerbsteuerbefreiung vorsehen, sind für Erwerbsvorgänge, die nach dem 30. Juni 1987 verwirklicht werden, nicht mehr anzuwenden. Die auf völkerrechtlichen Verträgen beruhenden sowie internationalen Organisationen eingeräumten grunderwerbsteuerlichen Begünstigungen bleiben unberührt. Die in den §§ 2 und 10 des Strukturverbesserungsgesetzes, BGBl. Nr. 69/1969, in der jeweils geltenden Fassung, enthaltenen Grunderwerbsteuerbefreiungen finden auf Erwerbsvorgänge Anwendung, bei welchen die der Verschmelzung oder Einbringung zugrunde zu legende Bilanz der übertragenden Gesellschaft oder des Einbringenden auf einen Zeitpunkt aufgestellt ist, der vor dem 1. Juli 1987 liegt.

(2) Auf vor dem 1. Juli 1987 verwirklichte Erwerbsvorgänge sind die bis zum Inkrafttreten dieses Gesetzes in Geltung stehenden gesetzlichen Vorschriften anzuwenden. Dies gilt insbesondere, wenn für einen vor dem 1. Juli 1987 verwirklichten, steuerbefreiten Erwerbsvorgang die Steuerschuld oder ein Erhebungsgrund für die Steuer nach dem 30. Juni 1987 entsteht oder wenn der Erwerb von Ersatzgrundstücken für vor dem 1. Juli 1987 bewirkte Enteignungen oder eingetretene Schadensfälle im Sinne des § 3 Z 6 und Z 7 Grunderwerbsteuergesetz 1955, BGBl. Nr. 140, zuletzt geändert durch die Kundmachung BGBl. Nr. 175/1987, nach dem 30. Juni 1987 erfolgt.

(2a) Die §§ 11 Abs. 1, 13 Abs. 1 und 14 Abs. 3, jeweils in der Fassung des Bundesgesetzes BGBl I Nr. 28/1999, sind auf Erwerbsvorgänge anzuwenden, für die die Selbstberechnung nach dem 30. Juni 1999 erfolgt.

(2b) § 11 Abs. 1 in der Fassung des Bundesgesetzes BGBl. I Nr. 106/1999 ist auf Erwerbsvorgänge anzuwenden, die nach dem 31. Dezember 1999 verwirklicht werden.

(2c) § 6 Abs. 1, Abs. 2 erster Satz und Abs. 3 letzter Satz in der Fassung des Bundesgesetzes BGBl. I Nr. 142/2000 ist auf Erwerbsvorgänge anzuwenden, die nach dem 31. Dezember 2000 verwirklicht werden.

(2d) § 3 Abs. 1 Z 1 in der Fassung des Bundesgesetzes BGBl. I Nr. 59/2001 ist auf Erwerbsvorgänge anzuwenden, die nach dem 31. Dezember 2001 verwirklicht werden.

(2e) Die §§ 10 Abs. 2, 11 Abs. 1 und 2, 13 Abs. 1 und 2, 15 Abs. 1 und 2, jeweils in der Fassung des Bundesgesetzes BGBl. I Nr. 144/2001, sind auf Erwerbsvorgänge anzuwenden, für die die Steuerschuld nach dem 31. Dezember 2001 entsteht. Erwerbsvorgänge, für die die Steuerschuld im Jänner 2002 entsteht und für die von der Möglichkeit der Selbstberechnung Gebrauch gemacht wird, sind spätestens in die am 15. April 2002 vorzulegende Anmeldung aufzunehmen; wird von der Möglichkeit der Selbstberechnung nicht Gebrauch gemacht, so ist die Abgabenerklärung für diese Erwerbsvorgänge spätestens am 15. April 2002 elektronisch zu übermitteln. Die §§ 10 Abs. 2, 11 Abs. 1 und 2, 13 Abs. 1 und 2, 14, 15 Abs. 1 und 2, jeweils in der Fassung vor dem Bundesgesetz BGBl. I Nr. 144/ 2001, sind auf Erwerbsvorgänge anzuwenden, für die die Steuerschuld vor dem 1. Jänner 2002 entsteht.

(2f) § 3 Abs. 1 Z 2, Z 7, 8, 9, , § 7, § 8 Abs. 3, jeweils in der Fassung des Bundesgesetzes BGBl. I Nr. 85/2008, sind erstmals auf Erwerbsvorgänge anzuwenden, für die die Steuerschuld nach dem 31. Juli 2008 entsteht oder entstehen würde.

§ 3 Abs. 1 Z 2 in der Fassung des Bundesgesetzes BGBl. I Nr. 144/2001 tritt mit Ablauf des 31. Juli 2008 außer Kraft und ist letztmalig auf Erwerbe von Todes und Schenkungen unter Lebenden anzuwenden, für die die Steuerschuld nach dem Erbschafts- und Schenkungssteuergesetz 1955 in der Fassung vor dem Bundesgesetz BGBl. I Nr. 85/2008 entsteht oder entstehen würde.

§ 4 Abs. 2 Z 4 ist auf Erwerbe anzuwenden, bei denen der Todestag des Erblassers nach dem 31. Juli 2008 liegt.

Bei Schenkungen, bei denen der Anspruch auf Übereignung vor dem 1. August 2008 begründet wird, die Übergabe aber nach dem 31. Juli 2008 erfolgt, entsteht die Steuerschuld im Zeitpunkt der Übergabe. Bei Rechtsgeschäften unter Lebenden, die teils entgeltlich und teils unentgeltlich sind und bei denen der Anspruch auf Übereignung vor dem 1. August 2008 begründet wird, die Übergabe aber nach dem 31. Juli 2008 erfolgt, entsteht die Steuerschuld für den unentgeltlichen Teil im Zeitpunkt der Übergabe.

Bei Schenkungsverträgen auf den Todesfall, die teils entgeltlich und teils unentgeltlich sind und bei denen die Steuerschuld für den entgeltlichen Teil vor dem 1. August 2008 entstanden ist, entsteht die Steuerschuld für den unentgeltlichen Teil im Zeitpunkt des Todes des Geschenkgebers.

(2g) § 3 Abs. 1 Z 3 tritt mit Ablauf des 31. Juli 2008 außer Kraft und ist letztmalig auf Erwerbsvorgänge eines zum Nachlass gehörigen Grundstückes durch Miterben zur Teilung des Nachlasses anzuwenden, wenn der Erblasser vor dem 1. August 2008 verstorben ist.

(2h) § 11 Abs. 2 erster Satz und § 15 Abs. 2, jeweils in der Fassung des Budgetbegleitgesetzes 2011, BGBl. I Nr. 111/2010, treten mit 1. Jänner 2011 in Kraft. § 11 Abs. 2 dritter Satz tritt mit Ablauf des 31. Dezember 2010 außer Kraft.

(2i) § 3 Abs. 1 Z 8 tritt mit Ablauf des 31. Dezember 2011 außer Kraft und ist letztmalig auf Erwerbsvorgänge anzuwenden, für die die Steuerschuld vor dem 1. Jänner 2012 entsteht oder entstehen würde. § 7 Abs. 2 in der Fassung des Bundesgesetzes BGBl. I Nr. 112/2011 ist erstmals auf Erwerbsvorgänge anzuwenden, für die die Steuerschuld nach dem 31. Dezember 2011 entsteht.

GrEStG

(2j) § 10 Abs. 1 und 2 in der Fassung des 1. Stabilitätsgesetzes 2012, BGBl. I Nr. 22/2012, tritt mit 1. Jänner 2013 in Kraft und ist erstmals auf Erwerbsvorgänge anzuwenden, für die die Steuerschuld nach dem 31. Dezember 2012 entsteht oder entstehen würde.

(2k) § 3 Abs. 1 Z 1, § 6 Abs. 3 und § 10 Abs. 1 und 2, jeweils in der Fassung des Bundesgesetzes BGBl. I Nr. 112/2012 treten mit 1. Jänner 2013 in Kraft und sind erstmals auf Erwerbsvorgänge anzuwenden, für die die Steuerschuld nach dem 31. Dezember 2012 entsteht oder entstehen würde.

(2l) §§ 12 und 13 in der Fassung der Grundbuchsgebührennovelle, BGBl. I Nr. 1/2013, treten mit 1. Jänner 2013 in Kraft und sind auf alle Erwerbsvorgänge anzuwenden, für die die Selbstberechnung gemäß § 11 nach dem 31. Dezember 2012 vorgenommen wird. § 16 tritt mit Ablauf des 31. Dezember 2012 außer Kraft, ist aber weiterhin auf Erwerbsvorgänge anzuwenden, für die eine Selbstberechnung gemäß § 11 vor dem 1. Jänner 2013 vorgenommen worden ist.

(2m) § 3 Abs. 1 Z 2, 7, 8 und 9, § 4 Abs. 1 und Abs. 2 Z 1, 3 und 4, §§ 6 und 7 und § 8 Abs. 4 jeweils in der Fassung des Bundesgesetzes BGBl. I Nr. 36/2014 sind auf alle Erwerbsvorgänge anzuwenden, die nach dem 31. Mai 2014 verwirklicht werden oder für die die Steuerschuld oder ein Erhebungsgrund für die Steuer nach dem 31. Mai 2014 entsteht. Wurde der Erwerbsvorgang vor dem 1. Juni 2014 verwirklicht oder ist der Erblasser vor dem 1. Juni 2014 verstorben, kann der Steuerschuldner gegenüber dem die Steuer selbstberechnenden Parteienvertreter oder gegenüber dem Finanzamt Österreich schriftlich erklären, dass die Besteuerung nach § 4 Abs. 2 und §§ 6 und 7, jeweils in der Fassung vor dem Bundesgesetz BGBl. I Nr. 36/2014, erfolgen soll.

*(BGBl I 2019/104)*

(2n) § 4 Abs. 2 Z 2 in der Fassung des Bundesgesetzes BGBl. I Nr. 36/2014 ist auf alle Erwerbsvorgänge betreffend land- und forstwirtschaftliche Grundstücke anzuwenden, die nach dem 31. Dezember 2014 verwirklicht werden oder für die die Steuerschuld oder ein Erhebungsgrund für die Steuer nach dem 31. Dezember 2014 entsteht.

Wurde der Erwerbsvorgang nach dem 31. Mai 2014 und vor dem 1. Jänner 2015 verwirklicht oder ist der Erblasser nach dem 31. Mai 2014 und vor dem 1. Jänner 2015 verstorben, kann der Steuerschuldner gegenüber dem die Steuer selbstberechnenden Parteienvertreter oder gegenüber dem Finanzamt schriftlich erklären, dass die Besteuerung nach § 4 Abs. 2 Z 1 in der Fassung des Bundesgesetzes BGBl. I Nr. 36/2014 erfolgen soll. Wurde der Erwerbsvorgang vor dem 1. Juni 2014 verwirklicht oder ist der Erblasser vor dem 1. Juni 2014 verstorben, kann der Steuerschuldner gegenüber dem die Steuer selbstberechnenden Parteienvertreter oder gegenüber dem Finanzamt Österreich schriftlich erklären, dass die Besteuerung nach § 4 Abs. 2 und §§ 6 und 7 jeweils in der Fassung vor dem Bundesgesetz BGBl. I Nr. 36/2014 erfolgen soll.

*(BGBl I 2019/104)*

(2o) Die §§ 12, 13 und 16 in der Fassung des Bundesgesetzes BGBl. I Nr. 36/2014 sind auf alle Erwerbsvorgänge anzuwenden, für die die Selbstberechnung gemäß § 11 nach dem 31. Dezember 2014 vorgenommen wird.

(2p) § 1 Abs. 2a, 3, 4 und 5, § 3 Abs. 1 Z 2, 2a und 7, § 4, § 7, § 9 Z 3, § 10 Abs. 1, § 11 Abs. 3 und § 13 Abs. 1 jeweils in der Fassung des Bundesgesetzes BGBl. I Nr. 118/2015 treten mit 1. Jänner 2016 in Kraft und sind auf Erwerbsvorgänge anzuwenden, die nach dem 31. Dezember 2015 verwirklicht werden oder wenn der Erblasser nach dem 31. Dezember 2015 verstorben ist. § 3 Abs. 1 Z 7a in der Fassung des Bundesgesetzes BGBl. I Nr. 118/2015 tritt mit 1. Jänner 2016 in Kraft und ist auf Erwerbsvorgänge anzuwenden, wenn der Erblasser nach dem 31. Dezember 2015 verstorben ist. Entsteht die Steuerschuld nach dem 31. Dezember 2015, wurde jedoch entweder der Erwerbsvorgang vor dem 1. Jänner 2016 verwirklicht oder ist der Erblasser vor dem 1. Jänner 2016 verstorben, kann der Steuerschuldner gegenüber dem die Steuer selbstberechnenden Parteienvertreter oder gegenüber dem Finanzamt Österreich schriftlich erklären, dass die Besteuerung nach den Bestimmungen dieses Gesetzes in der Fassung des Bundesgesetz BGBl. I Nr. 118/2015 erfolgen soll. Durch das Inkrafttreten des Bundesgesetzes BGBl. I Nr. 118/2015 wird kein Erwerbsvorgang verwirklicht.

Änderungen des Gesellschafterbestandes, die vor dem 1. Jänner 2016 erfolgen, sind für die Verwirklichung des Tatbestandes des § 1 Abs. 2a nicht zu berücksichtigen. Werden Anteile am Gesellschaftsvermögen oder an der Gesellschaft, die am 31. Dezember 2015 treuhändig gehalten wurden, nach diesem Tag an den Treugeber übertragen, sind § 1 Abs. 2a vorletzter Satz und Abs. 3 vorletzter Satz nicht anzuwenden. Werden am 31. Dezember 2015 mindestens 95% der Anteile am Gesellschaftsvermögen oder an der Gesellschaft in der Hand einer Person oder einer Unternehmensgruppe gemäß § 9 des Körperschaftsteuergesetzes 1988 gehalten, ist § 1 Abs. 3 in der Fassung des Bundesgesetzes BGBl. I Nr. 118/2015 auch auf Rechtsvorgänge anzuwenden, sofern dadurch der Prozentsatz verändert wird, aber nicht unter 95% sinkt und bezogen auf diese Anteile nicht bereits ein Tatbestand des § 1 Abs. 3 in der Fassung des Bundesgesetzes BGBl. I Nr. 118/2015 erfüllt wurde.

*(BGBl I 2015/163, BGBl I 2019/103, BGBl I 2019/104)*

(2q) § 3 Abs. 1 Z 3 in der Fassung des Gemeinnützigkeitsgesetzes 2015, BGBl. I Nr. 160/2015 tritt mit 1. Jänner 2016 in Kraft und ist erstmals auf Erwerbsvorgänge anzuwenden, für die die Steuerschuld nach dem 31. Dezember 2015 entsteht oder entstehen würde.

*(BGBl I 2015/160)*

(2r) § 1 Abs. 2a, 3 und 5, § 3 Abs. 1 Z 7a und § 7 Abs. 2 treten mit Ablauf des Tages der Freigabe zur Abfrage im Bundesgesetzblatt in Kraft.

*(BGBl I 2018/62)*

(2s) § 3 Abs. 1 Z 2 lit. f und Z 7, § 10 Abs. 1 erster und vorletzter Satz, § 11 Abs. 2 erster Satz, § 13 Abs. 1 erster Satz, § 15 Abs. 2, § 16 sowie § 18 Abs. 2m, 2n und 2p dritter Satz, jeweils in der Fassung des Bundesgesetzes BGBl. I Nr. 104/2019, treten mit 1. Juli 2020 in Kraft.

*(BGBl I 2019/104)*

(2t) In der Fassung des Bundesgesetzes BGBl. I Nr. 103/2019 treten in Kraft,

1. § 18 Abs. 2p vorletzter Satz mit 15. August 2018,
2. § 3 Abs. 1 Z 4 mit 1. Jänner 2020.

*(BGBl I 2019/103)*

(3) Wird in anderen bundesgesetzlichen Vorschriften auf Bestimmungen des Grunderwerbsteuergesetzes 1955, BGBl. Nr. 140, zuletzt geändert durch die Kundmachung BGBl. Nr. 175/1987, verwiesen, bezieht sich diese Verweisung bei Erwerbsvorgängen, die nach dem 30. Juni 1987 verwirklicht werden, auf die entsprechenden Bestimmungen dieses Bundesgesetzes.

(4) Mit der Vollziehung dieses Bundesgesetzes ist der Bundesminister für Finanzen betraut.

# 9/2.
# Gerichtsgebührengesetz (Auszug)

BGBl 1984/501 idF BGBl I 2022/61

### Wertberechnung für die Eintragungsgebühr

**§ 26.** (1) Die Eintragungsgebühr ist bei der Eintragung des Eigentumsrechts und des Baurechts – ausgenommen in den Fällen der Vormerkung – sowie bei der Anmerkung der Rechtfertigung der Vormerkung zum Erwerb des Eigentums und des Baurechts vom Wert des jeweils einzutragenden Rechts zu berechnen. Der Wert wird durch den Preis bestimmt, der im gewöhnlichen Geschäftsverkehr bei einer Veräußerung üblicherweise zu erzielen wäre. Dabei sind alle Umstände, die den Preis beeinflussen, zu berücksichtigen. Ungewöhnliche oder persönliche Verhältnisse sind nicht zu berücksichtigen. Maschinen und sonstige Vorrichtungen aller Art, die zu einer Betriebsanlage gehören, sind nicht in die Bemessungsgrundlage einzubeziehen.

(2) Die Partei hat den Wert des einzutragenden Rechts (Abs. 1) eingangs der Eingabe zu beziffern, die zur Ermittlung des Werts notwendigen Angaben zu machen und diese durch Vorlage geeigneter Unterlagen zur Prüfung der Plausibilität zu bescheinigen. Ist die Entrichtung der Gerichtsgebühren im Fall der Selbstberechnung (§ 11 Grunderwerbsteuergesetz 1987) beim zuständigen Finanzamt (§ 4 Abs. 7) zum Zeitpunkt der Fälligkeit der Grunderwerbsteuer (§ 2 Z 4 zweiter Halbsatz) vorgesehen, kann mit Verordnung nach § 26a Abs. 3 geregelt werden, wie weit von diesen Angaben abgesehen werden kann.

(3) Soweit keine außergewöhnlichen Verhältnisse vorliegen, die offensichtlich Einfluss auf die Gegenleistung gehabt haben, ist bei den nachstehend angeführten Erwerbsvorgängen der Wert der Gegenleistung als Bemessungsgrundlage heranzuziehen,

1. bei einem Kauf der Kaufpreis zuzüglich der vom Käufer übernommenen sonstigen Leistungen und der dem Verkäufer vorbehaltenen Nutzungen,
2. bei einem Erwerb gegen wiederkehrende Geldleistungen, wenn der Gesamtbetrag der Zahlungen nicht von vorhinein feststeht, der Kapitalwert,
3. bei einer Leistung an Zahlungs Statt der Wert, zu dem die Leistung an Zahlungs Statt angenommen wird,
4. bei der Enteignung die Entschädigung.

Der Gegenleistung sind Belastungen hinzuzurechnen, die auf dem Grundstück ruhen, soweit sie auf den Erwerber kraft Gesetzes übergehen, ausgenommen dauernde Lasten.

(4) Wenn die Angaben zur Prüfung der Plausibilität nicht für hinreichend bescheinigt erachtet werden, kann die Partei zur Vorlage weiterer Bescheinigungsmittel aufgefordert werden. Das Gleiche gilt für eine Prüfung aus Anlass einer Gebührenrevision. Kommt die Partei einem solchen Auftrag ohne hinreichenden Grund nicht nach oder entspricht die von ihr nach Vorhalt vorgenommene Bezifferung offenkundig nicht den Abs. 1 bis 3, so ist der Wert des einzutragenden Rechts unter Berücksichtigung der vorliegenden Bescheinigungsmittel nach freier Überzeugung zu schätzen. In diesem Fall ist eine Ordnungsstrafe bis zu 50% der so ermittelten Eintragungsgebühr zu entrichten; die Ordnungsstrafe darf jedoch 470 Euro nicht übersteigen.

*(BGBl II 2021/160)*

(4a) Ist die Entrichtung der Gerichtsgebühren im Fall der Selbstberechnung (§ 11 Grunderwerbsteuergesetz 1987) beim zuständigen Finanzamt (§ 4 Abs. 7) zum Zeitpunkt der Fälligkeit der Grunderwerbsteuer (§ 2 Z 4 zweiter Halbsatz) vorgesehen und stellt sich die Unrichtigkeit der Angaben in der Selbstberechnungserklärung nach § 12 des Grunderwerbsteuergesetzes 1987 nachträglich – etwa aus Anlass einer Gebührenrevision, auf Grund einer Mitteilung des Finanzamts (§ 16 Grunderwerbsteuergesetz 1987) oder eines die selbstberechnete Steuer betreffenden abgabenbehördlichen Verfahrens – heraus, so ist die Eintragungsgebühr von Amts wegen neu zu bemessen; dies gilt auch dann, wenn sich die Unrichtigkeit der Angaben erst nach Eintritt der Rechtskraft der Gebührenvorschreibung herausstellt. Der Fehlbetrag kann in den Fällen des § 303 Abs. 1 BAO auch nach Ablauf der Verjährungsfrist (§ 8 GEG) nachgefordert werden. Stellt die Vorschreibungsbehörde fest, dass die in der Selbstberechnungserklärung nach § 12 des Grunderwerbsteuergesetzes 1987 angegebene Bemessungsgrundlage offenbar unrichtig ist, so hat sie das zuständige Finanzamt ohne unnötigen Aufschub zu verständigen.

(5) Bei der Eintragung zum Erwerb eines Pfandrechtes und bei der Anmerkung der Rangordnung für eine beabsichtigte Verpfändung bestimmt sich der Wert nach dem Nennbetrag (Höchstbetrag, § 14 Abs. 2 GBG 1955) der Forderung einschließlich der Nebengebührensicherstellung. Bei Afterpfandrechten kann dieser Wert nie größer sein als der der belasteten Forderung.

(6) Wird die Eintragung von mehreren Berechtigten in einer Eingabe verlangt, so ist die Eintragungsgebühr für jeden Berechtigten nach dem Wert seiner Rechte zu berechnen.

(7) Wird eine Eintragung zum Erwerb eines Rechtes gemeinschaftlich von einer oder mehreren gebührenpflichtigen und gebührenbefreiten Personen begehrt, so ist die Gebühr nur nach dem Anteil des Gebührenpflichtigen zu berechnen.

### Begünstigte Erwerbsvorgänge

**§ 26a.** (1) Abweichend von § 26 ist für die Bemessung der Eintragungsgebühr bei den nachstehend angeführten begünstigten Erwerbsvorgängen der dreifache Einheitswert, maximal jedoch 30%

des Werts des einzutragenden Rechts (§ 26 Abs. 1), heranzuziehen:

1. bei Übertragung einer Liegenschaft an den Ehegatten oder eingetragenen Partner während aufrechter Ehe (Partnerschaft) oder im Zusammenhang mit der Auflösung der Ehe (Partnerschaft), an den Lebensgefährten, sofern die Lebensgefährten einen gemeinsamen Hauptwohnsitz haben oder hatten, an einen Verwandten oder Verschwägerten in gerader Linie, an ein Stief-, Wahl- oder Pflegekind oder deren Kinder, Ehegatten oder eingetragenen Partner, oder an Geschwister, Nichten oder Neffen des Überträgers;
2. bei Übertragung einer Liegenschaft aufgrund eines Vorgangs nach dem Umgründungssteuergesetz, BGBl. Nr. 699/1991, aufgrund eines Erwerbsvorgangs zwischen einer Gesellschaft und ihrem Gesellschafter oder aufgrund der Vereinigung aller Anteile einer Personengesellschaft;

dies gilt jeweils auch für die Übertragung ideeller Anteile an diesen Grundstücken beziehungsweise Liegenschaften. Für die Frage, ob eine begünstigte Übertragung vorliegt, ist auf das Verhältnis zwischen dem eingetragenen Vorberechtigten und jener Person abzustellen, zu deren Gunsten das Recht eingetragen werden soll. Eine begünstigte Übertragung liegt im Fall der Z 1 auch dann vor, wenn jeder Erwerb in der Erwerbskette, die zur Eintragung in das Grundbuch führt, zwischen Personen stattfindet, bei denen die Voraussetzungen für eine begünstigte Übertragung vorlägen.

(2) Eine Ermäßigung der Bemessungsgrundlage tritt nur ein, wenn sie eingangs der Eingabe **„, spätestens aber anlässlich der Vorstellung gegen einen Zahlungsauftrag“** unter Hinweis auf die gesetzliche Grundlage in Anspruch genommen wird. Die Voraussetzungen für die Ermäßigung der Bemessungsgrundlage sind durch Vorlage geeigneter Urkunden, bei Lebensgefährten insbesondere durch Bestätigungen über den Hauptwohnsitz zu bescheinigen.

*(BGBl I 2022/61 ab 1.5.2022)*

(3) Die Bundesministerin für Justiz hat unter Berücksichtigung der Grundsätze einer einfachen und sparsamen Verwaltung durch Verordnung die näheren Umstände und Modalitäten für die zur Ermittlung des Werts erforderlichen Angaben nach § 26 Abs. 2, für die Inanspruchnahme der Begünstigungen nach § 26a Abs. 1 sowie für die Bescheinigungen nach § 26a Abs. 2 nach Maßgabe der technischen Möglichkeiten zu bestimmen.

# 9/3. VERORDNUNGEN

## 9/3/1.

## Grunderwerbsteuer-Selbstberechnungsverordnung

BGBl II 2015/156 idF BGBl II 2020/579

**Verordnung des Bundesministers für Finanzen betreffend die Grunderwerbsteuer-Selbstberechnungserklärung und die Übermittlung von Daten an die Justiz (Grunderwerbsteuer-Selbstberechnungsverordnung – GrESt-SBV)**

Auf Grund der §§ 12, 13 und 16 des Grunderwerbsteuergesetzes 1987, BGBl. Nr. 309/1987, zuletzt geändert durch das Bundesgesetz BGBl. I Nr. 36/2014, wird im Einvernehmen mit dem Bundesminister für Justiz verordnet:

**§ 1.** (1) Das Finanzamt Österreich hat die für die Erhebung der Gerichtsgebühr erforderlichen und vom Parteienvertreter im Zug einer Selbstberechnung nach § 11 Abs. 1 GrEStG 1987 über FinanzOnline erfassten Daten elektronisch der Justiz zu übermitteln.

*(BGBl II 2020/579)*

(2) Bei jedem im Zug einer Selbstberechnung über FinanzOnline erfassten Erwerbsvorgang ist pro Erwerber als Schlüssel für die betreffenden Daten nach Abs. 1 eine Vorgangsnummer zu generieren. Diese Vorgangsnummer ist dem Parteienvertreter ersichtlich zu machen.

**§ 2.** (1) Die nach § 1 Abs. 1 zu übermittelnden Daten sind:

1. Titel des Rechtsvorganges samt Datum;
2. Angabe, ob das Grundstück (Katastralgemeinde, Einlagezahl, Grundstücksnummer) ganz oder teilweise übertragen wurde;
3. Angabe einer Katastralgemeinde, die vom Erwerbsvorgang betroffen ist, und die Anführung, ob weitere Katastralgemeinden betroffen sind;
4. Angabe einer Einlagezahl, die vom Erwerbsvorgang betroffen ist, und die Anführung, ob weitere Einlagezahlen betroffen sind;
5. Angabe von bis zu drei Grundstücksnummern, die vom Erwerbsvorgang betroffen sind, und die Anführung, ob mehr als drei Grundstücke betroffen sind;
6. Art des Grundstücks
7. die in der Selbstberechnung erfasste Angabe zur Fläche des Grundstücks
8. Angaben zum Erwerber: Name und Adresse sowie bei natürlichen Personen zusätzlich das Geburtsdatum oder Versicherungsnummer;
9. selbst berechnete Bemessungsgrundlage für die Grunderwerbsteuer in Summe pro Erwerber;
10. Höhe der selbst berechneten Eintragungsgebühr in Summe pro Erwerber;
11. Tatbestand einer Befreiung von der Eintragungsgebühr und Höhe der selbst berechneten Eintragungsgebühr in Summe pro Erwerber;
12. Angaben zum Parteienvertreter (Steuernummer, Name und Adresse).

*(BGBl II 2020/579)*

(2) Werden vom Parteienvertreter Daten eines Rechtsvorganges, der auf Anmeldung wartet, nachträglich verändert, so hat eine vollständige Übermittlung der Daten nach Abs. 1 unter Berücksichtigung der Änderungen zu erfolgen.

**§ 3.** Das Finanzamt Österreich hat für jeden Anmeldungszeitraum (§ 13 Abs. 1 GrEStG 1987) die Daten gemäß § 2 sowie alle für diesen Anmeldungszeitraum gemäß § 1 Abs. 2 generierten Vorgangsnummern pro Erwerber zu übermitteln.

*(BGBl II 2020/579)*

**§ 4.** Die Datenübermittlungen nach §§ 2 und 3 erfolgen täglich.

**§ 5.** Hat das Finanzamt Österreich die Grunderwerbsteuer mittels Bescheid nach § 201 BAO festgesetzt (§ 16 GrEStG 1987), so hat sie diese Tatsache der Justiz ohne unnötigen Aufschub elektronisch mitzuteilen.

*(BGBl II 2020/579)*

**§ 6.** Die Selbstberechnungserklärung nach § 12 GrEStG 1987 erfolgt im elektronischen Rechtsverkehr durch Bekanntgabe einer Vorgangsnummer (§ 1 Abs. 2) durch den Parteienvertreter. Wenn die Vorgangsnummer nicht durch den Parteienvertreter, der die Selbstberechnung vorgenommen hat, sondern durch einen anderen Parteienvertreter oder die Partei selbst dem Grundbuchsgericht bekannt gegeben wird, gilt auch das als wirksame Selbstberechnungserklärung.

*(BGBl II 2018/287)*

**§ 7.** (1) Diese Verordnung tritt mit 1. Juli 2015 in Kraft und ist auf alle Erwerbsvorgänge anzuwenden, für die die Selbstberechnung nach dem 30. Juni 2015 vorgenommen wird.

(2) Mit dem Inkrafttreten dieser Verordnung tritt die Verordnung des Bundesministers für Finanzen betreffend die automatisationsunterstützte Übermittlung von Daten und das Erfassungsbuch gemäß §§ 13 und 14 Grunderwerbsteuergesetz 1987 in der Fassung BGBl. Nr. 682/1994, BGBl. Nr. 188/1995, außer Kraft.

(3) § 1 Abs. 1, § 3 und § 5, jeweils in der Fassung der Verordnung BGBl. II Nr. 579/2020, treten mit 1. Jänner 2021 in Kraft.

*(BGBl II 2020/579)*

## 9/3/2.

## Grundstückswertverordnung

BGBl II 2015/442 idF BGBl II 2019/291

**Verordnung des Bundesministers für Finanzen betreffend Festlegung der Ermittlung des Grundstückswertes (Grundstückswertverordnung – GrWV)**

Auf Grund des § 4 Abs. 1 des Grunderwerbsteuergesetzes 1987 – GrEStG 1987, BGBl. Nr. 309/1987, zuletzt geändert durch das Bundesgesetz BGBl. I Nr. 118/2015, wird im Einvernehmen mit dem Bundeskanzler verordnet:

### Methoden der Grundstückswertermittlung

**§ 1.** Wird der Grundstückswert als Summe des hochgerechneten (anteiligen) dreifachen Bodenwertes gemäß § 53 Abs. 2 erster und zweiter Satz des Bewertungsgesetzes 1955 – BewG. 1955, BGBl. Nr. 148/1955, in der Fassung des Bundesgesetzes, BGBl. I Nr. 34/2015 (Grundwert) und des (anteiligen) Wertes des Gebäudes (Gebäudewert) ermittelt, ist nach § 2 vorzugehen. Wird der Grundstückswert in Höhe eines von einem geeigneten Immobilienpreisspiegel abgeleiteten Wertes ermittelt, ist nach § 3 vorzugehen. Für jede wirtschaftliche Einheit gemäß § 2 BewG. 1955 kann die Ermittlungsmethode frei gewählt werden.

### Pauschalwertmodell

**§ 2.** (1) Je nach Beschaffenheit der wirtschaftlichen Einheit, für die der Grundstückswert zu ermitteln ist, ist entweder nur der Grundwert (Abs. 2), nur der Gebäudewert (Abs. 3) oder beides zu berechnen.

(2) Berechnung des Grundwertes:

1. Für den (anteiligen) dreifachen Bodenwert ist die Grundfläche mit dem dreifachen Bodenwert pro Quadratmeter zu multiplizieren. Für den Bodenwert pro Quadratmeter ist jener Wert maßgebend, der auf den dem Erwerbsvorgang unmittelbar vorausgegangenen Feststellungszeitpunkt festgestellt wurde; § 6 Abs. 3 GrEStG 1987 ist anzuwenden. Anfragen an das Finanzamt um Bekanntgabe des Bodenwertes müssen elektronisch im Wege von Finanz-Online erfolgen. Dies gilt nicht, wenn die elektronische Anfrage mangels technischer Voraussetzungen unzumutbar ist.
2. Der (anteilige) dreifache Bodenwert ist mit den Faktoren hochzurechnen, die in der Anlage je Gemeinde, in Gemeinden über 100 000 Einwohnern (Stichtag 1. Jänner 2015) für einen oder mehrere Bezirke bzw. Stadtteile festgelegt werden.
3. Erstreckt sich eine wirtschaftliche Einheit über zwei oder mehr Gemeinden, sind für die auf die einzelne Gemeinde entfallenden Grundflächenanteile die jeweiligen Hochrechnungsfaktoren heranzuziehen.

(3) Berechnung des Gebäudewertes:

1. Für den (anteiligen) Wert des Gebäudes ist zunächst die (anteilige) Nutzfläche (lit. a), wenn diese nicht bekannt ist, die um 30% gekürzte (anteilige) Bruttogrundrissfläche (lit. b), mit einem Baukostenfaktor (Z 2), der im Ausmaß der Z 3 anzusetzen ist, zu multiplizieren.
   a) Als Nutzfläche gilt die gesamte Bodenfläche des Gebäudes abzüglich der Wandstärken sowie der im Verlauf der Wände befindlichen Durchbrechungen und Ausnehmungen. Treppen, offene Balkone, Terrassen und unausgebauter Dachraum sind bei der Berechnung der Nutzfläche nicht zu berücksichtigen. Die Fläche des Kellers ist im Ausmaß von 35% anzusetzen, es sei denn, es liegt nachweislich ein geringeres Ausmaß der Eignung für Wohn- und Geschäftszwecke vor. Ein Keller ist eine bauliche Anlage, die ganz oder überwiegend unter dem angrenzenden Geländeniveau liegt. Die Fläche einer Garage oder eines Kraftfahrzeugabstellplatzes ist ebenfalls im Ausmaß von 35% anzusetzen.
   b) Die Bruttogrundrissfläche ist jene Fläche, welche sich aus der Summe aller Grundrissflächen aller Grundrissebenen eines Gebäudes errechnet. Die Grundrissfläche ist die Fläche innerhalb der äußeren Begrenzungslinien der Außenwände eines Geschoßes. Ein unausgebauter Dachboden stellt keine Grundrissebene dar.

      Die Grundrissfläche eines Kellergeschoßes ist bei der Ermittlung der Bruttogrundrissfläche mit der Hälfte anzusetzen. Ein Keller ist eine bauliche Anlage, die ganz oder überwiegend unter dem angrenzenden Geländeniveau liegt. Soweit die Bodenfläche einer Garage Teil einer Grundrissebene ist, ist sie bei der Ermittlung der Bruttogrundrissfläche mit der Hälfte anzusetzen. Soweit die Bodenfläche einer Garage nicht Teil einer Grundrissebene ist, ist sie zur Hälfte der Bruttogrundrissfläche hinzuzurechnen.
   c) Bei Gebäuden, bei denen gemäß § 33 Abs. 2 BewG. 1955 in der Fassung des Bundesgesetzes, BGBl. I Nr. 34/2015, der übersteigende Teil des Wohnungswertes als sonstiges bebautes Grundstück (§ 54 Abs. 1 Z 5 BewG. 1955 in der Fassung des Bundesgesetzes, BGBl. I Nr. 34/2015) dem Grundvermögen zugerechnet wird, ist der ermittelte Gebäudewert um 2 180,19 Euro zu kürzen.
2. Die Baukostenfaktoren werden wie folgt festgelegt:

| Bundesland | Baukostenfaktor je Quadratmeter |
|---|---|
| Wien | 1 470 Euro |
| Niederösterreich | 1 310 Euro |
| Burgenland | 1 270 Euro |
| Oberösterreich | 1 370 Euro |
| Salzburg | 1 550 Euro |
| Tirol | 1 370 Euro |
| Vorarlberg | 1 670 Euro |
| Steiermark | 1 310 Euro |
| Kärnten | 1 300 Euro |

3. Der Baukostenfaktor gemäß Z 2 ist in folgendem Ausmaß anzusetzen:
   a) bei Wohnzwecken dienenden Gebäuden, soweit für diese kein Richtwert- oder Kategoriemietzins gemäß § 16 des Mietrechtsgesetzes, BGBl. Nr. 520/1981 in der Fassung des Bundesgesetzes BGBl. I Nr. 100/2014 gilt, 100%
   b) bei Fabriksgebäuden, Werkstättengebäuden und Lagerhäusern, die Teile der wirtschaftlichen Einheit eines Fabriksgrundstückes sind 60%
   c) bei einfachsten Gebäuden (z. B. Glashäuser, Kalthallen, Gerätehäuser oder nicht ganzjährig bewohnbare Schrebergartenhäuser) sowie bei behelfsmäßiger Bauweise 25%
   d) bei allen anderen Gebäuden 71,25%



4. Der nach Z 1 bis 3 errechnete Betrag ist in folgendem Umfang im Grundstückswert zu berücksichtigen:

| | 100% | 80% | 65% | 30% |
|---|---|---|---|---|
| Gebäude (Z 3 lit. a, b und d) | Fertigstellung oder umfassende Sanierung (Z 5) innerhalb der letzten zwanzig Jahre vor dem Erwerbszeitpunkt | Teilsanierung (Z 5) innerhalb der letzten zwanzig Jahre vor dem Erwerbszeitpunkt, wenn Fertigstellung vor mehr als zwanzig Jahren vor dem Erwerbszeitpunkt | Fertigstellung innerhalb der letzten vierzig bis zwanzig Jahre vor dem Erwerbszeitpunkt | Fertigstellung vor mehr als vierzig Jahren vor dem Erwerbszeitpunkt |
| einfachste Gebäude (Z 3 lit. c) | Fertigstellung innerhalb der letzten zehn Jahre vor dem Erwerbszeitpunkt | | Fertigstellung innerhalb der letzten zwanzig bis zehn Jahre vor dem Erwerbszeitpunkt | Fertigstellung vor mehr als zwanzig Jahren vor dem Erwerbszeitpunkt |

5. Wurden innerhalb der letzten zwanzig Jahre vor dem Erwerbszeitpunkt vier der folgenden Maßnahmen umgesetzt, liegt eine umfassende Sanierung gemäß Z 4, wurden mindestens zwei Maßnahmen umgesetzt, liegt eine Teilsanierung gemäß Z 4 vor:
   a) Erneuerung des Außenverputzes mit Erhöhung des Wärmeschutzes
   b) Erstmaliger Einbau oder Austausch von Heizungsanlagen
   c) Erstmaliger Einbau oder Austausch von Elektro-, Gas-, Wasser- oder Heizungsinstallationen
   d) Erstmaliger Einbau oder Austausch von Badezimmern
   e) Austausch von mindestens 75% der Fenster

   Wird nur ein Teil eines Gebäudes saniert und können die Sanierungsmaßnahmen diesem Gebäudeteil zugeordnet werden (z. B. Anbau, Dachbodenausbau oder Sanierung einer Eigentumswohnung), ist Z 4 nach der Beschaffenheit des jeweiligen Gebäudeteiles anzuwenden. Kann keine Zuordnung vorgenommen werden, liegt eine Teilsanierung vor, wenn mindestens zwei Maßnahmen bei mehr als der Hälfte des Gebäudes umgesetzt wurden.

(4) Ermittlung des Grundstückswertes eines Baurechtes und des mit einem Baurecht belasteten Grundstückes:

1. Grundwert
   a) Beträgt die Dauer des Baurechtes im Zeitpunkt des Entstehens der Steuerschuld noch 50 Jahre oder mehr, ist der Grundwert des Baurechtes in Höhe des Grundwertes des unbebauten Grundstückes (Abs. 2) und der Grundwert des belasteten Grundstückes mit Null anzusetzen.
   b) Beträgt die Dauer des Baurechtes im Zeitpunkt des Entstehens der Steuerschuld weniger als 50 Jahre, ist der Grundwert des Baurechtes mit 2% des Grundwertes des unbebauten Grundstückes (Abs. 2) für jedes volle Jahr der restlichen Dauer des Baurechtes anzusetzen. Der Grundwert des belasteten Grundstückes ist die Differenz zwischen dem Grundwert des unbelasteten Grundstückes und dem Grundwert für das Baurecht.

2. Gebäudewert
Wird das Baurecht an einem bebauten Grundstück eingeräumt, ist der Gebäudewert nach Abs. 3 zu berechnen.

*(BGBl II 2019/291)*

**Ermittlung anhand eines geeigneten Immobilienpreisspiegels**

**§ 3.** (1) Für Erwerbsvorgänge, für die die Steuerschuld vor dem 1. Jänner 2017 entsteht, ist ausschließlich der im Zeitpunkt des Entstehens der Steuerschuld zuletzt veröffentlichte Immobilienpreisspiegel der Wirtschaftskammer Österreich, Fachverband der Immobilien- und Vermögenstreuhänder, heranzuziehen. Dieser Immobilienpreisspiegel darf nur angewendet werden, wenn das Grundstück die dem Immobilienpreisspiegel für die Bewertung eines gleichartigen Grundstückes zugrunde liegenden Annahmen erfüllt. Der Grundstückswert beträgt 71,25% des ermittelten Wertes.

(2) Für Erwerbsvorgänge, für die die Steuerschuld nach dem 31. Dezember 2016 entsteht, sind ausschließlich die im Zeitpunkt des Entstehens der Steuerschuld zuletzt veröffentlichten Immobiliendurchschnittspreise der Bundesanstalt Statistik Österreich heranzuziehen. Diese Immobiliendurchschnittspreise dürfen nur angewendet werden, wenn das Grundstück mit den für die Bewertung eines gleichartigen Grundstückes zugrunde liegenden Kategorien der Tabellen der Immobiliendurchschnittspreise übereinstimmt. Der Grundstückswert beträgt 71,25% des ermittelten Wertes. Für die Ermittlung des Grundstückswertes eines Baurechtes und des mit einem Baurecht belasteten Grundstückes dürfen die Immobiliendurchschnittspreise nur dann herangezogen werden, wenn das Baurecht an einem unbebauten Grundstück besteht. Dabei ist § 2 Abs. 4 Z 1 lit. a und b sinngemäß anzuwenden. Der Bundesanstalt Statistik Österreich ist für die Erstellung der jährlich zu veröffentlichenden Tabellen der Immobiliendurchschnittspreise vom Bundesminister für Finanzen ein Kostenersatz gemäß § 32 Abs. 4 Z 1 des Bundesstatistikgesetzes 2000 zu leisten.

*(BGBl II 2019/291)*

(3) Der Bundesminister für Finanzen hat die Sachgerechtigkeit der Ermittlung des Grundstückswertes gemäß Abs. 2 bis 30. September 2019 zu evaluieren.

**Inkrafttreten**

**§ 4.** (1) Die Verordnung tritt mit 1. Jänner 2016 in Kraft.

*(BGBl II 2019/291)*

(2) § 2 Abs. 4 und § 3 Abs. 2, jeweils in der Fassung der Verordnung BGBl. II Nr. 291/2019, treten mit dem auf ihre Veröffentlichung im Bundesgesetzblatt folgenden Tag in Kraft und sind auf Erwerbsvorgänge anzuwenden, für die die Steuerschuld nach diesem Tag entsteht. § 2 Abs. 4 und § 3 Abs. 2, jeweils in der Fassung der Verordnung BGBl. II Nr. 291/2019, können auf Erwerbsvorgänge angewendet werden, für die die Steuerschuld am Tag des Inkrafttretens bereits entstanden ist, wenn

– eine Abgabenerklärung nach diesem Tag vorgelegt wird (§ 10) oder
– eine Selbstberechnung nach diesem Tag erfolgt (§ 11) oder
– der Steuerschuldner dies bis zur Rechtskraft des Bescheides gegenüber dem Finanzamt schriftlich erklärt.

*(BGBl II 2019/291)*

**Anlage**
**zu § 2 Abs. 2 Z 2 dieser Verordnung**

**1. Gemeinden mit mehr als 100.000 Einwohnern**

| Kennzahl | Bezirk/statistische Stadtteile | HF |
|---|---|---|
| | **WIEN** | |
| 101 | 1. Bezirk | 3 |
| 102 | 2. Bezirk | 4,5 |
| 103 | 3. Bezirk | 4,5 |
| 104 | 4. Bezirk | 3,5 |
| 105 | 5. Bezirk | 2,5 |
| 106 | 6. Bezirk | 5 |
| 107 | 7. Bezirk | 2 |
| 108 | 8. Bezirk | 3 |
| 109 | 9. Bezirk | 7,5 |
| 110 | 10. Bezirk | 3 |
| 111 | 11. Bezirk | 4 |
| 112 | 12. Bezirk | 3 |
| 113 | 13. Bezirk | 4,5 |
| 114 | 14. Bezirk | 5 |
| 115 | 15. Bezirk | 1,5 |
| 116 | 16. Bezirk | 4 |
| 117 | 17. Bezirk | 5,5 |
| 118 | 18. Bezirk | 6 |
| 119 | 19. Bezirk | 7 |
| 120 | 20. Bezirk | 2,5 |
| 121 | 21. Bezirk | 7 |
| 122 | 22. Bezirk | 6,5 |
| 123 | 23. Bezirk | 5,5 |
| | **GRAZ** | |
| 801 | Bezirke 1 – 6 | 1,5 |
| 802 | Bezirke 7 – 17 | 3,5 |
| | **LINZ** | |
| 401 | Innere Stadt, Urfahr, Kaplanhof, Franckviertel, Froschberg, Bindermichl-Keferfeld, Industriegebiet-Hafen | 1,5 |

| | | |
|---|---|---|
| 402 | Bulgariplatz, Spallerhof, Neue Heimat, Kleinmünchen-Auwiesen | 2,5 |
| 403 | Pöstlingberg, St. Magdalena, Dornach-Auhof, Ebelsberg, Pichling | 4,5 |
| | **SALZBURG** | |
| 501 | Altstadt, Neustadt, Mülln, Riedenburg, Nonntal, Lehen, Elisabeth-Vorstadt, Langwied, Kasern, Itzling, Itzling Nord, Maxglan, Gnigl, Schallmoos, Schallmoos West und Ost | 5 |
| 502 | Liefering, Gaisberg, Taxham, Aigen, Parsch, Heuberg | 9 |
| 503 | Morzg, Gneis, Salzburg Süd, Gneis Süd, Hellbrunn, Maxglan-West, Leopoldskroner Moos | 12,5 |
| | **INNSBRUCK** | |
| 601 | Innenstadt, Saggen, Mariahilf-St. Nikolaus, Dreiheiligen-Schlachthof, Wilten, Sieglanger-Mentlberg, Pradl, Reichenau, Mühlau, Gewerbegebiet Mühlau/Arzl, Olympisches Dorf | 3 |
| 602 | Hötting, Hötting West, Höttinger Au, Hungerburg, Amras, Gewerbegebiet Roßau, Arzl, Vill, Igls | 5,5 |

**2. Gemeinden mit weniger als 100.000 Einwohner**

| Kz. | Gemeinde | HF |
|---|---|---|
| 70701 | Abfaltersbach | 2,5 |
| 70301 | Absam | 4,5 |
| 32101 | Absdorf | 1,5 |
| 50201 | Abtenau | 3 |
| 31701 | Achau | 5,5 |
| 70901 | Achenkirch | 5 |
| 30801 | Aderklaa | 5 |
| 41501 | Adlwang | 2,5 |
| 61253 | Admont | 2 |
| 50202 | Adnet | 5,5 |
| 41301 | Afiesl | 2 |
| 62138 | Aflenz | 2 |
| 20701 | Afritz am See | 1,5 |
| 31301 | Aggsbach | 1,5 |
| 41302 | Ahorn | 1,5 |
| 61254 | Aich | 2,5 |
| 41801 | Aichkirchen | 3 |
| 61203 | Aigen im Ennstal | 3 |
| 41343 | Aigen-Schlägl | 1,5 |
| 70702 | Ainet | 2 |
| 40801 | Aistersheim | 2 |
| 21001 | Albeck | 2,5 |
| 31001 | Alberndorf im Pulkautal | 1,5 |
| 41601 | Alberndorf in der Riedmark | 4 |
| 80201 | Alberschwende | 4 |
| 61701 | Albersdorf-Prebuch | 3 |
| 31302 | Albrechtsberg a.d. Großen Krems | 1 |
| 70302 | Aldrans | 6,5 |
| 40501 | Alkoven | 2,5 |
| 30601 | Alland | 3 |
| 32501 | Allentsteig | 1 |
| 61001 | Allerheiligen bei Wildon | 3 |
| 41101 | Allerheiligen im Mühlkreis | 4 |
| 41001 | Allhaming | 3 |
| 30501 | Allhartsberg | 3 |
| 70501 | Alpbach | 3 |
| 80401 | Altach | 7,5 |
| 61204 | Altaussee | 5,5 |
| 41602 | Altenberg bei Linz | 6 |
| 31101 | Altenburg | 1 |
| 31801 | Altendorf | 3 |
| 41304 | Altenfelden | 3 |
| 30602 | Altenmarkt an der Triesting | 4,5 |
| 61205 | Altenmarkt bei St. Gallen | 1,5 |
| 50401 | Altenmarkt im Pongau | 7,5 |
| 40401 | Altheim | 1,5 |
| 20501 | Althofen | 0,5 |
| 31901 | Altlengbach | 3,5 |
| 31601 | Altlichtenwarth | 1 |
| 32519 | Altmelon | 2 |
| 40701 | Altmünster | 2,5 |
| 41401 | Altschwendt | 2 |
| 30902 | Amaliendorf-Aalfang | 1 |
| 70703 | Amlach | 3,5 |
| 70303 | Ampass | 5,5 |
| 41701 | Ampflwang im Hausruckwald | 1,5 |
| 30502 | Amstetten | 2 |
| 10701 | Andau | 2,5 |
| 80202 | Andelsbuch | 3 |
| 30802 | Andlersdorf | 4,5 |
| 41402 | Andorf | 2 |
| 41201 | Andrichsfurt | 2 |
| 70502 | Angath | 5 |
| 61756 | Anger | 1,5 |
| 70528 | Angerberg | 5 |
| 30803 | Angern an der March | 2,5 |
| 50301 | Anif | 6 |

GrEStG

| | | |
|---|---|---|
| 31401 | Annaberg | 2 |
| 50203 | Annaberg-Lungötz | 9 |
| 70704 | Anras | 2 |
| 41002 | Ansfelden | 3,5 |
| 10616 | Antau | 3,5 |
| 50302 | Anthering | 5,5 |
| 41202 | Antiesenhofen | 1,5 |
| 10702 | Apetlon | 2,5 |
| 32502 | Arbesbach | 1,5 |
| 41102 | Arbing | 2 |
| 30503 | Ardagger | 2,5 |
| 61206 | Ardning | 2,5 |
| 61002 | Arnfels | 2 |
| 20702 | Arnoldstein | 1,5 |
| 41305 | Arnreit | 2,5 |
| 20703 | Arriach | 1,5 |
| 31502 | Artstetten-Pöbring | 2 |
| 70201 | Arzl im Pitztal | 3,5 |
| 40502 | Aschach an der Donau | 2,5 |
| 41502 | Aschach an der Steyr | 3,5 |
| 70902 | Aschau im Zillertal | 3,5 |
| 30504 | Aschbach-Markt | 2 |
| 40402 | Aspach | 2 |
| 31803 | Aspangberg-St. Peter | 3 |
| 31802 | Aspang-Markt | 2 |
| 31603 | Asparn an der Zaya | 2 |
| 31902 | Asperhofen | 3,5 |
| 70705 | Assling | 2,5 |
| 41003 | Asten | 3,5 |
| 41702 | Attersee am Attersee | 2 |
| 41703 | Attnang-Puchheim | 1,5 |
| 41704 | Atzbach | 3 |
| 32104 | Atzenbrugg | 2 |
| 41306 | Atzesberg | 2 |
| 80203 | Au | 4 |
| 30701 | Au am Leithaberge | 4 |
| 41307 | Auberg | 3 |
| 40403 | Auerbach | 5 |
| 30804 | Auersthal | 4 |
| 41705 | Aurach am Hongar | 2,5 |
| 70401 | Aurach bei Kitzbühel | 11,5 |
| 41203 | Aurolzmünster | 3 |
| 70706 | Außervillgraten | 3,5 |
| 70304 | Axams | 5 |
| 70801 | Bach | 2,5 |
| 41802 | Bachmanning | 2,5 |
| 61207 | Bad Aussee | 3 |
| 20705 | Bad Bleiberg | 1,5 |
| 62202 | Bad Blumau | 3 |
| 30702 | Bad Deutsch-Altenburg | 3,5 |
| 32306 | Bad Erlach | 4 |
| 32301 | Bad Fischau-Brunn | 3,5 |
| 50403 | Bad Gastein | 3 |
| 62375 | Bad Gleichenberg | 1,5 |
| 40702 | Bad Goisern am Hallstättersee | 2,5 |
| 30910 | Bad Großpertholz | 3,5 |
| 41503 | Bad Hall | 2 |
| 70503 | Bad Häring | 4 |
| 50402 | Bad Hofgastein | 3,5 |
| 40703 | Bad Ischl | 2,5 |
| 20601 | Bad Kleinkirchheim | 3 |
| 41108 | Bad Kreuzen | 1,5 |
| 41603 | Bad Leonfelden | 2,5 |
| 61255 | Bad Mitterndorf | 1,5 |
| 30805 | Bad Pirawarth | 4,5 |
| 62376 | Bad Radkersburg | 3 |
| 10611 | Bad Sauerbrunn | 2,5 |
| 40802 | Bad Schallerbach | 1 |
| 32302 | Bad Schönau | 1 |
| 20901 | Bad St. Leonhard im Lavanttal | 1,5 |
| 10901 | Bad Tatzmannsdorf | 2 |
| 32528 | Bad Traunstein | 1,5 |
| 50213 | Bad Vigaun | 5,5 |
| 30603 | Bad Vöslau | 5 |
| 62264 | Bad Waltersdorf | 2,5 |
| 41803 | Bad Wimsbach-Neydharting | 3 |
| 40627 | Bad Zell | 3,5 |
| 30604 | Baden | 6 |
| 10931 | Badersdorf | 0,5 |
| 20602 | Baldramsdorf | 2,5 |
| 61626 | Bärnbach | 1,5 |
| 32503 | Bärnkopf | 2,5 |
| 80101 | Bartholomäberg | 3,5 |
| 10617 | Baumgarten | 2,5 |
| 41103 | Baumgartenberg | 2 |
| 70305 | Baumkirchen | 6,5 |
| 30506 | Behamberg | 2,5 |
| 30703 | Berg | 10,5 |
| 41706 | Berg im Attergau | 2,5 |
| 20603 | Berg im Drautal | 2 |
| 31303 | Bergern im Dunkelsteinerwald | 2,5 |
| 50303 | Bergheim | 5 |
| 31503 | Bergland | 2,5 |
| 30605 | Berndorf | 5,5 |

| | | |
|---|---|---|
| 50304 | Berndorf bei Salzburg | 5,5 |
| 31604 | Bernhardsthal | 1 |
| 10902 | Bernstein | 2,5 |
| 70802 | Berwang | 2 |
| 80204 | Bezau | 2,5 |
| 30507 | Biberbach | 2,5 |
| 70803 | Biberwier | 4 |
| 70804 | Bichlbach | 3 |
| 31702 | Biedermannsdorf | 5 |
| 10426 | Bildein | 1,5 |
| 80205 | Bildstein | 6 |
| 70306 | Birgitz | 4,5 |
| 61757 | Birkfeld | 1,5 |
| 31201 | Bisamberg | 7,5 |
| 50404 | Bischofshofen | 4,5 |
| 31504 | Bischofstetten | 2 |
| 80206 | Bizau | 2,5 |
| 20801 | Bleiburg | 2 |
| 31505 | Blindenmarkt | 2 |
| 80102 | Blons | 6 |
| 80103 | Bludenz | 4,5 |
| 80104 | Bludesch | 7 |
| 30646 | Blumau-Neurißhof | 4,5 |
| 31605 | Bockfließ | 1,5 |
| 10401 | Bocksdorf | 1 |
| 31903 | Böheimkirchen | 2 |
| 50601 | Bramberg am Wildkogel | 4,5 |
| 80105 | Brand | 1,5 |
| 70903 | Brandberg | 4 |
| 70504 | Brandenberg | 3 |
| 31904 | Brand-Laaben | 3,5 |
| 30903 | Brand-Nagelberg | 2 |
| 40404 | Braunau am Inn | 1,5 |
| 80207 | Bregenz | 4 |
| 31804 | Breitenau | 3 |
| 62105 | Breitenau am Hochlantsch | 2,5 |
| 70505 | Breitenbach am Inn | 6 |
| 10301 | Breitenbrunn am Neusiedler See | 5 |
| 31703 | Breitenfurt bei Wien | 5 |
| 31805 | Breitenstein | 2 |
| 70805 | Breitenwang | 2,5 |
| 70402 | Brixen im Thale | 6 |
| 70506 | Brixlegg | 3 |
| 32325 | Bromberg | 2 |
| 70904 | Bruck am Ziller | 4,5 |
| 50602 | Bruck an der Großglockner-straße | 5 |
| 30704 | Bruck an der Leitha | 4 |
| 62139 | Bruck an der Mur | 2,5 |
| 20502 | Brückl | 1 |
| 10703 | Bruckneudorf | 3,5 |
| 40803 | Bruck-Waasen | 2 |
| 31704 | Brunn am Gebirge | 5,5 |
| 31102 | Brunn an der Wild | 0,5 |
| 41403 | Brunnenthal | 2,5 |
| 80208 | Buch | 4 |
| 70905 | Buch in Tirol | 4 |
| 31806 | Buchbach | 1,5 |
| 41804 | Buchkirchen | 3 |
| 62205 | Buch-St. Magdalena | 2,5 |
| 62206 | Burgau | 1 |
| 10402 | Burgauberg-Neudauberg | 3 |
| 40405 | Burgkirchen | 2 |
| 31103 | Burgschleinitz-Kühnring | 1 |
| 31842 | Bürg-Vöstenhof | 3,5 |
| 50305 | Bürmoos | 6,5 |
| 80106 | Bürs | 4,5 |
| 80107 | Bürserberg | 4 |
| 80108 | Dalaas | 3,5 |
| 80209 | Damüls | 3 |
| 62265 | Dechantskirchen | 1,5 |
| 20302 | Dellach | 1 |
| 20604 | Dellach im Drautal | 2 |
| 41707 | Desselbrunn | 2 |
| 62377 | Deutsch Goritz | 2 |
| 10704 | Deutsch Jahrndorf | 4,5 |
| 10501 | Deutsch Kaltenbrunn | 2,5 |
| 10903 | Deutsch Schützen-Eisenberg | 2,5 |
| 60659 | Deutschfeistritz | 1,5 |
| 20503 | Deutsch-Griffen | 1 |
| 10801 | Deutschkreutz | 1 |
| 60344 | Deutschlandsberg | 2,5 |
| 30808 | Deutsch-Wagram | 3 |
| 50603 | Dienten am Hochkönig | 4 |
| 41404 | Diersbach | 2,5 |
| 41504 | Dietach | 3 |
| 32202 | Dietmanns | 1 |
| 20802 | Diex | 2 |
| 41104 | Dimbach | 1 |
| 32203 | Dobersberg | 1 |
| 60660 | Dobl-Zwaring | 2,5 |
| 70707 | Dölsach | 2,5 |
| 10302 | Donnerskirchen | 5 |
| 80210 | Doren | 2 |
| 41405 | Dorf an der Pram | 1,5 |

| | | |
|---|---|---|
| 50306 | Dorfbeuern | 7,5 |
| 50405 | Dorfgastein | 5,5 |
| 31506 | Dorfstetten | 1 |
| 80301 | Dornbirn | 5 |
| 31606 | Drasenhofen | 1 |
| 10601 | Draßburg | 3 |
| 10802 | Draßmarkt | 2 |
| 31104 | Drosendorf-Zissersdorf | 0,5 |
| 30810 | Drösing | 1 |
| 31356 | Droß | 6 |
| 31507 | Dunkelsteinerwald | 2 |
| 80402 | Düns | 9,5 |
| 80403 | Dünserberg | 11,5 |
| 30811 | Dürnkrut | 2 |
| 31304 | Dürnstein | 8,5 |
| 70508 | Ebbs | 4 |
| 70907 | Eben am Achensee | 5 |
| 50406 | Eben im Pongau | 6 |
| 50307 | Ebenau | 7 |
| 32304 | Ebenfurth | 3,5 |
| 40704 | Ebensee | 1,5 |
| 30812 | Ebenthal | 1 |
| 20402 | Ebenthal in Kärnten | 2,5 |
| 10403 | Eberau | 1 |
| 32401 | Ebergassing | 4 |
| 20803 | Eberndorf | 1,5 |
| 41204 | Eberschwang | 1,5 |
| 62209 | Ebersdorf | 2,5 |
| 41805 | Eberstalzell | 3,5 |
| 20504 | Eberstein | 1,5 |
| 30607 | Ebreichsdorf | 3 |
| 32504 | Echsenbach | 1,5 |
| 30813 | Eckartsau | 2 |
| 62311 | Edelsbach bei Feldbach | 1,5 |
| 61627 | Edelschrott | 2 |
| 10727 | Edelstal | 6,5 |
| 40901 | Edlbach | 3 |
| 31807 | Edlitz | 1 |
| 41806 | Edt bei Lambach | 2,5 |
| 40503 | Eferding | 1,5 |
| 80211 | Egg | 4,5 |
| 40406 | Eggelsberg | 3,5 |
| 31105 | Eggenburg | 1 |
| 32305 | Eggendorf | 2 |
| 41004 | Eggendorf im Traunkreis | 5 |
| 41406 | Eggerding | 1,5 |
| 30904 | Eggern | 1,5 |
| 60661 | Eggersdorf bei Graz | 2,5 |
| 70806 | Ehenbichl | 3,5 |
| 61049 | Ehrenhausen an der Weinstraße | 2,5 |
| 70807 | Ehrwald | 1,5 |
| 60345 | Eibiswald | 2 |
| 80212 | Eichenberg | 4,5 |
| 31905 | Eichgraben | 4 |
| 62314 | Eichkögl | 2 |
| 41604 | Eidenberg | 3 |
| 61101 | Eisenerz | 1 |
| 20804 | Eisenkappel-Vellach | 2 |
| 10101 | Eisenstadt | 3,5 |
| 30906 | Eisgarn | 1 |
| 41205 | Eitzing | 2 |
| 70808 | Elbigenalp | 3 |
| 50308 | Elixhausen | 6,5 |
| 70307 | Ellbögen | 8 |
| 70509 | Ellmau | 6 |
| 70809 | Elmen | 2,5 |
| 50309 | Elsbethen | 7 |
| 10502 | Eltendorf | 3,5 |
| 31553 | Emmersdorf an der Donau | 3,5 |
| 61007 | Empersdorf | 3 |
| 30814 | Engelhartstetten | 2 |
| 41407 | Engelhartszell | 2 |
| 41605 | Engerwitzdorf | 4 |
| 41005 | Enns | 2,5 |
| 30508 | Ennsdorf | 3,5 |
| 41408 | Enzenkirchen | 1 |
| 31808 | Enzenreith | 2 |
| 30706 | Enzersdorf an der Fischa | 4,5 |
| 31202 | Enzersfeld im Weinviertel | 4,5 |
| 30608 | Enzesfeld-Lindabrunn | 8 |
| 70510 | Erl | 3,5 |
| 31508 | Erlauf | 2 |
| 31203 | Ernstbrunn | 1,5 |
| 30509 | Ernsthofen | 2,5 |
| 30510 | Ertl | 3 |
| 31402 | Eschenau | 2 |
| 40804 | Eschenau im Hausruckkreis | 1 |
| 41409 | Esternberg | 1,5 |
| 50310 | Eugendorf | 7 |
| 30511 | Euratsfeld | 1,5 |
| 70601 | Faggen | 6,5 |
| 50311 | Faistenau | 5,5 |
| 31608 | Falkenstein | 1,5 |
| 31609 | Fallbach | 1 |

| | | |
|---|---|---|
| 62378 | Fehring | 1 |
| 31809 | Feistritz am Wechsel | 2 |
| 20707 | Feistritz an der Gail | 1 |
| 20403 | Feistritz im Rosental | 1,5 |
| 20805 | Feistritz ob Bleiburg | 2 |
| 62266 | Feistritztal | 2 |
| 20708 | Feld am See | 1,5 |
| 62379 | Feldbach | 2 |
| 80404 | Feldkirch | 6 |
| 41606 | Feldkirchen an der Donau | 3,5 |
| 60608 | Feldkirchen bei Graz | 2 |
| 40407 | Feldkirchen bei Mattighofen | 5,5 |
| 21002 | Feldkirchen in Kärnten | 4 |
| 32307 | Felixdorf | 3,5 |
| 32106 | Fels am Wagram | 2 |
| 70602 | Fendels | 6 |
| 20405 | Ferlach | 2 |
| 20710 | Ferndorf | 1,5 |
| 60662 | Fernitz-Mellach | 3 |
| 30512 | Ferschnitz | 2 |
| 70403 | Fieberbrunn | 2,5 |
| 50407 | Filzmoos | 4 |
| 70908 | Finkenberg | 5 |
| 20711 | Finkenstein am Faaker See | 3 |
| 32402 | Fischamend | 5,5 |
| 61708 | Fischbach | 1 |
| 41807 | Fischlham | 4 |
| 70603 | Fiss | 3,5 |
| 50408 | Flachau | 8 |
| 61758 | Fladnitz an der Teichalm | 1 |
| 20607 | Flattach | 1,5 |
| 70308 | Flaurling | 4,5 |
| 70604 | Fließ | 3,5 |
| 70605 | Flirsch | 4,5 |
| 61710 | Floing | 2,5 |
| 62007 | Fohnsdorf | 1,5 |
| 80109 | Fontanella | 3 |
| 70810 | Forchach | 3,5 |
| 10602 | Forchtenstein | 3,5 |
| 41708 | Fornach | 2 |
| 50409 | Forstau | 4 |
| 40504 | Fraham | 2,5 |
| 10803 | Frankenau-Unterpullendorf | 2 |
| 41709 | Frankenburg am Hausruck | 1,5 |
| 31906 | Frankenfels | 2 |
| 41710 | Frankenmarkt | 2 |
| 40408 | Franking | 3,5 |
| 20905 | Frantschach-St. Gertraud | 1,5 |
| 80405 | Frastanz | 4,5 |
| 10705 | Frauenkirchen | 1,5 |
| 20534 | Frauenstein | 1,5 |
| 60305 | Frauental an der Laßnitz | 2,5 |
| 80406 | Fraxern | 8,5 |
| 41410 | Freinberg | 3 |
| 40601 | Freistadt | 2,5 |
| 20712 | Fresach | 1 |
| 62211 | Friedberg | 1,5 |
| 20505 | Friesach | 1,5 |
| 70309 | Fritzens | 4,5 |
| 60663 | Frohnleiten | 2,5 |
| 70909 | Fügen | 5 |
| 70910 | Fügenberg | 5,5 |
| 70310 | Fulpmes | 4 |
| 62267 | Fürstenfeld | 2 |
| 30609 | Furth an der Triesting | 2,5 |
| 31309 | Furth bei Göttweig | 2,5 |
| 50604 | Fusch an der Großglockner-straße | 2,5 |
| 50312 | Fuschl am See | 4 |
| 80213 | Fußach | 5,5 |
| 31706 | Gaaden | 5,5 |
| 62008 | Gaal | 1 |
| 61008 | Gabersdorf | 2,5 |
| 32403 | Gablitz | 5 |
| 41505 | Gaflenz | 2 |
| 70708 | Gaimberg | 5 |
| 61256 | Gaishorn am See | 2 |
| 80214 | Gaißau | 4 |
| 20806 | Gallizien | 2 |
| 41607 | Gallneukirchen | 4 |
| 40805 | Gallspach | 1 |
| 70911 | Gallzein | 6 |
| 70606 | Galtür | 1 |
| 32001 | Gaming | 1,5 |
| 61050 | Gamlitz | 2 |
| 41711 | Gampern | 3 |
| 30817 | Gänserndorf | 2,5 |
| 31106 | Gars am Kamp | 1,5 |
| 41506 | Garsten | 3 |
| 80110 | Gaschurn | 3 |
| 61711 | Gasen | 2 |
| 40806 | Gaspoltshofen | 1 |
| 32206 | Gastern | 1,5 |
| 10706 | Gattendorf | 5 |
| 31611 | Gaubitsch | 0,5 |

GrEStG

| | | | | | |
|---|---|---|---|---|---|
| 31612 | Gaweinstal | 2 | 30709 | Götzendorf an der Leitha | 4,5 |
| 40807 | Geboltskirchen | 1,5 | 70312 | Götzens | 5 |
| 31310 | Gedersdorf | 2,5 | 80408 | Götzis | 5 |
| 41206 | Geiersberg | 3 | 31009 | Grabern | 1,5 |
| 41207 | Geinberg | 2,5 | 31811 | Grafenbach-St. Valentin | 2 |
| 61628 | Geistthal-Södingberg | 2,5 | 62268 | Grafendorf bei Hartberg | 1,5 |
| 31107 | Geras | 1 | 31308 | Grafenegg | 2,5 |
| 32404 | Gerasdorf bei Wien | 5 | 10904 | Grafenschachen | 3 |
| 31907 | Gerersdorf | 2,5 | 32506 | Grafenschlag | 2 |
| 10404 | Gerersdorf-Sulz | 3 | 20409 | Grafenstein | 3 |
| 40409 | Geretsberg | 2,5 | 32107 | Grafenwörth | 1,5 |
| 70912 | Gerlos | 4 | 61012 | Gralla | 2,5 |
| 70913 | Gerlosberg | 3,5 | 70812 | Gramais | 9 |
| 61759 | Gersdorf an der Feistritz | 1,5 | 41609 | Gramastetten | 4 |
| 31311 | Gföhl | 2,5 | 32405 | Gramatneusiedl | 5 |
| 31707 | Gießhübl | 5,5 | 70811 | Grän | 4,5 |
| 40410 | Gilgenberg am Weilhart | 2 | 60613 | Gratkorn | 3 |
| 20320 | Gitschtal | 1 | 60664 | Gratwein-Straßengel | 2,5 |
| 21003 | Glanegg | 1,5 | 20609 | Greifenburg | 1,5 |
| 61051 | Gleinstätten | 2 | 41105 | Grein | 2 |
| 61760 | Gleisdorf | 2,5 | 62214 | Greinbach | 1,5 |
| 30819 | Glinzendorf | 8,5 | 32003 | Gresten | 2 |
| 20807 | Globasnitz | 1 | 32004 | Gresten-Land | 2,5 |
| 20506 | Glödnitz | 1 | 70313 | Gries am Brenner | 4,5 |
| 31810 | Gloggnitz | 2 | 70314 | Gries im Sellrain | 4 |
| 30908 | Gmünd | 1,5 | 40808 | Grieskirchen | 2 |
| 20608 | Gmünd in Kärnten | 3 | 20808 | Griffen | 2 |
| 40705 | Gmunden | 5,5 | 31812 | Grimmenstein | 1,5 |
| 31613 | Gnadendorf | 1 | 70607 | Grins | 5,5 |
| 70311 | Gnadenwald | 6 | 70315 | Grinzens | 5 |
| 62380 | Gnas | 1 | 61213 | Gröbming | 1,5 |
| 21004 | Gnesau | 2,5 | 50314 | Grödig | 3,5 |
| 80407 | Göfis | 10 | 32508 | Groß Gerungs | 1 |
| 70404 | Going am Wilden Kaiser | 7,5 | 60346 | Groß Sankt Florian | 2 |
| 50410 | Goldegg | 6 | 50411 | Großarl | 11,5 |
| 41608 | Goldwörth | 5 | 30909 | Großdietmanns | 2,5 |
| 31008 | Göllersdorf | 3 | 31614 | Großebersdorf | 2 |
| 31509 | Golling an der Erlauf | 2 | 31615 | Großengersdorf | 2,5 |
| 50204 | Golling an der Salzach | 3,5 | 30821 | Groß-Enzersdorf | 5 |
| 10707 | Gols | 2,5 | 50315 | Großgmain | 4 |
| 50313 | Göming | 10,5 | 32509 | Großgöttfritz | 2 |
| 32505 | Göpfritz an der Wild | 1 | 31616 | Großharras | 1 |
| 50501 | Göriach | 4,5 | 30822 | Großhofen | 4 |
| 40706 | Gosau | 2,5 | 10303 | Großhöflein | 5 |
| 60611 | Gössendorf | 3 | 20605 | Großkirchheim | 1,5 |
| 32002 | Göstling an der Ybbs | 1 | 61013 | Großklein | 3,5 |
| 30708 | Göttlesbrunn-Arbesthal | 6 | 31617 | Großkrut | 0,5 |

| | | |
|---|---|---|
| 62039 | Großlobming | 1,5 |
| 31204 | Großmugl | 3 |
| 10420 | Großmürbisch | 1 |
| 10905 | Großpetersdorf | 2 |
| 41507 | Großraming | 2 |
| 32109 | Großriedenthal | 1,5 |
| 31205 | Großrußbach | 3,5 |
| 30912 | Großschönau | 5,5 |
| 30824 | Groß-Schweinbarth | 2,5 |
| 32207 | Groß-Siegharts | 1 |
| 62216 | Großsteinbach | 2,5 |
| 10804 | Großwarasdorf | 2,5 |
| 32110 | Großweikersdorf | 3 |
| 62269 | Großwilfersdorf | 2,5 |
| 40707 | Grünau im Almtal | 1,5 |
| 40602 | Grünbach | 3 |
| 31813 | Grünbach am Schneeberg | 1 |
| 40902 | Grünburg | 2,5 |
| 61215 | Grundlsee | 3 |
| 70317 | Gschnitz | 2 |
| 40708 | Gschwandt | 3 |
| 31709 | Gumpoldskirchen | 10 |
| 30612 | Günselsdorf | 6,5 |
| 41808 | Gunskirchen | 3 |
| 31014 | Guntersdorf | 1,5 |
| 31710 | Guntramsdorf | 4,5 |
| 20508 | Gurk | 1 |
| 41208 | Gurten | 1,5 |
| 10405 | Güssing | 2 |
| 40603 | Gutau | 2,5 |
| 61761 | Gutenberg-Stenzengreith | 2,5 |
| 32511 | Gutenbrunn | 2 |
| 32308 | Gutenstein | 1 |
| 20509 | Guttaring | 1,5 |
| 10406 | Güttenbach | 1,5 |
| 30514 | Haag | 2,5 |
| 40809 | Haag am Hausruck | 1,5 |
| 10418 | Hackerberg | 1,5 |
| 31315 | Hadersdorf-Kammern | 3 |
| 31015 | Hadres | 1 |
| 31910 | Hafnerbach | 2 |
| 40604 | Hagenberg im Mühlkreis | 5,5 |
| 31206 | Hagenbrunn | 6 |
| 41610 | Haibach im Mühlkreis | 5 |
| 40505 | Haibach ob der Donau | 1,5 |
| 30515 | Haidershofen | 3 |
| 40411 | Haigermoos | 3,5 |
| 70202 | Haiming | 2,5 |
| 30710 | Hainburg a.d. Donau | 3,5 |
| 31403 | Hainfeld | 2 |
| 70914 | Hainzenberg | 3 |
| 62326 | Halbenrain | 1,5 |
| 10708 | Halbturn | 2,5 |
| 70354 | Hall in Tirol | 4 |
| 50205 | Hallein | 6,5 |
| 40709 | Hallstatt | 2 |
| 50316 | Hallwang | 12,5 |
| 40412 | Handenberg | 2 |
| 10906 | Hannersdorf | 1 |
| 80215 | Hard | 4 |
| 31016 | Hardegg | 1 |
| 41006 | Hargelsberg | 5,5 |
| 30825 | Haringsee | 2,5 |
| 31207 | Harmannsdorf | 6 |
| 60617 | Hart bei Graz | 5,5 |
| 70915 | Hart im Zillertal | 8 |
| 62219 | Hartberg | 2,5 |
| 62220 | Hartberg Umgebung | 1,5 |
| 40506 | Hartkirchen | 3,5 |
| 62270 | Hartl | 3 |
| 70813 | Häselgehr | 2 |
| 60618 | Haselsdorf-Tobelbad | 3,5 |
| 41309 | Haslach an der Mühl | 1 |
| 30711 | Haslau-Maria Ellend | 3,5 |
| 70318 | Hatting | 5 |
| 30915 | Haugschlag | 3 |
| 31018 | Haugsdorf | 1 |
| 31911 | Haunoldstein | 2 |
| 61217 | Haus | 4,5 |
| 31620 | Hausbrunn | 1 |
| 30826 | Hauskirchen | 1 |
| 31208 | Hausleiten | 4 |
| 60619 | Hausmannstätten | 3 |
| 30916 | Heidenreichstein | 1 |
| 40810 | Heiligenberg | 2 |
| 20610 | Heiligenblut am Großglockner | 2,5 |
| 10407 | Heiligenbrunn | 2,5 |
| 30613 | Heiligenkreuz | 6,5 |
| 61052 | Heiligenkreuz am Waasen | 2,5 |
| 10503 | Heiligenkreuz im Lafnitztal | 1,5 |
| 61016 | Heimschuh | 2 |
| 70735 | Heinfels | 3 |
| 70814 | Heiterwang | 3 |
| 31019 | Heldenberg | 1,5 |

| | | | | | |
|---|---|---|---|---|---|
| 41310 | Helfenberg | 2 | 30920 | Hoheneich | 1,5 |
| 41611 | Hellmonsödt | 3 | 80302 | Hohenems | 7 |
| 40413 | Helpfau-Uttendorf | 2,5 | 30828 | Hohenruppersdorf | 2 |
| 61017 | Hengsberg | 4 | 62010 | Hohentauern | 2 |
| 50317 | Henndorf am Wallersee | 3 | 20713 | Hohenthurn | 1,5 |
| 31711 | Hennersdorf | 3,5 | 31021 | Hohenwarth-Mühlbach a.M. | 1,5 |
| 20305 | Hermagor-Pressegger See | 2 | 80219 | Hohenweiler | 6 |
| 30614 | Hernstein | 6,5 | 41209 | Hohenzell | 3 |
| 31621 | Herrnbaumgarten | 1 | 40415 | Höhnhart | 2,5 |
| 31912 | Herzogenburg | 2 | 31022 | Hollabrunn | 3 |
| 41612 | Herzogsdorf | 2,5 | 30516 | Hollenstein an der Ybbs | 2 |
| 10424 | Heugraben | 1 | 32312 | Hollenthon | 1,5 |
| 32406 | Himberg | 5,5 | 50605 | Hollersbach im Pinzgau | 5 |
| 21005 | Himmelberg | 2 | 70817 | Holzgau | 4,5 |
| 31712 | Hinterbrühl | 4 | 41809 | Holzhausen | 5 |
| 70815 | Hinterhornbach | 5,5 | 70406 | Hopfgarten im Brixental | 3,5 |
| 50318 | Hintersee | 7 | 70709 | Hopfgarten in Defereggen | 2 |
| 40903 | Hinterstoder | 1,5 | 41311 | Hörbich | 2 |
| 40507 | Hinzenbach | 3,5 | 80218 | Hörbranz | 5 |
| 70916 | Hippach | 6 | 10805 | Horitschon | 2 |
| 10603 | Hirm | 2,5 | 31109 | Horn | 1,5 |
| 30917 | Hirschbach | 3 | 10304 | Hornstein | 4 |
| 40605 | Hirschbach im Mühlkreis | 2,5 | 41007 | Hörsching | 3 |
| 61629 | Hirschegg-Pack | 1,5 | 30715 | Hundsheim | 4,5 |
| 30615 | Hirtenberg | 5,5 | 31513 | Hürm | 1,5 |
| 80216 | Hittisau | 2 | 50412 | Hüttau | 3,5 |
| 60665 | Hitzendorf | 2,5 | 20511 | Hüttenberg | 1,5 |
| 40414 | Hochburg-Ach | 7 | 50413 | Hüttschlag | 12,5 |
| 70405 | Hochfilzen | 3,5 | 10709 | Illmitz | 4 |
| 31622 | Hochleithen | 3 | 62271 | Ilz | 2 |
| 32309 | Hochneukirchen-Gschaidt | 2 | 61762 | Ilztal | 2 |
| 80217 | Höchst | 6 | 70203 | Imst | 2 |
| 32310 | Hochwolkersdorf | 2 | 70204 | Imsterberg | 5,5 |
| 30713 | Hof am Leithaberge | 3,5 | 80111 | Innerbraz | 4,5 |
| 50319 | Hof bei Salzburg | 6,5 | 41712 | Innerschwand | 4,5 |
| 31511 | Hofamt Priel | 2,5 | 70710 | Innervillgraten | 1,5 |
| 70816 | Höfen | 3 | 10421 | Inzenhof | 1 |
| 40811 | Hofkirchen an der Trattnach | 2 | 40904 | Inzersdorf im Kremstal | 2,5 |
| 41312 | Hofkirchen im Mühlkreis | 2 | 31913 | Inzersdorf-Getzersdorf | 4 |
| 41008 | Hofkirchen im Traunkreis | 4 | 70319 | Inzing | 4,5 |
| 30712 | Höflein | 4 | 61257 | Irdning-Donnersbachtal | 2 |
| 31849 | Höflein an der Hohen Wand | 2,5 | 31110 | Irnfritz-Messern | 1 |
| 61719 | Hofstätten an der Raab | 2 | 20611 | Irschen | 2,5 |
| 31909 | Hofstetten-Grünau | 2,5 | 70608 | Ischgl | 5,5 |
| 32311 | Hohe Wand | 3,5 | 70711 | Iselsberg-Stronach | 2,5 |
| 30827 | Hohenau an der March | 1 | 70407 | Itter | 5 |
| 31404 | Hohenberg | 2,5 | 10930 | Jabing | 2 |

| | | |
|---|---|---|
| 62330 | Jagerberg | 1,5 |
| 31319 | Jaidhof | 5,5 |
| 31111 | Japons | 0,5 |
| 30829 | Jedenspeigen | 1,5 |
| 40416 | Jeging | 3,5 |
| 70917 | Jenbach | 3 |
| 10504 | Jennersdorf | 2,5 |
| 70205 | Jerzens | 2,5 |
| 70408 | Jochberg | 9,5 |
| 10710 | Jois | 3 |
| 32112 | Judenau-Baumgarten | 3,5 |
| 62040 | Judenburg | 1 |
| 41313 | Julbach | 1 |
| 70818 | Jungholz | 1,5 |
| 61630 | Kainach bei Voitsberg | 2,5 |
| 60623 | Kainbach bei Graz | 4,5 |
| 62272 | Kaindorf | 1,5 |
| 70819 | Kaisers | 4,5 |
| 10806 | Kaisersdorf | 1,5 |
| 40812 | Kallham | 1 |
| 70712 | Kals am Großglockner | 2,5 |
| 60624 | Kalsdorf bei Graz | 1,5 |
| 70918 | Kaltenbach | 5,5 |
| 40606 | Kaltenberg | 4,5 |
| 31713 | Kaltenleutgeben | 4 |
| 61105 | Kalwang | 1,5 |
| 61106 | Kammern im Liesingtal | 1 |
| 31915 | Kapelln | 3,5 |
| 62140 | Kapfenberg | 2 |
| 62332 | Kapfenstein | 1,5 |
| 20512 | Kappel am Krappfeld | 1,5 |
| 70609 | Kappl | 7,5 |
| 50606 | Kaprun | 4,5 |
| 32209 | Karlstein an der Thaya | 1,5 |
| 31916 | Karlstetten | 2 |
| 70206 | Karres | 4,5 |
| 70207 | Karrösten | 4 |
| 70713 | Kartitsch | 2 |
| 31917 | Kasten bei Böheimkirchen | 3 |
| 41106 | Katsdorf | 3 |
| 32313 | Katzelsdorf | 4,5 |
| 31405 | Kaumberg | 2,5 |
| 70610 | Kaunerberg | 10,5 |
| 70611 | Kaunertal | 3 |
| 70612 | Kauns | 4 |
| 32210 | Kautzen | 1 |
| 40607 | Kefermarkt | 4,5 |
| 40813 | Kematen am Innbach | 2,5 |
| 41009 | Kematen an der Krems | 4 |
| 30517 | Kematen an der Ybbs | 1,5 |
| 70320 | Kematen in Tirol | 4,5 |
| 10907 | Kemeten | 1 |
| 80220 | Kennelbach | 4,5 |
| 20412 | Keutschach am See | 2,5 |
| 31514 | Kilb | 1,5 |
| 62141 | Kindberg | 2 |
| 20306 | Kirchbach | 1,5 |
| 62381 | Kirchbach in der Steiermark | 1,5 |
| 32114 | Kirchberg am Wagram | 2 |
| 30921 | Kirchberg am Walde | 2 |
| 31814 | Kirchberg am Wechsel | 2 |
| 31918 | Kirchberg an der Pielach | 1,5 |
| 62382 | Kirchberg an der Raab | 1,5 |
| 40417 | Kirchberg bei Mattighofen | 4 |
| 70409 | Kirchberg in Tirol | 6 |
| 41314 | Kirchberg ob der Donau | 1,5 |
| 41010 | Kirchberg-Thening | 7 |
| 70511 | Kirchbichl | 3 |
| 41210 | Kirchdorf am Inn | 2 |
| 40905 | Kirchdorf an der Krems | 1,5 |
| 70410 | Kirchdorf in Tirol | 5 |
| 40710 | Kirchham | 2,5 |
| 41211 | Kirchheim im Innkreis | 2 |
| 32514 | Kirchschlag | 2,5 |
| 41613 | Kirchschlag bei Linz | 3,5 |
| 32314 | Kirchschlag i.d. Buckligen Welt | 3 |
| 31919 | Kirchstetten | 3,5 |
| 31515 | Kirnberg an der Mank | 1 |
| 10711 | Kittsee | 8 |
| 70411 | Kitzbühel | 8 |
| 61019 | Kitzeck im Sausal | 5 |
| 41315 | Klaffer am Hochficht | 1,5 |
| 20101 | Klagenfurt am Wörthersee | 2,5 |
| 41107 | Klam | 3,5 |
| 80409 | Klaus | 5,5 |
| 40906 | Klaus an der Pyhrnbahn | 3 |
| 30616 | Klausen-Leopoldsdorf | 5,5 |
| 20613 | Kleblach-Lind | 2,5 |
| 20513 | Klein St. Paul | 1 |
| 50414 | Kleinarl | 6,5 |
| 10422 | Kleinmürbisch | 0,5 |
| 32407 | Klein-Neusiedl | 4,5 |
| 31516 | Klein-Pöchlarn | 2 |
| 31406 | Kleinzell | 2 |

GrEStG

| | | |
|---|---|---|
| 41316 | Kleinzell im Mühlkreis | 2 |
| 10305 | Klingenbach | 3,5 |
| 62335 | Klöch | 2 |
| 80112 | Klösterle | 2,5 |
| 32408 | Klosterneuburg | 6,5 |
| 62041 | Knittelfeld | 1 |
| 62014 | Kobenz | 2 |
| 10807 | Kobersdorf | 2 |
| 80410 | Koblach | 6 |
| 61631 | Köflach | 1,5 |
| 10908 | Kohfidisch | 1,5 |
| 41317 | Kollerschlag | 1 |
| 70322 | Kolsass | 5,5 |
| 70323 | Kolsassberg | 7 |
| 32115 | Königsbrunn am Wagram | 3 |
| 10511 | Königsdorf | 2,5 |
| 32116 | Königstetten | 5 |
| 40608 | Königswiesen | 1,5 |
| 41411 | Kopfing im Innkreis | 2 |
| 50321 | Koppl | 7 |
| 31213 | Korneuburg | 5 |
| 70412 | Kössen | 3 |
| 50320 | Köstendorf | 6 |
| 20307 | Kötschach-Mauthen | 1,5 |
| 32515 | Kottes-Purk | 3,5 |
| 30618 | Kottingbrunn | 5,5 |
| 20414 | Köttmannsdorf | 2 |
| 61437 | Krakau | 1,5 |
| 70512 | Kramsach | 3,5 |
| 61107 | Kraubath an der Mur | 1 |
| 30101 | Krems an der Donau | 4 |
| 20642 | Krems in Kärnten | 2,5 |
| 40907 | Kremsmünster | 2,5 |
| 41810 | Krenglbach | 3 |
| 10619 | Krensdorf | 3,5 |
| 31627 | Kreuttal | 3 |
| 31628 | Kreuzstetten | 2,5 |
| 62115 | Krieglach | 2 |
| 50607 | Krimml | 3,5 |
| 50206 | Krispl | 6 |
| 41011 | Kronstorf | 2,5 |
| 61611 | Krottendorf-Gaisfeld | 4 |
| 31321 | Krumau am Kamp | 2 |
| 32315 | Krumbach | 2 |
| 80221 | Krumbach | 5 |
| 31517 | Krummnußbaum | 1,5 |
| 20415 | Krumpendorf am Wörthersee | 5,5 |
| 50207 | Kuchl | 3,5 |
| 70513 | Kufstein | 3,5 |
| 10408 | Kukmirn | 4 |
| 60626 | Kumberg | 3 |
| 70514 | Kundl | 3 |
| 31629 | Laa an der Thaya | 1 |
| 31714 | Laab im Walde | 4,5 |
| 40711 | Laakirchen | 2,5 |
| 10808 | Lackenbach | 1,5 |
| 10824 | Lackendorf | 1 |
| 31630 | Ladendorf | 1,5 |
| 70613 | Ladis | 2,5 |
| 62226 | Lafnitz | 2 |
| 41811 | Lambach | 1,5 |
| 41212 | Lambrechten | 1,5 |
| 50322 | Lamprechtshausen | 6 |
| 70614 | Landeck | 1,5 |
| 61258 | Landl | 1 |
| 61020 | Lang | 4,5 |
| 31113 | Langau | 0,5 |
| 80222 | Langen bei Bregenz | 3,5 |
| 80223 | Langenegg | 3 |
| 70208 | Längenfeld | 3,5 |
| 31322 | Langenlois | 2,5 |
| 32119 | Langenrohr | 3,5 |
| 41109 | Langenstein | 3 |
| 62116 | Langenwang | 2 |
| 31214 | Langenzersdorf | 6,5 |
| 70515 | Langkampfen | 3,5 |
| 32516 | Langschlag | 2 |
| 60318 | Lannach | 3,5 |
| 70325 | Lans | 6 |
| 32409 | Lanzendorf | 6,5 |
| 32316 | Lanzenkirchen | 4,5 |
| 40609 | Lasberg | 5 |
| 30830 | Lassee | 2 |
| 61222 | Lassing | 3 |
| 60628 | Laßnitzhöhe | 3,5 |
| 80411 | Laterns | 4 |
| 41508 | Laussa | 2 |
| 80224 | Lauterach | 4,5 |
| 20909 | Lavamünd | 1 |
| 70714 | Lavant | 2,5 |
| 31715 | Laxenburg | 5,5 |
| 61021 | Lebring-St. Margarethen | 2 |
| 80113 | Lech | 7,5 |
| 70820 | Lechaschau | 3 |

| | | |
|---|---|---|
| 31519 | Leiben | 1,5 |
| 61053 | Leibnitz | 3 |
| 70715 | Leisach | 3,5 |
| 10306 | Leithaprodersdorf | 5,5 |
| 31215 | Leitzersdorf | 6,5 |
| 41318 | Lembach im Mühlkreis | 1,5 |
| 50608 | Lend | 3,5 |
| 20616 | Lendorf | 2,5 |
| 40418 | Lengau | 3,5 |
| 31323 | Lengenfeld | 2 |
| 41713 | Lenzing | 2 |
| 61108 | Leoben | 1 |
| 31216 | Leobendorf | 8 |
| 30620 | Leobersdorf | 5,5 |
| 50609 | Leogang | 6,5 |
| 41012 | Leonding | 2,5 |
| 40610 | Leopoldschlag | 1,5 |
| 32410 | Leopoldsdorf | 4,5 |
| 30831 | Leopoldsdorf im Marchfelde | 3,5 |
| 70821 | Lermoos | 1,5 |
| 20321 | Lesachtal | 1,5 |
| 50502 | Lessach | 2,5 |
| 70326 | Leutasch | 3,5 |
| 61054 | Leutschach an der Weinstraße | 1,5 |
| 41319 | Lichtenau im Mühlkreis | 1,5 |
| 31324 | Lichtenau im Waldviertel | 2 |
| 41614 | Lichtenberg | 3,5 |
| 32317 | Lichtenegg | 1 |
| 32318 | Lichtenwörth | 2,5 |
| 40611 | Liebenau | 1,5 |
| 20515 | Liebenfels | 2 |
| 60629 | Lieboch | 2,5 |
| 70716 | Lienz | 2,5 |
| 61259 | Liezen | 2 |
| 61612 | Ligist | 4 |
| 31407 | Lilienfeld | 1,5 |
| 80225 | Lingenau | 2 |
| 30925 | Litschau | 2 |
| 10909 | Litzelsdorf | 2 |
| 80226 | Lochau | 3,5 |
| 40419 | Lochen | 4,5 |
| 10809 | Lockenhaus | 2,5 |
| 50610 | Lofer | 3 |
| 41213 | Lohnsburg am Kobernaußerwald | 2 |
| 31920 | Loich | 3 |
| 10604 | Loipersbach im Burgenland | 3 |
| 62273 | Loipersdorf bei Fürstenfeld | 3 |
| 10910 | Loipersdorf-Kitzladen | 3 |
| 31520 | Loosdorf | 1,5 |
| 10320 | Loretto | 3,5 |
| 80114 | Lorüns | 5,5 |
| 41509 | Losenstein | 2 |
| 61727 | Ludersdorf-Wilfersdorf | 3 |
| 80115 | Ludesch | 6 |
| 20416 | Ludmannsdorf | 2,5 |
| 32212 | Ludweis-Aigen | 0,5 |
| 41110 | Luftenberg an der Donau | 3,5 |
| 32005 | Lunz am See | 1 |
| 20643 | Lurnfeld | 1,5 |
| 80303 | Lustenau | 5,5 |
| 10810 | Lutzmannsburg | 2,5 |
| 80412 | Mäder | 7 |
| 20442 | Magdalensberg | 2 |
| 31025 | Mailberg | 1 |
| 50611 | Maishofen | 4 |
| 31026 | Maissau | 1,5 |
| 20618 | Mallnitz | 1 |
| 20619 | Malta | 3,5 |
| 31521 | Mank | 1,5 |
| 30716 | Mannersdorf am Leithagebirge | 4 |
| 10811 | Mannersdorf an der Rabnitz | 1,5 |
| 41714 | Manning | 3 |
| 30834 | Mannsdorf an der Donau | 4 |
| 31522 | Marbach an der Donau | 2 |
| 30835 | Marchegg | 2 |
| 41812 | Marchtrenk | 3 |
| 50612 | Maria Alm am Steinernen Meer | 4 |
| 31716 | Maria Enzersdorf | 7 |
| 31326 | Maria Laach am Jauerling | 3 |
| 61632 | Maria Lankowitz | 2,5 |
| 41510 | Maria Neustift | 3 |
| 20417 | Maria Rain | 3 |
| 20418 | Maria Saal | 2,5 |
| 40420 | Maria Schmolln | 2,5 |
| 31523 | Maria Taferl | 1 |
| 20419 | Maria Wörth | 1,5 |
| 31921 | Maria-Anzbach | 4 |
| 32411 | Maria-Lanzendorf | 4 |
| 50503 | Mariapfarr | 3 |
| 10911 | Mariasdorf | 1,5 |
| 70516 | Mariastein | 6,5 |
| 62142 | Mariazell | 1,5 |
| 31922 | Markersdorf-Haindorf | 3 |
| 30836 | Markgrafneusiedl | 3,5 |

GrEStG

| | | |
|---|---|---|
| 10912 | Markt Allhau | 2 |
| 61716 | Markt Hartmannsdorf | 1,5 |
| 10913 | Markt Neuhodis | 1,5 |
| 32319 | Markt Piesting | 4 |
| 10812 | Markt St. Martin | 1,5 |
| 32517 | Martinsberg | 1,5 |
| 10605 | Marz | 2,5 |
| 70327 | Matrei am Brenner | 4 |
| 70717 | Matrei in Osttirol | 2,5 |
| 10606 | Mattersburg | 3,5 |
| 40421 | Mattighofen | 3 |
| 50323 | Mattsee | 5 |
| 32320 | Matzendorf-Hölles | 2 |
| 30838 | Matzen-Raggendorf | 6,5 |
| 32412 | Mauerbach | 6 |
| 40422 | Mauerkirchen | 1,5 |
| 31327 | Mautern an der Donau | 4 |
| 61109 | Mautern in Steiermark | 1,5 |
| 50504 | Mauterndorf | 2 |
| 41111 | Mauthausen | 2,5 |
| 41412 | Mayrhof | 1,5 |
| 70920 | Mayrhofen | 4 |
| 40814 | Meggenhofen | 2,5 |
| 41214 | Mehrnbach | 2,5 |
| 80413 | Meiningen | 10,5 |
| 31114 | Meiseldorf | 1 |
| 31524 | Melk | 3,5 |
| 80227 | Mellau | 3,5 |
| 20518 | Metnitz | 0,5 |
| 62343 | Mettersdorf am Saßbach | 1,5 |
| 41215 | Mettmach | 1,5 |
| 61260 | Michaelerberg-Pruggern | 2 |
| 40815 | Michaelnbach | 1,5 |
| 31923 | Michelbach | 1,5 |
| 20519 | Micheldorf | 1,5 |
| 40908 | Micheldorf in Oberösterreich | 2 |
| 32120 | Michelhausen | 5 |
| 70328 | Mieders | 6 |
| 70209 | Mieming | 4,5 |
| 32321 | Miesenbach | 2 |
| 61728 | Miesenbach bei Birkfeld | 1,5 |
| 20620 | Millstatt am See | 2 |
| 70329 | Mils | 5,5 |
| 70210 | Mils bei Imst | 4,5 |
| 10505 | Minihof-Liebau | 1,5 |
| 40423 | Mining | 3,5 |
| 10914 | Mischendorf | 2 |

| | | |
|---|---|---|
| 31633 | Mistelbach | 2 |
| 80228 | Mittelberg | 2,5 |
| 31408 | Mitterbach am Erlaufsee | 1,5 |
| 61261 | Mitterberg-Sankt Martin | 2 |
| 61729 | Mitterdorf an der Raab | 3 |
| 41112 | Mitterkirchen im Machland | 3 |
| 30621 | Mitterndorf an der Fischa | 3 |
| 50613 | Mittersill | 4 |
| 31717 | Mödling | 3,5 |
| 10506 | Mogersdorf | 5 |
| 80229 | Möggers | 6,5 |
| 20520 | Mölbling | 1 |
| 40909 | Molln | 1,5 |
| 10712 | Mönchhof | 3,5 |
| 41715 | Mondsee | 1,5 |
| 31815 | Mönichkirchen | 1 |
| 30913 | Moorbad Harbach | 5 |
| 40424 | Moosbach | 2,5 |
| 32413 | Moosbrunn | 5,5 |
| 20421 | Moosburg | 2,5 |
| 40425 | Moosdorf | 5 |
| 61615 | Mooskirchen | 6,5 |
| 10307 | Mörbisch am See | 3 |
| 41216 | Mörschwang | 2,5 |
| 61730 | Mortantsch | 2,5 |
| 20622 | Mörtschach | 2,5 |
| 10428 | Moschendorf | 1 |
| 70211 | Mötz | 3 |
| 32143 | Muckendorf-Wipfing | 5 |
| 32322 | Muggendorf | 2,5 |
| 50415 | Mühlbach am Hochkönig | 4,5 |
| 70330 | Mühlbachl | 4 |
| 20624 | Mühldorf | 1,5 |
| 31330 | Mühldorf | 3,5 |
| 61410 | Mühlen | 1,5 |
| 10512 | Mühlgraben | 3,5 |
| 41217 | Mühlheim am Inn | 2,5 |
| 50505 | Muhr | 3,5 |
| 10308 | Müllendorf | 5 |
| 31718 | Münchendorf | 3 |
| 40426 | Munderfing | 2,5 |
| 31525 | Münichreith-Laimbach | 2 |
| 70517 | Münster | 8,5 |
| 41113 | Münzbach | 1,5 |
| 41413 | Münzkirchen | 1,5 |
| 61438 | Murau | 1,5 |
| 62383 | Mureck | 1 |

| | | |
|---|---|---|
| 62347 | Murfeld | 1,5 |
| 62143 | Mürzzuschlag | 1 |
| 70822 | Musau | 3,5 |
| 70331 | Mutters | 4 |
| 41114 | Naarn im Machlande | 2 |
| 61731 | Naas | 2 |
| 70823 | Namlos | 6 |
| 31028 | Nappersdorf-Kammersdorf | 1 |
| 70212 | Nassereith | 6,5 |
| 31817 | Natschbach-Loipersbach | 3,5 |
| 40816 | Natternbach | 1 |
| 70332 | Natters | 4 |
| 70615 | Nauders | 1 |
| 70333 | Navis | 5 |
| 41320 | Nebelberg | 1,5 |
| 10813 | Neckenmarkt | 1,5 |
| 31925 | Neidling | 2 |
| 80116 | Nenzing | 6,5 |
| 70824 | Nesselwängle | 3 |
| 60666 | Nestelbach bei Graz | 3,5 |
| 62144 | Neuberg an der Mürz | 1,5 |
| 10409 | Neuberg im Burgenland | 2,5 |
| 62274 | Neudau | 1,5 |
| 10725 | Neudorf | 3 |
| 31634 | Neudorf bei Staatz | 0,5 |
| 10607 | Neudörfl | 3 |
| 10309 | Neufeld an der Leitha | 4,5 |
| 41321 | Neufelden | 1,5 |
| 20810 | Neuhaus | 1,5 |
| 10507 | Neuhaus am Klausenbach | 1,5 |
| 41014 | Neuhofen an der Krems | 4 |
| 30520 | Neuhofen an der Ybbs | 2 |
| 41218 | Neuhofen im Innkreis | 2 |
| 50614 | Neukirchen am Großvenediger | 4 |
| 40817 | Neukirchen am Walde | 1 |
| 40427 | Neukirchen an der Enknach | 2 |
| 41716 | Neukirchen an der Vöckla | 2 |
| 41813 | Neukirchen bei Lambach | 2 |
| 31926 | Neulengbach | 4,5 |
| 50324 | Neumarkt am Wallersee | 3 |
| 31527 | Neumarkt an der Ybbs | 1,5 |
| 40818 | Neumarkt im Hausruckkreis | 1 |
| 40612 | Neumarkt im Mühlkreis | 5 |
| 61439 | Neumarkt in der Steiermark | 1,5 |
| 31818 | Neunkirchen | 3,5 |
| 10713 | Neusiedl am See | 7,5 |
| 30841 | Neusiedl an der Zaya | 1 |
| 30521 | Neustadtl an der Donau | 2 |
| 10929 | Neustift an der Lafnitz | 3 |
| 10410 | Neustift bei Güssing | 1 |
| 41329 | Neustift im Mühlkreis | 2,5 |
| 70334 | Neustift im Stubaital | 6,5 |
| 31927 | Neustift-Innermanzing | 3 |
| 10814 | Neutal | 3 |
| 10714 | Nickelsdorf | 2,5 |
| 31234 | Niederhollabrunn | 4,5 |
| 41322 | Niederkappel | 1,5 |
| 31636 | Niederleis | 2 |
| 70518 | Niederndorf | 6 |
| 70519 | Niederndorferberg | 4 |
| 41015 | Niederneukirchen | 6 |
| 50615 | Niedernsill | 5 |
| 41717 | Niederthalheim | 1,5 |
| 41323 | Niederwaldkirchen | 2,5 |
| 61413 | Niederwölz | 1,5 |
| 10815 | Nikitsch | 3 |
| 61110 | Niklasdorf | 1,5 |
| 70718 | Nikolsdorf | 2 |
| 31528 | Nöchling | 1,5 |
| 20719 | Nötsch im Gailtal | 2 |
| 40910 | Nußbach | 2,5 |
| 41718 | Nußdorf am Attersee | 1,5 |
| 50325 | Nußdorf am Haunsberg | 7,5 |
| 31928 | Nußdorf ob der Traisen | 2,5 |
| 70719 | Nußdorf-Debant | 2 |
| 80117 | Nüziders | 6,5 |
| 62042 | Obdach | 1 |
| 50208 | Oberalm | 6,5 |
| 10915 | Oberdorf im Burgenland | 3 |
| 20625 | Oberdrauburg | 2,5 |
| 31929 | Ober-Grafendorf | 1,5 |
| 61024 | Oberhaag | 2 |
| 41719 | Oberhofen am Irrsee | 2,5 |
| 70335 | Oberhofen im Inntal | 4 |
| 41324 | Oberkappel | 1,5 |
| 70720 | Oberlienz | 2 |
| 10828 | Oberloisdorf | 1 |
| 70336 | Obernberg am Brenner | 4 |
| 41219 | Obernberg am Inn | 1,5 |
| 32006 | Oberndorf an der Melk | 1 |
| 50326 | Oberndorf bei Salzburg | 4,5 |
| 41720 | Oberndorf bei Schwanenstadt | 2,5 |
| 70413 | Oberndorf in Tirol | 6 |
| 41615 | Oberneukirchen | 2,5 |

| | | |
|---|---|---|
| 70337 | Oberperfuss | 5,5 |
| 10816 | Oberpullendorf | 2 |
| 40911 | Oberschlierbach | 4 |
| 10916 | Oberschützen | 1 |
| 30842 | Obersiebenbrunn | 3 |
| 70721 | Obertilliach | 2 |
| 40712 | Obertraun | 2,5 |
| 50327 | Obertrum am See | 6 |
| 20627 | Obervellach | 1,5 |
| 30623 | Oberwaltersdorf | 3 |
| 41721 | Oberwang | 2 |
| 10917 | Oberwart | 2,5 |
| 61440 | Oberwölz | 1 |
| 61262 | Öblarn | 2,5 |
| 31930 | Obritzberg-Rust | 3 |
| 70213 | Obsteig | 3,5 |
| 30522 | Oed-Oehling | 2 |
| 41325 | Oepping | 2 |
| 70214 | Oetz | 2 |
| 41814 | Offenhausen | 2,5 |
| 41016 | Oftering | 4 |
| 10310 | Oggau am Neusiedler See | 2,5 |
| 40713 | Ohlsdorf | 3 |
| 10411 | Olbendorf | 1 |
| 10412 | Ollersdorf im Burgenland | 1,5 |
| 30524 | Opponitz | 3 |
| 41220 | Ort im Innkreis | 1,5 |
| 30844 | Orth an der Donau | 3 |
| 10311 | Oslip | 3,5 |
| 21006 | Ossiach | 2 |
| 40428 | Ostermiething | 2,5 |
| 62232 | Ottendorf an der Rittschein | 1,5 |
| 32518 | Ottenschlag | 1,5 |
| 41616 | Ottenschlag im Mühlkreis | 3 |
| 41617 | Ottensheim | 4 |
| 31658 | Ottenthal | 1 |
| 31820 | Otterthal | 2 |
| 41722 | Ottnang am Hausruck | 1,5 |
| 41115 | Pabneukirchen | 1,5 |
| 62384 | Paldau | 2 |
| 30845 | Palterndorf-Dobermannsdorf | 1 |
| 40429 | Palting | 8,5 |
| 10715 | Pama | 8 |
| 10716 | Pamhagen | 2,5 |
| 30846 | Parbasdorf | 8 |
| 10717 | Parndorf | 5 |
| 41017 | Pasching | 2,5 |

| | | |
|---|---|---|
| 61763 | Passail | 1,5 |
| 20720 | Paternion | 1,5 |
| 70338 | Patsch | 5,5 |
| 41221 | Pattigham | 2 |
| 31333 | Paudorf | 3,5 |
| 31821 | Payerbach | 1,5 |
| 60632 | Peggau | 2 |
| 41326 | Peilstein im Mühlviertel | 1,5 |
| 41815 | Pennewang | 5 |
| 31719 | Perchtoldsdorf | 4,5 |
| 41116 | Perg | 2 |
| 31117 | Pernegg | 1 |
| 62125 | Pernegg an der Mur | 2 |
| 31033 | Pernersdorf | 1,5 |
| 32323 | Pernitz | 2,5 |
| 31530 | Persenbeug-Gottsdorf | 1,5 |
| 40430 | Perwang am Grabensee | 8,5 |
| 41222 | Peterskirchen | 1,5 |
| 30718 | Petronell-Carnuntum | 3,5 |
| 40912 | Pettenbach | 2 |
| 70339 | Pettnau | 4 |
| 70616 | Pettneu am Arlberg | 4 |
| 31531 | Petzenkirchen | 2 |
| 40819 | Peuerbach | 1 |
| 70340 | Pfaffenhofen | 3 |
| 32214 | Pfaffenschlag b. Waidhofen/ Thaya | 1 |
| 41723 | Pfaffing | 2 |
| 70825 | Pfafflar | 10,5 |
| 40431 | Pfaffstätt | 4 |
| 30625 | Pfaffstätten | 7,5 |
| 41511 | Pfarrkirchen bei Bad Hall | 2,5 |
| 41327 | Pfarrkirchen im Mühlkreis | 1,5 |
| 50416 | Pfarrwerfen | 4,5 |
| 70826 | Pflach | 3,5 |
| 70341 | Pfons | 4 |
| 70617 | Pfunds | 2 |
| 70618 | Pians | 3 |
| 41018 | Piberbach | 5,5 |
| 41816 | Pichl bei Wels | 3,5 |
| 40613 | Pierbach | 3,5 |
| 50616 | Piesendorf | 7 |
| 10817 | Pilgersdorf | 1,5 |
| 70921 | Pill | 6,5 |
| 31642 | Pillichsdorf | 4 |
| 41724 | Pilsbach | 1,5 |
| 62233 | Pinggau | 1,5 |
| 10918 | Pinkafeld | 2,5 |

| | | |
|---|---|---|
| 40714 | Pinsdorf | 3 |
| 70827 | Pinswang | 3,5 |
| 62385 | Pirching am Traubenberg | 2,5 |
| 10818 | Piringsdorf | 1,5 |
| 40432 | Pischelsdorf am Engelbach | 2,5 |
| 61764 | Pischelsdorf am Kulm | 2 |
| 31823 | Pitten | 2 |
| 41725 | Pitzenberg | 2 |
| 50328 | Plainfeld | 8,5 |
| 31533 | Pöchlarn | 2,5 |
| 10718 | Podersdorf am See | 3 |
| 20425 | Poggersdorf | 2 |
| 31534 | Pöggstall | 1,5 |
| 60323 | Pölfing-Brunn | 2 |
| 32520 | Pölla | 1,5 |
| 62275 | Pöllau | 1,5 |
| 62235 | Pöllauberg | 1 |
| 40821 | Pollham | 3 |
| 40433 | Polling im Innkreis | 1,5 |
| 70342 | Polling in Tirol | 4,5 |
| 62043 | Pöls-Oberkurzheim | 1,5 |
| 62044 | Pölstal | 1 |
| 41726 | Pöndorf | 2 |
| 20424 | Pörtschach am Wörther See | 1,5 |
| 10608 | Pöttelsdorf | 4 |
| 30626 | Pottendorf | 3,5 |
| 30627 | Pottenstein | 3 |
| 40820 | Pötting | 1,5 |
| 10609 | Pöttsching | 2 |
| 10726 | Potzneusiedl | 4,5 |
| 31644 | Poysdorf | 0,5 |
| 70723 | Prägraten am Großvenediger | 2,5 |
| 40822 | Pram | 1 |
| 40508 | Prambachkirchen | 2 |
| 41223 | Pramet | 2 |
| 60324 | Preding | 2,5 |
| 40614 | Pregarten | 4 |
| 20911 | Preitenegg | 1 |
| 30719 | Prellenkirchen | 6,5 |
| 32415 | Pressbaum | 4 |
| 31825 | Prigglitz | 2,5 |
| 31932 | Prinzersdorf | 2,5 |
| 61111 | Proleb | 1,5 |
| 30848 | Prottes | 5 |
| 70619 | Prutz | 3,5 |
| 50209 | Puch bei Hallein | 6,5 |
| 61740 | Puch bei Weiz | 2 |
| 31826 | Puchberg am Schneeberg | 1,5 |
| 41618 | Puchenau | 5 |
| 32007 | Puchenstuben | 1 |
| 41727 | Puchkirchen am Trattberg | 1,5 |
| 41019 | Pucking | 4,5 |
| 41728 | Pühret | 2 |
| 31035 | Pulkau | 1 |
| 40509 | Pupping | 3 |
| 10312 | Purbach am Neusiedler See | 3 |
| 32008 | Purgstall an der Erlauf | 2 |
| 32416 | Purkersdorf | 5,5 |
| 62021 | Pusterwald | 1 |
| 41328 | Putzleinsdorf | 1,5 |
| 31934 | Pyhra | 2 |
| 41414 | Raab | 1 |
| 60667 | Raaba-Grambach | 2,5 |
| 32216 | Raabs an der Thaya | 1 |
| 31827 | Raach am Hochgebirge | 2 |
| 30849 | Raasdorf | 3 |
| 31645 | Rabensburg | 1 |
| 31935 | Rabenstein an der Pielach | 2 |
| 20630 | Radenthein | 2,5 |
| 70520 | Radfeld | 4 |
| 61112 | Radmer | 1 |
| 50417 | Radstadt | 6 |
| 80118 | Raggal | 3,5 |
| 61027 | Ragnitz | 1,5 |
| 10819 | Raiding | 1 |
| 41415 | Rainbach im Innkreis | 2,5 |
| 40615 | Rainbach im Mühlkreis | 3,5 |
| 50506 | Ramingstein | 1,5 |
| 31409 | Ramsau | 3 |
| 61236 | Ramsau am Dachstein | 2 |
| 70922 | Ramsau im Zillertal | 4,5 |
| 32009 | Randegg | 2 |
| 20631 | Rangersdorf | 2 |
| 70343 | Ranggen | 8 |
| 80414 | Rankweil | 5,5 |
| 61441 | Ranten | 1 |
| 32521 | Rappottenstein | 2,5 |
| 31336 | Rastenfeld | 2 |
| 61741 | Ratten | 1,5 |
| 70521 | Rattenberg | 6 |
| 32417 | Rauchenwarth | 3,5 |
| 10427 | Rauchwart | 3 |
| 50617 | Rauris | 5,5 |
| 31036 | Ravelsbach | 1,5 |

GrEStG

| | | |
|---|---|---|
| 31535 | Raxendorf | 1,5 |
| 41117 | Rechberg | 2,5 |
| 10919 | Rechnitz | 1 |
| 41729 | Redleiten | 2 |
| 41730 | Redlham | 2,5 |
| 41731 | Regau | 2,5 |
| 21007 | Reichenau | 2,5 |
| 31829 | Reichenau an der Rax | 1,5 |
| 41619 | Reichenau im Mühlkreis | 3,5 |
| 20912 | Reichenfels | 1,5 |
| 41620 | Reichenthal | 2 |
| 41224 | Reichersberg | 2 |
| 41512 | Reichraming | 2 |
| 30929 | Reingers | 2 |
| 32010 | Reinsberg | 1 |
| 30629 | Reisenberg | 1,5 |
| 20644 | Reißeck | 1,5 |
| 70414 | Reith bei Kitzbühel | 7,5 |
| 70344 | Reith bei Seefeld | 4 |
| 70522 | Reith im Alpbachtal | 3,5 |
| 20632 | Rennweg am Katschberg | 3,5 |
| 61743 | Rettenegg | 1,5 |
| 70523 | Rettenschöss | 4 |
| 31037 | Retz | 3 |
| 31038 | Retzbach | 1 |
| 80230 | Reuthe | 2 |
| 70828 | Reutte | 1 |
| 41225 | Ried im Innkreis | 1 |
| 70620 | Ried im Oberinntal | 2,5 |
| 40913 | Ried im Traunkreis | 2,5 |
| 70923 | Ried im Zillertal | 5,5 |
| 41118 | Ried in der Riedmark | 3 |
| 41416 | Riedau | 1,5 |
| 10920 | Riedlingsdorf | 3 |
| 80231 | Riefensberg | 2 |
| 62386 | Riegersburg | 2 |
| 70215 | Rietz | 2,5 |
| 30850 | Ringelsdorf-Niederabsdorf | 1 |
| 70345 | Rinn | 5 |
| 10820 | Ritzing | 2,5 |
| 62276 | Rohr bei Hartberg | 2 |
| 10425 | Rohr im Burgenland | 1 |
| 32324 | Rohr im Gebirge | 1 |
| 41513 | Rohr im Kremstal | 2,5 |
| 30721 | Rohrau | 5 |
| 31410 | Rohrbach an der Gölsen | 1,5 |
| 62277 | Rohrbach an der Lafnitz | 1,5 |
| 10610 | Rohrbach bei Mattersburg | 2,5 |
| 41344 | Rohrbach-Berg | 2 |
| 70924 | Rohrberg | 4 |
| 31119 | Röhrenbach | 0,5 |
| 31337 | Rohrendorf bei Krems | 3 |
| 40715 | Roitham | 3 |
| 80415 | Röns | 8 |
| 70216 | Roppen | 4 |
| 31120 | Röschitz | 1 |
| 20721 | Rosegg | 3 |
| 40914 | Rosenau am Hengstpaß | 2 |
| 31121 | Rosenburg-Mold | 1,5 |
| 61618 | Rosental an der Kainach | 2,5 |
| 31338 | Rossatz-Arnsdorf | 2 |
| 40434 | Roßbach | 3 |
| 40915 | Roßleithen | 2,5 |
| 10921 | Rotenturm an der Pinka | 1,5 |
| 80416 | Röthis | 7,5 |
| 40823 | Rottenbach | 1,5 |
| 61263 | Rottenmann | 1,5 |
| 20812 | Ruden | 1,5 |
| 10508 | Rudersdorf | 3 |
| 70346 | Rum | 4 |
| 31537 | Ruprechtshofen | 1,5 |
| 31224 | Rußbach | 4 |
| 50210 | Rußbach am Paß Gschütt | 5 |
| 10201 | Rust | 3 |
| 41732 | Rüstorf | 1,5 |
| 41733 | Rutzenham | 3,5 |
| 50618 | Saalbach-Hinterglemm | 5,5 |
| 50619 | Saalfelden am Steinernen Meer | 5 |
| 20633 | Sachsenburg | 1,5 |
| 32522 | Sallingberg | 1,5 |
| 40616 | Sandl | 2 |
| 62387 | Sankt Anna am Aigen | 1,5 |
| 62145 | Sankt Barbara im Mürztal | 1,5 |
| 61264 | Sankt Gallen | 1,5 |
| 61442 | Sankt Georgen am Kreischberg | 2 |
| 61055 | Sankt Georgen an der Stiefing | 3 |
| 61443 | Sankt Lambrecht | 1,5 |
| 60668 | Sankt Marein bei Graz | 2 |
| 62146 | Sankt Marein im Mürztal | 2 |
| 62045 | Sankt Marein-Feistritz | 1,5 |
| 62046 | Sankt Margarethen bei Knittelfeld | 1,5 |
| 60347 | Sankt Martin im Sulmtal | 3 |
| 62388 | Sankt Peter am Ottersbach | 1,5 |
| 61765 | Sankt Ruprecht an der Raab | 2,5 |

| | | |
|---|---|---|
| 62389 | Sankt Stefan im Rosental | 1,5 |
| 60348 | Sankt Stefan ob Stainz | 3 |
| 61056 | Sankt Veit in der Südsteiermark | 2 |
| 41338 | Sarleinsbach | 2 |
| 80417 | Satteins | 8 |
| 41817 | Sattledt | 2 |
| 70218 | Sautens | 3 |
| 41123 | Saxen | 2,5 |
| 10922 | Schachendorf | 2 |
| 62247 | Schäffern | 2 |
| 40441 | Schalchen | 3,5 |
| 10932 | Schandorf | 1,5 |
| 41423 | Schardenberg | 3 |
| 41422 | Schärding | 1,5 |
| 30722 | Scharndorf | 6 |
| 70348 | Scharnitz | 3 |
| 40719 | Scharnstein | 2,5 |
| 40511 | Scharten | 2,5 |
| 10612 | Schattendorf | 2 |
| 70829 | Schattwald | 4 |
| 50212 | Scheffau am Tennengebirge | 7 |
| 70524 | Scheffau am Wilden Kaiser | 4 |
| 32013 | Scheibbs | 2,5 |
| 31832 | Scheiblingkirchen-Thernberg | 2 |
| 61444 | Scheifling | 1,5 |
| 41622 | Schenkenfelden | 3,5 |
| 41515 | Schiedlberg | 2,5 |
| 20432 | Schiefling am Wörthersee | 2 |
| 41229 | Schildorn | 2 |
| 61265 | Schladming | 4 |
| 70727 | Schlaiten | 2,5 |
| 41736 | Schlatt | 2,5 |
| 50331 | Schleedorf | 6 |
| 41818 | Schleißheim | 4,5 |
| 40917 | Schlierbach | 3 |
| 80418 | Schlins | 6,5 |
| 70925 | Schlitters | 4 |
| 40827 | Schlüßlberg | 1,5 |
| 70349 | Schmirn | 2 |
| 80232 | Schnepfau | 1,5 |
| 80419 | Schnifis | 8 |
| 61428 | Schöder | 1 |
| 31543 | Schollach | 1,5 |
| 30631 | Schönau an der Triesting | 5,5 |
| 40619 | Schönau im Mühlkreis | 4 |
| 32523 | Schönbach | 1,5 |
| 31355 | Schönberg am Kamp | 2 |
| 70350 | Schönberg im Stubaital | 5 |
| 31542 | Schönbühel-Aggsbach | 2 |
| 41340 | Schönegg | 2 |
| 30852 | Schönkirchen-Reyersdorf | 5 |
| 70622 | Schönwies | 5 |
| 80233 | Schoppernau | 4 |
| 41737 | Schörfling am Attersee | 2,5 |
| 31833 | Schottwien | 1,5 |
| 31834 | Schrattenbach | 2 |
| 31646 | Schrattenberg | 1 |
| 31041 | Schrattenthal | 1 |
| 30935 | Schrems | 1,5 |
| 80234 | Schröcken | 2 |
| 80122 | Schruns | 3 |
| 10314 | Schützen am Gebirge | 2,5 |
| 32418 | Schwadorf | 2,5 |
| 60349 | Schwanberg | 3 |
| 40442 | Schwand im Innkreis | 3 |
| 41738 | Schwanenstadt | 1 |
| 80235 | Schwarzach | 8 |
| 50421 | Schwarzach im Pongau | 2,5 |
| 31835 | Schwarzau am Steinfelde | 2 |
| 31836 | Schwarzau im Gebirge | 1 |
| 61057 | Schwarzautal | 2 |
| 32524 | Schwarzenau | 1 |
| 32326 | Schwarzenbach | 1,5 |
| 31939 | Schwarzenbach an der Pielach | 2,5 |
| 80236 | Schwarzenberg | 2 |
| 41341 | Schwarzenberg am Böhmerwald | 1,5 |
| 70926 | Schwaz | 3 |
| 32419 | Schwechat | 4 |
| 32525 | Schweiggers | 3 |
| 70927 | Schwendau | 6,5 |
| 70418 | Schwendt | 3,5 |
| 41124 | Schwertberg | 2,5 |
| 70525 | Schwoich | 5,5 |
| 62034 | Seckau | 2 |
| 70623 | See | 7 |
| 31837 | Seebenstein | 2,5 |
| 20634 | Seeboden | 2,5 |
| 70351 | Seefeld in Tirol | 3,5 |
| 31042 | Seefeld-Kadolz | 0,5 |
| 50332 | Seeham | 4 |
| 50339 | Seekirchen am Wallersee | 5 |
| 41739 | Seewalchen am Attersee | 2,5 |
| 30633 | Seibersdorf | 5,5 |
| 60669 | Seiersberg-Pirka | 3,5 |

| | | |
|---|---|---|
| 30532 | Seitenstetten | 2 |
| 70352 | Sellrain | 5 |
| 61243 | Selzthal | 2 |
| 31838 | Semmering | 3 |
| 60645 | Semriach | 1,5 |
| 41230 | Senftenbach | 2,5 |
| 31343 | Senftenberg | 4 |
| 70624 | Serfaus | 2 |
| 80237 | Sibratsgfäll | 3 |
| 10315 | Siegendorf | 2 |
| 10613 | Sieggraben | 2 |
| 32131 | Sieghartskirchen | 4 |
| 31226 | Sierndorf | 6 |
| 41516 | Sierning | 2 |
| 41424 | Sigharting | 1,5 |
| 10614 | Sigleß | 4 |
| 31124 | Sigmundsherberg | 1 |
| 80123 | Silbertal | 7 |
| 70728 | Sillian | 3 |
| 70219 | Silz | 3 |
| 61748 | Sinabelkirchen | 2,5 |
| 41819 | Sipbachzell | 3,5 |
| 70353 | Sistrans | 4 |
| 20815 | Sittersdorf | 2 |
| 32132 | Sitzenberg-Reidling | 2 |
| 31043 | Sitzendorf an der Schmida | 1 |
| 62252 | Söchau | 2 |
| 61633 | Söding-Sankt Johann | 4,5 |
| 70220 | Sölden | 3,5 |
| 61266 | Sölk | 1 |
| 70526 | Söll | 4,5 |
| 32327 | Sollenau | 2 |
| 30724 | Sommerein | 3,5 |
| 41623 | Sonnberg im Mühlkreis | 5 |
| 80124 | Sonntag | 4 |
| 30533 | Sonntagberg | 2 |
| 30635 | Sooß | 9 |
| 30854 | Spannberg | 2 |
| 62047 | Spielberg | 1,5 |
| 31227 | Spillern | 6,5 |
| 70625 | Spiss | 7,5 |
| 40918 | Spital am Pyhrn | 1,5 |
| 62131 | Spital am Semmering | 1 |
| 20635 | Spittal an der Drau | 2 |
| 31344 | Spitz | 2 |
| 41417 | St. Aegidi | 1,5 |
| 31411 | St. Aegyd am Neuwalde | 2 |
| 40824 | St. Agatha | 2 |
| 20913 | St. Andrä | 1,5 |
| 10719 | St. Andrä am Zicksee | 2,5 |
| 50507 | St. Andrä im Lungau | 3 |
| 61030 | St. Andrä-Höch | 2,5 |
| 32142 | St. Andrä-Wördern | 4,5 |
| 70621 | St. Anton am Arlberg | 6 |
| 32011 | St. Anton an der Jeßnitz | 2 |
| 80119 | St. Anton im Montafon | 5 |
| 60639 | St. Bartholomä | 2,5 |
| 31123 | St. Bernhard-Frauenhofen | 2 |
| 31830 | St. Corona am Wechsel | 1,5 |
| 31831 | St. Egyden am Steinfeld | 2,5 |
| 41013 | St. Florian | 7,5 |
| 41418 | St. Florian am Inn | 1,5 |
| 80120 | St. Gallenkirch | 5 |
| 40435 | St. Georgen am Fillmannsbach | 3,5 |
| 20523 | St. Georgen am Längsee | 1,5 |
| 30526 | St. Georgen am Reith | 2,5 |
| 41119 | St. Georgen am Walde | 1 |
| 30527 | St. Georgen am Ybbsfelde | 2,5 |
| 41120 | St. Georgen an der Gusen | 2,5 |
| 32012 | St. Georgen an der Leys | 1 |
| 40825 | St. Georgen bei Grieskirchen | 2,5 |
| 41226 | St. Georgen bei Obernberg am Inn | 2 |
| 50329 | St. Georgen bei Salzburg | 5 |
| 41734 | St. Georgen im Attergau | 2 |
| 20914 | St. Georgen im Lavanttal | 1,5 |
| 62026 | St. Georgen ob Judenburg | 1 |
| 80121 | St. Gerold | 6 |
| 50330 | St. Gilgen | 4 |
| 41621 | St. Gotthard im Mühlkreis | 2,5 |
| 20722 | St. Jakob im Rosental | 1,5 |
| 62242 | St. Jakob im Walde | 1,5 |
| 70724 | St. Jakob in Defereggen | 2 |
| 70415 | St. Jakob in Haus | 3,5 |
| 40436 | St. Johann am Walde | 2,5 |
| 41331 | St. Johann am Wimberg | 2,5 |
| 50418 | St. Johann im Pongau | 6 |
| 61032 | St. Johann im Saggautal | 2 |
| 70725 | St. Johann im Walde | 2 |
| 62244 | St. Johann in der Haide | 2,5 |
| 70416 | St. Johann in Tirol | 5 |
| 60326 | St. Josef (Weststeiermark) | 3 |
| 20813 | St. Kanzian am Klopeiner See | 2 |
| 61744 | St. Kathrein am Hauenstein | 3 |
| 61745 | St. Kathrein am Offenegg | 1 |

| | | |
|---|---|---|
| 50211 | St. Koloman | 5 |
| 40716 | St. Konrad | 2,5 |
| 31539 | St. Leonhard am Forst | 1,5 |
| 31340 | St. Leonhard am Hornerwald | 2,5 |
| 40617 | St. Leonhard bei Freistadt | 2 |
| 70217 | St. Leonhard im Pitztal | 3 |
| 41735 | St. Lorenz | 4 |
| 62245 | St. Lorenzen am Wechsel | 2,5 |
| 62128 | St. Lorenzen im Mürztal | 2,5 |
| 20428 | St. Margareten im Rosental | 2 |
| 61746 | St. Margarethen an der Raab | 2,5 |
| 31938 | St. Margarethen an der Sierning | 1,5 |
| 10313 | St. Margarethen im Burgenland | 5 |
| 50508 | St. Margarethen im Lungau | 2,5 |
| 41020 | St. Marien | 6 |
| 41227 | St. Marienkirchen am Hausruck | 3 |
| 40510 | St. Marienkirchen an der Polsenz | 3 |
| 41419 | St. Marienkirchen bei Schärding | 2 |
| 30932 | St. Martin | 2 |
| 50419 | St. Martin am Tennengebirge | 4 |
| 61621 | St. Martin am Wöllmißberg | 3 |
| 10509 | St. Martin an der Raab | 2 |
| 50620 | St. Martin bei Lofer | 2,5 |
| 41228 | St. Martin im Innkreis | 1,5 |
| 41332 | St. Martin im Mühlkreis | 3 |
| 31540 | St. Martin-Karlsbach | 1,5 |
| 10413 | St. Michael im Burgenland | 1 |
| 50509 | St. Michael im Lungau | 2,5 |
| 61113 | St. Michael in Obersteiermark | 1,5 |
| 41121 | St. Nikola an der Donau | 1,5 |
| 61033 | St. Nikolai im Sausal | 1,5 |
| 31541 | St. Oswald | 1,5 |
| 40618 | St. Oswald bei Freistadt | 3,5 |
| 41333 | St. Oswald bei Haslach | 1,5 |
| 60641 | St. Oswald bei Plankenwarth | 2 |
| 40916 | St. Pankraz | 1,5 |
| 40437 | St. Pantaleon | 3,5 |
| 30529 | St. Pantaleon-Erla | 4 |
| 20918 | St. Paul im Lavanttal | 1,5 |
| 40438 | St. Peter am Hart | 3 |
| 61425 | St. Peter am Kammersberg | 1,5 |
| 41334 | St. Peter am Wimberg | 2 |
| 60329 | St. Peter im Sulmtal | 2 |
| 30530 | St. Peter in der Au | 2,5 |
| 62032 | St. Peter ob Judenburg | 1,5 |
| 61114 | St. Peter-Freienstein | 1 |
| 30201 | St. Pölten | 1,5 |
| 40439 | St. Radegund | 3,5 |
| 60642 | St. Radegund bei Graz | 1,5 |
| 41420 | St. Roman | 2 |
| 70347 | St. Sigmund im Sellrain | 7 |
| 41335 | St. Stefan am Walde | 1,5 |
| 20316 | St. Stefan im Gailtal | 2,5 |
| 61115 | St. Stefan ob Leoben | 1 |
| 40826 | St. Thomas | 2,5 |
| 41122 | St. Thomas am Blasenstein | 2 |
| 70417 | St. Ulrich am Pillersee | 4 |
| 41514 | St. Ulrich bei Steyr | 2 |
| 41336 | St. Ulrich im Mühlkreis | 2,5 |
| 21008 | St. Urban | 2 |
| 30531 | St. Valentin | 3,5 |
| 20527 | St. Veit an der Glan | 2 |
| 31412 | St. Veit an der Gölsen | 3,5 |
| 40440 | St. Veit im Innkreis | 3 |
| 41337 | St. Veit im Mühlkreis | 2 |
| 50420 | St. Veit im Pongau | 5,5 |
| 70726 | St. Veit in Defereggen | 2,5 |
| 41421 | St. Willibald | 1 |
| 40717 | St. Wolfgang im Salzkammergut | 2,5 |
| 31649 | Staatz | 1 |
| 41820 | Stadl-Paura | 2,5 |
| 61445 | Stadl-Predlitz | 1 |
| 10923 | Stadtschlaining | 4,5 |
| 61267 | Stainach-Pürgg | 2 |
| 60350 | Stainz | 3 |
| 20636 | Stall | 1,5 |
| 80125 | Stallehr | 7,5 |
| 61624 | Stallhofen | 4 |
| 70221 | Stams | 2,5 |
| 70928 | Stans | 5 |
| 70626 | Stanz bei Landeck | 7 |
| 62132 | Stanz im Mürztal | 2 |
| 70830 | Stanzach | 2,5 |
| 60646 | Stattegg | 5,5 |
| 31940 | Statzendorf | 3,5 |
| 70831 | Steeg | 6 |
| 40828 | Steegen | 1,5 |
| 10414 | Stegersbach | 2 |
| 70355 | Steinach am Brenner | 4 |
| 32014 | Steinakirchen am Forst | 2 |
| 41740 | Steinbach am Attersee | 2 |
| 40919 | Steinbach am Ziehberg | 2 |
| 40920 | Steinbach an der Steyr | 1,5 |
| 70929 | Steinberg am Rofan | 2,5 |

| | | |
|---|---|---|
| 10821 | Steinberg-Dörfl | 1,5 |
| 10316 | Steinbrunn | 6,5 |
| 21009 | Steindorf am Ossiacher See | 1,5 |
| 41821 | Steinerkirchen an der Traun | 3 |
| 20637 | Steinfeld | 1,5 |
| 41822 | Steinhaus | 4 |
| 31228 | Stetteldorf am Wagram | 3 |
| 31229 | Stetten | 5 |
| 21010 | Steuerberg | 2 |
| 40201 | Steyr | 1,5 |
| 41624 | Steyregg | 4 |
| 10415 | Stinatz | 2 |
| 60647 | Stiwoll | 2 |
| 20723 | Stockenboi | 2,5 |
| 31230 | Stockerau | 4,5 |
| 10822 | Stoob | 2 |
| 31941 | Stössing | 2,5 |
| 10321 | Stotzing | 4 |
| 62390 | Straden | 3 |
| 61750 | Strallegg | 1 |
| 31130 | Straning-Grafenberg | 1 |
| 41741 | Straß im Attergau | 2,5 |
| 31346 | Straß im Straßertale | 3 |
| 70930 | Strass im Zillertal | 3,5 |
| 20530 | Straßburg | 1 |
| 70729 | Strassen | 2,5 |
| 30856 | Strasshof an der Nordbahn | 2,5 |
| 61058 | Straß-Spielfeld | 2 |
| 50335 | Straßwalchen | 4 |
| 31347 | Stratzing | 4,5 |
| 10416 | Strem | 3 |
| 30534 | Strengberg | 2,5 |
| 70627 | Strengen | 6,5 |
| 50336 | Strobl | 3 |
| 40512 | Stroheim | 3 |
| 31650 | Stronsdorf | 0,5 |
| 62256 | Stubenberg | 2 |
| 50621 | Stuhlfelden | 6 |
| 70931 | Stumm | 3,5 |
| 70932 | Stummerberg | 4 |
| 41425 | Suben | 1,5 |
| 80420 | Sulz | 6,5 |
| 30857 | Sulz im Weinviertel | 1,5 |
| 80238 | Sulzberg | 3,5 |
| 10720 | Tadten | 2 |
| 41231 | Taiskirchen im Innkreis | 1,5 |
| 50510 | Tamsweg | 2,5 |
| 70832 | Tannheim | 3 |
| 70222 | Tarrenz | 4 |
| 40443 | Tarsdorf | 3,5 |
| 30636 | Tattendorf | 8,5 |
| 41426 | Taufkirchen an der Pram | 1,5 |
| 40829 | Taufkirchen an der Trattnach | 1,5 |
| 50622 | Taxenbach | 4,5 |
| 20435 | Techelsberg am Wörther See | 2 |
| 30637 | Teesdorf | 7 |
| 70356 | Telfes im Stubai | 5 |
| 70357 | Telfs | 5 |
| 70933 | Terfens | 5 |
| 41517 | Ternberg | 2 |
| 31839 | Ternitz | 1,5 |
| 61446 | Teufenbach-Katsch | 1,5 |
| 31551 | Texingtal | 1,5 |
| 60648 | Thal | 4 |
| 50337 | Thalgau | 5 |
| 41823 | Thalheim bei Wels | 3 |
| 61751 | Thannhausen | 2,5 |
| 70358 | Thaur | 4,5 |
| 32217 | Thaya | 1,5 |
| 32330 | Theresienfeld | 3,5 |
| 70527 | Thiersee | 3 |
| 31840 | Thomasberg | 1 |
| 50511 | Thomatal | 2,5 |
| 62147 | Thörl | 1,5 |
| 80126 | Thüringen | 9 |
| 80127 | Thüringerberg | 6 |
| 70731 | Thurn | 2,5 |
| 41742 | Tiefgraben | 3,5 |
| 62368 | Tieschen | 2,5 |
| 61043 | Tillmitsch | 2,5 |
| 41743 | Timelkam | 2,5 |
| 70628 | Tobadill | 5,5 |
| 10417 | Tobaj | 4 |
| 40830 | Tollet | 2,5 |
| 70629 | Tösens | 4 |
| 61116 | Traboch | 1 |
| 62148 | Tragöß-Sankt Katharein | 1,5 |
| 40620 | Tragwein | 4 |
| 31413 | Traisen | 2 |
| 30639 | Traiskirchen | 5 |
| 31943 | Traismauer | 3 |
| 31841 | Trattenbach | 2 |
| 41021 | Traun | 2 |
| 40718 | Traunkirchen | 2,5 |

| | | |
|---|---|---|
| 10317 | Trausdorf an der Wulka | 3 |
| 30726 | Trautmannsdorf an der Leitha | 5 |
| 20638 | Trebesing | 1,5 |
| 20724 | Treffen | 1,5 |
| 40444 | Treubach | 3 |
| 61247 | Trieben | 2 |
| 70359 | Trins | 6,5 |
| 70732 | Tristach | 3 |
| 61120 | Trofaiach | 1 |
| 30641 | Trumau | 4,5 |
| 80128 | Tschagguns | 3 |
| 10423 | Tschanigraben | 1 |
| 32134 | Tulbing | 4,5 |
| 70360 | Tulfes | 7 |
| 32135 | Tulln an der Donau | 4 |
| 32421 | Tullnerbach | 5,5 |
| 41232 | Tumeltsham | 2,5 |
| 62135 | Turnau | 1,5 |
| 31414 | Türnitz | 1,5 |
| 70934 | Tux | 5,5 |
| 50512 | Tweng | 5 |
| 60651 | Übelbach | 2 |
| 40445 | Überackern | 4 |
| 80421 | Übersaxen | 5,5 |
| 70935 | Uderns | 3,5 |
| 41342 | Ulrichsberg | 1,5 |
| 31651 | Ulrichskirchen-Schleinbach | 3,5 |
| 70223 | Umhausen | 2,5 |
| 41744 | Ungenach | 2 |
| 50623 | Unken | 4 |
| 30939 | Unserfrau-Altweitra | 4 |
| 41745 | Unterach am Attersee | 2 |
| 10825 | Unterfrauenhaid | 1 |
| 10924 | Unterkohlstätten | 1 |
| 62372 | Unterlamm | 1,5 |
| 50513 | Unternberg | 3 |
| 70361 | Unterperfuss | 7,5 |
| 60670 | Unterpremstätten-Zettling | 3 |
| 10826 | Unterrabnitz-Schwendgraben | 2 |
| 30858 | Untersiebenbrunn | 3,5 |
| 31652 | Unterstinkenbrunn | 1 |
| 50422 | Untertauern | 2 |
| 70733 | Untertilliach | 4 |
| 10925 | Unterwart | 3,5 |
| 40621 | Unterweißenbach | 2 |
| 40622 | Unterweitersdorf | 5,5 |
| 62036 | Unzmarkt-Frauenburg | 1 |
| 50624 | Uttendorf | 5 |
| 41233 | Utzenaich | 1,5 |
| 70362 | Vals | 3,5 |
| 80129 | Vandans | 6 |
| 60653 | Vasoldsberg | 3,5 |
| 20725 | Velden am Wörther See | 3 |
| 30859 | Velm-Götzendorf | 1,5 |
| 41427 | Vichtenstein | 1 |
| 30536 | Viehdorf | 1,5 |
| 50625 | Viehhofen | 8 |
| 80422 | Viktorsberg | 7,5 |
| 20201 | Villach | 2 |
| 70833 | Vils | 3 |
| 70734 | Virgen | 2,5 |
| 32219 | Vitis | 1 |
| 41746 | Vöcklabruck | 1,5 |
| 41747 | Vöcklamarkt | 1,5 |
| 61625 | Voitsberg | 3,5 |
| 70365 | Volders | 6 |
| 20817 | Völkermarkt | 2,5 |
| 70364 | Völs | 5 |
| 70936 | Vomp | 5,5 |
| 62278 | Vorau | 1 |
| 40720 | Vorchdorf | 3,5 |
| 70834 | Vorderhornbach | 1,5 |
| 61118 | Vordernberg | 2 |
| 40921 | Vorderstoder | 1,5 |
| 41625 | Vorderweißenbach | 2,5 |
| 31723 | Vösendorf | 5 |
| 61045 | Wagna | 2,5 |
| 50423 | Wagrain | 5 |
| 32220 | Waidhofen an der Thaya | 1,5 |
| 32221 | Waidhofen an der Thaya-Land | 2 |
| 30301 | Waidhofen an der Ybbs | 4,5 |
| 32331 | Waidmannsfeld | 2,5 |
| 70419 | Waidring | 2,5 |
| 40831 | Waizenkirchen | 1,5 |
| 70529 | Walchsee | 3,5 |
| 61119 | Wald am Schoberpaß | 1,5 |
| 50626 | Wald im Pinzgau | 6 |
| 62279 | Waldbach-Mönichwald | 1,5 |
| 40623 | Waldburg | 5 |
| 32332 | Waldegg | 3 |
| 30940 | Waldenstein | 4,5 |
| 32529 | Waldhausen | 2 |
| 41125 | Waldhausen im Strudengau | 2 |
| 41626 | Walding | 3,5 |

| | | |
|---|---|---|
| 41428 | Waldkirchen am Wesen | 2 |
| 32222 | Waldkirchen an der Thaya | 1,5 |
| 41518 | Waldneukirchen | 3 |
| 41234 | Waldzell | 1,5 |
| 40832 | Wallern an der Trattnach | 2,5 |
| 10721 | Wallern im Burgenland | 2 |
| 30538 | Wallsee-Sindelburg | 2 |
| 32333 | Walpersbach | 3,5 |
| 50338 | Wals-Siezenheim | 4,5 |
| 32015 | Wang | 2 |
| 70835 | Wängle | 3 |
| 40922 | Wartberg an der Krems | 2 |
| 40624 | Wartberg ob der Aist | 5 |
| 31843 | Warth | 2,5 |
| 80239 | Warth | 1,5 |
| 31844 | Wartmannstetten | 2,5 |
| 70366 | Wattenberg | 7 |
| 70367 | Wattens | 6,5 |
| 70937 | Weer | 5 |
| 70938 | Weerberg | 5,5 |
| 40833 | Weibern | 1,5 |
| 10510 | Weichselbaum | 2,5 |
| 10722 | Weiden am See | 4 |
| 30865 | Weiden an der March | 2 |
| 10926 | Weiden bei Rechnitz | 1,5 |
| 30860 | Weikendorf | 4 |
| 32334 | Weikersdorf am Steinfelde | 4,5 |
| 41235 | Weilbach | 2 |
| 80423 | Weiler | 6,5 |
| 31945 | Weinburg | 1,5 |
| 10827 | Weingraben | 1,5 |
| 60654 | Weinitzen | 5 |
| 31350 | Weinzierl am Walde | 2,5 |
| 50627 | Weißbach bei Lofer | 3 |
| 70836 | Weißenbach am Lech | 3 |
| 30645 | Weissenbach an der Triesting | 3 |
| 31946 | Weißenkirchen an der Perschling | 2,5 |
| 41748 | Weißenkirchen im Attergau | 2,5 |
| 31351 | Weißenkirchen in der Wachau | 6 |
| 20639 | Weißensee | 2 |
| 20726 | Weißenstein | 1,5 |
| 41824 | Weißkirchen an der Traun | 4 |
| 62048 | Weißkirchen in Steiermark | 1,5 |
| 50514 | Weißpriach | 2,5 |
| 30539 | Weistrach | 2,5 |
| 31546 | Weiten | 1,5 |
| 20531 | Weitensfeld im Gurktal | 1 |
| 31129 | Weitersfeld | 1 |
| 40625 | Weitersfelden | 3,5 |
| 30942 | Weitra | 2 |
| 61766 | Weiz | 2 |
| 40301 | Wels | 1,5 |
| 40834 | Wendling | 2 |
| 40446 | Weng im Innkreis | 3 |
| 62262 | Wenigzell | 1 |
| 70224 | Wenns | 2,5 |
| 10823 | Weppersdorf | 1,5 |
| 50424 | Werfen | 4 |
| 50425 | Werfenweng | 7 |
| 20727 | Wernberg | 2,5 |
| 60655 | Werndorf | 3 |
| 41429 | Wernstein am Inn | 2 |
| 70420 | Westendorf | 6 |
| 60341 | Wettmannstätten | 2,5 |
| 41522 | Weyer | 1,5 |
| 41749 | Weyregg am Attersee | 1,5 |
| 31725 | Wiener Neudorf | 5 |
| 30401 | Wiener Neustadt | 3,5 |
| 31726 | Wienerwald | 4 |
| 60351 | Wies | 3,5 |
| 32016 | Wieselburg | 2 |
| 32017 | Wieselburg-Land | 1,5 |
| 10615 | Wiesen | 2,5 |
| 10927 | Wiesfleck | 3 |
| 70939 | Wiesing | 4,5 |
| 32335 | Wiesmath | 1 |
| 61251 | Wildalpen | 3 |
| 31653 | Wildendürnbach | 1 |
| 70368 | Wildermieming | 6 |
| 61059 | Wildon | 2,5 |
| 70530 | Wildschönau | 2,5 |
| 31654 | Wilfersdorf | 1,5 |
| 31947 | Wilhelmsburg | 2 |
| 41022 | Wilhering | 5,5 |
| 31845 | Willendorf | 2,5 |
| 10318 | Wimpassing an der Leitha | 4 |
| 31846 | Wimpassing im Schwarzatale | 1,5 |
| 10723 | Winden am See | 3 |
| 40626 | Windhaag bei Freistadt | 2,5 |
| 41126 | Windhaag bei Perg | 3 |
| 32223 | Windigsteig | 1 |
| 40923 | Windischgarsten | 1,5 |
| 30541 | Winklarn | 3,5 |
| 20640 | Winklern | 1,5 |

| | | |
|---|---|---|
| 32336 | Winzendorf-Muthmannsdorf | 4,5 |
| 41236 | Wippenham | 2,5 |
| 31948 | Wölbling | 3 |
| 10928 | Wolfau | 1,5 |
| 41521 | Wolfern | 2,5 |
| 32018 | Wolfpassing | 2 |
| 30542 | Wolfsbach | 2 |
| 20923 | Wolfsberg | 2 |
| 41750 | Wolfsegg am Hausruck | 2,5 |
| 32423 | Wolfsgraben | 4 |
| 30728 | Wolfsthal | 8,5 |
| 80240 | Wolfurt | 3,5 |
| 31655 | Wolkersdorf im Weinviertel | 3 |
| 32337 | Wöllersdorf-Steinabrückl | 3 |
| 70531 | Wörgl | 4,5 |
| 61252 | Wörschach | 2 |
| 10419 | Wörterberg | 2 |
| 10319 | Wulkaprodersdorf | 4,5 |
| 31051 | Wullersdorf | 1,5 |
| 60656 | Wundschuh | 2,5 |
| 31847 | Würflach | 2,5 |
| 32139 | Würmla | 2 |
| 31549 | Ybbs an der Donau | 3 |
| 30543 | Ybbsitz | 1,5 |
| 31552 | Yspertal | 1,5 |
| 10323 | Zagersdorf | 2,5 |
| 70630 | Zams | 2 |
| 50515 | Zederhaus | 2 |
| 30544 | Zeillern | 3,5 |
| 32140 | Zeiselmauer-Wolfpassing | 3,5 |
| 31550 | Zelking-Matzleinsdorf | 1,5 |
| 20441 | Zell | 3 |
| 41751 | Zell am Moos | 3,5 |
| 41752 | Zell am Pettenfirst | 2,5 |
| 50628 | Zell am See | 8 |
| 70940 | Zell am Ziller | 2,5 |
| 41430 | Zell an der Pram | 1,5 |
| 70941 | Zellberg | 3,5 |
| 31052 | Zellerndorf | 0,5 |
| 62038 | Zeltweg | 1,5 |
| 10618 | Zemendorf-Stöttera | 4 |
| 31053 | Ziersdorf | 2 |
| 32338 | Zillingdorf | 4,5 |
| 10322 | Zillingtal | 5 |
| 70369 | Zirl | 4,5 |
| 30863 | Zistersdorf | 1 |
| 31848 | Zöbern | 2,5 |
| 70837 | Zöblen | 3,5 |
| 10724 | Zurndorf | 4 |
| 32141 | Zwentendorf an der Donau | 2,5 |
| 41627 | Zwettl an der Rodl | 3 |
| 32530 | Zwettl-Niederösterreich | 4,5 |
| 80424 | Zwischenwasser | 7,5 |
| 32424 | Zwölfaxing | 6,5 |

## 9/3/3.

# Grundbuchsgebührenverordnung

BGBl II 2013/511 idF BGBl II 2021/595

**Grundbuchsgebührenverordnung**

Gemäß § 2 Z 4, § 4 Abs. 7, § 26 Abs. 2 und § 26a Abs. 3 des Gerichtsgebührengesetzes (GGG), BGBl. Nr. 501/1984, zuletzt geändert durch die Gerichtsgebühren-Novelle 2014, BGBl. I Nr. 19/2015, wird verordnet:

### Bezifferung

**§ 1.** Der Wert des einzutragenden Rechts nach § 26 Abs. 1 GGG ist mit Ausnahme der in § 8 Abs. 1 und § 10 angeführten Fälle eingangs der Eingabe, bei Einbringung im ERV in der Eingabe an leicht auffindbarer Stelle, für Zwecke der Gebührenermittlung zu beziffern (nach Grundbuch, Katastralgemeinde, Einlagezahl/en).

### Bescheinigung

**§ 2.** (1) Zur Bescheinigung des Werts des einzutragenden Rechts kann sich die Partei insbesondere auf jene Urkunden berufen, auf Grund derer die Eintragung erfolgen soll (§ 87 GBG), sofern sich daraus der Wert des einzutragenden Rechts (§ 26 Abs. 1 und 3 GGG) ermitteln lässt.

(2) Die Partei kann zur Vorlage weiterer Bescheinigungsmittel (Abs. 3) aufgefordert werden, wenn

1. gegründete Zweifel an der Plausibilität des angegebenen Werts bestehen,
2. dieser unvollständig ist oder
3. dem einzutragenden Recht nicht zugeordnet werden kann,

etwa weil außergewöhnliche Verhältnisse vorliegen oder nicht alle Leistungen und Nutzungen im Wert enthalten sind.

(3) Lässt sich der Wert des einzutragenden Rechts nicht mit Urkunden nach Abs. 1 bescheinigen, so können zum Nachweis der Plausibilität der Bezifferung insbesondere vorgelegt werden:

1. Auszüge aus einem Immobilien- oder Mietpreisspiegel in Ansehung vergleichbarer Objekte,
2. Inserate über Anbote vergleichbarer Liegenschaften, Leistungen oder Nutzungen,
3. Verträge oder Schätzgutachten über vergleichbare Liegenschaften, Leistungen oder Nutzungen oder
4. Fotos der Liegenschaft samt Einheitswertbescheid oder Auskunft über den Einheitswert laut FinanzOnline und sonstige erklärende Urkunden zur Vornahme der Bezifferung (etwa Berufung auf Erfahrungswerte des berufsmäßigen Parteienvertreters oder fachkundige Äußerungen), sofern keine aussagekräftigeren Bescheinigungsmittel vorhanden sind oder im Hinblick auf die Höhe der Gebühr nur mit unverhältnismäßigem Aufwand beschafft werden könnten.

### Informationen zur Plausibilitätsprüfung

**§ 3.** (1) In den Fällen des § 26 Abs. 3 GGG können die zur Ermittlung des Werts notwendigen Angaben (Beschreibung des Vertragsobjekts) auch im Vertrag gemacht werden, soweit eingangs der Eingabe (bei den für die Gebührenermittlung bestimmten Angaben), bei Einbringung im ERV in der Eingabe an leicht auffindbarer Stelle, darauf verwiesen wird.

(2) In den übrigen Fällen, in denen eine Bezifferung nach § 1 erforderlich ist, hat die Partei zur Prüfung der Plausibilität ihrer Angaben neben dem Wert des einzutragenden Rechts (§ 1) die nachfolgenden Informationen objektbezogen bei den für die Gebührenermittlung bestimmten Angaben anzuführen:

1. Fläche je Katastralgemeinde;
2. Wert je Quadratmeter;
3. Nutzungsart (§ 4);
4. Lagequalität bezogen auf die jeweilige Katastralgemeinde (§ 5);
5. Zustand des Bauwerks beziehungsweise des Wohnungseigentumsobjekts (§ 6).

(3) Die Informationen nach Abs. 2 sind für jedes Objekt gesondert anzugeben, auch wenn die Übertragung mehrerer Objekte in einem einheitlichen Vorgang erfolgt ist. Mehrere Grundstücke können als ein Objekt zusammengefasst werden, wenn sie in derselben Katastralgemeinde liegen und die gleiche Nutzungsart (§ 4) aufweisen.

### Nutzungsart

**§ 4.** (1) In den Fällen des § 3 Abs. 2 ist jedem Objekt eine der nachstehend angeführten Nutzungsarten unter Verwendung der angeführten Abkürzungen zuzuordnen:

1. Land- und forstwirtschaftliche Nutzung: „LF“
2. Bauland unbebaut: „BLu“
3. Wohnungseigentumsobjekt: „WE“
4. Wohnhaus mit bis zu vier Wohneinheiten: „WHk“
5. Wohnhaus mit mehr als vier Wohneinheiten: „WHg“
6. Gewerbliche Nutzung: „gN“
7. Sonstige Nutzung: „sN“

(2) Bei gewerblicher (Abs. 1 Z 6) und sonstiger Nutzung (Abs. 1 Z 7) ist neben der angeführten Abkürzung die spezifische Nutzung (Art des Betriebs oder der konkreten Nutzung) anzugeben.

### Lagequalität

**§ 5.** (1) In den Fällen des § 3 Abs. 2 ist die Qualität der Lage bezogen auf die Katastralgemeinde, in der das Objekt liegt, unter Verwendung der angeführten Abkürzung anzugeben. Innerhalb einer Katastralgemeinde wird zwischen überdurchschnittlicher „A“, durchschnittlicher „B“ und unterdurchschnittlicher „C“ Lage unterschieden.

(2) Eine überdurchschnittliche Lage ist anzunehmen, wenn das Objekt bezogen auf die mögliche Nutzungsart in einem bevorzugten Gebiet liegt und über eine sehr gute Anbindung verfügt.

(3) Eine unterdurchschnittliche Lage ist anzunehmen, wenn das Objekt bezogen auf die mögliche Nutzungsart in einem benachteiligten Gebiet liegt und über eine schlechte Anbindung verfügt.

### Bauzustand

**§ 6.** (1) In den Fällen des § 3 Abs. 2 ist bei Bauwerken und Wohnungseigentumsobjekten der Bauzustand mit der Kategorie überdurchschnittlich „1", durchschnittlich „2" oder unterdurchschnittlich „3" unter Verwendung der angeführten Zahl anzugeben.

(2) Überdurchschnittlicher Bauzustand ist bei einem neu gebauten oder generalsanierten Bauwerk oder Wohnungseigentumsobjekt anzunehmen.

(3) Unterdurchschnittlicher Bauzustand ist anzunehmen, wenn eine gewöhnliche Nutzung des Bauwerks oder Wohnungseigentumsobjekts Sanierungsmaßnahmen im Bereich der Bausubstanz erfordert.

### Begünstigte Erwerbsvorgänge

**§ 7.** Die Begünstigung nach § 26a Abs. 1 GGG ist eingangs der Eingabe, bei Einbringung im ERV in der Eingabe an leicht auffindbarer Stelle, unter Hinweis entweder auf § 26a Abs. 1 Z 1 GGG oder auf § 26a Abs. 1 Z 2 GGG und unter Bezifferung der ermäßigten Bemessungsgrundlage in Anspruch zu nehmen. Soweit sich die Partei nicht auf 30% des Werts des einzutragenden Rechts als Bemessungsgrundlage beruft, bezieht sich die angegebene Bemessungsgrundlage auf den dreifachen Einheitswert.

**§ 8.** (1) Beruft sich die Partei auf den dreifachen Einheitswert als Bemessungsgrundlage, so hat sie den Einheitswertbescheid oder sonst geeignete Bescheinigungsmittel über den Einheitswert der übertragenen Liegenschaft auf Verlangen des Gerichts vorzulegen.

(2) Beruft sich die Partei auf 30% des Werts des einzutragenden Rechts als Bemessungsgrundlage, so sind die §§ 1 bis 6 anzuwenden.

**§ 9.** (1) Die Voraussetzungen für die Ermäßigung der Bemessungsgrundlage sind durch geeignete Urkunden im Original oder in Kopie nachzuweisen.

(2) Geeignete Urkunden sind in den Fällen des § 26a Abs. 1 Z 1 GGG insbesondere Personenstandsurkunden, gerichtliche oder verwaltungsbehördliche Entscheidungen oder Bestätigungen und notarielle Urkunden. Im Fall der Lebensgemeinschaft ist das Vorliegen der Voraussetzungen durch Bestätigungen über einen Hauptwohnsitz, den die Lebensgefährten gemeinsam haben oder hatten, nachzuweisen.

(3) In den Fällen des § 26a Abs. 1 Z 2 GGG sind die Voraussetzungen durch die entsprechenden Vertragsurkunden sowie durch Verweis auf das Firmenbuch oder Firmenbuchsauszüge nachzuweisen.

### Gebührenbefreiung

**§ 10.** Wird eine gänzliche Befreiung von den Eintragungsgebühren in Anspruch genommen, so sind die Angaben zum Wert des einzutragenden Rechts einschließlich der dafür erforderlichen Informationen und Bescheinigungen (§§ 1 bis 6) nur im Auftrag des Gerichts zu machen, wenn es Zweifel am Vorliegen der Befreiungsvoraussetzungen hat.



### Selbstberechnung der Grunderwerbsteuer und der Eintragungsgebühr

**§ 10a.** (1) Ab dem In-Kraft-Treten dieser Verordnung[1] ist die Eintragungsgebühr nach Tarifpost 9 lit. b Z 1 im Fall der Selbstberechnung der Grunderwerbsteuer (§ 11 Grunderwerbsteuergesetz 1987 im Verein mit der GrESt-SBV) bei dem für die Erhebung der Grunderwerbsteuer zuständigen Finanzamt zum Zeitpunkt der Fälligkeit der Grunderwerbsteuer zu entrichten. Es ist technisch sicherzustellen, dass jede Vorgangsnummer dem entsprechenden Überweisungsvorgang auf ein Justizkonto zugeordnet werden kann.

[1] 1.7.2015 (§ 11 Abs. 2 GGV).

(2) Wird die Eintragungsgebühr nach Abs. 1 entrichtet, sind nur jene Angaben nach § 1, § 2 Abs. 1 und 3 sowie § 3 bis § 9 dieser Verordnung gegenüber der Justiz zu machen, die nicht von der Abgabenbehörde nach der GrESt-SBV an die Justiz elektronisch zu übermitteln sind. Sollte die in der Selbstberechnungserklärung nach § 12 GrEStG 1987 durch den Parteienvertreter gemäß § 6 GrESt-SBV bekanntgegebene Vorgangsnummer keinen Zugriff auf die Daten ermöglichen, so ist die Selbstberechnungserklärung (Berufung auf die Vorgangsnummer) unwirksam. Der Mangel ist nach § 82a Allgemeines Grundbuchsgesetz sowie im Vorschreibungsverfahren einer Verbesserung zugänglich. Soweit die nach §§ 2 bis 4 GrESt-SBV zu übermittelnden Daten nicht übermittelt werden, hat sie die Partei der Vorschreibungsbehörde bekannt zu geben. Über Aufforderung der Vorschreibungsbehörde ist eine Aufschlüsselung der Bemessungsgrundlage nach Katastralgemeinde, Einlagezahl und Grundstücksnummer vorzunehmen. Das Recht der Vorschreibungsbehörde, bei Zweifel an der Plausibilität der angegebenen Daten weitere Angaben oder die Vorlage von Bescheinigungsmittel zu verlangen, bleibt unberührt.

(3) Wird die Eintragungsgebühr im Fall ihrer Selbstberechnung bis zum letzten Tag des auf den Fälligkeitstag (§ 13 Abs. 1 GrEStG 1987) drittfolgenden Monats nicht oder in zu geringer Höhe auf das Abgabenkonto des zuständigen Finanzamts entrichtet, kann der Fehlbetrag nur noch auf ein Justizkonto (im Zweifel an das Bundesministerium für Justiz, IBAN: AT100100000005490000 BIC: BUNDATWW) unter Angabe der entsprechenden Vorgangsnummer entrichtet werden. Wird die Vorschreibungsbehörde von der Abgabenbehörde nach

§ 10c Abs. 1 verständigt, dass die Entrichtung der Gerichtsgebühr zum Fälligkeitstag (§ 13 Abs. 1 GrEStG 1987) nicht oder in zu geringer Höhe erfolgt ist, und lässt sich ein bestimmter Fehlbetrag nicht eindeutig einem Gebührenschuldner zu einer bestimmten Eintragung zuordnen, ist der Parteienvertreter nach Aufforderung der Vorschreibungsbehörde zur Aufschlüsselung verpflichtet.

### Vorschreibung nach dem GEG im Fall der Selbstberechnung

**§ 10b.** (1) In folgenden Fällen ist davon auszugehen, dass eine der Selbstberechnung nach der GrESt-SBV entsprechende Anmeldung und Entrichtung der Eintragungsgebühren nicht erfolgt ist, weshalb die Eintragungsgebühr nach dem GEG vorzuschreiben ist:

1. wenn ein Datenabgleich nach erfolglosem Verbesserungsverfahren ergibt, dass zu der im elektronischen Rechtsverkehr übersendeten Vorgangsnummer des Gebührenschuldners keine entsprechende Anmeldung erfolgt ist;
2. wenn ein Datenabgleich ergibt, dass an Stelle einer Anmeldung des selbst berechneten Erwerbsvorgangs zu der im elektronischen Rechtsverkehr übersendeten Vorgangsnummer des Gebührenschuldners letztlich eine Abgabenerklärung erfolgt ist;
3. wenn ein Datenabgleich ergibt, dass sich die Anmeldung des selbst berechneten Erwerbsvorgangs auf andere Liegenschaften und/oder Grundstücke bezieht, als der im elektronischen Rechtsverkehr übersendeten Vorgangsnummer des Gebührenschuldners zugrunde lagen.

(2) Sobald sich herausstellt, dass die Eintragungsgebühr bei der Selbstberechnung nicht in richtiger Höhe ermittelt wurde (§ 26 Abs. 4a GGG) oder nicht vollständig entrichtet ist, ist der Fehlbetrag von der Vorschreibungsbehörde nach den Bestimmungen des GEG vorzuschreiben und einzubringen.

### Verständigung über die Entrichtung, Überweisung der Beträge

**§ 10c.** (1) Ab dem Vorliegen der technischen und organisatorischen Voraussetzungen hat die Abgabenbehörde die Justiz elektronisch zu verständigen, wenn die Eintragungsgebühr nicht oder in zu geringer Höhe entrichtet wurde. Die Verständigung hat jeweils am ersten Arbeitstag des auf den Fälligkeitstag (§ 13 Abs. 1 GrEStG 1987) viertfolgenden Monats zu erfolgen und zu enthalten:

1. Angaben zum Parteienvertreter (Steuernummer, Name und Adresse);
   *(BGBl II 2021/595)*
2. die Abgabenart je Bundesland;
3. den Anmeldungszeitraum;
4. den nicht entrichteten Betrag.

Gleichzeitig mit der Verständigung hat die Abgabenbehörde den betroffenen Betrag abzuschreiben.

(2) Die Abgabenbehörde hat die in einem Monat entrichteten Eintragungsgebühren pro Bundesland in einem Gesamtbetrag an das Oberlandesgericht Wien (IBAN: AT110100000005460009, BIC: BUNDATWW) für die Bundesländer Wien, Niederösterreich und Burgenland, an das Oberlandesgericht Linz (IBAN: AT550100000005450002, BIC: BUNDATWW) für die Bundesländer Oberösterreich und Salzburg, an das Oberlandesgericht Graz (IBAN: AT430100000005470006, BIC: BUNDATWW) für die Bundesländer Steiermark und Kärnten, sowie an das Oberlandesgericht Innsbruck (IBAN: AT750100000005480003, BIC: BUNDATWW) für die Bundesländer Tirol und Vorarlberg weiterzuleiten.

### Inkrafttreten

**§ 11.** (1) Diese Verordnung tritt mit 1. Februar 2014 in Kraft. Sie ist auf alle Grundbuchseingaben anzuwenden, in denen sich die Eintragungsgebühr nach §§ 26, 26a GGG in der Fassung der Grundbuchsgebührennovelle, BGBl. I Nr. 1/2013, bestimmt.

(2) Die §§ 10a bis 10c treten am 1. Juli 2015 in Kraft.

# 11. VERSICHERUNGSSTEUER

## Inhaltsverzeichnis

# 11/1. Versicherungssteuergesetz 1953

**Versicherungssteuergesetz 1953**, BGBl 1953/133 idF

| | | |
|---|---|---|
| **1** BGBl 1954/180 | **2** BGBl 1954/181 | **3** BGBl 1966/159 |
| **4** BGBl 1968/44 | **5** BGBl 1983/587 | **6** BGBl 1988/408 |
| **7** BGBl 1990/281 | **8** BGBl 1992/449 | **9** BGBl 1993/13 |
| **10** BGBl 1993/254 | **11** BGBl 1993/818 | **12** BGBl 1995/21 |
| **13** BGBl 1996/20 (StruktAnpG 1996) | **14** BGBl 1996/201 | **15** BGBl 1996/797 (AbgÄG 1996) |
| **16** BGBl I 1997/130 (2. BudgetbegleitG 1997) | **17** BGBl I 1999/106 | **18** BGBl I 2000/26 (BudgetbegleitG 2000) |
| **19** BGBl I 2001/59 (EuroStUG 2001) | **20** BGBl I 2002/100 | **21** BGBl I 2002/158 |
| **22** BGBl I 2003/33 | **23** BGBl I 2005/8 | **24** BGBl I 2009/52 (BudBG 2009) |
| **25** BGBl I 2010/9 | **26** BGBl I 2010/111 (BudBG 2011) | **27** BGBl I 2011/76 (AbgÄG 2011) |
| **28** BGBl I 2012/112 (AbgÄG 2012) | **29** BGBl I 2014/13 (AbgÄG 2014) | **30** BGBl I 2014/105 (2. AbgÄG 2014) |
| **31** BGBl I 2015/34 (VAG 2016) | **32** BGBl I 2016/117 (AbgÄG 2016) | **33** BGBl I 2018/62 (JStG 2018) |
| **34** BGBl I 2019/103 (StRefG 2020) | **35** BGBl I 2019/104 (FORG) | **36** BGBl I 2022/108 (AbgÄG 2022) |



**GLIEDERUNG**



**STICHWORTVERZEICHNIS**

**Bundesgesetz vom 8. Juli 1953, betreffend die Erhebung einer Versicherungssteuer (Versicherungssteuergesetz 1953)**

Der Nationalrat hat beschlossen:

### Gegenstand der Steuer

**§ 1.** (1) Der Steuer unterliegt die Zahlung des Versicherungsentgeltes auf Grund eines durch Vertrag oder auf sonstige Weise entstandenen Versicherungsverhältnisses.

(2) Die Zahlung des Versicherungsentgeltes unterliegt der Steuer nur

1. bei der Versicherung von Risken betreffend unbewegliche Sachen, insbesondere Bauwerke und Anlagen, und den darin befindlichen Sachen mit Ausnahme von gewerblichem Durchfuhrgut, wenn sich diese Gegenstände im Inland befinden,
2. bei der Versicherung von Risken betreffend Fahrzeuge aller Art, wenn das Fahrzeug im Inland einem Zulassungsverfahren zuzuführen oder in ein behördliches Register einzutragen ist,
3. bei der Versicherung von Reise- oder Ferienrisken auf Grund eines Versicherungsverhältnisses mit einer Laufzeit von nicht mehr als vier Monaten, wenn der Versicherungsvertrag im Inland zustande gekommen ist,
4. bei der Versicherung von anderen als den in Z 1 bis 3 genannten Risken, wenn der Versicherungsnehmer
   a) eine natürliche Person ist, sofern diese bei der jeweiligen Zahlung des Versi-

cherungsentgeltes ihren Wohnsitz oder gewöhnlichen Aufenthalt im Inland hat, oder

b) keine natürliche Person ist, jedoch das Unternehmen, die Betriebsstätte oder die entsprechende Einrichtung, auf die sich das Versicherungsverhältnis bezieht, bei der jeweiligen Zahlung des Versicherungsentgeltes im Inland gelegen ist.

(3) (aufgehoben)

*(BGBl I 2009/52)*

### Versicherungsverträge

**§ 2.** (1) Als Versicherungsvertrag im Sinne dieses Gesetzes gilt auch eine Vereinbarung zwischen mehreren Personen oder Personenvereinigungen, solche Verluste oder Schäden gemeinsam zu tragen, die den Gegenstand einer Versicherung bilden können.

(2) Als Versicherungsvertrag gilt nicht ein Vertrag, durch den der Versicherer sich verpflichtet, für den Versicherungsnehmer Bürgschaft oder sonstige Sicherheit zu leisten.

### Versicherungsentgelt

**§ 3.** (1) Versicherungsentgelt im Sinne dieses Gesetzes ist jede Leistung, die für die Begründung und zur Durchführung des Versicherungsverhältnisses an den Versicherer zu bewirken ist (Beispiele: Prämien, Beiträge, Vorbeiträge, Vorschüsse, Nachschüsse, Umlagen, außerdem Eintrittsgelder, Kosten für die Ausfertigung des Versicherungsscheines und sonstige Nebenkosten). Als Versicherungsentgelt gelten weiters Pensionskassenbeiträge an Pensionskassen im Sinne des Pensionskassengesetzes sowie Beiträge zu ausländischen Einrichtungen im Sinne des § 5 Z 4 des Pensionskassengesetzes. Zum Versicherungsentgelt gehört nicht die Feuerschutzsteuer, die der Versicherer dem Versicherungsnehmer gesondert in Rechnung stellt, ferner nicht dasjenige, was zur Abgeltung einer Sonderleistung des Versicherers oder aus einem sonstigen in der Person des einzelnen Versicherungsnehmers liegenden Grund gezahlt wird (Beispiele: Kosten für die Ausstellung einer Ersatzurkunde, Mahnkosten).

(2) Wird auf die Prämie ein Gewinnanteil verrechnet und nur der Unterschied zwischen Prämie und Gewinnanteil an den Versicherer gezahlt, so ist dieser Unterschiedsbetrag Versicherungsentgelt. Als Gewinnanteil gilt auch die Rückvergütung eines Teiles der Prämie für schadenfreien Verlauf (Bonus).

### Ausnahmen von der Besteuerung

**§ 4.** (1) Von der Besteuerung ausgenommen ist die Zahlung des Versicherungsentgeltes

1. (aufgehoben)
2. a) für Versicherungen, die nach den sozialversicherungsrechtlichen Vorschriften zu behandeln sind,
   b) für Alters-, Invaliditäts-, Hinterbliebenen-, Unfall- und Krankenversicherungen, die bei Versorgungseinrichtungen der Kammern selbständig Erwerbstätiger sowie bei der Pharmazeutischen Gehaltskasse für Österreich eingegangen werden,
   c) für Alters-, Invaliditäts-, Hinterbliebenen-, Unfall- und Krankenversicherungen, die bei von Gebietskörperschaften für ihre Bediensteten geschaffenen Versorgungseinrichtungen eingegangen werden, soweit auf Grund öffentlich-rechtlicher Vorschriften eine Verpflichtung zum Eingehen einer solchen Versicherung besteht;
3. für eine Versicherung, die bei Vereinigungen öffentlich-rechtlicher Körperschaften eingegangen wird, um Aufwendungen dieser Körperschaften für Ruhe- und Versorgungsgenüsse auszugleichen;
4. für eine Versicherung von Vieh aus kleinen Viehhaltungen, wenn die Versicherungssumme 3.650 Euro nicht übersteigt;
5. für eine Versicherung von Vieh bei einem kleinen Viehversicherungsverein;
6. für Feuerversicherungen durch bäuerliche Brandschadenunterstützungsvereine, die vorwiegend die Gewährung von Sachleistungen zum Gegenstand haben;
7. für eine Rückversicherung;
8. für Versicherungen, die die Kammern der gewerblichen Wirtschaft und sonstige Kammern der selbständig Erwerbstätigen für die gesetzlich oder kollektivvertraglich geregelten Abfertigungsansprüche der Dienstnehmer ihrer Mitglieder eingehen, soweit die Kammern hinsichtlich dieser Abfertigungsansprüche gegenüber ihren Mitgliedern selbst Versicherer sind;
9. für eine Versicherung, die das Risiko der ordnungsgemäßen Erfüllung von Rechtsgeschäften durch ausländische Vertragspartner betreffend Verträge über die Lieferung oder die Herstellung von Gütern oder die Erbringung von Leistungen durch Exportunternehmen an ausländische Vertragspartner deckt;
10. für eine Versicherung beförderter Güter gegen Verlust oder Beschädigung als Transportgüterversicherung einschließlich Valoren-, Kriegsrisiko- und Streikrisikoversicherung, wenn sich die Versicherung auf Güter bezieht, die ausschließlich im Ausland oder im grenzüberschreitenden Verkehr einschließlich der Durchfuhr befördert werden; dies gilt nicht bei der Beförderung von Gütern zwischen inländischen Orten, bei der die Güter nur zur Durchfuhr in das Ausland gelangen. Die Besteuerung der Zahlung des Versicherungsentgeltes für eine Haftpflichtversicherung sowie eine Speditionsversicherung bleibt unberührt.

11. für eine Versicherung, die die Voraussetzungen des § 108b des Einkommensteuergesetzes 1988 – EStG 1988, BGBl. Nr. 400/1988, in der jeweils geltenden Fassung, in Verbindung mit § 17 des Betrieblichen Mitarbeiter- und Selbständigenvorsorgegesetzes – BMSVG, BGBl. I Nr. 100/2002 in der jeweils geltenden Fassung, oder gleichartigen österreichischen Rechtsvorschriften erfüllt, für eine Pensionskassenvorsorge im Sinne des § 17 Abs. 1 Z 4 lit. b BMSVG oder gleichartiger österreichischer Rechtsvorschriften, weiters für Versicherungen im Rahmen der Zukunftsvorsorge gemäß § 108g bis § 108i EStG 1988 einschließlich der Verfügungen nach § 108i Abs. 1 Z 2 und Z 3 lit. a, c, d und e EStG 1988.

*(BGBl I 2016/117)*

(2) Von der Besteuerung ausgenommen ist ferner die Zahlung des Versicherungsentgeltes unmittelbar an einen ausländischen Versicherer durch eine in Österreich beglaubigte diplomatische oder konsularische Vertretung oder durch die Mitglieder oder das sonstige Personal dieser Vertretung, sofern diese Personen Angehörige des Entsendestaates sind und entweder der inländischen Gerichtsbarkeit nicht unterliegen oder als Berufsbeamte außerhalb ihres Amtes in Österreich keine Erwerbstätigkeit ausüben. Die Steuer wird jedoch erhoben, wenn das Versicherungsentgelt an einen inländischen Bevollmächtigten des ausländischen Versicherers gezahlt wird.

(3) Von der Steuer gemäß § 6 Abs. 3 sind ausgenommen:

1. Kraftfahrzeuge, die für eine Gebietskörperschaft zugelassen und zur Verwendung im Bereich des öffentlichen Sicherheitsdienstes, oder der Justizwache bestimmt sind, sowie Heeresfahrzeuge;
2. Kraftfahrzeuge, die ausschließlich oder vorwiegend für die Feuerwehr, für den Rettungsdienst oder als Krankenwagen bestimmt sind;
3. Kraftfahrzeuge, die mit Probefahrtkennzeichen oder mit Überstellungskennzeichen benützt werden;
4. Kraftfahrzeuge der Klassen M2 und M3 (Omnibusse) sowie Kraftfahrzeuge, die ausschließlich oder vorwiegend im Mietwagen- oder Taxigewerbe verwendet werden;

   *(BGBl I 2019/103)*
5. Invalidenkraftfahrzeuge;
6. Kraftfahrzeuge, die ausschließlich elektrisch angetrieben werden;

**„6.[a] Kraftfahrzeuge, die auf Grund ihres Antriebes (insbesondere Elektro oder Wasserstoff) einen $CO_2$-Emissionswert von 0 g/km aufweisen;“**

*(BGBl I 2022/108 ab 1.6.2023)*

[a] Tritt mit 1. Juni 2023 in Kraft.

7. Kraftfahrzeuge der Klassen L1e, L2e, L3e, L4e und L5e (Krafträder), deren Hubraum 100 Kubikzentimeter nicht übersteigt;

   *(BGBl I 2019/103)*
8. Kraftfahrzeuge, für die die Zulassungsbescheinigung und die Kennzeichentafeln bei der zuständigen Behörde für einen Zeitraum von mindestens 45 Tagen hinterlegt werden; der Tag, an dem die Hinterlegung erfolgt, und der Tag der Wiederausfolgung werden nicht in die Frist einbezogen;
9. Kraftfahrzeuge, die von Menschen mit Behinderungen zur persönlichen Fortbewegung verwendet werden müssen, ab Stellung eines Befreiungsansuchens gemäß lit. f in einer für die Zulassung des Kraftfahrzeuges örtlich zuständigen Zulassungsstelle. Folgende Voraussetzungen müssen erfüllt sein:
   a) Das Kraftfahrzeug ist ausschließlich auf den Menschen mit Behinderung zugelassen. In einer Verordnung des Bundesministers für Finanzen gemeinsam mit dem Bundesminister für Verkehr, Innovation und Technologie sowie der Bundesministerin für Arbeit, Soziales, Gesundheit und Konsumentenschutz kann jener Personenkreis, auf den ein Kraftfahrzeug zusätzlich zu dem Menschen mit Behinderung zugelassen sein darf, durch Verordnung erweitert werden. Eine Erweiterung ist zulässig, wenn die Rechtmäßigkeit der Inanspruchnahme der Befreiung durch geeignete administrative und technische Maßnahmen sichergestellt werden kann.

      *(BGBl I 2019/103)*
   b) Die Behinderung ist durch die Eintragung der Unzumutbarkeit der Benützung öffentlicher Verkehrsmittel oder der Blindheit im Behindertenpass gemäß §§ 40 ff Bundesbehindertengesetz, BGBl. Nr. 283/1990, in der geltenden Fassung, nachzuweisen. Dieser Nachweis erfolgt ausschließlich im Wege der Prüfung der entsprechenden Eintragung in der Zulassungsevidenz gemäß lit. f durch die Zulassungsstelle. Zu diesem Zweck hat das Bundesamt für Soziales und Behindertenwesen (Sozialministeriumservice) mit ausdrücklicher Einwilligung des Menschen mit Behinderung jene in der Kontaktdatenbank enthaltenen Daten, die für den Vollzug der Befreiung gemäß Z 9 und der Bestimmungen des § 13 Abs. 3 bis 9 des Bundesstraßen-Mautgesetzes 2002, BGBl. I Nr. 109/2002, in der Fassung des Bundesgesetzes BGBl. I Nr. 62/2018, notwendig sind, der Gemeinschaftseinrichtung der zum Betrieb der Kraftfahrzeug-Haftpflichtversicherung berechtigten Versicherer in geeigneter Form zur Verfügung zu stellen. Die

VersSt
FSchSt

Form, der Inhalt und das Verfahren der elektronischen Zurverfügungstellung der Daten sind in einer Verordnung gemäß lit. h festzulegen. Diese Daten dürfen ausschließlich für den Zweck des Vollzuges der Befreiung gemäß Z 9 und der Bestimmungen des § 13 Abs. 3 bis 9 des Bundesstraßen-Mautgesetzes 2002, BGBl. I Nr. 109/2002, in der Fassung des Bundesgesetzes BGBl. I Nr. 62/2018, verwendet werden. Wird eine Einwilligung nicht erteilt oder widerrufen, kann die Befreiung nicht in Anspruch genommen werden.

Wurde im Zeitpunkt der Stellung eines Befreiungsansuchens gemäß lit. f bereits ein Nachweisdokument beantragt, jedoch noch nicht durch das Bundesamt für Soziales und Behindertenwesen (Sozialministeriumservice) zur Verfügung gestellt, kann der Nachweis längstens innerhalb von zwei Jahren ab Ansuchenstellung gemäß lit. f erfolgen und die Befreiung rückwirkend gewährt werden.

c) Wurde die Behinderung gemäß § 4 Abs. 3 Z 9 lit. b erster Teilstrich in der Fassung vor dem Bundesgesetz BGBl. I Nr. 62/2018 durch einen vom 1. Jänner 2001 bis 31. Dezember 2013 ausgestellten Ausweis gemäß § 29b Straßenverkehrsordnung 1960, BGBl. Nr. 159/1960, in der geltenden Fassung, nachgewiesen und war im Zeitpunkt des Inkrafttretens des Bundesgesetzes BGBl. I Nr. 62/2018 ein Kraftfahrzeug bei einem Versicherer erfasst und befreit, ist der Nachweis der Behinderung durch diesen Ausweis bis zu einem festgelegten Zeitpunkt weiterhin möglich. Der Bundesminister für Finanzen kann den Zeitpunkt zu diesem Zweck im Einvernehmen mit der Bundesministerin für Arbeit, Soziales, Gesundheit und Konsumentenschutz durch Verordnung festlegen, wobei angemessene Übergangsfristen und -bestimmungen zur Wahrung der Interessen der Menschen mit Behinderungen vorzusehen sind.

Der Nachweis erfolgt ausschließlich im Wege der Prüfung der entsprechenden Eintragung in der Zulassungsevidenz gemäß lit. f durch die Zulassungsstelle.

d) Das Kraftfahrzeug wird vorwiegend zur persönlichen Fortbewegung des Menschen mit Behinderung und für Fahrten, die Zwecken des Menschen mit Behinderung und seiner Haushaltsführung dienen, verwendet.

e) Die Steuerbefreiung steht nur für ein Kraftfahrzeug zu. Unter einem Wechselkennzeichen zum Verkehr zugelassene Kraftfahrzeuge werden von der Steuerbefreiung miterfasst. Ist ein Kraftfahrzeug auch auf Grund einer anderen Ziffer dieses Absatzes befreit, geht die Befreiung gemäß Z 9 vor.

f) Das Ansuchen um Befreiung ist in einer für die Zulassung des Kraftfahrzeuges örtlich zuständigen Zulassungsstelle gemäß § 40a des Kraftfahrgesetzes 1967, BGBl. Nr. 267/1967, in der geltenden Fassung, zu stellen. In diesem Ansuchen muss erklärt werden, dass die Voraussetzung der lit. d erfüllt wird. Die Zulassungsstelle hat

– das Ansuchen um Befreiung entgegenzunehmen,
– dieses in der Zulassungsevidenz gemäß § 47 Abs. 4a des Kraftfahrgesetzes 1967, BGBl. Nr. 267/1967, in der geltenden Fassung, zu erfassen und beim beantragten Kraftfahrzeug zu vermerken,
– das Vorliegen der Voraussetzungen gemäß lit. a bis c und lit. e zu prüfen sowie
– das Ansuchen aufzubewahren.

Die Form, der Inhalt und das Verfahren betreffend das Befreiungsansuchen und der in der Zulassungsevidenz zu erfassenden Daten sind in einer Verordnung gemäß lit. h festzulegen.

Stellt die Zulassungsstelle fest, dass mindestens eine der Voraussetzungen gemäß lit. a bis c und lit. e nicht erfüllt ist, hat sie den Vermerk in der Zulassungsevidenz nicht vorzunehmen oder zu löschen und darüber eine Bescheinigung auszustellen. Unter Vorlage der Bescheinigung kann ein Antrag auf Feststellung des Vorliegens der Befreiungsvoraussetzungen an das Finanzamt Österreich gestellt werden. Das Finanzamt Österreich hat mittels Bescheid über den Antrag abzusprechen und bei Erfüllung der Befreiungsvoraussetzungen die bescheinigende Zulassungsstelle in Kenntnis zu setzen; diese hat den Vermerk entsprechend vorzunehmen.

*(BGBl I 2019/103, BGBl I 2019/104)*

g) Die Gemeinschaftseinrichtung der zum Betrieb der Kraftfahrzeug-Haftpflichtversicherung berechtigten Versicherer hat nach ausdrücklicher Einwilligung des Menschen mit Behinderung

– dem Versicherer, der für die Erhebung der Versicherungssteuer für das zu befreiende Kraftfahrzeug zuständig ist, sowie
– der Autobahnen- und Schnellstraßen-Finanzierungs-Aktiengesellschaft

jene Daten, die für den Vollzug der Befreiung gemäß Z 9 und der Bestimmungen des § 13 Abs. 3 bis 9 des Bundesstraßen-Mautgesetzes 2002, BGBl. I

Nr. 109/2002, in der Fassung des Bundesgesetzes BGBl. I Nr. 62/2018, notwendig sind, in geeigneter Form zur Verfügung zu stellen. Die Form, der Inhalt und das Verfahren der elektronischen Zurverfügungstellung der Daten sind in einer Verordnung gemäß lit. h festzulegen. Diese Daten dürfen ausschließlich für den Zweck des Vollzuges der Befreiung gemäß Z 9 und der Bestimmungen des § 13 Abs. 3 bis 9 des Bundesstraßen-Mautgesetzes 2002, BGBl. I Nr. 109/2002, in der Fassung des Bundesgesetzes BGBl. I Nr. 62/2018, verarbeitet werden. Wird eine Einwilligung nicht erteilt oder widerrufen, kann die Befreiung nicht in Anspruch genommen werden.

h) Der Bundesminister für Finanzen hat gemeinsam mit dem Bundesminister für Verkehr, Innovation und Technologie sowie der Bundesministerin für Arbeit, Soziales, Gesundheit und Konsumentenschutz in einer Verordnung Folgendes festzulegen:
   – die Form, den Inhalt und das Verfahren der elektronischen Zurverfügungstellung der Daten gemäß lit. b,
   – die Form, den Inhalt und das Verfahren betreffend das Befreiungsansuchen und der in der Zulassungsevidenz zu erfassenden Daten gemäß lit. f und
   – die Form, den Inhalt und das Verfahren der elektronischen Zurverfügungstellung der Daten gemäß lit. g.

*(BGBl I 2018/62)*

10. kraftfahrrechtlich als selbstfahrende Arbeitsmaschine genehmigte Kraftfahrzeuge.

(4) Bei Wegfall der Voraussetzungen für die Ausnahme von der Besteuerung gemäß Abs. 3 tritt Steuerpflicht ein; hievon hat der Versicherungsnehmer den Versicherer unverzüglich in Kenntnis zu setzen.

**Steuerberechnung**

**§ 5.** (1) Die Steuer wird für jede einzelne Versicherung berechnet. Die Bemessungsgrundlage ist

1. regelmäßig das Versicherungsentgelt;
2. bei Pflanzenversicherungen gegen Elementarschäden (Hagel, Frost und andere ungünstige Witterungsverhältnisse) in der Land- und Forstwirtschaft, einschließlich der Einrichtungen, die dem Schutz dieser Kulturen dienen, und bei Versicherungen von landwirtschaftlichen Nutztieren gegen Krankheiten, Seuchen und Unfälle für jedes Versicherungsjahr die Versicherungssumme;

*(BGBl I 2018/62)*

3. bei Versicherungsverträgen, die gemäß § 59 des Kraftfahrgesetzes 1967, BGBl. Nr. 267/1967, in der jeweils geltenden Fassung abgeschlossen werden, neben dem Versicherungsentgelt
   a) bei Kraftfahrzeugen der Klassen L1e, L2e, L3e, L4e und L5e,
      aa) die vor dem 1. Oktober 2020 erstmalig zugelassen wurden, der Hubraum in Kubikzentimetern
      bb) die nach dem 30. September 2020 erstmalig zugelassen werden, der Hubraum in Kubikzentimetern und die kombinierten $CO_2$-Emissionen in Gramm pro Kilometer, die nach dem World Motorcycle Test Cycle (WMTC) gemäß der Verordnung (EU) Nr. 168/2013 über die Genehmigung und Marktüberwachung von zwei- oder dreirädrigen und vierrädrigen Fahrzeugen, ABl. Nr. L 60 vom 2. März 2013, Seite 52 zuletzt geändert durch Verordnung (EU) Nr. 129/2019 zur Änderung der Verordnung (EU) Nr. 168/2013 hinsichtlich der Anwendung der Stufe Euro 5 auf die Typgenehmigung von zwei- oder dreirädrigen und vierrädrigen Fahrzeugen, ABl. Nr. L 30 vom 16. Januar 2019, Seite 106, ermittelt wurden;
   b) bei Kraftfahrzeugen der Klasse M1 mit einem höchsten zulässigen Gesamtgewicht bis 3,5 Tonnen, **„ausgenommen Wohnmobile der Aufbauart „SA“, bei denen das Basisfahrzeug ein Kraftfahrzeug der Klasse N ist,“**[a)]

   *(BGBl I 2022/108 ab 1.6.2023)*

a) Die Einfügung tritt mit 1. Juni 2023 in Kraft.

      aa) die vor dem 1. Oktober 2020 erstmalig zugelassen wurden, die Leistung des Verbrennungsmotors in Kilowatt,
      bb) die nach dem 30. September 2020 erstmalig zugelassen werden und für welche die $CO_2$-Emissionen gemäß der Verordnung (EU) 2017/1151 zur Ergänzung der Verordnung (EG) Nr. 715/2007 über die Typgenehmigung von Kraftfahrzeugen hinsichtlich der Emissionen von leichten Personenkraftwagen und Nutzfahrzeugen (Euro 5 und Euro 6) und über den Zugang zu Fahrzeugreparatur- und -wartungsinformationen, zur Änderung der Richtlinie 2007/46/EG, der Verordnung (EG) Nr. 692/2008 sowie der Verordnung (EU) Nr. 1230/2012 und zur Aufhebung der Verordnung (EG) Nr. 692/2008 (im Folgenden: Verordnung (EU) 2017/1151), ABl. Nr. L 175 vom 7.

VersSt
FSchSt

Juli 2017, Seite 1, nach dem weltweit harmonisierten Prüfverfahren für leichte Nutzfahrzeuge (WLTP) ermittelt wurden, die Leistung des Verbrennungsmotors in Kilowatt und der kombinierte WLTP-Wert der $CO_2$-Emissionen in Gramm pro Kilometer, bei extern aufladbaren Hybridelektrofahrzeugen jedoch der gewichtet kombinierte WLTP-Wert der $CO_2$-Emissionen in Gramm pro Kilometer,

cc) die nach dem 30. September 2020 erstmalig zugelassen werden und für welche die $CO_2$-Emissionen nicht gemäß der Verordnung (EU) 2017/1151 ermittelt wurden, die Leistung des Verbrennungsmotors in Kilowatt;

c) bei allen übrigen Kraftfahrzeugen mit einem höchsten zulässigen Gesamtgewicht bis 3,5 Tonnen, ausgenommen bei Zugmaschinen und Motorkarren, die Leistung des Verbrennungsmotors in Kilowatt.

*(BGBl I 2019/103)*

(2) Bei Versicherungen, für die die Steuer vom Versicherungsentgelt und nach dem gleichen Steuersatz zu berechnen ist, darf der Versicherer die Steuer vom Gesamtbetrag der an ihn gezahlten Versicherungsentgelte berechnen, wenn er die Steuer in das Versicherungsentgelt eingerechnet hat. Hat der Versicherer die Steuer in das Versicherungsentgelt nicht eingerechnet, aber in den Geschäftsbüchern das Versicherungsentgelt und die Steuer in einer Summe gebucht, so darf er die Steuer von dem Gesamtbetrag dieser Summen berechnen.

(3) Für Pflanzenversicherungen gegen Elementarschäden (Hagel, Frost und andere ungünstige Witterungsverhältnisse) in der Land- und Forstwirtschaft, einschließlich der Einrichtungen, die dem Schutz dieser Kulturen dienen, und für Versicherungen von landwirtschaftlichen Nutztieren gegen Krankheiten, Seuchen und Unfälle darf das Finanzamt dem Versicherer gestatten, die Steuer von der Gesamtversicherungssumme aller von ihm übernommenen Versicherungen zu berechnen.

*(BGBl I 2018/62)*

(4) In Fällen, in denen die Feststellung der Unterlagen für die Steuerfestsetzung unverhältnismäßig schwierig sein würde, kann die Berechnung und Entrichtung der Steuer im Pauschverfahren zugelassen werden.

(5) Für die Steuerberechnung gemäß Abs. 1 Z 3 sind die in der Zulassungsbescheinigung eingetragenen Werte maßgebend. Ist die Leistung des Verbrennungsmotors nicht in Kilowatt angegeben, hat die Umrechnung gemäß § 64 des Maß- und Eichgesetzes 1950, BGBl. Nr. 152, in der Fassung des Bundesgesetzes BGBl. Nr. 174/1973, zu erfolgen. Bruchteile von Kilowatt oder Gramm pro Kilometer sind auf volle Kilowatt oder Gramm pro Kilometer aufzurunden. Fehlt eine entsprechende Eintragung, ist bei Kraftfahrzeugen

– gemäß § 5 Abs. 1 Z 3 lit. a sublit. aa ein Hubraum von 350 Kubikzentimeter,
– gemäß § 5 Abs. 1 Z 3 lit. a sublit. bb ein Hubraum von 350 Kubikzentimeter oder ein $CO_2$-Ausstoß von 85 Gramm pro Kilometer,
– gemäß § 5 Abs. 1 Z 3 lit. b sublit. aa und cc sowie lit. c eine Leistung des Verbrennungsmotors von 50 Kilowatt,
– gemäß § 5 Abs. 1 Z 3 lit. b sublit. bb eine Leistung des Verbrennungsmotors von 85 Kilowatt oder ein $CO_2$-Ausstoß von 125 Gramm pro Kilometer anzusetzen.

*(BGBl I 2019/103)*

(6) Werte in fremder Währung sind zur Berechnung der Steuer nach den für die Umsatzsteuer geltenden Vorschriften umzurechnen.

(7) (aufgehoben)

### Steuersatz

**§ 6.** (1) Die Steuer beträgt:

1. bei der Lebens- und Invaliditätsversicherung (Kapital- und Rentenversicherungen aller Art) und bei ähnlichen Versicherungen:

   a) 11 v. H. des Versicherungsentgeltes für Kapitalversicherungen einschließlich fondsgebundener Lebensversicherungen auf den Er- oder den Er- und Ablebensfall, mit einer Höchstlaufzeit

      – von weniger als zehn Jahren ab Vertragsabschluss, wenn der Versicherungsnehmer und die versicherten Personen im Zeitpunkt des Abschlusses des Versicherungsvertrages jeweils das 50. Lebensjahr vollendet haben, beziehungsweise
      – von weniger als fünfzehn Jahren ab Vertragsabschluss in allen anderen Fällen,

      wenn keine laufende, im Wesentlichen gleichbleibende Prämienzahlung vereinbart ist. Ist der Versicherungsnehmer keine natürliche Person, gilt das Erfordernis der Vollendung des 50. Lebensjahres nur für die versicherten Personen.

   b) 4 v. H. des Versicherungsentgeltes in allen übrigen Fällen,

2. bei der Alters-, Hinterbliebenen- und Invaliditätsversorgung im Sinne des Pensionskassengesetzes und bei ausländischen Einrichtungen im Sinne des § 5 Z 4 des Pensionskassengesetzes, bei der betrieblichen Kollektivversicherung im Sinne des § 93 des Versicherungsaufsichtsgesetzes 2016 (VAG 2016), BGBl. I Nr. 34/2015, sowie bei der Pensionszusatzversicherung im Sinne des § 108b des Einkommensteuergesetzes 1988 2,5 vH der Beiträge,

   *(BGBl I 2015/34)*

3. bei der Krankenversicherung 1 v. H. des Versicherungsentgeltes,
4. bei den anderen Versicherungen mit Ausnahme der im Abs. 2 bezeichneten Versicherungen 11 v. H. des Versicherungsentgeltes,
5. bei der Überweisung des Deckungserfordernisses gemäß § 48 des Pensionskassengesetzes oder oder bei Leistung von Übertragungsbeträgen an ausländische Einrichtungen im Sinne des § 5 Z 4 des Pensionskassengesetzes
   – 2,5 vH des Deckungserfordernisses oder Übertragungsbetrages, wenn die Leistungszusage (§ 1 BPG) allen oder bestimmten Gruppen von bei diesen Unternehmen Beschäftigten gewährt wurde. Die Mitglieder von Vertretungsorganen juristischer Personen stellen allein jedenfalls keine bestimmte Gruppe von Beschäftigten dar.
   – 4 vH des Deckungserfordernisses oder Übertragungsbetrages, wenn die Leistungszusage (§ 1 BPG) nicht allen oder bestimmten Gruppen von Beschäftigten eines Unternehmens gewährt wurde.

*(BGBl I 2015/34)*

(1a) Bei Lebensversicherungen unterliegt das gezahlte Versicherungsentgelt nachträglich einer weiteren Steuer von 7 v.H., wenn

1. das Versicherungsverhältnis in welcher Weise immer in eine in Abs. 1 Z 1 lit. a bezeichnete Versicherung verändert wird; im Fall einer Prämienfreistellung gilt dies nur dann, wenn sie innerhalb von drei Jahren ab Vertragsabschluss auf einen Zeitraum von mehr als einem Jahr erfolgt;
2. bei einem Versicherungsverhältnis, bei dem bei Vertragsabschluss keine laufende, im Wesentlichen gleichbleibende Prämienzahlung vereinbart war oder bei dem innerhalb von drei Jahren ab Vertragsabschluss eine Prämienfreistellung auf einen Zeitraum von mehr als einem Jahr erfolgt,
   a) im Fall einer Kapitalversicherung einschließlich fondsgebundener Lebensversicherung oder einer Rentenversicherung vor Ablauf
      – von zehn Jahren ab Vertragsabschluss, wenn der Versicherungsnehmer und die versicherten Personen im Zeitpunkt des Abschlusses des Versicherungsvertrages jeweils das 50. Lebensjahr vollendet haben, beziehungsweise
      – von fünfzehn Jahren ab Vertragsabschluss in allen anderen Fällen

      ein Rückkauf erfolgt und die Versicherung dem Steuersatz des Abs. 1 Z 1 lit. b unterlegen hat. Ist der Versicherungsnehmer keine natürliche Person, gilt das Erfordernis der Vollendung des 50. Lebensjahres nur für die versicherten Personen.
   b) im Falle einer Rentenversicherung, bei der der Beginn der Rentenzahlungen vor Ablauf
      – von zehn Jahren ab Vertragsabschluss, wenn der Versicherungsnehmer oder eine der versicherten Personen im Zeitpunkt des Abschlusses des Vertrages jeweils das 50. Lebensjahr vollendet haben, beziehungsweise
      – von fünfzehn Jahren ab Vertragsabschluss in allen anderen Fällen vereinbart ist, diese mit einer Kapitalzahlung abgefunden wird. Ist der Versicherungsnehmer keine natürliche Person, gilt das Erfordernis der Vollendung des 50. Lebensjahres nur für die versicherten Personen.



Als Prämienfreistellung gilt für die Frage der Versicherungssteuerpflicht gemäß Z 1 und 2 jede Nichtbezahlung der Prämie, es sei denn, die Nichtbezahlung betrifft ein Versicherungsverhältnis, bei dem der Arbeitgeber Prämien im Rahmen der betrieblichen Altersvorsorge für seine Arbeitnehmer auf der Grundlage eines Kollektivvertrages, einer Betriebsvereinbarung oder einer zwischen ihm und einem Arbeitnehmer abgeschlossenen Vereinbarung leistet.

Prämienherabsetzungen sind wie Prämienfreistellungen zu beurteilen, wenn sie mehr als 50% des vereinbarten laufenden Versicherungsentgeltes umfassen.

Im Übrigen gilt jede Erhöhung einer Versicherungssumme im Rahmen eines bestehenden Versicherungsvertrages, der dem Steuersatz des Abs. 1 Z 1 lit. b unterliegt, auf insgesamt mehr als das Zweifache der ursprünglichen Versicherungssumme gegen eine nicht laufende, im Wesentlichen gleichbleibende Prämienzahlung für die Frage der Versicherungssteuerpflicht gemäß Abs. 1 Z 1 lit. a als selbständiger Abschluss eines neuen Versicherungsvertrages. Wird das Zweifache der Versicherungssumme erst nach mehrmaligen Aufstockungen überschritten, so unterliegt das gezahlte Versicherungsentgelt für die vorangegangenen Aufstockungen nachträglich einer weiteren Versicherungssteuer von 7 v.H.

*(BGBl I 2018/62)*

(2) Bei Pflanzenversicherungen gegen Elementarschäden (Hagel, Frost und andere ungünstige Witterungsverhältnisse) in der Land- und Forstwirtschaft, einschließlich der Einrichtungen, die dem Schutz dieser Kulturen dienen, und bei Versicherungen von landwirtschaftlichen Nutztieren gegen Krankheiten, Seuchen und Unfälle beträgt die Steuer für jedes Versicherungsjahr 0,2 ‰ der Versicherungssumme.

*(BGBl I 2018/62)*

(3)

1. Bei der Kraftfahrzeug-Haftpflichtversicherung für im Inland zum Verkehr zugelasse-

ne Kraftfahrzeuge erhöht sich die nach § 5 Abs. 1 Z 1 ergebende Steuer für jeden Monat des Bestehens eines Versicherungsvertrages über die Kraftfahrzeug-Haftpflichtversicherung gemäß § 59 des Kraftfahrgesetzes 1967, BGBl. Nr. 267, in der jeweils geltenden Fassung (motorbezogene Versicherungssteuer), wenn das Versicherungsentgelt jährlich zu entrichten ist, bei

a) Kraftfahrzeugen der Klassen L1e, L2e, L3e, L4e und L5e
   aa) gemäß § 5 Abs. 1 Z 3 lit. a sublit. aa um 0,025 Euro je Kubikzentimeter Hubraum
   bb) gemäß § 5 Abs. 1 Z 3 lit. a sublit. bb um 0,014 Euro je Kubikzentimeter des um 52 Kubikzentimeter verringerten Hubraums sowie 0,20 Euro je Gramm des um 52 verringerten Wertes der $CO_2$-Emissionen in Gramm pro Kilometer, mindestens aber 10 Gramm pro Kilometer;
b) Kraftfahrzeugen der Klasse M1 mit einem höchsten zulässigen Gesamtgewicht bis 3,5 Tonnen, **„ausgenommen Wohnmobile der Aufbauart „SA“, bei denen das Basisfahrzeug ein Kraftfahrzeug der Klasse N ist,“**[a)]

   *(BGBl I 2022/108 ab 1.6.2023)*

[a)] Die Einfügung tritt mit 1. Juni 2023 in Kraft.

   aa) gemäß § 5 Abs. 1 Z 3 lit. b sublit. aa je Kilowatt der um 24 Kilowatt verringerten Leistung des Verbrennungsmotors
      – für die ersten 66 Kilowatt um 0,62 Euro,
      – für die weiteren 20 Kilowatt um 0,66 Euro
      – und für die darüber hinausgehenden Kilowatt um 0,75 Euro,

   mindestens um 6,20 Euro. Für mit einem Fremdzündungsmotor ausgestattete Kraftfahrzeuge, die vor dem 1. Jänner 1987 erstmals im Inland zum Verkehr zugelassen wurden, erhöht sich die motorbezogene Versicherungssteuer um 20%, sofern nicht nachgewiesen wird, dass das Kraftfahrzeug die gemäß § 1d Abs. 1 Z 3 Kategorie A oder B der KDV 1967, BGBl. Nr. 399/1967, in der Fassung der 34. Novelle, BGBl. Nr. 579/1991, vorgeschriebenen Schadstoffgrenzwerte einhält;
   bb) gemäß § 5 Abs. 1 Z 3 lit. b sublit. bb, um 0,72 Euro je Kilowatt der um 65 Kilowatt verringerten Leistung des Verbrennungsmotors sowie 0,72 Euro je Gramm des um 115 Gramm pro Kilometer verringerten Wertes der $CO_2$-Emissionen in Gramm pro Kilometer; es sind aber mindestens 5 Kilowatt und mindestens 5 Gramm pro Kilometer anzusetzen;
   cc) gemäß § 5 Abs. 1 Z 3 lit. b sublit. cc, je Kilowatt der um 24 Kilowatt verringerten Leistung des Verbrennungsmotors
      – für die ersten 66 Kilowatt um 0,65 Euro,
      – für die weiteren 20 Kilowatt um 0,70 Euro,
      – und für die darüber hinausgehenden Kilowatt um 0,79 Euro,

   mindestens um 6,50 Euro;
c) allen übrigen Kraftfahrzeugen gemäß § 5 Abs. 1 Z 3 lit. c je Kilowatt der um 24 Kilowatt verringerten Leistung des Verbrennungsmotors
   aa) die vor dem 1. Oktober 2020 erstmalig zugelassen wurden,
      – für die ersten 66 Kilowatt um 0,62 Euro,
      – für die weiteren 20 Kilowatt um 0,66 Euro,
      – und für die darüber hinausgehenden Kilowatt um 0,75 Euro,

   mindestens um 6,20 Euro, höchstens aber um 72 Euro;
   bb) die nach dem 30. September 2020 erstmalig zugelassen werden,
      – für die ersten 66 Kilowatt um 0,65 Euro,
      – für die weiteren 20 Kilowatt um 0,70 Euro,
      – und für die darüber hinausgehenden Kilowatt um 0,79 Euro,

   mindestens um 6,50 Euro, höchstens aber um 76 Euro.

*(BGBl I 2019/103)*

2. Die motorbezogene Versicherungssteuer für Kraftfahrzeuge gemäß Z 1 lit. a sublit. aa, lit. b sublit. aa und lit. c sublit. aa erhöht sich, wenn das Versicherungsentgelt
   – halbjährlich zu entrichten ist, um 6%;
   – vierteljährlich zu entrichten ist, um 8%;
   – monatlich zu entrichten ist, um 10%.

   *(BGBl I 2019/103)*

2a. (aufgehoben)

3. Für Zeiträume, die kürzer sind als ein Monat, ist die motorbezogene Versicherungssteuer für den von einem vollen Monat abweichenden Zeitraum anteilig zu entrichten. Hiebei ist der Monat mit 30 Tagen anzusetzen.

4. Wird zwei oder drei Kraftfahrzeugen ein Wechselkennzeichen gemäß § 48 Abs. 2 des Kraftfahrgesetzes 1967 zugewiesen, so ist die Steuer gemäß Z 1 bis 3 nur für das Kraftfahrzeug zu entrichten, das der höchsten Steuer unterliegt; dabei bleiben Kraftfahrzeuge, die gemäß § 4 Abs. 3 steuerbefreit sind oder gemäß Z 1 der motorbezogenen Versicherungssteuer nicht unterliegen, unberücksichtigt.
*(BGBl I 2019/103)*
5. Im Versicherungsschein sind die Bemessungsgrundlage und die Steuer gesondert auszuweisen.
6. Der Versicherungsnehmer hat dem Versicherer alle für den Bestand und Umfang der Abgabepflicht bedeutsamen Umstände vollständig und wahrheitsgemäß darzulegen.
7. Der Versicherer hat unrichtige Berechnungen der motorbezogenen Versicherungssteuer zu berichtigen. Berichtigungen können nur für das laufende und die zwei vorangegangenen Kalenderjahre erfolgen. Nachforderungen auf Grund von Berichtigungen sind vom Versicherungsnehmer ab Aufforderung zu entrichten. Die §§ 38 und 39 Versicherungsvertragsgesetz, BGBl. Nr. 2/1959, in der jeweils geltenden Fassung, gelten entsprechend. Lehnt der Versicherer eine vom Versicherungsnehmer verlangte Berichtigung ab, hat er dem Versicherungsnehmer eine Bescheinigung über die von ihm entrichtete motorbezogene Versicherungssteuer auszustellen. Der Versicherungsnehmer kann vom Finanzamt Österreich die Rückzahlung einer zu Unrecht entrichteten motorbezogenen Versicherungssteuer beantragen. Anträge können bis zum Ablauf des zweiten Jahres gestellt werden, in welchem das Verlangen auf Richtigstellung schriftlich gestellt wurde.
*(BGBl I 2019/104)*
8. Für die motorbezogene Versicherungssteuer gelten, sofern sich nichts anderes ergibt, die Bestimmungen über die vom Versicherungsentgelt zu berechnende Steuer. Die Einteilung der Kraftfahrzeuge in Klassen richtet sich nach § 3 des Kraftfahrgesetzes 1967, BGBl. Nr. 267/1967, in der jeweils geltenden Fassung.
*(BGBl I 2019/103)*
9. a) Beginnend mit 1. Jänner 2021 werden jährlich der Wert 115 Gramm pro Kilometer in Z 1 lit. b sublit. bb um den Wert 3 und der Wert 65 Kilowatt in Z 1 lit. b sublit. bb um den Wert 1 abgesenkt.
   b) Abweichend von lit. a wird der Bundesminister für Finanzen ermächtigt, einmal jährlich zum 1. Jänner des Folgejahres durch Verordnung die Steuersätze und die Abzugsbeträge gemäß Z 1 anzupassen, um die Änderung der durchschnittlichen $CO_2$-Emissionen auf Grund der technischen Entwicklung und der regulatorischen Vorgaben zu berücksichtigen; dabei ist auf ökologische und soziale Zielsetzungen Bedacht zu nehmen.
   c) Die gemäß lit. a oder b angepassten Werte sind für jene Kraftfahrzeuge anzuwenden, die ab dem Wirksamwerden der Änderungen bis zum Wirksamwerden der Änderungen des Folgejahres erstmalig zugelassen werden.

*(BGBl I 2019/103)*

(4) und (5) (aufgehoben)

### Steuerschuldner

**§ 7.** (1) Steuerschuldner ist der Versicherungsnehmer. Für die Steuer haftet der Versicherer. Er hat die Steuer für Rechnung des Versicherungsnehmers zu entrichten. Ist die Steuerentrichtung einem zur Entgegennahme des Versicherungsentgeltes Bevollmächtigten übertragen, so haftet auch der Bevollmächtigte für die Steuer. Hat der Versicherer im Inland keinen Wohnsitz (Sitz), kann der Versicherungsnehmer unmittelbar in Anspruch genommen werden, wenn die Steuer vom Versicherer nicht dem Gesetz entsprechend entrichtet wurde.

(1a) Versicherer mit Sitz in einem Mitgliedstaat der Europäischen Union oder einem Vertragsstaat des Abkommens über den Europäischen Wirtschaftsraum außerhalb Österreichs, die im Dienstleistungsverkehr (§ 5 Z 13 VAG 2016, in der jeweils geltenden Fassung) Versicherungsverträge abschließen, für die die Zahlung des Versicherungsentgeltes der Steuer gemäß § 1 Abs. 2 unterliegt, können einen Bevollmächtigten (Fiskalvertreter), der auch Zustellungsbevollmächtigter sein muss, beauftragen und haben diesen dem Finanzamt Österreich bekanntzugeben. Der Fiskalvertreter hat die abgabenrechtlichen Pflichten zu erfüllen, die dem von ihm Vertretenen obliegen. Er ist befugt, die dem Versicherer zustehenden Rechte wahrzunehmen. Als Fiskalvertreter können nur Wirtschaftstreuhänder, Rechtsanwälte und Notare mit Wohnsitz oder Sitz im Inland sowie Versicherungsunternehmen gemäß § 1 Abs. 1 Z 1 VAG 2016, in der jeweils geltenden Fassung, bestellt werden. Der Versicherer ist verpflichtet, dem Fiskalvertreter den Abschluß von Versicherungsverträgen gemäß dem ersten Satz unter Angabe aller für die Erhebung der Versicherungssteuer bedeutsamen Umstände unverzüglich bekanntzugeben.

*(BGBl I 2015/34, BGBl I 2019/104)*

(2) Hat der Versicherer in einem Mitgliedstaat der Europäischen Union oder einem Vertragsstaat des Abkommens über den Europäischen Wirtschaftsraum keinen Wohnsitz (Sitz), ist aber ein Bevollmächtigter zur Entgegennahme des Versicherungsentgeltes bestellt, so haftet auch dieser für die Steuer. In diesem Fall hat der Bevollmächtigte die Steuer für Rechnung des Versicherungsnehmers zu entrichten.

(3) Hat der Versicherer in einem Mitgliedstaat der Europäischen Union oder einem Vertragsstaat des Abkommens über den Europäischen Wirt-

schaftsraum weder seinen Wohnsitz (Sitz) noch einen Bevollmächtigten zur Entgegennahme des Versicherungsentgeltes, so hat der Versicherungsnehmer die Steuer zu entrichten.

(4) Im Verhältnis zwischen dem Versicherer und dem Versicherungsnehmer gilt die Steuer als Teil des Versicherungsentgeltes, insbesondere soweit es sich um dessen Einziehung und Geltendmachung im Rechtsweg handelt. Zahlungen des Versicherungsnehmers auf das Versicherungsentgelt gelten als verhältnismäßig auf die Steuer und die dem Versicherer sonst zustehenden Forderungen (§ 3 Abs. 1) geleistet. Der Versicherungsnehmer hat die motorbezogene Versicherungssteuer entsprechend der für das Versicherungsentgelt vereinbarten Zahlungsweise an den Versicherer zu zahlen. Für vom Versicherungsnehmer nicht vollständig gezahlte motorbezogene Versicherungssteuer besteht keine Haftung des Versicherers (§ 7 Abs. 1) oder des Bevollmächtigten (§ 7 Abs. 1 und 2), wenn dieser die ihm zumutbaren Schritte zur Geltendmachung seines Anspruches unternommen hat.

### Steuererhebung

**§ 8.** (1) Der Versicherer (§ 7 Abs. 1) oder der Bevollmächtigte (§ 7 Abs. 1 und 2) hat spätestens am 15. Tag (Fälligkeitstag) des auf einen Kalendermonat (Anmeldungszeitraum) zweitfolgenden Kalendermonates die Steuer für den Anmeldungszeitraum nach den Prämieneinnahmen selbst zu berechnen. Stehen die Prämieneinnahmen der Höhe nach noch nicht fest, so ist die Steuer nach dem wahrscheinlichen Prämienverlauf zu berechnen. Weicht die zeitgerecht entrichtete Abgabe von der auf die tatsächlichen Einnahmen entfallenden Abgabe um nicht mehr als ein Prozent ab, so bleibt diese Differenz für die Verpflichtung zur Entrichtung eines Säumniszuschlages außer Betracht. Die Steuer ist spätestens am Fälligkeitstag zu entrichten.

(1a) Der Versicherer (§ 7 Abs. 1) oder der Bevollmächtigte (§ 7 Abs. 1 und 2) hat spätestens am 15. Dezember (Fälligkeitstag) eines jeden Kalenderjahres eine Sondervorauszahlung in Höhe von einem Zwölftel der Summe der selbstberechneten und der Abgabenbehörde bekanntgegeben zuzüglich der mit Haftungsbescheid geltend gemachten Steuerbeträge der letzten zwölf, dem Anmeldungszeitraum November unmittelbar vorangegangenen Anmeldungszeiträume selbst zu berechnen und zu entrichten. Die Sondervorauszahlung ist auf die Steuerschuld für den Anmeldungszeitraum November des laufenden Kalenderjahres (Fälligkeitstag 15. Jänner des folgenden Kalenderjahres) anzurechnen. Die Verpflichtung zur Entrichtung der Sondervorauszahlung entfällt, wenn die Steuer für den Anmeldungszeitraum November spätestens am darauf folgenden 15. Dezember selbst berechnet und bis zu diesem Tag in der selbstberechneten Höhe entrichtet wird.

(2) Der Versicherer (§ 7 Abs. 1) oder der Bevollmächtigte (§ 7 Abs. 1 und 2) hat bis zum 30. April eine Jahressteuererklärung für das abgelaufene Kalenderjahr beim Finanzamt Österreich einzureichen.

*(BGBl I 2019/104)*

(3) Ist der Versicherungsnehmer zur Entrichtung der Steuer verpflichtet (§ 7 Abs. 3), so hat er spätestens am fünfzehnten Tag (Fälligkeitstag) des auf einen Kalendermonat folgenden Kalendermonates, in dem das Versicherungsentgelt entrichtet worden ist, eine Steuererklärung beim Finanzamt Österreich einzureichen, in welcher er die Steuer selbst zu berechnen hat; die Steuer ist spätestens am Fälligkeitstag zu entrichten.

*(BGBl I 2019/104)*

(4) Eine nach § 201 BAO festgesetzte oder gemäß § 202 BAO geltend gemachte Steuer hat den in Abs. 1 oder 3 genannten Fälligkeitstag.

(5) Ist die Steuer nach der Versicherungssumme zu berechnen (§ 5 Abs. 1 Z 2), so hat der Versicherer die volle Steuer nach Empfang der Prämie oder eines Prämienteilbetrages zu entrichten.

(6) Der Versicherer (§ 7 Abs. 1) oder der Bevollmächtigte (§ 7 Abs. 1 und 2) ist verpflichtet, zur Feststellung der Steuer und der Grundlage ihrer Berechnung im Inland Aufzeichnungen darüber zu führen. Diese müssen alle Angaben enthalten, die für die Berechnung der Steuer von Bedeutung sind. Ausländische Versicherer, die im Inland gelegene Risken versichern (§ 1 Abs. 2 und 3), haben auf Anforderung dem Finanzamt Österreich ein vollständiges Verzeichnis dieser Versicherungsverhältnisse mit allen Angaben, die für die Berechnung der Steuer von Bedeutung sind, zu übermitteln. Diese Verpflichtung besteht auch dann, wenn der Versicherer die Voraussetzungen für die Steuerpflicht oder für die Steuerentrichtung nicht für gegeben hält.

*(BGBl I 2019/104)*

### Erstattung der Steuer

**§ 9.** (1) Wird das Versicherungsentgelt ganz oder zum Teil zurückgezahlt, weil die Versicherung vorzeitig aufhört oder das Versicherungsentgelt oder die Versicherungssumme herabgesetzt worden ist, so wird die Steuer auf Antrag insoweit erstattet, als sie bei Berücksichtigung dieser Umstände nicht zu erheben gewesen wäre. Versicherer (§ 7 Abs. 1) und Bevollmächtigte (§ 7 Abs. 1 und 2), die zur Entrichtung der Steuer verpflichtet sind, können den Erstattungsbetrag selbst berechnen und vom Gesamtsteuerbetrag absetzen.

(2) Die Steuer wird nicht erstattet:

1. bei Erstattung der Prämienreserve im Falle des § 176 des Gesetzes über den Versicherungsvertrag;
2. in sonstigen Fällen der Erstattung von Prämienreserve;
3. wenn die Prämienrückgewähr ausdrücklich versichert war.

(3) Ist bei der Zahlung eines Versicherungsentgeltes für eine Rentenversicherung der Versicherungsnehmer über 60 Jahre alt oder erwerbsunfähig oder nicht nur vorübergehend verhindert, seinen

Lebensunterhalt durch eigenen Erwerb zu bestreiten, so wird die Steuer für dieses Versicherungsentgelt auf Antrag erstattet, wenn die versicherte Jahresrente den Betrag von 350 Euro nicht übersteigt. Die Erstattung ist ausgeschlossen, wenn der Versicherungsnehmer bei demselben Versicherer mehrere Rentenversicherungen abgeschlossen hat und der Gesamtbetrag der versicherten Jahresrenten 350 Euro übersteigt.

### Steueraufsicht

**§ 10.** (1) Die Versicherer und solche Personen, die gewerbsmäßig Versicherungen vermitteln oder ermächtigt sind, für den Versicherer Zahlungen entgegenzunehmen, unterliegen der Steueraufsicht.

(2) Der Steueraufsicht unterliegen auch diejenigen Personen und Personenvereinigungen, die Versicherungsverträge im Sinne des § 2 Abs. 1 geschlossen haben.

**§ 11.** (aufgehoben)

### Vollziehung und Aufhebung bisher geltender Rechtsvorschriften

**§ 12.** (1) Mit der Vollziehung dieses Bundesgesetzes sind hinsichtlich des § 4 Abs. 3 Z 9 lit. a, b, f, g und h in der Fassung des Bundesgesetzes BGBl. I Nr. 62/2018 und des § 12 Abs. 3 Z 27 der Bundesminister für Finanzen, der Bundesminister für Verkehr, Innovation und Technologie sowie die Bundesministerin für Arbeit, Soziales, Gesundheit und Konsumentenschutz betraut; hinsichtlich der übrigen Bestimmungen ist der Bundesminister für Finanzen betraut.

*(BGBl I 2018/62, BGBl I 2019/103)*

(2) Mit dem Inkrafttreten dieses Bundesgesetzes tritt das Versicherungsteuergesetz vom 9. Juli 1937, Deutsches RGBl. I S. 793, in der Fassung der Verordnung zur Änderung des Versicherungsteuergesetzes vom 31. August 1944, Deutsches RGBl. I S. 208, der Verkehrsteuernovelle 1948, BGBl. Nr. 57/1948, und der Versicherungsteuernovelle 1952, BGBl. Nr. 109/1952, außer Kraft.

(3)

1. Der § 8 in der Fassung des Bundesgesetzes BGBl. Nr. 449/1992 ist ab dem 1. Jänner 1993 anzuwenden.
2. Die §§ 4 Abs. 3; 5 Abs. 1, 5 und 6; 6 Abs. 3 bis 5; 7 Abs. 4, jeweils in der Fassung des Bundesgesetzes BGBl. Nr. 449/1992, unter Berücksichtigung der durch das Bundesgesetz BGBl. Nr. 254/1993 getroffenen Änderung (§ 6 Abs. 3 Z 1 lit. b), sowie § 6 Abs. 3 Z 8 in der Fassung des Bundesgesetzes BGBl. Nr. 254/1993, sind hinsichtlich der motorbezogenen Versicherungssteuer auf alle Zahlungen von Versicherungsentgelten anzuwenden, die nach dem 30. April 1993 fällig werden.
3. § 4 Abs. 1 Z 9 in der Fassung des Bundesgesetzes BGBl. Nr. 13/1993 ist auf alle Zahlungen des Versicherungsentgeltes anzuwenden, die nach dem 31. Dezember 1992 fällig werden.
4. § 4 Abs. 3 Z 9 in der Fassung des Bundesgesetzes BGBl. Nr. 254/1993 ist auf alle Zahlungen von Versicherungsentgelten anzuwenden, die Versicherungszeiträume betreffen, die nach dem 30. April 1993 liegen. Eine gemäß § 2 Abs. 2 Kraftfahrzeugsteuergesetz 1952 zuerkannte Steuerbefreiung gilt hinsichtlich des in der darüber ausgestellten Bescheinigung angeführten Kraftfahrzeuges mit Wirksamkeit ab 1. Mai 1993 auch als Befreiung gemäß § 4 Abs. 3 Z 9, wenn die Bescheinigung dem Versicherer überreicht wird.
5. Die §§ 4 Abs. 4 und 5 Abs. 7, jeweils in der Fassung des Bundesgesetzes BGBl. Nr. 254/1993 treten mit 1. Mai 1993 in Kraft.
6. § 6 Abs. 1 Z 1 und 4 in der Fassung des Bundesgesetzes BGBl. Nr. 818/1993 ist auf alle Zahlungen von Versicherungsentgelten anzuwenden, die nach dem 31. Dezember 1993 fällig werden.
7. § 6 Abs. 4 in der Fassung vor dem Bundesgesetz BGBl. Nr. 13/1993 ist unter Berücksichtigung der durch das Bundesgesetz BGBl. Nr. 818/1993 getroffenen Änderung auf alle Zahlungen von Versicherungsentgelten anzuwenden, die nach dem 31. Dezember 1993 fällig werden.
8. § 4 Abs. 3 Z 8 in der Fassung des Bundesgesetzes BGBl. Nr. 21/1995 ist auf die motorbezogene Versicherungssteuer für Kraftfahrzeuge anzuwenden, deren Zulassungsschein und Kennzeichentafeln am 1. Jänner 1995 hinterlegt sind oder nach dem 1. Jänner 1995 hinterlegt werden.
9. Die §§ 4 Abs. 1 Z 10 und 6 Abs. 1 Z 1, jeweils in der Fassung des Bundesgesetzes BGBl. Nr. 201/1996, sind auf alle Zahlungen von Versicherungsentgelten anzuwenden, die nach dem 31. Mai 1996 fällig werden. Die §§ 4 Abs. 3 Z 1, Z 4, Z 10; 5 Abs. 1 Z 3; 5 Abs. 5; 6 Abs. 3 Z 1 Abs. 3 Z 2 lit. b, Abs. 3 Z 4, jeweils in der Fassung des Bundesgesetzes BGBl. Nr. 201/1996, sind auf alle Zahlungen von Versicherungsentgelten anzuwenden, die nach dem 31. Dezember 1996 fällig werden. Die §§ 7 Abs. 1 a und 8 Abs. 1, jeweils in der Fassung des Bundesgesetzes BGBl. Nr. 201/1996, treten am 1. Jänner 1997 in Kraft.
10. Auf die Zahlung von Versicherungsentgelten für
    a) andere haftpflichtversicherte Kraftfahrzeuge mit einem höchsten zulässigen Gesamtgewicht bis 3,5 Tonnen als Krafträder, Personenkraftwagen und Kombinationskraftwagen,
    b) Personenkraftwagen und Kombinationskraftwagen, für die ein Wechselkennzeichen zugewiesen ist, und wenigstens eines davon ein anderes Kraftfahrzeug als ein Personenkraftwagen oder Kombinationskraftwagen ist,
    c) haftpflichtversicherte Kraftfahrzeuge mit einem höchsten zulässigen Gesamt-

gewicht bis 3,5 Tonnen der in § 59 Abs. 2 des Kraftfahrgesetzes 1967, BGBl. Nr. 267, in der jeweils geltenden Fassung angeführten Fahrzeugbesitzer,

die vor dem 1. Jänner 1997 fällig geworden sind, sind die Bestimmungen über die motorbezogene Versicherungssteuer in der am 1. Jänner 1997 geltenden Fassung auch dann und soweit anzuwenden, als die Zahlung des Versicherungsentgeltes Versicherungszeiträume betrifft, die nach dem 31. Dezember 1996 liegen. Der Versicherungsnehmer hat die auf diese Versicherungszeiträume entfallende motorbezogene Versicherungssteuer bei Aufforderung an den Versicherer zu bezahlen. Die §§ 38 und 39 Versicherungsvertragsgesetz, BGBl. Nr. 2/1959, in der jeweils geltenden Fassung gelten entsprechend. Die Aufforderung hat so rechtzeitig zu ergehen, daß die Versicherungssteuer vom Versicherungsnehmer bis 25. März 1997 entrichtet werden kann. Der Versicherer haftet für die auf diese Versicherungszeiträume entfallende motorbezogene Versicherungssteuer; die Haftung entfällt, wenn der Versicherer gemäß § 38 Versicherungsvertragsgesetz, BGBl. Nr. 2/1959, in der jeweils geltenden Fassung vom Versicherungsvertrag zurückgetreten ist oder dem Versicherungsnehmer eine Zahlungsfrist im Sinne des § 39 Abs. 1 Versicherungsvertragsgesetz bestimmt hat.

11. § 4 Abs. 1 Z 1 in der Fassung vor dem Bundesgesetz BGBl. Nr. 797/1996 ist auf die Zahlung von Versicherungsentgelten für Versicherungsverträge anzuwenden, die vor dem 1. Jänner 1997 abgeschlossen wurden. § 6 Abs. 1 Z 1 lit. a in der Fassung des Bundesgesetzes BGBl. Nr. 797 1996 ist auf die Zahlung von Versicherungsentgelten anzuwenden, die nach dem 31. Mai 1996 fällig wurden. § 6 Abs. 1 a erster Satz ist auf Versicherungsverträge anzuwenden, die nach dem 31. Oktober 1996 abgeschlossen worden sind; § 6 Abs. 1 a zweiter und dritter Satz ist auf die Zahlung von Versicherungsentgelten anzuwenden, die nach dem 31. Oktober 1996 erfolgen.

12. § 8 Abs. 1 erster Satz in der Fassung vor dem Bundesgesetz BGBl. I Nr. 130/1997 ist letztmalig auf Versicherungsentgelte anzuwenden, die vor dem 1. Jänner 1998 vereinnahmt werden. § 8 Abs. 1 a ist erstmalig auf Anmeldungszeiträume anzuwenden, die nach dem 31. Oktober 1999 beginnen.

13. § 6 Abs. 1 Z 2 in der Fassung des Bundesgesetzes BGBl. I Nr. 106/1999 ist hinsichtlich der Pensionszusatzversicherung im Sinne des § 108 b des Einkommensteuergesetzes 1988 auf Versicherungsentgelte anzuwenden, die für Zeiträume nach dem 31. Dezember 1999 geleistet werden.

14. § 4 Abs. 3 Z 8 in der Fassung des Bundesgesetzes BGBl. I Nr. 26/2000 ist auf die motorbezogene Versicherungssteuer für Kraftfahrzeuge anzuwenden, deren Zulassungsschein und Kennzeichentafeln nach dem 31. Mai 2000 hinterlegt werden.

15. § 6 Abs. 3 Z 1 und 2 in der Fassung des Bundesgesetzes BGBl. I Nr. 26/2000 ist auf die Zahlung von Versicherungsentgelten anzuwenden, die
   a) nach dem 31. Mai 2000 fällig werden und Versicherungszeiträume betreffen, die nach dem 31. Mai 2000 liegen;
   b) vor dem 1. Juni 2000 fällig geworden sind, dann und unter Anrechnung der motorbezogenen Versicherungssteuer in der Fassung vor diesem Bundesgesetz insoweit, als die Zahlung des Versicherungsentgeltes Versicherungszeiträume betrifft, die nach dem 31. Mai 2000 liegen.

   Der Versicherungsnehmer hat die motorbezogene Versicherungssteuer, die auf
   c) Versicherungsentgelte gemäß lit. a entfällt, die vor dem 1. Juli 2000 fällig werden und auf die § 6 Abs. 3 Z 1 und 2 in der Fassung des Bundesgesetzes BGBl. I Nr. 26/2000 nicht angewendet wurde, im Ausmaß des Unterschiedsbetrages zwischen der Steuer in der Fassung des Bundesgesetzes BGBl. I Nr. 26/2000 und der Steuer in der Fassung vor diesem Bundesgesetz,
   d) Versicherungsentgelte gemäß lit. b entfällt,

   bei Aufforderung an den Versicherer zu entrichten. Die §§ 38 und 39 des Versicherungsvertragsgesetzes 1958, BGBl. Nr. 2/1959, in der jeweils geltenden Fassung gelten entsprechend. Abweichend von § 8 Abs. 1 hat der Versicherer die motorbezogene Versicherungssteuer gemäß lit. c spätestens am 15. September 2000 (Fälligkeitstag) und die motorbezogene Versicherungssteuer gemäß lit. d spätestens am 15. November 2000 (Fälligkeitstag) zu entrichten. Der Versicherer haftet für die auf diese Versicherungszeiträume entfallende motorbezogene Versicherungssteuer; die Haftung entfällt, wenn der Versicherer gemäß § 38 des Versicherungsvertragsgesetzes 1958, BGBl. Nr. 2/1959, in der jeweils geltenden Fassung vom Versicherungsvertrag zurückgetreten ist oder dem Versicherungsnehmer eine Zahlungsfrist im Sinne des § 39 Abs. 1 des Versicherungsvertragsgesetzes 1958 bestimmt hat. Bescheide über die Bewilligung auf Pauschalbesteuerung (§ 5 Abs 4) der motorbezogenen Versicherungssteuer gelten mit der Maßgabe weiter, dass auf die Zahlung des Versicherungsentgeltes für Kraftfahrzeuge, die in das Pauschalverfahren einbezogen sind, lit. a und b entsprechend anzuwenden ist.

16. § 5 Abs. 7 und § 6 Abs. 3 Z 2a, jeweils in der Fassung vor dem Bundesgesetz BGBl. I Nr. 59/2001, sind auf alle Zahlungen von Versi-

cherungsentgelten anzuwenden, die vor dem 1. Jänner 2002 fällig werden.

17. § 3 Abs. 1 und § 6 Abs. 1 Z 2, jeweils in der Fassung des Bundesgesetzes BGBl. Nr. 8/2005 sind auf alle Zahlungen von Versicherungsentgelten anzuwenden, die nach dem 22. September 2005 fällig werden.

18. § 8 Abs. 6 in der Fassung des Bundesgesetzes BGBl. I. Nr. 9/2010 tritt mit 1. Juli 2010 in Kraft.

19. § 3 Abs. 1 zweiter Satz und § 6 Abs. 1 Z 4 und 5, jeweils in der Fassung des Budgetbegleitgesetzes 2011, BGBl. I Nr. 111/2010, sind auf Beträge anzuwenden, die nach dem 31. Dezember 2010 für die Überweisung des Deckungserfordernisses gemäß § 48 des Pensionskassengesetzes oder § 96 des VAG 2016 oder für die Übertragung von Leistungszusagen an ausländische Einrichtungen im Sinne des § 5 Z 4 des Pensionskassengesetzes entrichtet werden, wenn die Übertragung der Leistungszusage nach dem 31. Dezember 2010 erfolgte. Bei der Übertragung einer Leistungszusage vor dem 1. Jänner 2011 sind § 3 Abs. 1 zweiter Satz und § 6 Abs. 1 Z 4, jeweils in der Fassung vor dem Budgetbegleitgesetz 2011, BGBl. I Nr. 111/2010, weiter anzuwenden.

*(BGBl I 2015/34)*

20. § 6 Abs. 1 Z 1 lit. a und Abs. 1a Z 2 lit. a und b, jeweils in der Fassung des Budgetbegleitgesetzes 2011, BGBl. I Nr. 111/2010, sind erstmals auf nach dem 31. Dezember 2010 abgeschlossene Versicherungsverträge anzuwenden. Auf vor dem 1. Jänner 2011 abgeschlossene Versicherungsverträge sind § 6 Abs. 1 Z 1 lit. a und Abs. 1a Z 2 lit. a und b, jeweils in der Fassung vor dem Budgetbegleitgesetz 2011, BGBl. I Nr. 111/2010, weiter anzuwenden.

21. § 6 Abs. 3 Z 7 vorletzter Satz und § 8 Abs. 6 dritter Satz, jeweils in der Fassung des Budgetbegleitgesetzes 2011, BGBl. I Nr. 111/2010, treten mit 1. Jänner 2011 in Kraft.

22. §§ 4 Abs. 3 Z 8, 5 Abs. 1 Z 3 lit. b und Abs. 5 sowie 6 Abs. 3 Z 1 lit. b und Z 4, jeweils in der Fassung des Bundesgesetzes BGBl. I Nr. 112/2012 treten mit 1. Jänner 2013 in Kraft.

23. § 6 Abs. 1 Z 1 lit. a in der Fassung des Bundesgesetzes BGBl. I Nr. 13/2014 ist erstmalig auf nach dem 28. Februar 2014 abgeschlossene Versicherungsverträge anzuwenden. § 6 Abs. 1a in der Fassung des Bundesgesetzes BGBl. I Nr. 13/2014 ist erstmalig auf Nachversteuerungstatbestände anzuwenden, die nach dem 28. Februar 2014 verwirklicht werden.

24. § 6 Abs. 3 Z 1 lit. a und b in der Fassung des Bundesgesetzes BGBl. I Nr. 13/2014 ist auf die Zahlung von Versicherungsentgelten anzuwenden, die
    a) nach dem 28. Februar 2014 fällig werden und Versicherungszeiträume betreffen, die nach dem 28. Februar 2014 liegen;
    b) vor dem 1. März 2014 fällig geworden sind, dann und unter Anrechnung der motorbezogenen Versicherungssteuer in der Fassung vor diesem Bundesgesetz insoweit, als die Zahlung des Versicherungsentgeltes Versicherungszeiträume betrifft, die nach dem 28. Februar 2014 liegen.
    c) Der Versicherungsnehmer hat die motorbezogene Versicherungssteuer, die auf
       – Versicherungsentgelte gemäß lit. a entfällt, die vor dem 1. Juli 2014 fällig werden und auf die § 6 Abs. 3 Z 1 lit. a und b in der Fassung des Bundesgesetzes BGBl. I Nr. 13/2014 nicht angewendet wurde, im Ausmaß des Unterschiedsbetrages zwischen der Steuer in der Fassung des Bundesgesetzes BGBl. I Nr. 13/2014 und der Steuer in der Fassung vor diesem Bundesgesetz,
       – Versicherungsentgelte gemäß lit. b entfällt,

       bei Aufforderung an den Versicherer zu entrichten.

    Die §§ 38 und 39 des Versicherungsvertragsgesetzes 1958, BGBl. Nr. 2/1959, in der jeweils geltenden Fassung gelten entsprechend. Abweichend von § 8 Abs. 1 hat der Versicherer die motorbezogene Versicherungssteuer gemäß lit. c erster und zweiter Teilstrich spätestens am 15. August 2014 (Fälligkeitstag) zu entrichten. Der Versicherer haftet für die auf diese Versicherungszeiträume entfallende motorbezogene Versicherungssteuer; die Haftung entfällt, wenn der Versicherer gemäß § 38 des Versicherungsvertragsgesetzes 1958, BGBl. Nr. 2/1959, in der jeweils geltenden Fassung vom Versicherungsvertrag zurückgetreten ist oder dem Versicherungsnehmer eine Zahlungsfrist im Sinne des § 39 Abs. 1 des Versicherungsvertragsgesetzes 1958 bestimmt hat. Bescheide über die Bewilligung auf Pauschalbesteuerung (§ 5 Abs. 4) der motorbezogenen Versicherungssteuer gelten mit der Maßgabe weiter, dass auf die Zahlung des Versicherungsentgeltes für Kraftfahrzeuge, die in das Pauschalverfahren einbezogen sind, lit. a und b entsprechend anzuwenden sind.

25. § 6 Abs. 1 Z 2 und 5, § 7 Abs. 1a und § 12 Abs. 3 Z 19 in der Fassung des Bundesgesetzes BGBl. I Nr. 34/2015 treten mit 1. Jänner 2016 in Kraft.

*(BGBl I 2015/34)*

26. § 4 Abs. 1 Z 11 in der Fassung des Bundesgesetzes BGBl. I Nr. 117/2016 tritt mit 1. Jänner 2017 in Kraft.

*(BGBl I 2016/117)*

27. Für Kraftfahrzeuge, die gemäß § 4 Abs. 3 Z 9 in der Fassung vor dem Bundesgesetz BGBl. I Nr. 62/2018 befreit waren, haben
    - das Bundesamt für Soziales und Behindertenwesen (Sozialministeriumservice) sowie
    - der Versicherer, der für die Erhebung der Versicherungssteuer für das befreiungsgegenständliche Kraftfahrzeug zuständig ist,

    jene Daten, die für den Vollzug der Befreiung gemäß Z 9 in der Fassung des Bundesgesetzes BGBl. I Nr. 62/2018 und der Bestimmungen des § 13 Abs. 3 bis 9 des Bundesstraßen-Mautgesetzes 2002, BGBl. I Nr. 109/2002, in der Fassung des Bundesgesetzes BGBl. I Nr. 62/2018, notwendig sind, der Gemeinschaftseinrichtung der zum Betrieb der KraftfahrzeugHaftpflichtversicherung berechtigten Versicherer in geeigneter Form zur Verfügung zu stellen. Die Daten sind abzugleichen und in die Zulassungsevidenz gemäß § 47 Abs. 4a des Kraftfahrgesetzes 1967, BGBl. Nr. 267/1967, in der geltenden Fassung, zu überführen (Initialbefüllung).

    Die Gemeinschaftseinrichtung der zum Betrieb der Kraftfahrzeug-Haftpflichtversicherung berechtigten Versicherer hat die in die Zulassungsevidenz überführten Daten
    - dem Versicherer, der für die Erhebung der Versicherungssteuer für das befreiungsgegenständliche Kraftfahrzeug zuständig ist sowie
    - der Autobahnen- und Schnellstraßen-Finanzierungs-Aktiengesellschaft,

    in geeigneter Form zur Verfügung zu stellen. Die Daten dürfen ausschließlich für den Zweck des Vollzuges der Befreiung gemäß Z 9 und der Bestimmungen des § 13 Abs. 3 bis 9 des Bundesstraßen-Mautgesetzes 2002, BGBl. I Nr. 109/2002, in der Fassung des Bundesgesetzes BGBl. I Nr. 62/2018, verarbeitet werden.

    Der Bundesminister für Finanzen hat gemeinsam mit dem Bundesminister für Verkehr, Innovation und Technologie sowie der Bundesministerin für Arbeit, Soziales, Gesundheit und Konsumentenschutz in einer Verordnung sowohl die notwendigen Daten und deren Überführung in die Zulassungsevidenz als auch die Form, den Inhalt und das Verfahren der elektronischen Zurverfügungstellung der Daten durch die Gemeinschaftseinrichtung festzulegen.

28. § 4 Abs. 3 Z 9 in der Fassung des Bundesgesetzes BGBl. I Nr. 62/2018 tritt mit 1. Dezember 2019 in Kraft. Der Bundesminister für Finanzen wird ermächtigt, im Einvernehmen mit dem Bundesminister für Verkehr, Innovation und Technologie und der Bundesministerin für Arbeit, Soziales, Gesundheit und Konsumentenschutz durch Verordnung das Inkrafttreten des § 4 Abs. 3 Z 9 in der Fassung des Bundesgesetzes BGBl. I Nr. 62/2018 bis zum 1. Dezember 2020 zu verschieben, wenn die notwendigen organisatorischen und technischen Voraussetzungen für die Vollziehung dieser Bestimmungen noch nicht gegeben sind.

29. § 6 Abs. 1a in der Fassung des Bundesgesetzes BGBl. I Nr. 62/2018 ist auf Nachversteuerungstatbestände anzuwenden, die nach dem 11. September 2017 verwirklicht werden.

30. § 5 Abs. 1 Z 2 und Abs. 3 sowie § 6 Abs. 2 in der Fassung des Bundesgesetzes BGBl. I Nr. 62/2018 treten mit 1. Jänner 2019 in Kraft und sind anzuwenden, wenn der Versicherer die Prämie oder einen Prämienteilbetrag nach dem 31. Dezember 2018 empfängt.

    *(BGBl I 2018/62)*

31. § 4 Abs. 3 Z 9 lit. f, § 6 Abs. 3 Z 7, § 7 Abs. 1a, § 8 Abs. 2, Abs. 3 und Abs. 6, jeweils in der Fassung des Bundesgesetzes BGBl. I Nr. 104/2019, treten mit 1. Juli 2020 in Kraft.

    *(BGBl I 2019/104)*

32. In der Fassung des Bundesgesetzes BGBl. I Nr. 103/2019 treten in Kraft,
    1. § 4 Abs. 3 Z 9 lit. a und f mit 1. Dezember 2019,
    2. § 4 Abs. 3 Z 4 und 7, § 5 Abs. 1 Z 3 und Abs. 5 sowie § 6 Abs. 3 Z 1, 2, 8 und 9 mit 1. Oktober 2020.

    *(BGBl I 2019/103)*

**„33. § 4 Abs. 3 Z 6, § 5 Abs. 1 Z 3 lit. b und § 6 Abs. 3 Z 1 lit. b, jeweils in der Fassung des Bundesgesetzes BGBl. I Nr. 108/2022, treten mit 1. Juni 2023 in Kraft und sind auf Zahlungen des Versicherungsentgeltes anzuwenden, die**
   - **a) nach dem 31. Mai 2023 fällig werden und Versicherungszeiträume betreffen, die nach dem 31. Mai 2023 liegen;**
   - **b) vor dem 1. Juni 2023 fällig geworden sind und soweit diese Versicherungszeiträume betreffen, die nach dem 31. Mai 2023 liegen.**
   - **c) Der Versicherer und der Bevollmächtigte hat die bereits fällig gewesene motorbezogene Versicherungssteuer gemäß lit. b zu korrigieren und beim Versicherungsnehmer nachzuerheben oder diesem rückzuerstatten. Im Falle einer Nacherhebung ist die motorbezogene Versicherungssteuer spätestens am 15. August 2023 (Fälligkeitstag) zu entrichten. Im Falle einer Rückerstattung kann der selbst berechnete Rückerstattungsbetrag vom Gesamtsteuerbetrag abgesetzt werden.“**

    *(BGBl I 2022/108)*

(4) Die §§ 1, 6 Abs. 4 und 5, 7 Abs. 1 bis 3, 8 Abs. 6 und 12 Abs. 1 in der Fassung des Bundesgesetzes BGBl. Nr. 13/1993 treten unter Berück-

sichtigung der im § 6 Abs. 4 durch das Bundesgesetz BGBl. Nr. 818/1993 getroffenen Änderung gleichzeitig mit dem Inkrafttreten des Abkommens über den Europäischen Wirtschaftsraum[b)] in Kraft.

[b)] Somit mit 1.1.1994 (BGBl 1993/917)

# 11/2. Feuerschutzsteuergesetz 1952

**Feuerschutzsteuergesetz 1952**, BGBl 1952/198 idF

| | | |
|---|---|---|
| **1** BGBl 1993/13 | **2** BGBl 1993/254 | **3** BGBl 1996/797 (AbgÄG 1996) |
| **4** BGBl I 1997/130 (2. BudgetbegleitG 1997) | **5** BGBl I 1999/106 (StRefG 2000) | **6** BGBl I 2001/59 (EuroStUG 2001) |
| **7** BGBl I 2010/9 | **8** BGBl I 2010/111 (BudBG 2011) | **9** BGBl I 2019/104 (FORG) |

## GLIEDERUNG



## STICHWORTVERZEICHNIS

**Feuerschutzsteuergesetz 1952**

Der Nationalrat hat beschlossen:

### Gegenstand der Steuer

**§ 1.** (1) Der Steuer unterliegt die Entgegennahme von Versicherungsentgelten aus Feuerversicherungen, wenn die versicherten Gegenstände bei der Entgegennahme des Versicherungsentgeltes im Inland sind. Als Feuerversicherungen gelten auch Versicherungen, wenn das Versicherungsentgelt teilweise auf Gefahren entfällt, die Gegenstand einer Feuerversicherung sein können, unabhängig davon, ob das Versicherungsentgelt dem Versicherungsnehmer in einem Gesamtbetrag oder in Teilbeträgen in Rechnung gestellt wird.

(2) Eine Feuerversicherung wird auch begründet, wenn zwischen mehreren Personen oder Personenvereinigungen vereinbart wird, solche Schäden gemeinsam zu tragen, die den Gegenstand einer Feuerversicherung bilden können.

(3) Der Steuer unterliegt nicht die Entgegennahme von Versicherungsentgelten aus Feuerversicherungen bei bäuerlichen Brandschadenversicherungsvereinen, die vorwiegend die Gewährung von Sachleistungen (Hand- und Spanndienste) zum Gegenstand haben.

(4) Für die Steuerpflicht gelten die Vorschriften des § 1 Abs. 2 Versicherungssteuergesetz 1953 in der jeweils geltenden Fassung.

### Versicherungsentgelt

**§ 2.** (1) Versicherungsentgelt im Sinne dieses Gesetzes ist jede Leistung, die für die Begründung und zur Durchführung des Versicherungsverhältnisses an den Versicherer zu bewirken ist, mit Ausnahme der vom Versicherungsnehmer gesondert angeforderten Feuerschutzsteuer selbst (Beispiele: Prämien, Beiträge, Vorbeiträge, Vorschüsse, Nachschüsse, Umlagen, außerdem Eintrittsgelder, Kosten für die Ausfertigung des Versicherungsscheines und sonstige Nebenkosten). Zum Versicherungsentgelt gehört nicht, was zur Abgeltung einer Sonderleistung des Versicherers oder aus einem sonstigen in der Person des einzelnen Versicherungsnehmers liegenden Grund gezahlt wird (Beispiele: Kosten für die Ausstellung einer Ersatzurkunde, Mahnkosten). Wird das Versicherungsentgelt für eine Versicherung, die außer einer Feuerversicherung noch andere Risken umfaßt, nur in einem Gesamtbetrag angegeben, ist Versicherungsentgelt der auf die Feuerversicherung entfallende Teil des Gesamtbetrages.

(2) Wird auf die Prämie ein Gewinnanteil verrechnet und nur der Unterschied zwischen Prämie und Gewinnanteil an den Versicherer gezahlt, so ist dieser Unterschiedsbetrag Versicherungsentgelt. Als Gewinnanteil gilt auch die Rückvergütung eines Teiles der Prämie für schadenfreien Verlauf (Bonus).

### Steuerberechnung

**§ 3.** (1) Die Steuer wird vom Gesamtbetrag der in jedem Kalendermonat vereinnahmten Versicherungsentgelte berechnet.

(2) Der Gesamtbetrag darf um die für Rückversicherungen gezahlten Versicherungsentgelte nicht gekürzt werden.

(3) Werte in fremder Währung sind zur Berechnung der Steuer nach den für die Umsatzsteuer geltenden Vorschriften umzurechnen.

### Steuersatz

**§ 4.** Die Steuer beträgt 8 v.H. des Gesamtbetrages des Versicherungsentgeltes.

### Steuerschuldner

**§ 5.** (1) Steuerschuldner ist der Versicherer.

(2) Hat der Versicherer keinen Wohnsitz (Sitz) in einem Vertragsstaat des Abkommens über den Europäischen Wirtschaftsraum, ist aber ein Bevollmächtigter zur Entgegennahme des Versicherungsentgeltes bestellt, so haftet dieser für die Steuer.

(3) Der Steuerschuldner ist berechtigt, die Steuer bis zur Höhe von 4 v.H. des Versicherungsentgeltes neben dem Versicherungsentgelt vom Versicherungsnehmer gesondert anzufordern. Nimmt er Rückversicherung, ist er berechtigt, das an den Rückversicherer zu entrichtende Entgelt um jenen entsprechenden Hundertsatz der Steuer zu kürzen, den er vom Versicherungsnehmer nicht gesondert angefordert hat. Dies gilt auch für den Rückversicherer, der seinerseits Rückversicherung nimmt.

(4) (aufgehoben)

### Steuererhebung

**§ 6.** (1) Der Versicherer (§ 5 Abs. 1) oder der Bevollmächtigte (§ 5 Abs. 2) hat spätestens am 15. Tag (Fälligkeitstag) des auf einen Kalendermonat (Anmeldungszeitraum) zweitfolgenden Kalendermonates die Steuer für den Anmeldungszeitraum nach den Prämieneinnahmen selbst zu berechnen. Stehen die Prämieneinnahmen der Höhe nach noch nicht fest, so ist die Steuer nach dem wahrscheinlichen Prämienverlauf zu berechnen. Weicht die zeitgerecht entrichtete Abgabe von der auf die tatsächlichen Einnahmen entfallenden Abgabe um nicht mehr als ein Prozent ab, so bleibt diese Differenz für die Verpflichtung zur Entrichtung eines Säumniszuschlages außer Betracht. Die Steuer ist spätestens am Fälligkeitstag zu entrichten.

(2) Der Versicherer (§ 5 Abs. 1) oder der Bevollmächtigte (§ 5 Abs. 2) hat bis zum 30. April eine Jahressteuererklärung für das abgelaufene Kalenderjahr beim Finanzamt Österreich einzureichen.

*(BGBl I 2019/104)*

(3) Eine nach § 201 BAO festgesetzte oder gemäß § 202 BAO geltend gemachte Steuer hat den in Abs. 1 genannten Fälligkeitstag.

(4) Der Versicherer (§ 5 Abs. 1) oder der Bevollmächtigte (§ 5 Abs. 2) ist verpflichtet, zur Feststellung der Steuer und der Grundlage ihrer Berechnung im Inland Aufzeichnungen zu führen. Diese müssen alle Angaben enthalten, die für die Berechnung der Steuer von Bedeutung sind. Ausländische Versicherer, die im Inland gelegene Risken versichern (§ 1 Abs. 1 und 4), haben auf Anforderung dem Finanzamt Österreich ein vollständiges Verzeichnis dieser Versicherungsverhältnisse mit allen Angaben, die für die Berechnung der Steuer von Bedeutung sind, zu übermitteln. Diese Verpflichtung besteht auch dann, wenn der Versicherer die Voraussetzungen für die Steuerpflicht oder für die Steuerentrichtung nicht für gegeben hält.

*(BGBl I 2019/104)*

### Erstattung der Steuer

**§ 7.** Wird das Versicherungsentgelt ganz oder zum Teil zurückgewährt, weil die Versicherung vorzeitig aufhört oder das Versicherungsentgelt herabgesetzt worden ist, so wird die Steuer auf Antrag insoweit erstattet, als sie bei Berücksichtigung dieser Umstände nicht zu erheben gewesen wäre. Versicherer (§ 5 Abs. 1) und Bevollmächtigte (§ 5 Abs. 2) können den Erstattungsbetrag selbst berechnen und vom Gesamtsteuerbetrag absetzen.

### Vollzug

**§ 8.** Mit der Vollziehung dieses Gesetzes ist das Bundesministerium für Finanzen betraut. (BGBl. Nr. 57/1948, Art. II lit. f.)

### Inkrafttreten

**§ 9.** Abs. 1 Das Gesetz ist in seiner ursprünglichen Fassung am 1. April 1942 in Kraft getreten. Die durch die Verkehrsteuernovelle 1948, BGBl. Nr. 57/1948, bewirkten Änderungen sind am 1. April 1948 wirksam geworden. (Verordnung vom 8. Jänner 1942, Deutsches RGBl. I S. 26, § 1 Abs. 1, BGBl. Nr. 57/1948, Art. VI Abs. 1.)

(2) § 6 in der Fassung des Bundesgesetzes BGBl. Nr. 13/1993 ist ab dem 1. Jänner 1993 anzuwenden.

(3) Die §§ 1 Abs. 4 und 5 Abs. 2 in der Fassung des Bundesgesetzes BGBl. Nr. 13/1993 treten gleichzeitig mit dem Inkrafttreten des Abkommens über den Europäischen Wirtschaftsraum[a] in Kraft.

[a] Inkrafttreten mit 1.1.1994 (BGBl 1993/917)

(4) § 5 Abs. 4 in der Fassung des Bundesgesetzes BGBl. Nr. 254/1993 tritt mit 1. Mai 1993 in Kraft.

(5) § 6 Abs. 1 in der Fassung des Bundesgesetzes BGBl. Nr. 797/1996 tritt am 1. Jänner 1997 in Kraft.

(6) § 3 Abs. 1 und § 6 Abs. 1 erster Satz in der Fassung vor dem Bundesgesetz BGBl. I Nr. 130/1997 ist letztmalig auf Versicherungsentgelte anzuwenden, die vor dem 1. Jänner 1998 vereinnahmt werden.

(7) § 5 Abs. 4 in der Fassung vor dem Bundesgesetz BGBl. I Nr. 59/2001 ist bis 31. Dezember 2001 anzuwenden.

(8) § 6 Abs. 4 in der Fassung des Bundesgesetzes BGBl. I. Nr. 9/2010 tritt mit 1. Juli 2010 in Kraft.

(9) § 6 Abs. 4 dritter Satz in der Fassung des Budgetbegleitgesetzes 2011, BGBl. I Nr. 111/2010, tritt mit 1. Jänner 2011 in Kraft.

(10) § 6 Abs. 2 und Abs. 4 dritter Satz, jeweils in der Fassung des Bundesgesetzes, BGBl. I Nr. 104/2019 treten mit 1. Juli 2020 in Kraft.

*(BGBl I 2019/104)*

## 11/2/1.

# Verordnung zur Durchführung des Feuerschutzsteuergesetzes

BGBl 1948/78 idF BGBl 1973/494

**Verordnung des Bundesministeriums für Finanzen vom 2. April 1948 zur Durchführung des Feuerschutzsteuergesetzes**

Auf Grund des Artikels II, lit. f, des Bundesgesetzes vom 18. Februar 1948, B.G.Bl. Nr. 57, betreffend die Änderung einiger Verkehrsteuergesetze (Verkehrsteuernovelle 1948), wird verordnet:

### Zuständigkeit

**§ 1.** Die Steuer wird von den Finanzämtern verwaltet, die für die Besteuerung nach dem Versicherungsteuergesetz in der Fassung der Verkehrsteuernovelle 1948 zuständig sind.

### Anmeldungspflicht

**§ 2.** (1) Der inländische Feuerversicherer hat die Eröffnung seines Geschäftsbetriebes binnen zwei Wochen dem Finanzamt anzuzeigen. Das gleiche gilt für eine Person oder Personenvereinigung, die an einem Versicherungsvertrag im Sinne des § 1, Abs. (2), des Feuerschutzsteuergesetzes in der Fassung der Verkehrsteuernovelle 1948 beteiligt ist.

(2) § 9, Abs. (2) bis (4), der Durchführungsverordnung zum Versicherungsteuergesetz, B.G.Bl. Nr. 77/1948, gelten entsprechend.

### Bäuerliche Brandschadenversicherungen.

**§ 3.** Als bäuerliche Brandschadenversicherungsvereine im Sinne des § 1, Abs. (3), des Gesetzes sind Brandhilfevereine (Brandunterstützungsvereine) anzusehen, die auf Grund des Vereinsgesetzes vom 15. November 1867, R.G.Bl. Nr. 134, gebildet sind.

### Steuerberechnung bei Einrechnung der Versicherungsteuer und der Feuerschutzsteuer in das Versicherungsentgelt.

**§ 4.** (1) Hat der Versicherer die Versicherungsteuer in das Versicherungsentgelt eingerechnet [§ 5, Abs. (2), des Versicherungsteuergesetzes], so sind vom Gesamtbetrag des Versicherungsentgeltes 800/105, das sind 7,619 v. H., als Steuer zu erheben.

(2) Werden sowohl die Versicherungsteuer als auch der überwälzbare Betrag der Feuerschutzsteuer [§ 5, Abs. (3), des Gesetzes] in das Versicherungsentgelt eingerechnet, so sind vom Gesamtbetrag des Versicherungsentgeltes 800/109, das sind 7,339 v. H., als Steuer zu erheben.

(3) Wird in das Versicherungsentgelt lediglich der überwälzbare Betrag der Feuerschutzsteuer, nicht aber die Versicherungsteuer eingerechnet, so sind vom Gesamtbetrag des Versicherungsentgeltes 800/104, das sind 7,692 v. H., als Steuer zu erheben.

### Abrundung.

**§ 5.** Steuerbeträge bis zu 5 Groschen sind zu vernachlässigen, Beträge von mehr als 5 Groschen sind auf 10 Groschen aufzurunden.

### Steuerberechnung bei Zusammenfassung mehrerer Versicherungen

**§ 6.** Wird das Versicherungsentgelt für eine Versicherung, die außer der Feuerversicherung noch andere Versicherungen umfaßt, nur in einem Gesamtbetrag angegeben, so ist die Steuer nur von dem auf die Feuerversicherung entfallenden Teil des Gesamtbetrages zu berechnen.

Hiebei ist die Steuer bei der

1. Atomreaktorenversicherung von..46,3 v. H.,
2. Versicherung von Elektro-Anlagen und -Geräten von ........................................... 5 v. H.,
3. Haushaltsversicherung von............ 25 v. H.,
4. Kraftfahrzeug-Kaskoverversicherung von ......................................................0,25 v. H.,
5. Kühlgutversicherung von ................. 5 v. H.,
6. Transport-Lagerversicherung, wenn die einzelne Lagerung länger als zwei Monate währt, von ................................................... 40 v. H.

des Gesamtbetrages zu berechnen.

### Umrechnung ausländischer Werte.

**§ 7.** Ausländische Werte, sind nach den für die Umsatzsteuer vorgeschriebenen Umrechnungssätzen in Schilling umzurechnen.

### Entrichtung der Steuer.

**§ 8.** (1) Die Steuer wird vom Ist-Betrag der Versicherungsentgelte berechnet. Das Finanzamt kann auf Antrag zulassen, daß der Versicherer die Steuer im Abrechnungsverfahren nach dem Soll-Betrag der Versicherungsentgelte entrichtet.

(2) Die Vorschriften der §§ 11 bis 21 und 23 bis 27 der Durchführungsverordnung zum Versicherungsteuergesetz, B.G.Bl. Nr. 77/1948, sind entsprechend anzuwenden.

(3) Wird die Versicherungsteuer gemäß § 12 der Durchführungsverordnung zum Versicherungsteuergesetz entrichtet, kann die für die Versicherungsteuer bestimmte Aufstellung gleichzeitig für die Feuerschutzsteuer Verwendung finden. Wird die Versicherungsteuer, nicht aber die Feuerschutzsteuer erhoben, so sind die Versicherungsentgelte, deren Entgegennahme der Feuerschutzsteuer nicht unterliegt, in einer besonderen Spalte abzusetzen. Wird die Feuerschutzsteuer, nicht aber die Versicherungsteuer erhoben, so sind auch diese Fälle in der Aufstellung in einer besonderen Spalte einzutragen.

(4) Für die Aufstellungen und Nachweisungen sind die Muster 1 bis 3 maßgebend.

### Erstattung der Steuer bei vorzeitigem Aufhören der Versicherung.

**§ 9.** Der Versicherer hat die Steuerbeträge, deren Erstattung er gemäß § 7 des Gesetzes beansprucht, in der Nachweisung [§ 8 Abs. (4)] vom Steuerbetrag abzusetzen. Die Absetzung ist bei der früheren Eintragung in der Aufstellung oder in den Geschäftsbüchern zu vermerken. Bei der Absetzung ist auf die frühere Eintragung hinzuweisen.

**Inkrafttreten.**

**§ 10.** Diese Verordnung tritt mit 1. April 1948 in Kraft. Gleichzeitig treten alle ihren Bestimmungen widersprechenden Verwaltungsanordnungen außer Kraft.

Muster 1

[§ 8, Abs. (4), FeuerschStDV. 1948]

# Aufstellung

de.........................................................................

in..........................................................................

über die für den — die — Monat(e) ....................................19.....

**zu entrichtende Feuerschutzsteuer**

Versicherungszweig.........................................................

## Anleitung

1. Für jeden Versicherungszweig und für jeden Aufstellungszeitraum ist eine gesonderte Aufstellung vorzulegen.
2. In die Aufstellung ist jedes Entgelt, das während eines Aufstellungszeitraumes gezahlt wird, einzutragen.
3. Die Aufstellung ist in den Spalten 5 und 6 aufzurechnen und von dem Versicherer oder seinem Bevollmächtigten mit folgender Erklärung zu versehen:

   „Ich erkläre, daß die Eintragungen richtig und vollständig sind.

   .................., ...................................19....

   (Unterschrift) ..........................................."
4. Die Aufstellung ist spätestens bis zum Schluß des folgenden Monats dem Finanzamt mit zwei Stücken einer Nachweisung vorzulegen.
5. Die Aufstellungen sind zehn Jahre geordnet aufzubewahren.

| Lfd. Nr. | Nummer der Versicherungscheine | Betrag des vereinnahmten Entgeltes, Prämien, Beiträge, Vorbeiträge, Vorschüsse, Nachschüsse, Umlagen u. dgl. | | Anzuwendender Steuersatz und Paragraph des Gesetzes oder der DV. | Steuerbetrag | | Abzusetzender Steuerbetrag (rot) | | Vermerke (z. B. bei Absetzungen, Verweisung auf die frühere Eintragung oder die Erstattungseintragung) |
|---|---|---|---|---|---|---|---|---|---|
| | | S | g | | S | g | S | g | |
| 1 | 2 | 3 | | 4 | 5 | | 6 | | 7 |
| | | | | | | | | | |

Eingegangen . . . . . . . . . . . . . . . . . / . . . . . . . . . 19. . . .
Steuerliste . . . . . . . . . . . . . . . . . . . / . . . . . . . . . . . . . . .
Kontoblatt Nr. . . . . . . . . . . . . . . . / . . . . . . . . . . . . . . .

Muster 2
[§ 8, Abs. (4), FeuerschStDV. 1948]



**In zwei Stücken einreichen!**

Entrichtung der Steuer nach dem Ist-Betrag der Versicherungsentgelte

# Nachweisung

über die von de . . . . . . . . . . . . . . . . . . . . . . . . . . . . . . . . . . . . . . . . . . . . . . . . . .

in . . . . . . . . . . . . . . . . . . . . . . . . . . . . . . . . für . . . . . . . . . . . . . . . . . . . . . . . . 19. . . .

zu entrichtende Feuerschutzsteuer

| Lfd. Nr. | Bezeichnung der Aufstellung oder der Geschäftsbücher | Zahl der Eintragungen | Steuerbetrag (Spalte 5 der Aufstellung) | | Abgesetzter Steuerbetrag (§ 9 FeuerschStDV. 1948) | | Zu entrichtende Steuer (Spalte 4 weniger Spalte 5) | | Vermerke (z. B. wenn Versicherungsentgelt nicht gezahlt worden ist) |
|---|---|---|---|---|---|---|---|---|---|
| | | | S | g | S | g | S | g | |
| 1 | 2 | 3 | 4 | | 5 | | 6 | | 7 |
| | | | | | | | | | |
| | | | | | Zusammen: | | | | |

. . . . . . . . . ., . . . . . . . . . . . . . . . . . . . . 19. . . .

Geprüft:

. . . . . . . . . . . . . . . . . . . . . . . . . . . . . . . . . . . . . . . .
(Name des Bearbeiters)

. . . . . . . . . . . . . . . . . . . . . . . . . . . S . . . . g
sind gebucht auf Kontoblatt-
Nr. . . . . . . . . . . . . . . . . . . . . . . . . . . . . . . . . .
am . . . . . . . . . . . . . . . ., . . . . . . . . . 19. . . .

Finanzkasse

. . . . . . . . . . . . . . . . . . . . .
(Namenszeichen)

Ich erkläre, die Angaben nach bestem Wissen und Gewissen gemacht zu haben.

. . . . . . . . . . ., . . . . . . . . . . . . . . 19. . . .

. . . . . . . . . . . . . . . . . . . . . . . . . . . . . . . . . . . . . .
(Unterschrift der zur Geschäftsführung oder Vertretung befugten Personen)

## Steuerfestsetzung

Der für den Aufstellungszeitraum abzuführende Steuerbetrag wird festgesetzt mit . . . . . . . . . . . . . . . . . . . . . . . . . . . . . . . . . . . . S . . . . g

Zuschlag nach § 168, Abs. (2), AO. . . . . . . . . . . . . . . . . . . . . . . . . . . . . . . S . . . . g

Zusammen . . . . . . . . . . S . . . . g

Hierauf ist der bei der Einreichung der Nachweisung entrichtete Steuerbetrag anzurechnen mit . . . . . . . . . . . . . . . . . . . . . . . . . . . . . . S . . . . g

Es sind somit $\frac{\text{noch zu entrichten}}{\text{zuviel entrichtet}}$ 1) . . . . . . . . . . . . . . . . . . . . . . . . . . S . . . . g

und daher zurückzuzahlen . . . . . . . . . . . . . . . . . . . . . . . . . . . . S . . . . g

Der Restbetrag von . . . . . . . . . . . . S . . . . g ist bis zum . . . . . . . . . . . . . . . . . . . . 19. . . .
an das unterzeichnete Finanzamt (Finanzkasse) zu entrichten.

Diese Steuerfestsetzung kann innerhalb eines Monats nach Bekanntgabe bei dem unterzeichneten Finanzamt angefochten werden.

. . . . . . . . . . , . . . . . . . . . . . . . . . . . . . . 19. . . .

Finanzamt . . . . . . . . . . . . . . . . . . . . . . . . . . . .

. . . . . . . . . . . . . . . . . . . . . . . . . . . . . . . . . . . .
(Unterschrift)

1) Nichtzutreffendes ist zu streichen.

Eingegangen ................/....... 19....
Steuerliste ....................../...............
Kontoblatt Nr. ............../...............

**Muster 3**
[§ 8, Abs. (4), FeuerschStDV. 1948]

**In zwei Stücken einreichen!**

Entrichtung der Steuer nach dem Soll-Betrag der Versicherungsentgelte

# Nachweisung

über die von de ..............................................................................................
in..........................................für das.........Kalendervierteljahr 19....
zu entrichtende Feuerschutzsteuer

| Lfd. Nr. | Bezeichnung der Geschäftsbücher | Zahl der Eintragungen | Steuerbetrag | | Abgesetzter Steuerbetrag [§ 18 VersStDV.1948, §8,Abs.(3), und§9FeuerschStDV. 1948] | | Zu entrichtende Steuer (Spalte 4 weniger Spalte 5) | | Vermerke |
|---|---|---|---|---|---|---|---|---|---|
| | | | S | g | S | g | S | g | |
| 1 | 2 | 3 | 4 | | 5 | | 6 | | 7 |
| | | | | | | | | | |
| | | | | | | Zusammen: | | | |

Hierauf wurden an Abschlagszahlungen entrichtet:

1. am..........für Monat ........................... 19................S....g
2. „ ........... „ „ ........................... 19................S....g
3. „ ........... „ „ ........................... 19................S....g
4. „ ........... „ „ ........................... 19................S....g
5. „ ........... „ „ ........................... 19................S....g
6. „ ........... „ „ ........................... 19................S....g

Zusammen...............S....g

Es sind somit als Abschlußzahlung noch zu entrichten / zuviel entrichtet [1])....................S ...g

..............................S....g
sind gebucht auf Kontoblatt-
Nr........................................
am ................, ........... 19....

Finanzkasse

....................
(Namenszeichen)

Ich erkläre, die Angaben nach bestem Wissen und Gewissen gemacht zu haben.

..........., ............. 19....

......................................
(Unterschrift der zur Geschäftsführung oder Vertretung befugten Personen)

Geprüft:

......................................
(Name des Bearbeiters)

[1]) Nichtzutreffendes ist zu streichen.

Der für den Abrechnungszeitraum abzuführende Steuerbetrag wird fest-
gesetzt mit . . . . . . . . . . . . . . . . . . . . . . . . . . . . . .S . . . .g
Zuschlag nach § 168, Abs. (2), AO. . . . . . . . . . . . . . . . . . . . . . . . .S . . . g

Zusammen. . . . . . . . . .S . . . .g

Hierauf sind anzurechnen:

a) die Abschlagszahlungen:

1. vom. . . . . . . . .für Monat. . . . . . . . . . . .19. . . . mit . . . . . . . . .S . . . .g
2. „ . . . . . . . . . „ „ . . . . . . . . . . . .19. . . . „ . . . . . . . . .S . . . .g
3. „ . . . . . . . . . „ „ . . . . . . . . . . . .19. . . . „ . . . . . . . . .S . . . .g
4. „ . . . . . . . . . „ „ . . . . . . . . . . . .19. . . . „ . . . . . . . . .S . . . .g
5. „ . . . . . . . . . „ „ . . . . . . . . . . . .19. . . . „ . . . . . . . . .S . . . .g
6. „ . . . . . . . . . „ „ . . . . . . . . . . . .19. . . . „ . . . . . . . . .S . . . .g

b) die Abschlußzahlung . . . . . . . . . . . . . . . . . .S . . . .g

Zusammen. . . . . . . . . .S . . . .g

Es sind somit $\frac{\text{noch zu entrichten}}{\text{zuviel entrichtet}}$ [1]) . . . . . . . . . . . . . . . . . . . . . . . . .S . . . .g
und daher zurückzuzahlen . . . . . . . . . . . . . . . . . . . . . . . . . . . .S . . . .g

Der Restbetrag von . . . . . . . . .S . . . .g ist bis zum . . . . . . . . . . .19. . . .
an das unterzeichnete Finanzamt (Finanzkasse) zu entrichten.

Diese Steuerfestsetzung kann innerhalb eines Monats nach Bekanntgabe bei dem unterzeichneten Finanzamt angefochten werden.

. . . . . . . . . . . . . ., . . . . . . . . . . . . . . . . . . 19. . . .

Finanzamt. . . . . . . . . . . . . . . . . . . . . . .

. . . . . . . . . . . . . . . . . . . . . . . . . . . . . .
(Unterschrift)

[1]) Nichtzutreffendes ist zu streichen.

# 12. Kraftfahrzeugsteuergesetz 1992

**Kraftfahrzeugsteuergesetz**, BGBl 1992/449 idF

**1** BGBl 1993/254
**2** BGBl 1993/818
**3** BGBl 1994/629
**4** BGBl 1995/21
**5** BGBl 1995/503
**6** BGBl 1996/201 (StruktAnpG 1996)
**7** BGBl 1996/798 (EU-AbgÄG)
**8** BGBl I 2000/26 (BudgetbegleitG 2000)
**9** BGBl I 2000/142 (BudgetbegleitG 2001)
**10** BGBl I 2003/71 (BudgetbegleitG 2003)
**11** BGBl I 2005/161 (AbgÄG 2005)
**12** BGBl I 2007/64 (KfzStG-Nov. 2007)
**13** BGBl I 2010/9
**14** BGBl I 2010/111 (BudBG 2011)
**15** BGBl I 2012/112 (AbgÄG 2012)
**16** BGBl I 2014/13 (AbgÄG 2014)
**17** BGBl I 2014/105 (2. AbgÄG 2014)
**18** BGBl I 2018/62 (JStG 2018)
**19** BGBl I 2019/103 (StRefG 2020)
**20** BGBl I 2020/99 (2. FORG)
**21** BGBl I 2022/108 (AbgÄG 2022)



## GLIEDERUNG



## STICHWORTVERZEICHNIS

**Bundesgesetz über die Erhebung einer Kraftfahrzeugsteuer (Kraftfahrzeugsteuergesetz 1992 – KfzStG 1992)**

### Gegenstand der Steuer

**§ 1.** (1) Der Kraftfahrzeugsteuer unterliegen

1. in einem inländischen Zulassungsverfahren zum Verkehr zugelassene Kraftfahrzeuge
   a) deren höchstes zulässiges Gesamtgewicht mehr als 3,5 Tonnen beträgt;
   b) die kraftfahrrechtlich als Zugmaschine oder Motorkarren genehmigt sind;
   c) wenn und solange für diese eine Kraftfahrzeug-Haftpflichtversicherung, auf die § 6 Abs. 3 Versicherungssteuergesetz 1953 anzuwenden ist, nicht besteht;
2. in einem ausländischen Zulassungsverfahren zum Verkehr zugelassene Kraftfahrzeuge, die auf Straßen mit öffentlichem Verkehr im Inland verwendet werden;
3. Kraftfahrzeuge, die auf Straßen mit öffentlichem Verkehr im Inland ohne die kraftfahrrechtlich erforderliche Zulassung verwendet werden (widerrechtliche Verwendung).

(2)
1. Anhänger mit einem höchsten zulässigen Gesamtgewicht von mehr als 3,5 Tonnen gelten als Kraftfahrzeuge im Sinne dieses Gesetzes.
2. Übersteigt die Anzahl der Anhänger die Anzahl der ziehenden steuerpflichtigen Kraftfahrzeuge mit einem höchsten zulässigen Gesamtgewicht von mehr als 3,5 Tonnen desselben Steuerschuldners (überzählige An-

hänger), sind jene Anhänger steuerfrei, die die niedrigere Bemessungsgrundlage aufweisen. Die Feststellung, ob überzählige Anhänger vorhanden sind, hat jeweils auf den 1. Tag eines Kalendermonats zu erfolgen.

Anhänger, die von einem Kraftfahrzeug eines anderen Steuerschuldners gezogen werden, sind bei der Feststellung, ob überzählige Anhänger vorhanden sind, nicht zu berücksichtigen; für sie ist die Steuer für den Kalendermonat, in dem die Verwendung erfolgt, zu erheben.

### Steuerbefreiungen

**§ 2.** (1) Von der Steuer sind befreit:

1. Kraftfahrzeuge, die für den Bund oder eine andere Gebietskörperschaft zugelassen und zur Verwendung im Bereich des öffentlichen Sicherheitsdienstes oder der Justizwache bestimmt sind, sowie Heeresfahrzeuge;
2. Kraftfahrzeuge, die ausschließlich oder vorwiegend für die Feuerwehr, für den Rettungsdienst oder als Krankenwagen bestimmt sind;
3. Kraftfahrzeuge, die mit Probefahrtkennzeichen oder mit Überstellungskennzeichen benützt werden;
4. Kraftfahrzeuge der Klassen M2 und M3 (Omnibusse) sowie Kraftfahrzeuge, die ausschließlich oder vorwiegend im Mietwagen- oder Taxigewerbe verwendet werden;
   *(BGBl I 2019/103)*
5. Invalidenkraftfahrzeuge;
6. Kraftfahrzeuge der Klassen L1e, L2e, L3e, L4e und L5e (Krafträder), deren Hubraum 100 Kubikzentimeter nicht übersteigt;
   *(BGBl I 2019/103)*
7. Zugmaschinen und Motorkarren, die ausschließlich oder vorwiegend in land- und forstwirtschaftlichen Betrieben verwendet werden und ausschließlich von jenen gezogene Anhänger;
8. kraftfahrrechtlich als selbstfahrende Arbeitsmaschine und als Anhänger-Arbeitsmaschine genehmigte Fahrzeuge;
9. Kraftfahrzeuge, die ausschließlich elektrisch angetrieben werden;

**„9.[a] Kraftfahrzeuge, die auf Grund ihres Antriebes (insbesondere Elektro oder Wasserstoff) einen $CO_2$-Emissionswert von 0 g/km aufweisen;“**

*(BGBl I 2022/108 ab 1.1.2023)*

[a] Tritt mit 1. Jänner 2023 in Kraft.

10. Kraftfahrzeuge, für die die Bescheinigung der Zulassung und die Kennzeichentafeln bei der zuständigen Behörde hinterlegt werden,
    – bei Fahrzeugen, deren höchstes zulässiges Gesamtgewicht mehr als 3,5 Tonnen beträgt, für einen Zeitraum von mindestens zehn Tagen,
    – bei anderen Fahrzeugen für einen Zeitraum von mindestens 45 Tagen;

    der Tag, an dem die Hinterlegung erfolgt, und der Tag der Wiederausfolgung werden nicht in die Frist einbezogen;
11. Kraftfahrzeuge von Personen, denen eine Steuerbefreiung auf Grund von Staatsverträgen, Gegenseitigkeitserklärungen oder sonst nach den Grundsätzen des zwischenstaatlichen Steuerrechtes zukommt oder auf Grund tatsächlich gewährter Gegenseitigkeit zuerkannt wird;
12. Kraftfahrzeuge, die ausschließlich für Menschen mit Behinderung zugelassen sind und von diesen zur persönlichen Fortbewegung verwendet werden müssen, unter folgenden Voraussetzungen:
    a) Überreichung einer Abgabenerklärung an das Finanzamt. Bei Erfüllung aller Voraussetzungen entsteht der Anspruch auf Steuerfreiheit mit der Überreichung der Abgabenerklärung; dies gilt auch, wenn der Nachweis über die Behinderung erst nachträglich beigebracht wird;
    b) Nachweis der Behinderung durch
       – einen Ausweis gemäß § 29b der Straßenverkehrsordnung 1960 oder
       – einen Eintrag der Unzumutbarkeit der Benützung öffentlicher Verkehrsmittel oder der Blindheit im Behindertenpass gemäß § 40 ff. Bundesbehindertengesetz, BGBl. Nr. 283/1990 in der geltenden Fassung;
    c) vorwiegende Verwendung des Kraftfahrzeuges zur persönlichen Fortbewegung des Menschen mit Behinderung und für Fahrten, die Zwecken des Menschen mit Behinderung und seiner Haushaltsführung dienen;
    d) die Steuerbefreiung steht nur für ein Kraftfahrzeug zu. Unter einem Wechselkennzeichen zum Verkehr zugelassene Kraftfahrzeuge werden von der Steuerbefreiung miterfasst;

    *(BGBl I 2019/103)*
13. Anhänger, die für die Beförderung von Schienenfahrzeugen auf der Straße eingerichtet sind und ausschließlich dafür verwendet werden;
14. in einem inländischen Zulassungsverfahren zugelassene Kraftfahrzeuge mit einem höchsten zulässigen Gesamtgewicht von mehr als 3,5 Tonnen in dem Kalendermonat, in welchem diese ausschließlich im Vor- und Nachlaufverkehr zum kombinierten Verkehr Straße/Schiene für die Zustellung und Abholung von Containern von mindestens 20 Fuß Länge, von auswechselbaren Aufbauten oder von bahnbeförderten Anhängern verwendet werden. Ein Vor- oder Nachlaufverkehr liegt nur dann vor, wenn von der Be- oder Entladestelle der nächstgelegene technisch geeignete

KfzStG

inländische Ver- oder Entladebahnhof benützt wird.

(2) Wird zwei oder drei Kraftfahrzeugen ein Wechselkennzeichen gemäß § 48 Abs. 2 des Kraftfahrgesetzes 1967 zugewiesen, so ist die Steuer nur für das Kraftfahrzeug zu entrichten, das der höchsten Steuer unterliegt. In die Berechnung sind auch Kraftfahrzeuge, die der motorbezogenen Versicherungssteuer (§ 6 Abs. 3 VersStG 1953) unterliegen, einzubeziehen. Kraftfahrzeuge, die gemäß Abs. 1 von der Steuer befreit sind, sind nicht zu berücksichtigen. Wird für eines der unter Wechselkennzeichen zugelassenen Kraftfahrzeuge motorbezogene Versicherungssteuer entrichtet, so ist diese, soweit sie auf den Steuerberechnungszeitraum (§ 6 Abs. 3) entfällt, auf die Kraftfahrzeugsteuer anzurechnen.

*(BGBl I 2019/103)*

(3)

1. Wird ein in einem inländischen Zulassungsverfahren zugelassenes Kraftfahrzeug mit einem höchsten zulässigen Gesamtgewicht von mehr als 3,5 Tonnen leer oder beladen im Huckepackverkehr im Inland mit der Eisenbahn befördert, so ermäßigt sich die Steuer für dieses Fahrzeug auf Antrag für jede Bahnbeförderung um 15% der monatlich für dieses Fahrzeug zu entrichtenden Steuer, höchstens jedoch um den Betrag, der für das Fahrzeug im Kalenderjahr an Steuer zu entrichten ist. Kann für das mit der Bahn beförderte Kraftfahrzeug die Ermäßigung nicht in Anspruch genommen werden, weil dieses Fahrzeug gemäß Abs. 1 Z 14 steuerbefreit ist, ermäßigt sich die Steuer auf Antrag für jede Bahnbeförderung dieses Fahrzeuges um 15% der monatlich für ein anderes Kraftfahrzeug desselben Steuerschuldners zu entrichtenden Steuer, soweit dessen höchstes zulässiges Gesamtgewicht jenes des mit der Bahn beförderten Fahrzeuges nicht übersteigt, höchstens jedoch um den Betrag, der für das mit der Bahn beförderte Fahrzeug im Kalenderjahr an Steuer zu entrichten ist.
2. Der Nachweis, daß die Voraussetzungen für die Ermäßigung der Steuer erfüllt sind, ist für jedes Fahrzeug durch fortlaufend geführte Aufzeichnungen über die Bahnbeförderung und die vom Eisenbahnunternehmen darüber ausgestellte Rechnung zu erbringen.

### Steuerschuldner

**§ 3.** Steuerschuldner ist

1. bei einem in einem inländischen Zulassungsverfahren zugelassenen Kraftfahrzeug die Person, für die das Kraftfahrzeug zugelassen ist;
2. in allen anderen Fällen die Person, die das Kraftfahrzeug auf Straßen mit öffentlichem Verkehr im Inland verwendet.

### Dauer der Steuerpflicht

**§ 4.** (1) Die Steuerpflicht dauert:

1. Für ein in einem inländischen Zulassungsverfahren zugelassenes Kraftfahrzeug vom Tag der Zulassung bis zum Tag, an dem die Zulassung endet;
2. für ein in einem ausländischen Zulassungsverfahren zugelassenes Kraftfahrzeug vom Tag des Grenzeintrittes bis zum Tag des Grenzaustrittes;
3. bei widerrechtlicher Verwendung (§ 1 Z 3) eines Kraftfahrzeuges vom Beginn des Kalendermonates, in dem die Verwendung einsetzt, bis zum Ablauf des Kalendermonates, in dem die Verwendung endet.

(2) Wird ein steuerbefreites Kraftfahrzeug steuerpflichtig, so beginnt die Steuerpflicht mit dem Tag, an dem der Befreiungsgrund wegfällt.

(3) Kommt es zu einer Änderung der für die Steuerbemessung maßgeblichen Verhältnisse, so ist dies ab dem Tag der Änderung zu berücksichtigen.

### Steuersatz

**§ 5.** (1) Die Steuer beträgt je Monat bei

1. Kraftfahrzeugen der Klassen L1e, L2e, L3e, L4e und L5e
   a) die vor dem 1. Oktober 2020 erstmalig zugelassen wurden, je Kubikzentimeter Hubraum 0,0275 Euro,
   b) die nach dem 30. September 2020 erstmalig zugelassen werden, 0,014 Euro je Kubikzentimeter des um 52 Kubikzentimeter verringerten Hubraums sowie 0,20 Euro je Gramm des um 52 verringerten Wertes der $CO_2$-Emissionen in Gramm pro Kilometer, die nach dem World Motorcycle Test Cycle (WMTC) gemäß der Verordnung (EU) Nr. 168/2013 über die Genehmigung und Marktüberwachung von zwei- oder dreirädrigen und vierrädrigen Fahrzeugen, ABl. Nr. L 60 vom 2. März 2013, Seite 52 zuletzt geändert durch Verordnung (EU) Nr. 129/2019 zur Änderung der Verordnung (EU) Nr. 168/2013 hinsichtlich der Anwendung der Stufe Euro 5 auf die Typgenehmigung von zwei- oder dreirädrigen und vierrädrigen Fahrzeugen, ABl. Nr. L 30 vom 16. Januar 2019, Seite 106, ermittelt wurden, mindestens aber 10 Gramm pro Kilometer.
2. Kraftfahrzeugen mit einem höchsten zulässigen Gesamtgewicht bis 3,5 Tonnen
   a) der Klasse M1, **„ausgenommen Wohnmobile der Aufbauart „SA“, bei denen das Basisfahrzeug ein Kraftfahrzeug der Klasse N ist,“**[a)]

   *(BGBl I 2022/108 ab 1.1.2023)*

[a)] Die Einfügung tritt mit 1. Jänner 2023 in Kraft.

      aa) die vor dem 1. Oktober 2020 erstmalig zugelassen wurden, je Kilowatt der um 24 Kilowatt verringerten Leistung des Verbrennungsmotors

– für die ersten 66 Kilowatt 0,682 Euro
– für die weiteren 20 Kilowatt 0,726 Euro

und für die darüber hinausgehenden Kilowatt 0,825 Euro,

mindestens 6,82 Euro. Für mit einem Fremdzündungsmotor ausgestattete Kraftfahrzeuge, die vor dem 1. Jänner 1987 erstmals im Inland zum Verkehr zugelassen wurden, erhöht sich die Kraftfahrzeugsteuer um 20%, sofern nicht nachgewiesen wird, dass das Kraftfahrzeug die gemäß § 1d Abs. 1 Z 3 Kategorie A oder B der KDV 1967, BGBl. Nr. 399/1967, in der Fassung der 34. Novelle, BGBl. Nr. 579/1991, vorgeschriebenen Schadstoffgrenzwerte einhält;

bb) die nach dem 30. September 2020 erstmalig zugelassen werden und für welche die $CO_2$-Emissionen gemäß der Verordnung (EU) 2017/1151 zur Ergänzung der Verordnung (EG) Nr. 715/2007 über die Typgenehmigung von Kraftfahrzeugen hinsichtlich der Emissionen von leichten Personenkraftwagen und Nutzfahrzeugen (Euro 5 und Euro 6) und über den Zugang zu Fahrzeugreparatur- und -wartungsinformationen, zur Änderung der Richtlinie 2007/46/EG, der Verordnung (EG) Nr. 692/2008 sowie der Verordnung (EU) Nr. 1230/2012 und zur Aufhebung der Verordnung (EG) Nr. 692/2008 (im Folgenden: Verordnung (EU) 2017/1151), ABl. Nr. L 175 vom 7. Juli 2017, Seite 1, gemäß dem weltweit harmonisierten Prüfverfahrens für leichte Nutzfahrzeuge (WLTP) ermittelt wurden, 0,72 Euro je Kilowatt der um 65 Kilowatt verringerten Leistung des Verbrennungsmotors sowie 0,72 Euro je Gramm des um 115 Gramm pro Kilometer verringerten Wertes der $CO_2$-Emissionen in Gramm pro Kilometer; es sind aber mindestens 5 Kilowatt und mindestens 5 Gramm pro Kilometer anzusetzen. Es gilt der kombinierte WLTP-Wert der $CO_2$-Emissionen in Gramm pro Kilometer, bei extern aufladbaren Hybridelektrofahrzeugen jedoch der gewichtet kombinierte WLTP-Wert der $CO_2$-Emissionen in Gramm pro Kilometer;

cc) die nach dem 30. September 2020 erstmalig zugelassen werden und für welche die $CO_2$-Emissionen nicht gemäß der Verordnung (EU) 2017/1151 ermittelt wurden, je Kilowatt der um 24 Kilowatt verringerten Leistung des Verbrennungsmotors

– für die ersten 66 Kilowatt 0,682 Euro,
– für die weiteren 20 Kilowatt 0,726 Euro,
– und für die darüber hinausgehenden Kilowatt 0,825 Euro,

mindestens 6,82 Euro;

b) allen übrigen Kraftfahrzeugen je Kilowatt der um 24 Kilowatt verringerten Leistung des Verbrennungsmotors

– für die ersten 66 Kilowatt 0,682 Euro,
– für die weiteren 20 Kilowatt 0,726 Euro
– und für die darüber hinausgehenden Kilowatt 0,825 Euro,

mindestens 6,82 Euro höchstens aber 80 Euro;

3. Kraftfahrzeugen mit einem höchsten zulässigen Gesamtgewicht von mehr als 3,5 Tonnen für jede angefangene Tonne höchstes zulässiges Gesamtgewicht

– bei Fahrzeugen mit einem höchsten zulässigen Gesamtgewicht bis zu 12 Tonnen 1,55 Euro, mindestens 15 Euro;
– bei Fahrzeugen mit einem höchsten zulässigen Gesamtgewicht von mehr als 12 Tonnen bis zu 18 Tonnen 1,70 Euro;
– bei Fahrzeugen mit einem höchsten zulässigen Gesamtgewicht von mehr als 18 Tonnen 1,90 Euro, höchstens 80 Euro, bei Anhängern höchstens 66 Euro.

Bei Sattelanhängern ist das kraftfahrrechtlich höchste zulässige Gesamtgewicht um die Sattellast zu verringern.

*(BGBl I 2019/103)*

(2) Für die Steuerberechnung gemäß Abs. 1 sind die in der Zulassungsbescheinigung eingetragenen Werte maßgebend. Ist die Leistung des Verbrennungsmotors nicht in Kilowatt angegeben, hat die Umrechnung gemäß § 64 des Maß- und Eichgesetzes 1950, BGBl. Nr. 152, in der Fassung des Bundesgesetzes BGBl. Nr. 174/1973, zu erfolgen. Bruchteile von Kilowatt oder Gramm pro Kilometer sind auf volle Kilowatt oder Gramm pro Kilometer aufzurunden. Fehlt eine entsprechende Eintragung, ist bei Kraftfahrzeugen

– gemäß Abs. 1 Z 1 lit. a ein Hubraum von 350 Kubikzentimeter,
– gemäß Abs. 1 Z 1 lit. b ein Hubraum von 350 Kubikzentimeter oder ein $CO_2$-Ausstoß von 85 Gramm pro Kilometer,

– gemäß Abs. 1 Z 2 lit. a sublit. aa und cc sowie lit. b eine Leistung des Verbrennungsmotors von 50 Kilowatt,
– gemäß Abs. 1 Z 2 lit. b sublit. bb eine Leistung des Verbrennungsmotors von 85 Kilowatt oder ein $CO_2$-Ausstoß von 125 Gramm pro Kilometer,
–[a] **„gemäß Abs. 1 Z 2 lit. a sublit. bb“** eine Leistung des Verbrennungsmotors von 85 Kilowatt oder ein $CO_2$-Ausstoß von 125 Gramm pro Kilometer,

[a] Tritt mit 1. Jänner 2023 in Kraft.

– gemäß Abs. 1 Z 3 ein höchstes zulässiges Gesamtgewicht von 8 Tonnen anzusetzen.

*(BGBl I 2014/13, BGBl I 2019/103, BGBl I 2022/108 ab 1.1.2023)*

(3) Zur Berechnung der Steuer ist der Monat mit 30 Tagen anzusetzen. Angefangene Tage zählen als volle Tage.

(4) Für ein in einem ausländischen Zulassungsverfahren zugelassenes Kraftfahrzeug, das vorübergehend im Inland benützt wird, beträgt der Tagessteuersatz für:

1. Krafträder .................................... 1,10 Euro;
2. Personenkraftwagen und Kombinationskraftwagen .......................................... 2,20 Euro;
3. alle übrigen Kraftfahrzeuge ............ 13 Euro.

(5) Der Bundesminister für Finanzen ist ermächtigt, für bestimmte Gruppen von Kraftfahrzeugen mit ausländischem Kennzeichen die gemäß Abs. 4 anzuwendenden Steuersätze mit Verordnung zu erhöhen, um diese Kraftfahrzeuge einer Steuerbelastung zu unterwerfen, die der Belastung entspricht, welcher Kraftfahrzeuge mit inländischem Kennzeichen im Heimatstaat der Kraftfahrzeuge mit ausländischem Kennzeichen unterliegen. Hiebei ist auf alle Abgaben Bedacht zu nehmen, die in dem betreffenden Staat für die Benützung oder das Halten von Kraftfahrzeugen erhoben werden.

(6)

1. Beginnend mit 1. Jänner 2021 werden jährlich der Wert 115 Gramm pro Kilometer in Abs. 1 Z 2 lit. a sublit. bb um den Wert 3 und der Wert 65 Kilowatt in Abs. 1 Z 2 lit. a sublit. bb um den Wert 1 abgesenkt
2. Abweichend von lit. a wird der Bundesminister für Finanzen ermächtigt, einmal jährlich zum 1. Jänner des Folgejahres, durch Verordnung die Steuersätze und die Abzugsbeträge gemäß Abs. 1 anzupassen, um die Änderung der durchschnittlichen $CO_2$-Emissionen auf Grund der technischen Entwicklung und der regulatorischen Vorgaben zu berücksichtigen; dabei ist auf ökologische und soziale Zielsetzungen Bedacht zu nehmen.
3. Die gemäß Z 1 oder 2 angepassten Werte sind für jene Kraftfahrzeuge anzuwenden, die ab dem Wirksamwerden der Änderungen bis zum Wirksamwerden der Änderungen des Folgejahres erstmalig zugelassen werden.

*(BGBl I 2019/103)*

### Anzeige-, Aufzeichnungs- und Erklärungspflicht, Entrichtung der Steuer

**§ 6.** (1) Der Steuerschuldner hat dem Finanzamt die Umstände anzuzeigen, die die Abgabepflicht nach diesem Bundesgesetz begründen; diese Anzeige ist binnen einem Monat, gerechnet vom Eintritt des anzeigepflichtigen Ereignisses, zu erstatten.

*(BGBl I 2020/99)*

(2) Aus im Inland vom Steuerschuldner fortlaufend zu führenden Aufzeichnungen muß sich für nach diesem Bundesgesetz steuerpflichtige Kraftfahrzeuge deren Art und Kennzeichen, die Dauer der Steuerpflicht und die Steuerbemessungsgrundlage ergeben.

(3)

1. Bei widerrechtlicher Verwendung (§ 1 Abs. 1 Z 3) hat der Steuerschuldner jeweils für einen Kalendermonat die Steuer selbst zu berechnen und bis zum 15. Tag (Fälligkeitstag) des auf den Kalendermonat zweitfolgenden Kalendermonats an das Finanzamt zu entrichten. Wenn die Selbstberechnung unterlassen wird oder wenn sich die Selbstberechnung als nicht richtig erweist, hat das Finanzamt die Steuer festzusetzen. Der festgesetzte Abgabenbetrag hat den im ersten Satz genannten Fälligkeitstag. Eine Festsetzung kann nur so lange erfolgen, als nicht ein den Selbstberechnungszeitraum beinhaltender Jahresbescheid erlassen wurde.
2. In Fällen des § 1 Abs. 1 Z 1 hat der Steuerschuldner jeweils für ein Kalendervierteljahr die Steuer selbst zu berechnen und bis zum 15. Tag (Fälligkeitstag) des auf das Kalendervierteljahr zweitfolgenden Kalendermonats an das Finanzamt zu entrichten. Ein gemäß § 201 BAO festgesetzter Abgabenbetrag hat den im ersten Satz genannten Fälligkeitstag.

*(BGBl I 2020/99)*

*(BGBl I 2018/62)*

(4) Der Steuerschuldner hat für jedes abgelaufene Kalenderjahr bis zum 31. März des darauffolgenden Kalenderjahres dem Finanzamt eine Steuererklärung über die steuerpflichtigen Kraftfahrzeuge abzugeben.

(5) Für ein in einem ausländischen Zulassungsverfahren zugelassenes Kraftfahrzeug hat der Steuerschuldner den Beginn der inländischen Steuerpflicht beim Grenzübertritt dem Zollamt Österreich bekanntzugeben. Das Zollamt Österreich hat die Steuer nach den für den Zoll geltenden Rechtsvorschriften zu erheben. Der Steuerschuldner hat den Bescheid über die Festsetzung der Steuer im Inland mitzuführen und den Organen einer Abgabenbehörde auf Verlangen auszuhändigen. Beim Verlassen des Staatsgebietes hat das Zollamt Österreich, soweit erforderlich, die Steuer unter Anrechnung der beim Eintritt in das Staatsgebiet festgesetzten Steuer neu zu berechnen.

*(BGBl I 2020/99)*

**§ 7.** (aufgehoben)

*(BGBl I 2020/99)*

**Aufhebung der Zulassung**

**§ 8.** Die Nicht- oder nicht vollständige Entrichtung der Kraftfahrzeugsteuer ist ein Grund zur Aufhebung der Zulassung, den das Finanzamt bei der Behörde, die das Kraftfahrzeug zum Verkehr zugelassen hat, durch Anzeige geltend machen kann.

**Verweisungen**

**§ 9.** (1) Soweit in diesem Bundesgesetz auf Bestimmungen anderer Bundesgesetze hingewiesen wird, sind diese Bestimmungen, wenn nichts anderes bestimmt ist, in ihrer jeweils geltenden Fassung anzuwenden.

(2) Die in diesem Bundesgesetz verwendeten Begriffe des Kraftfahrrechtes richten sich nach den jeweils geltenden kraftfahrrechtlichen Vorschriften. Die Einteilung der Kraftfahrzeuge in Klassen richtet sich nach § 3 des Kraftfahrgesetzes 1967, BGBl. Nr. 267/1967, in der jeweils geltenden Fassung.

*(BGBl I 2019/103)*

(3) Wird in anderen Bundesgesetzen auf Bestimmungen des Kraftfahrzeugsteuergesetzes 1952, BGBl. Nr. 110, verwiesen, bezieht sich diese Verweisung auf die entsprechenden Bestimmungen dieses Bundesgesetzes.

**§ 10.** (aufgehoben)

**Inkrafttreten und Vollziehung**

**§ 11.** (1)

1. Die §§ 1 bis 9 sind unter Berücksichtigung der durch das Bundesgesetz BGBl. Nr. 254/1993 getroffenen Änderungen (§ 2 Abs. 1 Z 12 und § 5 Abs. 1 Z 2) für die Besteuerung von Kraftfahrzeugen für Zeiträume nach dem 30. April 1993 anzuwenden.
2. Die §§ 1 Abs. 2; 2 Abs. 1 Z 7, 8 und 13; 2 Abs. 3; 5 Abs. 1 Z 3; 5 Abs. 2; 6 Abs. 5 und 7 Abs. 3 in der Fassung des Bundesgesetzes BGBl. Nr. 629/1994 sind für die Besteuerung von Kraftfahrzeugen für Zeiträume nach dem 31. Dezember 1994 anzuwenden.
3. § 2 Abs. 1 Z 10 in der Fassung des Bundesgesetzes BGBl. Nr. 21/1995 ist auf die Besteuerung von Kraftfahrzeugen anzuwenden, für die der Zulassungsschein und die Kennzeichentafeln am 1. Jänner 1995 hinterlegt sind oder nach dem 1. Jänner 1995 hinterlegt werden.
4. Die §§ 1 Abs. 1 Z 1; 1 Abs. 1 Z 3; 2 Abs. 2 und 5 Abs. 1 Z 2, jeweils in der Fassung des Bundesgesetzes BGBl. Nr. 201/1996, sind für die Besteuerung von Kraftfahrzeugen für Zeiträume nach dem 31. Dezember 1996 anzuwenden.
5. § 2 Abs. 1 Z 10 in der Fassung des Bundesgesetzes BGBl. I Nr. 26/2000 ist auf die Besteuerung von Kraftfahrzeugen anzuwenden, für die der Zulassungsschein und die Kennzeichentafeln nach dem 31. Mai 2000 hinterlegt werden.
6. § 2 Abs. 3 Z 1 in der Fassung des Bundesgesetzes BGBl. I Nr. 161/2005 ist auf die Besteuerung von Kraftfahrzeugen für Zeiträume nach dem 31. Dezember 2005 anzuwenden.
7. §§ 2 Abs. 1 Z 10 und Abs. 2, 5 Abs. 2 sowie 7 Abs. 2, jeweils in der Fassung des Bundesgesetzes BGBl. I Nr. 112/2012, treten mit 1. Jänner 2013 in Kraft.
8. § 5 Abs. 1 und 4 in der Fassung des Bundesgesetzes BGBl. I Nr. 13/2014 sind für die Besteuerung von Kraftfahrzeugen für Zeiträume nach dem 28. Februar 2014 anzuwenden.
9. § 6 Abs. 3 in der Fassung des Bundesgesetzes BGBl. I Nr. 62/2018 tritt mit 1. Jänner 2019 in Kraft und ist auf die Besteuerung von Kraftfahrzeugen für Zeiträume nach dem 31. Dezember 2018 anzuwenden.

   *(BGBl I 2018/62)*
10. In der Fassung des Bundesgesetzes BGBl. I Nr. 103/2019 treten in Kraft,
    1. § 2 Abs. 1 Z 12 mit 1. Dezember 2019,
    2. § 2 Abs. 1 Z 4 und 6, § 5 Abs. 1, 2 und 6 sowie § 9 Abs. 2 mit 1. Oktober 2020.

   *(BGBl I 2019/103)*
11. § 6 Abs. 1, Abs. 3 Z 2 und Abs. 5 in der Fassung des Bundesgesetzes BGBl. I Nr. 99/2020 tritt mit 1. Jänner 2021 in Kraft. § 7 samt Überschrift in der Fassung des Bundesgesetzes BGBl. I Nr. 13/2014 tritt mit Ablauf des 31. Dezember 2020 außer Kraft.

   *(BGBl I 2020/99)*

**„12. § 2 Abs. 1 Z 9, § 5 Abs. 1 Z 2 lit. a und § 5 Abs. 2 Teilstrich 4, jeweils in der Fassung des Bundesgesetzes BGBl. I Nr. 108/2022, treten mit 1. Jänner 2023 in Kraft.“**

*(BGBl I 2022/108)*

(2) Mit der Vollziehung dieses Bundesgesetzes ist der Bundesminister für Finanzen, hinsichtlich des § 8 der Bundesminister für öffentliche Wirtschaft und Verkehr im Einvernehmen mit dem Bundesminister für Finanzen, betraut.

# 13. ENERGIEABGABEN

## Inhaltsverzeichnis

# 13/1. Elektrizitätsabgabegesetz

**Elektrizitätsabgabegesetz**, BGBl 1996/201 idF

| | | |
|---|---|---|
| **1** BGBl 1996/797 (AbgÄG 1996) | **2** BGBl I 1998/9 | **3** BGBl I 1999/106 (StReformG 2000) |
| **4** BGBl I 2000/26 (BudgetbegleitG 2000) | **5** BGBl I 2003/71 (BudgetbegleitG 2003) | **6** BGBl I 2005/161 (AbgÄG 2005) |
| **7** BGBl I 2014/64 | **8** BGBl I 2019/103 (StRefG 2020) | **9** BGBl I 2021/18 |
| **10** BGBl I 2022/10 (ÖkoStRefG 2022) | **11** BGBl I 2022/63 | **12** BGBl I 2022/108 (AbgÄG 2022) |

## GLIEDERUNG





**Bundesgesetz, mit dem eine Abgabe auf die Lieferung und den Verbrauch elektrischer Energie eingeführt wird (Elektrizitätsabgabegesetz)**

Der Nationalrat hat beschlossen:

### Steuerbare Vorgänge, Steuergebiet

**§ 1.** (1) Der Elektrizitätsabgabe unterliegen

1. die Lieferung von elektrischer Energie im Steuergebiet, ausgenommen an Elektrizitätsunternehmen im Sinne des § 7 Abs. 1 Z 11 des Elektrizitätswirtschafts- und-organisationsgesetzes 2010 – ElWOG 2010, BGBl. I Nr. 110/2010, und an sonstige Wiederverkäufer, soweit die elektrische Energie zur Weiterlieferung bestimmt ist,
2. der Verbrauch von elektrischer Energie durch Elektrizitätsunternehmen sowie der Verbrauch von selbst hergestellter oder in das Steuergebiet verbrachter elektrischer Energie im Steuergebiet.

(2) Die Lieferung im Sinne des Abs. 1 Z 1 erfolgt an dem Ort, an dem der Empfänger über die elektrische Energie verfügen kann.

(3) Steuergebiet im Sinne dieses Bundesgesetzes ist das Bundesgebiet, ausgenommen das Gebiet der Ortsgemeinden Jungholz (Tirol) und Mittelberg (Vorarlberg).

### Steuerbefreiungen

**§ 2.** (1) Von der Abgabe sind befreit:

1. elektrische Energie, soweit sie für die Erzeugung und Fortleitung von elektrischer Energie, Erdgas oder Mineralöl verwendet wird;
2. elektrische Energie, soweit sie für nichtenergetische Zwecke verwendet wird;
3. von Elektrizitätserzeugern selbst erzeugte elektrische Energie, wenn deren Menge, die nicht in das Netz eingespeist, sondern von diesen Elektrizitätserzeugern selbst verbraucht wird, nicht größer als 5 000 kWh pro Jahr ist;
4. aus erneuerbaren Energieträgern von Elektrizitätserzeugern, einschließlich gemeinschaftlicher Erzeugungsanlagen nach § 7 Abs. 1 Z 23a und § 16a ElWOG 2010 sowie Erneuerbare-Energie-Gemeinschaften nach § 79 des Erneuerbaren-Ausbau-Gesetzes, BGBl. I Nr. 150/2021, und § 7 Abs. 1 Z 15a und § 16c ElWOG 2010, selbst erzeugte elektrische Energie, soweit sie nicht in das Netz eingespeist, sondern von diesen Elektrizitätserzeugern, ihren teilnehmenden Berechtigten, Mitgliedern oder Gesellschaftern selbst verbraucht wird, für die jährlich bilanziell nachweisbar selbst verbrauchte elektrische Energie;

„**5. aus erneuerbaren Energieträgern von Eisenbahnunternehmen selbst erzeugter Bahnstrom, soweit dieser nachweislich von ihnen selbst oder von anderen Eisenbahnunternehmen zum Antrieb und Betrieb von Schienenfahrzeugen verwendet wird. Eisenbahnunternehmen im Sinne dieses Bundesgesetzes sind Betreiber von öffentlichen Eisenbahnen nach § 1 Z 1 des Eisenbahngesetzes 1957, BGBl. Nr. 60/1957, einschließlich Eisenbahnunternehmen, die Eisenbahnverkehrsdienste auf solchen Bahnen erbringen. Bahnstrom ist elektrische Energie, soweit diese von Eisenbahnunternehmen zum Antrieb und Betrieb von Schienenfahrzeugen verwendet wird. Als selbst erzeugt gelten auch jene Mengen von Bahnstrom, die innerhalb eines**

**Unternehmens im Sinne des § 3 Abs. 4 des Kommunalsteuergesetzes 1993, BGBl. Nr. 819/1993, oder eines vergleichbaren Unternehmens erzeugt und an andere Konzerngesellschaften geliefert werden.“**

*(BGBl I 2022/108 ab 1.7.2022)*

(2) Die Befreiung nach Abs. 1 Z 2 erfolgt im Wege einer Vergütung an denjenigen, der die elektrische Energie verwendet. ~~Für das Vergütungsverfahren sind die Regelungen des Energieabgabenvergütungsgesetzes, BGBl. Nr. 201/1996, anzuwenden, wobei die Vergütung auch monatlich erfolgen kann.~~ Die Befreiung nach Abs. 1 Z 1 kann auf Antrag im Wege einer Vergütung an denjenigen, der die elektrische Energie verwendet, gewährt werden. ~~Der zweite Satz gilt sinngemäß.~~

*(BGBl I 2022/108 ab 20.7.2022)*

(3) Der Bundesminister für Finanzen wird ermächtigt, durch Verordnung im Einvernehmen mit der Bundesministerin für Klimaschutz, Umwelt, Energie, Mobilität, Innovation und Technologie das Verfahren für die Inanspruchnahme der Steuerbefreiung nach Abs. 1 Z 4 näher zu regeln.

*(BGBl I 2022/10)*

### Abgabenschuldner

**§ 3.** (1) Abgabenschuldner ist

1. im Falle des § 1 Abs. 1 Z 1 der Lieferer der elektrischen Energie,
2. im Falle des § 1 Abs. 1 Z 2 derjenige, der die elektrische Energie verbraucht.

(2) Wird bei der Lieferung von elektrischer Energie im Steuergebiet (§ 1 Abs. 1 Z 1) beim Verbrauch von selbst hergestellter elektrischer Energie oder bei der Verbringung der elektrischen Energie in das Steuergebiet (§ 1 Abs. 1 Z 2) das Leitungsnetz eines oder mehrerer Netzbetreiber im Sinne des § 7 Abs. 1 Z 51 ElWOG 2010 gegen Entgelt verwendet, so hat jener Netzbetreiber, aus dessen Leitungsnetz die elektrische Energie vom Empfänger der Lieferung oder vom Verbraucher entnommen wird, die auf diese Lieferung bzw. den Verbrauch entfallende Elektrizitätsabgabe als Haftender für Rechnung des Abgabenschuldners zu entrichten.

### Bemessungsgrundlage und Höhe der Abgabe

**§ 4.** (1) Bemessungsgrundlage der Elektrizitätsabgabe ist

1. im Falle des § 1 Abs. 1 Z 1 die gelieferte elektrische Energie,
2. im Falle des § 1 Abs. 1 Z 2 die verbrauchte elektrische Energie in kWh.

(2) Die Abgabe beträgt 0,015 Euro je kWh.

(3) Die Abgabe auf Bahnstrom aus anderen als erneuerbaren Energieträgern und auf Bahnstrom, der nicht von Eisenbahnunternehmen selbst erzeugt wurde, beträgt 0,0018 Euro je kWh. Auf Antrag des Eisenbahnunternehmens, das nicht selbst erzeugten nachweislich zum Steuersatz nach Abs. 2 versteuerten Bahnstrom zum Antrieb und Betrieb von Schienenfahrzeugen verwendet hat, kommt eine Vergütung in Höhe von 0,0132 Euro je kWh zur Anwendung. ~~Der Antrag auf Vergütung ist nur für volle Kalendermonate zulässig und bei sonstigem Verlust des Anspruchs bis zum Ablauf des auf die Verwendung folgenden Kalenderjahrs bei dem für die Erhebung der Umsatzsteuer zuständigen Finanzamt zu stellen.~~

*(BGBl I 2021/18, BGBl I 2022/10, BGBl I 2022/108 ab 1.7.2022)*

~~(4) Der Bundesminister für Finanzen wird ermächtigt, durch Verordnung das Verfahren für die Inanspruchnahme der Steuerbegünstigungen nach § 2 Abs. 1 Z 5 und nach Abs. 3 insbesondere betreffend Antragstellung und Nachweise näher zu regeln.~~

*(BGBl I 2021/18, BGBl I 2022/10, BGBl I 2022/108 ab 1.7.2022)*

### Erhebung der Abgabe

**§ 5.** (1) Der Abgabenschuldner gemäß § 3 Abs. 1 sowie der Netzbetreiber gemäß § 3 Abs. 2 hat bis zum 15. des auf den Kalendermonat zweitfolgenden Monates (Fälligkeitstag) die Abgabe für die im Kalendermonat gelieferte oder verbrauchte bzw. weitergeleitete Menge elektrischer Energie selbst zu berechnen und zu entrichten. Soweit die tatsächlich gelieferte oder verbrauchte bzw. weitergeleitete Menge elektrischer Energie nicht bis zum Fälligkeitstag festgestellt wird, ist der Abgabenschuldner bzw. der Netzbetreiber (§ 3 Abs. 2) verpflichtet, die Abgabe für ein Zwölftel der voraussichtlich in diesem Jahr gelieferten oder verbrauchten bzw. weitergeleiteten Menge elektrischer Energie bis zum Fälligkeitstag selbst zu berechnen und zu entrichten.

(2) Zum letzten Fälligkeitstag für jedes Kalenderjahr sind Abweichungen von der tatsächlichen Jahresabgabenschuld auszugleichen. Abgabenschuldner sowie Netzbetreiber, die den Gewinn gemäß § 2 Abs. 5 des Einkommensteuergesetzes 1988 oder gemäß § 7 Abs. 5 des Körperschaftsteuergesetzes 1988 nach einem vom Kalenderjahr abweichenden Wirtschaftsjahr ermitteln, können den Ausgleich am ersten auf den Bilanzstichtag folgenden Fälligkeitstag vornehmen. Der Netzbetreiber kann jene Elektrizitätsabgabe, die er als Haftender abgeführt hat und die ihm trotz Geltendmachung der ihm zumutbaren Schritte nicht ersetzt wurde, bei Ermittlung der Jahresabgabenschuld abziehen.

(3) Wird die Abgabe nicht oder in offensichtlich unrichtiger Höhe entrichtet, dann hat das Finanzamt die Abgabe festzusetzen. Die festgesetzte Abgabe hat die im Abs. 1 genannte Fälligkeit.

(4) Der Abgabenschuldner sowie der Netzbetreiber werden nach Ablauf des Kalenderjahres (Wirtschaftsjahres) zur Abgabe veranlagt. Bis zum 31. März eines jeden Jahres hat der Abgabenschuldner bzw. der Netzbetreiber dem Finanzamt eine Jahresabgabenerklärung für das vorangegangene Jahr zu übermitteln. In diese sind die Gesamtmenge der im vergangenen Jahr gelieferten oder verbrauchten

bzw. weitergeleiteten Menge elektrischer Energie aufzunehmen.

**„(5) Die Erhebung der Abgabe obliegt dem für die Erhebung der Umsatzsteuer des Abgabenschuldners zuständigen Finanzamt. Abweichend davon obliegt sie**

1. **in jenen Fällen, in denen der Netzbetreiber die Abgabe entrichtet, dem für die Erhebung der Umsatzsteuer des Netzbetreibers zuständigen Finanzamt;**
2. **in den Fällen des § 2 Abs. 1 Z 1 und 2 dem für die Erhebung der Umsatzsteuer des Verwenders der elektrischen Energie zuständigen Finanzamt;**
3. **in den Fällen des § 4 Abs. 3 zweiter Satz dem für die Erhebung der Umsatzsteuer des Eisenbahnunternehmens zuständigen Finanzamt.“**

*(BGBl I 2022/108 ab 20.7.2022)*

(6) Beträgt die monatliche Steuerschuld nicht mehr als 50 Euro, so ist sie jahresweise nur einmal für das gesamte Jahr zu entrichten.

(7) Ist die gesamte Steuerschuld eines Jahres nicht höher als 50 Euro, so wird die Abgabe nicht erhoben.

**„(8) Anträge auf Vergütung nach § 2 Abs. 1 Z 1 und 2 sowie § 4 Abs. 3 sind nur für volle Kalendermonate zulässig und bei sonstigem Verlust des Anspruchs bis zum Ablauf des auf die Verwendung folgenden Kalenderjahrs bei dem nach Abs. 5 zuständigen Finanzamt zu stellen.**

*(BGBl I 2022/108 ab 20.7.2022)*

**(9) Der Bundesminister für Finanzen wird ermächtigt, durch Verordnung das Verfahren für die Inanspruchnahme der Steuerbegünstigungen nach § 2 Abs. 1 Z 1, Z 2, Z 3 und Z 5 sowie nach § 4 Abs. 3 insbesondere betreffend Antragstellung und Nachweise näher zu regeln.“**

*(BGBl I 2022/108 ab 20.7.2022)*

### Aufzeichnungspflichten und Rechnungslegungspflichten

**§ 6.** (1) Der Abgabenschuldner gemäß § 3 Abs. 1 sowie der Netzbetreiber gemäß § 3 Abs. 2 sind verpflichtet, Aufzeichnungen zu führen, aus denen sich die gelieferte oder verbrauchte bzw. weitergeleitete Menge elektrischer Energie ergibt.

(2) Der Abgabenschuldner sowie der Netzbetreiber sind verpflichtet, im Falle der Lieferung bzw. Weiterleitung elektrischer Energie dem Empfänger spätestens in der Jahresabrechnung die Elektrizitätsabgabe offen auszuweisen.

(3) Der Empfänger der Lieferung der elektrischen Energie hat dem Abgabenschuldner sowie dem Netzbetreiber die weiterverrechnete Elektrizitätsabgabe zu ersetzen. Zahlt der Empfänger der elektrischen Energie an den Netzbetreiber das Netznutzungsentgelt und die Elektrizitätsabgabe, so gelten die Zahlungen als im entsprechenden Verhältnis geleistet. Für nicht vollständig gezahlte Elektrizitätsabgabe besteht keine Haftung des Netzbetreibers, wenn dieser die ihm zumutbaren Schritte zur Geltendmachung seines Anspruches unternommen hat.

(4) (aufgehoben)

**§ 6a.** Soweit in diesem Bundesgesetz auf Bestimmungen anderer Bundesgesetze verwiesen und nicht anderes bestimmt wird, sind diese Bestimmungen in ihrer jeweils geltenden Fassung anzuwenden.

*(BGBl I 2022/10)*

### Inkrafttreten

**§ 7.** (1) Dieses Bundesgesetz ist auf Vorgänge nach dem 31. Mai 1996 anzuwenden.

(2) § 5 Abs. 1 in der Fassung des Bundesgesetzes BGBl. Nr. 797/1996 ist auf Fälligkeiten nach dem 31. Dezember 1996 anzuwenden.



(3) § 2 in der Fassung des Bundesgesetzes BGBl. I Nr. 106/1999 ist erstmalig bei der Veranlagung für das Kalenderjahr 1999 anzuwenden; § 3, § 5 und § 6, jeweils in der Fassung des Bundesgesetzes BGBl. I Nr. 106/1999, sind auf Vorgänge nach dem 31. Juli 1999 anzuwenden.

(4) § 4 Abs. 2 in der Fassung des Bundesgesetzes BGBl. I Nr. 26/2000 ist auf Vorgänge nach dem 31. Mai 2000 anzuwenden.

(5) § 6 in der Fassung des Bundesgesetzes BGBl I Nr. 71/2003 tritt mit Ablauf des 31. Dezember 2003 in Kraft.

(6) § 2 Z 1 lit. a in der Fassung des Bundesgesetzes BGBl. I Nr. 64/2014 ist auf Vorgänge nach dem 30. Juni 2014 anzuwenden. § 2 Z 1 lit. b in der Fassung des Bundesgesetzes BGBl. I Nr. 64/2014 ist erstmalig bei der Veranlagung für das Kalenderjahr 2014 anzuwenden.

(7) § 5 Abs. 6 in der Fassung des Bundesgesetzes BGBl. I Nr. 64/2014 ist auf Vorgänge nach dem 30. Juni 2014 anzuwenden. § 5 Abs. 7 in der Fassung des Bundesgesetzes BGBl. I Nr. 64/2014 ist erstmalig bei der Veranlagung für das Kalenderjahr 2014 anzuwenden.

(8) § 2 Z 3 und 4 in der Fassung des Bundesgesetzes BGBl. I Nr. 103/2019 ist vorbehaltlich der zeitgerechten Erfüllung allfälliger EU-rechtlicher, insbesondere beihilfenrechtlicher Verpflichtungen auf Vorgänge nach dem 31. Dezember 2019 anzuwenden.

Der Bundesminister für Finanzen hat eine Verschiebung dieses Zeitpunktes im Bundesgesetzblatt kund zu machen. In diesem Fall ist die genannte Bestimmung am ersten Tag des zweitfolgenden Monats nach der Erfüllung EU-rechtlicher Verpflichtungen anzuwenden und auch dieser Zeitpunkt durch den Bundesminister für Finanzen im Bundesgesetzblatt kund zu machen.

*(BGBl I 2019/103)*

(9) § 2 Z 4 und 5 und § 4 Abs. 3 und 4, jeweils in der Fassung des Bundesgesetzes BGBl. I Nr. 18/2021, sind vorbehaltlich der zeitgerechten Erfüllung allfälliger EU-rechtlicher, insbesondere beihilfenrechtlicher Verpflichtungen auf Vorgänge

nach dem 30. Juni 2021 anzuwenden. Abs. 8 zweiter und dritter Satz gilt sinngemäß.

*(BGBl I 2021/18)*

(10) § 2 in der Fassung des Bundesgesetzes BGBl. I Nr. 10/2022 ist auf Vorgänge nach dem 30. Juni 2022 anzuwenden. Für die Bestimmungen des § 2 Abs. 1 Z 4 in der Fassung des Bundesgesetzes BGBl. I Nr. 10/2022 gilt dies vorbehaltlich der zeitgerechten Erfüllung allfälliger EU-rechtlicher, insbesondere beihilfenrechtlicher Verpflichtungen. Abs. 8 zweiter und dritter Satz gilt sinngemäß. § 2 Z 1 lit. b in der Fassung des Bundesgesetzes BGBl. I Nr. 18/2021 ist weiterhin auf Vorgänge vor dem 1. Juli 2022 anzuwenden. Der Bundesminister für Finanzen wird ermächtigt, Verordnungen auf Grund von § 2 Abs. 3 und § 4 Abs. 4 auch rückwirkend in Kraft zu setzen.

*(BGBl I 2022/10)*

**„(11) Abweichend von § 4 Abs. 2 und Abs. 3 erster Satz, jeweils in der Fassung des Bundesgesetzes BGBl. I Nr. 10/2022, beträgt die Abgabe 0,001 Euro je kWh für Vorgänge nach dem 30. April 2022 und vor dem 1. Juli 2023.**

*(BGBl I 2022/63 ab 14.5.2022)*

**(12) Für Vorgänge nach dem 30. April 2022 und vor dem 1. Juli 2023 besteht kein Vergütungsanspruch nach § 4 Abs. 3 zweiter Satz. Für Vorgänge vor diesem Zeitraum bleibt der Vergütungsanspruch nach § 4 Abs. 3 zweiter Satz für zum Steuersatz nach § 4 Abs. 2 in der Fassung des Bundesgesetzes BGBl. I Nr. 10/2022 versteuerten Bahnstrom aufrecht.“**

*(BGBl I 2022/63 ab 14.5.2022)*

**„(13) § 2 Abs. 1 Z 5 und § 4 Abs. 3 in der Fassung des Bundesgesetzes BGBl. I Nr. 108/2022 sind vorbehaltlich der zeitgerechten Erfüllung allfälliger EU-rechtlicher, insbesondere beihilfenrechtlicher Verpflichtungen und unter Berücksichtigung der Regelungen nach Abs. 11 und 12 auf Vorgänge nach dem 30. Juni 2022 anzuwenden. Abs. 8 zweiter und dritter Satz gilt sinngemäß.**

*(BGBl I 2022/108)*

**(14) Vorbehaltlich der zeitgerechten Erfüllung allfälliger EU-rechtlicher, insbesondere beihilfenrechtlicher Verpflichtungen und unter Berücksichtigung der Regelungen nach Abs. 11 und 12 kann die Steuerbefreiung nach § 2 Abs. 1 Z 5 in der Fassung des Bundesgesetzes BGBl. I Nr. 108/2022 sowie eine Steuerbegünstigung nach § 4 Abs. 3 bereits für Zeiträume nach dem 31. Dezember 2021 in Anspruch genommen werden**

**1. von Eisenbahnunternehmen, auf die nach § 2 Abs. 1 Z 5 in der Fassung des Bundesgesetzes BGBl. I Nr. xx/2022, nicht jedoch nach § 2 Abs. 1 Z 5 in der Fassung des Bundesgesetzes BGBl. I Nr. 18/2021, eine Befreiung von der Elektrizitätsabgabe oder der ermäßigte Steuersatz nach § 4 Abs. 3 in der Fassung des Bundesgesetzes BGBl. I Nr. 18/2021 (auch in Vergütungsfällen) Anwendung findet, sowie**

**2. für Mengen an Bahnstrom nach § 2 Abs. 1 Z 5 3. Satz in der Fassung des Bundesgesetzes BGBl. I Nr. 108/2022, die nach § 2 Abs. 1 Z 5 erster Halbsatz in der Fassung des Bundesgesetzes BGBl. I Nr. 18/2021 nicht erfasst werden.**

**Soweit für nach § 2 Abs. 1 Z 5 in der Fassung des Bundesgesetzes BGBl. I Nr. 108/2022 befreiten Bahnstrom die Abgabe bereits entrichtet wurde, erfolgt die Befreiung im Wege einer Vergütung an das Eisenbahnunternehmen unter Anwendung der für sonstige Vergütungsfälle vorgesehenen Verfahren. Abs. 8 zweiter und dritter Satz gilt sinngemäß.“**

*(BGBl I 2022/108)*

### Vollziehung

**§ 8.** Mit der Vollziehung dieses Bundesgesetzes ist der Bundesminister für Finanzen, hinsichtlich des § 6 Abs. 2 und 3 der Bundesminister für Finanzen im Einvernehmen mit dem Bundesminister für Justiz betraut.

# 13/2. Erdgasabgabegesetz

**Erdgasabgabegesetz**, BGBl 1996/201 idF

**1** BGBl 1996/797 (AbgÄG 1996)
**2** BGBl I 1998/9
**3** BGBl I 2001/47 (BudgetbegleitG 2002)
**4** BGBl I 2001/59 (EuroStUG 2001)
**5** BGBl I 2003/71 (BudgetbegleitG 2003)
**6** BGBl I 2019/103 (StRefG 2020)
**7** BGBl I 2022/63

GLIEDERUNG





**Bundesgesetz, mit dem eine Abgabe auf die Lieferung und den Verbrauch von Erdgas eingeführt wird (Erdgasabgabegesetz)**

Der Nationalrat hat beschlossen:

### Steuerbare Vorgänge, Steuergebiet

**§ 1.** (1) Der Erdgasabgabe unterliegen

1. Die Lieferung von Erdgas im Steuergebiet, ausgenommen an Erdgasunternehmen im Sinne des § 6 Z 13 des Gaswirtschaftsgesetzes (GWG) und an sonstige Wiederverkäufer, soweit das Erdgas zur Weiterlieferung bestimmt ist.
2. Der Verbrauch von Erdgas durch Erdgasunternehmen sowie der Verbrauch von selbst hergestelltem oder in das Steuergebiet verbrachtem Erdgas im Steuergebiet.

(2) Die Lieferung im Sinne des Abs. 1 Z 1 erfolgt an dem Ort, an dem der Empfänger über das Erdgas verfügen kann.

(3) Steuergebiet im Sinne dieses Bundesgesetzes ist das Bundesgebiet, ausgenommen das Gebiet der Ortsgemeinden Jungholz (Tirol) und Mittelberg (Vorarlberg).

### Steuergegenstand

**§ 2.** (1) Erdgas im Sinne dieses Bundesgesetzes sind

1. Waren der Unterposition 2711 21 00 der Kombinierten Nomenklatur,
2. Biogas (ausgenommen Waren der Unterposition 2711 19 00 der Kombinierten Nomenklatur),
3. Wasserstoff.

*(BGBl I 2019/103)*

(2) Kombinierte Nomenklatur im Sinne dieses Bundesgesetzes ist die Warennomenklatur nach Art. 1 der Verordnung (EWG) Nr. 2658/87 des Rates vom 23. Juli 1987 (ABl. EG Nr. L 256 S 1) in der jeweils geltenden Fassung.

### Steuerbefreiungen

**§ 3.** (1) Von der Erdgasabgabe ist befreit

1. Erdgas, das zur Herstellung, für den Transport oder für die Speicherung von Erdgas verwendet wird,
2. Erdgas, das für den Transport und für die Verarbeitung von Mineralöl verbraucht wird.

(2) Die Steuerbefreiung erfolgt im Wege einer Vergütung an denjenigen, der das Erdgas verwendet für

1. Erdgas, das nicht als Treibstoff oder zur Herstellung von Treibstoffen und nicht zum Verheizen oder zur Herstellung einer Ware zum Verheizen verwendet wird,
2. Erdgas, soweit es zur Erzeugung von elektrischer Energie verwendet wird,

   *(BGBl I 2019/103)*
3. nachweislich die Nachhaltigkeitskriterien der Kraftstoffverordnung 2012, BGBl. II Nr. 398/2012 oder sonstiger Normen zur Umsetzung der Richtlinie (EU) 2018/2001 zur Förderung der Nutzung von Energie aus erneuerbaren Quellen, ABl. Nr. L 328 vom 21.12.2018, S. 82
   a) erfüllendes Biogas nach § 2 Abs. 1 Z 2,
   b) erfüllender, ausschließlich aus erneuerbaren Energieträgern hergestellter Wasserstoff,
   c) erfüllendes synthetisches Gas, das aus erneuerbarem Wasserstoff hergestellt wurde,

   unvermischt oder soweit diese Erdgas beigemischt werden,

4. Wasserstoff, der weder als Treibstoff noch zur Herstellung von Treibstoffen verwendet wird.

*(BGBl I 2019/103)*

Für das Vergütungsverfahren sind die Regelungen des Energieabgabenvergütungsgesetzes sinngemäß anzuwenden, wobei die Vergütung auch monatlich erfolgen kann. Der Bundesminister für Finanzen wird ermächtigt, durch Verordnung im Einvernehmen mit der Bundesministerin für Nachhaltigkeit und Tourismus das Verfahren zum Nachweis der Erfüllung der Nachhaltigkeitskriterien nach Abs. 2 Z 3 näher zu regeln und erforderlichenfalls einen Gleichklang mit Umweltvorschriften, insbesondere Normen zur Umsetzung der Richtlinie (EU) 2018/2001, herzustellen.

*(BGBl I 2019/103)*

### Abgabenschuldner

**§ 4.** (1) Abgabenschuldner ist

1. im Falle des § 1 Abs. 1 Z 1 der Lieferer des Erdgases,
2. im Falle des § 1 Abs. 1 Z 2 derjenige, der das Erdgas verbraucht.

(2) Wird bei der Lieferung von Erdgas im Steuergebiet (§ 1 Abs. 1 Z 1) oder der Verbringung von Erdgas in das Steuergebiet (§ 1 Abs. 1 Z 2) das Leitungsnetz eines oder mehrerer Netzbetreiber im Sinne des § 6 Z 33 des Gaswirtschaftsgesetzes (GWG) gegen Entgelt verwendet, so hat jener Netzbetreiber, aus dessen Leitungsnetz das Erdgas vom Empfänger der Lieferung oder vom Verbraucher entnommen wird, die auf diese Lieferung bzw. den Verbrauch entfallende Erdgasabgabe als Haftender für Rechnung des Abgabenschuldners zu entrichten.

### Bemessungsgrundlage und Höhe der Abgabe

**§ 5.** (1) Bemessungsgrundlage der Erdgasabgabe ist

1. im Falle des § 1 Abs. 1 Z 1 die gelieferte Menge Erdgas in $m^3$,
2. im Falle des § 1 Abs. 1 Z 2 die verbrauchte Menge Erdgas in $m^3$.

(2) Die Abgabe beträgt 0,066 Euro je $m^3$.

(3) Kubikmeter ($m^3$) im Sinne dieses Bundesgesetzes ist der Kubikmeter ($m^3$) bei einer Temperatur von 0°C und einem Druck von 1,01325 bar.

(4) Für Wasserstoff beträgt die Abgabe 0,021 Euro je $m^3$.

*(BGBl I 2019/103)*

### Erhebung der Abgabe

**§ 6.** (1) Die Abgabenschuldner gemäß § 4 Abs. 1 sowie der Netzbetreiber gemäß § 4 Abs. 2 hat bis zum 15. des auf den Kalendermonat zweitfolgenden Monates (Fälligkeitstag) die Abgabe für die im Kalendermonat gelieferte oder verbrauchte bzw. weitergeleitete Menge Erdgas selbst zu berechnen und zu entrichten. Soweit die tatsächlich gelieferte oder verbrauchte bzw. weitergeleitete Menge Erdgas nicht bis zum Fälligkeitstag festgestellt wird, ist der Abgabenschuldner bzw. der Netzbetreiber (§ 4 Abs. 2) verpflichtet, die Abgabe für ein Zwölftel der voraussichtlich in diesem Jahr gelieferten oder verbrauchten bzw. weitergeleiteten Menge Erdgas bis zum Fälligkeitstag selbst zu berechnen und zu entrichten.

(2) Zum letzten Fälligkeitstag für jedes Kalenderjahr sind Abweichungen von der tatsächlichen Jahresabgabenschuld auszugleichen. Abgabenschuldner sowie Netzbetreiber, die den Gewinn gemäß § 2 Abs. 5 des Einkommensteuergesetzes 1988 oder gemäß § 7 Abs. 5 des Körperschaftsteuergesetzes 1988 nach einem vom Kalenderjahr abweichenden Wirtschaftsjahr ermitteln, können den Ausgleich am ersten auf den Bilanzstichtag folgenden Fälligkeitstag vornehmen. Der Netzbetreiber kann jene Erdgasabgabe, die er als Haftender abgeführt hat und die ihm trotz Geltendmachung der ihm zumutbaren Schritte nicht ersetzt wurde, bei Ermittlung der Jahresabgabenschuld abziehen.

(3) Wird die Abgabe nicht oder in offensichtlich unrichtiger Höhe entrichtet, dann hat das Finanzamt die Abgabe festzusetzen. Die festgesetzte Abgabe hat die im Abs. 1 genannte Fälligkeit.

(4) Der Abgabenschuldner sowie der Netzbetreiber werden nach Ablauf des Kalenderjahres (Wirtschaftsjahres) zur Abgabe veranlagt. Bis zum 31. März eines jeden Jahres hat der Abgabenschuldner bzw. der Netzbetreiber dem Finanzamt eine Jahresabgabenerklärung für das vorangegangene Jahr zu übermitteln. In diese sind die Gesamtmenge der im vergangenen Jahr gelieferten oder verbrauchten bzw. weitergeleiteten Menge Erdgas aufzunehmen.

(5) Die Erhebung der Abgabe obliegt dem für die Erhebung der Umsatzsteuer des Abgabenschuldners sowie des Netzbetreibers zuständigen Finanzamt.

### Aufzeichnungspflichten und Rechnungslegungspflichten

**§ 7.** (1) Der Abgabenschuldner gemäß § 4 Abs. 1 sowie der Netzbetreiber gemäß § 4 Abs. 2 sind verpflichtet, Aufzeichnungen zu führen, aus denen sich die gelieferte oder verbrauchte bzw. weitergeleitete Menge Erdgas ergibt.

(2) Der Abgabenschuldner sowie der Netzbetreiber sind verpflichtet, im Falle der Lieferung bzw. Weiterleitung von Erdgas dem Empfänger spätestens in der Jahresabrechnung die Erdgasabgabe offen auszuweisen.

(3) Der Empfänger der Lieferung des Erdgases hat dem Abgabenschuldner sowie dem Netzbetreiber die weiterverrechnete Erdgasabgabe zu ersetzen. Zahlt der Empfänger des Erdgases an den Netzbetreiber das Netznutzungsentgelt und die Erdgasabgabe, so gelten die Zahlungen als im entsprechenden Verhältnis geleistet. Für nicht vollständig gezahlte Erdgasabgabe besteht keine Haftung des Netzbetreibers, wenn dieser die ihm zumutbaren Schritte zur Geltendmachung seines Anspruches unternommen hat. Der Empfänger einer Wärmelieferung, die durch Erdgas bewirkt

wird, hat dem Lieferer die durch die Erdgasabgabe bewirkte Kostenerhöhung zu ersetzen.

(4) (aufgehoben)

### Inkrafttreten

**§ 8.** (1) Dieses Bundesgesetz ist auf Vorgänge nach dem 31. Mai 1996 anzuwenden.

(2) § 6 Abs. 1 in der Fassung des Bundesgesetzes BGBl. Nr. 797/1996 ist auf Fälligkeiten nach dem 31. Dezember 1996 anzuwenden.

(3) § 5 Abs. 2 in der Fassung des Bundesgesetzes BGBl. I Nr. 59/2001 ist auf Vorgänge nach dem 31. Dezember 2001 anzuwenden.

(4) § 5 Abs. 2 in der Fassung des Bundesgesetzes BGBl I Nr. 71/2003 ist auf Vorgänge nach dem 31. Dezember 2003 anzuwenden. § 7 in der Fassung des Bundesgesetzes BGBl. I Nr. 71/2003 tritt mit Ablauf des 31. Dezember 2003 in Kraft.

(5) § 2 Abs. 1, § 3 Abs. 2 Z 2 bis 4 und letzter Satz sowie § 5 Abs. 4 jeweils in der Fassung des Bundesgesetzes BGBl. I Nr. 103/2019 sind vorbehaltlich der zeitgerechten Erfüllung allfälliger beihilferechtlicher Verpflichtungen auf Vorgänge nach dem 31. Dezember 2019 anzuwenden. Der Bundesminister für Finanzen hat eine Verschiebung dieses Zeitpunktes im Bundesgesetzblatt kund zu machen. In diesem Fall sind die genannten Bestimmungen am ersten Tag des zweitfolgenden Monats nach der Erfüllung EU-rechtlicher Verpflichtungen anzuwenden und auch dieser Zeitpunkt durch den Bundesminister für Finanzen im Bundesgesetzblatt kund zu machen.

*(BGBl I 2019/103)*

**„(6) Abweichend von § 5 Abs. 2 und 4, jeweils in der Fassung des Bundesgesetzes BGBl. I Nr. 103/2019, beträgt für Vorgänge nach dem 30. April 2022 und vor dem 1. Juli 2023 die Abgabe nach § 5 Abs. 2 0,01196 Euro anstelle von 0,066 Euro je m³ und nach § 5 Abs. 4 0,0038 Euro anstelle von 0,021 Euro je m³.“**

*(BGBl I 2022/63 ab 14.5.2022)*

### Vollziehung

**§ 9.** Mit der Vollziehung dieses Bundesgesetzes ist der Bundesminister für Finanzen, hinsichtlich des § 7 Abs. 2 und 3 der Bundesminister für Finanzen im Einvernehmen mit dem Bundesminister für Justiz betraut.

# 13/3. Energieabgabenvergütungsgesetz

**Energieabgabenvergütungsgesetz**, BGBl 1996/201 idF

**1** BGBl 1996/797 (AbgÄG 1996)
**2** BGBl I 1998/10
**3** BGBl I 2001/59 (EuroStUG 2001)
**4** BGBl I 2002/158
**5** BGBl I 2003/71 (BudgetbegleitG 2003)
**6** BGBl I 2003/124
**7** BGBl I 2004/92
**8** BGBl I 2010/111 (BudBG 2011)
**9** BGBl I 2017/136 (WiEReG)
**10** BGBl I 2019/103 (StRefG 2020)
**11** BGBl I 2022/46

**Bundesgesetz über die Vergütung von Energieabgaben (Energieabgabenvergütungsgesetz)**

Der Nationalrat hat beschlossen:

**§ 1.** (1) Die entrichteten Energieabgaben auf die in Abs. 3 genannten Energieträger sind für ein Kalenderjahr (Wirtschaftsjahr) auf Antrag insoweit zu vergüten, als sie (insgesamt) 0,5 % des Unterschiedsbetrages zwischen

1. Umsätzen im Sinne des § 1 Abs. 1 Z 1 und 2 des Umsatzsteuergesetzes 1994 und
2. Umsätzen im Sinne des § 1 Abs. 1 Z 1 und 2 des Umsatzsteuergesetzes 1994, die an das Unternehmen erbracht werden,

übersteigen (Nettoproduktionswert).

(2)

1. Als Umsätze im Sinne von Abs. 1 Z 2 gelten auch Umsätze, die, wären sie im Inland erbracht worden, Umsätze im Sinne des § 1 Abs. 1 Z 1 und 2 des Umsatzsteuergesetzes 1994 wären und im Zusammenhang mit steuerbaren Umsätzen stehen.
2. Nicht als Umsätze im Sinne von Abs. 1 Z 2 gelten Umsätze aus der Gestellung von Arbeitskräften.

(3) In die Energieabgabenvergütung sind folgende Energieträger einzubeziehen:

1. elektrische Energie im Sinne des Elektrizitätsabgabegesetzes (Position 2716 der Kombinierten Nomenklatur);
2. Erdgas nach § 2 Abs. 1 Z 1 des Erdgasabgabegesetzes (Unterposition 2711 21 00 der Kombinierten Nomenklatur);
3. Kohle im Sinne des Kohleabgabegesetzes (Positionen 2701, 2702, 2704, 2713 und 2714 der Kombinierten Nomenklatur);
4. Mineralöle im Sinne des Mineralölsteuergesetzes 1995
   a) Heizöl Extraleicht (gekennzeichnetes Gasöl Unterpositionen 2710 19 43 bis 2710 19 48 und 2710 20 11 bis 2710 20 19 der Kombinierten Nomenklatur)
   b) Heizöl leicht, mittel, schwer (Unterpositionen 2710 19 62 bis 2710 19 68 und 2710 20 31 bis 2710 20 39 der Kombinierten Nomenklatur)
   c) Flüssiggas (Unterpositionen 2711 12, 2711 13, 2711 14, 2711 19 der Kombinierten Nomenklatur).

*(BGBl I 2019/103)*

(4) Kombinierte Nomenklatur im Sinne dieses Bundesgesetzes ist die Warennomenklatur nach Art. 1 der Verordnung (EWG) Nr. 2658/87 des Rates vom 23. Juli 1987 (ABl. EG Nr. L 256 S. 1) in der jeweils geltenden Fassung.

**§ 2.** (1) Ein Anspruch auf Vergütung besteht nur für Betriebe, deren Schwerpunkt nachweislich in der Herstellung körperlicher Wirtschaftsgüter besteht und soweit sie nicht die in § 1 Abs. 3 genannten Energieträger oder Wärme (Dampf oder Warmwasser), die aus den in § 1 Abs. 3 genannten Energieträgern erzeugt wurde, liefern.

(2)

1. Über Antrag des Vergütungsberechtigten wird je Kalenderjahr (Wirtschftsjahr) der Betrag vergütet, der den in § 1 genannten Anteil am Nettoproduktionswert übersteigt. Der Antrag hat die im Betrieb verbrauchte Menge an den in § 1 Abs. 3 genannten Energieträgern und die in § 1 genannten Beträge zu enthalten. Er ist spätestens bis zum Ablauf von fünf Jahren ab Vorliegen der Voraussetzungen für die Vergütung zu stellen. Der Antrag gilt als Steuererklärung. Der Antrag ist mit Bescheid zu erledigen und hat den Vergütungsbetrag in einer Summe auszuweisen.
2. Bei der Berechnung des Vergütungsbetrages gilt entweder die Grenze von 0,5 % des Nettoproduktionswertes oder die folgenden Selbstbehalte, wobei der niedrigere Betrag gutgeschrieben wird:
   a) für elektrische Energie nach § 1 Abs. 3 Z 1 0,0005 €/kWh;
   b) für Erdgas nach § 1 Abs. 3 Z 2 0,00598 €/Normkubikmeter;
   c) für Kohle nach § 1 Abs. 3 Z 3 0,15 €/Gigajoule;
   d) für Heizöl Extraleicht nach § 1 Abs. 3 Z 4 lit. a ( 21 €/1000 Liter;
   e) für Heizöl leicht, mittel, schwer nach § 1 Abs. 3 Z 4 lit. b 15 €/1000 kg;

f) für Flüssiggas nach § 1 Abs. 3 Z 4 lit. c 7,5 €/1000 kg.

Der Vergütungsbetrag wird abzüglich eines allgemeinen Selbstbehaltes von 400 € gutgeschrieben.

*(BGBl I 2019/103)*

**„3. Betriebe, die für das vorangegangene Kalenderjahr (Wirtschaftsjahr) Anspruch auf Energieabgabenvergütung haben, können für das auf dieses folgende Kalenderjahr (Wirtschaftsjahr) einen Antrag auf Vorausvergütung in der Höhe von 5 % der Vergütungssumme des vorangegangenen Kalenderjahres (Wirtschaftsjahres) stellen. Für jedes Kalenderjahr (Wirtschaftsjahr) darf nur ein Antrag auf Vorausvergütung eingebracht werden. Der Antrag auf Vorausvergütung darf frühestens gemeinsam mit dem Antrag auf Energieabgabenvergütung für das vorangegangene Kalenderjahr (Wirtschaftsjahr) eingebracht werden und ist mit Bescheid zu erledigen. Die Entscheidung über den Antrag auf Vorausvergütung setzt das Vorliegen eines Bescheids nach Z 1 für das vorangegangene Kalenderjahr (Wirtschaftsjahr) voraus. Der Betrag der Vorausvergütung wird bei der Vergütung für das gesamte Kalenderjahr (Wirtschaftsjahr) abgezogen.“**

*(BGBl I 2022/46 ab 14.4.2022)*

(3) Ein Anspruch auf Vergütung besteht auch insoweit, als für einen Produktionsprozess Wärme (bzw. Dampf oder Warmwasser) bezogen wird und die Erzeugung dieser Wärme (bzw. des Dampfes oder des Warmwassers) aus den in § 1 Abs. 3 genannten Energieträgern erfolgt und die verwendete Menge an den in § 1 Abs. 3 genannten Energieträgern vom Lieferer der Wärme (bzw. des Dampfes oder des Warmwassers) dem Empfänger mitgeteilt wird.

**„(4) Die Vergütung obliegt dem für die Erhebung der Umsatzsteuer des Vergütungsberechtigten zuständigen Finanzamt.“**

*(BGBl I 2022/46 ab 14.4.2022)*

**§ 3.** Kein Anspruch auf Vergütung besteht:

1. insoweit die in § 1 Abs. 3 genannten Energieträger für die Erzeugung von Wärme, Dampf oder Warmwasser verwendet werden, ausgenommen unmittelbar für einen Produktionsprozess;

   *(BGBl I 2017/136)*

2. insoweit Anspruch auf Vergütung der Erdgasabgabe gemäß § 3 Abs. 2 des Erdgasabgabegesetzes, auf Vergütung der Kohleabgabe gemäß § 3 Abs. 2 des Kohleabgabegesetzes oder auf Vergütung der Mineralölsteuer nach dem Mineralölsteuergesetz 1995 besteht oder der Energieträger als Treibstoff verwendet wird.

**§ 4.** (1) Dieses Bundesgesetz tritt mit dem Inkrafttreten des Erdgasabgabegesetzes und des Elektrizitätsabgabegesetzes in Kraft. § 2 Abs. 2 in der Fassung des Bundesgesetzes BGBl. I Nr. 59/2001 tritt mit 1. Jänner 2002 in Kraft. § 2 Abs. 1 und § 3 Z 1 in der Fassung des BGBl I Nr. 158/2002 ist auf Sachverhalte anzuwenden, die nach dem 31. Dezember 2001 und vor dem 1. Jänner 2003 stattfinden.

(2) Mit der Vollziehung ist der Bundesminister für Finanzen betraut.

(3) Das Energieabgabenvergütungsgesetz in der Fassung vor dem BGBl I Nr. 71/2003 ist auf Sachverhalte anzuwenden die vor dem 1. Jänner 2004 stattfinden.

(4) Das Energieabgabenvergütungsgesetz in der Fassung des BGBl. I Nr. 92/2004 ist mit Ausnahme von § 4 Abs. 5 und 6 und § 2 Abs. 2 Z 3 auf Sachverhalte anzuwenden, die nach dem 31. Dezember 2003 stattfinden. § 2 Abs. 2 Z 3 tritt mit Ablauf des 31. Dezember 2004 in Kraft. Der Vergütungsbetrag setzt sich im selben Verhältnis zusammen wie die eingesetzten Energieträger.



(5) Für Betriebe, deren Schwerpunkt nicht in der Herstellung körperlicher Wirtschaftsgüter besteht, gilt für das Jahr 2003 folgende Regelung:

Neben dem Selbstbehalt gemäß § 2 Abs. 2 wird ein Anteil von 0,00872 €/m³ verbrauchtes Erdgas bzw. von 0,003 €/kWh verbrauchte elektrische Energie nicht vergütet.

(6) Für Betriebe, deren Schwerpunkt in der Herstellung körperlicher Wirtschaftsgüter besteht, gilt für die Jahre 2002 und 2003 folgende Regelung:

Neben dem Selbstbehalt gemäß § 2 Abs. 2 wird ein Anteil von 0,00717 €/m³ verbrauchtes Erdgas bzw. von 0,0006 €/kWh verbrauchte elektrische Energie nicht vergütet.

(7) Die §§ 2 und 3, jeweils in der Fassung des Budgetbegleitgesetzes 2011, BGBl. I Nr. 111/2010, sind vorbehaltlich der Genehmigung durch die Europäische Kommission auf Vergütungsanträge anzuwenden, die sich auf einen Zeitraum nach dem 31. Dezember 2010 beziehen.

(8) § 1 Abs. 3 Z 2 und § 2 Abs. 2 Z 2 lit. b, jeweils in der Fassung des Bundesgesetzes BGBl. I Nr. 103/2019, finden ab dem Zeitpunkt Anwendung, zu dem § 2 Abs. 1 Z 1 Erdgasabgabegesetz in der Fassung des Bundesgesetzes BGBl. I Nr. 103/2019 anwendbar ist. Der Bundesminister für Finanzen hat eine Verschiebung dieses Zeitpunktes im Bundesgesetzblatt kund zu machen. In diesem Fall sind die genannten Bestimmungen am ersten Tag des zweitfolgenden Monats nach der Erfüllung EU-rechtlicher Verpflichtungen anzuwenden und auch dieser Zeitpunkt durch den Bundesminister für Finanzen im Bundesgesetzblatt kund zu machen.

*(BGBl I 2019/103)*

**„(9) § 2 Abs. 2 Z 3 und § 2 Abs. 4, jeweils in der Fassung des Bundesgesetzes BGBl. I Nr. 46/2022, treten mit dem der Kundmachung im Bundesgesetzblatt folgenden Tag in Kraft. § 2 Abs. 2 Z 3 in der Fassung des Bundesgesetzes BGBl. I Nr. 46/2022 ist frühestens auf Anträge auf Vorausvergütung für das Kalenderjahr 2022 und abweichende Wirtschaftsjahre, die**

**im Jahr 2022 beginnen oder enden, anwendbar, wobei für Anträge auf Vorausvergütung für die Kalenderjahre 2022 bis 2023 und abweichende Wirtschaftsjahre, die in diesen Kalenderjahren beginnen oder enden, eine Vorausvergütung in der Höhe von bis zu 25 % der Vergütungssumme des vorangegangenen Kalenderjahres (Wirtschaftsjahres) beantragt werden kann. Auf Anträge auf Vorausvergütung, die sich auf vor diesen Zeiträumen gelegene Sachverhalte beziehen, findet § 2 Abs. 2 Z 3 in der Fassung des Bundesgesetzes BGBl. I Nr. 103/2019 weiterhin Anwendung.“**

*(BGBl I 2022/46)*

# 13/4. Kohleabgabegesetz

**Kohleabgabegesetz**, BGBl I 2003/71 idF

**1** BGBl I 2004/91

GLIEDERUNG





**Kohleabgabegesetz**

Der Nationalrat hat beschlossen:

### Steuerbare Vorgänge, Steuergebiet

**§ 1.** (1) Der Kohleabgabe unterliegen

1. Die Lieferung von Kohle im Steuergebiet, ausgenommen die Lieferung an Kohlehändler zum Weiterlieferung.
2. Der Verbrauch von Kohle durch Kohlehändler oder Kohleerzeuger und der Verbrauch von selbst in das Steuergebiet verbrachter Kohle im Steuergebiet.

(2) Die Lieferung im Sinne des Abs. 1 Z 1 erfolgt an dem Ort, an dem der Empfänger über die Kohle verfügen kann.

(3) Steuergebiet im Sinne dieses Bundesgesetzes ist das Bundesgebiet mit Ausnahme der Ortsgemeinden Jungholz (Tirol) und Mittelberg (Vorarlberg).

### Steuergegenstand

**§ 2.** (1) Kohle im Sinne dieses Bundesgesetzes sind Waren der Positionen

– 2701 (Steinkohle; Steinkohlenbriketts und ähnlich aus Steinkohle gewonnene feste Brennstoffe),
– 2702 (Braunkohle, auch agglomeriert, ausgenommen Gagat)
– 2704 (Koks und Schwelkoks, aus Steinkohle, Braunkohle oder Torf, auch agglomeriert; Retortenkohle)
– 2713 (Petrolkoks, Bitumen aus Erdöl und andere Rückstände aus Erdöl oder Öl aus bituminösen Mineralien) und
– 2714 (Naturbitumen und Naturasphalt; bituminöse oder ölhaltige Schiefer und Sande; Asphaltite und Asphaltgestein) der Kombinierten Nomenklatur.

(2) Kombinierte Nomenklatur im Sinne dieses Bundesgesetzes ist die Warennomenklatur nach Art. 1 der Verordnung (EWG) Nr. 2658/87 des Rates vom 23. Juli 1987 (ABl. EG Nr. L 256 S. 1) in der jeweils geltenden Fassung.

### Steuerbefreiungen

**§ 3.** (1) Von der Kohleabgabe befreit ist

1. Kohle, soweit sie zur Erzeugung von Koks verwendet wird.
2. Kohle, soweit sie zur Erzeugung elektrischer Energie verwendet wird.
3. Kohle, die nicht zum Verheizen oder zur Herstellung einer Ware zum Verheizen oder als Treibstoff oder zur Herstellung von Treibstoffen verwendet wird.

(2) Die Befreiungen gemäß Abs 1 Z 2 und 3 erfolgen im Wege einer Vergütung an denjenigen, der die Kohle verwendet. Für das Vergütungsverfahren sind die Regelungen des Energieabgabenvergütungsgesetzes sinngemäß anzuwenden, wobei die Vergütung auch monatlich erfolgen kann.

### Abgabenschuldner

**§ 4.** (1) Abgabenschuldner ist

1. im Falle des § 1 Abs. 1 Z 1 der Lieferer der Kohle.
2. im Falle des § 1 Abs. 1 Z 2 derjenige, der die Kohle verbraucht.

(2) Wird die Kohle von einem ausländischen Lieferer direkt an einen inländischen Empfänger geliefert, dann haftet der inländische Empfänger für die Entrichtung der Kohleabgabe.

### Bemessungsgrundlage und Höhe der Abgabe

**§ 5.** (1) Bemessungsgrundlage der Kohleabgabe ist

1. im Falle des § 1 Abs. 1 Z 1 die gelieferte Menge an Kohle in kg.
2. im Falle des § 1 Abs. 1 Z 2 die verbrauchte Menge an Kohle in kg.

(2) Die Abgabe beträgt 0,05 Euro je kg.

### Erhebung der Abgabe

**§ 6.** (1) Der Abgabenschuldner gemäß § 4 hat bis zum 15. des auf den Kalendermonat zweitfolgenden Monats (Fälligkeitstag) die Abgabe für die im Kalendermonat gelieferte oder verbrauchte Menge an Kohle selbst zu berechnen und zu entrichten. Beträge unter 50 Euro sind nicht zu entrichten.

(2) Zum letzten Fälligkeitstag für jedes Kalenderjahr sind Abweichungen der selbst berechneten bzw. entrichteten Beträge von der tatsächlichen Jahresabgabenschuld auszugleichen. Abgabenschuldner, die den Gewinn gemäß § 2 Abs. 5 des Einkommensteuergesetzes 1988 oder gemäß § 7 Abs. 5 des Körperschaftsteuergesetzes 1988 nach einem vom Kalenderjahr abweichenden Wirtschaftsjahr ermitteln, können den Ausgleich am ersten auf den Bilanzstichtag folgenden Fälligkeitstag vornehmen.

(3) Wird die Abgabe nicht oder in offensichtlich unrichtiger Höhe entrichtet, dann hat das Finanzamt die Abgabe festzusetzen. Die festgesetzte Abgabe hat die in Abs. 1 genannte Fälligkeit.

(4) Der Abgabenschuldner wird nach Ablauf des Kalenderjahres (Wirtschaftsjahres) zur Abgabe veranlagt. Bis zum 31. März eines jeden Jahres hat der Abgabenschuldner dem Finanzamt eine Jahresabgabenerklärung für das vorangegangene Jahr zu übermitteln. In diese sind die Gesamtmenge der im vergangenen Jahr gelieferten bzw. verbrauchten Menge an Kohle aufzunehmen.

(5) Die Erhebung der Abgabe obliegt dem für die Erhebung der Umsatzsteuer des Abgabenschuldners zuständigen Finanzamt.

### Aufzeichnungspflichten und Rechnungslegungspflichten

**§ 7.** Der Abgabenschuldner gemäß § 4 ist verpflichtet, Aufzeichnungen zu führen, aus denen sich die gelieferte bzw. verbrauchte Menge an Kohle ergibt.

### In-Kraft-Treten

**§ 8.** Dieses Bundesgesetz ist auf Vorgänge nach dem 31. Dezember 2003 anzuwenden.

### Vollziehung

**§ 9.** Mit der Vollziehung dieses Bundesgesetzes ist der Bundesminister für Finanzen betraut.

# 13/5. Flugabgabegesetz

**Flugabgabegesetz**, BGBl I 2010/111 idF

**1** BGBl I 2011/76 (AbgÄG 2011) **2** BGBl I 2012/112 (AbgÄG 2012) **3** BGBl I 2014/13 (AbgÄG 2014)
**4** BGBl I 2017/44 **5** BGBl I 2019/104 (FORG) **6** BGBl I 2020/96 (KonStG 2020)

GLIEDERUNG





**Bundesgesetz, mit dem eine Flugabgabe eingeführt wird (Flugabgabegesetz – Flug-AbgG)**

### Gegenstand der Abgabe

**§ 1.** Der Flugabgabe unterliegt der Abflug eines Passagiers von einem inländischen Flughafen mit einem motorisierten Luftfahrzeug.

### Begriffsbestimmungen

**§ 2.** (1) Motorisierte Luftfahrzeuge im Sinne dieses Bundesgesetzes sind Flugzeuge und Drehflügler, für die Mineralöl als Betriebsstoff eingesetzt wird.

(2) Ein Flughafen ist ein öffentlicher Flugplatz, der für den internationalen Luftverkehr bestimmt ist und über die hiefür erforderlichen Einrichtungen verfügt (§ 64 des Luftfahrtgesetzes (LFG), BGBl. Nr. 253/1957).

(3) Luftfahrzeughalter ist, wer das Luftfahrzeug auf eigene Rechnung betreibt und jene Verfügungsmacht darüber besitzt, die ein solcher Betrieb voraussetzt (§ 13 LFG).

(4) Abflug ist das Abheben eines motorisierten Luftfahrzeuges von einem inländischen Flughafen.

(5) Zielflugplatz ist der in- oder ausländische Ort, auf dem die Flugreise des Passagiers planmäßig enden soll. Der Flugplatz, auf dem eine Zwischenlandung erfolgt gilt nicht als Zielflugplatz. Eine Zwischenlandung ist die Unterbrechung der Flugreise des Passagiers für weniger als 24 Stunden, wenn an die Unterbrechung ein Abflug an einen anderen Flugplatz als den Flugplätzen der vorangegangenen Abflüge anschließt. Der Zielflugplatz muss sich vom Flughafen des Abfluges nicht unterscheiden (Rundflug).

(6) Zur Flugbesatzung gehören alle Personen, die mit einem Luftfahrzeug abfliegen und

1. mit dem Führen des Luftfahrzeuges oder
2. mit der technischen Überwachung, Wartung oder Reparatur des Luftfahrzeuges oder
3. mit der Sicherheit der Passagiere oder
4. mit der Versorgung der Passagiere

befasst sind.

### Befreiung von der Abgabenpflicht

**§ 3.** Von der Flugabgabe ist befreit:

1. Der Abflug von Passagieren, die das zweite Lebensjahr noch nicht vollendet haben und über keinen eigenen Sitzplatz verfügen.
2. Der Abflug von Personen, die zur Flugbesatzung gehören oder die als Flugbesatzungsmitglieder eines anderen Fluges an ihren Einsatzort oder von ihrem Einsatzort geflogen werden.
3. Der Abflug zu Ausbildungszwecken oder zum Zweck des Absprunges mit einem Fallschirm.
4. Der Abflug ausschließlich zu militärischen, medizinischen oder humanitären Zwecken.
5. Der Abflug von Transit- und Transferpassagieren nach einer Zwischenlandung auf einem inländischen Flughafen, die zu einer planmäßigen Unterbrechung der Flugreise des Passagiers von weniger als 24 Stunden geführt hat.
6. Der Abflug nach einer nicht planmäßigen Landung.

7. Der Abflug von Luftfahrzeugen mit einem höchstzulässigen Abfluggewicht bis einschließlich 2 000 Kilogramm.
8. Der Abflug von staatlichen Luftfahrzeugen im Sinne des Art. 3 des Abkommens über die internationale Zivilluftfahrt, BGBl. Nr. 97/1949.

**Berechnung der Flugabgabe**

**§ 4.** Die Flugabgabe bemisst sich nach der Lage des Zielflugplatzes und der Anzahl der beförderten Passagiere.

**Tarif**

**§ 5.** (1) Die Flugabgabe beträgt 12 Euro je Passagier.

*(BGBl I 2020/96)*

(2) Abweichend von Abs. 1 beträgt die Flugabgabe 30 Euro je Passagier, wenn die Entfernung zwischen dem inländischen Flughafen, von dem aus der Abflug erfolgt, und dem Zielflugplatz weniger als 350 km beträgt. Die genannte Entfernung wird nach der Methode der Großkreisentfernung ermittelt.

*(BGBl I 2020/96)*

(3) Die Abgabe für Kurzstreckenflüge versteht sich einschließlich einer allenfalls anfallenden Umsatzsteuer.

**Abgabenschuldner**

**§ 6.** Abgabenschuldner ist der Luftfahrzeughalter, der den Abflug durchführt. Der Flugplatzhalter des inländischen Flughafens, von dem aus der Abflug erfolgt, haftet für die Abgabe.

**Abgabenschuld und Abgabenerhebung**

**§ 7.** (1) Die Abgabenschuld entsteht mit Ablauf des Kalendermonats, in dem der Abflug erfolgt ist.

(2) Der Abgabenschuldner hat die Abgabe selbst zu berechnen und spätestens am 15. Tag (Fälligkeitstag) des auf den Kalendermonat, in dem die Abgabenschuld entstanden ist (Anmeldungszeitraum), zweitfolgenden Kalendermonats eine Anmeldung beim Finanzamt Österreich einzureichen. Die Einreichung der Anmeldung hat elektronisch zu erfolgen.

*(BGBl I 2019/104)*

(3) Der Abgabenschuldner hat die Flugabgabe spätestens am Fälligkeitstag (Abs. 2) zu entrichten.

(4) Der Abgabenschuldner hat bis zum 31. März jeden Kalenderjahres eine Abgabenerklärung für das vorangegangene Kalenderjahr dem Finanzamt Österreich elektronisch zu übermitteln.

*(BGBl I 2019/104)*

(5) Eine gemäß § 201 der Bundesabgabenordnung (BAO), BGBl. Nr. 194/1961, festgesetzte Abgabe hat den in Abs. 2 genannten Fälligkeitstag.

**Fiskalvertreter**

**§ 8.** (1)
1. Ein Luftfahrzeughalter, der in einem Mitgliedstaat der Europäischen Union außerhalb Österreichs Wohnsitz, Sitz oder Betriebsstätte hat, darf einen nach Abs. 3 zugelassenen Fiskalvertreter beauftragen.
2. Ein Luftfahrzeughalter, der weder im Inland noch in einem Mitgliedstaat der Europäischen Union Wohnsitz, Sitz oder Betriebsstätte hat, ist verpflichtet, vor der Durchführung des ersten Abfluges von einem inländischen Flughafen, durch den eine Abgabenschuld entsteht, einen nach Abs. 3 zugelassenen Fiskalvertreter zu beauftragen.

(2) Der Fiskalvertreter hat die abgabenrechtlichen Pflichten des von ihm Vertretenen zu erfüllen. Er ist befugt, die dem Vertretenen zustehenden Rechte wahrzunehmen. Er haftet für die Abgabe. Der Fiskalvertreter muss auch Zustellungsbevollmächtigter sein.

(3) Als Fiskalvertreter können nur
1. Wirtschaftstreuhänder, Rechtsanwälte, Notare oder Unternehmer im Sinne des § 2 Abs. 1 des Umsatzsteuergesetzes 1994 (UStG 1994), BGBl. 663/1994, jeweils mit Sitz oder Wohnsitz im Inland oder
2. internationale Verbände von Flugunternehmen, die mit einer inländischen Zweigniederlassung im Firmenbuch eingetragen sind,

bestellt werden, wenn sie in der Lage sind, den abgabenrechtlichen Pflichten nachzukommen.

(4) Der Luftfahrzeughalter hat dem Finanzamt Österreich mitzuteilen:
1. den von ihm beauftragten Fiskalvertreter,
2. den Sitz oder Wohnsitz des Fiskalvertreters,
3. die Steuernummer und die Umsatzsteuer-Identifikationsnummer gemäß Art. 28 UStG 1994 des Fiskalvertreters.

Luftfahrzeughalter gemäß Abs. 1 Z 2 müssen dieser Mitteilungsverpflichtung vor der Durchführung des ersten Abfluges von einem inländischen Flughafen, durch den eine Abgabenschuld entsteht, nachkommen.

*(BGBl I 2019/104)*

**Registrierung der Luftfahrzeughalter**

**§ 9.** (1) Der Luftfahrzeughalter hat spätestens bis zur Durchführung des ersten Abfluges von einem inländischen Flughafen, durch den eine Abgabenschuld entsteht, beim Finanzamt Österreich einen Antrag auf Registrierung zu stellen. Im Antrag auf Registrierung ist anzugeben:
1. die Bezeichnung des Luftfahrzeughalters,
2. der Sitz oder Wohnsitz des Luftfahrzeughalters,
3. ein Verzeichnis der inländischen Flughäfen, von denen ein Abflug beabsichtigt ist.

*(BGBl I 2019/104)*

(2) Hat ein Luftfahrzeughalter im Inland weder Wohnsitz noch Sitz oder Betriebsstätte, ist im Antrag auf Registrierung zusätzlich die Bezeichnung und der Sitz oder Wohnsitz des Fiskalvertreters (§ 8) anzugeben.

(3) Der Luftfahrzeughalter hat dem Finanzamt Österreich unverzüglich mitzuteilen:

1. Änderungen von Angaben im Sinne der Abs. 1 oder 2,
2. die Einstellung der Durchführung von Abflügen von einem bestimmten inländischen Flughafen,
3. die beabsichtigte Durchführung von Abflügen von noch nicht im Verzeichnis erfassten inländischen Flughäfen,
4. die Zahlungseinstellung, die drohende oder eingetretene Zahlungsunfähigkeit oder Überschuldung oder die Stellung eines Antrags auf Eröffnung eines Insolvenzverfahrens.

*(BGBl I 2019/104)*

(4) Das Finanzamt Österreich hat dem registrierten Luftfahrzeughalter eine Steuernummer zu erteilen und bekannt zu geben.

*(BGBl I 2019/104)*

(5) Das Registrierungsverfahren ist vom Finanzamt Österreich durchzuführen.

*(BGBl I 2019/104)*

**Pflichten der Luftfahrzeughalter**

**§ 10.** (1) Der Luftfahrzeughalter ist verpflichtet, elektronische Aufzeichnungen in deutscher oder englischer Sprache zu führen, aus denen sich taggenau ergibt:

1. die Anzahl der von einem inländischen Flughafen abgeflogenen Passagiere,
2. die Flugnummer, falls für den durchgeführten Abflug eine Flugnummer vergeben worden ist,
3. der Zielflugplatz im Sinne des § 2 Abs. 5 der von einem inländischen Flughafen abgeflogenen Passagiere,
4. das Datum und der Zeitpunkt des Abfluges,
5. die Bezeichnung des inländischen Flughafens, von dem der Abflug erfolgt ist.

(2) Die Aufzeichnungspflicht umfasst auch Daten von Personen, deren Abflug gemäß § 3 Z 1 bis 5 befreit ist. Diese sind gesondert auszuweisen. Abweichend von Abs. 1 entfällt die Aufzeichnungspflicht, wenn durch einen Abflug (§ 2 Abs. 4) keine Abgabenschuld entsteht.

(3) Der Luftfahrzeughalter ist verpflichtet, spätestens am 15. Tag des auf den Kalendermonat, in dem die Abgabenschuld entstanden ist, zweitfolgenden Kalendermonats unter Angabe seiner Steuernummer (§ 9 Abs. 4) dem Finanzamt Österreich folgende Daten für ein Kalendermonat zusammengefasst nach inländischen Flughäfen zu übermitteln:

1. ICAO-Code und Steuernummer des Luftfahrzeughalters,
2. in Ermangelung des ICAO-Codes die Bezeichnung des Luftfahrzeughalters,
3. Bezeichnung des inländischen Flughafens, von dem der Abflug erfolgt ist,
4. Monat und Jahr, für das die Meldung übermittelt wird,
5. Anzahl der abgeflogenen Passagiere ohne Mitglieder der Flugbesatzung (§ 2 Abs. 6) und ohne Passagiere, die das zweite Lebensjahr noch nicht vollendet haben und über keinen eigenen Sitzplatz verfügen (§ 3 Z 1), jeweils unter zahlenmäßiger Zuordnung zu den einzelnen Abflügen unter Berücksichtigung des § 5 Abs. 3
   a) mit einem Zielflugplatz innerhalb der Kurzstrecke gemäß Anlage 1, wobei Passagiere nach § 5 Abs. 2 gesondert anzugeben sind,
   b) mit einem Zielflugplatz innerhalb der Mittelstrecke gemäß Anlage 2,
   c) mit einem Zielflugplatz, der in einem Staatsgebiet oder Gebiet liegt, das weder in der Anlage 1 noch in der Anlage 2 angeführt ist, samt einer Angabe des Zielflugplatzes,

   *(BGBl I 2020/96)*
6. Abgabenbetrag,
7. Anzahl der
   a) Passagiere, die das zweite Lebensjahr noch nicht vollendet haben und über keinen eigenen Sitzplatz verfügen,
   b) Personen, die als Flugbesatzungsmitglieder eines anderen Fluges an ihren Einsatzort oder von ihrem Einsatzort geflogen werden,
   c) steuerfrei abgeflogene Personen gemäß § 3 Z 3 und 4,
   d) Transferpassagiere.

Die Übermittlung der Daten hat elektronisch zu erfolgen.

*(BGBl I 2019/104)*

(4) Der Luftfahrzeughalter ist verpflichtet, spätestens am 15. Tag des auf den Kalendermonat, in dem die Abgabenschuld entstanden ist, folgenden Kalendermonats dem Halter des inländischen Flugplatzes, von dem aus er im betreffenden Zeitraum abgabepflichtige Abflüge durchgeführt hat, für ein Kalendermonat zusammengefasst die in Abs. 3 Z 1 bis 7 angeführten Daten zu übermitteln.

**Pflichten der Flugplatzhalter**

**§ 11.** (1) Der Halter des inländischen Flughafens, von dem der Abflug erfolgt, ist verpflichtet, elektronische Aufzeichnungen zu führen, aus denen sich taggenau ergibt:

1. die Bezeichnung der Luftfahrzeughalter, die Abflüge durchgeführt haben,
2. die Flugnummern, falls für durchgeführte Abflüge Flugnummern vergeben worden sind,
3. die Flugplätze, auf denen die Abflüge planmäßig geendet haben,
4. die Anzahl der abgeflogenen Passagiere,
5. das Datum und der Zeitpunkt der Abflüge.

(2) Die Aufzeichnungspflicht umfasst auch Daten von Personen, deren Abflug gemäß § 3 Z 1 bis 5 befreit ist. Diese sind gesondert auszuweisen. Abweichend von Abs. 1 entfällt die Aufzeichnungspflicht, wenn für einen Abflug (§ 2 Abs. 4) keine Abgabenschuld entsteht.

(3) Der Flugplatzhalter ist verpflichtet, die ihm von den Luftfahrzeughaltern übermittelten Daten (§ 10 Abs. 4) zu überprüfen und mit den eigenen Daten abzugleichen.

(4) Der Flugplatzhalter ist verpflichtet, eine Zusammenstellung der abgeglichenen Daten spätestens am 15. Tag des auf den Kalendermonat, in dem der Abflug erfolgt ist, zweitfolgenden Kalendermonats dem Finanzamt Österreich zu übermitteln. Die Übermittlung der Aufzeichnungen hat elektronisch zu erfolgen.

*(BGBl I 2019/104)*

(5) Die Übermittlung gemäß Abs. 4 hat – zusammengefasst nach Luftfahrzeughaltern – folgende Daten zu enthalten:

1. ICAO-Code des Luftfahrzeughalters,
2. in Ermangelung des ICAO-Codes die Bezeichnung, Adresse, sowie Postleitzahl und Land des Luftfahrzeughalters,
3. Monat und Jahr, für das die Meldung übermittelt wird,
4. Anzahl der abgeflogenen Passagiere ohne Mitglieder der Flugbesatzung (§ 2 Abs. 6) und ohne Passagiere, die das zweite Lebensjahr noch nicht vollendet haben und über keinen eigenen Sitzplatz verfügen (§ 3 Z 1),
5. Anzahl der
   a) Passagiere, die das zweite Lebensjahr noch nicht vollendet haben und über keinen eigenen Sitzplatz verfügen,
   b) Personen, die als Flugbesatzungsmitglieder eines anderen Fluges an ihren Einsatzort oder von ihrem Einsatzort geflogen werden,
   c) Transferpassagiere.

(6) Abweichend von Abs. 5 hat der Flugplatzhalter hinsichtlich jener Luftfahrzeughalter, die Abflüge, durch die eine Abgabenschuld entsteht oder entstanden ist, durchgeführt haben und ihm keine Daten im Sinne des § 10 Abs. 4 übermittelt haben, folgende Aufzeichnungen zu übermitteln:

1. ICAO-Code des Luftfahrzeughalters,
2. in Ermangelung des ICAO-Codes die Bezeichnung, Adresse, sowie Postleitzahl und Land des Luftfahrzeughalters,
3. Monat und Jahr, für das die Meldung übermittelt wird,
4. Flugnummer oder Registrierungsnummer des Luftfahrzeuges,
5. Datum und Zeitpunkt des planmäßigen Abfluges,
6. Streckenziel mittels IATA-Code oder ICAO-Code des Flugplatzes,
7. Anzahl der abgeflogenen Passagiere ohne Mitglieder der Flugbesatzung (§ 2 Abs. 6) und ohne Passagiere, die das zweite Lebensjahr noch nicht vollendet haben und über keinen eigenen Sitzplatz verfügen (§ 3 Z 1),
8. Anzahl der
   a) Passagiere, die das zweite Lebensjahr noch nicht vollendet haben und über keinen eigenen Sitzplatz verfügen,
   b) Personen, die als Flugbesatzungsmitglieder eines anderen Fluges an ihren Einsatzort oder von ihrem Einsatzort geflogen werden,
   c) Transferpassagiere,
9. Anzahl der Passagiere je Destination (nächstes Ziel nach Streckenziel) mittels IATA-Code oder mittels ICAO-Codes des Flugplatzes.

(7) Übermittelt der Flugplatzhalter die abgeglichenen Daten korrekt, vollständig und rechtzeitig, dann entfällt die Haftung des Flugplatzhalters gemäß § 6 für die Abgabe, die auf jenen Zeitraum entfällt, für den die Daten übermittelt worden sind.

### Verordnungsermächtigung

**§ 12.** Der Bundesminister für Finanzen wird ermächtigt, den Inhalt und das Verfahren der elektronischen Übermittlung

1. der Anmeldung gemäß § 7 Abs. 2,
2. der Abgabenerklärung gemäß § 7 Abs. 5,
3. der Aufzeichnungen des Luftfahrzeughalters gemäß § 10 Abs. 3 und
4. der Aufzeichnungen des Flugplatzhalters gemäß § 11 Abs. 4

mit Verordnung festzulegen. In der Verordnung kann vorgesehen werden, dass sich der Abgabenschuldner und der Flugplatzhalter einer bestimmten öffentlich-rechtlichen oder privatrechtlichen Übermittlungsstelle zu bedienen haben.

### Verweise auf andere Rechtsvorschriften

**§ 13.** Soweit in diesem Bundesgesetz auf Bestimmungen anderer Bundesgesetze verwiesen wird, sind diese in ihrer jeweils geltenden Fassung anzuwenden.

### Personenbezogene Bezeichnungen

**§ 14.** Bei den in diesem Bundesgesetz verwendeten personenbezogenen Bezeichnungen gilt die gewählte Form für beide Geschlechter.

### Vollziehung

**§ 15.** Mit der Vollziehung dieses Bundesgesetzes ist der Bundesminister für Finanzen betraut. Der Bundesminister für Finanzen hat gemeinsam mit dem Bundesminister für Verkehr, Innovation und Technologie die Auswirkungen der Einführung des Flugabgabegesetzes auf den Luftverkehrssektor und die Entwicklung der Einnahmen aus der Flugabgabe bis 30. September 2012 zu evaluieren. Eine weitere Evaluierung hat bis 30. September 2014 zu erfolgen.

**Inkrafttreten**

**§ 16.** (1) Dieses Bundesgesetz tritt mit 1. Jänner 2011 in Kraft.

(2) Liegt dem Abflug kein Rechtsgeschäft zugrunde, dann entsteht die Abgabenschuld erstmals für Abflüge nach dem 31. März 2011. Liegt dem Abflug ein Rechtsgeschäft zu Grunde, dann entsteht die Abgabenschuld erstmals, wenn das Rechtsgeschäft nach dem 31. Dezember 2010 abgeschlossen worden ist und der Abflug nach dem 31. März 2011 erfolgt.

(3) § 3 Z 7, § 8 Abs. 1 und Abs. 4, § 9 Abs. 1, § 10, § 11 und § 12, jeweils in der Fassung des Bundesgesetzes BGBl. I Nr. 76/2011, treten mit 1. Jänner 2011 in Kraft.

(4) § 5 Abs. 1 und 3 in der Fassung des Bundesgesetzes BGBl. I Nr. 112/2012 tritt mit 1. Jänner 2013 in Kraft.

(5) § 5 Abs. 1 und 3 in der Fassung des Bundesgesetzes BGBl. I Nr. 44/2017 tritt mit 1. Jänner 2018 in Kraft.

*(BGBl I 2017/44)*

(6) § 7 Abs. 2 und Abs. 4, § 8 Abs. 4, § 9 Abs. 1, Abs. 3, Abs. 4 und Abs. 5, § 10 Abs. 3, § 11 Abs. 4, jeweils in der Fassung des Bundesgesetzes BGBl. I Nr. 104/2019, treten mit 1. Juli 2020 in Kraft.

*(BGBl I 2019/104)*

(7) § 5 Abs. 1 und 2 und § 10 Abs. 3 Z 5, jeweils in der Fassung des Bundesgesetzes BGBl. I Nr. 96/2020, treten mit 1. September 2020 in Kraft. Sie sind auf Abflüge von Passagieren von einem inländischen Flughafen nach dem 31. August 2020 anzuwenden. Auf Abflüge bis zu diesem Zeitpunkt sind § 5 und § 10 Abs. 3 Z 5 Flugabgabegesetz, jeweils in der Fassung des Bundesgesetzes BGBl. I Nr. 104/2019, weiter anzuwenden. Letzteres gilt zudem in Fällen, in denen einem Abflug nach dem 31. August 2020 ein Rechtsgeschäft zu Grunde liegt, das vor dem 1. September 2020 abgeschlossen worden ist.

*(BGBl I 2020/96)*

**Anlage 1**

**Zielflugplätze innerhalb der Kurzstrecke**

Zielflugplätze innerhalb der Kurzstrecke sind Flugplätze in folgenden Staaten und Gebieten:

Arabische Republik Ägypten
Republik Armenien
Republik Albanien
Demokratische Volksrepublik Algerien
Fürstentum Andorra
Königreich Belgien
Bosnien und Herzegowina
Republik Bulgarien
Königreich Dänemark
Bundesrepublik Deutschland
Republik Estland
Republik Finnland
Französische Republik
Georgien
Hellenische Republik (Griechenland)
Irland
Isle of Man
Staat Israel
Italienische Republik
Haschemitisches Königreich Jordanien
Kanalinseln (Alderney, Guernsey, Herm, Jersey, Sark)
Republik Kosovo
Republik Kroatien
Republik Lettland
Fürstentum Liechtenstein
Republik Litauen
Großherzogtum Luxemburg
Libanesische Republik (Libanon)
Libyen
Republik Malta
Republik Nordmazedonien
Republik Moldau
Montenegro
Fürstentum Monaco
Königreich der Niederlande
Königreich Norwegen
Republik Österreich
Palästinensische Autonomiegebiete
Republik Polen
Portugiesische Republik
Rumänien
Russische Föderation
Republik San Marino
Königreich Schweden
Schweizerische Eidgenossenschaft (Schweiz)
Republik Serbien
Slowakische Republik
Republik Slowenien
Spanien
Arabische Republik Syrien
Tschechische Republik
Republik Tunesien
Türkische Republik
Ukraine
Republik Ungarn
Staat der Vatikanstadt
Vereinigtes Königreich von Großbritannien und Nordirland
Republik Belarus (Weißrussland)
Republik Zypern

*(BGBl I 2020/96)*

**Anlage 2**

**Zielflugplätze innerhalb der Mittelstrecke**

Zielflugplätze innerhalb der Mittelstrecke sind Flugplätze in folgenden Staaten und Gebieten:

Islamische Republik Afghanistan
Republik Äquatorialguinea
Republik Aserbaidschan
Demokratische Bundesrepublik Äthiopien
Königreich Bahrain
Republik Benin
Burkina Faso
Republik Burundi
Republik Elfenbeinküste
Republik Dschibuti
Staat Eritrea
Gabunische Republik
Republik Gambia
Republik Ghana
Republik Guinea
Republik Guinea-Bissau
Republik Indien
Republik Irak
Islamische Republik Iran
Island
Republik Jemen
Republik Kamerun
Republik Kap Verde
Republik Kasachstan
Staat Katar
Republik Kenia
Kirgisische Republik (Kirgistan)
Demokratische Republik Kongo
Republik Kongo
Staat Kuwait
Republik Liberia
Republik Mali
Königreich Marokko
Islamische Republik Mauretanien
Republik Niger
Bundesrepublik Nigeria
Sultanat Oman
Islamische Republik Pakistan
Republik Ruanda
Demokratische Republik Sao Tomé und Príncipe
Königreich Saudi Arabien
Republik Senegal
Republik Sierra Leone
Republik Somalia
Republik Sudan
Republik Südsudan
Republik Tadschikistan
Republik Togo
Republik Tschad
Turkmenistan
Republik Uganda
Republik Usbekistan
Vereinigte Arabische Emirate
Zentralafrikanische Republik

# 14. SONSTIGE GESETZE UND VERORDNUNGEN

## Inhaltsverzeichnis

## 14/1. Abgabe von Zuwendungen

BGBl 1975/391 idF BGBl 1988/739

**Bundesgesetz vom 2. Juli 1975, mit dem das Einkommensteuergesetz 1972 geändert und eine Abgabe von Zuwendungen eingeführt wird (Einkommensteuergesetznovelle 1975)**

Der Nationalrat hat beschlossen:

**Art. II** (1) Zuwendungen von Berufs- und Wirtschaftsverbänden und anderen Interessenvertretungen mit freiwilliger Mitgliedschaft im Sinne des Art. I an politische Parteien sowie an Organisationen, die einer politischen Partei nahestehen oder die nicht selbst als Berufs- und Wirtschaftsverband (Interessenvertretung) anzusehen sind, unterliegen einer Abgabe in Höhe von 15 v. H. der zugewendeten Beträge. Das gleiche gilt für Zuwendungen dieser Berufs- und Wirtschaftsverbände (Interessenvertretungen) an Personen oder Personengemeinschaften, wenn die Zuwendungen unter das Abzugsverbot des § 20 Abs. 1 Z. 3 des Einkommensteuergesetzes 1972 bzw. des § 16 Z. 4 des Körperschaftsteuergesetzes 1966 fallen. Die Abgabe ist vom Zuwendenden spätestens am 10. Tage nach Ablauf des Kalendermonates,[a] in dem die Zuwendung erfolgte, an sein Betriebsfinanzamt (§ 59 der Bundesabgabenordnung) abzuführen. (BGBl 1988/739, auf Zuwendungen anzuwenden, die nach dem 31.12.1988 erfolgen)

[a] Siehe auch BGBl 1993/818 (Art XXVIII, Sonderregelung betr die Fälligkeit von Abgabenschuldigkeiten, abgedruckt 17/1 f.)

(2) Die Abgabe im Sinne des Abs. 1 stellt eine ausschließliche Bundesabgabe dar.

**Art. III** Die Bestimmungen des Art. II treten am 1. Juli 1975 in Kraft.

**Art. IV** Mit der Vollziehung dieses Bundesgesetzes ist der Bundesminister für Finanzen betraut.

## 14/2. INVESTMENTSFONDS

### 14/2/1. Investmentfondsgesetz 2011 (Auszug)

BGBl I 2011/77 idF BGBl I 2022/112

**Gewinnverwendung und Ausschüttungen**

**§ 58.** (1) Die Fondsbestimmungen haben Regelungen über die Art der Ausschüttungen des OGAW an die Anteilinhaber zu enthalten. Das Fondsvermögen darf jedoch durch Ausschüttungen in keinem Fall 1 150 000 Euro unterschreiten.

(2) Innerhalb von sieben Monaten nach Ende des Geschäftsjahres ist, sofern keine Ausschüttung erfolgt, jedenfalls ein Betrag in der Höhe der auf die ausschüttungsgleichen Erträge gemäß § 186 Abs. 2 Z 1 erster Satz entfallenden Kapitalertragsteuer zuzüglich des gemäß § 124b Z 186 des Einkommensteuergesetzes 1988 freiwillig geleisteten Betrages auszuzahlen. Zu den Einkünften gehören auch Beträge, die neu hinzukommende Anteilinhaber für den zum Ausgabetag ausgewiesenen Ertrag aus Zinsen, Dividenden und Substanz leisten (Ertragsausgleich auf Zins-, Dividenden- und Substanzerträge). Die Auszahlung kann für OGAW oder bestimmte Gattungen von Anteilscheinen eines Sondervermögens unterbleiben, wenn durch die den OGAW verwaltende Verwaltungsgesellschaft in eindeutiger Form nachgewiesen wird, dass die ausgeschütteten und ausschüttungsgleichen Erträge sämtlicher Inhaber der ausgegebenen Anteilscheine entweder nicht der inländischen Einkommen- oder Körperschaftsteuer unterliegen oder die Voraussetzungen für eine Befreiung gemäß § 94 des Einkommensteuergesetzes 1988 vorliegen. Als solcher Nachweis gilt das kumulierte Vorliegen von Erklärungen sowohl der Depotbank als auch der Verwaltungsgesellschaft, dass ihnen kein Verkauf an andere Personen bekannt ist, sowie von Fondsbestimmungen, die den ausschließlichen Vertrieb bestimmter Gattungen im Ausland vorsehen. Eine Auszahlung der Kapitalertragsteuer kann zudem unterbleiben, wenn bei gemäß § 98 Abs. 1 Z 5 lit. b des Einkommensteuergesetzes 1988 beschränkt steuerpflichtigen Anteilinhabern der Kapitalertragsteuerabzug durch Belastung des Verrechnungskontos des Anteilinhabers möglich ist.

*(BGBl I 2015/115, BGBl I 2018/67)*

Für Verwaltungsgesellschaften gemäß Art. 6 der Richtlinie 2009/65/EG, welche in einem anderen Mitgliedstaat konzessioniert sind und über eine Zweigstelle, im Wege der Dienstleistungsfreiheit oder kollektiven Portfolioverwaltung in Österreich tätig werden, gilt diese Bestimmung samt den in ihr verwiesenen Normen rückwirkend ab 1. Juli 2011 (vgl. § 200 Abs. 3).

**Steuern vom Einkommen, vom Ertrag und vom Vermögen**

**§ 186.** (1) Die ausgeschütteten Erträge aus Einkünften im Sinne des § 27 des Einkommensteuergesetzes 1988 abzüglich der damit in Zusammenhang stehenden Aufwendungen eines

1. Kapitalanlagefonds, einschließlich eines Gebildes, das eine Bewilligung gemäß § 50 benötigt, oder
*(BGBl I 2018/67)*
2. AIF im Sinne des AIFMG, dessen Herkunftsmitgliedstaat Österreich ist, ausgenommen AIF in Immobilien im Sinne des AIFMG,
*(BGBl I 2018/67)*

sind beim Anteilinhaber steuerpflichtige Einnahmen. Ergibt sich aus den Einkünften im Sinne des § 27 des Einkommensteuergesetzes 1988 nach Abzug der damit in Zusammenhang stehenden Aufwendungen ein Verlust, ist dieser mit Einkünften im Sinne des § 27 des Einkommensteuergesetzes 1988 in den Folgejahren zu verrechnen, wobei die Verrechnung vorrangig mit Einkünften des Fonds im Sinne des § 27 Abs. 3 und 4 sowie des § 27b Abs. 3 des Einkommensteuergesetzes 1988 zu erfolgen hat. Werden anteilige Einkünfte aus der Überlassung von Kapital gemäß § 27 Abs. 2 Z 2 sowie laufende Einkünfte aus Kryptowährungen gemäß § 27b Abs. 2 des Einkommensteuergesetzes 1988 in der Rechnungslegung des Fonds abgegrenzt, gelten diese bereits als Einkünfte im Sinne des § 27 Abs. 2 sowie des § 27b Abs. 2 des Einkommensteuergesetzes 1988.
*(BGBl I 2022/10)*

(2)

1. a) Erfolgt keine tatsächliche Ausschüttung im Sinne des Abs. 1 oder werden nicht sämtliche Erträge im Sinne des Abs. 1 ausgeschüttet, gelten die nicht ausgeschütteten Erträge aus der Überlassung von Kapital im Sinne des § 27 Abs. 2 sowie laufende Einkünfte aus Kryptowährungen gemäß § 27b Abs. 2 des Einkommensteuergesetzes 1988 sowie 60 vH des positiven Saldos aus Einkünften im Sinne des § 27 Abs. 3 und 4 sowie des § 27b Abs. 3 Einkommensteuergesetz 1988 abzüglich der damit in Zusammenhang stehenden Aufwendungen eines Kapitalanlagefonds an die Anteilinhaber in dem aus dem Anteilrecht sich ergebenden Ausmaß nach Maßgabe der lit. b als ausgeschüttet (ausschüttungsgleiche Erträge). Bei in einem Betriebsvermögen gehaltenen Anteilscheinen gilt der gesamte positive Saldo aus Einkünften im Sinne des § 27 Abs. 3 und 4 sowie des § 27b Abs. 3 des Einkommensteuergesetzes 1988 abzüglich der damit im Zusammenhang stehenden Aufwendungen als ausgeschüttet. Werden die als ausgeschüttet geltenden Erträge später tatsächlich ausgeschüttet, sind sie steuerfrei.
*(BGBl I 2022/10)*

   b) Die ausschüttungsgleichen Erträge gelten beim Anteilinhaber unabhängig von der Art der Einkünfteermittlung zu folgenden Zeitpunkten als steuerpflichtige Einnahmen:
      aa) bei Auszahlung der Kapitalertragsteuer (§ 58 Abs. 2) am Auszahlungstag;
      bb) ansonsten zum Zeitpunkt der Veröffentlichung der für die ertragsteuerliche Behandlung relevanten Daten durch die Meldestelle auf Grund einer fristgerechten Meldung;
      cc) in allen anderen Fällen zu dem in Z 3 genannten Zeitpunkt.
   *(BGBl I 2015/115)*

2. a) Die aufgegliederte Zusammensetzung der Ausschüttung im Sinne des Abs. 1 und der ausschüttungsgleichen Erträge im Sinne der Z 1 und die zur Ermittlung der Höhe der Kapitalertragsteuer sowie der Anpassungen der Anschaffungskosten gemäß Abs. 3 erforderlichen steuerrelevanten Daten sind an die Meldestelle gemäß § 23 KMG 2019 durch einen steuerlichen Vertreter zu übermitteln. Die Meldestelle hat anhand dieser Daten entsprechend den gesetzlichen Bestimmungen die steuerliche Behandlung zu ermitteln und die so ermittelten steuerlichen Werte in geeigneter Form zu veröffentlichen. § 23 Abs. 1 letzter Satz KMG 2019 ist auf diese Tätigkeit der Meldestelle analog anzuwenden.
   *(BGBl I 2019/62)*
   b) Als steuerlicher Vertreter kann nur ein inländischer Wirtschaftstreuhänder oder eine Person bestellt werden, die vergleichbare fachliche Qualifikationen nachweist. Lehnt die Meldestelle einen steuerlichen Vertreter wegen Zweifel an der Vergleichbarkeit der Qualifikation ab, entscheidet der Bundesminister für Finanzen.
   c) Der Bundesminister für Finanzen wird ermächtigt,
      aa) die Frist für die Übermittlung an die Meldestelle, unter Berücksichtigung der für Jahresberichte maßgeblichen Fristen,
      bb) die Voraussetzungen für die Übermittlung an die Meldestelle,
      cc) den Inhalt und die Struktur der übermittelten Daten,
      dd) die Ermittlung der steuerlichen Werte auf Grundlage der übermittelten Daten durch die Meldestelle entsprechend den gesetzlichen Bestimmungen,
      ee) allfällige Korrekturen der übermittelten Daten sowie

ff) die Art und Weise der Veröffentlichung der ermittelten steuerlichen Werte durch die Meldestelle

durch Verordnung näher zu regeln.

d) Für die von der Meldestelle oder von anderen Personen im Auftrag der Meldestelle in Wahrnehmung ihrer Tätigkeiten gemäß § 186 Abs. 2 Z 2 lit. a und b wem immer schuldhaft zugefügten Schäden haftet der Bund nach den Bestimmungen des Amtshaftungsgesetzes, BGBl. Nr. 20/1949. Die Meldestelle sowie deren Organe und Bedienstete haften dem Geschädigten nicht. Hat der Bund dem Geschädigten den Schaden ersetzt, kann er von der Meldestelle Rückersatz begehren, wenn dieser Schaden vorsätzlich oder grob fahrlässig herbeigeführt wurde.

*(BGBl I 2015/115)*

3. Erfolgt keine Meldung gemäß Z 2 betreffend der Ausschüttung, ist die Ausschüttung zur Gänze steuerpflichtig. Erfolgt keine Meldung gemäß Z 2 betreffend der ausschüttungsgleichen Erträge im Sinne der Z 1, sind diese in Höhe von 90 vH des Unterschiedsbetrages zwischen dem ersten und letzten im Kalenderjahr festgesetzten Rücknahmepreis, mindestens jedoch in Höhe von 10 vH des am Ende des Kalenderjahres festgesetzten Rücknahmepreises zu schätzen. Die auf diese Weise ermittelten ausschüttungsgleichen Erträge gelten jeweils als zum 31. Dezember eines jeden Jahres zugeflossen. Der Anteilinhaber kann die Höhe der ausschüttungsgleichen Erträge oder die Steuerfreiheit der tatsächlichen Ausschüttung unter Beilage der dafür notwendigen Unterlagen nachweisen.
4. Wurde Kapitalertragsteuer abgezogen, ist der Nachweis gemäß Z 3 gegenüber dem Abzugsverpflichteten zu erbringen. Dieser hat, wenn noch keine Realisierung im Sinne des Abs. 3 erfolgt ist, die Kapitalertragsteuer zu erstatten oder nachzubelasten und die Anschaffungskosten gemäß Abs. 3 zu korrigieren. Wurde bereits eine Bescheinigung gemäß § 96 Abs. 4 Z 2 des Einkommensteuergesetzes 1988 ausgestellt, darf eine Erstattung der Kapitalertragsteuer und entsprechende Korrektur der Anschaffungskosten nur erfolgen, wenn der Anteilsinhaber den Abzugsverpflichteten beauftragt, dem zuständigen Finanzamt eine berichtigte Bescheinigung zu übermitteln.

(3) Die realisierte Wertsteigerung bei Veräußerung des Anteilscheines oder des Anteils an einem AIF unterliegt unabhängig von der Art der laufend erzielten Einkünfte der Besteuerung gemäß § 27 Abs. 3 des Einkommensteuergesetzes 1988. Ausschüttungsgleiche Erträge erhöhen, steuerfreie Ausschüttungen (insbesondere jene gemäß Abs. 2 Z 1 lit. a letzter Satz) und Ausschüttungen, die keine Einkünfte im Sinne des Einkommensteuergesetzes 1988 sind, vermindern beim Anteilinhaber die Anschaffungskosten (§ 27a Abs. 3 Z 2 des Einkommensteuergesetzes 1988) des Anteilscheines oder des Anteils an einem AIF. Bei einer Abspaltung im Sinne des § 65 sind die steuerlich maßgebenden Anschaffungskosten der Anteile am abspaltenden Kapitalanlagefonds in dem Ausmaß zu vermindern und im gleichen Ausmaß als Anschaffungskosten der Anteile des abgespaltenen Kapitalanlagefonds anzusetzen, in dem sich die Werte, die in einer Anteilswertberechnung im Sinne des § 57 Abs. 1 eingehen, durch die Abspaltung verschieben. Die Gewährung neuer Anteile aufgrund einer Abspaltung gilt nicht als Tausch. Die Auszahlung des Anteilscheines gemäß § 55 Abs. 2 und die Abwicklung gemäß § 63 gelten als Veräußerung.

*(BGBl I 2018/67)*

(4) Bei Verschmelzungen gemäß §§ 114 bis 127 gilt:

1. Die Anschaffungskosten sämtlicher Vermögenswerte des übertragenden Fonds sind vom übernehmenden Fonds fortzuführen, wenn es zu keiner endgültigen Verschiebung stiller Reserven kommt. Ansonsten gelten sämtliche Vermögenswerte des übertragenden Fonds am Verschmelzungsstichtag als zum gemeinen Wert veräußert (Liquidationsfiktion).
2. Die bis zum Verschmelzungsstichtag auf Grund der Z 1 entstandenen sowie sämtliche anderen ausschüttungsgleichen Erträge (Abs. 2) des übertragenden Fonds gelten am Verschmelzungsstichtag als zugeflossen und Verlustvorträge im Sinne des Abs. 1 des übertragenden Fonds gehen unter. Die Anschaffungskosten sind gemäß Abs. 3 zweiter Satz zu erhöhen und es ist ein Betrag gemäß § 58 Abs. 2 erster Satz auszuzahlen.
3. Der Umtausch von Anteilen auf Grund einer Verschmelzung gilt nicht als Realisierung im Sinne des Abs. 3 und die gemäß Z 2 erhöhten Anschaffungskosten der Anteile des übertragenden Fonds sind als Anschaffungskosten der Anteile des übernehmenden Fonds fortzuführen.
4. Barauszahlungen (§ 126 Abs. 1 Z 2 und § 126 Abs. 2 Z 2) gelten beim Anteilsinhaber als realisierte Wertsteigerungen gemäß Abs. 3 erster Satz.

(5) Für Erträge, die keine Einkünfte gemäß § 27 des Einkommensteuergesetzes 1988 sind, gilt Folgendes:

1. Auf Erträge, die Bewirtschaftungs- und Aufwertungsgewinnen im Sinne des § 14 Abs. 2 Z 1 und 2 des Immobilieninvestmentfondsgesetzes entsprechen, ist § 40 des Immobilieninvestmentfondsgesetzes sinngemäß anzuwenden.
2. a) Die ausgeschütteten Erträge aus anderen Einkünften im Sinne des Einkommensteuergesetzes 1988 sind beim Anteilinhaber unabhängig von der Art der Einkünfteermittlung im Zeitpunkt des Zuflusses steuerpflichtige Einkünfte.

Erfolgt keine tatsächliche Ausschüttung oder werden nicht sämtliche Erträge ausgeschüttet, gelten die nicht ausgeschütteten Erträge als in jenem Zeitpunkt ausgeschüttet, der auch für die ausschüttungsgleichen Erträge gemäß Abs. 2 Z 1 lit. b maßgeblich ist.

b) Die Ermittlung der anderen Einkünfte erfolgt nach den jeweiligen Bestimmungen des Einkommensteuergesetzes 1988, mit der Maßgabe, dass mit den Erträgen im Zusammenhang stehende Aufwendungen in Abzug gebracht werden können. Bei nicht in einem Betriebsvermögen gehaltenen Anteilscheinen gelten Erträge aus der Veräußerung von Wirtschaftsgütern, ausgenommen Wirtschaftsgüter im Sinne der §§ 27 und 30 des Einkommensteuergesetzes 1988, in einem Ausmaß von 30% als Einkünfte aus Spekulationsgeschäften gemäß § 31 des Einkommensteuergesetzes 1988. Dies gilt nicht, wenn die Anteilscheine oder Anteile von nicht mehr als 50 Anteilinhabern gehalten werden; diesfalls ist das Vorliegen von Spekulationsgeschäften gemäß § 31 des Einkommensteuergesetzes 1988 auf Ebene des einzelnen Anteilinhabers zu ermitteln.

c) Sind die gemäß lit. b ermittelten Erträge positiv und betragen diese in Summe höchstens 10% der Einkünfte, die Einkünfte im Sinne des § 27 des Einkommensteuergesetzes 1988 darstellen, gelten die gemäß lit. b ermittelten Erträge als Einkünfte gemäß § 27 Abs. 2 des Einkommensteuergesetzes 1988.

*(BGBl I 2015/115)*

3. Erträge, die keine Einkünfte gemäß § 27 des Einkommensteuergesetzes 1988 darstellen, sind in der Meldung gemäß Abs. 2 Z 2 aufzunehmen.

*(BGBl I 2015/115)*

(6) Erfolgt eine Ausschüttung, gelten für steuerliche Zwecke als ausgeschüttet:

1. zunächst die laufenden und die in den Vorjahren erzielten Einkünfte im Sinne des § 27 des Einkommensteuergesetzes 1988,
2. danach die laufenden und die in den Vorjahren erzielten anderen Einkünfte im Sinne des Einkommensteuergesetzes 1988 und
3. zuletzt Beträge, die keine Einkünfte im Sinne des Einkommensteuergesetzes 1988 darstellen.

(7) AIF im Sinne des AIFMG, auf die die Abs. 1 bis 6 Anwendung finden, gelten für Zwecke der Körperschaftsteuer nicht als Körperschaften im Sinne des § 1 des Körperschaftsteuergesetzes 1988.

### Pensionsinvestmentfonds

**§ 187.** Für Anteile an Pensionsinvestmentfonds im Sinne des 3. Teiles 1. Hauptstück 3. Abschnitt, welche die Voraussetzungen des § 108h Abs. 1 Z 2 bis 5 des Einkommensteuergesetzes 1988 erfüllen, gilt Folgendes:

1. Ausschüttungsgleiche Erträge sind von der Einkommensteuer und Kapitalertragsteuer befreit.
2. Nachweislich einbehaltene inländische Kapitalertragsteuer von Gewinnausschüttungen (Dividenden), die dem Pensionsinvestmentfonds zugehen, können auf Antrag der Verwaltungsgesellschaft erstattet werden. Die Fondsbestimmungen haben zu regeln, bis wann ein entsprechender Antrag zu stellen ist.
3. Der Umtausch von Anteilen in andere Anteile an Pensionsinvestmentfonds im Sinne des 3. Teiles 1. Hauptstück 3. Abschnitt, welche die Voraussetzungen des § 108h Abs. 1 Z 2 bis 5 des Einkommensteuergesetzes 1988 erfüllen, oder zur Erfüllung des Auszahlungsplanes ist in Bezug auf die Realisierung gemäß § 27 Abs. 3 des Einkommensteuergesetzes 1988 wie eine unentgeltliche Übertragung zu behandeln.

### Anwendung auf ausländische Kapitalanlagefonds

**§ 188.** (1) Die Bestimmungen des § 186 sind auch auf ausländische Kapitalanlagefonds anzuwenden. Als solche gelten:

1. OGAW, deren Herkunftsmitgliedstaat nicht Österreich ist, einschließlich Gebilde, die eine Bewilligung gemäß Art. 5 OGAW-RL benötigen;

   *(BGBl I 2018/67)*
2. AIF im Sinne des AIFMG, deren Herkunftsstaat nicht Österreich ist, ausgenommen AIF in Immobilien im Sinne des AIFMG;
3. jeder einem ausländischen Recht unterstehende Organismus, unabhängig von seiner Rechtsform, dessen Vermögen nach dem Gesetz, der Satzung oder tatsächlichen Übung nach den Grundsätzen der Risikostreuung angelegt ist, wenn er nicht unter Z 1 oder 2 fällt und eine der folgenden Voraussetzungen erfüllt:

   a) Der Organismus unterliegt im Ausland tatsächlich direkt oder indirekt keiner der österreichischen Körperschaftsteuer vergleichbaren Steuer.

   b) Die Gewinne des Organismus unterliegen im Ausland einer der österreichischen Körperschaftsteuer vergleichbaren Steuer, deren anzuwendender Steuersatz um mehr als 10 Prozentpunkte niedriger als die österreichische Körperschaftsteuer gemäß § 22 Abs. 1 KStG 1988 ist.

   c) Der Organismus ist im Ausland Gegenstand einer umfassenden persönlichen oder sachlichen Befreiung.

(2) Abs. 1 gilt nicht für Veranlagungsgemeinschaften in Immobilien im Sinne des § 42 des Immobilien-Investmentfondsgesetzes.

### Außer-Kraft-Treten

**§ 198.** (1) Das Investmentfondsgesetz – InvFG 1993 (BGBl. Nr. 532/1993) in der Fassung des Bundesgesetzes BGBl. I Nr. 111/2010 wird mit Ablauf des 31. August 2011 aufgehoben; die §§ 6 Abs. 1, 20a Abs. 7, 21a Abs. 1, 2 und 3, 23f und 35 sowie Anlage E Schema E jeweils betreffend den vereinfachten Prospekt sind auf OGAW und AIF, die vor dem 1. September 2011 bewilligt wurden und solange für diese der FMA noch kein KID übermittelt wurde, bis zum Ablauf des 30. Juni 2012 anzuwenden. Die §§ 3 Abs. 2 und 14 Abs. 4 sind auf Zusammenlegungen von Kapitalanlagefonds anzuwenden, hinsichtlich derer bis zum Ablauf des 31. August 2011 bei der FMA ein vollständiger Antrag auf Bewilligung eingereicht wurde. § 44 InvFG 1993 ist auf Taten, die vor dem 1. September 2011 gesetzt wurden, uneingeschränkt weiter anzuwenden.

(2) Folgende Bestimmungen des Investmentfondsgesetzes 1993 in der Fassung vor dem Bundesgesetz BGBl. I Nr. 111/2010 bleiben in Geltung:

1. Die § 13 4. Satz, § 40 Abs. 1 und 2 sowie§ 42 Abs. 1 und 3 sind unbeschadet den Bestimmungen des § 200 Abs. 2 erster Satz für Geschäftsjahre des Fonds, die im Kalenderjahr 2012 beginnen, weiter anzuwenden. Nicht verbrauchte Verlustvorträge können in späteren Geschäftsjahren mit Einkünften des Kapitalanlagefonds gemäß § 27 Abs. 3 und 4 des Einkommensteuergesetzes 1988 verrechnet werden, wobei bei nicht im Betriebsvermögen gehaltenen Anteilscheinen 25 vH der Verlustvorträge verrechnet werden können. Für Zwecke der Kapitalertragsteuer ist einheitlich von diesem Prozentsatz auszugehen; die Aufgliederung der Zusammensetzung der ausschüttungsgleichen Erträge gemäß § 186 Abs. 2 Z 2 für Geschäftsjahre, die im Kalenderjahr 2013 beginnen, hat den Gesamtbetrag der nicht verbrauchten Verlustvorträge auszuweisen. § 42 Abs. 2 und 4 sind bis zum 31. März 2012 anzuwenden.
2. Das in § 40 Abs. 1 zweiter Satz genannte Ausmaß von einem Fünftel erhöht sich für
   a) Geschäftsjahre des Fonds, die nach dem 30. Juni 2011 beginnen, auf einen Prozentsatz von 30 vH;
   b) Geschäftsjahre des Fonds, die im Kalenderjahr 2012 beginnen, auf einen Prozentsatz von 40 vH;
3. Die in § 40 Abs. 2 Z 2 vorgesehene Verpflichtung zur Meldung der Kapitalertragsteuer auf täglicher Basis entfällt ab dem 1. April 2012. Ab diesem Zeitpunkt gilt stattdessen, ungeachtet der Z 1, bereits § 186 Abs. 2 Z 2 bis 4 in der Fassung des Investmentfondsgesetzes 2011, BGBl. I Nr. 77/2011.
4. Abweichend von § 40 Abs. 2 Z 2 kann der Nachweis der ausschüttungsgleichen Erträge ab dem 1. Jänner 2012 ausschließlich durch einen steuerlichen Vertreter erbracht werden. Als steuerlicher Vertreter kann nur ein inländischer Wirtschaftstreuhänder oder eine Person bestellt werden, die vergleichbare fachliche Qualifikationen nachweist.

### Inkrafttreten

**§ 200.** (1) Dieses Bundesgesetz tritt mit 1. September 2011 in Kraft.

(2) Die §§ 186 und 188 treten mit 1. April 2012 in Kraft. Davon abweichend gilt:

1. § 186 Abs. 3 gilt erstmals für Veräußerungen nach dem 31. März 2012, von nach dem 31. Dezember 2010 angeschafften Anteilscheinen. Für solche Anteilscheine ist eine Berichtigung der Anschaffungskosten gemäß § 186 Abs. 3, für Ausschüttungen und ausschüttungsgleiche Erträge vorzunehmen, die nach dem 31. Dezember 2010 zufließen bzw. als zugeflossen gelten. § 40 Abs. 3 des Investmentfondsgesetzes 1993 in der Fassung vor dem Bundesgesetz BGBl. I Nr. 111/2010 ist bis 31. März 2012 anzuwenden.
2. Abweichend von § 186 Abs. 2 Z 1 tritt bei nicht in einem Betriebsvermögen gehaltenen Anteilen an Stelle des Prozentsatzes von 60 vH für Geschäftsjahre des Fonds, die im Kalenderjahr 2013 beginnen, ein Prozentsatz von 50 vH.

(3) Die §§ 157 bis 161 gelten rückwirkend ab 1. Juli 2011. Für Verwaltungsgesellschaften gemäß Art. 6 der Richtlinie 2009/65/EG, welche in einem anderen Mitgliedstaat konzessioniert sind und über eine Zweigstelle, im Wege der Dienstleistungsfreiheit oder kollektiven Portfolioverwaltung in Österreich tätig werden, gelten rückwirkend ab 1. Juli 2011 die im Folgenden genannten Bestimmungen samt den in ihnen verwiesenen Normen: §§ 10 bis 36; § 38; §§ 46 bis 142; § 143 Abs. 1 Z 2, 3, 4 und 5; § 145; § 147; § 151; § 152; § 153 Abs. 2; § 162 Abs. 1 und 2; § 195 Abs. 2.

(4) § 190 Abs. 1 bis 6 in der Fassung des 2. Stabilitätsgesetzes 2012, BGBl. I Nr. 35/2012, tritt mit 1. Mai 2012 in Kraft.

(5) § 53 Abs. 4 und § 61 Abs. 2 in der Fassung des Bundesgesetzes BGBl. I Nr. 83/2012 treten mit 1. Juli 2012 in Kraft.

(6) § 193 Abs. 2 in der Fassung des Bundesgesetzes BGBl. I Nr. 70/2013 tritt mit 1. Jänner 2014 in Kraft.

(7) § 1, § 2 Abs. 3, § 3Abs. 2 Z 19, 30 und Z 31, § 5 Abs. 2 Z 2, § 5 Abs. 5, § 6 Abs. 3, § 130, § 134 Abs. 1, § 162a, und § 195 Abs. 6 und 7 in der Fassung des Bundesgesetzes BGBl. I Nr. 135/2013 treten mit 22. Juli 2013 in Kraft. § 27, § 30 Abs. 5, § 46 Abs. 3, § 60 Abs. 1, § 64, § 71 Abs. 1, § 166 Abs. 1 Z 4, § 167 Abs. 1 und 6 bis 9, § 168, § 173 samt Überschrift, § 190 Abs. 1 Z 2 und 6, Abs. 2 Z 11 bis 13, Abs. 3 Z 2, Abs. 4 Z 2 in der Fassung des Bundesgesetzes BGBl. I Nr. 135/2013 treten

AbgZuw
InvFG
ImmoInvFG
WKG
NoVAG
KGG
KommSt
NeuFöG
WerbeAbg
StiftEG
Handwerker
WiEReG
DiStG

mit dem der Kundmachung folgenden Tag in Kraft. § 144 samt Überschrift in der Fassung des Bundesgesetzes BGBl. I Nr. 135/2013 tritt mit 1. Jänner 2014 in Kraft. § 175 bis § 185 samt Überschriften und § 189 Abs. 1 Z 1 und 2 treten mit Ablauf des 21. Juli 2013 außer Kraft.

(8) §§ 186 und 188 in der Fassung BGBl. I Nr. 135/2013 gelten erstmals für Geschäftsjahre von Kapitalanlagefonds, die nach dem 21. Juli 2013 beginnen. § 186 Abs. 1 zweiter und dritter Satz in der Fassung BGBl. I Nr. 135/2013 dürfen bereits in Geschäftsjahren angewendet werden, die nach dem 31. Dezember 2012 beginnen.AIF des geschlossenen Typs, die nach dem 22. Juli 2013 keine zusätzlichen Anlagen tätigen (§ 67 Abs. 5 AIFMG) und keine neuen Anteile begeben, stellen für Zwecke der §§ 186 Abs. 1 Z 2 und 188 Abs. 1 Z 2 keine AIF dar. Dies gilt nur, wenn nicht bereits im letzten Geschäftsjahr, das vor dem 22. Juli 2013 beginnt, § 186 oder § 188 in der Fassung vor dem BGBl. I Nr. 135/2013 auf den Organismus anzuwenden war.

§ 124b Z 185 lit. c des Einkommensteuergesetzes 1988 und § 6b des Körperschaftsteuergesetzes 1988 gehen der Anwendung der §§ 186 und 188 vor.

(9) § 3 Abs. 1, § 6 Abs. 2 Z 5, § 8 Abs. 2, § 10 Abs. 6, § 74 Abs. 1, § 145 Abs. 4, § 148 Abs. 5, § 150 Abs. 1, § 151 Z 3a und 11, § 190 Abs. 7, § 191 samt Überschrift und § 196 Abs. 2 Z 2 und 17 in der Fassung des Bundesgesetzes BGBl. I Nr. 184/2013 treten mit 1. Jänner 2014 in Kraft. § 151 Z 11a in der Fassung des Bundesgesetzes BGBl. I Nr. 184/2013 tritt mit 1. Jänner 2015 in Kraft. § 151 Z 11 in der Fassung des Bundesgesetzes BGBl. I Nr. 184/2013 tritt mit Ablauf des 31. Dezember 2014 außer Kraft.

(10) § 85 Abs. 1 und 3 und § 196 Abs. 2 Z 1 in der Fassung des Bundesgesetzes BGBl. I Nr. 70/2014 treten mit 21. Dezember 2014 in Kraft.

(11) § 186 Abs. 2 Z 4 in der Fassung des BGBl. I Nr. 70/2014 tritt mit 1. Jänner 2015 in Kraft.

(12) § 171 Z 2 in der Fassung des Bundesgesetzes BGBl. I Nr. 34/2015 tritt mit 1. Jänner 2016 in Kraft.

(13) § 10 Abs. 6, § 70 Abs. 4 Z 4, § 74 Abs. 7, § 154 Abs. 3 und § 196 Abs. 2 Z 14 in der Fassung des Bundesgesetzes BGBl. I Nr. 68/2015treten mit 20. Juli 2015 in Kraft. Bei Unterlagen der Rechnungslegung für Geschäftsjahre, die vor dem 1. Jänner 2016 begonnen haben, ist § 10 Abs. 6 in der Fassung des Bundesgesetzes BGBl. I Nr. 68/2015 mit der Maßgabe anzuwenden, dass die Bestimmungen des BWG gemäß den Vorgaben des § 107 Abs. 87 BWG anzuwenden sind.

(14) § 186 Abs. 5 Z 2 und 3 in der Fassung des Bundesgesetzes BGBl. I Nr. 115/2015 gilt erstmals für Geschäftsjahre von den §§ 186 oder 188 unterliegenden Gebilden, die nach dem 21. Juli 2013 beginnen.

(15) § 58 Abs. 2 in der Fassung des Bundesgesetzes BGBl. I Nr. 115/2015 tritt mit 1. Jänner 2015 in Kraft.

*(BGBl I 2015/115)*

(16) § 14 Abs. 3, § 46 Abs. 1, § 60 Abs. 2, § 70 Abs. 4 Z 4, § 93 Abs. 2 Z 1, § 125 Abs. 3, § 136 Abs. 4 Z 2, § 140 Abs. 3, § 141 Abs. 3, § 151 Z 3a, § 195 Abs. 9 und § 196 Abs. 2 Z 10 und 17 bis 19 in der Fassung des Bundesgesetzes BGBl. I Nr. 115/2015 treten mit 1. September 2015 in Kraft. § 167 Abs. 5 tritt mit Ablauf des 31. August 2015 außer Kraft.

(17) § 186 Abs. 2 Z 1 und 2 in der Fassung des Bundesgesetzes BGBl. I Nr. 115/2015 gilt für Geschäftsjahre von den §§ 186 oder 188 unterliegenden Gebilden, die nach dem 30. September 2015 enden.

*(BGBl I 2015/115)*

(18) Das Inhaltsverzeichnis hinsichtlich der §§ 17a bis 17c, 42, 42a, 44a und 190a bis 190e samt Überschriften, § 3 Abs. 2 Z 33 und 34, § 10 Abs. 6, § 11 Abs. 5, § 17 Abs. 3 Z 6, §§ 17a bis 17c samt Überschriften, § 29 Abs. 3 und 5, § 33 Abs. 2, § 36 Abs. 6 Z 1, § 37 Abs. 5 Z 2, § 40 Abs. 1 und 1a, §§ 42 und 42a samt Überschriften, § 43, § 44 Abs. 2 und 3, § 44a samt Überschrift, § 57 Abs. 1 und 3, § 131 Abs. 4 Z 11 und 12, § 135 Abs. 2 Z 1 und Abs. 3a, § 150, § 164 Abs. 4, § 190, §§ 190a bis 190e samt Überschriften, § 191, § 193 Abs. 3a und 3b, § 196 Abs. 2 Z 1, Anlage I Schema A I. Investmentfonds Z 2, Anlage I Schema A II. Verwaltungsgesellschaft Z 2, Anlage I Schema A III. Investmentgesellschaft Z 2 und Anlage I Schema B Z 9 in der Fassung des Bundesgesetzes BGBl. I Nr. 115/2015 treten mit 18. März 2016 in Kraft. § 5 Abs. 5, § 12 Abs. 3, § 13 Abs. 3, § 20 Abs. 3, § 21 Abs. 6, § 31 Abs. 5, § 41 Abs. 4 und § 189 Abs. 5 treten mit Ablauf des 17. März 2016 außer Kraft.

(19) § 6 Abs. 2 Z 8, § 40 Abs. 1a, § 41 Abs. 3, § 42a Abs. 2 Z 1, § 143 Abs. 1 Z 2, § 190 Abs. 2 Z 3, § 190 Abs. 5 Z 1 und § 196 Abs. 2 Z 19 und 20 in der Fassung des Bundesgesetzes BGBl. I Nr. 73/2016 treten mit 13. Oktober 2016 in Kraft. § 6 Abs. 2 Z 9 tritt mit Ablauf des 12. Oktober 2016 außer Kraft.

(20) § 190 Abs. 2 Z 13 und 14 in der Fassung des Bundesgesetzes BGBl. I Nr. 73/2016 tritt mit 13. Jänner 2017 in Kraft. § 190 Abs. 2 Z 15 in der Fassung des Bundesgesetzes BGBl. I Nr. 73/2016 tritt mit 13. Juli 2017 in Kraft.

(21) § 10 Abs. 6, § 16 Abs. 4 Z 2, § 17c Abs. 1, § 36 Abs. 4, § 41 Abs. 3, § 157 Abs. 2 Z 3 und § 191 in der Fassung des Bundesgesetzes BGBl. I Nr. 118/2016 treten mit 1. Jänner 2017 in Kraft. § 11 Abs. 6 in der Fassung des Bundesgesetzes BGGl. I Nr. 118/2016 tritt mit 31. Dezember 2016 in Kraft. § 149 Abs. 2, § 196 Abs. 2 Z 12 und 15 treten mit Ablauf des 31. Dezember 2016 außer Kraft. § 71 Abs. 1 in der Fassung des Bundesgesetzes BGBl. I Nr. 118/2016 ist auf Erwerbsvorgänge nach dem 31. Dezember 2016 anzuwenden.

(22) § 164 Abs. 7a in der Fassung des Bundesgesetzes BGBl. I Nr. 107/2017 tritt mit 1. Jänner 2018 in Kraft. § 3 Abs. 2 Z 18, § 3 Abs. 2 Z 34, § 5 Abs. 2 Z 3, § 6 Abs. 2 Z 12 lit. a bis c, § 8 Abs. 2, § 10 Abs. 5, § 18 Abs. 1 Z 1, § 18 Abs. 1 Z 1 lit. c, § 18 Abs. 1 Z 2 und 3, § 18 Abs. 1 Z 3 lit. a, § 18 Abs. 2

Z 1 bis 3, § 18 Abs. 3, § 19 Abs. 3, § 42 Abs. 1 Z 2 und Z 3, § 42 Abs. 2 lit. b, § 46 Abs. 1, § 67 Abs. 2 Z 1, § 134 Abs. 4, § 145 Abs. 1 Z 9 und 10, § 145 Abs. 2 Z 3 lit. d, § 145 Abs. 4, § 147 Abs. 2, § 190 Abs. 2 Z 11, Abs. 3 Z 6 und Abs. 4 Z 6 und § 195 Abs. 3 in der Fassung des Bundesgesetzes BGBl. I Nr. 107/2017 treten mit 3. Jänner 2018 in Kraft. § 190a Abs. 5 und § 193 Abs. 2 treten mit Ablauf des 2. Jänner 2018 außer Kraft.

(23) § 10 Abs. 6 in der Fassung des Bundesgesetzes BGBl. I Nr. 150/2017 tritt mit 1. September 2018 in Kraft.

(24) § 193 Abs. 4 in der Fassung des Bundesgesetzes BGBl. I Nr. 17/2018 tritt mit 1. Juni 2018 in Kraft.

(25) § 10 Abs. 6 in der Fassung des Bundesgesetzes BGBl. I Nr. 36/2018 tritt mit 1. September 2018 in Kraft.

(26) Das Inhaltsverzeichnis zu § 84a, § 84a samt Überschrift, § 166 Abs. 2 und § 196 Abs. 2 Z 21 und 22 in der Fassung des Bundesgesetzes BGBl. I Nr. 76/2018 treten mit 1. Jänner 2019 in Kraft.

(27) § 53 Abs. 1 und 4 in der Fassung des Bundesgesetzes BGBl. I Nr. 46/2019 tritt mit 1. Juli 2019 in Kraft.

(28) § 3 Abs. 1, § 63 Abs. 1, § 65 Abs. 1, § 95 Abs. 4, § 115 Abs. 2, § 129 Abs. 2, § 131 Abs. 7, § 137 Abs. 1 und 2, § 142 Abs. 1 Z 3, § 145 Abs. 1 Z 9, Abs. 2 Z 3 lit. d und Abs. 4 und § 186 Abs. 2 Z 2 lit. a in der Fassung des Bundesgesetzes BGBl. I Nr. 62/2019 treten mit 21. Juli 2019 in Kraft.

*(BGBl I 2019/62)*

…

(31) § 186 Abs. 1 und Abs. 2 Z 1 lit. a in der Fassung des Bundesgesetzes BGBl. I Nr. 10/2022 tritt mit 1. März 2022 in Kraft.

*(BGBl I 2022/10)*

## 14/2/2. Immobilien-Investmentfondsgesetz (Auszug)

BGBl I 2003/80 idF BGBl I 2022/112

### Immobilienfonds

**§ 1.** (1) Ein Immobilienfonds ist ein überwiegend aus Vermögenswerten im Sinne des § 21 bestehendes Sondervermögen, das in gleiche, in Wertpapieren verkörperte Anteile zerfällt.

(1a) Die §§ 2 bis 39 gelten für Sondervermögen gemäß Abs. 1, deren Anteile für den Vertrieb an Privatkunden gemäß § 2 Abs. 1 Z 36 Alternative Investmentfonds Manager-Gesetz – AIFMG, BGBl. I Nr. 135/2013, bestimmt sind.

(1b) Die §§ 40 bis 42 gelten für Sondervermögen gemäß Abs. 1, für AIF in Immobilien im Sinne des AIFMG sowie für jede einem ausländischen Recht unterstehende Veranlagungsgemeinschaft in Immobilien, die nach Gesetz, Satzung oder tatsächlicher Übung nach den Grundsätzen der Risikostreuung errichtet ist.

(2) Das Fondsvermögen eines Immobilienfonds steht im Eigentum der Kapitalanlagegesellschaft für Immobilien, die dieses treuhändig für die Anteilinhaber hält und verwaltet.

(3) Ein Immobilienspezialfonds ist ein Sondervermögen gemäß Abs. 1, dessen Anteilscheine auf Grund der Fondsbestimmungen jeweils von nicht mehr als zwanzig Anteilinhabern, die der Kapitalanlagegesellschaft für Immobilien bekannt sein müssen und die keine natürliche Personen sind, gehalten werden. Als ein solcher Anteilinhaber gilt auch eine Gruppe von solchen Anteilinhabern, sofern sämtliche Rechte dieser Anteilinhaber im Verhältnis zur Kapitalanlagegesellschaft für Immobilien einheitlich durch einen gemeinsamen Vertreter ausgeübt werden. Die Fondsbestimmungen haben eine Regelung darüber zu enthalten, dass eine Übertragung der Anteilscheine von den Anteilinhabern nur mit Zustimmung der Kapitalanlagegesellschaft für Immobilien erfolgen darf. Das Erfordernis der zumindest zweimaligen Wertermittlung im Monat (§ 8 Abs. 4) kann in den Fondsbestimmungen des Immobilienspezialfonds abweichend von den Bestimmungen dieses Bundesgesetzes festgelegt werden. Bei Immobilienspezialfonds können die Kapitalanlagegesellschaften für Immobilien den Veröffentlichungspflichten nach diesem Bundesgesetz dadurch genügen, dass sie alle Anteilinhaber jeweils nachweislich schriftlich oder auf eine andere mit den jeweiligen Anteilinhabern vereinbarte Art informieren. Bei Immobilienspezialfonds ist eine Mitteilung der Kapitalanlagegesellschaft für Immobilien, die Rücknahme der Anteilscheine auszusetzen, nur den Anteilinhabern in geeigneter Weise mitzuteilen; diese sind auch über die Wiederaufnahme der Rücknahme zu unterrichten. Eine diesbezügliche Anzeige an die Finanzmarktaufsichtsbehörde kann bei Immobilienspezialfonds unterbleiben. Die Fondsbestimmungen können eine von § 11 Abs. 1 abweichende Regelung zur Rückgabefrist vor-

sehen, wenn diese mit dem Liquiditätsprofil des Immobilienspezialfonds vereinbar ist.[a)]

*(BGBl I 2018/67, BGBl I 2021/198)*

[a)] Der letzte Satz tritt mit 1. Jänner 2023 in Kraft.

### Rechnungslegung und Veröffentlichung

**§ 13.** (1) Die Kapitalanlagegesellschaft für Immobilien hat für jedes Rechnungsjahr über jeden Immobilienfonds einen Rechenschaftsbericht sowie für die ersten sechs Monate eines jeden Rechnungsjahres einen Halbjahresbericht zu erstellen.

(2) Der Rechenschaftsbericht hat eine Ertragsrechnung, eine Vermögensaufstellung sowie die Fondsbestimmungen zu enthalten, über die Veränderungen des Vermögensbestandes zu berichten und die Zahl der Anteile zu Beginn des Berichtszeitraumes und an dessen Ende anzugeben. Weiters hat der Rechenschaftsbericht einen Bericht über die Tätigkeiten des abgelaufenen Rechnungsjahres und alle sonstigen in der Anlage B vorgesehenen Angaben sowie alle wesentlichen Informationen, die es den Anlegern ermöglichen, sich in voller Sachkenntnis ein Urteil über die Entwicklung der Tätigkeiten und der Ergebnisse des Immobilienfonds zu bilden, zu enthalten. Der Halbjahresbericht hat mindestens die in den Ziffern 1 bis 3 und 5 bis 7 der Anlage B vorgesehenen Angaben zu enthalten; die Zahlenangaben haben, wenn der Immobilienfonds Zwischenausschüttungen vorgenommen hat oder dies vorgeschlagen wurde, das Ergebnis nach Steuern für das betreffende Halbjahr sowie die erfolgte oder vorgesehene Zwischenausschüttung auszuweisen. Die Halbjahresdaten sind mit Vorschaudaten bis Ende des Rechnungsjahres zu ergänzen. Die Vermögenswerte des Immobilienfonds sind mit den Werten gemäß § 29 anzusetzen. Der Rechenschaftsbericht ist innerhalb von vier Monaten, der Halbjahresbericht ist innerhalb von zwei Monaten nach dem Ende des Berichtszeitraumes zu veröffentlichen.

(2a) Betreibt eine Kapitalanlagegesellschaft für Immobilien für Rechnung eines Immobilienfonds Pensionsgeschäfte (§ 4 Abs. 3a) oder Wertpapierleihegeschäfte (§ 4 Abs. 3b), so sind diese im Halbjahres- und Rechenschaftsbericht jeweils gesondert auszuweisen und zu erläutern.

(3) Der Rechenschaftsbericht ist vom Bankprüfer der Kapitalanlagegesellschaft für Immobilien zu prüfen; für diese Prüfung gelten die §§ 268 bis 276 UGB sinngemäß. Die Prüfung hat sich auch auf die Beachtung dieses Bundesgesetzes und der Fondsbestimmungen zu erstrecken. Der geprüfte Rechenschaftsbericht ist von der Kapitalanlagegesellschaft längstens innerhalb von vier Monaten nach Abschluss des Rechnungsjahres der Finanzmarktaufsichtsbehörde vorzulegen. Der Halbjahresbericht ist der Finanzmarktaufsichtsbehörde innerhalb von zwei Monaten nach Ende des Berichtszeitraumes vorzulegen.

(4) Der geprüfte Rechenschaftsbericht und der Halbjahresbericht sind dem Aufsichtsrat der Kapitalanlagegesellschaft für Immobilien unverzüglich vorzulegen.

(5) Der geprüfte Rechenschaftsbericht und der Halbjahresbericht sind in der Kapitalanlagegesellschaft für Immobilien und in der Depotbank zur Einsicht aufzulegen und den Anteilinhabern auf Verlangen kostenlos zur Verfügung zu stellen.

(6) Mit dem Jahresabschluss der Kapitalanlagegesellschaft für Immobilien sind auch die von der Kapitalanlagegesellschaft für Immobilien für die Anteilinhaber verwalteten Immobilienfonds und die Höhe ihres Fondsvermögens zu veröffentlichen.

(7) Bei Immobilienspezialfonds können im Rechenschaftsbericht die Fondsbestimmungen entfallen. Bei Immobilienspezialfonds kann die Auflage des Rechenschaftsberichts und Halbjahresberichts in der Depotbank entfallen, der Prüfbericht über den Rechenschaftsbericht ist den Inhabern von Immobilienspezialfonds jedenfalls zu übermitteln. Halbjahresberichte von Immobilienspezialfonds und der Prüfbericht über den Rechenschaftsbericht sind der Finanzmarktaufsichtsbehörde nur auf Anforderung einzureichen.

### Gewinn und Gewinnverwendung

**§ 14.** (1) Der Jahresgewinn eines Immobilienfonds ist an die Anteilinhaber in dem Ausmaß auszuschütten, in dem es die Fondsbestimmungen vorsehen. Insoweit keine Ausschüttung erfolgt, ist vom nicht ausgeschütteten Jahresgewinn ein Betrag in Höhe der gemäß § 40 darauf entfallenden Kapitalertragsteuer einschließlich des gemäß § 124b Z 186 des Einkommensteuergesetzes 1988 freiwillig geleisteten Betrages auszuzahlen. Zum Ertrag gehören auch Beträge, die neu hinzukommende Anteilinhaber für den zum Ausgabetag ausgewiesenen Ertrag gemäß Abs. 2 Z 1 und 3 leisten (Ertragsausgleich). Die Auszahlung kann für Immobilienfonds oder bestimmte Gattungen von Anteilscheinen eines Immobilienfonds unterbleiben, wenn durch die den Fonds verwaltende Kapitalanlagegesellschaft für Immobilien in eindeutiger Form nachgewiesen wird, dass die ausgeschütteten und ausschüttungsgleichen Erträge sämtlicher Inhaber der ausgegebenen Anteilscheine entweder nicht der inländischen Einkommen- oder Körperschaftsteuer unterliegen oder die Voraussetzungen für eine Befreiung gemäß § 94 des Einkommensteuergesetzes 1988 vorliegen. Als solcher Nachweis gilt das kumulierte Vorliegen von Erklärungen sowohl der Depotbank als auch der Kapitalanlagegesellschaft für Immobilien, dass ihnen kein Verkauf an solche Personen bekannt ist, sowie von Fondsbestimmungen, die den ausschließlichen Vertrieb bestimmter Gattungen im Ausland vorsehen.

(2) Der Jahresgewinn eines Immobilienfonds setzt sich aus den

1. Bewirtschaftungsgewinnen
2. Aufwertungsgewinnen und
3. Wertpapier- und Liquiditätsgewinnen

zusammen. Als Gewinn gelten auch Ausschüttungen von inländischen Grundstücks-Gesellschaften (§§ 23 ff), soweit diese nicht auf Veräußerungsgewinne von Immobilienveräußerungen zurückzuführen sind. Gewinne von ausländischen Grundstücks-Gesellschaften (§§ 23 ff) sind unmittelbar dem Immobilienfonds zuzurechen. Ein Ausgleich von Verlusten ist zunächst vorrangig innerhalb der einzelnen Gewinnarten durchzuführen. Danach ist ein Ausgleich zwischen den einzelnen Gewinnen gemäß Z 1 bis 3 vorzunehmen. Ein Vortrag von Verlusten ist in jedem Falle unzulässig.

(3) Die Bewirtschaftungsgewinne errechnen sich aus den erhaltenen Erträgen für die entgeltliche Überlassung der jeweiligen Immobilien (Vermögen gemäß § 21) zuzüglich sonstiger Erträge aus der laufenden Bewirtschaftung, soweit diese nicht den Gewinnen gemäß Abs. 2 Z 2 und 3 zuzurechnen sind, abzüglich damit im Zusammenhang stehender Aufwendungen. Die Geltendmachung einer Abschreibung gemäß § 204 UGB für Wertminderung von Gebäuden ist unzulässig. Für Kosten, die durch Hintanhaltung oder Beseitigung von baulichen Schäden aus Abnutzung, Alterung und Witterungseinflüssen entstehen, ist eine Rücklage in Höhe von einem Zehntel bis zu einem Fünftel der Nettomieteinnahmen als Aufwand abzuziehen (Instandhaltungsrücklage). Eine Durchführung derartiger Maßnahmen ist kein gewinnmindernder Aufwand.

(4) Aufwertungsgewinne sind 80% der Bewertungsdifferenzen auf der Grundlage korrekter Bewertungen gemäß § 29 abzüglich damit im Zusammenhang stehender Aufwendungen. Aufwendungen sind um 20% zu kürzen und dürfen nur insoweit abgezogen werden als keine Berücksichtigung bei Bewirtschaftungsgewinnen oder bei Wertpapier- und Liquiditätsgewinnen zu erfolgen hat. Dies gilt auch für Beteiligungen an Grundstücks-Gesellschaften (§§ 23 ff), deren Gewinne gemäß Abs. 2 nicht direkt dem Immobilienfonds zuzurechnen sind, soweit die Wertschwankungen auf Bewertungsdifferenzen im Sinne der vorangehenden Sätze zurückzuführen sind.

(5) Wertpapier- und Liquiditätsgewinne sind Gewinne aus Zinsen von Vermögen gemäß den §§ 32 und 33.

### Bewertung der Vermögenswerte

**§ 29.** (1) Die Kapitalanlagegesellschaft für Immobilien hat in den Fondsbestimmungen die Bewertung der Vermögenswerte gemäß § 21 zu regeln. Für die Bewertung sind von der Kapitalanlagegesellschaft für Immobilien mindestens zwei von ihr und der Depotbank unabhängige, fachlich geeignete Sachverständige für das Fachgebiet der Immobilienschätzung und -bewertung beizuziehen. Die Bestellung der Sachverständigen erfolgt durch die Geschäftsleitung der Kapitalanlagegesellschaft für Immobilien im Einvernehmen mit der Depotbank und mit Zustimmung des Aufsichtsrates der Kapitalanlagegesellschaft für Immobilien. Für die unabhängigen Sachverständigen gelten die Ausschließungsgründe des § 62 BWG, mit Ausnahme von § 62 Z 6a BWG, sinngemäß. Für Fehlverhalten der Sachverständigen haften neben den Sachverständigen auch die Kapitalanlagegesellschaft für Immobilien und die Depotbank zur ungeteilten Hand und zwar wie für einen Erfüllungsgehilfen gemäß § 1313a ABGB.

(2) Die Bewertung der Vermögenswerte gemäß § 21 hat nach den allgemein anerkannten Bewertungsgrundsätzen und mindestens einmal jährlich zu erfolgen, jedenfalls aber bei Erwerb, Veräußerung oder Belastung derartiger Vermögenswerte, bei Anordnung einer Bewertung durch die Depotbank aus besonderem Anlass sowie in sonstigen, in den Fondsbestimmungen vorgesehenen Fällen. Den jeweiligen Berechnungen für die Wertermittlung des Immobilienfonds und seiner Anteile ist der arithmetische Mittelwert der zum gleichen Stichtag erfolgten Bewertungen der zwei oder mehreren Sachverständigen gemäß Abs. 1 zu Grunde zu legen.

(3) Bei einer Beteiligung nach § 23 hat die Kapitalanlagegesellschaft für Immobilien in den Vermögensaufstellungen (Rechenschaftsberichten/Halbjahresberichten) die Angaben für die einzelnen Grundstücke und sonstigen Vermögensgegenstände der Grundstücks-Gesellschaft aufzuführen, als ob es sich um eine Direktveranlagung des Fonds handeln würde, und besonders zu kennzeichnen. Zusätzlich sind anzugeben:

1. Firma, Rechtsform und Sitz der Grundstücks-Gesellschaft,
2. das Gesellschaftskapital,
3. die Höhe der Beteiligung und der Zeitpunkt ihres Erwerbs durch die Kapitalanlagegesellschaft für Immobilien und
4. Zahl und Beträge der durch die Kapitalanlagegesellschaft für Immobilien oder Dritte nach § 24 gewährten Darlehen.

(4) Der Bankprüfer der Kapitalanlagegesellschaft für Immobilien hat bei der Gründung und in der Folge jeweils bei der Prüfung des Rechenschaftsberichtes Stellung zu nehmen, ob die Sachverständigen seines Erachtens gemäß Abs. 1 ordnungsgemäß bestellt worden sind und die übrigen Voraussetzungen der Abs. 1 bis 3 vorliegen. Wenn nach der Wahrnehmung des Bankprüfers diese Voraussetzungen fehlen oder wegfallen, so hat er hierüber der Depotbank und der Finanzmarktaufsichtsbehörde unverzüglich zu berichten. Die Finanzmarktaufsichtsbehörde trifft keine Haftung für die Auswahl und die Eignung der Sachverständigen.

### Steuern

**§ 40.** (1)

1. Nach Maßgabe der Z 2 gelten
   a) Gewinne gemäß § 14 Abs. 2 Z 1 bis 2 und
   *(BGBl I 2018/76)*
   b) entsprechend dem § 14 Abs. 2 Z 1 bis 2 ermittelte Gewinne von AIF in Immobilien im Sinne des AIFMG, einschließlich Immobilienspezialfonds im Sinne des § 1 Abs. 3, deren Herkunftsmitgliedstaat Österreich ist, und die nicht unter § 7

Abs. 3 des Körperschaftsteuergesetzes 1988 fallen,

*(BGBl I 2018/76)*

an die Anteilinhaber in dem aus dem Anteilrecht sich ergebenden Ausmaß als ausgeschüttet (ausschüttungsgleiche Erträge). Die ausschüttungsgleichen Erträge sind steuerpflichtige Einnahmen und gelten bei nicht in einem Betriebsvermögen gehaltenen Anteilen als Einkünfte aus Kapitalvermögen. Nicht zu den steuerpflichtigen Einnahmen gehören Gewinne ausländischer Immobilien, wenn auf Grund eines Doppelbesteuerungsabkommens oder einer Maßnahme gemäß § 48 der Bundesabgabenordnung die Einkünfte dieser Immobilien von der Besteuerung ausgenommen sind. Ansonsten hat sowohl beim Ausgleich von Verlusten innerhalb als auch zwischen den einzelnen Gewinnarten gemäß § 14 Abs. 2 Z 1 und 2 zunächst vorrangig der Gewinn mit Verlusten aus Immobilien desselben Staates und danach ein Ausgleich mit Immobilien eines anderen Staates zu erfolgen, sofern es sich nicht um Verluste aus Immobilien handelt, die in einem Staat gelegen sind, von denen die Einkünfte dieser Immobilie auf Grund eines Doppelbesteuerungsabkommens oder einer Maßnahme gemäß § 48 der Bundesabgabenordnung ausgenommen sind. Ein Ausgleich von Verlusten ausländischer Immobilien mit Gewinnen aus inländischen Immobilien ist jedenfalls unzulässig. Tatsächliche Ausschüttungen und die Auszahlung der Kapitalertragsteuer (§ 14 zweiter Satz) führen nicht zu Einkünften. Ein Ausgleich zwischen den Einkünften gemäß lit. a und b und anderen Einkünften ist unzulässig.

*(BGBl I 2018/76)*

2. Die ausschüttungsgleichen Erträge gelten beim Anteilinhaber unabhängig von der Art der Einkünfteermittlung zu folgenden Zeitpunkten als steuerpflichtige Einnahmen:
   a) bei Auszahlung der Kapitalertragsteuer (§ 14 zweiter Satz) am Auszahlungstag;
   b) ansonsten zum Zeitpunkt der Veröffentlichung der für die ertragsteuerliche Behandlung relevanten Daten durch die Meldestelle auf Grund einer fristgerechten Meldung;
   c) in allen anderen Fällen zu dem in Abs. 2 Z 2 genannten Zeitpunkt.

*(BGBl I 2015/115)*

(2)

1. a) Die aufgegliederte Zusammensetzung der ausschüttungsgleichen Erträge im Sinne des Abs. 1 und die zur Ermittlung der Höhe der Kapitalertragsteuer sowie der Anpassungen der Anschaffungskosten gemäß Abs. 3 erforderlichen steuerrelevanten Daten sind an die Meldestelle gemäß § 23 KMG 2019 durch einen steuerlichen Vertreter zu übermitteln. Die Meldestelle hat anhand dieser Daten entsprechend den gesetzlichen Bestimmungen die steuerliche Behandlung zu ermitteln und die so ermittelten steuerlichen Werte in geeigneter Form zu veröffentlichen. § 23 Abs. 1 letzter Satz KMG 2019 ist auf diese Tätigkeit der Meldestelle analog anzuwenden.

   *(BGBl I 2019/62)*

   b) Als steuerlicher Vertreter kann nur ein inländischer Wirtschaftstreuhänder oder eine Person bestellt werden, die vergleichbare fachliche Qualifikationen nachweist. Lehnt die Meldestelle einen steuerlichen Vertreter wegen Zweifel an der Vergleichbarkeit der Qualifikation ab, entscheidet der Bundesminister für Finanzen.
   c) Der Bundesminister für Finanzen wird ermächtigt,
      aa) die Frist für die Übermittlung an die Meldestelle, unter Berücksichtigung der für Jahresberichte maßgeblichen Fristen,
      bb) die Voraussetzungen für die Übermittlung an die Meldestelle,
      cc) den Inhalt und die Struktur der übermittelten Daten,
      dd) die Ermittlung der steuerlichen Werte auf Grundlage der übermittelten Daten durch die Meldestelle entsprechend den gesetzlichen Bestimmungen,
      ee) allfällige Korrekturen der übermittelten Daten sowie
      ff) die Art und Weise der Veröffentlichung der ermittelten steuerlichen Werte durch die Meldestelle

      durch Verordnung näher zu regeln.
   d) Für die von der Meldestelle oder von anderen Personen im Auftrag der Meldestelle in Wahrnehmung ihrer Tätigkeiten gemäß § 40 Abs. 2 Z 1 wem immer schuldhaft zugefügten Schäden haftet der Bund nach den Bestimmungen des Amtshaftungsgesetzes, BGBl. Nr. 20/1949. Die Meldestelle sowie deren Organe und Bedienstete haften dem Geschädigten nicht. Hat der Bund dem Geschädigten den Schaden ersetzt, kann er von der Meldestelle Rückersatz begehren, wenn dieser Schaden vorsätzlich oder grob fahrlässig herbeigeführt wurde.

   *(BGBl I 2015/115)*

2. Erfolgen keine Meldungen gemäß Z 1 ist die Ausschüttung zur Gänze steuerpflichtig. Die ausschüttungsgleichen Erträge im Sinne des Abs. 1 sind in Höhe von 90% des Unterschiedsbetrages zwischen dem ersten und letzten im vorangegangenen Kalenderjahr festgesetzten Rücknahmepreis, mindestens

jedoch in Höhe von 10% des am Ende des vorangegangenen Kalenderjahres festgesetzten Rücknahmepreises zu schätzen. Der Anteilinhaber kann die Höhe der ausschüttungsgleichen Erträge oder die Steuerfreiheit der tatsächlichen Ausschüttung unter Beilage der dafür notwendigen Unterlagen nachweisen.

3. Wurde Kapitalertragsteuer abgezogen, ist der Nachweis gemäß Z 2 gegenüber dem Abzugsverpflichteten zu erbringen. Dieser hat, wenn noch keine Realisierung im Sinne des Abs. 3 erfolgt ist, die Kapitalertragsteuer zu erstatten oder nachzubelasten und die Anschaffungskosten gemäß Abs. 3 zu korrigieren. Wurde bereits eine Bescheinigung gemäß § 96 Abs. 4 Z 2 des Einkommensteuergesetzes 1988 ausgestellt, darf eine Erstattung der Kapitalertragsteuer und entsprechende Korrektur der Anschaffungskosten nur erfolgen, wenn der Anteilsinhaber den Abzugsverpflichteten beauftragt, dem zuständigen Finanzamt eine berichtigte Bescheinigung zu übermitteln.

*(BGBl I 2018/67)*

(3) Die realisierte Wertsteigerung bei Veräußerung des Anteilscheines oder des Anteils an einem AIF in Immobilien unterliegt der Besteuerung gemäß § 27 Abs. 3 des Einkommensteuergesetzes 1988. Ausschüttungsgleiche Erträge erhöhen, steuerfreie Ausschüttungen, Ausschüttungen, die keine Einkünfte im Sinne des Einkommensteuergesetzes 1988 sind, und die Auszahlung der Kapitalertragsteuer (§ 14 zweiter Satz) vermindern beim Anteilinhaber die Anschaffungskosten des Anteilscheines oder des Anteils an einem AIF in Immobilien im Sinne des § 27a Abs. 3 Z 2 des Einkommensteuergesetzes 1988. Als Veräußerung gilt auch die Auszahlung von Anteilscheinen gemäß § 11 Abs. 1. Der Umtausch von Anteilen an einem Immobilienfonds auf Grund der Zusammenlegung von Fondsvermögen gemäß § 3 Abs. 2 oder eines Anteilserwerbs gemäß § 15 Abs. 4 gilt nicht als Realisierung und die bisherigen Anschaffungskosten sind fortzuführen.

*(BGBl I 2018/67)*

(4) Werden Anteilscheine oder Anteile an einem AIF in Immobilien nicht in tatsächlicher und rechtlicher Hinsicht an einen unbestimmten Personenkreis angeboten, und erfolgt eine Veranlagung sind die Ausschüttungen oder als ausgeschüttet geltende Gewinne gemäß 14 Abs. 4 um ein Viertel zu erhöhen.

(5) Bei der erstmaligen Anwendung der Abs. 1 bis 4 auf bereits bestehende Organismen sind der Ermittlung der dem § 14 Abs. 4 entsprechenden Aufwertungsgewinne die steuerlichen Anschaffungskosten der Immobilien zu Grunde zu legen, wobei § 30 Abs. 3 zweiter und dritter Satz des Einkommensteuergesetzes 1988 sinngemäß anzuwenden sind. Die bis zur erstmaligen Anwendung der Abs. 1 bis 4 entstandenen Aufwertungsgewinne können gleichmäßig auf das Jahr der erstmaligen Anwendung und die vier nächsten Geschäftsjahre verteilt werden.

(6) Für Erträge, die nicht unter Abs. 1 Z 1 lit. a oder b fallen, gilt Folgendes:

1. Für Einkünfte im Sinne des § 27 des Einkommensteuergesetzes 1988 sind § 186 Abs. 1 bis 4 und Abs. 6 und § 58 Abs. 2 zweiter Satz des Investmentfondsgesetzes 2011 sinngemäß anzuwenden.

   *(BGBl I 2018/76)*

2. Für andere Einkünfte ist § 186 Abs. 5 Z 2 bis 3 und Abs. 6 des Investmentfondsgesetzes 2011 sinngemäß anzuwenden.

   *(BGBl I 2018/76)*

*(BGBl I 2018/67)*

**§ 41.** (1) Für die Bewertung von Anteilscheinen oder Anteilen an einem AIF in Immobilien finden die Bestimmungen der §§ 15 bis 85 des Bewertungsgesetzes 1955 keine Anwendung.

(2) Durch Ausgabe, Rücknahme oder Übertragung von Anteilen an einem Immobilienfonds oder an einem AIF in Immobilien, sofern diese keine Rechtspersönlichkeit haben, verwirklichte Erwerbsvorgänge nach § 1 des Grunderwerbsteuergesetzes 1987 sind von der Grunderwerbsteuer befreit.

*(BGBl I 2015/115)*

(3) Werden durch Übertragung oder Zusammenlegung nach § 3 Abs. 2 oder § 15 Abs. 4 Erwerbsvorgänge nach § 1 des Grunderwerbsteuergesetzes 1987 verwirklicht, so ist die Grunderwerbsteuer gemäß § 4 Abs. 1 zweiter Satz in Verbindung mit § 7 Abs. 1 Z 2 lit. c des Grunderwerbsteuergesetzes 1987 zu berechnen.

*(BGBl I 2015/115)*

(4) Werden durch die Einbringung von Vermögensgegenständen im Sinne des § 21 von mit eigenem Rechnungskreis eingerichtetem Sondervermögen von Aktiengesellschaften, für welche Genussrechte im Sinne des § 174 Aktiengesetz begeben sind, sowie von Aktiengesellschaften, deren nahezu ausschließlicher Zweck die Verwaltung von Immobilienvermögen ist, gegen Erwerb von Anteilscheinen in einen Immobilienfonds, Erwerbsvorgänge nach § 1 des Grunderwerbsteuergesetze 1987 verwirklicht, so ist die Grunderwerbsteuer gemäß § 4 Abs. 1 zweiter Satz in Verbindung mit § 7 Abs. 1 Z 2 lit. c des Grunderwerbsteuergesetzes 1987 zu berechnen. Dies gilt nur dann, wenn das Sondervermögen und die Aktiengesellschaft zum 1. September 2003 bestanden hat, und die Anteilscheine an den Immobilienfonds im Zuge einer unmittelbar daran anschließenden Liquidation des Sondervermögens oder der Aktiengesellschaft an die Genussrechts- oder Aktieninhaber durchgereicht werden.

*(BGBl I 2015/115)*

**§ 42.** Die Bestimmungen des § 40 sind auch auf ausländische Immobilienfonds anzuwenden. Als solche gelten:

1. AIF in Immobilien im Sinne des AIFMG, deren Herkunftsstaat nicht Österreich ist, ausgenommen Körperschaften, die mit einer

inländischen unter § 7 Abs. 3 des Körperschaftsteuergesetzes fallenden Körperschaft vergleichbar sind.

2. Jede einem ausländischen Recht unterstehende Veranlagungsgemeinschaft in Immobilien, unabhängig von ihrer Rechtsform, deren Vermögen nach dem Gesetz, der Satzung oder tatsächlichen Übung nach den Grundsätzen der Risikostreuung angelegt ist, wenn sie nicht unter Z 1 fällt und eine der folgenden Voraussetzungen erfüllt:
   a) Die Veranlagungsgemeinschaft unterliegt im Ausland tatsächlich direkt oder indirekt keiner der österreichischen Körperschaftsteuer vergleichbaren Steuer.
   b) Die Gewinne der Veranlagungsgemeinschaft unterliegen im Ausland einer der österreichischen Körperschaftsteuer vergleichbaren Steuer, deren anzuwendender Steuersatz um mehr als 10 Prozentpunkte niedriger als die österreichische Körperschaftsteuer gemäß § 22 Abs. 1 KStG 1988 ist.
   c) Die Veranlagungsgemeinschaft ist im Ausland Gegenstand einer umfassenden persönlichen oder sachlichen Befreiung.

Bei AIF in Immobilien im Sinne des AIFMG gilt das Vermögen stets als nach den Grundsätzen der Risikostreuung angelegt.

### Inkrafttreten

**§ 44.** (1) Dieses Bundesgesetz tritt mit 1. September 2003 in Kraft.

(2) § 1 Abs. 3, § 13 Abs. 3 und § 29 Abs. 4 in der Fassung des Bundesgesetzes BGBl. I Nr. 37/2005 treten mit 1. Juli 2005 in Kraft.

(3) § 15 Abs. 2 in der Fassung des Bundesgesetzes BGBl. I Nr. 134/2006 tritt mit 1. Juli 2007 in Kraft. Die Anlage C in der Fassung des Bundesgesetzes BGBl. I Nr. 134/2006 tritt mit 1. Jänner 2007 in Kraft.

(4) § 7 Abs. 1, § 13 Abs. 3, § 14 Abs. 3, § 15 Abs. 2, § 19, § 22 Abs. 4, § 23 Abs. 3 (Anm.: richtig: § 23 Abs. 2), § 36 Abs. 1, § 38 Abs. 1 in der Fassung des Bundesgesetzes BGBl. I Nr. 69/2008 treten mit dem der Kundmachung folgenden Tag in Kraft.

(5) § 34 Abs. 5 in der Fassung des Bundesgesetzes BGBl. I Nr. 152/2009 tritt mit 1. Jänner 2010 in Kraft. Die Anzeigen gemäß § 34 Abs. 5 in der Fassung des Bundesgesetzes BGBl. I Nr. 152/2009 können bis zum 30. Juni 2010 auch gemäß Immobilien-Investmentfondsgesetz in der Fassung des Bundesgesetzes BGBl. I Nr. 69/2008 rechtsgültig erfüllt werden.

(6) § 40 und § 42 in der Fassung des Budgetbegleitgesetzes 2011, BGBl. I Nr. 111/2010, treten mit 1. April 2012 in Kraft. Davon abweichend gilt § 40 Abs. 3 in der Fassung des Budgetbegleitgesetzes 2011, BGBl. I Nr. 111/2010, erstmals für nach dem 31. Dezember 2010 angeschaffte Anteilscheine; für bis zum 31. Dezember 2010 angeschaffte Anteilscheine gilt weiterhin § 40 Abs. 3 in der Fassung vor dem Budgetbegleitgesetz 2011, BGBl. I Nr. 111/2010. § 42 Abs. 2 in der Fassung vor dem Budgetbegleitgesetz 2011, BGBl. I Nr. 111/2010, ist letztmalig bei der Veranlagung 2012 insoweit anzuwenden, als Ausschüttungen oder ausschüttungsgleiche Erträge vor dem 1. April 2012 zufließen oder als zugeflossen gelten.Abweichend von § 40 Abs. 2 Z 2 in der Fassung vor dem Budgetbegleitgesetz 2011, BGBl. I Nr. 111/2010, kann der Nachweis der ausschüttungsgleichen Erträge ab dem 1. Jänner 2012 ausschließlich durch einen steuerlichen Vertreter erbracht werden. Als steuerlicher Vertreter kann nur ein inländischer Wirtschaftstreuhänder oder eine Person bestellt werden, die vergleichbare fachliche Qualifikationen nachweist.

(7) § 3 Abs. 2 und 3 Z 1, § 6 Abs. 6, § 11 Abs. 4, § 32 Abs. 1 Z 3 und Abs. 2, § 33 Abs. 3 Z 1, § 34 Abs. 2 Z 8 und Abs. 5 und § 38 Abs. 1 und 3 in der Fassung des Bundesgesetzes BGBl. I Nr. 77/2010 treten mit 1. September 2011 in Kraft.

(8) § 38 Abs. 1 und 2 in der Fassung des 2. Stabilitätsgesetzes 2012, BGBl. I Nr. 35/2012, tritt mit 1. Mai 2012 in Kraft.

(9) § 35 Abs. 1a in der Fassung des Bundesgesetzes BGBl. I Nr. 83/2012 tritt mit 1. Juli 2012 in Kraft.

(10) § 38 Abs. 3 in der Fassung des Bundesgesetzes BGBl. I Nr. 70/2013 tritt mit 1. Jänner 2014 in Kraft.

(11) § 1 Abs. 1, 1a und 1b, § 2 Abs. 1 und 2 und § 43a mit Überschrift in der Fassung des Bundesgesetzes BGBl. I Nr. 135/2013 treten mit 22. Juli 2013 in Kraft. § 2 Abs. 12 und 13 in der Fassung des Bundesgesetzes BGBl. I Nr. 135/2013 tritt mit 1. Jänner 2014 in Kraft.

(12) § 40 bis § 42 jeweils in der Fassung des Bundesgesetzes BGBl. I Nr. 135/2013 gelten erstmals für Geschäftsjahre von Immobilienfonds und AIF in Immobilien im Sinne des AIFMG, die nach dem 21. Juli 2013 beginnen.AIF des geschlossenen Typs, die nach dem 22. Juli 2013 keine zusätzlichen Anlagen tätigen (§ 67 Abs. 5 AIFMG) und keine neuen Anteile begeben, stellen für Zwecke der §§ 40 Abs. 1 Z 2 und 42 Z 1 keine AIF in Immobilien dar. Dies gilt nur, wenn nicht bereits im letzten Geschäftsjahr, das vor dem 22. Juli 2013 beginnt, § 40 oder § 42 in der Fassung vor dem BGBl. I Nr. 135/2013 auf den Organismus anzuwenden war.

§ 124b Z 185 lit. c des Einkommensteuergesetzes 1988 und § 6b des Körperschaftsteuergesetzes 1988 gehen der Anwendung der §§ 40 und 42 vor.

(13) § 33 Abs. 1 und § 35 Abs. 1 in der Fassung des Bundesgesetzes BGBl. I Nr. 184/2013 treten mit 1. Jänner 2014 in Kraft.

(14) § 40 Abs. 1 in der Fassung des Bundesgesetzes BGBl. I Nr. 115/2015 gilt für Geschäftsjahre von den §§ 186 oder 188 InvFG 2011 unterliegenden Gebilden, die nach dem 30. September 2015 enden. Abweichend davon gilt § 40 Abs. 1 zweiter Satz in der Fassung des Bundesgesetzes BGBl. I Nr. 115/2015 erstmals für Geschäftsjahre von Immobilienfonds, die nach dem 21. Juli 2013 beginnen.

(15) § 41 in der Fassung des Bundesgesetzes BGBl. I Nr. 115/2015 ist erstmals auf Erwerbsvorgänge nach dem 31. Dezember 2015 anzuwenden.

*(BGBl I 2015/115)*

(16) § 7 Abs. 4a in der Fassung des Bundesgesetzes BGBl. I Nr. 107/2017 tritt mit 1. Jänner 2018 in Kraft. § 2 Abs. 12 und § 38 Abs. 1 und 2 in der Fassung des Bundesgesetzes BGBl. I Nr. 107/2017 treten mit 3. Jänner 2018 in Kraft. § 38 Abs. 3 tritt mit Ablauf des 2. Jänner 2018 außer Kraft.

(17) § 40 Abs. 6 in der Fassung des Bundesgesetzes BGBl. I Nr. 67/2018 gilt für Geschäftsjahre von den §§ 40 oder 42 ImmoInvFG unterliegenden Gebilden, die nach dem 31. Dezember 2018 beginnen. Sind in den Einkünften nach § 40 Abs. 6 Wertsteigerungen enthalten, sind diese nur insoweit zu erfassen, als sie in Geschäftsjahren entstanden sind, die nach dem 31. Dezember 2018 beginnen.

*(BGBl I 2018/67)*

(18) § 40 Abs. 1 und Abs. 6 in der Fassung des Bundesgesetzes BGBl. I Nr. 76/2018 gilt für Geschäftsjahre von den §§ 40 oder 42 ImmoInvFG unterliegenden Gebilden, die nach dem 31. Dezember 2018 beginnen.

*(BGBl I 2018/76)*

(19) § 34 Abs. 1 und 3 in der Fassung des Bundesgesetzes BGBl. I Nr. 46/2019 tritt mit 1. Juli 2019 in Kraft.

*(BGBl I 2019/46)*

(20) § 7 Abs. 1 und Abs. 3, § 19 Abs. 1, § 36 Abs. 1 und § 40 Abs. 2 Z 1 lit. a in der Fassung des Bundesgesetzes BGBl. I Nr. 62/2019 treten mit 21. Juli 2019 in Kraft.

*(BGBl I 2019/62)*

(21) § 16 samt Überschrift, § 17 Abs. 1, 3 und 4, § 36 Abs. 3, § 38 Abs. 1 und 3 und § 43a in der Fassung des Bundesgesetzes BGBl. I Nr. 198/2021 treten mit dem auf die Kundmachung folgenden Tag in Kraft. § 11 Abs. 1 in der Fassung des Bundesgesetzes BGBl. I Nr. 198/2021 tritt mit 1. Jänner 2022 in Kraft. § 1 Abs. 3 und § 6 Abs. 6 in der Fassung des Bundesgesetzes BGBl. I Nr. 198/2021 treten mit 1. Jänner 2023 in Kraft.

*(BGBl I 2021/198)*

# 14/2/3. Fonds-Melde-Verordnung 2015

BGBl II 2015/167 idF BGBl II 2018/298

**Verordnung des Bundesministers für Finanzen über die Meldung der steuerrelevanten Daten für Investmentfonds, Immobilienfonds und AIF (Fonds-Melde-Verordnung 2015 – FMV 2015)**

Auf Grund

1. des § 186 Abs. 2 Z 2 des Investmentfondsgesetzes 2011 – InvFG 2011, BGBl. I Nr. 77/2011, und
2. des § 40 Abs. 2 Z 1 des Immobilien-Investmentfondsgesetzes – ImmoInvFG, BGBl. I Nr. 80/2003,

in der jeweils geltenden Fassung wird verordnet:

## Allgemeine Bestimmungen und Begriffsbestimmungen

AbgZuw
InvFG
ImmoInvFG
WKG
NoVAG
KGG
KommSt
NeuFöG
WerbeAbg
StiftEG
Handwerker
WiEReG
DiStG

**§ 1.** (1) Diese Verordnung regelt

1. die Übermittlung der steuerrelevanten Daten der Ausschüttung und der ausschüttungsgleichen Erträge eines Fonds gemäß § 186 Abs. 2 Z 2 lit. a Investmentfondsgesetzes 2011 – InvFG 2011, BGBl. I Nr. 77/2011, und § 40 Abs. 2 Z 1 lit. a Immobilien-Investmentfondsgesetzes – ImmoInvFG, BGBl. I Nr. 80/2003, und allfällige Korrekturen der bereits gemeldeten Daten an die Meldestelle gemäß § 12 Abs. 1 des Kapitalmarktgesetzes – KMG, BGBl. Nr. 625/1991 in der Fassung des Bundesgesetzes BGBl. I Nr. 184/2013,
2. die Art und Weise der Ermittlung der von den Anteilinhabern erzielten Einkünfte, die Höhe der anfallenden Kapitalertragsteuer (KESt) und die erforderlichen Korrekturen der steuerlichen Anschaffungskosten, sowie
3. die Veröffentlichungen durch die Meldestelle.

(2) Der Bundesminister für Finanzen gibt der Meldestelle bekannt, wie auf Basis der gesetzlichen Bestimmungen und der gemeldeten steuerrelevanten Daten die ertragsteuerliche Behandlung zu erfolgen hat (Ermittlungsvorgaben). Die Meldestelle ist über Änderungen der Ermittlungsvorgaben rechtzeitig zu informieren und es sind ihr alle zur Durchführung der Ermittlung erforderlichen Aufklärungen zu erteilen.

(3) Im Sinne dieser Verordnung sind:

1. Fonds: Gebilde im Sinne der §§ 186 oder 188 InvFG 2011 oder der §§ 40 oder 42 ImmoInvFG.
2. Meldefonds: Fonds, die eine fristgerechte Jahresmeldung gemäß dieser Verordnung oder eine Absichtserklärung gemäß § 5 Abs. 3 abgegeben haben.
3. Nichtmeldefonds: Fonds, die keine Meldefonds im Sinne der Z 2 sind.
4. Verwaltungsgesellschaften: Kapitalanlagegesellschaften, AIFM im Sinne des Alternative Investmentfonds Manager-Gesetzes

– AIFMG, BGBl. I Nr. 135/2013, und sonstige Rechtsträger, die Vermögen im Sinne von § 188 InvFG 2011 oder § 42 ImmoInvFG unmittelbar verwalten.

5. Ausschüttungsmeldung: Meldung der steuerrelevanten Daten im Zusammenhang mit einer Ausschüttung.
6. Jahresmeldung: Meldung der steuerrelevanten Daten im Zusammenhang mit ausschüttungsgleichen Erträgen.

### Registrierung und Stammdaten

**§ 2.** (1) Eine aufrechte Registrierung ist Voraussetzung für jede Art von Übermittlung nach dieser Verordnung. Daher haben sich Verwaltungsgesellschaften vor der erstmaligen Übermittlung bei der Meldestelle unter Angabe der in Anlage 1 angeführten Stammdaten und unter Einhaltung einer zweiwöchigen Frist vor der ersten Übermittlung schriftlich zu registrieren. Nach erfolgter Registrierung haben sie die in der Anlage 2 angeführten Stammdaten der von ihnen verwalteten Meldefonds zu melden. Die in den Anlagen 1 und 2 angeführten Stammdaten sind laufend aktuell zu halten und allfällige Änderungen unverzüglich der Meldestelle bekannt zu geben.

(2) Verwaltungsgesellschaften können im Zuge der Registrierung gemäß Abs. 1 gegenüber der Meldestelle erklären, ob Erträge von Fonds der KESt auf Zinsen gemäß § 98 Abs. 1 Z 5 lit. b des Einkommensteuergesetzes 1988 – EStG 1988, BGBl. Nr. 400/1988, unterliegen.

*(BGBl II 2016/305)*

### Reguläre Meldungen

**§ 3.** (1) Die Übermittlung der steuerrelevanten Daten gemäß § 1 Abs. 1 hat ausschließlich im automationsunterstützten Wege und in strukturierter Form zu erfolgen. Die Art der Übermittlung und die Spezifikationen (Form, Struktur und Inhalt) der übermittelten Daten haben der in der Anlagen 3, 3a und 3b jeweils enthaltenen Beschreibung unter Einhaltung der darin vorgesehenen Plausibilitätskriterien zu entsprechen. Auf anderem Wege, unter Verwendung eines anderen Übertragungssystems, unvollständig vorgenommene Übermittlungen oder Meldungen unter Nichteinhaltung des in Anlage 3 beschriebenen Ablaufs stellen keine Meldungen im Sinne des § 186 Abs. 2 Z 2 lit. a InvFG 2011 oder § 40 Abs. 2 Z 1 lit. a ImmoInvFG dar und sind von der Meldestelle nicht entgegenzunehmen.

*(BGBl II 2016/305)*

(2) Für reguläre Meldungen gelten folgende Fristen:

1. Die Ausschüttungsmeldung ist spätestens am letzten Tag vor dem Ausschüttungstag vorzunehmen.

   *(BGBl II 2018/298)*

2. Die Jahresmeldung ist spätestens sieben Monate nach Ende des Geschäftsjahres des Fonds vorzunehmen. Bei Auszahlungen gemäß § 58 Abs. 2 InvFG 2011 ist die Jahresmeldung spätestens am letzten Tag vor dem Auszahlungstag vorzunehmen.

   *(BGBl II 2018/298)*

Werden die Meldungen nicht innerhalb dieser Fristen vorgenommen, treten die in § 186 Abs. 2 Z 3 InvFG 2011 und § 40 Abs. 2 Z 2 ImmoInvFG angeordneten Rechtsfolgen ein.

### Verspätete Meldungen und Korrekturen

**§ 4.** (1) Ursprünglich rechtzeitig erfolgte reguläre Meldungen (§ 3 Abs. 2) können nur bis zum 15. Dezember des Kalenderjahres, in dem diese Meldungen vorgenommen wurden, korrigiert werden. Die Meldestelle hat diese korrigierten Meldungen entgegenzunehmen und als korrigiert gekennzeichnet unter Angabe des Datums der ursprünglichen Veröffentlichung zu veröffentlichen. Der Abzugsverpflichtete (auszahlende Stelle gemäß § 95 Abs. 2 Z 1 lit. b EStG 1988) hat eine Berichtigung des Kapitalertragsteuerabzuges und der sonstigen darauf basierenden und in Folge davon betroffenen steuerlichen Werte vorzunehmen, sofern noch eine aufrechte Geschäftsbeziehung zum Anteilinhaber besteht.

(2) Die Korrektur der Ausschüttungsmeldung kann in der Jahresmeldung vorgenommen werden. Ergibt die Korrektur bei der Saldierung der Ausschüttung und des ausschüttungsgleichen Ertrages einen negativen Wert, ist eine darauf entfallende Kapitalertragsteuer nicht auszuzahlen.

(3) Die Meldestelle hat bis spätestens zum Ablauf der Frist für die nächstfolgende Jahresmeldung

1. erstmalige Meldungen nach Ablauf der Frist gemäß § 3 Abs. 2 oder
2. Korrekturen von erstmaligen fristgerechten Meldungen nach dem 15. Dezember (Abs. 1)

entgegenzunehmen und gesondert zu veröffentlichen (Liste der Selbstnachweise).

(4) Der Abzugsverpflichtete hat die gemäß Abs. 3 gesondert zu veröffentlichenden Jahresmeldungen auf Verlangen des Anteilinhabers als Selbstnachweis im Sinne des § 186 Abs. 2 Z 4 InvFG 2011 oder § 40 Abs. 2 Z 3 ImmoInv-FG zu behandeln.

### Veröffentlichung

**§ 5.** (1) Die Meldestelle hat die Meldefonds mit den für ihre ertragsteuerliche Behandlung relevanten Daten samt der nach den Ermittlungsvorgaben des Bundesministeriums für Finanzen ermittelten ertragsteuerlichen Behandlung sowie das Meldedatum im Internet zu veröffentlichen (Liste der Meldefonds).

(2) Ein Fonds ist von der Liste der Meldefonds zu entfernen, wenn eine Jahresmeldung nicht fristgerecht vorgenommen wird. Dieser Fonds ist für die Dauer eines Jahres ab dem Verstreichen der in § 3 Abs. 2 Z 2 für die Vornahme der Jahresmeldung vorgesehen Frist in einer gesonderten Liste im Internet zu veröffentlichen (Liste ehemaliger Meldefonds).

(3) Registrierte Verwaltungsgesellschaften (§ 2 Abs. 1) können für Fonds, die erstmalig in Österreich zum Vertrieb zugelassen werden oder deren Vertrieb in Österreich erstmalig beginnt, mit dem in der Anlage 2 angefügten Formular unter vollständiger Bekanntgabe der dort angeführten Stammdaten oder im Rahmen der ISIN-Vergabe durch die Oesterreichische Kontrollbank Aktiengesellschaft gegenüber der Meldestelle erklären, dass die Vornahme einer Jahresmeldung beabsichtigt ist (Absichtserklärung). Dabei ist in der Absichtserklärung jedenfalls das Ende des laufenden Geschäftsjahres anzugeben. Mit der Abgabe der Absichtserklärung gelten diese Fonds bis zum Ende der Frist gemäß § 3 Abs. 2 Z 2 als Meldefonds und sind mit einer entsprechenden Zusatzbezeichnung in die Liste der Meldefonds aufzunehmen. Die Absichtserklärung ist für Fonds, die bis zum 15. November zum Vertrieb zugelassen werden oder deren Vertrieb bis zum 15. November tatsächlich beginnt, bis zum 15. November desselben Jahres, für alle anderen Fonds bis spätestens 23. Dezember um 12 Uhr desselben Jahres abzugeben. Verspätete Absichtserklärungen gelten am 2. Jänner des Folgejahres als eingebracht.

*(BGBl II 2018/298)*

### Zinsen gemäß § 98 EStG

**§ 6.** (1) Die Meldestelle hat jene Fonds, für die von registrierten Verwaltungsgesellschaften (§ 2 Abs. 1) erklärt wurde, ob deren Erträge der KESt auf (Stück)Zinsen gemäß § 98 Abs. 1 Z 5 lit. b EStG 1988 unterliegen, in einer gesonderten Liste auszuweisen und im Internet zu veröffentlichen (Fonds, die der KESt auf Zinsen gemäß § 98 EStG 1988 unterliegen).

(2) Meldefonds, die der KESt auf Zinsen gemäß § 98 Abs. 1 Z 5 lit. b EStG 1988 unterliegen, sind in einer gesonderten Liste (Meldefonds KESt auf Zinsen gemäß § 98 EStG 1988) auszuweisen und zu veröffentlichen. Werden keine Jahresmeldungen mehr abgegeben, sind diese Fonds in einer gesonderten Liste (Ehemalige Meldefonds KESt auf Zinsen gemäß § 98 EStG 1988) für den Zeitraum eines Jahres auszuweisen und zu veröffentlichen.

(3) Die Bestimmungen des § 4 über verspätete Meldungen und Korrekturen ursprünglich rechtzeitig erfolgter Meldungen sind für (Stück)Zinsen gemäß § 98 Abs. 1 Z 5 lit. b EStG 1988 mit der Maßgabe anzuwenden, dass der Abzugsverpflichtete eine Korrektur der einbehaltenen KESt nicht vornehmen darf.

*(BGBl II 2016/305)*

### Fristen

**§ 7.** Die Fristberechnung richtet sich nach § 108 der Bundesabgabenordnung – BAO, BGBl. Nr. 194/1961, wobei abweichend von § 108 Abs. 2 BAO die Frist nicht mit Ablauf des Tages, sondern um 16 Uhr endet. Fällt das Ende der Frist auf einen Samstag, Sonntag, gesetzlichen Feiertag, Karfreitag, 24. oder 31. Dezember ist abweichend von § 108 Abs. 3 BAO der letzte davorliegende Tag, der nicht einer der vorgenannten Tage ist, als letzter Tag der Frist anzusehen. Für die Bestimmung der Handelstage ist der jährlich veröffentlichte Kalender der Handelstage für den österreichischen Kassa- und Terminmarkt der Wiener Börse AG maßgeblich.

*(BGBl II 2018/298)*

### Inkrafttreten und Übergangsvorschriften

**§ 8.** (1) Diese Verordnung tritt mit 6. Juni 2016 in Kraft. Für Meldungen, die vor dem 6. Juni 2016 vorgenommen werden, sind die Bestimmungen der Fonds-Melde-VO, BGBl. II Nr. 96/2012 in der Fassung des BGBl. II Nr. 224/2014, weiter anzuwenden.

*(BGBl II 2015/440)*

(2) Die Fonds-Melde-VO, BGBl. II Nr. 96/2012 in der Fassung der Verordnung BGBl. II Nr. 224/2014 tritt mit Ablauf des 5. Juni 2016 außer Kraft, wobei die letzte Meldung am 3. Juni 2016 bis 16 Uhr abgegeben werden kann. Die aufgrund der Fonds-Melde-VO erstellten Listen sind weiterzuführen und gemäß den Bestimmungen dieser Verordnung zu adaptieren.

*(BGBl II 2015/440)*

(3) Verwaltungsgesellschaften haben entsprechend den Vorgaben der Meldestelle zwischen dem 15. April und 13. Mai 2016 die auf Grund des Punktes 3.1 der Anlage 1 der Fonds-MeldeVO enthaltenen Stammdaten um jene Angaben zu vervollständigen, welche auf Grund Anlage 2 zusätzlich erforderlich sind.

*(BGBl II 2015/440)*

(4) Sofern Meldungen im Jahr 2016 abgegeben werden, sind die Stammdaten gemäß Anlage 2 um die Angabe zu ergänzen, ob die Erträge des Fonds der EU-Quellensteuer unterliegen.

(5) § 2 Abs. 2 und § 6 in der Fassung der Verordnung des Bundesministers für Finanzen BGBl. II Nr. 305/2016 treten mit 1. Jänner 2017 in Kraft. Die Meldung der in Zeile 19 und 20 der in Anlage 3 enthaltenen Tabelle „Beschreibung Datensatz Start“ geforderte Angaben sind erstmals in Meldungen mit Satus „New“ anzugeben, die nach dem 30. März 2017 an die Meldestelle übermittelt werden. Verwaltungsgesellschaften haben

– für bereits registrierte Fonds bis 18. November 2016,
– im Zuge der Registrierung von Fonds ab dem 19. November 2016

gegenüber der Meldestelle zu erklären, ob die Erträge der Fonds der KESt auf (Stück)Zinsen gemäß § 98 Abs. 1 Z 5 lit. b EStG 1988 in der Fassung des Bundesgesetzes BGBl. I Nr. 77/2016 unterliegen. Für bereits registrierte Fonds, die mehr als 20% des Fondsvermögens in Anteile an anderen Fonds veranlagt haben, verlängert sich diese Frist um zwei Wochen.

*(BGBl II 2016/305)*

(6) §§ 3, 5 und 7 sowie die Anlage 2 in der Fassung der Verordnung des Bundesministers für Fi-

nanzen BGBl. II Nr. 298/2018 tritt mit 1. Dezember 2018 in Kraft. Die Anlage 3 und die Anlage 3a in der Fassung der Verordnung des Bundesministers für Finanzen BGBl. II Nr. 298/2018 tritt am 1. Juli 2019 in Kraft und ist erstmals für die Meldung von Erträgen aus Geschäftsjahren anzuwenden, die nach dem 31. Dezember 2018 beginnen. Verwaltungsgesellschaften können

– für bereits registrierte Fonds bis 7. Dezember 2018,
– im Zuge der Registrierung von Fonds ab dem 10. Dezember 2018

gegenüber der Meldestelle erklären, ob die Erträge der Fonds der KESt auf (Stück)Zinsen gemäß § 98 Abs. 1 Z 5 lit. b EStG 1988 in der Fassung des Bundesgesetzes BGBl. I Nr. 62/2018 unterliegen.

*(BGBl II 2018/298)*

*Anlagen nicht abgedruckt*

# 14/3. Wirtschaftskammergesetz 1998 (Auszug)

BGBl I 1998/103 idF BGBl I 2022/113

### Kammerumlagen

**§ 122.** (1) Zur Bedeckung der in den genehmigten Jahresvoranschlägen vorgesehenen und durch sonstige Erträge nicht gedeckten Aufwendungen der Landeskammern und der Bundeskammer kann von den Kammermitgliedern eine Umlage nach dem Grundsatz der Verhältnismäßigkeit der Inanspruchnahme eingehoben werden; die Verhältnismäßigkeit ist auch an dem Verhältnis zwischen den Umlagebeträgen und der Differenz zwischen Einkaufs- und Verkaufspreisen zu messen. Ist an einer Gesellschaft bürgerlichen Rechts ein Kammermitglied, dem für die im Rahmen der Gesellschaft ausgeübten Tätigkeiten keine Unternehmereigenschaft im Sinne der Umsatzsteuer zukommt, gemeinsam mit einer oder mehreren physischen oder juristischen Personen beteiligt, so gelten die Bemessungsgrundlagen der Gesellschaft bürgerlichen Rechts als Bemessungsgrundlage für die Umlage; diesfalls kann die Erhebung der Umlage bei der Gesellschaft bürgerlichen Rechts erfolgen. Die Umlage ist in einem Tausendsatz zu berechnen von jenen Beträgen, die

1. auf Grund der an das Kammermitglied für dessen inländische Unternehmensteile von anderen Unternehmern erbrachten Lieferungen oder sonstigen Leistungen vom anderen Unternehmer, ausgenommen auf Grund von Geschäftsveräußerungen, als Umsatzsteuer geschuldet werden,
2. als Umsatzsteuerschuld auf Grund der an das Kammermitglied für dessen Unternehmen von anderen Unternehmern erbrachten Lieferungen oder sonstigen Leistungen auf das Kammermitglied übergegangen ist,
3. auf Grund der Einfuhr von Gegenständen für das Unternehmen des Kammermitglieds oder auf Grund des innergemeinschaftlichen Erwerbs für das Unternehmen des Kammermitglieds vom Kammermitglied als Umsatzsteuer geschuldet werden.

Der Tausendsatz beträgt für die Bundeskammer 1,3 vT und für alle Landeskammern einheitlich 1,9 vT der Bemessungsgrundlagen gemäß Z 1 bis 3. Das Erweiterte Präsidium der Bundeskammer kann jeweils geringere Tausendsätze beschließen.

(2) Von der Bemessungsgrundlage nach Abs. 1 ist die Umsatzsteuer auf Investitionen in das ertragssteuerliche Anlagevermögen in Abzug zu bringen.

*(BGBl I 2017/73)*

(3) Abweichend von Abs. 1 wird die Bemessungsgrundlage für einzelne Gruppen von Kammermitgliedern wie folgt bestimmt:

1. Bei Kreditinstituten im Sinne des Art. 1 (Bankwesengesetz) § 1 Abs. 1 Finanzmarktanpassungsgesetz 1993, BGBl. Nr. 532/1993,

ist die Summe der Bruttoprovisionen und die Summe der mit einem für alle Umlagepflichtigen geltenden Faktor vervielfachten Nettozinserträge heranzuziehen, jeweils unter entsprechender Ausscheidung des Auslandsgeschäftes. Das Erweiterte Präsidium der Bundeskammer hat sowohl den Faktor unter Bedachtnahme auf das allgemeine durchschnittliche Verhältnis zwischen Brutto- und Nettozinserträgen als auch Art und Umfang der Ausscheidung des Auslandsgeschäftes festzulegen.

2. Bei Versicherungsunternehmen ist das Prämienvolumen des direkten inländischen Geschäftes, abzüglich eines Abschlages von 80 vH des Prämienvolumens aus Versicherungsgeschäften im Sinne von § 6 Abs. 1 Z 1 Versicherungssteuergesetz 1953, BGBl. Nr. 133/1953, heranzuziehen.

Um die Verhältnismäßigkeit der Inanspruchnahme dieser Kammermitglieder im Vergleich zu anderen Kammermitgliedern zu gewährleisten, darf der für diese Bemessungsgrundlage vom Erweiterten Präsidium der Bundeskammer festzulegende Hundertsatz höchstens 0,041 vH betragen. Das Umlagenaufkommen auf Grund dieser Bemessungsgrundlage wird im Verhältnis der für das jeweilige Einhebungsjahr geltenden Hebesätze gemäß Abs. 1 zwischen der Bundeskammer und den Landeskammern aufgeteilt. Außerdem hat das Erweiterte Präsidium der Bundeskammer zwei unterschiedlich hohe Schwellenwerte festzusetzen, wobei der niedrigere EUR 16 Millionen nicht unterschreiten darf. Für jene Teile der Bemessungsgrundlage, die den niedrigeren Schwellenwert übersteigen und den höheren nicht überschreiten, kommt der um 5 vH verminderte Teil des Hundertsatzes und für jene, die den höheren Schwellenwert übersteigen, der um 12 vH verminderte Teil des Hundertsatzes zur Anwendung.

*(BGBl I 2017/73)*

(4) Das Erweiterte Präsidium der Bundeskammer kann beschließen, dass Teile der Bemessungsgrundlagen außer Betracht bleiben, soweit deren Berücksichtigung in einzelnen Berufszweigen zu einer unverhältnismäßigen Inanspruchnahme der Kammermitglieder führen würde. Dies gilt auch für die Zuordnung von einzelnen Gruppen von Kammermitgliedern zu einer Bemessungsgrundlagenermittlung im Sinne des Abs. 3, die an steuerbarem Umsatz anknüpft.

*(BGBl I 2017/73)*

(5) Ist die genaue Ermittlung der Bemessungsgrundlagen in einzelnen Berufszweigen für die Kammermitglieder mit unverhältnismäßigen Schwierigkeiten verbunden, so kann das Erweiterte Präsidium der Bundeskammer für die Kammermitglieder in diesen Berufszweigen die Möglichkeit einer pauschalierten Ermittlung der Bemessungsgrundlagen nach den jeweiligen Erfahrungen des Wirtschaftslebens beschließen.

*(BGBl I 2017/73)*

(6) Die Umlage gemäß Abs. 1, 2 und 3 ist von den Abgabenbehörden des Bundes nach Maßgabe der folgenden Bestimmungen zu erheben:

1. Die für die Umsatzsteuer geltenden Abgabenvorschriften sind mit Ausnahme des § 20 Abs. 1 vierter Satz und des § 21 UStG 1994 sinngemäß anzuwenden.
2. Der zu entrichtende Umlagebetrag ist kalendervierteljährlich selbst zu berechnen und spätestens am fünfzehnten Tag des nach Ende des Kalendervierteljahres zweitfolgenden Kalendermonats zu entrichten. Bei der Berechnung der Umlage für das jeweils letzte Kalendervierteljahr sind Unterschiedsbeträge, die sich zwischen den berechneten Vierteljahresbeträgen und dem Jahresbetrag der Umlage ergeben, auszugleichen. Ein gemäß § 201 BAO, BGBl. Nr. 194/1961, in der jeweils geltenden Fassung, festgesetzter Umlagenbetrag hat den vorgenannten Fälligkeitstag.
3. Ist auf dem amtlichen Formular für die Umsatzsteuererklärung die Angabe des Jahresbetrages der Umlage vorgesehen, so ist dieser Jahresbetrag in der Umsatzsteuererklärung bekannt zu geben.
4. Von Kammermitgliedern, deren Umsätze gemäß § 1 Abs. 1 Z 1 UStG 1994, BGBl. Nr. 663/1994, jährlich 150.000 Euro nicht übersteigen, wird die Umlage nicht erhoben.
5. (aufgehoben)

*(BGBl I 2017/73)*

(7) Die Umlage gemäß Abs. 1, 2 und 3 ist von den Abgabenbehörden des Bundes an die Bundeskammer zu überweisen. Die auf die Landeskammern entfallenden Anteile sind nach Maßgabe der Eingänge zu verrechnen und von der Bundeskammer an die Landeskammern zu überweisen. Die Aufteilung des Landeskammeranteiles auf die einzelnen Landeskammern erfolgt nach dem Verhältnis der Zahl der Kammermitglieder der Landeskammern; das Erweiterte Präsidium der Bundeskammer kann Sockelbeträge vorsehen.

*(BGBl I 2017/73)*

(8) Die Landeskammern können zur Bedeckung ihrer Aufwendungen festlegen, dass die Kammermitglieder eine weitere Umlage zu entrichten haben. Diese ist beim einzelnen Kammermitglied von der Summe der in seiner Unternehmung (seinen Unternehmungen) nach § 2 anfallenden Arbeitslöhne zu berechnen, wobei als Bemessungsgrundlage die Beitragsgrundlage nach § 41 Familienlastenausgleichsgesetz 1967, BGBl. Nr. 376/1967, gilt (Zuschlag zum Dienstgeberbeitrag). Personen, die einem Kammermitglied durch ein Gesetz zur Dienstleistung gegen Kostenersatz zugewiesen sind, gelten als Dienstnehmer des kostenersatzleistenden Kammermitglieds. Für sie ist Bemessungsgrundlage der Ersatz der Aktivbezüge mit der Maßgabe, dass die Umlagenschuld mit Ablauf des Kalendermonats entsteht, in dem die Aktivbezüge ersetzt worden sind. Die Umlage ist in einem Hundertsatz dieser Bemessungsgrundlagen zu berechnen. Der Hundertsatz ist vom Wirtschafts-

parlament der Landeskammer festzusetzen; er darf 0,29 vH der Beitragsgrundlage nicht übersteigen. Hat ein Kammermitglied gemeinsam mit einem oder mit mehr als einem anderen Kammermitglied eine Arbeitsgemeinschaft gebildet, so wird die weitere Umlage hinsichtlich der Arbeitslöhne, die bei der Arbeitsgemeinschaft anfallen, durch diese entrichtet. Bei einer Personengesellschaft des Handelsrechts, bei der ein Komplementär eine juristische Person oder eine Personengesellschaft des Handelsrechts ist, gehören die diesbezüglichen, bei der Komplementärgesellschaft anfallenden Arbeitslöhne auch dann zur Beitragsgrundlage, wenn die Komplementärgesellschaft keine Berechtigung nach § 2 besitzt. Die Bestimmungen der §§ 42a und 43 Familienlastenausgleichsgesetz 1967, BGBl. Nr. 376/1967, finden auf die Umlage sinngemäß Anwendung. Ein im Verhältnis zur Summe der Arbeitslöhne der Arbeitnehmer der Mitglieder der einzelnen Landeskammern ungleichgewichtiges Aufkommen aus der weiteren Umlage ist zwischen den Landeskammern auszugleichen (Finanzausgleich).

*(BGBl I 2017/73)*

(9) Die Bundeskammer kann zur Bedeckung ihrer Aufwendungen eine Umlage nach Abs. 8 festlegen. Abs. 8 ist mit der Maßgabe anzuwenden, dass die Umlage 0,15 vH der dort angeführten Beitragsgrundlage nicht übersteigen darf.

*(BGBl I 2017/73)*

(10) Das Erweiterte Präsidium der Bundeskammer kann beschließen, dass Teile der Bemessungsgrundlagen außer Betracht bleiben, soweit deren Berücksichtigung zu einer unverhältnismäßigen Inanspruchnahme von Mitgliedern führen würde, die als Betreiber eines Alten- oder Pflegeheims tätig sind. Solche Beschlüsse können auch rückwirkend in Kraft gesetzt werden.

*(BGBl I 2017/73)*

(11) Wird ein Rechtsmittel erhoben, mit dem die Umlagepflicht dem Grunde nach bestritten wird, so ist das Verfahren zu unterbrechen und die Frage dem Präsidenten der zuständigen Landeskammer zur Entscheidung vorzulegen. Auf dieses Verfahren ist § 128 Abs. 3 und 5 sinngemäß anzuwenden.

*(BGBl I 2017/73)*

### Vorschreibung und Einhebung der Kammerumlagen

**§ 126.** (1) Die Höhe der Kammerumlagen ist unverzüglich nach ihrer Festsetzung vom Generalsekretariat der Bundeskammer dem Bundesministerium für Finanzen bekanntzugeben. Die Höhe der Vergütung für die Einhebung dieser Umlagen ist von der Bundeskammer mit dem Bundesministerium für Finanzen zu vereinbaren; sie darf vier Prozent der eingehobenen Beträge nicht übersteigen. Die eingegangenen Kammerumlagen sind bei der Umlage gemäß § 122 Abs. 1 der Bundeskammer und bei den Umlagen gemäß § 122 Abs. 8 und 9 den zuschlagsberechtigten Kammern zu überweisen.

(2) Kammerumlagen stellen Abgaben im Sinne der Bundesabgabenordnung dar, weshalb die entsprechenden Verfahrensvorschriften insoweit anzuwenden sind, als das Wirtschaftskammergesetz keine abweichenden Bestimmungen enthält. In Verfahren, in denen die Rückzahlung entrichteter Kammerumlagen begehrt wird, haben die Bundeskammer und die jeweils betroffene(n) Landeskammer(n) Parteistellung.Wird ein Rechtsmittel erhoben, mit dem die Umlagepflicht dem Grunde nach bestritten wird, so ist das Verfahren zu unterbrechen und die Frage dem Präsidenten der zuständigen Landeskammer zur Entscheidung vorzulegen. § 128 Abs. 3 und 5 ist sinngemäß anzuwenden.

*(BGBl I 2017/73, BGBl I 2021/27)*

### Feststellung der Umlagenpflicht bei Grundumlagen und bei Gebühren für Sonderleistungen

**§ 128.** (1) Der Präsident der Landeskammer hat über Art und Ausmaß der Grundumlagepflicht einen Bescheid zu erlassen, wenn dies vom Zahlungspflichtigen spätestens einen Monat nach Vorschreibung verlangt wird.

(2) Die Verpflichtung gemäß Abs. 1 trifft bei Gebühren für Sonderleistungen den Obmann oder Präsidenten jener Körperschaft, die die Sonderleistung erbracht hat.

(3) Gegen den Bescheid des Präsidenten der Landeskammer nach Abs. 1 und 2, den Bescheid des Präsidenten der Bundeskammer nach Abs. 2 sowie gegen den Bescheid des Obmannes des Fachverbands nach Abs. 2 kann binnen vier Wochen ab Zustellung Beschwerde an das Verwaltungsgericht erhoben werden.

(4) Gegen den Bescheid des Obmannes der Fachgruppe gemäß Abs. 2 kann binnen vier Wochen ab Zustellung Beschwerde an das Verwaltungsgericht erhoben werden.

(5) Auf das Verfahren nach Abs. 1 und 2 sind die Vorschriften des Allgemeinen Verwaltungsverfahrensgesetzes 1991, BGBl. Nr. 51/1991, sinngemäß anzuwenden.

# 14/4. Normverbrauchsabgabegesetz

**Normverbrauchsabgabegesetz**, BGBl 1991/695 idF

| | | |
|---|---|---|
| **1** BGBl 1992/449 | **2** BGBl 1993/818 | **3** BGBl 1994/681 |
| **4** BGBl 1995/21 | **5** BGBl 1996/201 (StruktAnpG 1996, Art 45) | **6** BGBl I 1998/9 |
| **7** BGBl I 1999/122 | **8** BGBl I 2000/142 (BudgetbegleitG 2001) | **9** BGBl I 2001/144 (AbgÄG 2001) |
| **10** BGBl I 2002/132 (2. AbgÄG 2002) | **11** BGBl I 2003/71 (BudgetbegleitG 2003) | **12** BGBl I 2003/124 (AbgÄG 2003) |
| **13** BGBl I 2004/180 (AbgÄG 2004) | **14** BGBl I 2006/16 (VfGH) | **15** BGBl I 2006/99 (BetrbG 2006) |
| **16** BGBl I 2006/143 (UFSG-Nov. 2006) | **17** BGBl I 2007/24 (BudBG 2007) | **18** BGBl I 2007/65 |
| **19** BGBl I 2008/46 (ÖkoG 2007) | **20** BGBl I 2009/52 (BudBG 2009) | **21** BGBl I 2010/34 (AbgÄG 2010) |
| **22** BGBl I 2010/111 (BudBG 2011) | **23** BGBl I 2012/112 (AbgÄG 2012) | **24** BGBl I 2014/13 (AbgÄG 2014) |
| **25** BGBl I 2015/24 (VfGH) | **26** BGBl I 2015/118 (StRefG 2015/16) | **27** BGBl I 2017/89 |
| **28** BGBl I 2019/103 (StRefG 2020) | **29** BGBl I 2019/104 (FORG) | **30** BGBl I 2020/99 (2. FORG) |
| **31** BGBl I 2021/18 | **32** BGBl I 2021/208 | **33** BGBl I 2022/108 (AbgÄG 2022) |



## GLIEDERUNG



**Bundesgesetz, mit dem eine Abgabe für den Normverbrauch von Kraftfahrzeugen eingeführt wird (Normverbrauchsabgabegesetz – NoVAG 1991)**

### Steuerbare Vorgänge

**§ 1.** Der Normverbrauchsabgabe unterliegen die folgenden Vorgänge:

1. Die Lieferung von bisher im Inland nicht zum Verkehr zugelassenen Kraftfahrzeugen, die ein Unternehmer (§ 2 UStG 1994) im Inland gegen Entgelt im Rahmen seines Unternehmens ausführt, ausgenommen die Lieferung an einen anderen Unternehmer zur gewerblichen Weiterveräußerung.
2. Der innergemeinschaftliche Erwerb (Art. 1 UStG 1994) von Kraftfahrzeugen, ausgenommen der Erwerb durch befugte Fahrzeughändler zur Weiterlieferung.
3. a) Die erstmalige Zulassung von Kraftfahrzeugen zum Verkehr im Inland, sofern die Steuerpflicht nicht bereits nach Z 1 oder Z 2 eingetreten ist oder nach Eintreten der Steuerpflicht eine Vergütung nach § 12 oder § 12a erfolgt ist.
   b) Als erstmalige Zulassung gilt auch die Zulassung eines Fahrzeuges, das bereits im Inland zugelassen war, aber nicht der Normverbrauchsabgabe unterlag oder befreit war, sowie die Verwendung eines Fahrzeuges im Inland, wenn es nach dem Kraftfahrgesetz zuzulassen wäre, ausgenommen es wird ein Nachweis der Entrichtung der Normverbrauchsabgabe

in jener Höhe erbracht, die im Zeitpunkt der erstmaligen Verwendung im Inland zu entrichten gewesen wäre.

*(BGBl I 2015/118)*

4. Die Lieferung, der Eigenverbrauch durch Entnahme (§ 3 Abs. 2 UStG 1994) und die Änderung der begünstigten Nutzung von nach § 3 Abs. 1 Z 2 und Abs. 3 befreiten Kraftfahrzeugen, weiters der Wegfall der Voraussetzungen für die Steuerbefreiung nach § 3 Abs. 4.

   *(BGBl I 2021/18)*

Inland ist das Bundesgebiet, ausgenommen das Gebiet der Gemeinden Mittelberg und Jungholz.

### Kraftfahrzeuge

**§ 2.** (1) Als Kraftfahrzeuge gelten:

1. Krafträder und Kraftfahrzeuge mit zwei oder drei Rädern (Klassen L3e, L4e und L5e), jeweils mit einem Hubraum von mehr als 125 Kubikzentimetern;

**„2. Schwere vierrädrige Kraftfahrzeuge (Klasse L7e) mit einem Hubraum von mehr als 125 Kubikzentimetern;“**

   *(BGBl I 2022/108 ab 1.9.2022)*

3. Personen- und Kombinationskraftwagen (Klasse M1) sowie
4. Kraftfahrzeuge zur Güterbeförderung mit mindestens vier Rädern und einer zulässigen Gesamtmasse von nicht mehr als 3.500 kg (Klasse N1).

Ausgenommen sind jeweils historische Fahrzeuge gemäß § 2 Abs. 1 Z 43 Kraftfahrgesetz 1967.

(2) Die Einteilung der Kraftfahrzeuge in Klassen richtet sich nach § 3 Kraftfahrgesetz 1967, BGBl. Nr. 267/1967, in der jeweils geltenden Fassung. Für die Einordnung eines Kraftfahrzeuges in diese Klassen ist der Typenschein, der Einzelgenehmigungsbescheid oder die EG- bzw. EU-Übereinstimmungsbescheinigung, jeweils gemäß Abschnitt III des Kraftfahrgesetzes 1967, maßgeblich. Wurde für ein Kraftfahrzeug keine oder eine falsche Einordnung in einem entsprechenden Fahrzeugdokument vorgenommen, sind für die Einordnung die kraftfahrrechtlichen Vorschriften (§ 3 Kraftfahrgesetz 1967) sinngemäß anzuwenden.

*(BGBl I 2021/18)*

### Steuerbefreiungen

**§ 3.** (1) Von der Normverbrauchsabgabe sind befreit

1. Vorgänge in Bezug auf Kraftfahrzeuge, die auf Grund ihres Antriebes (insbesondere Elektro oder Wasserstoff) einen $CO_2$-Emissionswert von 0 g/km aufweisen.
2. Vorführkraftfahrzeuge von Fahrzeughändlern sowie Kraftfahrzeuge, die auf den Fahrzeughändler zugelassen und nicht auf öffentlichen Straßen verwendet werden (sogenannte „Tageszulassung“), wenn die Zulassung nicht länger als drei Monate dauert. Wird dieser Zeitraum überschritten, entsteht die Steuerpflicht **„gemäß § 1 Z 3“** mit dem Tag der Überschreitung. Für diese Kraftfahrzeuge ist § 6 Abs. 8 nicht anwendbar.

   *(BGBl I 2022/108 ab 1.9.2022)*

(2) Von der Normverbrauchsabgabe sind unter der Voraussetzung der Bekanntgabe der Fahrzeugidentifizierungsnummer und der Sperre des Fahrzeuges in der Genehmigungsdatenbank nach § 30a Kraftfahrgesetz 1967 befreit:

1. Ausfuhrlieferungen. § 6 Abs. 1 Z 1 und § 7 Umsatzsteuergesetz 1994 sind mit der Maßgabe anzuwenden, dass als Ausfuhrlieferungen auch Lieferungen in das übrige Unionsgebiet (§ 1 Abs. 1 Umsatzsteuergesetz 1994) gelten.
2. Vorgänge in Bezug auf Kraftfahrzeuge, die von Menschen mit Behinderung zur persönlichen Fortbewegung verwendet werden, sofern bescheinigt wird, dass der Mensch mit Behinderung für das Kraftfahrzeug die Steuerbefreiung gemäß § 4 Abs. 3 Z 9 Versicherungssteuergesetz 1953, BGBl. Nr. 133/1953, in der jeweils geltenden Fassung, in Anspruch nimmt.
   a) In jenen Fällen, in denen der Steuerschuldner ein Unternehmer ist, muss die Bescheinigung dem Unternehmer innerhalb von zwei Wochen ab Lieferung vorgelegt werden. Wird die Bescheinigung nicht innerhalb dieser Frist vorgelegt, geht die Steuerschuld auf den Empfänger der Leistung über. In diesem Fall hat der Unternehmer die Sperre des Kraftfahrzeuges in der Genehmigungsdatenbank nach § 30a Kraftfahrgesetz 1967 zu veranlassen und das zuständige Finanzamt über den Übergang der Steuerschuld in Kenntnis zu setzen. Das Finanzamt hat bei unberechtigter Inanspruchnahme der Befreiung den Steuerschuldner aufzufordern, eine Anmeldung über die zu entrichtende Normverbrauchsabgabe einzureichen. **„Wird das zuständige Finanzamt über den Übergang der Steuerschuld nicht in Kenntnis gesetzt, bleibt neben dem Empfänger der Leistung der Unternehmer Abgabenschuldner (Gesamtschuldner gemäß § 6 Abs. 1 BAO).“**

      *(BGBl I 2022/108 ab 1.9.2022)*

   b) In allen übrigen Fällen muss die Bescheinigung innerhalb von zwei Wochen ab Zulassung dem zuständigen Finanzamt vorgelegt werden. Nachdem die Bescheinigung vorgelegt wurde, hat das Finanzamt die Sperre des Kraftfahrzeuges in der Genehmigungsdatenbank nach § 30a Kraftfahrgesetz 1967 zu veranlassen. Wird die Bescheinigung nicht vorgelegt, hat das Finanzamt der Person, die die Befreiung unberechtigt in Anspruch genommen hat, die Normverbrauchsabgabe vorzuschreiben. Die Steuerschuld entsteht mit Ablauf der Frist.

Die Befreiung steht auch dann zu, wenn das Kraftfahrzeug nicht an den Menschen mit Behinderung, sondern zu Zwecken der Finanzierung an einen anderen Unternehmer geliefert wird. Der Bundesminister für Finanzen wird ermächtigt, das Verfahren zur Gewährung der Befreiung durch Verordnung näher zu regeln oder ein abweichendes Verfahren vorzusehen, wenn dadurch der Verwaltungsaufwand für Menschen mit Behinderung verringert wird.

3. Vorgänge in Bezug auf Kraftfahrzeuge, die als Einsatzfahrzeuge zur Verwendung durch eine Gebietskörperschaft im Bereich des öffentlichen Sicherheitsdienstes oder der Justizwache sowie durch das Bundesheer zur Erfüllung seiner Aufgaben bestimmt sind.

(3) Folgende Vorgänge in Bezug auf Kraftfahrzeuge sind von der Normverbrauchsabgabe im Wege der Vergütung (§ 12) befreit, wenn die vorwiegende Verwendung (mehr als 80%) für den begünstigten Zweck nachgewiesen wird:

1. Begleitfahrzeuge für Sondertransporte
2. Fahrschulkraftfahrzeuge
3. Miet-, Taxi- und Gästewagen
4. Kraftfahrzeuge, die zur kurzfristigen Vermietung verwendet werden
5. Kraftfahrzeuge, die für den Rettungsdienst oder als Krankenwagen verwendet werden
6. Leichenwagen
7. Einsatzfahrzeuge der Feuerwehren

**„8. Kraftfahrzeuge, die ausschließlich zu Erprobungs- und Entwicklungszwecken durch unternehmerisch tätige Fahrzeughersteller oder Fahrzeugentwickler verwendet werden“**

*(BGBl I 2022/108 ab 1.9.2022)*

(4) Von der Normverbrauchsabgabe sind befreit

1. Vorgänge in den Fällen des § 1 Z 1 und 2 nach Maßgabe der folgenden Voraussetzungen im Wege der Vergütung: Personen und Einrichtungen, die nach dem Bundesgesetz, BGBl. Nr. 257/1976, über die Umsatzsteuervergütung an ausländische Vertretungsbehörden und ihre im diplomatischen oder berufskonsularischen Rang stehenden Mitglieder, oder nach anderen vergleichbaren gesetzlichen Vorschriften zur Entlastung von der Umsatzsteuer berechtigt sind, haben auch Anspruch auf eine Entlastung von der Normverbrauchsabgabe. Hinsichtlich des Verfahrens und der Bedingungen für die Entlastung gelten die Bestimmungen des Bundesgesetzes, BGBl. Nr. 257/1976.
2. Vorgänge in den Fällen des § 1 Z 3 nach Maßgabe der folgenden Voraussetzungen: Die Entlastung steht im Bereich völkerrechtlicher Privilegien Personen und Einrichtungen zu, soweit und solange eine Steuerbefreiung von der Einfuhrumsatzsteuer besteht.
3. Unterliegt die Lieferung eines Kraftfahrzeuges nach § 6 Abs. 1 Z 6 lit. d Umsatzsteuergesetz 1994 oder nach anderen vergleichbaren gesetzlichen Vorschriften nicht der Umsatzsteuer, so unterliegt die Lieferung (§ 1 Z 1) auch nicht der Normverbrauchsabgabe. § 6 Abs. 1 Z 6 lit. d Umsatzsteuergesetz 1994 ist sinngemäß anzuwenden. Voraussetzung für die Befreiung ist die Bekanntgabe der Fahrgestellnummer (der Fahrzeugidentifizierungsnummer) und die Sperre des Fahrzeuges in der Genehmigungsdatenbank nach § 30a Kraftfahrgesetz 1967. Eine Nacherhebung der Normverbrauchsabgabe hat in sinngemäßer Anwendung des § 5 Internationales Steuervergütungsgesetz zu erfolgen.

*(BGBl I 2021/18)*

### Abgabenschuldner

**§ 4.** Abgabenschuldner ist

1. in den Fällen der Lieferung (§ 1 Z 1 und 4), des Eigenverbrauchs und der Nutzungsänderung (§ 1 Z 4) der Unternehmer, der die Lieferung ausführt oder einen der sonstigen Tatbestände des § 1 Z 4 setzt,

1a. im Falle des innergemeinschaftlichen Erwerbes der Erwerber,

2. im Falle der erstmaligen Zulassung (§ 1 Z 3) derjenige, für den das Kraftfahrzeug zugelassen wird. Wird das Kraftfahrzeug für mehrere Personen zugelassen, so sind diese Gesamtschuldner (§ 6 Abs. 1 BAO),
3. im Falle der Verwendung eines Fahrzeuges im Inland, wenn es nach dem Kraftfahrgesetz zuzulassen wäre (§ 1 Z 3), der Zulassungsbesitzer und derjenige, der das Fahrzeug verwendet, als Gesamtschuldner (§ 6 Abs. 1 BAO).

AbgZuw
InvFG
ImmoInvFG
WKG
NoVAG
KGG
KommSt
NeuFöG
WerbeAbg
StiftEG
Handwerker
WiEReG
DiStG

### Bemessungsgrundlage

**§ 5.** (1) Die Abgabe ist in den Fällen der Lieferung (§ 1 Z 1 und 4) und in den Fällen des innergemeinschaftlichen Erwerbes (§ 1 Z 2) nach dem Entgelt im Sinne des § 4 UStG 1994 zu bemessen.

(2) Die Abgabe ist in allen anderen Fällen (§ 1 Z 3 und Z 4) nach dem ohne Umsatzsteuerkomponente ermittelten gemeinen Wert des Kraftfahrzeuges zu bemessen. Wird das Fahrzeug im übrigen Unionsgebiet bei einem befugten Fahrzeughändler erworben, dann gilt der Anschaffungspreis als gemeiner Wert.

*(BGBl I 2019/103)*

(3) Die Normverbrauchsabgabe gehört nicht zur Bemessungsgrundlage.

### Tarif

**§ 6.** (1) Für Kraftfahrzeuge gemäß § 2 Abs. 1 Z 1 und Z 2 bestimmt sich der Steuersatz in Prozent nach der folgenden Formel: ($CO_2$-Emissionswert in g/km minus 55 ($CO_2$-Abzugsbetrag) g/km) dividiert durch vier. Die errechneten Steuersätze sind auf volle Prozentsätze auf- bzw. abzurunden. Der

Höchststeuersatz beträgt 30%. Hat ein Fahrzeug einen höheren $CO_2$-Ausstoß als 150 g/km, erhöht sich die Steuer für den die Grenze von 150 g/km übersteigenden $CO_2$-Ausstoß um 20 Euro je g/km.

(2) Für Kraftfahrzeuge gemäß § 2 Abs. 1 Z 3 bestimmt sich der Steuersatz in Prozent nach der folgenden Formel: ($CO_2$-Emissionswert in g/km minus 112 ($CO_2$-Abzugsbetrag) g/km) dividiert durch fünf. Die errechneten Steuersätze sind auf volle Prozentsätze auf- bzw. abzurunden. Der Höchststeuersatz beträgt 50%. Hat ein Fahrzeug einen höheren $CO_2$-Ausstoß als 200 g/km (Malusgrenzwert), erhöht sich die Steuer für den, den Malusgrenzwert übersteigenden $CO_2$-Ausstoß um 50 Euro (Malusbetrag) je g/km. Die so errechnete Steuer ist um einen Abzugsposten in Höhe von 350 Euro (Abzugsbetrag) zu vermindern. Die Berechnung kann zu keiner Steuergutschrift führen.

(3) Für Kraftfahrzeuge gemäß § 2 Abs. 1 Z 4 bestimmt sich der Steuersatz in Prozent nach der folgenden Formel: ($CO_2$-Emissionswert in g/km minus 165 ($CO_2$-Abzugsbetrag) g/km) dividiert durch fünf. Die errechneten Steuersätze sind auf volle Prozentsätze auf- bzw. abzurunden. Der Höchststeuersatz beträgt 50%. Hat ein Fahrzeug einen höheren $CO_2$-Ausstoß als 253 g/km (Malusgrenzwert), erhöht sich die Steuer für den, den Malusgrenzwert übersteigenden $CO_2$-Ausstoß um 50 Euro (Malusbetrag) je g/km. Die so errechnete Steuer ist um einen Abzugsposten in Höhe von 350 Euro (Abzugsbetrag) zu vermindern. Die Berechnung kann zu keiner Steuergutschrift führen.

(4) Der maßgebliche $CO_2$-Emissionswert ist der kombinierte WLTP-Wert der $CO_2$-Emissionen in g/km, bei extern aufladbaren Elektro-Hybridfahrzeugen jedoch der gewichtet kombinierte WLTP-Wert der $CO_2$-Emissionen in g/km. Für Krafträder ist der WMTC-Wert der $CO_2$-Emissionen in g/km, heranzuziehen. Es ist jeweils der Wert laut Typenschein, Einzelgenehmigungsbescheid oder der EG- bzw. EU-Übereinstimmungsbescheinigung, jeweils gemäß Abschnitt III des Kraftfahrgesetzes 1967, maßgeblich.

(5) Werden für ein Kraftfahrzeug gemäß § 2 Abs. 1 Z 4 die $CO_2$-Emissionen nicht nach dem WLTP-Messzyklus, sondern ausschließlich nach dem NEFZ-Messzyklus ermittelt (auslaufende Serien), sind die nach dem NEFZ-Messzyklus ermittelten kombinierten $CO_2$-Emissionen maßgeblich. Für diese Kraftfahrzeuge sind für die Ermittlung der Steuer gemäß Abs. 3 als $CO_2$-Abzugsbetrag ein Wert von 140 g/km und als Malusgrenzwert ein Wert von 238 g/km anzunehmen.

(6) Liegt für ein Kraftfahrzeug kein $CO_2$-Emissionswert vor, gilt Folgendes:

1. Für Kraftfahrzeuge gemäß § 2 Abs. 1 Z 1 und 2 bestimmt sich der Steuersatz in Prozent aus dem um 100 Kubikzentimeter verminderten Hubraum in Kubikzentimeter multipliziert mit 0,02. Die errechneten Steuersätze sind auf volle Prozentsätze auf- bzw. abzurunden. Der Höchststeuersatz beträgt 30%.
2. Für Kraftfahrzeuge gemäß § 2 Abs. 1 Z 3 und Z 4 bestimmt sich der $CO_2$-Emissionswert mit dem Zweifachen der Nennleistung des Verbrennungsmotors in Kilowatt.
3. Wird vom Antragsteller der entsprechende $CO_2$-Emissionswert gemäß Absatz 4 nachgewiesen, ist dieser heranzuziehen.
4. Für Wohnmobile der Aufbauart „SA" laut Typenschein, Einzelgenehmigungsbescheid oder EG- bzw. EU-Übereinstimmungsbescheinigung, jeweils gemäß Abschnitt III des Kraftfahrgesetzes 1967, kann der $CO_2$-Emissionswert, der der Berechnung des Steuersatzes nach Abs. 2 zugrunde liegt, wahlweise mit dem Zweifachen der Nennleistung des Verbrennungsmotors in Kilowatt angenommen werden. Der Mindeststeuersatz beträgt in diesem Fall und bei Anwendung der Z 2 für Wohnmobile der Aufbauart „SA" 16%.

(7) Beginnend mit 1. Jänner 2024 wird der $CO_2$-Abzugsbetrag nach Abs. 1 alle zwei Jahre jeweils um den Wert 2 abgesenkt. Beginnend mit 1. Jänner 2022 und letztmalig mit 1. Jänner 2024 werden in Abs. 2 und 3 jährlich jeweils:

- der $CO_2$-Abzugsbetrag um den Wert 5 und
- der Malusgrenzwert um den Wert 15 abgesenkt sowie
- der Malusbetrag um den Wert 10 und
- der Höchststeuersatz um 10 Prozentpunkte erhöht.

Die jährliche Absenkung des $CO_2$-Abzugsbetrages gemäß Abs. 2 und 3 wird ab 1. Jänner 2025 mit dem Wert 3 fortgesetzt. Zur Sicherstellung der Umsetzung wirksamer Maßnahmen zum Klimaschutz und der Wettbewerbsfähigkeit des Wirtschaftsstandortes hat der Bundesminister für Finanzen im Einvernehmen mit der Bundesministerin für Klimaschutz, Umwelt, Energie, Mobilität, Innovation und Technologie bis zum 31. März 2024 die Entwicklung der $CO_2$-Emissionen im Sektor Verkehr im Hinblick auf die Ausgestaltung des $CO_2$-Abzugsbetrages ab 1. Jänner 2025 zu evaluieren. Auf Grundlage des Ergebnisses der Evaluierung hat die Bundesregierung einen Vorschlag zur Anpassung des $CO_2$-Abzugsbetrages bis zum 31. Mai 2024, mit Wirksamkeit ab 1. Jänner 2025, dem Nationalrat vorzulegen.

Auf Fahrzeuge, für die ein unwiderruflicher schriftlicher Kaufvertrag vor dem 1. Dezember eines Jahres abgeschlossen wurde und deren Lieferung gemäß § 1 Z 1 oder deren innergemeinschaftlicher Erwerb gemäß § 1 Z 2 vor dem 1. April des Folgejahres erfolgt, können die bis zum 31. Dezember eines Jahres geltenden Werte weiter angewendet werden.

(8) Bei Gebrauchtfahrzeugen, die unmittelbar aus dem übrigen Unionsgebiet in das Inland gebracht werden und im übrigen Unionsgebiet zugelassen waren, ist die Steuer nach jener Rechtslage zu bemessen, die im Zeitpunkt der erstmaligen Zulassung des Fahrzeuges im übrigen Unionsgebiet im Inland anzuwenden gewesen wäre. Dabei ist für die

Bonus-Malus-Berechnung und den Abzugsbetrag die Wertentwicklung des Fahrzeuges zu berücksichtigen. Dies gilt sinngemäß für Vorgänge gemäß § 1 Z 3 lit. b und Z 4 betreffend Kraftfahrzeuge, die bereits im Geltungszeitraum einer älteren Rechtslage im Inland zugelassen waren, aber gemäß § 3 befreit waren und Kraftfahrzeuge gemäß § 2 Abs. 1 Z 4, die bereits im Geltungszeitraum einer älteren Rechtslage im Inland zugelassen waren, aber nicht der Normverbrauchsabgabe unterlegen sind.

(9) Wird für ein Fahrzeug nach der Lieferung durch den Fahrzeughändler oder der erstmaligen Zulassung beim unmittelbar folgenden umsatzsteuerpflichtigen Rechtsgeschäft über das Kraftfahrzeug die Normverbrauchsabgabe für die Berechnung des Entgelts einbezogen, dann ist dem Erwerber des Fahrzeuges ein Betrag von 16,67% der Normverbrauchsabgabe zu vergüten.

*(BGBl I 2021/18)*

**§ 6a.** (aufgehoben)

### Entstehen der Steuerschuld

**§ 7.** (1) Die Steuerschuld entsteht

1. im Falle der Lieferung (§ 1 Z 1 und 4), des Eigenverbrauches und der Nutzungsänderung (§ 1 Z 4) mit Ablauf des Kalendermonats, in dem die Lieferung ausgeführt worden ist oder der Eigenverbrauch oder die Nutzungsänderung stattgefunden hat,

1a. im Falle des innergemeinschaftlichen Erwerbes mit dem Tag des Erwerbes,

2. im Falle der Zulassung nach § 1 Z 3 mit dem Tag der Zulassung oder bei der Verwendung eines Fahrzeuges im Inland, wenn es nach dem Kraftfahrgesetz zuzulassen wäre, mit dem Zeitpunkt der Einbringung in das Inland.

(2) Abweichend von Abs. 1 Z 1 haben Unternehmer, die ihre Umsatzsteuer auf Grund der Bestimmungen des Umsatzsteuergesetzes 1994 nach den vereinnahmten Entgelten berechnen (Istbesteuerung), diese Besteuerungsart für Lieferungen auch auf die Normverbrauchsabgabe anzuwenden. § 17 UStG 1994 ist anzuwenden.

(3) Im Fall der Änderung der Bemessungsgrundlage einer Lieferung oder des Durchschnittsverbrauchs entsteht die Steuerschuld mit Ablauf des Kalendermonats, in dem die Änderung eingetreten ist.

### Änderung der Bemessungsgrundlage oder des Durchschnittsverbrauchs

**§ 8.** (1) Hat sich die Bemessungsgrundlage für eine steuerpflichtige Lieferung oder der $CO_2$-Emissionswert geändert, so ist eine Berichtigung für den Anmeldungszeitraum vorzunehmen, in dem die Änderung eingetreten ist.

(2) Ist das Entgelt für eine steuerpflichtige Lieferung uneinbringlich geworden, so ist eine Berichtigung für den Anmeldungszeitraum vorzunehmen, in dem die Uneinbringlichkeit feststeht. Wird das Entgelt nachträglich vereinnahmt, so ist der Steuerbetrag erneut zu berichtigen.

(3) Wurde die steuerpflichtige Lieferung des Kraftfahrzeuges vor der erstmaligen Zulassung zum Verkehr rückgängig gemacht, so ist der Steuerbetrag für den Anmeldungszeitraum der Rücklieferung zu berichtigen.

(4) (aufgehoben)

### Aufzeichnungspflicht

**§ 9.** (1) Der Unternehmer ist verpflichtet, zur Feststellung der Abgabe und der Grundlagen ihrer Berechnung im Inland Aufzeichnungen zu führen.

(2) Die Aufzeichnungspflicht ist erfüllt, wenn

1. sämtliche vom Unternehmer ausgeführten steuerbaren Vorgänge fortlaufend unter Angabe des Tages derart aufgezeichnet werden, daß zu ersehen ist, welche Bemessungsgrundlage und welcher Steuersatz auf den jeweiligen Vorgang entfällt,
2. der Unternehmer den Nachweis über den begünstigten Verwendungszweck fortlaufend geordnet aufbewahrt.

### Bescheinigungspflicht

**§ 10.** Der Unternehmer hat bei der Lieferung eines Kraftfahrzeuges eine Bescheinigung über die ordnungsgemäße Berechnung und Abfuhr der Normverbrauchsabgabe auszustellen.

### Abgabenerhebung

**§ 11.** (1) Die Erhebung der Normverbrauchsabgabe obliegt

1. in jenen Fällen, in denen der Abgabenschuldner ein Unternehmer im Sinne des § 2 UStG 1994 ist, dem für die Erhebung der Umsatzsteuer des Abgabenschuldners zuständigen Finanzamt,
2. in allen anderen Fällen dem Finanzamt Österreich.

Abweichend von Z 1 und 2 ist in jenen Fällen, in denen ein Fahrzeug im Inland ohne die kraftfahrrechtlich erforderliche Zulassung verwendet wird, jedenfalls das Finanzamt Österreich zuständig.

*(BGBl I 2020/99)*

(2) In den Fällen des § 7 Abs. 1 Z 1, in den Fällen des innergemeinschaftlichen Erwerbs (§ 7 Abs. 1 Z 1a) durch Unternehmer und der Änderung der Bemessungsgrundlage nach § 8 hat der Abgabenschuldner spätestens am 15. Tag (Fälligkeitstag) des auf den Kalendermonat, in dem die Steuerschuld entstanden ist (Anmeldungszeitraum), zweitfolgenden Monats eine Anmeldung einzureichen, in der er den für den Anmeldungszeitraum zu entrichtenden Betrag selbst zu berechnen hat.

(3) In den Fällen des § 7 Abs. 1 Z 1a (soweit nicht in Abs. 2 erfasst) und Z 2 hat der Abgabenschuldner spätestens einen Monat nach der Zulassung (Fälligkeitstag) eine Anmeldung einzureichen, in der er den zu entrichtenden Betrag selbst zu berechnen hat.

(4) Die Anmeldung gilt als Abgabenerklärung. Der Abgabenschuldner hat die Abgabe spätestens

am Fälligkeitstag zu entrichten. Ein gemäß § 201 BAO festgesetzter Abgabenbetrag hat den in den Abs. 2 oder 3 genannten Fälligkeitstag.

*(BGBl I 2019/104, BGBl I 2020/99)*

### Vergütung

**§ 12.** (1) Eine von einem Unternehmer zu entrichtende Abgabe ist dem Empfänger der Leistung auf Antrag zu vergüten, wenn

1. feststeht, daß eine Zulassung zum Verkehr im Inland aus rechtlichen oder tatsächlichen Gründen nicht oder nicht mehr in Betracht kommt oder
2. innerhalb von fünf Jahren ab der Lieferung tatsächlich keine Zulassung erfolgt ist oder
3. eine Steuerbefreiung gemäß § 3 Abs. 3 vorliegt.

   *(BGBl I 2021/18)*

(2) Voraussetzung für die Befreiung ist die Bekanntgabe der Fahrgestellnummer (der Fahrzeugidentifizierungsnummer) und die Sperre des Fahrzeuges in der Genehmigungsdatenbank nach § 30a KFG 1967.

*(BGBl I 2019/104, BGBl I 2020/99)*

(3) Der Antrag kann binnen fünf Jahren ab der Verwirklichung des Vergütungstatbestandes in jenen Fällen, in denen der Antragsteller ein Unternehmer im Sinne des § 2 UStG 1994 ist, bei dem für die Erhebung der Umsatzsteuer des Antragstellers zuständigen Finanzamt gestellt werden, in allen anderen Fällen beim Finanzamt Österreich.

*(BGBl I 2019/104, BGBl I 2020/99)*

**§ 12a.** (1) Wird ein Fahrzeug

– durch den Zulassungsbesitzer selbst nachweislich ins Ausland verbracht oder geliefert
– durch einen befugten Fahrzeughändler nachweislich ins Ausland verbracht oder geliefert
– nach Beendigung der gewerblichen Vermietung im Inland durch den Vermieter nachweislich ins Ausland verbracht oder geliefert,

dann wird auf Antrag die Abgabe vom nachweisbaren gemeinen Wert zum Zeitpunkt der Beendigung der Zulassung zum Verkehr im Inland vergütet, wenn die Fahrgestellnummer (die Fahrzeugidentifizierungsnummer) bekanntgegeben wird und wenn das Fahrzeug im Zeitpunkt des Antrages in der Genehmigungsdatenbank gemäß § 30a KFG 1967 gesperrt und nicht im Inland zum Verkehr zugelassen ist. Die Höhe der Vergütung ist mit dem Betrag der tatsächlich für das Fahrzeug entrichteten Normverbrauchsabgabe begrenzt.

*(BGBl I 2015/118)*

(2) Der Antrag kann binnen fünf Jahren ab der Verwirklichung des Vergütungstatbestandes in jenen Fällen, in denen der Antragsteller ein Unternehmer im Sinne des § 2 UStG 1994 ist, bei dem für die Erhebung der Umsatzsteuer des Antragstellers zuständigen Finanzamt gestellt werden, in allen anderen Fällen beim Finanzamt Österreich.

*(BGBl I 2019/104, BGBl I 2020/99)*

(3) (aufgehoben)

*(BGBl I 2019/104, BGBl I 2020/99)*

### Mitwirkung anderer Behörden

**§ 13.** (1) Bei der Zulassung zum Verkehr im Inland hat die Zulassungsstelle zu überprüfen, ob gegen die Zulassung steuerliche Bedenken bestehen. Liegen derartige steuerliche Bedenken vor, so hat der Zulassungswerber gegenüber dem Finanzamt nachzuweisen, dass die Normverbrauchsabgabe entrichtet worden ist und keine Vergütung gemäß § 12 oder § 12a stattgefunden hat.

*(BGBl I 2019/104)*

(2) Kann der Zulassungswerber die steuerlichen Bedenken nicht ausräumen, so hat er den Betrag in Höhe der voraussichtlichen Normverbrauchsabgabe zu entrichten. Wird das Fahrzeug nicht im Inland zum Verkehr zugelassen, so ist die entrichtete Normverbrauchsabgabe vom Finanzamt zu erstatten.

Ist der Vorgang gemäß **„§ 3 Abs. 4 Z 3“** befreit, darf eine Zulassung nur dann vorgenommen werden, wenn eine Bescheinigung des Bundesministeriums für europäische und internationale Angelegenheiten vorliegt, dass das Kraftfahrzeug von der Normverbrauchsabgabe befreit ist.

*(BGBl I 2019/104, BGBl I 2022/108 ab 1.9.2022)*

(3) Das Finanzamt Österreich ist berechtigt zu überprüfen, ob für im Inland nicht zugelassene Kraftfahrzeuge die Steuerpflicht gemäß § 1 Z 3 entstanden ist. Soweit Organe des Zollamts Österreich oder des Amts für Betrugsbekämpfung Maßnahmen im Sinne dieses Absatzes setzen, ist ihr Handeln dem Finanzamt Österreich zuzurechnen.

*(BGBl I 2019/104)*

### Verweisungen

**§ 14.** Soweit in diesem Bundesgesetz auf andere Bundesgesetze verwiesen wird, sind diese in ihrer jeweils geltenden Fassung anzuwenden.

### Inkrafttreten, Übergangsregelungen

**§ 15.** (1) Dieses Bundesgesetz ist auf Vorgänge nach dem 31. Dezember 1991 anzuwenden.

(2) Für Kraftfahrzeuge, die auf Grund einer Lieferung oder einer Einfuhr einem Umsatzsteuersatz von 32% unterzogen worden sind, ohne daß der Empfänger der Lieferung oder der Importeur einen Vorsteuerabzug in Anspruch nehmen konnte, ist die erstmalige Zulassung zum Verkehr im Inland nicht abgabepflichtig. Für Kraftfahrzeuge, bei denen die gewerbliche Vermietung einem Umsatzsteuersatz von 32% unterliegt, ist die erstmalige Zulassung zum Verkehr im Inland nicht abgabepflichtig.

(3) Abweichend von § 11 Abs. 1 ist der Fälligkeitstag für den Monat Jänner 1992 der 10. April 1992.

(4) § 6 Abs. 1 zweiter Satz, § 6 Abs. 2, § 6 Abs. 3 zweiter Satz, § 6 Abs. 4 zweiter Satz und § 6 Abs. 5 erster Satz, jeweils in der Fassung des Bundesgesetzes BGBl. Nr. 201/1996, sind auf Vorgänge nach dem 31. Mai 1996 anzuwenden.

(5) § 1 Z 3 letzter Satz und § 13 Abs. 2, jeweils in der Fassung des Bundesgesetzes BGBl. I Nr. 9/1998, ist auf Vorgänge nach dem 31. Dezember 1997 anzuwenden.

(6) § 3 Z 4 lit. c und d sind auf Vorgänge nach dem 31. Dezember 2003 anzuwenden. In diesen Fällen ist § 3 Z 4 lit. a nicht mehr anzuwenden.

(7) § 13 Abs. 1 und 3 jeweils in der Fassung des Bundesgesetzes BGBl. I Nr. 99/2006 treten mit 1. Jänner 2007 in Kraft.

(8) § 12a in der Fassung des Bundesgesetzes BGBl. I Nr. 143/2006 ist auf Vorgänge nach dem 31. Dezember 2006 anzuwenden.

(9) Die §§ 1, 3, 4, 7 und 13 in der Fassung des Budgetbegleitgesetzes 2007, BGBl. I Nr. 24, sind auf Vorgänge nach dem 30. Juni 2007 anzuwenden.

(10) § 6a in der Fassung des BGBl. I Nr. 46/2008 ist auf Vorgänge nach dem 30. Juni 2008 anzuwenden.

(11) § 14a ist auf Vorgänge nach dem 30. Juni 2008 nicht mehr anzuwenden.

(12) § 1 Z 2 und 3, § 4 Z 1a, § 5 Abs. 1, § 7 Abs. 1 Z 1a, § 11 Abs. 1 und 2 in der Fassung des Bundesgesetzes BGBl. I Nr. 34/2010 sind auf Vorgänge nach dem 30. Juni 2010 anzuwenden.

(13) § 6a Abs. 1 Z 2a und 2b in der Fassung des Budgetbegleitgesetzes 2011, BGBl. I Nr. 111/2010, ist auf Vorgänge nach dem 28. Februar 2011 anzuwenden.

(14) § 6a Abs. 1 Z 4 in der Fassung des Bundesgesetzes BGBl. I Nr. 112/2012, tritt mit 1. September 2012 in Kraft.

(15) § 6 und § 8 Abs. 1, jeweils in der Fassung des Bundesgesetzes BGBl. I Nr. 13/2014 sind auf Vorgänge nach dem 28. Februar 2014 anzuwenden. § 6a und § 8 Abs. 4 treten mit Ablauf des 28. Februar 2014 außer Kraft. Bei Fahrzeugen, für die ein unwiderruflicher schriftlicher Kaufvertrag vor dem 16. Februar 2014 abgeschlossen wurde und deren Lieferung gemäß § 1 Z 1 oder 2 vor dem 1. Oktober 2014 erfolgt, kann die bis zum 28. Februar 2014 geltende Rechtslage angewendet werden.

(16) § 12a Abs. 1 und 2, jeweils in der Fassung des Bundesgesetzes BGBl. I Nr. 118/2015, ist auf Vorgänge nach dem 31. Dezember 2015 anzuwenden.

*(BGBl I 2015/118)*

(17) § 3 Z 2 in der Fassung des Bundesgesetzes BGBl. I Nr. 89/2017, tritt im Zeitpunkt des Inkrafttretens der betreffenden Vorschriften der Europäischen Union über die Einreihung der dort beschriebenen Fahrzeuge in die Kombinierte Nomenklatur in Kraft.

*(BGBl I 2017/89)*

(18) § 11, § 12 Abs. 2 und Abs. 3, § 12a Abs. 2 samt Entfall des Abs. 3 und § 13 Abs. 1 bis Abs. 3, jeweils in der Fassung des Bundesgesetzes BGBl. I Nr. 104/2019, sind auf Vorgänge nach dem 31. Dezember 2020 anzuwenden.

*(BGBl I 2019/104, BGBl I 2020/99)*

(19) § 6 Abs. 1 bis 5 und § 16 erster Satz, jeweils in der Fassung des Bundesgesetzes BGBl. I Nr. 103/2019, sind auf Vorgänge nach dem 31. Dezember 2019 anzuwenden.

*(BGBl I 2019/103)*

(20) § 6 in der Fassung des Bundesgesetzes BGBl. I Nr. 89/2017 ist auch nach dem 31. Dezember 2019 weiterhin auf Kraftfahrzeuge anzuwenden, die im übrigen Unionsgebiet vor dem 1. Jänner 2020 zugelassen waren. Dies gilt weiters für Vorgänge gemäß § 1 Z 4 betreffend Kraftfahrzeuge, die bereits vor dem 1. Jänner 2020 im Inland zugelassen waren, aber nicht der Normverbrauchsabgabe unterlagen oder befreit waren.

*(BGBl I 2019/103)*

(21) Auf Kraftfahrzeuge, für die ein unwiderruflicher schriftlicher Kaufvertrag vor dem 1. Dezember 2019 abgeschlossen wurde und deren Lieferung gemäß § 1 Z 1 oder deren innergemeinschaftlicher Erwerb gemäß § 1 Z 2 vor dem 1. Juni 2020 erfolgt, kann die bis zum 31. Dezember 2019 geltende Rechtslage angewendet werden.

*(BGBl I 2019/103)*

(22) Auf Kraftfahrzeuge, deren $CO_2$-Emissionen auch nach dem 31. Dezember 2019 ausschließlich nach dem Neuen Europäischen Fahrzyklus („NEFZ“) gemäß der Verordnung (EG) Nr. 692/2008 zur Durchführung und Änderung der Verordnung (EG) Nr. 715/2007 über die Typgenehmigung von Kraftfahrzeugen hinsichtlich der Emissionen von leichten Personenkraftwagen und Nutzfahrzeugen (Euro 5 und Euro 6) und über den Zugang zu Reparatur- und Wartungsinformationen für Fahrzeuge, ABl. Nr. L 199 vom 28.07.2008, S. 1 ermittelt wurden und für die eine Ausnahmegenehmigung für Fahrzeuge einer auslaufenden Serie im Sinne des Art. 27 der Richtlinie 2007/46/EG erteilt wurde, findet § 6 Abs. 2 und 3 in der Fassung des Bundesgesetzes BGBl. I Nr. 89/2017 weiterhin Anwendung.

*(BGBl I 2019/103)*

(23) § 11 Abs. 1, § 12 Abs. 3 und § 12a Abs. 2, jeweils in der Fassung des Bundesgesetzes BGBl. I Nr. 104/2019, treten nicht in Kraft.

*(BGBl I 2020/99)*

(24) § 11 Abs. 1, § 12 Abs. 3 und § 12a Abs. 2, jeweils in der Fassung des Bundesgesetzes BGBl. I Nr. 99/2020, treten mit 1. Jänner 2021 in Kraft.

*(BGBl I 2020/99)*

(25) § 1 Z 4, § 2, § 3, § 6 und § 12 Abs. 1 Z 3, jeweils in der Fassung des Bundesgesetzes BGBl. I Nr. 18/2021, treten mit 1. Juli 2021 in Kraft. Auf Fahrzeuge, für die ein unwiderruflicher schriftlicher Kaufvertrag vor dem 1. Juni 2021 abgeschlossen wurde und deren Lieferung gemäß § 1 Z 1 oder deren innergemeinschaftlicher Erwerb gemäß § 1 Z 2 vor dem 1. Mai 2022 erfolgt, kann die bis zum 30. Juni 2021 geltende Rechtslage angewendet werden.

*(BGBl I 2021/18, BGBl I 2021/208)*

**„(26) § 2 Abs. 1 Z 2, § 3 Abs. 1 Z 2, § 3 Abs. 2 Z 2 lit. a, § 3 Abs. 3 Z 8 und § 13 Abs. 2, jeweils**

**in der Fassung des Bundesgesetzes BGBl. I Nr. 108/2022, treten mit 1. September 2022 in Kraft.“**

*(BGBl I 2022/108)*

### Vollziehung

**§ 16.** Mit der Vollziehung dieses Bundesgesetzes ist der Bundesminister für Finanzen, hinsichtlich des § 6 Abs. 5 erster und zweiter Satz sowie des ersten Halbsatzes des vierten Satzes der Bundesminister für Verkehr, Innovation und Technologie, hinsichtlich des § 13 der Bundesminister für Finanzen im Einvernehmen mit dem Bundesminister für Verkehr, Innovation und Technologie, und hinsichtlich des § 3 Z 4 lit. c der Bundesminister für Finanzen im Einvernehmen mit dem Bundesminister für auswärtige Angelegenheiten betraut.

*(BGBl I 2019/103)*

## 14/5. Kraftfahrgesetz 1967 (Auszug)

BGBl 1967/267 idF BGBl I 2021/190

### Genehmigungsdatenbank

**§ 30a.** (9a) Zum Zwecke der steuerlichen Erfassung der Fahrzeuge und Sicherstellung der Einhebung der allenfalls durch die Zulassung anfallenden Steuern und Abgaben können der Bundesminister für Finanzen und die Finanzbehörden verfügen, dass die Genehmigungsdaten oder Typendaten bestimmter Fahrzeuge oder Fahrzeugkategorien in der Genehmigungsdatenbank mit einer diesbezüglichen Zulassungssperre zu versehen sind. Diese Zulassungssperren können für einzelne Fahrzeuge oder bestimmte Fahrzeugkategorien vom Bundesminister für Finanzen oder den Finanzbehörden wieder aufgehoben werden.

### Verwendung von Kraftfahrzeugen und Anhängern mit ausländischem Kennzeichen

**§ 82.** (8) Fahrzeuge mit ausländischem Kennzeichen, die von Personen mit dem Hauptwohnsitz oder Sitz im Inland in das Bundesgebiet eingebracht oder in diesem verwendet werden, sind bis zum Gegenbeweis als Fahrzeug mit dem dauernden Standort im Inland anzusehen. Die Verwendung solcher Fahrzeuge ohne Zulassung gemäß § 37 ist nur während eines Monats ab der erstmaligen Einbringung in das Bundesgebiet zulässig. Eine vorübergehende Verbringung aus dem Bundesgebiet unterbricht diese Frist nicht. Nach Ablauf eines Monats ab der erstmaligen Einbringung in das Bundesgebiet sind der Zulassungsschein und die Kennzeichentafeln der Behörde, in deren örtlichem Wirkungsbereich sich das Fahrzeug befindet, abzuliefern. Wenn glaubhaft gemacht wird, dass innerhalb dieses Monats die inländische Zulassung nicht vorgenommen werden konnte, darf das Fahrzeug ein weiteres Monat verwendet werden. Danach sind der Zulassungsschein und die Kennzeichentafeln der Behörde, in deren örtlichem Wirkungsbereich sich das Fahrzeug befindet, abzuliefern. Die Ablieferung begründet keinen Anspruch auf Entschädigung.

(9) Wird von den Organen des öffentlichen Sicherheitsdienstes oder der Straßenaufsicht eine Übertretung des Abs. 8 festgestellt, so haben sie hievon das Daten-, Informations- und Aufbereitungscenter des Amtes für Betrugsbekämpfung zur abgaberechtlichen Überprüfung zu verständigen. In der Verständigung sind der Name und die Adresse des Lenkers und des Zulassungsbesitzers, das Kennzeichen des Fahrzeuges sowie Zeit und Ort der Tatbegehung anzugeben.

*(BGBl I 2019/104)*

# 14/6. Konsulargebührengesetz 1992

**Konsulargebührengesetz 1992**, BGBl 1992/100 idF

| | | |
|---|---|---|
| **1** BGBl I 1997/29 | **2** BGBl I 1998/40 | **3** BGBl I 1999/52 |
| **4** BGBl I 2001/43 | **5** BGBl I 2003/64 | **6** BGBl I 2004/17 |
| **7** BGBl I 2004/180 (AbgÄG 2004) | **8** BGBl I 2006/128 | **9** BGBl I 2007/11 |
| **10** BGBl I 2008/62 | **11** BGBl I 2009/6 | **12** BGBl I 2009/48 |
| **13** BGBl I 2009/129 | **14** BGBl I 2010/111 (BudBG 2011) | **15** BGBl I 2012/35 |
| **16** BGBl I 2013/64 | **17** BGBl I 2018/30 (BudBG 2018–2019) | |

## GLIEDERUNG





**Bundesgesetz über die Erhebung von Gebühren und den Ersatz von Auslagen für Amtshandlungen österreichischer Vertretungsbehörden in konsularischen Angelegenheiten (Konsulargebührengesetz 1992 – KGG 1992)**

### Gegenstand

**§ 1.** (1) Für Amtshandlungen österreichischer Vertretungsbehörden in konsularischen Angelegenheiten sind Konsulargebühren gemäß diesem Bundesgesetz und dem einen Bestandteil dieses Bundesgesetzes bildenden Konsulargebührentarif (Anlage) zu entrichten.

(2) Auslagen, die den Vertretungsbehörden im Zusammenhang mit Amtshandlungen in konsularischen Angelegenheiten erwachsen, sind zu ersetzen, sofern sie über den allgemeinen Verwaltungsaufwand hinausgehen und nicht auf Grund besonderer gesetzlicher Vorschriften von Amts wegen zu tragen sind. Dies gilt auch für Auslagen, die den Vertretungsbehörden im Zusammenhang mit beantragten Amtshandlungen erwachsen, die aus der antragstellenden Person zuzurechnenden Gründen nicht zustande kommen.

(3) Darüber hinaus sind Auslagen bis zu einer Höhe von 10 000 Euro pro Person zu ersetzen, die den Vertretungsbehörden oder sonstigen Dienststellen des Bundes im Zusammenhang mit Maßnahmen zum Schutz österreichischer Staatsbürger im Ausland erwachsen, die sich zu anderen als humanitären oder sonstigen im öffentlichen Interesse liegenden Zwecken schuldhaft in eine Situation begeben haben, die diese Maßnahmen nach Einschätzung des Bundesministers für europäische und internationale Angelegenheiten erforderlich gemacht hat. Auslagenersatz von mehr als 10 000 Euro bis maximal 50 000 Euro pro Person ist nur zu leisten, wenn sich die betroffene Person grob schuldhaft in die genannte Situation begeben hat. Als grob schuldhaft gilt in diesem Zusammenhang insbesondere die unzureichende Berücksichtigung allgemein zugänglicher Informationen über Gefahrensituationen.

(4) Soweit nachstehend nicht anderes bestimmt ist, sind die für die Konsulargebühren geltenden Vorschriften auch auf die Auslagenersätze anzuwenden. Diese Vorschriften sind auch von den sonstigen Dienststellen des Bundes, die einen Auslagenersatz gemäß Abs. 3 geltend machen, sinngemäß anzuwenden.

(5) Der Bundesminister für europäische und internationale Angelegenheiten wird ermächtigt, unter Berücksichtigung der durchschnittlichen tatsächlichen Höhe der anfallenden Kosten durch Verordnung die pauschalierte Höhe des Ersatzes der in Tarifpost 6 Abs. 7 in der Anlage zu § 1 genannten Auslagen von Vertretungsbehörden festzulegen.

### Befreiungen

**§ 2.** (1) Von den Konsulargebühren sind befreit:
1. Amtshandlungen, bei denen im Einzelfall die Erhebung einer Gebühr dem österreichischen öffentlichen Interesse erheblich zuwider liefe;
2. Amtshandlungen, die den Schutz österreichischer Staatsbürger oder die Wahrung ihrer Interessen bei völkerrechtswidrigem Verhalten ausländischer Behörden betreffen; dasselbe gilt bei einem allgemeinen Ausnahme- oder Notzustand in dem Gebiet, in dem sich der Betroffene aufhält; diese Befreiung gilt nicht, wenn § 1 Abs. 3 zur Anwendung kommt.
3. Amtshandlungen im Zusammenhang mit den im Krieg 1939 bis 1945 vermissten österreichischen Staatsbürgern oder Opfern der politischen oder rassischen Verfolgung bis 1945.
4. Amtshandlungen nach dem Asylgesetz 2005, mit Ausnahme der Amtshandlungen gemäß TP 7 Abs. 1 Z 3 und 4 der Anlage.

   *(BGBl I 2018/30)*
5. Amtshandlungen, die unmittelbar durch die Geburt eines Kindes veranlasst sind (insbesondere die Ausstellung von Staatsbürgerschaftsnachweisen und Reisedokumenten), sofern sie innerhalb von zwei Jahren ab der Geburt vorgenommen werden.
6. Amtshandlungen im Zusammenhang mit dem Erwerb der Staatsbürgerschaft durch Anzeige.
7. Amtshandlungen im Zusammenhang mit der Wahl des Bundespräsidenten, Wahlen zum Nationalrat, zu den Landtagen und zum Europäischen Parlament sowie mit Volksabstimmungen und Volksbefragungen.
8. Amtshandlungen, die für die in § 2 Z 1 und 2 Gebührengesetz 1957 genannten Gebietskörperschaften vorgenommen werden.

(2) Personen, denen ein Gericht oder eine Verwaltungsbehörde im In- oder Ausland für eine bestimmte Rechtssache Verfahrenshilfe bewilligt hat, sind von den damit zusammenhängenden Konsulargebühren befreit.

### Entstehung des Abgabenanspruchs

**§ 3.** Der Abgabenanspruch entsteht mit dem Beginn der Amtshandlung. Eine Amtshandlung ist als begonnen anzusehen, sobald die Tätigkeit der Vertretungsbehörde tatsächlich einsetzt.

### Abgabenschuldner

**§ 4.** (1) Zur Entrichtung der Konsulargebühren sind verpflichtet:
1. Personen, die eine Amtshandlung beantragen;
2. Personen, in deren Interesse eine Amtshandlung vorgenommen wird.

(2) Sind zur Entrichtung der Konsulargebühren mehrere Personen verpflichtet, so sind sie Gesamtschuldner.

### Haftung

**§ 5.** Gegenstände, auf die sich eine Amtshandlung bezieht, haften ohne Rücksicht auf die Rechte Dritter für die Konsulargebühren.

### Sicherheitsleistung

**§ 6.** (1) Wenn die Einhebung der Konsulargebühren gefährdet oder wesentlich erschwert erscheint, hat die Vertretungsbehörde die Durchführung der Amtshandlung von der Leistung einer entsprechenden Sicherheit abhängig zu machen, außer wenn dies einen nicht wiedergutzumachenden Schaden für den Abgabenschuldner zur Folge hätte.

(2) Österreichische Gerichte und Verwaltungsbehörden, die eine Vertretungsbehörde um die Vornahme einer abgabepflichtigen Amtshandlung ersuchen, haben vom Abgabenschuldner die Leistung einer entsprechenden Sicherheit für die zu entrichtenden Konsulargebühren und voraussichtlichen Auslagenersätze zu verlangen. Die Art und die Höhe der geleisteten Sicherheit sind im Ersuchschreiben anzugeben.

### Bemessung der Konsulargebühren

**§ 7.** (1) Unter einem Bogen ist ein Papier zu verstehen, dessen Seitengröße das Ausmaß von zweimal 210 x 297 mm oder das im Empfangsstaat für einen Bogen übliche Ausmaß nicht überschreitet. Als ein Bogen gelten auch zwei Halbbogen (Blätter), wenn sie ihrem Inhalt nach als zusammengehörig anzusehen sind. Für Blätter, die das Ausmaß eines Bogens überschreiten, sind die Konsulargebühren im zweifachen Betrage zu entrichten.

(2) Besteht zwischen zwei oder mehreren Personen eine solche Rechtsgemeinschaft, daß sie in bezug auf den Gegenstand der abgabepflichtigen Amtshandlung als eine Person anzusehen sind, so sind die Konsulargebühren nur im einfachen Betrag zu entrichten.

### Zwischenstaatliche Regelungen

**§ 8.** (1) Erheben die Vertretungsbehörden eines fremden Staates von österreichischen Staatsbürgern Konsulargebühren, die höher oder niedriger sind als die durch dieses Bundesgesetz für die entsprechenden Amtshandlungen festgesetzten Konsulargebühren, so kann der Bundesminister für auswärtige Angelegenheiten im Einvernehmen mit dem Bundesminister für Finanzen durch Verordnung bestimmen, daß die Konsulargebührensätze für derartige Amtshandlungen, die im Interesse eines fremden Staates oder seiner Angehörigen vorgenommen werden, den Konsulargebührensätzen des fremden Staates angeglichen werden.

(2) Der Bundesminister für auswärtige Angelegenheiten kann im Einvernehmen mit dem Bundesminister für Finanzen im Verhältnis zu einzelnen Staaten aus wichtigen handels- oder wirtschaftspolitischen Gründen durch Verordnung bestimmen, daß bestimmte Konsulargebühren in ermäßigtem Ausmaß oder überhaupt nicht erhoben werden.

(3) Abs. 1 und 2 gelten nicht für Auslagenersätze.

**Abstandnahme von der Erhebung**

**§ 9.** (1) Die Vertretungsbehörden sind ermächtigt, im Einzelfall von der Erhebung der Konsulargebühren gegenüber einem Abgabenschuldner ganz oder teilweise Abstand zu nehmen, wenn die volle Entrichtung in Anbetracht der wirtschaftlichen Verhältnisse des Abgabenschuldners für diesen eine erhebliche Härte bedeuten würde. Die Abstandnahme wirkt nicht gegenüber anderen Gesamtschuldnern.

(2) Im Fall des § 1 Abs. 3 besteht diese Ermächtigung auch dann, wenn der Auslagenersatz nach der Lage des Falles unbillig wäre.

**Festsetzung**

**§ 10.** (1) Die Konsulargebühren sind durch Abgabenbescheid festzusetzen. Der Abgabenbescheid kann mündlich erlassen werden, wenn der Abgabenschuldner damit einverstanden ist und einen Rechtsmittelverzicht abgegeben hat.

(2) Abweichend von Abs. 1 sind die Konsulargebühren gemäß Tarifpost 1 bis 8 der Anlage ohne abgabenbehördliche Festsetzung zu entrichten. Diesfalls ist ein Abgabenbescheid nur zu erlassen, wenn die Konsulargebühren nicht dem Gesetz entsprechend entrichtet worden sind.

**Fälligkeit**

**§ 11.** Die Konsulargebühren werden mit Bekanntgabe des Abgabenbescheides fällig. Davon abweichend tritt in den Fällen des § 10 Abs. 2 die Fälligkeit mit der Entstehung des Abgabenanspruchs ein. § 210 Abs. 3 der Bundesabgabenordnung ist nicht anzuwenden.

**Entrichtung**

**§ 12.** (1) Die Konsulargebühren sind durch Barzahlung, Überweisung oder zahlungshalber mittels Schecks zu entrichten. Die Entrichtungsart kann von der Vertretungsbehörde nach den örtlichen Verhältnissen bestimmt werden.

(2) Die Vertretungsbehörde hat die Abgabenschuld nach diesem Bundesgesetz zu bestimmen und sie, sofern nicht Absatz 3 Anwendung zu finden hat, nach dem am Tag ihres Entstehens geltenden Kassenwert in die dort geltende Währung umzurechnen.

(3) Abweichend von Abs. 1 und 2 sind in Staaten mit einer Währung, die nicht frei konvertibel oder deren Verwertbarkeit für die Vertretungsbehörde beträchtlich eingeschränkt ist, die Konsulargebühren in konvertibler Währung zu entrichten. Dies gilt nicht, wenn die Entrichtung in konvertibler Währung einen unverhältnismäßig hohen Verwaltungsaufwand verursachen würde oder dem Abgabenschuldner wegen entgegenstehender Rechtsvorschriften des Empfangsstaates nicht möglich ist.

(4) Die Euro-Gegenwerte (Kassenwerte) sind, sofern der Umrechnungskurs nicht bereits durch unmittelbar anwendbares Gemeinschaftsrecht festgelegt ist, vom Bundesminister für Finanzen im Einvernehmen mit dem Bundesminister für auswärtige Angelegenheiten festzusetzen. Die jeweils anzuwendenden Euro-Gegenwerte (Kassenwerte) sind an den Amtstafeln der Vertretungsbehörden und des Bundesministeriums für auswärtige Angelegenheiten sowie im Amtsblatt zur Wiener Zeitung zu verlautbaren.

**Vermerk über die Entrichtung**

**§ 13.** (1) Die erfolgte Entrichtung der Konsulargebühren ist von der Vertretungsbehörde auf dem schriftlichen Anbringen, durch das die abgabepflichtige Amtshandlung veranlaßt wurde, oder, falls ein schriftliches Anbringen nicht vorliegt, in einem über die Amtshandlung aufzunehmenden Aktenvermerk oder im Beglaubigungsregister zu vermerken.

(2) Wird aus Anlaß einer abgabepflichtigen Amtshandlung eine Schrift ausgestellt oder durch eine Eintragung verändert, so ist auf dieser Schrift von der Vertretungsbehörde die Entrichtung der Konsulargebühren zu bestätigen.



**Ausfolgung von Schriften**

**§ 14.** Die Vertretungsbehörde kann die Ausfolgung der aus Anlaß einer abgabepflichtigen Amtshandlung ausgestellten oder durch eine Eintragung veränderten Schrift von dem Nachweis der Konsulargebührenentrichtung abhängig machen.

**Verfahren**

**§ 15.** (1) Bei der Erhebung der Konsulargebühren haben die Vertretungsbehörden die Befugnisse einer Abgabenbehörde im Sinne der Abgabenverfahrensgesetze. Über Beschwerden gegen Bescheide der Vertretungsbehörden entscheidet das Bundesverwaltungsgericht.

(2) Werden in einer abgabepflichtigen Angelegenheit mehrere Vertretungsbehörden in Anspruch genommen, so sind die Konsulargebühren durch jene Vertretungsbehörde zu erheben, die die letzte Amtshandlung vornimmt.

(3) In Angelegenheiten der Staatsbürgerschaft (§ 41 Abs. 2 des Staatsbürgerschaftsgesetzes 1985, BGBl. Nr. 311) sind für Auslagen die Bestimmungen des AVG anzuwenden.

(4) Für Verfahren vor einem Verwaltungsgericht in konsularischen Angelegenheiten österreichischer Vertretungsbehörden im Ausland fallen keine Gebühren nach dem Gebührengesetz 1957 an.

*(BGBl I 2018/30)*

(5) Die Bearbeitung einer Beschwerde, die nach § 12 Verwaltungsgerichtsverfahrensgesetz – VwGVG, BGBl. I Nr. 33/2013, bei einer österreichischen Vertretungsbehörde im Ausland als belangter Behörde einzubringen ist, und deren Weiterleitung an ein Verwaltungsgericht haben die Bezahlung der nach diesem Gesetz vorgesehenen Gebühren zur Voraussetzung.

*(BGBl I 2018/30)*

**§ 15a.** (1) Externe Dienstleistungserbringer, die im Rahmen eines Ausschreibungsverfahrens nach dem Bundesvergabegesetz 2006, BGBl I Nr. 17/2006 in der jeweils geltenden Fassung, mit einer externen Dienstleistung im Sinnes der in Art. 43 Abs. 6 Visakodex, ABl. Nr. L 243/1 vom 15.9.2009 S. 1, angeführten Aufgaben beauftragt wurden, und im Zuge eines Verfahrens gemäß § 11 Fremdenpolizeigesetz 2005, BGBl. I Nr. 100/2005 in der jeweils geltenden Fassung, Dienstleistungen erbringen, können eine zusätzliche Dienstleistungsgebühr einheben.

(2) Die Dienstleistungsgebühr wird im Rahmen der Ausschreibung gemäß Abs. 1 festgelegt.

(3) Die Dienstleistungsgebühr beträgt höchstens die Hälfte der Visumgebühr gemäß TP 7 Abs. 1, ungeachtet eventueller Ermäßigungen oder Befreiungen von der Visumgebühr nach TP 7 Abs. 2 und Abs. 3.

*(BGBl I 2018/30)*

### Verweisung auf andere Bundesgesetze

**§ 16.** Soweit in diesem Bundesgesetz auf Bestimmungen anderer Bundesgesetze verwiesen wird, sind diese Bestimmungen in ihrer jeweils geltenden Fassung anzuwenden.

### Inkrafttreten

**§ 17.** (1) Dieses Bundesgesetz tritt am 1. März 1992 in Kraft.

(2) Die Bestimmungen dieses Bundesgesetzes sind auf alle Vorgänge anzuwenden, für die der Abgabenanspruch nach dem 29. Februar 1992 entsteht.

(3) Das Konsulargebührengesetz 1967, BGBl. Nr. 380, in der geltenden Fassung ist noch auf alle Vorgänge anzuwenden, für die der Abgabenanspruch vor dem 1. März 1992 entstanden ist.

(4) Die zur Durchführung dieses Bundesgesetzes erforderlichen Verordnungen können von dem der Kundmachung dieses Bundesgesetzes folgenden Tag an erlassen werden. Sie treten jedoch frühestens gleichzeitig mit diesem Bundesgesetz in Kraft.

(5) Die Änderungen der Tarifposten 6, 7 und 13 in der Anlage zu § 1 in der Fassung BGBl. I Nr. 64/2003 treten am 1. September 2003 in Kraft. Dieses Bundesgesetz ist in der Fassung BGBl. I Nr. 43/2001 noch auf alle Vorgänge anzuwenden, für die der Abgabenanspruch vor dem 1. September 2003 entstanden ist.

(6) § 12 Abs. 3 und die Tarifpost 7 Abs. 1 und 3 in der Anlage zu § 1 sind in ihrer Fassung gemäß BGBl. I Nr. 64/2003, noch auf alle Vorgänge anzuwenden, für die der Abgabenanspruch vor dem Inkrafttreten der in BGBl. I Nr. 17/2004 enthaltenen Änderungen dieser Bestimmungen entstanden ist.

(7) Tarifpost 7 Abs. 4 und 5 in der Anlage zu § 1 in der Fassung des Bundesgesetzes BGBl. I Nr. 180/2004 treten mit 1. März 2005 in Kraft. Tarifpost 7 Abs. 4 in der Anlage zu § 1 in der Fassung vor dem Bundesgesetz BGBl. I Nr. 180/2004 ist noch auf alle Vorgänge anzuwenden, für die der Abgabenanspruch vor dem 1. März 2005 entstanden ist.

(8) Die §§ 1, 2 und 9 in der Fassung des Bundesgesetzes BGBl. I Nr. 180/2004 sind für den Ersatz von Auslagen im Zusammenhang mit Gefahrensituationen, in die sich eine Person vor In-Kraft-Treten des Bundesgesetzes BGBl. I Nr.128/2006 begeben hat, weiter anzuwenden.

(9) Tarifpost 6 und 7 in der Anlage zu § 1 in der Fassung des Bundesgesetzes BGBl. I Nr. 11/2007, treten mit dem 1. Jänner 2007 in Kraft. Dieses Bundesgesetz ist in der Fassung BGBl. I Nr. 128/2006 noch auf alle Vorgänge anzuwenden, für die der Abgabenanspruch vor dem 1. Jänner 2007 entstanden ist.

(10) § 2 Abs. 1 Z 5 in der Fassung des Bundesgesetzes BGBl. I Nr. 62/2008 tritt mit 1. Jänner 2008 in Kraft und ist auf alle Sachverhalte anzuwenden, die nach dem 31. Dezember 2007 verwirklicht werden.

(11) Tarifpost 6 in der Anlage zu § 1, in der Fassung des Bundesgesetzes BGBl. I Nr. 6/2009, tritt gleichzeitig mit dem Bundesgesetz, mit dem das Passgesetz 1992 geändert wird, BGBl. I Nr. 6/2009, in Kraft.

(12) Tarifpost 6 Abs. 2 in der Anlage zu § 1, in der Fassung des Bundesgesetzes BGBl. I Nr. 48/2009, tritt mit 15. Juni 2009 in Kraft.

(13) Tarifpost 2 Abs. 3, Tarifpost 3 Abs. 3, Tarifpost 5 Abs. 3 und Tarifpost 6 Abs. 6 in der Anlage zu § 1, in der Fassung des Bundesgesetzes BGBl. I Nr. 129/2009, treten rückwirkend mit 1. September 2009 in Kraft.

(14) § 1 Abs. 3, § 2 Abs. 1 Z 2 und 3 sowie Tarifpost 1a und Tarifpost 15 in der Anlage zu § 1, in der Fassung des Bundesgesetzes BGBl. I Nr. 129/2009, treten mit Ablauf des Tages ihrer Kundmachung, frühestens jedoch mit 1. Jänner 2010, in Kraft.

(15) § 1 Abs. 2 und 5 sowie Tarifpost 1 Abs. 1, Tarifpost 1a Abs. 5, Tarifpost 4 Abs. 1 und 2, Tarifpost 6 Abs. 7 bis 11 und Tarifpost 7 in der Anlage zu § 1 in der Fassung des Budgetbegleitgesetzes 2011, BGBl. I Nr. 111/2010, treten mit 1. Jänner 2011 in Kraft und sind auf alle Vorgänge anzuwenden, für die der Abgaben- bzw. Ersatzanspruch nach diesem Zeitpunkt entstanden ist.

(16) Tarifpost 1a Abs. 4, Tarifpost 4 Abs. 3, Tarifpost 6 Abs. 1, 3, 4 und 5 in der Anlage zu § 1, in der Fassung des 2. Stabilitätsgesetzes 2012, BGBl. I Nr. 35/2012, treten mit 1. Mai 2012 in Kraft und sind auf alle Vorgänge anzuwenden, für die ein Abgabe- bzw. Ersatzanspruch nach diesem Zeitpunkt entstanden ist.

(17) § 15 Abs. 1 und Abs. 4 und Tarifpost 7 Abs. 4 in der Anlage zu § 1 in der Fassung des Bundesgesetzes BGBl. I Nr. 64/2013 treten mit 1. Jänner 2014 in Kraft. Tarifpost 7 Abs. 4 in der Anlage zu § 1, in der Fassung des Bundesgesetzes BGBl. I Nr. 64/2013, ist auf alle Vorgänge anzuwenden, für die ein Abgabe- bzw. Ersatzanspruch nach diesem Zeitpunkt entstanden ist.

(18) § 2 Abs. 1 Z 4, Z 6, Z 7 und Z 8, § 15 Abs. 4 und 5, § 15a und § 18 Z 1 sowie Tarifpost 1 Abs. 5 und Abs. 6, Tarifpost 1a Abs. 1 und 2, Tarifpost 4 samt Überschrift, die Überschrift von Tarifpost 5, Tarifpost 5 Abs. 1 Z 2 und Abs. 2 bis Abs. 6, Tarifpost 7 samt Überschrift und Tarifpost 8 in der

Anlage zu § 1 in der Fassung des Budgetbegleitgesetzes 2018/2019 BGBl. I Nr. 30/2018 treten mit Ablauf des Tages der Kundmachung des Budgetbegleitgesetzes 2018/2019 in Kraft[a] und sind auf alle Vorgänge anzuwenden, für die ein Abgabe- bzw. Ersatzanspruch nach diesem Zeitpunkt entstanden ist. § 15 Abs. 5 ist auf Beschwerden anzuwenden, die nach dem Inkrafttreten des Budgetbegleitgesetzes 2018/2019 erhoben werden.

*(BGBl I 2018/30)*

[a] D. h. am 17.5.2018.

### Vollziehung

**§ 18.** Mit der Vollziehung

1. des § 1 Abs. 3 und 4, § 6 Abs. 2 sowie des § 15 Abs. 4 und 5 ist der nach dem Bundesministeriengesetz 1986 jeweils zuständige Bundesminister,
   *(BGBl I 2018/30)*
2. des § 12 Abs. 4 erster Satz der Bundesminister für Finanzen im Einvernehmen mit dem Bundesminister für auswärtige Angelegenheiten,
3. des § 12 Abs. 4 zweiter Satz der Bundesminister für auswärtige Angelegenheiten und der Bundesminister für Finanzen,
4. der übrigen Bestimmungen dieses Bundesgesetzes der Bundesminister für auswärtige Angelegenheiten im Einvernehmen mit dem Bundesminister für Finanzen betraut.

### Anlage

## KONSULARGEBÜHRENTARIF UND BESTIMMTE AUSLAGENERSÄTZE

### Bezeichnung der gebührenpflichtigen Amtshandlungen und damit verbundener bestimmter Auslagenersätze

| Tarifpost | | Höhe der Gebühr |
|---|---|---|
| **1** | **Anbringen, Zustellungen, Weiterleitungen** | |
| | (1) Anbringen betreffend Dokumentenbeschaffungen, Einholung von Beglaubigungsvermerken, Nachlassangelegenheiten oder Ausforschung .......................... | 24 Euro |
| | (2) Zustellung oder Weiterleitung einer Schrift an eine Privatperson...................... | 18 Euro |
| | (3) Für jede Beilage (Abs. 1 und 2) ...................................... | 6 Euro |
| | (4) Werden mit einem Anbringen mehrere Ansuchen gestellt, so ist für jedes Ansuchen die Gebühr zu entrichten. | |
| | (5) Gebührenfrei ist die Entgegennahme von Abschriften oder sonstigen Vervielfältigungen einer Eingabe oder Beilage sowie die Zustellung oder Weiterleitung für Zwecke der Verleihung der österreichischen Staatsbürgerschaft. | |
| | (6) Einbringung einer Beschwerde an ein Verwaltungsgericht in konsularischen Angelegenheiten österreichischer Vertretungsbehörden im Ausland | 200 Euro |
| **1a** | **Aufenthaltstitel** | |
| | (1) Anbringen zur Erlangung eines Aufenthaltstitels....... | 120 Euro |
| | (2) Anbringen zur Erlangung eines Aufenthaltstitels für Kinder unter sechs Jahren. | 75 Euro |
| | (3) Wird der Antrag auf Erlangung eines Aufenthaltstitels an die zuständige Inlandsbehörde weitergeleitet, gilt die gemäß Abs. 1 und 2 entrichtete Gebühr als Gebühr gemäß § 14 Tarifpost 6 Abs. 3 lit. a Gebührengesetz 1957, BGBl. Nr. 267, in der Fassung des Bundesgesetzes BGBl. I Nr. 79/2009. | |
| | (4) Abnahme der gesamten erkennungsdienstlichen Daten bei Antragstellung, die zur Herstellung eines Aufenthaltstitels erforderlich sind (§ 19 Abs. 4 Niederlassungs- und Aufenthaltsgesetz 2005, BGBl. I Nr. 100, in der Fassung des Bundesgesetzes BGBl. I Nr. 38/2009) ......... | 20 Euro |
| | (5) Sind weitere erkennungsdienstliche (ua. Beauftragung von DNA-Analysen) oder sonstige Maßnahmen (ua. Beauftragung von Dokumentenüberprüfungen) zur Identitätsfeststellung erforderlich, so sind die Auslagen gemäß § 1 Abs. 2 vom Antragsteller zu ersetzen. | |
| **2** | **Protokolle (Niederschriften)** | |
| | (1) Aufnahme eines Protokolls (einer Niederschrift), wenn für die dadurch veranlaßte Amtshandlung keine besondere Konsulargebühr festgesetzt ist, | |
| | 1. für den ersten Bogen ................. | 42 Euro |
| | 2. für jeden weiteren Bogen .......... | 24 Euro |
| | (2) Gebührenfrei sind Quittungen und Verpflichtungserklärungen betreffend Unterstützungs- bzw. Heimsendungsdarlehen. | |
| | (3) Gebührenfrei sind Protokolle und Niederschriften, die für Zwecke der Verleihung der österreichischen Staatsbürgerschaft ausgestellt werden. | |
| **3** | **Abschriften, Vervielfältigungen** | |
| | (1) Anfertigung einer Abschrift, für jeden Bogen ... | 36 Euro |
| | (2) Anfertigung einer Vervielfältigung, für jeden Bogen | 12 Euro |

(3) Gebührenfrei sind Abschriften und Vervielfältigungen, die für Zwecke der Verleihung der österreichischen Staatsbürgerschaft angefertigt werden.

**4 Amtshandlungen nach dem Konsularbeglaubigungsgesetz und dem Bundesgesetz über die Ausstellung der Apostille nach dem Übereinkommen zur Befreiung ausländischer öffentlicher Urkunden von der Beglaubigung**

(1) Beglaubigung oder Überbeglaubigung einer behördlichen Unterschrift, des Amtssiegels oder beides gemeinsam, oder der Unterschrift einer Privatperson ................................ 80 Euro

(2) Bestätigung der Richtigkeit einer Abschrift oder einer sonstigen Vervielfältigung (Vidimierung) für jeden Bogen ................................ 40 Euro

(3) Bestätigung, dass es sich bei einem auf einer Urkunde angegebenen Übersetzer um einen im Amtsbereich der Vertretungsbehörde staatlich anerkannten Übersetzer handelt .................... 80 Euro

(4) Sind für Beglaubigungen weitere Maßnahmen zur Prüfung der Echtheit und inhaltlichen Richtigkeit von Dokumenten erforderlich, so sind die Auslagen hiefür gemäß § 1 Abs. 2 vom Antragsteller zu ersetzen.

(5) Ausstellung einer Apostille 40 Euro

*(BGBl I 2018/30)*

**5 Ausstellung von Bestätigungen und Bescheinigungen**

(1) In Staatsbürgerschaftsangelegenheiten

1. Staatsbürgerschaftsnachweis .... 48 Euro
2. sonstige Bestätigungen ............. 42 Euro

(2) Personenstandsurkunden und Registerauszüge ........ 42 Euro

(3) Ehefähigkeitszeugnis und Bestätigung der Fähigkeit eine Partnerschaft zu begründen ............................. 172 Euro

(4) In anderen Angelegenheiten 42 Euro

(5) Gebührenfrei sind Lebensbestätigungen zum Bezug von Ruhe- oder Versorgungsgenüssen, Erziehungsbeiträgen, Pensionen oder Renten sowie Bescheinigungen, die für Zwecke der Verleihung der österreichischen Staatsbürgerschaft ausgestellt werden.

(6) Mit der gemäß Abs. 3 zu entrichtenden Gebühr gelten die Gebühren gemäß § 14 Tarifpost 17 und 18 Gebührengesetz 1957 und die Verwaltungsabgaben gemäß Tarifpost 26 Bundesverwaltungsabgabenverordnung 1983 ebenfalls als entrichtet.

*(BGBl I 2018/30)*

**6 Reisedokumente**

(1) Ausstellung eines Reisepasses, Fremdenpasses, Konventionsreisepasses mit Datenträger oder Reisepasses ohne Datenträger gemäß § 4a Passgesetz 1992 (Notpass)........................... 76 Euro

(2) Ausstellung eines Reisepasses gemäß § 8 Abs. 5 Passgesetz oder eines Reisepasses gemäß § 4a Passgesetz 1992 (Notpass) für Kinder unter 12 Jahren ................. 30 Euro

(3) Auf Antrag erfolgte Änderungen in einem Reisepass, Fremdenpass, Konventionsreisepass ohne Rücksicht auf die Anzahl der Änderungen ................................ 29 Euro

(4) Ausstellung eines Rückkehrausweises für Staatsangehörige eines Mitgliedstaates der Europäischen Union ................................ 29 Euro

(5) Ausstellung eines Personalausweises gemäß § 19 Abs. 2 Passgesetz 1992...... 62 Euro

(6) Personalausweis für eine Person, die bei Antragstellung das 16. Lebensjahr noch nicht vollendet hat .... 27 Euro

(7) Zusätzlich zu der in Abs. 1 genannten Konsulargebühr sind vom Antragsteller gemäß § 1 Abs. 2 und 5 folgende Auslagen zu ersetzen:

1. Auslagen, die im Zusammenhang mit der Ausstellung von Reisepässen durch die Befassung von zur Abnahme biometrischer Merkmale ermächtigten Honorarkonsulaten oder ausländischen Behörden erwachsen, und
2. Auslagen, die im Zusammenhang mit der Ausstellung von Personalausweisen, die im Wege von hiezu ermächtigten Honorarkonsulaten beantragt werden, durch die Einschaltung dieser Honorarkonsulate erwachsen.

(8) Ausstellung eines Expresspasses ................................ 100 Euro

(9) Ausstellung eines Expresspasses bis zur Vollendung des zwölften Lebensjahres 45 Euro

(10) Ausstellung eines Ein-Tages-Expresspasses ............ 220 Euro

(11) Ausstellung eines Ein-Tages-Expresspasses bis zur Vollendung des zwölften Lebensjahres..................... 165 Euro

**7 Visa und besondere Bewilligungen**

(1) Einbringung eines Antrages auf Erteilung eines Einreisetitels

1. als Aufenthaltsvisum (Visum für den längerfristigen Aufenthalt, Visum D) für Personen über sechs Jahren mit Ausnahme von Anträgen gemäß Z 3................. 150 Euro
2. als Aufenthaltsvisum (Visum für den längerfristigen Aufenthalt, Visum D) für Kinder unter sechs Jahren mit Ausnahme von Anträgen gemäß Z 4....................... 75 Euro
3. für Familienangehörige gemäß § 35 Abs. 5 Asylgesetz 2005 über sechs Jahren eines Fremden, dem der Status des Asylberechtigten oder des subsidiär Schutzberechtigten zuerkannt wurde, und die zwecks Stellung eines Antrages auf internationalen Schutz gemäß § 34 Abs. 1 iVm § 2 Abs. 1 Z 13 Asylgesetz 2005 einen Einreisetitel beantragen......................... 200 Euro
4. für Kinder unter sechs Jahren eines Fremden, dem der Status des Asylberechtigten oder des subsidiär Schutzberechtigten zuerkannt wurde, und die zwecks Stellung eines Antrags auf internationalen Schutz gemäß § 34 Abs. 1 in Verbindung mit § 2 Abs. 1 Z 13 Asylgesetz 2005 einen Einreisetitel beantragen .. 100 Euro

(2) Gebührenfrei ist der Antrag auf und die Erteilung eines Visum D für:

1. Forscher aus Drittstaaten im Sinne der Empfehlung 2005/761/EG des Europäischen Parlaments und des Rates vom 28. September 2005, ABl. Nr. L 289 vom 03.11.2005 S. 23, zur Erleichterung der Ausstellung einheitlicher Visa durch die Mitgliedstaaten für den kurzfristigen Aufenthalt an Forscher aus Drittstaaten, die sich zu Forschungszwecken innerhalb der Gemeinschaft bewegen,
2. Vertreter gemeinnütziger Organisationen bis zum Alter von 18 Jahren, die an Seminaren, Konferenzen, Sport-, Kultur- oder Lehrveranstaltungen teilnehmen, die von gemeinnützigen Organisationen organisiert werden,
3. begünstigte Drittstaatsangehörige und Familienangehörige im Sinne des § 2 Abs. 4 Z 11 und 12 des Fremdenpolizeigesetzes 2005 – FPG, BGBl. I Nr. 100/2005.

(3) Von der Gebühr für Antrag auf und Erteilung eines Visum D kann im Einzelfall Abstand genommen werden bei Beantragung eines Visums:

1. für Dienstreisen in Diplomatenpässe oder eines Diplomatenvisums in gewöhnliche Reisepässe,
2. für Dienstreisen in Dienstpässe oder eines Dienstvisums in gewöhnliche Reisepässe,
3. für Schüler, Studenten, postgraduierte Studenten, Teilnehmer an Aufbaustudiengängen und Stipendiaten an österreichischen Schulen, Universitäten und Hochschulen sowie an der Diplomatischen Akademie, wenn Gegenseitigkeit vorliegt,
4. für Ausländer hinsichtlich ihrer wissenschaftlichen Tätigkeit in der Lehre, in der Entwicklung und der Erschließung der Künste sowie in der Lehre der Kunst an österreichischen Universitäten und Hochschulen sowie an der Diplomatischen Akademie,
5. für Teilnehmer an in Österreich stattfindenden religiösen, wissenschaftlichen, künstlerischen, kulturellen, politischen und sportlichen Veranstaltungen, wenn Gegenseitigkeit gewährleistet ist,
6. für Personen bis zum Alter von 18 Jahren, die an Seminaren, Konferenzen, Sport-, Kultur- oder Lehrveranstaltungen teilnehmen, die von gemeinnützigen Organisationen organisiert werden,
7. für Teilnehmer an Austauschaktionen für Kinder,
8. für Teilnehmer an Veranstaltungen zur Förderung der wirtschaftlichen Beziehungen mit dem Ausland und für Besucher solcher Veranstaltungen, wenn Gegenseitigkeit gewährleistet ist, und
9. für Angehörige von in Österreich beerdigten Kriegsopfern oder Opfern der politischen oder rassischen Verfolgung.

(4) Einbringung eines Antrages auf Erteilung einer besonderen Bewilligung zur Wiedereinreise während der Gültigkeitsdauer eines Einreiseverbotes oder Aufenthaltsverbots gemäß § 27a Fremdenpolizeigesetz 2005 (Wiedereinreisebewilligung)............................. 160 Euro

*(BGBl I 2018/30)*

**8** (entfallen)
*(BGBl I 2018/30)*

**9 Leichenpässe**

(1) Ausfertigung eines Leichenpasses ....................... 96 Euro

(2) Gebührenfrei ist die Ausfertigung eines Leichenpasses für die Überführung der sterblichen Überreste von Kriegsopfern, Opfern des Kampfes um ein freies, demokratisches Österreich oder von Opfern der politischen oder rassischen Verfolgung oder von in Ausübung des Dienstes oder einer öffentlichen Funktion im Ausland verstorbenen Österreichern.

**10 Vernehmungen im Rechts- und Amtshilfeverfahren**

für jede begonnene Stunde der Amtshandlung ........................... 72 Euro

**11 Verwahrnisse**

(1) Übernahme eines Verwahrstückes und Ausstellung einer Empfangsbestätigung. 48 Euro

(2) Verwahrung und Ausfolgung

1. wenn die Verwahrung nicht länger als sechs Monate gedauert hat .................................................... 36 Euro
2. wenn die Verwahrung länger als sechs, aber nicht länger als zwölf Monate gedauert hat.................. 84 Euro
3. für jedes weitere angefangene Jahr............................................ 120 Euro

(3) Mehrere zu einem Paket verpackte Gegenstände gelten als ein Verwahrstück.

**12 Amtshandlungen, die außerhalb des Amtes vorgenommen werden**

(1)

1. für jede begonnene Stunde der Amtshandlung einschließlich des Hin- und Rückweges ................. 72 Euro
2. wenn die Abwesenheit vom Amt länger als sechs Stunden dauert, für jede weitere begonnene Stunde................................................ 48 Euro

(2) Die Gebühren nach Abs. 1 sind auch dann zu entrichten, wenn die Amtshandlung nach einer anderen Tarifbestimmung einer Gebühr unterliegt.

**13 Auszahlung von Geldbeträgen auf Grund von Depoterrichtungen (ausgenommen Haftunterstützung)**

je Depoterrichtung bis 120 Euro 6 Euro

je Depoterrichtung von mehr als 120 Euro und bis 600 Euro........ 12 Euro

je Depoterrichtung über 600 Euro .................................... 24 Euro

**14 Weiterleitung von Rechtshilfeersuchen in bürgerlichen Rechtssachen**

Weiterleitung eines Rechtshilfeersuchens in bürgerlichen Rechtssachen, sofern nicht Tarifpost 1 Absatz 2 oder Tarifpost 10 zur Anwendung zu kommen hat ..... 72 Euro

**15 Amtshandlungen, deren Vornahme außerhalb der regulären Dienstzeiten einer Vertretungsbehörde erforderlich wird**

Zuschlag von 50% auf die jeweils zur Anwendung kommende Tarifpost.

## 14/6/1. Pauschalhöhe-VO

BGBl II 2011/103 idF BGBl II 2021/315

**Verordnung des Bundesministers für europäische und internationale Angelegenheiten über die pauschalierte Höhe des Ersatzes der in Tarifpost 6 Abs. 7 in der Anlage zu § 1 des Konsulargebührengesetzes 1992 genannten Auslagen**

Auf Grund des § 1 Abs. 5 des Konsulargebührengesetzes 1992 (BGBl. Nr. 100/1992, zuletzt geändert durch das Bundesgesetz BGBl. I Nr. 111/2010) wird verordnet:

**§ 1.** Die Höhe des Ersatzes der in Tarifpost 6 Abs. 7 Z 1 zu § 1 des Konsulargebührengesetzes 1992 genannten Auslagen wird mit € 30 pro Reisepass festgesetzt.

**§ 2.** Die Höhe des Ersatzes der in Tarifpost 6 Abs. 7 Z 2 zu § 1 des Konsulargebührengesetzes 1992 genannten Auslagen wird mit € 30 pro Personalausweis festgesetzt.

*(BGBl II 2021/315)*

**§ 3.** Der Auslagenersatz gemäß Tarifpost 6 Abs. 7 Z 1 und Z 2 ist nicht einzuheben, wenn der Reisepass oder Personalausweis gebührenfrei ausgestellt wird.

**§ 4.** (1) Diese Verordnung tritt mit 1. April 2011 in Kraft.

*(BGBl II 2021/315)*

(2) § 2 in der Fassung der Verordnung BGBl. II Nr. 315/2021 tritt mit 2. August 2021 in Kraft.

*(BGBl II 2021/315)*

# 14/7. Kommunalsteuergesetz 1993

**Kommunalsteuergesetz 1993**, BGBl 1993/819 idF

**1** BGBl 1994/680 **2** BGBl I 1997/52 **3** BGBl I 1998/10
**4** BGBl I 2000/142 (BudgetbegleitG 2001) **5** BGBl I 2001/59 (EuroStUG 2001) **6** BGBl I 2001/144 (AbgÄG 2001)
**7** BGBl I 2002/132 (2. AbgÄG 2002) **8** BGBl I 2002/147 (VfGH) **9** BGBl I 2002/161 (VfGH)
**10** BGBl I 2003/124 (AbgÄG 2003) **11** BGBl I 2004/180 (AbgÄG 2004) **12** BGBl I 2007/99 (AbgSiG 2007)
**13** BGBl I 2009/20 (AbgVRefG) **14** BGBl I 2009/52 (BudBG 2009) **15** BGBl I 2010/111 (BudBG 2011)
**16** BGBl I 2011/76 (AbgÄG 2011) **17** BGBl I 2015/163 (AbgÄG 2015) **18** BGBl I 2016/117 (AbgÄG 2016)
**19** BGBl I 2018/98 **20** BGBl I 2019/104 (FORG) **21** BGBl I 2020/54
**22** BGBl I 2020/99 (2. FORG) **23** BGBl I 2020/103 **24** BGBl I 2021/3 (COVID-19-StMG)
**25** BGBl I 2022/93 (Teuerungs-EP)

**GLIEDERUNG**



**Bundesgesetz, mit dem eine Kommunalsteuer erhoben wird (Kommunalsteuergesetz 1993 – KommStG 1993)**

Der Nationalrat hat beschlossen:

### Steuergegenstand

**§ 1.** Der Kommunalsteuer unterliegen die Arbeitslöhne, die jeweils in einem Kalendermonat an die Dienstnehmer einer im Inland (Bundesgebiet) gelegenen Betriebsstätte des Unternehmens gewährt worden sind.

### Dienstnehmer

**§ 2.** Dienstnehmer sind:

a) Personen, die in einem Dienstverhältnis im Sinne des § 47 Abs. 2 des Einkommensteuergesetzes 1988 stehen, freie Dienstnehmer im Sinne des § 4 Abs. 4 ASVG, sowie an Kapitalgesellschaften beteiligte Personen im Sinne des § 22 Z 2 des Einkommensteuergesetzes 1988.

b) Personen, die nicht von einer inländischen Betriebsstätte (§ 4) eines Unternehmens zur Arbeitsleistung im Inland überlassen werden, insoweit beim Unternehmer, dem sie überlassen werden.

c) Personen, die seitens einer Körperschaft des öffentlichen Rechts zur Dienstleistung zugewiesen werden.

### Unternehmen, Unternehmer

**§ 3.** (1) Das Unternehmen umfaßt die gesamte gewerbliche oder berufliche Tätigkeit des Unternehmers. Gewerblich oder beruflich ist jede nachhaltige Tätigkeit zur Erzielung von Einnahmen, auch wenn die Absicht, Gewinn (Überschuß) zu erzielen, fehlt oder eine Personenvereinigung nur gegenüber ihren Mitgliedern tätig wird. Als Unternehmer und Unternehmen gelten stets und in vollem Umfang Körperschaften im Sinne des § 7 Abs. 3 des Körperschaftsteuergesetzes 1988, Stiftungen sowie Mitunternehmerschaften im Sinne des Einkommensteuergesetzes 1988 und sonstige Personengesellschaften.

(2) Unternehmer ist, wer eine gewerbliche oder berufliche Tätigkeit selbständig ausübt. Die gewerbliche oder berufliche Tätigkeit wird nicht selbständig ausgeübt, soweit natürliche Personen, einzeln oder zusammengeschlossen, einem Unternehmen derart eingegliedert sind, daß sie den Weisungen des Unternehmers zu folgen verpflichtet sind.

(3) Die Körperschaften des öffentlichen Rechts sind nur im Rahmen ihrer Betriebe gewerblicher Art (§ 2 des Körperschaftsteuergesetzes 1988) und ihrer land- oder forstwirtschaftlichen Betriebe gewerblich oder beruflich tätig. Als Betriebe gewerblicher Art im Sinne dieses Bundesgesetzes gelten jedoch stets Wasserwerke, Schlachthöfe, Anstalten zur Müllbeseitigung, zur Tierkörpervernichtung und zur Abfuhr von Spülwasser und Abfällen sowie die Vermietung und Verpachtung von Grundstücken durch öffentlich-rechtliche Körperschaften.

(4) Die ÖBB-Holding AG und ihre im Bundesbahngesetz, BGBl. Nr. 825/1992 in der Fassung des Bundesgesetzes BGBl. I Nr. 142/2004, namentlich angeführten Tochter- und Enkelgesellschaften gelten als ein Unternehmen (ÖBB-Gesellschaften).

**Betriebsstätte**

**§ 4.** (1) Als Betriebsstätte gilt jede feste örtliche Anlage oder Einrichtung, die mittelbar oder unmittelbar der Ausübung der unternehmerischen Tätigkeit dient. § 29 Abs. 2 und § 30 der Bundesabgabenordnung sind sinngemäß mit der Maßgabe anzuwenden, daß bei Eisenbahn- und Bergbauunternehmen auch Mietwohnhäuser, Arbeiterwohnstätten, Erholungsheime und dergleichen als Betriebsstätten gelten.

(2) Bei einem Schiffahrtsunternehmen gilt als im Inland gelegene Betriebsstätte auch der inländische Heimathafen oder der inländische Ort, an dem ein Schiff in einem Schiffsregister eingetragen ist. Gleiches gilt für auf solchen Schiffen befindliche Einrichtungen zur Ausübung einer unternehmerischen Tätigkeit.

(3) Bei Arbeitskräfteüberlassungen wird erst nach Ablauf von sechs Kalendermonaten in der Betriebsstätte des Beschäftigers eine Betriebsstätte des Arbeitskräfte überlassenden Unternehmens begründet.

*(BGBl I 2016/117)*

**Bemessungsgrundlage**

**§ 5.** (1) Bemessungsgrundlage ist die Summe der Arbeitslöhne, die an die Dienstnehmer der in der Gemeinde gelegenen Betriebsstätte gewährt worden sind, gleichgültig, ob die Arbeitslöhne beim Empfänger der Einkommensteuer (Lohnsteuer) unterliegen. Arbeitslöhne sind

a) im Falle des § 2 lit. a Bezüge gemäß § 25 Abs. 1 Z 1 lit. a und b des Einkommensteuergesetzes 1988 sowie Gehälter und sonstige Vergütungen jeder Art im Sinne des § 22 Z 2 des Einkommensteuergesetzes 1988 und an freie Dienstnehmer im Sinne des § 4 Abs. 4 ASVG,
b) im Falle des § 2 lit. b 70% des Gestellungsentgeltes,
c) im Falle des § 2 lit. c der Ersatz der Aktivbezüge.

(2) Zur Bemessungsgrundlage gehören nicht:

a) Ruhe- und Versorgungsbezüge;
b) die im § 67 Abs. 3 und 6 des Einkommensteuergesetzes 1988 genannten Bezüge;
c) die in § 3 Abs. 1 Z 11 und Z 13 bis 21 des Einkommensteuergesetzes 1988 genannten Bezüge sowie 60% der in § 3 Abs. 1 Z 10 des Einkommensteuergesetzes 1988 genannten laufenden Bezüge;
d) Gehälter und sonstige Vergütungen jeder Art, die für eine ehemalige Tätigkeit im Sinne des § 22 Z 2 des Einkommensteuergesetzes 1988 gewährt werden;
e) Arbeitslöhne an Dienstnehmer, die als begünstigte Personen gemäß den Vorschriften des Behinderteneinstellungsgesetzes beschäftigt werden.

(3) Die Arbeitslöhne sind nur insoweit steuerpflichtig, als sie mit der unternehmerischen Tätigkeit zusammenhängen. Ist die Feststellung der mit der unternehmerischen Tätigkeit zusammenhängenden Arbeitslöhne mit einem unverhältnismäßigen Aufwand verbunden, können die erhebungsberechtigten Gemeinden mit dem Steuerschuldner eine Vereinbarung über die Höhe der Bemessungsgrundlage treffen.

**Steuerschuldner**

**§ 6.** Steuerschuldner ist der Unternehmer, in dessen Unternehmen die Dienstnehmer beschäftigt werden. Werden Personen von einer inländischen Betriebsstätte eines Unternehmens zur Arbeitsleistung überlassen, ist der überlassende Unternehmer Steuerschuldner. Wird das Unternehmen für Rechnung mehrerer Personen betrieben, sind diese Personen und der Unternehmer Gesamtschuldner; dies gilt auch für Mitunternehmer im Sinne des Einkommensteuergesetzes 1988. Als Steuerschuldner des Unternehmens ÖBB-Gesellschaften (§ 3 Abs. 4) gilt die ÖBB-Holding AG.

**Haftung**

**§ 6a.** (1) Die in den §§ 80 ff der Bundesabgabenordnung bezeichneten Vertreter haften neben den durch sie vertretenen Abgabepflichtigen für die diese treffende Kommunalsteuer insoweit, als diese Abgabe infolge schuldhafter Verletzung der ihnen auferlegten abgabenrechtlichen oder sonstigen Pflichten nicht ohne Schwierigkeiten eingebracht werden kann, insbesondere im Fall der Eröffnung des Insolvenzverfahrens. § 9 Abs. 2 Bundesabgabenordnung gilt sinngemäß.

(2) Soweit Personen auf die Erfüllung der Pflichten der Abgabepflichtigen und der in §§ 80 ff Bundesabgabenordnung bezeichneten Vertreter tatsächlich Einfluss nehmen, haben sie diesen Einfluss dahingehend auszuüben, dass diese Pflichten erfüllt werden.

(3) Die in Abs. 2 bezeichneten Personen haften für die Kommunalsteuer insoweit, als diese Abgabe infolge ihrer Einflussnahme nicht ohne Schwierigkeiten eingebracht werden kann, insbesondere im Falle der Eröffnung des Insolvenzverfahrens.

### Erhebungsberechtigte Gemeinde

**§ 7.** (1) Das Unternehmen unterliegt der Kommunalsteuer in der Gemeinde, in der eine Betriebsstätte unterhalten wird. Werden Personen von einer inländischen Betriebsstätte eines Unternehmens einem Beschäftiger länger als sechs Kalendermonate zur Arbeitsleistung überlassen, bleibt die Gemeinde, in der sich die Betriebsstätte des Überlassers befindet, für sechs Kalendermonate erhebungsberechtigt. Für Zeiträume nach Ablauf des sechsten Kalendermonates ist die Gemeinde, in der sich die Unternehmensleitung des inländischen Beschäftigers befindet, erhebungsberechtigt. Im Falle einer Arbeitsunterbrechung, die länger als einen Kalendermonat dauert, beginnt die Frist nach Ablauf des Kalendermonates der Beendigung der Arbeitsunterbrechung neu zu laufen. Wird eine neue Sechsmonatsfrist in Gang gesetzt, bleibt die bisherige Gemeinde

- bei Beschäftigerwechsel für den Kalendermonat des Beschäftigerwechsels,
- bei mehr als einmonatiger Arbeitsunterbrechung für die Kalendermonate, in denen die Arbeit unterbrochen ist,

noch erhebungsberechtigt.

*(BGBl I 2016/117)*

(2) Erstreckt sich eine Betriebsstätte über mehrere Gemeinden (mehrgemeindliche Betriebsstätte), wird die Kommunalsteuer von jeder Gemeinde nach Maßgabe des § 10 erhoben. Beim Unternehmen ÖBB-Gesellschaften (§ 3 Abs. 4) und bei den Österreichischen Bundesbahnen begründen Verbindungen durch Gleisanlagen für sich allein keine mehrgemeindliche Betriebsstätte.

(3) Wanderunternehmen unterliegen der Kommunalsteuer in den Gemeinden, in denen das Unternehmen ausgeübt wird. Unter Wanderunternehmen wird eine ohne örtlich feste Betriebsstätte im Inland im Umherziehen ausgeübte unternehmerische Tätigkeit verstanden.

(4) Schiffahrtsunternehmen, die im Inland eine feste örtliche Anlage oder Einrichtung zur Ausübung des Unternehmens nicht unterhalten, unterliegen der Kommunalsteuer in der Gemeinde, in der die inländischen Heimathäfen der Schiffe gelegen sind, oder, wenn kein inländischer Heimathafen vorhanden ist, in der Gemeinde, in der die Schiffe in einem inländischen Schiffsregister eingetragen sind; gleiches gilt für auf solchen Schiffen unterhaltene Betriebsstätten. Dies gilt nicht für Schiffe, die im regelmäßigen Liniendienst ausschließlich zwischen ausländischen Häfen verkehren.

### Steuerbefreiungen

**§ 8.** Von der Kommunalsteuer sind befreit:

1. Das Unternehmen ÖBB-Gesellschaften (§ 3 Abs. 4) und die Österreichischen Bundesbahnen mit 66% der Bemessungsgrundlage;
2. Körperschaften, Personenvereinigungen oder Vermögensmassen, soweit sie mildtätigen Zwecken und/oder gemeinnützigen Zwecken auf dem Gebiet der Gesundheitspflege, Kinder-, Jugend-, Familien-, Kranken-, Behinderten-, Blinden- und Altenfürsorge dienen (§§ 34 bis 37, §§ 39 bis 47 der Bundesabgabenordnung). § 5 Abs. 3 letzter Satz ist sinngemäß anzuwenden.

### Steuersatz

**§ 9.** Die Steuer beträgt 3% der Bemessungsgrundlage. Übersteigt bei einem Unternehmen die Bemessungsgrundlage im Kalendermonat nicht 1.460 Euro, wird von ihr 1.095 Euro abgezogen.

### Zerlegung und Zuteilung der Bemessungsgrundlage

**§ 10.** (1) Erstreckt sich eine Betriebsstätte über mehrere Gemeinden (mehrgemeindliche Betriebsstätte), ist die Bemessungsgrundlage vom Unternehmer auf die beteiligten Gemeinden zu zerlegen. Dabei sind die örtlichen Verhältnisse und die durch das Vorhandensein der Betriebsstätte erwachsenden Gemeindelasten zu berücksichtigen.

(2) Bei Wanderunternehmen ist die Bemessungsgrundlage vom Unternehmer im Verhältnis der Betriebsdauer auf die Gemeinden zu zerlegen.

(3) Einigen sich die Gemeinden mit dem Steuerschuldner über die Zerlegung, ist die Kommunalsteuer nach Maßgabe der Einigung zu erheben.

(4) Auf Antrag einer beteiligten Gemeinde hat das Finanzamt die Zerlegung mit Zerlegungsbescheid durchzuführen, wenn ein berechtigtes Interesse an der Zerlegung dargetan wird. § 196 Abs. 2 bis Abs. 4 und § 297 Abs. 2 erster Satz der Bundesabgabenordnung sind sinngemäß anzuwenden. In der Zerlegung der Bemessungsgrundlage liegt auch die Feststellung der sachlichen und persönlichen Abgabepflicht. Der Antrag kann nur bis zum Ablauf von zehn Jahren ab Entstehung der Steuerschuld (§ 11 Abs. 1) gestellt werden.

(5) Auf Antrag des Steuerschuldners oder einer beteiligten Gemeinde hat das Finanzamt die Bemessungsgrundlage zuzuteilen, wenn zwei oder mehrere Gemeinden die auf einen Dienstnehmer entfallende Bemessungsgrundlage ganz oder teilweise für sich in Anspruch nehmen und ein berechtigtes Interesse an der Zuteilung dargetan wird. Der Antrag kann nur bis zum Ablauf von zehn Jahren ab Entstehung der Steuerschuld (§ 11 Abs. 1) gestellt werden. Der Zuteilungsbescheid hat an den Steuerschuldner und die beteiligten Gemeinden

zu ergehen. Auf die Zuteilung finden die für die Festsetzung der Abgaben geltenden Vorschriften sinngemäß Anwendung.

(6) Ist ein Kommunalsteuerbescheid von einem Zerlegungs- oder Zuteilungsbescheid abzuleiten, ist er ohne Rücksicht darauf, ob die Rechtskraft eingetreten ist, im Falle der nachträglichen Abänderung, Aufhebung oder Erlassung des Zerlegungs- oder Zuteilungsbescheides von Amts wegen von der Gemeinde durch einen neuen Kommunalsteuerbescheid zu ersetzen, oder, wenn die Voraussetzungen für die Erlassung eines abgeleiteten Kommunalsteuerbescheides nicht mehr vorliegen, aufzuheben.

### Entstehung der Steuerschuld, Selbstberechnung, Fälligkeit und Steuererklärung

**§ 11.** (1) Die Steuerschuld entsteht mit Ablauf des Kalendermonates, in dem Lohnzahlungen gewährt, Gestellungsentgelte gezahlt (§ 2 lit. b) oder Aktivbezüge ersetzt (§ 2 lit. c) worden sind. Lohnzahlungen, die regelmäßig wiederkehrend bis zum 15. Tag eines Kalendermonats für den vorangegangenen Kalendermonat gewährt werden, sind dem vorangegangenen Kalendermonat zuzurechnen.

(2) Die Kommunalsteuer ist vom Unternehmer für jeden Kalendermonat selbst zu berechnen und bis zum 15. des darauffolgenden Monates (Fälligkeitstag) an die Gemeinde zu entrichten. Werden laufende Bezüge für das Vorjahr nach dem 15. Jänner bis zum 15. Februar ausgezahlt, ist die Kommunalsteuer bis zum 15. Februar abzuführen.

(3) Ein im Rahmen der Selbstberechnung vom Steuerschuldner selbst berechneter und der Abgabenbehörde bekannt gegebener Kommunalsteuerbetrag ist vollstreckbar. Wird kein selbstberechneter Betrag der Abgabenbehörde bekannt gegeben oder erweist sich die Selbstberechnung als nicht richtig, hat die Festsetzung der Abgabe mit Abgabenbescheid zu erfolgen. Von der Erlassung eines solchen Abgabenbescheides kann abgesehen werden, wenn der Steuerschuldner nachträglich die Selbstberechnung binnen drei Monaten ab Einreichung der Abgabenerklärung berichtigt; erweist sich die Berichtigung als nicht richtig, hat die Gemeinde einen Kommunalsteuerbescheid zu erlassen.

*(BGBl I 2015/163)*

(4) Für jedes abgelaufene Kalenderjahr hat der Unternehmer bis Ende März des folgenden Kalenderjahres der Gemeinde eine Steuererklärung abzugeben. Die Steuererklärung hat die gesamte auf das Unternehmen entfallende Bemessungsgrundlage aufgeteilt auf die beteiligten Gemeinden zu enthalten. Im Falle der Schließung der einzigen Betriebsstätte in der Gemeinde ist zusätzlich binnen einem Monat ab Schließung an diese Gemeinde eine Steuererklärung mit der Bemessungsgrundlage dieser Gemeinde abzugeben. Die Übermittlung der Steuererklärung hat elektronisch im Wege von FinanzOnline zu erfolgen. Der Bundesminister für Finanzen wird ermächtigt, den Inhalt und das Verfahren der elektronischen Übermittlung mit Verordnung festzulegen. Ist dem Unternehmer die elektronische Übermittlung mangels technischer Voraussetzungen unzumutbar, ist der Gemeinde die Steuerklärung unter Verwendung eines amtlichen Vordruckes zu übermitteln. Die Gemeinden haben die Daten der Steuererklärung hinsichtlich der jeweils auf sie entfallenden Bemessungsgrundlagen der Finanzverwaltung des Bundes im Wege des FinanzOnline zu übermitteln.

Die Abgabenbehörden des Bundes sind berechtigt, die Daten der Steuererklärung nach Maßgabe des § 14 Abs. 2 zu verwenden.

(5) Der Unternehmer hat jene Aufzeichnungen zu führen, die zur Erfassung der abgabepflichtigen Tatbestände dienen.

### Eigener Wirkungsbereich der Gemeinde

**§ 12.** Die in den §§ 5, 10, 11 und 14 geregelten Aufgaben der Gemeinde sind solche des eigenen Wirkungsbereiches.

### Zuständigkeit des Finanzamtes

**§ 13.** Die Zerlegung und Zuteilung der Bemessungsgrundlage ist von dem für die Erhebung der Lohnsteuer zuständigen Finanzamt durchzuführen.

*(BGBl I 2019/104, BGBl I 2020/99)*

### Kommunalsteuerprüfung

**§ 14.** (1) Die Prüfung der für Zwecke der Kommunalsteuer zu führenden Aufzeichnungen (Kommunalsteuerprüfung) ist nach Maßgabe des § 86 EStG 1988 bzw. des § 41a ASVG durchzuführen. Die Gemeinden sind berechtigt, in begründeten Einzelfällen eine Kommunalsteuerprüfung anzufordern. Wird der Anforderung weder von einem Finanzamt noch von der Österreichischen Gesundheitskasse innerhalb von drei Monaten Folge geleistet, hat die Gemeinde das Recht, eine Kommunalsteuerprüfung nach den Vorschriften der Bundesabgabenordnung über Außenprüfungen durchzuführen. In diesem Fall sind das für die Erhebung der Lohnsteuer zuständige Finanzamt und die Österreichische Gesundheitskasse von der Prüfung zu verständigen.

*(BGBl I 2019/104, BGBl I 2020/54)*

(2) Die Gemeinden haben den Finanzämtern (§ 81 EStG 1988), der Österreichischen Gesundheitskasse und der Versicherungsanstalt öffentlich Bediensteter, Eisenbahnen und Bergbau alle für die Erhebung der Kommunalsteuer bedeutsamen Daten zur Verfügung zu stellen. Diese Daten dürfen nur in der Art und dem Umfang verwendet werden, als dies zur Wahrnehmung der gesetzlich übertragenen Aufgaben eine wesentliche Voraussetzung ist. Die Verwendung nicht notwendiger Daten (Ballastwissen, Überschusswissen) ist unzulässig. Daten, die mit an Sicherheit grenzender Wahrscheinlichkeit nicht mehr benötigt werden, sind möglichst rasch zu löschen.

*(BGBl I 2019/104, BGBl I 2020/54, BGBl I 2020/99)*

(3) Der Aufwand für die Kommunalsteuerprüfung ist bei Prüfungen durch das Finanzamt vom Bund, bei Prüfungen durch die Österreichische Gesundheitskasse von dieser und bei Prüfungen durch die Gemeinde von dieser zu tragen.

*(BGBl I 2019/104, BGBl I 2020/54)*

*(BGBl I 2002/132)*

### Strafbestimmungen

**§ 15.** (1) Wer unter Verletzung einer abgabenrechtlichen Anzeige-, Offenlegungs- oder Wahrheitspflicht die Kommunalsteuer verkürzt, begeht eine Verwaltungsübertretung. Die Tat wird mit Geldstrafe geahndet, deren Höchstmaß bei vorsätzlicher Begehung bis zum Zweifachen des verkürzten Betrages, höchstens aber 50.000 Euro, bei fahrlässiger Begehung bis zum Einfachen des verkürzten Betrages, höchstens aber 25.000 Euro, beträgt. Für den Fall der Uneinbringlichkeit der Geldstrafe ist bei vorsätzlicher Tatbegehung eine Ersatzfreiheitsstrafe bis zu sechs Wochen, bei fahrlässiger Begehung bis zu drei Wochen festzusetzen.

(2) Wer, ohne hiedurch den Tatbestand des Abs. 1 zu verwirklichen, vorsätzlich die Kommunalsteuer nicht spätestens am fünften Tag nach Fälligkeit entrichtet oder abführt, es sei denn, dass der zuständigen Abgabenbehörde bis zu diesem Zeitpunkt die Höhe des geschuldeten Betrages bekanntgegeben wird, begeht eine Verwaltungsübertretung und ist mit einer Geldstrafe bis zu 5.000 Euro zu bestrafen; für den Fall der Uneinbringlichkeit der Geldstrafe ist eine Ersatzfreiheitsstrafe bis zu zwei Wochen festzusetzen.

(3) Wer, ohne hiedurch den Tatbestand des Abs. 1 zu verwirklichen, vorsätzlich die Kommunalsteuererklärung nicht termingemäß einreicht oder eine abgabenrechtliche Pflicht zur Führung oder Aufbewahrung von Büchern oder sonstigen Aufzeichnungen verletzt, begeht eine Verwaltungsübertretung und ist mit einer Geldstrafe bis zu 500 Euro zu bestrafen; für den Fall der Uneinbringlichkeit der Geldstrafe ist eine Ersatzfreiheitsstrafe bis zu einer Woche festzusetzen.

(4) Die Ahndung der Verwaltungsübertretungen richtet sich nach dem Verwaltungsstrafgesetz 1991.

### Beschwerde und Revision

**§ 15a.** (1) Fällt ein Verwaltungsgericht des Landes ein Erkenntnis im Zusammenhang mit einer Bestimmung dieses Bundesgesetzes, hat es dem Bundesminister für Finanzen unverzüglich eine schriftliche Ausfertigung des Erkenntnisses zuzustellen. Das gilt auch für Beschlüsse, ausgenommen für verfahrensleitende Beschlüsse.

(2) Der Bundesminister für Finanzen kann in den Angelegenheiten dieses Bundesgesetzes gegen Erkenntnisse und Beschlüsse der Verwaltungsgerichte der Länder wegen Rechtswidrigkeit Revision an den Verwaltungsgerichtshof erheben.

*(BGBl I 2016/117)*

### Inkrafttreten

**§ 16.** (1) Die Bestimmungen dieses Bundesgesetzes sind erstmals für den Monat Jänner 1994 anzuwenden.

(2) In anderen Bundesgesetzen vorgesehene Befreiungen von bundesgesetzlich geregelten Abgaben gelten nicht für die Kommunalsteuer mit der Maßgabe, daß die auf völkerrechtlichen Verträgen beruhenden sowie internationalen Organisationen eingeräumten Begünstigungen unberührt bleiben. Soweit in diesem Bundesgesetz auf andere Bundesgesetze verwiesen wird, sind diese in ihrer jeweils geltenden Fassung anzuwenden.

(3) § 7 Abs. 2 und § 8 Z 1, jeweils in der Fassung BGBl. I Nr. 10/1998, sind erstmals für den Monat Jänner 1998 anzuwenden.

(4) § 2, § 5 Abs. 1 letzter Satz, § 6 erster Satz und § 11 Abs. 1 erster Satz, jeweils in der Fassung des Bundesgesetzes BGBl. I Nr. 142/2000, sind erstmals für den Monat Jänner 2001 anzuwenden.

(5) § 9 sowie § 15 Abs. 1 und 2, jeweils in der Fassung des Bundesgesetzes BGBl. I Nr. 59/2001, sind erstmals für den Monat Jänner 2002 anzuwenden.

(6) § 2 lit. b, § 5 Abs. 1, § 6, § 7 Abs. 1, § 9, § 15 Abs. 1 und 2, jeweils in der Fassung des Bundesgesetzes BGBl. I Nr. 144/2001 sind erstmals für den Monat Jänner 2002 anzuwenden.

(7) § 11 Abs. 5 und § 12, jeweils in der Fassung des Bundesgesetzes BGBl. I Nr. 132/2002, sind erstmals für den Monat Jänner 2003 anzuwenden. § 14 in der Fassung des Bundesgesetzes BGBl. I Nr. 132/2002 ist erstmals auf Kommunalsteuerprüfungen anzuwenden, die nach dem 31. Dezember 2002 begonnen werden. § 14 in der Fassung vor dem Bundesgesetz BGBl. I Nr. 132/2002 ist letztmals für Dienstgeberbeiträge anzuwenden, für die der Anspruch vor dem 1. Jänner 2003 entsteht.

(8) § 3 Abs. 4, § 6, § 7 Abs. 2 und § 8 Z 1 in der Fassung des Bundesgesetzes BGBl. I Nr. 180/2004 sind erstmals für den Monat Oktober 2004 anzuwenden. § 11 Abs. 4 in der Fassung des Bundesgesetzes BGBl. I Nr. 180/2004 ist erstmals auf Steuererklärungen für das Kalenderjahr 2005 anzuwenden.

(9) § 10 Abs. 4 und 5 in der Fassung des Bundesgesetzes BGBl. I Nr. 20/2009 tritt mit 1. Jänner 2010 in Kraft.

(10) § 2 lit. a und § 5 Abs. 1 lit. a jeweils in der Fassung des Bundesgesetzes BGBl. I Nr. 52/2009 treten mit 1. Jänner 2010 in Kraft.

(11) § 5 Abs. 2 lit. c in der Fassung des Bundesgesetzes BGBl. I Nr. 76/2011 tritt mit 1. Jänner 2012 in Kraft. § 5 Abs. 2 lit. c in der Fassung vor dem Bundesgesetz BGBl. I Nr. 76/2011 ist weiterhin anzuwenden, wenn die Bestimmung des § 124b Z 195 des Einkommensteuergesetzes 1988 für Bezüge nach § 3 Abs. 1 Z 10 des Einkommensteuergesetzes 1988 zur Anwendung kommt.

(12) § 4 Abs. 3 und § 7 Abs. 1, jeweils in der Fassung des Bundesgesetzes BGBl. I Nr. 117/2016 treten mit 1. Jänner 2017 in Kraft.

*(BGBl I 2016/117)*

(13) § 14 in der Fassung des Bundesgesetzes BGBl. I Nr. 98/2018, tritt mit 1. Jänner 2020 in Kraft.

*(BGBl I 2018/98)*

(14) Steuerfreie Zulagen und Bonuszahlungen gemäß § 124b Z 350 lit. a EStG 1988 sind von der Kommunalsteuer befreit.

*(BGBl I 2020/103)*

**„(15) Steuerfreie Zulagen und Bonuszahlungen gemäß § 124b Z 408 lit. a EStG 1988 (Teuerungsprämie) sind von der Kommunalsteuer befreit."**

*(BGBl I 2022/93 ab 1.7.2022)*

(16) § 13 in der Fassung des Bundesgesetzes BGBl. I Nr. 104/2019, tritt mit 1. Jänner 2021 in Kraft.

*(BGBl I 2019/104, BGBl I 2020/99)*

(17) § 14 in der Fassung des Bundesgesetzes BGBl. I Nr. 104/2019 tritt nicht in Kraft.

*(BGBl I 2020/54)*

(18) § 14 in der Fassung des Bundesgesetzes BGBl. I Nr. 54/2020 tritt mit 1. Juli 2020 in Kraft.

*(BGBl I 2020/54)*

(19) § 14 Abs. 2 in der Fassung des Bundesgesetzes BGBl. I Nr. 99/2020, tritt nicht in Kraft.

*(BGBl I 2020/99, BGBl I 2021/3)*

### Vollziehung

**§ 17.** Mit der Vollziehung dieses Bundesgesetzes ist der Bundesminister für Finanzen betraut.

## 14/7/1. VO Datenübermittlung

BGBl II 2002/453 idF BGBl II 2020/579

**Verordnung des Bundesministers für Finanzen betreffend die Datenübermittlung im Zusammenhang mit der Prüfung lohnabhängiger Abgaben und Beiträge**

*(BGBl II 2019/438)*

Auf Grund § 14 Abs. 2 Kommunalsteuergesetz 1993 wird verordnet:

**§ 1.** (1) Die Übermittlung jener Daten, die eine wesentliche Voraussetzung zur Wahrnehmung der Aufgaben im Zusammenhang mit der Kommunalsteuerprüfung darstellen, welche gemäß § 14 Abs. 1 Kommunalsteuergesetz von den für die Lohnsteuerprüfung zuständigen Finanzämtern (§ 81 EStG 1988) und von den für die Sozialversicherungsprüfung zuständigen Krankenversicherungsträgern (§ 41a Abs. 1 und 2 ASVG) durchzuführen ist, erfolgt im Weg des Verfahrens FinanzOnline (FinanzOnline-Verordnung – FOnV 2006, BGBl. II Nr. 97/2006 in der geltenden Fassung).

*(BGBl II 2019/438)*

(2) Teilnehmer im Sinne des § 2 FOnV 2006 sind alle im Bundesgebiet gelegenen Gemeinden.

*(BGBl II 2019/438)*

(3) Die Anmeldung zur automationsunterstützten Datenübermittlung hat nach § 3 FOnV 2006, jedoch ausschließlich persönlich, zu erfolgen.

*(BGBl II 2019/438)*

**§ 2.** (1) Die Teilnehmer gemäß § 1 Abs. 2 haben folgende Daten zu übermitteln:

– die Steuernummern (§ 57 Abs. 1 BAO in Verbindung mit § 81 EStG 1988) der Unternehmer, für die die jeweilige Gemeinde gemäß § 7 Kommunalsteuergesetz 1993 erhebungsberechtigt ist,
– die jährliche Bemessungsgrundlage gemäß § 5 Kommunalsteuergesetz 1993 in Euro,
– die Angabe, ob eine Nachschau im Sinne der landesrechtlichen Regelungen durchgeführt wurde,
– die Angabe, ob Vereinbarungen bzw. Kontrollmaterial vorliegen,
– außerordentliche Wahrnehmungen.

*(BGBl II 2020/579)*

(2) Die Teilnehmer gemäß § 1 Abs. 2 sind berechtigt, den Prüfungsstatus jener Unternehmer abzufragen, hinsichtlich derer sie zur automationsunterstützten Datenübermittlung nach Abs. 1 verpflichtet sind.

(3) Die Abgabenbehörden sind verpflichtet, folgende Ergebnisse der Kommunalsteuerprüfungen den jeweils hebeberechtigten Gemeinden zu übermitteln:

– die jährliche Bemessungsgrundlage gemäß § 5 Kommunalsteuergesetz 1993 und
– die Prüfungsfeststellungen.

**§ 3.** (1) Die Verordnung tritt mit 20. Jänner 2003 in Kraft.

*(BGBl II 2019/438)*

(2) § 1 Abs. 1 in der Fassung der Verordnung BGBl. II Nr. 438/2019 tritt mit 1. Jänner 2020 in Kraft.

*(BGBl II 2019/438)*

(3) § 2 Abs. 1 in der Fassung der Verordnung BGBl. II Nr. 579/2020 tritt mit 1. Jänner 2021 in Kraft.

*(BGBl II 2020/579)*

## 14/7/2. VO über die elektronische Übermittlung von Kommunalsteuererklärungen

BGBl II 2005/257 idF BGBl II 2020/579

**Verordnung des Bundesministers für Finanzen über die elektronische Übermittlung von Kommunalsteuererklärungen**

Auf Grund des § 11 Abs. 4 Kommunalsteuergesetz 1993, BGBl. Nr. 819/1993, zuletzt geändert durch das AbgÄG 2004, BGBl. I Nr. 180/2004, wird verordnet:

**§ 1.** (1) Die elektronische Übermittlung der Kommunalsteuererklärungen an die Gemeinden hat nach der FinanzOnline Verordnung 2006, BGBl. II Nr. 97/2006, im Verfahren FinanzOnline (https://finanzonline.bmf.gv.at) zu erfolgen. Der Bund (Bundesministerium für Finanzen) ist dabei Auftragsverarbeiter (Art. 4 Z 8 Datenschutz-Grundverordnung, ABl. Nr. L 119 vom 4. 5. 2016 S. 1) der Gemeinden.

*(BGBl II 2020/579)*

(2) Zur Durchführung der elektronischen Übermittlung der Kommunalsteuererklärungen an die Gemeinden sind in FinanzOnline (https://finanzonline.bmf.gv.at) die entsprechenden Funktionen zur Verfügung zu stellen und es sind die für eine Datenstromübermittlung erforderlichen organisatorischen und technischen Spezifikationen (zB XML-Struktur) im Internet unter der Adresse www.bmf.gv.at zur Abfrage bereit zu halten. Datenstromübermittlungen gelten als erst dann eingebracht, wenn sie in zur vollständigen Weiterbearbeitung geeigneter Form beim Bund einlangen. Kommunalsteuererklärungen, die technisch erfolgreich übermittelt wurden, hat der Bund in geeigneter Weise zu bestätigen; insbesondere sind die im Sinn des vorhergehenden Satzes als nicht eingebracht geltenden Kommunalsteuererklärungen kenntlich zu machen.

(3) Der Bund hat die bei ihm als eingebracht geltenden Kommunalsteuererklärungen unter Anschluss der erforderlichen Daten unverzüglich elektronisch an die Gemeinden weiter zu leiten. Der Bund darf im Rahmen seiner Dienstleistung (§ 1) keine Prüfung der Daten hinsichtlich des Inhalts, der Steuerpflichtigeneigenschaft und einer allfälligen Vertretungsbefugnis durchführen.

**§ 2.** Dem Steuerpflichtigen ist die elektronische Übermittlung der Steuererklärung unzumutbar, wenn er nicht über die dazu erforderlichen technischen Voraussetzungen verfügt. Der Steuerpflichtige muss daher die Steuererklärung, die er selbst einreicht, nur dann elektronisch übermitteln, wenn er über einen Internet-Anschluss verfügt und er wegen Überschreitens der Umsatzgrenze zur Abgabe von Umsatzsteuervoranmeldungen verpflichtet ist. Reicht ein inländischer berufsmäßiger Parteienvertreter die Erklärung ein, so besteht die Verpflichtung zur elektronischen Übermittlung nur dann, wenn der Parteienvertreter über einen Internet-Anschluss verfügt und wegen Überschreitens der Umsatzgrenze zur Abgabe von Umsatzsteuervoranmeldungen verpflichtet ist.

**§ 3.** Der amtliche Vordruck der Kommunalsteuererklärung ist im Internet unter der Adresse www.bmf.gv.at zur Abfrage bereit zu halten. Die Gemeinden haben dem Steuerpflichtigen auf seinen Antrag einen Ausdruck des amtlichen Vordrucks zur Verfügung zu stellen.

**§ 4.** Kommunalsteuererklärungen für das Kalenderjahr sind elektronisch erstmals für das Kalenderjahr 2005 zu übermitteln. Kommunalsteuererklärungen im Fall der Schließung der einzigen Betriebsstätte in der Gemeinde sind elektronisch für Schließungen ab dem 1. Jänner 2006 zu übermitteln.

# 14/8. Neugründungs-Förderungsgesetz

**Neugründungs-Förderungsgesetz**, BGBl I 1999/106 idF

| | | |
|---|---|---|
| **1** BGBl I 2002/68 | **2** BGBl I 2002/111 | **3** BGBl I 2002/132 (2. AbgÄG 2002) |
| **4** BGBl I 2004/180 (AbgÄG 2004) | **5** BGBl I 2011/76 (AbgÄG 2011) | **6** BGBl I 2012/112 (AbgÄG 2012) |
| **7** BGBl I 2017/40 (DeregG 2017) | **8** BGBl I 2018/100 (SV-OG) | |

## GLIEDERUNG



**Bundesgesetz, mit dem die Neugründung von Betrieben und die Übertragung von Klein- und Mittelbetrieben gefördert wird (Neugründungs-Förderungsgesetz – NeuFöG)**

### Förderung der Neugründung

**§ 1.** Zur Förderung der Neugründung von Betrieben werden nach Maßgabe der §§ 2 bis 6 nicht erhoben:

1. Stempelgebühren und Bundesverwaltungsabgaben für die durch eine Neugründung unmittelbar veranlaßten Schriften und Amtshandlungen;
2. Grunderwerbsteuer für die Einbringung von Grundstücken auf gesellschaftsvertraglicher Grundlage unmittelbar im Zusammenhang mit der Neugründung der Gesellschaft, soweit Gesellschaftsrechte oder Anteile am Vermögen der Gesellschaft als Gegenleistung gewährt werden;
3. Gerichtsgebühren für die Eintragungen in das Firmenbuch (Tarifpost 10 Z I des Gerichtsgebührengesetzes) unmittelbar im Zusammenhang mit der Neugründung des Betriebes;
4. Gerichtsgebühren für die Eintragungen in das Grundbuch zum Erwerb des Eigentums (Tarifpost 9 lit. a und lit. b des Gerichtsgebührengesetzes) für die Einbringung von Grundstücken auf gesellschaftsvertraglicher Grundlage unmittelbar im Zusammenhang mit der Neugründung der Gesellschaft, soweit Gesellschaftsrechte oder Anteile am Vermögen der Gesellschaft als Gegenleistung gewährt werden;
5. Gesellschaftsteuer für den Erwerb von Gesellschaftsrechten unmittelbar im Zusammenhang mit der Neugründung der Gesellschaft durch den ersten Erwerber;
6. Börsenumsatzsteuer für die Einbringung von Wertpapieren auf gesellschaftsvertraglicher Grundlage unmittelbar im Zusammenhang mit der Neugründung der Gesellschaft, soweit Gesellschaftsrechte oder Anteile am Vermögen der Gesellschaft als Gegenleistung gewährt werden;
7. die für beschäftigte Arbeitnehmer (Dienstnehmer) anfallenden Dienstgeberbeiträge zum Familienlastenausgleichsfonds (§§ 41 ff des Familienlastenausgleichsgesetzes 1967), Wohnbauförderungsbeiträge des Dienstgebers oder Auftraggebers (§ 3 Abs. 2 des Bundesgesetzes über die Einhebung eines Wohnbauförderungsbeitrages), Beiträge zur gesetzlichen Unfallversicherung (§ 51 Abs. 1 Z 2, § 52 und § 53a des Allgemeinen Sozialversicherungsgesetzes) unbeschadet des Bestandes der Pflichtversicherung in der gesetzlichen Unfallversicherung sowie die in diesem Zeitraum für beschäftigte Arbeitnehmer anfallende Kammerumlage nach § 122 Abs. 7 und 8 des Wirtschaftskammergesetzes 1998 nach Maßgabe folgender Bestimmungen:
   - Die Begünstigung kann im Kalendermonat der Neugründung sowie in den folgenden 35 Kalendermonaten für beschäftigte Arbeitnehmer (Dienstnehmer) in Anspruch genommen werden.
   - Die Begünstigung besteht für den Kalendermonat, in dem erstmals ein Arbeitnehmer (Dienstnehmer) beschäftigt wird und die folgenden elf Kalendermonate. Erfolgt die erstmalige Beschäftigung vor der Neugründung, beginnt der Begünsti-

gungszeitraum mit dem Kalendermonat der Neugründung.

– Ab dem zwölften Kalendermonat, das dem Kalendermonat der Neugründung folgt, ist die Begünstigung nur noch für die ersten drei beschäftigten Arbeitnehmer (Dienstnehmer) anzuwenden.

### Begriff der Neugründung

**§ 2.** Die Neugründung eines Betriebes liegt unter folgenden Voraussetzungen vor:

1. Es wird durch Schaffung einer bisher nicht vorhandenen betrieblichen Struktur ein Betrieb neu eröffnet, der der Erzielung von Einkünften im Sinne des § 2 Abs. 3 Z 1 bis 3 des Einkommensteuergesetzes 1988 dient.
2. Die die Betriebsführung innerhalb von zwei Jahren nach der Neugründung beherrschende Person (Betriebsinhaber) hat sich bisher nicht in vergleichbarer Art beherrschend betrieblich betätigt.
3. Es liegt keine bloße Änderung der Rechtsform in Bezug auf einen bereits vorhandenen Betrieb vor.
4. Es liegt kein bloßer Wechsel in der Person des Betriebsinhabers in Bezug auf einen bereits vorhandenen Betrieb durch eine entgeltliche oder unentgeltliche Übertragung des Betriebes vor.
5. Es wird im Kalendermonat der Neugründung und in den folgenden elf Kalendermonaten die geschaffene betriebliche Struktur nicht durch Erweiterung um bereits bestehende andere Betriebe oder Teilbetriebe verändert.

### Zeitpunkt der Neugründung

**§ 3.** Als Kalendermonat der Neugründung gilt jener, in dem der Betriebsinhaber erstmals werbend nach außen in Erscheinung tritt.

### Erklärung der Neugründung

**§ 4.** Die Wirkungen nach § 1 treten unter den Voraussetzungen der Abs. 1 bis 4 ein.

(1) Die Wirkungen nach § 1 Z 1 bis 6 treten nur dann ein, wenn der Betriebsinhaber bei den in Betracht kommenden Behörden einen amtlichen Vordruck vorlegt, in dem die Neugründung erklärt wird. Auf dem amtlichen Vordruck sind zu erklären:

1. das Vorliegen der Voraussetzungen nach § 2,
2. der Kalendermonat nach § 3,

(2) Die Wirkungen nach § 1 Z 7 treten nur dann ein, wenn der Betriebsinhaber ein amtliches Formular im Sinne des Abs. 1 erstellt.

(3) Auf dem amtlichen Vordruck muß in den Fällen des Abs. 1 und 2 bestätigt sein, daß die Erklärung der Neugründung unter Inanspruchnahme der Beratung jener gesetzlichen Berufsvertretung, der der Betriebsinhaber zuzurechnen ist, erstellt worden ist. Betrifft die Neugründung ein freies Gewerbe, so hat die entsprechend dem vorhergehenden Satz zuständige gesetzliche Berufsvertretung auch zu bestätigen, dass der Betriebsinhaber über grundlegende unternehmerische Kenntnisse verfügt. Kann der Betriebsinhaber keiner gesetzlichen Berufsvertretung zugerechnet werden, ist eine Beratung durch die Sozialversicherungsanstalt der Selbständigen oder durch die Wirtschaftskammer in Anspruch zu nehmen. Der Bundesminister für Finanzen ist ermächtigt, das Verfahren der Bestätigung sowie die Voraussetzungen, unter denen in Bagatellfällen ein solches Verfahren unterbleiben kann, mit Verordnung festzulegen.

*(BGBl I 2018/100)*

(4) Unbeschadet der Abs. 1 bis 3 kann der Betriebsinhaber die Erkärung über die Neugründung über das Unternehmensserviceportal alternativ auch elektronisch vornehmen, soweit die technischen Voraussetzungen gegeben sind. Die Beratung durch die Sozialversicherungsanstalt oder durch die Berufsvertretung gemäß Abs. 3 kann in diesen Fällen auch auf fernmündlichen Kommunikationswegen oder unter Verwendung technischer Einrichtungen zur Wort- und Bildübertragung erfolgen und ist durch den Betriebsinhaber zu bestätigen. Die Erklärung hat jedenfalls folgende Inhalte zu umfassen:

1. das Vorliegen der Voraussetzungen nach § 2,
2. den Kalendermonat nach § 3.

Die Wirkungen nach § 1 treten ein, wenn die in Betracht kommenden Behörden elektronischen Zugriff auf die elektronische Erklärung haben. Ein Ausdruck der Erklärung über das Unternehmensserviceportal ist elektronisch zu signieren und gilt als amtlicher Vordruck im Sinne des Abs. 1 und 2. Der Bundesminister für Finanzen ist ermächtigt, das elektronische Verfahren der Erklärung über das Unternehmensserviceportal sowie einer automatisierten Prüfung der Voraussetzungen mit Verordnung festzulegen.

*(BGBl I 2017/40)*

(5) Ist zwischen der gesetzlichen Berufsvertretung, der der Betriebsinhaber zuzurechnen ist, und den in Betracht kommenden Behörden ein ständiger Datenverkehr eingerichtet, können die Erklärungen gemäß § 4 Abs. 1 von der gesetzlichen Berufsvertretung an die in Betracht kommenden Behörden elektronisch übermittelt werden. In diesen Fällen entfällt die Verpflichtung zur Vorlage eines amtlichen Vordruckes. Der Bundesminister für Finanzen wird ermächtigt, den Inhalt und das Verfahren der elektronischen Erklärungsübermittlung im Einvernehmen mit dem Bundesminister für Justiz, dem Bundesminister für soziale Sicherheit, Generationen und Konsumentenschutz, dem Bundesminister für Wirtschaft und Arbeit und dem für die gesetzliche Berufsvertretung jeweils zuständigen Bundesminister festzulegen.

### Meldeverpflichtung

**§ 5.** Wird die Betriebsinhabervoraussetzung im Sinne des § 2 Z 2 nicht erfüllt oder wird der neugegründete Betrieb im Sinne des § 2 Z 5 erweitert, so entfällt nachträglich (rückwirkend) der Eintritt der Wirkungen des § 1. Der Betriebsinhaber ist verpflichtet, diesen Umstand allen vom Wegfall der Wirkungen betroffenen Behörden unverzüglich mitzuteilen.

### Betriebsübertragung

**§ 5a.** (1) Eine Betriebsübertragung liegt vor, wenn

1. bloß ein Wechsel in der Person des die Betriebsführung beherrschenden Betriebsinhabers in Bezug auf einen bereits vorhandenen Betrieb (Teilbetrieb) durch eine entgeltliche oder unentgeltliche Übertragung des Betriebes (Teilbetrieb) erfolgt (§ 2 Z 4) und
2. die die Betriebsführung innerhalb von zwei Jahren nach der Übertragung beherrschende Person (Betriebsinhaber) sich bisher nicht in vergleichbarer Art beherrschend betrieblich betätigt hat.

(2) Für Betriebsübertragungen gilt Folgendes:

1. Die Bestimmungen des § 1 Z 1, 3 und 5 sowie der §§ 3, 4 und 7 sind sinngemäß anzuwenden.
2. Die Grunderwerbsteuer von steuerbaren Vorgängen, die mit einer Betriebsübertragung im Sinne des Abs. 1 in unmittelbarem Zusammenhang stehen, wird nicht erhoben, soweit der für die Steuerberechnung maßgebende Wert 75.000 Euro nicht übersteigt.
3. Der Eintritt der Wirkungen der Z 2 sowie des § 1 Z 1, 3 und 5 entfällt nachträglich (rückwirkend), wenn die Betriebsinhabervoraussetzung im Sinne des § 5a Abs. 1 Z 2 nicht erfüllt wird oder der Betriebsinhaber innerhalb von fünf Jahren nach der Übergabe den übernommenen Betrieb oder wesentliche Grundlagen davon entgeltlich oder unentgeltlich überträgt, betriebsfremden Zwecken zuführt oder wenn der Betrieb aufgegeben wird. Der Betriebsinhaber ist verpflichtet, diesen Umstand allen vom Wegfall der Wirkungen betroffenen Behörden unverzüglich mitzuteilen.

### Zeitlicher Anwendungsbereich

**§ 6.** (1) Dieses Bundesgesetz ist anzuwenden auf

1. Neugründungen, die nach dem 1. Mai 1999 erfolgen;
2. Betriebsübertragungen, die nach dem 31. Dezember 2001 erfolgen.

(2) § 5a Abs. 2 in der Fassung des Bundesgesetzes BGBl. I Nr. 132/2002 ist auf Betriebsübertragungen nach dem 31. Dezember 2001 anzuwenden.

(3) § 4 Abs. 5 und § 7 Abs. 1 in der Fassung des Bundesgesetzes BGBl. I Nr. 180/2004 treten mit 1. Jänner 2005 in Kraft.

(4) § 5a Abs. 2 in der Fassung vor seiner Änderung durch das Bundesgesetz BGBl. I Nr. 180/2004 ist hinsichtlich der Gerichtsgebühren für die Eintragungen in das Grundbuch noch auf Betriebsübertragungen anzuwenden, bei denen die Grundbuchseintragung vor dem 1. November 2004 vorgenommen wird.

(5) § 1 Z 7 in der Fassung des Bundesgesetzes BGBl. I Nr. 76/2011 ist für Neugründungen anzuwenden, die nach dem 31. Dezember 2011 erfolgen.

(6) § 4 Abs. 1 in der Fassung des Bundesgesetzes BGBl. I Nr. 112/2012 tritt mit 1. Jänner 2013 in Kraft.

*(BGBl I 2017/40)*

(7) § 4 Abs. 3 und 4 in der Fassung des Deregulierungsgesetzes 2017, BGBl. I Nr. 40/2017, tritt mit 31. Juli 2017 in Kraft.

*(BGBl I 2017/40)*

### Amtshilfe

**§ 7.** (1) Die gesetzlichen Berufsvertretungen und die Sozialversicherungsanstalt der Selbständigen sind verpflichtet, Abschriften der amtlichen Vordrucke, auf denen Bestätigungen im Sinne des § 4 angebracht worden sind, herzustellen und sieben Jahre ab Ende des Jahres, in dem die Bestätigung angebracht worden ist, aufzubewahren. Im Falle einer elektronischen Erklärungsübermittlung gemäß § 4 Abs. 5 sind die Daten bis zum Ablauf von sieben Jahren ab Ende des Jahres, in dem die Daten elektronisch übermittelt wurden, aufzubewahren. Die Aufbewahrung kann entweder in Form dauerhafter Wiedergaben der übermittelten Daten oder durch Speicherung der übermittelten Daten auf einem Datenträger erfolgen; eine Aufbewahrung auf Datenträgern ist nur zulässig, wenn die vollständige, geordnete und inhaltsgleiche Wiedergabe bis zum Ablauf der im zweiten Satz genannten Aufbewahrungsfrist jederzeit gewährleistet ist.

*(BGBl I 2018/100)*

(2) Die gesetzlichen Berufsvertretungen und die Sozialversicherungsanstalt der Selbständigen sind verpflichtet, den für die Erhebung der in § 1 genannten Abgaben, Gebühren und Beiträge zuständigen Institutionen auf Verlangen Auskünfte zu erteilen, die zur Vollziehung dieses Gesetzes erforderlich sind.

*(BGBl I 2018/100)*

(3) Die für die Erhebung der in § 1 genannten Abgaben, Gebühren und Beiträge zuständigen Institutionen sind berechtigt, den jeweils zuständigen Institutionen Umstände mitzuteilen, die dafür sprechen, daß die Voraussetzungen für eine geltend gemachte Befreiung nicht oder nicht mehr vorliegen.

### Verwendung personenbezogener Bezeichnungen

**§ 7a.** Bei allen in diesem Gesetz verwendeten personenbezogenen Bezeichnungen gilt die gewählte Form für beide Geschlechter.

### Vollziehung

**§ 8.** Mit der Vollziehung dieses Bundesgesetzes sind betraut

a) der Bundesminister für Finanzen, soweit die Gebühren nach dem Gebührengesetz, die Bundesverwaltungsabgaben, die Grunderwerbsteuer, die Gesellschaftsteuer und die Börsenumsatzsteuer betroffen sind,

b) der Bundesminister für Justiz im Einvernehmen mit dem Bundesminister für Finanzen, soweit die Gerichtsgebühren betroffen sind,
c) der Bundesminister für Umwelt, Jugend und Familie, soweit die Dienstgeberbeiträge zum Familienlastenausgleichsfonds betroffen sind,
d) der Bundesminister für Arbeit und Soziales, soweit die Wohnbauförderungsbeiträge des Dienstgebers oder Auftraggebers, die Beiträge zur gesetzlichen Unfallversicherung sowie die Mitwirkung im Sinne des § 4 betroffen sind,
e) der Bundesminister für wirtschaftliche Angelegenheiten, soweit die Kammerumlage sowie die Mitwirkung im Sinne des § 4 betroffen ist,
f) der für die gesetzliche Berufsvertretung jeweils zuständige Bundesminister, soweit die Mitwirkung im Sinne des § 4 betroffen ist, wenn sich keine Zuständigkeit aus lit. d oder e ergibt,
g) der Bundesminister für Finanzen in den übrigen Bereichen.

## 14/8/1. Neugründungs-Förderungsverordnung

BGBl II 1999/278 idF BGBl II 2015/390

**Verordnung des Bundesministers für Finanzen, des Bundesministers für Justiz, der Bundesministerin für Familien und Jugend, des Bundesministers für Arbeit, Soziales und Konsumentenschutz und des Bundesministers für Wissenschaft, Forschung und Wirtschaft zum Neugründungs-Förderungsgesetz betreffend Neugründungen (Neugründungs-Förderungsverordnung)**
*(BGBl II 2015/390)*

### Förderung der Neugründung

**§ 1.** (1) Schriften und Amtshandlungen sind im Sinne des § 1 Z 1 NeuFöG unmittelbar durch eine Neugründung veranlaßt, wenn sie in einem konkreten Zusammenhang mit der Neugründung eines Betriebes (§ 2 NeuFöG) stehen. Fallen Schriften und Amtshandlungen im Zusammenhang mit allgemeinen persönlichen Qualifikationserfordernissen oder allgemeinen sachlichen Erfordernissen an, sind sie nicht unmittelbar durch die Neugründung veranlaßt, und zwar auch dann nicht, wenn sie im Vorfeld einer Neugründung erforderlich sind.

*(BGBl II 2015/390)*

(2) Gesellschaften im Sinne des § 1 Z 2 und 4 NeuFöG sind Kapitalgesellschaften, eingetragene Personengesellschaften sowie vergleichbare ausländische Gesellschaften und Europäische wirtschaftliche Interessenvereinigungen (EWIV), nicht aber Gesellschaften bürgerlichen Rechts.

*(BGBl II 2015/390)*

(3) Arbeitnehmer (Dienstnehmer) im Sinne des § 1 Z 7 NeuFöG sind

– Arbeitnehmer im Sinne des § 47 Abs. 1 EStG 1988,
– Personen, die in § 4 Abs. 1 ASVG in der ab 1. Jänner 2000 geltenden Fassung genannt sind sowie
– Personen, die an Kapitalgesellschaften im Sinne des § 22 Z 2 EStG 1988 beteiligt sind.

*(BGBl II 2015/390)*

### Begriff der Neugründung

**§ 2.** (1) Unter einem Betrieb im Sinne des § 2 Z 1 NeuFöG ist die Zusammenfassung menschlicher Arbeitskraft und sachlicher Betriebsmittel in einer organisatorischen Einheit zu verstehen. Ein Betrieb wird neu eröffnet, wenn die für den konkreten Betrieb wesentlichen Betriebsgrundlagen neu geschaffen werden. Der Betrieb muß der Erzielung von Einkünften aus Land- und Forstwirtschaft, Einkünften aus selbständiger Arbeit (einschließlich Einkünften aus sonstiger selbständiger Arbeit) oder von Einkünften aus Gewerbebetrieb dienen. Keine Neugründung eines Betriebes liegt bei Auf-

AbgZuw
InvFG
ImmoInvFG
WKG
NoVAG
KGG
KommSt
NeuFöG
WerbeAbg
StiftEG
Handwerker
WiEReG
DiStG

nahme einer Betätigung im Sinne des § 1 Abs. 2 der Liebhabereiverordnung, BGBl. Nr. 33/1993, vor.

*(BGBl II 2015/390)*

(2) Betriebsinhaber ist die die Betriebsführung beherrschende natürliche oder juristische Person. Betriebsinhaber im Sinne des § 2 Z 2 NeuFöG sind ungeachtet allfälliger gesellschaftsvertraglicher Sonderbestimmungen:

- Einzelunternehmer,
- persönlich haftende Gesellschafter von Personengesellschaften,
- nicht persönlich haftende Gesellschafter von Personengesellschaften, wenn sie entweder zu mindestens 50% am Vermögen der Gesellschaft beteiligt sind oder wenn sie zu mehr als 25% am Vermögen der Gesellschaft beteiligt und zusätzlich zur Geschäftsführung befugt sind,
- Gesellschafter von Kapitalgesellschaften, wenn sie entweder zu mindestens 50% am Vermögen der Gesellschaft beteiligt sind oder wenn sie zu mehr als 25% am Vermögen der Gesellschaft beteiligt und zusätzlich zur Geschäftsführung befugt sind.

*(BGBl II 2015/390)*

(3) Keine Neugründung liegt vor, wenn sich der Betriebsinhaber (Abs. 2) innerhalb der letzten 5 Jahre vor dem Zeitpunkt der Neugründung als Betriebsinhaber (Abs. 2) eines Betriebes vergleichbarer Art betätigt hat. Vergleichbare Betriebe sind solche der selben Klasse im Sinne der Systematik der Wirtschaftstätigkeiten, ÖNACE in der geltenden Fassung (herausgegeben von der Bundesanstalt Statistik Österreich).

*(BGBl II 2015/390)*

### Zeitpunkt der Neugründung

**§ 3.** Der Betriebsinhaber tritt erstmals nach außen werbend in Erscheinung (Zeitpunkt der Neugründung), wenn die für den Betrieb typischen Leistungen am Markt angeboten werden.

### Erklärung der Neugründung

**§ 4.** (1) Die Wirkungen des § 1 Z 1 bis 6 NeuFöG treten nur dann ein, wenn der Betriebsinhaber bei den in Betracht kommenden Behörden den amtlichen Vordruck, in dem die Neugründung erklärt wird, vorlegt.

*(BGBl II 2015/390)*

(2) Auf dem amtlichen Vordruck muß bestätigt sein, daß die Erklärung der Neugründung unter Inanspruchnahme der Beratung jener gesetzlichen Berufsvertretung, der der Betriebsinhaber zuzurechnen ist, erstellt worden ist. Kann der Betriebsinhaber keiner gesetzlichen Berufsvertretung zugerechnet werden, ist eine Beratung durch die Sozialversicherungsanstalt der gewerblichen Wirtschaft in Anspruch zu nehmen.

(3) Die Bestätigung über die Beratung durch die Sozialversicherungsanstalt der gewerblichen Wirtschaft kann entfallen, wenn ausschließlich die Wirkungen des § 1 Z 1 NeuFöG eintreten.

*(BGBl II 2015/390)*

### Inkrafttreten

**§ 5.** § 2 Abs. 3 in der Fassung des BGBl. II Nr. 390/2015, tritt mit 1. Jänner 2016 in Kraft.

*(BGBl II 2015/390)*

## 14/8/2. KMU-Übertragungs-Förderungsverordnung

BGBl II 2002/483 idF BGBl II 2015/389

**Verordnung des Bundesministers für Finanzen und des Bundesministers für Justiz zum Neugründungs-Förderungsgesetz betreffend die Übertragung von Klein- und Mittelbetrieben (KMU-Übertragungs-Förderungsverordnung)**

### Förderung der Übertragung

**§ 1.** (1) Schriften und Amtshandlungen sind im Sinne des § 1 Z 1 NeuFöG unmittelbar durch eine Übertragung veranlasst, wenn sie in einem konkreten Zusammenhang mit der Übertragung eines Betriebes (§ 5a NeuFöG) stehen. Fallen Schriften und Amtshandlungen im Zusammenhang mit allgemeinen persönlichen Qualifikationserfordernissen oder allgemeinen sachlichen Erfordernissen an, sind sie nicht unmittelbar durch die Übertragung veranlasst, und zwar auch dann nicht, wenn sie im Vorfeld einer Übertragung erforderlich sind.

*(BGBl II 2015/389)*

(2) Gesellschaften im Sinne des § 1 Z 4 NeuFöG sind Kapitalgesellschaften, Personengesellschaften des Handelsrechts, eingetragene Erwerbsgesellschaften sowie vergleichbare ausländische Gesellschaften und Europäische wirtschaftliche Interessenvereinigungen (EWIV), nicht aber Gesellschaften bürgerlichen Rechts.

*(BGBl II 2015/389)*

### Begriff der Übertragung

**§ 2.** (1) Unter einem Betrieb im Sinne des § 5a NeuFöG ist die Zusammenfassung menschlicher Arbeitskraft und sachlicher Betriebsmittel in einer organisatorischen Einheit zu verstehen. Ein Teilbetrieb im Sinne des § 5a NeuFöG ist ein organisch geschlossener Betriebsteil eines Gesamtbetriebes, der mit einer gewissen Selbständigkeit gegenüber dem Gesamtbetrieb ausgestattet und eigenständig lebensfähig ist. Der (Teil-)Betrieb muss der Erzielung von Einkünften aus Land- und Forstwirtschaft, Einkünften aus selbständiger Arbeit (einschließlich Einkünften aus sonstiger selbständiger Arbeit) oder von Einkünften aus Gewerbebetrieb dienen.

*(BGBl II 2015/389)*

(2) Betriebsinhaber ist die die Betriebsführung beherrschende natürliche oder juristische Person. Betriebsinhaber im Sinne des § 5a NeuFöG sind ungeachtet allfälliger gesellschaftsvertraglicher Sonderbestimmungen:

- Einzelunternehmer,
- persönlich haftende Gesellschafter von Personengesellschaften,
- nicht persönlich haftende Gesellschafter von Personengesellschaften, wenn sie entweder zu mindestens 50% am Vermögen der Gesellschaft beteiligt sind oder wenn sie zu mehr als 25% am Vermögen der Gesellschaft beteiligt und zusätzlich zur Geschäftsführung befugt sind,
- Gesellschafter von Kapitalgesellschaften, wenn sie entweder zu mindestens 50% am Vermögen der Gesellschaft beteiligt sind oder wenn sie zu mehr als 25% am Vermögen der Gesellschaft beteiligt und zusätzlich zur Geschäftsführung befugt sind.

*(BGBl II 2015/389)*

(3) Eine entgeltliche oder unentgeltliche (Teil-)Betriebsübertragung liegt vor, wenn ein bereits bestehender (Teil-)Betrieb als funktionsfähige Sachgesamtheit übernommen wird.

(4) Keine Betriebsübertragung im Sinne des § 5a Abs. 1 NeuFöG liegt vor, wenn der neue Betriebsinhaber sich innerhalb der letzten 5 Jahre vor dem Zeitpunkt der Übertragung als Betriebsinhaber eines Betriebes vergleichbarer Art betätigt hat. Vergleichbare Betriebe sind solche der selben Klasse im Sinne der Systematik der Wirtschaftstätigkeiten, ÖNACE in der geltenden Fassung (herausgegeben von der Bundesanstalt Statistik Österreich).

*(BGBl II 2015/389)*

### Zeitpunkt der Übertragung

**§ 3.** Der neue Betriebsinhaber tritt erstmals nach außen werbend in Erscheinung, wenn die Betriebsführungsgewalt auf ihn übergegangen ist.

### Erklärung der Übertragung

**§ 4.** (1) Ab 1. Jänner 2004 treten die Wirkungen des § 1 Z 1 und Z 3 bis 5 sowie des § 5a Abs. 2 Z 2 NeuFöG von vornherein ein, sofern der neue Betriebsinhaber bei den in Betracht kommenden Behörden den amtlichen Vordruck über die Erklärung der Übertragung (NeuFö 3) vorlegt.

*(BGBl II 2015/389)*

(2) Vor dem 1. September 2002 treten die Wirkungen des § 1 Z 1 und Z 3 bis 5 sowie des § 5a Abs. 2 Z 2 NeuFöG nachträglich (rückwirkend) ein. Die Abgaben und Gebühren sind in diesen Fällen bei nachträglicher Vorlage des amtlichen Vordrucks (NeuFöG) zu erstatten (zurückzuzahlen).

*(BGBl II 2015/389)*

(3) Von 1. September 2002 bis 31. Dezember 2003 treten die Wirkungen des § 1 Z 1 und Z 3 bis 5 sowie des § 5a Abs. 2 Z 2 NeuFöG wahlweise von vornherein (Abs. 1) oder nachträglich (Abs. 2) ein.

*(BGBl II 2015/389)*

(4) Auf dem amtlichen Vordruck muss bestätigt sein, dass die Erklärung der Übertragung unter Inanspruchnahme der Beratung jener gesetzlichen Berufsvertretung, der der neue Betriebsinhaber zuzurechnen ist, erstellt worden ist. Betrifft die Übertragung ein freies Gewerbe, so hat die zuständige gesetzliche Berufsvertretung auch zu bestätigen, dass der neue Betriebsinhaber über grundlegende unternehmerische Kenntnisse verfügt. Kann der neue Betriebsinhaber keiner gesetzlichen Berufsvertretung zugerechnet werden, ist eine Beratung durch die Sozialversicherungsanstalt der gewerblichen Wirtschaft in Anspruch zu nehmen.

(5) Die Bestätigung über die Beratung durch die Sozialversicherungsanstalt der gewerblichen Wirtschaft kann entfallen, wenn ausschließlich die Wirkungen des § 1 Z 1 NeuFöG eintreten.

*(BGBl II 2015/389)*

### Inkrafttreten

**§ 5.** § 2 Abs. 4 in der Fassung des BGBl. II Nr. 389/2015, tritt mit 1. Jänner 2016 in Kraft.

*(BGBl II 2015/389)*

## 14/8/3. VO Datenübermittlung

BGBl II 2005/216 idF BGBl II 2012/507

**Verordnung des Bundesministers für Finanzen betreffend die elektronische Übermittlung von Erklärungen gemäß § 4 NeuFöG, mit denen eine Neugründung oder eine Übertragung von Betrieben erklärt wird**

Auf Grund § 4 Abs. 5 des Neugründungs-Förderungsgesetzes, BGBl. I Nr. 106/1999, in der Fassung des Bundesgesetzes BGBl. I Nr. 180/2004, wird im Einvernehmen mit dem Bundesminister für Justiz, dem Bundesminister für soziale Sicherheit, Generationen und Konsumentenschutz und dem Bundesminister für Wirtschaft und Arbeit verordnet:

**§ 1.** (1) Die elektronische Übermittlung von Erklärungen gemäß § 4 Abs. 1 NeuFöG, mit denen eine Neugründung oder eine Übertragung von Betrieben erklärt wird, ist nur dann zulässig, wenn zwischen der gesetzlichen Berufsvertretung, der der Betriebsinhaber zuzurechnen ist, und der in Betracht kommenden Behörde ein ständiger Datenverkehr eingerichtet ist.

(2) Die elektronische Übermittlung von Erklärungen gemäß § 4 Abs. 1 NeuFöG an Abgabenbehörden des Bundes ist nicht zulässig.

(3) Für die elektronische Übermittlung von Erklärungen gemäß § 4 Abs. 1 NeuFöG an Gerichte ist die Verordnung des Bundesministers für Justiz über den Elektronischen Rechtsverkehr (ERV 1995), BGBI. Nr. 559/1995, anzuwenden.

**§ 2.** (1) Die elektronische Übermittlung muss folgende Daten beinhalten:

1. Name bzw. Firmenbezeichnung und Anschrift des antragstellenden Betriebsinhabers,
2. bei natürlichen Personen Versicherungsnummer oder Geburtsdatum,
3. Bezeichnung und Anschrift der gesetzlichen Berufsvertretung, der der Betriebsinhaber zuzurechnen ist,
4. Erklärung, dass bei einer Neugründung des Betriebes die Voraussetzungen nach § 2 NeuFöG und bei einer Übertragung des Betriebes die Voraussetzungen nach § 5a Abs. 1 NeuFöG vorliegen,
5. voraussichtlicher Zeitpunkt der Neugründung oder Übertragung des Betriebes,
6. Bezeichnung und Anschrift der für die Nichterhebung einer Abgabe, Gebühr oder eines Beitrages nach § 1 Z 1 bis 6 NeuFöG in Betracht kommenden Behörde und
7. (aufgehoben)

*(BGBl II 2012/507)*

(2) Über die in Abs. 1 genannten Daten hinaus dürfen auf Grundlage dieser Verordnung keine weiteren personenbezogenen Daten übermittelt werden.

(3) Die elektronische Übermittlung der in Abs. 1 genannten Daten kann auch durch Übermittlung eines elektronischen Abbildes der vollständig aus-

gefüllten und unterschriebenen Erklärungen gemäß § 4 Abs. 1 NeuFöG erfolgen.

**§ 3.** Die Bestätigung gemäß § 4 Abs. 3 NeuFöG, dass die Erklärung der Neugründung oder (Teil) Betriebsübertragung unter Inanspruchnahme der Beratung jener gesetzlichen Berufsvertretung, der der Betriebsinhaber zuzurechnen ist, erstellt wurde, ist von dieser gesetzlichen Berufsvertretung in geeigneter Form festzuhalten. Die gesetzliche Berufsvertretung darf eine elektronische Übermittlung erst nach Inanspruchnahme der Beratung vornehmen.

**§ 4.** (1) Die Übermittlung der Daten kann in einer Sendung oder in mehreren Sendungen erfolgen.

(2) Werden Daten mehrfach übermittelt, sind die jeweils zuletzt übermittelten Daten maßgeblich.

**§ 5.** (1) Über jede erfolgreiche Sendung hat der Empfänger der gesetzlichen Berufsvertretung eine Empfangsbestätigung mit folgenden Angaben zu übermitteln:

1. Bezeichnung und Anschrift des Empfängers,
2. Name bzw. Firmenbezeichnung und Anschrift des antragstellenden Betriebsinhabers,
3. bei natürlichen Personen Versicherungsnummer oder Geburtsdatum,
4. Bezeichnung und Anschrift der gesetzlichen Berufsvertretung, der der Betriebsinhaber zuzurechnen ist,
5. (aufgehoben)
   *(BGBl II 2012/507)*
6. Datum und Uhrzeit der Übermittlung und
7. Anzahl der richtigen und fehlerhaften Meldungen.

(2) Die Empfangsbestätigung (Abs. 1) kann auch elektronisch übermittelt werden.

(3) Im Falle einer Übermittlung eines elektronischen Abbildes der vollständig ausgefüllten und unterschriebenen Erklärungen gemäß § 4 Abs. 1 NeuFöG (§ 2 Abs. 3) entfällt das Erfordernis der Übermittlung einer Empfangsbestätigung gemäß Abs. 1.

**§ 6.** Wird bei den übermittelten Daten ein Fehler festgestellt, so ist dies der gesetzlichen Berufsvertretung mitzuteilen.

**§ 7.** Diese Verordnung tritt am 1. Juli 2005 in Kraft.

# 14/9. Werbeabgabegesetz 2000

**Werbeabgabegesetz 2000**, BGBl I 2000/29 idF

**1** BGBl I 2000/142 (BudgetbegleitG 2001) **2** BGBl I 2019/91 (AbgÄG 2020)

GLIEDERUNG



**Bundesgesetz, mit dem eine Abgabe auf Werbeleistungen eingeführt wird (Werbeabgabegesetz 2000)**

Der Nationalrat hat beschlossen:

## Steuergegenstand

**§ 1.** (1) Der Werbeabgabe unterliegen Werbeleistungen, soweit sie im Inland gegen Entgelt erbracht werden. Wird eine zum Empfang in Österreich bestimmte Werbeleistung in Hörfunk und Fernsehen vom Ausland aus verbreitet, dann gilt sie als im Inland erbracht.

(2) Als Werbeleistung gilt:

1. Die Veröffentlichung von Werbeeinschaltungen in Druckwerken im Sinne des Mediengesetzes.
2. Die Veröffentlichung von Werbeeinschaltungen in Hörfunk und Fernsehen.
3. Die Duldung der Benützung von Flächen und Räumen zur Verbreitung von Werbebotschaften.

(3) Nicht als Werbeleistung gilt die mediale Unterstützung gemäß § 17 Abs. 7 des Glücksspielgesetzes.

## Bemessungsgrundlage und Höhe der Abgabe

**§ 2.** (1) Bemessungsgrundlage der Werbeabgabe ist das Entgelt im Sinne des § 4 UStG 1994, das der Übernehmer des Auftrages dem Auftraggeber in Rechnung stellt, wobei die Werbeabgabe nicht Teil der Bemessungsgrundlage ist.

(2) Die Abgabe beträgt 5% der Bemessungsgrundlage.

## Abgabenschuldner, Entstehung des Abgabenanspruches, Haftung

**§ 3.** (1) Abgabenschuldner ist derjenige, der Anspruch auf ein Entgelt für die Durchführung einer Werbeleistung im Sinne des § 1 hat. Ist der Auftragnehmer ein Unternehmer, der weder Sitz, Geschäftsleitung noch eine Betriebsstätte im Inland hat, so haftet der inländische Auftraggeber für die Abfuhr der Abgabe. Ist auch kein inländischer Auftraggeber vorhanden, so haftet derjenige, in dessen Interesse der Auftrag durchgeführt wird, für die Abfuhr der Abgabe.

(2) Der Abgabenanspruch entsteht mit Ablauf des Monats, in dem die abgabenpflichtige Leistung erbracht wird.

(3) Ändert sich nachträglich das Entgelt für die Durchführung eines Auftrages, so ist in dem Besteuerungszeitraum, in dem die Änderung eintritt, eine Berichtigung durchzuführen.

(4) Abgabenschuldnern, die ihre Umsätze gemäß § 17 UStG 1994 nach vereinnahmten Entgelten versteuern, hat das Finanzamt auf Antrag zu gestatten, dass die Abgabe nach vereinnahmten Entgelten berechnet und abgeführt wird.

## Erhebung der Abgabe

**§ 4.** (1) Der Abgabenschuldner hat die Abgabe selbst zu berechnen und bis zum 15. des zweitfolgenden Monats nach Entstehen des Abgabenanspruches zu entrichten, sobald die Summe der abgabepflichtigen Entgelte im Veranlagungszeitraum 10 000 Euro erreicht.

*(BGBl I 2019/91)*

(2) Eine gemäß § 201 der Bundesabgabenordnung festgesetzte Abgabe hat die im Abs. 1 genannte Fälligkeit.

*(BGBl I 2019/91)*

(3) Der Abgabenschuldner wird nach Ablauf des Kalenderjahres (Wirtschaftsjahres) zur Werbeabgabe veranlagt. Drei Monate nach Ablauf des Wirtschaftsjahres hat der Abgabenschuldner auf elektronischem Wege eine Jahresabgabenerklärung für das vorangegangene Jahr zu übermitteln. In diese sind die Arten der Werbeleistungen und die darauf entfallenden Entgelte aufzunehmen.

*(BGBl I 2019/91)*

(4) Solange in einem Veranlagungszeitraum die Summe der abgabepflichtigen Entgelte für Werbeleistungen 10 000 Euro nicht erreicht, sind diese Werbeleistungen von der Werbeabgabe befreit. Wenn die Summe der abgabepflichtigen Entgelte in einem Veranlagungszeitraum 10 000 Euro nicht

erreicht, entfällt die Verpflichtung zur Einreichung einer Jahresabgabenerklärung.

*(BGBl I 2019/91)*

(5) Die Erhebung der Abgabe obliegt dem für die Erhebung der Umsatzsteuer des Abgabenschuldners zuständigen Finanzamt.

**Aufzeichnungspflichten**

**§ 5.** Der Abgabenschuldner ist verpflichtet, Aufzeichnungen über die übernommenen Werbeleistungen, die Auftraggeber und die Grundlagen zur Berechnung der Werbeabgabe zu führen.

**Inkrafttreten**

**§ 6.** (1) Dieses Bundesgesetz ist auf Werbeleistungen anzuwenden, die nach dem 31. Mai 2000 erbracht werden.

(2) § 1 Abs. 3 in der Fassung des Bundesgesetzes, BGBl. I Nr. 142/2000, ist auf Werbeleistungen anzuwenden, die nach dem 31. Dezember 2000 erbracht werden.

(3) § 4 Abs. 1 bis 4 in der Fassung des Bundesgesetzes BGBl. I Nr. 91/2019 ist erstmals auf den Veranlagungszeitraum 2020 anzuwenden.

*(BGBl I 2019/91)*

**Zuständigkeit**

**§ 7.** Mit der Vollziehung dieses Bundesgesetzes ist der Bundesminister für Finanzen betraut.

## 14/9/1. Befreiungs-VO

BGBl II 2001/179

**Verordnung der Bundesregierung über die Befreiung der internationalen Organisationen mit Sitz in Österreich von der Werbeabgabe**

Auf Grund des § 1 Abs. 1 und 2 des Bundesgesetzes über die Einräumung von Privilegien und Immunitäten an internationale Organisationen, BGBl. Nr. 677/1977 in der jeweils geltenden Fassung, wird im Einvernehmen mit dem Hauptausschuss des Nationalrats verordnet:

**§ 1.** Werbeleistungen, die an eine in § 1 Abs. 7 des Bundesgesetzes über die Einräumung von Privilegien und Immunitäten an internationale Organisationen genannte Organisation mit Sitz in Österreich erbracht werden, unterliegen bei Vorliegen einer Bescheinigung des Bundesministers für auswärtige Angelegenheiten (§ 2) nicht der Werbeabgabe im Sinne des Werbeabgabegesetzes, BGBl. I Nr. 29/2000 in der jeweils geltenden Fassung.

**§ 2.** Auf Antrag einer in Betracht kommenden internationalen Organisation hat der Bundesminister für auswärtige Angelegenheiten zu bescheinigen, dass diese eine dem § 1 Abs. 7 und 8 des Bundesgesetzes über die Einräumung von Privilegien und Immunitäten an internationale Organisationen entsprechende Organisation mit Sitz in Österreich ist.

**§ 3.** Der Abgabenschuldner hat die ihm von der internationalen Organisation übergebene Bescheinigung des Bundesministers für auswärtige Angelegenheiten (§ 2) zu seinen Aufzeichnungen im Sinn des § 5 Werbeabgabegesetz 2000 zu nehmen.

# 14/10. Stiftungseingangssteuergesetz

**Stiftungseingangssteuergesetz**, BGBl I 2008/85 idF

**1** BGBl I 2009/52 (BudBG 2009)
**2** BGBl I 2011/112 (BudBG 2012)
**3** BGBl I 2012/112 (AbgÄG 2012)
**4** BGBl I 2013/62
**5** BGBl I 2017/105 (MitarbeiterBetStG 2017)
**6** BGBl I 2019/100
**7** BGBl I 2019/104 (FORG)
**8** BGBl I 2022/108 (AbgÄG 2022)

**Bundesgesetz über ein Stiftungseingangssteuergesetz (StiftEG)**

**§ 1.** (1) Der Stiftungseingangssteuer nach diesem Bundesgesetz unterliegen unentgeltliche Zuwendungen an eine privatrechtliche Stiftung oder an damit vergleichbare Vermögensmassen.

*(BGBl I 2017/105)*

(2) Die Steuerpflicht ist gegeben, wenn

1. der Zuwendende oder
2. die Stiftung oder die damit vergleichbare Vermögensmasse (der Erwerber)

im Zeitpunkt der Zuwendung einen Wohnsitz, den gewöhnlichen Aufenthalt, den Sitz oder den Ort der Geschäftsleitung im Inland haben.

(3) Steuerschuldner ist der Erwerber. Bei Zuwendungen unter Lebenden ist Steuerschuldner der Zuwendende, wenn der Erwerber weder den Sitz noch den Ort der Geschäftsleitung im Inland hat. Für die Steuer haftet der jeweils andere sowie bei Erwerben von Todes wegen der Nachlass.

(4) Die Steuerschuld entsteht im Zeitpunkt der Zuwendung. Bei Zuwendungen, die bereits vor der Entstehung der privatrechtlichen Stiftung oder der damit vergleichbaren Vermögensmasse geleistet werden, entsteht die Steuerschuld erst mit der Entstehung der Körperschaft.

*(BGBl I 2017/105)*

(5) Die Steuer ist vom zugewendeten Vermögen nach Abzug von Schulden und Lasten, die in wirtschaftlicher Beziehung zum zugewendeten Vermögen stehen, zu berechnen. Für die Wertermittlung ist der Zeitpunkt des Entstehens der Steuerschuld maßgeblich. Die Bewertung richtet sich nach den Vorschriften des Ersten Teiles des Bewertungsgesetzes (Allgemeine Bewertungsvorschriften).

*(BGBl I 2017/105)*

(6) Steuerfrei bleiben

1. Zuwendungen an
   – inländische juristische Personen, die gemeinnützige, mildtätige oder kirchliche Zwecke verfolgen,
   – inländische Institutionen gesetzlich anerkannter Kirchen und Religionsgesellschaften, wenn diese eine Stiftung oder vergleichbare Vermögensmasse sind,
   – vergleichbare ausländische juristische Personen aus dem EU/EWR-Raum, die die Verfolgung gemeinnütziger, mildtätiger oder kirchlicher Zwecke durch Vorlage eines jährlichen Tätigkeitsberichts und eines Jahresabschlusses nachweisen;

   *(BGBl I 2017/105)*

   *(BGBl I 2017/105)*
2. Zuwendungen öffentlich-rechtlicher Körperschaften;
3. Zuwendungen von Todes wegen von Kapitalvermögen im Sinne des § 27 Abs. 3 und 4 des Einkommensteuergesetzes 1988, ausgenommen Anteile an in- und ausländischen Kapitalgesellschaften, wenn auf die daraus bezogenen Einkünfte ein besonderer Steuersatz gemäß § 27a Abs. 1 des Einkommensteuergesetzes 1988 anwendbar ist.

   *(BGBl I 2017/105)*
4. Zuwendungen an betriebliche Privatstiftungen im Sinne des § 4d Z 1 Einkommensteuergesetz 1988.

   *(BGBl I 2017/105)*
5. Zuwendungen von Grundstücken im Sinne des § 2 des Grunderwerbsteuergesetzes 1987.

   *(BGBl I 2017/105)*

**§ 2.** (1) Die Steuer beträgt 2,5 vH der Zuwendungen. Davon abweichend beträgt die Steuer 25 vH bei Zuwendungen, wenn

a) die Stiftung oder vergleichbare Vermögensmasse nicht mit einer Privatstiftung nach dem Privatstiftungsgesetz oder mit einer unter § 5 Z 6 des Körperschaftsteuergesetzes 1988 fallenden Stiftung vergleichbar ist oder
b) sämtliche Dokumente in der jeweils geltenden Fassung, die die innere Organisation der Stiftung oder vergleichbaren Vermögensmasse, die Vermögensverwaltung oder die Vermögensverwendung betreffen (wie insbesondere Stiftungsurkunde, Stiftungszusatzurkunden und damit vergleichbare Unterlagen), nicht spätestens im Zeitpunkt der Fälligkeit der Stiftungseingangssteuer dem Finanzamt für Großbetriebe offen gelegt worden sind oder

   *(BGBl I 2019/104)*
c) die Stiftung oder vergleichbare Vermögensmasse nicht einer dem § 5 des Privatstiftungsgesetzes entsprechenden gesetzlichen

Verpflichtung unterliegt, die Begünstigten mitzuteilen oder

d) die Stiftung oder vergleichbare Vermögensmasse nicht unter Vorlage der Stiftungsurkunde (Statut) in das Firmenbuch oder ein vergleichbares ausländisches öffentliches Register eingetragen ist oder

e) mit dem Ansässigkeitsstaat der Stiftung oder vergleichbaren Vermögensmasse keine umfassende Amts- und Vollstreckungshilfe besteht.

(2) (aufgehoben)

**§ 3.** (1) Der Steuerschuldner hat die Steuer selbst zu berechnen und bis zum 15. Tag (Fälligkeitstag) des zweitfolgenden Monats nach Entstehen der Steuerschuld zu entrichten.

(2) Der Steuerschuldner hat bis zum Fälligkeitstag eine Steuererklärung elektronisch einzureichen. Ist die elektronische Übermittlung nicht zumutbar, hat die Übermittlung unter Verwendung eines amtlichen Vordruckes zu erfolgen.

(3) Der Bundesminister für Finanzen kann durch Verordnung das Verfahren und den Inhalt der elektronischen Übermittlung näher regeln.

**§ 4.** Für die Erhebung der Steuer ist das Finanzamt für Großbetriebe zuständig.

*(BGBl I 2019/104)*

**§ 5.** Dieses Bundesgesetz ist anzuwenden:

1. bei Zuwendungen von Todes wegen, wenn der Todestag nach dem 31. Juli 2008 liegt und
2. bei Zuwendungen unter Lebenden, wenn die Steuerschuld nach dem 31. Juli 2008 entsteht.
3. § 1 Abs. 6 Z 1 in der Fassung BGBl. I Nr. 52/2009 ist auf Zuwendungen unter Lebenden anzuwenden, wenn die Steuerschuld nach dem 31. Juli 2008 entstehen würde.

   *(BGBl I 2017/105)*
4. § 1 Abs. 5 und Abs. 6 Z 5 in der Fassung des BGBl. I Nr. 112/2011 tritt mit 1. Jänner 2012 in Kraft und ist auf Zuwendungen anzuwenden, für die die Steuerschuld nach dem 31. Dezember 2011 entsteht oder entstehen würde. § 2 Abs. 2 und § 3 Abs. 4 und 5 treten mit Ablauf des 31. Dezember 2011 außer Kraft.

   *(BGBl I 2017/105)*
5. § 2 Abs. 1 tritt mit 1.1.2014 in Kraft und ist ab diesem Zeitpunkt auf Zuwendungen anzuwenden, wenn die Steuerschuld nach dem 31.12.2013 entsteht.
6. § 1 Abs. 6 Z 1 in der Fassung des Gemeinnützigkeitsgesetzes 2015, BGBl. I Nr. 160/2015 tritt mit 1. Jänner 2016 in Kraft und ist auf Zuwendungen anzuwenden, für die die Steuerschuld nach dem 31. Dezember 2015 entsteht oder entstehen würde.

   *(BGBl I 2017/105)*
7. § 1 Abs. 6 Z 4 in der Fassung des Bundesgesetzes BGBl. I Nr. 105/2017 tritt mit 1. Jänner 2018 in Kraft und ist ab diesem Zeitpunkt auf Zuwendungen anzuwenden, wenn die Steuerschuld nach dem 31. Dezember 2017 entsteht oder entstehen würde.

   *(BGBl I 2017/105)*
8. Zuwendungen von Vermögen der in § 718 Abs. 8 ASVG genannten Betriebskrankenkassen an eine gemäß § 718 Abs. 9 ASVG errichtete Privatstiftung unterliegen nicht der Stiftungseingangssteuer, wenn die Steuerschuld vor dem 1. Jänner 2021 entstehen würde.

   *(BGBl I 2019/100)*

**„9.“** § 2 Abs. 1 lit. b und § 4 in der Fassung des Bundesgesetzes BGBl. I Nr. 104/2019 tritt mit 1. Juli 2020 in Kraft.

*(BGBl I 2019/104, BGBl I 2022/108 ab 20.7.2022)*

**§ 6.** Mit der Vollziehung dieses Bundesgesetzes ist der Bundesminister für Finanzen betraut.

# 14/11. Wirtschaftliche Eigentümer Registergesetz

**Wirtschaftliche Eigentümer Registergesetz**, BGBl I 2017/136 idF

**1** BGBl I 2017/150
**2** BGBl I 2018/37 (2. Mat-DS-AnpG 2018)
**3** BGBl I 2018/62 (JStG 2018)
**4** BGBl I 2019/62 (EU-FinAnpG 2019)
**5** BGBl I 2019/104 (FORG)
**6** BGBl I 2020/23 (3. COVID-19-Gesetz)
**7** BGBl I 2021/25
**8** BGBl I 2021/148

## GLIEDERUNG



**Bundesgesetz über die Einrichtung eines Registers der wirtschaftlichen Eigentümer von Gesellschaften, anderen juristischen Personen und Trusts (Wirtschaftliche Eigentümer Registergesetz – WiEReG)**

### Anwendungsbereich

**§ 1.** (1) Dieses Bundesgesetz ist auf die in Abs. 2 genannten Rechtsträger anzuwenden.

(2) Rechtsträger im Sinne dieses Bundesgesetzes sind die folgenden Gesellschaften und sonstigen juristischen Personen mit Sitz im Inland, Trusts und trustähnliche Vereinbarungen nach Maßgabe von Z 17 und 18 sowie meldepflichtige ausländische Rechtsträger nach Maßgabe von Z 19:

1. offene Gesellschaften;
2. Kommanditgesellschaften;
3. Aktiengesellschaften;
4. Gesellschaften mit beschränkter Haftung;
5. Erwerbs- und Wirtschaftsgenossenschaften;
6. Versicherungsvereine auf Gegenseitigkeit;
7. kleine Versicherungsvereine;
8. Sparkassen;
9. Europäische wirtschaftliche Interessensvereinigungen;
10. Europäische Gesellschaften (SE);
11. Europäische Genossenschaften (SCE);
12. Privatstiftungen gemäß § 1 PSG;
13. sonstige Rechtsträger, deren Eintragung im Firmenbuch gemäß § 2 Z 13 FBG vorgesehen ist;
14. Vereine gemäß § 1 VerG;
15. Stiftungen und Fonds gemäß § 1 BStFG 2015;
16. aufgrund eines Landesgesetzes eingerichtete Stiftungen und Fonds, sofern die Anwendung dieses Bundesgesetzes landesgesetzlich vorgesehen ist;
17. Trusts gemäß Abs. 3, wenn sie vom Inland aus verwaltet werden, oder falls sich die Verwaltung nicht im Inland oder in einem anderen Mitgliedstaat befindet, wenn der Trustee im Namen des Trusts im Inland eine Geschäftsbeziehung aufnimmt oder sich verpflichten, Eigentum an einem im Inland gelegenen Grundstück zu erwerben. Eine Verwaltung im Inland liegt insbesondere dann vor, wenn der

Trustee seinen Wohnsitz bzw. Sitz im Inland hat;

*(BGBl I 2019/62)*

18. trustähnliche Vereinbarungen; das sind andere Vereinbarungen, wie beispielsweise fiducie, bestimmte Arten von Treuhand oder fideicomisio, sofern diese in Funktion oder Struktur mit einem Trust vergleichbar sind und vom Inland aus verwaltet werden, oder falls sich die Verwaltung nicht im Inland oder in einem anderen Mitgliedstaat befindet, wenn die mit einem Trustee vergleichbare Person im Namen der trustähnlichen Vereinbarung im Inland eine Geschäftsbeziehung aufnimmt oder sich verpflichten, Eigentum an einem im Inland gelegenen Grundstück zu erwerben. Eine Verwaltung im Inland liegt insbesondere dann vor, wenn der mit einem Trustee vergleichbare Gewalthaber (Treuhänder) seinen Wohnsitz bzw. Sitz im Inland hat;

*(BGBl I 2019/62)*

19. Meldepflichtige ausländische Rechtsträger; das sind Gesellschaften, Stiftungen und vergleichbare juristische Personen, deren Sitz sich nicht im Inland oder einem anderen Mitgliedstaat befindet, sofern sie sich verpflichten, Eigentum an einem im Inland gelegenen Grundstück zu erwerben.

Ein Mitgliedstaat im Sinne dieses Bundesgesetzes ist ein Mitgliedstaat der Europäischen Union oder ein anderer Vertragsstaat des Abkommens über den Europäischen Wirtschaftsraum, BGBl. Nr. 909/1993 in der Fassung des Anpassungsprotokolls BGBl. Nr. 910/1993 (EWR). Ein Erwerb des Eigentums an einem im Inland gelegenen Grundstück im Sinne dieses Bundesgesetzes ist ein Erwerbsvorgang gemäß § 1 Abs. 1 und 2 GrEStG 1987. Nach dem Erwerb des Eigentums an einem im Inland gelegenen Grundstück unterliegen meldepflichtige ausländische Rechtsträger sowie Trusts und trustähnliche Vereinbarungen, deren Verwaltung sich nicht im Inland oder in einem anderen Mitgliedstaat befindet, diesem Bundesgesetz, solange sich dieses Grundstück in deren Vermögen befindet oder sie dieses Grundstück auf eigene Rechnung verwerten können.

*(BGBl I 2021/25)*

(3) Ein Trust im Sinne dieses Bundesgesetzes ist die von einer Person (dem Settlor/Trustor) durch Rechtsgeschäft unter Lebenden oder durch letztwillige Verfügung geschaffene Rechtsbeziehung, bei der Vermögen zugunsten eines Begünstigten oder für einen bestimmten Zweck der Aufsicht eines Trustees unterstellt wird, wobei der Trust selbst auch rechtsfähig sein kann. Ein Trust hat folgende Eigenschaften:

1. Das Vermögen des Trusts stellt ein getrenntes Sondervermögen dar und ist nicht Bestandteil des persönlichen Vermögens des Trustees;
2. die Rechte in Bezug auf das Vermögen des Trusts lauten auf den Namen des Trustees oder auf den einer anderen Person in Vertretung des Trustees;
3. der Trustee hat die Befugnis und die Verpflichtung, über die er Rechenschaft abzulegen hat, das Vermögen in Übereinstimmung mit den Trustbestimmungen und den ihm durch das Recht auferlegten besonderen Verpflichtungen zu verwalten, zu verwenden oder darüber zu verfügen.

Die Tatsache, dass sich der Settlor/Trustor bestimmte Rechte und Befugnisse vorbehält oder dass der Trustee selbst Rechte als Begünstigter hat, steht dem Bestehen eines Trusts nicht notwendigerweise entgegen.

(4) Der Bundesminister für Finanzen hat mit Verordnung die Merkmale von trustähnlichen Vereinbarungen, die nach inländischem Recht eingerichtet werden können, zu beschreiben, damit festgestellt werden kann, welche Rechtsvereinbarungen in ihrer Struktur oder Funktion mit Trusts vergleichbar sind. Der Bundesminister für Finanzen hat die Kategorien, eine Beschreibung der Merkmale, die Namen und allenfalls die Rechtsgrundlage der in § 1 Abs. 2 Z 17 und 18 genannten Trusts und trustähnlichen Vereinbarungen, sofern diese nach inländischem Recht eingerichtet werden können, jährlich an die Europäische Kommission zu übermitteln.

*(BGBl I 2019/62)*

### Definition des wirtschaftlichen Eigentümers

**§ 2.** Wirtschaftlicher Eigentümer sind alle natürlichen Personen, in deren Eigentum oder unter deren Kontrolle ein Rechtsträger letztlich steht, hierzu gehört zumindest folgender Personenkreis:

1. bei Gesellschaften, insbesondere bei Rechtsträgern gemäß § 1 Abs. 2 Z 1 bis 11, 13 und 14:
   a) alle natürlichen Personen, die direkt oder indirekt einen ausreichenden Anteil von Aktien oder Stimmrechten (einschließlich in Form von Inhaberaktien) halten, ausreichend an der Gesellschaft beteiligt sind (einschließlich in Form eines Geschäfts- oder Kapitalanteils) oder die Kontrolle auf die Gesellschaft ausüben:
      aa) Direkter wirtschaftlicher Eigentümer: wenn eine natürliche Person einen Anteil von Aktien oder Stimmrechten von mehr als 25 vH oder eine Beteiligung von mehr als 25 vH an der Gesellschaft hält oder eine natürliche Person oder mehrere natürliche Personen gemeinsam direkt Kontrolle auf die Gesellschaft ausüben, so ist diese natürliche Person oder sind diese natürliche Personen direkte wirtschaftliche Eigentümer.

      *(BGBl I 2018/37)*

      bb) Indirekter wirtschaftlicher Eigentümer: wenn ein Rechtsträger einen Anteil von Aktien oder Stimmrechten von mehr als 25 vH oder eine Beteiligung von mehr als 25 vH an der Gesellschaft hält und eine natürliche Person oder mehrere natürliche Personen gemeinsam direkt oder indirekt Kontrolle auf diesen Rechtsträger ausübt, so ist diese natürliche Person oder sind diese natürliche Personen indirekte wirtschaftliche Eigentümer der Gesellschaft.

Wenn mehrere Rechtsträger, die von derselben natürlichen Person oder denselben natürlichen Personen direkt oder indirekt kontrolliert werden, insgesamt einen Anteil von Aktien oder Stimmrechten von mehr als 25 vH oder eine Beteiligung von mehr als 25 vH an der Gesellschaft halten, so ist diese natürliche Person oder sind diese natürlichen Personen wirtschaftliche Eigentümer.

Ein von der oder den vorgenannten natürlichen Personen direkt gehaltener Anteil an Aktien oder Stimmrechten oder eine direkt gehaltene Beteiligung ist jeweils hinzuzurechnen.

Oberste Rechtsträger sind jene Rechtsträger in einer Beteiligungskette, die von indirekten wirtschaftlichen Eigentümern direkt kontrolliert werden sowie jene Rechtsträger an denen indirekte wirtschaftliche Eigentümer direkt Aktien, Stimmrechte oder eine Beteiligung halten, wenn diese zusammen mit dem oder den vorgenannten Rechtsträger(n) das wirtschaftliche Eigentum begründen. Wenn der wirtschaftliche Eigentümer eine Funktion gemäß Z 2 oder Z 3 ausübt, dann ist der betreffende Rechtsträger stets oberster Rechtsträger.

Der Begriff Rechtsträger im Sinne dieser Ziffer umfasst auch vergleichbare Rechtsträger im Sinne des § 1 mit Sitz in einem anderen Mitgliedstaat oder in einem Drittland.

Kontrolle liegt bei einem Aktienanteil von 50 vH zuzüglich einer Aktie oder einer Beteiligung von mehr als 50 vH, direkt oder indirekt gehalten, vor. Weiters ist Kontrolle auch bei Vorliegen der Kriterien gemäß § 244 Abs. 2 UGB oder bei Ausübung einer Funktion gemäß Z 2 oder Z 3 bei einem obersten Rechtsträger gegeben oder wenn die Gesellschaft auf andere Weise letztlich kontrolliert wird. Im Übrigen begründet ein Treugeber oder eine vergleichbare Person Kontrolle durch ein Treuhandschaftsverhältnis oder ein vergleichbares Rechtsverhältnis.

*(BGBl I 2018/37)*

b) die natürlichen Personen, die der obersten Führungsebene der Gesellschaft angehören, wenn nach Ausschöpfung aller Möglichkeiten und sofern keine Verdachtsmomente vorliegen, keine Person nach lit. a ermittelt werden kann. Für die nachfolgend genannten Gesellschaften gilt:

   aa) bei offenen Gesellschaften und Kommanditgesellschaften mit ausschließlich natürlichen Personen als Gesellschaftern gelten die geschäftsführenden Gesellschafter als wirtschaftliche Eigentümer, sofern keine Anhaltspunkte vorliegen, dass die Gesellschaft direkt oder indirekt unter der Kontrolle einer oder mehrerer anderer natürlichen Personen steht.

   bb) bei Erwerbs- und Wirtschaftsgenossenschaften gelten die Mitglieder der obersten Führungsebene (Vorstand) als wirtschaftlicher Eigentümer oder, sofern auch Geschäftsleiter eingetragen sind, nur die Geschäftsleiter als wirtschaftliche Eigentümer.

   *(BGBl I 2018/37)*

   cc) bei eigentümerlosen Gesellschaften gelten die natürlichen Personen, die der obersten Führungsebene angehören als wirtschaftliche Eigentümer, sofern keine Anhaltspunkte vorliegen, dass die Gesellschaft direkt oder indirekt unter der Kontrolle einer oder mehrerer anderer natürlichen Personen steht.

2. bei Trusts, insbesondere bei Rechtsträgern gemäß § 1 Abs. 2 Z 17:

   a) der/die Settlor/Trustor(en);

   *(BGBl I 2019/62)*

   b) der/die Trustee(s);

   c) der/die Protektor(en), sofern vorhanden;

   *(BGBl I 2019/62)*

   d) die Begünstigten oder sofern die Einzelpersonen, die Begünstigte des Trusts sind, noch bestimmt werden müssen die Gruppe von Personen, in deren Interesse der Trust errichtet oder betrieben wird (Begünstigtenkreis); erhalten Personen aus dieser Gruppe Zuwendungen von dem Trust, deren Wert 2 000 Euro in einem Kalenderjahr übersteigt, dann gelten sie in dem betreffenden Kalenderjahr als Begünstigte;

   e) jede sonstige natürliche Person, die den Trust auf andere Weise letztlich kontrolliert.

3. bei Stiftungen, vergleichbaren juristischen Personen und trustähnlichen Rechtsvereinbarungen gemäß § 1 Abs. 2 Z 18, die natürlichen Personen, die gleichwertige oder ähnliche wie die unter Z 2 genannten Funktionen bekleiden; dies betrifft bei

   a) Privatstiftungen (§ 1 Abs. 2 Z 12):

aa) die Stifter;

bb) die Begünstigten, die Gruppe von Personen, aus der aufgrund einer gesonderten Feststellung (§ 5 PSG) die Begünstigten ausgewählt werden (Begünstigtenkreis) erhalten Personen aus dieser Gruppe Zuwendungen der Privatstiftung, deren Wert 2 000 Euro in einem Kalenderjahr übersteigt, dann gelten sie in dem betreffenden Kalenderjahr als Begünstigte oder bei Privatstiftungen gemäß § 66 VAG 2016, Sparkassenstiftungen gemäß § 27a SpG, Unternehmenszweckförderungsstiftungen gemäß § 4d Abs. 1 EStG 1988, Arbeitnehmerförderungsstiftungen gemäß § 4d Abs. 2 EStG 1988 und Belegschafts- und Mitarbeiterbeteiligungsstiftungen gemäß § 4d Abs. 3 und 4 EStG 1988 stets den Begünstigtenkreis;

cc) die Mitglieder des Stiftungsvorstands;

dd) sowie jede sonstige natürliche Person, die die Privatstiftung auf andere Weise letztlich kontrolliert.

b) bei Stiftungen und Fonds (§ 1 Abs. 2 Z 15 und 16):

aa) die Gründer;

bb) die Mitglieder des Stiftungs- oder Fondsvorstands;

cc) den Begünstigtenkreis;

dd) sowie jede sonstige natürliche Person, die die Stiftung oder den Fonds auf andere Weise letztlich kontrolliert.

**Sorgfaltspflichten der Rechtsträger in Bezug auf ihre wirtschaftlichen Eigentümer**

**§ 3.** (1) Die Rechtsträger haben die Identität ihres wirtschaftlichen Eigentümers festzustellen und angemessene Maßnahmen zur Überprüfung seiner Identität zu ergreifen, so dass sie davon überzeugt sind zu wissen, wer ihr wirtschaftlicher Eigentümer ist; dies schließt die Ergreifung angemessener Maßnahmen mit ein, um die Eigentums- und Kontrollstruktur zu verstehen. Zudem haben sie den Verpflichteten (§ 9 Abs. 1), wenn diese Sorgfaltspflichten gegenüber Kunden anwenden, zusätzlich zu den Informationen über ihren rechtlichen Eigentümer auch beweiskräftige Unterlagen zu ihren wirtschaftlichen Eigentümern vorzulegen.

(2) Die Rechtsträger haben Kopien der Dokumente und Informationen, die für die Erfüllung der Sorgfaltspflichten gemäß Abs. 1 erforderlich sind, bis mindestens fünf Jahre nach dem Ende des wirtschaftlichen Eigentums der natürlichen Person aufzubewahren. Durch die Übermittlung eines vollständigen Compliance-Packages für einen Rechtsträger gilt diese Verpflichtung als erfüllt.

*(BGBl I 2019/62)*

(3) Die Rechtsträger haben die Sorgfaltspflichten gemäß Abs. 1 zumindest jährlich durchzuführen und dabei angemessene, präzise und aktuelle Informationen über die wirtschaftlichen Eigentümer, einschließlich genauer Angaben zum wirtschaftlichen Interesse, einzuholen und zu prüfen, ob die an das Register gemeldeten wirtschaftlichen Eigentümer noch aktuell sind.

*(BGBl I 2019/62)*

(4) Bei Trusts und trustähnlichen Vereinbarungen treffen die Rechte und Pflichten gemäß diesem Bundesgesetz den Trustee (§ 2 Z 2 lit. b) oder eine mit dem Trustee vergleichbare Person. Dieser oder diese haben gegenüber Verpflichteten, wenn diese Sorgfaltspflichten gegenüber ihren Kunden anwenden, ihren Status offenzulegen und die Angaben über die wirtschaftlichen Eigentümer des Trust oder der trustähnlichen Vereinbarung zeitnah bei Aufnahme einer Geschäftsbeziehung oder bei Durchführung einer gelegentlichen Transaktion oberhalb der Schwellenwerte zu übermitteln. Sie haben weiters dafür zu sorgen, dass der Trust oder die trustähnliche Vereinbarung in das Ergänzungsregister für sonstige Betroffene eingetragen ist und gegebenenfalls einen Antrag auf Eintragung in das Ergänzungsregister für sonstige Betroffene zu stellen. Für diesen Antrag gilt folgendes:

1. Als rechtsgültige Bezeichnung des Trusts bzw. der trustähnlichen Vereinbarung gilt die von den Parteien vertraglich festgelegte Bezeichnung. In Ermangelung einer solchen ist der Vor- und Nachname des Settlors unter Nachstellung der Bezeichnung „Trust“ zu verwenden. Bei trustähnlichen Vereinbarungen ist der Vor- und Nachname der mit dem Settlor vergleichbaren Person (Treugeber) unter Nachstellung der Bezeichnung „trustähnliche Vereinbarung“ zu verwenden;
2. Die Angabe über die Rechts- oder Organisationsform lautet entweder „Trust“ oder „trustähnliche Vereinbarung“;
3. Als Anschrift und Sitz ist der Ort von dem aus der Trust oder die trustähnliche Vereinbarung verwaltet wird anzugeben;
4. Als Angabe über den Bestandszeitraum, ist der Zeitpunkt anzugeben ab dem der Trust oder die trustähnliche Vereinbarung rechtswirksam geworden ist.

*(BGBl I 2019/62)*

(5) Die Verpflichtung zur Eintragung im Ergänzungsregister und zur Meldung der wirtschaftlichen Eigentümer gemäß § 5 entfällt, wenn ein Trust oder eine trustähnliche Vereinbarung, der auch von einem anderen Mitgliedstaat aus verwaltet wird, in einem Register gemäß Art. 31 der Richtlinie (EU) 2015/849 eines anderen Mitgliedstaates eingetragen ist. Dies gilt ebenso bei Trusts oder trustähnlichen Vereinbarungen, bei denen sich die Verwaltung nicht im Inland oder in einem anderen

Mitgliedstaat befindet, wenn dieser oder diese in einem Register gemäß Art. 31 der Richtlinie (EU) 2015/849 eines anderen Mitgliedstaates eingetragen ist und für diesen oder diese im Inland keine Liegenschaften erworben wurden. Nach Nachweis der Registrierung kann die Eintragung des Trusts oder der trustähnlichen Vereinbarung im Ergänzungsregister beendet werden.

*(BGBl I 2019/62)*

(6) Die meldepflichtigen ausländischen Rechtsträger haben gegenüber Verpflichteten, wenn diese Sorgfaltspflichten gegenüber ihren Kunden anwenden, ihren Status offenzulegen und die Angaben über die wirtschaftlichen Eigentümer zeitnah bei Aufnahme einer Geschäftsbeziehung oder bei Durchführung einer gelegentlichen Transaktion oberhalb der Schwellenwerte zu übermitteln. Die meldepflichtigen ausländischen Rechtsträger haben einen Antrag auf Eintragung des meldepflichtigen ausländischen Rechtsträgers in das Ergänzungsregister für sonstige Betroffene zu stellen. Für diesen Antrag gilt Folgendes:

1. Die Angabe über die Rechts- oder Organisationsform lautet „meldepflichtiger ausländischer Rechtsträger;
2. als Sitz ist der Sitz des meldepflichtigen ausländischen Rechtsträgers einzutragen und als Zustelladresse ist die inländische Zustelladresse des berufsmäßigen Parteienvertreters anzugeben, der mit der Wahrnehmung der Sorgfaltspflichten beauftragt wurde;
3. als Angabe über den Bestandszeitraum ist der Zeitpunkt der Antragstellung anzugeben.

*(BGBl I 2021/25)*

(7) Meldepflichtige ausländische Rechtsträger sowie Trusts und trustähnliche Vereinbarungen, deren Verwaltung sich nicht im Inland oder in einem anderen Mitgliedstaat befindet, haben einen berufsmäßigen Parteienvertreter mit Sitz im Inland, der auch Zustellungsbevollmächtigter sein muss, mit der Wahrnehmung der Sorgfaltspflichten gemäß diesem Bundesgesetz zu beauftragen.

*(BGBl I 2021/25)*

(8) Vor der Beurkundung oder Aufnahme einer Notariatsurkunde zum Zwecke des Erwerbs eines im Inland gelegenen Grundstücks haben meldepflichtige ausländische Rechtsträger sowie Trusts und trustähnliche Vereinbarungen, deren Verwaltung sich nicht im Inland oder in einem anderen Mitgliedstaat befindet, dem Notar vor der Beurkundung beweiskräftige Unterlagen zu ihren wirtschaftlichen Eigentümern vorzulegen und die Meldung der wirtschaftlichen Eigentümer gemäß § 5 nachzuweisen. Der Nachweis der Meldung kann auch dadurch erfolgen, dass der beurkundende Notar selbst einen Auszug gemäß § 9 einholt.

*(BGBl I 2021/25)*

### Pflichten der rechtlichen und wirtschaftlichen Eigentümer

**§ 4.** Eigentümer und wirtschaftliche Eigentümer von Rechtsträgern (einschließlich wirtschaftliche Eigentümer aufgrund von Anteilen an Aktien und Inhaberaktien, Stimmrechten, Beteiligungen oder anderen Formen von Kontrolle) haben diesen alle für die Erfüllung der Sorgfaltspflichten (§ 3) erforderlichen Dokumente und Informationen zur Verfügung zu stellen.

*(BGBl I 2019/62)*

### Meldung der Daten durch die Rechtsträger

**§ 5.** (1) Die Rechtsträger haben die folgenden Daten über ihre wirtschaftlichen Eigentümer an die Bundesanstalt Statistik Österreich als Auftragsverarbeiterin der Registerbehörde zu melden:

1. bei direkten wirtschaftlichen Eigentümern:
   a) Vor- und Zuname;
   b) sofern diese über keinen Wohnsitz im Inland verfügen, die Nummer und die Art des amtlichen Lichtbildausweises;
   c) Geburtsdatum und Geburtsort;
   d) Staatsangehörigkeit;
   e) Wohnsitz;

   Wenn ein wirtschaftlicher Eigentümer verstorben ist, ist dies anzugeben; Diesfalls entfallen die Angaben gemäß lit. b bis e.
2. bei indirekten wirtschaftlichen Eigentümern:
   a) die Informationen gemäß Z 1 über den indirekten wirtschaftlichen Eigentümer;
   b) sofern es sich bei einem obersten Rechtsträger um einen Rechtsträger gemäß § 1 handelt, die Stammzahl sowie den Anteil an Aktien, Stimmrechten oder die Beteiligung des wirtschaftlichen Eigentümers am obersten Rechtsträger;
   c) sofern es sich bei einem obersten Rechtsträger um einen mit § 1 vergleichbaren Rechtsträger mit Sitz in einem anderen Mitgliedstaat oder einem Drittland handelt, den Namen und den Sitz des Rechtsträgers, die Rechtsform, die der Stammzahl und dem Stammregister entsprechenden Identifikatoren sowie den Anteil an Aktien, Stimmrechten oder die Beteiligung des wirtschaftlichen Eigentümers am obersten Rechtsträger.

   Indirekte wirtschaftliche Eigentümer sind nicht zu melden, wenn deren wirtschaftliches Eigentum durch einen obersten Rechtsträger gemäß § 2 Z 2 und 3 begründet wird, der selbst als Rechtsträger im Register eingetragen ist.
3. die Art und den Umfang des wirtschaftlichen Interesses für jeden wirtschaftlichen Eigentümer durch die Angabe
   a) im Fall des § 2 Z 1 lit. a ob der Rechtsträger im Eigentum des wirtschaftlichen Eigentümers steht (unter Angabe des Anteils an Aktien oder der Beteiligung) oder der wirtschaftliche Eigentümer Stimmrechte hält (unter Angabe des Anteils) oder auf andere Weise unter der Kontrolle des wirtschaftlichen Eigen-

tümers steht (unter Angabe des Anteils auf den Kontrolle ausgeübt wird, sofern sich dieser ermitteln lässt, und unter Angabe, ob ein relevantes Treuhandschaftsverhältnis vorliegt und ob der wirtschaftliche Eigentümer Treuhänder oder Treugeber ist);

*(BGBl I 2019/62)*

b) im Fall des § 2 Z 1 lit. b ob der wirtschaftliche Eigentümer der Führungsebene des Rechtsträgers angehörtund ob kein wirtschaftlicher Eigentümer vorhanden ist oder ob nach Ausschöpfung aller Möglichkeiten die wirtschaftlichen Eigentümer nicht festgestellt und überprüft werden konnten;

*(BGBl I 2019/62)*

c) im Fall des § 2 Z 2 welche der unter § 2 Z 2 lit. a bis d spezifizierte Funktion der wirtschaftliche Eigentümer ausübt oder ob der wirtschaftliche Eigentümer eine andere Form der Kontrolle gemäß § 2 Z 2 lit. e ausübt.

d) im Fall des § 2 Z 3 welche der unter § 2 Z 3 lit. a sublit. aa bis cc oder lit. b sublit. aa bis cc spezifizierte Funktion der wirtschaftliche Eigentümer bei Privatstiftungen oder Stiftungen und Fonds gemäß § 1 Abs. 2 Z 15 und 16 ausübt oder ob der wirtschaftliche Eigentümer eine andere Form der Kontrolle gemäß § 2 Z 3 lit. a sublit. dd oder lit. b sublit. dd ausübt.

e) in allen übrigen Fällen, dass das wirtschaftliche Eigentum auf sonstige Weise hergestellt wird.

4. bei Meldungen durch einen berufsmäßigen Parteienvertreter (§ 9 Abs. 1 Z 6 bis 10) die Angabe,

a) ob die wirtschaftlichen Eigentümer durch den berufsmäßigen Parteienvertreter gemäß den Anforderungen dieses Bundesgesetzes festgestellt und überprüft wurden,

b) ob ein Compliance-Package (§ 5a) übermittelt wird und bejahendenfalls, ob dessen Inhalt von allen Verpflichteten oder nur auf Anfrage eingesehen werden kann (eingeschränktes Compliance-Package). Im Falle eines eingeschränkten Compliance-Packages, gegebenenfalls ob bestimmten Verpflichteten Einsicht gewährt werden soll. Bei eingeschränkten Compliance-Packages ist anzugeben, ob der berechtigte Parteienvertreter oder der Rechtsträger oder beide Freigaben erteilen können;

c) die Angabe einer E-Mailadresse des berufsmäßigen Parteienvertreters und allenfalls des Rechtsträgers, sofern ein Compliance-Package übermittelt wird; Die Angabe einer E-Mailadresse des Rechtsträgers ist im Falle eines eingeschränkten Compliance-Packages verpflichtend, wenn der Rechtsträger selbst Freigaben erteilen soll; und

d) die Angabe ob an die angegebene E-Mailadresse des berufsmäßigen Parteienvertreters oder des Rechtsträgers Rückfragen im Zusammenhang mit einer Meldung oder einem Compliance-Package im elektronischen Wege übermittelt werden dürfen.

*(BGBl I 2019/62)*

Der Rechtsträger hat die Daten binnen vier Wochen nach der erstmaligen Eintragung in das jeweilige Stammregister oder bei Trusts und trustähnlichen Vereinbarungen nach der Begründung der Verwaltung im Inland zu übermitteln. Änderungen der Angaben sind binnen vier Wochen nach Kenntnis der Änderung zu übermitteln. Bei Daten des Rechtsträgers selbst, die im jeweiligen Stammregister eingetragen sind, ist jedenfalls Kenntnis ab deren Eintragung im jeweiligen Stammregister anzunehmen. Entfalten Umstände bereits vor Eintragung in das Stammregister eine Wirkung auf die wirtschaftlichen Eigentümer eines Rechtsträgers, so ist für den Beginn der Meldefrist auf den Beginn der Wirksamkeit abzustellen. Bei Vorliegen einer Meldebefreiung gemäß § 6 entfällt die Verpflichtung zur Meldung der Änderungen, wenn die Eintragung im jeweiligen Stammregister binnen vier Wochen beantragt wird. Rechtsträger, die nicht gemäß § 6 von der Meldepflicht befreit sind, haben binnen vier Wochen nach der Fälligkeit der jährlichen Überprüfung gemäß § 3 Abs. 3, die bei der Überprüfung festgestellten Änderungen zu melden oder die gemeldeten Daten zu bestätigen.

*(BGBl I 2018/37, BGBl I 2019/62)*

(2) Die Meldung der in Abs. 1 genannten Daten hat von den Rechtsträgern im elektronischen Wege über das Unternehmensserviceportal (§ 1 USPG) an die Bundesanstalt Statistik Österreich als Auftragsverarbeiterin der Registerbehörde zu erfolgen. Eine Übermittlung der Daten durch berufsmäßige Parteienvertreter gemäß § 5 Abs. 1 Z 2 USPG ist zulässig. Es dürfen nur Geräte zum Einsatz kommen, die über ein nach Maßgabe des jeweiligen Standes der Technik anerkanntes Protokoll kommunizieren. Bei natürlichen Personen ohne Wohnsitz im Inland hat der Rechtsträger eine Kopie des unter Abs. 1 Z 1 lit. b angegebenen amtlichen Lichtbildausweises im elektronischen Wege über das Unternehmensserviceportal an die Registerbehörde zu übermitteln.

*(BGBl I 2018/37)*

(3) Zum Zwecke der eindeutigen Identifikation von wirtschaftlichen Eigentümern, von jenen natürlichen Personen, die für die Zwecke der automatisationsunterstützt erstellten Darstellung gemäß § 9 Abs. 5 Z 1 benötigt werden, und von vertretungsbefugten natürlichen Personen der Rechtsträger hat die Bundesanstalt Statistik Österreich über das Stammzahlenregister automatisationsunterstützt das bereichsspezifische Personenkennzeichen des

Bereichs „Steuern und Abgaben – SA“ zu ermitteln. Die Registerbehörde und die Bundesanstalt Statistik Österreich haben die im Zentralen Melderegister verarbeiteten Daten abzufragen, um die Daten über die wirtschaftlichen Eigentümer zu übernehmen, zu ergänzen und aktuell zu halten und können zu diesem Zweck auch das Ergänzungsregister für natürliche Personen abfragen. Der Bundesminister für Inneres ist ermächtigt, der Bundesanstalt Statistik Österreich auf deren Verlangen zum Zweck der Ergänzung und der Überprüfung der Daten der wirtschaftlichen Eigentümer eine Abfrage gemäß § 16a Abs. 4 MeldeG auf das Zentrale Melderegister zu eröffnen. Danach ist der Änderungsdienst gemäß § 16c MeldeG zu verwenden. Zum Zwecke der eindeutigen Identifikation von obersten Rechtsträgern mit Sitz im Inland hat die Bundesanstalt Statistik Österreich deren Daten mit dem Stammzahlenregister automationsunterstützt abzugleichen. Wenn kein automationsunterstützter Abgleich im Hinblick auf die vorgenannten Rechtsträger möglich ist, dann dürfen diese nicht gemeldet werden. Insoweit einzelne, der in Abs. 1 genannten Daten durch die Bundesanstalt Statistik Österreich automatisationsunterstützt ergänzt werden, ist keine Meldung der betreffenden Daten durch den Rechtsträger erforderlich.

*(BGBl I 2017/150, BGBl I 2018/37)*

(4) Jeder Rechtsträger ist berechtigt über das Unternehmensserviceportal Einsicht in die über ihn im Register erfassten Daten zu nehmen. Die Einsicht ist im Wege einer Information über den Registerstand zu gewähren, die alle Elemente des Auszuges gemäß § 9 Abs. 4 enthält.

(5) Wenn bei Rechtsträgern gemäß § 1 Abs. 2 Z 1, 2, 3, 4, 9, 10, 11 und 13 die wirtschaftlichen Eigentümer gemäß § 2 Z 1 lit. b festgestellt wurden, ist nur zu melden, dass die natürlichen Personen, die der obersten Führungsebene des Rechtsträgers angehören, als wirtschaftliche Eigentümer festgestellt wurden. Die Bundesanstalt Statistik Österreich hat diese aus dem Firmenbuch zu übernehmen und laufend aktuell zu halten. Wenn die natürlichen Personen, die der obersten Führungsebene angehören nicht mehr im Firmenbuch eingetragen sind, so hat die Bundesanstalt Statistik Österreich die Meldung gemäß § 5 Abs. 5 WiEReG zu beenden.

*(BGBl I 2018/37, BGBl I 2019/62)*

(6) Wenn für einen Rechtsträger noch keine Meldung von einem berufsmäßigen Parteienvertreter abgegeben wurde, so kann jeder berufsmäßige Parteienvertreter unter Berufung auf die ihm erteilte Vollmacht eine Meldung gemäß diesem Paragraphen abgeben. Nach Abgabe einer Meldung von einem berufsmäßigen Parteienvertreter für einen Rechtsträger, kann ein anderer berufsmäßiger Parteienvertreter für diesen Rechtsträger nur dann eine Meldung abgeben, wenn dieser im elektronischen Wege der Registerbehörde unter Berufung auf die erteile Vollmacht den Wechsel der Berechtigung zur Abgabe einer Meldung anzeigt. Die Registerbehörde hat den Rechtsträger über den Wechsel der Berechtigung zu informieren und darauf hinzuweisen, dass der Wechsel binnen zwei Wochen ab deren Beantragung im Register eingetragen wird, sofern kein Widerspruch des Rechtsträgers innerhalb dieser Frist bei der Registerbörde eingeht. Nach Ablauf der Frist endet die Möglichkeit zur Meldung für den ursprünglich vertretungsbefugten Parteienvertreter und Meldungen können nur von dem berufsmäßigen Parteienvertreter eingebracht werden, der zuletzt den Wechsel der Berechtigung angezeigt hat. Die Registerbehörde kann auf Antrag des Rechtsträgers den Wechsel der Berechtigung schon vor Ablauf der zweiwöchigen Frist eintragen, wenn dies zur Wahrung der Meldefrist erforderlich ist.

*(BGBl I 2019/62)*

(7) Gegen berufsmäßige Parteienvertreter oder deren Beschäftigte, die wirtschaftliche Eigentümer gemäß § 9 Abs. 4 Z 7a festgestellt, überprüft und gemeldet oder ein Compliance-Package gemäß § 9 Abs. 5a übermittelt haben, können Dritte daraus Schadenersatzansprüche nur dann erheben, wenn die berufsmäßigen Parteienvertreter oder deren Beschäftigte vorsätzlich oder krass grob fahrlässig gegen ihre Sorgfaltspflichten nach diesem Bundesgesetz verstoßen haben.

*(BGBl I 2019/62)*

**Übermittlung der Dokumentation über die Anwendung der Sorgfaltspflichten zur Feststellung und Überprüfung der Identität von wirtschaftlichen Eigentümern (Compliance-Package)**

**§ 5a.** (1) Ein berufsmäßiger Parteienvertreter kann, wenn er die wirtschaftlichen Eigentümer eines Rechtsträgers gemäß den Anforderungen dieses Bundesgesetzes festgestellt und überprüft hat, alle für die Feststellung und Überprüfung der Identität der wirtschaftlichen Eigentümer erforderlichen Informationen, Daten und Dokumente im elektronischen Wege über das Unternehmensserviceportal an die Registerbehörde übermitteln (Compliance-Package). Hiebei sind jedenfalls die folgenden Informationen, Daten und Dokumente im elektronischen Wege über das Unternehmensserviceportal an die Registerbehörde zu übermitteln:

1. ein Organigramm, aus dem sich die relevante Eigentums- und Kontrollstruktur ergibt, bei Rechtsträgern gemäß § 1 Abs. 2 Z 1 bis 4, 9 und 10;
2. für den meldenden Rechtsträger selbst,
   a) bei offenen Gesellschaften, Kommanditgesellschaften und Europäischen wirtschaftlichen Interessensvereinigungen der Gesellschaftsvertrag bzw. das Gründungsdokument oder ein anderer Nachweis über die Beteiligungsverhältnisse;
   b) bei Aktiengesellschaften und Europäischen Gesellschaften (SE) ein Nachweis über für das wirtschaftliche Eigentum relevante Anteilsrechte und Aktien sowie die Satzung, soweit sich aus dieser abweichende Stimmrechte oder Kontrollverhältnisse ergeben;

c) bei Gesellschaften mit beschränkter Haftung der Gesellschaftsvertrag, soweit sich aus diesem von den Beteiligungsverhältnissen abweichende Stimmrechte oder Kontrollverhältnisse ergeben;

d) bei Privatstiftungen gemäß § 1 PSG die Stiftungsurkunde sowie die Stiftungszusatzurkunde und alle weiteren Nachweise, die für die Feststellung und Überprüfung aller Begünstigten der Privatstiftung gemäß diesem Bundesgesetz notwendig sind;

e) bei Stiftungen und Fonds gemäß § 1 BStFG 2015 und bei aufgrund eines Landesgesetzes eingerichteten Stiftungen und Fonds die Stiftungsurkunde, Gründungserklärung oder ein vergleichbarer Nachweis;

f) bei Trusts und trustähnlichen Vereinbarungen die Trusturkunde, sonstige Dokumente, aus denen sich Begünstigte des Trusts ergeben, und alle weiteren Nachweise, die für die Feststellung und Überprüfung aller Begünstigten des Trusts oder der trustähnlichen Vereinbarung gemäß diesem Bundesgesetz notwendig sind;

g) Nachweise und Erklärungen, aufgrund derer sich allfällige, für die Stellung als wirtschaftlicher Eigentümer gemäß diesem Bundesgesetz relevante Treuhandschaften ergeben;

h) sonstige Nachweise und Dokumente, die für die Feststellung und Überprüfung der wirtschaftlichen Eigentümer des Rechtsträgers erforderlich sind; solche sind insbesondere dann erforderlich, wenn relevante Stimmrechte vorliegen, die von der jeweiligen Beteiligung oder dem Anteil von Aktien abweichen oder wenn andere Kontrollverhältnisse vorliegen, die für die Feststellung und Überprüfung der wirtschaftlichen Eigentümer relevant sind und diese nicht bereits von lit. a bis g erfasst sind.

3. für relevante inländische übergeordnete Rechtsträger sind die in Z 2 lit. a bis h genannten Dokumente zu übermitteln. Sofern Dokumente zu übermitteln sind, ist die Stammzahl des übergeordneten inländischen Rechtsträgers anzugeben. Wenn für einen übergeordneten Rechtsträger mit Sitz im Inland ein gültiges Compliance-Package im Register im Zeitpunkt der Meldung gespeichert ist, entfällt die Verpflichtung zur Übermittlung der Dokumente für diesen übergeordneten Rechtsträger gemäß dieser Ziffer, wenn die Stammzahl dieses übergeordneten Rechtsträgers und der Umstand gemeldet wird, dass auf dieses Compliance-Package verwiesen wird. In diesem Fall ist nur der Umstand, dass auf dieses Compliance-Package verwiesen wird, Bestandteil der Meldung.

*(BGBl I 2021/25)*

4. für ausländische übergeordnete Rechtsträger, die für das wirtschaftliche Eigentum am Rechtsträger relevant sind, die Angabe des Namens, der Stammzahl, der Rechtsform und des Sitzlandes sowie jene am Sitz des übergeordneten Rechtsträgers gemäß dem landesüblichen Rechtsstandard verfügbaren

a) Nachweise, die für die Überprüfung der Existenz einer juristischen Person im Sitzland vorgesehen sind;

b) Nachweise, die zum Zwecke der Überprüfung der Eigentumsverhältnisse im Sitzland vorgesehen sind;

c) Gesellschaftsverträge, Statuten und dergleichen, soweit sich von lit. b abweichende Stimmrechte oder Kontrollverhältnisse ergeben;

d) Nachweise und Erklärungen, aufgrund derer sich allfällige, für die Stellung als wirtschaftlicher Eigentümer gemäß diesem Bundesgesetz relevante Treuhandschaften ergeben und die für die Feststellung und Überprüfung dieser wirtschaftlichen Eigentümer notwendig sind; dies unabhängig von den aufgrund der landesüblichen Rechtsstandards verfügbaren Nachweisen;

e) sonstige Nachweise und Dokumente, die für die Feststellung und Überprüfung der wirtschaftlichen Eigentümer des Rechtsträgers erforderlich sind; solche Nachweise sind insbesondere dann erforderlich, wenn relevante Stimmrechte vorliegen, die von der jeweiligen Beteiligung oder dem Anteil an Aktien abweichen oder wenn andere Kontrollverhältnisse vorliegen, die für die Feststellung und Überprüfung der wirtschaftlichen Eigentümer relevant sind und nicht bereits gemäß lit. a bis d übermittelt werden.

Wenn für einen Rechtsträger mit Sitz im Inland, der sich auf der letzten inländischen Ebene einer Eigentums- oder Kontrollkette befindet, ein gültiges Compliance-Package gespeichert wurde, entfällt die Verpflichtung zur Übermittlung der Dokumente gemäß dieser Ziffer für jene relevanten Rechtsträger mit Sitz im Ausland, deren Dokumente in diesem Compliance-Package enthalten sind, wenn die Stammzahl dieses Rechtsträgers und der Umstand gemeldet wird, dass auf dieses Compliance-Package verwiesen wird. In diesem Fall ist nur der Umstand, dass auf dieses Compliance-Package verwiesen wird, Bestandteil der Meldung.

(2) Soweit es sich bei den Dokumenten um Urkunden handelt, muss es sich um beweiskräftige Urkunden handeln, die gemäß dem am Sitz der juristischen Personen landesüblichen Rechtsstan-

dard verfügbar sind. Befindet sich der Sitz eines relevanten übergeordneten ausländischen Rechtsträgers im Zeitpunkt der Übermittlung des Compliance-Packages in einem Drittland mit hohem Risiko (§ 2 Z 16 FM-GwG) oder bestehen Zweifel an der Echtheit einer Urkunde, dann müssen die betreffenden Urkunden dem berufsmäßigen Parteienvertreter im Original oder in einer beglaubigten Kopie vorliegen. Nach erfolgter Prüfung sind Kopien der vorgelegten Originaldokumente anzufertigen, mit dem Vermerk „Original vorgelegt am:" unter Angabe des Datums und einem Hinweis auf einen nachvollziehbar erkennbaren Vermerkersteller zu erstellen und an das Register zu übermitteln. Originaldokumente können an den Rechtsträger retourniert werden. Sofern Dokumente nicht in deutscher oder englischer Sprache abgefasst sind, so sind zusätzlich zum Originaldokument beglaubigte Übersetzungen des Dokuments oder jedenfalls der relevanten Teile in deutscher oder englischer Sprache zu übermitteln.

(3) Bestehen berechtigte Gründe gegen eine Übermittlung einer Urkunde an das Register, so kann anstelle der Übermittlung der Urkunde, ein vollständiger Aktenvermerk an das Register übermittelt werden, wenn der berufsmäßige Parteienvertreter, der die wirtschaftlichen Eigentümer des Rechtsträgers festgestellt und überprüft hat oder ein Dritter gemäß Art. 2 Abs. 1 Z 3 lit. a und b der Richtlinie (EU) 2015/849 mit Sitz im Inland oder einem Mitgliedstaat oder nach Maßgabe des § 13 Abs. 4 FM-GwG mit Sitz in einem Drittland, Einsicht in die Urkunde genommen und diesen Aktenvermerk angefertigt hat. Ein vollständiger Aktenvermerk hat Folgendes zu enthalten:

1. Datum und Ort der Einsichtnahme,
2. Vorname, Nachname, Geburtsdatum und Unterschrift der die Einsicht vornehmenden Person,
3. genaue Bezeichnung des eingesehenen Dokumentes und von wem das Dokument in welcher Funktion errichtet oder ausgestellt und unterzeichnet wurde,
4. eine Beschreibung des Inhalts des Dokumentes und eine Zusammenfassung aller für das wirtschaftliche Eigentum am Rechtsträger relevanten Teile des Dokumentes.

Die Übermittlung von Aktenvermerken anstelle von Dokumenten ist nicht zulässig, wenn sich der Sitz des Ausstellers des Dokumentes, der Sitz einer der Vertragsparteien, die das Dokument errichtet haben, oder der Sitz des Rechtsträges, den das Dokument betrifft, in einem Drittland mit hohem Risiko (§ 2 Z 16 FM-GwG) befindet.

(4) Die Dokumente müssen im Zeitpunkt der Übermittlung an das Register aktuell sein. Auszüge aus ausländischen Handels-, Gesellschafts- oder Trustregistern und die Bestätigung der Geschäftsführung des Rechtsträgers gemäß Abs. 1 Z 2 lit. i dürfen bei Meldungen und Änderungsmeldungen nicht älter als 6 Wochen sein. Ältere Dokumente dürfen nur in begründeten Ausnahmefällen gemeinsam mit den Gründen dafür übermittelt werden.

(5) Vor der Übermittlung, Änderung oder Ergänzung eines Compliance-Packages hat der berufsmäßige Parteienvertreter eine firmenmäßig gezeichnete Bestätigung der Geschäftsführung des Rechtsträgers einzuholen, in der diese bestätigt, dass alle zur Feststellung und Überprüfung der wirtschaftlichen Eigentümer erforderlichen Dokumente dem berufsmäßigen Parteienvertreter vorliegen, aktuell sind und in dem zu übermittelnden Compliance-Package enthalten sind und keine von der Meldung abweichenden Stimmrechte, Kontroll- oder Treuhandschaftsbeziehungen bestehen. Der berufsmäßige Parteienvertreter hat in der Meldung den Erhalt dieser Bestätigung zu bestätigen. Keine Bestätigung der Geschäftsführung des Rechtsträgers ist erforderlich, wenn bei einer Ergänzung eines Compliance-Package keine Änderung der relevanten inländischen oder ausländischen übergeordneten Rechtsträger und keine Änderung bei den zu übermittelnden Dokumenten vorgenommen wird.

*(BGBl I 2021/25)*

(6) Die übermittelten Informationen, Daten und Dokumente sind für die Zwecke der Verhinderung der Geldwäscherei und der Terrorismusfinanzierung zu speichern und sind fünf Jahre nach dem Zeitpunkt, bei dem diese mit einem Compliance-Package übermittelt wurden, zu löschen. Das Compliance-Package ist für die Dauer von zwölf Monaten nach der letzten Meldung, bei der ein Compliance-Package gemäß Abs. 1 oder Abs. 7 übermittelt wurde, gültig.

(7) Der gemäß § 5 Abs. 6 berechtigte berufsmäßige Parteienvertreter kann eine Änderungsmeldung zu einem bestehenden Compliance-Package übermitteln, durch die die Gültigkeit des Compliance-Package um weitere zwölf Monate verlängert wird. Bei dieser Meldung hat der berufsmäßige Parteienvertreter die Vollständigkeit des Compliance-Packages gemäß Abs. 1 und die Aktualität aller Dokumente gemäß Abs. 4 zu überprüfen und zu bestätigen.

(8) Der gemäß § 5 Abs. 6 berechtigte berufsmäßige Parteienvertreter kann eine Ergänzung zu einem bestehenden gültigen Compliance-Package übermitteln, bei der relevante inländische und ausländische übergeordnete Rechtsträger hinzufügt, entfernt oder deren Daten geändert werden können, übermittelte Dokumente gelöscht, neue Dokumente hinzugefügt oder die über Dokumente gespeicherten Daten geändert werden können, das Compliance-Package eingeschränkt oder die Einschränkung aufgehoben werden kann, die E-Mailadresse des berufsmäßigen Parteienvertreters und des Rechtsträgers geändert werden können, festgelegt werden kann, ob der berufsmäßige Parteienvertreter und/oder der Rechtsträger Freigaben erteilen oder Rückfragen beantworten können und festgelegt werden kann, welchen Verpflichteten in ein eingeschränktes Compliance-Package Einsicht gewährt werden soll, ohne dass jedoch Änderungen bei den gemeldeten wirtschaftlichen Eigentümern

vorgenommen werden können. Bei jeder Ergänzung hat der berufsmäßige Parteienvertreter die Aktualität der zusätzlich übermittelten Dokumente zu prüfen und zu bestätigen. Die Dauer der Gültigkeit des Compliance-Package gemäß Abs. 6 ändert sich durch die Übermittlung einer Ergänzung nicht.

*(BGBl I 2021/25)*

(9) Der berufsmäßige Parteienvertreter hat bei der Übermittlung der Dokumente im Rahmen des Compliance-Packages an das Register zu erklären, dass der Rechtsträger gegenüber ihm bestätigt hat, dass die erforderlichen Einwilligungserklärungen, die den Anforderungen des Art. 7 der Verordnung (EU) 2016/679 entsprechen, und die Freigabe zur Übermittlung des Compliance-Packages vorliegen.

*(BGBl I 2019/62)*

### Befreiung von der Meldepflicht

**§ 6.** (1) Offene Gesellschaften gemäß § 1 Abs. 2 Z 1 und Kommanditgesellschaften gemäß § 1 Abs. 2 Z 2 sind von der Meldung gemäß § 5 befreit, wenn alle Gesellschafter natürliche Personen sind. Sind weniger als vier Gesellschafter im Firmenbuch eingetragen, dann sind diese als wirtschaftliche Eigentümer von der Bundesanstalt Statistik Österreich zu übernehmen. Wenn vier oder mehr Gesellschafter im Firmenbuch eingetragen sind, dann sind die im Firmenbuch eingetragenen geschäftsführenden Gesellschafter von der Bundesanstalt Statistik Österreich als wirtschaftliche Eigentümer zu übernehmen. Wenn eine andere natürliche Person wirtschaftlicher Eigentümer gemäß § 2 der offenen Gesellschaft oder der Kommanditgesellschaft ist, dann hat die offene Gesellschaft oder die Kommanditgesellschaft eine Meldung gemäß § 5 Abs. 1 vorzunehmen.

(2) Gesellschaften mit beschränkter Haftung gemäß § 1 Abs. 2 Z 4 sind von der Meldung gemäß § 5 befreit, wenn alle Gesellschafter natürliche Personen sind. Diesfalls sind die im Firmenbuch eingetragenen Gesellschafter von der Bundesanstalt Statistik Österreich als wirtschaftliche Eigentümer zu übernehmen, wenn diese eine Beteiligung von mehr als 25 vH halten. Hält kein Gesellschafter eine Beteiligung von mehr als 25 vH, so sind die im Firmenbuch eingetragenen Geschäftsführer von der Bundesanstalt Statistik Österreich als wirtschaftliche Eigentümer zu übernehmen. Wenn eine andere natürliche Person wirtschaftlicher Eigentümer gemäß § 2 der Gesellschaft mit beschränkter Haftung ist, dann hat die Gesellschaft mit beschränkter Haftung eine Meldung gemäß § 5 Abs. 1 vorzunehmen.

(3) Erwerbs- und Wirtschaftsgenossenschaften gemäß § 1 Abs. 2 Z 5 sind von der Meldung gemäß § 5 befreit. Diesfalls sind die im Firmenbuch eingetragenen Mitglieder des Vorstands oder, sofern auch Geschäftsleiter eingetragen sind, nur die Geschäftsleiter von der Bundesanstalt Statistik Österreich als wirtschaftliche Eigentümer zu übernehmen. Wenn eine andere natürliche Person wirtschaftlicher Eigentümer gemäß § 2 der Erwerbs- und Wirtschaftsgenossenschaft ist, dann hat die Erwerbs- und Wirtschaftsgenossenschaft eine Meldung gemäß § 5 Abs. 1 vorzunehmen.

*(BGBl I 2018/37)*

(4) Versicherungsvereine auf Gegenseitigkeit gemäß § 1 Abs. 2 Z 6, kleine Versicherungsvereine gemäß § 1 Abs. 2 Z 7 und Sparkassen gemäß § 1 Abs. 2 Z 8 sind von der Meldung gemäß § 5 befreit. Diesfalls sind die im Firmenbuch oder im Ergänzungsregister für sonstige Betroffene eingetragenen Mitglieder des Vorstands von der Bundesanstalt Statistik Österreich als wirtschaftliche Eigentümer zu übernehmen. Wenn eine andere natürliche Person direkt oder indirekt Kontrolle auf die vorgenannten Gesellschaften ausübt, dann hat diese Gesellschaft eine Meldung gemäß § 5 Abs. 1 vorzunehmen.

*(BGBl I 2018/37)*

(5) Vereine gemäß § 1 Abs. 2 Z 14 sind von der Meldung gemäß § 5 befreit. Diesfalls sind die im Vereinsregister eingetragenen organschaftlichen Vertreter des Vereins von der Bundesanstalt Statistik Österreich als wirtschaftliche Eigentümer zu übernehmen. Wenn eine andere natürliche Person direkt oder indirekt Kontrolle auf den Verein ausübt, dann hat der Verein eine Meldung gemäß § 5 Abs. 1 vorzunehmen.

*(BGBl I 2018/37)*

(6) Wenn ein Rechtsträger eine Meldung gemäß den vorgenannten Absätzen vornimmt oder auf die Meldebefreiung verzichtet, dann hat keine Übernahme der Daten durch die Bundesanstalt Statistik Österreich für diesen Rechtsträger zu erfolgen. Wenn die Voraussetzungen für die Befreiung in späterer Folge wieder zutreffen, kann der Rechtsträger dies im elektronischen Weg über das Unternehmensserviceportal an die Bundesanstalt Statistik Österreich als Auftragsverarbeiterin der Registerbehörde melden.

*(BGBl I 2018/37)*

(7) Die Bundesanstalt Statistik Österreich hat die gemäß diesem Paragraph übernommenen Daten laufend aktuell zu halten.

### Führung des Registers der wirtschaftlichen Eigentümer

**§ 7.** (1) Die Registerbehörde hat zum Zweck der Verhinderung der Nutzung des Finanzsystems für Zwecke der Geldwäscherei und der Terrorismusfinanzierung ein Register der wirtschaftlichen Eigentümer (Register) als regelmäßig ergänzte, zeitlich geschichtete Datensammlung zu führen und sich hiefür der in Abs. 5 genannten gesetzlichen Auftragsverarbeiterinnen sowie allfälliger Sub-Auftragsverarbeiter zu bedienen. Dieses Register hat die in § 5 und dieser Bestimmung genannten Daten unter Verwendung des bereichsspezifischen Personenkennzeichens des Bereichs „Steuern und Abgaben – SA" sowie die Daten betreffend der Rechtsträger gemäß § 25 Abs. 1 Z 1 bis 5 und 7 des Bundesstatistikgesetzes 2000 zu enthalten.

*(BGBl I 2017/150, BGBl I 2018/37)*

(2) Der Bundesanstalt Statistik Österreich als Auftragsverarbeiterin der Registerbehörde sind zur Aufnahme in das Register die Daten gemäß § 25 Abs. 1 Z 1 bis 5 des Bundesstatistikgesetzes 2000 sowie die Daten zur Kapitalbeteiligung an Rechtsträgern und deren Änderungen (Berichtigungen, Löschungen) betreffend

1. die im Firmenbuch eingetragenen Rechtsträger gemäß § 1 Abs. 2 Z 1 bis 13,
2. die im Vereinsregister eingetragenen Rechtsträger gemäß § 1 Abs. 2 Z 14,
3. die im Stiftungs- und Fondsregistern eingetragenen Rechtsträger gemäß § 1 Abs. 2 Z 15 und
4. die in aufgrund eines Landesgesetzes eingerichteten Registern eingetragenen Rechtsträger gemäß § 1 Abs. 2 Z 16

von den jeweils zuständigen Behörden in den Fällen gemäß Z 1 bis 3 unverzüglich auf elektronischem Wege nach Kenntnisnahme über eine von der Bundesanstalt definierte Schnittstelle unentgeltlich zu übermitteln. Im Falle der Z 4 gilt dies unter der Maßgabe, dass eine unentgeltliche Übermittlung auf elektronischem Wege über eine von der Bundesanstalt definierte Schnittstelle landesgesetzlich vorgesehen wird. Die organschaftlichen Vertreter der Vereine (§ 16 Abs. 1 Z 7 und 8 VerG) sind mit dem verschlüsselten bereichsspezifischen Personenkennzeichen des Bereichs „Steuern und Abgaben – SA" zu übermitteln. Die zur Führung des jeweiligen Registers zuständigen Behörden haben die Stammzahlenregisterbehörde im elektronischen Wege zu ersuchen, die in das Register gemäß Z 3 und 4 einzutragenden Rechtsträger in das Ergänzungsregister für sonstige Betroffene einzutragen, sofern diese noch nicht eingetragen sind. Die Bundesanstalt Statistik Österreich hat zu jedem Rechtsträger die gemäß § 25 Abs. 1 Z 1, 2, 4 und 5 des Bundesstatistikgesetzes 2000 im Unternehmensregister gespeicherten Daten in das Register zu übernehmen. Darunter fallen auch die mit der Rechtsform „Trust", „trustähnliche Vereinbarung" und „meldepflichtiger ausländischer Rechtsträger" im Ergänzungsregister für sonstige Betroffene gespeicherten Rechtsträger. Insoweit eine Übernahme der Daten möglich ist, entfällt die Verpflichtung zur gesonderten Übermittlung der Daten durch die jeweils zuständigen Behörden. § 25 Abs. 3 bis 5 des Bundesstatistikgesetzes 2000 ist sinngemäß anzuwenden.

*(BGBl I 2018/37, BGBl I 2021/25)*

(3) Die Bundesanstalt Statistik Österreich hat geeignete Maßnahmen zu treffen, dass die Daten über einen wirtschaftlichen Eigentümer einer Gesellschaft nach Ablauf von zehn Jahren ab dem Ende seines wirtschaftlichen Eigentums an dieser Gesellschaft und die Daten eines Rechtsträgers nach Ablauf von zehn Jahren nach der Beendigung des Rechtsträgers im Register der wirtschaftlichen Eigentümer nicht mehr zugänglich sind.

*(BGBl I 2019/62)*

(4) Die Daten über die wirtschaftlichen Eigentümer sind an die Bundesanstalt Statistik Österreich zu übermitteln, die diese Daten für statistische Zwecke verarbeiten darf.

(5) Die Registerbehörde ist datenschutzrechtlicher Verantwortlicher für das Register. Die Bundesanstalt Statistik Österreich und die Bundesrechenzentrum Gesellschaft mit beschränkter Haftung (Bundesrechenzentrum GmbH) sind für das Register gesetzliche Auftragsverarbeiterinnen, sofern nicht ausdrücklich etwas anderes bestimmt ist.

*(BGBl I 2018/37)*

**Beauftragung der Bundesrechenzentrum GmbH und der Bundesanstalt Statistik Österreich**

**§ 8.** Der Bundesminister für Finanzen hat die Bundesanstalt Statistik Österreich und die Bundesrechenzentrum GmbH mit der Errichtung, inklusive der Herstellung der erforderlichen Anbindungen, dem Betrieb und der Weiterentwicklung des Registers zu beauftragen. Die Kooperation zwischen Bundesanstalt Statistik Österreich und der Bundesrechenzentrum GmbH hat in Abstimmung mit dem Bundesminister für Finanzen zu erfolgen. Die Leistungen der Bundesanstalt Statistik Österreich sind gemäß § 32 des Bundesstatistikgesetzes 2000 und die Leistungen der Bundesrechenzentrum GmbH sind gemäß § 5 BRZ GmbH zu erbringen.

**Einsicht der Verpflichteten in das Register**

**§ 9.** (1) Die nachfolgend Genannten gelten als Verpflichtete im Sinne dieses Bundesgesetzes und sind nach Maßgabe des Abs. 2 zur Einsicht in das Register berechtigt:

1. Kreditinstitute gemäß § 2 Z 1 FM-GwG, Abbaugesellschaften gemäß § 162 BaSAG, Abbaueinheiten die gemäß § 2 GSA gegründet wurden, Abbaueinheiten gemäß § 83 BaSAG und Versicherungsunternehmen gemäß § 2 Z 2 lit. b FM-GwG;

   *(BGBl I 2018/37)*
2. Kredit- und Finanzinstitute gemäß § 2 Z 1 und Z 2 FM-GwG, die der Aufsicht der FMA gemäß § 25 Abs. 1 FM-GwG unterliegen, soweit diese nicht unter Z 1 erfasst sind;
3. Finanzinstitute gemäß § 2 Z 2 FM-GwG, die nicht der Aufsicht der FMA gemäß § 25 Abs. 1 FMGwG unterliegen;
4. Bundeskonzessionäre gemäß § 14 und § 21 GSpG;
5. Bewilligte für Glücksspielautomaten und Wettunternehmer, die aufgrund einer landesgesetzlichen Bewilligung eingerichtet sind, nach Maßgabe landesrechtlicher Vorschriften;
6. Rechtsanwälte;
7. Notare;
8. Wirtschaftsprüfer gemäß § 1 Abs. 1 Z 1 WTBG 2017;
9. Steuerberater gemäß § 1 Abs. 1 Z 2 WTBG 2017;
10. Bilanzbuchhalter, Buchhalter und Personalverrechner gemäß § 1 BiBuG 2014;

11. Handelsgewerbetreibende gemäß § 365ml Abs. 2 Z 1 lit. a und b GewO 1994 und Gewerbetreibende gemäß § 365ml Abs. 2 Z 1 lit. c GewO 1994;

*(BGBl I 2021/25)*

12. Immobilienmakler gemäß § 365ml Abs. 2 Z 2 GewO 1994;
13. Unternehmensberater gemäß § 365ml Abs. 2 Z 3 GewO 1994;
14. Versicherungsvermittler gemäß § 365ml Abs. 2 Z 4 GewO 1994;
15. die Österreichische Bundesfinanzierungsagentur;

*(BGBl I 2019/62)*

16. Dienstleister in Bezug auf virtuelle Währungen gemäß § 2 Z 22 FM-GwG.

*(BGBl I 2019/62)*

(2) Verpflichtete dürfen nur im Rahmen der Anwendung der Sorgfaltspflichten zur Verhinderung der Geldwäscherei und Terrorismusfinanzierung gegenüber ihren Kunden Einsicht in das Register nehmen. Darüber hinaus dürfen Verpflichtete gemäß Abs. 1 Z 6 bis 10 Einsicht für die Zwecke der Beratung ihrer Mandanten und genossenschaftliche Revisionsverbände für die Zwecke der Beratung ihrer Mitglieder jeweils im Hinblick auf die Feststellung, Überprüfung und Meldung der wirtschaftlichen Eigentümer ihrer Mandanten nehmen und für die Zwecke der Beratung von wirtschaftlichen Eigentümern im Hinblick auf die Stellung von Anträgen gemäß § 10a und § 14 Abs. 7.

*(BGBl I 2018/62, BGBl I 2019/62, BGBl I 2021/25)*

(3) Die Einsicht in das Register hat über das Unternehmensserviceportal zu erfolgen und ist durch einen mit einer Amtssignatur der Registerbehörde versehenen Auszug gemäß Abs. 4 oder einen erweiterten Auszug gemäß Abs. 5 zu gewährleisten. Suchbegriffe dürfen nur konkrete Rechtsträger oder konkrete natürliche Personen sein. Eine Suche nach einer natürlichen Person ist nur für Verpflichtete gemäß § 9 Abs. 1 Z 1, 4 und 6 bis 10 zulässig. Zudem ist es erforderlich, dass die natürliche Person neben ihrem Namen durch die Eingabe eines oder mehrerer zusätzlicher Identifikatoren eindeutig bestimmt werden kann. Sämtliche Zugangsdaten sind geheim zu halten. Seitens der Verpflichteten ist sicherzustellen, dass unbefugte Dritte keinen Zugriff auf die Zugangsdaten und etwaige erforderliche Hilfsmittel haben. Die Einsicht in die gemäß § 5 Abs. 2 übermittelten Dokumente und das zu einem Rechtsträger gespeicherte gültige Compliance-Packagea) ist über das Unternehmensserviceportal zu gewährleisten. Sofern dies beantragt wird, sind in einen einfachen oder erweiterten Auszug auch historische Daten gemäß Abs. 4 Z 1 bis 4, 5 lit. a bis d, f und g, 6 lit. a bis d, f bis h, 7 und 8 sowie Abs. 5 Z 2 aufzunehmen. Für die Zwecke dieses Absatzes kann auch ein Webservice des Unternehmensserviceportals verwendet werden.

*(BGBl I 2017/150, BGBl I 2019/62)*

(4) Die Verpflichteten können über das Unternehmensserviceportal einen mit einer Amtssignatur der Registerbehörde versehenen Auszug aus dem Register anfordern, der ihnen im Wege einer automatisationsunterstützen Datenübertragung über das Unternehmensserviceportal zur Verfügung gestellt wird. Dieser Auszug enthält die folgenden Angaben:

1. Name des Rechtsträgers und Adressmerkmale;
2. Stammzahl und Stammregister des Rechtsträgers;
3. Rechtsform und eine Information über den Bestandszeitraum des Rechtsträgers;
4. ÖNACE-Code für Haupttätigkeiten des Rechtsträgers, soweit dieser gemäß § 21 des Bundesstatistikgesetzes 2000 festgestellt wurde;
5. die folgenden Informationen über direkte wirtschaftliche Eigentümer:
   a) Vor- und Zuname;
   b) Geburtsdatum;
   c) Staatsangehörigkeit;
   d) Geburtsort
   e) Wohnsitz;
   f) Art und Umfang des wirtschaftlichen Interesses;
   g) soweit verfügbar, die Angabe, dass ein wirtschaftlicher Eigentümer verstorben ist;
6. die folgenden Informationen über alle indirekten wirtschaftlichen Eigentümer:
   a) Vor- und Zuname;
   b) Geburtsdatum;
   c) Staatsangehörigkeit;
   d) Geburtsort;
   e) Wohnsitz;
   f) die Angaben gemäß Z 1 bis 4 über die jeweiligen obersten Rechtsträger, soweit verfügbar;
   g) Art und Umfang des wirtschaftlichen Interesses;
   h) soweit verfügbar, die Angabe, dass ein wirtschaftlicher Eigentümer verstorben ist;
7. den Zeitpunkt der letzten Meldung und die Angabe, ob eine Befreiung von der Meldepflicht gemäß § 6 zur Anwendung gelangt;

7a. die Angabe, ob die wirtschaftlichen Eigentümer durch einen berufsmäßigen Parteienvertreter festgestellt und überprüft wurden;

*(BGBl I 2019/62)*

7b. die Angabe, ob ein gültiges Compliance-Package für den Rechtsträger eingesehen werden kann;

*(BGBl I 2019/62)*

7c. wenn die wirtschaftlichen Eigentümer gemäß § 2 Z 1 lit. b festgestellt wurden, die Angabe, ob nach Ausschöpfung aller Möglichkeiten die wirtschaftlichen Eigentümer nicht festgestellt und überprüft werden konnten;

*(BGBl I 2019/62)*

8. den Umstand, dass ein aufrechter Vermerk gemäß § 11 Abs. 4 und § 13 Abs. 3 vorliegt;
9. die Angabe, ob und aus welcher Quelle die Daten von der Bundesanstalt Statistik Österreich übernommen wurden und bei den gemeldeten Daten den Hinweis, dass es sich um Daten handelt, die vom Rechtsträger gemeldet wurden;
10. den Hinweis, dass keine Gewähr für die Richtigkeit und Vollständigkeit der Daten übernommen werden kann.

Bei Vorliegen einer Auskunftssperre gemäß VerG enthält der Auszug anstelle der Angaben gemäß Z 1, 2, 5 und 6 nur den Namen des Vereins, die Stammzahl und die Angabe, dass sich der Sitz des Vereins im Inland befindet, sowie den Hinweis, dass eine Auskunftssperre vorliegt. Dies gilt nicht für Verpflichtete gemäß Abs. 1 Z 1, 2 und 7. Bei diesen hat der Auszug anstelle der Wohnsitze der direkten und indirekten wirtschaftlichen Eigentümer gemäß Z 5 lit. e und Z 6 lit. e nur das Wohnsitzland sowie den Hinweis, dass eine Auskunftssperre vorliegt, zu enthalten. Wenn nach natürlichen Personen gesucht wird, die wirtschaftliche Eigentümer eines Vereins sind, für den eine Auskunftssperre besteht, darf dieser Verein nicht in der Trefferliste angezeigt werden. Bei Vorliegen einer Auskunftssperre gemäß MeldeG enthält der Auszug anstelle der Angaben gemäß Z 5 lit. e und Z 6 lit. e nur die Angabe, dass sich der Wohnsitz im Inland befindet, sowie den Hinweis, dass eine Auskunftssperre vorliegt. Bei Begünstigten von Rechtsträgern gemäß § 1 Abs. 2 Z 12, 17 und 18 und vergleichbaren Rechtsträgern mit Sitz in einem anderen Mitgliedstaat oder in einem Drittland, die oberste Rechtsträger sind, hat der Auszug, außer bei Verpflichteten gemäß Abs. 1 Z 1, 2 und 7, anstelle der Wohnsitze der direkten und indirekten wirtschaftlichen Eigentümer gemäß Z 5 lit. e und Z 6 lit. e nur das Wohnsitzland zu enthalten.

*(BGBl I 2018/37)*

(5) Die Verpflichteten können über das Unternehmensserviceportal einen mit einer Amtssignatur der Registerbehörde versehenen erweiterten Auszug aus dem Register anfordern, der ihnen im Wege einer automatisationsunterstützen Datenübertragung über das Unternehmensserviceportal zur Verfügung gestellt wird. Dieser Auszug enthält über die in Abs. 4 genannten Angaben hinaus die folgenden Angaben:

1. eine auf Basis der Eintragungen im Register automationsunterstützt generierte Darstellung aller bekannten Beteiligungsebenen, sofern diese für die Ermittlung des wirtschaftlichen Eigentümers relevant sind und über die jeweiligen Rechtsträger Daten im Register verfügbar sind; sofern keine ausreichenden Daten zu einzelnen Ebenen vorhanden sind, ist darauf hinzuweisen, dass keine Daten verfügbar sind; die Darstellung ist auf 20 Ebenen zu beschränken;
2. die Angabe der Daten gemäß Abs. 4 Z 5 lit. a bis d und g zu den vertretungsbefugten Personen des Rechtsträgers, soweit diese im Register gespeichert sind und zu den errechneten wirtschaftlichen Eigentümern und die Angabe der Daten gemäß Abs. 4 Z 6 lit. f zu den errechneten obersten Rechtsträgern;

   *(BGBl I 2019/62)*
3. die Angabe, ob und aus welcher Quelle die Daten von der Bundesanstalt Statistik Österreich übernommen wurden und den Hinweis, dass es sich um eine automatisationsunterstütze Darstellung handelt;
4. die Angabe, ob es sich um einen vollständigen erweiterten Auszug handelt; dies ist dann der Fall, wenn alle Daten vollständig vorhanden sind, die gemeldeten Daten mit den automationsunterstützt generierten Daten übereinstimmen und kein aufrechter Vermerk vorliegt;
5. den Hinweis, dass keine Gewähr für die Richtigkeit der Daten übernommen werden kann.

(5a) Wird ein erweiterter Auszug aus dem Register angefordert, kann der Verpflichtete in ein hochgeladenes Compliance-Package Einsicht nehmen und die darin gespeicherten Dokumente herunterladen. Wenn in dem Compliance-Package auf ein anderes Compliance-Package verwiesen wird, dann kann auch für den Rechtsträger auf den verwiesen wird, ein erweiterter Auszug angefordert werden und in dessen Compliance-Package Einsicht genommen werden. Wenn das Compliance-Package oder ein verwiesenes Compliance-Package nur auf Anfrage zur Verfügung gestellt wurde, und dem Verpflichteten dieses nicht bereits bei der Meldung freigegeben wurde, kann der Verpflichtete die Freigabe des betreffenden Compliance-Packages über das Unternehmensserviceportal unter Angabe von Gründen und einer E-Mailadresse anfragen. Diesfalls ist der Rechtsträger und/oder der berechtigte berufsmäßige Parteienvertreter über das Unternehmensserviceportal im elektronischen Weg über die Anfrage unter Angabe des Namens und der Stammzahl des anfragenden Verpflichteten sowie der Gründe für die Anfrage zu informieren. Der Rechtsträger selbst und/oder der berufsmäßige Parteienvertreter können sodann das Compliance-Package binnen zwei Wochen für den anfragenden Verpflichteten für die Dauer von vier Wochen freigeben. Erfolgt keine Freigabe binnen zwei Wochen, wird die Anfrage automatisch abgelehnt. Der anfragende Verpflichtete ist im elektronischen Weg über eine Freigabe oder eine Ablehnung seiner Anfrage zu informieren. Die im Compliance-Package enthaltenen Dokumente darf der Verpflichtete im Rahmen der Anwendung der Sorgfaltspflichten zur Verhinderung der Geldwäscherei und Terrorismusfinanzierung verwenden. Der Rechtsträger selbst und/oder der berufsmäßige Parteienvertreter können die erteilte Freigabe für ein Compliance-Package innerhalb der vierwöchigen Frist widerrufen. Diesfalls ist der anfragende Verpflichtete im elektronischen Weg zu informieren.

*(BGBl I 2019/62)*

(5b) Wenn in der Meldung von einem berufsmäßigen Parteienvertreter gemäß § 5 Abs. 1 Z 4 angegeben wurde, dass Rückfragen im Zusammenhang mit einer Meldung oder einem CompliancePackage an den berufsmäßigen Parteienvertreter und/oder den Rechtsträger übermittelt werden dürfen, dann ist dem Verpflichteten bei der Einsicht in das Register über das Unternehmensserviceportal die Möglichkeit einer Kontaktaufnahme im elektronischen Weg einzuräumen.

*(BGBl I 2019/62)*

(6) Sofern Daten zur genauen Feststellung der Einstufung der Verpflichteten gemäß Abs. 1 Z 1 bis 10 und 12 bis 14 nicht aus dem Unternehmensregister übermittelt werden können oder bereits dem Unternehmensserviceportal zur Verfügung stehen, haben die Aufsichtsbehörden, die für die in Abs. 1 Z 1 bis 4 und 6 bis 14 genannten Verpflichteten zuständig sind, den Namen und die Stammzahl der ihrer Aufsicht unterliegenden Verpflichteten auf elektronischem Wege, soweit möglich über eine Schnittstelle oder über eine Online-Applikation, unentgeltlich an die Registerbehörde zu übermitteln. Änderungen bei den für die Teilnahme erforderlichen Daten sind tunlichst innerhalb einer Woche ab der Änderung zu übermitteln. Ein Verpflichteter gemäß Abs. 1 Z 1 bis 10 und 12 bis 14 kann bei der für ihn zuständigen Aufsichtsbehörde eine Einsichtsberechtigung beantragen, sofern diese nicht bereits automatisationsunterstützt eingeräumt wurde. Die Aufsichtsbehörde hat bei Gewährung der Einsichtsberechtigung den Namen und die Stammzahl des betreffenden Verpflichteten auf elektronischem Wege, soweit möglich über eine Schnittstelle oder über eine Online-Applikation, der Registerbehörde zu übermitteln. Dieser Absatz ist nach Maßgabe landesrechtlicher Vorschriften auch auf die Aufsichtsbehörden anzuwenden, die für die in Abs. 1 Z 5 genannten Verpflichteten zuständig sind.

(7) Handelsgewerbetreibende können gegenüber der zuständigen Gewerbebehörde erklären, dass sie den Vorschriften der GewO zur Verhinderung der Geldwäscherei und Terrorismusfinanzierung unterliegen und eine Einsichtsberechtigung in das Register beantragen. Finanzinstitute gemäß § 2 Z 2 lit. a FM-GwG, die gemäß § 25 Abs. 1 FM-GwG nicht der Aufsicht der FMA unterliegen, können bei der zuständigen Gewerbebehörde eine Einsichtsberechtigung in das Register beantragen. Die Gewerbebehörde hat bei Gewährung der Einsichtsberechtigung den Namen und die Stammzahl der betreffenden Verpflichteten auf elektronischem Wege, soweit möglich über eine Schnittstelle oder über eine Online-Applikation, der Registerbehörde zu übermitteln.

(8) Die Bundesanstalt Statistik Österreich hat in geeigneter Weise Daten über Verwendungsvorgänge, wie insbesondere Abfragen, Vermerke und Änderungen aufzuzeichnen, sodass die Einhaltung der Bestimmungen dieses Bundesgesetzes sowie der datenschutzrechtlichen Vorschriften überprüft werden kann.

(9) Die Bundesanstalt Statistik Österreich hat täglich über eine Schnittstelle die Stammzahlen jener Rechtsträger zum Abruf bereitzustellen, bei denen Folgendes zutrifft (Änderungsdienst):

1. eine Meldung gemäß § 5 Abs. 1, Abs. 5 oder § 6 wurde eingetragen,
2. eine Meldung gemäß § 5 Abs. 1, Abs. 5 oder § 6 wurde eingetragen, die zu einer Veränderung der in Abs. 4 Z 5 lit. a, f oder g sowie in Z 6 lit. a, f, g oder h gespeicherten Daten führt,

   *(BGBl I 2021/25)*
3. eine Meldung gemäß § 5 Abs. 1 oder Abs. 5 oder eine Ergänzung eines Compliance-Packages gemäß § 5a Abs. 8 wurde eingetragen, die zu einer Änderung der Daten gemäß § 5a Abs. 1 Z 1 bis 4 führt,

   *(BGBl I 2021/25)*
4. bei einem Rechtsträger, der eine Meldung gemäß § 5 abgegeben hat, ist diese Meldung in vier Wochen länger als ein Jahr aufrecht (Eintritt der jährlichen Meldepflicht) oder eine Meldung wurde gemäß § 5 Abs. 5 letzter Satz beendet oder ein Rechtsträger, der von der Meldepflicht gemäß § 6 befreit ist, fällt nicht mehr unter den Anwendungsbereich von § 6.

   *(BGBl I 2021/25)*

*(BGBl I 2019/62)*



### Öffentliche Einsicht

**§ 10.** Im elektronischen Wege kann von jedermann ein mit einer Amtssignatur der Registerbehörde versehener öffentlicher Auszug aus dem Register angefordert werden. Dieser Auszug enthält folgende Angaben:

1. die Angaben gemäß § 9 Abs. 4 Z 1 bis 3 über den Rechtsträger und gemäß § 9 Abs. 4 Z 5 lit. a bis c über direkte wirtschaftliche Eigentümer und die Angaben gemäß § 9 Abs. 4 Z 6 lit. a bis c über indirekte wirtschaftliche Eigentümer sowie jeweils das Wohnsitzland und
2. im Hinblick auf Art und Umfang des wirtschaftlichen Interesses die Angabe, ob dieses durch
   a) eine Kapitalbeteiligung begründet wird, wenn ein Fall des § 2 Z 1 lit. a aufgrund des Vorliegens von Eigentum gegeben ist,
   b) die Zugehörigkeit zur Führungsebene begründet wird, wenn ein Fall des § 2 Z 1 lit. b vorliegt,
   c) die Ausübung einer Funktion vermittelt wird, wenn ein Fall des § 2 Z 2 lit. a bis d, des § 2 Z 3 lit. a sublit. aa bis cc oder

des § 2 Z 3 lit. b sublit. aa bis cc vorliegt oder

d) Kontrolle vermittelt wird, wenn ein Fall des § 2 Z 1 lit. a aufgrund des Vorliegens von Kontrolle gegeben ist, ein Fall des § 2 Z 2 lit. e, des § 2 Z 3 lit. a sublit. dd oder des § 2 Z 3 lit. b sublit. dd vorliegt.

*(BGBl I 2019/62)*

**Einschränkung der Einsicht bei Vorliegen von außergewöhnlichen Umständen**

**§ 10a.** (1) Auf schriftlichen Antrag eines wirtschaftlichen Eigentümers hat die Registerbehörde zu entscheiden, dass Daten über diesen wirtschaftlichen Eigentümer in Auszügen aus dem Register für Verpflichtete gemäß § 9 Abs. 1 Z 3 bis 6 und 8 bis 15 nicht angezeigt werden, wenn dieser nachweist, dass der Einsichtnahme unter Berücksichtigung aller Umstände des Einzelfalls überwiegende, schutzwürdige Interessen des wirtschaftlichen Eigentümers entgegenstehen (Einschränkung der Einsicht). Im Antrag sind die Rechtsträger zu bezeichnen, bei denen die Einsicht eingeschränkt werden soll. Die Einschränkung der Einsicht bewirkt, dass in Auszügen aus dem Register für die beantragten Rechtsträger die Daten über den wirtschaftlichen Eigentümer nicht angezeigt werden und stattdessen auf die Einschränkung der Einsicht gemäß diesem Paragrafen hingewiesen wird.

(2) Überwiegende, schutzwürdige Interessen des wirtschaftlichen Eigentümers liegen vor, wenn Tatsachen die Annahme rechtfertigen, dass die Einsichtnahme den wirtschaftlichen Eigentümer dem unverhältnismäßigen Risiko aussetzen würde, Opfer einer der folgenden Straftaten zu werden:

1. eines Betrugs gemäß § 146 bis 148 StGB,
2. einer erpresserischen Entführung gemäß § 102 StGB oder einer Erpressung gemäß § 144 und § 145 StGB,
3. einer strafbaren Handlung gegen Leib oder Leben gemäß § 75, § 76 und § 83 bis § 87 StGB oder
4. einer Nötigung gemäß § 105 und § 106 StGB, einer gefährlichen Drohung gemäß § 107 StGB oder einer beharrliche Verfolgung gemäß § 107a StGB.

Überwiegende schutzwürdige Interessen des wirtschaftlichen Eigentümers liegen jedenfalls dann vor, wenn der wirtschaftliche Eigentümer minderjährig oder geschäftsunfähig ist. Ein Risiko ist als unverhältnismäßig anzusehen, wenn die Eintrittswahrscheinlichkeit einer Straftat gegen den wirtschaftlichen Eigentümer aufgrund von Tatsachen deutlich höher erscheint, als bei durchschnittlichen wirtschaftlichen Eigentümern in vergleichbarer Position, insbesondere weil in der Vergangenheit bereits Straftaten gegen den wirtschaftlichen Eigentümer oder nahe Angehörige verübt oder angedroht wurden, oder weil aus sonstigen Umständen eine besondere Gefährdungslage hervorgeht. Der bloße Umstand, dass das wirtschaftliche Eigentum bekannt wird, stellt im Allgemeinen keine unverhältnismäßige Gefahr dar. Schutzwürdige Interessen des wirtschaftlichen Eigentümers liegen nicht vor, wenn sich die Daten bereits aus anderen öffentlichen Registern ergeben.

(3) Die Registerbehörde hat binnen 14 Tagen ab Einlangen des Antrages zu verfügen, dass Daten über diesen wirtschaftlichen Eigentümer in Auszügen aus dem Register für die genannten Rechtsträger nicht angezeigt werden, es sei denn der Antrag ist offenkundig unbegründet. Binnen zwölf Monaten ab Einlangen des Antrages hat die Registerbehörde diesen bescheidmäßig unter eingehender Berücksichtigung aller Umstände des Einzelfalls zu erledigen. Dem Antrag auf Einschränkung der Einsicht kann ganz oder teilweise, insbesondere im Hinblick auf die Rechtsträger, für welche die Einsicht auf die Daten eines wirtschaftlichen Eigentümers eingeschränkt wird, entsprochen werden. Über Beschwerden gegen Entscheidungen der Registerbehörde erkennt das Bundesverwaltungsgericht.

(4) Die Einschränkung der Einsicht wird für die Dauer von fünf Jahren gewährt. Bei minderjährigen wirtschaftlichen Eigentümern wird sie bis zur Erreichung der Volljährigkeit gewährt. Wenn die Voraussetzungen der Einschränkung der Einsicht vor Ablauf dieser Frist wegfallen, so hat der wirtschaftliche Eigentümer dies der Registerbehörde schriftlich anzuzeigen. Eine Verlängerung der Einschränkung der Einsicht ist zulässig, wenn der wirtschaftliche Eigentümer der Registerbehörde nachweist, dass weiterhin außergewöhnliche überwiegend schutzwürdige Interessen des wirtschaftlichen Eigentümers einer Einsicht entgegenstehen.

(5) Wenn ein Verpflichteter nach einem wirtschaftlichen Eigentümer sucht, für den die Einsicht bei einem oder mehreren Rechtsträgern eingeschränkt wurde, so ist anstelle der Daten des Rechtsträgers der Hinweis anzuzeigen, dass die Einsicht gemäß dieser Bestimmung eingeschränkt wurde. Dies gilt nicht für Verpflichtete gemäß § 9 Abs. 1 Z 1, 2 und 7.

(6) Wenn eine neue Meldung zu einer Änderung eines Datensatzes über einen wirtschaftlichen Eigentümer führt, für den die Einsicht eingeschränkt wurde, dann gilt auch für den geänderten Datensatz die Einschränkung der Einsicht, sofern der betreffende wirtschaftliche Eigentümer durch ein bereichsspezifisches Personenkennzeichen des Bereichs „Steuern und Abgaben – SA" eindeutig identifiziert ist.

(7) Die Registerbehörde hat auf der Homepage des Bundesministeriums für Finanzen jährlich statistische Daten über die Anzahl der gewährten Ausnahmen und in genereller Form deren Begründungen zu veröffentlichen und diese der Europäischen Kommission vorzulegen.

*(BGBl I 2018/62)*

**Sorgfaltspflichten der Verpflichteten gegenüber Kunden**

**§ 11.** (1) Verpflichtete dürfen sich bei der Anwendung ihrer Sorgfaltspflichten gegenüber Kunden nicht ausschließlich auf die im Register enthaltenen Angaben über die wirtschaftlichen Eigentümer eines Rechtsträgers verlassen, sondern haben bei der Erfüllung ihrer Sorgfaltspflichten nach einem risikobasierten Ansatz vorzugehen. Der Auszug aus dem Register gemäß § 9 Abs. 4 und gemäß § 10 kann zur Feststellung der wirtschaftlichen Eigentümer, nicht aber zur Überprüfung der wirtschaftlichen Eigentümer herangezogen werden. Vor Begründung einer Geschäftsbeziehung mit einem Trust oder einer trustähnlichen Vereinbarung und im Zuge der Anwendung der Sorgfaltspflichten gegenüber bestehenden Kunden auf risikoorientierter Grundlage haben sich die Verpflichteten nachweislich zu vergewissern, dass der Trust bzw. die trustähnliche Vereinbarung im Register eingetragen ist. Vor der Beurkundung oder Aufnahme einer Notariatsurkunde zum Zwecke eines Erwerbs eines im Inland gelegenen Grundstücks durch meldepflichtige ausländische Rechtsträger sowie Trusts und trustähnliche Vereinbarungen, deren Verwaltung sich nicht im Inland oder in einem anderen Mitgliedstaat befindet, hat sich der Notar zu vergewissern, dass diese ihre wirtschaftlichen Eigentümer gemäß § 5 gemeldet haben.

*(BGBl I 2019/62, BGBl I 2021/25)*

(2) Die Überprüfung der Identität des wirtschaftlichen Eigentümers kann auf Basis eines vollständigen erweiterten Auszuges aus dem Register gemäß § 9 Abs. 5 erfolgen, sofern keine Faktoren für ein erhöhtes Risiko vorliegen und sich der Verpflichtete durch Rückfrage bei seinem Kunden vergewissert hat, dass keine von dem erweiterten Auszug abweichenden Kontrollverhältnisse oder Treuhandbeziehungen bestehen und er daher überzeugt ist zu wissen, wer der wirtschaftliche Eigentümer ist. In allen übrigen Fällen ist auf risikobasierter Grundlage zu beurteilen, welche zusätzlichen Maßnahmen zur Überprüfung der Identität des wirtschaftlichen Eigentümers zu setzen sind.

(2a) Ein Verpflichteter kann die wirtschaftlichen Eigentümer eines Kunden auf Basis eines erweiterten Auszuges feststellen und im Rahmen der Überprüfung der Identität des wirtschaftlichen Eigentümers auf die in einem vollständigen und gültigen Compliance-Package enthaltenen Dokumente und Nachweise zurückgreifen, sofern ihm aufgrund der risikoorientierten Anwendung der Sorgfaltspflichten keine Anhaltspunkte vorliegen, die ihn an der Richtigkeit der Meldung oder der Echtheit, Aktualität, Richtigkeit und Vollständigkeit der im Compliance-Package enthaltenen Dokumente und Nachweise zweifeln lassen.

*(BGBl I 2019/62)*

(3) Stellt ein Verpflichteter bei Anwendung seiner Sorgfaltspflichten gegenüber Kunden fest, dass für einen Kunden, der ein Rechtsträger im Sinne dieses Bundesgesetzes ist, die im Register eingetragenen wirtschaftlichen Eigentümer nicht jenen entsprechen, die er im Rahmen seiner Sorgfaltspflichten gegenüber Kunden festgestellt hat und ist er überzeugt zu wissen, dass die im Register eingetragenen Daten über die wirtschaftlichen Eigentümer unrichtig oder unvollständig sind, dann hat er im elektronischen Weg über das Unternehmensserviceportal einen Vermerk zu setzen und die Gründe für die Setzung des Vermerkes in standardisierter Form zu übermitteln. Die Verpflichtung zur Setzung eines Vermerkes entfällt, wenn der Verpflichtete seinen Kunden auf die unrichtige oder unvollständige Eintragung hinweist und dieser binnen angemessener Frist eine Berichtigung vornimmt. Wenn ein Sachverhalt vorliegt, der mittels Verdachtsmeldung an die Geldwäschemeldestelle zu melden ist, dann dürfen die Verpflichteten keinen Vermerk setzen und haben stattdessen die Geldwäschemeldestelle darauf hinzuweisen, dass die Setzung eines Vermerkes aufgrund der Verdachtsmeldung unterblieben ist.

*(BGBl I 2018/37, BGBl I 2019/62)*

(4) Wenn ein Verpflichteter gemäß Abs. 3 gemeldet hat, dass der eingetragene wirtschaftliche Eigentümer nicht verifiziert werden konnte, dann hat die Bundesanstalt Statistik Österreich unter Angabe des Datums im Register zu vermerken, dass die Eintragung nicht verifiziert werden konnte. Verpflichtete haben bei Vorliegen eines Vermerkes bei der Feststellung und Überprüfung der Identität des wirtschaftlichen Eigentümers zusätzliche angemessene Maßnahmen zu setzen, sodass sie überzeugt sind zu wissen, wer der wirtschaftliche Eigentümer ist. Eine Einstufung des Kunden in eine höhere Risikokategorie ist alleine aufgrund dieses Vermerkes nicht erforderlich.

(5) Die Bundesanstalt Statistik Österreich als Auftragsverarbeiterin der Registerbehörde hat das Unternehmensserviceportal im elektronischen Weg von dem Umstand, dass ein Vermerk gesetzt wurde, und den in standardisierter Form gemeldeten Gründen zu verständigen. Der Rechtsträger ist von der Registerbehörde über das Unternehmensserviceportal über den Umstand, dass ein Vermerk gesetzt wurde, unter Angabe der Gründe zu informieren. Wenn der Rechtsträger eine neuerliche Meldung gemäß § 5 vornimmt, ist der Vermerk von der Bundesanstalt Statistik Österreich zu beenden. Der Verpflichtete, der den Vermerk gesetzt hat, ist auf elektronischem Wege über das Unternehmensserviceportal von der Meldung des Rechtsträgers zu verständigen. Wenn die Setzung eines Vermerkes rechtswidrig war, dann ist dieser auf Antrag von der Registerbehörde zu löschen.

*(BGBl I 2018/37, BGBl I 2019/62)*

(6) Die Verpflichteten haben Aufzeichnungen über die getroffenen Maßnahmen zur Ermittlung des wirtschaftlichen Eigentümers zu führen.

(7) Schadenersatzansprüche können aus dem Umstand, dass Verpflichtete bzw. deren Beschäftigte in fahrlässiger Unkenntnis, dass der Verdacht im Hinblick auf die Unrichtigkeit oder Unvollständigkeit einer Eintragung im Register falsch war, einen Vermerk gesetzt haben, nicht erhoben werden.

(8) Abs. 1 bis 7 sind nicht auf Bewilligte für Glücksspielautomaten und Wettunternehmer, die aufgrund einer landesgesetzlichen Bewilligung eingerichtet sind, anzuwenden.

*(BGBl I 2019/62)*

### Behördliche Einsicht in das Register

**§ 12.** (1) Die folgenden Behörden sind zu einer Einsicht in das Register berechtigt:

1. die Registerbehörde im Rahmen der ihr nach diesem Bundesgesetz zustehenden Befugnisse;
2. die Geldwäschemeldestelle (§ 4 Abs. 2 BKA-G) im Rahmen der ihr nach dem BKA-G zustehenden Befugnisse;
3. die folgenden Aufsichtsbehörden im Rahmen ihrer Aufgaben zur Verhinderung der Nutzung des Finanzsystems zum Zwecke der Geldwäscherei und Terrorismusfinanzierung:
   a) die FMA im Rahmen der Aufsicht über Kredit- und Finanzinstitute gemäß § 25 FM-GwG;
   b) der Bundesminister für Finanzen im Rahmen der Aufsicht über Bundeskonzessionäre gemäß § 14 und § 21 GSpG;
   c) die zuständigen Landesbehörden im Rahmen der Aufsicht über Landesbewilligte für Glücksspielautomaten und Wettunternehmer gemäß § 9 Abs. 1 Z 5 nach Maßgabe landesrechtlicher Vorschriften;
   d) die Rechtsanwaltskammer im Rahmen der Aufsicht über Rechtsanwälte;
   e) die Notariatskammer im Rahmen der Aufsicht über Notare;
   f) die Kammer der Wirtschaftstreuhänder im Rahmen der Aufsicht über Wirtschaftsprüfer und Steuerberater;
   g) der Präsident der Wirtschaftskammer Österreich im Rahmen der Aufsicht über Bilanzbuchhalter, Buchhalter und Personalverrechner gemäß § 1 BiBuG 2014;
   h) die Bezirksverwaltungsbehörden im Rahmen der Aufsicht über Finanzinstitute gemäß § 9 Abs. 1 Z 3, Handelsgewerbetreibende einschließlich Versteigerer, soweit sie Zahlungen von mindestens 10 000 Euro in bar annehmen gemäß § 365m1 Abs. 2 Z 1 GewO, Immobilienmakler gemäß § 365m1 Abs. 2 Z 2 GewO, Unternehmensberater gemäß § 365m1 Abs. 2 Z 3 GewO, Versicherungsvermittler gemäß § 365m1 Abs. 2 Z 4 GewO;
4. die Bezirksverwaltungsbehörden für die Zwecke der Einleitung und Führung von Verwaltungsstrafverfahren;
5. die Strafverfolgungsbehörden, die Staatsanwaltschaften und Gerichte für strafrechtliche Zwecke;
6. die Finanzstrafbehörden und das Bundesfinanzgericht für finanzstrafrechtliche Zwecke;
7. die Abgabenbehörden des Bundes und das Bundesfinanzgericht für abgabenrechtliche Zwecke, wenn dies im Interesse der Abgabenerhebung zweckmäßig und angemessen ist;
8. die Oesterreichische Nationalbank für die Zwecke der Wahrnehmung ihrer Aufgaben gemäß § 8 SanktG und § 5 des Devisengesetzes 2004;
9. der Bundesminister für Inneres für die Zwecke der Wahrnehmung seiner Aufgaben gemäß § 8 SanktG;
10. die Sicherheitsbehörden für Zwecke der Sicherheitspolizei.

(2) Die Einsicht gemäß Abs. 1 hat im elektronischen Wege zu erfolgen. § 9 Abs. 2, 4, 5 und 8 sind sinngemäß anzuwenden. Eine Einsicht gemäß Abs. 1 ist für jeden Stichtag möglich, zu dem Daten im Register erfasst sind. Sofern dies beantragt wird, sind in einen einfachen oder erweiterten Auszug auch historische Daten gemäß § 9 Abs. 4 Z 1 bis 4, 5 lit. a bis d bis g, 6 lit. a bis d, f bis h, 7 und 8 sowie Abs. 5 Z 2 aufzunehmen. Zudem kann auch beantragt werden, dass auch alle Rechtsträger angezeigt werden, bei dem ein bestimmter Rechtsträger als oberster Rechtsträger gemeldet wurde. § 9 Abs. 4 Schlussteil ist nur auf Behörden gemäß Abs. 1 Z 3 lit. d bis g sinngemäß anzuwenden.

(3) Die Registerbehörde, die Geldwäschemeldestelle und die Kriminalpolizei, die Staatsanwaltschaften und die Gerichte für strafrechtliche Zwecke können durch Eingabe eines oder mehrere Identifikatoren einer natürlichen Person alle Rechtsträger suchen, bei denen diese Person als wirtschaftlicher Eigentümer gemeldet wurde und einen Auszug anfordern, der sämtliche in dem Register über diese Person gespeicherten Daten enthält. Dieser Auszug wird mit einer Amtssignatur der Registerbehörde versehen.

*(BGBl I 2018/37, BGBl I 2019/62)*

(4) Die Registerbehörde, die Geldwäschemeldestelle und die Kriminalpolizei, die Staatsanwaltschaften und die Gerichte für strafrechtliche Zwecke dürfen zu einem gemeldeten obersten Rechtsträger alle Rechtsträger suchen, bei denen dieser oberste Rechtsträger gemeldet wurde.

*(BGBl I 2019/62)*

(5) Die in Abs. 1 genannten Behörden haben im Wege der Amtshilfe Auszüge gemäß § 10 an die zuständigen Behörden und zentralen Meldestellen der anderen Mitgliedstaaten zu übermitteln.

*(BGBl I 2019/62)*

(6) Die Registerbehörde darf in gemäß § 5a übermittelte Compliance-Packages Einsicht nehmen. Andere Behörden gemäß Abs. 1 dürfen nur dann in Compliance-Packages Einsicht nehmen, wenn diese nicht eingeschränkt sind.

*(BGBl I 2019/62)*

(7) Der Geldwäschemeldestelle und der Direktion Staatsschutz und Nachrichtendienst (§ 1 Abs. 3 SNG) darf von der Registerbehörde für die Zwecke der Verhinderung der Geldwäscherei und Terrorismusfinanzierung Einsicht über ein Anzeigetool auf bestimmte Daten der Risikoanalyse gemäß § 14 Abs. 3 Z 1 gewährt werden und ein Webservice für die Einbindung des Register eingerichtet werden. Der Registerbehörde steht es frei,

hinsichtlich der Ausgestaltung der Risikoanalyse und dem Webservice mit der Geldwäschemeldestelle und der Direktion Staatsschutz und Nachrichtendienst zusammenzuarbeiten. Aufwände, die mit der Ausgestaltung und Durchführung der Risikoanalysen, dem Anzeigetool und dem Webservice zusammenhängen, sind nach einem zu vereinbarenden Schlüssel von der Geldwäschemeldestelle und der Direktion Staatsschutz und Nachrichtendienst mitzutragen.

*(BGBl I 2019/62, BGBl I 2021/148)*

### Behördliche Meldung des wirtschaftlichen Eigentümers und behördlicher Vermerk

**§ 13.** (1) Wenn die Registerbehörde zu der Überzeugung gelangt, dass die Daten über die wirtschaftlichen Eigentümer eines Rechtsträgers unrichtig sind und ist die Registerbehörde überzeugt zu wissen, wer der oder die wirtschaftlichen Eigentümer eines Rechtsträgers sind, oder welche Daten einer Meldung zu berichtigen sind, dann kann sie im elektronischen Wege eine Meldung unter sinngemäßer Anwendung des § 5 Abs. 1 und 4 vornehmen. Die Bundesanstalt Statistik Österreich hat die behördlich gemeldeten Daten über den wirtschaftlichen Eigentümer mit dem Vermerk zu übernehmen, dass es sich um eine behördliche Meldung des wirtschaftlichen Eigentümers gemäß § 13 Abs. 1 handelt.

*(BGBl I 2019/62)*

(2) Der Rechtsträger ist von der Registerbehörde über das Unternehmensserviceportal von der behördlichen Meldung zu verständigen. Diese Verständigung hat den Hinweis zu enthalten, dass es sich um keine rechtswirksame Feststellung handelt und der Rechtsträger jederzeit eine Meldung gemäß § 5 Abs. 1 vornehmen kann.

*(BGBl I 2018/37, BGBl I 2019/62)*

(3) Wenn eine der in § 12 Abs. 1 genannten Behörden im Zuge ihrer Tätigkeit zu der Überzeugung gelangt, dass die Daten über die wirtschaftlichen Eigentümer eines Rechtsträgers unrichtig sind, dann kann sie im elektronischen Weg einen Vermerk setzen und hat die Gründe für die Setzung des Vermerkes in standardisierter Form zu übermitteln. Die Registerbehörde kann die Gründe für die Setzung eines Vermerkes auch in der Schriftform anführen. Die Bundesanstalt Statistik Österreich hat unter Angabe des Datums im Register anzumerken, dass die Eintragung nicht verifiziert werden konnte. Verpflichtete haben bei Vorliegen eines Vermerkes bei der Feststellung und Überprüfung der Identität des wirtschaftlichen Eigentümers zusätzliche geeignete Maßnahmen zu setzen, sodass sie überzeugt sind zu wissen, wer der wirtschaftliche Eigentümer ist. Eine Einstufung des Kunden in eine höhere Risikokategorie ist alleine aufgrund dieses Vermerkes nicht erforderlich.

*(BGBl I 2018/37, BGBl I 2019/62)*

(4) Die Bundesanstalt Statistik Österreich als Auftragsverarbeiterin der Registerbehörde hat das Unternehmensserviceportal im elektronischen Wege von dem Umstand, dass ein Vermerk gesetzt wurde und über die standardisierten Gründe sowie bei Vermerken der Registerbehörde auch über die Gründe in Schriftform zu verständigen. Der Rechtsträger ist von der Registerbehörde über das Unternehmensserviceportal über den Umstand, dass ein Vermerk gesetzt wurde unter Angabe der standardisierten Gründe und der Gründe in Schriftform zu informieren. Wenn der Rechtsträger eine neuerliche Meldung gemäß § 5 vornimmt, dann ist der Vermerk von der Bundesanstalt Statistik Österreich zu beenden. Wenn die Setzung eines Vermerkes rechtswidrig war, dann ist dieser auf Antrag von der Registerbehörde zu löschen.

*(BGBl I 2018/37, BGBl I 2019/62)*

### Behördliche Aufsicht

**§ 14.** (1) Die Registerbehörde ist der Bundesminister für Finanzen.

(2) Die Registerbehörde ist berechtigt im Rahmen der Führung des Registers Daten zu verarbeiten und Analysen zur Gewährleistung der Richtigkeit und Vollständigkeit der Daten sowie zur Einhaltung der Bestimmungen dieses Bundesgesetzes und der Verhinderung der Geldwäscherei und Terrorismusfinanzierung vorzunehmen und darf zu diesen Zwecken auch die im Register gespeicherten Daten mit anderen öffentlich verfügbaren Datenquellen abgleichen. Zu diesen Zwecken hat die Bundesanstalt Statistik Österreich nach Maßgabe der technischen Möglichkeiten der Registerbehörde Analysen und Auswertungen zu allen im Register gespeicherten Merkmalen zur Verfügung zu stellen.

*(BGBl I 2019/62)*

(3) Die Registerbehörde hat für die Zwecke der Gewährleistung, dass die im Register gespeicherten Daten angemessen, präzise und aktuell sind, die folgenden Maßnahmen zu treffen:

1. automatisationsunterstützte Analyse der Meldungen mit dem Zweck diese in Risikokategorien einzustufen und potentiell unrichtige Meldungen zu identifizieren,
2. stichprobenartige Überprüfung von eingehenden Meldungen auf Basis der Risikoanalyse gemäß Z 1 und ergänzend nach einer zufälligen Auswahl,
3. laufendes Monitoring der eingehenden Vermerke und stichprobenartige Überprüfung von jenen Rechtsträgern, die einen Vermerk nicht binnen sechs Wochen durch eine neue Meldung ersetzen,
4. anlassfallbezogene und prospektive Durchführung von Analysen gemäß Abs. 2.

(4) Die Registerbehörde kann von Rechtsträgern, und deren rechtlichen und wirtschaftlichen Eigentümern jederzeit Auskünfte über die für die Beurteilung des wirtschaftlichen Eigentums an dem betreffenden Rechtsträger erforderlichen Sachverhalte und die Vorlage entsprechender Urkunden und anderer schriftlicher Unterlagen verlangen.

(5) Für die Vollstreckung eines Bescheides der Registerbehörde tritt an die Stelle des in § 5 Abs. 3

VVG angeführten Betrages bei juristischen Personen der Betrag von 30 000 Euro und bei natürlichen Personen der Betrag von 15 000 Euro.

*(BGBl I 2019/62)*

(6) Die Verhängung von Zwangsstrafen gemäß § 16 sowie deren Einhebung, Sicherung und Einbringung obliegt dem Finanzamt Österreich.

*(BGBl I 2018/37, BGBl I 2019/62, BGBl I 2019/104)*

(7) Wenn eine betroffene Person gemäß Art. 16 oder 17 Verordnung (EU) 2016/679 eine Berichtigung oder Löschung von personenbezogenen Daten verlangt, dann hat die Registerbehörde die personenbezogenen Daten bei Vorliegen der Voraussetzungen des Art. 16 zu berichtigen und bei Vorliegen der Voraussetzungen des Art. 17 zu löschen. Es ist ein Hinweis aufzunehmen, wenn Daten gemäß Art. 16 Verordnung (EU) 2016/679 berichtigt oder gemäß Art. 17 Verordnung (EU) 2016/679 gelöscht wurden. Wenn eine betroffene Person zusätzlich eine Einschränkung der Verarbeitung gemäß Art. 18 Verordnung (EU) 2016/679 verlangt, dann hat die Registerbehörde die Einschränkung der Verarbeitung im Register anzumerken, wenn die Voraussetzungen des Art. 18 Abs. 1 Verordnung (EU) 2016/679 vorliegen. Die Einschränkung der Verarbeitung bewirkt, dass in Auszügen aus dem Register die betroffenen personenbezogenen Daten nicht angezeigt werden und auf die Einschränkung der Verarbeitung gemäß Art. 18 Verordnung (EU) 2016/679 hingewiesen wird. Die Registerbehörde hat den betroffenen Rechtsträger über eine Berichtigung, Löschung und Einschränkung der Verarbeitung zu informieren und einen Vermerk gemäß § 13 Abs. 3 zu setzen.

*(BGBl I 2018/37, BGBl I 2019/62)*

(8) Die Registerbehörde hat Meldungen, Vermerke und Logdateien, die Zugriffe auf das Register aufzeichnen für zehn Jahre in elektronischer Form aufzubewahren. Logdateien, die aus technischen Gründen geführt werden, sind für die Dauer von einem Jahr aufzubewahren.

*(BGBl I 2019/62)*

(9) Die Registerbehörde kann mit Bescheid feststellen, dass keine Berechtigung zur Einsicht gemäß § 9 besteht oder sie kann einen Verpflichteten mit Bescheid von der Einsicht gemäß § 9 auf bestimmte oder unbestimmte Dauer ausschließen, wenn dieser das Register unrechtmäßig oder missbräuchlich nützt oder genützt hat. Einem Rechtsmittel gegen solche Bescheide kommt keine aufschiebende Wirkung zu. Zwölf Monate nach Rechtskraft eines Bescheides, mit dem ein Verpflichteter von der Einsicht gemäß § 9 ausgeschlossen wurde, hat die Registerbehörde dem Verpflichteten auf Antrag wieder Einsicht in das Register zu gewähren, wenn zu erwarten ist, dass das unrechtmäßige oder missbräuchliche Verhalten nicht wiederholt werden wird. Über Beschwerden gegen Entscheidungen der Registerbehörde gemäß dieser Bestimmung erkennt das Bundesverwaltungsgericht.

*(BGBl I 2018/37, BGBl I 2019/62)*

(10) Die Registerbehörde hat Statistiken über die Nutzung des Registers, die Effektivität des Registers und über die angedrohten und festgesetzten Zwangsstrafen gemäß § 16 und die verhängten Strafen wegen Finanzvergehen gemäß § 15 zu führen.

*(BGBl I 2019/62)*

### Strafbestimmungen

**§ 15.** (1) Eines Finanzvergehens macht sich schuldig, wer

1. eine unrichtige oder unvollständige Meldung (§ 5) abgibt und dadurch wirtschaftliche Eigentümer nicht offenlegt,
2. seiner Meldepflicht (§ 5) trotz zweimaliger Aufforderung nicht nachkommt,
3. bei Wegfall einer Meldebefreiung nach § 6 oder in den Fällen des § 3 Abs. 8 vor der Beurkundung oder Aufnahme einer Notariatsurkunde zum Zwecke des Erwerbs eines im Inland gelegenen Grundstücks keine, eine unrichtige oder eine unvollständige Meldung abgibt und dadurch wirtschaftliche Eigentümer nicht offenlegt,

   *(BGBl I 2021/25)*
4. Änderungen der Angaben über die wirtschaftlichen Eigentümer nicht binnen vier Wochen nach Kenntnis der Änderung übermittelt (§ 5 Abs. 1),
5. seinen Status als Trustee nicht gemäß § 3 Abs. 4 offenlegt und die Angaben über die wirtschaftlichen Eigentümer des Trusts oder der trustähnlichen Vereinbarung nicht gemäß § 3 Abs. 4 übermittelt, oder
6. seinen Status als meldepflichtiger ausländischer Rechtsträger nicht gemäß § 3 Abs. 6 offenlegt und die Angaben über die wirtschaftlichen Eigentümer des meldepflichtigen ausländischen Rechtsträgers nicht gemäß § 3 Abs. 6 übermittelt

   *(BGBl I 2021/25)*

und ist bei vorsätzlicher Begehung mit einer Geldstrafe bis zu 200 000 Euro zu bestrafen. Wer die Tat grob fahrlässig begeht, ist mit einer Geldstrafe bis zu 100 000 Euro zu bestrafen.

*(BGBl I 2019/62)*

(2) Wer unter Verletzung von § 3 Abs. 2 die für die Erfüllung der Sorgfaltspflichten gemäß § 3 Abs. 1 erforderlichen Kopien der Dokumente und Informationen nicht bis mindestens fünf Jahre nach dem Ende des wirtschaftlichen Eigentums der natürlichen Person aufbewahrt, macht sich eines Finanzvergehens schuldig, und ist bei vorsätzlicher Begehung mit einer Geldstrafe bis zu 75 000 Euro zu bestrafen. Wer die Tat grob fahrlässig begeht, ist mit einer Geldstrafe bis zu 25 000 Euro zu bestrafen.

*(BGBl I 2019/62)*

(3) Wer, ohne den Tatbestand des Abs. 1 zu erfüllen, im Zuge der Übermittlung eines Compliance-Packages vorsätzlich falsche oder verfälschte Dokumente an das Register übermittelt, macht

sich eines Finanzvergehens schuldig, und ist mit einer Geldstrafe bis zu 75 000 Euro zu bestrafen.

*(BGBl I 2019/62)*

(4) Einer Finanzordnungswidrigkeit macht sich schuldig, wer vorsätzlich, ohne den Tatbestand der Abs. 1 oder 3 zu erfüllen, eine unrichtige oder unvollständige Meldung abgibt, und ist mit einer Geldstrafe von bis zu 25 000 Euro zu bestrafen.

*(BGBl I 2019/62)*

(5) Einer Finanzordnungswidrigkeit macht sich schuldig, wer vorsätzlich, ohne den Tatbestand der Abs. 1 oder 3 zu erfüllen, bei der Übermittlung eines Compliance-Packages erforderliche Dokumente (§ 5a Abs. 1) nicht übermittelt oder sonstige Pflichten nach § 5a nicht erfüllt, und ist mit einer Geldstrafe bis zu 10 000 Euro zu bestrafen.

*(BGBl I 2019/62)*

(6) Eines Finanzvergehens macht sich schuldig, wer vorsätzlich Datensätze, die mit einer Auskunftssperre oder einer Einschränkung der Einsicht (§ 10a) gekennzeichnet sind, oder wer vorsätzlich Auszüge, in denen solche Datensätze enthalten sind, an Dritte weitergibt, und ist mit einer Geldstrafe bis zu 50 000 Euro zu bestrafen.

*(BGBl I 2019/62)*

(7) Die Finanzvergehen nach Abs. 1 bis 6 hat das Gericht niemals zu ahnden.

*(BGBl I 2019/62)*

(8) Ergibt sich innerhalb des dienstlichen Wirkungsbereiches der Registerbehörde der begründete Verdacht auf das Vorliegen eines Finanzvergehens oder einer Finanzordnungswidrigkeit nach Abs. 1 bis 6, hat die Registerbehörde die gemäß § 58 FinStrG zuständige Finanzstrafbehörde hiervon zu verständigen.

*(BGBl I 2019/62)*

### Zwangsstrafen

**§ 16.** (1) Wird die Meldung gemäß § 5 nicht erstattet, kann das Finanzamt Österreich deren Vornahme durch Verhängung einer Zwangsstrafe gemäß § 111 BAO erzwingen. Die Androhung der Zwangsstrafe ist mit Setzung einer Frist von sechs Wochen vorzunehmen.

*(BGBl I 2018/37, BGBl I 2019/62, BGBl I 2019/104)*

(2) Zwangsstrafen gemäß Abs. 1 gelten als Abgaben im Sinne des § 213 Abs. 2 BAO.

### Nutzungsentgelte

**§ 17.** (1) Der Bundesminister für Finanzen hat für die Nutzung des Registers mit Verordnung ein Nutzungsentgelt für die folgenden Nutzungsarten des Registers vorzusehen:

1. Einsicht gemäß § 10;

   *(BGBl I 2019/62)*

2. Einsicht der Verpflichteten mittels einfacher Auszüge gemäß § 9 Abs. 4;
3. Einsicht der Verpflichteten mittels erweiterter Auszüge gemäß § 9 Abs. 5;

3a. Einsicht der Verpflichteten mittels erweiterter Auszüge gemäß § 9 Abs. 5 unter gleichzeitiger Einsicht in ein Compliance-Package gemäß § 9 Abs. 5a;

   *(BGBl I 2019/62)*

4. Einsicht der Verpflichteten unter Verrechnung eines jährlichen pauschalen Nutzungsentgeltes. Das jährliche pauschale Nutzungsentgelt berechtigt zu einfachen Auszügen gemäß § 9 Abs. 4, erweiterten Auszügen gemäß § 9 Abs. 5 und erweiterten Auszügen gemäß § 9 Abs. 5 unter gleichzeitiger Einsicht in ein Compliance-Package gemäß § 9 Abs. 5a sowie zur Vornahme von Meldungen als Parteienvertreter für Rechtsträger. Ein bereits entrichtetes jährliches Nutzungsentgelt kann nicht rückerstattet werden. Das pauschale Nutzungsentgelt kann entsprechend der erwarteten Nutzung des Registers festgelegt werden.

   *(BGBl I 2019/62)*

(2) Die Registerbehörde hat das Nutzungsentgelt vor der Nutzung des Registers im Wege eines elektronischen Zahlungsverfahrens zu verrechnen. Wenn Verpflichtete bereits die Einsicht gemäß Abs. 1 Z 4 nutzen, so hat die Registerbehörde im elektronischen Wege über das Unternehmensserviceportal diese vier Wochen vor Beginn des neuen Nutzungszeitraumes zur Zahlung des Nutzungsentgeltes für den folgenden Nutzungszeitraum aufzufordern. Sollte der Verpflichtete bis zum Beginn des neuen Nutzungszeitraums keine Zahlung durchführen, so endet die Nutzung gemäß Abs. 1 Z 4 mit dem Ende des Nutzungszeitraums.

(3) Das Nutzungsentgelt ist von der Bundesrechenzentrum GmbH für die Registerbehörde zu vereinnahmen und laufend auf einem für diesen Zweck eingerichteten Konto gutzuschreiben. Hierbei ist die Bundesrechenzentrum GmbH lediglich eine Zahlstelle. Die vereinnahmten Nutzungsentgelte sind monatlich bis zum 15. des folgenden Kalendermonats in voller Höhe an den Bundesminister für Finanzen abzuführen. Gleichzeitig sind der Bundesrechenzentrum GmbH die Betriebs- und die Weiterentwicklungskosten des Registers gemäß § 8 zu ersetzen.

(4) Die Nutzungsentgelte gemäß Abs. 1 dürfen nicht über die dadurch verursachten Verwaltungskosten hinausgehen. Verwaltungskosten sind:

1. sämtliche Aufwendungen für die Errichtung des Registers,
2. sämtliche Aufwendungen für den Betrieb des Registers,
3. ein Zuschlag von 50 vH von Z 2 für die behördliche Aufsicht und
4. Aufwendungen für zukünftige Weiterentwicklungen des Registers, wenn diese schon hinreichend feststehen und innerhalb der nächsten drei Jahre eintreten.

Der Bundesminister für Finanzen hat jährlich zu prüfen, ob die Summe der vereinnahmten Nutzungsentgelte geringer als die Summe der Verwaltungskosten ist. Maßgeblich hiefür sind jeweils die letzten zehn Kalenderjahre, beginnend mit dem Kalenderjahr 2016. Wenn die Summe der vereinnahmten Nutzungsentgelte die Summe der Verwaltungskosten übersteigt, dann hat der Bundesminister für Finanzen die Nutzungsentgelte im nächsten Kalenderjahr entsprechend herabzusetzen. Der Bundesminister für Finanzen kann die Nutzungsentgelte erhöhen, wenn nicht zu erwarten ist, dass die Summe der vereinnahmten Nutzungsentgelte die Verwaltungskosten im nächsten Kalenderjahr übersteigt.

(5) Der Bundesminister für Finanzen kann mit Verordnung die technischen Vorkehrungen für die gemäß der Richtlinie (EU) 2015/849 vorgesehene Vernetzung der Register auf europäischer Ebene treffen und zusätzliche technische Möglichkeiten für die Einsicht in das Register vorsehen und hiefür ein gesondertes Nutzungsentgelt festlegen.

### Übergangsvorschriften

**§ 18.** (1) Die Rechtsträger haben die Meldungen gemäß § 5 Abs. 1 erstmalig bis zum 1. Juni 2018 zu erstatten.

(2) Die Möglichkeiten zur Einsicht gemäß § 9, § 10 und § 12 sind ab dem 2. Mai 2018 bereitzustellen.

(3) Die Fristen zur Meldung der Daten gemäß § 5 Abs. 1 sowie die Frist zur Androhung und Verhängung einer Zwangsstrafe gemäß § 16 Abs. 1 werden jeweils unterbrochen, wenn die Fristen mit Ablauf des 16. März 2020 noch nicht abgelaufen waren oder der Beginn des Fristenlaufs in die Zeit von 16. März 2020 bis zum Ablauf des 30. April 2020 fällt. Die genannten Fristen beginnen mit 1. Mai 2020 neu zu laufen.

*(BGBl I 2020/23)*

(4) Der Bundesminister für Finanzen wird ermächtigt, durch Verordnung bis längstens 31. Dezember 2020

1. die in Abs. 3 angeordnete allgemeine Unterbrechung von Fristen zu verlängern oder weitere allgemeine Ausnahmen von der Unterbrechung vorzusehen, soweit dies zur Verhütung und Bekämpfung der Verbreitung von COVID-19 erforderlich ist;
2. weitere Bestimmungen vorzusehen, die den Einfluss der Maßnahmen, die zur Verhinderung der Verbreitung von COVID-19 getroffen werden, auf den Lauf von Fristen und die Einhaltung von Terminen für anhängige oder noch anhängig zu machende ordentliche Rechtsmittelverfahren regeln. Er kann betreffend das ordentliche Rechtsmittelverfahren insbesondere die Unterbrechung, die Hemmung, die Verlängerung oder die Verkürzung von Fristen anordnen, Säumnisfolgen bei Nichteinhaltung von Terminen ausschließen sowie bestimmen, ob und auf welche Weise verfahrensrechtliche Rechtsnachteile, die durch die Versäumung von Fristen oder Terminen eintreten können, hintangehalten und bereits eingetretene wieder beseitigt werden.

Dabei sind die Interessen an der Fortsetzung dieser Verfahren, insbesondere die Abwehr eines erheblichen und unwiederbringlichen Schadens von den Verfahrensparteien, einerseits und das Interesse der Allgemeinheit an der Verhütung und Bekämpfung der Verbreitung von COVID-19 sowie am Schutz der Aufrechterhaltung eines geordneten Verwaltungsbetriebes andererseits gegeneinander abzuwägen.

*(BGBl I 2020/23)*

### Inkrafttreten

**§ 19.** (1) Dieses Bundesgesetz tritt mit Ausnahme der § 1 und § 2 am 15. Jänner 2018 in Kraft. § 1 und § 2 treten mit dem der Kundmachung folgenden Tag in Kraft.

(2) § 5 Abs. 3 und § 7 in der Fassung des Bundesgesetzes BGBl. I Nr. 150/2017 treten mit dem der Kundmachung folgenden Tag in Kraft. § 9 Abs. 3 und § 10 Abs. 2 in der Fassung des Bundesgesetzes BGBl. I Nr. 150/2017 treten mit 15. Jänner 2018 in Kraft.

(3) § 2 Z 1, § 5 Abs. 3, § 6 Abs. 1 bis 6, § 9 Abs. 1 Z 1, § 12 Abs. 3, § 14 Abs. 3, § 15 Abs. 3 bis 5, § 16 Abs. 1 und § 20 Abs. 1 in der Fassung des Bundesgesetzes BGBl. I Nr. 37/2018 treten mit 1. August 2018 in Kraft. § 5 Abs. 5 tritt mit 1. Oktober 2018 in Kraft. Für alle von § 5 Abs. 5 erfassten Rechtsträger, die wirtschaftliche Eigentümer gemäß § 2 Z 1 lit. b vor diesem Stichtag gemeldet haben, sind mit diesem Stichtag die natürlichen Personen, die der obersten Führungsebene des Rechtsträgers angehören, von der Bundesanstalt Statistik Österreich aus dem Firmenbuch zu übernehmen und laufend aktuell zu halten.

*(BGBl I 2018/37)*

(4) Die §§ 9 Abs. 2, 10a, 15 Abs. 4 und 20 Abs. 1 sowie die Änderung des Inhaltsverzeichnisses in der Fassung des Bundesgesetzes BGBl. I Nr. 62/2018 treten mit 1. Oktober 2018 in Kraft.

*(BGBl I 2018/62)*

(5) § 1 Abs. 2 Z 17 und 18 und Abs. 4, § 2 Z 2 lit. a und c, § 3 Abs. 3 bis 5, § 4, § 5 Abs. 1 Z 3 lit. a und b sowie Abs. 1 Schlussteil, § 5 Abs. 5, § 7 Abs. 3, § 9 Abs. 1 Z 15 und 16, Abs. 2, 3, 5 Z 2 und Abs. 9, § 10, § 11 Abs. 1, 3, 5 und 8, § 12 Abs. 3 bis 5 und 7, § 13 Abs. 1 bis 4, § 14, § 15 Abs. 1, 2, 4, 6 bis 8, § 16 Abs. 1, § 17 Abs. 1 Z 1 und § 20 Abs. 2 Z 2 sowie die Änderungen des Inhaltsverzeichnis zu § 10 treten in der Fassung des BGBl. Nr. 62/2019 mit 10. Jänner 2020 in Kraft. § 3 Abs. 2, § 5 Abs. 1 Z 4 und Abs. 7, § 5a samt Überschrift, § 9 Abs. 4 Z 7a bis 7c, § 9 Abs. 5a und 5b, § 11 Abs. 2a, § 12 Abs. 6, § 15 Abs. 3 und 5, § 17 Abs. 1 Z 3a und 4 sowie die Änderung des Inhaltsverzeichnis zu § 5a in der Fassung des BGBl. I Nr. 62/2019 treten mit 10. November 2020 in Kraft. § 5 Abs. 6 tritt mit 10. März 2021 in Kraft. Die Änderungen in § 5 Abs. 1 Z 3 lit. a und b sind auf Meldungen anzuwenden, die nach dem 10. Jänner 2020 übermittelt werden.

*(BGBl I 2019/62)*

(6) § 14 Abs. 6 und § 16 Abs. 1, jeweils in der Fassung des Bundesgesetzes BGBl. I Nr. 104/2019, treten mit 1. Juli 2020 in Kraft.

*(BGBl I 2019/104)*

(7) § 18 Abs. 3 und 4 in der Fassung des Bundesgesetzes BGBl. I Nr. 23/2020 treten mit Ablauf des Tages der Kundmachung des genannten Bundesgesetzes in Kraft und mit Ablauf des 31. Dezember 2020 außer Kraft.

*(BGBl I 2020/23, BGBl I 2021/25)*

(8) § 1 Abs. 2 Einleitungssatz, § 1 Abs. 2 Z 17 bis 19, § 1 Abs. 2 Schlussteil, § 3 Abs. 6 bis 8, § 5a Abs. 1 Z 3, § 5a Abs. 5 und 8, § 7 Abs. 2, § 9 Abs. 1 Z 11, § 9 Abs. 2, § 9 Abs. 9, § 11 Abs. 1, § 15 Abs. 1 Z 3 und 6 und § 20 Abs. 1 Z 25 in der Fassung des Bundesgesetzes BGBl. I Nr. 25/2021 treten am 1. April 2021 in Kraft. Dieses Bundesgesetz in der Fassung des Bundesgesetzes BGBl. I Nr. 25/2021 ist auf meldepflichtige ausländische Rechtsträger sowie Trusts und trustähnliche Vereinbarungen anzuwenden, deren Verwaltung sich nicht im Inland oder in einem anderen Mitgliedstaat befindet, die sich nach dem 1. April 2021 verpflichtet haben, Eigentum an einem im Inland gelegenen Grundstück zu erwerben.

*(BGBl I 2021/25)*

### Verweisungen

**§ 20.** (1) Soweit in diesem Bundesgesetz auf folgende Gesetze verwiesen wird, sind diese, wenn nicht Anderes angeordnet ist, in ihrer jeweils geltenden Fassung anzuwenden:

1. Unternehmensgesetzbuch, dRGBl. S 219/1897;
2. Bundesabgabenordnung (BAO), BGBl. Nr. 194/1961;
3. Sparkassengesetz (SpG), BGBl. Nr. 64/1979;
4. Einkommensteuergesetz 1988 (EStG 1988), BGBl. Nr. 400/1988;
5. Glücksspielgesetz (GSpG), BGBl. Nr. 620/1989;
6. Firmenbuchgesetz (FBG), BGBl. Nr. 10/1991;
7. Meldegesetz 1991 (MeldeG), BGBl. Nr. 9/1992;
8. Gewerbeordnung 1994 (GewO), BGBl. Nr. 194/1994;
9. Bundesgesetz über die Bundesrechenzentrum GmbH (BRZ GmbH), BGBl. Nr. 757/1996;
10. Wirtschaftstreuhandberufsgesetz 2017 (WTBG 2017), BGBl. I Nr. 137/2017;
11. Bundesgesetz über die Bundesstatistik (Bundesstatistikgesetz 2000), BGBl I Nr. 163/1999;
12. Bundeskriminalamt-Gesetz (BKA-G), BGBl. I Nr. 22/2002;
13. Vereinsgesetz 2002 (VerG), BGBl. I Nr. 66/2002;
14. Devisengesetz 2004, BGBl. I Nr. 123/2003;
15. Unternehmensserviceportalgesetz (USPG), BGBl. I Nr. 52/2009;
16. Sanktionengesetz 2010 (SanktG), BGBl. I Nr. 36/2010;
17. Bilanzbuchhaltungsgesetz 2014 (BiBuG 2014), BGBl. I Nr. 191/2013;
18. Versicherungsaufsichtsgesetz 2016 (VAG 2016), BGBl. I Nr. 34/2015;
19. Gemeinsamer Meldestandard-Gesetz (GMSG), BGBl. I Nr. 116/2015;
20. Bundes-Stiftungs- und Fondsgesetz 2015 (BStFG 2015), BGBl. I Nr. 160/2015;
21. Finanzmarkt-Geldwäschegesetz (FM-GwG), BGBl. I Nr. 118/2016;

    *(BGBl I 2018/37)*
22. Bundesgesetz zur Schaffung einer Abbaueinheit (GSA), BGBl. I Nr. 51/2014;

    *(BGBl I 2018/37)*
23. Bundesgesetz über die Sanierung und Abwicklung von Banken (Sanierungs- und Abwicklungsgesetz – BaSAG), BGBl. I Nr. 98/2014;

    *(BGBl I 2018/37, BGBl I 2018/62)*
24. Strafgesetzbuch (StGB), BGBl. Nr. 60/1974;

    *(BGBl I 2018/62)*
25. Grunderwerbsteuergesetz 1987 (GrEStG 1987), BGBl. Nr. 309/1987.

    *(BGBl I 2021/25)*

(2) Soweit in diesem Bundesgesetz auf Richtlinien der Europäischen Union verwiesen wird, sind diese, wenn nicht Anderes angeordnet ist, in der nachfolgend genannten Fassung anzuwenden:

1. Richtlinie 2013/34/EU über den Jahresabschluss, den konsolidierten Abschluss und damit verbundene Berichte von Unternehmen bestimmter Rechtsformen und zur Änderung der Richtlinie 2006/43/EG und zur Aufhebung der Richtlinien 78/660/EWG und 83/349/EWG, ABl. Nr. L 182 vom 29.06.2013 S. 19, zuletzt geändert durch die Richtlinie 2014/102/EU, ABl. Nr. L 334 vom 21.11.2014 S. 86;
2. Richtlinie (EU) 2015/849 zur Verhinderung der Nutzung des Finanzsystems zum Zwecke der Geldwäsche und der Terrorismusfinanzierung, zur Änderung der Verordnung (EU) Nr. 648/2012 des Europäischen Parlaments und des Rates und zur Aufhebung der Richtlinie 2005/60/EG des Europäischen Parlaments und des Rates und der Richtlinie 2006/70/EG der Kommission, ABl. Nr. L 141 vom 05.06.2015 S. 73, zuletzt geändert durch die Richtlinie (EU) 2018/843 vom 30. Mai 2018.

   *(BGBl I 2019/62)*

(3) Soweit in diesem Bundesgesetz auf Verordnungen der Europäischen Union Bezug genommen wird, sind diese, wenn nicht Anderes angeordnet ist, in der nachfolgend genannten Fassung maßgeblich:

1. Verordnung (EU) 2016/679 zum Schutz natürlicher Personen bei der Verarbeitung per-

sonenbezogener Daten, zum freien Datenverkehr und zur Aufhebung der Richtlinie 95/46/EG (Datenschutz-Grundverordnung), ABl. Nr. L 119 vom 04.05.2016 S. 1.

*(BGBl I 2018/37)*

### Sprachliche Gleichbehandlung

**§ 21.** Soweit in diesem Bundesgesetz personenbezogene Bezeichnungen nur in männlicher Form angeführt sind, beziehen sie sich auf Frauen und Männer in gleicher Weise. Bei der Anwendung auf bestimmte Personen ist die jeweils geschlechtsspezifische Form zu verwenden.

### Vollzugsklausel

**§ 22.** Mit der Vollziehung dieses Bundesgesetzes ist der Bundesminister für Finanzen betraut.

## 14/11/1. WiEReG-NutzungsentgelteV

BGBl II 2018/77 idF BGBl II 2019/437

**Verordnung des Bundesministers für Finanzen zur Festlegung der Nutzungsentgelte für die Nutzung des Registers der wirtschaftlichen Eigentümer (WiEReG-NutzungsentgelteV)**

Auf Grund des § 17 des Wirtschaftliche Eigentümer Registergesetzes (WiEReG), BGBl. I Nr. 136/2017, zuletzt geändert durch das Bundesgesetz BGBl. I Nr. 150/2017, wird verordnet:

### Einzelverrechnung des Nutzungsentgeltes

**§ 1.** (1) Das Nutzungsentgelt für die Einsicht in das Register der wirtschaftlichen Eigentümer beträgt für jeden Auszug bei der Einsicht

1. der Verpflichteten mittels einfacher Auszüge gemäß § 9 Abs. 4 WiEReG.......... 3,00 Euro;
2. der Verpflichteten mittels erweiterter Auszüge gemäß § 9 Abs. 5 WiEReG.......... 3,60 Euro;
3. der Verpflichteten mittels erweiterter Auszüge gemäß § 9 Abs. 5 WiEReG unter gleichzeitiger Einsicht in ein Compliance-Package gemäß § 9 Abs. 5a........................ 7,20 Euro;
   *(BGBl II 2019/437)*
4. bei öffentlichen Auszügen gemäß § 10 WiEReG...................................... 3,00 Euro.
   *(BGBl II 2019/437)*

(2) Das Nutzungsentgelt ist im Wege des elektronischen Zahlungsverkehrs im Voraus zu entrichten.

### Pauschales Nutzungsentgelt

**§ 2.** (1) Auf Antrag eines Verpflichteten ist die Einsicht in das Register unter Verrechnung eines im Voraus zu entrichtenden, jährlichen pauschalen Nutzungsentgeltes zu gewähren. Das jährliche pauschale Nutzungsentgelt berechtigt zu einfachen Auszügen gemäß § 9 Abs. 4 WiEReG, zu erweiterten Auszügen gemäß § 9 Abs. 5 WiEReG und zu erweiterten Auszügen unter gleichzeitiger Einsicht in ein Compliance-Package gemäß § 9 Abs. 5a WiEReG sowie zur Vornahme von Meldungen als Parteienvertreter für Rechtsträger.

*(BGBl II 2019/437)*

(2) Es beträgt für ein Kontingent von

1. 50 Abfragen.................................. 130 Euro;
   *(BGBl II 2019/437)*
2. 250 Abfragen................................ 600 Euro;
   *(BGBl II 2019/437)*
3. 750 Abfragen............................. 1 650 Euro;
   *(BGBl II 2019/437)*
4. 2 500 Abfragen .......................... 5 250 Euro;
   *(BGBl II 2019/437)*
5. 7 500 Abfragen ........................ 15 000 Euro.

Eine Abfrage berechtigt zum Abruf eines einfachen oder erweiterten Auszuges. Für den Abruf eines erweiterten Auszuges unter gleichzeitiger

Einsicht in ein Compliance-Package sind zwei Abfragen erforderlich.

*(BGBl II 2019/437)*

(3) Nach dem Ende des jährlichen Nutzungszeitraums kann ein nicht ausgenütztes Kontingent nicht mehr verwendet werden. Bei Beantragung eines beliebigen neuen Kontingentes gemäß Abs. 2 wird ein nicht ausgenütztes Kontingent auf dieses übertragen und kann weiter verwendet werden. Ein bereits entrichtetes jährliches pauschales Nutzungsentgelt kann nicht rückerstattet werden.

*(BGBl II 2019/108)*

(4) Wenn vor dem Ablauf des aktuellen Nutzungszeitraums ein neues Kontingent beantragt wird, dann beginnt der neue Nutzungszeitraum zu dem Zeitpunkt, in dem der aktuelle Nutzungszeitraum durch Zeitablauf endet. Ist das aktuelle Kontingent zu einem früheren Zeitpunkt vollständig verbraucht, beginnt der neue Nutzungszeitraum zu diesem Zeitpunkt.

(5) Auf Antrag eines Verpflichteten kann das jährliche pauschale Nutzungsentgelt auch als Abonnement gewährt werden, wenn dieser einer dauerhaften Zahlungsmethode zugestimmt hat. In diesem Fall kann der Verpflichtete wählen, welches Kontingent gemäß Abs. 2 nach dem Ende des jährlichen Nutzungszeitraumes aktiviert werden soll. Einen Monat vor Ablauf des aktuellen Nutzungszeitraumes oder sobald 75vH eines Kontingents verbraucht wurden, ist der Verpflichtete zu informieren, dass nach Ende des aktuellen Nutzungszeitraumes bzw. nach Verbrauch des Kontingents gemäß dem Abonnements das gewählte Kontingent aktiviert wird und das Nutzungsentgelt zu entrichten ist. Bis zum Beginn eines neuen jährlichen Nutzungszeitraums kann der Verpflichtete das Abonnement jederzeit deaktivieren oder den Umfang des beantragten Kontingents ändern. Kann das Nutzungsentgelt nicht über die vereinbarte dauerhafte Zahlungsmethode entrichtet werden, dann ist Abs. 6 sinngemäß anzuwenden.

(6) Sollte eine bereits erfolgte Zahlung eines Nutzungsentgeltes auf welche Art auch immer widerrufen werden, so kann ein zu diesem Zeitpunkt noch nicht ausgenütztes Kontingent nicht mehr weiter verwendet werden. Erst nach vollständiger Entrichtung des Nutzungsentgeltes kann ein noch nicht ausgenütztes Kontingent bis zum Ende des ursprünglichen Nutzungszeitraumes verwendet werden. Sollte eine bereits erfolgte Zahlung eines Nutzungsentgeltes in Missbrauchsabsicht widerrufen werden, so kann der Bundesminister für Finanzen vom Verpflichteten für die bereits erfolgte Ausnutzung des Kontingents eine angemessene Entschädigung verlangen.

*(BGBl II 2019/108)*

### Inkrafttreten

**§ 3.** (1) Diese Verordnung tritt mit 1. Mai 2018 in Kraft.

*(BGBl II 2019/108)*

(2) § 2 Abs. 3 in der Fassung der Verordnung, BGBl. II Nr. 108/2019, tritt mit 1. Mai 2019 in Kraft und § 2 Abs. 5 und 6 in der Fassung der Verordnung, BGBl. II Nr. 108/2019, tritt mit 1. Oktober 2019 in Kraft.

*(BGBl II 2019/108)*

(3) § 1 Abs. 1 und § 2 Abs. 1 und 2 in der Fassung der Verordnung, BGBl. II Nr. 437/2019 treten mit 10. Jänner 2020 in Kraft. § 2 Abs. 1 und 2 sind mit der Maßgabe anzuwenden, dass Nutzungsentgelte für Abrufe von erweiterten Auszügen unter gleichzeitiger Einsicht in ein Compliance-Package gemäß § 9 Abs. 5a WiEReG erst ab 10. November 2020 vorgeschrieben werden dürfen. § 2 Abs. 2 ist auf zum 10. Jänner 2020 bestehende Kontingente mit der Maßgabe anzuwenden, dass diese ab dem 10. Jänner 2020 zu Abfragen in der Höhe der noch vorhandenen einfachen oder erweiterten Auszügen berechtigen.

*(BGBl II 2019/437)*

## 14/11/2. WiEReG-EinsichtsV

BGBl II 2019/390 idF BGBl I 2020/571

**Verordnung des Bundesministers für Finanzen über zusätzliche technische Möglichkeiten für die Einsicht in das Register (WiEReG-EinsichtsV)**

Auf Grund des § 9 und des § 17 Abs. 5 des Wirtschaftliche Eigentümer Registergesetzes (WiEReG), BGBl. I Nr. 136/2017, zuletzt geändert durch das Bundesgesetz BGBl. I Nr. 104/2019, wird verordnet:

### Inhalt von XML-Dateien

**§ 1.** (1) Bei Abruf eines erweiterten Auszuges durch einen Verpflichteten aus dem Register der wirtschaftlichen Eigentümer mit dem Webservice des Unternehmensserviceportals gemäß § 9 Abs. 3 WiEReG ist zusätzlich eine Datei im Extensible Markup Language Format (XML-Datei) zur Verfügung zu stellen.

(2) Die XML-Datei hat Folgendes zu enthalten:

1. Allgemeine Daten:
   a) die Angabe, ob ein vollständiger erweiterter Auszug vorliegt;
   b) die Angabe, ob ein aufrechter Vermerk gemäß § 11 Abs. 4 oder § 13 Abs. 3 WiEReG vorliegt;
   c) den Zeitpunkt der letzten Meldung und die Angabe, ob eine Befreiung von der Meldepflicht gemäß § 6 WiEReG zur Anwendung gelangt und ob auf diese verzichtet wurde;
   d) die Angabe, ob die wirtschaftlichen Eigentümer durch einen berufsmäßigen Parteienvertreter festgestellt und überprüft wurden;
   *(BGBl II 2020/571)*
   e) die Angabe, ob ein gültiges Compliance-Package für den Rechtsträger eingesehen werden kann;
   *(BGBl II 2020/571)*
   f) wenn die wirtschaftlichen Eigentümer gemäß § 2 Z 1 lit. b WiEReG festgestellt wurden, die Angabe, ob nach Ausschöpfung aller Möglichkeiten die wirtschaftlichen Eigentümer nicht festgestellt und überprüft werden konnten;
   *(BGBl II 2020/571)*
2. Angaben zum Rechtsträger:
   a) Name des Rechtsträgers und Adressmerkmale;
   b) Rechtsform und eine Information über den Bestandszeitraum des Rechtsträgers;
   c) Stammzahl und Stammregister des Rechtsträgers;
   d) ÖNACE-Code für Haupttätigkeiten des Rechtsträgers, soweit dieser im Register gespeichert ist;
3. Angaben zu den Wirtschaftlichen Eigentümern:
   a) die Daten über alle direkten wirtschaftlichen Eigentümer gemäß § 9 Abs. 4 Z 5 WiEReG;
   b) die Daten über alle indirekten wirtschaftlichen Eigentümer gemäß § 9 Abs. 4 Z 6 lit. a bis e, g und h WiEReG und die Daten gemäß § 9 Abs. 4 Z 6 lit. f WiEReG über die jeweiligen obersten Rechtsträger, soweit diese verfügbar sind;
4. die auf Basis der Eintragungen im Register automationsunterstützt generierte Darstellung aller bekannten Beteiligungsebenen gemäß § 9 Abs. 5 Z 1 WiEReG mit den Daten gemäß § 9 Abs. 4 Z 1 bis 4 WiEReG zu den errechneten Rechtsträgern und den Daten gemäß § 9 Abs. 4 Z 5 lit. a bis d und g WiEReG zu den errechneten natürlichen Personen, jeweils soweit diese verfügbar sind;
5. Daten gemäß § 9 Abs. 4 Z 5 lit. a bis d und g WiEReG zu den vertretungsbefugten Personen des Rechtsträgers;
   *(BGBl II 2020/571)*
6. zum Compliance-Package die Informationen, Daten und Dokumente, die gemäß § 5a Abs. 1 Z 1 bis 4 und Abs. 3 WiEReG übermittelt wurden;
   *(BGBl II 2020/571)*
7. sonstige Informationen:
   a) die Angabe, ob bei einem wirtschaftlichen Eigentümer oder bei einer vertretungsbefugten Person die Daten mit dem Zentralen Melderegister abgeglichen und laufend aktuell gehalten werden;
   b) die Angabe, ob bei einem Rechtsträger oder obersten Rechtsträger die Daten mit dem jeweiligen Stammregister abgeglichen und laufend aktuell gehalten werden;
   c) die Angabe, ob Datensätze mit einer Auskunftssperre (§ 9 Abs. 4 WiEReG), einer Einschränkung der Einsicht (§ 10a WiEReG) oder einer Einschränkung der Verarbeitung (§ 14 Abs. 7 WiEReG) gekennzeichnet sind oder gelöscht wurden (§ 14 Abs. 7 WiEReG);
   d) eine eindeutige Identifizierung von natürlichen und juristischen Personen innerhalb der XMLDatei, die bei Erstellung der XML-Datei neu vergeben wird;
   e) die anteiligen Kosten des Auszuges basierend auf dem aktuellen jährlichen pauschalen Nutzungsentgelt;

f) den Hinweis, dass keine Gewähr für die Richtigkeit und Vollständigkeit der Daten übernommen werden kann.

*(BGBl II 2020/571)*

**§ 2.** § 1 Abs. 2 ist sinngemäß für die Übermittlung von Auszugsdaten in einer XML-Datei über das Webservice zur Einbindung der Geldwäschemeldestelle und des Bundesamtes für Verfassungsschutz und Terrorismusbekämpfung (§ 1 Abs. 3 Polizeiliches Staatsschutzgesetz (PStSG), BGBl. I Nr. 5/2016 in der Fassung des Bundesgesetzes BGBl. I Nr. 32/2018) anzuwenden.

### Inkrafttreten

**§ 3.** (1) Diese Verordnung tritt mit 11. März 2020 in Kraft.

*(BGBl II 2020/571)*

(2) § 1 Abs. 2 Z 1 und 5 bis 7 in der Fassung der Verordnung BGBl. II Nr. 571/2020 tritt mit 18. Dezember 2020 in Kraft.

*(BGBl II 2020/571)*

# 14/12. Digitalsteuergesetz 2020

**Digitalsteuergesetz 2020**, BGBl I 2019/91 idF

**1** BGBl I 2020/99 (2. FORG) **2** BGBl I 2022/51

GLIEDERUNG



**Digitalsteuergesetz 2020 (DiStG 2020)**

Der Nationalrat hat beschlossen:

### Steuergegenstand

**§ 1.** (1) Der Digitalsteuer unterliegen Onlinewerbeleistungen, soweit sie von Onlinewerbeleistern im Inland gegen Entgelt erbracht werden. Eine Onlinewerbeleistung gilt als im Inland erbracht, wenn sie auf dem Gerät eines Nutzers mit inländischer IP-Adresse empfangen wird und sich ihrem Inhalt und ihrer Gestaltung nach (auch) an inländische Nutzer richtet.

(2) Als Onlinewerbeleistung gelten Werbeeinschaltungen auf einer digitalen Schnittstelle, insbesondere in Form von Bannerwerbung, Suchmaschinenwerbung und vergleichbaren Werbeleistungen. Nicht als Onlinewerbeleistung gelten Werbeleistungen, die der Werbeabgabe nach dem Werbeabgabegesetz 2000, BGBl. I Nr. 29, unterliegen.

(3) Der Bundesminister für Finanzen wird ermächtigt, durch Verordnung vergleichbare Onlinewerbeleistungen festzulegen, insbesondere um so die Gleichbehandlung vergleichbarer Leistungen sicher zu stellen bzw. um technischen Entwicklungen Rechnung zu tragen.

### Begriffsbestimmungen

**§ 2.** (1) „Onlinewerbeleister" sind Unternehmen,

1. die Onlinewerbeleistungen gegen Entgelt erbringen oder dazu beitragen und
2. innerhalb eines Wirtschaftsjahres
   a) einen weltweiten Umsatz von zumindest 750 Mio. Euro und
   b) im Inland einen Umsatz von zumindest 25 Mio. Euro aus der Durchführung von Onlinewerbeleistungen

   erzielen. Ausgaben für Vorleistungen nach § 3 Abs. 1 zweiter Satz sind in Umsätze nach lit. b nicht einzurechnen. Sind Unternehmen Teil einer multinationalen Unternehmensgruppe im Sinne des § 2 Verrechnungspreisdokumentationsgesetz, BGBl. I Nr. 77/2016, ist auf den Umsatz der Gruppe abzustellen. Maßgeblich ist der letzte veröffentlichte Jahresabschluss bzw. Konzernabschluss. Umsätze aufgrund gesetzlicher Verpflichtungen zählen dabei nicht zu diesen Umsätzen.

(2) „Nutzer" bezeichnet eine natürliche oder juristische Person, die mit einem Gerät auf eine digitale Schnittstelle zugreift.

(3) „Digitale Schnittstelle" bezeichnet jede Art von Software (einschließlich Websites oder Teile davon sowie mobile Anwendungen), auf die Nutzer zugreifen können.

(4) „IP-Adresse" (Internet-Protokoll-Adresse) bezeichnet eine Folge von alphanumerischen Zeichen, die einem Netzwerkgerät zugeordnet ist, um dessen Kommunikation über das Internet zu ermöglichen.

Der Ermittlung des Orts der Erbringung einer Onlinewerbeleistung anhand der IP-Adresse ist eine Ermittlung mittels anderer Technologien zur Geolokalisierung von Geräten gleichgestellt.

### Bemessungsgrundlage und Höhe der Steuer

**§ 3.** (1) Bemessungsgrundlage der Digitalsteuer ist das Entgelt, das der Onlinewerbeleister von einem Auftraggeber erhält. Diese vermindert sich um Ausgaben für Vorleistungen anderer Onlinewerbeleister, die nicht Teil seiner multinationalen Unternehmensgruppe sind.

(2) Die Steuer beträgt 5% der Bemessungsgrundlage.

### Steuerschuldner, Entstehung des Steueranspruches

**§ 4.** (1) Steuerschuldner ist der Onlinewerbeleister, der Anspruch auf ein Entgelt für die Durchführung einer Onlinewerbeleistung im Sinne des § 1 hat. Dies gilt auch, wenn der Onlinewerbeleister nicht Eigentümer der digitalen Schnittstelle ist.

(2) Der Steueranspruch entsteht mit Ablauf des Monats, in dem die steuerpflichtige Leistung erbracht wird.

(3) Ändert sich nachträglich das Entgelt für die Durchführung eines Auftrages, so ist in dem Be-

steuerungszeitraum, in dem die Änderung eintritt, eine Berichtigung durchzuführen.

### Erhebung der Steuer

**§ 5.** (1) Der Steuerschuldner hat die Steuer selbst zu berechnen und bis zum 15. des zweitfolgenden Monats nach Entstehen des Steueranspruches zu entrichten.

(2) Eine gemäß § 201 der Bundesabgabenordnung, BGBl. Nr. 194/1961, festgesetzte Steuer hat die in Abs. 1 genannte Fälligkeit.

(3) Drei Monate nach Ablauf des Wirtschaftsjahres hat der Steuerschuldner eine Jahressteuererklärung für das vorangegangene Jahr zu übermitteln. In diese sind die Arten der Onlinewerbeleistungen und die darauf entfallenden Entgelte aufzunehmen, darüber hinaus die weltweit erzielten Umsätze nach § 2 Abs. 1 Z 2 lit. a.

(4) Die Erhebung der Digitalsteuer obliegt dem Finanzamt für Großbetriebe.

*(BGBl I 2020/99)*

(5) Der Bundesminister für Finanzen wird ermächtigt, durch Verordnung zur Verfahrensvereinfachung oder Berücksichtigung von Erfordernissen der Besonderheiten von Onlinewerbeleistungen nähere Regelungen zu treffen. Dies gilt insbesondere für jene Fälle, in denen Steuerschuldner Unternehmen sind, die weder Sitz, Geschäftsleitung noch eine Betriebsstätte im Inland haben.

### Aufzeichnungs- und Übermittlungspflichten

**§ 6.** (1) Der Steuerschuldner ist verpflichtet, Aufzeichnungen über die übernommenen Onlinewerbeleistungen, allfällige in diesem Zusammenhang von ihm beauftragte weitere Unternehmen, die Auftraggeber und die Grundlagen zur Berechnung der Digitalsteuer zu führen.

(2) Aufzeichnungen von IP-Adressen oder anderen Informationen zur Geolokalisierung von Geräten sind für Zwecke dieses Bundesgesetzes in einer Form zu führen, die sich darauf beschränkt, Rückschlüsse darauf zuzulassen, ob eine Onlinewerbung im Inland erbracht worden ist. Auf Anforderung der Abgabenbehörde sind diese Daten zu übermitteln. Andere Aufzeichnungen und zu den Büchern und Aufzeichnungen gehörige Belege und sonstige Unterlagen, wie insbesondere Verträge über die Erbringung von Onlinewerbeleistungen, sind nach Maßgabe der Bundesabgabenordnung aufzubewahren und auf Anfrage der Abgabenbehörde zu übermitteln.

### Inkrafttreten und Übergangsbestimmungen

**§ 7.** (1) Dieses Bundesgesetz ist auf Onlinewerbeleistungen anzuwenden, die nach dem 31. Dezember 2019 erbracht werden. Abweichend von § 5 Abs. 3 ist für Wirtschaftsjahre, die vor dem 1. Juli 2020 enden, die Jahressteuererklärung bis 30. September 2020 zu übermitteln.

(2) Verordnungen auf Grund dieses Bundesgesetzes können bereits ab dem seiner Kundmachung folgenden Tag erlassen werden. Sie dürfen jedoch frühestens zum 1. Jänner 2020 anzuwenden sein.

(3) § 5 Abs. 4 in der Fassung des Bundesgesetzes BGBl. I Nr. 99/2020 tritt mit 1. Jänner 2021 in Kraft.

*(BGBl I 2020/99)*

### Schlussbestimmungen

**§ 8.** (1) Mit der Vollziehung dieses Bundesgesetzes ist der Bundesminister für Finanzen betraut.

(2) Der Bundesminister für Finanzen hat in regelmäßigen Abständen, erstmals zum 31. Dezember 2021, die Besteuerung von Onlinewerbeleistungen im Sinne dieses Bundesgesetzes im Hinblick auf ihre Anwendung, die Gleichmäßigkeit der Besteuerung und Vollziehung sowie ihre Auswirkungen auf Unternehmen im Lichte von allfälligen umfassenderen Maßnahmen für die Besteuerung der digitalen Wirtschaft auf EU-Ebene oder OECD-Ebene zu evaluieren.

(3) Soweit in diesem Bundesgesetz auf Bestimmungen anderer Bundesgesetze verwiesen und nicht anderes bestimmt wird, sind diese in ihrer jeweils geltenden Fassung anzuwenden.

~~(4) Aus dem Aufkommen der Digitalsteuer sind jährlich 15 Millionen Euro zur Finanzierung des digitalen Transformationsprozesses österreichischer Medienunternehmen einzusetzen.~~

*(BGBl I 2022/51 ab 14.4.2022)*

# 15. FAMILIENLASTENAUSGLEICH

## Inhaltsverzeichnis



FLAG/KBGG

# 15/1. Familienlastenausgleichsgesetz 1967

**Familienlastenausgleichsgesetz 1967**, BGBl 1967/376 idF

| | | |
|---|---|---|
| **1** BGBl 1968/302 | **2** BGBl 1969/195 | **3** BGBl 1970/10 |
| **4** BGBl 1970/415 | **5** BGBl 1971/116 | **6** BGBl 1971/229 |
| **7** BGBl 1972/284 | **8** BGBl 1973/23 | **9** BGBl 1973/385 |
| **10** BGBl 1974/29 | **11** BGBl 1974/418 | **12** BGBl 1976/290 |
| **13** BGBl 1976/711 | **14** BGBl 1977/320 | **15** BGBl 1977/424 |
| **16** BGBl 1977/646 | **17** BGBl 1978/573 | **18** BGBl 1979/502 |
| **19** BGBl 1979/550 | **20** BGBl 1980/232 | **21** BGBl 1980/269 |
| **22** BGBl 1980/563 | **23** BGBl 1981/296 | **24** BGBl 1981/620 |
| **25** BGBl 1982/359 | **26** BGBl 1983/588 | **27** BGBl 1983/617 |
| **28** BGBl 1984/553 | **29** BGBl 1985/479 | **30** BGBl 1986/556 |
| **31** BGBl 1987/132 | **32** BGBl 1987/604 | **33** BGBl 1988/733 |
| **34** BGBl 1989/652 | **35** BGBl 1990/408 | **36** BGBl 1990/409 |
| **37** BGBl 1991/367 | **38** BGBl 1991/628 | **39** BGBl 1991/696 |
| **40** BGBl 1992/311 | **41** BGBl 1993/246 | **42** BGBl 1993/531 |
| **43** BGBl 1993/818 | **44** BGBl 1994/314 | **45** BGBl 1994/511 |
| **46** BGBl 1994/902 | **47** BGBl 1995/297 (StruktAnpG) | **48** BGBl 1996/201 (StruktAnpG 1996) |
| **49** BGBl 1996/433 | **50** BGBl I 1997/14 | **51** BGBl I 1998/8 |
| **52** BGBl I 1998/30 | **53** BGBl I 1998/79 | **54** BGBl I 1999/23 |
| **55** BGBl I 1999/136 | **56** BGBl I 2000/26 (BudBG 2000) | **57** BGBl I 2000/83 |
| **58** BGBl I 2000/106 (DFB) | **59** BGBl I 2000/142 (BudBG 2001) | **60** BGBl I 2001/68 |
| **61** BGBl I 2001/103 | **62** BGBl I 2002/20 | **63** BGBl I 2002/105 |
| **64** BGBl I 2002/106 | **65** BGBl I 2002/152 (VfGH) | **66** BGBl I 2002/158 |
| **67** BGBl I 2003/26 (VfGH) | **68** BGBl I 2003/71 (BudBG 2003) | **69** BGBl I 2003/128 |
| **70** BGBl I 2004/110 | **71** BGBl I 2004/136 (BudBG 2005) | **72** BGBl I 2004/142 (PensionsharmG) |
| **73** BGBl I 2004/157 | **74** BGBl I 2005/100 (Fremdenrechtspaket 2005) | **75** BGBl I 2006/3 |
| **76** BGBl I 2006/168 | **77** BGBl I 2007/24 (BudBG 2007) | **78** BGBl I 2007/90 |
| **79** BGBl I 2007/99 (AbgSiG 2007) | **80** BGBl I 2007/101 (Art. 15a B-VG) | **81** BGBl I 2007/102 |
| **82** BGBl I 2007/103 (FAG 2008) | **83** BGBl I 2008/131 | **84** BGBl I 2009/33 (SRÄG 2009) |
| **85** BGBl I 2009/52 | **86** BGBl I 2010/9 | **87** BGBl I 2010/81 |
| **88** BGBl I 2010/111 (BudBG 2011) | **89** BGBl I 2011/76 (AbgÄG 2011) | **90** BGBl I 2012/17 |
| **91** BGBl I 2013/19 | **92** BGBl I 2013/60 | **93** BGBl I 2013/81 (GesRefG 2013) |
| **94** BGBl I 2013/138 (ARÄG 2013) | **95** BGBl I 2013/163 (ZDG-Nov 2013) | **96** BGBl I 2014/32 (EU-PMG) |
| **97** BGBl I 2014/35 | **98** BGBl I 2014/40 (BudBG 2014) | **99** BGBl I 2014/53 |
| **100** BGBl I 2015/50 | **101** BGBl I 2015/144 (BudBG 2016) | **102** BGBl I 2016/53 |
| **103** BGBl I 2016/109 (BudBG 2017) | **104** BGBl I 2017/40 (DeregG 2017) | **105** BGBl I 2017/156 |
| **106** BGBl I 2018/32 (Mat-DS-AnpG 2018) | **107** BGBl I 2018/77 | **108** BGBl I 2018/83 |
| **109** BGBl I 2018/100 | **110** BGBl I 2019/24 | **111** BGBl I 2019/104 (FORG) |

**112** BGBl I 2020/23 (3. COVID-19-Gesetz)
**113** BGBl I 2020/28 (6. COVID-19-Gesetz)
**114** BGBl I 2020/71
**115** BGBl I 2020/98 (BudBG 2020)
**116** BGBl I 2020/103
**117** BGBl I 2020/109
**118** BGBl I 2020/135 (BudBG 2021)
**119** BGBl I 2021/58 (COVID-19-G-Armut)
**120** BGBl I 2021/71
**121** BGBl I 2021/220
**122** BGBl I 2022/43
**123** BGBl I 2022/93 (Teuerungs-EP)
**124** BGBl I 2022/135

## GLIEDERUNG



## STICHWORTVERZEICHNIS

**Bundesgesetz vom 24. Oktober 1967 betreffend den Familienlastenausgleich durch Beihilfen (Familienlastenausgleichsgesetz 1967)**

**§ 1.** Zur Herbeiführung eines Lastenausgleiches im Interesse der Familie werden die nach diesem Bundesgesetz vorgesehenen Leistungen gewährt.

**Abschnitt I**
**Familienbeihilfe**

**§ 2.** (1) Anspruch auf Familienbeihilfe haben Personen, die im Bundesgebiet einen Wohnsitz oder ihren gewöhnlichen Aufenthalt haben,

a) für minderjährige Kinder,

b) für volljährige Kinder, die das 24. Lebensjahr noch nicht vollendet haben und die für einen Beruf ausgebildet oder in einem erlernten Beruf in einer Fachschule fortgebildet werden, wenn ihnen durch den Schulbesuch die Ausübung ihres Berufes nicht möglich ist. Bei volljährigen Kindern, die eine in § 3 des Studienförderungsgesetzes 1992, BGBl. Nr. 305, genannte Einrichtung besuchen, ist eine Berufsausbildung nur dann anzunehmen, wenn sie die vorgesehene Studienzeit pro Studienabschnitt um nicht mehr als ein Semester oder die vorgesehene Ausbildungszeit um nicht mehr als ein Ausbildungsjahr überschreiten. Wird ein Studienabschnitt in der vorgesehenen Studienzeit absolviert, kann einem weiteren Studienabschnitt ein Semester zugerechnet werden. Die Studienzeit wird durch ein unvorhergesehenes oder unabwendbares Ereignis (zB Krankheit) oder nachgewiesenes Auslandsstudium verlängert. Dabei bewirkt eine Studienbehinderung von jeweils drei Monaten eine Verlängerung der Studienzeit um ein Semester. Zeiten als Studentenvertreterin oder Studentenvertreter nach dem Hochschülerschaftsgesetz 1998, BGBl. I Nr. 22/1999, sind unter Berücksichtigung der Funktion und der zeitlichen Inanspruchnahme bis zum Höchstausmaß von vier Semestern nicht in die zur Erlangung der Familienbeihilfe vorgesehene höchstzulässige Studienzeit einzurechnen. Gleiches gilt für die Vorsitzenden und die Sprecher der Heimvertretungen nach dem Studentenheimgesetz, BGBl. Nr. 291/1986. Der Bundesminister für Umwelt, Jugend und Familie hat durch Verordnung die näheren Voraussetzungen für diese Nichteinrechnung festzulegen. Zeiten des Mutterschutzes sowie die Pflege und Erziehung eines eigenen Kindes bis zur Vollendung des zweiten Lebensjahres hemmen den Ablauf der Studienzeit. Bei einem Studienwechsel gelten die in § 17 Studienförderungsgesetz 1992, BGBl. Nr. 305, angeführten Regelungen auch für den Anspruch auf Familienbeihilfe. Die Aufnahme als ordentlicher Hörer gilt als Anspruchsvoraussetzung für das erste Studienjahr. Anspruch ab dem zweiten Studienjahr besteht nur dann, wenn für ein vorhergehendes Studienjahr die Ablegung einer Teilprüfung der ersten Diplomprüfung oder des ersten Rigorosums oder von Prüfungen aus Pflicht- und Wahlfächern des betriebenen Studiums im Gesamtumfang von acht Semesterwochenstunden oder im Ausmaß von 16 ECTS-Punkten nachgewiesen wird; Gleiches gilt, wenn alle Lehrveranstaltungen und Prüfungen der Studieneingangs- und Orientierungsphase nach § 66 des Universitätsgesetzes 2002, BGBl. I Nr. 120/2002, erfolgreich absolviert wurden, sofern diese mit mindestens 14 ECTS-Punkten bewertet werden. Der Nachweis ist unabhängig von einem Wechsel der Einrichtung oder des Studiums durch Bestätigungen der im § 3 des Studienförderungsgesetzes 1992 genannten Einrichtungen zu erbringen. Für eine Verlängerung des Nachweiszeitraumes gelten die für die Verlängerung der Studienzeit genannten Gründe sinngemäß,

c) für volljährige Kinder, die wegen einer vor Vollendung des 21. Lebensjahres oder während einer späteren Berufsausbildung, jedoch spätestens vor Vollendung des 25. Lebensjahres, eingetretenen körperlichen oder geistigen Behinderung voraussichtlich dauernd außerstande sind, sich selbst den Unterhalt zu verschaffen,

d) für volljährige Kinder, die das 24. Lebensjahr noch nicht vollendet haben, und volljährige Kinder, die erheblich behindert sind (§ 8 Abs. 5) und die das 25. Lebensjahr noch nicht vollendet haben, für vier Monate nach Abschluss der Schulausbildung; im Anschluss daran für volljährige Kinder, die das 24. Lebensjahr noch nicht vollendet haben, und volljährige Kinder, die erheblich behindert sind (§ 8 Abs. 5) und die das 25. Lebensjahr noch nicht vollendet haben, bis zum Beginn einer weiteren Berufsausbildung, wenn die weitere Berufsausbildung zum frühestmöglichen Zeitpunkt nach Abschluss der Schulausbildung begonnen wird,

*(BGBl I 2017/156, BGBl I 2021/220)*

e) für volljährige Kinder, die das 24. Lebensjahr noch nicht vollendet haben, für die Zeit zwischen der Beendigung des Präsenz- oder

Ausbildungs- oder Zivildienstes oder eines Freiwilligen Dienstes nach § 2 Abs. 1 lit. l sublit. aa bis dd und dem Beginn oder der Fortsetzung der Berufsausbildung, wenn die Berufsausbildung zum frühestmöglichen Zeitpunkt nach dem Ende des Präsenz- oder Ausbildungs- oder Zivildienstes oder Freiwilligen Dienstes nach § 2 Abs. 1 lit. l sublit. aa bis dd begonnen oder fortgesetzt wird,

*(BGBl I 2017/156)*

f) (aufgehoben)

g) für volljährige Kinder, die in dem Monat, in dem sie das 24. Lebensjahr vollenden, den Präsenz- oder Ausbildungsdienst oder Zivildienst leisten oder davor geleistet haben, bis längstens zur Vollendung des 25. Lebensjahres, sofern sie nach Ableistung des Präsenz- oder Ausbildungsdienstes oder Zivildienstes für einen Beruf ausgebildet oder in einem erlernten Beruf in einer Fachschule fortgebildet werden, wenn ihnen durch den Schulbesuch die Ausübung ihres Berufes nicht möglich ist; für Kinder, die eine in § 3 des Studienförderungsgesetzes 1992 genannte Einrichtung besuchen, jedoch nur im Rahmen der in § 2 Abs. 1 lit. b vorgesehenen Studiendauer. Diese Regelung findet in Bezug auf jene Kinder keine Anwendung, für die vor Vollendung des 24. Lebensjahres Familienbeihilfe nach lit. l gewährt wurde und die nach § 12c des Zivildienstgesetzes nicht zum Antritt des ordentlichen Zivildienstes herangezogen werden,

*(BGBl I 2015/144)*

h) für volljährige Kinder, die erheblich behindert sind (§ 8 Abs. 5), das 25 Lebensjahr noch nicht vollendet haben und die für einen Beruf ausgebildet oder in einem erlernten Beruf in einer Fachschule fortgebildet werden, wenn ihnen durch den Schulbesuch die Ausübung ihres Berufes nicht möglich ist; § 2 Abs. 1 lit. b zweiter bis letzter Satz sind nicht anzuwenden,

i) für volljährige Kinder, die sich in dem Monat, in dem sie das 24. Lebensjahr vollenden, in Berufsausbildung befinden und die vor Vollendung des 24. Lebensjahres ein Kind geboren haben oder an dem Tag, an dem sie das 24. Lebensjahr vollenden, schwanger sind, bis längstens zur Vollendung des 25. Lebensjahres; für Kinder, die eine in § 3 des Studienförderungsgesetzes 1992 genannte Einrichtung besuchen, jedoch nur im Rahmen der in § 2 Abs. 1 lit. b vorgesehenen Studiendauer,

j) für volljährige Kinder, die das 24. Lebensjahr vollendet haben bis zur Vollendung des 25. Lebensjahres, bis längstens zum erstmöglichen Abschluss eines Studiums, wenn sie
   aa) bis zu dem Kalenderjahr, in dem sie das 19. Lebensjahr vollendet haben, dieses Studium begonnen haben, und
   bb) die gesetzliche Studiendauer dieses Studiums bis zum erstmöglichen Studienabschluss zehn oder mehr Semester beträgt, und
   cc) die gesetzliche Studiendauer dieses Studiums nicht überschritten wird,

k) für volljährige Kinder, die das 24. Lebensjahr vollendet haben bis zur Vollendung des 25. Lebensjahres, und die sich in Berufsausbildung befinden, wenn sie vor Vollendung des 24. Lebensjahres einmalig in der Dauer von acht bis zwölf Monaten eine freiwillige praktische Hilfstätigkeit bei einer von einem gemeinnützigen Träger der freien Wohlfahrtspflege zugewiesenen Einsatzstelle im Inland ausgeübt haben; für Kinder, die eine in § 3 des Studienförderungsgesetzes 1992 genannte Einrichtung besuchen, jedoch nur im Rahmen der in § 2 Abs. 1 lit. b vorgesehenen Studiendauer,

l) für volljährige Kinder, die das 24. Lebensjahr noch nicht vollendet haben und die teilnehmen am
   aa) Freiwilligen Sozialjahr nach Abschnitt 2 des Freiwilligengesetzes, BGBl. I Nr. 17/2012,
   bb) Freiwilligen Umweltschutzjahr nach Abschnitt 3 des Freiwilligengesetzes, BGBl. I Nr. 17/2012,
   cc) Gedenkdienst, Friedens- und Sozialdienst im Ausland nach Abschnitt 4 des Freiwilligengesetzes, BGBl. I Nr. 17/2012,
   dd) Europäischen Solidaritätskorps nach der Verordnung (EU) 2021/888 des Europäischen Parlaments und des Rates vom 20. Mai 2021 zur Aufstellung des Programms für das Europäische Solidaritätskorps und zur Aufhebung der Verordnungen (EU) 2018/1475 und (EU) Nr. 375/2014.

*(BGBl I 2021/220)*



(2) Anspruch auf Familienbeihilfe für ein im Abs. 1 genanntes Kind hat die Person, zu deren Haushalt das Kind gehört. Eine Person, zu deren Haushalt das Kind nicht gehört, die jedoch die Unterhaltskosten für das Kind überwiegend trägt, hat dann Anspruch auf Familienbeihilfe, wenn keine andere Person nach dem ersten Satz anspruchsberechtigt ist.

(3) Im Sinne dieses Abschnittes sind Kinder einer Person

a) deren Nachkommen,

b) deren Wahlkinder und deren Nachkommen,

c) deren Stiefkinder,

d) deren Pflegekinder (§§ 186 und 186a des allgemeinen bürgerlichen Gesetzbuches).

(3a) Kinder im Sinne dieses Abschnittes sind auch Kinder, die aufgrund einer akut gefährdenden Lebenssituation kurzfristig von Krisenpflegepersonen betreut werden (Krisenpflegekinder). Krisenpflegepersonen im Sinne dieses Bundesgesetzes sind Personen, die im Auftrag des zuständigen Kinder- und Jugendhilfeträgers ausgebildet und von diesem mit der vorübergehenden Pflege und Erziehung eines Kindes für die Dauer der Gefährdungsabklärung betraut wurden.

*(BGBl I 2019/24)*

(4) Die Kosten des Unterhalts umfassen bei minderjährigen Kindern auch die Kosten der Erziehung und bei volljährigen Kindern, die für einen Beruf ausgebildet oder in ihrem Beruf fortgebildet werden, auch die Kosten der Berufsausbildung oder der Berufsfortbildung.

(5) Zum Haushalt einer Person gehört ein Kind dann, wenn es bei einheitlicher Wirtschaftsführung eine Wohnung mit dieser Person teilt. Die Haushaltszugehörigkeit gilt nicht als aufgehoben, wenn

a) sich das Kind nur vorübergehend außerhalb der gemeinsamen Wohnung aufhält,
b) das Kind für Zwecke der Berufsausübung notwendigerweise am Ort oder in der Nähe des Ortes der Berufsausübung eine Zweitunterkunft bewohnt,
c) sich das Kind wegen eines Leidens oder Gebrechens nicht nur vorübergehend in Anstaltspflege befindet, wenn die Person zu den Kosten des Unterhalts mindestens in Höhe der Familienbeihilfe für ein Kind beiträgt; handelt es sich um ein erheblich behindertes Kind, erhöht sich dieser Betrag um den Erhöhungsbetrag für ein erheblich behindertes Kind (§ 8 Abs. 4).

Ein Kind gilt bei beiden Elternteilen als haushaltszugehörig, wenn diese einen gemeinsamen Haushalt führen, dem das Kind angehört.

(6) Bezieht ein Kind Einkünfte, die durch Gesetz als einkommensteuerfrei erklärt sind, ist bei Beurteilung der Frage, ob ein Kind auf Kosten einer Person unterhalten wird, von dem um jene Einkünfte geminderten Betrag der Kosten des Unterhalts auszugehen; in diesen Fällen trägt eine Person die Kosten des Unterhalts jedoch nur dann überwiegend, wenn sie hiezu monatlich mindestens in einem Ausmaß beiträgt, das betragsmäßig der Familienbeihilfe für ein Kind (§ 8 Abs. 2) oder, wenn es sich um ein erheblich behindertes Kind handelt, der Familienbeihilfe für ein erheblich behindertes Kind (§ 8 Abs. 2 und 4) entspricht.

(7) Unterhaltsleistungen auf Grund eines Ausgedinges gelten als auf Kosten des Unterhaltsleistenden erbracht, wenn der Unterhaltsleistende mit dem Empfänger der Unterhaltsleistungen verwandt oder verschwägert ist; solche Unterhaltsleistungen zählen für den Anspruch auf Familienbeihilfe auch nicht als eigene Einkünfte des Kindes.

(8) Personen haben nur dann Anspruch auf Familienbeihilfe, wenn sie den Mittelpunkt der Lebensinteressen im Bundesgebiet haben. Eine Person hat den Mittelpunkt ihrer Lebensinteressen in dem Staat, zu dem sie die engeren persönlichen und wirtschaftlichen Beziehungen hat.

(9) Die Anspruchsdauer nach Abs. 1 lit. b und lit. d bis j verlängert sich im Zusammenhang mit der COVID-19-Krise, unabhängig von der Dauer der Beeinträchtigung durch diese Krise, nach Maßgabe folgender Bestimmungen:

a) für volljährige Kinder, die eine Berufsausbildung absolvieren, über die Altersgrenze hinaus um längstens sechs Monate, bei einer vor Erreichung der Altersgrenze begonnenen Berufsausbildung infolge der COVID-19-Krise,
b) für volljährige Kinder, die eine in § 3 des Studienförderungsgesetzes genannte Einrichtung besuchen, abweichend von lit. a über die Altersgrenze und die Studiendauer, für die nach Abs. 1 Anspruch auf Familienbeihilfe besteht, hinaus um ein weiteres Semester oder um ein weiteres Ausbildungsjahr, bei einem vor Erreichung der Altersgrenze begonnenem Studium infolge der COVID-19-Krise,
c) für volljährige Kinder, die eine Berufsausbildung beginnen oder fortsetzen möchten (Abs. 1 lit. d bis g), über die Altersgrenze hinaus um längstens sechs Monate, wenn zum Zeitpunkt der Erreichung der Altersgrenze der Beginn oder die Fortsetzung der Berufsausbildung infolge der COVID-19-Krise nicht möglich ist,
d) für volljährige Kinder, die eine in § 3 des Studienförderungsgesetzes genannte Einrichtung besuchen möchten (Abs. 1 lit. d bis g), abweichend von lit. a über die Altersgrenze und die Studiendauer, für die nach Abs. 1 Anspruch auf Familienbeihilfe besteht, hinaus um ein Semester oder um ein Ausbildungsjahr, wenn zum Zeitpunkt der Erreichung der Altersgrenze der Beginn oder die Fortsetzung des Studiums infolge der COVID-19-Krise nicht möglich ist.

*(BGBl I 2020/28)*

**§ 2a.** (1) Gehört ein Kind zum gemeinsamen Haushalt der Eltern, so geht der Anspruch des Elternteiles, der den Haushalt überwiegend führt, dem Anspruch des anderen Elternteiles vor. Bis zum Nachweis des Gegenteils wird vermutet, daß die Mutter den Haushalt überwiegend führt.

(2) In den Fällen des Abs. 1 kann der Elternteil, der einen vorrangigen Anspruch hat, zugunsten des anderen Elternteiles verzichten. Der Verzicht kann auch rückwirkend abgegeben werden, allerdings nur für Zeiträume, für die die Familienbeihilfe noch nicht bezogen wurde. Der Verzicht kann widerrufen werden.

**§ 3.** (1) Personen, die nicht österreichische Staatsbürger sind, haben nur dann Anspruch auf Familienbeihilfe, wenn sie sich nach §§ 8 und 9 des Niederlassungs- und Aufenthaltsgesetzes (NAG), BGBl. I Nr. 100/2005, oder nach § 54 des Asylgesetzes 2005 (AsylG 2005), BGBl. I Nr. 100/2005 idF BGBl. I Nr. 87/2012, rechtmäßig in Österreich aufhalten.

(2) Anspruch auf Familienbeihilfe besteht für Kinder, die nicht österreichische Staatsbürger sind,

sofern sie sich nach §§ 8 und 9 NAG oder nach § 54 AsylG 2005 rechtmäßig in Österreich aufhalten.

(3) Abweichend von Abs. 1 haben Personen, denen Asyl nach dem Asylgesetz 2005 (AsylG 2005), BGBl. I Nr. 100, gewährt wurde, Anspruch auf Familienbeihilfe. Anspruch besteht auch für Kinder, denen nach dem Asylgesetz 2005 Asyl gewährt wurde.

(4) Abweichend von Abs. 1 haben Personen, denen der Status des subsidiär Schutzberechtigten nach dem Asylgesetz 2005 zuerkannt wurde, Anspruch auf Familienbeihilfe, sofern sie keine Leistungen aus der Grundversorgung erhalten und unselbständig oder selbständig erwerbstätig sind. Anspruch besteht auch für Kinder, denen der Status des subsidiär Schutzberechtigten nach dem Asylgesetz 2005 zuerkannt wurde.

(5) In den Fällen des Abs. 2, Abs. 3 letzter Satz und Abs. 4 letzter Satz wird für nachgeborene Kinder die Familienbeihilfe rückwirkend gewährt. Gleiches gilt für Adoptiv- und Pflegekinder, rückwirkend bis zur Begründung des Mittelpunktes der Lebensinteressen im Bundesgebiet (§ 2 Abs. 8) durch den Elternteil und das Kind. Als nachgeborene Kinder gelten jene Kinder, die nach dem Zeitpunkt der Erteilung des Aufenthaltstitels oder der Zuerkennung des Status des Asylberechtigten oder subsidiär Schutzberechtigten an den zusammenführenden Fremden geboren werden.

**„(6) Personen, denen aufgrund der Verordnung der Bundesregierung über ein vorübergehendes Aufenthaltsrecht für aus der Ukraine Vertriebene (Vertriebenen-VO), BGBl. II Nr. 92/2022, gemäß § 62 Abs. 1 Asylgesetz 2005 ein vorübergehendes Aufenthaltsrecht zukommt, haben Anspruch auf Familienbeihilfe. Anspruch besteht auch für Kinder, denen ein solches vorübergehendes Aufenthaltsrecht zukommt.**

*(BGBl I 2022/135 ab 12.3.2022)*

**(7) Personen, denen aufgrund der Vertriebenen-VO gemäß § 62 Abs. 1 Asylgesetz 2005 ein vorübergehendes Aufenthaltsrecht zukommt, haben zumindest für die Zeit des bewaffneten Konflikts in der Ukraine den Mittelpunkt ihrer Lebensinteressen nach § 2 Abs. 8 im Bundesgebiet.“**

*(BGBl I 2022/135 ab 12.3.2022)*

**§ 4.** (1) Personen, die Anspruch auf eine gleichartige ausländische Beihilfe haben, haben keinen Anspruch auf Familienbeihilfe.

(2) Österreichische Staatsbürger, die gemäß Abs. 1 oder gemäß § 5 Abs. 5 vom Anspruch auf die Familienbeihilfe ausgeschlossen sind, erhalten eine Ausgleichszahlung, wenn die Höhe der gleichartigen ausländischen Beihilfe, auf die sie oder eine andere Person (§ 5 Abs. 5) Anspruch haben, geringer ist als die Familienbeihilfe, die ihnen nach diesem Bundesgesetz ansonsten zu gewähren wäre.

(3) Die Ausgleichszahlung wird in Höhe des Unterschiedsbetrages zwischen der gleichartigen ausländischen Beihilfe und der Familienbeihilfe, die nach diesem Bundesgesetz zu gewähren wäre, geleistet.

(4) Die Ausgleichszahlung ist jährlich nach Ablauf des Kalenderjahres, wenn aber der Anspruch auf die gleichartige ausländische Beihilfe früher erlischt, nach Erlöschen dieses Anspruches über Antrag zu gewähren.

(5) Die in ausländischer Währung gezahlten gleichartigen ausländischen Beihilfen sind nach den vom Bundesministerium für Finanzen auf Grund des § 4 Abs. 8 des Umsatzsteuergesetzes 1972, BGBl. Nr. 223/1972, in der „Wiener Zeitung“ kundgemachten jeweiligen Durchschnittskursen in inländische Währung umzurechnen.

(6) Die Ausgleichszahlung gilt als Familienbeihilfe im Sinne dieses Bundesgesetzes; die Bestimmungen über die Höhe der Familienbeihilfe finden jedoch auf die Ausgleichszahlung keine Anwendung.

(7) Der Anspruch auf die Ausgleichszahlung geht auf die Kinder, für die sie zu gewähren ist, über, wenn der Anspruchsberechtigte vor rechtzeitiger Geltendmachung des Anspruches gestorben ist. Sind mehrere anspruchsberechtigte Kinder vorhanden, ist die Ausgleichszahlung durch die Anzahl der anspruchsberechtigten Kinder zu teilen.

**§ 5.** (1) Ein zu versteuerndes Einkommen (§ 33 Abs. 1 EStG 1988) eines Kindes führt bis zu einem Betrag von 15.000 € in einem Kalenderjahr nicht zum Wegfall der Familienbeihilfe. Übersteigt das zu versteuernde Einkommen (§ 33 Abs. 1 EStG 1988) eines Kindes in einem Kalenderjahr, das nach dem Kalenderjahr liegt, in dem das Kind das 19. Lebensjahr vollendet hat, den Betrag von 15.000 €, so verringert sich die Familienbeihilfe, die für dieses Kind nach § 8 Abs. 2 einschließlich § 8 Abs. 4 gewährt wird, für dieses Kalenderjahr um den 15.000 € übersteigenden Betrag. § 10 Abs. 2 ist nicht anzuwenden. Bei der Ermittlung des zu versteuernden Einkommens (§ 33 Abs. 1 EStG 1988) des Kindes bleiben außer Betracht:



a) das zu versteuernde Einkommen, das vor oder nach Zeiträumen erzielt wird, für die Anspruch auf Familienbeihilfe besteht,

b) Entschädigungen aus einem anerkannten Lehrverhältnis,

c) Waisenpensionen und Waisenversorgungsgenüsse,

d) Ausgleichszulagen und Ergänzungszulagen, die aufgrund sozialversicherungs- oder pensionsrechtlicher Vorschriften gewährt werden

*(BGBl I 2020/98)*

e) Pauschalentschädigungen gemäß § 36 Abs. 1 des Heeresgebührengesetzes 2001, die für den außerordentlichen Zivildienst gemäß § 34b in Verbindung mit § 21 Abs. 1 des Zivildienstgesetzes 1986 oder den Einsatzpräsenzdienst gemäß § 19 Abs. 1 Z 5 des Wehrgesetzes 2001 gewährt werden.

*(BGBl I 2020/23, BGBl I 2020/109)*

(2) Kein Anspruch auf Familienbeihilfe besteht für Kinder, denen Unterhalt von ihrem Ehegatten oder ihrem früheren Ehegatten zu leisten ist.

(3) Kein Anspruch auf Familienbeihilfe besteht für Kinder, die sich ständig im Ausland aufhalten.

(4) Kein Anspruch auf Familienbeihilfe besteht für Kinder, für die Anspruch auf eine gleichartige ausländische Beihilfe besteht. Die Gewährung einer Ausgleichszahlung (§ 4 Abs. 2) wird dadurch nicht ausgeschlossen.

**§ 6.** (1) Anspruch auf Familienbeihilfe haben auch minderjährige Vollwaisen, wenn

a) sie im Inland einen Wohnsitz oder ihren gewöhnlichen Aufenthalt haben,

b) ihnen nicht Unterhalt von ihrem Ehegatten oder ihrem früheren Ehegatten zu leisten ist und

c) für sie keiner anderen Person Familienbeihilfe zu gewähren ist.

(2) Volljährige Vollwaisen haben Anspruch auf Familienbeihilfe, wenn auf sie die Voraussetzungen des Abs. 1 lit. a bis c zutreffen und wenn sie

a) das 24. Lebensjahr noch nicht vollendet haben und für einen Beruf ausgebildet werden oder in einem erlernten Beruf in einer Fachschule fortgebildet werden, wenn ihnen durch den Schulbesuch die Ausübung ihres Berufes nicht möglich ist. § 2 Abs. 1 lit. b zweiter bis letzter Satz sind anzuwenden; oder

b) das 24. Lebensjahr noch nicht vollendet haben, oder erheblich behindert sind (§ 8 Abs. 5) und das 25. Lebensjahr noch nicht vollendet haben, für vier Monate nach Abschluss der Schulausbildung; im Anschluss daran, wenn sie das 24. Lebensjahr noch nicht vollendet haben, oder erheblich behindert sind (§ 8 Abs. 5) und das 25. Lebensjahr noch nicht vollendet haben, bis zum Beginn einer weiteren Berufsausbildung, wenn die weitere Berufsausbildung zum frühestmöglichen Zeitpunkt nach Abschluss der Schulausbildung begonnen wird, oder

*(BGBl I 2017/156, BGBl I 2021/220)*

c) das 24. Lebensjahr noch nicht vollendet haben, für die Zeit zwischen der Beendigung des Präsenz- oder Ausbildungs- oder Zivildienstes oder eines Freiwilligen Dienstes nach § 6 Abs. 2 lit. k sublit. aa bis dd und dem Beginn oder der Fortsetzung der Berufsausbildung, wenn die Berufsausbildung zum frühestmöglichen Zeitpunkt nach dem Ende des Präsenz- oder Ausbildungs- oder Zivildienstes oder Freiwilligen Dienstes nach § 6 Abs. 2 lit. k sublit. aa bis dd begonnen oder fortgesetzt wird, oder

*(BGBl I 2017/156)*

d) wegen einer vor Vollendung des 21. Lebensjahres oder während einer späteren Berufsausbildung, jedoch spätestens vor Vollendung des 25. Lebensjahres, eingetretenen körperlichen oder geistigen Behinderung voraussichtlich dauernd außerstande sind, sich selbst den Unterhalt zu verschaffen, und deren Unterhalt nicht zur Gänze aus Mitteln der Kinder- und Jugendhilfe oder nicht zur Gänze aus öffentlichen Mitteln zur Sicherung des Lebensunterhaltes und des Wohnbedarfes getragen wird, sofern die Vollwaise nicht einen eigenständigen Haushalt führt; dies gilt nicht für Vollwaisen, die Personen im Sinne des § 1 Z 3 und Z 4 des Strafvollzugsgesetzes, BGBl. Nr. 144/1969, sind, sofern die Bestimmungen des Strafvollzugsgesetzes, BGBl. Nr. 144/1969, auf sie Anwendung finden, oder

*(BGBl I 2018/77)*

e) (aufgehoben)

f) In dem Monat, in dem sie das 24. Lebensjahr vollenden, den Präsenz- oder Ausbildungsdienst oder Zivildienst leisten oder davor geleistet haben, bis längstens zur Vollendung des 25. Lebensjahres, sofern sie nach Ableistung des Präsenz- oder Ausbildungsdienstes oder Zivildienstes für einen Beruf ausgebildet oder in einem erlernten Beruf in einer Fachschule fortgebildet werden, wenn ihnen durch den Schulbesuch die Ausübung ihres Berufes nicht möglich ist; Vollwaisen die eine in § 3 des Studienförderungsgesetzes 1992 genannte Einrichtung besuchen, jedoch nur im Rahmen der in § 2 Abs. 1 lit. b vorgesehenen Studiendauer. Diese Regelung findet in Bezug auf jene Vollwaisen keine Anwendung, für die vor Vollendung des 24. Lebensjahres Familienbeihilfe nach lit. k gewährt wurde und die nach § 12c des Zivildienstgesetzes nicht zum Antritt des ordentlichen Zivildienstes herangezogen werden,

*(BGBl I 2015/144)*

g) erheblich behindert sind (§ 8 Abs. 5), das 25. Lebensjahr noch nicht vollendet haben und für einen Beruf ausgebildet oder in einem erlernten Beruf in einer Fachschule fortgebildet werden, wenn ihnen durch den Schulbesuch die Ausübung ihres Berufes nicht möglich ist; § 2 Abs. 1 lit. b zweiter bis letzter Satz sind nicht anzuwenden,

h) sich in dem Monat, in dem sie das 24. Lebensjahr vollenden, in Berufsausbildung befinden und die vor Vollendung des 24. Lebensjahres ein Kind geboren haben oder an dem Tag, an dem sie das 24. Lebensjahr vollenden, schwanger sind, bis längstens zur Vollendung des 25. Lebensjahres; Kinder, die eine in § 3 des Studienförderungsgesetzes 1992 genannte Einrichtung besuchen, jedoch nur im Rahmen der in § 2 Abs. 1 lit. b vorgesehenen Studiendauer,

i) das 24. Lebensjahr vollendet haben bis zur Vollendung des 25. Lebensjahres, bis längstens zum erstmöglichen Abschluss eines Studiums, wenn sie

   aa) bis zu dem Kalenderjahr, in dem sie das 19. Lebensjahr vollendet haben, dieses Studium begonnen haben, und bb) die gesetzliche Studiendauer dieses Studiums bis zum erstmöglichen Studienabschluss zehn oder mehr Semester beträgt, und

cc) die gesetzliche Studiendauer dieses Studiums nicht überschritten wird,

j) das 24. Lebensjahr vollendet haben bis zur Vollendung des 25. Lebensjahres, und sich in Berufsausbildung befinden, wenn sie vor Vollendung des 24. Lebensjahres einmalig in der Dauer von acht bis zwölf Monaten eine freiwillige praktische Hilfstätigkeit bei einer von einem gemeinnützigen Träger der freien Wohlfahrtspflege zugewiesenen Einsatzstelle im Inland ausgeübt haben; Vollwaisen, die eine in § 3 des Studienförderungsgesetzes 1992 genannte Einrichtung besuchen, jedoch nur im Rahmen der in § 2 Abs. 1 lit. b vorgesehenen Studiendauer,

k) das 24. Lebensjahr noch nicht vollendet haben und teilnehmen am

aa) Freiwilligen Sozialjahr nach Abschnitt 2 des Freiwilligengesetzes, BGBl. I Nr. 17/2012,

bb) Freiwilligen Umweltschutzjahr nach Abschnitt 3 des Freiwilligengesetzes, BGBl. I Nr. 17/2012,

cc) Gedenkdienst, Friedens- und Sozialdienst im Ausland nach Abschnitt 4 des Freiwilligengesetzes, BGBl. I Nr. 17/2012,

dd) Europäischen Solidaritätskorps nach der Verordnung (EU) 2021/888 des Europäischen Parlaments und des Rates vom 20. Mai 2021 zur Aufstellung des Programms für das Europäische Solidaritätskorps und zur Aufhebung der Verordnungen (EU) 2018/1475 und (EU) Nr. 375/2014.

*(BGBl I 2021/220)*

(3) Ein zu versteuerndes Einkommen (§ 33 Abs. 1 EStG 1988) einer Vollwaise führt bis zu einem Betrag von 15.000 € in einem Kalenderjahr nicht zum Wegfall der Familienbeihilfe. Übersteigt das zu versteuernde Einkommen (§ 33 Abs. 1 EStG 1988) der Vollwaise in einem Kalenderjahr, das nach dem Kalenderjahr liegt, in dem die Vollwaise das 19. Lebensjahr vollendet hat, den Betrag von 15.000 €, so verringert sich die Familienbeihilfe, die der Vollwaise nach § 8 Abs. 2 einschließlich § 8 Abs. 4 gewährt wird, für dieses Kalenderjahr um den 15.000 € übersteigenden Betrag. § 10 Abs. 2 ist nicht anzuwenden. Bei der Ermittlung des zu versteuernden Einkommens (§ 33 Abs. 1 EStG 1988) der Vollwaise bleiben außer Betracht:

a) das zu versteuernde Einkommen, das vor oder nach Zeiträumen erzielt wird, für die Anspruch auf Familienbeihilfe besteht,

b) Entschädigungen aus einem anerkannten Lehrverhältnis,

c) Waisenpensionen und Waisenversorgungsgenüsse,

d) Ausgleichszulagen und Ergänzungszulagen, die aufgrund sozialversicherungs- oder pensionsrechtlicher Vorschriften gewährt werden

*(BGBl I 2020/98)*

e) Pauschalentschädigungen gemäß § 36 Abs. 1 des Heeresgebührengesetzes 2001, die für den außerordentlichen Zivildienst gemäß § 34b in Verbindung mit § 21 Abs. 1 des Zivildienstgesetzes 1986 oder den Einsatzpräsenzdienst gemäß § 19 Abs. 1 Z 5 des Wehrgesetzes 2001 gewährt werden.

*(BGBl I 2020/23, BGBl I 2020/109)*

(4) Als Vollwaisen gelten Personen, deren Vater verstorben, verschollen oder nicht festgestellt und deren Mutter verstorben, verschollen oder unbekannt ist.

(5) Kinder, deren Eltern ihnen nicht überwiegend Unterhalt leisten und deren Unterhalt nicht zur Gänze aus Mitteln der Kinder- und Jugendhilfe oder nicht zur Gänze aus öffentlichen Mitteln zur Sicherung des Lebensunterhaltes und des Wohnbedarfes getragen wird, haben unter denselben Voraussetzungen Anspruch auf Familienbeihilfe, unter denen eine Vollwaise Anspruch auf Familienbeihilfe hat (Abs. 1 bis 3). Erheblich behinderte Kinder im Sinne des § 2 Abs. 1 lit. c, deren Eltern ihnen nicht überwiegend den Unterhalt leisten und die einen eigenständigen Haushalt führen, haben unter denselben Voraussetzungen Anspruch auf Familienbeihilfe, unter denen eine Vollwaise Anspruch auf Familienbeihilfe hat (Abs. 1 und 3).

*(BGBl I 2018/77)*

(6) § 6 Abs. 5 gilt nicht für Personen im Sinne des § 1 Z 3 und Z 4 des Strafvollzugsgesetzes, BGBl. Nr. 144/1969, sofern die Bestimmungen des Strafvollzugsgesetzes, BGBl. Nr. 144/1969, auf sie Anwendung finden.

*(BGBl I 2018/77)*

(7) Die Anspruchsdauer nach Abs. 2 lit. a bis c und lit. f bis i verlängert sich im Zusammenhang mit der COVID-19-Krise, unabhängig von der Dauer der Beeinträchtigung durch diese Krise, nach Maßgabe folgender Bestimmungen:

a) für volljährige Vollwaisen, die eine Berufsausbildung absolvieren, über die Altersgrenze hinaus um längstens sechs Monate, bei einer vor Erreichung der Altersgrenze begonnenen Berufsausbildung infolge der COVID-19-Krise,

b) für volljährige Vollwaisen, die eine in § 3 des Studienförderungsgesetzes genannte Einrichtung besuchen, abweichend von lit. a über die Altersgrenze und die Studiendauer, für die nach Abs. 1 Anspruch auf Familienbeihilfe besteht, hinaus um ein weiteres Semester oder um ein weiteres Ausbildungsjahr, bei einem vor Erreichung der Altersgrenze begonnenem Studium infolge der COVID-19-Krise,

c) für volljährige Vollwaisen, die eine Berufsausbildung beginnen oder fortsetzen möchten (Abs. 1 lit. c bis f), über die Altersgrenze hinaus um längstens sechs Monate, wenn zum

Zeitpunkt der Erreichung der Altersgrenze der Beginn oder die Fortsetzung der Berufsausbildung infolge der COVID-19-Krise nicht möglich ist,

d) für volljährige Vollwaisen, die eine in § 3 des Studienförderungsgesetzes genannte Einrichtung besuchen möchten (Abs. 1 lit. c bis f), abweichend von lit. a über die Altersgrenze und die Studiendauer, für die nach Abs. 1 Anspruch auf Familienbeihilfe besteht, hinaus um ein Semester oder um ein Ausbildungsjahr, wenn zum Zeitpunkt der Erreichung der Altersgrenze der Beginn oder die Fortsetzung des Studiums infolge der COVID-19-Krise nicht möglich ist.

*(BGBl I 2020/28)*

**§ 7.** Für ein Kind wird Familienbeihilfe nur einer Person gewährt.

**§ 8.** (1) Der einer Person zustehende Betrag an Familienbeihilfe bestimmt sich nach der Anzahl und dem Alter der Kinder, für die ihr Familienbeihilfe gewährt wird.

(2) Die Familienbeihilfe beträgt monatlich

1. und 2. (aufgehoben)

3. ab 1. Jänner 2018
   a) 114 € für jedes Kind ab Beginn des Kalendermonats der Geburt,
   b) 121,9 € für jedes Kind ab Beginn des Kalendermonats, in dem es das 3. Lebensjahr vollendet,
   c) 141,5 € für jedes Kind ab Beginn des Kalendermonats, in dem es das 10. Lebensjahr vollendet,
   d) 165,1 € für jedes Kind ab Beginn des Kalendermonats, in dem es das 19. Lebensjahr vollendet.

(3) Die Familienbeihilfe erhöht sich monatlich für jedes Kind

1. und 2. (aufgehoben)

3. ab 1. Jänner 2018, wenn sie
   a) für zwei Kinder gewährt wird, um 7,1 €,
   b) für drei Kinder gewährt wird, um 17,4 €,
   c) für vier Kinder gewährt wird, um 26,5 €,
   d) für fünf Kinder gewährt wird, um 32 €,
   e) für sechs Kinder gewährt wird, um 35,7 €,
   f) für sieben und mehr Kinder gewährt wird, um 52 €.

(4) Die Familienbeihilfe erhöht sich monatlich für jedes Kind, das erheblich behindert ist,

1. und 2. (aufgehoben)

3. ab 1. Jänner 2018 um 155,9 €.

(5) Als erheblich behindert gilt ein Kind, bei dem eine nicht nur vorübergehende Funktionsbeeinträchtigung im körperlichen, geistigen oder psychischen Bereich oder in der Sinneswahrnehmung besteht. Als nicht nur vorübergehend gilt ein Zeitraum von voraussichtlich mehr als drei Jahren. Der Grad der Behinderung muß mindestens 50 vH betragen, soweit es sich nicht um ein Kind handelt, das voraussichtlich dauernd außerstande ist, sich selbst den Unterhalt zu verschaffen. Für die Einschätzung des Grades der Behinderung sind § 14 Abs. 3 des Behinderteneinstellungsgesetzes, BGBl. Nr. 22/1970, in der jeweils geltenden Fassung, und die Verordnung des Bundesministers für Arbeit, Soziales und Konsumentenschutz betreffend nähere Bestimmungen über die Feststellung des Grades der Behinderung (Einschätzungsverordnung) vom 18. August 2010, BGBl. II Nr. 261/2010, in der jeweils geltenden Fassung anzuwenden. Die erhebliche Behinderung ist spätestens nach fünf Jahren neu festzustellen, soweit nicht Art und Umfang eine Änderung ausschließen.

(6) Der Grad der Behinderung oder die voraussichtlich dauernde Unfähigkeit, sich selbst den Unterhalt zu verschaffen, ist durch eine Bescheinigung des Bundesamtes für Soziales und Behindertenwesen auf Grund eines ärztlichen Sachverständigengutachtens nachzuweisen. Die diesbezüglichen Kosten sind aus Mitteln des Ausgleichsfonds für Familienbeihilfen zu ersetzen.

(6a) Für eine Person, bei der eine dauernde Erwerbsunfähigkeit nach § 2 Abs. 1 lit. c festgestellt wurde, besteht kein Anspruch auf die erhöhte Familienbeihilfe, wenn sie in einem Kalenderjahr ein Einkommen bezieht, das die in § 5 Abs. 1 festgelegte Grenze übersteigt. Wenn das Einkommen in einem nachfolgenden Kalenderjahr unter der in § 5 Abs. 1 festgelegten Grenze liegt, lebt der Anspruch auf die erhöhte Familienbeihilfe wieder auf. Wenn die Erwerbsunfähigkeit nach § 2 Abs. 1 lit. c als Dauerzustand festgestellt wurde, ist kein weiteres Sachverständigengutachten erforderlich.

(7) Die Abs. 4 bis 6 gelten sinngemäß für Vollwaisen, die gemäß § 6 Anspruch auf Familienbeihilfe haben.

(8) Für jedes Kind, das in einem Kalenderjahr das 6. Lebensjahr bereits vollendet hat oder vollendet und das 16. Lebensjahr noch nicht vollendet hat, erhöht sich die Familienbeihilfe für den September dieses Kalenderjahres um 100 €.

(9) Die Familienbeihilfe erhöht sich für den September 2020 um eine Einmalzahlung von 360 € für jedes Kind. Der Aufwand für die Auszahlung dieser Einmalzahlung im September 2020 ist aus Mitteln des COVID-19-Krisenbewältigungsfonds zu tragen.

*(BGBl I 2020/71)*

**„(10) Die Familienbeihilfe erhöht sich für den August 2022 um eine Einmalzahlung von 180 Euro für jedes Kind.“**

*(BGBl I 2022/93 ab 1.7.2022)*

~~**§ 8a.** (1) Die Beträge an Familienbeihilfe (§ 8) für Kinder, die sich ständig in einem anderen Mit-gliedstaat der EU oder Hoheitsgebiet einer anderen Vertragspartei des Abkommens über den Europäischen Wirtschaftsraum oder der Schweiz aufhalten, sind auf Basis der vom Statistischen Amt der Europäischen Union veröffentlichten vergleichenden Preisniveaus für jeden einzelnen Mitgliedstaat der EU, jede Vertragspartei des Euro-~~

~~päischen Wirtschaftsraumes und die Schweiz im Verhältnis zu Österreich zu bestimmen.~~

~~(2) Die Beträge an Familienbeihilfe nach Abs. 1 gelten erstmals ab 1. Jänner 2019 auf Basis der zum Stichtag 1. Juni 2018 zuletzt veröffentlichten Werte nach Abs. 1. Die Beträge sind in der Folge jedes zweite Jahr auf Basis der zum Stichtag 1. Juni des Vorjahres zuletzt veröffentlichten Werte anzupassen.~~

~~(3) Die Bundesministerin für Frauen, Familien und Jugend oder der Bundesminister für Frauen, Familien und Jugend hat gemeinsam mit der Bundesministerin für Finanzen oder dem Bundesminister für Finanzen die Berechnungsgrundlagen und die Beträge nach Abs. 1 und 2 sowie die Beträge nach § 33 Abs. 3 Z 2 EStG 1988 mit Verordnung kundzumachen.~~

*(BGBl I 2018/83, BGBl I 2022/135 ab 1.1.2019)*

**§ 9.** Zusätzlich zur Familienbeihilfe haben Personen unter folgenden Voraussetzungen (§§ 9a bis 9d) Anspruch auf einen Mehrkindzuschlag. Der Mehrkindzuschlag steht für jedes ständig im Bundesgebiet lebende dritte und weitere Kind zu, für das Familienbeihilfe gewährt wird. Ab 1. Jänner 2011 beträgt der Mehrkindzuschlag 20 € monatlich für das dritte und jedes weitere Kind.

**§ 9a.** (1) Der Anspruch auf Mehrkindzuschlag ist abhängig vom Anspruch auf Familienbeihilfe und vom Einkommen des Kalenderjahres, das vor dem Kalenderjahr liegt, für das der Antrag auf Gewährung des Mehrkindzuschlages gestellt wird. Der Mehrkindzuschlag steht nur zu, wenn das zu versteuernde Einkommen (§ 33 Abs. 1 EStG 1988) des anspruchsberechtigten Elternteils und seines im gemeinsamen Haushalt lebenden Ehegatten oder Lebensgefährten 55 000 € nicht übersteigt. Das Einkommen des Ehegatten oder Lebensgefährten ist nur dann zu berücksichtigen, wenn dieser im Kalenderjahr, das vor dem Kalenderjahr liegt, für das der Mehrkindzuschlag beantragt wird, mehr als sechs Monate im gemeinsamen Haushalt gelebt hat.

(2) Ein Verlustausgleich zwischen den Einkünften der im gemeinsamen Haushalt lebenden Ehegatten oder Lebensgefährten ist nicht zulässig.

**§ 9b.** Der Mehrkindzuschlag ist für jedes Kalenderjahr gesondert bei dem für die Erhebung der Abgaben vom Einkommen zuständigen Finanzamt zu beantragen; er wird höchstens für fünf Jahre rückwirkend vom Beginn des Monats der Antragstellung gewährt. Die Auszahlung erfolgt im Wege der Veranlagung. Unterbleibt eine Veranlagung, ist in bezug auf die Auszahlung des Mehrkindzuschlages § 40 des Einkommensteuergesetzes 1988 sinngemäß anzuwenden. In diesem Fall kann zugunsten des im gemeinsamen Haushalt lebenden Elternteils oder Lebensgefährten, der veranlagt wird, auf den Anspruch auf den Mehrkindzuschlag verzichtet werden.

**§ 9c.** Auf den Mehrkindzuschlag sind die Bestimmungen betreffend die Familienbeihilfe sinngemäß anzuwenden, soweit in den §§ 9 bis 9b nichts anderes bestimmt ist.

**§ 10.** (1) Die Familienbeihilfe wird, abgesehen von den Fällen des § 10a, nur auf Antrag gewährt; die Erhöhung der Familienbeihilfe für ein erheblich behindertes Kind (§ 8 Abs. 4) ist besonders zu beantragen.

*(BGBl I 2015/50)*

(2) Die Familienbeihilfe wird vom Beginn des Monats gewährt, in dem die Voraussetzungen für den Anspruch erfüllt werden. Der Anspruch auf Familienbeihilfe erlischt mit Ablauf des Monats, in dem eine Anspruchsvoraussetzung wegfällt oder ein Ausschließungsgrund hinzukommt.

(3) Die Familienbeihilfe und die erhöhte Familienbeihilfe für ein erheblich behindertes Kind (§ 8 Abs. 4) werden höchstens für fünf Jahre rückwirkend vom Beginn des Monats der Antragstellung gewährt. In bezug auf geltend gemachte Ansprüche ist § 209 Abs. 3 der Bundesabgabenordnung, BGBl. Nr. 194/1961, anzuwenden.

(4) Für einen Monat gebührt Familienbeihilfe nur einmal.

(5) Minderjährige, die das 16. Lebensjahr vollendet haben, bedürfen zur Geltendmachung des Anspruches auf die Familienbeihilfe und zur Empfangnahme der Familienbeihilfe nicht der Einwilligung des gesetzlichen Vertreters.

**§ 10a.** (1) Anlässlich der Geburt eines Kindes kann das Finanzamt Österreich die Familienbeihilfe automationsunterstützt ohne Antrag gewähren, wenn die Anspruchsvoraussetzungen für die Gewährung der Familienbeihilfe sowie die maßgeblichen Personenstandsdaten gemäß § 48 Abs. 2 des Personenstandsgesetzes 2013 (PStG 2013), BGBl. I Nr. 16/2013, vorliegen.

*(BGBl I 2019/104)*

(2) Zur Feststellung des Vorliegens der Anspruchsvoraussetzungen wird der nach § 46a vorgesehene automationsunterstützte Datenverkehr unter Berücksichtigung der Bestimmungen der Bundesabgabenordnung herangezogen.

*(BGBl I 2015/50)*

**§ 11.** (1) Die Familienbeihilfe wird, abgesehen von den Fällen des § 4, monatlich durch das Finanzamt Österreich automationsunterstützt ausgezahlt.

*(BGBl I 2019/104)*

(2) Die Auszahlung erfolgt durch Überweisung auf ein Girokonto bei einer inländischen oder ausländischen Kreditunternehmung. Bei berücksichtigungswürdigen Umständen erfolgt die Auszahlung mit Baranweisung.

(3) Die Gebühren für die Auszahlung der Familienbeihilfe im Inland sind aus allgemeinen Haushaltsmitteln zu tragen.

**§ 12.** (1) Das Finanzamt Österreich hat bei Entstehen oder Wegfall eines Anspruches auf Familienbeihilfe eine Mitteilung auszustellen. Eine Mitteilung über den Bezug der Familienbeihilfe ist auch über begründetes Ersuchen der die Familienbeihilfe beziehenden Person auszustellen.

*(BGBl I 2019/104)*

(2) Wird die Auszahlung der Familienbeihilfe eingestellt, ist die Person, die bislang die Familienbeihilfe bezogen hat, zu verständigen.

**§ 12a.** Die Familienbeihilfe gilt nicht als eigenes Einkommen des Kindes.

**§ 13.** Über Anträge auf Gewährung der Familienbeihilfe hat das Finanzamt Österreich zu entscheiden. Insoweit einem Antrag nicht oder nicht vollinhaltlich stattzugeben ist, ist ein Bescheid zu erlassen.

*(BGBl I 2017/40, BGBl I 2019/104)*

**§ 14.** (1) Ein volljähriges Kind, für das Anspruch auf die Familienbeihilfe besteht, kann beim Finanzamt Österreich beantragen, dass die Überweisung der Familienbeihilfe auf sein Girokonto erfolgt. Der Antrag kann sich nur auf Zeiträume beziehen, für die noch keine Familienbeihilfe ausgezahlt wurde.

*(BGBl I 2019/104)*

(2) Eine Überweisung nach Abs. 1 bedarf der Zustimmung der Person, die Anspruch auf die Familienbeihilfe hat. Diese Zustimmung kann jederzeit widerrufen werden, allerdings nur für Zeiträume, für die noch keine Familienbeihilfe ausgezahlt wurde.

(3) Es kann auch die Person, die Anspruch auf die Familienbeihilfe für ein Kind hat, beantragen, dass die Überweisung der Familienbeihilfe auf ein Girokonto dieses Kindes erfolgt. Der Antrag kann sich nur auf Zeiträume beziehen, für die noch keine Familienbeihilfe ausgezahlt wurde. Dieser Antrag kann jederzeit widerrufen werden, allerdings nur für Zeiträume, für die noch keine Familienbeihilfe ausgezahlt wurde.

(4) Der Betrag an Familienbeihilfe für ein Kind, der nach Abs. 1 oder 3 zur Überweisung gelangt, richtet sich nach § 8 ~~und § 8a~~.

*(BGBl I 2020/71, BGBl I 2022/135 ab 29.7.2022)*

**§ 15.** (1) Für Personen, die im Zeitraum von einschließlich März 2020 bis einschließlich Februar 2021 für zumindest einen Monat Anspruch auf Familienbeihilfe für ein Kind haben, finden die während dieses Zeitraumes vorliegenden Anspruchsvoraussetzungen im unmittelbaren Anschluss an den Anspruchszeitraum bis März 2021 in Bezug auf dieses Kind weiter Anwendung, solange während dieses Zeitraumes keine andere Person anspruchsberechtigt wird.

(2) Für die Maßnahme nach Abs. 1 ist ein Betrag von höchstens 102 Mio. Euro aus Mitteln des COVID-19-Krisenbewältigungsfonds bereitzustellen.

*(BGBl I 2021/58)*

**§§ 16–24.** (aufgehoben)

**§ 25.** Personen, denen Familienbeihilfe gewährt oder an Stelle der anspruchsberechtigten Person ausgezahlt (§ 12) wird, sind verpflichtet, Tatsachen, die bewirken, daß der Anspruch auf Familienbeihilfe erlischt, sowie Änderungen des Namens oder der Anschrift ihrer Person oder der Kinder, für die ihnen Familienbeihilfe gewährt wird, zu melden. Die Meldung hat innerhalb eines Monats, gerechnet vom Tag des Bekanntwerdens der zu meldenden Tatsache, beim Finanzamt Österreich zu erfolgen.

*(BGBl I 2019/104)*

**§ 26.** (1) Wer Familienbeihilfe zu Unrecht bezogen hat, hat die entsprechenden Beträge zurückzuzahlen.

(2) Zurückzuzahlende Beträge nach Abs. 1 können auf fällige oder fällig werdende Familienbeihilfen angerechnet werden.

(3) Für die Rückzahlung eines zu Unrecht bezogenen Betrages an Familienbeihilfe haftet auch derjenige Elternteil des Kindes, der mit dem Rückzahlungspflichtigen in der Zeit, in der die Familienbeihilfe für das Kind zu Unrecht bezogen worden ist, im gemeinsamen Haushalt gelebt hat.

(4) Die Oberbehörde ist ermächtigt, in Ausübung des Aufsichtsrechtes das zuständige Finanzamt anzuweisen, von der Rückforderung des unrechtmäßigen Bezuges abzusehen, wenn die Rückforderung unbillig wäre.

*(BGBl I 2019/104)*

**§ 27.** (1) Die Familienbeihilfen sind von der Einkommensteuer befreit und gehören auch nicht zur Bemessungsgrundlage für sonstige Abgaben und öffentlich-rechtliche Beiträge.

(2) Der Anspruch auf Familienbeihilfe ist gemäß § 290 Abs. 1 Z 9 der Exekutionsordnung nicht pfändbar.

**§ 28.** Die zur Durchführung von Verfahren nach den Bestimmungen dieses Abschnittes erforderlichen Eingaben und Amtshandlungen sowie die Entscheidungen in diesen Verfahren sind von den Stempelgebühren sowie von den Gerichts- und Justizverwaltungsgebühren befreit.

**§ 29.** (1) Eine Verwaltungsübertretung begeht und wird mit einer Geldstrafe bis zu 360 Euro oder mit Arrest bis zu zwei Wochen bestraft:

a) wer vorsätzlich oder grob fahrlässig die gemäß § 25 vorgesehene Meldung nicht rechtzeitig erstattet und dadurch einen unrechtmäßigen Bezug von Familienbeihilfe bewirkt,

b) wer Familienbeihilfe vorsätzlich oder grob fahrlässig zu Unrecht bezieht,

c)–e) (aufgehoben)

sofern die Tat nicht nach anderen Vorschriften strenger zu ahnden ist. Bei besonders erschwerenden Umständen können beide Strafen nebeneinander verhängt werden.

(2) Die Verjährungsfrist (§ 31 Verwaltungsstrafgesetz 1950) beträgt bei den im Abs. 1 angeführten Verwaltungsübertretungen drei Jahre.

**§ 30.** (aufgehoben)

## Abschnitt Ia
## Schulfahrtbeihilfe und Schülerfreifahrten

**§ 30a.** (1) Anspruch auf Schulfahrtbeihilfe haben Personen für Kinder, für die ihnen Familienbeihilfe gewährt wird oder für die sie nur deswegen keinen Anspruch auf Familienbeihilfe haben, weil sie Anspruch auf eine gleichartige ausländische Beihilfe haben (§ 4 Abs. 1), wenn das Kind

a) eine öffentliche oder mit dem Öffentlichkeitsrecht ausgestattete Schule im Inland als ordentlicher Schüler besucht oder
b) eine gleichartige Schule im grenznahen Gebiet im Ausland als ordentlicher Schüler besucht, die für das Kind günstiger zu erreichen ist als eine inländische Schule, wenn bei Pflichtschulen hiefür die schulbehördliche Bewilligung vorliegt, oder
c) eine Ausbildung im gehobenen Dienst für Gesundheits- und Krankenpflege an einer Schule für Gesundheits- und Krankenpflege gemäß Gesundheits- und Krankenpflegegesetz, BGBl. I Nr. 108/1997, oder eine Ausbildung in der medizinischen Fachassistenz an einer Schule für medizinische Assistenzberufe gemäß Medizinische Assistenzberufe-Gesetz, BGBl. I Nr. 89/2012, besucht, oder
d) ein nach den Lehrplänen der in lit. a und b bezeichneten Schulen verpflichtendes Praktikum im Inland oder im grenznahen Gebiet im Ausland besucht, das außerhalb der schulischen Unterrichtszeiten stattfindet und der Schule durch Vorlage eines Praktikantenvertrages nachzuweisen ist, oder
e) eine nach den Ausbildungsverordnungen der in lit. c bezeichneten Schulen für die praktische Ausbildung vorgesehene Krankenanstalt oder sonstige Einrichtung im Inland oder im grenznahen Gebiet im Ausland besucht

und der kürzeste Weg zwischen der Wohnung im Inland und der Schule (Schule/Praktikum gemäß lit. d und e) in einer Richtung (Schulweg) bzw. der kürzeste Weg zwischen der Wohnung im Inland und dem Zweitwohnsitz am Ort oder in der Nähe des Ortes der Schule (Schule/Praktikum gemäß lit. d und e) in einer Richtung mindestens 2 km lang ist. Für behinderte Schülerinnen und Schüler besteht Anspruch auf Schulfahrtbeihilfe auch dann, wenn dieser Weg weniger als 2 km lang und die Zurücklegung dieses Weges ohne Benutzung eines Verkehrsmittels nicht zumutbar ist.

(2) Anspruch auf Schulfahrtbeihilfe haben auch Vollwaisen, denen Familienbeihilfe gewährt wird (§ 6) oder die nur deswegen keinen Anspruch auf Familienbeihilfe haben, weil sie Anspruch auf eine gleichartige ausländische Beihilfe haben (§ 4 Abs. 1), unter denselben Voraussetzungen, unter denen nach Abs. 1 Anspruch auf Schulfahrtbeihilfe für Kinder besteht.

(3) Als eine Schule im Sinne des Abs. 1 lit. a gilt auch eine Schule, die gemäß § 12 des Schulpflichtgesetzes, BGBl. Nr. 76/1985, als zur Erfüllung der Schulpflicht geeignet anerkannt wurde, sowie eine Privatschule, der die Führung einer gesetzlich geregelten Schulartbezeichnung gemäß § 11 des Privatschulgesetzes, BGBl. Nr. 244/1962, bewilligt wurde.

(4) Als ordentliche Schüler im Sinne dieses Abschnittes gelten auch Schüler, die wegen mangelnder Kenntnis der Unterrichtssprache oder wegen der Zulassung zur Ablegung einer Einstufungsprüfung (§ 3 Abs. 6 des Schulunterrichtsgesetzes 1986, BGBl. Nr. 472) oder wegen der Zulassung zur Ablegung einer Aufnahmsprüfung (§ 29 Abs. 5 des Schulunterrichtsgesetzes) als außerordentliche Schüler geführt werden.

(5) Als ordentliche Schüler im Sinne dieses Abschnittes gelten auch Berufsschüler, die eine fachliche Berufsschule des der Ausbildung entsprechenden anerkannten Lehrberufes besuchen und mangels der Berufsschulpflicht als außerordentliche Schüler geführt werden.

**§ 30b.** (1) Kein Anspruch auf Schulfahrtbeihilfe besteht für den Teil des Schulweges, auf dem der Schüler/die Schülerin eine unentgeltliche Beförderung oder die SchülerInnenfreifahrt in Anspruch nehmen kann. Es besteht auch kein Anspruch auf Schulfahrtbeihilfe für den Teil des Weges zwischen der Wohnung im Hauptwohnort und der Zweitunterkunft (§ 30c Abs. 4), auf dem der Schüler/die Schülerin eine unentgeltliche Beförderung in Anspruch nehmen kann. Für den verbleibenden Teil des Weges besteht Anspruch auf Schulfahrtbeihilfe jeweils dann, wenn dieser Teil des Weges mindestens 2 km lang ist; in diesen Fällen richtet sich die Höhe der Schulfahrtbeihilfe (§ 30c Abs. 1, 2 und 4) nach der Länge dieses Teiles des Weges.

(2) Kein Anspruch auf Schulfahrtbeihilfe besteht für den Besuch von Lehrveranstaltungen, die nur fallweise stattfinden.

**§ 30c.** (1) Die Schulfahrtbeihilfe beträgt, wenn der Schulweg nicht länger als 10 km ist und

a) an einem Schultag oder an zwei Schultagen in der Woche zurückgelegt wird, monatlich 4,4 Euro,
b) an drei oder vier Schultagen in der Woche zurückgelegt wird, monatlich........ 8,8 Euro,
c) an mehr als vier Schultagen in der Woche zurückgelegt wird, monatlich.......13,1 Euro.



(2) Die Schulfahrtbeihilfe beträgt, wenn der Schulweg länger als 10 km ist und

a) an einem Schultag oder an zwei Schultagen in der Woche zurückgelegt wird, monatlich........................................ 6,6 Euro,
b) an drei oder vier Schultagen in der Woche zurückgelegt wird, monatlich.......13,1 Euro,
c) an mehr als vier Schultagen in der Woche zurückgelegt wird, monatlich....... 19,7 Euro.

(3) Werden für die Benutzung eines öffentlichen Verkehrsmittels durch den Schüler höhere Kosten als die in den Abs. 1 und 2 vorgesehenen Pauschbeträge nachgewiesen, so richtet sich die monatliche Schulfahrtbeihilfe nach der Höhe der in einem Kalendermonat tarifmäßig, aber höchstens im Ausmaß des für den maßgeblichen Schulweg geltenden Verrechnungstarifes (§ 29 ÖPNRV-G 1999 in der Fassung BGBl. I Nr. 204/1999) notwendig aufgelaufenen Kosten, abzüglich eines Selbstbehaltes von 19,6 Euro für jedes Schuljahr. Geleistete Eigenanteile des Schülers für das jeweilige Schuljahr sind auf diesen Selbstbehalt anzurechnen. Steht ein geeignetes öffentliches Verkehrsmittel nicht

zur Verfügung, erhöhen sich die in den Abs. 1 und 2 vorgesehenen Pauschbeträge um 100 vH.

(4) Die Schulfahrtbeihilfe beträgt, wenn der Schüler/die Schülerin für Zwecke des Schulbesuches notwendigerweise eine Zweitunterkunft außerhalb seines/ihres inländischen Hauptwohnortes am Schulort oder in der Nähe des Schulortes bewohnt, bei einer Entfernung zwischen der Wohnung im Hauptwohnort und der Zweitunterkunft

a) bis einschließlich 50 km monatlich...... 19 €,
b) über 50 km bis einschließlich 100 km monatlich...... 32 €,
c) über 100 km bis einschließlich 300 km monatlich...... 42 €,
d) über 300 km bis einschließlich 600 km monatlich...... 50 €,
e) über 600 km monatlich...... 58 €.

**§ 30d.** (1) Die Schulfahrtbeihilfe wird für ein Kind nur einmal gewährt.

(2) Die Schulfahrtbeihilfe wird für jeden Monat gewährt, in dem der Schüler die Schule besucht, in einem Schuljahr jedoch höchstens für zehn Monate und in Verbindung mit einem Praktikum (§ 30a Abs. 1 lit. d und e) höchstens elf Monate. Liegen in einem Monat die Voraussetzungen für die Gewährung verschieden hoher Pauschbeträge für die Fahrt zu und von der Schule (§ 30c Abs. 1 und 2) vor, so ist diese Schulfahrtbeihilfe in Höhe des höheren Pauschbetrages zu gewähren. Liegen in einem Monat die Voraussetzungen für die Gewährung verschieden hoher Pauschbeträge für die Fahrt zwischen der Wohnung im Hauptwohnort und der Zweitunterkunft (§ 30c Abs. 4) vor, so ist diese Schulfahrtbeihilfe in Höhe des höheren Pauschbetrages zu gewähren.

(3) Für Fahrten im Linienverkehr, die mit einem Verbund-Schülerfahrausweis zu einem bestimmten Pauschalpreis pro Schuljahr möglich sind, steht eine Schulfahrtbeihilfe nach § 30c höchstens bis zu jenem, um den pauschalen Eigenanteil von 19,60 Euro reduzierten Betrag zu, welcher für diesen Schülerfahrausweis notwendigerweise zu entrichten ist. Erstreckt sich der Anspruch auf eine derartige Schulfahrtbeihilfe nicht über das gesamte Schuljahr, steht die Schulfahrtbeihilfe pro Anspruchsmonat in Höhe von 1/12 des um 19,60 Euro verminderten Pauschalpreises für diesen Schülerfahrausweis zu. Wird eine bereits geleistete Zahlung des pauschalen Eigenanteiles des Schülers/der Schülerin für das jeweilige Schuljahr im Zuge der Antragstellung nachgewiesen, erfolgt kein weiterer Abzug von der auszuzahlenden Schulfahrtbeihilfe.

(4) Die mögliche Inanspruchnahme einer Beförderung im Linienverkehr zum Pauschalpreis schließt den Anspruch auf eine Schulfahrtbeihilfe nach § 30c auf dieser Strecke aus. Für einen allfälligen Restschulweg über 2 km pro Richtung wird die nach Abs. 3 ermittelte Schulfahrtbeihilfe um die zustehende monatliche Pauschalabgeltung nach § 30c Abs. 1 bis 3 aufgestockt. Für Familienheimfahrten auf Reststrecken über 2 km pro Richtung wird die nach Abs. 3 ermittelte Schulfahrtbeihilfe bis zu einer Weglänge von 10 km um monatlich 5 Euro aufgestockt. Übersteigt die Reststrecke 10 km, wird der Auszahlungsbetrag nach Abs. 3 um die zustehende monatliche Pauschalabgeltung nach § 30c Abs. 4 aufgestockt.

**§ 30e.** (1) Die Schulfahrtbeihilfe ist nur auf Antrag zu gewähren. Der Antrag ist beim Finanzamt Österreich bis 30. Juni des Kalenderjahres einzubringen, das dem Kalenderjahr folgt, in dem das Schuljahr endet, für welches die Schulfahrtbeihilfe begehrt wird. Auf gesonderten Antrag kann die Schulfahrtbeihilfe nach § 30c Abs. 3 erster Satz monatlich, frühestens beginnend mit Beginn des Schuljahres, für das die Schulfahrtbeihilfe begehrt wird, ausgezahlt werden. § 10 Abs. 5 ist sinngemäß anzuwenden.

*(BGBl I 2019/104)*

(2) Zur Entscheidung über einen Antrag auf Gewährung der Schulfahrtbeihilfe ist das Finanzamt Österreich zuständig. Insoweit einem Antrag nicht vollinhaltlich stattzugeben ist, ist ein Bescheid zu erlassen.

*(BGBl I 2019/104)*

(3) Die Schulfahrtbeihilfe ist nur zu gewähren, wenn der Antragsteller eine Bestätigung der Schule vorlegt, aus der die Staatsbürgerschaft des Schülers, der Schulbesuch und der Wohnort des Schülers, von dem aus die Schule besucht wird, hervorgehen.

(4) Die Schulfahrtbeihilfe wird für ein Schuljahr nur einmal, nach Ablauf des Unterrichtsjahres, gewährt.

**§ 30f.** (1) Der Bundesminister für Jugend und Familie ist ermächtigt, mit Verkehrsunternehmen des öffentlichen Verkehrs Verträge abzuschließen, wonach der Bund den Verkehrsunternehmen die im Tarif jeweils vorgesehenen Fahrpreise für die Beförderung der Schüler zur und von der Schule ersetzt, wenn sich die Verkehrsunternehmen verpflichten, einen Fahrausweis zur freien Beförderung der Schüler gegen Nachweis eines geleisteten Eigenanteiles des Schülers am Fahrpreis in Höhe von 19,6 Euro für jedes Schuljahr an den Schüler auszugeben, wobei der nach Abs. 3 vom Schüler geleistete Eigenanteil für dieses Schuljahr anzurechnen ist. Der vom Bund zu ersetzende Fahrpreis ist nach den weitestgehenden Ermäßigungen zu ermitteln; eine Pauschalierung des Fahrpreisersatzes ist zulässig. Soweit der Fahrpreisersatz nicht der Umsatzsteuer nach dem Umsatzsteuergesetz unterliegt, vermindert er sich um den entsprechenden Betrag.

(2) Der Fahrpreisersatz darf nur für Fahrten zwischen der Wohnung im Inland und der Schule sowie nur für Schüler/innen geleistet werden, für die eine Schulbestätigung im Sinne des § 30e Abs. 3 beigebracht wird, und für die, sofern sie volljährig sind, weiterhin Familienbeihilfe bezogen wird. Die Leistung des Fahrpreisersatzes ist bei Schüler/innen, die weder die österreichische Staatsbürgerschaft noch die Staatsbürgerschaft einer EWR-Vertragspartei oder der Schweiz besitzen, überdies davon abhängig zu machen, dass

eine Bestätigung des Finanzamtes Österreich beigebracht wird, wonach für den Schüler/die Schülerin Familienbeihilfe bezogen wird. Für die Erlangung der Schülerfreifahrt ist überdies ein Antrag des Erziehungsberechtigten erforderlich, wenn der Schüler/die Schülerin minderjährig ist.

*(BGBl I 2019/104)*

(3) Der Bundesminister für Jugend und Familie ist weiters ermächtigt,

a) mit Verkehrsunternehmen, die Schüler im Gelegenheitsverkehr zur und von der Schule befördern, Verträge abzuschließen, wonach der Bund die Kosten für die Schülerbeförderung unter Beachtung des Umsatzsteuergesetzes übernimmt, wenn für die Schülerbeförderung kein geeignetes öffentliches Verkehrsmittel zur Verfügung steht und sich der Erziehungsberechtigte des zu befördernden Schülers dazu verpflichtet, für diese Beförderung einen Pauschalbetrag von 19,6 Euro als Eigenanteil für jedes Schuljahr an das jeweilige Verkehrsunternehmen zu leisten, wodurch sich die vom Bund zu leistende Gesamtvergütung entsprechend verringert,

b) den Gemeinden oder Schulerhaltern die Kosten, die ihnen für die Schülerbeförderung entstehen, zu ersetzen. Der Kostenersatz darf die Höhe der Kosten nicht übersteigen, die bei Abschluß eines Vertrages gemäß lit. a nach Abzug des vom Erziehungsberechtigten an das Verkehrsunternehmen zu leistenden Eigenanteiles für den Bund entstehen würden.

(4) Eine Teilnahme des Schülers/der Schülerin an einer Schülerfreifahrt nach Abs. 1 und Abs. 3 ist nur auf jenen Strecken zulässig, auf denen der Schüler/die Schülerin keine andere Beförderung unentgeltlich in Anspruch nehmen kann. In Verträgen nach den Abs. 1 und 3 lit. a dürfen Schüler/innen nur für den Schulweg zu Schulen im Sinne des § 30a Abs. 1 lit. a bis c begünstigt werden; desgleichen darf ein Kostenersatz nach Abs. 3 lit. b nur für den Schulweg zu Schulen im Sinne des § 30a Abs. 1 lit. a bis c geleistet werden. Eine Kostenübernahme nach Abs. 3 ist nur für Fahrten der Schüler/innen zwischen der Wohnung im Inland und der Schule zulässig; für Schüler/innen, die weder die österreichische Staatsbürgerschaft noch die Staatsbürgerschaft einer EWR-Vertragspartei oder der Schweiz besitzen, ist eine Kostenübernahme nach Abs. 3 überdies davon abhängig zu machen, dass eine Bestätigung des Finanzamtes Österreich beigebracht wird, wonach für den Schüler/die Schülerin Familienbeihilfe bezogen wird.

*(BGBl I 2019/104)*

(5) In Verträgen nach den Abs. 1 und 3 hat sich der Bundesminister für Wirtschaft, Familie und Jugend auszubedingen, dass sich die Verkehrsunternehmen zur Rechnungslegung und Auskunftserteilung verpflichten und den Organen des Bundes die Überprüfung der Unterlagen gestatten, auf die sich der Fahrpreis oder Fahrpreisersatz gründet. Der Vertrag nach Abs. 3 kann als Rechnung im Sinne des Umsatzsteuergesetzes 1994 angesehen werden, sofern dieser die erforderlichen Rechnungsmerkmale gemäß § 11 Abs. 1 des Umsatzsteuergesetzes 1994 aufweist. Der Abschluss eines Vertrages nach Abs. 3 lit. a kann überdies davon abhängig gemacht werden, dass der Schulerhalter die Notwendigkeit der Schülerbeförderung bestätigt und die Namen, die Staatsbürgerschaft und die Anschriften der zu befördernden Schüler/innen sowie das in Frage kommende Verkehrsunternehmen bekannt gibt.

(6) Der Bundesminister für Wirtschaft, Familie und Jugend ist ermächtigt, mit Verkehrsverbundorganisationsgesellschaften Verträge abzuschließen, wonach der Bund für die Beförderung fahrberechtigter Schüler/innen gemäß § 30f Abs. 1 und 2 in Verbindung mit § 30a im öffentlichen Verkehr an die jeweilige Verkehrsverbundorganisationsgesellschaft für jedes Schuljahr eine Pauschalabgeltung abzüglich der darauf entfallenden Eigenanteile leistet. Die um die Eigenanteile reduzierte Pauschalabgeltung ist im Einvernehmen zwischen dem Bundesminister für Wirtschaft, Familie und Jugend und der jeweiligen Verkehrsverbundorganisationsgesellschaft festzulegen. Die Basis für die Pauschalabgeltung errechnet sich erstmalig nach der Anzahl fahrberechtigter Schüler/innen und den dafür geleisteten Fahrpreisersätzen in einem zwischen dem Bundesminister für Wirtschaft, Familie und Jugend und der jeweiligen Verkehrsverbundorganisationsgesellschaft einvernehmlich zu bestimmenden Beobachtungszeitraum. In Abweichung von § 30f Abs. 2 ist für die Erlangung der Schülerfreifahrt in Gebieten, in denen ein Pauschalvertrag gem. § 30f Abs. 6 abgeschlossen wurde, ein Antrag für fahrtberechtigte SchülerInnen nicht erforderlich. Die Bestimmung bezüglich der weitestgehenden Ermäßigung (§ 30f Abs. 1) ist nicht auf die Pauschalabgeltung anzuwenden.

(7) Der Bundesminister für Wirtschaft, Familie und Jugend kann mit der Besorgung der ihm nach den vorstehenden Absätzen obliegenden Geschäften das Finanzamt Österreich beauftragen.

*(BGBl I 2019/104)*



**§ 30g.** (1) Die im § 30a Abs. 1 lit. a und c genannten Schulen haben die Bestätigungen gemäß § 30e Abs. 3 auszustellen. Sofern diese Bestätigungen zur Erlangung einer Schülerfreifahrt (§ 30f) erforderlich sind, sind hiefür amtlich aufgelegte oder amtlich genehmigte Vordrucke zu verwenden. Diese Bestätigungen dürfen nur für ordentliche Schüler, die zu Beginn des Schuljahres das 24. Lebensjahr noch nicht vollendet haben, und für einen Schüler nur in der für die Erlangung der notwendigen Freifahrausweise erforderlichen Anzahl ausgestellt werden.

(2) Die amtlich aufgelegten Vordrucke für die Bestätigungen (Abs. 1) sind zu Lasten des Ausgleichsfonds für Familienbeihilfen vom Bundesministerium für Jugend und Familie aufzulegen und den Schulen zur Verfügung zu stellen.

(3) Insoweit dem Bund für die Anschaffung der Erlagscheine für den Selbstbehalt, für Vordrucke, Richtlinien, eine EDV-unterstützte Vollziehung der Fahrpreisersätze und Geldverkehrsspesen Kosten

entstehen, sind diese aus Mitteln des Ausgleichsfonds für Familienbeihilfen zu tragen.

**§ 30h.** (1) Zu Unrecht bezogene Schulfahrtbeihilfe ist zurückzuzahlen.

(2) Der Schüler hat den von der Republik Österreich für eine Schülerfreifahrt geleisteten Fahrpreis (§ 30f Abs. 1 und 2) zu ersetzen, wenn er die Schülerfreifahrt durch unwahre Angaben erlangt hat oder weiter in Anspruch genommen hat, obwohl die Voraussetzungen weggefallen sind. Für diese Ersatzpflicht des Schülers haftet der Erziehungsberechtigte, wenn der Schüler noch minderjährig ist. Über die Verpflichtung zum Ersatz entscheidet das Finanzamt Österreich, wobei von der Festsetzung eines Ersatzes ganz oder teilweise Abstand genommen werden kann, wenn der Ersatz im Einzelfall den Betrag von 100 Euro nicht übersteigt. Gegen die Entscheidung des Finanzamtes Österreich ist die Beschwerde an das Verwaltungsgericht des Bundes für Finanzen zulässig. Die Bestimmungen der Bundesabgabenordnung sind sinngemäß anzuwenden.

*(BGBl I 2019/104)*

(3) Die Oberbehörde ist ermächtigt, in Ausübung des Aufsichtsrechtes das Finanzamt Österreich anzuweisen, von der Rückforderung der zu Unrecht bezogenen Schulfahrtbeihilfe (Abs. 1) sowie vom Ersatz des für eine Schülerfreifahrt geleisteten Fahrpreises (Abs. 2) abzusehen, wenn die Rückforderung bzw. die Geltendmachung des Ersatzanspruches unbillig wäre.

*(BGBl I 2019/104)*

(4) Wer vorsätzlich oder grob fahrlässig Schulfahrtbeihilfe zu Unrecht bezieht oder durch unwahre Angaben einen Schülerfreifahrausweis zu Unrecht erlangt hat oder weiter in Anspruch genommen hat, obwohl die Voraussetzungen weggefallen sind, begeht, sofern die Tat nicht nach anderen Rechtsvorschriften strenger zu ahnden ist, eine Verwaltungsübertretung und ist hiefür mit einer Geldstrafe bis zu 360 Euro zu bestrafen. Der Versuch ist strafbar. Die Verjährungsfrist (§ 31 des Verwaltungsstrafgesetzes 1950) beträgt zwei Jahre.

**§ 30i.** (1) Der Anspruch auf die Schulfahrtbeihilfe ist gemäß § 290 Abs. 1 Z 9 der Exekutionsordnung nicht pfändbar.

(2) Die zur Durchführung von Verfahren nach den Bestimmungen dieses Abschnittes erforderlichen Schriften sowie die Schulbestätigungen gemäß § 30e Abs. 3 sind von den Stempelgebühren befreit.

### Abschnitt Ib
### Freifahrten und Fahrtenbeihilfe für Lehrlinge

**§ 30j.** (1) Der Bundesminister für Jugend und Familie ist ermächtigt, mit Verkehrsunternehmen des öffentlichen Verkehrs Verträge abzuschließen, wonach der Bund den Verkehrsunternehmen die im Tarif jeweils vorgesehenen Fahrpreise für die Beförderung der Lehrlinge zwischen der Wohnung und der betrieblichen Ausbildungsstätte ersetzt, wenn sich die Verkehrsunternehmen zur freien Beförderung der Lehrlinge unter der Voraussetzung verpflichten, daß

a) die am 1. Mai 1992 geltenden Lehrlingstarife prozentuell nur in dem Verhältnis geändert werden, wie der Preis für den Einzelfahrschein geändert wird, höchstens jedoch im Ausmaß der prozentuellen Fahrpreisänderung für die Schülerzeitkarte, und
b) ein Fahrausweis zur freien Beförderung des Lehrlings gegen Nachweis eines geleisteten Eigenanteiles des Lehrlings am Fahrpreis in Höhe von 19,6 Euro für jedes Lehrjahr an den Lehrling ausgegeben wird.

Der vom Bund zu ersetzende Fahrpreis ist nach den weitestgehenden Ermäßigungen zu ermitteln; eine Pauschalierung des Fahrpreisersatzes ist zulässig. Soweit der Fahrpreisersatz nicht der Umsatzsteuer nach dem Umsatzsteuergesetz unterliegt, vermindert er sich um den entsprechenden Betrag.

(2) Der Fahrpreisersatz darf nur für Lehrlinge in einem anerkannten Lehrverhältnis geleistet werden, die eine betriebliche Ausbildungsstätte im Bundesgebiet oder im grenznahen Gebiet im Ausland besuchen und für die Familienbeihilfe bezogen wird. Die Leistung des Fahrpreisersatzes ist bei Lehrlingen, die weder die österreichische Staatsbürgerschaft noch die Staatsbürgerschaft einer EWR-Vertragspartei oder der Schweiz besitzen, überdies davon abhängig zu machen, dass eine Bestätigung des Finanzamtes Österreich beigebracht wird, wonach für den Lehrling Familienbeihilfe bezogen wird.

*(BGBl I 2019/104)*

(3) Der Bundesminister für Wirtschaft, Familie und Jugend ist ermächtigt, mit Verkehrsverbundorganisationsgesellschaften Verträge abzuschließen, wonach der Bund für die Beförderung fahrberechtigter Lehrlinge gemäß § 30j Abs. 1 und 2 im öffentlichen Verkehr an die jeweilige Verkehrsverbundorganisationsgesellschaft für jedes Schuljahr eine Pauschalabgeltung abzüglich der darauf entfallenden Eigenanteile leistet. Die um die Eigenanteile reduzierte Pauschalabgeltung ist im Einvernehmen zwischen dem Bundesminister für Wirtschaft, Familie und Jugend und der jeweiligen Verkehrsverbundorganisationsgesellschaft festzulegen. Die Basis für die Pauschalabgeltung errechnet sich erstmalig nach der Anzahl fahrberechtigter Lehrlinge und den dafür geleisteten Fahrpreisersätzen in einem zwischen dem Bundesminister für Wirtschaft, Familie und Jugend und der jeweiligen Verkehrsverbundorganisationsgesellschaft einvernehmlich zu bestimmenden Beobachtungszeitraum. Die Bestimmung bezüglich der weitestgehenden Ermäßigung (§ 30j Abs. 1) ist nicht auf die Pauschalabgeltung anzuwenden.

**§ 30k.** (1) Zur Erlangung der Freifahrt des Lehrlings zwischen der Wohnung und der betrieblichen Ausbildungsstätte ist der hiefür aufgelegte amtliche Vordruck zu verwenden. Darin ist das Lehrverhältnis, der Besuch der Ausbildungsstätte und die Zeitdauer vom Arbeitgeber zu bestätigen. Diese Bestätigung darf nur in der für die Erlangung der notwendigen Fahrausweise erforderlichen Anzahl ausgestellt werden. Die Inanspruchnahme der Lehrlingsfreifahrt ist nur für den Weg zwischen der Wohnung im Inland und der betrieblichen Ausbildungsstätte und darüber hinaus nur für jene Zeiträume zulässig, in denen für den Lehrling ein Anspruch auf Familienbeihilfe besteht, längstens jedoch bis zum Ablauf des Monats, in dem der Lehrling das 24. Lebensjahr vollendet hat.

(2) Die Vordrucke für die Bestätigungen (Abs. 1) sind zu Lasten des Ausgleichsfonds für Familienbeihilfen vom Bundesministerium für Umwelt, Jugend und Familie aufzulegen und den Arbeitgebern nach Bedarf zur Verfügung zu stellen.

(3) Insoweit dem Bund für die Anschaffung der Erlagscheine für den Selbstbehalt, für Vordrucke, Richtlinien, eine EDV-unterstützte Vollziehung der Fahrpreisersätze und Geldverkehrsspesen Kosten entstehen, sind diese aus Mitteln des Ausgleichsfonds für Familienbeihilfen zu tragen.

**§ 30l.** § 30h ist sinngemäß anzuwenden.

**§ 30m.** (1) Anspruch auf Fahrtenbeihilfe für Lehrlinge haben Personen für Kinder, für die ihnen Familienbeihilfe gewährt wird oder für die sie nur deswegen keinen Anspruch auf Familienbeihilfe haben, weil sie Anspruch auf eine gleichartige ausländische Beihilfe haben (§ 4 Abs. 1), wenn das Kind als Lehrling in einem anerkannten Lehrverhältnis steht und eine betriebliche Ausbildungsstätte im Bundesgebiet oder im grenznahen Gebiet im Ausland besucht.

(2) Anspruch auf Fahrtenbeihilfe für Lehrlinge haben auch Vollwaisen in einem anerkannten Lehrverhältnis, denen Familienbeihilfe gewährt wird (§ 6) oder die nur deswegen keinen Anspruch auf Familienbeihilfe haben, weil sie Anspruch auf eine gleichartige ausländische Beihilfe haben (§ 4 Abs. 1), wenn die Vollwaise eine betriebliche Ausbildungsstätte im Bundesgebiet oder im grenznahen Gebiet im Ausland besucht.

(3) Die Fahrtenbeihilfe wird gewährt, wenn der kürzeste Weg zwischen der Wohnung im Inland und der betrieblichen Ausbildungsstätte bzw. der kürzeste Weg zwischen der Wohnung im Inland und dem Zweitwohnsitz am Ort oder in der Nähe des Ortes der betrieblichen Ausbildungsstätte in einer Richtung mindestens 2 km lang ist; für behinderte Lehrlinge wird Fahrtenbeihilfe auch dann gewährt, wenn dieser Weg weniger als 2 km lang und die Zurücklegung dieses Weges ohne Benutzung eines Verkehrsmittels nicht zumutbar ist.

(4) Wird der Lehrling im Rahmen seiner Ausbildung in verschiedenen Ausbildungsstätten desselben Unternehmens abwechselnd eingesetzt, gilt als maßgeblicher Weg zwischen der Wohnung und der betrieblichen Ausbildungsstätte der Weg zwischen der Wohnung und der im Lehrvertrag ausgewiesenen betrieblichen Ausbildungsstätte. Sind im Lehrvertrag mehrere betriebliche Ausbildungsstätten ausgewiesen, ist jene Betriebsstätte maßgebend, in welcher die Ausbildung des Lehrlings überwiegend erfolgt ist.

(5) Kein Anspruch auf Fahrtenbeihilfe besteht für Lehrlinge, welche eine unentgeltliche Beförderung oder die Lehrlingsfreifahrt auf dem Weg zwischen der Wohnung und der betrieblichen Ausbildungsstätte oder auf einem Teil dieses Weges in Anspruch nehmen können. Es besteht auch kein Anspruch auf Fahrtenbeihilfe für Lehrlinge, welche eine unentgeltliche Beförderung auf dem Weg zwischen der Wohnung und der Zweitunterkunft (§ 30n Abs. 2) oder auf einem Teil dieses Weges in Anspruch nehmen können.

(6) Kein Anspruch auf Fahrtenbeihilfe besteht für den fallweisen Besuch von betrieblichen Ausbildungsstätten.

**§ 30n.** (1) Die Fahrtenbeihilfe für Lehrlinge beträgt, wenn der Weg zwischen der Wohnung und der betrieblichen Ausbildungsstätte in jeder Richtung wenigstens dreimal pro Woche zurückgelegt wird, bei einer Wegstrecke in einer Richtung

a) bis 10 km oder wenn der Weg innerhalb eines Ortsgebietes zurückgelegt wird ............................. monatlich 5,1 Euro,
b) über 10 km.................... monatlich 7,3 Euro.

(2) Die Fahrtenbeihilfe für Lehrlinge beträgt, wenn der Lehrling für Zwecke seiner Lehre notwendigerweise eine Zweitunterkunft außerhalb seines inländischen Hauptwohnortes am Ort der betrieblichen Ausbildungsstätte oder in der Nähe des Ortes der betrieblichen Ausbildungsstätte bewohnt, bei einer Entfernung zwischen der Wohnung im Hauptwohnort und der Zweitunterkunft

a) bis einschließlich 50 km monatlich...... 19 €,
b) über 50 km bis einschließlich 100 km monatlich....................................................... 32 €,
c) über 100 km bis einschließlich 300 km monatlich....................................................... 42 €,
d) über 300 km bis einschließlich 600 km monatlich....................................................... 50 €,
e) über 600 km monatlich......................... 58 €.

Die Entfernung ist nach der Wegstrecke des zwischen der Wohnung im Hauptwohnort und der Zweitunterkunft verkehrenden öffentlichen Verkehrsmittels zu messen. Sofern ein öffentliches Verkehrsmittel auf der Strecke nicht verkehrt, ist die Entfernung nach der kürzesten Straßenverbindung zu messen.

**§ 30o.** (1) Die Fahrtenbeihilfe wird für einen Lehrling nur einmal gewährt.

(2) Die Fahrtenbeihilfe für Lehrlinge wird für jeden Monat gewährt, in dem der Lehrling auf Grund eines gültigen Lehrverhältnisses in Ausbildung steht, in einem Kalenderjahr jedoch höchstens für neun Monate. Liegen in einem Monat die Voraussetzungen für die Gewährung verschieden hoher Pauschbeträge gemäß § 30n Abs. 1 vor, so ist diese Fahrtenbeihilfe in Höhe des höheren Pauschbetrages zu gewähren. Liegen in einem Monat die Voraussetzungen für die Gewährung verschieden hoher Pauschbeträge für die Fahrt zwischen der Wohnung im Hauptwohnort und der Zweitunterkunft (§ 30n Abs. 2) vor, so ist diese Fahrtenbeihilfe in Höhe des höheren Pauschbetrages zu gewähren.

(3) Liegen in einem Monat die Voraussetzungen für die Gewährung der Schulfahrtbeihilfe gemäß § 30c Abs. 4 und der Fahrtenbeihilfe für Lehrlinge gemäß § 30n Abs. 2 vor, so ist die Fahrtenbeihilfe in Höhe des höheren Pauschbetrages zu gewähren.

(4) Für Fahrten im Linienverkehr, die mit einem Verbund-Lehrlingsfahrausweis zu einem bestimmten Pauschalpreis pro Kalenderjahr möglich sind, steht eine Fahrtenbeihilfe nach § 30n für insgesamt höchstens 11 Monate pro Kalenderjahr und höchstens bis zu jenem, um den pauschalen Eigenanteil von 19,60 Euro reduzierten Betrag zu, welcher für diesen Lehrlingsfahrausweis notwendigerweise zu entrichten ist. Erstreckt sich der Anspruch auf eine derartige Fahrtenbeihilfe nicht über das gesamte Kalenderjahr, steht die Fahrtenbeihilfe pro Anspruchsmonat in Höhe von 1/12 des um 19,60 Euro verminderten Pauschalpreises für diesen Lehrlingsfahrausweis zu. Wird eine bereits geleistete Zahlung des pauschalen Eigenanteiles des Lehrlings für das jeweilige Kalenderjahr im Zuge der Antragstellung nachgewiesen, erfolgt kein weiterer Abzug von der auszuzahlenden Fahrtenbeihilfe.

(5) Die mögliche Inanspruchnahme einer Beförderung im Linienverkehr zum Pauschalpreis schließt den Anspruch auf eine Fahrtenbeihilfe nach § 30n auf dieser Strecke aus. Für einen allfälligen Restweg zwischen der Wohnung und der betrieblichen Ausbildungsstätte über 2 km pro Richtung wird die nach Abs. 4 ermittelte Fahrtenbeihilfe um die zustehende monatliche Pauschalabgeltung nach § 30n Abs. 1 aufgestockt. Für Familienheimfahrten auf Reststrecken über 2 km pro Richtung wird die nach Abs. 4 ermittelte Fahrtenbeihilfe bis zu einer Weglänge von 10 km um monatlich 5 Euro aufgestockt. Übersteigt die Reststrecke 10 km, wird der Auszahlungsbetrag nach Abs. 4 um die zustehende monatliche Pauschalabgeltung nach § 30n Abs. 2 aufgestockt.

**§ 30p.** (1) Die Fahrtenbeihilfe für Lehrlinge ist nur auf Antrag zu gewähren. § 10 Abs. 5 ist sinngemäß anzuwenden. Der Antrag ist beim Finanzamt Österreich für jedes Kalenderjahr nach Ablauf dieses Kalenderjahres, längstens bis zum Ablauf des nachfolgenden Kalenderjahres einzubringen.

*(BGBl I 2019/104)*

(2) Die Fahrtenbeihilfe für Lehrlinge ist nur zu gewähren, wenn der Antragsteller eine Bestätigung des Lehrberechtigten des Lehrlings vorlegt, aus der hervorgeht, an welcher Ausbildungsstätte und über welchen Zeitraum der Lehrling ausgebildet wurde.

(3) Zur Entscheidung über einen Antrag auf Gewährung der Fahrtenbeihilfe für Lehrlinge ist das Finanzamt Österreich zuständig. Insoweit einem Antrag nicht vollinhaltlich stattzugeben ist, ist ein Bescheid zu erlassen.

*(BGBl I 2019/104)*

(4) Die Fahrtenbeihilfe wird für ein Kalenderjahr nur einmal, nach Ablauf des Kalenderjahres, gewährt. § 30h ist sinngemäß anzuwenden.

**§ 30q.** (1) Der Anspruch auf die Fahrtenbeihilfe für Lehrlinge ist nicht pfändbar.

(2) Die zur Durchführung von Verfahren nach den Bestimmungen dieses Abschnittes erforderlichen Schriften sowie Bestätigungen der Lehrberechtigten gemäß § 30p Abs. 2 sind von den Stempelgebühren befreit.

### Abschnitt Ic
### Unentgeltliche Schulbücher

**§ 31.** (1) Zur Erleichterung der Lasten, die den Eltern durch die Erziehung und Ausbildung der Kinder erwachsen, sind Schülern, die eine öffentliche oder mit dem Öffentlichkeitsrecht ausgestattete Pflichtschule, mittlere oder höhere Schule im Inland als ordentliche Schüler besuchen oder die die allgemeine Schulpflicht durch Teilnahme an einem Unterricht im Inland gemäß § 11 des Schulpflichtgesetzes 1985 erfüllen, die für den Unterricht notwendigen Schulbücher im Ausmaß eines Höchstbetrages nach Maßgabe der folgenden Bestimmungen unentgeltlich zur Verfügung zu stellen.

(2) Als Pflichtschulen, mittlere Schulen und höhere Schulen im Sinne des Abs. 1 gelten die entsprechenden Schulen einer im Schulorganisationsgesetz, BGBl. Nr. 242/1962, oder im Land- und forstwirtschaftlichen Bundesschulgesetz, BGBl. Nr. 175/1966, geregelten Schulart einschließlich der Sonderformen der höheren Schulen sowie die Forstfachschulen im Sinne des Forstgesetzes 1975, BGBl. Nr. 440, und die land- und forstwirtschaftlichen Berufsschulen. Ferner gelten als Schulen im Sinne des Abs. 1 die Sonderformen der mittleren Schulen im Sinne des Schulorganisationsgesetzes, die land- und forstwirtschaftlichen Fachschulen, die Schulen im Sinne des Bundesgesetzes über Schulen zur Ausbildung von Leibeserziehern und Sportlehrern, BGBl. Nr. 140/1974, sowie die den Pflichtschulen, mittleren und höheren Schulen vergleichbaren Schulen mit eigenem Organisationsstatut (§ 14 Abs. 2 des Privatschulgesetzes, BGBl. Nr. 244/1962), jeweils unter der Voraussetzung, daß sie entweder in einem Unterrichtsjahr mindestens acht Monate mit mindestens 30 Wochenstunden oder in mehreren Unterrichtsjahren insgesamt mindestens 1 200 Unterrichtsstunden, hievon in jedem vollen Unterrichtsjahr jedoch mindestens 500 Unterrichtsstunden in den Pflichtgegenständen, umfassen. Zu den Schulen im Sinne des Abs. 1 zählen auch die Vorbereitungslehrgänge der Akademien für Sozialarbeit.

(3) Bei der Anwendung des Abs. 1 sind Privatschulen, für die

a) erstmals um das Öffentlichkeitsrecht angesucht wurde oder

b) im vorangegangenen Schuljahr das Öffentlichkeitsrecht verliehen und nicht gemäß § 16 Abs. 1 des Privatschulgesetzes entzogen worden ist sowie für das laufende Schuljahr um die Verleihung des Öffentlichkeitsrechtes angesucht wurde, so zu behandeln, als ob das Öffentlichkeitsrecht bereits verliehen wäre.

(4) Als Schulen im Sinne des Abs. 1 gelten auch Schulen, die gemäß § 12 des Schulpflichtgesetzes als zur Erfüllung der Schulpflicht ge-

eignet anerkannt wurden, sowie Privatschulen, denen die Führung einer gesetzlich geregelten Schulartbezeichnung bewilligt wurde (§ 11 des Privatschulgesetzes).

(5) Als ordentliche Schüler im Sinne dieses Abschnittes gelten auch Schüler, die wegen mangelnder Kenntnis der Unterrichtssprache oder wegen der Zulassung zur Ablegung einer Einstufungsprüfung (§ 3 Abs. 6 des Schulunterrichtsgesetzes) oder wegen der Zulassung zur Ablegung einer Aufnahmsprüfung (§ 29 Abs. 5 des Schulunterrichtsgesetzes) als außerordentliche Schüler geführt werden.

(6) Als ordentliche Schüler im Sinne dieses Abschnittes gelten auch Berufsschüler, die eine fachliche Berufsschule des der Ausbildung entsprechenden anerkannten Lehrberufes besuchen und mangels der Berufsschulpflicht als außerordentliche Schüler geführt werden.

**§ 31a.** (1) Als für den Unterricht notwendige Schulbücher gelten:

1. Schulbücher, die
   a) als Schulbuch, elektronische Schulbuchergänzung oder therapeutisches Unterrichtsmittel vom Bundesminister für Unterricht, Kunst und Kultur für die jeweilige Schulart und Schulstufe oder von der für die Eignungserklärung von Unterrichtsmitteln zuständigen Schulbehörde für geeignet erklärt worden sind,
   b) lehrplangemäß für den Religionsunterricht erforderlich sind,
   c) gemäß lit. a geeignete Schulbücher sind und nach gewissenhafter Prüfung durch die Lehrer nach Inhalt und Form auch dem Lehrplan einer anderen Schulform oder Schulstufe entsprechen,
2. Unterrichtsmittel eigener Wahl (gedruckte, audiovisuelle, automationsunterstützte Datenträger, Lernspiele, therapeutische) bis zum Ausmaß von 15 vH des Höchstbetrages pro Schüler/Schülerin und Schulform (Schulbuchlimit),

wenn diese von der Schule als für den Unterricht erforderlich bestimmt wurden.

(2) Ein Schulbuch, das für mehrere Schulstufen bestimmt ist, ist dem Schüler nur einmal zur Verfügung zu stellen.

(3) Der Schüler hat keinen Anspruch auf den Ersatz eines verlorenen oder unbrauchbar gewordenen Schulbuches.

(4) Für die unentgeltliche Abgabe der Schulbücher sind unter Berücksichtigung der Voraussetzungen des § 31a Abs. 1 jährlich Höchstbeträge pro Schüler und Schulform (Limits) durch Verordnung des Bundesministers für Umwelt, Jugend und Familie im Einvernehmen mit dem Bundesminister für Unterricht und kulturelle Angelegenheiten festzusetzen.

**§ 31b.** (1) Der mit der Vollziehung dieses Bundesgesetzes betraute Bundesminister ist ermächtigt, zur Erfüllung der in § 31 Abs. 1 genannten Aufgaben mit Verlags- und Vertriebsunternehmen Verträge über die Herstellung und Ausgabe der von den Schulen bestellten Schulbücher abzuschließen.

(2) Die Bestellung der für den Unterricht notwendigen Schulbücher (§ 31a) durch die Schulen und die Weitergabe der Bestelldaten erfolgt durch eine auf Internet basierende EDV-Anwendung. Die Verrechnung der Schulbuch-Bestellungen mit den von den Schulen ausgewählten Unternehmen gemäß Abs. 1 erfolgt durch einen in diesem Programm implementierten elektronischen Zahlungsverkehr. Die zu diesen Zwecken zwischen Schulen und Schulbuchhandel erforderliche Vorgehensweise wird in den jährlich zu erlassenden Durchführungsrichtlinien näher geregelt.

**§ 31c.** (1) Die Schulbücher sind den Schulerhaltern der im § 31 genannten Schulen über Anforderung durch die von den Schulen gewählten Unternehmen (§ 31b Abs. 1) zur Verfügung zu stellen. Zur Ausgabe der Schulbücher an die Schüler/innen sind die Schulerhalter verpflichtet.

(2) Insoweit die für den Unterricht erforderlichen Schulbücher nicht bzw. nicht mehr über das Programm bestellt werden können, sind diese Schulbücher über das Finanzamt Österreich zu verrechnen.

*(BGBl I 2019/104)*

(3) Die Schulen haben Aufzeichnungen zu führen, aus denen die Empfänger der Schulbücher hervorgehen. Die Schulen sind dem das FLAG vollziehenden Bundesministerium und dem Finanzamt Österreich gegenüber zur Auskunftserteilung verpflichtet und haben diesen Einsicht in die Aufzeichnungen zu geben.

*(BGBl I 2019/104)*

(4) Über strittige Ansprüche eines Schülers/einer Schülerin auf ein Schulbuch sowie über die Verpflichtung eines Schulerhalters zur Ausgabe eines Schulbuches entscheidet das Finanzamt Österreich nach Anhörung der Schulbehörde erster Instanz. Die Bestimmungen der Bundesabgabenordnung, BGBl. Nr. 194/1961, sind sinngemäß anzuwenden.



*(BGBl I 2019/104)*

**§ 31d.** (1) Die den Schülern zur Verfügung gestellten Schulbücher gehen in das Eigentum der Schüler über.

(2) Die Schüler (die Erziehungsberechtigten) können der Schule freiwillig Schulbücher für die Wiederverwendung zur Verfügung stellen. Dies erfolgt nach Richtlinien, die vom Schulforum bzw. vom Schulgemeinschaftsausschuß gemäß dem Schulunterrichtsgesetz festzulegen sind. Die Schüler haben bis spätestens zum Ende des Kalenderjahres der Schule mitzuteilen, welche Schulbücher sie der Wiederverwendung zur Verfügung stellen werden.

(3) Die für die Wiederverwendung zur Verfügung gestellten Schulbücher stehen ab der Überlassung nicht mehr im Eigentum der Schüler. Die Richtlinien des Schulforums bzw. des Schulge-

meinschaftsausschusses sind Aufzeichnungen im Sinne des § 31c Abs. 3 FLAG.

(4) Zu Unrecht erhaltene Schulbücher hat der Schüler zurückzugeben. Für die Rückgabe haftet der Erziehungsberechtigte. Über die Verpflichtung zur Rückgabe eines Schulbuches oder über die Verpflichtung zum Ersatz des Anschaffungswertes entscheidet das Finanzamt Österreich. Gegen dessen Entscheidung ist eine Beschwerde an das Verwaltungsgericht des Bundes für Finanzen zulässig. Über die Verpflichtung zur Rückgabe eines Schulbuches oder über die Verpflichtung zum Ersatz des Anschaffungswertes entscheidet das für die Schule, die der Schüler besucht oder besucht hat, zuständige Finanzamt, gegen deren Entscheidung die Beschwerde an das Verwaltungsgericht des Bundes für Finanzen zulässig ist. Die Bestimmungen der Bundesabgabenordnung, BGBl. Nr. 194/1961, sind sinngemäß anzuwenden.

*(BGBl I 2019/104)*

**§ 31e.** Die Schulerhalter haften dem Bund für eine korrekte Bekanntgabe der an der Schulbuchaktion teilnehmenden Schüleranzahl und die richtige Ausgabe der Schulbücher an die Schüler/innen. Sie sind zum Ersatz von angeschafften Schulbüchern, die weder an Schüler/innen ausgefolgt noch den Unternehmen gem. § 31b Abs. 1 zurückgegeben wurden, und für zu Unrecht ausgegebene Schulbücher verpflichtet. Über die Ersatzansprüche entscheidet das Finanzamt Österreich. Von der Festsetzung eines Ersatzes kann ganz oder teilweise Abstand genommen werden, wenn der Ersatz pro Schule und Schuljahr 3 % des maßgeblichen Schulbuchbudgets, höchstens aber 100 Euro, nicht übersteigt. Gegen diese Entscheidung ist das Rechtsmittel der Beschwerde zulässig, über welches das Verwaltungsgericht des Bundes für Finanzen entscheidet. Die Bestimmungen der Bundesabgabenordnung, BGBl. Nr. 194/1961, sind sinngemäß anzuwenden.

*(BGBl I 2019/104)*

**§ 31f.** Die zur Durchführung der Bestimmungen dieses Abschnittes erforderlichen Eingaben und Amtshandlungen sind von den Stempelgebühren befreit.

**§ 31g.** Insoweit dem Bund für Vordrucke und Richtlinien zur Abgabe der Schulbücher, für eine automationsunterstützte Schulbuchdatei und für Geldverkehrsspesen Kosten entstehen, sind diese aus Mitteln des Ausgleichsfonds für Familienbeihilfen zu tragen.

**§ 31h.** Wer Schulbuchbelege gemäß § 31b vorsätzlich oder grob fahrlässig mißbräuchlich verwendet, verfälscht oder nachmacht, begeht, sofern die Tat nicht nach anderen Rechtsvorschriften strenger zu ahnden ist, eine Verwaltungsübertretung und ist hiefür von der Bezirksverwaltungsbehörde mit einer Geldstrafe bis zu 360 Euro zu bestrafen. Der Versuch ist strafbar. Die Verjährungsfrist (§ 31 des Verwaltungsstrafgesetzes 1950) beträgt zwei Jahre.

## ~~Abschnitt II~~
## ~~Kleinkindbeihilfe~~

*(BGBl I 2022/135 ab 29.7.2022)*

~~**§ 32.** (1) Aus Anlaß der Geburt wird eine Kleinkindbeihilfe gewährt.~~

~~(2) Die einer Person zustehende Kleinkindbeihilfe beträgt monatlich 73 Euro. Die Auszahlung erfolgt vierteljährlich jeweils im letzten Monat des Kalendervierteljahres durch das Wohnsitzfinanzamt.~~

~~(3) Die Kleinkindbeihilfe wird für jeden Kalendermonat gewährt, in dem die Voraussetzungen vorliegen, jedoch höchstens für zwölf Monate. Für einen Kalendermonat wird die Kleinkindbeihilfe nur einer Person gewährt.~~

*(BGBl I 2022/135 ab 29.7.2022)*

~~**§ 33.** (1) Anspruch auf die Kleinkindbeihilfe hat ein Elternteil, der ein nach dem 30. Juni 1996 geborenes Kind in dessen erstem Lebensjahr überwiegend betreut.~~

~~(2) Anspruch auf die Kleinkindbeihilfe besteht dann, wenn der Elternteil oder das Kind die österreichische Staatsbürgerschaft besitzt, er im Bundesgebiet einen Wohnsitz hat und sich das Kind ständig im Bundesgebiet aufhält. § 26 Abs. 3 der Bundesabgabenordnung, BGBl. Nr. 194/1961, ist anzuwenden. Hat der Elternteil sowohl im Bundesgebiet als auch im Ausland einen Wohnsitz, ist § 2 Abs. 8 anzuwenden. Die österreichische Staatsbürgerschaft wird durch einen dreijährigen ständigen Aufenthalt im Bundesgebiet unmittelbar vor der Geburt des Kindes ersetzt.~~

*(BGBl I 2022/135 ab 29.7.2022)*

~~**§ 34.** Kein Anspruch auf die Kleinkindbeihilfe besteht für die Zeit, für die ein Elternteil~~

1. ~~eine Leistung für die Dauer eines Beschäftigungsverbotes der Mutter nach den §§ 3 und 5 des Mutterschutzgesetzes 1979, BGBl. Nr. 221 in der jeweils geltenden Fassung, oder gleichartiger Rechtsvorschriften oder~~
2. ~~die Betriebshilfe nach § 3 des Betriebshilfegesetzes, BGBl. Nr. 359/1982 in der jeweils geltenden Fassung, oder~~
3. ~~das nach bundes- oder landesgesetzlichen Regelungen gewährte Karenzurlaubsgeld oder~~
4. ~~die nach bundes- oder landesgesetzlichen Regelungen gewährte Teilzeitbeihilfe oder~~
5. ~~eine gleichartige ausländische Beihilfe~~

~~bezieht.~~

*(BGBl I 2022/135 ab 29.7.2022)*

~~**§ 35.** (1) Die Kleinkindbeihilfe steht nur zu, wenn das monatliche Familieneinkommen den Betrag nicht übersteigt, der dem Richtsatz nach § 293 Abs. 1 lit. a, aa des Allgemeinen Sozialversicherungsgesetzes, BGBl. Nr. 189/1955, für einen vollen Kalendermonat entspricht. Für jedes Kind, für das Familienbeihilfe gewährt wird, erhöht sich das Familieneinkommen um den im § 293 Abs. 1 letzter Satz des Allgemeinen Sozialversicherungsgesetzes, BGBl. Nr. 189/1955, genannten Betrag.~~

~~(2) Als monatliches Familieneinkommen gilt der Gesamtbetrag der steuerpflichtigen Einkünfte gemäß § 2 Abs. 3 des Einkommensteuergesetzes 1988, die die das Kind betreuende Person und deren im gemeinsamen Haushalt lebender Ehegatte oder Lebensgefährte monatlich beziehen.~~

~~(3) Der Ermittlung der Einkünfte aus nichtselbständiger Arbeit ist § 41 Abs. 4 erster Satz des Einkommensteuergesetzes 1988 zugrunde zu legen.~~

~~(4) Bei Personen, die zur Einkommensteuer veranlagt werden, gilt als monatliches Einkommen ein Zwölftel des sich aus dem letzten Einkommensteuerbescheid ergebenden Gesamtbetrages der Einkünfte. Liegt kein Einkommensteuerbescheid vor oder liegt der letzte Einkommensteuerbescheid weiter als drei Jahre zurück, ist die Höhe des Einkommens glaubhaft zu machen. Ein Verlustausgleich zwischen den Einkünften der im gemeinsamen Haushalt lebenden Ehegatten oder Lebensgefährten ist nicht zulässig.~~

*(BGBl I 2022/135 ab 29.7.2022)*

~~**§ 36.** (1) Die Kleinkindbeihilfe wird nur auf Antrag gewährt, der innerhalb einer Frist von zwei Jahren ab Geburt des Kindes beim Wohnsitzfinanzamt einzubringen ist. Insoweit einem Antrag nicht vollinhaltlich stattzugeben ist, ist ein Bescheid zu erlassen.~~

~~(2) Personen, denen die Kleinkindbeihilfe gewährt wird, sind verpflichtet, Tatsachen, die bewirken, daß der Anspruch auf die Kleinkindbeihilfe erlischt, sowie Änderungen des Namens oder der Anschrift ihrer Person oder des Kindes zu melden. Die Meldung hat innerhalb eines Monats, gerechnet vom Tag des Bekanntwerdens der zu meldenden Tatsache, an das Wohnsitzfinanzamt zu erfolgen.~~

*(BGBl I 2022/135 ab 29.7.2022)*

~~**§ 37.** (1) Zu Unrecht bezogene Kleinkindbeihilfe ist zurückzuzahlen.~~

~~(2) Der Antrag auf Gewährung der Kleinkindbeihilfe ist von den Stempelgebühren und Verwaltungsabgaben des Bundes befreit.~~

~~(3) Der Anspruch auf Kleinkindbeihilfe ist gemäß § 290 Abs. 1 Z 10 der Exekutionsordnung nicht pfändbar.~~

*(BGBl I 2022/135 ab 29.7.2022)*

~~**§ 38.** (1) Wer eine Kleinkindbeihilfe vorsätzlich oder grob fahrlässig zu Unrecht bezieht, begeht, sofern die Tat nicht nach anderen Rechtsvorschriften strenger zu ahnden ist, eine Verwaltungsübertretung und ist hiefür von der Bezirksverwaltungsbehörde mit einer Geldstrafe bis 360 Euro zu bestrafen. Der Versuch ist strafbar.~~

~~(2) Die Verjährungsfrist (§ 31 des Verwaltungsstrafgesetzes 1991) beträgt zwei Jahre.~~

*(BGBl I 2022/135 ab 29.7.2022)*

### Abschnitt IIa
### Familienhärteausgleich

**§ 38a.** (1) Der Bundesminister für Umwelt, Jugend und Familie kann Familien sowie werdenden Müttern, die durch ein besonderes Ereignis unverschuldet in Not geraten sind, finanzielle Zuwendungen zur Milderung oder Beseitigung der Notsituation gewähren.

(2) Als Familien sind Eltern (Großeltern, Adoptiveltern, Pflegeeltern) oder Elternteile mit Kindern zu verstehen, für die ihnen Familienbeihilfe gewährt wird. Leben beide Elternteile mit den Kindern im gemeinsamen Haushalt, kann die Zuwendung ihnen gemeinsam gewährt werden. Zuwendungen können auch Kindern gewährt werden, die für sich selbst Anspruch auf Familienbeihilfe haben.

(3) Empfänger von Zuwendungen können nur österreichische Staatsbürger, Personen mit Staatsangehörigkeit zu einem EU-Mitgliedsland, Staatenlose mit ausschließlichem Wohnsitz im Bundesgebiet, Flüchtlinge gemäß Asylgesetz 2005 in der geltenden Fassung, die voraussichtlich dauerhaft im Bundesgebiet bleiben werden, sowie Drittstaatsangehörige sein.

*(BGBl I 2020/23)*

(4) Auf die Gewährung von Zuwendungen besteht kein Rechtsanspruch.

(5) Dem Familienhärteausgleich werden aus dem Familienlastenausgleichsfonds einmalig 100 Mio. Euro bereitgestellt. Dem Familienhärteausgleich werden zusätzlich einmalig 50 Mio. Euro aus dem COVID-19-Krisenbewältigungsfonds bereitgestellt. Dem Familienhärteausgleich werden weitere 50 Mio. Euro aus dem COVID-19-Krisenbewältigungsfonds bereitgestellt. Mit diesen Mitteln sollen Familien mit Kindern rasch und unbürokratisch eine finanzielle Unterstützung zur Bewältigung von Mehraufwendungen aufgrund der Pandemiefolgen erhalten können.

*(BGBl I 2020/23, BGBl I 2020/71, BGBl I 2020/109, BGBl I 2020/135, BGBl I 2021/58)*



(6) Die Bundesministerin für Arbeit, Jugend und Familie hat im Einvernehmen mit dem Bundesminister für Soziales, Gesundheit, Pflege und Konsumentenschutz per Richtlinie näher zu bestimmen, unter welchen Voraussetzungen diese Bundesmittel eingesetzt werden können. Die Richtlinie hat insbesondere folgende Punkte zu enthalten:

1. Rechtsgrundlagen, Ziele,
2. den Gegenstand der finanziellen Zuwendung,
3. die persönlichen und sachlichen Voraussetzungen für das Erlangen einer finanziellen Zuwendung,
4. das Ausmaß und die Art der Sach- oder Geldleistung,
5. das Verfahren,
6. die Geltungsdauer (wonach eine Antragstellung bis spätestens 30. Juni 2021 zu erfolgen hat).

*(BGBl I 2020/135, BGBl I 2021/58)*

*(BGBl I 2020/23)*

(7) Abweichend von Abs. 3 sollen aufgrund des außerordentlichen COVID-19 Krisengeschehens auch Subsidiär Schutzberechtigte gemäß § 8 Asylgesetz 2005 in der geltenden Fassung eine fi-

nanzielle Zuwendung auf Basis der zu erlassenden Richtlinie erhalten können.

*(BGBl I 2020/23)*

(8) Zur effektiven Umsetzung der Ziele dieser finanziellen Zuwendungen können auch die Länder unter entsprechender Abgeltung ihrer administrativen Aufwendungen betraut werden. Dabei sind insbesondere auch datenschutzrechtliche Regelungen beachtlich.

*(BGBl I 2020/23)*

(9) Dem Familienhärteausgleich werden zusätzlich zu den Mitteln gem. Abs.5 einmalig aus dem COVID-19-Krisenbewältigungsfonds 30 Mio. Euro bereitgestellt. Mit diesen Mitteln sollen Eltern, die mit Stichtag 28. Februar arbeitslos gemäß § 12 AlVG waren und Arbeitslosengeld oder Notstandshilfe bezogen haben, für ihre Kinder eine finanzielle Unterstützung zur Bewältigung von Mehraufwendungen aufgrund der Pandemiefolgen erhalten können. Anspruchsberechtigt sind Eltern mit Hauptwohnsitz in Österreich, wenn zumindest für ein Kind im Haushalt Familienbeihilfe bezogen wird. Ausgenommen sind Eltern, die Sozialhilfe oder Mindestsicherung beziehen. Als Zuwendung werden gewährt: 50 Euro pro Kind und Monat für maximal drei Monate. Die Zuwendung wird einmalig ausbezahlt und ist nicht rückzahlbar.

*(BGBl I 2020/28)*

(10) Die Bundesministerin für Arbeit, Familie und Jugend hat im Einvernehmen mit dem Bundesminister für Soziales, Gesundheit, Pflege und Konsumentenschutz per Richtlinie näher zu bestimmen, unter welchen Voraussetzungen diese Bundesmittel eingesetzt werden können. Die Richtlinie hat insbesondere folgende Punkte zu enthalten:

1. Rechtsgrundlagen, Ziele,
2. den Gegenstand der finanziellen Zuwendung,
3. die persönlichen und sachlichen Voraussetzungen für das Erlangen einer finanziellen Zuwendung,
4. das Ausmaß und die Art der Sach- oder Geldleistung,
5. das Verfahren,
6. die Geltungsdauer.

*(BGBl I 2020/28)*

(11) Verbleibende Mittel aus dem Familienhärteausgleich gemäß Abs. 9 werden dem Bundesminister für Soziales, Gesundheit, Pflege und Konsumentenschutz zur Verfügung gestellt. Aus diesen Mitteln sollen Eltern, die Bezieherinnen oder Bezieher von Leistungen der Sozialhilfe oder Mindestsicherung sind, für ihre Kinder eine Unterstützung zur Bewältigung von Mehraufwendungen aufgrund der Pandemiefolgen erhalten können.

*(BGBl I 2020/28)*

(12) Der Bundesminister für Soziales, Gesundheit, Pflege und Konsumentenschutz hat im Einvernehmen mit der Bundesministerin für Arbeit, Familie und Jugend per Richtlinie näher zu bestimmen, unter welchen Voraussetzungen diese Bundesmittel eingesetzt werden können. Die Richtlinie hat insbesondere folgende Punkte zu enthalten:

1. Rechtsgrundlagen, Ziele,
2. den Gegenstand der finanziellen Zuwendung,
3. die persönlichen und sachlichen Voraussetzungen für das Erlangen einer finanziellen Zuwendung,
4. das Ausmaß und die Art der Sach- oder Geldleistung,
5. das Verfahren,
6. die Geltungsdauer.

*(BGBl I 2020/28)*

(13) Mit der Umsetzung der Ziele dieser finanziellen Zuwendungen gem. Abs. 11 können auch die Länder betraut werden. Dabei sind insbesondere auch datenschutzrechtliche Regelungen beachtlich und ist sicherzustellen, dass auf Grund der Abs. 11 bzw. 12 ausbezahlte Mittel nicht auf andere Leistungen der Sozialhilfe oder Mindestsicherung angerechnet werden.

*(BGBl I 2020/28)*

(14) Zuwendungen gemäß Abs. 9 und 11 können nicht an Personen gewährt werden, die eine Zuwendung aus dem Fonds gemäß Abs. 5 erhalten haben.

*(BGBl I 2020/28)*

**§ 38b.** An Zuwendungen können gewährt werden:

a) zins- oder amortisationsbegünstigte Gelddarlehen; hiebei soll die Laufzeit zehn Jahre und die tilgungsfreie Zeit drei Jahre nicht überschreiten. Die Höhe der Zinsen soll höchstens 4 vH betragen, die Zinsenberechnung hat kontokorrentmäßig zu erfolgen;
b) Annuitäten-, Zinsen- und Kreditkostenzuschüsse; hiebei soll der Zinsen- und Annuitätenzuschuß 50 vH des Bruttozinssatzes bzw. der Annuitäten nicht übersteigen, eine zeitliche Begrenzung der Gewährung der Zuschüsse ist zulässig;
c) sonstige Geldzuwendungen.

**§ 38c.** Der Bundesminister für Umwelt, Jugend und Familie hat Richtlinien zu erlassen, in denen das Nähere bestimmt wird. Die Richtlinien sind im Amtsblatt zur Wiener Zeitung zu veröffentlichen.

### ~~Abschnitt IIb~~

*(BGBl I 2022/135 ab 29.7.2022)*

### ~~Mutter-Kind-Paß-Bonus~~

~~**§ 38d.** (1) Aus Anlaß der Vollendung des ersten Lebensjahres eines Kindes wird ein Mutter-Kind-Paß-Bonus gewährt.~~

~~(2) Der Mutter-Kind-Paß-Bonus beträgt für jedes Kind 145,4 Euro. Der Mutter-Kind-Paß-Bonus wird gewährt, wenn die Mutter während der Schwangerschaft und das Kind bestimmten ärztlichen Untersuchungen nach der im § 39e Abs. 1 genannten Verordnung unterzogen wurden.~~

*(BGBl I 2022/135 ab 29.7.2022)*

~~**§ 38e.** (1) Anspruch auf den Mutter-Kind-Paß-Bonus hat der Elternteil, der ein nach dem 31. De-~~

~~zember 1996 geborenes Kind an dem Tag, an dem das Kind das erste Lebensjahr vollendet (Stichtag), überwiegend betreut.~~

~~(2) Anspruch auf den Mutter-Kind-Paß-Bonus besteht dann, wenn einer der beiden mit dem Kind im gemeinsamen Haushalt lebenden Elternteile oder das Kind die österreichische Staatsbürgerschaft besitzt, wenn der das Kind überwiegend betreuende Elternteil zum Stichtag (Abs. 1) im Bundesgebiet einen Wohnsitz hat und wenn sich das Kind ständig im Bundesgebiet aufhält. § 26 Abs. 3 der Bundesabgabenordnung, BGBl. Nr. 194/1961, ist anzuwenden. Hat der überwiegend betreuende Elternteil zum Stichtag (Abs. 1) sowohl im Bundesgebiet als auch im Ausland einen Wohnsitz, ist § 2 Abs. 8 anzuwenden. Die österreichische Staatsbürgerschaft wird durch einen dreijährigen ständigen Aufenthalt eines der beiden mit dem Kind im gemeinsamen Haushalt lebenden Elternteile im Bundesgebiet unmittelbar vor dem Stichtag (Abs. 1) ersetzt.~~

~~(3) Das Kind hat Anspruch auf den Mutter-Kind-Paß-Bonus, wenn~~

- ~~a) es die österreichische Staatsbürgerschaft besitzt,~~
- ~~b) sich ständig im Bundesgebiet aufhält oder zu den im § 26 Abs. 3 der Bundesabgabenordnung genannten Personen gehört und~~
- ~~c) für das Kind keine andere Person Anspruch auf den Mutter-Kind-Paß-Bonus hat.~~

~~Die österreichische Staatsbürgerschaft des Kindes wird durch die österreichische Staatsbürgerschaft eines der beiden Elternteile oder durch einen dreijährigen ständigen Aufenthalt eines der beiden Elternteile im Bundesgebiet unmittelbar vor dem maßgebenden Stichtag (Abs. 1) ersetzt.~~

*(BGBl I 2022/135 ab 29.7.2022)*

~~**§ 38f.** (1) Der Mutter-Kind-Paß-Bonus steht nur zu, wenn das zu versteuernde Einkommen (§ 33 Abs. 1 EStG 1988) des anspruchsberechtigten Elternteils und seines im gemeinsamen Haushalt lebenden Ehegatten oder Lebensgefährten insgesamt im Jahr der Geburt des Kindes das zwölffache der Höchstbeitragsgrundlage zur Sozialversicherung (§ 45 ASVG) für einen vollen Kalendermonat nicht übersteigt.~~

~~(2) Ein Verlustausgleich zwischen den Einkommen der im gemeinsamen Haushalt lebenden Ehegatten oder Lebensgefährten ist nicht zulässig.~~

~~(3) Liegt ein Einkommensteuerbescheid noch nicht vor, hat der Antragsteller die Höhe des Einkommens glaubhaft zu machen.~~

*(BGBl I 2022/135 ab 29.7.2022)*

~~**§ 38g.** (1) Der Mutter-Kind-Paß-Bonus wird nur auf Antrag gewährt, der innerhalb einer Frist von zwei Jahren, gerechnet ab dem Stichtag (§ 38e Abs. 1), beim Wohnsitzfinanzamt einzubringen ist. Das Wohnsitzfinanzamt hat, abgesehen von den Fällen des Abs. 3, die Auszahlung vorzunehmen. Insoweit einem Antrag nicht stattzugeben ist und in den Fällen des Abs. 3 ist ein Bescheid zu erlassen.~~

~~(2) Die Vornahme der ärztlichen Untersuchungen ist durch eine ärztliche Bestätigung nachzuweisen.~~

~~(3) Die gemäß § 42 von der Leistung des Dienstgeberbeitrages befreiten Dienstgeber sind verpflichtet, ihren Empfängern von Dienstbezügen sowie von Ruhe- und Versorgungsgenüssen den Mutter-Kind-Paß-Bonus auszuzahlen. Über die Auszahlungsverpflichtung entscheidet das nach Abs. 1 zuständige Finanzamt.~~

*(BGBl I 2022/135 ab 29.7.2022)*

~~**§ 38h.** (1) Ein zu Unrecht bezogener Mutter-Kind-Paß-Bonus ist zurückzuzahlen.~~

~~(2) Der Antrag auf Gewährung des Mutter-Kind-Paß-Bonusses ist von den Stempelgebühren und Verwaltungsabgaben des Bundes befreit.~~

~~(3) Der Anspruch auf den Mutter-Kind-Paß-Bonus ist gemäß § 290 Abs. 1 Z 10 der Exekutionsordnung nicht pfändbar.~~

*(BGBl I 2022/135 ab 29.7.2022)*

~~**§ 38i.** (1) Wer einen Mutter-Kind-Paß-Bonus vorsätzlich oder grob fahrlässig zu Unrecht bezieht, begeht, sofern die Tat nicht nach anderen Rechtsvorschriften strenger zu ahnden ist, eine Verwaltungsübertretung und ist hiefür von der Bezirksverwaltungsbehörde mit einer Geldstrafe bis 150 Euro zu bestrafen. Der Versuch ist strafbar.~~

~~(2) Die Verjährungsfrist (§ 31 des Verwaltungsstrafgesetzes 1991) beträgt zwei Jahre.~~

*(BGBl I 2022/135 ab 29.7.2022)*

## Abschnitt IIc
## Familienhospizkarenz – Härteausgleich

**§ 38j.** (1) Der Bundesminister für soziale Sicherheit und Generationen kann Personen, die zum Zwecke der Sterbebegleitung eines nahen Angehörigen oder der Begleitung von im gemeinsamen Haushalt lebenden, schwerst erkrankten Kindern (Wahl- oder Pflegekindern) eine Familienhospizkarenz

1. gemäß §§ 14a oder 14b des Arbeitsvertragsrechts-Anpassungsgesetzes (AVRAG), BGBl. Nr. 459/1993, gegen gänzlichen Entfall des Arbeitsentgelts oder
2. gemäß § 32 des Arbeitslosenversicherungsgesetzes 1977, BGBl. Nr. 609, oder
3. nach gleichartigen bundes- oder landesgesetzlichen Regelungen gegen gänzlichen Entfall der Bezüge

in Anspruch nehmen, in besonderen Härtefällen eine Geldzuwendung gewähren.

(2) Auf die Gewährung von Geldzuwendungen nach Abs. 1 besteht kein Rechtsanspruch.

(3) Der Bundesminister für soziale Sicherheit und Generationen hat Richtlinien zu erlassen, in denen das Nähere bestimmt wird. Die Richtlinien sind im Amtsblatt zur Wiener Zeitung zu veröffentlichen.

## Abschnitt III
## Aufbringung der Mittel

**§ 39.** (1) Der Aufwand für die nach diesem Bundesgesetz vorgesehenen Beihilfen und sonstigen Maßnahmen ist vom Ausgleichsfonds für Familienbeihilfen zu tragen, der von der Bundesministerin für Gesundheit, Familie und Jugend verwaltet wird. Dieser Fonds besitzt keine Rechtspersönlichkeit.

(2) Die Mittel des Ausgleichsfonds für Familienbeihilfen werden wie folgt aufgebracht:

a) Durch Beiträge der Dienstgeber (Dienstgeberbeitrag);

b) vom Aufkommen an Einkommensteuer sind jährlich 690 392 000 € vor Abzug aller im jeweiligen Finanzausgleichsgesetz vorgesehenen Ertragsanteile dem Ausgleichsfonds für Familienbeihilfen zuzuweisen, wobei die Zuweisung zu 25 vH zu Lasten des Aufkommens an veranlagter Einkommensteuer und zu 75 vH zu Lasten des Aufkommens an Lohnsteuer zu erfolgen hat. Die Zuweisung aus dem Aufkommen an veranlagter Einkommensteuer hat in Teilbeträgen von je 43 149 500 € in den Monaten Februar, Mai, August und November zu erfolgen. Die Zuweisung aus dem Aufkommen an Lohnsteuer hat monatlich in Teilbeträgen von je 43 149 500 € zu erfolgen. Die länderweise Aufteilung hat verhältnismäßig dem in den einzelnen Ländern im vorhergehenden Kalenderjahr erzielten Aufkommen an veranlagter Einkommensteuer bzw. an Lohnsteuer zu entsprechen;

c) durch Anteile am Aufkommen an Körperschaftsteuer und an Einkommensteuer nach Maßgabe des jeweiligen Finanzausgleichsgesetzes;

d) durch Beiträge von land- und forstwirtschaftlichen Betrieben;

e) (aufgehoben)

f) der/die Bundesminister/in für Arbeit, Soziales und Konsumentenschutz hat bis zum 31. Dezember 2013 einen Pauschalbetrag von 600 000 Euro für den Aufwand an Familienbeihilfen gemäß §§ 2 Abs. 1 lit. l und 6 Abs. 2 lit. k an den Ausgleichsfonds für Familienbeihilfen zu überweisen;

g) die Bundesministerin für Inneres hat bis zum 31. März eines jeden Jahres einen Pauschalbetrag von 200 000 Euro für den Mehraufwand an Familienbeihilfen zu überweisen, der dadurch entsteht, dass Zivildienstpflichtige, die gemäß § 12c des Zivildienstgesetzes 1986 – ZDG, BGBl. Nr. 679/1986, auf Grund der Teilnahme an einem durchgehend 12 Monate dauernden Freiwilligen Sozialjahr, Freiwilligen Umweltschutzjahr oder Gedenkdienst, Friedens- und Sozialdienst im Ausland nach dem Freiwilligengesetz – FreiwG, BGBl. I Nr. 17/2012, nicht zum Antritt des ordentlichen Zivildienstes herangezogen wurden. Die Höhe dieses Pauschalbetrages ist im Jahr 2017 zu evaluieren;

*(BGBl I 2015/144)*

h) der/die Bundesminister/in für Arbeit, Soziales und Konsumentenschutz hat bis zum 31. Dezember 2015 einen Pauschalbetrag von 30 000 Euro für den Aufwand an Familienbeihilfen gemäß §§ 2 Abs. 1 lit. l und 6 Abs. 2 lit. k an den Ausgleichsfonds für Familienbeihilfen zu überweisen.

*(BGBl I 2015/144)*

(3) Die im Abs. 2 lit. a und lit. d angeführten Beiträge sind ausschließliche Bundesabgaben im Sinne des § 6 Abs. 1 Z 1 des Finanz-Verfassungsgesetzes 1948.

(4) Die Mittel des Ausgleichsfonds für Familienbeihilfen sind zweckgebunden für den Aufwand an den nach diesem Bundesgesetz vorgesehenen Leistungen.

(5) Aus Mitteln des Ausgleichsfonds für Familienbeihilfen sind die nach dem Unterhaltsvorschussgesetz 1985, BGBl. Nr. 451/1985, zu leistenden Vorschüsse auf den gesetzlichen Unterhalt zu zahlen. Die Rückzahlungen für die Vorschüsse fließen dem Ausgleichsfonds für Familienbeihilfen zu.

**§ 39a.** (1) Aus Mitteln des Ausgleichsfonds für Familienbeihilfen ist an die Allgemeine Unfallversicherungsanstalt für die gesetzliche Unfallversicherung der Schüler und Studenten (§ 8 Abs. 1 Z 3 lit. h und i des Allgemeinen Sozialversicherungsgesetzes) ab dem Jahr 1991 ein jährlicher Beitrag von 4 360 000 Euro zu zahlen.

(2) Der Beitrag ist in dem Jahr zu zahlen, für welches er bestimmt ist.

(3) Aus Mitteln des Ausgleichsfonds für Familienbeihilfen sind den Trägern der gesetzlichen Krankenversicherung 70 vH der Aufwendungen für das Wochengeld (§ 162 in Verbindung mit § 168 des Allgemeinen Sozialversicherungsgesetzes, § 41 des Arbeitslosenversicherungsgesetzes 1977 und § 36 Abs. 2 des Arbeitsmarktservicegesetzes, BGBl. Nr. 313/1994) zu ersetzen.

(4) Aus Mitteln des Ausgleichsfonds für Familienbeihilfen sind der Sozialversicherungsanstalt der Selbständigen und der Sozialversicherungsanstalt der Selbständigen der Aufwand für die Teilzeitbeihilfen zur Gänze sowie 70 vH der Aufwendungen für die übrigen Leistungen nach dem Bundesgesetz über die Gewährung der Leistung der Betriebshilfe (des Wochengeldes) an Mütter, die in der gewerblichen Wirtschaft oder in der Land- und Forstwirtschaft selbständig erwerbstätig sind, zu ersetzen.

*(BGBl I 2018/100)*

(5) Aus Mitteln des Ausgleichsfonds für Familienbeihilfen sind die Pensionsbeiträge für die nach § 18a des Allgemeinen Sozialversicherungsgesetzes Selbstversicherten den Trägern der gesetzlichen Pensionsversicherung zu zahlen.

(6) (aufgehoben)

(7) Aus Mitteln des Ausgleichsfonds für Familienbeihilfen ist der Aufwand für die Wiedereinstellungsbeihilfe nach Art. XXI des Karenzurlaubserweiterungsgesetzes, BGBl. Nr. 408/1990, zu leisten.

**§ 39b.** Der Aufwand für die Förderung der Familienberatungsstellen nach dem Familienberatungsförderungsgesetz, BGBl. Nr. 80/1974, ist aus

Mitteln des Ausgleichsfonds für Familienbeihilfen zu tragen.

**§ 39c.** (1) Der Bundesminister für Umwelt, Jugend und Familie kann gemeinnützige Einrichtungen, die das Angebot

1. qualitativer Elternbildung,
2. von Mediation oder Eltern- und Kinderbegleitung in Scheidungs- und Trennungssituationen

gewährleisten, auf Ansuchen fördern.

(2) Elternbildung, Mediation sowie Eltern- und Kinderbegleitung in Scheidungs- und Trennungssituationen sind unter Beachtung allgemein anerkannter wissenschaftlicher Erkenntnisse durch geeignetes Fachpersonal durchzuführen. Erforderlichenfalls kann der Bund zur entsprechenden Aus- und Weiterbildung des Fachpersonals beitragen. Zur Sicherung der kontinuierlichen Inanspruchnahme von Elternbildungsangeboten kann der Bund notwendige Maßnahmen zur Bewusstseinsbildung durchführen.

(3) Bei allen Projekten zur Förderung der Elternbildung sowie der Kinderbegleitung ist eine Mitfinanzierung durch die Länder anzustreben.

(4) Auf die Gewährung von Förderungen besteht kein Rechtsanspruch. Förderungen und Aufwendungen nach Abs. 1 bis Abs. 3 sind aus Mitteln des Ausgleichsfonds für Familienbeihilfen zu tragen.

(5) Der Bundesminister für Umwelt, Jugend und Familie hat Richtlinien zur Förderung der Elternbildung, von Mediation sowie der Eltern- und Kinderbegleitung in Scheidungs- und Trennungssituationen zu erlassen, in denen das Nähere bestimmt wird. Die Richtlinien sind im Amtsblatt zur Wiener Zeitung zu veröffentlichen.

**§ 39d.** Aus Mitteln des Ausgleichsfonds für Familienbeihilfen sind für die In-vitro-Fertilisation die Kosten nach Maßgabe des IVF-Fonds-Gesetzes, BGBl. I Nr. 180/1999, zu tragen.

**§ 39e.** (1) Im Zusammenhang mit der Geburt eines Kindes sowie der Gewährung des Mutter-Kind-Paß-Bonusses hat der Bundesminister für Gesundheit und Konsumentenschutz im Einvernehmen mit dem Bundesminister für Umwelt, Jugend und Familie ein Mutter-Kind-Paß-Untersuchungsprogramm für die Schwangere und das Kind mittels Verordnung festzulegen und einen Mutter-Kind-Paß aufzulegen. Die Verordnung hat den Umfang, die Art und den Zeitpunkt der ärztlichen Untersuchungen zu bestimmen, wobei auf den jeweiligen Stand der medizinischen Erkenntnisse zur Sicherung der Gesundheit der Schwangeren und des Kindes Bedacht zu nehmen ist. Für die Gewährung des Mutter-Kind-Paß-Bonusses sind fünf Untersuchungen während der Schwangerschaft und fünf Untersuchungen des Kindes vorzusehen. In der Verordnung sind weitere Untersuchungen der Schwangeren (zB Ultraschalluntersuchungen) und des Kindes bis zur Vollendung des 50. Lebensmonats vorzusehen, deren Durchführung jedoch keine Voraussetzung für die Erlangung des Mutter-Kind-Paß-Bonusses ist. Für den Nachweis der ärztlichen Untersuchungen hat der Mutter-Kind-Paß einen entsprechenden Vordruck zu enthalten.

(2) Der Bundesminister für Gesundheit und Konsumentenschutz im Einvernehmen mit dem Bundesminister für Umwelt, Jugend und Familie oder von diesen beauftragte Experten sind im Sinne des Datenschutzgesetzes, BGBl. Nr. 565/1978, in der jeweils geltenden Fassung, zur Ermittlung und Verarbeitung von persönlichen gesundheitsbezogenen Daten von Müttern und Kindern im Zusammenhang mit dem Mutter-Kind-Paß-Untersuchungsprogramm ermächtigt. Dabei können zum ausschließlichen Zweck der Evaluierung Auskünfte über die Mutter-Kind-Paß-Untersuchungen einschließlich der Vorlage des Mutter-Kind-Passes verlangt werden. Eine Weitergabe personenbezogener Daten ist untersagt.

(3) Der Dachverband der Sozialversicherungsträger und die Finanzverwaltung haben auf Verlangen die in ihrem Wirkungsbereich befindlichen Daten betreffend das Mutter-Kind-Paß-Untersuchungsprogramm dem Bundesminister für Gesundheit und Konsumentenschutz und dem Bundesminister für Umwelt, Jugend und Familie oder von diesen Bundesministern beauftragten Experten für den ausschließlichen Zweck der Evaluierung des Mutter-Kind-Paß-Untersuchungsprogrammes zur Verfügung zu stellen. Eine Weitergabe personenbezogener Daten ist untersagt.

*(BGBl I 2018/100)*

(4) Die nach Abs. 1 vorgesehenen ärztlichen Untersuchungen sind von den Trägern der gesetzlichen Krankenversicherung durchzuführen, und zwar

a) bei Personen, die in der gesetzlichen Krankenversicherung pflichtversichert oder freiwillig versichert sind, vom Träger dieser Krankenversicherung, bei mehrfacher Krankenversicherung von dem Versicherungsträger, der zuerst in Anspruch genommen wird;
b) bei Personen, für die als Angehörige ein Anspruch auf Leistungen der gesetzlichen Krankenversicherung besteht, von dem Versicherungsträger, gegen den sich dieser Leistungsanspruch richtet;
c) bei allen übrigen Personen von der nach dem Wohnsitz zuständigen Österreichischen Gesundheitskasse.

*(BGBl I 2018/100)*

(5) Für die Durchführung der Untersuchungen kommen insbesondere Vertragsärzte, Einrichtungen der Vertragsärzte oder sonstige Vertragspartner, Schwangeren- oder Mütter- und Elternberatungsstellen der Länder oder eigene Einrichtungen der Krankenversicherungsträger in Betracht.

(6) Zwischen dem Dachverband der Sozialversicherungsträger und der Österreichischen Ärztekammer mit Vollmacht und mit Zustimmung der Ärztekammern in den Bundesländern ist ein Gesamtvertrag abzuschließen, der die Durchführung der nach Abs. 1 vorgesehenen ärztlichen Untersuchungen und die Vergütung der ärztlichen Leistungen regelt. Der Gesamtvertrag bedarf nicht

der Zustimmung der Träger der gesetzlichen Krankenversicherung. Die Bestimmungen der §§ 338 bis 351 des Allgemeinen Sozialversicherungsgesetzes, des § 181 des Bauern-Sozialversicherungsgesetzes, BGBl. Nr. 559/1978, des § 193 des Gewerblichen Sozialversicherungsgesetzes, BGBl. Nr. 560/1978, und des § 128 des Beamten- Kranken- und Unfallversicherungsgesetzes, BGBl. Nr. 200/1967, gelten sinngemäß. Der Gesamtvertrag bedarf zu seiner Gültigkeit der Genehmigung des Bundesministers für Gesundheit und Konsumentenschutz im Einvernehmen mit dem Bundesminister für Jugend und Familie. Die Genehmigung ist zu versagen, wenn die im Vertrag vorgesehene Vergütung der ärztlichen Leistungen, gemessen an der Vergütung vergleichbarer Leistungen in der gesetzlichen Krankenversicherung, unangemessen ist.

*(BGBl I 2018/100)*

(7) Die Kosten für die in Abs. 1 vorgesehenen ärztlichen Untersuchungen sind für die im Abs. 2 lit. c genannten Personen zur Gänze vom Bundesminister für Gesundheit und Konsumentenschutz zu tragen; für die übrigen Personen sind die Untersuchungskosten zu zwei Drittel vom Bundesminister für Gesundheit und Konsumentenschutz und zu einem Drittel von den Trägern der gesetzlichen Krankenversicherung zu tragen. Die vom Bundesminister für Gesundheit und Konsumentenschutz zu tragenden Kosten sind gegen Rechnungslegung dem Dachverband der Sozialversicherungsträger zu überweisen, welcher die Aufteilung auf die einzelnen Träger der gesetzlichen Krankenversicherung vorzunehmen hat. Der vom Bundesminister für Gesundheit und Konsumentenschutz zu leistende Kostenersatz kann im Einvernehmen mit dem Bundesminister für Jugend und Familie pauschaliert werden. Auf den Kostenersatz können angemessene Vorschüsse geleistet werden.

*(BGBl I 2018/100)*

(8) Die im Abs. 1 vorgesehenen ärztlichen Untersuchungen können bei den im § 2 Abs. 1 Z 2 des Beamten-Kranken- und Unfallversicherungsgesetzes genannten Personen und deren Angehörigen, für die Krankenfürsorge seitens einer Krankenfürsorgeeinrichtung eines öffentlich-rechtlichen Dienstgebers vorgesehen ist, auch von dieser durchgeführt werden. Die Kosten für die Untersuchungen werden den Krankenfürsorgeeinrichtungen zu zwei Drittel vom Bundesminister für Gesundheit und Konsumentenschutz ersetzt, soweit sie die zwischen dem Dachverband der Sozialversicherungsträger und der Österreichischen Ärztekammer vereinbarten Untersuchungskosten nicht überschreiten (Abs. 4). Der vom Bundesminister für Gesundheit und Konsumentenschutz zu leistende Kostenersatz kann im Einvernehmen mit dem Bundesminister für Jugend und Familie pauschaliert werden. Auf den Kostenersatz können angemessene Vorschüsse geleistet werden.

*(BGBl I 2018/100)*

(9) Aus Mitteln des Ausgleichsfonds für Familienbeihilfen sind dem Bundesminister für Gesundheit und Konsumentenschutz die von diesem nach Abs. 5 und 6 zu tragenden Kosten für Untersuchungen nach dem Mutter-Kind-Paß und die Kosten für die Auflage des Mutter-Kind-Passes zu überweisen. Die Überweisung durch den Bundesminister für Jugend und Familie hat innerhalb von vier Wochen nach Antragstellung durch den Bundesminister für Gesundheit und Konsumentenschutz zu erfolgen. Der Antrag hat den Nachweis über die Angemessenheit allfällig zu leistender Vorschüsse an den Dachverband der Sozialversicherungsträger bzw. über die Fälligkeit der mit diesem abgerechneten Beträge zu enthalten; die Kosten für die Auflage des Mutter-Kind-Passes sind durch Vorlage der Rechnungskopie nachzuweisen.

*(BGBl I 2018/100)*

**§ 39f.** (1) Der Bundesminister für Umwelt, Jugend und Familie ist ermächtigt, im Einvernehmen mit dem Bundesminister für Wissenschaft, Verkehr und Kunst zur Durchführung von Schülerfreifahrten und Lehrlingsfreifahrten in Verkehrsverbünden oder Tarifverbünden Grund- und Finanzierungsverträge zu schließen.

(2) Die erstmalig anfallenden notwendigen Kosten der Hard- und Software für die Einbindung der Schüler- und Lehrlingsfreifahrten in die Verkehrsverbünde sind je zur Hälfte aus Mitteln des Ausgleichsfonds für Familienbeihilfen und aus Mitteln des Bundesministeriums für Verkehr, Innovation und Technologie zu ersetzen. Der Ersatz hat gegen Rechnungslegung innerhalb eines halben Jahres im Nachhinein zu erfolgen.

**§ 39g.** (1) Aus Mitteln des Ausgleichsfonds für Familienbeihilfen ist dem Bund (Bundesminister für Finanzen) in den Jahren 2009 und 2010 jeweils bis zum 1. Juli ein Pauschalbetrag von 20 Millionen € sowie ab dem Jahr 2011 jeweils bis zum 1. Juli ein Pauschalbetrag von 10 Millionen € jährlich zu zahlen, der für den Verwaltungsaufwand bei Vollziehung dieses Bundesgesetzes durch die Finanzverwaltung zu verwenden ist.

(2) Aus Mitteln des Ausgleichsfonds für Familienbeihilfen ist dem Bund (Bundesministerium für Finanzen) bis zum 1. September 2013 einmalig ein Pauschalbetrag von 300 000 € für die technische Umsetzung der Direktauszahlung nach § 14 zu zahlen.

(3) Aus Mitteln des Ausgleichsfonds für Familienbeihilfen ist dem Bund (Bundesministerium für Finanzen) bis zum 1. Dezember 2014 ein Pauschalbetrag von 250 000 € und ab dem Jahr 2015 jeweils bis zum 1. Juli ein Pauschalbetrag von einer Million € für die zusätzlichen Kosten, die durch die monatliche Auszahlung der Familienbeihilfe gemäß § 11 Abs. 1 entstehen, zu zahlen.

(4) Die Kosten für die technische Umsetzung der automationsunterstützten Auszahlung der Familienbeihilfe nach § 10a werden aus Mitteln des Ausgleichsfonds für Familienbeihilfen als einmaliger Pauschalbetrag in Höhe von 784.540 € getragen. Die Auszahlung dieses Pauschalbetrages hat direkt an den vom Bundesministerium für Finanzen beauftragten IT-Dienstleister, nach

Prüfung der Rechnung des IT-Dienstleisters durch das Bundesministerium für Finanzen, zu erfolgen.

*(BGBl I 2015/50)*

(5) Für die technische Umsetzung des neuen automationsunterstützten Familienbeihilfenverfahrens FABIAN werden die tatsächlichen Kosten bis maximal 13 Millionen € aus Mitteln des Ausgleichsfonds für Familienbeihilfen getragen. Die Auszahlung hat direkt an den vom Bundesministerium für Finanzen beauftragten IT-Dienstleister, nach Prüfung der Rechnungen des IT-Dienstleisters durch das Bundesministerium für Finanzen, zu erfolgen.

*(BGBl I 2016/53)*

(6) Für die technische Umsetzung der Anpassung der Beträge an Familienbeihilfe nach § 8a Abs. 1 bis 3 ist dem Bund (Bundesminister für Finanzen) einmalig ein Pauschalbetrag von 125 000 Euro aus Mitteln des Ausgleichsfonds für Familienbeihilfen zu zahlen.

*(BGBl I 2018/83)*

**§ 39h.** (aufgehoben)

**§ 39i.** Die Kosten für Forschungsförderungen und Forschungsaufträge, sowie sonstige wissenschaftliche Untersuchungen und Arbeiten im Interesse der Familien und Generationenbeziehungen insbesondere an das österreichische Institut für Familienforschung oder dessen Rechtsnachfolger sind aus Mitteln des Ausgleichsfonds für Familienbeihilfen zu tragen.

**§ 39j.** (1) Der Aufwand für die Leistungen nach dem KBGG sowie die Kosten für den diesbezüglichen Verwaltungsaufwand nach dem Kinderbetreuungsgeldgesetz (KBGG), BGBl. I Nr. 103/2001, und dem Familienzeitbonusgesetz (FamZeitbG), BGBl. I Nr. 53/2016, sind aus Mitteln des Ausgleichsfonds für Familienbeihilfen zu tragen.

*(BGBl I 2016/53)*

(2) Der Aufwand für Zeiten der Kindererziehung in der Pensionsversicherung nach Maßgabe der §§ 52 Abs. 4 Z 3 ASVG, 27e Z 2 GSVG und 24e Z 2 BSVG in Verbindung mit den §§ 617 Abs. 5 ASVG, 306 Abs. 4 GSVG und 295 Abs. 5 BSVG sowie der Aufwand für diesbezügliche Informationsmaßnahmen ist aus Mitteln des Ausgleichsfonds für Familienbeihilfen zu tragen.

(3) Für die Jahre 2002, 2003 und 2004 ist als Beitrag zur Krankenversicherung der Kinderbetreuungsgeldbezieher sowie Karenz (urlaubs)geldbezieher, Teilzeitbeihilfenbezieher sowie Bezieher gleichartiger Leistungen nach den entsprechenden Bundes- und Landesgesetzen aus Mitteln des Ausgleichsfonds für Familienbeihilfen jeweils ein Betrag in Höhe von 72,673 Millionen Euro bereitzustellen. Der Ausgleichsfonds für Familienbeihilfen hat den Jahresbetrag jeweils in vier gleichen Teilbeträgen der Österreichischen Gesundheitskasse zur Aufteilung zu überweisen und zwar jeweils am 20. des ersten Monats eines jeden Quartals, erstmals am 20. Jänner 2002.

*(BGBl I 2018/100)*

(4) Die Österreichische Gesundheitskasse hat die vorschussweise einlangenden Beiträge gemäß Abs. 3 spätestens bis zum 30. des ersten Monats des Quartals vorläufig nach einem Schlüssel aufzuteilen und an die zuständigen Träger der Krankenversicherung zu überweisen. Für das Jahr 2002 gilt als vorläufiger Schlüssel die Schätzung des Dachverbandes der Sozialversicherungsträger.

*(BGBl I 2018/100)*

(5) Die Österreichische Gesundheitskasse hat die endgültige Aufteilung der Mittel gemäß Abs. 3 an die Träger der Krankenversicherung, an die im § 2 Abs. 1 Z 2 Beamten-Kranken- und Unfallversicherungsgesetz (B-KUVG), BGBl. Nr. 200/1967, angeführten Krankenfürsorgeanstalten sowie an die die Krankenversicherungsbeiträge nach bundes- und landesgesetzlichen Bestimmungen tragenden Dienstgeber für jedes Kalenderjahr bis zum 31. Juli des Folgejahres vorzunehmen. Hiezu haben die im ersten Satz genannten Krankenversicherungsträger, Krankenfürsorgeanstalten und Dienstgeber die Abrechnungen bis zum 30. April des Folgejahres zu übermitteln. Die Ermittlung des Verteilungsschlüssels sowie die Auszahlung hat auf Basis der anteiligen endgültigen krankenversicherungspflichtigen Bargeldleistungen zu erfolgen.

*(BGBl I 2018/100)*

(6) Ein Beitrag zur Krankenversicherung ist in den Jahren 2005 bis 2007 in der Höhe von 6,9 %, ab dem Jahr 2008 in der Höhe von 7,05 % und ab dem nach § 675 Abs. 3 ASVG durch Verordnung des Bundesministers für Gesundheit festgestellten Zeitpunkt in der Höhe von 6,95 % des Aufwandes des Kinderbetreuungsgeldes nach KBGG, des Karenzgeldes und der Teilzeitbeihilfe nach dem Karenzgeldgesetz (KGG), BGBl. I Nr. 47/1997 in der Fassung BGBl. I Nr. 103/2001, des Karenzurlaubsgeldes nach dem Karenzurlaubsgeldgesetz, BGBl. Nr. 395/1974 in der Fassung BGBl. I Nr. 103/2001 sowie gleichartiger Leistungen nach Bundes- und Landesgesetzen aus Mitteln des Ausgleichsfonds für Familienbeihilfen zu tragen. Dieser Beitrag kann im Wege der Österreichischen Gesundheitskasse bevorschusst werden. Die Endabrechnung ist jährlich im Nachhinein vorzunehmen und im Wege der Österreichischen Gesundheitskasse abzurechnen.



*(BGBl I 2018/100)*

(6a) Den Krankenversicherungsträgern ist ein Beitrag zur Krankenversicherung in der Höhe von 7,05 % des Aufwandes des Familienzeitbonus nach FamZeitbG aus Mitteln des Ausgleichsfonds für Familienbeihilfen zu zahlen. Dieser Beitrag kann im Wege der Österreichischen Gesundheitskasse bevorschusst werden. Die Endabrechnung ist jährlich im Nachhinein vorzunehmen und im Wege der Österreichischen Gesundheitskasse abzurechnen. Die Ermittlung des Verteilungsschlüssels hat auf Basis der anteiligen, endgültigen versicherungspflichtigen Fälle zu erfolgen.

*(BGBl I 2016/53, BGBl I 2018/100)*

(7) Der Aufwand nach § 49 des Karenzgeldgesetzes, BGBl. I Nr. 47/1997 in der Fassung BGBl.

I Nr. 103/2001 ist aus Mitteln des Ausgleichsfonds für Familienbeihilfen zu tragen.

(8) Der Aufwand nach §§ 50 und 51 des Karenzgeldgesetzes, BGBl. I Nr. 47/1997 in der Fassung BGBl. I Nr. 103/2001 ist aus Mitteln des Ausgleichsfonds für Familienbeihilfen zu tragen.

(9) Der Aufwand für das ab 1. Jänner 2002 vom Bund finanzierte Karenzurlaubsgeld nach dem Karenzurlaubsgeldgesetz, BGBl. Nr. 395/1974 in der Fassung BGBl. I Nr. 103/2001, sowie für gleichartige Leistungen nach den entsprechenden Bundes- und Landesgesetzen für Kinder, die vor dem 1. Jänner 2002 geboren wurden, ist aus Mitteln des Ausgleichsfonds für Familienbeihilfen im Nachhinein zu refundieren. Höchstens hat eine Refundierung im Umfang der Leistungen und Voraussetzungen nach dem Karenzgeldgesetz BGBl. I Nr. 47/1997 in der Fassung BGBl. I Nr. 103/2001, zu erfolgen. In begründeten Ausnahmefällen können darauf auch Vorschüsse geleistet werden. Das Bundesministerium für soziale Sicherheit und Generationen bedient sich bei der Abwicklung dieser Leistungen der Österreichischen Gesundheitskasse. Die nach diesem Absatz ausgezahlten Beträge sind bis zum 30. April des Folgejahres bei sonstigem Anspruchsverlust unter Angabe von Datenmaterial der Österreichischen Gesundheitskasse in Rechnung zu stellen. Erforderliche Daten im Sinne dieses Absatzes sind Name, Sozialversicherungsnummer und Anspruchszeitraum der Leistungsbezieher sowie Höhe der Auszahlungsbeträge und Anzahl der Fälle.

*(BGBl I 2018/100)*

**§ 39k.** (1) Der Aufwand für die Mutter-Kind-Pass-Untersuchungen sowie die Auflage des Mutter-Kind-Passes ist nach Maßgabe des Kinderbetreuungsgeldgesetzes, BGBl. I Nr. 103/2001, aus Mitteln des Ausgleichsfonds für Familienbeihilfen zu tragen.

(2) Der Aufwand für Informationsmaßnahmen betreffend Leistungen nach diesem Bundesgesetz und betreffend das Kinderbetreuungsgeld nach dem Kinderbetreuungsgeldgesetz, BGBl. I Nr. 103/2001, sowie Informationsmaßnahmen zur Sicherung der Inanspruchnahme von Mutter-Kind-Pass-Untersuchungen ist aus Mitteln des Ausgleichsfonds für Familienbeihilfen zu tragen.

**§ 39l.** Aus Mitteln des Ausgleichsfonds für Familienbeihilfen sind den Trägern der Krankenversicherung die Abfertigungsbeiträge für Arbeitnehmer oder ehemalige Arbeitnehmer, wenn der Zeitraum zwischen dem Beginn des Kinderbetreuungsgeldbezuges und dem Ende des letzten diesem Bundesgesetz unterliegenden Arbeitsverhältnis nicht mehr als drei Jahre beträgt, für Zeiten des Kinderbetreuungsgeldbezuges im Sinne des § 7 Abs. 5 des Betrieblichen Mitarbeiter- und Selbständigenvorsorgegesetzes, BGBl. I Nr. 100/2002, gleichartiger österreichischer bundesgesetzlicher Rechtsvorschriften oder gleichartiger Rechtsvorschriften in Ausführungsgesetzen zum Landarbeitsgesetz (LAG) 1984, BGBl. Nr. 287/1984, zu ersetzen. Gleiches gilt für Arbeitnehmer für die Dauer einer Freistellung gegen Entfall des Entgelts oder einer Herabsetzung der Normalarbeitszeit nach den §§ 14a oder 14b des Arbeitsvertragsrechts-Anpassungsgesetzes (AVRAG), BGBl. Nr. 459/1993, oder gleichartigen österreichischen bundesgesetzlichen Rechtsvorschriften oder gleichartigen Rechtsvorschriften in Ausführungsgesetzen zum LAG. Für Arbeitnehmer, die dem Bauarbeiter- Urlaubs- und Abfertigungsgesetz, BGBl. Nr. 414/1972 unterliegen, sind die Abfertigungsbeiträge der Urlaubs- und Abfertigungskasse zu ersetzen.

*(BGBl I 2021/71)*

**§ 39m.** (1) Der Bundesminister für soziale Sicherheit, Generationen und Konsumentenschutz kann Maßnahmen im Bereich Vereinbarkeit von Familie und Beruf auf Ansuchen fördern.

(2) Förderungen können nur auf Grund von Richtlinien erfolgen, die im Einvernehmen mit dem Bundesminister für Finanzen zu erlassen und im Amtsblatt zur Wiener Zeitung zu veröffentlichen sind.

(3) Zur Steigerung der Akzeptanz sowie zur Sicherstellung der kontinuierlichen Ausweitung können bewusstseinsbildende Maßnahmen gesetzt werden.

(4) Maßnahmen zur Vereinbarkeit von Familie und Beruf im Sinne von Abs. 1 sind unter Beachtung allgemein anerkannter wissenschaftlicher Erkenntnisse durch geeignetes Fachpersonal durchzuführen. Erforderlichenfalls kann der Bund zur entsprechenden Aus- und Weiterbildung des Fachpersonals beitragen.

(5) Auf die Gewährung von Förderungen besteht kein Rechtsanspruch. Förderungen und Aufwendungen nach Abs. 1, Abs. 3 und Abs. 4 sind aus Mitteln des Ausgleichsfonds für Familienbeihilfen zu tragen.

(6) Maßnahmen im Sinne der Abs. 1 bis 5 sowie im Sinne des § 39i werden ab 1. Jänner 2006 durch die gemäß Bundesgesetz BGBl. I Nr. 3/2006 errichtete Familie & Beruf Management GmbH im Rahmen ihres Aufgabenbereichs wahrgenommen, die das Management dieser Maßnahmen zur Vereinbarkeit von Familie und Beruf übernimmt sowie Forschungsförderungen für das Österreichische Institut für Familienforschung koordiniert und abwickelt.

(7) An die Familie & Beruf Management GmbH werden ab dem Kalenderjahr 2006 jährliche Zuwendungen zur Durchführung von operationellen Maßnahmen in Erfüllung des Arbeitsprogramms in dem in § 7 des Bundesgesetzes BGBl. I Nr. 3/2006 für diese Zwecke vorgesehenen Ausmaß nach Maßgabe des jeweiligen Bundesfinanzgesetzes in monatlichen Raten gezahlt, welche die Gesellschaft unter Beachtung der einschlägigen Bestimmungen des Haushaltsrechts im Rahmen der ihr gesetzlich eingeräumten Möglichkeiten einsetzt.

**§ 39n.** (1) Aus Mitteln des Ausgleichsfonds für Familienbeihilfen sind dem Bund bis jeweils 31. März eines jeden Jahres 800.000 € zu den Aufwendungen für das Pflegekarenzgeld nach dem

Bundespflegegeldgesetz, BGBl. Nr. 110/1993, zu überweisen.

(2) Die Höhe der Mittelzuwendung nach Abs. 1 ist im Jahr 2016 zu evaluieren. Dabei ist insbesondere zu prüfen, inwieweit der in Abs. 1 genannte Überweisungsbetrag angepasst werden muss und ob die für den Familienhospizkarenz-Härteausgleich budgetierten Mittel eine weitere Überweisung rechtfertigen.

**§ 39o.** Aus Mitteln des Ausgleichsfonds für Familienbeihilfen sind die Beiträge für die nach §§ 8 Abs. 1 Z 2 lit. k ASVG, 3 Abs. 3 Z 5 GSVG, § 4a Abs. 1 Z 5 BSVG versicherten Personen nach Maßgabe der §§ 52 Abs. 4 Z 3 ASVG, 27e Z 2 GSVG und 24e Z 2 BSVG den Trägern der gesetzlichen Pensionsversicherung zu zahlen.

*(BGBl I 2016/53)*

**§ 40.** (1) Überschüsse aus der gesamten Gebarung des Ausgleichsfonds für Familienbeihilfen sind dem Reservefonds für Familienbeihilfen zuzuführen, der vom Bundesministerium für Umwelt, Jugend und Familie verwaltet wird. Dieser Fonds besitzt Rechtspersönlichkeit und hat seinen Sitz in Wien; er wird nach außen vom Bundesminister für Umwelt, Jugend und Familie vertreten.

(2) Die Mittel des Reservefonds für Familienbeihilfen sind zur Deckung allfälliger Abgänge aus der Gebarung des Ausgleichsfonds für Familienbeihilfen bestimmt. Die Mittel des Reservefonds sollen betragsmäßig einem Drittel des Gesamtaufwandes des Ausgleichsfonds für Familienbeihilfen im letztabgelaufenen Jahr entsprechen.

(3) Der Reservefonds erwirbt

a) mit Inkrafttreten dieses Bundesgesetzes eine unverzinsliche Forderung gegen den Bund in der Höhe des sich aus der Gebarung des Ausgleichsfonds für Kinderbeihilfe in den Jahren 1952 bis einschließlich 1954 ergebenden Überschusses und des sich aus der Gebarung des nach § 30 des Familienlastenausgleichsgesetzes, BGBl. Nr. 18/1955, errichteten Ausgleichsfonds für Familienbeihilfen bis zum Inkrafttreten dieses Bundesgesetzes ergebenden Überschusses sowie

b) eine gleiche Forderung mit Ende des Jahres 1968 in der Höhe des allfälligen Überschusses des Jahres 1968, mit Ende des Jahres 1969 in der Höhe des allfälligen Überschusses des Jahres 1969 und mit Ende des Jahres 1970 in der Höhe des allfälligen Überschusses des Jahres 1970 des nach § 39 dieses Bundesgesetzes errichteten Ausgleichsfonds für Familienbeihilfen.

Diese Forderungen sind ausschließlich zur Aufrechnung gegen Abgänge des Ausgleichsfonds für Familienbeihilfen (§ 39) zu verwenden.

(4) Ergibt sich in einem Kalenderjahr aus der Gebarung des Ausgleichsfonds für Familienbeihilfen ein Überschuß, ist dieser an den Reservefonds für Familienbeihilfen zu überweisen. Die Abrechnung des Überschusses hat bis spätestens Ende April des nachfolgenden Kalenderjahres auf Grund des Teilrechnungsabschlusses für den Ausgleichsfonds für Familienbeihilfen zu erfolgen. Nach Maßgabe der laufenden Gebarung und des voraussichtlichen Überschusses können hierauf Vorschüsse geleistet werden.

(5) Ergibt sich in einem Kalenderjahr aus der Gebarung des Ausgleichsfonds für Familienbeihilfen ein Abgang, ist dieser vom Reservefonds für Familienbeihilfen dem Bund zu ersetzen. Die Abrechnung des Abganges hat bis spätestens Ende April des nachfolgenden Kalenderjahres auf Grund des Teilrechnungsabschlusses für den Ausgleichsfonds für Familienbeihilfen zu erfolgen. Nach Maßgabe der laufenden Gebarung und des voraussichtlichen Abganges können hierauf Vorschüsse geleistet werden.

(6) Sind die flüssigen Mittel des Reservefonds für Familienbeihilfen erschöpft, hat der Bund einen Abgang aus der Gebarung des Ausgleichsfonds für Familienbeihilfen in Anrechnung auf seine Verbindlichkeiten gegenüber dem Reservefonds für Familienbeihilfen zu tragen.

(7) Sind alle Mittel des Reservefonds erschöpft, hat der Bund die Abgänge aus der Gebarung des Ausgleichsfonds für Familienbeihilfen vorläufig aus allgemeinen Bundesmitteln zu decken; die von ihm getragenen Abgänge des Ausgleichsfonds für Familienbeihilfen hat der Bund mit den Überschüssen des Ausgleichsfonds für Familienbeihilfen in den nachfolgenden Jahren aufzurechnen.

(8) Die Gebarung des Reservefonds für Familienbeihilfen ist alljährlich abzuschließen. Der Gebarungsüberschuß ist auf neue Rechnung vorzutragen. Die Forderungen an den Bund gemäß Abs. 3 sind getrennt von den angesammelten Überschüssen nach Abs. 4 auszuweisen.

(9) Die flüssigen Mittel des Reservefonds für Familienbeihilfen sind von der Österreichischen Bundesfinanzierungsagentur nach dem Bundesgesetz vom 4. Dezember 1992, BGBl. Nr. 763/1992, auf ein Sonderkonto des Bundes unter der Bezeichnung „Reservefonds für Familienbeihilfen" im Einvernehmen mit dem Bundesminister für Umwelt, Jugend und Familie bestmöglich so anzulegen, dass darüber bei Bedarf verfügt werden kann.



(10) Der Reservefonds für Familienbeihilfen ist von allen Abgaben befreit.

**§ 40a.** (aufgehoben)

**§ 40b.** Abweichend von § 40 werden 33 430 000 Euro zu Lasten der Gebarung des Ausgleichsfonds für Familienbeihilfen des Jahres 2002 bis 31. Oktober 2002 dem beim Hauptverband[a)] eingerichteten Ausgleichsfonds der Träger der Pensionsversicherung als Beitrag zur Finanzierung der Ersatzzeiten der Kindererziehung (§ 447g Abs. 3 Z 1 lit. b des Allgemeinen Sozialversicherungsgesetzes) zugeführt.

[a)] „Hauptverband der österreichischen Sozialversicherungsträger" wird gem § 720 ASVG ab 1. Jänner 2020 durch „Dachverband der Sozialversicherungsträger" ersetzt.

**§ 41.** (1) Den Dienstgeberbeitrag haben alle

Dienstgeber zu leisten, die im Bundesgebiet Dienstnehmer beschäftigen; als im Bundesgebiet beschäftigt gilt ein Dienstnehmer auch dann, wenn er zur Dienstleistung ins Ausland entsendet ist.

(2) Dienstnehmer sind Personen, die in einem Dienstverhältnis im Sinne des § 47 Abs. 2 des Einkommensteuergesetzes 1988 stehen, freie Dienstnehmer im Sinne des § 4 Abs. 4 ASVG, sowie an Kapitalgesellschaften beteiligte Personen im Sinne des § 22 Z 2 des Einkommensteuergesetzes 1988.

(3) Der Beitrag des Dienstgebers ist von der Summe der Arbeitslöhne zu berechnen, die jeweils in einem Kalendermonat an die im Abs. 1 genannten Dienstnehmer gewährt worden sind, gleichgültig, ob die Arbeitslöhne beim Empfänger der Einkommensteuer unterliegen oder nicht (Beitragsgrundlage). Arbeitslöhne sind Bezüge gemäß § 25 Abs. 1 Z 1 lit. a und b des Einkommensteuergesetzes 1988 sowie Gehälter und sonstige Vergütungen jeder Art im Sinne des § 22 Z 2 des Einkommensteuergesetzes 1988 und an freie Dienstnehmer im Sinne des § 4 Abs. 4 ASVG.

(4) Zur Beitragsgrundlage gehören nicht:

a) Ruhe- und Versorgungsbezüge,

b) die im § 67 Abs. 3 und 6 des Einkommensteuergesetzes 1988 genannten Bezüge,

c) die in § 3 Abs. 1 Z 11 und Z 13 bis 21 des Einkommensteuergesetzes 1988 genannten Bezüge sowie 60% der in § 3 Abs. 1 Z 10 des Einkommensteuergesetzes 1988 genannten laufenden Bezüge;

d) Gehälter und sonstige Vergütungen jeder Art, die für eine ehemalige Tätigkeit im Sinne des § 22 Z 2 des Einkommensteuergesetzes 1988 gewährt werden.

e) Arbeitslöhne, die an Dienstnehmer gewährt werden, die als begünstigte Personen gemäß den Vorschriften des Behinderteneinstellungsgesetzes beschäftigt werden,

f) Arbeitslöhne von Personen, die ab dem Kalendermonat gewährt werden, der dem Monat folgt, in dem sie das 60. Lebensjahr vollendet haben,

*(BGBl I 2020/103)*

g) die in § 124b Z 350 lit. a des Einkommensteuergesetzes 1988 genannten Zulagen und Bonuszahlungen, die aufgrund der COVID-19-Krise zusätzlich geleistet werden „ ,“

*(BGBl I 2020/103, BGBl I 2022/93 ab 1.7.2022)*

**„h) die in § 124b Z 408 lit. a des Einkommensteuergesetzes 1988 genannten Zulagen und Bonuszahlungen, die aufgrund der Teuerung zusätzlich gewährt werden (Teuerungsprämie).“**

*(BGBl I 2022/93 ab 1.7.2022)*

Übersteigt die Beitragsgrundlage in einem Kalendermonat nicht den Betrag von 1 460 Euro, so verringert sie sich um 1 095 Euro.

(5) Der Beitrag beträgt 4,5 v.H. der Beitragsgrundlage. Im Kalenderjahr 2017 beträgt der Beitrag 4,1 v.H. und ab dem Kalenderjahr 2018 3,9 v.H. der Beitragsgrundlage.

*(BGBl I 2015/144)*

(5a) Bei Unterschreitung eines oder mehrerer Zielwerte gemäß § 1a Abs. 3 des Arbeitsmarktpolitik-Finanzierungsgesetzes – AMPFG, BGBl. Nr. 315/1994, beträgt der Beitrag für Dienstgeber, die durchschnittlich mindestens 25 vollversicherte (freie) Dienstnehmer/innen, ausgenommen Rehabilitationsgeldbezieher/innen und Lehrlinge, beschäftigen und deren Dienstgeberquote gemäß § 31 Abs. 14 Z 3 ASVG die für das davor liegende Jahr festgestellte Branchenquote gemäß § 31 Abs. 14 Z 2 ASVG erreicht oder überschreitet, in Bezug auf das der Feststellung der Dienstgeberquote nachfolgende Kalenderjahr 3,8 v.H. der Beitragsgrundlage.

*(BGBl I 2015/144)*

(6) Der Dienstgeberbeitrag wird nach Maßgabe des Bundesgesetzes, mit dem die Neugründung von Betrieben gefördert wird, BGBl. I Nr. 106/1999, nicht erhoben.

(7) Die Steuerbefreiung nach § 50 Abs. 2 des Bundesbahngesetzes, BGBl. Nr. 825/1992, ist in Bezug auf den Dienstgeberbeitrag nicht anzuwenden.

*(BGBl I 2016/109)*

**§ 42.** (aufgehoben)

**§ 42a.** (1) Das Bundesministerium für Umwelt, Jugend und Familie kann die Arbeitslöhne bestimmter Dienstnehmer von der Beitragsgrundlage für den Dienstgeberbeitrag zum Ausgleichsfonds für Familienbeihilfen ausnehmen, wenn die Dienstnehmer von einem Dienstgeber im Ausland zur Dienstleistung in das Inland entsendet wurden oder die Dienstnehmer von einem Dienstgeber im Inland zur Dienstleistung in das Ausland entsendet wurden und die Dienstnehmer vom Anspruch auf die Familienbeihilfe gemäß § 4 ausgeschlossen sind.

(2) Über Beschwerden gegen Bescheide nach Abs. 1 entscheidet das Verwaltungsgericht des Bundes für Finanzen.

**§ 43.** (1) Der Dienstgeberbeitrag ist für jeden Monat bis spätestens zum 15. Tag des nachfolgenden Monats an das für die Erhebung der Lohnsteuer zuständige Finanzamt zu entrichten. Arbeitslöhne, die regelmäßig wiederkehrend bis zum 15. Tag eines Kalendermonats für das vorangegangene Kalendermonat gewährt werden, sind dem vorangegangenen Kalendermonat zuzurechnen. Werden Arbeitslöhne für das Vorjahr nach dem 15. Jänner bis zum 15. Februar ausgezahlt, ist der Dienstgeberbeitrag bis zum 15. Februar abzuführen.

*(BGBl I 2019/104)*

(2) Die Bestimmungen über den Steuerabzug vom Arbeitslohn (Lohnsteuer) finden sinngemäß Anwendung.

**§ 44.** (1) Der Beitrag von land- und forstwirtschaftlichen Betrieben ist

a) von allen land- und forstwirtschaftlichen Betrieben im Sinne des § 1 Abs. 2 Z 1 des Grundsteuergesetzes 1955, BGBl. Nr. 149,

b) von Grundstücken im Sinne des § 1 Abs. 2 Z 2 des Grundsteuergesetzes 1955, soweit es sich um unbebaute Grundstücke handelt, die nachhaltig land- und forstwirtschaftlich genutzt werden,

im Ausmaß von 125 vH der Beitragsgrundlage zu entrichten. Die Beitragsgrundlage hinsichtlich der in lit. a angeführten Betriebe ist der für Zwecke der Grundsteuer ermittelte Meßbetrag. Hinsichtlich der in lit. b angeführten Grundstücke bildet die Beitragsgrundlage ein besonderer Meßbetrag, der sich nach den Vorschriften des Grundsteuergesetzes 1955 ergeben wurde, wenn das Grundstück als land- und forstwirtschaftliches Vermögen im Sinne des Bewertungsgesetzes bewertet worden wäre.

(2) Für die Erhebung des Beitrages gemäß Abs. 1 ist das Finanzamt Österreich zuständig; die Bestimmungen des Grundsteuergesetzes 1955 finden sinngemäß Anwendung. Die Beiträge sind von dem Grundstückseigentümer zu entrichten.

*(BGBl I 2019/104)*

**§§ 45 und 46.** (aufgehoben)

### Abschnitt IIIa
### IT-Verfahren

*(BGBl I 2018/32)*

**§ 46a.** (1) Im Verfahren zur Gewährung von Beihilfen nach diesem Bundesgesetz ist das Finanzamt Österreich berechtigt, die hiefür notwendigen personenbezogenen Daten der antragstellenden Personen (des Zahlungsempfängers), der im gemeinsamen Haushalt lebenden Ehegatten oder Lebensgefährten und der Kinder automatisiert zu verarbeiten; das sind folgende personenbezogene Daten:

1. Namen, Titel, Anschrift und Telefonnummer,
2. Geburtsdatum und Versicherungsnummer gemäß § 31 des Allgemeinen Sozialversicherungsgesetzes,
3. Staatsbürgerschaft,
4. Familienstand und Geschlecht,
5. Beruf bzw. Tätigkeit,
6. Firmenbuchnummer, Namen und Anschrift des(r) Dienstgeber(s),
7. bezugnehmende Ordnungsbegriffe,
8. Art und Ausmaß der Beihilfe,
9. Anspruchs- und Berechnungsgrundlagen,
10. Art, Umfang und Stand der Verfahren,
11. Bescheide,
12. Fälligkeitsangaben,
13. Salden samt Aufgliederungen und Veränderungen,
14. Banken,
15. Kontonummern,
16. Zahlungsbeträge,
17. Vertreter, Zahlungsempfänger sowie die Art und Dauer der Vollmacht,
   *(BGBl I 2018/32)*
18. vom Sozialministeriumservice übermittelte Nachweise nach § 8 Abs. 6.
   *(BGBl I 2018/32)*

*(BGBl I 2018/32, BGBl I 2019/104)*

(2) Zur Überprüfung der Anspruchsvoraussetzungen ist

1. mit dem Dachverband der Sozialversicherungsträger eine automatisierte Datenübermittlung einzurichten, in deren Rahmen dem Dachverband der Sozialversicherungsträger die Versicherungsnummer und die Namen der anspruchsberechtigten Personen, der im gemeinsamen Haushalt lebenden Ehegatten oder Lebensgefährten und der Kinder zu übermitteln sind; der Dachverband der Sozialversicherungsträger hat zu diesen Angaben zu übermitteln, ob
   a) die Versicherungsnummer und der Name mit den Angaben im Dachverband der Sozialversicherungsträger übereinstimmt und wenn nicht, die Angabe des zu der Versicherungsnummer verarbeiteten Namens,
      *(BGBl I 2018/100)*
   b) und seit wann eine Meldung zur Sozialversicherung verzeichnet ist,
   c) in späterer Folge eine Meldung zur oder eine Abmeldung von der Sozialversicherung erfolgt,
   d) und seit wann Krankengeld und Wochengeld bezogen werden, die für die Gewährung von Beihilfen Voraussetzung sind;

   *(BGBl I 2018/32, BGBl I 2018/100)*
2. eine Verknüpfung der in Abs. 1 genannten personenbezogenen Daten mit den Einkommensteuer- und Lohnsteuerdaten (Art, Umfang und Stand der Verfahren, Berechnungs- und Bemessungsgrundlagen sowie sonstige Bescheiddaten) der anspruchsberechtigten Person, des im gemeinsamen Haushalt lebenden Ehegatten oder Lebensgefährten und der Kinder zulässig;
   *(BGBl I 2018/32)*
3. auf Anfragen des Finanzamtes Österreich durch die Arbeitsmarktverwaltung mitzuteilen, ob die anspruchsberechtigte Person, der im gemeinsamen Haushalt lebende Ehegatte oder Lebensgefährte oder die Kinder Leistungen aus der Arbeitslosenversicherung beziehen oder bezogen haben, und in späterer Folge, ob eine Leistung zuerkannt wird; die Anfrage hat mit der Angabe der Versicherungsnummer und des Namens zu erfolgen;
   *(BGBl I 2019/104)*
4. mit den Bildungseinrichtungen gemäß § 10 Abs. 1 des Bildungsdokumentationsgesetzes 2020 – BilDokG 2020 über den Datenverbund der Universitäten und Hochschulen gemäß § 10 BilDokG 2020 eine automatisierte Datenübermittlung mit dem Finanzamt Österreich

als Datenempfänger einzurichten. In dessen Rahmen sind dem Datenverbund der Universitäten und Hochschulen vom Finanzamt Österreich die verschlüsselten bereichsspezifischen Personenkennzeichen des Tätigkeitsbereichs „Bildung und Forschung“ (vbPK-BF gemäß § 9 des E-Government-Gesetzes – E-GovG) der Kinder, für die die Familienbeihilfe beantragt wurde oder gewährt wurde bzw. wird, zu übermitteln. Zu den übermittelten vbPK-BF sind über den Datenverbund der Universitäten und Hochschulen folgende Daten automatisiert zu verarbeiten:

a) die vbPK-BF der Kinder, für die die Familienbeihilfe beantragt wurde oder gewährt wurde bzw. wird,
b) Kennzeichnung, Beginndatum, Beendigungsdatum, Meldungen der Fortsetzung und Zulassungsstatus des Studiums bzw. der Studien,
c) Art und Datum von Prüfungen, die ein Studium oder einen Studienabschnitt eines Diplomstudiums abschließen,
d) Semesterstunden bzw. erlangte ECTS-Anrechnungspunkte abgelegter Prüfungen eines Semesters oder Studienjahres.

Der positive Abschluss des Verfahrens zur Gewährung von Familienbeihilfe ist vom Finanzamt Österreich mittels automatisierter Datenübermittlung des vbPK-BF an den Datenverbund der Universitäten und Hochschulen zu übermitteln und im Datenverbund der Universitäten und Hochschulen zu vermerken. Ändern sich Daten gemäß lit. b) bis d) einer oder eines Studierenden, bei welcher oder welchem die Gewährung der Familienbeihilfe vermerkt ist und die eine Auswirkung auf den Bezug der Familienbeihilfe haben, ist diese Änderung gemeinsam mit dem vbPK-BF mittels automatisierter Datenübermittlung an das Finanzamt Österreich zu übermitteln. Ändert sich der Status hinsichtlich der Gewährung der Familienbeihilfe, hat das Finanzamt Österreich dem Datenverbund der Universitäten und Hochschulen diese Änderung mittels automatisierter Datenübermittlung zu übermitteln und der Vermerk ist im Datenverbund der Universitäten und Hochschulen dahingehend anzupassen bzw. zu löschen „;“

*(BGBl I 2018/32, BGBl I 2019/104, BGBl I 2021/220, BGBl I 2022/43 ab 14.4.2022)*

**„5. eine automatisierte Datenübermittlung aus den lokalen Evidenzen gemäß § 5 des Bildungsdokumentationsgesetzes 2020 (BilDokG 2020), BGBl. I Nr. 20/2021, betreffend die in § 2 Z 1 BilDokG 2020 genannten Bildungseinrichtungen an das Finanzamt Österreich im Wege der vom Bundesministerium für Bildung, Wissenschaft und Forschung betriebenen Schnittstelle zum Register- und Systemverbund nach § 1 Abs. 3 Z 2 des Unternehmensserviceportalgesetzes (USPG), BGBl. I Nr. 52/2009, einzurichten. In diesem Rahmen sind vom Finanzamt Österreich die verschlüsselten bereichsspezifischen Personenkennzeichen des Tätigkeitsbereichs „Bildung und Forschung“ (vbPK-BF gemäß § 9 des E-Government-Gesetzes (E-GovG), BGBl. I Nr. 10/2004) oder übergangsweise (§ 55 Abs. 53) bis zur Ausstattung mit bereichsspezifischen Personenkennzeichen jedoch die Sozialversicherungsnummern der Kinder, für die die Familienbeihilfe beantragt wurde oder gewährt wurde bzw. wird, an die vom Bundesministerium für Bildung, Wissenschaft und Forschung betriebene Schnittstelle zum Register- und Systemverbund zu übermitteln. Zu den vbPK-BF oder übermittelten Sozialversicherungsnummern sind im Wege der Schnittstelle aus den lokalen Evidenzen folgende Daten an das Finanzamt Österreich automatisiert zu übermitteln:**

**a) vbPK-BF der Kinder, für die die Familienbeihilfe beantragt wurde oder gewährt wurde bzw. wird; übergangsweise (§ 55 Abs. 53) bis zur Ausstattung mit bereichsspezifischen Personenkennzeichen jedoch die Sozialversicherungsnummern,**
**b) übergangsweise (§ 55 Abs. 53) bis zur Ausstattung mit bereichsspezifischen Personenkennzeichen: Vornamen, Familiennamen und Geburtsdaten der Kinder, für die die Familienbeihilfe beantragt wurde oder gewährt wurde bzw. wird,**
**c) Beginndatum der Ausbildung im laufenden Schuljahr am jeweiligen Schulstandort,**
**d) Schulkennzahl, Schulformkennzahl dieser Ausbildung, Bezeichnung und Anschrift der Schule,**
**e) die im laufenden Schuljahr besuchte Schulstufe am jeweiligen Schulstandort,**
**f) Status als ordentliche oder außerordentliche Schülerin bzw. ordentlicher oder außerordentlicher Schüler,**
**g) Datum der erfolgreich abgelegten abschließenden Prüfung,**
**h) Datum der Beendigung des Schulbesuchs an der meldenden Schule während des Schuljahres;**

*(BGBl I 2022/43 ab 14.4.2022)*

**6. eine automatisierte Datenübermittlung mit den Lehrlingsstellen der Wirtschaftskammerorganisation gemäß § 19 des Berufsausbildungsgesetzes (BAG), BGBl. Nr. 142/1969, an das Finanzamt Österreich im Wege eines Register- und Systemverbundes nach § 1 Abs. 3 Z 2 in Verbindung mit § 6 USPG einzurichten. In diesem Rahmen sind vom Finanzamt Österreich die ver-**

**schlüsselten bereichsspezifischen Personenkennzeichen (vbPK gemäß § 9 E-GovG) oder übergangsweise (§ 55 Abs. 53) bis zur Ausstattung mit bereichsspezifischen Personenkennzeichen jedoch die Sozialversicherungsnummern der Kinder, für die die Familienbeihilfe beantragt wurde oder gewährt wurde bzw. wird, an die Lehrlingsstellen der Wirtschaftskammerorganisation zu übermitteln. Zu den vbPK oder übermittelten Sozialversicherungsnummern haben die Lehrlingsstellen der Wirtschaftskammerorganisation folgende Daten betreffend Lehrlinge gemäß § 1 BAG an das Finanzamt Österreich automatisiert zu übermitteln:**

a) **vbPK der Kinder, für die die Familienbeihilfe beantragt wurde oder gewährt wurde bzw. wird; übergangsweise (§ 55 Abs. 53) bis zur Ausstattung mit bereichsspezifischen Personenkennzeichen jedoch die Sozialversicherungsnummern,**

b) **übergangsweise (§ 55 Abs. 53) bis zur Ausstattung mit bereichsspezifischen Personenkennzeichen: Vornamen, Familiennamen und Geburtsdaten der Kinder, für die die Familienbeihilfe beantragt wurde oder gewährt wurde bzw. wird,**

c) **Lehrvertragsart und Lehrvertragsnummer,**

d) **Beginn und (voraussichtliches) Ende der Lehrzeit, vorzeitige Beendigung der Lehre, Datum und Ergebnis der Lehrabschlussprüfung (bestanden oder nicht bestanden).“**

*(BGBl I 2022/43 ab 14.4.2022)*

(3) Der Beginn und die Durchführung des automationsunterstützten Datenverkehrs gemäß Abs. 2 Z 1 und 3 sind vom Bundesminister für Finanzen im Einvernehmen mit dem Bundesminister für Umwelt, Jugend und Familie und dem Bundesminister für Arbeit und Soziales nach Anhörung des Dachverbandes der Sozialversicherungsträger nach Maßgabe der technisch-organisatorischen Möglichkeiten durch Verordnung zu bestimmen.

*(BGBl I 2018/100)*

(4) Der Beginn und die Durchführung des automationsunterstützten Datenverkehrs gemäß Abs. 2 Z 4 sind vom Bundesminister für Finanzen im Einvernehmen mit der Bundesministerin für Frauen, Familie und Integration nach Anhörung des Bundesministeriums für Bildung, Wissenschaft und Forschung sowie der Österreichischen Hochschülerinnen- und Hochschülerschaft nach Maßgabe der technisch-organisatorischen Möglichkeiten durch Verordnung zu bestimmen.

*(BGBl I 2021/220)*

**„(5) Der Beginn und die Durchführung der automatisierten Datenübermittlung gemäß Abs. 2 Z 5 sind vom Bundesminister für Finanzen im Einvernehmen mit der Bundesministerin für Frauen, Familie, Integration und Medien nach Anhörung des Bundesministeriums für Bildung, Wissenschaft und Forschung und des Bundesministeriums für Digitalisierung und Wirtschaftsstandort nach Maßgabe der technisch-organisatorischen Möglichkeiten durch Verordnung zu bestimmen.**

*(BGBl I 2022/43 ab 14.4.2022)*

**(6) Der Beginn und die Durchführung der automatisierten Datenübermittlung gemäß Abs. 2 Z 6 sind vom Bundesminister für Finanzen im Einvernehmen mit der Bundesministerin für Frauen, Familie, Integration und Medien nach Anhörung des Bundesministeriums für Digitalisierung und Wirtschaftsstandort und der Wirtschaftskammerorganisation nach Maßgabe der technischorganisatorischen Möglichkeiten durch Verordnung zu bestimmen.“**

*(BGBl I 2022/43 ab 14.4.2022)*

**§ 46b.** In Anträgen auf Gewährung von Beihilfen nach diesem Bundesgesetz sind die zur Durchführung des Verfahrens erforderlichen Versicherungsnummern gemäß § 31 des Allgemeinen Sozialversicherungsgesetzes anzugeben.

## Abschnitt IV
## Übergangs- und Schlußbestimmungen

**§ 47.** (1) Ansprüche auf Kinderbeihilfe nach den Bestimmungen des Kinderbeihilfengesetzes, BGBl. Nr. 31/1950, auf Ergänzungsbeträge zur Kinderbeihilfe, Mütterbeihilfe und auf Familienbeihilfe nach den Bestimmungen des Bundesgesetzes vom 15. Dezember 1954, BGBl. Nr. 18/1955, für die Zeit vor Inkrafttreten dieses Bundesgesetzes sind – sofern sie bei Inkrafttreten dieses Bundesgesetzes noch nicht befriedigt worden sind – nach den Bestimmungen dieses Bundesgesetzes zu liquidieren. Beihilfenkarten, die nach den Bestimmungen des Bundesgesetzes vom 15. Dezember 1954, BGBl. Nr. 18/1955, ausgestellt wurden, gelten als Familienbeihilfenkarten nach diesem Bundesgesetz.



(2) Anspruch auf Geburtenbeihilfe nach den Bestimmungen dieses Bundesgesetzes besteht auch für Geburten, die vor Inkrafttreten dieses Bundesgesetzes erfolgt sind, sofern die Antragsfrist gemäß § 34 Abs. 1 noch nicht abgelaufen ist. Ist nach den Bestimmungen des Bundesgesetzes vom 15. Dezember 1954, BGBl. Nr. 18/1955, Geburtenbeihilfe oder Säuglingsbeihilfe ausgezahlt worden, sind die ausgezahlt ten Beträge auf die nach den Bestimmungen dieses Bundesgesetzes zu gewährende Geburtenbeihilfe für dieselbe Geburt (für dasselbe Kind) anzurechnen.

(3) Der Dienstgeberbeitrag (§ 41) nach diesem Bundesgesetz ist erstmals für die nach dem 31. Dezember 1967 ausgezahlten Löhne und Gehälter zu entrichten. Auf Zeiträume, die vor dem 1. Jänner 1968 gelegen sind, finden in bezug auf die Verpflichtung zur Entrichtung des Dienstgeberbeitrages die Bestimmungen des Kinderbeihilfengesetzes, BGBl. Nr. 31/1950, Anwendung.

(4) Die Bestimmungen dieses Bundesgesetzes über die Ansprüche auf Ersatz ausgezahlter Familienbeihilfe gelten auch für die nach dem 31. Dezember 1967 nach den Bestimmungen des Kinderbeihilfengesetzes, BGBl. Nr. 31/1950, und des Bundesgesetzes vom 15. Dezember 1954, BGBl. Nr. 18/1955, ausgezahlten Kinderbeihilfen, Ergänzungsbeträge und Mütterbeihilfen; sie gelten ferner für die vor dem 1. Jänner 1968 ausgezahlten Kinderbeihilfen, Ergänzungsbeträge und Mütterbeihilfen insoweit, als nach den Bestimmungen des Bundesgesetzes vom 15. Dezember 1954, BGBl. Nr. 18/1955, ein Ersatzanspruch bestand und dieser noch nicht erfüllt worden ist.

(5) § 22 Abs. 3 und 4 gilt sinngemäß auch für die vor dem 1. Jänner 1968 ersetzten (verrechneten) Kinderbeihilfen, Ergänzungsbeträge zur Kinderbeihilfe und Mütterbeihilfen.

(6) § 26 gilt sinngemäß auch für die vor dem 1. Jänner 1968 zu Unrecht bezogenen Kinderbeihilfen, Ergänzungsbeträge zur Kinderbeihilfe, Familienbeihilfen und Mütterbeihilfen.

**§ 48.** (1) Personen, die durch das Inkrafttreten dieses Bundesgesetzes den Anspruch auf Ernährungsbeihilfe (§ 14 Abs. 2 des Kinderbeihilfengesetzes, BGBl. Nr. 31/1950) verlieren, erhalten eine Abfertigung, deren Höhe sich nach dem Alter des Angehörigen bestimmt, für den die Beihilfe gewährt wurde. Die Abfertigung beträgt für Angehörige

der Geburtsjahrgänge 1892 und früher ... 3 600 S,

der Geburtsjahrgänge 1893 bis einschließlich 1902 ........ 5 400 S,

der Geburtsjahrgänge 1903 bis einschließlich 1912 ........ 7 920 S,

der Geburtsjahrgänge 1913 und später .. 10 800 S.

(2) Der Aufwand an den nach Abs. 1 zu gewährenden Abfertigungen wird aus allgemeinen Bundesmitteln getragen.

**§ 49.** (1) Es treten außer Kraft:

a) das Bundesgesetz vom 15. Dezember 1954, BGBl. Nr. 18/1955, in der Fassung der Bundesgesetze BGBl. Nr. 52/1956, BGBl. Nr. 265/1956, BGBl. Nr. 284/1957, BGBl. Nr. 97/1959, BGBl. Nr. 175/1959, BGBl. Nr. 239/1960, BGBl. Nr. 171/1961, BGBl. Nr. 171/1962, BGBl. Nr. 83/1963, BGBl. Nr. 251/1963, BGBl. Nr. 88/1965 und BGBl. Nr. 3/1967,

b) das Bundesgesetz vom 16. Dezember 1949, BGBl. Nr. 31/1950, in der Fassung der Bundesgesetze BGBl. Nr. 135/1950, BGBl. Nr. 215/1950, BGBl. Nr. 161/1951, BGBl. Nr. 104/1953, BGBl. Nr. 18/1955, BGBl. Nr. 265/1956, BGBl. Nr. 239/1960, BGBl. Nr. 251/1963, BGBl. Nr. 190/1964 und BGBl. Nr. 88/1965,

c) § 27 des Heeresgebührengesetzes, BGBl. Nr. 152/1956,

d) § 13 des Bundesgesetzes vom 15. Dezember 1960, BGBl. Nr. 311/1960.

(2) Das Ernährungsbeihilfengesetz, BGBl. Nr. 217/1948, tritt nicht wieder in Kraft.

**§ 50.** Dieses Bundesgesetz tritt am 1. Jänner 1968 in Kraft.

**§ 50a.** (1) Die §§ 9a, 9b Abs. 1 und 35a bis 35f in der Fassung des Bundesgesetzes BGBl. Nr. 367/1991 treten mit 1. Jänner 1991 in Kraft.

(2) Die §§ 30a Abs. 1 und 2 sowie 30b Abs. 1 in der Fassung des Bundesgesetzes BGBl. Nr. 367/1991 treten mit 1. September 1991 in Kraft.

(3) Die §§ 2a, 3 Abs. 3 und 24 in der Fassung des Bundesgesetzes BGBl. Nr. 367/1991 treten mit 1. Jänner 1992 in Kraft.

(4) Die §§ 9b Abs. 4, 9c Abs. 1 und 3, 10 Abs. 3, 35 Abs. 3 vierter Satz, 35 Abs. 4 und 5, 39a Abs. 1 und 39e in der Fassung des Bundesgesetzes BGBl. Nr. 367/1991 treten an dem der Kundmachung des Bundesgesetzes BGBl. Nr. 367/1991 folgenden Tag in Kraft.

(5) § 11 tritt mit 31. Dezember 1991 außer Kraft.

(6) § 35 Abs. 6 tritt mit dem der Kundmachung des Bundesgesetzes BGBl. Nr. 367/1991 folgenden Tag außer Kraft.

(7) § 2a Abs. 3 in der Fassung des Bundesgesetzes BGBl. Nr. 367/1991 tritt mit 30. Juni 1995 außer Kraft.

**§ 50b.** § 8 Abs. 2 bis 4 in der Fassung des Bundesgesetzes BGBl. Nr. 696/1991 tritt mit 1. Jänner 1992 in Kraft.

**§ 50c.** (1) Die §§ 2 Abs. 1 und 6 Abs. 2 und 5 in der Fassung des Bundesgesetzes BGBl. Nr. 311/1992 treten mit 1. September 1992 in Kraft.

(2) § 8 Abs. 2 bis 4 in der Fassung des Bundesgesetzes BGBl. Nr. 311/1992 tritt mit 1. Juli 1992 in Kraft.

(3) Abschnitt Ib in der Fassung des Bundesgesetzes BGBl. Nr. 311/1992 tritt mit 1. September 1992 in Kraft.

(4) Der § 33 Abs. 3 und 5 in der Fassung des Bundesgesetzes BGBl. Nr. 311/1992 tritt an dem der Kundmachung des Bundesgesetzes BGBl. Nr. 311/1992 folgenden Tag in Kraft.

(5) Die §§ 9 bis 9d treten mit Ablauf des 31. Dezember 1992 außer Kraft; sie sind auf Zeiträume vor diesem Stichtag noch anzuwenden.

**§ 50d.** § 8 Abs. 5 und 6 in der Fassung des Bundesgesetzes BGBl. Nr. 531/1993 tritt mit 1. Jänner 1994 in Kraft.

**§ 50e.** Die §§ 2 Abs. 1 lit. f sublit. bb, 6 Abs. 1 lit. e sublit. bb, 35b Abs. 2 Z 4 und 39a Abs. 3 in der Fassung des Bundesgesetzes BGBl. Nr. 314/1994 treten mit 1. Juli 1994 in Kraft.

**§ 50f.** (1) § 8 Abs. 2 erster Satz und Abs. 3 erster Halbsatz in der Fassung des Bundesgesetzes BGBl. Nr. 297/1995 tritt mit 1. Mai 1995 in Kraft.

(2) Die §§ 31 Abs. 1, 31a Abs. 5 und 6, 31b Abs. 2, 31c Abs. 1, Abs. 2 und 3, 31e, 31g sowie 31h in der Fassung des Bundesgesetzes BGBl. Nr. 297/1995 treten mit 1. August 1995 in Kraft.

(3) Die §§ 30b Abs. 1 erster Satz, 30c Abs. 3 erster Satz, 30e Abs. 3, 30f Abs. 1, 30f Abs. 2 erster Satz, 30f Abs. 3 und 4, 30g Abs. 1 und 2, 30j Abs. 1, 30k Abs. 1, 30m Abs. 3 und 5 sowie 30p Abs. 1 dritter Satz in der Fassung des Bundesgesetzes BGBl. Nr. 297/1995 treten mit 1. September 1995 in Kraft.

(4) Die §§ 30c Abs. 4 und 30d Abs. 2 zweiter Satz treten mit 31. August 1995 außer Kraft.

**§ 50g.** (1) Die §§ 4 Abs. 6, 10 Abs. 3, 12 Abs. 2, 13, 25, 26 Abs. 1, 39 Abs. 5 lit. b, 52 sowie § 2 Abs. 1 und 2 des Artikels II, BGBl. Nr. 246/1993, in der Fassung des Bundesgesetzes BGBl. Nr. 201/1996 treten an dem der Kundmachung des Bundesgesetzes BGBl. Nr. 201/1996 folgenden Tag in Kraft.

(2) § 5 Abs. 4 in der Fassung des Bundesgesetzes BGBl. Nr. 201/1996 tritt an dem der Kundmachung des Bundesgesetzes BGBl. Nr. 201/1996 folgenden Tag in Kraft. Soweit bestehende Staatsverträge die Gewährung von Familienbeihilfe für Kinder vorsehen, die sich ständig in einem anderen Staat aufhalten, ist § 5 Abs. 4 in der Fassung des Bundesgesetzes BGBl. Nr. 297/1995 weiter anzuwenden, bis völkerrechtlich anderes bestimmt ist.

(3) Die §§ 8 Abs. 8, 15 bis 21, 23, 24 und 30 sowie § 1 des Artikels II in der Fassung des Bundesgesetzes BGBl. Nr. 246/1993 treten an dem der Kundmachung des Bundesgesetzes BGBl. Nr. 201/1996 folgenden Tag außer Kraft.

(4) Abschnitt II in der Fassung des Bundesgesetzes BGBl. Nr. 297/1995 tritt mit 30. Juni 1996 nach Maßgabe folgender Bestimmungen außer Kraft:

1. Für Kinder, die vor dem 1. Jänner 1997 geboren sind bzw. die vor dem 1. Jänner 1997 das erste, zweite oder vierte Lebensjahr vollenden, besteht nach den Voraussetzungen der bislang geltenden Rechtsvorschriften noch Anspruch auf den ersten bzw. zweiten und dritten Teil der Geburtenbeihilfe sowie die Sonderzahlung, soweit der Anspruch im Jahr 1996 angefallen wäre.
2. Für Kinder, die vor dem 1. Jänner 1997 geboren sind, besteht weiterhin Anspruch auf den zweiten Teil der Geburtenbeihilfe, sofern die Voraussetzungen für den erhöhten ersten Teil der Geburtenbeihilfe vorliegen. Die Auszahlung kann gemeinsam erfolgen.
3. In bezug auf Kinder, die vor dem 1. Juli 1996 geboren werden, sind die §§ 35a bis 35f weiter anzuwenden.
4. Anträge auf Gewährung der Geburtenbeihilfe und der Sonderzahlung sind bis längstens 30. November 1997 zu stellen.

(5) Abschnitt II in der Fassung des Bundesgesetzes BGBl. Nr. 201/1996 tritt mit 1. Juli 1996 in Kraft.

(6) Die §§ 30a Abs. 6 und 39d treten mit 31. August 1996 außer Kraft. Ansprüche auf Refundierung des Beförderungsaufwandes nach § 39d können bis 31. Dezember 1996 geltend gemacht werden.

(7) Die §§ 2 Abs. 1 lit. b, aa, 2 Abs. 1 lit. h, 6 Abs. 2 lit. g, 30a Abs. 1 lit. c und Abs. 2 lit. c, 30a Abs. 3 und 4, 30c Abs. 3, 30d Abs. 2, 30e Abs. 1 und 4, 30f Abs. 1 und Abs. 3 lit. a, 30g Abs. 1 und 3, 30h Abs. 2, 30j Abs. 1, 30k Abs. 1 und 3 sowie 51 Abs. 2 Z 2 in der Fassung des Bundesgesetzes BGBl. Nr. 201/1996 treten mit 1. September 1996 in Kraft.

(8) Die §§ 2 Abs. 1 lit. b erster Satz, lit. d, e und g, 5 Abs. 1, 6 Abs. 2 lit. a bis c, 6 Abs. 2 lit. f sowie 6 Abs. 3 in der Fassung des Bundesgesetzes BGBl. Nr. 201/1996 treten mit 1. Oktober 1996 in Kraft. Für eine Vollwaise ist § 2 Abs. 1 lit. b, aa in der Fassung des Bundesgesetzes BGBl. Nr. 201/1996 ab 1. September 1996 anzuwenden.

(9) § 2 Abs. 1 lit. b zweiter bis neunter Satz in der Fassung des Bundesgesetzes BGBl. Nr. 297/1995 ist letztmalig für das Wintersemester 1996/1997 anzuwenden. Die Voraussetzungen für die Gewährung der Familienbeihilfe nach § 2 Abs. 1 lit. b, bb in der Fassung des Bundesgesetzes BGBl. Nr. 201/1996 sind auf der Basis des vorangegangenen Studienerfolgs erstmals für das Sommersemester 1997 maßgebend.

(10) Die §§ 39e, 46 sowie 51 Abs. 2 Z 6 und 7 in der Fassung des Bundesgesetzes BGBl. Nr. 201/1996 treten mit 1. Jänner 1997 in Kraft; in bezug auf die in § 46 genannten Gebietskörperschaften und gemeinnützigen Krankenanstalten ist Abs. 4 Z 1 und 2 entsprechend anzuwenden.

(11) § 31g in der Fassung des Bundesgesetzes BGBl. Nr. 201/1996 tritt mit 1. August 1997 in Kraft.

**§ 50h.** (1) § 39a Abs. 3 und 4 in der Fassung des Bundesgesetzes BGBl. Nr. 433/1996 tritt mit 1. Juli 1996 in Kraft.

(2) § 39f in der Fassung des Bundesgesetzes BGBl. Nr. 433/1996 tritt mit 1. Juli 1996 in Kraft.



(3) Die §§ 2 Abs. 1 lit. b erster Satz, g und h, 6 Abs. 2 lit. f und g in der Fassung des Bundesgesetzes BGBl. Nr. 433/1996 treten mit 1. Oktober 1996 in Kraft. § 2 Abs. 1 lit. b zweiter bis neunter Satz in der Fassung des Bundesgesetzes BGBl. Nr. 297/1995 ist letztmalig für das Wintersemester 1996/97 anzuwenden. Die Voraussetzungen für die Gewährung der Familienbeihilfe nach § 2 Abs. 1 lit. b zweiter bis letzter Satz in der Fassung des Bundesgesetzes BGBl. Nr. 433/1996 sind auf der Basis des vorangegangenen Studienerfolgs erstmals für das Sommersemester 1997 maßgebend.

(4) § 31a Abs. 5 und 6 in der Fassung des Bundesgesetzes BGBl. Nr. 297/1995 tritt mit 31. Juli 1997 außer Kraft.

(5) Die §§ 31 Abs. 1, 31a Abs. 1 und 5 in der Fassung des Bundesgesetzes BGBl. Nr. 433/1996 treten mit 1. August 1997 in Kraft.

(6) § 39c tritt mit 31. Dezember 1997 mit der Maßgabe außer Kraft, daß Ansprüche auf Vergütung von Einnahmenausfällen, die bis 31. Dezember 1997 entstanden sind, bis 30. April 1998 geltend gemacht werden können. Die Unterlagen, die zur Errechnung des Einnahmenausfalles erforderlich

sind, sind bis zur Entlastung durch die Republik Österreich, längstens jedoch bis 31. Dezember 2003 aufzubewahren.

**§ 50i.** § 8 Abs. 2 und 3, Abschnitt IIb, die §§ 39e, 46 sowie 51 Abs. 2 Z 4 in der Fassung des Bundesgesetzes BGBl. I Nr. 14/1997 treten mit 1. Jänner 1997 in Kraft.

**§ 50j.** (1) § 2 Abs. 1 lit. i und § 6 Abs. 2 lit. h in der Fassung des Bundesgesetzes BGBl. I Nr. 8/1998 treten mit 1. Oktober 1996 in Kraft.

(2) § 26 Abs. 1 und 2 in der Fassung des Bundesgesetzes BGBl. I Nr. 8/1998 tritt mit 1. Mai 1996 in Kraft.

(3) Die §§ 31 Abs. 1, 31a Abs. 1 bis 4 und 31d Abs. 2 und 3 in der Fassung des Bundesgesetzes BGBl. I Nr. 8/1998 treten mit 1. Februar 1998 in Kraft.

(4) § 39e Abs. 10 in der Fassung des Bundesgesetzes BGBl. I Nr. 8/1998 tritt mit 1. Jänner 1998 in Kraft.

**§ 50j.** Die §§ 2 Abs. 1 lit. d, e, f sublit. aa und g sowie 6 Abs. 2 lit. b, c, e sublit. aa und f in der Fassung des Bundesgesetzes BGBl. I Nr. 30/1998 treten mit 1. Jänner 1998 in Kraft.

**§ 50k.** (1) Die §§ 8 Abs. 2 und 4 erster Satz, 9 erster, zweiter und dritter Satz, 9a, 9b, 9c, 9d sowie 38f in der Fassung des Bundesgesetzes BGBl. I Nr. 79/1998 treten mit 1. Jänner 1999 in Kraft.

(2) Die §§ 8 Abs. 3 und 4 zweiter Satz und 9 letzter Satz in der Fassung des Bundesgesetzes BGBl. I Nr. 79/1998 treten mit 1. Jänner 2000 in Kraft.

(3) § 12 in der Fassung des Bundesgesetzes BGBl. I Nr. 30/1998 tritt mit 31. Dezember 1998 außer Kraft.

**§ 50l.** (1) Die §§ 2 Abs. 1 lit. g und 6 Abs. 2 lit. f in der Fassung des Bundesgesetzes BGBl. I Nr. 23/1999 treten mit 1. Oktober 1996 in Kraft.

(2) Die §§ 30j Abs. 3 und 30k Abs. 4 in der Fassung des Bundesgesetzes BGBl. I Nr. 23/1999 treten mit 15. November 1998 in Kraft.

(3) § 2 Abs. 1 lit. b in der Fassung des Bundesgesetzes BGBl. I Nr. 23/1999 tritt mit dem Sommersemester 1999 in Kraft. Die entsprechende Verordnung kann bereits vor dem Sommersemester 1999 erlassen werden; sie darf jedoch frühestens mit dem Sommersemester 1999 in Kraft gesetzt werden.

**§ 50m.** Die §§ 39c und 40 Abs. 9 in der Fassung des Bundesgesetzes BGBl. I Nr. 136/1999 treten mit 1. Jänner 2000 in Kraft.

**§ 50n.** § 40a in der Fassung des Bundesgesetzes BGBl. I Nr. 26/2000 tritt mit 1. Juni 2000 in Kraft.

**§ 50o.** (1) Die §§ 39 Abs. 3, 39d, 39g, 39h, 40b, 41 Abs. 6, 53 und 54 in der Fassung des Bundesgesetzes BGBl. I Nr. 142/2000 treten an dem der Kundmachung des Bundesgesetzes BGBl. I Nr. 142/2000 folgenden Tag in Kraft.

(2) § 26 Abs. 5 tritt an dem der Kundmachung des Bundesgesetzes BGBl. I Nr. 142/2000 folgenden Tag außer Kraft.

(3) Die §§ 30a Abs. 1 lit. c, 30a Abs. 2 lit. c, 30a Abs. 5, 30g Abs. 3, 30k Abs. 3, 31 Abs. 6, 31a Abs. 1 Z 1 lit. a, 31g und 39f Abs. 3 in der Fassung des Bundesgesetzes BGBl. I Nr. 142/2000 treten mit 1. August 2000 in Kraft.

(4) § 5 Abs. 2 in der am 31. Dezember 2000 geltenden Fassung tritt mit 31. Dezember 2000 außer Kraft.

(5) Die §§ 5 Abs. 1, 6 Abs. 3 und 39i in der Fassung des Bundesgesetzes BGBl. I Nr. 142/2000 treten mit 1. Jänner 2001 in Kraft.

(6) § 30c Abs. 3 in der Fassung des Bundesgesetzes BGBl. I Nr. 142/2000 tritt mit 1. August 2001 in Kraft.

**§ 50p.** (1) Die §§ 5 Abs. 1, 6 Abs. 3, 8 Abs. 2 bis 4, 29 Abs. 1, 30c Abs. 1 lit. a bis lit. c, 30c Abs. 2 lit. a bis lit. c, 30c Abs. 3, 30f Abs. 1, 30f Abs. 3 lit. a, 30h Abs. 2, 30h Abs. 4, 30j Abs. 1 lit. b, 30n lit. a, 30n lit. b, 31h, 32 Abs. 2, 38 Abs. 1, 38d Abs. 2, 38i Abs. 1, 39 Abs. 5 lit. a, 39a Abs. 1, 39g, 39h, 40b, 41 Abs. 4 und 45 Abs. 1 in der Fassung des Bundesgesetzes BGBl. I Nr. 68/2001 treten mit 1. Jänner 2002 in Kraft.

(2) § 40a in der am 31. Dezember 2001 geltenden Fassung tritt mit 31. Dezember 2001 außer Kraft.

**§ 50q.** (1) Die §§ 39 Abs. 3, 39a Abs. 6 und 39e Abs. 10 in der am 31. Dezember 2001 geltenden Fassung treten mit 31. Dezember 2001 außer Kraft.

(2) § 39j Abs. 7 in der Fassung des Bundesgesetzes BGBl. I Nr. 103/2001 tritt mit 1. September 2001 in Kraft.

(3) Die §§ 9, 39j Abs. 1 bis 6, Abs. 8 und 9 sowie 39k in der Fassung des Bundesgesetzes BGBl. I Nr. 103/2001 treten mit 1. Jänner 2002 in Kraft.

(4) Die Abschnitte II und IIb sowie §§ 39e Abs. 1 bis 9 sind in Bezug auf Kinder anzuwenden, die bis einschließlich 31. Dezember 2001 geboren werden.

**§ 50r.** (1) § 39j Abs. 2 und 5 in der Fassung des Bundesgesetzes BGBl. I Nr. 20/2002 tritt mit 1. Jänner 2002 in Kraft.

(2) § 8 Abs. 2 und 4 in der Fassung des Bundesgesetzes BGBl. I Nr. 20/2002 tritt mit 1. Jänner 2003 in Kraft.

**§ 50s.** (1) § 8 Abs. 6 in der Fassung des Bundesgesetzes BGBl. I Nr. 105/2002 tritt mit 1. Jänner 2003 in Kraft.

(2) Abschnitt IIc in der Fassung des Bundesgesetzes BGBl. I Nr. 105/2002 tritt mit 1. Juli 2002 in Kraft.

**§ 50t.** § 39l in der Fassung des Bundesgesetzes BGBl. I Nr. 106/2002 tritt mit 1. Juli 2002 in Kraft.

**§ 50u.** Die §§ 30a Abs. 1 letzter Absatz, 30a Abs. 2 letzter Absatz, 30b Abs. 1, 30c Abs. 4, 30d Abs. 2 zweiter Satz, 30m Abs. 3, 30m Abs. 5, 30n Abs. 2, 30o Abs. 2 zweiter Satz, 30o Abs. 3, 39 Abs. 5 lit. f und 51 Abs. 2 Z 4 in der Fassung des Bundesgesetzes BGBl. I Nr. 158/2002 treten mit 1. September 2002 in Kraft.

**§ 50v.** (1) Die §§ 39g, 39h und 39m in der Fassung des Bundesgesetzes BGBl. I Nr. 71/2003 treten mit dem der Kundmachung des Bundesgesetzes BGBl. I Nr. 71/2003 folgenden Tag in Kraft.

(2) § 41 Abs. 4 lit. f in der Fassung des Bundesgesetzes BGBl. I Nr. 71/2003 ist erstmals für den Monat Jänner 2004 anzuwenden.

(3) § 30m Abs. 1 und Abs. 2 in der Fassung des Bundesgesetzes BGBl. I Nr. 71/2003 ist nach dem 31. August 2003 anzuwenden.

**§ 50w.** (1) Die §§ 30a Abs. 1 Schlussteil, Abs. 2 Schlussteil, 30d Abs. 1, 30d Abs. 2 erster Satz, § 30f Abs. 4 zweiter Satz und 39f in der Fassung des Bundesgesetzes BGBl. I Nr. 110/2004 treten mit 1. September 2004 in Kraft.

(2) Die §§ 30f Abs. 6, 30h Abs. 2 dritter und vierter Satz, 31c Abs. 2 zweiter Satz, 31c Abs. 4, 31c Abs. 5 zweiter Satz, 31c Abs. 6 erster und zweiter Satz, 31d Abs. 4 vierter Satz und 31e zweiter und dritter Satz in der Fassung des Bundesgesetzes BGBl. I Nr. 110/2004 treten mit 1. Mai 2004 in Kraft; sie gelten auch für vor dem 1. Mai 2004 eingebrachte Anbringen.

**§ 50x.** Die §§ 39g und 39h in der Fassung des Bundesgesetzes BGBl. I Nr. 136/2004 treten mit 1. Jänner 2005 in Kraft.

**§ 50y.** (1) § 39j Abs. 2 in der Fassung des Bundesgesetzes BGBl. I Nr. 142/2004 tritt mit 1. Jänner 2005 in Kraft.

(2) Die §§ 3 Abs. 2 und 38a Abs. 3 in der Fassung des Bundesgesetzes BGBl. I Nr. 142/2004 treten mit 1. Mai 2004 in Kraft. Ausgenommen sind jene Fälle, in denen bis einschließlich des Tages der Kundmachung dieses Bundesgesetzes Asyl nach dem Asylgesetz 1997 gewährt wurde.

**§ 50z.** § 39j Abs. 6a in der Fassung des Bundesgesetzes BGBl. I Nr. 157/2004 tritt mit 1. Jänner 2005 in Kraft.

**§ 51.** (1) Der Bundesminister für Umwelt, Jugend und Familie ist in Angelegenheiten des Familienlastenausgleiches auch Abgabenbehörde im Sinne des § 49 Abs. 1 der Bundesabgabenordnung, BGBl. Nr. 194/1961. Bei der sich hieraus ergebenden Anwendung der Bundesabgabenordnung stehen dem Bundesminister für Umwelt, Jugend und Familie die dem Bundesminister für Finanzen nach der Bundesabgabenordnung obliegenden Befugnisse zu.

(2) Mit der Vollziehung dieses Bundesgesetzes sind betraut:

1. hinsichtlich des § 12 Abs. 2 und des § 28, soweit es sich um die Befreiung von den Gerichts- und Justizverwaltungsgebühren handelt, der Bundesminister für Justiz,
2. hinsichtlich des § 30g Abs. 1 der Bundesminister für Unterricht, Kunst und Sport, hinsichtlich der im § 30a Abs. 1 lit. c genannten Schulen der Bundeskanzler, jeweils im Einvernehmen mit dem Bundesminister für Umwelt, Jugend und Familie,
3. hinsichtlich der §§ 31a Abs. 4 und 31c Abs. 3 der Bundesminister für Wirtschaft, Familie und Jugend im Einvernehmen mit dem Bundesminister für Unterricht, Kunst und Kultur,
4. hinsichtlich der §§ 28, 30i Abs. 2, 30q Abs. 2, 31f, 37 Abs. 2 und 38h Abs. 2, soweit es sich um die Befreiung von den Stempelgebühren handelt, sowie hinsichtlich des § 39 Abs. 5 lit. a und f, § 45 Abs. 1 zweiter Satz und § 46a Abs. 3 der Bundesminister für Finanzen,
5. hinsichtlich des § 8 Abs. 6, soweit es sich um die Begutachtung durch ein Bundesamt für Soziales und Behindertenwesen handelt, der Bundesminister für Arbeit und Soziales,
6. hinsichtlich des § 39e Abs. 1 und Abs. 8 der Bundesminister für Gesundheit und Konsumentenschutz im Einvernehmen mit dem Bundesminister für Umwelt, Jugend und Familie,
7. hinsichtlich des § 39e Abs. 3 der Bundesminister für Gesundheit und Konsumentenschutz und der Bundesminister für Umwelt, Jugend und Familie im Einvernehmen mit dem Bundesminister für Finanzen und dem Bundesminister für Arbeit und Soziales,
8. im übrigen der Bundesminister für Umwelt, Jugend und Familie.

**§ 52.** Soweit in diesem Bundesgesetz auf Bestimmungen anderer Bundesgesetze verwiesen wird, sind diese in ihrer jeweils geltenden Fassung anzuwenden.

**§ 53.** (1) Staatsbürger von Vertragsparteien des Übereinkommens über den Europäischen Wirtschaftsraum (EWR) sind, soweit es sich aus dem genannten Übereinkommen ergibt, in diesem Bundesgesetz österreichischen Staatsbürgern gleichgestellt. Hiebei ist der ständige Aufenthalt eines Kindes in einem Staat des Europäischen Wirtschaftsraums nach Maßgabe der gemeinschaftsrechtlichen Bestimmungen dem ständigen Aufenthalt eines Kindes in Österreich gleichzuhalten.

(2) Die Gleichstellung im Sinne des Abs. 1 gilt auch im Bereich der Amtssitzabkommen sowie Privilegienabkommen, soweit diese für Angestellte internationaler Einrichtungen und haushaltszugehörige Familienmitglieder nicht österreichischer Staatsbürgerschaft einen Leistungsausschluss aus dem Familienlastenausgleich vorsehen.

FLAG/KBGG

(3) § 41 ist im Rahmen der Koordinierung der sozialen Sicherheit im Europäischen Wirtschaftsraum mit der Maßgabe anzuwenden, dass ein Dienstnehmer im Bundesgebiet als beschäftigt gilt, wenn er den österreichischen Rechtsvorschriften über soziale Sicherheit unterliegt.

~~(4) Abs. 1 zweiter Satz findet in Bezug auf § 8a Abs. 1 bis 3 keine Anwendung.~~

*(BGBl I 2018/83, BGBl I 2022/135 ab 29.7.2022)*

(5) § 26 Abs. 3 der Bundesabgabenordnung, BGBl. Nr. 194/1961, findet in Bezug auf Leistungen nach diesem Bundesgesetz bis 31. Dezember 2018 Anwendung. Ab 1. Jänner 2019 ist für Leistungen nach diesem Bundesgesetz § 26 Abs. 3 BAO nur für Personen mit Dienstort im Ausland, die im Auftrag einer Gebietskörperschaft tätig werden, sowie für deren Ehegatten und Kinder anwendbar.

*(BGBl I 2018/83)*

**§ 54.** Soweit in diesem Bundesgesetz personenbezogene Bezeichnungen nur in männlicher Form angeführt sind, beziehen sie sich auf Frauen und Männer in gleicher Weise. Bei der Anwendung auf bestimmte Personen ist die jeweils geschlechtsspezifische Form zu verwenden.

**§ 55.** (1) Die §§ 2 Abs. 8 erster Satz und 3 in der Fassung des Bundesgesetzes BGBl. I Nr. 100/2005, treten mit 1. Jänner 2006, nach Maßgabe der Übergangsbestimmungen des Niederlassungs- und Aufenthaltsgesetzes (NAG), BGBl. I Nr. 100/2005, sowie des Asylgesetzes 2005 (AsylG 2005), BGBl. I Nr. 100, in Kraft.

(2) §§ 39i und 39m Abs. 6 und 7 in der Fassung des Bundesgesetzes BGBl. I Nr. 3/2006 treten mit 1. Jänner 2006 in Kraft.

(3) § 3 Abs. 4 und 5 in der Fassung des Bundesgesetzes BGBl. I Nr. 168/2006 tritt mit 1. Juli 2006 in Kraft.

(4) Die §§ 39g und 39h in der Fassung des Budgetbegleitgesetzes 2007, BGBl. I Nr. 24, treten mit dem der Kundmachung des Budgetbegleitgesetzes 2007 folgenden Tag in Kraft.

(5) Die §§ 2 Abs. 1 lit. f sublit. bb und 6 Abs. 2 lit. e sublit. bb in der Fassung des BGBl. I Nr. 90/2007 treten mit dem der Kundmachung des Bundesgesetzes BGBl. I Nr. 90/2007 folgenden Tag in Kraft.

(6) Die §§ 8 Abs. 3 und 9a Abs. 1 in der Fassung des Bundesgesetzes BGBl. I Nr. 90/2007 treten mit 1. Jänner 2008 in Kraft. Die Einkommensgrenze nach § 9a Abs. 1 gilt erstmals in Bezug auf das Kalenderjahr 2007.

(7) Die §§ 5 Abs. 1 und 6 Abs. 3 in der Fassung des Bundesgesetzes BGBl. I Nr. 90/2007 treten mit 1. Jänner 2008 in Kraft. Die Einkommensgrenze gilt erstmals in Bezug auf das Kalenderjahr 2008.

(8) § 2 Abs. 1 lit. b zwölfter Satz in der Fassung des Bundesgesetzes BGBl. I Nr. 90/2007 ist ab Sommersemester 2008 anzuwenden.

(9) Es treten in Kraft:

1. mit 1. Jänner 2008 die §§ 39j Abs. 6 in der Fassung der Z 1 und Abs. 6a in der Fassung des Bundesgesetzes BGBl. I Nr. 101/2007;
2. mit 1. Jänner 2014 § 39j Abs. 6 in der Fassung der Z 2 in der Fassung des Bundesgesetzes BGBl. I Nr. 101/2007.

(10) § 39l in der Fassung des BGBl. I Nr. 102/2007 tritt mit 1. Jänner 2008 in Kraft.

(11) Für das Inkrafttreten durch das Bundesgesetz BGBl. I Nr. 103/2007 neu gefasster, geänderter, eingefügter oder entfallener Bestimmungen sowie zum Übergang zur neuen Rechtslage gilt Folgendes:

a) Die §§ 9c, 11, 12, 26 Abs. 1 und 2 sowie 39 treten mit 1. Juni 2008 in Kraft;
b) die §§ 9d, 22, 29 Abs. 1 lit. c, d und e, 30g Abs. 2 und 3, 30k Abs. 2 und 3, 31g, 42, 45 sowie 46 treten mit 31. Mai 2008 außer Kraft;
c) Artikel II des Bundesgesetzes BGBl. Nr. 246/1993 tritt mit 31. Mai 2008 außer Kraft;
d) die Gültigkeit der Bescheinigungen nach § 5 des Artikels II des Bundesgesetzes BGBl. Nr. 246/1993 endet mit 31. Mai 2008;
e) § 43 ist ab 1. Juni 2008 mit der Maßgabe anzuwenden, dass der Bund, die Länder und die Gemeinden, deren Einwohnerzahl 2000 übersteigt, sowie die gemeinnützigen Krankenanstalten den Dienstgeberbeitrag erstmals für die Arbeitslöhne des Kalendermonats Mai 2008 zu entrichten haben;
f) die Verordnung des Bundesministers für soziale Sicherheit und Generationen, BGBl. II Nr. 117/2003, betreffend die Feststellung der Länderbeiträge zum Ausgleichsfonds für Familienbeihilfen wird mit 31. Mai 2008 aufgehoben.

(12) § 8 Abs. 8 in der Fassung des Bundesgesetzes BGBl. I Nr. 131/2008 tritt mit dem der Kundmachung dieses Bundesgesetzes folgenden Tag in Kraft und ist erstmals in Bezug auf den September 2008 anzuwenden.

(13) § 39j Abs. 6 in der Fassung des BGBl. I Nr. 33/2009 tritt mit dem der Kundmachung des Bundesgesetzes BGBl. I Nr. 33/2009 folgenden Tag in Kraft. § 39j Abs. 6a tritt mit dem der Kundmachung des Bundesgesetzes BGBl. I Nr. 33/2009 folgenden Tag außer Kraft.

(14) § 39g in der Fassung des Bundesgesetzes BGBl. I Nr. 52/2009 tritt mit dem der Kundmachung dieses Bundesgesetzes folgenden Tag in Kraft; gleichzeitig tritt § 39h außer Kraft. § 41 Abs. 2 und 3 in der Fassung des Bundesgesetzes BGBl. I Nr. 52/2009 tritt mit 1. Jänner 2010 in Kraft.

(15) Die §§ 30f Abs. 6, 30h Abs. 2, 31c Abs. 2, 4, 5 und 6, 31d Abs. 4, 31e sowie 43 Abs. 1 jeweils in der Fassung des Bundesgesetzes BGBl. I Nr. 9/2010 treten mit 1. Juli 2010 in Kraft.

(16) § 8 Abs. 5 vierter Satz in der Fassung des Bundesgesetzes, BGBl. I Nr. 81/2010 tritt mit 1. September 2010 in Kraft.

(17) Für das Inkrafttreten durch das Budgetbegleitgesetz 2011, BGBl. I Nr. 111/2010, neu gefasster, geänderter oder eingefügter sowie für das das Außerkrafttreten durch das genannte Bundesgesetz entfallender Bestimmungen gilt Folgendes:

a) §§ 30a Abs. 3, 30f Abs. 2, 4 und 5, 30h Abs. 2 und Abs. 4 erster Satz, 30j Abs. 2 und 3, 30m Abs. 1 und 5, 30o Abs. 1 und 3, 31a Abs. 1, 31b, 31c, 31d Abs. 1, 31e und 31g treten mit 1. August 2009 in Kraft. § 31 Abs. 1 tritt mit dem der Kundmachung folgenden Schuljahr in Kraft.
b) §§ 39g, 46a Abs. 2 Z 4 und Abs. 4 und 53 Abs. 3 treten mit dem der Kundmachung dieses Bundesgesetzes folgenden Tag in Kraft.
c) §§ 5 Abs. 1 erster Satz und 6 Abs. 3 erster Satz treten mit 1. Jänner 2011 in Kraft und sind erstmals in Bezug auf das Kalenderjahr 2011 anzuwenden.
d) § 9 tritt mit 1. Jänner 2011 in Kraft.
e) §§ 2 Abs. 1 lit. d, 5 Abs. 1 lit. a, 6 Abs. 2 lit. b und 6 Abs. 3 lit. a treten mit 1. März 2011 in Kraft.

f) § 2 Abs. 1 lit. f sowie § 6 Abs. 2 lit. e treten mit 1. März 2011 außer Kraft.

g) §§ 2 Abs. 1 lit. b, c, e, g, h, i, j und k sowie 6 Abs. 2 lit. a, c, d, f, g, h, i und j treten mit 1. Juli 2011 in Kraft.

h) §§ 30g Abs. 1 und 30k Abs. 1 treten mit 1. September 2011 in Kraft.

i) § 8 Abs. 8 tritt mit dem der Kundmachung dieses Bundesgesetzes folgenden Tag in Kraft und ist erstmals in Bezug auf den September 2011 anzuwenden.

(18) § 41 Abs. 4 lit. c in der Fassung des Bundesgesetzes BGBl. I Nr. 76/2011 tritt mit 1. Jänner 2012 in Kraft. § 41 Abs. 4 lit. c in der Fassung vor dem Bundesgesetz BGBl. I Nr. 76/2011 ist weiterhin anzuwenden, wenn die Bestimmung des § 124b Z 195 des Einkommensteuergesetzes 1988 für Bezüge nach § 3 Abs. 1 Z 10 des Einkommensteuergesetzes 1988 zur Anwendung kommt.

(19) Für das Inkrafttreten durch das Bundesgesetz BGBl. I Nr. 17/2012, eingefügter Bestimmungen gilt Folgendes samt ergänzender Maßgaben:

a) §§ 2 Abs. 1 lit. l und 6 Abs. 2 lit. k treten mit 1. Juni 2012 in Kraft,

b) § 2 Abs. 1 lit. k ist bis 31. Dezember 2020 mit der Maßgabe anzuwenden, dass für Kinder, für die die Familienbeihilfe nach § 2 Abs. 1 lit. l gewährt wurde, ein Anspruch nach § 2 Abs. 1 lit. k ausgeschlossen ist,

c) § 6 Abs. 2 lit. j ist bis 31. Dezember 2020 mit der Maßgabe anzuwenden, dass für Vollwaisen, für die die Familienbeihilfe nach § 6 Abs. 1 lit. k gewährt wurde, ein Anspruch nach § 6 Abs. 2 lit. j ausgeschlossen ist,

d) § 39 Abs. 2 lit. f tritt mit dem der Kundmachung dieses Bundesgesetzes folgenden Tag in Kraft.

(20) Für das Inkrafttreten durch das Bundesgesetz BGBl. I Nr. 19/2013, neu gefasster, geänderter, oder eingefügter sowie für das Außerkrafttreten durch das genannte Bundesgesetz entfallender Bestimmungen gilt Folgendes:

a) §§ 30d Abs. 3 und 4, 30f Abs. 6 und 7, 30j Abs. 3, 30o Abs. 4 und 5, 31d Abs. 3 zweiter Satz und 51 Abs. 2 Z 3 treten mit 1. September 2012 in Kraft.

b) § 30k Abs. 4 tritt mit 31. August 2012 außer Kraft.

(21) § 30a Abs. 1 lit. c tritt mit 1. Jänner 2013 in Kraft.

(22) Bis 31. Dezember 2016 ist § 30a Abs. 1 lit. c auch auf Kinder, die eine Schule für den medizinisch-technischen Fachdienst gemäß Bundesgesetz über die Regelung des medizinisch-technischen Fachdienstes und der Sanitätshilfsdienste, BGBl. Nr. 102/1961, besuchen, anzuwenden.

(23) §§ 8 Abs. 3 und 14 in der Fassung des Bundesgesetzes BGBl. I Nr. 60/2013 treten mit 1. September 2013 in Kraft. § 39g Abs. 2 in der Fassung des genannten Bundesgesetzes tritt mit dem der Kundmachung folgenden Tag in Kraft. §§ 30h Abs. 2, 31d Abs. 4, 31e und 42a Abs. 2 in der Fassung des genannten Bundesgesetzes treten mit 1. Jänner 2014 in Kraft.

(24) §§ 5 Abs. 1 und 6 Abs. 3 in der Fassung des Bundesgesetzes BGBl. I Nr. 138/2013 treten mit 1. Jänner 2013 in Kraft und sind erstmals in Bezug auf das Kalenderjahr 2013 anzuwenden. § 39n in der Fassung des Bundesgesetzes BGBl. I Nr. 138/2013 tritt mit 1. Jänner 2014 in Kraft.

(25) § 39 Abs. 2 lit. g und h in der Fassung des Bundesgesetzes BGBl. I Nr. 163/2013 tritt mit 1. Jänner 2014 in Kraft.

(26) § 39j Abs. 6 in der Fassung des Bundesgesetzes BGBl. I Nr. 32/2014 tritt mit 24. Mai 2013 in Kraft.

(27) Für das Inkrafttreten durch das Bundesgesetz BGBl. I Nr. 35/2014 eingefügter und neu gefasster Bestimmungen gilt Folgendes:

a) § 2 Abs. 1 lit. b zwölfter Satz findet erstmals in Bezug auf das Studienjahr 2013/2014 Anwendung,

b) § 2 Abs. 1 lit. l sublit. dd tritt mit 1. Jänner 2014 in Kraft,

c) § 3 Abs. 1 und 2 tritt mit 1. Jänner 2014 in Kraft,

d) § 8 Abs. 2 Z 1, 3 Z 1 und 4 Z 1 tritt mit 1. Juli 2014 in Kraft und mit 31. Dezember 2015 außer Kraft,

e) § 8 Abs. 2 Z 2, 3 Z 2 und 4 Z 2 tritt mit 1. Jänner 2016 in Kraft und mit 31. Dezember 2017 außer Kraft,

f) § 8 Abs. 2 Z 3, 3 Z 3 und 4 Z 3 tritt mit 1. Jänner 2018 in Kraft.

(28) Für das Inkrafttreten der durch das Budgetbegleitgesetz 2014, BGBl. I Nr. 40/2014, neu gefassten, geänderten oder eingefügten Bestimmungen sowie für das Außerkrafttreten der durch das genannte Bundesgesetz entfallenden Bestimmung gilt Folgendes:



a) § 11 Abs. 1 und § 30e Abs. 1 dritter Satz sind mit der Maßgabe anzuwenden, dass die monatliche Auszahlung der Familienbeihilfe und der Schulfahrtbeihilfe erstmalig im September 2014 erfolgt.

b) § 39 Abs. 2 lit. e tritt mit 31. Dezember 2013 außer Kraft.

c) § 39g Abs. 3 und § 39k Abs. 2 treten mit dem der Kundmachung des genannten Bundesgesetzes folgenden Tag in Kraft.

(29) § 8 Abs. 6a in der Fassung des Bundesgesetzes BGBl. I Nr. 53/2014 tritt mit dem der Veröffentlichung dieses Bundesgesetzes folgenden Tag in Kraft.

(30) §§ 10 Abs. 1 und 10a in der Fassung des Bundesgesetzes BGBl. I Nr. 50/2015 treten mit 1. Mai 2015 in Kraft und sind in Bezug auf Kinder anzuwenden, die nach dem 30. April 2015 geboren werden. § 39g Abs. 4 in der Fassung des genannten Bundesgesetzes tritt mit dem der Kundmachung folgenden Tag in Kraft.

*(BGBl I 2015/50)*

(31) § 2 Abs. 1 lit. g, § 6 Abs. 2 lit. f, § 39 Abs. 2 lit. g und h und § 41 Abs. 5 in der Fassung des Budgetbegleitgesetzes 2016, BGBl. I Nr. 144/2015, treten mit dem der Kundmachung des genannten Bundesgesetzes folgenden Tag in Kraft. § 41 Abs. 5a in der Fassung des Budgetbegleitgesetzes 2016, BGBl. I Nr. 144/2015, ist hinsichtlich des Beitrages in Höhe von 3,8 v.H. erstmals in Bezug auf das Kalenderjahr 2018 anzuwenden.

*(BGBl I 2015/144)*

(32) § 39g Abs. 5 in der Fassung des Bundesgesetzes BGBl. I Nr. 53/2016 tritt mit dem der Kundmachung dieses Bundesgesetzes folgenden Tag in Kraft.

*(BGBl I 2016/53)*

(33) § 39j Abs. 1 und Abs. 6a, sowie § 39o in der Fassung des Bundesgesetzes BGBl. I Nr. 53/2016 treten mit 1. März 2017 in Kraft.

*(BGBl I 2016/53)*

(34) § 41 Abs. 7 in der Fassung des Budgetbegleitgesetzes 2017, BGBl. I Nr. 109/2016, tritt mit 1. Jänner 2005 in Kraft.

*(BGBl I 2016/109)*

(35) § 13 erster Satz in der Fassung des Deregulierungsgesetzes 2017, BGBl. I Nr. 40/2017, tritt mit 1. Jänner 2018 in Kraft.

*(BGBl I 2017/40)*

(36) §§ 2 Abs. 1 lit. d und e sowie 6 Abs. 2 lit. b und c in der Fassung des Bundesgesetzes BGBl. I Nr. 156/2017 treten mit 1. Jänner 2018 in Kraft.

*(BGBl I 2017/156)*

(37) Die Überschrift zu Abschnitt IIIa sowie § 46a Abs. 1 und 2 in der Fassung des Materien-Datenschutz-Anpassungsgesetzes 2018, BGBl. I Nr. 32/2018, treten mit 25. Mai 2018 in Kraft.

*(BGBl I 2018/32)*

(38) §§ 8a, 39g Abs. 6 und 53 Abs. 4 und 5 in der Fassung des Bundesgesetzes BGBl. I Nr. 83/2018 treten mit dem der Kundmachung dieses Bundesgesetzes folgenden Tag in Kraft.

*(BGBl I 2018/83)*

(39) § 6 Abs. 2 lit. d, Abs. 5 und Abs. 6 in der Fassung des BGBl. I Nr. 77/2018 tritt mit 1. Jänner 2016 in Kraft.

*(BGBl I 2018/77)*

(40) § 2 Abs. 3a in der Fassung des Bundesgesetzes BGBl. I Nr. 24/2019 tritt mit 1. Juli 2018 in Kraft.

*(BGBl I 2019/24)*

(41) §§ 10a Abs. 1, 11 Abs. 1, 12 Abs. 1, 13, 14 Abs. 1, 25, 26 Abs. 4, 30e Abs. 1 und 2, 30f Abs. 2, 4 und 7, 30h Abs. 2 und 3, 30j Abs. 2, 30p Abs. 1 und 3, 31c Abs. 2, 3 und 4, 31d Abs. 4, 31e, 43 Abs. 1, 44 Abs. 2 sowie 46a Abs. 1, Abs. 2 Z 3 und 4, jeweils in der Fassung des Bundesgesetzes BGBl. I Nr. 104/2019, treten mit 1. Juli 2020 in Kraft.

*(BGBl I 2019/104)*

(42) §§ 5 Abs. 1 und 6 Abs. 3 in der Fassung des Bundesgesetzes BGBl. I Nr. 98/2020 treten mit 1. Jänner 2020 in Kraft und sind erstmals in Bezug auf das Kalenderjahr 2020 anzuwenden.

*(BGBl I 2020/98)*

(43) §§ 5 Abs. 1 und 6 Abs. 3 in der Fassung des Bundesgesetzes BGBl. I Nr. 23/2020 sind nur in Bezug auf das Kalenderjahr 2020 anzuwenden.

*(BGBl I 2020/23)*

(44) § 38a Abs. 3 sowie 5 bis 8 in der Fassung des Bundesgesetzes BGBl. I Nr. 23/2020 treten mit dem der Veröffentlichung dieses Bundesgesetzes folgenden Tag in Kraft.

*(BGBl I 2020/23, BGBl I 2020/28)*

(45) §§ 2 Abs. 9 und 6 Abs. 7 in der Fassung des Bundesgesetzes BGBl. I Nr. 28/2020 treten mit 1. März 2020 in Kraft.

*(BGBl I 2020/28)*

(46) § 38a Abs. 9 bis 14 in der Fassung des Bundesgesetzes BGBl. I Nr. 28/2020 treten mit dem der Veröffentlichung dieses Bundesgesetzes folgenden Tag in Kraft.

*(BGBl I 2020/28)*

(47) §§ 8 Abs. 9, 14 Abs. 4 und 38a Abs. 5 in der Fassung des Bundesgesetzes BGBl. I Nr. 71/2020 treten mit dem der Kundmachung des genannten Bundesgesetzes folgenden Tag in Kraft.

*(BGBl I 2020/71)*

(48) §§ 5 Abs. 1 und 6 Abs. 3 in der Fassung des Bundesgesetzes BGBl. I Nr. 109/2020 treten mit 1. Jänner 2020 in Kraft und sind erstmals in Bezug auf das Kalenderjahr 2020 anzuwenden. § 38a Abs. 5 in der Fassung des Bundesgesetzes BGBl. I Nr. 109/2020 tritt mit dem der Kundmachung des genannten Bundesgesetzes folgenden Tag in Kraft.

*(BGBl I 2020/109)*

(49) § 38a Abs. 5 und 6 in der Fassung des Bundesgesetzes BGBl. I Nr. 135/2020 tritt mit 1. Jänner 2021 Kraft.

*(BGBl I 2020/135)*

(50) § 39l in der Fassung des Bundesgesetzes BGBl. I Nr. 71/2021 tritt rückwirkend mit 1. Jänner 2020 in Kraft.

*(BGBl I 2021/71)*

(51) § 15 Abs. 1 in der Fassung des Bundesgesetzes BGBl. I Nr. 58/2021 tritt mit dem der Kundmachung dieses Bundesgesetzes folgenden Tag mit der Maßgabe in Kraft, dass Nachzahlungen an Familienbeihilfe bis spätestens vier Monate nach diesem Tag zu erfolgen haben. § 15 Abs. 2 in der Fassung des Bundesgesetzes BGBl. I Nr. 58/2021 tritt mit dem der Kundmachung dieses Bundesgesetzes folgenden Tag mit der Maßgabe in Kraft, dass die Bereitstellung der Mittel bis spätestens vier Monate nach diesem Tag zu erfolgen hat. § 38a Abs. 5 und 6 in der Fassung des Bundesgesetzes BGBl. I Nr. 58/2021 tritt mit dem der Kundmachung dieses Bundesgesetzes folgenden Tag in Kraft.

*(BGBl I 2021/58)*

(52) §§ 2 Abs. 1 lit. d und 6 Abs. 2 lit. b in der Fassung des Bundesgesetzes BGBl. I Nr. 220/2021 treten mit 1. Juni 2022 in Kraft. §§ 2 Abs. 1 lit. l sublit. dd, 6 Abs. 2 lit. k sublit. dd, 46a Abs. 2 Z 4 und 46a Abs. 4 in der Fassung des Bundesgesetzes BGBl. I Nr. 220/2021 treten mit dem der Kundmachung dieses Bundesgesetzes folgenden Tag in Kraft.

*(BGBl I 2021/220)*

**„(53) § 46a Abs. 2 Z 5 und 6 sowie Abs. 5 und 6 in der Fassung des Bundesgesetzes BGBl. I Nr. 43/2022 tritt mit dem der Kundmachung des genannten Bundesgesetzes folgenden Tag in Kraft. § 46a Abs. 2 Z 5 in der Fassung des Bundesgesetzes BGBl. I Nr 43/2022 tritt mit der Maßgabe in Kraft, dass die ausschließliche Verwendung der vbPK-BF nach den im § 24 Abs 3 BilDokG 2020 festgelegten Übergangsbestimmungen verpflichtend erfolgt, wobei die übergangsweise Verarbeitung der Sozialversicherungsnummern nach § 46a Abs. 2 Z 5 sowie der Daten nach § 46a Abs. 2 Z 5 lit. b ab der ausschließlichen Verwendung der vbPK-BF nicht mehr zulässig ist. § 46a Abs. 2 Z 6 in der Fassung des Bundesgesetzes BGBl. I Nr. 43/2022 tritt mit der Maßgabe in Kraft, dass die ausschließliche Verwendung der vbPK nach den im § 25 Abs. 3 BilDokG 2020 festgelegten Übergangsbestimmungen verpflichtend erfolgt, wobei die übergangsweise Verarbeitung der Sozialversicherungsnummern nach § 46a Abs. 2 Z 6 sowie der Daten nach § 46a Abs. 2 Z 6 lit. b ab der ausschließlichen Verwendung der vbPK nicht mehr zulässig ist.“**

*(BGBl I 2022/43)*

**„(54) § 8 Abs. 10 und § 41 Abs. 4 lit. h, jeweils in der Fassung des Bundesgesetzes BGBl. I Nr. 93/2022, treten mit dem der Kundmachung des genannten Bundesgesetzes folgenden Tag in Kraft.“**

*(BGBl I 2022/93)*

**„(55) Die Abschnitte II und IIb in der Fassung des Bundesgesetzes BGBl. I Nr. 135/2022 treten mit dem der Kundmachung des genannten Bundesgesetzes folgenden Tag außer Kraft.**

*(BGBl I 2022/135)*

**(56) § 8a entfällt rückwirkend ab 1. Jänner 2019 mit folgenden Maßgaben:**

1. **Die Nachzahlungen an Familienbeihilfe für Kinder, die sich ständig in Bulgarien, Deutschland, Estland, Griechenland, Italien, Kroatien, Lettland, Litauen, Malta, Polen, Portugal, Rumänien, Slowakei, Slowenien, Spanien, Tschechien, Ungarn oder Zypern aufgehalten haben oder aufhalten, erfolgen automationsunterstützt, soweit auf Grund der im Familienbeihilfenverfahren vorhandenen Daten eine Auszahlung durchführbar ist. Ist mangels Vorliegen von Daten keine Auszahlung durchführbar, ist ein Antrag zu stellen, wobei § 10 Abs. 3 keine Anwendung findet.**
2. **Familienbeihilfenbeträge für Kinder, die sich ständig in Belgien, Dänemark, Finnland, Frankreich, Irland, Island, Luxemburg, Niederlande, Norwegen, Schweden, Schweiz oder dem Vereinigten Königreich aufgehalten haben oder aufhalten, gelten bis zum 30. Juni 2022 in Bezug auf die Höhe als rechtmäßig zuerkannt.**

*(BGBl I 2022/135)*

**(57) § 3 Abs. 6 und 7 in der Fassung des Bundesgesetzes BGBl. I Nr. 135/2022 treten rückwirkend mit 12. März 2022 in Kraft und mit dem Tag der Beendigung des Aufenthaltsrechtes nach § 4 Vertriebenen-VO, spätestens jedoch mit 4. März 2024, außer Kraft.“**

*(BGBl I 2022/135)*

# 15/2. Kinderbetreuungsgeldgesetz

**Kinderbetreuungsgeldgesetz**, BGBl I 2001/103 idF

| | | |
|---|---|---|
| **1** BGBl I 2002/20 | **2** BGBl I 2003/58 | **3** BGBl I 2003/122 |
| **4** BGBl I 2004/34 | **5** BGBl I 2005/100 | **6** BGBl I 2006/97 |
| **7** BGBl I 2006/168 | **8** BGBl I 2007/21 (VfGH) | **9** BGBl I 2007/76 |
| **10** BGBl I 2009/24 | **11** BGBl I 2009/116 | **12** BGBl I 2011/11 (VfGH) |
| **13** BGBl I 2011/139 | **14** BGBl I 2013/117 | **15** BGBl I 2013/197 |
| **16** BGBl I 2014/35 | **17** BGBl I 2016/53 | **18** BGBl I 2018/32 (Mat-DS-AnpG 2018) |
| **19** BGBl I 2018/100 (SV-OG) | **20** BGBl I 2019/24 | **21** BGBl I 2019/75 |
| **22** BGBl I 2020/111 | **23** BGBl I 2020/165 | **24** BGBl I 2021/221 |
| **25** BGBl I 2022/61 (ZVN 2022) | | |

## GLIEDERUNG

**Kinderbetreuungsgeldgesetz (KBGG)**

Der Nationalrat hat beschlossen:

**Abschnitt 1**
**Leistungsarten**

**§ 1.** Als Leistungen werden nach Maßgabe dieses Bundesgesetzes gewährt:

1. das pauschale Kinderbetreuungsgeld als Konto;
2. das Kinderbetreuungsgeld als Ersatz des Erwerbseinkommens;
3. die Beihilfe zum pauschalen Kinderbetreuungsgeld;
4. der Partnerschaftsbonus.

Der Bezug von pauschalem Kinderbetreuungsgeld als Konto schließt einen Bezug von Kinderbetreuungsgeld als Ersatz des Erwerbseinkommens aus und umgekehrt.

*(BGBl I 2016/53)*

**Abschnitt 2**
**Pauschales Kinderbetreuungsgeld als Konto**

**Anspruchsberechtigung**

**§ 2.** (1) Anspruch auf Kinderbetreuungsgeld hat ein Elternteil (Adoptivelternteil, Pflegeelternteil) für sein Kind (Adoptivkind, Pflegekind) bzw. eine Krisenpflegeperson für ein Krisenpflegekind, sofern

*(BGBl I 2019/24)*

1. für dieses Kind Anspruch auf Familienbeihilfe nach dem Familienlastenausgleichsgesetz 1967, BGBl. Nr. 376, besteht und Familienbeihilfe für dieses Kind tatsächlich bezogen wird,
2. der Elternteil mit diesem Kind im gemeinsamen Haushalt lebt,
3. der Gesamtbetrag der maßgeblichen Einkünfte (§ 8 Abs. 1) des Elternteiles im Kalenderjahr den absoluten Grenzbetrag von 16.200 € oder den höheren individuellen Grenzbetrag nach § 8b nicht übersteigt,
4. der Elternteil und das Kind den Mittelpunkt der Lebensinteressen im Bundesgebiet haben und
5. der Elternteil und das Kind sich nach §§ 8 und 9 des Niederlassungs- und Aufenthaltsgesetzes (NAG), BGBl. I Nr. 100/2005, oder nach § 54 des Asylgesetzes 2005 (AsylG 2005), BGBl. I Nr. 100/2005 idF BGBl. I Nr. 87/2012, rechtmäßig in Österreich aufhalten, es sei denn, es handelt sich
   a) um österreichische Staatsbürger oder
   b) Personen, denen Asyl nach dem Asylgesetz 2005 (AsylG 2005), BGBl. I Nr. 100, gewährt wurde, oder
   c) Personen, denen der Status des subsidiär Schutzberechtigten nach dem Asylgesetz 2005 zuerkannt wurde und für die kein Anspruch auf Leistungen aus der Grundversorgung oder Mindestsicherung besteht und die unselbständig oder selbständig erwerbstätig sind.

*(BGBl I 2016/53)*

Für nachgeborene Kinder wird das Kinderbetreuungsgeld rückwirkend gewährt. Gleiches gilt für Adoptiv- und Pflegekinder, rückwirkend bis zur Begründung des Mittelpunktes der Lebensinteressen im Bundesgebiet durch den Elternteil und das Kind. Als nachgeborene Kinder gelten jene Kinder, die nach dem Zeitpunkt der Erteilung des Aufenthaltstitels oder der Zuerkennung des Status des Asylberechtigten oder des subsidiär Schutzberechtigten an den zusammenführenden Fremden geboren werden.

(2) Für ein Kind ist ein gleichzeitiger Bezug von Kinderbetreuungsgeld durch beide Elternteile ausgeschlossen.

(3) In Zweifelsfällen hat das Vorrecht auf Kinderbetreuungsgeld derjenige Elternteil, der die Betreuung des Kindes, für das Kinderbetreuungsgeld bezogen wird, überwiegend durchführt.



(4) Bei Mehrlingsgeburten gebührt Kinderbetreuungsgeld gemäß § 3a nur, wenn die Anspruchsvoraussetzungen nach diesem Bundesgesetz für jedes Mehrlingskind erfüllt sind.

(5) Auf den Anspruch auf Kinderbetreuungsgeld kann verzichtet werden, wodurch sich der Anspruchszeitraum (§ 8) um den Zeitraum des Verzichts verkürzt. Ein Verzicht ist nur für ganze Kalendermonate möglich. Zeitpunkt und Dauer müssen im Vorhinein bekanntgegeben werden. Der Verzicht kann widerrufen werden. Ein Widerruf ist nur für ganze Kalendermonate und maximal für 182 Tage rückwirkend möglich.

*(BGBl I 2016/53)*

(6) Ein gemeinsamer Haushalt im Sinne dieses Gesetzes liegt nur dann vor, wenn der Elternteil und das Kind in einer dauerhaften (mindestens 91 Tage durchgehend) Wohn- und Wirtschaftsgemeinschaft an derselben Wohnadresse leben und beide an dieser Adresse auch hauptwohnsitzlich gemeldet sind. Eine höchstens bis zu 10 Tage verspätet (§ 3 Abs. 1 MeldeG) erfolgte Hauptwohnsitzmeldung des Kindes an dieser Wohnadresse schadet nicht. Der gemeinsame Haushalt gilt bei mehr als 91-tägiger tatsächlicher oder voraussichtlicher Dauer

einer Abwesenheit des Elternteiles oder des Kindes als aufgelöst. Bei einem 91 Tage übersteigenden Krankenhausaufenthalt des Kindes wird bei persönlicher Pflege und Betreuung des Kindes durch diesen Elternteil im Mindestausmaß von durchschnittlich vier Stunden täglich ausnahmsweise der gemeinsame Haushalt des Kindes mit diesem Elternteil im Sinne dieses Absatzes angenommen. Eine Krisenpflegeperson hat unabhängig davon, dass nie eine dauerhafte Wohn- und Wirtschaftsgemeinschaft mit dem Krisenpflegekind vorliegt, Anspruch auf Kinderbetreuungsgeld für dieses Krisenpflegekind, sofern sie es mindestens 91 Tage durchgehend in einer Wohn- und Wirtschaftsgemeinschaft betreut.

*(BGBl I 2016/53, BGBl I 2019/24)*

(7) Der Anspruch eines Elternteiles auf Kinderbetreuungsgeld für ein Kind reduziert sich um den Anspruch dieses Elternteiles auf den Familienzeitbonus für Väter nach dem Familienzeitbonusgesetz (FamZeitbG), BGBl. I Nr. 53/2016, und vergleichbare Leistungen nach anderen in- oder ausländischen Rechtsvorschriften.

*(BGBl I 2016/53)*

(8) Bei getrennt lebenden Eltern muss der antragstellende Elternteil, der mit dem Kind im gemeinsamen Haushalt lebt, obsorgeberechtigt sein und die Anspruchsvoraussetzung nach Abs. 1 Z 1 in eigener Person erfüllen.

*(BGBl I 2016/53)*

(9) Als Tage im Sinne dieses Bundesgesetzes sind Kalendertage zu verstehen.

*(BGBl I 2016/53)*

**§ 2a.** (1) Krisenpflegepersonen im Sinne dieses Bundesgesetzes sind Personen, die im Auftrag des zuständigen Kinder- und Jugendhilfeträgers ausgebildet und von diesem mit der vorübergehenden Pflege und Erziehung eines Kindes für die Dauer der Gefährdungsabklärung betraut wurden. Krisenpflegepersonen sind keine Pflegeeltern im Sinne dieses Gesetzes, die auf Pflegeeltern anzuwendenden Bestimmungen sind jedoch auf Krisenpflegepersonen sinngemäß anzuwenden, es sei denn, dieses Gesetz sieht abweichende Bestimmungen für Krisenpflegepersonen vor.

(2) Krisenpflegekinder im Sinne dieses Bundesgesetzes sind Kinder, die aufgrund einer akut gefährdenden Lebenssituation kurzfristig von Krisenpflegepersonen betreut werden. Krisenpflegekinder sind keine Pflegekinder im Sinne dieses Gesetzes, die auf Pflegekinder anzuwendenden Bestimmungen sind jedoch auf Krisenpflegekinder sinngemäß anzuwenden, es sei denn, dieses Gesetz sieht abweichende Bestimmungen für Krisenpflegekinder vor.

*(BGBl I 2019/24)*

### Höhe und Anspruchsdauer

**§ 3.** (1) Das Kinderbetreuungsgeld beträgt bei einer Anspruchsdauer von bis zu 365 Tagen ab der Geburt des Kindes 33,88 Euro täglich. Eine kürzere Inanspruchnahme erhöht nicht den Tagesbetrag. Eine verlängerte Inanspruchnahme ist gemäß § 5 möglich.

(2) Der Bezug von Kinderbetreuungsgeld nach Abs. 1 kann abwechselnd durch beide Elternteile erfolgen, wodurch sich die Anspruchsdauer über den 365. Tag ab der Geburt hinaus um die bereits bezogenen Tage des jeweils anderen Elternteiles verlängert, maximal jedoch auf bis zu 456 Tage ab der Geburt des Kindes. Jedem Elternteil ist hierbei eine Anspruchsdauer von 91 Tagen unübertragbar vorbehalten. Pro Kind ist nur ein zweimaliger Wechsel zwischen den Elternteilen zulässig.

(3) Ist der beziehende Elternteil durch ein unvorhersehbares und unabwendbares Ereignis für eine nicht bloß verhältnismäßig kurze Zeit verhindert, das Kind im gemeinsamen Haushalt (§ 2 Abs. 6) zu betreuen, kann ein Wechsel über das in Abs. 2 angeführte Ausmaß erfolgen.

(4) Werden die im § 7 Abs. 2 vorgesehenen Mutter-Kind-Pass-Untersuchungen nicht bis zu den vorgesehenen Zeitpunkten nachgewiesen, so reduziert sich der Anspruch auf Kinderbetreuungsgeld für jeden Elternteil um 1 300 Euro.

(5) Das Kinderbetreuungsgeld kann stets, also unabhängig von einem Wechsel, jeweils nur in Blöcken von mindestens 61 Tagen beansprucht werden. Als beansprucht gelten ausschließlich Zeiträume des tatsächlichen Bezuges der Leistung.

(6) Der Anspruch auf Kinderbetreuungsgeld endet spätestens mit Ablauf jenes Tages, welcher der Geburt eines weiteren Kindes bzw. der Adoption (In-Pflege-Nahme) eines jüngeren Kindes vorangeht. Endet der Anspruch für das weitere Kind vorzeitig, lebt der Anspruch für jenes Kind, für welches davor Kinderbetreuungsgeld bezogen wurde, wieder auf.

*(BGBl I 2016/53)*

### Mehrlingsgeburten

**§ 3a.** (1) Bei Mehrlingsgeburten erhöht sich das Kinderbetreuungsgeld für das zweite und jedes weitere Kind um 50 % des Betrages gemäß § 3 Abs. 1. Voraussetzung für den Anspruch auf den Erhöhungsbetrag ist, dass ein Anspruch auf Auszahlung des Kinderbetreuungsgeldes besteht.

(2) Werden für das zweite oder weitere Mehrlingskind die in § 7 Abs. 2 vorgesehenen Mutter-Kind-Pass-Untersuchungen nicht bis zu den vorgesehenen Zeitpunkten nachgewiesen, so reduziert sich das Kinderbetreuungsgeld für jeden Elternteil um 650 Euro pro weiterem Mehrlingskind.

*(BGBl I 2016/53)*

### Bezugsbeginn

**§ 4.** (1) Das Kinderbetreuungsgeld gebührt auf Antrag, frühestens ab dem Tag der Geburt des Kindes, bei Adoptiv- und Pflegekindern frühestens ab dem Tag, ab dem das Kind in Pflege genommen wird.

(2) Wird der Antrag erst später gestellt, so gebührt das Kinderbetreuungsgeld rückwirkend bis zum Höchstausmaß von 182 Tagen

*(BGBl I 2016/53)*

**Bezugsende**

**§ 4a.** (1) Der Anspruch auf Kinderbetreuungsgeld endet mit Ablauf des letzten Tages der beantragten Dauer, spätestens jedoch nach der in diesem Bundesgesetz festgelegten Höchstanspruchsdauer.

(2) Der Bezug des Kinderbetreuungsgeldes kann durch Verzicht (§ 2 Abs. 5, § 24b Abs. 7) vorübergehend oder durch gesonderte Meldung vorzeitig beendet werden. Im Fall der vorzeitigen Beendigung ist ein neuerlicher Bezug nur nach erneuter Antragstellung und nach Ablauf einer Frist von mindestens einem Kalendermonat möglich. Der Beendigungszeitpunkt muss im Vorhinein bekanntgegeben werden.

*(BGBl I 2016/53)*

**Flexible Inanspruchnahme**

**§ 5.** (1) Die Anspruchsdauer nach § 3 Abs. 1 kann auf bis zu 851 Tage ab Geburt des Kindes verlängert werden, wodurch sich der Tagesbetrag im gleichen Verhältnis verringert. § 3a Abs. 1 ist sinngemäß und verhältnismäßig anzuwenden.

(2) Der Bezug von Kinderbetreuungsgeld nach Abs. 1 kann abwechselnd durch beide Elternteile erfolgen, § 3 Abs. 2 erster und zweiter Satz ist dabei sinngemäß und verhältnismäßig anzuwenden. Die Anspruchsdauer verlängert sich maximal auf bis zu 1063 Tage ab der Geburt des Kindes.

(3) § 3 Abs. 3 bis 6 und § 3a Abs. 2 sind anzuwenden.

*(BGBl I 2016/53)*

**Festlegung und Änderung der Anspruchsdauer**

**§ 5a.** (1) Die Anspruchsdauer (§ 3 Abs. 1 und 2, § 5 Abs. 1 und 2) ist bei der erstmaligen Antragstellung verbindlich festzulegen. Nicht in Anspruch genommene Tage verfallen ausnahmslos. Der antragstellende Elternteil ist an den sich aus dieser gewählten Anspruchsdauer ergebenden Tagesbetrag gebunden. Der andere Elternteil ist ebenfalls an diesen Tagesbetrag gebunden. Der Anspruch besteht nur für volle Tage.

(2) Eine spätere Änderung der festgelegten Anspruchsdauer ist nur einmal pro Kind auf Antrag und nur bis spätestens 91 Tage vor Ablauf der ursprünglich beantragten Anspruchsdauer möglich. Die Änderung kann nur auf Antrag des beziehenden Elternteiles erfolgen. Die Änderung bindet auch den anderen Elternteil. Die Änderung der Anspruchsdauer ist nur unter Einhaltung der Reziprozität und aller gesetzlichen Bedingungen möglich und sie ist ausgeschlossen, sofern dadurch vergangene Bezugszeiträume nachträglich geändert werden sollen. Die Änderung bewirkt, dass die Eltern so zu stellen sind, wie sie stünden, wenn von Anfang an die nun geänderte Anspruchsdauer festgelegt worden wäre, weshalb die durch die Änderung ausgelöste Neubemessung des Tagesbetrages einen Nachzahlungsanspruch oder eine Rückzahlungsverpflichtung für vergangene Zeiträume auslöst. Im Falle einer Rückzahlungsverpflichtung ist die Änderung nur dann wirksam, sofern binnen 61 Tagen ab Antragstellung der gesamte Rückzahlungsbetrag beim Krankenversicherungsträger einlangt. Hat der andere Elternteil bereits Kinderbetreuungsgeld bezogen, so ist eine Änderung nur bei ausdrücklicher Zustimmung dieses Elternteiles möglich; weiters ist im Falle einer Rückzahlungsverpflichtung die Änderung nur dann wirksam, sofern binnen 61 Tagen ab Beantragung der Änderung die gesamten Rückzahlungsbeträge beider Elternteile beim Krankenversicherungsträger einlangen. Eine unwirksame Änderung eröffnet keine weitere Änderungsmöglichkeit.

*(BGBl I 2016/53)*

**Partnerschaftsbonus**

**§ 5b.** Haben die Eltern das Kinderbetreuungsgeld für dasselbe Kind zu annähernd gleichen Teilen, mindestens jedoch im Ausmaß von je 124 Tagen, beansprucht, so gebührt jedem Elternteil nach Ende des Anspruchszeitraumes auf Antrag ein Partnerschaftsbonus in Höhe von 500 Euro als Einmalzahlung. Zu annähernd gleichen Teilen im Sinne dieses Bundesgesetzes beziehen Eltern nur dann, wenn der eine Elternteil mindestens 40 % und der andere Elternteil maximal 60 % bezieht. Nach Auszahlung des Partnerschaftsbonus besteht kein Anspruch mehr auf Kinderbetreuungsgeld für dieses Kind, weder für künftige, noch für vergangene Zeiträume. Der Anspruch besteht pro Kind nur einmal, wobei den Vorrang jene Eltern haben, die zuerst bezogen haben. Der Antrag ist spätestens binnen 124 Tagen ab Ende des letzten Bezugsteiles beim Krankenversicherungsträger zu stellen. In Angelegenheiten des Partnerschaftsbonus ist jener Krankenversicherungsträger zuständig, bei dem zuletzt Kinderbetreuungsgeld für dieses Kind bezogen worden ist. Eine Rückforderung von zu Unrecht bezogenem Kinderbetreuungsgeld für dieses Kind bei einem Elternteil löst zugleich eine Rückforderung der beiden Partnerschaftsboni aus, sofern dadurch die geforderte Anspruchsdauer eines Elternteiles oder die vorgeschriebene Aufteilungsquote nicht mehr vorliegt.

*(BGBl I 2016/53)*



**Härtefälleverlängerung**

**§ 5c.** (1) Ist ein Elternteil aufgrund eines unabwendbaren und unvorhersehbaren Ereignisses, dessen Dauer den Wegfall des gemeinsamen Haushaltes mit dem Kind bewirkt, am Bezug des pauschalen Kinderbetreuungsgeldes für dieses Kind verhindert, so verlängert sich die Bezugsdauer des anderen Elternteiles im Zeitraum der Verhinderung auf Antrag um die Anzahl der Verhinderungstage, maximal aber um 91 Tage. Ein unvorhersehbares und unabwendbares Ereignis im Sinne dieses Gesetzes liegt nur vor bei:

1. Tod,

2. Aufenthalt in einer Heil- und Pflegeanstalt,
3. Gerichtlich oder behördlich festgestellter häuslicher Gewalt sowie Aufenthalt im Frauenhaus aufgrund häuslicher Gewalt,
4. Verbüßung einer Freiheitsstrafe sowie bei einer anderweitigen auf gerichtlicher oder behördlicher Anordnung beruhenden Anhaltung.

Hat der verhinderte Elternteil bereits Kinderbetreuungsgeld für dieses Kind bezogen, so werden seine Bezugstage auf den Verlängerungszeitraum des anderen Elternteiles angerechnet. Der andere Elternteil hat Beginn und (voraussichtliche) Dauer der Verhinderung des verhinderten Elternteiles bekannt zu geben und die anspruchsbegründenden Umstände nachzuweisen. Die Verlängerung nach diesem Absatz endet bei vorzeitigem Ende der Verhinderung. Der Wegfall des gemeinsamen Haushaltes mit dem Kind ist nur bei einer nicht bloß vorübergehenden Dauer des Ereignisses anzunehmen (§ 2 Abs. 6). Dem Wegfall des gemeinsamen Haushaltes mit dem Kind gleichzustellen ist der Wegfall des gemeinsamen Haushaltes mit der mit diesem Kind schwangeren Frau. Kein Anspruch auf Verlängerung besteht, sofern der nicht verhinderte Elternteil eine Ehe oder nichteheliche Lebensgemeinschaft mit einer anderen Person als der Kindesmutter oder dem Kindesvater eingeht.

(2) Eine Verlängerung im Sinne des Abs. 1 erfolgt auch dann, wenn ein alleinstehender Elternteil (§ 11 Abs. 1) einen Antrag auf Festsetzung des Unterhaltes für das Kind, für das Kinderbetreuungsgeld bezogen wird, gestellt hat, jedoch noch kein tatsächlicher Unterhalt geleistet wird oder ein vom Gericht vorläufig zugesprochener Unterhalt 100 Euro nicht übersteigt, sofern während der letzten 121 Tage vor der Verlängerung sowie während der 91 Verlängerungstage das Einkommen des alleinstehenden Elternteiles im monatlichen Durchschnitt den Betrag von 1 400 Euro netto nicht übersteigt. Ab einer dritten und weiteren im gemeinsamen Haushalt lebenden Person, für die aufgrund einer rechtlichen oder sittlichen Pflicht vom alleinstehenden Elternteil Unterhalt geleistet wird, erhöht sich dieser Betrag um jeweils 300 Euro monatlich. Zum Einkommen zählen alle Einkünfte gemäß § 2 Abs. 3 EStG 1988, Leistungen aus der gesetzlichen und freiwilligen Pensionsversicherung, Leistungen aus der Arbeitslosenversicherung, dem Kinderbetreuungsgeldgesetz, die Familienbeihilfe, der Ehegattenunterhalt sowie einkommensähnliche bundes- oder landesgesetzlich geregelte Beihilfen und Zuschüsse (z. B. Mindestsicherung). Die Einkommenssituation der letzten 121 Tage ist bereits zum Zeitpunkt der Antragstellung nachzuweisen, für den Verlängerungszeitraum ist die Glaubhaftmachung zum Zeitpunkt der Antragstellung vorläufig ausreichend.

*(BGBl I 2016/53)*

### Gleichzeitiger Bezug

**§ 5d.** Abweichend von § 2 Abs. 2 können die Eltern aus Anlass des erstmaligen Wechsels gleichzeitig Kinderbetreuungsgeld in der Dauer von bis zu 31 Tagen in Anspruch nehmen, wodurch sich die Anspruchsdauer um diese Tage reduziert.

*(BGBl I 2016/53)*

### Ruhen

**§ 6.** (1) Der Anspruch auf Kinderbetreuungsgeld ruht, sofern ein Anspruch auf Wochengeld gemäß § 162 des Allgemeinen Sozialversicherungsgesetzes (ASVG), BGBl. Nr. 189/1955, oder vergleichbare Leistungen nach anderen österreichischen oder ausländischen Rechtsvorschriften besteht, in der Höhe des Wochengeldes bzw. in der Höhe der vergleichbaren Leistungen.

*(BGBl I 2016/53)*

(1a) Der Anspruch auf Kinderbetreuungsgeld ruht, sofern ein Anspruch auf eine Leistung gemäß § 102a des Gewerblichen Sozialversicherungsgesetzes (GSVG), BGBl. Nr. 560/1978, oder § 98 des Bauern-Sozialversicherungsgesetzes (BSVG), BGBl. Nr. 559/1978, oder vergleichbare Leistungen nach anderen österreichischen oder ausländischen Rechtsvorschriften besteht, in der Höhe des Wochengeldes gemäß § 102a Abs. 5 GSVG.

*(BGBl I 2016/53)*

(2) Der Anspruch auf Kinderbetreuungsgeld für ein Kind ruht für den Vater nicht, sofern für die Mutter ein Anspruch gemäß Abs. 1 anlässlich der Geburt eines weiteren Kindes besteht.

(3) Der Anspruch auf Leistungen nach diesem Bundesgesetz ruht, sofern Anspruch auf ausländische Familienleistungen besteht, in der Höhe der ausländischen Leistungen. Der Differenzbetrag zwischen den ausländischen Familienleistungen und den Leistungen nach diesem Bundesgesetz wird nach Ende der ausländischen Familienleistungen auf die laufenden Leistungen nach diesem Bundesgesetz angerechnet. Das Ruhen und die Anrechnung erfolgen jedoch jeweils nur in der Höhe, in der sie nicht bereits eine andere österreichische Familienleistung zum Ruhen gebracht und auf diese angerechnet wurden.

*(BGBl I 2016/53)*

### Mutter-Kind-Pass-Untersuchungen

**§ 7.** (1) Im Zusammenhang mit der Geburt eines Kindes sowie der Gewährung des Kinderbetreuungsgeldes hat die Bundesministerin für Gesundheit im Einvernehmen mit der Bundesministerin für Familien und Jugend ein Mutter-Kind-Pass-Untersuchungsprogramm für die Schwangere und das Kind mittels Verordnung festzulegen und einen Mutter-Kind-Pass aufzulegen. Die Verordnung hat den Umfang, die Art und den Zeitpunkt der ärztlichen Untersuchungen sowie der Hebammenberatung zu bestimmen, wobei auf den jeweiligen Stand der medizinischen Erkenntnisse zur Sicherung der Gesundheit der Schwangeren und des Kindes Bedacht zu nehmen ist. In der Verordnung sind die Untersuchungen der Schwangeren und weitere Untersuchungen des Kindes bis zur Vollendung des 62. Lebensmonats sowie eine einstündige Beratung durch eine Hebamme innerhalb der 18. bis

22. Schwangerschaftswoche vorzusehen. Für den Nachweis der ärztlichen Untersuchungen sowie der Hebammenberatung hat der Mutter-Kind-Pass einen entsprechenden Vordruck zu enthalten.

*(BGBl I 2016/53)*

(2) Anspruch auf Kinderbetreuungsgeld in voller Höhe besteht nur, sofern

1. die fünf Untersuchungen während der Schwangerschaft sowie die erste Untersuchung des Kindes nach der in Abs. 1 genannten Verordnung vorgenommen und bei der Beantragung des Kinderbetreuungsgeldes durch Vorlage der entsprechenden Untersuchungsbestätigungen nachgewiesen werden und
2. die zweite bis fünfte Untersuchung des Kindes bis zur Vollendung des 14. Lebensmonates nach der in Abs. 1 genannten Verordnung vorgenommen und spätestens bis zur Vollendung des 15. Lebensmonates des Kindes durch Vorlage der entsprechenden Untersuchungsbestätigungen nachgewiesen werden.

(3) Ungeachtet des Abs. 2 besteht Anspruch auf Kinderbetreuungsgeld in voller Höhe, wenn

1. die Vornahme oder der Nachweis der Untersuchungen nur aus Gründen, die nicht von den Eltern zu vertreten sind, unterbleibt oder
2. die jeweiligen Nachweise bis spätestens zur Vollendung des 18. Lebensmonates des Kindes nachgebracht werden.

*(BGBl I 2016/53)*

### Gesamtbetrag der maßgeblichen Einkünfte

**§ 8.** (1) Maßgebliche Einkünfte sind die Einkünfte gemäß § 2 Abs. 3 Z 1 bis 4 des Einkommensteuergesetzes 1988 (EStG 1988), BGBl. Nr. 400. Der Gesamtbetrag der maßgeblichen Einkünfte ist wie folgt zu ermitteln:

1. Soweit im Gesamtbetrag der maßgeblichen Einkünfte solche aus nichtselbständiger Arbeit (§ 25 EStG 1988) enthalten sind, ist von jenen Einkünften auszugehen, die während der Kalendermonate mit Anspruch auf Auszahlung des Kinderbetreuungsgeldes (Anspruchszeitraum) erzielt werden und gemäß § 19 EStG 1988 diesem Anspruchszeitraum zuzuordnen sind. Sonstige Bezüge im Sinne des § 67 EStG 1988 bleiben außer Ansatz. Der danach ermittelte Betrag ist um 30 % zu erhöhen und sodann auf einen Jahresbetrag umzurechnen. Besteht der Anspruch auf Auszahlung des Kinderbetreuungsgeldes für den ganzen Kalendermonat, so zählt dieser Kalendermonat zum Anspruchszeitraum, andernfalls ist dieser Kalendermonat nicht in den Anspruchszeitraum einzubeziehen. Leistungen aus der Arbeitslosenversicherung gelten als Einkünfte aus nichtselbständiger Arbeit, abweichend vom vorletzten Satz ist der ermittelte Betrag um 15 % zu erhöhen. Dem Wochengeld gleichartige Leistungen bleiben außer Ansatz. Die auf Grund von völkerrechtlichen Verträgen steuerbefreiten Einkünfte sowie die einem Abgeordneten zum Europäischen Parlament oder seinem Hinterbliebenen nach Artikel 9 des Abgeordnetenstatuts des Europäischen Parlaments gebührenden Bezüge sind bei der Ermittlung des Gesamtbetrages der maßgeblichen Einkünfte wie steuerpflichtige Einkünfte zu behandeln.

   *(BGBl I 2016/53)*
2. Andere maßgebliche Einkünfte (§§ 21 bis 23 EStG 1988) sind mit jenem Betrag zu berücksichtigen, der in die Ermittlung des Einkommens für das betreffende Kalenderjahr eingeht. Einkünfte aus Betätigungen, die die Grundlage für Pflichtbeiträge in der gesetzlichen Sozialversicherung darstellen, sind um 30 % zu erhöhen. Wird bis zum Ablauf des zweiten auf das betreffende Kalenderjahr folgenden Kalenderjahres dem Krankenversicherungsträger nachgewiesen, in welchem Ausmaß Einkünfte vor Beginn oder nach Ende des Anspruchszeitraumes (Z 1) angefallen sind, sind nur jene Einkünfte zu berücksichtigen, die während des Anspruchszeitraumes angefallen sind. Im Falle eines derartigen Nachweises, der den steuerrechtlichen Bestimmungen zu entsprechen hat, sind die während des Anspruchszeitraumes angefallenen Einkünfte auf einen Jahresbetrag umzurechnen. Z 1 vierter Satz ist anzuwenden.

*(BGBl I 2016/53)*

(2) Wird auf den Anspruch auf Kinderbetreuungsgeld oder auf den Anspruch auf Beihilfe zum pauschalen Kinderbetreuungsgeld verzichtet (§ 2 Abs. 5 und § 9 Abs. 4), so bleiben die während der Dauer des Verzichtes erzielten Einkünfte bei der Ermittlung des Gesamtbetrages der maßgeblichen Einkünfte gemäß Abs. 1 außer Ansatz.

*(BGBl I 2009/116)*



### Einschleifregelung

**§ 8a.** (1) Übersteigt der Gesamtbetrag der maßgeblichen Einkünfte gemäß § 8 den Grenzbetrag nach § 2 Abs. 1 Z 3 bzw. § 24 Abs. 1 Z 3, so verringert sich das für das betreffende Kalenderjahr gebührende Kinderbetreuungsgeld um den übersteigenden Betrag.

(2) Übersteigt der Gesamtbetrag der maßgeblichen Einkünfte gemäß § 8 den Grenzbetrag nach § 9 Abs. 3 oder § 12, so verringert sich die für das betreffende Kalenderjahr gebührende Beihilfe zum pauschalen Kinderbetreuungsgeld um die Summe der übersteigenden Beträge, sofern beide Grenzbeträge jeweils um nicht mehr als 15 % überstiegen werden. Bei einer Überschreitung auch nur eines Grenzbetrages von mehr als 15 %, ist die gesamte in dem Kalenderjahr bezogene Beihilfe zurückzuzahlen.

### Individueller Grenzbetrag

**§ 8b.** (1) Der individuelle Grenzbetrag beträgt 60 % des Gesamtbetrages der maßgeblichen Einkünfte. Maßgebliche Einkünfte sind die Einkünfte gemäß § 2 Abs. 3 Z 1 bis 4 des EStG 1988. Der Gesamtbetrag der maßgeblichen Einkünfte nach dieser Bestimmung ist wie folgt zu ermitteln:

1. Soweit im Gesamtbetrag der maßgeblichen Einkünfte solche aus nichtselbständiger Arbeit (§ 25 EStG 1988) enthalten sind, ist von jenen Einkünften auszugehen, die für das letzte Kalenderjahr vor der Geburt des Kindes, in dem kein Kinderbetreuungsgeld bezogen wurde, maximal jedoch in dem für das der Geburt drittvorangegangenen Kalenderjahr (relevanter Zeitraum), in dem zum Zeitpunkt der Antragstellung geltenden Einkommensteuerbescheid für das betreffende Kalenderjahr ausgewiesen sind. Liegt zum Zeitpunkt der Antragstellung noch kein Einkommensteuerbescheid für das betreffende Kalenderjahr vor, so ist der erste erlassene Einkommensteuerbescheid für das betreffende Kalenderjahr heranzuziehen. Sonstige Bezüge im Sinne des § 67 EStG 1988 bleiben außer Ansatz. Der danach ermittelte Betrag ist um 30 % zu erhöhen. Leistungen aus der Arbeitslosenversicherung gelten als Einkünfte aus nichtselbständiger Arbeit, abweichend vom letzten Satz ist der ermittelte Betrag um 15% zu erhöhen. Dem Wochengeld gleichartige Leistungen bleiben außer Ansatz. Die auf Grund von völkerrechtlichen Verträgen steuerbefreiten Einkünfte sowie die einem Abgeordneten zum Europäischen Parlament oder seinem Hinterbliebenen nach Artikel 9 des Abgeordnetenstatuts des Europäischen Parlaments gebührenden Bezüge sind bei der Ermittlung des individuellen Grenzbetrages wie steuerpflichtige Einkünfte zu behandeln.
   *(BGBl I 2016/53)*
2. Andere maßgebliche Einkünfte (§§ 21 bis 23 EStG 1988) sind mit jenem Betrag zu berücksichtigen, der in die Ermittlung des Einkommens für den relevanten Zeitraum (Z 1) eingeht und der im zum Zeitpunkt der Antragstellung geltenden Einkommensteuerbescheid für das betreffende Kalenderjahr ausgewiesen ist. Z 1 zweiter Satz ist anzuwenden. Einkünfte aus Betätigungen, die Grundlage für Pflichtbeiträge in der gesetzlichen Sozialversicherung darstellen, sind um 30 % zu erhöhen.

(2) Spätere Abänderungen und Aufhebungen des nach Z 1 und 2 relevanten Einkommensteuerbescheides (insbesondere nach den §§ 276 Absatz 1, 293 bis 303 Bundesabgabenordnung (BAO), BGBl. Nr. 194/1961) wirken sich bei der Überprüfung der Einhaltung des Grenzbetrages nur dann aus, sofern dies bis spätestens zum Ende des Leistungsbezuges ausdrücklich verlangt wird oder eine von Amts wegen eingeleitete Überprüfung ergibt, dass die Abänderung und Aufhebung des Bescheides nicht auf ein überwiegendes Verschulden der Abgabenbehörde zurückzuführen ist. Liegt binnen drei Jahren ab Bezugsbeginn kein Einkommensteuerbescheid vor, ist der Grenzbetrag von 16.200 € maßgeblich.

### Abschnitt 3
### Beihilfe zum pauschalen Kinderbetreuungsgeld

#### Anspruch auf Beihilfe

**§ 9.** (1) Anspruch auf Beihilfe zum pauschalen Kinderbetreuungsgeld haben

1. alleinstehende Elternteile (§ 11),
2. verheiratete Mütter oder verheiratete Väter nach Maßgabe des § 12,
3. nicht alleinstehende Mütter oder Väter nach Maßgabe des § 13 und
4. Frauen oder Männer, die allein oder gemeinsam mit dem anderen Elternteil ein Kind, welches das dritte Lebensjahr noch nicht vollendet hat, an Kindes Statt angenommen oder in Pflege genommen haben, nach Maßgabe der §§ 11, 12 oder 13.

(2) Voraussetzung für den Anspruch auf Beihilfe zum pauschalen Kinderbetreuungsgeld für ein Kind ist, dass für dieses Kind ein Anspruch auf Auszahlung des pauschalen Kinderbetreuungsgeldes besteht. Während Verlängerungszeiten nach § 5c Abs. 1 und 2 gebührt keine Beihilfe zum pauschalen Kinderbetreuungsgeld. § 4 Abs. 2 gilt sinngemäß auch für die Beihilfe.

*(BGBl I 2016/53)*

(3) Ausgeschlossen von der Beihilfe sind Personen, deren Gesamtbetrag der maßgeblichen Einkünfte (§ 8) den Grenzbetrag von 7.600 Euro übersteigt.

*(BGBl I 2016/53, BGBl I 2019/75, BGBl I 2021/221)*

(4) Auf den Anspruch auf Beihilfe kann verzichtet werden, wodurch sich der Anspruchszeitraum (§ 8) um den Zeitraum des Verzichtes verkürzt. § 2 Abs. 5 und § 4a Abs. 2 gelten sinngemäß.

*(BGBl I 2016/53)*

#### Höhe Beihilfe

**§ 10.** Die Beihilfe beträgt 6,06 € täglich.

#### Alleinstehende

**§ 11.** (1) Alleinstehende Elternteile im Sinne dieses Bundesgesetzes sind Mütter oder Väter, die ledig, geschieden oder verwitwet sind und nicht unter § 13 fallen. Ferner gelten Mütter und Väter als alleinstehend, wenn der getrenntlebende Ehegatte erwiesenermaßen für den Unterhalt des Kindes nicht sorgt.

(2) Alleinstehende Elternteile haben nur Anspruch auf Beihilfe zum Kinderbetreuungsgeld, wenn sie eine Urkunde vorlegen, aus der der andere Elternteil hervorgeht. In Ermangelung einer derartigen Urkunde haben sie eine entsprechende Erklärung abzugeben. Weiters haben alleinstehende Elternteile eine Erklärung abzugeben, aus der hervorgeht, dass sie nicht unter § 13 fallen.

### Ehegatten

**§ 12.** Verheiratete Mütter bzw. Väter erhalten eine Beihilfe, sofern der Gesamtbetrag der maßgeblichen Einkünfte (§ 8) ihres Ehegatten nicht mehr als 16 200 € (Freigrenze) beträgt.

### Nicht Alleinstehende

**§ 13.** (1) Eine Beihilfe erhalten nicht alleinstehende Mütter bzw. Väter, das sind Mütter bzw. Väter, die ledig, geschieden oder verwitwet sind und mit dem Vater bzw. der Mutter des Kindes nach den Vorschriften des Meldegesetzes 1991 an derselben Adresse angemeldet sind oder anzumelden wären.

(2) Weiters gelten als nicht alleinstehend Mütter bzw. Väter, die in nicht ehelicher Lebensgemeinschaft mit einer anderen Person als der Kindesmutter oder dem Kindesvater leben.

(3) Hinsichtlich der Einkünfte gilt § 12 entsprechend.

### Dauer

**§ 14.** Die Beihilfe gebührt längstens für 365 Tage ab erstmaliger Antragstellung und nur solange Anspruch auf pauschales Kinderbetreuungsgeld besteht. Steht diese Leistung nur für einzelne Tage eines Monats zu, gebührt die Beihilfe nur anteilig. Bezugsunterbrechungen, Verzicht auf die Beihilfe oder ein abwechselnder Bezug der Elternteile bewirken keine Verlängerung der Bezugsdauer, weiters kann die Beihilfe jeweils nur in Blöcken von mindestens 61 Tagen beansprucht werden.

*(BGBl I 2016/53)*

### Erklärung

**§ 15.** Der zuständige Krankenversicherungsträger hat den Partner des Elternteiles (§§ 12, 13) von der Gewährung der Beihilfe zum Kinderbetreuungsgeld an einen Elternteil samt Hinweis auf die Freigrenze (§ 12, § 13 Abs. 3) und Hinweis auf die mögliche Rückforderung im Falle der Überschreitung der Freigrenze (§ 31 Abs. 3) zu verständigen.

### Informationspflicht

**§ 16.** Von der Gewährung eines Zuschusses zum Kinderbetreuungsgeld an einen alleinstehenden Elternteil gemäß § 11 Abs. 2 sowie von der Einstellung oder Rückforderung (§ 31) dieses Zuschusses hat der zuständige Krankenversicherungsträger den anderen, zur Rückzahlung gemäß § 18 verpflichteten Elternteil zu verständigen.

### Datenübermittlung

**§ 17.** Die Krankenversicherungsträger haben den Abgabenbehörden die Daten, die für die Finanzämter zur Wahrnehmung der ihnen durch dieses Gesetz übertragenen Aufgaben eine wesentliche Voraussetzung bilden, im Wege automationsunterstützter Datenübermittlung mitzuteilen. Dies sind insbesondere Name, Sozialversicherungsnummer, Geschlecht und Adresse der bezugsberechtigten Person, Name und Sozialversicherungsnummer des Kindes, für welches Kinderbetreuungsgeld bezogen wird, Anspruchsvoraussetzung gemäß § 9, die Höhe des Auszahlungsbetrages, die Länge des Bezugszeitraumes dieser Leistung sowie Name, Geschlecht und Sozialversicherungsnummer des zweiten Elternteils bei Abgabepflicht gemäß § 18 Abs. 1 Z 1 und 2.

**§§ 18. bis 23.** (aufgehoben)

## Abschnitt 5
## Kinderbetreuungsgeld als Ersatz des Erwerbseinkommens

### Anspruchsberechtigung

**§ 24.** (1) Anspruch auf Kinderbetreuungsgeld nach diesem Abschnitt hat ein Elternteil (Adoptivelternteil, Pflegeelternteil) für sein Kind (Adoptivkind, Pflegekind), sofern

1. die Anspruchsvoraussetzungen nach § 2 Abs. 1 Z 1, 2, 4 und 5 erfüllt sind,
2. dieser Elternteil in den letzten 182 Kalendertagen unmittelbar vor der Geburt des Kindes, für das Kinderbetreuungsgeld bezogen werden soll, durchgehend erwerbstätig gemäß Abs. 2 war sowie in diesem Zeitraum keine Leistungen aus der Arbeitslosenversicherung erhalten hat, wobei sich Unterbrechungen von insgesamt nicht mehr als 14 Kalendertagen nicht anspruchsschädigend auswirken, und
   *(BGBl I 2016/53)*
3. der Gesamtbetrag der maßgeblichen Einkünfte (§ 8 Abs. 1) dieses Elternteiles im Kalenderjahr den absoluten Grenzbetrag von 7.600 Euro nicht übersteigt und dieser Elternteil während des Bezuges keine Leistungen aus der Arbeitslosenversicherung erhält.
   *(BGBl I 2016/53, BGBl I 2019/75, BGBl I 2021/221)*

(2) Unter Erwerbstätigkeit im Sinne dieses Bundesgesetzes versteht man die tatsächliche Ausübung einer in Österreich sozialversicherungspflichtigen (kranken- und pensionsversicherungspflichtigen) Erwerbstätigkeit. Als der Ausübung einer sozialversicherungspflichtigen Erwerbstätigkeit gleichgestellt gelten Zeiten der vorübergehenden Unterbrechung dieser zuvor mindestens 182 Kalendertage andauernden Erwerbstätigkeit während eines Beschäftigungsverbotes nach dem Mutterschutzgesetz 1979 (MSchG), BGBl. Nr. 221, oder gleichartigen anderen österreichischen Rechtsvorschriften, sowie Zeiten der vorübergehenden Unterbrechung dieser zuvor mindestens 182 Kalendertage andauernden Erwerbstätigkeit zum Zwecke der Kindererziehung während Inanspruchnahme einer Karenz nach dem MSchG oder Väter-Karenzgesetz (VKG), BGBl. Nr. 651/1989, oder gleichartigen anderen österreichischen Rechtsvorschriften, bis maximal zum Ablauf des zweiten Lebensjahres eines Kindes.

*(BGBl I 2016/53)*

(3) Nur bei Erfüllung der nationalen Gleichstellungserfordernisse des Abs. 2 zweiter Satz liegt eine gleichgestellte Situation im Sinne des Art. 68 iVm Art. 1 lit. a der Verordnung (EG) Nr. 883/2004 zur Koordinierung der Systeme der so-

FLAG/KBGG

zialen Sicherheit, ABl. Nr. L 166 vom 30.04.2004 S. 1, zuletzt geändert durch die Verordnung (EU) Nr. 1372/2013, ABl. Nr. L 346 vom 20.12.2013 S. 27, vor, wobei diese der Ausübung einer Erwerbstätigkeit gleichgestellte Situation für alle Eltern spätestens mit Ablauf des zweiten Lebensjahres eines Kindes endet. Eine Scheinkarenz löst keine österreichische Zuständigkeit aus, dasselbe gilt für Zeiten, in denen mangels Erfüllung der gesetzlichen Voraussetzungen kein gesetzlicher Anspruch auf die österreichische Karenz besteht, etwa bei gleichzeitiger Inanspruchnahme einer in- oder ausländischen Karenzzeit durch den anderen Elternteil.

*(BGBl I 2016/53)*

**Höhe**

**§ 24a.** (1) Das Kinderbetreuungsgeld beträgt täglich

1. für eine Wochengeldbezieherin 80 % des auf den Kalendertag entfallenden Wochengeldes nach österreichischen Rechtsvorschriften, welches anlässlich der Geburt jenes Kindes, für welches Kinderbetreuungsgeld beantragt wird, gebührt,
2. für eine Beamtin 80 % des auf den Kalendertag entfallenden fiktiv zu berechnenden Wochengeldes, welches anlässlich der Geburt jenes Kindes, für welches Kinderbetreuungsgeld beantragt wird, einer Vertragsbediensteten an ihrer Stelle gebühren würde,
3. für einen Vater, sofern nicht Z 4 gilt, 80 % des auf den Kalendertag entfallenden fiktiv zu berechnenden Wochengeldes, welches anlässlich der Geburt jenes Kindes, für welches Kinderbetreuungsgeld beantragt wird, einer Frau an seiner Stelle gebühren würde,
4. für einen Beamten 80 % des auf den Kalendertag entfallenden fiktiv zu berechnenden Wochengeldes, welches anlässlich der Geburt jenes Kindes, für welches Kinderbetreuungsgeld beantragt wird, einer Vertragsbediensteten an seiner Stelle gebühren würde oder
5. sofern Z 1 bis 4 nicht anwendbar sind:

$$\frac{\text{Summe der maßgeblichen Einkünfte x } 0{,}62+4000}{365}$$

Die Berechnung des fiktiven Wochengeldes nach Z 3 und 4 erfolgt mit der Maßgabe, dass auf den Zeitraum vor den letzten acht Wochen vor Geburt des Kindes und nicht auf den Eintritt des Versicherungsfalles der Mutterschaft abzustellen ist.

(2) Das Kinderbetreuungsgeld nach Abs. 1 beträgt in jedem Fall mindestens den Tagsatz nach Abs. 1 Z 5, höchstens jedoch 66 € täglich.

(3) Maßgebliche Einkünfte sind jene Einkünfte gemäß § 2 Abs. 3 Z 1 bis 3 des EStG 1988 sowie Einkünfte gemäß § 2 Abs. 3 Z 4 des EStG 1988, wenn sie auf Grund eines bestehenden Dienstverhältnisses erzielt wurden, die im zum Zeitpunkt der Antragstellung geltenden Einkommensteuerbescheid für das letzte Kalenderjahr vor der Geburt des Kindes ausgewiesen sind. Liegt zum Zeitpunkt der Antragstellung noch kein Einkommensteuerbescheid für dieses Kalenderjahr vor, ist der erste erlassene Einkommensteuerbescheid für dieses Kalenderjahr heranzuziehen. Bis zur Feststellung der tatsächlichen Höhe gebührt Kinderbetreuungsgeld vorläufig in der nach § 33 Abs. 5 festgelegten Höhe. Abweichend von § 30 erfolgt eine Berichtigung der Leistungshöhe aufgrund späterer Abänderungen und Aufhebungen dieses Einkommensteuerbescheides (insbesondere nach den §§ 276 Abs. 1, 293 bis 303 BAO), sofern die Berichtigung ausdrücklich verlangt wird oder eine von Amts wegen eingeleitete Überprüfung ergibt, dass die Abänderung und Aufhebung des Bescheides nicht auf ein überwiegendes Verschulden der Abgabenbehörde zurückzuführen ist.

*(BGBl I 2016/53)*

(4) Werden die in § 24c vorgesehenen Mutter-Kind-Pass-Untersuchungen nicht bis zu den vorgesehen Zeitpunkten nachgewiesen, so reduziert sich der Anspruch auf Kinderbetreuungsgeld für jeden Elternteil um 1 300 Euro.

*(BGBl I 2016/53)*

**Anspruchsdauer**

**§ 24b.** (1) Das Kinderbetreuungsgeld als Ersatz des Erwerbseinkommens gebührt einem Elternteil längstens für 365 Tage ab Geburt des Kindes.

(2) Der Bezug kann abwechselnd durch beide Elternteile erfolgen, wodurch sich die Anspruchsdauer über den 365. Tag ab der Geburt hinaus um die bereits in Anspruch genommenen Tage des jeweils anderen Elternteiles verlängert, maximal jedoch auf bis zu 426 Tage ab der Geburt des Kindes. Jedem Elternteil ist hierbei eine Anspruchsdauer von 61 Tagen unübertragbar vorbehalten. Pro Kind ist nur ein zweimaliger Wechsel zwischen den Elternteilen zulässig. Nicht in Anspruch genommene Tage verfallen ausnahmslos. Eine kürzere Inanspruchnahme ist möglich, erhöht aber nicht den Tagesbetrag.

(3) Für ein Kind ist ein gleichzeitiger Bezug von Kinderbetreuungsgeld als Ersatz des Erwerbseinkommens durch beide Elternteile ausgeschlossen. Abweichend davon können die Eltern aus Anlass des erstmaligen Wechsels gleichzeitig Kinderbetreuungsgeld in der Dauer von bis zu 31 Tagen in Anspruch nehmen, wodurch sich die Anspruchsdauer um diese Tage reduziert.

(4) Das Kinderbetreuungsgeld kann stets, also unabhängig von einem Wechsel, jeweils nur in Blöcken von mindestens 61 Tagen beansprucht werden. Als beansprucht gelten ausschließlich Zeiträume des tatsächlichen Bezuges der Leistung.

(5) Ist der beziehende Elternteil durch ein unvorhersehbares und unabwendbares Ereignis für eine nicht bloß verhältnismäßig kurze Zeit verhindert, das Kind im gemeinsamen Haushalt (§ 2 Abs. 6) zu betreuen, kann ein Wechsel über das in Abs. 2 angeführte Ausmaß erfolgen.

(6) In Zweifelsfällen hat das Vorrecht auf Kinderbetreuungsgeld derjenige Elternteil, der die Betreuung des Kindes, für das Kinderbetreuungsgeld bezogen wird, überwiegend durchführt.

(7) Auf den Anspruch auf Kinderbetreuungsgeld kann verzichtet werden, wodurch sich der Anspruchszeitraum (§ 8) um den Zeitraum des Verzichtes verkürzt. Ein Verzicht ist nur für ganze Kalendermonate möglich. Der Verzicht kann widerrufen werden. Ein Widerruf ist nur für ganze Kalendermonate und maximal für 182 Tage rückwirkend möglich. Zeitpunkt und Dauer müssen im Vorhinein bekanntgegeben werden.

(8) Der Anspruch auf Kinderbetreuungsgeld endet spätestens mit Ablauf jenes Tages, welcher der Geburt eines weiteren Kindes bzw. der Adoption (In-Pflege-Nahme) eines jüngeren Kindes vorangeht. Endet der Anspruch für das weitere Kind vorzeitig, lebt der Anspruch für jenes Kind, für welches davor Kinderbetreuungsgeld bezogen wurde, wieder auf.

*(BGBl I 2016/53)*

### Mutter-Kind-Pass-Untersuchungen

**§ 24c.** (1) Anspruch auf Kinderbetreuungsgeld in voller Höhe besteht nur, sofern

1. die fünf Untersuchungen während der Schwangerschaft sowie die erste Untersuchung des Kindes nach der in § 7 Abs. 1 genannten Verordnung vorgenommen und bei der Beantragung des Kinderbetreuungsgeldes durch Vorlage der entsprechenden Untersuchungsbestätigungen nachgewiesen werden und
2. die zweite bis fünfte Untersuchung des Kindes bis zur Vollendung des 14. Lebensmonates nach der in § 7 Abs. 1 genannten Verordnung vorgenommen und spätestens bis zur Vollendung des 15. Lebensmonates des Kindes durch Vorlage der entsprechenden Untersuchungsbestätigungen nachgewiesen werden.

(2) Ungeachtet des Abs. 2 besteht Anspruch auf Kinderbetreuungsgeld in voller Höhe, wenn

1. die Vornahme oder der Nachweis der Untersuchungen nur aus Gründen, die nicht von den Eltern zu vertreten sind, unterbleibt oder
2. die jeweiligen Nachweise bis spätestens zur Vollendung des 18. Lebensmonates des Kindes nachgebracht werden.

*(BGBl I 2016/53)*

### Sonderleistungen

**§ 24d.** (1) Liegt der nach § 24a Abs. 1 ermittelte Tagesbetrag unter 33,88 Euro oder erfüllt der Elternteil die Anspruchsvoraussetzungen nach § 24 Abs. 1 Z 2 nicht, so gebührt bei Erfüllung sämtlicher anderer Anspruchsvoraussetzungen auf Antrag des Elternteiles ein Kinderbetreuungsgeld als Ersatz des Erwerbseinkommens in Höhe von 33,88 Euro täglich.

(2) Wurde gegen die Ablehnung des Kinderbetreuungsgeldes als Ersatz des Erwerbseinkommens mangels Erfüllung des Erfordernisses der tatsächlichen Ausübung einer sozialversicherungspflichtigen Erwerbstätigkeit Klage erhoben, so hat der Krankenversicherungsträger bei Erfüllung sämtlicher anderer Anspruchsvoraussetzungen auf Antrag des klagenden Elternteiles ein Kinderbetreuungsgeld als Ersatz des Erwerbseinkommens in Höhe von 33 Euro täglich zu gewähren. Diese Leistung ist auf das nach rechtskräftiger Beendigung des Gerichtsverfahrens allfällig zu gewährende Kinderbetreuungsgeld anzurechnen.

*(BGBl I 2016/53)*

### Anzuwendende Bestimmungen

**§ 24e.** § 1, § 2 Abs. 6 bis 9, § 4, § 4a, § 5b, § 6, § 7 Abs. 1, § 8, § 8a Abs. 1 sowie Abschnitte 5a bis 12 sind neben dem pauschalen Kinderbetreuungsgeld als Konto auch auf das Kinderbetreuungsgeld als Ersatz des Erwerbseinkommens anzuwenden. Ein Umstieg von Kinderbetreuungsgeld als Ersatz des Erwerbseinkommens auf das pauschale Kinderbetreuungsgeld als Konto oder umgekehrt ist ausgenommen im Fall des § 26a dritter Satz nicht möglich. Abweichend von § 42 gilt das Kinderbetreuungsgeld nach diesem Abschnitt als Einkommen des beziehenden Elternteiles und mindert dessen Unterhaltsansprüche.

*(BGBl I 2016/53)*

## Abschnitt 5a
## Zuständigkeit und Verfahren

### Zuständigkeit

**§ 25.** (1) In Angelegenheiten des Kinderbetreuungsgeldes sowie der Beihilfe zu dieser Leistung ist jener gesetzliche Krankenversicherungsträger zuständig, dessen Zuständigkeit sich aus § 28 für die Durchführung der Krankenversicherung ergibt.

(2) Die Krankenversicherungsträger sowie die Österreichische Gesundheitskasse in ihrer Funktion als Kompetenzzentrum und Verbindungsstelle (Abs. 3) haben die ihnen nach diesem Bundesgesetz übertragenen Aufgaben im übertragenen Wirkungsbereich nach den Weisungen des Bundeskanzlers zu vollziehen.

*(BGBl I 2018/32, BGBl I 2018/100)*

(3) Für die finanzielle Abwicklung und die Koordinierung der Krankenversicherungsträger in Angelegenheiten der Leistungen nach diesem Bundesgesetz wird die Österreichische Gesundheitskasse als Kompetenzzentrum unter Bedachtnahme auf Abs. 4 und als Verbindungsstelle im Sinne der Verordnung (EG) Nr. 987/2009 des Europäischen Parlaments und des Rates zur Festlegung der Modalitäten für die Durchführung der Verordnung (EG) Nr. 883/2004 über die Koordinierung der Systeme der sozialen Sicherheit eingerichtet. Der Österreichischen Gesundheitskasse obliegt auch die Auszahlung dieser Leistungen. Die Durchführung des Verfahrens obliegt dem nach Abs. 1 zuständigen Krankenversicherungsträger.

*(BGBl I 2018/100)*

(4) Der Dachverband der Sozialversicherungsträger hat den Betrieb eines entsprechenden Datennetzes bis längstens 1. Oktober 2001 sicherzustellen.

*(BGBl I 2018/100)*

### Verfahren

**§ 25a.** Soweit dieses Bundesgesetz nichts anderes bestimmt, sind die für Leistungssachen in der Krankenversicherung geltenden verfahrensrechtlichen Bestimmungen des ASVG, GSVG, BSVG und Beamten-Kranken- und Unfallversicherungsgesetzes (B-KUVG), BGBl. Nr. 200/1967, anzuwenden.

*(BGBl I 2016/53)*

### Geltendmachung und Prüfung des Anspruches

**§ 26.** (1) Für die Geltendmachung des Anspruches ist ein bundeseinheitliches Antragsformular zu verwenden. Der Krankenversicherungsträger hat dem Antragsteller oder seinem Vertreter auf deren Verlangen das Einlangen des Antrages zu bestätigen.

(2) Wird der Bezug einer Leistung nach diesem Bundesgesetz unterbrochen oder ruht der Anspruch und ist das Ende des Unterbrechungs- oder Ruhenszeitraumes ungewiss, so ist der Fortbezug der Leistung durch Wiedermeldung geltend zu machen. § 4 Abs. 2 gilt auch für die Wiedermeldung. Nach einer vorzeitigen Beendigung (§ 4a Abs. 2) ist für einen weiteren Bezug ein neuer Antrag zu stellen, eine bloße Wiedermeldung reicht nicht aus.

*(BGBl I 2016/53)*

### Wahl der Leistungsart

**§ 26a.** Die Wahl der Leistungsart (Abschnitt 2 oder Abschnitt 5) ist bei der erstmaligen Antragstellung zu treffen. Diese Entscheidung bindet neben dem antragstellenden Elternteil auch den anderen Elternteil. Eine spätere Änderung dieser getroffenen Entscheidung ist nicht möglich, es sei denn, der antragstellende Elternteil gibt dem zuständigen Krankenversicherungsträger die, einmal mögliche, Änderung binnen 14 Kalendertagen ab der erstmaligen Antragstellung bekannt.

*(BGBl I 2016/53)*

### Entscheidung

**§ 27.** (1) Besteht Anspruch auf eine Leistung nach diesem Bundesgesetz, so ist dem Antragsteller eine Mitteilung auszustellen, aus der insbesondere Beginn, voraussichtliches Ende und Höhe des Leistungsanspruches hervorgehen. Die Mitteilung hat eine Aufschlüsselung der Leistungen zu enthalten.

(2) Der Mitteilung über den Anspruch auf Kinderbetreuungsgeld ist eine von der Bundesministerin für Familien und Jugend zu erstellende Information, aus der insbesondere Rechte und Pflichten der Bezugsberechtigten hervorgehen, anzuschließen.

*(BGBl I 2016/53)*

(3) Ein Bescheid ist auszustellen,

1. wenn ein Anspruch auf eine Leistung gar nicht oder nur teilweise anerkannt wird oder
2. bei Rückforderung einer Leistung gemäß § 31 oder
3. bei Widerruf oder rückwirkender Berichtigung einer Leistung gemäß § 30 Abs. 2, wenn die Bescheiderstellung ausdrücklich verlangt wird.

(4) Abweichend von § 67 Abs. 1 Z 2 Arbeits- und Sozialgerichtsgesetz (ASGG), BGBl. Nr. 104/1985, liegt eine Säumnis des Krankenversicherungsträgers nur dann vor, wenn die Sache entscheidungsreif ist, also insbesondere wesentliche Vorfragen rechtskräftig geklärt sind und Mitwirkungspflichten erfüllt wurden.

*(BGBl I 2016/53)*

## Abschnitt 6
## Krankenversicherung

### Krankenversicherung der Leistungsbezieher

**§ 28.** (1) Die Bezieher von Kinderbetreuungsgeld sind in der gesetzlichen Krankenversicherung teilversichert, sofern nicht eine Leistungszugehörigkeit zu einer Krankenfürsorgeeinrichtung im Sinne des § 2 Abs. 1 Z 2 B-KUVG besteht. Zur Durchführung der Krankenversicherung sind in folgender Reihenfolge zuständig:

1. jener Krankenversicherungsträger, der dem Kinderbetreuungsgeldbezieher Wochengeld oder Betriebshilfe leistet oder geleistet hat;
2. jener Krankenversicherungsträger, bei dem der Kinderbetreuungsgeldbezieher versichert ist oder zuletzt versichert war;
3. sonst die Österreichische Gesundheitskasse.

*(BGBl I 2018/100)*

Als versichert im Sinne der Z 2 gelten auch Angehörige, für die Anspruch auf Leistungen der Krankenversicherung besteht oder bestanden hat oder die selbst anspruchsberechtigt sind oder selbst anspruchsberechtigt waren.

(2) Unterliegt ein Kinderbetreuungsgeldbezieher der Krankenversicherung nach zwei oder mehreren Bundesgesetzen, so ist jener Krankenversicherungsträger zuständig, bei dem der Antrag auf Kinderbetreuungsgeld gestellt wird.

(3) Ist die Zuständigkeit eines Krankenversicherungsträgers begründet, dann besteht sie so lange, als Kinderbetreuungsgeld bezogen wird.

## Abschnitt 7
## Allgemeine Bestimmungen

### Mitteilungspflichten

**§ 29.** Der Leistungsbezieher hat jede für das Fortbestehen und das Ausmaß des Anspruches bedeutsame Änderung ohne Verzug, spätestens jedoch zwei Wochen nach dem Eintritt des Ereignisses, dem zuständigen Krankenversicherungsträger anzuzeigen.

### Berichtigung

**§ 30.** (1) Wenn eine der Voraussetzungen für den Anspruch auf eine Leistung nach diesem Bundesgesetz wegfällt, ist die Leistung einzustellen; wenn sich eine für das Ausmaß des Leistungsanspruches maßgebende Voraussetzung ändert, ist die Leistung neu zu bemessen.

(2) Wenn sich die Zuerkennung oder die Bemessung einer Leistung nach diesem Bundesgesetz nachträglich als gesetzlich nicht begründet herausstellt, ist die Zuerkennung zu widerrufen oder die Bemessung rückwirkend zu berichtigen.

### Rückforderung

**§ 31.** (1) Bei Einstellung, Herabsetzung, Widerruf oder Berichtigung einer Leistung ist der Leistungsbezieher zum Ersatz des unberechtigt Empfangenen zu verpflichten, wenn er den Bezug durch unrichtige Angaben oder durch Verschweigung von Tatsachen herbeigeführt hat oder wenn er erkennen musste, dass die Leistung nicht oder nicht in dieser Höhe gebührte.

*(BGBl I 2016/53)*

(2) Die Verpflichtung zum Ersatz der empfangenen Leistung besteht auch dann, wenn hervorkommt, dass eine oder mehrere Anspruchsvoraussetzungen bereits zum Zeitpunkt der Antragstellung nicht vorgelegen oder nachträglich weggefallen sind, oder die Auszahlung von Leistungen irrtümlich erfolgte, oder die zur Ermittlung des Gesamtbetrages der maßgeblichen Einkünfte (§§ 8, 8b) erforderliche Mitwirkung trotz Aufforderung innerhalb angemessener Frist verweigert wird. Der Empfänger einer Leistung nach diesem Bundesgesetz ist auch dann zum Ersatz des unberechtigt Empfangenen zu verpflichten, wenn sich ohne dessen Verschulden auf Grund des von der Abgabenbehörde an die Österreichische Gesundheitskasse übermittelten Gesamtbetrages der maßgeblichen Einkünfte ergibt, dass die Leistung nicht oder nicht in diesem Umfang gebührt hat.

*(BGBl I 2016/53, BGBl I 2018/100)*

(3) Wenn eine dritte Person eine Anzeige unterlassen oder falsche Angaben gemacht und hiedurch einen unberechtigten Bezug verursacht oder ermöglicht hat, kann sie zum Ersatz verpflichtet werden.

*(BGBl I 2016/53)*

(3a) Wird der Tod des Kindes nicht rechtzeitig gemeldet und ist daraus ein unrechtmäßiger Bezug einer Leistung nach diesem Bundesgesetz entstanden, so ist von Amts wegen von der Rückforderung abzusehen, sofern die Meldung binnen 31 Tagen ab dem Tod des Kindes erfolgt.

(3b) Der Partner kann bis zur Hälfte zum Ersatz unberechtigt bezogener Leistungen nach diesem Bundesgesetz verpflichtet werden, soweit der unberechtigte Bezug während aufrechter Wirtschaftsgemeinschaft mit dem beziehenden Elternteil erfolgte. Hat der Partner den unberechtigten Bezug jedoch ermöglicht oder sogar verursacht, kann er zum vollen Ersatz der unberechtigt bezogenen Leistungen verpflichtet werden. Hat der Partner den unberechtigten Bezug der Beihilfe zum pauschalen Kinderbetreuungsgeld verursacht, kann er zum Ersatz der Leistung verpflichtet werden. § 31 Abs. 2 gilt sinngemäß auch für den Partner.

(3c) Rückforderungen nach dem FamZeitbG werden auf die diesem Elternteil nach diesem Bundesgesetz zu erbringenden Leistungen voll, dem anderen Elternteil bis zur Hälfte aufgerechnet, sie vermindern den Leistungsanspruch nach diesem Bundesgesetz entsprechend.

*(BGBl I 2016/53)*

(4) Rückforderungen, die gemäß den Abs. 1 bis 3 vorgeschrieben wurden, können auf die zu erbringenden Leistungen bis zur Hälfte derselben aufgerechnet werden; sie vermindern den Leistungsanspruch entsprechend. Zum Zwecke der Forderungssicherung kann eine vorläufige Aufrechnung bis zur Hälfte der zu erbringenden Leistungen erfolgen. Der Krankenversicherungsträger kann unter Berücksichtigung der Familien-, Einkommens- und Vermögensverhältnisse des Empfängers

1. die Erstattung des zu Unrecht gezahlten Betrages in Teilbeträgen (Ratenzahlungen) zulassen,
2. die rechtskräftige Rückforderung stunden,
3. auf die rechtskräftige Rückforderung ganz oder teilweise verzichten.

Dabei sind die §§ 72 bis 74 des Bundeshaushaltsgesetzes 2013 (BHG 2013), BGBl. I Nr. 139/2009, anzuwenden, sofern in diesem Bundesgesetz keine abweichenden Regelungen vorgesehen sind. **„Abweichend von § 89 Abs. 4 ASGG obliegt den Gerichten in Angelegenheiten der Leistungen nach diesem Bundesgesetz nicht das Recht, die Erstattung des zu Unrecht gezahlten Betrages in Teilbeträgen anzuordnen und auch nicht das Recht, die Rückersatzpflicht zum Teil oder zur Gänze entfallen zu lassen, sondern ist dies ausschließlich dem Krankenversicherungsträger im nachgeschalteten Verwaltungsverfahren vorbehalten.“**

*(BGBl I 2016/53, BGBl I 2022/61 ab 1.5.2022)*

(5) Ratenzahlungen sind zu gewähren, wenn auf Grund der wirtschaftlichen Verhältnisse des Schuldners die Hereinbringung der rechtskräftigen Forderung in einem Betrag nicht möglich ist. Die Höhe der Raten ist unter Berücksichtigung der wirtschaftlichen Verhältnisse des Schuldners festzusetzen.

(6) Werden Ratenzahlungen bewilligt oder Rückforderungen gestundet, so dürfen keine Zinsen ausbedungen werden.

(7) Die Ausstellung von Bescheiden über Rückforderungen von Leistungen nach diesem Bundesgesetz ist nur binnen 7 Jahren, gerechnet ab Ablauf des Kalenderjahres, in welchem diese Leistungen zu Unrecht bezogen wurden, zulässig. Ein Bescheid über eine Rückforderung tritt nach Ablauf von 3 Jahren ab dem Eintritt der Rechtskraft außer Kraft, wenn er bis zu diesem Zeitpunkt nicht vollzogen wurde; § 68 Abs. 2 ASVG zweiter und dritter Satz gelten sinngemäß.Das Recht auf Berichtigung (§ 30) der vorläufigen Auszahlung gemäß § 33 Abs. 5 mangels Vorliegen eines erlassenen Einkommensteuerbescheides für das betreffende

Kalenderjahr sowie das Recht auf Berichtigung aufgrund Abänderungen und Aufhebungen des Einkommensteuerbescheides nach § 24a Abs. 2 verjähren nach Ablauf von 3 Jahren ab Bezugsbeginn.

### Mitwirkungspflichten

**§ 32.** (1) Der Antragsteller, der andere Elternteil sowie der mit dem Antragsteller im gemeinsamen Haushalt lebende Partner haben bei der Feststellung des für den Anspruch auf Leistungen nach diesem Bundesgesetz maßgeblichen Sachverhaltes mitzuwirken.

*(BGBl I 2019/24)*

(2) Dienstgeber (§ 35 ASVG, § 13 B-KUVG) und sonstige meldepflichtige Personen und Stellen (§ 36 ASVG) sowie der zuständige Kinder- und Jugendhilfeträger sind verpflichtet, den Krankenversicherungsträgern alle für den Vollzug dieses Bundesgesetzes erforderlichen Auskünfte zu erteilen.

*(BGBl I 2019/24)*

(3) Wer seinen Mitteilungs- oder Mitwirkungspflichten (§ 29, § 32 Abs. 1 und 2) trotz Aufforderung nicht oder nicht gehörig nachkommt, kann zum Ersatz der dadurch ausgelösten Verwaltungs- und Verfahrenskosten (§ 77 Abs. 3 ASGG) dem Krankenversicherungsträger gegenüber verpflichtet werden.

(4) Kommt der antragstellende Elternteil trotz zweimaliger, schriftlicher Aufforderung seinen persönlichen Mitwirkungs- oder Mitteilungspflichten nicht nach und wird hierdurch die Aufklärung des Sachverhalts erheblich erschwert oder verhindert, kann der Krankenversicherungsträger den Leistungsanspruch ohne weitere Ermittlungen ablehnen. Dieser Elternteil kann einen neuen Antrag stellen, der jedoch nur dann nicht sofort zurückgewiesen wird, wenn gleichzeitig mit der Antragstellung die Mitwirkungs- und Meldepflichten in vollem Umfang erfüllt werden; § 4 Abs. 2 gilt auch für den neuen Antrag.

*(BGBl I 2016/53)*

## Abschnitt 8
## Auszahlung der Leistungen

### Art der Auszahlung

**§ 33.** (1) Die Auszahlung der Leistungen nach diesem Bundesgesetz erfolgt jeweils monatlich im Nachhinein auf ein Konto bei einem Zahlungsdienstleister, für das Art. 9 der Verordnung (EU) Nr. 260/2012 zur Festlegung der technischen Vorschriften und der Geschäftsanforderungen für Überweisungen und Lastschriften in Euro, ABl. Nr. L 94 vom 30.03.2012 S. 22 gilt, oder per Post an eine inländische Adresse bis zum Zehnten des Folgemonats.

(2) In besonders berücksichtigungswürdigen Fällen, wie zB im Falle einer besonderen finanziellen Notlage oder einer Rückbuchung, kann eine vorzeitige Auszahlung im Höchstausmaß von einem Monatsbetrag unter Bedachtnahme auf die vorliegenden Anspruchstage erfolgen. Diese kann auch vor der Zuerkennung des Anspruches erfolgen, sofern mit der Zuerkennung gerechnet werden kann. Eine wiederholte Vorauszahlung ist jedoch nicht vorzunehmen, wenn sie in der Absicht begehrt wird, die im Abs. 1 festgelegte monatliche Auszahlung zu umgehen.

(3) Soweit die nach diesem Bundesgesetz gebührenden Beträge Bruchteile eines Cents ergeben, sind diese kaufmännisch auf einen Cent zu runden.

(4) Das von den Leistungsbeziehern zu entrichtende Service-Entgelt für die e-card (§ 31c Abs. 2 und 3 ASVG) ist mit den Leistungen nach diesem Bundesgesetz aufzurechnen.

(5) Kann die Höhe des Kinderbetreuungsgeldes nach § 24a Abs. 1 nicht binnen angemessener Frist ermittelt werden, so wird bis zu deren Feststellung ein vorläufiges Kinderbetreuungsgeld in der nach § 24a Abs. 1 Z 1 bis 4 berechneten Höhe, mindestens jedoch in Höhe von 33 € täglich ausgezahlt.

### Besondere Umstände

**§ 34.** (1) Ist der Bezugsberechtigte handlungsunfähig, so ist die Leistung dessen gesetzlichem Vertreter oder dessen Bevollmächtigtem zur Verwendung für das Kind, für welches Kinderbetreuungsgeld bezogen wird, auszuzahlen.

(2) Ist der Bezugsberechtigte trunk-, spiel- oder rauschgiftsüchtig, so kann die Leistung verlässlichen Familienangehörigen oder der Aufenthaltsgemeinde zur Verwendung für das Kind, für das Kinderbetreuungsgeld bezogen wird, ausgezahlt werden.

## Abschnitt 9
## Mutter-Kind-Pass-Verfahren

**§ 35.** (1) Die gemäß § 7 vorgesehenen ärztlichen Untersuchungen sind von den Trägern der gesetzlichen Krankenversicherung durchzuführen, und zwar

1. bei Personen, die in der gesetzlichen Krankenversicherung pflichtversichert oder freiwillig versichert sind, vom Träger dieser Krankenversicherung, bei mehrfacher Krankenversicherung von dem Versicherungsträger, der zuerst in Anspruch genommen wird;
2. bei Personen, für die als Angehörige ein Anspruch auf Leistungen der gesetzlichen Krankenversicherung besteht, von dem Versicherungsträger, gegen den sich dieser Leistungsanspruch richtet;
3. bei allen übrigen Personen von der Österreichischen Gesundheitskasse.

*(BGBl I 2018/100)*

(2) Für die Durchführung der Untersuchungen kommen insbesondere Vertragsärzte, Einrichtungen der Vertragsärzte oder sonstige Vertragspartner, Schwangeren- oder Mütter- und Elternberatungsstellen der Länder oder eigene Einrichtungen der Krankenversicherungsträger in Betracht.

(3) Zwischen dem Dachverband der Sozialversicherungsträger und der Österreichischen Ärztekammer mit Vollmacht und mit Zustimmung der Ärztekammern in den Bundesländern ist ein

Gesamtvertrag abzuschließen, der die Durchführung der gemäß § 7 vorgesehenen ärztlichen Untersuchungen und die Vergütung der ärztlichen Leistungen regelt. Der Gesamtvertrag bedarf nicht der Zustimmung der Träger der gesetzlichen Krankenversicherung. Die Bestimmungen der §§ 338 bis 351 ASVG, des § 181 BSVG, des § 193 GSVG und des § 128 B-KUVG gelten sinngemäß. Der Gesamtvertrag bedarf zu seiner Gültigkeit der Genehmigung der Bundesministerin für Gesundheit im Einvernehmen mit der Bundesministerin für Familien und Jugend. Die Genehmigung ist zu versagen, wenn die im Vertrag vorgesehene Vergütung der ärztlichen Leistungen, gemessen an der Vergütung vergleichbarer Leistungen in der gesetzlichen Krankenversicherung, unangemessen ist. Bis zum Abschluss eines neuen Vertrages gilt der bezugnehmend auf § 39e Abs. 6 FLAG 1967 in der am 31. Dezember 2001 geltenden Fassung abgeschlossene Gesamtvertrag weiter.

*(BGBl I 2018/100)*

(3a) Zwischen dem Dachverband der Sozialversicherungsträger und dem Österreichischen Hebammengremium ist ein Gesamtvertrag abzuschließen, der die Durchführung der gemäß § 7 vorgesehenen Hebammenberatung und deren Vergütung regelt. Der Gesamtvertrag bedarf nicht der Zustimmung der Träger der gesetzlichen Krankenversicherung. Die Bestimmungen des § 349 ASVG, des § 181 BSVG, des § 193 GSVG und des § 128 B-KUVG gelten sinngemäß. Der Gesamtvertrag bedarf zu seiner Gültigkeit der Genehmigung der Bundesministerin für Gesundheit im Einvernehmen mit der Bundesministerin für Familien und Jugend. Die Genehmigung ist zu versagen, wenn die im Vertrag vorgesehene Vergütung, gemessen an der Vergütung vergleichbarer Leistungen in der gesetzlichen Krankenversicherung, unangemessen ist. Bis zum Abschluss einer entsprechenden Vereinbarung gilt § 131b ASVG sinngemäß.

*(BGBl I 2016/53, BGBl I 2018/100)*

(4) Die Kosten für die gemäß § 7 vorgesehenen ärztlichen Untersuchungen sind für die im Abs. 1 Z 3 genannten Personen zur Gänze vom Ausgleichsfonds für Familienbeihilfen zu tragen; für die übrigen Personen sind die Untersuchungskosten zu zwei Dritteln vom Ausgleichsfonds für Familienbeihilfen und zu einem Drittel von den Trägern der gesetzlichen Krankenversicherung zu tragen. Die vom Ausgleichsfonds für Familienbeihilfen zu tragenden Kosten sind gegen Rechnungslegung dem Dachverband der Sozialversicherungsträger zu überweisen, welcher die Aufteilung auf die einzelnen Träger der gesetzlichen Krankenversicherung vorzunehmen hat. Der vom Ausgleichsfonds für Familienbeihilfen zu leistende Kostenersatz kann pauschaliert werden. Auf den Kostenersatz können angemessene Vorschüsse geleistet werden.

*(BGBl I 2018/100)*

(5) Die gemäß § 7 vorgesehenen ärztlichen Untersuchungen können bei den im § 2 Abs. 1 Z 2 B-KUVG genannten Personen und deren Angehörigen, für die Krankenfürsorge seitens einer Krankenfürsorgeeinrichtung eines öffentlich-rechtlichen Dienstgebers vorgesehen ist, auch von dieser durchgeführt werden. Die Kosten für die Untersuchungen werden den Krankenfürsorgeeinrichtungen zu zwei Dritteln vom Ausgleichsfonds für Familienbeihilfen ersetzt, soweit sie die zwischen dem Dachverband der Sozialversicherungsträger und der Österreichischen Ärztekammer vereinbarten Untersuchungskosten nicht überschreiten (Abs. 3). Der vom Ausgleichsfonds für Familienbeihilfen zu leistende Kostenersatz kann pauschaliert werden. Auf den Kostenersatz können angemessene Vorschüsse geleistet werden.

*(BGBl I 2018/100)*

(6) Die Kosten für den Mutter-Kind-Pass (§ 7) sind vom Ausgleichsfonds für Familienbeihilfen zu tragen.

(7) Die Bundesministerin für Gesundheit und die Bundesministerin für Familien und Jugend sowie von diesen beauftragte Experten sind im Sinne des Datenschutzgesetzes 2000, BGBl. I Nr. 165/1999, zur Ermittlung und Verarbeitung von persönlichen gesundheitsbezogenen Daten von Müttern und Kindern im Zusammenhang mit dem Mutter-Kind-Pass-Untersuchungsprogramm ermächtigt. Dabei können zum ausschließlichen Zweck der Evaluierung Auskünfte über die Mutter-Kind-Pass-Untersuchungen einschließlich der Vorlage des Mutter-Kind-Passes verlangt werden. Eine Weitergabe personenbezogener Daten ist untersagt.

*(BGBl I 2016/53)*

(8) Der Dachverband der Sozialversicherungsträger hat auf Verlangen die in seinem Wirkungsbereich befindlichen Daten betreffend das Mutter-Kind-Pass-Untersuchungsprogramm der Bundesministerin für Gesundheit und der Bundesministerin für Familien und Jugend oder von diesen Bundesministerinnen beauftragten Experten für den ausschließlichen Zweck der Evaluierung des Mutter-Kind-Pass-Untersuchungsprogrammes zur Verfügung zu stellen. Eine Weitergabe personenbezogener Daten ist untersagt.



*(BGBl I 2016/53, BGBl I 2018/100)*

(9) Die Träger der gesetzlichen Krankenversicherung haben Personen gemäß § 35 Abs. 1 eine einstündige Beratung mit einer Hebamme gemäß § 7 Abs. 1 insbesondere durch Vertragshebammen zu ermöglichen. Die Kosten für die Beratung sind zu zwei Dritteln vom Familienlastenausgleichsfonds und zu einem Drittel von den Trägern der gesetzlichen Krankenversicherung zu tragen. Die vom Familienlastenausgleichsfonds zu tragenden Kosten sind dem Dachverband der Sozialversicherungsträger gegen Rechnungslegung zu überweisen.

*(BGBl I 2018/100)*

### Abschnitt 10
### Daten

#### Kinderbetreuungsgeld-Datenbank

**§ 36.** (1) Für die Verarbeitung der für die Wahrnehmung der nach diesem Bundesgesetz übertragenen Aufgaben erforderlichen personenbezogenen

Daten wird eine Datenbank (Kinderbetreuungsgeld-Datenbank) eingerichtet.

(2) Als erforderliche personenbezogene Daten im Sinne des Abs. 1 gelten insbesondere folgende Daten der antragstellenden Person, des zweiten Elternteiles, des Partners, der Kinder und sonstiger relevanter Personen:

1. Namen, Titel, Anschrift, Telefonnummer und E-Mail-Adresse;
2. Geburtsdatum und Sozialversicherungsnummer;
3. Staatsangehörigkeit samt aufenthaltsrechtlichem Status bei nichtösterreichischer Staatsangehörigkeit;
4. Familienstand und Geschlecht;
5. Beruf bzw. Tätigkeit;
6. Firmenbuchnummern, Namen und Anschrift des Dienstgebers;
7. Anspruchs- und Berechnungsgrundlagen;
8. Art, Umfang und Stand der Verfahren;
9. Bescheide;
10. Bankverbindung und Kontonummer;
11. Vertreter, Zahlungsempfänger sowie die Art und Dauer der Vollmacht;
12. Zahlungsbeträge.

(3) Die Österreichische Gesundheitskasse in ihrer Funktion als Kompetenzzentrum (§ 25 Abs. 3) ist Verantwortliche gemäß Art. 4 Z 7 der Verordnung (EU) Nr. 679/2016 zum Schutz natürlicher Personen bei der Verarbeitung personenbezogener Daten, zum freien Datenverkehr und zur Aufhebung der Richtlinie 95/46/EG (Datenschutz-Grundverordnung), ABl. Nr. L 119 vom 27.04.2016 S. 1 (DSGVO).

*(BGBl I 2018/100)*

(4) Umsetzungskosten im Sinne des Abs. 1 sowie Kosten für die laufende Wartung und Entwicklung trägt der Familienlastenausgleichsfonds.

*(BGBl I 2018/32)*

**§ 37.** (1) Die Krankenversicherungsträger sind verpflichtet, alle erforderlichen personenbezogenen Daten (§ 36 Abs. 2) elektronisch an die Datenbank zu übermitteln.

(2) Die Österreichische Gesundheitskasse in ihrer Funktion als Kompetenzzentrum und Verbindungsstelle (§ 25 Abs. 3) ist verpflichtet, alle erforderlichen personenbezogenen Daten (§ 36 Abs. 2) elektronisch an die Datenbank zu übermitteln.

*(BGBl I 2018/100)*

(3) Der Dachverband der Sozialversicherungsträger hat alle ihm zur Verfügung stehenden und für die Wahrnehmung der den Krankenversicherungsträgern und der Österreichischen Gesundheitskasse in ihrer Funktion als Kompetenzzentrum sowie als Verbindungsstelle (§ 25 Abs. 3) nach diesem Bundesgesetz übertragenen Aufgaben erforderlichen personenbezogenen Daten (§ 36 Abs. 2) elektronisch an die Datenbank zu übermitteln.

*(BGBl I 2018/100)*

(4) Die Abgabenbehörden haben alle für die Wahrnehmung der den Krankenversicherungsträgern und der Österreichischen Gesundheitskasse als Kompetenzzentrum sowie als Verbindungsstelle (§ 25 Abs. 3) nach diesem Bundesgesetz übertragenen Aufgaben erforderlichen personenbezogenen Daten (§ 36 Abs. 2) elektronisch an die Datenbank zu übermitteln. Der Bundesminister für Finanzen wird ermächtigt, im Einvernehmen mit dem Bundeskanzler Art und Weise des Verfahrens der elektronischen Übermittlung durch Verordnung festzulegen.

*(BGBl I 2018/100)*

*(BGBl I 2018/32)*

### Weitere Datenverarbeitung

**§ 37a.** (1) Die Krankenversicherungsträger sind berechtigt, alle erforderlichen personenbezogenen Daten (§ 36 Abs. 2) der Datenbank zu verarbeiten.

(2) Die Österreichische Gesundheitskasse in ihrer Funktion als Kompetenzzentrum und Verbindungsstelle (§ 25 Abs. 3) ist berechtigt, alle erforderlichen personenbezogenen Daten (§ 36 Abs. 2) aus der Datenbank zu verarbeiten.

*(BGBl I 2018/100)*

(3) Die Österreichische Gesundheitskasse in ihrer Funktion als Kompetenzzentrum (§ 25 Abs. 3) hat dem Bundeskanzler Daten zur automatisierten Besorgung der Statistik zu übermitteln.

*(BGBl I 2018/100)*

(4) Die Österreichische Gesundheitskasse in ihrer Funktion als Verbindungsstelle (§ 25 Abs. 3) hat dem Bundeskanzler folgende Daten zur jährlichen Weiterleitung an die Europäische Kommission zu übermitteln:

1. Anzahl aller Bezieher, Anzahl aller Kinder, für die Leistungen bezogen wurden und die Gesamtsumme der diesbezüglichen Auszahlungen,
2. Anzahl der Bezieher und Anzahl der Kinder, für die Leistungen bezogen wurden mit Wohnort in einem anderen Mitgliedstaat, und die Gesamtsumme der diesbezüglichen Auszahlungen, aufgeschlüsselt nach Wohnort der Kinder sowie vorrangiger und nachrangiger Zuständigkeit Österreichs nach den Bestimmungen der Verordnung (EG) Nr. 883/2004,

jeweils bezogen auf das von der Europäischen Kommission abgefragte Jahr.

*(BGBl I 2018/100)*

*(BGBl I 2018/32)*

### Datenlöschung

**§ 37b.** Die Österreichische Gesundheitskasse in ihrer Funktion als Kompetenzzentrum (§ 25 Abs. 3) hat die personenbezogenen Daten (§ 36 Abs. 2) in der Datenbank zu löschen, sobald diese nicht mehr benötigt werden, frühestens jedoch 7 Jahre nach Ablauf des Kalenderjahres, in welchem eine Leistung nach diesem Bundesgesetz zuletzt bezogen worden ist.

*(BGBl I 2018/32, BGBl I 2018/100)*

## Abschnitt 11
## Finanzierung

### Deckung des Aufwandes

**§ 38.** (1) Für die finanzielle Abwicklung dieses Bundesgesetzes sind eigene Rechnungskreise einzurichten, die eine Zuordnung des erforderlichen Aufwandes der Krankenversicherungsträger unter Berücksichtigung der Grundsätze der Sparsamkeit, Wirtschaftlichkeit und Zweckmäßigkeit eindeutig ermöglichen. Der Ausgleichsfonds für Familienbeihilfen hat der Österreichischen Gesundheitskasse die nachgewiesenen, erforderlichen und zuordenbaren Aufwendungen für die Leistungen, die Verfahrenskosten, die Zustellgebühren, den entsprechenden Anteil an den Verwaltungsaufwendungen sowie die sonstigen Aufwendungen nach diesem Bundesgesetz zu ersetzen.

*(BGBl I 2018/100)*

(2) Die anteiligen Verwaltungsaufwendungen einschließlich der Kosten für den Betrieb des Kompetenzzentrums und der Verbindungsstelle gemäß § 25 Abs. 3 können pauschal ermittelt und in der Höhe der festgesetzten Pauschalbeträge ersetzt werden. Die Bundesministerin für Familien und Jugend hat die Pauschalbeträge nach Anhörung des Dachverbandes der Sozialversicherungsträger im Einvernehmen mit dem Bundesminister für Finanzen durch Verordnung festzusetzen. Die Pauschalbeträge sind neu festzusetzen, wenn die anteiligen Verwaltungsaufwendungen, insbesondere auf Grund von Gesetzesänderungen, um mehr als 5vH zu- oder abnehmen. Mit Wirkung ab 1. Jänner eines jeden Jahres sind die Pauschalbeträge mit der Aufwertungszahl des jeweiligen Kalenderjahres (§ 108a ASVG) zu vervielfachen und auf einen Cent zu runden.

*(BGBl I 2016/53, BGBl I 2018/100)*

(3) Der Ausgleichsfonds für Familienbeihilfen hat der Österreichischen Gesundheitskasse den nachgewiesenen, für die Herstellung der Voraussetzungen zur Vollziehung dieses Bundesgesetzes, auch im Falle von Gesetzesänderungen, unter Berücksichtigung der Grundsätze der Sparsamkeit, Wirtschaftlichkeit und Zweckmäßigkeit erforderlichen einmaligen Aufwand einschließlich der Implementierungskosten aller Krankenversicherungsträger zu ersetzen. Die anteiligen erforderlichen und zuordenbaren Errichtungs- und Entwicklungskosten des Datennetzes sind dem Dachverband der Sozialversicherungsträger zu ersetzen.

*(BGBl I 2016/53, BGBl I 2018/100)*

(4) Für nachträgliche Anpassungen oder Investitionen insbesondere technischer Natur, die anlässlich der Vollziehung oder von Änderungen dieses Bundesgesetzes erforderlich werden, ist Abs. 3 sinngemäß anzuwenden.

### Verrechnung

**§ 39.** Der Ausgleichsfonds für Familienbeihilfen kann der Österreichischen Gesundheitskasse die Aufwendungen aller zuständigen Krankenversicherungsträger für die Leistungen nach diesem Bundesgesetz bevorschussen. Die Endabrechnung ist jährlich im Nachhinein vorzunehmen.

*(BGBl I 2018/100)*

**§ 40.** (aufgehoben)

## Abschnitt 12
## Schlussbestimmungen

### Rechtshilfe

**§ 41.** (1) Die Verwaltungsbehörden, das Arbeitsmarktservice und die Gerichte sind verpflichtet, den in Vollziehung dieses Bundesgesetzes an sie ergehenden Ersuchen der Krankenversicherungsträger im Rahmen ihrer sachlichen und örtlichen Zuständigkeit zu entsprechen.

(2) Barauslagen, die der ersuchten Stelle aus der Hilfeleistung erwachsen, mit Ausnahme von Portokosten, sind von der ersuchenden Stelle zu erstatten.

(3) Die Krankenversicherungsträger sind berechtigt, auf automationsunterstütztem Weg Einsicht in das automationsunterstützt geführte Grundbuch, in das zentrale Gewerberegister und in das automationsunterstützt geführte Firmenbuch zu nehmen, soweit dies zur Erfüllung der Aufgaben nach diesem Bundesgesetz notwendig ist. Die Berechtigung zur Einsicht in das Grundbuch umfasst auch die Einsichtnahme in das Personenverzeichnis. Die Berechtigung zur Einsicht in das Firmenbuch umfasst auch die bundesweite Suche nach im Zusammenhang mit den Rechtsträgern gespeicherten Personen.



### Unterhaltsanspruch

**§ 42.** Das Kinderbetreuungsgeld, der Partnerschaftsbonus zum pauschalen Kinderbetreuungsgeld und die Beihilfe zum pauschalen Kinderbetreuungsgeld gelten weder als eigenes Einkommen des Kindes noch des beziehenden Elternteils und mindern nicht deren Unterhaltsansprüche.

*(BGBl I 2016/53)*

### Pfändungsverbot und Steuerbefreiung

**§ 43.** (1) Das pauschale Kinderbetreuungsgeld, der Partnerschaftsbonus zum pauschalen Kinderbetreuungsgeld und die Beihilfe zum pauschalen Kinderbetreuungsgeld sind gemäß § 290 der Exekutionsordnung (EO), RGBl. Nr. 79/1896, nicht pfändbar.

*(BGBl I 2016/53)*

(2) Die Leistungen nach diesem Bundesgesetz sind von der Einkommensteuer befreit und gehören auch nicht zur Bemessungsgrundlage für sonstige Abgaben und öffentlich-rechtliche Beiträge.

*(BGBl I 2016/53)*

### Gebührenfreiheit

**§ 44.** (1) Die im Verfahren nach diesem Bundesgesetz erforderlichen Eingaben, Vollmachten und Ausfertigungen sind von den Stempelgebühren und Verwaltungsabgaben des Bundes befreit. Die §§ 76 bis 78 des Allgemeinen Verwaltungsverfahrensgesetzes 1991 (AVG 1991), BGBl. Nr. 51, sind im Verfahren nach diesem Bundesgesetz nicht anzuwenden.

(2) Der Ersatz des Aufwandes gemäß § 38 stellt kein Entgelt im Sinne des Umsatzsteuergesetzes 1994 (UStG 1994), BGBl. Nr. 663, dar.

### Verwaltungsstrafbestimmung

**§ 45.** Personen,

1. die grob fahrlässig oder vorsätzlich unwahre Angaben gemacht haben oder maßgebliche Tatsachen verschwiegen haben und dadurch
   a) zu Unrecht eine Leistung nach diesem Bundesgesetz bezogen haben oder
   b) einer anderen Person zum unrechtmäßigen Bezug einer Leistung nach diesem Bundesgesetz verholfen haben oder
2. die ihren Mitteilungs- und Mitwirkungspflichten (§§ 29, 32 Abs. 1 und 2) nicht oder nicht gehörig nachgekommen sind,

sind, sofern die Tat nicht den Tatbestand einer in die Zuständigkeit der Gerichte fallenden Handlung bildet oder nach anderen Verwaltungsstrafbestimmungen mit strengerer Strafe bedroht ist, von der Bezirksverwaltungsbehörde mit einer Geldstrafe bis zu 2 000 € zu bestrafen.

### Sprachliche Gleichbehandlung

**§ 46.** Soweit in diesem Bundesgesetz personenbezogene Bezeichnungen nur in männlicher Form angeführt sind, beziehen sie sich auf Frauen und Männer in gleicher Weise. Bei der Anwendung auf bestimmte Personen ist die jeweils geschlechtsspezifische Form zu verwenden.

### Verweisungen

**§ 47.** Soweit in diesem Bundesgesetz auf Bestimmungen anderer Bundesgesetze verwiesen wird, sind diese, soweit nicht ausdrücklich anderes bestimmt ist, in der jeweils geltenden Fassung anzuwenden.

### Vollzug

**§ 48.** Mit der Vollziehung dieses Bundesgesetzes sind betraut

1. hinsichtlich des § 37 Abs. 1 und 2 der Bundesminister für Finanzen,
2. hinsichtlich der übrigen Bestimmungen die Bundesministerin für Familien und Jugend.
   *(BGBl I 2016/53)*

### In-Kraft-Treten

**§ 49.** (1) Dieses Bundesgesetz tritt – mit Ausnahme der §§ 24 Abs. 4 und 38 Abs. 3 – am 1. Jänner 2002 in Kraft und ist für Geburten nach dem 31. Dezember 2001 anzuwenden.

(2) Auf Geburten zwischen dem 1. Jänner 2002 und 30. Juli 2002 ist § 3 Abs. 2 mit der Maßgabe anzuwenden, dass vom Nachweis der Untersuchungen während der Schwangerschaft abgesehen wird.

(3) § 24 Abs. 4 tritt mit dem der Kundmachung dieses Gesetzes folgenden Tag in Kraft.

(4) § 38 Abs. 3 tritt mit 1. September 2001 in Kraft.

(5) § 2 Abs. 6, § 3a, § 7 Abs. 2 und 3, § 9 Abs. 3, § 33 Abs. 3 und § 36 Abs. 2 Z 5 in der Fassung des Bundesgesetzes BGBl. I Nr. 58/2003 treten mit 1. Jänner 2004 in Kraft.

(6) Auf Geburten bis 31. Oktober 2003 ist § 3a Abs. 2 nicht anzuwenden.

(7) Die §§ 7 Abs. 3, 8 Abs. 2, 9 Abs. 1 Z 4, 9 Abs. 2, 9 Abs. 4, 31 Abs. 2 erster Satz und 33 Abs. 1 in der Fassung des Bundesgesetzes BGBl. I Nr. 122/2003 treten mit 1. Jänner 2004 in Kraft.

(8) § 20 in der Fassung des Bundesgesetzes BGBl. I Nr. 34/2004 tritt am 1. Jänner 2002 in Kraft und ist für Geburten nach dem 31. Dezember 2001 anzuwenden.

(9) Die §§ 2 Abs. 1 Z 2 bis 5, 2 Abs. 2 bis 5, 5 Abs. 6, 6 und 8 Abs. 2 in der Fassung des Bundesgesetzes BGBl. I Nr. 100/2005, treten mit 1. Jänner 2006, nach Maßgabe der Übergangsbestimmungen des Niederlassungs- und Aufenthaltsgesetzes (NAG), BGBl. I Nr. 100/2005, sowie des Asylgesetzes 2005 (AsylG 2005), BGBl. I Nr. 100, in Kraft.

(10) § 3a Abs. 2 und 3 in der Fassung des Bundesgesetzes BGBl. I Nr. 97/2006 tritt mit 1. Jänner 2007 in Kraft und ist auf Geburten nach dem 31. Dezember 2006 anzuwenden. § 33 Abs. 4 in der Fassung des Bundesgesetzes BGBl. I Nr. 97/2006 tritt mit 1. Juli 2006 in Kraft.

(11) § 2 Abs. 1 Z 5 in der Fassung des Bundesgesetzes BGBl. I Nr. 168/2006 tritt mit 1. Juli 2006 in Kraft.

(12) Abweichend von § 4 Abs. 2 können Anträge auf rückwirkende Gewährung des Kinderbetreuungsgeldes in den Fällen des § 2 Abs. 1 Z 5 für Kinder, die nach Ablauf des 31. Dezember 2005 und vor dem 1. Jänner 2007 geboren werden, längstens bis 1. Juli 2007 wirksam gestellt werden.

(13) §§ 2 Abs. 1 Z 1 und 3, 2 Abs. 5, 3a Abs. 1 bis 3, 5 Abs. 5, 5a, 5b, 6 Abs. 3, 7 Abs. 3 und 4, 9 Abs. 2 bis 4, 12, 19 Abs. 2, 24 Abs. 1, 26a, 31 Abs. 4, 36 Abs. 2 Z 5, 42, 43 und 45 in der Fassung des Bundesgesetzes BGBl. I Nr. 76/2007 treten mit 1. Jänner 2008 in Kraft.

(14) §§ 8 Abs. 1 Z 1, 8a und 31 Abs. 7 treten mit 1. Jänner 2008 in Kraft und sind auf Bezugszeiträume nach dem Jahr 2007 anzuwenden. § 3 Abs. 2 und 7 Abs. 2 treten mit 1. Jänner 2008 in Kraft und sind auf Geburten nach dem 31. Dezember 2007 anzuwenden.

(15) Mit Ablauf des 31. Dezember 2007 tritt die Verordnung des Bundesministers für soziale Sicherheit und Generationen, mit der die Kriterien für

Härtefälle nach dem Kinderbetreuungsgeldgesetz festgelegt werden (KBGG-Härtefälle-Verordnung), BGBl. II Nr. 405/2001 idF BGBl. II Nr. 91/2004, außer Kraft. Auf Anspruchsüberprüfungen der Kalenderjahre 2002 bis 2007 ist sie jedoch weiter anzuwenden.

(16) Für Geburten vor 2008 kann trotz bereits erfolgter Antragstellung und Bezug des Kinderbetreuungsgeldes ab 1. Jänner 2008 einmalig auf das Kinderbetreuungsgeld als Kurzleistung (§ 5a oder § 5b) umgestiegen werden. Hiezu ist eine gesonderte Antragstellung spätestens bis 30. Juni 2008 nötig. § 26a zweiter und dritter Satz sowie § 4 Abs. 2 gelten sinngemäß.

(17) Das Recht, die Abgabe gemäß Abschnitt 4 festzusetzen, verjährt für die Jahre 2002 und 2003 frühestens Ende 2008.

(18) § 19 Abs. 1 in der Fassung des Bundesgesetzes BGBl. I Nr. 76/2007 und § 21 in der Fassung des Bundesgesetzes BGBl. I Nr. 24/2009 treten mit 1. Jänner 2002 in Kraft und sind auf Geburten nach dem 31. Dezember 2001 anzuwenden.

(19) Die §§ 2 Abs. 1 Z 3, 2 Abs. 6, 3a Abs. 1 erster Satz, 3a Abs. 2, 5 Abs. 2 und 4, 5a Abs. 3, 5b Abs. 3, 8 samt Überschrift, 8a, 8b samt Überschrift, 31 Abs. 2, 31 Abs. 4 Z 2 und 3, 31 Abs. 5 und 7, 32 Abs. 2 und 37 Abs. 2 in der Fassung des Bundesgesetzes BGBl. I Nr. 116/2009 treten mit 1. Jänner 2010 in Kraft.

(20) Die §§ 36 Abs. 2 Z 1, 4 bis 6 und 38 Abs. 2 in der Fassung des Bundesgesetzes BGBl. I Nr. 116/2009 treten mit 1. Jänner 2010 in Kraft und sind für Zeiträume ab 1. Oktober 2009 anzuwenden.

(21) Abschnitt 3 samt Überschrift und § 31 Abs. 3 in der Fassung des Bundesgesetzes BGBl. I Nr. 116/2009 treten mit 1. Jänner 2010 in Kraft und sind auf Geburten nach dem 31. Dezember 2009 anzuwenden.

(22) § 1, die Überschrift des Abschnitts 2, §§ 3a Abs. 3, §§ 5 Abs. 4a und b, 5c, 7 Abs. 3 und 4, Abschnitt 5 samt Überschrift, die Überschrift des Abschnitts 5a, §§ 25 und 25a, § 26a und 33 Abs. 5 in der Fassung des Bundesgesetzes BGBl. I Nr. 116/2009 treten mit 1. Jänner 2010 in Kraft und sind auf Geburten nach dem 30. September 2009 anzuwenden, sofern 2009 kein Antrag auf Kinderbetreuungsgeld für Zeiträume nach dem 30. September 2009 und vor dem 1. Jänner 2010 gestellt worden ist; wird 2010 rückwirkend Kinderbetreuungsgeld für Zeiträume zwischen 1. Oktober 2009 und 31. Dezember 2009 beantragt, so besteht kein Anspruch auf Auszahlung von Kinderbetreuungsgeld für diese Zeiträume.

(23) Die §§ 1, 8 Abs. 2, 8a, Abschnitt 3 und 4, §§ 24 und 25 jeweils in der Fassung BGBl. I Nr. 24/2009 treten mit Ablauf des 31. Dezember 2009 außer Kraft, sind jedoch auf Geburten bis 31. Dezember 2009 weiter anzuwenden. Letzteres gilt nur, sofern kein Anwendungsfall des Abs. 22 vorliegt. Abgaben im Sinne des § 18 in der Fassung vor dem Bundesgesetz BGBl. I Nr. 116/2009, für die der Abgabenanspruch gemäß § 21 in der Fassung vor dem Bundesgesetz BGBl. I Nr. 116/2009 mit Ablauf des Kalenderjahres 2015 oder 2016 entstanden ist, sind nicht festzusetzen; im Fall der bereits erfolgten Festsetzung ist von Amts wegen der Festsetzungsbescheid aufzuheben und der festgesetzte Betrag zurückzuzahlen.

*(BGBl I 2020/111)*

(24) § 6 Abs. 2 in der Fassung des Bundesgesetzes BGBl. I Nr. 116/2009 tritt mit 1. Jänner 2010 in Kraft und ist auf Geburten nach dem 30. September 2009 anzuwenden.

**§ 50.** (1) §§ 24a Abs. 1, 25 Abs. 2 und 3, 31 Abs. 4, 32 Abs. 1 und 3, 36 Abs. 2, 37 Abs. 1, 38 Abs. 2 und 3, 42 und 43 samt Überschriften sowie 45 in der Fassung des Bundesgesetzes BGBl. I Nr. 139/2011 treten mit 1. Jänner 2012 in Kraft.

(2) §§ 8 Abs. 1 Z 2, 8b Abs. 1 Z 1 und 2, 24 Abs 1 Z 2 und Abs. 2 sowie 24a Abs. 3 in der Fassung des Bundesgesetzes BGBl. I Nr. 139/2011 treten mit 1. Jänner 2012 in Kraft und sind für Geburten nach dem 31. Dezember 2011 anzuwenden.

(3) §§ 8 Abs. 1 Z 1, 9 Abs. 3 und 24 Abs. 1 Z 3 in der Fassung des Bundesgesetzes BGBl. I Nr. 139/2011 treten mit 1. Jänner 2012 in Kraft und sind auf Bezugszeiträume ab 1. Jänner 2012 anzuwenden.

(4) § 40 samt Überschrift in der Fassung des Bundesgesetzes BGBl. I Nr. 11/2011 tritt mit Ablauf des 31. Dezember 2011 außer Kraft, ist jedoch für Geburten bis 31. Dezember 2009 weiter anzuwenden.

(5) § 48 samt Überschrift in der Fassung des Bundesgesetzes BGBl. I Nr. 139/2011 tritt mit 1. Jänner 2012 in Kraft, ist jedoch in der Fassung des Bundesgesetzes BGBl. I Nr. 11/2011 für Geburten bis 31. Dezember 2009 weiter anzuwenden.

(6) § 8 Abs. 1 Z 1 in der Fassung des Bundesgesetzes BGBl. I Nr. 117/2013 tritt mit 1. Jänner 2010 in Kraft und ist auf Bezugszeiträume ab 1. Jänner 2010 anzuwenden.



(7) §§ 9 Abs. 3 und 24 Abs. 1 Z 3 in der Fassung des Bundesgesetzes BGBl. I Nr. 117/2013 treten mit 1. Jänner 2014 in Kraft und sind auf Bezugszeiträume ab 1. Jänner 2014 anzuwenden.

(8) §§ 24d Abs. 2, 26a und 36 Abs. 2 in der Fassung des Bundesgesetzes BGBl. I Nr. 117/2013 treten mit 1. Jänner 2014 in Kraft und sind auf erstmalige Antragstellungen ab 1. Jänner 2014 anzuwenden.

(9) § 31 Abs. 4 in der Fassung des Bundesgesetzes BGBl. I Nr. 117/2013 tritt mit 1. Jänner 2013 in Kraft.

(10) § 7 Abs. 1, § 35 Abs. 3a und § 35 Abs. 9 in der Fassung des Bundesgesetzes BGBl. I Nr. 197/2013 treten mit 1. November 2013 in Kraft.

(11) § 2 Abs. 1 Z 5 in der Fassung des Bundesgesetzes BGBl. I Nr. 35/2014 tritt mit 1. Jänner 2014 in Kraft.

(12) § 33 Abs. 1 in der Fassung des Bundesgesetzes BGBl. I Nr. 35/2014 tritt mit 31. März 2012 in Kraft.

(13) § 9 Abs. 3 und § 24 Abs. 1 Z 3 in der Fassung BGBl. I Nr. 53/2016 treten mit 1. Jänner 2017 in Kraft und gelten für Bezugszeiträume ab 1. Jänner 2017.

(14) § 1, die Überschrift des Abschnittes 2, § 2 Abs. 5, § 2 Abs. 7 und 9, § 3, § 3a, § 4 Abs. 2, § 4a, § 5, § 5a bis § 5d, § 7 Abs. 2 und 3, § 8 Abs. 1, § 8b Abs. 1, § 9 Abs. 2 und 4, § 14, § 24 Abs. 1 Z 2, § 24 Abs. 2, § 24a Abs. 3 und 4, § 24b bis 24d, § 26 Abs. 2, § 26a, § 27 Abs. 2, § 36 Abs. 1 Z 3, § 36 Abs. 2 und 3, § 42, § 43 Abs. 1 in der Fassung BGBl. I Nr. 53/2016 treten mit 1. März 2017 in Kraft und gelten für Geburten nach dem 28. Februar 2017.

(15) § 2 Abs. 1 Z 5 lit. c, § 6, § 7 Abs. 1, § 24 Abs. 3, § 25a, § 27 Abs. 4, § 31 Abs. 1 bis 4, § 32 Abs. 3 und 4, § 35 Abs. 3 und 3a, § 35 Abs. 7 und 8, die Überschrift des Abschnittes 10, § 37 Abs. 1, § 38 Abs. 2, § 43 Abs. 2, § 48 Z 2 in der Fassung BGBl. I Nr. 53/2016 treten mit 1. März 2017 in Kraft.

(16) § 24e in der Fassung BGBl. I Nr. 53/2016 tritt mit 1. März 2017 in Kraft und ist hinsichtlich des § 2 Abs. 6 und 8 für Bezugszeiträume ab 1. Jänner 2017 und hinsichtlich des § 1, § 2 Abs. 7 und 9, § 4, § 4a, § 5b, § 26 Abs. 2, § 26a, § 27 Abs. 2, § 36 Abs. 1 Z 3, § 36 Abs. 2 und 3, § 42 und § 43 Abs. 1 für Geburten nach dem 28. Februar 2017 anzuwenden.

(17) § 24d Abs. 1 in der Fassung BGBl. I Nr. 35/2014 tritt mit 1. März 2017 außer Kraft, ist jedoch hinsichtlich des § 1, § 2 Abs. 2, 3 und 5, § 4, § 5 Abs. 3, 4, 5 und 6, § 26 Abs. 2, § 26a, § 27 Abs. 2, § 36 Abs. 1 Z 3, § 36 Abs. 2, § 42 und § 43 Abs. 1 jeweils in der Fassung BGBl. I Nr. 35/2014 für Geburten bis 28. Februar 2017 weiterhin anzuwenden.

(18) § 7 Abs. 4 und § 24d Abs. 2 in der Fassung BGBl. I Nr. 35/2014 treten mit 1. März 2017 außer Kraft, sind jedoch für Geburten bis 28. Februar 2017 weiterhin anzuwenden.

(19) § 2 Abs. 6 und 8 in der Fassung BGBl. I Nr. 53/2016 tritt mit 1. Jänner 2017 in Kraft und gilt für Bezugszeiträume ab 1. Jänner 2017.

(20) § 38 Abs. 3 zweiter Satz in der Fassung BGBl. I Nr. 35/2014 tritt mit 1. Jänner 2017 außer Kraft.

*(BGBl I 2016/53)*

(21) § 25 Abs. 2, § 36 samt Überschrift, § 37 sowie die §§ 37a und 37b samt Überschriften in der Fassung des Materien-Datenschutz-Anpassungsgesetzes 2018, BGBl. I Nr. 32/2018, treten mit 25. Mai 2018 in Kraft.

*(BGBl I 2018/32)*

(22) Die §§ 25 Abs. 2 bis 4, 28 Abs. 1 Z 3, 31 Abs. 2, 35 Abs. 1 Z 3 und Abs. 3, 3a, 4, 5, 8 und 9, 36 Abs. 3, 37 Abs. 2 bis 4, 37a Abs. 2 bis 4, 37b, 38 Abs. 1 bis 3 sowie 39 in der Fassung des Bundesgesetzes BGBl. I Nr. 100/2018 treten mit 1. Jänner 2020 in Kraft.

*(BGBl I 2018/100)*

(23) § 2 Abs. 1 und 6, § 2a und § 32 in der Fassung des Bundesgesetzes BGBl. I Nr. 24/2019 treten mit 1. Juli 2018 in Kraft.

*(BGBl I 2019/24)*

(24) Für Geburten von 1. Jänner 2012 bis 28. Februar 2017 kann der Nachweis der Abgrenzung der Einkünfte nach § 8 Abs. 1 Z 2 des Elternteils, der das pauschale Kinderbetreuungsgeld, das Kinderbetreuungsgeld als Ersatz des Erwerbseinkommens und die Beihilfe zum pauschalen Kinderbetreuungsgeld bezogen hat, bis zum 31. Dezember 2025 erbracht werden. Die Krankenversicherungsträger haben in den genannten Fällen, sofern sie im laufenden Prüfverfahren aufgrund der Jahreseinkünfte eine Überschreitung des Grenzbetrages feststellen und andere maßgebliche Einkünfte nach § 8 Abs. 1 Z 2 enthalten sind, den Elternteil individuell auf die Möglichkeit zur Vorlage des Abgrenzungsnachweises hinzuweisen. Der Elternteil hat den Nachweis binnen zwei Monaten vorzulegen, eine spätere Vorlage ist in diesem Fall nicht mehr möglich. Dies gilt sinngemäß auch für Personen im Sinne der §§ 12 und 13.

*(BGBl I 2019/75)*

(25) § 24 Abs. 1 Z 3 in der Fassung der Z 2 und § 9 Abs. 3 in der Fassung des Bundesgesetzes BGBl. I Nr. 75/2019 treten mit 1. Jänner 2020 in Kraft.

*(BGBl I 2019/75)*

(26) Für Geburten ab dem 1. Jänner 2021 bis 31. Dezember 2021 ist § 24a Abs. 3 COVID-19 bedingt ausnahmsweise mit der Maßgabe anzuwenden, dass die maßgeblichen Einkünfte aus dem zum Zeitpunkt der Antragstellung geltenden Einkommensteuerbescheid für das Kalenderjahr 2019 heranzuziehen sind, wenn sich dadurch für den Elternteil ein höherer Tagsatz ergibt.

*(BGBl I 2020/165)*

(27) § 9 Abs. 3 und § 24 Abs. 1 Z 3 in der Fassung des Bundesgesetzes BGBl. I Nr. 221/2021 treten mit 1. Jänner 2022 in Kraft.

*(BGBl I 2021/221)*

**„(28) § 31 Abs. 4 in der Fassung des Bundesgesetzes BGBl. I Nr. 61/2022 tritt mit 1. Mai 2022 in Kraft.“**

*(BGBl I 2022/61)*

# 15/3. VERORDNUNGEN

## 15/3/1. VO Datenübermittlung

BGBl 1995/124

**Verordnung des Bundesministers für Finanzen betreffend die Durchführung des automationsunterstützten Datenverkehrs mit dem Hauptverband der Sozialversicherungsträger**

Gemäß § 46 a Abs. 3 des Familienlastenausgleichsgesetzes 1967, in der Fassung BGBl. Nr. 246/1993, wird im Einvernehmen mit der Bundesministerin für Umwelt, Jugend und Familie und dem Bundesminister für Arbeit und Soziales verordnet:

**§ 1.** Anfragen zur Überprüfung von Versicherungsnummern gemäß § 46 a Abs. 2 Z 1 lit. a des Familienlastenausgleichsgesetzes 1967 sind von den Finanzämtern mittels Datenleitung direkt beim Hauptverband der österreichischen Sozialversicherungsträger durchzuführen. Darüber hinaus ist eine zusätzliche periodische Überprüfung von Versicherungsnummern im Rahmen des Datenaustausches gemäß § 2 vorzunehmen.

**§ 2.** Anfragen gemäß § 46 a Abs. 2 Z 1 lit. b, c und d sowie Z 3 des Familienlastenausgleichsgesetzes 1967 an den Hauptverband der österreichischen Sozialversicherungsträger und dessen Rückmeldung sind wöchentlich mittels maschinell lesbarer Datenträger durchzuführen.

**§ 3.** Die Direktabfragen gemäß § 1 sowie der Datenaustausch gemäß § 2 dieser Verordnung sind ab Veröffentlichung aufzunehmen.

## 15/3/2. VO Datenübermittlung

BGBl 1995/525

**Verordnung des Bundesministers für Finanzen betreffend die Datenübermittlung an den Hauptverband der Sozialversicherungsträger**

Gemäß § 459 b des Allgemeinen Sozialversicherungsgesetzes, § 229 b des Gewerblichen Sozialversicherungsgesetzes, § 217 a des Bauern-Sozialversicherungsgesetzes sowie § 159 d des Beamten-Kranken- und Unfallversicherungsgesetzes wird im Einvernehmen mit der Bundesministerin für Jugend und Familie und dem Bundesminister für Arbeit und Soziales verordnet:

**§ 1.** Die Daten betreffend den Bezug von Familienbeihilfe sind dem Hauptverband der österreichischen Sozialversicherungsträger zu übermitteln. Die Übermittlung ist wöchentlich mittels maschinell lesbarer Datenträger durchzuführen.

**§ 2.** Die erstmalige Übermittlung ist ab Veröffentlichung durchzuführen.

## 15/3/3. Limit-Verordnung 2022/23

BGBl II 2022/65

**Verordnung der Bundesministerin für Frauen, Familie, Integration und Medien über die Höchstbeträge pro Schüler/in und Schulform für die unentgeltliche Abgabe von Schulbüchern im Schuljahr 2022/23 (Limit-Verordnung 2022/23)**

Aufgrund des § 31a Abs. 4 Familienlastenausgleichsgesetz 1967, BGBl. Nr. 376/1967 idgF, wird im Einvernehmen mit dem Bundesminister für Bildung, Wissenschaft und Forschung verordnet:

**§ 1.** (1) Die Höchstbeträge für die Durchschnittskosten pro Schüler/in betragen in den jeweiligen Schulformen:

| | | 1 | 2 | 3 |
|---|---|---|---|---|
| **Profil** | **Bezeichnung** | **Schulform-Grund-limit in €** | **Reli-gions- bzw. Ethik-Limit in €** | **Digital-Limit in €** |
| 100 | Volksschulen – Grundschulen | 50,00 | 8,18 | - |
| 100 | Vorschulstufe | 22,80 | - | - |
| 100 | Sonderschulen | 75,00 | 8,18 | - |
| 300 | Mittelschulen | 105,00 | 14,00 | 16,00 |
| 400 | Polytechnische Schulen | 114,00 | 11,00 | 8,00 |
| 1000 | Allgemeinbildende höhere Schulen – Unterstufe | 105,00 | 14,00 | 16,00 |
| 1100 | Allgemeinbildende höhere Schulen – Oberstufe (Gymnasien, Realgymnasien, Oberstufenrealgymnasium) | 190,00 | 17,50 | 8,00 |
| 2000 | Berufsbildende Pflichtschulen | | | |
| | Fachbereich Elektrotechnik u. Elektronik, kaufmännische Bereiche sowie die Bereiche Metall | 60,00 | 5,40 | 5,00 |
| | alle anderen Fachbereiche | 52,00 | 5,40 | 5,00 |
| 3100 | Mittlere technische, gewerbliche und kunstgewerbliche Lehranstalten | 95,00 | 12,90 | 8,00 |
| 3600 | Mittlere kaufmännische Lehranstalten | 155,00 | 13,40 | 8,00 |
| 3710 | Mittlere Lehranstalten für Humanberufe (1- und 2-jährig) | 115,00 | 12,90 | 8,00 |
| 3730 | Mittlere Lehranstalten für Humanberufe (3- und mehrjährig; außer FW) | 130,00 | 12,90 | 8,00 |
| 3730 | Dreijährige Fachschulen für wirtschaftliche Berufe (FW) | 165,00 | 12,90 | 8,00 |
| 4100 | Höhere technische und gewerbliche Lehranstalten | 180,00 | 15,80 | 8,00 |
| 4600 | Höhere kaufmännische Lehranstalten | 195,00 | 15,80 | 8,00 |
| 4600 | Handelsakademien für Berufstätige | 180,00 | 15,80 | 8,00 |
| 4600 | Kaufmännische Kollegs | 170,00 | 15,80 | 8,00 |
| 4600 | Aufbaulehrgänge an Handelsakademien | 175,00 | 15,80 | 8,00 |
| 4710 | Höhere Lehranstalten für wirtschaftliche Berufe | 195,00 | 15,80 | 8,00 |
| 4710 | Kollegs für wirtschaftliche Berufe | 170,00 | 15,80 | 8,00 |
| 4710 | Aufbaulehrgänge an Höheren Lehranstalten für wirtschaftliche Berufe | 177,00 | 15,80 | 8,00 |
| 4720 | Höhere Lehranstalten für Mode und Bekleidungstechnik, Höhere Lehranstalten für Kunstgewerbe | 160,00 | 15,80 | 8,00 |
| 4730 | Höhere Lehranstalten für Tourismus | 180,00 | 15,80 | 8,00 |
| 4730 | Aufbaulehrgänge an Höheren Lehranstalten für Tourismus | 167,00 | 15,80 | 8,00 |

| | | | | |
|---|---|---|---|---|
| 4730 | Kollegs für Tourismus | 160,00 | 15,80 | 8,00 |
| 5120 | Bildungsanstalten für Elementarpädagogik | 160,00 | 15,80 | 8,00 |
| 5120 | Bildungsanstalten für Elementarpädagogik – Hortpädagogik | 168,00 | 15,80 | 8,00 |
| 5120 | Fachschulen für pädagogische Assistenzberufe | 155,00 | 13,70 | 8,00 |
| 5120 | Kollegs für Elementarpädagogik | 150,00 | 15,80 | 8,00 |
| 5130 | Bildungsanstalten für Sozialpädagogik | 160,00 | 15,80 | 8,00 |
| 5130 | Kollegs für Sozialpädagogik | 150,00 | 15,80 | 8,00 |
| 6100 | Land- und forstwirtschaftliche Berufsschulen | 65,00 | 5,40 | 5,00 |
| 6100 | Land- und forstwirtschaftliche Fachschulen | 125,00 | 12,90 | 8,00 |
| 6200 | Höhere land- und forstwirtschaftliche Lehranstalten | 155,00 | 15,80 | 8,00 |

(2) Die Schulbuchlimits umfassen das Schulform-Grundlimit, das Religions- bzw. Ethik-Limit und das Digital-Limit für das Produkt „E-Book Solo“, das Produkt „E-Book+ Solo“ und den Preisanteil des EBook+ in einem Kombiprodukt „Buch mit E-Book+“.

(3) Unterrichtsmittel eigener Wahl gem. § 31a Abs. 1 Z 2 Familienlastenausgleichsgesetz können bis zu 15 vH der maßgeblichen Höchstbeträge gem. Abs. 1 Schulform-Grundlimit und Religions- bzw. Ethik-Limit (Spalte 1 und Spalte 2) insoweit angeschafft werden, als dadurch die maßgeblichen Höchstbeträge gem. Abs. 1 nicht überschritten werden.

**§ 2.** Für Schüler/innen in der Übergangsstufe an allgemeinbildenden höheren Schulen als Vorbereitungsjahr für die AHS-Oberstufe beträgt das Schulbuchlimit € 85,00.

**§ 3.** (1) Die Schulbuchlimits pro Schüler/in an Volksschulen, Mittelschulen, Polytechnischen Schulen sowie allgemeinbildenden höheren Schulen, berufsbildenden mittleren und höheren Schulen und Berufsschulen betragen zusätzlich zu den Höchstbeträgen gem. § 1 für außerordentliche und ordentliche Schüler/innen mit nichtdeutscher Muttersprache in Deutschförderklassen, in Deutschförderkursen oder im Förderunterricht Deutsch als Zweitsprache bzw. im Unterrichtsfach Deutsch im Rahmen des Regelunterrichtes für den Lehrplan-Zusatz „Deutsch als Zweitsprache“ € 16,90 und für den muttersprachlichen Unterricht € 14,70.

(2) Für Schüler/innen mit dem Lehrplan-Zusatz „Deutsch als Zweitsprache“ bzw. mit muttersprachlichem Unterricht kann neben dem Zusatzlimit in der Volksschule und in der Sekundarstufe I einmal ein Wörterbuch bestellt werden.

**§ 4.** An Schulen mit zweisprachigem Unterricht in allen Gegenständen (Minderheitensprachen, Volksgruppensprachen) dürfen zusätzlich zu den Höchstbeträgen gem. § 1 für die deutschsprachigen Schulbücher auch Schulbücher für die Zweitsprache in dem Umfang (Anzahl der Titel) pro Schüler/in wie für den vergleichbaren deutschsprachigen Unterricht angeschafft werden.

**§ 5.** Die Höchstbeträge für die Durchschnittskosten pro Schüler/in, die an einem Sprachheilkurs teilnehmen, betragen zusätzlich € 5,50 zu den jeweils maßgeblichen Höchstbeträgen gem. § 1 für Volksschulen, Mittelschulen und allgemeinbildenden höheren Schulen-Unterstufen.

**§ 6.** Die Schulbücher für sehbehinderte Schüler/innen dürfen an Sonderschulen und für integrativ unterrichtete Schüler/innen pro Schüler/in und Schulstufe nur in dem Umfang (Anzahl der Titel) abgegeben werden, wie sie vergleichbare Schüler/innen ohne sonderpädagogischen Förderbedarf erhalten.

# 15/3/4. VO Studierendenvertreter

BGBl II 2015/263

**Verordnung der Bundesministerin für Familien und Jugend über die Verlängerung der Anspruchsdauer für den Bezug von Familienbeihilfe für Studierendenvertreterinnen und Studierendenvertreter**

Auf Grund des § 2 Abs. 1 lit. b des Familienlastenausgleichsgesetzes 1967 (FLAG 1967), BGBl. Nr. 376/1967, zuletzt geändert durch das Bundesgesetz BGBl. I Nr. 50/2015, wird verordnet:

### Verlängerung der höchstzulässigen Studienzeit

**§ 1.** Zeiten, in denen Studierende als Studierendenvertreterinnen bzw. Studierendenvertreter gemäß § 30 Abs. 1 und 2 des Hochschülerinnen- und Hochschülerschaftsgesetzes 2014 (HSG 2014), BGBl. I Nr. 45/2014, oder als Vorsitzende oder Sprecherinnen bzw. Sprecher der Heimvertretungen nach dem Studentenheimgesetz, BGBl. Nr. 291/1986, tätig waren, sind nach Maßgabe der §§ 2 bis 4 bei der Gewährung der Familienbeihilfe nicht in die für die Absolvierung des Studiums oder Studienabschnittes höchstzulässigen Studienzeiten nach dem Familienlastenausgleichsgesetz 1967 (FLAG 1967), BGBl. Nr. 376/1967, einzurechnen.

### Allgemeine Voraussetzungen

**§ 2.** Voraussetzung für die Verlängerung der höchstzulässigen Studienzeit ist die Ausübung einer der in § 1 genannten Funktionen für die Dauer von mindestens einem Semester vor Ablauf der für die Absolvierung des Studiums oder Studienabschnittes höchstzulässigen Studienzeit.

### Ausmaß der Verlängerung

**§ 3.** (1) Die höchstzulässige Studienzeit wird um die vollen Semester, in denen eine der folgenden Funktionen ausgeübt wurde, verlängert:

1. Vorsitzende bzw. Vorsitzender der Österreichischen Hochschülerinnen- und Hochschülerschaft, einer Hochschülerinnen- und Hochschülerschaft oder einer Hochschulvertretung,
2. Referentin bzw. Referent der Bundesvertretung oder einer Universitäts- oder Hochschulvertretung.

(2) Die höchstzulässige Studienzeit wird um drei Viertel der Semester, in denen eine der folgenden Funktionen ausgeübt wurde, verlängert:

1. stellvertretende Vorsitzende bzw. stellvertretender Vorsitzender der Österreichischen Hochschülerinnen- und Hochschülerschaft oder einer Hochschülerinnen- und Hochschülerschaft oder einer Hochschulvertretung,
2. stellvertretende Wirtschaftsreferentin bzw. stellvertretender Wirtschaftsreferent,
3. Vorsitzende bzw. Vorsitzender eines Organs gemäß § 15 Abs. 2 HSG 2014 oder
4. Vorsitzende bzw. Vorsitzender einer Studienvertretung.

(3) Die höchstzulässige Studienzeit wird um die Hälfte der Semester, in denen eine der folgenden Funktionen ausgeübt wurde, verlängert:

1. Sachbearbeiterin bzw. Sachbearbeiter der Bundesvertretung,
2. Sachbearbeiterin bzw. Sachbearbeiter einer Universitäts- oder Hochschulvertretung der Studierenden,
3. Mandatarin bzw. Mandatar in einem Organ der Österreichischen Hochschülerinnen- und Hochschülerschaft oder einer Hochschülerinnen- und Hochschülerschaft oder einer Hochschulvertretung.

(4) Für alle anderen Studierendenvertreterinnen und Studierendenvertreter nach dem HSG 2014 sowie für die Vorsitzenden und Sprecherinnen und Sprecher der Heimvertretungen nach dem Studentenheimgesetz wird die höchstzulässige Studienzeit um ein Viertel der zurückgelegten Semester verlängert.

### Dauer der Verlängerung

**§ 4.** (1) Im Hinblick auf die zeitliche Inanspruchnahme sind bei Ausübung mehrerer Funktionen gemäß § 3 in einem Semester die Zeiten für die Verlängerung der höchstzulässigen Studienzeit mit der Maßgabe zusammenzuzählen, dass die Summe höchstens ein ganzes Semester ergeben darf.

(2) Die höchstzulässige Studienzeit kann um nicht mehr als die gesamte Zeit, in der eine Funktion gemäß § 3 ausgeübt wurde, und um nicht mehr als insgesamt vier Semester verlängert werden.

(3) Ergibt die rechnerische Ermittlung der zulässigen Verlängerung keine ganze Semesterzahl, so sind Verlängerungszeiten ab 0,5 Semestern als ganze Semester anzusehen.

### Nachweise

**§ 5.** (1) Die Dauer der Funktion der bzw. des Vorsitzenden der Österreichischen Hochschülerinnen- und Hochschülerschaft, der Hochschülerinnen- und Hochschülerschaften und der Hochschulvertretungen sowie die Dauer der Funktion der Mandatarinnen und Mandatare ist von der bzw. dem jeweiligen Vorsitzenden der Wahlkommission zu bestätigen.

(2) Die Art und die Dauer der Funktion der anderen Studierendenvertreterinnen und Studierendenvertreter sind von den jeweiligen Vorsitzenden der Hochschülerinnen- und Hochschülerschaften bzw. der Hochschulvertretungen zu bestätigen. Bei den Vorsitzenden und Sprecherinnen bzw. Sprechern der Heimvertretungen erfolgt diese Bestätigung durch den jeweiligen Heimträger.

### Inkrafttreten

**§ 6.** Diese Verordnung tritt mit dem Wintersemester 2015/2016 in Kraft.

### Außerkrafttreten

**§ 7.** Die Verordnung BGBl. II Nr. 83/1999 tritt mit Ablauf des Sommersemesters 2015 außer Kraft.

# 15/3/5. Mutter-Kind-Pass-Verordnung 2002

BGBl II 2001/470 idF BGBl II 2013/420

**Verordnung des Bundesministers für soziale Sicherheit und Generationen über die Festlegung eines Mutter-Kind-Pass-Untersuchungsprogrammes, die Voraussetzungen zur Weitergewährung des Kinderbetreuungsgeldes in voller Höhe sowie über den Mutter-Kind-Pass (Mutter-Kind-Pass-Verordnung 2002 – MuKiPassV)**

Auf Grund § 7 Abs. 1 Kinderbetreuungsgeldgesetz (KBGG), BGBl. I Nr. 103/2001, wird verordnet:

## 1. Abschnitt Allgemeines

### Zielbestimmung

**§ 1.** (1) Zur Sicherstellung der medizinischen Grundbetreuung der Schwangeren und des Kindes wird ein Mutter-Kind-Pass-Untersuchungsprogramm festgelegt.

(2) Das Mutter-Kind-Pass-Untersuchungsprogramm umfasst jedenfalls fünf Untersuchungen der Schwangeren sowie neun Untersuchungen des Kindes bis zu dessen 62. Lebensmonat.

### Kinderbetreuungsgeld

**§ 2.** Die zur Weitergewährung des Kinderbetreuungsgeldes in voller Höhe gemäß § 7 KBGG erforderlichen ärztlichen Untersuchungen haben, sofern § 6 Abs. 2 und 3 nichts anderes bestimmt, aus fünf ärztlichen Untersuchungen der Schwangeren und fünf ärztlichen Untersuchungen des Kindes zu bestehen.

## 2. Abschnitt Untersuchungsprogramm für Schwangere

### Untersuchungen der Schwangeren

**§ 3.** (1) Während der Schwangerschaft sind fünf ärztliche Untersuchungen der Schwangeren vorgesehen.

(2) Die erste Untersuchung ist bis zum Ende der 16. Schwangerschaftswoche vorzunehmen. Sie hat folgende Blutuntersuchungen einzuschließen:

1. Test auf Vorliegen einer Luesinfektion,
2. Bestimmung der Blutgruppe und des Rhesusfaktors, ausgenommen bei Vorliegen eines Originalbefundes,
3. Bestimmung des Hämoglobinwertes und des Hämatokrits (oder der Erythrozytenzahl),
4. Toxoplasmosetest mit Wiederholungsuntersuchungen bei negativem bzw. abklärungsbedürftigem Titer, ausgenommen bei Vorliegen eines Originalbefundes über einen eindeutig positiven Titer,
5. Bestimmung des Rötelnantikörpertiters,
6. HIV-Test.

(3) Die zweite Untersuchung ist in der 17., 18., 19. oder 20. Schwangerschaftswoche vorzunehmen. Sie hat eine interne Untersuchung einzuschließen.

(4) Die dritte Untersuchung ist in der 25., 26., 27. oder 28. Schwangerschaftswoche vorzunehmen. Sie hat die Bestimmung des Hämatokrits und des Hämoglobinwerts sowie eine Hepatitis-B-Untersuchung (HBS-Antigen-Bestimmung) einzuschließen. Weiters hat sie einen oralen Glukosetoleranztest zu umfassen.

(5) Die vierte Untersuchung ist in der 30., 31., 32., 33. oder 34. Schwangerschaftswoche vorzunehmen.

(6) Die fünfte Untersuchung ist in der 35., 36., 37. oder 38. Schwangerschaftswoche vorzunehmen.

(7) Die Durchführung des HIV-Tests gemäß Abs. 2 Z 6 im Rahmen der ersten Untersuchung und die Durchführung des oralen Glukosetoleranztests gemäß Abs. 4 im Rahmen der dritten Untersuchung sind ab 1. Jänner 2011 Voraussetzung für die Weitergewährung des Kinderbetreuungsgeldes in voller Höhe.

### Untersuchungsumfang

**§ 4.** Die Untersuchungen gemäß § 3 haben jedenfalls

1. eine ausführliche Anamneseerhebung,
2. eine gynäkologische Untersuchung (Vaginalbefund),
3. die Erhebung von mütterlichen und kindlichen Risikofaktoren und
4. die Beurteilung der Notwendigkeit weiterer Untersuchungen

einzuschließen.

### Ultraschalluntersuchungen der Schwangeren

**§ 5.** (1) Zusätzlich zu den im § 3 Abs. 2 bis 6 genannten Untersuchungen der Schwangeren werden entsprechend dem Stand der medizinischen Wissenschaft jeweils eine Ultraschalluntersuchung der Schwangeren in der 8., 9., 10., 11. oder 12., in der 18., 19., 20., 21. oder 22. und in der 30., 31., 32., 33. oder 34. Schwangerschaftswoche empfohlen.

(2) Ultraschalluntersuchungen sind nicht Voraussetzung für die Weitergewährung des Kinderbetreuungsgeldes in voller Höhe.

### Hebammenberatung

**§ 5a.** (1) Innerhalb der 18. bis 22. Schwangerschaftswoche ist eine einstündige Beratung durch eine Hebamme vorgesehen. Die Hebammenberatung hat insbesondere

1. Informationen über den Verlauf von Schwangerschaft, Geburt, Wochenbett und Stillen,
2. Beratung über gesundheitsförderndes und präventives Verhalten in der Schwangerschaft, im Wochenbett und während der Stillzeit sowie
3. Eingehen auf das psychosoziale Umfeld der Schwangeren und erforderlichenfalls Information über diesbezügliche Unterstützungsmöglichkeiten

zu umfassen.

(2) Die Hebammenberatung ist nicht Voraussetzung für die Weitergewährung des Kinderbetreuungsgeldes in voller Höhe.

**Verspätete Feststellung der Schwangerschaft**

**§ 6.** (1) Eine Überschreitung der im § 3 Abs. 2 bis 6 angeführten Untersuchungstermine hat zur Weitergewährung des Kinderbetreuungsgeldes in voller Höhe außer Betracht zu bleiben, wenn sie aus einem von der Schwangeren nicht zu vertretenden Grund erfolgt.

(2) War die Schwangerschaft trotz ärztlicher Untersuchung erst nach der 20. Schwangerschaftswoche feststellbar, oder kann die Schwangere glaubhaft machen, dass für sie kein Anlass zu einer solchen Untersuchung bestand, auf Grund deren sie Kenntnis von ihrer Schwangerschaft erhalten hätte können, genügen für die Weitergewährung des Kinderbetreuungsgeldes in voller Höhe die nachstehend angeführten Untersuchungen:

1. Bei Feststellung der Schwangerschaft bis Ende der 28. Schwangerschaftswoche
   a) die Untersuchungen der Schwangeren gemäß § 3 Abs. 4, 5 und 6, die im § 3 Abs. 2 Z 1 bis 4 genannten Blutuntersuchungen sowie die interne Untersuchung gemäß § 3 Abs. 3 und
   b) die Untersuchungen des Kindes gemäß § 7 Abs. 2 bis 6,
2. bei Feststellung der Schwangerschaft nach der 28. bis Ende der 34. Schwangerschaftswoche
   a) die Untersuchungen der Schwangeren gemäß § 3 Abs. 5 und 6, die im § 3 Abs. 2 Z 1 bis 4 genannten Blutuntersuchungen sowie die interne Untersuchung gemäß § 3 Abs. 3 und
   b) die Untersuchungen des Kindes gemäß § 7 Abs. 2 bis 6,
3. bei Feststellung der Schwangerschaft nach der 34. Schwangerschaftswoche
   a) die Untersuchung der Schwangeren gemäß § 3 Abs. 6, die im § 3 Abs. 2 Z 1 bis 4 genannten Blutuntersuchungen sowie die interne Untersuchung gemäß § 3 Abs. 3 und
   b) die Untersuchungen des Kindes gemäß § 7 Abs. 2 bis 6,
4. bei Feststellung der Schwangerschaft erst unmittelbar vor der Geburt die Untersuchungen des Kindes gemäß § 7 Abs. 2 bis 6.

(3) Falls die Geburt vor dem im § 3 Abs. 4, 5 oder 6 angeführten Untersuchungstermin erfolgt, genügt für die Weitergewährung des Kinderbetreuungsgeldes in voller Höhe die Vornahme der bis zur Geburt vorgesehenen Untersuchungen sowie der Untersuchungen des Kindes gemäß § 7 Abs. 2 bis 6.

## 3. Abschnitt
## Untersuchungsprogramm für Kinder

**Untersuchungen des Kindes**

**§ 7.** (1) In den ersten vierzehn Lebensmonaten sind fünf ärztliche Untersuchungen des Kindes vorgesehen.

(2) Die erste Untersuchung ist in der ersten Lebenswoche vorzunehmen.

(3) Die zweite Untersuchung ist in der vierten, fünften, sechsten oder siebenten Lebenswoche vorzunehmen. Sie hat eine orthopädische Untersuchung einzuschließen.

(4) Die dritte Untersuchung ist im dritten, vierten oder fünften Lebensmonat vorzunehmen.

(5) Die vierte Untersuchung ist im siebenten, achten oder neunten Lebensmonat vorzunehmen. Sie hat eine Untersuchung des Hals-, Nasen- und Ohrenbereiches einzuschließen.

(6) Die fünfte Untersuchung ist im 10., 11., 12., 13. oder 14. Lebensmonat vorzunehmen. Sie hat eine Augenuntersuchung einzuschließen.

**Überschreitung der Untersuchungstermine**

**§ 8.** Eine Überschreitung der im § 7 Abs. 2 bis 6 festgelegten Untersuchungstermine hat zur Weitergewährung des Kinderbetreuungsgeldes in voller Höhe außer Betracht zu bleiben, wenn sie aus einem vom Anspruchsberechtigten nicht zu vertretenden Grund erfolgt (§ 7 Abs. 4 KBGG).

**Weitere vorgesehene Untersuchungen**

**§ 9.** (1) Bis zum zweiundsechzigsten Lebensmonat sind vier weitere ärztliche Untersuchungen des Kindes vorgesehen. Diese sind nicht Voraussetzung für die Weitergewährung des Kinderbetreuungsgeldes in voller Höhe.

(2) Die sechste Untersuchung ist für den 22., 23., 24., 25. oder 26. Lebensmonat vorgesehen und sollte eine Augenuntersuchung durch einen/eine Facharzt/Fachärztin für Augenheilkunde und Optometrie einschließen.

(3) Die siebente Untersuchung ist für den 34., 35., 36., 37. oder 38. Lebensmonat vorgesehen.

(4) Die achte Untersuchung ist für den 46., 47., 48., 49. oder 50. Lebensmonat vorgesehen.

(5) Die neunte Untersuchung ist für den 58., 59., 60., 61. oder 62. Lebensmonat vorgesehen.

**Untersuchungsumfang**

**§ 10.** (1) Die Untersuchungen gemäß §§ 7 und 9 haben

1. die Feststellung von Körpergewicht und Körperlänge,
2. die Erhebung von Beobachtungen der Mutter und eine Krankheitsanamnese,
3. eine ärztliche Untersuchung des Kindes und
4. die Beurteilung der Notwendigkeit weiterer Untersuchungen

einzuschließen.

(2) Bei den Untersuchungen gemäß §§ 7 Abs. 2 bis 6 und 9 Abs. 2 bis 5 ist auf die in dem jeweiligen Alter erreichte Entwicklung Bedacht zu nehmen.

### Ultraschalluntersuchungen des Kindes

**§ 11.** (1) In der ersten und in der sechsten, siebenten oder achten Lebenswoche des Kindes wird entsprechend dem Stand der medizinischen Wissenschaft jeweils eine Hüftultraschalluntersuchung empfohlen.

(2) Hüftultraschalluntersuchungen sind nicht Voraussetzung für die Weitergewährung des Kinderbetreuungsgeldes in voller Höhe.

## 4. Abschnitt
## Mutter-Kind-Pass

### Form und Inhalt des Mutter-Kind-Passes

**§ 12.** (1) Art und Umfang der im Rahmen des Mutter-Kind-Pass-Untersuchungsprogrammes vorgesehenen ärztlichen Untersuchungen sowie die Voraussetzungen zur Weitergewährung des Kinderbetreuungsgeldes in voller Höhe sind im Mutter-Kind-Pass festzuhalten. Weiters sind im Mutter-Kind-Pass die wesentlichen Inhalte und besonderen Feststellungen der Hebammenberatung zu dokumentieren.

(2) Der Mutter-Kind-Pass ist vom Bundesministerium für Gesundheit aufzulegen.

(3) Der Mutter-Kind-Pass hat aus gehefteten Blättern in einem dauerhaften Umschlag zu bestehen.

(4) Im Mutter-Kind-Pass sind Vordrucke für folgende Eintragungen vorzusehen:

1. Personaldaten der Mutter und des Kindes,
2. für den Gesundheitszustand der Mutter und des Kindes erhebliche Daten, insbesondere die Untersuchungsergebnisse gemäß §§ 3 bis 11,

2a. Durchführung der Hebammenberatung gemäß § 5a,

3. Bestätigungen zur Vorlage beim Krankenversicherungsträger über die Durchführung der ärztlichen Untersuchungen zur Weitergewährung des Kinderbetreuungsgeldes in voller Höhe.

(5) Der Mutter-Kind-Pass ist insbesondere den Trägern der gesetzlichen Krankenversicherung, deren Vertragsärzten/Vertragsärztinnen und sonstigen Vertragspartnern, die Untersuchungen im Sinne dieser Verordnung durchführen, den Schwangeren- oder Mütter- und Elternberatungsstellen sowie den Bezirksverwaltungsbehörden zur Ausfolgung an die in Betracht kommenden Personen zur Verfügung zu stellen.

### Einsichtnahme in den Mutter-Kind-Pass

**§ 13.** (1) Der Mutter-Kind-Pass ist bei der Durchführung der Untersuchungen dem/der untersuchenden Arzt/Ärztin und bei der Hebammenberatung der Hebamme zum Zweck der Eintragungen zu übergeben.

(2) Die Einsichtnahme in den Mutter-Kind-Pass ist nur mit Zustimmung der Mutter und des/der Erziehungsberechtigten oder auf Grund ausdrücklicher gesetzlicher Ermächtigung zulässig.

## 5. Abschnitt
## Übergangs- und In-Kraft-Tretens-Bestimmungen

### Übergangsbestimmungen

**§ 14.** (1) Bis zum 1. Jänner 2004 kann die im § 5 Abs. 1 empfohlene erste Ultraschalluntersuchung auch in der 16., 17., 18. 19. oder 20. Schwangerschaftswoche durchgeführt werden.

(2) Bis zum 1. Jänner 2004 kann die im § 7 Abs. 5 vorgesehene Untersuchung des Hals-, Nasen- und Ohrenbereiches auch im Rahmen der dritten Untersuchung im dritten, vierten oder fünften Lebensmonat vorgenommen werden.

(3) Bis zum 1. Jänner 2004 kann die zweite Hüftultraschalluntersuchung des Kindes gemäß § 11 Abs. 1 auch in der 12., 13., 14., 15. oder 16. Lebenswoche durchgeführt werden.

(4) Für die Jahre 2008 und 2009 gelten auch folgende Maßnahmen als Bestandteil des Untersuchungsprogramms für Schwangere, sie sind jedoch nicht Voraussetzung für die Weitergewährung des Kinderbetreuungsgeldes in voller Höhe:

1. der HIV-Test,
2. der b-hämolysierende Streptokokkentest,
3. der orale Glukosetoleranztest,
4. die Anti-D-Prophylaxe,
5. der Rhesus-Antikörper-Suchtest,
6. die Bilirubinbestimmung beim Neugeborenen.



### In-Kraft-Treten

**§ 15.** (1) Diese Verordnung tritt mit 1. Jänner 2002 in Kraft.

(2) Die Mutter-Kind-Pass-Verordnung – MuKiPassV, BGBl. II Nr. 24/1997, tritt mit Ablauf des 31. Dezember 2001 außer Kraft. Sie ist jedoch für Kinder, die vor dem 1. Jänner 2002 geboren sind, mit der Maßgabe weiterhin anzuwenden, dass die Fristverlängerung für die Untersuchung gemäß § 7 Abs. 3, die Verschiebung der Untersuchungen gemäß § 7 Abs. 5 und § 11 Abs. 1 sowie die zusätzliche Kindesuntersuchung gemäß § 9 Abs. 5 bereits in Anspruch genommen werden können.

(3) § 3 Abs. 2, 4 und 7, § 5 Abs. 1 sowie § 14 Abs. 4 in der Fassung der Verordnung BGBl. II Nr. 448/2009 treten mit 1. Jänner 2010 in Kraft.

(4) Das Inhaltsverzeichnis, § 5a samt Überschrift, § 6 Abs. 1, § 8, § 12 Abs. 1, 2 und 4 Z 2a sowie § 13 Abs. 1 in der Fassung der Verordnung BGBl. II Nr. 420/2013 treten mit 1. November 2013 in Kraft.

# 16. Doppelbesteuerungsabkommen

Inhaltsverzeichnis

# 16/1. Doppelbesteuerungsabkommen

**(Übersicht)**

**Vorschriften zur Vermeidung der Doppelbesteuerung:**

**Ägypten:**

*siehe Vereinigte Arabische Republik*

**Albanien:**

Abkommen vom 14. Dezember 2007, BGBl III 2008/107, AÖF 2008/284.

**Algerien:**

Abkommen vom 17. Juni 2003, BGBl III 2006/176, AÖF 2007/2.

**Andorra:**

Abkommen (Auskunftsaustausch), BGBl III 2010/129, AÖF 2010/227.

**Anguilla:**

Abkommen (Briefwechsel), BGBl III 2005/140, AÖF 2005/214.

**Argentinien:**

Abkommen vom 13. September 1979, BGBl 1983/11, AÖF 1983/149; Kündigung BGBl III 2008/80, AÖF 2008/178.

**Armenien:**

Abkommen vom 27. Februar 2002, BGBl III 2004/29, AÖF 2004/156.

**Aruba:**

Abkommen (Briefwechsel), BGBl III 2005/133, AÖF 2005/207.

**Aserbaidschan:**

Abkommen vom 4. Juli 2000, BGBl III 2001/176, AÖF 2001/183.

**Australien:**

Abkommen vom 8. Juli 1986, BGBl 1988/480, AÖF 1988/318.

**Bahrain:**

Abkommen vom 2. Juli 2009, BGBl III 2011/14.

**Barbados:**

Abkommen vom 27. Februar 2006, BGBl III 2007/40.

**Belarus (Weißrussland):**

Abkommen vom 16. Mai 2001, BGBl III 2002/69, AÖF 2002/128, in der Fassung des Protokolls vom 24. November 2014, BGBl III 2015/129.

**Belgien:**

a) Abkommen vom 29. Dezember 1971, BGBl 1973/415, AÖF 1973/249, in der Fassung des Protokolls vom 10. September 2009, BGBl III 2016/7,

b) Verordnung vom 19. März 1974, BGBl 1974/216, AÖF 1974/139.

**Belize:**

Abkommen vom 8. Mai 2002, BGBl III 2003/132, AÖF 2004/36.

**Bosnien und Herzegowina:**

Abkommen vom 16. Dezember 2010, BGBl III 2011/168, AÖF 2011/251.

**Brasilien:**

a) Abkommen vom 24. Mai 1975, BGBl 1976/431, AÖF 1976/218,

b) Verordnung vom 27. Oktober 1976, BGBl 1976/633, AÖF 1976/286.

**British Virgin Islands:**

Abkommen (Briefwechsel), BGBl III 2005/136, AÖF 2005/210.

**Bulgarien:**

Abkommen vom 20. Juli 2010, BGBl III 2011/30.

**Cayman Islands:**

Abkommen (Briefwechsel), BGBl III 2005/139.

**Chile:**

Abkommen vom 6. Dezember 2012, BGBl III 2015/140.

**China:**

a) Abkommen vom 10. April 1991, BGBl 1992/679, AÖF 1992/343.

b) Verständigungsprotokoll vom 1. August 2014, BMF-AV Nr. 118/2014.

**Dänemark:**

Abkommen vom 25. Mai 2007, BGBl III 2008/41, AÖF 2008/109, in der Fassung des Protokolls vom 16. September 2009, BGBl III 2010/27, AÖF 2010/75.

**Deutschland:**

a) Abkommen vom 4. Oktober 1954, BGBl 1955/220, AÖF 1955/281; Kündigung BGBl III 2007/116, AÖF 2007/231.

b) Abkommen vom 4. Oktober 1954, BGBl 1955/221, AÖF 1955/280,

c) Erlass vom 3. September 1957, Z 94826-8/57, AÖF 1957/235,

d) Erlass vom 21. Jänner 1964, Z 132. 389-8/63, AÖF 1964/87,

e) Erlass vom 26. April 1965, Z 22036-8/65, AÖF 1965/119,

f) Erlass vom 14. März 1967, Z 200295-8/67, AÖF 1967/106,

g) Kundmachung vom 13. März 1972, Z 251132-8/72, AÖF 1972/114,

h) Erlass vom 11. Feber 1974, Z 260244-8/73, AÖF 1974/105,

i) Erlass vom 22. Feber 1984, Z W766/2/1-IV/4/84, AÖF 1984/61,
j) Erlass vom 24. Juli 1984, Z A525/1/2-IV/4/84, AÖF 1984/184,
k) Erlass vom 7. Oktober 1986, Z 040101/ 72-IV/4/86, AÖF 1986/283,
l) Erlass vom 22. Dezember 1986, Z G 1246/1/3-IV/4/86, AÖF 1987/32,
m) Erlass vom 12. Feber 1987, Z H 2009/1/3-IV/4/86, AÖF 1987/91,
n) Erlass vom 24. April 1989, Z B 643/1/1-IV/4/89, AÖF 1989/152,
o) Erlass vom 24. Juli 1989, Z 041482/8-IV/4/89, AÖF 1989/240,
p) Erlass vom 8. August 1989, Z 041482/6-IV/4/89, AÖF 1989/267,
q) Erlass vom 5. Oktober 1989, Z 041482/29-IV/4/89, AÖF 1989/283,
r) Erlass vom 20. November 1990, Z 041482/27-IV/4/90, AÖF 1990/301,
s) Erlass vom 23. März 1993, Z 044702/8-IV/4/92, AÖF 1993/143,
t) Abkommen vom 8. Juli 1992, BGBl 1994/361, AÖF 1994/188,
u) Verordnung, BGBl 1994/426, AÖF 1994/ 200,
v) Erlass vom 16. Dezember 1994, Z 041482/27-IV/4/94, AÖF 1995/10,
w) Erlass vom 11. Februar 1997, Z 041482/5-IV/4/97, AÖF 1997/88,
x) Erlass vom 16. Februar 1998, Z 041482/6-IV/4/98, AÖF 1998/70,
y) Erlass vom 6. September 2000, Z 041482/49-IV/4/2000, AÖF 2000/200,
z) Verordnung BGBl II 2001/97,
aa) Abkommen samt Protokoll vom 24. August 2000, BGBl III 2002/182, AÖF 2002/214, idF des Protokolles vom 29. Dezember 2010, BGBl III 2012/32, AÖF 2012/56.
bb) Zusatzabkommen vom 15. Oktober 2003, BGBl III 2004/125.
cc) Erlass vom 30. November 2006, BMF-010221/0187-IV/4/2006, AÖF 2007/11.
dd) Erlass vom 21. Dezember 2007, BMF-010221/2177-IV/4/2007, AÖF 2008/13.
ee) Abkommen vom 6. November 2008, BGBl III 2009/115, AÖF 2009/248.
ff) Erlass vom 21. Dezember 2010, BMF-010221/3371-IV/4/2010, AÖF 2010/247.
gg) Erlass vom 21. Dezember 2010, BMF-010221/3392-IV/4/2010, AÖF 2010/248.
hh) Erlass vom 21. Februar 2011, BMF-010221/0088-IV/4/2011, AÖF 2011/55.
ii) Erlass vom 8. Juni 2012, BMF-010221/0376-IV/4/2012, AÖF 2012/135.
jj) Erlass vom 10. Oktober 2012, BMF-010221/0538-IV/4/2012, AÖF 2012/223.
kk) Erlass vom 10. Oktober 2012, BMF-010221/0617-IV/4/2012.
ll) Erlass vom 14. Februar 2014, BMF-010221/0792-VI/8/2013, BMF-AV Nr. 7/2014

**Estland:**

Abkommen vom 5. April 2001, BGBl III 2003/11, AÖF 2003/52.

**Finnland:**

a) Abkommen vom 8. Oktober 1963, BGBl 1964/55, AÖF 1964/79, in der Fassung des Protokolls vom 21. September 1970, BGBl 1972/110, AÖF 1972/135, und des Protokolls samt Zusatzprotokoll vom 4. März 2011, BGBl III 2011/159, AÖF 2011/241.
b) Vereinbarung vom 17. November 1972 bzw. 1. Feber 1973, BGBl 1973/277, AÖF 1973/182,
c) Abkommen vom 26. Juli 2000, BGBl III 2001/42, AÖF 2001/62.

**Frankreich:**

a) Abkommen vom 8. Oktober 1959, BGBl 1961/246, AÖF 1961/260, in der Fassung des Protokolls vom 30. Oktober 1970, BGBl 1972/147, AÖF 1972/156,
b) Vereinbarung vom 13. Oktober 1961, BGBl 1962/98, AÖF 1962/110,
c) Erlass vom 17. Mai 1968, Z 207763-8/68, AÖF 1968/168,
d) Verordnung vom 14. Juni 1973, BGBl 1973/387, AÖF 1973/237,
e) Erlass vom 14. August 1986, Z 040610/ 18-IV/4/86, AÖF 1986/230,
f) Protokoll vom 26. Februar 1986, BGBl 1988/588, AÖF 1988/368,
g) Abkommen vom 26. März 1993, BGBl 1994/613, AÖF 1994/243, in der Fassung des Protokolls und Zusatzprotokolls vom 23. Mai 2011, BGBl III 2012/77, AÖF 2012/117,
h) Abkommen vom 26. März 1993, BGBl 1994/614, AÖF 1994/244.

**Georgien:**

Abkommen vom 11. April 2005, BGBl III 2006/60, AÖF 2006/109, in der Fassung des Protokolls und Zusatzprotokolls vom 4. Juni 2012, BGBl III 2018/83

**Gibraltar:**

Abkommen (Informationsaustausch) vom 17. September 2009, BGBl III 2010/35, AÖF 2010/164.

**Griechenland:**

Abkommen vom 18. Juli 2007, BGBl III 2009/16.

**Großbritannien und Nordirland:**

a) Abkommen vom 30. April 1969, BGBl 1970/390, AÖF 1970/230, in der Fassung des Protokolls vom 17. November 1977, BGBl 1978/585, AÖF 1979/91, und des Protokolls vom 11. September 2009, BGBl III 2010/135, AÖF 2011/20.
b) Verordnung vom 30. Oktober 1979, BGBl 1979/505, AÖF 1980/9,

c) Protokoll vom 18. Mai 1993, BGBl 1994/835, AÖF 1994/307.
d) Abkommen samt Protokoll vom 23. Oktober 2018, BGBl III 2019/32.

**Guernsey:**

a) Abkommen (Briefwechsel), BGBl III 2005/176, AÖF 2005/231,
b) Abkommen vom 14. Mai 2014, BGBl III 2014/222,
c) Erlass vom 9. Juli 2015, BMF-AV Nr. 102/2015.
d) Abkommen (Briefwechsel), BGBl III 2018/7.

**Hongkong:**

Abkommen vom 25. Mai 2010, BGBl III 2011/9, in der Fassung des Protokolls vom 25. Juni 2012, BGBl III 2013/308, AÖF 2013/334.

**Indien:**

Abkommen vom 8. November 1999, BGBl III 2001/231, AÖF 2001/237, idF des Protokolls vom 6. Februar 2017, BGBl III 2021/69.

**Indonesien:**

Übereinkommen vom 24. Juli 1986, BGBl 1988/454, AÖF 1988/303.

**Iran:**

Abkommen vom 11. März 2002, BGBl III 2004/81, AÖF 2004/220.

**Irland:**

a) Abkommen vom 24. Mai 1966, BGBl 1968/66, AÖF 1968/97, idF des Protokolles vom 19. Juni 1987, BGBl 1989/12, AÖF 1989/77, und des Protokolls vom 16. Dezember 2009, BGBl III 2011/45, AÖF 2011/94.
b) Verordnung vom 28. April 1970, BGBl 1970/154, AÖF 1970/97.
c) Erlass vom 3. Februar 2010, BMF-010221/3022-IV/4/2009, AÖF 2010/33.
d) Erlass vom 28. Juni 2012, BMF-010221/0399-IV/4/2012, AÖF 2012/157.

**Island:**

Abkommen vom 30. Juni 2016, BGBl III 2017/25.

**Isle of Man:**

Abkommen (Briefwechsel), BGBl III 2005/141, AÖF 2005/215.

**Israel:**

a) Abkommen vom 29. Jänner 1970, BGBl 1971/85, AÖF 1971/87, idF BGBl III 2008/31, AÖF 2008/87.
b) Abkommen vom 28. November 2016, BGBl III 2018/8.

**Italien:**

a) Abkommen vom 29. Juni 1981, BGBl 1985/125, AÖF 1985/111,
b) Erlass vom 20. November 1984, Z 042541/3-IV/4/84, AÖF 1984/261,
c) Erlass vom 12. April 1985, Z 042542/7-IV/4/85, AÖF 1985/119,
d) Erlass vom 12. April 1985, Z 042542/8-IV/4/85, AÖF 1985/120,
e) Erlass vom 14. März 1988, Z 042542/7-IV/4/88, AÖF 1988/169,
f) Ergänzungsprotokoll vom 25. November 1987, BGBl 1990/129, AÖF 1990/103,
g) Erlass vom 14. Mai 1997, Z 042541/2-IV/4/97, AÖF 1997/140.

**Japan:**

a) Abkommen vom 20. Dezember 1961, BGBl 1963/127, AÖF 1963/158,
b) Erlass vom 4. Februar 2015, BMF-010221/0037-VI/8/2015, BMF-AV Nr. 20/2015.
c) Abkommen vom 30. Jänner 2017, BGBl III 2018/167.

**Jersey:**

a) Abkommen (Briefwechsel), BGBl III 2005/135, AÖF 2005/209.
b) Abkommen vom 8. April 2013, BGBl III 2013/107, AÖF 2013/158.
c) Abkommen (Briefwechsel), BGBl III 2017/236.

**Kanada:**

a) Abkommen vom 9. Dezember 1976, BGBl 1981/77, AÖF 1981/107, idF des Protokolles vom 15. Juni 1999, BGBl III 2001/2,
b) Verordnung vom 6. Mai 1982, BGBl 1982/318, AÖF 1982/189,
c) Protokoll vom 15. Juni 1999, BGBl III 2001/2, AÖF 2001/51.
d) Protokoll vom 9. März 2012, BGBl III 2013/208.

**Kasachstan:**

Abkommen vom 10. September 2004, BGBl III 2006/69, AÖF 2006/125.

**Katar:**

Abkommen samt Protokoll vom 30. Dezember 2010, BGBl III 2012/52.

**Kirgisistan:**

Abkommen vom 18. September 2001, BGBl III 2003/89.

**Korea:**

Abkommen vom 8. Oktober 1985, BGBl 1987/486, AÖF 1987/275; in der Fassung des Protokolls vom 28. Mai 2001, BGBl III 2002/68, AÖF 2002/127.

**Kosovo:**

Abkommen samt Protokoll vom 8. Juni 2018, BGBl III 2019/2.

**Kroatien:**

Abkommen vom 21. September 2000, BGBl III 2001/119, AÖF 2001/137.

**Kuba:**

Abkommen vom 26. Juni 2003, BGBl III 2006/149, AÖF 2006/235.

**Kuwait:**

Abkommen vom 13. Juni 2002, BGBl III 2004/30, AÖF 2004/157.

**Lettland:**

Abkommen vom 14. Dezember 2005, BGBl III 2007/76, AÖF 2007/165.

**Liechtenstein:**

a) Abkommen vom 7. Dezember 1955, BGBl 1956/214, AÖF 1956/253; Teilkündigung BGBl 1968/325, AÖF 1968/242,

b) Abkommen vom 5. November 1969, BGBl 1971/24, AÖF 1971/40, in der Fassung des Protokolls vom 29. Januar 2013, BGBl III 2013/302, AÖF 2013/319, und des Protokolls vom 15. September 2016, BGBl III 2017/8,

c) Vereinbarung vom 27. September bzw. 12. Oktober 1971, BGBl 1971/437, AÖF 1971/276,

d) Erlass vom 19. September 1989, Z 043202/2-IV/4/89, AÖF 1989/281. *(gem BGBl 1993/486 vom VfGH aufgehoben)*

e) Verordnung BGBl II 1997/192, AÖF 1997/168,

f) Verordnung BGBl II 2001/215, AÖF 2001/140.

g) Verordnung BGBl II 2005/437.

h) Abkommen vom 29. Januar 2013, BGBl III 2013/301, AÖF 2013/310, in der Fassung des Protokolls vom 17. Oktober 2016, BGBl III 2017/9.

i) Erlass vom 18. Februar 2013, BMF-010221/0009-IV/4/2013, AÖF 2013/84.

j) Verordnung BGBl II 2013/450 *(gem BGBl II 2015/320 vom VfGH aufgehoben).*

**Litauen:**

Abkommen vom 6. April 2005, BGBl III 2005/209, AÖF 2006/33.

**Luxemburg:**

a) Abkommen vom 18. Oktober 1962, BGBl 1964/54, AÖF 1964/78, idF des Protokolls vom 21. Mai 1992, BGBl 1993/835, AÖF 1993/371, und des Protokolls vom 7. Juli 2009, BGBl III 2010/58, AÖF 2010/137,

b) Vereinbarung vom 23. März bzw. 10. April 1964, BGBl 1964/143, AÖF 1964/152,

c) Erlass vom 6. Juni 1991, Z 04 3222/2-IV/4/91, AÖF 1991/184.

d) Notenwechsel vom 18. Juni 2015, BGBl III 2017/26,

**Malaysia:**

Übereinkommen vom 20. September 1989, BGBl 1990/664, AÖF 1990/285.

**Malta:**

Abkommen vom 29. Mai 1978, BGBl 1979/294, AÖF 1979/211.

**Marokko:**

Abkommen vom 27. Februar 2002, BGBl III 2006/168, AÖF 2007/1.

**Mauritius:**

Abkommen vom 10. März 2015, BGBl III 2015/157.

**Mazedonien:**

Abkommen vom 10. September 2007, BGBl III 2008/9, AÖF 2008/71.

**Mexiko:**

Abkommen vom 13. April 2004, BGBl III 2004/142, AÖF 2005/31, in der Fassung des Protokolls vom 18. September 2009, BGBl III 2010/45, AÖF 2010/110.

**Moldau:**

Abkommen vom 29. April 2004, BGBl III 2004/160.

**Monaco:**

Abkommen (Informationsaustausch) vom 15. September 2009, BGBl III 2010/54, AÖF 2010/146.

**Mongolei:**

Abkommen vom 3. Juli 2003, BGBl III 2004/92.

**Montenegro:**

Abkommen vom 16. Juni 2014, BGBl III 2015/51.

**Montserrat:**

Abkommen (Briefwechsel), BGBl III 2005/134, AÖF 2005/208.

**Nepal:**

Abkommen vom 15. Dezember 2000, BGBl III 2002/26, AÖF 2002/110.

**Neuseeland:**

Abkommen vom 21. September 2006, BGBl III 2007/127, AÖF 2007/251.

**Niederlande:**

a) Abkommen vom 1. September 1970, BGBl 1971/191, AÖF 1971/159, idF des Protokolls vom 18. Dezember 1989, BGBl 1991/18, AÖF 1991/24,

b) Verordnung vom 4. Feber 1972, BGBl 1972/83, AÖF 1972/119,

c) Erlass vom 28. Dezember 1990, Z 043682/15-IV/4/90, AÖF 1991/50.

d) Abkommen vom 26. November 2001, BGBl III 2003/13, AÖF 2003/62.

e) Protokoll vom 26. November 2001, BGBl III 2003/14, AÖF 2003/63.

f) Abkommen (Briefwechsel), BGBl III 2005/133, AÖF 2005/207.

g) Abkommen (Briefwechsel), BGBl III 2005/137, AÖF 2005/211.

h) Protokoll vom 8. Oktober 2008, BGBl III 2009/66.

i) Protokoll vom 8. September 2009, BGBl III 2010/44, AÖF 2010/109.

**Niederländische Antillen:**

Abkommen (Briefwechsel), BGBl III 2005/137, AÖF 2005/211.

**Norwegen:**

a) Abkommen vom 25. Feber 1960, BGBl 1960/204, AÖF 1960/239, in der Fassung des Protokolls vom 16. Dezember 1970, BGBl 1971/414, AÖF 1971/257.

b) Vereinbarung vom 1. bzw. 25. Feber 1974, BGBl 1974/245, AÖF 1974/155,

c) Abkommen vom 28. November 1995, BGBl III 1997/1, AÖF 1997/54, idF des Protokolles vom 14. November 2005, BGBl III 2006/181, AÖF 2007/3, und des Protokolls vom 8. April 2013, BGBl III 2013/106, AÖF 2013/145.

**Pakistan:**

Abkommen vom 4. August 2005, BGBl III 2007/49.

**Philippinen:**

Abkommen vom 9. April 1981, BGBl 1982/107, AÖF 1982/104.

**Polen:**

a) Abkommen vom 13. Jänner 2004, BGBl III 2005/12, AÖF 2005/64, in der Fassung des Protokolls vom 4. Februar 2008, BGBl III 2008/161, AÖF 2008/285.

b) Verordnung vom 24. August 1977, BGBl 1977/472, AÖF 1977/234.

**Portugal:**

a) Abkommen vom 29. Dezember 1970, BGBl 1972/85, AÖF 1972/120,

b) Verordnung vom 12. August 1975, BGBl 1975/469, AÖF 1975/240,

c) Erlass vom 3. März 1995, Z 04 4022/1-IV/4/95, AÖF 1995/118.

**Rumänien:**

a) Abkommen vom 30. September 1976, BGBl 1979/6, AÖF 1979/36.

b) Abkommen vom 30. März 2005, BGBl III 2006/29, in der Fassung vom 1. Oktober 2012, BGBl III 2013/228.

**Russische Föderation:**

Abkommen vom 13. April 2000, BGBl III 2003/10, AÖF 2003/51, in der Fassung des Protokolls vom 5. Juni 2018, BGBl III 2019/89.

**San Marino:**

Abkommen vom 24. November 2004, BGBl III 2005/208, AÖF 2006/32, in der Fassung des Protokolls vom 18. September 2009, BGBl III 2010/38, AÖF 2010/90, und des Protokolls vom 16. November 2012, BGBl III 2013/227.

**Saudi-Arabien:**

Abkommen vom 19. März 2006, BGBl III 2007/62.

**Schweden:**

a) Abkommen vom 14. Mai 1959, BGBl 1960/39, AÖF 1960/175, in der Fassung des Protokolls vom 6. April 1970, BGBl 1970/341, AÖF 1970/208 und 1971/49, des Protokolls vom 5. November 1991, BGBl 1993/132, AÖF 1993/93, des Protokolls vom 21. August 2006, BGBl III 2007/75, AÖF 2007/164, und des Protokolls vom 17. Dezember 2009, BGBl III 2010/55, AÖF 2010/136,

b) Abkommen vom 21. November 1962, BGBl 1963/212, AÖF 1963/196,

c) Vereinbarung vom 17. April 1972, BGBl 1972/298, AÖF 1972/265.

**Schweiz:**

a) Abkommen vom 30. Jänner 1974, BGBl 1975/63, AÖF 1975/71,

b) Abkommen vom 30. Jänner 1974, BGBl 1975/64, AÖF 1975/72, idF des Protokolles vom 18. Jänner 1994, BGBl 1995/161, AÖF 1995/99, des Protokolles vom 20. Juli 2000, BGBl III 2001/204, AÖF 2001/190, des Protokolles vom 21. März 2006, BGBl III 2007/22, des Protokolles vom 3. September 2009, BGBl III 2011/27, AÖF 2011/76, und des Protokolles vom 4. Juni 2012, BGBl III 2012/169, AÖF 2013/51.

c) Vereinbarung vom 5. bzw. 6. Dezember 1974, BGBl 1975/65, AÖF 1975/73,

d) Erlass vom 11. Jänner 1989, Z 044282/8-IV/4/88, AÖF 1989/67,

e) Erlass vom 19. März 1992, Z 044283/1-IV/4/92, AÖF 1992/153,

f) Erlass vom 5. und 10. Februar 1998, Z044282/7-IV/4/98, AÖF 1998/84.

g) Erlass vom 31. Oktober 2011, BMF-010221/1435-IV/4/2011, AÖF 2011/242.

h) Abkommen vom 13. April 2012, BGBl III 2012/192, AÖF 2013/52,

i) Abkommen vom 11. November 2016, BGBl III 2017/6.

**Serbien:**

Abkommen vom 7. Mai 2010, BGBl III 2011/8.

**Singapur:**

Abkommen vom 30. November 2001, BGBl III 2002/248, AÖF 2002/263, in der Fassung des Protokolls vom 15. September 2009, BGBl III 2010/39, AÖF 2010/91, und des Abkommens vom 3. September 2012, BGBl III 2014/41.

**Slowenien:**

a) Abkommen vom 1. Oktober 1997, BGBl III 1999/4, AÖF 1999/22, idF des Protokolles vom 26. September 2006, BGBl III 2007/126, AÖF 2007/250, und des Protokolls vom 28. September 2011, BGBl III 2013/309, AÖF 2013/335.

b) Erlass vom 23. Mai 2007, AÖF 2007/124.

**Sowjetunion (bzw. Nachfolgestaaten):**

a) Abkommen vom 10. April 1981, BGBl 1982/411, AÖF 1982/230,

b) Erlass vom 9. April 1987, Z 044382/2-IV/4/87, AÖF 1987/139,

c) Erlass vom 9. April 1987, Z 044382/3-IV/4/87, AÖF 1987/140,

d) Erlass vom 18. April 1988, Z 044382/1-IV/4/88, AÖF 1988/193,

e) Erlass vom 1. Juni 1992, Z 044382/6-IV/4/92, AÖF 1992/202,

f) Notenwechsel BGBl 1994/257,

g) Erlass vom 29. September 1994, Z 04 4382/ 2-IV/4/94, AÖF 1994/317,

h) Erlass vom 22. Februar 1996, Z 044382/1-IV/4/96, AÖF 1996/44,

i) Erlass vom 3. Oktober 1997, Z 044382/ 10-IV/4/97, AÖF 1997/245.

j) Kundmachung vom 15. Mai 2013, BGBl III 2013/135.

**Spanien:**

a) Abkommen vom 20. Dezember 1966, BGBl 1967/395, AÖF 1968/8, idF BGBl 1995/21, AÖF 1995/36 und BGBl 1995/709, AÖF 1995/273

b) Verordnung vom 27. April 1973, BGBl 1973/266, AÖF 1973/180.

**St. Vincent und die Grenadinen:**

Abkommen (Informationsaustausch) vom 14. September 2009, BGBl III 2011/158, AÖF 2011/240.

**Südafrika:**

Abkommen vom 4. März 1996, BGBl III 1997/40, AÖF 1997/102, idF des Protokolles samt Zusatzprotokoll vom 22. August 2011, BGBl III 2012/19, AÖF 2012/46.

**Tadschikistan:**

a) Kundmachung vom 10. April 1981, BGBl III 1998/4.

b) Abkommen vom 7. Juni 2011, BGBl III 2012/76, AÖF 2012/116, idF des Protokolls vom 13. März 2013, BGBl III 2021/96.

**Taipeh:**

Abkommen vom 12. Juli 2014, BGBl II 2014/385.

**Thailand:**

a) Abkommen vom 8. Mai 1985, BGBl 1986/263, AÖF 1986/162,

b) Erlass vom 8. Jänner 2001, 04 4622/4-IV/4/2000, AÖF 2001/68.

c) Erlass vom 15. März 2013, AÖF 2013/117.

**Tschechien:**

Abkommen vom 8. Juni 2006, BGBl III 2007/39, AÖF 2007/102, idF des Protokolles vom 9. März 2012, BGBl III 2012/172, AÖF 2013/68.

**Tunesien:**

Abkommen vom 23. Juni 1977, BGBl 1978/516, AÖF 1978/279.

**Türkei:**

a) Abkommen vom 3. November 1970, BGBl 1973/595, AÖF 1973/331.

b) Abkommen vom 28. März 2008, BGBl III 2009/96, AÖF 2009/221.

**Turkmenistan:**

Abkommen vom 12. Mai 2015, BGBl III 2015/185.

**Turks and Caicos Islands:**

Abkommen (Briefwechsel), BGBl III 2005/138.

**Ukraine:**

Abkommen vom 16. Oktober 1997, BGBl III 1999/113, AÖF 1999/233, idF des Protokolls vom 15. Juni 2020, BGBl III 2021/98.

**Ungarn:**

a) Abkommen vom 25. Feber 1975, BGBl 1976/51, AÖF 1976/54,

b) Abkommen vom 25. Feber 1975, BGBl 1976/52, AÖF 1976/55,

c) Verordnung vom 24. Jänner 1978, BGBl 1978/101, AÖF 1978/89.

**Usbekistan:**

Abkommen vom 14. Juni 2000, BGBl III 2001/150, AÖF 2001/182.

**Venezuela:**

Abkommen vom 12. Mai 2006, BGBl III 2007/33, AÖF 2007/97.

**Vereinigte Arabische Emirate:**

Abkommen vom 22. September 2003, BGBl III 2004/88, AÖF 2004/221.

**Vereinigte Arabische Republik:**

Abkommen vom 16. Oktober 1962, BGBl 1963/293, AÖF 1964/48.

**Vereinigte Staaten von Amerika:**

a) Abkommen vom 25. Oktober 1956, BGBl 1957/232, AÖF 1957/262,

b) Verordnung vom 11. Jänner 1961, BGBl 1961/31, AÖF 1961/60,

c) Erlass vom 20. Jänner 1961, Z 7375-8/61, AÖF 1961/61; idF vom 20. Oktober 1977, Z 044983/21-IV/4/77, AÖF 1977/257,

d) Abkommen vom 21. Juni 1982, BGBl 1983/269, AÖF 1983/156,

e) Verordnung, BGBl 1993/878, AÖF 1994/13,

f) Abkommen vom 31. Mai 1996, BGBl III 1998/6, AÖF 1998/46,

g) Erlass vom 12. Jänner 1998, Z 04 4982/1-IV/4/98, AÖF 1998/34,

h) Erlass vom 9. Juni 1998, Z 04 4982/16-IV/4/98, AÖF 1998/117,

i) Erlass vom 30. November 2006, BMF-010221/0623-IV/4/2006, AÖF 2007/12,

j) Abkommen vom 29. April 2014, BGBl III 2015/16.

**Vietnam:**

Abkommen vom 2. Juni 2008, BGBl III 2009/135, AÖF 2010/165.

**Weißrussland:**

*siehe Belarus*

**Zypern:**

Abkommen vom 20. März 1990, BGBl 1990/709, AÖF 1990/298, idF des Protokolls vom 25. Februar 2013, BGBl III 2013/52, AÖF 2013/127.

# 16/2. DBA Deutschland

**DBA-Deutschland**, BGBl III 2002/182 idF

**1** BGBl III 2012/32

## GLIEDERUNG



**Abkommen zwischen der Republik Österreich und der Bundesrepublik Deutschland zur Vermeidung der Doppelbesteuerung auf dem Gebiet der Steuern vom Einkommen und vom Vermögen**

Geschehen zu Berlin, am 24. August 2000, in zwei Urschriften, jede in deutscher Sprache.

Die vom Bundespräsidenten unterzeichnete und vom Bundeskanzler gegengezeichnete Ratifikationsurkunde wurde am 18. Juli 2002 ausgetauscht; das Abkommen tritt gemäß seinem Art. 31 Abs. 2 mit 18. August 2002 in Kraft.

### Persönlicher Geltungsbereich

**Art. 1** Dieses Abkommen gilt für Personen, die in einem Vertragsstaat oder in beiden Vertragsstaaten ansässig sind.

### Unter das Abkommen fallende Steuern

**Art. 2** (1) Dieses Abkommen gilt, ohne Rücksicht auf die Art der Erhebung, für Steuern vom Einkommen und vom Vermögen, die für Rechnung eines Vertragsstaats oder seiner Gebietskörperschaften erhoben werden.

(2) Als Steuern vom Einkommen und vom Vermögen gelten alle Steuern, die vom Gesamteinkommen, vom Gesamtvermögen oder von Teilen des Einkommens oder des Vermögens erhoben werden, einschließlich der Steuern vom Gewinn aus der Veräußerung beweglichen oder unbeweglichen Vermögens, der Lohnsummensteuern sowie der Steuern vom Vermögenszuwachs.

(3) Zu den bestehenden Steuern, für die das Abkommen gilt, gehören insbesondere

a) in der Bundesrepublik Deutschland:
   1. die Einkommensteuer,
   2. die Körperschaftsteuer,
   3. die Gewerbesteuer und
   4. die Grundsteuer,

   einschließlich der hierauf erhobenen Zuschläge (im Folgenden als „deutsche Steuer“ bezeichnet);

b) in der Republik Österreich:
   1. die Einkommensteuer,
   2. die Körperschaftsteuer,
   3. die Grundsteuer,

4. die Abgabe von land- und forstwirtschaftlichen Betrieben und
5. die Abgabe vom Bodenwert bei unbebauten Grundstücken,

einschließlich der hierauf erhobenen Zuschläge (im Folgenden als „österreichische Steuer“ bezeichnet).

(4) Das Abkommen gilt auch für alle Steuern gleicher oder im Wesentlichen ähnlicher Art, die nach der Unterzeichnung des Abkommens neben den bestehenden Steuern oder an deren Stelle erhoben werden. Die zuständigen Behörden der Vertragsstaaten teilen einander, soweit für die Abkommensanwendung erforderlich, am Ende eines jeden Jahres die in ihren Steuergesetzen eingetretenen Änderungen mit.

### Allgemeine Begriffsbestimmungen

**Art. 3** (1) Im Sinne dieses Abkommens, wenn der Zusammenhang nichts anderes erfordert,

a) bedeutet der Ausdruck „ein Vertragsstaat“ und „der andere Vertragsstaat“, je nach dem Zusammenhang, die Bundesrepublik Deutschland oder die Republik Österreich;

b) bedeutet der Ausdruck „Bundesrepublik Deutschland“ das Hoheitsgebiet der Bundesrepublik Deutschland sowie das an das Küstenmeer angrenzende Gebiet des Meeresbodens, seines Untergrunds und der darüber liegenden Wassersäule, in dem die Bundesrepublik Deutschland in Übereinstimmung mit dem Völkerrecht und ihren innerstaatlichen Rechtsvorschriften souveräne Rechte und Hoheitsbefugnisse zum Zwecke der Erforschung, Ausbeutung, Erhaltung und Bewirtschaftung der lebenden und nichtlebenden natürlichen Ressourcen ausübt;

c) bedeutet der Ausdruck „Republik Österreich“ das Hoheitsgebiet der Republik Österreich;

d) umfasst der Ausdruck „Person“ natürliche Personen, Gesellschaften und alle anderen Personenvereinigungen;

e) bedeutet der Ausdruck „Gesellschaft“ juristische Personen oder Rechtsträger, die für die Besteuerung wie juristische Personen behandelt werden;

f) bedeuten die Ausdrücke „Unternehmen eines Vertragsstaats“ und „Unternehmen des anderen Vertragsstaats“, je nachdem, ein Unternehmen, das von einer in einem Vertragsstaat ansässigen Person betrieben wird, oder ein Unternehmen, das von einer im anderen Vertragsstaat ansässigen Person betrieben wird;

g) bedeutet der Ausdruck „internationaler Verkehr“ jede Beförderung mit einem Seeschiff oder Luftfahrzeug, das von einem Unternehmen mit tatsächlicher Geschäftsleitung in einem Vertragsstaat betrieben wird, es sei denn, das Seeschiff oder Luftfahrzeug wird ausschließlich zwischen Orten im anderen Vertragsstaat betrieben;

h) bedeutet der Ausdruck „Staatsangehöriger“
   aa) in Bezug auf die Bundesrepublik Deutschland alle Deutschen im Sinne des Grundgesetzes der Bundesrepublik Deutschland sowie alle juristischen Personen, Personengesellschaften und anderen Personenvereinigungen, die nach dem in der Bundesrepublik Deutschland geltenden Recht errichtet worden sind;
   bb) in Bezug auf die Republik Österreich
      1. jede natürliche Person, die die Staatsangehörigkeit der Republik Österreich besitzt;
      2. jede juristische Person, Personengesellschaft und andere Personenvereinigung, die nach dem in der Republik Österreich geltenden Recht errichtet worden ist;

i) bedeutet der Ausdruck „zuständige Behörde“
   aa) in der Bundesrepublik Deutschland: das Bundesministerium der Finanzen oder die Behörde, auf die es seine Befugnisse delegiert hat,
   bb) in der Republik Österreich: den Bundesminister für Finanzen oder dessen bevollmächtigten Vertreter.

(2) Bei der Anwendung des Abkommens durch einen Vertragsstaat hat, wenn der Zusammenhang nichts anderes erfordert, jeder im Abkommen nicht definierte Ausdruck die Bedeutung, die ihm im Anwendungszeitraum nach dem Recht dieses Staates über die Steuern zukommt, für die das Abkommen gilt, wobei die Bedeutung nach dem in diesem Staat anzuwendenden Steuerrecht den Vorrang vor einer Bedeutung hat, die der Ausdruck nach anderem Recht dieses Staates hat.

### Ansässige Person

**Art. 4** (1) Im Sinne dieses Abkommens bedeutet der Ausdruck „eine in einem Vertragsstaat ansässige Person“ eine Person, die nach dem Recht dieses Staates dort auf Grund ihres Wohnsitzes, ihres ständigen Aufenthalts, des Ortes ihrer Geschäftsleitung oder eines anderen ähnlichen Merkmals steuerpflichtig ist, und umfasst auch diesen Staat, seine Gebietskörperschaften und andere juristische Personen des öffentlichen Rechts. Der Ausdruck umfasst jedoch nicht eine Person, die in diesem Staat nur mit Einkünften aus Quellen in diesem Staat oder mit in diesem Staat gelegenem Vermögen steuerpflichtig ist.

(2) Ist nach Absatz 1 eine natürliche Person in beiden Vertragsstaaten ansässig, so gilt Folgendes:

a) Die Person gilt als nur in dem Staat ansässig, in dem sie über eine ständige Wohnstätte verfügt; verfügt sie in beiden Staaten über eine ständige Wohnstätte, so gilt sie als nur in dem Staat ansässig, zu dem sie die engeren persönlichen und wirtschaftlichen Beziehungen hat (Mittelpunkt der Lebensinteressen);

b) kann nicht bestimmt werden, in welchem Staat die Person den Mittelpunkt ihrer Lebensinteressen hat, oder verfügt sie in keinem der

Staaten über eine ständige Wohnstätte, so gilt sie als nur in dem Staat ansässig, in dem sie ihren gewöhnlichen Aufenthalt hat;

c) hat die Person ihren gewöhnlichen Aufenthalt in beiden Staaten oder in keinem der Staaten, so gilt sie als nur in dem Staat ansässig, dessen Staatsangehöriger sie ist;

d) ist die Person Staatsangehöriger beider Staaten oder keines der Staaten, so werden sich die zuständigen Behörden der Vertragsstaaten bemühen, die Frage in gegenseitigem Einvernehmen zu regeln.

(3) Ist nach Absatz 1 eine andere als eine natürliche Person in beiden Vertragsstaaten ansässig, so gilt sie als in dem Staat ansässig, in dem sich der Ort ihrer tatsächlichen Geschäftsleitung befindet.

### Betriebsstätte

**Art. 5** (1) Im Sinne dieses Abkommens bedeutet der Ausdruck „Betriebsstätte" eine feste Geschäftseinrichtung, durch die die Tätigkeit eines Unternehmens ganz oder teilweise ausgeübt wird.

(2) Der Ausdruck „Betriebsstätte" umfasst insbesondere:

a) einen Ort der Leitung,

b) eine Zweigniederlassung,

c) eine Geschäftsstelle,

d) eine Fabrikationsstätte,

e) eine Werkstätte und

f) ein Bergwerk, ein Öl- oder Gasvorkommen, einen Steinbruch oder eine andere Stätte der Ausbeutung von Bodenschätzen.

(3) Eine Bauausführung oder Montage ist nur dann eine Betriebsstätte, wenn ihre Dauer zwölf Monate überschreitet.

(4) Ungeachtet der vorstehenden Bestimmungen dieses Artikels gelten nicht als Betriebsstätten:

a) Einrichtungen, die ausschließlich zur Lagerung, Ausstellung oder Auslieferung von Gütern oder Waren des Unternehmens benutzt werden;

b) Bestände von Gütern oder Waren des Unternehmens, die ausschließlich zur Lagerung, Ausstellung oder Auslieferung unterhalten werden;

c) Bestände von Gütern oder Waren des Unternehmens, die ausschließlich zu dem Zweck unterhalten werden, durch ein anderes Unternehmen bearbeitet oder verarbeitet zu werden;

d) eine feste Geschäftseinrichtung, die ausschließlich zu dem Zweck unterhalten wird, für das Unternehmen Güter oder Waren einzukaufen oder Informationen zu beschaffen;

e) eine feste Geschäftseinrichtung, die ausschließlich zu dem Zweck unterhalten wird, für das Unternehmen andere Tätigkeiten auszuüben, die vorbereitender Art sind oder eine Hilfstätigkeit darstellen;

f) eine feste Geschäftseinrichtung, die ausschließlich zu dem Zweck unterhalten wird, mehrere der unter den Buchstaben a bis e genannten Tätigkeiten auszuüben, vorausgesetzt, dass die sich daraus ergebende Gesamttätigkeit der festen Geschäftseinrichtung vorbereitender Art ist oder eine Hilfstätigkeit darstellt.

(5) Ist eine Person – mit Ausnahme eines unabhängigen Vertreters im Sinne des Absatzes 6 – für ein Unternehmen tätig und besitzt sie in einem Vertragsstaat die Vollmacht, im Namen des Unternehmens Verträge abzuschließen, und übt sie die Vollmacht dort gewöhnlich aus, so wird das Unternehmen ungeachtet der Absätze 1 und 2 so behandelt, als habe es in diesem Staat für alle von der Person für das Unternehmen ausgeübten Tätigkeiten eine Betriebsstätte, es sei denn, diese Tätigkeiten beschränken sich auf die in Absatz 4 genannten Tätigkeiten, die, würden sie durch eine feste Geschäftseinrichtung ausgeübt, diese Einrichtung nach dem genannten Absatz nicht zu einer Betriebsstätte machten.

(6) Ein Unternehmen wird nicht schon deshalb so behandelt, als habe es eine Betriebsstätte in einem Vertragsstaat, weil es dort seine Tätigkeit durch einen Makler, Kommissionär oder einen anderen unabhängigen Vertreter ausübt, sofern diese Personen im Rahmen ihrer ordentlichen Geschäftstätigkeit handeln.

(7) Allein dadurch, dass eine in einem Vertragsstaat ansässige Gesellschaft eine Gesellschaft beherrscht oder von einer Gesellschaft beherrscht wird, die im anderen Vertragsstaat ansässig ist oder dort (entweder durch eine Betriebsstätte oder auf andere Weise) ihre Tätigkeit ausübt, wird keine der beiden Gesellschaften zur Betriebsstätte der anderen.

### Einkünfte aus unbeweglichem Vermögen



**Art. 6** (1) Einkünfte, die eine in einem Vertragsstaat ansässige Person aus unbeweglichem Vermögen (einschließlich der Einkünfte aus land- und forstwirtschaftlichen Betrieben) bezieht, das im anderen Vertragsstaat liegt, dürfen im anderen Staat besteuert werden.

(2) Der Ausdruck „unbewegliches Vermögen" hat die Bedeutung, die ihm nach dem Recht des Vertragsstaats zukommt, in dem das Vermögen liegt. Der Ausdruck umfasst in jedem Fall das Zubehör zum unbeweglichen Vermögen, das lebende und tote Inventar land- und forstwirtschaftlicher Betriebe, die Rechte, für die die Vorschriften des Privatrechts über Grundstücke gelten, Nutzungsrechte an unbeweglichem Vermögen sowie Rechte auf veränderliche oder feste Vergütungen für die Ausbeutung oder das Recht auf Ausbeutung von Mineralvorkommen, Quellen und anderen Bodenschätzen; Schiffe und Luftfahrzeuge gelten nicht als unbewegliches Vermögen.

(3) Absatz 1 gilt für Einkünfte aus der unmittelbaren Nutzung, der Vermietung oder Verpachtung sowie jeder anderen Art der Nutzung unbeweglichen Vermögens.

(4) Die Absätze 1 und 3 gelten auch für Einkünfte aus unbeweglichem Vermögen eines Unternehmens und für Einkünfte aus unbeweglichem Vermögen, das der Ausübung einer selbständigen Arbeit dient.

### Unternehmensgewinne

**Art. 7** (1) Gewinne eines Unternehmens eines Vertragsstaats dürfen nur in diesem Staat besteuert werden, es sei denn, das Unternehmen übt seine Tätigkeit im anderen Vertragsstaat durch eine dort gelegene Betriebsstätte aus. Übt das Unternehmen seine Tätigkeit auf diese Weise aus, so dürfen die Gewinne des Unternehmens im anderen Staat besteuert werden, jedoch nur insoweit, als sie dieser Betriebsstätte zugerechnet werden können.

(2) Übt ein Unternehmen eines Vertragsstaats seine Tätigkeit im anderen Vertragsstaat durch eine dort gelegene Betriebsstätte aus, so werden vorbehaltlich des Absatzes 3 in jedem Vertragsstaat dieser Betriebsstätte die Gewinne zugerechnet, die sie hätte erzielen können, wenn sie eine gleiche oder ähnliche Tätigkeit unter gleichen oder ähnlichen Bedingungen als selbständiges Unternehmen ausgeübt hätte und im Verkehr mit dem Unternehmen, dessen Betriebsstätte sie ist, völlig unabhängig gewesen wäre.

(3) Bei der Ermittlung der Gewinne einer Betriebsstätte werden die für diese Betriebsstätte entstandenen Aufwendungen, einschließlich der Geschäftsführungs- und allgemeinen Verwaltungskosten, zum Abzug zugelassen, gleichgültig, ob sie in dem Staat, in dem die Betriebsstätte liegt, oder anderswo entstanden sind.

(4) Soweit es in einem Vertragsstaat üblich ist, die einer Betriebsstätte zuzurechnenden Gewinne durch Aufteilung der Gesamtgewinne des Unternehmens auf seine einzelnen Teile zu ermitteln, schließt Absatz 2 nicht aus, dass dieser Vertragsstaat die zu besteuernden Gewinne nach der üblichen Aufteilung ermittelt; die gewählte Gewinnaufteilung muss jedoch derart sein, dass das Ergebnis mit den Grundsätzen dieses Artikels übereinstimmt.

(5) Auf Grund des bloßen Einkaufs von Gütern oder Waren für das Unternehmen wird einer Betriebsstätte kein Gewinn zugerechnet.

(6) Bei der Anwendung der vorstehenden Absätze sind die der Betriebsstätte zuzurechnenden Gewinne jedes Jahr auf dieselbe Art zu ermitteln, es sei denn, dass ausreichende Gründe dafür bestehen, anders zu verfahren.

(7) Dieser Artikel gilt auch für die Einkünfte aus der Beteiligung an einer Personengesellschaft. Er erstreckt sich auch auf Vergütungen, die ein Gesellschafter einer Personengesellschaft von der Gesellschaft für seine Tätigkeit im Dienst der Gesellschaft, für die Gewährung von Darlehen oder für die Überlassung von Wirtschaftsgütern bezieht, wenn diese Vergütungen nach dem Steuerrecht des Vertragsstaats, in dem die Betriebsstätte gelegen ist, den Einkünften des Gesellschafters aus dieser Betriebsstätte zugerechnet werden.

(8) Gehören zu den Gewinnen Einkünfte, die in anderen Artikeln dieses Abkommens behandelt werden, so werden die Bestimmungen jener Artikel durch die Bestimmungen dieses Artikels nicht berührt.

### Seeschifffahrt, Binnenschifffahrt und Luftfahrt

**Art. 8** (1) Gewinne aus dem Betrieb von Seeschiffen oder Luftfahrzeugen im internationalen Verkehr dürfen nur in dem Vertragsstaat besteuert werden, in dem sich der Ort der tatsächlichen Geschäftsleitung des Unternehmens befindet.

(2) Gewinne aus dem Betrieb von Schiffen, die der Binnenschifffahrt dienen, dürfen nur in dem Vertragsstaat besteuert werden, in dem sich der Ort der tatsächlichen Geschäftsleitung des Unternehmens befindet.

(3) Für Zwecke dieses Artikels beinhalten die Begriffe „Gewinne aus dem Betrieb von Seeschiffen oder Luftfahrzeugen im internationalen Verkehr" und „Gewinne aus dem Betrieb von Schiffen, die der Binnenschifffahrt dienen", auch die Einkünfte aus der

a) gelegentlichen Vercharterung von Seeschiffen oder Luftfahrzeugen und
b) Einkünfte aus der Nutzung oder Vermietung von Containern (einschließlich Trailer und zugehöriger Ausstattung, die dem Transport der Container dient),

wenn diese Einkünfte den im Absatz 1 genannten Gewinnen zugerechnet werden können.

(4) Befindet sich der Ort der tatsächlichen Geschäftsleitung eines Unternehmens der See- oder Binnenschifffahrt an Bord eines Schiffes, so gilt er als in dem Vertragsstaat gelegen, in dem der Heimathafen des Schiffes liegt, oder, wenn kein Heimathafen vorhanden ist, in dem Vertragsstaat, in dem die Person ansässig ist, die das Schiff betreibt.

(5) Absatz 1 gilt auch für Gewinne aus der Beteiligung an einem Pool, einer Betriebsgemeinschaft oder einer internationalen Betriebsstelle.

### Verbundene Unternehmen

**Art. 9** (1) Wenn

a) ein Unternehmen eines Vertragsstaats unmittelbar oder mittelbar an der Geschäftsleitung, der Kontrolle oder dem Kapital eines Unternehmens des anderen Vertragsstaats beteiligt ist oder
b) dieselben Personen unmittelbar oder mittelbar an der Geschäftsleitung, der Kontrolle oder dem Kapital eines Unternehmens eines Vertragsstaats und eines Unternehmens des anderen Vertragsstaats beteiligt sind

und in diesen Fällen die beiden Unternehmen in ihren kaufmännischen oder finanziellen Beziehungen an vereinbarte oder auferlegte Bedingungen gebunden sind, die von denen abweichen, die unabhängige Unternehmen miteinander vereinbaren würden, so dürfen die Gewinne, die eines der Unternehmen ohne diese Bedingungen erzielt hätte, wegen dieser Bedingungen aber nicht erzielt hat, den Gewinnen dieses Unternehmens zugerechnet und entsprechend besteuert werden.

(2) Werden in einem Vertragsstaat den Gewinnen eines Unternehmens dieses Staates Gewinne zugerechnet – und entsprechend besteuert –, mit denen ein Unternehmen des anderen Vertragsstaats in diesem Staat besteuert worden ist, und handelt es sich bei den zugerechneten Gewinnen um solche, die das Unternehmen des erstgenannten Staates erzielt hätte, wenn die zwischen den beiden Unternehmen vereinbarten Bedingungen die gleichen gewesen wären, die unabhängige Unternehmen miteinander vereinbaren würden, so nimmt der andere Staat eine entsprechende Änderung der dort von diesen Gewinnen erhobenen Steuer vor. Bei dieser Änderung sind die übrigen Bestimmungen dieses Abkommens zu berücksichtigen; erforderlichenfalls werden die zuständigen Behörden der Vertragsstaaten einander konsultieren.

### Dividenden

**Art. 10** (1) Dividenden, die eine in einem Vertragsstaat ansässige Gesellschaft an eine im anderen Vertragsstaat ansässige Person zahlt, dürfen im anderen Staat besteuert werden.

(2) Diese Dividenden dürfen jedoch auch in dem Vertragsstaat, in dem die die Dividenden zahlende Gesellschaft ansässig ist, nach dem Recht dieses Staates besteuert werden; die Steuer darf aber, wenn der Nutzungsberechtigte der Dividenden eine in dem anderen Vertragsstaat ansässige Person ist, nicht übersteigen:

a) 5 vom Hundert des Bruttobetrags der Dividenden, wenn der Nutzungsberechtigte eine Gesellschaft (jedoch keine Personengesellschaft) ist, die unmittelbar über mindestens 10 vom Hundert des Kapitals der die Dividenden zahlenden Gesellschaft verfügt;
b) 15 vom Hundert des Bruttobetrags der Dividenden in allen anderen Fällen.

Dieser Absatz berührt nicht die Besteuerung der Gesellschaft in Bezug auf die Gewinne, aus denen die Dividenden gezahlt werden.

(3) Der in diesem Artikel verwendete Ausdruck „Dividenden" bedeutet Einkünfte aus Aktien, Genussrechten oder Genussscheinen, Kuxen, Gründeranteilen oder sonstige Einkünfte, die nach dem Recht des Staates, in dem die ausschüttende Gesellschaft ansässig ist, den Einkünften aus Aktien steuerlich gleichgestellt sind. Der Ausdruck „Dividenden" umfasst auch Einkünfte eines stillen Gesellschafters aus seiner Beteiligung als stiller Gesellschafter, Einkünfte aus partiarischen Darlehen, Gewinnobligationen und ähnliche Vergütungen, wenn sie nach dem Recht des Staates, aus dem sie stammen, bei der Ermittlung des Gewinns des Schuldners nicht abzugsfähig sind, sowie Ausschüttungen auf Anteilscheine an einem Investmentvermögen.

(4) Die vorstehenden Absätze 1 und 2 sind nicht anzuwenden, wenn der in einem Vertragsstaat ansässige Nutzungsberechtigte im anderen Vertragsstaat, in dem die die Dividenden zahlende Gesellschaft ansässig ist, eine gewerbliche Tätigkeit durch eine dort gelegene Betriebsstätte oder eine selbständige Arbeit durch eine dort gelegene feste Einrichtung ausübt und die Beteiligung, für die die Dividenden gezahlt werden, tatsächlich zu dieser Betriebsstätte oder festen Einrichtung gehört. In diesem Fall ist Artikel 7 beziehungsweise Artikel 14 anzuwenden.

(5) Bezieht eine in einem Vertragsstaat ansässige Gesellschaft Gewinne oder Einkünfte aus dem anderen Vertragsstaat, so darf dieser andere Staat weder die von der Gesellschaft gezahlten Dividenden besteuern, es sei denn, dass diese Dividenden an eine im anderen Staat ansässige Person gezahlt werden oder dass die Beteiligung, für die die Dividenden gezahlt werden, tatsächlich zu einer im anderen Staat gelegenen Betriebsstätte oder festen Einrichtung gehört, noch Gewinne der Gesellschaft einer Steuer für nichtausgeschüttete Gewinne unterwerfen, selbst wenn die gezahlten Dividenden oder die nichtausgeschütteten Gewinne ganz oder teilweise aus im anderen Staat erzielten Gewinnen oder Einkünften bestehen.

### Zinsen

**Art. 11** (1) Zinsen, die aus einem Vertragsstaat stammen und an eine im anderen Vertragsstaat ansässige Person gezahlt werden, dürfen, wenn diese Person der Nutzungsberechtigte ist, nur im anderen Staat besteuert werden.

(2) Einkünfte aus Rechten oder Forderungen mit Gewinnbeteiligung einschließlich der Einkünfte eines stillen Gesellschafters aus seiner Beteiligung als stiller Gesellschafter oder aus partiarischen Darlehen und Gewinnobligationen dürfen jedoch auch in dem Vertragsstaat, aus dem sie stammen, nach dem Recht dieses Staates besteuert werden.

(3) Der in diesem Artikel verwendete Ausdruck „Zinsen" bedeutet Einkünfte aus Forderungen jeder Art, auch wenn die Forderungen durch Pfandrechte an Grundstücken gesichert oder mit einer Beteiligung am Gewinn des Schuldners ausgestattet sind, und insbesondere Einkünfte aus öffentlichen Anleihen und aus Obligationen einschließlich der damit verbundenen Aufgelder und der Gewinne aus Losanleihen. Zuschläge für verspätete Zahlung gelten nicht als Zinsen im Sinne dieses Artikels. Der Ausdruck „Zinsen" umfasst nicht die in Artikel 10 behandelten Einkünfte.



(4) Die vorstehenden Absätze 1 und 2 sind nicht anzuwenden, wenn der in einem Vertragsstaat ansässige Nutzungsberechtigte im anderen Vertragsstaat, aus dem die Zinsen stammen, eine gewerbliche Tätigkeit durch eine dort gelegene Betriebsstätte oder eine selbständige Arbeit durch eine dort gelegene feste Einrichtung ausübt und die Forderung, für die die Zinsen gezahlt werden, tatsächlich zu dieser Betriebsstätte oder festen Einrichtung gehört. In diesem Fall ist Artikel 7 beziehungsweise Artikel 14 anzuwenden.

(5) Zinsen gelten dann als aus einem Vertragsstaat stammend, wenn der Schuldner eine in diesem

Staat ansässige Person ist. Hat aber der Schuldner der Zinsen, ohne Rücksicht darauf, ob er in einem Vertragsstaat ansässig ist oder nicht, in einem Vertragsstaat eine Betriebsstätte oder eine feste Einrichtung und ist die Schuld, für die die Zinsen gezahlt werden, für Zwecke der Betriebsstätte oder der festen Einrichtung eingegangen worden und trägt die Betriebsstätte oder die feste Einrichtung die Zinsen, so gelten die Zinsen als aus dem Staat stammend, in dem die Betriebsstätte oder die feste Einrichtung liegt.

(6) Bestehen zwischen dem Schuldner und dem Nutzungsberechtigten oder zwischen jedem von ihnen und einem Dritten besondere Beziehungen und übersteigen deshalb die Zinsen, gemessen an der zugrundeliegenden Forderung, den Betrag, den Schuldner und Nutzungsberechtigter ohne diese Beziehungen vereinbart hätten, so wird dieser Artikel nur auf den letzteren Betrag angewendet. In diesem Fall kann der übersteigende Betrag nach dem Recht eines jeden Vertragsstaats und unter Berücksichtigung der anderen Bestimmungen dieses Abkommens besteuert werden.

### Lizenzgebühren

**Art. 12** (1) Lizenzgebühren, die aus einem Vertragsstaat stammen und an eine im anderen Vertragsstaat ansässige Person gezahlt werden, dürfen, wenn diese Person der Nutzungsberechtigte ist, nur im anderen Staat besteuert werden.

(2) Der in diesem Artikel verwendete Ausdruck „Lizenzgebühren" bedeutet Vergütungen jeder Art, die für die Benutzung oder für das Recht auf Benutzung von Urheberrechten an literarischen, künstlerischen oder wissenschaftlichen Werken, einschließlich kinematographischer Filme, von Patenten, Marken, Mustern oder Modellen, Plänen, geheimen Formeln oder Verfahren oder für die Mitteilung gewerblicher, kaufmännischer oder wissenschaftlicher Erfahrungen gezahlt werden.

(3) Absatz 1 ist nicht anzuwenden, wenn der in einem Vertragsstaat ansässige Nutzungsberechtigte im anderen Vertragsstaat, aus dem die Lizenzgebühren stammen, eine gewerbliche Tätigkeit durch eine dort gelegene Betriebsstätte oder eine selbständige Arbeit durch eine dort gelegene feste Einrichtung ausübt und die Rechte oder Vermögenswerte, für die die Lizenzgebühren gezahlt werden, tatsächlich zu dieser Betriebsstätte oder festen Einrichtung gehören. In diesem Fall ist Artikel 7 beziehungsweise Artikel 14 anzuwenden.

(4) Lizenzgebühren gelten dann als aus einem Vertragsstaat stammend, wenn der Schuldner eine in diesem Staat ansässige Person ist. Hat aber der Schuldner der Lizenzgebühren, ohne Rücksicht darauf, ob er in einem Vertragsstaat ansässig ist oder nicht, in einem Vertragsstaat eine Betriebsstätte oder eine feste Einrichtung und ist die Verpflichtung zur Zahlung der Lizenzgebühren für Zwecke der Betriebsstätte oder der festen Einrichtung eingegangen worden und trägt die Betriebsstätte oder die feste Einrichtung die Lizenzgebühren, so gelten die Lizenzgebühren als aus dem Staat stammend, in dem die Betriebsstätte oder die feste Einrichtung liegt.

(5) Bestehen zwischen dem Schuldner und dem Nutzungsberechtigten oder zwischen jedem von ihnen und einem Dritten besondere Beziehungen und übersteigen deshalb die Lizenzgebühren, gemessen an der zugrundeliegenden Leistung, den Betrag, den Schuldner und Nutzungsberechtigter ohne diese Beziehungen vereinbart hätten, so wird dieser Artikel nur auf den letzteren Betrag angewendet. In diesem Fall kann der übersteigende Betrag nach dem Recht eines jeden Vertragsstaats und unter Berücksichtigung der anderen Bestimmungen dieses Abkommens besteuert werden.

### Gewinne aus der Veräußerung von Vermögen

**Art. 13** (1) Gewinne, die eine in einem Vertragsstaat ansässige Person aus der Veräußerung unbeweglichen Vermögens im Sinne des Artikels 6 bezieht, das im anderen Vertragsstaat liegt, dürfen im anderen Staat besteuert werden.

(2) Gewinne aus der Veräußerung von Aktien und sonstigen Anteilen an einer Gesellschaft, deren Aktivvermögen überwiegend aus unbeweglichem Vermögen in einem Vertragsstaat besteht, dürfen in diesem Staat besteuert werden.

(3) Gewinne aus der Veräußerung beweglichen Vermögens, das Betriebsvermögen einer Betriebsstätte ist, die ein Unternehmen eines Vertragsstaats im anderen Vertragsstaat hat, oder das zu einer festen Einrichtung gehört, die einer in einem Vertragsstaat ansässigen Person für die Ausübung einer selbständigen Arbeit im anderen Vertragsstaat zur Verfügung steht, einschließlich derartiger Gewinne, die bei der Veräußerung einer solchen Betriebsstätte (allein oder mit dem übrigen Unternehmen) oder einer solchen festen Einrichtung erzielt werden, dürfen im anderen Staat besteuert werden.

(4) Gewinne aus der Veräußerung von Seeschiffen oder Luftfahrzeugen, die im internationalen Verkehr betrieben werden, von Schiffen, die der Binnenschifffahrt dienen, und von beweglichem Vermögen, das dem Betrieb dieser Schiffe oder Luftfahrzeuge dient, dürfen nur in dem Vertragsstaat besteuert werden, in dem sich der Ort der tatsächlichen Geschäftsleitung des Unternehmens befindet.

(5) Gewinne aus der Veräußerung des in den vorstehenden Absätzen 1 bis 4 nicht genannten Vermögens dürfen nur in dem Vertragsstaat besteuert werden, in dem der Veräußerer ansässig ist.

(6) Bei einer natürlichen Person, die in einem Vertragsstaat während mindestens fünf Jahren ansässig war und die im anderen Vertragsstaat ansässig geworden ist, berührt Absatz 5 nicht das Recht des erstgenannten Staates, bei Anteilen an Gesellschaften nach seinen innerstaatlichen Rechtsvorschriften bei der Person einen Vermögenszuwachs bis zu ihrem Ansässigkeitswechsel zu besteuern. Besteuert der erstgenannte Vertragsstaat bei Wegzug einer in diesem Staat ansässigen natürlichen Person den Vermögenszuwachs, so

wird bei späterer Veräußerung der Anteile, wenn der daraus erzielte Gewinn in dem anderen Staat gemäß Absatz 5 besteuert wird, dieser Staat bei der Ermittlung des Veräußerungsgewinns als Anschaffungskosten den Betrag zu Grunde legen, den der erstgenannte Staat im Zeitpunkt des Wegzugs als Erlös angenommen hat.

### Selbständige Arbeit

**Art. 14** (1) Einkünfte, die eine in einem Vertragsstaat ansässige Person aus einem freien Beruf oder aus sonstiger selbständiger Tätigkeit bezieht, dürfen nur in diesem Staat besteuert werden, es sei denn, dass der Person im anderen Vertragsstaat für die Ausübung ihrer Tätigkeit gewöhnlich eine feste Einrichtung zur Verfügung steht. Steht ihr eine solche feste Einrichtung zur Verfügung, so dürfen die Einkünfte im anderen Staat besteuert werden, jedoch nur insoweit, als sie dieser festen Einrichtung zugerechnet werden können.

(2) Der Ausdruck „freier Beruf" umfasst insbesondere die selbständig ausgeübte wissenschaftliche, literarische, künstlerische, erzieherische oder unterrichtende Tätigkeit sowie die selbständige Tätigkeit der Ärzte, Rechtsanwälte, Ingenieure, Architekten, Zahnärzte und Buchsachverständigen.

### Unselbständige Arbeit

**Art. 15** (1) Vorbehaltlich der Artikel 16 bis 20 dürfen Gehälter, Löhne und ähnliche Vergütungen, die eine in einem Vertragsstaat ansässige Person aus unselbständiger Arbeit bezieht, nur in diesem Staat besteuert werden, es sei denn, die Arbeit wird im anderen Vertragsstaat ausgeübt. Wird die Arbeit dort ausgeübt, so dürfen die dafür bezogenen Vergütungen im anderen Staat besteuert werden.

(2) Ungeachtet des Absatzes 1 dürfen Vergütungen, die eine in einem Vertragsstaat ansässige Person für eine im anderen Vertragsstaat ausgeübte unselbständige Arbeit bezieht, nur im erstgenannten Staat besteuert werden, wenn

a) der Empfänger sich im anderen Staat insgesamt nicht länger als 183 Tage während des betreffenden Kalenderjahrs aufhält und
b) die Vergütungen von einem Arbeitgeber oder für einen Arbeitgeber gezahlt werden, der nicht im anderen Staat ansässig ist, und
c) die Vergütungen nicht von einer Betriebsstätte oder einer festen Einrichtung getragen werden, die der Arbeitgeber im anderen Staat hat.

(3) Die Bestimmungen des vorstehenden Absatzes 2 Buchstabe b finden keine Anwendung auf Vergütungen für Arbeit im Rahmen der Arbeitnehmerüberlassung, wenn sich der Arbeitnehmer im anderen Staat insgesamt nicht länger als 183 Tage während des betreffenden Kalenderjahres aufhält.

(4) Für Zwecke dieses Artikels gilt die Arbeit im anderen Vertragsstaat nur dann als ausgeübt, wenn die Vergütungen in Übereinstimmung mit diesem Abkommen im anderen Vertragsstaat besteuert worden sind.

(5) Ungeachtet der vorstehenden Bestimmungen dieses Artikels dürfen Vergütungen für unselbständige Arbeit, die an Bord eines Seeschiffes oder Luftfahrzeuges, das im internationalen Verkehr betrieben wird, oder an Bord eines Schiffes, das der Binnenschifffahrt dient, ausgeübt wird, in dem Vertragsstaat besteuert werden, in dem sich der Ort der tatsächlichen Geschäftsleitung des Unternehmens befindet.

(6) Absatz 1 gilt nicht, wenn die Person

1. in dem einen Staat in der Nähe der Grenze ihren Wohnsitz und in dem anderen Staat in der Nähe der Grenze ihren Arbeitsort hat und
2. täglich von ihrem Arbeitsort an ihren Wohnsitz zurückkehrt (Grenzgänger).

(7) Beiträge, die für eine in einem Vertragsstaat unselbständig tätige Person an eine in dem anderen Vertragsstaat errichtete und dort steuerlich anerkannte Einrichtung der Krankheits- und Altersvorsorge geleistet werden, sind in dem erstgenannten Staat bei der Ermittlung des von der Person zu versteuernden Einkommens in der gleichen Weise, unter den gleichen Bedingungen und Einschränkungen zu behandeln wie Beiträge an in diesem erstgenannten Staat steuerlich anerkannte Einrichtungen der Krankheits- und Altersvorsorge, sofern

a) die Person unmittelbar vor Aufnahme ihrer Tätigkeit nicht in diesem Staat ansässig war und bereits Beiträge an die Einrichtungen der Krankheits- und Altersvorsorge entrichtete, und
b) die zuständige Behörde dieses Vertragsstaats festgestellt hat, dass die Einrichtung der Krankheits- und Altersvorsorge allgemein denjenigen Einrichtungen entspricht, die in diesem Staat als solche für steuerliche Zwecke anerkannt sind.

Für die Zwecke dieses Absatzes

a) bedeutet „Einrichtung der Krankheitsvorsorge" jede Einrichtung, bei der die unselbständig tätige Person und ihre Angehörigen im Fall einer krankheitsbedingten vorübergehenden Unterbrechung ihrer unselbständigen Arbeit zum Empfang von Leistungen berechtigt sind;
b) bedeutet „Einrichtung der Altersvorsorge" eine Einrichtung, an der die Person teilnimmt, um sich im Hinblick auf die in diesem Absatz erwähnte unselbständige Arbeit Ruhestandseinkünfte zu sichern;
c) ist eine „Einrichtung der Krankheits- und Altersvorsorge" in einem Staat für steuerliche Zwecke anerkannt, wenn hinsichtlich der an diese Einrichtungen geleisteten Beiträge Steuerentlastungen zu gewähren sind.

### Aufsichtsrats- und Geschäftsführervergütungen

**Art. 16** (1) Aufsichtsrats- oder Verwaltungsratsvergütungen und ähnliche Zahlungen, die eine in einem Vertragsstaat ansässige Person in ihrer Eigenschaft als Mitglied des Aufsichts- oder Verwaltungsrats einer Gesellschaft bezieht, die im anderen Vertragsstaat ansässig ist, dürfen im anderen Staat besteuert werden.

(2) Ungeachtet der Artikel 14 und 15 dürfen Vergütungen, die eine in einem Vertragsstaat ansässige Person in ihrer Eigenschaft als Geschäftsführer oder als Vorstandsmitglied einer Gesellschaft bezieht, die in dem anderen Vertragsstaat ansässig ist, im anderen Staat besteuert werden.

### Künstler und Sportler

**Art. 17** (1) Ungeachtet der Artikel 7, 14 und 15 dürfen Einkünfte, die eine in einem Vertragsstaat ansässige Person als Künstler, wie Bühnen-, Film-, Rundfunk- und Fernsehkünstler sowie Musiker, oder als Sportler aus ihrer im anderen Vertragsstaat persönlich ausgeübten Tätigkeit bezieht, im anderen Staat besteuert werden. Ungeachtet auch des Artikels 12 dürfen Vergütungen jeder Art, die für die Benutzung oder das Recht auf Benutzung des Namens, des Bildes oder sonstiger Persönlichkeitsrechte dieser Person gezahlt werden, im anderen Staat auch dann besteuert werden, wenn dort keine persönliche Tätigkeit ausgeübt wird. Entsprechendes gilt für Einkünfte aus der Duldung von Aufzeichnungen und Übertragungen von künstlerischen und sportlichen Darbietungen durch Rundfunk und Fernsehen.

(2) Fließen Einkünfte der in Absatz 1 genannten Art nicht dem Künstler oder Sportler selbst, sondern einer anderen Person zu, so dürfen deren Einkünfte ungeachtet der Artikel 7, 12, 14 und 15 in dem Vertragsstaat besteuert werden, aus dem sie stammen.

(3) Die Absätze 1 und 2 gelten nicht für Einkünfte aus der von Künstlern oder Sportlern in einem Vertragsstaat ausgeübten Tätigkeit, wenn der Aufenthalt in diesem Staat ganz oder überwiegend aus öffentlichen Mitteln des anderen Staates oder einem seiner Länder oder einer seiner Gebietskörperschaften oder von einer als gemeinnützig anerkannten Einrichtung unterstützt wird. In diesem Fall dürfen die Einkünfte nur in dem Vertragsstaat besteuert werden, in dem die Person ansässig ist.

### Ruhegehälter, Renten und ähnliche Zahlungen

**Art. 18** (1) Erhält eine in einem Vertragsstaat ansässige Person Ruhegehälter und ähnliche Vergütungen oder Renten aus dem anderen Vertragsstaat, so dürfen diese Bezüge nur im erstgenannten Staat besteuert werden.

(2) Bezüge, die eine in einem Vertragsstaat ansässige Person aus der gesetzlichen Sozialversicherung des anderen Vertragsstaats erhält, dürfen abweichend von vorstehendem Absatz 1 nur in diesem anderen Staat besteuert werden.

(3) Wiederkehrende und einmalige Vergütungen, die ein Vertragsstaat oder eine seiner Gebietskörperschaften an eine in dem anderen Vertragsstaat ansässige Person für einen Schaden zahlt, für dessen Folgen die staatliche Gemeinschaft in Abgeltung eines besonderen Opfers oder aus anderen Gründen nach versorgungsrechtlichen Grundsätzen einsteht, oder der als Folge von Kriegshandlungen oder politischer Verfolgung oder des Wehr- oder Zivildiensts entstanden ist (einschließlich Wiedergutmachungsleistungen), dürfen abweichend von Absatz 1 nur im erstgenannten Staat besteuert werden.

(4) Der Begriff „Rente" bedeutet bestimmte Beträge, die regelmäßig zu festgesetzten Zeitpunkten lebenslänglich oder während eines bestimmten oder bestimmbaren Zeitabschnitts auf Grund einer Verpflichtung zahlbar sind, die diese Zahlungen als Gegenleistung für in Geld oder Geldeswert bewirkte angemessene Leistung vorsieht.

(5) Unterhaltszahlungen, einschließlich derjenigen für Kinder, die eine in einem Vertragsstaat ansässige Person an eine im anderen Vertragsstaat ansässige Person zahlt, sind in dem anderen Staat von der Steuer befreit. Das gilt nicht, soweit die Unterhaltszahlungen im erstgenannten Staat bei der Berechnung des steuerpflichtigen Einkommens des Zahlungsverpflichteten abzugsfähig sind; Steuerfreibeträge zur Milderung der sozialen Lasten gelten nicht als Abzug im Sinne dieser Bestimmung.

### Öffentlicher Dienst

**Art. 19** (1) Vergütungen, ausgenommen Ruhegehälter, die von einem Vertragsstaat oder einer seiner Gebietskörperschaften oder einer anderen juristischen Person des öffentlichen Rechts dieses Staates an eine natürliche Person für diesem Staat, einer seiner Gebietskörperschaften oder einer anderen juristischen Person des öffentlichen Rechts geleistete Dienste gezahlt werden, dürfen nur in diesem Staat besteuert werden. Diese Vergütungen dürfen jedoch nur im anderen Vertragsstaat besteuert werden, wenn die Dienste in diesem Staat geleistet werden und die natürliche Person in diesem Staat ansässig ist und

a) ein Staatsangehöriger dieses Staates ist oder
b) nicht ausschließlich deshalb in diesem Staat ansässig geworden ist, um die Dienste zu leisten.

(2) Ruhegehälter, die von einem Vertragsstaat, einer seiner Gebietskörperschaften oder einer anderen juristischen Person des öffentlichen Rechts dieses Staates an eine natürliche Person für diesem Staat, einer seiner Gebietskörperschaften oder einer anderen juristischen Person des öffentlichen Rechts geleistete Dienste gezahlt werden, dürfen abweichend von Artikel 18 nur in diesem Staat besteuert werden. Diese Ruhegehälter dürfen jedoch nur im anderen Vertragsstaat besteuert werden, wenn die natürliche Person in diesem Staat ansässig ist und ein Staatsangehöriger dieses Staates ist.

(3) Auf Vergütungen für Dienstleistungen und Ruhegehälter, die im Zusammenhang mit einer gewerblichen Tätigkeit eines Vertragsstaats oder einer seiner Gebietskörperschaften oder einer anderen juristischen Person des öffentlichen Rechts dieses Staates erbracht werden, sind die Artikel 15, 16, 17 und 18 anzuwenden.

(4) Dieser Artikel gilt auch für Löhne, Gehälter und ähnliche Vergütungen (sowie für Ruhegehälter), die an natürliche Personen für Dienste gezahlt werden, die dem Goethe-Institut, dem Deutschen Akademischen Austauschdienst (DAAD) und anderen ähnlichen, von den zuständigen Behörden der Vertragsstaaten im gegenseitigen Einvernehmen zu bestimmenden Einrichtungen geleistet werden, vorausgesetzt, dass diese Zahlungen in dem Vertragsstaat, aus dem sie stammen, der Besteuerung unterliegen.

### Gastprofessoren und -lehrer, Studenten und Auszubildende

**Art. 20** (1) Eine natürliche Person, die sich auf Einladung eines Vertragsstaats oder einer Universität, Hochschule, Schule, eines Museums oder einer anderen kulturellen Einrichtung dieses Vertragsstaats oder im Rahmen eines amtlichen Kulturaustausches in diesem Vertragsstaat höchstens zwei Jahre lang lediglich zur Ausübung einer Lehrtätigkeit, zum Halten von Vorlesungen oder zur Ausübung einer Forschungstätigkeit bei dieser Einrichtung aufhält und die im anderen Vertragsstaat ansässig ist oder dort unmittelbar vor der Einreise in den erstgenannten Staat ansässig war, ist in dem erstgenannten Staat mit ihren für diese Tätigkeit bezogenen Vergütungen von der Steuer befreit, vorausgesetzt, dass diese Vergütungen von außerhalb dieses Staates bezogen werden.

(2) Zahlungen, die ein Student, Praktikant oder Lehrling, der sich in einem Vertragsstaat ausschließlich zum Studium oder zur Ausbildung aufhält und der im anderen Vertragsstaat ansässig ist oder dort unmittelbar vor der Einreise in den erstgenannten Staat ansässig war, für seinen Unterhalt, sein Studium oder seine Ausbildung erhält, dürfen im erstgenannten Staat nicht besteuert werden, sofern diese Zahlungen aus Quellen außerhalb dieses Staates stammen.

### Andere Einkünfte

**Art. 21** (1) Einkünfte einer in einem Vertragsstaat ansässigen Person, die in den vorstehenden Artikeln nicht behandelt wurden, dürfen ohne Rücksicht auf ihre Herkunft nur in diesem Staat besteuert werden.

(2) Absatz 1 ist auf andere Einkünfte als solche aus unbeweglichem Vermögen im Sinne des Artikels 6 Absatz 2 nicht anzuwenden, wenn der in einem Vertragsstaat ansässige Empfänger im anderen Vertragsstaat eine gewerbliche Tätigkeit durch eine dort gelegene Betriebsstätte oder eine selbständige Arbeit durch eine dort gelegene feste Einrichtung ausübt und die Rechte oder Vermögenswerte, für die die Einkünfte gezahlt werden, tatsächlich zu dieser Betriebsstätte oder festen Einrichtung gehören. In diesem Fall ist Artikel 7 beziehungsweise Artikel 14 anzuwenden.

### Vermögen

**Art. 22** (1) Unbewegliches Vermögen im Sinne des Artikels 6, das einer in einem Vertragsstaat ansässigen Person gehört und im anderen Vertragsstaat liegt, darf im anderen Staat besteuert werden.

(2) Bewegliches Vermögen, das Betriebsvermögen einer Betriebsstätte ist, die ein Unternehmen eines Vertragsstaats im anderen Vertragsstaat hat, oder das zu einer festen Einrichtung gehört, die einer in einem Vertragsstaat ansässigen Person für die Ausübung einer selbständigen Arbeit im anderen Vertragsstaat zur Verfügung steht, darf im anderen Staat besteuert werden.

(3) Seeschiffe und Luftfahrzeuge, die im internationalen Verkehr betrieben werden, und Schiffe, die der Binnenschifffahrt dienen, sowie bewegliches Vermögen, das dem Betrieb dieser Schiffe oder Luftfahrzeuge dient, dürfen nur in dem Vertragsstaat besteuert werden, in dem sich der Ort der tatsächlichen Geschäftsleitung des Unternehmens befindet.

(4) Alle anderen Vermögensteile einer in einem Vertragsstaat ansässigen Person dürfen nur in diesem Staat besteuert werden.

### Vermeidung der Doppelbesteuerung

**Art. 23** (1) Bei einer in der Bundesrepublik Deutschland ansässigen Person wird die Steuer wie folgt festgesetzt:

a) Von der Bemessungsgrundlage der deutschen Steuer werden die Einkünfte aus der Republik Österreich sowie die in der Republik Österreich gelegenen Vermögenswerte ausgenommen, die nach diesem Abkommen in der Republik Österreich besteuert werden dürfen und nicht unter Buchstabe b fallen. Die Bundesrepublik Deutschland behält aber das Recht, die so ausgenommenen Einkünfte und Vermögenswerte bei der Festsetzung des Steuersatzes für andere Einkünfte und Vermögenswerte zu berücksichtigen. Für Einkünfte aus Dividenden gelten die vorstehenden Bestimmungen nur dann, wenn diese Dividenden an eine in der Bundesrepublik Deutschland ansässige Gesellschaft (jedoch nicht an eine Personengesellschaft) von einer in der Republik Österreich ansässigen Gesellschaft gezahlt werden, deren Kapital zu mindestens 10 vom Hundert unmittelbar der deutschen Gesellschaft gehört, und bei der Ermittlung der Gewinne der ausschüttenden Gesellschaft nicht abgezogen worden sind.

   Für die Zwecke der Steuern vom Vermögen werden von der Bemessungsgrundlage der deutschen Steuer ebenfalls Beteiligungen ausgenommen, deren Ausschüttungen, falls solche gezahlt werden würden, nach den vorhergehenden Sätzen von der Steuerbemessungsgrundlage auszunehmen wären.

b) Auf die deutsche Steuer vom Einkommen für die folgenden Einkünfte wird unter Beachtung der Vorschriften des deutschen Steuerrechts über die Anrechnung ausländischer Steuern die österreichische Steuer angerechnet, die nach österreichischem Recht und in

Übereinstimmung mit diesem Abkommen für diese Einkünfte gezahlt worden ist:

aa) Dividenden, die nicht unter Buchstabe a fallen,

bb) Zinsen,

cc) Lizenzgebühren,

dd) Einkünfte, die nach Artikel 13 Absatz 2 in der Republik Österreich besteuert werden dürfen,

ee) Einkünfte, die nach Artikel 15 Absatz 5 in der Republik Österreich besteuert werden dürfen,

ff) Vergütungen, die nach Artikel 16 Absatz 1 in der Republik Österreich besteuert werden dürfen,

gg) Einkünfte, die nach Artikel 17 in der Republik Österreich besteuert werden dürfen.

c) Einkünfte oder Vermögen einer in der Bundesrepublik Deutschland ansässigen Person, die nach dem Abkommen von der Besteuerung in der Bundesrepublik Deutschland auszunehmen sind, dürfen gleichwohl in der Bundesrepublik Deutschland bei der Festsetzung der Steuer für das übrige Einkommen oder Vermögen der Person einbezogen werden.

(2) Bei einer in der Republik Österreich ansässigen Person wird die Steuer wie folgt festgesetzt:

a) Bezieht eine in der Republik Österreich ansässige Person Einkünfte oder hat sie Vermögen und dürfen diese Einkünfte oder dieses Vermögen nach diesem Abkommen in der Bundesrepublik Deutschland besteuert werden, so nimmt die Republik Österreich vorbehaltlich der Buchstaben b und c diese Einkünfte oder dieses Vermögen von der Besteuerung aus.

b) Bezieht eine in der Republik Österreich ansässige Person Einkünfte, die nach den Artikeln 10, 11, 13 Absatz 2 und 17 Absatz 1 Satz 2 und 3 in der Bundesrepublik Deutschland besteuert werden dürfen, so rechnet die Republik Österreich auf die vom Einkommen dieser Person zu erhebende Steuer den Betrag an, der der in der Bundesrepublik Deutschland gezahlten Steuer entspricht. Der anzurechnende Betrag darf jedoch den Teil der vor der Anrechnung ermittelten Steuer nicht übersteigen, der auf die aus der Bundesrepublik Deutschland bezogenen Einkünfte entfällt.

c) Dividenden im Sinne des Artikels 10 Absatz 2 Buchstabe a, die von einer in der Bundesrepublik Deutschland ansässigen Gesellschaft an eine in der Republik Österreich ansässige Gesellschaft gezahlt werden und die bei Ermittlung der Gewinne der ausschüttenden Gesellschaft nicht abgezogen worden sind, sind, vorbehaltlich der entsprechenden Bestimmungen des innerstaatlichen Rechts der Republik Österreich, aber ungeachtet etwaiger nach diesem Recht abweichender Mindestbeteiligungserfordernisse, in der Republik Österreich von der Besteuerung ausgenommen.

d) Einkünfte oder Vermögen einer in der Republik Österreich ansässigen Person, die nach dem Abkommen von der Besteuerung in der Republik Österreich auszunehmen sind, dürfen gleichwohl in der Republik Österreich bei der Festsetzung der Steuer für das übrige Einkommen oder Vermögen der Person einbezogen werden.

### Gleichbehandlung

**Art. 24** (1) Staatsangehörige eines Vertragsstaats dürfen im anderen Vertragsstaat keiner Besteuerung oder damit zusammenhängenden Verpflichtung unterworfen werden, die anders oder belastender ist als die Besteuerung und die damit zusammenhängenden Verpflichtungen, denen Staatsangehörige des anderen Staates unter gleichen Verhältnissen, insbesondere hinsichtlich der Ansässigkeit, unterworfen sind oder unterworfen werden können. Diese Bestimmung gilt ungeachtet des Artikels 1 auch für Personen, die in keinem Vertragsstaat ansässig sind.

(2) Staatenlose, die in einem Vertragsstaat ansässig sind, dürfen in keinem Vertragsstaat einer Besteuerung oder damit zusammenhängenden Verpflichtung unterworfen werden, die anders oder belastender ist als die Besteuerung und die damit zusammenhängenden Verpflichtungen, denen Staatsangehörige des betreffenden Staates unter gleichen Verhältnissen, insbesondere hinsichtlich der Ansässigkeit, unterworfen sind oder unterworfen werden können.

(3) Die Besteuerung einer Betriebsstätte, die ein Unternehmen eines Vertragsstaats im anderen Vertragsstaat hat, darf im anderen Staat nicht ungünstiger sein als die Besteuerung von Unternehmen des anderen Staates, die die gleiche Tätigkeit ausüben. Diese Bestimmung ist nicht so auszulegen, als verpflichte sie einen Vertragsstaat, den im anderen Vertragsstaat ansässigen Personen Steuerfreibeträge, -vergünstigungen und -ermäßigungen auf Grund des Personenstandes oder der Familienlasten zu gewähren, die er seinen ansässigen Personen gewährt.

(4) Sofern nicht Artikel 9 Absatz 1, Artikel 11 Absatz 6 oder Artikel 12 Absatz 5 anzuwenden ist, sind Zinsen, Lizenzgebühren und andere Entgelte, die ein Unternehmen eines Vertragsstaats an eine im anderen Vertragsstaat ansässige Person zahlt, bei der Ermittlung der steuerpflichtigen Gewinne dieses Unternehmens unter den gleichen Bedingungen wie Zahlungen an eine im erstgenannten Staat ansässige Person zum Abzug zuzulassen. Dementsprechend sind Schulden, die ein Unternehmen eines Vertragsstaats gegenüber einer im anderen Vertragsstaat ansässigen Person hat, bei der Ermittlung des steuerpflichtigen Vermögens dieses Unternehmens unter den gleichen Bedingungen wie Schulden gegenüber einer im erstgenannten Staat ansässigen Person zum Abzug zuzulassen.

(5) Unternehmen eines Vertragsstaats, deren Kapital ganz oder teilweise unmittelbar oder mittelbar einer im anderen Vertragsstaat ansässigen Person oder mehreren solchen Personen gehört oder ihrer Kontrolle unterliegt, dürfen im erstgenannten Staat keiner Besteuerung oder damit zusammenhängenden Verpflichtung unterworfen werden, die anders oder belastender ist als die Besteuerung und die damit zusammenhängenden Verpflichtungen, denen andere ähnliche Unternehmen des erstgenannten Staates unterworfen sind oder unterworfen werden können.

(6) Dieser Artikel gilt ungeachtet des Artikels 2 für Steuern jeder Art und Bezeichnung.

### Verständigungsverfahren

**Art. 25** (1) Ist eine Person der Auffassung, dass Maßnahmen eines Vertragsstaats oder beider Vertragsstaaten für sie zu einer Besteuerung führen oder führen werden, die diesem Abkommen nicht entspricht, so kann sie unbeschadet der nach dem innerstaatlichen Recht dieser Staaten vorgesehenen Rechtsmittel ihren Fall der zuständigen Behörde des Vertragsstaats, in dem sie ansässig ist, oder, sofern ihr Fall von Artikel 24 Absatz 1 erfasst wird, der zuständigen Behörde des Vertragsstaats unterbreiten, dessen Staatsangehöriger sie ist. Der Fall muss innerhalb von drei Jahren nach der ersten Mitteilung der Maßnahme unterbreitet werden, die zu einer dem Abkommen nicht entsprechenden Besteuerung führt.

(2) Hält die zuständige Behörde die Einwendung für begründet und ist sie selbst nicht in der Lage, eine befriedigende Lösung herbeizuführen, so wird sie sich bemühen, den Fall durch Verständigung mit der zuständigen Behörde des anderen Vertragsstaats so zu regeln, dass eine dem Abkommen nicht entsprechende Besteuerung vermieden wird. Die Verständigungsregelung ist ungeachtet der Fristen des innerstaatlichen Rechts der Vertragsstaaten durchzuführen.

(3) Die zuständigen Behörden der Vertragsstaaten werden sich bemühen, Schwierigkeiten oder Zweifel, die bei der Auslegung oder Anwendung des Abkommens entstehen, in gegenseitigem Einvernehmen zu beseitigen. Sie können auch gemeinsam darüber beraten, wie eine Doppelbesteuerung in Fällen vermieden werden kann, die im Abkommen nicht behandelt sind.

(4) Die zuständigen Behörden der Vertragsstaaten können zur Herbeiführung einer Einigung im Sinne der vorstehenden Absätze unmittelbar miteinander verkehren. Erscheint ein mündlicher Meinungsaustausch für die Herbeiführung der Einigung zweckmäßig, so kann ein solcher Meinungsaustausch in einer Kommission durchgeführt werden, die aus Vertretern der zuständigen Behörden der Vertragsstaaten besteht.

(5) Können Schwierigkeiten oder Zweifel, die bei der Auslegung oder Anwendung dieses Abkommens entstehen, von den zuständigen Behörden nicht im Verständigungsverfahren nach den vorstehenden Absätzen dieses Artikels innerhalb einer Frist von drei Jahren ab der Verfahrenseinleitung beseitigt werden, sind auf Antrag der Person im Sinne des Absatzes 1 die Staaten verpflichtet, den Fall im Rahmen eines Schiedsverfahrens entsprechend Artikel 239 EG-Vertrag vor dem Gerichtshof der Europäischen Gemeinschaften anhängig zu machen.

### Informationsaustausch

**Art. 26** (1) Die zuständigen Behörden der Vertragsstaaten tauschen die Informationen aus, die zur Durchführung dieses Abkommens oder zur Verwaltung beziehungsweise Vollstreckung des innerstaatlichen Rechts betreffend Steuern jeder Art und Bezeichnung, die für Rechnung der Vertragsstaaten oder ihrer Gebietskörperschaften erhoben werden, voraussichtlich erheblich sind, soweit die diesem Recht entsprechende Besteuerung nicht dem Abkommen widerspricht. Der Informationsaustausch ist durch Artikel 1 und 2 nicht eingeschränkt.

(2) Alle Informationen, die ein Vertragsstaat gemäß Absatz 1 erhalten hat, sind ebenso geheim zu halten wie die aufgrund des innerstaatlichen Rechts dieses Staates beschafften Informationen und dürfen nur den Personen oder Behörden (einschließlich der Gerichte und der Verwaltungsbehörden) zugänglich gemacht werden, die mit der Veranlagung oder Erhebung, der Vollstreckung oder Strafverfolgung oder mit der Entscheidung von Rechtsmitteln hinsichtlich der in Absatz 1 genannten Steuern oder mit der Aufsicht darüber befasst sind. Diese Personen oder Behörden dürfen die Informationen nur für diese Zwecke verwenden. Sie dürfen die Informationen in einem öffentlichen Gerichtsverfahren oder in einer Gerichtsentscheidung offen legen. Ungeachtet der vorstehenden Bestimmungen können die Informationen für andere Zwecke verwendet werden, wenn sie nach dem Recht beider Staaten für diese anderen Zwecke verwendet werden können und die zuständige Behörde des übermittelnden Staates dieser Verwendung zugestimmt hat. Ohne vorherige Zustimmung der zuständigen Behörde des übermittelnden Staates ist eine Verwendung für andere Zwecke nur zulässig, wenn sie zur Abwehr einer im Einzelfall bestehenden dringenden Gefahr für das Leben, die körperliche Unversehrtheit oder die persönliche Freiheit einer Person oder für bedeutende Vermögenswerte erforderlich ist und Gefahr im Verzug besteht. In diesem Fall ist die zuständige Behörde des übermittelnden Staates unverzüglich um nachträgliche Genehmigung der Zweckänderung zu ersuchen. Wird die Genehmigung verweigert, ist die weitere Verwendung der Informationen für den anderen Zweck unzulässig; ein durch die zweckändernde Verwendung der Informationen entstandener Schaden ist zu ersetzen.

(3) Die Absätze 1 und 2 sind nicht so auszulegen, als verpflichteten sie einen Vertragsstaat,

a) für die Erteilung von Informationen Verwaltungsmaßnahmen durchzuführen, die mit den Gesetzen und der Verwaltungspraxis dieses oder des anderen Vertragsstaates unvereinbar sind;

b) Informationen zu erteilen, die nach den Gesetzen oder im üblichen Verwaltungsverfahren dieses oder des anderen Vertragsstaates nicht beschafft werden können;

c) Informationen zu erteilen, die ein Handels-, Industrie-, Gewerbe- oder Berufsgeheimnis oder ein Geschäftsverfahren offenlegen würden oder deren Erteilung der öffentlichen Ordnung widerspräche.

(4) Ersucht ein Vertragsstaat gemäß diesem Artikel um Informationen, so nutzt der andere Vertragsstaat die ihm zur Verfügung stehenden Möglichkeiten zur Beschaffung der erbetenen Informationen, selbst wenn er diese Informationen für seine eigenen steuerlichen Zwecke nicht benötigt. Die im vorstehenden Satz enthaltene Verpflichtung unterliegt den Beschränkungen gemäß Absatz 3, wobei diese jedoch in keinem Fall so auszulegen sind, dass ein Vertragsstaat die Erteilung von Informationen nur deshalb ablehnen kann, weil er kein inländisches Interesse an solchen Informationen hat.

(5) Absatz 3 ist in keinem Fall so auszulegen, dass ein Vertragsstaat die Erteilung von Informationen nur deshalb ablehnen kann, weil die Informationen sich bei einer Bank, einem sonstigen Finanzinstitut, einem Bevollmächtigten, Vertreter oder Treuhänder befinden oder sich auf Eigentumsanteile an einer Person beziehen.

### Erstattung der Abzugsteuern

**Art. 27** (1) Werden in einem Vertragsstaat die Steuern von Dividenden, Zinsen, Lizenzgebühren oder sonstigen von einer im anderen Vertragsstaat ansässigen Person bezogenen Einkünften im Abzugsweg (an der Quelle) erhoben, so wird das Recht des erstgenannten Staates zur Vornahme des Steuerabzugs zu dem nach seinem innerstaatlichen Recht vorgesehenen Satz durch dieses Abkommen nicht berührt. Die im Abzugsweg (an der Quelle) erhobene Steuer ist auf Antrag des Steuerpflichtigen zu erstatten, wenn und soweit sie durch das Abkommen ermäßigt wird oder entfällt.

(2) Die Anträge auf Erstattung müssen vor dem Ende des vierten auf das Kalenderjahr der Festsetzung der Abzugsteuer auf Dividenden, Zinsen, Lizenzgebühren oder anderen Einkünfte folgenden Jahres eingereicht werden.

(3) Der Vertragsstaat, aus dem die Einkünfte stammen, kann eine Bescheinigung der zuständigen Behörde über die Ansässigkeit in dem anderen Vertragsstaat verlangen.

(4) Die zuständigen Behörden können in gegenseitigem Einvernehmen die Durchführung dieses Artikels regeln und gegebenenfalls andere Verfahren zur Durchführung der im Abkommen vorgesehenen Steuerermäßigungen oder -befreiungen festlegen.

### Anwendung des Abkommens in bestimmten Fällen

**Art. 28** (1) Der Ansässigkeitsstaat vermeidet die Doppelbesteuerung durch Steueranrechnung nach Artikel 23 und nicht durch Steuerbefreiung nach dem genannten Artikel,

a) wenn in den Vertragsstaaten Einkünfte oder Vermögen unterschiedlichen Abkommensbestimmungen zugeordnet oder verschiedenen Personen zugerechnet werden (außer nach Artikel 9) und dieser Konflikt sich nicht durch ein Verfahren nach Artikel 25 regeln lässt und wenn auf Grund dieser unterschiedlichen Zuordnung oder Zurechnung die betreffenden Einkünfte oder Vermögenswerte unbesteuert blieben oder zu niedrig besteuert würden;

b) wenn die Bundesrepublik Deutschland nach gehöriger Konsultation und vorbehaltlich der Beschränkungen ihres innerstaatlichen Rechts der Republik Österreich auf diplomatischem Weg andere Einkünfte notifiziert hat, auf die sie diesen Absatz anzuwenden beabsichtigt, um die steuerliche Freistellung von Einkünften in beiden Vertragsstaaten oder sonstige Gestaltungen zum Missbrauch des Abkommens zu verhindern.

Im Fall einer Notifikation nach Buchstabe b kann die Republik Österreich vorbehaltlich einer Notifikation auf diplomatischem Weg diese Einkünfte auf Grund dieses Abkommens entsprechend der Qualifikation der Einkünfte durch die Bundesrepublik Deutschland qualifizieren. Eine Notifikation nach diesem Absatz wird erst ab dem ersten Tag des Kalenderjahrs wirksam, das auf das Jahr folgt, in dem die Notifikation übermittelt wurde und alle rechtlichen Voraussetzungen nach dem innerstaatlichen Recht des notifizierenden Staates für das Wirksamwerden der Notifikation erfüllt sind. Die Bundesrepublik Deutschland wird von dem Recht zur Notifikation nicht vor Ablauf von fünf Jahren nach In-Kraft-Treten des Abkommens Gebrauch machen.

(2) Der Ansässigkeitsstaat ist berechtigt, seine innerstaatlichen Rechtsvorschriften zur Abwehr von Steuerumgehungen anzuwenden, um missbräuchlichen Gestaltungen oder unfairem Steuerwettbewerb zu begegnen.

(3) Wenn die vorstehenden Bestimmungen zur Doppelbesteuerung führen, konsultieren die zuständigen Behörden einander nach Artikel 25 Absatz 3, wie die Doppelbesteuerung zu vermeiden ist.

### Mitglieder diplomatischer Missionen und konsularischer Vertretungen

**Art. 29** (1) Dieses Abkommen berührt nicht die steuerlichen Vorrechte, die den Mitgliedern diplomatischer Missionen und konsularischer Vertretungen sowie internationaler Organisationen nach den allgemeinen Regeln des Völkerrechts oder auf Grund besonderer Übereinkünfte zustehen.

(2) Soweit Einkünfte oder Vermögen im Empfangsstaat wegen der den Diplomaten und Konsularbeamten nach den allgemeinen Regeln des

Völkerrechts oder auf Grund besonderer zwischenstaatlicher Übereinkünfte zustehenden steuerlichen Vorrechte nicht besteuert werden, steht das Besteuerungsrecht dem Entsendestaat zu.

(3) Ungeachtet der Vorschriften des Artikels 4 gilt eine natürliche Person, die Mitglied einer diplomatischen Mission, einer konsularischen Vertretung oder einer Ständigen Vertretung eines Vertragsstaats ist, die im anderen Vertragsstaat oder in einem dritten Staat gelegen ist, für Zwecke des Abkommens als eine im Entsendestaat ansässige Person, wenn sie

a) nach dem Völkerrecht im Empfangsstaat mit Einkünften aus Quellen außerhalb dieses Staates oder mit außerhalb dieses Staates gelegenem Vermögen nicht steuerpflichtig ist und
b) im Entsendestaat den gleichen Verpflichtungen bezüglich der Steuern von ihrem gesamten Einkommen oder vom Vermögen unterworfen ist wie in diesem Staat ansässige Personen.

(4) Das Abkommen gilt nicht für zwischenstaatliche Organisationen, ihre Organe oder Beamte sowie nicht für Mitglieder diplomatischer Missionen oder konsularischer Vertretungen eines dritten Staates und ihnen nahestehende Personen, die sich in einem Vertragsstaat aufhalten, aber in keinem der beiden Vertragsstaaten für Zwecke der Steuern vom Einkommen und vom Vermögen wie dort ansässige Personen behandelt werden.

### Nebenurkunden

**Art. 30** Das beiliegende Protokoll ist Bestandteil des Abkommens.

### In-Kraft-Treten

**Art. 31** (1) Das Abkommen bedarf der Ratifikation; die Ratifikationsurkunden werden so bald wie möglich in Wien ausgetauscht.

(2) Dieses Abkommen tritt einen Monat nach Austausch der Ratifikationsurkunden in Kraft und ist in beiden Vertragsstaaten anzuwenden

a) bei den im Abzugsweg erhobenen Steuern von Dividenden, Zinsen und Lizenzgebühren auf die Beträge, die am oder nach dem 1. Jänner des Kalenderjahrs gezahlt werden, das dem Jahr folgt, in dem das Abkommen in Kraft getreten ist;
b) bei den übrigen Steuern auf die Steuern, die für Zeiträume ab dem 1. Jänner des Kalenderjahrs erhoben werden, das auf das Jahr folgt, in dem das Abkommen in Kraft getreten ist.

(3) Das zwischen der Republik Österreich und der Bundesrepublik Deutschland am 4. Oktober 1954 unterzeichnete Abkommen zur Vermeidung der Doppelbesteuerung auf dem Gebiete der Steuern vom Einkommen und vom Vermögen sowie der Gewerbesteuern und der Grundsteuern in der Fassung des Abkommens vom 8. Juli 1992 findet ab dem Zeitpunkt nicht mehr Anwendung, in dem dieses Abkommen gemäß Absatz 2 dieses Artikels Wirksamkeit erlangt.

### Registrierung

**Art. 32** Die Registrierung dieses Abkommens beim Sekretariat der Vereinten Nationen nach Artikel 102 der Charta der Vereinten Nationen wird unverzüglich nach seinem In-Kraft-Treten von dem Vertragsstaat veranlasst, in dem die Unterzeichnung des Abkommens erfolgte. Der andere Vertragsstaat wird unter Angabe der VN-Registrierungsnummer von der erfolgten Registrierung unterrichtet, sobald dies vom Sekretariat der Vereinten Nationen bestätigt worden ist.

### Kündigung

**Art. 33** Dieses Abkommen ist auf unbestimmte Zeit geschlossen, jedoch kann jeder der Vertragsstaaten bis zum 30. Juni eines jeden Kalenderjahrs nach Ablauf von fünf Jahren, vom Tag des In-Kraft-Tretens an gerechnet, das Abkommen gegenüber dem anderen Vertragsstaat auf diplomatischem Weg schriftlich kündigen. Maßgebend für die Berechnung der Frist ist der Tag des Einganges der Kündigung bei dem anderen Vertragsstaat. Im Fall der Kündigung ist das Abkommen nicht mehr anzuwenden

a) bei den im Abzugsweg erhobenen Steuern von Dividenden, Zinsen und Lizenzgebühren auf die Beträge, die am oder nach dem 1. Jänner des Kalenderjahrs gezahlt werden, das auf das Kündigungsjahr folgt;
b) bei den übrigen Steuern auf die Steuern, die für Zeiträume ab dem 1. Jänner des Kalenderjahrs erhoben werden, das auf das Kündigungsjahr folgt.

### Protokoll

Die Republik Österreich und die Bundesrepublik Deutschland

haben anlässlich der Unterzeichnung des Abkommens zwischen den beiden Staaten zur Vermeidung der Doppelbesteuerung auf dem Gebiet der Steuern vom Einkommen und vom Vermögen am 24. August 2000 in Berlin die nachstehenden Bestimmungen vereinbart, die Bestandteil des Abkommens sind:

(1) Zu den Artikeln 2 bis 19

Der Ausdruck „Gebietskörperschaften" umfasst auf Seiten der Bundesrepublik Deutschland die Länder und Gemeinden und auf Seiten der Republik Österreich die Bundesländer und Gemeinden.

(2) Zu Artikel 5

Es besteht Einverständnis, dass im Fall verbundener Unternehmen keines dieser Unternehmen als Vertreterbetriebsstätte eines anderen verbundenen Unternehmens behandelt wird, wenn die jeweiligen – ohne dieses Einverständnis sonst zur Vertreterbetriebsstätte führenden – Funktionen durch Ansatz angemessener Verrechnungspreise, einschließlich eines diesem verbleibenden Gewinns, abgegolten werden.

(3) Zu den Artikeln 7 und 10

Ein stiller Gesellschafter wird wie ein Unternehmer behandelt, wenn mit seiner Einlage eine Beteiligung am Vermögen des Unternehmens verbunden ist.

(4) Zu Artikel 13 Absatz 2

Die Höhe des Aktivvermögens bestimmt sich nach der letzten, vor der Veräußerung der Aktien und sonstigen Anteile zu erstellenden Handelsbilanz.

(5) Zu den Artikeln 13 und 18

Wiederkehrende Bezüge, die auf der Veräußerung von Vermögen beruhen, aber nur wegen der dabei eingehaltenen Rentenform steuerpflichtig sind, fallen stets unter Artikel 18.

(6) Zu Artikel 15 Absatz 2 und 3

Es besteht Einvernehmen, dass im Fall der in Absatz 3 erwähnten Arbeitnehmerüberlassung die „183-Tage-Klausel" zur Anwendung kommt. Die Wirkung der „183-Tage-Klausel" geht nur dann verloren, wenn das in einem Vertragsstaat ansässige arbeitnehmerüberlassende Unternehmen im anderen Vertragsstaat eine Betriebsstätte unterhält, die die Vergütungen trägt.

(7) Zu Artikel 15 Absatz 4

Es besteht Einverständnis darüber, dass der Begriff „Vergütungen, wenn sie im anderen Vertragsstaat besteuert worden sind" sich auf jegliche Arbeit bezieht, die im anderen Vertragsstaat steuerlich erfasst worden ist. Durch die Bestimmung werden die Besteuerungsrechte des Tätigkeitsstaats nicht eingeschränkt. Erfolgt eine Besteuerung im Tätigkeitsstaat erst im Nachhinein, wird ein hierdurch ausgelöster Besteuerungskonflikt auf der Grundlage von Artikel 25 behandelt.

(8) Zu Artikel 15 Absatz 6

Als Nähe der Grenze gilt die Lage in einer Zone von je 30 Kilometern beiderseits der Grenze.

(9) Zu Artikel 17 Absatz 2

Es besteht Einverständnis, dass nach Absatz 2 der Gesamtbetrag der der „anderen Person" zufließenden Vergütungen einer Bruttoabzugsbesteuerung unterzogen werden darf, wobei dem Einkünfteempfänger (der „anderen Person") das Recht auf Entlastung von der Bruttoabzugsbesteuerung nach den Grundsätzen einer Nettobesteuerung nach Maßgabe des Rechts des Quellenstaats zugestanden wird. Das Quellenbesteuerungsrecht besteht auch für solche Vergütungen, die auf Tätigkeiten der in Drittstaaten ansässigen Künstler und Sportler zurückzuführen sind.

(10) Zu Artikel 17 Absatz 3

Es besteht Einvernehmen, dass Absatz 3 auch für die Trägerkörperschaften von Orchestern, Theatern, Balletten sowie für die Mitglieder solcher Kulturträger gilt, wenn diese Trägerkörperschaften auf Dauer im Wesentlichen ohne Gewinnerzielung tätig sind und dies durch die zuständige Behörde im Ansässigkeitsstaat bestätigt wird.

(11) Zu Artikel 18 Absatz 3

a) Zu den Vergütungen im Sinne des Absatzes 3 gehören auch Vergütungen für einen Schaden, der als Folge von Straftaten, Impfungen oder ähnlichen Gründen entstanden ist.

b) Die in dieser Bestimmung angeführten Bezüge sind bei Ermittlung des Progressionsvorbehalts außer Ansatz zu lassen.

(12) Zu Artikel 24

a) In der Bundesrepublik Deutschland ansässige Unternehmen, denen nach den Bestimmungen des Abkommens vom 4. Oktober 1954 zwischen der Republik Österreich und der Bundesrepublik Deutschland zur Vermeidung der Doppelbesteuerung auf dem Gebiete der Steuern vom Einkommen und vom Vermögen sowie der Gewerbesteuern und der Grundsteuern Entlastung von der österreichischen Kommunalsteuer zu gewähren gewesen wäre, steht diese Entlastung auch weiterhin so lange zu, wie Mitgliedstaaten der Europäischen Union auf Grund ihrer Doppelbesteuerungsabkommen mit der Republik Österreich von dieser Abgabe entlastet werden.

b) Erleiden in der Bundesrepublik Deutschland ansässige Personen ab dem Wirtschaftsjahr 1990 (1989/90) Verluste in österreichischen Betriebsstätten, werden bis einschließlich des Wirtschaftsjahres 1997 (1996/97) entstandene Verluste nach den Vorschriften des § 2a Absatz 3 des deutschen Einkommensteuergesetzes berücksichtigt. Ab der Veranlagung 1994 unterbleiben Hinzurechnungen gemäß § 2a Absatz 3 dritter Satz des deutschen Einkommensteuergesetzes. Soweit eine steuerliche Verwertung nach diesen Vorschriften in der Bundesrepublik Deutschland nicht vorgenommen werden kann, weil bereits Rechtskraft eingetreten und eine Verfahrenswiederaufnahme wegen Ablaufes der Festsetzungsfrist nicht mehr möglich ist, ist eine Berücksichtigung in der Republik Österreich im Wege des Verlustabzugs zulässig. Ab dem Wirtschaftsjahr 1998 (1997/98) entstehende Verluste sind auf der Grundlage der Gegenseitigkeit im Betriebsstättenstaat zu berücksichtigen. Die vorstehenden Regelungen sind nur insoweit wirksam, als dies nicht zu einer Doppelberücksichtigung der Verluste führt.

(13) Zu Artikel 26

Soweit auf Grund dieses Abkommens nach Maßgabe des innerstaatlichen Rechts personenbezogene Daten übermittelt werden, gelten ergänzend die nachfolgenden Bestimmungen unter Beachtung der für jede Vertragspartei geltenden Rechtsvorschriften:

a) Der Empfänger unterrichtet die übermittelnde Stelle auf Ersuchen über die Verwendung der übermittelten Daten und über die dadurch erzielten Ergebnisse.

b) Die übermittelnde Stelle ist verpflichtet, auf die Richtigkeit der zu übermittelnden Daten sowie auf die Erforderlichkeit und Verhältnismäßigkeit in Bezug auf den mit der Übermittlung verfolgten Zweck zu achten. Dabei sind die nach dem jeweils innerstaatlichen Recht geltenden Übermittlungsverbote zu beachten. Erweist sich, dass unrichtige Daten oder Daten, die nicht übermittelt werden durften, übermittelt worden sind, so ist dies dem Empfänger unverzüglich mitzuteilen. Er ist verpflichtet, die Berichtigung oder Vernichtung vorzunehmen.

c) Dem Betroffenen ist auf Antrag über die zu seiner Person übermittelten Informationen sowie über den vorgesehenen Verwendungszweck Auskunft zu erteilen. Eine Verpflichtung zur Auskunftserteilung besteht nicht, soweit eine Abwägung ergibt, dass das öffentliche Interesse, die Auskunft nicht zu erteilen, das Interesse des Betroffenen an der Auskunftserteilung überwiegt. Im Übrigen richtet sich das Recht des Betroffenen, über die zu seiner Person vorhandenen Daten Auskunft zu erhalten, nach dem nationalen Recht des Vertragsstaats, in dessen Hoheitsgebiet die Auskunft beantragt wird.

d) Wird jemand infolge von Übermittlungen im Rahmen des Datenaustauschs nach diesem Abkommen rechtswidrig und schuldhaft geschädigt, haftet ihm hierfür die empfangende Stelle nach Maßgabe ihres innerstaatlichen Rechts. Sie kann sich im Verhältnis zum Geschädigten zu ihrer Entlastung nicht darauf berufen, dass der Schaden durch die übermittelnde Stelle verursacht worden ist. Leistet die empfangende Stelle Schadenersatz wegen eines Schadens, der durch die Verwendung von unrichtig übermittelten Daten verursacht wurde, so ist die übermittelnde Stelle verpflichtet, der empfangenden Stelle den geleisteten Schadensersatz, einschließlich der damit in Zusammenhang stehenden Aufwendungen, zu erstatten.

e) Die übermittelten personenbezogenen Daten sind zu löschen, sobald sie für den Zweck, für den sie übermittelt worden sind, nicht mehr erforderlich sind.

f) Die übermittelnde und die empfangende Seite sind verpflichtet, die Übermittlung und den Empfang von personenbezogenen Daten aktenkundig zu machen.

g) Die übermittelnde und die empfangende Stelle sind verpflichtet, die übermittelten personenbezogenen Daten wirksam gegen unbefugten Zugang, unbefugte Veränderung und unbefugte Bekanntgabe zu schützen.

(13a) Zu Artikel 26

a) Die zuständige Behörde des ersuchenden Staates stellt der zuständigen Behörde des ersuchten Staates im Rahmen der Darlegung der voraussichtlichen Erheblichkeit der Auskünfte die folgenden Informationen zur Verfügung, wenn diese ein Auskunftsersuchen gemäß dem Abkommen stellt:

aa) die Bezeichnung der Person, der die Ermittlung oder Untersuchung gilt;

bb) die Art der erbetenen Auskünfte und die Form, in der die Auskünfte dem ersuchenden Staat vorzugsweise zur Verfügung zu stellen sind;

cc) den steuerlichen Zweck, für den um die Auskünfte ersucht wird;

dd) die Gründe für die Annahme, dass die erbetenen Auskünfte dem ersuchten Staat vorliegen oder sich im Besitz oder in der Verfügungsmacht einer Person im Hoheitsbereich des ersuchten Staates befinden;

ee) den Namen und die Anschrift von Personen, soweit bekannt, in deren Besitz sich die erbetenen Auskünfte vermutlich befinden;

ff) eine Erklärung, dass der ersuchende Staat alle ihm im eigenen Gebiet zur Verfügung stehenden Maßnahmen zur Einholung der Auskünfte ausgeschöpft hat, ausgenommen solche, die unverhältnismäßig große Schwierigkeiten mit sich bringen würden.

b) Es besteht Einvernehmen, dass die in Artikel 26 vorgesehene Amtshilfe nicht Maßnahmen einschließt, die lediglich der Beweisausforschung durch anlasslose Ermittlungen „ins Blaue" dienen („fishing expeditions").

c) Es besteht Einvernehmen, dass Artikel 26 Absatz 5 des Abkommens den Vertragsstaaten erlaubt, sie jedoch nicht dazu verpflichtet, Informationen im Sinne dieses Absatzes auf automatischer oder spontaner Basis auszutauschen.

d) Es besteht Einvernehmen, dass nach diesem Abkommen erteilte Auskünfte im Rahmen der in Artikel 26 Absatz 1 genannten Zwecke zur weiteren Beurteilung auch für Zeiträume herangezogen werden können, auf die die erteilten Auskünfte nicht bezogen waren.

e) Es besteht Einvernehmen, dass zur Auslegung des Artikels 26 neben den oben angeführten Grundsätzen auch die aus den für den Informationsaustausch maßgeblichen Kommentaren der OECD in ihrer jeweils geltenden Fassung abzuleitenden Anwendungsgrundsätze zu berücksichtigen sind.

(14) Zu Artikel 27

Diese Abkommensbestimmung hat klarstellenden Inhalt. Sie ist nicht so auszulegen, dass hierdurch gegenüber der Republik Österreich erstattungspflichtige Steuerabzugsverfahren angewendet werden könnten, die auf Grund von Doppelbesteuerungsabkommen gegenüber anderen Staaten der Europäischen Union nicht erhoben werden dürfen.

(15) Zu Artikel 28

Eine „missbräuchliche Gestaltung" ist eine solche, die im Hinblick auf den angestrebten wirtschaftlichen Erfolg ungewöhnlich und unangemessen ist und ihre Erklärung in der Absicht der Steuervermeidung findet. Sie liegt in Fällen vor, in denen der gewählte Weg nicht mehr sinnvoll erscheint, wenn man den abgabensparenden Effekt wegdenkt, oder wenn er ohne das Resultat der Steuerminderung einfach unverständlich wäre.

„Unfairer Steuerwettbewerb" liegt vor, wenn eine Steuerpraxis eines Vertragsstaats in einer Art und Weise gestaltet ist, dass sie im Sinne der einschlägigen Arbeiten in der OECD oder in der Europäischen Union als schädlich eingestuft worden ist.

(16) Auslegung des Abkommens

Es gilt als vereinbart, dass den Abkommensbestimmungen, die nach den entsprechenden Bestimmungen des OECD-Musterabkommens auf dem Gebiete der Steuern vom Einkommen und vom Vermögen abgefasst sind, allgemein dieselbe Bedeutung zukommt, die im OECD-Kommentar dazu dargelegt wird. Die Vereinbarung im vorstehenden Satz gilt nicht hinsichtlich der nachstehenden Punkte:

a) alle Bemerkungen der beiden Vertragsstaaten zum OECD-Muster oder dessen Kommentar;

b) alle gegenteiligen Auslegungen in diesem Protokoll;

c) alle gegenteiligen Auslegungen, die einer der beiden Vertragsstaaten in einer veröffentlichten Erklärung vornimmt, die der zuständigen Behörde des anderen Vertragsstaats vor In-Kraft-Treten des Abkommens übermittelt worden ist;

d) alle gegenteiligen Auslegungen, auf die sich die zuständigen Behörden nach In-Kraft-Treten des Abkommens geeinigt haben.

Der OECD-Kommentar – der von Zeit zu Zeit überarbeitet werden kann – stellt eine Auslegungshilfe im Sinne des Wiener Übereinkommens über das Recht der Verträge vom 23. Mai 1969 dar.

# 16/3. OECD-Musterabkommen 2017

**(OECD-MA 2017)**

**Fassung vom 21.11.2017*)**

## GLIEDERUNG





Präambel zum Abkommen

(Staat A) und (Staat B),

die den Wunsch haben, ihre wirtschaftlichen Beziehungen weiterzuentwickeln und ihre Zusammenarbeit in Steuerangelegenheiten zu stärken

und die beabsichtigen, ein Abkommen zur Vermeidung der Doppelbesteuerung auf dem Gebiet der Besteuerung vom Einkommen und vom Vermögen abzuschließen, ohne Gelegenheiten zur Nichtbesteuerung oder Minderbesteuerung durch Steuerflucht und -hinterziehung zu schaffen (einschließlich „Treaty Shopping"-Maßnahmen mit dem Ziel, Vergünstigungen unter diesem Abkommen zum indirekten Nutzen von in Drittstaaten ansässigen Personen zu erlangen),

haben Folgendes vereinbart:

### Abschnitt I
### Geltungsbereich des Abkommens

#### Unter das Abkommen fallende Personen

**Art. 1** (1) Dieses Abkommen gilt für Personen, die in einem Vertragsstaat oder in beiden Vertragsstaaten ansässig sind.

(2) Im Sinne dieses Abkommens sind Einkünfte, die von einem oder über einen Rechtsträger oder eine Einrichtung bezogen werden, welche unter dem Steuerrecht eines der Vertragsstaaten als steuerlich transparent angesehen werden, als Einkünfte eines Ansässigen eines Vertragsstaats zu betrachten, jedoch nur insoweit als sie zum Zweck

*) Bei diesem Text handelt es sich um eine inoffizielle Übersetzung des originalen OECD-Dokuments, das in Englisch unter dem Titel OECD (2017), Model Tax Convention on Income and on Capital: Condensed Version 2017, OECD Publishing, Paris unter http://dx.doi.org/10.1787/mtc_cond-2017-en veröffentlicht worden ist. Geringfügige sprachliche Abweichungen zu der in den österreichischen Doppelbesteuerungsabkommen verwendeten Übersetzung sind daher nicht ausgeschlossen.

der Besteuerung durch diesen Vertragsstaat als Einkünfte eines Ansässigen dieses Vertragsstaats behandelt werden.

(3) Dieses Abkommen berührt nicht die Besteuerung durch einen Vertragsstaat von dort ansässigen Personen. Ausgenommen hiervon sind die Vergünstigungen nach Artikel 7 Absatz 3 und Artikel 9 Absatz 2 sowie Artikel 19, 20, 23 [A] [B], 24, 25 und 28.

**Unter das Abkommen fallende Steuern**

**Art. 2** (1) Dieses Abkommen gilt, ohne Rücksicht auf die Art der Erhebung, für Steuern vom Einkommen und vom Vermögen, die für Rechnung eines Vertragsstaats oder seiner Gebietskörperschaften[1] erhoben werden.

[1] Schweiz: „politische Unterabteilungen oder lokale Körperschaften"

(2) Als Steuern vom Einkommen und vom Vermögen gelten alle Steuern, die vom Gesamteinkommen, vom Gesamtvermögen oder von Teilen des Einkommens oder des Vermögens erhoben werden, einschließlich der Steuern vom Gewinn aus der Veräußerung beweglichen oder unbeweglichen Vermögens, der Lohnsummensteuern sowie der Steuern vom Vermögenszuwachs.

(3) Zu den bestehenden Steuern, für die das Abkommen gilt, gehören insbesondere

a) (in Staat A): …

b) (in Staat B): …

(4) Das Abkommen gilt auch für alle Steuern gleicher oder im Wesentlichen ähnlicher Art, die nach der Unterzeichnung des Abkommens neben den bestehenden Steuern oder an deren Stelle erhoben werden. Die zuständigen Behörden der Vertragsstaaten teilen einander die in ihren Steuergesetzen eingetretenen bedeutsamen Änderungen mit.

## Abschnitt II
## Begriffsbestimmungen

**Allgemeine Begriffsbestimmungen**

**Art. 3** (1) Im Sinne dieses Abkommens, wenn der Zusammenhang nichts anderes erfordert,

a) umfasst der Ausdruck „Person" natürliche Personen, Gesellschaften und alle anderen Personenvereinigungen;

b) bedeutet der Ausdruck „Gesellschaft" juristische Personen oder Rechtsträger, die für die Besteuerung wie juristische Personen behandelt werden;

c) bezieht sich der Ausdruck „Unternehmen" auf die Ausübung einer Geschäftstätigkeit;

d) bedeuten die Ausdrücke „Unternehmen eines Vertragsstaats" und „Unternehmen des anderen Vertragsstaats", je nachdem, ein Unternehmen, das von einer in einem Vertragsstaat ansässigen Person betrieben wird, oder ein Unternehmen, das von einer im anderen Vertragsstaat ansässigen Person betrieben wird;

e) bedeutet der Ausdruck „internationaler Verkehr" jede Beförderung mit einem Seeschiff oder Luftfahrzeug, es sei denn, das Seeschiff oder Luftfahrzeug wird ausschließlich zwischen Orten in einem Vertragsstaat betrieben und das Unternehmen, welches das Seeschiff oder Luftfahrzeug betreibt, ist kein Unternehmen dieses Staates;

f) bedeutet der Ausdruck „zuständige Behörde"
 i. (in Staat A): …
 ii. (in Staat B): …

g) bedeutet der Ausdruck „Staatsangehöriger" in Bezug auf einen Vertragsstaat
 i. jede natürliche Person, die die Staatsangehörigkeit oder Staatsbürgerschaft dieses Vertragsstaats besitzt; und
 ii. jede juristische Person, Personengesellschaft und andere Personenvereinigung, die nach dem in diesem Vertragsstaat geltenden Recht errichtet worden ist;

h) schließt der Ausdruck „Geschäftstätigkeit" auch die Ausübung einer freiberuflichen oder sonstigen selbständigen Tätigkeit ein;

i) bedeutet der Ausdruck „anerkannte Rentenversicherung" eines Staates einen Rechtsträger oder eine Einrichtung, die in diesem Staat niedergelassen sind, unter den Steuergesetzen dieses Staates als eigenständige Person behandelt werden und
 i. ausschließlich oder nahezu ausschließlich errichtet und betrieben werden, um Altersversorgung und zusätzliche oder dazugehörige Leistungen für natürliche Personen zu verwalten oder bereitzustellen und in dieser Eigenschaft von dem Staat oder einer seiner Gebietskörperschaften[1] reguliert werden, oder

[1] Schweiz: „politische Unterabteilungen oder lokale Körperschaften"

 ii. ausschließlich oder nahezu ausschließlich errichtet und betrieben werden, um Gelder zugunsten von Rechtsträgern oder Einrichtungen zu investieren, auf die sich Ziffer i. bezieht.

(2) Bei der Anwendung des Abkommens durch einen Vertragsstaat hat, wenn der Zusammenhang nichts anderes erfordert und die zuständigen Behörden sich nicht gemäß den Bestimmungen unter Artikel 25 auf eine andere Bedeutung einigen, jeder im Abkommen nicht definierte Ausdruck die Bedeutung, die ihm im Anwendungszeitraum nach dem Recht dieses Staates über die Steuern zukommt, für die das Abkommen gilt, wobei die Bedeutung nach dem in diesem Staat anzuwendenden Steuerrecht den Vorrang vor einer Bedeutung hat, die der Ausdruck nach anderem Recht dieses Staates hat.

**Ansässige Person**

**Art. 4** (1) Im Sinne dieses Abkommens bedeutet der Ausdruck „eine in einem Vertragsstaat ansässige Person" eine Person, die nach dem Recht dieses Staates dort auf Grund ihres Wohnsitzes, ihres ständigen Aufenthalts, des Ortes ihrer Geschäftsleitung oder eines anderen ähnlichen Merkmals steuerpflichtig ist, und umfasst auch diesen Staat und seine Gebietskörperschaften[1] sowie eine anerkannte Rentenversicherung in diesem Staat. Der Ausdruck umfasst jedoch nicht eine Person, die in diesem Staat nur mit Einkünften aus Quellen in diesem Staat oder mit in diesem Staat gelegenem Vermögen steuerpflichtig ist.

[1] Schweiz: „politische Unterabteilungen oder lokale Körperschaften"

(2) Ist nach Absatz 1 eine natürliche Person in beiden Vertragsstaaten ansässig, so gilt Folgendes:

a) Die Person gilt als nur in dem Staat ansässig, in dem sie über eine ständige Wohnstätte verfügt; verfügt sie in beiden Staaten über eine ständige Wohnstätte, so gilt sie als nur in dem Staat ansässig, zu dem sie die engeren persönlichen und wirtschaftlichen Beziehungen hat (Mittelpunkt der Lebensinteressen);
b) kann nicht bestimmt werden, in welchem Staat die Person den Mittelpunkt ihrer Lebensinteressen hat, oder verfügt sie in keinem der Staaten über eine ständige Wohnstätte, so gilt sie als nur in dem Staat ansässig, in dem sie ihren gewöhnlichen Aufenthalt hat;
c) hat die Person ihren gewöhnlichen Aufenthalt in beiden Staaten oder in keinem der Staaten, so gilt sie als nur in dem Staat ansässig, dessen Staatsangehöriger sie ist;
d) ist die Person Staatsangehöriger beider Staaten oder keines der Staaten, so regeln die zuständigen Behörden der Vertragsstaaten die Frage in gegenseitigem Einvernehmen.

(3) Ist nach Absatz 1 eine andere als eine natürliche Person in beiden Vertragsstaaten ansässig, so werden sich die zuständigen Behörden der Vertragsstaaten bemühen, durch Verständigung zu bestimmen, in welchem Staat diese Person im Sinne dieses Abkommens als ansässig gelten soll, unter Berücksichtigung des Orts ihrer tatsächlichen Geschäftsleitung, des Orts an dem sie niedergelassen oder auf andere Weise errichtet ist sowie weiterer maßgeblicher Faktoren. Kommt es zu keiner derartigen Verständigung, so steht der betreffenden Person keine Vergünstigung oder Befreiung von Steuern unter diesem Abkommen zu, außer in dem Maße und in der Art, auf die sich die zuständigen Behörden der Vertragsstaaten einigen.

### Betriebsstätte

**Art. 5** (1) Im Sinne dieses Abkommens bedeutet der Ausdruck „Betriebsstätte" eine feste Geschäftseinrichtung, durch die die Geschäftstätigkeit eines Unternehmens ganz oder teilweise ausgeübt wird.

(2) Der Ausdruck „Betriebsstätte" umfasst insbesondere:

a) einen Ort der Leitung,
b) eine Zweigniederlassung,
c) eine Geschäftsstelle,
d) eine Fabrikationsstätte,
e) eine Werkstätte und
f) ein Bergwerk, ein Öl- oder Gasvorkommen, einen Steinbruch oder eine andere Stätte der Ausbeutung von Bodenschätzen.

(3) Eine Bauausführung oder Montage ist nur dann eine Betriebsstätte, wenn ihre Dauer zwölf Monate überschreitet.

(4) Ungeachtet der vorstehenden Bestimmungen dieses Artikels gelten nicht als Betriebsstätten:

a) Einrichtungen, die ausschließlich zur Lagerung, Ausstellung oder Auslieferung von Gütern oder Waren des Unternehmens benutzt werden;
b) Bestände von Gütern oder Waren des Unternehmens, die ausschließlich zur Lagerung, Ausstellung oder Auslieferung unterhalten werden;
c) Bestände von Gütern oder Waren des Unternehmens, die ausschließlich zu dem Zweck unterhalten werden, durch ein anderes Unternehmen bearbeitet oder verarbeitet zu werden;
d) eine feste Geschäftseinrichtung, die ausschließlich zu dem Zweck unterhalten wird, für das Unternehmen Güter oder Waren einzukaufen oder Informationen zu beschaffen;
e) eine feste Geschäftseinrichtung, die ausschließlich zu dem Zweck unterhalten wird, für das Unternehmen andere Tätigkeiten auszuüben;
f) eine feste Geschäftseinrichtung, die ausschließlich zu dem Zweck unterhalten wird, mehrere der unter den Buchstaben a bis e genannten Tätigkeiten auszuüben, vorausgesetzt, dass eine derartige Tätigkeit, oder im Falle von Buchstabe f die Gesamttätigkeit der festen Geschäftseinrichtung, vorbereitender Art ist oder eine Hilfstätigkeit darstellt.

Absatz 4 ist nicht auf eine feste Geschäftseinrichtung anzuwenden, die von einem Unternehmen genützt oder unterhalten wird, wenn das gleiche Unternehmen oder ein eng verbundenes Unternehmen am selben Ort oder an einem anderen Ort im selben Vertragsstaat Geschäftstätigkeiten ausübt und



a) dieser Ort oder der andere Ort gemäß den Bestimmungen dieses Artikels eine Betriebsstätte des Unternehmens oder der eng verbundenen Unternehmens begründen; oder
b) die Gesamttätigkeit, die sich aus mehreren Tätigkeiten der beiden Unternehmen am selben Ort oder des gleichen Unternehmens oder des eng verbundenen Unternehmens an den beiden Orten ergibt, weder vorbereitender Art ist noch eine Hilfstätigkeit darstellt,

vorausgesetzt, dass die von den beiden Unternehmen am selben Ort oder von dem gleichen Unternehmen oder dem eng verbundenen Unternehmen an den beiden Orten ausgeübten Geschäftstätigkeiten einander ergänzende Funktionen darstellen, welche Bestandteil eines zusammenhängenden Geschäftsbetriebs sind.

(5) Ist eine Person – vorbehaltlich der Bestimmungen des Absatzes 6 – in einem Vertragsstaat

für ein Unternehmen tätig und schließt sie hierbei gewöhnlich Verträge ab oder spielt sie gewöhnlich die führende Rolle, die zum Abschluss von Verträgen führt, welche regelmäßig und ohne wesentliche Änderungen durch das Unternehmen abgeschlossen werden, und

a) werden diese Verträge im Namen des Unternehmens abgeschlossen oder
b) dienen sie der Übertragung von Vermögen oder der Einräumung des Nutzungsrechts von Vermögen, das dem Unternehmen gehört oder dessen Nutzungsrechte das Unternehmen besitzt oder
c) beinhalten diese Verträge Dienstleistungen, die von diesem Unternehmen zu erbringen sind

so wird das Unternehmen ungeachtet der Absätze 1 und 2 so behandelt, als habe es in diesem Staat für alle von der Person für das Unternehmen ausgeübten Tätigkeiten eine Betriebsstätte, es sei denn, diese Tätigkeiten beschränken sich auf die in Absatz 4 genannten Tätigkeiten, die, würden sie durch eine feste Geschäftseinrichtung (mit Ausnahme einer festen Geschäftseinrichtung, auf die Absatz 4.1 anzuwenden wäre) ausgeübt, diese Einrichtung nach dem genannten Absatz nicht zu einer Betriebsstätte machen würden.

(6) Absatz 5 ist nicht anzuwenden, wenn eine Person, die in einem Vertragsstaat für ein Unternehmen des anderen Vertragsstaats tätig ist, im erstgenannten Staat als unabhängiger Vertreter Geschäftstätigkeiten ausübt und für das Unternehmen im Rahmen ihrer ordentlichen Geschäftstätigkeit handelt. Ist eine Person jedoch ausschließlich oder nahezu ausschließlich für eine oder mehrere eng verbundene Gesellschaften tätig, so wird diese Person im Hinblick auf derartige Gesellschaften nicht als unabhängiger Vertreter im Sinne dieses Absatzes betrachtet.

(7) Allein dadurch, dass eine in einem Vertragsstaat ansässige Gesellschaft eine Gesellschaft beherrscht oder von einer Gesellschaft beherrscht wird, die im anderen Vertragsstaat ansässig ist oder dort (entweder durch eine Betriebsstätte oder auf andere Weise) ihre Geschäftstätigkeit ausübt, wird keine der beiden Gesellschaften zur Betriebsstätte der anderen.

(8) Im Sinne dieses Artikels ist eine Person oder ein Unternehmen mit einem Unternehmen eng verbunden, wenn auf Basis aller maßgeblichen Sachverhalte eine Partei Kontrolle über die andere ausübt oder beide Parteien unter der Kontrolle derselben Personen oder Unternehmen stehen. In jedem Fall gilt eine Person oder ein Unternehmen als eng verbunden mit einem Unternehmen, wenn eine Partei unmittelbar oder mittelbar mehr als 50 v. H. des wirtschaftlichen Eigentums an der anderen besitzt (oder im Fall einer Gesellschaft mehr als 50 v. H. der gesamten Stimmrechte und des Gesamtwerts der Aktien der Gesellschaft oder des wirtschaftlichen Eigentums am Eigenkapital der Gesellschaft) oder wenn eine andere Person oder Gesellschaft unmittelbar oder mittelbar mehr als 50 v. H. des wirtschaftlichen Eigentums an der Person und dem Unternehmen oder den beiden Unternehmen besitzt (oder im Falle einer Gesellschaft mehr als 50 v. H. der gesamten Stimmrechte und des Gesamtwerts der Aktien der Gesellschaft oder des wirtschaftlichen Eigentums am Eigenkapital der Gesellschaft).

## Abschnitt III
## Besteuerung des Einkommens

### Einkünfte aus unbeweglichem Vermögen

**Art. 6** (1) Einkünfte, die eine in einem Vertragsstaat ansässige Person aus unbeweglichem Vermögen (einschließlich der Einkünfte aus land- und forstwirtschaftlichen Betrieben) bezieht, das im anderen Vertragsstaat liegt, können[1] im anderen Staat besteuert werden.

[1] Österreich: „dürfen"/„darf"

(2) Der Ausdruck „unbewegliches Vermögen" hat die Bedeutung, die ihm nach dem Recht des Vertragsstaats zukommt, in dem das Vermögen liegt. Der Ausdruck umfasst in jedem Fall das Zubehör[1] zum unbeweglichen Vermögen, das lebende und tote Inventar land- und forstwirtschaftlicher Betriebe, die Rechte, für die die Vorschriften des Privatrechts über Grundstücke gelten, Nutzungsrechte an unbeweglichem Vermögen sowie Rechte auf veränderliche oder feste Vergütungen für die Ausbeutung oder das Recht auf Ausbeutung von Mineralvorkommen, Quellen und anderen Bodenschätzen; Schiffe und Luftfahrzeuge gelten nicht als unbewegliches Vermögen.

[1] Schweiz: „die Zugehör"

(3) Absatz 1 gilt für die Einkünfte aus der unmittelbaren Nutzung, der Vermietung oder Verpachtung sowie jeder anderen Art der Nutzung unbeweglichen Vermögens.

(4) Die Absätze 1 und 3 gelten auch für Einkünfte aus unbeweglichem Vermögen eines Unternehmens.

### Unternehmensgewinne

**Art. 7** (1) Gewinne eines Unternehmens eines Vertragsstaats können[1] nur in diesem Staat besteuert werden, es sei denn, das Unternehmen übt seine Geschäftstätigkeit im anderen Staat durch eine dort belegene Betriebsstätte aus. Übt das Unternehmen seine Geschäftstätigkeit auf diese Weise aus, so können[1] die Gewinne, die der Betriebsstätte nach Absatz 2 zuzurechnen sind, im anderen Staat besteuert werden.

[1] Österreich: „dürfen"/„darf"

(2) Bei der Anwendung dieses Artikels sowie von Artikel 23 A, 23 B sind die Gewinne, die der in Absatz 1 genannten Betriebsstätte in jedem Vertragsstaat zuzurechnen sind, die Gewinne, die sie hätte erzielen können, insbesondere im Verkehr mit anderen Teilen des Unternehmens, dessen Betriebsstätte sie ist, wenn sie als selbstständiges und unabhängiges Unternehmen eine gleiche oder ähnliche Geschäftstätigkeit unter gleichen oder ähnlichen

Bedingungen ausgeübt hätte; dabei sind die vom Unternehmen durch die Betriebsstätte und durch andere Unternehmensteile ausgeübten Funktionen, eingesetzten Wirtschaftsgüter und übernommenen Risiken zu berücksichtigen.

(3) Ändert ein Vertragsstaat die einer Betriebsstätte eines Unternehmens eines Vertragsstaats zuzurechnenden Gewinne in Übereinstimmung mit Absatz 2 und besteuert er dementsprechend Gewinne des Unternehmens, die bereits im anderen Staat besteuert worden sind, so nimmt der andere Staat eine entsprechende Änderung der von diesen Gewinnen erhobenen Steuer vor, soweit dies zur Beseitigung einer Doppelbesteuerung erforderlich ist. Bei dieser Änderung werden die zuständigen Behörden der Vertragsstaaten einander erforderlichenfalls konsultieren.

(4) Gehören zu den Gewinnen Einkünfte, die in anderen Artikeln dieses Abkommens behandelt werden, so werden die Bestimmungen jener Artikel durch die Bestimmungen dieses Artikels nicht berührt.

### Seeschifffahrt und Luftfahrt

**Art. 8** (1) Gewinne eines Unternehmens in einem Vertragsstaat aus dem Betrieb von Seeschiffen oder Luftfahrzeugen im internationalen Verkehr können[1] nur in diesem Vertragsstaat besteuert werden.

[1] Österreich: „dürfen"/„darf"

(2) Absatz 1 gilt auch für Gewinne aus der Beteiligung an einem Pool, einer Betriebsgemeinschaft oder einer internationalen Betriebsagentur.

### Verbundene Unternehmen

**Art. 9** (1) Wenn

a) ein Unternehmen eines Vertragsstaats unmittelbar oder mittelbar an der Geschäftsleitung, der Kontrolle oder dem Kapital eines Unternehmens des anderen Vertragsstaats beteiligt ist, oder

b) dieselben Personen unmittelbar oder mittelbar an der Geschäftsleitung, der Kontrolle oder dem Kapital eines Unternehmens eines Vertragsstaats und eines Unternehmens des anderen Vertragsstaats beteiligt sind

und in diesen Fällen die beiden Unternehmen in ihren kaufmännischen oder finanziellen Beziehungen an vereinbarte oder auferlegte Bedingungen gebunden sind, die von denen abweichen, die unabhängige Unternehmen miteinander vereinbaren würden, so dürfen die Gewinne, die eines der Unternehmen ohne diese Bedingungen erzielt hätte, wegen dieser Bedingungen aber nicht erzielt hat, den Gewinnen dieses Unternehmens zugerechnet und entsprechend besteuert werden.

(2) Werden in einem Vertragsstaat den Gewinnen eines Unternehmens dieses Staates Gewinne zugerechnet – und entsprechend besteuert –, mit denen ein Unternehmen des anderen Vertragsstaats in diesem Staat besteuert worden ist, und handelt es sich bei den zugerechneten Gewinnen um solche, die das Unternehmen des erstgenannten Staates erzielt hätte, wenn die zwischen den beiden Unternehmen vereinbarten Bedingungen die gleichen gewesen wären, die unabhängige Unternehmen miteinander vereinbaren würden, so nimmt der andere Staat eine entsprechende Änderung der dort von diesen Gewinnen erhobenen Steuer vor. Bei dieser Änderung sind die übrigen Bestimmungen dieses Abkommens zu berücksichtigen; erforderlichenfalls werden die zuständigen Behörden der Vertragsstaaten einander konsultieren.

### Dividenden

**Art. 10** (1) Dividenden, die eine in einem Vertragsstaat ansässige Gesellschaft an eine im anderen Vertragsstaat ansässige Person zahlt, können[1] im anderen Staat besteuert werden.

[1] Österreich: „dürfen"/„darf"

(2) Jedoch können[1] Dividenden, die von einer Gesellschaft gezahlt werden, die in einem Vertragsstaat ansässig ist, auch in diesem Staat nach dem Recht dieses Staates besteuert werden; die Steuer darf aber, wenn der Nutzungsberechtigte der Dividenden eine in dem anderen Vertragsstaat ansässige Person ist, nicht übersteigen:

[1] Österreich: „dürfen"/„darf"

a) 5 v. H. des Bruttobetrages der Dividenden, wenn der Nutzungsberechtigte eine Gesellschaft ist, die über einen Zeitraum von 365 Tagen einschließlich des Tages, an dem die Dividende gezahlt wird, unmittelbar über mindestens 25 v. H. des Kapitals der die Dividenden zahlenden Gesellschaft verfügt (für Zwecke der Berechnung dieses Zeitraums werden keine Änderungen der Eigentumsverhältnisse in Betracht gezogen, die sich unmittelbar aus einer Unternehmensumgestaltung wie einer Fusion oder einer spaltenden Umgestaltung derjenigen Gesellschaft ergeben würden, welche die Anteile besitzt oder die Dividende zahlt);

b) 15 v. H. des Bruttobetrags der Dividenden in allen anderen Fällen.

Die zuständigen Behörden der Vertragsstaaten regeln in gegenseitigem Einvernehmen, wie diese Begrenzungsbestimmungen durchzuführen sind. Dieser Absatz berührt nicht die Besteuerung der Gesellschaft in Bezug auf die Gewinne, aus denen die Dividenden gezahlt werden.

(3) Der in diesem Artikel verwendete Ausdruck „Dividenden" bedeutet Einkünfte aus Aktien, Genussaktien[1] oder Genussscheinen, Kuxen, Gründeranteilen oder anderen Rechten – ausgenommen Forderungen – mit Gewinnbeteiligung sowie aus sonstigen Gesellschaftsanteilen stammende Einkünfte, die nach dem Recht des Staates, in dem die ausschüttende Gesellschaft ansässig ist, den Einkünften aus Aktien steuerlich gleichgestellt sind.

[1] Bundesrepublik Deutschland: „Genussrechten"

(4) Die Absätze 1 und 2 sind nicht anzuwenden, wenn der in einem Vertragsstaat ansässige Nutzungsberechtigte im anderen Vertragsstaat,

in dem die die Dividenden zahlende Gesellschaft ansässig ist, eine Geschäftstätigkeit durch eine dort gelegene Betriebsstätte ausübt und die Beteiligung, für die die Dividenden gezahlt werden, tatsächlich zu dieser Betriebsstätte gehört. In diesem Fall ist Artikel 7 anzuwenden.

(5) Bezieht eine in einem Vertragsstaat ansässige Gesellschaft Gewinne oder Einkünfte aus dem anderen Vertragsstaat, so darf dieser andere Staat weder die von der Gesellschaft gezahlten Dividenden besteuern, es sei denn, dass diese Dividenden an eine im anderen Staat ansässige Person gezahlt werden oder dass die Beteiligung, für die die Dividenden gezahlt werden, tatsächlich zu einer im anderen Staat gelegenen Betriebsstätte gehört, noch Gewinne der Gesellschaft einer Steuer für nichtausgeschüttete Gewinne unterwerfen, selbst wenn die gezahlten Dividenden oder die nichtausgeschütteten Gewinne ganz oder teilweise aus im anderen Staat erzielten Gewinnen oder Einkünften bestehen.

### Zinsen

**Art. 11** (1) Zinsen, die aus einem Vertragsstaat stammen und an eine im anderen Vertragsstaat ansässige Person gezahlt werden, können[1] im anderen Staat besteuert werden.

[1] Österreich: „dürfen"/„darf"

(2) Zinsen, die in einem Vertragsstaat entstehen, können[1] auch in diesem Staat nach dem Recht dieses Staates besteuert werden; die Steuer darf aber, wenn der Nutzungsberechtigte der Zinsen eine in dem anderen Vertragsstaat ansässige Person ist, 10 v. H. des Bruttobetrags der Zinsen nicht übersteigen. Die zuständigen Behörden der Vertragsstaaten regeln in gegenseitigem Einvernehmen, wie diese Begrenzungsbestimmung durchzuführen ist.

[1] Österreich: „dürfen"/„darf"

(3) Der in diesem Artikel verwendete Ausdruck „Zinsen" bedeutet Einkünfte aus Forderungen jeder Art, auch wenn die Forderungen durch Pfandrechte an Grundstücken gesichert oder mit einer Beteiligung am Gewinn des Schuldners ausgestattet sind, und insbesondere Einkünfte aus öffentlichen Anleihen und aus Obligationen einschließlich der damit verbundenen Aufgelder und der Gewinne aus Losanleihen. Zuschläge für verspätete Zahlung gelten nicht als Zinsen im Sinne dieses Artikels.

(4) Die Absätze 1 und 2 sind nicht anzuwenden, wenn der in einem Vertragsstaat ansässige Nutzungsberechtigte im anderen Vertragsstaat, aus dem die Zinsen stammen, eine Geschäftstätigkeit durch eine dort gelegene Betriebsstätte ausübt und die Forderung, für die die Zinsen gezahlt werden, tatsächlich zu dieser Betriebsstätte gehört. In diesem Fall ist Artikel 7 anzuwenden.

(5) Zinsen gelten dann als aus einem Vertragsstaat stammend, wenn der Schuldner eine in diesem Staat ansässige Person ist. Hat aber der Schuldner der Zinsen, ohne Rücksicht darauf, ob er in einem Vertragsstaat ansässig ist oder nicht, in einem Vertragsstaat eine Betriebsstätte und ist die Schuld, für die die Zinsen gezahlt werden, für Zwecke der Betriebsstätte eingegangen worden und trägt die Betriebsstätte die Zinsen, so gelten die Zinsen als aus dem Staat stammend, in dem die Betriebsstätte liegt.

(6) Bestehen zwischen dem Schuldner und dem Nutzungsberechtigten oder zwischen jedem von ihnen und einem Dritten besondere Beziehungen und übersteigen deshalb die Zinsen, gemessen an der zugrundeliegenden Forderung, den Betrag, den Schuldner und Nutzungsberechtigter ohne diese Beziehungen vereinbart hätten, so wird dieser Artikel nur auf den letzteren Betrag angewendet. In diesem Fall kann der übersteigende Betrag nach dem Recht eines jeden Vertragsstaats und unter Berücksichtigung der anderen Bestimmungen dieses Abkommens besteuert werden.

### Lizenzgebühren

**Art. 12** (1) Lizenzgebühren, die aus einem Vertragsstaat stammen und deren Nutzungsberechtigter eine im anderen Vertragsstaat ansässige Person ist, können[1] nur im anderen Staat besteuert werden.

[1] Österreich: „dürfen"/„darf"

(2) Der in diesem Artikel verwendete Ausdruck „Lizenzgebühren" bedeutet Vergütungen jeder Art, die für die Benutzung oder für das Recht auf Benutzung von Urheberrechten an literarischen, künstlerischen oder wissenschaftlichen Werken, einschließlich kinematographischer Filme, von Patenten, Marken[1] , Mustern oder Modellen, Plänen, geheimen Formeln oder Verfahren oder für die Mitteilung gewerblicher, kaufmännischer oder wissenschaftlicher Erfahrungen gezahlt werden.

[1] Bundesrepublik Deutschland: „Warenzeichen"

(3) Absatz 1 ist nicht anzuwenden, wenn der in einem Vertragsstaat ansässige Nutzungsberechtigte im anderen Vertragsstaat, aus dem die Lizenzgebühren stammen, eine Geschäftstätigkeit durch eine dort gelegene Betriebsstätte ausübt und die Rechte oder Vermögenswerte, für die die Lizenzgebühren gezahlt werden, tatsächlich zu dieser Betriebsstätte gehören. In diesem Fall ist Artikel 7 anzuwenden.

(4) Bestehen zwischen dem Schuldner und dem Nutzungsberechtigten oder zwischen jedem von ihnen und einem Dritten besondere Beziehungen und übersteigen deshalb die Lizenzgebühren, gemessen an der zugrundeliegenden Leistung, den Betrag, den Schuldner und Nutzungsberechtigter ohne diese Beziehungen vereinbart hätten, so wird dieser Artikel nur auf den letzteren Betrag angewendet. In diesem Fall kann der übersteigende Betrag nach dem Recht eines jeden Vertragsstaats und unter Berücksichtigung der anderen Bestimmungen dieses Abkommens besteuert werden.

### Gewinne aus der Veräußerung von Vermögen

**Art. 13** (1) Gewinne, die eine in einem Vertragsstaat ansässige Person aus der Veräußerung unbeweglichen Vermögens im Sinne des Artikels 6 bezieht, das im anderen Vertragsstaat liegt, können[1] im anderen Staat besteuert werden.

[1] Österreich: „dürfen"/„darf"

(2) Gewinne aus der Veräußerung beweglichen Vermögens, das Betriebsvermögen einer Betriebsstätte ist, die ein Unternehmen eines Vertragsstaats im anderen Vertragsstaat hat, einschließlich derartiger Gewinne, die bei der Veräußerung einer solchen Betriebsstätte (allein oder mit dem übrigen Unternehmen) erzielt werden, können[1] im anderen Staat besteuert werden.

[1] Österreich: „dürfen"/„darf"

(3) Gewinne, die ein Unternehmen in einem Vertragsstaat, das Seeschiffe oder Luftfahrzeuge im internationalen Verkehr betreibt, aus der Veräußerung dieser Seeschiffe oder Luftfahrzeuge oder von beweglichem Vermögen bezieht, das dem Betrieb dieser Schiffe oder Luftfahrzeuge dient, können[1] nur in diesem Vertragsstaat besteuert werden.

[1] Österreich: „dürfen"/„darf"

(4) Gewinne, die eine in einem Vertragsstaat ansässige Person aus der Veräußerung von Anteilen oder vergleichbaren Rechten, wie Beteiligungen an einer Personengesellschaft oder einem Trust bezieht, können[1] im anderen Vertragsstaat besteuert werden, wenn zu irgendeinem Zeitpunkt in den 365 Tagen vor der Veräußerung der Wert dieser Anteile oder vergleichbaren Rechten zu mehr als 50 v. H. unmittelbar oder mittelbar auf unbeweglichem Vermögen gemäß der Definition in Artikel 6 beruht, das im anderen Vertragsstaat gelegen ist.

[1] Österreich: „dürfen"/„darf"

(5) Gewinne aus der Veräußerung des in den Absätzen 1, 2, 3 und 4 nicht genannten Vermögens können[1] nur in dem Vertragsstaat besteuert werden, in dem der Veräußerer ansässig ist.

[1] Österreich: „dürfen"/„darf"

**Art. 14** (aufgehoben)

### Einkünfte aus unselbständiger Arbeit

**Art. 15** (1) Vorbehaltlich der Artikel 16, 18 und 19 können[1] Gehälter, Löhne und ähnliche Vergütungen, die eine in einem Vertragsstaat ansässige Person aus unselbständiger Arbeit bezieht, nur in diesem Staat besteuert werden, es sei denn, die Arbeit wird im anderen Vertragsstaat ausgeübt. Wird die Arbeit dort ausgeübt, so können[1] die dafür bezogenen Vergütungen im anderen Staat besteuert werden.

[1] Österreich: „dürfen"/„darf"

(2) Ungeachtet des Absatzes 1 können[1] Vergütungen, die eine in einem Vertragsstaat ansässige Person für eine im anderen Vertragsstaat ausgeübte unselbständige Arbeit bezieht, nur im erstgenannten Staat besteuert werden, wenn

[1] Österreich: „dürfen"/„darf"

a) der Empfänger sich im anderen Staat insgesamt nicht länger als 183 Tage innerhalb eines Zeitraums von zwölf Monaten, der während des betreffenden Steuerjahres beginnt oder endet, aufhält und
b) die Vergütungen von einem Arbeitgeber oder für einen Arbeitgeber gezahlt werden, der nicht im anderen Staat ansässig ist, und
c) die Vergütungen nicht von einer Betriebsstätte getragen werden, die der Arbeitgeber im anderen Staat hat.

(3) Ungeachtet der vorstehenden Bestimmungen dieses Artikels werden Vergütungen für unselbständige Arbeit, die eine in einem Vertragsstaat ansässige Person als Mitglied der ständigen Besatzung an Bord eines Seeschiffes oder Luftfahrzeuges ausübt, das im internationalen Verkehr betrieben wird, jedoch nicht an Bord eines Seeschiffes oder Luftfahrzeuges, das ausschließlich im anderen Vertragsstaat betrieben wird, nur im erstgenannten Staat besteuert.

### Aufsichtsrats- und Verwaltungsratsvergütungen

**Art. 16** Aufsichtsrats- und Verwaltungsratsvergütungen und ähnliche Zahlungen, die eine in einem Vertragsstaat ansässige Person in ihrer Eigenschaft als Mitglied des Aufsichts- oder Verwaltungsrats einer Gesellschaft bezieht, die im anderen Vertragsstaat ansässig ist, können[1] im anderen Staat besteuert werden.

[1] Österreich: „dürfen"/„darf"

### Künstler und Sportler

**Art. 17** (1) Ungeachtet des Artikels 15 können[1] Einkünfte, die eine in einem Vertragsstaat ansässige Person als Künstler, wie Bühnen-, Film-, Rundfunk- und Fernsehkünstler sowie Musiker, oder als Sportler aus ihrer im anderen Vertragsstaat persönlich ausgeübten Tätigkeit bezieht, im anderen Staat besteuert werden.

[1] Österreich: „dürfen"/„darf"

(2) Fließen Einkünfte aus einer von einem Künstler oder Sportler in dieser Eigenschaft persönlich ausgeübten Tätigkeit nicht dem Künstler oder Sportler selbst, sondern einer anderen Person zu, so können[1] diese Einkünfte ungeachtet des Artikels 15 in dem Vertragsstaat besteuert werden, in dem der Künstler oder Sportler seine Tätigkeit ausübt.

[1] Österreich: „dürfen"/„darf"

### Ruhegehälter

**Art. 18** Vorbehaltlich des Artikels 19 Absatz 2 können[1] Ruhegehälter und ähnliche Vergütungen, die einer in einem Vertragsstaat ansässigen Person für frühere unselbständige Arbeit gezahlt werden, nur in diesem Staat besteuert werden.

[1] Österreich: „dürfen"/„darf"

### Öffentlicher Dienst

**Art. 19** (1)

a) Gehälter, Löhne und ähnliche Vergütungen, ausgenommen Ruhegehälter, die von einem

Vertragsstaat oder einer seiner Gebietskörperschaften[1] an eine natürliche Person für die diesem Staat oder der Gebietskörperschaft[1] geleisteten Dienste gezahlt werden, können[2] nur in diesem Staat besteuert werden.

[1] Schweiz: „politische Unterabteilung oder lokale Körperschaft"
[2] Österreich: „dürfen"/„darf"

b) Diese Gehälter, Löhne und ähnlichen Vergütungen können[1] jedoch nur im anderen Vertragsstaat besteuert werden, wenn die Dienste in diesem Staat geleistet werden und die natürliche Person in diesem Staat ansässig ist und
   i) ein Staatsangehöriger dieses Staates ist oder
   ii) nicht ausschließlich deshalb in diesem Staat ansässig geworden ist, um die Dienste zu leisten.

[1] Österreich: „dürfen"/„darf"

(2)

a) Ungeachtet des Absatzes 1 können[1] Ruhegehälter oder ähnliche Vergütungen, die von einem Vertragsstaat oder einer seiner Gebietskörperschaften[2] oder aus einem von diesem Staat oder der Gebietskörperschaft errichteten Sondervermögen an eine natürliche Person für die diesem Staat oder der Gebietskörperschaft[2] geleisteten Dienste gezahlt werden, nur in diesem Staat besteuert werden.

[1] Österreich: „dürfen"/„darf"
[2] Schweiz: „politische Unterabteilungen oder lokale Körperschaften"

b) Diese Ruhegehälter oder ähnlichen Vergütungen können[1] jedoch nur im anderen Vertragsstaat besteuert werden, wenn die natürliche Person in diesem Staat ansässig ist und ein Staatsangehöriger dieses Staates ist.

[1] Österreich: „dürfen"/„darf"

(3) Auf Gehälter, Löhne, Ruhegehälter und ähnliche Vergütungen für Dienstleistungen, die im Zusammenhang mit einer Geschäftstätigkeit eines Vertragsstaats oder einer seiner Gebietskörperschaften[1] erbracht werden, sind die Artikel 15, 16, 17 oder 18 anzuwenden.

[1] Schweiz: „politische Unterabteilungen oder lokale Körperschaften"

### Studenten

**Art. 20** Zahlungen, die ein Student, Praktikant oder Lehrling, der sich in einem Vertragsstaat ausschließlich zum Studium oder zur Ausbildung aufhält und der im anderen Vertragsstaat ansässig ist oder dort unmittelbar vor der Einreise in den erstgenannten Staat ansässig war, für seinen Unterhalt, sein Studium oder seine Ausbildung erhält, dürfen im erstgenannten Staat nicht besteuert werden, sofern diese Zahlungen aus Quellen außerhalb dieses Staates stammen.

### Andere Einkünfte

**Art. 21** (1) Einkünfte einer in einem Vertragsstaat ansässigen Person, die in den vorstehenden Artikeln nicht behandelt wurden, können[1] ohne Rücksicht auf ihre Herkunft nur in diesem Staat besteuert werden.

[1] Österreich: „dürfen"/„darf"

(2) Absatz 1 ist auf andere Einkünfte als solche aus unbeweglichem Vermögen im Sinne des Artikels 6 Absatz 2 nicht anzuwenden, wenn der in einem Vertragsstaat ansässige Empfänger im anderen Vertragsstaat eine Geschäftstätigkeit durch eine dort gelegene Betriebsstätte ausübt und die Rechte oder Vermögenswerte, für die die Einkünfte gezahlt werden, tatsächlich zu dieser Betriebsstätte gehören. In diesem Fall ist Artikel 7 anzuwenden.

## Abschnitt IV
## Besteuerung des Vermögens

### Vermögen

**Art. 22** (1) Unbewegliches Vermögen im Sinne des Artikels 6, das einer in einem Vertragsstaat ansässigen Person gehört und im anderen Vertragsstaat liegt, kann[1] im anderen Staat besteuert werden.

[1] Österreich: „dürfen"/„darf"

(2) Bewegliches Vermögen, das Betriebsvermögen einer Betriebsstätte ist, die ein Unternehmen eines Vertragsstaats im anderen Vertragsstaat hat, kann[1] im anderen Staat besteuert werden.

[1] Österreich: „dürfen"/„darf"

(3) Seeschiffe und Luftfahrzeuge sowie bewegliches Vermögen, das dem Betrieb dieser Schiffe oder Luftfahrzeuge dient, können[1], wenn sie einem Unternehmen eines Vertragsstaats gehören, das diese Seeschiffe oder Luftfahrzeuge im internationalen Verkehr betreibt, nur in diesem Staat besteuert werden.

[1] Österreich: „dürfen"/„darf"

(4) Alle anderen Vermögensteile einer in einem Vertragsstaat ansässigen Person können[1] nur in diesem Staat besteuert werden.

[1] Österreich: „dürfen"/„darf"

## Abschnitt V
## Methoden zur Vermeidung der Doppelbesteuerung

### Befreiungsmethode

**Art. 23 A** (1) Bezieht eine in einem Vertragsstaat ansässige Person Einkünfte oder hat sie Vermögen und können[1] diese Einkünfte oder dieses Vermögen nach diesem Abkommen im anderen Vertragsstaat besteuert werden (es sei denn, dieses Abkommen gestattet die Besteuerung durch den anderen Staat allein aufgrund dessen, dass das Einkommen auch von einer in diesem Staat ansässigen Person bezogen wird oder weil sich das Vermögen auch im Besitz einer in diesem Staat ansässigen Person befindet), so nimmt der erstgenannte Staat vorbehaltlich der Absätze 2 und 3 diese Einkünfte oder dieses Vermögen von der Besteuerung aus.

[1] Österreich: „dürfen"/„darf"

(2) Bezieht eine in einem Vertragsstaat ansässige Person Einkünfte und können[1] diese Einkünfte nach den Artikeln 10 und 11 im anderen Vertragsstaat besteuert werden (es sei denn, diese Artikel gestatten die Besteuerung durch den anderen Staat allein aufgrund dessen, dass das Einkommen auch von einer in diesem Staat ansässigen Person bezogen wird), so rechnet der erstgenannte Staat auf die vom Einkommen dieser Person zu erhebende Steuer den Betrag an, der der im anderen Staat gezahlten Steuer entspricht. Der anzurechnende Betrag darf jedoch den Teil der von der Anrechnung ermittelten Steuer nicht übersteigen, der auf die aus dem anderen Staat bezogenen Einkünfte entfällt.

[1] Österreich: „dürfen"/„darf"

(3) Einkünfte oder Vermögen einer in einem Vertragsstaat ansässigen Person, die nach dem Abkommen von der Besteuerung in diesem Staat auszunehmen sind, können[1] gleichwohl in diesem Staat bei der Festsetzung der Steuer für das übrige Einkommen oder Vermögen der Person einbezogen werden.

[1] Österreich: „dürfen"/„darf"

(4) Absatz 1 gilt nicht für Einkünfte oder Vermögen einer in einem Vertragsstaat ansässigen Person, wenn der andere Vertragsstaat dieses Abkommen so anwendet, dass er diese Einkünfte oder dieses Vermögen von der Besteuerung ausnimmt oder Absatz 2 des Artikels 10 oder des Artikels 11 auf diese Einkünfte anwendet.

### Anrechnungsmethode

**Art. 23 B** (1) Bezieht eine in einem Vertragsstaat ansässige Person Einkünfte oder hat sie Vermögen und können[1] diese Einkünfte oder dieses Vermögen nach diesem Abkommen im anderen Vertragsstaat besteuert werden (es sei denn, dieses Abkommen gestattet die Besteuerung durch den anderen Staat allein aufgrund dessen, dass das Einkommen auch von einer in diesem Staat ansässigen Person bezogen wird oder weil sich das Vermögen auch im Besitz einer in diesem Staat ansässigen Person befindet), so rechnet der erstgenannte Staat

[1] Österreich: „dürfen"/„darf"

a) auf die vom Einkommen dieser Person zu erhebende Steuer den Betrag an, der der im anderen Staat gezahlten Steuer vom Einkommen entspricht;
b) auf die vom Vermögen dieser Person zu erhebende Steuer den Betrag an, der der in dem anderen Vertragsstaat gezahlten Steuer vom Vermögen entspricht.

Der anzurechnende Betrag darf jedoch in beiden Fällen den Teil der vor der Anrechnung ermittelten Steuer vom Einkommen oder vom Vermögen nicht übersteigen, der auf die Einkünfte, die im anderen Staat besteuert werden können[1] oder auf das Vermögen, das dort besteuert werden kann[1], entfällt.

(2) Einkünfte oder Vermögen einer in einem Vertragsstaat ansässigen Person, die nach dem Abkommen von der Besteuerung in diesem Staat auszunehmen sind, können[1] gleichwohl in diesem Staat bei der Festsetzung der Steuer für das übrige Einkommen oder Vermögen der Person einbezogen werden.

[1] Österreich: „dürfen"/„darf"

## Abschnitt VI
## Besondere Bestimmungen

### Gleichbehandlung

**Art. 24** (1) Staatsangehörige eines Vertragsstaats dürfen im anderen Vertragsstaat keiner Besteuerung oder damit zusammenhängenden Verpflichtung unterworfen werden, die anders oder belastender ist als die Besteuerung und die damit zusammenhängenden Verpflichtungen, denen Staatsangehörige des anderen Staates unter gleichen Verhältnissen, insbesondere hinsichtlich der Ansässigkeit, unterworfen sind oder unterworfen werden können. Diese Bestimmung gilt ungeachtet des Artikels 1 auch für Personen, die in keinem Vertragsstaat ansässig sind.

(2) Staatenlose, die in einem Vertragsstaat ansässig sind, dürfen in keinem Vertragsstaat einer Besteuerung oder damit zusammenhängenden Verpflichtung unterworfen werden, die anders oder belastender ist als die Besteuerung und die damit zusammenhängenden Verpflichtungen, denen Staatsangehörige des betreffenden Staates unter gleichen Verhältnissen, insbesondere hinsichtlich der Ansässigkeit, unterworfen sind oder unterworfen werden können.

(3) Die Besteuerung einer Betriebsstätte, die ein Unternehmen eines Vertragsstaats im anderen Vertragsstaat hat, darf in dem anderen Staat nicht ungünstiger sein als die Besteuerung von Unternehmen des anderen Staates, die die gleiche Tätigkeit ausüben. Diese Bestimmung ist nicht so auszulegen, als verpflichte sie einen Vertragsstaat, den in dem anderen Vertragsstaat ansässigen Personen Steuerfreibeträge, -vergünstigungen und -ermäßigungen auf Grund des Personenstandes oder der Familienlasten zu gewähren, die er seinen ansässigen Personen gewährt.



(4) Sofern nicht Artikel 9 Absatz 1, Artikel 11 Absatz 6 oder Artikel 12 Absatz 4 anzuwenden ist, sind Zinsen, Lizenzgebühren und andere Entgelte, die ein Unternehmen eines Vertragsstaats an eine im anderen Vertragsstaat ansässige Person zahlt, bei der Ermittlung der steuerpflichtigen Gewinne dieses Unternehmens unter den gleichen Bedingungen wie Zahlungen an eine im erstgenannten Staat ansässige Person zum Abzug zuzulassen. Dementsprechend sind Schulden, die ein Unternehmen eines Vertragsstaats gegenüber einer im anderen Vertragsstaat ansässigen Person hat, bei der Ermittlung des steuerpflichtigen Vermögens dieses Unternehmens unter den gleichen Bedingungen wie Schulden gegenüber einer im erstgenannten Staat ansässigen Person zum Abzug zuzulassen.

(5) Unternehmen eines Vertragsstaats, deren Kapital ganz oder teilweise unmittelbar oder mittelbar einer im anderen Vertragsstaat ansässigen Person oder mehreren solchen Personen gehört oder ihrer Kontrolle unterliegt, dürfen im erstgenannten Staat keiner Besteuerung oder damit zusammenhängenden Verpflichtung unterworfen werden, die anders oder belastender ist als die Besteuerung und die damit zusammenhängenden Verpflichtungen, denen andere ähnliche Unternehmen des erstgenannten Staates unterworfen sind oder unterworfen werden können.

(6) Dieser Artikel gilt ungeachtet des Artikels 2 für Steuern jeder Art und Bezeichnung.

### Verständigungsverfahren*)

*) Siehe auch Erlass BMF „Steuerdialog 2013" (Nr. 99) und BMF-Info „Verständigungs- und Schiedsverfahren" (Nr. 109), abgedruckt unter „Erlässe".

**Art. 25** (1) Ist eine Person der Auffassung, dass Maßnahmen eines Vertragsstaats oder beider Vertragsstaaten für sie zu einer Besteuerung führen oder führen werden, die diesem Abkommen nicht entspricht, so kann sie unbeschadet der nach dem innerstaatlichen Recht dieser Staaten vorgesehenen Rechtsmittel ihren Fall der zuständigen Behörde eines der beiden Vertragsstaaten unterbreiten. Der Fall muss innerhalb von drei Jahren nach der ersten Mitteilung der Maßnahme unterbreitet werden, die zu einer dem Abkommen nicht entsprechenden Besteuerung führt.

(2) Hält die zuständige Behörde die Einwendung für begründet und ist sie selbst nicht in der Lage, eine befriedigende Lösung herbeizuführen, so wird sie sich bemühen, den Fall durch Verständigung mit der zuständigen Behörde des anderen Vertragsstaats so zu regeln, dass eine dem Abkommen nicht entsprechende Besteuerung vermieden wird. Die Verständigungsregelung ist ungeachtet der Fristen des innerstaatlichen Rechts der Vertragsstaaten durchzuführen.

(3) Die zuständigen Behörden der Vertragsstaaten werden sich bemühen, Schwierigkeiten oder Zweifel, die bei der Auslegung oder Anwendung des Abkommens entstehen, in gegenseitigem Einvernehmen zu beseitigen. Sie können auch gemeinsam darüber beraten, wie eine Doppelbesteuerung in Fällen vermieden werden kann, die im Abkommen nicht behandelt sind.

(4) Die zuständigen Behörden der Vertragsstaaten können zur Herbeiführung einer Einigung im Sinne der vorstehenden Absätze unmittelbar miteinander verkehren, gegebenenfalls auch durch eine aus ihnen oder ihren Vertretern bestehende gemeinsame Kommission.

(5) Wenn

a) eine Person nach Absatz 1 der zuständigen Behörde eines Vertragsstaats einen Fall mit der Begründung unterbreitet hat, dass Maßnahmen eines Vertragsstaats oder beider Vertragsstaaten für sie zu einer Besteuerung geführt hat, die diesem Abkommen nicht entspricht, und

b) die zuständigen Behörden nicht in der Lage sind, sich gemäß Absatz 2 über die Lösung des Falles innerhalb von zwei Jahren seit dem Tag zu einigen, an dem beiden zuständigen Behörden alle von ihnen zur Behandlung des Falles benötigten Informationen übermittelt wurden,

werden alle ungelösten Fragen des Falles auf schriftlichen Antrag der Person einem Schiedsverfahren unterworfen. Diese ungelösten Fragen werden aber nicht dem Schiedsverfahren unterworfen, wenn zu ihnen bereits eine Gerichtsentscheidung in einem der Staaten ergangen ist. Sofern nicht eine Person, die unmittelbar von dem Fall betroffen ist, die Verständigungsvereinbarung, durch die der Schiedsspruch umgesetzt wird, ablehnt, ist der Schiedsspruch für beide Staaten verbindlich und ungeachtet der Fristen des innerstaatlichen Rechts dieser Staaten durchzuführen. Die zuständigen Behörden dieser Vertragsstaaten regeln in gegenseitigem Einvernehmen die Anwendung dieses Absatzes.

### Informationsaustausch*)

*) Siehe auch BMF-Info „Umfassende Amtshilfe im Bereich der Steuern vom Einkommen" (Nr. 106), BMF-Info „Umfassende Amtshilfe im Bereich der Steuern vom Einkommen (2016)" (Nr. 112), Erlass BMF „Advance Ruling Austausch" (Nr. 116), BMF-Info „Umfassende Amtshilfe im Bereich der Steuern vom Einkommen (2017)" (Nr. 118), BMF-Info „Umfassende Amtshilfe im Bereich der Steuern vom Einkommen (2018)" (Nr. 120), BMF-Info „Umfassende Amtshilfe im Bereich der Steuern vom Einkommen (2019)" (Nr. 125) sowie BMF-Info „Umfassende Amtshilfe im Bereich der Steuern vom Einkommen (2020)" (Nr. 131), abgedruckt unter „Erlässe".

**Art. 26** (1) Die zuständigen Behörden der Vertragsstaaten tauschen die Informationen aus, die zur Durchführung dieses Abkommens oder zur Verwaltung oder Anwendung des innerstaatlichen Rechts betreffend Steuern jeder Art und Bezeichnung, die für Rechnung der Vertragsstaaten oder ihrer Gebietskörperschaften[1] erhoben werden, voraussichtlich erheblich sind, soweit die diesem Recht entsprechende Besteuerung nicht dem Abkommen widerspricht. Der Informationsaustausch ist durch Artikel 1 und 2 nicht eingeschränkt.

[1] Schweiz: „politische Unterabteilungen oder lokale Körperschaften"

(2) Alle Informationen, die ein Vertragsstaat nach Absatz 1 erhalten hat, sind ebenso geheim zu halten wie die auf Grund des innerstaatlichen Rechts dieses Staates beschafften Informationen und dürfen nur den Personen und Behörden (einschließlich der Gerichte und der Verwaltungsbehörden) zugänglich gemacht werden, die mit der Veranlagung oder Erhebung, der Vollstreckung oder Strafverfolgung oder mit der Entscheidung von Rechtsmitteln hinsichtlich der in Absatz 1 genannten Steuern oder mit der Aufsicht über diese Personen oder Behörden befasst sind. Diese Personen oder Behörden dürfen die Informationen nur für diese Zwecke verwenden. Sie dürfen die Informationen in einem öffentlichen Gerichtsverfahren oder in einer Gerichtsentscheidung offen

legen. Ungeachtet des Vorstehenden, können die Informationen, die ein Vertragsstaat erhalten hat, für andere Zwecke verwendet werden, wenn sie nach dem Recht beider Staaten für diesen anderen Zweck verwendet werden können und die zuständige Behörde des übermittelnden Staates diese Verwendung gestattet.

(3) Die Absätze 1 und 2 sind nicht so auszulegen, als verpflichteten sie einen Vertragsstaat,

a) Verwaltungsmaßnahmen durchzuführen, die von den Gesetzen und der Verwaltungspraxis dieses oder des anderen Vertragsstaats abweichen;

b) Informationen zu erteilen, die nach den Gesetzen oder im üblichen Verwaltungsverfahren dieses oder des anderen Vertragsstaats nicht beschafft werden können;

c) Informationen zu erteilen, die ein Handels-, Industrie-, Gewerbe- oder Berufsgeheimnis oder ein Geschäftsverfahren preisgeben würden oder deren Erteilung dem Ordre public[1] widerspräche.

[1] Bundesrepublik Deutschland: „der öffentlichen Ordnung"

(4) Wenn ein Vertragsstaat in Übereinstimmung mit diesem Artikel um Erteilung von Informationen ersucht, wendet der andere Vertragsstaat zur Beschaffung der Informationen seine innerstaatlichen Ermittlungsbefugnisse an, auch wenn er die Informationen nicht für seine eigenen Steuerzwecke benötigt. Die Verpflichtung unterliegt den Beschränkungen des Absatzes 3; diese sind aber nicht so auszulegen, als erlaubten sie einem Vertragsstaat, die Erteilung der Informationen abzulehnen, nur weil er kein eigenes Interesse an ihnen hat.

(5) Absatz 3 ist nicht so auszulegen, als erlaube er einem Vertragsstaat, die Erteilung von Informationen abzulehnen, nur weil sie sich im Besitz einer Bank, einer anderen Finanzinstitution, eines Beauftragten, Bevollmächtigten oder Treuhänders befinden oder weil sie sich auf Beteiligungen an einer Person beziehen.

### Amtshilfe bei der Erhebung[1] von Steuern

[1] Österreich: „Vollstreckung"/„vollstreckt"

**Art. 27** (1) Die Vertragsstaaten leisten sich gegenseitige Amtshilfe bei der Erhebung[1] von Steueransprüchen[2] . Diese Amtshilfe ist durch Artikel 1 und 2 nicht eingeschränkt. Die zuständigen Behörden der Vertragsstaaten können in gegenseitigem Einvernehmen regeln, wie dieser Artikel durchzuführen ist.

[1] Österreich: „Vollstreckung"/„vollstreckt"
[2] Österreich: „Abgabenanspruch"/„Abgabenansprüchen"

(2) Der in diesem Artikel verwendete Ausdruck „Steueranspruch"[1] bedeutet einen Betrag, der auf Grund von Steuern jeder Art und Bezeichnung, die für Rechnung der Vertragsstaaten oder einer ihrer Gebietskörperschaften[2] erhoben werden, geschuldet wird, soweit die Besteuerung diesem Abkommen oder anderen völkerrechtlichen Übereinkünften, denen die Vertragsstaaten beigetreten sind, nicht widerspricht, sowie mit diesem Betrag zusammenhängende Zinsen, Geldbußen[3] und Kosten der Erhebung[4] oder Sicherung.

[1] Österreich: „Abgabenanspruch"/„Abgabenansprüchen"
[2] Schweiz: „politische Unterabteilungen oder lokale Körperschaften"
[3] Österreich: „verwaltungsbehördliche Geldstrafen"
[4] Österreich: „Vollstreckung"/„vollstreckt"

(3) Ist der Steueranspruch[1] eines Vertragsstaats nach dem Recht dieses Staates vollstreckbar und wird er von einer Person geschuldet, die zu diesem Zeitpunkt nach dem Recht dieses Staates die Erhebung[2] nicht verhindern kann, wird dieser Steueranspruch[1] auf Ersuchen der zuständigen Behörde dieses Staates für die Zwecke der Erhebung[3] von der zuständigen Behörde des anderen Vertragsstaats anerkannt. Der Steueranspruch[1] wird vom anderen Staat nach dessen Rechtsvorschriften über die Vollstreckung und Erhebung[2] seiner eigenen Steuern erhoben[3], als handele es sich bei dem Steueranspruch[1] um einen Steueranspruch[1] des anderen Staates.

[1] Österreich: „Abgabenanspruch"/„Abgabenansprüchen"
[2] Österreich: „Einbringung und Vollstreckung"
[3] Österreich: „Vollstreckung"/„vollstreckt"

(4) Handelt es sich bei dem Steueranspruch[1] eines Vertragsstaats um einen Anspruch, bei dem dieser Staat nach seinem Recht Maßnahmen zur Sicherung der Erhebung[2] einleiten kann, wird dieser Steueranspruch[1] auf Ersuchen der zuständigen Behörde dieses Staates zum Zwecke der Einleitung von Sicherungsmaßnahmen von der zuständigen Behörde des anderen Vertragsstaats anerkannt. Der andere Staat leitet nach seinen Rechtsvorschriften Sicherungsmaßnahmen in Bezug auf diesen Steueranspruch[1] ein, als wäre der Steueranspruch[1] ein Steueranspruch[1] dieses anderen Staates, selbst wenn der Steueranspruch[1] im Zeitpunkt der Einleitung dieser Maßnahmen im erstgenannten Staat nicht vollstreckbar ist oder von einer Person geschuldet wird, die berechtigt ist, die Erhebung[2] zu verhindern.

[1] Österreich: „Abgabenanspruch"/„Abgabenansprüchen"
[2] Österreich: „Vollstreckung"/„vollstreckt"

(5) Ungeachtet der Absätze 3 und 4 unterliegt ein von einem Vertragsstaat für Zwecke der Absätze 3 oder 4 anerkannter Steueranspruch[1] als solcher in diesem Staat nicht den Verjährungsfristen oder den Vorschriften über die vorrangige Behandlung eines Steueranspruchs[1] nach dem Recht dieses Staates. Ferner hat ein Steueranspruch[1], der von einem Vertragsstaat für Zwecke der Absätze 3 oder 4 anerkannt wurde, in diesem Staat nicht den Vorrang, den dieser Steueranspruch[1] nach dem Recht des anderen Vertragsstaats hat.

[1] Österreich: „Abgabenanspruch"/„Abgabenansprüchen"

(6) Verfahren im Zusammenhang mit dem Bestehen, der Gültigkeit oder der Höhe des Steueranspruchs[1] eines Vertragsstaats können nicht bei den Gerichten oder Verwaltungsbehörden des anderen Vertragsstaats eingeleitet werden.

[1] Österreich: „Abgabenanspruch"/„Abgabenansprüchen"

(7) Verliert der betreffende Steueranspruch[1], nachdem das Ersuchen eines Vertragsstaats nach den Absätzen 3 oder 4 gestellt wurde und bevor der andere Vertragsstaat den betreffenden Steueranspruch[1] erhoben[2] und an den erstgenannten Staat ausgezahlt hat,

[1] Österreich: „Abgabenanspruch"/„Abgabenansprüchen"
[2] Österreich: „Vollstreckung"/„vollstreckt"

a) im Falle eines Ersuchens nach Absatz 3 seine Eigenschaft als Steueranspruch[1] des erstgenannten Staates, der nach dem Recht dieses Staates vollstreckbar ist und von einer Person geschuldet wird, die zu diesem Zeitpunkt nach dem Recht dieses Staates die Erhebung[2] nicht verhindern kann, oder

b) im Falle eines Ersuchens nach Absatz 4 seine Eigenschaft als Steueranspruch[1] des erstgenannten Staates, für den dieser Staat nach seinem Recht Maßnahmen zur Sicherung der Erhebung[2] einleiten kann,

teilt die zuständige Behörde des erstgenannten Staates dies der zuständigen Behörde des anderen Staates unverzüglich mit, und nach Wahl des anderen Staates setzt der erstgenannte Staat das Ersuchen entweder aus oder nimmt es zurück.

(8) Dieser Artikel ist nicht so auszulegen, als verpflichte er einen Vertragsstaat,

a) Verwaltungsmaßnahmen durchzuführen, die von den Gesetzen und der Verwaltungspraxis dieses oder des anderen Vertragsstaats abweichen;

b) Maßnahmen durchzuführen, die dem Ordre public[1] widersprächen;

[1] Bundesrepublik Deutschland: „der öffentlichen Ordnung"

c) Amtshilfe zu leisten, wenn der andere Vertragsstaat nicht alle angemessenen Maßnahmen zur Erhebung[1] oder Sicherung, die nach seinen Gesetzen oder seiner Verwaltungspraxis möglich sind, ausgeschöpft hat;

[1] Österreich: „Vollstreckung"/„vollstreckt"

d) Amtshilfe in Fällen zu leisten, in denen der Verwaltungsaufwand für diesen Staat in einem eindeutigen Missverhältnis zu dem Nutzen steht, den der andere Vertragsstaat dadurch erlangt.

### Mitglieder diplomatischer Missionen und konsularischer Vertretungen

**Art. 28** Dieses Abkommen berührt nicht die steuerlichen Vorrechte, die den Mitgliedern diplomatischer Missionen und konsularischer Vertretungen nach den allgemeinen Regeln des Völkerrechts oder auf Grund besonderer Übereinkünfte zustehen.

### Anspruch auf Vergünstigungen

**Art. 29** (1) [Eine Regelung, die vorbehaltlich der Absätze 3 bis 5 die Vergünstigungen unter diesem Abkommen auf eine in einem Vertragsstaat ansässige Person beschränkt, die im Sinne des Absatz 2 eine „qualifizierte Person" ist].

(2) [Begriffsbestimmung für Situationen, in denen eine ansässige Person eine qualifizierte Person ist, unter Einbeziehung

– einer natürlichen Person;
– eines Vertragsstaats, dessen Gebietskörperschaften[1] und deren Behörden und Institutionen;

[1] Schweiz: „politische Unterabteilungen oder lokale Körperschaften"

– bestimmter börsennotierter Gesellschaften und Unternehmen;
– bestimmter verbundener Unternehmen öffentlich notierter Gesellschaften und Unternehmen;
– bestimmter gemeinnütziger Organisationen und anerkannter Pensionsfonds;
– anderer Rechtsträger, die bestimmte Anforderungen in Bezug auf Beteiligungsverhältnisse und Gewinnkürzung erfüllen sowie
– bestimmte kollektive Investmentvehikel.]

(3) [Eine Regelung, die Vergünstigungen unter diesem Abkommen für Einkünfte vorsieht, die von einer Person bezogen werden, die keine qualifizierte Person ist, wenn die Person aktiv eine Geschäftstätigkeit im Staat ihrer Ansässigkeit ausübt und die Einkünfte von dieser Geschäftstätigkeit herrühren oder im Zusammenhang mit ihr stehen].

(4) [Eine Regelung, die Vergünstigungen unter diesem Abkommen für eine Person vorsieht, die keine qualifizierte Person ist, wenn zumindest mehr als ein vereinbarter Anteil dieses Rechtsträgers bestimmten Personen gehört, die einen Anspruch auf gleichwertige Vergünstigungen besitzen].

(5) [Eine Regelung, die Vergünstigungen unter diesem Abkommen für eine Person vorsieht, die als „Stammsitz des Unternehmens" qualifiziert ist].

(6) [Eine Regelung, die es der zuständigen Behörde eines Vertragsstaats gestattet, einer Person bestimmte Vergünstigungen unter diesem Abkommen zu gewähren, die andernfalls gemäß Absatz 1 zu verweigern wären].

(7) [Begriffsbestimmungen, die auf die Absätze 1 bis 7 anwendbar sind].

(8)

a) Wenn
   (i) ein Unternehmen eines Vertragsstaats Einkünfte aus dem anderen Vertragsstaat bezieht und der erstgenannte Staat diese Einkünfte als einer Betriebsstätte eines in einem Drittstaat ansässigen Unternehmens zurechenbar behandelt und
   (ii) die dieser Betriebsstätte zurechenbaren Gewinne von der Besteuerung im erstgenannten Staat befreit sind,

so gelten die Vergünstigungen unter diesem Abkommen nicht für Einkünfte, für die die

Steuer im Drittstaat geringer ist als als der kleinere Wert von [Steuersatz bilateral zu bestimmen] auf den Betrag dieser Einkünfte oder 60 v. H. der Steuern, die im erstgenannten Staat auf diese Einkünfte erhoben würden, wenn diese Betriebsstätte im erstgenannten Staat gelegen wäre. In diesem Fall bleiben alle Einkünfte, auf die die Bestimmungen dieses Absatzes anwendbar sind, unbeschadet aller anderen Bestimmungen dieses Abkommens steuerpflichtig unter dem nationalen Recht des anderen Staates.

b) Die vorstehenden Bestimmungen dieses Absatzes gelten nicht, wenn die aus dem anderen Vertragsstaat bezogenen Einkünfte von einer aktiven Geschäftstätigkeit herrühren, die über eine Betriebsstätte ausgeübt wird oder im Zusammenhang mit dieser Geschäftstätigkeit stehen (ausgenommen hiervon ist das Geschäft der Tätigung oder Verwaltung oder des einfachen Haltens von Investitionen auf eigene Rechnung des Unternehmens, es sei denn, es handelt sich um Aktivitäten im Banken- oder Versicherungswesen oder mit Bezug auf Wertpapiere, die entsprechend von einer Bank, einem Versicherungsunternehmen oder einem registrierten Wertpapierhändler ausgeübt werden).

c) Werden die Vergünstigungen unter diesem Abkommen aufgrund der vorstehenden Bestimmungen dieses Absatzes hinsichtlich der Einkünfte einer in einem Vertragsstaat ansässigen Person verweigert, kann die zuständige Behörde des anderen Vertragsstaats diese Vergünstigungen hinsichtlich solcher Einkünfte dennoch gewähren, wenn die zuständige Behörde auf Anfrage dieser ansässigen Person befindet, dass die Gewährung dieser Vergünstigungen angesichts der Gründe, aus denen diese ansässige Person die Anforderungen unter diesem Absatz nicht erfüllt hat (wie etwa das Vorliegen von Verlusten), gerechtfertigt ist. Die zuständige Behörde des Vertragsstaats, bei welcher ein Antrag im Sinne des vorstehenden Satzes gestellt worden ist, berät sich mit der zuständigen Behörde des anderen Vertragsstaats, bevor sie dem Antrag zustimmt oder ihn ablehnt.

(9) Unbeschadet der anderen Bestimmungen dieses Abkommens ist eine Vergünstigung unter diesem Abkommen mit Bezug auf Einkünfte oder Vermögen nicht zu gewähren, wenn unter Berücksichtigung aller maßgeblichen Sachverhalte der Schluss zulässig ist, dass die Erlangung dieser Vergünstigung einer der Hauptzwecke einer Abmachung oder einer Transaktion war, die unmittelbar oder mittelbar zu dieser Vergünstigung geführt hat, es sei denn, es wird nachgewiesen, dass die Gewährung dieser Vergünstigung unter den gegebenen Umständen im Einklang mit dem Ziel und Zweck der maßgeblichen Bestimmungen dieses Abkommens stünde.

### Ausdehnung[1] des räumlichen Geltungsbereichs

[1] Bundesrepublik Deutschland: „Erstreckung"/„erstreckt"

**Art. 30** (1) Dieses Abkommen kann entweder als Ganzes oder mit den erforderlichen Änderungen [auf jeden Teil des Hoheitsgebiets (des Staates A) oder (des Staates B), der ausdrücklich von der Anwendung des Abkommens ausgeschlossen ist, oder][2] auf jeden anderen Staat oder jedes andere Hoheitsgebiet ausgedehnt[1] werden, dessen internationale Beziehungen von (Staat A) oder (Staat B) wahrgenommen werden und in dem Steuern erhoben werden, die im Wesentlichen den Steuern ähnlich sind, für die das Abkommen gilt. Eine solche Ausdehnung[1] wird von dem Zeitpunkt an und mit den Änderungen und Bedingungen, einschließlich der Bedingungen für die Beendigung, wirksam, die zwischen den Vertragsstaaten durch auf diplomatischem Weg auszutauschende Noten oder auf andere, den Verfassungen dieser Staaten entsprechende Weise vereinbart werden.

[2] Die Worte in eckigen Klammern gelten, wenn das Abkommen auf Grund einer besonderen Bestimmung für einen Teil des Hoheitsgebiets eines Vertragsstaats nicht anzuwenden ist.

(2) Haben die beiden Vertragsstaaten nichts anderes vereinbart, so wird mit der Kündigung durch einen Vertragsstaat nach Artikel 30 die Anwendung des Abkommens in der in jenem Artikel vorgesehenen Weise auch [für jeden Teil des Hoheitsgebiets (des Staates A) oder (des Staates B) oder] für Staaten oder Hoheitsgebiete beendet, auf die das Abkommen nach diesem Artikel ausgedehnt[1] worden ist.

[1] Bundesrepublik Deutschland: „Erstreckung"/„erstreckt"

## Abschnitt VII
## Schlussbestimmungen

### Inkrafttreten

**Art. 31** (1) Dieses Abkommen bedarf der Ratifikation; die Ratifikationsurkunden werden so bald wie möglich in … ausgetauscht.

(2) Das Abkommen tritt mit dem Austausch der Ratifikationsurkunden in Kraft, und seine Bestimmungen finden Anwendung

a) (in Staat A): …
b) (in Staat B): …

### Kündigung

**Art. 32** Dieses Abkommen bleibt in Kraft, solange es nicht von einem Vertragsstaat gekündigt wird. Jeder Vertragsstaat kann nach dem Jahr … das Abkommen auf diplomatischem Weg unter Einhaltung einer Frist von mindestens sechs Monaten zum Ende eines Kalenderjahres kündigen. In diesem Fall findet das Abkommen nicht mehr Anwendung

a) (in Staat A): …
b) (in Staat B): …

**Schlussklausel**

Anmerkung: Die Schlussklausel über die Unterzeichnung richtet sich nach den verfassungsrechtlichen Verfahren der beiden Vertragsstaaten.

# 16/4. Verrechnungspreisdokumentationsgesetz – VPDG

**Verrechnungspreisdokumentationsgesetz**, BGBl I 2016/77 idF

**1** BGBl I 2016/117 (AbgÄG 2016) **2** BGBl I 2019/104 (FORG)

## GLIEDERUNG



**Bundesgesetz über die standardisierte Verrechnungspreisdokumentation (Verrechnungspreisdokumentationsgesetz – VPDG)**

### Umsetzung von Unionsrecht und einer qualifizierten Vereinbarung

**§ 1.** Mit diesem Bundesgesetz werden die Richtlinie (EU) 2016/881 zur Änderung der Richtlinie 2011/16/EU bezüglich der Verpflichtung zum automatischen Austausch von Informationen im Bereich der Besteuerung, ABl. Nr. L 146 vom 03.06.2016 S. 8, und das multilaterale Regierungsübereinkommen über den Austausch länderbezogener Berichte in österreichisches Recht umgesetzt.

### Begriffsbestimmungen

**§ 2.** Im Sinne dieses Bundesgesetzes bedeutet

1. „Multinationale Unternehmensgruppe“ eine Gruppe von Geschäftseinheiten, die zwei oder mehr Geschäftseinheiten umfasst, deren steuerliche Ansässigkeit in unterschiedlichen Staaten oder Gebieten liegt, und die durch Eigentum oder Beherrschung verbunden sind, sodass sie entweder nach den geltenden Rechnungslegungsgrundsätzen zur Aufstellung eines konsolidierten Abschlusses für Rechnungslegungszwecke verpflichtet ist oder dazu verpflichtet wäre, wenn Eigenkapitalbeteiligungen an einem der Unternehmen an einer öffentlichen Wertpapierbörse gehandelt würden.
2. „Geschäftseinheit“ eine der folgenden Einheiten:
   a) einen eigenständigen Geschäftsbereich einer multinationalen Unternehmensgruppe, der für Rechnungslegungszwecke in den konsolidierten Abschluss der multinationalen Unternehmensgruppe einbezogen wird oder darin einbezogen würde, wenn Eigenkapitalbeteiligungen an diesem Geschäftsbereich einer multinationalen Unternehmensgruppe an einer öffentlichen Wertpapierbörse gehandelt würden;
   b) einen eigenständigen Geschäftsbereich, der nur aufgrund seiner Größe oder aus Wesentlichkeitsgründen nicht in den konsolidierten Abschluss der multinationalen Unternehmensgruppe einbezogen wird;
   c) eine Betriebsstätte eines unter Buchstabe a oder b fallenden eigenständigen Geschäftsbereichs einer multinationalen Unternehmensgruppe, sofern der Geschäftsbereich für Rechnungslegungs-, Aufsichts-, Steuer- oder interne Steuerungszwecke einen Einzelabschluss für diese Betriebsstätte aufstellt.
3. „Oberste Muttergesellschaft“ eine Geschäftseinheit einer multinationalen Unternehmensgruppe, die die folgenden Kriterien erfüllt:
   a) sie besitzt direkt oder indirekt ausreichende Anteile an einer oder mehreren Geschäftseinheiten einer solchen multinationalen Unternehmensgruppe, sodass sie zur Aufstellung von konsolidierten Abschlüssen nach den im Staat oder Ge-

DBA/OECD-MA
MLI

biet ihrer Ansässigkeit allgemein geltenden Rechnungslegungsgrundsätzen verpflichtet ist oder dazu verpflichtet wäre, wenn ihre Eigenkapitalbeteiligungen an einer öffentlichen Wertpapierbörse im Staat ihrer Ansässigkeit gehandelt würden und

b) innerhalb der multinationalen Unternehmensgruppe existiert keine andere Geschäftseinheit, die direkt oder indirekt Anteile im Sinne von Buchstabe a an der erstgenannten Geschäftseinheit besitzt.

4. „Konsolidierter Abschluss" der Abschluss einer multinationalen Unternehmensgruppe, in dem die Vermögenswerte, Schulden, Einkünfte, Aufwendungen und Cashflows der obersten Muttergesellschaft und der anderen Geschäftseinheiten so dargestellt werden, als gehörten sie zu einer einzigen wirtschaftlichen Einheit.

5. „Ansässigkeitsstaat" jener Staat oder jenes Gebiet, in dem sich der Sitz oder Ort der Geschäftsleitung einer Geschäftseinheit befindet. Eine Betriebsstätte gilt für Zwecke dieses Bundesgesetzes im Staat oder Gebiet der Lage als ansässig.

6. „Länderbezogener Bericht" (Country-by-Country Report) ein Bericht, der Informationen zur weltweiten Verteilung der Erträge, der Steuern und der Geschäftstätigkeit einer multinationalen Unternehmensgruppe aufgeteilt auf die einzelnen Staaten oder Gebiete enthält.

7. „Master File" ein Bericht über die weltweite Geschäftstätigkeit und Verrechnungspreispolitik der multinationalen Unternehmensgruppe.

8. „Local File" ein Bericht über die spezifischen gruppeninternen Geschäftsvorfälle einer einzelnen Geschäftseinheit.

9. „Zuständiges Finanzamt" bei Körperschaften jenes Finanzamt, welches für die Erhebung der Körperschaftsteuer zuständig ist bzw. bei Personengesellschaften jenes Finanzamt, welches für die Feststellung von Einkünften.

*(BGBl I 2019/104)*

10. „Qualifizierte Vereinbarung" eine Vereinbarung mit den bevollmächtigten Vertretern eines Staates oder Gebietes, der bzw. das Vertragspartei eines internationalen Übereinkommens über die gegenseitige Amtshilfe in Steuersachen ist und welche die beteiligten Staaten oder Gebiete zum automatischen Austausch der länderbezogenen Berichte verpflichtet.

11. „Vertretende Muttergesellschaft" eine Geschäftseinheit einer multinationalen Unternehmensgruppe, die von dieser als alleinige Vertreterin der obersten Muttergesellschaft benannt wurde, um den länderbezogenen Bericht im Ansässigkeitsstaat dieser Geschäftseinheit im Namen der multinationalen Unternehmensgruppe vorzulegen, sofern zumindest eine der in § 5 Abs. 1 genannten Voraussetzungen erfüllt ist und diese Geschäftseinheit alle Informationen erhalten oder einholen kann, die für die Vorlage des länderbezogenen Berichts im Sinne des § 4 erforderlich sind.

### Dokumentationspflicht

**§ 3.** (1) Für eine multinationale Unternehmensgruppe ist ein länderbezogener Bericht zu erstellen, wenn der Gesamtumsatz in dem vorangegangenen Wirtschaftsjahr gemäß dem konsolidierten Abschluss mindestens 750 Millionen Euro beträgt.

(2) Eine in Österreich ansässige Geschäftseinheit einer multinationalen Unternehmensgruppe hat ein Master File sowie ein Local File zu erstellen, wenn in den beiden vorangegangenen Wirtschaftsjahren die Umsatzerlöse den Betrag von 50 Millionen Euro überschritten haben. Diese Pflichten entfallen ab dem folgenden Wirtschaftsjahr, wenn die Umsatzerlöse in zwei aufeinanderfolgenden Wirtschaftsjahren die maßgeblichen Beträge nicht mehr überschritten haben.

(3) Ungeachtet des Abs. 2 ist eine in Österreich ansässige Geschäftseinheit einer multinationalen Unternehmensgruppe auf Ersuchen des zuständigen Finanzamtes zur Vorlage eines Master File verpflichtet, wenn nach den Bestimmungen eines anderen Staates oder Gebietes durch eine dort ansässige Geschäftseinheit ein Master File zu erstellen ist.

(4) Neben diesem Bundesgesetz bestehende Dokumentationspflichten bleiben unberührt. Das zuständige Finanzamt kann zusätzliche Unterlagen zur Vorlage anfordern, die für die Ermittlung und Prüfung der angemessenen gruppeninternen Verrechnungspreisgestaltung erforderlich sind.

### Pflicht zur Übermittlung des länderbezogenen Berichts

**§ 4.** Für eine multinationale Unternehmensgruppe im Sinne des § 2 Z 1 ist zur Übermittlung des länderbezogenen Berichts entsprechend der Anlage 1, Anlage 2 und Anlage 3 verpflichtet:

1. die oberste Muttergesellschaft, wenn diese in Österreich ansässig ist, oder
2. eine in Österreich ansässige Geschäftseinheit, die in die Verpflichtungen einer obersten Muttergesellschaft eingetreten ist.

Jede in Österreich ansässige Geschäftseinheit einer multinationalen Unternehmensgruppe im Sinne des § 3 Abs. 1 hat dem zuständigen Finanzamt spätestens bis zum letzten Tag des berichtspflichtigen Wirtschaftsjahres mitzuteilen, ob sie oberste Muttergesellschaft oder vertretende Muttergesellschaft ist. Eine in Österreich ansässige Geschäftseinheit einer multinationalen Unternehmensgruppe im Sinne des § 3 Abs. 1, die weder oberste Muttergesellschaft noch vertretende Muttergesellschaft oder eine aufgrund von § 5 Abs. 2 eingetretene Geschäftseinheit ist, hat dem zuständigen Finanzamt spätestens bis zum letzten Tag des Wirtschaftsjahres, für das berichtet werden soll, die Identität und die Ansässigkeit der berichtenden Geschäftseinheit mitzuteilen.

### Eintritt in die Pflicht zur Übermittlung des länderbezogenen Berichts

**§ 5.** (1) Eine in Österreich ansässige Geschäftseinheit kann in die Verpflichtung der ausländischen obersten Muttergesellschaft eintreten, wenn eine der folgenden Voraussetzungen vorliegt:

1. Die oberste Muttergesellschaft ist in ihrem Ansässigkeitsstaat nicht zur Vorlage eines länderbezogenen Berichts verpflichtet.
2. Es besteht mit dem Ansässigkeitsstaat der obersten Muttergesellschaft im Zeitpunkt der Verpflichtung zur Übermittlung des länderbezogenen Berichts im Sinne des § 8 Abs. 1 keine qualifizierte Vereinbarung zum Austausch eines länderbezogenen Berichts.
3. Es liegt ein systemisches Versagen des Ansässigkeitsstaates der obersten Muttergesellschaft vor. Das ist der Fall, wenn mit diesem Staat oder Gebiet zwar eine qualifizierte Vereinbarung zum automatischen Austausch des länderbezogenen Berichts besteht, der automatische Informationsaustausch jedoch ausgesetzt wurde oder auf andere Weise über einen längeren Zeitraum versäumt wurde, die länderbezogenen Berichte automatisch zu übermitteln.

(2) Das zuständige Finanzamt hat eine in Österreich ansässige Geschäftseinheit einer multinationalen Unternehmensgruppe mit Bescheid zum Eintritt in die Verpflichtungen einer ausländischen obersten Muttergesellschaft zu verpflichten, wenn eine der Voraussetzungen des Abs. 1 erfüllt ist. Ein solcher Bescheid hat nicht zu ergehen, wenn spätestens bis zum letzten Tag des Wirtschaftsjahres, für das berichtet werden soll, eine andere österreichische Geschäftseinheit als vertretende Muttergesellschaft eingetreten ist oder, wenn eine andere in Österreich ansässige Geschäftseinheit durch Bescheid in die Verpflichtung der obersten Muttergesellschaft eingetreten ist.

(3) Ein Bescheid nach Abs. 2 hat nicht zu ergehen, wenn eine nicht in Österreich ansässige Geschäftseinheit als vertretende Muttergesellschaft in ihrem Ansässigkeitsstaat einen Bericht innerhalb der in § 8 Abs. 1 genannten Frist vorgelegt hat und – falls die vertretende Muttergesellschaft außerhalb der Europäischen Union ansässig ist – folgende Bedingungen erfüllt sind:

*(BGBl I 2016/117)*

1. der Ansässigkeitsstaat der vertretenden Muttergesellschaft verlangt die Vorlage eines länderbezogenen Berichts gemäß den in § 4 genannten Anforderungen,
2. der Ansässigkeitsstaat der vertretenden Muttergesellschaft verfügt im Zeitpunkt der Verpflichtung zur Übermittlung des länderbezogenen Berichts im Sinne des § 8 Abs. 1 über eine geltende qualifizierte Vereinbarung zwischen den zuständigen Behörden,
3. der Ansässigkeitsstaat der vertretenden Muttergesellschaft hat den Staat oder das Gebiet nicht über ein systemisches Versagen informiert,
4. dem Ansässigkeitsstaat der vertretenden Muttergesellschaft wurde von dieser spätestens am letzten Tag des Wirtschaftsjahres, für das berichtet werden soll, mitgeteilt, dass sie die vertretende Muttergesellschaft ist, und
5. das zuständige Finanzamt hat spätestens am letzten Tag des Wirtschaftsjahres, für das berichtet werden soll, eine Mitteilung über die Identität und Ansässigkeit der Geschäftseinheit, die in die Pflicht zur Übermittlung der länderbezogenen Berichte eintritt, erhalten.

(4) Eine Geschäftseinheit hat zur Erfüllung ihrer Berichtspflicht alle erforderlichen Informationen von der obersten Muttergesellschaft einzuholen. Stellt die oberste Muttergesellschaft die Informationen nicht bereit, hat die Geschäftseinheit dies ihrem zuständigen Finanzamt zu melden und einen länderbezogenen Bericht mit allen verfügbaren Informationen vorzulegen.

### Master File

**§ 6.** (1) Das Master File besteht aus einer Verrechnungspreisdokumentation mit umfassenden Informationen zur gesamten Unternehmensgruppe und deckt insbesondere folgende Teilbereiche ab:

- Organisationsaufbau der multinationalen Unternehmensgruppe,
- Beschreibung der Geschäftstätigkeit,
- Dokumentation der immateriellen Werte,
- Dokumentation der unternehmensgruppeninternen Finanztätigkeiten,
- Dokumentation der Finanzanlage- und Steuerpositionen.

(2) Der Bundesminister für Finanzen wird ermächtigt, den Inhalt des Master File mit Verordnung näher festzulegen.

### Local File

**§ 7.** (1) Das Local File umfasst spezielle Informationen zu Geschäftsvorfällen der jeweiligen Geschäftseinheit einer multinationalen Unternehmensgruppe und deckt insbesondere folgende Teilbereiche ab (Informationen zu Finanztransaktionen der Geschäftseinheit sowie zur Vergleichbarkeitsanalyse):

- Beschreibung der inländischen Geschäftseinheit,
- Dokumentation der wesentlichen unternehmensgruppeninternen Geschäftsvorfälle,
- Finanzinformationen.

(2) Der Bundesminister für Finanzen wird ermächtigt, den Inhalt des Local File mit Verordnung näher festzulegen.

**Übermittlung der Dokumentation**

**§ 8.** (1) Der länderbezogene Bericht ist spätestens zwölf Monate nach dem letzten Tag des betreffenden Wirtschaftsjahres an das zuständige Finanzamt der obersten Muttergesellschaft oder der eingetretenen Geschäftseinheit zu übermitteln. Die Übermittlung hat elektronisch im Wege von FinanzOnline zu erfolgen. Der Bundesminister für Finanzen wird ermächtigt, das Verfahren der elektronischen Übermittlung mit Verordnung festzulegen.

(2) Das Master- und das Local File sind ab dem Zeitpunkt der Abgabe der Erklärung zur Körperschaftsteuer bzw. der Steuererklärung bei Feststellung von Einkünften dem zuständigen Finanzamt auf dessen Ersuchen innerhalb von 30 Tagen zu übermitteln.

**Kontrolle der Einhaltung der Übermittlungspflichten**

**§ 9.** Die Kontrolle der Einhaltung des § 8 obliegt dem zuständigen Finanzamt. Hierbei sind die für die Erhebung der Abgaben geltenden Bestimmungen, wie insbesondere die Bundesabgabenordnung – BAO, BGBl. Nr. 194/1961, sinngemäß anzuwenden.

**Dokumentationssprache**

**§ 10.** (1) Die gesamte Dokumentation ist in einer im Abgabenverfahren zugelassenen Amtssprache oder in englischer Sprache zu führen.

(2) Der Bundesminister für Finanzen wird ermächtigt, mit Verordnung das Führen von Teilen des länderbezogenen Berichts in englischer Sprache vorzusehen.

**Übermittlung länderbezogener Berichte an ausländische Behörden**

**§ 11.** (1) Die Übermittlung der länderbezogenen Berichte erfolgt grundsätzlich jährlich spätestens 15 Monate nach dem letzten Tag des betreffenden Wirtschaftsjahres durch den Bundesminister für Finanzen. Die erste Übermittlung der länderbezogenen Berichte erfolgt jedoch spätestens 18 Monate nach dem letzten Tag des Wirtschaftsjahres, das am oder nach dem 1. Jänner 2016 beginnt.

(2) Die Übermittlung im Sinne des Abs. 1 erfolgt an die Staaten oder Gebiete sämtlicher Geschäftseinheiten, die in den länderbezogenen Berichten aufscheinen.

**Weiterleitung ausländischer länderbezogener Berichte an die zuständigen Abgabenbehörden**

**§ 12.** Von ausländischen Behörden eingehende länderbezogene Berichte werden vom Bundesminister für Finanzen an die zuständigen Abgabenbehörden weiter geleitet.

**Verweise auf andere Bundesgesetze**

**§ 13.** Soweit in diesem Bundesgesetz auf andere Bundesgesetze verwiesen wird, sind diese in ihrer jeweils geltenden Fassung anzuwenden.

**Vollziehung**

**§ 14.** Mit der Vollziehung dieses Bundesgesetzes ist der Bundesminister für Finanzen betraut.

**Zeitlicher Anwendungsbereich**

**§ 15.** (1) Die zu erstellende Dokumentation bezieht sich auf Wirtschaftsjahre ab dem 1. Jänner 2016. Im Falle des Eintritts in die Pflicht zur Übermittlung des länderbezogenen Berichts im Sinne des § 5 Abs. 2 können sich die zu übermittelnden Informationen auf Wirtschaftsjahre ab dem 1. Jänner 2017 beziehen.

*(BGBl I 2019/104)*

(2) § 2 Z 9 in der Fassung des Bundesgesetzes BGBl. I Nr. 104/2019 tritt mit 1. Juli 2020 in Kraft.

*(BGBl I 2019/104)*

## Anlage 1

**Overview of allocation of income, taxes and business activities by tax jurisdiction / Übersicht über die Aufteilung der Einkünfte, Steuern und Geschäftstätigkeiten nach Staaten oder Gebieten**

**Name of the MNE group** / Name der multinationalen Unternehmensgruppe:
**Fiscal year concerned** / Betrachtetes Wirtschaftsjahr:
**Currency used** / Verwendete Währung:

| **Tax Jurisdiction** / Staaten oder Gebiete | **Revenues** Erträge: **Unrelated party** / Fremde Unternehmen | **Revenues** Erträge: **Related party** / nahestehende Unternehmen | **Revenues** Erträge: **Total** / Insgesamt | **Profit (Loss) before Income Tax** / Vorsteuergewinn (-verlust) | **Income Tax Paid (on Cash Basis)** / gezahlte Ertragsteuern (auf Kassenbasis) | **Income Tax Accrued – Current Year** / Noch zu zahlende Ertragsteuer (laufendes Jahr) | **Stated Capital** / Ausgewiesenes Kapital | **Accumulated Earnings** / Einbehaltener Gewinn | **Number of Employees** / Beschäftigtenzahl | **Tangible Assets other than Cash and Cash Equivalents** / Materielle Vermögenswerte (ohne flüssige Mittel) |
|---|---|---|---|---|---|---|---|---|---|---|
| | | | | | | | | | | |
| | | | | | | | | | | |
| | | | | | | | | | | |
| | | | | | | | | | | |
| | | | | | | | | | | |
| | | | | | | | | | | |
| | | | | | | | | | | |
| | | | | | | | | | | |
| | | | | | | | | | | |
| | | | | | | | | | | |
| | | | | | | | | | | |

DBA/OECD-MA MLI

## Anlage 2
**List of all the Constituent Entities of the MNE group included in each aggregation per tax jurisdiction / Auflistung aller Geschäftseinheiten der multinationalen Unternehmensgruppe, die in den verschiedenen Gesamtangaben erfasst sind, nach Staaten und Gebieten**

| Name of the MNE group / Name der multinationalen Unternehmensgruppe: **Fiscal year concerned** / Betrachtetes Wirtschaftsjahr: | | | | | | | | | | | | | | | |
|---|---|---|---|---|---|---|---|---|---|---|---|---|---|---|---|
| **Tax Jurisdiction** / Staaten oder Gebiete | **Constituent Entities Resident in the Tax Jurisdiction** / Im Staat oder Gebiet ansässige Geschäftseinheiten | **Tax Jurisdiction of Organisation or Incorporation if Different from Tax Jurisdiction of Residence** / Gründungsstaat oder Staat der Handelsregistereintragung, falls abweichend vom Ansässigkeitsstaat | **Main Business Activities** / Wichtigste Geschäftstätigkeit(en) | | | | | | | | | | | | |
| | | | **Research and Development** / Forschung und Entwicklung | **Holding or Managing Intellectual Property** / Besitz oder Verwaltung von geistigem Eigentum | **Purchasing or Procurement** / Einkauf oder Beschaffung | **Manufacturing or Production** / Verarbeitung oder Produktion | **Sales, Marketing or Distribution** / Verkauf, Marketing oder Vertrieb | **Administrative, Management or Support Services** / Verwaltungs-, Management- oder Supportleistungen | **Provision of Services to Unrelated Parties** / Erbringung von Dienstleistungen für fremde Dritte | **Internal Group Finance**/ Interne Finanzierung der Unternehmensgruppe | **Regulated Financial Services** / Regulierte Finanzdienstleistungen | **Insurance** / Versicherung | **Holding Shares or Other Equity instruments** / Besitz von Aktien oder anderen Wertpapieren mit Beteiligungscharakter | **Dormant** / Ruhende Tätigkeit | **Other** / Sonstige |
| | | | | | | | | | | | | | | | |
| | | | | | | | | | | | | | | | |
| | | | | | | | | | | | | | | | |
| | | | | | | | | | | | | | | | |

## Anlage 3
## Additional Information / Zusätzliche Informationen

| |
|---|
| **Name of the MNE group** / Name der multinationalen Unternehmensgruppe: |
| **Fiscal year concerned** / Betrachtetes Wirtschaftsjahr: |
| **Please include any further brief information or explanation you consider necessary or that would facilitate the understanding of the compulsory information provided in the Country-by-Country Report /** Bitte geben Sie hier kurz alle weiteren Informationen oder Erläuterungen an, die Sie für notwendig erachten oder die das Verständnis der vorgeschriebenen Informationen im länderbezogenen Bericht erleichtern können. |

# 16/4/1. VPDG-DV

BGBl II 2016/419

**Verordnung des Bundesministers für Finanzen zur Durchführung des Bundesgesetzes über die standardisierte Verrechnungspreisdokumentation (Verrechnungspreisdokumentationsgesetz-Durchführungsverordnung – VPDG-DV)**

Aufgrund des § 6 Abs. 2, des § 7 Abs. 2 und des § 10 Abs. 2 des Bundesgesetzes über die standardisierte Verrechnungspreisdokumentation, BGBl. I Nr. 77/2016, wird verordnet:

## 1. Abschnitt
## Master File

### Inhalt des Master File

**§ 1.** (1) Das Master File hat folgende fünf Teilbereiche abzudecken:

1. den Organisationsaufbau der multinationalen Unternehmensgruppe,
2. die Beschreibung der Geschäftstätigkeit,
3. die Dokumentation der immateriellen Werte,
4. die Dokumentation der unternehmensgruppeninternen Finanztätigkeiten und
5. die Dokumentation der Finanzlage- und Steuerpositionen.

(2) Das Master File enthält die Informationen für die multinationale Unternehmensgruppe als Ganzes. Ungeachtet dessen ist eine Dokumentation gegliedert nach einzelnen Geschäftsbereichen dann zulässig, wenn sie stichhaltig durch die konkreten Sachverhalte gerechtfertigt werden kann, z. B. weil die multinationale Unternehmensgruppe so aufgebaut ist, dass manche größere Geschäftsbereiche weitgehend unabhängig sind, oder weil manche Geschäftsbereiche erst vor kurzem erworben wurden. Im Fall einer Präsentation nach Geschäftsbereichen ist darauf zu achten, dass die zentralisierten Konzernfunktionen und die Geschäftsvorfälle zwischen verschiedenen Geschäftsbereichen im Master File richtig beschrieben sind. Auch im Fall einer Präsentation nach Geschäftsbereichen soll das gesamte Master File mit allen Geschäftsbereichen zur Verfügung stehen.

(3) Die Anforderungen des Master File sind auch dann erfüllt, wenn Verweise auf bestehende Unterlagen gemacht werden und diese gleichzeitig mitübermittelt werden.

### Organisationsaufbau der multinationalen Unternehmensgruppe

**§ 2.** Der „Organisationsaufbau der multinationalen Unternehmensgruppe" hat folgende grafische Darstellungen zu enthalten:

1. die Rechts- und Eigentumsstruktur der multinationalen Unternehmensgruppe und
2. die geografische Verteilung der operativen Geschäftseinheiten der multinationalen Unternehmensgruppe.

### Beschreibung der Geschäftstätigkeit

**§ 3.** Die „Beschreibung der Geschäftstätigkeit" der multinationalen Unternehmensgruppe hat eine schriftliche Darstellung folgender Punkte zu enthalten:

1. die Werttreiber für den Unternehmensgewinn,
2. die Liefer- und Leistungskette für die – gemessen am Umsatz – fünf größten von der multinationalen Unternehmensgruppe angebotenen Produkte und/oder Dienstleistungen, sowie für jene Produkte und/oder Dienstleistungen, auf die mehr als 5% des Unternehmensgruppenumsatzes entfallen, wobei die Beschreibung in Form einer Grafik oder eines Diagramms zulässig ist,
3. die wesentlichen Dienstleistungsvereinbarungen zwischen den verbundenen Unternehmen der multinationalen Unternehmensgruppe, ausgenommen Forschungs- und Entwicklungsleistungen; dazu zählen eine Beschreibung der Funktionen der Hauptstandorte, die wesentliche Dienstleistungen erbringen und eine Beschreibung der Verrechnungspreispolitik für die Zuordnung der Dienstleistungskosten sowie für die Bestimmung der für unternehmensgruppeninterne Dienstleistungen zu zahlenden Preise,
4. die wesentlichen geografischen Märkte für die Produkte und Dienstleistungen im Sinne der Z 2,
5. die ausgeübten Schlüsselfunktionen, die wesentlichen übernommenen Risiken und die wesentlichen genutzten Vermögenswerte der einzelnen Geschäftseinheiten für die Wertschöpfung der multinationalen Unternehmensgruppe in Form einer kurzen Funktionsanalyse und
6. die wesentlichen während des Veranlagungsjahrs erfolgten Umstrukturierungen der Geschäftstätigkeit sowie Anschaffungen und Veräußerungen von Beteiligungen.

### Dokumentation der immateriellen Werte

**§ 4.** Die „Dokumentation der immateriellen Werte" der multinationalen Unternehmensgruppe hat zu enthalten:

1. eine allgemeine Beschreibung der Gesamtstrategie der multinationalen Unternehmensgruppe in Bezug auf Entwicklung, Eigentum und die Verwertung immaterieller Werte, einschließlich der Standorte der wesentlichen Forschungs- und Entwicklungseinrichtungen und des Standorts des Forschungs- und Entwicklungsmanagements,
2. eine Auflistung der für Verrechnungspreiszwecke bedeutsamen immateriellen Werte oder Gruppen immaterieller Werte der multinationalen Unternehmensgruppe, inklusive der Geschäftseinheiten, die deren Eigentümer sind,
3. eine Auflistung wesentlicher Vereinbarungen zwischen identifizierten verbundenen Unter-

nehmen in Bezug auf immaterielle Werte, einschließlich Kostenumlagevereinbarungen, wesentliche Forschungsdienstleistungsvereinbarungen und Lizenzvereinbarungen,

4. eine allgemeine Beschreibung der Verrechnungspreispolitik der multinationalen Unternehmensgruppe in Bezug auf Forschung und Entwicklung und immaterielle Werte und
5. eine allgemeine Beschreibung aller wesentlichen Übertragungen von Rechten an immateriellen Werten zwischen verbundenen Unternehmen der multinationalen Unternehmensgruppe während des betreffenden Veranlagungsjahrs, einschließlich der entsprechenden Geschäftseinheiten, Staaten und Vergütungen.

**Dokumentation der unternehmensgruppeninternen Finanztätigkeiten**

**§ 5.** Die „Dokumentation der unternehmensgruppeninternen Finanztätigkeiten" hat zu enthalten:

1. eine allgemeine Beschreibung der Finanzierung der multinationalen Unternehmensgruppe, einschließlich wesentlicher Vereinbarungen mit unternehmensgruppenfremden Kreditgebern,
2. die Identifizierung der Geschäftseinheiten der multinationalen Unternehmensgruppe, die eine wesentliche Finanzierungsfunktion ausüben, wobei die Staaten oder Gebiete, nach deren Rechtsvorschriften diese organisiert sind, und der Ort der tatsächlichen Geschäftsleitung anzuführen sind, und
3. eine Beschreibung der Verrechnungspreispolitik der multinationalen Unternehmensgruppe in Bezug auf Finanzierungsvereinbarungen zwischen verbundenen Unternehmen.

**Dokumentation der Finanzlage und Steuerpositionen**

**§ 6.** Die „Dokumentation der Finanzlage und Steuerpositionen" der multinationalen Unternehmensgruppe hat zu enthalten:

1. den konsolidierten Abschluss der multinationalen Unternehmensgruppe für das betreffende Veranlagungsjahr, sofern ein solcher für anderweitige Zwecke zu erstellen ist, und
2. eine Auflistung und kurze Beschreibung bestehender Vorabverständigungen über die Verrechnungspreisgestaltung („Advance Pricing Arrangements") der multinationalen Unternehmensgruppe sowie anderer Vorabentscheidungen im Zusammenhang mit der Aufteilung der Erträge zwischen den verschiedenen Staaten oder Gebieten.

## 2. Abschnitt
## Local File

**Inhalt des Local File**

**§ 7.** (1) Das Local File hat folgende drei Teilbereiche abzudecken:

1. die Beschreibung der inländischen Geschäftseinheit,
2. die Dokumentation der wesentlichen unternehmensgruppeninternen Geschäftsvorfälle, sofern sich diese direkt oder indirekt auf die Ermittlung und Prüfung der angemessenen gruppeninternen Verrechnungspreisgestaltung auswirken, und
3. die Finanzinformationen.

(2) Die Anforderungen an das Local File sind auch dann erfüllt, wenn Verweise auf bestehende Unterlagen gemacht werden und diese gleichzeitig mitübermittelt werden.

**Beschreibung der inländischen Geschäftseinheit**

**§ 8.** Die „Beschreibung der inländischen Geschäftseinheit" hat zu enthalten:

1. eine Beschreibung der Managementstruktur der inländischen Geschäftseinheit, ein Organigramm der inländischen Geschäftseinheit und eine Beschreibung der Personen, an welche die inländische Geschäftsleitung berichtet, sowie der Staaten oder Gebiete, in denen diese Personen ansässig sind,
2. eine Beschreibung der Geschäftstätigkeit und der Geschäftsstrategie der inländischen Geschäftseinheit; es ist darzulegen, ob die inländische Geschäftseinheit an Umstrukturierungen der Geschäftstätigkeit oder Übertragungen immaterieller Werte, die im laufenden oder im vorangegangen Veranlagungsjahr erfolgt sind, beteiligt oder von ihnen betroffen war; dabei sind jene Aspekte der Geschäftsvorfälle zu erläutern, die sich auf die inländische Geschäftseinheit auswirken, und
3. eine Auflistung der wesentlichen Mitbewerber.



**Dokumentation der wesentlichen unternehmensgruppeninternen Geschäftsvorfälle**

**§ 9.** Die „Dokumentation der wesentlichen unternehmensgruppeninternen Geschäftsvorfälle", an denen die Geschäftseinheit beteiligt ist, hat zu enthalten:

1. eine Beschreibung der wesentlichen unternehmensgruppeninternen Geschäftsvorfälle (z. B. Beschaffung von Herstellungsleistungen, Einkauf von Waren, Dienstleistungserbringung, Darlehen, Finanz- und Erfüllungsgarantien, Lizenzen für immaterielle Werte) sowie des Kontexts, in welchem diese Geschäftsvorfälle stattfinden,
2. den Betrag der geleisteten und erhaltenen unternehmensgruppeninternen Zahlungen für jede Art unternehmensgruppeninterner Geschäftsvorfälle (für Produkte, Dienstleistungen, Lizenzgebühren, Zinsen usw.), an denen die inländische Geschäftseinheit beteiligt ist; diese Auflistung ist aufzuschlüsseln nach den jeweiligen Staaten oder Gebieten

des ausländischen Zahlungsleistenden oder –empfängers,

3. eine Identifizierung der verbundenen Unternehmen, die an den einzelnen Arten unternehmensgruppeninterner Geschäftsvorfälle beteiligt sind, sowie der Beziehungen untereinander,
4. Kopien aller wesentlichen unternehmensgruppeninternen Vereinbarungen, welche die inländische Geschäftseinheit abgeschlossen hat,
5. eine Vergleichbarkeits- und Funktionsanalyse der Geschäftseinheit sowie relevanter verbundener Unternehmen in Bezug auf alle dokumentierten Arten von unternehmensgruppeninternen Geschäftsvorfällen, einschließlich aller Veränderungen im Vergleich zu vorangegangenen Veranlagungsjahren,
6. einen Hinweis auf die geeignetste Verrechnungspreismethode in Bezug auf die jeweils betrachtete Art des unternehmensgruppeninternen Geschäftsvorfalls; dabei sind die Gründe für die Auswahl dieser Methode anzugeben,
7. einen Hinweis auf das verbundene Unternehmen, das gegebenenfalls als untersuchte Geschäftseinheit („Tested Party“) gewählt wird, sowie eine Erläuterung der Gründe für dessen Auswahl,
8. eine Zusammenfassung der wesentlichen Annahmen, die der Anwendung der Verrechnungspreismethode zu Grunde gelegt wurden,
9. gegebenenfalls eine Erläuterung der Gründe für die Durchführung einer Mehrjahresanalyse,
10. eine Auflistung und Beschreibung gegebenenfalls ausgewählter (interner oder externer) vergleichbarer Fremdgeschäftsvorfälle und Angaben zu relevanten Finanzindikatoren für unabhängige Unternehmen, auf die sich die Verrechnungspreisanalyse stützt, einschließlich einer Beschreibung der angewandten Methode für die Vergleichswertsuche sowie der Herkunft dieser Informationen,
11. eine Beschreibung aller zur Herstellung der Vergleichbarkeit vorgenommenen Anpassungen und ein Hinweis darauf, ob diese Anpassungen an den Ergebnissen der untersuchten Geschäftseinheit, den Fremdvergleichsgeschäftsvorfällen oder an beiden vorgenommen wurden,
12. eine Beschreibung der Gründe für die Schlussfolgerung, dass die relevanten Geschäftsvorfälle unter Anwendung der ausgewählten Verrechnungspreismethode fremdvergleichskonform vergütet wurden,
13. eine Zusammenfassung der Finanzinformationen, die bei der Anwendung der Verrechnungspreismethode verwendet wurden, und
14. eine Kopie bestehender Vorabverständigungen über die Verrechnungspreisgestaltung („Advance Pricing Arrangements“) sowie sonstiger Vorabentscheidungen, an denen die inländische Steuerverwaltung nicht beteiligt ist und die mit den genannten Geschäftsvorfällen in Zusammenhang stehen.

### Finanzinformationen

**§ 10.** Der Teilbereich „Finanzinformationen“ hat folgende Punkte zu enthalten:

1. einen geprüften Jahresabschluss, der im Rahmen der jährlichen Rechnungslegung der Geschäftseinheit für das betreffende Veranlagungsjahr erstellt worden ist; liegt dieser nicht vor, ist ein ungeprüfter Jahresabschluss vorzulegen,
2. Informationen und einen Aufteilungsschlüssel, aus denen hervorgeht, wie die bei der Anwendung der Verrechnungspreismethode verwendeten Finanzdaten mit dem Jahresabschluss verknüpft werden können, und
3. Übersichtstabellen über die einschlägigen Finanzdaten der in der Analyse verwendeten Vergleichsgrößen und die Quellen, denen diese Daten entnommen wurden.

## 3. Abschnitt
## Länderbezogener Bericht

### Dokumentationssprache

**§ 11.** Die zusätzlichen Informationen im Sinne der Anlage 3 zum länderbezogenen Bericht sind in englischer Sprache zu führen.

## 4. Abschnitt
## Zeitlicher Anwendungsbereich

**§ 12.** Diese Verordnung ist auf eine zu erstellende Dokumentation anzuwenden, die sich auf Wirtschaftsjahre ab dem 1. Jänner 2016 bezieht.

# 16/5. Mehrseitiges Übereinkommen zur Umsetzung steuerabkommensbezogener Maßnahmen zur Verhinderung der Gewinnverkürzung und Gewinnverlagerung (MLI)

BGBl III 2018/93

## GLIEDERUNG





### Vorbehalte und Notifikationen der Republik Österreich

### Mehrseitiges Übereinkommen zur Umsetzung steuerabkommensbezogener Maßnahmen zur Verhinderung der Gewinnverkürzung und Gewinnverlagerung

Geschehen zu Paris am 24. November 2016 in englischer und französischer Sprache, wobei jeder Wortlaut gleichermaßen verbindlich ist, in einer Urschrift, die im Archiv der Organisation für wirtschaftliche Zusammenarbeit und Entwicklung hinterlegt wird.

Die vom Bundespräsidenten unterzeichnete und vom Bundeskanzler gegengezeichnete Ratifikationsurkunde wurde am 22. September 2017 beim Generalsekretär der Organisation für wirtschaftliche Zusammenarbeit und Entwicklung (OECD) als Verwahrer des Übereinkommens hinterlegt; das Mehrseitige Übereinkommen tritt gemäß seinem Art. 34 Abs. 1 mit 1. Juli 2018 in Kraft.

## Teil I
## Geltungsbereich und Auslegung von Ausdrücken

### Geltungsbereich des Übereinkommens

**Art. 1** Durch dieses Übereinkommen werden alle unter das Übereinkommen fallenden Steuerabkommen, wie sie in Artikel 2 (Auslegung von Ausdrücken) Absatz 1 Buchstabe a bestimmt sind, geändert.

### Auslegung von Ausdrücken

**Art. 2** (1) Im Sinne dieses Übereinkommens gelten folgende Begriffsbestimmungen:

a) Der Ausdruck „unter das Übereinkommen fallendes Steuerabkommen" bedeutet eine Übereinkunft zur Vermeidung der Doppelbesteuerung auf dem Gebiet der Steuern vom Einkommen (unabhängig davon, ob sie auch für andere Steuern gilt),
   i) die in Kraft ist zwischen zwei oder mehr
      A) Vertragsparteien dieses Übereinkommens und/oder
      B) Gebieten oder Hoheitsgebieten, die Vertragsparteien einer derartigen Übereinkunft sind und für deren internationale Beziehungen eine Vertragspartei dieses Übereinkommens verantwortlich ist, sowie
   ii) in Bezug auf welche jede dieser Vertragsparteien dieses Übereinkommens dem Verwahrer eine Notifikation übermittelt hat, in der die Übereinkunft sowie sämtliche dazugehörigen Änderungs- und Begleitübereinkünfte (unter Angabe des Titels, der Namen der Vertragsparteien, des Datums der Unterzeichnung und – sofern zum Zeitpunkt der Notifikation gegeben – des Datums des Inkrafttretens) als Abkommen aufgeführt sind, das nach dem Wunsch der Vertragspartei dieses Übereinkommens unter das Übereinkommen fällt.

b) Der Ausdruck „Vertragspartei dieses Übereinkommens" bedeutet
   i) einen Staat, für den dieses Übereinkommen nach Artikel 34 (Inkrafttreten) in Kraft ist, oder
   ii) ein Gebiet, das dieses Übereinkommen nach Artikel 27 (Unterzeichnung und Ratifikation, Annahme oder Genehmigung) Absatz 1 Buchstabe b oder c unterzeichnet hat und für das dieses Übereinkommen nach Artikel 34 (Inkrafttreten) in Kraft ist.

c) Der Ausdruck „Vertragsstaat" bedeutet eine Vertragspartei eines unter das Übereinkommen fallenden Steuerabkommens.

d) Der Ausdruck „Unterzeichner" bedeutet einen Staat oder ein Gebiet, der beziehungsweise das dieses Übereinkommen unterzeichnet hat, für den beziehungsweise das dieses Übereinkommen jedoch noch nicht in Kraft ist.

(2) Bei jeder Anwendung dieses Übereinkommens durch eine Vertragspartei des Übereinkommens hat jeder nicht darin bestimmte Ausdruck, sofern der Zusammenhang nichts anderes erfordert, die Bedeutung, die ihm zum jeweiligen Zeitpunkt nach dem einschlägigen unter das Übereinkommen fallenden Steuerabkommen zukommt.

## Teil II
## Hybride Gestaltungen

### Transparente Rechtsträger

**Art. 3** (1) Im Sinne eines unter das Übereinkommen fallenden Steuerabkommens gelten Einkünfte, die durch oder über Rechtsträger oder Gebilde bezogen werden, die nach dem Steuerrecht eines der Vertragsstaaten als vollständig oder teilweise steuerlich transparent behandelt werden, als Einkünfte einer in einem Vertragsstaat ansässigen Person, jedoch nur, soweit die Einkünfte für Zwecke der Besteuerung durch diesen Vertragsstaat als Einkünfte einer in diesem Vertragsstaat ansässigen Person behandelt werden.

(2) Bestimmungen eines unter das Übereinkommen fallenden Steuerabkommens, nach denen ein Vertragsstaat verpflichtet ist, Einkünfte einer in diesem Vertragsstaat ansässigen Person, die nach dem unter das Übereinkommen fallenden Steuerabkommen im anderen Vertragsstaat besteuert werden können, von der Steuer vom Einkommen zu befreien oder für derartige Einkünfte einen Abzug oder eine Anrechnung in Höhe der dafür entrichteten Steuer vom Einkommen zu gewähren, gelten nicht, soweit nach diesen Bestimmungen der andere Vertragsstaat die Einkünfte nur besteuern darf, weil es sich auch um Einkünfte einer in diesem anderen Vertragsstaat ansässigen Person handelt.

(3) Bei unter das Übereinkommen fallenden Steuerabkommen, für die eine oder mehrere Vertragsparteien dieses Übereinkommens den Vorbehalt nach Artikel 11 (Anwendung von Steuerabkommen zur Einschränkung des Rechtes einer Vertragspartei dieses Übereinkommens auf Besteuerung der in ihrem Gebiet ansässigen Personen) Absatz 3 Buchstabe a angebracht haben, wird am Ende des Absatzes 1 folgender Satz angefügt: „Dieser Absatz ist nicht so auszulegen, als berühre er das Recht eines Vertragsstaats, die in diesem Vertragsstaat ansässigen Personen zu besteuern."

(4) Absatz 1 (in der gegebenenfalls durch Absatz 3 geänderten Fassung) gilt anstelle oder in Ermangelung von Bestimmungen eines unter das Übereinkommen fallenden Steuerabkommens, soweit diese regeln, ob Einkünfte, die durch oder über Rechtsträger oder Gebilde bezogen werden, die nach dem Steuerrecht eines der Vertragsstaaten als steuerlich transparent behandelt werden (sei es durch eine allgemeine Vorschrift oder durch eine ausführliche Regelung der Behandlung bestimmter

Sachverhalte sowie Arten von Rechtsträgern oder Gebilden), als Einkünfte einer in einem Vertragsstaat ansässigen Person behandelt werden.

(5) Eine Vertragspartei dieses Übereinkommens kann sich vorbehalten,

a) dass dieser gesamte Artikel nicht für ihre unter das Übereinkommen fallenden Steuerabkommen gilt;
b) dass Absatz 1 nicht für ihre unter das Übereinkommen fallenden Steuerabkommen gilt, die bereits eine in Absatz 4 beschriebene Bestimmung enthalten;
c) dass Absatz 1 nicht für ihre unter das Übereinkommen fallenden Steuerabkommen gilt, die bereits eine in Absatz 4 beschriebene Bestimmung enthalten, nach der im Fall von Einkünften, die durch oder über einen in einem Drittstaat oder -gebiet errichteten Rechtsträger oder ein ebensolches Gebilde bezogen werden, Abkommensvergünstigungen versagt werden;
d) dass Absatz 1 nicht für ihre unter das Übereinkommen fallenden Steuerabkommen gilt, die bereits eine in Absatz 4 beschriebene Bestimmung enthalten, in der die Behandlung konkreter Sachverhalte sowie Arten von Rechtsträgern oder Gebilden ausführlich geregelt ist;
e) dass Absatz 1 nicht für ihre unter das Übereinkommen fallenden Steuerabkommen gilt, die bereits eine in Absatz 4 beschriebene Bestimmung enthalten, in der die Behandlung bestimmter Sachverhalte sowie Arten von Rechtsträgern oder Gebilden ausführlich geregelt ist und nach der im Fall von Einkünften, die durch oder über einen in einem Drittstaat oder -gebiet errichteten Rechtsträger oder ein ebensolches Gebilde bezogen werden, Abkommensvergünstigungen versagt werden;
f) dass Absatz 2 nicht für ihre unter das Übereinkommen fallenden Steuerabkommen gilt;
g) dass Absatz 1 nur für ihre unter das Übereinkommen fallenden Steuerabkommen gilt, die bereits eine in Absatz 4 beschriebene Bestimmung enthalten, in der die Behandlung bestimmter Sachverhalte sowie Arten von Rechtsträgern oder Gebilden ausführlich geregelt ist.

(6) Jede Vertragspartei dieses Übereinkommens, die keinen Vorbehalt nach Absatz 5 Buchstabe a oder b angebracht hat, notifiziert dem Verwahrer, ob ihre unter das Übereinkommen fallenden Steuerabkommen jeweils eine in Absatz 4 beschriebene Bestimmung enthalten, die nicht einem Vorbehalt nach Absatz 5 Buchstaben c bis e unterliegt, und, sofern dies der Fall ist, jeweils die Nummer des Artikels und des Absatzes dieser Bestimmung. Hat eine Vertragspartei dieses Übereinkommens den Vorbehalt nach Absatz 5 Buchstabe g angebracht, so ist die Notifikation nach Satz 1 auf unter das Übereinkommen fallende Steuerabkommen zu beschränken, die diesem Vorbehalt unterliegen. Haben alle Vertragsstaaten eine entsprechende Notifikation in Bezug auf eine Bestimmung eines unter das Übereinkommen fallenden Steuerabkommens abgegeben, so wird diese Bestimmung durch Absatz 1 (in der gegebenenfalls durch Absatz 3 geänderten Fassung) ersetzt, soweit in Absatz 4 vorgesehen. Anderenfalls geht Absatz 1 (in der gegebenenfalls durch Absatz 3 geänderten Fassung) den Bestimmungen des unter das Übereinkommen fallenden Steuerabkommens nur insoweit vor, als diese mit Absatz 1 (in der gegebenenfalls durch Absatz 3 geänderten Fassung) unvereinbar sind.

### Rechtsträger mit doppelter Ansässigkeit

**Art. 4** (1) Ist aufgrund eines unter das Übereinkommen fallenden Steuerabkommens eine andere als eine natürliche Person in mehr als einem Vertragsstaat ansässig, so werden sich die zuständigen Behörden der Vertragsstaaten bemühen, durch Verständigung den Vertragsstaat zu bestimmen, in dem diese Person unter Berücksichtigung des Ortes ihrer tatsächlichen Geschäftsleitung, ihres Gründungsorts sowie sonstiger maßgeblicher Faktoren im Sinne des unter das Übereinkommen fallenden Steuerabkommens als ansässig gilt. Ohne eine solche Verständigung hat diese Person nur in dem Umfang und der Weise, die von den zuständigen Behörden der Vertragsstaaten vereinbart werden, Anspruch auf die in dem unter das Übereinkommen fallenden Steuerabkommen vorgesehenen Steuererleichterungen oder -befreiungen.

(2) Absatz 1 gilt anstelle oder in Ermangelung von Bestimmungen eines unter das Übereinkommen fallenden Steuerabkommens, in denen vorgeschrieben ist, wie zu bestimmen ist, ob eine andere als eine natürliche Person in Fällen, in denen sie anderenfalls als in mehr als einem Vertragsstaat ansässig gelten würde, als in einem der Vertragsstaaten ansässig gilt. Absatz 1 gilt jedoch nicht für Bestimmungen eines unter das Übereinkommen fallenden Steuerabkommens, die sich ausdrücklich mit der Ansässigkeit von Gesellschaften, die Teil einer zweifach eingetragenen Unternehmensstruktur sind, befassen.



(3) Eine Vertragspartei dieses Übereinkommens kann sich vorbehalten,

a) dass dieser gesamte Artikel nicht für ihre unter das Übereinkommen fallenden Steuerabkommen gilt;
b) dass dieser gesamte Artikel nicht für ihre unter das Übereinkommen fallenden Steuerabkommen gilt, in denen Fälle, in denen eine andere als eine natürliche Person in mehr als einem Vertragsstaat ansässig ist, bereits dadurch geregelt sind, dass die zuständigen Behörden der Vertragsstaaten verpflichtet sind, sich um eine Verständigung auf einen einzigen Vertragsstaat als Ansässigkeitsstaat zu bemühen;
c) dass dieser gesamte Artikel nicht für ihre unter das Übereinkommen fallenden Steuerabkommen gilt, in denen Fälle, in denen eine andere als eine natürliche Person in mehr als einem Vertragsstaat ansässig ist, bereits

dadurch geregelt sind, dass Abkommensvergünstigungen versagt werden, ohne dass die zuständigen Behörden der Vertragsstaaten verpflichtet sind, sich um eine Verständigung auf einen einzigen Vertragsstaat als Ansässigkeitsstaat zu bemühen;

d) dass dieser gesamte Artikel nicht für ihre unter das Übereinkommen fallenden Steuerabkommen gilt, in denen Fälle, in denen eine andere als eine natürliche Person in mehr als einem Vertragsstaat ansässig ist, bereits dadurch geregelt sind, dass die zuständigen Behörden der Vertragsstaaten verpflichtet sind, sich um eine Verständigung auf einen einzigen Vertragsstaat als Ansässigkeitsstaat zu bemühen, und welche die Behandlung dieser Person im Rahmen des unter das Übereinkommen fallenden Steuerabkommens festlegen für den Fall, dass eine derartige Verständigung nicht erzielt werden kann;

e) Absatz 1 Satz 2 für die Zwecke ihrer unter das Übereinkommen fallenden Steuerabkommen durch folgenden Wortlaut zu ersetzen: „Ohne eine solche Verständigung hat diese Person keinen Anspruch auf die in dem unter das Übereinkommen fallenden Steuerabkommen vorgesehenen Steuererleichterungen oder -befreiungen.";

f) dass dieser gesamte Artikel nicht für ihre unter das Übereinkommen fallenden Steuerabkommen mit Vertragsparteien dieses Übereinkommens gilt, die den Vorbehalt nach Buchstabe e angebracht haben.

(4) Jede Vertragspartei dieses Übereinkommens, die keinen Vorbehalt nach Absatz 3 Buchstabe a angebracht hat, notifiziert dem Verwahrer, ob ihre unter das Übereinkommen fallenden Steuerabkommen jeweils eine in Absatz 2 beschriebene Bestimmung enthalten, die nicht einem Vorbehalt nach Absatz 3 Buchstaben b bis d unterliegt, und, sofern dies der Fall ist, jeweils die Nummer des Artikels und des Absatzes dieser Bestimmung. Haben alle Vertragsstaaten eine entsprechende Notifikation in Bezug auf eine Bestimmung eines unter das Übereinkommen fallenden Steuerabkommens abgegeben, so wird diese Bestimmung durch Absatz 1 ersetzt. Anderenfalls geht Absatz 1 den Bestimmungen des unter das Übereinkommen fallenden Steuerabkommens nur insoweit vor, als diese mit Absatz 1 unvereinbar sind.

### Anwendung von Methoden zur Beseitigung der Doppelbesteuerung

**Art. 5** (1) Eine Vertragspartei dieses Übereinkommens kann sich für die Anwendung entweder der Absätze 2 und 3 (Option A) oder der Absätze 4 und 5 (Option B) oder der Absätze 6 und 7 (Option C) oder für die Anwendung keiner der genannten Optionen entscheiden. Entscheiden sich die Vertragsstaaten eines unter das Übereinkommen fallenden Steuerabkommens jeweils für unterschiedliche Optionen (oder entscheidet sich ein Vertragsstaat für die Anwendung einer Option und der andere für die Anwendung keiner der Optionen), so gilt die von jedem Vertragsstaat gewählte Option für die in seinem Gebiet ansässigen Personen.

Option A

(2) Bestimmungen eines unter das Übereinkommen fallenden Steuerabkommens, nach denen anderenfalls Einkünfte oder Vermögen einer in einem Vertragsstaat ansässigen Person in diesem Vertragsstaat von der Steuer befreit würden, um eine Doppelbesteuerung zu beseitigen, gelten nicht, wenn der andere Vertragsstaat die Bestimmungen des unter das Übereinkommen fallenden Steuerabkommens so anwendet, dass diese Einkünfte oder dieses Vermögen von der Steuer befreit sind beziehungsweise ist oder der Satz, mit dem diese Einkünfte oder dieses Vermögen besteuert werden können, begrenzt ist. In letzterem Fall gewährt der erstgenannte Vertragsstaat von der Steuer vom Einkommen oder Vermögen dieser ansässigen Person einen Abzug in Höhe der im anderen Vertragsstaat entrichteten Steuer. Dieser Abzug darf jedoch den Teil der vor Gewährung des Abzugs berechneten Steuer nicht übersteigen, der den Einkünften oder Vermögenswerten zugerechnet werden kann, die im anderen Vertragsstaat besteuert werden können.

(3) Absatz 2 gilt für ein unter das Übereinkommen fallendes Steuerabkommen, nach dem ein Vertragsstaat anderenfalls die in Absatz 2 beschriebenen Einkünfte oder das dort beschriebene Vermögen von der Steuer befreien müsste.

Option B

(4) Bestimmungen eines unter das Übereinkommen fallenden Steuerabkommens, nach denen anderenfalls Einkünfte einer in einem Vertragsstaat ansässigen Person in diesem Vertragsstaat von der Steuer befreit würden, um eine Doppelbesteuerung zu beseitigen, weil diese Einkünfte von diesem Vertragsstaat als Dividende betrachtet werden, gelten nicht, wenn diese Einkünfte bei der Ermittlung der steuerpflichtigen Gewinne einer im anderen Vertragsstaat ansässigen Person nach dem Recht dieses anderen Vertragsstaats zu einem Abzug führen. In diesem Fall gewährt der erstgenannte Vertragsstaat von der Steuer vom Einkommen dieser ansässigen Person einen Abzug in Höhe der im anderen Vertragsstaat entrichteten Steuer vom Einkommen. Dieser Abzug darf jedoch den Teil der vor Gewährung des Abzugs berechneten Steuer vom Einkommen nicht übersteigen, der den Einkünften zugerechnet werden kann, die im anderen Vertragsstaat besteuert werden können.

(5) Absatz 4 gilt für ein unter das Übereinkommen fallendes Steuerabkommen, nach dem ein Vertragsstaat anderenfalls die in Absatz 4 beschriebenen Einkünfte von der Steuer befreien müsste.

Option C

(6)

a) Bezieht eine in einem Vertragsstaat ansässige Person Einkünfte oder hat sie Vermögen, die beziehungsweise das nach einem unter das Übereinkommen fallenden Steuerabkommen im anderen Vertragsstaat besteuert werden können beziehungsweise kann (es sei denn, dass nach diesem Abkommen der andere Vertragsstaat die Einkünfte nur besteuern darf, weil es sich auch um Einkünfte einer in diesem anderen Vertragsstaat ansässigen Person handelt), so gewährt der erstgenannte Vertragsstaat

i) einen Abzug von der Steuer vom Einkommen dieser ansässigen Person in Höhe der in diesem anderen Vertragsstaat entrichteten Steuer vom Einkommen;

ii) einen Abzug von der Steuer vom Vermögen dieser ansässigen Person in Höhe der in diesem anderen Vertragsstaat entrichteten Steuer vom Vermögen.

Dieser Abzug darf jedoch den Teil der vor Gewährung des Abzugs berechneten Steuer vom Einkommen oder Steuer vom Vermögen nicht übersteigen, der den Einkünften oder dem Vermögen zugerechnet werden kann, die beziehungsweise das im anderen Vertragsstaat besteuert werden können beziehungsweise kann.

b) Sind nach dem unter das Übereinkommen fallenden Steuerabkommen Einkünfte oder Vermögen einer in einem Vertragsstaat ansässigen Person in diesem Vertragsstaat von der Steuer befreit, so kann dieser Vertragsstaat die steuerbefreiten Einkünfte beziehungsweise das steuerbefreite Vermögen gleichwohl bei der Berechnung der Höhe der Steuer vom übrigen Einkommen oder Vermögen dieser ansässigen Person berücksichtigen.

(7) Absatz 6 gilt anstelle von Bestimmungen eines unter das Übereinkommen fallenden Steuerabkommens, nach denen zur Beseitigung einer Doppelbesteuerung ein Vertragsstaat verpflichtet ist, in diesem Vertragsstaat Einkünfte oder Vermögen einer in diesem Vertragsstaat ansässigen Person, die beziehungsweise das nach dem unter das Übereinkommen fallenden Steuerabkommen im anderen Vertragsstaat besteuert werden können beziehungsweise kann, von der Steuer zu befreien.

(8) Eine Vertragspartei dieses Übereinkommens, die sich nicht für die Anwendung einer Option nach Absatz 1 entscheidet, kann sich vorbehalten, dass dieser gesamte Artikel in Bezug auf ein oder mehrere benannte unter das Übereinkommen fallende Steuerabkommen (oder alle ihre unter das Übereinkommen fallenden Steuerabkommen) nicht gilt.

(9) Eine Vertragspartei dieses Übereinkommens, die sich nicht für die Anwendung der Option C entscheidet, kann sich in Bezug auf ein oder mehrere benannte unter das Übereinkommen fallende Steuerabkommen (oder alle ihre unter das Übereinkommen fallenden Steuerabkommen) vorbehalten, dem anderen Vertragsstaat beziehungsweise den anderen Vertragsstaaten die Anwendung der Option C nicht zu gestatten.

(10) Jede Vertragspartei dieses Übereinkommens, die sich für die Anwendung einer Option nach Absatz 1 entscheidet, notifiziert dem Verwahrer die gewählte Option. Diese Notifikation muss außerdem Folgendes umfassen:

a) im Fall einer Vertragspartei dieses Übereinkommens, die sich für die Anwendung der Option A entscheidet, die Liste ihrer unter das Übereinkommen fallenden Steuerabkommen, die eine in Absatz 3 beschriebene Bestimmung enthalten, sowie jeweils die Nummer des Artikels und des Absatzes dieser Bestimmung;

b) im Fall einer Vertragspartei dieses Übereinkommens, die sich für die Anwendung der Option B entscheidet, die Liste ihrer unter das Übereinkommen fallenden Steuerabkommen, die eine in Absatz 5 beschriebene Bestimmung enthalten, sowie jeweils die Nummer des Artikels und des Absatzes dieser Bestimmung;

c) im Fall einer Vertragspartei dieses Übereinkommens, die sich für die Anwendung der Option C entscheidet, die Liste ihrer unter das Übereinkommen fallenden Steuerabkommen, die eine in Absatz 7 beschriebene Bestimmung enthalten, sowie jeweils die Nummer des Artikels und des Absatzes dieser Bestimmung.

Eine Option gilt nur dann in Bezug auf eine Bestimmung eines unter das Übereinkommen fallenden Steuerabkommens, wenn die Vertragspartei dieses Übereinkommens, die sich für die Anwendung dieser Option entschieden hat, in Bezug auf diese Bestimmung eine entsprechende Notifikation abgegeben hat.

## Teil III
## Abkommensmissbrauch

### Zweck eines unter das Übereinkommen fallenden Steuerabkommens



**Art. 6** (1) Ein unter das Übereinkommen fallendes Steuerabkommen wird dahingehend geändert, dass die Präambel den folgenden Wortlaut enthält:

„in der Absicht, in Bezug auf die unter dieses Abkommen fallenden Steuern eine Doppelbesteuerung zu beseitigen, ohne Möglichkeiten zur Nicht- oder Niedrigbesteuerung durch Steuerverkürzung oder -umgehung (unter anderem durch missbräuchliche Gestaltungen mit dem Ziel des Erhalts von in diesem Abkommen vorgesehenen Erleichterungen zum mittelbaren Nutzen von in Drittstaaten oder -gebieten ansässigen Personen) zu schaffen,“.

(2) Der in Absatz 1 genannte Wortlaut wird in ein unter das Übereinkommen fallendes Steuerabkommen aufgenommen anstelle oder in Ermangelung einer Formulierung in der Präambel des unter das Übereinkommen fallenden Steuerabkommens, die Bezug nimmt auf die Absicht, eine Doppelbesteuerung zu beseitigen, unabhängig davon, ob in dieser Formulierung auch Bezug genommen wird auf die Absicht, keine Möglichkeiten zur Nicht- oder Niedrigbesteuerung zu schaffen.

(3) Eine Vertragspartei dieses Übereinkommens kann sich außerdem entscheiden, bei ihren unter das Übereinkommen fallenden Steuerabkommen, deren Präambel keine Formulierung enthält, die Bezug nimmt auf den Wunsch, wirtschaftliche Beziehungen weiterzuentwickeln oder die Zusammenarbeit in Steuersachen zu vertiefen, folgenden Wortlaut in die Präambel aufzunehmen:

„von dem Wunsch geleitet, ihre wirtschaftlichen Beziehungen weiterzuentwickeln und ihre Zusammenarbeit in Steuersachen zu vertiefen,".

(4) Eine Vertragspartei dieses Übereinkommens kann sich vorbehalten, dass Absatz 1 nicht für ihre unter das Übereinkommen fallenden Steuerabkommen gilt, deren Präambel bereits eine Formulierung enthält, mit der die Vertragsstaaten ihre Absicht bekunden, eine Doppelbesteuerung zu beseitigen, ohne Möglichkeiten zur Nicht- oder Niedrigbesteuerung zu schaffen, unabhängig davon, ob diese Formulierung auf Fälle von Steuerverkürzung oder -umgehung (unter anderem durch missbräuchliche Gestaltungen mit dem Ziel des Erhalts von in dem Abkommen vorgesehenen Erleichterungen zum mittelbaren Nutzen von in Drittstaaten oder -gebieten ansässigen Personen) beschränkt ist oder einen weiteren Geltungsbereich hat.

(5) Jede Vertragspartei dieses Übereinkommens notifiziert dem Verwahrer, ob die Präambel ihrer unter das Übereinkommen fallenden Steuerabkommen, die nicht unter einen Vorbehalt nach Absatz 4 fallen, jeweils eine Formulierung nach Absatz 2 enthält, und, sofern dies der Fall ist, den Wortlaut des jeweiligen Beweggrunds. Haben alle Vertragsstaaten eine entsprechende Notifikation in Bezug auf diese Formulierung in der Präambel abgegeben, so wird diese Formulierung durch den in Absatz 1 genannten Wortlaut ersetzt. Anderenfalls wird der in Absatz 1 genannte Wortlaut zusätzlich zur bestehenden Formulierung in der Präambel aufgenommen.

(6) Jede Vertragspartei dieses Übereinkommens, die sich für die Anwendung des Absatzes 3 entscheidet, notifiziert dem Verwahrer ihre Entscheidung. Diese Notifikation muss außerdem die Liste ihrer unter das Übereinkommen fallenden Steuerabkommen umfassen, deren Präambel noch keine Formulierung enthält, die Bezug nimmt auf den Wunsch, wirtschaftliche Beziehungen weiterzuentwickeln oder die Zusammenarbeit in Steuersachen zu vertiefen. Der in Absatz 3 genannte Wortlaut wird nur dann in ein unter das Übereinkommen fallendes Steuerabkommen aufgenommen, wenn alle Vertragsstaaten sich für die Anwendung des Absatzes 3 entschieden und in Bezug auf das unter das Übereinkommen fallende Steuerabkommen eine entsprechende Notifikation abgegeben haben.

### Verhinderung von Abkommensmissbrauch

**Art. 7** (1) Ungeachtet eines unter das Übereinkommen fallenden Steuerabkommens wird eine Vergünstigung nach dem unter das Übereinkommen fallenden Steuerabkommen nicht für bestimmte Einkünfte oder Vermögenswerte gewährt, wenn unter Berücksichtigung aller maßgeblichen Tatsachen und Umstände die Feststellung gerechtfertigt ist, dass der Erhalt dieser Vergünstigung einer der Hauptzwecke einer Gestaltung oder Transaktion war, die unmittelbar oder mittelbar zu dieser Vergünstigung geführt hat, es sei denn, es wird nachgewiesen, dass die Gewährung dieser Vergünstigung unter diesen Umständen mit dem Ziel und Zweck der einschlägigen Bestimmungen des unter das Übereinkommen fallenden Steuerabkommens im Einklang steht.

(2) Absatz 1 gilt anstelle oder in Ermangelung von Bestimmungen eines unter das Übereinkommen fallenden Steuerabkommens, nach denen die Vergünstigungen, die anderenfalls nach dem unter das Übereinkommen fallenden Steuerabkommen gewährt würden, vollständig oder teilweise versagt werden, wenn der Hauptzweck oder einer der Hauptzwecke einer Gestaltung oder Transaktion oder einer an einer Gestaltung oder Transaktion beteiligten Person der Erhalt dieser Vergünstigungen war.

(3) Eine Vertragspartei dieses Übereinkommens, die nicht den in Absatz 15 Buchstabe a beschriebenen Vorbehalt angebracht hat, kann sich auch entscheiden, in Bezug auf ihre unter das Übereinkommen fallenden Steuerabkommen Absatz 4 anzuwenden.

(4) Wird einer Person eine Vergünstigung, die ein unter das Übereinkommen fallendes Steuerabkommen vorsieht, aufgrund von Bestimmungen des unter das Übereinkommen fallenden Steuerabkommens (in der gegebenenfalls durch dieses Übereinkommen geänderten Fassung) versagt, nach denen die Vergünstigungen, die anderenfalls nach dem unter das Übereinkommen fallenden Steuerabkommen gewährt würden, vollständig oder teilweise versagt werden, wenn der Hauptzweck oder einer der Hauptzwecke einer Gestaltung oder Transaktion oder einer an einer Gestaltung oder Transaktion beteiligten Person der Erhalt dieser Vergünstigungen war, so betrachtet die zuständige Behörde des Vertragsstaats, die diese Vergünstigung anderenfalls gewährt hätte, diese Person gleichwohl als anspruchsberechtigt in Bezug auf diese Vergünstigung oder auf andere Vergünstigungen für bestimmte Einkünfte oder Vermögenswerte, sofern diese zuständige Behörde auf Antrag dieser Person und nach Prüfung der maßgeblichen Tatsachen und Umstände feststellt, dass dieser Person diese Vergünstigungen ohne die Transaktion oder Gestaltung gewährt worden wären. Die zuständige Behörde des Vertragsstaats, bei der eine im anderen Vertragsstaat ansässige Person nach diesem Absatz einen Antrag gestellt hat, konsultiert die zuständige Behörde dieses anderen Vertragsstaats, bevor sie den Antrag ablehnt.

(5) Absatz 4 gilt für Bestimmungen eines unter das Übereinkommen fallenden Steuerabkommens (in der gegebenenfalls durch dieses Übereinkommen geänderten Fassung), nach denen die Vergünstigungen, die anderenfalls nach dem unter das Übereinkommen fallenden Steuerabkommen gewährt würden, vollständig oder teilweise versagt werden, wenn der Hauptzweck oder einer der

Hauptzwecke einer Gestaltung oder Transaktion oder einer an einer Gestaltung oder Transaktion beteiligten Person der Erhalt dieser Vergünstigungen war.

(6) Eine Vertragspartei dieses Übereinkommens kann sich auch entscheiden, die Absätze 8 bis 13 (im Folgenden als „vereinfachte Bestimmung zur Beschränkung von Vergünstigungen" bezeichnet) auf ihre unter das Übereinkommen fallenden Steuerabkommen anzuwenden, indem sie die Notifikation nach Absatz 17 Buchstabe c abgibt. Die vereinfachte Bestimmung zur Beschränkung von Vergünstigungen gilt nur dann in Bezug auf ein unter das Übereinkommen fallendes Steuerabkommen, wenn sich alle Vertragsstaaten für ihre Anwendung entschieden haben.

(7) In Fällen, in denen sich einige, jedoch nicht alle Vertragsstaaten eines unter das Übereinkommen fallenden Steuerabkommens nach Absatz 6 für die Anwendung der vereinfachten Bestimmung zur Beschränkung von Vergünstigungen entscheiden, gilt die vereinfachte Bestimmung zur Beschränkung von Vergünstigungen ungeachtet des Absatzes 6 in Bezug auf die Gewährung von Vergünstigungen nach dem unter das Übereinkommen fallenden Steuerabkommen

a) durch alle Vertragsstaaten, sofern alle Vertragsstaaten, die sich nicht nach Absatz 6 für die Anwendung der vereinfachten Bestimmung zur Beschränkung von Vergünstigungen entscheiden, einer derartigen Anwendung zustimmen, indem sie sich für die Anwendung dieses Buchstabens entscheiden und dies dem Verwahrer notifizieren, oder

b) ausschließlich durch die Vertragsstaaten, die sich für die Anwendung der vereinfachten Bestimmung zur Beschränkung von Vergünstigungen entscheiden, sofern alle Vertragsstaaten, die sich nicht nach Absatz 6 für die Anwendung der vereinfachten Bestimmung zur Beschränkung von Vergünstigungen entscheiden, einer derartigen Anwendung zustimmen, indem sie sich für die Anwendung dieses Buchstabens entscheiden und dies dem Verwahrer notifizieren.

Vereinfachte Bestimmung zur Beschränkung von Vergünstigungen

(8) Sofern die vereinfachte Bestimmung zur Beschränkung von Vergünstigungen nichts anderes vorsieht, hat eine in einem Vertragsstaat eines unter das Übereinkommen fallenden Steuerabkommens ansässige Person keinen Anspruch auf eine Vergünstigung, die anderenfalls durch das unter das Übereinkommen fallende Steuerabkommen gewährt würde, mit Ausnahme von Vergünstigungen nach Bestimmungen des unter das Übereinkommen fallenden Steuerabkommens,

a) in denen die Ansässigkeit einer anderen als einer natürlichen Person geregelt ist, die aufgrund der Bestimmungen des unter das Übereinkommen fallenden Steuerabkommens, die den Begriff „in einem Vertragsstaat ansässige Person" bestimmen, in mehr als einem Vertragsstaat ansässig ist,

b) die vorsehen, dass ein Vertragsstaat, nachdem der andere Vertragsstaat in Übereinstimmung mit dem unter das Übereinkommen fallenden Steuerabkommen eine Erstberichtigung vorgenommen hat, einem Unternehmen des erstgenannten Vertragsstaats eine entsprechende Gegenberichtigung des Steuerbetrags gewährt, der in diesem Vertragsstaat von den Gewinnen eines verbundenen Unternehmens erhoben wird, oder

c) nach denen in einem Vertragsstaat ansässige Personen beantragen können, dass die zuständige Behörde dieses Vertragsstaats Fälle von nicht dem unter das Übereinkommen fallenden Steuerabkommen entsprechender Besteuerung prüft,

es sei denn, diese Person ist zu dem Zeitpunkt, zu dem die Vergünstigung gewährt würde, eine „berechtigte Person" im Sinne des Absatzes 9.

(9) Eine in einem Vertragsstaat eines unter das Übereinkommen fallenden Steuerabkommens ansässige Person ist zu einem Zeitpunkt, zu dem anderenfalls durch das unter das Übereinkommen fallende Steuerabkommen eine Vergünstigung gewährt würde, eine berechtigte Person, wenn sie zu diesem Zeitpunkt

a) eine natürliche Person ist;

b) dieser Vertragsstaat oder eine seiner Gebietskörperschaften oder eine Behörde oder Einrichtung dieses Vertragsstaats oder dieser Gebietskörperschaft ist;

c) eine Gesellschaft oder ein sonstiger Rechtsträger ist, sofern die Hauptgattung ihrer beziehungsweise seiner Anteile regelmäßig an einer oder mehreren anerkannten Börsen gehandelt wird;

d) eine andere als eine natürliche Person ist, die
   i) eine keinen Erwerbszweck verfolgende Organisation einer Art ist, auf die sich die Vertragsstaaten durch einen diplomatischen Notenwechsel verständigen, oder
   ii) ein in diesem Vertragsstaat errichteter Rechtsträger oder ein in diesem Vertragsstaat errichtetes Gebilde ist, der beziehungsweise das nach dem Steuerrecht dieses Vertragsstaats als eigenständige Person gilt und
      A) ausschließlich oder fast ausschließlich errichtet und betrieben wird, um für natürliche Personen Altersversorgungsleistungen und Zusatz- oder Nebenleistungen zu verwalten oder zu erbringen, und als solcher beziehungsweise solches durch diesen Vertragsstaat oder eine seiner Gebietskörperschaften gesetzlich geregelt wird oder
      B) ausschließlich oder fast ausschließlich errichtet und betrieben wird,

um für unter Großbuchstabe A genannte Rechtsträger oder Gebilde Mittel anzulegen;

e) eine andere als eine natürliche Person ist, sofern an mindestens der Hälfte der Tage eines Zeitraums von zwölf Monaten, in den der Zeitpunkt fällt, zu dem die Vergünstigung anderenfalls gewährt würde, mindestens 50 Prozent der Anteile an der Person unmittelbar oder mittelbar in diesem Vertragsstaat ansässigen Personen gehören, die nach den Buchstaben a bis d Anspruch auf die Vergünstigungen des unter das Übereinkommen fallenden Steuerabkommens haben.

(10)

a) Eine in einem Vertragsstaat eines unter das Übereinkommen fallenden Steuerabkommens ansässige Person hat unabhängig davon, ob sie eine berechtigte Person ist, Anspruch auf Vergünstigungen des unter das Übereinkommen fallenden Steuerabkommens für bestimmte aus dem anderen Vertragsstaat bezogene Einkünfte, wenn sie im erstgenannten Vertragsstaat aktiv eine Geschäftstätigkeit ausübt und die aus dem anderen Vertragsstaat bezogenen Einkünfte aus dieser Geschäftstätigkeit stammen oder mit ihr verbunden sind. Im Sinne der vereinfachten Bestimmung zur Beschränkung von Vergünstigungen umfasst der Ausdruck „aktiv eine Geschäftstätigkeit ausüben" nicht folgende Tätigkeiten oder eine Kombination derselben:
   i) Ausübung der Funktion einer Holdinggesellschaft,
   ii) Gesamtaufsicht über oder -verwaltung eines Konzerns,
   iii) Konzernfinanzierung (einschließlich Cash-Pooling) oder
   iv) Vornahme oder Verwaltung von Kapitalanlagen, es sei denn, diese Tätigkeiten werden von einer Bank, einem Versicherungsunternehmen oder einem zugelassenen Wertpapierhändler im Rahmen ihrer beziehungsweise seiner ordentlichen Geschäftstätigkeit ausgeübt.

b) Bezieht eine in einem Vertragsstaat eines unter das Übereinkommen fallenden Steuerabkommens ansässige Person bestimmte Einkünfte aus einer im anderen Vertragsstaat von ihr ausgeübten Geschäftstätigkeit oder bezieht sie bestimmte im anderen Vertragsstaat erzielte Einkünfte von einer verbundenen Person, so gelten die Voraussetzungen nach Buchstabe a nur dann als für diese Einkünfte erfüllt, wenn die von der ansässigen Person im erstgenannten Vertragsstaat ausgeübte Geschäftstätigkeit, mit der die Einkünfte in Zusammenhang stehen, im Verhältnis zu der gleichen Tätigkeit oder einer ergänzenden Geschäftstätigkeit, die von der ansässigen Person oder der verbundenen Person im anderen Vertragsstaat ausgeübt wird, erheblich ist. Ob eine Geschäftstätigkeit im Sinne dieses Buchstabens erheblich ist, wird anhand aller Tatsachen und Umstände festgestellt.

c) Für die Anwendung dieses Absatzes gelten Tätigkeiten verbundener Personen in Bezug auf eine in einem Vertragsstaat eines unter das Übereinkommen fallenden Steuerabkommens ansässige Person als Tätigkeiten dieser ansässigen Person.

(11) Eine in einem Vertragsstaat eines unter das Übereinkommen fallenden Steuerabkommens ansässige Person, die keine berechtigte Person ist, hat auch Anspruch auf eine Vergünstigung, die anderenfalls durch das unter das Übereinkommen fallende Steuerabkommen für bestimmte Einkünfte gewährt würde, sofern an mindestens der Hälfte der Tage eines Zeitraums von zwölf Monaten, in den der Zeitpunkt fällt, zu dem die Vergünstigung anderenfalls gewährt würde, mindestens 75 Prozent der Eigentumsrechte an der ansässigen Person unmittelbar oder mittelbar Personen gehören, die gleichberechtigte Begünstigte sind.

(12) Wenn eine in einem Vertragsstaat eines unter das Übereinkommen fallenden Steuerabkommens ansässige Person weder nach Absatz 9 eine berechtigte Person ist noch nach Absatz 10 oder 11 Anspruch auf Vergünstigungen hat, kann die zuständige Behörde des anderen Vertragsstaats unter Berücksichtigung des Ziels und Zwecks des unter das Übereinkommen fallenden Steuerabkommens gleichwohl die Vergünstigungen des unter das Übereinkommen fallenden Steuerabkommens oder Vergünstigungen für bestimmte Einkünfte gewähren, jedoch nur, sofern die Person zur hinreichenden Überzeugung dieser zuständigen Behörde nachweist, dass weder einer der Hauptzwecke ihrer Errichtung, ihres Erwerbs oder ihrer Unterhaltung noch einer der Hauptzwecke der Ausübung ihrer Geschäfte darin bestand, Vergünstigungen nach dem unter das Übereinkommen fallenden Steuerabkommen zu erhalten. Bevor sie dem Antrag, den eine in einem Vertragsstaat ansässige Person nach diesem Absatz gestellt hat, stattgibt oder diesen ablehnt, konsultiert die zuständige Behörde des anderen Vertragsstaats, bei welcher der Antrag gestellt wurde, die zuständige Behörde des erstgenannten Vertragsstaats.

(13) Im Sinne der vereinfachten Bestimmung zur Beschränkung von Vergünstigungen

a) bedeutet der Ausdruck „anerkannte Börse"
   i) jede Börse, die nach dem Recht eines der beiden Vertragsstaaten als solche errichtet wurde und gesetzlich geregelt wird, und
   ii) jede andere von den zuständigen Behörden der Vertragsstaaten vereinbarte Börse;

b) bedeutet der Ausdruck „Hauptgattung von Anteilen" die Gattung oder Gattungen der Anteile einer Gesellschaft, welche die Mehrheit der Gesamtstimmrechte und des Gesamtwerts der Gesellschaft darstellt beziehungsweise darstellen, oder die Gattung oder Gattungen von Eigentumsrechten eines Rechtsträgers, die insgesamt eine Mehrheit der Gesamtstimmrechte und des Gesamtwerts des Rechtsträgers darstellt beziehungsweise darstellen;

c) bedeutet der Ausdruck „gleichberechtigter Begünstigter“ eine Person, die in Bezug auf bestimmte Einkünfte Anspruch auf Vergünstigungen hätte, die durch einen Vertragsstaat eines unter das Übereinkommen fallenden Steuerabkommens nach dessen innerstaatlichem Recht, dem unter das Übereinkommen fallenden Steuerabkommen oder einer anderen völkerrechtlichen Übereinkunft gewährt werden und den nach dem unter das Übereinkommen fallenden Steuerabkommen für diese Einkünfte zu gewährenden Vergünstigungen entsprechen oder vorteilhafter als diese sind; um festzustellen, ob eine Person in Bezug auf Dividenden ein gleichberechtigter Begünstigter ist, wird die Person so behandelt, als hielte sie genau das gleiche Kapital der die Dividenden zahlenden Gesellschaft, das die Gesellschaft hält, welche die Vergünstigung für die Dividenden fordert;

d) bedeutet der Ausdruck „Anteile“ bei Rechtsträgern, die keine Gesellschaften sind, mit Anteilen vergleichbare Rechte;

e) sind zwei Personen „verbundene Personen“, wenn einer der beiden Personen mindestens 50 Prozent der Eigentumsrechte an der anderen Person (oder bei einer Gesellschaft mindestens 50 Prozent der Gesamtstimmrechte und des Gesamtwerts der Anteile der Gesellschaft) unmittelbar oder mittelbar gehören oder einer weiteren Person mindestens 50 Prozent der Eigentumsrechte an jeder Person (oder bei einer Gesellschaft mindestens 50 Prozent der Gesamtstimmrechte und des Gesamtwerts der Anteile der Gesellschaft) unmittelbar oder mittelbar gehören; in jedem Fall ist eine Person mit einer anderen Person verbunden, wenn allen maßgeblichen Tatsachen und Umständen zufolge die eine die andere beherrscht oder beide von derselben Person oder denselben Personen beherrscht werden.

(14) Die vereinfachte Bestimmung zur Beschränkung von Vergünstigungen gilt anstelle oder in Ermangelung von Bestimmungen eines unter das Übereinkommen fallenden Steuerabkommens, nach denen die Vergünstigungen des unter das Übereinkommen fallenden Steuerabkommens (oder Vergünstigungen bis auf jene nach den Bestimmungen des unter das Übereinkommen fallenden Steuerabkommens zur Ansässigkeit, zu verbundenen Unternehmen oder zur Gleichbehandlung oder jene, die nicht nur auf die in einem Vertragsstaat ansässigen Personen begrenzt sind) nur auf eine ansässige Person beschränkt sind, die Anspruch auf diese Vergünstigungen hat, weil sie ein oder mehrere eindeutige Kriterien erfüllt.

(15) Eine Vertragspartei dieses Übereinkommens kann sich vorbehalten,

a) dass Absatz 1 nicht für ihre unter das Übereinkommen fallenden Steuerabkommen gilt, sofern sie beabsichtigt, eine ausführliche Bestimmung zur Beschränkung von Vergünstigungen entweder in Verbindung mit Vorschriften zur Bekämpfung von Durchlauffinanzierungsstrukturen oder mit einem Hauptzweck-Kriterium anzuwenden und dadurch den Mindeststandard zur Verhinderung von Abkommensmissbrauch nach dem BEPS-Paket der OECD/G20 zu erfüllen; in solchen Fällen werden sich die Vertragsstaaten bemühen, eine für alle Seiten zufriedenstellende Lösung herbeizuführen, die den Mindeststandard erfüllt;

b) dass Absatz 1 (und Absatz 4 bei einer Vertragspartei dieses Übereinkommens, die sich für dessen Anwendung entschieden hat) nicht für ihre unter das Übereinkommen fallenden Steuerabkommen gilt, die bereits Bestimmungen enthalten, nach denen alle Vergünstigungen, die anderenfalls nach dem unter das Übereinkommen fallenden Steuerabkommen gewährt würden, versagt werden, wenn der Hauptzweck oder einer der Hauptzwecke einer Gestaltung oder Transaktion oder einer an einer Gestaltung oder Transaktion beteiligten Person der Erhalt dieser Vergünstigungen war;

c) dass die vereinfachte Bestimmung zur Beschränkung von Vergünstigungen nicht für ihre unter das Übereinkommen fallenden Steuerabkommen gilt, die bereits die in Absatz 14 beschriebenen Bestimmungen enthalten.

(16) Soweit die vereinfachte Bestimmung zur Beschränkung von Vergünstigungen nicht nach Absatz 7 für die Gewährung von Vergünstigungen aufgrund eines unter das Übereinkommen fallenden Steuerabkommens durch eine oder mehrere Vertragsparteien dieses Übereinkommens gilt, kann sich eine Vertragspartei dieses Übereinkommens, die sich nach Absatz 6 für die Anwendung der vereinfachten Bestimmung zur Beschränkung von Vergünstigungen entscheidet, vorbehalten, dass dieser gesamte Artikel nicht in Bezug auf ihre unter das Übereinkommen fallenden Steuerabkommen gilt, bei denen sich einer oder mehrere der anderen Vertragsstaaten nicht für die Anwendung der vereinfachten Bestimmung zur Beschränkung von Vergünstigungen entschieden haben. In solchen Fällen werden sich die Vertragsstaaten bemühen, eine für alle Seiten zufriedenstellende Lösung herbeizuführen, die den Mindeststandard zur Verhinderung von Abkommensmissbrauch nach dem BEPS-Paket der OECD/G20 erfüllt.

(17)

a) Jede Vertragspartei dieses Übereinkommens, die nicht den in Absatz 15 Buchstabe a beschriebenen Vorbehalt angebracht hat, notifiziert dem Verwahrer, ob ihre unter das Übereinkommen fallenden Steuerabkommen, die nicht einem in Absatz 15 Buchstabe b beschriebenen Vorbehalt unterliegen, jeweils eine in Absatz 2 beschriebene Bestimmung enthalten, und, sofern dies der Fall ist, jeweils die Nummer des Artikels und des Absatzes dieser Bestimmung. Haben alle Vertragsstaaten eine entsprechende Notifikation in Bezug auf eine Bestimmung eines unter das Übereinkommen fallenden Steuerabkommens abgegeben, so wird diese Bestimmung durch Absatz 1 (und gegebenenfalls Absatz 4) ersetzt. Anderenfalls geht Absatz 1 (und gegebenenfalls Absatz 4) den Bestimmungen des unter das Übereinkommen fallenden Steuerabkommens nur insoweit vor, als diese mit Absatz 1 (und gegebenenfalls Absatz 4) unvereinbar sind. Eine Vertragspartei dieses Übereinkommens, die nach diesem Buchstaben eine Notifikation abgibt, kann darin auch eine Erklärung aufnehmen, dass sie zwar die übergangsweise Anwendung allein des Absatzes 1 akzeptiert, jedoch beabsichtigt, nach Möglichkeit durch bilaterale Verhandlungen zusätzlich zu Absatz 1 oder anstelle des Absatzes 1 eine Bestimmung zur Beschränkung von Vergünstigungen zu beschließen.

b) Jede Vertragspartei dieses Übereinkommens, die sich für die Anwendung des Absatzes 4 entscheidet, notifiziert dem Verwahrer ihre Entscheidung. Absatz 4 gilt nur dann für ein unter das Übereinkommen fallendes Steuerabkommen, wenn alle Vertragsstaaten eine entsprechende Notifikation abgegeben haben.

c) Jede Vertragspartei dieses Übereinkommens, die sich nach Absatz 6 für die Anwendung der vereinfachten Bestimmung zur Beschränkung von Vergünstigungen entscheidet, notifiziert dem Verwahrer ihre Entscheidung. Sofern diese Vertragspartei nicht den Vorbehalt nach Absatz 15 Buchstabe c angebracht hat, muss diese Notifikation auch die Liste ihrer unter das Übereinkommen fallenden Steuerabkommen umfassen, die eine in Absatz 14 beschriebene Bestimmung enthalten, sowie jeweils die Nummer des Artikels und des Absatzes dieser Bestimmung.

d) Jede Vertragspartei dieses Übereinkommens, die sich nicht nach Absatz 6 für die Anwendung der vereinfachten Bestimmung zur Beschränkung von Vergünstigungen, sondern für die Anwendung des Absatzes 7 Buchstabe a oder b entscheidet, notifiziert dem Verwahrer den gewählten Buchstaben. Sofern diese Vertragspartei nicht den Vorbehalt nach Absatz 15 Buchstabe c angebracht hat, muss diese Notifikation auch die Liste ihrer unter das Übereinkommen fallenden Steuerabkommen umfassen, die eine in Absatz 14 beschriebene Bestimmung enthalten, sowie jeweils die Nummer des Artikels und des Absatzes dieser Bestimmung.

e) Haben alle Vertragsstaaten eine Notifikation nach Buchstabe c oder d in Bezug auf eine Bestimmung eines unter das Übereinkommen fallenden Steuerabkommens abgegeben, so wird diese durch die vereinfachte Bestimmung zur Beschränkung von Vergünstigungen ersetzt. Anderenfalls geht die vereinfachte Bestimmung zur Beschränkung von Vergünstigungen den Bestimmungen des unter das Übereinkommen fallenden Steuerabkommens nur insoweit vor, als diese mit der vereinfachten Bestimmung zur Beschränkung von Vergünstigungen unvereinbar sind.

### Transaktionen zur Übertragung von Dividenden

**Art. 8** (1) Bestimmungen eines unter das Übereinkommen fallenden Steuerabkommens, nach denen die von einer in einem Vertragsstaat ansässigen Gesellschaft gezahlten Dividenden von der Steuer befreit werden oder der Satz begrenzt wird, mit dem diese Dividenden besteuert werden können, sofern der Nutzungsberechtigte oder der Empfänger eine im anderen Vertragsstaat ansässige Gesellschaft ist, die als Eigentümerin oder Inhaberin über mehr als eine bestimmte Menge des Kapitals, der Anteile, der Aktien, der Stimmanteile, Stimmrechte oder ähnlicher Eigentumsrechte an der die Dividenden zahlenden Gesellschaft verfügt, diese hält oder beherrscht, gelten nur, wenn die in diesen Bestimmungen beschriebenen Eigentums- oder Inhaberschaftsvoraussetzungen während eines Zeitraums von 365 Tagen einschließlich des Tages der Dividendenzahlung erfüllt sind (bei der Berechnung dieses Zeitraums bleiben Änderungen der Eigentums- oder Inhaberschaftsverhältnisse unberücksichtigt, die sich unmittelbar aus einer Umstrukturierung, wie einer Fusion oder Spaltung, der die Anteile haltenden oder die Dividenden zahlenden Gesellschaft ergeben würden).

(2) Die in Absatz 1 vorgesehene Mindesthaltedauer gilt anstelle oder in Ermangelung einer Mindesthaltedauer in Bestimmungen eines unter das Übereinkommen fallenden Steuerabkommens, die in Absatz 1 beschrieben sind.

(3) Eine Vertragspartei dieses Übereinkommens kann sich vorbehalten,

a) dass dieser gesamte Artikel nicht für ihre unter das Übereinkommen fallenden Steuerabkommen gilt;

b) dass dieser gesamte Artikel nicht für ihre unter das Übereinkommen fallenden Steuerabkommen gilt, soweit die in Absatz 1 beschriebenen Bestimmungen bereits Folgendes enthalten:
   i) eine Mindesthaltedauer,
   ii) eine Mindesthaltedauer, die kürzer ist als 365 Tage, oder
   iii) eine Mindesthaltedauer, die länger ist als 365 Tage.

(4) Jede Vertragspartei dieses Übereinkommens, die keinen Vorbehalt nach Absatz 3 Buchstabe a angebracht hat, notifiziert dem Verwahrer, ob ihre unter das Übereinkommen fallenden Steuerabkommen jeweils eine in Absatz 1 beschriebene Bestimmung enthalten, die nicht einem Vorbehalt nach Absatz 3 Buchstabe b unterliegt, und, sofern dies der Fall ist, jeweils die Nummer des Artikels

und des Absatzes dieser Bestimmung. Absatz 1 gilt nur dann in Bezug auf eine Bestimmung eines unter das Übereinkommen fallenden Steuerabkommens, wenn alle Vertragsstaaten in Bezug auf diese Bestimmung eine entsprechende Notifikation abgegeben haben.

**Gewinne aus der Veräußerung von Anteilen oder Rechten an Rechtsträgern, deren Wert hauptsächlich auf unbeweglichem Vermögen beruht**

**Art. 9** (1) Bestimmungen eines unter das Übereinkommen fallenden Steuerabkommens, nach denen Gewinne, die eine in einem Vertragsstaat ansässige Person aus der Veräußerung von Anteilen oder sonstigen Beteiligungsrechten an einem Rechtsträger erzielt, im anderen Vertragsstaat besteuert werden können, sofern der Wert dieser Anteile oder Rechte zu mehr als einem bestimmten Teil auf unbeweglichem Vermögen (Grundvermögen) beruht, das in diesem anderen Vertragsstaat belegen ist (oder sofern mehr als ein bestimmter Teil des Vermögens des Rechtsträgers aus derartigem unbeweglichem Vermögen (Grundvermögen) besteht),

a) gelten, wenn die maßgebende Wertgrenze zu irgendeinem Zeitpunkt während der 365 Tage vor der Veräußerung erreicht wird, und
b) gelten für Anteile oder vergleichbare Rechte, wie Rechte an einer Personengesellschaft oder einem Trust (soweit diese Anteile oder Rechte nicht bereits unter die Bestimmungen fallen), zusätzlich zu bereits unter die Bestimmungen fallenden Anteilen oder Rechten.

(2) Der in Absatz 1 Buchstabe a vorgesehene Zeitraum gilt anstelle oder in Ermangelung eines vorgegebenen Zeitraums für die Feststellung, ob die maßgebende Wertgrenze nach den Bestimmungen eines unter das Übereinkommen fallenden Steuerabkommens, die in Absatz 1 beschrieben sind, erreicht wurde.

(3) Eine Vertragspartei dieses Übereinkommens kann sich auch entscheiden, in Bezug auf ihre unter das Übereinkommen fallenden Steuerabkommen Absatz 4 anzuwenden.

(4) Für die Zwecke eines unter das Übereinkommen fallenden Steuerabkommens können Gewinne, die eine in einem Vertragsstaat ansässige Person aus der Veräußerung von Anteilen oder vergleichbaren Rechten, wie Rechten an einer Personengesellschaft oder einem Trust, erzielt, im anderen Vertragsstaat besteuert werden, sofern der Wert dieser Anteile oder vergleichbaren Rechte zu irgendeinem Zeitpunkt während der 365 Tage vor der Veräußerung zu mehr als 50 Prozent unmittelbar oder mittelbar auf in diesem anderen Vertragsstaat belegenem unbeweglichem Vermögen (Grundvermögen) beruhte.

(5) Absatz 4 gilt anstelle oder in Ermangelung von Bestimmungen eines unter das Übereinkommen fallenden Steuerabkommens, nach denen Gewinne, die eine in einem Vertragsstaat ansässige Person aus der Veräußerung von Anteilen oder sonstigen Beteiligungsrechten an einem Rechtsträger erzielt, im anderen Vertragsstaat besteuert werden können, sofern der Wert dieser Anteile oder Rechte zu mehr als einem bestimmten Teil auf in diesem anderen Vertragsstaat belegenem unbeweglichem Vermögen (Grundvermögen) beruht oder sofern mehr als ein bestimmter Teil des Vermögens des Rechtsträgers aus derartigem unbeweglichem Vermögen (Grundvermögen) besteht.

(6) Eine Vertragspartei dieses Übereinkommens kann sich vorbehalten,

a) dass Absatz 1 nicht für ihre unter das Übereinkommen fallenden Steuerabkommen gilt;
b) dass Absatz 1 Buchstabe a nicht für ihre unter das Übereinkommen fallenden Steuerabkommen gilt;
c) dass Absatz 1 Buchstabe b nicht für ihre unter das Übereinkommen fallenden Steuerabkommen gilt;
d) dass Absatz 1 Buchstabe a nicht für ihre unter das Übereinkommen fallenden Steuerabkommen gilt, die bereits eine Bestimmung der in Absatz 1 beschriebenen Art enthalten, die einen Zeitraum für die Feststellung beinhaltet, ob die maßgebende Wertgrenze erreicht wurde;
e) dass Absatz 1 Buchstabe b nicht für ihre unter das Übereinkommen fallenden Steuerabkommen gilt, die bereits eine Bestimmung der in Absatz 1 beschriebenen Art enthalten, die für die Veräußerung anderer Rechte als Anteile gilt;
f) dass Absatz 4 nicht für ihre unter das Übereinkommen fallenden Steuerabkommen gilt, die bereits die in Absatz 5 beschriebenen Bestimmungen enthalten.

(7) Jede Vertragspartei dieses Übereinkommens, die nicht den Vorbehalt nach Absatz 6 Buchstabe a angebracht hat, notifiziert dem Verwahrer, ob ihre unter das Übereinkommen fallenden Steuerabkommen jeweils eine in Absatz 1 beschriebene Bestimmung enthalten, und, sofern dies der Fall ist, jeweils die Nummer des Artikels und des Absatzes dieser Bestimmung. Absatz 1 gilt nur dann in Bezug auf eine Bestimmung eines unter das Übereinkommen fallenden Steuerabkommens, wenn alle Vertragsstaaten in Bezug auf diese Bestimmung eine Notifikation abgegeben haben.



(8) Jede Vertragspartei dieses Übereinkommens, die sich für die Anwendung des Absatzes 4 entscheidet, notifiziert dem Verwahrer ihre Entscheidung. Absatz 4 gilt nur dann für ein unter das Übereinkommen fallendes Steuerabkommen, wenn alle Vertragsstaaten eine entsprechende Notifikation abgegeben haben. In diesem Fall gilt Absatz 1 nicht in Bezug auf dieses unter das Übereinkommen fallende Steuerabkommen. Im Fall einer Vertragspartei dieses Übereinkommens, die nicht den Vorbehalt nach Absatz 6 Buchstabe f angebracht hat und die den Vorbehalt nach Absatz 6 Buchstabe a angebracht hat, muss diese Notifikation auch die Liste ihrer unter das Übereinkommen fallenden Steuerabkommen umfassen, die eine in Absatz 5

beschriebene Bestimmung enthalten, sowie jeweils die Nummer des Artikels und des Absatzes dieser Bestimmung. Haben alle Vertragsstaaten nach diesem Absatz oder nach Absatz 7 eine Notifikation in Bezug auf eine Bestimmung eines unter das Übereinkommen fallenden Steuerabkommens abgegeben, so wird diese durch Absatz 4 ersetzt. Anderenfalls geht Absatz 4 den Bestimmungen des unter das Übereinkommen fallenden Steuerabkommens nur insoweit vor, als diese mit Absatz 4 unvereinbar sind.

### Vorschrift zur Missbrauchsbekämpfung für in Drittstaaten oder -gebieten gelegene Betriebsstätten

**Art. 10** (1) Wenn

a) ein Unternehmen eines Vertragsstaats eines unter das Übereinkommen fallenden Steuerabkommens Einkünfte aus dem anderen Vertragsstaat bezieht und der erstgenannte Vertragsstaat diese Einkünfte als Einkünfte betrachtet, die einer in einem Drittstaat oder -gebiet gelegenen Betriebsstätte des Unternehmens zugerechnet werden können, sowie
b) die Gewinne, die dieser Betriebsstätte zugerechnet werden können, im erstgenannten Vertragsstaat von der Steuer befreit sind,

gelten die Vergünstigungen des unter das Übereinkommen fallenden Steuerabkommens nicht für Einkünfte, auf die im Drittstaat oder -gebiet weniger als 60 Prozent der Steuer erhoben wird, die im erstgenannten Vertragsstaat von diesen Einkünften erhoben würde, wenn diese Betriebsstätte im erstgenannten Vertragsstaat gelegen wäre. In diesem Fall können Einkünfte, für die dieser Absatz gilt, ungeachtet der sonstigen Bestimmungen des unter das Übereinkommen fallenden Steuerabkommens weiterhin nach dem innerstaatlichen Recht des anderen Vertragsstaats besteuert werden.

(2) Absatz 1 gilt nicht, wenn die in Absatz 1 beschriebenen Einkünfte aus dem anderen Vertragsstaat im Zusammenhang mit einer durch die Betriebsstätte aktiv ausgeübten Geschäftstätigkeit bezogen werden oder mit einer solchen Geschäftstätigkeit verbunden sind (mit Ausnahme der Vornahme, der Verwaltung oder des bloßen Besitzes von Kapitalanlagen für eigene Rechnung des Unternehmens, es sei denn, es handelt sich dabei um Bank-, Versicherungs- oder Wertpapiergeschäfte einer Bank, eines Versicherungsunternehmens beziehungsweise eines zugelassenen Wertpapierhändlers).

(3) Werden Vergünstigungen nach einem unter das Übereinkommen fallenden Steuerabkommen in Bezug auf bestimmte Einkünfte einer in einem Vertragsstaat ansässigen Person aufgrund des Absatzes 1 versagt, so kann die zuständige Behörde des anderen Vertragsstaats diese Vergünstigungen gleichwohl für diese Einkünfte gewähren, wenn diese zuständige Behörde auf einen Antrag dieser ansässigen Person hin feststellt, dass die Gewährung dieser Vergünstigungen angesichts der Gründe, aus denen diese ansässige Person die Voraussetzungen der Absätze 1 und 2 nicht erfüllt hat, gerechtfertigt ist. Die zuständige Behörde des Vertragsstaats, bei der eine im anderen Vertragsstaat ansässige Person nach Satz 1 einen Antrag gestellt hat, konsultiert die zuständige Behörde des anderen Vertragsstaats, bevor sie dem Antrag stattgibt oder ihn ablehnt.

(4) Die Absätze 1 bis 3 gelten anstelle oder in Ermangelung von Bestimmungen eines unter das Übereinkommen fallenden Steuerabkommens, nach denen Vergünstigungen versagt oder eingeschränkt werden, die einem Unternehmen eines Vertragsstaats, das Einkünfte aus dem anderen Vertragsstaat bezieht, die einer in einem Drittstaat oder -gebiet gelegenen Betriebsstätte des Unternehmens zugerechnet werden können, anderenfalls gewährt würden.

(5) Eine Vertragspartei dieses Übereinkommens kann sich vorbehalten,

a) dass dieser gesamte Artikel nicht für ihre unter das Übereinkommen fallenden Steuerabkommen gilt;
b) dass dieser gesamte Artikel nicht für ihre unter das Übereinkommen fallenden Steuerabkommen gilt, die bereits die in Absatz 4 beschriebenen Bestimmungen enthalten;
c) dass dieser Artikel nur für ihre unter das Übereinkommen fallenden Steuerabkommen gilt, die bereits die in Absatz 4 beschriebenen Bestimmungen enthalten.

(6) Jede Vertragspartei dieses Übereinkommens, die nicht den Vorbehalt nach Absatz 5 Buchstabe a oder b angebracht hat, notifiziert dem Verwahrer, ob ihre unter das Übereinkommen fallenden Steuerabkommen jeweils eine in Absatz 4 beschriebene Bestimmung enthalten, und, sofern dies der Fall ist, jeweils die Nummer des Artikels und des Absatzes dieser Bestimmung. Haben alle Vertragsstaaten eine entsprechende Notifikation in Bezug auf eine Bestimmung eines unter das Übereinkommen fallenden Steuerabkommens abgegeben, so wird diese durch die Absätze 1 bis 3 ersetzt. Anderenfalls gehen die Absätze 1 bis 3 den Bestimmungen des unter das Übereinkommen fallenden Steuerabkommens nur insoweit vor, als diese mit den genannten Absätzen unvereinbar sind.

### Anwendung von Steuerabkommen zur Einschränkung des Rechtes einer Vertragspartei dieses Übereinkommens auf Besteuerung der in ihrem Gebiet ansässigen Personen

**Art. 11** (1) Ein unter das Übereinkommen fallendes Steuerabkommen berührt nicht die Besteuerung der in einem Vertragsstaat ansässigen Personen durch diesen Vertragsstaat, außer in Bezug auf die Vergünstigungen, die nach Bestimmungen des unter das Übereinkommen fallenden Steuerabkommens gewährt werden,

a) nach denen dieser Vertragsstaat verpflichtet ist, nachdem der andere Vertragsstaat in Übereinstimmung mit dem unter das Übereinkommen fallenden Steuerabkommen eine

Erstberichtigung vorgenommen hat, einem Unternehmen des erstgenannten Vertragsstaats eine entsprechende Gegenberichtigung des Steuerbetrags zu gewähren, der in diesem Vertragsstaat von den Gewinnen einer Betriebsstätte des Unternehmens oder den Gewinnen eines verbundenen Unternehmens erhoben wird,

b) welche die Art und Weise berühren können, wie dieser Vertragsstaat eine in diesem Vertragsstaat ansässige natürliche Person besteuert, wenn diese natürliche Person Einkünfte für dem anderen Vertragsstaat oder einer Gebietskörperschaft oder anderen vergleichbaren Körperschaft dieses Vertragsstaats geleistete Dienste bezieht,

c) welche die Art und Weise berühren können, wie dieser Vertragsstaat eine in diesem Vertragsstaat ansässige natürliche Person besteuert, wenn diese natürliche Person auch ein Schüler, Student, Auszubildender oder Trainee beziehungsweise Lehrer, Professor, Dozent, Ausbilder, Forscher oder Forschungsstipendiat ist, der die Voraussetzungen des unter das Übereinkommen fallenden Steuerabkommens erfüllt,

d) nach denen dieser Vertragsstaat verpflichtet ist, in diesem Vertragsstaat ansässigen Personen in Bezug auf die Einkünfte, die der andere Vertragsstaat nach dem unter das Übereinkommen fallenden Steuerabkommen besteuern kann (einschließlich Gewinnen, die nach dem unter das Übereinkommen fallenden Steuerabkommen einer im anderen Vertragsstaat gelegenen Betriebsstätte zugerechnet werden können), eine Steueranrechnung oder -befreiung zu gewähren,

e) durch die in diesem Vertragsstaat ansässige Personen vor bestimmten diskriminierenden Besteuerungsmethoden dieses Vertragsstaats geschützt werden,

f) nach denen in einem Vertragsstaat ansässige Personen beantragen können, dass die zuständige Behörde dieses oder eines der beiden Vertragsstaaten Fälle von nicht dem unter das Übereinkommen fallenden Steuerabkommen entsprechender Besteuerung prüft,

g) welche die Art und Weise berühren können, wie dieser Vertragsstaat eine in diesem Vertragsstaat ansässige natürliche Person besteuert, wenn diese natürliche Person Mitglied einer diplomatischen Mission oder konsularischen Vertretung des anderen Vertragsstaats oder einer Vertretung des anderen Vertragsgebiets ist,

h) nach denen Ruhegehälter und sonstige Zahlungen, die aufgrund des Sozialversicherungsrechts des anderen Vertragsstaats geleistet werden, nur in diesem anderen Vertragsstaat besteuert werden können,

i) nach denen aus dem anderen Vertragsstaat stammende Ruhegehälter und ähnliche Zahlungen, Renten, Unterhaltszahlungen an den geschiedenen Ehegatten oder sonstige Unterhaltszahlungen nur in diesem anderen Vertragsstaat besteuert werden können oder

j) durch die anderweitig das Recht eines Vertragsstaats auf Besteuerung der in seinem Gebiet ansässigen Personen ausdrücklich eingeschränkt wird oder die ausdrücklich vorsehen, dass der Vertragsstaat, aus dem Einkünfte stammen, das ausschließliche Recht auf Besteuerung dieser Einkünfte hat.

(2) Absatz 1 gilt anstelle oder in Ermangelung von Bestimmungen eines unter das Übereinkommen fallenden Steuerabkommens, nach denen das unter das Übereinkommen fallende Steuerabkommen nicht die Besteuerung der in einem Vertragsstaat ansässigen Personen durch diesen Vertragsstaat berührt.

(3) Eine Vertragspartei dieses Übereinkommens kann sich vorbehalten,

a) dass dieser gesamte Artikel nicht für ihre unter das Übereinkommen fallenden Steuerabkommen gilt;

b) dass dieser gesamte Artikel nicht für ihre unter das Übereinkommen fallenden Steuerabkommen gilt, die bereits die in Absatz 2 beschriebenen Bestimmungen enthalten.

(4) Jede Vertragspartei dieses Übereinkommens, die nicht den in Absatz 3 Buchstabe a oder b beschriebenen Vorbehalt angebracht hat, notifiziert dem Verwahrer, ob ihre unter das Übereinkommen fallenden Steuerabkommen jeweils eine in Absatz 2 beschriebene Bestimmung enthalten, und, sofern dies der Fall ist, jeweils die Nummer des Artikels und des Absatzes dieser Bestimmung. Haben alle Vertragsstaaten eine entsprechende Notifikation in Bezug auf eine Bestimmung eines unter das Übereinkommen fallenden Steuerabkommens abgegeben, so wird diese durch Absatz 1 ersetzt. Anderenfalls geht Absatz 1 den Bestimmungen des unter das Übereinkommen fallenden Steuerabkommens nur insoweit vor, als diese mit Absatz 1 unvereinbar sind.



## Teil IV
## Umgehung des Betriebsstättenstatus

### Künstliche Umgehung des Betriebsstättenstatus durch Kommissionärsmodelle und ähnliche Strategien

**Art. 12** (1) Ungeachtet der Bestimmungen eines unter das Übereinkommen fallenden Steuerabkommens, die den Ausdruck „Betriebsstätte" bestimmen, jedoch vorbehaltlich des Absatzes 2, wird, wenn eine Person in einem Vertragsstaat eines unter das Übereinkommen fallenden Steuerabkommens für ein Unternehmen tätig ist und dabei gewöhnlich Verträge schließt oder gewöhnlich die führende Rolle beim Abschluss von Verträgen einnimmt, die regelmäßig ohne wesentliche Änderung durch das Unternehmen geschlossen werden, und es sich dabei um Verträge

a) im Namen des Unternehmens oder

b) zur Übertragung des Eigentums an oder zur Gewährung des Nutzungsrechts für Vermögen, das diesem Unternehmen gehört oder für das es das Nutzungsrecht besitzt, oder

c) zur Erbringung von Dienstleistungen durch dieses Unternehmen

handelt, das Unternehmen so behandelt, als habe es in Bezug auf alle von dieser Person für das Unternehmen ausgeübten Tätigkeiten eine Betriebsstätte in diesem Vertragsstaat, es sei denn, diese Tätigkeiten, würden sie vom Unternehmen durch eine in diesem Vertragsstaat gelegene feste Geschäftseinrichtung dieses Unternehmens ausgeführt, würden nicht dazu führen, dass diese feste Geschäftseinrichtung als Betriebsstätte im Sinne der in dem unter das Übereinkommen fallenden Steuerabkommen (in der gegebenenfalls durch dieses Übereinkommen geänderten Fassung) enthaltenen Bestimmung des Begriffs „Betriebsstätte" behandelt würde.

(2) Absatz 1 gilt nicht, wenn die in einem Vertragsstaat eines unter das Übereinkommen fallenden Steuerabkommens für ein Unternehmen des anderen Vertragsstaats tätige Person im erstgenannten Vertragsstaat eine Geschäftstätigkeit als unabhängiger Vertreter ausübt und im Rahmen dieser ordentlichen Geschäftstätigkeit für das Unternehmen handelt. Ist eine Person jedoch ausschließlich oder nahezu ausschließlich für ein oder mehrere Unternehmen tätig, mit dem beziehungsweise denen sie eng verbunden ist, so gilt diese Person in Bezug auf dieses beziehungsweise diese Unternehmen nicht als unabhängiger Vertreter im Sinne dieses Absatzes.

(3)

a) Absatz 1 gilt anstelle von Bestimmungen eines unter das Übereinkommen fallenden Steuerabkommens, in denen die Voraussetzungen beschrieben sind, unter denen ein Unternehmen so behandelt wird, als habe es in Bezug auf eine von einer anderen Person als einem unabhängigen Vertreter für das Unternehmen ausgeübte Tätigkeit eine Betriebsstätte in einem Vertragsstaat (oder eine Person so behandelt wird, als sei sie in Bezug auf eine derartige Tätigkeit eine Betriebsstätte in einem Vertragsstaat), jedoch nur insoweit, als in diesen Bestimmungen der Fall geregelt ist, in dem diese Person in diesem Vertragsstaat eine Vollmacht für den Abschluss von Verträgen im Namen des Unternehmens besitzt und gewöhnlich ausübt.

b) Absatz 2 gilt anstelle von Bestimmungen eines unter das Übereinkommen fallenden Steuerabkommens, nach denen ein Unternehmen nicht so behandelt wird, als habe es in Bezug auf eine von einem unabhängigen Vertreter für das Unternehmen ausgeübte Tätigkeit eine Betriebsstätte in einem Vertragsstaat.

(4) Eine Vertragspartei dieses Übereinkommens kann sich vorbehalten, dass dieser gesamte Artikel nicht für ihre unter das Übereinkommen fallenden Steuerabkommen gilt.

(5) Jede Vertragspartei dieses Übereinkommens, die keinen Vorbehalt nach Absatz 4 angebracht hat, notifiziert dem Verwahrer, ob ihre unter das Übereinkommen fallenden Steuerabkommen jeweils eine in Absatz 3 Buchstabe a beschriebene Bestimmung enthalten, sowie jeweils die Nummer des Artikels und des Absatzes dieser Bestimmung. Absatz 1 gilt nur dann in Bezug auf eine Bestimmung eines unter das Übereinkommen fallenden Steuerabkommens, wenn alle Vertragsstaaten in Bezug auf diese Bestimmung eine Notifikation abgegeben haben.

(6) Jede Vertragspartei dieses Übereinkommens, die keinen Vorbehalt nach Absatz 4 angebracht hat, notifiziert dem Verwahrer, ob ihre unter das Übereinkommen fallenden Steuerabkommen jeweils eine in Absatz 3 Buchstabe b beschriebene Bestimmung enthalten, sowie jeweils die Nummer des Artikels und des Absatzes dieser Bestimmung. Absatz 2 gilt nur dann in Bezug auf eine Bestimmung eines unter das Übereinkommen fallenden Steuerabkommens, wenn alle Vertragsstaaten in Bezug auf diese Bestimmung eine entsprechende Notifikation abgegeben haben.

### Künstliche Umgehung des Betriebsstättenstatus durch die Ausnahme bestimmter Tätigkeiten

**Art. 13** (1) Eine Vertragspartei dieses Übereinkommens kann sich entscheiden, Absatz 2 (Option A), Absatz 3 (Option B) oder keine der beiden Optionen anzuwenden.

Option A

(2) Ungeachtet der Bestimmungen eines unter das Übereinkommen fallenden Steuerabkommens, die den Ausdruck „Betriebsstätte" bestimmen, gelten folgende Fälle als nicht von dem Ausdruck „Betriebsstätte" umfasst:

a) die Tätigkeiten, die in dem unter das Übereinkommen fallenden Steuerabkommen (vor Änderung durch das Übereinkommen) ausdrücklich als nicht als Betriebsstätte geltende Tätigkeiten aufgeführt sind, unabhängig davon, ob diese Ausnahme vom Betriebsstättenstatus voraussetzt, dass die Tätigkeit vorbereitender Art ist oder eine Hilfstätigkeit darstellt,

b) eine feste Geschäftseinrichtung, die ausschließlich zu dem Zweck unterhalten wird, für das Unternehmen eine nicht unter Buchstabe a beschriebene Tätigkeit auszuüben,

c) eine feste Geschäftseinrichtung, die ausschließlich zu dem Zweck unterhalten wird, mehrere der unter den Buchstaben a und b genannten Tätigkeiten auszuüben,

sofern diese Tätigkeit oder im Fall des Buchstabens c die Gesamttätigkeit der festen Geschäftseinrichtung vorbereitender Art ist oder eine Hilfstätigkeit darstellt.

Option B

(3) Ungeachtet der Bestimmungen eines unter das Übereinkommen fallenden Steuerabkommens,

die den Ausdruck „Betriebsstätte“ bestimmen, gelten folgende Fälle als nicht von dem Ausdruck „Betriebsstätte“ umfasst:

a) die Tätigkeiten, die in dem unter das Übereinkommen fallenden Steuerabkommen (vor Änderung durch das Übereinkommen) ausdrücklich als nicht als Betriebsstätte geltende Tätigkeiten aufgeführt sind, unabhängig davon, ob diese Ausnahme vom Betriebsstättenstatus voraussetzt, dass die Tätigkeit vorbereitender Art ist oder eine Hilfstätigkeit darstellt, soweit die einschlägige Bestimmung des unter das Übereinkommen fallenden Steuerabkommens nicht ausdrücklich vorsieht, dass eine bestimmte Tätigkeit nicht als Betriebsstätte gilt, sofern die Tätigkeit vorbereitender Art ist oder eine Hilfstätigkeit darstellt;

b) eine feste Geschäftseinrichtung, die ausschließlich zu dem Zweck unterhalten wird, für das Unternehmen eine nicht unter Buchstabe a beschriebene Tätigkeit auszuüben, sofern diese Tätigkeit vorbereitender Art ist oder eine Hilfstätigkeit darstellt;

c) eine feste Geschäftseinrichtung, die ausschließlich zu dem Zweck unterhalten wird, mehrere der unter den Buchstaben a und b genannten Tätigkeiten auszuüben, sofern die sich daraus ergebende Gesamttätigkeit der festen Geschäftseinrichtung vorbereitender Art ist oder eine Hilfstätigkeit darstellt.

(4) Eine Bestimmung eines unter das Übereinkommen fallenden Steuerabkommens (in der gegebenenfalls durch Absatz 2 oder 3 geänderten Fassung), in der bestimmte Tätigkeiten aufgeführt sind, die nicht als Betriebsstätte gelten, gilt nicht für eine von einem Unternehmen genutzte oder unterhaltene feste Geschäftseinrichtung, wenn dasselbe Unternehmen oder ein eng verbundenes Unternehmen an demselben Ort oder an einem anderen Ort in demselben Vertragsstaat eine Geschäftstätigkeit ausübt und

a) dieser Ort oder der andere Ort für das Unternehmen oder das eng verbundene Unternehmen nach den Bestimmungen eines unter das Übereinkommen fallenden Steuerabkommens, die den Begriff „Betriebsstätte“ bestimmen, eine Betriebsstätte darstellt, oder

b) die Gesamttätigkeit, die sich aus den von den beiden Unternehmen an demselben Ort oder von demselben Unternehmen oder eng verbundenen Unternehmen an den beiden Orten ausgeübten Tätigkeiten ergibt, weder vorbereitender Art ist noch eine Hilfstätigkeit darstellt,

sofern die von den beiden Unternehmen an demselben Ort oder von demselben Unternehmen oder eng verbundenen Unternehmen an den beiden Orten ausgeübten Geschäftstätigkeiten sich ergänzende Aufgaben darstellen, die Teil eines zusammenhängenden Geschäftsbetriebs sind.

(5)

a) Absatz 2 oder 3 gilt anstelle der einschlägigen Passagen von Bestimmungen eines unter das Übereinkommen fallenden Steuerabkommens, in denen bestimmte Tätigkeiten aufgeführt sind, die nicht als Betriebsstätte gelten, selbst wenn die Tätigkeit durch eine feste Geschäftseinrichtung ausgeübt wird (oder von Bestimmungen eines unter das Übereinkommen fallenden Steuerabkommens, die auf vergleichbare Weise wirken).

b) Absatz 4 gilt für Bestimmungen eines unter das Übereinkommen fallenden Steuerabkommens (in der gegebenenfalls durch Absatz 2 oder 3 geänderten Fassung), in denen bestimmte Tätigkeiten aufgeführt sind, die nicht als Betriebsstätte gelten, selbst wenn die Tätigkeit durch eine feste Geschäftseinrichtung ausgeübt wird (oder für Bestimmungen eines unter das Übereinkommen fallenden Steuerabkommens, die auf vergleichbare Weise wirken).

(6) Eine Vertragspartei dieses Übereinkommens kann sich vorbehalten,

a) dass dieser gesamte Artikel nicht für ihre unter das Übereinkommen fallenden Steuerabkommen gilt;

b) dass Absatz 2 nicht für ihre unter das Übereinkommen fallenden Steuerabkommen gilt, in denen ausdrücklich erklärt wird, dass die in einer Liste aufgeführten bestimmten Tätigkeiten nur dann nicht als Betriebsstätte gelten, wenn jede einzelne dieser Tätigkeiten vorbereitender Art ist oder eine Hilfstätigkeit darstellt;

c) dass Absatz 4 nicht für ihre unter das Übereinkommen fallenden Steuerabkommen gilt.

(7) Jede Vertragspartei dieses Übereinkommens, die sich nach Absatz 1 für die Anwendung einer Option entscheidet, notifiziert dem Verwahrer die gewählte Option. Diese Notifikation muss auch die Liste ihrer unter das Übereinkommen fallenden Steuerabkommen umfassen, die eine in Absatz 5 Buchstabe a beschriebene Bestimmung enthalten, sowie jeweils die Nummer des Artikels und des Absatzes dieser Bestimmung. Eine Option gilt nur dann in Bezug auf eine Bestimmung eines unter das Übereinkommen fallenden Steuerabkommens, wenn sich alle Vertragsstaaten für die Anwendung derselben Option entschieden haben und in Bezug auf diese Bestimmung eine entsprechende Notifikation abgegeben haben.

(8) Jede Vertragspartei dieses Übereinkommens, die keinen Vorbehalt nach Absatz 6 Buchstabe a oder c angebracht hat und sich nicht nach Absatz 1 für die Anwendung einer Option entscheidet, notifiziert dem Verwahrer, ob ihre unter das Übereinkommen fallenden Steuerabkommen jeweils eine in Absatz 5 Buchstabe b beschriebene Bestimmung enthalten, sowie jeweils die Nummer des Artikels und des Absatzes dieser Bestimmung. Absatz 4 gilt nur dann in Bezug auf eine Bestimmung eines unter das Übereinkommen fallenden Steuerabkommens,

wenn alle Vertragsstaaten nach diesem Absatz oder nach Absatz 7 in Bezug auf diese Bestimmung eine Notifikation abgegeben haben.

### Aufteilung von Verträgen

**Art. 14** (1) Ausschließlich zu dem Zweck, festzustellen, ob der Zeitraum (oder die Zeiträume) überschritten wurde (beziehungsweise wurden), der (beziehungsweise die) in einer Bestimmung eines unter das Übereinkommen fallenden Steuerabkommens genannt wird (beziehungsweise werden), in der ein Zeitraum (oder Zeiträume) festgelegt ist (beziehungsweise sind), nach dessen (beziehungsweise deren) Überschreitung bestimmte Projekte oder Tätigkeiten eine Betriebsstätte darstellen,

a) wenn ein Unternehmen eines Vertragsstaats im anderen Vertragsstaat Tätigkeiten an einem Ort ausübt, der eine Baustelle, eine Bauausführung, eine Montage oder ein sonstiges in der einschlägigen Bestimmung des unter das Übereinkommen fallenden Steuerabkommens bezeichnetes bestimmtes Projekt darstellt, oder im Zusammenhang mit einem derartigen Ort Aufsichts- oder Beratungstätigkeiten ausübt, falls in einer Bestimmung eines unter das Übereinkommen fallenden Steuerabkommens derartige Tätigkeiten genannt werden, und wenn diese Tätigkeiten während eines oder mehrerer Zeiträume ausgeübt werden, die insgesamt 30 Tage überschreiten, ohne den in der einschlägigen Bestimmung des unter das Übereinkommen fallenden Steuerabkommens genannten Zeitraum beziehungsweise die dort genannten Zeiträume zu überschreiten, und

b) wenn miteinander zusammenhängende Tätigkeiten im anderen Vertragsstaat am Ort (oder, wenn die einschlägige Bestimmung des unter das Übereinkommen fallenden Steuerabkommens für Aufsichts- oder Beratungstätigkeiten gilt, im Zusammenhang mit) derselben Baustelle oder derselben Bauausführung oder Montage oder an einem sonstigen in der einschlägigen Bestimmung des unter das Übereinkommen fallenden Steuerabkommens bezeichneten Ort während verschiedener Zeiträume, die jeweils 30 Tage überschreiten, durch ein oder mehrere eng mit dem erstgenannten Unternehmen verbundene Unternehmen ausgeübt werden,

werden diese verschiedenen Zeiträume dem Gesamtzeitraum hinzugerechnet, während dessen das erstgenannte Unternehmen am Ort dieser Baustelle, dieser Bauausführung oder Montage oder an diesem sonstigen in der einschlägigen Bestimmung des unter das Übereinkommen fallenden Steuerabkommens bezeichneten Ort Tätigkeiten ausgeübt hat.

(2) Absatz 1 gilt anstelle oder in Ermangelung von Bestimmungen eines unter das Übereinkommen fallenden Steuerabkommens, soweit in diesen Bestimmungen die Aufteilung von Verträgen in mehrere Teile zur Vermeidung der Überschreitung eines Zeitraums oder von Zeiträumen in Bezug auf das Bestehen einer Betriebsstätte für bestimmte in Absatz 1 beschriebene Projekte oder Tätigkeiten geregelt wird.

(3) Eine Vertragspartei dieses Übereinkommens kann sich vorbehalten,

a) dass dieser gesamte Artikel nicht für ihre unter das Übereinkommen fallenden Steuerabkommen gilt;

b) dass dieser gesamte Artikel nicht für Bestimmungen ihrer unter das Übereinkommen fallenden Steuerabkommen gilt, die sich auf das Aufsuchen oder die Ausbeutung von natürlichen Ressourcen beziehen.

(4) Jede Vertragspartei dieses Übereinkommens, die keinen Vorbehalt nach Absatz 3 Buchstabe a angebracht hat, notifiziert dem Verwahrer, ob ihre unter das Übereinkommen fallenden Steuerabkommen jeweils eine in Absatz 2 beschriebene Bestimmung enthalten, die nicht einem Vorbehalt nach Absatz 3 Buchstabe b unterliegt, und, sofern dies der Fall ist, jeweils die Nummer des Artikels und des Absatzes dieser Bestimmung. Haben alle Vertragsstaaten eine entsprechende Notifikation in Bezug auf eine Bestimmung eines unter das Übereinkommen fallenden Steuerabkommens abgegeben, so wird diese durch Absatz 1 ersetzt, soweit in Absatz 2 vorgesehen. Anderenfalls geht Absatz 1 den Bestimmungen des unter das Übereinkommen fallenden Steuerabkommens nur insoweit vor, als diese mit Absatz 1 unvereinbar sind.

### Bestimmung des Begriffs der mit einem Unternehmen eng verbundenen Person

**Art. 15** (1) Im Sinne eines durch Artikel 12 (Künstliche Umgehung des Betriebsstättenstatus durch Kommissionärsmodelle und ähnliche Strategien) Absatz 2, Artikel 13 (Künstliche Umgehung des Betriebsstättenstatus durch die Ausnahme bestimmter Tätigkeiten) Absatz 4 oder Artikel 14 (Aufteilung von Verträgen) Absatz 1 geänderten unter das Übereinkommen fallenden Steuerabkommens ist eine Person mit einem Unternehmen eng verbunden, wenn allen maßgeblichen Tatsachen und Umständen zufolge die Person das Unternehmen oder das Unternehmen die Person beherrscht oder beide von denselben Personen oder Unternehmen beherrscht werden. In jedem Fall gilt eine Person als mit einem Unternehmen eng verbunden, wenn einer von beiden mittelbar oder unmittelbar mehr als 50 Prozent der Eigentumsrechte am anderen (oder bei einer Gesellschaft mehr als 50 Prozent der Gesamtstimmrechte und des Gesamtwerts der Anteile der Gesellschaft oder der Eigentumsrechte an der Gesellschaft) besitzt oder wenn eine weitere Person mittelbar oder unmittelbar mehr als 50 Prozent der Eigentumsrechte an der Person und dem Unternehmen (oder bei einer Gesellschaft mehr als 50 Prozent der Gesamtstimmrechte und des Gesamtwerts der Anteile der Gesellschaft oder der Eigentumsrechte an der Gesellschaft) besitzt.

(2) Eine Vertragspartei dieses Übereinkommens, welche die in Artikel 12 (Künstliche Umgehung des Betriebsstättenstatus durch Kommissionärs-

modelle und ähnliche Strategien) Absatz 4, Artikel 13 (Künstliche Umgehung des Betriebsstättenstatus durch die Ausnahme bestimmter Tätigkeiten) Absatz 6 Buchstabe a oder c und Artikel 14 (Aufteilung von Verträgen) Absatz 3 Buchstabe a beschriebenen Vorbehalte angebracht hat, kann sich vorbehalten, dass dieser gesamte Artikel nicht für die unter das Übereinkommen fallenden Steuerabkommen gilt, für die diese Vorbehalte gelten.

## Teil V
## Verbesserung der Streitbeilegung

### Verständigungsverfahren

**Art. 16** (1) Ist eine Person der Auffassung, dass die Maßnahmen eines oder beider Vertragsstaaten für sie zu einer Besteuerung führen oder führen werden, die dem unter das Übereinkommen fallenden Steuerabkommen nicht entspricht, so kann sie ungeachtet der im innerstaatlichen Recht dieser Vertragsstaaten vorgesehenen Rechtsbehelfe den Fall der zuständigen Behörde eines der beiden Vertragsstaaten vorlegen. Der Fall muss innerhalb von drei Jahren nach der ersten Mitteilung der Maßnahme vorgelegt werden, die zu einer dem unter das Übereinkommen fallenden Steuerabkommen nicht entsprechenden Besteuerung führt.

(2) Hält die zuständige Behörde die Einwendung für berechtigt und ist sie selbst nicht in der Lage, eine zufriedenstellende Lösung herbeizuführen, so wird sie sich bemühen, den Fall durch Verständigung mit der zuständigen Behörde des anderen Vertragsstaats so zu regeln, dass eine dem unter das Übereinkommen fallenden Steuerabkommen nicht entsprechende Besteuerung vermieden wird. Jede erzielte Verständigungsregelung ist ungeachtet jeglicher im innerstaatlichen Recht der Vertragsstaaten vorgesehener Fristen umzusetzen.

(3) Die zuständigen Behörden der Vertragsstaaten werden sich bemühen, Schwierigkeiten oder Zweifel hinsichtlich der Auslegung oder Anwendung des unter das Übereinkommen fallenden Steuerabkommens durch Verständigung auszuräumen. Sie können auch gemeinsam beraten, um eine Doppelbesteuerung in Fällen, die in dem unter das Übereinkommen fallenden Steuerabkommen nicht vorgesehen sind, zu beseitigen.

(4)

a) i) Absatz 1 Satz 1 gilt anstelle oder in Ermangelung von Bestimmungen eines unter das Übereinkommen fallenden Steuerabkommens (oder Teilen davon), nach denen eine Person, wenn sie der Auffassung ist, dass die Maßnahmen eines oder beider Vertragsstaaten für sie zu einer Besteuerung führen oder führen werden, die dem unter das Übereinkommen fallenden Steuerabkommen nicht entspricht, ungeachtet der im innerstaatlichen Recht dieser Vertragsstaaten vorgesehenen Rechtsbehelfe den Fall der zuständigen Behörde des Vertragsstaats, in dem sie ansässig ist, vorlegen kann, einschließlich Bestimmungen, nach denen der Fall der zuständigen Behörde des Vertragsstaats vorgelegt werden kann, dessen Staatsangehörige die Person ist, sofern der von ihr vorgelegte Fall den Bestimmungen eines unter das Übereinkommen fallenden Steuerabkommens zur Gleichbehandlung aufgrund der Staatsangehörigkeit unterliegt.

ii) Absatz 1 Satz 2 gilt anstelle von Bestimmungen eines unter das Übereinkommen fallenden Steuerabkommens, nach denen ein in Absatz 1 Satz 1 genannter Fall innerhalb einer bestimmten Frist von weniger als drei Jahren nach der ersten Mitteilung der Maßnahme, die zu einer dem unter das Übereinkommen fallenden Steuerabkommen nicht entsprechenden Besteuerung führt, vorgelegt werden muss, oder in Ermangelung einer Bestimmung eines unter das Übereinkommen fallenden Steuerabkommens, in der eine Frist festgelegt wird, innerhalb derer ein derartiger Fall vorgelegt werden muss.

b) i) Absatz 2 Satz 1 gilt in Ermangelung von Bestimmungen eines unter das Übereinkommen fallenden Steuerabkommens, nach denen die zuständige Behörde, welcher der Fall von der in Absatz 1 genannten Person vorgelegt wird, sich bemühen wird – sofern sie die Einwendung für berechtigt hält und selbst nicht in der Lage ist, eine zufriedenstellende Lösung herbeizuführen – den Fall durch Verständigung mit der zuständigen Behörde des anderen Vertragsstaats so zu regeln, dass eine dem unter das Übereinkommen fallenden Steuerabkommen nicht entsprechende Besteuerung vermieden wird.

ii) Absatz 2 Satz 2 gilt in Ermangelung von Bestimmungen eines unter das Übereinkommen fallenden Steuerabkommens, nach denen eine erzielte Verständigungsregelung ungeachtet jeglicher im innerstaatlichen Recht der Vertragsstaaten vorgesehener Fristen umzusetzen ist.

c) i) Absatz 3 Satz 1 gilt in Ermangelung von Bestimmungen eines unter das Übereinkommen fallenden Steuerabkommens, nach denen die zuständigen Behörden der Vertragsstaaten sich bemühen werden, Schwierigkeiten oder Zweifel hinsichtlich der Auslegung oder Anwendung des unter das Übereinkommen fallenden Steuerabkommens durch Verständigung auszuräumen.

ii) Absatz 3 Satz 2 gilt in Ermangelung von Bestimmungen eines unter das Übereinkommen fallenden Steuerabkommens, nach denen die zuständigen Behörden der Vertragsstaaten auch gemeinsam beraten können, um eine Doppelbesteuerung in Fällen, die in dem unter das Übereinkommen fallenden Steuerabkommen nicht vorgesehen sind, zu beseitigen.

(5) Eine Vertragspartei dieses Übereinkommens kann sich vorbehalten,

a) dass Absatz 1 Satz 1 nicht für ihre unter das Übereinkommen fallenden Steuerabkommen gilt, da sie beabsichtigt, den Mindeststandard für die Verbesserung der Streitbeilegung nach dem BEPS-Paket der OECD/G20 zu erfüllen, indem sie sicherstellt, dass nach jedem ihrer unter das Übereinkommen fallenden Steuerabkommen (mit Ausnahme der unter das Übereinkommen fallenden Steuerabkommen, nach denen eine Person einen Fall der zuständigen Behörde eines der beiden Vertragsstaaten vorlegen darf) eine Person, wenn sie der Auffassung ist, dass die Maßnahmen eines oder beider Vertragsstaaten für sie zu einer Besteuerung führen oder führen werden, die dem unter das Übereinkommen fallenden Steuerabkommen nicht entspricht, ungeachtet der im innerstaatlichen Recht dieser Vertragsstaaten vorgesehenen Rechtsbehelfe den Fall der zuständigen Behörde des Vertragsstaats, in dem sie ansässig ist, oder, sofern der von dieser Person vorgelegte Fall einer Bestimmung eines unter das Übereinkommen fallenden Steuerabkommens zur Gleichbehandlung aufgrund der Staatsangehörigkeit unterliegt, der zuständigen Behörde des Vertragsstaats, dessen Staatsangehörige sie ist, vorlegen kann; außerdem wird die zuständige Behörde dieses Vertragsstaats ein zweiseitiges Notifikations- oder Konsultationsverfahren mit der zuständigen Behörde des anderen Vertragsstaats für Fälle durchführen, in denen die zuständige Behörde, welcher der Fall, der Gegenstand eines Verständigungsverfahrens sein soll, vorgelegt wurde, die Einwendung des Steuerpflichtigen für unberechtigt hält;

b) dass Absatz 1 Satz 2 nicht für ihre unter das Übereinkommen fallenden Steuerabkommen gilt, die für die Vorlage des in Absatz 1 Satz 1 genannten Falles keine bestimmte Frist vorsehen, da sie beabsichtigt, den Mindeststandard für die Verbesserung der Streitbeilegung nach dem BEPS-Paket der OECD/G20 zu erfüllen, indem sie sicherstellt, dass dem in Absatz 1 genannten Steuerpflichtigen für die Zwecke aller derartigen unter das Übereinkommen fallenden Steuerabkommen gestattet ist, den Fall innerhalb einer Frist von mindestens drei Jahren nach der ersten Mitteilung der Maßnahme vorzulegen, die zu einer dem unter das Übereinkommen fallenden Steuerabkommen nicht entsprechenden Besteuerung führt;

c) dass Absatz 2 Satz 2 nicht für ihre unter das Übereinkommen fallenden Steuerabkommen gilt, da für die Zwecke aller ihrer unter das Übereinkommen fallenden Steuerabkommen

i) eine im Wege des Verständigungsverfahrens erzielte Verständigungsregelung ungeachtet jeglicher im innerstaatlichen Recht der Vertragsstaaten vorgesehener Fristen im innerstaatlichen Recht der Vertragsstaaten umzusetzen ist oder

ii) die Vertragspartei dieses Übereinkommens beabsichtigt, den Mindeststandard für die Verbesserung der Streitbeilegung nach dem BEPS-Paket der OECD/G20 zu erfüllen, indem sie in ihren zweiseitigen Vertragsverhandlungen eine Vertragsbestimmung annimmt, nach der

A) die Vertragsstaaten keine Berichtigung der Gewinne, die einer Betriebsstätte eines Unternehmens eines der Vertragsstaaten zugerechnet werden können, vornehmen nach dem Ablauf einer zwischen den beiden Vertragsstaaten durch Verständigung vereinbarten Frist ab dem Ende des Steuerjahrs, in dem die Gewinne der Betriebsstätte hätten zugerechnet werden können (diese Bestimmung ist nicht anzuwenden im Fall von Betrug, grober Fahrlässigkeit oder vorsätzlicher Unterlassung), und

B) die Vertragsstaaten den Gewinnen eines Unternehmens nicht die Gewinne zurechnen und entsprechend besteuern, die das Unternehmen erzielt hätte, aufgrund der in einer Bestimmung des unter das Übereinkommen fallenden Steuerabkommens in Bezug auf verbundene Unternehmen genannten Bedingungen jedoch nicht erzielt hat, nach dem Ablauf einer zwischen den beiden Vertragsstaaten durch Verständigung vereinbarten Frist ab dem Ende des Steuerjahrs, in dem das Unternehmen die Gewinne erzielt hätte (diese Bestimmung ist nicht anzuwenden im Fall von Betrug, grober Fahrlässigkeit oder vorsätzlicher Unterlassung).

(6)

a) Jede Vertragspartei dieses Übereinkommens, die keinen Vorbehalt nach Absatz 5 Buchstabe a angebracht hat, notifiziert dem Verwahrer, ob ihre unter das Übereinkommen fallenden Steuerabkommen jeweils eine in Absatz 4 Buchstabe a Ziffer i beschriebene Bestimmung enthalten, und, sofern dies der Fall ist, jeweils die Nummer des Artikels und des Absatzes dieser Bestimmung. Haben alle Vertragsstaaten eine Notifikation in Bezug auf eine Bestimmung eines unter das Übereinkommen fallenden Steuerabkommens abgegeben, so wird diese durch Absatz 1 Satz 1 ersetzt. Anderenfalls geht Absatz 1 Satz 1 den Bestimmungen des unter das Übereinkommen fallenden Steuerabkommen nur insoweit vor, als diese mit Absatz 1 Satz 1 unvereinbar sind.

b) Jede Vertragspartei dieses Übereinkommens, die nicht den Vorbehalt nach Absatz 5 Buchstabe b angebracht hat, notifiziert dem Verwahrer
   i) die Liste ihrer unter das Übereinkommen fallenden Steuerabkommen, die eine Bestimmung enthalten, nach der ein in Absatz 1 Satz 1 genannter Fall innerhalb einer bestimmten Frist von weniger als drei Jahren nach der ersten Mitteilung der Maßnahme, die zu einer dem unter das Übereinkommen fallenden Steuerabkommen nicht entsprechenden Besteuerung führt, vorgelegt werden muss, sowie jeweils die Nummer des Artikels und des Absatzes dieser Bestimmung; eine Bestimmung eines unter das Übereinkommen fallenden Steuerabkommens wird durch Absatz 1 Satz 2 ersetzt, wenn alle Vertragsstaaten eine entsprechende Notifikation in Bezug auf diese Bestimmung abgegeben haben; anderenfalls, jedoch vorbehaltlich der Ziffer ii geht Absatz 1 Satz 2 den Bestimmungen des unter das Übereinkommen fallenden Steuerabkommens nur insoweit vor, als diese mit Absatz 1 Satz 2 unvereinbar sind;
   ii) die Liste ihrer unter das Übereinkommen fallenden Steuerabkommen, die eine Bestimmung enthalten, nach der ein in Absatz 1 Satz 1 genannter Fall innerhalb einer bestimmten Frist von mindestens drei Jahren nach der ersten Mitteilung der Maßnahme, die zu einer dem unter das Übereinkommen fallenden Steuerabkommen nicht entsprechenden Besteuerung führt, vorgelegt werden muss, sowie jeweils die Nummer des Artikels und des Absatzes dieser Bestimmung; Absatz 1 Satz 2 gilt nicht für ein unter das Übereinkommen fallendes Steuerabkommen, wenn ein Vertragsstaat eine entsprechende Notifikation in Bezug auf diese abgegeben hat.

c) Jede Vertragspartei dieses Übereinkommens notifiziert dem Verwahrer
   i) die Liste ihrer unter das Übereinkommen fallenden Steuerabkommen, die keine in Absatz 4 Buchstabe b Ziffer i beschriebene Bestimmung enthalten; Absatz 2 Satz 1 gilt nur dann für ein unter das Übereinkommen fallendes Steuerabkommen, wenn alle Vertragsstaaten eine entsprechende Notifikation in Bezug auf diese abgegeben haben;
   ii) die Liste ihrer unter das Übereinkommen fallenden Steuerabkommen, die keine in Absatz 4 Buchstabe b Ziffer ii beschriebene Bestimmung enthalten, wenn sie nicht den Vorbehalt nach Absatz 5 Buchstabe c angebracht hat; Absatz 2 Satz 2 gilt nur dann für ein unter das Übereinkommen fallendes Steuerabkommen, wenn alle Vertragsstaaten eine entsprechende Notifikation in Bezug auf dieses abgegeben haben.

d) Jede Vertragspartei dieses Übereinkommens notifiziert dem Verwahrer
   i) die Liste ihrer unter das Übereinkommen fallenden Steuerabkommen, die keine in Absatz 4 Buchstabe c Ziffer i beschriebene Bestimmung enthalten; Absatz 3 Satz 1 gilt nur dann für ein unter das Übereinkommen fallendes Steuerabkommen, wenn alle Vertragsstaaten eine entsprechende Notifikation in Bezug auf dieses abgegeben haben;
   ii) die Liste ihrer unter das Übereinkommen fallenden Steuerabkommen, die keine in Absatz 4 Buchstabe c Ziffer ii beschriebene Bestimmung enthalten; Absatz 3 Satz 2 gilt nur dann für ein unter das Übereinkommen fallendes Steuerabkommen, wenn alle Vertragsstaaten eine entsprechende Notifikation in Bezug auf dieses abgegeben haben.

### Gegenberichtigung

**Art. 17** (1) Rechnet ein Vertragsstaat den Gewinnen eines Unternehmens dieses Vertragsstaats Gewinne zu, mit denen ein Unternehmen des anderen Vertragsstaats in diesem anderen Vertragsstaat besteuert worden ist, und besteuert diese Gewinne entsprechend und handelt es sich bei den zugerechneten Gewinnen um solche, die das Unternehmen des erstgenannten Vertragsstaats erzielt hätte, wenn die zwischen den beiden Unternehmen vereinbarten Bedingungen die gleichen gewesen wären, die unabhängige Unternehmen miteinander vereinbart hätten, so nimmt dieser andere Vertragsstaat eine entsprechende Berichtigung der Höhe der dort von diesen Gewinnen erhobenen Steuer vor. Bei der Ermittlung dieser Berichtigung sind die übrigen Bestimmungen des unter das Übereinkommen fallenden Steuerabkommens zu berücksichtigen und erforderlichenfalls konsultieren die zuständigen Behörden der Vertragsstaaten einander.



(2) Absatz 1 gilt anstelle oder in Ermangelung einer Bestimmung, nach der ein Vertragsstaat verpflichtet ist, eine entsprechende Berichtigung der Höhe der dort von den Gewinnen eines Unternehmens dieses Vertragsstaats erhobenen Steuer vorzunehmen, wenn der andere Vertragsstaat diese Gewinne den Gewinnen eines Unternehmens dieses anderen Vertragsstaats zurechnet und diese Gewinne entsprechend besteuert und es sich bei den zugerechneten Gewinnen um solche handelt, die das Unternehmen dieses anderen Vertragsstaats erzielt hätte, wenn die zwischen den beiden Unternehmen vereinbarten Bedingungen die gleichen gewesen wären, die unabhängige Unternehmen miteinander vereinbart hätten.

(3) Eine Vertragspartei dieses Übereinkommens kann sich vorbehalten,

a) dass dieser gesamte Artikel nicht für ihre unter das Übereinkommen fallenden Steuerabkommen gilt, die bereits eine in Absatz 2 beschriebene Bestimmung enthalten;

b) dass dieser gesamte Artikel nicht für ihre unter das Übereinkommen fallenden Steuerabkommen gilt, da in Ermangelung einer in Absatz 2 genannten Bestimmung in ihrem unter das Übereinkommen fallenden Steuerabkommen
   i) sie die in Absatz 1 genannte entsprechende Berichtigung vornimmt oder
   ii) ihre zuständige Behörde sich bemühen wird, den Fall nach den Bestimmungen eines unter das Übereinkommen fallenden Steuerabkommens in Bezug auf das Verständigungsverfahren zu regeln;

c) dass dieser gesamte Artikel nicht für ihre unter das Übereinkommen fallenden Steuerabkommen gilt, wenn sie einen Vorbehalt nach Artikel 16 (Verständigungsverfahren) Absatz 5 Buchstabe c Ziffer ii angebracht hat, da sie in ihren zweiseitigen Vertragsverhandlungen eine Vertragsbestimmung der in Absatz 1 beschriebenen Art annimmt, sofern die Vertragsstaaten eine Verständigungsregelung über diese Bestimmung und die in Artikel 16 (Verständigungsverfahren) Absatz 5 Buchstabe c Ziffer ii beschriebenen Bestimmungen erzielen konnten.

(4) Jede Vertragspartei dieses Übereinkommens, die keinen Vorbehalt nach Absatz 3 angebracht hat, notifiziert dem Verwahrer, ob ihre unter das Übereinkommen fallenden Steuerabkommen jeweils eine in Absatz 2 beschriebene Bestimmung enthalten, und, sofern dies der Fall ist, jeweils die Nummer des Artikels und des Absatzes dieser Bestimmung. Haben alle Vertragsstaaten eine entsprechende Notifikation in Bezug auf eine Bestimmung eines unter das Übereinkommen fallenden Steuerabkommens abgegeben, so wird diese durch Absatz 1 ersetzt. Anderenfalls geht Absatz 1 den Bestimmungen des unter das Übereinkommen fallenden Steuerabkommens nur insoweit vor, als diese mit Absatz 1 unvereinbar sind.

## Teil VI
## Schiedsverfahren

### Entscheidung für die Anwendung des Teiles VI

**Art. 18** Eine Vertragspartei dieses Übereinkommens kann sich entscheiden, diesen Teil in Bezug auf ihre unter das Übereinkommen fallenden Steuerabkommen anzuwenden, und notifiziert dies dem Verwahrer. Dieser Teil gilt nur dann für zwei Vertragsstaaten in Bezug auf ein unter das Übereinkommen fallendes Steuerabkommen, wenn beide Vertragsstaaten eine entsprechende Notifikation abgegeben haben.

### Obligatorisches verbindliches Schiedsverfahren

**Art. 19** (1) Wenn

a) eine Person aufgrund einer Bestimmung eines unter das Übereinkommen fallenden Steuerabkommens (in der gegebenenfalls durch Artikel 16 (Verständigungsverfahren) Absatz 1 geänderten Fassung), nach der eine Person einen Fall einer zuständigen Behörde eines Vertragsstaats vorlegen kann, wenn sie der Auffassung ist, dass die Maßnahmen eines oder beider Vertragsstaaten für sie zu einer Besteuerung führen oder führen werden, die dem unter das Übereinkommen fallenden Steuerabkommen (in der gegebenenfalls durch das Übereinkommen geänderten Fassung) nicht entspricht, der zuständigen Behörde eines Vertragsstaats einen Fall vorgelegt hat, weil die Maßnahmen eines oder beider Vertragsstaaten für sie zu einer dem unter das Übereinkommen fallenden Steuerabkommen (in der gegebenenfalls durch das Übereinkommen geänderten Fassung) nicht entsprechenden Besteuerung geführt haben, und

b) die zuständigen Behörden nicht innerhalb von zwei Jahren ab dem in Absatz 8 oder, je nach Sachlage, Absatz 9 genannten Fristbeginn (es sei denn, die zuständigen Behörden der Vertragsstaaten haben vor Ablauf dieser Frist eine andere Frist für diesen Fall vereinbart und die Person, die den Fall vorgelegt hat, darüber unterrichtet) eine Verständigungsregelung zur Regelung des Falles nach einer Bestimmung eines unter das Übereinkommen fallenden Steuerabkommens (in der gegebenenfalls durch Artikel 16 (Verständigungsverfahren) Absatz 2 geänderten Fassung) erzielen können, die vorsieht, dass sich die zuständige Behörde bemühen wird, den Fall durch Verständigung mit der zuständigen Behörde des anderen Vertragsstaats zu regeln,

werden auf schriftlichen Antrag der Person noch offene Fragen des Falles auf die in diesem Teil beschriebene Weise und im Einklang mit den von den zuständigen Behörden der Vertragsstaaten nach Absatz 10 vereinbarten Vorschriften oder Verfahren einem Schiedsverfahren unterworfen.

(2) Hat eine zuständige Behörde das in Absatz 1 erwähnte Verständigungsverfahren ausgesetzt, da bei einem Gericht ein Fall betreffend eine oder mehrere gleiche Fragen anhängig ist, so ist der Lauf der in Absatz 1 Buchstabe b vorgesehenen Frist gehemmt, bis entweder eine abschließende Gerichtsentscheidung ergangen ist oder der Fall eingestellt oder zurückgezogen wurde. Auch wenn eine Person, die einen Fall vorgelegt hat, und eine zuständige Behörde eine Aussetzung des Verständigungsverfahrens vereinbart haben, ist der Lauf der in Absatz 1 Buchstabe b vorgesehenen Frist gehemmt, bis die Aussetzung aufgehoben wurde.

(3) Kommen beide zuständigen Behörden überein, dass eine unmittelbar von dem Fall betroffene Person es versäumt hat, zusätzliche wesentliche Informationen, die nach Beginn der in Absatz 1 Buchstabe b vorgesehenen Frist von einer der beiden zuständigen Behörden angefordert wurden,

rechtzeitig bereitzustellen, so wird die in Absatz 1 Buchstabe b vorgesehene Frist um eine Dauer verlängert, die dem Zeitraum entspricht, der an dem Tag beginnt, bis zu dem die Informationen angefordert waren, und an dem Tag endet, an dem sie bereitgestellt wurden.

(4)

a) Der Schiedsspruch über die einem Schiedsverfahren unterworfenen Fragen wird durch die Verständigungsregelung in Bezug auf den in Absatz 1 genannten Fall umgesetzt. Der Schiedsspruch ist endgültig.

b) Der Schiedsspruch ist für beide Vertragsstaaten verbindlich, es sei denn,

   i) eine unmittelbar von dem Fall betroffene Person erkennt die Verständigungsregelung, durch die der Schiedsspruch umgesetzt wird, nicht an. In diesem Fall kommt der Fall für eine weitere Prüfung durch die zuständigen Behörden nicht in Betracht. Die Verständigungsregelung, durch die der Schiedsspruch über den Fall umgesetzt wird, gilt als von einer unmittelbar von dem Fall betroffenen Person nicht anerkannt, sofern nicht eine unmittelbar von dem Fall betroffene Person innerhalb von 60 Tagen nach Übermittlung der Mitteilung über die Verständigungsregelung an die Person alle in der Verständigungsregelung, durch die der Schiedsspruch umgesetzt wird, geklärten Fragen von der Prüfung durch ein Gericht zurückzieht oder alle gegebenenfalls anhängigen Gerichtsverfahren und außergerichtlichen Rechtsbehelfsverfahren in Bezug auf diese Fragen in einer mit dieser Verständigungsregelung übereinstimmenden Weise beendet;

   ii) der Schiedsspruch wird in einer abschließenden Entscheidung der Gerichte eines der Vertragsstaaten für ungültig erklärt. In diesem Fall gilt der Schiedsantrag nach Absatz 1 als nicht gestellt und das Schiedsverfahren als nicht durchgeführt (außer für die Zwecke der Artikel 21 (Vertraulichkeit von Schiedsverfahren) und 25 (Kosten von Schiedsverfahren). In diesem Fall kann ein neuer Schiedsantrag gestellt werden, sofern die zuständigen Behörden nicht übereinkommen, dass ein solcher neuer Antrag nicht zulässig sein soll;

   iii) eine unmittelbar von dem Fall betroffene Person strengt ein Gerichtsverfahren zu den in der Verständigungsregelung, durch die der Schiedsspruch umgesetzt wird, geklärten Fragen an.

(5) Die zuständige Behörde, bei welcher der ursprüngliche Antrag auf ein Verständigungsverfahren nach Absatz 1 Buchstabe a eingegangen ist, übermittelt innerhalb von zwei Kalendermonaten nach Eingang des Antrags

a) eine Mitteilung über den Eingang des Antrags an die Person, die den Fall vorgelegt hat, sowie

b) eine Mitteilung über diesen Antrag mit einer Abschrift desselben an die zuständige Behörde des anderen Vertragsstaats.

(6) Innerhalb von drei Kalendermonaten, nachdem eine zuständige Behörde den Antrag auf ein Verständigungsverfahren (oder eine Abschrift desselben von der zuständigen Behörde des anderen Vertragsstaats) erhalten hat, wird sie

a) entweder der Person, die den Fall vorgelegt hat, und der anderen zuständigen Behörde mitteilen, dass sie die für eine sachliche Prüfung des Falles erforderlichen Informationen erhalten hat, oder

b) zu diesem Zweck von dieser Person zusätzliche Informationen anfordern.

(7) Haben nach Absatz 6 Buchstabe b eine oder beide zuständigen Behörden von der Person, die den Fall vorgelegt hat, zusätzliche Informationen angefordert, die für eine sachliche Prüfung des Falles erforderlich sind, so teilt die zuständige Behörde, welche die zusätzlichen Informationen angefordert hat, dieser Person und der anderen zuständigen Behörde innerhalb von drei Kalendermonaten nach Erhalt der zusätzlichen Informationen von dieser Person entweder mit,

a) dass sie die angeforderten Informationen erhalten hat

b) oder dass einige der angeforderten Informationen noch fehlen.

(8) Hat keine der beiden zuständigen Behörden nach Absatz 6 Buchstabe b zusätzliche Informationen angefordert, so ist der in Absatz 1 genannte Fristbeginn der frühere der beiden folgenden Tage:

a) der Tag, an dem beide zuständigen Behörden der Person, die den Fall vorgelegt hat, eine Mitteilung nach Absatz 6 Buchstabe a übermittelt haben, oder

b) der Tag, der drei Kalendermonate nach der Mitteilung an die zuständige Behörde des anderen Vertragsstaats nach Absatz 5 Buchstabe b liegt.

(9) Wurden nach Absatz 6 Buchstabe b zusätzliche Informationen angefordert, so ist der in Absatz 1 genannte Fristbeginn der frühere der beiden folgenden Tage:

a) der letzte Tag, an dem die zuständigen Behörden, die zusätzliche Informationen angefordert haben, der Person, die den Fall vorgelegt hat, und der anderen zuständigen Behörde eine Mitteilung nach Absatz 7 Buchstabe a übermittelt haben, oder

b) der Tag, der drei Kalendermonate nach dem Zeitpunkt liegt, zu dem beide zuständigen Behörden von der Person, die den Fall vorgelegt hat, alle von einer der beiden zuständigen Behörden angeforderten Informationen erhalten haben.

Übermitteln jedoch eine oder beide zuständigen Behörden die Mitteilung nach Absatz 7 Buchstabe b, so gilt diese als Anforderung zusätzlicher Informationen nach Absatz 6 Buchstabe b.

(10) Die zuständigen Behörden der Vertragsstaaten regeln durch Verständigung (nach dem Artikel der einschlägigen unter das Übereinkommen fallenden Steuerabkommen, der sich auf Verständigungsverfahren bezieht), wie dieser Teil anzuwenden ist und welche Informationen jede zuständige Behörde für eine sachliche Prüfung des Falles mindestens benötigt. Diese Verständigungsregelung ist vor dem Tag zu treffen, an dem noch offene Fragen im Rahmen eines Falles erstmals in Betracht kommen, einem Schiedsverfahren unterworfen zu werden, und kann danach erforderlichenfalls geändert werden.

(11) Für die Anwendung dieses Artikels auf ihre unter das Übereinkommen fallenden Steuerabkommen kann sich eine Vertragspartei dieses Übereinkommens vorbehalten, die in Absatz 1 Buchstabe b vorgesehene Frist von zwei Jahren durch eine Frist von drei Jahren zu ersetzen.

(12) Eine Vertragspartei dieses Übereinkommens kann sich vorbehalten, dass ungeachtet der Absätze 1 bis 11 in Bezug auf ihre unter das Übereinkommen fallenden Steuerabkommen folgende Vorschriften gelten:

a) Eine noch offene Frage die sich aus einem Fall ergibt, der Gegenstand eines Verständigungsverfahrens ist und der anderenfalls in den Anwendungsbereich des in diesem Übereinkommen vorgesehenen Schiedsverfahrens fallen würde, darf nicht einem Schiedsverfahren unterworfen werden, wenn in einem der beiden Vertragsstaaten bereits eine Gerichtsentscheidung zu dieser Frage ergangen ist.

b) Wenn zu irgendeinem Zeitpunkt nach Stellung eines Schiedsantrags und vor Übermittlung des Schiedsspruchs an die zuständigen Behörden der Vertragsstaaten durch die Schiedsstelle in einem der Vertragsstaaten eine Gerichtsentscheidung zu der Frage ergeht, endet das Schiedsverfahren.

### Bestellung der Schiedsrichter

**Art. 20** (1) Soweit sich die zuständigen Behörden der Vertragsstaaten nicht auf andere Vorschriften verständigen, gelten für die Zwecke dieses Teiles die Absätze 2 bis 4.

(2) Für die Bestellung der Mitglieder einer Schiedsstelle gelten folgende Vorschriften:

a) Die Schiedsstelle besteht aus drei Einzelmitgliedern mit Fachkenntnis oder Erfahrung auf dem Gebiet internationaler Steuersachen.

b) Jede zuständige Behörde bestellt innerhalb von 60 Tagen nach dem Tag des aufgrund des Artikels 19 (Obligatorisches verbindliches Schiedsverfahren) Absatz 1 gestellten Schiedsantrags ein Mitglied der Schiedsstelle. Die beiden auf diese Weise bestellten Mitglieder der Schiedsstelle bestellen innerhalb von 60 Tagen nach der letzten dieser beiden Bestellungen ein drittes Mitglied, das den Vorsitz der Schiedsstelle ausübt. Der Vorsitzende darf nicht Staatsangehöriger eines der beiden Vertragsstaaten oder in einem der beiden Vertragsstaaten ansässig sein.

c) Jedes bestellte Mitglied der Schiedsstelle muss zum Zeitpunkt der Annahme einer Bestellung unparteilich und von den zuständigen Behörden, Steuerverwaltungen und Finanzministerien der Vertragsstaaten sowie allen unmittelbar von dem Fall betroffenen Personen (und deren Beratern) unabhängig sein, während des gesamten Verfahrens seine Unparteilichkeit und Unabhängigkeit wahren und während eines angemessenen Zeitraums danach jedes Verhalten vermeiden, das Anlass zu Zweifeln an der Unparteilichkeit und Unabhängigkeit der Schiedsrichter in Bezug auf das Verfahren geben kann.

(3) Versäumt es die zuständige Behörde eines Vertragsstaats, in der Weise und innerhalb der Frist, die in Absatz 2 genannt oder zwischen den zuständigen Behörden der Vertragsstaaten vereinbart sind, ein Mitglied der Schiedsstelle zu bestellen, so wird durch den ranghöchsten Funktionsträger des Zentrums für Steuerpolitik und -verwaltung der Organisation für wirtschaftliche Zusammenarbeit und Entwicklung, der nicht Staatsangehöriger eines der beiden Vertragsstaaten ist, im Namen dieser zuständigen Behörde ein Mitglied bestellt.

(4) Versäumen es die beiden ersten Mitglieder der Schiedsstelle, in der Weise und innerhalb der Frist, die in Absatz 2 genannt oder zwischen den zuständigen Behörden der Vertragsstaaten vereinbart sind, den Vorsitzenden zu bestellen, so wird der Vorsitzende durch den ranghöchsten Funktionsträger des Zentrums für Steuerpolitik und -verwaltung der Organisation für wirtschaftliche Zusammenarbeit und Entwicklung bestellt, der nicht Staatsangehöriger eines der beiden Vertragsstaaten ist.

### Vertraulichkeit von Schiedsverfahren

**Art. 21** (1) Mitglieder der Schiedsstelle und höchstens drei Mitarbeiter je Mitglied (sowie vorgesehene Schiedsrichter, jedoch nur, soweit dies für die Überprüfung ihrer Fähigkeit zur Erfüllung der Voraussetzungen für eine Tätigkeit als Schiedsrichter erforderlich ist) gelten ausschließlich für die Anwendung dieses Teiles und der betreffenden unter das Übereinkommen fallenden Steuerabkommen sowie der innerstaatlichen Rechtsvorschriften der Vertragsstaaten in Bezug auf Informationsaustausch, Vertraulichkeit und Amtshilfe als Personen oder Behörden, an die Informationen weitergegeben werden dürfen. Informationen, welche die Schiedsstelle oder vorgesehene Schiedsrichter erhalten, sowie Informationen, welche die zuständigen Behörden von der Schiedsstelle erhalten, gelten als nach den Bestimmungen des unter das Übereinkommen fallenden Steuerabkommens in Bezug auf Informationsaustausch und Amtshilfe ausgetauschte Informationen.

(2) Die zuständigen Behörden der Vertragsstaaten stellen sicher, dass Mitglieder der Schiedsstelle und ihre Mitarbeiter sich vor ihrem Tätigwerden im Rahmen eines Schiedsverfahrens schriftlich verpflichten, Informationen zum Schiedsverfahren im Einklang mit den in den Bestimmungen des unter das Übereinkommen fallenden Steuerabkommens in Bezug auf Informationsaustausch und Amtshilfe beschriebenen und den im anwendbaren Recht der Vertragsstaaten vorgesehenen Vertraulichkeits- und Geheimhaltungspflichten zu behandeln.

**Regelung eines Falles vor Abschluss des Schiedsverfahrens**

**Art. 22** Für die Zwecke dieses Teiles und der Bestimmungen des betreffenden unter das Übereinkommen fallenden Steuerabkommens zur Regelung von Fällen durch Verständigung enden das Verständigungsverfahren und das Schiedsverfahren in Bezug auf einen Fall, wenn zu irgendeinem Zeitpunkt nach Stellung eines Schiedsantrags und vor Übermittlung des Schiedsspruchs an die zuständigen Behörden der Vertragsstaaten durch die Schiedsstelle

a) die zuständigen Behörden der Vertragsstaaten den Fall durch Verständigung regeln oder

b) die Person, die den Fall vorgelegt hat, den Schiedsantrag oder den Antrag auf ein Verständigungsverfahren zurückzieht.

**Art des Schiedsverfahrens**

**Art. 23** (1) Soweit sich die zuständigen Behörden der Vertragsstaaten nicht auf andere Vorschriften verständigen, gelten bei einem Schiedsverfahren nach diesem Teil folgende Vorschriften:

a) Nachdem ein Fall einem Schiedsverfahren unterworfen wurde, legt die zuständige Behörde jedes Vertragsstaats der Schiedsstelle bis zu einem vereinbarten Tag einen Regelungsvorschlag vor, in dem alle noch offenen Fragen des Falles behandelt werden (unter Berücksichtigung aller zuvor zwischen den zuständigen Behörden der Vertragsstaaten in diesem Fall erzielten Verständigungsregelungen). Der Regelungsvorschlag ist für jede Berichtigung oder vergleichbare Frage des Falles auf die Festlegung bestimmter Geldbeträge (zum Beispiel von Einkünften oder Aufwendungen) oder, wenn angegeben, des höchsten aufgrund des unter das Übereinkommen fallenden Steuerabkommens erhobenen Steuersatzes zu beschränken. Konnten die zuständigen Behörden der Vertragsstaaten in einem Fall über eine Frage betreffend die Voraussetzungen für die Anwendung einer Bestimmung des betreffenden unter das Übereinkommen fallenden Steuerabkommens (im Folgenden als „Schwellenfrage" bezeichnet) keine Verständigungsregelung erzielen, zum Beispiel darüber, ob eine natürliche Person eine ansässige Person ist oder ob eine Betriebsstätte besteht, so können die zuständigen Behörden alternative Regelungsvorschläge zu Fragen vorlegen, bei denen die Entscheidung von der Regelung dieser Schwellenfragen abhängt.

b) Die zuständige Behörde jedes Vertragsstaats kann außerdem ein erläuterndes Positionspapier zur Prüfung durch die Schiedsstelle vorlegen. Jede zuständige Behörde, die einen Regelungsvorschlag oder ein erläuterndes Positionspapier vorlegt, übermittelt der anderen zuständigen Behörde bis zu dem Tag, bis zu dem der Regelungsvorschlag und das erläuternde Positionspapier vorgelegt werden müssen, eine Abschrift. Jede zuständige Behörde kann der Schiedsstelle außerdem bis zu einem vereinbarten Tag eine Erwiderung zu dem von der anderen zuständigen Behörde vorgelegten Regelungsvorschlag und erläuternden Positionspapier übermitteln. Der anderen zuständigen Behörde wird bis zu dem Tag, bis zu dem die Erwiderung vorgelegt werden muss, eine Abschrift davon übermittelt.

c) Die Schiedsstelle wählt als Entscheidung einen der von den zuständigen Behörden in Bezug auf jede Frage und eventuelle Schwellenfragen vorgelegten Regelungsvorschläge für den Fall aus und nimmt in ihre Entscheidung keine Begründung oder sonstige Erläuterung auf. Der Schiedsspruch wird mit einfacher Mehrheit der Mitglieder der Schiedsstelle erlassen. Die Schiedsstelle übermittelt den zuständigen Behörden der Vertragsstaaten schriftlich ihre Entscheidung. Der Schiedsspruch hat keine Präzedenzwirkung.

(2) Für die Anwendung dieses Artikels in Bezug auf ihre unter das Übereinkommen fallenden Steuerabkommen kann sich eine Vertragspartei dieses Übereinkommens vorbehalten, dass Absatz 1 nicht für ihre unter das Übereinkommen fallenden Steuerabkommen gilt. In diesem Fall gelten für ein Schiedsverfahren folgende Vorschriften, soweit sich die zuständigen Behörden der Vertragsstaaten nicht auf andere Vorschriften verständigen:

a) Nachdem ein Fall einem Schiedsverfahren unterworfen wurde, stellt die zuständige Behörde jedes Vertragsstaats allen Mitgliedern der Schiedsstelle unverzüglich die für den Schiedsspruch gegebenenfalls erforderlichen Informationen zur Verfügung. Sofern die zuständigen Behörden der Vertragsstaaten nichts anderes vereinbaren, werden Informationen, die den beiden zuständigen Behörden vor Eingang des Schiedsantrags bei ihnen nicht zur Verfügung standen, bei der Entscheidung nicht berücksichtigt.

b) Die Schiedsstelle entscheidet über die dem Schiedsverfahren unterworfenen Fragen in Übereinstimmung mit den einschlägigen Bestimmungen des unter das Übereinkommen fallenden Steuerabkommens und vorbehaltlich dieser Bestimmungen nach den innerstaatlichen Rechtsvorschriften der Vertragsstaaten. Die Mitglieder der Schiedsstelle berücksichtigen außerdem alle anderen gegebenenfalls von den zuständigen Behörden der Vertragsstaaten durch Verständigung ausdrücklich benannten Quellen.

c) Der Schiedsspruch wird den zuständigen Behörden der Vertragsstaaten schriftlich übermittelt und enthält Angaben zu den zugrunde gelegten Rechtsquellen sowie zu der Argumentation, die zu dem Ergebnis geführt hat. Der Schiedsspruch wird mit einfacher Mehrheit der Mitglieder der Schiedsstelle erlassen. Der Schiedsspruch hat keine Präzedenzwirkung.

(3) Eine Vertragspartei dieses Übereinkommens, die nicht den Vorbehalt nach Absatz 2 angebracht hat, kann sich vorbehalten, dass die Absätze 1 und 2 nicht für ihre unter das Übereinkommen fallenden Steuerabkommen mit Vertragsparteien dieses Übereinkommens gelten, die diesen Vorbehalt angebracht haben. In diesem Fall werden sich die zuständigen Behörden der Vertragsstaaten jedes derartigen unter das Übereinkommen fallenden Steuerabkommens bemühen, eine Verständigungsregelung über die Art des Schiedsverfahrens zu erzielen, die für das betreffende unter das Übereinkommen fallende Steuerabkommen gilt. Artikel 19 (Obligatorisches verbindliches Schiedsverfahren) gilt erst dann in Bezug auf ein unter das Übereinkommen fallendes Steuerabkommen, wenn eine solche Verständigungsregelung erzielt wurde.

(4) Eine Vertragspartei dieses Übereinkommens kann sich außerdem entscheiden, Absatz 5 in Bezug auf ihre unter das Übereinkommen fallenden Steuerabkommen anzuwenden, und notifiziert dies dem Verwahrer. Absatz 5 gilt für zwei Vertragsstaaten in Bezug auf ein unter das Übereinkommen fallendes Steuerabkommen, wenn einer der Vertragsstaaten eine entsprechende Notifikation abgegeben hat.

(5) Vor Beginn eines Schiedsverfahrens stellen die zuständigen Behörden der Vertragsstaaten eines unter das Übereinkommen fallenden Steuerabkommens sicher, dass jede Person, die den Fall vorgelegt hat, und ihre Berater sich schriftlich verpflichten, im Laufe des Schiedsverfahrens von einer der zuständigen Behörden oder der Schiedsstelle erhaltene Informationen nicht an eine andere Person weiterzugeben. Das Verständigungsverfahren nach dem unter das Übereinkommen fallenden Steuerabkommen sowie das Schiedsverfahren nach diesem Teil enden in Bezug auf den Fall, wenn nach Stellung eines Schiedsantrags und vor Übermittlung des Schiedsspruchs an die zuständigen Behörden der Vertragsstaaten durch die Schiedsstelle eine Person, die den Fall vorgelegt hat, oder einer der Berater dieser Person erheblich gegen diese Erklärung verstößt.

(6) Ungeachtet des Absatzes 4 kann sich eine Vertragspartei dieses Übereinkommens, die sich nicht für die Anwendung des Absatzes 5 entscheidet, vorbehalten, dass Absatz 5 in Bezug auf ein oder mehrere benannte unter das Übereinkommen fallende Steuerabkommen oder alle ihre unter das Übereinkommen fallenden Steuerabkommen nicht gilt.

(7) Eine Vertragspartei dieses Übereinkommens, die sich für die Anwendung des Absatzes 5 entscheidet, kann sich vorbehalten, dass dieser Teil in Bezug auf alle unter das Übereinkommen fallenden Steuerabkommen, zu denen der andere Vertragsstaat einen Vorbehalt nach Absatz 6 anbringt, nicht gilt.

### Verständigung auf eine andere Regelung

**Art. 24** (1) Für die Zwecke der Anwendung dieses Teiles in Bezug auf ihre unter das Übereinkommen fallenden Steuerabkommen kann sich eine Vertragspartei dieses Übereinkommens entscheiden, Absatz 2 anzuwenden, und notifiziert dies dem Verwahrer. Absatz 2 gilt nur dann für zwei Vertragsstaaten in Bezug auf ein unter das Übereinkommen fallendes Steuerabkommen, wenn beide Vertragsstaaten eine entsprechende Notifikation abgegeben haben.

(2) Ungeachtet des Artikels 19 (Obligatorisches verbindliches Schiedsverfahren) Absatz 4 ist ein nach diesem Teil ergangener Schiedsspruch für die Vertragsstaaten eines unter das Übereinkommen fallenden Steuerabkommens nicht verbindlich und wird nicht umgesetzt, wenn sich die zuständigen Behörden der Vertragsstaaten innerhalb von drei Kalendermonaten, nachdem ihnen der Schiedsspruch übermittelt wurde, auf eine andere Regelung aller noch offenen Fragen verständigen.

(3) Eine Vertragspartei dieses Übereinkommens, die sich für die Anwendung des Absatzes 2 entscheidet, kann sich vorbehalten, dass dieser nur für ihre unter das Übereinkommen fallenden Steuerabkommen gilt, für die Artikel 23 (Art des Schiedsverfahrens) Absatz 2 gilt.

### Kosten von Schiedsverfahren

**Art. 25** In einem Schiedsverfahren nach diesem Teil werden die Vergütungen und Aufwendungen der Mitglieder der Schiedsstelle sowie sämtliche den Vertragsstaaten im Zusammenhang mit dem Schiedsverfahren entstandenen Kosten von den Vertragsstaaten in einer zwischen den zuständigen Behörden der Vertragsstaaten durch Verständigung zu regelnden Weise getragen. In Ermangelung einer entsprechenden Verständigungsregelung trägt jeder Vertragsstaat seine eigenen Aufwendungen und die seines bestellten Mitglieds der Schiedsstelle. Die Kosten des Vorsitzenden der Schiedsstelle und sonstige mit der Durchführung des Schiedsverfahrens verbundene Aufwendungen tragen die Vertragsstaaten zu gleichen Teilen.

### Vereinbarkeit

**Art. 26** (1) Vorbehaltlich des Artikels 18 (Entscheidung für die Anwendung des Teiles VI) gilt dieser Teil anstelle oder in Ermangelung von Bestimmungen eines unter das Übereinkommen fallenden Steuerabkommens, die für noch offene Fragen, die sich aus einem Fall ergeben, der Gegenstand eines Verständigungsverfahrens ist, ein Schiedsverfahren vorsehen. Jede Vertragspartei dieses Übereinkommens, die sich für die Anwendung dieses Teiles entscheidet, notifiziert dem Verwahrer, ob ihre unter das Übereinkommen fallenden Steuerabkommen, die nicht unter einen Vorbehalt nach Absatz 4 fallen, jeweils eine derartige Bestimmung enthalten, und, sofern dies der Fall ist, jeweils die Nummer des Artikels und des Absatzes dieser Bestimmung. Haben zwei Vertragsstaaten eine Notifikation in Bezug auf eine Bestimmung eines unter das Übereinkommen fallenden Steuerabkommens abgegeben, so wird diese zwischen diesen Vertragsstaaten durch diesen Teil ersetzt.

(2) Jede noch offene Frage, die sich aus einem Fall ergibt, der Gegenstand eines Verständigungsverfahrens ist und der anderenfalls in den Anwendungsbereich des in diesem Teil vorgesehenen Schiedsverfahrens fallen würde, wird nicht einem Schiedsverfahren unterworfen, wenn die Frage im Rahmen eines Falles zu betrachten ist, für den in Übereinstimmung mit einer zwei- oder mehrseitigen Übereinkunft, die für noch offene Fragen, die sich aus einem Fall ergeben, der Gegenstand eines Verständigungsverfahrens ist, ein obligatorisches verbindliches Schiedsverfahren vorsieht, bereits eine Schiedsstelle oder ein ähnliches Gremium eingerichtet wurde.

(3) Vorbehaltlich des Absatzes 1 berührt dieser Teil nicht die Erfüllung weiter reichender Verpflichtungen, die sich in Bezug auf das Schiedsverfahren für noch offene Fragen im Rahmen eines Verständigungsverfahrens aus anderen Übereinkünften, denen die Vertragsstaaten als Vertragsparteien angehören oder angehören werden, ergeben können.

(4) Eine Vertragspartei dieses Übereinkommens kann sich vorbehalten, dass dieser Teil in Bezug auf ein oder mehrere benannte unter das Übereinkommen fallende Steuerabkommen (oder alle ihre unter das Übereinkommen fallenden Steuerabkommen) nicht gilt, die für noch offene Fragen, die sich aus einem Fall ergeben, der Gegenstand eines Verständigungsverfahrens ist, bereits ein obligatorisches verbindliches Schiedsverfahren vorsehen.

## Teil VII
## Schlussbestimmungen

### Unterzeichnung und Ratifikation, Annahme oder Genehmigung

**Art. 27** (1) Dieses Übereinkommen liegt ab dem 31. Dezember 2016 zur Unterzeichnung auf für

a) alle Staaten,
b) Guernsey (Vereinigtes Königreich Großbritannien und Nordirland), die Insel Man (Vereinigtes Königreich Großbritannien und Nordirland), Jersey (Vereinigtes Königreich Großbritannien und Nordirland) und
c) jedes andere Gebiet, das durch einen einvernehmlichen Beschluss der Vertragsparteien und Unterzeichner dieses Übereinkommens befugt ist, Vertragspartei dieses Übereinkommens zu werden.

(2) Das Übereinkommen bedarf der Ratifikation, Annahme oder Genehmigung.

### Vorbehalte

**Art. 28** (1) Vorbehaltlich des Absatzes 2 sind Vorbehalte zu diesem Übereinkommen nur zulässig, wenn sie ausdrücklich in den folgenden Bestimmungen vorgesehen sind:

a) Artikel 3 (Transparente Rechtsträger) Absatz 5,
b) Artikel 4 (Rechtsträger mit doppelter Ansässigkeit) Absatz 3,
c) Artikel 5 (Anwendung von Methoden zur Beseitigung der Doppelbesteuerung) Absätze 8 und 9,
d) Artikel 6 (Zweck eines unter das Übereinkommen fallenden Steuerabkommens) Absatz 4,
e) Artikel 7 (Verhinderung von Abkommensmissbrauch) Absätze 15 und 16,
f) Artikel 8 (Transaktionen zur Übertragung von Dividenden) Absatz 3,
g) Artikel 9 (Gewinne aus der Veräußerung von Anteilen oder Rechten an Rechtsträgern, deren Wert hauptsächlich auf unbeweglichem Vermögen beruht) Absatz 6,
h) Artikel 10 (Vorschrift zur Missbrauchsbekämpfung für in Drittstaaten oder -gebieten gelegene Betriebsstätten) Absatz 5,
i) Artikel 11 (Anwendung von Steuerabkommen zur Einschränkung des Rechtes einer Vertragspartei dieses Übereinkommens auf Besteuerung der in ihrem Gebiet ansässigen Personen) Absatz 3,
j) Artikel 12 (Künstliche Umgehung des Betriebsstättenstatus durch Kommissionärsmodelle und ähnliche Strategien) Absatz 4,
k) Artikel 13 (Künstliche Umgehung des Betriebsstättenstatus durch die Ausnahme bestimmter Tätigkeiten) Absatz 6,
l) Artikel 14 (Aufteilung von Verträgen) Absatz 3,
m) Artikel 15 (Bestimmung des Begriffs der mit einem Unternehmen eng verbundenen Person) Absatz 2,
n) Artikel 16 (Verständigungsverfahren) Absatz 5,
o) Artikel 17 (Gegenberichtigung) Absatz 3,
p) Artikel 19 (Obligatorisches verbindliches Schiedsverfahren) Absätze 11 und 12,
q) Artikel 23 (Art des Schiedsverfahrens) Absätze 2, 3, 6 und 7,
r) Artikel 24 (Verständigung auf eine andere Regelung) Absatz 3,
s) Artikel 26 (Vereinbarkeit) Absatz 4,
t) Artikel 35 (Wirksamwerden) Absätze 6 und 7 sowie
u) Artikel 36 (Wirksamwerden des Teiles VI) Absatz 2.

(2)

a) Ungeachtet des Absatzes 1 kann eine Vertragspartei dieses Übereinkommens, die sich nach Artikel 18 (Entscheidung für die Anwendung des Teiles VI) für die Anwendung des Teiles VI (Schiedsverfahren) entscheidet, einen oder mehrere Vorbehalte in Bezug auf die Art der Fälle anbringen, die nach Teil VI (Schiedsverfahren) einem Schiedsverfahren unterworfen werden können. Für eine Vertragspartei dieses Übereinkommens, die sich nach Artikel 18 (Entscheidung für die Anwendung des Teiles VI) für die Anwendung des Teiles VI (Schiedsverfahren) entscheidet, nachdem sie Vertragspartei dieses Übereinkommens geworden ist, sind Vorbehalte nach diesem Buchstaben gleichzeitig mit der Notifikation dieser Vertragspartei an den Verwahrer nach Artikel 18 (Entscheidung für die Anwendung des Teiles VI) anzubringen.

b) Vorbehalte nach Buchstabe a bedürfen der Annahme. Ein Vorbehalt nach Buchstabe a gilt als von einer Vertragspartei dieses Übereinkommens angenommen, wenn diese bis zum Ablauf von zwölf Kalendermonaten nach der Notifikation des Vorbehalts durch den Verwahrer oder bis zu dem Zeitpunkt der Hinterlegung ihrer Ratifikations-, Annahme- oder Genehmigungsurkunde, wenn dies der spätere ist, dem Verwahrer nicht notifiziert hat, dass sie Einspruch gegen den Vorbehalt erhebt. Für eine Vertragspartei dieses Übereinkommens, die sich nach Artikel 18 (Entscheidung für die Anwendung des Teiles VI) für die Anwendung des Teiles VI (Schiedsverfahren) entscheidet, nachdem sie Vertragspartei dieses Übereinkommens geworden ist, können Einsprüche gegen zuvor von anderen Vertragsparteien dieses Übereinkommens nach Buchstabe a angebrachte Vorbehalte gleichzeitig mit der Notifikation der erstgenannten Vertragspartei an den Verwahrer nach Artikel 18 (Entscheidung für die Anwendung des Teiles VI) erhoben werden. Erhebt eine Vertragspartei dieses Übereinkommens Einspruch gegen einen Vorbehalt nach Buchstabe a, so gilt der gesamte Teil VI (Schiedsverfahren) nicht zwischen der den Einspruch erhebenden und der den Vorbehalt anbringenden Vertragspartei.

(3) Sofern in den entsprechenden Bestimmungen dieses Übereinkommens nicht ausdrücklich etwas anderes vorgesehen ist, werden durch einen nach Absatz 1 oder 2 angebrachten Vorbehalt

a) für die den Vorbehalt anbringende Vertragspartei dieses Übereinkommens in ihren Beziehungen zu einer anderen Vertragspartei dieses Übereinkommens die Bestimmungen dieses Übereinkommens, auf die sich der Vorbehalt bezieht, nach Maßgabe des Vorbehalts geändert und

b) diese Bestimmungen in gleichem Maße für die andere Vertragspartei dieses Übereinkommens in ihrem Verhältnis zu der den Vorbehalt anbringenden Vertragspartei dieses Übereinkommens geändert.

(4) Vorbehalte, die auf unter das Übereinkommen fallende Steuerabkommen anwendbar sind, die durch ein oder im Namen eines Gebiets oder Hoheitsgebiets geschlossen wurden, für dessen internationale Beziehungen eine Vertragspartei dieses Übereinkommens verantwortlich ist, werden, wenn dieses Gebiet oder Hoheitsgebiet nicht nach Artikel 27 (Unterzeichnung und Ratifikation, Annahme oder Genehmigung) Absatz 1 Buchstabe b oder c Vertragspartei des Übereinkommens ist, von der verantwortlichen Vertragspartei angebracht und können sich von den Vorbehalten dieser Vertragspartei in Bezug auf ihre eigenen unter das Übereinkommen fallenden Steuerabkommen unterscheiden.

(5) Vorbehaltlich der Absätze 2, 6 und 9 sowie des Artikels 29 (Notifikationen) Absatz 5 sind Vorbehalte bei der Unterzeichnung oder bei der Hinterlegung der Ratifikations-, Annahme- oder Genehmigungsurkunde anzubringen. Für eine Vertragspartei dieses Übereinkommens, die sich nach Artikel 18 (Entscheidung für die Anwendung des Teiles VI) für die Anwendung des Teiles VI (Schiedsverfahren) entscheidet, nachdem sie Vertragspartei dieses Übereinkommens geworden ist, sind Vorbehalte nach Absatz 1 Buchstaben p, q, r und s jedoch gleichzeitig mit der Notifikation dieser Vertragspartei an den Verwahrer nach Artikel 18 (Entscheidung für die Anwendung des Teiles VI) anzubringen.

(6) Vorbehaltlich der Absätze 2 und 9 sowie des Artikels 29 (Notifikationen) Absatz 5 sind bei der Unterzeichnung angebrachte Vorbehalte bei der Hinterlegung der Ratifikations-, Annahme- oder Genehmigungsurkunde zu bestätigen, es sei denn, in dem Dokument, das die Vorbehalte enthält, ist ausdrücklich angegeben, dass es als endgültig anzusehen ist.

(7) Werden bei der Unterzeichnung keine Vorbehalte angebracht, so ist dem Verwahrer zu diesem Zeitpunkt eine vorläufige Liste der zu erwartenden Vorbehalte vorzulegen.

(8) Beim Anbringen eines Vorbehalts nach jeder der nachstehenden Bestimmungen ist eine Liste der nach Artikel 2 (Auslegung von Ausdrücken) Absatz 1 Buchstabe a Ziffer ii notifizierten Abkommen vorzulegen, die im Sinne der jeweiligen Bestimmung unter den Vorbehalt fallen (sowie, im Fall eines Vorbehalts nach einer anderen der folgenden Bestimmungen als den unter den Buchstaben c, d und n genannten, jeweils die Nummer des Artikels und des Absatzes dieser Bestimmung):

a) Artikel 3 (Transparente Rechtsträger) Absatz 5 Buchstaben b, c, d, e und g,

b) Artikel 4 (Rechtsträger mit doppelter Ansässigkeit) Absatz 3 Buchstaben b, c und d,

c) Artikel 5 (Anwendung von Methoden zur Beseitigung der Doppelbesteuerung) Absätze 8 und 9,

d) Artikel 6 (Zweck eines unter das Übereinkommen fallenden Steuerabkommens) Absatz 4,

e) Artikel 7 (Verhinderung von Abkommensmissbrauch) Absatz 15 Buchstaben b und c,

f) Artikel 8 (Transaktionen zur Übertragung von Dividenden)Absatz 3 Buchstabe b Ziffern i, ii, und iii,

g) Artikel 9 (Gewinne aus der Veräußerung von Anteilen oder Rechten an Rechtsträgern, deren Wert hauptsächlich auf unbeweglichem Vermögen beruht) Absatz 6 Buchstaben d, e und f,

h) Artikel 10 (Vorschrift zur Missbrauchsbekämpfung für in Drittstaaten oder -gebieten gelegene Betriebsstätten) Absatz 5 Buchstaben b und c,

i) Artikel 11 (Anwendung von Steuerabkommen zur Einschränkung des Rechtes einer Vertragspartei dieses Übereinkommens auf Besteuerung der in ihrem Gebiet ansässigen Personen) Absatz 3 Buchstabe b,

j) Artikel 13 (Künstliche Umgehung des Betriebsstättenstatus durch die Ausnahme bestimmter Tätigkeiten) Absatz 6 Buchstabe b,

k) Artikel 14 (Aufteilung von Verträgen) Absatz 3 Buchstabe b,

l) Artikel 16 (Verständigungsverfahren) Absatz 5 Buchstabe b,

m) Artikel 17 (Gegenberichtigung) Absatz 3 Buchstabe a,

n) Artikel 23 (Art des Schiedsverfahrens) Absatz 6 und

o) Artikel 26 (Vereinbarkeit)Absatz 4.

Die unter den Buchstaben a bis o genannten Vorbehalte gelten nicht für unter das Übereinkommen fallende Steuerabkommen, die nicht in der in diesem Absatz beschriebenen Liste enthalten sind.

(9) Jede Vertragspartei dieses Übereinkommens, die nach Absatz 1 oder 2 einen Vorbehalt angebracht hat, kann ihn durch eine an den Verwahrer gerichtete Notifikation jederzeit zurücknehmen oder durch einen stärker eingeschränkten Vorbehalt ersetzen. Die betreffende Vertragspartei gibt zusätzliche Notifikationen, die aufgrund der Rücknahme oder Ersetzung des Vorbehalts gegebenenfalls erforderlich sind, nach Artikel 29 (Notifikationen) Absatz 6 ab. Vorbehaltlich des Artikels 35 (Wirksamwerden) Absatz 7 wird die Rücknahme oder Ersetzung wirksam

a) im Fall eines unter das Übereinkommen fallenden Steuerabkommens ausschließlich mit Staaten oder Gebieten, die Vertragsparteien des Übereinkommens sind, zu dem Zeitpunkt des Eingangs der Notifikation über die Rücknahme oder Ersetzung des Vorbehalts beim Verwahrer, und zwar

   i) bei Vorbehalten in Bezug auf Bestimmungen über im Abzugsweg erhobene Steuern, wenn das Ereignis, das zu derartigen Steuern führt, am oder nach dem 1. Januar des Jahres eintritt, das auf einen Zeitabschnitt von sechs Kalendermonaten ab dem Tag der Mitteilung des Verwahrers über die Notifikation der Rücknahme oder Ersetzung des Vorbehalts folgt, und

   ii) bei Vorbehalten in Bezug auf alle anderen Bestimmungen für Steuern, die für Veranlagungszeiträume erhoben werden, die am oder nach dem 1. Januar des Jahres beginnen, das auf einen Zeitabschnitt von sechs Kalendermonaten ab dem Tag der Mitteilung des Verwahrers über die Notifikation der Rücknahme oder Ersetzung des Vorbehalts folgt, und

[b) nicht vergeben]

c) im Fall eines unter das Übereinkommen fallenden Steuerabkommens mit einem oder mehreren Vertragsstaaten, die nach Eingang der Notifikation der Rücknahme oder Ersetzung beim Verwahrer Vertragspartei dieses Übereinkommens werden, an dem letzten der Tage, an denen das Übereinkommen für die betreffenden Vertragsstaaten jeweils in Kraft tritt.

### Notifikationen

**Art. 29** (1) Vorbehaltlich der Absätze 5 und 6 sowie des Artikels 35 (Wirksamwerden) Absatz 7 sind Notifikationen nach den folgenden Bestimmungen bei der Unterzeichnung oder bei der Hinterlegung der Ratifikations-, Annahme- oder Genehmigungsurkunde abzugeben:

a) Artikel 2 (Auslegung von Ausdrücken) Absatz 1 Buchstabe a Ziffer ii,

b) Artikel 3 (Transparente Rechtsträger) Absatz 6,

c) Artikel 4 (Rechtsträger mit doppelter Ansässigkeit) Absatz 4,

d) Artikel 5 (Anwendung von Methoden zur Beseitigung der Doppelbesteuerung) Absatz 10,

e) Artikel 6 (Zweck eines unter das Übereinkommen fallenden Steuerabkommens) Absätze 5 und 6,

f) Artikel 7 (Verhinderung von Abkommensmissbrauch) Absatz 17,

g) Artikel 8 (Transaktionen zur Übertragung von Dividenden) Absatz 4,

h) Artikel 9 (Gewinne aus der Veräußerung von Anteilen oder Rechten an Rechtsträgern, deren Wert hauptsächlich auf unbeweglichem Vermögen beruht) Absätze 7 und 8,

i) Artikel 10 (Vorschrift zur Missbrauchsbekämpfung für in Drittstaaten oder -gebieten gelegene Betriebsstätten) Absatz 6,

j) Artikel 11 (Anwendung von Steuerabkommen zur Einschränkung des Rechtes einer Vertragspartei dieses Übereinkommens auf Besteuerung der in ihrem Gebiet ansässigen Personen) Absatz 4,

k) Artikel 12 (Künstliche Umgehung des Betriebsstättenstatus durch Kommissionärsmodelle und ähnliche Strategien) Absätze 5 und 6,

l) Artikel 13 (Künstliche Umgehung des Betriebsstättenstatus durch die Ausnahme bestimmter Tätigkeiten) Absätze 7 und 8,

m) Artikel 14 (Aufteilung von Verträgen) Absatz 4,
n) Artikel 16 (Verständigungsverfahren) Absatz 6,
o) Artikel 17 (Gegenberichtigung) Absatz 4,
p) Artikel 18 (Entscheidung für die Anwendung des Teiles VI),
q) Artikel 23 (Art des Schiedsverfahrens) Absatz 4,
r) Artikel 24 (Verständigung auf eine andere Regelung) Absatz 1,
s) Artikel 26 (Vereinbarkeit) Absatz 1 und
t) Artikel 35 (Wirksamwerden) Absätze 1, 2, 3, 5, und 7.

(2) Notifikationen in Bezug auf unter das Übereinkommen fallende Steuerabkommen, die durch ein oder im Namen eines Gebiets oder Hoheitsgebiets geschlossen wurden, für dessen internationale Beziehungen eine Vertragspartei dieses Übereinkommens verantwortlich ist, werden, wenn dieses Gebiet oder Hoheitsgebiet nicht nach Artikel 27 (Unterzeichnung und Ratifikation, Annahme oder Genehmigung) Absatz 1 Buchstabe b oder c Vertragspartei des Übereinkommens ist, von der verantwortlichen Vertragspartei abgegeben und können sich von den Notifikationen dieser Vertragspartei in Bezug auf ihre eigenen unter das Übereinkommen fallenden Steuerabkommen unterscheiden.

(3) Vorbehaltlich der Absätze 5 und 6 sowie des Artikels 35 (Wirksamwerden) Absatz 7 sind bei der Unterzeichnung abgegebene Notifikationen bei der Hinterlegung der Ratifikations-, Annahme- oder Genehmigungsurkunde zu bestätigen, es sei denn, in dem Dokument, das die Notifikationen enthält, ist ausdrücklich angegeben, dass es als endgültig anzusehen ist.

(4) Werden bei der Unterzeichnung keine Notifikationen abgegeben, so ist zu diesem Zeitpunkt eine vorläufige Liste der zu erwartenden Notifikationen vorzulegen.

(5) Eine Vertragspartei dieses Übereinkommens kann die Liste der nach Artikel 2 (Auslegung von Ausdrücken) Absatz 1 Buchstabe a Ziffer ii notifizierten Abkommen jederzeit durch eine an den Verwahrer gerichtete Notifikation erweitern. In dieser Notifikation gibt die Vertragspartei an, ob das Abkommen unter einen oder mehreren der von der Vertragspartei angebrachten Vorbehalte fällt, die in Artikel 28 (Vorbehalte) Absatz 8 aufgeführt sind. Die Vertragspartei kann auch einen neuen Vorbehalt nach Artikel 28 (Vorbehalte) Absatz 8 anbringen, wenn das zusätzliche Abkommen das erste wäre, das unter diesen Vorbehalt fällt. Die Vertragspartei gibt außerdem alle zusätzlichen Notifikationen an, die nach Absatz 1 Buchstaben b bis s gegebenenfalls erforderlich sind, um der Aufnahme der zusätzlichen Abkommen Rechnung zu tragen. Führt die Erweiterung zur erstmaligen Aufnahme eines Steuerabkommens, das durch ein oder im Namen eines Gebiets oder Hoheitsgebiets geschlossen wurde, für dessen internationale Beziehungen eine Vertragspartei dieses Übereinkommens verantwortlich ist, so gibt die Vertragspartei darüber hinaus alle Vorbehalte (nach Artikel 28 (Vorbehalte) Absatz 4) und Notifikationen (nach Absatz 2) an, die auf unter das Übereinkommen fallende Steuerabkommen anwendbar sind, die durch dieses oder im Namen dieses Gebiets oder Hoheitsgebiets geschlossen wurden. Ab dem Tag, an dem die hinzugefügten und nach Artikel 2 (Auslegung von Ausdrücken) Absatz 1 Buchstabe a Ziffer ii notifizierten Abkommen zu unter das Übereinkommen fallenden Steuerabkommen werden, wird der Tag, an dem die Änderungen der unter das Übereinkommen fallenden Steuerabkommen wirksam werden, durch Artikel 35 (Wirksamwerden) bestimmt.

(6) Eine Vertragspartei dieses Übereinkommens kann durch eine an den Verwahrer gerichtete Notifikation zusätzliche Notifikationen nach Absatz 1 Buchstaben b bis s abgeben. Diese Notifikationen werden wirksam

a) im Fall von unter das Übereinkommen fallenden Steuerabkommen ausschließlich mit Staaten oder Gebieten, die Vertragsparteien des Übereinkommens sind, zu dem Zeitpunkt des Eingangs der zusätzlichen Notifikation beim Verwahrer, und zwar
   i) bei Notifikationen in Bezug auf Bestimmungen über im Abzugsweg erhobene Steuern, wenn das Ereignis, das zu derartigen Steuern führt, am oder nach dem 1. Januar des Jahres eintritt, das auf einen Zeitabschnitt von sechs Kalendermonaten ab dem Tag der Mitteilung des Verwahrers über die zusätzliche Notifikation folgt, und
   ii) bei Notifikationen in Bezug auf alle anderen Bestimmungen für Steuern, die für Veranlagungszeiträume erhoben werden, die am oder nach dem 1. Januar des Jahres beginnen, das auf einen Zeitabschnitt von sechs Kalendermonaten ab dem Tag der Mitteilung des Verwahrers über die zusätzliche Notifikation folgt, und
b) im Fall eines unter das Übereinkommen fallenden Steuerabkommens mit einem oder mehreren Vertragsstaaten, die nach Eingang der zusätzlichen Notifikation beim Verwahrer Vertragspartei dieses Übereinkommens werden, an dem letzten der Tage, an denen das Übereinkommen für die betreffenden Vertragsstaaten jeweils in Kraft tritt.

### Nachträgliche Änderungen von unter das Übereinkommen fallenden Steuerabkommen

**Art. 30** Dieses Übereinkommen berührt nicht nachträgliche Änderungen eines unter das Übereinkommen fallenden Steuerabkommens, die zwischen den Vertragsstaaten des unter das Übereinkommen fallenden Steuerabkommens vereinbart werden können.

### Konferenz der Vertragsparteien

**Art. 31** (1) Die Vertragsparteien dieses Übereinkommens können zur Fassung von Beschlüssen oder zur Wahrnehmung von Aufgaben, die aufgrund des Übereinkommens gegebenenfalls erforderlich oder zweckdienlich sind, eine Konferenz der Vertragsparteien einberufen.

(2) Die Konferenz der Vertragsparteien wird durch den Verwahrer unterstützt.

(3) Jede Vertragspartei dieses Übereinkommens kann durch Übermittlung eines Ersuchens an den Verwahrer um eine Konferenz der Vertragsparteien ersuchen. Der Verwahrer unterrichtet alle Vertragsparteien dieses Übereinkommens von jedem Ersuchen. Anschließend beruft der Verwahrer eine Konferenz der Vertragsparteien ein, sofern das Ersuchen innerhalb von sechs Kalendermonaten nach Mitteilung des Ersuchens durch den Verwahrer von einem Drittel der Vertragsparteien befürwortet wird.

### Auslegung und Durchführung

**Art. 32** (1) Über Fragen zur Auslegung oder Durchführung von Bestimmungen eines unter das Übereinkommen fallenden Steuerabkommens in der durch dieses Übereinkommen geänderten Fassung wird nach den Bestimmungen des unter das Übereinkommen fallenden Steuerabkommens (in der gegebenenfalls durch dieses Übereinkommen geänderten Fassung) in Bezug auf die Regelung von Fragen der Auslegung oder der Anwendung des unter das Übereinkommen fallenden Steuerabkommens durch Verständigung entschieden.

(2) Jegliche Fragen hinsichtlich der Auslegung oder Durchführung dieses Übereinkommens können von einer nach Artikel 31 (Konferenz der Vertragsparteien) Absatz 3 einberufenen Konferenz der Vertragsparteien behandelt werden.

### Änderungen

**Art. 33** (1) Jede Vertragspartei dieses Übereinkommens kann eine Änderung dieses Übereinkommens vorschlagen, indem sie dem Verwahrer den Änderungsvorschlag vorlegt.

(2) Zur Prüfung des Änderungsvorschlags kann nach Artikel 31 (Konferenz der Vertragsparteien) Absatz 3 eine Konferenz der Vertragsparteien einberufen werden.

### Inkrafttreten

**Art. 34** (1) Dieses Übereinkommen tritt am ersten Tag des Monats in Kraft, der auf einen Zeitabschnitt von drei Kalendermonaten ab Hinterlegung der fünften Ratifizierungs-, Annahme- oder Genehmigungsurkunde folgt.

(2) Für jeden Unterzeichner, der dieses Übereinkommen nach Hinterlegung der fünften Ratifikations-, Annahme- oder Genehmigungsurkunde ratifiziert, annimmt oder genehmigt, tritt es am ersten Tag des Monats in Kraft, der auf einen Zeitabschnitt von drei Kalendermonaten ab Hinterlegung der Ratifikations-, Annahme- oder Genehmigungsurkunde durch diesen Unterzeichner folgt.

### Wirksamwerden

**Art. 35** (1) Dieses Übereinkommen wird in jedem Vertragsstaat in Bezug auf ein unter das Übereinkommen fallendes Steuerabkommen wirksam

a) bei den im Abzugsweg erhobenen Steuern auf Beträge, die nicht ansässigen Personen gezahlt oder gutgeschrieben werden, wenn das Ereignis, das zu diesen Steuern führt, am oder nach dem ersten Tag des nächsten Kalenderjahrs eintritt, das am oder nach dem letzten der Tage, an denen das Übereinkommen für die Vertragsstaaten des unter das Übereinkommens fallenden Steuerabkommens jeweils in Kraft tritt, beginnt, und

b) bei allen anderen durch diesen Vertragsstaat erhobenen Steuern für Steuern, die für Veranlagungszeiträume erhoben werden, die nach einem Zeitabschnitt von sechs Kalendermonaten (oder nach einem kürzeren Zeitabschnitt, wenn alle Vertragsstaaten dem Verwahrer notifizieren, dass sie beabsichtigen, einen entsprechenden kürzeren Zeitabschnitt anzuwenden) ab dem letzten der Tage, an denen das Übereinkommen für die Vertragsstaaten des unter das Übereinkommen fallenden Steuerabkommens jeweils in Kraft tritt, beginnen.

(2) Eine Vertragspartei dieses Übereinkommens kann sich ausschließlich zum Zweck ihrer eigenen Anwendung des Absatzes 1 Buchstabe a und des Absatzes 5 Buchstabe a entscheiden, das Wort „Veranlagungszeitraum“ durch das Wort „Kalenderjahr“ zu ersetzen, und notifiziert dies dem Verwahrer.

(3) Eine Vertragspartei dieses Übereinkommens kann sich ausschließlich zum Zweck ihrer eigenen Anwendung des Absatzes 1 Buchstabe b und des Absatzes 5 Buchstabe b entscheiden, die Bezugnahme auf „Veranlagungszeiträume [...], die nach einem Zeitabschnitt von“ durch eine Bezugnahme auf „Veranlagungszeiträume [...], die am oder nach dem 1. Januar des nächsten Jahres, das nach einem Zeitabschnitt von […] beginnt,“ zu ersetzen, und notifiziert dies dem Verwahrer.

(4) Ungeachtet der Absätze 1 bis 3 wird Artikel 16 (Verständigungsverfahren) in Bezug auf ein unter das Übereinkommen fallendes Steuerabkommen für einen der zuständigen Behörde eines Vertragsstaats vorgelegten Fall am oder nach dem letzten der Tage, an denen das Übereinkommen für die Vertragsstaaten des unter das Übereinkommen fallenden Steuerabkommens jeweils in Kraft tritt, wirksam, mit Ausnahme der Fälle, deren Vorlage bis zu diesem Tag im Rahmen des unter das Übereinkommen fallenden Steuerabkommens vor dessen Änderung durch das Übereinkommen nicht möglich war, unabhängig von dem Veranlagungszeitraum, auf den sich der Fall bezieht.

(5) Für ein neues unter das Übereinkommen fallendes Steuerabkommen, dessen Hinzufügung auf eine nach Artikel 29 (Notifikationen) Absatz 5 erfolgte Erweiterung der Liste der nach Artikel 2 (Auslegung von Ausdrücken) Absatz 1 Buchstabe a Ziffer ii notifizierten Abkommen zurückzuführen

ist, wird das Übereinkommen in jedem Vertragsstaat wirksam

a) bei den im Abzugsweg erhobenen Steuern auf Beträge, die nicht ansässigen Personen gezahlt oder gutgeschrieben werden, wenn das Ereignis, das zu diesen Steuern führt, am oder nach dem ersten Tag des nächsten Kalenderjahrs eintritt, das am oder nach dem 30. Tag nach dem Tag der Mitteilung des Verwahrers über die Notifikation der Erweiterung der Liste der Abkommen beginnt, und

b) bei allen anderen durch diesen Vertragsstaat erhobenen Steuern für Steuern, die für Veranlagungszeiträume erhoben werden, die nach einem Zeitabschnitt von neun Kalendermonaten (oder nach einem kürzeren Zeitabschnitt, wenn alle Vertragsstaaten dem Verwahrer notifizieren, dass sie beabsichtigen, einen entsprechenden kürzeren Zeitabschnitt anzuwenden) ab dem Tag der Mitteilung des Verwahrers über die Notifikation der Erweiterung der Liste der Abkommen beginnen.

(6) Eine Vertragspartei dieses Übereinkommens kann sich vorbehalten, dass Absatz 4 nicht in Bezug auf ihre unter das Übereinkommen fallenden Steuerabkommen gilt.

(7)

a) Eine Vertragspartei dieses Übereinkommens kann sich vorbehalten,

i) die Bezugnahmen auf „dem letzten der Tage, an denen das Übereinkommen für die Vertragsstaaten des unter das Übereinkommen fallenden Steuerabkommens jeweils in Kraft tritt," in den Absätzen 1 und 4 und

ii) die Bezugnahmen auf „dem Tag der Mitteilung des Verwahrers über die Notifikation der Erweiterung der Liste der Abkommen" in Absatz 5

durch Bezugnahmen auf „dem 30. Tag, nachdem die letzte der Notifikationen der einzelnen Vertragsstaaten, die den in Artikel 35 (Wirksamwerden) Absatz 7 beschriebenen Vorbehalt anbringen, über den Abschluss ihrer innerstaatlichen Verfahren für das Wirksamwerden dieses Übereinkommens in Bezug auf das betreffende unter das Übereinkommen fallende Steuerabkommen beim Verwahrer eingegangen ist," zu ersetzen;

iii) die Bezugnahmen auf „dem Tag der Mitteilung des Verwahrers über die Notifikation der Rücknahme oder Ersetzung des Vorbehalts" in Artikel 28 (Vorbehalte) Absatz 9 Buchstabe a und

iv) die Bezugnahme auf „dem letzten der Tage, an denen das Übereinkommen für die betreffenden Vertragsstaaten jeweils in Kraft tritt," in Artikel 28 (Vorbehalte) Absatz 9 Buchstabe b

durch Bezugnahmen auf „dem 30. Tag, nachdem die letzte der Notifikationen der einzelnen Vertragsstaaten, die den in Artikel 35 (Wirksamwerden) Absatz 7 beschriebenen Vorbehalt anbringen, über den Abschluss ihrer innerstaatlichen Verfahren für das Wirksamwerden der Rücknahme oder Ersetzung des Vorbehalts in Bezug auf das betreffende unter das Übereinkommen fallende Steuerabkommen beim Verwahrer eingegangen ist," zu ersetzen;

v) die Bezugnahmen auf „dem Tag der Mitteilung des Verwahrers über die zusätzliche Notifikation" in Artikel 29 (Notifikationen) Absatz 6 Buchstabe a und

vi) die Bezugnahme auf „dem letzten der Tage, an denen das Übereinkommen für die betreffenden Vertragsstaaten jeweils in Kraft tritt," in Artikel 29 (Notifikationen) Absatz 6 Buchstabe b

durch Bezugnahmen auf „dem 30. Tag, nachdem die letzte der Notifikationen der einzelnen Vertragsstaaten, die den in Artikel 35 (Wirksamwerden) Absatz 7 beschriebenen Vorbehalt anbringen, über den Abschluss ihrer innerstaatlichen Verfahren für das Wirksamwerden der zusätzlichen Notifikation in Bezug auf das betreffende unter das Übereinkommen fallende Steuerabkommen beim Verwahrer eingegangen ist," zu ersetzen;

vii) die Bezugnahmen auf „dem letzten der Tage, an denen das Übereinkommen für die einzelnen Vertragsstaaten des unter das Übereinkommen fallenden Steuerabkommens jeweils in Kraft tritt," in Artikel 36 (Wirksamwerden des Teiles VI) Absätze 1 und 2

durch Bezugnahmen auf „dem 30. Tag, nachdem die letzte der Notifikationen der einzelnen Vertragsstaaten, die den in Artikel 35 (Wirksamwerden) Absatz 7 beschriebenen Vorbehalt anbringen, über den Abschluss ihrer innerstaatlichen Verfahren für das Wirksamwerden dieses Übereinkommens in Bezug auf das betreffende unter das Übereinkommen fallende Steuerabkommen beim Verwahrer eingegangen ist," zu ersetzen;

viii) die Bezugnahme auf den „Tag der Mitteilung des Verwahrers über die Notifikation der Erweiterung der Liste der Abkommen" in Artikel 36 (Wirksamwerden des Teiles VI) Absatz 3,

ix) die Bezugnahmen auf den „Tag der Mitteilung des Verwahrers über die Notifikation der Rücknahme des Vorbehalts", den „Tag der Mitteilung des Verwahrers über die Notifikation der Ersetzung des Vorbehalts" und den „Tag der Mitteilung des Verwahrers über die Notifikation der Rücknahme des Einspruchs gegen den Vorbehalt" in Artikel 36 (Wirksamwerden des Teiles VI) Absatz 4 und

x) die Bezugnahme auf den „Tag der Mitteilung des Verwahrers über die zusätzliche Notifikation" in Artikel 36

(Wirksamwerden des Teiles VI) Absatz 5 durch Bezugnahmen auf den „30. Tag, nachdem die letzte der Notifikationen der einzelnen Vertragsstaaten, die den in Artikel 35 (Wirksamwerden) Absatz 7 beschriebenen Vorbehalt anbringen, über den Abschluss ihrer innerstaatlichen Verfahren für das Wirksamwerden des Teiles VI (Schiedsverfahren) in Bezug auf das betreffende unter das Übereinkommen fallende Steuerabkommen beim Verwahrer eingegangen ist," zu ersetzen.

b) Eine Vertragspartei dieses Übereinkommens, die einen Vorbehalt nach Buchstabe a anbringt, notifiziert zeitgleich dem Verwahrer und den anderen Vertragsstaaten die Bestätigung des Abschlusses ihrer innerstaatlichen Verfahren.

c) Bringen ein oder mehrere Vertragsstaaten eines unter das Übereinkommen fallenden Steuerabkommens einen Vorbehalt nach diesem Absatz an, so wird der Tag des Wirksamwerdens des Übereinkommens, der Rücknahme oder Ersetzung eines Vorbehalts, einer zusätzlichen Notifikation in Bezug auf dieses unter das Übereinkommen fallende Steuerabkommen oder des Teiles VI (Schiedsverfahren) für alle Vertragsstaaten des unter das Übereinkommen fallenden Steuerabkommens durch diesen Absatz bestimmt.

### Wirksamwerden des Teiles VI

**Art. 36** (1) Ungeachtet des Artikels 28 (Vorbehalte) Absatz 9, des Artikels 29 (Notifikationen) Absatz 6 und des Artikels 35 (Wirksamwerden) Absätze 1 bis 6 wird Teil VI (Schiedsverfahren) in Bezug auf zwei Vertragsstaaten eines unter das Übereinkommen fallenden Steuerabkommens wirksam

a) bei Fällen, die der zuständigen Behörde eines Vertragsstaats (nach Artikel 19 (Obligatorisches verbindliches Schiedsverfahren) Absatz 1 Buchstabe a) vorgelegt werden, am oder nach dem letzten der Tage, an denen dieses Übereinkommen für die Vertragsstaaten des unter das Übereinkommen fallenden Steuerabkommens jeweils in Kraft tritt, und

b) bei Fällen, die der zuständigen Behörde eines Vertragsstaats vor dem letzten der Tage, an denen das Übereinkommen für die Vertragsstaaten des unter das Übereinkommen fallenden Steuerabkommens jeweils in Kraft tritt, vorgelegt werden, an dem Tag, an dem beide Vertragsstaaten dem Verwahrer notifiziert haben, dass sie eine Verständigungsregelung nach Artikel 19 (Obligatorisches verbindliches Schiedsverfahren) Absatz 10 erzielt haben, zusammen mit Angaben zu dem Tag oder den Tagen, an dem beziehungsweise denen diese Fälle nach dieser Verständigungsregelung als der zuständigen Behörde eines Vertragsstaats (nach Artikel 19 (Obligatorisches verbindliches Schiedsverfahren) Absatz 1 Buchstabe a) vorgelegt gelten.

(2) Eine Vertragspartei dieses Übereinkommens kann sich vorbehalten, dass Teil VI (Schiedsverfahren) nur insoweit für einen Fall gilt, welcher der zuständigen Behörde eines Vertragsstaats vor dem letzten der Tage, an denen dieses Übereinkommen für die Vertragsstaaten des unter das Übereinkommen fallenden Steuerabkommens jeweils in Kraft tritt, vorgelegt wird, als die zuständigen Behörden beider Vertragsstaaten übereinkommen, dass er für diesen bestimmten Fall gilt.

(3) Im Fall eines neuen unter das Übereinkommen fallenden Steuerabkommens, dessen Hinzufügung auf eine nach Artikel 29 (Notifikationen) Absatz 5 erfolgte Erweiterung der Liste der nach Artikel 2 (Auslegung von Ausdrücken) Absatz 1 Buchstabe a Ziffer ii notifizierten Abkommen zurückzuführen ist, werden in den Absätzen 1 und 2 die Bezugnahmen auf den „letzten der Tage, an denen dieses Übereinkommen für die Vertragsstaaten des unter das Übereinkommen fallenden Steuerabkommens jeweils in Kraft tritt," durch Bezugnahmen auf den „Tag der Mitteilung des Verwahrers über die Notifikation der Erweiterung der Liste der Abkommen" ersetzt.

(4) Eine Rücknahme oder Ersetzung eines nach Artikel 26 (Vereinbarkeit) Absatz 4 angebrachten Vorbehalts aufgrund des Artikels 28 (Vorbehalte) Absatz 9 oder die Rücknahme eines Einspruchs gegen einen nach Artikel 28 (Vorbehalte) Absatz 2 angebrachten Vorbehalt, die zur Anwendung des Teiles VI (Schiedsverfahren) zwischen den beiden Vertragsstaaten eines unter das Übereinkommen fallenden Steuerabkommens führt, wird nach Absatz 1 Buchstaben a und b wirksam, wobei die Bezugnahmen auf den „letzten der Tage, an denen dieses Übereinkommen für die Vertragsstaaten des unter das Übereinkommen fallenden Steuerabkommens jeweils in Kraft tritt," durch Bezugnahmen auf den „Tag der Mitteilung des Verwahrers über die Notifikation der Rücknahme des Vorbehalts", den „Tag der Mitteilung des Verwahrers über die Notifikation der Ersetzung des Vorbehalts" oder den „Tag der Mitteilung des Verwahrers über die Notifikation der Rücknahme des Einspruchs gegen den Vorbehalt" ersetzt werden.

(5) Eine zusätzliche Notifikation nach Artikel 29 (Notifikationen) Absatz 1 Buchstabe p wird nach Absatz 1 Buchstaben a und b wirksam, wobei in den Absätzen 1 und 2 die Bezugnahmen auf den „letzten der Tage, an denen dieses Übereinkommen für die Vertragsstaaten des unter das Übereinkommen fallenden Steuerabkommens jeweils in Kraft tritt," durch Bezugnahmen auf den „Tag der Mitteilung des Verwahrers über die zusätzliche Notifikation" ersetzt werden.

### Rücktritt

**Art. 37** (1) Jede Vertragspartei dieses Übereinkommens kann durch eine an den Verwahrer gerichtete Notifikation jederzeit von diesem Übereinkommen zurücktreten.

(2) Ein Rücktritt nach Absatz 1 wird bei Eingang der Notifikation beim Verwahrer wirksam. In Fällen, in denen dieses Übereinkommen in Bezug auf alle Vertragsstaaten eines unter das Übereinkommen fallenden Steuerabkommens vor dem Wirksamwerden des Rücktritts einer Vertragspartei dieses Übereinkommens in Kraft getreten ist, verbleibt dieses unter das Übereinkommen fallende Steuerabkommen in seiner durch das Übereinkommen geänderten Fassung.

### Verhältnis zu Protokollen

**Art. 38** (1) Dieses Übereinkommen kann durch ein oder mehrere Protokolle ergänzt werden.

(2) Um Vertragspartei eines Protokolls zu werden, muss ein Staat oder Gebiet auch Vertragspartei dieses Übereinkommens sein.

(3) Eine Vertragspartei dieses Übereinkommens ist nur dann durch ein Protokoll gebunden, wenn sie nach dessen Bestimmungen Vertragspartei des Protokolls wird.

### Verwahrer

**Art. 39** (1) Der Generalsekretär der Organisation für wirtschaftliche Zusammenarbeit und Entwicklung ist Verwahrer dieses Übereinkommens und der Protokolle nach Artikel 38 (Verhältnis zu Protokollen).

(2) Der Verwahrer notifiziert den Vertragsparteien und Unterzeichnern dieses Übereinkommens innerhalb eines Kalendermonats

a) jede Unterzeichnung nach Artikel 27 (Unterzeichnung und Ratifikation, Annahme oder Genehmigung),
b) die Hinterlegung jeder Ratifikations-, Annahme- oder Genehmigungsurkunde nach Artikel 27 (Unterzeichnung und Ratifikation, Annahme oder Genehmigung),
c) jeden Vorbehalt und jede Rücknahme oder Ersetzung eines Vorbehalts nach Artikel 28 (Vorbehalte),
d) jede Notifikation oder zusätzliche Notifikation nach Artikel 29 (Notifikationen),
e) jeden Änderungsvorschlag in Bezug auf dieses Übereinkommen nach Artikel 33 (Änderungen),
f) jeden Rücktritt von dem Übereinkommen nach Artikel 37 (Rücktritt) und
g) jede andere Mitteilung im Zusammenhang mit dem Übereinkommen.

(3) Der Verwahrer führt öffentlich verfügbare Listen

a) der unter das Übereinkommen fallenden Steuerabkommen,
b) der von den Vertragsparteien dieses Übereinkommens angebrachten Vorbehalte und
c) der von den Vertragsparteien dieses Übereinkommens abgegebenen Notifikationen.

## Vorbehalte und Notifikationen der Republik Österreich

### Artikel 2 – Auslegung von Ausdrücken

***Notifikation – Unter das Übereinkommen fallende Abkommen***

Gemäß Artikel 2 Absatz 1 lit. a Ziffer ii des Übereinkommens fallen nach dem Wunsch der Republik Österreich die folgenden Abkommen unter das Übereinkommen:

| Nr. | Titel | Der andere Vertragsstaat | Original/Änderungsübereinkunft | Zeitpunkt der Unterzeichnung | Zeitpunkt des In-Kraft-Tretens |
|---|---|---|---|---|---|
| 1 | Abkommen zwischen der Republik Österreich und dem Königreich Belgien zur Vermeidung der Doppelbesteuerung und zur Regelung bestimmter anderer Fragen auf dem Gebiete der Steuern vom Einkommen und vom Vermögen einschließlich der Gewerbesteuern und der Grundsteuern | Belgien | Original | 29-12-1971 | 28-06-1973 |
| | | | Änderungsübereinkunft (a) | 10-09-2009 | 01-03-2016 |
| 2 | Abkommen zwischen der Republik Österreich und der Republik Bulgarien zur Vermeidung der Doppelbesteuerung auf dem Gebiete der Steuern vom Einkommen und vom Vermögen | Bulgarien | Original | 20-07-2010 | 03-02-2011 |
| 3 | Abkommen zwischen der Republik Österreich und Kanada zur Vermeidung der Doppelbesteuerung und zur Verhinderung der Steuerumgehung bei den Steuern vom Einkommen und vom Vermögen | Kanada | Original | 09-12-1976 | 17-02-1981 |
| | | | Änderungsübereinkunft (a) | 15-06-1999 | 29-01-2001 |
| | | | Änderungsübereinkunft (b) | 09-03-2012 | 01-10-2013 |
| 4 | Abkommen zwischen der Republik Österreich und der Republik Chile zur Vermeidung der Doppelbesteuerung und der Verhinderung der Steuerumgehung auf dem Gebiete der Steuern vom Einkommen und vom Vermögen | Chile | Original | 06-12-2012 | 09-09-2015 |
| 5 | Abkommen zwischen der Regierung der Republik Österreich und der Regierung der Volksrepublik China zur Vermeidung der Doppelbesteuerung und zur Verhinderung der Steuerumgehung auf dem Gebiete der Steuern vom Einkommen und vom Vermögen | China (Volksrepublik) | Original | 10-04-1991 | 01-11-1992 |
| 6 | Abkommen zwischen der Republik Österreich und der Republik Kroatien zur Vermeidung der Doppelbesteuerung auf dem Gebiete der Steuern vom Einkommen und vom Vermögen | Kroatien | Original | 21-09-2000 | 27-06-2001 |
| 7 | Abkommen zwischen der Republik Österreich und der Republik Zypern zur Vermeidung der Doppelbesteuerung auf dem Gebiete der Steuern vom Einkommen und vom Vermögen | Zypern | Original | 20-03-90 | 01-01-1991 |
| | | | Änderungsübereinkunft (a) | 21-05-2012 | 01-04-2013 |

| | | | | | |
|---|---|---|---|---|---|
| 8 | Abkommen zwischen der Republik Österreich und der Tschechischen Republik zur Vermeidung der Doppelbesteuerung und zur Verhinderung der Steuerumgehung auf dem Gebiete der Steuern vom Einkommen und vom Vermögen | Tschechische Republik | Original | 08-06-2006 | 22-03-2007 |
| | | | Änderungsübereinkunft (a) | 09-03-2012 | 26-11-2012 |
| 9 | Abkommen zwischen der Republik Österreich und der Republik Estland zur Vermeidung der Doppelbesteuerung auf dem Gebiete der Steuern vom Einkommen und vom Vermögen | Estland | Original | 05-04-2001 | 12-11-2002 |
| 10 | Übereinkommen zwischen der Republik Österreich und der Republik Finnland zur Vermeidung der Doppelbesteuerung und zur Verhinderung der Steuerumgehung auf dem Gebiete der Steuern vom Einkommen und vom Vermögen | Finnland | Original | 26-07-2000 | 01-04-2001 |
| | | | Änderungsübereinkunft (a) | 04-03-2011 | 01-12-2011 |
| 11 | Abkommen zwischen der Republik Österreich und der Französischen Republik zur Vermeidung der Doppelbesteuerung und zur Verhinderung der Steuerumgehung auf dem Gebiete der Steuern vom Einkommen und vom Vermögen | Frankreich | Original | 26-03-1993 | 01-09-1994 |
| | | | Änderungsübereinkunft (a) | 23-05-2011 | 01-05-2012 |
| 12 | Abkommen zwischen der Republik Österreich und der Bundesrepublik Deutschland zur Vermeidung der Doppelbesteuerung auf dem Gebiet der Steuern vom Einkommen und vom Vermögen | Deutschland | Original | 24-08-2000 | 18-08-2002 |
| | | | Änderungsübereinkunft (a) | 29-12-2010 | 01-03-2012 |
| 13 | Abkommen zwischen der Republik Österreich und der Hellenischen Republik zur Vermeidung der Doppelbesteuerung auf dem Gebiete der Steuern vom Einkommen und vom Vermögen | Griechenland | Original | 18-07-2007 | 01-04-2009 |
| 14 | Abkommen zwischen der Regierung der Republik Österreich und der Regierung der Sonderverwaltungsregion Hongkong der Volksrepublik China zur Vermeidung der Doppelbesteuerung und zur Verhinderung der Steuerumgehung auf dem Gebiete der Steuern vom Einkommen und vom Vermögen | Hongkong (China) | Original | 25-05-2010 | 01-01-2011 |
| | | | Änderungsübereinkunft (a) | 25-06-2012 | 03-07-2013 |
| 15 | Abkommen zwischen der Republik Österreich und der Ungarischen Volksrepublik zur Vermeidung der Doppelbesteuerung auf dem Gebiete der Steuern vom Einkommen, Ertrag und vom Vermögen | Ungarn | Original | 25-02-1975 | 09-02-1976 |

| | | | | | |
|---|---|---|---|---|---|
| 16 | Abkommen zwischen der Regierung der Republik Österreich und der Regierung der Republik Indien zur Vermeidung der Doppelbesteuerung und zur Verhinderung der Steuerumgehung auf dem Gebiete der Steuern vom Einkommen | Indien | Original | 08-11-1999 | 05-09-2001 |
| | | | Änderungsübereinkunft (a) | 06-02-2017 | Keine Angabe |
| 17 | Abkommen zwischen der Republik Österreich und Irland zur Vermeidung der Doppelbesteuerung auf dem Gebiete der Steuern vom Einkommen | Irland | Original | 24-05-1966 | 05-01-1968 |
| | | | Änderungsübereinkunft (a) | 19-06-1987 | 01-03-1989 |
| | | | Änderungsübereinkunft (b) | 16-12-2009 | 01-05-2011 |
| 18 | Abkommen zwischen der Republik Österreich und dem Staat Israel zur Vermeidung der Doppelbesteuerung auf dem Gebiete der Steuern vom Einkommen und vom Vermögen | Israel | Original | 28-11-2016 | Keine Angabe |
| 19 | Abkommen zwischen der Republik Österreich und der Republik Italien zur Vermeidung der Doppelbesteuerung und zur Verhinderung der Steuerumgehung auf dem Gebiete der Steuern vom Einkommen und vom Vermögen | Italien | Original | 29-06-1981 | 06-04-1985 |
| | | | Änderungsübereinkunft (a) | 25-11-1987 | 01-05-1990 |
| 20 | Abkommen zwischen der Republik Österreich und der Republik Lettland zur Vermeidung der Doppelbesteuerung auf dem Gebiete der Steuern vom Einkommen und vom Vermögen | Lettland | Original | 14-12-2005 | 16-05-2007 |
| 21 | Abkommen zwischen der Republik Österreich und der Republik Litauen zur Vermeidung der Doppelbesteuerung auf dem Gebiete der Steuern vom Einkommen und vom Vermögen | Litauen | Original | 06-04-2005 | 17-11-2005 |
| 22 | Abkommen zwischen der Republik Österreich und dem Großherzogtum Luxemburg zur Vermeidung der Doppelbesteuerung auf dem Gebiete der Steuern vom Einkommen und vom Vermögen | Luxemburg | Original | 18-10-1962 | 07-02-1964 |
| | | | Änderungsübereinkunft (a) | 21-05-1992 | 01-02-1994 |
| | | | Änderungsübereinkunft (b) (einschließlich Notenwechsel am 07-07-2009) | 07-07-2009 | 01-09-2010 |
| | | | Änderungsübereinkunft (c) (Notenwechsel) | 18-06-2015/ 18-06-2015 | 01-03-2017 |
| 23 | Abkommen zwischen der Republik Österreich und der Republik Malta zur Vermeidung der Doppelbesteuerung bei den Steuern vom Einkommen und vom Vermögen | Malta | Original | 29-05-1978 | 13-07-1979 |

| | | | | | |
|---|---|---|---|---|---|
| 24 | Abkommen zwischen der Republik Österreich und den Vereinigten Mexikanischen Staaten zur Vermeidung der Doppelbesteuerung und zur Verhinderung der Steuerumgehung auf dem Gebiete der Steuern vom Einkommen und vom Vermögen | Mexiko | Original | 13-04-2004 | 01-01-2005 |
| | | | Änderungsübereinkunft (a) | 18-09-2009 | 01-07-2010 |
| 25 | Abkommen zwischen der Republik Österreich und dem Königreich der Niederlande zur Vermeidung der Doppelbesteuerung auf dem Gebiete der Steuern vom Einkommen und vom Vermögen | Niederlande | Original | 01-09-1970 | 21-04-1971 |
| | | | Änderungsübereinkunft (a) | 18-12-1989 | 28-12-1990 |
| | | | Änderungsübereinkunft (b) | 26-11-2001 | 26-01-2003 |
| | | | Änderungsübereinkunft (c) | 08-10-2008 | 23-05-2009 |
| | | | Änderungsübereinkunft (d) | 08-09-2009 | 01-07-2010 |
| 26 | Abkommen zwischen der Republik Österreich und der Islamischen Republik Pakistan zur Vermeidung der Doppelbesteuerung auf dem Gebiete der Steuern vom Einkommen | Pakistan | Original | 04-08-2005 | 01-06-2007 |
| 27 | Abkommen zwischen der Republik Österreich und der Republik Polen zur Vermeidung der Doppelbesteuerung auf dem Gebiete der Steuern vom Einkommen und vom Vermögen | Polen | Original | 13-01-2004 | 01-04-2005 |
| | | | Änderungsübereinkunft (a) | 04-02-2008 | 10-10-2008 |
| 28 | Abkommen zwischen der Republik Österreich und der Portugiesischen Republik zur Vermeidung der Doppelbesteuerung auf dem Gebiete der Steuern vom Einkommen und vom Vermögen | Portugal | Original | 29-12-1970 | 27-02-1972 |
| 29 | Abkommen zwischen der Republik Österreich und Rumänien zur Vermeidung der Doppelbesteuerung und zur Verhinderung der Steuerumgehung auf dem Gebiete der Steuern vom Einkommen und vom Vermögen | Rumänien | Original | 30-03-2005 | 01-02-2006 |
| | | | Änderungsübereinkunft (a) | 01-10-2012 | 01-11-2013 |
| 30 | Abkommen zwischen der Regierung der Republik Österreich und der Regierung der Russischen Föderation zur Vermeidung der Doppelbesteuerung auf dem Gebiete der Steuern vom Einkommenund vom Vermögen | Russland | Original | 13-04-2000 | 30-12-2002 |
| 31 | Abkommen zwischen der Republik Österreich und der Republik Serbien zur Vermeidung der Doppelbesteuerung auf dem Gebiete der Steuern vom Einkommen und vom Vermögen | Serbien | Original | 07-05-2010 | 17-12-2010 |

| | | | | | |
|---|---|---|---|---|---|
| 32 | Abkommen zwischen der Regierung der Republik Österreich und der Regierung der Republik Singapur zur Vermeidung der Doppelbesteuerung und zur Verhinderung der Steuerumgehung auf dem Gebiete der Steuern vom Einkommen | Singapur | Original | 30-11-2001 | 22-10-2002 |
| | | | Änderungsübereinkunft (a) | 15-09-2009 | 01-06-2010 |
| | | | Änderungsübereinkunft (b) (Notenwechsel) | 03-09-2012/ 16-10-2012 | 01-05-2014 |
| 33 | Abkommen zwischen der Republik Österreich und der [Tschechoslowakischen Sozialistischen Republik] zur Vermeidung der Doppelbesteuerung auf dem Gebiete der Steuern vom Einkommen und vom Vermögen | Slowakische Republik | Original | 07-03-1978 | 12-02-1979 |
| 34 | Abkommen zwischen der Republik Österreich und der Republik Slowenien zur Vermeidung der Doppelbesteuerung auf dem Gebiete der Steuern vom Einkommen und vom Vermögen | Slowenien | Original | 01-10-1997 | 01-02-1999 |
| | | | Änderungsübereinkunft (a) | 26-09-2006 | 01-08-2007 |
| | | | Änderungsübereinkunft (b) | 28-09-2011 | 01-11-2012 |
| 35 | Abkommen zwischen der Republik Österreich und der Republik Südafrika zur Vermeidung der Doppelbesteuerung auf dem Gebiete der Steuern vom Einkommen und vom Vermögen | Südafrika | Original | 04-03-1996 | 06-02-1997 |
| | | | Änderungsübereinkunft (a) | 22-08-2011 | 01-03-2012 |
| 36 | Abkommen zwischen der Republik Österreich und Spanien zur Vermeidung der Doppelbesteuerung auf dem Gebiete der Steuern vom Einkommen und vom Vermögen | Spanien | Original | 20-12-1966 | 01-01-1968 |
| | | | Änderungsübereinkunft (a) | 24-02-1995 | 01-11-1995 |
| 37 | Abkommen zwischen der Republik Österreich und der Schweizerischen Eidgenossenschaft zur Vermeidung der Doppelbesteuerung auf dem Gebiete der Steuern vom Einkommen und vom Vermögen | Schweiz | Original | 30-01-1974 | 04-12-1974 |
| | | | Änderungsübereinkunft (a) | 18-01-1994 | 01-05-1995 |
| | | | Änderungsübereinkunft (b) | 20-07-2000 | 13-09-2001 |
| | | | Änderungsübereinkunft (c) | 21-03-2006 | 02-02-2007 |
| | | | Änderungsübereinkunft (d) (einschließlich Notenwechsel am 03-09-2009) | 03-09-2009 | 01-03-2011 |
| | | | Änderungsübereinkunft (e) | 04-06-2012 | 14-11-2012 |
| 38 | Abkommen zwischen der Republik Österreich und der Republik Türkei zur Vermeidung der Doppelbesteuerung auf dem Gebiete der Steuern vom Einkommen | Türkei | Original | 28-03-2008 | 01-10-2009 |

DBA/OECD-MA
MLI

### Artikel 3 – Transparente Rechtsträger

***Vorbehalt***

Gemäß Artikel 3 Absatz 5 lit. a des Übereinkommens behält sich die Republik Österreich vor, dass der gesamte Artikel 3 nicht für ihre unter das Übereinkommen fallenden Steuerabkommen gilt.

### Artikel 4 – Rechtsträger mit doppelter Ansässigkeit

***Vorbehalt***

Gemäß Artikel 4 Absatz 3 lit. a des Übereinkommens behält sich die Republik Österreich vor, dass der gesamte Artikel 4 nicht für ihre unter das Übereinkommen fallenden Steuerabkommen gilt.

### Artikel 5 – Anwendung von Methoden zur Beseitigung der Doppelbesteuerung

***Notifikation der gewählten fakultativen Bestimmungen***

Gemäß Artikel 5 Absatz 10 des Übereinkommens entscheidet sich die Republik Österreich nach Artikel 5 Absatz 1 für die Anwendung der Option A dieses Artikels.

***Notifikation bestehender Bestimmungen in den angeführten Abkommen***

Gemäß Artikel 5 Absatz 10 des Übereinkommens ist die Republik Österreich der Auffassung, dass die folgenden Abkommen eine in Artikel 5 Absatz 3 beschriebene Bestimmung enthalten. Die Nummer des Artikels und des Absatzes dieser Bestimmung wird nachstehend angeführt.

| Nummer des angeführten Abkommens | Der andere Vertragsstaat | Bestimmung |
|---|---|---|
| 1 | Belgien | Artikel 23 Absatz 1 |
| 5 | China | Artikel 24 Absatz 2 |
| 7 | Zypern | Artikel 23 Absatz 1 |
| 11 | Frankreich | Artikel 23 Absatz 2 |
| 13 | Griechenland | Artikel 23 Absatz 2 |
| 15 | Ungarn | Artikel 22 Absatz 1 |
| 16 | Indien | Artikel 23 Absatz 2 |
| 22 | Luxemburg | Artikel 20 Absatz 1 |
| 23 | Malta | Artikel 23 Absatz 1 |
| 25 | Niederlande | Artikel 24 Absatz 3 |
| 26 | Pakistan | Artikel 24 Absatz 1 lit. a |
| 27 | Polen | Artikel 24 Absatz 2 lit. a [nach Abänderung durch Artikel 1 von (a)] |
| 28 | Portugal | Artikel 23 Absatz 1 |
| 31 | Serbien | Artikel 24 Absatz 1 Ziffer 1 |
| 32 | Singapur | Artikel 22 Absatz 1 |
| 33 | Slowakische Republik | Artikel 23 Absatz 2 |
| 34 | Slowenien | Artikel 24 Absatz 1 lit. a der Fassung Österreichs |
| 35 | Südafrika | Artikel 23 Absatz 1 lit. a |
| 36 | Spanien | Artikel 24 Absatz 1 |
| 37 | Schweiz | Artikel 23 Absatz 1 |
| 38 | Türkei | Artikel 22 Absatz 1 |

### Artikel 6 – Zweck eines unter das Übereinkommen fallenden Steuerabkommens

***Notifikation bestehender Formulierungen in der Präambel der angeführten Abkommen***

Gemäß Artikel 6 Absatz 5 des Übereinkommens ist die Republik Österreich der Auffassung, dass die folgenden Abkommen nicht unter einen Vorbehalt nach Artikel 6 Absatz 4 fallen und eine in Artikel 6 Absatz 2 beschriebene Formulierung in der Präambel enthalten. Der Wortlaut des jeweiligen Beweggrunds wird nachstehend angeführt.

| Nummer des angeführten Abkommens | Der andere Vertragsstaat | Wortlaut der Präambel |
|---|---|---|
| 1 | Belgien | von dem Wunsche geleitet, auf dem Gebiete der Steuern vom Einkommen und vom Vermögen einschließlich der Gewerbesteuern und der Grundsteuern die Doppelbesteuerung zu vermeiden und bestimmte andere Fragen zu regeln, |

| | | |
|---|---|---|
| 2 | Bulgarien | von dem Wunsche geleitet, ein Abkommen zur Vermeidung der Doppelbesteuerung auf dem Gebiete der Steuern vom Einkommen und vom Vermögen abzuschließen, |
| 3 | Kanada | vom Wunsche geleitet, ein Abkommen zur Vermeidung der Doppelbesteuerung und zur Verhinderung der Steuerumgehung bei den Steuern vom Einkommen und vom Vermögen abzuschließen, |
| 4 | Chile | von dem Wunsche geleitet, ein Abkommen zur Vermeidung der Doppelbesteuerung und der Verhinderung der Steuerumgehung auf dem Gebiete der Steuern vom Einkommen und vom Vermögen abzuschließen, |
| 5 | China (Volksrepublik) | von dem Wunsche geleitet, ein Abkommen zur Vermeidung der Doppelbesteuerung und zur Verhinderung der Steuerumgehung auf dem Gebiete der Steuern vom Einkommen und vom Vermögen abzuschließen, |
| 6 | Kroatien | von dem Wunsche geleitet, ein Abkommen zur Vermeidung der Doppelbesteuerung auf dem Gebiete der Steuern vom Einkommen und vom Vermögen abzuschließen, |
| 7 | Zypern | von dem Wunsche geleitet, ein Abkommen zur Vermeidung der Doppelbesteuerung auf dem Gebiete der Steuern vom Einkommen und vom Vermögen abzuschließen, |
| 8 | Tschechische Republik | von dem Wunsche geleitet, ein Abkommen zur Vermeidung der Doppelbesteuerung und zur Verhinderung der Steuerumgehung auf dem Gebiete der Steuern vom Einkommen und vom Vermögen abzuschließen, |
| 9 | Estland | von dem Wunsche geleitet, ein Abkommen zur Vermeidung der Doppelbesteuerung auf dem Gebiete der Steuern vom Einkommen und vom Vermögen abzuschließen, |
| 10 | Finnland | Von dem Wunsche geleitet, ein Übereinkommen zur Vermeidung der Doppelbesteuerung und zur Verhinderung der Steuerumgehung auf dem Gebiete der Steuern vom Einkommen und vom Vermögen abzuschließen, |
| 11 | Frankreich | von dem Wunsche geleitet, auf dem Gebiete der Steuern vom Einkommen und vom Vermögen die Doppelbesteuerung zu vermeiden und die Steuerumgehung zu verhindern, |
| 12 | Deutschland | von dem Wunsch geleitet,< ihre wirtschaftlichen Beziehungen durch den Abbau steuerlicher Hindernisse zu fördern und ihre Zusammenarbeit auf steuerlichem Gebiet zu festigen>, |
| 13 | Griechenland | von dem Wunsche geleitet, ein Abkommen zu Vermeidung der Doppelbesteuerung auf dem Gebiete der Steuern vom Einkommen und vom Vermögen abzuschließen, |
| 14 | Hongkong | von dem Wunsche geleitet, ein Abkommen zur Vermeidung der Doppelbesteuerung und zur Verhinderung der Steuerumgehung auf dem Gebiete der Steuern vom Einkommen und vom Vermögen abzuschließen, |
| 15 | Ungarn | von dem Wunsche geleitet, die Doppelbesteuerung auf dem Gebiete der Steuern vom Einkommen, Ertrag und vom Vermögen zu vermeiden, |
| 16 | Indien | von dem Wunsche geleitet, ein Abkommen zur Vermeidung der Doppelbesteuerung und zur Verhinderung der Steuerumgehung auf dem Gebiete der Steuern vom Einkommen abzuschließen, |
| 17 | Irland | von dem Wunsche geleitet, ein Abkommen zur Vermeidung der Doppelbesteuerung auf dem Gebiete der Steuern vom Einkommen abzuschließen, |
| 18 | Israel | von dem Wunsche geleitet, ein Abkommen zur Vermeidung der Doppelbesteuerung auf dem Gebiete der Steuern vom Einkommen und vom Vermögen abzuschließen, |

| | | |
|---|---|---|
| 19 | Italien | vom Wunsche geleitet, ein Abkommen zur Vermeidung der Doppelbesteuerung und zur Verhinderung der Steuerumgehung auf dem Gebiete der Steuern vom Einkommen und vom Vermögen abzuschließen, |
| 20 | Lettland | von dem Wunsche geleitet, ein Abkommen zur Vermeidung der Doppelbesteuerung auf dem Gebiete der Steuern vom Einkommen und vom Vermögen abzuschließen, |
| 21 | Litauen | von dem Wunsche geleitet, ein Abkommen zur Vermeidung der Doppelbesteuerung auf dem Gebiete der Steuern vom Einkommen und vom Vermögen abzuschließen, |
| 22 | Luxemburg | von dem Wunsche geleitet, auf dem Gebiete der Steuern vom Einkommen und vom Vermögen die Doppelbesteuerung nach Möglichkeit zu vermeiden, |
| 23 | Malta | von dem Wunsche geleitet, ein Abkommen zur Vermeidung der Doppelbesteuerung bei den Steuern vom Einkommen und vom Vermögen abzuschließen, |
| 24 | Mexiko | von dem Wunsche geleitet, ein Abkommen zur Vermeidung der Doppelbesteuerung und zur Verhinderung der Steuerumgehung auf dem Gebiete der Steuern vom Einkommen und vom Vermögen abzuschließen, |
| 25 | Niederlande | von dem Wunsche geleitet, ein Abkommen zur Vermeidung der Doppelbesteuerung auf dem Gebiete der Steuern vom Einkommen und vom Vermögen abzuschließen, |
| 26 | Pakistan | von dem Wunsche geleitet, ein Abkommen zur Vermeidung der Doppelbesteuerung auf dem Gebiete der Steuern vom Einkommen abzuschließen, |
| 27 | Polen | von dem Wunsche geleitet, ein Abkommen zur Vermeidung der Doppelbesteuerung auf dem Gebiete der Steuern vom Einkommen und vom Vermögen abzuschließen, |
| 28 | Portugal | von dem Wunsche geleitet, auf dem Gebiete der Steuern vom Einkommen und vom Vermögen die Doppelbesteuerung zu vermeiden, |
| 29 | Rumänien | von dem Wunsche geleitet, ein Abkommen zur Vermeidung der Doppelbesteuerung und zur Verhinderung der Steuerumgehung auf dem Gebiete der Steuern vom Einkommen und vom Vermögen abzuschließen, |
| 30 | Russland | von dem Wunsche geleitet, ein Abkommen zur Vermeidung der Doppelbesteuerung auf dem Gebiete der Steuern vom Einkommen und vom Vermögen abzuschließen, |
| 31 | Serbien | von dem Wunsche geleitet, ein Abkommen zur Vermeidung der Doppelbesteuerung auf dem Gebiete der Steuern vom Einkommen und vom Vermögen abzuschließen,< mit der Absicht, dadurch stabile Bedingungen für eine umfassende Entwicklung von wirtschaftlicher und sonstiger Zusammenarbeit sowie von Investitionen zwischen den beiden Ländern zu schaffen>, |
| 32 | Singapur | von dem Wunsche geleitet, ein Abkommen zur Vermeidung der Doppelbesteuerung und zur Verhinderung der Steuerumgehung auf dem Gebiete der Steuern vom Einkommen abzuschließen, |
| 33 | Slowakische Republik | im Bewußtsein des Bedürfnisses, den Handel zu erleichtern und die wirtschaftliche Zusammenarbeit im Einklang mit der Schlußakte der Konferenz über Sicherheit und Zusammenarbeit in Europa zu fördern, sind übereingekommen, ein Abkommen zur Vermeidung der Doppelbesteuerung auf dem Gebiete der Steuern vom Einkommen und vom Vermögen zu schließen, |
| 34 | Slowenien | von dem Wunsche geleitet, ein Abkommen zur Vermeidung der Doppelbesteuerung auf dem Gebiete der Steuern vom Einkommen und vom Vermögen abzuschließen, |

| | | |
|---|---|---|
| 35 | Südafrika | von dem Wunsche geleitet, ein Abkommen zur Vermeidung der Doppelbesteuerung auf dem Gebiete der Steuern vom Einkommen und vom Vermögen abzuschließen, |
| 36 | Spanien | von dem Wunsche geleitet, ein Abkommen zur Vermeidung der Doppelbesteuerung auf dem Gebiete der Steuern vom Einkommen und vom Vermögen abzuschließen, |
| 37 | Schweiz | von dem Wunsche geleitet, ein Abkommen zur Vermeidung der Doppelbesteuerung auf dem Gebiete der Steuern vom Einkommen und vom Vermögen abzuschließen, |
| 38 | Türkei | von dem Wunsche geleitet, ein Abkommen zur Vermeidung der Doppelbesteuerung auf dem Gebiete der Steuern vom Einkommen abzuschließen, |

**Artikel 7 – Verhinderung von Abkommensmissbrauch**

***Notifikation bestehender Bestimmungen in den angeführten Abkommen***

Gemäß Artikel 7 Absatz 17 lit. a des Übereinkommens ist die Republik Österreich der Auffassung, dass die folgenden Abkommen nicht einem Vorbehalt nach Artikel 7 Absatz 15 lit. b unterliegen und eine in Artikel 7 Absatz 2 beschriebene Bestimmung enthalten. Die Nummer des Artikels und des Absatzes dieser Bestimmung wird nachstehend angeführt.

| Nummer des angeführten Abkommens | Der andere Vertragsstaat | Bestimmung |
|---|---|---|
| 4 | Chile | Ziffer 6 des Protokolls |
| 13 | Griechenland | Protokoll zu Artikel 11 und 12 |
| 24 | Mexiko | Artikel 11 Absatz 8; Artikel 12 Absatz 7; Ziffer 2 des Protokolls |
| 27 | Polen | Artikel 11 Absatz 3 lit. c und d aufgrund des Artikels III Absatz 2 des Protokolls |

**Artikel 8 – Transaktionen zur Übertragung von Dividenden**

***Vorbehalt***

Gemäß Artikel 8 Absatz 3 lit. a des Übereinkommens behält sich die Republik Österreich vor, dass der gesamte Artikel 8 nicht für ihre unter das Übereinkommen fallenden Steuerabkommen gilt.



**Artikel 9 – Gewinne aus der Veräußerung von Anteilen oder Rechten an Rechtsträgern, deren Wert hauptsächlich auf unbeweglichem Vermögen beruht**

***Vorbehalt***

Gemäß Artikel 9 Absatz 6 lit. a des Übereinkommens behält sich die Republik Österreich vor, dass Artikel 9 Absatz 1 nicht für ihre unter das Übereinkommen fallenden Steuerabkommen gilt.

**Artikel 10 – Vorschrift zur Missbrauchsbekämpfung für in Drittstaaten oder -gebieten gelegene Betriebsstätten**

***Notifikation bestehender Bestimmungen in den angeführten Abkommen***

Gemäß Artikel 10 Absatz 6 des Übereinkommens ist die Republik Österreich der Auffassung, dass das folgende Abkommen eine in Artikel 10 Absatz 4 beschriebene Bestimmung enthält. Die Nummer des Artikels und des Absatzes dieser Bestimmung wird nachstehend angeführt.

| Nummer des angeführten Abkommens | Der andere Vertragsstaat | Bestimmung |
|---|---|---|
| 4 | Chile | Ziffer 12 des Protokolls |

**Artikel 11 – Anwendung von Steuerabkommen zur Einschränkung des Rechtes einer Vertragspartei dieses Übereinkommens auf Besteuerung der in ihrem Gebiet ansässigen Personen**

***Vorbehalt***

Gemäß Artikel 11 Absatz 3 lit. a des Übereinkommens behält sich die Republik Österreich vor, dass der gesamte Artikel 11 nicht für ihre unter das Übereinkommen fallenden Steuerabkommen gilt.

**Artikel 12 – Künstliche Umgehung des Betriebsstättenstatus durch Kommissionärsmodelle und ähnliche Strategien**

***Notifikation bestehender Bestimmungen in den angeführten Abkommen***

Gemäß Artikel 12 Absatz 4 des Übereinkommens behält sich die Republik Österreich vor, dass der gesamte Artikel 12 nicht für ihre unter das Übereinkommen fallenden Steuerabkommen gilt.

**Artikel 13 – Künstliche Umgehung des Betriebsstättenstatus durch die Ausnahme bestimmter Tätigkeiten**

***Vorbehalt***

Gemäß Artikel 13 Absatz 6 lit. c des Übereinkommens behält sich die Republik Österreich vor, dass Artikel 13 Absatz 4 nicht für ihre unter das Übereinkommen fallenden Steuerabkommen gilt.

***Notifikation der gewählten fakultativen Bestimmungen***

Gemäß Artikel 13 Absatz 7 des Übereinkommens entscheidet sich die Republik Österreich nach Artikel 13 Absatz 1 für die Anwendung der Option A.

***Notifikation bestehender Bestimmungen in den angeführten Abkommen***

Gemäß Artikel 13 Absatz 7 des Übereinkommens ist die Republik Österreich der Auffassung, dass die folgenden Abkommen eine in Artikel 13 Absatz 5 lit. a beschriebene Bestimmung enthalten. Die Nummer des Artikels und des Absatzes dieser Bestimmung wird nachstehend angeführt.

| Nummer des angeführten Abkommens | Der andere Vertragsstaat | Bestimmung |
|---|---|---|
| 1 | Belgien | Artikel 5 Absatz 3 |
| 2 | Bulgarien | Artikel 5 Absatz 4 |
| 3 | Kanada | Artikel 5 Absatz 3 |
| 4 | Chile | Artikel 5 Absatz 4 |
| 5 | China | Artikel 5 Absatz 4 |
| 6 | Kroatien | Artikel 5 Absatz 4 |
| 7 | Zypern | Artikel 5 Absatz 4 |
| 8 | Tschechische Republik | Artikel 5 Absatz 4 |
| 9 | Estland | Artikel 5 Absatz 4 |
| 10 | Finnland | Artikel 5 Absatz 4 |
| 11 | Frankreich | Artikel 5 Absatz 4 |
| 12 | Deutschland | Artikel 5 Absatz 4 |
| 13 | Griechenland | Artikel 5 Absatz 6 |
| 14 | Hongkong | Artikel 5 Absatz 4 |
| 15 | Ungarn | Artikel 5 Absatz 3 |
| 16 | Indien | Artikel 5 Absatz 4 |
| 17 | Irland | Artikel 3 Absatz 3 |
| 18 | Israel | Artikel 5 Absatz 4 |
| 19 | Italien | Artikel 5 Absatz 3 |
| 20 | Lettland | Artikel 5 Absatz 4 |
| 21 | Litauen | Artikel 5 Absatz 4 |
| 22 | Luxemburg | Artikel 5 Absatz 3 |
| 23 | Malta | Artikel 5 Absatz 3 |
| 24 | Mexiko | Artikel 5 Absatz 4 |
| 25 | Niederlande | Artikel 5 Absatz 3 |
| 26 | Pakistan | Artikel 5 Absatz 4 |
| 27 | Polen | Artikel 5 Absatz 4 |
| 28 | Portugal | Artikel 5 Absatz 3 |
| 29 | Rumänien | Artikel 5 Absatz 4 |
| 30 | Russland | Artikel 5 Absatz 4 |
| 31 | Serbien | Artikel 5 Absatz 4 |

| | | |
|---|---|---|
| 32 | Singapur | Artikel 5 Absatz 4 |
| 33 | Slowakische Republik | Artikel 5 Absatz 4 |
| 34 | Slowenien | Artikel 5 Absatz 4 |
| 35 | Südafrika | Artikel 5 Absatz 4 |
| 36 | Spanien | Artikel 5 Absatz 3 |
| 37 | Schweiz | Artikel 5 Absatz 3 |
| 38 | Türkei | Artikel 5 Absatz 4 |

**Artikel 14 – Aufteilung von Verträgen**

***Vorbehalt***

Gemäß Artikel 14 Absatz 3 lit. a des Übereinkommens behält sich die Republik Österreich vor, dass der gesamte Artikel 14 nicht für ihre unter das Übereinkommen fallenden Steuerabkommen gilt.

**Artikel 15 – Bestimmung des Begriffs der mit einem Unternehmen eng verbundenen Person**

***Vorbehalt***

Gemäß Artikel 15 Absatz 2 des Übereinkommens behält sich die Republik Österreich vor, dass der gesamte Artikel 15 nicht für die unter das Übereinkommen fallenden Steuerabkommen gilt, für die die in Artikel 12 Absatz 4, Artikel 13 Absatz 6 lit. c und Artikel 14 Absatz 3 lit. a beschriebenen Vorbehalte gelten.

**Artikel 16 – Verständigungsverfahren**

***Vorbehalt***

Gemäß Artikel 16 Absatz 5 lit. a des Übereinkommens behält sich die Republik Österreich vor, dass Absatz 1 Satz 1 nicht für ihre unter das Übereinkommen fallenden Steuerabkommen gilt, da sie beabsichtigt, den Mindeststandard für die Verbesserung der Streitbeilegung nach dem BEPS-Paket der OECD/G20 zu erfüllen, indem sie sicherstellt, dass nach jedem ihrer unter das Übereinkommen fallenden Steuerabkommen (mit Ausnahme der unter das Übereinkommen fallenden Steuerabkommen, nach denen eine Person einen Fall der zuständigen Behörde eines der beiden Vertragsstaaten vorlegen darf) eine Person, wenn sie der Auffassung ist, dass die Maßnahmen eines oder beider Vertragsstaaten für sie zu einer Besteuerung führen oder führen werden, die dem unter das Übereinkommen fallenden Steuerabkommen nicht entspricht, ungeachtet der im innerstaatlichen Recht dieser Vertragsstaaten vorgesehenen Rechtsbehelfe den Fall der zuständigen Behörde des Vertragsstaats, in dem sie ansässig ist, oder, sofern der von dieser Person vorgelegte Fall einer Bestimmung eines unter das Übereinkommen fallenden Steuerabkommens zur Gleichbehandlung aufgrund der Staatsangehörigkeit unterliegt, der zuständigen Behörde des Vertragsstaats, dessen Staatsangehörige sie ist, vorlegen kann; außerdem wird die zuständige Behörde dieses Vertragsstaats ein zweiseitiges Notifikations- oder Konsultationsverfahren mit der zuständigen Behörde des anderen Vertragsstaats für Fälle durchführen, in denen die zuständige Behörde, welcher der Fall, der Gegenstand eines Verständigungsverfahrens sein soll, vorgelegt wurde, die Einwendung des Steuerpflichtigen für unberechtigt hält.



***Notifikation bestehender Bestimmungen in den angeführten Abkommen***

Gemäß Artikel 16 Absatz 6 lit. b Ziffer i des Übereinkommens ist die Republik Österreich der Auffassung, dass die folgenden Abkommen eine Bestimmung enthalten, nach der ein in Artikel 16 Absatz 1 Satz 1 genannter Fall innerhalb einer bestimmten Frist von weniger als drei Jahren nach der ersten Mitteilung der Maßnahme, die zu einer dem unter das Übereinkommen fallenden Steuerabkommen nicht entsprechenden Besteuerung führt, vorgelegt werden muss. Die Nummer des Artikels und des Absatzes dieser Bestimmung wird nachstehend angeführt.

| Nummer des angeführten Abkommens | Der andere Vertragsstaat | Bestimmung |
|---|---|---|
| 1 | Belgien | Artikel 25 Absatz 1 Satz 2 |
| 3 | Kanada | Artikel 25 Absatz 1 Satz 2 |
| 28 | Portugal | Artikel 25 Absatz 1 Satz 2 |

Gemäß Artikel 16 Absatz 6 lit. b Ziffer ii des Übereinkommens ist die Republik Österreich der Auffassung, dass die folgenden Abkommen eine Bestimmung enthalten, nach der ein in Artikel 16 Absatz 1 Satz 1 genannter Fall innerhalb einer bestimmten Frist von mindestens drei Jahren nach der ersten Mitteilung der Maßnahme, die zu einer dem unter das Übereinkommen fallenden Steuerabkommen nicht entsprechenden Besteuerung führt, vorgelegt werden muss. Die Nummer des Artikels und des Absatzes dieser Bestimmung wird nachstehend angeführt.

| Nummer des angeführten Abkommens | Der andere Vertragsstaat | Bestimmung |
|---|---|---|
| 2 | Bulgarien | Artikel 25 Absatz 1 Satz 2 |
| 5 | China | Artikel 26 Absatz 1 Satz 2 |
| 6 | Kroatien | Artikel 25 Absatz 1 Satz 2 |
| 7 | Zypern | Artikel 25 Absatz 1 Satz 2 |
| 8 | Tschechische Republik | Artikel 24 Absatz 1 Satz 2 |
| 9 | Estland | Artikel 25 Absatz 1 Satz 2 |
| 10 | Finnland | Artikel 25 Absatz 1 Satz 2 |
| 11 | Frankreich | Artikel 25 Absatz 1 Satz 2 |
| 12 | Deutschland | Artikel 25 Absatz 1 Satz 2 |
| 13 | Griechenland | Artikel 25 Absatz 1 Satz 2 |
| 14 | Hongkong | Artikel 24 Absatz 1 Satz 2 |
| 16 | Indien | Artikel 25 Absatz 1 Satz 2 |
| 18 | Israel | Artikel 25 Absatz 1 Satz 2 |
| 19 | Italien | Artikel 25 Absatz 1 Satz 2 |
| 20 | Lettland | Artikel 26 Absatz 1 Satz 2 |
| 21 | Litauen | Artikel 26 Absatz 1 Satz 2 |
| 23 | Malta | Artikel 25 Absatz 1 Satz 2 |
| 26 | Pakistan | Artikel 26 Absatz 1 Satz 2 |
| 27 | Polen | Artikel 26 Absatz 1 Satz 2 |
| 29 | Rumänien | Artikel 26 Absatz 1 Satz 2 |
| 30 | Russland | Artikel 25 Absatz 1 Satz 2 |
| 31 | Serbien | Artikel 26 Absatz 1 Satz 2 |
| 32 | Singapur | Artikel 24 Absatz 1 Satz 2 |
| 33 | Slowakische Republik | Artikel 25 Absatz 1 Satz 2 |
| 34 | Slowenien | Artikel 26 Absatz 1 Satz 2 |
| 35 | Südafrika | Artikel 25 Absatz 1 Satz 2 |
| 38 | Türkei | Artikel 24 Absatz 1 Satz 2 |

***Notifikation der angeführten Abkommen, die keine der bestehenden Bestimmungen enthalten***

Gemäß Artikel 16 Absatz 6 lit. c Ziffer ii des Übereinkommens ist die Republik Österreich der Auffassung, dass die folgenden Abkommen keine in Artikel 16 Absatz 4 lit. b Ziffer ii beschriebene Bestimmung enthalten.

| Nummer des angeführten Abkommens | Der andere Vertragsstaat |
|---|---|
| 1 | Belgien |
| 3 | Kanada |
| 4 | Chile |
| 15 | Ungarn |
| 17 | Irland |
| 19 | Italien |
| 22 | Luxemburg |
| 24 | Mexiko |
| 25 | Niederlande |
| 28 | Portugal |
| 36 | Spanien |
| 37 | Schweiz |

Gemäß Artikel 16 Absatz 6 lit. d Ziffer i des Übereinkommens ist die Republik Österreich der Auffassung, dass die folgenden Abkommen keine in Artikel 16 Absatz 4 lit. c Ziffer i beschriebene Bestimmung enthalten.

| Nummer des angeführten Abkommens | Der andere Vertragsstaat |
|---|---|
| 1 | Belgien |
| 11 | Frankreich |

Gemäß Artikel 16 Absatz 6 lit. d Ziffer ii des Übereinkommens ist die Republik Österreich der Auffassung, dass die folgenden Abkommen keine in Artikel 16 Absatz 4 lit. c Ziffer ii beschriebene Bestimmung enthalten.

| Nummer des angeführten Abkommens | Der andere Vertragsstaat |
|---|---|
| 1 | Belgien |
| 3 | Kanada |
| 4 | Chile |
| 19 | Italien |
| 24 | Mexiko |

### Artikel 17 – Gegenberichtigung

***Notifikation bestehender Bestimmungen in den angeführten Abkommen***

Gemäß Artikel 17 Absatz 4 des Übereinkommens ist die Republik Österreich der Auffassung, dass die folgenden Abkommen eine in Artikel 17 Absatz 2 beschriebene Bestimmung enthalten. Die Nummer des Artikels und des Absatzes dieser Bestimmung wird nachstehend angeführt.

| Nummer des angeführten Abkommens | Der andere Vertragsstaat | Bestimmung |
|---|---|---|
| 2 | Bulgarien | Artikel 9 Absatz 2 |
| 4 | Chile | Artikel 9 Absatz 2 |
| 7 | Zypern | Artikel 9 Absatz 2 |
| 9 | Estland | Artikel 9 Absatz 2 |
| 10 | Finnland | Artikel 9 Absatz 2 |
| 11 | Frankreich | Artikel 9 Absatz 2 |
| 12 | Deutschland | Artikel 9 Absatz 2 |
| 13 | Griechenland | Artikel 9 Absatz 2 |
| 14 | Hongkong | Artikel 9 Absatz 2 |
| 16 | Indien | Artikel 9 Absatz 2 |
| 18 | Israel | Artikel 9 Absatz 2 |
| 20 | Lettland | Artikel 9 Absatz 2 |
| 21 | Litauen | Artikel 9 Absatz 2 |
| 24 | Mexiko | Artikel 9 Absatz 2 |
| 27 | Polen | Artikel 9 Absatz 2 |
| 29 | Rumänien | Artikel 9 Absatz 2 |
| 30 | Russland | Artikel 9 Absatz 2 |
| 31 | Serbien | Artikel 9 Absatz 2 |
| 32 | Singapur | Artikel 9 Absatz 2 |
| 34 | Slowenien | Artikel 9 Absatz 2 |
| 35 | Südafrika | Artikel 9 Absatz 2 |
| 38 | Türkei | Artikel 9 Absatz 2 |



### Artikel 18 – Entscheidung für die Anwendung des Teiles VI

***Notifikation der gewählten fakultativen Bestimmungen***

Gemäß Artikel 18 des Übereinkommens entscheidet sich die Republik Österreich für die Anwendung des Teiles VI.

### Artikel 19 – Obligatorisches verbindliches Schiedsverfahren

***Vorbehalt***

Für die Anwendung des Artikels 19 auf ihre unter das Übereinkommen fallenden Steuerabkommen behält sich die Republik Österreich gemäß Artikel 19 Absatz 11 des Übereinkommens vor, die in Artikel 19 Absatz 1 lit. b vorgesehene Frist von zwei Jahren durch eine Frist von drei Jahren zu ersetzen.

Gemäß Artikel 19 Absatz 12 des Übereinkommens behält sich die Republik Österreich vor, dass ungeachtet der Absätze 1 bis 11 des Artikels 19 in Bezug auf ihre unter das Übereinkommen fallenden Steuerabkommen folgende Vorschriften gelten:

a) Eine noch offene Frage die sich aus einem Fall ergibt, der Gegenstand eines Verständigungsverfahrens ist und der anderenfalls in den Anwendungsbereich des in diesem Übereinkommen vorgesehenen Schiedsverfahrens fallen würde, darf nicht einem Schiedsverfahren unterworfen werden, wenn in einem der beiden Vertragsstaaten bereits eine Gerichtsentscheidung zu dieser Frage ergangen ist.

b) Wenn zu irgendeinem Zeitpunkt nach Stellung eines Schiedsantrags und vor Übermittlung des Schiedsspruchs an die zuständigen Behörden der Vertragsstaaten durch die Schiedsstelle in einem der Vertragsstaaten eine Gerichtsentscheidung zu der Frage ergeht, endet das Schiedsverfahren.

### Artikel 24 – Verständigung auf eine andere Regelung

***Notifikation der gewählten fakultativen Bestimmungen***

Gemäß Artikel 24 Absatz 1 des Übereinkommens entscheidet sich die Republik Österreich für die Anwendung des Artikels 24 Absatz 2.

### Artikel 26 – Vereinbarkeit

***Vorbehalt***

Gemäß Artikel 26 Absatz 4 des Übereinkommens behält sich die Republik Österreich vor, dass Teil VI in Bezug auf alle ihre unter das Übereinkommen fallenden Steuerabkommen nicht gilt, die für noch offene Fragen, die sich aus einem Fall ergeben, der Gegenstand eines Verständigungsverfahrens ist, bereits ein obligatorisches verbindliches Schiedsverfahren vorsehen. Die Nummer des Artikels und des Absatzes dieser Bestimmung wird nachstehend angeführt.

| Nummer des angeführten Abkommens | Der andere Vertragsstaat | Bestimmung |
|---|---|---|
| 12 | Deutschland | Artikel 25 Absatz 5 |
| 37 | Schweiz | Artikel 25 Absatz 5 |

### Artikel 28 – Vorbehalte

***Angebrachter Vorbehalt in Bezug auf den Anwendungsbereich des Schiedsverfahrens***

Gemäß Artikel 28 Absatz 2 lit. a des Übereinkommens bringt die Republik Österreich den nachstehenden Vorbehalt in Bezug auf die Art der Fälle an, die nach Teil VI einem Schiedsverfahren unterworfen werden können.

Die Republik Österreich behält sich vor, Fälle, die die Anwendung ihrer in der Bundesabgabenordnung enthaltenen innerstaatlichen allgemeinen Missbrauchsregeln, insbesondere die §§ 21 und 22, zur Folge haben, vom Anwendungsbereich des Teiles VI auszunehmen. Dies gilt auch für alle nachträglichen Bestimmungen, mit denen diese Missbrauchsregeln ersetzt, abgeändert oder aktualisiert werden. Die Republik Österreich notifiziert dem Verwahrer alle derartigen nachträglichen Bestimmungen.

### Artikel 35 – Wirksamwerden

***Notifikation der gewählten fakultativen Bestimmungen***

Gemäß Artikel 35 Absatz 3 des Übereinkommens entscheidet sich die Republik Österreich ausschließlich zum Zweck ihrer eigenen Anwendung des Artikels 35 Absatz 1 lit. b und des Absatzes 5 lit. b., die Bezugnahme auf „Veranlagungszeiträume [...], die nach einem Zeitabschnitt von“ durch eine Bezugnahme auf „Veranlagungszeiträume [...], die am oder nach dem 1. Jänner des nächsten Jahres, das nach einem Zeitabschnitt von […] beginnt,“ zu ersetzen.

### Artikel 36 – Wirksamwerden des Teiles VI

***Vorbehalt***

Gemäß Artikel 36 Absatz 2 des Übereinkommens behält sich die Republik Österreich vor, dass Teil VI nur insoweit für einen Fall gilt, welcher der zuständigen Behörde eines Vertragsstaats vor dem letzten der Tage, an denen dieses Übereinkommen für die Vertragsstaaten des unter das Übereinkommen fallenden Steuerabkommens jeweils in Kraft tritt, vorgelegt wird, als die zuständigen Behörden beider Vertragsstaaten übereinkommen, dass er für diesen bestimmten Fall gilt.

Nach Mitteilungen des Generalsekretärs der Organisation für wirtschaftliche Zusammenarbeit und Entwicklung (OECD) haben folgende weitere Staaten und Gebiete das Mehrseitige Übereinkommen zur Umsetzung steuerabkommensbezogener Maßnahmen zur Verhinderung der Gewinnverkürzung und Gewinnverlagerung (BGBl. III Nr. 93/2018, letzte Kundmachung des Geltungsbereichs BGBl. III Nr. 74/2020[x])) ratifiziert:

| **Staaten:** | **Datum des Inkrafttretens gemäß Art. 34 Abs. 2:** |
|---|---|
| Ägypten[1] | 1. Jänner 2021 |
| Albanien[1] | 1. Jänner 2021 |
| Andorra[1] | 1. Jänner 2022 |
| Australien[1] | 1. Jänner 2019 |
| Bahrain[1] | 1. Juni 2022 |
| Barbados[1] | 1. April 2021 |
| Belgien[1] | 1. Oktober 2019 |
| Belize[1] | 1. August 2022 |
| Bosnien und Herzegowina[1] | 1. Jänner 2021 |
| Burkina Faso[1] | 1. Februar 2021 |
| Chile[1] | 1. März 2021 |
| Costa Rica[1] | 1. Jänner 2021 |
| Curaçao[1] | 1. Juli 2019 |
| Dänemark[1] | 1. Jänner 2020 |
| Deutschland[1] | 1. April 2021 |
| Estland[1] | 1. Mai 2021 |
| Finnland[1] | 1. Juni 2019 |
| Frankreich[1] | 1. Jänner 2019 |
| Georgien[1] | 1. Juli 2019 |
| Griechenland[1] | 1. Juli 2021 |
| Guernsey[1] | 1. Juni 2019 |
| Indien[1] | 1. Oktober 2019 |
| Irland[1] | 1. Mai 2019 |
| Island[1] | 1. Jänner 2020 |
| Israel[1] | 1. Jänner 2019 |
| Japan[1] | 1. Jänner 2019 |
| Jordanien[1] | 1. Jänner 2021 |
| Kamerun[1] | 1. August 2022 |
| Kanada[1] | 1. Dezember 2019 |
| Kasachstan[1] | 1. Oktober 2020 |
| Kroatien[1] | 1. Juni 2021 |
| Litauen[1] | 1. Jänner 2019 |
| Luxemburg[1] | 1. August 2019 |
| Malaysia[1] | 1. Juni 2021 |
| Malta[1] | 1. April 2019 |
| Monaco[1] | 1. Mai 2019 |
| Neuseeland[1] | 1. Oktober 2018 |
| Niederlande[1] (für den europäischen und den karibischen Teil der Niederlande [Bonaire, Sint Eustatius und Saba]) | 1. Juli 2019 |
| Norwegen[1] | 1. November 2019 |

DBA/OECD-MA
MLI

| | |
|---|---|
| Oman[1] | 1. November 2020 |
| Pakistan[1] | 1. April 2021 |
| Panama[1] | 1. März 2021 |
| Rumänien[1] | 1. Juni 2022 |
| Russische Föderation[1] | 1. Oktober 2019 |
| Schweden[1] | 1. Oktober 2018 |
| Schweiz[1] | 1. Dezember 2019 |
| Senegal[1] | 1. September 2022 |
| Serbien[1] | 1. Oktober 2018 |
| Seychellen[1] | 1. April 2022 |
| Singapur[1] | 1. April 2019 |
| Slowakei[1] | 1. Jänner 2019 |
| Spanien[1] | 1. Jänner 2022 |
| Thailand[1] | 1. Juli 2022 |
| Ukraine[1] | 1. Dezember 2019 |
| Ungarn[1] | 1. Juli 2021 |
| Vereinigte Arabische Emirate[1] | 1. September 2019 |
| Vereinigtes Königreich[1] | 1. Oktober 2018 |

[1] Vorbehalte und Notifikationen dieser Staaten und Hoheitsgebiete sowie Einsprüche und Einwendungen zu diesem Übereinkommen sind in englischer und französischer Sprache auf der Website der OECD unter http://www.oecd.org/tax/treaties/beps-mli-signatories-and-parties.pdf abrufbar.

[x)] Kundmachungen betreffend den Geltungsbereich des Mehrseitigen Übereinkommens zur Umsetzung steuerabkommensbezogener Maßnahmen zur Verhinderung der Gewinnverkürzung und Gewinnverlagerung wurden mit folgenden BGBl veröffentlicht:

BGBl III 2018/157
BGBl III 2019/21
BGBl III 2019/93
BGBl III 2019/164
BGBl III 2019/233
BGBl III 2020/39
BGBl III 2020/74
BGBl III 2020/164
BGBl III 2020/223
BGBl III 2021/113
BGBl III 2021/147
BGBl III 2022/34
BGBl III 2022/78

# 17. Bundesabgabenordnung

## Inhaltsverzeichnis

# 17/1. Bundesabgabenordnung

**Bundesabgabenordnung**, BGBl 1961/194 idF

**1** BGBl 1965/201
**2** BGBl 1966/141 (VfGH)
**3** BGBl 1969/134
**4** BGBl 1972/224
**5** BGBl 1972/262
**6** BGBl 1973/577
**7** BGBl 1974/472 (VfGH)
**8** BGBl 1974/787
**9** BGBl 1976/667
**10** BGBl 1977/48 (VfGH)
**11** BGBl 1977/320
**12** BGBl 1980/151
**13** BGBl 1981/336
**14** BGBl 1981/620
**15** BGBl 1982/201
**16** BGBl 1983/587
**17** BGBl 1984/409 (VfGH)
**18** BGBl 1984/531
**19** BGBl 1985/557
**20** BGBl 1986/325
**21** BGBl 1987/73 (VfGH)
**22** BGBl 1987/312
**23** BGBl 1987/663
**24** BGBl 1988/412
**25** BGBl 1989/660 (AbgÄG 1989)
**26** BGBl 1991/10 (FBG)
**27** BGBl 1991/457 (VfGH)
**28** BGBl 1992/448
**29** BGBl 1992/449
**30** BGBl 1992/648 (VfGH)
**31** BGBl 1993/12
**32** BGBl 1993/257
**33** BGBl 1993/532 (BWG)
**34** BGBl 1993/583 (VfGH)
**35** BGBl 1993/694 (PSG)
**36** BGBl 1993/818 (StRefG 1993)
**37** BGBl 1994/611 (VfGH)
**38** BGBl 1994/680 (AbgÄG 1994)
**39** BGBl 1994/681
**40** BGBl 1994/682
**41** BGBl 1996/201 (StruktAnpG 1996)
**42** BGBl 1996/411 (SRÄG 1996)
**43** BGBl 1996/797 (AbgÄG 1996)
**44** BGBl I 1997/70
**45** BGBl I 1998/9 (AbgÄG 1997)
**46** BGBl I 1999/28 (AbgÄG 1998)
**47** BGBl I 1999/106 (StRefG 2000)
**48** BGBl I 1999/164
**49** BGBl I 2000/142
**50** BGBl I 2001/59 (EuroStUG 2001)
**51** BGBl I 2001/144 (AbgÄG 2001)
**52** BGBl I 2002/84 (AbgÄG 2002)
**53** BGBl I 2002/97 (AbgRmRefG)
**54** BGBl I 2002/132 (2. AbgÄG 2002)
**55** BGBl I 2002/155
**56** BGBl I 2003/71 (BugetbegleitG 2003)
**57** BGBl I 2003/124 (AbgÄG 2003)
**58** BGBl I 2004/57 (StReformG 2005)
**59** BGBl I 2004/180 (AbgÄG 2004)
**60** BGBl I 2005/2 (VfGH)
**61** BGBl I 2005/161 (AbgÄG 2005)
**62** BGBl I 2006/99 (BetrbG 2006)
**63** BGBl I 2006/100 (StruktAnpG 2006)
**64** BGBl I 2006/143 (UFSG-Nov. 2006)
**65** BGBl I 2007/24 (BudBG 2007)
**66** BGBl I 2007/99 (AbgSiG 2007)
**67** BGBl I 2008/2 (1. BVRBG)
**68** BGBl I 2008/65
**69** BGBl I 2008/85 (SchenkMG 2008)
**70** BGBl I 2009/20 (AbgVRRefG)
**71** BGBl I 2009/52 (BudBG 2009)
**72** BGBl I 2009/135 (EPG)
**73** BGBl I 2010/9
**74** BGBl I 2010/34 (AbgÄG 2010)
**75** BGBl I 2010/58 (IRÄ-BG)
**76** BGBl I 2010/105 (BBKG 2010)
**77** BGBl I 2010/111 (BudBG 2011)
**78** BGBl I 2011/76 (AbgÄG 2011)
**79** BGBl I 2011/112 (BudBG 2012)
**80** BGBl I 2012/22 (1. StabG 2012)
**81** BGBl I 2012/112 (AbgÄG 2012)
**82** BGBl I 2013/14 (FVwGG 2012)
**83** BGBl I 2013/70 (VerwG-AnpG)
**84** BGBl I 2014/13 (AbgÄG 2014)
**85** BGBl I 2014/40 (BudgBG 2014)
**86** BGBl I 2014/105 (2. AbgÄG 2014)
**87** BGBl I 2015/118 (StRefG 2015/16)
**88** BGBl I 2015/160 (GG 2015)
**89** BGBl I 2015/163 (AbgÄG 2015)
**90** BGBl I 2016/77 (EU-AbgÄG 2016)
**91** BGBl I 2016/117 (AbgÄG 2016)
**92** BGBl I 2017/40 (DeregG 2017)
**93** BGBl I 2017/136
**94** BGBl I 2018/3 (VfGH)
**95** BGBl I 2018/32 (Mat-DS-AnpG 2018)
**96** BGBl I 2018/62 (JStG 2018)

**97** BGBl I 2018/104
**98** BGBl I 2019/62 (EU-FinAnpG 2019)
**99** BGBl I 2019/91 (AbgÄG 2020)
**100** BGBl I 2019/103 (StRefG 2020)
**101** BGBl I 2019/104 (FORG)
**102** BGBl I 2020/2 (VfGH)
**103** BGBl I 2020/16 (2. COVID-19-Gesetz)
**104** BGBl I 2020/23 (3. COVID-19-Gesetz)
**105** BGBl I 2020/44 (18. COVID-19-Gesetz)
**106** BGBl I 2020/96 (KonStG 2020)
**107** BGBl I 2020/99 (2. FORG)
**108** BGBl I 2021/3 (COVID-19-StMG)
**109** BGBl I 2021/25
**110** BGBl I 2021/29
**111** BGBl I 2021/47
**112** BGBl I 2021/52 (2. COVID-19-StMG)
**113** BGBl I 2021/140
**114** BGBl I 2021/228
**115** BGBl I 2022/108 (AbgÄG 2022)

## GLIEDERUNG

## STICHWORTVERZEICHNIS

**Bundesgesetz über allgemeine Bestimmungen und das Verfahren für die von den Abgabenbehörden des Bundes, der Länder und Gemeinden verwalteten Abgaben (Bundesabgabenordnung – BAO)**

## 1. Abschnitt
## Allgemeine Bestimmungen

### Anwendungsbereich des Gesetzes

**§ 1.** (1) Die Bestimmungen dieses Bundesgesetzes gelten in Angelegenheiten der öffentlichen Abgaben (mit Ausnahme der Verwaltungsabgaben des Bundes, der Länder und der Gemeinden) sowie der auf Grund unmittelbar wirksamer Rechtsvorschriften der Europäischen Union zu erhebenden öffentlichen Abgaben, in Angelegenheiten der Eingangs- und Ausgangsabgaben jedoch nur insoweit, als in den zollrechtlichen Vorschriften nicht anderes bestimmt ist, soweit diese Abgaben durch Abgabenbehörden des Bundes, der Länder oder der Gemeinden zu erheben sind.

(2) Die Bestimmungen dieses Bundesgesetzes gelten überdies in Angelegenheiten der Beiträge an öffentliche Fonds oder an Körperschaften des öffentlichen Rechts, die nicht Gebietskörperschaften sind, soweit diese Beiträge durch Abgabenbehörden des Bundes zu erheben sind.

(3) Unter Erhebung im Sinn dieses Bundesgesetzes sind alle der Durchführung der Abgabenvorschriften dienenden abgabenbehördlichen Maßnahmen zu verstehen.

*(BGBl I 2019/104)*

**§ 2.** Die Bestimmungen dieses Bundesgesetzes gelten, soweit sie hierauf nicht unmittelbar anwendbar sind und nicht anderes bestimmt ist, sinngemäß in Angelegenheiten

a) der von den Abgabenbehörden des Bundes zuzuerkennenden oder rückzufordernden bundesrechtlich geregelten
   1. Beihilfen aller Art und
   2. Erstattungen, Vergütungen und Abgeltungen von Abgaben und Beiträgen;

b) des Tabakmonopols, soweit Abgabenbehörden des Bundes aufgrund des Tabakmonopolgesetzes 1996, BGBl. Nr. 830/1995, behördliche Aufgaben zu besorgen haben;

   *(BGBl I 2019/103)*

c) der von den Abgabenbehörden der Länder und Gemeinden zuzuerkennenden oder rückzufordernden landesrechtlich geregelten Erstattungen von Abgaben;

   *(BGBl I 2019/91)*

d) der Rückforderungen (§ 241a).

   *(BGBl I 2019/91)*

**§ 2a.** Die Bestimmungen dieses Bundesgesetzes gelten sinngemäß im Verfahren vor den Verwaltungsgerichten, soweit sie im Verfahren der belangten Abgabenbehörde gelten. In solchen Verfahren ist das Verwaltungsgerichtsverfahrensgesetz (VwGVG) nicht anzuwenden. § 54 VwGVG gilt jedoch sinngemäß für das Verfahren der Verwaltungsgerichte der Länder.

*(BGBl I 2013/70)*

**§ 3.** (1) Abgaben im Sinn dieses Bundesgesetzes sind, wenn nicht anderes bestimmt ist, neben den im § 1 bezeichneten öffentlichen Abgaben und Beiträgen auch die im § 2 lit. a, c und d angeführten Ansprüche sowie die in Angelegenheiten, auf die dieses Bundesgesetz anzuwenden ist, anfallenden sonstigen Ansprüche auf Geldleistungen einschließlich der Nebenansprüche aller Art.

*(BGBl I 2021/228)*

(2) Zu den Nebenansprüchen gehören insbesondere

a) die Abgabenerhöhungen,

**„b) der Verspätungszuschlag, die Anspruchszinsen, die Beschwerdezinsen und die Umsatzsteuerzinsen,“**

   *(BGBl I 2022/108 ab 20.7.2022)*

c) die im Abgabenverfahren auflaufenden Kosten und die in diesem Verfahren festgesetzten Zwangs-, Ordnungs- und Mutwillensstrafen, Verwaltungskostenbeiträge sowie die Kosten der Ersatzvornahme,

d) die Nebengebühren der Abgaben, wie die Stundungszinsen, die Aussetzungszinsen, die Säumniszuschläge und die Kosten (Gebühren und Auslagenersätze) des Vollstreckungs- und Sicherungsverfahrens.

(3) Abgabenvorschriften im Sinn dieses Bundesgesetzes sind die Bundesabgabenordnung sowie alle Abgaben im Sinn des Abs. 1 und das Tabakmonopol (§ 2 lit. b) regelnden oder sichernden

a) unmittelbar wirksamen Rechtsvorschriften der Europäischen Union,

b) Bundesgesetze,

c) Landesgesetze und

d) auf Grund des freien Beschlussrechtes ergangene Beschlüsse der Gemeindevertretungen (§ 7 Abs. 5 und § 8 Abs. 5 des Finanz-Verfassungsgesetzes 1948).

*(BGBl I 2019/103)*

(4) Die von den Abgabenbehörden des Bundes zu Beiträgen zu erhebenden Nebenansprüche sind Einnahmen des Bundes.

(5) Soweit in diesem Bundesgesetz auf Bestimmungen anderer Bundesgesetze verwiesen wird, sind diese Bestimmungen in ihrer jeweils geltenden Fassung anzuwenden.

(6) Soweit sich die in diesem Bundesgesetz verwendeten Bezeichnungen auf natürliche Personen beziehen, gilt die gewählte Form für beide Geschlechter.

**§ 3a.** Für Landes- und Gemeindeabgaben gilt ergänzend zu § 3 Folgendes:

1. Mahngebühren (§ 227a) sind Nebengebühren (§ 3 Abs. 2 lit. d),
2. Nebenansprüche (§ 3 Abs. 1 und 2) sind Einnahmen der sie erhebenden Körperschaften öffentlichen Rechts.

### A. Entstehung des Abgabenanspruches

**§ 4.** (1) Der Abgabenanspruch entsteht, sobald der Tatbestand verwirklicht ist, an den das Gesetz die Abgabepflicht knüpft.

(2) Der Abgabenanspruch entsteht insbesondere

a) bei der Einkommensteuer und bei der Körperschaftsteuer
   1. für die Vorauszahlungen mit Beginn des Kalendervierteljahres, für das die Vorauszahlungen zu entrichten sind, oder, wenn die Abgabepflicht erst im Lauf des Kalendervierteljahres begründet wird, mit der Begründung der Abgabepflicht;
   2. für die zu veranlagende Abgabe mit Ablauf des Kalenderjahres, für das die Veranlagung vorgenommen wird, soweit nicht der Abgabenanspruch nach Z 1 schon früher entstanden ist, oder wenn die Abgabepflicht im Lauf eines Veranlagungszeitraumes erlischt, mit dem Zeitpunkt des Erlöschens der Abgabepflicht;
   3. für Steuerabzugsbeträge im Zeitpunkt des Zufließens der steuerabzugspflichtigen Einkünfte;

b) (aufgehoben)

c) bei sonstigen jährlich wiederkehrend zu entrichtenden Abgaben und Beiträgen mit dem Beginn des Kalenderjahres, für das die Abgabe (der Beitrag) erhoben wird.

*(BGBl I 2019/103)*

(3) In Abgabenvorschriften enthaltene Bestimmungen über den Zeitpunkt der Entstehung des Abgabenanspruches (der Steuerschuld) bleiben unberührt.

(4) Der Zeitpunkt der Festsetzung und der Fälligkeit einer Abgabe ist ohne Einfluß auf die Entstehung des Abgabenanspruches.

**§ 5.** Soweit der Zeitpunkt des Todes einer Person nach den Abgabenvorschriften für die Entstehung, den Umfang oder den Wegfall eines Abgabenanspruches von Bedeutung ist, gilt als Todestag

a) im Fall der Todeserklärung der im gerichtlichen Beschluß als Tag des vermuteten Todes und

b) im Fall der Beweisführung des Todes der im gerichtlichen Beschluß als bewiesener Todestag oder nicht überlebter Tag

angegebene Zeitpunkt.

### B. Gesamtschuld, Haftung und Rechtsnachfolge

**§ 6.** (1) Personen, die nach Abgabenvorschriften dieselbe abgabenrechtliche Leistung schulden, sind Gesamtschuldner (Mitschuldner zur ungeteilten Hand, § 891 ABGB).

(2) Personen, die gemeinsam zu einer Abgabe heranzuziehen sind, sind ebenfalls Gesamtschuldner; dies gilt insbesondere auch für die Gesellschafter (Mitglieder) einer nach bürgerlichem Recht nicht rechtsfähigen Personenvereinigung (Personengemeinschaft) hinsichtlich jener Abgaben, für die diese Personenvereinigung (Personengemeinschaft) als solche abgabepflichtig ist.

**§ 7.** (1) Personen, die nach Abgabenvorschriften für eine Abgabe haften, werden durch Geltendmachung dieser Haftung (§ 224 Abs. 1) zu Gesamtschuldnern.

(2) Persönliche Haftungen (Abs. 1) erstrecken sich auch auf Nebenansprüche (§ 3 Abs. 1 und 2).

**§ 8.** Wenn Abgabenvorschriften eine sachliche Haftung für eine Abgabe für sich allein oder neben einer persönlichen Haftung vorsehen, kann die Abgabenbehörde bis zur vollständigen Entrichtung der Abgabe sowohl den Abgabepflichtigen in Anspruch nehmen als auch persönliche sowie sachliche Haftungen geltend machen.

**§ 9.** (1) Die in den §§ 80 ff. bezeichneten Vertreter haften neben den durch sie vertretenen Abgabepflichtigen für die diese treffenden Abgaben insoweit, als die Abgaben infolge schuldhafter Verletzung der den Vertretern auferlegten Pflichten nicht eingebracht werden können.

(2) Notare, Rechtsanwälte und Wirtschaftstreuhänder haften wegen Handlungen, die sie in Ausübung ihres Berufes bei der Beratung in Abgabensachen vorgenommen haben, gemäß Abs. 1 nur dann, wenn diese Handlungen eine Verletzung ihrer Berufspflichten enthalten. Ob eine solche Verletzung der Berufspflichten vorliegt, ist auf Anzeige der Abgabenbehörde im Disziplinarverfahren zu entscheiden.

**§ 9a.** (1) Soweit Personen auf die Erfüllung der Pflichten der Abgabepflichtigen und der in den §§ 80 ff bezeichneten Vertreter tatsächlich Einfluss nehmen, haben sie diesen Einfluss dahingehend auszuüben, dass diese Pflichten erfüllt werden.

(2) Die in Abs. 1 bezeichneten Personen haften für Abgaben insoweit, als die Abgaben infolge ihrer Einflussnahme nicht eingebracht werden können. § 9 Abs. 2 gilt sinngemäß.

**§ 10.** (aufgehoben)

**§ 11.** Bei vorsätzlichen Finanzvergehen und bei vorsätzlicher Verletzung von Abgabenvorschriften der Länder und Gemeinden haften rechtskräftig verurteilte Täter und andere an der Tat Beteiligte für den Betrag, um den die Abgaben verkürzt wurden.

**§ 12.** Die Gesellschafter von als solche abgabepflichtigen und nach bürgerlichem Recht voll oder teilweise rechtsfähigen Personenvereinigungen ohne eigene Rechtspersönlichkeit haften persönlich für die Abgabenschulden der Personenvereinigung. Der Umfang ihrer Haftung richtet sich nach den Vorschriften des bürgerlichen Rechtes.

**§ 13.** Juristische Personen, die dem Willen eines anderen Unternehmens (Unternehmers) derart untergeordnet sind, daß sie keinen eigenen Willen haben (Organgesellschaft), haften für diejenigen Abgaben des beherrschenden Unternehmens (Unternehmers), bei denen die Abgabepflicht sich auf den Betrieb des beherrschten Unternehmens gründet.

**§ 14.** (1) Wird ein Unternehmen oder ein im Rahmen eines Unternehmens gesondert geführter Betrieb im Ganzen übereignet, so haftet der Erwerber

a) für Abgaben, bei denen die Abgabepflicht sich auf den Betrieb des Unternehmens gründet, soweit die Abgaben auf die Zeit seit dem Beginn des letzten, vor der Übereignung liegenden Kalenderjahres entfallen;

b) für Steuerabzugsbeträge, die seit dem Beginn des letzten, vor der Übereignung liegenden Kalenderjahres abzuführen waren.

Dies gilt nur insoweit, als der Erwerber im Zeitpunkt der Übereignung die in Betracht kommenden Schulden kannte oder kennen mußte und insoweit, als er an solchen Abgabenschuldigkeiten nicht schon so viel entrichtet hat, wie der Wert der übertragenen Gegenstände und Rechte (Besitzposten) ohne Abzug übernommener Schulden beträgt.

(2) Die Bestimmungen des Abs. 1 gelten nicht bei einem Erwerb im Zuge eines Vollstreckungsverfahrens, bei einem Erwerb aus einer Insolvenzmasse im Sinne des § 2 Abs 2 der Insolvenzordnung (IO) oder bei einem Erwerb während der Überwachung durch eine im Sanierungsplan bezeichnete Person als Treuhänder der Gläubiger (§§ 157 bis 157f IO).

**§ 15.** (1) Personen, die als Erben, Kuratoren, Liquidatoren oder sonst bei Wegfall eines Abgabepflichtigen zur Verwaltung seines Vermögens berufen sind und erkennen, daß Erklärungen, die der Abgabepflichtige zur Festsetzung von Abgaben abzugeben hatte, unrichtig oder unvollständig sind oder daß es der Abgabepflichtige pflichtwidrig unterlassen hat, solche Erklärungen abzugeben, haften für die vorenthaltenen Abgabenbeträge, wenn sie den erkannten Verstoß nicht binnen drei Monaten, vom Zeitpunkt der Kenntnis an gerechnet, der Abgabenbehörde anzeigen.

(2) Abs. 1 gilt sinngemäß für die Erwerber von Unternehmen, auf deren Betrieb sich eine Abgabepflicht gründet, sowie bei einem Wechsel in der Person des gesetzlichen Vertreters.

(3) Trifft die Verpflichtung zur Anzeige gemäß Abs. 1 oder 2 mehrere Personen, so bewirkt die rechtzeitige Erstattung der Anzeige durch eine dieser Personen das Erlöschen der Haftung für alle Anzeigepflichtigen.

**§ 16.** Stehen Wirtschaftsgüter, die einem gewerblichen oder einem land- und forstwirtschaftlichen Unternehmen dienen, nicht im Eigentum des Unternehmers, sondern im Eigentum einer an der Körperschaft wesentlich beteiligten Person, so haftet der Eigentümer der Wirtschaftsgüter mit diesen Gütern für die Abgaben, bei denen sich die Abgabepflicht auf den Betrieb des Unternehmens gründet. Eine Person gilt als wesentlich beteiligt, wenn sie zu mehr als einem Viertel am Kapital der Körperschaft beteiligt ist.

**§ 17.** Gegenstände, die einer Verbrauchsteuer unterliegen, haften ohne Rücksicht auf die Rechte Dritter für den Betrag der darauf ruhenden Abgaben. Die Haftung beginnt mit der Entstehung des Abgabenanspruches und endet mit seinem Erlöschen.

**§ 18.** Sonstige in Abgabenvorschriften enthaltene Bestimmungen, die eine persönliche oder sachliche Haftung festlegen, bleiben unberührt.

**§ 19.** (1) Bei Gesamtrechtsnachfolge gehen die sich aus Abgabenvorschriften ergebenden Rechte und Pflichten des Rechtsvorgängers auf den Rechtsnachfolger über. Für den Umfang der Inanspruchnahme des Rechtsnachfolgers gelten die Bestimmungen des bürgerlichen Rechtes.

(2) Mit der Beendigung von Personenvereinigungen (Personengemeinschaften) ohne eigene Rechtspersönlichkeit gehen deren sich aus Abgabenvorschriften ergebende Rechte und Pflichten auf die zuletzt beteiligt gewesenen Gesellschafter (Mitglieder) über. Hinsichtlich Art und Umfang der Inanspruchnahme der ehemaligen Gesellschafter (Mitglieder) für Abgabenschulden der Personenvereinigung (Personengemeinschaft) tritt hiedurch keine Änderung ein.

### C. Abgabenrechtliche Grundsätze und Begriffsbestimmungen

#### 1. Ermessen

**§ 20.** Entscheidungen, die die Abgabenbehörden nach ihrem Ermessen zu treffen haben (Ermessensentscheidungen), müssen sich in den Grenzen halten, die das Gesetz dem Ermessen zieht. Innerhalb dieser Grenzen sind Ermessensentscheidungen nach Billigkeit und Zweckmäßigkeit unter Berücksichtigung aller in Betracht kommenden Umstände zu treffen.

#### 2. Wirtschaftliche Betrachtungsweise

**§ 21.** (1) Für die Beurteilung abgabenrechtlicher Fragen ist in wirtschaftlicher Betrachtungsweise der wahre wirtschaftliche Gehalt und nicht die äußere Erscheinungsform des Sachverhaltes maßgebend.

(2) Vom Abs. 1 abweichende Grundsätze der Abgabenvorschriften bleiben unberührt.

**§ 22.** (1) Durch Missbrauch von Gestaltungsmöglichkeiten des privaten Rechts kann die Abgabepflicht nicht umgangen oder gemindert werden.

*(BGBl I 2018/62)*

(2) Missbrauch liegt vor, wenn eine rechtliche Gestaltung, die einen oder mehrere Schritte umfassen kann, oder eine Abfolge rechtlicher Gestaltungen im Hinblick auf die wirtschaftliche Zielsetzung unangemessen ist. Unangemessen sind solche Gestaltungen, die unter Außerachtlassung der damit verbundenen Steuerersparnis nicht mehr sinnvoll erscheinen, weil der wesentliche Zweck oder einer der wesentlichen Zwecke darin besteht, einen steuerlichen Vorteil zu erlangen, der dem Ziel oder Zweck des geltenden Steuerrechts zuwiderläuft. Bei Vorliegen von triftigen wirtschaftlichen Gründen, die die wirtschaftliche Realität widerspiegeln, liegt kein Missbrauch vor.

*(BGBl I 2018/62)*

(3) Liegt Missbrauch (Abs. 1) vor, so sind die Abgaben so zu erheben, wie sie bei einer den

wirtschaftlichen Vorgängen, Tatsachen und Verhältnissen angemessenen rechtlichen Gestaltung zu erheben wären.

*(BGBl I 2018/62)*

### 3. Scheingeschäfte, Formmängel, Anfechtbarkeit

**§ 23.** (1) Scheingeschäfte und andere Scheinhandlungen sind für die Erhebung von Abgaben ohne Bedeutung. Wird durch ein Scheingeschäft ein anderes Rechtsgeschäft verdeckt, so ist das verdeckte Rechtsgeschäft für die Abgabenerhebung maßgebend.

(2) Die Erhebung einer Abgabe wird nicht dadurch ausgeschlossen, daß ein Verhalten (ein Handeln oder ein Unterlassen), das den abgabepflichtigen Tatbestand erfüllt oder einen Teil des abgabepflichtigen Tatbestandes bildet, gegen ein gesetzliches Gebot oder Verbot oder gegen die guten Sitten verstößt.

(3) Ist ein Rechtsgeschäft wegen eines Formmangels oder wegen des Mangels der Rechts- oder Handlungsfähigkeit nichtig, so ist dies für die Erhebung der Abgaben insoweit und so lange ohne Bedeutung, als die am Rechtsgeschäft beteiligten Personen dessen wirtschaftliches Ergebnis eintreten und bestehen lassen.

(4) Die Anfechtbarkeit eines Rechtsgeschäftes ist für die Erhebung von Abgaben insoweit und so lange ohne Bedeutung, als nicht die Anfechtung mit Erfolg durchgeführt ist.

(5) Von den Anordnungen der Abs. 2 bis 4 abweichende Grundsätze der Abgabenvorschriften bleiben unberührt.

### 4. Zurechnung

**§ 24.** (1) Für die Zurechnung der Wirtschaftsgüter gelten bei der Erhebung von Abgaben, soweit in den Abgabenvorschriften nicht anderes bestimmt ist, folgende Vorschriften:

a) Wirtschaftsgüter, die zum Zweck der Sicherung übereignet worden sind, werden demjenigen zugerechnet, der die Sicherung einräumt.

b) Wirtschaftsgüter, die zu treuen Handen übereignet worden sind, werden dem Treugeber zugerechnet.

c) Wirtschaftsgüter, die zu treuen Handen für einen Treugeber erworben worden sind, werden dem Treugeber zugerechnet.

d) Wirtschaftsgüter, über die jemand die Herrschaft gleich einem Eigentümer ausübt, werden diesem zugerechnet.

e) Wirtschaftsgüter, die mehreren Personen ungeteilt gehören, sind diesen so zuzurechnen, als wären sie nach Bruchteilen berechtigt. Die Höhe der Bruchteile ist nach den Anteilen zu bestimmen, zu denen die beteiligten Personen an dem Vermögen ungeteilt berechtigt sind, oder, wenn die Anteile nicht feststellbar sind, nach dem Verhältnis dessen, was den beteiligten Personen bei Auflösung der Gemeinschaft zufallen würde.

(2) Die Bestimmungen des Abs. 1 gelten auch für wirtschaftliche Einheiten im Sinn des Bewertungsgesetzes 1955, BGBl. Nr. 148.

### 5. Angehörige

**§ 25.** (1) Angehörige im Sinn der Abgabenvorschriften sind

1. der Ehegatte;
2. die Verwandten in gerader Linie und die Verwandten zweiten, dritten und vierten Grades in der Seitenlinie;
3. die Verschwägerten in gerader Linie und die Verschwägerten zweiten Grades in der Seitenlinie;
4. die Wahl-(Pflege-)Eltern und die Wahl-(Pflege-)Kinder;
5. Personen, die miteinander in Lebensgemeinschaft leben, sowie Kinder und Enkel einer dieser Personen im Verhältnis zur anderen Person;
6. der eingetragene Partner.

(2) Die durch eine Ehe begründete Eigenschaft einer Person als Angehöriger bleibt aufrecht, auch wenn die Ehe nicht mehr besteht.

(3) Abs. 1 Z 3 gilt für eingetragene Partner sinngemäß. Die durch eine eingetragene Partnerschaft begründete Eigenschaft einer Person als Angehöriger bleibt aufrecht, auch wenn die eingetragene Partnerschaft nicht mehr besteht.

### 6. Wohnsitz, Aufenthalt, Sitz

**§ 26.** (1) Einen Wohnsitz im Sinn der Abgabenvorschriften hat jemand dort, wo er eine Wohnung innehat unter Umständen, die darauf schließen lassen, daß er die Wohnung beibehalten und benutzen wird.

(2) Den gewöhnlichen Aufenthalt im Sinn der Abgabenvorschriften hat jemand dort, wo er sich unter Umständen aufhält, die erkennen lassen, daß er an diesem Ort oder in diesem Land nicht nur vorübergehend verweilt. Wenn Abgabenvorschriften die unbeschränkte Abgabepflicht an den gewöhnlichen Aufenthalt knüpfen, tritt diese jedoch stets dann ein, wenn der Aufenthalt im Inland länger als sechs Monate dauert. In diesem Fall erstreckt sich die Abgabepflicht auch auf die ersten sechs Monate. Das Bundesministerium für Finanzen ist ermächtigt, von der Anwendung dieser Bestimmung bei Personen abzusehen, deren Aufenthalt im Inland nicht mehr als ein Jahr beträgt, wenn diese im Inland weder ein Gewerbe betreiben noch einen anderen Beruf ausüben.

(3) In einem Dienstverhältnis zu einer Körperschaft des öffentlichen Rechtes stehende österreichische Staatsbürger, die ihren Dienstort im Ausland haben (Auslandsbeamte), werden wie Personen behandelt, die ihren gewöhnlichen Aufenthalt am Ort der die Dienstbezüge anweisenden Stelle haben. Das gleiche gilt für deren Ehegatten, sofern die Eheleute in dauernder Haushaltsgemein-

schaft leben, und für deren minderjährige Kinder, die zu ihrem Haushalt gehören.

**§ 27.** (1) Körperschaften, Personenvereinigungen sowie Vermögensmassen haben ihren Sitz im Sinn der Abgabenvorschriften an dem Ort, der durch Gesetz, Vertrag, Satzung, Stiftungsbrief und dergleichen bestimmt ist. Fehlt es an einer solchen Bestimmung, so gilt als Sitz der Ort der Geschäftsleitung.

(2) Als Ort der Geschäftsleitung ist der Ort anzunehmen, an dem sich der Mittelpunkt der geschäftlichen Oberleitung befindet.

### 7. Gewerbebetrieb, Betriebsstätte, wirtschaftlicher Geschäftsbetrieb, Vermögensverwaltung

**§ 28.** Eine selbständige, nachhaltige Betätigung, die mit Gewinnabsicht unternommen wird und sich als Beteiligung am allgemeinen wirtschaftlichen Verkehr darstellt, ist Gewerbebetrieb im Sinn der Abgabenvorschriften, wenn die Betätigung weder als Ausübung der Land- und Forstwirtschaft noch als Ausübung eines freien Berufes noch als eine andere selbständige Arbeit im Sinn des Einkommensteuerrechtes anzusehen ist. Ein Gewerbebetrieb liegt, wenn seine Voraussetzungen im übrigen gegeben sind, auch dann vor, wenn das Streben nach Gewinn (die Gewinnabsicht) nur ein Nebenzweck ist.

**§ 29.** (1) Betriebsstätte im Sinn der Abgabenvorschriften ist jede feste örtliche Anlage oder Einrichtung, die der Ausübung eines Betriebes oder wirtschaftlichen Geschäftsbetriebes (§ 31) dient.

(2) Als Betriebsstätten gelten insbesondere

a) die Stätte, an der sich die Geschäftsleitung befindet;

b) Zweigniederlassungen, Fabrikationsstätten, Warenlager, Ein- und Verkaufsstellen, Landungsbrücken (Anlegestellen von Schifffahrtsgesellschaften), Geschäftsstellen und sonstige Geschäftseinrichtungen, die dem Unternehmer oder seinem ständigen Vertreter zur Ausübung des Betriebes dienen;

c) Bauausführungen, deren Dauer sechs Monate überstiegen hat oder voraussichtlich übersteigen wird.

**§ 30.** (1) Ein Eisenbahnunternehmen hat eine Betriebsstätte nur in den Gemeinden, in denen sich der Sitz der Verwaltung, eine Station oder eine für sich bestehende Werkstätte oder eine sonstige gewerbliche Anlage befindet, ein Bergbauunternehmen nur in den Gemeinden, in denen sich oberirdische Anlagen befinden, in denen eine gewerbliche Tätigkeit entfaltet wird.

(2) Ein Unternehmen, das der Versorgung mit Wasser, Gas, Elektrizität, Wärme, Kälte, Erdöl oder dessen Derivaten dient, hat keine Betriebsstätte in den Gemeinden, durch die nur eine Leitung geführt wird, in denen aber Wasser, Gas, Elektrizität, Wärme, Kälte, Erdöl oder dessen Derivate nicht abgegeben werden.

*(BGBl I 2015/163)*

**§ 31.** Eine selbständige, nachhaltige Betätigung, die ohne Gewinnabsicht unternommen wird, ist wirtschaftlicher Geschäftsbetrieb im Sinn der Abgabenvorschriften, wenn durch die Betätigung Einnahmen oder andere wirtschaftliche Vorteile erzielt werden und die Betätigung über den Rahmen einer Vermögensverwaltung (§ 32) hinausgeht.

**§ 32.** Vermögensverwaltung im Sinn der Abgabenvorschriften liegt insbesondere vor, wenn Vermögen genutzt (Kapitalvermögen verzinslich angelegt oder unbewegliches Vermögen vermietet oder verpachtet) wird. Die Nutzung des Vermögens kann sich aber auch als Gewerbebetrieb oder als land- und forstwirtschaftlicher Betrieb darstellen, wenn die gesetzlichen Merkmale solcher Betriebe gegeben sind.

**§ 33.** Von den Grundsätzen der §§ 28 bis 32 abweichende Bestimmungen der Abgabenvorschriften, insbesondere die im Bewertungsgesetz 1955, BGBl. Nr. 148, enthaltenen Anordnungen über die Zusammenfassung von Wirtschaftsgütern zu wirtschaftlichen Einheiten, bleiben unberührt.

### 8. Gemeinnützige, mildtätige und kirchliche Zwecke

**§ 34.** (1) Die Begünstigungen, die bei Betätigung für gemeinnützige, mildtätige oder kirchliche Zwecke auf abgabenrechtlichem Gebiet in einzelnen Abgabenvorschriften gewährt werden, sind an die Voraussetzungen geknüpft, daß die Körperschaft, Personenvereinigung oder Vermögensmasse, der die Begünstigung zukommen soll, nach Gesetz, Satzung, Stiftungsbrief oder ihrer sonstigen Rechtsgrundlage und nach ihrer tatsächlichen Geschäftsführung ausschließlich und unmittelbar der Förderung der genannten Zwecke dient. Auf Verlangen der Abgabenbehörde haben Körperschaften, Personenvereinigungen und Vermögensmassen, die im Inland weder ihren Sitz noch ihre Geschäftsleitung (§ 27) haben, nachzuweisen, daß sie die Voraussetzungen des ersten Satzes erfüllen.

(2) Die in den §§ 35 bis 47 für Körperschaften getroffenen Anordnungen gelten auch für Personenvereinigungen, Vermögensmassen und für Betriebe gewerblicher Art von Körperschaften des öffentlichen Rechtes.

**§ 35.** (1) Gemeinnützig sind solche Zwecke, durch deren Erfüllung die Allgemeinheit gefördert wird.

(2) Eine Förderung der Allgemeinheit liegt nur vor, wenn die Tätigkeit dem Gemeinwohl auf geistigem, kulturellem, sittlichem oder materiellem Gebiet nützt. Dies gilt insbesondere für die Förderung der Kunst und Wissenschaft, der Gesundheitspflege, der Kinder-, Jugend- und Familienfürsorge, der Fürsorge für alte, kranke oder mit körperlichen Gebrechen behaftete Personen, des Körpersports, des Volkswohnungswesens, der Schulbildung, der Erziehung, der Volksbildung, der Berufsausbildung, der Denkmalpflege, des Natur-, Tier- und Höhlenschutzes, der Heimatkunde, der Heimatpflege und der Bekämpfung von Elementarschäden.

**§ 36.** (1) Ein Personenkreis ist nicht als Allgemeinheit aufzufassen, wenn er durch ein engeres Band, wie Zugehörigkeit zu einer Familie, zu einem Familienverband oder zu einem Verein mit geschlossener Mitgliederzahl, durch Anstellung an einer bestimmten Anstalt und dergleichen fest abgeschlossen ist oder wenn infolge seiner Abgrenzung nach örtlichen, beruflichen oder sonstigen Merkmalen die Zahl der in Betracht kommenden Personen dauernd nur klein sein kann.

(2) Der Umstand, daß die Erträge eines Unternehmens einer Gebietskörperschaft zufließen, bedeutet für sich allein noch keine unmittelbare Förderung der Allgemeinheit.

**§ 37.** Mildtätig (humanitär, wohltätig) sind solche Zwecke, die darauf gerichtet sind, hilfsbedürftige Personen zu unterstützen.

**§ 38.** (1) Kirchlich sind solche Zwecke, durch deren Erfüllung gesetzlich anerkannte Kirchen und Religionsgesellschaften gefördert werden.

(2) Zu den kirchlichen Zwecken gehören insbesondere die Errichtung, Erhaltung und Ausschmückung von Gottes(Bet)häusern und kirchlichen Gemeinde(Pfarr)häusern, die Abhaltung des Gottesdienstes, von kirchlichen Andachten und sonstigen religiösen oder seelsorglichen Veranstaltungen, die Ausbildung von Geistlichen und Ordenspersonen, die Erteilung von Religionsunterricht, die Beerdigung und Pflege des Andenkens der Toten in religiöser Hinsicht, ferner die Verwaltung des Kirchenvermögens, die Besoldung der Geistlichen und der kirchlichen Dienstnehmer, die Alters- und Invalidenversorgung dieser Personen und die Versorgung ihrer Witwen und Waisen einschließlich der Schaffung und Führung besonderer Einrichtungen (Heime) für diesen Personenkreis.

**§ 39.** Ausschließliche Förderung liegt vor, wenn folgende fünf Voraussetzungen zutreffen:

1. Die Körperschaft darf, abgesehen von völlig untergeordneten Nebenzwecken, keine anderen als gemeinnützige, mildtätige oder kirchliche Zwecke verfolgen.
2. Die Körperschaft darf keinen Gewinn erstreben. Die Mitglieder dürfen keine Gewinnanteile und in ihrer Eigenschaft als Mitglieder keine sonstigen Zuwendungen aus Mitteln der Körperschaft erhalten.
3. Die Mitglieder dürfen bei ihrem Ausscheiden oder bei Auflösung oder Aufhebung der Körperschaft nicht mehr als ihre eingezahlten Kapitalanteile und den gemeinen Wert ihrer Sacheinlagen zurückerhalten, der nach dem Zeitpunkt der Leistung der Einlagen zu berechnen ist.
4. Die Körperschaft darf keine Person durch Verwaltungsausgaben, die dem Zweck der Körperschaft fremd sind, oder durch unverhältnismäßig hohe Vergütungen (Vorstandsgehälter oder Aufsichtsratsvergütungen) begünstigen.
5. Bei Auflösung oder Aufhebung der Körperschaft oder bei Wegfall ihres bisherigen Zweckes darf das Vermögen der Körperschaft, soweit es die eingezahlten Kapitalanteile der Mitglieder und den gemeinen Wert der von den Mitgliedern geleisteten Sacheinlagen übersteigt, nur für gemeinnützige, mildtätige oder kirchliche Zwecke verwendet werden.

**§ 40.** (1) Unmittelbare Förderung liegt vor, wenn eine Körperschaft den gemeinnützigen, mildtätigen oder kirchlichen Zweck selbst erfüllt. Dies kann auch durch einen Dritten geschehen, wenn dessen Wirken wie eigenes Wirken der Körperschaft anzusehen ist.

(2) Eine Körperschaft, die sich auf die Zusammenfassung, insbesondere Leitung ihrer Unterverbände beschränkt, dient gemeinnützigen, mildtätigen oder kirchlichen Zwecken, wenn alle Unterverbände gemeinnützigen, mildtätigen oder kirchlichen Zwecken dienen.

**§ 40a.** Eine Körperschaft verliert ihre wegen Betätigung für gemeinnützige, mildtätige oder kirchliche Zwecke zustehenden Begünstigungen auf abgabenrechtlichem Gebiet nicht dadurch, dass sie für die Verwirklichung zumindest eines der von ihr verfolgten begünstigten Zwecke

1. teilweise oder ausschließlich Mittel (insbesondere Wirtschaftsgüter und wirtschaftliche Vorteile) begünstigten Einrichtungen im Sinne des § 4a Abs. 3 bis 6, des § 4b oder des § 4c EStG 1988 zur unmittelbaren Förderung dieses Zweckes zuwendet,
2. teilweise, aber nicht überwiegend Lieferungen oder sonstige Leistungen entgeltlich, aber ohne Gewinnerzielungsabsicht an andere gemäß §§ 34 bis 47 abgabenrechtlich begünstigte Körperschaften erbringt.

Dabei hat zumindest einer der von der empfangenden Körperschaft verfolgten Zwecke in einem der von der zuwendenden oder leistungserbringenden Körperschaft verfolgten Zwecke Deckung zu finden (Zwecküberschneidung). Eine abweichende territoriale Ausrichtung der beiden Körperschaften ist dabei unbeachtlich.

*(BGBl I 2015/160, BGBl I 2018/62)*

**§ 40b.** (1) Eine Körperschaft verliert ihre wegen Betätigung für gemeinnützige Zwecke zustehenden Begünstigungen auf abgabenrechtlichem Gebiet nicht dadurch, dass sie für die Verwirklichung zumindest eines der von ihr verfolgten begünstigten Zwecke, Mittel teilweise oder ausschließlich für die Vergabe von Stipendien oder Preisen zum Zweck der Förderung

1. von der Wissenschaft dienenden Forschungsaufgaben sowie von damit verbundenen wissenschaftlichen Publikationen und Dokumentationen,
2. von der Erwachsenenbildung dienenden Lehraufgaben,
3. von Studierenden an Einrichtungen im Sinne des § 4a Abs. 3 Z 1 oder 3 EStG 1988 oder an einer Fachhochschule,
4. eines der in § 4a Abs. 2 Z 3 oder 5 EStG 1988 genannten Zwecke oder

5. von Grund- und Menschenrechten oder von demokratischen Grundprinzipien,

verwendet.

(2) Die Entscheidung über die Vergabe von Stipendien oder Preisen hat durch ein Organ der Körperschaft zu erfolgen, das zumindest zu einem Drittel aus Personen zusammengesetzt ist, denen eine Lehrbefugnis gemäß § 103 UG 2002 (venia docendi), eine vergleichbare Lehrbefugnis durch eine akkreditierte Privatuniversität (§ 2 Privatuniversitätsgesetz) oder eine vergleichbare ausländische Lehrbefugnis erteilt wurde. Dem gleichzuhalten ist die Mitgliedschaft in der Österreichischen Akademie der Wissenschaften oder einer vergleichbaren ausländischen Einrichtung.

(3) Abweichend von Abs. 2 kann die Entscheidung über die Vergabe von Stipendien oder Preisen gemäß Abs. 1 an Studierende oder Wissenschaftler an Einrichtungen im Sinne des § 4a Abs. 3 Z 1 oder 3 EStG 1988 oder an einer Fachhochschule, an eine solche Einrichtung übertragen werden.

(4) Die Entscheidung über die Vergabe von Stipendien oder Preisen gemäß Abs. 1 Z 5 kann bei Stiftungen oder Fonds, auf die das Bundes-Stiftungs- und Fondsgesetz 2015 (BStFG 2015), BGBl. I Nr. 160/2015 anwendbar ist oder die nach diesem Bundesgesetz entsprechenden, landesgesetzlichen Regelungen errichtet wurden, auch durch ein nicht entsprechend Abs. 2 zusammengesetztes Organ der Körperschaft nach im Vorhinein schriftlich festgelegten, objektiven und transparenten Kriterien erfolgen. Eine solche Entscheidung bedarf einer schriftlichen Begründung, die den Entscheidungsprozess objektiv und transparent nachvollziehbar darstellt. Sowohl der Kriterienkatalog als auch die Entscheidung über die Vergabe samt Begründung sind im Internet zu veröffentlichen.

*(BGBl I 2015/160, BGBl I 2018/62)*

**§ 41.** (1) Die Satzung der Körperschaft muß eine ausschließliche und unmittelbare Betätigung für einen gemeinnützigen, mildtätigen oder kirchlichen Zweck ausdrücklich vorsehen und diese Betätigung genau umschreiben; als Satzung im Sinn der §§ 41 bis 43 gilt auch jede andere sonst in Betracht kommende Rechtsgrundlage einer Körperschaft.

(2) Eine ausreichende Bindung der Vermögensverwendung im Sinn des § 39 Z 5 liegt vor, wenn der Zweck, für den das Vermögen bei Auflösung oder Aufhebung der Körperschaft oder bei Wegfall ihres bisherigen Zweckes zu verwenden ist, in der Satzung (Abs. 1) so genau bestimmt wird, daß auf Grund der Satzung geprüft werden kann, ob der Verwendungszweck als gemeinnützig, mildtätig oder kirchlich anzuerkennen ist.

(3) Wird eine Satzungsbestimmung, die eine Voraussetzung der Abgabenbegünstigung betrifft, nachträglich geändert, ergänzt, eingefügt oder aufgehoben, so hat dies die Körperschaft binnen einem Monat jenem Finanzamt bekanntzugeben, das für die Festsetzung der Umsatzsteuer der Körperschaft zuständig ist oder es im Falle der Umsatzsteuerpflicht der Körperschaft wäre.

**§ 41a.** Für Landes- und Gemeindeabgaben gilt Folgendes:

Die Anzeigepflicht gemäß § 41 Abs. 3 besteht gegenüber den Abgabenbehörden, denen die Erhebung der betroffenen Abgaben obliegt.

**§ 42.** Die tatsächliche Geschäftsführung einer Körperschaft muß auf ausschließliche und unmittelbare Erfüllung des gemeinnützigen, mildtätigen oder kirchlichen Zweckes eingestellt sein und den Bestimmungen entsprechen, die die Satzung aufstellt.

**§ 43.** Die Satzung (§ 41) und die tatsächliche Geschäftsführung (§ 42) müssen, um die Voraussetzung für eine abgabenrechtliche Begünstigung zu schaffen, den Erfordernissen dieses Bundesgesetzes bei der Körperschaftsteuer während des ganzen Veranlagungszeitraumes, bei den übrigen Abgaben im Zeitpunkt der Entstehung der Abgabenschuld entsprechen.

**§ 44.** (1) Einer Körperschaft, die einen Gewerbebetrieb oder einen land- und forstwirtschaftlichen Betrieb unterhält, kommt eine Begünstigung auf abgabenrechtlichem Gebiet wegen Betätigung für gemeinnützige, mildtätige oder kirchliche Zwecke nicht zu.

(2) Das für die Erhebung der Umsatzsteuer zuständige Finanzamt kann auf Antrag des Abgabepflichtigen von der Geltendmachung einer Abgabepflicht in den Fällen des Abs. 1 ganz oder teilweise absehen, wenn andernfalls die Erreichung des von der Körperschaft verfolgten gemeinnützigen, mildtätigen oder kirchlichen Zweckes vereitelt oder wesentlich gefährdet wäre. Eine solche Bewilligung kann von Bedingungen und Auflagen abhängig gemacht werden, die mit der Erfüllung der gemeinnützigen, mildtätigen oder kirchlichen Zwecke zusammenhängen oder die Erreichung dieser Zwecke zu fördern geeignet sind.

**§ 44a.** Für Landes- und Gemeindeabgaben gilt Folgendes:

Für Bescheide gemäß § 44 Abs. 2 sind die Abgabenbehörden zuständig, denen die Erhebung der betroffenen Abgaben obliegt.

**§ 45.** (1) Unterhält eine Körperschaft, die die Voraussetzungen einer Begünstigung auf abgabenrechtlichem Gebiet im übrigen erfüllt, einen wirtschaftlichen Geschäftsbetrieb (§ 31), so ist sie nur hinsichtlich dieses Betriebes abgabepflichtig, wenn er sich als Mittel zur Erreichung der gemeinnützigen, mildtätigen oder kirchlichen Zwecke darstellt. Diese Voraussetzung ist gegeben, wenn durch den wirtschaftlichen Geschäftsbetrieb eine Abweichung von den im Gesetz, in der Satzung, im Stiftungsbrief oder in der sonstigen Rechtsgrundlage der Körperschaft festgelegten Zwecken nicht eintritt und die durch den wirtschaftlichen Geschäftsbetrieb erzielten Überschüsse der Körperschaft zur Förderung ihrer gemeinnützigen, mildtätigen oder kirchlichen Zwecke dienen. Dem wirtschaftlichen Geschäftsbetrieb zugehöriges Vermögen gilt je nach der Art des Betriebes als Betriebsvermögen oder als land- und forstwirtschaftliches Vermögen, aus dem wirtschaftlichen

Geschäftsbetrieb erzielte Einkünfte sind wie Einkünfte aus einem gleichartigen in Gewinnabsicht geführten Betrieb zu behandeln.

(1a) Ein Geschäftsbetrieb im Sinn des Abs. 1 liegt auch dann vor, wenn eine gesellige Veranstaltung von einer oder von mehreren Körperschaften getragen wird, die die Voraussetzungen einer Begünstigung auf abgabenrechtlichem Gebiet im Übrigen erfüllen. Dies ist dann der Fall, wenn die Organisation und Durchführung der geselligen Veranstaltung im Wesentlichen durch die Mitglieder der Körperschaft (Körperschaften) oder deren Angehörige erfolgt. Eine Mitarbeit fremder Dritter ist allerdings nur dann unschädlich, wenn diese ebenfalls unentgeltlich erfolgt. Auftritte von Musik- oder anderen Künstlergruppen sind dann unschädlich, wenn diese für Unterhaltungsdarbietungen höchstens 1 000 Euro pro Stunde erhalten. Wird die Verpflegung (Abgabe von Speisen und Getränken) einem Unternehmer zur Gänze oder zum Teil übertragen, stellt dies keinen Bestandteil der geselligen Veranstaltung dar. Solche Veranstaltungen dürfen insgesamt eine Dauer von 72 Stunden im Jahr nicht überschreiten. Die Gesamtdauer der geselligen Veranstaltung pro Kalenderjahr ist für jede territoriale Untergliederung ohne eigene Rechtspersönlichkeit der Körperschaft gesondert zu bemessen. Die kleinste territoriale Untergliederung umfasst die Katastralgemeinde.

*(BGBl I 2016/77)*

(2) Die Abgabepflicht hinsichtlich des wirtschaftlichen Geschäftsbetriebes entfällt, wenn dieser sich als ein zur Erreichung des begünstigten Zweckes unentbehrlicher Hilfsbetrieb darstellt. Dies trifft zu, wenn die folgenden drei Voraussetzungen erfüllt sind:

a) Der wirtschaftliche Geschäftsbetrieb muß in seiner Gesamtrichtung auf Erfüllung der gemeinnützigen, mildtätigen oder kirchlichen Zwecke eingestellt sein.

b) Die genannten Zwecke dürfen nicht anders als durch den wirtschaftlichen Geschäftsbetrieb erreichbar sein.

c) Der wirtschaftliche Geschäftsbetrieb darf zu abgabepflichtigen Betrieben derselben oder ähnlicher Art nicht in größerem Umfang in Wettbewerb treten, als dies bei Erfüllung der Zwecke unvermeidbar ist.

(3) Unterhält eine Körperschaft einen wirtschaftlichen Geschäftsbetrieb, auf den weder die Voraussetzungen des Abs. 1 noch jene des Abs. 2 zutreffen, so findet § 44 Anwendung.

**§ 45a.** Übersteigen Umsätze gemäß § 1 Abs. 1 Z 1 und 2 des Umsatzsteuergesetzes 1994, die von einer Körperschaft im Rahmen von land- und forstwirtschaftlichen Betrieben, Gewerbebetrieben und wirtschaftlichen Geschäftsbetrieben gemäß § 45 Abs. 3 ausgeführt werden, im Veranlagungszeitraum insgesamt nicht den Betrag von 40.000 Euro, so gilt unbeschadet der Ermächtigung des § 44 Abs. 2 eine Bewilligung im Sinne der letztgenannten Bestimmung insoweit als erteilt, als die Abgabepflicht hinsichtlich dieser Betriebe zwar bestehen bleibt, die Begünstigungen der Körperschaft auf abgabenrechtlichem Gebiet jedoch nicht berührt werden. Voraussetzung dafür ist, daß erzielte Überschüsse dieser Betriebe zur Förderung gemeinnütziger, mildtätiger oder kirchlicher Zwecke der Körperschaft dienen.

**§ 46.** Betreibt eine Körperschaft, die die Voraussetzungen für eine Begünstigung auf abgabenrechtlichem Gebiet im übrigen erfüllt, eine Krankenanstalt (Heil- und Pflegeanstalt), so wird diese Anstalt auch dann als wirtschaftlicher Geschäftsbetrieb gemäß § 45 Abs. 1 behandelt, wenn sich die Körperschaft von der Absicht leiten läßt, durch den Betrieb der Anstalt Gewinn zu erzielen. Die Anstalt ist gleich einem unentbehrlichen Hilfsbetrieb gemäß § 45 Abs. 2 abgabefrei, wenn es sich um eine im Sinn des jeweils geltenden Krankenanstaltengesetzes gemeinnützig betriebene Krankenanstalt handelt.

**§ 47.** Die Betätigung einer Körperschaft für Zwecke der Verwaltung ihres Vermögens (§ 32) steht der Gewährung von Begünstigungen auf abgabenrechtlichem Gebiet (§ 34) nicht entgegen.

### D. Verhältnis zum Ausland

**§ 48.** (1) Das Finanzamt für Großbetriebe hat auf Antrag des Abgabepflichtigen für Zwecke der Festsetzung von Beschwerdezinsen (§ 205a) oder der Aussetzung der Einhebung (§ 212a)

1. nach der Einbringung einer Streitbeilegungsbeschwerde gemäß § 8 des EUBesteuerungsstreitbeilegungsgesetzes – EU-BStbG, BGBl. I Nr. 62/2019 oder

2. nach der Einleitung eines Verständigungsverfahrens aufgrund einer anderen Rechtsgrundlage als dem EU-BStbG, sofern sich dieses im Zeitpunkt der Antragstellung auf einen bereits verwirklichten Sachverhalt bezieht,

mit Bescheid die Art und die Höhe der Abgabe, die Gegenstand der Streitbeilegungsbeschwerde bzw. des Verständigungsverfahrens ist, den Zeitraum, für den die Abgabe erhoben werden soll bzw. entrichtet worden ist sowie den Zeitpunkt der Einbringung der Streitbeilegungsbeschwerde oder der Einleitung des Verständigungsverfahrens festzustellen.

*(BGBl I 2021/3)*

(2) Das Finanzamt für Großbetriebe hat, sofern ein Verwaltungsgericht noch nicht mit Erkenntnis über die Streitfrage oder über eine Maßnahme, die Gegenstand des relevanten Verständigungsverfahrens war, entschieden hat, von Amts wegen mit Bescheid festzustellen:

1. Die Einigung
   a) in einem Verständigungsverfahren gemäß § 26 EU-BStbG oder
   b) in einem Verständigungsverfahren nach einer anderen Rechtsgrundlage als dem EU-BStbG, sofern sich dieses auf einen im Zeitpunkt der Antragstellung bereits verwirklichten Sachverhalt bezieht;

2. Die abschließende Entscheidung gemäß § 58 EU-BStbG oder
3. das Ergebnis eines Schiedsverfahrens zur Verhinderung einer Doppelbesteuerung nach einer anderen Rechtsgrundlage als dem EU-BStbG.

*(BGBl I 2021/3)*

(3) Das Finanzamt für Großbetriebe hat von Amts wegen mit Bescheid das Datum festzustellen, an dem

1. ein Verständigungsverfahren
   a) nach dem EU-BStbG oder
   b) nach einer anderen Rechtsgrundlage als dem EU-BStbG, sofern sich auf einen dieses im Zeitpunkt der Antragstellung bereits verwirklichten Sachverhalt bezieht;
2. ein schiedsgerichtliches Verfahren nach dem EU-BStbG oder
3. ein Schiedsverfahren zur Verhinderung einer Doppelbesteuerung nach einer anderen Rechtsgrundlage als dem EU-BStbG

geendet hat, wenn ein Bescheid gemäß Abs. 1 zu diesem Zeitpunkt noch im Rechtsbestand und kein Bescheid gemäß Abs. 2 zu erlassen ist. Im Fall der Z 1 darf der Bescheid frühestens nach Ablauf von 50 Tagen ab dem Tag erlassen werden, der dem Tag folgt, an dem der betroffenen Person bzw. der Person, die ihren Fall unterbreitet hat, mitgeteilt worden ist, dass das Verständigungsverfahren ergebnislos geendet hat. Wurde innerhalb dieser Frist ein Antrag auf Einsetzung eines Schiedsgerichtes gestellt, darf der Bescheid frühestens zu jenem Zeitpunkt erlassen werden, in dem sicher ist, dass kein Schiedsgericht eingesetzt wird.

*(BGBl I 2021/3)*

(4) Das Finanzamt für Großbetriebe hat den Bescheid gemäß Abs. 2 von Amts wegen aufzuheben, wenn

1. ihm nach einem schiedsgerichtlichen Verfahren aufgrund des EU-BStbG von der zuständigen Behörde des anderen Mitgliedstaates mitgeteilt worden ist, dass ein zuständiges Gericht dieses Mitgliedstaates die mangelnde Unabhängigkeit einer am schiedsgerichtlichen Verfahren beteiligten unabhängigen Person oder der bzw. des Vorsitzenden erkannt hat (§ 61 Abs. 2 EUBStbG) oder
2. es innerhalb von sieben Jahren ab der Bekanntgabe (§ 97) des Bescheides davon Kenntnis erlangt, dass ein Staat,
   a) mit dem ein Verständigungsverfahren geführt worden ist,
   b) der Partei eines schiedsgerichtlichen Verfahrens nach dem EU-BStbG gewesen ist oder
   c) der Partei eines Schiedsverfahrens zur Verhinderung einer Doppelbesteuerung nach einer anderen Rechtsgrundlage als dem EU-BStbG gewesen ist,

   sein Besteuerungsrecht nicht endgültig in jenem Umfang ausgeübt hat, von dem der Bundesminister für Finanzen oder dessen bevollmächtigter Vertreter anlässlich der Erlassung des Bescheides gemäß Abs. 2 ausgegangen ist.

   *(BGBl I 2021/3)*

*(BGBl I 2021/3)*

(5) Ist Abs. 1 nicht anwendbar, kann der Bundesminister für Finanzen oder dessen bevollmächtigter Vertreter bei Abgabepflichtigen, die der Abgabenhoheit mehrerer Staaten unterliegen, soweit dies zur Ausgleichung der in- und ausländischen Besteuerung oder zur Erzielung einer den Grundsätzen der Gegenseitigkeit entsprechenden Behandlung erforderlich ist, anordnen, bestimmte Gegenstände der Abgabenerhebung ganz oder teilweise aus der Abgabepflicht auszuscheiden oder ausländische, auf solche Gegenstände entfallende Abgaben ganz oder teilweise auf die inländischen Abgaben anzurechnen. Dies gilt nur für bundesrechtlich geregelte Abgaben, die von Abgabenbehörden des Bundes zu erheben sind.

*(BGBl I 2019/62)*

### E. Abgabenrechtliche Geheimhaltungspflicht

**§ 48a.** (1) Im Zusammenhang mit der Durchführung von Abgabenverfahren, Monopolverfahren (§ 2 lit. b) oder Finanzstrafverfahren besteht die Verpflichtung zur abgabenrechtlichen Geheimhaltung.

(2) Ein Beamter (§ 74 Abs. 1 Z 4 Strafgesetzbuch) oder ehemaliger Beamter verletzt diese Pflicht, wenn er

a) der Öffentlichkeit unbekannte Verhältnisse oder Umstände eines anderen, die ihm ausschließlich kraft seines Amtes in einem Abgaben- oder Monopolverfahren oder in einem Finanzstrafverfahren anvertraut oder zugänglich geworden sind,
b) den Inhalt von Akten eines Abgaben- oder Monopolverfahrens oder eines Finanzstrafverfahrens oder
c) den Verlauf der Beratung und Abstimmung der Senate im Abgabenverfahren oder Finanzstrafverfahren

unbefugt offenbart oder verwertet.

(3) Jemand anderer als die im Abs. 2 genannten Personen verletzt die abgabenrechtliche Geheimhaltungspflicht, wenn er der Öffentlichkeit unbekannte Verhältnisse oder Umstände eines anderen, die ihm ausschließlich

a) durch seine Tätigkeit als Sachverständiger oder als dessen Hilfskraft in einem Abgaben- oder Monopolverfahren oder in einem Finanzstrafverfahren,
b) aus Akten(inhalten) oder Abschriften (Ablichtungen) eines Abgaben- oder Monopolverfahrens oder eines Finanzstrafverfahrens oder

c) durch seine Mitwirkung bei der Personenstands- und Betriebsaufnahme

anvertraut oder zugänglich geworden sind, unbefugt offenbart oder verwertet.

(4) Die Offenbarung oder Verwertung von Verhältnissen oder Umständen ist befugt,

a) wenn sie der Durchführung eines Abgaben- oder Monopolverfahrens oder eines Finanzstrafverfahrens dient,
b) wenn sie auf Grund einer gesetzlichen Verpflichtung erfolgt oder wenn sie im zwingenden öffentlichen Interesse gelegen ist,
*(BGBl I 2017/40)*
c) wenn ein schutzwürdiges Interesse offensichtlich nicht vorliegt oder ihr diejenigen zustimmen, deren Interessen an der Geheimhaltung verletzt werden könnten oder
*(BGBl I 2017/40)*
d) soweit sie nach § 48b Abs. 2, 3 oder 4 befugt ist.
*(BGBl I 2017/40, BGBl I 2021/25)*

**§ 48b.** (1) Die Abgabenbehörden sind verpflichtet, von ihnen aufgegriffene Umstände über Personen, die unter § 4 Abs. 4 ASVG fallen könnten, im Wege des Austausches von Nachrichten für Zwecke der Durchführung des Versicherungs-, Melde- und Beitragswesens der Österreichischen Gesundheitskasse mitzuteilen.

*(BGBl I 2019/103, BGBl I 2020/99)*

(2) Die Abgabenbehörden sind berechtigt, die zuständigen Behörden zu verständigen, wenn sie im Rahmen ihrer Tätigkeit zu einem begründeten Verdacht gelangen, dass eine Übertretung arbeitsrechtlicher, sozialversicherungsrechtlicher, gewerberechtlicher, finanzmarktrechtlicher oder berufsrechtlicher Vorschriften oder eine Übertretung der vorgeschriebenen Auflagen für die Zulassung oder Bewilligung einer Probe- oder Überstellungsfahrt oder eine widerrechtliche Verwendung von Kraftfahrzeugen und Anhängern mit ausländischem Kennzeichen vorliegt.

*(BGBl I 2021/25)*

(2a) Die Abgabenbehörden, an die aufgrund von § 18 Abs. 11 und 12 UStG 1994 Aufzeichnungen übermittelt worden sind, dürfen diese den Abgabenbehörden der Länder und Gemeinden, die mit der Erhebung von Abgaben auf die Nächtigung und sonstige (vorübergehende) Aufenthalte betraut sind, in jenem Umfang übermitteln, der für den Vollzug der jeweiligen Abgabe erforderlich ist. Voraussetzung ist, dass die jeweilige Abgabenbehörde

1. eine entsprechende Anfrage gestellt hat und
*(BGBl I 2021/3)*
2. bestätigt hat, dass die zu übermittelnden Daten für Zwecke der Abgabenerhebung erforderlich sind.
*(BGBl I 2021/3)*
3. (aufgehoben)
*(BGBl I 2021/3)*

Der Bundesminister für Finanzen hat mit Verordnung den Ablauf sowie den ersten Einsatzzeitpunkt der Anfragestellung und der Datenübermittlung zu bestimmen.

*(BGBl I 2019/91, BGBl I 2021/3)*

(2b) Die Abgabenbehörden sind berechtigt, den Finanzstrafbehörden für Zwecke der Sicherung, Einhebung und Einbringung der Geldstrafen und Wertersätze sowie im Finanzstrafverfahren angefallener sonstiger Geldansprüche Daten zu übermitteln.

*(BGBl I 2020/99)*

(3)

1. Der Bundesminister für Finanzen ist zur Übermittlung des bei der Stammzahlenregisterbehörde gemäß § 10 Abs. 2 des E-Government-Gesetzes, BGBl. I Nr. 10/2004, in der Fassung des Bundesgesetzes BGBl. I Nr. 50/2016, angeforderten verschlüsselten bereichsspezifischen Personenkennzeichens Zustellungen (vbPK-ZU) an
   a) einen Verantwortlichen des öffentlichen Bereichs (§ 26 Abs. 1 des Datenschutzgesetzes, BGBl. I Nr. 165/1999 – DSG),
   *(BGBl I 2018/32)*
   b) einen zugelassenen Zustelldienst (§ 30 des Zustellgesetzes – ZustG),
   c) ein Unternehmen, das einen Universaldienst (§ 3 Z 4 des Postmarktgesetzes, BGBl. I Nr. 123/2009, in der Fassung des Bundesgesetzes BGBl. I Nr. 134/2015) betreibt, und
   d) einen Betreiber eines Anzeigemoduls (§ 37b ZustG)

   berechtigt. Voraussetzung dafür ist, dass der Bundesminister für Finanzen zur Anforderung und Übermittlung des vbPK-ZU unter Verwendung der einem Teilnehmer an FinanzOnline von den Abgabenbehörden gemäß § 1 der FinanzOnline-Verordnung 2006 – FOnV 2006, BGBl. II Nr. 97/2006, in der Fassung der Verordnung BGBl. II Nr. 46/2016, erteilten Teilnehmeridentifikation, Benutzeridentifikation und des persönlichen Passworts in der dafür vorgesehenen Weise elektronisch aufgefordert wurde.
2. (aufgehoben)
*(BGBl I 2018/104)*
3. Im Zug einer elektronischen Zustellung kann der Bundesminister für Finanzen dem Betreiber eines Anzeigemoduls die in den Datenbeständen der Finanzverwaltung aktuell erfassten elektronischen Verständigungsadressen des Empfängers übermitteln.
4. Wird ein Dokument über FinanzOnline elektronisch zugestellt, hat der Bundesminister für Finanzen zum Zweck der Anzeige der das Dokument beschreibenden Daten und der Abholung des Dokuments im Anzeigemodul (§ 37b ZustG) nach Maßgabe der technischen Voraussetzungen dem Betreiber des Anzei-

gemoduls die das Dokument beschreibenden Daten sowie die elektronische Information für die technische Möglichkeit der elektronischen identifizierten und authentifizierten Abholung des Dokuments zu übermitteln und die Anzeige des Dokuments direkt an zur Abholung berechtigte Personen zuzulassen. In diesem Fall gilt Folgendes:

a) Zur Abholung berechtigte Personen sind der Empfänger und, soweit dies nicht ausgeschlossen worden ist, eine zur Empfangnahme bevollmächtigte Person.
b) Der Betreiber des Anzeigemoduls ist gesetzlicher Auftragsverarbeiter im Sinn des Art. 4 Z 8 DSGVO für den Bundesminister für Finanzen insbesondere zum Zweck der Identifikation und Authentifikation von zur Abholung berechtigten Personen.
c) Das Anzeigemodul hat sämtliche Daten über die Abholung durch den Empfänger zu protokollieren und an den Bundesminister für Finanzen elektronisch zu übermitteln.

*(BGBl I 2018/104)*

*(BGBl I 2017/40)*

(4) Die Abgabenbehörden sind in folgenden Fällen berechtigt, der Finanzmarktaufsichtsbehörde (FMA) durch Erteilung von Auskünften Amtshilfe zu leisten:

1. bei Vorliegen substantiierter Hinweise auf Verletzungen von Bestimmungen der in § 2 Abs. 1 bis 4 des Finanzmarktaufsichtsbehördengesetzes – FMABG, BGBl. I Nr. 97/2001, angeführten Bundesgesetze, einschließlich Hinweise auf unerlaubte Geschäftsbetriebe gemäß den in § 22b Abs. 1 FMABG und § 32b des Finanzmarkt-Geldwäschegesetzes – FM-GwG, BGBl. I Nr. 118/2016, genannten Bestimmungen, sowie Pflichtverletzungen nach dem FM-GwG von Verpflichteten nach § 1 Abs. 1 FM-GwG;
2. bei Vorliegen substantiierter Hinweise, dass Unternehmen, die über eine Berechtigung nach einem der in § 2 Abs. 1 bis 4 FMABG angeführten Bundesgesetze verfügen, in Anlagebetrug oder systematisch in Modelle der Steuerhinterziehung involviert sind;
3. bei Abgabenrückständen, wenn diese im Zusammenhang mit der Prüfung geordneter wirtschaftlicher Verhältnisse oder Eigentümerkontrollverfahren im Einzelfall von der FMA als erforderlich angesehen werden.

Im Rahmen der Amtshilfe nach Z 1 bis 3 sind möglichst genaue und umfassende Angaben über die betroffenen natürlichen oder juristischen Personen und eine Zusammenfassung des Sachverhalts zu übermitteln. Die Erteilung von Auskünften kann in den Fällen der Z 1 und 2 auch ohne vorhergehendes Ersuchen der FMA erfolgen. Die Übermittlung substantiierter Hinweise nach Z 1 hat ausschließlich durch das Finanzamt für Großbetriebe, jene nach Z 2 hat durch die Abgabenbehörde, die jeweils davon Kenntnis erlangt hat, zu erfolgen. Sofern in Fällen der Z 2 eine Sachverhaltsdarstellung oder Anzeige an die Staatsanwaltschaft erfolgt, ist diese der FMA zur Kenntnis zu bringen.

*(BGBl I 2021/25)*

**§ 48c.** Für Landes- und Gemeindeabgaben gilt Folgendes:

1. § 48a gilt auch für in einem abgabenrechtlichen Verwaltungsstrafverfahren anvertraute oder zugänglich gewordene Verhältnisse oder Umstände sowie für den Inhalt von Akten eines abgabenrechtlichen Verwaltungsstrafverfahrens. Die Offenbarung oder Verwertung nach § 48a Abs. 4 ist weiters zulässig, wenn sie der Durchführung eines abgabenrechtlichen Verwaltungsstrafverfahrens dient.
2. Für Abgabenbehörden der Länder und Gemeinden gilt § 48b nicht.

### F. Datenschutz

**§ 48d.** (1) Die ganz oder teilweise automatisierte sowie die nichtautomatisierte Verarbeitung personenbezogener Daten durch eine Abgabenbehörde ist zulässig, wenn sie für Zwecke der Abgabenerhebung oder sonst zur Erfüllung ihrer Aufgaben oder in Ausübung öffentlicher Gewalt, die ihr übertragen wurde, erforderlich ist.

(2) Die Verarbeitung besonderer Kategorien personenbezogener Daten im Sinne des Art. 9 Abs. 1 der Verordnung (EU) 2016/679 zum Schutz natürlicher Personen bei der Verarbeitung personenbezogener Daten, zum freien Datenverkehr und zur Aufhebung der Richtlinie 95/46/EG (Datenschutz-Grundverordnung), ABl. Nr. L 119 vom 4.5.2016 S. 1 (im Folgenden: DSGVO), durch eine Abgabenbehörde ist zulässig, wenn die Voraussetzungen des Abs. 1 und ein erhebliches öffentliches Interesse im Sinne des Art. 9 Abs. 2 lit. g DSGVO vorliegen.

**§ 48e.** (1) Die Pflicht der Abgabenbehörde, die betroffene Person gemäß Art. 14 Abs. 1 und 2 DSGVO über die Erhebung oder gemäß Art. 13 Abs. 3 oder Art. 14 Abs. 4 DSGVO über die beabsichtigte Weiterverarbeitung personenbezogener Daten zu informieren, besteht zusätzlich zu den in Art. 13 Abs. 4 und Art. 14 Abs. 5 DSGVO genannten Ausnahmen nicht, wenn durch die Erteilung der Information

1. die ordnungsgemäße Erfüllung der Aufgaben der Abgabenbehörde oder ein Finanzstrafverfahren oder ein abgabenrechtliches Verwaltungsstrafverfahren gefährdet würde und das Interesse an der Nichterteilung der Information die Interessen der betroffenen Person überwiegt, insbesondere weil die Erteilung der Information
   a) jemanden in die Lage versetzen könnte, die Abgabenbehörde bei der Erfüllung ihrer Aufgaben zu beeinträchtigen, oder

b) Rückschlüsse auf die Ausgestaltung automationsunterstützter Risikomanagementsysteme zulassen könnte oder
c) Rückschlüsse auf geplante Ermittlungs-, Kontroll-, Überwachungs- oder Prüfungsmaßnahmen zulassen könnte

und damit die Ermittlung der tatsächlichen und rechtlichen Verhältnisse, die für die Abgabepflicht und die Erhebung der Abgaben wesentlich sind, maßgeblich erschwert würde oder

2. die öffentliche Sicherheit oder Ordnung gefährdet würde oder
3. der Rechtsträger der Abgabenbehörde in der Geltendmachung, Ausübung oder Verteidigung zivilrechtlicher Ansprüche oder in der Verteidigung gegen ihn geltend gemachter zivilrechtlicher Ansprüche beeinträchtigt würde und die Abgabenbehörde nach dem Zivilrecht nicht zur Information verpflichtet ist oder
4. im Falle einer Offenbarung von personenbezogenen Daten
   a) zum Zweck der Durchführung eines Abgabenverfahrens, eines Finanzstrafverfahrens, eines abgabenrechtlichen Verwaltungsstrafverfahrens oder eines Monopolverfahrens oder
   b) auf Grund einer gesetzlichen Verpflichtung oder
   c) im zwingenden öffentlichen Interesse

   der Offenbarungszweck vereitelt oder wesentlich beeinträchtigt würde oder
5. gesetzliche Verpflichtungen zur Verschwiegenheit verletzt würden oder
6. überwiegende berechtigte Interessen Dritter geschädigt würden.

(2) Fällt der Grund für die Nichterteilung der Information weg, ist die Erteilung der Information ohne unnötigen Aufschub nachzuholen, sofern das nicht unmöglich oder mit einem unverhältnismäßigen Aufwand verbunden ist.

**§ 48f.** (1) Das Recht der betroffenen Person auf Auskunft gemäß Art. 15 DSGVO besteht gegenüber einer Abgabenbehörde nicht, soweit

1. die betroffene Person nach § 48e Abs. 1 Z 1 bis 6 nicht zu informieren ist oder
2. die betroffene Person am Auskunftsverfahren nicht gemäß Abs. 3 mitwirkt.

(2) Soweit personenbezogene Daten in einem Akt enthalten sind, besteht für die betroffene Person das Recht auf Auskunft gemäß Art. 15 DSGVO ausschließlich nach Maßgabe der §§ 90 und 90a. Für das Verfahren der Einsicht- oder Abschriftnahme (einschließlich deren Verweigerung) gelten die Regelungen dieses Bundesgesetzes.

*(BGBl I 2019/103)*

(3) Die betroffene Person hat am Auskunftsverfahren gemäß Art. 15 DSGVO in dem ihr zumutbaren Ausmaß mitzuwirken, um ungerechtfertigten oder unverhältnismäßigen Aufwand bei der Abgabenbehörde zu vermeiden. Insbesondere hat sie zu präzisieren, auf welche Informationen oder Verarbeitungsvorgänge sich ihr Auskunftsersuchen bezieht, wenn von der Auskunftserteilung eine große Menge personenbezogener Daten erfasst wäre oder dies aus sonstigen Gründen erforderlich ist.

(4) Im Falle der Nichterteilung der Auskunft gemäß Abs. 1 Z 1 hat die Begründung der Unterrichtung der betroffenen Person gemäß Art. 12 Abs. 4 DSGVO soweit zu unterbleiben, als sie dem mit der Nichterteilung der Auskunft verfolgten Zweck zuwiderliefe.

**§ 48g.** (1) Das Recht gemäß Art. 16 DSGVO und die Pflicht gemäß Art. 5 Abs. 1 lit. d DSGVO besteht hinsichtlich einer Berichtigung, Aktualisierung oder Vervollständigung von personenbezogenen Daten, die in einem Bescheid, einem Beschluss, einem Erkenntnis oder in einer Selbstberechnung enthalten sind, nur insoweit, als dies in diesem Bundesgesetz oder anderen Abgabenvorschriften vorgesehen ist. Eine allfällige Berichtigung, Aktualisierung oder Vervollständigung hat nach Maßgabe dieses Bundesgesetzes oder anderer Abgabenvorschriften zu erfolgen.

(2) In den nicht von Abs. 1 erfassten Fällen hat eine Berichtigung, Aktualisierung oder Vervollständigung mittels eines ergänzenden Vermerks zu erfolgen, soweit eine nachträgliche Änderung mit dem Dokumentationszweck unvereinbar ist und in diesem Bundesgesetz oder sonstigen Abgabenvorschriften nicht anderes bestimmt ist. Ist die Berichtigung, Aktualisierung oder Vervollständigung nicht möglich, ist dies zu vermerken.

(3) Wird die Richtigkeit personenbezogener Daten bestritten und lässt sich bei der Überprüfung der Richtigkeit durch die Abgabenbehörde weder die Richtigkeit noch die Unrichtigkeit der personenbezogenen Daten feststellen, besteht ab diesem Zeitpunkt für die betroffene Person kein Recht mehr auf Einschränkung der Verarbeitung gemäß Art. 18 Abs. 1 lit. a DSGVO.

**§ 48h.** Die §§ 48d bis 48g gelten auch für Verantwortliche im Sinn des Art. 4 Z 7 DSGVO, soweit ihnen abgabenrechtliche Aufgaben übertragen wurden, ohne selbst Abgabenbehörde zu sein.

**§ 48i.** Sofern gesetzlich nicht ausdrücklich anderes angeordnet ist, sind Protokolldaten über tatsächlich durchgeführte Verarbeitungsvorgänge, wie insbesondere Änderungen, Abfragen und Übermittlungen, zumindest drei Jahre lang aufzubewahren.

*(BGBl I 2018/32)*

### „G. Verwendung technischer Einrichtungen zur Wort- und Bildübertragung

**§ 48j. (1) Mündliche Verhandlungen, Erörterungstermine, Vernehmungen, (Schluss-) Besprechungen, Nachschauen, Außenprüfungen, Augenscheine und sonstige Beweisaufnahmen können unter Verwendung geeigneter technischer Einrichtungen zur Wort- und Bildübertragung durchgeführt werden.**

**(2) Soweit von der Möglichkeit gemäß Abs. 1 Gebrauch gemacht wird, ist den Personen, die der Amtshandlung beigezogen werden, Gelegenheit zu geben, unter Verwendung der technischen Einrichtungen zur Wort- und Bildübertragung an der betreffenden Amtshandlung teilzunehmen. Sind der Amtshandlung Parteien beizuziehen, sind diese aufzufordern, bekanntzugeben, ob ihnen solche technischen Einrichtungen zur Wort- und Bildübertragung zur Verfügung stehen; ist dies nicht der Fall, kann ein Antrag gestellt werden, von der Inanspruchnahme des Abs. 1 abzusehen, andernfalls kann die Amtshandlung auch in ihrer Abwesenheit durchgeführt werden. Diesfalls ist den Parteien, die aus diesem Grund an der Amtshandlung nicht teilnehmen können, in sonst geeigneter Weise Gelegenheit zu geben, ihre Rechte auszuüben bzw. bei der Feststellung des Sachverhalts mitzuwirken.**

**(3) Wird eine Amtshandlung unter Verwendung technischer Einrichtungen zur Wort- und Bildübertragung durchgeführt, braucht eine Niederschrift abweichend von § 87 Abs. 4 erster Satz und § 275 Abs. 7 letzter Satz außer vom Leiter der Amtshandlung von keiner weiteren Person unterschrieben zu werden. In diesem Fall ist § 87 Abs. 6 mit der Maßgabe sinngemäß anzuwenden, dass statt der Verwendung von Schallträgern ein Mitschnitt der Wort- und Bildübertragung zulässig ist.“**

*(BGBl I 2022/108 ab 1.7.2022)*

## 2. Abschnitt
## Abgabenbehörden und Parteien

*(BGBl I 2019/104)*

### A. Abgabenbehörden

### 1. Allgemeine Bestimmungen

#### Bundesfinanzverwaltung

**§ 49.** Die Bundesfinanzverwaltung besteht aus

1. den Abgabenbehörden des Bundes, nämlich:
   a) dem Bundesminister für Finanzen,
   b) den Finanzämtern, und zwar
      – dem Finanzamt Österreich und
      – dem Finanzamt für Großbetriebe und
   c) dem Zollamt Österreich;
2. dem Amt für Betrugsbekämpfung,
3. den Zentralen Services und
4. dem Prüfdienst für Lohnabgaben und Beiträge.

*(BGBl I 2019/104, BGBl I 2020/99)*

#### Abgabenbehörden der Länder und Gemeinden

**§ 50.** Abgabenbehörden der Länder und Gemeinden sind die mit der Erhebung der in § 1 bezeichneten öffentlichen Abgaben und Beiträge betrauten Behörden der Länder und Gemeinden.

*(BGBl I 2019/104)*

#### Zuständigkeit

**§ 51.** Die Zuständigkeit einer Abgabenbehörde des Bundes oder einer Abgabenbehörde der Länder und Gemeinden ergibt sich aus dem jeweils durch Bundes- oder Landesgesetz, Staatsvertrag oder Verordnung für sie festgelegten Aufgabenbereich.

*(BGBl I 2019/104)*

#### Zuständigkeitsstreit

**§ 52.** ~~(1)~~ Über einen Zuständigkeitsstreit zwischen Abgabenbehörden des Bundes entscheidet der Bundesminister für Finanzen.

*(BGBl I 2022/108 ab 20.7.2022)*

~~(2) Bei Gefahr im Verzug hat jede Abgabenbehörde des Bundes in ihrem Amtsbereich die notwendigen Amtshandlungen unter gleichzeitiger Verständigung der anderen Behörde vorzunehmen.~~

*(BGBl I 2022/108 ab 20.7.2022)*

*(BGBl I 2019/104)*

#### Vorgehen bei Unzuständigkeit

**§ 53.** Die Abgabenbehörden haben ihre Zuständigkeit von Amts wegen wahrzunehmen. Langen bei ihnen Anbringen ein, für deren Behandlung sie nicht zuständig sind, haben sie diese ohne unnötigen Aufschub auf Gefahr des Einschreiters an die zuständige Stelle weiterzuleiten oder den Einschreiter an diese zu verweisen.

*(BGBl I 2019/104)*

#### Befugnisse der Abgabenbehörden des Bundes

**§ 54.** (1) Organe jeder Abgabenbehörde des Bundes können zur Gewinnung von für die Erhebung von Abgaben maßgebenden Daten

1. allgemeine Aufsichtsmaßnahmen (§ 143 und § 144),
2. Ersuchen um Beistand (§§ 158 bis 160) sowie
3. die notwendigen Aufsichts-, Kontroll- und Beweissicherungsmaßnahmen gemäß § 146a und § 146b

vornehmen.

(2) Bei Gefahr im Verzug können Organe jeder Abgabenbehörde des Bundes **„die in die Zuständigkeit einer anderen Abgabenbehörde des Bundes fallenden notwendigen Amtshandlungen vornehmen; insbesondere können sie“**

1. Sicherstellungsaufträge (§ 232) erlassen sowie
2. Vollstreckungshandlungen (§§ 31, 65 ff und 75 der Abgabenexekutionsordnung – AbgEO, BGBl. Nr. 104/1949) und
3. Sicherungsmaßnahmen (§ 78 AbgEO)

vornehmen. **„Die zuständige Abgabenbehörde des Bundes ist von den vorgenommenen Amtshandlungen unverzüglich zu informieren.“**

*(BGBl I 2022/108 ab 20.7.2022)*

(3) Bei der Durchführung von Amtshandlungen im Sinn des Abs. 1 oder 2 werden die Organe als Organe der jeweils zuständigen Einrichtung der Bundesfinanzverwaltung tätig.

*(BGBl I 2020/99)*

(4) Sonstige Befugnisse, die sich aus anderen rechtlichen Bestimmungen ergeben, bleiben unberührt.

*(BGBl I 2019/104)*

**Unterstützungsleistungen innerhalb der Bundesfinanzverwaltung**

**§ 54a.** (1) Organe des Finanzamtes Österreich haben schriftliche Anbringen (§ 85 Abs. 1) entgegenzunehmen, für deren Behandlung entweder das Finanzamt für Großbetriebe **„, das Amt für den nationalen Emissionszertifikatehandel im Zollamt Österreich“** oder das Amt für Betrugsbekämpfung zuständig ist. Dabei gilt Folgendes:

1. Wenn das Anbringen innerhalb offener Frist beim Finanzamt Österreich eingebracht und an die zuständige Einrichtung der Bundesfinanzverwaltung gerichtet ist, gilt es als bei der zuständigen Einrichtung der Bundesfinanzverwaltung als innerhalb offener Frist eingebracht.
2. Das Finanzamt Österreich hat Anbringen ohne unnötigen Aufschub zu digitalisieren und der zuständigen Einrichtung zur Verfügung zu stellen. Das gilt auch, wenn das Anbringen beim Finanzamt für Großbetriebe oder beim Amt für Betrugsbekämpfung eingebracht worden ist.
3. Die ganz oder teilweise automatisierte sowie die nichtautomatisierte Verarbeitung personenbezogener Daten durch das Finanzamt Österreich ist zulässig, soweit sie für Zwecke der Digitalisierung und Zur-Verfügung-Stellung von Anbringen erforderlich ist.

*(BGBl I 2022/108 ab 1.7.2022)*

(2) Die mit der Entgegennahme von Barzahlungen (§ 211 Abs. 1 Z 5) betrauten Organe des Finanzamtes Österreich oder des Amts für Betrugsbekämpfung haben die damit verbundenen Tätigkeiten auch für jede andere Einrichtung der Bundesfinanzverwaltung, außer für das Zollamt Österreich, auszuüben.

(3) Ist das Finanzamt Österreich für die Erhebung der Umsatzsteuer eines Abgabepflichtigen, der eine Beihilfe nach dem Gesundheits- und Sozialbereich-Beihilfengesetz – GSBG, BGBl. Nr. 746/1996, geltend gemacht hat, zuständig, gilt Folgendes:

1. Das Finanzamt Österreich hat das Finanzamt für Großbetriebe rechtzeitig vor der Durchführung einer Außenprüfung oder einer die Umsatzsteuer betreffende Nachschau zu informieren.
2. Organe des Finanzamtes Österreich haben im Auftrag des Finanzamtes für Großbetriebe eine Außenprüfung oder eine Nachschau betreffend die Beihilfe nach dem GSBG durchzuführen.

Nach Beendigung der Außenprüfung ist dem Finanzamt für Großbetriebe eine Abschrift des Prüfungsberichts, nach Beendigung der Nachschau eine Abschrift der Niederschrift zu übermitteln.

(4) An der Erledigung eines Antrags auf einen Auskunftsbescheid (§ 118) dürfen auch Organe einer anderen Abgabenbehörde des Bundes mitwirken. Die Offenbarung von Verhältnissen oder Umständen gegenüber diesen Organen dient der Durchführung eines Abgabenverfahrens im Sinn der § 48a Abs. 4 lit. a und § 48e Abs. 1 Z 4 lit. a.

(5) An einem Verständigungs- oder Schiedsverfahren aufgrund eines Abkommens oder Übereinkommens (§ 3 Abs. 1 Z 1 EU-BStbG) einschließlich Verfahren auf die das EU-BStbG anzuwenden ist, dürfen auch Organe einer anderen Abgabenbehörde des Bundes mitwirken. Die Offenbarung von Verhältnissen oder Umständen gegenüber diesen Organen dient der Durchführung eines Abgabenverfahrens im Sinn der § 48a Abs. 4 lit. a und § 48e Abs. 1 Z 4 lit. a.

**„(6) Die Offenbarung von Verhältnissen oder Umständen gegenüber Organen einer Einrichtung der Bundesfinanzverwaltung, die zur Erledigung von Aufgaben, die mehrere Abgabenbehörden betreffen, ämterübergreifend zusammenarbeiten, dient der Durchführung eines Abgabenverfahrens im Sinn von § 48a Abs. 4 lit. a und § 48e Abs. 1 Z 4 lit. a.“**

*(BGBl I 2022/108 ab 20.7.2022)*

*(BGBl I 2020/99)*

**2. Bundesminister für Finanzen**

*(BGBl I 2019/104)*

**Zuständigkeit**

**§ 55.** Die Zuständigkeit des Bundesministers für Finanzen als Abgabenbehörde ergibt sich aus dem jeweils durch Bundesgesetz, Staatsvertrag oder Verordnung für ihn festgelegten Aufgabenbereich.

*(BGBl I 2019/104)*

**3. Finanzämter**

*(BGBl I 2019/104)*

**Organisation**

**§ 56.** (1) Der Wirkungsbereich der Finanzämter erstreckt sich auf das gesamte Bundesgebiet. Für jedes der beiden Finanzämter hat der Bundesminister für Finanzen mit Verordnung den Sitz festzulegen.

(2) Die Leitung der Finanzämter erfolgt jeweils durch einen Vorstand. Ihm obliegt insbesondere die organisatorische, personelle, wirtschaftliche und finanzielle Leitung. Davon ausgenommen ist die Erteilung fachlicher Weisungen in Angelegenheiten des § 61 Abs. 4 Z 7.

*(BGBl I 2021/3)*

(3) Dem Vorstand des Finanzamtes ~~Österreich~~ können für die organisatorische, personelle, wirtschaftliche und finanzielle Leitung Bereichsleiter

und für die fachliche Leitung Fachbereichsleiter zur Seite gestellt werden.

*(BGBl I 2022/108 ab 20.7.2022)*

~~(4) Dem Vorstand des Finanzamtes für Großbetriebe können für die fachliche Leitung zwei Fachbereichsleiter zur Seite gestellt werden.~~

*(BGBl I 2022/108 ab 20.7.2022)*

*(BGBl I 2019/104)*

**Übertragung der Zuständigkeit**

**§ 57.** (1) Ein Finanzamt kann aus Gründen der Zweckmäßigkeit, insbesondere zur Vereinfachung oder Beschleunigung des Verfahrens, die Erhebung einer Abgabe auf das andere Finanzamt mit Bescheid befristet oder unbefristet übertragen, sofern nicht überwiegende Interessen der Partei entgegenstehen.

(2) Die Übertragung der Zuständigkeit auf das andere Finanzamt kann auch auf Antrag des Abgabepflichtigen erfolgen, wenn wahrscheinlich ist, dass das andere Finanzamt zu einem späteren Zeitpunkt zuständig werden wird.

(3) Bei der Übertragung der Zuständigkeit geht die Zuständigkeit im Zeitpunkt der Bekanntgabe des Bescheides auf das andere Finanzamt über. § 58 ist nicht anzuwenden.

*(BGBl I 2019/104)*

**Übergang der Zuständigkeit**

**§ 58.** Die Zuständigkeit des einen Finanzamtes endet in dem Zeitpunkt, in dem das andere Finanzamt von den seine Zuständigkeit begründenden Voraussetzungen Kenntnis erlangt. Vom Übergang der Zuständigkeit ist der Abgabepflichtige zu verständigen. Solange er nicht verständigt worden ist, kann er Anbringen an jedes Finanzamt richten.

*(BGBl I 2019/104)*

**Beschwerdeverfahren**

**§ 59.** Die Übertragung oder der Übergang der Zuständigkeit von einem Finanzamt auf ein anderes berührt nicht die Zuständigkeit des bisher zuständig gewesenen Finanzamtes im Beschwerdeverfahren betreffend der von diesem erlassenen Bescheide.

*(BGBl I 2019/104)*

**Zuständigkeit des Finanzamtes Österreich**

**§ 60.** (1) Das Finanzamt Österreich ist zuständig für

1. die Wahrnehmung einer Aufgabe, die einer Abgabenbehörde übertragen ist, wenn weder die Voraussetzungen für die Zuständigkeit des Bundesministers für Finanzen, noch für die Zuständigkeit des Finanzamtes für Großbetriebe noch jene für die Zuständigkeit des Zollamtes Österreich vorliegen,
2. die Wahrnehmung einer Aufgabe, die einem Finanzamt übertragen ist, wenn die Voraussetzungen für die Zuständigkeit des Finanzamtes für Großbetriebe nicht vorliegen.

(2) Das Finanzamt Österreich ist jedenfalls zuständig für

1. die
   a) Prüfung der Vollständigkeit und Zulässigkeit,
   b) Weiterleitung und
   c) Zustellung von Erledigungen der Abgabenbehörden der anderen Mitgliedstaaten

   in Bezug auf Anträge auf Vorsteuererstattung für im Inland ansässige Unternehmer in Anwendung von Art. 18 der Richtlinie 2008/9/EG zur Regelung der Erstattung der Mehrwertsteuer gemäß der Richtlinie 2006/112/EG an nicht im Mitgliedstaat der Erstattung, sondern in einem anderen Mitgliedstaat ansässige Steuerpflichtige, ABl. Nr. L 44 vom 20.02.2008 S. 23, zuletzt geändert durch die Richtlinie 2010/66/EU, ABl. Nr. L 275 vom 20.10.2010 S. 1;
2. die Erhebung der Umsatzsteuer von Unternehmern, die ihr Unternehmen vom Ausland aus betreiben und im Inland weder eine Betriebsstätte haben noch Umsätze aus der Nutzung eines im Inland gelegenen Grundbesitzes erzielen;
3. die Rückerstattung der Kühlgeräteentsorgungsbeiträge im Sinn des Bundesgesetzes über die Ermächtigung zur Übernahme der Rückerstattung der Kühlgeräteentsorgungsbeiträge, BGBl. I Nr. 63/2011;
4. die Erhebung der Kraftfahrzeugsteuer bei widerrechtlicher Verwendung eines Kraftfahrzeuges (§ 1 Abs. 1 Z 3 des Kraftfahrzeugsteuergesetzes 1992 – KfzStG 1992, BGBl. Nr. 449);
5. die Entgegennahme und Erledigung von
   a) Anzeigen gemäß § 120 Abs. 1 und
   b) Anträgen auf Erteilung einer Umsatzsteuer-Identifikationsnummer gemäß Art. 28 UStG 1994

   von Abgabepflichtigen, die unter § 61 Abs. 1 Z 5 bis 8 fallen und denen noch keine Steuernummer bekanntgegeben worden ist;
6. die Erhebung der Einkommensteuer durch Abzug vom Arbeitslohn für Bezüge und Vorteile von Arbeitgebern ohne Betriebsstätte im Sinn des § 81 EStG 1988 im Inland sowie für die Entgegennahme und Bearbeitung von Lohnbescheinigungen gemäß § 84a Abs. 1 EStG 1988 (§ 47 Abs. 1 EStG 1988).

   *(BGBl I 2021/3)*

*(BGBl I 2020/99)*

*(BGBl I 2019/104)*

**Zuständigkeit des Finanzamtes für Großbetriebe**

**§ 61.** (1) Das Finanzamt für Großbetriebe ist in Bezug auf die in Abs. 2 und 3 genannten Angelegenheiten zuständig für

1. Abgabepflichtige, die einen Gewerbebetrieb, eine Betriebsstätte oder einen wirtschaftlichen Geschäftsbetrieb unterhalten, wenn entweder die beiden zuletzt gemäß Abs. 5 bekannt gegebenen Umsatzerlöse (§ 189a Z 5 des Unternehmensgesetzbuches – UGB, dRGBl. S. 219/1897) oder die in den beiden zuletzt abgegebenen Steuererklärungen gemäß § 21 Abs. 4 UStG 1994 erklärten Umsätze gemäß § 1 Abs. 1 Z 1 UStG 1994 jeweils mehr als 10 Millionen Euro überschritten haben „. **Das Unterschreiten dieser Grenze ist unbeachtlich,**
   a) **wenn ein Insolvenzverfahren mangels kostendeckenden Vermögens rechtskräftig nicht eröffnet wird,**
   b) **wenn es zu einer Liquidation im Rahmen eines Insolvenzverfahrens kommt,**
   c) **wenn ein Konkursverfahren nach § 123a oder § 139 IO aufgehoben wird oder**
   d) **bis zur rechtskräftigen Bestätigung eines Sanierungsplans.“**

   *(BGBl I 2022/108 ab 20.7.2022)*
2. Körperschaften des öffentlichen Rechts, wenn die in den beiden zuletzt abgegebenen Steuererklärungen gemäß § 21 Abs. 4 UStG 1994 erklärten Umsätze gemäß § 1 Abs. 1 Z 1 UStG 1994 jeweils mehr als 10 Millionen Euro überschritten haben – in diesem Fall ist das Finanzamt für Großbetriebe auch für sämtliche Betriebe gewerblicher Art dieser Körperschaft des öffentlichen Rechts zuständig;
3. Abgabepflichtige, die in einem länderbezogenen Bericht gemäß § 2 Z 6 des Verrechnungspreisdokumentationsgesetzes – VPDG, BGBl. I Nr. 77/2016, der für das zweitvorangegangene Wirtschaftsjahr übermittelt worden (§ 8 VPDG) oder eingegangen ist (§ 12 VPDG) angeführt werden;
4. die Oesterreichische Nationalbank;
5. alle Unternehmen, die der Aufsicht aufgrund eines der in § 2 des Finanzmarktaufsichtsbehördengesetzes – FMABG, BGBl. I Nr. 97/2001, genannten Bundesgesetze unterliegen;
6. Privatstiftungen im Sinn des Privatstiftungsgesetzes – PSG, BGBl. Nr. 694/1993 und vergleichbare ausländische Einrichtungen **„sowie der Stiftungseingangssteuer unterliegende Vermögensmassen“**;

   *(BGBl I 2022/108 ab 20.7.2022)*
7. Stiftungen oder Fonds im Sinn des Bundes-Stiftungs- und Fondsgesetzes 2015, BGBl. I Nr. 160/2015, oder im Sinn einer diesem Bundesgesetz entsprechenden landesgesetzlichen Regelung einschließlich entsprechender Gebilde im Gründungsstadium;
8. Bauvereinigungen, die nach dem Wohnungsgemeinnützigkeitsgesetz – WGG, BGBl. Nr. 139/1979, als gemeinnützig anerkannt sind;
9. Abgabepflichtige, die Teil einer Unternehmensgruppe gemäß § 9 KStG 1988 sind – einschließlich der die finanzielle Verbindung vermittelnden Personengesellschaften, wenn der Gruppenträger oder zumindest ein Gruppenmitglied
   a) gemäß Z 1 bis 3 oder 5 bis 8 oder 10 in die Zuständigkeit des Finanzamtes für Großbetriebe fällt oder
   b) seinen Sitz nicht in Österreich hat;
10. Abgabepflichtige, die Teil einer Organschaft im Sinn des § 2 Abs. 2 Z 2 UStG 1994 sind, wenn der Organträger oder zumindest ein Organ gemäß Z 1 bis 3 oder 5 bis 9 in die Zuständigkeit des Finanzamtes für Großbetriebe fällt;
11. Abgabepflichtige, für die der Wechsel in die begleitende Kontrolle rechtskräftig festgestellt worden ist.

(2) Das Finanzamt für Großbetriebe ist für die in Abs. 1 angeführten Abgabepflichtigen zuständig für die Erhebung sämtlicher bundesgesetzlich geregelter Abgaben. Ausgenommen davon sind

1. die Abgaben, die durch das Zollamt Österreich zu erheben sind (§ 62),

   *(BGBl I 2021/3)*
2. die Gebühren im Sinn des Gebührengesetzes 1957, BGBl. Nr. 267/1957,
3. die Gebühren im Sinn des Konsulargebührengesetzes, BGBl. Nr. 100/1992,
4. die Gerichts- und Justizverwaltungsgebühren im Sinn des Gerichtsgebührengesetzes, BGBl. Nr. 501/1984,
5. die Grunderwerbsteuer,
6. die Abgabe von land- und forstwirtschaftlichen Betrieben,
7. die Bodenwertabgabe,
8. die Versicherungssteuer,
9. die Feuerschutzsteuer,
10. die Flugabgabe,
11. der Finanzierungsbeitrag gemäß § 1 Abs. 4 des Glücksspielgesetzes – GSpG, BGBl. Nr. 620/1989,
12. die Konzessionsabgabe gemäß § 17 GSpG,
13. die Spielbankenabgabe gemäß § 28 und § 29 GSpG,
14. die Glücksspielabgaben gemäß § 57 bis § 59 GSpG,
15. die Gebühren gemäß § 59a GSpG.

Nicht in die Zuständigkeit des Finanzamtes für Großbetriebe fallen jene Aufgaben, die gemäß § 60 Abs. 2 dem Finanzamt Österreich obliegen.

(3) Das Finanzamt für Großbetriebe ist für die in Abs. 1 angeführten Abgabepflichtigen weiters zuständig für die Wahrnehmung der Angelegenheiten der Abzugsteuern einschließlich der Vor-

schreibung der Kapitalertragsteuer gemäß § 95 Abs. 4 EStG 1988.

(4) Das Finanzamt für Großbetriebe ist jedenfalls zuständig für

1. die auf Grund völkerrechtlicher Verträge vorgesehene Rückzahlung von Abgaben;
2. die Rückzahlung oder Erstattung der Kapitalertragsteuer oder der Abzugsteuer gemäß § 99 EStG 1988 auf der Grundlage von § 94 Z 2 oder Z 10 EStG 1988, § 99a Abs. 8 EStG 1988, § 21 Abs. 1 Z 1a KStG 1988 oder mangels Erfüllung der Voraussetzungen des § 98 Abs. 1 EStG 1988;
3. die Rückzahlung der Körperschaftsteuer an ausländische Einrichtungen im Sinne des § 5 Z 4 des Pensionskassengesetzes, BGBl. Nr. 281/1990, wegen Vorliegens der Voraussetzungen für die Steuerbefreiung nach § 6 Abs. 1 KStG 1988;
4. Angelegenheiten betreffend Mittelstandsfinanzierungsgesellschaften im Sinn des § 6b KStG 1988;
5. Angelegenheiten betreffend die pauschale Erstattung von Einkommensteuer gemäß § 108 Abs. 5 EStG 1988, § 108a Abs. 4 und Abs. 5 letzter Satz EStG 1988 sowie § 108g Abs. 4 und Abs. 5 letzter Satz EStG 1988;
6. Angelegenheiten betreffend das GSBG;
   *(BGBl I 2021/3)*
7. die Führung eines von einem Abgabepflichtigen angeregten Verständigungsverfahrens und die Erledigung aller mit einem solchen Verständigungsverfahren oder einem Schiedsverfahren in Zusammenhang stehenden Aufgaben, soweit sich diese
   a) aus dem EU-BStbG oder
   b) aus einer anderen Rechtsgrundlage als dem EU-BStbG ergeben.

   Davon ausgenommen sind die Ernennung von Schiedsrichtern, die Einsetzung eines Schiedsgerichts, der Abschluss der Verträge mit den Schiedsrichtern, die Tragung der Kosten für das Schiedsverfahren sowie die Verständigung über allgemein gültige Geschäftsordnungen für Schiedsgerichte.
   *(BGBl I 2021/3)*

*(BGBl I 2020/99)*

(5) Für die Wahrnehmung der Zuständigkeit sind die Umsatzerlöse gemäß Abs. 1 Z 1 oder 2 in der Steuererklärung gemäß §§ 42, 43 EStG 1988 oder § 24 Abs. 3 Z 1 KStG 1988 bekannt zu geben.

(6) Für die Wahrnehmung der Zuständigkeit gemäß Abs. 1 Z 5 hat die Finanzmarktaufsichtsbehörde dem Finanzamt für Großbetriebe Informationen über sämtliche im Sinne des § 2 FMABG vorliegenden Genehmigungen elektronisch zu übermitteln. Der Bundesminister für Finanzen wird ermächtigt, den Inhalt und das Verfahren der elektronischen Übermittlung mit Verordnung festzulegen.

(7) Für die Wahrnehmung der Zuständigkeit gemäß Abs. 1 Z 8 hat ein Revisionsverband im Sinne des § 5 Abs. 1 WGG die Liste der ihm am 1. Oktober 2020 angehörenden Bauvereinigungen bis zum 30. Oktober 2020 sowie alle nach dem 1. Oktober 2020 erfolgenden Änderungen innerhalb einer Woche ab der Änderung elektronisch zu übermitteln. Der Bundesminister für Finanzen wird ermächtigt, den Inhalt und das Verfahren der elektronischen Übermittlung mit Verordnung festzulegen.

*(BGBl I 2020/99)*

*(BGBl I 2019/104)*

## 4. Zollamt Österreich

*(BGBl I 2019/104)*

### Organisation

**§ 62.** (1) Der Wirkungsbereich des Zollamtes Österreich erstreckt sich auf das gesamte Bundesgebiet. Der Bundesminister für Finanzen hat mit Verordnung den Sitz des Zollamtes Österreich festzulegen.

*(BGBl I 2020/99)*

(2) Die Leitung des Zollamtes Österreich erfolgt durch den Vorstand. Ihm obliegt insbesondere die organisatorische, personelle, wirtschaftliche und finanzielle Leitung.

(3) Dem Vorstand können für die organisatorische, personelle, wirtschaftliche und finanzielle Leitung Bereichsleiter und für die fachliche Leitung Fachbereichsleiter zur Seite gestellt werden.

(4) Der Vorstand des Zollamtes Österreich kann Zollstellen einrichten. Die Einrichtung oder Schließung einer Zollstelle sowie ihr örtlicher und sachlicher Wirkungsbereich sind kundzumachen.

*(BGBl I 2019/104)*

### Zuständigkeit

**§ 63.** (1) Das Zollamt Österreich ist – unbeschadet der Zuständigkeit anderer Behörden und der dem Zollamt Österreich durch sonstige Rechtsvorschriften übertragenen Aufgaben – zuständig für:

1. die Vollziehung des Zollrechts (§§ 1 und 2 des Zollrechts-Durchführungsgesetzes – ZollR-DG, BGBl. Nr. 659/1994),
2. die Vollziehung der Gemeinsamen Marktordnungsorganisation, soweit nicht eine andere Behörde zuständig ist,
3. die Erhebung der Verbrauchsteuern,
4. die Erhebung der Einfuhrumsatzsteuer nach Maßgabe des § 26 Abs. 3 UStG 1994,
5. die Vollziehung der Verordnung (EU) Nr. 1672/2018 über die Überwachung von Barmitteln, die in die Union oder aus der Union verbracht werden, ABl. Nr. L 284 vom 12.11.2018 S. 6,
6. die Erhebung der Kraftfahrzeugsteuer im grenzüberschreitenden Verkehr für ein in einem ausländischen Zulassungsverfahren zugelassenes Kraftfahrzeug (§ 1 Abs. 1 Z 2 des

Kraftfahrzeugsteuergesetzes 1992 – KfzStG 1992, BGBl. Nr. 449/1992),

*(BGBl I 2020/99)*

7. die Vollziehung des § 2a und des § 7 des Tabak- und Nichtraucherinnen- bzw. Nichtraucherschutzgesetz – TNRSG, BGBl. Nr. 431/1995, soweit nicht der Bundesminister für Finanzen zuständig ist,
8. die Vollziehung des Tabakmonopolgesetzes 1996 – TabMG 1996, BGBl. Nr. 830/1995, soweit nicht der Bundesminister für Finanzen zuständig ist,
9. die Erhebung des Altlastenbeitrages im Sinn des Altlastensanierungsgesetzes, BGBl. Nr. 299/1989.

(2) Die Ortsgemeinden Jungholz (Tirol) und Mittelberg (Vorarlberg) fallen nicht in den Zuständigkeitsbereich des Zollamtes Österreich. Das gilt nicht für die Erhebung des Altlastenbeitrages.

*(BGBl I 2019/104)*

### 5. Zentrale Services

### Organisation und Aufgaben

**§ 64.** (1) Der Wirkungsbereich der Zentralen Services erstreckt sich auf das gesamte Bundesgebiet. Der Bundesminister für Finanzen hat mit Verordnung den Sitz der Zentralen Services festzulegen.

(2) Den Zentralen Services obliegt für die Bundesfinanzverwaltung insbesondere

1. die Sicherstellung einer einheitlichen Rechtsauslegung und Vollziehung,
2. die Prüfung der Abgabenbehörden des Bundes und des Amtes für Betrugsbekämpfung gemäß § 115 des Bundeshaushaltsgesetzes 2013 – BHG 2013, BGBl. I Nr. 139/2009, in Verbindung mit § 129 Abs. 2 der Bundeshaushaltsverordnung 2013 – BHV 2013, BGBl. II Nr. 266/2010,
3. die Entwicklung, der Aufbau und die Optimierung von EDV-technischen Lösungen für die Budgetgebarung im Umfang der Aufgaben eines haushaltsleitenden Organes (§ 6 Abs. 2 BHG 2013) für das gesamte Finanzressort,
4. die Aus- und Weiterbildung der Bediensteten und
5. die Unterstützung im Bereich der Datenverarbeitung.

*(BGBl I 2020/99)*

**§§ 65–69.** (aufgehoben)

**§ 70.** (aufgehoben)

*(BGBl I 2019/104)*

**§§ 71–75.** (aufgehoben)

### 6. Befangenheit von Organen der Abgabenbehörden

*(BGBl I 2019/104, BGBl I 2020/99)*

**§ 76.** (1) Organe der Abgabenbehörden und der Verwaltungsgerichte haben sich der Ausübung ihres Amtes wegen Befangenheit zu enthalten und ihre Vertretung zu veranlassen,

a) wenn es sich um ihre eigenen Abgabenangelegenheiten oder um jene eines ihrer Angehörigen (§ 25), oder um jene einer Person unter ihrer gesetzlichen Vertretung handelt;

   *(BGBl I 2018/62)*

b) wenn sie als Vertreter einer Partei (§ 78) noch bestellt sind oder bestellt waren;
c) wenn sonstige wichtige Gründe vorliegen, die geeignet sind, ihre volle Unbefangenheit in Zweifel zu ziehen;
d) im Beschwerdeverfahren vor den Verwaltungsgerichten überdies, wenn sie an der Erlassung des angefochtenen Bescheides oder der Beschwerdevorentscheidung (§ 262) mitgewirkt oder eine Weisung im betreffenden Verfahren erteilt haben oder wenn einer der in lit. a genannten Personen dem Beschwerdeverfahren beigetreten ist.

(2) Bei Gefahr im Verzug hat, wenn die Vertretung durch ein anderes Organ nicht sogleich bewirkt werden kann, auch das befangene Organ die unaufschiebbaren Amtshandlungen selbst vorzunehmen. Dies gilt nicht in den in Abs. 1 lit. a bezeichneten Fällen.

## B. Parteien und deren Vertretung

### 1. Allgemeine Bestimmungen

**§ 77.** (1) Abgabepflichtiger im Sinne dieses Bundesgesetzes ist, wer nach den Abgabenvorschriften als Abgabenschuldner in Betracht kommt.

(2) Die für die Abgabepflichtigen getroffenen Anordnungen gelten, soweit nicht anderes bestimmt ist, sinngemäß auch für die kraft abgabenrechtlicher Vorschriften persönlich für eine Abgabe Haftenden.

**§ 78.** (1) Partei im Abgabenverfahren ist der Abgabepflichtige (§ 77), im Beschwerdeverfahren auch jeder, der eine Beschwerde einbringt (Beschwerdeführer), einem Beschwerdeverfahren beigetreten ist (§§ 257 bis 259) oder, ohne Beschwerdeführer zu sein, einen Vorlageantrag (§ 264) gestellt hat.

(2) Parteien des Abgabenverfahrens sind ferner,

a) wenn die Erlassung von Feststellungsbescheiden vorgesehen ist, diejenigen, an die diese Bescheide ergehen (§ 191 Abs. 1 und 2);
b) wenn nach den Abgabenvorschriften Steuermeßbeträge oder Einheitswerte zu zerlegen oder zuzuteilen sind, die Körperschaften, denen ein Zerlegungsanteil zugeteilt worden ist oder die auf eine Zuteilung Anspruch erheben.

(3) Andere als die genannten Personen haben die Rechtsststellung einer Partei dann und insoweit, als sie auf Grund abgabenrechtlicher Vorschriften die Tätigkeit einer Abgabenbehörde in Anspruch nehmen oder als sich die Tätigkeit einer Abgabenbehörde auf sie bezieht.

**§ 79.** Für die Rechts- und Handlungsfähigkeit gelten die Bestimmungen des bürgerlichen Rechtes. § 2 Zivilprozeßordnung ist sinngemäß anzuwenden.

### 2. Vertreter

**§ 80.** (1) Die zur Vertretung juristischer Personen berufenen Personen und die gesetzlichen Vertreter natürlicher Personen haben alle Pflichten zu erfüllen, die den von ihnen Vertretenen obliegen, und sind befugt, die diesen zustehenden Rechte wahrzunehmen. Sie haben insbesondere dafür zu sorgen, daß die Abgaben aus den Mitteln, die sie verwalten, entrichtet werden.

(2) Steht eine Vermögensverwaltung anderen Personen als den Eigentümern des Vermögens oder deren gesetzlichen Vertretern zu, so haben die Vermögensverwalter, soweit ihre Verwaltung reicht, die im Abs. 1 bezeichneten Pflichten und Befugnisse.

(3) Vertreter (Abs. 1) der aufgelösten Gesellschaft mit beschränkter Haftung nach Beendigung der Liquidation ist, wer nach § 93 Abs. 3 GmbHG zur Aufbewahrung der Bücher und Schriften der aufgelösten Gesellschaft verpflichtet ist oder zuletzt verpflichtet war.

**§ 81.** (1) Abgabenrechtliche Pflichten einer Personenvereinigung (Personengemeinschaft) ohne eigene Rechtspersönlichkeit sind von den zur Führung der Geschäfte bestellten Personen und, wenn solche nicht vorhanden sind, von den Gesellschaftern (Mitgliedern) zu erfüllen.

(2) Kommen zur Erfüllung der in Abs. 1 umschriebenen Pflichten mehrere Personen in Betracht, so haben diese hiefür eine Person aus ihrer Mitte oder einen gemeinsamen Bevollmächtigten der Abgabenhörde gegenüber als vertretungsbefugte Person namhaft zu machen; diese Person gilt solange als zur Empfangnahme von Schriftstücken der Abgabenbehörde ermächtigt, als nicht eine andere Person als Zustellungsbevollmächtigter namhaft gemacht wird. Solange und soweit eine Namhaftmachung im Sinn des ersten Satzes nicht erfolgt, kann die Abgabenbehörde eine der zur Erfüllung der im Abs. 1 umschriebenen Pflichten in Betracht kommenden mehreren Personen als Vertreter mit Wirkung für die Gesamtheit bestellen. Die übrigen Personen, die im Inland Wohnsitz, Geschäftsleitung oder Sitz haben, sind hievon zu verständigen.

(3) Sobald und soweit die Voraussetzungen für die Bestellung eines Vertreters durch die Abgabenbehörde nachträglich weggefallen sind, ist die Bestellung zu widerrufen. Ein Widerruf hat auch dann zu erfolgen, wenn aus wichtigen Gründen eine andere in Betracht kommende Person von der Abgabenbehörde als Vertreter bestellt werden soll.

(4) Für Personen, denen gemäß Abs. 1 oder 2 die Erfüllung abgabenrechtlicher Pflichten von Personenvereinigungen (Personengemeinschaften) ohne eigene Rechtspersönlichkeit obliegt, gilt § 80 Abs. 1 sinngemäß.

(5) Die sich auf Grund der Abs. 1, 2 oder 4 ergebenden Pflichten und Befugnisse werden durch den Eintritt eines neuen Gesellschafters (Mitglieds) in die Personenvereinigung (Personengemeinschaft) nicht berührt.

(6) In den Fällen des § 19 Abs. 2 sind die Abs. 1, 2 und 4 auf die zuletzt beteiligt gewesenen Gesellschafter (Mitglieder) sinngemäß anzuwenden. Die bei Beendigung der Personenvereinigung (Personengemeinschaft) bestehende Vertretungsbefugnis bleibt, sofern dem nicht andere Rechtsvorschriften entgegenstehen, insoweit und solange aufrecht, als nicht von einem der zuletzt beteiligt gewesenen Gesellschafter (Mitglieder) oder der vertretungsbefugten Person dagegen Widerspruch erhoben wird.

(7) Werden an alle Gesellschafter (Mitglieder) einer Personenvereinigung (Personengemeinschaft) ohne eigene Rechtspersönlichkeit in dieser ihrer Eigenschaft schriftliche Ausfertigungen einer Abgabenbehörde gerichtet, so gilt der nach Abs. 1 bis 5 für die Personenvereinigung (Personengemeinschaft) Zustellungsbevollmächtigte auch als gemeinsamer Zustellungsbevollmächtigter der Gesellschafter (Mitglieder). Ergehen solche schriftliche Ausfertigungen nach Beendigung einer Personenvereinigung (Personengemeinschaft) ohne eigene Rechtspersönlichkeit, so gilt die nach Abs. 6 vertretungsbefugte Person auch als Zustellungsbevollmächtigter der ehemaligen Gesellschafter (Mitglieder), sofern ein solcher nicht eigens namhaft gemacht wurde. Die Bestimmung des Abs. 6 über die Erhebung eines Widerspruches gilt sinngemäß.

(8) Vertretungsbefugnisse nach den vorstehenden Absätzen bleiben auch für ausgeschiedene Gesellschafter (Mitglieder) von Personenvereinigungen (Personengemeinschaften) ohne eigene Rechtspersönlichkeit hinsichtlich der vor dem Ausscheiden gelegene Zeiträume und Zeitpunkte betreffenden Maßnahmen bestehen, solange dem nicht von seiten des ausgeschiedenen Gesellschafters (Mitglieds) oder der vertretungsbefugten Person widersprochen wird.

(9) Die Abs. 1 bis 4 gelten sinngemäß für Vermögensmassen, die als solche der Besteuerung unterliegen.

(10) Namhaftmachungen und Bestellungen (Abs. 2) wirken auch im Beschwerdeverfahren.

**§ 82.** (1) Soll gegen eine nicht voll handlungsfähige Person, die eines gesetzlichen Vertreters entbehrt, oder gegen eine Person, deren Aufenthalt unbekannt ist, eine Amtshandlung vorgenommen werden, so kann die Abgabenbehörde, wenn die Wichtigkeit der Sache es erfordert, auf Kosten des zu Vertretenden die Betrauung eines gesetzlichen Vertreters (§ 1034 ABGB) beim zuständigen Gericht (§ 109 Jurisdiktionsnorm) beantragen.

*(BGBl I 2018/62)*

(2) Ist zweifelhaft, wer zur Vertretung einer Verlassenschaft befugt ist, oder wer beim Wegfall einer juristischen Person oder eines dieser ähnlichen Gebildes oder eines sonst verbleibenden Vermögens vertretungsbefugt ist, gilt Abs. 1 sinngemäß.

*(BGBl I 2018/62)*

**§ 83.** (1) Die Parteien und ihre gesetzlichen Vertreter können sich, sofern nicht ihr persönliches Erscheinen ausdrücklich gefordert wird, durch natürliche voll handlungsfähige Personen, juristische Personen oder eingetragene Personengesellschaften vertreten lassen, die sich durch eine schriftliche Vollmacht auszuweisen haben.

*(BGBl I 2018/62)*

(2) Inhalt und Umfang der Vertretungsbefugnis des Bevollmächtigten richten sich nach der Vollmacht; hierüber sowie über den Bestand der Vertretungsbefugnis auftauchende Zweifel sind nach den Vorschriften des bürgerlichen Rechtes zu beurteilen. Die Abgabenbehörde hat die Behebung etwaiger Mängel unter sinngemäßer Anwendung der Bestimmungen des § 85 Abs. 2 von Amts wegen zu veranlassen.

(3) Vor der Abgabenbehörde kann eine Vollmacht auch mündlich erteilt werden; hierüber ist eine Niederschrift aufzunehmen.

(4) Die Abgabenbehörde kann von einer ausdrücklichen Vollmacht absehen, wenn es sich um die Vertretung durch amtsbekannte Angehörige (§ 25), Haushaltsangehörige oder Angestellte handelt und Zweifel über das Bestehen und den Umfang der Vertretungsbefugnis nicht obwalten.

(5) Die Bestellung eines Bevollmächtigten schließt nicht aus, daß sich die Abgabenbehörde unmittelbar an den Vollmachtgeber selbst wendet oder daß der Vollmachtgeber im eigenen Namen Erklärungen abgibt.

**§ 84.** (1) Die Abgabenbehörde hat solche Personen (Personengesellschaften) als Bevollmächtigte abzulehnen, die die Vertretung anderer geschäftsmäßig, wenn auch unentgeltlich betreiben, ohne hiezu befugt zu sein. Gleichzeitig ist der Vollmachtgeber von der Ablehnung in Kenntnis zu setzen.

(2) Das von einer abgelehnten Person (Personengesellschaft) in Sachen des Vollmachtgebers nach der Ablehnung schriftlich oder mündlich Vorgebrachte ist ohne abgabenrechtliche Wirkung.

## 3. Abschnitt
## Verkehr zwischen Abgabenbehörden, Parteien und sonstigen Personen

### A. Anbringen

**§ 85.** (1) Anbringen zur Geltendmachung von Rechten oder zur Erfüllung von Verpflichtungen (insbesondere Erklärungen, Anträge, Beantwortungen von Bedenkenvorhalten, Rechtsmittel) sind vorbehaltlich der Bestimmungen des Abs. 3 schriftlich einzureichen (Eingaben).

(2) Mängel von Eingaben (Formgebrechen, inhaltliche Mängel, Fehlen einer Unterschrift) berechtigen die Abgabenbehörde nicht zur Zurückweisung; inhaltliche Mängel liegen nur dann vor, wenn in einer Eingabe gesetzlich geforderte inhaltliche Angaben fehlen. Sie hat dem Einschreiter die Behebung dieser Mängel mit dem Hinweis aufzutragen, daß die Eingabe nach fruchtlosem Ablauf einer gleichzeitig zu bestimmenden angemessenen Frist als zurückgenommen gilt; werden die Mängel rechtzeitig behoben, gilt die Eingabe als ursprünglich richtig eingebracht.

(3) Die Abgabenbehörde hat mündliche Anbringen der im Abs. 1 bezeichneten Art entgegenzunehmen,

a) wenn dies die Abgabenvorschriften vorsehen, oder
b) wenn dies für die Abwicklung des Abgabenverfahrens zweckmäßig ist, oder
c) wenn die Schriftform dem Einschreiter nach seinen persönlichen Verhältnissen nicht zugemutet werden kann.

Zur Entgegennahme mündlicher Anbringen ist die Abgabenbehörde nur während der für den Parteienverkehr bestimmten Amtsstunden verpflichtet, die bei der Abgabenbehörde durch Anschlag kundzumachen sind.

(4) Wird ein Anbringen (Abs. 1 oder 3) nicht vom Abgabepflichtigen selbst vorgebracht, ohne daß sich der Einschreiter durch eine schriftliche Vollmacht ausweisen kann und ohne daß § 83 Abs. 4 Anwendung findet, gelten für die nachträgliche Beibringung der Vollmacht die Bestimmungen des Abs. 2 sinngemäß.

(5) Der Einschreiter hat auf Verlangen der Abgabenbehörde eine beglaubigte Übersetzung einem Anbringen (Abs. 1 oder 3) beigelegter Unterlagen beizubringen.

**§ 85a.** Die Abgabenbehörden sind verpflichtet, über Anbringen (§ 85) der Parteien ohne unnötigen Aufschub zu entscheiden.

**§ 86.** Anbringen, die nicht unter § 85 Abs. 1 fallen, können mündlich vorgebracht werden, soweit nicht die Wichtigkeit oder der Umfang des Anbringens Schriftlichkeit erfordert, in welchem Fall § 85 Abs. 3 mit Ausnahme von lit. a und b sinngemäß anzuwenden ist.

**§ 86a.** (1) **„Anbringen können im Wege automationsunterstützter Datenübertragung oder in jeder anderen technisch möglichen Weise eingereicht werden, soweit es durch Verordnung des Bundesministers für Finanzen zugelassen wird.“** Durch Verordnung des Bundesministers für Finanzen kann zugelassen werden, daß sich der Einschreiter einer bestimmten geeigneten öffentlich-rechtlichen oder privatrechtlichen Übermittlungsstelle bedienen darf. Die für schriftliche Anbringen geltenden Bestimmungen sind auch in diesen Fällen mit der Maßgabe anzuwenden, daß das Fehlen einer Unterschrift keinen Mangel darstellt. Die Abgabenbehörde und das Verwaltungsgericht können jedoch, wenn es die Wichtigkeit des Anbringens zweckmäßig erscheinen läßt, dem Einschreiter die unterschriebene Bestätigung des Anbringens mit dem Hinweis auftragen, daß dieses nach fruchtlosem Ablauf einer gleichzeitig zu bestimmenden angemessenen Frist als zurückgenommen gilt.

*(BGBl I 2022/108 ab 20.7.2022)*

(2) Der Bundesminister für Finanzen kann durch Verordnung im Sinn des Abs. 1 erster Satz bestimmen,

a) unter welchen Voraussetzungen welche Arten der Datenübertragung an Abgabenbehörden und an Verwaltungsgerichte zugelassen sind,
b) daß für bestimmte Arten von Anbringen bestimmte Arten der Datenübertragung ausgeschlossen sind und
c) welche Unterlagen wie lange vom Einschreiter im Zusammenhang mit bestimmten Arten der Datenübertragung aufzubewahren sind.

**§ 86b.** Für Landes- und Gemeindeabgaben gilt abweichend von § 86a Folgendes:

Anbringen, für die Abgabenvorschriften Schriftlichkeit vorsehen oder gestatten, können in jeder technisch möglichen Form eingebracht werden, mit E-Mail jedoch nur insoweit, als für den elektronischen Verkehr zwischen der Behörde und den Parteien (§ 78) nicht besondere Übermittlungsformen vorgesehen sind. Etwaige technische Voraussetzungen oder organisatorische Beschränkungen des elektronischen Verkehrs zwischen der Behörde und den Parteien sind im Internet bekannt zu machen.

### B. Niederschriften

**§ 87.** (1) In den Fällen der unmittelbaren oder sinngemäßen Anwendung des § 85 Abs. 3 ist das Anbringen, soweit nicht in Abgabenvorschriften anderes bestimmt ist, seinem wesentlichen Inhalt nach in einer Niederschrift festzuhalten.

(2) Niederschriften sind ferner über die Einvernahme von Auskunftspersonen, Zeugen und Sachverständigen sowie über die Durchführung eines Augenscheines aufzunehmen.

(3) Niederschriften sind derart abzufassen, daß bei Weglassung alles nicht zur Sache Gehörigen der Verlauf und Inhalt der Amtshandlung richtig und verständlich wiedergegeben wird. Außerdem hat jede von einer Abgabenbehörde aufgenommene Niederschrift zu enthalten:

a) Ort, Zeit und Gegenstand der Amtshandlung und, wenn schon frühere, darauf bezügliche Amtshandlungen vorliegen, erforderlichenfalls eine kurze Darstellung des dermaligen Standes der Sache;
b) die Benennung der Abgabenbehörde und die Namen des Leiters der Amtshandlung und der sonst mitwirkenden amtlichen Organe, der anwesenden Parteien und ihrer Vertreter sowie der etwa vernommenen Auskunftspersonen, Zeugen und Sachverständigen;
c) die eigenhändige Unterschrift des die Amtshandlung leitenden Organs.

(4) Jede Niederschrift ist den vernommenen oder sonst beigezogenen Personen vorzulegen und von ihnen durch Beisetzung ihrer eigenhändigen Unterschrift zu bestätigen. Kann eine Person nicht oder nur mittels Handzeichen unterfertigen, hat sie die Unterfertigung verweigert oder sich vor Abschluß der Niederschrift oder des ihre Aussage enthaltenden Teiles der Niederschrift entfernt, so ist unter Angabe des Grundes, aus dem die Unterfertigung nicht erfolgte, die Richtigkeit der schriftlichen Wiedergabe von dem die Amtshandlung leitenden Organ ausdrücklich zu bestätigen.

(5) In der Niederschrift darf nichts Erhebliches ausgelöscht, hinzugefügt oder verändert werden. Durchstrichene Stellen sollen noch lesbar bleiben. Erhebliche Zusätze oder Einwendungen des Vernommenen wegen behaupteter Unvollständigkeit oder Unrichtigkeit der Niederschrift sind in einen Nachtrag aufzunehmen und abgesondert zu bestätigen.

(6) Die Behörde kann sich für die Abfassung der Niederschrift eines Schallträgers bedienen oder die Niederschrift in Kurzschrift abfassen, wenn weder von der vernommenen noch von einer sonst beigezogenen Person dagegen Einwand erhoben wird. Die Schallträgeraufnahme und die in Kurzschrift abgefaßte Niederschrift sind nachträglich in Vollschrift zu übertragen. Die vernommene oder sonst beigezogene Person kann spätestens bei Beendigung der betreffenden Amtshandlung die Zustellung einer Abschrift der Niederschrift, zu deren Abfassung sich die Behörde eines Schallträgers bedient hat, beantragen und innerhalb von zwei Wochen ab Zustellung Einwendungen wegen behaupteter Unvollständigkeit oder Unrichtigkeit der Übertragung der Schallträgeraufnahme erheben. Wird eine solche Zustellung beantragt, so darf die Schallträgeraufnahme frühestens einen Monat nach Ablauf der Frist zur Erhebung von Einwendungen gelöscht werden; ansonsten darf sie frühestens einen Monat nach erfolgter Übertragung gelöscht werden.

(6a) Eine nachträgliche Übertragung der Schallträgeraufnahme in Vollschrift kann unterbleiben, wenn keine der in Abs. 6 erster Satz genannten Personen spätestens bei Beendigung der betreffenden Amtshandlung dagegen Einwand erhoben hat. Eine solche Schallträgeraufnahme ist auf einem Datenträger aufzubewahren.

(7) Niederschriften, die mittels automationsunterstützter Datenverarbeitung, insbesondere unter Einsatz von Textverarbeitungsprogrammen, erstellt worden sind, bedürfen nicht der Unterschrift des Leiters der Amtshandlung und der beigezogenen Personen, wenn sichergestellt ist, dass auf andere Weise festgestellt werden kann, dass der Leiter der Amtshandlung den Inhalt der Niederschrift bestätigt hat. Die vernommene oder sonst beigezogene Person kann spätestens bei Beendigung der Amtshandlung die Zustellung einer Abschrift einer solchen Niederschrift beantragen und innerhalb von zwei Wochen ab Zustellung Einwendungen wegen behaupteter Unvollständigkeit oder Unrichtigkeit der Niederschrift erheben.

(8) Von der gemäß Abs. 1 aufgenommenen Niederschrift ist der Partei, von der gemäß Abs. 2 aufgenommenen Niederschrift der vernommenen Person über Verlangen eine Abschrift auszufolgen.

**§ 88.** Soweit nicht Einwendungen erhoben wurden, liefert eine gemäß § 87 aufgenommene Niederschrift über den Gegenstand und den Verlauf der betreffenden Amtshandlung Beweis.

### C. Aktenvermerke

**§ 89.** (1) Amtliche Wahrnehmungen und Mitteilungen, die der Abgabenbehörde telephonisch zugehen, ferner mündliche Belehrungen, Aufforderungen und Anordnungen, über die keine schriftliche Ausfertigung erlassen wird, schließlich Umstände, die nur für den inneren Dienst der Abgabenbehörde in Betracht kommen, sind, wenn nicht anderes bestimmt und kein Anlaß zur Aufnahme einer Niederschrift gegeben ist, erforderlichenfalls in einem Aktenvermerk kurz festzuhalten.

(2) Der Inhalt des Aktenvermerkes ist vom Amtsorgan durch Beisetzung von Datum und Unterschrift zu bestätigen. Vom Erfordernis der Unterschrift kann jedoch abgesehen werden, wenn sichergestellt ist, dass das Amtsorgan auf andere Weise festgestellt werden kann.

### D. Akteneinsicht

**§ 90.** (1) Die Abgabenbehörde hat den Parteien die Einsicht und Abschriftnahme der **„ihre Sache betreffenden“** Akten oder Aktenteile zu gestatten~~, deren Kenntnis zur Geltendmachung oder Verteidigung ihrer abgabenrechtlichen Interessen oder zur Erfüllung abgabenrechtlicher Pflichten erforderlich ist~~. Blinden oder hochgradig sehbehinderten Parteien, die nicht durch Vertreter (§§ 80 ff) vertreten sind, ist auf Verlangen der Inhalt von Akten und Aktenteilen durch Verlesung oder nach Maßgabe der vorhandenen technischen Möglichkeiten in sonst geeigneter Weise zur Kenntnis zu bringen.

*(BGBl I 2022/108 ab 20.7.2022)*

(2) Von der Akteneinsicht ausgenommen sind Beratungsprotokolle, Amtsvorträge, Erledigungsentwürfe und sonstige Schriftstücke (Mitteilungen anderer Behörden, Meldungen, Berichte und dergleichen), deren Einsichtnahme eine Schädigung berechtigter Interessen dritter Personen herbeiführen würde.

(3) Gegen die Verweigerung der Akteneinsicht ist ein abgesondertes Rechtsmittel nicht zulässig.

**§ 90a.** (1) Soweit durch Verordnung zugelassen, kann die Abgabenbehörde der Partei sowie den in den §§ 80 ff bezeichneten Vertretern ermöglichen, personenbezogene Daten dieser Partei aus Akten oder Aktenteilen im Wege automationsunterstützter Datenübertragung abzufragen. Bei der Ausgestaltung dieser Abfragemöglichkeit sind die in § 48e Abs. 1 Z 1 bis 6, § 90 Abs. 2 und Art. 15 Abs. 4 DSGVO angeführten Beschränkungen unter sinngemäßer Anwendung zu beachten.

*(BGBl I 2019/103)*

(2) Von der gemäß Abs. 1 einem Vertreter eingeräumten Möglichkeit zur Abfrage von personenbezogenen Daten der Partei ist die Partei ungeachtet einer Zustellungsbevollmächtigung umgehend zu verständigen. Dem Vertreter ist die gemäß Abs. 1 eingeräumte Möglichkeit zur Abfrage von personenbezogenen Daten der Partei dann unverzüglich zu verwehren, wenn die erforderliche Vertretungsbefugnis nicht (mehr) vorhanden ist oder Zweifel über deren Inhalt, Umfang oder Bestand aufkommen.

*(BGBl I 2019/103)*

(3) Der technische und organisatorische Ablauf des dabei anzuwendenden Verfahrens ist durch Verordnung zu bestimmen. In der Verordnung kann vorgesehen werden, daß sich die Abgabenbehörde einer bestimmten geeigneten öffentlich-rechtlichen oder privatrechtlichen Übermittlungsstelle bedienen kann.

(4) Der Bund leistet keine Gewähr für die Richtigkeit der abgefragten Daten.

**§ 90b.** Für Landes- und Gemeindeabgaben gilt Folgendes:

Nach Maßgabe der vorhandenen technischen Möglichkeiten kann Akteneinsicht (§ 90) auch im Weg automationsunterstützter Datenverarbeitung gestattet werden.

*(BGBl I 2019/103)*

### E. Vorladungen

**§ 91.** (1) Die Abgabenbehörde ist berechtigt, Personen, deren Erscheinen nötig ist, vorzuladen. **„In der Vorladung kann die Abgabenbehörde anstelle des Erscheinens die Verwendung technischer Einrichtungen zur Wort- und Bildübertragung nach Maßgabe des § 48j anbieten.“**

*(BGBl I 2022/108 ab 1.7.2022)*

(2) In der Vorladung ist außer Ort und Zeit der Amtshandlung auch anzugeben, was den Gegenstand der Amtshandlung bildet, in welcher Eigenschaft der Vorgeladene vor der Abgabenbehörde erscheinen soll (Abgabepflichtiger, Zeuge, Sachverständiger und so weiter) und welche Behelfe und Beweismittel mitzubringen sind. In der Vorladung ist ferner bekanntzugeben, ob der Vorgeladene persönlich zu erscheinen hat oder ob die Entsendung eines Vertreters genügt und welche Folgen an ein Ausbleiben geknüpft sind. In der Vorladung von Zeugen ist weiters auf die gesetzlichen Bestimmungen über Zeugengebühren (§ 176) hinzuweisen; dies gilt sinngemäß für die Vorladung von Auskunftspersonen, die gemäß § 143 Abs. 4 Anspruch auf Zeugengebühren haben.

(3) Wer nicht durch Krankheit, Gebrechlichkeit oder sonstige begründete Hindernisse vom Erscheinen abgehalten ist, hat die Verpflichtung, der Vorladung Folge zu leisten und kann zur Erfüllung dieser Pflicht durch Zwangsstrafen verhalten werden. Die Verhängung dieser Zwangsstrafen ist nur zulässig, wenn sie in der Vorladung angedroht und die Vorladung zu eigenen Handen zugestellt war.

(4) Gegen die Vorladung ist ein abgesondertes Rechtsmittel nicht zulässig.

### F. Erledigungen

**§ 92.** (1) Erledigungen einer Abgabenbehörde sind als Bescheide zu erlassen, wenn sie für einzelne Personen

a) Rechte oder Pflichten begründen, abändern oder aufheben, oder

b) abgabenrechtlich bedeutsame Tatsachen feststellen, oder

c) über das Bestehen oder Nichtbestehen eines Rechtsverhältnisses absprechen.

(2) Bescheide bedürfen der Schriftform, wenn nicht die Abgabenvorschriften die mündliche Form vorschreiben oder gestatten.

**§ 93.** (1) Für schriftliche Bescheide gelten außer den ihren Inhalt betreffenden besonderen Vorschriften die Bestimmungen der Abs. 2 bis 6, wenn nicht nach gesetzlicher Anordnung die öffentliche Bekanntmachung oder die Auflegung von Listen genügt.

(2) Jeder Bescheid ist ausdrücklich als solcher zu bezeichnen, er hat den Spruch zu enthalten und in diesem die Person (Personenvereinigung, Personengemeinschaft) zu nennen, an die er ergeht.

(3) Der Bescheid hat ferner zu enthalten

a) eine Begründung, wenn ihm ein Anbringen (§ 85 Abs. 1 oder 3) zugrunde liegt, dem nicht vollinhaltlich Rechnung getragen wird, oder wenn er von Amts wegen erlassen wird;

b) eine Belehrung, ob ein Rechtsmittel zulässig ist, innerhalb welcher Frist und bei welcher Behörde das Rechtsmittel einzubringen ist, ferner, daß das Rechtsmittel begründet werden muß und daß ihm eine aufschiebende Wirkung nicht zukommt (§ 254).

(4) Enthält der Bescheid keine Rechtsmittelbelehrung oder keine Angabe über die Rechtsmittelfrist oder erklärt er zu Unrecht ein Rechtsmittel für unzulässig, so wird die Rechtsmittelfrist nicht in Lauf gesetzt.

(5) Ist in dem Bescheid eine kürzere oder längere als die gesetzliche Frist angegeben, so gilt das innerhalb der gesetzlichen oder der angegebenen längeren Frist eingebrachte Rechtsmittel als rechtzeitig erhoben.

(6) Enthält der Bescheid keine oder eine unrichtige Angabe über die Abgabenbehörde, bei welcher das Rechtsmittel einzubringen ist, so ist das Rechtsmittel richtig eingebracht, wenn es bei der Abgabenbehörde, die den Bescheid ausgefertigt hat, oder bei der angegebenen Abgabenbehörde eingebracht wurde.

**§ 93a.** Die für Bescheide geltenden Bestimmungen (insbesondere die §§ 198 Abs. 2, 200 Abs. 2, 210, 295, 295a, 303) sind, soweit nicht anderes angeordnet ist, sinngemäß auf Erkenntnisse und Beschlüsse der Verwaltungsgerichte sowie auf in der Sache selbst ergangene Entscheidungen des Verwaltungsgerichtshofs anzuwenden. Maßnahmen gemäß den §§ 200 Abs. 2, 294, 295, 295a und 303 obliegen auch dann der Abgabenbehörde, wenn sie solche Erkenntnisse, Beschlüsse oder Entscheidungen betreffen.

**§ 94.** Verfügungen, die nur das Verfahren betreffen, können schriftlich oder mündlich erlassen werden.

**§ 95.** Sonstige Erledigungen einer Abgabenbehörde können mündlich ergehen, soweit nicht die Partei eine schriftliche Erledigung verlangt. Der Inhalt mündlicher Erledigungen – mit Ausnahme solcher des Zollamtes Österreich im Reiseverkehr und kleinen Grenzverkehr – ist in Aktenvermerken festzuhalten.

*(BGBl I 2019/104)*

**§ 96.** (1) Alle schriftlichen Ausfertigungen der Abgabenbehörden müssen die Bezeichnung der Behörde enthalten sowie mit Datum und mit der Unterschrift dessen versehen sein, der die Erledigung genehmigt hat. An die Stelle der Unterschrift des Genehmigenden kann, soweit nicht in Abgabenvorschriften die eigenhändige Unterfertigung angeordnet ist, die Beglaubigung treten, dass die Ausfertigung mit der genehmigten Erledigung des betreffenden Geschäftsstückes übereinstimmt und das Geschäftsstück die eigenhändig beigesetzte Genehmigung aufweist.

(2) Ausfertigungen, die mittels automationsunterstützter Datenverarbeitung erstellt werden, wozu jedenfalls auch Ausfertigungen in Form von mit einer Amtssignatur gemäß § 19 E-Government-Gesetz versehenen elektronischen Dokumenten zählen, bedürfen weder einer Unterschrift noch einer Beglaubigung und gelten, wenn sie weder eine Unterschrift noch eine Beglaubigung aufweisen, als durch den Leiter der auf der Ausfertigung bezeichneten Abgabenbehörde genehmigt. Ausfertigungen in Form von Ausdrucken von mit einer Amtssignatur versehenen elektronischen Dokumenten oder von Kopien solcher Ausdrucke brauchen keine weiteren Voraussetzungen erfüllen.

*(BGBl I 2019/103)*

**§ 97.** (1) Erledigungen werden dadurch wirksam, daß sie demjenigen bekanntgegeben werden, für den sie ihrem Inhalt nach bestimmt sind. Die Bekanntgabe erfolgt

a) bei schriftlichen Erledigungen, wenn nicht in besonderen Vorschriften die öffentliche Bekanntmachung oder die Auflegung von Listen vorgesehen ist, durch Zustellung;

b) bei mündlichen Erledigungen durch deren Verkündung.

(2) Ist in einem Fall, in dem § 191 Abs. 4 oder § 194 Abs. 5 Anwendung findet, die Rechtsnachfolge (Nachfolge im Besitz) nach Zustellung des Bescheides an den Rechtsvorgänger (Vorgänger) eingetreten, gilt mit der Zustellung an den Rechtsvorgänger (Vorgänger) auch die Bekanntgabe des Bescheides an den Rechtsnachfolger (Nachfolger) als vollzogen.

(3) An Stelle der Zustellung der schriftlichen Ausfertigung einer behördlichen Erledigung kann deren Inhalt auch telegraphisch oder fernschriftlich mitgeteilt werden. Darüber hinaus kann durch Verordnung des Bundesministers für Finanzen die Mitteilung des Inhalts von Erledigungen auch im Wege automationsunterstützter Datenübertragung oder in jeder anderen technisch möglichen Weise vorgesehen werden, wobei zugelassen werden kann, daß sich die Behörde einer bestimmten geeigneten öffentlich-rechtlichen oder privatrechtlichen Übermittlungsstelle bedienen darf. In der Verordnung sind technische oder organisatorische Maßnahmen

festzulegen, die gewährleisten, daß die Mitteilung in einer dem Stand der Technik entsprechenden sicheren und nachprüfbaren Weise erfolgt und den Erfordernissen des Datenschutzes genügt. Der Empfänger trägt die Verantwortung für die Datensicherheit des mitgeteilten Inhalts der Erledigung. § 96 Abs. 2 gilt sinngemäß.

*(BGBl I 2019/103)*

**§ 97a.** Für Landes- und Gemeindeabgaben gilt abweichend von § 97 Abs. 3 Folgendes:

1. Schriftliche Erledigungen können im Weg automationsunterstützter Datenübertragung oder in jeder anderen technisch möglichen Weise dann übermittelt werden, wenn die Partei (§ 78) dieser Übermittlungsart ausdrücklich zugestimmt hat. Mit der Zustimmung übernimmt der Empfänger auch die Verantwortung für die Datensicherheit des mitgeteilten Inhalts der Erledigung. § 96 Abs. 2 gilt sinngemäß.

   *(BGBl I 2019/103)*

2. Eine Übermittlung im Weg automationsunterstützter Datenübertragung oder in jeder anderen technischen Form ist weiters zulässig, wenn die Partei ein Anbringen in derselben Art eingebracht und dieser Übermittlungsart nicht gegenüber der Behörde ausdrücklich widersprochen hat, sofern die Übermittlung spätestens zwei Werktage nach Einlangen des Anbringens erfolgt. § 96 Abs. 2 gilt sinngemäß.

   *(BGBl I 2019/103)*

### G. Zustellungen

**§ 98.** (1) Soweit in diesem Bundesgesetz nicht anderes bestimmt ist, sind Zustellungen nach dem Zustellgesetz, BGBl. Nr. 200/1982, vorzunehmen; das gilt nicht für den 3. Abschnitt des ZustG (Elektronische Zustellung).

*(BGBl I 2018/104)*

(2) Elektronisch zugestellte Dokumente gelten als zugestellt, sobald sie in den elektronischen Verfügungsbereich des Empfängers gelangt sind. Im Zweifel hat die Behörde die Tatsache und den Zeitpunkt des Einlangens von Amts wegen festzustellen. Die Zustellung gilt als nicht bewirkt, wenn sich ergibt, dass der Empfänger wegen Abwesenheit von der Abgabestelle nicht rechtzeitig vom Zustellvorgang Kenntnis erlangen konnte, doch wird die Zustellung mit dem der Rückkehr an die Abgabestelle folgenden Tag wirksam.

**§ 98a.** Für Landes- und Gemeindeabgaben ist abweichend von § 98 Abs. 1 für Zustellungen auch der 3. Abschnitt des Zustellgesetzes (elektronische Zustellung) anzuwenden.

**§ 99.** (aufgehoben)

*(BGBl I 2018/104)*

**§ 100.** (1) Abweichend von § 98 Abs. 1 ist für Zustellungen vom Bundesminister für Finanzen oder von Finanzämtern auch der 3. Abschnitt des ZustG (Elektronische Zustellung) anzuwenden, wenn

1. die Voraussetzungen für eine elektronische Zustellung über FinanzOnline nicht vorliegen oder
2. eine elektronische Zustellung mit Zustellnachweis (§ 35 ZustG) erfolgen soll.

(2) In den Fällen des Abs. 1 ist eine elektronische Zustellung nur über ein Zustellsystem gemäß § 28 Abs. 3 ZustG zulässig.

*(BGBl I 2018/104)*

**§ 101.** (1) Ist eine schriftliche Ausfertigung an mehrere Personen gerichtet, die dieselbe abgabenrechtliche Leistung schulden oder die gemeinsam zu einer Abgabe heranzuziehen sind, und haben diese der Abgabenbehörde keinen gemeinsamen Zustellungsbevollmächtigten bekanntgegeben, so gilt mit der Zustellung einer einzigen Ausfertigung an eine dieser Personen die Zustellung an alle als vollzogen, wenn auf diese Rechtsfolge in der Ausfertigung hingewiesen wird.

(2) (aufgehoben)

*(BGBl I 2016/117)*

(3) Schriftliche Ausfertigungen, die in einem Feststellungsverfahren an eine Personenvereinigung (Personengemeinschaft) ohne eigene Rechtspersönlichkeit gerichtet sind (§ 191 Abs. 1 lit. a und c), sind einer nach § 81 vertretungsbefugten Person zuzustellen. Mit der Zustellung einer einzigen Ausfertigung an diese Person gilt die Zustellung an alle Mitglieder der Personenvereinigung oder Personengemeinschaft als vollzogen, wenn auf diese Rechtsfolge in der Ausfertigung hingewiesen wird.

(4) Schriftliche Ausfertigungen, die nach Beendigung einer Personenvereinigung (Personengemeinschaft) ohne eigene Rechtspersönlichkeit in einem Feststellungsverfahren (§ 188) an diejenigen ergehen, denen gemeinschaftliche Einkünfte zugeflossen sind (§ 191 Abs. 1 lit. c), sind einer nach § 81 vertretungsbefugten Person zuzustellen. Mit der Zustellung einer einzigen Ausfertigung an diese Person gilt die Zustellung an alle, denen der Bescheid gemeinschaftliche Einkünfte zurechnet, als vollzogen, wenn auf diese Rechtsfolge in der Ausfertigung hingewiesen wird.

**§ 102.** (1) Bei Vorliegen wichtiger Gründe hat die Abgabenbehörde zu verfügen, dass schriftliche Ausfertigungen mit Zustellnachweis zuzustellen sind. Liegen besonders wichtige Gründe vor, hat sie die Zustellung zu eigenen Handen des Empfängers zu verfügen.

(2) Im Falle einer elektronischen Zustellung kann die Abgabenbehörde bei Vorliegen wichtiger Gründe die Zustellung mit Zustellnachweis (§ 35 ZustG) verfügen.

*(BGBl I 2018/104)*

**§ 102a.** Für Landes und Gemeindeabgaben gilt § 102 nicht.

**§ 103.** (1) Ungeachtet einer Zustellungsbevollmächtigung sind Vorladungen (§ 91) dem Vorgeladenen zuzustellen. Im Einhebungsverfahren ergehende Erledigungen können aus Gründen der Zweckmäßigkeit, insbesondere zur Vereinfachung und Beschleunigung des Verfahrens, trotz Vorliegens einer Zustellungsbevollmächtigung wirksam dem Vollmachtgeber unmittelbar zugestellt werden.

(2) Eine Zustellungsbevollmächtigung ist Abgabenbehörden und Verwaltungsgerichten gegenüber unwirksam, wenn sie

a) ausdrücklich auf nur einige dem Vollmachtgeber zugedachte Erledigungen eingeschränkt ist, die im Zuge eines Verfahrens ergehen, oder

b) ausdrücklich auf nur einige jener Abgaben eingeschränkt ist, deren Gebarung gemäß § 213 zusammengefasst verbucht wird.

(3) Ungeachtet einer Zustellungsbevollmächtigung sind Vorabinformationen betreffend die Entrichtung von Abgaben im Wege der Einziehung (§ 211 Abs. 1 Z 2) dem Vollmachtgeber zuzustellen.

*(BGBl I 2018/62)*

**§ 104.** Abgabenbehörden gegenüber besteht die Verpflichtung zur Mitteilung im Sinne des § 8 Abs. 1 des Zustellgesetzes für Abgabepflichtige auch so lange, als von ihnen Abgaben, ausgenommen durch Einbehaltung im Abzugswege zu entrichtende, wiederkehrend zu erheben sind. § 8 Abs. 2 des Zustellgesetzes ist sinngemäß anzuwenden.

**„§ 105.[a)] § 25 Abs. 1 ZustG gilt mit der Maßgabe, dass an die Stelle der Kundmachung an der Amtstafel einer Einrichtung der Bundesfinanzverwaltung die elektronische Veröffentlichung auf der Website des Bundesministeriums für Finanzen tritt.“**

*(BGBl I 2022/108 ab 1.1.2023)*

[a)] Tritt mit 1. Jänner 2023 in Kraft.

**§§ 106–107.** (aufgehoben)

### H. Fristen

**§ 108.** (1) Bei der Berechnung der Fristen, die nach Tagen bestimmt sind, wird der für den Beginn der Frist maßgebende Tag nicht mitgerechnet.

(2) Nach Wochen, Monaten oder Jahren bestimmte Fristen enden mit dem Ablauf desjenigen Tages der letzten Woche oder des letzten Monates, der durch seine Benennung oder Zahl dem für den Beginn der Frist maßgebenden Tag entspricht. Fehlt dieser Tag in dem letzten Monat, so endet die Frist mit Ablauf des letzten Tages dieses Monates.

(3) Beginn und Lauf einer Frist werden durch Samstage, Sonntage oder Feiertage nicht behindert. Fällt das Ende einer Frist auf einen Samstag, Sonntag, gesetzlichen Feiertag, Karfreitag oder 24. Dezember, so ist der nächste Tag, der nicht einer der vorgenannten Tage ist, als letzter Tag der Frist anzusehen.

(4) Die Tage des Postenlaufes werden in die Frist nicht eingerechnet.

**§ 109.** Wird der Lauf einer Frist durch eine behördliche Erledigung ausgelöst, so ist für den Beginn der Frist der Tag maßgebend, an dem die Erledigung bekanntgegeben worden ist (§ 97 Abs. 1).

**§ 110.** (1) Gesetzlich festgesetzte Fristen können, wenn nicht ausdrücklich anderes bestimmt ist, nicht geändert werden.

(2) Von der Abgabenbehörde festgesetzte Fristen können verlängert werden. Die Verlängerung kann nach Maßgabe der Abgabenvorschriften von Bedingungen, insbesondere von einer Sicherheitsleistung (§ 222), abhängig gemacht werden.

(3) Gegen die Ablehnung eines Antrages auf Verlängerung einer Frist ist ein abgesondertes Rechtsmittel nicht zulässig.

### J. Zwangs-, Ordnungs- und Mutwillensstrafen

**§ 111.** (1) Die Abgabenbehörden sind berechtigt, die Befolgung ihrer auf Grund gesetzlicher Befugnisse getroffenen Anordnungen zur Erbringung von Leistungen, die sich wegen ihrer besonderen Beschaffenheit durch einen Dritten nicht bewerkstelligen lassen, durch Verhängung einer Zwangsstrafe zu erzwingen. Zu solchen Leistungen gehört auch die elektronische Übermittlung von Anbringen und Unterlagen, wenn eine diesbezügliche Verpflichtung besteht.

(2) Bevor eine Zwangsstrafe festgesetzt wird, muß der Verpflichtete unter Androhung der Zwangsstrafe mit Setzung einer angemessenen Frist zur Erbringung der von ihm verlangten Leistung aufgefordert werden. Die Aufforderung und die Androhung müssen schriftlich erfolgen, außer wenn Gefahr im Verzug ist.

(3) Die einzelne Zwangsstrafe darf den Betrag von 5 000 Euro nicht übersteigen.

(4) Gegen die Androhung einer Zwangsstrafe ist ein abgesondertes Rechtsmittel nicht zulässig.

**§ 112.** (1) Das Organ einer Abgabenbehörde, das eine Amtshandlung leitet, hat für die Aufrechterhaltung der Ordnung und für die Wahrung des Anstandes zu sorgen.

(2) Personen, die die Amtshandlung stören oder durch ungeziemendes Benehmen den Anstand verletzen, sind zu ermahnen; bleibt die Ermahnung erfolglos, so kann ihnen nach vorausgegangener Androhung das Wort entzogen, ihre Entfernung verfügt und ihnen die Bestellung eines Bevollmächtigten aufgetragen oder gegen sie eine Ordnungsstrafe bis 700 Euro verhängt werden.

(3) Die gleiche Ordnungsstrafe kann die Abgabenbehörde gegen Personen verhängen, die sich in schriftlichen Eingaben einer beleidigenden Schreibweise bedienen.

(4) Die Verhängung einer Ordnungsstrafe schließt die strafgerichtliche Verfolgung wegen derselben Handlung nicht aus.

(5) Gegen öffentliche Organe, die in Ausübung ihres Amtes als Vertreter einschreiten, und gegen Bevollmächtigte, die zur berufsmäßigen Parteienvertretung befugt sind, ist, wenn sie einem Disziplinarrecht unterstehen, keine Ordnungsstrafe zu verhängen, sondern die Anzeige an die Disziplinarbehörde zu erstatten.

**§ 112a.** Gegen Personen, die offenbar mutwillig die Tätigkeit der Abgabenbehörde in Anspruch nehmen oder in der Absicht der Verschleppung der Angelegenheit unrichtige Angaben machen, kann die Abgabenbehörde eine Mutwillensstrafe bis 700 Euro verhängen.

### K. Rechtsbelehrung

**§ 113.** Die Abgabenbehörden haben den Parteien, die nicht durch berufsmäßige Parteienvertreter vertreten sind, auf Verlangen die zur Vornahme ihrer Verfahrenshandlungen nötigen Anleitungen zu geben und sie über die mit ihren Handlungen oder Unterlassungen unmittelbar verbundenen Rechtsfolgen zu belehren; diese Anleitungen und Belehrungen können auch mündlich erteilt werden, worüber erforderlichenfalls ein Aktenvermerk aufzunehmen ist.

## 4. Abschnitt
## Allgemeine Bestimmungen über die Erhebung der Abgaben

### A. Grundsätzliche Anordnungen

**§ 114.** (1) Die Abgabenbehörden haben darauf zu achten, daß alle Abgabepflichtigen nach den Abgabenvorschriften erfaßt und gleichmäßig behandelt werden, sowie darüber zu wachen, daß Abgabeneinnahmen nicht zu Unrecht verkürzt werden. Sie haben alles, was für die Bemessung der Abgaben wichtig ist, sorgfältig zu erheben und die Nachrichten darüber zu sammeln, fortlaufend zu ergänzen und auszutauschen.

(2) Hiefür darf eine elektronische Dokumentation angelegt werden (Dokumentationsregister). Diese Dokumentation hat insbesondere Daten betreffend die Identität des Abgabepflichtigen und die Klassifizierung seiner Tätigkeit zu umfassen.

(3) Die Abgabenbehörde kann Anbringen und andere das Verfahren betreffende Unterlagen mit automationsunterstützter Datenverarbeitung erfassen. Diese Erfassung beeinträchtigt nicht die Beweiskraft, wenn sichergestellt ist, dass die so erfassten Unterlagen nachträglich nicht unbemerkbar verändert werden können.

(4) Abgabenbehörden dürfen personenbezogene und nicht personenbezogene Daten für Zwecke des automationsunterstützten Risikomanagements und der Betrugsbekämpfung verarbeiten, soweit dies nach dem Grundsatz der Verhältnismäßigkeit zur Erfüllung ihrer Aufgaben geeignet, erforderlich und angemessen ist.

*(BGBl I 2017/40, BGBl I 2018/32)*

**§ 115.** (1) Die Abgabenbehörden haben die abgabepflichtigen Fälle zu erforschen und von Amts wegen die tatsächlichen und rechtlichen Verhältnisse zu ermitteln, die für die Abgabepflicht und die Erhebung der Abgaben wesentlich sind. Diese Verpflichtung wird durch eine erhöhte Mitwirkungspflicht des Abgabepflichtigen, wie beispielsweise bei Auslandssachverhalten, eingeschränkt.

*(BGBl I 2017/136)*

(2) Den Parteien ist Gelegenheit zur Geltendmachung ihrer Rechte und rechtlichen Interessen zu geben.

(3) Die Abgabenbehörden haben Angaben der Abgabepflichtigen und amtsbekannte Umstände auch zugunsten der Abgabepflichtigen zu prüfen und zu würdigen.

(4) Solange die Abgabenbehörde nicht entschieden hat, hat sie auch die nach Ablauf einer Frist vorgebrachten Angaben über tatsächliche oder rechtliche Verhältnisse zu prüfen und zu würdigen.

**§ 116.** (1) Sofern die Abgabenvorschriften nicht anderes bestimmen, sind die Abgabenbehörden berechtigt, im Ermittlungsverfahren auftauchende Vorfragen, die als Hauptfragen von anderen Verwaltungsbehörden oder von den Gerichten zu entscheiden wären, nach der über die maßgebenden Verhältnisse gewonnenen eigenen Anschauung zu beurteilen (§§ 21 und 22) und diese Beurteilung ihrem Bescheid zugrunde zu legen.

(2) Entscheidungen der Gerichte, durch die privatrechtliche Vorfragen als Hauptfragen entschieden wurden, sind von der Abgabenbehörde im Sinn des Abs. 1 zu beurteilen. Eine Bindung besteht nur insoweit, als in dem gerichtlichen Verfahren, in dem die Entscheidung ergangen ist, bei der Ermittlung des Sachverhaltes von Amts wegen vorzugehen war.

**§ 117.** (aufgehoben)

### „B. Auskunftsbescheid, Forschungsbestätigung und multilaterale Risikobewertung“

*(BGBl I 2022/108 ab 20.7.2022)*

### Auskunftsbescheid

**§ 118.** (1) Das Finanzamt (Abs. 5) hat auf schriftlichen Antrag (Abs. 4) mit Auskunftsbescheid über die abgabenrechtliche Beurteilung im Zeitpunkt des Antrages noch nicht verwirklichter Sachverhalte (Abs. 2) abzusprechen, wenn daran in Hinblick auf die erheblichen abgabenrechtlichen Auswirkungen ein besonderes Interesse besteht.

(2) Gegenstand von Auskunftsbescheiden sind Rechtsfragen im Zusammenhang mit

1. Umgründungen,
2. Unternehmensgruppen,
3. dem internationalen Steuerrecht,
4. dem Umsatzsteuerrecht,
   *(BGBl I 2018/62)*
5. dem Vorliegen von Missbrauch (§ 22).

*(BGBl I 2018/62)*

(3) Zur Stellung des Antrages (Abs. 1) befugt sind:

a) Abgabepflichtige (§ 77),
b) Personenvereinigungen (Personengemeinschaften) ohne eigene Rechtspersönlichkeit für Feststellungen (§§ 185 ff),
c) wenn der dem Antrag zugrunde liegende Sachverhalt durch eine im Zeitpunkt der Antragstellung noch nicht rechtlich existente juristische Person oder Personenvereinigung (Personengemeinschaft) ohne eigene Rechtspersönlichkeit verwirklicht werden soll, Per-

sonen, die ein eigenes berechtigtes Interesse an der Zusage der abgabenrechtlichen Beurteilung haben.

(4) Der Antrag hat zu enthalten:

a) eine umfassende und in sich abgeschlossene Darstellung des zum Zeitpunkt der Antragstellung noch nicht verwirklichten Sachverhaltes;

b) die Darlegung des besonderen Interesses des Antragstellers;

c) die Darlegung des Rechtsproblems;

d) die Formulierung konkreter Rechtsfragen;

e) die Darlegung einer eingehend begründeten Rechtsansicht zu den formulierten Rechtsfragen;

f) die für die Höhe des Verwaltungskostenbeitrages (Abs. 10) maßgebenden Angaben.

(5) Die Erlassung von Auskunftsbescheiden und die Erhebung des Verwaltungskostenbeitrages obliegt dem Finanzamt, das für die Erhebung der betreffenden Abgabe oder für die Erlassung des betreffenden Feststellungsbescheides (§§ 185 ff) zuständig ist oder mangels eines solchen Finanzamtes jenem Finanzamt, das bei Verwirklichung des dem Antrag zugrunde gelegten Sachverhaltes voraussichtlich zuständig wäre. Sind mehrere Finanzämter zuständig, so obliegt die Bescheiderlassung jenem dieser Finanzämter, das als erstes Kenntnis vom Antrag erlangt.

(5a) Der Auskunftsbescheid ist tunlichst innerhalb von zwei Monaten nach der Antragstellung zu erlassen.

*(BGBl I 2018/62)*

(6) Der Auskunftsbescheid hat zu enthalten:

a) den der abgabenrechtlichen Beurteilung zugrunde gelegten Sachverhalt,

b) die abgabenrechtliche Beurteilung,

c) die der Beurteilung zugrunde gelegten Abgabenvorschriften,

d) die Abgaben oder Feststellungen und die Zeiträume, für die er wirken soll,

e) den Umfang der Berichtspflichten, insbesondere darüber, ob und wann der dem Auskunftsbescheid zugrunde gelegte Sachverhalt verwirklicht wurde bzw. welche Abweichungen von dem dem Auskunftsbescheid zugrunde gelegten Sachverhalt erfolgt sind.

(7) Es besteht ein Rechtsanspruch darauf, dass die im Auskunftsbescheid vorgenommene abgabenrechtliche Beurteilung der Erhebung der Abgaben zugrunde gelegt wird, wenn der verwirklichte Sachverhalt von jenem, der dem Auskunftsbescheid zugrunde gelegt worden ist, nicht oder nur unwesentlich abweicht. Dieser Anspruch besteht für:

a) Antragsteller gemäß Abs. 3 lit. a und b und ihren Gesamtrechtsnachfolgern,

b) Gesellschafter von Personenvereinigungen (Personengemeinschaften) ohne eigene Rechtspersönlichkeit und deren Gesamtrechtsnachfolgern betreffend Auskunftsbescheiden, die an die Personenvereinigungen (Personengemeinschaften) ergangen sind,

c) die juristische Person oder die Personenvereinigung (Personengemeinschaft) ohne eigene Rechtspersönlichkeit, die dies binnen einem Monat ab Beginn ihrer rechtlichen Existenz beantragt, wenn der Antrag von einer Person gemäß Abs. 3 lit. c gestellt wurde.

(8) Der Rechtsanspruch (Abs. 7) erlischt insoweit, als sich in Folge der Aufhebung oder Änderung der dem Auskunftsbescheid zugrunde gelegten Abgabenvorschriften die abgabenrechtliche Beurteilung ändert. Die abgabenrechtliche Beurteilung (Abs. 6 lit. b) ist nicht bindend, soweit sie sich zum Nachteil der Partei als nicht richtig erweist.

(9) Der Auskunftsbescheid kann von Amts wegen oder auf Antrag der Partei aufgehoben oder abgeändert werden, wenn sich der Spruch des Bescheides als nicht richtig erweist. Solche Aufhebungen und Abänderungen dürfen jedoch, außer mit Beschwerdevorentscheidung (§ 262), mit Beschluss (§ 278), mit Erkenntnis (§ 279) oder auf Antrag der Partei, nur dann mit rückwirkender Kraft erfolgen,

a) wenn die Voraussetzungen für eine Berichtigung gemäß § 293 vorliegen,

b) wenn die Unrichtigkeit des Auskunftsbescheides offensichtlich ist,

*(BGBl I 2019/62)*

c) wenn er von einem nachträglich erlassenen Bescheid gemäß § 48 Abs. 2 abgeleitet ist oder

*(BGBl I 2019/62)*

d) wenn der Auskunftsbescheid durch eine strafbare Tat herbeigeführt worden ist.

*(BGBl I 2019/62)*

(10) Antragsteller haben für die Bearbeitung des Antrages (Abs. 1) einen Verwaltungskostenbeitrag zu entrichten. Der Abgabenanspruch (§ 4) entsteht mit Einlangen des Antrages. Der Beitrag beträgt

a) 1 500 Euro, hievon abweichend jedoch

b) 3 000 Euro, wenn die Umsatzerlöse des Antragstellers in den zwölf Monaten vor dem letzten Abschlussstichtag den Betrag von 400 000 Euro überschreiten,

c) 5 000 Euro, wenn die Umsatzerlöse des Antragstellers in den zwölf Monaten vor dem letzten Abschlussstichtag den Betrag von 700 000 Euro überschreiten,

d) 10 000 Euro, wenn die Umsatzerlöse des Antragstellers in den zwölf Monaten vor dem letzten Abschlussstichtag den Betrag nach § 221 Abs. 1 Z 2 UGB überschreiten,

e) 20 000 Euro, wenn die Umsatzerlöse des Antragstellers in den zwölf Monaten vor dem letzten Abschlussstichtag den Betrag nach § 221 Abs. 2 Z 2 UGB überschreiten oder wenn der Antragsteller oder einer von mehreren Antragstellern Teil eines Konzerns iSd UGB ist, für den eine Verpflichtung zur Aufstellung eines Konzernabschlusses gemäß § 244 iVm § 246 UGB besteht.

e)[a] 20 000 Euro, wenn die Umsatzerlöse des Antragstellers in den zwölf Monaten vor dem letzten Abschlussstichtag den Betrag nach § 221 Abs. 2 Z 2 UGB überschreiten oder wenn der Antragsteller oder einer von mehreren Antragstellern Teil eines Konzerns ist, für den eine Verpflichtung zur Aufstellung eines Konzernabschlusses gemäß § 244 iVm § 246 UGB **„oder einer vergleichbaren Bestimmung ausländischen Rechts"** besteht.

*(BGBl I 2022/108 ab 1.1.2023)*

[a] Tritt mit 1. Jänner 2023 in Kraft.

Wird der Antrag von mehreren Parteien gestellt, so sind sie Gesamtschuldner. Für die Höhe des Beitrages ist die Summe ihrer Umsatzerlöse maßgebend.[a]

[a] Ab 1. Jänner 2023 lautet der letzte Satz: „Für die Höhe des Beitrages ist die Summe ihrer Umsatzerlöse maßgebend, soweit nicht mindestens ein Antragsteller Teil eines Konzerns ist (lit. e zweiter Fall)."

*(BGBl I 2022/108 ab 1.1.2023)*

(11) Der Verwaltungskostenbeitrag beträgt lediglich 500 Euro, wenn der Antrag

a) zurückgewiesen,
b) gemäß § 85 Abs. 2 als zurückgenommen erklärt oder
c) vor Beginn der Bearbeitung zurückgenommen wird.

### Forschungsbestätigung

**§ 118a.** (1) § 118 gilt sinngemäß für bescheidmäßige Bestätigungen über das Vorliegen der Voraussetzungen des § 108c Abs. 2 Z 1 EStG 1988 im Rahmen der eigenbetrieblichen Forschung und experimentellen Entwicklung, wenn nach der Antragstellung ein Gutachten bei der Forschungsförderungsgesellschaft mbH angefordert und in der Folge dem Finanzamt übermittelt wird, welches die Beurteilung zum Gegenstand hat, inwieweit unter Zugrundelegung der vom Steuerpflichtigen bekanntgegebenen Informationen die Voraussetzungen des § 108c Abs. 2 Z 1 EStG 1988 erfüllt sind. § 108c Abs. 8 EStG 1988 gilt entsprechend.

(2) Der Verwaltungskostenbeitrag (§ 118 Abs. 10) beträgt 1 000 Euro. Im Fall des § 118 Abs. 11 beträgt der Verwaltungskostenbeitrag 200 Euro.

### „Multilaterale Risikobewertung

**§ 118b. (1) Das Finanzamt für Großbetriebe kann gemeinsam mit ausländischen Steuerverwaltungen als leitende oder mitwirkende Steuerverwaltung an multilateralen Verfahren zur Bewertung grenzüberschreitender ertragsteuerlicher Risiken teilnehmen. Die Teilnahme als leitende Steuerverwaltung erfolgt auf Antrag eines Unternehmers mit Sitz in Österreich. Die Teilnahme als mitwirkende Steuerverwaltung erfolgt auf Einladung der leitenden ausländischen Steuerverwaltung.**

**(2) Der Antrag kann für einen oder mehrere Abgabepflichtige gestellt werden. Wird der Antrag für mehrere Abgabepflichtige gestellt, ist er vom obersten inländischen Unternehmer der Beteiligungskette zu stellen. Er hat sämtliche in das Verfahren einzubeziehende inländische Unternehmer und einen Vorschlag, welche ausländischen Steuerverwaltungen mitwirken und welche Risiken bewertet werden sollen, zu enthalten. Er ist von den gesetzlichen Vertretern aller im Antrag angeführten inländischen Unternehmer zu bestätigen. Die letzte Bestätigung bestimmt den Zeitpunkt der Antragstellung. Alle einzubeziehenden inländischen Unternehmer haben eine Zustimmung gemäß § 48a Abs. 4 lit. c zu erteilen und die Verarbeitung personenbezogener Daten zum Zweck der multilateralen Risikobewertung zur Kenntnis zu nehmen. Der Bundesminister für Finanzen kann mit Verordnung festlegen, dass die Antragstellung ausschließlich über FinanzOnline zulässig ist.**

**(3) Sämtliche im Antrag angeführten Unternehmer müssen in einem länderbezogenen Bericht gemäß § 2 Z 6 VPDG, der für das zweitvorangegangene Wirtschaftsjahr übermittelt worden (§ 8 VPDG) oder eingegangen ist (§ 12 VPDG), angeführt sein. Über keinen im Antrag angeführten Unternehmer darf in den fünf Jahren vor der Antragstellung wegen eines in den letzten sieben Jahren vor der Antragstellung vorsätzlich oder grob fahrlässig begangenen Finanzvergehens rechtskräftig eine Strafe oder Verbandsgeldbuße verhängt worden sein.**

**(4) Bei der Prüfung des Antrags ist die Eignung der einzubeziehenden Unternehmer für die multilaterale Risikobewertung zu beurteilen; dabei sind insbesondere zu berücksichtigen:**

1. **die zu erwartende Kooperationsbereitschaft,**
2. **deren wirtschaftliche Bedeutung in Österreich,**
3. **ob ein Steuerkontrollsystem (§ 153b Abs. 6) eingerichtet ist,**
4. **die Kriterien des § 153c Abs. 2 Z 2 und 3,**
5. **die Kapazitäten des Finanzamtes für Großbetriebe sowie**
6. **die Anzahl teilnahmebereiter ausländischer Steuerverwaltungen.**

**(5) Nach positivem Abschluss der Antragsprüfung ist der oberste Unternehmer der Beteiligungskette über die teilnahmebereiten ausländischen Steuerverwaltungen und den beabsichtigten Umfang der multilateralen Risikobewertung zu informieren. Er hat der Fortführung der multilateralen Risikobewertung innerhalb der gesetzten Frist zuzustimmen, ansonsten gilt der Antrag als zurückgenommen. Liegen dagegen die Voraussetzungen für die multilaterale Risikobewertung nicht vor, ist der Antrag mit Bescheid abzuweisen.**

**(6) Die Kriterien der Abs. 3 und 4 sind bei der Entscheidung über die Teilnahme an einer multilateralen Risikobewertung als mitwirkende Steuerverwaltung zu berücksichtigen. Eine Teilnahme ist nur möglich, wenn alle einzube-**

**ziehenden inländischen Unternehmer eine Zustimmung gemäß § 48a Abs. 4 lit. c erteilt haben und die Verarbeitung personenbezogener Daten zur Kenntnis genommen haben.**

**(7) Zum Abschluss der multilateralen Risikobewertung ist ein Risikobewertungsbericht aus der Sicht des Finanzamtes für Großbetriebe zu erstellen. Dieser hat jedenfalls zu enthalten:**

1. **die am Verfahren beteiligten Unternehmer und Steuerverwaltungen,**
2. **die verfahrensgegenständlichen Risiken,**
3. **die verfahrensrelevanten Zeiträume,**
4. **die Bewertung der verfahrensgegenständlichen Risiken entweder als gering oder als nicht gering bzw. nicht bewertbar, sowie**
5. **eine Aussage zur Bedeutung einer Einstufung als geringes Risiko.**

**Dieser Risikobewertungsbericht ist allen von der multilateralen Risikobewertung betroffenen inländischen Unternehmern zu übermitteln. Gleichzeitig ist der Antragsteller vom Abschluss der multilateralen Risikobewertung zu informieren. Das Finanzamt für Großbetriebe kann zusätzlich einen einheitlichen Bericht auf der Grundlage der Risikobewertung der teilnehmenden Steuerverwaltungen erstellen. Der Risikobewertungsbericht und der einheitliche Bericht können in englischer Sprache verfasst werden.**

**(8) Im Rahmen der multilateralen Risikobewertung erfolgte Offenlegungen verhindern weder eine spätere Wiederaufnahme des Verfahrens (§ 303) noch die strafbefreiende Wirkung einer Selbstanzeige (§ 29 des Finanzstrafgesetzes – FinStrG, BGBl. Nr. 129/1958).“**

*(BGBl I 2022/108 ab 20.7.2022)*

### C. Obliegenheiten der Abgabepflichtigen

#### 1. Offenlegungs- und Wahrheitspflicht

**§ 119.** (1) Die für den Bestand und Umfang einer Abgabepflicht oder für die Erlangung abgabenrechtlicher Begünstigungen bedeutsamen Umstände sind vom Abgabepflichtigen nach Maßgabe der Abgabenvorschriften offenzulegen. Die Offenlegung muß vollständig und wahrheitsgemäß erfolgen.

(2) Der Offenlegung dienen insbesondere die Abgabenerklärungen, Anmeldungen, Anzeigen, Abrechnungen und sonstige Anbringen des Abgabepflichtigen, welche die Grundlage für abgabenrechtliche Feststellungen, für die Festsetzung der Abgaben, für die Freistellung von diesen oder für Begünstigungen bilden oder die Berechnungsgrundlagen der nach einer Selbstberechnung des Abgabepflichtigen zu entrichtenden Abgaben bekanntgeben.

#### 2. Schenkungsmeldung und andere Anzeigepflichten

**§ 120.** (1) Die Abgabepflichtigen haben dem Finanzamt alle Umstände anzuzeigen, die hinsichtlich der Einkommensteuer, der Körperschaftsteuer, der Umsatzsteuer oder Abgaben vom Vermögen die persönliche Abgabepflicht begründen, ändern oder beendigen. Sie haben dem Finanzamt auch den Wegfall von Voraussetzungen für die Befreiung von einer solchen Abgabe anzuzeigen.

(2) Wer einen land- und forstwirtschaftlichen Betrieb, einen gewerblichen Betrieb oder eine sonstige selbständige Erwerbstätigkeit begründet oder aufgibt, hat dies dem für die Erhebung der Umsatzsteuer zuständigen Finanzamt anzuzeigen.

(3) Weiters ist die Beseitigung einer im vorläufigen Bescheid genannten Ungewissheit (§ 200 Abs. 1) und ein Eintritt eines im Bescheid angeführten, in Betracht kommenden rückwirkenden Ereignisses (§ 295a) der für die Erhebung der betreffenden Abgabe zuständigen Abgabenbehörde anzuzeigen.

**§ 120a.** Für Landes- und Gemeindeabgaben gilt Folgendes:

Die Abgabepflichtigen haben der Abgabenbehörde alle Umstände anzuzeigen, die ihre Abgabepflicht begründen, ändern oder beendigen. Sie haben auch den Wegfall von Voraussetzungen für eine Befreiung von einer Abgabe anzuzeigen.

**§ 121.** Die Anzeigen gemäß den §§ 120 und 120a sind binnen einem Monat, gerechnet vom Eintritt des anmeldungspflichtigen Ereignisses, zu erstatten.

**§ 121a.** (1) Schenkungen unter Lebenden (§ 3 Erbschafts- und Schenkungssteuergesetz 1955) sowie Zweckzuwendungen unter Lebenden (§ 4 Z 2 Erbschafts- und Schenkungssteuergesetz 1955) sind nach Maßgabe der folgenden Bestimmungen dem Finanzamt Österreich anzuzeigen,

1. wenn
   a) Bargeld, Kapitalforderungen, Anteile an Kapitalgesellschaften und Personenvereinigungen (Personengemeinschaften) ohne eigene Rechtspersönlichkeit, Beteiligungen als stiller Gesellschafter, oder
   b) Betriebe (Teilbetriebe), die der Erzielung von Einkünften gemäß § 2 Abs. 3 Z 1 bis 3 EStG 1988 dienen, oder
   c) bewegliches körperliches Vermögen und immaterielle Vermögensgegenstände erworben wurden und
2. der Erwerber, Geschenkgeber, Zuwendende bei freigebiger Zuwendung, Beschwerte bei Zweckzuwendung im Zeitpunkt des Erwerbes einen Wohnsitz, den gewöhnlichen Aufenthalt, den Sitz oder die Geschäftsleitung im Inland hatte.

*(BGBl I 2019/104)*

(2) Von der Anzeigepflicht befreit sind:

a) Erwerbe im Sinn des Abs. 1 Z 1 zwischen Angehörigen (§ 25), wenn der gemeine Wert (§ 10 Bewertungsgesetz 1955) 50 000 Euro nicht übersteigt. Innerhalb von einem Jahr von derselben Person anfallende Erwerbe sind nur dann von der Anzeigepflicht ausgenommen, wenn die Summe der gemeinen Werte dieser Erwerbe den Betrag von 50 000 Euro nicht übersteigt.

b) Erwerbe im Sinn des Abs. 1 Z 1 zwischen anderen Personen, wenn der gemeine Wert (§ 10 Bewertungsgesetz 1955) 15 000 Euro nicht übersteigt. Innerhalb von fünf Jahren von derselben Person anfallende Erwerbe sind nur dann von der Anzeigepflicht ausgenommen, wenn die Summe der gemeinen Werte dieser Erwerbe den Betrag von 15 000 Euro nicht übersteigt.

c) Erwerbe im Sinn des § 15 Abs. 1 Z 1 lit. c, Z 2 sinngemäß, 6, 12, 14, 14a, 15, 20 und 21 Erbschafts- und Schenkungssteuergesetz 1955.

d) unter das Stiftungseingangssteuergesetz fallende Zuwendungen.

e) übliche Gelegenheitsgeschenke, soweit der gemeine Wert 1 000 Euro nicht übersteigt, und Hausrat einschließlich Wäsche und Kleidungsstücke.

Wird durch einen anzeigepflichtigen Vorgang die Betragsgrenze der lit. a oder b überschritten, so sind in der Anzeige alle von der Zusammenrechnung erfassten Erwerbe anzuführen.

(3) Zur Anzeige verpflichtet sind zur ungeteilten Hand der Erwerber, Geschenkgeber, Zuwendende bei freigebiger Zuwendung, Beschwerte bei Zweckzuwendung sowie Rechtsanwälte und Notare, die beim Erwerb oder bei der Errichtung der Vertragsurkunde über den Erwerb mitgewirkt haben oder die zur Erstattung der Anzeige beauftragt sind.

(4) Die Anzeige hat binnen dreier Monate ab Erwerb zu erfolgen. Wird die Anzeigepflicht durch Zusammenrechnung mehrerer Erwerbe ausgelöst, ist der Erwerb für die Anzeigefrist maßgeblich, mit dem die Betragsgrenze der lit. a oder b erstmals überschritten wird.

(5) Anzeigen sind auf elektronischem Weg zu übermitteln, es sei denn, dass die elektronische Übermittlung nicht zumutbar ist.

(6) Der Bundesminister für Finanzen kann durch Verordnung Form und Inhalt der Anzeige sowie deren elektronische Übermittlung näher regeln.

(7) (aufgehoben)

*(BGBl I 2019/104)*

(8) Wird im Zuge von Abgabeverfahren eine Schenkung behauptet, die entgegen Abs. 1 bis 7 nicht angezeigt wurde, so trägt der Abgabepflichtige die Beweislast für das Vorliegen der Schenkung.

(9) Verweise auf das Erbschafts- und Schenkungssteuergesetz 1955 beziehen sich auf die Fassung dieses Bundesgesetzes vor dem Bundesgesetz BGBl. I Nr. 85/2008.

**§ 122.** (1) Wer Gegenstände herstellen oder gewinnen will, an deren Herstellung, Gewinnung, Wegbringung oder Verbrauch eine Abgabepflicht geknüpft ist, hat dies der Abgabenbehörde vor Eröffnung des Betriebes anzuzeigen.

(2) Wer Erzeugnisse oder Waren, für die eine Abgabenbegünstigung unter einer Bedingung gewährt worden ist, in einer Weise verwenden will, die der Bedingung nicht entspricht, hat dies vorher der Abgabenbehörde anzuzeigen.

**§ 123.** In Abgabenvorschriften enthaltene besondere Bestimmungen über die Anzeige von für die Abgabenerhebung maßgebenden Tatsachen bleiben unberührt.

### 3. Führung von Büchern und Aufzeichnungen, Belegerteilungsverpflichtung

*(BGBl I 2015/118)*

**§ 124.** Wer nach dem Unternehmensgesetzbuch oder anderen gesetzlichen Vorschriften zur Führung und Aufbewahrung von Büchern oder Aufzeichnungen verpflichtet ist, hat diese Verpflichtungen auch im Interesse der Abgabenerhebung zu erfüllen.

**§ 125.** (1) Soweit sich eine Verpflichtung zur Buchführung nicht schon aus § 124 ergibt, sind Unternehmer für einen land- und forstwirtschaftlichen Betrieb oder wirtschaftlichen Geschäftsbetrieb (§ 31), dessen Umsatz (Abs. 2) in zwei aufeinander folgenden Kalenderjahren jeweils 700 000 Euro überstiegen hat, verpflichtet, für Zwecke der Erhebung der Abgaben vom Einkommen Bücher zu führen und auf Grund jährlicher Bestandsaufnahmen regelmäßig Abschlüsse zu machen. Als Unternehmer im Sinn dieser Bestimmung gilt eine Gesellschaft, bei der die Gesellschafter als Mitunternehmer im Sinn der einkommensteuerlichen Vorschriften anzusehen sind, auch dann, wenn ihr umsatzsteuerrechtlich keine Unternehmereigenschaft zukommt; diesfalls sind die Umsätze des Gesellschafters maßgeblich, dem die Unternehmereigenschaft zukommt.

(2) Umsätze im Sinne des Abs. 1 sind solche gemäß § 1 Abs. 1 Z 1 und 2 UStG 1994 zuzüglich der Umsätze aus im Ausland ausgeführten Leistungen. Keine Umsätze sind jedoch nicht unmittelbar dem Betriebszweck oder dem Zweck des wirtschaftlichen Geschäftsbetriebes dienende Umsätze

1. die unter § 6 Abs. 1 Z 8 und 9 und § 10 Abs. 2 Z 3 UStG 1994 fallen oder – wären sie im Inland ausgeführt worden – fallen würden,
2. aus Geschäftsveräußerungen im Sinn des § 4 Abs. 7 UStG 1994,
3. die bei der Erzielung von Entschädigungen im Sinn des § 32 Abs. 1 Z 1 EStG 1988 ausgeführt werden und
4. aus besonderen Waldnutzungen im Sinn der einkommensteuerrechtlichen Vorschriften.

(3) Sind die Voraussetzungen des Abs. 1 erfüllt, tritt die Verpflichtung nach Abs. 1 mit Beginn des darauf zweitfolgenden Kalenderjahres ein, sofern sie nicht gemäß Abs. 4 aufgehoben wird. Eine nach Abs. 1 eingetretene Verpflichtung erlischt, wenn die dort genannte Grenze in zwei aufeinanderfolgenden Kalenderjahren nicht überschritten wird, mit Beginn des darauffolgenden Kalenderjahres.

(4) Macht der Unternehmer glaubhaft, dass die Grenze des Abs. 1 nur vorübergehend und auf Grund besonderer Umstände überschritten

worden ist, hat das Finanzamt, dem die Erhebung der Einkommensteuer oder Körperschaftsteuer oder die Feststellung der Einkünfte (§ 188) des Unternehmers obliegt, auf Antrag eine nach Abs. 3 eingetretene Verpflichtung aufzuheben.

(5) Bei einem land- und forstwirtschaftlichen Betrieb braucht sich die jährliche Bestandsaufnahme nicht auf das stehende Holz zu erstrecken. Dies gilt sowohl in Fällen einer steuerlichen Buchführungspflicht nach Abs. 1 und § 124 als auch im Fall einer freiwilligen Buchführung. Der Bundesminister für Finanzen kann durch Verordnung bestimmen, welche besonderen Zusammenstellungen, Verzeichnisse und Register von buchführenden Land- und Forstwirten für steuerliche Zwecke zu führen sind.

*(BGBl I 2020/96)*

**§ 126.** (1) Die Abgabepflichtigen und die zur Einbehaltung und Abfuhr von Abgaben verpflichteten Personen haben jene Aufzeichnungen zu führen, die nach Maßgabe der einzelnen Abgabenvorschriften zur Erfassung der abgabepflichtigen Tatbestände dienen.

(2) Insbesondere haben Abgabepflichtige, soweit sie weder nach §§ 124 oder 125 zur Führung von Büchern verpflichtet sind, noch ohne gesetzliche Verpflichtung Bücher führen und soweit Abgabenvorschriften nicht anderes bestimmen, für Zwecke der Erhebung der Abgaben vom Einkommen und Ertrag ihre Betriebseinnahmen und Betriebsausgaben aufzuzeichnen und zum Ende eines jeden Jahres zusammenzurechnen.

(3) Abs. 2 gilt sinngemäß für die Ermittlung der Einkünfte aus Vermietung und Verpachtung und der sonstigen Einkünfte.

(3)[a] Abs. 2 gilt sinngemäß für die Ermittlung der **„nicht endbesteuerten Einkünfte aus Kapitalvermögen, der“** Einkünfte aus Vermietung und Verpachtung und der sonstigen Einkünfte.

*(BGBl I 2022/108 ab 1.1.2023)*

[a] Tritt mit 1. Jänner 2023 in Kraft.

**§ 127.** (1) Gewerbliche Unternehmer sind verpflichtet, für steuerliche Zwecke ein Wareneingangsbuch zu führen.

(2) Von der Verpflichtung zur Führung eines Wareneingangsbuches (Abs. 1) sind gewerbliche Unternehmer befreit,

a) die nach §§ 124 oder 125 zur Führung von Büchern verpflichtet sind;
b) die Bücher ohne gesetzliche Verpflichtung führen und auf Grund jährlicher Bestandsaufnahmen regelmäßig Abschlüsse machen;
c) die durch eine gesetzliche Vorschrift zur Führung von dem Wareneingangsbuch im wesentlichen entsprechenden Aufzeichnungen verpflichtet sind.

**§ 128.** (1) In das Wareneingangsbuch (§ 127) sind alle Waren (einschließlich der Rohstoffe, Halberzeugnisse, Hilfsstoffe und Zutaten) einzutragen, die der Unternehmer zur gewerblichen Weiterveräußerung, sei es in derselben Beschaffenheit, sei es nach vorheriger Bearbeitung oder Verarbeitung, auf eigene oder auf fremde Rechnung erwirbt. Waren, die nach der Art des Betriebes üblicherweise zur gewerblichen Weiterveräußerung erworben werden, sind auch dann einzutragen, wenn sie für betriebsfremde Zwecke verwendet werden.

(2) Das Wareneingangsbuch muß für die im Abs. 1 bezeichneten Waren folgende Angaben enthalten:

a) fortlaufende Nummer der Eintragung;
b) Tag des Wareneinganges oder der Rechnungsausstellung;
c) Name (Firma) und Anschrift des Lieferanten;
d) Bezeichnung, wobei eine branchenübliche Sammelbezeichnung genügt;
e) Preis;
f) Hinweis auf die dazugehörigen Belege.

(3) Die Eintragungen sind in richtiger zeitlicher Reihenfolge vorzunehmen; die Beträge sind monatlich und jährlich zusammenzurechnen. Die Eintragungen sind zeitgerecht im Sinne des § 131 Abs. 1 Z 2 lit. a, bezogen auf den Zeitpunkt des Bekanntwerdens der eintragungspflichtigen Angaben, vorzunehmen. Gleichzeitig mit der Eintragung ist auf dem Beleg, wenn ein solcher erteilt worden ist, die fortlaufende Nummer, unter der die Ware im Wareneingangsbuch eingetragen ist, zu vermerken.

*(BGBl I 2016/117)*

(4) Das für die Erhebung der Umsatzsteuer zuständige Finanzamt kann unter Abweichung von den Bestimmungen des § 127 und der Abs. 1 bis 3 für einzelne Fälle Erleichterungen bewilligen, wenn die übrigen Bücher und Aufzeichnungen des gewerblichen Unternehmens die Gewähr für eine leichte Überprüfbarkeit des Wareneinganges bieten.

**§ 129.** (aufgehoben)

**§ 130.** Sonstige Buchführungs- und Aufzeichnungspflichten werden durch die Bestimmungen der §§ 127 bis 129 nicht berührt.

**§ 131.** (1) Bücher, die gemäß den §§ 124 oder 125 zu führen sind oder ohne gesetzliche Verpflichtung geführt werden, und Aufzeichnungen der in den §§ 126 bis 128 bezeichneten Art dürfen, wenn nicht anderes gesetzlich angeordnet ist, auch im Ausland geführt werden. Derartige Bücher und Aufzeichnungen sind auf Verlangen der Abgabenbehörde innerhalb angemessen festzusetzender Frist in das Inland zu bringen. Den Büchern und Aufzeichnungen zu Grunde zu legende Grundaufzeichnungen sind, wenn sie im Ausland geführt werden, innerhalb angemessener Frist in das Inland zu bringen und im Inland aufzubewahren; diese Verpflichtung entfällt hinsichtlich jener Vorgänge, die einem im Ausland gelegenen Betrieb, einer im Ausland gelegenen Betriebsstätte oder einem im Ausland gelegenen Grundbesitz zuzuordnen sind. Es muss gewährleistet sein, dass auch bei Führung der Bücher und Aufzeichnungen im Ausland die Erforschung der für die Erhebung der Abgaben wesentlichen tatsächlichen und rechtlichen Verhältnisse ohne Erschwernisse möglich ist.

Die gemäß den §§ 124, 125 und 126 zu führenden Bücher und Aufzeichnungen sowie die ohne gesetzliche Verpflichtung geführten Bücher sind so zu führen, dass sie einem sachverständigen Dritten innerhalb angemessener Zeit einen Überblick über die Geschäftsvorfälle vermitteln können. Die einzelnen Geschäftsvorfälle sollen sich in ihrer Entstehung und Abwicklung verfolgen lassen. Dabei gelten insbesondere die folgenden Vorschriften:

1. Sie sollen in einer lebenden Sprache und mit den Schriftzeichen einer solchen geführt werden. Soweit Bücher und Aufzeichnungen nicht in einer für den Abgabepflichtigen im Abgabenverfahren zugelassenen Amtssprache geführt werden, hat der Abgabepflichtige auf Verlangen der Abgabenbehörde eine beglaubigte Übersetzung der vorgelegten Bücher, Aufzeichnungen, hiezu gehörige Belege sowie der Geschäftspapiere und der sonstigen Unterlagen im Sinn des § 132 Abs. 1 beizubringen. Soweit es für die Durchführung einer abgabenbehördlichen Prüfung (§§ 147 bis 153) erforderlich ist, hat der Abgabepflichtige auf seine Kosten für die Übersetzung der eingesehenen Bücher und Aufzeichnungen in eine für ihn zugelassene Amtssprache Sorge zu tragen; hiebei genügt die Beistellung eines geeigneten Dolmetschers.
2. a) Die Eintragungen sollen der Zeitfolge nach geordnet, vollständig, richtig und zeitgerecht vorgenommen werden. Die Vornahme von Eintragungen für einen Kalendermonat in die für Zwecke der Erhebung der Abgaben vom Umsatz, Einkommen und Ertrag, ausgenommen Abzugssteuern, zu führenden Bücher und Aufzeichnungen ist zeitgerecht, wenn sie spätestens einen Monat und 15 Tage nach Ablauf des Kalendermonats erfolgt. An die Stelle des Kalendermonats tritt das Kalendervierteljahr, wenn dieses auf Grund umsatzsteuerrechtlicher Vorschriften für den Abgabenpflichtigen Voranmeldungszeitraum ist.

   b) Soweit nach den §§ 124 oder 125 eine Verpflichtung zur Führung von Büchern besteht oder soweit ohne gesetzliche Verpflichtung Bücher geführt werden, sollen alle Bareingänge und Barausgänge in den Büchern oder in den Büchern zu Grunde liegenden Grundaufzeichnungen täglich einzeln festgehalten werden.

   c) Abgabepflichtige, die gemäß § 126 Abs. 2 und Abs. 3 verpflichtet sind, ihre Einnahmen und Ausgaben aufzuzeichnen, sollen alle Bargeschäfte einzeln festhalten.

   *(BGBl I 2015/118)*
3. Die Bezeichnung der Konten und Bücher soll erkennen lassen, welche Geschäftsvorgänge auf diesen Konten (in diesen Büchern) verzeichnet werden. Konten, die den Verkehr mit Geschäftsfreunden verzeichnen, sollen die Namen und Anschriften der Geschäftsfreunde ausweisen.
4. Soweit Bücher oder Aufzeichnungen gebunden geführt werden, sollen sie nach Maßgabe der Eintragungen Blatt für Blatt oder Seite für Seite mit fortlaufenden Zahlen versehen sein. Werden Bücher oder Aufzeichnungen auf losen Blättern geführt, so sollen diese in einem laufend geführten Verzeichnis (Kontenregister) festgehalten werden.
5. Die zu Büchern oder Aufzeichnungen gehörigen Belege sollen derart geordnet aufbewahrt werden, daß die Überprüfung der Eintragungen jederzeit möglich ist.
6. a) Die Eintragungen sollen nicht mit leicht entfernbaren Schreibmitteln erfolgen. An Stellen, die der Regel nach zu beschreiben sind, sollen keine leeren Zwischenräume gelassen werden. Der ursprüngliche Inhalt einer Eintragung soll nicht mittels Durchstreichens oder auf andere Weise unleserlich gemacht werden. Es soll nicht radiert und es sollen auch solche Veränderungen nicht vorgenommen werden, deren Beschaffenheit ungewiss lässt, ob sie bei der ursprünglichen Eintragung oder erst später vorgenommen worden sind.

   b) Werden zur Führung von Büchern und Aufzeichnungen oder bei der Erfassung der Geschäftsvorfälle Datenträger verwendet, sollen Eintragungen oder Aufzeichnungen nicht in einer Weise verändert werden können, dass der ursprüngliche Inhalt nicht mehr ersichtlich ist. Eine Überprüfung der vollständigen, richtigen und lückenlosen Erfassung aller Geschäftsvorfälle soll insbesondere bei der Losungsermittlung mit elektronischem Aufzeichnungssystem durch entsprechende Protokollierung der Datenerfassung und nachträglicher Änderungen möglich sein.

   *(BGBl I 2015/118)*

*(BGBl I 2015/118)*

(2) Werden die Geschäftsvorfälle maschinell festgehalten, gelten die Bestimmungen des Abs. 1 sinngemäß mit der Maßgabe, daß durch gegenseitige Verweisungen oder Buchungszeichen der Zusammenhang zwischen den einzelnen Buchungen sowie der Zusammenhang zwischen den Buchungen und den Belegen klar nachgewiesen werden sollen; durch entsprechende Einrichtungen soll der Nachweis der vollständigen und richtigen Erfassung aller Geschäftsvorfälle leicht und sicher geführt werden können und sollen Summenbildungen nachvollziehbar sein.

(3) Zur Führung von Büchern und Aufzeichnungen können Datenträger verwendet werden, wenn die inhaltsgleiche, vollständige und geordnete Wiedergabe bis zum Ablauf der gesetzlichen Aufbewahrungsfrist jederzeit gewährleistet ist; die

vollständige und richtige Erfassung und Wiedergabe aller Geschäftsvorfälle soll durch entsprechende Einrichtungen gesichert werden. Wer Eintragungen in dieser Form vorgenommen hat, muß, soweit er zur Einsichtgewährung verpflichtet ist, auf seine Kosten innerhalb angemessener Frist diejenigen Hilfsmittel zur Verfügung stellen, die notwendig sind, um die Unterlagen lesbar zu machen, und, soweit erforderlich, ohne Hilfsmittel lesbare, dauerhafte Wiedergaben beibringen. Werden dauerhafte Wiedergaben erstellt, so sind diese auf Datenträgern zur Verfügung zu stellen.

(4) Der Bundesminister für Finanzen kann durch Verordnung Erleichterungen bei der Führung von Büchern und Aufzeichnungen, bei der Verwendung eines elektronischen Aufzeichnungssystems nach § 131b und bei der Belegerteilungsverpflichtung nach § 132a, wenn die Erfüllung dieser Verpflichtungen unzumutbar wäre und die ordnungsgemäße Ermittlung der Grundlagen der Abgabenerhebung dadurch nicht gefährdet wird, festlegen. Eine derartige Verordnung kann auch rückwirkend in Kraft gesetzt werden.

Solche Erleichterungen sind nur zulässig:

1. für Umsätze bis jeweils 30 000 Euro pro Kalenderjahr und Abgabepflichtigem (§ 77 Abs. 1), die ausgeführt werden
   a) von Haus zu Haus oder auf öffentlichen Wegen, Straßen, Plätzen oder anderen öffentlichen Orten, jedoch nicht in oder in Verbindung mit fest umschlossenen Räumlichkeiten,
   b) in unmittelbarem Zusammenhang mit Hütten, wie insbesondere in Alm-, Berg-, Schi- und Schutzhütten,
   c) in einem Buschenschank im Sinne des § 2 Abs. 1 Z 5 der Gewerbeordnung 1994, BGBl. Nr. 194/1994, wenn der Betrieb an nicht mehr als 14 Tagen im Kalenderjahr geöffnet ist,
   d) durch eine von einem gemeinnützigen Verein geführte Kantine, die nicht mehr als 52 Tage im Kalenderjahr betrieben wird (kleine Kantine),

   treffen im Fall der lit. a oder b diese Voraussetzungen nicht auf alle Umsätze eines Betriebes oder wirtschaftlichen Geschäftsbetriebes zu, dann gilt die Befreiung für denjenigen Teil des Umsatzes, der die Voraussetzungen erfüllt,

   *(BGBl I 2016/77)*
2. für wirtschaftliche Geschäftsbetriebe von abgabenrechtlich begünstigten Körperschaften im Sinn des § 45 Abs. 1 und 2,
3. für bestimmte Warenausgabe- und Dienstleistungsautomaten oder
4. für Betriebe, bei denen keine Gegenleistung durch Bezahlung mit Bargeld erfolgt, dies unbeschadet einer Belegerteilungsverpflichtung nach § 132a.

*(BGBl I 2015/118, BGBl I 2016/77)*

**§ 131a.** Für Landes- und Gemeindeabgaben gilt Folgendes:

1. Die Bestimmungen des § 131 Abs. 1 Z 2 lit. c gelten nicht. Im Übrigen gilt § 131 auch für Bücher und Aufzeichnungen, die nach landesgesetzlichen Bestimmungen zu führen sind oder ohne eine solche gesetzliche Verpflichtung geführt werden.

   *(BGBl I 2015/118)*
2. Die Abgabenbehörde kann Erleichterungen von der Pflicht zur Führung von Büchern und Aufzeichnungen bewilligen, wenn die Bücher und Aufzeichnungen des Abgabepflichtigen die Gewähr für eine leichte Überprüfbarkeit bieten.

**§ 131b.** (1)

1. Betriebe haben alle Bareinnahmen zum Zweck der Losungsermittlung mit elektronischer Registrierkasse, Kassensystem oder sonstigem elektronischen Aufzeichnungssystem unter Beachtung der Grundsätze des § 131 Abs. 1 Z 6 einzeln zu erfassen.
2. Die Verpflichtung zur Verwendung eines elektronischen Aufzeichnungssystems (Z 1) besteht ab einem Jahresumsatz von 15 000 Euro je Betrieb, sofern die Barumsätze dieses Betriebes 7 500 Euro im Jahr überschreiten.
3. Barumsätze im Sinn dieser Bestimmung sind Umsätze, bei denen die Gegenleistung (Entgelt) durch Barzahlung erfolgt. Als Barzahlung gilt auch die Zahlung mit Bankomat- oder Kreditkarte oder durch andere vergleichbare elektronische Zahlungsformen, die Hingabe von Barschecks, sowie vom Unternehmer ausgegebener und von ihm an Geldes statt angenommener Gutscheine, Bons, Geschenkmünzen und dergleichen.

(2) Das elektronische Aufzeichnungssystem (Abs. 1 Z 1) ist durch eine technische Sicherheitseinrichtung gegen Manipulation zu schützen. Dabei ist die Unveränderbarkeit der Aufzeichnungen durch kryptographische Signatur bzw. durch kryptographisches Siegel jedes Barumsatzes mittels einer dem Steuerpflichtigen zugeordneten Signatur- bzw. Siegelerstellungseinheit zu gewährleisten und die Nachprüfbarkeit durch Erfassung der Signatur bzw. des Siegels auf den einzelnen Belegen sicherzustellen.

*(BGBl I 2016/77)*

(3) Die Verpflichtungen nach Abs. 1 sowie Abs. 2 bestehen mit Beginn des viertfolgenden Monats nach Ablauf des Voranmeldungszeitraums, in dem die Grenzen des Abs. 1 Z 2 erstmals überschritten wurden. Werden die Umsatzgrenzen (Abs. 1 Z 2) in einem Folgejahr nicht überschritten und ist aufgrund besonderer Umstände absehbar, dass diese Grenzen auch künftig nicht überschritten werden, fällt die Verpflichtung zur Losungsermittlung mit elektronischem Aufzeichnungssystem gemäß § 131b BAO mit Beginn der nächstfolgenden Kalenderjahres weg.

*(BGBl I 2016/77)*

(4) Das für die Erhebung der Umsatzsteuer zuständige Finanzamt hat auf Antrag des Unternehmers mit Feststellungsbescheid die Manipulationssicherheit eines geschlossenen Gesamtsystems, das im Unternehmen als elektronisches Aufzeichnungssystem verwendet wird, zu bestätigen, wenn eine solche Sicherheit auch ohne Verwendung einer in Abs. 2 geforderten Signatur- bzw. Siegelerstellungseinheit besteht.

Antragsbefugt sind nur Unternehmer, die ein solches geschlossenes Gesamtsystem verwenden und eine hohe Anzahl von Registrierkassen im Inland in Verwendung haben. Dem Antrag ist ein Gutachten eines gerichtlich beeideten Sachverständigen, in dem das Vorliegen der technischen und organisatorischen Voraussetzungen für die Manipulationssicherheit des geschlossenen Gesamtsystems bescheinigt wird, anzuschließen.

Die Wirksamkeit des Feststellungsbescheides erlischt, wenn sich die für seine Erlassung maßgeblichen tatsächlichen Verhältnisse geändert haben.

Unternehmer haben jede Änderung der tatsächlichen Verhältnisse für die Erlassung des Feststellungbescheides über die Manipulationssicherheit geschlossener Gesamtsysteme dem Finanzamt binnen einem Monat, gerechnet vom Eintritt des meldepflichtigen Ereignisses, zu melden.

*(BGBl I 2016/77)*

(5) Der Bundesminister für Finanzen kann durch Verordnung festlegen:

1. Einzelheiten zur technischen Sicherheitseinrichtung, zur Signatur- bzw. Siegelerstellungseinheit, zur kryptografischen Signatur bzw. zum kryptographischen Siegel, sowie zu anderen, der Datensicherheit dienenden Maßnahmen,

   *(BGBl I 2016/77)*
2. Erleichterungen bezüglich der zeitlichen Erfassung der Bareinnahmen hinsichtlich betrieblicher Umsätze, die außerhalb der Betriebstätte getätigt werden,
3. Einzelheiten über die Erlassung von Feststellungsbescheiden (Abs. 4), insbesondere über die technischen und organisatorischen Anforderungen zur Gewährleistung der Manipulationssicherheit geschlossener Gesamtsysteme, die im Unternehmen als elektronische Aufzeichnungssysteme verwendet werden, sowie die im Abs. 4 genannte Anzahl von Registrierkassen,
4. Einzelheiten von Form und Inhalt der Meldungen nach Abs. 4 letzter Unterabsatz.

*(BGBl I 2015/118)*

**§ 132.** (1) Bücher und Aufzeichnungen sowie die zu den Büchern und Aufzeichnungen gehörigen Belege sind sieben Jahre aufzubewahren; darüber hinaus sind sie noch so lange aufzubewahren, als sie für die Abgabenerhebung betreffende anhängige Verfahren von Bedeutung sind, in denen diejenigen Parteistellung haben, für die auf Grund von Abgabenvorschriften die Bücher und Aufzeichnungen zu führen waren oder für die ohne gesetzliche Verpflichtung Bücher geführt wurden. Soweit Geschäftspapiere und sonstige Unterlagen für die Abgabenerhebung von Bedeutung sind, sollen sie sieben Jahre aufbewahrt werden. Diese Fristen laufen für die Bücher und die Aufzeichnungen vom Schluß des Kalenderjahres, für das die Eintragungen in die Bücher oder Aufzeichnungen vorgenommen worden sind, und für die Belege, Geschäftspapiere und sonstigen Unterlagen vom Schluß des Kalenderjahres, auf das sie sich beziehen; bei einem vom Kalenderjahr abweichenden Wirtschaftsjahr laufen die Fristen vom Schluß des Kalenderjahres, in dem das Wirtschaftsjahr endet.

(2) Hinsichtlich der in Abs. 1 genannten Belege, Geschäftspapiere und sonstigen Unterlagen kann die Aufbewahrung auf Datenträgern geschehen, wenn die vollständige, geordnete, inhaltsgleiche und urschriftgetreue Wiedergabe bis zum Ablauf der gesetzlichen Aufbewahrungsfrist jederzeit gewährleistet ist. Soweit solche Unterlagen nur auf Datenträgern vorliegen, entfällt das Erfordernis der urschriftgetreuen Wiedergabe.

(3) Wer Aufbewahrungen in Form des Abs. 2 vorgenommen hat, muß, soweit er zur Einsichtgewährung verpflichtet ist, auf seine Kosten innerhalb angemessener Frist diejenigen Hilfsmittel zur Verfügung stellen, die notwendig sind, um die Unterlagen lesbar zu machen, und, soweit erforderlich, ohne Hilfsmittel lesbare, dauerhafte Wiedergaben beibringen. Werden dauerhafte Wiedergaben erstellt, so sind diese auf Datenträgern zur Verfügung zu stellen.

**§ 132a.** (1) Unternehmer (§ 2 Abs. 1 UStG 1994) haben unbeschadet anderer gesetzlicher Vorschriften dem die Barzahlung Leistenden einen Beleg über empfangene Barzahlungen für Lieferungen und sonstige Leistungen (§ 1 Abs. 1 Z 1 UStG 1994) zu erteilen. Als Beleg gilt auch ein entsprechender elektronischer Beleg, welcher unmittelbar nach erfolgter Zahlung für den Zugriff durch den die Barzahlung Leistenden verfügbar ist. Erfolgt die Gegenleistung mit Bankomat- oder Kreditkarte oder durch andere vergleichbare elektronische Zahlungsformen, so gilt dies als Barzahlung. Als Barzahlung gilt weiters die Hingabe von Barschecks sowie vom Unternehmer ausgegebener und von ihm an Geldes statt angenommener Gutscheine, Bons, Geschenkmünzen und dergleichen.

(2) Die Belegerteilungsverpflichtung kann im Falle einer Organschaft (§ 2 Abs. 2 Z 2 UStG 1994) auch von der Organgesellschaft, im Falle der Unternehmereinheit im Sinn des Umsatzsteuerrechtes auch von einer der in der Unternehmereinheit zusammengeschlossenen Personengesellschaften (Personengemeinschaften) erfüllt werden.

(3) Die Belege haben mindestens folgende Angaben zu enthalten:

1. eine eindeutige Bezeichnung des liefernden oder leistenden Unternehmers oder desjenigen, der gemäß Abs. 2 an Stelle des Unternehmers einen Beleg erteilen kann,
2. eine fortlaufende Nummer mit einer oder mehreren Zahlenreihen, die zur Identifizierung

des Geschäftsvorfalles einmalig vergeben wird,

3. den Tag der Belegausstellung,
4. die Menge und die handelsübliche Bezeichnung der gelieferten Gegenstände oder die Art und den Umfang der sonstigen Leistungen und
5. den Betrag der Barzahlung, wobei es genügt, dass dieser Betrag auf Grund der Belegangaben rechnerisch ermittelbar ist.

(4) Die im Abs. 3 Z 1 und 4 geforderten Angaben können auch durch Symbole oder Schlüsselzahlen ausgedrückt werden, wenn ihre eindeutige Bestimmung aus dem Beleg oder anderen bei dem die Lieferung oder sonstige Leistung erbringenden Unternehmer vorhandenen Unterlagen gewährleistet ist. Die in Abs. 3 Z 4 geforderten Angaben können auch in anderen beim Unternehmer oder Leistungsempfänger, soweit dieser ebenfalls Unternehmer ist, vorhandenen Unterlagen enthalten sein, wenn auf diese Unterlagen im Beleg hingewiesen ist.

(5) Der Leistungsempfänger oder der an dessen Stelle die Gegenleistung ganz oder teilweise erbringende Dritte hat den Beleg entgegenzunehmen und bis außerhalb der Geschäftsräumlichkeiten mitzunehmen.

(6)

1. Vom Beleg ist eine Durchschrift oder im selben Arbeitsgang mit der Belegerstellung eine sonstige Zweitschrift anzufertigen und aufzubewahren. Als Zweitschrift im Sinn dieser Bestimmung gilt auch die Speicherung auf Datenträgern, wenn die Geschäftsvorfälle spätestens gleichzeitig mit der Belegerstellung erfasst werden. Die Aufbewahrungsverpflichtung gilt neben Zweitschriften auch für die in Abs. 4 genannten Unterlagen, beginnt mit der Belegerstellung und beträgt sieben Jahre ab Schluss des Kalenderjahres, in dem der Beleg ausgestellt wurde.
2. Die Durchschrift (Zweitschrift) zählt zu den zu den Büchern oder Aufzeichnungen gehörigen Belegen.

(7) Die Angaben des Abs. 3 Z 2 und 3 sowie die Anfertigung und Aufbewahrung einer Durchschrift (Zweitschrift) können bei Berechtigungsausweisen (insbesondere bei Eintrittskarten und Fahrausweisen) unterbleiben, wenn deren vollständige Erfassung gewährleistet ist.

(8) Bei Verwendung von elektronischen Registrierkassen, Kassensystemen oder sonstigen elektronischen Aufzeichnungssystemen nach § 131b hat der Beleg zusätzlich zu den in Abs. 3 angeführten Mindestangaben weitere Angaben, die insbesondere zur Nachvollziehbarkeit des einzelnen Geschäftsvorfalles und der Identifizierung des belegausstellenden Unternehmers dienen, zu enthalten. Der Bundesminister für Finanzen kann diese weiteren Angaben durch Verordnung festlegen.

*(BGBl I 2015/118)*

**§ 132b.** Auf Umsätze von Kreditinstituten im Sinne des § 1 Abs. 1 des Bankwesengesetzes – BWG, BGBl. Nr. 532/1993, und von Zweigstellen von CRR-Kreditinstituten aus Mitgliedstaaten gemäß § 9 BWG finden die Bestimmungen der §§ 131b und 132a keine Anwendung.

*(BGBl I 2016/77)*

### 4. Abgabenerklärungen

**§ 133.** (1) Die Abgabenvorschriften bestimmen, wer zur Einreichung einer Abgabenerklärung verpflichtet ist. Zur Einreichung ist ferner verpflichtet, wer hiezu von der Abgabenbehörde aufgefordert wird. Die Aufforderung kann auch durch Zusendung von Vordrucken der Abgabenerklärungen erfolgen.

(2) Sind amtliche Vordrucke für Abgabenerklärungen aufgelegt, so sind die Abgabenerklärungen unter Verwendung dieser Vordrucke abzugeben. Soweit Abgabenerklärungen, für die die Einreichung im Wege automationsunterstützter Datenübertragung oder in jeder anderen technisch möglichen Weise zugelassen ist, in einer solchen Weise eingereicht werden, entfällt die Verpflichtung zur Verwendung der amtlichen Vordrucke. Die Versicherungsnummer **„(§ 30c Abs. 1 Z 1 ASVG)“**, die Firmenbuchnummer (§ 30 Firmenbuchgesetz) und die Melderegisterzahl (§ 16 Meldegesetz 1991), sofern diese bekannt ist, sind anzugeben, wenn dies für die Abgabenerklärungen vorgesehen ist.

*(BGBl I 2022/108 ab 20.7.2022)*

**§ 134.** (1) Die Abgabenerklärungen für die Einkommensteuer, die Körperschaftsteuer, die Umsatzsteuer sowie für die Feststellung der Einkünfte (§ 188) sind bis zum Ende des Monates April jeden Folgejahres einzureichen. Diese Abgabenerklärungen sind bis Ende des Monates Juni einzureichen, wenn die Übermittlung elektronisch erfolgt. Diese Fristen können vom Bundesminister für Finanzen allgemein erstreckt werden.

(2) Die Abgabenbehörde kann im Einzelfall auf begründeten Antrag die in Abgabenvorschriften bestimmte Frist zur Einreichung einer Abgabenerklärung verlängern. Wird einem Antrag auf Verlängerung der Frist zur Einreichung der Abgabenerklärung nicht stattgegeben, so ist für die Einreichung der Abgabenerklärung eine Nachfrist von mindestens einer Woche zu setzen.

**§ 135.** Abgabepflichtigen, die die Frist zur Einreichung einer Abgabenerklärung nicht wahren, kann die Abgabenbehörde einen Zuschlag bis zu 10 Prozent der festgesetzten Abgabe (Verspätungszuschlag) auferlegen, wenn die Verspätung nicht entschuldbar ist; solange die Voraussetzungen für die Selbstberechnung einer Abgabe durch den Abgabepflichtigen ohne abgabenbehördliche Festsetzung gegeben sind, tritt an die Stelle des festgesetzten Betrages der selbst berechnete Betrag. Dies gilt sinngemäß, wenn nach den Abgabenvorschriften die Selbstberechnung einer Abgabe einem abgabenrechtlich Haftungspflichtigen obliegt. Verspätungszuschläge, die den Betrag von 50 Euro nicht erreichen, sind nicht festzusetzen.

**§ 135a.** Für Landes- und Gemeindeabgaben gilt der letzte Satz des § 135 nicht.

**§ 136.** Wenn in Abgabenerklärungen Wertangaben zu machen sind und der angegebene Wert vom Regelfall (Nennwert, Kurswert, Anschaffungs- oder Herstellungskosten) abweicht, hat der Abgabepflichtige auf Verlangen der Abgabenbehörde die Tatsachen anzuführen, die für den in der Abgabenerklärung ausgewiesenen Wert maßgebend waren.

**§ 137.** Abgabepflichtige, die gemäß §§ 124 oder 125 zur Führung von Büchern verpflichtet sind oder Bücher ohne gesetzliche Verpflichtung führen, haben, sofern die Abgabenvorschriften nicht anderes bestimmen, auf Verlangen eine Abschrift der Vermögensübersicht (Jahresabschluß, Bilanz) und der Gewinn- und Verlustrechnung einzureichen. Liegen Jahresberichte (Geschäftsberichte) oder Treuhandberichte (Wirtschaftsprüfungsberichte) vor, so sind auch diese auf Verlangen einzureichen.

**§ 138.** (1) Auf Verlangen der Abgabenbehörde haben die Abgabepflichtigen und die diesen im § 140 gleichgestellten Personen in Erfüllung ihrer Offenlegungspflicht (§ 119) zur Beseitigung von Zweifeln den Inhalt ihrer Anbringen zu erläutern und zu ergänzen sowie dessen Richtigkeit zu beweisen. Kann ihnen ein Beweis nach den Umständen nicht zugemutet werden, so genügt die Glaubhaftmachung.

(2) Bücher, Aufzeichnungen, Geschäftspapiere, Schriften und Urkunden sind auf Verlangen zur Einsicht und Prüfung vorzulegen, soweit sie für den Inhalt der Anbringen von Bedeutung sind.

**§ 139.** Wenn ein Abgabepflichtiger nachträglich, aber vor dem Ablauf der Verjährungsfrist (§§ 207 bis 209 a) erkennt, daß er in einer Abgabenerklärung oder in einem sonstigen Anbringen der ihm gemäß § 119 obliegenden Pflicht nicht oder nicht voll entsprochen hat und daß dies zu einer Verkürzung von Abgaben geführt hat oder führen kann, so ist er verpflichtet, hierüber unverzüglich der zuständigen Abgabenbehörde Anzeige zu erstatten.

**§ 140.** Die Bestimmungen der §§ 119 und 139 gelten auch für Personen, die zur Einbehaltung und Abfuhr von Abgaben oder zur Zahlung gegen Verrechnung mit der Abgabenbehörde verpflichtet sind.

### 5. Hilfeleistung bei Amtshandlungen

**§ 141.** (1) Die Abgabepflichtigen haben den Organen der Abgabenbehörde die Vornahme der zur Durchführung der Abgabengesetze notwendigen Amtshandlungen zu ermöglichen. Sie haben zu dulden, daß Organe der Abgabenbehörde zu diesem Zweck ihre Grundstücke, Geschäfts- und Betriebsräume innerhalb der üblichen Geschäfts- oder Arbeitszeit betreten, haben diesen Organen die erforderlichen Auskünfte zu erteilen und einen zur Durchführung der Amtshandlungen geeigneten Raum sowie die notwendigen Hilfsmittel unentgeltlich beizustellen.

(2) Die im Abs. 1 geregelten Verpflichtungen treffen auch Personen, denen nach den Abgabenvorschriften als Haftungspflichtigen die Entrichtung oder Einbehaltung von Abgaben obliegt sowie Personen, die zur Zahlung gegen Verrechnung mit der Abgabenbehörde verpflichtet sind.

**§ 142.** (1) Inhaber von Betrieben, die nach den Verbrauchsteuervorschriften der amtlichen Aufsicht unterliegen, haben die dem Überwachungszweck dienenden Einrichtungen unentgeltlich beizustellen.

(2) Die im Abs. 1 bezeichneten Personen haben zu gestatten, daß verbrauchsteuerpflichtige Gegenstände oder Stoffe, die zu deren Herstellung bestimmt sind, sowie Waren, die verbrauchsteuerpflichtige Gegenstände enthalten oder enthalten können, als Proben unentgeltlich entnommen werden.

## D. Befugnisse der Abgabenbehörden

### 1. Allgemeine Aufsichtsmaßnahmen

**§ 143.** (1) Zur Erfüllung der im § 114 bezeichneten Aufgaben ist die Abgabenbehörde berechtigt, Auskunft über alle für die Erhebung von Abgaben maßgebenden Tatsachen zu verlangen. Die Auskunftspflicht trifft jedermann, auch wenn es sich nicht um seine persönliche Abgabepflicht handelt.

(2) Die Auskunft ist wahrheitsgemäß nach bestem Wissen und Gewissen zu erteilen. Die Verpflichtung zur Auskunftserteilung schließt die Verbindlichkeit in sich, Urkunden und andere schriftliche Unterlagen, die für die Feststellung von Abgabenansprüchen von Bedeutung sind, vorzulegen oder die Einsichtnahme in diese zu gestatten.

(3) Die Bestimmungen der §§ 170 bis 174 finden auf Auskunftspersonen (Abs. 1) sinngemäß Anwendung.

(4) Die Bestimmungen über Zeugengebühren (§ 176) gelten auch für Auskunftspersonen, die nicht in einer ihre persönliche Abgabepflicht betreffenden Angelegenheit herangezogen werden.

**§ 144.** (1) Für Zwecke der Abgabenerhebung kann die Abgabenbehörde bei Personen, die nach abgabenrechtlichen Vorschriften Bücher oder Aufzeichnungen zu führen haben, Nachschau halten. Nachschau kann auch bei einer anderen Person gehalten werden, wenn Grund zur Annahme besteht, daß gegen diese Person ein Abgabenanspruch gegeben ist, der auf andere Weise nicht festgestellt werden kann.

(2) In Ausübung der Nachschau (Abs. 1) dürfen Organe der Abgabenbehörde Gebäude, Grundstücke und Betriebe betreten und besichtigen, die Vorlage der nach den Abgabenvorschriften zu führenden Bücher und Aufzeichnungen sowie sonstiger für die Abgabenerhebung maßgeblicher Unterlagen verlangen und in diese Einsicht nehmen.

**§ 145.** (1) Für Zwecke der Erhebung der Verbrauchsteuern sowie der Eingangs- und Ausgangsabgaben unterliegen Gebäude, Grundstücke, Betriebe, Transportmittel und Transportbehältnisse auch dann der Nachschau, wenn die Vermutung besteht, daß sich dort verbrauchsteuerpflichtige, eingangs- oder ausgangsabgabepflichtige, aber diesen Abgaben nicht unterzogene Gegenstände oder daraus hergestellte Waren befinden.

(2) Eine Nachschau ist ferner in allen Fällen zulässig, in denen durch die Verbrauchsteuervorschriften Gegenstände unter amtliche Aufsicht gestellt sind.

**§ 146.** Die mit der Vornahme einer Nachschau beauftragten Organe haben sich zu Beginn der Amtshandlung unaufgefordert über ihre Person und darüber auszuweisen, daß sie zur Vornahme einer Nachschau berechtigt sind. Über das Ergebnis dieser Nachschau ist, soweit erforderlich, eine Niederschrift aufzunehmen. Eine Abschrift hievon ist der Partei auszufolgen.

### 1a. besondere Befugnisse

*(BGBl I 2019/104)*

#### Betretungsrecht

**§ 146a.** Die Organe der Abgabenbehörden ~~der Bundes~~ sind für Zwecke der Abgabenerhebung und zur Wahrnehmung anderer durch unmittelbar anwendbares Recht der Europäischen Union oder Bundesgesetz übertragener Aufgaben berechtigt, Grundstücke und Baulichkeiten, Betriebsstätten, Betriebsräume und Arbeitsstätten zu betreten und Wege zu befahren, auch wenn dies sonst der Allgemeinheit untersagt ist, wenn Grund zur Annahme besteht, dass dort Zuwiderhandlungen gegen die von den Abgabenbehörden zu vollziehenden Rechtsvorschriften begangen werden.

*(BGBl I 2019/104, BGBl I 2022/108 ab 20.7.2022)*

#### Identitätsfeststellungsrecht

**§ 146b.** (1) Die Organe der Abgabenbehörden des Bundes sind im Rahmen ihrer Aufsichts- und Kontrolltätigkeit befugt, die Identität von Personen festzustellen, bei denen Grund zur Annahme besteht, dass sie Zuwiderhandlungen gegen die von den Abgabenbehörden zu vollziehenden Rechtsvorschriften begehen, sowie Fahrzeuge und sonstige Beförderungsmittel anzuhalten und diese einschließlich der mitgeführten Güter zu überprüfen und berechtigt, von jedermann Auskunft über alle für die Erfüllung der übertragenen Aufgaben maßgebenden Tatsachen zu verlangen.

(2) Die Feststellung der Identität ist das Erfassen der Namen, des Geburtsdatums und der Wohnanschrift eines Menschen in dessen Anwesenheit. Sie hat mit der vom Anlass gebotenen Verlässlichkeit zu erfolgen. Menschen, deren Identität festgestellt werden soll, sind hievon in Kenntnis zu setzen. Jeder Betroffene ist verpflichtet, an der Feststellung seiner Identität mitzuwirken und die unmittelbare Durchsetzung der Identitätsfeststellung zu dulden.

*(BGBl I 2019/104)*

### 2. Außenprüfungen

**§ 147.** (1) Bei jedem, der zur Führung von Büchern oder von Aufzeichnungen oder zur Zahlung gegen Verrechnung mit der Abgabenbehörde verpflichtet ist, kann die Abgabenbehörde jederzeit alle für die Erhebung von Abgaben bedeutsamen tatsächlichen und rechtlichen Verhältnisse prüfen (Außenprüfung).

(2) Auf Prüfungen, die nur den Zweck verfolgen, die Zahlungsfähigkeit eines Abgabepflichtigen und deren voraussichtliche Entwicklung festzustellen, finden die Bestimmungen des § 148 Abs. 3 und die §§ 149 und 150 keine Anwendung.

**§ 148.** (1) Die von der Abgabenbehörde mit der Vornahme von Außenprüfungen beauftragten Organe haben sich zu Beginn der Amtshandlung unaufgefordert über ihre Person auszuweisen und den Auftrag der Abgabenbehörde auf Vornahme der Prüfung (Prüfungsauftrag) vorzuweisen.

(2) Der Prüfungsauftrag hat den Gegenstand der vorzunehmenden Prüfung zu umschreiben. Soweit es sich nicht um eine unter § 147 Abs. 2 fallende Prüfung handelt, hat der Prüfungsauftrag die den Gegenstand der Prüfung bildenden Abgabenarten und Zeiträume zu bezeichnen.

(3) Für einen Zeitraum, für den eine Außenprüfung bereits vorgenommen worden ist, darf ein neuerlicher Prüfungsauftrag ohne Zustimmung des Abgabepflichtigen nur erteilt werden

a) zur Prüfung von Abgabenarten, die in einem früheren Prüfungsauftrag nicht enthalten waren;

b) zur Prüfung, ob die Voraussetzungen für eine Wiederaufnahme des Verfahrens (§ 303) gegeben sind;

c) im Beschwerdeverfahren auf Veranlassung (§ 269 Abs. 2) des Verwaltungsgerichtes, jedoch nur zur Prüfung der Begründung der Bescheidbeschwerde (§ 250 Abs. 1 lit. d) oder neuer Tatsachen und Beweise (§ 270) **„;“**

*(BGBl I 2022/108 ab 20.7.2022)*

**„d) zur Durchführung der noch erforderlichen Ermittlungen nach einer Aufhebung und Zurückverweisung der Sache gemäß § 278 Abs. 1;**

*(BGBl I 2022/108 ab 20.7.2022)*

**e)[a] aufgrund eines Amts- oder Rechtshilfeersuchens oder einer grenzüberschreitenden Zusammenarbeit nach dem Recht der Europäischen Union.“**

*(BGBl I 2022/108 ab 1.1.2023)*

[a] Tritt mit 1. Jänner 2023 in Kraft.

(3a) Für ein Veranlagungsjahr bzw. – bei nicht zu veranlagenden Abgaben – für ein Kalenderjahr, für das ein Bescheid gemäß § 153d gilt, darf ein Prüfungsauftrag ohne Zustimmung des Abgabepflichtigen nur erteilt werden

1. zur Prüfung von Abgabenarten, die nicht von einem Auftrag zur begleitenden Kontrolle (§ 153f Abs. 3) umfasst waren,
2. aufgrund eines Amts- oder Rechtshilfeersuchens oder einer grenzüberschreitenden Zusammenarbeit nach dem Recht der Europäischen Union,
3. im Zuge einer Gegenberichtigung anlässlich einer Verrechnungspreiskorrektur,

4. zur Überprüfung von Nachrichten im Sinne des § 114 Abs. 1 zweiter Satz,

**„5. in den Fällen des § 148 Abs. 3 lit. c und d,“**

*(BGBl I 2022/108 ab 20.7.2022)*

6. in den Fällen des § 99 Abs. 2 FinStrG sowie
7. im Falle einer Selbstanzeige gemäß § 29 FinStrG.

*(BGBl I 2018/62, BGBl I 2021/3)*

(4) Gegen den Prüfungsauftrag ist ein abgesondertes Rechtsmittel nicht zulässig.

(5) Außenprüfungen sind dem Abgabepflichtigen oder seinem Bevollmächtigten tunlichst eine Woche vorher anzukündigen, sofern hiedurch der Prüfungszweck nicht vereitelt wird.

**§ 149.** (1) Nach Beendigung der Außenprüfung ist über deren Ergebnis eine Besprechung abzuhalten (Schlußbesprechung). Zu dieser sind der Abgabepflichtige und, wenn bei der Abgabenbehörde ein bevollmächtigter Vertreter ausgewiesen ist, auch dieser unter Setzung einer angemessenen Frist vorzuladen. Über die Schlußbesprechung ist eine Niederschrift aufzunehmen.

(2) Die Schlußbesprechung kann entfallen, wenn sich nach dem Prüfungsergebnis entweder keine Änderung der ergangenen Bescheide oder keine Abweichung gegenüber den eingereichten Erklärungen ergibt oder wenn der Abgabepflichtige oder sein Vertreter in einer eigenhändig unterfertigten Erklärung auf die Schlußbesprechung verzichtet oder wenn trotz Vorladung weder der Abgabepflichtige noch dessen Vertreter zur Schlußbesprechung erscheint.

**§ 150.** Über das Ergebnis der Außenprüfung ist ein schriftlicher Bericht zu erstatten. Die Abgabenbehörde hat dem Abgabepflichtigen eine Abschrift des Prüfungsberichtes zu übermitteln.

**§ 151.** Die §§ 148 bis 150 gelten nicht für Prüfungen der nach den Verbrauchsteuervorschriften zu führenden Aufzeichnungen.

**§ 152.** (aufgehoben)

**§ 153.** In Abgabenvorschriften geregelte Befugnisse zu besonderen Prüfungsmaßnahmen bleiben unberührt.

## 2a. Begleitende Kontrolle

*(BGBl I 2018/62)*

### Merkmale der begleitenden Kontrolle

**§ 153a.** Anstelle einer Außenprüfung gemäß § 147 Abs. 1 ist auf Antrag eine begleitende Kontrolle durchzuführen. Die begleitende Kontrolle kann einen einzelnen Unternehmer oder einen Kontrollverbund umfassen. Während der begleitenden Kontrolle besteht eine erhöhte Offenlegungspflicht nach Maßgabe des § 153f Abs. 1 und ein laufender Kontakt zwischen den Unternehmern und den Organen des Finanzamtes für Großbetriebe nach Maßgabe des § 153f Abs. 4. Das Finanzamt für Großbetriebe hat dem einzelnen Unternehmer oder den Unternehmern des Kontrollverbunds Auskünfte über bereits verwirklichte oder noch nicht verwirklichte Sachverhalte zu erteilen.

*(BGBl I 2018/62, BGBl I 2019/104)*

### Antrag auf begleitende Kontrolle

**§ 153b.** (1) Einen Antrag auf begleitende Kontrolle kann stellen

1. ein Unternehmer gemäß § 1, 2 oder 3 UGB oder
2. eine Privatstiftung, die alleine oder gemeinsam mit anderen Privatstiftungen mit mehr als 50% des Kapitals und der Stimmrechte an Unternehmern gemäß Z 1 unmittelbar beteiligt ist.

Voraussetzung ist, dass die Geschäftsleitung, der Sitz oder der Wohnsitz im Inland liegt oder eine inländische Betriebsstätte besteht.

(2) Der Antrag kann für den Antragsteller und für einige oder alle der mit diesem im Sinne des Abs. 5 verbundenen Unternehmer mit Geschäftsleitung, Sitz oder Betriebsstätte im Inland gestellt werden (Kontrollverbund). Ist einer der Unternehmer des Kontrollverbunds Gruppenträger oder Mitglied einer Unternehmensgruppe im Sinne des § 9 KStG 1988, muss der Antrag alle inländischen Mitglieder und den Gruppenträger der Unternehmensgruppe umfassen.

(3) Der Antrag ist vom obersten Unternehmer der Beteiligungskette ~~bzw. vom Einfluss ausübenden Unternehmer~~ oder von der Privatstiftung ~~gemäß § 22 Abs. 1 Z 2 PSG~~ im Verfahren FinanzOnline zu stellen. Er ist von den gesetzlichen Vertretern aller im Antrag angeführten Unternehmer im Verfahren FinanzOnline beim Finanzamt für Großbetriebe zu bestätigen. Die letzte Bestätigung bestimmt den Zeitpunkt der Antragstellung.

*(BGBl I 2019/104, BGBl I 2022/108 ab 20.7.2022)*

(4) Der Antrag kann unter folgenden Voraussetzungen gestellt werden:

1. Jeder im Antrag angeführte Unternehmer ist nach dem UGB oder anderen gesetzlichen Vorschriften zur Führung von Büchern verpflichtet oder führt freiwillig Bücher und hat im Inland seine Geschäftsleitung, seinen Sitz, seinen Wohnsitz oder eine Betriebsstätte.
2. Über keinen im Antrag angeführten Unternehmer ist in den fünf Jahren vor der Antragstellung wegen eines in den letzten sieben Jahren vor der Antragstellung vorsätzlich oder grob fahrlässig begangenen Finanzvergehens rechtskräftig eine Strafe oder Verbandsgeldbuße verhängt worden.
3. Mindestens einer der im Antrag angeführten Unternehmer
   - hatte in den beiden Wirtschaftsjahren vor der Antragstellung Umsatzerlöse gemäß § 189a Z 5 UGB von mehr als 40 Millionen Euro,
   - ist ein Kreditinstitut im Sinne des § 1 Abs. 1 BWG oder eine Zweigstelle eines

CRR-Kreditinstitutes aus einem Mitgliedstaat gemäß § 9 BWG oder

– ist ein Versicherungsunternehmen im Sinne des § 5 Z 1 oder ein Rückversicherungsunternehmen im Sinne des § 5 Z 2 des Versicherungsaufsichtsgesetzes 2016, BGBl. I Nr. 34/2015.

4. Es liegt ein Gutachten eines Wirtschaftsprüfers oder Steuerberaters vor, dass jeder im Antrag angeführte Unternehmer bzw. die antragstellende Privatstiftung von einem Steuerkontrollsystem gemäß Abs. 6 erfasst ist.

*(BGBl I 2019/103)*

(5) Ein verbundener Unternehmer im Sinne des Abs. 2 liegt vor, wenn an diesem entweder eine direkte oder eine indirekte Beteiligung von mehr als 50 % des Kapitals und der Stimmrechte besteht oder wenn eine finanzielle Verbindung im Sinne des § 9 Abs. 4 KStG 1988 mit Bescheid festgestellt worden ist.

(6) Das Steuerkontrollsystem umfasst die Summe aller Maßnahmen (Prozesse und Prozessschritte), die gewährleisten, dass die Besteuerungsgrundlagen für die jeweilige Abgabenart in der richtigen Höhe ausgewiesen und die darauf entfallenden Steuern termingerecht und in der richtigen Höhe abgeführt werden. Es leitet sich aus der Analyse aller steuerrelevanten Risiken ab und wird an geänderte Rahmenbedingungen laufend angepasst. Die Risikoanalyse, die daraus folgenden Prozesse und Prozessschritte sowie die erforderlichen Kontrollmaßnahmen sind überprüfbar dokumentiert. Die Dokumentation wird laufend aktualisiert.

(7) Der Bundesminister für Finanzen wird ermächtigt, die Systematik, nach der bei der Erstellung des Gutachtens des Wirtschaftsprüfers oder Steuerberaters über das Steuerkontrollsystem vorzugehen ist und den Aufbau und die erforderlichen Mindestinhalte des Gutachtens des Wirtschaftsprüfers oder Steuerberaters (Abs. 4 Z 4) mit Verordnung festzulegen. Das Gutachten des Wirtschaftsprüfers oder Steuerberaters ist spätestens nach einem Zeitraum von drei Jahren zu erneuern, hat mit einer qualifizierten elektronischen Signatur oder einem qualifizierten elektronischen Siegel des Wirtschaftsprüfers oder Steuerberaters versehen zu sein und ist im Verfahren FinanzOnline zu übermitteln. Die erstmalige Übermittlung hat gleichzeitig mit der Antragstellung zu erfolgen.

*(BGBl I 2018/62)*

### Prüfung des Antrags auf begleitende Kontrolle

**§ 153c.** (1) Das Finanzamt für Großbetriebe hat das Vorliegen der Voraussetzungen des § 153b bei dem in Antrag angeführten Unternehmer bzw. bei den im Antrag angeführten Unternehmern zu prüfen. Liegen diese Voraussetzungen vor, ist eine Außenprüfung (§ 147) des Unternehmers bzw. der Unternehmer betreffend die von § 153e Abs. 1 umfassten Abgabenarten durchzuführen, wenn für die letzten fünf Jahre vor der Antragstellung nicht bereits eine Außenprüfung stattgefunden hat. Ist das Finanzamt Österreich für einen im Antrag angeführten Unternehmer zuständig, kann ein Organ des Finanzamtes für Großbetriebe die Außenprüfung im Auftrag des Finanzamtes Österreich durchführen.

(2) Nach Abschluss der Außenprüfung bzw. der Außenprüfungen hat das Finanzamt für Großbetriebe zu beurteilen, ob sich der im Antrag angeführte Unternehmer bzw. die im Antrag angeführten Unternehmer als steuerlich zuverlässig erwiesen haben. Bei der Beurteilung der steuerlichen Zuverlässigkeit sind insbesondere zu berücksichtigen:

1. das Verhalten während der Außenprüfung gemäß Abs. 1 und die Feststellungen dieser Außenprüfung;
2. die Feststellungen der in den letzten fünf Jahren vor der Antragstellung durchgeführten Außenprüfungen;
3. das steuerliche Verhalten in den letzten fünf Jahren vor Antragstellung, insbesondere:
   a) die bisherige Befolgung der Offenlegungs-, Wahrheits- und Anzeigepflichten,
   b) die Anzahl der verspätet abgegebenen Abgabenerklärungen,
   c) die Anzahl der vorgenommenen Schätzung(en) gemäß § 184,
   d) die Häufigkeit des Umstandes, dass Abgaben nicht am Fälligkeitstag entrichtetet worden sind, deren Betrag und die Dauer der Säumnis,
   e) die Anzahl der Ansuchen um Stundung oder Ratenzahlung,
   f) anhängige und noch nicht rechtskräftig abgeschlossene Finanzstrafverfahren,
   g) eine Mitteilung eines Verdachts auf Vorliegen eines Scheinunternehmens gemäß § 8 des Sozialbetrugsbekämpfungsgesetzes, BGBl. I Nr. 113/2015,
   h) eine deutliche Verbesserung der Selbstkontrolle aus Anlass einer strafrechtlichen Verfolgung.

*(BGBl I 2018/62, BGBl I 2019/104)*

### Wechsel in die begleitende Kontrolle

**§ 153d.** (1) Nach Abschluss der Prüfung des Antrags auf begleitende Kontrolle für den Antragsteller und alle im Antrag angeführten Unternehmer hat das Finanzamt für Großbetriebe mit Bescheid den Wechsel in die begleitende Kontrolle für den Antragsteller und jene Unternehmer zu verfügen, die sich als steuerlich zuverlässig erwiesen haben und auch alle übrigen Voraussetzungen erfüllen. Für die übrigen im Antrag angeführten Unternehmer ist der Antrag mit Bescheid abzuweisen. Dieser Bescheid hat den Zeitpunkt zu enthalten, ab dem eine begleitende Kontrolle stattfindet: Das ist bei zu veranlagenden Abgaben der Beginn des der Bescheiderlassung folgenden Veranlagungsjahres, bei allen anderen Abgaben der Beginn des der Bescheiderlassung folgenden Kalenderjahres.

*(BGBl I 2019/104)*

(2) Der Bescheid ist gegenüber allen Unternehmern des Kontrollverbundes zu erlassen. Mit der Zustellung des Bescheides an den Antragsteller gilt die Zustellung an alle als vollzogen, wenn auf diese Rechtsfolge in der Ausfertigung hingewiesen wird.

(3) Soll nach Rechtskraft des Bescheides gemäß Abs. 1 ein weiterer Unternehmer in die begleitende Kontrolle einbezogen werden, hat der ursprüngliche Antragsteller einen Ergänzungsantrag zu stellen. Dabei gelten die §§ 153b, 153c sowie Abs. 1 und 2 sinngemäß.

*(BGBl I 2018/62)*

**Umfang der begleitenden Kontrolle**

**§ 153e.** (1) Die begleitende Kontrolle umfasst alle in die Zuständigkeit des Finanzamtes für Großbetriebe fallenden abgabenrechtlichen Pflichten der Unternehmer, ausgenommen jene, die von der Lohnsteuerprüfung gemäß § 86 EStG 1988 umfasst sind.

*(BGBl I 2019/104)*

(2) Im Rahmen der begleitenden Kontrolle kann das Finanzamt für Großbetriebe jederzeit die von der begleitenden Kontrolle umfassten Abgabenarten hinsichtlich der tatsächlichen und rechtlichen Verhältnisse prüfen, die für ihre Erhebung bedeutsam sind.

*(BGBl I 2019/104)*

*(BGBl I 2018/62)*

**Rechte und Pflichten während der begleitenden Kontrolle**

**§ 153f.** (1) Ab der Rechtskraft des Bescheides gemäß § 153d Abs. 1 haben die Unternehmer des Kontrollverbunds unbeschadet anderer abgabenrechtlicher Offenlegungspflichten jene Umstände unaufgefordert vor Abgabe der Abgabenerklärungen offenzulegen, hinsichtlich derer ein ernsthaftes Risiko einer abweichenden Beurteilung durch das Finanzamt für Großbetriebe besteht, wenn sie nicht unwesentliche Auswirkungen auf das steuerliche Ergebnis haben können.

*(BGBl I 2019/104)*

(2) Ab der Rechtskraft des Bescheides gemäß § 153d Abs. 1 darf eine Außenprüfung gemäß § 147 Abs. 1 ausschließlich nach Maßgabe des § 148 Abs. 3a erfolgen.

(3) Das Finanzamt für Großbetriebe hat einheitlich für alle Unternehmer des Kontrollverbunds die mit der Vornahme der begleitenden Kontrolle beauftragten Organe und die den Gegenstand der begleitenden Kontrolle bildenden Abgabenarten (Auftrag zur begleitenden Kontrolle) elektronisch im Verfahren FinanzOnline bekannt zu geben. Der Antragsteller hat den Auftrag zur begleitenden Kontrolle im Namen aller Unternehmer des Kontrollverbunds im Verfahren FinanzOnline zu bestätigen. Gegen den Auftrag zur begleitenden Kontrolle ist ein abgesondertes Rechtsmittel nicht zulässig.

*(BGBl I 2019/104)*

(4) Während der begleitenden Kontrolle haben zumindest vier Mal pro Kalenderjahr Besprechungen zwischen Vertretern der Unternehmer des Kontrollverbunds sowie Organen des Finanzamtes für Großbetriebe stattzufinden. Über diese Besprechungen sind Niederschriften gemäß § 87 zu erstellen.

*(BGBl I 2019/104)*

(5) Der Antragsteller hat dafür zu sorgen, dass rechtzeitig vor Ablauf der Frist gemäß § 153b Abs. 7 oder im Fall von wesentlichen Veränderungen des Steuerkontrollsystems das Gutachten des Wirtschaftsprüfers oder Steuerberaters über die Einrichtung erneuert wird und die bzw. das mit einer qualifizierten elektronischen Signatur oder einem qualifizierten elektronischen Siegel des Wirtschaftsprüfers oder Steuerberaters versehene Gutachten im Verfahren FinanzOnline zu übermitteln. Das neue Gutachten und alle weiteren müssen Aussagen über die Wirksamkeit des Steuerkontrollsystems enthalten. Das Finanzamt für Großbetriebe hat das Vorliegen und die Plausibilität des Gutachtens regelmäßig zu überprüfen.

*(BGBl I 2019/104)*

*(BGBl I 2018/62)*

**Beendigung der begleitenden Kontrolle**

**§ 153g.** (1) Stellen sämtliche Unternehmer des Kontrollverbunds den Antrag, die begleitende Kontrolle zu beenden, hat das Finanzamt für Großbetriebe einen Bescheid zu erlassen, der die Geltungsdauer des Bescheides gemäß § 153d Abs. 1

1. bei zu veranlagenden Abgaben mit dem letzten veranlagten Jahr,
2. bei allen anderen Abgaben mit dem zuletzt abgelaufenen Kalenderjahr

beendet.

*(BGBl I 2019/104)*

(2) Stellt ein einzelner Unternehmer des Kontrollverbunds den Antrag, die begleitende Kontrolle zu beenden, hat das Finanzamt für Großbetriebe den Bescheid gemäß § 153d Abs. 1 insoweit abzuändern, als die begleitende Kontrolle für den antragstellenden Unternehmer

1. bei zu veranlagenden Abgaben mit dem letzten veranlagten Jahr,
2. bei allen anderen Abgaben mit dem zuletzt abgelaufenen Kalenderjahr

geendet hat.

*(BGBl I 2019/104)*

(3) Wenn eines der Erfordernisse des § 153b oder § 153c nicht mehr erfüllt wird oder wenn ein Unternehmer des Kontrollverbundes gegen die Pflichten des § 153f verstoßen hat oder wenn das Gutachten gemäß § 153b Abs. 4 Z 4 nicht (mehr) plausibel ist, kann das Finanzamt für Großbetriebe den Bescheid gemäß § 153d Abs. 1 insoweit

abändern, als die begleitende Kontrolle für den betroffenen Unternehmer

1. bei zu veranlagenden Abgaben mit dem letzten veranlagten Jahr,
2. bei allen anderen Abgaben mit dem zuletzt abgelaufenen Kalenderjahr

geendet hat.

*(BGBl I 2019/104)*

(4) Für Gruppenträger und sämtliche inländische Mitglieder einer Unternehmensgruppe im Sinne des § 9 KStG 1988 kann ein Antrag gemäß Abs. 2 nur gemeinsam gestellt werden und eine Abänderung des Bescheides gemäß Abs. 3 nur gemeinsam ergehen.

*(BGBl I 2018/62)*

### 3. Besondere Überwachungsmaßnahmen

**§ 154.** In den im § 122 Abs. 1 bezeichneten Betrieben können verbrauchsteuerpflichtige Gegenstände und deren Umschließungen sowie Geräte, die zur Herstellung verbrauchsteuerpflichtiger Gegenstände dienen, vom von der Abgabenbehörde für die Dauer einer in Ausübung der amtlichen Aufsicht vorgenommenen Amtshandlung unter Verschluß gelegt werden. Hiedurch dürfen notwendige Maßnahmen zur Sicherung der Gegenstände vor Verderb nicht behindert werden.

**§ 155.** (1) Die im § 122 Abs. 1 bezeichneten Betriebe können von der Abgabenbehörde besonderen Überwachungsmaßnahmen unterworfen werden,

a) wenn Tatsachen vorliegen, die die verbrauchsteuerrechtliche Unzuverlässigkeit des Inhabers des Betriebes oder des verantwortlichen Betriebsleiters dartun, oder
b) wenn im Betrieb ein Verstoß gegen die Verbrauchsteuervorschriften begangen wurde, der strafrechtlich als Finanzvergehen (mit Ausnahme einer Finanzordnungswidrigkeit) festgestellt worden ist.

(2) Die besonderen Überwachungsmaßnahmen (Abs. 1) können darin bestehen, daß der Betrieb oder ein Teil des Betriebes unter ständige Überwachung gestellt oder angeordnet wird, daß Wegbringungen verbrauchsteuerpflichtiger Gegenstände erst nach vorheriger Anmeldung bei der zuständigen Abgabenbehörde oder nach abgabenbehördlicher Behandlung oder nach Sicherheitsleistung für die entfallenden Abgaben erfolgen dürfen.

(3) Die Anordnung besonderer Überwachungsmaßnahmen ist aufzuheben, sobald die Umstände weggefallen sind, die für die Anordnung maßgebend waren, in den Fällen des Abs. 1 lit. b, sobald ausreichende Gewähr gegeben ist, daß Zuwiderhandlungen gegen die Verbrauchsteuervorschriften nicht mehr vorkommen.

**§ 156.** (1) Die Abgabenbehörde kann verbrauchsteuerpflichtige Gegenstände, deren Herkunft oder Erwerb ungeklärt ist, samt ihren Umschließungen in amtliche Verwahrung nehmen. Befinden sich diese Gegenstände in der Gewahrsame einer Person, so ist die Übernahme in amtliche Verwahrung durch einen dieser Person zuzustellenden Bescheid anzuordnen.

(2) Würde die amtliche Verwahrung unverhältnismäßige Kosten verursachen, ist demjenigen, der die im Abs. 1 bezeichneten Gegenstände in seiner Gewahrsame hat, ein Bescheid zuzustellen, durch den das Verbot erlassen wird, über diese Gegenstände zu verfügen.

(3) Die gemäß Abs. 1 und 2 angeordneten Maßnahmen sind aufzuheben, wenn die Entrichtung der Verbrauchsteuern nachgewiesen oder nicht binnen zwei Wochen die Beschlagnahme der Gegenstände angeordnet wird.

(4) Gegen die nach Abs. 1 oder 2 erlassenen Bescheide ist ein abgesondertes Rechtsmittel nicht zulässig.

**§ 157.** In Abgabenvorschriften enthaltene Bestimmungen über besondere Überwachungsmaßnahmen bleiben unberührt.

### E. Beistandspflicht

**§ 158.** (1) Die Abgabenbehörden sind für Zwecke der Abgabenerhebung berechtigt, mit allen Dienststellen der Körperschaften des öffentlichen Rechtes (soweit sie nicht als gesetzliche Berufsvertretungen tätig sind) und mit der Oesterreichischen Nationalbank (in ihrer Eigenschaft als Überwachungsstelle für die Devisenbewirtschaftung) unmittelbares Einvernehmen durch Ersuchschreiben zu pflegen. Derartigen Ersuchschreiben ist mit möglichster Beschleunigung zu entsprechen oder es sind die entgegenstehenden Hindernisse sogleich bekanntzugeben; erforderlichenfalls ist Akteneinsicht zu gewähren.

(2) Die Beantwortung von Ersuchschreiben gemäß Abs. 1 darf mit dem Hinweis auf gesetzliche Verpflichtungen zur Verschwiegenheit nur dann abgelehnt werden, wenn diese Verpflichtungen Abgabenbehörden gegenüber ausdrücklich auferlegt sind.

(3) Die Dienststellen der Gebietskörperschaften sind ferner verpflichtet, den Abgabenbehörden jede zur Durchführung der Abgabenerhebung dienliche Hilfe zu leisten. Insbesondere haben die Gerichte Abschriften von abgabenrechtlich bedeutsamen Urteilen, Beschlüssen oder sonstigen Aktenstücken nach näherer Anordnung des Bundesministeriums für Justiz, die im Einvernehmen mit dem Bundesministerium für Finanzen zu treffen ist, den zuständigen Abgabenbehörden zu übermitteln.

(4) Für Zwecke der Abgabenerhebung sind die Abgabenbehörden berechtigt, auf automationsunterstütztem Weg Einsicht zu nehmen

1. in das automationsunterstützt geführte Grundbuch; die Berechtigung zur Einsicht in das Grundbuch umfasst auch die Einsichtnahme in das Personenverzeichnis des Grundbuchs;
2. in das automationsunterstützt geführte Firmenbuch; die Berechtigung zur Einsicht in das Firmenbuch umfasst auch die bundesweite Suche nach im Zusammenhang mit den Rechtsträgern gespeicherten Personen;

3. in das zentrale Melderegister. Die Berechtigung zur Einsicht in das Zentrale Melderegister umfasst auch Verknüpfungsanfragen im Sinne des § 16a Abs. 3 des Meldegesetzes 1991;
4. in das automationsunterstützt geführte Gewerbeinformationssystem Austria – GISA;
5. in das automationsunterstützt geführte zentrale Vereinsregister;
6. in das automationsunterstützt geführte zentrale Zulassungsregister für Kraftfahrzeuge gemäß § 47 Abs. 4 und § 47 Abs. 4a des Kraftfahrgesetzes 1967 – KFG 1967;
7. in die automationsunterstützt geführten KFZ-Genehmigungs- und -Informationsregister der Landesregierungen oder der von den Landesregierungen beauftragten Stellen für Fahrzeuge gemäß §§ 28, 28a, 28b, 29, 31 bis 35 KFG 1967. Die Einsichtnahme in die KFZ-Genehmigungs- und -Informationsregister der Landesregierungen oder der von ihnen beauftragten Stellen umfasst auch eine automationsunterstützte Weitergabe der Bescheiddaten (Name, Adresse, KFZ-Marke, Type, Fahrgestellnummer und Fahrzeugidentifikationsnummer);
8. in das automationsunterstützt geführte Unternehmensregister (§ 25 des Bundesstatistikgesetzes 2000);
   *(BGBl I 2021/140)*
9. in die Transparenzdatenbank im Rahmen einer Transparenzportalabfrage gemäß § 32 Abs. 5 Transparenzdatenbankgesetz 2012, BGBl. I Nr. 99/2012.
   *(BGBl I 2021/140)*

*(BGBl I 2017/40)*

(4a) Der Bundesminister für Inneres ist verpflichtet, dem Bundesminister für Finanzen zum Zweck der Erhebung von Abgaben in geeigneter elektronischer Form aus dem Zentralen Melderegister einmal die Identitätsdaten sowie die personenbezogenen Daten zur Unterkunft aller im Bundesgebiet Angemeldeten und danach periodisch die Änderungen dieser personenbezogenen Daten zu übermitteln. Die Stammzahlenregisterbehörde ist verpflichtet, dem Bundesminister für Finanzen zum Zweck der Erhebung von Abgaben in geeigneter elektronischer Form

a) unverzüglich die Löschung einer Person aus dem Ergänzungsregister für natürliche Personen gemäß § 1 der Ergänzungsregisterverordnung 2009 – ERegV 2009, BGBl. II Nr. 331/2009, oder die Übernahme einer Person in das Melderegister gemäß § 14 des Meldegesetzes 1991, BGBl. Nr. 9/1992, sowie
b) vierteljährlich die geänderten personenbezogenen Daten gemäß § 3 der ERegV 2009, betreffend Personen, für die ein bereichsspezifisches Personenkennzeichen für Steuern und Abgaben (bPK SA) gespeichert ist,

zu übermitteln.

Personenbezogene Daten, die nicht mehr die aktuelle Wohnsitzsituation eines Menschen wiedergeben oder für die Vollziehung der Abgabengesetze nicht mehr benötigt werden, sind im Datenbestand des Bundesministers für Finanzen sofort zu löschen.

*(BGBl I 2018/62)*

(4b) Das Bundesministerium für Inneres ist verpflichtet, in geeigneter elektronischer Form die im Kraftfahrzeugzentralregister nach Kraftfahrgesetz 1967 gespeicherten Daten über die Zulassung von Kraftfahrzeugen im Bundesgebiet dem Bundesministerium für Finanzen vierteljährlich zum Zwecke der Erhebung von Abgaben zu übermitteln.

(4c) Der Verband der Versicherungsunternehmen Österreichs ist verpflichtet, in geeigneter elektronischer Form die in der Genehmigungsdatenbank und der Zulassungsevidenzdatenbank nach Kraftfahrgesetz 1967 geführten Daten über die Zulassung von Kraftfahrzeugen im Bundesgebiet dem Bundesministerium für Finanzen zum Zwecke der Erhebung von Abgaben vierteljährlich zu übermitteln.

(4d) Zum Zweck der Durchführung von Abgaben- oder Monopolverfahren sind die Kriminalpolizei, die Staatsanwaltschaften und die Gerichte ermächtigt, nach der Strafprozeßordnung 1975 – StPO ermittelte personenbezogene Daten, die für solche Verfahren bedeutsam sind, an die Abgabenbehörde zu übermitteln, wenn Grund zur Annahme besteht, dass Abgabenvorschriften oder Monopolvorschriften verletzt worden sind oder sein können.

(4e) Der Bundesminister für Finanzen ist zur Eintragung, Abfrage und Speicherung von personenbezogenen Daten gemäß § 3 ERegV 2009 im Ergänzungsregister für natürliche Personen berechtigt.

*(BGBl I 2018/62)*

(4f) Wird für die Erbringung einer Leistung als Dolmetscher, Übersetzer oder Sachverständiger gegenüber einer Körperschaft öffentlichen Rechts ein Entgelt bezahlt, ist die Buchhaltungsagentur des Bundes, soweit sie für die Zahlungsabwicklung zuständig ist, verpflichtet, dem Bundesminister für Finanzen für Zwecke der Abgabenerhebung folgende Informationen laufend auf elektronischem Weg zu übermitteln:

1. Vor- und Familienname, Firma oder sonstige Bezeichnung des Zahlungsempfängers,
2. bei einer natürlichen Person das Geburtsdatum des Zahlungsempfängers,
3. Wohnsitz oder Sitz des Zahlungsempfängers,
4. die Umsatzsteuer-Identifikationsnummer des Zahlungsempfängers, sofern sie der Buchhaltungsagentur des Bundes bekannt ist,
5. die Abgabenkontonummer des Zahlungsempfängers, sofern sie der Buchhaltungsagentur des Bundes bekannt ist,
6. der ausbezahlte Betrag,

7. die Umsatzsteuer, sofern sie auf der Rechnung ausgewiesen ist,
8. das Datum der Zahlungsanweisung und
9. das Datum der der Zahlung zugrunde liegenden Verrechnungsunterlage.

Die Buchhaltungsagentur des Bundes hat dem Bundesminister für Finanzen auf dessen Anforderung für Zwecke der Abgabenerhebung auch die den Auszahlungen zu Grunde liegenden Verrechnungsunterlagen auf elektronischem Weg zur Verfügung zu stellen.

*(BGBl I 2019/91)*

**„(4g) Die Abgabenbehörden des Bundes sind berechtigt, automationsunterstützt in die Daten der Finanzstrafbehörden Einsicht zu nehmen und diese zu verarbeiten für Zwecke der**

**1. Vorbereitung und Kontrolle von Buchungen auf Abgabenkonten;**
**2. Vorbereitung und Durchführung von Nachschauen und Außenprüfungen nach § 99 Abs. 2 FinStrG;**
**3. Beurteilung von Vorfragen;**
**4. Einhebung, Sicherung und Einbringung von Abgaben und von nach dem FinStrG festgesetzten Geldstrafen, Wertersätzen, Kosten des Strafverfahrens sowie Zwangs- und Ordnungsstrafen;**
**5. Vorbereitung der Geltendmachung einer Haftung.“**

*(BGBl I 2022/108 ab 20.7.2022)*

(5) Die Vorschriften zum Schutz des Brief-, Post- und Fernmeldegeheimnisses bleiben unberührt.

**§ 159.** § 158 Abs. 1 gilt auch für Ersuchschreiben an Notare, soweit sich das Ersuchen auf die Tätigkeit der Notare im Rahmen ihres gesetzlichen Wirkungskreises als Gerichtskommissäre oder auf Notariatsakte mit Ausnahme der noch nicht kundgemachten letztwilligen Anordnungen bezieht. Die Beantwortung solcher Ersuchschreiben darf nicht mit dem Hinweis auf gesetzliche Verpflichtungen zur Verschwiegenheit abgelehnt werden.

**§ 160.** (1) Eintragungen in das Grundbuch, denen Rechtsvorgänge über den Erwerb von Grundstücken zugrunde liegen, mit Ausnahme von Vormerkungen sowie von Eintragungen gemäß § 13, 15 und 16 des Liegenschaftsteilungsgesetzes, dürfen erst dann vorgenommen werden, wenn eine Bescheinigung des Finanzamtes vorliegt, dass der Eintragung hinsichtlich der Grunderwerbsteuer **„sowie“** der Stiftungseingangssteuer~~, sowie der Erbschafts- und Schenkungssteuer~~ Bedenken nicht entgegenstehen. Solche Eintragungen dürfen auch vorgenommen werden, wenn eine Erklärung gemäß § 12 des Grunderwerbsteuergesetzes 1987 **„oder“** § 3 Abs. 4 des Stiftungseingangssteuergesetzes ~~oder § 23a Abs. 6 des Erbschafts- und Schenkungssteuergesetzes 1955~~ vorliegt.

*(BGBl I 2022/108 ab 20.7.2022)*

(2) (aufgehoben)

*(BGBl I 2016/77)*

(3) Löschungen von Aktiengesellschaften, Gesellschaften mit beschränkter Haftung, Erwerbs- und Wirtschaftsgenossenschaften und Privatstiftungen dürfen im Firmenbuch erst vorgenommen werden, wenn eine Bescheinigung des für die Erhebung der Körperschaftsteuer zuständigen Finanzamtes vorliegt, daß der Löschung steuerliche Bedenken nicht entgegenstehen.

(4) Das Finanzamt hat die Bescheinigung gemäß Abs. 1 oder 3 zu erteilen, wenn die maßgebenden Abgaben entrichtet worden sind, wenn Sicherheit geleistet oder wenn Abgabenfreiheit gegeben ist. Es kann die Bescheinigung auch in anderen Fällen erteilen, wenn die Abgabenforderung nicht gefährdet ist.

*(BGBl I 2016/77)*

## 5. Abschnitt
## Ermittlung der Grundlagen für die Abgabenerhebung und Festsetzung der Abgaben

### A. Ermittlungsverfahren

#### 1. Prüfung der Abgabenerklärungen

**§ 161.** (1) Die Abgabenbehörde hat die Abgabenerklärungen zu prüfen (§ 115). Soweit nötig, hat sie, tunlichst durch schriftliche Aufforderung, zu veranlassen, daß die Abgabepflichtigen unvollständige Angaben ergänzen und Zweifel beseitigen (Ergänzungsauftrag).

(2) Wenn die Abgabenbehörde Bedenken gegen die Richtigkeit der Abgabenerklärung hegt, hat sie die Ermittlungen vorzunehmen, die sie zur Erforschung des Sachverhaltes für nötig hält. Sie kann den Abgabepflichtigen unter Bekanntgabe der Bedenken zur Aufklärung bestimmter Angaben auffordern (Bedenkenvorhalt). Erforderliche Beweise sind aufzunehmen.

(3) Wenn von der Abgabenerklärung abgewichen werden soll, sind dem Abgabepflichtigen die Punkte, in denen eine wesentliche Abweichung zu seinen Ungunsten in Frage kommt, zur vorherigen Äußerung mitzuteilen.

**§ 162.** (1) Wenn der Abgabepflichtige beantragt, daß Schulden, andere Lasten oder Aufwendungen abgesetzt werden, so kann die Abgabenbehörde verlangen, daß der Abgabepflichtige die Gläubiger oder die Empfänger der abgesetzten Beträge genau bezeichnet.

(2) Soweit der Abgabepflichtige die von der Abgabenbehörde gemäß Abs. 1 verlangten Angaben verweigert, sind die beantragten Absetzungen nicht anzuerkennen.

**§ 163.** (1) Bücher und Aufzeichnungen, die den Vorschriften der §§ 131 und 131b entsprechen, haben die Vermutung ordnungsmäßiger Führung für sich und sind der Erhebung der Abgaben zugrunde zu legen, wenn nicht ein begründeter Anlass gegeben ist, ihre sachliche Richtigkeit in Zweifel zu ziehen.

*(BGBl I 2015/118)*

(2) Gründe, die nach dem Gesamtbild der Verhältnisse Anlass geben, die sachliche Richtigkeit

in Zweifel zu ziehen, liegen insbesondere dann vor, wenn die Bemessungsgrundlagen nicht ermittelt und berechnet werden können oder eine Überprüfung der Richtigkeit und Vollständigkeit wegen Verletzung der Mitwirkungspflicht nicht möglich ist.

**§ 164.** (1) Die Abgabenbehörde soll die Vorlage von Büchern, Aufzeichnungen und Geschäftspapieren vom Abgabepflichtigen erst verlangen, wenn dessen Auskunft nicht genügt oder Bedenken gegen ihre Richtigkeit bestehen. Unter den gleichen Voraussetzungen oder bei Gefahr im Verzug hat der Abgabepflichtige auf Verlangen Wertsachen vorzulegen und Einsicht in verschlossene Behältnisse zu gewähren oder zu verschaffen.

(2) Bücher, Aufzeichnungen und Geschäftspapiere sind auf Verlangen des Abgabepflichtigen tunlichst in seinen Geschäftsräumen oder in seiner Wohnung einzusehen.

**§ 165.** Andere Personen sollen erst dann befragt oder zur Vorlage von Büchern und Aufzeichnungen herangezogen werden, wenn die Verhandlungen mit dem Abgabepflichtigen nicht zum Ziel führen oder keinen Erfolg versprechen. Nur unter diesen Voraussetzungen sollen auch die in den §§ 169 bis 182 bezeichneten Beweismittel herangezogen werden.

### 2. Beweise

#### a) Allgemeine Bestimmungen

**§ 166.** Als Beweismittel im Abgabenverfahren kommt alles in Betracht, was zur Feststellung des maßgebenden Sachverhaltes geeignet und nach Lage des einzelnen Falles zweckdienlich ist.

**§ 167.** (1) Tatsachen, die bei der Abgabenbehörde offenkundig sind, und solche, für deren Vorhandensein das Gesetz eine Vermutung aufstellt, bedürfen keines Beweises.

(2) Im übrigen hat die Abgabenbehörde unter sorgfältiger Berücksichtigung der Ergebnisse des Abgabenverfahrens nach freier Überzeugung zu beurteilen, ob eine Tatsache als erwiesen anzunehmen ist oder nicht.

#### b) Urkunden

**§ 168.** Die Beweiskraft von öffentlichen und Privaturkunden ist von der Abgabenbehörde nach den Vorschriften der §§ 292 bis 294, 296, 310 und 311 der Zivilprozeßordnung zu beurteilen. Bezeugt der Aussteller einer öffentlichen Urkunde die Übereinstimmung einer fotomechanischen Wiedergabe dieser Urkunde mit dem Original, so kommt auch der Wiedergabe die Beweiskraft einer öffentlichen Urkunde zu.

#### c) Zeugen

**§ 169.** Soweit sich aus diesem Bundesgesetz nicht anderes ergibt, ist jedermann verpflichtet, vor den Abgabenbehörden als Zeuge über alle ihm bekannten, für ein Abgabenverfahren maßgebenden Tatsachen auszusagen.

**§ 170.** Als Zeugen dürfen nicht vernommen werden

1. Personen, die zur Mitteilung ihrer Wahrnehmungen unfähig sind oder die zur Zeit, auf die sich ihre Aussage beziehen soll, zur Wahrnehmung der zu beweisenden Tatsache unfähig waren;
2. Geistliche darüber, was ihnen in der Beichte oder sonst unter dem Siegel geistlicher Amtsverschwiegenheit zur Kenntnis gelangt ist;
3. Organe des Bundes und der übrigen Gebietskörperschaften, wenn sie durch ihre Aussage das ihnen obliegende Amtsgeheimnis verletzen würden, insofern sie der Pflicht zur Geheimhaltung nicht entbunden sind.

**§ 171.** (1) Die Aussage darf von einem Zeugen verweigert werden

a) wenn er ein Angehöriger (§ 25) des Abgabepflichtigen ist;
b) über Fragen, deren Beantwortung dem Zeugen, seinen Angehörigen (§ 25), einer mit seiner Obsorge betrauten Person, seinem gesetzlichen Vertreter oder einer Person unter seiner gesetzlichen Vertretung die Gefahr einer strafgerichtlichen, finanzstrafbehördlichen oder sonstigen abgabenstrafbehördlichen Verfolgung zuziehen würde;
   *(BGBl I 2018/62)*
c) über Fragen, die er nicht beantworten könnte, ohne eine ihm obliegende gesetzlich anerkannte Pflicht zur Verschwiegenheit, von der er nicht gültig entbunden wurde, zu verletzen oder ein Kunst-, Betriebs- oder Geschäftsgeheimnis zu offenbaren.

(2) Die zur berufsmäßigen Parteienvertretung befugten Personen und ihre Angestellten können die Zeugenaussage auch darüber verweigern, was ihnen in ihrer Eigenschaft als Vertreter der Partei über diese zur Kenntnis gelangt ist.

(3) Will ein Zeuge die Aussage verweigern, so hat er die Gründe seiner Weigerung glaubhaft zu machen.

**§ 172.** (1) Soweit jemand als Zeuge zur Aussage verpflichtet ist, hat er auf Verlangen der Abgabenbehörde auch Schriftstücke, Urkunden und die einschlägigen Stellen seiner Geschäftsbücher zur Einsicht vorzulegen, die sich auf bestimmt zu bezeichnende Tatsachen beziehen.

(2) Wenn es zur Erforschung der Wahrheit unbedingt erforderlich oder wenn Gefahr im Verzug ist, hat der Zeuge auch Wertsachen, die er für den Abgabepflichtigen verwahrt, vorzulegen und Einsicht in verschlossene Behältnisse zu gewähren, die er dem Abgabepflichtigen zur Benützung überlassen hat. Die Abgabenbehörde kann in einem solchen Fall verlangen, daß dem Abgabepflichtigen während einer angemessenen kurzen Frist nur unter Zuziehung eines von der Abgabenbehörde zu bezeichnenden Organes Zutritt zum Behältnis gewährt wird.

**§ 173.** (1) Wenn die Abgabenbehörde das persönliche Erscheinen des Zeugen nicht für erforderlich erachtet, kann die Aussage des Zeugen auch schriftlich eingeholt und abgegeben werden.

(2) Einem Zeugen, der einer Vorladung (§ 91) ohne genügende Entschuldigung nicht Folge leistet oder seinen Verpflichtungen gemäß § 172 ohne Rechtfertigung nicht nachkommt, kann, abgesehen von Zwangsstrafen, die Verpflichtung zum Ersatz aller durch seine Säumnis oder Weigerung verursachten Kosten bescheidmäßig auferlegt werden. Durch die Verletzung einer Zeugenpflicht geht der Anspruch auf Zeugengebühren (§ 176) verloren; dies gilt nicht, wenn die Pflichtverletzung entschuldbar oder geringfügig ist.

**§ 174.** Jeder Zeuge ist zu Beginn seiner Vernehmung über die für die Vernehmung maßgeblichen persönlichen Verhältnisse zu befragen, über die gesetzlichen Weigerungsgründe zu belehren und zu ermahnen, daß er die Wahrheit anzugeben habe und nichts verschweigen dürfe; er ist auch auf die strafrechtlichen Folgen einer falschen Aussage aufmerksam zu machen. Entsprechendes gilt, wenn die Vernehmung durch Einholung einer Zeugenaussage auf schriftlichem Weg erfolgt.

**§ 175.** Hält die Abgabenbehörde die eidliche Einvernahme eines Zeugen über bestimmte Tatsachen von besonderer Tragweite für unbedingt erforderlich, so kann der Zeuge durch den Leiter der Abgabenbehörde oder durch einen ihr zugewiesenen rechtskundigen Bediensteten unter Beiziehung eines Schriftführers eidlich vernommen werden. Die Bestimmungen des Gesetzes vom 3. Mai 1868, RGBl. Nr. 33, zur Regelung des Verfahrens bei den Eidesablegungen vor Gericht, finden sinngemäß Anwendung.

**§ 176.** (1) Zeugen haben Anspruch auf Zeugengebühren; letztere umfassen den Ersatz der notwendigen Reise- und Aufenthaltskosten und die Entschädigung für Zeitversäumnis unter den gleichen Voraussetzungen und im gleichen Ausmaß, wie sie Zeugen im gerichtlichen Verfahren zustehen, sowie den Ersatz der notwendigen Barauslagen.

(2) Der Anspruch gemäß Abs. 1 ist bei sonstigem Verlust binnen zwei Wochen nach der Vernehmung oder dem Termin, zu welchem der Zeuge vorgeladen war, an welchem er aber ohne sein Verschulden nicht vernommen worden ist, mündlich oder schriftlich bei der Abgabenbehörde geltend zu machen, welche die Vernehmung durchgeführt oder den Zeugen vorgeladen hat. Diese Abgabenbehörde hat auch über den geltend gemachten Anspruch zu entscheiden.

### d) Sachverständige

**§ 177.** (1) Wird die Aufnahme eines Beweises durch Sachverständige notwendig, so sind die für Gutachten der erforderlichen Art öffentlich bestellten Sachverständigen beizuziehen.

(2) Die Abgabenbehörde kann aber ausnahmsweise auch andere geeignete Personen als Sachverständige heranziehen, wenn es mit Rücksicht auf die Besonderheit des Falles geboten erscheint.

(3) Der Bestellung zum Sachverständigen hat Folge zu leisten, wer zur Erstattung von Gutachten der erforderlichen Art öffentlich bestellt ist oder wer die Wissenschaft, die Kunst oder die Tätigkeit, deren Kenntnis die Voraussetzung der Begutachtung ist, öffentlich als Erwerb ausübt oder zu deren Ausübung öffentlich angestellt oder ermächtigt ist.

**§ 178.** (1) Aus den Gründen, welche einen Zeugen zur Verweigerung der Aussage berechtigen (§ 171), kann die Enthebung von der Bestellung als Sachverständiger begehrt werden.

(2) Öffentlich Bedienstete sind überdies auch dann als Sachverständige zu entheben oder nicht beizuziehen, wenn ihnen die Tätigkeit als Sachverständige von ihren Vorgesetzten aus dienstlichen Gründen untersagt wird oder wenn sie durch besondere Anordnungen der Pflicht, sich als Sachverständige verwenden zu lassen, enthoben sind.

**§ 179.** (1) Die Vorschriften des § 76 finden auf die Sachverständigen sinngemäß Anwendung.

(2) Sachverständige können von den Parteien abgelehnt werden, wenn diese Umstände glaubhaft machen, die die Unbefangenheit oder Fachkunde des Sachverständigen in Zweifel stellen. Die Ablehnung kann vor der Vernehmung des Sachverständigen, später aber nur dann erfolgen, wenn die Partei glaubhaft macht, daß sie den Ablehnungsgrund vorher nicht erfahren oder wegen eines für sie unüberwindlichen Hindernisses nicht rechtzeitig geltend machen konnte. Gegen den über die Ablehnung ergehenden Bescheid der Abgabenbehörde ist ein abgesondertes Rechtsmittel nicht zulässig.

**§ 180.** (1) Ist der Sachverständige für die Erstattung von Gutachten der erforderten Art im allgemeinen beeidet, so genügt die Erinnerung an den geleisteten Eid. Ist er noch nicht vereidigt, so hat er, falls es die Abgabenbehörde wegen der besonderen Tragweite des Falles für erforderlich hält, vor Beginn der Beweisaufnahme den Sachverständigeneid zu leisten.

(2) Die Vorschriften des § 175 finden auf die Sachverständigen sinngemäß Anwendung.

**§ 181.** (1) Sachverständige haben Anspruch auf Sachverständigengebühren; letztere umfassen den Ersatz von Reise- und Aufenthaltskosten, die notwendigen Barauslagen, die Entschädigung für Zeitversäumnis und die Entlohnung ihrer Mühewaltung unter den gleichen Voraussetzungen und im gleichen Ausmaß, wie sie Sachverständigen im gerichtlichen Verfahren zustehen.

(2) Der Anspruch (Abs. 1) ist bei sonstigem Verlust binnen zwei Wochen ab Erstattung des Gutachtens oder, wenn dieses entfällt, nach Entlassung des Sachverständigen mündlich oder schriftlich bei der Behörde geltend zu machen, bei der der Sachverständige vernommen worden ist. Hierüber ist der Sachverständige zu belehren. § 176 Abs. 2 letzter Satz gilt sinngemäß.

### e) Augenschein

**§ 182.** (1) Zur Aufklärung der Sache kann die Abgabenbehörde auch einen Augenschein, nötigenfalls mit Zuziehung von Sachverständigen, vornehmen.

(2) Die Abgabenbehörde hat darüber zu wachen, daß der Augenschein nicht zur Verletzung eines Kunst-, Betriebs- oder Geschäftsgeheimnisses mißbraucht wird.

**f) Beweisaufnahme**

**§ 183.** (1) Beweise sind von Amts wegen oder auf Antrag aufzunehmen.

(2) Die Abgabenbehörde kann die Beweisaufnahme auch im Wege der Amtshilfe durch andere Abgabenbehörden vornehmen lassen.

(3) Von den Parteien beantragte Beweise sind aufzunehmen, soweit nicht eine Beweiserhebung gemäß § 167 Abs. 1 zu entfallen hat. Von der Aufnahme beantragter Beweise ist abzusehen, wenn die unter Beweis zu stellenden Tatsachen als richtig anerkannt werden oder unerheblich sind, wenn die Beweisaufnahme mit unverhältnismäßigem Kostenaufwand verbunden wäre, es sei denn, daß die Partei sich zur Tragung der Kosten bereit erklärt und für diese Sicherheit leistet, oder wenn aus den Umständen erhellt, daß die Beweise in der offenbaren Absicht, das Verfahren zu verschleppen, angeboten worden sind **„ , im Verfahren vor dem Verwaltungsgericht überdies dann, wenn das Beweisanbot der Parteien der Verfahrensförderungspflicht (§ 270 Abs. 2) widerspricht.“ „Von der Aufnahme eines im Vorlageantrag gestellten Beweisantrages darf das Verwaltungsgericht nicht mit der Begründung absehen, dass der Beweisantrag der Verfahrensförderungspflicht (§ 270 Abs. 2) widerspricht.“** Gegen die Ablehnung der von den Parteien angebotenen Beweise ist ein abgesondertes Rechtsmittel nicht zulässig.

*(BGBl I 2022/108 ab 1.9.2022)*

(4) Den Parteien ist vor Erlassung des abschließenden Sachbescheides Gelegenheit zu geben, von den durchgeführten Beweisen und vom Ergebnis der Beweisaufnahme Kenntnis zu nehmen und sich dazu zu äußern.

**3. Schätzung der Grundlagen für die Abgabenerhebung**

**§ 184.** (1) Soweit die Abgabenbehörde die Grundlagen für die Abgabenerhebung nicht ermitteln oder berechnen kann, hat sie diese zu schätzen. Dabei sind alle Umstände zu berücksichtigen, die für die Schätzung von Bedeutung sind.

(2) Zu schätzen ist insbesondere dann, wenn der Abgabepflichtige über seine Angaben keine ausreichenden Aufklärungen zu geben vermag oder weitere Auskunft über Umstände verweigert, die für die Ermittlung der Grundlagen (Abs. 1) wesentlich sind.

(3) Zu schätzen ist ferner, wenn der Abgabepflichtige Bücher oder Aufzeichnungen, die er nach den Abgabenvorschriften zu führen hat, nicht vorlegt oder wenn die Bücher oder Aufzeichnungen sachlich unrichtig sind oder solche formelle Mängel aufweisen, die geeignet sind, die sachliche Richtigkeit der Bücher oder Aufzeichnungen in Zweifel zu ziehen.

**B. Gesonderte Feststellungen**

**§ 185.** Als Grundlage für die Festsetzung der Abgaben sind gesonderte Feststellungen vorzunehmen, soweit dies in den §§ 186 und 188 oder in den Abgabenvorschriften angeordnet wird.

**§ 186.** (1) Unbeschadet anderer gesetzlicher Anordnungen sind die Einheitswerte für wirtschaftliche Einheiten oder Untereinheiten im Sinn des Bewertungsgesetzes 1955, BGBl. Nr. 148, gesondert festzustellen, wenn und soweit diese Feststellung für die Geltendmachung von Abgabenansprüchen von Bedeutung ist.

(2) Die gesonderten Feststellungen gemäß Abs. 1 sind einheitlich zu treffen, wenn an dem Gegenstand der Feststellung mehrere Personen beteiligt sind.

(3) Mit der Feststellung des Einheitswertes sind Feststellungen über die Art des Gegenstandes der Feststellung und darüber zu verbinden, wem dieser zuzurechnen ist (§ 24). Sind an dem Gegenstand mehrere Personen beteiligt, so ist auch eine Feststellung darüber zu treffen, wie der festgestellte Betrag sich auf die einzelnen Beteiligten verteilt.

(4) Die Gemeinden sind für Zwecke der Erhebung der Grundsteuer berechtigt, nach Maßgabe der technischen Möglichkeiten auf automationsunterstütztem Weg Einsicht in die Berechnungsgrundlagen des Einheitswertes zu nehmen.

**§ 187.** (aufgehoben)

**§ 188.** (1) Festgestellt werden die Einkünfte (der Gewinn oder der Überschuß der Einnahmen über die Werbungskosten)

a) aus Land- und Forstwirtschaft,
b) aus Gewerbebetrieb,
c) aus selbständiger Arbeit,
d) aus Vermietung und Verpachtung unbeweglichen Vermögens,

wenn an den Einkünften derselben Einkunftsart mehrere Personen beteiligt sind.

(2) (aufgehoben)

(3) Gegenstand der Feststellung gemäß Abs. 1 ist auch die Verteilung des festgestellten Betrages auf die Teilhaber.

(4) Die Vorschriften des Abs. 1 finden keine Anwendung, wenn

a) das unbewegliche Vermögen (Abs. 1 lit. a und d) nicht im Inland gelegen ist,
b) in den Fällen des Abs. 1 lit. b und lit. c die Personenvereinigung (Personengemeinschaft) ohne eigene Rechtspersönlichkeit weder ihre Geschäftsleitung, noch ihren Sitz, noch eine Betriebsstätte im Inland hat.
c) im Falle des Abs. 1 lit. d hinsichtlich aller Grundstücksanteile Wohnungseigentum besteht, sofern die Feststellung nur allgemeine Teile der Liegenschaft (§ 2 Abs. 4 Wohnungseigentumsgesetz 2002) betreffen würde, oder
d) sich der alleinige Zweck bei einer nach bürgerlichem Recht nicht rechtsfähigen Personenvereinigung (Personengemeinschaft) ohne

eigene Rechtspersönlichkeit auf die Erfüllung eines einzigen Werkvertrages oder Werklieferungsvertrages beschränkt, es sei denn, der mit dem Auftraggeber bei Auftragsvergabe vereinbarte Auftragswert übersteigt 700 000 Euro (ohne Umsatzsteuer).

(5) Werden in einem Dokument, das Form und Inhalt eines Feststellungsbescheides hat, gemeinschaftliche Einkünfte auch Personen oder Personenvereinigungen (Personengemeinschaften) ohne eigene Rechtspersönlichkeit zugerechnet, die nicht oder nicht mehr rechtlich existent sind (insbesondere infolge Todes, Beendigung der Gesellschaft, Gesamtrechtsnachfolge) oder die nicht oder nicht mehr handlungsfähig sind (zB infolge eines Genehmigungsvorbehalts bei Bestellung eines gerichtlichen Erwachsenenvertreters), so gilt dies als Feststellung (Abs. 1) und steht der Wirksamkeit als Feststellungsbescheid nicht entgegen. Ein solcher Bescheid wirkt lediglich gegenüber den Übrigen, denen im Spruch des Bescheides Einkünfte zugerechnet bzw. nicht zugerechnet werden.

*(BGBl I 2018/62)*

**§ 189.** (aufgehoben)

**§ 190.** (1) Auf Feststellungen gemäß §§ 185 bis 188 finden die für die Festsetzung der Abgaben geltenden Vorschriften sinngemäß Anwendung. Die für die vorgenannten Feststellungen geltenden Vorschriften sind sinngemäß für Bescheide anzuwenden, mit denen ausgesprochen wird, daß solche Feststellungen zu unterbleiben haben.

(2) Gesonderte Feststellungen sind, auch wenn sie mit der Festsetzung eines Steuermeßbetrages oder mit der Abgabenfestsetzung in einem Bescheid vereinigt sind, selbständig anfechtbar.

**§ 191.** (1) Der Feststellungsbescheid ergeht

a) in den Fällen des § 186: an denjenigen, dem die wirtschaftliche Einheit (Untereinheit) zugerechnet wird, wenn jedoch am Gegenstand der Feststellung mehrere beteiligt sind, an die Personenvereinigung (Personengemeinschaft) ohne eigene Rechtspersönlichkeit, an der die Beteiligung im Feststellungszeitpunkt bestanden hat;

b) (aufgehoben)

c) in den Fällen des § 188: an die Personenvereinigung (Personengemeinschaft) ohne eigene Rechtspersönlichkeit, deren Gesellschaftern (Mitgliedern) gemeinschaftliche Einkünfte zugeflossen sind;

d) (aufgehoben)

e) in allen übrigen Fällen: an die von der Feststellung Betroffenen.

(2) Ist eine Personenvereinigung (Personengemeinschaft) ohne eigene Rechtspersönlichkeit in dem Zeitpunkt, in dem der Feststellungsbescheid ergehen soll, bereits beendigt, so hat der Bescheid an diejenigen zu ergehen, die in den Fällen des Abs. 1 lit. a am Gegenstand der Feststellung beteiligt waren oder denen in den Fällen des Abs. 1 lit. c gemeinschaftliche Einkünfte zugeflossen sind.

(3) ~~Einheitliche~~ Feststellungsbescheide (§ 186) wirken gegen alle, die am Gegenstand der Feststellung beteiligt sind. Feststellungsbescheide (§ 188) wirken gegen alle, denen im Spruch des Bescheides Einkünfte zugerechnet bzw. nicht zugerechnet werden.

*(BGBl I 2022/108 ab 20.7.2022)*

(4) Ein Feststellungsbescheid, der gemäß § 186 über eine zum Grundbesitz zählende wirtschaftliche Einheit (Untereinheit) oder über eine Gewerbeberechtigung erlassen wird, wirkt auch gegen den Rechtsnachfolger, auf den der Gegenstand der Feststellung nach dem Feststellungszeitpunkt übergegangen ist oder übergeht. Das gleiche gilt bei Nachfolge im Besitz.

(5) Werden in einem Dokument, das Form und Inhalt eines Feststellungsbescheides (§ 188) hat, gemeinschaftliche Einkünfte auch Personen oder Personenvereinigungen (Personengemeinschaften) ohne eigene Rechtspersönlichkeit zugerechnet, die nicht oder nicht mehr rechtlich existent sind (insbesondere infolge Todes, Beendigung der Gesellschaft, Gesamtrechtsnachfolge) oder die nicht oder nicht mehr handlungsfähig sind **„(zB infolge eines Genehmigungsvorbehalts bei Bestellung eines gerichtlichen Erwachsenenvertreters)“**, so steht dies der Wirksamkeit als Feststellungsbescheid nicht entgegen. Ein solcher Bescheid wirkt lediglich gegenüber den Übrigen, denen im Spruch des Bescheides Einkünfte zugerechnet bzw. nicht zugerechnet werden.

*(BGBl I 2022/108 ab 20.7.2022)*

**„(6) Abs. 5 gilt sinngemäß für Feststellungsbescheide gemäß § 186 Abs. 2, wenn einzelne der am Gegenstand der Feststellung beteiligte Personen bei Bekanntgabe (§ 97) des Feststellungsbescheides rechtlich nicht mehr existent oder handlungsunfähig sind. Diesfalls muss der Feststellungsbescheid dem Rechtsnachfolger oder dem gesetzlichen Vertreter der nicht handlungsfähigen Person nachträglich bekannt gegeben werden, um ihm gegenüber wirksam zu werden.“**

*(BGBl I 2022/108 ab 20.7.2022)*

**§ 192.** In einem Feststellungsbescheid enthaltene Feststellungen, die für andere Feststellungsbescheide, für Meßbescheide oder für Abgabenbescheide von Bedeutung sind, werden diesen Bescheiden zugrunde gelegt, auch wenn der Feststellungsbescheid noch nicht rechtskräftig geworden ist.

**§ 193.** (1) Wenn die Voraussetzungen für eine Wert-, Art- oder Zurechnungsfortschreibung nach bewertungsrechtlichen Vorschriften vorliegen, so ist in den Fällen einer beantragten Fortschreibung auf den sich aus der Anwendung des Abs. 2 ergebenden Zeitpunkt, in den Fällen einer amtswegigen Fortschreibung auf den 1. Jänner des Jahres, an dem die Voraussetzungen für eine Fortschreibung erstmals vorliegen, ein Fortschreibungsbescheid zu erlassen. Dadurch tritt der dem Fortschreibungsbescheid zugrunde liegende Bescheid über den Einheitswert einer wirtschaftlichen Einheit (Untereinheit) mit Wirkung ab dem Fortschreibungszeitpunkt insoweit außer Kraft, als der Fortschreibungsbescheid von dem zugrunde liegenden Bescheid in seiner zuletzt maßgeblichen Fassung abweicht.

(2) Ein Fortschreibungsbescheid wird auf Antrag, erforderlichenfalls auch von Amts wegen erlassen. Der Antrag kann nur bis zum Ablauf des Kalenderjahres, auf dessen Beginn die neue Feststellung beantragt wird, oder bis zum Ablauf eines Monates, seitdem der bisherige Feststellungsbescheid rechtskräftig geworden ist, gestellt werden. Eine Erklärung zur Feststellung des Einheitswertes (§ 80 Bewertungsgesetz 1955, BGBl. Nr. 148) gilt als Antrag auf Erlassung eines Fortschreibungsbescheides. § 134 Abs. 2 gilt sinngemäß.

### C. Steuermeßbeträge

#### 1. Festsetzung der Steuermeßbeträge

**§ 194.** (1) Wenn die Abgabenvorschriften die Festsetzung einer Abgabe auf Grund von Steuermeßbeträgen anordnen, hat das Finanzamt durch Meßbescheid den Steuermeßbetrag festzusetzen. Die Festsetzung des Steuermeßbetrages ist, auch wenn sie mit der Abgabenfestsetzung in einem Bescheid vereinigt ist, selbständig anfechtbar.

(2) Auf die Festsetzung der Steuermeßbeträge finden die für die Festsetzung der Abgaben geltenden Vorschriften sinngemäß Anwendung.

(3) In der Festsetzung des Steuermeßbetrages liegt auch die Feststellung der sachlichen und persönlichen Abgabepflicht.

(4) Der Inhalt der Meßbescheide ist von Amts wegen denjenigen abgabe- oder beitragsberechtigten Körperschaften mitzuteilen, denen die Festsetzung der Abgaben oder Beiträge obliegt. Die mitzuteilenden Daten können im Einvernehmen mit den genannten Körperschaften in geeigneter elektronischer Form übermittelt werden.

(5) Ein Grundsteuermeßbescheid wirkt, soweit er die sachliche Abgabepflicht und die Höhe des Steuermeßbetrages betrifft, auch gegen den Rechtsnachfolger, auf den der Steuergegenstand nach dem Feststellungszeitpunkt übergegangen ist oder übergeht. Das gleiche gilt bei Nachfolge im Besitz.

**§ 195.** Die Steuermeßbeträge und die anderen Feststellungen, die in den Meßbescheiden enthalten sind (§ 194 Abs. 3), werden den Abgabenbescheiden zugrunde gelegt, auch wenn die Meßbescheide noch nicht rechtskräftig geworden sind.

#### 2. Zerlegung und Zuteilung

**§ 196.** (1) Einheitswerte und Steuermeßbeträge sind zu zerlegen, soweit die Abgabenvorschriften dies anordnen.

(2) Über die Zerlegung erläßt das Finanzamt einen Zerlegungsbescheid. Auf die Zerlegung finden die für die Festsetzung der Abgaben geltenden Vorschriften sinngemäß Anwendung.

(3) Der Zerlegungsbescheid muß enthalten

a) die Höhe des zerlegten Einheitswertes oder Steuermeßbetrages;
b) die Bestimmung darüber, welche Anteile am zerlegten Betrag den beteiligten Körperschaften zugeteilt werden;
c) die Angabe der Zerlegungsgrundlagen.

(4) Der Zerlegungsbescheid hat an den Abgabepflichtigen und an die beteiligten Körperschaften (§ 78 Abs. 2 lit. b) zu ergehen.

**§ 197.** (1) Ist ein Steuermeßbetrag in voller Höhe einer Körperschaft zuzuteilen, besteht aber Streit darüber, welche die berechtigte Körperschaft ist oder auf welche Zeit sich die Berechtigung erstreckt, so hat auf Antrag einer Partei das Finanzamt durch Zuteilungsbescheid zu entscheiden.

(2) Besteht Streit darüber, ob und ab welchem Zeitpunkt ein Anteil am Steuermeßbetrag, der einer Körperschaft zugeteilt war, auf eine andere Körperschaft übergegangen ist, hat auf Antrag der am Zerlegungsverfahren nicht beteiligten Körperschaft das Finanzamt durch Zuteilungsbescheid zu entscheiden.

(3) Die Vorschriften, die für das Zerlegungsverfahren (§ 196) gelten, finden auf das Zuteilungsverfahren sinngemäß Anwendung.

### D. Festsetzung der Abgaben

**§ 198.** (1) Soweit in Abgabenvorschriften nicht anderes vorgeschrieben ist, hat die Abgabenbehörde die Abgaben durch Abgabenbescheide festzusetzen.

(2) Abgabenbescheide haben im Spruch die Art und Höhe der Abgaben, den Zeitpunkt ihrer Fälligkeit und die Grundlagen der Abgabenfestsetzung (Bemessungsgrundlagen) zu enthalten. Führen Abgabenbescheide zu keiner Nachforderung, so ist eine Angabe über die Fälligkeit der festgesetzten Abgabenschuldigkeiten entbehrlich. Ist die Fälligkeit einer Abgabenschuldigkeit bereits vor deren Festsetzung eingetreten, so erübrigt sich, wenn auf diesen Umstand hingewiesen wird, eine nähere Angabe über den Zeitpunkt der Fälligkeit der festgesetzten Abgabenschuldigkeit.

**§ 199.** Sind zur Entrichtung einer Abgabe mehrere Personen als Gesamtschuldner verpflichtet, so kann gegen sie ein einheitlicher Abgabenbescheid erlassen werden, und zwar auch dann, wenn nach dem zwischen ihnen bestehenden Rechtsverhältnis die Abgabe nicht von allen Gesamtschuldnern zu tragen ist.

**§ 200.** (1) Die Abgabenbehörde kann die Abgabe vorläufig festsetzen, wenn nach den Ergebnissen des Ermittlungsverfahrens die Abgabepflicht zwar noch ungewiß, aber wahrscheinlich oder wenn der Umfang der Abgabepflicht noch ungewiß ist. **„Die Abgabe kann auch dann vorläufig festgesetzt werden, wenn die Abgabepflicht oder der Umfang der Abgabepflicht auf Grund einer noch ausstehenden Entscheidung einer Rechtsfrage in einem bereits anhängigen Beschwerdeverfahren, welches die gleiche Partei (§ 78) betrifft, noch ungewiss ist.“** Die Ersetzung eines vorläufigen durch einen anderen vorläufigen Bescheid ist im

Fall der teilweisen Beseitigung der Ungewißheit zulässig.

*(BGBl I 2022/108 ab 20.7.2022)*

**„(2) Wenn die Ungewissheit beseitigt oder das Rechtsmittel rechtskräftig entschieden ist, ist die vorläufige durch eine endgültige Festsetzung zu ersetzen. Ergibt sich aus der Beseitigung der Ungewissheit oder der rechtskräftigen Entscheidung des Rechtsmittels kein Grund für eine Berichtigung der vorläufigen Festsetzung, so ist ein Bescheid zu erlassen, der den vorläufigen zum endgültigen Abgabenbescheid erklärt.“**

*(BGBl I 2022/108 ab 20.7.2022)*

~~(3) Die Bestimmungen des Erbschafts- und Schenkungssteuerrechtes über die vorläufige Festsetzung der Erbschafts- und Schenkungssteuer bleiben unberührt.~~

(4) Die Abs. 1 und 2 gelten sinngemäß für Bescheide, mit denen festgestellt wird, daß eine Veranlagung unterbleibt, oder die aussprechen, daß eine Abgabe nicht festgesetzt wird.

(5) Die Erlassung gemäß Abs. 2 endgültiger oder endgültig erklärender Bescheide obliegt der Abgabenbehörde, die für die Erlassung des vorläufigen Bescheides zuständig war oder vor Übergang der Zuständigkeit als Folge einer Bescheidbeschwerde oder einer Säumnisbeschwerde (§ 284 Abs. 3) zuständig gewesen wäre. Ist die diesbezügliche Zuständigkeit auf eine andere Abgabenbehörde übergegangen, so obliegt die Erlassung des endgültigen oder endgültig erklärenden Bescheides der zuletzt zuständig gewordenen Abgabenbehörde.

**§ 201.** (1) Ordnen die Abgabenvorschriften die Selbstberechnung einer Abgabe durch den Abgabepflichtigen an oder gestatten sie dies, so kann nach Maßgabe des Abs. 2 und muss nach Maßgabe des Abs. 3 auf Antrag des Abgabepflichtigen oder von Amts wegen eine erstmalige Festsetzung der Abgabe mit Abgabenbescheid erfolgen, wenn der Abgabepflichtige, obwohl er dazu verpflichtet ist, keinen selbst berechneten Betrag der Abgabenbehörde bekannt gibt oder wenn sich die bekanntgegebene Selbstberechnung als nicht richtig erweist.

(2) Die Festsetzung kann erfolgen,

1. von Amts wegen innerhalb eines Jahres ab Bekanntgabe des selbstberechneten Betrages,
2. wenn der Antrag auf Festsetzung spätestens ein Jahr ab Bekanntgabe des selbstberechneten Betrages eingebracht ist,
3. wenn kein selbstberechneter Betrag bekannt gegeben wird oder wenn bei sinngemäßer Anwendung des § 303 die Voraussetzungen für eine Wiederaufnahme des Verfahrens vorliegen würden,
4. (aufgehoben)
5. wenn bei sinngemäßer Anwendung des § 293b oder des § 295a die Voraussetzungen für eine Abänderung vorliegen würden.

(3) Die Festsetzung hat zu erfolgen,

1. wenn der Antrag auf Festsetzung binnen einer Frist von einem Monat ab Bekanntgabe des selbst berechneten Betrages eingebracht ist,
2. (aufgehoben)
3. wenn bei sinngemäßer Anwendung des § 295 die Voraussetzungen für eine Änderung vorliegen würden.

(4) Innerhalb derselben Abgabenart kann die Festsetzung mehrerer Abgaben desselben Kalenderjahres (Wirtschaftsjahres) in einem Bescheid zusammengefasst erfolgen.

**§ 201a.** Für Landes- und Gemeindeabgaben gilt Folgendes:

Liegen die Voraussetzungen für eine bescheidmäßige Festsetzung gemäß § 201 vor, so ist von der Festsetzung abzusehen, wenn der Abgabepflichtige nachträglich die Selbstberechnung berichtigt.

**§ 202.** (1) Die §§ 201 und 201a gelten sinngemäß, wenn nach den Abgabenvorschriften die Selbstberechnung einer Abgabe einem abgabenrechtlich Haftungspflichtigen obliegt. Hiebei sind Nachforderungen mittels Haftungsbescheides (§ 224 Abs. 1) geltend zu machen.

(2) Abs. 1 gilt nicht, soweit ein zu Unrecht einbehaltener Betrag gemäß § 240 Abs. 3 zurückgezahlt wurde oder im Fall einer Antragstellung nach dieser Bestimmung zurückzuzahlen wäre.

(2)[a)] Abs. 1 gilt nicht, soweit ein einbehaltener Betrag gemäß **„§ 240 Abs. 3 oder 4“** zurückgezahlt wurde oder im Fall einer Antragstellung nach dieser Bestimmung zurückzuzahlen wäre.

*(BGBl I 2022/108 ab 1.1.2023)*

[a)] Tritt mit 1. Jänner 2023 in Kraft.

**§ 203.** Bei Abgaben, die nach den Abgabenvorschriften in Wertzeichen ~~(Stempelmarken)~~ zu entrichten sind, ist ein Abgabenbescheid nur zu erlassen, wenn die Abgabe in Wertzeichen nicht vorschriftsmäßig entrichtet worden ist.

*(BGBl I 2022/108 ab 20.7.2022)*

**§ 204.** (1) Der festgesetzte Abgabenbetrag oder die Summe der in einem Bescheid festgesetzten Abgabenbeträge ist auf volle Cent abzurunden oder aufzurunden. Hiebei sind Beträge unter 0,5 Cent abzurunden, Beträge ab 0,5 Cent aufzurunden.

(2) Für die Selbstberechnung von Abgaben (§ 201) gilt Abs. 1 sinngemäß.

(3) Obliegt einem abgabenrechtlich Haftungspflichtigen die Selbstberechnung und Abfuhr einbehaltener Steuerabzugsbeträge (§ 202), gilt Abs. 1 sinngemäß für die Endsumme des abzuführenden Betrages.

(4) Zinsen~~, hinsichtlich derer der Abgabenanspruch laufend entsteht,~~ sind mit einem Tageszinssatz zu berechnen, wobei ein Jahr mit 365 Tagen zugrunde zu legen ist. Der Tageszinssatz ist auf vier Kommastellen zu runden.

*(BGBl I 2018/62, BGBl I 2022/108 ab 20.7.2022)*

### Anspruchszinsen

**§ 205.** (1) Differenzbeträge an Einkommensteuer und Körperschaftsteuer, die sich aus Abgabenbescheiden unter Außerachtlassung von Anzahlungen (Abs. 3), nach Gegenüberstellung mit Vorauszahlungen oder mit der bisher festgesetzt gewesenen Abgabe ergeben, sind für den Zeitraum ab 1. Oktober des dem Jahr des Entstehens des Abgabenanspruchs folgenden Jahres bis zum Zeitpunkt der Bekanntgabe dieser Bescheide zu verzinsen (Anspruchszinsen). Dies gilt sinngemäß für Differenzbeträge aus

a) Aufhebungen von Abgabenbescheiden,
b) Bescheiden, die aussprechen, dass eine Veranlagung unterbleibt,
c) auf Grund völkerrechtlicher Verträge oder gemäß „§ 240 Abs. 3“[a)] erlassenen Rückzahlungsbescheiden.

*(BGBl I 2022/108 ab 1.1.2023)*

[a)] Ab 1. Jänner 2023: „§ 240 Abs. 3 oder 4“.

(2) Die Anspruchszinsen betragen pro Jahr 2% über dem Basiszinssatz. Anspruchszinsen, die den Betrag von 50 Euro nicht erreichen, sind nicht festzusetzen. Anspruchszinsen sind für einen Zeitraum von höchstens 48 Monaten festzusetzen.

(3) Der Abgabepflichtige kann, auch wiederholt, auf Einkommensteuer oder Körperschaftsteuer Anzahlungen dem Finanzamt bekanntgeben. Anzahlungen sowie Mehrbeträge zu bisher bekanntgegebenen Anzahlungen gelten für die Verrechnung nach § 214 am Tag der jeweiligen Bekanntgabe als fällig. Wird eine Anzahlung in gegenüber der bisher bekanntgegebenen Anzahlung verminderter Höhe bekanntgegeben, so wirkt die hieraus entstehende, auf die bisherige Anzahlung zu verrechnende Gutschrift auf den Tag der Bekanntgabe der verminderten Anzahlung zurück. Entrichtete Anzahlungen sind auf die Einkommensteuer- bzw. Körperschaftsteuerschuld höchstens im Ausmaß der Nachforderung zu verrechnen. Soweit keine solche Verrechnung zu erfolgen hat, sind die Anzahlungen gutzuschreiben; die Gutschrift wird mit Bekanntgabe des im Abs. 1 genannten Bescheides wirksam. Mit Ablauf des Zeitraumes des Abs. 2 dritter Satz sind noch nicht verrechnete und nicht bereits gutgeschriebene Anzahlungen gutzuschreiben.

(4) Die Bemessungsgrundlage für Anspruchszinsen zu Lasten des Abgabepflichtigen (Nachforderungszinsen) wird durch Anzahlungen in ihrer jeweils maßgeblichen Höhe vermindert. Anzahlungen (Abs. 3) mindern die Bemessungsgrundlage für die Anspruchszinsen nur insoweit, als sie entrichtet sind.

(5) Differenzbeträge zu Gunsten des Abgabepflichtigen sind nur insoweit zu verzinsen (Gutschriftszinsen), als die nach Abs. 1 gegenüberzustellenden Beträge entrichtet sind. **„Bei im Abzugsweg zu erhebenden Steuern findet eine Verzinsung von Gutschriften nur insoweit statt, als die betreffenden Abgaben entrichtet wurden.“**

*(BGBl I 2022/108 ab 20.7.2022)*

(6) Auf Antrag des Abgabepflichtigen sind Nachforderungszinsen insoweit herabzusetzen bzw. nicht festzusetzen,

a) als der Differenzbetrag (Abs. 1) Folge eines rückwirkenden Ereignisses (§ 295a) ist und die Zinsen die Zeit vor Eintritt des Ereignisses betreffen oder
b) als ein Guthaben (§ 215 Abs. 4) auf dem Abgabenkonto bestanden hat.

### Beschwerdezinsen

**§ 205a.** (1) Soweit eine bereits entrichtete Abgabenschuldigkeit, deren Höhe unmittelbar oder mittelbar von der Erledigung einer Bescheidbeschwerde abhängt, herabgesetzt wird, sind auf Antrag des Abgabepflichtigen Zinsen für den Zeitraum ab Entrichtung bis zur Bekanntgabe des die Abgabe herabsetzenden Bescheides bzw. Erkenntnisses festzusetzen (Beschwerdezinsen).

(2) Der Antrag (Abs. 1) hat zu enthalten:

a) die Bezeichnung der Bescheidbeschwerde, von deren Erledigung die Abgabenhöhe unmittelbar oder mittelbar abhängt;
b) die Bezeichnung des Bescheides bzw. Erkenntnisses, mit dem die entrichtete Abgabenschuldigkeit herabgesetzt wurde;
c) die für die Höhe der Bemessungsgrundlage der Zinsen maßgebenden Angaben.

(2a) Soweit eine bereits entrichtete Abgabenschuldigkeit aufgrund von § 295 Abs. 2a herabgesetzt wird, sind auf Antrag des Abgabepflichtigen Zinsen für den Zeitraum ab Entrichtung bis zur Bekanntgabe des die Abgabe herabsetzenden Bescheides, festzusetzen.

*(BGBl I 2019/62)*

(3) Zinsen sind nur insoweit festzusetzen, als ein Bescheid in Punkten angefochten wird, in denen er von dem ihm zugrunde liegenden Anbringen abweicht oder ein Bescheid angefochten wird, dem kein Anbringen zugrunde liegt. **„Zinsen sind nicht festzusetzen, insoweit Anspruchszinsen gemäß § 205 oder Umsatzsteuerzinsen gemäß § 205c für den selben Zeitraum anfallen.“**

*(BGBl I 2022/108 ab 20.7.2022)*

(4) Die Zinsen betragen pro Jahr 2% über dem Basiszinssatz. Zinsen, die den Betrag von 50 Euro nicht erreichen, sind nicht festzusetzen.

**§ 205b.** Für Landes- und Gemeindeabgaben gilt § 205a nicht.

### „Umsatzsteuerzinsen

**§ 205c. (1) Mit Umsatzsteuerzinsen zu verzinsen ist**

**1. im Fall von Gutschriften:**
   **a) ein in einer Voranmeldung erklärter Überschuss ab dem 91. Tag nach Einlangen der Voranmeldung bis zur Verbuchung des Überschusses auf dem Abgabenkonto;**
   **b) eine Gutschrift aufgrund einer Abgabenfestsetzung, insoweit der Über-**

**schuss in der Voranmeldung geltend gemacht wurde, ab dem 91. Tag nach Einlangen der Voranmeldung bis zur Bekanntgabe des Bescheides bzw. Erkenntnisses;**

**c) eine Gutschrift aufgrund einer Abgabenfestsetzung infolge der Umsatzsteuerjahreserklärung, insoweit der Überschuss in der Umsatzsteuerjahreserklärung geltend gemacht wurde, ab dem 91. Tag nach Einlangen der Umsatzsteuerjahreserklärung bis zur Bekanntgabe des Bescheides bzw. Erkenntnisses.**

**2. im Fall von Nachforderungen:**

**a) eine Vorauszahlung, die sich aus einer verspätet eingereichten Voranmeldung ergibt, ab dem 91. Tag nach Fälligkeit der Vorauszahlung bis zum Einlangen der Voranmeldung;**

**b) eine Nachforderung aufgrund einer Abgabenfestsetzung ab dem 91. Tag nach Fälligkeit der Vorauszahlung bis zur Bekanntgabe des Bescheides bzw. Erkenntnisses;**

**c) eine Nachforderung aufgrund einer Abgabenfestsetzung infolge der Umsatzsteuerjahreserklärung ab dem 1. Oktober des Folgejahres bis zur Bekanntgabe des Bescheides bzw. Erkenntnisses.**

**(2) Weiters sind Unterschiedsbeträge an Umsatzsteuer, die sich aus der Differenz eines Festsetzungsbescheides oder Umsatzsteuerjahresbescheides und einem nachträglichen Bescheid oder Erkenntnis ergeben, zu verzinsen:**

**1. im Fall von Gutschriften**

**a) solange ein den Voranmeldungszeitraum beinhaltender Veranlagungsbescheid (§ 21 Abs. 4 UStG 1994) noch nicht erlassen wurde, ab dem 91. Tag nach Einlangen der Voranmeldung bis zur Bekanntgabe des Bescheides bzw. Erkenntnisses,**

**b) danach ab dem 91. Tag nach Einlangen der Umsatzsteuerjahreserklärung bis zur Bekanntgabe des Bescheides bzw. Erkenntnisses;**

**2. im Fall von Nachforderungen**

**a) solange ein den Voranmeldungszeitraum beinhaltender Veranlagungsbescheid (§ 21 Abs. 4 UStG 1994) noch nicht erlassen wurde, ab dem 91. Tag nach Fälligkeit der Vorauszahlung bis zur Bekanntgabe des Bescheides bzw. Erkenntnisses,**

**b) danach ab dem 1. Oktober des Folgejahres bis zur Bekanntgabe des Bescheides bzw. des Erkenntnisses.**

**Gutschriften sind nur insoweit zu verzinsen, als der Überschuss in der Voranmeldung oder der Umsatzsteuerjahreserklärung geltend gemacht wurde.**

**(3) Abgabepflichtige können in Fällen des Abs. 2 innerhalb eines Jahres ab Bekanntgabe des zuletzt ergangenen Bescheides, mit dem Umsatzsteuerzinsen festgesetzt werden, zusätzlich eine Verzinsung im Sinn des Abs. 1 Z 1 lit. b ab dem 91. Tag nach Einlangen der Voranmeldung bis zum 90. Tag nach Einlangen der Umsatzsteuerjahreserklärung beantragen. Wurden die Umsatzsteuerzinsen nicht festgesetzt, ist der Antrag innerhalb eines Jahres ab Bekanntgabe des Umsatzsteuerjahresbescheides zu stellen. Der Antrag ist über FinanzOnline einzubringen und hat zu enthalten:**

**1. den Voranmeldungszeitraum,**

**2. die erstmalige Erklärung und**

**3. bereits erfolgte Gutschriften des Überschusses.**

**(4) Eine Festsetzung von Umsatzsteuerzinsen für Überschüsse bzw. Gutschriften im Sinne des Abs. 1 Z 1 und des Abs. 2 Z 1 kann für Zeiträume versagt werden, in welchen der Abgabepflichtige seiner Mitwirkungsverpflichtung zur Erteilung von Auskünften oder Vorlage von Unterlagen im Rahmen der Prüfung einer Voranmeldung oder Umsatzsteuerjahreserklärung nicht innerhalb der durch die Abgabenbehörde gesetzten Frist nachkommt.**

**(5) Die Umsatzsteuerzinsen betragen pro Jahr 2 Prozent über dem Basiszinssatz. Umsatzsteuerzinsen, die den Betrag von 50 Euro nicht erreichen, sind nicht festzusetzen.“**

*(BGBl I 2022/108 ab 20.7.2022)*

### Abstandnahme von der Abgabenfestsetzung

**§ 206.** (1) Die Abgabenbehörde kann von der Festsetzung von Abgaben ganz oder teilweise Abstand nehmen,

a) soweit Abgabepflichtige von den Folgen eines durch höhere Gewalt ausgelösten Notstandes betroffen werden, vor allem soweit abgabepflichtige Vorgänge durch Katastrophenschäden (insbesondere Hochwasser-, Erdrutsch-, Vermurungs- und Lawinenschäden) veranlasst worden sind;

b) soweit im Einzelfall auf Grund der der Abgabenbehörde zur Verfügung stehenden Unterlagen und der durchgeführten Erhebungen mit Bestimmtheit anzunehmen ist, dass der Abgabenanspruch gegenüber dem Abgabenschuldner nicht durchsetzbar sein wird;

c) wenn in einer Mehrheit von gleichgelagerten Fällen der behördliche Verwaltungsaufwand außer Verhältnis zur Höhe der festzusetzenden Abgabe steht.

(2) Durch die Abstandnahme (Abs. 1) erlischt der Abgabenanspruch (§ 4) nicht. Die Abstandnahme berührt nicht die Befugnis, diesbezügliche persönliche Haftungen gegenüber Haftungspflichtigen geltend zu machen.

### E. Verjährung

**§ 207.** (1) Das Recht, eine Abgabe festzusetzen, unterliegt nach Maßgabe der nachstehenden Bestimmungen der Verjährung.

(2) Die Verjährungsfrist beträgt bei den Verbrauchsteuern, bei den festen Stempelgebühren nach dem II. Abschnitt des Gebührengesetzes 1957, weiters bei den Gebühren gemäß § 17 a des Verfassungsgerichtshofgesetzes 1953 und § 24a des Verwaltungsgerichtshofgesetzes 1985 drei Jahre, bei allen übrigen Abgaben fünf Jahre. Soweit eine Abgabe hinterzogen ist, beträgt die Verjährungsfrist zehn Jahre. Das Recht, einen Verspätungszuschlag, Anspruchszinsen, Säumniszuschläge oder Abgabenerhöhungen festzusetzen, verjährt gleichzeitig mit dem Recht auf Festsetzung der Abgabe.

(3) Das Recht zur Verhängung von Zwangs-Ordnungs- und Mutwillensstrafen sowie zur Anforderung von Kostenersätzen im Abgabenverfahren verjährt in einem Jahr.

(4) Das Recht, den Ersatz zu Unrecht geleisteter oder die Rückzahlung zu Unrecht bezogener Beihilfen zu fordern, sowie das Recht auf Rückforderung zu Unrecht zuerkannter Erstattungen, Vergütungen oder Abgeltungen von Abgaben verjährt in fünf Jahren. Abs. 2 zweiter Satz gilt sinngemäß.

(5) Abs. 2 zweiter Satz gilt sinngemäß für Abgaben, deren vorsätzliche Verkürzung nicht in den Anwendungsbereich des Finanzstrafgesetzes fällt.

**§ 208.** (1) Die Verjährung beginnt

a) in den Fällen des § 207 Abs. 2 mit dem Ablauf des Jahres, in dem der Abgabenanspruch entstanden ist, soweit nicht im Abs. 2 ein anderer Zeitpunkt bestimmt wird;

b) in den Fällen des § 207 Abs. 3 mit dem Ablauf des Jahres, in dem die Voraussetzung für die Verhängung der genannten Strafen oder für die Anforderung der Kostenersätze entstanden ist;

c) in den Fällen des § 207 Abs. 4 mit dem Ablauf des Jahres, in dem die rückzufordernden Beihilfen, Erstattungen, Vergütungen oder Abgeltungen geleistet wurden;

d) in den Fällen des § 200 mit dem Ablauf des Jahres, in dem die Ungewißheit beseitigt wurde;

e) in den Fällen des Eintritts eines rückwirkenden Ereignisses im Sinn des § 295a mit Ablauf des Jahres, in dem das Ereignis eingetreten ist.

(2) Bei der Erbschafts- und Schenkungssteuer unterliegenden Erwerben von Todes wegen oder Zweckzuwendungen von Todes wegen beginnt die Verjährung frühestens mit Ablauf des Jahres, in dem die Abgabenbehörde vom Erwerb oder von der Zweckzuwendung Kenntnis erlangt.

**§ 209.** (1) Werden innerhalb der Verjährungsfrist (§ 207) nach außen erkennbare Amtshandlungen zur Geltendmachung des Abgabenanspruches oder zur Feststellung des Abgabepflichtigen (§ 77) von der Abgabenbehörde unternommen, so verlängert sich die Verjährungsfrist um ein Jahr. Die Verjährungsfrist verlängert sich jeweils um ein weiteres Jahr, wenn solche Amtshandlungen in einem Jahr unternommen werden, bis zu dessen Ablauf die Verjährungsfrist verlängert ist. Verfolgungshandlungen (§ 14 Abs. 3 FinStrG, § 32 Abs. 2 VStG) gelten als solche Amtshandlungen.

(2) Die Verjährung ist gehemmt, solange die Geltendmachung des Anspruches innerhalb der letzten sechs Monate der Verjährungsfrist wegen höherer Gewalt nicht möglich ist.

(3) Das Recht auf Festsetzung einer Abgabe verjährt spätestens zehn Jahre nach Entstehung des Abgabenanspruches (§ 4). In den Fällen eines Erwerbes von Todes wegen oder einer Zweckzuwendung von Todes wegen verjährt das Recht auf Festsetzung der Erbschafts- und Schenkungssteuer jedoch spätestens zehn Jahre nach dem Zeitpunkt der Anzeige.

(4) Abweichend von Abs. 3 verjährt das Recht, eine gemäß § 200 Abs. 1 vorläufige Abgabenfestsetzung wegen der Beseitigung einer Ungewissheit im Sinn des § 200 Abs. 1 durch eine endgültige Festsetzung zu ersetzen, spätestens fünfzehn Jahre nach Entstehung des Abgabenanspruches.

(5) In den Fällen, in denen aufgrund der Bestimmungen des Einkommensteuergesetzes 1988 oder des Umgründungssteuergesetzes über die entstandene Einkommen- oder Körperschaftsteuerschuld abgesprochen, aber die Steuerschuld nicht festgesetzt worden ist, verjährt das Recht auf Festsetzung der genannten Abgaben insoweit jedoch spätestens zehn Jahre nach Ablauf des Jahres, in dem das rückwirkende Ereignis eingetreten ist.

*(BGBl I 2015/163)*

**§ 209a.** (1) Einer Abgabenfestsetzung, die in einer Beschwerdevorentscheidung oder in einem Erkenntnis zu erfolgen hat, steht der Eintritt der Verjährung nicht entgegen.

(2) Hängt eine Abgabenfestsetzung unmittelbar oder mittelbar von der Erledigung einer Beschwerde oder eines in Abgabenvorschriften vorgesehenen Antrages (§ 85) ab, so steht der Abgabenfestsetzung der Eintritt der Verjährung nicht entgegen, wenn die Beschwerde oder der Antrag vor diesem Zeitpunkt eingebracht wird. Die Verjährung steht der Abgabenfestsetzung auch dann nicht entgegen, wenn eine Aufhebung gemäß § 299 Abs. 1 vor Ablauf der Jahresfrist des § 302 Abs. 1 oder wenn eine Wiederaufnahme des Verfahrens gemäß § 303 Abs. 1 vor Ablauf der Frist des § 304 lit. b beantragt oder durchgeführt wird.

*(BGBl I 2018/62)*

(3) Sofern nicht Abs. 1 oder 2 anzuwenden ist, darf in einem an die Stelle eines früheren Bescheides tretenden Abgabenbescheid, soweit für einen Teil der festzusetzenden Abgabe bereits Verjährung eingetreten ist, vom früheren Bescheid nicht abgewichen werden.

(4) Abgabenerklärungen gelten als Anträge im Sinn des Abs. 2, wenn die nach Eintritt der Verjährung vorzunehmende Abgabenfestsetzung zu einer Gutschrift führen würde.

(5) Soweit die Verjährung der Festsetzung einer Abgabe in einem Erkenntnis (§ 279) nicht entgegenstehen würde, steht sie auch nicht der Abgabenfestsetzung in dem Bescheid der Abgabenbehörde entgegen, der den gemäß § 278 oder § 300 aufgehobenen Bescheid ersetzt, wenn dieser Bescheid binnen einem Jahr ab Bekanntgabe (§ 97) des aufhebenden Beschlusses bzw. innerhalb der Frist des § 300 Abs. 1 lit. b ergeht.

(6) Wird eine Bescheidbeschwerde oder ein Vorlageantrag nach Eintritt der Verjährung gemäß § 209 Abs. 3 erster Satz zurückgenommen, so steht der Eintritt der Verjährung der Festsetzung einer Abgabe, soweit sie hinterzogen ist, nicht entgegen, wenn diese Festsetzung innerhalb eines Jahres ab Zurücknahme der Bescheidbeschwerde oder des Vorlageantrages erfolgt.

*(BGBl I 2016/117)*

**§ 209b.** (aufgehoben)

## 6. Abschnitt
## Einhebung der Abgaben

### A. Fälligkeit, Entrichtung und Nebengebühren im Einhebungsverfahren

#### 1. Fälligkeit und Entrichtung

**§ 210.** (1) Abgaben werden unbeschadet der in Abgabenvorschriften getroffenen besonderen Regelungen mit Ablauf eines Monates nach Bekanntgabe (§ 97) des Abgabenbescheides fällig. Wenn bei mündlicher Verkündung eines Bescheides auch eine schriftliche Ausfertigung zuzustellen ist, wird die Monatsfrist erst mit der Zustellung der schriftlichen Ausfertigung in Lauf gesetzt.

(2) Wird ein Bescheid, der eine sonstige Gutschrift (§ 213 Abs. 1) zur Folge hatte, ohne gleichzeitige Neufestsetzung der Abgabe aufgehoben, so ist die sich hiedurch ergebende, dem Gegenstand des aufgehobenen Bescheides zuzuordnende Abgabenschuldigkeit am Tag der Aufhebung fällig. Für die Entrichtung einer solchen Abgabenschuldigkeit steht jedoch eine Nachfrist von einem Monat zu.

(3) Werden Abgaben, ausgenommen ‚Eingangs- und Ausgangsabgaben', an einem Samstag, Sonntag, gesetzlichen Feiertag, Karfreitag oder 24. Dezember fällig, so gilt als Fälligkeitstag der nächste Tag, der nicht einer der vorgenannten Tage ist.

(4) Werden Abgaben, ausgenommen Nebenansprüche, später als einen Monat vor ihrer Fälligkeit festgesetzt, so steht dem Abgabepflichtigen für die Entrichtung der Abgabennachforderung eine Nachfrist von einem Monat ab der Bekanntgabe des maßgeblichen Bescheides zu.

(5) In den im § 228 angeführten Fällen des Wiederauflebens einer Abgabenschuldigkeit steht dem Abgabepflichtigen für deren Entrichtung eine Nachfrist von einem Monat ab Bekanntgabe der Umbuchung, Rückzahlung oder Richtigstellung der Gebarung zu.

(6) Soweit eine Abgabe nur deswegen als nicht entrichtet anzusehen ist, weil vor dem Ablauf einer zur Entrichtung einer anderen Abgabenschuldigkeit zur Verfügung stehenden Zahlungsfrist eine Verrechnung gemäß § 214 auf diese andere Abgabenschuldigkeit erfolgte, steht dem Abgabepflichtigen für die Entrichtung der erstgenannten Abgabe eine Nachfrist bis zum Ablauf der später endenden Zahlungsfrist für eine der genannten Abgaben zu.

**§ 211.** (1) Unbeschadet besonderer landes- oder gemeinderechtlicher Vorschriften gelten Abgaben in nachstehend angeführten Fällen als entrichtet:

1. bei Überweisung auf das Konto der empfangsberechtigten Kasse am Tag der Gutschrift;
2. bei Einziehung einer Abgabe durch die empfangsberechtigte Kasse am Tag der Einziehung;
3. bei Einzahlungen mit Erlagschein an dem Tag, der sich aus dem Tagesstempel des kontoführenden Kreditinstituts der empfangsberechtigten Kasse ergibt;
4. bei Umbuchung oder Überrechnung von Guthaben (§ 215) eines Abgabepflichtigen auf Abgabenschuldigkeiten desselben Abgabepflichtigen am Tag der Entstehung der Guthaben, auf Abgabenschuldigkeiten eines anderen Abgabepflichtigen am Tag der nachweislichen Antragstellung, frühestens jedoch am Tag der Entstehung der Guthaben;
5. bei Barzahlungen am Tag der Zahlung, bei Abnahme von Bargeld durch den Vollstrecker am Tag der Abnahme.

(2) Erfolgt in den Fällen des Abs. 1 Z 1 die Gutschrift auf dem Konto der empfangsberechtigten Kasse zwar verspätet, aber noch innerhalb von drei Tagen nach Ablauf der zur Entrichtung einer Abgabe zustehenden Frist, so bleibt die Verspätung ohne Rechtsfolgen; in den Lauf der dreitägigen Frist sind Samstage, Sonntage, gesetzliche Feiertage, der Karfreitag und der 24. Dezember nicht einzurechnen.

(3) Erfolgt die Entrichtung im Wege der Überweisung gemäß Abs. 1 Z 1, so hat die Beauftragung mittels Electronic-Banking zu erfolgen, wenn dies dem Abgabepflichtigen zumutbar ist. Die nähere Regelung kann der Bundesminister für Finanzen durch Verordnung treffen. In der Verordnung kann auch festgelegt werden, dass bestimmte Formen einer Electronic-Banking-Überweisung zu verwenden sind.

(4) Der Bundesminister für Finanzen hat die näheren Regelungen für die Nutzung des SEPA-Lastschriftverfahrens für die Abgabenentrichtung durch Verordnung zu bestimmen; er kann die Zulässigkeit der Nutzung des SEPA-Lastschriftverfahrens auf bestimmte Abgaben oder auf Vorauszahlungen auf bestimmte Abgaben beschränken.

(5) Im Falle der Einziehung mittels SEPA-Lastschriftmandat gilt die Abgabe nicht als im Sinne des Abs. 1 Z 2 entrichtet, wenn die Abgabenschuld aus Gründen, die vom Abgabepflichtigen als Mandatsgeber zu vertreten sind, nicht gemäß § 213 verrechnet wird oder die Verrechnung rückwirkend zu korrigieren ist.

(6) Die Entrichtung von Abgaben auf andere als in Abs. 1 angeführte Arten, mit Ausnahme der Verwendung sonstiger Gutschriften und Guthaben sowie der Aufrechnung (§ 1438 ff ABGB), ist unzulässig.

(7) Zahlt oder überweist ein anderer als der Abgabepflichtige oder erfolgt die Entrichtung durch Umbuchung oder Überrechnung von Guthaben eines anderen Abgabepflichtigen, ist die Einlösung der Forderung (§ 1358 ABGB und § 1422 ABGB) ausgeschlossen.

*(BGBl I 2018/62)*

**§ 212.** (1) Auf Ansuchen des Abgabepflichtigen kann die Abgabenbehörde für Abgaben, hinsichtlich derer ihm gegenüber auf Grund eines Rückstandsausweises (§ 229) Einbringungsmaßnahmen für den Fall des bereits erfolgten oder späteren Eintrittes aller Voraussetzungen hiezu in Betracht kommen, den Zeitpunkt der Entrichtung der Abgaben hinausschieben (Stundung) oder die Entrichtung in Raten bewilligen, wenn die sofortige oder die sofortige volle Entrichtung der Abgaben für den Abgabepflichtigen mit erheblichen Härten verbunden wäre und die Einbringlichkeit der Abgaben durch den Aufschub nicht gefährdet wird. Eine vom Ansuchen abweichende Bewilligung von Zahlungserleichterungen kann sich auch auf Abgaben, deren Gebarung mit jener der den Gegenstand des Ansuchens bildenden Abgaben zusammengefaßt verbucht wird (§ 213), erstrecken.

(2) Für Abgabenschuldigkeiten, die den Betrag von insgesamt 750 Euro übersteigen, sind,

a) solange auf Grund eines Ansuchens um Zahlungserleichterungen, über das noch nicht entschieden wurde, Einbringungsmaßnahmen weder eingeleitet noch fortgesetzt werden dürfen (§ 230 Abs. 3) oder

b) soweit infolge einer gemäß Abs. 1 erteilten Bewilligung von Zahlungserleichterungen ein Zahlungsaufschub eintritt,

Stundungszinsen in Höhe von viereinhalb Prozent über dem jeweils geltenden Basiszinssatz pro Jahr zu entrichten; Stundungszinsen, die den Betrag von 50 Euro nicht erreichen, sind nicht festzusetzen. Im Fall eines Terminverlustes gilt der Zahlungsaufschub im Sinn dieser Bestimmung erst im Zeitpunkt der Ausstellung des Rückstandsausweises (§ 229) als beendet. Im Fall der nachträglichen Herabsetzung einer Abgabenschuld hat die Berechnung der Stundungszinsen unter rückwirkender Berücksichtigung des Herabsetzungsbetrages zu erfolgen. Stundungszinsen, die den Betrag von 50 Euro nicht erreichen, sind nicht festzusetzen.

(3) Wird die Bewilligung einer Zahlungserleichterung durch Abänderung oder Zurücknahme des Bescheides widerrufen (§ 294), so steht dem Abgabepflichtigen für die Entrichtung des noch aushaftenden Abgabenbetrages eine Nachfrist von einem Monat ab Bekanntgabe des Widerrufsbescheides zu. Soweit einem vor Ablauf der für die Entrichtung einer Abgabe zur Verfügung stehenden Frist oder während der Dauer eines diese Abgabe betreffenden Zahlungsaufschubes im Sinn des § 212 Abs. 2 zweiter Satz eingebrachten Ansuchen um Zahlungserleichterungen nicht stattgegeben wird, steht dem Abgabepflichtigen für die Entrichtung eine Nachfrist von einem Monat ab Bekanntgabe des das Ansuchen erledigenden Bescheides zu. Dies gilt – abgesehen von Fällen des Abs. 4 – nicht für innerhalb der Nachfristen des ersten oder zweiten Satzes eingebrachte Ansuchen um Zahlungserleichterungen.

(4) Die für Ansuchen um Zahlungserleichterungen geltenden Vorschriften sind auf Bescheidbeschwerden gegen die Abweisung derartiger Ansuchen und auf solche Beschwerden betreffende Vorlageanträge (§ 264) sinngemäß anzuwenden.

**§ 212a.** (1) Die Einhebung einer Abgabe, deren Höhe unmittelbar oder mittelbar von der Erledigung einer Bescheidbeschwerde abhängt, ist auf Antrag des Abgabepflichtigen von der Abgabenbehörde insoweit auszusetzen, als eine Nachforderung unmittelbar oder mittelbar auf einen Bescheid, der von einem Anbringen abweicht, oder auf einen Bescheid, dem kein Anbringen zugrunde liegt, zurückzuführen ist, höchstens jedoch im Ausmaß der sich bei einer dem Begehren des Abgabepflichtigen Rechnung tragenden Beschwerdeerledigung ergebenden Herabsetzung der Abgabenschuld. Dies gilt sinngemäß, wenn mit einer Bescheidbeschwerde die Inanspruchnahme für eine Abgabe angefochten wird.

(2) Die Aussetzung der Einhebung ist nicht zu bewilligen,

a) soweit die Beschwerde nach Lage des Falles wenig erfolgversprechend erscheint, oder

b) soweit mit der Bescheidbeschwerde ein Bescheid in Punkten angefochten wird, in denen er nicht von einem Anbringen des Abgabepflichtigen abweicht, oder

c) wenn das Verhalten des Abgabepflichtigen auf eine Gefährdung der Einbringlichkeit der Abgabe gerichtet ist.

(2a) Ungeachtet einer nicht erfolgten oder nicht zu bewilligenden Aussetzung der Einhebung gemäß Abs. 1 in Verbindung mit Abs. 2 ist auf Antrag des Abgabepflichtigen die Einhebung der Abgabe in der sich aus dem Bescheid gemäß § 48 Abs. 1 ergebenden Höhe auszusetzen. Dem Antrag ist der Bescheid gemäß § 48 Abs. 1 beizulegen.

*(BGBl I 2019/62)*

**„(2b)[a] Der Antrag auf Aussetzung der Einhebung ist zurückzuweisen, wenn**

**1. keine Beschwerde eingebracht wurde,**

**2. der Bescheid keine Nachforderung im Sinne des Abs. 1 ausweist,**

**3. er nach Ergehen einer Entscheidung des Verwaltungsgerichts im Beschwerdeverfahren eingebracht wird oder**

**4. zum Zeitpunkt der Antragstellung ein Insolvenzverfahren anhängig ist.“**

*(BGBl I 2022/108 ab 1.1.2023)*

[a] Tritt mit 1. Jänner 2023 in Kraft.

(3) Anträge auf Aussetzung der Einhebung können bis zur Entscheidung über die Bescheidbeschwerde (Abs. 1) gestellt werden. Sie haben die Darstellung der Ermittlung des gemäß Abs. 1 für die Aussetzung in Betracht kommenden Abgabenbetrages zu enthalten. Weicht der vom Abgabepflichtigen ermittelte Abgabenbetrag von dem sich aus Abs. 1 ergebenden nicht wesentlich ab, so steht dies der Bewilligung der Aussetzung im beantragten Ausmaß nicht entgegen.

(4) Die für Anträge auf Aussetzung der Einhebung geltenden Vorschriften sind auf Bescheidbeschwerden gegen die Abweisung derartiger Anträge und auf solche Beschwerden betreffende Vorlageanträge (§ 264) sinngemäß anzuwenden.

(5) Die Wirkung einer Aussetzung der Einhebung besteht in einem Zahlungsaufschub. Dieser endet mit Ablauf der Aussetzung oder ihrem Widerruf (§ 294). Der Ablauf der Aussetzung ist anlässlich einer (eines) über die Beschwerde (Abs. 1) ergehenden

a) Beschwerdevorentscheidung (§ 262) oder
b) Erkenntnisses (§ 279) oder
c) anderen das Beschwerdeverfahren abschließenden Erledigung

zu verfügen. Die Verfügung des Ablaufes anlässlich des Ergehens einer Beschwerdevorentscheidung schließt eine neuerliche Antragstellung im Fall der Einbringung eines Vorlageantrages nicht aus. Wurden dem Abgabepflichtigen für einen Abgabenbetrag sowohl Zahlungserleichterungen (§ 212) als auch eine Aussetzung der Einhebung bewilligt, so tritt bis zum Ablauf der Aussetzung oder ihrem Widerruf der Zahlungsaufschub auf Grund der Aussetzung ein.

(5a) Der Ablauf der nach Abs. 2a bewilligten Aussetzung der Einhebung ist anlässlich des Bescheides gemäß § 48 Abs. 2 oder 3 zu verfügen.

*(BGBl I 2019/62)*

(6) Wurde eine Abgabenschuldigkeit durch die Verwendung von sonstigen Gutschriften (§ 213 Abs. 1) oder Guthaben (§ 215 Abs. 4) gänzlich oder teilweise getilgt, so sind, falls dies beantragt wurde, die getilgten Beträge in die Bewilligung der Aussetzung der Einhebung einzubeziehen, wenn die Tilgung

a) vor Fälligkeit der Abgabenschuldigkeit oder
b) vor Ablauf einer sonst für ihre Entrichtung gemäß § 210 Abs. 2 zustehenden Frist oder
c) bei später als einen Monat vor ihrer Fälligkeit festgesetzten Abgaben vor Ablauf eines Monats ab Bekanntgabe des maßgeblichen Bescheides oder
d) nach Einbringen des Antrages auf Aussetzung oder
e) innerhalb eines Monats vor Ablauf der Frist des Abs. 7

erfolgte.

(7) Für die Entrichtung einer Abgabe, deren Einhebung ausgesetzt wurde, steht dem Abgabepflichtigen eine Frist bis zum Ablauf eines Monats ab Bekanntgabe des Bescheides über den Ablauf der Aussetzung (Abs. 5 oder 5a) oder eines die Aussetzung betreffenden Bescheides gemäß § 294 zu. Soweit einem vor Ablauf der für die Entrichtung einer Abgabe zur Verfügung stehenden Frist oder während der Dauer eines diese Abgabe betreffenden Zahlungsaufschubes im Sinn des § 212 Abs. 2 zweiter Satz eingebrachten Antrag auf Aussetzung der Einhebung nicht stattgegeben wird, steht dem Abgabepflichtigen für die Entrichtung eine Nachfrist von einem Monat ab Bekanntgabe des den Antrag erledigenden Bescheides zu.

*(BGBl I 2019/62)*

(8) Zur Entrichtung oder Tilgung von Abgabenschuldigkeiten, deren Einhebung ausgesetzt ist, dürfen Zahlungen, sonstige Gutschriften (§ 213 Abs. 1) sowie Guthaben (§ 215 Abs. 4) nur auf Verlangen des Abgabepflichtigen verwendet werden. Hiebei ist § 214 Abs. 4 sinngemäß anzuwenden, wenn bei Bekanntgabe des Verwendungszweckes auf den Umstand der Aussetzung der Einhebung der zu entrichtenden oder zu tilgenden Abgabenschuldigkeit ausdrücklich hingewiesen wurde.

(9) Für Abgabenschuldigkeiten sind

a) solange auf Grund eines Antrages auf Aussetzung der Einhebung, über den noch nicht entschieden wurde, Einbringungsmaßnahmen weder eingeleitet noch fortgesetzt werden (§ 230 Abs. 6) oder
b) soweit infolge einer Aussetzung der Einhebung ein Zahlungsaufschub eintritt,

Aussetzungszinsen in Höhe von zwei Prozent über dem jeweils geltenden Basiszinssatz pro Jahr zu entrichten. Aussetzungszinsen, die den Betrag von 50 Euro nicht erreichen, sind nicht festzusetzen. Im Fall der nachträglichen Herabsetzung einer Abgabenschuld hat die Berechnung der Aussetzungszinsen unter rückwirkender Berücksichtigung des Herabsetzungsbetrages zu erfolgen. Wird einem Antrag auf Aussetzung der Einhebung nicht stattgegeben, so sind Aussetzungszinsen vor der Erlassung des diesen Antrag erledigenden Bescheides nicht festzusetzen. Im Fall der Bewilligung der Aussetzung der Einhebung sind Aussetzungszinsen vor der Verfügung des Ablaufes (Abs. 5 oder 5a) oder des Widerrufes der Aussetzung nicht festzusetzen.

*(BGBl I 2019/62)*

**„(9)[a] Ab dem Zeitpunkt des Einlangens eines Antrages auf Aussetzung der Einhebung sind**

**1. bis zu dessen Ab- oder Zurückweisung oder**
**2. bei Bewilligung für die Dauer des Zahlungsaufschubes**

**Aussetzungszinsen in Höhe von zwei Prozent über dem jeweils geltenden Basiszinssatz pro Jahr zu entrichten. Im Fall der nachträglichen Herabsetzung der Abgabenschuld bis zur Verfügung des Ablaufes (Abs. 5, Abs. 5a) anlässlich der rechtskräftigen Erledigung der Bescheidbeschwerde (Abs. 1) hat die Berechnung der Aussetzungszinsen unter rückwirkender Berücksichtigung des Herabsetzungsbetrages zu**

**erfolgen. Aussetzungszinsen, die den Betrag von 50 Euro nicht erreichen, sind nicht festzusetzen.“**
*(BGBl I 2022/108 ab 1.1.2023)*

[a] Tritt mit 1. Jänner 2023 in Kraft.

**§ 212b.** Für Landes- und Gemeindeabgaben gilt Folgendes:

1. Abweichend von § 212 Abs. 2 erster Satz sind Stundungszinsen für Abgabenschuldigkeiten, die den Betrag von insgesamt 200 Euro übersteigen, in Höhe von sechs Prozent pro Jahr zu entrichten. Stundungszinsen, die den Betrag von zehn Euro nicht erreichen, sind nicht festzusetzen.
2. (aufgehoben)
3. Abweichend von § 212a Abs. 9 erster Satz sind Aussetzungszinsen in Höhe von drei Prozent pro Jahr zu entrichten.
4. Abweichend von § 212a Abs. 9 zweiter Satz sind Aussetzungszinsen, die den Betrag von zehn Euro nicht erreichen, nicht festzusetzen.

**§ 213.** (1) Bei den von derselben Abgabenbehörde wiederkehrend zu erhebenden Abgaben und den zu diesen Abgaben zu erhebenden Nebenansprüchen ist, soweit im folgenden nicht anderes bestimmt ist, für jeden Abgabepflichtigen, bei Gesamtschuldverhältnissen für die Gesamtheit der zur Zahlung Verpflichteten, die Gebarung (Lastschriften, Zahlungen und alle sonstigen ohne Rücksicht aus welchem Anlaß entstandenen Gutschriften) in laufender Rechnung zusammengefaßt zu verbuchen.

(2) Bei den anderen als den im Abs. 1 genannten Abgaben ist die Gebarung für jeden Abgabepflichtigen, bei Gesamtschuldverhältnissen für die Gesamtheit der zur Zahlung Verpflichteten, nach den einzelnen Abgaben getrennt oder zusammengefaßt, jedoch abgesondert von den im Abs. 1 genannten Abgaben zu verbuchen.

(3) Die Gebarung der vom Grundsteuermeßbetrag oder vom Einheitswert wirtschaftlicher Einheiten oder Untereinheiten des Grundbesitzes unmittelbar abhängigen Abgaben oder Beiträge ist getrennt nach diesen wirtschaftlichen Einheiten oder Untereinheiten sowie abgesondert von der Gebarung der übrigen Abgaben zu verbuchen. Im Fall des Wechsels von unbeschränkter und beschränkter Steuerpflicht ist die Gebarung der hievon betroffenen Abgaben je nachdem, ob sie sich auf Zeiträume oder Zeitpunkte vor oder nach diesem Wechsel beziehen, getrennt voneinander zu verbuchen. Die Gebarung der im Finanzstrafverfahren verhängten Geldstrafen und Wertersätze und der hiebei angefallenen sonstigen Geldansprüche ist von der Gebarung der Abgaben getrennt zu verbuchen.

(4) Bei Vorliegen eines Gesamtschuldverhältnisses ist eine im Sinn des Abs. 1 oder 2 zusammengefaßte Verbuchung der Gebarung mit der Gebarung der vom Gesamtschuldverhältnis nicht umfaßten Abgaben insoweit zulässig, als zumindest einer der Gesamtschuldner alle diese Abgaben schuldet.

(5) In den Fällen des § 19 Abs. 2 ist die Gebarung der Abgaben der Personenvereinigung (Personengemeinschaft) auch nach erfolgter Beendigung zusammengefaßt zu verbuchen.

**§ 213a.** Für Landes- und Gemeindeabgaben gilt § 213 nicht.

**§ 214.** (1) In den Fällen einer zusammengefaßten Verbuchung der Gebarung sind Zahlungen und sonstige Gutschriften, soweit im folgenden nicht anderes bestimmt ist, auf die dem Fälligkeitstag nach ältesten verbuchten Abgabenschuldigkeiten zu verrechnen; an die Stelle des Fälligkeitstages hat der davon abweichende zuletzt maßgebliche gesetzlich zustehende oder durch Bescheid zuerkannte Zahlungstermin zu treten. Haben mehrere Abgabenschuldigkeiten denselben Fälligkeitstag oder denselben davon abweichenden Zahlungstermin und reicht ein zu verrechnender Betrag zur Tilgung aller gleichzeitig zu entrichtenden Abgabenschuldigkeiten nicht aus, so hat die Verrechnung bei demselben Zahlungstermin auf die dem Fälligkeitstag nach ältesten verbuchten Abgabenschuldigkeiten und bei demselben Fälligkeitstag auf die früher verbuchten Abgabenschuldigkeiten zu erfolgen. Abgabenschuldigkeiten, für welche ein Pfandrecht besteht, gelten als dem Fälligkeitstag nach jüngste verbuchte Abgabenschuldigkeiten, es sei denn, das Pfandrecht wurde vertraglich eingeräumt. Die Verbuchung von Abgabenschuldigkeiten ist ohne unnötigen Aufschub und in einer von sachlichen Gesichtspunkten bestimmten Reihenfolge vorzunehmen.

(2) In den Fällen einer gemäß § 201 Abs. 4 zusammengefaßten Festsetzung von Abgaben gilt Abs. 1 mit der Maßgabe, daß als Fälligkeitstag der gesamten Abgabennachforderung der Fälligkeitstag der jüngsten zusammengefaßt festgesetzten Abgabenschuldigkeit anzusehen ist.

(3) Die in Bewilligungen von Zahlungserleichterungen vorgesehenen Zahlungstermine sind bei Anwendung des Abs. 1 nur dann maßgeblich, wenn im Zeitpunkt der Zahlung oder sonstigen Gutschrift diese Bewilligung wirksam ist oder ein Zahlungsaufschub im Sinn des § 212 Abs. 2 zweiter Satz für die den Gegenstand der Bewilligung bildenden Abgaben besteht.

Eine Verrechnung auf Abgabenschuldigkeiten, deren Einhebung ausgesetzt ist, darf nur nach Maßgabe des § 212 a Abs. 8 erfolgen.

(4) Dem der Abgabenbehörde auf dem Zahlungsbeleg bekannt gegebenen Verwendungszweck entsprechend zu verrechnen sind Zahlungen, soweit sie

a) Abgabenschuldigkeiten oder
b) im Finanzstrafverfahren oder im Abgabenstrafverfahren verhängte Geldstrafen oder Wertersätze oder sonstige hierbei angefallene Geldansprüche

betreffen.

Dies gilt sinngemäß für die Verwendung sonstiger Gutschriften, soweit sie im Zusammenhang mit einer in den Abgabenvorschriften vorgesehenen

Selbstbemessung oder Einbehaltung und Abfuhr von Abgaben entstehen.

(5) Wurde eine Verrechnungsweisung im Sinn des Abs. 4 erteilt und wurde hiebei irrtümlich eine unrichtige Abgabenart oder ein unrichtiger Zeitraum angegeben, so sind über Antrag die Rechtsfolgen der irrtümlich erteilten Verrechnungsweisung aufzuheben oder nicht herbeizuführen; dies gilt nicht für die vor der Antragstellung durchgeführten Einbringungsmaßnahmen und die im Zusammenhang mit diesen angefallenen Nebengebühren. Der Antrag kann nur binnen drei Monaten ab Erteilung der unrichtigen Verrechnungsweisung gestellt werden.

Dies gilt sinngemäß, soweit eine Verrechnungsweisung im Sinn des § 214 Abs. 4 irrtümlich nicht erteilt wurde.

(6) Zahlungen und sonstige Gutschriften, die unter Bezugnahme auf eine Mahnung, im Zuge eines Vollstreckungsverfahrens oder auf Grund eines SEPA-Lastschriftmandats erfolgen, sind in erster Linie mit Abgabenschuldigkeiten zu verrechnen, die Gegenstand der Mahnung, des Vollstreckungsverfahrens oder des SEPA-Lastschriftmandats sind.

*(BGBl I 2018/62)*

(7) In den Fällen einer zusammengefaßten Verbuchung der Gebarung gemäß § 213 Abs. 4 sind Zahlungen für Rechnung eines Gesamtschuldners, der nicht alle zusammengefaßt verbuchten Abgaben schuldet, ausschließlich auf die ihn betreffenden verbuchten Abgabenschuldigkeiten zu verrechnen, wenn auf dem Zahlungsbeleg ausdrücklich eine diesbezügliche Widmung verfügt wurde. Soweit sich durch nachträgliche Abänderung oder Aufhebung eines maßgeblichen Abgaben- oder Haftungsbescheides erweist, daß die für Rechnung eines Gesamtschuldners zu verrechnen gewesenen Beträge die Abgaben übersteigen, für die er in Anspruch zu nehmen war, ist der übersteigende Betrag durch Umbuchung aus der zusammengefaßten Verbuchung der Gebarung herauszulösen. Wurde eine Widmung irrtümlich nicht verfügt, so gilt Abs. 5 sinngemäß mit der Maßgabe, dass der Antrag binnen drei Monaten ab nachträglicher Abänderung oder Aufhebung des maßgeblichen Abgaben- oder Haftungsbescheides zulässig ist.

(8) Eine sich aus einem Abgabenbescheid ergebende sonstige Gutschrift ist auf die den Gegenstand des Bescheides betreffenden verbuchten Abgabenschuldigkeiten zu verrechnen; ein sodann noch verbleibender Teil der sonstigen Gutschrift ist für den Fall, daß der Abgabenbescheid die Festsetzung von Vorauszahlungen für einen kürzeren Zeitraum als ein Kalenderjahr zum Gegenstand hat, auf gleichartige, dasselbe Kalenderjahr betreffende ältere verbuchte Vorauszahlungsschuldigkeiten zu verrechnen. Wird ein Abgabenbescheid ohne gleichzeitige Neufestsetzung der Abgabe aufgehoben oder wird durch Bescheid ausgesprochen, daß die Voraussetzungen für eine Abgabenfestsetzung nicht vorliegen, so ist eine sich daraus ergebende sonstige Gutschrift in gleicher Weise zu verrechnen.

(9) Unbeschadet der Vorschriften in den Abs. 1 bis 8 kann eine Aufrechnung (§ 1438 ff ABGB) von Forderungen der Abgabenbehörden mit Gegenforderungen des Schuldners mit Bescheid verfügt werden.

*(BGBl I 2019/91)*

**§ 215.** (1) Ein sich aus der Gebarung (§ 213) unter Außerachtlassung von Abgaben, deren Einhebung ausgesetzt ist, ergebendes Guthaben eines Abgabepflichtigen ist zur Tilgung fälliger Abgabenschuldigkeiten zu verwenden, die dieser Abgabepflichtige bei derselben Abgabenbehörde hat; dies gilt nicht, soweit die Einhebung der fälligen Schuldigkeiten ausgesetzt ist.

(2) Verbleibt nach der in Abs. 1 vorgesehenen Tilgung von Schuldigkeiten bei einer Abgabenbehörde des Bundes ein Guthaben, ist dieses zunächst zur Tilgung dieser Behörde bekannter und fälliger Abgabenschuldigkeiten des Abgabepflichtigen bei einer anderen Abgabenbehörde des Bundes zu verwenden, soweit deren Einhebung nicht ausgesetzt ist. In weiterer Folge ist ein solches Guthaben zur Tilgung dieser Behörde bekannter fälliger Geldstrafen, Wertersätze sowie im Finanzstrafverfahren angefallener sonstiger Geldansprüche bei einer Finanzstrafbehörde zu verwenden. Die für Zwecke dieser Tilgung erforderliche Verarbeitung von personenbezogenen Daten, wie insbesondere der automationsunterstützte Datenaustausch zwischen den beteiligten Behörden, ist zulässig.

*(BGBl I 2020/99)*

(3) Ist der Abgabepflichtige nach bürgerlichem Recht nicht rechtsfähig, so ist ein nach Anwendung der Abs. 1 und 2 noch verbleibendes Guthaben unter sinngemäßer Anwendung dieser Bestimmungen zugunsten derjenigen zu verwenden, die nach den Vorschriften des bürgerlichen Rechtes im eigenen Namen über das Guthaben zu verfügen berechtigt sind.

(4) Soweit Guthaben nicht gemäß Abs. 1 bis 3 zu verwenden sind, sind sie nach Maßgabe der Bestimmungen des § 239 zurückzuzahlen oder unter sinngemäßer Anwendung dieser Bestimmungen über Antrag des zur Verfügung über das Guthaben Berechtigten zugunsten eines anderen Abgabepflichtigen umzubuchen oder zu überrechnen.

**§ 216.** Mit Bescheid (Abrechnungsbescheid) ist über die Richtigkeit der Verbuchung der Gebarung (§ 213) sowie darüber, ob und inwieweit eine Zahlungsverpflichtung durch Erfüllung eines bestimmten Tilgungstatbestandes erloschen ist, auf Antrag des Abgabepflichtigen (§ 77) abzusprechen. Ein solcher Antrag ist nur innerhalb von fünf Jahren nach Ablauf des Jahres, in dem die betreffende Verbuchung erfolgt ist oder erfolgen hätte müssen, zulässig.

### 2. Säumniszuschläge

**§ 217.** (1) Wird eine Abgabe, ausgenommen Nebengebühren (§ 3 Abs. 2 lit. d), nicht spätestens am Fälligkeitstag entrichtet, so sind nach Maßgabe der folgenden Bestimmungen Säumniszuschläge zu entrichten.

(2) Der erste Säumniszuschlag beträgt 2% des nicht zeitgerecht entrichteten Abgabenbetrages.

(3) Ein zweiter Säumniszuschlag ist für eine Abgabe zu entrichten, soweit sie nicht spätestens drei Monate nach dem Eintritt ihrer Vollstreckbarkeit (§ 226) entrichtet ist. Ein dritter Säumniszuschlag ist für eine Abgabe zu entrichten, soweit sie nicht spätestens drei Monate nach dem Eintritt der Verpflichtung zur Entrichtung des zweiten Säumniszuschlages entrichtet ist. Der Säumniszuschlag beträgt jeweils 1% des zum maßgebenden Stichtag nicht entrichteten Abgabenbetrages. Die Dreimonatsfristen werden insoweit unterbrochen, als nach Abs. 4 Anbringen oder Amtshandlungen der Verpflichtung zur Entrichtung von Säumniszuschlägen entgegenstehen. Diese Fristen beginnen mit Ablauf der sich aus Abs. 4 ergebenden Zeiträume neu zu laufen.

(4) Säumniszuschläge sind für Abgabenschuldigkeiten insoweit nicht zu entrichten, als

a) ihre Einhebung gemäß § 212a ausgesetzt ist,
b) ihre Einbringung gemäß § 230 Abs. 2, 3, 5 oder 6 gehemmt ist,
c) ein Zahlungsaufschub im Sinn des § 212 Abs. 2 zweiter Satz nicht durch Ausstellung eines Rückstandsausweises (§ 229) als beendet gilt,
d) ihre Einbringung gemäß § 231 ausgesetzt ist.

(5) Die Verpflichtung zur Entrichtung eines Säumniszuschlages gemäß Abs. 2 entsteht nicht, soweit die Säumnis nicht mehr als fünf Tage beträgt und der Abgabepflichtige innerhalb der letzten sechs Monate vor dem Eintritt der Säumnis alle Abgabenschuldigkeiten, hinsichtlich derer die Gebarung (§ 213) mit jener der nicht zeitgerecht entrichteten Abgabenschuldigkeit zusammengefasst verbucht wird, zeitgerecht entrichtet hat. In den Lauf der fünftägigen Frist sind Samstage, Sonntage, gesetzliche Feiertage, der Karfreitag und der 24. Dezember nicht einzurechnen; sie beginnt in den Fällen des § 211 Abs. 2 erst mit dem Ablauf der dort genannten Frist.

*(BGBl I 2018/62)*

(6) Wird vor dem Ende einer für die Entrichtung einer Abgabe zustehenden Frist ein Vollstreckungsbescheid (§ 230 Abs. 7) erlassen, so tritt die Verpflichtung zur Entrichtung des Säumniszuschlages gemäß Abs. 2 erst mit dem ungenützten Ablauf dieser Frist, spätestens jedoch einen Monat nach Erlassung des Vollstreckungsbescheides ein und beginnt erst ab diesem Zeitpunkt die Dreimonatsfrist des Abs. 3 erster Satz zu laufen.

(7) Auf Antrag des Abgabepflichtigen sind Säumniszuschläge insoweit herabzusetzen bzw. nicht festzusetzen, als ihn an der Säumnis kein grobes Verschulden trifft, insbesondere insoweit bei nach Abgabenvorschriften selbst zu berechnenden Abgaben kein grobes Verschulden an der Unrichtigkeit der Selbstberechnung vorliegt.

(8) Im Fall der nachträglichen Herabsetzung der Abgabenschuld hat die Berechnung der Säumniszuschläge unter rückwirkender Berücksichtigung des Herabsetzungsbetrages zu erfolgen; dies gilt sinngemäß

a) für bei Veranlagung durch Anrechnung von Vorauszahlungen entstehende Gutschriften und
b) für Nachforderungszinsen (§ 205), soweit nachträglich dieselbe Abgabe betreffende Gutschriftszinsen festgesetzt werden.

(9) Im Fall der nachträglichen rückwirkenden Zuerkennung oder Verlängerung von Zahlungsfristen hat auf Antrag des Abgabepflichtigen die Berechnung der Säumniszuschläge unter rückwirkender Berücksichtigung der zuerkannten oder verlängerten Zahlungsfrist zu erfolgen.

(10) Säumniszuschläge, die den Betrag von 50 Euro nicht erreichen, sind nicht festzusetzen. Dies gilt für Abgaben, deren Selbstberechnung nach Abgabenvorschriften angeordnet oder gestattet ist, mit der Maßgabe, dass die Summe der Säumniszuschläge für Nachforderungen gleichartiger, jeweils mit einem Abgabenbescheid oder Haftungsbescheid geltend gemachter Abgaben maßgebend ist.

**§ 217a.** Für Landes- und Gemeindeabgaben gilt Folgendes:

1. § 217 Abs. 3 ist nicht anzuwenden,
2. Säumniszuschläge werden im Zeitpunkt der Zustellung des sie festsetzenden Bescheides fällig,
3. abweichend von § 217 Abs. 10 erster Satz sind Säumniszuschläge, die den Betrag von fünf Euro nicht erreichen, nicht festzusetzen.

**§ 218.** Kosten, die der Abgabenbehörde bei der Entrichtung gemäß § 211 Abs. 1 Z 2 aufgrund mangelnder Deckung des Kontos, bei Widerruf eines Zahlungsvorganges gemäß **„§ 58 Abs. 3 des Zahlungsdienstegesetzes 2018 – ZaDiG 2018, BGBl. I Nr. 17/2018, oder Erstattung gemäß § 70 ZaDiG 2018“** entstehen, sind vom Abgabepflichtigen zu ersetzen.

*(BGBl I 2018/62, BGBl I 2022/108 ab 20.7.2022)*

**§§ 219. bis 221a.** (aufgehoben)

### B. Sicherheitsleistung und Geltendmachung von Haftungen

#### 1. Sicherheitsleistung

**§ 222.** (1) Die Bestellung einer nach den Abgabenvorschriften zu leistenden oder vom Abgabepflichtigen angebotenen Sicherheit erfolgt durch Erlag von Geld oder von inländischen Wertpapieren, die sich nach den hierüber bestehenden Vorschriften zur Anlegung der Gelder von Minderjährigen eignen, und nur in Ermangelung solcher durch Erlag von anderen inländischen, an einer Börse notierten Wertpapieren, die nach Ermessen der Abgabenbehörde genügende Deckung bieten. Die Wertpapiere dürfen nicht außer Kurs gesetzt und müssen mit den laufenden Zins- oder Gewinnanteilscheinen und Erneuerungsscheinen versehen sein. Sie sind nach dem Kurs des Erlagstages zu bewerten und bei der Abgabenbehörde zu hinterlegen. Diese kann auch Einlagebücher eines inländischen Kreditinstituts als Sicherheitsleistung zulassen.

(2) Mit dem Erlag bei der Abgabenbehörde wird an dem Gegenstand des Erlages ein Pfandrecht für den Anspruch begründet, in Ansehung dessen die Sicherheitsleistung erfolgt.

(3) Die Abgabenbehörde kann, wenn der zur Sicherheitsleistung Verpflichtete eine Sicherheit nach Abs. 1 nicht oder nur schwer beschaffen kann, eine Sicherheitsleistung mittels einer gesetzliche Sicherheit bietenden Hypothek an einem inländischen Grundstück, mittels einer Bankgarantie, durch zahlungsfähige inländische Bürgen (§ 1357 ABGB), durch Verpfändung von Bankdepots oder durch Abtretung von Forderungen gegen zahlungsfähige inländische Schuldner zulassen.

(4) In Abgabenvorschriften enthaltene besondere Bestimmungen über die Art der Sicherheitsleistung bleiben unberührt.

**§ 223.** (1) Wer Sicherheit geleistet hat, ist berechtigt, die Sicherheit oder einen Teil davon durch eine andere den Vorschriften des § 222 entsprechende Sicherheit zu ersetzen.

(2) Wird eine Sicherheit unzureichend, so ist sie zu ergänzen oder es ist eine anderweitige Sicherheit zu leisten.

### 2. Geltendmachung von Haftungen

**§ 224.** (1) Die in Abgabenvorschriften geregelten persönlichen Haftungen werden durch Erlassung von Haftungsbescheiden geltend gemacht. In diesen ist der Haftungspflichtige unter Hinweis auf die gesetzliche Vorschrift, die seine Haftungspflicht begründet, aufzufordern, die Abgabenschuld, für die er haftet, binnen einer Frist von einem Monat zu entrichten.

(2) Die Bestimmungen des Einkommensteuerrechtes über die Geltendmachung der Haftung für Steuerabzugsbeträge bleiben unberührt.

(3) Die erstmalige Geltendmachung eines Abgabenanspruches anläßlich der Erlassung eines Haftungsbescheides gemäß Abs. 1 ist nach Eintritt der Verjährung des Rechtes zur Festsetzung der Abgabe nicht mehr zulässig.

**§ 225.** (1) Sachliche Haftungen, die nach Abgabenvorschriften an beweglichen Sachen bestehen, werden durch Erlassung eines die Beschlagnahme der haftenden Sachen aussprechenden Bescheides geltend gemacht. Die §§ 248, 249 Abs. 2 und § 281 Abs. 2 gelten sinngemäß.

(2) In Abgabenvorschriften vorgesehene sachliche Haftungen unbeweglicher Sachen sind nach den Bestimmungen der Exekutionsordnung geltend zu machen.

### C. Vollstreckbarkeit

**§ 226.** Abgabenschuldigkeiten, die nicht spätestens am Fälligkeitstag entrichtet werden, sind in dem von der Abgabenbehörde festgesetzten Ausmaß vollstreckbar; solange die Voraussetzungen für die Selbstberechnung einer Abgabe durch den Abgabepflichtigen ohne abgabenbehördliche Festsetzung gegeben sind, tritt an die Stelle des festgesetzten Betrages der selbst berechnete und der Abgabenbehörde bekanntgegebene Betrag. Dies gilt sinngemäß, wenn nach den Abgabenvorschriften die Selbstberechnung einer Abgabe einem abgabenrechtlich Haftungspflichtigen obliegt.

**§ 227.** (1) Vollstreckbar gewordene Abgabenschuldigkeiten sind einzumahnen.

(2) Die Mahnung wird durch Zustellung eines Mahnschreibens (Mahnerlagscheines) vollzogen, in dem der Abgabepflichtige unter Hinweis auf die eingetretene Vollstreckbarkeit aufgefordert wird, die Abgabenschuld binnen zwei Wochen, von der Zustellung an gerechnet, zu bezahlen (Mahnklausel). Ein Nachweis der Zustellung des Mahnschreibens ist nicht erforderlich; bei Postversand wird die Zustellung des Mahnschreibens am dritten Tag nach der Aufgabe zur Post vermutet.

~~(3) Bei Abgabenschuldigkeiten, die durch Postauftrag eingezogen werden sollen, gilt der Postauftrag als Mahnung.~~

*(BGBl I 2022/108 ab 20.7.2022)*

(4) Eine Mahnung ist nicht erforderlich,

a) wenn dem Abgabepflichtigen spätestens eine Woche vor dem Eintritt der Fälligkeit oder, wenn eine Mahnung bis dahin nicht erfolgt sein sollte, spätestens eine Woche vor dem Ablauf einer gesetzlich zustehenden oder durch Bescheid zuerkannten Zahlungsfrist eine Verständigung (Buchungsmitteilung, Lastschriftanzeige) zugesendet wurde, die ihn über Art, Höhe und Zeitpunkt der Zahlungsverpflichtung unterrichtet oder der Abgabepflichtige auf elektronischem Wege (§ 98 Abs. 2) davon in Kenntnis gesetzt wurde, dass auf dem Abgabenkonto Buchungen erfolgt sind;

b) wenn eine vom Abgabepflichtigen oder von dem zur Einbehaltung und Abfuhr Verpflichteten selbst zu berechnende Abgabe zum Fälligkeitstag nicht entrichtet wurde;

c) insoweit der Zeitpunkt der Entrichtung einer Abgabe durch Bewilligung einer Zahlungserleichterung oder einer Aussetzung der Einhebung hinausgeschoben wurde;

d) insoweit ein Ansuchen um Zahlungserleichterungen oder ein Antrag auf Aussetzung der Einhebung abgewiesen wurde;

e) wenn die Voraussetzungen für die Erlassung eines Vollstreckungsbescheides gegeben sind (§ 230 Abs. 7);

f) bei Nichteinhaltung einer gemäß §§ 212 Abs. 3, 212 a Abs. 7, 235 Abs. 3 oder 237 Abs. 2 zustehenden Frist;

g) bei Nebenansprüchen.

**§ 227a.** Für Landes- und Gemeindeabgaben gilt Folgendes:

1. Im Falle einer Mahnung nach § 227 ist eine Mahngebühr von einem halben Prozent des

eingemahnten Abgabenbetrages, mindestens jedoch drei Euro und höchstens 30 Euro, zu entrichten. Die Mahngebühr wird bei Zustellung des Mahnschreibens mit der Zustellung, bei Einziehung des Abgabenbetrages durch Postauftrag mit der Vorweisung des Postauftrages fällig.

*(BGBl I 2022/108 ab 20.7.2022)*

2. Wird eine vollstreckbar gewordene Abgabenschuldigkeit erstmals eingemahnt, ohne dass dies erforderlich gewesen wäre, so kann eine Mahngebühr festgesetzt werden; Z 1 gilt sinngemäß.

**§ 228.** Auf Abgabenschuldigkeiten, die infolge einer Umbuchung gemäß § 214 Abs. 7, einer Rückzahlung gemäß § 241 Abs. 1 oder deswegen wiederaufleben, weil eine unrichtige oder nachträglich unrichtig gewordene Verbuchung der Gebarung rückgängig gemacht wird, ist § 227 mit Ausnahme des Abs. 4 anzuwenden. Eine Mahnung ist jedoch nicht erforderlich, wenn dem Abgabepflichtigen spätestens eine Woche vor dem Ablauf der Nachfrist gemäß § 210 Abs. 5 eine Verständigung (Buchungsmitteilung, Lastschriftanzeige) zugesendet wurde, die ihn über Art, Höhe und Zeitpunkt der Zahlungsverpflichtung unterrichtet oder der Abgabepflichtige auf elektronischem Wege (§ 98 Abs. 2) davon in Kenntnis gesetzt wurde, dass auf dem Abgabenkonto Buchungen erfolgt sind;

### D. Allgemeine Bestimmungen über die Einbringung und Sicherstellung

#### 1. Rückstandsausweis

**§ 229.** Als Grundlage für die Einbringung ist über die vollstreckbar gewordenen Abgabenschuldigkeiten ein Rückstandsausweis elektronisch oder in Papierform auszustellen. Dieser hat Namen und Anschrift des Abgabepflichtigen, den Betrag der Abgabenschuld, zergliedert nach Abgabenschuldigkeiten, und den Vermerk zu enthalten, daß die Abgabenschuld vollstreckbar geworden ist (Vollstreckbarkeitsklausel). Der Rückstandsausweis ist Exekutionstitel für das finanzbehördliche und gerichtliche Vollstreckungsverfahren.

**§ 229a.** (1) Das Finanzamt (Abs. 3) hat auf Antrag des Abgabepflichtigen eine Bescheinigung über die Höhe des Rückstandes (Abs. 2) auszustellen (Rückstandsbescheinigung).

(2) Die Bescheinigung hat zu enthalten:

a) den beim Finanzamt vollstreckbar aushaftenden Rückstand,

b) einschließlich jener Beträge, deren Einbringung gemäß § 231 ausgesetzt ist,

c) ausschließlich jener Beträge, deren Einbringung, außer in den Fällen des § 230 Abs. 1, gehemmt ist.

(3) Die Ausstellung der Bescheinigung obliegt dem Finanzamt, das für die Erhebung der Einkommensteuer oder Körperschaftsteuer des Abgabepflichtigen oder, wenn dieser eine Personenvereinigung (Personengemeinschaft) ohne eigene Rechtspersönlichkeit ist, das für die Feststellung der Einkünfte (§ 188) zuständig ist.

#### 2. Hemmung der Einbringung

**§ 230.** (1) Wenn eine vollstreckbar gewordene Abgabenschuldigkeit gemäß § 227 eingemahnt werden muß, dürfen Einbringungsmaßnahmen erst nach ungenütztem Ablauf der Mahnfrist, bei Einziehung durch Postauftrag erst zwei Wochen nach Absendung des Postauftrages oder bei früherem Rücklangen des nicht eingelösten Postauftrages eingeleitet werden. Ferner dürfen, wenn die Abgabenbehörde eine Abgabenschuldigkeit einmahnt, ohne daß dies erforderlich gewesen wäre, innerhalb der Mahnfrist Einbringungsmaßnahmen weder eingeleitet noch fortgesetzt werden.

*(BGBl I 2022/108 ab 20.7.2022)*

(2) Während einer gesetzlich zustehenden oder durch Bescheid zuerkannten Zahlungsfrist dürfen Einbringungsmaßnahmen nicht eingeleitet oder fortgesetzt werden.

(3) Wurde ein Ansuchen um Zahlungserleichterungen (§ 212 Abs. 1) vor dem Ablauf der für die Entrichtung einer Abgabe zur Verfügung stehenden Frist oder während der Dauer eines diese Abgabe betreffenden Zahlungsaufschubes im Sinn des § 212 Abs. 2 zweiter Satz eingebracht, so dürfen Einbringungsmaßnahmen bis zur Erledigung des Ansuchens nicht eingeleitet werden; dies gilt nicht, wenn es sich bei der Zahlungsfrist um eine Nachfrist gemäß § 212 Abs. 3 erster oder zweiter Satz handelt.

(4) Wurde ein Ansuchen um Zahlungserleichterungen nach dem im Abs. 3 bezeichneten Zeitpunkt eingebracht, so kann die Abgabenbehörde dem Ansuchen aufschiebende Wirkung hinsichtlich der Maßnahmen zur Einbringung zuerkennen; das gleiche gilt für einen Antrag gemäß § 214 Abs. 5.

(5) Wurden Zahlungserleichterungen bewilligt, so dürfen Einbringungsmaßnahmen während der Dauer des Zahlungsaufschubes weder eingeleitet noch fortgesetzt werden. Erlischt eine bewilligte Zahlungserleichterung infolge Nichteinhaltung eines Zahlungstermines oder infolge Nichterfüllung einer in den Bewilligungsbescheid aufgenommenen Bedingung (Terminverlust), so sind Einbringungsmaßnahmen hinsichtlich der gesamten vom Terminverlust betroffenen Abgabenschuld zulässig. Ist ein Terminverlust auf andere Gründe als die Nichteinhaltung eines in der Bewilligung von Zahlungserleichterungen vorgesehenen Zahlungstermines zurückzuführen, so darf ein Rückstandsausweis frühestens zwei Wochen nach Verständigung des Abgabepflichtigen vom Eintritt des Terminverlustes ausgestellt werden.

(6) Wurde ein Antrag auf Aussetzung der Einhebung gestellt, so dürfen Einbringungsmaßnahmen hinsichtlich der davon nach Maßgabe des § 212a Abs. 1, 2 lit. b, 2a und 3 letzter Satz betroffenen Abgaben bis zu seiner Erledigung weder eingeleitet noch fortgesetzt werden.

*(BGBl I 2019/62)*

(7) Kommen während der Zeit, in der gemäß Abs. 1 bis 6 Einbringungsmaßnahmen nicht eingeleitet oder fortgesetzt werden dürfen, Umstände hervor, die die Einbringung einer Abgabe gefährden oder zu erschweren drohen, so dürfen Einbringungsmaßnahmen durchgeführt werden, wenn spätestens bei Vornahme der Vollstreckungshandlung ein Bescheid zugestellt wird, der die Gründe der Gefährdung oder Erschwerung der Einbringung anzugeben hat (Vollstreckungsbescheid). Mit der Zustellung dieses Bescheides treten bewilligte Zahlungserleichterungen außer Kraft.

### 3. Aussetzung der Einbringung

**§ 231.** (1) Die Einbringung fälliger Abgaben kann ausgesetzt werden, wenn Einbringungsmaßnahmen erfolglos versucht worden sind oder wegen Aussichtslosigkeit zunächst unterlassen werden, aber die Möglichkeit besteht, daß sie zu einem späteren Zeitpunkt zum Erfolg führen können. Das gleiche gilt, wenn der für die Einbringung erforderliche Verwaltungsaufwand außer Verhältnis zu dem einzubringenden Betrag stehen würde.

(2) Wenn die Gründe, die zur Aussetzung der Einbringung geführt haben (Abs. 1), innerhalb der Verjährungsfrist (§ 238) wegfallen, ist die ausgesetzte Einbringung wieder aufzunehmen.

### 4. Sicherstellung

**§ 232.** (1) Die Abgabenbehörde kann, sobald der Tatbestand verwirklicht ist, an den die Abgabenvorschriften die Abgabepflicht knüpfen, selbst bevor die Abgabenschuld dem Ausmaß nach feststeht, bis zum Eintritt der Vollstreckbarkeit (§ 226) an den Abgabepflichtigen einen Sicherstellungsauftrag erlassen, um einer Gefährdung oder wesentlichen Erschwerung der Einbringung der Abgabe zu begegnen. Der Abgabepflichtige kann durch Erlag eines von der Abgabenbehörde zu bestimmenden Betrages erwirken, daß Maßnahmen zur Vollziehung des Sicherstellungsauftrages unterbleiben und bereits vollzogene Maßnahmen aufgehoben werden.

(2) Der Sicherstellungsauftrag (Abs. 1) hat zu enthalten:

a) die voraussichtliche Höhe der Abgabenschuld;

b) die Gründe, aus denen sich die Gefährdung oder Erschwerung der Einbringung der Abgabe ergibt;

c) den Vermerk, daß die Anordnung der Sicherstellung sofort in Vollzug gesetzt werden kann;

d) die Bestimmung des Betrages, durch dessen Hinterlegung der Abgabepflichtige erwirken kann, daß Maßnahmen zur Vollziehung des Sicherstellungsauftrages unterbleiben und bereits vollzogene Maßnahmen aufgehoben werden.

(3) Abs. 1 und 2 gelten sinngemäß ab der Anhängigkeit eines Strafverfahrens gegen einen der Begehung eines vorsätzlichen Finanzvergehens oder einer vorsätzlichen Verletzung von Abgabenvorschriften der Länder und Gemeinden Verdächtigen hinsichtlich jenes Betrages, um den die Abgaben voraussichtlich verkürzt wurden.

**§ 233.** (1) Der Sicherstellungsauftrag ist Grundlage für das finanzbehördliche und gerichtliche Sicherungsverfahren.

(2) Auf Grund eines Sicherstellungsauftrages hat das Gericht auf Antrag der Abgabenbehörde ohne Bescheinigung der Gefahr und ohne Sicherheitsleistung die Exekution zur Sicherstellung des Abgabenbetrages bis zu dessen Vollstreckbarkeit zu bewilligen. Der Sicherstellungsauftrag kann zusammen mit der Verständigung von der gerichtlichen Exekutionsbewilligung zugestellt werden.

**§ 234.** (aufgehoben)

## E. Abschreibung (Löschung und Nachsicht) und Entlassung aus der Gesamtschuld

**§ 235.** (1) Fällige Abgabenschuldigkeiten können von Amts wegen durch Abschreibung gelöscht werden, wenn alle Möglichkeiten der Einbringung erfolglos versucht worden oder Einbringungsmaßnahmen offenkundig aussichtslos sind und auf Grund der Sachlage nicht angenommen werden kann, daß sie zu einem späteren Zeitpunkt zu einem Erfolg führen werden.

(2) Durch die verfügte Abschreibung erlischt der Abgabenanspruch.

(3) Wird die Abschreibung einer Abgabe widerrufen (§ 294), so lebt der Abgabenanspruch wieder auf. Für die Zahlung, die auf Grund des Widerrufes zu leisten ist, ist eine Frist von einem Monat zu setzen.

**§ 236.** (1) Fällige Abgabenschuldigkeiten können auf Antrag des Abgabepflichtigen ganz oder zum Teil durch Abschreibung nachgesehen werden, wenn ihre Einhebung nach der Lage des Falles unbillig wäre.

(2) Abs. 1 findet auf bereits entrichtete Abgabenschuldigkeiten sinngemäß Anwendung.

(3) Die Bestimmungen des § 235 Abs. 2 und 3 gelten auch für die Nachsicht von Abgabenschuldigkeiten.

**§ 237.** (1) Auf Antrag eines Gesamtschuldners kann dieser aus der Gesamtschuld ganz oder zum Teil entlassen werden, wenn die Einhebung der Abgabenschuld bei diesem nach der Lage des Falles unbillig wäre. Durch diese Verfügung wird der Abgabenanspruch gegen die übrigen Gesamtschuldner nicht berührt.

(2) Wird die Entlassung aus der Gesamtschuld widerrufen (§ 294), so lebt der Abgabenanspruch gegen den bisher aus der Gesamtschuld entlassenen Schuldner (Abs. 1) wieder auf. Für die Zahlung, die auf Grund des Widerrufes zu leisten ist, ist eine Frist von einem Monat zu setzen.

## F. Verjährung fälliger Abgaben

**§ 238.** (1) Das Recht, eine fällige Abgabe einzuheben und zwangsweise einzubringen, verjährt binnen fünf Jahren nach Ablauf des Kalenderjahres, in welchem die Abgabe fällig geworden ist, keinesfalls jedoch früher als das Recht zur Festsetzung der Abgabe. § 209a gilt sinngemäß.

(2) Die Verjährung fälliger Abgaben wird durch jede zur Durchsetzung des Anspruches unternommene, nach außen erkennbare Amtshandlung, wie durch Mahnung, durch Vollstreckungsmaßnahmen, durch Bewilligung einer Zahlungserleichterung oder durch Erlassung eines Haftungsbescheides unterbrochen. Mit Ablauf des Jahres, in welchem die Unterbrechung eingetreten ist, beginnt die Verjährungsfrist neu zu laufen.

(3) Die Verjährung ist gehemmt, solange

a) die Einhebung oder zwangsweise Einbringung einer Abgabe innerhalb der letzten sechs Monate der Verjährungsfrist wegen höherer Gewalt nicht möglich ist, oder

**„b) die Einbringung auf Grund eines Aussetzungsantrages oder einer Beschwerde gegen die Abweisung eines Aussetzungsantrages gemäß § 230 Abs. 2 oder 6 gehemmt ist, oder“**

*(BGBl I 2022/108 ab 20.7.2022)*

c) einer Revision gemäß § 30 des Verwaltungsgerichtshofgesetzes 1985 – VwGG, BGBl. Nr. 10/1985, oder einer Beschwerde gemäß § 85 des Verfassungsgerichtshofgesetzes – VfGG, BGBl. Nr. 85/1953, aufschiebende Wirkung zuerkannt ist.

(4) Wenn fällige Abgaben durch Handpfand gesichert sind, findet § 1483 ABGB sinngemäß Anwendung. Sind sie durch bücherliche Eintragung gesichert, so kann innerhalb von dreißig Jahren nach erfolgter Eintragung gegen die Geltendmachung der durch das Pfandrecht gesicherten Forderung die seither eingetretene Verjährung der Abgabe nicht eingewendet werden.

(5) Wird ein Bescheid, mit dem eine Abgabenschuldigkeit gelöscht (§ 235) oder nachgesehen (§ 236) wird, innerhalb von drei Jahren ab seiner Bekanntgabe (§ 97) abgeändert oder aufgehoben, so lebt dadurch der Abgabenanspruch wieder auf und beginnt die Verjährungsfrist mit der Bekanntgabe des Abänderungs- oder Aufhebungsbescheides neu zu laufen.

(6) Die Abs. 1 bis 5 gelten auch für die Einhebung und zwangsweise Einbringung der im § 207 Abs. 4 bezeichneten gegen Abgabepflichtige gerichteten Ansprüche.

### G. Rückzahlung

**§ 239.** (1) Die Rückzahlung von Guthaben (§ 215 Abs. 4) kann auf Antrag des Abgabepflichtigen oder von Amts wegen erfolgen. Ist der Abgabepflichtige nach bürgerlichem Recht nicht rechtsfähig, so können Rückzahlungen mit Wirkung für ihn unbeschadet der Vorschrift des § 80 Abs. 2 nur an diejenigen erfolgen, die nach den Vorschriften des bürgerlichen Rechtes über das Guthaben zu verfügen berechtigt sind.

(2) Die Abgabenbehörde kann den Rückzahlungsbetrag auf jenen Teil des Guthabens beschränken, **„der die Höhe jener Abgabenschuldigkeiten“** übersteigt, die der Abgabepflichtige nicht später als drei Monate nach der Stellung des Rückzahlungsantrages zu entrichten haben wird.

*(BGBl I 2022/108 ab 20.7.2022)*

**§ 239a.** Soweit eine Abgabe, die nach dem Zweck der Abgabenvorschrift wirtschaftlich von einem Anderen als dem Abgabepflichtigen getragen werden soll, wirtschaftlich von einem Anderen als dem Abgabepflichtigen getragen wurde, haben zu unterbleiben:

1. die Gutschrift auf dem Abgabenkonto,
2. die Rückzahlung, Umbuchung oder Überrechnung von Guthaben und
3. die Verwendung zur Tilgung von Abgabenschuldigkeiten,

wenn dies zu einer ungerechtfertigten Bereicherung des Abgabepflichtigen führen würde.

**§ 240.** (1) Bei Abgaben, die für Rechnung eines Abgabepflichtigen ohne dessen Mitwirkung einzubehalten und abzuführen sind, ist der Abfuhrpflichtige berechtigt, während eines Kalenderjahres zu Unrecht einbehaltene Beträge bis zum Ablauf dieses Kalenderjahres auszugleichen oder auf Verlangen des Abgabepflichtigen zurückzuzahlen.

(2) (aufgehoben)

(3) Auf Antrag des Abgabepflichtigen (Abs. 1) hat die Rückzahlung des zu Unrecht einbehaltenen Betrages insoweit zu erfolgen, als nicht

a) eine Rückzahlung oder ein Ausgleich gemäß Abs. 1 erfolgt ist,

b) ein Ausgleich im Wege der Veranlagung erfolgt ist,

c) ein Ausgleich im Wege der Veranlagung zu erfolgen hat oder im Fall eines Antrages auf Veranlagung zu erfolgen hätte.

Der Antrag kann bis zum Ablauf des fünften Kalenderjahres, das auf das Jahr der Einbehaltung folgt, gestellt werden. **„Soweit nicht § 61 Abs. 4 anzuwenden ist, ist für die Rückzahlung jene Abgabenbehörde zuständig, der die Erhebung der betroffenen Abgabe obliegt.“**

*(BGBl I 2019/104, (BGBl I 2022/108 ab 20.7.2022)*

**„(4)[a] Auf Antrag des Abgabepflichtigen hat die Rückzahlung des einbehaltenen und entrichteten Betrages aufgrund eines Abkommens zur Vermeidung der Doppelbesteuerung insoweit zu erfolgen, als nicht ein Ausgleich im Wege der Veranlagung erfolgt ist oder zu erfolgen hat. Der Antrag kann ungeachtet allfälliger im Abkommen vereinbarter kürzerer Fristen bis zum Ablauf des fünften Kalenderjahres, das auf das Jahr der Einbehaltung folgt, gestellt werden. Abweichend davon und ungeachtet der Verjährung ist der Antrag bis zum Ablauf eines Jahres nach Bekanntgabe des Bescheides zulässig, wenn der Rückzahlungsanspruch auf einem Bescheid gemäß § 48 Abs. 2 oder 4 beruht. Im Haftungsweg nachgeforderte Beträge sind nur insoweit rückzuzahlen, als sie dem Abzugsverpflichteten**

**(§ 78, § 95 Abs. 2 oder § 100 Abs. 2 EStG 1988) vom Abgabepflichtigen ersetzt wurden.“**

*(BGBl I 2022/108 ab 1.1.2023)*

[a] Tritt mit 1. Jänner 2023 in Kraft.

**§ 240a.** (1) Beschränkt Steuerpflichtige haben vor der Stellung eines Antrags auf Rückzahlung (Zurückzahlung) oder Erstattung (Zurückerstattung) der von Abfuhrpflichtigen einbehaltenen Lohnsteuer, Kapitalertragsteuer oder Abzugsteuer gemäß § 99 EStG auf der Grundlage von § 240 Abs. 3, § 94 Z 2 oder Z 10 oder § 98 oder § 99 EStG 1988, § 21 Abs. 1 Z 1a KStG 1988 oder einer Bestimmung eines Doppelbesteuerungsabkommens eine Vorausmeldung bei dem für die Rückzahlung oder Erstattung zuständigen Finanzamt abzugeben. Die Vorausmeldung ist erst nach Ablauf des Jahres der Einbehaltung zulässig. Die Abgabe der Vorausmeldung hat elektronisch zu erfolgen. Der Bundesminister für Finanzen wird ermächtigt, den Inhalt und das Verfahren der elektronischen Vorausmeldung mit Verordnung festzulegen.

(1)[a] **„Beschränkt Steuerpflichtige haben vor der Stellung eines Antrags auf Rückzahlung (Zurückzahlung) oder Erstattung (Zurückerstattung) der von Abfuhrpflichtigen einbehaltenen Lohnsteuer, Kapitalertragsteuer oder Abzugsteuer gemäß § 99 EStG 1988 auf der Grundlage von § 94 Z 2 oder Z 10, § 98, § 99, § 99a Abs. 8 EStG 1988 oder § 21 Abs. 1 Z 1a KStG 1988 oder § 240 Abs. 3 oder Abs. 4 eine Vorausmeldung bei dem für die Rückzahlung oder Erstattung zuständigen Finanzamt abzugeben.“** Die Vorausmeldung ist erst nach Ablauf des Jahres der Einbehaltung zulässig. Die Abgabe der Vorausmeldung hat elektronisch zu erfolgen. Der Bundesminister für Finanzen wird ermächtigt, den Inhalt und das Verfahren der elektronischen Vorausmeldung mit Verordnung festzulegen.

*(BGBl I 2022/108 ab 1.1.2023)*

[a] Tritt mit 1. Jänner 2023 in Kraft.

(2) Der Antrag auf Rückzahlung (Zurückzahlung) oder Erstattung (Zurückerstattung) kann ausschließlich mittels des mit einer Übermittlungsbestätigung versehenen, unterfertigten und mit der Ansässigkeitsbescheinigung der ausländischen Abgabenverwaltung ergänzten Ausdruckes der Vorausmeldung (Abs. 1) gestellt werden.

(3) Abs. 1 und 2 gelten auch für Anträge auf Rückzahlung an ausländische Einrichtungen im Sinne des § 5 Z 4 des Pensionskassengesetzes – PKG, BGBl. Nr. 281/1990, die sich auf die Steuerbefreiung gemäß § 6 Abs. 1 KStG 1988 stützen.

*(BGBl I 2018/62)*

**§ 241.** (1) Wurde eine Abgabe zu Unrecht zwangsweise eingebracht, so ist der zu Unrecht entrichtete Betrag über Antrag zurückzuzahlen.

(2) Wurden Wertzeichen ~~(Stempelmarken)~~ in der Absicht verwendet, eine Abgabe zu entrichten, so ist der entrichtete Betrag, soweit eine Abgabenschuld nicht besteht, von der zur Erhebung der Abgabe zuständigen Abgabenbehörde auf Antrag zurückzuzahlen.

*(BGBl I 2022/108 ab 20.7.2022)*

(3) Anträge nach Abs. 1 und 2 können bis zum Ablauf des dritten Kalenderjahres gestellt werden, das auf das Jahr folgt, in dem der Betrag zu Unrecht entrichtet wurde.

#### Rückforderungen

**§ 241a.** Wer Rückzahlungen oder Erstattungen ~~aufgrund abgabenrechtlicher Vorschriften~~ ohne Rechtsgrund erlangt hat, hat die entsprechenden Beträge zurückzuzahlen.

*(BGBl I 2019/91, BGBl I 2022/108 ab 20.7.2022)*

#### H. Behandlung von Kleinbeträgen

**§ 242.** (1) Abgabenbeträge unter 20 Euro sind nicht zu vollstrecken. Dies gilt nicht für Abgaben, die in Wertzeichen zu entrichten sind, und für die zu diesen zu erhebenden Nebenansprüche.

*(BGBl I 2015/163, BGBl I 2019/103)*

(2) Guthaben unter fünf Euro sind nicht von Amts wegen zurückzuzahlen.

*(BGBl I 2015/163)*

**§ 242a.** (1) Für Gemeindeabgaben gilt Folgendes: Abweichend von § 242 Abs. 1 erster Satz sind Abgabenbeträge unter fünf Euro nicht zu vollstrecken.

*(BGBl I 2015/163)*

(2) Für Landes- und Gemeindeabgaben gilt Folgendes: Guthaben (§ 215) unter fünf Euro sind nicht zurückzuzahlen. Dies gilt sinngemäß für Rückzahlungen gemäß § 240 Abs. 3 und § 241.

## 7. Abschnitt
## Rechtsschutz

### A. Ordentliche Rechtsmittel

#### 1. Beschwerden an Verwaltungsgerichte

**§ 243.** Gegen Bescheide, die Abgabenbehörden erlassen, sind Beschwerden (Bescheidbeschwerden) an die Verwaltungsgerichte zulässig, soweit in Abgabenvorschriften nicht anderes bestimmt ist.

**§ 244. „Gegen nur das Verfahren betreffende Verfügungen ist weder ein abgesondertes Rechtsmittel noch ein Antrag gemäß § 299 zulässig.“** Diese können erst in der Bescheidbeschwerde gegen den die Angelegenheit abschließenden Bescheid angefochten werden.

*(BGBl I 2022/108 ab 20.7.2022)*

#### 2. Einbringung der Beschwerde

**§ 245.** (1) Die Beschwerdefrist beträgt einen Monat. Enthält ein Bescheid die Ankündigung, dass noch eine Begründung zum Bescheid ergehen wird, so wird die Beschwerdefrist nicht vor Bekanntgabe der fehlenden Begründung oder der Mitteilung, dass die Ankündigung als gegenstandslos zu betrachten ist, in Lauf gesetzt. Dies gilt sinngemäß, wenn ein Bescheid auf einen Bericht (§ 150) verweist.

(2) Durch einen Antrag auf Mitteilung der einem Bescheid ganz oder teilweise fehlenden Begründung (§ 93 Abs. 3 lit. a) wird der Lauf der Beschwerdefrist gehemmt.

(3) Die Beschwerdefrist ist auf Antrag von der Abgabenbehörde aus berücksichtigungswürdigen Gründen, erforderlichenfalls auch wiederholt, zu verlängern. Durch einen Antrag auf Fristverlängerung wird der Lauf der Beschwerdefrist gehemmt.

(4) Die Hemmung des Fristenlaufes beginnt mit dem Tag der Einbringung des Antrages (Abs. 2 oder 3) und endet mit dem Tag, an dem die Mitteilung (Abs. 2) oder die Entscheidung (Abs. 3) über den Antrag dem Antragsteller zugestellt wird. In den Fällen des Abs. 3 kann jedoch die Hemmung nicht dazu führen, dass die Beschwerdefrist erst nach dem Zeitpunkt, bis zu dem letztmals ihre Verlängerung beantragt wurde, abläuft.

(5) Abs. 3 und 4 gelten sinngemäß für Anträge auf Verlängerung der Frist des § 85 Abs. 2 bei Mängeln von Beschwerden.

**§ 246.** (1) Zur Einbringung einer Bescheidbeschwerde ist jeder befugt, an den der den Gegenstand der Anfechtung bildende Bescheid ergangen ist.

(2) Zur Einbringung einer Bescheidbeschwerde gegen Feststellungsbescheide und Grundsteuermessbescheide ist ferner jeder befugt, gegen den diese Bescheide gemäß § 191 Abs. 3, 4 und 5 und gemäß § 194 Abs. 5 wirken.

**§ 247.** (aufgehoben)

**§ 248.** Der nach Abgabenvorschriften Haftungspflichtige kann unbeschadet der Einbringung einer Bescheidbeschwerde gegen seine Heranziehung zur Haftung (Haftungsbescheid, § 224 Abs. 1) innerhalb der für die Einbringung der Bescheidbeschwerde gegen den Haftungsbescheid offenstehenden Frist auch gegen den Bescheid über den Abgabenanspruch Bescheidbeschwerde einbringen. Beantragt der Haftungspflichtige die Mitteilung des ihm noch nicht zur Kenntnis gebrachten Abgabenanspruches, so gilt § 245 Abs. 2, 4 und 5 sinngemäß.

**§ 249.** (1) Die Bescheidbeschwerde ist bei der Abgabenbehörde einzubringen, die den angefochtenen Bescheid erlassen hat. Die Bescheidbeschwerde kann im Fall einer Änderung der Zuständigkeit jedoch auch bei der neu zuständigen Abgabenbehörde eingebracht werden. Wird eine Bescheidbeschwerde innerhalb der Frist gemäß § 245 beim Verwaltungsgericht eingebracht, so gilt dies als rechtzeitige Einbringung; das Verwaltungsgericht hat die bei ihr eingebrachte Bescheidbeschwerde unverzüglich an die Abgabenbehörde weiterzuleiten.

(2) In den Fällen des § 248 kann die Bescheidbeschwerde gegen den Bescheid über den Abgabenanspruch auch bei der Abgabenbehörde eingebracht werden, die den Haftungsbescheid erlassen hat.

### 3. Inhalt und Wirkung der Beschwerde

**§ 250.** (1) Die Bescheidbeschwerde hat zu enthalten:

a) die Bezeichnung des Bescheides, gegen den sie sich richtet;
b) die Erklärung, in welchen Punkten der Bescheid angefochten wird;
c) die Erklärung, welche Änderungen beantragt werden;
d) eine Begründung.

(2) Wird mit Bescheidbeschwerde die Einreihung einer Ware in den Zolltarif angefochten, so sind der Bescheidbeschwerde Muster, Abbildungen oder Beschreibungen, aus denen die für die Einreihung maßgeblichen Merkmale der Ware hervorgehen, beizugeben. Ferner ist nachzuweisen, dass die den Gegenstand des angefochtenen Bescheides bildende Ware mit diesen Mustern, Abbildungen oder Beschreibungen übereinstimmt.

**§ 251.** Bescheide, die an die Stelle eines früheren Bescheides treten, sind in vollem Umfang mit Bescheidbeschwerde anfechtbar. Das gleiche gilt für endgültige Bescheide, die an die Stelle eines vorläufigen Bescheides (§ 200) treten und für Bescheide, die einen vorläufigen zum endgültigen Bescheid erklären.

**§ 252.** (1) Liegen einem Bescheid Entscheidungen zugrunde, die in einem Feststellungsbescheid getroffen worden sind, so kann der Bescheid nicht mit der Begründung angefochten werden, dass die im Feststellungsbescheid getroffenen Entscheidungen unzutreffend sind.

(2) Liegen einem Bescheid Entscheidungen zugrunde, die in einem Abgaben-, Mess-, Zerlegungs- oder Zuteilungsbescheid getroffen worden sind, so gilt Abs. 1 sinngemäß.

(3) Ist ein Bescheid gemäß § 295 Abs. 3 geändert oder aufgehoben worden, so kann der ändernde oder aufhebende Bescheid nicht mit der Begründung angefochten werden, dass die in dem zur Änderung oder Aufhebung Anlass gebenden Bescheid getroffenen Entscheidungen unzutreffend sind.

**§ 253.** Tritt ein Bescheid an die Stelle eines mit Bescheidbeschwerde angefochtenen Bescheides, so gilt die Bescheidbeschwerde auch als gegen den späteren Bescheid gerichtet. Dies gilt auch dann, wenn der frühere Bescheid einen kürzeren Zeitraum als der ihn ersetzende Bescheid umfasst.

**§ 254.** Durch Einbringung einer Bescheidbeschwerde wird die Wirksamkeit des angefochtenen Bescheides nicht gehemmt, insbesondere die Einhebung und zwangsweise Einbringung einer Abgabe nicht aufgehalten.

### 4. Verzicht auf Beschwerde

**§ 255.** (1) Auf die Einbringung einer Bescheidbeschwerde kann verzichtet werden. Der Verzicht ist schriftlich oder mündlich zu erklären.

(2) Vor Erlassung eines Bescheides kann ein Verzicht rechtswirksam nur abgegeben werden, wenn aus der Verzichtserklärung (Niederschrift) hervor-

geht, dass dem Verzichtenden im Zeitpunkt ihrer Abgabe der Inhalt des zu erwartenden Bescheides, bei Abgabenbescheiden die Grundlagen der Abgabenfestsetzung, die Höhe der Abgabe und die Abweichungen von den bisherigen Festsetzungen, bekannt waren. Eine Abschrift der Niederschrift ist dem Abgabepflichtigen auszufolgen.

(3) Eine trotz Verzicht eingebrachte Bescheidbeschwerde ist unzulässig (§ 260). Die Möglichkeit, den Bescheid hinsichtlich der Fälligkeit einer festgesetzten Abgabe anzufechten, bleibt unberührt.

### 5. Zurücknahme der Beschwerde

**§ 256.** (1) Beschwerden können bis zur Bekanntgabe (§ 97) der Entscheidung über die Beschwerde zurückgenommen werden. Die Zurücknahme ist schriftlich oder mündlich zu erklären.

(2) Wurden Beitrittserklärungen abgegeben, so ist die Zurücknahme der Bescheidbeschwerde nur wirksam, wenn ihr alle zustimmen, die der Beschwerde beigetreten sind.

(3) Wurde eine Beschwerde zurückgenommen (Abs. 1), so ist sie mit Beschwerdevorentscheidung (§ 262) oder mit Beschluss (§ 278) als gegenstandslos zu erklären.

### 6. Beitritt zur Beschwerde

**§ 257.** (1) Einer Bescheidbeschwerde, über die noch nicht rechtskräftig entschieden wurde, kann beitreten, wer nach Abgabenvorschriften für die den Gegenstand des angefochtenen Bescheides bildende Abgabe als Gesamtschuldner oder als Haftungspflichtiger in Betracht kommt.

(2) Wer einer Bescheidbeschwerde beigetreten ist, kann die gleichen Rechte geltend machen, die dem Beschwerdeführer zustehen.

**§ 258.** (1) Der Beitritt ist bei der Abgabenbehörde, die den angefochtenen Bescheid erlassen hat, schriftlich oder mündlich zu erklären.

(2) Die Abgabenbehörde (Abs. 1) hat eine Beitrittserklärung durch Bescheid zurückzuweisen,

a) wenn im Zeitpunkt des Einlangens der Beitrittserklärung die Entscheidung über die Bescheidbeschwerde bereits rechtskräftig ist,

b) wenn sie von jemandem abgegeben wurde, der zum Beitritt nicht befugt ist. In diesem Fall darf das Erkenntnis (§ 279) erst nach Rechtskraft des Zurückweisungsbescheides ergehen.

**§ 259.** (1) Einer Bescheidbeschwerde gegen einen Zerlegungs- oder Zuteilungsbescheid (§§ 196 und 197) können die im § 78 Abs. 2 lit. b bezeichneten Körperschaften und der Abgabepflichtige beitreten.

(2) Die Körperschaften (Abs. 1), deren Interessen durch das Beschwerdebegehren berührt werden, und der Abgabepflichtige sind vom Finanzamt von der Einbringung der Bescheidbeschwerde unter Hinweis auf die Möglichkeit des Beitrittes (Abs. 1) in Kenntnis zu setzen.

(3) Das Beschwerdeverfahren ist ohne Teilnahme der Beitrittsberechtigten fortzusetzen, wenn deren Beitrittserklärung nicht innerhalb eines Monates nach Zustellung der Mitteilung (Abs. 2) abgegeben wird.

### 7. Zurückweisung der Beschwerde

**§ 260.** (1) Die Bescheidbeschwerde ist mit Beschwerdevorentscheidung (§ 262) oder mit Beschluss (§ 278) zurückzuweisen, wenn sie

a) nicht zulässig ist oder

b) nicht fristgerecht eingebracht wurde.

(2) Eine Bescheidbeschwerde darf nicht deshalb als unzulässig zurückgewiesen werden, weil sie vor Beginn der Beschwerdefrist eingebracht wurde.

### 8. Gegenstandsloserklärung der Beschwerde

**§ 261.** (1) Die Bescheidbeschwerde ist mit Beschwerdevorentscheidung (§ 262) oder mit Beschluss (§ 278) als gegenstandslos zu erklären, wenn dem Beschwerdebegehren Rechnung getragen wird

a) in einem an die Stelle des angefochtenen Bescheides tretenden Bescheid oder

b) in einem den angefochtenen Bescheid abändernden oder aufhebenden Bescheid.

(2) Wird einer Bescheidbeschwerde gegen einen gemäß § 299 Abs. 1 oder § 300 Abs. 1 aufhebenden Bescheid oder gegen einen die Wiederaufnahme des Verfahrens bewilligenden oder verfügenden Bescheid (§ 307 Abs. 1) entsprochen, so ist eine gegen den den aufgehobenen Bescheid ersetzenden Bescheid (§ 299 Abs. 2 bzw. § 300 Abs. 3) oder eine gegen die Sachentscheidung (§ 307 Abs. 1) gerichtete Bescheidbeschwerde mit Beschwerdevorentscheidung (§ 262) oder mit Beschluss (§ 278) als gegenstandslos zu erklären.

### 9. Beschwerdevorentscheidung

**§ 262.** (1) Über Bescheidbeschwerden ist nach Durchführung der etwa noch erforderlichen Ermittlungen von der Abgabenbehörde, die den angefochtenen Bescheid erlassen hat, mit als Beschwerdevorentscheidung zu bezeichnendem Bescheid abzusprechen.

(2) Die Erlassung einer Beschwerdevorentscheidung hat zu unterbleiben,

a) wenn dies in der Bescheidbeschwerde beantragt wird und

b) wenn die Abgabenbehörde die Bescheidbeschwerde innerhalb von drei Monaten ab ihrem Einlangen dem Verwaltungsgericht vorlegt.

(3) Wird in der Bescheidbeschwerde lediglich die Gesetzwidrigkeit von Verordnungen, die Verfassungswidrigkeit von Gesetzen oder die Rechtswidrigkeit von Staatsverträgen behauptet, so ist keine Beschwerdevorentscheidung zu erlassen, sondern die Bescheidbeschwerde unverzüglich dem Verwaltungsgericht vorzulegen.

(4) Weiters ist keine Beschwerdevorentscheidung zu erlassen, wenn der Bundesminister für Finanzen den angefochtenen Bescheid erlassen hat.

**§ 263.** (1) Ist in der Beschwerdevorentscheidung die Bescheidbeschwerde

a) weder als unzulässig oder als nicht rechtzeitig eingebracht zurückzuweisen (§ 260) noch
b) als zurückgenommen (§ 85 Abs. 2, § 86a Abs. 1) oder als gegenstandslos (§ 256 Abs. 3, § 261) zu erklären,

so ist der angefochtene Bescheid nach jeder Richtung abzuändern, aufzuheben oder die Bescheidbeschwerde als unbegründet abzuweisen.

(2) In der Beschwerdevorentscheidung ist auf das Recht zur Stellung eines Vorlageantrages (§ 264) hinzuweisen.

(3) Eine Beschwerdevorentscheidung wirkt wie ein Beschluss (§ 278) bzw. ein Erkenntnis (§ 279) über die Beschwerde.

(4) § 281 gilt sinngemäß für Beschwerdevorentscheidungen; § 281 Abs. 2 allerdings nur, soweit sich aus der in § 278 Abs. 3 oder in § 279 Abs. 3 angeordneten Bindung nicht anderes ergibt.

### 10. Vorlageantrag

**§ 264.** (1) Gegen eine Beschwerdevorentscheidung kann innerhalb eines Monats ab Bekanntgabe (§ 97) der Antrag auf Entscheidung über die Bescheidbeschwerde durch das Verwaltungsgericht gestellt werden (Vorlageantrag). Der Vorlageantrag hat die Bezeichnung der Beschwerdevorentscheidung zu enthalten.

(2) Zur Einbringung eines Vorlageantrages ist befugt

a) der Beschwerdeführer, ferner
b) jeder, dem gegenüber die Beschwerdevorentscheidung wirkt.

(3) Wird ein Vorlageantrag rechtzeitig eingebracht, so gilt die Bescheidbeschwerde von der Einbringung des Antrages an wiederum als unerledigt. Die Wirksamkeit der Beschwerdevorentscheidung wird durch den Vorlageantrag nicht berührt. Bei Zurücknahme des Antrages gilt die Bescheidbeschwerde wieder als durch die Beschwerdevorentscheidung erledigt; dies gilt, wenn solche Anträge von mehreren hiezu Befugten gestellt wurden, nur für den Fall der Zurücknahme aller dieser Anträge.

(4) Für Vorlageanträge sind sinngemäß anzuwenden:

a) § 93 Abs. 4 und 5 sowie § 245 Abs. 1 zweiter Satz und Abs. 2 bis 5 (Frist),
b) § 93 Abs. 6 und § 249 Abs. 1 (Einbringung),
c) § 255 (Verzicht),
d) § 256 (Zurücknahme),
e) § 260 Abs. 1 (Unzulässigkeit, nicht fristgerechte Einbringung).
f) § 274 Abs. 3 Z 1 und 2 sowie Abs. 5 (Unterbleiben einer mündlichen Verhandlung).

(5) Die Zurückweisung nicht zulässiger oder nicht fristgerecht eingebrachter Vorlageanträge obliegt dem Verwaltungsgericht.

(6) Erfolgt die Vorlage der Bescheidbeschwerde an das Verwaltungsgericht nicht innerhalb von zwei Monaten ab Einbringung des Vorlageantrages bzw. in den Fällen des § 262 Abs. 3 und 4 (Unterbleiben einer Beschwerdevorentscheidung) ab Einbringung der Bescheidbeschwerde, so kann die Partei (§ 78) beim Verwaltungsgericht eine Vorlageerinnerung einbringen. Diese wirkt wie eine Vorlage der Beschwerde. Sie hat die Bezeichnung des angefochtenen Bescheides, der Beschwerdevorentscheidung und des Vorlageantrages zu enthalten.

*(BGBl I 2016/117)*

(7) Durch die Aufhebung einer Beschwerdevorentscheidung scheidet der Vorlageantrag aus dem Rechtsbestand aus.

*(BGBl I 2016/117)*

### 11. Vorlage der Beschwerde und der Akten

**§ 265.** (1) Die Abgabenbehörde hat die Bescheidbeschwerde, über die keine Beschwerdevorentscheidung zu erlassen ist oder über die infolge eines Vorlageantrages vom Verwaltungsgericht zu entscheiden ist, nach Durchführung der etwa noch erforderlichen Ermittlungen ohne unnötigen Aufschub dem Verwaltungsgericht vorzulegen.

(2) Die Vorlage der Bescheidbeschwerde hat jedenfalls auch die Vorlage von Ablichtungen (Ausdrucken) des angefochtenen Bescheides, der Beschwerdevorentscheidung, des Vorlageantrages und von Beitrittserklärungen zu umfassen.

(3) Der Vorlagebericht hat insbesondere die Darstellung des Sachverhaltes, die Nennung der Beweismittel und eine Stellungnahme der Abgabenbehörde zu enthalten.

(4) Die Abgabenbehörde hat die Parteien (§ 78) vom Zeitpunkt der Vorlage an das Verwaltungsgericht unter Anschluss einer Ausfertigung des Vorlageberichtes zu verständigen.

(5) Partei im Beschwerdeverfahren vor dem Verwaltungsgericht ist auch die Abgabenbehörde, deren Bescheid mit Bescheidbeschwerde angefochten ist.

(6) Die Abgabenbehörde ist ab der Vorlage der Bescheidbeschwerde verpflichtet, das Verwaltungsgericht über Änderungen aller für die Entscheidung über die Beschwerde bedeutsamen tatsächlichen und rechtlichen Verhältnisse unverzüglich zu verständigen. Diese Pflicht besteht ab Verständigung (Abs. 4) auch für den Beschwerdeführer.

**§ 266.** (1) Die Abgabenbehörde hat, soweit nicht anderes angeordnet ist, gleichzeitig mit der Vorlage der Bescheidbeschwerde die Akten (samt Aktenverzeichnis) vorzulegen. Die Abgabenbehörde hat den Parteien (§ 78) eine Ausfertigung des Aktenverzeichnisses zu übermitteln.

(2) Mit Zustimmung des Verwaltungsgerichtes darf die Übermittlung der Beschwerde (§ 265) und die Aktenvorlage (Abs. 1) in Form von Ablichtungen erfolgen.

(3) Soweit Akten oder Beweismittel nur auf Datenträgern vorliegen, sind auf Verlangen des Verwaltungsgerichtes ohne Hilfsmittel lesbare, dauerhafte Wiedergaben von der Abgabenbehörde bzw. von der Partei (§ 78) beizubringen.

(4) Soweit die Abgabenbehörde die Vorlage von Akten (Abs. 1 bzw. bezüglich Maßnahmenbeschwerden oder Säumnisbeschwerden auf Verlangen des Verwaltungsgerichtes) unterlässt, kann das Verwaltungsgericht nach erfolgloser Aufforderung unter Setzung einer angemessenen Nachfrist auf Grund der Behauptungen des Beschwerdeführers erkennen.

### 12. Verbindung mehrerer Beschwerden

**§ 267.** Ist ein Bescheid von mehreren Beschwerdeführern angefochten oder sind gegen einen Bescheid mehrere Bescheidbeschwerden eingebracht, so sind diese Beschwerden zu einem gemeinsamen Verfahren zu verbinden. Ist auch nur über eine solcher Beschwerden nach § 272 Abs. 2 von einem Senat zu entscheiden, so obliegt diesem Senat auch die Entscheidung über die anderen Beschwerden.

### 13. Ablehnung wegen Befangenheit oder Wettbewerbsgefährdung

**§ 268.** (1) Den Parteien steht das Recht zu, den Einzelrichter oder ein Mitglied des Senates mit der Begründung abzulehnen, dass einer der im § 76 Abs. 1 aufgezählten Befangenheitsgründe vorliegt.

(2) Den Parteien (§ 78) steht das Recht zu, den Einzelrichter oder ein Mitglied des Senates abzulehnen, wenn anzunehmen ist, dass die Bekanntgabe der zu erörternden Tatsachen an diese Person die Wettbewerbsfähigkeit der Partei (§ 78) gefährden könnte.

(3) Anträge nach Abs. 1 und 2 sind beim Verwaltungsgericht einzubringen. Die Gründe für die Ablehnung sind glaubhaft zu machen.

### 14. Ermittlungen

**§ 269.** (1) Im Beschwerdeverfahren haben die Verwaltungsgerichte die Obliegenheiten und Befugnisse, die den Abgabenbehörden auferlegt und eingeräumt sind. Dies gilt nicht für:

a) § 245 Abs. 3 (Verlängerung der Beschwerdefrist),

b) §§ 262 und 263 (Erlassung einer Beschwerdevorentscheidung),

c) §§ 278 Abs. 3 und 279 Abs. 3 (Bindung an die für den aufhebenden Beschluss bzw. für das Erkenntnis maßgebliche Rechtsanschauung).

(2) Die Verwaltungsgerichte können das zur Feststellung des maßgebenden Sachverhaltes erforderliche Ermittlungsverfahren durch eine von ihnen selbst zu bestimmende Abgabenbehörde durchführen oder ergänzen lassen.

**„(2a) Der Bundesminister für Finanzen wird ermächtigt, mit Verordnung die Voraussetzungen und das Verfahren für die Möglichkeit einer Abgabenberechnung durch die Amtspartei (§ 265 Abs. 5) festzulegen.“**

*(BGBl I 2022/108 ab 20.7.2022)*

(3) Der Einzelrichter bzw. der Berichterstatter kann die Parteien zur Erörterung der Sach- und Rechtslage sowie zur Beilegung des Rechtsstreits laden. Über das Ergebnis ist eine Niederschrift anzufertigen.

### 15. Kein Neuerungsverbot

**§ 270. „(1)“** Auf neue Tatsachen, Beweise und Anträge, die der Abgabenbehörde im Laufe des Beschwerdeverfahrens zur Kenntnis gelangen, ist von der Abgabenbehörde Bedacht zu nehmen, auch wenn dadurch das Beschwerdebegehren geändert oder ergänzt wird. **„Dies gilt nach Maßgabe des Abs. 2 sinngemäß für dem Verwaltungsgericht durch eine Partei oder sonst zur Kenntnis gelangte Umstände; im Falle einer durchgeführten mündlichen Verhandlung jedoch nur bis zu deren Schließung (§ 277 Abs. 4).“**

*(BGBl I 2022/108 ab 1.9.2022)*

**„(2) Jede Partei hat ihr Vorbringen so rechtzeitig und vollständig zu erstatten, dass das Verfahren möglichst rasch durchgeführt werden kann (Verfahrensförderungspflicht).“**

*(BGBl I 2022/108 ab 1.9.2022)*

### 16. Aussetzung der Entscheidung

**§ 271.** (1) Ist wegen einer gleichen oder ähnlichen Rechtsfrage eine Beschwerde anhängig oder schwebt sonst vor einem Gericht oder einer Verwaltungsbehörde ein Verfahren, dessen Ausgang von wesentlicher Bedeutung für die Entscheidung über die Beschwerde ist, so kann die Entscheidung über diese unter Mitteilung der hiefür maßgebenden Gründe ausgesetzt werden, sofern nicht überwiegende Interessen der Partei (§ 78) entgegenstehen. Dies hat vor Vorlage der Beschwerde durch Bescheid der Abgabenbehörde, nach Vorlage der Beschwerde durch Beschluss des Verwaltungsgerichtes zu erfolgen.

(2) Nach rechtskräftiger Beendigung des Verfahrens, das Anlass zur Aussetzung gemäß Abs. 1 gegeben hat, ist das ausgesetzte Beschwerdeverfahren von Amts wegen fortzusetzen.

(3) Von der Abgabenbehörde erlassene Aussetzungsbescheide gemäß Abs. 1 verlieren ihre Wirksamkeit, sobald die Partei (§ 78) die Fortsetzung des Beschwerdeverfahrens beantragt.

*(BGBl I 2019/62)*

**§ 271a.** (1) Wurde wegen einer Rechtsfrage, die einer Streitfrage im Sinne des § 3 Abs. 1 Z 6 EU-BStbG gleicht oder dieser ähnlich ist, eine Streitbeilegungsbeschwerde im Sinne des § 8 EU-BStbG eingebracht, ist auf Antrag des Abgabepflichtigen das Bescheidbeschwerdeverfahren, in dem über diese Rechtsfrage zu entscheiden ist, auszusetzen. Dies hat vor Vorlage der Bescheidbeschwerde durch Bescheid der Abgabenbehörde, nach Vorlage der Bescheidbeschwerde durch Beschluss des Verwaltungsgerichtes zu erfolgen.

(2) Mit Rechtskraft des Bescheides gemäß § 48 Abs. 2 oder 3 ist das ausgesetzte Bescheidbeschwerdeverfahren von Amts wegen fortzusetzen.

*(BGBl I 2019/62)*

**17. Verfahren**

**§ 272.** (1) Sind für die Erledigung von Beschwerden durch Bundesgesetz oder durch Landesgesetz Senate vorgesehen, so richtet sich das Verfahren, soweit gesetzlich nicht anderes angeordnet ist, nach den folgenden Bestimmungen.

(2) Die Entscheidung obliegt dem Senat,

1. wenn dies beantragt wird
   a) in der Beschwerde,
   b) im Vorlageantrag (§ 264),
   c) in der Beitrittserklärung (§ 258 Abs. 1) oder
   d) wenn ein Bescheid gemäß § 253 an die Stelle eines mit Bescheidbeschwerde angefochtenen Bescheides tritt, innerhalb eines Monats nach Bekanntgabe (§ 97) des späteren Bescheides oder
2. wenn dies der Einzelrichter verlangt.

(3) Ein Verlangen nach Abs. 2 Z 2 ist zulässig, wenn der Entscheidung grundsätzliche Bedeutung zukommt, insbesondere weil der Bescheid von der Rechtsprechung des Verwaltungsgerichts abweicht, eine solche Rechtsprechung fehlt, die zu lösende Rechtsfrage in der bisherigen Rechtsprechung nicht einheitlich beantwortet wird oder wenn ein Antrag des Verwaltungsgerichtes beim Verfassungsgerichtshof wegen Gesetzwidrigkeit von Verordnungen oder wegen Verfassungswidrigkeit von Gesetzen gestellt werden soll oder bei Annahme einer Verdrängung nationalen Rechts durch Unionsrecht. Ein solches Verlangen ist weiters zulässig, wenn die Verbindung von Beschwerden, über die der Senat zu entscheiden hat, mit Beschwerden, über die ansonsten der Einzelrichter zu entscheiden hätte, zu einem gemeinsamen Verfahren insbesondere zur Vereinfachung und Beschleunigung des Verfahrens zweckmäßig ist. Das Verlangen ist zu begründen; es kann bis zur Bekanntgabe (§ 97) der Entscheidung über die Beschwerde gestellt werden.

(4) Obliegt die Entscheidung über Beschwerden dem Senat, so können die dem Verwaltungsgericht gemäß § 269 eingeräumten Rechte zunächst vom Berichterstatter ausgeübt werden. Diesem obliegen auch zunächst die Erlassung von Mängelbehebungsaufträgen (§ 85 Abs. 2) und von Aufträgen gemäß § 86a Abs. 1 sowie Zurückweisungen (§ 260), Zurücknahmeerklärungen (§ 85 Abs. 2, § 86a Abs. 1), Gegenstandsloserklärungen (§ 256 Abs. 3, § 261), Verfügungen der Aussetzung der Entscheidung (§ 271 Abs. 1) und Beschlüsse gemäß § 300 Abs. 1 lit. b.

*(BGBl I 2016/117)*

(5) Berichtigungen (§ 293, § 293a und § 293b) und Aufhebungen zur Klaglosstellung (§ 289) der vom Einzelrichter erlassenen Erkenntnisse und Beschlüsse obliegen dem Einzelrichter, wenn jedoch der Senat entschieden hat, dem Senat.

**§ 273.** (1) Zu den Verhandlungen des Senates kann ein Schriftführer beigezogen werden.

(2) An der Verhandlung, Beratung und Abstimmung über die Beschwerde haben alle Mitglieder des Senates teilzunehmen.

(3) Ein Mitglied des Senates, bei dem einer der im § 76 Abs. 1 aufgezählten Befangenheitsgründe zutrifft, hat hievon dem Senatsvorsitzenden Mitteilung zu machen.

**§ 274.** (1) Über die Beschwerde hat eine mündliche Verhandlung stattzufinden,

1. wenn es beantragt wird
   a) in der Beschwerde,
   b) im Vorlageantrag (§ 264),
   c) in der Beitrittserklärung (§ 258 Abs. 1) oder
   d) wenn ein Bescheid gemäß § 253 an die Stelle eines mit Bescheidbeschwerde angefochtenen Bescheides tritt, innerhalb eines Monates nach Bekanntgabe (§ 97) des späteren Bescheides, oder
2. Wenn es der Einzelrichter bzw. der Berichterstatter für erforderlich hält.

(2) Obliegt die Entscheidung über die Beschwerde dem Senat, so hat eine mündliche Verhandlung weiters stattzufinden,

1. wenn es der Senatsvorsitzende für erforderlich hält oder
2. wenn es der Senat auf Antrag eines Mitglieds beschließt.

(3) Der Senat kann ungeachtet eines Antrages (Abs. 1 Z 1) von einer mündlichen Verhandlung absehen, wenn die Beschwerde

1. als unzulässig oder nicht rechtzeitig eingebracht zurückzuweisen ist (§ 260),
2. als zurückgenommen (§ 85 Abs. 2, § 86a Abs. 1) oder als gegenstandslos (§ 256 Abs. 3, § 261) zu erklären ist oder
3. wenn eine Aufhebung unter Zurückverweisung der Sache an die Abgabenbehörde erfolgt (§ 278).

(4) Der Senatsvorsitzende hat den Ort und den Zeitpunkt der Verhandlung zu bestimmen. Hat eine mündliche Verhandlung stattzufinden, so sind die Parteien mit dem Beifügen vorzuladen, dass ihr Fernbleiben der Durchführung der Verhandlung nicht entgegensteht.

(5) Obliegt die Entscheidung über die Beschwerde dem Einzelrichter und hat nach Abs. 1 eine mündliche Verhandlung stattzufinden, so sind Abs. 3 und 4 sowie § 273 Abs. 1, § 275 und § 277 Abs. 4 sinngemäß anzuwenden; hierbei sind die Obliegenheiten und Befugnisse des Senatsvorsitzenden dem Einzelrichter auferlegt bzw. eingeräumt.

**§ 275.** (1) Der Senatsvorsitzende hat die mündliche Verhandlung zu eröffnen, zu leiten, erforderlichenfalls zu vertagen und zu schließen. Er hat dafür zu sorgen, dass die Sache vollständig, erforderlichenfalls in Rede und Gegenrede, erörtert wird. Er hat das Wort zu erteilen und kann es bei Missbrauch entziehen.

(2) Der Berichterstatter hat die Sache vorzutragen und über die Ergebnisse etwa bereits durchgeführter Beweisaufnahmen oder vorangegangener mündlicher Verhandlungen zu berichten. Dann hat der Senat erforderlichenfalls weitere Beweisaufnahmen vorzunehmen und die Parteien zu hören. Das letzte Wort kommt den Parteien (§ 78) zu.

(3) Die mündliche Verhandlung ist öffentlich. Die Öffentlichkeit ist auf Anordnung des Senatsvorsitzenden auszuschließen,

1. soweit eine Partei (§ 78) es verlangt,
2. von Amts wegen oder auf Antrag der Abgabenbehörde (§ 265 Abs. 5), eines Zeugen, einer Auskunftsperson oder eines Sachverständigen, soweit unter die abgabenrechtliche Geheimhaltungspflicht (§ 48a) oder unter andere Geheimhaltungspflichten fallende Umstände erörtert werden oder soweit die Öffentlichkeit der Verhandlung die Interessen der Abgabenerhebung beeinträchtigen würde.

(4) Bei Verhandlungen und sonstigen Amtshandlungen dürfen nur unbewaffnete Personen anwesend sein. Dies gilt nicht für Personen, die vermöge ihres öffentlichen Dienstes zum Tragen einer Waffe verpflichtet sind oder mit der Sicherung von Amtshandlungen oder Amtsräumen beauftragt sind.

(5) Fernseh- und Hörfunkaufnahmen und -übertragungen, jede sonstige Form von Bild- und Tonübertragungen sowie Film- und Fotoaufnahmen von Verhandlungen sind unzulässig. Tonaufnahmen sind nur zulässig, soweit sie für die Abfassung der Niederschrift (§ 87 Abs. 6) gestattet sind.

(6) Außer den Mitgliedern des Senates sind auch die Parteien berechtigt, an Personen, die einvernommen werden, Fragen zu stellen. Der Senatsvorsitzende kann Fragen, die nicht der Klärung des Sachverhaltes dienen, zurückweisen.

(7) Über den Verlauf der mündlichen Verhandlung ist eine Niederschrift aufzunehmen. Die Niederschrift hat die Namen der Mitglieder des Senates und des etwa beigezogenen Schriftführers, die Namen der zur Verhandlung erschienenen Parteien und ihrer Vertreter sowie die wesentlichen Vorkommnisse der Verhandlung, insbesondere das Parteienvorbringen und die Anträge der Parteien, die über diese Anträge gefassten Beschlüsse des Senates sowie die durchgeführten Beweisaufnahmen zu enthalten. Die Niederschrift ist vom Senatsvorsitzenden und vom Schriftführer zu unterfertigen.

**§ 276.** (1) Der Senat hat über die Beschwerde zu beraten und über die Entscheidung sowie über allfällige Vorfragen abzustimmen. Hat eine mündliche Verhandlung stattgefunden, so ist die Beratung und Abstimmung im Anschluss an die Verhandlung durchzuführen. Die Beratung und Abstimmung ist nicht öffentlich.

(2) Der Senat kann nach Entscheidung über die maßgebenden Sach- und Rechtsfragen einstimmig beschließen, dass die Berechnung der Bemessungsgrundlagen und der Höhe der Abgabe erst anlässlich der schriftlichen Ausfertigung des Erkenntnisses ohne neuerliche Beschlussfassung des Senates zu erfolgen hat.

**„(3) Obliegt die Entscheidung über Beschwerden dem Senat, kann der Senatsvorsitzende die Beratung und Beschlussfassung des Senates unter Verwendung geeigneter technischer Kommunikationsmittel veranlassen. Der Senatsvorsitzende kann außerdem die Beratung und Beschlussfassung durch die Einholung der Zustimmung der anderen Mitglieder des Senates zu einem Entscheidungsentwurf im Umlaufweg ersetzen, wenn keines dieser Mitglieder widerspricht.“**

*(BGBl I 2022/108 ab 1.7.2022)*

**§ 277.** (1) Der Senatsvorsitzende hat die Beratung und Abstimmung des Senates zu leiten. Der Berichterstatter hat seine Stimme als erster, der Senatsvorsitzende als letzter abzugeben. Ist der Senatsvorsitzende selbst auch Berichterstatter, so gibt er seine Stimme als letzter ab. Im Übrigen haben die Mitglieder ihre Stimmen in alphabetischer Reihenfolge abzugeben. Kein Mitglied des Senates darf die Abgabe der Stimme über eine zur Beschlussfassung gestellte Frage verweigern. Dies gilt auch dann, wenn ein Mitglied bei der Abstimmung über eine früher gestellte Frage in der Minderheit geblieben ist.

(2) Der Senat fasst seine Beschlüsse mit einfacher Mehrheit. Bei Stimmengleichheit gibt die Stimme des Senatsvorsitzenden den Ausschlag. Bilden sich wegen eines Betrages, über den ein Beschluss zu fassen ist, mehr als zwei Meinungen, so werden die Stimmen für den höchsten Betrag jenen für den nächstniedrigeren Betrag hinzugezählt, bis sich eine Mehrheit ergibt.

(3) Über die Beratung und Abstimmung des Senates ist eine Niederschrift aufzunehmen, die vom Senatsvorsitzenden und vom etwa beigezogenen Schriftführer zu unterfertigen ist. Diese Niederschrift ist von der nach § 275 Abs. 7 aufgenommenen Niederschrift zu trennen.

(4) Wird die mündliche Verhandlung nicht vertagt, so schließt sie mit der Verkündung der Entscheidung über die Beschwerde, die jedoch immer auch zugestellt werden muss, oder mit der Verkündung des Beschlusses, dass die Entscheidung der schriftlichen Ausfertigung vorbehalten bleibt. Die Verkündung obliegt dem Senatsvorsitzenden.

### 18. Erkenntnisse und Beschlüsse

**§ 278.** (1) Ist die Bescheidbeschwerde mit Beschluss des Verwaltungsgerichtes

a) weder als unzulässig oder nicht rechtzeitig eingebracht zurückzuweisen (§ 260) noch
b) als zurückgenommen (§ 85 Abs. 2, § 86a Abs. 1) oder als gegenstandslos (§ 256 Abs. 3, § 261) zu erklären,

   *(BGBl I 2016/117)*

so kann das Verwaltungsgericht mit Beschluss die Beschwerde durch Aufhebung des angefochtenen Bescheides und allfälliger Beschwerdevorentscheidungen unter Zurückverweisung der Sache an die Abgabenbehörde erledigen, wenn Ermittlungen (§ 115 Abs. 1) unterlassen wurden, bei deren Durchführung ein anders lautender Bescheid hätte erlassen werden oder eine Bescheiderteilung hätte unterbleiben können. Eine solche Aufhebung ist unzulässig, wenn die Feststellung des maßgeblichen Sachverhaltes durch das Verwaltungsgericht selbst im Interesse der Raschheit gelegen oder mit einer erheblichen Kostenersparnis verbunden ist.

(2) Durch die Aufhebung des angefochtenen Bescheides tritt das Verfahren in die Lage zurück, in der es sich vor Erlassung dieses Bescheides befunden hat.

(3) Im weiteren Verfahren sind die Abgabenbehörden an die für die Aufhebung maßgebliche, im aufhebenden Beschluss dargelegte Rechtsanschauung gebunden. Dies gilt auch dann, wenn der Beschluss einen kürzeren Zeitraum als der spätere Bescheid umfasst.

**§ 279.** (1) Außer in den Fällen des § 278 hat das Verwaltungsgericht immer in der Sache selbst mit Erkenntnis zu entscheiden. Es ist berechtigt, sowohl im Spruch als auch hinsichtlich der Begründung seine Anschauung an die Stelle jener der Abgabenbehörde zu setzen und demgemäß den angefochtenen Bescheid nach jeder Richtung abzuändern, aufzuheben oder die Bescheidbeschwerde als unbegründet abzuweisen.

(2) Durch die Aufhebung des angefochtenen Bescheides tritt das Verfahren in die Lage zurück, in der es sich vor Erlassung dieses Bescheides befunden hat.

(3) Im Verfahren betreffend Bescheide, die Erkenntnisse (Abs. 1) abändern, aufheben oder ersetzen, sind die Abgabenbehörden an die für das Erkenntnis maßgebliche, dort dargelegte Rechtsanschauung gebunden. Dies gilt auch dann, wenn das Erkenntnis einen kürzeren Zeitraum als der spätere Bescheid umfasst.

**§ 280.** (1) Urschriften und Ausfertigungen von Erkenntnissen und Beschlüssen der Verwaltungsgerichte haben zu enthalten:

a) die Bezeichnung des Verwaltungsgerichtes und den Namen des Richters,

*(BGBl I 2018/62)*

b) die Namen der Parteien des Beschwerdeverfahrens und ihrer Vertreter,

c) die Bezeichnung des angefochtenen Bescheides,

d) den Spruch, einschließlich der Entscheidung, ob eine Revision beim Verwaltungsgerichtshof nach Art. 133 Abs. 4 B-VG zulässig ist,

e) die Begründung;

*(BGBl I 2016/117)*

f) im Verfahren eines Senates die Unterschrift des Senatsvorsitzenden bzw. in den Fällen des § 272 Abs. 4 des Berichterstatters, in den übrigen Fällen die Unterschrift des Einzelrichters; bei schriftlichen Ausfertigungen kann an die Stelle der Unterschrift die Beglaubigung der Kanzlei treten, dass die Ausfertigung mit der Urschrift übereinstimmt und diese die eigenhändig beigesetzte Unterschrift aufweist; Ausfertigungen in Form von elektronischen Dokumenten müssen an Stelle der Unterschrift oder Beglaubigung mit einer Amtssignatur (§ 19 E-Government-Gesetz) versehen sein; Ausfertigungen in Form von Ausdrucken von mit einer Amtssignatur versehenen elektronischen Dokumenten oder von Kopien solcher Ausdrucke brauchen keine weiteren Voraussetzungen erfüllen,

*(BGBl I 2016/117, BGBl I 2018/62)*

g) das Datum der mündlichen Verkündung, sonst das Datum der Unterfertigung.

*(BGBl I 2018/62)*

*(BGBl I 2018/62)*

(2) Urschriften und Ausfertigungen von Erkenntnissen und Beschlüssen der Senate haben überdies die Namen der Senatsmitglieder und des etwa beigezogenen Schriftführers zu enthalten.

*(BGBl I 2016/117, BGBl I 2018/62)*

(3) Erkenntnisse sind im Namen der Republik zu verkünden und auszufertigen

(4) Ausfertigungen von Erkenntnissen und Beschlüssen haben eine Belehrung über die Möglichkeit der Erhebung einer Beschwerde an den Verfassungsgerichtshof und einer ordentlichen oder außerordentlichen Revision an den Verwaltungsgerichtshof zu enthalten. Das Verwaltungsgericht hat ferner hinzuweisen:

a) auf die bei der Einbringung einer solchen Beschwerde bzw. Revision einzuhaltenden Fristen;

b) auf die gesetzlichen Erfordernisse der Einbringung einer solchen Beschwerde bzw. Revision durch einen bevollmächtigten Rechtsanwalt (bei Beschwerden) bzw. durch einen bevollmächtigten Rechtsanwalt oder Wirtschaftstreuhänder (bei Revisionen);

c) auf die für eine solche Beschwerde bzw. Revision zu entrichtenden Eingabengebühren.

**§ 281.** (1) Im Beschwerdeverfahren können nur einheitliche Entscheidungen (Beschwerdevorentscheidungen, Erkenntnisse und gemäß § 278 aufhebende Beschlüsse) getroffen werden. Sie wirken für und gegen die gleichen Personen wie der angefochtene Bescheid.

(2) Ein Erkenntnis über das Bestehen und die Höhe einer Abgabenschuld, das auf Grund einer vom Haftungspflichtigen eingebrachten Bescheidbeschwerde (§ 248) ergeht, wirkt auch für und gegen den Abgabepflichtigen.

(3) Eine einheitliche Entscheidung unterbleibt abweichend von Abs. 1, wenn in einem Dokument, das Form und Inhalt eines Feststellungsbescheides (§ 188) hat, gemeinschaftliche Einkünfte auch Personen oder Personenvereinigungen (Personengemeinschaften) ohne eigene Rechtspersönlichkeit zugerechnet werden, die nicht oder nicht mehr rechtlich existent sind (insbesondere infolge Todes, Beendigung der Gesellschaft, Gesamt-

rechtsnachfolge) oder die nicht oder nicht mehr handlungsfähig sind (zB infolge eines Genehmigungsvorbehalts bei Bestellung eines gerichtlichen Erwachsenenvertreters). Dies steht der Wirksamkeit als Erkenntnis nicht entgegen. Ein solches Erkenntnis wirkt lediglich gegenüber den übrigen, denen im Spruch Einkünfte zugerechnet bzw. nicht zugerechnet werden.

*(BGBl I 2018/62)*

**„(4) Abs. 3 gilt sinngemäß für Feststellungsbescheide gemäß § 186 Abs. 2, wenn einzelne der am Gegenstand der Feststellung beteiligten Personen bei Bekanntgabe (§ 97) des Feststellungsbescheides nicht oder nicht mehr rechtlich existent oder nicht oder nicht mehr handlungsfähig im Sinne des Abs. 3 sind.**

*(BGBl I 2022/108 ab 20.7.2022)*

**(5) Eine einheitliche Entscheidung gemäß Abs. 1 unterbleibt auch dann, wenn eine oder mehrere Personen, die einer Beschwerde gemäß § 257 beigetreten sind, nicht oder nicht mehr rechtlich existent oder nicht oder nicht mehr handlungsfähig im Sinne des Abs. 3 sind. Dies steht der Wirksamkeit als Erkenntnis nicht entgegen. Ein solches Erkenntnis wirkt lediglich gegenüber den übrigen Parteien oder beigetretenen Personen.“**

*(BGBl I 2022/108 ab 20.7.2022)*

### 18a. Verständigung

**§ 281a.** Wenn das Verwaltungsgericht nach einer Vorlage (§ 265) zur Auffassung gelangt, dass noch eine Beschwerdevorentscheidung zu erlassen ist oder ein Vorlageantrag nicht eingebracht wurde, hat es die Parteien darüber unverzüglich formlos in Kenntnis zu setzen.

*(BGBl I 2018/62)*

### 19. Vollstreckung

**§ 282.** Die Abgabenbehörden sind verpflichtet, in dem betreffenden Fall mit den ihnen zu Gebote stehenden rechtlichen Mitteln unverzüglich den der Rechtsanschauung des Verwaltungsgerichtes entsprechenden Rechtszustand herzustellen.

### 20. Maßnahmenbeschwerde

**§ 283.** (1) Gegen die Ausübung unmittelbarer verwaltungsbehördlicher Befehls- und Zwangsgewalt durch Abgabenbehörden kann wegen Rechtswidrigkeit Beschwerde (Maßnahmenbeschwerde) erheben, wer durch sie in seinen Rechten verletzt zu sein behauptet.

(2) Die Maßnahmenbeschwerde ist innerhalb von sechs Wochen ab dem Zeitpunkt, in dem der Beschwerdeführer von der Ausübung unmittelbarer verwaltungsbehördlicher Befehls- und Zwangsgewalt Kenntnis erlangt hat, sofern er aber durch sie behindert war, von seinem Beschwerderecht Gebrauch zu machen, ab dem Wegfall dieser Behinderung beim Verwaltungsgericht einzubringen. Wird die Maßnahmenbeschwerde rechtzeitig bei einem anderen Verwaltungsgericht oder bei einer Abgabenbehörde eingebracht, so gilt dies als rechtzeitige Einbringung; solche Maßnahmenbeschwerden sind unverzüglich an das Verwaltungsgericht weiterzuleiten.

(3) Die Maßnahmenbeschwerde hat zu enthalten:

a) die Bezeichnung des angefochtenen Verwaltungsaktes;
b) soweit dies zumutbar ist, eine Angabe darüber, welches Organ den angefochtenen Verwaltungsakt gesetzt hat;
c) den Sachverhalt;
d) die Gründe, auf die sich die Behauptung der Rechtswidrigkeit stützt;
e) das Begehren, den angefochtenen Verwaltungsakt für rechtswidrig zu erklären;
f) die Angaben, die zur Beurteilung der fristgerechten Einbringung der Maßnahmenbeschwerde erforderlich sind.

(4) Der angefochtene Verwaltungsakt ist vom Verwaltungsgericht mit Erkenntnis für rechtswidrig zu erklären, wenn die Maßnahmenbeschwerde nicht mit Beschluss bzw. mit Erkenntnis

a) als nicht zulässig oder nicht fristgerecht eingebracht zurückzuweisen ist (§ 260),
b) als zurückgenommen (§ 85 Abs. 2, § 86a Abs. 1) oder als gegenstandslos zu erklären ist (§ 256 Abs. 3) oder
c) als unbegründet abzuweisen ist.

(5) Dauert der für rechtswidrig erklärte Verwaltungsakt noch an, so hat die belangte Behörde unverzüglich den dem Erkenntnis entsprechenden Rechtszustand herzustellen.

(6) Partei im Beschwerdeverfahren ist auch die belangte Behörde.

(7) Sinngemäß sind anzuwenden:

a) § 245 Abs. 3, 4 und 5 (Frist),
   *(BGBl I 2016/117)*
b) § 256 Abs. 1 und 3 (Zurücknahme der Beschwerde),
c) § 260 Abs. 1 (Unzulässigkeit, nicht fristgerechte Einbringung),
d) § 265 Abs. 4 und 6 (Verständigungspflichten),
e) § 266 (Vorlage der Akten),
f) § 268 (Ablehnung wegen Befangenheit oder Wettbewerbsgefährdung),
g) § 269 (Obliegenheiten und Befugnisse, Ermittlungen, Erörterungstermin),
h) § 271 (Aussetzung der Entscheidung),
i) §§ 272 bis 277 (Verfahren),
j) § 280 (Inhalt des Erkenntnisses oder des Beschlusses).

### 21. Säumnisbeschwerde

**§ 284.** (1) Wegen Verletzung der Entscheidungspflicht kann die Partei Beschwerde (Säumnisbeschwerde) beim Verwaltungsgericht erheben, wenn ihr Bescheide der Abgabenbehörden nicht innerhalb von sechs Monaten nach Einlangen der Anbringen oder nach dem Eintritt zur Verpflichtung zu ihrer amtswegigen Erlassung bekanntgegeben (§ 97) werden. Hiezu ist jede Partei befugt, der gegenüber der Bescheid zu ergehen hat.

(2) Das Verwaltungsgericht hat der Abgabenbehörde aufzutragen, innerhalb einer Frist von bis zu drei Monaten ab Einlangen der Säumnisbeschwerde zu entscheiden und gegebenenfalls eine Abschrift des Bescheides vorzulegen oder anzugeben, warum eine Verletzung der Entscheidungspflicht nicht oder nicht mehr vorliegt. Die Frist kann einmal verlängert werden, wenn die Abgabenbehörde das Vorliegen von in der Sache gelegenen Gründen nachzuweisen vermag, die eine fristgerechte Entscheidung unmöglich machen. Wird der Bescheid erlassen oder wurde er vor Einleitung des Verfahrens erlassen, so ist das Verfahren einzustellen.

(3) Die Zuständigkeit zur Entscheidung geht erst dann auf das Verwaltungsgericht über, wenn die Frist (Abs. 2) abgelaufen ist oder wenn die Abgabenbehörde vor Ablauf der Frist mitteilt, dass keine Verletzung der Entscheidungspflicht vorliegt.

(4) Säumnisbeschwerden sind mit Erkenntnis abzuweisen, wenn die Verspätung nicht auf ein überwiegendes Verschulden der Abgabenbehörde zurückzuführen ist.

(5) Das Verwaltungsgericht kann sein Erkenntnis vorerst auf die Entscheidung einzelner maßgeblicher Rechtsfragen beschränken und der Abgabenbehörde auftragen, den versäumten Bescheid unter Zugrundelegung der hiermit festgelegten Rechtsanschauung binnen bestimmter, acht Wochen nicht übersteigender Frist zu erlassen. Kommt die Abgabenbehörde dem Auftrag nicht nach, so entscheidet das Verwaltungsgericht über die Beschwerde durch Erkenntnis in der Sache selbst.

(6) Partei im Beschwerdeverfahren ist auch die Abgabenbehörde, deren Säumnis geltend gemacht wird.

(7) Sinngemäß sind anzuwenden:

a) § 256 Abs. 1 und 3 (Zurücknahme der Beschwerde),
b) § 260 Abs. 1 lit. a (Unzulässigkeit),
c) § 265 Abs. 6 (Verständigungspflichten),
d) § 266 (Vorlage der Akten),
e) § 268 (Ablehnung wegen Befangenheit oder Wettbewerbsgefährdung),
f) § 269 (Obliegenheiten und Befugnisse, Ermittlungen, Erörterungstermin),
g) §§ 272 bis 277 (Verfahren),
h) § 280 (Inhalt des Erkenntnisses oder des Beschlusses).

**§ 285.** (1) Die Säumnisbeschwerde hat zu enthalten:

a) die Bezeichnung der säumigen Abgabenbehörde;
b) die Darstellung des Inhaltes des unerledigten Antrages bzw. der Angelegenheit, in der eine Verpflichtung zur amtswegigen Erlassung eines Bescheides besteht;
c) die Angaben, die zur Beurteilung des Ablaufes der Frist des § 284 Abs. 1 notwendig sind.

(2) Die Frist des § 284 Abs. 2 wird durch einen Mängelbehebungsauftrag (§ 85 Abs. 2) gehemmt. Die Hemmung beginnt mit dem Tag der Zustellung des Mängelbehebungsauftrages und endet mit Ablauf der Mängelbehebungsfrist oder mit dem früheren Tag des Einlangens der Mängelbehebung beim Verwaltungsgericht.

**§ 286.** Ist wegen einer gleichen oder ähnlichen Rechtsfrage eine Säumnisbeschwerde anhängig oder schwebt sonst vor einem Gericht oder einer Verwaltungsbehörde ein Verfahren, dessen Ausgang von wesentlicher Bedeutung für die Entscheidung in der Angelegenheit, in der die Säumnisbeschwerde eingebracht wurde, ist, so kann das Verwaltungsgericht die Entscheidung über die Säumnisbeschwerde unter Mitteilung der hiefür maßgebenden Gründe mit Beschluss aussetzen, sofern nicht überwiegende Interessen der Partei (§ 78) entgegenstehen. Während der Zeit der Wirksamkeit des Aussetzungsbescheides ist die Frist des § 284 Abs. 2 gehemmt. Nach Beendigung des Verfahrens, das Anlass zur Aussetzung gegeben hat, ist das ausgesetzte Verfahren von Amts wegen fortzusetzen.

### 22. Nebenansprüche

**§ 287.** (1) Die Einhebung und zwangsweise Einbringung der von Verwaltungsgerichten mit Beschluss festgesetzten Nebenansprüche obliegt der vom Verwaltungsgericht bestimmten Abgabenbehörde.

(2) Für solche Beschlüsse gelten die §§ 293, 303, 304 und 307 sinngemäß. Solche Maßnahmen obliegen dem Verwaltungsgericht.

### 23. Zweistufiger Instanzenzug bei Gemeinden

**§ 288.** (1) Besteht ein zweistufiger Instanzenzug für Angelegenheiten des eigenen Wirkungsbereiches der Gemeinden, so gelten für das Berufungsverfahren die für Bescheidbeschwerden und für den Inhalt der Berufungsentscheidungen die für Beschwerdevorentscheidungen anzuwendenden Bestimmungen sinngemäß. Weiters sind die Beschwerden betreffenden Bestimmungen (insbesondere die §§ 76 Abs. 1 lit. d, 209a, 212 Abs. 4, 212a und 254) sowie § 93 Abs. 3 lit. b und Abs. 4 bis 6 sinngemäß anzuwenden.

(2) Im Berufungsverfahren sind die §§ 278 und 279 Abs. 3 (Aufhebung unter Zurückverweisung, Bindung an Rechtsanschauung) nicht anzuwenden.

(3) Besteht ein zweistufiger Instanzenzug (Abs. 1), so sind die §§ 262 bis 264 (Beschwerdevorentscheidung, Vorlageantrag) weder im Berufungsverfahren noch im Beschwerdeverfahren anzuwenden. § 300 gilt sinngemäß ab Einbringung der gegen die Entscheidung über die Berufung gerichteten Bescheidbeschwerde.

### 24. Klaglosstellung

**§ 289.** (1) Das Verwaltungsgericht kann Erkenntnisse und Beschlüsse nur aufheben, wenn sie beim Verwaltungsgerichtshof mit Revision oder beim Verfassungsgerichtshof mit Beschwerde angefochten sind, und zwar

a) wegen Rechtswidrigkeit ihres Inhaltes, oder
b) wenn sie von einem unzuständigen Verwaltungsgericht, von einem hiezu nicht berufenen Organ oder von einem nicht richtig zusammengesetzten Senat erlassen wurden, oder
c) wenn der ihnen zugrunde gelegte Sachverhalt in einem wesentlichen Punkt unrichtig festgestellt oder aktenwidrig angenommen wurde, oder
d) wenn Verfahrensvorschriften außer Acht gelassen wurden, bei deren Einhaltung ein anders lautendes Erkenntnis oder ein anders lautender Beschluss hätte erlassen werden können.

(2) Eine Aufhebung (Abs. 1) darf in jedem Beschwerdeverfahren nur einmal erfolgen. Sie ist bis zum Ablauf von fünf Jahren ab Bekanntgabe (§ 97) des angefochtenen Erkenntnisses bzw. Beschlusses zulässig.

(3) Durch die Aufhebung tritt das Verfahren in die Lage zurück, in der es sich vor Erlassung des aufgehobenen Erkenntnisses bzw. Beschlusses befunden hat.

### 25. Antrag auf Vorabentscheidung

**§ 290.** (1) Ein Beschluss des Verwaltungsgerichtes, dem Gerichtshof der Europäischen Union eine Frage zur Vorabentscheidung nach Art. 267 des Vertrages über die Arbeitsweise der Europäischen Union (AEUV) vorzulegen, ist den Parteien zuzustellen.

(2) Nach Vorlage (Abs. 1) dürfen bis zum Einlangen der Vorabentscheidung nur solche Amtshandlungen vorgenommen werden, die durch die Vorabentscheidung nicht beeinflusst werden können oder die die Frage nicht abschließend regeln und keinen Aufschub gestatten.

(3) Erachtet das Verwaltungsgericht die noch nicht ergangene Vorabentscheidung für ihre Entscheidung in der Sache nicht mehr für erforderlich, so hat sie ihren Antrag unverzüglich zurückzuziehen. Hievon sind die Parteien in Kenntnis zu setzen.

### 26. Entscheidungspflicht

*(BGBl I 2016/117)*

**§ 291.** (1) Soweit die Bundes- oder Landesgesetze nicht anderes vorsehen, ist das Verwaltungsgericht verpflichtet, über Anträge der Parteien und über Beschwerden ohne unnötigen Aufschub, spätestens aber sechs Monate nach deren Einlangen zu entscheiden. Im Verfahren über Bescheidbeschwerden beginnt die Entscheidungsfrist mit der Vorlage der Beschwerde (§ 265) oder nach Einbringung einer Vorlageerinnerung (§ 264 Abs. 6). In den Fällen des § 284 Abs. 5 beginnt die Entscheidungsfrist mit Ablauf der vom Verwaltungsgericht gesetzten Frist.

*(BGBl I 2016/117)*

(2) Die Zeit eines Verfahrens vor dem Verfassungsgerichtshof gemäß Art. 139, 139a, 140 und 140a B-VG oder eines Vorabentscheidungsverfahrens vor dem Gerichtshof der Europäischen Union ist in die Entscheidungsfrist nach Abs. 1 nicht einzurechnen.

### 27. Verfahrenshilfe

*(BGBl I 2016/117)*

**§ 292.** (1) Auf Antrag einer Partei (§ 78) ist, wenn zu entscheidende Rechtsfragen besondere Schwierigkeiten rechtlicher Art aufweisen, ihr für das Beschwerdeverfahren Verfahrenshilfe vom Verwaltungsgericht insoweit zu bewilligen,

1. als die Partei außerstande ist, die Kosten der Führung des Verfahrens ohne Beeinträchtigung des notwendigen Unterhalts zu bestreiten und
2. als die beabsichtigte Rechtsverfolgung oder Rechtsverteidigung nicht als offenbar mutwillig oder aussichtslos erscheint.

(2) Als notwendiger Unterhalt ist derjenige Unterhalt anzusehen, den die Partei für sich und ihre Familie, für deren Unterhalt sie zu sorgen hat, zu einer einfachen Lebensführung benötigt.

(3) Einer juristischen Person oder einer Personenvereinigung (Personengemeinschaft) ohne eigene Rechtspersönlichkeit ist die Verfahrenshilfe insoweit zu bewilligen,

1. als die zur Führung des Verfahrens erforderlichen Mittel weder von ihr noch von den an der Führung des Verfahrens wirtschaftlich Beteiligten aufgebracht werden können und
2. als die beabsichtigte Rechtsverfolgung oder Rechtsverteidigung nicht als offenbar mutwillig oder aussichtslos erscheint.

(4) Ein wirtschaftlich Beteiligter (Abs. 3 Z 1) ist eine Person, auf deren Vermögenssphäre sich der Ausgang des Beschwerdeverfahrens nicht ganz unerheblich auswirkt und bei der es – auch aus diesem Grund – als zumutbar angesehen werden kann, von dieser Person eine Finanzierung der Verfahrenskosten zu verlangen.

(5) Offenbar aussichtslos ist eine Beschwerde insbesondere bei Unschlüssigkeit des Begehrens oder bei unbehebbarem Beweisnotstand. Bei einer nicht ganz entfernten Möglichkeit des Erfolges liegt keine Aussichtslosigkeit vor. Mutwillig ist eine Beschwerde dann, wenn sich die Partei der Unrichtigkeit ihres Standpunktes bewusst ist oder bewusst sein muss.

(6) Der Antrag auf Bewilligung der Verfahrenshilfe ist bis zur Vorlage der Bescheidbeschwerde bei der Abgabenbehörde, ab Vorlage der Beschwerde beim Verwaltungsgericht einzubringen. Wird der Antrag vor Ablauf der Frist zur Einbringung einer Bescheidbeschwerde beim Verwaltungsgericht eingebracht, so gilt dies als rechtzeitige Einbringung. Für Verfahren über Maßnahmenbeschwerden (§ 283) und über Säumnisbeschwerden (§ 284) ist der Antrag beim Verwaltungsgericht einzubringen. Wird der Antrag vor Ablauf der Frist

zur Einbringung einer Maßnahmenbeschwerde bei der Abgabenbehörde eingebracht, so gilt dies als rechtzeitige Einbringung.

(7) Der Antrag kann gestellt werden

1. ab Erlassung des Bescheides, der mit Beschwerde angefochten werden soll bzw.
2. ab dem Zeitpunkt, in dem der Betroffene Kenntnis von der Ausübung unmittelbarer verwaltungsbehördlicher Befehls- und Zwangsgewalt erlangt hat bzw.
3. nach Ablauf der für Säumnisbeschwerden nach § 284 Abs. 1 maßgebenden Frist.

(8) Der Antrag hat zu enthalten

1. die Bezeichnung des Bescheides (Abs. 7 Z 1) bzw. der Amtshandlung (Abs. 7 Z 2) bzw. der unterlassenen Amtshandlung (Abs. 7 Z 3),
2. die Gründe, auf die sich die Behauptung der Rechtswidrigkeit stützt,
3. die Entscheidung der Partei, ob der Kammer der Wirtschaftstreuhänder oder der Rechtsanwaltskammer die Bestellung des Verfahrenshelfers obliegt,
4. eine Darstellung der Einkommens- und Vermögensverhältnisse des Antragstellers und der wirtschaftlich Beteiligten.

(9) Ein bei der Abgabenbehörde vor Vorlage der Bescheidbeschwerde eingebrachter Antrag ist unter Anschluss der Verwaltungsakten unverzüglich dem Verwaltungsgericht vorzulegen.

(10) Das Verwaltungsgericht hat über den Antrag mit Beschluss zu entscheiden. Hat das Gericht die Bewilligung der Verfahrenshilfe beschlossen, so hat es die Kammer der Wirtschaftstreuhänder bzw. die Rechtsanwaltskammer hievon zu benachrichtigen.

(11) Die Kammer der Wirtschaftstreuhänder bzw. die Rechtsanwaltskammer hat mit Beschluss den Wirtschaftstreuhänder bzw. Rechtsanwalt zu bestellen, dessen Kosten die Partei nicht zu tragen hat. Wünschen der Partei über die Auswahl der Person des Wirtschaftstreuhänders oder Rechtsanwaltes ist im Einvernehmen mit dem namhaft gemachten Wirtschaftstreuhänder bzw. Rechtsanwalt nach Möglichkeit zu entsprechen. Von der Bestellung sind die Abgabenbehörde und das Verwaltungsgericht zu verständigen.

(12) Wird der Antrag auf Verfahrenshilfe innerhalb einer für die Einbringung der Beschwerde (§ 243, § 283), des Vorlageantrages (§ 264) oder einer im Beschwerdeverfahren gegenüber dem Verwaltungsgericht einzuhaltenden Frist gestellt, so beginnt diese Frist mit dem Zeitpunkt, in dem

1. der Beschluss über die Bestellung des Wirtschaftstreuhänders bzw. Rechtsanwaltes zum Vertreter und der anzufechtende Bescheid dem Wirtschaftstreuhänder bzw. Rechtsanwalt bzw.
2. der den Antrag nicht stattgebende Beschluss der Partei

zugestellt wurde, von neuem zu laufen.

(13) Die Bewilligung der Verfahrenshilfe ist vom Verwaltungsgericht zu widerrufen, wenn die Voraussetzungen für die Bewilligung nicht mehr gegeben sind oder wenn das Vorhandensein der Voraussetzungen auf Grund unrichtiger oder irreführender Angaben der Partei zu Unrecht angenommen worden ist.

(14) Der Bund hat der Kammer der Wirtschaftstreuhänder und dem Österreichischen Rechtsanwaltskammertag jährlich spätestens zum 30. September für die im abgelaufenen Kalenderjahr erbrachten Leistungen der nach Abs. 11 bestellten Wirtschaftstreuhänder und Rechtsanwälte eine angemessene Pauschalvergütung zu zahlen, deren Höhe durch Verordnung des Bundesministers für Finanzen festzusetzen ist. Die Festsetzung hat anhand der Anzahl der jährlichen Bestellungen und des Umfanges der erbrachten Leistungen zu erfolgen.

*(BGBl I 2016/117)*

### B. Sonstige Maßnahmen

#### 1. Abänderung, Zurücknahme und Aufhebung

**§ 293.** Die Abgabenbehörde kann auf Antrag einer Partei (§ 78) oder von Amts wegen in einem Bescheid unterlaufene Schreib- und Rechenfehler oder andere offenbar auf einem ähnlichen Versehen beruhende tatsächliche oder ausschließlich auf dem Einsatz einer automationsunterstützten Datenverarbeitungsanlage beruhende Unrichtigkeiten berichtigen.

**§ 293a.** Verletzt die Angabe der Einkunftsart in der Begründung (§ 93 Abs. 3 lit. a) eines Abgabenbescheides rechtliche Interessen der Partei (§ 78), so kann sie auf Antrag der Partei auch dann berichtigt werden, wenn eine Berichtigung nach § 293 nicht zulässig ist.

**§ 293b.** Die Abgabenbehörde kann auf Antrag einer Partei (§ 78) oder von Amts wegen einen Bescheid insoweit berichtigen, als seine Rechtswidrigkeit auf der Übernahme offensichtlicher Unrichtigkeiten aus Abgabenerklärungen beruht.

**§ 294.** (1) Eine Änderung oder Zurücknahme eines Bescheides, der Begünstigungen, Berechtigungen oder die Befreiung von Pflichten betrifft, durch die Abgabenbehörde ist – soweit nicht Widerruf oder Bedingungen vorbehalten sind – nur zulässig,

a) wenn sich die tatsächlichen Verhältnisse geändert haben, die für die Erlassung des Bescheides maßgebend gewesen sind, oder
b) wenn das Vorhandensein dieser Verhältnisse auf Grund unrichtiger oder irreführender Angaben zu Unrecht angenommen worden ist.

(2) Die Änderung oder Zurücknahme kann ohne Zustimmung der betroffenen Parteien mit rückwirkender Kraft nur ausgesprochen werden, wenn der Bescheid durch wissentlich unwahre Angaben oder durch eine strafbare Handlung herbeigeführt worden ist.

(3) Die Bestimmungen der Abgabenvorschriften über die Änderung und den Widerruf von Bescheiden der im Abs. 1 bezeichneten Art bleiben unberührt.

(4) Die Entscheidung über Änderungen und Zurücknahmen nach Abs. 1 und 2 steht der Abgabenbehörde zu, die für die Erlassung des zu ändernden bzw. zurückzunehmenden Bescheides zuständig war oder vor Übergang der Zuständigkeit als Folge einer Bescheidbeschwerde oder einer Säumnisbeschwerde (§ 284 Abs. 3) zuständig gewesen wäre. Ist die diesbezügliche Zuständigkeit auf eine andere Abgabenbehörde übergegangen, so steht die Entscheidung der zuletzt zuständig gewordenen Abgabenbehörde zu.

**§ 295.** (1) Ist ein Bescheid von einem Feststellungsbescheid abzuleiten, so ist er ohne Rücksicht darauf, ob die Rechtskraft eingetreten ist, im Fall der nachträglichen Abänderung, Aufhebung oder Erlassung des Feststellungsbescheides von Amts wegen durch einen neuen Bescheid zu ersetzen oder, wenn die Voraussetzungen für die Erlassung des abgeleiteten Bescheides nicht mehr vorliegen, aufzuheben. Mit der Änderung oder Aufhebung des abgeleiteten Bescheides kann gewartet werden, bis die Abänderung oder Aufhebung des Feststellungsbescheides oder der nachträglich erlassene Feststellungsbescheid rechtskräftig geworden ist.

(2) Ist ein Bescheid von einem Abgaben-, Meß-, Zerlegungs- oder Zuteilungsbescheid abzuleiten, so gilt Abs. 1 sinngemäß.

(2a) Ist ein Bescheid von einem Bescheid gemäß § 48 Abs. 2 oder 4 abzuleiten, ist er ungeachtet des Eintritts der Rechtskraft oder der Verjährung im Fall der nachträglichen Erlassung oder Aufhebung des Bescheides von Amts wegen aufzuheben oder insoweit abzuändern, als der Bescheid sich auf den Spruch des abgeleiteten Bescheides auswirkt.

*(BGBl I 2019/62)*

(3) Ein Bescheid ist ohne Rücksicht darauf, ob die Rechtskraft eingetreten ist, auch ansonsten zu ändern oder aufzuheben, wenn der Spruch dieses Bescheides anders hätte lauten müssen oder dieser Bescheid nicht hätte ergehen dürfen, wäre bei seiner Erlassung ein anderer Bescheid bereits abgeändert, aufgehoben oder erlassen gewesen. Mit der Änderung oder Aufhebung des Bescheides kann gewartet werden, bis die Abänderung oder Aufhebung des anderen Bescheides oder der nachträglich erlassene andere Bescheid rechtskräftig geworden ist.

(4) Wird eine Bescheidbeschwerde, die gegen ein Dokument, das Form und Inhalt

– eines Feststellungsbescheides (§ 188) oder
– eines Bescheides, wonach eine solche Feststellung zu unterbleiben hat,

gerichtet ist, als unzulässig zurückgewiesen, weil das Dokument kein Bescheid ist, sind auf das Dokument gestützte Bescheide auf Antrag der Partei aufzuheben **„oder insoweit abzuändern, als sie sich auf das Dokument stützen“**. Der Antrag ist innerhalb eines Jahres ab Rechtskraft der Zurückweisung zu stellen. Der an die Stelle des aufgehobenen Bescheides tretenden Abgabenfestsetzung steht, soweit sie im das Dokument ersetzenden Bescheid enthaltene Feststellungen übernimmt, der Eintritt der Verjährung nicht entgegen, wenn die Festsetzung innerhalb eines Jahres ab Aufhebung erfolgt. § 209a Abs. 2 erster Satz gilt sinngemäß, wenn gegen den das Dokument ersetzenden Bescheid fristgerecht Beschwerde erhoben wird. **„Der Antrag hat folgendes zu enthalten:**

1. **die Bezeichnung des Bescheides, der abgeändert oder aufgehoben werden soll;**
2. **die Bezeichnung des Bescheides oder Beschlusses, mit dem die Bescheidbeschwerde im Feststellungsverfahren zurückgewiesen wurde;**
3. **die Angaben, die zur Beurteilung der Rechtzeitigkeit des Antrages erforderlich sind.“**

*(BGBl I 2020/2, BGBl I 2021/3, BGBl I 2022/108 ab 20.7.2022)*

(5) Die Entscheidung über Aufhebungen und Änderungen nach den Abs. 1 bis 4 steht der Abgabenbehörde zu, die für die Erlassung des aufzuhebenden bzw. zu ändernden Bescheides zuständig war oder vor Übergang der Zuständigkeit als Folge einer Bescheidbeschwerde oder einer Säumnisbeschwerde (§ 284 Abs. 3) zuständig gewesen wäre. Ist die diesbezügliche Zuständigkeit auf eine andere Abgabenbehörde übergegangen, so steht die Entscheidung der zuletzt zuständig gewordenen Abgabenbehörde zu.

*(BGBl I 2021/3)*

**§ 295a.** (1) Ein Bescheid kann auf Antrag der Partei (§ 78) oder von Amts wegen insoweit abgeändert werden, als ein Ereignis eintritt, das abgabenrechtliche Wirkung für die Vergangenheit auf den Bestand oder Umfang eines Abgabenanspruches hat.

(2) Die Entscheidung über die Abänderung steht der Abgabenbehörde zu, die für die Erlassung des abzuändernden Bescheides zuständig war oder vor Übergang der Zuständigkeit als Folge einer Bescheidbeschwerde oder einer Säumnisbeschwerde (§ 284 Abs. 3) zuständig gewesen wäre. Ist die diesbezügliche Zuständigkeit auf eine andere Abgabenbehörde übergegangen, so steht die Entscheidung der zuletzt zuständig gewordenen Abgabenbehörde zu.

**§ 296.** (aufgehoben)

**§ 297.** (1) Ist ein Zerlegungsbescheid gemäß § 295 durch einen neuen Zerlegungsbescheid zu ersetzen, so kann die Abgabenbehörde, sofern nicht überwiegende Interessen der Parteien entgegenstehen, mit der Vornahme der neuen Zerlegung warten, bis der abändernde Meßbescheid rechtskräftig geworden ist.

(2) Ist der Anspruch einer Körperschaft auf einen Anteil am Steuermeßbetrag unberücksichtigt geblieben, ohne bescheidmäßig abgelehnt worden zu sein, so ist auf Antrag eine Zerlegung oder eine neue Zerlegung des Steuermeßbetrages, er-

forderlichenfalls auch des für die Festsetzung des Grundsteuermeßbetrages maßgeblichen Einheitswertes vorzunehmen. Ein Antrag auf erstmalige Zerlegung kann nur innerhalb eines Jahres ab Eintritt der Rechtskraft des Meßbescheides, ein Antrag auf neue Zerlegung nur innerhalb eines Jahres ab Eintritt der Rechtskraft des bisherigen Zerlegungsbescheides gestellt werden.

**§ 298.** Ein Abgabenbescheid, in dem der Abgabenbetrag auf Grund eines Steuermeßbetrages unter Anwendung eines Hundertsatzes (Hebesatzes) berechnet wurde, ist im Fall einer nachträglichen Änderung des Hebesatzes von Amts wegen durch einen neuen Abgabenbescheid zu ersetzen.

**§ 299.** (1) Die Abgabenbehörde kann auf Antrag der Partei oder von Amts wegen einen Bescheid der Abgabenbehörde aufheben, wenn der Spruch des Bescheides sich als nicht richtig erweist. Der Antrag hat zu enthalten:

a) die Bezeichnung des aufzuhebenden Bescheides;
b) die Gründe, auf die sich die behauptete Unrichtigkeit stützt.

(2) Mit dem aufhebenden Bescheid ist der den aufgehobenen Bescheid ersetzende Bescheid zu verbinden. Dies gilt nur, wenn dieselbe Abgabenbehörde zur Erlassung beider Bescheide zuständig ist.

(3) Durch die Aufhebung des aufhebenden Bescheides (Abs. 1) tritt das Verfahren in die Lage zurück, in der es sich vor der Aufhebung (Abs. 1) befunden hat.

**§ 299a.** Für Landes- und Gemeindeabgaben gilt Folgendes:

Abgabenbehörden im Sinn des § 299 im Anwendungsbereich des § 288 sind nur Abgabenbehörden erster Instanz.

*(BGBl I 2016/117)*

**§ 300.** (1) Ab Vorlage der Beschwerde (§ 265) bzw. ab Einbringung einer Vorlageerinnerung (§ 264 Abs. 6) bzw. in den Fällen des § 262 Abs. 2 bis 4 (Unterbleiben einer Beschwerdevorentscheidung) ab Einbringung der Bescheidbeschwerde können Abgabenbehörden beim Verwaltungsgericht mit Bescheidbeschwerde angefochtene Bescheide und allfällige Beschwerdevorentscheidungen bei sonstiger Nichtigkeit weder abändern noch aufheben. Die Verpflichtung zur Erlassung einer Beschwerdevorentscheidung (§ 262 Abs. 1) wird dadurch nicht berührt. Sie können solche Bescheide, wenn sich ihr Spruch als nicht richtig erweist, nur dann aufheben,

*(BGBl I 2016/117, BGBl I 2018/62)*

a) wenn der Beschwerdeführer einer solchen Aufhebung gegenüber dem Verwaltungsgericht nach Vorlage der Beschwerde zugestimmt hat und
b) wenn das Verwaltungsgericht mit Beschluss die Zustimmungserklärung an die Abgabenbehörde unter Setzung einer angemessenen Frist zur Aufhebung weitergeleitet hat und
c) wenn die Frist (lit. b) noch nicht abgelaufen ist.

(2) Vor Ablauf der Frist des Abs. 1 lit. b kann das Verwaltungsgericht über die Beschwerde weder mit Erkenntnis noch mit Beschluss absprechen, es sei denn, die Abgabenbehörde teilt mit, dass sie keine Aufhebung vornehmen wird.

(3) Mit dem aufhebenden Bescheid ist der den aufgehobenen Bescheid ersetzende Bescheid zu verbinden. Dies gilt nur, wenn dieselbe Abgabenbehörde zur Erlassung beider Bescheide zuständig ist.

*(BGBl I 2016/117)*

(4) (aufgehoben)

*(BGBl I 2016/117)*

(5) Durch die Bekanntgabe der Aufhebung (Abs. 1) lebt die Entscheidungspflicht des § 291 wieder auf. Die Abgabenbehörde hat das Verwaltungsgericht unverzüglich von der Aufhebung zu verständigen.

**§ 301.** (aufgehoben)

**§ 302.** (1) Abänderungen, Zurücknahmen und Aufhebungen von Bescheiden sind, soweit nicht anderes bestimmt ist, bis zum Ablauf der Verjährungsfrist, Aufhebungen gemäß § 299 jedoch bis zum Ablauf eines Jahres nach Bekanntgabe (§ 97) des Bescheides zulässig.

(2) Darüber hinaus sind zulässig:

a) Berichtigungen nach § 293 innerhalb eines Jahres ab Rechtskraft des zu berichtigenden Bescheides oder wenn der Antrag auf Berichtigung innerhalb dieses Jahres eingebracht ist, auch nach Ablauf dieses Jahres;
b) Aufhebungen nach § 299 auch dann, wenn der Antrag auf Aufhebung vor Ablauf der sich aus Abs. 1 ergebenden Jahresfrist eingebracht ist.

c) und d) (aufgehoben)

## 2. Wiederaufnahme des Verfahrens

**§ 303.** (1) Ein durch Bescheid abgeschlossenes Verfahren kann auf Antrag einer Partei oder von Amts wegen wiederaufgenommen werden, wenn

a) der Bescheid durch eine gerichtlich strafbare Tat herbeigeführt oder sonstwie erschlichen worden ist, oder
b) Tatsachen oder Beweismittel im abgeschlossenen Verfahren neu hervorgekommen sind, oder
c) der Bescheid von Vorfragen (§ 116) abhängig war und nachträglich über die Vorfrage von der Verwaltungsbehörde bzw. dem Gericht in wesentlichen Punkten anders entschieden worden ist,

und die Kenntnis dieser Umstände allein oder in Verbindung mit dem sonstigen Ergebnis des Verfahrens einen im Spruch anders lautenden Bescheid herbeigeführt hätte.

(2) Der Wiederaufnahmsantrag hat zu enthalten:

a) die Bezeichnung des Verfahrens, dessen Wiederaufnahme beantragt wird;

b) die Bezeichnung der Umstände (Abs. 1), auf die der Antrag gestützt wird.

(3) Der Bundesminister für Finanzen wird ermächtigt, durch Verordnung die für die Ermessensübung bedeutsamem Umstände zu bestimmen.

**§ 303a.** (aufgehoben)

**§ 304.** Nach Eintritt der Verjährung ist eine Wiederaufnahme des Verfahrens nur zulässig, wenn sie

a) vor Eintritt der Verjährungsfrist beantragt wird, oder

b) innerhalb von drei Jahren ab Eintritt der Rechtskraft des das Verfahren abschließenden Bescheides beantragt oder durchgeführt wird.

*(BGBl I 2018/62)*

**§ 305.** Die Entscheidung über die Wiederaufnahme steht der Abgabenbehörde zu, die für die Erlassung des nach § 307 Abs. 1 aufzuhebenden Bescheides zuständig war oder vor Übergang der Zuständigkeit als Folge einer Bescheidbeschwerde oder einer Säumnisbeschwerde (§ 284 Abs. 3) zuständig gewesen wäre. Ist die diesbezügliche Zuständigkeit auf eine andere Abgabenbehörde übergegangen, so steht die Entscheidung der zuletzt zuständig gewordenen Abgabenbehörde zu.

**§ 306.** (aufgehoben)

**§ 307.** (1) Mit dem die Wiederaufnahme des Verfahrens bewilligenden oder verfügenden Bescheid ist unter gleichzeitiger Aufhebung des früheren Bescheides die das wiederaufgenommene Verfahren abschließende Sachentscheidung zu verbinden. Dies gilt nur, wenn dieselbe Abgabenbehörde zur Erlassung beider Bescheide zuständig ist.

(2) (aufgehoben)

(3) Durch die Aufhebung des die Wiederaufnahme des Verfahrens bewilligenden oder verfügenden Bescheides tritt das Verfahren in die Lage zurück, in der es sich vor seiner Wiederaufnahme befunden hat.

### 3. Wiedereinsetzung in den vorigen Stand

**§ 308.** (1) Gegen die Versäumung einer Frist (§§ 108 bis 110) oder einer mündlichen Verhandlung ist auf Antrag der Partei, die durch die Versäumung einen Rechtsnachteil erleidet, die Wiedereinsetzung in den vorigen Stand zu bewilligen, wenn die Partei glaubhaft macht, daß sie durch ein unvorhergesehenes oder unabwendbares Ereignis verhindert war, die Frist einzuhalten oder zur Verhandlung zu erscheinen. Daß der Partei ein Verschulden an der Versäumung zur Last liegt, hindert die Bewilligung der Wiedereinsetzung nicht, wenn es sich nur um einen minderen Grad des Versehens handelt.

(2) (aufgehoben)

(3) Der Antrag auf Wiedereinsetzung muss binnen einer Frist von drei Monaten nach Aufhören des Hindernisses bei der Behörde (Abgabenbehörde oder Verwaltungsgericht), bei der die Frist wahrzunehmen war bzw. bei der die Verhandlung stattfinden sollte, eingebracht werden. Bei Versäumnis einer Beschwerdefrist (§ 245) oder einer Frist zur Stellung eines Vorlageantrages (§ 264) gilt § 249 Abs. 1 dritter Satz sinngemäß. Im Fall der Versäumung einer Frist hat der Antragsteller spätestens gleichzeitig mit dem Wiedereinsetzungsantrag die versäumte Handlung nachzuholen.

(4) Wenn die Zuständigkeit zur Abgabenerhebung auf eine andere Abgabenbehörde übergegangen ist, kann der Antrag unter gleichzeitiger Nachholung der versäumten Handlung auch bei der Abgabenbehörde eingebracht werden, die im Zeitpunkt der Antragstellung zur Abgabenerhebung zuständig ist.

**§ 309.** Nach Ablauf von fünf Jahren, vom Ende der versäumten Frist oder vom Termin der versäumten mündlichen Verhandlung an gerechnet, ist ein Antrag auf Wiedereinsetzung in den vorigen Stand nicht mehr zulässig.

**§ 309a.** Der Wiedereinsetzungsantrag hat zu enthalten:

a) die Bezeichnung der versäumten Frist oder der versäumten mündlichen Verhandlung;

b) die Bezeichnung des unvorhergesehenen oder unabwendbaren Ereignisses (§ 308 Abs. 1);

c) die Angaben, die zur Beurteilung des fehlenden groben Verschuldens an der Fristversäumung oder der Versäumung der mündlichen Verhandlung notwendig sind;

d) die Angaben, die zur Beurteilung der Rechtzeitigkeit des Antrags notwendig sind.

**§ 310.** (1) Die Entscheidung über den Antrag auf Wiedereinsetzung in den vorigen Stand obliegt der Behörde, bei der die versäumte Handlung vorzunehmen war.

(2) Wenn die Zuständigkeit zur Abgabenerhebung auf eine andere Abgabenbehörde übergegangen ist, steht die Entscheidung über den Antrag auf Wiedereinsetzung der zuletzt zuständig gewordenen Abgabenbehörde zu.

(3) Durch die Bewilligung der Wiedereinsetzung tritt das Verfahren in die Lage zurück, in der es sich vor dem Eintritt der Versäumung befunden hat. Soweit die versäumte Handlung erst die Einleitung eines Verfahrens zur Folge gehabt hätte, ist durch die Bewilligung der Wiedereinsetzung die ursprünglich versäumte Handlung als rechtzeitig vorgenommen anzusehen.

**§§ 311, 311a.** (entfallen)

## 8. Abschnitt
## Kosten

### A. Allgemeine Bestimmungen

**§ 312.** Sofern sich aus diesem Bundesgesetz oder aus sonstigen gesetzlichen Vorschriften nicht anderes ergibt, sind die Kosten für die Tätigkeit der Abgabenbehörden und der Verwaltungsgerichte von Amts wegen zu tragen.

**§ 313.** Die Parteien haben die ihnen im Abgabenverfahren und im Beschwerdeverfahren erwachsenden Kosten selbst zu bestreiten.

**§ 313a.** Ist eine Partei gehörlos oder hörbehindert, so ist erforderlichenfalls ein Dolmetscher beizustellen. § 181 gilt sinngemäß; die Gebühr für die Mühewaltung richtet sich nach § 54 Gebührenanspruchsgesetz 1975.

### B. Kosten im Verbrauchsteuer- und Monopolverfahren

**§ 314.** Im Verbrauchsteuer- und Monopolverfahren besteht Kostenpflicht

1. für alle Amtshandlungen, die auf Antrag zu einer vom Antragsteller gewünschten bestimmten Zeit vorgenommen werden;
2. für besondere Überwachungsmaßnahmen im Sinn des § 155;
3. für die zweite und jede weitere Alkoholfeststellung innerhalb eines Kalendermonats in derselben Verschlussbrennerei, wenn sie im Interesse des Inhabers der Brennerei vorgenommen wird;
4. für die Vergällung von Alkohol;
5. für Sachverständigengutachten und für chemische oder technische Untersuchungen von Waren anläßlich der Prüfung von Anträgen auf Gewährung von Begünstigungen.

**§ 315.** (1) Soweit nach § 314 Kostenpflicht besteht oder in Verbrauchsteuervorschriften oder Monopolvorschriften die Auferlegung von Kosten vorgesehen ist, hat die Partei (§ 78) die der Abgabenbehörde erwachsenen Barauslagen zu ersetzen und für Amtshandlungen außerhalb des Amtes Kommissionsgebühren zu entrichten. Die Kommissionsgebühren sind in dem Ausmaß zu entrichten, in dem sie auf Grund der §§ 101 oder 102 des Zollrechts-Durchführungsgesetzes für Amtshandlungen außerhalb des Amtsplatzes zu leisten wären.

(2) Für eine chemische oder technische Untersuchung (§ 314 Z 5), die von der Abgabenbehörde vorgenommen wurde, hat die Partei außer den im Abs. 1 angeführten Kosten eine Untersuchungsgebühr zu entrichten. Zur Berechnung der Untersuchungsgebühr sind die nach § 101 Abs. 2 zweiter Satz des Zollrechts-Durchführungsgesetzes bestimmten Personalkostensätze heranzuziehen. Teile einer Arbeitsstunde, die eine halbe Stunde übersteigen, gelten als volle Arbeitsstunde.

**§ 316.** (entfallen)

## 9. Abschnitt
## Übergangs- und Schlußbestimmungen

**§§ 317. bis 320.** (nicht abgedruckt)

**§ 321.** (1) …

(2) Die gemäß § 71 der Wirtschaftstreuhänder-Berufsordnung, BGBl. Nr. 125/1955, unberührt gebliebenen Befugnisse zur Vertretung vor Abgabenbehörden beziehungsweise zur Hilfe- oder Beistandsleistung in Abgabensachen erfahren durch das Inkrafttreten dieses Bundesgesetzes keine Änderung; dies gilt auch für die im § 107 a Abs. 3 Z 3 bis 9 der Abgabenordnung genannten Personen und Stellen.

**§ 322.** (nicht abgedruckt)

**§ 323.** (1) Dieses Bundesgesetz tritt am 1. Jänner 1962 in Kraft.

(2) § 44 Abs. 2 und die Bezeichnung des früheren § 323 Abs. 2 als § 324 in der Fassung des Bundesgesetzes BGBl. Nr. 257/1993 treten mit 1. Juli 1993 in Kraft. Auf zu diesem Zeitpunkt anhängige Verfahren sind sie jedoch noch nicht anzuwenden.

(3) § 61 in der Fassung des Bundesgesetzes BGBl. Nr. 201/1996 tritt mit 1. September 1996 in Kraft. Verfügungen gemäß § 71 Abs. 1, die dem § 61 in der Fassung dieses Bundesgesetzes entgegenstehen, verlieren insoweit mit dessen Inkrafttreten ihre Wirkung. Solange die Verständigung des Abgabepflichtigen vom Übergang der örtlichen Zuständigkeit als Folge der Änderung des § 61 durch dieses Bundesgesetz nicht ergangen ist, können Anbringen auch noch bei der vor Inkrafttreten der Änderung des § 61 durch dieses Bundesgesetz zuständig gewesenen Abgabenbehörde eingebracht werden.

(4) § 189 ist auf Zeitpunkte nach dem 31. Dezember 1993 nicht mehr anzuwenden.

(5) § 55 Abs. 3 und 4 in der Fassung des Bundesgesetzes BGBl. I Nr. 9/1998 tritt mit 1. Oktober 1998 in Kraft. Verfügungen gemäß § 71 Abs. 1, die § 55 Abs. 3 und 4 in der Fassung dieses Bundesgesetzes entgegenstehen, verlieren insoweit mit dessen Inkrafttreten ihre Wirkung. Solange die Verständigung des Abgabepflichtigen vom Übergang der örtlichen Zuständigkeit als Folge der Änderung des § 55 durch dieses Bundesgesetz nicht ergangen ist, können Anbringen auch noch bei der vor Inkrafttreten der Änderung des § 55 durch dieses Bundesgesetz zuständig gewesenen Abgabenbehörde eingebracht werden.

(6) § 187 ist auf Einkünfte, die in einem nach dem 31. Dezember 1996 endenden Wirtschaftsjahr (§ 2 Abs. 5 und 6 EStG 1988) erzielt werden, nicht mehr anzuwenden. Bei Prüfung der Voraussetzungen für die Anwendung des § 187 ist die Neufassung des § 55 durch Bundesgesetz BGBl. I Nr. 9/1998 unbeachtlich.

(7) Bewilligungen gemäß § 131 Abs. 1 vierter Satz verlieren mit Inkrafttreten der Neufassung des § 131 Abs. 1 durch BGBl. I Nr. 142/2000 ihre Wirksamkeit. § 205 in der Fassung des Bundesgesetzes BGBl. I Nr. 142/2000 ist erstmals auf Abgaben anzuwenden, für die der Abgabenanspruch nach dem 31. Dezember 1999 entstanden ist; abweichend von § 205 Abs. 1 ist für Abgaben, für die der Abgabenanspruch vor dem 1. Jänner 2001 entsteht, anstelle des 1. Juli der 1. Oktober 2001 für den Beginn der Verzinsung maßgebend. § 214 Abs. 4 lit. e in der Fassung des Bundesgesetzes BGBl. I Nr. 142/2000 ist erstmals auf Abgaben anzuwenden, für die der Abgabenanspruch am 31. Dezember 2000 entstanden ist. § 240 in der Fassung durch BGBl. I Nr. 142/ 2000 ist erstmals auf Abgaben anzuwenden, für die der Abgabenanspruch nach dem 31. Dezember 2000 entsteht.

(8) Die §§ 210 Abs. 6, 212 Abs. 2 lit. a, 212 Abs. 3, 212a Abs. 7, 214 Abs. 5, 217 sowie 230 in der Fassung des Bundesgesetzes BGBl. I Nr. 142/2000

sind erstmals auf Abgaben anzuwenden, für die der Abgabenanspruch nach dem 31. Dezember 2001 entsteht. Auf Abgaben, für die der Abgabenanspruch vor dem 1. Jänner 2002 entsteht, sind die §§ 212 Abs. 3 sowie 218 Abs. 2 und 6 (jeweils in der Fassung vor dem Bundesgesetz BGBl. I Nr. 142/ 2000) weiterhin mit der Maßgabe anzuwenden, dass die dort genannten Zweiwochenfristen jeweils einen Monat betragen.

(9) § 45a und § 125 Abs. 1 lit. a, jeweils in der Fassung des Bundesgesetzes BGBl. I Nr. 59/ 2001, sind erstmals auf im Jahr 2002 ausgeführte Umsätze anzuwenden. § 204, § 212 Abs. 2 und § 242, jeweils in der Fassung des Bundesgesetzes BGBl. I Nr. 59/2001, sowie § 111 Abs. 3, § 112 Abs. 2, § 112a, jeweils in der Fassung des Bundesgesetzes BGBl. I Nr. 144/2001, treten mit 1. Jänner 2002 in Kraft. § 125 Abs. 1 lit. b in der Fassung des Bundesgesetzes BGBl. I Nr. 58/2001 ist erstmals auf Werte zum 1. Jänner 2002 anzuwenden. § 188 in der Fassung vor dem Bundesgesetz BGBl. I Nr. 144/2001 ist letztmalig auf das Jahr 2000 betreffende Feststellungen anzuwenden.

(10) Die §§ 52a, 75, 78, 148, 212 Abs. 4, 212a Abs. 4 und 5, 243, 256, 260, 263 bis 268, 270, 273, 274, 276 bis 279, 281 bis 289 Abs. 2, 293 bis 293b, 299, 300, 302, 305, 308, 310 und 311 in der Fassung des Bundesgesetzes BGBl. I Nr. 97/2002, der Entfall der Überschriften vor § 53, § 273 und § 282 sowie der Entfall der §§ 74, 261, 262, 269 und 301 durch das Bundesgesetz BGBl. I Nr. 97/2002 treten mit 1. Jänner 2003 in Kraft und sind, soweit sie Berufungen und Devolutionsanträge betreffen, auch auf alle an diesem Tag unerledigten Berufungen und Devolutionsanträge anzuwenden.

(11) § 201 und § 214 Abs. 2 in der Fassung des Bundesgesetzes BGBl. I Nr. 97/2002 sind erstmals auf Abgaben anzuwenden, für die der Abgabenanspruch nach dem 31. Dezember 2002 entsteht. Die Bindungswirkung gemäß § 289 Abs. 3 und § 290 Abs. 2 in der Fassung des Bundesgesetzes BGBl. I Nr. 97/2002 kommt erstmals am 1. Jänner 2003 erlassenen Berufungsentscheidungen zu. § 292 in der Fassung vor dem Bundesgesetz BGBl. I Nr. 97/2002, ist für von Berufungssenaten im Sinne des § 260 in der Fassung vor dem Bundesgesetz BGBl. I Nr. 97/2002, erlassene Entscheidungen auch nach In-Kraft-Treten des § 292 in der Fassung des Bundesgesetzes BGBl. I Nr. 97/2002, anzuwenden.

(12) Anträge auf Entscheidung durch den gesamten Berufungssenat können abweichend von § 282 Abs. 1 Z 1 bis 31. Jänner 2003 bei den im § 249 genannten Abgabenbehörden für am 1. Jänner 2003 noch unerledigte Berufungen gestellt werden; solche Anträge können weiters in Fällen, in denen nach der vor 1. Jänner 2003 geltenden Rechtslage durch den Berufungssenat zu entscheiden war und diese Entscheidung durch den Verfassungsgerichtshof oder den Verwaltungsgerichtshof aufgehoben wird, innerhalb eines Monates ab Zustellung der Aufhebung gestellt werden. Anträge auf Durchführung einer mündlichen Berufungsverhandlung können abweichend von § 284 Abs. 1 Z 1 bis 31. Jänner 2003 bei den im § 249 genannten Abgabenbehörden für Berufungen, über die nach der vor 1. Jänner 2003 geltenden Rechtslage nicht durch den Berufungssenat zu entscheiden war, gestellt werden. Nach § 284 Abs. 1 in der Fassung vor dem Bundesgesetz BGBl. I Nr. 97/2002, gestellte Anträge auf mündliche Verhandlung gelten ab 1. Jänner 2003 als auf Grund des § 284 Abs. 1 Z 1 gestellt.

(13) Die Maßnahmen, die für eine unverzügliche Aufnahme der Tätigkeit des unabhängigen Finanzsenates erforderlich sind, dürfen bereits ab dem der Kundmachung des Bundesgesetzes BGBl. I Nr. 97/2002 folgenden Tag getroffen werden. Entsendungen nach den §§ 263 ff in der Fassung vor dem Bundesgesetz BGBl. I Nr. 97/2002, gelten als für den unabhängigen Finanzsenat bis 1. Jänner 2005 erfolgt; dies gilt nicht für von den Berufsvertretungen der Notare, Rechtsanwälte und Wirtschaftstreuhänder entsendete Mitglieder sowie für entsendete Notare, Rechtsanwälte und Wirtschaftstreuhänder.

(14) **(Verfassungsbestimmung)** § 271 in der Fassung des Bundesgesetzes BGBl. I Nr. 97/2002 tritt mit 1. Jänner 2003 in Kraft.

(15) Die §§ 59, 61, 148, 149, 150, 151 und 240 in der Fassung des Bundesgesetzes BGBl. I Nr. 124/2003 treten mit 1. März 2004 in Kraft. Von sich aus der Neufassung der §§ 59 und 61 ergebenden Übergängen der Zuständigkeit ist der Abgabepflichtige in Kenntnis zu setzen. Solange eine solche Verständigung nicht erfolgt ist, können Anbringen auch noch bei der vor dem Inkrafttreten der Neufassungen zuständig gewesenen Abgabenbehörde eingebracht werden. Delegierungsbescheide (§ 71), die den §§ 59 oder 61 in der Fassung der Neufassung entgegenstehen, verlieren insoweit mit 1. März 2004 ihre Wirkung.

(16) Die §§ 207, 209, 209a und 304 in der Fassung des Bundesgesetzes BGBl. I Nr. 57/2004 treten mit 1. Jänner 2005 in Kraft. § 209 Abs. 3 in der Fassung des Bundesgesetzes BGBl. I Nr. 57/2004 tritt für Nachforderungen bzw. Gutschriften als Folge einer Außenprüfung (§ 147 Abs. 1), wenn der Beginn der Amtshandlung vor dem 1. Jänner 2005 gelegen ist, erst mit 1. Jänner 2006 in Kraft.

(17) § 57 in der Fassung des Bundesgesetzes BGBl. I Nr. 180/2004 ist ab 1. Februar 2005 anzuwenden. Von sich aus der Neufassung des § 57 ergebenden Übergängen der Zuständigkeit ist der Abgabepflichtige in Kenntnis zu setzen. Solange eine solche Verständigung nicht erfolgt ist, können Anbringen auch noch bei der vor dem In-Kraft-Treten der Neufassungen zuständig gewesenen Abgabenbehörde eingebracht werden. Delegierungsbescheide (§ 71), die dem § 57 in der Fassung der Neufassung entgegenstehen, verlieren insoweit mit 1. Februar 2005 ihre Wirkung.

§ 80 in der Fassung des Bundesgesetzes, BGBl. I Nr. 180/2004 ist erstmals anzuwenden, wenn die Liquidation nach dem 31. Jänner 2005 beendigt wird.

§ 205 Abs. 2 in der Fassung des Bundesgesetzes BGBl. I Nr. 180/2004 ist erstmals für Einkommensteuer und Körperschaftsteuer, für die der

Abgabenanspruch nach dem 31. Dezember 2004 entsteht, anzuwenden.

Die §§ 212 Abs. 2 und 212a Abs. 9 in der Fassung des Bundesgesetzes BGBl. I Nr. 180/2004 sind erstmals für Zeiträume nach dem 31. Jänner 2005 anzuwenden.

(18) § 209 Abs. 1 in der Fassung des Bundesgesetzes BGBl. I Nr. 180/2004 ist ab 1. Jänner 2005 anzuwenden. Für Nachforderungen bzw. Gutschriften als Folge einer Außenprüfung (§ 147 Abs. 1) ist die Neufassung des § 209 Abs. 1 jedoch erst ab 1. Jänner 2006 anzuwenden, wenn der Beginn der Amtshandlung vor dem 1. Jänner 2005 gelegen ist. § 209 Abs. 1 zweiter Satz in der Fassung BGBl. I Nr. 180/2004 gilt sinngemäß für im Jahr 2004 unternommene Amtshandlungen im Sinn des § 209 Abs. 1 in der Fassung vor BGBl. I Nr. 57/2004. § 209a Abs. 1 und 2 gilt für den Fall der Verkürzung von Verjährungsfristen durch die Neufassungen des § 207 Abs. 2 zweiter Satz durch BGBl. I Nr. 57/2004, des § 209 Abs. 1 durch BGBl. I Nr. 180/2004, des § 209 Abs. 3 durch BGBl. I Nr. 57/2004 sowie des § 304 durch BGBl I Nr. 57/2004 sinngemäß. Wegen der Verkürzung der Verjährungsfristen des § 209 Abs. 3 durch BGBl. I Nr. 57/2004 dürfen Bescheide nicht gemäß § 299 Abs. 1 aufgehoben werden.

(19) §§ 131 Abs. 1, 2, 3 und 163 jeweils in der Fassung des Bundesgesetzes BGBl. I Nr. 99/2006 treten mit 1. Jänner 2007 in Kraft.

(20) Die Verordnung auf Grund § 131 in der Fassung des Bundesgesetzes BGBl. I Nr. 99/2006 kann bereits ab dem auf die Kundmachung des Betrugsbekämpfungsgesetzes 2006, BGBl. I Nr. 99/2006 folgenden Tag erlassen werden; sie darf jedoch frühestens mit 1. Jänner 2007 in Kraft treten.

(21) § 124 und § 125 Abs. 1 und 5 jeweils in der Fassung des Bundesgesetzes BGBl. I Nr. 100/2006 sind erstmalig für Wirtschaftsjahre anzuwenden, die nach dem 31. Dezember 2006 beginnen.

(22) § 121a und § 160 Abs. 1, jeweils in der Fassung des Bundesgesetzes BGBl. I Nr. 85/2008, sind für Erwerbe nach dem 31. Juli 2008 anzuwenden. Bei der Zusammenrechnung nach § 121a Abs. 2 sind Erwerbe vor dem 1. August 2008 nicht zu berücksichtigen.

(23) § 188 Abs. 4 lit. c in der Fassung des Bundesgesetzes BGBl. I Nr. 20/2009 ist erstmals auf Feststellungen anzuwenden, die das Jahr 2008 betreffen. § 214 Abs. 4 in der Fassung des Bundesgesetzes BGBl. I Nr. 20/2009, ist erstmals auf Abgaben anzuwenden, für die der Abgabenanspruch nach dem 31. Dezember 2009 entstanden ist. Die §§ 201 und 302, jeweils in der Fassung des Bundesgesetzes BGBl. I Nr. 20/2009 treten mit 1. November 2009 in Kraft. § 239a in der Fassung des Bundesgesetzes BGBl. I Nr. 20/2009, ist erstmals auf Abgaben (§ 3 in der Fassung vor dem Bundesgesetz, BGBl. I Nr. 20/2009) anzuwenden, für die der Abgabenanspruch nach dem 31. Dezember 2000 entstanden ist.

(24) Die §§ 51, 52a bis 68 sowie die §§ 71 bis 75 treten mit 1. Juli 2010 außer Kraft. § 63 ist weiterhin für die Erhebung der Erbschafts- und Schenkungssteuer anzuwenden.

(25) § 118 in der Fassung des Bundesgesetzes BGBl. I Nr. 34/2010 tritt mit 1. Jänner 2011 in Kraft.

(26) § 14 Abs. 2 tritt mit 1. Juli 2010 in Kraft. § 14 Abs. 2 in der Fassung des Bundesgesetzes BGBl. I Nr. 58/2010 ist anzuwenden, wenn das Insolvenzverfahren nach dem 30. Juni 2010 eröffnet wurde. Davon unberührt ist § 14 Abs. 2 in der Fassung vor dem Bundesgesetz BGBl. I Nr. 58/2010 für Insolvenzverfahren, die vor dem 1. Juli eröffnet werden, anzuwenden.

(27) Die §§ 207 Abs. 2 und 209 Abs. 4 in der Fassung des Bundesgesetzes BGBl. I Nr. 105/2010 sind erstmals auf Abgaben anzuwenden, für die der Abgabenanspruch nach dem 31. Dezember 2002 entstanden ist.

(28) § 240 Abs. 2 ist letztmalig für Anträge auf Erstattung mit Ablauf des 31. Dezembers 2011 anzuwenden.

(29) § 205a in der Fassung des Bundesgesetzes BGBl. I Nr. 76/2011, tritt mit 1. Jänner 2012 in Kraft und ist erstmals für ab diesem Zeitpunkt erfolgte Abgabenherabsetzungen anwendbar, wobei vor Inkrafttreten erfolgte Entrichtungen für die Verzinsung nur für Zeiträume ab Inkrafttreten zu berücksichtigen sind.

(30) Die §§ 3 Abs. 2 lit. b, 201 Abs. 3 und 205b, jeweils in der Fassung des Bundesgesetzes BGBl. I Nr. 76/2011, treten mit 1. Jänner 2012 in Kraft.

(31) Die §§ 208 Abs. 1 lit. f, 209a Abs. 4, 282 Abs. 3, 293c und 295 Abs. 4, jeweils in der Fassung des Bundesgesetzes BGBl. I Nr. 76/2011, treten mit 1. September 2011 in Kraft.

(32) § 118a in der Fassung des 1. Stabilitätsgesetzes 2012, BGBl. I Nr. 22/2012, tritt mit 1. Jänner 2013 in Kraft.

(33) Die §§ 9a und 282 Abs. 3, jeweils in der Fassung des Bundesgesetzes BGBl. I Nr. 112/2012, treten mit 1. Jänner 2013 in Kraft. Die §§ 208 Abs. 1. lit. f und 293c, jeweils in der Fassung des Bundesgesetzes, BGBl. I Nr. 76/2011, treten mit 1. Jänner 2013 außer Kraft; dies gilt nicht für vor diesem Tag erfolgte Berichtigungen gemäß § 293c sowie für vor diesem Tag eingebrachte Anträge auf Berichtigung gemäß § 293c.

(34) § 118a in der Fassung des Bundesgesetzes BGBl. I Nr. 112/2012 tritt mit 1. Jänner 2013 in Kraft.

(35) § 125 Abs. 1 in der Fassung des Bundesgesetzes BGBl. I Nr. 112/2012 ist erstmals anzuwenden für Einheitswerte, die gemäß § 20c Bewertungsgesetz 1955 festgestellt werden.

(36) Die §§ 43, 83 Abs. 4, 120 Abs. 2, 158 Abs. 4a, 160 Abs. 1, 171 Abs. 1 lit. c, 182 Abs. 2, 190 Abs. 1, 191 Abs. 1 und 3, 206, 213 Abs. 3, 227 Abs. 4, 228 und 229, jeweils in der Fassung des Bundesgesetzes. BGBl. I Nr. 14/2012, treten mit 1. Jänner 2013 in Kraft. Die §§ 4 Abs. 2 lit. b, 10, 187, 189 und 306 treten mit 1. Jänner 2013 außer Kraft.

(37) Die §§ 2a, 3 Abs. 2 lit. a, 15 Abs. 1, 52, 76, 78 Abs. 1, 85a, 93a zweiter Satz, 103 Abs. 2, 104,

118 Abs. 9, 120 Abs. 3, 122 Abs. 1, 148 Abs. 3 lit. c, 200 Abs. 5, 201 Abs. 2 und 3 Z 2, 205 Abs. 6, 205a, 209a Abs. 1, 2 und 5, 212 Abs. 2 und 4, 212a Abs. 1 bis 5, 217 Abs. 8, 225 Abs. 1, 238 Abs. 3 lit. c, 243 bis 291, 293a, 294 Abs. 4, 295 Abs. 5, 295a, 299, 300, 303, 304, 305, 308 Abs. 1, 3 und 4, 309, 309a, 310 Abs. 1, 312 sowie 313, jeweils in der Fassung des Bundesgesetzes, BGBl. I Nr. 14/2012, treten mit 1. Jänner 2014 in Kraft und sind, soweit sie Beschwerden betreffen, auch auf alle an diesem Tag unerledigten Berufungen und Devolutionsanträge anzuwenden. Die §§ 209b, 302 Abs. 2 lit. d, 303a, 311 und 311a, treten mit 1. Jänner 2014 außer Kraft.

(38) Die am 31. Dezember 2013 bei dem unabhängigen Finanzsenat als Abgabenbehörde zweiter Instanz anhängigen Berufungen und Devolutionsanträge sind vom Bundesfinanzgericht als Beschwerden im Sinn des Art. 130 Abs. 1 B-VG zu erledigen. Solche Verfahren betreffende Anbringen wirken mit 1. Jänner 2014 auch gegenüber dem Bundesfinanzgericht. Die Ausfertigung von noch vor dem 1. Jänner 2014 verkündeten Rechtsmittelentscheidungen hat jedoch noch im Namen des unabhängigen Finanzsenates als Abgabenbehörde zweiter Instanz nach den zum 31. Dezember 2013 geltenden Verfahrensbestimmungen zu erfolgen. Nach dem 31. Dezember 2013 wirksam werdende Erledigungen des unabhängigen Finanzsenates als Abgabenbehörde zweiter Instanz gelten als Erledigungen des Bundesfinanzgerichtes.

(39) Soweit zum 31. Dezember 2013 eine Befugnis zur geschäftsmäßigen Vertretung im Abgabenverfahren vor den Abgabenbehörden zweiter Instanz besteht, ist diese auch im Beschwerdeverfahren vor den Verwaltungsgerichten gegeben.

(40) Die §§ 2a, 201 Abs. 2 und 3, 272 Abs. 5 und 295 Abs. 4, jeweils in der Fassung des Bundesgesetzes, BGBl. I Nr. 70/2013, treten mit 1. Jänner 2014 in Kraft.

(41) Die §§ 81 Abs. 10, 86a, 185, 207 Abs. 2, 261 Abs. 2, 264 Abs. 5, 272 Abs. 2 und 4, 274 Abs. 1, 280 und 288 Abs. 3, jeweils in der Fassung des Bundesgesetzes BGBl. I Nr. 13/2014 treten mit 1. März 2014 in Kraft.

(42) Wurde eine Berufung vor dem 1. Jänner 2014, ohne vorher eine Berufungsvorentscheidung zu erlassen, der Abgabenbehörde zweiter Instanz vorgelegt, so ist § 262 (Erlassung einer Beschwerdevorentscheidung) nicht anwendbar.

(43) § 125 Abs. 1 lit. a in der Fassung des Budgetbegleitgesetzes 2014, BGBl. I Nr. 40/2014, ist erstmals auf in den Jahren 2013 und 2014 ausgeführte Umsätze anzuwenden.

(44) § 188 Abs. 4 lit. d in der Fassung des Bundesgesetzes BGBl. I Nr. 105/2014 ist erstmals auf Feststellungen anzuwenden, die Wirtschaftsjahre betreffen, die nach dem 31. Dezember 2014 beginnen, wenn die Vereinbarung des Auftragswertes bei Auftragsvergabe nach dem 31. Dezember 2014 erfolgt. § 240a in der Fassung des Bundesgesetzes BGBl. I Nr. 105/2014 ist erstmals für nach dem 31. Dezember 2014 erfolgte Einbehaltungen anzuwenden.

(45) § 131 Abs. 1 und 4, § 131b Abs. 1 und Abs. 3, soweit sich dieser auf Abs. 1 bezieht, und Abs. 5 Z 2, § 132a Abs. 1 bis 7 und § 163 jeweils in der Fassung des Bundesgesetzes BGBl. I Nr. 118/2015 treten mit 1. Jänner 2016 in Kraft. § 131b Abs. 2, Abs. 3, soweit sich dieser auf Abs. 2 bezieht, und Abs. 4 und Abs. 5 Z 1, 3 und 4 und § 132a Abs. 8 jeweils in der Fassung des Bundesgesetzes BGBl. I Nr. 118/2015 treten mit 1. April 2017 in Kraft. Die §§ 131b und 132a, jeweils in der Fassung des Bundesgesetzes BGBl. I Nr. 118/2015, treten, soweit sie sich auf Umsätze unter Verwendung von Warenausgabe- und Dienstleistungsautomaten beziehen, erst mit 1. Jänner 2017 in Kraft; sie gelten jedoch für vor dem 1. Jänner 2016 in Betrieb genommene Warenausgabe- und Dienstleistungsautomaten, soweit sie nicht den Anforderungen der §§ 131b und 132a entsprechen, erst ab 1. Jänner 2027. Verordnungen auf Grund der §§ 131 Abs. 4, 131b Abs. 5 und 132a Abs. 8 in der Fassung des Bundesgesetzes BGBl. I Nr. 118/2015 können bereits ab dem auf die Kundmachung des Steuerreformgesetzes 2015/2016, BGBl. I Nr. 118/2015, folgenden Tag erlassen werden. Sie dürfen jedoch nicht vor dem Inkrafttreten der neuen gesetzlichen Bestimmungen in Kraft treten, soweit sie nicht lediglich Maßnahmen vorsehen, die für ihre mit dem Inkrafttreten der neuen gesetzlichen Bestimmungen beginnende Vollziehung erforderlich sind. Für den Eintritt der Verpflichtung nach § 131b Abs. 2 ist auf die Umsätze des Kalenderjahres 2016 abzustellen.

*(BGBl I 2015/118, BGBl I 2016/77)*

(46) § 209 Abs. 5 in der Fassung des Bundesgesetzes BGBl. I Nr. 163/2015 tritt mit 1. Jänner 2016 in Kraft. § 209 Abs. 5 ist erstmalig auf Fälle anzuwenden, in denen aufgrund der Bestimmungen des Einkommensteuergesetzes 1988 oder des Umgründungssteuergesetzes über eine nach dem 31. Dezember 2005 entstandene Einkommen- oder Körperschaftsteuerschuld abgesprochen, aber die Steuerschuld nicht festgesetzt worden ist.

*(BGBl I 2015/163)*

(47) Die §§ 40a und 40b jeweils in der Fassung des Gemeinnützigkeitsgesetzes 2015, BGBl. I Nr. 160/2015, treten mit 1. Jänner 2016 in Kraft.

*(BGBl I 2015/160)*

(48) § 45 Abs. 1a in der Fassung BGBl. I Nr. 77/2016 ist auf gesellige und gesellschaftliche Veranstaltungen anzuwenden, die ab 1. Jänner 2016 stattfinden.

*(BGBl I 2016/77)*

(49) § 131 Abs. 4 Z 1, § 131b Abs. 3 und § 132b, jeweils in der Fassung BGBl. I Nr. 77/2016, treten mit 1. Jänner 2016 in Kraft.

*(BGBl I 2016/77)*

(50) § 131b Abs. 2, 4 und 5, jeweils in der Fassung BGBl. I Nr. 77/2016, treten mit 1. Juli 2016 in Kraft.

*(BGBl I 2016/77)*

(51) Die §§ 264 Abs. 6 und 7, 272 Abs. 4, 280 Abs. 1 und 2, 283 Abs. 2, 291, 292 und 300, jeweils

in der Fassung des Bundesgesetzes, BGBl. I Nr. 117/2016, treten mit 1. Jänner 2017 in Kraft.

*(BGBl I 2016/117)*

(52) § 48a Abs. 4, § 48b Abs. 3, § 114 Abs. 4 und § 158 Abs. 4 in der Fassung des Deregulierungsgesetzes 2017, BGBl. I Nr. 40/2017, treten mit dem auf die Kundmachung folgenden Tag in Kraft. Der Bundesminister für Finanzen kann zur Vorbereitung einer umfassenden Umsetzung des § 48b Abs. 3 in einer Verordnung Pilotierungen mit Betreibern von in § 48b Abs. 3 Z 1 lit. a bis d genannten Institutionen vorsehen, wobei § 48b Abs. 3 in der Fassung des Jahressteuergesetzes 2018, BGBl. I Nr. 62/2018, sinngemäß zur Anwendung kommt. Zusätzlich zum vbPK-ZU kann ein indirekt personenbezogenes Identifikationsmerkmal übermittelt werden. Die Pilotierungsphase kann nach Maßgabe der technischen und organisatorischen Voraussetzungen auch zeitlich befristet werden.

*(BGBl I 2017/40, BGBl I 2018/104)*

(53) § 48b Abs. 3 Z 1 lit. a, die §§ 48d bis 48i samt Unterabschnittsüberschrift, § 97 Abs. 3, § 97a Z 1 und § 114 Abs. 4, jeweils in der Fassung des Materien-Datenschutz-Anpassungsgesetzes 2018, BGBl. I Nr. 32/2018, treten mit 25. Mai 2018 in Kraft.

*(BGBl I 2018/32)*

(54) Die §§ 76, 82, 83, 171, 188 und 281, jeweils in der Fassung des BGBl. I Nr. 62/2018, treten mit 1. Juli 2018 in Kraft.

*(BGBl I 2018/62)*

(55)

1. Die §§ 148 Abs. 3a und 153a bis 153g treten mit 1. Jänner 2019 in Kraft.
2. Für Unternehmer, die am 31. Dezember 2018 am Pilotprojekt „Horizontal Monitoring“ teilgenommen und bis zum 30. Juni 2019 einen Antrag gemäß § 153b gestellt haben, ist das Pilotprojekt so lange fortzusetzen, bis die lückenlose Überführung in die begleitende Kontrolle gewährleistet ist, falls im Zeitpunkt der Antragstellung alle Voraussetzungen der §§ 153a bis 153g vorliegen; das Erfüllen der Voraussetzung des § 153b Abs. 4 Z 3 ist nicht erforderlich. Das gilt für Privatstiftungen im Sinn des § 153b Abs. 1 Z 2 sinngemäß, wenn mindestens eine antragstellende Privatstiftung die Voraussetzung des § 153b Abs. 2 erster Satz erfüllt und der Antrag gemäß § 153b bis zum 31. Dezember 2019 gestellt worden ist.

   *(BGBl I 2019/103)*
3. Die begleitende Kontrolle ist laufend zu evaluieren. Spätestens am 31. Dezember 2024 ist ein Evaluationsbericht vorzulegen, der unter anderem genaue Angaben im Hinblick auf eine allfällige Absenkung der Umsatzerlösgrenze zu enthalten hat. Weiters ist die bisherige Auswirkung der begleitenden Kontrolle auf den Aufwand der Unternehmer und der Abgabenbehörden zu analysieren und die anzunehmende Auswirkung einer Absenkung der Umsatzerlösgrenze auf die Abgabenbehörden darzustellen.

*(BGBl I 2018/62)*

(56) § 118 Abs. 2 Z 1 bis 3 und Z 5, § 209a Abs. 2, § 240a und § 304, jeweils in der Fassung des BGBl. I Nr. 62/2018, treten mit 1. Jänner 2019 in Kraft.

*(BGBl I 2018/62)*

(57) § 22 in der Fassung des BGBl. I Nr. 62/2018 ist erstmals auf Sachverhalte anzuwenden, die nach dem 1. Jänner 2019 verwirklicht werden.

*(BGBl I 2018/62)*

(58) § 118 Abs. 5a, § 211 Abs. 1 Z 2, Abs. 4 und Abs. 5, jeweils in der Fassung des BGBl. I Nr. 62/2018, treten mit 1. Juli 2019 in Kraft. § 211 Abs. 6 ist auf Landes- und Gemeindeabgaben ab 1. Juli 2019 anzuwenden.

*(BGBl I 2018/62)*

(59) § 118 Abs. 2 Z 4 in der Fassung des BGBl. I Nr. 62/2018 tritt mit 1. Jänner 2020 in Kraft.

*(BGBl I 2018/62)*

(60) § 40b in der Fassung des BGBl. I Nr. 62/2018 ist auf alle offenen Verfahren anzuwenden. Ist zur Erfüllung der Voraussetzungen des § 40b eine Änderung der Rechtsgrundlage erforderlich, ist die geänderte Satzung entgegen § 43 für das offene Verfahren zu berücksichtigen, wenn die Änderung vor dem 30. Juni 2019 erfolgt.

*(BGBl I 2018/62)*

(61) Mit Beginn des siebenten auf den Tag der Kundmachung der Verfügbarkeit des Teilnehmerverzeichnisses[a)] gemäß § 28a Abs. 3 ZustG durch den Bundesminister für Digitalisierung und Wirtschaftsstandort folgenden Monats treten

[a)] Die Verfügbarkeit des Teilnehmerverzeichnisses wurde am 28.5.2019 kundgemacht (vgl. BGBl II 2019/140).

1. § 98 Abs. 1, § 100 und § 102, jeweils in der Fassung des Bundesgesetzes, BGBl. I Nr. 104/2018, in Kraft;
2. § 48b Abs. 3 Z 2 und § 99 außer Kraft.

*(BGBl I 2018/104)*

(62) § 48, § 118 Abs. 9, § 205a Abs. 2a, § 212a Abs. 2a, 5a, 7 und 9, § 230 Abs. 6, § 271 Abs. 3, § 271a, § 295 Abs. 2a, jeweils in der Fassung des Bundesgesetzes BGBl. I Nr. 62/2019, treten mit 1. September 2019 in Kraft.

*(BGBl I 2019/62)*

(63) 1 Abs. 3, §§ 49 bis 63, § 95, § 121a Abs. 1 und 7, §§ 146a und 146b, §§ 153a bis 153g sowie § 240 Abs. 3, jeweils in der Fassung des Bundesgesetzes BGBl. I Nr. 104/2019, treten mit 1. Jänner 2021 in Kraft. § 70 tritt mit Ablauf des 31. Dezember 2020 außer Kraft.

*(BGBl I 2019/104, BGBl I 2020/23)*

(64) § 49 Z 2 und 3, § 54 Abs. 3, § 60 Abs. 2, § 61 Abs. 4 und Abs. 7, § 62 Abs. 1, § 63 Abs. 1 Z 6 sowie die Unterabschnittsüberschrift vor § 76,

jeweils in der Fassung des Bundesgesetzes BGBl. I Nr. 104/2019, treten nicht in Kraft.

*(BGBl I 2019/104, BGBl I 2020/23, BGBl I 2020/99, BGBl I 2021/25)*

(65) § 48f Abs. 2, § 90a und § 90b, jeweils in der Fassung des BGBl. I Nr. 103/2019, treten mit 1. Jänner 2020 in Kraft. Alle gemäß § 90a Abs. 2 in der Fassung vor dem BGBl. I Nr. 103/2019 erlassenen Bewilligungsbescheide sind mit Ablauf des 31. Dezember 2019 aufgehoben.

*(BGBl I 2019/103)*

(66) § 158 Abs. 4f ist auf Auszahlungen anzuwenden, die nach dem 31. Dezember 2019 erfolgen. Die in § 158 Abs. 4f Z 1 bis 9 angeführten Daten, die Auszahlungen betreffen, die nach dem 31. Dezember 2018 und vor dem 31. Dezember 2019 erfolgen, sind bis spätestens 30. Juni 2020 zu übermitteln. Angeforderte Verrechnungsunterlagen, die Auszahlungen betreffen, die nach dem 31. Dezember 2018 und vor dem 31. Dezember 2019 erfolgen, sind bis spätestens 30. Juni 2020 zur Verfügung zu stellen.

*(BGBl I 2019/91)*

(67) § 49 Z 2 bis 4, § 54 Abs. 3, § 54a, § 60 Abs. 2, § 61 Abs. 4, § 62 Abs. 1, § 63 Abs. 1 Z 6, § 64, die Unterabschnittsüberschrift vor § 76, sowie § 215 Abs. 2, jeweils in der Fassung des Bundesgesetzes BGBl. I Nr. 99/2020, treten mit 1. Jänner 2021 in Kraft. § 61 Abs. 7 in der Fassung des Bundesgesetzes BGBl. I Nr. 99/2020 tritt mit 1. Oktober 2020 in Kraft.

*(BGBl I 2020/99, BGBl I 2021/25)*

(68) § 125 in der Fassung des Bundesgesetzes BGBl. I Nr. 96/2020 tritt mit 1. Jänner 2020 in Kraft. Für die Anwendung des § 125 BAO ab dem Kalenderjahr 2020 ist hinsichtlich der in den Jahren 2018 und 2019 ausgeführten Umsätze bereits auf die erhöhte Umsatzgrenze abzustellen. Die auf Grund des § 125 Abs. 2 in der Fassung des Bundesgesetzes BGBl Nr. 194/1961 erlassene Verordnung gilt als auf Grund des § 125 Abs. 5 in der Fassung des Bundesgesetzes BGBl. I Nr. 96/2020 erlassen.

*(BGBl I 2020/96)*

(69) (nicht vergeben)

(70) § 48 Abs. 1 bis 4, § 56 Abs. 2, § 60 Abs. 2 Z 6, § 61 Abs. 4 Z 7, § 148 Abs. 3a und § 323e, jeweils in der Fassung des Bundesgesetzes BGBl. I Nr. 3/2021, treten mit 1. Jänner 2021 in Kraft.

*(BGBl I 2021/3, BGBl I 2021/29)*

(71) § 323c Abs. 18 tritt mit Ablauf des 30. April 2021 außer Kraft.

*(BGBl I 2021/47)*

**„(73) § 48j, § 54a Abs. 1, § 91 Abs. 1 sowie § 276 Abs. 3, jeweils in der Fassung des Bundesgesetzes BGBl. I Nr. 108/2022, treten mit 1. Juli 2022 in Kraft. § 183 Abs. 3 und § 270 sind erstmals auf Beschwerdevorlagen bzw. Beschwerdeeingänge nach dem 31. August 2022 anzuwenden. § 105, § 118 Abs. 10, § 148 Abs. 3 lit. e sowie § 212a Abs. 2b und 9, jeweils in der Fassung des Bundesgesetzes BGBl. I Nr. 108/2022, treten mit 1. Jänner 2023 in Kraft. § 126 Abs. 3 in der Fassung des Bundesgesetzes BGBl. I Nr. 108/2022 tritt mit 1. Jänner 2023 in Kraft und ist auf Zuflüsse anzuwenden, die nach dem 1. Jänner 2023 erfolgen.**

*(BGBl I 2022/108)*

**(74) § 202 Abs. 2, § 205 Abs. 1 lit. c, § 240 Abs. 4 sowie § 240a Abs. 1, jeweils in der Fassung des Bundesgesetzes BGBl. I Nr. 108/2022, treten mit 1. Jänner 2023 in Kraft und sind erstmals auf Vorausmeldungen bzw. Anträge anzuwenden, die nach dem 31. Dezember 2022 erfolgen bzw. gestellt werden.**

*(BGBl I 2022/108)*

**(75) § 205c in der Fassung des Bundesgesetzes BGBl. I Nr. 108/2022 tritt mit dem der Kundmachung folgenden Tag in Kraft und ist im Falle von Gutschriften gemäß § 205c Abs. 1 Z 1 lit. a und lit. b und Abs. 2 Z 1 lit. a auf alle zu diesem Zeitpunkt offenen Verfahren anzuwenden. Im Falle von Nachforderungen gemäß § 205c Abs. 1 Z 2 lit. a und b sowie § 205c Abs. 2 Z 2 lit. a ist § 205c in der Fassung des Bundesgesetzes BGBl. I Nr. 108/2022 erstmalig auf Fälle anzuwenden, in welchen der Fälligkeitstag (§ 21 Abs. 1 UStG 1994) nach dem Inkrafttreten dieser Norm liegt. Auf Nachforderungen auf Grund der Veranlagung gemäß § 205c Abs. 1 Z 2 lit. c sowie § 205c Abs. 2 Z 2 lit. b ist § 205c in der Fassung des Bundesgesetzes BGBl. I Nr. 108/2022 erstmalig auf Jahresumsatzsteuerbescheide betreffend das Jahr 2022 anzuwenden. § 205c Abs. 1 Z 1 lit. c und Abs. 2 Z 1 lit. b in der Fassung des Bundesgesetzes BGBl. I Nr. 108/2022 sind auf alle Jahresumsatzsteuerbescheide anzuwenden, die am Tag nach der Kundmachung dieses Bundesgesetzes noch nicht in Rechtskraft erwachsen sind."**

*(BGBl I 2022/108)*

**§ 323a.** (1) Für Landes- und Gemeindeabgaben gilt Folgendes:

1. Die Bundesabgabenordnung in der Fassung des Bundesgesetzes BGBl. I Nr. 20/2009 tritt, soweit sich aus den Z 2 bis 7 und Abs. 3 nicht anderes ergibt, mit 1. Jänner 2010 in Kraft. Verordnungen auf Grund des Bundesgesetzes BGBl. I Nr. 20/2009 dürfen bereits von der Kundmachung des Bundesgesetzes BGBl. I Nr. 20/2009 an erlassen werden. Sie dürfen jedoch nicht vor dem 1. Jänner 2010 in Kraft treten.
2. Abgabenrechtliche Begünstigungen, Berechtigungen oder Befreiungen von Pflichten, welche am 1. Jänner 2010 nach bisherigem Recht zuerkannt waren, bleiben aufrecht, sofern sie nicht mangels Vorliegens der nach diesem Bundesgesetz erforderlichen Voraussetzungen durch Bescheid widerrufen werden.
3. Abgesehen von Verjährungsfristen gelten die Fristen dieses Bundesgesetzes auch für jene Fälle, in denen die für Landes- und Gemeindeabgaben maßgeblichen Fristen des bisherigen Rechtes am 1. Jänner 2010 noch nicht abgelaufen waren.

4. Vor dem 1. Jänner 2010 erlassene Zurückweisungsbescheide werden nicht dadurch rechtswidrig, dass sie nach den ab diesem Zeitpunkt geltenden Abgabenvorschriften nicht mehr erlassen werden dürften.
5. Die §§ 207 und 209 sind ab 1. Jänner 2010 anzuwenden. Für Nachforderungen bzw. Gutschriften als Folge einer nach landesrechtlichen Vorschriften vorgenommenen Nachschau gelten die jeweiligen landesrechtlichen Verjährungsvorschriften noch im Jahr 2010, wenn der Beginn der Amtshandlung vor dem 1. Jänner 2010 gelegen ist; diesfalls gilt § 209 erst ab 1. Jänner 2011. § 209 Abs. 1 zweiter Satz gilt sinngemäß für im Jahr 2009 unternommene Amtshandlungen, die nach landesrechtlichen Vorschriften die Verjährungsfrist unterbrochen haben. § 209a Abs. 1 und 2 gilt für den Fall der Verkürzung von Verjährungsfristen durch das Inkrafttreten der §§ 209 Abs. 1 und 3 sowie 304 für Landes- und Gemeindeabgaben sinngemäß. Wegen des Inkrafttretens des § 209 Abs. 3 dürfen Bescheide nicht gemäß § 299 Abs. 1 aufgehoben werden.
6. Die §§ 111, 112, 112a, 212b Z 1 erster Satz und Z 3, 217a Z 1 sowie 239a, jeweils in der Fassung des Bundesgesetzes BGBl. I Nr. 20/2009, sind erstmals auf Abgaben anzuwenden, für die der Abgabenanspruch nach dem 31. Dezember 2009 entsteht.
7. Für Landes- und Gemeindeabgaben der Länder Burgenland, Tirol und Vorarlberg gilt § 212a erstmals für nach dem 31. Dezember 2009 eingebrachte Anträge auf Aussetzung der Einhebung.

(2) Zum Zweck der eindeutigen Identifikation von Verfahrensbeteiligten im elektronischen Verkehr mit der Behörde darf diese die ZMR-Zahl (§ 16 Abs. 4 des Meldegesetzes 1991) als Ausgangsbasis für eine verwaltungsspezifisch unterschiedliche, abgeleitete, verschlüsselte Personenbezeichnung verwenden.

(3) Folgende landesgesetzliche Bestimmungen sind für vor dem 1. Jänner 2010 entstandene Abgabenansprüche auch nach dem 1. Jänner 2010 anzuwenden:

1. § 187a Burgenländische Landesabgabenordnung,
2. § 188a Kärntner Landesabgabenordnung,
3. § 186a NÖ Abgabenordnung 1977,
4. § 186a Oberösterreichische Landesabgabenordnung 1996,
5. § 182a Salzburger Landesabgabenordnung,
6. § 186 Steiermärkische Landesabgabenordnung,
7. § 187a Tiroler Landesabgabenordnung
8. § 106a Vorarlberger Abgabenverfahrensgesetz,
9. § 185 Abs. 3 Wiener Abgabenordnung.

(4) Abweichend von Abs. 3 Z 1 bis 5, 7 und 8 ist § 239a in der Fassung des Bundesgesetzes BGBl. I Nr. 20/2009 erstmals auf Landes- und Gemeindeabgaben anzuwenden, für die der Abgabenanspruch nach dem 31. Dezember 1994 entstanden ist.

**Übergangsbestimmungen im Zusammenhang mit der Finanz-Organisationsreform 2020**

**§ 323b.** (1) Das Finanzamt Österreich und das Finanzamt für Großbetriebe treten für ihren jeweiligen Zuständigkeitsbereich am 1. Jänner 2021 an die Stelle des jeweils am 31. Dezember 2020 zuständig gewesenen Finanzamtes. Das Zollamt Österreich tritt am 1. Jänner 2021 an die Stelle der am 31. Dezember 2020 zuständig gewesenen Zollämter.

(2) Die am 31. Dezember 2020 bei einem Finanzamt oder Zollamt anhängigen Verfahren werden von der jeweils am 1. Jänner 2021 zuständigen Abgabenbehörde in dem zu diesem Zeitpunkt befindlichen Verfahrensstand fortgeführt.

(3) Eine vor dem 1. Jänner 2021 von der zuständigen Abgabenbehörde des Bundes genehmigte Erledigung, die erst nach dem 31. Dezember 2020 wirksam wird, gilt als Erledigung der im Zeitpunkt des Wirksamwerdens für die jeweilige Angelegenheit zuständigen Abgabenbehörde.

(4) Für Angelegenheiten, für die vor dem 1. Jänner 2021 der Bundesminister für Finanzen zuständig gewesen ist und nach dem 31. Dezember 2020 eine andere Einrichtung der Bundesfinanzverwaltung zuständig ist, gilt zusätzlich zu Abs. 3 Folgendes:

1. Die ab dem 1. Jänner 2021 zuständige Einrichtung der Bundesfinanzverwaltung tritt an die Stelle des Bundesministers für Finanzen.
2. Die am 31. Dezember 2020 beim Bundesminister für Finanzen anhängigen Verfahren werden von der jeweils am 1. Jänner 2021 zuständigen Einrichtung der Bundesfinanzverwaltung in dem zu diesem Zeitpunkt befindlichen Verfahrensstand fortgeführt.
3. Abweichend von Z 2 bleibt der Bundesminister für Finanzen zuständig für alle Angelegenheiten im Zusammenhang mit Beschwerdeverfahren, die von ihm erlassene Bescheide gemäß § 103 EStG 1988 betreffen, wenn er die Bescheidbeschwerde bereits vor dem 1. Jänner 2021 dem Verwaltungsgericht vorgelegt hat.

(5) Bis 31. Dezember 2021 können Anbringen, für deren Behandlung entweder das Finanzamt Österreich, das Finanzamt für Großbetriebe oder das Amt für Betrugsbekämpfung zuständig ist, innerhalb offener Frist auch unter Verwendung der falschen dieser drei Bezeichnungen wirksam eingebracht werden.

(6) Bis 31. Dezember 2021 können Anbringen, für deren Behandlung entweder das Finanzamt Österreich, das Finanzamt für Großbetriebe oder das Amt für Betrugsbekämpfung zuständig ist, auch unter Verwendung der Bezeichnung der Finanzämter gemäß § 4 der Verordnung des Bundesministers für Finanzen zur Durchführung des

Abgabenverwaltungsorganisationsgesetzes 2010 (AVOG 2010 – DV), BGBl. II Nr. 165/2010, in der Fassung der Verordnung BGBl. II Nr. 375/2016, sowie unter Verwendung der zum 31. Dezember 2020 kundgemachten Anschriften der Finanzämter wirksam eingebracht werden.

(7) Bis 31. Dezember 2021 können Anbringen, für deren Behandlung das Zollamt Österreich zuständig ist, auch unter Verwendung der Bezeichnung der Zollämter gemäß § 11 AVOG 2010 – DV in der Fassung der Verordnung BGBl. II Nr. 375/2016, sowie unter Verwendung der zum 31. Dezember 2020 kundgemachten Anschriften der Zollämter wirksam eingebracht werden.

(8) Alle gemäß § 71 in der Fassung vor dem BGBl. I Nr. 9/2010 oder gemäß § 3 AVOG 2010 erlassenen Delegierungsbescheide sind mit Ablauf des 30. Dezember 2020 aufgehoben.

(9) Verliert eine Abgabenbehörde des Bundes nach dem 1. Jänner 2021 durch Änderungen von Abgabenvorschriften ihre Zuständigkeit in einer bestimmten Angelegenheit, so können diese Angelegenheit betreffende Anbringen dennoch innerhalb eines Jahres ab Inkrafttreten dieser Änderungen weiter bei dieser Abgabenbehörde eingebracht werden. Die Weiterleitung an die zuständige Abgabenbehörde hat diesfalls nicht auf Gefahr des Einschreiters zu erfolgen, sofern der Einschreiter nicht bereits vor der Einbringung seines Anbringens über die Änderung der Zuständigkeit seitens einer Abgabenbehörde in Kenntnis gesetzt worden ist.

(10) Wird in einer Rechtsvorschrift des Bundes, eines Landes oder einer Gemeinde die Bezeichnung „Finanzamt Österreich", „Finanzamt für Großbetriebe", „Zollamt Österreich" oder „Amt für Betrugsbekämpfung" verwendet, ist darunter bis zum Ablauf des 31. Dezember 2020 jene Einrichtung zu verstehen, die aufgrund

- des Abgabenverwaltungsorganisationsgesetz 2010, BGBl. I Nr. 9/2010 in der Fassung vor dem Bundesgesetz BGBl. I Nr. 104/2019 oder
- der Verordnung des Bundesministers für Finanzen zur Durchführung des Abgabenverwaltungsorganisationsgesetzes 2010, BGBl. II Nr. 165/2010, in der Fassung vor dem Bundesgesetz BGBl. I Nr. 104/2019 oder
- eines anderen durch das Bundesgesetz BGBl. I Nr. 104/2019 geänderten Bundesgesetzes in dessen Fassung vor dem Bundesgesetz BGBl. I Nr. 104/2019

zuständig gewesen ist.

(11) Bis zum 31. Dezember 2020 können Anbringen, für deren Behandlung ein Finanzamt zuständig ist, auch unter Verwendung der Bezeichnung „Finanzamt Österreich" oder „Finanzamt für Großbetriebe" wirksam eingebracht werden.

(12) Bis zum 31. Dezember 2020 können Anbringen, für deren Behandlung ein Zollamt zuständig ist, auch unter Verwendung der Bezeichnung „Zollamt Österreich" wirksam eingebracht werden.

*(BGBl I 2020/99)*

### Sonderregelungen aufgrund der Maßnahmen zur Bekämpfung von COVID-19

**§ 323c.** (1) In anhängigen behördlichen Verfahren der Abgabenbehörden werden alle im ordentlichen Rechtsmittelverfahren (7. Abschnitt Unterabschnitt A) vorgesehenen Fristen, deren fristauslösendes Ereignis in die Zeit nach dem 16. März 2020 fällt, sowie Fristen, die bis zum 16. März noch nicht abgelaufen sind, bis zum Ablauf des 30. April 2020 unterbrochen. Sie beginnen mit 1. Mai 2020 neu zu laufen.

(2) und (3) (aufgehoben)

*(BGBl I 2020/96)*

**„(4) Unter Berücksichtigung der jeweiligen Gefährdungslage kann der Leiter der Amtshandlung gegenüber den an der Amtshandlung teilnehmenden Personen Maßnahmen zum Zweck der Verhinderung der Verbreitung von COVID-19 anordnen. Der Leiter der Amtshandlung hat für die Einhaltung dieser Maßnahmen zu sorgen. Ein Verstoß gegen diese Maßnahmen gilt als Störung der Amtshandlung gemäß § 112 Abs. 2. Wird gegen diese Maßnahmen im Zuge einer mündlichen Verhandlung verstoßen, hat der Ausschluss der betreffenden Person unter sinngemäßer Anwendung des § 274 Abs. 4 zweiter Satz zu erfolgen."**

*(BGBl I 2020/96, BGBl I 2021/3, BGBl I 2021/52, BGBl I 2021/228, BGBl I 2022/108 ab 20.7.2022)*

(5) (aufgehoben)

*(BGBl I 2020/96)*

(6) Bis 30. September 2020 sowie von 22. November 2021 bis 31. Dezember 2021 erfüllt eine sonstige Gutschrift oder ein Teil einer sonstigen Gutschrift keinen Tilgungstatbestand gemäß § 211 BAO, wenn diese Gutschrift auf einem Abgabenkonto zu verbuchen ist, auf dem

1. ein Abgabenrückstand besteht, für den ein Ansuchen nach § 212 BAO im Verfahren FinanzOnline eingebracht oder eine Zahlungserleichterung mit Bescheid zuerkannt und
2. innerhalb eines Monats ab Bekanntgabe des die sonstige Gutschrift auslösenden Bescheides oder Erkenntnisses, bei Selbstberechnung einer Abgabe gleichzeitig mit der Selbstberechnung und Bekanntgabe des negativen Abgabenzahlungsanspruches oder im Zusammenhang mit Prämien, Vergütungen oder Erstattungen gleichzeitig mit deren Beantragung ein Antrag auf Rückzahlung gemäß Abs. 9 im Verfahren FinanzOnline eingebracht wurde.

*(BGBl I 2020/44, BGBl I 2021/228)*

(7) Abs. 6 kommt nicht zur Anwendung, wenn die sonstige Gutschrift gemäß § 214 Abs. 8 zu verrechnen oder eine Abschreibung von Abgaben (§§ 235, 236) erfolgt. In den Fällen des § 26 Abs. 3 und 5 UStG 1994 kommt Abs. 6 insoweit nicht zur Anwendung, als eine Einfuhrumsatzsteuer auf dem Abgabenkonto verbucht ist.

*(BGBl I 2020/44)*

(8) Für sonstige Gutschriften im Sinne des Abs. 6 ist § 215 Abs. 1 bis 3 BAO sinngemäß anzuwenden, es sei denn, dass dadurch eine Tilgung von Abgaben erfolgen würde, für die ein Ansuchen nach § 212 BAO im Verfahren FinanzOnline eingebracht oder eine Zahlungserleichterung mit Bescheid zuerkannt wurde.

*(BGBl I 2020/44)*

(9) Für Anträge auf Rückzahlung sonstiger Gutschriften im Sinne des Abs. 6 ist § 239 BAO sinngemäß anzuwenden. Die Anwendung des § 239a BAO bleibt unberührt.

*(BGBl I 2020/44)*

(10) Die Abs. 6 bis 9 finden auf sonstige Gutschriften Anwendung, die

1. vor dem 1. Oktober 2020 verbucht wurden und aus Bescheiden oder Erkenntnissen resultieren, welche nach dem 10. Mai 2020 bekanntgegeben werden oder im Zusammenhang mit einer Selbstberechnung nach dem 10. Mai 2020 bekanntgegeben werden;
2. vor dem 31. Dezember 2021 verbucht wurden und aus Bescheiden oder Erkenntnissen resultieren, welche nach dem 21. November 2021 bekanntgegeben werden oder im Zusammenhang mit einer Selbstberechnung nach dem 21. November 2021 bekanntgegeben werden.

*(BGBl I 2020/44, BGBl I 2021/228)*

(11) Stundungen gemäß § 212 Abs. 1, die nach dem 15. März 2020 bewilligt worden sind und deren Stundungsfrist am 30. September oder am 1. Oktober 2020 endet, bleiben bis 15. Jänner 2021 unter Einbeziehung jener Abgaben aufrecht, welche bis spätestens 25. September 2020, im Falle von Vorauszahlungen gemäß § 45 EStG 1988 bis spätestens 27. November 2020, auf dem Abgabenkonto verbucht wurden.

*(BGBl I 2020/96)*

(11a) Stundungen gemäß Abs. 11 bleiben bis 30. Juni 2021 aufrecht. Abgaben, die auf dem selben Abgabenkonto gebucht werden und die zwischen dem 26. September 2020 und dem 31. Mai 2021 fällig werden, sind bis zum 30. Juni 2021 zu entrichten. Die Stundung sowie die gesetzliche Zahlungsfrist enden mit der Eröffnung eines Insolvenzverfahrens über das Vermögen des Abgabenschuldners.

*(BGBl I 2021/3, BGBl I 2021/52)*

(11b) Stundungen, die zwischen dem 1. Oktober 2020 und dem 31. Mai 2021 beantragt werden, sind abweichend von den Voraussetzungen des § 212 Abs. 1 bis 30. Juni 2021 zu bewilligen. Abgaben, die zwischen dem 1. Oktober 2020 und dem 31. Mai 2021 fällig werden, sind bis zum 30. Juni 2021 zu entrichten. Die Stundung sowie die gesetzliche Zahlungsfrist enden mit der Eröffnung eines Insolvenzverfahrens über das Vermögen des Abgabenschuldners.

*(BGBl I 2021/3, BGBl I 2021/52)*

(11c) Stundungen, die zwischen dem 22. November 2021 und dem 31. Dezember 2021 beantragt werden, sind abweichend von den Voraussetzungen des § 212 Abs. 1 bis 31. Jänner 2022 zu bewilligen.

*(BGBl I 2021/228)*

(12) Die Abgabenbehörde hat auf Antrag des Abgabepflichtigen die Entrichtung von Abgaben im Sinne des § 212 Abs. 1 in zwölf angemessenen Monatsraten zu bewilligen, wenn vor der Antragstellung kein Terminverlust (§ 230 Abs. 5) hinsichtlich einer bereits zuvor bewilligten Ratenzahlung nach diesem Absatz eingetreten ist und der Antrag bis zum Ende der Stundungsfrist, spätestens jedoch am 30. September 2020, eingebracht wird. Sofern hinsichtlich dieser Ratenbewilligung kein Terminverlust eintritt, hat die Abgabenbehörde, wenn die sofortige oder sofortige volle Entrichtung des verbleibenden Abgabenbetrages für den Abgabepflichtigen mit erheblichen Härten verbunden wäre, auf Antrag die Entrichtung in angemessenen Raten für weitere sechs Monate zu gewähren.

*(BGBl I 2020/96)*

(13) Unbeschadet aller sonstigen Vorschriften des § 212 Abs. 2 sind ab 15. März 2020 bis 30. Juni 2021 sowie ab 22. November 2021 bis 31. Jänner 2022 keine Stundungszinsen vorzuschreiben. Ab 1. Juli 2021 bis 21. November 2021 sowie ab 1. Februar 2022 bis 30. Juni 2024 betragen die Stundungszinsen zwei Prozent über dem jeweils geltenden Basiszinssatz pro Jahr.

*(BGBl I 2020/96, BGBl I 2021/3, BGBl I 2021/52, BGBl I 2021/228)*

(14) Hinsichtlich

1. vor dem 15. März 2020 bewilligter Zahlungserleichterungen, für die gemäß § 212 Abs. 2 nach dem 15. März 2020 bis zum 30. Juni 2021 Stundungszinsen festzusetzen wären sowie

   *(BGBl I 2021/52)*
2. Anspruchszinsen betreffend Nachforderungen (§ 205), die für den Veranlagungszeitraum 2019 oder 2020 festzusetzen wären,

   *(BGBl I 2021/3)*

ist von der Vorschreibung abzusehen.

*(BGBl I 2020/96)*

(15) Für Abgaben mit Fälligkeit zwischen dem 15. März 2020 und 30. Juni 2021 sind abweichend von § 217 Abs. 2 und 3 keine Säumniszuschläge zu entrichten.

*(BGBl I 2020/96, BGBl I 2021/3, BGBl I 2021/52)*

(16) Die Abs. 11 bis 15 gelten nicht für Landes- und Gemeindeabgaben.

*(BGBl I 2020/96)*

(17) (aufgehoben)

*(BGBl I 2021/25, BGBl I 2021/52)*

(18) (aufgehoben)

*(BGBl I 2021/25, BGBl I 2021/47)*

*(BGBl I 2020/16)*

**Unterbrechung von Verfahren**

**§ 323d.** Für Landes- und Gemeindeabgaben gilt Folgendes: Hört infolge des Auftretens und der

Verbreitung von COVID-19 die Tätigkeit einer Behörde auf, hat die sachlich in Betracht kommende Oberbehörde auf Antrag eines Beteiligten eine andere sachlich zuständige Behörde desselben Landes zur Entscheidung der Sache zu bestimmen, wenn während der Unterbrechung gemäß § 323c Verfahrenshandlungen vorzunehmen sind, die zur Abwehr eines erheblichen und unwiederbringlichen Schadens eines Beteiligten dringend geboten sind.“

*(BGBl I 2020/16)*

### COVID-19-Ratenzahlungsmodell

**§ 323e.** (1) Abweichend von § 212 Abs. 1 besteht nach Maßgabe der Abs. 2 bis 3 die Möglichkeit zur Entrichtung eines überwiegend COVID-19-bedingten Abgabenrückstandes (Abs. 2 Z 1) in angemessenen Raten in zwei Phasen über die Dauer von längstens sechsunddreißig Monaten. Für die Berechnung der Zinsen ist § 323c Abs. 13 anzuwenden. Die gleichzeitige Gewährung einer Zahlungserleichterung gemäß § 212 ist ausgeschlossen.

*(BGBl I 2021/228)*

(2) Für die Phase 1 des COVID-19-Ratenzahlungsmodells gilt Folgendes:

1. Gegenstand des Antrags auf Ratenzahlung sind Abgabenschuldigkeiten, die überwiegend zwischen dem 15. März 2020 und dem 30. Juni 2021 fällig geworden sind einschließlich die der Höhe nach bescheidmäßig festgesetzten Vorauszahlungen an Einkommen- oder Körperschaftsteuer, hinsichtlich derer die Zahlungstermine in der Phase 1 gelegen sind.

   *(BGBl I 2021/52)*
2. Der Antrag auf Ratenzahlung ist ab dem 10. Juni 2021 bis zum 30. Juni 2021 einzubringen.

   *(BGBl I 2021/52)*
3. Der Ratenzahlungszeitraum endet am 30. September 2022.

   *(BGBl I 2021/52)*
4. Innerhalb des Ratenzahlungszeitraumes kann der Abgabepflichtige zweimal einen Antrag auf Neuverteilung der Ratenbeträge stellen.

   *(BGBl I 2021/228)*
5. Die während des Ratenzahlungszeitraumes an eine Abgabenbehörde geleisteten Zahlungen können weder nach der Insolvenzordnung – IO, RGBl. Nr. 337/1914 noch nach der Anfechtungsordnung – AnfO, RGBl. Nr. 337/1914, angefochten werden.

Abgesehen von den Voraussetzungen für die Gewährung der Ratenzahlung ist im übrigen § 212 BAO anzuwenden.

(3) Für die Phase 2 des COVID-19-Ratenzahlungsmodells gilt Folgendes:

1. Gegenstand des Antrags auf Ratenzahlung sind Abgabenschuldigkeiten, für die bereits die Phase 1 des COVID-19-Ratenzahlungsmodells gewährt worden ist, die aber in diesem Ratenzahlungszeitraum nicht vollständig entrichtet werden konnten, einschließlich die der Höhe nach bescheidmäßig festgesetzten Vorauszahlungen an Einkommen- oder Körperschaftsteuer, hinsichtlich derer die Zahlungstermine in der Phase 2 gelegen sind.
2. In Phase 1 des COVID-19-Ratenzahlungsmodells wurden zumindest 40% des überwiegend COVID-19-bedingten Abgabenrückstandes (Abs. 2 Z 1) entrichtet und es ist kein Terminverlust (§ 230 Abs. 5) eingetreten.
3. Der Antrag ist vor dem 31. August 2022 einzubringen.

   *(BGBl I 2021/52)*
4. Der Ratenzahlungszeitraum beträgt längstens einundzwanzig Monate.
5. Der Antragsteller hat glaubhaft zu machen, dass er den aus der Phase 1 verbliebenen Abgabenrückstand zusätzlich zu den laufend zu entrichtenden Abgaben innerhalb des beantragten Ratenzahlungszeitraumes der Phase 2 entrichten kann.
6. Innerhalb des Ratenzahlungszeitraumes kann der Abgabepflichtige einmal einen Antrag auf Neuverteilung der Ratenbeträge stellen.

Abgesehen von den Voraussetzungen für die Gewährung der Ratenzahlung ist im übrigen § 212 BAO anzuwenden.

(4) Der Bundesminister für Finanzen kann mit Verordnung festlegen, in welcher Form die Glaubhaftmachung gemäß Abs. 3 Z 5 zu erbringen ist.

*(BGBl I 2020/23, BGBl I 2021/3)*

**§ 324.** Mit der Vollziehung dieses Bundesgesetzes ist das Bundesministerium für Finanzen, und hinsichtlich der §§ 82, 158 Abs. 3, 160, 229 und 233 im Einvernehmen mit dem Bundesministerium für Justiz betraut.

## 17/1/1. Naturkatastrophen

BGBl I 2005/112

**Abgabenrechtliche Sondermaßnahmen für Opfer von Naturkatastrophen**

**§ 1.** Werden als Folge von Katastrophen (insbesondere Hochwasser, Erdrutsch, Vermurung und Lawinen) Zahlungsfristen oder Fristen zur Einreichung von Abgabenerklärungen versäumt, so ist auf Antrag des Abgabepflichtigen (§ 77 BAO) von

1. der Festsetzung von
   a) Säumniszuschlägen (§ 217 BAO),
   b) Verspätungszuschlägen (§ 135 BAO);
2. der Geltendmachung von Terminverlusten (§ 230 Abs. 5 BAO)

abzusehen, wenn spätestens zwei Monate nach Eintritt der Naturkatastrophe die versäumte Handlung nachgeholt oder ein Ansuchen um Zahlungserleichterungen (§ 212 BAO) oder ein Antrag auf Verlängerung der Frist zur Einreichung der Abgabenerklärung eingebracht wird.

# 17/2. VERORDNUNGEN

## 17/2/1. VO zu § 125 Abs. 2

## Land- und Forstwirtschaft

BGBl 1962/51

**Verordnung des Bundesministeriums für Finanzen vom 2. Feber 1962 über land- und forstwirtschaftliche Buchführung**

Auf Grund des § 125 Abs. 2 der Bundesabgabenordnung, BGBl. Nr. 194/1961, wird verordnet:

**§ 1.** Buchführende Land- und Forstwirte haben für steuerliche Zwecke nach den folgenden Bestimmungen besondere Verzeichnisse über die Grundstücke, den Anbau und die Ernte anzufertigen sowie Viehregister und Naturalienregister zu führen.

**§ 2.** (1) Unmittelbar nach Schluß des Wirtschaftsjahres sind die dem land- und forstwirtschaftlichen Betrieb dienenden Grundstücke nach der Nutzungsart geordnet in einem Grundstücksverzeichnis anzuführen. Im Grundstücksverzeichnis ist anzugeben, welche Grundstücke im Eigentum des Land- und Forstwirtes stehen, welche Grundstücke gepachtet und welche Grundstücke verpachtet sind. Es genügt, wenn im Grundstücksverzeichnis die Größe der dem Betrieb dienenden Flächen getrennt nach den hauptsächlichen Bewirtschaftungsarten (zum Beispiel Acker, Wiese, Wald, Gartenland) und geteilt in Eigen- und Pachtland aufgezeichnet wird.

(2) Außer dem Grundstücksverzeichnis ist ein Anbau- und Ernteverzeichnis zu führen. Aus dem Anbau- und Ernteverzeichnis muß sich ergeben, mit welchen Fruchtarten die selbstbewirtschafteten Flächen im abgelaufenen Wirtschaftsjahr bestellt waren und welche Mengenerträge sie gebracht haben.

(3) Grundstücksverzeichnis und Anbauverzeichnis können verbunden werden.

**§ 3.** (1) Neben der fortlaufenden Aufzeichnung aller Betriebsvorgänge sind ein Viehregister und ein Naturalienregister zu führen.

(2) Das Viehregister hat die Zug- und Nutzviehbestände zu Beginn des Wirtschaftsjahres, die Zugänge (Zukäufe, Geburten), die Abgänge (Verkäufe, Todesfälle, Schlachtungen) und alle sonstigen Veränderungen (Versetzungen) im Laufe des Wirtschaftsjahres und die Bestände am Schluß des Wirtschaftsjahres nachzuweisen.

(3) Das Naturalienregister hat die Bestände an Erzeugnissen der verschiedenen Betriebszweige der Land- und Forstwirtschaft am Anfang des Wirtschaftsjahres, ihre Zu- und Abgänge unter Angabe ihrer Herkunft und Verwendung und die Bestände am Schluß des Wirtschaftsjahres nachzuweisen. In das Naturalienregister müssen Erzeugnisse nicht eingetragen werden, die nicht zum Verkauf bestimmt sind und deren gewichts- oder mengenmäßige Feststellung auf Schwierigkeiten stößt.

17/2/2. VO zu § 86 a Abs. 2

## Telekopierer

BGBl 1991/494 idF BGBl II 2020/579

**Verordnung des Bundesministers für Finanzen über die Zulassung von Telekopierern zur Einreichung von Anbringen an das Bundesministerium für Finanzen, an die Verwaltungsgerichte sowie an die Finanzämter, das Zollamt Österreich und das Amt für Betrugsbekämpfung**

*(BGBl II 2020/579)*

Auf Grund des § 86 a Abs. 2 der Bundesabgabenordnung (BAO), zuletzt geändert durch BGBl. Nr. 10/1991, und des § 56 Abs. 2 des Finanzstrafgesetzes, zuletzt geändert durch BGBl. Nr. 465/1990, wird verordnet:

**§ 1.** Für Anbringen im Sinn des § 86a Abs. 1 erster Satz BAO, die in Abgaben-, Monopol- oder Finanzstrafangelegenheiten an das Bundesministerium für Finanzen, an die Verwaltungsgerichte, an ein Finanzamt, an das Zollamt Österreich oder an das Amt für Betrugsbekämpfung gerichtet werden, wird die Einreichung unter Verwendung eines Telekopierers (Telefaxgerätes) zugelassen.

*(BGBl II 2020/579)*

**§ 2.** § 1 gilt nicht für Abgabenerklärungen, für Anzeigen gemäß § 31 Gebührengesetz 1957, für Anträge auf Rückzahlung, Umbuchung oder Überrechnung sowie für Zollanmeldungen im Sinne des Zollkodex.

**§ 3.** Wird ein Anbringen gemäß § 1 unter Verwendung eines Telekopierers eingereicht, so ist der Einschreiter verpflichtet, das Original des Anbringens vor Einreichung zu unterschreiben und durch sieben Jahre zu Beweiszwecken aufzubewahren. Diese Frist läuft vom Schluß des Kalenderjahres, in dem das betreffende Anbringen unter Verwendung eines Telekopierers eingereicht worden ist.

**§ 4.** (1) Mit dem Inkrafttreten dieser Verordnung tritt die Verordnung des Bundesministers für Finanzen vom 29. Jänner 1990 über die Zulassung von Telekopierern zur Einreichung von Anbringen an das Bundesministerium für Finanzen und an die Finanzlandesdirektionen, BGBl. Nr. 102/1990, außer Kraft.

(2) § 1 in der Fassung der Verordnung BGBl. II Nr. 395/2002 tritt am 1. Jänner 2003 in Kraft.

(3) § 1 in der Fassung der Verordnung BGBl. II Nr. 447/2013 tritt mit 1. Jänner 2014 in Kraft.

(4) § 1 in der Fassung der Verordnung BGBl. II Nr. 579/2020 tritt mit 1. Jänner 2021 in Kraft.

*(BGBl II 2020/579)*

17/2/3.

## FOnV 2006

BGBl II 2006/97 idF BGBl II 2022/190

**Verordnung des Bundesministers für Finanzen über die Einreichung von Anbringen, die Akteneinsicht und die Zustellung von Erledigungen in automationsunterstützter Form (FinanzOnline-Verordnung 2006 – FOnV 2006)**

Auf Grund

1. der §§ 86a, 90a, 97 Abs. 3, 98 Abs. 1, 121a Abs. 6 und 211 Abs. 3 der Bundesabgabenordnung – BAO, BGBl. Nr. 194/1961, zuletzt geändert durch das Bundesgesetz BGBl. I Nr. 104/2019,
2. der §§ 108 Abs. 5 und 7, 108a Abs. 4 und 108g Abs. 4 des Einkommensteuergesetzes 1988 – EStG 1988, BGBl. Nr. 400/1988, zuletzt geändert durch das Bundesgesetz BGBl. I Nr. 104/2019,
3. der §§ 10 Abs. 2 und 13 Abs. 1 des Grunderwerbsteuergesetzes 1987 – GrEStG 1987, BGBl. Nr. 309/1987, zuletzt geändert durch das Bundesgesetz BGBl. I Nr. 104/2019 (soweit sich die Regelungen auf die gerichtlichen Eintragungsgebühren beziehen, im Einvernehmen mit dem Bundesminister für Verfassung, Reformen, Deregulierung und Justiz),
4. des § 33 TP 17 Abs. 3 des Gebührengesetzes 1957, BGBl. Nr. 267/1957, zuletzt geändert durch das Bundesgesetz BGBl. I Nr. 104/2019,
5. der §§ 4 Abs. 6 und 59 Abs. 3 des Glücksspielgesetzes – GSpG, BGBl. Nr. 620/1989, zuletzt geändert durch das Bundesgesetz BGBl. I Nr. 104/2019,

wird verordnet:

*(BGBl II 2020/122)*

### 1. Abschnitt
### Allgemeine Vorschriften

### Allgemeine Vorschriften, Sorgfaltspflichten, Zurechnung von Anbringen

**§ 1.** (1) Diese Verordnung regelt automationsunterstützte Datenübertragungen in Bezug auf Anbringen (§ 86a BAO), Erledigungen (§ 97 Abs. 3 BAO), elektronische Akteneinsicht (§ 90a BAO) und Entrichtung von Abgaben im Wege der Überweisung (§ 211 Abs. 3 BAO), soweit nicht eigene Vorschriften bestehen.

*(BGBl II 2016/46, BGBl II 2020/122)*

(2) Die automationsunterstützte Datenübertragung ist zulässig für die Funktionen, die dem jeweiligen Teilnehmer in Finanz-Online (https://finanzonline.bmf.gv.at) zur Verfügung stehen. Die für eine Datenstromübermittlung und für eine Übermittlung mittels eines Webservices erforderlichen organisatorischen und technischen Spezifikationen (zB XML-Struktur; WSDL) sind

auf der Website des Bundesministeriums für Finanzen (https://www.bmf.gv.at) abrufbar zu halten.

(2a) Das Verfahren FinanzOnline kann für Zwecke der mobilen Nutzung durch die Bereitstellung einer Applikation für Mobilgeräte erweitert werden. Die automationsunterstützte Datenübertragung ist zulässig für die Funktionen, die dem jeweiligen Teilnehmer in dieser Applikation zur Verfügung stehen.

*(BGBl II 2021/348)*

**„(3) Parteien und deren Vertreter, die an FinanzOnline teilnehmen und dafür von den Abgabenbehörden Zugangsdaten erhalten, haben diese, auch wenn sie selbst bestimmt wurden, sorgfältig zu verwahren, soweit zumutbar Zugriffe darauf zu verhindern und die Weitergabe der Zugangsdaten zu unterlassen. Die Ausstellung von weiteren Zugangsdaten und deren Weitergabe zum Zweck der Einräumung von Zugriffsrechten an andere Personen ist im eigenen Verantwortungsbereich des Teilnehmers nach Maßgabe der für den jeweiligen Teilnehmer zur Verfügung stehenden Funktionen (Abs. 2) zulässig, doch haben die so berechtigten Personen dieselben Sorgfaltspflichten, insbesondere dürfen die Zugangsdaten nicht weitergegeben werden. Der Teilnehmer darf Zugriffsrechte nur natürlichen Personen einräumen.**

*(BGBl II 2022/190 ab 18.5.2022)*

**(4) Ein unter bestimmten Zugangsdaten gestelltes Anbringen gilt unabhängig davon, wer die Übermittlung tatsächlich durchführt, als Anbringen desjenigen, auf den diese Zugangsdaten ausgestellt worden sind, es sei denn, der Teilnehmer macht glaubhaft, dass das Anbringen trotz Einhaltung seiner Sorgfaltspflichten (Abs. 3) unter missbräuchlicher Verwendung seiner Zugangsdaten durch einen Dritten gestellt wurde. Dies gilt auch bei Datenübermittlung mittels eines Webservices (Abs. 2).“**

*(BGBl II 2022/190 ab 18.5.2022)*

(5) Ein von einem hiezu Bevollmächtigten elektronisch eingereichtes Anbringen des Vollmachtgebers ist nicht als vom übermittelnden Bevollmächtigten unterschrieben anzusehen.

### Teilnehmer

**§ 2.** (1) Teilnahmeberechtigt sind Abgabepflichtige und, wenn die Erlassung von Feststellungsbescheiden vorgesehen ist, diejenigen, an die diese Bescheide ergehen (§ 191 Abs. 1 und 2 BAO).

(2) Als Parteienvertreter teilnahmeberechtigt sind:

1. die in das Verzeichnis der ordentlichen Mitglieder der Kammer der Wirtschaftstreuhänder (§ 173 Abs. 1 Z 1 des Wirtschaftstreuhandberufsgesetzes 2017 – WTBG 2017, BGBl. I Nr. 137/2017) eingetragenen Berufsberechtigten. Die Kammer der Wirtschaftstreuhänder hat dem Bundesminister für Finanzen Änderungen bei den für die Teilnahme erforderlichen Daten tunlichst innerhalb einer Woche ab der Änderung zu übermitteln.

   *(BGBl II 2018/82, BGBl II 2020/122)*

2. die im Verzeichnis der Notare eingetragenen Notare (§ 134 Abs. 2 Z 1 der Notariatsordnung – NO, RGBl. Nr. 75/1871, iVm § 2 der Verordnung des Bundesministeriums für Justiz vom 15. Februar 1928 über die Einrichtung und Führung der Verzeichnisse der Notare und Notariatskandidaten, BGBl. Nr. 47/1928) oder die für diese bestellten Substitute (§ 119 NO). Die Notariatskammer hat dem Bundesminister für Finanzen Änderungen bei den für die Teilnahme erforderlichen Daten tunlichst innerhalb einer Woche ab der Änderung zu übermitteln.

   *(BGBl II 2020/122)*

3. die durch die Notariatskammer genehmigten Notar-Partnerschaften (§ 22 Abs. 2 NO). Die Notariatskammer hat dem Bundesminister für Finanzen Änderungen bei den für die Teilnahme erforderlichen Daten (insbesondere jeden Widerruf im Sinn des § 23 Abs. 3 NO) tunlichst innerhalb einer Woche ab der Änderung zu übermitteln.

4. „die in die Liste der Rechtsanwälte und in die Liste der Rechtsanwalts-Gesellschaften eingetragenen Rechtsanwaltschaften, die in die Liste der niedergelassenen europäischen Rechtsanwälte eingetragenen europäischen Rechtsanwälte (§§ 9 ff des Europäischen Rechtsanwaltsgesetzes – EIRAG, BGBl. I Nr. 27/2000) sowie dienstleistende europäische Rechtsanwälte (§§ 2 ff EIRAG). Die Rechtsanwaltskammern haben dem Bundesminister für Finanzen Änderungen bei den für die Teilnahme erforderlichen Daten (insbesondere jedes Erlöschen im Sinn des § 34 Abs. 1 der Rechtsanwaltsordnung – RAO, RGBl. Nr. 96/1868) tunlichst innerhalb einer Woche ab der Änderung zu übermitteln.

   *(BGBl II 2020/122)*

5. die beim Fachverband der Immobilien- und Vermögenstreuhänder in der Wirtschaftskammer Österreich erfassten Immobilientreuhänder, eingeschränkt auf Immobilienverwalter (§ 117 Abs. 3 der Gewerbeordnung 1994 – GewO 1994, BGBl. Nr. 194/1994). Der Fachverband hat dem Bundesminister für Finanzen Änderungen bei den für die Teilnahme erforderlichen Daten tunlichst innerhalb einer Woche ab der Änderung zu übermitteln.

   *(BGBl II 2020/122)*

6. die beim Österreichischen Verband gemeinnütziger Bauvereinigungen (§ 1 des Wohnungsgemeinnützigkeitsgesetzes – WGG, BGBl. Nr. 139/1979) erfassten gemeinnützigen Bauvereinigungen. Der Verband hat dem Bundesminister für Finanzen Änderungen bei den für die Teilnahme erforderlichen

Daten tunlichst innerhalb einer Woche ab der Änderung zu übermitteln.

*(BGBl II 2020/122)*

7. die berechtigten Revisionsverbände (§ 19 des Genossenschaftsrevisionsgesetzes 1997 – GenRevG 1997, BGBl. I Nr. 127/1997). Die berechtigten Revisionsverbände haben dem Bundesminister für Finanzen Änderungen bei den für die Teilnahme erforderlichen Daten (insbesondere den Entzug der Berechtigung) tunlichst innerhalb einer Woche ab der Änderung zu übermitteln.

*(BGBl II 2020/122)*

8. die im Register gemäß § 63 Abs. 4 des Bilanzbuchhaltungsgesetzes 2014 – BiBuG 2014, BGBl. I Nr. 191/2013, eingetragenen Berufsberechtigten. Der Präsident der Wirtschaftskammer Österreich als Behörde gemäß § 63 Abs. 1 BibuG 2014 hat dem Bundesminister für Finanzen Änderungen bei den für die Teilnahme erforderlichen Daten innerhalb einer Woche ab der Änderung zu übermitteln.

*(BGBl II 2020/122)*

9. Fiskalvertreter im Sinn des § 8 Abs. 3 Z 2 des Flugabgabegesetzes – FlugAbgG, BGBl. I Nr. 111/2010.

*(BGBl II 2020/122)*

10. die Buchhaltungsagentur des Bundes.
11. (aufgehoben)

### Anmeldung

**§ 3.** (1) Die Anmeldung zu FinanzOnline ist persönlich beim Finanzamt Österreich sowie elektronisch oder schriftlich (per Fax) zulässig. Ist der anzumeldende Teilnehmer keine natürliche Person, so ist ausschließlich die persönliche Anmeldung zulässig. Eine postalische Zustellung der Zugangsdaten hat zu eigenen Handen (§ 21 des Zustellgesetzes – ZustG, BGBl. Nr. 200/1982) zu erfolgen; ist dies mangels einer inländischen Abgabestelle nicht möglich, so kommt eine postalische Zustellung der Zugangsdaten nicht in Betracht. Die persönliche Anmeldung ist vom Teilnehmer (bzw. von seinem gesetzlichen Vertreter) vorzunehmen; soll die Anmeldung durch einen Bevollmächtigten erfolgen, so hat sich dieser durch eine beglaubigte Spezialvollmacht auszuweisen.

*(BGBl II 2020/122)*

(2) Die Anmeldung zu FinanzOnline unter Verwendung der Funktion „Elektronischer Identitätsnachweis (E-ID)" (§§ 2 Z 10 und 4 Abs. 1 des E-Government-Gesetzes – E-GovG, BGBl. I Nr. 10/2004) erfordert abweichend von Abs. 1 weder persönliche, noch elektronische oder schriftliche (per Fax) Anmeldung beim Finanzamt. Dies gilt nicht, wenn die eindeutige Identifikation des E-ID-Inhabers in den Datenbeständen der Bundesfinanzverwaltung mittels des Namens und Geburtsdatums des E-ID-Inhabers an Hand der in der E-ID eingetragenen Personenbindung (§ 4 Abs. 2 E-GovG) nicht möglich ist.

*(BGBl II 2020/122)*

### Elektronische Akteneinsicht

**§ 4.** Im Verfahren FinanzOnline ist

1. für Teilnehmer gemäß § 2 Abs. 1 die Abfrage sie betreffender personenbezogener Daten sowie
2. für Parteienvertreter die Abfrage von personenbezogenen Daten der vertretenen Partei

aus Akten oder Aktenteilen im Wege automationsunterstützter Datenübertragung gemäß § 90a BAO zulässig. Für Parteienvertreter ist die Abfrage nur soweit zulässig, als sie nach den berufsrechtlichen Vorschriften zur elektronischen Akteneinsicht befugt sind.

*(BGBl II 2020/122)*

### Unbeachtliche Anbringen

**§ 5.** Andere als die in den Funktionen gemäß § 1 Abs. 2 dem jeweiligen Teilnehmer zur Verfügung gestellten Anbringen sind, ungeachtet einer allfälligen tatsächlichen Übermittlung in Finanz-Online, unbeachtlich. Die in § 1 Abs. 2 letzter Satz angesprochenen Datenübertragungen gelten überdies als erst dann eingebracht, wenn sie in zur vollständigen Weiterbearbeitung geeigneter Form bei der Behörde einlangen. Anbringen, die technisch erfolgreich übermittelt wurden, hat die Abgabenbehörde in geeigneter Weise zu bestätigen; insbesondere sind im Sinne des vorhergehenden Satzes unbeachtliche Anbringen kenntlich zu machen.

**§ 5a.** (aufgehoben)

*(BGBl II 2020/122)*

### Elektronische Zustellung

*(BGBl II 2020/122)*

**§ 5b.** (1) Die Abgabenbehörden haben nach Maßgabe ihrer technischen Möglichkeiten Zustellungen an Empfänger, die Teilnehmer von FinanzOnline sind, elektronisch vorzunehmen.

(2) Jeder Teilnehmer, der an der elektronischen Form der Zustellung über FinanzOnline teilnimmt, hat in FinanzOnline eine E-Mailadresse anzugeben, wenn er über die elektronische Zustellung informiert werden möchte. Die Wirksamkeit der Zustellung der Erledigung selbst wird durch die Nichtangabe, durch die Angabe einer nicht dem Teilnehmer zuzurechnenden oder durch die Angabe einer unrichtigen oder ungültigen E-Mailadresse nicht gehindert.

*(BGBl II 2020/122)*

(3) Teilnehmer, die Unternehmer im Sinne des § 3 Z 20 des Bundesstatistikgesetzes 2000, BGBl. I Nr. 163/1999, sind und die wegen Überschreiten der Umsatzgrenze zur Abgabe von Umsatzsteuervoranmeldungen verpflichtet sind, haben an der elektronischen Zustellung über FinanzOnline teilzunehmen und können auf diese nicht verzichten. Andere Teilnehmer können in FinanzOnline auf die elektronische Form der Zustellung verzichten. Zu diesem Zweck ist ihnen bei ihrem ersten nach dem 31. Dezember 2012 erfolgenden Einstieg in das System unmittelbar nach erfolgreichem Login die Verzichtsmöglichkeit aktiv anzubieten. Die

Möglichkeit zum Verzicht ist auch nach diesem Zeitpunkt jederzeit zu gewährleisten. Wenn sie nicht zur Teilnahme an der elektronischen Zustellung verpflichtet sind, können die in § 2 Abs. 2 genannten Parteienvertreter den Verzicht für die Zustellungen in ihren eigenen Angelegenheiten und davon getrennt für die Zustellungen in den Angelegenheiten als Parteienvertreter erklären.

*(BGBl II 2020/122)*

(3a) Ein in FinanzOnline abgegebener Verzicht auf die elektronische Zustellung verliert für Teilnehmer, die gemäß Abs. 3 erster Satz zur Teilnahme an der elektronischen Zustellung verpflichtet sind, seine Wirksamkeit.

*(BGBl II 2020/122)*

(4) Vor dem 1. Jänner 2013 erteilte Zustimmungen zur elektronischen Zustellung im Sinn des § 97 Abs. 3 vierter Satz BAO in der Fassung vor BGBl. I Nr. 22/2012 bleiben bis zu einem allfälligen Verzicht nach Abs. 3 zweiter Satz wirksam, wobei Abs. 3 dritter Satz nicht anzuwenden ist.

*(BGBl II 2020/122)*

(5) Wurde vor dem 1. Jänner 2013 keine Zustimmung zur elektronischen Zustellung im Sinn des § 97 Abs. 3 vierter Satz BAO in der Fassung vor BGBl. I Nr. 22/2012 erteilt, darf eine elektronische Zustellung an die in Abs. 3 zweiter Satz genannten Teilnehmer nicht vor dem in Abs. 3 dritter Satz genannten Zeitpunkt erfolgen.

*(BGBl II 2020/122)*

(6) Abweichend von Abs. 1 kann die Abgabenbehörde von der elektronischen Form der Zustellung an einen Teilnehmer, dessen Verzicht auf die elektronische Zustellung seine Wirksamkeit gemäß Abs. 3a verloren hat, so lange absehen, bis der Teilnehmer vom Wirksamwerden der Verpflichtung zur Teilnahme an der elektronischen Zustellung unmittelbar nach einem erfolgreichen Login in das Portal FinanzOnline in Kenntnis gesetzt wurde.

*(BGBl II 2020/122)*

### Ausschluss von Teilnehmern

**§ 6.** Ein Teilnehmer, der Versuche oder Handlungen unternimmt, die

1. auf eine Störung des ordnungsmäßigen Ablaufes der Datenübermittlungen abzielen,
2. eine Störung des ordnungsmäßigen Ablaufes der Datenübermittlungen zur Folge haben, oder
3. Sicherheitsauflagen, Sorgfalts- oder Geheimhaltungspflichten verletzen,

kann von der Teilnahme ausgeschlossen werden.

### Entrichtung

**§ 7.** Die Beauftragung zur Entrichtung von Abgaben durch elektronische Überweisung im Sinn des § 211 Abs. 3 BAO hat

1. wenn das dem Zahlungspflichtigen von seinem Kreditinstitut zur Verfügung gestellte Electronic-Banking-System die Funktion „Finanzamtszahlung" beinhaltet im Wege einer solchen „Finanzamtszahlung", oder
2. im Wege des dem Zahlungspflichtigen im System FinanzOnline zur Verfügung gestellten „eps"-Verfahrens („e-payment standard")

zu erfolgen.

*(BGBl II 2016/46, BGBl II 2020/122)*

**§ 8.** Dem Zahlungspflichtigen ist die elektronische Überweisung zumutbar, wenn er das ihm von seinem Kreditinstitut zur Verfügung gestellte Electronic-Banking-System bereits zur Entrichtung von Abgaben oder für andere Zahlungen nutzt und er über einen Internet-Anschluss verfügt.

*(BGBl II 2016/46)*

## 2. Abschnitt
## Ausschüttungsgleiche Erträge

(entfallen)

## 3. Abschnitt
## Gebühren und Verkehrsteuern

**§ 10.** Dieser Abschnitt regelt die automationsunterstützte Übertragung von Abgabenerklärungen, Selbstberechnungen und Anmeldungen nach dem Grunderwerbsteuergesetz 1987und der Verrechnungsweisung nach § 33 Tarifpost 5 Abs. 5 Z 3 des Gebührengesetzes 1957.

**§ 11.** Teilnehmer sind die in § 2 Abs. 2 Z 2 bis 4 Genannten. Hinsichtlich der Änderungen bei den für die Teilnahme erforderlichen Daten gelten § 2 Abs. 2 Z 1 bis 4. Teilnehmer hinsichtlich der Abgabenerklärung gemäß § 10 Abs. 1 GrEStG 1987 sind nach Maßgabe des § 10 Abs. 2 GrEStG 1987 auch die Teilnehmer im Sinn des § 2 Abs. 1. Die Verrechnungsweisung nach § 33 Tarifpost 5 Abs. 5 Z 3 des Gebührengesetzes 1957 steht jedem teilnehmenden Gebührenschuldner und den nach Berufsrecht hiezu befugten Parteienvertretern zur Verfügung.

**§ 12.** § 1 Abs. 2 bis 5, sowie die §§ 3, 5 und 6 gelten sinngemäß.

## 4. Abschnitt
## Bausparen

**§ 13.** Dieser Abschnitt regelt automationsunterstützte Datenübertragungen nach § 108 Abs. 5 und 7 EStG 1988. Gegenstand der Übermittlung sind die gemäß §§ 5 und 10 der Verordnung des Bundesministers für Finanzen betreffend Bausparen gemäß § 108 EStG 1988, BGBl. II Nr. 296/2005, zu übermittelnden Daten.

**§ 14.** Teilnehmer sind die Bausparkassen (§ 1 Abs. 1 des Bausparkassengesetzes – BSpG, BGBl. Nr. 532/1993).

*(BGBl II 2020/122)*

**§ 15.** § 1 Abs. 2 bis 5, sowie die §§ 3, 5 und 6 gelten sinngemäß.

**5. Abschnitt**
**Pensionsvorsorge**

**§ 16.** Dieser Abschnitt regelt automationsunterstützte Datenübertragungen nach § 108a EStG 1988. Gegenstand der Übermittlung sind die gemäß § 108a Abs. 4 EStG 1988 zu übermittelnden Daten.

**§ 17.** Teilnehmer sind die im § 108a Abs. 3 EStG 1988 bezeichneten Rechtsträger.

**§ 18.** § 1 Abs. 2 bis 5, sowie die §§ 3, 5 und 6 gelten sinngemäß.

**6. Abschnitt**
**Zukunftsvorsorge**

**§ 19.** Dieser Abschnitt regelt automationsunterstützte Datenübertragungen nach § 108g EStG 1988. Gegenstand der Übermittlung sind die gemäß § 108g Abs. 4 EStG 1988 zu übermittelnden Daten.

**§ 20.** Teilnehmer sind die im § 108g Abs. 3 EStG 1988 bezeichneten Rechtsträger.

**§ 21.** § 1 Abs. 2 bis 5, sowie die §§ 3, 5 und 6 gelten sinngemäß.

**7. Abschnitt**
**EU-Quellensteuer**

**§§ 22. bis 24.** (aufgehoben)

*(BGBl II 2018/82)*

**8. Abschnitt**
**Kommunalsteuer**

**§ 25.** Dieser Abschnitt regelt automationsunterstützte Datenübertragungen zwischen den Gemeinden und den Abgabenbehörden des Bundes nach §§ 11 und 14 des Kommunalsteuergesetzes 1993 – KommStG 1993, BGBl. Nr. 819/1993. Gegenstand der Übermittlung sind die gemäß § 11 Abs. 4 und § 14 Abs. 1 und 2 KommStG 1993 zu übermittelnden Daten.

*(BGBl II 2020/122)*

**§ 26.** Teilnehmer sind die Gemeinden.

**§ 27.** § 1 Abs. 2 bis 5, sowie die §§ 3, 5 und 6 gelten sinngemäß.

**9. Abschnitt**
**Schenkungsmeldung**

**§ 28.** Dieser Abschnitt regelt automationsunterstützte Datenübertragungen von Anzeigen nach § 121a Abs. 5 BAO. Gegenstand der Übermittlung auf elektronischem Weg sind die gemäß § 121a BAO zu übermittelnden Daten.

**§ 29.** Teilnehmer sind die Teilnehmer im Sinn des § 2 Abs. 1, sowie nach Maßgabe ihrer Berufsbefugnisse Parteienvertreter im Sinn des § 2 Abs. 2. Nicht zumutbar im Sinn des § 121a Abs. 5 BAO ist die elektronische Übermittlung dann, wenn die elektronische Übermittlung der Steuererklärung nach § 2 der FinanzOnline-Erklärungsverordnung – FOnErklV, BGBl. II Nr. 512/2006, unzumutbar ist.

*(BGBl II 2020/122)*

**§ 30.** § 1 Abs. 2 bis 5, sowie die §§ 3, 5 und 6 gelten sinngemäß.

**10. Abschnitt**
**Anzeige von Ausspielungen, Glücksspielabgaben, Wettgebührenabrechnung**

**§ 31.** Dieser Abschnitt regelt die automationsunterstützte Übertragung von Daten betreffend die

1. Anzeige von Ausspielungen mit Kartenspielen in Turnierform nach § 4 Abs. 6 GSpG.
2. Anzeige von Glücksspielabgaben nach § 59 Abs. 3 GSpG.
3. Gebührenanzeige nach § 33 TP 17 Abs. 3 GebG.

**§ 32.** (1) Teilnehmer sind

1. zu § 31 Z 1 die Gastgewerbeberechtigten im Sinn des § 4 Abs. 6 GSpG.
2. zu § 31 Z 2 die Schuldner der Abgaben nach §§ 1, 57 und 58 GSpG.
3. zu § 31 Z 3 die gemäß § 28 Abs. 3 GebG zur unmittelbaren Gebührenentrichtung Verpflichteten.

(2) Die elektronische Übermittlung ist dann nicht zumutbar, wenn dem Teilnehmer gemäß Abs. 1 die elektronische Übermittlung der Steuererklärung nach § 2 FOnErklV unzumutbar ist.

**§ 33.** § 1 Abs. 2 bis 5, sowie die §§ 3, 5 und 6 gelten sinngemäß.

**11. Abschnitt**
**Schlussbestimmungen**

1. Bei allen in dieser Verordnung verwendeten personenbezogenen Bezeichnungen gilt die gewählte Form für beide Geschlechter.
2. Beziehen sich Vorschriften in Verordnungen auf Bestimmungen der FinanzOnline-Verordnung 2002, so treten an deren Stelle die entsprechenden Bestimmungen dieser Verordnung.
3. Diese Verordnung tritt mit 1. März 2006 in Kraft.
4. Mit dem In-Kraft-Treten dieser Verordnung tritt die Verordnung des Bundesministers für Finanzen über die Einreichung von Anbringen, die Akteneinsicht und die Zustellung von Erledigungen in automationsunterstützter Form (FinanzOnline-Verordnung 2002 – FOnV 2002), BGBl. II Nr. 46/2002, zuletzt geändert durch BGBl. II Nr. 592/2003, außer Kraft.
5. § 2 Abs. 2 Z 9 und 10 in der Fassung der Verordnung BGBl. II Nr. 513/2006 treten mit 1. Jänner 2007 in Kraft. Datenübertragungen durch und an die im § 2 Abs. 2 Z 9 und 10 genannten Parteienvertreter sind jedoch nicht vor dem Vorliegen der technischen und organisatorischen Voraussetzungen zulässig.
6. Der 9. und der 10. Abschnitt in der Fassung BGBl. II Nr. 244/2008 treten mit 1. August 2008 in Kraft, wobei jedoch Datenübertragungen nicht vor dem Vorliegen der technischen und organisatorischen Voraussetzungen zulässig sind.

7. Zustellungen nach § 5a in der Fassung BGBl. II Nr. 114/2009 sind nicht vor dem Vorliegen der technischen und organisatorischen Voraussetzungen zulässig.
8. § 2 Abs. 1, § 2 Abs. 2 Z 11, § 3 Abs. 1 sowie der 10. und 11. Abschnitt in der Fassung der Verordnung BGBl. II Nr. 82/2011 treten mit 1. Jänner 2011 in Kraft, wobei jedoch Datenübertragungen nicht vor dem Vorliegen der technischen und organisatorischen Voraussetzungen zulässig sind.
9. § 2 Abs. 2 Z 8 in der Fassung der Verordnung BGBl. II Nr. 373/2012 tritt mit 1. Jänner 2013 in Kraft; zugleich treten § 2 Abs. 2 Z 9 und 10 außer Kraft, wobei jedoch Datenübertragungen in Bezug auf Buchhalter und Personalverrechner nicht vor dem Vorliegen der technischen und organisatorischen Voraussetzungen zulässig sind.
10. § 5b in der Fassung der Verordnung BGBl. II Nr. 373/2012 tritt mit 1. Jänner 2013 in Kraft, wobei jedoch elektronische Zustellungen nicht vor dem Vorliegen der technischen und organisatorischen Voraussetzungen zulässig sind.
11. Datenübertragungen auf Grund der §§ 10 und 11 in der Fassung der Verordnung BGBI. II Nr. 373/2012 sind nicht vor dem Vorliegen der technischen und organisatorischen Voraussetzungen zulässig.
12. Die §§ 7 und 8 in der Fassung der Verordnung BGBl. II Nr. 46/2016 sind erstmals auf die Entrichtung von Abgaben am 1. April 2016 anzuwenden.

    *(BGBl II 2016/46)*
13. § 2 Abs. 2 Z 4 in der Fassung der Verordnung BGBl. II Nr. 122/2020 ist erst ab dem Zeitpunkt des Vorliegens der technischen und organisatorischen Voraussetzungen anzuwenden.

    *(BGBl II 2020/122)*
14. § 4 in der Fassung der Verordnung BGBl. II Nr. 122/2020 tritt mit 1. Jänner 2020 in Kraft.

    *(BGBl II 2020/122)*
15. § 3 Abs. 1 in der Fassung der Verordnung BGBl. II Nr. 122/2020 tritt mit 1. Juli 2020 in Kraft.

    *(BGBl II 2020/122)*
16. § 3 Abs. 2 in der Fassung der Verordnung BGBl. II Nr. 122/2020 tritt mit dem vom Bundesminister für Inneres gemäß § 24 Abs. 6 E-GovG im Bundesgesetzblatt kundgemachten Zeitpunkt des Vorliegens der technischen und organisatorischen Voraussetzungen für den Echtbetrieb des E-ID in Kraft.

    *(BGBl II 2020/122)*
17. Wenn in dieser Verordnung auf andere Rechtsvorschriften verwiesen wird, sind diese, sofern nichts anderes angeordnet ist, in ihrer jeweils geltenden Fassung anzuwenden.

    *(BGBl II 2020/122)*

## 17/2/4.

# FOnErklV

BGBl II 2006/512 idF BGBl II 2018/83

**Verordnung des Bundesministers für Finanzen über die elektronische Übermittlung von Steuererklärungen sowie von Jahresabschlüssen und anderen Unterlagen anlässlich der Steuererklärung (FinanzOnline-Erklärungsverordnung – FOnErklV)**

Auf Grund

1. des § 21 Abs. 1, 4 und 11 des Umsatzsteuergesetzes 1994 – UStG 1994;
2. des Art. 21 Abs. 10 des Umsatzsteuergesetzes 1994 – UStG 1994;
3. des § 42 Abs. 1 des Einkommensteuergesetzes 1988 – EStG 1988;
4. des § 43 Abs. 2 des Einkommensteuergesetzes 1988 – EStG 1988;
5. des § 44 Abs. 8 des Einkommensteuergesetzes 1988 – EStG 1988;
6. des § 24 Abs. 3 Z 1 des Körperschaftsteuergesetzes 1988 – KStG 1988;
7. des § 3 Abs. 3 des Stiftungseingangssteuergesetzes – StiftEG.
8. der §§ 10 Abs. 6, 39 Abs. 3, 46 Abs. 6, 49 Abs. 5, § 52 Abs. 8 und § 54 Abs. 5 des Alkoholsteuergesetzes;
9. der §§ 10 Abs. 7, 16 Abs. 3, 23 Abs. 6, 29 Abs. 8 und § 31 Abs. 4 des Biersteuergesetz 1995;
10. der §§ 7 Abs. 7, 13 Abs. 3, 20 Abs. 7, 26 Abs. 8 und § 28 Abs. 5 des Schaumweinsteuergesetzes 1995;
11. der §§ 12 Abs. 8, 18 Abs. 3, 24 Abs. 6, 27 Abs. 5 und § 31 Abs. 4 des Tabaksteuergesetzes 1995;
12. der §§ 23 Abs. 9, 31 Abs. 3, 38 Abs. 6, 41 Abs. 5 und § 46 Abs. 5 des Mineralölsteuergesetzes 1995;
13. des § 7 Abs. 1 des Stabilitätsabgabegesetzes – StabAbgG;
14. des § 12 des Flugabgabegesetzes – FlugAbgG;
15. des § 9 Abs. 4 des Altlastensanierungsgesetzes;
16. des § 5 des Privatstiftungsgesetzes – PSG im Einvernehmen mit der Bundesministerin für Justiz,

wird verordnet:

**§ 1.** (1) Die elektronische Übermittlung der Umsatzsteuervoranmeldung, der Zusammenfassenden Meldung, der Einkommen-, Körperschaft- und Umsatzsteuererklärung, der Stiftungseingangssteuererklärung sowie der Steuererklärung zur Feststellung von Einkünften hat nach der FinanzOnline-Verordnung 2006 im Verfahren FinanzOnline (https://finanzonline.bmf.gv.at) zu erfolgen.

(2) Die elektronische Übermittlung der in § 44 Abs. 1 und 3 EStG 1988 genannten Unterlagen hat nach der FinanzOnline-Verordnung 2006 im Verfahren FinanzOnline (https://finanzonline.bmf.gv.at) zu erfolgen.

(3) Die elektronische Übermittlung der Anmeldungen Mitteilungen, Erklärungen und Anträge nach

1. §§ 10 Abs. 6, 39 Abs. 3, 46 Abs. 6, 49 Abs. 5, § 52 Abs. 8 und 54 Abs. 5 Alkoholsteuergesetz,
2. §§ 10 Abs. 7, 16 Abs. 3, 23 Abs. 6, 29 Abs. 8 und 31 Abs. 4 Biersteuergesetz 1995,
3. §§ 7 Abs. 7, 13 Abs. 3, 20 Abs. 7, 26 Abs. 8 und § 28 Abs. 5 Schaumweinsteuergesetz 1995,
4. §§ 12 Abs. 8, 18 Abs. 3, 24 Abs. 6, 27 Abs. 5 und § 31 Abs. 4 Tabaksteuergesetz 1995,
5. §§ 23 Abs. 9, 31 Abs. 3, 38 Abs. 6, 41 Abs. 5 und § 46 Abs. 5 Mineralölsteuergesetz 1995,
6. § 7 Abs. 1 des Stabilitätsabgabegesetz,
7. § 9 Abs. 4 Altlastensanierungsgesetz,
8. § 5 Privatstiftungsgesetz,
9. § 96 Abs. 3 Einkommensteuergesetz 1988

hat nach der FinanzOnline-Verordnung 2006 im Verfahren FinanzOnline (https://finanzonline.bmf.gv.at) zu erfolgen. § 2 ist nicht anzuwenden.

(4) Die elektronische Übermittlung der Anträge auf Erstattung von Vorsteuerbeträgen in einem anderen Mitgliedstaat gemäß § 21 Abs. 11 UStG 1994 hat nach der FinanzOnline-Verordnung 2006 im Verfahren FinanzOnline (https://finanzonline.bmf.gv.at) zu erfolgen. § 2 ist nicht anzuwenden. Die Entscheidung gemäß § 21 Abs. 11 letzter Satz UStG 1994 über die Weiterleitung des Antrages hat im Verfahren FinanzOnline zu erfolgen. Sollte im Zeitpunkt der Entscheidung die Teilnahme des Empfängers an FinanzOnline nicht gegeben sein, so ist die Entscheidung physisch zuzustellen.

(5) Mitteilungen an das Finanzamt nach § 27 Abs. 6 Z 1 lit. a EStG 1988 sind elektronisch zu übermitteln. Die elektronische Übermittlung hat nach der FinanzOnline-Verordnung 2006 im Verfahren FinanzOnline (https://finanzonline.bmf.gv.at) zu erfolgen. Erfolgt die Mitteilung durch eine inländische depotführende Stelle im Sinn des § 95 Abs. 2 Z 2 EStG 1988, ist § 2 nicht anzuwenden.

(6) Die elektronische Übermittlung der Anmeldung gemäß § 7 Abs. 2 FlugAbgG und der Abgabenerklärung gemäß § 7 Abs. 4 FlugAbgG und der Aufzeichnungen gemäß § 10 Abs. 3 und § 11 Abs. 4 FlugAbgG haben nach der FinanzOnline-Verordnung 2006 im Verfahren FinanzOnline (https://finanzonline.bmf.gv.at) zu erfolgen. § 2 ist nicht anzuwenden. Die Übermittlung der Meldungen gemäß § 11 Abs. 5 und 6 FlugAbgG ist nur zulässig im Weg der Datenstromübermittlung und im Weg eines Webservices.

(7) Die im Rahmen einer Abgabenerklärung gemäß § 10 Abs. 1 des Grunderwerbsteuergesetzes 1987 einzureichende Abgabenerklärung nach § 30c EStG 1988 ist elektronisch zu übermitteln. Die elektronische Übermittlung hat nach der FinanzOnline-Verordnung 2006 im Verfahren FinanzOnline (https://finanzonline.bmf.gv.at) zu erfolgen. § 2 ist nicht anzuwenden.

(8) Die elektronische Anforderung eines Jahresgutachtens oder eines Projektgutachtens (§ 108c Abs. 8 EStG 1988 sowie § 118a BAO in Verbindung mit §§ 4 und 5 der Forschungsprämienverordnung, BGBl. II Nr. 515/2012) bei der Österreichischen Forschungsförderungsgesellschaft mbH (im Folgenden „FFG“) hat nach der FinanzOnline-Verordnung 2006 im Verfahren FinanzOnline (https://finanzonline.bmf.gv.at) zu erfolgen. Die FFG hat ein derartiges Gutachten im Verfahren Finanz-Online der zuständigen Abgabenbehörde zu übermitteln. Das Gutachten ist zur elektronischen Akteneinsicht (§ 90a BAO) zur Verfügung zu stellen. § 2 ist nicht anzuwenden.

(9) Die elektronische Übermittlung der Meldung gemäß § 4 Abs. 1 des Gemeinsamer Meldestandard-Gesetzes, BGBl. I Nr. 116/2015 in der Fassung des Bundesgesetzes, BGBl. I Nr. 163/2015, hat nach der FinanzOnline-Verordnung 2006 im Verfahren FinanzOnline (https://finanzonline.bmf.gv.at) zu erfolgen. § 2 ist nicht anzuwenden. Die Übermittlung der Meldung ist nur zulässig im Weg der Datenstromübermittlung und im Weg eines Webservices.

*(BGBl II 2016/310)*

(10) Die elektronische Übermittlung der Kapitalertragsteuer-Anmeldung gemäß § 96 Abs. 3 EStG 1988 hat nach der FinanzOnline-Verordnung 2006 im Verfahren FinanzOnline (https://finanzonline.bmf.gv.at) zu erfolgen. § 2 ist nicht anzuwenden.

*(BGBl II 2018/83)*

(11) Die elektronische Übermittlung des länderbezogenen Berichts gemäß § 8 Abs. 1 des Verrechnungspreisdokumentationsgesetzes, BGBl. I Nr. 77/2016, geändert durch das Bundesgesetz, BGBl. I Nr. 117/2016, hat nach der FinanzOnline-Verordnung 2006 im Verfahren FinanzOnline (https://finanzonline.bmf.gv.at) zu erfolgen. § 2 ist nicht anzuwenden. Die Übermittlung des Berichts ist nur zulässig im Weg der Datenstromübermittlung und im Weg eines Webservices.

*(BGBl II 2018/83)*

**§ 1a.** (1) Die elektronische Übermittlung der Anmeldung und der Abgabenerklärung nach § 7 Abs. 2 und 5 FlugAbgG und der Aufzeichnungen nach § 10 Abs. 3 und § 11 Abs. 4 FlugAbgG haben nach der FinanzOnline Verordnung 2006 im Verfahren FinanzOnline (https://finanzonline.bmf.gv.at) zu erfolgen. § 2 ist nicht anzuwenden. Die Übermittlung der Meldungen nach Abs. 3 und 4 ist nur zulässig im Weg der Datenstromübermittlung und im Weg eines Webservices.

(2) Die elektronische Meldung der Luftfahrzeughalter gemäß § 10 Abs. 3 FlugAbgG hat – zusammengefasst nach inländischen Flughäfen – folgende Daten zu enthalten:

1. ICAO-Code und Steuernummer des Luftfahrzeughalters,
2. in Ermangelung des ICAO-Codes die Bezeichnung des Luftfahrzeughalters,
3. Bezeichnung des inländischen Flughafens, von dem der Abflug erfolgt ist,
4. Monat und Jahr, für das die Meldung übermittelt wird,
5. Anzahl der abgeflogenen Passagiere ohne Mitglieder der Flugbesatzung (§ 2 Abs. 6 Flug-AbgG) und ohne Passagiere, die das zweite Lebensjahr noch nicht vollendet haben und über keinen eigenen Sitzplatz verfügen (§ 3 Z 1 FlugAbgG), jeweils unter zahlenmäßiger Zuordnung zu den einzelnen Tarifgruppen im Sinn des § 5 Abs. 1 FlugAbgG unter Berücksichtigung des § 5 Abs. 3 FlugAbgG,
6. Abgabenbetrag,
7. Anzahl der steuerbefreiten Abflüge, zugeordnet zu den folgenden Positionen:
   a) Passagiere, die das zweite Lebensjahr noch nicht vollendet haben und über keinen eigenen Sitzplatz verfügen,
   b) Personen, die als Flugbesatzungsmitglieder eines anderen Fluges an ihren Einsatzort oder von ihrem Einsatzort geflogen werden sowie Governmental Request Passengers,
   c) steuerfrei abgeflogene Personen gemäß § 3 Z 3 und 4 FlugAbgG,
   d) Transferpassagiere.

(3) Die elektronische Meldung der Flugplatzhalter gemäß § 11 Abs. 4 FlugAbgG hat – zusammengefasst nach Luftfahrzeughaltern – folgende Daten zu enthalten:

1. ICAO-Code des Luftfahrzeughalters,
2. in Ermangelung des ICAO-Codes die Bezeichnung, Adresse, sowie Postleitzahl und Land des Luftfahrzeughalters,
3. Monat und Jahr, für das die Meldung übermittelt wird,
4. Anzahl der abgeflogenen Passagiere ohne Mitglieder der Flugbesatzung (§ 2 Abs. 6 FlugAbgG) und ohne Passagiere, die das zweite Lebensjahr noch nicht vollendet haben und über keinen eigenen Sitzplatz verfügen (§ 3 Z 1 FlugAbgG),
5. Anzahl der steuerbefreiten Abflüge der folgenden Positionen:
   a) Passagiere, die das zweite Lebensjahr noch nicht vollendet haben und über keinen eigenen Sitzplatz verfügen,
   b) Personen, die als Flugbesatzungsmitglieder eines anderen Fluges an ihren Einsatzort oder von ihrem Einsatzort geflogen werden sowie Governmental Request Passengers,
   c) Transferpassagiere.

(4) Abweichend davon hat der Flugplatzhalter hinsichtlich jener Luftfahrzeughalter, die ihm keine Daten im Sinne des § 10 Abs. 4 Flug-AbgG übermittelt haben, folgende Aufzeichnungen zu übermitteln:

1. ICAO-Code des Luftfahrzeughalters,
2. in Ermangelung des ICAO-Codes die Bezeichnung, Adresse, sowie Postleitzahl und Land des Luftfahrzeughalters,
3. Monat und Jahr, für das die Meldung übermittelt wird,
4. Flugnummer oder Registrierungsnummer des Luftfahrzeuges,
5. Datum und Zeitpunkt des planmäßigen Abfluges,
6. Streckenziel mittels IATA-Code oder ICAO-Code des Flugplatzes,
7. Anzahl der abgeflogenen Passagiere ohne Mitglieder der Flugbesatzung (§ 2 Abs. 6 Flug-AbgG) und ohne Passagiere, die das zweite Lebensjahr noch nicht vollendet haben und über keinen eigenen Sitzplatz verfügen (§ 3 Z 1 FlugAbgG),
8. Anzahl der steuerbefreiten Abflüge der folgenden Positionen:
   a) Passagiere, die das zweite Lebensjahr noch nicht vollendet haben und über keinen eigenen Sitzplatz verfügen,
   b) Personen, die als Flugbesatzungsmitglieder eines anderen Fluges an ihren Einsatzort oder von ihrem Einsatzort geflogen werden sowie Governmental Request Passengers,
   c) Transferpassagiere,
9. Anzahl der Passagiere je Destination (nächstes Ziel nach Streckenziel) mittels IATA-Code oder mittels ICAO-Codes des Flugplatzes.

(5) Wird durch einen Abflug keine Abgabepflicht ausgelöst, entfällt die Verpflichtung zur Meldung nach Abs. 2 bis 4.

**§ 2.** Dem Steuerpflichtigen bzw. der zur Geschäftsführung oder Vertretung einer Gesellschaft oder Gemeinschaft befugten Person ist die elektronische Übermittlung der Steuererklärung unzumutbar, wenn er bzw. sie nicht über die dazu erforderlichen technischen Voraussetzungen verfügt. Der Steuerpflichtige bzw. die zur Geschäftsführung oder Vertretung einer Gesellschaft oder Gemeinschaft befugte Person muss daher die Steuererklärung, die er bzw. sie selbst einreicht, nur dann elektronisch übermitteln, wenn er bzw. sie über einen Internet-Anschluss verfügt und er bzw. die Gesellschaft oder Gemeinschaft wegen Überschreitens der Umsatzgrenze zur Abgabe von Umsatzsteuervoranmeldungen verpflichtet ist. Reicht ein inländischer berufsmäßiger Parteienvertreter die Erklärung ein, so besteht die Verpflichtung zur elektronischen Übermittlung nur dann, wenn der Parteienvertreter über einen Internet-Anschluss verfügt und wegen Überschreitens der Umsatzgrenze zur Abgabe von Umsatzsteuervoranmeldungen verpflichtet ist.

**§ 3.** (1) Der Umfang der elektronisch zu übermittelnden Abgabenerklärungen bestimmt sich nach § 1 Abs. 2 FOnV 2006.

(2) Der Umfang der elektronisch zu übermittelnden Unterlagen im Sinn des § 1 Abs. 2 bestimmt sich nach § 1 Abs. 2 FOnV 2006. Die Übermittlung ist nur zulässig im Weg der Datenstromübermittlung und im Weg eines Webservices.

(3) Der Umfang der elektronisch zu übermittelnden Anmeldungen und Anträge im Sinn des § 1 Abs. 3 bestimmt sich nach § 1 Abs. 2 FOnV 2006. Die Übermittlung ist nicht zulässig im Weg der Datenstromübermittlung und im Weg eines Webservices.

(4) Der Umfang der elektronisch zu übermittelnden Anträge im Sinn des § 1 Abs. 4 bestimmt sich nach § 1 Abs. 2 FonV 2006.

(5) Der Umfang der elektronisch zu übermittelnden Anmeldung, Abgabenerklärung und Aufzeichnungen im Sinn des § 1a bestimmt sich nach § 1 Abs. 2 FOnV 2006.

(6) Der Umfang der an die FFG gerichteten Anforderung eines Gutachtens gemäß § 108c Abs. 8 EStG 1988 und § 118a BAO sowie der Umfang eines von der FFG gemäß § 108c Abs. 8 EStG 1988 und § 118a BAO erstellten Gutachtens bestimmt sich nach der Forschungsprämienverordnung, BGBl. II Nr. 515/2012.

**§ 4.** (1) Umsatzsteuervoranmeldungen sind elektronisch erstmals für den Zeitraum April 2003 zu übermitteln.

(2) Die elektronische Übermittlung der Zusammenfassenden Meldung hat bis zum Ablauf des auf den Kalendermonat (Meldezeitraum) folgenden Kalendermonates zu erfolgen. Bei vierteljährlichem Voranmeldungszeitraum hat diese Übermittlung bis zum Ablauf des auf das Kalendervierteljahr (Meldezeitraum) folgenden Kalendermonates zu erfolgen.

**§ 5.** (1) Auf elektronische Übermittlungen ab dem Inkrafttreten dieser Verordnung ist die Verordnung des Bundesministers für Finanzen über die elektronische Übermittlung von Umsatz-, Einkommen- und Körperschaftsteuererklärungen, BGBl. II Nr. 192/2004 in der Fassung BGBl. II Nr. 436/2005, nicht mehr anzuwenden.

(2) Die elektronische Übermittlung der Unterlagen im Sinn des § 1 Abs. 2 ist erstmals anlässlich der elektronischen Übermittlung der Steuererklärung 2006 zulässig.

(3) § 1 Abs. 1 in der Fassung der Verordnung BGBl. II Nr. 245/2008 tritt mit 1. August 2008 in Kraft. Datenübertragungen sind jedoch nicht vor dem Vorliegen der technischen und organisatorischen Voraussetzungen zulässig.

(4) § 1 Abs. 3 in der Fassung der Verordnung BGBl. II Nr. 113/2009 tritt mit 1. Juni 2009 in Kraft. Datenübertragungen sind jedoch nicht vor dem Vorliegen der technischen und organisatorischen Voraussetzungen zulässig.

(5) § 1 Abs. 4 und § 3 Abs. 4, jeweils in der Fassung der Verordnung BGBl. II Nr. 288/2009, treten mit 1. Jänner 2010 in Kraft. § 4 Abs. 2 in der Fassung der Verordnung BGBl. II Nr. 288/2009 ist erstmals auf Meldezeiträume anzuwenden, die nach dem 31. Dezember 2009 beginnen.

(6) §§ 1a und 3 Abs. 5, jeweils in der Fassung der Verordnung BGBl. II Nr. 81/2011 treten mit 1. Jänner 2011 in Kraft und § 1 Abs. 3 in der Fassung der Verordnung BGBl. II Nr. 81/2011 tritt mit 1. April 2011 in Kraft. Datenübertragungen sind jedoch nicht vor dem Vorliegen der technischen und organisatorischen Voraussetzungen zulässig.

(7) § 1 Abs. 3 Z 9 tritt mit 1. Februar 2013 in Kraft.

(8) § 1 Abs. 5 tritt mit 1. Juli 2013 in Kraft.

(9) Die elektronische Übermittlung von Mitteilungen und Abgabenerklärungen im Sinn des § 1 Abs. 6 und 7 in der Fassung der Verordnung BGBl. II Nr. 372/2012 sind nicht vor dem Vorliegen der jeweiligen technischen und organisatorischen Voraussetzungen zulässig.

(10) § 1 Abs. 8 und § 3 Abs. 6 in der Fassung der Verordnung BGBl. II Nr. 514/2012 treten mit 1. Jänner 2013 in Kraft.

(11) § 1 Abs. 8 in der Fassung der Verordnung BGBl. II Nr. 40/2013 tritt mit 1. Jänner 2013 in Kraft.

(12) Die elektronische Übertragung von Meldungen im Sinn des § 1 Abs. 9 in der Fassung der Verordnung BGBl. II Nr. 310/2016 ist nicht vor dem Vorliegen der technischen und organisatorischen Voraussetzungen zulässig.

*(BGBl II 2016/310)*

(13) § 1 Abs. 11 in der Fassung der Verordnung BGBl. II Nr. 83/2018 tritt mit 7. November 2017 in Kraft.

*(BGBl II 2018/83)*

## 17/2/5. VO zu § 48

# Doppelbesteuerungen

BGBl II 2002/474

**Verordnung des Bundesministers für Finanzen betreffend die Vermeidung von Doppelbesteuerungen**

Auf Grund von § 48 der Bundesabgabenordnung wird verordnet:

**§ 1.** (1) Bei Ermittlung des Einkommens im Sinne von § 2 des Einkommensteuergesetzes 1988 sowie § 7 Abs. 2 und 3 des Körperschaftsteuergesetzes 1988 sind bei unbeschränkt Steuerpflichtigen zur Vermeidung einer internationalen Doppelbesteuerung folgende positive ausländische Einkünfte von der Besteuerung auszunehmen, wenn sie aus Staaten stammen, mit denen Österreich kein darauf anwendbares Doppelbesteuerungsabkommen abgeschlossen hat und wenn sie im ausländischen Staat einer der österreichischen Einkommensteuer oder Körperschaftsteuer vergleichbaren Besteuerung unterliegen, deren Durchschnittssteuerbelastung mehr als 15% beträgt:

a) Einkünfte aus im Ausland belegenem unbeweglichem Vermögen;
b) Einkünfte aus Gewerbebetrieb sowie Einkünfte aus selbständiger Arbeit, die aus einer im Ausland gelegenen Betriebsstätte stammen;
c) Einkünfte, die aus einer im Ausland unternommenen Bauausführung oder Montage stammen;
d) Einkünfte aus einer im Ausland ausgeübten Vortrags- oder Unterrichtstätigkeit;
e) Einkünfte aus einer im Ausland erfolgten Mitwirkung an einer Unterhaltungsdarbietung;
f) Einkünfte aus einer im Ausland ausgeübten nichtselbständigen Arbeit.

Die Durchschnittsteuerbelastung ist in sinngemäßer Anwendung jener Grundsätze zu ermitteln, die für die Berechnung der in der Verordnung BGBl. Nr. 57/1995 genannten Durchschnittsteuerbelastung festgelegt sind.

(2) Ist kein Doppelbesteuerungsabkommen anwendbar und wird der Eintritt einer internationalen Doppelbesteuerung nicht nach Abs. 1 beseitigt, sind bei unbeschränkt Steuerpflichtigen ausländische Steuern vom Einkommen auf die veranlagte österreichische Einkommensteuer oder Körperschaftsteuer anzurechnen. Der anzurechnende Betrag darf jedoch den Teil der österreichischen Steuer nicht übersteigen, der unmittelbar auf die im Ausland besteuerten Einkünfte entfällt (Anrechnungshöchstbetrag). Werden Einkünfte aus mehreren ausländischen Staaten bezogen, ist für die Einkünfte aus jedem Staat eine gesonderte Höchstbetragsberechnung anzustellen.

(3) Besteht ein Doppelbesteuerungsabkommen, das zur Vermeidung der Doppelbesteuerung die Anrechnungsmethode vorsieht und das nicht für Steuern vom Einkommen lokaler Gebietskörperschaften des ausländischen Staates anwendbar ist, so gilt abweichend von Absatz 1 Folgendes: Die lokalen Steuern vom Einkommen sind in sinngemäßer Anwendung der im Abkommen vorgesehenen Anrechnungsmethode auf die österreichische Steuer vom Einkommen anzurechnen.

(4) Positive Einkünfte, die von der Besteuerung ausgenommen werden, sind bei der Festsetzung der Steuer, die auf das übrige Einkommen entfällt, einzubeziehen (Progressionsvorbehalt).

**§ 2.** (1) Eine Steuerentlastung gemäß § 1 kann nur für jene Einkünfte in Anspruch genommen werden, die in einem ordnungsgemäß geführten Verzeichnis ausgewiesen werden. Dieses Verzeichnis hat unter geordnetem Hinweis auf die den Eintragungen zugrunde liegenden Belege folgende Angaben für jede Einkunftsquelle zu enthalten:

a) Bezeichnung des Staates der Einkünfteerzielung;
b) Art der Einkünfte (Einkunftsart und geschäftsübliche Bezeichnung);
c) Höhe der Einkünfte unter Hinweis auf eine Berechnungsunterlage, in der die Ermittlung der Höhe der Einnahmen (Betriebseinnahmen) sowie der Werbungskosten (Betriebsausgaben) nach österreichischem Recht dargestellt ist;
d) Prozentsatz der durchschnittlichen ausländischen Steuerbelastung in den Fällen des § 1 Abs. 1 (unter Hinweis auf die Berechnungsunterlage für den Durchschnittsteuersatz und die Belege über die ausländische Besteuerung);
e) Höhe der anrechenbaren ausländischen Steuer in den Fällen des § 1 Abs. 2 und 3 und Darstellung der Berechnung des Anrechnungshöchstbetrages;
f) Angabe über die zeitliche Zuordnung (Zeitpunkt oder Zeitraum des Zuflusses oder der gewinnerhöhenden Erfassung in der Buchhaltung).

(2) Bei Einkünften, die dem inländischen Lohnsteuerabzug unterliegen, ist insoweit keine Verzeichnisführung erforderlich, als die entsprechenden Informationen aus den der Lohnverrechnung zugrunde liegenden Unterlagen entnommen werden können.

**§ 3.** (1) Die Bestimmungen des § 1 sind insoweit nicht anzuwenden, als sie zur Folge hätten, dass ausländische Verluste sowohl in Österreich wie auch im Ausland steuerlich berücksichtigt werden.

(2) Die Verordnung ist erstmals anzuwenden

a) bei der Veranlagung zur Einkommen- und Körperschaftsteuer auf Einkünfte, die bei der Veranlagung für das Kalenderjahr 2002 zu erfassen sind,
b) beim Lohnsteuerabzug auf Einkünfte, die in Lohnzahlungszeiträumen zufließen, die nach dem In-Kraft-Treten der Verordnung enden.

**17/2/6. VO zu § 236**

## Unbilligkeit der Einhebung

BGBl II 2005/435 idF BGBl II 2019/236

**Verordnung des Bundesministers für Finanzen betreffend Unbilligkeit der Einhebung im Sinn des § 236 BAO**

Auf Grund des § 236 der Bundesabgabenordnung (BAO), BGBl. Nr. 194/1961, zuletzt geändert durch das Bundesgesetz, BGBl. I Nr. 180/2004, und durch die Kundmachung BGBl. I Nr. 2/2005, wird verordnet:

**§ 1.** Die Unbilligkeit im Sinn des § 236 BAO kann persönlicher oder sachlicher Natur sein.

**§ 2.** Eine persönliche Unbilligkeit liegt insbesondere vor, wenn die Einhebung

1. die Existenz des Abgabepflichtigen oder seiner ihm gegenüber unterhaltsberechtigten Angehörigen gefährden würde;
2. mit außergewöhnlichen wirtschaftlichen Auswirkungen verbunden wäre, etwa wenn die Entrichtung der Abgabenschuldigkeit trotz zumutbarer Sorgfalt nur durch Vermögensveräußerung möglich wäre und dies einer Verschleuderung gleichkäme.

**§ 3.** Eine sachliche Unbilligkeit liegt bei der Einhebung von Abgaben insbesondere vor, soweit die Geltendmachung des Abgabenanspruches

1. von Rechtsauslegungen des Verfassungsgerichtshofes oder des Verwaltungsgerichtshofes abweicht, wenn im Vertrauen auf die betreffende Rechtsprechung für die Verwirklichung des die Abgabepflicht auslösenden Sachverhaltes bedeutsame Maßnahmen gesetzt wurden;
2. in Widerspruch zu nicht offensichtlich unrichtigen Rechtsauslegungen steht, die
   a) dem Abgabepflichtigen gegenüber von der für ihn zuständigen Abgabenbehörde geäußert oder
   b) vom Bundesministerium für Finanzen im Amtsblatt der österreichischen Finanzverwaltung oder im Internet als Amtliche Veröffentlichung in der Findok veröffentlicht wurden, wenn im Vertrauen auf die betreffende Äußerung bzw. Veröffentlichung für die Verwirklichung des die Abgabepflicht auslösenden Sachverhaltes bedeutsame Maßnahmen gesetzt wurden.

   *(BGBl II 2019/236)*
3. (aufgehoben)

   *(BGBl II 2019/236)*

**§ 4.** (1) § 3 in der Fassung BGBl. II Nr. 449/2013 tritt mit 1. Jänner 2014 in Kraft.

(2) § 3 Z 2 und 3 in der Fassung der Verordnung BGBl. II Nr. 236/2019 tritt mit 1. September 2019 in Kraft. § 3 in der Fassung der Verordnung BGBl. II Nr. 449/2013 ist weiterhin anzuwenden

1. auf die Einigung in einem Verständigungsverfahren nach einer anderen Rechtsgrundlage als dem EU-Besteuerungsstreitbeilegungsgesetz – EU-BStbG, BGBl. I Nr. 62/2019, wenn diese vor dem 1. September 2019 stattgefunden hat;
2. auf die Einigung in einem Schiedsverfahren zur Verhinderung der Doppelbesteuerung nach einer anderen Rechtsgrundlage als dem EU-BStbG, wenn diese vor dem 1. September 2019 stattgefunden hat.

*(BGBl II 2019/236)*

**17/2/7. VO zu §§ 131 Abs. 4 und 131b Abs. 5 Z 2**

## BarUV 2015

BGBl II 2015/247 idF BGBl II 2016/209

**Verordnung des Bundesministers für Finanzen über Erleichterungen bei der Führung von Büchern und Aufzeichnungen, bei der Registrierkassenpflicht und bei der Belegerteilungspflicht (Barumsatzverordnung 2015 – BarUV 2015)**

Aufgrund der §§ 131 Abs. 4 und 131b Abs. 5 Z 2 der Bundesabgabenordnung – BAO, BGBl. Nr. 194/1961, zuletzt geändert durch das Bundesgesetz BGBl. I Nr. 118/2015, wird verordnet:

### Vereinfachte Losungsermittlung

**§ 1.** (1) Eine vereinfachte Losungsermittlung bzw. Erleichterungen bei der Registrierkassenpflicht nach § 131b BAO und der Belegerteilungpflicht nach § 132a BAO kann nur in den Fällen der §§ 2 bis 4 in Anspruch genommen werden, soweit über die Bareingänge keine Einzelaufzeichnungen geführt werden, die eine Losungsermittlung ermöglichen.

(2) Bei Vorliegen der Berechtigung zur vereinfachten Losungsermittlung nach den §§ 2 und 3 können die gesamten Bareingänge eines Tages durch Rückrechnung aus dem ausgezählten End- und Anfangsbestand ermittelt werden.

(3) Die Ermittlung des Kassenanfangs- und Kassenendbestandes sowie der Tageslosung durch Rückrechnung muss nachvollziehbar und entsprechend dokumentiert werden. Sie hat spätestens zu Beginn des nächstfolgenden Arbeitstages und für jede Kassa gesondert zu erfolgen.

(4) Wenn die vereinfachte Losungsermittlung nach den §§ 2 bis 4 zulässig ist, besteht weder eine Registrierkassenpflicht gemäß § 131b BAO noch eine Belegerteilungspflicht nach § 132a BAO.

### Umsätze im Freien, Hütten-, Buschenschank- und Kantinenumsätze

*(BGBl II 2016/209)*

**§ 2.** (1) Für Umsätze, bzw. Umsatzteile gemäß § 131 Abs. 4 Z 1 BAO in der Fassung BGBl. I Nr. 77/2016 kann die vereinfachte Losungsermittlung gemäß § 1 Abs. 2 in Anspruch genommen werden. Ob die jeweilige Jahresumsatzgrenze überschritten wird, ist gemäß § 1 Abs. 3 zu ermitteln.

*(BGBl II 2016/209)*

(2) Die Verpflichtungen zur Losungsermittlung mit elektronischem Aufzeichnungssystem gemäß § 131b BAO und zur Belegerteilung gemäß § 132a BAO bestehen mit Beginn des viertfolgenden Monats nach Ablauf des Voranmeldungszeitraums, in dem die Umsatzgrenze (Abs. 1) erstmalig überschritten wurde.

(3) Wird die Umsatzgrenze (Abs. 1) in einem Folgejahr nicht überschritten und ist aufgrund besonderer Umstände absehbar, dass diese Grenze auch künftig nicht überschritten wird, so fallen die Verpflichtungen zur Losungsermittlung mit elektronischem Aufzeichnungssystem gemäß § 131b BAO und zur Belegerteilung gemäß § 132a BAO mit Beginn des nächstfolgenden Kalenderjahres weg.

### Sonderregelungen für wirtschaftliche Geschäftsbetriebe

**§ 3.** (1) Die vereinfachte Losungsermittlung kann bei Umsätzen von wirtschaftlichen Geschäftsbetrieben im Sinn des § 45 Abs. 2 BAO von abgabenrechtlich begünstigten Körperschaften in Anspruch genommen werden.

(2) Bei Umsätzen von wirtschaftlichen Geschäftsbetrieben im Sinn des § 45 Abs. 1a BAO von abgabenrechtlich begünstigten Körperschaften kann die vereinfachte Losungsermittlung in Anspruch genommen werden.

*(BGBl II 2016/209)*

### Sonderregelungen für Automaten

**§ 4.** (1) Bei Warenausgabe- und Dienstleistungsautomaten, die nach dem 31. Dezember 2015 in Betrieb genommen werden, kann eine vereinfachte Losungsermittlung in Anspruch genommen werden, und besteht weder eine Registrierkassenpflicht nach § 131b BAO noch eine Belegerteilungspflicht nach § 132a BAO, wenn die Gegenleistung für die Einzelumsätze 20 Euro nicht übersteigt.

(2) Eine vereinfachte Losungsermittlung kann bei diesen Automaten durch eine zumindest im Abstand von 6 Wochen regelmäßig erfolgende Ermittlung und Aufzeichnung

– der Anzahl der verkauften Waren anlässlich der Nachfüllung durch Bestandsverrechnung (Endbestand minus Anfangsbestand bzw. Nachfüllmenge) oder manuelle oder elektronische Auslesung der Zählwerkstände bei vorhandenen Zählwerken oder
– der erbrachten Dienstleistungen durch manuelle oder elektronische Auslesung der Zählwerkstände bei vorhandenen Zählwerken

durchgeführt werden. Darüber hinaus sind anlässlich jeder Kassenentleerung, die zumindest einmal monatlich zu erfolgen hat, die vereinnahmten Geldbeträge je Automat zu ermitteln und aufzuzeichnen.

**§ 5.** Bei Fahrausweisautomaten für Beförderungen im Personenverkehr, die nach dem 31. Dezember 2015 in Betrieb genommen werden, besteht keine Registrierkassenpflicht nach § 131b BAO, wenn die vollständige Erfassung der Fahrausweise gewährleistet ist.

### Sonderregelung für Onlineshops

**§ 6.** Betriebe sind hinsichtlich ihrer Umsätze,

– bei denen keine Gegenleistung durch Bezahlung mit Bargeld unmittelbar an den Leistungserbringer erfolgt und

– denen im Wege einer Online-Plattform abgeschlossene Vereinbarungen zugrunde liegen,

von der Registrierkassenpflicht nach § 131b BAO ausgenommen.

**Leistungen außerhalb der Betriebsstätte**

**§ 7.** (1) Unternehmer, die ihre Lieferungen und sonstigen Leistungen außerhalb einer Betriebsstätte erbringen und nach § 131b BAO zur Führung von Registrierkassen verpflichtet sind, müssen diese Umsätze nicht sofort, sondern dürfen diese nach Rückkehr in die Betriebsstätte ohne unnötigen Aufschub in der Registrierkasse erfassen, wenn sie bei Barzahlung dem Leistungsempfänger einen Beleg im Sinn des § 132a Abs. 3 BAO ausfolgen und hiervon eine Durchschrift aufbewahren.

*(BGBl II 2016/209)*

(2) Dies gilt nicht für Umsätze für Personenbeförderungen, die mit Personenkraftwagen im Sinn des § 2 Abs. 1 Z 5 des Kraftfahrgesetzes 1967 – KFG 1967, BGBl. I Nr. 267/1967, in der Fassung BGBl. I Nr. 40/2016 oder in Kombinationskraftwagen im Sinn des § 2 Abs. 1 Z 6 KFG 1967, ausgeführt werden, die zu jedermanns Gebrauch an öffentlichen Orten bereitgehalten oder durch Zuhilfenahme von Fernmeldeeinrichtungen angefordert werden (mit Kraftfahrzeugen betriebenes Platzfuhrwerks-Gewerbe (Taxi-Gewerbe)) sowie für die Beförderung eines geschlossenen Teilnehmerkreises in Personenkraftwagen im Sinn des § 2 Abs. 1 Z 5 KFG 1967 oder in Kombinationskraftwagen im Sinn des § 2 Abs. 1 Z 6 KFG 1967 unter Beistellung des Lenkers auf Grund besonderer Aufträge (Mietwagen-Gewerbe).

*(BGBl II 2016/209)*

**§ 8.** (aufgehoben)

**Inkrafttreten**

**§ 9.** (1) Die Verordnung tritt mit 1. Jänner 2016 in Kraft. Gleichzeitig tritt die Verordnung des Bundesministers für Finanzen zur vereinfachten Losungsermittlung bei Bareingängen und Barausgängen – Barbewegungs-VO, BGBl. II Nr. 441/2006, außer Kraft.

(2) Abweichend von Abs. 1 treten die §§ 4 und 5 für vor dem 1. Jänner 2016 in Betrieb genommene Warenausgabe- und Dienstleistungsautomaten mit 1. Jänner 2027 in Kraft.

(3) § 2 Abs. 1, § 3 Abs. 2 und § 7 Abs. 1, jeweils in der Fassung des BGBl. II Nr. 209/2016, treten mit 1. Jänner 2016 in Kraft.

*(BGBl II 2016/209)*

(4) Abweichend davon tritt § 7 Abs. 2 in der Fassung des BGBl. II Nr. 209/2016 am Tag nach der Kundmachung in Kraft.

*(BGBl II 2016/209)*

**17/2/8. VO zu §§ 131b Abs. 5 Z 1, 3 und 4 und 132a Abs. 8**

## Registrierkassensicherheitsverordnung

BGBl II 2015/410 idF BGBl II 2021/83

**Inhaltsverzeichnis**

**Verordnung des Bundesministers für Finanzen über die technischen Einzelheiten für Sicherheitseinrichtungen in den Registrierkassen und andere, der Datensicherheit dienende Maßnahmen (Registrierkassensicherheitsverordnung, RKSV)**

Aufgrund der §§ 131b Abs. 5 Z 1, 3 und 4 und § 132a Abs. 8 der Bundesabgabenordnung – BAO, BGBl. Nr. 194/1961, zuletzt geändert durch das Bundesgesetz BGBl. I Nr. 118/2015, wird verordnet:

## 1. Hauptstück
## Allgemeiner Teil

### Anwendungsbereich

**§ 1.** Die Registrierkassensicherheitsverordnung regelt

1. die zur technischen Umsetzung der Manipulationssicherheit elektronischer Aufzeichnungssysteme erforderlichen technischen Merkmale
   a) der Registrierkasse,
   b) der Signatur- bzw. Siegelerstellungseinheit,
   *(BGBl II 2016/210)*
   c) der Kommunikation zwischen Registrierkasse und Signatur- bzw. Siegelerstellungseinheit,
   *(BGBl II 2016/210)*
2. die zusätzlichen Anforderungen an den Beleg gemäß § 132a Abs. 8 der Bundesabgabenordnung – BAO, BGBl. Nr. 164/1961,
3. Einzelheiten über die Erlassung von Feststellungsbescheiden betreffend geschlossene Gesamtsysteme und
4. den Zugriff der Behörden auf die dafür erforderlichen Daten für aufsichts- und abgabenrechtliche Zwecke.

### Personenbezogene Bezeichnungen

**§ 2.** Alle in dieser Verordnung verwendeten personenbezogenen Bezeichnungen gelten gleichermaßen für Personen sowohl weiblichen als auch männlichen Geschlechts.

### Abkürzungen und Begriffsbestimmungen

**§ 3.** Im Sinne dieser Verordnung ist oder sind:

1. AES-256: Verschlüsselungsverfahren nach dem Advanced Encryption Standard (AES FIPS 197 26/11/2001) mit einer Schlüssellänge von 256 Bit
2. Barcode: Standard „Code 128“, definiert in ISO/IEC 15417:2007
3. Barumsatz: Umsätze im Sinne § 131b Abs. 1 Z 3 BAO
4. Datenbank über Sicherheitseinrichtungen in Registrierkassen: Datenbank des Bundesministeriums für Finanzen, in der die in § 18 Abs. 2 genannten Daten betreffend die Sicherheitseinrichtungen in Registrierkassen und Kontrollen der Sicherheitseinrichtungen festgehalten werden
5. Datenerfassungsprotokoll (DEP): eine im Speicher der Registrierkasse oder in einem externen Speicher mitlaufende Ereignisprotokolldatei, die in Echtzeit jeweils mit Belegerstellung vollständig, fortlaufend chronologisch die Barumsätze mit Beleginhalten dokumentiert

5a. eIDAS-VO: Verordnung (EU) Nr. 910/2014 über die elektronische Identifizierung und Vertrauensdienste für elektronische Transaktionen im Binnenmarkt und zur Aufhebung der Richtlinie 1999/93/EG, ABl. Nr. L 257/73 vom 28. August 2014
*(BGBl II 2016/210)*

6. Eingabestation: Einrichtung zur Erfassung von Barumsätzen, die mit einer Registrierkasse insbesondere zur Signierung und Dokumentation der Barumsätze verbunden ist
7. Elektronische Aufzeichnung: vollständige, fortlaufend chronologisch geordnete Dokumentation von Bargeschäften in elektronischer Form
8. Elektronische (kryptografische) Signatur: Daten in elektronischer Form, die anderen elektronischen Daten beigefügt oder logisch mit ihnen verbunden werden und die der Unterzeichner im Sinne des Art. 3 Z 9 eIDAS-VO zum Unterzeichnen im Sinne des Art. 3 Abs. 10 der eIDAS-VO verwendet
*(BGBl II 2016/210)*

8a. Elektronisches (kryptografisches) Siegel: Daten in elektronischer Form, die anderen Daten in elektronischer Form beigefügt oder logisch mit ihnen verbunden werden, um deren Ursprung und Unversehrtheit sicherzustellen (Art. 3 Abs. 25 eIDAS-VO)
*(BGBl II 2016/210)*

9. FinanzOnline: elektronisches Verfahren der Abgabenbehörde nach der FinanzOnline-Verordnung 2006, BGBl. II Nr. 97/2006, in der jeweils geltenden Fassung
10. Geschlossenes Gesamtsystem: elektronisches Aufzeichnungssystem, in welchem Warenwirtschafts-, Buchhaltungs- und Kassensysteme lückenlos miteinander verbunden sind und das mit mehr als 30 Registrierkassen verbunden ist
11. Global Location Number (GLN): von der Bundesanstalt Statistik Österreich unter der Bezeichnung „Sekundär ID“ vergebener Ordnungsbegriff
12. Hardware-Sicherheitsmodul (HSM): Signatur- bzw. Siegelerstellungseinheit, die zur Erstellung (qualifizierter) elektronischer Si-

gnaturen verwendet wird und vor allem bei serverbasierten Lösungen zum Einsatz kommt

*(BGBl II 2016/210)*

13. Homepage des Bundesministeriums für Finanzen (BMF): www.bmf.gv.at
14. Kassenidentifikationsnummer: über FinanzOnline gemeldetes Kennzeichen einer Registrierkasse, das auch die Unterscheidung verschiedener Registrierkassen mit gleicher Signatur- bzw. Siegelerstellungseinheit ermöglicht

*(BGBl II 2016/210)*

15. Maschinenlesbarer Code: Eingangswert für OCR-, Barcode- oder QR-Code-Repräsentation
16. Monatszähler: Summenspeicher in der Registrierkasse, der die Zwischenstände des Umsatzzählers zum Monatsende festhält
17. Object Identifier (OID): weltweit eindeutiger Bezeichner nach ISO/IEC 9834-1 und A 2642, der benutzt wird, um ein Informationsobjekt zu benennen. In dieser Verordnung wird der OID verwendet, um die Verwendung des Signatur- bzw. Siegelzertifikates auf den Zweck „Österreichische Finanzverwaltung Registrierkasseninhaber" einzuschränken

*(BGBl II 2016/210)*

18. Optical Character Recognition (OCR): Standard OCR-A, definiert in ISO 1073-1:1976
19. Ordnungsbegriff des Unternehmers: ein der Abgabenbehörde bekannter Schlüssel zur Identifizierung des Unternehmers (Steuernummer, UID-Nummer, GLN)
20. QR-Code: zweidimensionales Symbol nach Standard JIS X 0510/2004
21. Registrierkasse (auch elektronische Registrierkasse): verallgemeinerte Form jedes elektronischen Datenverarbeitungssystems, das elektronische Aufzeichnungen zur Losungsermittlung und Dokumentation von einzelnen Barumsätzen erstellt, insbesondere elektronische Registrierkassen jeglicher Bauart, serverbasierte Aufzeichnungssysteme (auch zur Abwicklung von Online-Geschäften), Waagen mit Kassenfunktionen und Taxameter. Eine Registrierkasse kann mit Eingabestationen verbunden sein
22. Seriennummer des Signatur- bzw. Siegelzertifikates: eine durch den VDA ausgegebene, im Zertifikat enthaltene, eindeutige Kennung des Zertifikates zum erleichterten Auffinden des Zertifikates im Verzeichnis des VDA

*(BGBl II 2016/210)*

23. qualifizierte elektronische Signaturerstellungseinheit: konfigurierte Software oder Hardware, die zur Verarbeitung der Signaturerstellungsdaten verwendet wird und die den Sicherheitsanforderungen des Anhangs II der eIDAS-VO entspricht

*(BGBl II 2016/210)*

24. Qualifizierte elektronische Siegelerstellungseinheit: konfigurierte Software oder Hardware, die zur Verarbeitung der Siegelerstellungsdaten verwendet wird und die den Sicherheitsanforderungen des Anhangs II der eIDAS-VO sinngemäß entspricht

*(BGBl II 2016/210)*

25. Signatur- bzw. Siegelwert: im Rahmen der Signatur- bzw. Siegelerstellung ermittelter elektronischer Wert der Signatur bzw. des Siegels

*(BGBl II 2016/210)*

26. Startbeleg: erster Beleg, der unter Verwendung einer Kassenidentifikationsnummer erstellt wird und die vollständige Verkettung aller unter dieser Kassenidentifikationsnummer erzeugten und gespeicherten Belege sicherstellt
27. Summenspeicher: Speicher in der Registrierkasse, die Zwischen- oder einen aktuellen Endstand aufsummierter Beträge wiedergeben
28. Trust-List (vertrauenswürdige Liste gemäß der Entscheidung der Kommission 2009/767/EG über Maßnahmen zur Erleichterung der Nutzung elektronischer Verfahren über einheitliche Ansprechpartner gemäß der Richtlinie 2006/123/EG über Dienstleistungen im Binnenmarkt, ABl. Nr. L 274 vom 20.10.2009 S. 36): nach den Verpflichtungen aus Artikel 2 der Entscheidung 2009/767/EG von allen Mitgliedstaaten zu führende Liste der VDAs für qualifizierte Zertifikate

*(BGBl II 2016/210)*

29. Umsatzzähler: Summenspeicher in der Registrierkasse, der die Barumsätze der Registrierkasse laufend aufsummiert

29a. Validierungsdaten: Daten wie Codes oder öffentliche Signaturschlüssel, die zur Überprüfung einer elektronischen Signatur verwendet werden

*(BGBl II 2016/210)*

29b. Vertrauensdiensteanbieter (VDA): natürliche oder juristische Person, die einen oder mehrere Vertrauensdienste als qualifizierter oder nichtqualifizierter Vertrauensdiensteanbieter (Art. 3 Z 19 eIDAS-VO)

*(BGBl II 2016/210)*

30. Verifikation: Überprüfung signierter Daten auf Integrität und Authentizität, dass die Daten nach der Signaturerstellung von der korrekten Signatur- bzw. Siegelerstellungseinheit signiert und nicht verändert wurden

*(BGBl II 2016/210)*

31. Zahlungsbeleg (Beleg): Bestätigung mit bestimmten formalen Inhalten, die in Papierform oder in elektronischer Form den wesentlichen Inhalt des Rechtsgeschäftes zwischen den Geschäftspartnern dokumentiert und bei Bezahlung übergeben bzw. elektronisch übermittelt wird

32. Zertifikat für elektronische Siegel: elektronische Bescheinigung, die elektronische Siegelvalidierungsdaten mit einer juristischen Person verknüpft und den Namen dieser Person bestätigt

*(BGBl II 2016/210)*

33. Zertifikat für elektronische Signaturen: elektronische Bescheinigung, die elektronische Signaturvalidierungsdaten mit einer natürlichen Person verknüpft und die mindestens den Namen oder das Pseudonym dieser Person bestätigt.

*(BGBl II 2016/210)*

## 2. Hauptstück
## Technische Vorschriften

### 1. Abschnitt
### Allgemeines

#### Beschreibung der Sicherheitseinrichtung

**§ 4.** (1) Die Sicherheitseinrichtung gemäß § 131b Abs. 2 BAO besteht aus einer Verkettung der Barumsätze mit Hilfe der elektronischen Signatur der Signaturerstellungseinheit bzw. des elektronischen Siegels der Siegelerstellungseinheit.

*(BGBl II 2016/210)*

(2) Die Verkettung wird durch die Einbeziehung von Elementen der zuletzt vergebenen, im Datenerfassungsprotokoll gespeicherten Signatur bzw. des zuletzt vergebenen, im Datenerfassungsprotokoll gespeicherten Siegels in die aktuell zu erstellende Signatur bzw. in das aktuell zu erstellende Siegel gebildet. Bei der Erfassung des ersten Barumsatzes tritt an die Stelle der zuletzt vergebenen Signatur bzw. des zuletzt vergebenen Siegels die Kassenidentifikationsnummer.

*(BGBl II 2016/210)*

### 2. Abschnitt
### Anforderungen an die Registrierkasse

#### Allgemeine Anforderungen

**§ 5.** (1) Jede Registrierkasse muss über ein Datenerfassungsprotokoll und einen Drucker zur Erstellung oder eine Vorrichtung zur elektronischen Übermittlung von Zahlungsbelegen verfügen.

(2) Jede Registrierkasse muss über eine geeignete Schnittstelle zu einer Sicherheitseinrichtung mit einer Signatur- bzw. Siegelerstellungseinheit verfügen. Mit einer Signatur- bzw. Siegelerstellungseinheit können auch mehrere Registrierkassen verbunden sein.

*(BGBl II 2016/210)*

(3) Jede Registrierkasse muss mit dem frei verfügbaren Verschlüsselungsalgorithmus AES 256 ausgestattet sein, um die für den maschinenlesbaren Code erforderlichen Verschlüsselungen durchführen zu können.

(4) Jeder Registrierkasse muss eine eindeutige Kassenidentifikationsnummer im Unternehmen zugeordnet werden.

(5) Die Registrierkasse darf keine Vorrichtungen enthalten, über die das Ansteuern der Sicherheitseinrichtung umgangen werden kann.

(6) Die Nutzung einer Registrierkasse durch mehrere Unternehmer ist nur unter der Voraussetzung zulässig, dass jeder Unternehmer ein ihm zugeordnetes Zertifikat verwenden und die Registrierkasse für jeden Unternehmer ein gesondertes Datenerfassungsprotokoll führen kann.

#### Inbetriebnahme der Sicherheitseinrichtung für die Registrierkasse

**§ 6.** (1) Die Inbetriebnahme der Sicherheitseinrichtung für die Registrierkasse besteht aus der Einrichtung des Datenerfassungsprotokolls (§ 7) und der Ablage der Kassenidentifikationsnummer als Bestandteil der zu signierenden Daten des ersten Barumsatzes mit Betrag Null (0) (Startbeleg) im Datenerfassungsprotokoll.

(2) Vor dem 1. April 2017 kann die Inbetriebnahme der Sicherheitseinrichtung im Sinne Abs. 1 bereits vor der Registrierung (§ 16) vorgenommen werden. Die Registrierung muss bis zum 1. April 2017 erfolgt sein.

*(BGBl II 2016/210)*

(3) Wird die Inbetriebnahme der Sicherheitseinrichtung nach dem 31. März 2017 vorgenommen, muss die Registrierung (§ 16) spätestens binnen einer Woche nach Inbetriebnahme erfolgen.

*(BGBl II 2016/210)*

(4) Der Unternehmer hat unmittelbar nach der Registrierung (§ 16) die Erstellung der Signatur bzw. des Siegels (§ 9 Abs. 3) und die Verschlüsselung des Umsatzzählers (§ 9 Abs. 2 Z 5) unter Zuhilfenahme des Startbeleges zu überprüfen. Entspricht die Erstellung der Signatur bzw. des Siegels oder die Verschlüsselung des Umsatzzählers nicht den Erfordernissen des § 9, so ist die Registrierkasse unmittelbar als Registrierkasse mit ausgefallener Signatur- bzw. Siegelerstellungseinheit im Sinne des § 17 Abs. 4 zu behandeln. Das Prüfergebnis ist zu protokollieren und mit dem Startbeleg gemäß § 132 BAO aufzubewahren.

*(BGBl II 2016/210)*

#### Datenerfassungsprotokoll

**§ 7.** (1) Jede Registrierkasse hat ein Datenerfassungsprotokoll zu führen, in dem jeder einzelne Barumsatz zu erfassen und abzuspeichern ist. Für jeden Barumsatz sind zumindest die Belegdaten gemäß § 132a Abs. 3 BAO festzuhalten.

(2) Trainings- und Stornobuchungen sind wie Barumsätze zu erfassen und im Datenerfassungsprotokoll abzuspeichern.

(3) Die Daten des Datenerfassungsprotokolls sind zumindest vierteljährlich auf einem elektronischen externen Medium unveränderbar zu sichern. Diese Sicherung ist gemäß § 132 BAO aufzubewahren.

(4) Die Inhalte des maschinenlesbaren Codes (§ 10 Abs. 2) der Barumsätze sind im Datenerfas-

sungsprotokoll der Registrierkasse gemeinsam mit den zugehörigen Barumsätzen festzuhalten.

(5) Das Datenerfassungsprotokoll einer Registrierkasse muss ab 1. April 2017 jederzeit auf einen externen Datenträger im Exportformat Datenerfassungsprotokoll laut Z 3 der Anlage exportiert werden können.

*(BGBl II 2016/210)*

**Summenspeicher**

**§ 8.** (1) Die in der Registrierkasse erfassten Barumsätze sind laufend aufzusummieren (Umsatzzähler). Trainingsbuchungen dürfen sich nicht auf den Umsatzzähler auswirken.

(2) Zu jedem Monatsende sind die Zwischenstände des Umsatzzählers zu ermitteln (Monatszähler) und als Barumsatz mit Betrag Null (0) und elektronischer Signatur bzw. Siegel der Signatur- bzw. Siegelerstellungseinheit (Monatsbeleg) im Datenerfassungsprotokoll der Registrierkasse zu speichern.

*(BGBl II 2016/210)*

(3) Mit Ablauf jedes Kalenderjahres ist der Monatsbeleg, der den Zählerstand zum Jahresende enthält (Jahresbeleg), auszudrucken, zu prüfen und gemäß § 132 BAO aufzubewahren. Bei der Prüfung des Jahresbeleges ist § 6 Abs. 4 sinngemäß anzuwenden.

**Signatur- bzw. Siegelerstellung durch die Signatur- bzw. Siegelerstellungseinheit**

**§ 9.** (1) Zur Gewährleistung des Manipulationsschutzes im Sinne des § 131b Abs. 2 BAO müssen von der Registrierkasse über eine geeignete Schnittstelle zur Signatur- bzw. Siegelerstellungseinheit elektronische Signaturen bzw. Siegel angefordert und übernommen werden können. Jeder einzelne Barumsatz und Monats-, Jahres- und Schlussbeleg sowie jede Trainings- und Stornobuchung sind elektronisch zu signieren.

(2) In die Signatur- bzw. Siegelerstellung sind folgende Daten einzubeziehen:

1. Kassenidentifikationsnummer
2. fortlaufende Nummer des Barumsatzes
3. Datum und Uhrzeit der Belegausstellung
4. Betrag der Barzahlung getrennt nach Steuersätzen gemäß § 10 des Umsatzsteuergesetzes 1994 – UStG 1994, BGBl. Nr. 663/1994, in der jeweils geltenden Fassung
5. mit dem Verschlüsselungsalgorithmus AES 256 laut Z 8 und Z 9 der **Anlage** verschlüsselter Stand des Umsatzzählers
6. Seriennummer des Signatur- bzw. Siegelzertifikates
7. Signatur- bzw. Siegelwert des vorhergehenden Barumsatzes des Datenerfassungsprotokolls (Verkettungswert laut Z 4 der **Anlage**). Signaturalgorithmen sowie Schlüssel zu den Algorithmen und Parametern für qualifizierte Signaturen und Siegel müssen qualifizierten Signaturerstellungseinheiten oder qualifizierten Siegelerstellungseinheiten nach der eIDAS-VO entsprechen.

(3) Die aufbereiteten Daten (Abs. 2) müssen nach dem Signaturformat laut Z 4 und Z 5 der **Anlage** durch die Signatur- bzw. Siegelerstellungseinheit automatisiert elektronisch signiert werden.

(4) Die von der Signatur- bzw. Siegelerstellungseinheit im Ergebnisformat der Signatur- bzw. Siegelerstellung laut Z 6 der **Anlage** rückgemeldete Signatur bzw. das rückgemeldete Siegel ist auf dem zugehörigen Beleg nach den Vorgaben des § 10 als Teil des maschinenlesbaren Codes abzudrucken und im Datenerfassungsprotokoll mit den Belegdaten laut Z 11 der **Anlage** dauerhaft zu speichern (§ 7 Abs. 4).

*(BGBl II 2016/210)*

**Aufbereitung des maschinenlesbaren Codes**

**§ 10.** (1) Nach Ermittlung jedes Signatur- bzw. Siegelwertes hat die Registrierkasse für die Belegerstellung und die Speicherung im Datenerfassungsprotokoll einen maschinenlesbaren Code laut Z 12 der **Anlage** aufzubereiten.

*(BGBl II 2016/210)*

(2) Der maschinenlesbare Code hat folgende Daten zu enthalten:

1. Kassenidentifikationsnummer
2. fortlaufende Nummer des Barumsatzes
3. Datum und Uhrzeit der Belegausstellung
4. Betrag der Barzahlung getrennt nach Steuersätzen
5. mit dem Verschlüsselungsalgorithmus AES 256 laut Z 8 und Z 9 der **Anlage** verschlüsselten Stand des Umsatzzählers
6. Seriennummer des Signatur- bzw. Siegelzertifikates

   *(BGBl II 2016/210)*
7. Signatur- bzw. Siegelwert des vorhergehenden Barumsatzes des Datenerfassungsprotokolls (Verkettungswert laut Z 4 der **Anlage**)

   *(BGBl II 2016/210)*
8. Signatur- bzw. Siegelwert des betreffenden Barumsatzes.

   *(BGBl II 2016/210)*

(3) Trainings- und Stornobuchungen haben im maschinenlesbaren Code zusätzlich die Bezeichnung „Trainingsbuchung" oder „Stornobuchung" zu enthalten.

**Belegerstellung**

**§ 11.** (1) Auf dem Beleg sind neben den Belegdaten des § 132a Abs. 3 BAO folgende Daten auszuweisen:

1. Kassenidentifikationsnummer
2. Datum und Uhrzeit der Belegausstellung
3. Betrag der Barzahlung getrennt nach Steuersätzen
4. Inhalt des maschinenlesbaren Code.

(2) Sofern ein maschinenlesbarer Code nicht als QR-Code am Beleg aufgedruckt werden kann, sind die Daten nach Abs. 1 entweder

1. als ein vom Signatur- bzw. Siegelwert des betreffenden Barumsatzes abhängiger Link in maschinenlesbarer Form als Barcode oder OCR zum Abruf der Daten bereitzuhalten und am Beleg auszuweisen oder

   *(BGBl II 2016/210)*

2. entsprechend der in Z 14 der **Anlage** festgelegten Codierung am Beleg auszuweisen.

(3) Belege für Trainings- und Stornobuchungen sind ausdrücklich als solche zu bezeichnen.

## 3. Abschnitt
## Anforderungen an die Signatur- bzw. Siegelerstellungseinheiten

### Allgemeine Anforderungen

**§ 12.** Die technischen Anforderungen an die Signaturerstellungseinheit entsprechen den Anforderungen an Signaturerstellungseinheiten für qualifizierte Signaturen nach Anhang II der eIDAS-VO. Die technischen Anforderungen an die Siegelerstellungseinheit entsprechen den Anforderungen an Siegelerstellungseinheiten für qualifizierte Siegel nach Art. 3 Anhang II der eIDAS-VO sinngemäß. Anstelle der in Art. 30 Abs. 1 der eIDAS-VO vorgesehenen Zertifizierung kann eine Prüfung in Bezug auf die inhaltlichen Anforderungen dieser Verordnung erfolgen, wobei die Anforderung der alleinigen Kontrolle und deren Auswirkungen auf den Betrieb auf Grund der Verkettung nicht Gegenstand dieser Prüfung sind.

*(BGBl II 2016/210)*

### Signaturschlüsselpaar und Signatur- bzw. Siegelerstellung

**§ 13.** Signaturalgorithmen sowie Schlüssel zu den Algorithmen und Parametern für qualifizierte Signaturen und Siegel müssen qualifizierten Signaturerstellungseinheiten oder qualifizierten Siegelerstellungseinheiten nach der eIDAS-VO entsprechen.

*(BGBl II 2016/210)*

### Verifizierbarkeit der Signaturen bzw. Siegel

**§ 14.** Der Signatur- bzw. Siegelwert des betreffenden Barumsatzes muss an Hand des auf dem Beleg aufgebrachten maschinenlesbaren Codes verifizierbar sein. Dazu müssen insbesondere die in § 10 Abs. 2 enthaltenen Daten auf dem Beleg enthalten sein. Die Vorbearbeitung der dazu in komprimierter Form im maschinenlesbaren Code enthaltenen Daten hat gemäß Z 13 der Anlage zu erfolgen.

*(BGBl II 2016/210)*

## 3. Hauptstück
## Beschaffung und Registrierung der Signatur- bzw. Siegelerstellungseinheit; Kontrolle

### Beschaffung der Signatur- bzw. Siegelerstellungseinheit

**§ 15.** (1) Unternehmer, die der Registrierkassenpflicht nach § 131b BAO unterliegen, haben die erforderliche Anzahl von Signatur- bzw. Siegelerstellungseinheiten bei einem im EU-/EWR-Raum oder in der Schweiz niedergelassenen VDA oder einem nach Art. 14 eIDAS-VO anerkannten VDA, der qualifizierte Signatur- bzw. Siegelzertifikate anbietet, zu erwerben. Die Kosten für die Beschaffung der Signatur- bzw. Siegelerstellungseinheit trägt der Unternehmer.

(2) Der Unternehmer hat zur Erlangung des Signatur- bzw. Siegelzertifikates einen der Abgabenbehörde bekannten, dem Unternehmer zugeordneten Ordnungsbegriff und als Wert des OID „Österreichische Finanzverwaltung Registrierkasseninhaber" (Z 16 der **Anlage**) in seinem Signatur- bzw. Siegelzertifikat eintragen zu lassen.

(3) Der VDA vergibt für jede Signatur- bzw. Siegelerstellungseinheit ein Signatur- bzw. Siegelzertifikat, das folgende Angaben beinhaltet:

1. Typ und Wert des der Signatur- bzw. Siegelerstellungseinheit zugeordneten Ordnungsbegriffs des Unternehmers,
2. Seriennummer des Signatur- bzw. Siegelzertifikates und
3. Beginn und Ende der Gültigkeit des Zertifikats.

Eine Verwendung des Zertifikates über das Ende seiner Gültigkeit hinaus ist zulässig, sofern der im Zertifikat vorhandene Signaturalgorithmus laut Z 2 der **Anlage** als sicher gilt.

*(BGBl II 2016/210)*

### Registrierung der Signatur- bzw. Siegelerstellungseinheiten und Registrierkassen

**§ 16.** (1) Der Unternehmer oder sein bevollmächtigter Parteienvertreter hat über FinanzOnline seine Signatur- bzw. Siegelerstellungseinheiten und Registrierkassen zu melden. Dazu sind pro Signatur- bzw. Siegelerstellungseinheit die Seriennummer des Signatur- bzw. Siegelzertifikates, die Art der Signatur- bzw. Siegelerstellungseinheit und die Kassenidentifikationsnummern der mit den Signatur- bzw. Siegelerstellungseinheiten zu verbindenden Registrierkassen bekannt zu geben. Zusätzlich hat der Unternehmer den frei wählbaren Benutzerschlüssel für die Entschlüsselung (Z 8 der **Anlage**) der mit dem Verschlüsselungsalgorithmus AES 256 verschlüsselten Daten im maschinenlesbaren Code über FinanzOnline bekannt zu geben. Ist dem Unternehmer die Meldung über FinanzOnline mangels technischer Voraussetzungen unzumutbar, hat die Meldung unter Verwendung des amtlichen Vordrucks zu erfolgen.

(2) Erst nach Prüfung, ob für jede gemeldete Signatur- bzw. Siegelerstellungseinheit unter der angegebenen Seriennummer des Signatur- bzw. Siegelzertifikates und dem gültigen Ordnungsbegriff des Unternehmers der VDA in der öffentlichen Trust-List und das Signatur- bzw. Siegelzertifikat

im Verzeichnis des VDA vorhanden sind, werden diese Daten an die Datenbank über Sicherheitseinrichtungen in Registrierkassen (§ 18) übergeben.

*(BGBl II 2016/210)*

**Bekanntgabe der Außerbetriebnahme der Sicherheitseinrichtung für die Registrierkasse**

**§ 17.** (1) Der Unternehmer oder sein bevollmächtigter Parteienvertreter hat über FinanzOnline oder dem für die Erhebung der Umsatzsteuer zuständigen Finanzamt jeden nicht nur vorübergehenden Ausfall und jede Außerbetriebnahme der Sicherheitseinrichtung in der Registrierkasse bei

1. Diebstahl oder sonstigem Verlust der Signatur- bzw. Siegelerstellungseinheit oder Registrierkasse,

   *(BGBl II 2016/210)*

2. Funktionsverlust der Signatur- bzw. Siegelerstellungseinheit oder Registrierkasse oder

   *(BGBl II 2016/210)*

3. Außerbetriebnahme der Signatur- bzw. Siegelerstellungseinheit oder Registrierkasse

   *(BGBl II 2016/210)*

ohne unnötigen Aufschub bekannt zu geben.

(2) Dazu hat der Unternehmer folgende Angaben zu machen:

1. Bezeichnung der betroffenen Komponenten der Sicherheitseinrichtung
2. Grund des Ausfalles oder der Außerbetriebnahme
3. Beginn des Ausfalles oder der Außerbetriebnahme.

(3) Alle über FinanzOnline gemeldeten, nicht nur vorübergehenden Ausfälle und Außerbetriebnahmen werden in der Datenbank über Sicherheitseinrichtungen für die Registrierkassen vermerkt.

(4) Bei jedem Ausfall der Signatur- bzw. Siegelerstellungseinheit sind die Barumsätze auf einer anderen Registrierkasse zu erfassen, die über eine aufrechte Verbindung zu einer Signatur- bzw. Siegelerstellungseinheit verfügt. Sollte dies nicht möglich sein, hat der Unternehmer bei der Aufbereitung und Verwendung des maschinenlesbaren Codes (§ 10) an Stelle des Signaturwertes des betreffenden Barumsatzes (§ 10 Abs. 2 Z 8) die Zeichenkette Sicherheitseinrichtung ausgefallen im Ergebnis der Signatur- bzw. Siegelerstellungseinheit laut Z 6 der **Anlage** zu verwenden. Der Hinweis „Sicherheitseinrichtung ausgefallen" ist zusätzlich gut sichtbar am Beleg (§ 11) anzubringen. Nach Wiederinbetriebnahme der Signatur- bzw. Siegelerstellungseinheit ist zusätzlich über die Belege, die während des jeweiligen Ausfalles mit dem Hinweis Sicherheitseinrichtung ausgefallen zu versehen waren, ein signierter Sammelbeleg mit Betrag Null (0) zu erstellen und im Datenerfassungsprotokoll zu speichern.

*(BGBl II 2016/210)*

(5) Bei jedem Ausfall einer Registrierkasse sind die Barumsätze auf anderen Registrierkassen zu erfassen. Sollte dies nicht möglich sein, sind die Barumsätze händisch zu erfassen und Zweitschriften der Belege aufzubewahren. Nach der Fehlerbehebung sind die Einzelumsätze anhand der aufbewahrten Zweitschriften nach zu erfassen und die Zweitschriften dieser Zahlungsbelege aufzubewahren (§ 132 BAO).

(6) Wenn nach dem Ausfall einer Registrierkasse ein neues Datenerfassungsprotokoll eingerichtet werden muss, ist als Signatur- bzw. Siegelwert des vorhergehenden Barumsatzes (§ 10 Abs. 2 Z 7) der Signatur- bzw. Siegelwert des zuletzt verfügbaren Barumsatzes bzw. der Signatur- bzw. Siegelwert des Startbeleges im Datenerfassungsprotokoll zu verwenden. Das Ende des Ausfalles oder der Außerbetriebnahme ist über FinanzOnline bekanntzugeben. Ist dem Unternehmer die Meldung über FinanzOnline mangels technischer Voraussetzungen unzumutbar, hat die Meldung unter Verwendung des amtlichen Vordrucks zu erfolgen.

*(BGBl II 2016/210)*

(7) Ist eine Wiederinbetriebnahme der Signatur- bzw. Siegelerstellungseinheit (Abs. 4) nicht mehr möglich, hat der Unternehmer eine neue Signatur- bzw. Siegelerstellungseinheit zu beschaffen (§ 15), zu registrieren (§ 16) und eine neuerliche Inbetriebnahme der Sicherheitseinrichtung im Sinne der § 6 Abs. 1 bis 4 durchzuführen. Ist der zuletzt getätigte Barumsatz aus dem Datenerfassungsprotokoll feststellbar, entfällt die Inbetriebnahme der Sicherheitseinrichtung im Sinne der § 6 Abs. 1 bis 4 und gelten die Bestimmungen zum Sammelbeleg des Abs. 4. Während des Ausfalles händisch erfasste Barumsätze sind jedenfalls nachzuerfassen.

*(BGBl II 2016/210)*

(8) Im Fall einer planmäßigen Außerbetriebnahme der Registrierkasse (Abs. 1 Z 3) hat der Unternehmer einen Schlussbeleg mit Betrag Null (0) zu erstellen. Der Schlussbeleg ist auszudrucken und gemäß § 132 BAO aufzubewahren.

**Datenbank über Sicherheitseinrichtungen für die Registrierkassen**

**§ 18.** (1) Der Bundesminister für Finanzen führt zur internen Dokumentation über die einem Unternehmer zugeordneten Signatur- bzw. Siegelerstellungseinheit eine Datenbank über Sicherheitseinrichtungen für die Registrierkassen.

*(BGBl II 2016/210)*

(2) Diese enthält folgende Daten:

1. Name der Unternehmer
2. Ordnungsbegriff der Unternehmer
3. Art der Sicherheitseinrichtung
4. Seriennummern der Signatur- bzw. Siegelzertifikate

   *(BGBl II 2016/210)*

5. Identifikationsnummern der Registrierkassen
6. Anzahl der an die Sicherheitseinrichtungen angeschlossenen Registrierkassen
7. Benutzerschlüssel für die Entschlüsselung der mit dem Verschlüsselungsalgorithmus AES 256 verschlüsselten Daten

8. Datum der Registrierung
9. Beginn und Ende von Ausfällen oder Außerbetriebnahmen der Sicherheitseinrichtungen
10. Betroffene Komponenten von Ausfällen oder Außerbetriebnahmen der Sicherheitseinrichtungen
11. Grund des Ausfalles oder der Außerbetriebnahme der Sicherheitseinrichtungen
12. Daten aus Kontrollen.

(3) Der Bundesminister für Finanzen ist datenschutzrechtlicher Auftraggeber im Sinne des § 4 Z 4 des Datenschutzgesetzes 2000 – DSG 2000, BGBl. I Nr. 165/1999, für die Datenbank über Sicherheitseinrichtungen für die Registrierkassen. Er hat dessen Einrichtung und Betrieb zu gewährleisten. Die Bundesrechenzentrum Gesellschaft mit beschränkter Haftung (BRZ GmbH) ist für die Datenbank über Sicherheitseinrichtungen für die Registrierkassen gesetzliche Dienstleisterin im Sinne der § 4 Z 5 und § 10 Abs. 2 DSG 2000.

### Kontrolle und Prüfung der Datensicherheit für die Registrierkassen

**§ 19.** (1) Der Unternehmer hat auf Verlangen der Organe der Abgabenbehörde einen Barumsatz mit Betrag Null (0) zu erfassen und den dafür von der Registrierkasse ausgefertigten Beleg zu Kontrollzwecken zu übergeben. Bei Registrierkassen mit einer Vorrichtung zur elektronischen Übermittlung von Zahlungsbelegen ist der Beleg elektronisch zur Verfügung zu stellen.

(2) Auf Verlangen der Organe der Abgabenbehörde hat der Unternehmer das Datenerfassungsprotokoll für einen vom Organ der Abgabenbehörde vorgegebenen Zeitraum auf einen externen Datenträger zu exportieren und zu übergeben. Der Datenträger ist vom Unternehmer bereitzustellen.

## 4. Hauptstück
## Geschlossene Gesamtsysteme

### Technische und organisatorische Anforderungen

**§ 20.** (1) Die Manipulationssicherheit in geschlossenen Gesamtsystemen gemäß § 131b Abs. 4 BAO ist durch eine Sicherheitseinrichtung zu gewährleisten, die aus einer Verkettung der Barumsätze mit Hilfe der aufbereiteten Daten nach § 9 Abs. 2 im Signaturformat laut Z 4 und 5 der **Anlage** besteht.

(2) Für geschlossene Gesamtsysteme gilt diese Verordnung mit Ausnahme der §§ 5 Abs. 2, 12, 15 und 17 Abs. 4. Die §§ 4 Abs. 1, 6 Abs. 4, 8 Abs. 2, 9, 16 Abs. 1 und 2, 17 Abs. 1 bis 3, 17 Abs. 7 und 18 sowie die **Anlage** sind mit der Maßgabe anzuwenden, dass weder eine Signatur- bzw. Siegelerstellungseinheit noch ein Signatur- bzw. Siegelzertifikat erforderlich sind und, dass einer Kassenidentifikationsnummer auch mehrere Registrierkassen mit einem gemeinsamen Datenerfassungsprotokoll zugeordnet werden dürfen. Abs. 4 bleibt hiervon unberührt.

*(BGBl II 2016/210)*

(3) Bei geschlossenen Gesamtsystemen ist anstelle der Seriennummer des Signatur- bzw. Siegelzertifikates (§ 9 Abs. 2 Z 6 und § 10 Abs. 2 Z 6) der Ordnungsbegriff des Unternehmers zu verwenden. Der Ordnungsbegriff des Unternehmers muss gegebenenfalls durch geeignete Zusätze (z. B. Ziffern) ergänzt werden, um eindeutige Validierungsdaten zu ermöglichen. In der Datenbank gemäß § 18 sind anstelle der Seriennummer des Signatur- bzw. Siegelzertifikates die Validierungsdaten zu erfassen. Der Ordnungsbegriff des Unternehmers sowie die Validierungsdaten müssen aus dem Gutachten gemäß § 21 hervorgehen.

*(BGBl II 2016/210)*

(4) Antragsbefugt im Sinne § 131b Abs. 4 BAO sind nur Unternehmer, die ein geschlossenes Gesamtsystem als elektronisches Aufzeichnungssystem verwenden, das mit mehr als 30 Registrierkassen verbunden ist.

### Sachverständige Begutachtung geschlossener Gesamtsysteme

**§ 21.** (1) Im Rahmen der Begutachtung geschlossener Gesamtsysteme sind insbesondere folgende Überprüfungen vorzunehmen:

1. das Vorliegen eines geschlossenen Gesamtsystems,
2. das Vorliegen der technischen und organisatorischen Voraussetzungen für die Manipulationssicherheit des geschlossenen Gesamtsystems.

(2) Im Gutachten sind insbesondere alle für den Betrieb der Sicherheitseinrichtung des geschlossenen Gesamtsystems gemäß § 20 Abs. 1 erforderlichen Softwarekomponenten anzugeben und Prüfberichte für diese Komponenten anzuschließen. Die Softwarekomponenten sind mit der mathematischen Hashfunktion Secure Hash Algorithm (SHA-256) mit einem Startwert, der Null (0000 0000 0000 0000) entspricht, für eine spätere Verifikation zu signieren. Aus den Prüfberichten muss nachvollziehbar hervorgehen, wie die einzelnen Komponenten geprüft wurden. Die Manipulationssicherheit und sicherheitstechnische Gleichwertigkeit mit einer Signatur- bzw. Siegelerstellungseinheit sind zu bestätigen. Dem Gutachten sind ein Organigramm mit allen Hard- und Softwarekomponenten und Datenspeicher des geschlossenen Gesamtsystems sowie ein Überblick über die automatisch ablaufenden Verarbeitungsprozesse anzuschließen.

*(BGBl II 2016/210)*

(3) Das Gutachten hat darüber hinaus Angaben darüber zu enthalten, welche organisatorischen Maßnahmen zur laufenden Überprüfung der Manipulationssicherheit vorgesehen sind. Dabei ist insbesondere darzulegen, welche betrieblichen Funktionen in der Organisationsstruktur des Unternehmens mit welchen Zugriffs- und Eingriffsrechten, die Veränderungen am Gesamtsystem herbeiführen können, ausgestattet sind, dass die Zugriffe protokolliert werden und durch welche Maßnahmen die Manipulationssicherheit des ge-

schlossenen Systems laufend kontrolliert wird. Zudem ist darzulegen, wie im Falle eines Ausfalles des Systems die Einzelaufzeichnungspflicht, die Sicherung der Kassenumsätze und die Belegerteilung rechtskonform gewährleistet werden (Ausfallplan).

(4) Im Gutachten ist zu beurteilen, ob das geschlossene Gesamtsystem den Anforderungen des § 20 Abs. 1 und 2 entspricht und ob die technischen und organisatorischen Sicherungsmaßnahmen des Abs. 2 und 3 erfüllt werden.

(5) Verwenden mehrere Unternehmer, die durch ein vertikales Vertriebsbindungssystem oder durch ein Waren- oder Dienstleistungsfranchising wirtschaftlich verbunden oder die Teil eines Konzerns im Sinne des § 244 UGB sind, gemeinsam ein geschlossenes Gesamtsystem mit insgesamt mehr als 30 Registrierkassen und beurteilt das Gutachten die Manipulationssicherheit dieses Systems für diese Unternehmer, so kann dieses Gutachten von mehreren Unternehmern ihrem Antrag auf Erlassung eines Feststellungsbescheides zugrunde gelegt werden. Für alle Verwender des geschlossenen Gesamtsystems ist Abs. 3 sinngemäß anzuwenden. Lieferungen und sonstige Leistungen, die außerhalb des geschlossenen Gesamtsystems im betreffenden Betrieb erfolgen, sind von der Wirksamkeit des Feststellungsbescheides nicht umfasst.

(6) Mit der Erstellung solcher Gutachten dürfen nur gerichtlich beeidete Sachverständige beauftragt werden. Die Vollständigkeit der sicherheitsrelevanten Überprüfungen im Gutachten ist durch eine Bestätigungsstelle gemäß Art. 30 eIDAS-VO zu bescheinigen.

*(BGBl II 2016/210)*

(7) Die Kosten für die Erstellung der Gutachten trägt der Unternehmer.

### Feststellungsbescheid

**§ 22.** (1) Im Feststellungsbescheid der Abgabenbehörde gemäß § 131b Abs. 4 BAO sind die dem Gutachten zugrunde liegenden Softwarekomponenten der Sicherheitseinrichtung gemäß § 20 Abs. 1 mit Hilfe der Softwaresignatur (§ 21 Abs. 2) zu identifizieren.

(2) Mit Feststellungsbescheid bestätigte geschlossene Gesamtsysteme werden in der Datenbank über Sicherheitseinrichtungen (§ 18) registriert.

(3) Kann die Manipulationssicherheit des geschlossenen Gesamtsystems durch das Finanzamt nicht bestätigt werden, ist dem Unternehmer eine einmalige Nachfrist von einem Monat für die Nachholung der die Manipulationssicherheit gewährleistenden Maßnahmen unter Beibringung eines diese Maßnahmen bestätigenden Gutachtens einzuräumen. Das Finanzamt hat diesfalls unter Zugrundelegung des vorliegenden Sachverhaltes zu entscheiden.

(4) Wird die Manipulationssicherheit des geschlossenen Gesamtsystems mit rechtskräftigem Bescheid des Finanzamtes nicht bestätigt, hat der Unternehmer innerhalb von drei Monaten ab Eintritt der Rechtskraft die Manipulationssicherheit unter Verwendung einer Signatur- bzw. Siegelerstellungseinheit (§ 131b Abs. 2 BAO) herbeizuführen, andernfalls mit Ablauf dieser Frist die Verpflichtungen nach § 131b Abs. 2 BAO als nicht erfüllt gelten.

*(BGBl II 2016/210)*

### Änderung der tatsächlichen Verhältnisse

**§ 23.** (1) Änderungen des mit Bescheid bestätigten geschlossenen Gesamtsystems sind vor ihrer Durchführung dem für die Erhebung der Umsatzsteuer zuständigen Finanzamt unter Vorlage eines neuen Gutachtens (§ 21) zu melden, wenn eine umfassende Umstellung des geschlossenen Gesamtsystems (z. B. Technologiewechsel) oder eine Änderung der Softwarekomponenten der Sicherheitseinrichtung gemäß § 20 Abs. 1 geplant ist oder die Antragsvoraussetzungen im Sinne der §§ 20 Abs. 4 oder 21 Abs. 5 nicht mehr vorliegen. Über solche Änderungen des geschlossenen Gesamtsystems ist mit Feststellungsbescheid abzusprechen.

(2) Die Meldung dieser beabsichtigten Änderungen hat über FinanzOnline zu erfolgen.

(3) Werden dem Unternehmer nach Erlassung des Feststellungsbescheides Tatsachen bekannt, die Zweifel an der Manipulationssicherheit des geschlossenen Gesamtsystems hervorrufen, hat er diese ohne unnötigen Aufschub über FinanzOnline zu melden.

### Kontrolle der Identität der Softwarekomponente laut § 21 Abs. 2

**§ 24.** Die Organe der Abgabenbehörde sind berechtigt, die Übereinstimmung der im Gutachten ausgewiesenen Softwarekomponente laut § 21 Abs. 2 mit der im geschlossenen Gesamtsystem im Einsatz befindlichen Softwarekomponente zu überprüfen. Dazu muss das geschlossene Gesamtsystem eine Eingabemöglichkeit eines Startwertes zur lokalen Abfrage der Softwaresignaturwertes zur Verfügung stellen sowie den Softwaresignaturwert der Komponente berechnen und anzeigen.



## 5. Hauptstück
## Schlussbestimmungen

### Inkrafttreten bzw. Übergangsbestimmung

*(BGBl II 2020/313)*

**§ 25.** (1) Die Verordnung tritt mit 1. April 2017 in Kraft.

*(BGBl II 2016/210)*

(2) Abweichend von Abs. 1 treten § 1 bis 3, § 5 Abs. 1, § 7 Abs. 1, § 17 Abs. 5 und § 19 Abs. 2 mit 1. Jänner 2016 in Kraft.

(3) Abweichend von Abs. 1 und 2 treten die § 6, § 15, § 16, § 18, § 21 und § 22 mit 1. Juli 2016 in Kraft.

(4) Diese Verordnung wurde gemäß der Richtlinie 98/34/EG über ein Informationsverfahren auf dem Gebiet der Normen und technischen Vorschriften und der Vorschriften für die Dienste der Informationsgesellschaft, ABl. Nr. L 204 vom 21.07.1998 S. 37, zuletzt geändert durch die Ver-

ordnung (EU) Nr. 1025/2012 zur europäischen Normung, zur Änderung der Richtlinien 89/686/EWG und 93/15/EWG sowie der Richtlinien 94/9/EG, 94/25/EG, 95/16/EG, 97/23/EG, 98/34/EG, 2004/22/EG, 2007/23/EG, 2009/23/EG und 2009/105/EG und zur Aufhebung des Beschlusses 87/95/EWG und des Beschlusses Nr. 1673/2006/EG, ABl. Nr. L 316 vom 14.11.2012 S. 12, bei der Europäischen Kommission unter der Notifikationsnummer 2015/515/A notifiziert.

(5) Abweichend von § 9 Abs. 2 Z 4 sind auf Barumsätze betreffend Umsätze im Zeitraum nach dem 30. Juni 2020 und vor dem 1. Jänner 2022 der Betrag der Barzahlung getrennt nach Steuersätzen gemäß § 10 des Umsatzsteuergesetzes 1994, BGBl. Nr. 663/1994, in der jeweils geltenden Fassung, oder die davon abweichenden Steuersätze gemäß § 28 Abs. 52 UStG 1994 in der Fassung des Bundesgesetzes BGBl. I Nr. 3/2021 in die Signatur- bzw. Siegelerstellung einzubeziehen.

*(BGBl II 2020/313, BGBl II 2020/549, BGBl II 2021/83)*

## Anlage
## Detailspezifikationen

### 1. Standards

Die folgenden Standards werden im Dokument unter den folgenden Abkürzungen verwendet:

- **BASE32, BASE64, BASE64-URL**: Network Working Group: Request for Comments: 4648 – The Base16, Base32, and Base64 Data Encodings
- **CRT (ICM) Mode**: NIST Special Publication 800-38A, Recommendation for Block Cipher Modes of Operation
- **DER**: ITU-T X.690: Information technology – ASN.1 encoding rules: Specification of Basic Encoding Rules (BER), Canonical Encoding Rules (CER) and Distinguished Encoding Rules (DER)
- **JSON**: Internet Engineering Task Force (IETF): Request for Comments: 7159 – The JavaScript Object Notation (JSON) Data Interchange Format
- **JSON Web Signature**: Internet Engineering Task Force (IETF): Request for Comments: 7515 – JSON Web Signature (JWS)
- **SHA-256**: FIPS PUB 180-4 – Secure Hash Standard (SHS)
- **UTF-8**: Network Working Group: Request for Comments: 3629 – UTF-8, a transformation format of ISO 10646

### 2. Registrierkassenalgorithmuskennzeichen

Dieses Kennzeichen definiert die verwendeten Algorithmen und den Vertrauensdiensteanbieter (VDA). Sobald ein in den Registrierkassenalgorithmuskennzeichen verwendeter Algorithmus nicht mehr dem Stand der Technik entspricht und daher als unsicher gilt, muss ein neues Registrierkassenalgorithmuskennzeichen mit sicheren Algorithmen definiert werden und darf dieses auch bei bestehenden Registrierkassen nicht mehr eingesetzt werden. Das Kennzeichen entspricht einer Zeichenkette, die wie folgt aufgebaut ist:

RN-CM:

- „R“: Fixes Präfix
- „N“: Index für die verwendete Algorithmen-Suite startend mit 1
- „-“: Fixes Trennzeichen
- „C“: Länderkennung des VDAs
- „M“: Index für verwendeten VDA innerhalb der gegeben Länderkennung nach ISO 3166-1 startend mit 1

Die folgenden Kennzeichen sind definiert:

R1-CM:

- **VDA**: CM wird als Platzhalter für die zur Verfügung stehenden VDAs gesehen. Wenn ein geschlossenes System laut § 20 zum Einsatz kommt, muss AT0 als VDA angebenden werden.

  *(BGBl II 2016/210)*
- **Signatur/Hashalgorithmus**: Für die Erstellung der Belegsignatur laut Z 4, Z 5 dieser Anlage. Es wird der ES256 Algorithmus nach dem JWA (JSON Web Algorithmus) Standard verwendet.
- **Hashalgorithmus für die Verkettung der Belege und Berechnung des IVs, Anzahl N der extrahierten Bytes**: Es wird SHA-256 verwendet. Die Anzahl der extrahierten und damit in den nächsten Beleg übernommen Bytes entspricht 8 (N=8).
- Kompressionsalgorithmus für kompakte Darstellung des Belegs: Dieser Algorithmus entspricht den folgenden Verfahren:
  - Aufbereitung der zu signierenden Daten: Laut Z 4, Z 5 dieser Anlage.
  - Aufbereitung des maschinenlesbaren Codes: Laut Z 12, Z 13 dieser Anlage.

*(BGBl II 2016/210)*

### 3. Exportformat Datenerfassungsprotokoll

Das Exportformat des Datenerfassungsprotokolls entspricht folgender JSON-Datenstruktur:

- **Belege-Gruppe**: Der Wert dieses Feldes ist ein JSON-Array. Die Anzahl der Elemente dieses JSON-Arrays entspricht der Anzahl der Signatur- bzw. Siegelzertifikate die für die Signierung der zu exportierenden Belege verwendet wurden. Ein Element dieser Liste entspricht dabei der folgenden JSON-Datenstruktur:

  *(BGBl II 2016/210)*
- **Signatur- bzw. Siegelzertifikat**: Der Wert dieses Feldes ist der BASE64-kodierte Wert des im DER-Format kodierten Signatur- bzw. Siegelzertifikates.

  *(BGBl II 2016/210)*
- **Zertifizierungsstellen**: Der Wert dieses Feldes ist ein JSON-Array. Die Elemente des

JSONArrays entsprechen der Kette aller Zertifizierungsstellen, die für die Ausstellung des Signatur- bzw. Siegelzertifikats verwendet wurden. Der Wert eines Elements entspricht dem BASE64-kodierten Wert des im DER-Format kodierten Zertifikats.

*(BGBl II 2016/210)*

– **Belege-kompakt**: Der Wert dieses Feldes ist ein JSON-Array. Die Elemente entsprechen den signierten Belegen, die in der kompakten Darstellung des JSON Web Signature Formats dargestellt werden (laut Z 6 dieser Anlage). Die Reihenfolge der Belege stimmt mit der Ablagereihenfolge im DEP überein. Es muss garantiert sein, dass die Verkettung der Signatur bzw. des Siegels des Beleges an Stelle x mit dem Beleg an Stelle x+1 gegeben ist (siehe Feld „Sig-Voriger-Beleg“ laut Z 4 dieser Anlage).

*(BGBl II 2016/210)*

### 4. Klartextdaten für das Signaturformat für Signierung durch Signatur- bzw. Siegelerstellungseinheit

Die Signatur- bzw. Siegelerstellung erfolgt nach dem JSON Web Signature (JWS) Standard. Ein Beleg ist in einer JSON-Datenstruktur abgebildet die mindestens die in § 9 Abs. 2 Z 1 bis Z 7 genannten Daten enthält. Je nach Bedarf kann das Belegformat beliebig um weitere JSON-Daten erweitert werden. Für die Transformationsverfahren die für die Signatur- bzw. Siegelerstellung und die Erstellung des maschinenlesbaren Codes notwendig sind, sind aber nur die in § 9 Abs. 2 Z 1 bis Z 7 genannten Belegdaten relevant, die wie folgt in einer JSON-Datenstruktur repräsentiert werden:

– **Kassen-ID**: Der Wert dieses Feldes entspricht dem in § 9 Abs. 2 Z 1 angegebenen Wert, JSONFormat string UTF-8 kodiert.

– **Belegnummer**: Der Wert dieses Feldes entspricht dem in § 9 Abs. 2 Z 2 angegebenen Wert, JSONFormat string UTF-8 kodiert.

– **Beleg-Datum-Uhrzeit**: Der Wert dieses Feldes entspricht dem in § 9 Abs. 2 Z 3 angegebenen Wert, JSON-Format string UTF-8 kodiert. Das Datum und die Uhrzeit wird im ISO 8601 Format ohne der Angabe der Zeitzone abgespeichert („JJJJ-MM-TT'T'hh:mm:ss“, z. B. 2015-07-21T14:23:34). Es wird immer von österreichischer Lokalzeit (CET/MEZ) ausgegangen.

– **Betrag-Satz-Normal**: Der Wert dieses Feldes entspricht dem in § 9 Abs. 2 Z 4 angegebenen Wert, JSON-Format number mit 2 Kommastellen. Ist kein Betrag mit dieser MWST vorhanden so wird 0,00 eingetragen.

– **Betrag-Satz-Ermaessigt-1**: Der Wert dieses Feldes entspricht dem in § 9 Abs. 2 Z 4 angegebenen Wert, JSON-Format number mit 2 Kommastellen. Ist kein Betrag mit dieser MWST vorhanden, so wird 0,00 eingetragen.

– **Betrag-Satz-Ermaessigt-2**: Der Wert dieses Feldes entspricht dem in § 9 Abs. 2 Z 4 angegebenen Wert, JSON-Format number mit 2 Kommastellen. Ist kein Betrag mit dieser MWST vorhanden, so wird 0,00 eingetragen.

– **Betrag-Satz-Null**: Der Wert dieses Feldes entspricht dem in § 9 Abs. 2 Z 4 angegebenen Wert, JSON-Format number mit 2 Kommastellen. Ist kein Betrag ohne MWST vorhanden, so wird 0,00 eingetragen.

– **Betrag-Satz-Besonders**: Der Wert dieses Feldes entspricht dem in § 9 Abs. 2 Z 4 angegebenen Wert, JSON-Format number mit 2 Kommastellen. Ist kein Betrag mit dieser MWST vorhanden, so wird 0,00 eingetragen.

– **Stand-Umsatz-Zaehler-AES256-ICM**: Der Wert dieses Feldes entspricht dem in § 9 Abs. 2 Z 5 angegebenen Wert, JSON-Format string. BASE64-kodierter Wert des verschlüsselten Gesamtumsatzes (laut Z 8, Z 9 dieser Anlage).

– **Zertifikat-Seriennummer**: Der Wert dieses Feldes entspricht dem in § 9 Abs. 2 Z 6 angegebenen Wert, JSON-Format string. UTF-8 kodiert.

– **Sig-Voriger-Beleg**: Der Wert dieses Feldes entspricht dem in § 9 Abs. 2 Z 7 angegebenen Wert. JSON-Format string. Dieser Wert wird über die im Registrierkassenalgorithmuskennzeichen definierte kryptographische Hash-Funktion berechnet. Als Input dieser Hash-Funktion wird das Ergebnis der Signatur- bzw. Siegelerstellung gemäß Z 6 verwendet. Für die Erfassung des ersten Barumsatzes wird der Wert des Felds „Kassen-ID“ als Input dieser Hash-Funktion verwendet. Aus dem Ergebnis der Hash-Funktion werden startend mit Byte 0, N Bytes extrahiert und BASE-64-kodiert. Die Anzahl der zu extrahierenden Bytes (N) wird ebenfalls über das Registrierkassenalgorithmuskennzeichen definiert. Durch den Einsatz von Zugriffsteuerungsmethoden muss garantiert sein, dass auch bei der parallelen Abarbeitung der Belegerstellung die Verkettung über die Signatur- bzw. Siegelwerte korrekt abgebildet wird.

*(BGBl II 2016/210)*

### 5. Signaturformat für Signierung durch Signatur- bzw. Siegelerstellungseinheit

Die zu signierenden Daten eines Belegs sind in § 9 Abs. 2 Z 1 bis Z 7 genannt. Um eine kompakte Darstellung der zu signierenden Daten zu ermöglichen, werden diese Daten in eine komprimierte Darstellung übergeführt. Die Transformation erfolgt nach der in § 9 Abs. 2 Z 1 bis Z 7 definierten Reihenfolge. Die einzelnen Felder werden UTF-8 kodiert und mit dem Zeichen „_“ zusammengeführt und in einer Zeichenkette gespeichert. Unter Verwendung der oben genannten Bezeichner und der Notation Wert(JSON-Feld) für das Extrahieren des

Wertes aus der JSON-Datenstruktur des Belegs ergibt sich folgende Darstellung.

„Wert(Kassen-ID)_Wert(Belegnummer)_Wert(Beleg-Datum-Uhrzeit)_Wert(Betrag-Satz-Normal)_Wert(Betrag-Satz-Ermaessigt-1)_Wert(Betrag-Satz-Ermaessigt-2)_Wert(Betrag-Satz-Null)_Wert(Betrag-Satz-Besonders)_Wert(Stand-Umsatz-Zaehler-AES256-ICM)_Wert(Zertifikat-Seriennummer)_Wert(Sig-Voriger-Beleg)"

Die resultierende Zeichenkette wird anschließend mit dem Präfix „_RKA_" ergänzt. „RKA" stellt einen Platzhalter für das Registrierkassenalgorithmuskennzeichen dar. Diese Kennzeichen werden in einer Liste (laut Z 2 dieser Anlage) zur Verfügung gestellt und identifizieren folgende Komponenten:

– Signatur/Hashalgorithmus für die Erstellung der Belegsignatur
– Vertrauensdiensteanbieter (VDA) der das Signatur- bzw. Siegelzertifikat ausgestellt hat *(BGBl II 2016/210)*
– Hashalgorithmus für die Verkettung der Belege, sowie die Anzahl der Bytes N, die aus dem berechneten Hash-Wert extrahiert werden.
– Kompressionsalgorithmus der für die Erstellung des maschinenlesbaren Codes verwendet wurde.

Die resultierende Zeichenkette entspricht dem Signaturformat für Signierung durch Signatur- bzw. Siegelerstellungseinheit und wird über den JSON Web Signature Standard mit dem angegeben Signatur- bzw. Siegelzertifikat und dem gewählten Hashalgorithmus signiert. Im JWS-Format werden diese Daten als „JWS Payload" bezeichnet.

*(BGBl II 2016/210)*

### 6. Ergebnis der Signatur- bzw. Siegelerstellung

Das Ergebnis der JWS-Signatur ist die nach dem JWS-Standard definierte kompakte Repräsentation. Diese Zeichenkette besteht dabei aus drei BASE64-URL-kodierten Elementen, die durch das Zeichen „." voneinander getrennt sind. Die drei Elemente entsprechen den Elementen in der gegebenen Reihenfolge

1. den Metainformationen über den verwendeten Hash bzw. Signaturalgorithmus
2. den signierten Daten (JWS Payload) und
3. dem berechneten Signatur- bzw. Siegelwert. *(BGBl II 2016/210)*

Kann aufgrund des Ausfalls der Signatur- bzw. Siegelerstellungseinheit keine digitale Signatur bzw. kein digitales Siegel erstellt werden, wird statt dem berechneten Signatur- bzw. Siegelwert (drittes Element der kompakten JWS Repräsentation) die UTF-8 kodierte Zeichenkette „Sicherheitseinrichtung ausgefallen" BASE64-URL-kodiert eingetragen.

*(BGBl II 2016/210)*

### 7. Anmerkung zum Wechsel des Signatur- bzw. Siegelzertifikats

Bei einem Wechsel des Signatur- bzw. Siegelzertifikats muss garantiert sein, dass weitere Belege nicht mehr mit dem vor dem Wechsel verwendeten Zertifikat signiert werden dürfen.

*(BGBl II 2016/210)*

### 8. Verschlüsselungsmethode Umsatzzähler

Für die Verschlüsselung des Umsatzzählers wird AES-256 im ICM (CTR) Mode (Integer Counter Mode) ohne Padding verwendet. Der Initialisierungsvektor enthält einen laut Z 9 dieser Anlage berechneten Hash-Wert in dessen Berechnung die Belegnummer und die Kassenidentifikationsnummer eingeht. Der Umsatzzähler im Klartext wird in einer geeigneten Darstellung übergeben, die später auch ohne Padding-Informationen rekonstruiert werden kann.

Für die Bekanntgabe des AES-Schlüssels über FinanzOnline müssen die Binärdaten des AES-Schlüssel BASE64-kodiert werden.

### 9. Verschlüsselung

Für die Verschlüsselung des kodierten Umsatzzählers wird wie folgt vorgegangen:

– **Algorithmen**: Es wird der AES-256 im ICM (CTR) Mode verwendet. Für die Verschlüsselung wird kein „Padding" verwendet.
– **Initialisierungsvektor**: Der Initialisierungsvektor (IV) für den Verschlüsselungsalgorithmus ist ein Byte-Array mit der Länge 16. Für die Berechnung des IVs werden die UTF-8 kodierte Kassenidentifikationsnummer (Wert des Feldes „Kassen-ID" laut Z 4 dieser Anlage) und die UTF-8-kodierte Belegnummer (Wert des Feldes „Belegnummer" laut Z 4 dieser Anlage) in dieser Reihenfolge zusammengefügt. Das Ergebnis ist eine UTF-8 kodierte Zeichenkette die als Eingabewert für die im Registrierkassenalgorithmuskennzeichen definierten Hash-Funktion verwendet wird. Das Ergebnis der Hash-Funktion ist der Hash-Wert abgebildet in einem Byte-Array. Die Bytes 0-15 werden daraus extrahiert und als IV verwendet. Anmerkung: Es muss garantiert sein, dass für jede Verschlüsselungsoperation, die mit einem gegebenen AES-Schlüssel durchgeführt wird, niemals der gleiche IV verwendet wird.
– **Kodierung des Umsatzwertes**: Die Block-Größe von AES-256 entspricht einem Byte-Array der Länge 16. Für die Kodierung des Umsatzzählers im Klartext wird dabei ein Byte-Array der Länge 16 erstellt. Jedes Element des Byte-Arrays wird mit 0 initialisiert. Der Umsatzzähler mit der Byte-Anzahl „N" wird startend mit Byte 0 im BIG-ENDIAN Format als Zweier-Komplement Darstellung („signed") gespeichert. „N" entspricht der Anzahl der Bytes die für die Kodierung des Umsatzzählers notwendig sind. Es müssen

mindestens 5 Byte lange Umsatzzähler verwendet werden.

Das Resultat der Verschlüsselung ist ein Byte-Array der Länge 16. Startend mit Byte 0 werden N Bytes aus dem Array extrahiert, BASE64-kodiert und im Beleg abgelegt.

### 10. Entschlüsselung

Bei der Entschlüsselung wird wie folgt vorgegangen:

– **Algorithmen**: siehe Z 8, Z 9 dieser Anlage
– **Initialisierungsvektor**: siehe Z 9 dieser Anlage
– **Aufbereitung des verschlüsselten Umsatzzählers**: Es wird ein Byte-Array der Länge 16 erstellt. Jedes Element des Byte-Arrays wird mit 0 initialisiert. Startend mit Byte 0 wird das BASE64-dekodierte Byte-Array des verschlüsselten Umsatzzählers in dem erstellen 16-Byte langem Array gespeichert.

Die aufbereiteten Daten werden mit dem AES-Algorithmus und dem AES-256 Schlüssel entschlüsselt. Das Resultat der Entschlüsselung ist ein Byte-Array der Länge 16. Startend mit Byte 0 werden N Bytes aus dem Array extrahiert und entsprechen dem entschlüsselten Umsatzzähler. Das Format entspricht dem bei der Verschlüsselung genannten „Kodierung des Umsatzwertes".

### 11. Übergabeformat für Datenerfassungsprotokoll

Belege, die an das Datenerfassungsprotokoll übergeben werden, entsprechen einer JSON-Datenstruktur die mindestens folgende Werte/Daten enthalten müssen. Der Hersteller kann hier optional weitere Daten hinzufügen. Pro Beleg müssen mindestens folgende in einer JSON-Datenstruktur gespeicherten Daten verwenden werden:

– JWS-Kompakt: Der Wert dieses Feldes entspricht der kompakten Darstellung einer Signatur bzw. eines Siegels nach dem JWS-Standard (laut Z 5 dieser Anlage), JSON-Format string.
*(BGBl II 2016/210)*
– Signatur- bzw. Siegelzertifikat (optional): Der Wert dieses Feldes ist der BASE64-kodierte Wert des im DER-Format kodierten Signatur- bzw. Siegelzertifikats, JSON-Format string.
*(BGBl II 2016/210)*
– Zertifizierungsstellen (optional): Der Wert dieses Feldes ist ein JSON-Array. Die Elemente des JSON-Arrays entsprechen der Kette aller Zertifizierungsstellen, die für die Ausstellung des Signatur- bzw. Siegelzertifikats verwendet wurden. Der Wert eines Elements entspricht dem BASE64-kodierten Wert des im DER-Format kodierten Zertifikats.
*(BGBl II 2016/210)*

Die Werte für das Signatur- bzw. Siegelzertifikat und die Zertifizierungsstellen bleiben für einen längeren Zeitraum konstant. Sie müssen daher nicht für jeden Beleg übergeben werden, sondern können auch auf einem anderen Weg dem DEP zur Verfügung gestellt werden. Es muss nur garantiert sein, dass

1. das DEP für jeden Beleg die Zuordnung zum passenden Signatur- bzw. Siegelzertifikat und zu den Zertifizierungsstellen des Signatur- bzw. Siegelzertifikats herstellen kann und
*(BGBl II 2016/210)*
2. alle Zertifikate im DEP zur Verfügung stehen um den Export der signierten Belegdaten zu ermöglichen.

Für die Übergabe der Belegdaten an das DEP muss durch den Einsatz von Zugriffsteuerungsmethoden garantiert sein, dass auch bei der parallelen Abarbeitung der Belegerstellung die Verkettung über die Signatur- bzw. Siegelwerte korrekt abgebildet wird (laut Z 4 dieser Anlage).
*(BGBl II 2016/210)*

### 12. Details der Vorbearbeitung der im maschinenlesbaren Code enthaltenen Daten für Verifizierung des Signatur- bzw. Siegelwertes eines Barumsatzes

Die für den maschinenlesbaren Code aufbereiteten Daten werden durch eine Zeichenkette repräsentiert, die folgende Elemente enthält:

– Signierte Belegdaten: Diese Daten entsprechen der UTF-8 kodierten Zeichenkette des Signaturformats das der Signatur- bzw. Siegelerstellungseinheit übergeben wurde (laut Z 5 dieser Anlage). Die Zeichenkette kann aus dem JWS-Payload-Feld der kompakten JWS-Darstellung (Ergebnis der Signatur- bzw. Siegelerstellung) extrahiert werden.
*(BGBl II 2016/210)*
– Signatur- bzw. Siegelwert: Der Signatur- bzw. Siegelwert in BASE64-Kodierung wird aus der kompakten JWS-Darstellung (Ergebnis der Signatur- bzw. Siegelerstellung) extrahiert. Es muss darauf geachtet werden, dass der Signatur- bzw. Siegelwert in der kompakten Darstellung des JWS-Standards BASE64-URL-kodiert ist, um die Verwendung in Web-Anwendungen zu vereinfachen. Diese Darstellung ist aber für die QR-Code Darstellung nicht geeignet, da sie auch das Zeichen „_" enthält, das für die Trennung der Elemente der zu signierenden Daten verwendet wird. Der BASE64-URL-kodierte Signatur- bzw. Siegelwert muss daher dekodiert werden und im Standard BASE64-Format kodiert werden.

Diese zwei Elemente werden in der genannten Reihenfolge mit dem Zeichen „_" zusammengesetzt, UTF-8 kodiert und in einem maschinenlesbaren Code aufbereitet.
*(BGBl II 2016/210)*

### 13. Prüfung des maschinenlesbaren Codes

Die Prüfung der Signatur bzw. des Siegels, die in einem maschinenlesbaren Code aufbewahrt werden, wird wie folgt durchgeführt:

1. **Lesen des maschinenlesbaren Codes**: Die gelesene UTF8-kodierte Zeichenkette enthält die „Signierten Belegdaten" und den Signatur- bzw. Siegelwert.
2. **Extraktion der „Signierten Belegdaten" und des Signatur- bzw. Siegelwertes**: Die „Signierten Belegdaten" und der Signatur- bzw. Siegelwert werden aus der UTF8-kodierten Zeichenkette über das Trennzeichen „_" extrahiert. Der BASE64-kodierte Signatur- bzw. Siegelwert wird BASE64-dekodiert.
3. **Aufbereitung der kompakten Darstellung anhand des JWS-Signatur-Standards**: Die kompakte Darstellung (laut Z 5 dieser Anlage) wird wie folgt aus dem maschinenlesbaren Code rekonstruiert. Die einzelnen Elemente werden dabei durch das Zeichen „." zusammengeführt.
   a) **JWS Protected Header**: Der Signatur/Hashalgorithmus des JWS Protected Headers kann über das Registrierkassenalgorithmuskennzeichen rekonstruiert werden. Der JWS Protected Header wird UTF-8-kodiert in der Zeichenkette an der 1. Stelle BASE64-URL-kodiert abgespeichert.
   b) **JWS Payload**: Die JWS Payload entspricht den zuvor extrahierten Belegdaten und wird in der Zeichenkette an der 2. Stelle BASE64-URL-kodiert abgespeichert.
   c) **JWS Signature**: Dieser Wert entspricht dem vorher extrahierten Signatur- bzw. Siegelwert und wird in der Zeichenkette an der 3. Stelle BASE64-URL-kodiert abgespeichert.
4. **Prüfen der Signatur bzw. des Siegels**: Die aufbereitete kompakte Darstellung anhand des JWS-Standards wird mit dem entsprechenden Signatur- bzw. Siegelzertifikat geprüft.

*(BGBl II 2016/210)*

### 14. Erstellung der OCR-fähigen Zeichenkette

Für die OCR-fähige Zeichenkette wird aufgrund der Schwierigkeit, alle möglichen Zeichen einer BASE64 Zeichenfolge automatisiert und bei realistischen Lichtbedingungen und Kameraeigenschaften sicher zu erkennen, statt der BASE64-Darstellung der folgenden Elemente laut Z 4, Z 12 dieser Anlage die BASE32-Darstellung der Binärdaten gewählt.

- Signatur- bzw. Siegelwert
- Sig-Voriger-Beleg
- Stand-Umsatz-Zaehler-AES256-ICM

Die resultierende Zeichenkette wird im OCR-A Font auf den Beleg gedruckt.

### 15. Prüfung der OCR-fähigen Zeichenkette

Für die Prüfung der OCR-fähigen Zeichenkette müssen die BASE32-kodierten Elemente auf die BASE64-Kodierung umkodiert werden. Der anschließende Prüfvorgang ist äquivalent zum Prüfen des maschinenlesbaren Codes.

### 16. OID

Der OID-Bezeichner für die Verwendung im Signatur- bzw. Siegelzertifikat entspricht 1.2.40.0.10.1.11.1 „Österreichische Finanzverwaltung Registrierkasseninhaber".

Die OID wird aus dem Teilbaum 1.2.40.0.10.1.11 „Teilbaum Bundesministerium für Finanzen" vergeben.

*(BGBl II 2016/210)*

17/2/9. VO zu § 153b Abs. 7

# SKS-Prüfungsverordnung

BGBl II 2018/340 idF BGBl II 2020/561

## Inhaltsverzeichnis



**Verordnung des Bundesministers für Finanzen über die Prüfung des Steuerkontrollsystems (SKS-Prüfungsverordnung – SKS-PV)**

Aufgrund des § 153b Abs. 7 der Bundesabgabenordnung, BGBl. Nr. 194/1961, zuletzt geändert durch das Bundesgesetz BGBl. I Nr. 62/2018, wird verordnet:

## 1. Hauptstück
## Allgemeines

### 1. Abschnitt
### Anwendungsbereich und Begriffsbestimmungen

#### Anwendungsbereich

**§ 1.** (1) Diese Verordnung regelt die Erstellung und den Inhalt des Gutachtens über das Steuerkontrollsystem (SKS), das gemäß § 153b Abs. 4 Z 4 BAO für einen Antrag auf begleitende Kontrolle bzw. gemäß § 153f Abs. 5 BAO erforderlich ist, und zwar:

1. die Grundelemente und die Beschreibung des SKS,
2. die Systematik, nach der bei der Erstellung des Gutachtens vorzugehen ist und
3. den Aufbau und die erforderlichen Mindestinhalte des Gutachtens.

(2) Das SKS kann eingerichtet sein

1. für einen einzelnen Unternehmer,
2. für einen oder mehrere einzelne Unternehmer innerhalb eines Kontrollverbunds,
3. für eine Mehrzahl von Unternehmern innerhalb eines Kontrollverbunds (gemeinsam),
4. für die Gesamtheit aller Unternehmer innerhalb eines Kontrollverbunds.

Das gilt auch für eine antragstellende Privatstiftung. Jeder Unternehmer und gegebenenfalls die antragstellende Privatstiftung muss von einem SKS erfasst sein.

*(BGBl II 2020/561)*

(3) Gegenstand des Gutachtens ist eine sachverständige Beurteilung des SKS, das ein Unternehmer oder ein Kontrollverbund eingerichtet hat. Ein Gutachten gemäß § 153b Abs. 4 Z 4 BAO hat das einheitliche SKS für den gesamten Kontrollverbund oder aber sämtliche in einem Kontrollverbund eingerichtete SKS zu beurteilen.

*(BGBl II 2020/561)*

(4) Im Fall einer nachträglichen Einbeziehung eines weiteren Unternehmers in die begleitende Kontrolle ist mit Stellung des Ergänzungsantrages gemäß § 153d Abs. 3 BAO ein Ergänzungsgutachten zum bestehenden Gutachten gemäß § 153b Abs. 4 Z 4 BAO einzureichen. Gegenstand des Ergänzungsgutachtens ist

1. die Berücksichtigung des einzubeziehenden Unternehmers in einem bereits innerhalb des Kontrollverbunds eingerichteten SKS oder
2. das SKS des einzubeziehenden Unternehmers einschließlich einer Aussage über dessen Verhältnis zu dem oder den bereits bestehenden SKS des Kontrollverbunds.

Das Ergänzungsgutachten verlängert die Frist gemäß § 153f Abs. 5 BAO nicht.

*(BGBl II 2020/561)*

#### Begriffsbestimmungen

**§ 2.** In dieser Verordnung werden die folgenden Begriffe in der jeweils angeführten Bedeutung verwendet:

1. SKS: Das Steuerkontrollsystem (SKS) umfasst die Summe aller Maßnahmen (Prozesse und Prozessschritte), die gewährleisten sollen, dass die Besteuerungsgrundlagen für die jeweilige Abgabenart (§ 153e Abs. 1 BAO) in der richtigen Höhe ausgewiesen und die darauf entfallenden Steuern termingerecht und in der richtigen Höhe abgeführt werden (§ 153b

Abs. 6 BAO). Das SKS hat den Erfordernissen des Unternehmens zu entsprechen und kann auch Teil eines umfassenderen innerbetrieblichen Kontrollsystems sein.
2. Grundelemente des SKS: Die Grundelemente des SKS sind die konkreten inhaltlichen Anforderungen an das SKS, die im SKS jedenfalls enthalten sein müssen und zu berücksichtigen sind.
3. Beschreibung des SKS: Die Beschreibung des SKS ist die vom Unternehmer vorgelegte schriftliche und/oder bildliche Darstellung zu sämtlichen Grundelementen des SKS (§ 3).
4. Prüfung des SKS: Die Prüfung des SKS umfasst alle für die Erstellung eines Gutachtens gemäß § 153b Abs. 4 Z 4 BAO oder § 153f Abs. 5 BAO erforderlichen Tätigkeiten. Die Prüfung des SKS besteht aus
   a) der Konzeptionsprüfung (§ 13 Abs. 1),
   b) der Umsetzungsprüfung (§ 13 Abs. 2) und bei allen Folgeprüfungen des SKS auch aus
   c) der Wirksamkeitsprüfung (§ 13 Abs. 3).
5. Erstprüfung des SKS: Eine Erstprüfung des SKS ist die erste Prüfung des SKS. Das Gutachten, das während der Erstprüfung des SKS erstellt worden ist, muss gleichzeitig mit dem Antrag auf begleitende Kontrolle gemäß § 153b BAO vorgelegt werden.
6. Folgeprüfung des SKS: Eine Folgeprüfung des SKS ist jede Prüfung des SKS, die nach Vorlage des Gutachtens über die Erstprüfung des SKS erfolgt (§ 153f Abs. 5 BAO). Die Erstellung eines Ergänzungsgutachtens im Sinn von § 1 Abs. 4 stellt keine Folgeprüfung des SKS dar.

*(BGBl II 2020/561)*

## 2. Abschnitt
## Grundelemente und Beschreibung des SKS

### Grundelemente des SKS

**§ 3.** Jedes SKS hat folgende Grundelemente zu enthalten, die schriftlich zu dokumentieren sind:
1. das Kontrollumfeld,
2. die Ziele des SKS,
3. die Beurteilung der steuerrelevanten Risiken,
4. die Steuerungs- und Kontrollmaßnahmen,
5. die Informations- und Kommunikationsmaßnahmen,
6. die Sanktions- und Präventionsmaßnahmen,
7. die Maßnahmen zur Überwachung und Verbesserung.

### Kontrollumfeld

**§ 4.** (1) Der Unternehmer bzw. die Personen, die die obersten Leitungsaufgaben innerhalb des Unternehmens bzw. des Kontrollverbunds ausüben, bekennen sich nachweislich zur Steuerehrlichkeit – das bedeutet vor allem
1. zu einem rechtskonformen Verhalten im Hinblick auf steuerliche Verpflichtungen und Obliegenheiten,
2. zur steuerlichen Zuverlässigkeit gemäß § 153c Abs. 4 BAO,
3. zur Vermeidung von missbräuchlichen oder missbrauchsverdächtigen Gestaltungen gemäß § 22 BAO und von Abgabenhinterziehungen und Abgabenverkürzungen im Sinne des Finanzstrafgesetzes.

(2) Der Unternehmer bzw. die Personen, die die obersten Leitungsaufgaben innerhalb des Unternehmens bzw. des Kontrollverbunds ausüben, geben die Verhaltensgrundsätze im Hinblick auf Steuerehrlichkeit vor und stellen sicher, dass die Steuerehrlichkeitsstrategie in konkrete operative Maßnahmen umgesetzt und mit den anderen Zielen des Unternehmens abgestimmt ist.

(3) Der Unternehmer bzw. der Kontrollverbund hat die Voraussetzungen dafür geschaffen, dass das SKS funktionsfähig bleibt, indem die dafür erforderlichen Ressourcen bereitgestellt und beispielsweise indem
1. die dafür erforderlichen Berechtigungen, Verantwortlichkeiten und Berichtsstrukturen eingeführt,
2. die erforderliche Anzahl von geeigneten Arbeitnehmern beschäftigt oder die Erfüllung der Aufgaben einem geeigneten Dienstleister überbunden und
3. Aus- und Weiterbildungen der Arbeitnehmer durchgeführt werden.

### Ziele des SKS

**§ 5.** Das SKS soll gewährleisten, dass
1. die Besteuerungsgrundlage für die jeweilige Abgabenart in der richtigen Höhe ausgewiesen und die darauf entfallenden Steuern termingerecht und in der richtigen Höhe abgeführt,
2. die Risiken wesentlicher Verstöße gegen steuerliche Vorschriften rechtzeitig erkannt und
3. solche Regelverstöße verhindert werden.

### Beurteilung der steuerrelevanten Risiken

**§ 6.** (1) Die Einrichtung eines SKS beruht auf einer Beurteilung der steuerrelevanten Risiken durch ein systematisches Verfahren zur Identifizierung, Analyse und Bewertung dieser Risiken.

(2) Die Beurteilung der steuerrelevanten Risiken erfolgt entweder regelmäßig und umfassend oder anlassfallbezogen. Eine umfassende Beurteilung findet mindestens in einem Abstand von drei Jahren statt und betrifft den Unternehmer bzw. den gesamten Kontrollverbund. Eine anlassfallbezogene Beurteilung erfolgt, wenn zu erwarten ist, dass ein Sachverhalt ein wesentliches steuerrelevantes Risiko verursachen könnte; in diesem Fall bezieht sich die Beurteilung nur auf den Anlassfall.

(3) Die Beurteilung umfasst sowohl die steuerrelevanten Risiken aus der laufenden Geschäftstätigkeit als auch die steuerrelevanten Risiken aus außerordentlichen Sachverhalten. Die Risiken aus der laufenden Geschäftstätigkeit ergeben sich aus den aktuellen Geschäften und Prozessen des Unternehmers bzw. des Kontrollverbunds. Die Risiken aus außerordentlichen Sachverhalten ergeben sich aus zu erwartenden Veränderungen innerhalb des Unternehmens bzw. des Kontrollverbunds oder aus zu erwartenden externen Veränderungen, die den Unternehmer bzw. den Kontrollverbund betreffen. Einige dieser Risikobereiche sind beispielhaft angeführt in **Anlage 1** und **Anlage 2**.

(4) Die steuerrelevanten Risiken werden hinsichtlich ihres Gefahrenpotentials (gering/mittel/hoch) in Bezug auf ihre Eintrittswahrscheinlichkeit und ihre betragliche Auswirkung bewertet. Die Bewertung der steuerrelevanten Risiken kann sich dabei beispielweise an betragsmäßigen Kriterien, an der Komplexität der zugrundeliegenden rechtlichen Bestimmung oder an einer möglichen Betrugsanfälligkeit von Vorgängen orientieren.

(5) Umstände, die für die Beurteilung der steuerrelevanten Risiken relevant sein können bzw. Anlassfälle darstellen können, sind beispielsweise:

- wesentliche steuerliche Änderungen,
- wesentliche Änderungen in anderen Rechtsgebieten,
- wesentliche Änderungen im wirtschaftlichen Umfeld,
- wesentliche Änderungen im Personalstand,
- wesentliche Änderungen bei den Systemen der Rechnungslegung,
- Änderungen in der Struktur der Anteilsinhaber,
- Umstrukturierungen,
- überdurchschnittliches Unternehmenswachstum oder Unternehmensschrumpfung,
- die Einführung neuer Technologien im Unternehmen,
- neue oder atypische Geschäftsfelder oder Produkte bzw. der Wegfall von Geschäftsfeldern oder Produkten,
- Ausdehnung der Geschäftstätigkeit auf neue Märkte bzw. Rückzug aus bestehenden Märkten,
- dolose Handlungen.

### Steuerungs- und Kontrollmaßnahmen

**§ 7.** (1) Zu den Steuerungs- und Kontrollmaßnahmen, die ein SKS enthalten muss, gehören unternehmensinterne Regelwerke wie ein Verhaltenskodex, Prozessbeschreibungen, Kontrolldefinitionen und -beschreibungen sowie Handlungsanweisungen. Diese Regelwerke sind auf die Ziele des SKS ausgerichtet und haben ihre Grundlage in der Beurteilung der steuerrelevanten Risiken. Ihre Wirksamkeit wird regelmäßig überwacht und sie werden auf dem jeweils aktuellsten Stand gehalten.

(2) Die Steuerungs- und Kontrollmaßnahmen haben entweder fehlervermeidenden oder fehleraufdeckenden Charakter. Durch fehlervermeidende Maßnahmen soll die Eintrittswahrscheinlichkeit steuerrelevanter Risiken vermindert, durch fehleraufdeckende Maßnahmen soll die betragliche Auswirkung steuerrelevanter Risiken vermindert werden.

### Informations- und Kommunikationsmaßnahmen

**§ 8.** Zu den Informations- und Kommunikationsmaßnahmen, die ein SKS enthalten muss, gehören

1. die Generierung, Sammlung, Analyse und Verwertung aller für die Funktionsfähigkeit bzw. Verbesserung des SKS relevanten Informationen,
2. das regelmäßig aktiv kommunizierte Bekenntnis des Unternehmers bzw. der Personen, die die obersten Leitungsaufgaben innerhalb des Unternehmens bzw. des Kontrollverbunds ausüben, zur Steuerehrlichkeit, zur Unterstützung der Funktionsfähigkeit des SKS und generell zum regelkonformen Verhalten als Grundwert des Unternehmens bzw. Kontrollverbunds,
3. regelmäßige Informations- und Schulungsmaßnahmen, die die Arbeitnehmerinnen und Arbeitnehmer in die Lage versetzen, die Anforderungen, die sich aus den Zielen des SKS ergeben, zu erkennen und danach zu handeln.

### Sanktions- und Präventionsmaßnahmen

**§ 9.** Zu den Sanktions- und Präventionsmaßnahmen, die ein SKS enthalten muss, gehören im Vorhinein festgelegte Reaktionen des Unternehmers auf festgestellte Regelverstöße in Bezug auf die Ziele des SKS. Erforderlich ist jedenfalls die Untersuchung des Vorfalls im Hinblick auf seine Auswirkung auf die Ziele des SKS und auf seine Auswirkung auf die Wirksamkeit des SKS. Abhängig von der Art des Vorfalls sind festzulegen

1. Korrekturmaßnahmen,
2. Maßnahmen zur Verhinderung der Wiederholung des Vorfalls,
3. individuelle Konsequenzen des Fehlverhaltens.

### Maßnahmen zur Überwachung und Verbesserung

**§ 10.** Die Wirksamkeit des SKS wird regelmäßig überwacht. Dabei festgestellte wesentliche Mängel werden ohne unnötigen Aufschub behoben. Vorschläge zur Verbesserung des SKS werden ohne unnötigen Aufschub analysiert und gegebenenfalls umgesetzt.

### Beschreibung des SKS

**§ 11.** (1) Die Beschreibung des SKS hat folgende Sachverhalte – gegebenenfalls auch grafisch oder durch Verweis auf andere Dokumente – darzustellen:

1. das Unternehmen bzw. den Kontrollverbund aus betriebswirtschaftlicher Sicht im Hinblick auf das für die Ziele des SKS Relevante. Dazu gehören insbesondere
   a) die Aufbau- und Ablauforganisation,
   b) die Organisationsprinzipien,
   c) die Führungsprinzipien,
   d) die Geschäftszwecke einzelner Einheiten oder Unternehmen,
   e) die Rollen und Verantwortlichkeiten der Personen, die die obersten Leitungsaufgaben innerhalb des Unternehmens bzw. des Kontrollverbunds ausüben, sowie aller Personen, die mit der Überwachung sowie der Durchführung der Kontrollen betraut sind,
2. das Kontrollumfeld (§ 4). Dazu gehört insbesondere
   a) die Grundeinstellung der Personen, die mit der Überwachung sowie der Durchführung der Kontrollen innerhalb des Unternehmens bzw. des Kontrollverbunds betraut sind,
   b) die vorgegebenen Verhaltensgrundsätze im Unternehmen bzw. im Kontrollverbund und
   c) die Ressourcen, die für das SKS zur Verfügung stehen.
3. die Ziele des SKS (§ 5); insbesondere deren individuelle Bedeutung bezogen auf den Unternehmer bzw. den Kontrollverbund.
4. die beurteilten steuerrelevanten Risiken und den Prozess sowie die Bewertungsmethodik, welche für die Identifikation und Beurteilung der Risiken angewendet worden sind (§ 6).
5. die Maßnahmen, die zur Bedeckung der identifizierten und beurteilten Risiken jeweils umgesetzt worden sind oder sich im Planungsstadium befinden (§§ 7 bis 9). Im Hinblick auf Kontrollmaßnahmen hat die Beschreibung des SKS (allenfalls durch Verweis auf externe Dokumente) jedenfalls zu enthalten:
   a) das konkrete Risiko bzw. das Kontrollziel
   b) die Beschreibung der Kontrolle
      – Kontrolldurchführender
      – Kontrollaktivität
      – Automatisierungsgrad
   c) den Anlass für eine Kontrolle bzw. die Kontrollfrequenz
   d) den Kontrollnachweis
   e) den Umgang mit aufgedeckten Fehlern.
6. die Verantwortlichkeiten, Prozesse und Maßnahmen zur Überwachung und Verbesserung des SKS (§ 10). Das umfasst die Beschreibung der prozessintegrierten und der prozessunabhängigen Überwachungsmaßnahmen sowie die Vorgehensweise zur Beseitigung von identifizierten Mängeln des SKS.

(2) Die in der Beschreibung des SKS enthaltenen Aussagen sind dann angemessen dargestellt, wenn sie den Erfordernissen des Unternehmens entsprechend auf sämtliche Grundelemente des SKS (§ 3) eingehen und keine falschen oder widersprüchlichen Angaben, unangemessene Verallgemeinerungen oder unausgewogene und verzerrte Darstellungen enthalten. Die Darstellung von Prozessen, die kein oder ein geringes Risikopotential aufweisen, kann entfallen.

## 2. Hauptstück
## Systematik der Erstellung von Befund und Gutachten

### Prüfungsgegenstand (Befundaufnahme)

**§ 12.** (1) Gegenstand der Erstprüfung des SKS (§ 2 Z 5) sind die in der Beschreibung des SKS enthaltenen Aussagen über das SKS und die Umsetzung der in der Beschreibung des SKS enthaltenen Maßnahmen (Angemessenheitsprüfung bestehend aus der Konzeptionsprüfung und der Umsetzungsprüfung). Diese Prüfung bezieht sich auf den Zeitpunkt der Antragstellung.

(2) Gegenstand aller Folgeprüfungen des SKS (§ 2 Z 6) sind die in der Beschreibung des SKS enthaltenen Aussagen über das SKS, die Umsetzung der in der Beschreibung des SKS enthaltenen Maßnahmen und deren Wirksamkeit (Wirksamkeitsprüfung). Diese Prüfung bezieht sich auf den Zeitraum zwischen der letzten abgeschlossenen Prüfung des SKS und den Zeitpunkt der aktuellen Prüfung.

### Prüfungsziele (Gutachtenauftrag)

**§ 13.** (1) Das Ziel der Konzeptionsprüfung ist es, zu beurteilen,

1. ob die Analyse aller wesentlichen steuerrelevanten Risiken, die daraus folgenden Prozesse und Prozessschritte sowie die erforderlichen Kontrollmaßnahmen sachgerecht, vollständig und überprüfbar durchgeführt worden und dokumentiert sind;
2. ob die in der Beschreibung des SKS enthaltenen Aussagen zur Konzeption des SKS in allen wesentlichen Belangen angemessen dargestellt (§ 11 Abs. 2) sind und
3. ob die in der Beschreibung des SKS dargestellten Grundelemente des SKS geeignet sind, die Ziele des SKS (§ 5) zu erreichen.

(2) Das Ziel der Umsetzungsprüfung ist es, zu beurteilen,

1. ob und zu welchem Zeitpunkt die Maßnahmen umgesetzt waren,
2. ob alle erforderlichen Vorkehrungen getroffen worden sind, um gewährleisten zu können, dass
   a) das SKS an geänderte Rahmenbedingungen angepasst und verbessert wird, und
   b) die Dokumentation der Beurteilung der wesentlichen steuerrelevanten Risiken und der vorgesehenen Maßnahmen zur Erreichung der Ziele des SKS sowie

der wesentlichen steuerlich relevanten Prozesse regelmäßig aktualisiert wird.

(3) Das Ziel der Wirksamkeitsprüfung ist es, zu beurteilen, ob die in der Beschreibung des SKS enthaltenen Grundelemente des SKS innerhalb des Zeitraumes seit der letzten abgeschlossenen Prüfung des SKS wirksam waren. Das ist dann der Fall, wenn sich aufgrund der Prüfungshandlungen ergibt, dass gewährleistet ist, dass mit hinreichender Sicherheit in der überwiegenden Anzahl der Fälle, jedenfalls aber in sämtlichen wesentlichen Fällen

1. die Besteuerungsgrundlage für die jeweilige Abgabenart in der richtigen Höhe ausgewiesen ist und die darauf entfallenden Steuern termingerecht und in der richtigen Höhe abgeführt worden sind,
2. die Risiken wesentlicher Verstöße gegen steuerliche Vorschriften rechtzeitig erkannt worden sind und
3. Vorgänge, die zu Regelverstößen führen hätten können in der Regel rechtzeitig beendet worden sind oder
4. im Fall bereits eingetretener Regelverstöße zeitnah die zuständige Abgabenbehörde informiert worden ist.

Der Umfang der Wirksamkeitsprüfung kann unter Berücksichtigung der vom Unternehmer der Abgabenbehörde vorgelegten anderen Nachweise festgelegt werden. Im Rahmen der Wirksamkeitsprüfung ist auch zu beurteilen, ob die seit der Erstellung des letzten Gutachtens mit den Organen des zuständigen Finanzamtes (§ 153f Abs. 4 BAO) vereinbarten wesentlichen Schlüsselkontrollen durchgeführt und allenfalls aufgetragene Verbesserungsmaßnahmen ohne unnötigen Aufschub und vollständig umgesetzt worden sind.

## 3. Hauptstück
## Gutachten

### Mindestinhalt des Gutachtens für einen einzelnen Unternehmer

**§ 14.** (1) Das Gutachten nach einer Erstprüfung ist schriftlich zu verfassen und hat zumindest folgende Bestandteile enthalten:

1. Beschreibung der durchgeführten Prüfungshandlungen (zur Risikobeurteilung, Aufbau- und Funktionsprüfungen sowie der weiteren Prüfungshandlungen).
2. gegebenenfalls die Beschreibung des unter Berücksichtigung der vom Unternehmer der Abgabenbehörde vorgelegten anderen Nachweise festgelegten Umfangs der Wirksamkeitsprüfung samt Aufzählung der Nachweise.
3. eine Aussage,
   a) ob die in der Beschreibung des SKS enthaltenen Aussagen über die Grundelemente des SKS den Erfordernissen des Unternehmens entsprechend in allen wesentlichen Belangen angemessen dargestellt (§ 11 Abs. 2) sind.
   b) dass die dargestellten Grundelemente dazu geeignet sind,
      – die Besteuerungsgrundlage für die jeweilige Abgabenart in der richtigen Höhe auszuweisen und die darauf entfallenden Steuern termingerecht und in der richtigen Höhe abzuführen,
      – die Risiken wesentlicher Verstöße gegen steuerliche Vorschriften rechtzeitig zu erkennen und
      – solche Regelverstöße zu verhindern.
   c) zu welchem Zeitpunkt die in der Beschreibung des SKS enthaltenen Grundelemente des SKS umgesetzt waren.
   d) zu welchem Zeitpunkt die in der Beschreibung des SKS enthaltenen Grundelemente des SKS umgesetzt waren.
   e) ob gewährleistet ist, dass die Beurteilung der steuerrelevanten Risiken und die vorgesehenen Maßnahmen zur Erreichung der Ziele des SKS sowie die regelmäßig anfallenden steuerlich relevanten Prozesse überprüfbar dokumentiert sind und diese Dokumentation laufend aktualisiert wird.
4. eine Aussage über die inhärenten Grenzen des SKS.
5. eine Aussage zur weiterhin bestehenden Eignung des für die folgenden drei Geschäftsjahre eingerichteten SKS, wenn sich die Rahmenbedingungen nicht wesentlich ändern.
6. Datum des Gutachtens: Das Gutachten ist auf den Tag der Beendigung der Prüfung zu datieren.
7. Name der Gutachterin bzw. des Gutachters (SteuerberaterIn/WirtschaftsprüferIn).
8. Ort der Prüfung.

Dem Gutachten ist die vom Unternehmer bzw. Kontrollverbund erstellte Beschreibung des SKS beizulegen.

(2) Das Gutachten nach einer Folgeprüfung ist schriftlich zu verfassen. Dabei ist anzugeben, auf welchen Zeitraum es sich bezieht. Es hat alle Bestandteile eines Gutachtens nach einer Erstprüfung (Abs. 1) zu enthalten. Zusätzlich hat das Gutachten nach einer Folgeprüfung ein Urteil darüber zu enthalten, dass die in der Beschreibung des SKS enthaltenen Grundelemente des SKS wirksam waren.



### Mindestinhalt des Gutachtens für einen Kontrollverbund

**§ 15.** (1) Wird das Gutachten für einen Kontrollverbund insgesamt erteilt, sind § 13 und § 14 mit der Maßgabe anzuwenden, dass anstelle des Unternehmers der Kontrollverbund tritt.

(2) Das Gutachten für einen Kontrollverbund muss alle Angaben enthalten, die erforderlich sind, um die Funktionsweise, die Aufgaben- und Risikoverteilung sowie die Verantwortlichkeiten

innerhalb des Kontrollverbunds nachvollziehen zu können.

(3) Abweichungen in der Umsetzung des SKS bei einzelnen Unternehmern des Kontrollverbunds sind zu beschreiben und bei Wesentlichkeit gesondert zu bewerten.

**4. Hauptstück**
**Schlussbestimmungen**

**Inkrafttreten**

**§ 16.** Die Verordnung tritt mit 1. Jänner 2019 in Kraft.

**Anlage 1**
**Beispielhafte Aufzählung von Risikobereichen aus der laufenden Geschäftstätigkeit**

1. Mögliche ertragsteuerlich relevante Sachverhalte im Unternehmen
   a) allgemein
      – Beteiligungen
      – Anlagevermögen
      – Umlaufvermögen
      – KESt (outbound)
      – Quellensteuern und deren Anrechnung (inbound)
      – Evidenzhaltung
      – Steuerfreie Erträge
      – Ausländische Betriebstätten
      – Ergebnisabführungsverträge
      – Zinsaufwand
      – Lizenzaufwand
      – Empfänger-Kenntnis (Lizenzen, Zinsen, Provisionen, Beneficial Owner)
      – Permanente Abweichungen (zB Managergehälter)
      – Prämien (insbesondere Forschungsprämie)
      – Verrechnungspreisdokumentation
      – Offenlegung von Treuhandverhältnissen
      – Behördenauflagen (zB Umwelt)
      – Patentklagen
      – durch interne Revision aufgedeckte Malversationen
      – Eingeleitete Kartellverfahren und Verstöße gegen das Verbandsverantwortlichkeitsgesetz
   b) Unternehmensgruppe gemäß § 9 KStG betreffend:
      – Abstimmung von Vorgruppenverlusten
      – Verrechnung von Verlusten ausländischer Gruppenmitglieder (auch Betriebsstätten)
      – Verlustrücktrag bei ausländischen Gruppenmitgliedern
      – Gewinnermittlung im Ausland
   c) Informationen im Zusammenhang mit anderen Ländern:
      – Laufende MLCs, Simultan BPs, Joint Audits
      – Laufende MLCs, Simultan BPs, Joint Audits
      – Verständigungsverfahren
      – Gegenberichtigungsverfahren
2. Mögliche umsatzsteuerlich relevante Sachverhalte im Unternehmen
   – Unternehmereigenschaft/Organschaft
   – Inanspruchnahme von Steuerbefreiungen (Buch- und Belegnachweise, grenzüberschreitende Reihenund Dreiecksgeschäfte)
   – Prüfung des Ortes der Lieferungen und Leistungen
   – Anwendung des richtigen Steuersatzes
   – Prüfung der Steuerschuldnerschaft gemäß Reverse Charge-Verfahren
   – Abziehbarkeit der Vorsteuern (dem Grunde nach sowie Ordnungsmäßigkeit der Rechnungen)
3. Mögliche Risikobereiche aufgrund von Maßnahmen mit potentiellem Einfluss auf die Datenqualität

   Außerhalb rein steuertechnischer bzw. rechtlicher Belange sind Maßnahmen des Unternehmers zu adressieren, die möglicherweise eine Auswirkung auf die Qualität steuerlich relevanter Daten im Allgemeinen haben können. Die diesbezüglichen Risikofelder sind beispielsweise:
   – Shared Service Centers (Errichtung, Outsourcing, laufender Betrieb)
   – IT-Änderungen (zB Einführung, Systemwechsel, Upgrades)
   – Verlagerung der Buchführung ins Ausland

**Anlage 2**
**Beispielhafte Aufzählung von Risikobereichen aus außerordentlichen Sachverhalten**

1. Mögliche risikorelevante Sachverhalte betreffend Umgründungen und Strukturänderungen
   – Änderungen einzelner Elemente der rechtlichen und betrieblichen Struktur (Gründung, Auflösung von Gesellschaften; Errichtung, Schließung, Verlagerung von Betrieben und Teilbetrieben; Funktionsverlagerungen)
   – Umgründungen – Änderung in der Gesellschafterstruktur (Stiftungen, Einschränkung des österreichischen Besteuerungsrechtes aufgrund eines DBA – primär in Bezug auf Drittstaaten)
2. Mögliche risikorelevante Sachverhalte betreffend Geschäftsmodelländerungen (Business

Restructurings/Wesentliche Änderungen in den Verrechnungspreisvereinbarungen)

- Transaktionen (neue Transaktionen und deren Änderungen betreffend Waren, Dienstleistungen, Finanzierung, Intellectual Property)
- Vermögenstransfers (außerhalb des UmgrStG)
- Risikoänderungen (Zuordnung auf Konzerngesellschaften)
- Downsizing der Produktion
- Änderung der Vertriebsmodelle
- Verlagerung immaterielles Vermögen (Patente, Know-how etc.)
- Debt-Push-Down Modelle
- Maßgebliche Änderungen in der Konzernfinanzierung

3. Änderungen in der Unternehmensgruppe gemäß § 9 KStG
   - Änderungen wie zB Errichtung, Erweiterung, Ausscheiden, Auflösung
   - Änderung der Beteiligungsverhältnisse an ausländischen Gruppenmitgliedern

## 17/2/10.

## Vorausmeldung

BGBl II 2019/22 idF BGBl II 2020/579

**Verordnung des Bundesministers für Finanzen über die Vorausmeldung im Verfahren zur Rückzahlung oder Erstattung österreichischer Einkommen- oder Körperschaftsteuer**

Gemäß § 240a Abs. 1 der Bundesabgabenordnung – BAO, BGBl. 194/1961, zuletzt geändert durch das Bundesgesetz BGBl. I Nr. 104/2018, wird verordnet:

### Anwendungsbereich

**§ 1.** Diese Verordnung regelt Inhalt und Verfahren der Vorausmeldung im Sinne des § 240a Abs. 1 BAO im Zusammenhang mit Anträgen auf Rückzahlung oder Erstattung österreichischer Einkommenoder Körperschaftsteuer.

### Form der Vorausmeldung

**§ 2.** (1) Die Vorausmeldung ist durch die beschränkt steuerpflichtige Person unter Verwendung der auf der Website des Bundesministeriums für Finanzen zur Verfügung gestellten Web-Formulare vorzunehmen.

(2) Vorausmeldungen können in deutscher oder englischer Sprache erfolgen.

### Inhalt der Vorausmeldung

**§ 3.** (1) Bei Vornahme einer Vorausmeldung betreffend die Rückzahlung oder Erstattung österreichischer Kapitalertragsteuer sind durch die beschränkt steuerpflichtige Person anzugeben:

1. das Kalenderjahr, in dem die Einkünfte zugeflossen sind;
2. die Rechtsgrundlage für die Rückzahlung oder Erstattung der österreichischen Kapitalertragsteuer, auf die sich die Vorausmeldung bezieht;
3. Informationen zur Person des Antragstellers:
   a) ob es sich um eine natürliche oder juristische Person handelt;
   b) bei natürlichen Personen Vor- und Familienname, Geburtsdatum, Steuernummer im Ansässigkeitsstaat oder einer dieser gleichzuhaltender Identifikationsnummer, Adresse und Staat;
   c) bei juristischen Personen Firmenname, Gründungsdatum, Steuernummer im Ansässigkeitsstaat oder eine dieser gleichzuhaltenden Identifikationsnummer, Nummer im Handelsregister oder einer vergleichbaren Institution im Ansässigkeitsstaat des Antragstellers, Rechtsform, Adresse und Staat;
4. Daten über einen allfälligen Vertreter mit Familien- und Vorname (bei natürlichen Personen) oder Firmenname (bei juristischen Personen), Bezeichnung der Art der Voll-

macht (Geld-, Zustell-, Vertretungsvollmacht), Adresse und Staat;

5. der Ansässigkeitsstaat zum Zeitpunkt des Zuflusses der Einkünfte sowie bei natürlichen Personen die Staatsbürgerschaft, bei juristischen Personen der Sitzstaat;
6. die Höhe des Rückzahlungsbetrages als Summe aller Einzelbeträge;
7. Daten für die Überweisung des Rückzahlungsbetrages: Kontoinhaber und Bankverbindung;
8. die im Zusammenhang mit der jeweiligen materiell-rechtlichen Grundlage zur Konkretisierung der Voraussetzungen für die Rückzahlung oder Erstattung österreichischer Kapitalertragsteuer erforderlichen ergänzenden Informationen, insbesondere betreffend
   a) eines Wohnsitzes in Österreich,
   b) der Vereinnahmung und den Zufluss von Ausschüttungen, Gewinnanteilen, Dividenden, Zinsen, Zuwendungen oder sonstigen Einkünften,
   c) einer Betriebsstätte in Österreich,
   d) Beteiligungen an Personen- oder Kapitalgesellschaften,
   e) Vermögen und Einkünfte von Fonds,
   f) Rechtsgeschäfte und Beteiligungen in Zusammenhang mit verbrieften Genussrechten oder Beteiligungen,
   g) den Umfang der betrieblichen Tätigkeit in Österreich sowie den Betriebsgegenstand,
   h) die Beschäftigung von Arbeitskräften,
   i) das Vorhandensein von Betriebsräumlichkeiten,
   j) Beteiligungsverhältnisse an der antragstellenden Gesellschaft,

   wobei lit. a bis f natürliche, lit. b bis j juristische Personen betreffen;
9. die zur Ermittlung des Rückzahlungsanspruches erforderlichen Daten, insbesondere:
   a) Bezeichnung des Wertpapiers, Fonds, der Kapitalgesellschaft, der Privatstiftung, der inländischen ausschüttenden Gesellschaft, des Derivats, des Zertifikats oder des Schuldners der Zinsen,
   b) in Zusammenhang mit ausschüttenden Gesellschaften oder Privatstiftungen die Firmenbuch oder Steuernummer,

      *(BGBl II 2020/579)*
   c) in Zusammenhang mit Schuldnern von Zinsen gemäß lit. a IBAN und BIC der Kontoverbindung, wo die Zinsen aus Geldeinlagen, nicht verbrieften Forderungen gegenüber Kreditinstituten oder nicht verbrieften Forderungen angefallen sind,
   d) die internationale Wertpapiernummer oder die Sparbuchnummer,
   e) Anzahl oder Nominale der Genussscheine, Gewinnanteile, Aktien, Derivate, Zertifikate,
   f) Ausmaß der Beteiligung in Prozent,
   g) die Depotnummer,
   h) die Daten von Erwerb, Veräußerung, Realisierung, Zahlung, des Ausschüttungsbeschlusses, des Zuflusses und des Ex-Tages,
   i) Angaben zu steuerlichen Anschaffungskosten, Veräußerungserlösen, zum Bruttobetrag der Einkünfte und der einbehaltenen Kapitalertragsteuer und
   j) den Rückzahlungsbetrag.

(2) Bei Vornahme einer Vorausmeldung betreffend die Rückzahlung oder Erstattung österreichischer Einkommen- oder Körperschaftsteuer für Lizenzgebühren gemäß § 99 EStG 1988 sind durch die beschränkt steuerpflichtige Person neben den in Abs. 1 Z 1 bis 7 genannten zudem Informationen anzugeben über:

1. einen allfälligen Wohnsitz in Österreich,
2. die Vereinnahmung und den Zufluss der Lizenzgebühren,
3. Verträge, Optionen oder sonstige Vereinbarungen im Hinblick auf eine etwaige Verpflichtung zur Veräußerung oder Übertragung,
4. eine Betriebsstätte in Österreich oder eine Beteiligung an einer österreichischen Personengesellschaft,
5. den Umfang der betrieblichen Tätigkeit in Österreich sowie den Betriebsgegenstand,
6. die Beschäftigung von Arbeitskräften,
7. das Vorhandensein von Betriebsräumlichkeiten,
8. Beteiligungsverhältnisse an der antragstellenden Gesellschaft,

wobei die Z 1 bis 4 natürliche, die Z 5 bis 8 juristische Personen betreffen,

9. die zur Ermittlung des Rückzahlungsanspruches erforderlichen Daten:
   a) Bezeichnung des Schuldners der Lizenzgebühren mit Name, Adresse und Firmenbuchnummer,
   b) die Art der Lizenzgebühren,
   c) den Zeitpunkt der Zahlung,
   d) den Bruttobetrag der Einkünfte und die Höhe der österreichischen Einkommen- oder Körperschaftsteuer und
   e) den Rückzahlungsbetrag.

(3) Bei Vornahme einer Vorausmeldung betreffend die Rückzahlung oder Erstattung österreichischer Einkommen- oder Körperschaftsteuer für andere abzugspflichtige Vergütungen sind durch die beschränkt steuerpflichtige Person neben den in Abs. 1 Z 1 bis 7 genannten zudem insbesondere Informationen anzugeben über:

1. einen allfälligen Wohnsitz in Österreich,

2. die Vereinnahmung und den Zufluss der Einkünfte,
3. eine Betriebsstätte in Österreich oder eine Beteiligung an einer österreichischen Personengesellschaft,
4. den Umfang der betrieblichen Tätigkeit in Österreich sowie den Betriebsgegenstand,
5. die Beschäftigung von Arbeitskräften,
6. das Vorhandensein von Betriebsräumlichkeiten,
7. Beteiligungsverhältnisse an der antragstellenden Gesellschaft,

wobei die Z 1 bis 3 natürliche, die Z 4 bis 7 juristische Personen betreffen,

8. die zur Ermittlung des Rückzahlungsanspruches erforderlichen Daten:
   a) Bezeichnung des Schuldners und des Leistungsempfängers der Vergütungen mit Name, Adresse und Firmenbuch-, UID- oder Steuernummer,
      *(BGBl II 2020/579)*
   b) die Art der Einkünfte,
   c) den Tätigkeitszeitraum (Aufenthaltstage) in Österreich,
   d) den Zeitpunkt der Zahlung,
   e) das Leistungsentgelt und die Höhe der österreichischen Einkommen- oder Körperschaftsteuer und
   f) den Rückzahlungsbetrag.

(4) Bei Vorausmeldungen in Bezug auf eine Rückzahlung oder Erstattung österreichischer Einkommensteuer betreffend Grenzgänger sind durch die beschränkt steuerpflichtige Person insbesondere anzugeben:

1. Daten zur beschränkt steuerpflichtigen Person: Vor- und Familienname, Geburtsdatum, Steuernummer im Ansässigkeitsstaat oder eine dieser gleichzuhaltenden Identifikationsnummer, österreichische Sozialversicherungsnummer, Adresse und Staat;
2. Daten über einen allfälligen Vertreter mit Familien- und Vorname (bei natürlichen Personen) oder Firmenname (bei juristischen Personen), Bezeichnung der Art der Vollmacht (Geld-, Zustell-, Vertretungsvollmacht), Adresse und Staat;
3. den Ansässigkeitsstaat zum Zeitpunkt des Zuflusses der Einkünfte sowie die Staatsbürgerschaft;
4. die beantragte Rückzahlung als Summe aller Einzelbeträge;
5. Daten für die Überweisung des Rückzahlungsbetrages: Kontoinhaber und Bankverbindung;
6. Anzahl der Aufenthaltstage in Österreich;
7. Informationen zur Ermittlung des Rückzahlungsanspruchs: Name und Adresse des Dienstgebers, Anzahl der Lohnzettel, Höhe der einbehaltenen Lohnsteuer und Rückzahlungsbetrag.

(5) Bei Vorausmeldungen in Bezug auf eine Rückzahlung oder Erstattung österreichischer Einkommensteuer für nicht selbständige Arbeit sind durch die beschränkt steuerpflichtige Person insbesondere anzugeben:

1. Daten zur beschränkt steuerpflichtigen Person: Vor- und Familienname, Geburtsdatum, Steuernummer im Ansässigkeitsstaat oder eine dieser gleichzuhaltenden Identifikationsnummer, österreichische Sozialversicherungsnummer, Adresse und Staat;
2. Daten über einen allfälligen Vertreter mit Familien- und Vorname (bei natürlichen Personen) oder Firmenname (bei juristischen Personen), Bezeichnung der Art der Vollmacht (Geld-, Zustell-, Vertretungsvollmacht), Adresse und Staat;
3. den Ansässigkeitsstaat zum Zeitpunkt des Zuflusses der Einkünfte sowie die Staatsbürgerschaft;
4. die beantragte Rückzahlung als Summe aller Einzelbeträge;
5. Daten für die Überweisung des Rückzahlungsbetrages: Kontoinhaber und Bankverbindung;
6. Informationen zur Ermittlung des Rückzahlungsanspruchs: Name und Adresse des Dienstgebers, Adresse des Einsatzortes, Tätigkeitszeitraum und Aufenthaltstage in Österreich, Anzahl der Lohnzettel, Höhe der einbehaltenen Lohnsteuer und Rückzahlungsbetrag.

(6) Bei Vorausmeldungen in Bezug auf eine Rückzahlung oder Erstattung österreichischer Einkommensteuer betreffend Arbeitskräftegestellung sind durch die beschränkt steuerpflichtige Person insbesondere anzugeben:

1. Daten zur beschränkt steuerpflichtigen Person: Vor- und Familienname, Geburtsdatum, Steuernummer im Ansässigkeitsstaat oder eine dieser gleichzuhaltenden Identifikationsnummer, Adresse und Staat, bei juristischen Personen Firmenname, Gründungsdatum, Steuernummer im Ansässigkeitsstaat oder eine dieser gleichzuhaltenden Identifikationsnummer, Rechtsform, Adresse und Staat;
2. Daten über einen allfälligen Vertreter mit Familien- und Vorname (bei natürlichen Personen) oder Firmenname (bei juristischen Personen), Bezeichnung der Art der Vollmacht (Geld-, Zustell-, Vertretungsvollmacht), Adresse und Staat;
3. den Ansässigkeitsstaat zum Zeitpunkt des Zuflusses der Einkünfte sowie bei natürlichen Personen die Staatsbürgerschaft, bei juristischen Personen der Sitzstaat;
4. die beantragte Rückzahlung als Summe aller Einzelbeträge;

5. Daten für die Überweisung des Rückzahlungsbetrages: Kontoinhaber und Bankverbindung;
6. ergänzende Informationen, insbesondere das Vorhandensein einer Wohnung und allenfalls eines Hauptwohnsitzes in Österreich, Angaben über die Vereinnahmung der angegebenen Einkünfte, das Vorhandensein einer Betriebstätte in Österreich, Beteiligung an einer österreichischen Personengesellschaft;
7. besondere Angaben juristischer Personen, insbesondere über die Ausübung einer Tätigkeit über die bloße Vermögensverwaltung hinaus, Beschäftigung von Arbeitskräften, Vorhandensein eigener Betriebsräumlichkeiten und Beteiligungsverhältnisse an der antragstellenden Gesellschaft;
8. Informationen zur Ermittlung des Rückzahlungsanspruchs: Name, UID-Nummer und Adresse des Betriebssitzes im Inland sowie die Gesamtanzahl der Arbeitnehmer im Antragszeitraum;
9. Vertragsdaten zur Abrechnung: Rechnungsdatum und -nummer, ZKO-Transaktionsnummer, Zeitpunkt der Zahlung, Bruttoleistungsentgelt, Abrechnungszeitraum und einbehaltene Abzugsteuer;
10. Daten zu den Arbeitnehmern: Vor- und Familienname, Geburtsdatum, Staatsbürgerschaft, Adresse und Staat des Wohnsitzes, Art der Tätigkeit und Verwendung des Arbeitnehmers, Ansässigkeitsstaat, allenfalls Anschrift im Ansässigkeitsstaat, Angaben über das Vorhandensein einer Ansässigkeitsbescheinigung des eingesetzten Arbeitnehmers, über die Beilage des Lohnkontos des Arbeitnehmers gemäß § 76 EStG 1988, über den Zeitraum der Beschäftigung in Österreich (Kalendermonat, Anzahl der Arbeitstage in Österreich, Anzahl der Aufenthaltstage in Österreich, Anzahl der angefangenen und vollen Kalendermonate des Beschäftigungsverhältnisses, Bruttobezug, abgeführte Lohnsteuer in Österreich und Steuer auf Lohn) und über die Gesamtzahl der Arbeitstage im Ausland.

*(BGBl II 2020/579)*

(7) Zusätzlich zu den nach Abs. 1 bis 6 erforderlichen Angaben können weitere ergänzende Angaben sowie die Übermittlung ergänzender Unterlagen vorgesehen werden.

*(BGBl II 2020/579)*

### Verfahren

**§ 4.** (1) Das ausgefüllte Web-Formular gemäß § 2 ist über die im Web-Formular vorgesehene elektronische Übermittlungsfunktion einzureichen.

(2) Nach Einlangen des Web-Formulars (Vorausmeldung) ist elektronisch ein Antrag in einem plattformunabhängigen Dateiformat zu erzeugen, der mit einer zu generierenden Transaktionsnummer zu versehen ist.

(3) Dieser Antrag ist der beschränkt steuerpflichtigen Person zur Verfügung zu stellen.

(4) Das Dokument gemäß Abs. 2 ist bei der Stellung des Antrags im Sinne des § 240a Abs. 2 BAO zu verwenden.

### Inkrafttreten

*(BGBl II 2020/579)*

**§ 5.** Die Verordnung tritt mit 1. Jänner 2019 in Kraft.

17/2/11.

## Sitz-Verordnung

BGBl II 2020/579

**Verordnung des Bundesministers für Finanzen zur Festlegung der Sitze der Einrichtungen der Bundesfinanzverwaltung (Sitz-Verordnung – SitzV)**

Auf Grund der §§ 56 Abs. 1, 62 Abs. 1 und 64 Abs. 1 der Bundesabgabenordnung – BAO, BGBl. Nr. 194/1961, zuletzt geändert durch das Bundesgesetz BGBl. I Nr. 99/2020, des § 1 des Bundesgesetzes über die Schaffung eines Amtes für Betrugsbekämpfung, BGBl. I Nr. 104/2019, zuletzt geändert durch das Bundesgesetz BGBl. I Nr. 99/2020 sowie des § 1 des Bundesgesetzes über die Prüfung lohnabhängiger Abgaben und Beiträge, BGBl. I Nr. 98/2018, zuletzt geändert durch das Bundesgesetz BGBl. I Nr. 99/2020, wird verordnet:

### Sitz des Finanzamtes Österreich

**§ 1.** Das Finanzamt Österreich hat seinen Sitz in Linz.

### Sitz des Finanzamtes für Großbetriebe

**§ 2.** Das Finanzamt für Großbetriebe hat seinen Sitz in Wien.

### Sitz des Zollamtes Österreich

**§ 3.** Das Zollamt Österreich hat seinen Sitz in Graz.

### Sitz des Amtes für Betrugsbekämpfung

**§ 4.** Das Amt für Betrugsbekämpfung hat seinen Sitz in Wien.

### Sitz der Zentralen Services

**§ 5.** Die Zentralen Services haben ihren Sitz in Wien.

### Sitz des Prüfdienstes für Lohnabgaben und Beiträge

**§ 6.** Der Prüfdienst für Lohnabgaben und Beiträge hat seinen Sitz in Wien.

### Inkrafttreten

**§ 7.** Diese Verordnung tritt mit 1. Jänner 2021 in Kraft.

17/2/12.

## Steuerliche Erleichterungen aufgrund des Coronavirus

BGBl II 2021/535

**Zweite Verordnung des Bundesministers für Finanzen betreffend die elektronische Einreichung von Anbringen im Zusammenhang mit steuerlichen Erleichterungen aufgrund des Coronavirus**

Auf Grund des § 86a der Bundesabgabenordnung – BAO, BGBl. Nr. 194/1961, zuletzt geändert durch das Bundesgesetz BGBl. I Nr. 140/2021 wird verordnet:

**§ 1.** Bis 30. Juni 2022 ist die Einreichung von Anbringen im Zusammenhang mit folgenden durch das Coronavirus veranlassten steuerlichen Erleichterungen per E-Mail an den Postkorb corona@bmf.gv.at zulässig:

1. Ansuchen um Stundung oder Ratenzahlung;
2. Ansuchen um Neuverteilung der Ratenbeträge im Rahmen des COVID-19-Ratenzahlungsmodells.

**§ 2.** Wird ein Anbringen gemäß § 1 eingereicht, ist das Original des Anbringens vor Einreichung zu unterschreiben und sieben Jahre zu Beweiszwecken aufzubewahren.

**§ 3.** Diese Verordnung tritt mit 22. November 2021 in Kraft und mit Ablauf des 30. Juni 2022 außer Kraft.

**17/2/13.**

## Maßnahmen zur Verhinderung der Verbreitung des Coronavirus

BGBl II 2020/158 idF BGBl II 2021/534

**Verordnung des Bundesministers für Finanzen betreffend die elektronische Übermittlung von Anbringen an die Finanzstrafbehörde im Zusammenhang mit Maßnahmen zur Verhinderung der Verbreitung des Coronavirus**

Aufgrund des § 56 Abs. 2 des Finanzstrafgesetzes – FinStrG, BGBl. Nr. 129/1958, zuletzt geändert durch das Bundesgesetz BGBl. I Nr. 16/2020, wird verordnet:

**§ 1.** Bis zum Ablauf des 30. Juni 2022 ist die Einreichung folgender Anbringen betreffend die Entrichtung von Geldstrafen und Wertersätzen, von Kosten des Strafverfahrens sowie der Zwangs- und Ordnungsstrafen aufgrund von im Zusammenhang mit den Maßnahmen zur Verhinderung der Verbreitung des Coronavirus stehenden wirtschaftlichen Notlagen per E-Mail an den Postkorb corona@bmf.gv.at zulässig:

1. Ansuchen um Stundung oder Ratenzahlung;(BGBl II 2021/534)
2. Anregungen auf Abstandnahme von der Festsetzung von Stundungszinsen;
   *(BGBl II 2021/534)*
3. Ansuchen um Neuverteilung der Ratenbeträge im Rahmen des COVID-19-Ratenzahlungsmodells.
   *(BGBl II 2021/534)*

*(BGBl II 2020/359, BGBl II 2021/5, BGBl II 2021/129, BGBl II 2021/534)*

**§ 2.** Wird ein Anbringen gemäß § 1 eingereicht, ist das Original des Anbringens vor Einreichung zu unterschreiben und sieben Jahre zu Beweiszwecken aufzubewahren.

**§ 3.** (1) Diese Verordnung tritt mit 15. März 2020 in Kraft.

*(BGBl II 2020/359)*

(2) § 1 in der Fassung der Verordnung BGBl. II Nr. 359/2020 tritt mit 1. Juni 2020 in Kraft.

*(BGBl II 2020/359)*

(3) § 1 in der Fassung der Verordnung BGBl. II Nr. 5/2021 tritt mit 1. Jänner 2021 in Kraft.

*(BGBl II 2021/5)*

(4) § 1 in der Fassung der Verordnung BGBl. II Nr. 129/2021 tritt mit 1. April 2021 in Kraft.

*(BGBl II 2021/129)*

(5) § 1 in der Fassung der Verordnung BGBl. II Nr. 534/2021 tritt mit 22. November 2021 in Kraft.

*(BGBl II 2021/534)*

**§ 4.** Diese Verordnung tritt mit Ablauf des 30. Juni 2029 außer Kraft.

*(BGBl II 2020/359, BGBl II 2021/129, BGBl II 2021/534)*

# 17/3. Zustellgesetz

**Zustellgesetz**, BGBl 1982/200 idF

**1** BGBl 1990/357
**2** BGBl I 1998/158
**3** BGBl I 2001/137 (Verwaltungsverfahrensnovelle 2001)
**4** BGBl I 2002/65 (VerwaltungsreformG 2001)
**5** BGBl I 2004/10
**6** BGBl I 2008/5 (VerwZustRÄG 2007)
**7** BGBl I 2010/111 (BudBG 2011)
**8** BGBl I 2013/33 (Verwg-AusfG 2013)
**9** BGBl I 2017/40 (DeregG 2017)
**10** BGBl I 2018/33
**11** BGBl I 2018/104
**12** BGBl I 2020/16 (2. COVID-19-Gesetz)
**13** BGBl I 2020/42 (12. COVID-19-Gesetz)

## GLIEDERUNG





## STICHWORTVERZEICHNIS

**Bundesgesetz über die Zustellung behördlicher Dokumente (Zustellgesetz – ZustG)**

## 1. Abschnitt
## Allgemeine Bestimmungen

### Anwendungsbereich

**§ 1.** Dieses Bundesgesetz regelt die Zustellung der von Gerichten und Verwaltungsbehörden in Vollziehung der Gesetze zu übermittelnden Dokumente sowie die durch sie vorzunehmende Zustellung von Dokumenten ausländischer Behörden.

### Begriffsbestimmungen

**§ 2.** Im Sinne dieses Bundesgesetzes bedeuten die Begriffe:

1. „Empfänger“: die von der Behörde in der Zustellverfügung (§ 5) namentlich als solcher bezeichnete Person;
2. „Dokument“: eine Aufzeichnung, unabhängig von ihrer technischen Form, insbesondere eine behördliche schriftliche Erledigung;
3. „Zustelladresse“: eine Abgabestelle (Z 4) oder elektronische Zustelladresse (Z 5);
4. „Abgabestelle“: die Wohnung oder sonstige Unterkunft, die Betriebsstätte, der Sitz, der Geschäftsraum, die Kanzlei oder auch der Arbeitsplatz des Empfängers, im Falle einer Zustellung anlässlich einer Amtshandlung auch deren Ort, oder ein vom Empfänger der Behörde für die Zustellung in einem laufenden Verfahren angegebener Ort;
5. „elektronische Zustelladresse“: eine vom Empfänger der Behörde für die Zustellung in einem anhängigen oder gleichzeitig anhängig gemachten Verfahren angegebene elektronische Adresse;
6. „Post“: die Österreichische Post AG (§ 3 Z 1 des Postmarktgesetzes – PMG, BGBl. I Nr. 123/2009);
7. „Zustelldienst“: ein Universaldienstbetreiber (§ 3 Z 4 PMG) sowie ein Zustelldienst im Anwendungsbereich des 3. Abschnitts;
   *(BGBl I 2017/40)*
8. „Ermittlungs- und Zustelldienst“: der Zustelldienst, der die Leistungen gemäß § 29 Abs. 2 zu erbringen hat;
   *(BGBl I 2017/40)*
9. „Kunde“: Person, gegenüber der sich ein Zustelldienst, der die Leistungen gemäß § 29 Abs. 1 zu erbringen hat, zur Zustellung behördlicher Dokumente verpflichtet hat.
   *(BGBl I 2017/40)*

### Durchführung der Zustellung

**§ 3.** Soweit die für das Verfahren geltenden Vorschriften nicht eine andere Form der Zustellung vorsehen, hat die Zustellung durch einen Zustelldienst, durch Bedienstete der Behörde oder, wenn dies im Interesse der Zweckmäßigkeit, Einfachheit und Raschheit gelegen ist, durch Organe der Gemeinden zu erfolgen.

### Stellung des Zustellers

**§ 4.** Wer mit der Zustellung betraut ist (Zusteller), handelt hinsichtlich der Wahrung der Gesetzmäßigkeit der Zustellung als Organ der Behörde, deren Dokument zugestellt werden soll.

### Zustellverfügung

**§ 5.** Die Zustellung ist von der Behörde zu verfügen, deren Dokument zugestellt werden soll. Die Zustellverfügung hat den Empfänger möglichst eindeutig zu bezeichnen und die für die Zustellung erforderlichen sonstigen Angaben zu enthalten.

### Mehrmalige Zustellung

**§ 6.** Ist ein Dokument zugestellt, so löst die neuerliche Zustellung des gleichen Dokuments keine Rechtswirkungen aus.

### Heilung von Zustellmängeln

**§ 7.** Unterlaufen im Verfahren der Zustellung Mängel, so gilt die Zustellung als in dem Zeitpunkt dennoch bewirkt, in dem das Dokument dem Empfänger tatsächlich zugekommen ist.

### Änderung der Abgabestelle

**§ 8.** (1) Eine Partei, die während eines Verfahrens, von dem sie Kenntnis hat, ihre bisherige Abgabestelle ändert, hat dies der Behörde unverzüglich mitzuteilen.

(2) Wird diese Mitteilung unterlassen, so ist, soweit die Verfahrensvorschriften nicht anderes vorsehen, die Zustellung durch Hinterlegung ohne vorausgehenden Zustellversuch vorzunehmen, falls eine Abgabestelle nicht ohne Schwierigkeiten festgestellt werden kann.

**§ 8a.** (aufgehoben)

### Zustellungsbevollmächtigter

**§ 9.** (1) Soweit in den Verfahrensvorschriften nicht anderes bestimmt ist, können die Parteien und Beteiligten andere natürliche oder juristische Personen oder eingetragene Personengesellschaften gegenüber der Behörde zur Empfangnahme von Dokumenten bevollmächtigen (Zustellungsvollmacht).

(2) Einer natürlichen Person, die keinen Hauptwohnsitz im Inland hat, kann eine Zustellungsvollmacht nicht wirksam erteilt werden. Gleiches gilt für eine juristische Person oder eingetragene Personengesellschaft, wenn diese keinen zur Empfangnahme von Dokumenten befugten Vertreter mit Hauptwohnsitz im Inland hat. Das Erfordernis des Hauptwohnsitzes im Inland gilt nicht für Staatsangehörige von EWR-Vertragsstaaten, falls Zustellungen durch Staatsverträge mit dem Vertragsstaat des Wohnsitzes des Zustellungsbevollmächtigten oder auf andere Weise sichergestellt sind.

(3) Ist ein Zustellungsbevollmächtigter bestellt, so hat die Behörde, soweit gesetzlich nicht anderes bestimmt ist, diesen als Empfänger zu bezeichnen. Geschieht dies nicht, so gilt die Zustellung als in dem Zeitpunkt bewirkt, in dem das Dokument

dem Zustellungsbevollmächtigten tatsächlich zugekommen ist.

(4) Haben mehrere Parteien oder Beteiligte einen gemeinsamen Zustellungsbevollmächtigten, so gilt mit der Zustellung einer einzigen Ausfertigung des Dokumentes an ihn die Zustellung an alle Parteien oder Beteiligte als bewirkt. Hat eine Partei oder hat ein Beteiligter mehrere Zustellungsbevollmächtigte, so gilt die Zustellung als bewirkt, sobald sie an einen von ihnen vorgenommen worden ist.

(5) Wird ein Anbringen von mehreren Parteien oder Beteiligten gemeinsam eingebracht und kein Zustellungsbevollmächtigter namhaft gemacht, so gilt die an erster Stelle genannte Person als gemeinsamer Zustellungsbevollmächtigter.

(6) § 8 ist auf den Zustellungsbevollmächtigten sinngemäß anzuwenden.

### Zustellung durch Übersendung

**§ 10.** (1) Parteien und Beteiligten, die über keine inländische Abgabestelle verfügen, kann von der Behörde aufgetragen werden, innerhalb einer Frist von mindestens zwei Wochen für bestimmte oder für alle bei dieser Behörde anhängigen oder anhängig zu machenden Verfahren einen Zustellungsbevollmächtigten namhaft zu machen. Kommt die Partei bzw. der Beteiligte diesem Auftrag nicht fristgerecht nach, kann die Zustellung ohne Zustellnachweis durch Übersendung der Dokumente an eine der Behörde bekannte Zustelladresse erfolgen. Ein übersandtes Dokument gilt zwei Wochen nach Übergabe an den Zustelldienst als zugestellt. Auf diese Rechtsfolge ist im Auftrag hinzuweisen.

(2) Eine Zustellung gemäß Abs. 1 ist nicht mehr zulässig, sobald die Partei bzw. der Beteiligte

1. einen Zustellungsbevollmächtigten namhaft gemacht hat oder
2. über eine inländische Abgabestelle verfügt und diese der Behörde bekannt gegeben hat.

*(BGBl I 2017/40)*

### Besondere Fälle der Zustellung

**§ 11.** (1) Zustellungen im Ausland sind nach den bestehenden internationalen Vereinbarungen oder allenfalls auf dem Weg, den die Gesetze oder sonstigen Rechtsvorschriften des Staates, in dem zugestellt werden soll, oder die internationale Übung zulassen, erforderlichenfalls unter Mitwirkung der österreichischen Vertretungsbehörden, vorzunehmen.

(2) Zur Vornahme von Zustellungen an Ausländer oder internationale Organisationen, denen völkerrechtliche Privilegien und Immunitäten zustehen, ist unabhängig von ihrem Aufenthaltsort oder Sitz die Vermittlung des Bundesministeriums für Europa, Integration und Äußeres Anspruch zu nehmen.

*(BGBl I 2017/40)*

(3) Zustellungen an Personen, die nach den Vorschriften des Bundesverfassungsgesetzes über Kooperation und Solidarität bei der Entsendung von Einheiten und Einzelpersonen in das Ausland (KSE-BVG), BGBl. I Nr. 38/1997, in das Ausland entsendet wurden, sind im Wege des zuständigen Bundesministers, sofern aber diese Personen anlässlich ihrer Entsendung zu einer Einheit oder zu mehreren Einheiten zusammengefasst wurden, im Wege des Vorgesetzten der Einheit vorzunehmen.

### Zustellung ausländischer Dokumente im Inland

**§ 12.** (1) Zustellungen von Dokumenten ausländischer Behörden im Inland sind nach den bestehenden internationalen Vereinbarungen, mangels solcher nach diesem Bundesgesetz vorzunehmen. Einem Ersuchen um Einhaltung einer bestimmten davon abweichenden Vorgangsweise kann jedoch entsprochen werden, wenn eine solche Zustellung mit den Grundwertungen der österreichischen Rechtsordnung vereinbar ist.

(2) Die Zustellung eines ausländischen, fremdsprachigen Dokuments, dem keine, im gerichtlichen Verfahren keine beglaubigte, deutschsprachige Übersetzung angeschlossen ist, ist nur zulässig, wenn der Empfänger zu dessen Annahme bereit ist; dies ist anzunehmen, wenn er nicht binnen drei Tagen gegenüber der Behörde, die das Dokument zugestellt hat, erklärt, daß er zur Annahme nicht bereit ist; diese Frist beginnt mit der Zustellung zu laufen und kann nicht verlängert werden.

(3) Ist die Erklärung gemäß Abs. 2 verspätet oder unzulässig, so ist sie zurückzuweisen; sonst hat die Behörde zu beurkunden, daß die Zustellung des fremdsprachigen Dokuments mangels Annahmebereitschaft des Empfängers als nicht bewirkt anzusehen ist.

(4) Für die Zustellung von Dokumenten ausländischer Behörden in Verwaltungssachen gelten, falls in Staatsverträgen nicht anderes bestimmt ist, außerdem die folgenden Bestimmungen:

1. Dokumente werden nur zugestellt, wenn gewährleistet ist, dass auch der ersuchende Staat einem gleichartigen österreichischen Ersuchen entsprechen würde. Das Vorliegen von Gegenseitigkeit kann durch Staatsverträge, die nicht unter Art. 50 B-VG fallen, festgestellt werden.
2. Im Übrigen sind das Europäische Übereinkommen über die Zustellung von Schriftstücken in Verwaltungssachen im Ausland, BGBl. Nr. 67/ 1983, und die von der Republik Österreich gemäß diesem Abkommen abgegebenen Erklärungen sinngemäß anzuwenden.

## 2. Abschnitt
## Physische Zustellung

### Zustellung an den Empfänger

**§ 13.** (1) Das Dokument ist dem Empfänger an der Abgabestelle zuzustellen. Ist aber auf Grund einer Anordnung einer Verwaltungsbehörde oder eines Gerichtes an eine andere Person als den Empfänger zuzustellen, so tritt diese an die Stelle des Empfängers.

(2) Bei Zustellungen durch Organe eines Zustelldienstes oder der Gemeinde darf auch an eine gegenüber dem Zustelldienst oder der Gemeinde zur Empfangnahme solcher Dokumente bevollmächtigte Person zugestellt werden, soweit dies nicht durch einen Vermerk auf der dem Dokument ausgeschlossen ist.

(3) Ist der Empfänger keine natürliche Person, so ist das Dokument einem zur Empfangnahme befugten Vertreter zuzustellen.

(4) Ist der Empfänger eine zur berufsmäßigen Parteienvertretung befugte Person, so ist das Dokument in deren Kanzlei zuzustellen und darf an jeden dort anwesenden Angestellten des Parteienvertreters zugestellt werden; durch Organe eines Zustelldienstes darf an bestimmte Angestellte nicht oder nur an bestimmte Angestellte zugestellt werden, wenn der Parteienvertreter dies schriftlich beim Zustelldienst verlangt hat. Die Behörde hat Angestellte des Parteienvertreters wegen ihres Interesses an der Sache oder auf Grund einer zuvor der Behörde schriftlich abgegebenen Erklärung des Parteienvertreters durch einen Vermerk auf dem Dokument und dem Zustellnachweis von der Zustellung auszuschließen; an sie darf nicht zugestellt werden.

(5) und (6) (aufgehoben)

**§ 14.** Untersteht der Empfänger einer Anstaltsordnung und dürfen ihm auf Grund gesetzlicher Bestimmungen Dokumente nur durch den Leiter der Anstalt oder durch eine von diesem bestimmte Person oder durch den Untersuchungsrichter ausgehändigt werden, so ist das Dokument dem Leiter der Anstalt oder der von ihm bestimmten Person vom Zusteller zur Vornahme der Zustellung zu übergeben.

**§ 15.** (1) Zustellungen an Soldaten, die Präsenz- oder Ausbildungsdienst leisten, sind durch das unmittelbar vorgesetzte Kommando vorzunehmen.

(2) Bei sonstigen Zustellungen in Kasernen oder auf anderen militärisch genutzten Liegenschaften ist das für deren Verwaltung zuständige Kommando vorher davon in Kenntnis zu setzen. Auf Verlangen des Kommandos ist ein von ihm zu bestimmender Soldat oder Bediensteter der Heeresverwaltung dem Zusteller beizugeben.

### Ersatzzustellung

**§ 16.** (1) Kann das Dokument nicht dem Empfänger zugestellt werden und ist an der Abgabestelle ein Ersatzempfänger anwesend, so darf an diesen zugestellt werden (Ersatzzustellung), sofern der Zusteller Grund zur Annahme hat, daß sich der Empfänger oder ein Vertreter im Sinne des § 13 Abs. 3 regelmäßig an der Abgabestelle aufhält.

(2) Ersatzempfänger kann jede erwachsene Person sein, die an derselben Abgabestelle wie der Empfänger wohnt oder Arbeitnehmer oder Arbeitgeber des Empfängers ist und die – außer wenn sie mit dem Empfänger im gemeinsamen Haushalt lebt – zur Annahme bereit ist.

(3) Durch Organe eines Zustelldienstes darf an bestimmte Ersatzempfänger nicht oder nur an bestimmte Ersatzempfänger zugestellt werden, wenn der Empfänger dies schriftlich beim Zustelldienst verlangt hat.

(4) Die Behörde hat Personen wegen ihres Interesses an der Sache oder auf Grund einer schriftlichen Erklärung des Empfängers durch einen Vermerk auf dem Dokument und dem Zustellnachweis von der Ersatzzustellung auszuschließen; an sie darf nicht zugestellt werden.

(5) Eine Ersatzzustellung gilt als nicht bewirkt, wenn sich ergibt, daß der Empfänger oder dessen Vertreter im Sinne des § 13 Abs. 3 wegen Abwesenheit von der Abgabestelle nicht rechtzeitig vom Zustellvorgang Kenntnis erlangen konnte, doch wird die Zustellung mit dem der Rückkehr an die Abgabestelle folgenden Tag wirksam.

### Hinterlegung

**§ 17.** (1) Kann das Dokument an der Abgabestelle nicht zugestellt werden und hat der Zusteller Grund zur Annahme, daß sich der Empfänger oder ein Vertreter im Sinne des § 13 Abs. 3 regelmäßig an der Abgabestelle aufhält, so ist das Dokument im Falle der Zustellung durch den Zustelldienst bei seiner zuständigen Geschäftsstelle, in allen anderen Fällen aber beim zuständigen Gemeindeamt oder bei der Behörde, wenn sie sich in derselben Gemeinde befindet, zu hinterlegen.

(2) Von der Hinterlegung ist der Empfänger schriftlich zu verständigen. Die Verständigung ist in die für die Abgabestelle bestimmte Abgabeeinrichtung (Briefkasten, Hausbrieffach oder Briefeinwurf) einzulegen, an der Abgabestelle zurückzulassen oder, wenn dies nicht möglich ist, an der Eingangstüre (Wohnungs-, Haus-, Gartentüre) anzubringen. Sie hat den Ort der Hinterlegung zu bezeichnen, den Beginn und die Dauer der Abholfrist anzugeben sowie auf die Wirkung der Hinterlegung hinzuweisen.

(3) Das hinterlegte Dokument ist mindestens zwei Wochen zur Abholung bereitzuhalten. Der Lauf dieser Frist beginnt mit dem Tag, an dem das Dokument erstmals zur Abholung bereitgehalten wird. Hinterlegte Dokumente gelten mit dem ersten Tag dieser Frist als zugestellt. Sie gelten nicht als zugestellt, wenn sich ergibt, daß der Empfänger oder dessen Vertreter im Sinne des § 13 Abs. 3 wegen Abwesenheit von der Abgabestelle nicht rechtzeitig vom Zustellvorgang Kenntnis erlangen konnte, doch wird die Zustellung an dem der Rückkehr an die Abgabestelle folgenden Tag innerhalb der Abholfrist wirksam, an dem das hinterlegte Dokument behoben werden könnte.

(4) Die im Wege der Hinterlegung vorgenommene Zustellung ist auch dann gültig, wenn die im Abs. 2 genannte Verständigung beschädigt oder entfernt wurde.

**§ 17a.** (aufgehoben)

### Nachsendung

**§ 18.** (1) Hält sich der Empfänger nicht regelmäßig (§ 17 Abs. 1) an der Abgabestelle auf, so ist das

Dokument an eine andere inländische Abgabestelle nachzusenden, wenn es

1. durch Organe eines Zustelldienstes zugestellt werden soll und nach den für die Beförderung von Postsendungen geltenden Vorschriften die Nachsendung vorgesehen ist; in diesem Fall ist die neue Anschrift des Empfängers auf dem Zustellnachweis (Zustellschein, Rückschein) zu vermerken;
2. durch Organe der Behörde oder einer Gemeinde zugestellt werden soll, die neue Abgabestelle ohne Schwierigkeit festgestellt werden kann und im örtlichen Wirkungsbereich der Behörde oder der Gemeinde liegt.

(2) Dokumente, deren Nachsendung durch einen auf ihnen angebrachten Vermerk ausgeschlossen ist, sind nicht nachzusenden.

### Rücksendung, Weitersendung und Vernichtung

**§ 19.** (1) Dokumente, die weder zugestellt werden können, noch nachzusenden sind oder die zwar durch Hinterlegung zugestellt, aber nicht abgeholt worden sind, sind entweder an den Absender zurückzusenden, an eine vom Absender zu diesem Zweck bekanntgegebene Stelle zu senden oder auf Anordnung des Absenders nachweislich zu vernichten.

(2) Auf dem Zustellnachweis (Zustellschein, Rückschein) ist der Grund der Rücksendung, Weitersendung oder Vernichtung zu vermerken.

### Verweigerung der Annahme

**§ 20.** (1) Verweigert der Empfänger oder ein im gemeinsamen Haushalt mit dem Empfänger lebender Ersatzempfänger die Annahme ohne Vorliegen eines gesetzlichen Grundes, so ist das Dokument an der Abgabestelle zurückzulassen oder, wenn dies nicht möglich ist, nach § 17 ohne die dort vorgesehene schriftliche Verständigung zu hinterlegen.

(2) Zurückgelassene Dokumente gelten damit als zugestellt.

(3) Wird dem Zusteller der Zugang zur Abgabestelle verwehrt, verleugnet der Empfänger seine Anwesenheit, oder läßt er sich verleugnen, so gilt dies als Verweigerung der Annahme.

### Zustellung zu eigenen Handen

**§ 21.** Dem Empfänger zu eigenen Handen zuzustellende Dokumente dürfen nicht an einen Ersatzempfänger zugestellt werden.

### Zustellnachweis

**§ 22.** (1) Die Zustellung ist vom Zusteller auf dem Zustellnachweis (Zustellschein, Rückschein) zu beurkunden.

(2) Der Übernehmer des Dokuments hat die Übernahme auf dem Zustellnachweis durch seine Unterschrift unter Beifügung des Datums und, wenn er nicht der Empfänger ist, seines Naheverhältnisses zu diesem zu bestätigen. Verweigert er die Bestätigung, so hat der Zusteller die Tatsache der Verweigerung, das Datum und gegebenenfalls das Naheverhältnis des Übernehmers zum Empfänger auf dem Zustellnachweis zu vermerken. Der Zustellnachweis ist dem Absender unverzüglich zu übersenden.

(3) An die Stelle der Übersendung des Zustellnachweises kann die elektronische Übermittlung einer Kopie des Zustellnachweises oder der sich daraus ergebenden Daten treten, wenn die Behörde dies nicht durch einen entsprechenden Vermerk auf dem Zustellnachweis ausgeschlossen hat. Das Original des Zustellnachweises ist mindestens fünf Jahre nach Übermittlung aufzubewahren und der Behörde auf deren Verlangen unverzüglich zu übersenden.

(4) Liegen die technischen Voraussetzungen dafür vor, so kann die Beurkundung der Zustellung auch elektronisch erfolgen. In diesem Fall hat der Übernehmer auf einer technischen Vorrichtung zu unterschreiben; an die Stelle der Unterschriftsleistung kann auch die Identifikation und Authentifizierung mit der Bürgerkarte (§ 2 Z 10 des E-Government-Gesetzes – E-GovG, BGBl. I Nr. 10/2004) treten. Die die Beurkundung der Zustellung betreffenden Daten sind dem Absender unverzüglich zu übermitteln.

### Hinterlegung ohne Zustellversuch

**§ 23.** (1) Hat die Behörde auf Grund einer gesetzlichen Vorschrift angeordnet, daß ein Dokument ohne vorhergehenden Zustellversuch zu hinterlegen ist, so ist dieses sofort bei der zuständigen Geschäftsstelle des Zustelldienstes, beim Gemeindeamt oder bei der Behörde selbst zur Abholung bereitzuhalten.

(2) Die Hinterlegung ist von der zuständigen Geschäftsstelle des Zustelldienstes oder vom Gemeindeamt auf dem Zustellnachweis, von der Behörde auch auf andere Weise zu beurkunden.

(3) Soweit dies zweckmäßig ist, ist der Empfänger durch eine an die angegebene inländische Abgabestelle zuzustellende schriftliche Verständigung oder durch mündliche Mitteilung an Personen, von denen der Zusteller annehmen kann, daß sie mit dem Empfänger in Verbindung treten können, von der Hinterlegung zu unterrichten.

(4) Das so hinterlegte Dokument gilt mit dem ersten Tag der Hinterlegung als zugestellt.

### Unmittelbare Ausfolgung

**§ 24.** Dem Empfänger können

1. versandbereite Dokumente unmittelbar bei der Behörde,
2. Dokumente, die die Behörde an eine andere Dienststelle übermittelt hat, unmittelbar bei dieser ausgefolgt werden. Die Ausfolgung ist von der Behörde bzw. von der Dienststelle zu beurkunden; § 22 Abs. 2 bis 4 ist sinngemäß anzuwenden.

**Zustellung am Ort des Antreffens**

**§ 24a.** Dem Empfänger kann an jedem Ort zugestellt werden, an dem er angetroffen wird, wenn er

1. zur Annahme bereit ist oder
2. über keine inländische Abgabestelle verfügt.

**Zustellung durch öffentliche Bekanntmachung**

**§ 25.** (1) Zustellungen an Personen, deren Abgabestelle unbekannt ist, oder an eine Mehrheit von Personen, die der Behörde nicht bekannt sind, können, wenn es sich nicht um ein Strafverfahren handelt, kein Zustellungsbevollmächtigter bestellt ist und nicht gemäß § 8 vorzugehen ist, durch Kundmachung an der Amtstafel, daß ein zuzustellendes Dokument bei der Behörde liegt, vorgenommen werden. Findet sich der Empfänger zur Empfangnahme des Dokuments (§ 24) nicht ein, so gilt, wenn gesetzlich nicht anderes bestimmt ist, die Zustellung als bewirkt, wenn seit der Kundmachung an der Amtstafel der Behörde zwei Wochen verstrichen sind.

(2) Die Behörde kann die öffentliche Bekanntmachung in anderer geeigneter Weise ergänzen.

**Zustellung ohne Zustellnachweis**

**§ 26.** (1) Wurde die Zustellung ohne Zustellnachweis angeordnet, wird das Dokument zugestellt, indem es in die für die Abgabestelle bestimmte Abgabeeinrichtung (§ 17 Abs. 2) eingelegt oder an der Abgabestelle zurückgelassen wird.

(2) Die Zustellung gilt als am dritten Werktag nach der Übergabe an das Zustellorgan bewirkt. Im Zweifel hat die Behörde die Tatsache und den Zeitpunkt der Zustellung von Amts wegen festzustellen. Die Zustellung wird nicht bewirkt, wenn sich ergibt, dass der Empfänger wegen Abwesenheit von der Abgabestelle nicht rechtzeitig vom Zustellvorgang Kenntnis erlangen konnte, doch wird die Zustellung mit dem der Rückkehr an die Abgabestelle folgenden Tag wirksam.

**Zustellrechtliche Begleitmaßnahmen zu COVID-19**

**§ 26a.** Zur Verhinderung der Verbreitung von COVID-19 gelten für die Zustellung mit Zustellnachweis der von Gerichten bzw. von Verwaltungsbehörden zu übermittelnden Dokumente sowie die durch die Gerichte bzw. die Verwaltungsbehörden vorzunehmende Zustellung von Dokumenten ausländischer Behörden (§ 1) folgende Erleichterungen:

1. Das Dokument wird dem Empfänger zugestellt, indem es in die für die Abgabestelle bestimmte Abgabeeinrichtung (§ 17 Abs. 2) eingelegt oder an der Abgabestelle zurückgelassen wird; die Zustellung gilt in diesem Zeitpunkt als bewirkt. Soweit dies ohne Gefährdung der Gesundheit des Zustellers möglich ist, ist der Empfänger durch schriftliche, mündliche oder telefonische Mitteilung an ihn selbst oder an Personen, von denen angenommen werden kann, dass sie mit dem Empfänger in Verbindung treten können, von der Zustellung zu verständigen. Die Zustellung wird nicht bewirkt, wenn sich ergibt, dass der Empfänger wegen Abwesenheit von der Abgabestelle nicht rechtzeitig vom Zustellvorgang Kenntnis erlangen konnte, doch wird die Zustellung mit dem der Rückkehr an die Abgabestelle folgenden Tag wirksam.
2. Ist das Dokument anderen Personen als dem Empfänger zuzustellen oder kann es diesen zugestellt werden (§ 13 Abs. 1 zweiter Satz und Abs. 2 bis 4 und §§ 14 bis 16), ist Z 1 sinngemäß anzuwenden."
3. Die Zustellung, die Form der Verständigung von der Zustellung sowie gegebenenfalls die Gründe, aus denen eine Verständigung nicht möglich war, sind vom Zusteller auf dem Zustellnachweis (Zustellschein, Rückschein) zu beurkunden. Der Zustellnachweis ist dem Absender unverzüglich zu übersenden; § 22 Abs. 2 ist nicht anzuwenden. „§ 22 Abs. 4 ist mit folgenden Maßgaben anzuwenden:
   a) Die elektronische Beurkundung hat anstatt durch den Übernehmer durch den Zusteller zu erfolgen.
   b) Die Beurkundung der Form der Verständigung von der Zustellung sowie gegebenenfalls der Gründe, aus denen eine Verständigung nicht möglich war, kann, wenn sie aus technischen Gründen nicht auf dem Zustellnachweis elektronisch erfolgen kann, auch auf andere elektronische Weise erfolgen; auch diese Daten sind dem Absender unverzüglich zu übermitteln.

   *(BGBl I 2020/42)*

*(BGBl I 2020/16, BGBl I 2020/42)*

**Ausstattung der Dokumente; Zustellformulare; Zustellnachweise**

**§ 27.** Soweit dies erforderlich ist, hat die Bundesregierung durch Verordnung nähere Bestimmungen über

1. die Ausstattung der zuzustellenden Dokumente,
2. die bei der Zustellung verwendbaren Formulare und
3. die für die elektronische Übermittlung gemäß § 22 Abs. 3 sowie für die Speicherung und Übermittlung der die Beurkundung der Zustellung betreffenden Daten erforderlichen technischen Voraussetzungen

zu erlassen.

**3. Abschnitt**
**Elektronische Zustellung**

**Anwendungsbereich**

**§ 28.** (1) Soweit die für das Verfahren geltenden Vorschriften nicht anderes bestimmen, ist eine elektronische Zustellung nach den Bestimmungen dieses Abschnitts vorzunehmen.

(2) Die elektronische Zustellung der ordentlichen Gerichte richtet sich nach den §§ 89a ff des Gerichtsorganisationsgesetzes – GOG, RGBl. Nr. 217/1896. Im Anwendungsbereich der Bundesabgabenordnung – BAO, BGBl. Nr. 194/1961, und des Zollrechts (§ 1 Abs. 2 und im erweiterten Sinn gemäß § 2 Abs. 1 des Zollrechts Durchführungsgesetzes – ZollR DG, BGBl. Nr. 659/1994) richtet sich die elektronische Zustellung nach der BAO und den einschlägigen zollrechtlichen Vorschriften.

*(BGBl I 2017/40, BGBl I 2018/104)*

(3) Die elektronische Zustellung hat über eine elektronische Zustelladresse gemäß § 37 Abs. 1 iVm. § 2 Z 5, durch unmittelbare elektronische Ausfolgung gemäß § 37a oder durch eines der folgenden Zustellsysteme zu erfolgen:

1. zugelassener Zustelldienst gemäß § 30,
2. Kommunikationssystem der Behörde gemäß § 37,
3. elektronischer Rechtsverkehr gemäß den §§ 89a ff GOG,
4. vom Bundeskanzler zur Verfügung gestellte IKT-Lösungen und IT-Verfahren für das Personalmanagement.

Die Auswahl des Zustellsystems obliegt dem Absender.

*(BGBl I 2018/104)*

(4) Elektronische Zustellungen mit Zustellnachweis sind ausschließlich durch Zustellsysteme gemäß Abs. 3 Z 1 und 3 sowie im Fall des § 37a zweiter Satz zulässig.

*(BGBl I 2018/104)*

### Teilnehmerverzeichnis

**§ 28a.** (1) Der Bundesminister für Digitalisierung und Wirtschaftsstandort stellt ein elektronisches Teilnehmerverzeichnis mit hoher Zuverlässigkeit zur Verfügung. In diesem elektronischen Teilnehmerverzeichnis ist die Speicherung von Daten über Teilnehmer (Empfänger) vorzunehmen. Der Bundesminister für Digitalisierung und Wirtschaftsstandort hat im elektronischen Teilnehmerverzeichnis folgende Leistungen nach dem jeweiligen Stand der Technik zu erbringen:

1. die Schaffung der technischen Voraussetzungen für die Verarbeitung der Daten der Teilnehmer gemäß § 28b unter Einhaltung der technischen Schnittstellen und Spezifikationen;
2. die Ermittlung, ob Daten eines Teilnehmers im Teilnehmerverzeichnis enthalten sind und der Teilnehmer somit adressierbar ist;
3. die Rückmeldung der Daten gemäß § 34 Abs. 1;
4. die elektronische Versendung von einer Information gemäß § 34 Abs. 4 und
5. die Protokollierung von Anfragen und der übermittelten Ergebnisse.

(2) Die Leistungen des Teilnehmerverzeichnisses sind durch ein kostendeckendes Entgelt dem Zustellsystem, das die Zustellleistung erbringt, in Rechnung zu stellen.

(3) Die Verfügbarkeit des Teilnehmerverzeichnisses ist vom Bundesminister für Digitalisierung und Wirtschaftsstandort im Bundesgesetzblatt kundzumachen.

*(BGBl I 2018/104)*

### Anmeldung zum und Abmeldung vom Teilnehmerverzeichnis

**§ 28b.** (1) Die Anmeldung zum und die Abmeldung vom Teilnehmerverzeichnis sowie die Änderung der Teilnehmerdaten haben über das Anzeigemodul gemäß § 37b oder mit Zustimmung automatisiert über andere elektronische Verfahren zu erfolgen. Die Anmeldung gilt als Einwilligung zum Empfang von Zustellstücken in elektronischer Form. Für die Entgegennahme von Zustellungen mit Zustellnachweis oder nachweislichen Zusendungen hat die Anmeldung unter Verwendung der Bürgerkarte (§ 2 Z 10 E-GovG) zu erfolgen. Im Teilnehmerverzeichnis dürfen folgende Daten verarbeitet werden:

1. Name bzw. Bezeichnung des Teilnehmers,
2. bei natürlichen Personen das Geburtsdatum,
3. die zur eindeutigen Identifikation des Teilnehmers im Bereich „Zustellwesen“ erforderlichen Daten:
   a) bei natürlichen Personen das bereichsspezifische Personenkennzeichen (§ 9 E-GovG),
   b) sonst die Stammzahl (§ 6 E-GovG) und soweit vorhanden die Global Location Number (GLN),
   c) soweit vorhanden ein oder mehrere Anschriftcodes des Zustellsystems gemäß § 28 Abs. 3 Z 3,
4. mindestens eine elektronische Adresse, an die die Verständigungen gemäß § 35 Abs. 1 und 2 erster Satz übermittelt werden können,
5. Angaben, ob ein Dokument an den Empfänger auch nachweislich zugestellt werden kann,
6. Angaben, ob elektronische Zustellungen nur über ein bestimmtes Zustellsystem oder nach bestimmten Verfahrensvorschriften zugestellt werden können,
7. Angaben des Teilnehmers darüber, welche Formate über die weit verbreiteten hinaus die zuzustellenden Dokumente aufweisen müssen, damit er zu ihrer Annahme bereit ist,
8. Angaben darüber, ob der Teilnehmer Zustellungen außerhalb der Ausübung seiner beruflichen Tätigkeit über das Zustellsystem gemäß § 28 Abs. 3 Z 3 nicht erhalten möchte,
9. Adressmerkmale, soweit diese automatisiert aus Registern von Verantwortlichen des öffentlichen Bereichs zu übernehmen sind, und
10. weitere Daten, die zur Vollziehung des Gesetzes oder aufgrund der Anmeldung gemäß Abs. 4 übermittelt werden.

(2) Der Teilnehmer hat über das Anzeigemodul Änderungen der in Abs. 1 genannten Daten dem Teilnehmerverzeichnis unverzüglich bekanntzugeben, sofern dies nicht jene Daten betrifft, die durch Abfragen von Registern von Verantwortlichen des öffentlichen Bereichs automationsunterstützt aktualisiert werden. Darüber hinaus kann er dem Teilnehmerverzeichnis mitteilen, dass die Zustellung oder Zusendung innerhalb bestimmter Zeiträume ausgeschlossen sein soll.

(3) Die gemäß § 29 Abs. 2 Z 1 in der Fassung des Deregulierungsgesetzes 2017, BGBl. I Nr. 40/2017, gespeicherten Daten des Ermittlungs- und Zustelldienstes über Kunden der elektronischen Zustelldienste sind automationsunterstützt vom Ermittlungs- und Zustelldienst an das Teilnehmerverzeichnis zu übermitteln. Diese Personen gelten als angemeldete Teilnehmer im Sinne des Abs. 1.

(4) Die Anmeldedaten und Änderungen von FinanzOnline-Teilnehmern, die nicht auf die elektronische Zustellung nach der BAO verzichtet haben und Unternehmer im Sinne des § 3 Z 20 des Bundesgesetzes über die Bundesstatistik – Bundesstatistikgesetz 2000, BGBl. I Nr. 163/1999, sind, sind vom Bundesminister für Finanzen automationsunterstützt an das Teilnehmerverzeichnis zu übermitteln; die Daten anderer FinanzOnline-Teilnehmer nur mit deren Einwilligung. Die Unternehmer gelten unbeschadet der Bestimmung des § 1b Abs. 2 bis 4 E GovG als angemeldete Teilnehmer im Sinne des Abs. 1.

(5) Die Anmeldedaten und Änderungen von im Zustellsystem gemäß § 28 Abs. 3 Z 3 erfassten Teilnehmern sind von diesem Zustellsystem automationsunterstützt bis auf Widerspruch des Teilnehmers an das Teilnehmerverzeichnis zu übermitteln. Diese Personen gelten unbeschadet der Bestimmung des § 1b Abs. 2 bis 4 E GovG als angemeldete Teilnehmer im Sinne des Abs. 1.

(6) Soweit die Gesetze nicht anderes bestimmen, kann eine vollständige oder teilweise Abmeldung vom Teilnehmerverzeichnis unter Verwendung der Authentifizierungsmethoden gemäß Abs. 1 oder durch eine vom Teilnehmer unterschriebene schriftliche Erklärung erfolgen. Sie wird zwei Wochen nach dem Einlangen beim Teilnehmerverzeichnis wirksam. Der Teilnehmer ist über seine elektronische Adresse gemäß Abs. 1 Z 4 über die Abmeldung unverzüglich zu informieren und hat die Möglichkeit, diese binnen zwei Wochen ab Einlangen der Information rückgängig zu machen. Wird der Tod einer natürlichen Person oder das Ende einer juristischen Person, die Teilnehmer ist, über eine Registerabfrage automationsunterstützt bekannt, ist der Teilnehmer aus dem Teilnehmerverzeichnis unverzüglich zu löschen.

*(BGBl I 2018/104)*

### Leistungen der Zustelldienste

**§ 29.** (1) Jeder Zustelldienst hat die Zustellung behördlicher Dokumente an Teilnehmer vorzunehmen (Zustellleistung). Die Zustellleistung umfasst folgende, nach dem jeweiligen Stand der Technik zu erbringende Leistungen:

1. die Schaffung der technischen Voraussetzungen für die Entgegennahme der zuzustellenden Dokumente (§ 34 Abs. 1);
2. das Betreiben einer technischen Einrichtung mit hoher Zuverlässigkeit für die sichere elektronische Bereithaltung der zuzustellenden Dokumente;
3. die Bereitstellung eines Verfahrens zur identifizierten und authentifizierten Abholung der bereitgehaltenen Dokumente über das Anzeigemodul gemäß § 37b Abs. 2;
4. die Protokollierung von Daten im Sinn des § 35 Abs. 3 fünfter Satz und die Übermittlung dieser Daten an den Absender;
5. die unverzügliche Verständigung des Absenders, wenn ein Dokument nicht abgeholt wird;
6. die Weiterleitung des Dokuments, der das Dokument beschreibenden Daten, der Verständigungsadressdaten gemäß § 28b Abs. 1 Z 4 sowie die elektronische Information für die technische Möglichkeit der elektronischen identifizierten und authentifizierten Abholung des Dokuments an das Anzeigemodul (§ 37b).

Die Behörde hat für die Erbringung der Leistungen gemäß Z 1 bis 6 ein Entgelt zu entrichten.

*(BGBl I 2018/104)*

(2) (aufgehoben)

*(BGBl I 2018/104)*

(3) Zustelldienste haben als weitere Leistung die Zusendung von Dokumenten im Auftrag von Verantwortlichen des öffentlichen Bereichs nicht in Vollziehung der Gesetze (§ 1) gemäß den Anforderungen des Abs. 1 zu erfüllen. Für diese Zusendungen darf vom Zustelldienst zum Zweck der Anzeige über das Anzeigemodul das Teilnehmerverzeichnis und das Anzeigemodul zu denselben Bedingungen wie bei der Zustellung behördlicher Dokumente verwendet werden.

*(BGBl I 2018/104)*

(4) Zustelldienste sind hinsichtlich der von ihnen für die Besorgung ihrer Aufgaben verwendeten Daten Verantwortliche (Art. 4 Z 7 Verordnung (EU) 2016/679 zum Schutz natürlicher Personen bei der Verarbeitung personenbezogener Daten, zum freien Datenverkehr und zur Aufhebung der Richtlinie 95/46/EG (Datenschutz-Grundverordnung) – DSGVO, ABl. Nr. L 119 vom 4. 5. 2016 S. 1). Sie dürfen die ihnen zur Kenntnis gelangten Daten der Empfänger – soweit keine besonderen vertraglichen Vereinbarungen mit diesen bestehen – ausschließlich für den Zweck der Zustellung bzw. Zusendung verwenden. Der Abschluss eines Vertrags über die Zustellleistung sowie der Inhalt eines solchen Vertrags dürfen nicht von der Einwilligung zur Weitergabe von Daten an Dritte abhängig gemacht werden; eine Weitergabe von Daten über

Herkunft und Inhalt zuzustellender Dokumente an Dritte darf nicht vereinbart werden.

*(BGBl I 2018/104)*

(5) Auf natürliche Personen, die an der Erbringung der Leistungen gemäß Abs. 1 mitwirken, ist in Hinblick auf Daten über Herkunft und Inhalt zuzustellender behördlicher Dokumente § 46 Abs. 1 bis 4 des Beamten-Dienstrechtsgesetzes 1979, BGBl. Nr. 333/1979, sinngemäß anzuwenden. Hinsichtlich der abgabenrechtlichen Geheimhaltungspflicht des § 48a der Bundesabgabenordnung, BGBl. Nr. 194/1961, gelten diese Personen als Beamte im Sinne des § 74 Abs. 1 Z 4 des Strafgesetzbuches, BGBl. Nr. 60/1974.

*(BGBl I 2017/40, BGBl I 2018/104)*

(6) (aufgehoben)

*(BGBl I 2018/104)*

(7) Die Zustellleistung (Abs. 1) ist so zu erbringen, dass für behinderte Menschen ein barrierefreier Zugang zu dieser Leistung nach dem jeweiligen Stand der Technik gewährleistet ist.

### Zulassung als Zustelldienst

**§ 30.** (1) Die Erbringung der Zustellleistung (§ 29 Abs. 1) bedarf einer Zulassung, deren Erteilung beim Bundesminister für Digitalisierung und Wirtschaftsstandort zu beantragen ist. Voraussetzungen für die Erteilung der Zulassung sind die für die ordnungsgemäße Erbringung der Zustellleistung erforderliche technische und organisatorische Leistungsfähigkeit sowie die rechtliche, insbesondere datenschutzrechtliche Verlässlichkeit des Zustelldienstes. Die Erfüllung der Zulassungsvoraussetzungen ist durch ein Gutachten einer Konformitätsbewertungsstelle gemäß Artikel 2 Nummer 13 der Verordnung (EG) Nr. 765/2008, über die Vorschriften für die Akkreditierung und Marktüberwachung im Zusammenhang mit der Vermarktung von Produkten und zur Aufhebung der Verordnung (EWG) Nr. 339/93 des Rates, ABl. Nr. L 218 vom 13.08.2008 S. 30, die zur Durchführung der Konformitätsbewertung qualifizierter Vertrauensdiensteanbieter und der von ihnen erbrachten qualifizierten Diensten für die Zustellung elektronischer Einschreiben gemäß Art. 44 der Verordnung (EU) Nr. 910/2014 über elektronische Identifizierung und Vertrauensdienste für elektronische Transaktionen im Binnenmarkt und zur Aufhebung der Richtlinie 1999/93/EG, ABl. Nr. L 257 vom 28.08.2014 S. 73, in der Fassung der Berichtigung ABl. Nr. L 23 vom 29.01.2015 S. 19 (eIDAS VO) akkreditiert ist, nachzuweisen. Das Gutachten darf nicht älter als zwei Monate sein und ist dem Bundesminister für Digitalisierung und Wirtschaftsstandort vorzulegen. Mit dem Antrag auf Zulassung sind weiters allgemeine Geschäftsbedingungen vorzulegen, die den gesetzlichen Anforderungen zu entsprechen haben und der ordnungsgemäßen Erbringung der Zustellleistung nicht entgegenstehen dürfen.

*(BGBl I 2018/104)*

(2) Der Zulassungsbescheid ist schriftlich zu erlassen; wenn es für die Gewährleistung der Leistungsfähigkeit und Verlässlichkeit erforderlich ist, sind darin Auflagen zu erteilen und Bedingungen vorzuschreiben.

(3) Der Bundesminister für Digitalisierung und Wirtschaftsstandort hat eine Liste der zugelassenen Zustelldienste einschließlich der in den Zulassungsbescheiden erteilten Auflagen und vorgeschriebenen Bedingungen (Abs. 2) und der gemäß § 31 Abs. 2 zweiter Satz erteilten Auflagen im Internet zu veröffentlichen.

*(BGBl I 2018/104)*

(4) Wenn eine Zulassungsvoraussetzung wegfällt oder ihr ursprünglicher Mangel nachträglich hervorkommt, hat der Bundesminister für Digitalisierung und Wirtschaftsstandort die Behebung des Mangels innerhalb einer angemessenen Frist anzuordnen. Ist die Behebung des Mangels nicht möglich oder erfolgt sie nicht innerhalb der gesetzten Frist, ist die Zulassung durch Bescheid zu widerrufen.

*(BGBl I 2018/104)*

(5) Zugelassene Zustelldienste haben ab der Rechtskraft des Zulassungsbescheids alle zwei Jahre ein Gutachten gemäß Abs. 1 dem Bundesminister für Digitalisierung und Wirtschaftsstandort vorzulegen.

*(BGBl I 2018/104)*

### Aufsicht

**§ 31.** (1) Die Zustelldienste unterliegen der Aufsicht durch den Bundesminister für Digitalisierung und Wirtschaftsstandort. Sie sind verpflichtet, dem Bundesminister für Digitalisierung und Wirtschaftsstandort jede Änderung der die Voraussetzung der Zulassung gemäß § 30 bildenden Umstände unverzüglich bekanntzugeben.

*(BGBl I 2018/104)*

(2) Der Bundesminister für Digitalisierung und Wirtschaftsstandort hat die Aufsicht über die Zustelldienste dahin auszuüben, dass diese die Gesetze und Verordnungen nicht verletzen, insbesondere ihren Aufgabenbereich nicht überschreiten und die ihnen gesetzlich obliegenden Aufgaben erfüllen. Zu diesem Zweck ist der Bundesminister für Digitalisierung und Wirtschaftsstandort berechtigt, Auskünfte einzuholen und gegebenenfalls Auflagen vorzuschreiben, wenn die ordnungsgemäße Erbringung der Leistungen sonst nicht gewährleistet ist. Die Zustelldienste haben dem Bundesminister für Digitalisierung und Wirtschaftsstandort die geforderten Auskünfte unverzüglich, spätestens jedoch binnen zwei Wochen zu erteilen.

*(BGBl I 2018/104)*

**§ 32.** (aufgehoben)

*(BGBl I 2017/40, BGBl I 2018/104)*

**§ 33.** (aufgehoben)

*(BGBl I 2018/104)*

**Abfrage des Teilnehmerverzeichnisses und Übermittlung des zuzustellenden Dokuments**

**§ 34.** (1) Die zustellende Behörde oder in ihrem Auftrag ein Zustellsystem gemäß § 28 Abs. 3 Z 1 bis 4 hat durch elektronische Abfrage des Teilnehmerverzeichnisses zu ermitteln, ob der Empfänger

1. beim Teilnehmerverzeichnis angemeldet ist und
2. die Zustellung nicht gemäß § 28b Abs. 2 zweiter Satz ausgeschlossen hat.

Liegen diese Voraussetzungen der Z 1 und 2 vor, so sind die Informationen gemäß § 28b Abs. 1 Z 3 und 6 bis 8 der Behörde oder dem in ihrem Auftrag tätigen Zustellsystem zu übermitteln; andernfalls ist dieser oder diesem mitzuteilen, dass diese Voraussetzungen nicht vorliegen. Steht der Behörde ein vom Empfänger akzeptiertes Format zur Verfügung, so hat sie das zuzustellende Dokument in diesem Format dem in ihrem Auftrag tätigen Zustellsystem zu übermitteln.

(2) Eine Abfrage zur Ermittlung der in Abs. 1 angeführten Daten darf nur

1. zum Zweck der Zustellung von Dokumenten auf Grund eines Auftrags einer Behörde nach Abs. 1 oder
2. zum Zweck der Zusendung von Dokumenten auf Grund eines Auftrags eines Verantwortlichen des öffentlichen Bereichs erfolgen.

Als Suchkriterien dürfen nur die Daten gemäß § 28b Abs. 1 Z 1 bis 5, 9 und 10 verwendet werden.

(3) Verpflichteten Teilnehmern des elektronischen Rechtsverkehrs (§ 89c GOG) ist in das Zustellsystem gemäß § 28 Abs. 3 Z 3 zuzustellen.

(4) Liegen die Voraussetzungen für eine elektronische Zustellung gemäß Abs. 1 nicht vor, kann auf Verlangen des Versenders vom Teilnehmerverzeichnis an die elektronische Verständigungsadresse gemäß § 28b Abs. 1 Z 4 oder an eine beigestellte elektronische Verständigungsadresse eine Information über eine beabsichtigte elektronische Zustellung versendet werden. Eine solche beigestellte elektronische Verständigungsadresse darf im Teilnehmerverzeichnis auch ohne Anmeldung zu diesem gespeichert und verwendet werden.

(5) Die Betreiber von Internetportalen, die das Anzeigemodul gemäß § 37b Abs. 4 anbinden dürfen, sowie die Betreiber des Unternehmensserviceportals und des Bürgerserviceportals gemäß § 3 des Unternehmensserviceportalgesetzes – USPG, BGBl. I Nr. 52/2009, in die das Anzeigemodul gemäß § 37b Abs. 4 eingebunden ist, sind berechtigt das Teilnehmerverzeichnis abzufragen, um eine allfällige Anmeldung oder Abmeldung vom Teilnehmerverzeichnis zielgerichtet zu erleichtern.

**Zustellung mit Zustellnachweis durch einen Zustelldienst**

**§ 35.** (1) Der im Auftrag der Behörde tätige Zustelldienst hat im Fall einer Zustellung mit Zustellnachweis bzw. nachweislichen Zusendung bei Vorliegen der Voraussetzungen des § 34 Abs. 1 erster Satz die Daten gemäß § 29 Abs. 1 Z 6 an das Anzeigemodul zu übermitteln. Das Anzeigemodul hat den Empfänger unverzüglich davon zu verständigen, dass ein Dokument für ihn zur Abholung bereitliegt. Diese elektronische Verständigung ist an die dem Teilnehmerverzeichnis gemäß § 28b Abs. 1 Z 4 bekanntgegebene elektronische Adresse des Empfängers zu versenden. Hat der Empfänger mehrere solcher Adressen bekanntgegeben, so ist die elektronische Verständigung an alle Adressen zu versenden; für die Berechnung der Frist gemäß Abs. 2 erster Satz ist der Zeitpunkt der frühesten Versendung maßgeblich. Die elektronische Verständigung hat jedenfalls folgende Angaben zu enthalten:

1. Absender,
2. Datum der Versendung,
3. Internetadresse, unter der das zuzustellende Dokument zur Abholung bereitliegt,
4. Ende der Abholfrist,
5. Hinweis auf das Erfordernis einer Bürgerkarte (§ 2 Z 10 E-GovG) bei der Abholung von Dokumenten, die mit Zustellnachweis zugestellt oder als nachweisliche Zusendung übermittelt werden sollen und
6. Hinweis auf den Zeitpunkt, mit dem die Zustellung wirksam wird.

Soweit dies erforderlich ist, hat der Bundesminister für Digitalisierung und Wirtschaftsstandort durch Verordnung nähere Bestimmungen über die elektronischen Verständigungsformulare zu erlassen.

*(BGBl I 2018/104)*

(2) Wird das Dokument nicht innerhalb von 48 Stunden abgeholt, so hat eine zweite elektronische Verständigung zu erfolgen; Abs. 1 vierter Satz ist sinngemäß anzuwenden.

*(BGBl I 2017/40, BGBl I 2018/104)*

(3) Die Abholung des bereitgehaltenen Dokuments kann ausschließlich über das Anzeigemodul erfolgen. Der Zustelldienst hat sicherzustellen, dass zur Abholung bereitgehaltene Dokumente nur von Personen abgeholt werden können, die zur Abholung berechtigt sind und im Falle einer Zustellung mit Zustellnachweis oder einer nachweislichen Zusendung ihre Identität und die Authentizität der Kommunikation mit der Bürgerkarte (§ 2 Z 10 E-GovG) nachgewiesen haben. Zur Abholung berechtigt sind der Empfänger und, soweit dies von der Behörde nicht ausgeschlossen worden ist, eine zur Empfangnahme bevollmächtigte Person. Identifikation und Authentifizierung können auch durch eine an die Verwendung sicherer Technik gebundene Schnittstelle erfolgen. Der Zustelldienst hat alle Daten über die Verständigungen gemäß Abs. 1 und 2 und die Abholung des Dokuments zu protokollieren und dem Absender unverzüglich zu übermitteln; die Gesamtheit dieser Daten bildet den Zustellnachweis.

*(BGBl I 2017/40, BGBl I 2018/104)*

(4) Der Zustelldienst hat das Dokument zwei Wochen zur Abholung bereitzuhalten und nach Ablauf weiterer acht Wochen zu löschen.

*(BGBl I 2018/104)*

(5) Ein zur Abholung bereitgehaltenes Dokument gilt jedenfalls mit seiner Abholung als zugestellt.

*(BGBl I 2018/104)*

(6) Die Zustellung gilt als am ersten Werktag nach der Versendung der ersten elektronischen Verständigung bewirkt, wobei Samstage nicht als Werktage gelten. Sie gilt als nicht bewirkt, wenn sich ergibt, dass die elektronischen Verständigungen nicht beim Empfänger eingelangt waren, doch wird sie mit dem dem Einlangen einer elektronischen Verständigung folgenden Tag innerhalb der Abholfrist (Abs. 1 Z 3) wirksam.

(7) Die Zustellung gilt als nicht bewirkt, wenn sich ergibt, dass der Empfänger

1. von den elektronischen Verständigungen keine Kenntnis hatte oder
2. von diesen zwar Kenntnis hatte, aber während der Abholfrist von allen Abgabestellen (§ 2 Z 4) nicht bloß vorübergehend abwesend war, doch wird die Zustellung an dem der Rückkehr an eine der Abgabestellen folgenden Tag innerhalb der Abholfrist wirksam, an dem das Dokument abgeholt werden könnte

(8) Wurde dieselbe elektronische Verständigung an mehrere elektronische Adressen versendet, so ist der Zeitpunkt der frühesten Versendung maßgeblich.

*(BGBl I 2017/40)*

(9) (aufgehoben)

*(BGBl I 2018/104)*

### Zustellung ohne Zustellnachweis durch ein Zustellsystem

**§ 36.** (1) Das im Auftrag der Behörde tätige Zustellsystem hat bei Vorliegen der Voraussetzungen des § 34 Abs. 1 Z 1 und 2 die Daten gemäß § 29 Abs. 1 Z 6 an das Anzeigemodul zu übermitteln. Das Anzeigemodul hat den Empfänger davon zu verständigen, dass ein Dokument für ihn zur Abholung bereitliegt. Diese elektronische Verständigung ist an die dem Teilnehmerverzeichnis gemäß § 28b Abs. 1 Z 4 bekanntgegebene elektronische Adresse des Empfängers unverzüglich oder spätestens am selben Tag als Sammelverständigung zu versenden. Hat der Empfänger mehrere solcher Adressen bekanntgegeben, so ist die elektronische Verständigung an alle Adressen zu versenden. Die elektronische Verständigung hat jedenfalls folgende Angaben zu enthalten:

1. Absender,
2. Datum der Versendung und
3. Internetadresse, unter der das zuzustellende Dokument zur Abholung bereitliegt.

Soweit dies erforderlich ist, hat der Bundesminister für Digitalisierung und Wirtschaftsstandort durch Verordnung nähere Bestimmungen über die Verständigungsformulare zu erlassen.

(2) Die Abholung des bereitgehaltenen Dokuments kann ausschließlich über das Anzeigemodul erfolgen. Das Zustellsystem hat sicherzustellen, dass zur Abholung bereitgehaltene Dokumente nur von Personen abgeholt werden können, die zur Abholung berechtigt sind. Zur Abholung berechtigt sind der Empfänger und, soweit dies von der Behörde nicht ausgeschlossen worden ist, eine zur Empfangnahme bevollmächtigte Person. Identifikation und Authentifizierung können auch durch eine an die Verwendung sicherer Technik gebundene Schnittstelle erfolgen. Das Zustellsystem hat alle Daten über die Verständigung gemäß Abs. 1 und 2 und die Abholung des Dokuments zu protokollieren.

(3) Das Zustellsystem hat das Dokument zehn Wochen zur Abholung bereitzuhalten und danach zu löschen.

(4) Das Dokument gilt mit dem Zeitpunkt der erstmaligen Bereithaltung zur Abholung als zugestellt. Bestehen Zweifel darüber, ob bzw. wann das Dokument für den Empfänger zur Abholung bereitgehalten wurde, hat die Behörde Tatsache und Zeitpunkt der Bereithaltung von Amts wegen festzustellen.

*(BGBl I 2018/104)*

### Zustellung an einer elektronischen Zustelladresse oder über das elektronische Kommunikationssystem der Behörde

**§ 37.** (1) Zustellungen ohne Zustellnachweis können auch an einer elektronischen Zustelladresse oder über das elektronische Kommunikationssystem der Behörde erfolgen. Das Dokument gilt mit dem Zeitpunkt des Einlangens bzw. nach dem erstmaligen Bereithalten des Dokuments beim bzw. für den Empfänger als zugestellt. Bestehen Zweifel darüber, ob bzw. wann das Dokument beim Empfänger eingelangt ist bzw. für ihn bereitgehalten wird, hat die Behörde Tatsache und Zeitpunkt des Einlangens bzw. der Bereithaltung von Amts wegen festzustellen.

*(BGBl I 2017/40)*

(1a) Das Kommunikationssystem der Behörde hat bei Vorliegen der Voraussetzungen des § 34 Abs. 1 Z 1 und 2 die Daten gemäß Abs. 3 an das Anzeigemodul zu übermitteln.

*(BGBl I 2017/40, BGBl I 2018/104)*

(2) Für die Zulässigkeit der Abfrage des Teilnehmerverzeichnisses und der Weiterleitung der Daten gemäß Abs. 3 hat das elektronische Kommunikationssystem der Behörde folgende Leistungen nach dem jeweiligen Stand der Technik zu erbringen:

1. das Betreiben einer technischen Einrichtung mit hoher Zuverlässigkeit für die sichere elektronische Bereithaltung der zuzustellenden Dokumente;
2. die unverzügliche Weiterleitung der Daten gemäß Abs. 3 an das Anzeigemodul;
3. die Bereitstellung eines Verfahrens zur identifizierten und authentifizierten Abholung

der bereitgehaltenen Dokumente über das Anzeigemodul;
4. die Protokollierung der Abholung des Dokuments;
5. die Beratung des Empfängers, wenn bei der Abholung von Dokumenten technische Probleme auftreten.

Soweit dies erforderlich ist, hat der Bundesminister für Digitalisierung und Wirtschaftsstandort durch Verordnung nähere Bestimmungen über Leistungen zu erlassen.

*(BGBl I 2018/104)*

(2a) Vor der Abfrage des Teilnehmerverzeichnisses und der Weiterleitung der Daten gemäß Abs. 3 hat die Behörde die ordnungsgemäße Erfüllung der Anforderungen und den einwandfreien Betrieb des Kommunikationssystems der Behörde dem Bundesminister für Digitalisierung und Wirtschaftsstandort anzuzeigen. Der Bundesminister für Digitalisierung und Wirtschaftsstandort hat die Liste der Kommunikationssysteme der Behörde im Internet zu veröffentlichen. Bei Nichteinhaltung ist die Abfrage und Entgegennahme der Daten zu unterbinden.

*(BGBl I 2018/104)*

(3)[a] Das elektronische Kommunikationssystem der Behörde hat die Weiterleitung der das Dokument beschreibenden Daten , das Dokument, die Verständigungsadressdaten sowie die elektronische Information für die technische Möglichkeit der elektronischen identifizierten und authentifizierten Abholung des Dokuments dem Anzeigemodul (§ 37b) anzubieten.

*(BGBl I 2017/40, BGBl I 2018/104)*

[a] Zum Inkrafttreten siehe § 40 Abs. 9 Z 3.

(4) Zustellungen ohne Zustellnachweis können auch über ein zur Verfügung stehendes Kommunikationssystem einer anderen Behörde im selben Vollziehungsbereich erfolgen.

*(BGBl I 2018/104)*

(5) Die Zustellleistung (Abs. 1) ist so zu erbringen, dass für behinderte Menschen ein barrierefreier Zugang zu dieser Leistung nach dem jeweiligen Stand der Technik gewährleistet ist.

*(BGBl I 2018/104)*

**Unmittelbare elektronische Ausfolgung**

**§ 37a.** Versandbereite Dokumente können dem Empfänger unmittelbar elektronisch ausgefolgt werden, wenn dieser bei der Antragstellung seine Identität und die Authentizität der Kommunikation nachgewiesen hat und die Ausfolgung in einem so engen zeitlichen Zusammenhang mit der Antragstellung steht, dass sie von diesem Nachweis umfasst ist. Wenn mit Zustellnachweis zuzustellen ist, sind die Identität und die Authentizität der Kommunikation mit der Bürgerkarte (§ 2 Z 10 E-GovG) nachzuweisen.

**Anzeigemodul**

**§ 37b.** (1) Das Anzeigemodul ermöglicht Empfängern online die Anzeige der das Dokument beschreibenden Daten von zur Abholung für sie bereitgehaltenen Dokumenten , die Verständigung darüber sowie die Abholung dieser Dokumente.

*(BGBl I 2018/104)*

(2) Der Betreiber des Anzeigemoduls ist gesetzlicher Auftragsverarbeiter für Zustellsysteme gemäß § 28 Abs. 3 Z 1, 2 und 4 zum Zweck der Identifikation und Authentifikation von zur Abholung berechtigten Personen. Diesen Personen darf die Anzahl ihrer gelesenen und ungelesenen Dokumente schon vor der Abholung angezeigt werden.

*(BGBl I 2018/104)*

(3) Das Anzeigemodul hat sämtliche Daten über die Abholung durch den Empfänger zu protokollieren und an das jeweilige Zustellsystem gemäß Abs. 2 elektronisch zu übermitteln.

(4) Der Bundesminister für Digitalisierung und Wirtschaftsstandort stellt ein Anzeigemodul mit hoher Zuverlässigkeit zur Verfügung. Dieses kann auf Internetportalen von Verantwortlichen des öffentlichen Bereichs unter der Maßgabe der Einhaltung der technischen Schnittstellen und Spezifikationen angebunden werden. Der Bundesminister für Digitalisierung und Wirtschaftsstandort hat diese Schnittstellen und Spezifikationen im Internet auf seiner Website bekannt zu geben. Das Unternehmensserviceportal und das Bürgerserviceportal gemäß § 3 des Unternehmensserviceportalgesetzes – USPG, BGBl. I Nr. 52/2009, haben das Anzeigemodul einzubinden. Der Bundesminister für Digitalisierung und Wirtschaftsstandort kann durch Verordnung Kriterien zur Einbindung oder Anbindung des Anzeigemoduls bei weiteren Portalen festlegen.

*(BGBl I 2018/104)*

(5) Die Leistungen des Anzeigemoduls (Abs. 1) sind so zu erbringen, dass für Menschen mit Behinderung ein barrierefreier Zugang zu dieser Leistung nach dem jeweiligen Stand der Technik gewährleistet ist.

(6) Soweit dies erforderlich ist, hat der Bundesminister für Digitalisierung und Wirtschaftsstandort durch Verordnung nähere Bestimmungen über die beschreibenden Daten von Dokumenten gemäß Abs. 1 zu erlassen.

*(BGBl I 2018/104)*

(7) Der Bundesminister für Digitalisierung und Wirtschaftsstandort hat den einliefernden Systemen die Kosten für das Anzeigemodul entsprechend ihrem Einlieferungsvolumen kostendeckend zu verrechnen. Werden Daten im Anzeigemodul eingeliefert, die nach diesem Bundesgesetz keine Rechtswirkungen auslösen, sind die halben Verrechnungssätze anzuwenden. Die Bundesrechenzentrum GmbH kann als Zahlstelle eingerichtet werden.

*(BGBl I 2018/104)*

(8) Die Verfügbarkeit des Anzeigemoduls ist von dem Bundesminister für Digitalisierung und

Wirtschaftsstandort im Bundesgesetzblatt kundzumachen.

*(BGBl I 2018/104)*

*(BGBl I 2017/40)*

**4. Abschnitt**
**Verweisungen**

**§ 38.** (1) Verweisungen in den Verfahrensvorschriften auf Bestimmungen, die Angelegenheiten des Zustellwesens regeln, gelten als Verweisungen auf die entsprechenden Bestimmungen dieses Bundesgesetzes.

(2) Soweit in diesem Bundesgesetz auf Bestimmungen anderer Bundesgesetze verwiesen wird, sind diese in ihrer jeweils geltenden Fassung anzuwenden.

**Vollziehung**

**§ 39.** Mit der Vollziehung dieses Bundesgesetzes ist hinsichtlich der §§ 28a, 28b, 30 bis 32 und § 37b der Bundesminister für Digitalisierung und Wirtschaftsstandort, hinsichtlich der übrigen Bestimmungen die Bundesregierung betraut.

*(BGBl I 2018/104)*

**Inkrafttretens- und Übergangsbestimmungen**

**§ 40.** (1) § 15 Abs. 1 in der Fassung des Bundesgesetzes BGBl. I Nr. 158/1998 tritt mit 1. Jänner 1998 in Kraft. Die §§ 1 Abs. 2, 2 a samt Überschrift, 7 samt Überschrift, die Überschrift vor § 8 a, die §§ 8 a, 9, 10, 24 samt Überschrift, 26 Abs. 2 und 26 a in der Fassung des Bundesgesetzes BGBl. I Nr. 158/1998 treten mit 1. Jänner 1999 in Kraft. § 1 Abs. 3, § 1 a und die Überschrift zu § 10 treten mit Ablauf des 31. Dezember 1998 außer Kraft.

(2) § 1 Abs. 2 letzter Satz, § 2a Abs. 2, § 11 Abs. 3 und § 12 Abs. 4 in der Fassung des Bundesgesetzes BGBl. I Nr. 137/2001 treten mit 1. Jänner 2002 in Kraft.

(3) § 1 Abs. 2 letzter Satz und § 17a samt Überschrift in der Fassung des Verwaltungsreformgesetzes 2001, BGBl. I Nr. 65/2002, treten mit 1. Jänner 2002, jedoch nicht vor dem der Kundmachung des genannten Gesetzes folgenden Tag, in Kraft.

(4) Der Titel, §§ 1 bis 7 und 9 samt Überschriften, die Überschrift des Abschnitts II und die §§ 26 und 27 samt Überschriften, Abschnitt III, die Bezeichnungen des nunmehrigen Abschnitt IV und der nunmehrigen §§ 38, 39 und 40 sowie § 40 Abs. 4 und 5 in der Fassung des Bundesgesetzes BGBl. I Nr. 10/2004 treten mit 1. März 2004 in Kraft. Zugleich treten § 8a, § 13 Abs. 5 und 6, § 17a und § 26a, in der zu diesem Zeitpunkt geltenden Fassung, außer Kraft.

(5) Die Bezeichnung des 1. Abschnitts, § 2 Z 2, Z 4, 5, 6 und 8 (Z 3 bis 6 neu) und Z 7 bis 9, die §§ 3 bis 5 samt Überschriften, § 7, § 9 Abs. 1 bis 3 und 6, § 10 samt Überschrift, § 12 samt Überschrift, die Bezeichnung und die Überschrift des 2. Abschnitts, § 13, § 14, § 16 Abs. 1, 3 und 4, § 17, § 18, § 19, § 20 Abs. 1 und 2, § 21 samt Überschrift, § 22 Abs. 2 bis 4, § 23 Abs. 1, 2 und 4, § 24 samt Überschrift, § 24a samt Überschrift, § 25 Abs. 1, § 26 Abs. 1, § 27 samt Überschrift, der 3. Abschnitt, die Bezeichnung des 4. Abschnitts, § 39, § 40 Abs. 5 und § 41 samt Überschrift in der Fassung des Bundesgesetzes BGBl. I Nr. 5/2008 treten mit 1. Jänner 2008 in Kraft; gleichzeitig treten § 2 Z 3 und 7, die Überschriften nach § 8 (zum früheren § 8a) und nach § 17 (zum früheren § 17a) außer Kraft. § 37 samt Überschrift in der Fassung des Art. 4 Z 48 des Bundesgesetzes BGBl. I Nr. 5/2008 tritt mit 1. Jänner 2009 in Kraft. Die Zustelldiensteverordnung – ZustDV, BGBl. II Nr. 233/2005, gilt in ihrer am 31. Dezember 2007 geltenden Fassung weiter.

(6) (aufgehoben)

*(BGBl I 2017/40, BGBl I 2018/104)*

(7) § 22 Abs. 3, § 27 Z 3, § 28 Abs. 2, § 29 Abs. 1 Z 10 und 11, § 33 Abs. 1 und § 35 Abs. 9 in der Fassung des Budgetbegleitgesetzes 2011, BGBl. I Nr. 111/2010, treten mit 1. Jänner 2011 in Kraft.

(8) § 2 Z 1, 6 und 7, § 10 samt Überschrift, § 11 Abs. 2, § 18 Abs. 1 Z 1, § 19 samt Überschrift, § 22 Abs. 2 und 4, § 25 Abs. 1, § 27 Z 2, § 29 Abs. 1 Z 7, 8 und 11 und § 35 Abs. 3 letzter Satz in der Fassung des Bundesgesetzes BGBl. I Nr. 33/2013 treten mit Ablauf des Monats der Kundmachung dieses Bundesgesetzes in Kraft.

(9) In der Fassung des Deregulierungsgesetzes 2017, BGBl. I Nr. 40/2017, treten in Kraft:

1. § 11 Abs. 2 mit 1. März 2014,
2. § 2 Z 7 bis 9, die Überschrift zu § 10, § 28 Abs. 2, § 29 Abs. 5, § 32 Abs. 1, § 35 Abs. 1 Z 4, Abs. 2, 3 erster Satz, 6 bis 8, § 36, § 37 Abs. 1 und 1a, § 37b samt Überschrift sowie § 39 mit Ablauf des Tages der Kundmachung und
3. § 29 Abs. 1 Z 11 und 12, § 37 Abs. 3 sowie § 40 Abs. 6 zweiter Satz mit Beginn des siebenten auf den Tag der Kundmachung der Verfügbarkeit des Anzeigemoduls gemäß § 37b Abs. 8 folgenden Monats.

*(BGBl I 2017/40)*

(10) Elektronische Zustelldienste, die gemäß § 30 in der Fassung vor der Novelle BGBl. I Nr. 104/2018 zugelassen wurden, gelten als elektronische Zustelldienste gemäß § 30 in der Fassung dieser Novelle und haben spätestens nach Ablauf von zwei Jahren ab Inkrafttreten der genannten Bestimmung in der Fassung der genannten Novelle ein Konformitätsbewertungsgutachten gemäß § 30 Abs. 1 vorzulegen.

*(BGBl I 2018/104)*

(11) Die Kosten des Teilnehmerverzeichnisses gemäß § 28a Abs. 2 in der Fassung des Bundesgesetzes BGBl. I Nr. 104/2018 und jene des Anzeigemoduls gemäß § 37b in der Fassung des Bundesgesetzes BGBl. I Nr. 104/2018 sind bis zu einem Einlieferungsvolumen von 25 Millionen pro Jahr nicht zu verrechnen und vom Bundesminister für Digitalisierung und Wirtschaftsstandort zu tragen. Wird diese Menge überschritten, hat der Bundesminister für Digitalisierung und Wirtschaftsstandort ab dem Beginn des übernächsten Jahres die Kosten

zu verrechnen, wobei pro Einlieferung in Summe höchstens 7 Cent für die Kosten des Teilnehmerverzeichnisses und des Anzeigemoduls verrechnet werden dürfen.

*(BGBl I 2018/104)*

(12) § 28a samt Überschrift und § 37b Abs. 7 in der Fassung des Bundesgesetzes BGBl. I Nr. 104/2018 treten mit Ablauf des Tages der Kundmachung in Kraft. § 28 Abs. 2 bis 4, § 28b Abs. 1 bis 3 und 6, § 29 Abs. 1 und 3 bis 5, § 30 Abs. 1, 3 bis 5, § 31, § 34 samt Überschrift, § 35 Abs. 1 bis 5, § 36 samt Überschrift, § 37 Abs. 1a bis 5, § 37b Abs. 1, 2, 4, 6 und 8 sowie § 39 in der Fassung des Bundesgesetzes BGBl. I Nr. 104/2018 treten mit Beginn des siebenten auf den Tag der Kundmachung der Verfügbarkeit des Teilnehmerverzeichnisses gemäß § 28a Abs. 3 folgenden Monats in Kraft. Zugleich treten § 29 Abs. 2 und 6, § 32 samt Überschrift, § 33 samt Überschrift, § 35 Abs. 9 und § 40 Abs. 6 außer Kraft. Die Überschrift zu § 28b und § 28b Abs. 4 und 5 in der Fassung des Bundesgesetzes BGBl. I Nr. 104/2018 treten mit Beginn des zweiten auf den Tag der Kundmachung der Verfügbarkeit des Teilnehmerverzeichnisses gemäß § 28a Abs. 3 folgenden Monats in Kraft.

*(BGBl I 2018/104)*

(13) § 26a samt Überschrift in der Fassung des Bundesgesetzes BGBl. I Nr. 16/2020 tritt mit Ablauf des Tages der Kundmachung des genannten Bundesgesetzes in Kraft.

*(BGBl I 2020/16, BGBl I 2020/42)*

(14) § 26a samt Überschrift in der Fassung des Bundesgesetzes BGBl. I Nr. 42/2020 tritt mit Ablauf des Tages der Kundmachung des genannten Bundesgesetzes in Kraft und mit Ablauf des 30. Juni 2020 außer Kraft. Dass bei Zustellvorgängen, die sich im Zeitraum vom 22. März 2020 bis zum Ablauf des Tages der Kundmachung des genannten Bundesgesetzes ereignet haben, die Beurkundung der Form der Verständigung von der Zustellung sowie gegebenenfalls der Gründe, aus denen eine Verständigung nicht möglich war, aus technischen Gründen nicht elektronisch erfolgt ist, gilt dann nicht als Zustellmangel, wenn ihre Beurkundung in einer dem § 26a Z 3 letzter Satz in der Fassung des Bundesgesetzes BGBl. I Nr. 42/2020 entsprechenden Weise erfolgt ist und die betreffenden Daten dem Absender nachträglich unverzüglich übermittelt werden oder bereits übermittelt worden sind.

*(BGBl I 2020/42)*

*(BGBl I 2018/104)*

**Sprachliche Gleichbehandlung**

**§ 41.** Soweit sich die in diesem Bundesgesetz verwendeten Bezeichnungen auf natürliche Personen beziehen, gilt die gewählte Form für beide Geschlechter. Bei der Anwendung dieser Bezeichnungen auf bestimmte natürliche Personen ist die jeweils geschlechtsspezifische Form zu verwenden.

## 17/3/1. ZustellFormV

BGBl 1982/600 idF BGBl II 2019/374

**Verordnung der Bundesregierung über die Formulare für Zustellvorgänge (Zustellformularverordnung – ZustFormV)**

Auf Grund des § 27 des Zustellgesetzes – ZustG, BGBl. Nr. 200/1982, wird verordnet:

**§ 1.** (1) Für Zustellungen im Inland gemäß dem 2. Abschnitt des Zustellgesetzes stehen folgende in der Anlage angeschlossene Formulare zur Verfügung:

- Formular 1 zu § 17 Abs. 2 des Zustellgesetzes (Verständigung über die Hinterlegung eines behördlichen Dokuments),
  *(BGBl II 2015/406)*
- (aufgehoben)
- Formular 3/1 zu § 22 des Zustellgesetzes (Rückschein bei Zustellung zu eigenen Handen),
- Formular 3/2 zu § 22 des Zustellgesetzes (Rückschein bei Zustellung zu eigenen Handen),
- Formular 3/3 zu § 22 des Zustellgesetzes (Rückschein bei Zustellung zu eigenen Handen),
- Formular 4/1 zu § 22 des Zustellgesetzes (Rückschein bei gewöhnlicher Zustellung),
- Formular 4/2 zu § 22 des Zustellgesetzes (Rückschein bei gewöhnlicher Zustellung),
- Formular 4/3 zu § 22 des Zustellgesetzes (Rückschein bei gewöhnlicher Zustellung),
- Formular 5 zu § 22 des Zustellgesetzes (Zustellschein bei Zustellung zu eigenen Handen),
- Formular 6 zu § 22 des Zustellgesetzes (Zustellschein bei gewöhnlicher Zustellung).

*(BGBl II 2015/406)*

(2) Soweit die Handhabung der Verwaltungsverfahrensgesetze im behördlichen Verfahren gemäß § 13 Abs. 1 des Volksgruppengesetzes – VoGrG, BGBl. Nr. 396/1976, in der Sprache einer Volksgruppe zu erfolgen hat, stehen für sie die in der Anlage angeschlossenen Formulare 1 und 7 in kroatischer, slowenischer und ungarischer Sprache zur Verfügung.

*(BGBl II 2015/406, BGBl II 2018/34)*

**§ 2.** (1) Bei Zustellungen durch einen Zustelldienst sind die Formulare 1, 3/1 oder 3/2 sowie 4/1 oder 4/2 zu verwenden, bei Zustellungen durch Organe der Gemeinden die Formulare 1, 5 und 6. Bei Zustellungen durch Bedienstete der Behörden sind das Formular 1 und, sofern die für die Zustellung erforderlichen Angaben dem Zusteller nicht auf andere Weise bekanntgegeben werden, die Formulare 5 und 6 zu verwenden.

(2) Ausschließlich für die Zustellung von Reisepässen gemäß § 3 Abs. 9 des Passgesetzes 1992, BGBl. Nr. 839/1992, kann an Stelle der Formulare 3/1 und 3/2 das Formular 3/3 und an Stelle der Formulare 4/1 und 4/2 das Formular 4/3 verwendet werden.

*(BGBl II 2018/34)*

**§ 3.** Für Zustellungen gemäß dem 3. Abschnitt des Zustellgesetzes steht folgendes in der **Anlage** angeschlossene Formular zur Verfügung:

- Formular 7 zu § 35 Abs. 1 und 2 und § 36 des Zustellgesetzes (elektronische Verständigung über die Bereithaltung eines Dokuments zur Abholung).

*(BGBl II 2018/34)*

**§ 3a.** (1) Für die in den §§ 1 und 3 vorgesehenen Formulare gilt:

1. In den mit „< >“ gekennzeichneten Feldern sind die entsprechenden Angaben zu ergänzen.
2. Die Formulare können auch in anderen Formaten verwendet werden.
3. Im Formular können Änderungen und Ergänzungen vorgenommen werden, die im Hinblick auf eine Änderung der Rechtslage erforderlich sind.
4. Soweit dadurch die vorgeschriebenen Angaben nicht beeinträchtigt werden, können die Gliederung oder die Gestaltung des Formulars geändert und auf dem Formular sonstige Vermerke oder Abbildungen angebracht werden.

(2) Für die in § 1 vorgesehenen Formulare gilt außerdem:

1. Soweit andere Vorschriften oder die für die Beförderung geltenden Bedingungen dem nicht entgegen stehen, können einzelne Angaben im Formular entfallen, wenn gewährleistet ist, dass
   a) die Erkennbarkeit des behördlichen Dokuments als solches durch den Entfall der Angabe nicht beeinträchtigt wird und
   b) die maßgeblichen Daten anstatt im Formular in einer anderen Urkunde festgehalten oder elektronisch gespeichert werden.
2. Soweit die vorgeschriebenen Angaben in einem Fenster sichtbar sind und es den Zweck des Formulars nicht beeinträchtigt, brauchen diese Angaben nicht auch im Formular selbst angebracht zu werden.
3. Von den für das Formular 1 bestehenden technischen Spezifikationen gemäß Z 1 und 2 der Anlage darf nicht abgewichen werden.
   *(BGBl II 2018/34)*

*(BGBl II 2018/34)*

**§ 4.** (1) Diese Verordnung tritt mit 1. März 1983 in Kraft.

(2) Die §§ 1, 3 und 5 und die Anlage in der Fassung der Verordnung BGBl. II Nr. 493/1999 treten mit Ablauf des Tages der Kundmachung der genannten Verordnung in Kraft.

(3) Die §§ 1, 2 und 3a sowie die Anlage in der Fassung der Verordnung BGBl. II Nr. 235/2004

treten mit Ablauf des Tages der Kundmachung der genannten Verordnung in Kraft.

(4) Der Titel, § 1, § 3 Abs. 3 und 4 sowie die Anlage in der Fassung der Verordnung BGBl. II Nr. 261/2006 treten mit Ablauf des Tages der Kundmachung dieser Verordnung in Kraft.

(5) Die §§ 1, 2, 3, 3a und 5 sowie die Anlage in der Fassung der Verordnung BGBl. II Nr. 152/2008 treten mit Ablauf des Tages der Kundmachung dieser Verordnung in Kraft.

(6) Die neue Paragraphenbezeichnung des bisherigen § 3a (§ 3 neu) und § 3a in der Fassung der Verordnung BGBl. II Nr. 238/2011 treten mit 1. November 2011 in Kraft. Gleichzeitig treten § 3 und § 3a Abs. 3 und 4 außer Kraft und entfällt § 5.

(7) Der Titel, die Promulgationsklausel, § 1, § 2 Abs. 2 und die in der Anlage angeschlossenen Formulare in der Fassung der Verordnung BGBl. II Nr. 399/2013 treten mit Ablauf des Monats der Kundmachung dieser Verordnung in Kraft. Die der Anlage in der bisherigen Fassung angeschlossenen Formulare können aufbrauchend weiterverwendet werden.

(8) § 1 und die Anlage in der Fassung der Verordnung BGBl. II Nr. 406/2015 treten mit Ablauf des Monats der Kundmachung dieser Verordnung in Kraft.

*(BGBl II 2015/406)*

(9) § 1 Abs. 2, § 2 Abs. 2, § 3, § 3a Abs. 2 und die Anlage in der Fassung der Verordnung BGBl. II Nr. 34/2018 treten mit Ablauf des Monats der Kundmachung dieser Verordnung in Kraft.

*(BGBl II 2018/34)*

**§ 5.** (aufgehoben)

## Anlage

Für das Formular 1 bestehen folgende technische Spezifikationen:

1. Das Formular hat eine Lochung mit einem Durchmesser von 6 mm (± 0,5 mm) aufzuweisen. Das Lochmittel befindet sich 15 mm (± 1 mm) oberhalb der unteren Papierkante in einem Abstand von 10 mm (± 1 mm) vom linken Papierrand.
2. Der linke Papierrand und die obere Papierkante des Formulars haben eine Abschrägung aufzuweisen. Die Abschrägung ist durch Wegstanzen der linken oberen Ecke des Formulars vorzunehmen, wobei von dieser Ecke jeweils 10 mm nach rechts und nach unten gemessen werden.

*(Formulare nicht abgedruckt)*

# 17/4. Auskunftspflichtgesetz

**Auskunftspflichtgesetz**, BGBl 1987/287 idF

**1** BGBl 1990/357 **2** BGBl 1990/447 **3** BGBl I 1998/158

**Bundesgesetz vom 15. Mai 1987 über die Auskunftspflicht der Verwaltung des Bundes und eine Änderung des Bundesministeriengesetzes 1986 (Auskunftspflichtgesetz)**

Der Nationalrat hat beschlossen:

**§ 1.** (1) Die Organe des Bundes sowie die Organe der durch die Bundesgesetzgebung zu regelnden Selbstverwaltung haben über Angelegenheiten ihres Wirkungsbereiches Auskünfte zu erteilen, soweit eine gesetzliche Verschwiegenheitspflicht dem nicht entgegensteht.

(2) Auskünfte sind nur in einem solchen Umfang zu erteilen, der die Besorgung der übrigen Aufgaben der Verwaltung nicht wesentlich beeinträchtigt; berufliche Vertretungen sind nur gegenüber den ihnen jeweils Zugehörigen auskunftspflichtig und dies insoweit, als dadurch die ordnungsgemäße Erfüllung ihrer gesetzlichen Aufgaben nicht verhindert wird. Sie sind nicht zu erteilen, wenn sie offenbar mutwillig verlangt werden.

**§ 2.** Jedermann kann schriftlich, mündlich oder telephonisch Auskunftsbegehren anbringen. Dem Auskunftswerber kann die schriftliche Ausführung eines mündlich oder telefonisch angebrachten Auskunftsbegehrens aufgetragen werden, wenn aus dem Begehren der Inhalt oder der Umfang der gewünschten Auskunft nicht ausreichend klar hervorgeht.

**§ 3.** Auskünfte sind ohne unnötigen Aufschub, spätestens aber binnen acht Wochen nach Einlangen des Auskunftsbegehrens zu erteilen." Kann aus besonderen Gründen diese Frist nicht eingehalten werden, so ist der Auskunftswerber jedenfalls zu verständigen.

**§ 4.** Wird eine Auskunft nicht erteilt, so ist auf Antrag des Auskunftswerbers hierüber ein Bescheid zu erlassen. Als Verfahrensordnung, nach der der Bescheid zu erlassen ist, gilt das AVG, sofern nicht für die Sache, in der Auskunft erteilt wird, ein anderes Verfahrensgesetz anzuwenden ist.

**§ 5.** Auskunftsbegehren und Auskünfte sowie Anträge und Bescheide gemäß § 4, die sich auf Angelegenheiten der Sicherheitsverwaltung (§ 2 Abs. 2 des Sicherheitspolizeigesetzes, BGBl. Nr. 566/ 1991, in der jeweils geltenden Fassung) beziehen, sind von den Stempelgebühren und von den Bundesverwaltungsabgaben befreit.

**§ 6.** Soweit nach anderen Bundesgesetzen besondere Auskunftspflichten bestehen, ist dieses Bundesgesetz nicht anzuwenden.

**§ 7.** Die §§ 2 erster Satz, 4, 5, 6 und 8 in der Fassung des Bundesgesetzes BGBl. I 158/1998 treten mit 1. Jänner 1999 in Kraft.

**§ 8.** Mit der Vollziehung dieses Bundesgesetzes ist die Bundesregierung betraut.

# 17/5. Bundesfinanzgerichtsgesetz

**Bundesfinanzgerichtsgesetz**, BGBl I 2013/14 idF

**1** BGBl I 2013/70 (Verwg-AnpG)
**2** BGBl I 2014/13 (AbgÄG 2014)
**3** BGBl I 2014/105 (2. AbgÄG 2014)
**4** BGBl I 2016/117 (AbgÄG 2016)
**5** BGBl I 2017/162 (JStG 2018)
**6** BGBl I 2018/62
**7** BGBl I 2018/104
**8** BGBl I 2019/62 (EU-FinAnpG 2019)
**9** BGBl I 2019/103 (StRefG 2020)
**10** BGBl I 2019/104 (FORG)
**11** BGBl I 2020/96 (KonStG 2020)
**12** BGBl I 2021/87
**13** BGBl I 2022/108 (AbgÄG 2022)

## GLIEDERUNG





**Bundesgesetz über das Bundesfinanzgericht (Bundesfinanzgerichtsgesetz – BFGG)**

### 1. Teil
### Organisation des Bundesfinanzgerichtes

### 1. Abschnitt
### Zuständigkeit, Sitz und Zusammensetzung des Bundesfinanzgerichtes

#### Zuständigkeit des Bundesfinanzgerichtes

**§ 1.** (1) Dem Verwaltungsgericht des Bundes für Finanzen (Bundesfinanzgericht – BFG) obliegen Entscheidungen über Beschwerden gemäß Art. 130 Abs. 1 Z 1 bis 3 B-VG in Rechtssachen in Angelegenheiten der öffentlichen Abgaben (mit Ausnahme der Verwaltungsabgaben des Bundes, der Länder und Gemeinden) und des Finanzstrafrechts sowie in sonstigen gesetzlich festgelegten Angelegenheiten, soweit die genannten Angelegenheiten unmittelbar von den Abgaben- oder Finanzstrafbehörden des Bundes besorgt werden.

(2) (aufgehoben)

*(BGBl I 2019/104)*

(3) Zu den sonstigen Angelegenheiten (Abs. 1) gehören

1. Angelegenheiten der Beiträge an öffentliche Fonds oder an Körperschaften des öffentlichen Rechts, die nicht Gebietskörperschaften sind, soweit diese Beiträge durch Abgabenbehörden des Bundes (Abs. 2) zu erheben sind,
2. Entscheidungen über Beschwerden gemäß Art. 130 Abs. 1 Z 2 B-VG gegen Abgabenbehörden des Bundes oder das Amt für Betrugsbekämpfung, soweit nicht Angelegenheiten der öffentlichen Abgaben (Abs. 1) oder der Beiträge (Z 1) betroffen sind,

   *(BGBl I 2019/104)*
3. Entscheidungen über Beschwerden gemäß Art. 130 Abs. 2a B-VG von Personen, die durch das Bundesfinanzgericht in Ausübung seiner gerichtlichen Zuständigkeiten in ihren Rechten gemäß der Verordnung (EU) 2016/679 zum Schutz natürlicher Personen bei der Verarbeitung personenbezogener Daten, zum freien Datenverkehr und zur Aufhebung der Richtlinie 95/46/EG (Datenschutz-Grundverordnung), ABl. Nr. L 119 vom 04.05.2016 S. 1 (im Folgenden: DSGVO), verletzt zu sein behaupten,

   *(BGBl I 2018/62, BGBl I 2019/62)*
4. Entscheidungen über Beschwerden gemäß Art. 130 Abs. 2 Z 1 B-VG wegen Rechtswidrigkeit eines Verhaltens des Bundesministers für Finanzen oder dessen bevollmächtigten Vertreters in Vollziehung des EU-Besteuerungsstreitbeilegungsgesetzes – EU-BStbG, BGBl. I Nr. 62/2019,

   *(BGBl I 2019/62)*
5. Benennungen einer unabhängigen Person und deren Stellvertreterin bzw. Stellvertreter gemäß § 42 EU-BStbG.

   *(BGBl I 2019/62)*

**„6. Entscheidungen über Vollzugsbeschwerden gemäß § 6a der Abgabenexekutionsordnung, BGBl. Nr. 104/1949.“**

*(BGBl I 2022/108 ab 20.7.2022)*

### Sitz

**§ 2.** (1) Das Bundesfinanzgericht hat seinen Sitz in Wien.

(2) Das Bundesfinanzgericht hat Außenstellen in Feldkirch, Graz, Innsbruck, Klagenfurt, Linz und Salzburg.

### Zusammensetzung und Ernennung der Richterinnen und Richter

**§ 3.** (1) Das Bundesfinanzgericht besteht aus folgenden richterlichen Mitgliedern:

1. der Präsidentin oder dem Präsidenten,
2. der Vizepräsidentin oder dem Vizepräsidenten und
3. den sonstigen Richterinnen und Richtern.

(2) Die Erstattung von Dreiervorschlägen gemäß Art. 134 Abs. 3 B-VG obliegt dem Personalsenat (§ 10).

(3) Im Personalplan (Anlage zum Bundesfinanzgesetz) ist festzulegen, wie viele Planstellen für Richterinnen und Richter im Bundesfinanzgericht vorzusehen sind. Ernennungen haben auf eine diesem zugewiesenen Planstellen zu erfolgen. In der Geschäftsverteilung (§ 13) ist für jede Richterin und jeden Richter, die oder der nicht am Sitz des Bundesfinanzgerichtes ihre oder seine Dienststelle hat, anzuführen, welche Außenstelle als ihre oder seine Dienststelle anzusehen ist. Dienststelle der Präsidentin oder des Präsidenten und der Vizepräsidentin oder des Vizepräsidenten ist der Sitz des Bundesfinanzgerichtes.

### Fachkundige Laienrichterinnen und Laienrichter

**§ 4.** (1) Fachkundige Laienrichterinnen und Laienrichter wirken nach Maßgabe des § 12 an der Rechtsprechung mit. Das Amt der fachkundigen Laienrichterin und des fachkundigen Laienrichters ist ein Ehrenamt; gerichtlichen Ladungen hat sie oder er nachzukommen. Die fachkundigen Laienrichterinnen und Laienrichter sind in Ausübung ihres Amtes unabhängig; sie haben hierbei die mit dem Richteramt verbundenen Befugnisse in vollem Umfang.

(2) Die gesetzlichen Berufsvertretungen, ausgenommen jene der Notarinnen und Notare, Rechtsanwältinnen und Rechtsanwälte und Wirtschaftstreuhänderinnen und Wirtschaftstreuhänder, haben für den Sitz (§ 2 Abs. 1) und jede Außenstelle (§ 2 Abs. 2) auf die Dauer von sechs Jahren in erforderlicher Anzahl fachkundige Laienrichterinnen oder Laienrichter für die Senate (§ 12) zu entsenden. Entsendet dürfen nur Personen werden, die

1. die österreichische Staatsbürgerschaft besitzen,
2. zu Beginn des Jahres der Entsendung das 25. Lebensjahr vollendet haben und
3. sich im Vollgenuss der bürgerlichen und politischen Rechte befinden.

(3) Im Falle einer Amtsenthebung (Abs. 8) sind Ersatzentsendungen vorzunehmen. Das Amt von fachkundigen Laienrichterinnen und Laienrichtern, die innerhalb der einheitlichen sechsjährigen Amtszeit entsandt worden sind, endet mit deren Ablauf. Hat eine fachkundige Laienrichterin oder ein fachkundiger Laienrichter an einer Senatsverhandlung teilgenommen, in der auch Beweise aufgenommen worden sind, so verlängert sich ihre oder seine Amtszeit für dieses Verfahren bis zu deren oder dessen Erledigung beim Bundesfinanzgericht.

(4) Die Unvereinbarkeit nach Art. 134 Abs. 5 B-VG steht auch einer Entsendung als fachkundige Laienrichterin oder fachkundiger Laienrichter entgegen. Ausgenommen von der Entsendung sind ferner Notarinnen und Notare, Rechtsanwältinnen und Rechtsanwälte und Wirtschaftstreuhänderinnen und Wirtschaftstreuhänder, sowie Personen, die von einer Finanzstrafbehörde oder einem Ge-

richt wegen eines Finanzvergehens bestraft wurden, solange die Strafe nicht getilgt ist.

(5) Ihrer Entsendung als fachkundige Laienrichterin oder fachkundiger Laienrichter können widersprechen:

1. Geistliche und Ordenspersonen der gesetzlich anerkannten Kirchen und Religionsgesellschaften,
2. Personen, die über 65 Jahre alt oder auf Grund eines Gebrechens an der Ausübung der Tätigkeit im Senat gehindert sind,
3. Personen, die bereits durch sechs Jahre ununterbrochen fachkundige Laienrichter des Bundesfinanzgerichtes waren, während der folgenden sechs Jahre,
4. aktive Dienstnehmerinnen und Dienstnehmer von Gebietskörperschaften.

(6) Die fachkundigen Laienrichterinnen und Laienrichter haben vor ihrer ersten Verwendung als Beisitzerin oder Beisitzer am Sitz des Bundesfinanzgerichtes vor der Präsidentin oder dem Präsidenten oder der Vizepräsidentin oder dem Vizepräsidenten und an den Außenstellen vor der Außenstellenleiterin oder dem Außenstellenleiter (§ 7) zu geloben: „Ich schwöre, dass ich die in der Republik Österreich geltende Rechtsordnung unverbrüchlich beachten und meine ganze Kraft in den Dienst der Republik stellen werde."

(7) Die für den Sitz entsendeten fachkundigen Laienrichterinnen und Laienrichter haben der Präsidentin oder dem Präsidenten, die für die Außenstellen entsendeten fachkundigen Laienrichterinnen und Laienrichter haben der jeweiligen Leiterin oder dem jeweiligen Leiter der Außenstelle (§ 7), umgehend bekanntzugeben:

1. jeden Umstand, der sie daran hindert, einer Ladung als fachkundige Laienrichterin oder fachkundiger Laienrichter nachzukommen;
2. jeden Wohnungswechsel;
3. das Eintreten einer länger dauernden Verhinderung an ihrer Amtsausübung und
4. den Eintritt einer Unvereinbarkeit.

(8) Eine fachkundige Laienrichterin oder ein fachkundiger Laienrichter ist ihres oder seines Amtes zu entheben, wenn

1. die Entsendungsvoraussetzungen nicht oder nicht mehr gegeben sind (Abs. 2);
2. Umstände vorliegen, mit denen das Amt einer fachkundigen Laienrichterin oder eines fachkundigen Laienrichters unvereinbar (Abs. 4) ist;
3. sie oder er ohne genügende Entschuldigung die Pflichten ihres oder seines Amtes wiederholt vernachlässigt;
4. sie oder er die Leistung des Gelöbnisses verweigert;
5. sie oder er ein Verhalten setzt, das dem Ansehen des Amtes einer fachkundigen Laienrichterin oder eines fachkundigen Laienrichters zuwiderläuft;
6. sie oder er der Entsendung widerspricht (Abs. 5);
7. oder sie oder er selbst um ihre oder seine Amtsenthebung ersucht.

(9) Über die Enthebung nach Abs. 8 Z 1 bis 5 hat der Personalsenat (§ 10) zu entscheiden.

(10) Über die Enthebung nach Abs. 8 Z 6 und 7 hat die Präsidentin oder der Präsident zu entscheiden.

## 2. Abschnitt
## Organe des Bundesfinanzgerichtes

### Präsidentin oder Präsident des Bundesfinanzgerichtes, Justizverwaltung

**§ 5.** (1) Die Präsidentin oder der Präsident leitet das Bundesfinanzgericht, vertritt es nach außen, übt die Dienstaufsicht über das gesamte Personal aus und führt die Justizverwaltungsgeschäfte für das Bundesfinanzgericht, soweit diese nicht auf Grund dieses Bundesgesetzes durch andere Organe zu erledigen sind. Insbesondere nimmt die Präsidentin oder der Präsident auch die dienstbehördlichen Aufgaben und die Aufgaben der inneren Revision (§ 78a des Gerichtsordnungsgesetzes – GOG, RGBl. Nr. 217/1896) wahr. Der Präsidentin oder dem Präsidenten obliegt es auch, bei voller Wahrung der richterlichen Unabhängigkeit auf eine möglichst einheitliche Rechtsprechung Bedacht zu nehmen.

(2) **„Die Präsidentin oder der Präsident wird bei ihren oder seinen Aufgaben nach Maßgabe der von ihr oder ihm zu erlassenden Geschäftseinteilung für Justizverwaltungssachen von der Vizepräsidentin oder dem Vizepräsidenten, den Leiterinnen oder Leitern der Außenstellen, den Kammervorsitzenden und erforderlichenfalls mit deren Zustimmung von sonstigen Richterinnen oder Richter des Bundesfinanzgerichtes unterstützt und vertreten."** Bei Besorgung dieser Aufgaben sind die damit betrauten Richterinnen und Richter – unbeschadet ihrer richterlichen Unabhängigkeit als Richterin oder Richter des Bundesfinanzgerichtes – an die Weisungen der Präsidentin oder des Präsidenten gebunden.

*(BGBl I 2022/108 ab 20.7.2022)*

(3) Ist die Präsidentin oder der Präsident verhindert, wird sie oder er von der Vizepräsidentin oder vom Vizepräsidenten, wenn auch diese oder dieser verhindert ist, von den nach der Geschäftseinteilung für Justizverwaltungssachen hiezu berufenen Richterinnen und Richtern in ihrem oder seinem gesamten Wirkungsbereich vertreten. Wurde keine Geschäftseinteilung erlassen oder enthält die Geschäftseinteilung keine Vertretungsregelung, ist im Fall der Verhinderung der Präsidentin oder des Präsidenten und der Vizepräsidentin oder des Vizepräsidenten die an Lebensjahren älteste Richterin oder der an Lebensjahren älteste Richter am Sitz und im Fall deren oder dessen Verhinderung die jeweils an Lebensjahren nächstälteste Richterin oder der jeweils an Lebensjahren nächstälteste Richter am Sitz zur Vertretung berufen. Dies gilt

auch dann, wenn die Stelle der Präsidentin oder des Präsidenten oder der Vizepräsidentin oder des Vizepräsidenten unbesetzt ist.

(4) Die Präsidentin oder der Präsident und die Vizepräsidentin oder der Vizepräsident sind neben ihren Justizverwaltungsaufgaben auch in der Rechtsprechung tätig. Das Ausmaß ihrer Tätigkeit in der Rechtsprechung ist von der Präsidentin oder vom Präsidenten so festzulegen, dass dadurch die Wahrnehmung ihrer Justizverwaltungsaufgaben nicht beeinträchtigt wird.

(5) Die Präsidentin oder der Präsident und die Vizepräsidentin oder der Vizepräsident werden von der Bundespräsidentin oder vom Bundespräsidenten auf Vorschlag der Bundesregierung bestellt. Vor der Vorschlagserstattung durch die Bundesregierung sind die Bewerberinnen und Bewerber von einer Kommission bestehend aus einer Vertreterin oder einem Vertreter der Bundesministerin oder des Bundesministers für Finanzen, zwei Vertreterinnen oder Vertretern der Wissenschaft mit akademischer Lehrbefugnis eines rechtswissenschaftlichen Faches an einer Universität sowie den Präsidentinnen oder Präsidenten des Verfassungsgerichtshofes, des Verwaltungsgerichtshofes und des Obersten Gerichtshofes oder einer jeweils von diesen beauftragten Person, zu einem Hearing einzuladen. Die Kommission hat der Bundesregierung mindestens drei Bewerberinnen oder Bewerber zur Vorschlagserstattung zu empfehlen.

### Geschäftsführung, Geschäftsordnung

**§ 6.** (1) Zur Unterstützung der ordnungsgemäßen Geschäftsführung des Bundesfinanzgerichtes sind von der Präsidentin oder vom Präsidenten unter deren oder dessen Verantwortung ein Präsidialbüro (§ 15), eine Controllingstelle (§ 16), eine Evidenzstelle (§ 17) und – für den Sitz und für jede Außenstelle – jeweils eine Geschäftsstelle (§ 18) einzurichten.

(2) Die Geschäftsführung hat unter Bedachtnahme auf die Grundsätze der Einfachheit, Raschheit, Zweckmäßigkeit und Wirtschaftlichkeit zu erfolgen.

(3) Die näheren Regelungen über die Geschäftsführung und den Geschäftsgang des Bundesfinanzgerichtes sowie den Ablauf der Sitzungen der Vollversammlung, des Geschäftsverteilungsausschusses, des Personalsenates und des Disziplinarsenates sind in der Geschäftsordnung vorzusehen. Die Geschäftsordnung ist von der Vollversammlung auf Vorschlag des Geschäftsverteilungsausschusses zu beschließen. Sie ist von der Präsidentin oder vom Präsidenten durch Anschlag an der Amtstafel zu veröffentlichen und auf geeignete Weise elektronisch bereitzustellen.

(4) Angelegenheiten des Bundesfinanzgerichtes fallen in den Wirkungsbereich (im Sinn des Bundesministeriengesetzes 1986 (BMG), BGBl. Nr. 76) des Bundesministeriums für Finanzen. Personal und Sachmittel sind von der Bundesministerin oder vom Bundesminister für Finanzen bereitzustellen. Dies umfasst auch die Bereitstellung von Dokumentations- und Informationssystemen insbesondere für das Controlling (§ 16), die Evidenzierung (§ 17) und das Kanzleiwesen (§ 18).

### Leiterinnen und Leiter der Außenstellen

**§ 7.** (1) Die Präsidentin oder der Präsident hat aus dem Kreis der in der Außenstelle (§ 2 Abs. 2) tätigen Richterinnen und Richter des Bundesfinanzgerichtes die Leiterin oder den Leiter der Außenstelle für die Dauer von sechs Jahren zu bestellen. Die Bestellung bedarf der Zustimmung der betroffenen Richterin oder des betroffenen Richters. Vor der Bestellung ist der Personalsenat anzuhören. Die Leiterin oder der Leiter der Außenstelle kann von der Präsidentin oder vom Präsidenten jederzeit von dieser Leitungsfunktion aus wichtigen dienstlichen Gründen abberufen werden.

(2) Die Leiterin oder der Leiter der Außenstelle nimmt für den Bereich der Außenstelle die der Präsidentin oder dem Präsidenten nach § 5 Abs. 1 zukommenden Aufgaben unter der Verantwortung der Präsidentin oder des Präsidenten wahr. Unbeschadet der richterlichen Unabhängigkeit der Leiterin oder des Leiters der Außenstelle als Richterin oder Richter des Bundesfinanzgerichtes unterliegt er in Ausübung der Aufgaben als Leiterin oder Leiter der Außenstelle den Weisungen der Präsidentin oder des Präsidenten.

(3) Die Leiterin oder der Leiter der Außenstelle wird bei seinen Aufgaben nach Maßgabe ihrer oder seiner Verfügungen durch eine Stellvertreterin oder einen Stellvertreter unterstützt und vertreten. Hinsichtlich der Bestellung und Abberufung der Stellvertreterin oder des Stellvertreters der Leiterin oder des Leiters gilt Abs. 1.

(4) Sind sowohl die Leiterin oder der Leiter der Außenstelle als auch die Stellvertreterin oder der Stellvertreter verhindert, so ist die an Lebensjahren älteste Richterin oder der an Lebensjahren älteste Richter der Außenstelle und im Fall dessen Verhinderung die jeweils an Lebensjahren nächstälteste Richterin oder der jeweils an Lebensjahren nächstälteste Richter zur Vertretung berufen. Dies gilt auch, wenn die Stelle der Leiterin oder des Leiters der Außenstelle unbesetzt ist.

### Vollversammlung

**§ 8.** (1) Die Richterinnen und Richter des Bundesfinanzgerichtes (§ 3 Abs. 1) bilden zusammen die Vollversammlung.

(2) Der Vollversammlung kommen folgende Aufgaben zu:

1 Beschlussfassung über die Geschäftsordnung (§ 6 Abs. 3);
2. Beschlussfassung über den Tätigkeitsbericht (§ 21);
3. Wahl der Mitglieder des Geschäftsverteilungsausschusses (§ 9 Abs. 3) und deren Ersatzmitglieder;
4. Wahl der Mitglieder des Personalsenates (§ 10 Abs. 2) und deren Ersatzmitglieder;

5. Wahl der Mitglieder und Ersatzmitglieder des Senates, der als Dienstgericht für die Richterinnen und Richter des Bundesfinanzgerichtes fungiert;
6. Wahl der Mitglieder und der Ersatzmitglieder des Senates, der als Disziplinargericht für die Richterinnen und Richter des Bundesverwaltungsgerichtes fungiert;
7. Einrichtung von Kammern (§ 11).

(3) Die Präsidentin oder der Präsident beruft die Vollversammlung zu ihren Sitzungen ein und führt in diesen den Vorsitz. Die Beratungen und Abstimmungen in der Vollversammlung sind nicht öffentlich. Eine Vollversammlung hat binnen einer Frist von drei Monaten stattzufinden, wenn es mindestens ein Drittel der Mitglieder (Abs. 1) beantragt; Mitgliederbruchteile sind aufzurunden.

(4) Jede Richterin und jeder Richter ist berechtigt, in der Vollversammlung Anträge zu stellen. Den anderen Richterinnen und Richtern steht es frei, zu diesen Anträgen Gegenanträge oder Abänderungsanträge zu stellen. Alle Anträge sind zu begründen.

(5) Die oder der Vorsitzende bestimmt die Reihenfolge, in der über die Anträge abgestimmt wird, und die Reihenfolge der Stimmabgabe.

(6) Soweit in diesem Bundesgesetz nicht anderes bestimmt ist, ist zu einem Beschluss der Vollversammlung die Anwesenheit von mindestens der Hälfte der Richterinnen und Richter und die einfache Mehrheit der abgegebenen Stimmen erforderlich. Eine Stimmenthaltung ist unzulässig. Bei Stimmengleichheit gibt die Stimme der oder des Vorsitzenden den Ausschlag.

(7) Über die Beratung und Abstimmung der Vollversammlung ist ein Protokoll zu führen.

(8) Die Mitglieder der Vollversammlung (Abs. 1) können auch ohne Zusammenkunft in einer Sitzung Beschlussfassungen und Wahlen auf schriftlichem Wege vornehmen. Bei einer derartigen Abstimmung wird die zu einer Beschlussfassung oder Wahl erforderliche Mehrheit nach der Gesamtzahl aller stimmberechtigten Mitglieder berechnet. Eine Sitzung der Vollversammlung ist abzuhalten, wenn es zumindest ein Drittel der Mitglieder verlangt; Mitgliederbruchteile sind aufzurunden.

(9) Zur Vorbereitung von Beschlussfassungen können Versammlungen der den Kammern (§ 11) und den Dienststellen (§ 3 Abs. 3) zugeordneten Richterinnen und Richter durchgeführt werden. Den Vorsitz führt hinsichtlich des Sitzes (§ 2 Abs. 1) die Präsidentin oder der Präsident, hinsichtlich der Außenstellen (§ 2 Abs. 2) die Leiterin oder der Leiter der Außenstelle und hinsichtlich der Kammern (§ 11) die oder der Kammervorsitzende; die Bestimmungen der Abs. 3 bis 8 sind sinngemäß anzuwenden.

(10) In Wahrnehmung ihrer sich nach §§ 8 bis 10 ergebenden Aufgaben sind die Richterinnen und Richter an keine Weisungen gebunden.

### Geschäftsverteilungsausschuss

**§ 9.** (1) Dem Geschäftsverteilungsausschuss obliegt die Beschlussfassung der Geschäftsverteilung, die Vorbereitung der Beschlussfassung der Geschäftsordnung und des Tätigkeitsberichts in der Vollversammlung sowie die Vorbereitung anderer Tagesordnungspunkte, insbesondere die Vorbereitung von Wahlen durch die Vollversammlung (§ 8 Abs. 2 Z 3 bis 5). Dem Geschäftsverteilungsausschuss obliegt auch die Beratung über die Ergebnisse des Controllings der Controllingstelle, die ihm zeitnahe vor der Beschlussfassung der Geschäftsverteilung gesammelt von der Präsidentin oder vom Präsidenten vorzulegen sind.

(2) Der Geschäftsverteilungsausschuss ist von der Präsidentin oder vom Präsidenten in jenen Angelegenheiten der Justizverwaltung anzuhören, die in Ausführung der Geschäftsverteilung (§ 13) und der Geschäftsordnung (§ 6 Abs. 3) ergehen.

(3) Der Geschäftsverteilungsausschuss besteht aus der Präsidentin oder dem Präsidenten, der Vizepräsidentin oder dem Vizepräsidenten sowie weiteren fünf von der Vollversammlung aus ihrer Mitte gewählten Mitgliedern (Wahlmitglieder).

*(BGBl I 2019/103)*

(4) Die Mitglieder und Ersatzmitglieder des Geschäftsverteilungsausschusses sind für die Dauer von vier Jahren unter sinngemäßer Anwendung von § 39 bis § 46 RStDG zu wählen. Wiederbestellungen sind zulässig.

*(BGBl I 2019/103)*

(5) Für die Wahlmitglieder sind von der Vollversammlung aus ihrer Mitte 15 Ersatzmitglieder zu wählen.

*(BGBl I 2019/103)*

(6) Die gewählten Mitglieder und Ersatzmitglieder des Ausschusses bleiben bis zur Bestellung der neuen Mitglieder im Amt. Ihre Mitgliedschaft kann nur aus wichtigen dienstlichen Gründen durch Beschluss der Vollversammlung, der einer Mehrheit von zwei Dritteln der abgegebenen Stimmen bedarf, vorzeitig beendet werden. Im Fall einer vorzeitigen Beendigung der Mitgliedschaft ist eine Nachwahl vorzunehmen; bis zu diesem Zeitpunkt tritt das erstgereihte Ersatzmitglied an die Stelle des ausgeschiedenen Mitglieds.

(7) Die Sitzungen sind von der Präsidentin oder vom Präsidenten, im Falle ihrer oder seiner Verhinderung von ihrem oder seinem Vertreter (§ 5 Abs. 3) unter Anschluss einer Tagesordnung einzuberufen und zu leiten. **„Im Übrigen sind auf die Geschäftsführung des Geschäftsverteilungsausschusses die Bestimmungen des RStDG über die Personalsenate sinngemäß anzuwenden."** Das Protokoll über die Sitzungen ist allen Richterinnen und Richtern (§ 3 Abs. 1) zugänglich zu machen.

*(BGBl I 2022/108 ab 20.7.2022)*

(7a) **„Die Leiterin oder der Leiter der Sitzung kann"** die Beratung und Abstimmung im Umlaufweg unter Verwendung geeigneter technischer Kommunikationsmittel anordnen, wenn dies zur Verfahrensbeschleunigung zweckmäßig ist, die

Sache eine Sitzung nicht erfordert und kein Mitglied die Anberaumung einer Sitzung beantragt. Das Protokoll über die solcherart erfolgte Beratung und Abstimmung ist allen Richterinnen und Richtern (§ 3 Abs. 1) zugänglich zu machen.

*(BGBl I 2020/96, BGBl I 2021/87, BGBl I 2022/108 ab 20.7.2022)*

(8) Jede Richterin und jeder Richter (§ 3 Abs. 1) ist berechtigt, an den Geschäftsverteilungsausschuss Anträge zu stellen. Den anderen Richterinnen und Richtern steht es frei, zu diesen Anträgen Gegenanträge oder Abänderungsanträge zu stellen. Alle Anträge sind zu begründen. Der Geschäftsverteilungsausschuss kann beschließen, dass zu Sitzungen weitere Richterinnen und Richter beratend beigezogen werden.

(9) Der Geschäftsverteilungsausschuss kann einer Einzelrichterin oder einem Einzelrichter oder Senat eine ihr oder ihm zufallende Rechtssache durch Verfügung abnehmen, wenn die Einzelrichterin oder der Einzelrichter oder Senat verhindert oder wegen des Umfangs ihrer oder seiner Aufgaben an deren Erledigung innerhalb einer angemessenen Frist gehindert ist.

### Personalsenat

**§ 10.** (1) Dem Personalsenat obliegen die in diesem Gesetz und die im RStDG genannten Aufgaben, soweit das BFGG nicht anderes bestimmt.

(2) Der Personalsenat besteht aus der Präsidentin oder dem Präsidenten, der Vizepräsidentin oder dem Vizepräsidenten sowie weiteren fünf von der Vollversammlung aus ihrer Mitte auf die Dauer von vier Jahren gewählten Mitgliedern (Wahlmitglieder). Wiederbestellungen sind zulässig. Für die Wahlmitglieder sind von der Vollversammlung aus ihrer Mitte 15 Ersatzmitglieder zu wählen. Im Übrigen gelten hinsichtlich der Zusammensetzung der Wahl und der Geschäftsführung des Personalsenates die Bestimmungen des Richter- und Staatsanwaltsdienstrechtsgesetzes – RStDG, BGBl. Nr. 305/1961, über den Personalsenat.

*(BGBl I 2019/103)*

(3) Dem Personalsenat obliegt die Wahl der Senatsvorsitzenden auf sechs Jahre über Vorschlag der Präsidentin oder des Präsidenten sowie deren Abberufung aus wichtigen dienstlichen Gründen. Die Wahl bedarf der Zustimmung der betroffenen Richterin oder des betroffenen Richters.

(4) Der Personalsenat kann beschließen, dass zu Sitzungen weitere Richterinnen und Richter beratend beigezogen werden.

### Kammern

**§ 11.** (1) Die Vollversammlung hat in der Geschäftsverteilung insbesondere nach fachlichen Bezügen (Geschäftsgebieten) Kammern einzurichten und diesen Richterinnen und Richter zuzuweisen.

(2) Die Präsidentin oder der Präsident hat aus dem Kreis der Richterinnen und Richter des Bundesfinanzgerichtes (§ 3 Abs. 1) nach Anhörung des Personalsenates Kammervorsitzende für die Dauer von sechs Jahren zu bestellen. Die Bestellung bedarf der Zustimmung der betroffenen Richterin oder des betroffenen Richters. Der Kammervorsitzende kann von der Präsidentin oder vom Präsidenten jederzeit aus wichtigen dienstlichen Gründen abberufen werden. § 7 Abs. 3 ist sinngemäß anzuwenden.

(3) Die oder der Kammervorsitzende leitet die Kammer. Ferner wirken die Vorsitzenden von Fachkammern an der redaktionellen Bearbeitung der zu veröffentlichenden Entscheidungen (§ 22) mit. Unbeschadet der richterlichen Unabhängigkeit der oder des Kammervorsitzenden als Richterinnen oder Richter des Bundesfinanzgerichtes unterliegt sie oder er in Ausübung der Aufgaben als Kammervorsitzende oder Kammervorsitzender den Weisungen der Präsidentin oder des Präsidenten. Die Präsidentin oder der Präsident hat für einen regelmäßigen fachlichen Meinungsaustausch zwischen den Kammervorsitzenden Sorge zu tragen. Eine Kammervorsitzende oder ein Kammervorsitzender kann auch mehrere Kammern leiten.

(4) Die Kammern können Versammlungen aus den ihnen zugewiesenen Richterinnen und Richtern zur Vorbereitung von Beschlussfassungen abhalten (§ 8 Abs. 9).

### Senate

**§ 12.** (1) Das Bundesfinanzgericht entscheidet durch Einzelrichterinnen und Einzelrichter und durch Senate.

(2) Der Senat besteht aus zwei Richtern (§ 3 Abs. 1), wobei eine Richterin oder ein Richter aus dem Kreis der Senatsvorsitzenden (Abs. 3) kommt, sowie zwei fachkundigen Laienrichterinnen oder Laienrichtern (§ 4).

(3) Die Senatsvorsitzenden werden vom Personalsenat gewählt (§ 10 Abs. 3). Die Geschäftsverteilung hat zu bestimmen, wer einen Senatsvorsitzenden vertritt. Ein Senatsvorsitzender kann auch mehrere Senate leiten. Präsidentin oder Präsident und Vizepräsidentin oder Vizepräsident sind kraft Amtes Senatsvorsitzende.

(4) In der Geschäftsverteilung (§ 13) ist bei der Betrauung der Senatsvorsitzenden und der richterlichen Beisitzerinnen und Beisitzer mit der weiteren Funktion einer Einzelrichterin oder eines Einzelrichters auf ihre Tätigkeit in der Rechtsprechung im Senatsverfahren Bedacht zu nehmen.

(5) Die Geschäftsverteilung hat festzulegen, welche Richterin oder welcher Richter Berichterstatterin oder Berichterstatter im Senat ist, und für den Fall, dass die oder der Senatsvorsitzende demnach auch Berichterstatterin oder Berichterstatter ist, das zweite Mitglied des Senates. Die Geschäftsverteilung hat ferner festzulegen, wer bei Wegfall der Senatszuständigkeit als Einzelrichterin oder Einzelrichter zu entscheiden hat.

(6) In Angelegenheiten, die unmittelbar von den Abgabenbehörden des Bundes besorgt werden, hat die Geschäftsverteilung zu beachten, dass je eine fachkundige Laienrichterin oder ein fachkundiger Laienrichter von einer gesetzlichen Berufs-

vertretung selbständiger Berufe und von einer gesetzlichen Berufsvertretung unselbständiger Berufe entsendet sein muss. In Angelegenheiten, die unmittelbar von den Finanzstrafbehörden des Bundes besorgt werden, wird die Besetzung der fachkundigen Laienrichterinnen oder Laienrichter im Finanzstrafgesetz geregelt.

(7) Fachkundige Laienrichterinnen und Laienrichter haben Anspruch auf

1. Ersatz der Reise- und Aufenthaltskosten sowie auf Entschädigung für Zeitversäumnis entsprechend den für Zeugen geltenden Bestimmungen des Gebührenanspruchsgesetzes (GebAG), BGBl. Nr. 136/1975;
2. die Hälfte des im § 18 Abs. 1 Z 1 GebAG jeweils genannten Betrags als Entschädigung für Zeitversäumnis unabhängig vom Vorliegen eines Vermögensnachteils.

## 3. Abschnitt
## Geschäftsverteilung

### Geschäftsverteilung

**§ 13.** (1) Die vom Bundesfinanzgericht zu besorgenden Geschäfte sind durch den Geschäftsverteilungsausschuss (§ 9) auf die Einzelrichterinnen und Einzelrichter und die Senate für jeweils ein Kalenderjahr im Voraus zu verteilen.

(2) Vor Ablauf eines Kalenderjahres hat der Geschäftsverteilungsausschuss jeweils für das nächste Kalenderjahr eine Geschäftsverteilung und eine Geschäftsverteilungsübersicht zu beschließen; für Finanzstrafsachen wird der Zeitraum der Gültigkeit der Geschäftsverteilung im Finanzstrafgesetz festgelegt. Zuvor können Versammlungen der den Kammern und den Dienststellen zugeordneten Richterinnen und Richter (§ 8 Abs. 9) durchgeführt werden. Diese Versammlungen können Vorschläge für die zu beschließende Geschäftsverteilung erstatten. Sind zwei oder mehrere Kammern ausschließlich für eine Dienststelle eingerichtet, hat die Versammlung der dieser Dienststelle zugeordneten Richterinnen und Richter zu trachten, einen gemeinsamen Vorschlag für diese Kammern herbeizuführen. Weicht der Geschäftsverteilungsausschuss von diesen Vorschlägen ab oder liegen unterschiedliche Vorschläge vor, hat er seine Entscheidung im Sitzungsprotokoll (§ 9 Abs. 7) zu begründen.

(3) Die Geschäftsverteilung hat zu bestimmen:

1. die Dienststelle einer jeden Richterin und eines jeden Richters (Arbeitsplatz in der Dienststelle am Sitz oder in einer Außenstelle), wobei den Richterinnen und Richtern ein Arbeitsplatz in der jeweils anderen Dienststelle nur mit ihrer Zustimmung zugewiesen werden darf;
2. allgemeine Grundsätze der Geschäftsverteilung, wie die nähere Gliederung der Rechtssachen, die Festlegung von Verfahrenskategorien, die Abgrenzung von Zuständigkeiten, die Regelung von Kompetenzkonflikten oder die Regelung der Entscheidung über Ablehnungsanträge (§ 268 der Bundesabgabenordnung (BAO), BGBl. Nr. 194/1961);
3. die Einrichtung von Kammern (§ 11) und ihre Geschäftsgebiete sowie die in den einzelnen Kammern zusammengefassten Einzelrichterinnen und Einzelrichter und Senate (§ 12);
4. die Vorsitzenden und richterlichen Beisitzerinnen und Beisitzer der Senate (§ 12 Abs. 2) sowie die Ersatzmitglieder (Stellvertreter, Ersatzbeisitzerinnen und Ersatzbeisitzer) und die Reihenfolge, in der diese einzutreten haben;
5. die aus dem Kreis der fachkundigen Laienrichterinnen und Laienrichter (§ 4) beizuziehenden Beisitzerinnen und Beisitzer der Senate (§ 12 Abs. 2) sowie die Ersatzmitglieder (Stellvertreter, Ersatzbeisitzerinnen und Ersatzbeisitzer) und die Reihenfolge, in der diese einzutreten haben;
6. die Verteilung der dem Bundesfinanzgericht zufallenden gerichtlichen Geschäfte (§ 1) auf die Einzelrichterinnen und Einzelrichter und Senate.

(4) Die Präsidentin oder der Präsident hat den Entwurf einer Geschäftsverteilung für das nächste Kalenderjahr vom 2. November bis einschließlich 25. November zur Einsicht aufzulegen (Einsichtsfrist). Jede Richterin und jeder Richter des Bundesfinanzgerichtes ist berechtigt, während der Einsichtsfrist schriftliche Einwendungen gegen den Entwurf zu erheben. Die Einwendungen müssen eine Begründung und einen Abänderungsantrag enthalten. Der Geschäftsverteilungsausschuss hat vor dem Geschäftsverteilungsbeschluss über die Einwendungen zu beraten. Eine abgesonderte Beschlussfassung über die Einwendungen hat zu unterbleiben. Soweit der Geschäftsverteilungsbeschluss vom Entwurf abweicht oder Einwendungen nicht berücksichtigt, ist er zu begründen. Die Begründung ist möglichst bald nach der Beschlussfassung, jedenfalls jedoch in der Zeit vom 2. bis einschließlich 15. Jänner zur Einsicht bereit zu halten.

(5) Die Verteilung der Geschäfte nach Abs. 3 Z 6 hat so zu erfolgen, dass insgesamt eine möglichst gleichmäßige Auslastung aller Einzelrichterinnen und Einzelrichter und Senate des Bundesfinanzgerichtes erreicht wird. Zur Ermöglichung einer einheitlichen Entscheidungspraxis sollen, soweit dies zweckmäßig ist, Rechtssachen nach fachlichen Bezügen zusammengefasst werden.

(6) In der Geschäftsverteilung ist die Wahrnehmung von Vertretungsaufgaben oder von Aufgaben der Justizverwaltung entsprechend zu berücksichtigen.

(7) Die Geschäftsverteilung hat eine die Rechtsschutzinteressen der Parteien wahrende Rechtspflege sicherzustellen.

(8) In welchen Fällen sich eine Richterin oder ein Richter oder eine fachkundige Laienrichterin oder ein fachkundiger Laienrichter wegen Befangenheit der Ausübung ihres oder seines Amtes zu enthalten hat, regeln die Abgabenverfahrensvor-

schriften und das Finanzstrafgesetz. Gleiches gilt für die Ablehnung.

(9) Wegen Veränderungen im Personalstand, wegen Überlastung oder zu geringer Beschäftigung einzelner Richterinnen und Richter oder Senate oder aus anderen wichtigen Gründen kann die Geschäftsverteilung vom Geschäftsverteilungsausschuss auch während eines Kalenderjahres im Voraus geändert werden.

(10) Beschließt der Geschäftsverteilungsausschuss nötige Änderungen der Geschäftsverteilung im Sinne des Abs. 9 nicht innerhalb von sechs Wochen, hat die Präsidentin oder der Präsident diese Änderungen durch Erlassung einer vorläufigen Geschäftsverteilung vorzunehmen. In diesem Fall hat die Präsidentin oder der Präsident unverzüglich den Geschäftsverteilungsausschuss zur Beschlussfassung über die endgültige Geschäftsverteilung zu einer Sitzung einzuberufen, die spätestens vier Wochen nach Erlassung der vorläufigen Geschäftsverteilung stattzufinden hat. Mit der Beschlussfassung über die endgültige Geschäftsverteilung tritt die vorläufige Geschäftsverteilung außer Kraft.

(11) Hat der Geschäftsverteilungsausschuss bis zum Ablauf des Kalenderjahres keine Geschäftsverteilung beschlossen, gilt die bisherige Geschäftsverteilung bis zur Beschlussfassung über eine neue Geschäftsverteilung weiter.

(12) Die Geschäftsverteilung ist von der Präsidentin oder vom Präsidenten ~~zur allgemeinen Einsicht am Sitz (§ 2 Abs. 1) und an allen Außenstellen (§ 2 Abs. 2) aufzulegen und~~[a] auf geeignete Weise elektronisch bereitzustellen.

*(BGBl I 2022/108 ab 1.1.2023)*

[a] Die Streichung tritt mit 1. Jänner 2023 in Kraft.

(13) Der Sitz und die Außenstellen gelten als Dienststellen im Sinn des § 13 des Volksgruppengesetzes (VoGrG), BGBl. Nr. 396/1976.

(14) Die Geschäftsverteilungsübersicht ist nach der aufsteigenden Nummerierung der Gerichtsabteilungen (§ 14) zu gliedern. In ihr sind auszuweisen:

1. die Namen der Einzelrichterinnen und Einzelrichter und ihrer Vertreterinnen und Vertreter;
2. die Namen der Vorsitzenden und Beisitzer der Senate sowie die Namen der Stellvertreterinnen und Stellvertreter und Ersatzbeisitzerinnen und Ersatzbeisitzer;
3. die den Einzelrichterinnen und Einzelrichtern und Senaten zugewiesenen Geschäftsgebiete.

(15) Die Geschäftsverteilungsübersicht ist von der Präsidentin oder vom Präsidenten ~~durch Anschlag an der Amtstafel zu veröffentlichen und~~[a] auf geeignete Weise elektronisch bereitzustellen.

*(BGBl I 2022/108 ab 1.1.2023)*

[a] Die Streichung tritt mit 1. Jänner 2023 in Kraft.

### Gerichtsabteilungen

**§ 14.** Für jede Einzelrichterin und jeden Einzelrichter und Senat ist eine Gerichtsabteilung zu eröffnen. Für die Präsidentin oder den Präsidenten, die Vizepräsidentin oder den Vizepräsidenten sind mit deren Zustimmung Gerichtsabteilungen zu eröffnen. Die Geschäftsverteilung des Bundesfinanzgerichtes hat auch Regelungen für die Vertretung der einzelnen Gerichtsabteilungen zu enthalten, wobei für die Leiterin oder den Leiter der Gerichtsabteilung eine ausreichende Zahl von Vertreterinnen und Vertretern und die Reihenfolge, in der die Vertreterinnen und Vertreter einzutreten haben, zu bestimmen sind.

## 4. Abschnitt
## Führung der Geschäfte des Bundesfinanzgerichtes

### Präsidialbüro

**§ 15.** (1) Das Präsidialbüro hat die Präsidentin oder den Präsidenten und die Vizepräsidentin oder den Vizepräsidenten sowie die Leiterinnen und Leiter der Außenstellen bei der Besorgung der ihnen nach § 5 zukommenden Aufgaben zu unterstützen.

(2) Der Leiterin oder dem Leiter des Präsidialbüros obliegen nach Maßgabe der Vorgaben der Präsidentin oder des Präsidenten die Organisation und die Überwachung der Tätigkeit des Präsidialbüros.

### Controllingstelle

**§ 16.** (1) Die Controllingstelle hat die Grundlagen zur Feststellung der Erreichung der Ziele des Bundesfinanzgerichtes zu liefern. Dabei ist die Einhaltung der Grundsätze der Einfachheit, Raschheit, Zweckmäßigkeit und Wirtschaftlichkeit sicherzustellen.

(2) Der Leiterin oder dem Leiter der Controllingstelle obliegen nach Maßgabe der Vorgaben der Präsidentin oder des Präsidenten die Organisation und die Überwachung der Tätigkeit der Controllingstelle.

(3) Die Präsidentin oder der Präsident hat unter ihrer oder seiner Verantwortung eine Controllingstelle einzurichten. Die Controllingstelle unterstützt die Organe des Bundesfinanzgerichtes bei voller Wahrung der richterlichen Unabhängigkeit bei ihren Entscheidungen, indem sie insbesondere die Auslastung und Effizienz und die Funktionstüchtigkeit des inneren Betriebs des Bundesfinanzgerichtes sowie dessen aufbau- und ablauforganisatorischen Gegebenheiten in Form eines begleitenden Controllings untersucht, Abweichungen vom Sollzustand feststellt und ihre Ursachen analysiert. Bei der Erstattung von Empfehlungen und Vorschlägen ist darauf zu achten, dass auch nicht der Anschein einer Einflussnahme auf den Bereich entsteht, der in Gerichtsverfahren der Rechtsprechung vorbehalten ist.

### Evidenzstelle

**§ 17.** (1) Die Evidenzstelle hat alle Erkenntnisse und Beschlüsse des Bundesfinanzgerichtes in übersichtlicher Art und Weise zu dokumentieren, um dadurch eine einheitliche Entscheidungspraxis bei voller Wahrung der Unabhängigkeit der Richter zu ermöglichen.

(2) Der Leiterin oder dem Leiter der Evidenzstelle obliegen nach Maßgabe der Vorgaben der Präsidentin oder des Präsidenten die Organisation und die Überwachung der Tätigkeit der Evidenzstelle.

**Geschäftsstellen**

**§ 18.** (1) Die Geschäftsstellen sind mit der Besorgung der Kanzleigeschäfte des Bundesfinanzgerichtes betraut und zur Unterstützung der Richterinnen und Richter des Bundesfinanzgerichtes berufen. Am Sitz und an jeder Außenstelle ist jeweils eine Geschäftsstelle eingerichtet, eine Untergliederung in Geschäftsabteilungen ist zulässig.

(2) Jede Geschäftsstelle wird von einer Vorsteherin oder einem Vorsteher geleitet. Die Vorsteherin oder der Vorsteher der Geschäftsstelle hat nach den Weisungen der Präsidentin oder des Präsidenten und an den Außenstellen auch nach den Weisungen der Leiterin oder des Leiters der Außenstelle den gesamten Dienst in der Geschäftsstelle zu leiten und die Präsidentin oder den Präsidenten und die Leiterin oder den Leiter der Außenstelle zu unterstützen.

(3) Inwieweit Bedienstete der Geschäftsstelle als Schriftführerin oder Schriftführer oder zur Vorbereitung von Entscheidungen heranzuziehen sind, bestimmt die Geschäftsordnung.

(4) Die Bestimmungen über die ordnungsgemäße Geschäftsführung für den Bereich der Außenstelle unter der Verantwortung der Leiterin oder des Leiters sind in der Geschäftsordnung zu treffen.

## 5. Abschnitt
## Controlling und Berichtswesen

**Controlling**

**§ 19.** Zur Sicherstellung einer zweckmäßigen, wirtschaftlichen, sparsamen und effizienten Besorgung der Aufgaben des Bundesfinanzgerichtes sind die Controllingstelle (§ 16) und der Geschäftsverteilungsausschuss (§ 9) berufen.

**Berichtswesen**

**§ 20.** (1) Die Richterinnen und Richter des Bundesfinanzgerichts haben der Präsidentin oder dem Präsidenten im Wege der Veranlassung der entsprechenden kanzleimäßigen Verbuchung (Endverfügung) laufend über die Anzahl der von ihnen erledigten Rechtssachen, gegliedert nach Verfahrenskategorien, und die Art der in diesen Rechtssachen getroffenen Erledigung zu berichten (Erledigungsausweis) und alle anhängigen Rechtssachen auszuweisen (Geschäftsausweis).

(2) Im Einzelfall haben die Richterinnen und Richter der Präsidentin oder dem Präsidenten auf begründetes Ersuchen gesondert zu berichten.

**Tätigkeitsbericht**

**§ 21.** (1) Das Bundesfinanzgericht hat für jedes Kalenderjahr einen Bericht über seine Tätigkeit und die dabei gesammelten Erfahrungen zu verfassen.

(2) Die Präsidentin oder der Präsident hat den Entwurf eines Tätigkeitsberichts dem Geschäftsverteilungsausschuss, dieser einen hierauf gegründeten Entwurf der Vollversammlung zur Beschlussfassung vorzulegen.

(3) Der von der Vollversammlung beschlossene Tätigkeitsbericht ist von der Präsidentin oder vom Präsidenten der Bundesministerin oder dem Bundesminister für Finanzen vorzulegen. Aus Anlass der Vorlage des Tätigkeitsberichtes hat die Präsidentin oder der Präsident auch über personelle und sachliche Erfordernisse zu berichten.

(4) Der Tätigkeitsbericht (§ 21 Abs. 3 zweiter Satz) ist von der Präsidentin oder vom Präsidenten gleichzeitig mit der Bundesministerin oder dem Bundesminister für Finanzen jeder Richterin und jedem Richter zu übermitteln.

## 6. Abschnitt
## Evidenzierung und Veröffentlichung der Entscheidungen

**Evidenzierung**

**§ 22.** (1) Die laufende Evidenzierung obliegt der Evidenzstelle (§ 17).

(2) An der Evidenzierung wirken die Richterinnen und Richter des Bundesfinanzgerichts mit. Sie haben insbesondere unter Verwendung der hierfür bereit gestellten elektronischen Hilfsmittel ihre Entscheidungen so vorzubereiten, dass die Übernahme einer anonymisierten Ausfertigung in die elektronische Entscheidungsdokumentation ohne nachträgliche Bearbeitung möglich ist, und die Entscheidungen für die elektronische Entscheidungsdokumentation gegebenenfalls mit redaktionellen Hinweisen zu versehen. Die Kammervorsitzenden und gegebenenfalls weitere Richterinnen und Richter unterstützen darüber hinausgehend die Leiterin oder den Leiter der Evidenzstelle bei der Evidenzierung.

(3) Unbeschadet ihrer richterlichen Unabhängigkeit unterliegen die Richterinnen und Richter in Ausübung der Aufgaben der Evidenzierung (Abs. 2), ausgenommen jener nach § 23 Abs. 4, den Weisungen der Präsidentin oder des Präsidenten.

(4) Ausführende Regelungen sind in der Geschäftsordnung zu treffen.

**Veröffentlichung der Entscheidungen**

**§ 23.** (1) Die Bundesministerin oder der Bundesminister für Finanzen hat die Erkenntnisse und Beschlüsse des Bundesfinanzgerichtes (Volltexte, soweit vorhanden Rechtssätze) der Öffentlichkeit im Internet unentgeltlich zugänglich zu machen.

(2) Bei der Veröffentlichung sind personenbezogene Daten nur soweit unkenntlich zu machen, als es die berechtigten Interessen der Parteien an der Geheimhaltung dieser Daten gebieten (wie etwa Umstände des Privat- und Familienlebens, Steuergeheimnis), ohne hiedurch die Verständlichkeit der Entscheidung zu beeinträchtigen.

(3) Eine Veröffentlichung hat zu unterbleiben, wenn im Einzelfall wesentliche Interessen der Parteien oder wesentliche öffentliche Interessen entgegenstehen. Die Veröffentlichung von Formal-

beschlüssen sowie von Erkenntnissen ohne besondere rechtliche Bedeutung insbesondere betreffend Verwaltungsübertretungen kann unterbleiben.

(4) Der Ausschluss der Veröffentlichung ist von jenem Organ, das die Entscheidung getroffen hat, zu verfügen. Dieses hat bei zu veröffentlichenden Entscheidungen festzulegen, welche personenbezogenen Daten unkenntlich zu machen sind; die Festlegung kann bei einem Senat einem Mitglied ganz oder teilweise übertragen werden.

(5) Ausführende Regelungen sind in der Geschäftsordnung zu treffen.

(6) Die Bundesministerin oder der Bundesminister für Finanzen ist ermächtigt, durch Verordnung nähere Bestimmungen im Hinblick auf technische Standards der Entscheidungsdokumentation festzulegen.

## 2. Teil
## Verfahren und Vollstreckung

### Verfahren

**§ 24.** (1) Das Verfahren vor dem Bundesfinanzgericht ist in der BAO, im Zollrechts-Durchführungsgesetz (ZollR-DG), BGBl. Nr. 659/1994, im Finanzstrafgesetz (FinStrG), BGBl. Nr. 129/1958, sowie in § 42 EU-BStbG geregelt. Für gemäß Art. 131 Abs. 5 B-VG dem Bundesfinanzgericht übertragene Rechtsmittel betreffend Verwaltungsübertretungen ist das Verfahren im Verwaltungsgerichtsverfahrensgesetz (VwGVG), BGBl. I Nr. 33/2013, geregelt. Die Vollstreckung diesbezüglicher Erkenntnisse und Beschlüsse hat nach den Bestimmungen des Verwaltungsvollstreckungsgesetzes 1991 zu erfolgen. Für Beschwerden nach § 1 Abs. 3 Z 2 ist das Verfahren im VwGVG geregelt. Für Datenverarbeitungen im Anwendungsbereich der DSGVO in Ausübung der gerichtlichen Zuständigkeiten gelten unabhängig vom anzuwendenden Verfahrensrecht die Bestimmungen der §§ 48d bis 48i BAO sinngemäß.

*(BGBl I 2017/162, BGBl I 2018/62, BGBl I 2019/62)*

(2) Die von den Richterinnen und Richtern im Verfahren zu verwendenden elektronischen Formulare sind in der Geschäftsordnung zu regeln.

(3) Wer im Senatsverfahren die Ausfertigung der Entscheidung auszuarbeiten hat, ist in der Geschäftsordnung zu regeln.

(4) Die Erkenntnisse sind im Namen der Republik zu verkünden und auszufertigen.

(5) Nach Maßgabe der vorhandenen technischen und organisatorischen Voraussetzungen sind die Akten in elektronischer Form vorzulegen.

*(BGBl I 2016/117, BGBl I 2018/62, BGBl I 2018/104)*

(6) Die §§ 1 bis 14 und 15a bis 15c GOG sind sinngemäß anzuwenden.

*(BGBl I 2021/87)*

(7) Nach Maßgabe der vorhandenen technischen und organisatorischen Voraussetzungen können Zustellungen elektronisch vorgenommen werden. Für elektronische Zustellungen an den Bundesminister für Finanzen, die Finanzämter, das Zollamt Österreich und das Amt für Betrugsbekämpfung sind die Bestimmungen der BAO anzuwenden. Andere elektronische Zustellungen sind nach dem 3. Abschnitt des Zustellgesetzes (ZustG), BGBl. Nr. 200/1982, über ein Zustellsystem gemäß § 28 Abs. 3 ZustG vorzunehmen.

*(BGBl I 2018/104, BGBl I 2019/104)*

**„(8)[a] § 25 Abs. 1 ZustG gilt mit der Maßgabe, dass an die Stelle der Kundmachung an der Amtstafel des Bundesfinanzgerichtes die elektronische Veröffentlichung auf der Website des Bundesfinanzgerichtes tritt.“**

*(BGBl I 2022/108 ab 1.1.2023)*

[a] Tritt mit 1. Jänner 2023 in Kraft.

### Datenschutzbeschwerde

**§ 24a.** (1) Wer durch das Bundesfinanzgericht in Ausübung seiner gerichtlichen Zuständigkeiten in seinen Rechten gemäß der DSGVO verletzt zu sein behauptet, kann die Feststellung dieser Verletzung begehren (Datenschutzbeschwerde).

(2) Die Datenschutzbeschwerde hat zu enthalten:

1. die Bezeichnung des als verletzt erachteten Rechts,
2. den Sachverhalt, aus dem die Rechtsverletzung abgeleitet wird,
3. die Gründe, auf die sich die Behauptung der Rechtswidrigkeit stützt,
4. das Begehren, die behauptete Rechtsverletzung festzustellen und
5. die Angaben, die erforderlich sind, um zu beurteilen, ob die Beschwerde rechtzeitig eingebracht worden ist.

(3) Der Anspruch auf Behandlung einer Beschwerde erlischt, wenn der Einschreiter sie nicht binnen eines Jahres, nachdem er Kenntnis von dem beschwerenden Ereignis erlangt hat, längstens aber binnen drei Jahren, nachdem das Ereignis behaupteter Maßen stattgefunden hat, einbringt.

(4) Über die Datenschutzbeschwerde entscheidet ein Senat des Bundesfinanzgerichtes. Abweichend von § 12 Abs. 2 besteht dieser Senat aus drei Richtern (§ 3 Abs. 1), wobei mindestens eine Richterin oder ein Richter aus dem Kreis der Senatsvorsitzenden (§ 12 Abs. 3) kommt.

(5) Auf das Verfahren über eine Datenschutzbeschwerde sind die §§ 256 Abs. 1 und 3, 260 Abs. 1, 268, 269 Abs. 1 und 3, 272 bis 277 und 280 BAO sinngemäß anzuwenden.

*(BGBl I 2018/62)*

### Vollstreckung

**§ 25.** (1) Wenn das Bundesfinanzgericht einer Beschwerde stattgegeben hat, sind die Verwaltungsbehörden verpflichtet, in dem betreffenden Fall mit den ihnen zu Gebote stehenden rechtlichen Mitteln unverzüglich den der Rechtsanschauung des Bundesfinanzgerichtes entsprechenden Rechtszustand herzustellen.

(2) Soweit dies nicht in der BAO, im ZollR-DR oder im FinStrG geregelt ist, hat das Bundesfinanzgericht in seiner Entscheidung zu bestimmen, welche Abgabenbehörde oder Finanzstrafbehörde die Entscheidung zu vollstrecken hat.

### 3. Teil
### Schlussbestimmungen

#### Verweisungen

**§ 26.** Soweit in diesem Bundesgesetz auf Bestimmungen anderer Bundesgesetze verwiesen wird, sind diese in ihrer jeweils geltenden Fassung anzuwenden.

#### Inkrafttreten

**§ 27.** (1) § 1 tritt mit 1. Jänner 2014 in Kraft. Gleichzeitig tritt das Bundesgesetz über den unabhängigen Finanzsenat (UFS-Gesetz – UFSG), BGBl. I Nr. 97/2002, zuletzt geändert durch das Bundesgesetz BGBl. I Nr. 51/2012, außer Kraft.

*(BGBl I 2016/117)*

(2) § 24 Abs. 5 in der Fassung des Bundesgesetzes BGBl. I Nr. 117/2016 tritt mit 1. Jänner 2017 in Kraft.

*(BGBl I 2016/117)*

(3) § 24 in der Fassung des Bundesgesetzes, BGBl. I Nr. 104/2018, tritt mit Beginn des siebenten auf den Tag der Kundmachung der Verfügbarkeit des Teilnehmerverzeichnisses gemäß § 28a Abs. 3 ZustG durch den Bundesminister für Digitalisierung und Wirtschaftsstandort folgenden Monats in Kraft.

*(BGBl I 2018/104)*

(4) § 1 Abs. 3 Z 4 und Z 5 und § 24 Abs. 1 in der Fassung des Bundesgesetzes BGBl. I Nr. 62/2019 treten mit 1. September 2019 in Kraft.

*(BGBl I 2019/62)*

(5) § 1 Abs. 2 und 3 und § 24 Abs. 7, jeweils in der Fassung des Bundesgesetzes BGBl. I Nr. 104/2019 treten mit 1. Juli 2020 in Kraft.

*(BGBl I 2019/104)*

(6) § 9 Abs. 3 und 4 sowie § 10 Abs. 2, jeweils in der Fassung des Bundesgesetzes BGBl. I Nr. 103/2019 ist erstmals auf jene Periode des Geschäftsverteilungsausschusses anzuwenden, die im Jahr 2020 beginnt.

*(BGBl I 2019/103)*

(7) § 9 Abs. 7a und § 24 Abs. 6 in der Fassung des Bundesgesetzes BGBl. I Nr. 87/2021 treten mit dem der Kundmachung folgenden Tag in Kraft.

*(BGBl I 2021/87)*

**„(8) § 13 Abs. 12 und 15 und § 24 Abs. 8, jeweils in der Fassung des Bundesgesetzes BGBl. I Nr. 108/2022, treten mit 1. Jänner 2023 in Kraft.“**

*(BGBl I 2022/108)*

#### Übergangsbestimmungen

**§ 28.** (1) Die Bundesministerin oder der Bundesminister für Finanzen hat die für eine unverzügliche Aufnahme der Tätigkeit des Bundesfinanzgerichtes erforderlichen organisatorischen und personellen Maßnahmen gemäß Art. 151 Abs. 51 B-VG bereits ab Ablauf des Tages der Kundmachung dieses Bundesgesetzes zu treffen.

(2) Die Präsidentin oder der Präsident hat möglichst bis 30. Juni 2013 einen Entwurf einer Geschäftsordnung und einer Geschäftsverteilung zu erstellen. Die Wahl- und Ersatzmitglieder des ersten Geschäftsverteilungsausschusses sind möglichst bis 30. Juni 2013 durch die im Zeitpunkt der Wahl dem Bundesfinanzgericht ab 1. Jänner 2014 gemäß Art. 151 Abs. 51 Z 3 und Z 4 B-VG angehörigen Richterinnen und Richter zu wählen (§ 9 Abs. 3 und 4). Der Geschäftsverteilungsausschuss hat möglichst bis 30. November 2013 die erste Geschäftsverteilung für den Tätigkeitszeitraum ab dem 1. Jänner 2014 zu beschließen. Für diese erste Geschäftsverteilung ist § 13 Abs. 4 mit der Maßgabe sinngemäß anzuwenden, dass als Einsichtsfrist der 1. bis 30. September 2013 festgelegt wird. Die Vollversammlung der im Sitzungszeitpunkt dem Bundesfinanzgericht ab 1. Jänner 2014 gemäß Art. 151 Abs. 51 Z 3 und Z 4 B-VG angehörigen Richterinnen und Richter hat möglichst bis 30. Juni 2013 die Geschäftsordnung (§ 8 Abs. 2 Z 2) zu beschließen und die von ihr zu wählenden Mitglieder und Ersatzmitglieder des ersten Personalsenates (§ 8 Abs. 2 Z 4), des ersten Senates, der als Dienstgericht für die Richterinnen und Richter des Bundesfinanzgerichtes fungiert (§ 8 Abs. 2 Z 5) und des ersten Senates, der als Disziplinargericht für die Richterinnen und Richter des Bundesverwaltungsgerichtes fungiert (§ 8 Abs. 2 Z 6) zu wählen. Der Personalsenat hat möglichst bis 31. August 2013 die Wahl der Senatsvorsitzenden (§ 10 Abs. 3) vorzunehmen.

(3) Der unabhängige Finanzsenat hat für das Jahr 2013 keinen Tätigkeitsbericht mehr zu erstellen.

(4) Beim unabhängigen Finanzsenat am 31. Dezember 2013 im Geschäftsbereich Steuern und Beihilfen sowie Zoll (§ 1 Abs. 2 UFSG) anhängig gewesene Rechtssachen sollen, soweit gemäß § 270 Abs. 3 BAO eine Referentin oder ein Referent bestellt wurde, tunlichst auf diesen als Einzelrichterin oder Einzelrichter oder Berichterstatterin oder Berichterstatter im Senat übergehen, sofern diese oder dieser als Richterin oder Richter übergeleitet wurde.

(5) Die §§ 4 bis 6 und 8 bis 10 des Verwaltungsgerichtsbarkeits-Übergangsgesetzes, BGBl. I Nr. 33/2013, gelten sinngemäß für jene Angelegenheiten, die in die Zuständigkeit des Bundesfinanzgerichtes fallen. Werden Revisionen ungeachtet des § 4 Abs. 5 erster Satz des Verwaltungsgerichtsbarkeits-Übergangsgesetzes beim Bundesfinanzgericht rechtzeitig eingebracht, gelten sie auch gegenüber dem Verwaltungsgerichtshof als rechtzeitig eingebracht; sie sind vom Bundesfinanzgericht unverzüglich an den Verwaltungsgerichtshof weiterzuleiten.

(6) Bis zum Ablauf des 31. Dezember 2020 ist § 323c Abs. 4 BAO auf Verfahren über Datenschutzbeschwerden sinngemäß anzuwenden.

*(BGBl I 2020/96)*

### Erstbesetzung des Bundesfinanzgerichtes

**§ 29.** (1) Mitglieder des unabhängigen Finanzsenates können bis spätestens 31. Dezember 2012 im Dienstweg bei der Bundesministerin für Finanzen oder beim Bundesminister für Finanzen schriftlich die Ernennung zur Richterin oder zum Richter des Bundesfinanzgerichtes beantragen. Sind über Art. 151 Abs. 51 Z 3 und 4 B-VG hinausgehend weitere richterliche Planstellen zu besetzen, so sind diese von der Präsidentin oder vom Präsidenten des Bundesfinanzgerichtes auszuschreiben. Die Ausschreibung ist auf der beim Bundeskanzleramt eingerichteten Website „Karriere Öffentlicher Dienst" und zusätzlich im „Amtsblatt zur Wiener Zeitung" zu veröffentlichen. § 7 Abs. 3 des Ausschreibungsgesetzes 1989 (AusG), BGBl. Nr. 85, gilt. Bewerbungsgesuche sind innerhalb von zwei Wochen ab Kundmachung der Ausschreibung beim Bundesminister für Finanzen einzubringen.

(2) Die Richterinnen und Richter des Bundesfinanzgerichtes sind mit Wirksamkeit ab 1. Jänner 2014 zu ernennen. Richterinnen und Richter, die gemäß Art. 151 Abs. 51 Z 4 B-VG überzuleiten sind, sind auf eine Planstelle des Bundesfinanzgerichtes zu ernennen, die der in der am 1. Jänner 2013 gültigen Geschäftsverteilung des unabhängigen Finanzsenates gemäß § 11 Abs. 2 zweiter Satz UFSG festgelegten Dienststelle des Mitglieds des unabhängigen Finanzsenates entspricht.

(3) Entsendungen nach den §§ 263 ff BAO in der Fassung vor dem Bundesgesetz BGBl. I Nr. 14/2013, gelten als für das Bundesfinanzgericht nach § 4 Abs. 2 bis 31. Dezember 2016 erfolgt.

### Vollziehung

**§ 30.** Mit der Vollziehung dieses Bundesgesetzes ist die Bundesministerin oder der Bundesminister für Finanzen betraut.

## 17/6. Bundes-Verfassungsgesetz (Auszug)

BGBl 1930/1 idF BGBl I 2022/141

**Art. 133.** (1) Der Verwaltungsgerichtshof erkennt über

1. Revisionen gegen das Erkenntnis eines Verwaltungsgerichtes wegen Rechtswidrigkeit;
2. Anträge auf Fristsetzung wegen Verletzung der Entscheidungspflicht durch ein Verwaltungsgericht;
3. Kompetenzkonflikte zwischen Verwaltungsgerichten oder zwischen einem Verwaltungsgericht und dem Verwaltungsgerichtshof.

(2) Durch Bundes- oder Landesgesetz können sonstige Zuständigkeiten des Verwaltungsgerichtshofes zur Entscheidung über Anträge eines ordentlichen Gerichtes auf Feststellung der Rechtswidrigkeit eines Bescheides oder eines Erkenntnisses eines Verwaltungsgerichtes vorgesehen werden.

(2a) Der Verwaltungsgerichtshof erkennt über die Beschwerde einer Person, die durch den Verwaltungsgerichtshof in Ausübung seiner gerichtlichen Zuständigkeiten in ihren Rechten gemäß der DSGVO verletzt zu sein behauptet.

(3) Rechtswidrigkeit liegt nicht vor, soweit das Verwaltungsgericht Ermessen im Sinne des Gesetzes geübt hat.

(4) Gegen ein Erkenntnis des Verwaltungsgerichtes ist die Revision zulässig, wenn sie von der Lösung einer Rechtsfrage abhängt, der grundsätzliche Bedeutung zukommt, insbesondere weil das Erkenntnis von der Rechtsprechung des Verwaltungsgerichtshofes abweicht, eine solche Rechtsprechung fehlt oder die zu lösende Rechtsfrage in der bisherigen Rechtsprechung des Verwaltungsgerichtshofes nicht einheitlich beantwortet wird. Hat das Erkenntnis nur eine geringe Geldstrafe zum Gegenstand, kann durch Bundesgesetz vorgesehen werden, dass die Revision unzulässig ist.

(5) Von der Zuständigkeit des Verwaltungsgerichtshofes ausgeschlossen sind Rechtssachen, die zur Zuständigkeit des Verfassungsgerichtshofes gehören.

(6) Gegen das Erkenntnis eines Verwaltungsgerichtes kann wegen Rechtswidrigkeit Revision erheben:

1. wer durch das Erkenntnis in seinen Rechten verletzt zu sein behauptet;
2. die belangte Behörde des Verfahrens vor dem Verwaltungsgericht;
3. der zuständige Bundesminister in den im Art. 132 Abs. 1 Z 2 genannten Rechtssachen;
4. (aufgehoben)

(7) Wegen Verletzung der Entscheidungspflicht kann einen Antrag auf Fristsetzung stellen, wer im Verfahren vor dem Verwaltungsgericht als Partei zur Geltendmachung der Entscheidungspflicht berechtigt zu sein behauptet.

(8) Wer in anderen als den in Abs. 6 genannten Fällen wegen Rechtswidrigkeit Revision erheben kann, bestimmen die Bundes- oder Landesgesetze.

(9) Auf die Beschlüsse der Verwaltungsgerichte sind die für ihre Erkenntnisse geltenden Bestimmungen dieses Artikels sinngemäß anzuwenden. Inwieweit gegen Beschlüsse der Verwaltungsgerichte Revision erhoben werden kann, bestimmt das die Organisation und das Verfahren des Verwaltungsgerichtshofes regelnde besondere Bundesgesetz.

# 17/7. EU-Besteuerungsstreitbeilegungsgesetz

**EU-Besteuerungsstreitbeilegungsgesetz**, BGBl I 2019/62 idF

**1** BGBl I 2022/108
(AbgÄG 2022)

## GLIEDERUNG

**Bundesgesetz über Verfahren zur Beilegung von Besteuerungsstreitigkeiten in der Europäischen Union (EU-Besteuerungsstreitbeilegungsgesetz – EU-BStbG)**

Der Nationalrat hat beschlossen:

## 1. Teil
## Allgemeine Bestimmungen

### 1. Abschnitt
### Allgemeines

#### Umsetzung von Unionsrecht

**§ 1.** Mit diesem Bundesgesetz wird die Richtlinie (EU) 2017/1852 über Verfahren zur Beilegung von Besteuerungsstreitigkeiten in der Europäischen Union, ABl. Nr. L 265 vom 14.10.2017 S. 1, in österreichisches Recht umgesetzt.

#### Anwendungsbereich

**§ 2.** (1) Dieses Bundesgesetz legt die Verfahren zur Beilegung von Streitigkeiten zwischen der Republik Österreich und einem anderen Mitgliedstaat oder mehreren anderen Mitgliedstaaten der Europäischen Union, die durch die Auslegung und Anwendung von Abkommen oder Übereinkommen (§ 3 Abs. 1 Z 1) entstehen, fest.

(2) Soweit dieses Bundesgesetz nichts anderes bestimmt, finden die Bundesabgabenordnung – BAO, BGBl. 194/1961 und das Bundesfinanzgerichtsgesetz – BFGG, BGBl. I Nr. 14/2013, Anwendung.

#### Begriffsbestimmungen

**§ 3.** (1) Im Sinne dieses Bundesgesetzes bedeutet der Ausdruck

1. „Abkommen oder Übereinkommen" völkerrechtliche Verträge, die die Beseitigung der Doppelbesteuerung von Einkommen und gegebenenfalls Vermögen vorsehen, insbesondere Doppelbesteuerungsabkommen und das Übereinkommen 90/436/EWG über die Beseitigung der Doppelbesteuerung im Falle von Gewinnberichtigungen zwischen verbundenen Unternehmen, ABl. Nr. L 225 vom 20.08.1990 S. 10, zuletzt geändert durch das Übereinkommen über den Beitritt der Tschechischen Republik, der Republik Estland, der Republik Zypern, der Republik Lettland, der Republik Litauen, der Republik Ungarn, der Republik Malta, der Republik Polen, der Republik Slowenien und der Slowakischen Republik zu dem Übereinkommen über die Beseitigung der Doppelbesteuerung im Falle von Gewinnberichtigungen zwischen verbundenen Unternehmen, ABl. Nr. C 160 vom 30.06.2005, S. 1 – EU-Schiedsübereinkommen;
2. „betroffene Person" eine natürliche oder juristische Person, die in einem Mitgliedstaat steuerlich ansässig ist und deren Besteuerung von einer Streitfrage unmittelbar betroffen ist;
3. „betroffener Mitgliedstaat" ein Mitgliedstaat der Europäischen Union, der von der betroffenen Person in der Streitbeilegungsbeschwerde genannt wird und der Vertragsstaat des gemäß Z 1 genannten Abkommens oder Übereinkommens ist;
4. „Doppelbesteuerung" die Erhebung von Steuern, die unter ein in Z 1 genanntes Abkommen oder Übereinkommen fallen, durch zwei oder mehrere Mitgliedstaaten, in Bezug auf dasselbe steuerpflichtige Einkommen oder Vermögen, wenn sie entweder zu
   a) einer zusätzlichen Steuerbelastung,
   b) einer Erhöhung der Steuerschuld, oder
   c) der Streichung oder Verringerung von Verlusten, die zur Verrechnung mit steuerpflichtigen Gewinnen hätten genutzt werden können,

   führt;
5. „kleineres Unternehmen"
   a) eine Kapitalgesellschaft oder
   b) eine Personengesellschaft, bei der kein unbeschränkt haftender Gesellschafter eine natürliche Person ist,

   die am Bilanzstichtag nicht mindestens zwei der drei folgenden Größenmerkmale überschreitet:
   – 20 000 000 Euro Bilanzsumme,
   – 40 000 000 Euro Nettoumsatzerlöse,
   – 250 Arbeitnehmer im Durchschnitt während eines Geschäftsjahres

   und die nicht Teil eines Konzerns ist, dessen Mutterunternehmen verpflichtet ist, einen Konzernabschluss und einen Konzernlagebericht aufzustellen (§ 246 Abs. 1 Z 2 des Unternehmensgesetzbuches – UGB, dRGBl. S 219/1897);
6. „Streitfrage" eine Angelegenheit, die zu Streitigkeiten gemäß § 2 führt;
7. „Verständigungsverfahren" das Bemühen der zuständigen Behörden der betroffenen Mitgliedstaaten um die Lösung einer Streitfrage, die durch die Auslegung und Anwendung von Abkommen oder Übereinkommen entsteht;
8. „zuständige Behörde" die Behörde, die ein Mitgliedstaat als solche benannt hat;
9. „österreichische zuständige Behörde" der Bundesminister für Finanzen oder dessen bevollmächtigter Vertreter;
10. „zuständiges Gericht" aus österreichischer Sicht das Bundesfinanzgericht und aus Sicht eines anderen Mitgliedstaates das Gericht oder eine andere Stelle, das bzw. die dieser Mitgliedstaat benannt hat.

(2) Wenn der Zusammenhang nichts anderes erfordert, hat jeder in diesem Bundesgesetz nicht definierte Begriff die Bedeutung, die ihm zum jeweiligen Zeitpunkt im einschlägigen Abkommen oder Übereinkommen zukommt, das zum Zeitpunkt des Einlangens der ersten Mitteilung der Maßnahme, die im Ergebnis zu einer Streitfrage geführt hat oder führen wird, gilt. In Ermangelung einer Begriffsbestimmung in einem solchen Abkommen oder Übereinkommen haben nicht definierte Begriffe die Bedeutung, die ihnen zum jeweiligen Zeitpunkt nach dem Recht des betroffenen Mitgliedstaates für die Zwecke der Steuern zukam, für die das genannte Abkommen oder Übereinkommen gilt, wobei jede Bedeutung nach dem geltenden Steuerrecht des genannten Mitgliedstaates Vorrang vor einer Bedeutung hat, die der Begriff nach anderen Gesetzen des genannten Mitgliedstaates hat.

### Sprachenregelung

**§ 4.** Ist Österreich einer der betroffenen Mitgliedstaaten, so hat jegliche Kommunikation zwischen der betroffenen Person und der österreichischen zuständigen Behörde gemäß diesem Bundesgesetz auf Deutsch oder Englisch zu erfolgen. Das gilt nicht für Erledigungen im Sinne der §§ 92, 94 und 95 BAO.

## 2. Abschnitt
## Ernennung der unabhängigen Personen für die Liste der Europäischen Union

### Liste der unabhängigen Personen

**§ 5.** (1) Die österreichische zuständige Behörde hat bis 30. September 2019 für die Liste der unabhängigen Personen der Europäischen Union mindestens drei fachlich kompetente und unabhängige Personen, die unparteiisch und integer handeln können, zu ernennen und der Europäischen Kommission die Namen der von ihr ernannten unabhängigen Personen mitzuteilen. Dabei kann sie Personen, die mit dem Vorsitz betraut werden können, besonders bezeichnen.

(2) Eine Person ist nicht unabhängig, wenn sie

1. innerhalb der letzten drei Jahre dem Bundesministerium für Finanzen zugehörig oder für dieses tätig gewesen ist oder
2. innerhalb der letzten drei Jahre eine Angestellte bzw. ein Angestellter eines Steuerberatungsunternehmens gewesen ist oder auf andere Weise berufsmäßig steuerberatend tätig gewesen ist.

(3) Die österreichische zuständige Behörde hat der Europäischen Kommission vollständige und aktuelle Informationen zum beruflichen und akademischen Werdegang sowie Informationen zu Fähigkeiten, Fachkenntnissen und etwaigen Interessenkonflikten der von ihr ernannten unabhängigen Personen zu übermitteln.

### Änderungen der Liste

**§ 6.** (1) Die österreichische zuständige Behörde hat in einem Anlassfall (Abs. 2), mindestens aber einmal pro Jahr, zu überprüfen, ob eine von ihr ernannte Person noch in der Lage ist, als unabhängige Person tätig zu sein.

(2) Ein Anlassfall liegt insbesondere vor, wenn die Europäische Kommission der österreichischen zuständigen Behörde mitteilt, dass ein anderer Mitgliedstaat berechtigte Zweifel an der Unabhängigkeit einer von ihr ernannten Person hat und entsprechende Nachweise vorgelegt hat. Die österreichische zuständige Behörde hat diesen Anlassfall innerhalb von sechs Monaten zu prüfen und der Europäischen Kommission das Ergebnis ihrer Prüfung mitzuteilen.

(3) Hat die österreichische zuständige Behörde festgestellt, dass eine von ihr ernannte Person nicht mehr in der Lage ist, als unabhängige Person tätig zu sein, hat sie sie abzuberufen und dies der Europäischen Kommission unverzüglich mitzuteilen.

(4) Hat die österreichische zuständige Behörde berechtigte Zweifel an der Unabhängigkeit einer von einem anderen Mitgliedstaat ernannten unabhängigen Person, hat sie dies der Europäischen Kommission unter Vorlage entsprechender Nachweise unverzüglich mitzuteilen.

### Pflichten der unabhängigen Person

**§ 7.** (1) Eine von der österreichischen zuständigen Behörde ernannte unabhängige Person ist verpflichtet, Änderungen im Hinblick auf ihre Unabhängigkeit oder andere Gründe, die sie daran hindern, als unabhängige Person tätig zu sein, der österreichischen zuständigen Behörde unverzüglich mitzuteilen.

(2) Ist eine Person als Vorsitzende bzw. Vorsitzender oder als unabhängige Person oder als deren Stellvertreterin bzw. Stellvertreter eines Beratenden Ausschusses (§ 40 Abs. 3 bzw. § 41 Abs. 1) oder eines Ausschusses für Alternative Streitbeilegung (§ 49 Abs. 3) benannt worden, hat sie der österreichischen zuständigen Behörde etwaige Interessen, Beziehungen oder alle sonstigen Angelegenheiten mitzuteilen, die ihre Unabhängigkeit oder Unparteilichkeit im schiedsgerichtlichen Verfahren beeinträchtigen oder den begründeten Anschein von Befangenheit erwecken könnten.

(3) Ist eine Person als Vorsitzende bzw. Vorsitzender oder als unabhängige Person benannt worden, darf sie sich innerhalb eines Zeitraumes von zwölf Monaten, nachdem der Beratende Ausschuss bzw. Ausschuss für Alternative Streitbeilegung eine Stellungnahme abgegeben oder der Beratende Ausschuss über die Zulassung der Streitbeilegungsbeschwerde entschieden hat, nicht in eine Situation begeben, die ihre Unabhängigkeit oder Unparteilichkeit in Frage stellt.

## 2. Teil
## Streitbeilegungsbeschwerde

### 1. Abschnitt
### Einbringung der Streitbeilegungsbeschwerde

### Einbringung

**§ 8.** (1) Jede betroffene Person ist berechtigt, eine Streitbeilegungsbeschwerde über eine Streitfrage einzubringen. Die Streitbeilegungsbeschwerde ist bei der zuständigen Behörde jedes betroffenen Mitgliedstaates gleichzeitig und mit den gleichen Angaben einzubringen.

(2) Die Einbringung der Streitbeilegungsbeschwerde bei der österreichischen zuständigen Behörde hat elektronisch über FinanzOnline zu erfolgen. Ist der betroffenen Person die elektronische Einbringung mangels technischer Voraussetzungen bzw. mangels Teilnahmeberechtigung unzumutbar, hat die Einbringung unter Verwendung des amtlichen Formulars zu erfolgen.

(3) Der für die Einbringung der Streitbeilegungsbeschwerde verwendete Kommunikationsweg ist für die gesamte weitere Kommunikation zwischen der betroffenen Person und der österreichischen zuständigen Behörde zu verwenden.

(4) Abweichend von Abs. 1 ist eine in Österreich ansässige natürliche Person oder ein in Österreich ansässiges kleineres Unternehmen (§ 3 Abs. 1 Z 5) berechtigt, die Streitbeilegungsbeschwerde ausschließlich bei der österreichischen zuständigen Behörde einzubringen. Die österreichische zuständige Behörde hat den zuständigen Behörden aller anderen betroffenen Mitgliedstaaten innerhalb von zwei Monaten nach der Einbringung der Streitbeilegungsbeschwerde gleichzeitig mitzuteilen, dass bei ihr eine Streitbeilegungsbeschwerde eingebracht worden ist. Sobald diese Mitteilung erfolgt ist, gilt die Streitbeilegungsbeschwerde der betroffenen Person zum Zeitpunkt dieser Mitteilung als bei den zuständigen Behörden aller betroffenen Mitgliedstaaten eingebracht.

(5) Die österreichische zuständige Behörde hat zusätzlich zur Mitteilung gemäß Abs. 4 zweiter Satz eine Kopie der Streitbeilegungsbeschwerde an die zuständigen Behörden aller anderen betroffenen Mitgliedstaaten zu übermitteln.

(6) Langt bei der österreichischen zuständigen Behörde die Mitteilung der zuständigen Behörde eines anderen betroffenen Mitgliedstaates über die Einbringung einer Streitbeilegungsbeschwerde

einer in diesem anderen Mitgliedstaat ansässigen natürlichen Person oder eines in diesem anderen Mitgliedstaat ansässigen kleineren Unternehmens ein, gilt die Streitbeilegungsbeschwerde zum Zeitpunkt dieser Mitteilung als bei der österreichischen zuständigen Behörde eingebracht.

**Inhalt**

**§ 9.** (1) Die Beschwerde hat zu enthalten:

1. Name, Anschrift, Steueridentifikationsnummer und jegliche sonstige Angaben, die für die Identifikation der betroffenen Person, die die Streitbeilegungsbeschwerde bei den zuständigen Behörden der betroffenen Mitgliedstaaten eingebracht hat, erforderlich sind,
2. die betroffenen Mitgliedstaaten,
3. die betroffenen Besteuerungszeiträume,
4. genaue Angaben zu den maßgeblichen Tatsachen und Umständen des Falls (einschließlich gegebenenfalls genauer Angaben zur Struktur der Transaktion und zu den Beziehungen zwischen der betroffenen Person und den anderen an den maßgeblichen Transaktionen Beteiligten sowie jegliche Fakten, die in gutem Glauben in einer für beide Seiten verbindlichen Vereinbarung zwischen der betroffenen Person und der Abgabenbehörde festgelegt wurden) sowie zur Art und zum Zeitpunkt der zu der Streitfrage führenden Maßnahmen (einschließlich gegebenenfalls genauer Angaben zu demselben in dem bzw. den anderen betroffenen Mitgliedstaat bzw. Mitgliedstaaten eingegangenen Einkommen und zur Einbeziehung dieses Einkommens in das steuerpflichtige Einkommen in dem bzw. den anderen betroffenen Mitgliedstaat bzw. Mitgliedstaaten sowie genauer Angaben zu Steuern auf dieses Einkommen in dem bzw. den anderen betroffenen Mitgliedstaat bzw. Mitgliedstaaten, die bereits erhoben wurden oder noch erhoben werden) und Angaben zu den entsprechenden Beträgen in den Währungen aller betroffenen Mitgliedstaaten, mit Bilddateien aller Belege,
5. Verweis auf die anzuwendenden nationalen Vorschriften und das einschlägige Abkommen oder Übereinkommen; ist mehr als ein Abkommen oder Übereinkommen anwendbar, gibt die betroffene Person, die die Streitbeilegungsbeschwerde einbringt, an, welches Abkommen oder Übereinkommen ihrer Ansicht nach in Bezug auf die maßgebliche Streitfrage auszulegen ist,
6. eine Stellungnahme der betroffenen Person, aus der hervorgeht, aus welchen Gründen ihrer Ansicht nach eine Streitfrage vorliegt,
7. genaue Angaben zu etwaigen von der betroffenen Person eingelegten Rechtsmitteln oder eingeleiteten Gerichtsverfahren in einem Zusammenhang mit den maßgeblichen Transaktionen sowie zu allen die Streitfrage betreffenden Gerichtsentscheidungen, mit Bilddateien aller Belege,
8. eine Erklärung der betroffenen Person, in der sie sich verpflichtet, alle angemessenen Anfragen der österreichischen zuständigen Behörde so vollständig und so rasch wie möglich zu beantworten und auf Anfrage alle Unterlagen zu übermitteln,
9. gegebenenfalls eine Bilddatei des Abgabenbescheides, des Prüfungsberichtes oder anderer vergleichbarer Unterlagen, die zu der Streitfrage führen bzw. führten, sowie eine Bilddatei aller sonstigen von den Abgabenbehörden erstellten Unterlagen in einem Zusammenhang mit der Streitfrage,
10. gegebenenfalls Angaben zu jedem von der betroffenen Person angeregten Verständigungs- oder Streitbeilegungsverfahren in derselben Streitfrage für denselben Zeitraum aufgrund eines Abkommens oder Übereinkommens, mit Bilddateien aller Belege und
11. gegebenenfalls eine Erklärung der betroffenen Person, in der sie sich verpflichtet, die Bestimmungen des § 13 einzuhalten.

(2) Wird die Streitbeilegungsbeschwerde aufgrund des § 8 Abs. 2 zweiter Satz in Papierform eingebracht, ist sie zu unterschreiben und sind anstelle der Bilddateien Kopien der relevanten Unterlagen beizulegen.

**Frist für die Einbringung**

**§ 10.** (1) Die Streitbeilegungsbeschwerde kann ab Einlangen der ersten Mitteilung der Maßnahme, die im Ergebnis zu einer Streitfrage führt oder führen wird, eingebracht werden. Sie ist jedoch spätestens innerhalb von drei Jahren nach Bekanntgabe (§ 97 BAO) des für die Streitfrage maßgeblichen Bescheides einzubringen.

(2) Eine solche Maßnahme kann aus österreichischer Sicht ein Bescheid oder eine sonstige Erledigung der zuständigen österreichischen Abgabenbehörde sein.

(3) Die betroffene Person kann eine Streitbeilegungsbeschwerde selbst dann einbringen, wenn sie ein anderes Rechtsmittel aufgrund des nationalen Rechts einlegen hätte können oder eingelegt hat.

(4) Die betroffene Person kann eine Streitbeilegungsbeschwerde selbst dann einbringen, wenn die für die Streitfrage relevante Maßnahme bereits rechtskräftig geworden ist.

**Bestätigung des Eingangs**

**§ 11.** Die österreichische zuständige Behörde bestätigt der betroffenen Person das Einlangen der Streitbeilegungsbeschwerde innerhalb von zwei Monaten nach Einlangen der Streitbeilegungsbeschwerde.

**Kommunikation mit den anderen betroffenen Mitgliedstaaten**

**§ 12.** Die österreichische zuständige Behörde hat den zuständigen Behörden der anderen betroffenen Mitgliedstaaten innerhalb von zwei Monaten nach Einlangen der Streitbeilegungsbeschwerde das Einlangen mitzuteilen und sich mit den zuständigen Behörden der anderen betroffenen Mitgliedstaaten darüber zu verständigen, welche Sprache bzw. Sprachen sie für ihre Kommunikation während des Verständigungsverfahrens und des schiedsgerichtlichen Verfahrens verwenden.

**Wirkung der Streitbeilegungsbeschwerde**

**§ 13.** (1) Durch das Einbringen einer Streitbeilegungsbeschwerde gemäß § 8 wird jedes von der betroffenen Person angeregte laufende Verständigungs- oder Streitbeilegungsverfahren in derselben Streitfrage für denselben Zeitraum aufgrund eines Abkommens oder Übereinkommens beendet.

(2) Ist die Streitbeilegungsbeschwerde bei der österreichischen zuständigen Behörde eingebracht worden, enden die betroffenen Verfahren mit Wirkung ab dem Tag des Einlangens der Streitbeilegungsbeschwerde bei der österreichischen zuständigen Behörde.

(3) Hat die österreichische zuständige Behörde eine Mitteilung einer zuständigen Behörde eines anderen betroffenen Mitgliedstaates über die Einbringung einer Streitbeilegungsbeschwerde erhalten, enden die betroffenen Verfahren mit Wirkung ab dem Tag dieser Mitteilung bei der österreichischen zuständigen Behörde.

**2. Abschnitt**
**Prüfung der Streitbeilegungsbeschwerde**

**Ersuchen um zusätzliche Informationen**

**§ 14.** (1) Die österreichische zuständige Behörde kann innerhalb von drei Monaten nach Einlangen der Streitbeilegungsbeschwerde oder der Mitteilung (§ 8 Abs. 6) oder gegebenenfalls nach erfolgter Mängelbehebung gemäß § 85 Abs. 2 BAO die betroffene Person um Übermittlung zusätzlicher Informationen, die für die inhaltliche Prüfung der Streitfrage als erforderlich erachtet werden, ersuchen. Gegen dieses Ersuchen ist ein abgesondertes Rechtsmittel nicht zulässig. Die österreichische zuständige Behörde hat den zuständigen Behörden der anderen betroffenen Mitgliedstaaten ihr Ersuchen mitzuteilen.

(2) Die betroffene Person kann die Übermittlung der ersuchten zusätzlichen Informationen verweigern, insoweit dies die Offenbarung eines Handels-, Geschäfts-, Gewerbe- oder Berufsgeheimnisses oder von Geschäftsverfahren zur Folge hätte und das österreichisches Recht verletzen würde. In diesem Fall hat die betroffene Person der österreichischen zuständigen Behörde die Gründe für die Verweigerung mitzuteilen.

(3) Die betroffene Person hat dem Ersuchen – ausgenommen in den Fällen des Abs. 2 – durch Übermittlung der zusätzlichen Informationen innerhalb von drei Monaten ab Einlangen an die österreichische zuständige Behörde und in Kopie an die zuständigen Behörden aller anderen betroffenen Mitgliedstaaten zu entsprechen.

(4) Abweichend von Abs. 3 gilt für natürliche Personen und kleinere Unternehmen Folgendes: Sie können dem Ersuchen durch Übermittlung der zusätzlichen Informationen entweder an die österreichische zuständige Behörde oder an die zuständige Behörde des Mitgliedstaates, in dem sie ansässig sind, entsprechen. Haben sie die zusätzlichen Informationen an die österreichische zuständige Behörde übermittelt, muss diese den zuständigen Behörden aller anderen betroffenen Mitgliedstaaten gleichzeitig eine Kopie aller eingelangten Dokumente übermitteln. Sobald diese Übermittlung erfolgt ist, gelten die zusätzlichen Informationen zum Zeitpunkt des Einlangens bei der österreichischen zuständigen Behörde als den zuständigen Behörden aller anderen betroffenen Mitgliedstaaten zugegangen.

(5) Ist eine natürliche Person oder ein kleineres Unternehmen dem Ersuchen durch Übermittlung der zusätzlichen Informationen an die zuständige Behörde eines anderen betroffenen Mitgliedstaates nachgekommen und sind diese der österreichischen zuständigen Behörde übermittelt worden, gelten sie zum Zeitpunkt des Einlangens bei der zuständigen Behörde dieses anderen betroffenen Mitgliedstaates als der österreichischen zuständigen Behörde zugegangen.

**Prüfung der Streitbeilegungsbeschwerde**

**§ 15.** (1) Die österreichische zuständige Behörde hat mit Bescheid über die Zulassung oder Zurückweisung der Streitbeilegungsbeschwerde zu entscheiden.

(2) Die Streitbeilegungsbeschwerde ist zurückzuweisen, wenn

1. sie nicht innerhalb der Frist gemäß § 10 eingebracht worden ist,
2. die betroffene Person dem Ersuchen der österreichischen zuständigen Behörde um zusätzliche Informationen gemäß § 14 nicht oder nicht fristgerecht entsprochen hat und sich nicht oder zu Unrecht auf ein Handels-, Geschäfts-, Gewerbe- oder Berufsgeheimnis oder ein Geschäftsverfahren berufen hat oder
3. keine Streitfrage vorliegt.

(3) Die österreichische zuständige Behörde teilt den zuständigen Behörden der anderen betroffenen Mitgliedstaaten das Ergebnis der Prüfung der Streitbeilegungsbeschwerde unverzüglich mit. Weiters teilt sie mit, wenn die Streitbeilegungsbeschwerde aufgrund des § 85 Abs. 2 BAO als zurückgenommen gilt.

(4) Hat die österreichische zuständige Behörde nicht fristgerecht (§ 16) über die Zulassung oder Zurückweisung der Streitbeilegungsbeschwerde entschieden oder die Streitfrage nicht einseitig, ohne Einbeziehung der zuständigen Behörden der anderen betroffenen Mitgliedstaaten, gelöst, gilt die Streitbeilegungsbeschwerde als von ihr zugelassen; § 284 BAO ist nicht anzuwenden.

**Frist für die Prüfung der Streitbeilegungsbeschwerde**

**§ 16.** (1) Die Frist für die Zulassung oder Zurückweisung oder einseitige Lösung der Streitbeilegungsbeschwerde beträgt sechs Monate und beginnt mit dem Tag des Einlangens der Streitbeilegungsbeschwerde oder gegebenenfalls nach erfolgter Mängelbehebung gemäß § 85 Abs. 2 BAO bei der österreichischen zuständigen Behörde.

(2) Hat die österreichische zuständige Behörde eine Mitteilung der zuständigen Behörde eines anderen betroffenen Mitgliedstaates über die Einbringung einer Streitbeilegungsbeschwerde erhalten, beginnt die Frist – abweichend von Abs. 1 – mit dem Tag des Einlangens dieser Mitteilung bei der österreichischen zuständigen Behörde.

(3) Ist die betroffene Person dem Ersuchen gemäß § 14 durch Übermittlung der zusätzlichen Informationen an die österreichische zuständige Behörde nachgekommen, beginnt die Frist – abweichend von Abs. 1 und 2 – mit dem Tag des Einlangens der durch die betroffene Person übermittelten zusätzlichen Informationen bei der österreichischen zuständigen Behörde.

(4) Ist die betroffene Person dem Ersuchen gemäß § 14 durch Übermittlung der zusätzlichen Informationen an die zuständige Behörde eines anderen betroffenen Mitgliedstaates nachgekommen, beginnt die Frist – abweichend von Abs. 1, 2 und 3 – mit dem Tag des Einlangens der übermittelten zusätzlichen Informationen bei der zuständigen Behörde dieses Mitgliedstaates.

(5) Hat die betroffene Person ein Rechtsmittel nach österreichischem Recht oder nach dem Recht eines anderen betroffenen Mitgliedstaates gegen eine Maßnahme im Sinne des § 10 Abs. 2 eingelegt, beginnt die Frist für die Zulassung oder Zurückweisung der Streitbeilegungsbeschwerde betreffend dieselbe Streitfrage – abweichend von Abs. 1 bis 4 – mit dem Tag, an dem

1. ein in diesem Verfahren ergangenes Urteil rechtskräftig geworden ist,
2. dieses Verfahren anders endgültig abgeschlossen worden ist oder
3. dieses Verfahren ausgesetzt worden ist.

Die österreichische zuständige Behörde hat den zuständigen Behörden der anderen betroffenen Mitgliedstaaten sowohl mitzuteilen, dass die Frist aufgrund eines nach österreichischem Recht eingelegten Rechtsmittels noch nicht zu laufen begonnen hat, als auch den späteren Beginn des Fristenlaufs.

### 3. Abschnitt
### Zulassung der Streitbeilegungsbeschwerde durch den Beratenden Ausschuss

#### Antrag auf Zulassung

**§ 17.** (1) Die betroffene Person kann einen schriftlichen Antrag auf Zulassung der Streitbeilegungsbeschwerde durch den Beratenden Ausschuss stellen, wenn die Streitbeilegungsbeschwerde

1. von mindestens einer zuständigen Behörde eines betroffenen Mitgliedstaates, nicht jedoch von den zuständigen Behörden aller betroffenen Mitgliedstaaten, zurückgewiesen worden ist und kein Rechtsmittel gegen die Zurückweisung in diesem Mitgliedstaat anhängig ist oder eingelegt werden kann oder
2. von den zuständigen Behörden aller betroffenen Mitgliedstaaten zurückgewiesen worden ist und
   a) die Zurückweisung im Rechtsmittelverfahren von mindestens einem maßgeblichen Gericht oder einer maßgeblichen anderen Justizbehörde eines betroffenen Mitgliedstaates, nicht jedoch von den maßgeblichen Gerichten oder den maßgeblichen anderen Justizbehörden aller Mitgliedstaaten, aufgehoben worden ist und
   b) die Zurückweisung von keinem maßgeblichen Gericht oder von keiner maßgeblichen anderen Justizbehörde eines anderen betroffenen Mitgliedstaates, in dem von einer Entscheidung dieses maßgeblichen Gerichts oder dieser anderen maßgeblichen Justizbehörde nach dem nationalen Recht dieses Mitgliedstaates nicht abgewichen werden kann, bestätigt worden ist.

Die betroffene Person hat dem Antrag eine entsprechende Erklärung beizulegen.

**„(1a) Sind in einem Mängelbehebungsverfahren gemäß § 85 Abs. 2 BAO nicht alle inhaltlichen Mängel einer Streitbeilegungsbeschwerde fristgerecht behoben worden, gilt der Zurücknahmebescheid als Zurückweisung der Beschwerde im Sinne dieses Abschnittes.“**

*(BGBl I 2022/108 ab 20.7.2022)*

(2) Die betroffene Person hat den Antrag bei der österreichischen zuständigen Behörde und bei den zuständigen Behörden der anderen betroffenen Mitgliedstaaten gleichzeitig und mit den gleichen Angaben einzubringen.

(3) Abweichend von Abs. 2 ist eine in Österreich ansässige natürliche Person oder ein in Österreich ansässiges kleineres Unternehmen berechtigt, den Antrag ausschließlich bei der österreichischen zuständigen Behörde einzubringen. Diese hat den zuständigen Behörden aller anderen betroffenen Mitgliedstaaten innerhalb von zwei Monaten nach der Einbringung des Antrags gleichzeitig mitzuteilen, dass bei ihr ein Antrag eingebracht worden ist. Sobald diese Mitteilung erfolgt ist, gilt der Antrag zum Zeitpunkt dieser Mitteilung als bei den zuständigen Behörden aller betroffenen Mitgliedstaaten eingebracht.

(4) Die österreichische zuständige Behörde hat zusätzlich zur Mitteilung gemäß Abs. 3 zweiter Satz eine Kopie des Antrags an die zuständigen Behörden aller anderen betroffenen Mitgliedstaaten zu übermitteln.

(5) Langt bei der österreichischen zuständigen Behörde die Mitteilung der zuständigen Behörde eines anderen betroffenen Mitgliedstaates über die Einbringung eines Antrags einer in diesem anderen Mitgliedstaat ansässigen natürlichen Person oder eines in diesem anderen Mitgliedstaat ansässigen kleineren Unternehmens ein, gilt der Antrag zum Zeitpunkt dieser Mitteilung als bei der österreichischen zuständigen Behörde eingebracht.

(6) Die Frist für die Antragstellung beträgt 50 Tage und beginnt

1. in den Fällen des Abs. 1 Z 1 mit dem Tag, der dem Einlangen der letzten Mitteilung über die Entscheidung der zuständigen Behörde eines betroffenen Mitgliedstaates über die Zulassung oder Zurückweisung der Streitbeilegungsbeschwerde folgt oder
2. in den Fällen des Abs. 1 Z 2 mit dem Tag, der dem Einlangen der letzten Entscheidung eines maßgeblichen Gerichtes oder einer maßgeblichen anderen Justizbehörde eines betroffenen Mitgliedstaates folgt.

**Prüfung des Antrags**

**§ 18.** (1) Die österreichische zuständige Behörde hat mit Bescheid darüber abzusprechen, dass aus österreichischer Sicht kein Zugang zum schiedsgerichtlichen Verfahren betreffend die Zulassung der Streitbeilegungsbeschwerde durch den Beratenden Ausschuss besteht. Der Bescheid ist innerhalb von 30 Tagen ab Einlangen des Antrags auf Zulassung oder gegebenenfalls nach erfolgter Mängelbehebung gemäß § 85 Abs. 2 BAO zu erlassen. Die österreichische zuständige Behörde teilt den zuständigen Behörden der betroffenen Mitgliedstaaten mit, wenn der Antrag aufgrund des § 85 Abs. 2 BAO als zurückgenommen gilt.

(2) Die betroffene Person hat aus österreichischer Sicht keinen Zugang zum schiedsgerichtlichen Verfahren betreffend die Zulassung der Streitbeilegungsbeschwerde durch den Beratenden Ausschuss, wenn

1. aus österreichischer Sicht ein Unzulässigkeitsgrund vorliegt (§ 33 Abs. 2) oder der Antrag nicht fristgerecht eingebracht worden ist,
2. gegen die Zurückweisung der Streitbeilegungsbeschwerde noch ein Rechtsmittel beim Bundesfinanzgericht eingelegt werden kann und die betroffene Person nicht auf sämtliche Rechtsmittel, die nach österreichischem Recht gegen die Zurückweisung eingelegt werden könnten, verzichtet hat,
3. gegen die Zurückweisung ein Rechtsmittel beim Bundesfinanzgericht anhängig ist und die betroffene Person dieses Rechtsmittel nicht zurückgenommen hat oder
4. die Zurückweisung vom Bundesfinanzgericht im Rechtsmittelverfahren bestätigt worden ist.

(3) Hat die betroffene Person gemäß Abs. 2 Z 2 auf sämtliche Rechtsmittel verzichtet bzw. hat sie gemäß Abs. 2 Z 3 das Rechtsmittel zurückgenommen, ist dem Antrag ein entsprechender Rechtsmittelverzicht bzw. ein entsprechender Nachweis über das zurückgenommene Rechtsmittel beizulegen.

**Einsetzung**

**§ 19.** Ist der Antrag auf Zulassung aus österreichischer Sicht zulässig und ist der österreichischen zuständigen Behörde nicht von der zuständigen Behörde eines anderen betroffenen Mitgliedstaates mitgeteilt worden, dass der Antrag aus ihrer Sicht unzulässig ist, hat die österreichische zuständige Behörde mit den zuständigen Behörden der anderen betroffenen Mitgliedstaaten einen Beratenden Ausschuss einzusetzen. Für die Einsetzung gelten die §§ 39 bis 42 sinngemäß.

**Vereinfachte Geschäftsordnung**

**§ 20.** (1) Die österreichische zuständige Behörde hat sich für die Zwecke des § 21 mit den zuständigen Behörden der anderen betroffenen Mitgliedstaaten über eine vereinfachte Geschäftsordnung zu verständigen.

(2) Die vereinfachte Geschäftsordnung hat die in § 44 Z 1 sowie Z 3 bis 9 genannten Inhalte zu enthalten. Die §§ 43 und 45 gelten sinngemäß.

**Prüfung der Zulassung durch den Beratenden Ausschuss**

**§ 21.** (1) Der Beratende Ausschuss hat zu prüfen, ob die Streitbeilegungsbeschwerde zuzulassen ist. Er hat darüber innerhalb von sechs Monaten ab dem Tag seiner Einsetzung zu entscheiden.

(2) Die bzw. der Vorsitzende hat der österreichischen zuständigen Behörde und den zuständigen Behörden der anderen betroffenen Mitgliedstaaten die Entscheidung innerhalb von 30 Tagen ab dem Tag der Entscheidung mitzuteilen.

## 3. Teil
## Verständigungsverfahren

### 1. Hauptstück
### Gang des Verständigungsverfahrens

**Einleitung bei Zulassung der Streitbeilegungsbeschwerde durch alle zuständigen Behörden**

**§ 22.** (1) Wird die Streitbeilegungsbeschwerde von den zuständigen Behörden aller betroffenen Mitgliedstaaten zugelassen, hat sich die österreichische zuständige Behörde darum zu bemühen, die Streitfrage im Verständigungsverfahren zu lösen.

(2) Wird die Streitbeilegungsbeschwerde vom Bundesfinanzgericht und von den maßgeblichen Gerichten oder maßgeblichen anderen Justizbehörden der anderen betroffenen Mitgliedstaaten zugelassen, hat sich die österreichische zuständige Behörde darum zu bemühen, die Streitfrage im Verständigungsverfahren zu lösen.

**Einleitung bei Zulassung der Streitbeilegungsbeschwerde durch den Beratenden Ausschuss**

**§ 23.** (1) Hat der Beratende Ausschuss die Streitbeilegungsbeschwerde gemäß § 21 zugelassen, kann die österreichische zuständige Behörde innerhalb von 60 Tagen ab dem Tag der Mitteilung über die Zulassung an den Beratenden Ausschuss eine Erklärung abgeben, dass sie ein Verständigungsverfahren führen möchte.

(2) Die österreichische zuständige Behörde hat den zuständigen Behörden der anderen betroffenen Mitgliedstaaten und der betroffenen Person mitzuteilen, dass sie eine Erklärung abgegeben hat.

### Frist für die Einigung

**§ 24.** (1) Eine Einigung im Verständigungsverfahren ist innerhalb von zwei Jahren ab dem Tag der letzten Mitteilung über die Zulassung der Streitbeilegungsbeschwerde (§ 22) anzustreben.

(2) Wurde das Verständigungsverfahren eingeleitet, nachdem der Beratende Ausschuss die Streitbeilegungsbeschwerde zugelassen hat und eine zuständige Behörde eines betroffenen Mitgliedstaates die Erklärung abgegeben hat, dass sie ein Verständigungsverfahren führen möchte, ist für die Frist zur Einigung – abweichend von Abs. 1 – der Tag der Mitteilung über die Zulassung der Streitbeilegungsbeschwerde durch den Beratenden Ausschuss maßgeblich.

(3) Die österreichische zuständige Behörde kann die zuständigen Behörden der anderen betroffenen Mitgliedstaaten schriftlich und begründet ersuchen, die Frist von zwei Jahren längstens um ein Jahr zu verlängern. Sie hat dies der betroffenen Person unverzüglich mitzuteilen.

(4) Hat die betroffene Person ein Rechtsmittel nach österreichischem Recht oder nach dem Recht eines anderen betroffenen Mitgliedstaates gegen eine Maßnahme im Sinne des § 10 Abs. 2 eingelegt, beginnt die Frist für die Einigung in einem Verständigungsverfahren, das dieselbe Streitfrage betrifft – abweichend von Abs. 1 und 2 – mit dem Tag, an dem

1. ein in diesem Verfahren ergangenes Urteil rechtskräftig geworden ist,
2. dieses Verfahren anders endgültig abgeschlossen worden ist oder
3. dieses Verfahren ausgesetzt worden ist.

Die österreichische zuständige Behörde hat den zuständigen Behörden der anderen betroffenen Mitgliedstaaten sowohl mitzuteilen, dass die Frist aufgrund eines nach österreichischem Recht eingelegten Rechtsmittels noch nicht zu laufen begonnen hat, als auch den späteren Beginn des Fristenlaufs.

### Ersuchen um zusätzliche Informationen

**§ 25.** (1) Die österreichische zuständige Behörde kann, sofern sie dies für die inhaltliche Prüfung der Streitfrage als erforderlich erachtet, die betroffene Person um weitere Informationen oder um die Vorlage von Beweismitteln ersuchen. § 14 gilt sinngemäß.

(2) Die betroffene Person kann bei der österreichischen zuständigen Behörde anregen, gehört zu werden, Informationen zu übermitteln, Beweise vorzulegen oder Zeugen stellig machen zu dürfen.

## 2. Hauptstück
## Beendigung des Verständigungsverfahrens

## 1. Abschnitt
## Entscheidung

### Einigung im Verständigungsverfahren

**§ 26.** Sobald die zuständigen Behörden der betroffenen Mitgliedstaaten innerhalb der in § 24 genannten Frist eine Einigung über die Lösung der Streitfrage erzielt haben, teilt dies die österreichische zuständige Behörde der betroffenen Person unverzüglich mit.

### Mitwirkung der betroffenen Person

**§ 27.** Spätestens 60 Tage nach dem Zeitpunkt, zu dem die Einigung der betroffenen Person mitgeteilt worden ist, muss die betroffene Person der österreichischen zuständigen Behörde und den zuständigen Behörden der anderen betroffenen Mitgliedstaaten Folgendes übermittelt haben:

1. Die Zustimmung zur Einigung,
2. den Nachweis über den Verzicht auf die Bescheidbeschwerde gegen den Bescheid gemäß § 48 Abs. 2 BAO, mit dem die Einigung (§ 26) festgestellt werden soll,
3. Nachweise über den Verzicht auf sämtliche Rechtsmittel, die nach dem Recht eines anderen betroffenen Mitgliedstaates in einem Verfahren, das dieselbe Streitfrage betrifft, eingelegt werden könnten und
4. gegebenenfalls Nachweise über Maßnahmen, die getroffen wurden, um Verfahren nach dem Recht eines anderen betroffenen Mitgliedstaates, die dieselbe Streitfrage betreffen, einzustellen.

### Entscheidung im Verständigungsverfahren

**§ 28.** (1) Die österreichische zuständige Behörde hat sich mit den zuständigen Behörden der anderen betroffenen Mitgliedstaaten darüber zu verständigen, dass die Voraussetzungen gemäß § 27 vorliegen und anschließend der betroffenen Person unverzüglich den Bescheid gemäß § 48 Abs. 2 BAO, mit dem die Einigung (§ 26) festgestellt worden ist, zuzustellen.

(2) Solange kein Einvernehmen der österreichischen zuständigen Behörde mit den zuständigen Behörden der anderen betroffenen Mitgliedstaaten über das Vorliegen der Voraussetzungen gemäß § 27 besteht, wird die Einigung nicht verbindlich und ist nicht umzusetzen. Die betroffene Person hat kein Recht, einen Antrag auf Einsetzung eines Schiedsgerichtes gemäß § 32 zu stellen.

## 2. Abschnitt
## Sonstige Beendigung

### Beendigung durch Zeitablauf

**§ 29.** Haben die zuständigen Behörden der betroffenen Mitgliedstaaten innerhalb der in § 24 genannten Frist keine Einigung über die Lösung der Streitfrage erzielt, teilt die österreichische zuständige Behörde dies der betroffenen Person mit. In dieser Mitteilung sind die allgemeinen Gründe, weshalb keine Einigung erzielt werden konnte, anzugeben.

### Beendigung durch Abbruch

**§ 30.** Die österreichische zuständige Behörde kann sich mit den zuständigen Behörden der anderen betroffenen Mitgliedstaaten darüber verständigen, dass innerhalb der in § 24 genannten Frist keine Einigung über die Lösung der Streitfrage erzielt werden kann und hat dies der betroffenen Person mitzuteilen. In dieser Mitteilung sind die allgemeinen Gründe, weshalb keine Einigung erzielt werden kann, anzugeben.

**Beendigung durch Wegfall der Streitfrage**

**§ 31.** (1) Die österreichische zuständige Behörde hat den zuständigen Behörden der anderen betroffenen Mitgliedstaaten und der betroffenen Person mitzuteilen, dass das Bundesfinanzgericht mit Erkenntnis über die Streitfrage entschieden hat und dass deshalb das Verständigungsverfahren ab dem Tag dieser Mitteilung zu beenden ist.

(2) Das Verständigungsverfahren endet außerdem, wenn die zuständige Behörde eines anderen betroffenen Mitgliedstaates der österreichischen zuständigen Behörde mitgeteilt hat, dass ein maßgebliches Gericht oder eine maßgebliche andere Justizbehörde dieses Mitgliedstaates über die Streitfrage entschieden hat und von dieser Entscheidung nach dem nationalen Recht dieses Mitgliedstaates nicht abgewichen werden kann.

## 4. Teil
## Schiedsgerichtliches Verfahren

### 1. Hauptstück
### Antragstellung und Prüfung des Antrags

**Antrag auf Einsetzung eines Schiedsgerichtes**

**§ 32.** (1) Die betroffene Person kann einen schriftlichen Antrag auf Einsetzung eines Schiedsgerichtes stellen, wenn zwischen der österreichischen zuständigen Behörde und den zuständigen Behörden der anderen betroffenen Mitgliedstaaten keine Einigung über die Lösung der Streitfrage im Verständigungsverfahren erzielt werden konnte (§ 29 oder § 30).

(2) Die betroffene Person hat den Antrag bei der zuständigen Behörde jedes betroffenen Mitgliedstaates gleichzeitig und mit den gleichen Angaben einzubringen.

(3) Der Antrag ist innerhalb von 50 Tagen ab dem Tag zu stellen, der dem Tag folgt, an dem die betroffene Person die Mitteilung gemäß § 29 oder § 30 erhalten hat.

(4) Die Einbringung des Antrags bei der österreichischen zuständigen Behörde hat elektronisch über FinanzOnline zu erfolgen, außer der betroffenen Person ist die elektronische Einbringung mangels technischer Voraussetzungen bzw. mangels Teilnahmeberechtigung unzumutbar.

(5) Der für die Einbringung des Antrags verwendete Kommunikationsweg ist für den gesamten Verkehr zwischen der betroffenen Person und der österreichischen zuständigen Behörde zu verwenden.

(6) Abweichend von Abs. 2 ist eine in Österreich ansässige natürliche Person oder ein in Österreich ansässiges kleineres Unternehmen berechtigt, den Antrag ausschließlich bei der österreichischen zuständigen Behörde einzubringen. Die österreichische zuständige Behörde hat den zuständigen Behörden aller anderen betroffenen Mitgliedstaaten innerhalb von zwei Monaten nach der Einbringung des Antrags gleichzeitig mitzuteilen, dass bei ihr ein Antrag eingebracht worden ist. Sobald diese Mitteilung erfolgt ist, gilt der Antrag der betroffenen Person zum Zeitpunkt dieser Mitteilung als bei den zuständigen Behörden aller betroffenen Mitgliedstaaten eingebracht.

(7) Die österreichische zuständige Behörde hat zusätzlich zur Mitteilung gemäß Abs. 6 zweiter Satz eine Kopie des Antrags an die zuständigen Behörden aller anderen betroffenen Mitgliedstaaten zu übermitteln.

(8) Langt bei der österreichischen zuständigen Behörde die Mitteilung der zuständigen Behörde eines anderen betroffenen Mitgliedstaates über die Einbringung eines Antrags einer in diesem anderen Mitgliedstaat ansässigen natürlichen Person oder eines in diesem anderen Mitgliedstaat ansässigen kleineren Unternehmens ein, gilt der Antrag zum Zeitpunkt dieser Mitteilung als bei der österreichischen zuständigen Behörde eingebracht.

**Prüfung des Antrags**

**§ 33.** (1) Die österreichische zuständige Behörde hat mit Bescheid darüber abzusprechen, dass aus österreichischer Sicht der Antrag auf Einsetzung eines Schiedsgerichtes nicht zulässig oder nicht fristgerecht eingebracht worden ist. Der Bescheid ist innerhalb von 30 Tagen ab Einlangen des Antrags oder gegebenenfalls nach erfolgter Mängelbehebung gemäß § 85 Abs. 2 BAO zu erlassen und auch den zuständigen Behörden der anderen betroffenen Mitgliedstaaten zu übermitteln. Weiters teilt sie mit, wenn der Antrag aufgrund des § 85 Abs. 2 BAO als zurückgenommen gilt.

(2) Der Antrag ist aus österreichischer Sicht nicht zulässig, wenn

1. die Streitfrage weggefallen ist (§ 34),
2. gegen die betroffene Person in den fünf Jahren vor der Einbringung der Streitbeilegungsbeschwerde eine Strafe oder Verbandsgeldbuße wegen eines in den letzten sieben Jahren vor der Einbringung der Streitbeilegungsbeschwerde vorsätzlich oder grob fahrlässig begangenen Finanzvergehens verhängt worden ist (§ 35) oder
3. es sich bei der Streitfrage um keine Frage der Doppelbesteuerung handelt (§ 36).

**Wegfall der Streitfrage**

**§ 34.** (1) Der Antrag ist aus österreichischer Sicht nicht zulässig, wenn das Bundesfinanzgericht mit Erkenntnis über die Streitfrage entschieden hat.

(2) Die österreichische zuständige Behörde hat den zuständigen Behörden der anderen betroffenen Mitgliedstaaten mitzuteilen, dass vor Antragstellung das Bundesfinanzgericht mit Erkenntnis über die Streitfrage entschieden hat.

### Strafe oder Verbandsgeldbuße wegen eines Finanzvergehens

**§ 35.** (1) Der Antrag ist aus österreichischer Sicht nicht zulässig, wenn gegen die betroffene Person in den fünf Jahren vor der Einbringung der Streitbeilegungsbeschwerde wegen eines in den letzten sieben Jahren vor der Einbringung der Streitbeilegungsbeschwerde vorsätzlich oder grob fahrlässig begangenen Finanzvergehens, ausgenommen Finanzordnungswidrigkeiten, eine Strafe oder Verbandsgeldbuße verhängt worden ist und dieses Finanzvergehen in einem Zusammenhang mit dem von der Streitfrage betroffenen Einkommen oder Vermögen steht.

(2) Die österreichische zuständige Behörde hat den zuständigen Behörden der anderen betroffenen Mitgliedstaaten mitzuteilen, dass vor Antragstellung gegen die betroffene Person eine Strafe oder Verbandsgeldbuße im Sinne des Abs. 1 verhängt worden ist und der Antrag nach österreichischem Recht nicht zulässig ist.

### Fehlende Doppelbesteuerung

**§ 36.** Der Antrag ist aus österreichischer Sicht nicht zulässig, wenn es bei der Streitfrage nicht um Doppelbesteuerung geht. Die österreichische zuständige Behörde hat dies den zuständigen Behörden der anderen betroffenen Mitgliedstaaten mitzuteilen.

### Kein Zugang zum schiedsgerichtlichen Verfahren

**§ 37.** Die betroffene Person hat keinen Zugang zum schiedsgerichtlichen Verfahren, wenn

1. aus österreichischer Sicht ein Unzulässigkeitsgrund vorliegt (§ 33 Abs. 2) oder
2. der österreichischen zuständigen Behörde von der zuständigen Behörde eines anderen betroffenen Mitgliedstaates mitgeteilt worden ist, dass aus der Sicht dieses Mitgliedstaates ein Unzulässigkeitsgrund vorliegt.

## 2. Hauptstück
## Verfahren vor dem Beratenden Ausschuss

## 1. Abschnitt
## Einsetzung des Beratenden Ausschusses

### Auswahl des Schiedsgerichtes

**§ 38.** (1) Ist der Antrag auf Einsetzung eines Schiedsgerichtes aus österreichischer Sicht zulässig und ist der österreichischen zuständigen Behörde nicht von der zuständigen Behörde eines anderen betroffenen Mitgliedstaates mitgeteilt worden, dass der Antrag aus ihrer Sicht unzulässig ist, hat die österreichische zuständige Behörde mit den zuständigen Behörden der anderen betroffenen Mitgliedstaaten einen Beratenden Ausschuss einzusetzen.

(2) Die österreichische zuständige Behörde kann mit den zuständigen Behörden der anderen betroffenen Mitgliedstaaten vereinbaren, dass – abweichend von Abs. 1 – dem Antrag auf Einsetzung eines Schiedsgerichtes durch Einsetzung eines Ausschusses für Alternative Streitbeilegung nachgekommen wird.

### Frist für die Einsetzung

**§ 39.** (1) Die Frist für die Einsetzung des Beratenden Ausschusses beträgt 120 Tage.

(2) Sie beginnt mit dem Tag, der dem Tag des Einlangens des Antrags auf Einsetzung eines Schiedsgerichtes bei der österreichischen zuständigen Behörde folgt oder gegebenenfalls nach erfolgter Mängelbehebung gemäß § 85 Abs. 2 BAO.

(3) Ist der Antrag auf Einsetzung eines Schiedsgerichtes ausschließlich bei der zuständigen Behörde eines anderen betroffenen Mitgliedstaates eingebracht worden (§ 32 Abs. 8), beginnt die Frist – **„abweichend von Abs. 2“** – mit dem Tag, der dem Tag des Einlangens der Mitteilung der zuständigen Behörde des anderen betroffenen Mitgliedstaates bei der österreichischen zuständigen Behörde folgt oder gegebenenfalls nach erfolgter Mängelbehebung gemäß § 85 Abs. 2 BAO.

*(BGBl I 2022/108 ab 20.7.2022)*

### Einsetzung

**§ 40.** (1) Die österreichische zuständige Behörde hat sich mit den zuständigen Behörden der anderen betroffenen Mitgliedstaaten über folgende Bestandteile der Einsetzung des Beratenden Ausschusses zu verständigen:

1. die Vorschriften für die Benennung der unabhängigen Personen inklusive allfälliger Ablehnungsgründe,
2. die Anzahl der Vertreterinnen bzw. Vertreter jeder zuständigen Behörde,
3. je eine unabhängige Person, inklusive ihrer Stellvertreterin bzw. ihres Stellvertreters, pro zuständiger Behörde und
4. die Geschäftsordnung.

(2) Die österreichische zuständige Behörde kann sich mit den zuständigen Behörden der anderen betroffenen Mitgliedstaaten darüber verständigen, dass die Anzahl der Vertreterinnen bzw. Vertreter jeder zuständigen Behörde und/oder die Anzahl der unabhängigen Personen inklusive ihrer Stellvertreterinnen bzw. Stellvertreter auf jeweils zwei je betroffenem Mitgliedstaat erhöht wird.

(3) Die österreichische zuständige Behörde hat unverzüglich ihre Vertreterin bzw. ihren Vertreter und eine unabhängige Person gemäß Abs. 1 zu benennen. Im Fall des Abs. 2 hat sie zusätzlich eine zweite Vertreterin bzw. einen zweiten Vertreter und/oder eine zweite unabhängige Person zu benennen. Für jede benannte unabhängige Person ist eine Stellvertreterin bzw. ein Stellvertreter zu bestimmen, die bzw. der die unabhängige Person bei deren Verhinderung zu vertreten hat.

(4) Die österreichische zuständige Behörde kann eine von der zuständigen Behörde eines anderen betroffenen Mitgliedstaates benannte unabhängige Person aus folgenden Gründen ablehnen:

1. sie gehörte innerhalb der letzten drei Jahre der zuständigen Behörde dieses betroffenen Mitgliedstaates an oder war für diese tätig,
2. sie hat oder hatte eine wesentliche Beteiligung oder ein Stimmrecht an der betroffenen Person,
3. sie war innerhalb der letzten fünf Jahre Angestellte bzw. Angestellter oder Beraterin bzw. Berater der betroffenen Person,
4. sie bietet keine hinreichende Gewähr für Unbefangenheit in dem zu schlichtenden Streitfall bzw. den zu schlichtenden Streitfällen oder
5. sie war innerhalb der letzten drei Jahre Angestellte bzw. Angestellter eines Steuerberatungsunternehmens oder war auf andere Weise berufsmäßig steuerberatend tätig.

Außerdem kann sie die unabhängige Person aus einem im Vorhinein mit den zuständigen Behörden der anderen betroffenen Mitgliedstaaten gemäß Abs. 1 Z 1 vereinbarten Grund ablehnen.

(5) Hat die zuständige Behörde eines anderen betroffenen Mitgliedstaates eine von der österreichischen zuständigen Behörde benannte unabhängige Person aus einem der in Abs. 4 genannten Gründe abgelehnt, hat die österreichische zuständige Behörde unverzüglich eine andere unabhängige Person zu benennen.

(6) Die Vertreterinnen bzw. Vertreter der zuständigen Behörden der betroffenen Mitgliedstaaten und die benannten unabhängigen Personen haben aus der Liste der unabhängigen Personen der Europäischen Union eine Vorsitzende bzw. einen Vorsitzenden des Beratenden Ausschusses zu wählen. Haben sie nichts anderes vereinbart, hat die bzw. der Vorsitzende eine Richterin bzw. ein Richter zu sein.

(7) Der Beratende Ausschuss ist eingesetzt, wenn alle Vertreterinnen bzw. Vertreter jeder zuständigen Behörde aller betroffenen Mitgliedstaaten benannt sind, wenn sich die zuständigen Behörden der betroffenen Mitgliedstaaten über die unabhängigen Personen verständigt haben bzw. diese durch ein Gericht (§ 42) oder durch Los (§ 41) bestimmt worden sind und die bzw. der Vorsitzende gewählt worden ist bzw. durch Los (§ 42 Abs. 3) bestimmt worden ist. Die bzw. der Vorsitzende des Beratenden Ausschusses hat der betroffenen Person unverzüglich die erfolgte Einsetzung des Beratenden Ausschusses mitzuteilen.

(8) Das Bundesfinanzgericht hat aufgrund der Beschwerde der betroffenen Person festzustellen, dass ein rechtswidriger Zustand besteht, weil die österreichische zuständige Behörde ihre Vertreterin bzw. ihren Vertreter nicht innerhalb der Frist gemäß § 39 benannt hat. Die österreichische zuständige Behörde hat diesen rechtswidrigen Zustand unverzüglich zu beenden. § 283 BAO ist sinngemäß anzuwenden.

### Auswahl der unabhängigen Person durch Los

**§ 41.** (1) Hat sich die österreichische zuständige Behörde mit den zuständigen Behörden der anderen betroffenen Mitgliedstaaten nicht innerhalb von 120 Tagen über die Vorschriften für die Benennung der unabhängigen Person gemäß § 40 Abs. 1 Z 1 verständigt, erfolgt die Benennung dieser unabhängigen Personen durch Losentscheid. Für den Beginn der Frist gelten § 39 Abs. 2 und 3 sinngemäß.

(2) Die österreichische zuständige Behörde kann die Auswahl einer bestimmten unabhängigen Person durch Los aus einem der in § 40 Abs. 4 genannten Gründe ablehnen.

### Benennung der unabhängigen Person durch Gericht

**§ 42.** (1) Werden eine von der österreichischen zuständigen Behörde zu benennende unabhängige Person und ihre Stellvertreterin bzw. ihr Stellvertreter nicht innerhalb der Frist gemäß § 39 benannt, kann die betroffene Person beim Bundesfinanzgericht deren Benennung innerhalb von 30 Tagen nach Ablauf der Frist beantragen. Das Bundesfinanzgericht hat eine unabhängige Person und ihre Stellvertreterin bzw. ihren Stellvertreter aus der Liste gemäß § 5 auszuwählen.

(2) Die österreichische zuständige Behörde kann die Benennung einer bestimmten unabhängigen Person durch das Bundesfinanzgericht oder durch das zuständige Gericht oder die einzelstaatliche benennende Stelle des anderen betroffenen Mitgliedstaates nicht aus einem der in § 40 Abs. 4 genannten Gründe ablehnen.

(3) Haben sowohl die österreichische zuständige Behörde als auch die zuständigen Behörden der anderen betroffenen Mitgliedstaaten die zu benennenden unabhängigen Personen und ihre Stellvertreterinnen bzw. ihre Stellvertreter nicht innerhalb der Frist gemäß § 39 benannt, sondern sind diese vom Bundesfinanzgericht bzw. von den zuständigen Gerichten oder den einzelstaatlichen benennenden Stellen der anderen betroffenen Mitgliedstaaten benannt worden, dann wird die bzw. der Vorsitzende aus der Liste gemäß § 5 durch Losentscheid bestimmt.

(4) Die Benennung einer unabhängigen Person und deren Stellvertreterin bzw. Stellvertreter durch das Bundesfinanzgericht erfolgt gemäß § 587 Abs. 8 der Zivilprozessordnung – ZPO, RGBl. Nr. 113/1895 mit Erkenntnis.

(5) Das Bundesfinanzgericht hat das Erkenntnis der betroffenen Person und der österreichischen zuständigen Behörde zuzustellen. Die österreichische zuständige Behörde hat dies den zuständigen Behörden der anderen betroffenen Mitgliedstaaten unverzüglich mitzuteilen.

## 2. Abschnitt
## Geschäftsordnung

### Geschäftsordnung

**§ 43.** (1) Die österreichische zuständige Behörde hat sich mit den zuständigen Behörden der anderen betroffenen Mitgliedstaaten über eine Geschäftsordnung für den Beratenden Ausschuss zu verständigen.

(2) Die österreichische zuständige Behörde hat die Geschäftsordnung elektronisch oder physisch zu unterschreiben und die Unterschrift der zuständigen Behörden der anderen betroffenen Mitgliedstaaten einzuholen.

(3) Die österreichische zuständige Behörde hat der betroffenen Person innerhalb der Frist von 120 Tagen (§ 39) Folgendes zu übermitteln:

1. die unterschriebene Geschäftsordnung,
2. ein Datum, bis zu dem die Stellungnahme zur Lösung der Streitfrage abzugeben ist und
3. Angaben zu allen anwendbaren Bestimmungen des nationalen Rechts der betroffenen Mitgliedstaaten und allen anwendbaren Abkommen oder Übereinkommen.

Anschließend hat sie der bzw. dem Vorsitzenden die Geschäftsordnung und einen geeigneten Nachweis über die erfolgte Übermittlung der Geschäftsordnung an die betroffene Person zu übermitteln.

(4) Das Bundesfinanzgericht hat aufgrund der Beschwerde der betroffenen Person festzustellen, dass ein rechtswidriger Zustand besteht, weil die österreichische zuständige Behörde die Übermittlung der Geschäftsordnung innerhalb der Frist gemäß Abs. 3 unterlassen hat und der betroffenen Person die Geschäftsordnung nicht bereits durch die Vorsitzende bzw. den Vorsitzenden des Beratenden Ausschusses gemäß § 45 Abs. 1 oder 2 übermittelt worden ist. Die österreichische zuständige Behörde hat unverzüglich diesen rechtswidrigen Zustand zu beenden. § 283 BAO ist sinngemäß anzuwenden.

### Inhalt

**§ 44.** Die Geschäftsordnung hat insbesondere folgende Punkte zu enthalten:

1. die Beschreibung der Streitfrage und deren Merkmale,
2. die Beschreibung der rechtlichen und faktischen Fragestellungen, auf die sich die zuständigen Behörden der betroffenen Mitgliedstaaten geeinigt haben,
3. die Feststellung, dass es sich beim Schiedsgericht um einen Beratenden Ausschuss handelt,
4. die Zusammensetzung des Beratenden Ausschusses, die Anzahl und die Namen der Mitglieder, Angaben zu deren Kompetenzen, Qualifikationen und die Offenlegung von etwaigen Interessenkonflikten,
5. einen Zeitrahmen für das Verfahren vor dem Beratenden Ausschuss,
6. Regeln für die Beteiligung der betroffenen Person bzw. Personen und von Dritten am schiedsgerichtlichen Verfahren,
7. Regeln für den Austausch von Schriftsätzen, Informationen und Nachweisen,
8. Kostenregelungen,
9. sonstige wichtige verfahrenstechnische oder organisatorische Aspekte, wie zum Beispiel die Anzahl der Sitzungstage und den Ort der Sitzungen des Beratenden Ausschusses und
10. logistische Regelungen für das Verfahren des Beratenden Ausschusses und die Abgabe seiner Stellungnahme.

**§ 45.** (1) Hat die bzw. der Vorsitzende Kenntnis davon erlangt, dass der betroffenen Person die Geschäftsordnung durch die zuständigen Behörden der betroffenen Mitgliedstaaten nicht übermittelt worden ist, hat sie bzw. er diese der betroffenen Person zu übermitteln.

(2) Hat die bzw. der Vorsitzende Kenntnis davon erlangt, dass die Geschäftsordnung unvollständig ist, hat die bzw. der Vorsitzende im Einvernehmen mit den unabhängigen Personen die Geschäftsordnung auf der Grundlage der von der Europäischen Kommission festgelegten Standardgeschäftsordnung, Durchführungsverordnung (EU) 2019/652 zur Festlegung der Standardgeschäftsordnung des Beratenden Ausschusses bzw. des Ausschusses für Alternative Streitbeilegung sowie eines Musterformulars für die Übermittlung von Informationen betreffend die Bekanntmachung einer abschließenden Entscheidung gemäß der Richtlinie (EU) 2017/1852, ABl. Nr. L 110 vom 25.04.2019 S. 26, zu ergänzen und der betroffenen Person zu übermitteln.

(3) Die ursprünglich nicht übermittelte oder ergänzte Geschäftsordnung ist durch die bzw. den Vorsitzenden des Beratenden Ausschusses innerhalb von zwei Wochen ab dem Zeitpunkt der Mitteilung der bzw. des Vorsitzenden über die erfolgte Einsetzung des Beratenden Ausschusses der betroffenen Person zu übermitteln.

## 3. Abschnitt
## Stellungnahme des Beratenden Ausschusses

### Unabhängige Stellungnahme

**§ 46.** (1) Der Beratende Ausschuss gibt eine schriftliche unabhängige Stellungnahme dazu ab, wie die Streitfrage zu lösen ist.

(2) Der Beratende Ausschuss stützt sich bei der Lösung der Streitfrage auf das anwendbare Abkommen oder Übereinkommen gemäß § 2 und auf etwaige anwendbare Vorschriften der betroffenen Mitgliedstaaten.

### Frist für die Stellungnahme

**§ 47.** (1) Die Frist für die unabhängige Stellungnahme des Beratenden Ausschusses beträgt sechs Monate und beginnt mit dem Tag, der dem Tag seiner Einsetzung folgt.

(2) Abweichend von Abs. 1 beginnt die Frist in den Fällen, in denen der Beratende Ausschuss die Streitbeilegungsbeschwerde zugelassen hat (§ 21) und die zuständigen Behörden aller betroffenen Mitgliedstaaten keine Erklärung gemäß § 23 abgegeben haben, mit dem auf den Ablauf der Frist von 60 Tagen gemäß § 23 Abs. 1 folgenden Tag.

(3) Ist der Beratende Ausschuss der Auffassung, dass die Lösung der Streitfrage aufgrund ihrer Beschaffenheit mehr als sechs Monate in Anspruch nehmen wird, kann er diese Frist um drei Monate

verlängern. Die bzw. der Vorsitzende hat den zuständigen Behörden der betroffenen Mitgliedstaaten und der betroffenen Person die Verlängerung mitzuteilen.

**Beschlussfassung**

**§ 48.** (1) Der Beratende Ausschuss entscheidet über die Annahme der unabhängigen Stellungnahme mit einfacher Mehrheit seiner Mitglieder.

(2) Bei Stimmengleichheit gibt die Stimme der bzw. des Vorsitzenden den Ausschlag.

(3) Die bzw. der Vorsitzende übermittelt den zuständigen Behörden der betroffenen Mitgliedstaaten unverzüglich die schriftliche Stellungnahme.

## 3. Hauptstück
## Verfahren vor dem Ausschuss für Alternative Streitbeilegung

### 1. Abschnitt
### Einsetzung und Geschäftsordnung

**Einsetzung**

**§ 49.** (1) Der Ausschuss für Alternative Streitbeilegung wird eingesetzt, wenn die österreichische zuständige Behörde mit den zuständigen Behörden der anderen betroffenen Mitgliedstaaten gemäß § 38 Abs. 2 vereinbart hat, dass dem Antrag auf Einsetzung eines Schiedsgerichtes durch Einsetzung eines Ausschusses für Alternative Streitbeilegung nachgekommen wird.

(2) Die österreichische zuständige Behörde hat sich mit den zuständigen Behörden der anderen betroffenen Mitgliedstaaten über folgende Bestandteile der Einsetzung des Ausschusses für Alternative Streitbeilegung zu verständigen:

1. die Form,
2. die Zusammensetzung,
3. die Vorschriften für die Benennung der unabhängigen Personen inklusive allfälliger Ablehnungsgründe,
4. das Verfahren für die Abgabe der Stellungnahme und
5. die Geschäftsordnung.

(3) Die österreichische zuständige Behörde hat die von ihr zu benennenden unabhängigen Personen gemäß Abs. 2 Z 3 zu benennen. Die §§ 41 und 42 gelten sinngemäß.

(4) Die österreichische zuständige Behörde kann eine von der zuständigen Behörde eines anderen betroffenen Mitgliedstaates benannte unabhängige Person aus den gemäß § 40 Abs. 4 genannten Gründen oder aus einem im Vorhinein mit den zuständigen Behörden der anderen betroffenen Mitgliedstaaten gemäß Abs. 2 Z 3 vereinbarten Grund ablehnen.

(5) Hat die zuständige Behörde eines anderen betroffenen Mitgliedstaates eine von der österreichischen zuständigen Behörde benannte unabhängige Person aus einem der in § 40 Abs. 4 oder aus einem im Vorhinein vereinbarten Grund gemäß Abs. 2 Z 3 abgelehnt, hat die österreichische zuständige Behörde unverzüglich eine andere unabhängige Person zu benennen.

(6) Der Ausschuss für Alternative Streitbeilegung ist eingesetzt, wenn alle Mitglieder inklusive der bzw. des Vorsitzenden benannt worden sind. Die bzw. der Vorsitzende des Ausschusses für Alternative Streitbeilegung hat der betroffenen Person unverzüglich die erfolgte Einsetzung mitzuteilen.

**Frist für die Einsetzung**

**§ 50.** (1) Die Frist für die Einsetzung des Ausschuss für Alternative Streitbeilegung beträgt 120 Tage.

(2) Für den Beginn der Frist gelten § 39 Abs. 2 und 3 sinngemäß.

**Geschäftsordnung**

**§ 51.** (1) Die österreichische zuständige Behörde hat sich mit den zuständigen Behörden der anderen betroffenen Mitgliedstaaten über eine Geschäftsordnung für den Ausschuss für Alternative Streitbeilegung zu verständigen. Die §§ 43 bis 45 gelten sinngemäß.

(2) Die österreichische zuständige Behörde hat, abweichend von § 44 Z 3, anzugeben, dass es sich bei dem Schiedsgericht um einen Ausschuss für Alternative Streitbeilegung handelt und hat zusätzlich festzulegen, welches Verfahren für die Abgabe der Stellungnahme angewendet werden soll, sofern dieses vom Verfahren der unabhängigen Stellungnahme gemäß § 46 abweicht.

### 2. Abschnitt
### Stellungnahme

**Stellungnahme**

**§ 52.** (1) Für die Abgabe der schriftlichen Stellungnahme kann, abweichend von § 46, jede Art des Verfahrens der verbindlichen Streitbeilegung, einschließlich des Verfahrens des endgültigen Angebots (letzten besten Angebots) angewendet werden, um die Streitfrage zu lösen. Die §§ 47 und 48 gelten sinngemäß.

(2) Die Bestimmungen der §§ 53 bis 57 und des § 77 gelten für den Ausschuss für Alternative Streitbeilegung, sofern in der Geschäftsordnung gemäß § 51 nichts anderes vereinbart wird.



## 4. Hauptstück
## Gemeinsame Bestimmungen für das schiedsgerichtliche Verfahren

### 1. Abschnitt
### Verfahrensgrundsätze

**Pflichten der betroffenen Person**

**§ 53.** (1) Wird die betroffene Person vom Schiedsgericht vorgeladen, ist sie verpflichtet, persönlich zu erscheinen. Die §§ 169 bis 174 BAO sind auf die betroffene Person anzuwenden. Die betroffene Person hat das Recht, sich mit entsprechender Vollmacht vertreten zu lassen.

(2) Wird die betroffene Person vom Schiedsgericht ersucht, zusätzliche Informationen, Nachweise

oder Unterlagen vorzulegen, ist sie verpflichtet, diesem Ersuchen nachzukommen.

(3) Die der betroffenen Person aufgrund von Abs. 1 oder Abs. 2 entstehenden Kosten werden nicht ersetzt.

**Geheimhaltungspflicht der betroffenen Person**

**§ 54.** Die betroffene Person und deren Vertreterin bzw. Vertreter unterliegen in Bezug auf Informationen, Nachweise und Unterlagen, von denen sie während des schiedsgerichtlichen Verfahrens Kenntnis erlangen, der abgabenrechtlichen Geheimhaltungspflicht gemäß § 48a BAO. Sie können im schiedsgerichtlichen Verfahren dazu aufgefordert werden, gegenüber den zuständigen Behörden aller betroffenen Mitgliedstaaten eine entsprechende Erklärung abzugeben.

**Rechte der betroffenen Person**

**§ 55.** (1) Die betroffene Person ist berechtigt, dem Schiedsgericht sämtliche Informationen, Nachweise oder Unterlagen vorzulegen, die relevant für die Entscheidung über die jeweilige Streitfrage sein könnten. Voraussetzung dafür ist, dass die betroffene Person zuvor die Zustimmung der zuständigen Behörden aller betroffenen Mitgliedstaaten eingeholt hat. Die Zustimmungserklärungen sind gleichzeitig mit den Informationen, Nachweisen oder Unterlagen dem Schiedsgericht zu übermitteln.

(2) Die betroffene Person ist berechtigt, vor dem Schiedsgericht persönlich zu erscheinen oder eine bevollmächtigte Vertreterin bzw. einen bevollmächtigten Vertreter zu entsenden. Voraussetzung dafür ist, dass die betroffene Person zuvor die Zustimmung der zuständigen Behörden aller betroffenen Mitgliedstaaten eingeholt hat. Die Zustimmungserklärungen sind dem Schiedsgericht zu übermitteln.

(3) Die der betroffenen Person aufgrund von Abs. 1 oder Abs. 2 entstehenden Kosten werden nicht ersetzt.

**Pflicht der österreichischen zuständigen Behörde**

**§ 56.** (1) Die österreichische zuständige Behörde hat dem Schiedsgericht auf dessen Ersuchen zusätzliche Informationen, Nachweise oder Unterlagen zu übermitteln.

(2) Die österreichische zuständige Behörde kann die Übermittlung verweigern, wenn

1. die Erlangung der ersuchten Informationen, Nachweise oder Unterlagen die Durchführung von Verwaltungsmaßnahmen erfordert, die gegen österreichisches Recht verstoßen würden,
2. die ersuchten Informationen, Nachweise oder Unterlagen nach dem österreichischen Recht nicht beschafft werden können,
3. die ersuchten Informationen, Nachweise oder Unterlagen Handels-, Geschäfts-, Gewerbe- oder Berufsgeheimnisse oder Geschäftsverfahren betreffen oder
4. die Preisgabe der ersuchten Informationen, Nachweise oder Unterlagen der öffentlichen Ordnung widerspricht.

**Geheimhaltungspflichten der Schiedsrichterinnen bzw. Schiedsrichter**

**§ 57.** Alle Mitglieder des Schiedsgerichtes unterliegen in Bezug auf Informationen, Nachweise und Unterlagen, von denen sie in ihrer Eigenschaft als Mitglieder des Schiedsgerichtes Kenntnis erlangen, der abgabenrechtlichen Geheimhaltungspflicht gemäß § 48a BAO.

## 2. Abschnitt
## Abschließende Entscheidung

**Einigung im schiedsgerichtlichen Verfahren**

**§ 58.** (1) Die österreichische zuständige Behörde und die zuständigen Behörden der anderen betroffenen Mitgliedstaaten haben sich innerhalb von sechs Monaten nach dem der Übermittlung der Stellungnahme (§ 48 Abs. 3) folgenden Tag, darüber zu einigen,

1. dass die Streitfrage entsprechend der Stellungnahme des Schiedsgerichtes zu lösen oder
2. wie die Streitfrage abweichend von der Stellungnahme des Schiedsgerichtes zu lösen ist.

(2) Hat sich die österreichische zuständige Behörde mit den zuständigen Behörden der anderen betroffenen Mitgliedstaaten nicht oder nicht innerhalb der Frist gemäß Abs. 1 geeinigt, ist sie an die Stellungnahme des Schiedsgerichtes gebunden.

(3) Die Lösung der Streitfrage gemäß Abs. 1 oder Abs. 2 ist die abschließende Entscheidung. Diese stellt keinen Präzedenzfall dar. Die österreichische zuständige Behörde hat der betroffenen Person die abschließende Entscheidung unverzüglich, spätestens jedoch innerhalb von 30 Tagen, zu übermitteln.

(4) Das Bundesfinanzgericht hat aufgrund der Beschwerde der betroffenen Person, sofern sie ihren Wohnsitz oder Sitz in Österreich hat, festzustellen, dass ein rechtswidriger Zustand besteht, weil die österreichische zuständige Behörde die Übermittlung der abschließenden Entscheidung innerhalb der Frist gemäß Abs. 3 unterlassen hat und der betroffenen Person die abschließende Entscheidung nicht bereits durch die zuständigen Behörden der anderen betroffenen Mitgliedstaaten übermittelt worden ist. Die österreichische zuständige Behörde hat diesen rechtswidrigen Zustand unverzüglich zu beenden. § 283 BAO ist sinngemäß anzuwenden.

**Rechte und Pflichten der betroffenen Person**

**§ 59.** Spätestens 60 Tage nach dem Zeitpunkt, zu dem die abschließende Entscheidung der betroffenen Person übermittelt worden ist, muss die betroffene Person der österreichischen zuständigen Behörde und den zuständigen Behörden der anderen betroffenen Mitgliedstaaten Folgendes übermittelt haben:

1. Die Zustimmung zur abschließenden Entscheidung,
2. den Nachweis über den Verzicht auf die Bescheidbeschwerde gegen den Bescheid gemäß § 48 Abs. 2 BAO, mit dem die abschließende Entscheidung (§ 58) festgestellt werden soll,
3. Nachweise über den Verzicht auf sämtliche Rechtsmittel, die nach dem Recht eines anderen betroffenen Mitgliedstaates in einem Verfahren, das dieselbe Streitfrage betrifft, eingelegt werden könnten,
4. gegebenenfalls Nachweise über Maßnahmen, die getroffen wurden, um Verfahren nach dem Recht eines anderen betroffenen Mitgliedstaates, die dieselbe Streitfrage betreffen, einzustellen und
5. eine Erklärung darüber, ob der Veröffentlichung des gesamten Wortlautes der abschließenden Entscheidung zugestimmt wird.

### Abschließende Entscheidung

**§ 60.** Die österreichische zuständige Behörde hat sich mit den zuständigen Behörden der anderen betroffenen Mitgliedstaaten darüber zu verständigen, dass die Voraussetzungen gemäß § 59 Z 1 bis 4 vorliegen und anschließend der betroffenen Person unverzüglich den Bescheid gemäß § 48 Abs. 2 BAO, mit dem die abschließende Entscheidung (§ 58) festgestellt worden ist, zuzustellen.

### Keine Umsetzung der abschließenden Entscheidung

**§ 61.** (1) Solange kein Einvernehmen der österreichischen zuständigen Behörde mit den zuständigen Behörden der anderen betroffenen Mitgliedstaaten über das Vorliegen der Voraussetzungen gemäß § 59 Z 1 bis 4 besteht, wird die abschließende Entscheidung nicht verbindlich und ist nicht umzusetzen.

(2) Die abschließende Entscheidung ist nicht umzusetzen, wenn der österreichischen zuständigen Behörde von der zuständigen Behörde eines anderen betroffenen Mitgliedstaates mitgeteilt worden ist, dass ein zuständiges Gericht dieses Mitgliedstaates die mangelnde Unabhängigkeit einer am schiedsgerichtlichen Verfahren beteiligten unabhängigen Person oder der bzw. des Vorsitzenden erkannt hat.

## 3. Abschnitt
## Sonstige Beendigung

### Beendigung durch Wegfall der Streitfrage

**§ 62.** (1) Die österreichische zuständige Behörde hat den zuständigen Behörden der anderen betroffenen Mitgliedstaaten, der bzw. dem Vorsitzenden des Schiedsgerichtes und der betroffenen Person mitzuteilen, dass das Bundesfinanzgericht mit Erkenntnis über die Streitfrage entschieden hat und dass deshalb das schiedsgerichtliche Verfahren ab dem Tag dieser Mitteilung zu beenden ist.

(2) Das schiedsgerichtliche Verfahren endet außerdem, wenn die zuständige Behörde eines anderen betroffenen Mitgliedstaates der österreichischen zuständigen Behörde mitgeteilt hat, dass ein maßgebliches Gericht oder eine maßgebliche andere Justizbehörde dieses Mitgliedstaates über die Streitfrage entschieden hat und von dieser Entscheidung nach dem nationalen Recht dieses Mitgliedstaates nicht abgewichen werden kann.

## 4. Abschnitt
## Veröffentlichung der abschließenden Entscheidung

### Inhalt der Veröffentlichung

**§ 63.** Die österreichische zuständige Behörde kann sich mit den zuständigen Behörden der anderen betroffenen Mitgliedstaaten darüber verständigen, ob der gesamte Wortlaut der abschließenden Entscheidung veröffentlicht wird, sofern die betroffene Person zugestimmt hat.

### Zusammenfassung der abschließenden Entscheidung

**§ 64.** (1) Hat die betroffene Person der Veröffentlichung des gesamten Wortlautes der abschließenden Entscheidung nicht zugestimmt oder haben sich die zuständigen Behörden der betroffenen Mitgliedstaaten nicht auf die Veröffentlichung des gesamten Wortlautes der abschließenden Entscheidung verständigt, hat die österreichische zuständige Behörde eine Zusammenfassung der abschließenden Entscheidung zu erstellen und der betroffenen Person zu übermitteln.

(2) Die Zusammenfassung hat zu enthalten:

1. Eine Beschreibung des Sachverhalts und des Streitgegenstands,
2. das Datum der abschließenden Entscheidung,
3. die betroffenen Besteuerungszeiträume,
4. die Rechtsgrundlage,
5. die Art des schiedsgerichtlichen Verfahrens,
6. die Branche, in der die betroffene Person tätig ist und
7. eine Kurzbeschreibung des Ergebnisses.

(3) Die betroffene Person ist berechtigt, bei der österreichischen zuständigen Behörde und bei den zuständigen Behörden der anderen betroffenen Mitgliedstaaten den Antrag zu stellen, in der Zusammenfassung enthaltene Informationen, deren Veröffentlichung Handels-, Geschäfts-, Gewerbe- oder Berufsgeheimnisse oder Geschäftsverfahren verletzen würde, zu streichen. Das gilt auch für Informationen, die der öffentlichen Ordnung widersprechen.

(4) Die Frist für die Antragstellung gemäß Abs. 3 beträgt 60 Tage und beginnt mit dem Tag des Einlangens der Zusammenfassung.

(5) Die österreichische zuständige Behörde hat sich mit den zuständigen Behörden der anderen betroffenen Mitgliedstaaten darüber zu verständigen, welche Informationen zu streichen sind.

### Veröffentlichung durch die Europäische Kommission

**§ 65.** (1) Die österreichische zuständige Behörde hat den gesamten Wortlaut der abschließenden Entscheidung oder die Zusammenfassung unverzüglich an die Europäische Kommission zu übermitteln.

(2) Die Übermittlung der zu veröffentlichenden Informationen an die Europäische Kommission dient der Bereitstellung dieser Informationen in einem zentralen Register der Europäischen Union. Diese Informationen werden in dem zentralen Register archiviert und online zur Verfügung gestellt.

## 5. Teil
## Gemeinsame Bestimmungen für alle Verfahren

### Verbindung von Verfahren

**§ 66.** Die österreichische zuständige Behörde kann sich mit den zuständigen Behörden der anderen betroffenen Mitgliedstaaten darauf verständigen, Streitbeilegungsbeschwerden von mehreren betroffenen Personen betreffend dieselbe Streitfrage zu einem gemeinsamen Verfahren zu verbinden. Stimmt jede betroffene Person der Verbindung der Verfahren zu, sind sämtliche Fälle in diesem gemeinsamen Verfahren zu erledigen.

### Gegenstandslosigkeit

**§ 67.** (1) Alle Verfahren nach diesem Bundesgesetz sind mit sofortiger Wirkung beendet, wenn die Streitfrage außerhalb der Verfahren nach diesem Bundesgesetz gelöst worden oder irrelevant geworden ist (Gegenstandslosigkeit). Die österreichische zuständige Behörde hat mit Bescheid die Streitbeilegungsbeschwerde als gegenstandslos zu erklären und dies den zuständigen Behörden der anderen betroffenen Mitgliedstaaten und gegebenenfalls der bzw. dem Vorsitzenden des Schiedsgerichtes unverzüglich mitzuteilen.

(2) Wird der österreichischen zuständigen Behörde von der zuständigen Behörde eines anderen betroffenen Mitgliedstaates die Gegenstandslosigkeit der Streitfrage mitgeteilt, hat sie die Verfahren nach diesem Bundesgesetz mit sofortiger Wirkung zu beenden.

### Zurücknahme der Streitbeilegungsbeschwerde

**§ 68.** (1) Die betroffene Person kann die Streitbeilegungsbeschwerde zurücknehmen, in dem sie bei der österreichischen zuständigen Behörde und bei den zuständigen Behörden der anderen betroffenen Mitgliedstaaten gleichzeitig eine schriftliche Erklärung über die Zurücknahme der Streitbeilegungsbeschwerde einbringt.

(2) Abweichend von Abs. 1 ist eine in Österreich ansässige natürliche Person oder ein in Österreich ansässiges kleineres Unternehmen berechtigt, die Erklärung über die Zurücknahme der Streitbeilegungsbeschwerde ausschließlich bei der österreichischen zuständigen Behörde einzubringen. Die österreichische zuständige Behörde hat den zuständigen Behörden aller anderen betroffenen Mitgliedstaaten innerhalb von zwei Monaten nach der Einbringung gleichzeitig mitzuteilen, dass bei ihr eine Erklärung eingebracht worden ist. Sobald diese Mitteilung erfolgt ist, gilt die Erklärung der betroffenen Person zum Zeitpunkt der Mitteilung als bei den zuständigen Behörden aller anderen betroffenen Mitgliedstaaten eingebracht.

(3) Die österreichische zuständige Behörde hat zusätzlich zur Mitteilung gemäß Abs. 2 zweiter Satz eine Kopie der Erklärung an die zuständigen Behörden aller anderen betroffenen Mitgliedstaaten zu übermitteln.

(4) Langt bei der österreichischen zuständigen Behörde die Mitteilung der zuständigen Behörde eines anderen betroffenen Mitgliedstaates über die Einbringung einer Erklärung über die Zurücknahme der Streitbeilegungsbeschwerde einer in diesem anderen Mitgliedstaat ansässigen natürlichen Person oder eines in diesem anderen Mitgliedstaat ansässigen kleineren Unternehmens ein, gilt die Erklärung zum Zeitpunkt dieser Mitteilung als bei der österreichischen zuständigen Behörde eingebracht.

(5) Nach erfolgter Abgabe einer Erklärung über die Zurücknahme der Streitbeilegungsbeschwerde hat die österreichische zuständige Behörde die Gegenstandslosigkeit der Streitfrage (§ 67) auszusprechen.

### Unterbrechung

**§ 69.** (1) Die österreichische zuständige Behörde hat das Verständigungsverfahren oder das schiedsgerichtliche Verfahren zu unterbrechen, wenn gegen die betroffene Person ein Finanzstrafverfahren wegen eines vorsätzlichen oder grob fahrlässigen Finanzvergehens, ausgenommen Finanzordnungswidrigkeiten, anhängig geworden ist und dieses in einem Zusammenhang mit dem von der Streitfrage betroffenen Einkommen oder Vermögen steht. Die österreichische zuständige Behörde hat den zuständigen Behörden der anderen betroffenen Mitgliedstaaten, der bzw. dem Vorsitzenden des Schiedsgerichtes und der betroffenen Person mitzuteilen, dass sie das Verständigungsverfahren oder das schiedsgerichtliche Verfahren unterbrochen hat.

(2) Die Unterbrechung beginnt

1. mit dem Tag, an dem die österreichische zuständige Behörde von der Anhängigkeit des Finanzstrafverfahrens Kenntnis erlangt oder
2. mit dem Tag, an dem der österreichischen zuständigen Behörde von der zuständigen Behörde eines anderen betroffenen Mitgliedstaates mitgeteilt worden ist, dass sie das Verständigungsverfahren oder das schiedsgerichtliche Verfahren unterbrochen hat.

(3) Die Unterbrechung endet mit dem Tag der Beendigung des Finanzstrafverfahrens bzw. mit dem Tag der Mitteilung der zuständigen Behörde eines anderen betroffenen Mitgliedstaates über die Beendigung der Unterbrechung in diesem Mitgliedstaat. Die österreichische zuständige Behörde hat

den zuständigen Behörden der anderen betroffenen Mitgliedstaaten, der bzw. dem Vorsitzenden des Schiedsgerichtes und der betroffenen Person mitzuteilen, dass sie die Unterbrechung des Verständigungsverfahrens oder des schiedsgerichtlichen Verfahrens beendet hat.

(4) Ab dem Tag, an dem die Unterbrechung endet, ist ein unterbrochenes Verständigungsverfahren fortzuführen und innerhalb der noch offenen Frist für die Einigung gemäß § 24 zu beenden. Ein unterbrochenes schiedsgerichtliches Verfahren ist nur fortzuführen und innerhalb der noch offenen Frist gemäß § 21 bzw. § 47 zu beenden, wenn das Finanzstrafverfahren nicht mit rechtskräftiger Bestrafung geendet hat.

(5) Hat ein Finanzstrafverfahren, das zur Unterbrechung eines schiedsgerichtlichen Verfahrens geführt hat, mit einer rechtskräftigen Bestrafung geendet, gilt die Streitfrage ab dem Tag der rechtskräftigen Bestrafung als gegenstandslos (§ 67).

(6) Gegen die Unterbrechung ist ein abgesondertes Rechtsmittel nicht zulässig.

**Parteistellung**

**§ 70.** Im Verständigungsverfahren und im schiedsgerichtlichen Verfahren besitzt die betroffene Person keine Parteistellung im Sinne des § 78 BAO. Insbesondere ist § 90 BAO nicht anwendbar.

**Amtswegige Gerichts-, Verwaltungs- oder Strafverfahren**

**§ 71.** Die Vorlage einer Streitfrage im Rahmen des Verständigungsverfahrens oder des schiedsgerichtlichen Verfahrens hindert die österreichische zuständige Behörde, eine Abgabenbehörde, eine Finanzstrafbehörde oder ein Gericht nicht daran, Gerichts-, Verwaltungs- oder Strafverfahren in derselben Angelegenheit einzuleiten oder fortzusetzen.

## 6. Teil
## Arten des Schiedsgerichtes

### 1. Abschnitt
### Beratender Ausschuss

**Zusammensetzung**

**§ 72.** Der Beratende Ausschuss setzt sich zusammen aus:

1. einer bzw. einem Vorsitzenden,
2. je einer Vertreterin oder einem Vertreter bzw. je zwei Vertreterinnen oder Vertretern jeder zuständigen Behörde jedes betroffenen Mitgliedstaates sowie
3. je einer unabhängigen Person bzw. zwei unabhängigen Personen, die von jeder zuständigen Behörde jedes betroffenen Mitgliedstaates benannt wird bzw. werden.

**Aufgaben**

**§ 73.** Dem Beratenden Ausschuss obliegen folgende Aufgaben:

1. Die Prüfung der Zulassung der Streitbeilegungsbeschwerde und
2. die Abgabe der Stellungnahme, wie die Streitfrage gelöst werden soll, wenn
   a) das Verständigungsverfahren durch Zeitablauf oder durch Abbruch beendet worden ist und **„die österreichische zuständige Behörde"** mit den zuständigen Behörden der anderen betroffenen Mitgliedstaaten gemäß § 38 Abs. 1 vereinbart hat, dass dem Antrag auf Einsetzung eines Schiedsgerichtes durch Einsetzung eines Beratenden Ausschusses nachgekommen wird oder
   *(BGBl I 2022/108 ab 20.7.2022)*
   b) die österreichische zuständige Behörde bzw. die zuständige Behörde eines anderen betroffenen Mitgliedstaates keine Erklärung über die Einleitung eines Verständigungsverfahrens gemäß § 23 abgegeben hat.

### 2. Abschnitt
### Ausschuss für Alternative Streitbeilegung

**Form**

**§ 74.** (1) Der Ausschuss für Alternative Streitbeilegung kann sich hinsichtlich seiner Form von dem Beratenden Ausschuss unterscheiden. Die österreichische zuständige Behörde hat sich einvernehmlich mit den zuständigen Behörden der anderen betroffenen Mitgliedstaaten über die Form zu verständigen.

(2) Die österreichische zuständige Behörde und die zuständigen Behörden der anderen betroffenen Mitgliedstaaten können ferner vereinbaren, einen Ausschuss für Alternative Streitbeilegung in Form eines Ausschusses mit dem Charakter eines ständigen Gremiums einzusetzen (Ständiger Ausschuss).

**Zusammensetzung**

**§ 75.** Der Ausschuss für Alternative Streitbeilegung kann sich hinsichtlich seiner Zusammensetzung von dem Beratenden Ausschuss unterscheiden. Die österreichische zuständige Behörde hat sich einvernehmlich mit den zuständigen Behörden der anderen betroffenen Mitgliedstaaten über die Zusammensetzung zu verständigen.

**Aufgaben**

**§ 76.** Dem Ausschuss für Alternative Streitbeilegung obliegt die Abgabe der Stellungnahme, wie die Streitfrage gelöst werden soll, wenn das Verständigungsverfahren durch Zeitablauf oder durch Abbruch beendet worden ist und die österreichische zuständige Behörde mit den zuständigen Behörden der anderen betroffenen Mitgliedstaaten gemäß § 38 Abs. 2 vereinbart hat, dass dem Antrag auf Einsetzung eines Schiedsgerichtes durch Einsetzung eines Ausschusses für Alternative Streitbeilegung nachgekommen wird.

## 7. Teil
## Schlussbestimmungen

### Kosten

**§ 77.** (1) Die österreichische zuständige Behörde hat sich mit den zuständigen Behörden der anderen betroffenen Mitgliedstaaten darüber zu verständigen, dass jeder betroffene Mitgliedstaat die ihm entstehenden Kosten des Verständigungsverfahrens zu tragen hat.

(2) Haben die österreichische zuständige Behörde und die zuständigen Behörden der anderen betroffenen Mitgliedstaaten in der Geschäftsordnung nichts anderes vereinbart, werden die folgenden Kosten des schiedsgerichtlichen Verfahrens zu gleichen Teilen von den betroffenen Mitgliedstaaten getragen:

1. Die Auslagen der unabhängigen Personen und der bzw. des Vorsitzenden entsprechend einem Betrag in Höhe des Durchschnitts des üblichen Erstattungsbetrags für hochrangige Beamte der betroffenen Mitgliedstaaten, wobei für Österreich die Bestimmungen der Reisegebührenvorschrift 1955, BGBl. Nr. 133/1955, sinngemäß gelten und
2. gegebenenfalls das Honorar für die unabhängigen Personen und für die Vorsitzende bzw. den Vorsitzenden in Höhe von höchstens 1 000 Euro pro Person und pro Tag für jeden Sitzungstag des Beratenden Ausschusses oder des Ausschusses für Alternative Streitbeilegung.

(3) Der betroffenen Person aufgrund von Verfahren nach diesem Bundesgesetz entstehende Kosten werden von den zuständigen Behörden der betroffenen Mitgliedstaaten nicht getragen.

(4) Die betroffene Person hat die Kosten des schiedsgerichtlichen Verfahrens gemäß Abs. 2 zu tragen, wenn

1. sie die Streitbeilegungsbeschwerde gemäß § 68 zurückgenommen hat oder
2. der Beratende Ausschuss die Streitbeilegungsbeschwerde gemäß § 21 nicht zugelassen hat

und die österreichische zuständige Behörde sich mit den zuständigen Behörden der anderen betroffenen Mitgliedstaaten darüber verständigt hat, dass die Kosten durch die betroffene Person getragen werden.

### Gebührenbefreiungen

**§ 78.** Die Verfahren gemäß diesem Bundesgesetz sind von sämtlichen Gebühren nach dem Gebührengesetz 1957, BGBl. Nr. 267/1957, befreit.

### Verweisungen

**§ 79.** Soweit in diesem Bundesgesetz auf Bestimmungen anderer Bundesgesetze verwiesen wird, sind diese in ihrer jeweils geltenden Fassung anzuwenden.

### Datenschutz

**§ 80.** (1) Die Verarbeitung personenbezogener Daten durch die österreichische zuständige Behörde oder durch eine Schiedsrichterin bzw. einen Schiedsrichter des Beratenden Ausschusses oder des Ausschusses für Alternative Streitbeilegung ist zulässig, wenn sie für Zwecke der Durchführung der Verfahren nach diesem Bundesgesetz erforderlich ist.

(2) Die Schiedsrichterinnen bzw. Schiedsrichter gelten als für die Verarbeitung personenbezogener Daten, die sie im Rahmen ihrer Tätigkeit als Mitglieder eines Beratenden Ausschusses oder eines Ausschusses für Alternative Streitbeilegung verarbeiten, Verantwortliche gemäß Art. 4 Z 7 der Verordnung (EU) Nr. 2016/679 zum Schutz natürlicher Personen bei der Verarbeitung personenbezogener Daten, zum freien Datenverkehr und zur Aufhebung der Richtlinie 95/46/EG (Datenschutz-Grundverordnung – DSGVO), ABl. Nr. L 119 vom 04.05.2016 S. 1, in der Fassung der Berichtigung ABl. Nr. L 314 vom 22.11.2016, S. 72.

### Vollziehung

**§ 81.** Mit der Vollziehung dieses Bundesgesetzes ist der Bundesminister für Finanzen betraut.

### Inkrafttreten

**§ 82.** Dieses Bundesgesetz tritt mit 1. September 2019 in Kraft und ist anwendbar auf Streitbeilegungsbeschwerden hinsichtlich Streitfragen in einem Zusammenhang mit Einkommen oder Vermögen, das in einem Besteuerungszeitraum, der am oder nach dem 1. Jänner 2018 beginnt, erwirtschaftet wird.

# 17/8. ABBG

**Bundesgesetz über die Schaffung eines Amtes für Betrugsbekämpfung (ABBG),** BGBl I 2019/104 idF

**1** BGBl I 2020/23 (3. Covid-19-Gesetz)
**2** BGBl I 2020/99 (2. FORG)
**3** BGBl I 2022/108 (AbgÄG 2022)

## GLIEDERUNG



**Bundesgesetz über die Schaffung eines Amtes für Betrugsbekämpfung (ABBG)**

Der Nationalrat hat beschlossen:

### Einrichtung

**§ 1.** Der Bundesminister für Finanzen hat ein Amt für Betrugsbekämpfung (ABB) einzurichten. Der Wirkungsbereich des Amtes für Betrugsbekämpfung erstreckt sich auf das gesamte Bundesgebiet. Der Bundesminister für Finanzen hat mit Verordnung den Sitz des Amtes für Betrugsbekämpfung festzulegen.

*(BGBl I 2020/99)*

### Organisation

**§ 2.** (1) Die Leitung des Amtes für Betrugsbekämpfung erfolgt durch den Vorstand. Ihm obliegt insbesondere die organisatorische, personelle, wirtschaftliche und finanzielle Leitung.

(2) Dem Vorstand können für die dienstliche und fachliche Leitung Geschäftsbereichsleiter zur Seite gestellt werden. Einer der Geschäftsbereichsleiter hat im Fall der Verhinderung des Vorstandes dessen Aufgaben als sein Stellvertreter wahrzunehmen. Das Amt für Betrugsbekämpfung besteht aus folgenden Geschäftsbereichen:

1. Finanzstrafsachen
2. Finanzpolizei
3. Steuerfahndung
4. Zentralstelle Internationale Zusammenarbeit

(3) Im Amt für Betrugsbekämpfung ist weiters

1. eine Zentrale Koordinationsstelle für die Kontrolle der illegalen Beschäftigung nach dem Ausländerbeschäftigungsgesetz und dem Lohn- und Sozialdumping-Bekämpfungsgesetz des Amtes für Betrugsbekämpfung (Zentrale Koordinationsstelle), welcher die Wahrnehmung der im Ausländerbeschäftigungsgesetz – AuslBG, BGBl. Nr. 218/1975 und im Lohn- und Sozialdumping-Bekämpfungsgesetz – LSD-BG, BGBl. I Nr. 44/2016 zugewiesenen Aufgaben obliegt sowie
2. ein Daten-, Informations- und Aufbereitungscenter (DIAC) insbesondere zur Wahrnehmung der Aufgaben gemäß § 82 Abs. 9 Kraftfahrgesetz 1967 – KFG 1967, BGBl. Nr. 267/1967,

einzurichten.

(4) Organe des Amtes für Betrugsbekämpfung werden in nachstehenden Fällen jeweils als Organ der zuständigen Abgabenbehörde tätig:

1. bei Erfüllung finanzpolizeilicher Aufgaben gemäß § 3 Z 2 lit. a bis c,
2. bei Erfüllung von Aufgaben der Steuerfahndung gemäß § 3 Z 3 lit. g und h und

**„3. bei Erfüllung von Aufgaben der Zentralstelle Internationale Zusammenarbeit gemäß § 3 Z 4 lit. a und c.“**

*(BGBl I 2022/108 ab 20.7.2022)*

### Aufgaben

**§ 3.** Dem Amt für Betrugsbekämpfung obliegt insbesondere

1. im Geschäftsbereich Finanzstrafsachen
   a) die Durchführung von Finanzstrafverfahren nach dem Finanzstrafgesetz – FinStrG, BGBl. Nr. 129/1958,
   b) die Wahrnehmung der Rechte und Pflichten im Dienste der Strafrechtspflege gemäß § 196 Abs. 1 FinStrG,
   c) die Wahrnehmung der Privatbeteiligtenstellung und sonstiger Aufgaben und Befugnisse gemäß §§ 195 bis 245 FinStrG,
   d) die Einhebung, Sicherung, Einbringung sowie der Vollzug der nach dem FinStrG verhängten Geld- und Freiheitsstrafen (Ersatzfreiheitsstrafen) sowie
   e) die internationale Amts- und Rechtshilfe in Finanzstrafsachen

   soweit diese Aufgaben mit Ausnahme der lit. b nicht gemäß § 53 FinStrG in die Zuständigkeit der Gerichte fallen oder gemäß § 58

Abs. 1 lit. a FinStrG vom Zollamt Österreich zu vollziehen sind;

2. im Geschäftsbereich Finanzpolizei
   a) die Wahrnehmung von allgemeinen Aufsichtsmaßnahmen gemäß §§ 143 f der Bundesabgabenordnung – BAO, BGBl. Nr. 194/1961,
   b) die Durchführung von Ermittlungshandlungen für Zwecke der Verhinderung und Aufdeckung von Zuwiderhandlungen gegen die von den Finanzämtern zu vollziehenden Rechtsvorschriften sowie die in diesen Rechtsvorschriften vorgesehene Durchführung von Maßnahmen bei Gefahr in Verzug,
   c) die Durchführung von Abgabensicherungsmaßnahmen nach den Vorschriften der BAO und der Abgabenexekutionsordnung – AbgEO, BGBl. Nr. 104/1949, bei Gefahr im Verzug,
   d) die Durchführung von Maßnahmen zur Sicherung und Einbringung von nach dem FinStrG verhängten Geldstrafen,
   e) die Vollziehung anderer durch unmittelbar anwendbares Recht der Europäischen Union oder Bundesgesetz außerhalb der Abgabenvorschriften dem Amt für Betrugsbekämpfung oder dessen Organen übertragenen Aufgaben,
   f) die Vollziehung der im AuslBG und im LSD-BG der Zentralen Koordinationsstelle im Sinne des § 2 Abs. 3 Z 1 übertragenen Aufgaben,
   g) die Vollziehung der in § 82 Abs. 9 KFG 1967 dem Daten-, Informations- und Aufbereitungscenter übertragenen Aufgaben im Sinne des § 2 Abs. 3 Z 2,
   h) die Wahrnehmung der Rechte und Pflichten im Dienste der Strafrechtspflege gemäß § 6 des Sozialbetrugsbekämpfungsgesetzes – SBBG, BGBl. I Nr. 113/2015 sowie die Vornahme von Maßnahmen gegen Scheinunternehmen gemäß § 8 SBBG;

3. im Geschäftsbereich Steuerfahndung
   a) die Durchführung von Ermittlungsmaßnahmen und Beweisaufnahmen nach den Bestimmungen des FinStrG,
   **„b) die Wahrnehmung der Rechte und Pflichten im Dienste der Strafrechtspflege gemäß § 196 Abs. 1 FinStrG,“**
   *(BGBl I 2022/108 ab 20.7.2022)*
   c) die Auswertung und Analyse von Beweismitteln und Daten sowie die forensische Datensicherung,
   d) die Vornahme von oder die Mitwirkung an gemäß § 99 Abs. 2 FinStrG **„durchzuführenden“** Prüfungsmaßnahmen,
   *(BGBl I 2022/108 ab 20.7.2022)*
   e) die Vertretung vor Gericht als Privatbeteiligtenvertreter,
   f) die Erledigung von Amts- und Rechtshilfeersuchen in Finanzstrafsachen, soweit diese nicht in die Zuständigkeit des Zollamtes Österreich fallen,
   g) die Durchführung von **„Ermittlungs- und Prüfungshandlungen“** für Zwecke der Verhinderung und Aufdeckung von Zuwiderhandlungen gegen die von den Finanzämtern zu vollziehenden Rechtsvorschriften,
   *(BGBl I 2022/108 ab 20.7.2022)*
   h) die Durchführung von Abgabensicherungsmaßnahmen nach den Vorschriften der BAO und der AbgEO bei Gefahr im Verzug sowie

4. im Geschäftsbereich Zentralstelle Internationale Zusammenarbeit die Wahrnehmung der sich aus gesetzlichen Vorschriften, unmittelbar anwendbaren Rechtsakten der Europäischen Union oder völkerrechtlichen Vereinbarungen ergebenden Aufgaben, soweit diese nicht **„dem Bundesminister für Finanzen, den Abgaben- oder Finanzstrafbehörden“** obliegen,
   a) als Central Liaison Office die Durchführung der internationalen Amts- und Rechtshilfe in Abgabensachen,
   b) als Competence Center for International Cooperation in Fiscal Criminal Investigations (CC ICFI) die Durchführung der internationalen Amts- und Rechtshilfe in Finanzstrafsachen sowie
   c) im Rahmen von EUROFISC nach den Vorschriften der Verordnung (EU) Nr. 904/2010 über die Zusammenarbeit der Verwaltungsbehörden und die Betrugsbekämpfung auf dem Gebiet der Mehrwertsteuer, ABl. Nr. L 268 vom 12.10.2010 S. 1, zuletzt geändert durch die Verordnung (EU) 2018/1909, ABl. Nr. L 311 vom 07.12.2018 S. 1 **„ , und daraus folgend die Gewinnung von für die Erhebung von Abgaben maßgebenden Daten sowie im Rahmen der Verarbeitung im Wege der Geldwäschemeldestelle (§ 4 Abs. 2 Z 1 Bundeskriminalamt-Gesetz – BKA-G, BGBl. I Nr. 22/2002) ein- und ausgehender Geldwäscheverdachtsmeldungen.“**
   *(BGBl I 2022/108 ab 20.7.2022)*

*(BGBl I 2020/99, BGBl I 2022/108 ab 20.7.2022)*

**Befugnisse**

**§ 4.** (1) Den Organen des Amtes für Betrugsbekämpfung kommen im Rahmen ihrer Aufgaben gemäß **„§ 3 Z 2 lit. a, b und e, § 3 Z 3 lit. g sowie § 3 Z 4 lit. a und c“** die den Organen der Abgabenbehörden in §§ 48b, 146a und 146b BAO eingeräumten Befugnisse zu.

*(BGBl I 2022/108 ab 20.7.2022)*

(2) **„Zur Gewinnung von für die Erhebung von Abgaben maßgebenden Daten können von den Organen des Amtes für Betrugsbekämpfung in Erfüllung ihrer Aufgaben gemäß § 3 Z 2 lit. a, b und e, § 3 Z 2 lit. g sowie § 3 Z 4 lit. a und c allgemeine Aufsichtsmaßnahmen (§§ 143 und 144 BAO) und Ersuchen um Beistand (§ 158 und § 159 BAO), im Falle des § 3 Z 3 lit. g und Z 4 lit. a und c auch Außenprüfungen (§ 147 ff BAO) vorgenommen werden.“** Dabei können bei Gefahr im Verzug auch

1. Sicherstellungsaufträge (§ 232 BAO) erlassen sowie
2. Vollstreckungshandlungen (§§ 31, 65 ff und 75 AbgEO) und
3. Sicherungsmaßnahmen (§ 78 AbgEO)

vorgenommen werden.

*(BGBl I 2022/108 ab 20.7.2022)*

### Datenschutz

**§ 5.** Die Verarbeitung personenbezogener Daten durch das Amt für Betrugsbekämpfung ist zulässig, wenn sie für Zwecke der Erfüllung der Aufgaben gemäß § 3 oder sonst zur Erfüllung seiner Aufgaben oder in Ausübung öffentlicher Gewalt, die ihm übertragen wurde, erforderlich ist.

### Verweise auf andere Bundesgesetze

**§ 6.** Wenn in diesem Bundesgesetz auf Bestimmungen anderer Bundesgesetze verwiesen wird, sind diese in ihrer jeweils geltenden Fassung anzuwenden.

### Schlussbestimmungen

**§ 7.** (1) Mit der Vollziehung dieses Bundesgesetzes ist der Bundesminister für Finanzen betraut.

(2) Soweit sich die in diesem Bundesgesetz verwendeten Bezeichnungen auf natürliche Personen beziehen, gilt die gewählte Form für beide Geschlechter.

### Inkrafttreten, Übergangsregelungen

**§ 8.** (1) Dieses Bundesgesetz tritt mit 1. Jänner 2021 in Kraft.

*(BGBl I 2020/23)*

(2) Im Zusammenhang mit im Zeitpunkt des Inkrafttretens dieses Bundesgesetzes anhängigen Verwaltungs- und Verwaltungsstrafverfahren im Sinne des § 3 Z 2 lit. e geht die den Abgabenbehörden gesetzlich eingeräumte Parteistellung auf das Amt für Betrugsbekämpfung über.

(3) § 1 und § 3 Z 4, jeweils in der Fassung des Bundesgesetzes BGBl. I Nr. 104/2019, treten nicht in Kraft.

*(BGBl I 2020/99)*

(4) § 1 und § 3 Z 4, jeweils in der Fassung des Bundesgesetzes BGBl. I Nr. 99/2020, treten mit 1. Jänner 2021 in Kraft.

*(BGBl I 2020/99)*

# 17/9. Bundesgesetz über die Prüfung lohnabhängiger Abgaben und Beiträge (PLABG)

**Bundesgesetz über die Prüfung lohnabhängiger Abgaben und Beiträge (PLABG)**, BGBl I 2018/98 idF

**1** BGBl I 2019/104
**2** BGBl I 2020/5 (VfGH)
**3** BGBl I 2020/54
**4** BGBl I 2020/99
**5** BGBl I 2022/108 (AbgÄG 2022)

## GLIEDERUNG



**Bundesgesetz über die Prüfung lohnabhängiger Abgaben und Beiträge (PLABG)**

Der Nationalrat hat beschlossen:

### 1. Abschnitt
### Prüfdienst für Lohnabgaben und Beiträge

*(BGBl I 2020/54)*

### Einrichtung

**§ 1.** Der Bundesminister für Finanzen hat einen Prüfdienst für Lohnabgaben und Beiträge (PLB) einzurichten und dessen Sitz mit Verordnung festzulegen. Der Wirkungsbereich des Prüfdienstes für Lohnabgaben und Beiträge erstreckt sich auf das gesamte Bundesgebiet.

*(BGBl I 2020/54)*

### Organisation

**§ 2.** (1) Die Leitung des Prüfdienstes für Lohnabgaben und Beiträge erfolgt durch den Vorstand. Ihm obliegt insbesondere die organisatorische, personelle, wirtschaftliche und finanzielle Leitung.

*(BGBl I 2020/54)*

(2) Dem Vorstand kann für die fachliche Leitung ein Fachvorstand zur Seite gestellt werden. Der Fachvorstand hat im Fall der Verhinderung des Vorstandes dessen Aufgaben als sein Stellvertreter wahrzunehmen.

*(BGBl I 2020/54)*

### Aufgaben

**§ 3. „(1)“** Dem Prüfdienst für Lohnabgaben und Beiträge obliegt im Auftrag des für die Erhebung der Lohnsteuer zuständigen Finanzamtes

1. die Durchführung der Prüfung lohnabhängiger Abgaben und Beiträge (§ 4);
2. die Durchführung von allgemeinen Aufsichts- und Erhebungsmaßnahmen für Zwecke der Erhebung von lohnabhängigen Abgaben **„.“**

*(BGBl I 2022/108 ab 20.7.2022)*

**„(2) In Rechtsmittelverfahren, denen eine Prüfung gemäß Abs. 1 Z 1 oder eine Maßnahme gemäß Abs. 1 Z 2 vorausgegangen ist, können die Organe des Prüfdienstes für Lohnabgaben und Beiträge das Finanzamt unterstützen. Dies umfasst auch die Vertretung des Finanzamtes bei mündlichen Verhandlungen (§ 274 BAO) sowie Erörterungsterminen (§ 269 Abs. 3 BAO).“**

*(BGBl I 2022/108 ab 20.7.2022)*

*(BGBl I 2020/54)*

### Prüfung lohnabhängiger Abgaben und Beiträge

**§ 4.** Die Prüfung lohnabhängiger Abgaben und Beiträge stellt eine Außenprüfung gemäß § 147 der Bundesabgabenordnung – BAO, BGBl. Nr. 194/1961, dar und umfasst

1. die Lohnsteuerprüfung gemäß § 86 des Einkommensteuergesetzes 1988 – EStG 1988, BGBl. Nr. 400/1988,

   *(BGBl I 2019/104)*
2. die Sozialversicherungsprüfung gemäß § 41a des Allgemeinen Sozialversicherungsgesetzes – ASVG, BGBl. Nr. 189/1955, und

   *(BGBl I 2020/5, BGBl I 2020/54)*
3. die Kommunalsteuerprüfung gemäß § 14 des Kommunalsteuergesetzes 1993, BGBl. Nr. 819/1993.

**Zurechnung und Fachaufsicht**

**§ 5.** (1) Das Organ des Prüfdienstes für Lohnabgaben und Beiträge wird

1. bei der Durchführung
   - der Lohnsteuerprüfung als Organ des für die Erhebung der Lohnsteuer zuständigen Finanzamtes,
   - der Sozialversicherungsprüfung als Organ der Österreichischen Gesundheitskasse bzw. der Versicherungsanstalt öffentlich Bediensteter, Eisenbahnen und Bergbau (BVAEB),
   - der Kommunalsteuerprüfung als Organ der jeweils erhebungsberechtigten Gemeinde tätig;

   *(BGBl I 2019/104, BGBl I 2020/5)*
2. bei der Durchführung von allgemeinen Aufsichts- und Erhebungsmaßnahmen als Organ des für die Erhebung der Lohnsteuer zuständigen Finanzamtes tätig „;“

   *(BGBl I 2022/108 ab 20.7.2022)*

**„3. bei den Tätigkeiten gemäß § 3 Abs. 2 als Organ des für die Erhebung der Lohnsteuer zuständigen Finanzamtes tätig.“**

*(BGBl I 2022/108 ab 20.7.2022)*

(2) Das Organ des Prüfdienstes für Lohnabgaben und Beiträge unterliegt der fachlichen Weisungsbefugnis

- des für die Erhebung der Lohnsteuer zuständigen Finanzamtes,
- der Österreichischen Gesundheitskasse bzw. der BVAEB,
- der erhebungsberechtigten Gemeinde

soweit ihnen dessen Tätigkeit gemäß Abs. 1 zuzurechnen ist.

*(BGBl I 2020/54)*

## 2. Abschnitt
## Prüfungsbeirat beim Bundesminister für Finanzen

**Einrichtung des Prüfungsbeirats**

**§ 6.** (1) Für Zwecke der Kooperation und der Koordinierung in Angelegenheiten der Prüfung „von Lohnabgaben und Beiträgen“ ist ein Prüfungsbeirat beim Bundesminister für Finanzen einzurichten.

*(BGBl I 2020/54)*

(2) Der Prüfungsbeirat besteht aus

1. zwei Vertretern des Bundesministers für Finanzen,
2. zwei Vertretern der für die Erhebung der Lohnsteuer zuständigen Finanzämter,
3. zwei Vertretern des Bundesministers für Soziales, Gesundheit, Pflege und Konsumentenschutz,

   *(BGBl I 2020/54)*
4. zwei Vertretern der Österreichischen Gesundheitskasse und einem Vertreter der BVAEB für die in § 30a Abs. 1a B-KUVG genannten Versicherungsverhältnisse,

   *(BGBl I 2020/54)*
5. einem Vertreter des Österreichischen Gemeindebundes sowie
6. einem Vertreter des Österreichischen Städtebundes.

(3) Jede entsendende Institution hat Ersatzmitglieder zu benennen, die ein von der Institution entsendetes Mitglied bei dessen Verhinderung zu vertreten haben. Die Mitglieder (Ersatzmitglieder) des Prüfungsbeirates werden von der jeweiligen Institution für die Dauer von fünf Jahren entsendet. Die Wiederbestellung ist zulässig.

(4) Der Vorsitzende wird vom Bundesminister für Finanzen aus dem Kreis seiner Vertreter bestellt. Der Stellvertreter des Vorsitzenden wird von der Österreichischen Gesundheitskasse aus dem Kreis ihrer Vertreter bestellt.

*(BGBl I 2020/5, BGBl I 2020/54)*

(5) Der Vorsitzende und der Stellvertreter des Vorsitzenden werden für die Dauer von fünf Jahren bestellt. Eine Wiederbestellung ist nur einmal zulässig.

*(BGBl I 2020/54)*

**Aufgaben des Prüfungsbeirats**

**§ 7.** (1) Dem Prüfungsbeirat obliegen

1. die Festlegung von Grundsätzen und allgemeinen Zielen für die Prüfung und für die Prüfpläne,
2. die Festlegung von Kennzahlen sowie deren Controlling,
3. die Kooperation und Koordinierung zwischen den jeweils entsendenden Institutionen,
4. die Festlegung eines gemeinsamen Budgets für die Weiterentwicklung der gemeinsamen IT-Anwendungen sowie für das Competence Center GPLA (CC-GPLA) mit dem IT-Betrieb sowie
5. die Festlegung von Grundsätzen für die Aus- und Fortbildung der jeweiligen Bediensteten.

(2) Für Zwecke der operativen Unterstützung des Prüfungsbeirates kann ein Unterausschuss eingerichtet werden.

(3) Der Prüfungsbeirat hat für jedes Kalenderjahr einen Bericht über seine Tätigkeit und die dabei gesammelten Erfahrungen zu erstellen und bis zum 31. Mai des Folgejahres dem Bundesminister für Finanzen, dem Bundesminister für Soziales,

Gesundheit, Pflege und Konsumentenschutz sowie der Österreichischen Gesundheitskasse und der BVAEB vorzulegen.

*(BGBl I 2020/54)*

**Sitzungen des Prüfungsbeirats**

**§ 8.** (1) Der Prüfungsbeirat tritt mindestens zweimal jährlich zusammen. Der Vorsitzende beruft die Sitzungen ein. Im Fall der Verhinderung des Vorsitzenden obliegt die Einberufung dem Stellvertreter des Vorsitzenden.

(2) Die Sitzungen des Prüfungsbeirats sind nicht öffentlich. Er ist beschlussfähig, wenn mindestens die Hälfte der Mitglieder anwesend ist.

(3) Beschlüsse fasst der Prüfungsbeirat mit einfacher Mehrheit der Stimmen der anwesenden Mitglieder. Bei Stimmengleichheit gibt die Stimme des Vorsitzenden den Ausschlag. Im Fall der Verhinderung des Vorsitzenden gibt die Stimme des Stellvertreters des Vorsitzenden den Ausschlag. Beschlüsse zu § 7 Abs. 1 Z 1 und Z 4 bedürfen immer der Zustimmung beider Vertreter des Bundesministers für Finanzen und beider Vertreter der Österreichischen Gesundheitskasse und des Vertreters der BVAEB.

*(BGBl I 2020/54)*

(4) Für die Beschlussfassung der Geschäftsordnung und jede ihrer Änderungen ist eine Mehrheit von mindestens zwei Dritteln der Stimmen aller anwesenden Mitglieder des Beirates erforderlich.

(5) Das Nähere über die Sitzungen und die Beschlussfassung hat die vom Prüfungsbeirat zu beschließende Geschäftsordnung zu bestimmen.

(6) Die Tätigkeit der Mitglieder des Prüfungsbeirats ist ehrenamtlich. Die Mitglieder haben gegenüber der sie entsendenden Institution Anspruch auf Ersatz der ihnen aus ihrer Tätigkeit im Prüfungsbeirat erwachsenden Barauslagen.

*(BGBl I 2020/54)*

## 3. Abschnitt
## Verfahren

**Grundsätze**

**§ 9.** (1) Auf die Prüfung lohnabhängiger Abgaben und Beiträge sind die für Außenprüfungen maßgeblichen Vorschriften der BAO anzuwenden.

(2) Der Prüfungsauftrag ist von dem für die Erhebung der Lohnsteuer zuständigen Finanzamt zu erteilen.

*(BGBl I 2019/104, BGBl I 2020/54)*

(3) Das Finanzamt, die Österreichische Gesundheitskasse, die BVAEB und die Gemeinden sind an das Prüfungsergebnis nicht gebunden.

*(BGBl I 2019/104, BGBl I 2020/5, BGBl I 2020/54)*

**„(4) Im Rahmen der Durchführung der Prüfung lohnabhängiger Abgaben und Beiträge sowie der Durchführung von allgemeinen Aufsichts- und Erhebungsmaßnahmen für Zwecke der Erhebung von lohnabhängigen Abgaben kann auf Ausfertigungen von Erledigungen gemäß § 94 und § 95 BAO sowie auf Niederschriften und Prüfungsberichten anstelle der Behördenbezeichnung der Prüfdienst für Lohnabgaben und Beiträge angeführt werden, wenn auf die Zurechnung gemäß § 5 Abs. 1 hingewiesen wird.“**

*(BGBl I 2022/108 ab 20.7.2022)*

*(BGBl I 2020/54)*

**Informationsaustausch**

**§ 10.** (1) Der Prüfdienst für Lohnabgaben und Beiträge hat das für die Erhebung der Lohnsteuer zuständige Finanzamt hinsichtlich der Lohnsteuerprüfung, die Österreichische Gesundheitskasse bzw. die BVAEB hinsichtlich der Sozialversicherungsprüfung und die jeweils erhebungsberechtigte Gemeinde hinsichtlich der Kommunalsteuerprüfung elektronisch

1. von der Prüfung sowie vom Inhalt des Prüfungsberichtes oder der aufgenommenen Niederschrift zu verständigen sowie
2. auf Ersuchen über den Stand der Prüfung und Zwischenergebnisse zu informieren.

*(BGBl I 2019/104, BGBl I 2020/5)*

(2) Dem Prüfdienst für Lohnabgaben und Beiträge sind für Zwecke der Erfüllung der Aufgaben gemäß § 3 vom für die Erhebung der Lohnsteuer zuständigen Finanzamt sämtliche Daten elektronisch zur Verfügung zu stellen, die zur Aufgabenerfüllung erforderlich sind.

*(BGBl I 2019/104, BGBl I 2020/5)*

(3) Dem für die Erhebung der Lohnsteuer zuständigen Finanzamt sind vom Prüfdienst für Lohnabgaben und Beiträge sämtliche Daten zur Verfügung zu stellen, die für das Finanzamt zur Aufgabenerfüllung erforderlich sind.

*(BGBl I 2019/104, BGBl I 2020/5)*

*(BGBl I 2020/54)*

## 4. Abschnitt
## Datenschutz

**Datenverarbeitung**

**§ 11.** Die Verarbeitung personenbezogener Daten (insbesondere die gemäß § 10 Abs. 2 erlangten personenbezogenen Daten sowie die Versicherungsnummer gemäß § 31 Abs. 4 Z 1 ASVG) durch den Prüfdienst für Lohnabgaben und Beiträge ist zulässig, wenn sie für Zwecke der Erfüllung der Aufgaben gemäß § 3, für den Informationsaustausch gemäß § 10 oder sonst zur Erfüllung seiner Aufgaben oder in Ausübung öffentlicher Gewalt, die ihm übertragen wurde, erforderlich ist.

*(BGBl I 2020/54)*

## 5. Abschnitt
## Schlussbestimmungen

*(BGBl I 2020/54)*

**Geschlechtsneutrale Bezeichnung**

**§ 12.** Die in diesem Bundesgesetz verwendeten personenbezogenen Bezeichnungen sind geschlechtsneutral zu verstehen.

*(BGBl I 2020/54)*

**Verweise auf andere Bundesgesetze**

**§ 13.** Wenn in diesem Bundesgesetz auf Bestimmungen anderer Bundesgesetze verwiesen wird, sind diese in ihrer jeweils geltenden Fassung anzuwenden.

*(BGBl I 2020/54)*

**Vollziehung**

**§ 14.** Mit der Vollziehung dieses Bundesgesetzes sind betraut:

1. hinsichtlich der §§ 6 bis 8 der Bundesminister für Finanzen und der Bundesminister für Soziales, Gesundheit, Pflege und Konsumentenschutz,
2. im Übrigen der Bundesminister für Finanzen.

**Übergangsbestimmungen**

**§ 15.** (1) Der Tätigkeitsbericht gemäß § 7 Abs. 3 ist erstmals für das Kalenderjahr 2021 zu erstellen.

(2) Für den Zeitraum von 1. Jänner 2020 bis 30. Juni 2020 wird zwischen dem Bund bzw. dem Bundesminister für Finanzen und der Österreichischen Gesundheitskasse weder ein im Zusammenhang mit der Prüfung lohnabhängiger Abgaben und Beiträge stehender Kostenersatz noch ein in diesem Zusammenhang stehendes Entgelt verrechnet.

*(BGBl I 2020/54)*

**Inkrafttreten**

**§ 16.** (1) Dieses Bundesgesetz tritt mit 1. Jänner 2020 in Kraft; dies gilt nicht für die §§ 7 bis 9, die mit dem der Kundmachung folgenden Tag in Kraft treten.

(2) Zum 31. Dezember 2019 noch nicht abgeschlossene gemeinsame Prüfungen lohnabhängiger Abgaben, die vom Finanzamt der Betriebsstätte (§ 81 EStG 1988) oder einer Gebietskrankenkasse beauftragt wurden, sind vom Prüfdienst für lohnabhängige Abgaben und Beiträge fortzuführen. Die Wirksamkeit des bereits erteilten Prüfungsauftrages bleibt unberührt.

(3) Für zum 31. Dezember 2019 noch nicht abgeschlossene gemeinsame Prüfungen lohnabhängiger Abgaben, die von der Versicherungsanstalt für Eisenbahnen und Bergbau beauftragt wurden, sind die vor Inkrafttreten dieses Bundesgesetzes für gemeinsame Prüfungen lohnabhängiger Abgaben geltenden Bestimmungen weiterhin anzuwenden.

(3a) Zum 30. Juni 2020 noch nicht abgeschlossene Prüfungen lohnabhängiger Abgaben und Beiträge sind fortzuführen. Die Wirksamkeit des bereits bekanntgegebenen Prüfungsauftrages bleibt mit der Maßgabe unberührt, dass der Prüfungsauftrag als durch die Österreichische Gesundheitskasse erteilt gilt, wenn die im Prüfungsauftrag benannten Prüforgane am 1. Juli 2020 Bedienstete der Österreichischen Gesundheitskasse sind.

*(BGBl I 2020/54)*

(4) § 4 Z 1 in der Fassung des Bundesgesetzes BGBl. I Nr. 104/2019, tritt mit 1. Jänner 2021 in Kraft.

*(BGBl I 2019/104, BGBl I 2020/99)*

(5) § 3 Z 1, § 5, § 6 Z 1, § 10, § 11 und § 12, jeweils in der Fassung des Bundesgesetzes BGBl. I Nr. 104/2019, treten nicht in Kraft.

*(BGBl I 2020/54)*

(6) Das Inhaltsverzeichnis, die Überschriften zu Abschnitt 1 und Abschnitt 5 und die §§ 1 bis 16 samt Überschriften, jeweils in der Fassung des Bundesgesetzes BGBl. I Nr. 54/2020, treten mit 1. Juli 2020 in Kraft. § 5, § 11, § 13 und § 22 samt Überschriften treten mit Ablauf des 30. Juni 2020 außer Kraft.

*(BGBl I 2020/54)*

*(BGBl I 2020/54)*

# 18. Abgabenexekutionsordnung

## Inhaltsverzeichnis

# 18/1. Abgabenexekutionsordnung

**Abgabenexekutionsordnung**, BGBl 1949/104 idF

**1** BGBl 1952/1
**2** BGBl 1961/159
**3** BGBl 1963/53
**4** BGBl 1981/521
**5** BGBl 1992/457
**6** BGBl 1993/532 (BWG)
**7** BGBl I 1999/164
**8** BGBl I 2001/59 (EuroStUG 2001)
**9** BGBl I 2001/144 (AbgÄG 2001)
**10** BGBl I 2005/161 (AbgÄG 2005)
**11** BGBl I 2007/99 (AbgSiG 2007)
**12** BGBl I 2009/20 AbgVRefG
**13** BGBl I 2009/151 (AbgÄG 2009)
**14** BGBl I 2010/111 BudBG 2011)
**15** BGBl I 2013/14 FVwGG 2012)
**16** BGBl I 2014/105 (2. AbgÄG 2014)
**17** BGBl I 2016/117 (AbgÄG 2016)
**18** BGBl I 2018/32 (Mat-DS-AnpG 2018)
**19** BGBl I 2019/104 (FORG)
**20** BGBl I 2022/108 (AbgÄG 2022)

## GLIEDERUNG

## STICHWORTVERZEICHNIS

**Bundesgesetz vom 30. März 1949 über die Einbringung und Sicherung der öffentlichen Abgaben (Abgabenexekutionsordnung – AbgEO)**

Der Nationalrat hat beschlossen:

## I. Hauptstück
## Allgemeine Grundsätze

**§ 1.** Die Bestimmungen dieses Bundesgesetzes gelten in Angelegenheiten der von den Abgabenbehörden des Bundes zu erhebenden Abgaben im Sinne des § 3 der Bundesabgabenordnung, BGBl. Nr. 194/1961. Soweit sich aus diesem Bundesgesetz nicht anderes ergibt, sind die Bestimmungen der Bundesabgabenordnung auch im Vollstreckungsverfahren anzuwenden.

**§ 2.** (1) Die Bestimmungen dieses Bundesgesetzes gelten nach Maßgabe des Abs. 2 sinngemäß auch in Angelegenheiten der von den Abgabenbehörden der Länder, der Gemeindeverbände und der Gemeinden zu erhebenden öffentlichen Abgaben, Beiträge und Nebenansprüche. Soweit sich aus diesem Bundesgesetz nicht anderes ergibt, sind die Bestimmungen der Bundesabgabenordnung auch im Vollstreckungsverfahren anzuwenden.

(2) Im Verfahren nach diesem Bundesgesetz bei den im Abs. 1 genannten Behörden gelten nachstehende Abweichungen:

a) Betreibender Gläubiger ist die abgabenberechtigte Körperschaft.

b) Vollstreckungsbehörde ist die nach den besonderen Vorschriften mit der Vollstreckung betraute Behörde. Sie kann die Bezirksverwaltungsbehörde um die Durchführung der Vollstreckung ersuchen.

c) Die in lit. b bezeichneten Behörden haben die Aufgaben zu besorgen, die nach diesem Bundesgesetz den Abgabenbehörden obliegen.

*(BGBl I 2019/104)*

d) Als Exekutionstitel kommen neben den im § 4 genannten Rückstandsausweisen auch noch Zahlungsaufträge in Betracht, die mit der Bestätigung der Vollstreckbarkeit versehen sind.

e) Die zugunsten mehrerer Abgabengläubiger (Abs. 1) bei derselben Vollstreckungshandlung begründeten Pfandrechte stehen im Rang gleich. Soweit die durch Vollstreckungsmaßnahmen verursachten Barauslagen beim Abgabenschuldner nicht eingebracht werden können, sind sie von allen Abgabengläubigern nach dem Verhältnis ihrer vollstreckbaren Abgabenforderungen zu tragen; nach dem gleichen Verhältnis ist auch ein nicht zureichender Verkaufserlös zu verwenden.

**§ 3.** (1) Die von den Abgabenbehörden des Bundes, der Länder, der Gemeindeverbände und der Gemeinden zu erhebenden öffentlichen Abgaben, Beiträge und Nebenansprüche werden nach Maßgabe der Abs. 2 und 3 im abgabenbehördlichen oder gerichtlichen Vollstreckungsverfahren eingebracht.

*(BGBl I 2019/104)*

(2) Eine Vollstreckung auf bewegliche körperliche Sachen, auf grundbücherlich nicht sichergestellte Geldforderungen und auf Ansprüche auf Herausgabe und Leistung beweglicher körperlicher Sachen kann im abgabenbehördlichen oder gerichtlichen Vollstreckungsverfahren durchgeführt werden.

*(BGBl I 2019/104)*

(3) Bei allen übrigen Vollstreckungsarten ist nur ein gerichtliches Vollstreckungsverfahren zulässig. Die Durchführung eines solchen Verfahrens schließt die gleichzeitige Durchführung eines abgabenbehördlichen oder gerichtlichen Vollstreckungsverfahrens gemäß Abs. 2 nicht aus. Das Verfahren zur Erlangung eines Vermögensverzeichnisses ist, wenn der Abgabenschuldner der Aufforderung nach § 31 a nicht entspricht, nach den Bestimmungen der §§ 47 bis 49 EO abzuführen.

*(BGBl I 2019/104)*

(4) Abgabenbehördliche Vollstreckungsverfahren im Sinne dieses Bundesgesetzes sind jene Verfahren, die die Abgabenbehörden (Abs. 1) zur Einbringung und Sicherung öffentlicher Abgaben selbst durchzuführen haben.

*(BGBl I 2019/104)*

## II. Hauptstück
## Abgabenbehördliches Vollstreckungs- und Sicherungsverfahren

### I. Teil
### Vollstreckung

#### I. Abschnitt
#### Allgemeine Bestimmungen

**Exekutionstitel**

**§ 4.** Als Exekutionstitel für die Vollstreckung von Abgabenansprüchen kommen die über Abgaben ausgestellten Rückstandsausweise in Betracht.

**Durchführung der Vollstreckung**

**§ 5.** (1) Vollstreckungsbehörde ist jene Abgabenbehörde, der die Einhebung der Abgabe obliegt. Sie kann jedoch, wenn es im Interesse der Zweckmäßigkeit, der Kostenersparnis sowie der Vereinfachung und Beschleunigung des Verfahrens gelegen ist, auch eine andere Abgabenbehörde oder das Amt für Betrugsbekämpfung um Durchführung der Vollstreckung ersuchen.

*(BGBl I 2019/104)*

(2) Die Abgabenbehörde hat die Vollstreckung von Amts wegen einzuleiten und durchzuführen; sie bedient sich hiebei der Vollstrecker.

*(BGBl I 2019/104)*

(3) Die Vollstrecker haben sich zu Beginn der Amtshandlung (vor Durchführung der erteilten Aufträge) unaufgefordert über ihre Person auszuweisen und eine Ausfertigung des Auftrages der Abgabenbehörde auf Durchführung der Vollstreckung (Vollstreckungsauftrag) auszuhändigen.

(4) Die Vollstrecker sind berechtigt, die durch die Vollstreckung zu erzwingenden Zahlungen

und sonstigen Leistungen entgegenzunehmen; sie haben deren Empfang zu bestätigen.

**§ 6.** (1) Der Vollstrecker ist befugt, soweit es der Zweck der Vollstreckung erheischt, die Wohnung des Abgabenschuldners, dessen Behältnisse und, wenn nötig, mit entsprechender Schonung der Person, selbst die von ihm getragenen Kleider zu durchsuchen. Verschlossene Haus- und Zimmertüren und verschlossene Behältnisse darf er zum Zwecke der Vollstreckung eröffnen lassen. Falls jedoch weder der Abgabenschuldner noch eine zu seiner Familie gehörige oder eine von ihm zur Obsorge bestellte erwachsene Person anwesend wäre, sind den vorerwähnten Vollstreckungshandlungen zwei vertrauenswürdige, großjährige Personen als Zeugen beizuziehen.

(2) Der Vollstrecker kann behufs Beseitigung eines ihm entgegengesetzten Widerstandes die Unterstützung der Organe des öffentlichen Sicherheitsdienstes unmittelbar in Anspruch nehmen.

**„§ 6a. Wer sich durch einen Vorgang des Vollstreckungsvollzugs, insbesondere durch eine Amtshandlung des Vollstreckers für beschwert erachtet, kann dagegen eine Vollzugsbeschwerde bei der Vollstreckungsbehörde erheben. Die Vollzugsbeschwerde ist innerhalb von 14 Tagen nach Kenntnis vom Vollstreckungsvollzug einzubringen.“**

*(BGBl I 2022/108 ab 20.7.2022)*

**§ 7.** (1) Soweit erforderlich, können im abgabenbehördlichen Vollstreckungsverfahren mehrere der in § 3 Abs. 2 genannten Vollstreckungsarten gleichzeitig angewendet werden.

*(BGBl I 2019/104)*

(2) Die Vollstreckung darf nicht in weiterem Umfange vollzogen werden, als es zur Verwirklichung des Anspruches notwendig ist.

(3) Auf die bis zur Befriedigung voraussichtlich noch erwachsenden Kosten ist Bedacht zu nehmen.

(4) Die Verfügungen des Vollstreckungsverfahrens können, sofern dieses Bundesgesetz nichts anderes bestimmt, schon vor Ablauf der Rechtsmittelfrist in Vollzug gesetzt werden.

**§ 8.** (1) Die gesetzlichen Vorschriften, zufolge deren gewisse Sachen dem Verkehr überhaupt entzogen oder in Ansehung der Veräußerung und des Eigentumserwerbs Beschränkungen unterworfen sind, behalten auch für das abgabenbehördliche Vollstreckungsverfahren ihre Geltung.

*(BGBl I 2019/104)*

(2) Ebenso bleiben die gesetzlichen Vorschriften sowie die in Staatsverträgen enthaltenen Vereinbarungen unberührt, wodurch gewisse Sachen und Forderungen der Vollstreckung wegen Geldforderungen oder einem zugunsten von Geldforderungen stattfindenden Sicherungsverfahren ganz entzogen oder derlei Vollstreckungs- und Sicherungsmaßregeln in Ansehung solcher Sachen, Rechte und Forderungen nur in bestimmten Grenzen und unter bestimmten Beschränkungen zugelassen werden.

(3) Gegen eine Gemeinde oder gegen eine durch Ausspruch einer Verwaltungsbehörde als öffentlich und gemeinnützig erklärte Anstalt kann die Vollstreckung nur in Ansehung solcher Vermögensbestandteile durchgeführt werden, welche ohne Beeinträchtigung der durch die Gemeinde oder jene Anstalt zu wahrenden öffentlichen Interessen zur Befriedigung verwendet werden können. Zur Abgabe der Erklärung, inwieweit letzteres hinsichtlich bestimmter Vermögensbestandteile zutrifft, sind die staatlichen Verwaltungsbehörden berufen.

(4) In das Eigentum einer unter staatlicher Aufsicht stehenden, dem öffentlichen Verkehre dienenden Anstalt dürfen Vollstreckungshandlungen, welche geeignet wären, die Aufrechterhaltung des öffentlichen Verkehres zu stören, nur im Einvernehmen mit der Aufsichtsbehörde und unter den von dieser Behörde im Interesse des öffentlichen Verkehres für notwendig befundenen Einschränkungen vorgenommen werden.

(5) Auf das zur Instandhaltung und zum Betriebe von Dampfschiffahrt-, Flußüberfuhr-, **„Fernmeldeunternehmungen“** und öffentlichen Lagerhäusern gehörige, im Besitze der Unternehmung befindliche Material findet eine abgesonderte Vollstreckung nicht statt.

*(BGBl I 2022/108 ab 20.7.2022)*

(6) Die von Lottokollektanten für Rechnung des Bundes eingehobenen Gelder können zugunsten von Ansprüchen, die wider den Lottokollektanten gerichtet sind, weder in Exekution gezogen noch durch Sicherungsmaßregeln getroffen werden.

*(BGBl I 2019/104)*

**§ 9.** An Samstagen, Sonntagen und gesetzlichen Feiertagen sowie von 22 bis 6 Uhr dürfen Vollstreckungshandlungen nur

1. in dringenden Fällen, insbesondere wenn der Zweck der Vollstreckung nicht anders erreicht werden kann, oder
2. wenn ein Vollstreckungsversuch an einem Werktag zur Tageszeit erfolglos war,

vorgenommen werden.

**„§ 10. Exekutionshandlungen gegen Personen, die in Österreich aufgrund des Völkerrechts Immunität genießen, sowie auf Exekutionsobjekte und in Räumlichkeiten solcher Personen dürfen nur mit Zustimmung des Bundesministeriums für europäische und internationale Angelegenheiten vorgenommen werden.“**

*(BGBl I 2019/104, BGBl I 2022/108 ab 20.7.2022)*



**§ 11.** Alle an einer Vollstreckungshandlung Beteiligten können bei der Vornahme anwesend sein. Personen, welche die Vollstreckungshandlung stören oder sich unangemessen betragen, können vom Vollstrecker entfernt werden.

### Einwendungen gegen den Anspruch

**§ 12.** (1) Gegen den Anspruch können im Zuge des abgabenbehördlichen Vollstreckungsverfahrens nur insofern Einwendungen erhoben werden, als diese auf den Anspruch aufhebenden oder hemmenden Tatsachen beruhen, die erst nach Entstehung des diesem Verfahren zugrunde liegenden Exekutionstitels eingetreten sind.

*(BGBl I 2019/104)*

(2) Die Einwendungen sind bei jener Abgabenbehörde anzubringen, von welcher der Exekutionstitel ausgegangen ist.

*(BGBl I 2019/104)*

(3) Alle Einwendungen, die der Abgabenschuldner zur Zeit der Antragstellung vorzubringen imstande war, müssen bei sonstigem Ausschluß gleichzeitig geltend gemacht werden.

**„(4) Wird den Einwendungen rechtskräftig stattgegeben, ist die Vollstreckung unter gleichzeitiger Aufhebung bestehender Pfändungspfandrechte einzustellen. Erfolgt die Einstellung wegen hemmender Tatsachen, sind nur jene Pfändungspfandrechte aufzuheben, die nach Eintritt der Hemmungswirkung erworben wurden.“**

*(BGBl I 2022/108 ab 20.7.2022)*

**„Einwendungen gegen den Exekutionstitel**

**§ 13. (1) Wenn der Abgabenschuldner behauptet, dass ein Exekutionstitel (§ 4) aus Gründen, die bereits im Zeitpunkt seiner Ausfertigung vorgelegen sind, zu Unrecht ausgestellt wurde, hat er seine Einwendungen bei der Abgabenbehörde (§ 12 Abs. 2) geltend zu machen.**

**(2) § 12 Abs. 3 ist sinngemäß anzuwenden; wenn den Einwendungen rechtskräftig stattgegeben wird, ist die Vollstreckung unter gleichzeitiger Aufhebung aller bis dahin vollzogenen Vollstreckungsakte einzustellen.“**

*(BGBl I 2019/104, BGBl I 2022/108 ab 20.7.2022)*

**Widerspruch Dritter**

**§ 14.** (1) Gegen die Vollstreckung kann auch von einer dritten Person Widerspruch erhoben werden, wenn dieselbe an einem durch die Vollstreckung betroffenen Gegenstande oder an einem Teile eines solchen ein Recht behauptet, welches die Vornahme der Vollstreckung unzulässig machen würde.

(2) Wird einem solchen Widerspruch nicht von der Abgabenbehörde dadurch Rechnung getragen, dass sie die Vollstreckung auf den vom Widerspruch betroffenen Gegenstand **„unter gleichzeitiger Aufhebung aller bis dahin vollzogenen Vollstreckungsakte“** einstellt, so ist der Widerspruch bei Gericht mittels Klage geltend zu machen; die Klage kann zugleich gegen die Republik Österreich und gegen den Abgabenschuldner gerichtet werden, welche in diesem Falle als Streitgenossen zu behandeln sind.

*(BGBl I 2019/104, BGBl I 2022/108 ab 20.7.2022)*

(3) Für die Klage ist das Bezirksgericht zuständig, in dessen Sprengel sich zur Zeit der Anbringung der Klage die Gegenstände ganz oder zum Teil befinden, an welchen die behaupteten Rechte bestehen sollen.

(4) Wenn der Klage rechtskräftig stattgegeben wird, ist die Vollstreckung **„gemäß Abs. 2“** einzustellen.

*(BGBl I 2022/108 ab 20.7.2022)*

(5) Die Bewilligung der Aufschiebung obliegt diesfalls dem Gericht (§ 44 EO).

*(BGBl I 2019/104)*

**Berichtigung des Exekutionstitels**

**§ 15.** ~~(1)~~ Im Exekutionstitel (§ 4) unterlaufene offenbare Unrichtigkeiten sind von Amts wegen oder auf Antrag des Abgabenschuldners zu berichtigen.

~~(2) Eine gesetzwidrig oder irrtümlich erteilte Bestätigung der Vollstreckbarkeit ist von der Abgabenbehörde, die den Exekutionstitel ausgestellt hat, von Amts wegen oder auf Antrag des Abgabenschuldners aufzuheben. Mit diesem Antrag kann der Antrag auf Einstellung oder Aufschiebung der Vollstreckung verbunden werden.~~

*(BGBl I 2019/104, BGBl I 2022/108 ab 20.7.2022)*

**„Einstellung der Vollstreckung aus sonstigen Gründen**

**§ 16. (1) Die Vollstreckung ist auf Antrag oder von Amts wegen einzustellen, wenn**

1. **der betriebene Anspruch getilgt wurde;**
2. **der ihr zugrunde liegende Exekutionstitel zum Zeitpunkt seiner Ausfertigung zu Unrecht ausgestellt wurde;**
3. **die Vollstreckung auf Sachen oder Forderungen geführt wird, die nach den geltenden Vorschriften der Vollstreckung überhaupt oder einer abgesonderten Vollstreckung entzogen sind oder die vernichtet wurden;**
4. **die Vollstreckung gegen eine Gemeinde oder eine als öffentlich und gemeinnützig erklärte Anstalt gemäß § 8 Abs. 3 für unzulässig erklärt wurde;**
5. **Anfechtungsansprüche im Zusammenhang mit einem Insolvenzverfahren zu Recht geltend gemacht wurden;**
6. **sich nicht erwarten lässt, dass die Fortsetzung oder Durchführung der Vollstreckung einen die Kosten dieser Vollstreckung übersteigenden Ertrag ergeben wird;**
7. **die Exekution ohne das Bestehen eines Exekutionstitels durchgeführt wurde oder**
8. **die Vollstreckbarerklärung eines ausländischen Exekutionstitels rechtskräftig aufgehoben wurde oder**
9. **eine Ablöse für ein Pfandrecht an einer beweglichen Sache entrichtet wurde.**

**(2) Die Einstellung gemäß Z 1, 5, 6, 8 und 9 erfolgt unter gleichzeitiger Aufhebung bestehender Pfändungspfandrechte, jene gemäß Z 2, 3, 4 und 7 unter gleichzeitiger Aufhebung aller bis dahin vollzogenen Vollstreckungsakte.**

**(3) Macht der Drittschuldner bei der Abgabenbehörde die Unzulässigkeit der Vollstre-**

**ckung (§ 65 Abs. 4) geltend, gilt dies als Antrag auf Einstellung derselben.“**

*(BGBl I 2019/104, BGBl I 2022/108 ab 20.7.2022)*

**„Einschränkung der Vollstreckung“**

*(BGBl I 2022/108 ab 20.7.2022)*

**§ 17.** (1) Treten die in den **„§§ 12 bis 14 oder 16“** bezeichneten Einstellungsgründe nur hinsichtlich einzelner der in Vollstreckung gezogenen Gegenstände oder eines Teiles des vollstreckbaren Anspruches ein, so hat statt der Einstellung eine verhältnismäßige Einschränkung stattzufinden.

*(BGBl I 2022/108 ab 20.7.2022)*

(2) Außerdem ist die Vollstreckung einzuschränken, wenn sie in größerem Umfange vollzogen wurde, als zur Erzielung vollständiger Befriedigung notwendig ist.

**„Aufschiebung der Vollstreckung“**

*(BGBl I 2022/108 ab 20.7.2022)*

**§ 18.** Die Aufschiebung der Vollstreckung kann auf Antrag bewilligt werden,

1. wenn die Aufhebung des über den Abgabenanspruch ausgestellten Exekutionstitels beantragt wird;
2. wenn in bezug auf einen der im § 4 angeführten Exekutionstitel die Wiederaufnahme des Verfahrens oder die Wiedereinsetzung in den vorigen Stand beantragt wird;
3. wenn gemäß § 16 die Einstellung beantragt wird;
4. wenn gemäß §§ 12 oder 13 Einwendungen erhoben werden;
5. wenn gegen einen Vorgang des Vollstreckungsvollzuges Beschwerde **„(§ 6a)“** geführt wird und die für die Entscheidung darüber erforderlichen Erhebungen nicht unverzüglich stattfinden können;

   *(BGBl I 2022/108 ab 20.7.2022)*
6. wenn ein Antrag gemäß § 15 eingebracht wurde;
7. wenn nach Beginn des Vollzuges der Vollstreckung ein Ansuchen um Zahlungserleichterung (§ 212 der Bundesabgabenordnung) eingebracht wird.

**§ 19.** (1) Bei Aufschiebung der Vollstreckung bleiben, sofern die Abgabenbehörde nicht etwas anderes anordnet, alle Vollstreckungsakte einstweilen bestehen, welche zur Zeit des Ansuchens um Aufschiebung bereits in Vollzug gesetzt waren.

*(BGBl I 2019/104)*

**„(2) Im Falle einer Hemmung der Einbringung (§ 230 BAO) kann die Abgabenbehörde auf Antrag oder von Amts wegen unbeschadet einer verfügten Überweisung (§ 71) für die Dauer der Hemmung eine Herabsetzung des Überweisungsbetrages oder eine Aussetzung der Überweisung verfügen. Der Drittschuldner ist über die Herabsetzung zu verständigen. § 74 Abs. 2 ist nicht anzuwenden.“**

*(BGBl I 2022/108 ab 20.7.2022)*

(3) Bei Bewilligung der Aufschiebung hat die Abgabenbehörde anzugeben, für wie lange die Vollstreckung aufgeschoben sein soll.

*(BGBl I 2019/104)*

**§ 20.** Der Vollstrecker hat auch ohne vorgängige Weisung der Abgabenbehörde mit der Durchführung der Vollstreckung innezuhalten, wenn ihm dargetan wird, daß nach Entstehung des Exekutionstitels die Abgabenschuld befriedigt, Stundung bewilligt oder von der Fortsetzung des Vollstreckungsverfahrens abgestanden wurde.

*(BGBl I 2019/104)*

**Verfahren**

**§ 21.** (1) Über die durch den Vollstrecker vorgenommenen Vollstreckungshandlungen ist von demselben eine kurze Niederschrift aufzunehmen.

(2) Die Niederschrift hat Ort und Zeit der Aufnahme, die Namen des Abgabenschuldners und der bei der Vollstreckungshandlung anwesenden beteiligten Personen, den Gegenstand und eine Angabe der wesentlichen Vorgänge zu enthalten. Insbesondere ist jede bei Vornahme einer Vollstreckungshandlung vom Abgabenschuldner oder für denselben geleistete Zahlung in der Niederschrift zu beurkunden. Die Niederschrift ist vom Vollstrecker zu unterschreiben.

**§ 22.** Im Vollstreckungsverfahren ergehende Erledigungen können dem Abgabenschuldner wirksam auch dann unmittelbar zugestellt werden, wenn er einen Zustellungsbevollmächtigten namhaft gemacht hat.

**Bekanntmachung durch Edikt**

**§ 23.** (1) In allen Fällen, in welchen die Verständigung durch Edikt zu geschehen hat, ist dieses auf der Website des Bundesministeriums für Finanzen zu veröffentlichen.

(2) Nach Ermessen der Abgabenbehörde kann jedoch von Amts wegen oder auf Antrag verfügt werden, dass das Edikt auch in Zeitungen veröffentlicht oder sonst bekannt gemacht wird, wenn dadurch offenkundig mehr Kaufinteressenten angesprochen werden. Der Abgabenschuldner kann verlangen, dass mit der von der Abgabenbehörde angeordneten Bekanntmachung auf seine Kosten weitere entgeltliche Bekanntmachungen verbunden werden.

*(BGBl I 2019/104)*

*(BGBl I 2016/117)*

**Löschen der Daten aus der Veröffentlichung**

**§ 23a.** Die Daten aus der Veröffentlichung des Edikts auf der Website des Bundesministeriums für Finanzen sind zu löschen

1. wenn ein Vollstreckungsverfahren eingestellt wurde;

2. im Falle eines Aufschubs des Verkaufsverfahrens aufgrund der Stattgabe eines Übernahmsantrags;
3. im Falle eines Antrags zur Vornahme eines Freihandverkaufs mit Verkauf dieser Gegenstände; soweit die Gegenstände nicht verkauft werden können und der Abgabenschuldner trotz Aufforderung die Gegenstände nicht abholt, mit Vernichtung der Gegenstände;
4. jedenfalls nach erfolgter Versteigerung.

*(BGBl I 2016/117)*

**Aufforderungen und Mitteilungen bei einer Vollstreckungshandlung**

**§ 24.** (1) Die bei einer Vollstreckungshandlung vorkommenden Aufforderungen und sonstigen Mitteilungen ergehen, falls nicht in diesem Bundesgesetz etwas anders bestimmt ist, mündlich.

(2) Aufforderungen und Mitteilungen, welche wegen Abwesenheit der Person, an welche sie zu richten sind, nicht mündlich geschehen können, sind schriftlich zuzustellen. Die Befolgung dieser Vorschrift ist in der Niederschrift (§ 21) zu bemerken.

**Akteneinsicht**

**§ 25.** (1) Der Abgabenschuldner kann Einsicht in die das Vollstreckungsverfahren betreffenden Akten begehren und auf seine Kosten von einzelnen Aktenstücken Abschriften verlangen. Solche Einsicht- und Abschriftnahme kann auch dritten Personen vom Vorstand der Abgabenbehörde gestattet werden, insoweit sie ein rechtliches Interesse glaubhaft machen und keine zu beachtende Geheimhaltungspflicht entgegensteht. Durch die Abschriftnahme dürfen jedoch die gerade dringend benötigten Aktenstücke dem Vollstrecker nicht entzogen werden.

*(BGBl I 2019/104)*

(2) Ist der Abgabenschuldner blind oder hochgradig sehbehindert und nicht vertreten (§§ 80 ff BAO), so ist ihm auf Verlangen der Inhalt von Akten oder Aktenteilen durch Verlesung oder nach Maßgabe der vorhandenen technischen Möglichkeiten in sonst geeigneter Weise zur Kenntnis zu bringen.

(3) Soweit personenbezogene Daten in einem das Vollstreckungsverfahren betreffenden Akt enthalten sind, besteht für die betroffene Person das Recht auf Auskunft gemäß Art. 15 DSGVO ausschließlich nach Maßgabe des Abs. 1. Für das Verfahren der Einsicht- oder Abschriftnahme (einschließlich deren Verweigerung) gelten die Regelungen der Abs. 1 und 2 sowie der Bundesabgabenordnung.

*(BGBl I 2018/32)*

**Gebühren und Auslagenersätze**

**§ 26.** (1) Der Abgabenschuldner hat für Amtshandlungen des Vollstreckungsverfahrens nachstehende Gebühren zu entrichten:

a) Die Pfändungsgebühr anläßlich einer Pfändung im Ausmaß von 1% vom einzubringenden Abgabenbetrag; wird jedoch an Stelle einer Pfändung lediglich Bargeld abgenommen, dann nur 1% vom abgenommenen Geldbetrag.
b) Die Versteigerungsgebühr anläßlich einer Versteigerung (eines Verkaufes) im Ausmaß von 1½% vom einzubringenden Abgabenbetrag.

Das Mindestmaß dieser Gebühren beträgt 10 Euro.

(2) Die im Abs. 1 genannten Gebühren sind auch dann zu entrichten, wenn die Amtshandlung erfolglos verlief oder nur deshalb unterblieb, weil der Abgabenschuldner die Schuld erst unmittelbar vor Beginn der Amtshandlung an den Vollstrecker bezahlt hat.

(3) Außer den gemäß Abs. 1 zu entrichtenden Gebühren hat der Abgabenschuldner auch die durch die Vollstreckungsmaßnahmen verursachten Barauslagen zu ersetzen. Zu diesen zählen auch die Entlohnung der bei der Durchführung des Vollstreckungsverfahrens verwendeten Hilfspersonen, wie Schätzleute und Verwahrer, ferner bei Durchführung der Versteigerung durch einen Versteigerer dessen Kosten sowie die Kosten der Überstellung.

(4) (aufgehoben)

(5) Gebühren und Auslagenersätze werden mit Beginn der jeweiligen Amtshandlung fällig und können gleichzeitig mit dem einzubringenden Abgabenbetrag vollstreckt werden; sie sind mit Bescheid festzusetzen, wenn sie nicht unmittelbar aus einem Verkaufserlös beglichen werden (§ 51).

**„(6) Im Falle einer Einstellung nach § 13 Abs. 2, § 14 Abs. 2 oder § 16 Abs. 1 Z 2, 3, 4 oder 7 sind Gebührenfestsetzungen gemäß Abs. 1 und 3 aufzuheben.“**

*(BGBl I 2022/108 ab 20.7.2022)*

~~(7) Abs. 6 zweiter Halbsatz gilt sinngemäß für den Ersatz von Barauslagen nach Abs. 3, es sei denn, die Barauslagen sind dem Vermögen des Abgabepflichtigen zugutegekommen oder der Abgabepflichtige hat durch sein Verhalten maßgebend zum Entstehen dieser Kosten beigetragen.~~

*(BGBl I 2022/108 ab 20.7.2022)*

~~(8) Anträge nach Abs. 6 und 7 haben die Bezeichnung der Festsetzungsbescheide nach Abs. 5 und allenfalls der Bescheide nach § 51 zu enthalten und sind nur innerhalb eines Jahres nach Ablauf des Jahres, in dem die Abgabenschuld herabgesetzt wurde oder weggefallen ist, zulässig. Die Abs. 6 und 7 finden keine Anwendung auf abgeschriebene (§§ 235, 236 BAO) Nebengebühren.~~

*(BGBl I 2022/108 ab 20.7.2022)*

**II. Abschnitt**
**Vollstreckung auf bewegliche körperliche Sachen**

**§ 27.** Die Vollstreckung auf bewegliche körperliche Sachen erfolgt durch Pfändung und Verkauf derselben.

### Unpfändbare Sachen

**§ 28.** Auf Gegenstände, welche zur Ausübung des Gottesdienstes einer gesetzlich anerkannten Kirche oder Religionsgesellschaft verwendet werden, sowie auf Kreuzpartikeln und Reliquien, mit Ausnahme ihrer Fassung, kann Vollstreckung nicht geführt werden. Bei einer Vollstreckung auf die Fassung von Kreuzpartikeln und Reliquien darf die Authentika nicht verletzt werden.

*(BGBl I 2019/104)*

**§ 29.** (1) Der Vollstreckung sind ferner entzogen:

1. die dem persönlichen Gebrauch oder dem Haushalt dienenden Gegenstände, soweit sie einer bescheidenen Lebensführung des Abgabenschuldners und der mit ihm im gemeinsamen Haushalt lebenden Familienmitglieder entsprechen oder wenn ohne weiteres ersichtlich ist, dass durch deren Verwertung nur ein Erlös erzielt werden würde, der zum Wert außer allem Verhältnis steht;
2. bei Personen, die aus persönlichen Leistungen ihren Erwerb ziehen, sowie bei Kleingewerbetreibenden und Kleinlandwirten die zur Berufsausübung bzw. persönlichen Fortsetzung der Erwerbstätigkeit erforderlichen Gegenstände sowie nach Wahl des Abgabenschuldners bis zum Wert von 750 Euro die zur Aufarbeitung bestimmten Rohmaterialien;
3. die für den Abgabenschuldner und die mit ihm im gemeinsamen Haushalt lebenden Familienmitglieder auf vier Wochen erforderlichen Nahrungsmittel und Heizstoffe;
4. nicht zur Veräußerung bestimmte Haustiere, zu denen eine gefühlsmäßige Bindung besteht, bis zum Wert von 750 Euro sowie eine Milchkuh oder nach Wahl des Verpflichteten zwei Schweine, Ziegen oder Schafe, wenn diese Tiere für die Ernährung des Abgabenschuldners oder der mit ihm im gemeinsamen Haushalt lebenden Familienmitglieder erforderlich sind, ferner die Futter- und Streuvorräte auf vier Wochen;
5. bei Personen, deren Geldbezug durch Gesetz unpfändbar oder beschränkt pfändbar ist, der Teil des vorgefundenen Bargelds, der dem unpfändbaren, auf die Zeit von der Vornahme der Pfändung bis zum nächsten Zahlungstermin des Bezugs entfallenden Einkommen entspricht;
6. die zur Vorbereitung eines Berufs erforderlichen Gegenstände sowie die Lernbehelfe, die zum Gebrauch des Abgabenschuldners und seiner im gemeinsamen Haushalt mit ihm lebenden Familienmitglieder in der Schule bestimmt sind;
7. die zum Betrieb einer Apotheke unentbehrlichen Geräte, Gefäße und Warenvorräte;
8. Hilfsmittel zum Ausgleich einer körperlichen, geistigen oder psychischen Behinderung oder einer Sinnesbehinderung und Hilfsmittel zur Pflege des Abgabenschuldners oder der mit ihm im gemeinsamen Haushalt lebenden Familienmitglieder sowie Therapeutika und Hilfsgeräte, die im Rahmen einer medizinischen Therapie benötigt werden;
9. Familienbilder mit Ausnahme der Rahmen, Briefe und andere Schriften sowie der Ehering des Verpflichteten.

(2) Der Vollstrecker hat Gegenstände geringen Werts auch dann nicht zu pfänden, wenn offenkundig ist, dass die Fortsetzung oder Durchführung der Exekution einen die Kosten dieser Exekution übersteigenden Ertrag nicht ergeben wird.

**§ 30.** (1) Das auf einer Liegenschaft befindliche Zubehör derselben (§§ 294 bis 297 ABGB) darf nur mit dieser Liegenschaft selbst in Vollstreckung gezogen werden.

*(BGBl I 2019/104)*

(2) Auf das Bergwerkszubehör und das Zubehör von Schiffen und Flößen findet eine abgesonderte Vollstreckung nicht statt.

### Pfändung

**§ 31.** (1) Die Pfändung der in der Gewahrsame des Abgabenschuldners befindlichen körperlichen Sachen wird dadurch bewirkt, daß der Vollstrecker dieselben in einem Protokolle verzeichnet und beschreibt (Pfändungsprotokoll). Die Unterlassung der Besichtigung vor Beschreibung steht einer wirksamen Pfandrechtsbegründung nicht entgegen, sofern sich die beschriebenen körperlichen Sachen in der Gewahrsame des Abgabenschuldners befinden und nach dessen Angaben beschrieben werden.

(2) In das Protokoll ist die Erklärung aufzunehmen, daß die verzeichneten Gegenstände zugunsten der vollstreckbaren Abgabenforderung in Pfändung genommen wurden. Die Abgabenforderung ist im Protokolle nach Kapital und Nebengebühren unter Bezugnahme auf den Exekutionstitel anzugeben. Die Pfändung kann nur für eine ziffermäßig bestimmte Geldsumme stattfinden; ziffermäßige Angabe der vom Abgabenschuldner zu leistenden Nebengebühren ist nicht notwendig.

(3) Behaupten dritte Personen bei der Pfändung an den im Protokolle verzeichneten Sachen solche Rechte, welche die Vornahme der Vollstreckung unzulässig machen würden, so sind diese Ansprüche im Pfändungsprotokoll anzumerken.

(4) Von dem Vollzuge der Pfändung ist der Abgabenschuldner in Kenntnis zu setzen, es sei denn, daß er bei der Pfändung anwesend oder vertreten war oder daß ihm eine Ausfertigung des Versteigerungsediktes unverweilt zugestellt wird (§ 42, Abs. 2).

*(BGBl I 2019/104)*

(5) Das Pfändungsprotokoll ist der Abgabenbehörde vorzulegen.

*(BGBl I 2019/104)*

**§ 31a.** Der Abgabenschuldner hat dem Vollstrecker über dessen Aufforderung am Vollzugsort ein Vermögensverzeichnis vorzulegen und zu unterfertigen, wenn der Vollzug erfolglos geblieben ist, weil beim Abgabenschuldner keine Sachen, die in Exekution gezogen werden konnten, oder nur solche Sachen vorgefunden wurden, deren Unzulänglichkeit sich mit Rücksicht auf ihren geringen Wert oder auf die daran zugunsten anderer Gläubiger bereits begründeten Pfandrechte klar ergibt, oder welche von dritten Personen in Anspruch genommen werden; § 47 Abs. 2 EO ist anzuwenden.

**§ 32.** (1) Durch die Pfändung wird für die vollstreckbare Abgabenforderung ein Pfandrecht an den im Pfändungsprotokoll verzeichneten und beschriebenen körperlichen Sachen erworben.

(2) Die Pfändung von körperlichen Sachen, welche bereits zugunsten einer anderen vollstreckbaren Abgabenforderung pfandweise verzeichnet und beschrieben sind, geschieht durch Anmerkung auf dem vorhandenen Pfändungsprotokoll.

### Geltendmachung von Pfand- und Vorzugsrechten Dritter

**§ 33.** (1) Der Pfändung kann ein Dritter, der sich nicht im Besitze der Sache befindet, wegen eines ihm zustehenden Pfand- oder Vorzugsrechtes nicht widersprechen. Er kann jedoch schon vor Fälligkeit der Forderung, für die das Pfand- oder Vorzugsrecht besteht, seinen Anspruch auf vorzugsweise Befriedigung aus dem Erlöse der fraglichen Sache mittels Klage geltend machen. Im Falle der Erhebung der Klage wider die Republik Österreich und den Abgabenschuldner sind diese als Streitgenossen zu behandeln.

(2) Wenn die Sache vor rechtskräftiger Entscheidung über die Klage im Vollstreckungsweg verkauft wird und der klägerische Anspruch genügend bescheinigt ist, kann auf Antrag vom Gerichte die einstweilige Hinterlegung des Erlöses angeordnet werden.

### Verwahrung

**§ 34.** (1) Gepfändete leicht mitnehmbare Gegenstände sind vom Vollstrecker in Verwahrung zu nehmen und bei der Abgabenbehörde zu erlegen. Andere Gegenstände sind in der Gewahrsame des Abgabenschuldners zu belassen, wenn aber die Einbringung der Abgabe dadurch gefährdet erscheint, einem geeigneten Verwahrer zu übergeben.

*(BGBl I 2019/104)*

(2) Die Kosten der Verwahrung sind einstweilen von der Republik Österreich zu tragen.

(3) Werden die gepfändeten beweglichen körperlichen Sachen nicht in Verwahrung genommen, so ist die Pfändung in einer für jedermann leicht erkennbaren Weise ersichtlich zu machen.

(4) Sofern der Verwahrer ohne Zustimmung des Abgabenschuldners bestellt wurde, ist dieser unter Bekanntgabe des Namens des Verwahrers von dessen Ernennung zu verständigen. Unter Darlegung geeigneter Gründe kann jederzeit die Ernennung eines anderen Verwahrers beantragt werden.

(5) Gepfändete Geldsorten sind immer abzunehmen. Für die Berechnung des Wertes von Münzen und ausländischen Geldzeichen ist der von der Nationalbank amtlich notierte Kurs des Pfändungstages maßgebend.

**§ 35.** Die gleichen Vorschriften gelten für die Pfändung und Verwahrung der beweglichen körperlichen Sachen des Abgabenschuldners, die sich in der Gewahrsame der Republik Österreich oder einer zu deren Herausgabe bereiten dritten Person befinden.

### Einschränkung der Pfändung

**§ 36.** Hat die Republik Österreich eine bewegliche körperliche Sache des Abgabenschuldners in ihrer Gewahrsame, an der ihr ein Pfandrecht oder ein Zurückbehaltungsrecht für die zu vollstreckende Abgabenforderung zusteht, so kann der Abgabenschuldner, soweit diese Forderung durch die Sache gedeckt ist, bei der Abgabenbehörde die Einschränkung der Pfändung auf diese Sache beantragen. Besteht das Pfand- oder Zurückbehaltungsrecht zugleich für eine andere Forderung, so ist dem Antrag nur stattzugeben, wenn auch diese Forderung durch die Sache gedeckt ist.

*(BGBl I 2019/104)*

### Verkauf

**§ 37.** (1) Die gepfändeten Sachen sind zu verkaufen.

(2) Solange das Verkaufsverfahren im Gange ist, kann ein besonderes Verkaufsverfahren in Ansehung derselben Sachen nicht mehr eingeleitet werden.

(3) Wird der Verkauf zugunsten weiterer vollstreckbarer Abgaben in Ansehung der gleichen Sachen angeordnet, so wird das Verkaufsverfahren für diese so geführt, wie wenn es zu ihren Gunsten eingeleitet worden wäre.

(4) Die Bestimmung des § 367 ABGB über den Eigentumserwerb an Sachen, die in einer öffentlichen Versteigerung veräußert werden, gilt auch bei einem Verkauf aus freier Hand durch einen Handelsmakler, ein Kreditinstitut, ein Versteigerungshaus, den Vollstrecker oder einen zu Versteigerungen befugten Beamten.

(5) Gewährleistungsansprüche der Erwerber wegen eines Mangels der veräußerten Sachen sowie das Rücktrittsrecht sind ausgeschlossen, das Fern- und Auswärtsgeschäfte-Gesetz (FAGG), BGBl. I Nr. 33/2014, ist nicht anzuwenden.

*(BGBl I 2016/117)*

### Freihandverkauf

**§ 38.** (1) Gegenstände, die einen Börsenpreis haben, sind durch Vermittlung eines Handelsmaklers oder Vollstreckers zum Börsenpreis aus freier Hand zu verkaufen. Dem Bericht über den Verkauf ist ein amtlicher Nachweis über den Börsenpreis des Verkaufstags und über die etwa bezahlte Maklerprovision und sonstige Auslagen anzuschließen.

(2) Wertpapiere können auch durch ein Kreditinstitut verkauft werden. Lautet ein Wertpapier auf Namen, so hat der Vollstrecker die Umschreibung auf die Namen des Käufers zu erwirken und alle zum Zweck der Veräußerung erforderlichen

urkundlichen Erklärungen mit Rechtswirksamkeit anstelle des Abgabenschuldners abzugeben.

### Versteigerung

**§ 39.** (1) Alle übrigen gepfändeten Gegenstände sind, sofern sie dem Verkaufe überhaupt unterliegen, öffentlich zu versteigern. Als öffentliche Versteigerungen gelten auch Versteigerungen im Internet.

*(BGBl I 2016/117)*

(2) Auch Gegenstände, die nach § 38 aus freier Hand zu verkaufen sind, können versteigert werden, wenn sie innerhalb von vier Wochen nach Erteilung des Verkaufsauftrages aus freier Hand nicht verkauft werden.

**§ 40.** (1) Wenn sich jemand spätestens vierzehn Tage vor dem Versteigerungstermin unter gleichzeitiger Leistung einer Sicherheit in der Höhe von mindestens einem Viertel des Schätzungswertes bereit erklärt, die gepfändeten Sachen im ganzen oder größere Partien derselben um einen Preis zu übernehmen, welcher ihren Schätzungswert um mindestens ein Viertel übersteigt, und nebst den etwaigen Schätzungskosten auch alle bisher aufgelaufenen, dem Abgabenschuldner zur Last fallenden Kosten des Vollstreckungsverfahrens (§ 26) ohne Anrechnung auf den Übernahmspreis zu tragen, so kann die Abgabenbehörde diesem Antrage nach Einvernehmung des Abgabenschuldners stattgeben, wenn diejenigen Personen zustimmen, die ein Pfandrecht an den zu versteigernden Gegenständen erworben haben, deren Forderung aber durch den Übernahmspreis nicht unzweifelhaft vollständig gedeckt wird.

*(BGBl I 2016/117, BGBl I 2019/104)*

(2) Das Verkaufsverfahren kann aufgeschoben werden. Nach Bezahlung des Übernahmspreises ist die Versteigerung einzustellen.

(3) Bei Saumsal in der Bezahlung des Übernahmspreises ist das aufgeschobene Versteigerungsverfahren von Amts wegen wieder aufzunehmen; die geleistete Sicherheit verfällt und ist wie ein Verkaufserlös zu behandeln.

**§ 41.** Zwischen der Pfändung und Versteigerung muß eine Frist von mindestens drei Wochen liegen. Vor Ablauf dieser Frist darf nur dann zum Verkaufe geschritten werden, wenn Sachen gepfändet wurden, die ihrer Beschaffenheit nach bei längerer Aufbewahrung dem Verderben unterliegen, wenn die gepfändeten Sachen bei Aufschub des Verkaufes beträchtlich an Wert verlieren würden, oder wenn die längere Aufbewahrung des Pfandstückes unverhältnismäßige Kosten verursachen würde.

**§ 41a.** Verlören die gepfändeten Sachen durch den Aufschub des Verkaufes erheblich an Wert, so können sie mit Zustimmung des Abgabenschuldners ungeachtet einer Einbringungshemmung (§ 230 BAO) und auch vor Eintritt der Vollstreckbarkeit der Abgabenforderung verkauft werden.

### Versteigerungstermin, Versteigerungsedikt

**§ 42.** (1) Den Versteigerungstermin bestimmt, sofern nicht die Abgabenbehörde etwas anderes verfügt, der Vollstrecker oder der zur Durchführung einer Versteigerung bestellte Versteigerer. Die Bekanntmachung der Versteigerung hat mittels Ediktes zu geschehen. Im Edikt sind nebst der Angabe des Ortes und der Zeit der Versteigerung die zu versteigernden Sachen ihrer Gattung nach zu bezeichnen und zu bemerken, ob und wo dieselben vor der Versteigerung besichtigt werden können. Bei einer Versteigerung im Internet sind die Internetadresse, der Tag, an dem die Versteigerung beginnt, die Frist, innerhalb der Gebote zulässig sind und, bei Sachen mit Liebhaberwert, der allfällige Ausschluss eines Sofortkaufs anzugeben. Bei einer Versteigerung in einem Versteigerungshaus kann als Zeitpunkt des Beginns der Versteigerung auch ein solcher festgesetzt werden, ab dem die Versteigerung von Gegenständen mehrerer Verkaufsverfahren stattfinden wird. Der Versteigerer hat den Zeitpunkt des Beginns der Versteigerung der Abgabenbehörde mitzuteilen.

*(BGBl I 2016/117, BGBl I 2019/104)*

(2) Von der Anberaumung des Versteigerungstermins ist der Abgabenschuldner durch Zustellung einer Ausfertigung des Ediktes zu verständigen. Die Verständigung kann unterbleiben, soweit dem Abgabenschuldner der Versteigerungstermin bereits bei der Vornahme der Pfändung bekannt gegeben wurde; die Kenntnisnahme ist zu bestätigen.

(3) Eine über die Bekanntmachung auf der Website des Bundesministeriums für Finanzen hinausgehende Veröffentlichung des Ediktes nach § 23 kann unterbleiben, wenn

1. vom Versteigerungshaus Mitteilungsblätter aufgelegt werden, die einen größeren Käuferkreis ansprechen, oder
2. bei einer Versteigerung im Internet auf Grund des Kundenkreises zu erwarten ist, dass ein großer Interessentenkreis angesprochen wird.

*(BGBl I 2016/117)*

### Versteigerungsort

**§ 43.** (1) Die Versteigerung kann erfolgen

1. im Internet,
2. im Versteigerungshaus,
3. an dem Ort, an dem sich die gepfändeten Gegenstände befinden.

(2) Die Abgabenbehörde bestimmt den Versteigerungsort. Hiebei ist zu berücksichtigen, wo voraussichtlich der höchste Erlös zu erzielen sein wird und welche Kosten auflaufen werden. Bei Gegenständen von großem Wert, bei Gold- und Silbersachen oder anderen Kostbarkeiten, bei Kunstobjekten, Briefmarken, Münzen, hochwertigen Möbelstücken, Sammlungen und dergleichen kommt insbesondere die Versteigerung in einem Versteigerungshaus oder im Internet in Betracht. Ist offenkundig, dass der Erlös der Gegenstände niedriger sein wird als die Kosten der Überstellung, der Verkaufsverwahrung und der Versteigerung,

so dürfen die Gegenstände nicht zur Versteigerung überstellt werden.

*(BGBl I 2019/104)*

(3) Ausgeschlossen von der Aufnahme zum Verkauf in Versteigerungshäusern sind:

1. feuer- und explosionsgefährliche Sachen sowie Sachen, die gesundheitsschädigende Strahlen aussenden und Gifte,
2. Sachen aus Wohnungen, in denen ansteckende Krankheiten herrschen oder geherrscht haben, solange nicht die vorgeschriebene Desinfektion stattgefunden hat,
3. verunreinigte oder mit Ungeziefer behaftete Sachen vor Durchführung der Reinigung,
4. Sachen, zu deren wenn auch nur teilweisen Unterbringung die Räume des Versteigerungshauses nicht ausreichen,
5. dem raschen Verderben unterliegende Sachen,
6. Tiere und Pflanzen,
7. Schrott, Hadern und sonstiges Altmaterial.

(3a) Abs. 3 ist mit Ausnahme der Z 4, 6 und 7 auch auf die Versteigerung im Internet anzuwenden. Von der Versteigerung im Internet sind zudem Waffen aller Art sowie Gegenstände ausgenommen, deren Versteigerung dem Ansehen der Finanzverwaltung schaden könnte.

*(BGBl I 2016/117)*

(4) Das Versteigerungshaus, das sich zur Durchführung von Versteigerungen bereit erklärt hat, darf die Übernahme zum Verkauf nur ablehnen, wenn die Gegenstände nach Abs. 3 ausgeschlossen sind.

(5) Die Abgabenbehörde darf nur solche Versteigerer heranziehen, die einer Versteigerung die Bestimmungen dieses Gesetzes zugrunde legen.

*(BGBl I 2019/104)*

### Überstellung

**§ 43a.** Die Überstellung der Pfandgegenstände an den Versteigerer wird durch die Abgabenbehörde rechtzeitig veranlasst, um deren Ausstellung und Besichtigung zu ermöglichen. Bei einer Versteigerung im Internet kann die Ausstellung und Besichtigung entfallen. Der Termin der Überstellung ist dem Abgabenschuldner bekannt zu geben.

*(BGBl I 2019/104)*

### Überstellungsverfahren

**§ 43b.** (1) Der Vollstrecker hat die Pfandgegenstände zu überstellen und dem Versteigerer zu übergeben. Wird zur Überstellung ein Frachtführer oder der Versteigerer herangezogen, so obliegt dem Vollstrecker lediglich die Übergabe an diese.

(2) Die Gegenstände sind unter Anschluss eines Verzeichnisses, in dem diese mit den Postzahlen des Pfändungsprotokolls anzuführen sind, dem Versteigerer zu übergeben.

### Übernahme der Gegenstände

**§ 43c.** (1) Bei Übernahme der Gegenstände durch den Versteigerer ist zu prüfen, ob alle zur Übernahme bestimmten Gegenstände übergeben wurden und ob sie Fehler, Mängel oder Beschädigungen aufweisen, die in die Augen fallen.

(2) Fehlen Gegenstände oder zeigen sich Fehler, Mängel oder Beschädigungen, so hat dies der Versteigerer der Abgabenbehörde unverzüglich mitzuteilen und die nötigen Schritte zur Erhebung des Schadens und des Schädigers einzuleiten.

*(BGBl I 2019/104)*

### Verkaufsverwahrung

**§ 43d.** Der Versteigerer hat für die ordnungsgemäße Aufbewahrung der übernommenen Gegenstände zu sorgen. Werden Gegenstände während der Aufbewahrung beschädigt oder vernichtet, so ist § 43c Abs. 2 anzuwenden.

### Schätzung

**§ 44.** (1) Der Versteigerung ist ein Sachverständiger beizuziehen, welcher die einzelnen zur Versteigerung gelangenden Gegenstände bewertet. Fehlt es an Sachverständigen, die alle zum Verkaufe bestimmten Gegenstände zu bewerten verstehen, so können, falls es sich um größere Mengen oder um Gegenstände größeren Wertes handelt, für die einzelnen Gruppen von Gegenständen verschiedene Sachverständige beigezogen werden. Bei Bewertung von Gold- und Silbersachen ist auch der Metallwert anzugeben.

(2) Kostbarkeiten, Warenlager und andere Gegenstände, deren Schätzung bei der Versteigerung selbst untunlich ist, sind schon vor der Versteigerung durch einen Sachverständigen schätzen zu lassen.

(3) Gelangen lediglich Gegenstände zur Versteigerung, welche bereits im Sinne des vorstehenden Absatzes geschätzt wurden, so ist die Versteigerung ohne Beiziehung eines Sachverständigen abzuhalten.

(4) Gelangen Einrichtungsgegenstände oder Gegenstände minderen oder allgemein bekannten Wertes zur Versteigerung, so können diese ohne Beiziehung eines Sachverständigen geschätzt werden.

(5) Die Person des Sachverständigen wird bestimmt

1. bei einer Versteigerung in einem Versteigerungshaus von diesem,
2. bei einer Versteigerung im Internet bis zur Überstellung der Pfandgegenstände durch die Abgabenbehörde, nach dieser vom Versteigerer,

   *(BGBl I 2016/117, BGBl I 2019/104)*
3. sonst durch die Abgabenbehörde.

   *(BGBl I 2016/117, BGBl I 2019/104)*

(6) Personenbezogene Daten anderer Personen, die sich auf einem gepfändeten Gegenstand be-

finden, sind auf Antrag des Abgabenschuldners im Zuge der Schätzung zu löschen.

*(BGBl I 2018/32)*

### Durchführung der Versteigerung

**§ 45.** (1) Die gepfändeten Gegenstände werden durch den Vollstrecker, bei der Versteigerung im Versteigerungshaus durch einen Bediensteten des Versteigerungshauses und bei einer Versteigerung im Internet durch einen Versteigerer oder den Vollstrecker einer Abgabenbehörde, die über eine geeignete Internetplattform verfügt, versteigert. Bei der Versteigerung sind die Pfandstücke einzeln oder, wenn größere Mengen gleichartiger Gegenstände zum Verkaufe gelangen, auch partienweise unter Angabe des Schätzwertes (Ausrufspreis) auszubieten.

*(BGBl I 2019/104)*

(2) Die Zuziehung eines Ausrufers kann unterbleiben.

(3) Die Bieter brauchen kein Vadium zu erlegen.

(4) Anbote, die nicht wenigstens die Hälfte des Ausrufspreises erreichen, dürfen bei der Versteigerung nicht berücksichtigt werden.

(5) Gold- und Silbersachen dürfen nicht unter ihrem Metallwerte zugeschlagen werden.

**§ 46.** (1) Der Abgabenschuldner ist vom Bieten im eigenen und im fremden Namen ausgeschlossen. Vertreter des Abgabenschuldners sind zum Bieten nicht zugelassen. Gleiches gilt für den den Termin leitenden Vollstrecker, die Bediensteten des Versteigerungshauses sowie bei Versteigerungen im Internet für die Bediensteten des Versteigerers.

*(BGBl I 2016/117)*

(2) Jeder Bieter, dessen Anbot zugelassen wurde, bleibt an dasselbe gebunden, bis ein höheres Anbot abgegeben wird. Durch Einstellung des Verfahrens wird der Bieter von seiner Verpflichtung frei.

(3) Wird die Versteigerung im Internet durchgeführt, ist im Falle einer technischen Störung von mehr als eintägiger Dauer, welche die Abgabe von Geboten unmöglich macht, die Zeit der Störung nicht in die Frist, innerhalb der Gebote zulässig sind, einzurechnen.

*(BGBl I 2016/117)*

### Sonderbestimmungen für die Versteigerung im Internet

**§ 46a.** (1) Die gepfändeten Gegenstände dürfen erst dann im Internet angeboten werden, wenn sie

1. geschätzt sind und
2. sich in Verwahrung oder Verkaufsverwahrung befinden oder sonst gewährleistet ist, dass die Gegenstände dem Ersteher übergeben werden können.

(2) Sind mehrere Gegenstände zu versteigern und ist anzunehmen, dass der erzielte Erlös einiger Gegenstände zur Befriedigung der vollstreckbaren Forderungen, zur Deckung aller Nebengebühren dieser Forderungen sowie der Kosten der Exekution hinreicht, so sind vorerst nur diese zu versteigern.

(3) Bei der Versteigerung ist anzugeben:

1. der zu versteigernde Gegenstand,
2. das geringste Gebot,
3. der Schätzwert und die im Rahmen der Schätzung überprüfte Betriebstauglichkeit des Gegenstandes,
4. die Frist, innerhalb der Gebote zulässig sind. Diese Frist darf sieben Tage nicht unter- und vier Wochen nicht überschreiten,
5. ob der Ersteher eine Versendung des Gegenstandes auf seine Kosten verlangen kann,
6. die Adresse des Lagerungsortes des Gegenstandes und ob und wann er besichtigt werden kann,
7. dass Gewährleistungsansprüche ausgeschlossen sind, dass es kein Rücktrittsrecht gibt und dass die Versendung auf Gefahr des Erstehers erfolgt, sowie
8. der den Schätzwert um ein Viertel übersteigende Betrag unter Hinweis auf die Möglichkeit eines Sofortkaufs oder der Ausschluss der Möglichkeit eines Sofortkaufs (§ 46b).

*(BGBl I 2016/117)*

(4) Der Bekanntmachung ist eine Beschreibung und zumindest ein Foto des Pfandstückes und ein vorhandenes schriftliches Schätzungsgutachten anzuschließen.

(5) Bei Internetversteigerungen kann vorgesehen werden, dass das vom Bieter abgegebene Gebot ein Höchstgebot ist, innerhalb dessen Gebote als abgegeben gelten, bis das von einem anderen Bieter abgegebene Gebot übertroffen wird. Unzulässig ist die Abgabe von Geboten mittels eines automatisierten Datenverarbeitungsprogramms, das die Gebote beobachtet und unmittelbar vor Ablauf der Frist, innerhalb der Gebote zulässig sind, ein Gebot abgibt, das im Rahmen einer oberen Grenze nach Möglichkeit das aktuelle Höchstgebot überbietet, sodass dem Bieter, der den Datenverarbeitungsprozess verwendet, der Zuschlag erteilt wird. Gebote von Personen, die ein solches Programm verwenden, sind unwirksam.

*(BGBl I 2016/117)*

**§ 46b.** Solange kein Gebot abgegeben wurde kann bei einer Versteigerung im Internet der Gegenstand unter Entfall der Versteigerung zu einem Preise, der den Schätzwert um ein Viertel übersteigt, erworben werden. Dem Käufer ist der Zuschlag zu erteilen. Bei Sachen mit Liebhaberwert kann der Sofortkauf ausgeschlossen werden. Dies ist dem Abgabenschuldner bei Übermittlung des Versteigerungsediktes bekannt zu geben.

*(BGBl I 2016/117)*

**§ 46c.** Bei einer Versteigerung im Internet hat der Versteigerer dem Ersuchen der Abgabenbehörde oder des Vollstreckers auf Abbruch der Versteigerung zu entsprechen, solange noch kein Gebot abgegeben wurde. Kommt es aufgrund eines Widerspruchs von dritter Seite zu einer Einstellung des Vollstreckungsverfahrens, ist dem Ersuchen der Abgabenbehörde oder des Vollstreckers auf

Beendigung der Versteigerung auch dann zu entsprechen, wenn bereits ein Gebot abgegeben wurde.
*(BGBl I 2016/117, BGBl I 2019/104)*

### Aufforderung zum Bieten

**§ 47.** (1) Die Aufforderung zum Bieten darf erst nach Ablauf einer halben Stunde seit der als Beginn des Termines festgesetzten Zeit erfolgen.

(2) Die Versteigerung ist fortzusetzen, solange höhere Angebote abgegeben werden. Auf Verlangen eines oder mehrerer Bieter kann eine kurze Überlegungsfrist bewilligt werden.

(3) Vor dem Schluss der Versteigerung ist das letzte Anbot noch einmal vernehmlich bekannt zu machen.

### Erteilung des Zuschlags

**§ 48.** (1) Der Zuschlag an den Meistbietenden erfolgt, wenn ungeachtet einer zweimaligen an die Bieter gerichteten Aufforderung ein höheres Anbot nicht mehr abgegeben wird.

(2) Dem Meistbietenden kann bei den in § 43 Abs. 2 genannten Gegenständen, die im Versteigerungshaus verkauft werden, eine Zahlungsfrist von acht Tagen eingeräumt werden. Sonstige Gegenstände werden nur gegen Barzahlung verkauft.

(3) Dem Meistbietenden sind die Gegenstände erst nach Bezahlung zu übergeben. Er hat sie sofort danach oder bei der Versteigerung in einem Versteigerungshaus spätestens am folgenden Tag zu übernehmen und wegzubringen. Hat der Ersteher oder Käufer die Sachen nicht binnen drei Monaten weggebracht, so sind sie auf Anordnung der Abgabenbehörde zu verwerten. Mit dem dabei erzielten Erlös sind die aufgelaufenen Kosten zu decken. Ein Mehrerlös ist gerichtlich zu erlegen.
*(BGBl I 2019/104)*

(4) Hat der Meistbietende den in bar zu zahlenden Kaufpreis nicht über Aufforderung unverzüglich, sonst bis zum Schluss der Versteigerung erlegt, so kann die Versteigerung ausgehend von dem dem Gebot des Meistbietenden vorangehenden Gebot weitergeführt werden, wenn dies nach den Umständen tunlich ist; sonst ist die ihm zugeschlagene Sache bei einem neuen Termin neuerlich auszubieten. Der Meistbietende wird bei der neuerlichen Versteigerung zu einem Anbot nicht zugelassen; er haftet für einen etwaigen Ausfall, ohne den Mehrerlös beanspruchen zu können. Der Ausfall ist durch Bescheid der Abgabenbehörde festzusetzen. Dieser Bescheid kann nach den Bestimmungen dieses Bundesgesetzes vollstreckt werden.
*(BGBl I 2019/104)*

(5) Der Schluss der Versteigerung ist zu verkünden. Die Versteigerung wird auch geschlossen, sobald der erzielte Erlös zur Befriedigung hinreicht.

### Zuschlag bei Versteigerung im Internet

**§ 48a.** Nach Ablauf der Versteigerungsfrist ist der Zuschlag demjenigen zu erteilen, der bei Ablauf dieser Frist das höchste Anbot abgegeben hat. Der Ersteher ist von der Zuschlagserteilung zu verständigen.

### Protokoll

**§ 49.** Über die Versteigerung ist ein Protokoll aufzunehmen; es hat insbesondere die Zeit des Beginnes des Termins, der Aufforderung zur Abgabe von Anboten und des Schlusses der Versteigerung zu enthalten. Außerdem sind nebst den Ausrufpreisen die erzielten Meistbote und die Käufer anzugeben.

**§ 50.** (1) Die Abgabenbehörde kann, wenn dies allen Beteiligten offenbar zum Vorteile gereicht, auf Antrag des Abgabenschuldners oder von Amts wegen anordnen, daß die gepfändeten Sachen, die nicht zu den im § 38 bezeichneten Gegenständen gehören und hinsichtlich deren auch kein Übernahmsantrag nach § 40 vorliegt, in anderer Weise als durch öffentliche Versteigerung verwertet werden; doch muß der Antrag spätestens vierzehn Tage vor dem Versteigerungstermin gestellt werden. Der Verkauf aus freier Hand darf überdies nur gegen entsprechende Sicherheitsleistung und bei Zusicherung des namhaft gemachten Käufers, den bestimmten Kaufpreis zu bezahlen, angeordnet werden. Wird die Sicherheit erlegt, so ist der Versteigerungstermin abzusetzen. Hinsichtlich der Sicherheitsleistung sind die Bestimmungen des § 40 sinngemäß anzuwenden.
*(BGBl I 2016/117, BGBl I 2019/104)*

(2) Die Abgabenbehörde kann weiters von Amts wegen oder auf Antrag anordnen, daß Sachen, für die bei der Versteigerung das geringste Gebot nicht erreicht wurde, in anderer Weise als durch öffentliche Versteigerung verwertet werden. Jedoch darf bei dieser Verwertung nicht unter die Hälfte des Schätzungswertes und bei Gold- und Silbersachen, falls der Metallwert höher ist, nicht unter diesen herabgegangen werden.
*(BGBl I 2019/104)*

(3) Können Gegenstände nicht verkauft werden, so ist der Abgabenschuldner schriftlich aufzufordern, diese binnen zwei Wochen abzuholen. Die Gegenstände sind ihm auszufolgen, wenn er die entstandenen Kosten bezahlt.

(4) Wenn der Abgabenschuldner die Sachen nicht innerhalb der Frist des Abs. 3 abholt oder die Kosten nach Abs. 3 nicht bezahlt, können die Gegenstände auch zu einem die Hälfte des Schätzwertes nicht erreichenden Preis verkauft werden. Scheitert auch dieser Verwertungsversuch, so ist der Abgabenschuldner nochmals schriftlich aufzufordern, die Gegenstände binnen zwei Wochen abzuholen. Kommt er auch dieser Aufforderung nicht nach, so können die Gegenstände vernichtet werden. Auf diese Rechtsfolge ist in der Aufforderung hinzuweisen.

(5) Die Abgabenbehörde kann auf Antrag oder von Amts wegen verfügen, daß Pfandgegenstände geringeren Wertes ohne vorausgegangene besondere Bekanntmachung ihrer Versteigerung bei einer gegen einen anderen Abgabenschuldner an-

beraumten und bekanntgemachten Versteigerung versteigert werden.

*(BGBl I 2019/104)*

### Verwendung des Verkaufserlöses

**§ 51.** (1) Aus dem bei der Versteigerung erzielten Erlöse, einschließlich der gemäß § 40 oder § 50 verfallenen Sicherheit, abzüglich der Versteigerungs- und Schätzungskosten hat die Abgabenbehörde zunächst die Gebühren und Kosten des abgabenbehördlichen Vollstreckungsverfahrens (§ 26) zu berichtigen und den Rest auf die Abgabenforderung zu verrechnen; hierüber ist dem Abgabenschuldner ein Bescheid zuzustellen.

*(BGBl I 2019/104)*

(2) Die Bestimmungen des Abs. 1 gelten sinngemäß für die Verwendung eines auf andere Art erzielten Erlöses.

(3) Dritte können ihr besseres Recht nur im Wege der Klage geltend machen.

*(BGBl I 2009/151)*

### Erlös bei Versteigerung durch Versteigerer

**§ 51a.** Der Versteigerer hat der Abgabenbehörde den Ausgang der Versteigerung schriftlich mitzuteilen. Diese Mitteilung hat insbesondere den Beginn und das Ende der Versteigerung, die geringsten Gebote, die erzielten Erlöse, die Käufer, eine Auflistung der nicht versteigerten Gegenstände und eine Aufstellung der Kosten des Versteigerers zu enthalten, im Falle der Versteigerung im Internet zudem die Frist gemäß § 46a Abs. 3 Z 4 sowie Angaben über eine etwaige technische Störung der Versteigerung. Er hat binnen vier Wochen nach Versteigerung oder Verkauf der Abgabenbehörde den Erlös abzüglich seiner Kosten zu überweisen. Für spätere Zahlungen sind die gesetzlichen Verzugszinsen zu entrichten.

*(BGBl I 2016/117, BGBl I 2019/104)*

### Versendung und Ausschluss derselben

**§ 51b.** (1) Die Versandkosten für die Versendung des im Internet versteigerten Gegenstandes hat der Ersteher zu tragen. Dem Ersteher sind die Versandkosten bekannt zu geben; er hat binnen 14 Tagen das Meistbot samt den Versandkosten zu bezahlen. Nach Zahlungseingang ist der Gegenstand auf Gefahr des Erstehers zu versenden.

(2) Obliegt dem Vollstrecker die Versendung, so darf er die Übersendung an den Ersteher ausschließen, wenn sie einen erheblichen Aufwand erfordert. Der Ausschluss ist möglichst bei Bekanntgabe des Versteigerungstermins bekannt zu geben.

(3) Wird die Versendung ausgeschlossen oder begehrt der Ersteher die Selbstabholung, so hat dieser binnen 14 Tagen ab Verständigung von der Zuschlagserteilung den Gegenstand gegen Bezahlung des Meistbots abzuholen.

### Nicht abgeholte Gegenstände

**§ 51c.** Ist der Ersteher bei einer Versteigerung im Internet mit der Abholung oder Bezahlung des Meistbots und der Transportkosten säumig, so ist der Gegenstand neuerlich auszubieten. Die Sätze 2 bis 4 des § 48 Abs. 4 sind anzuwenden."

### Ausschluß von Rechtsmitteln

**§ 52.** Gegen Bescheide und Verfügungen, durch welche die Verwahrung gepfändeter Gegenstände, deren Schätzung vor dem Versteigerungstermine, die Übersendung an einen anderen Ort zum Zwecke des Verkaufes oder die Einbeziehung der gepfändeten Gegenstände in die in Ansehung anderer Pfandstücke bewilligte Versteigerung angeordnet oder ein Verwahrer ernannt wird, ferner gegen den Bescheid, welcher den Versteigerungstermin bestimmt, findet ein Rechtsmittel nicht statt.

## III. Abschnitt
## Vollstreckung auf grundbücherlich nicht sichergestellte Geldforderungen

### Arbeitseinkommen

**§ 53.** Im abgabenbehördlichen Vollstreckungsverfahren sind die Bestimmungen der §§ 290 bis einschließlich 291a, der §§ 291d, 291e, 292, 292d, 292e, 292f, ~~292g,~~ 292h Abs. 1~~, 292j~~ und 299a der EO sinngemäß anzuwenden.

*(BGBl I 2022/108 ab 20.7.2022)*

### Kontenschutz

**§ 54.** (1) Werden beschränkt pfändbare Geldforderungen auf ein Konto des Abgabenschuldners bei einem Kreditinstitut überwiesen, so ist eine Pfändung des Guthabens auf Antrag des Abgabenschuldners durch die Abgabenbehörde insoweit aufzuheben, als das Guthaben dem der Pfändung nicht unterworfenen Teil der Einkünfte für die Zeit von der Pfändung bis zum nächsten Zahlungstermin entspricht.

*(BGBl I 2019/104)*

(2) Wird ein bei einem Kreditinstitut gepfändetes Guthaben eines Abgabenschuldners, der eine natürliche Person ist, zur Einziehung überwiesen, so darf erst vierzehn Tage nach der Zustellung des Überweisungsbescheides an den Drittschuldner aus dem Guthaben geleistet oder der Betrag hinterlegt werden.

*(BGBl I 2019/104)*

(3) Die Abgabenbehörde hat die Pfändung des Guthabens über Antrag des Abgabenschuldners für den Teil aufzuheben, dessen dieser bis zum nächsten Zahlungstermin dringend bedarf, um seinen notwendigen Unterhalt zu bestreiten und seine laufenden gesetzlichen Unterhaltspflichten zu erfüllen. Der freigegebene Teil des Guthabens darf den Betrag nicht übersteigen, der dem Abgabenschuldner voraussichtlich nach Abs. 1 zu belassen ist. Der Abgabenschuldner hat im Antrag wenigstens glaubhaft zu machen, daß beschränkt pfändbare Geldforderungen auf das Konto überwiesen worden sind und daß die Voraussetzungen des ersten Satzes vorliegen.

*(BGBl I 2019/104)*

**§§ 55. bis 58.** (aufgehoben)

**Pfändungsschutz in Ausnahmefällen**

**§ 59.** (1) Die Abgabenbehörde kann auf Antrag des Abgabenschuldners den unpfändbaren Freibetrag (§ 291a EO) erhöhen, wenn dies mit Rücksicht

a) auf besondere Bedürfnisse des Abgabenschuldners aus persönlichen oder beruflichen Gründen oder

b) auf besonders umfangreiche gesetzliche Unterhaltspflichten des Abgabenschuldners oder

c) auf eine zu erwartende Steuermehrbelastung aufgrund mehrerer Arbeitsverhältnisse

geboten ist.

*(BGBl I 2016/117, BGBl I 2019/104)*

(2) Die Abgabenbehörde kann den unpfändbaren Freibetrag (§ 291 a EO) herabsetzen, wenn der Abgabenschuldner im Rahmen des Arbeitsverhältnisses Leistungen von Dritten erhält, die nicht von § 290 a Abs. 2 EO erfaßt werden.

*(BGBl I 2019/104)*

**Änderung der Unpfändbarkeitsvoraussetzungen**

**§ 60.** Ändern sich die für die Berechnung des unpfändbaren Freibetrages maßgebenden Voraussetzungen, so hat die Abgabenbehörde auf Antrag des Abgabenschuldners den Pfändungsbescheid entsprechend zu ändern. Antragsberechtigt ist auch ein Dritter, dem der Abgabenschuldner kraft Gesetzes Unterhalt zu gewähren hat. Der Drittschuldner kann nach dem Inhalt des früheren Pfändungsbescheides mit befreiender Wirkung leisten, bis ihm der Änderungsbescheid zugestellt wird.

*(BGBl I 2019/104)*

**§§ 61. bis 63.** (aufgehoben)

**Zwingendes Recht**

**§ 64.** (1) Die Anwendung der Pfändungsbeschränkungen kann durch ein zwischen dem Abgabenschuldner und der Republik Österreich getroffenes Übereinkommen weder ausgeschlossen noch beschränkt werden.

(2) Jede diesen Vorschriften widersprechende Verfügung durch Abtretung, Anweisung, Verpfändung oder durch ein anderes Rechtsgeschäft ist ohne rechtliche Wirkung.

(3) Die Aufrechnung gegen den der Vollstreckung entzogenen Teil der Forderung ist, abgesehen von den Fällen, wo nach bereits bestehenden Vorschriften Abzüge ohne Beschränkung auf den der Vollstreckung unterliegenden Teil gestattet sind, nur zulässig zur Einbringung eines Vorschusses, einer im rechtlichen Zusammenhang stehenden Gegenforderung oder einer Schadenersatzforderung, wenn der Schaden vorsätzlich zugefügt wurde.

*(BGBl I 2019/104)*

(4) Ein Übereinkommen, wodurch einer Forderung bei ihrer Begründung oder später die Eigenschaft einer Forderung anderer Art beigelegt wird, um sie ganz oder teilweise der Vollstreckung oder der Veranschlagung bei Berechnung des der Vollstreckung unterliegenden Teiles von Gesamtbezügen zu entziehen, ist ohne rechtliche Wirkung.

**Pfändung**

**§ 65.** (1) Die Vollstreckung auf Geldforderungen des Abgabenschuldners erfolgt mittels Pfändung derselben. Im Pfändungsbescheid sind die Höhe der Abgabenschuld und der Gebühren und Auslagenersätze (§ 26) anzugeben. Sofern nicht die Bestimmung des § 67 zur Anwendung kommt, geschieht die Pfändung dadurch, daß die Abgabenbehörde dem Drittschuldner verbietet, an den Abgabenschuldner zu bezahlen. Zugleich ist dem Abgabenschuldner selbst jede Verfügung über seine Forderung sowie über das für dieselbe etwa bestellte Pfand und insbesondere die Einziehung der Forderung zu untersagen. Ihm ist aufzutragen, bei beschränkt pfändbaren Geldforderungen unverzüglich dem Drittschuldner allfällige Unterhaltspflichten und das Einkommen der Unterhaltsberechtigten bekanntzugeben.

*(BGBl I 2019/104)*

(2) Sowohl dem Drittschuldner wie dem Abgabenschuldner ist hiebei mitzuteilen, daß die Republik Österreich an der betreffenden Forderung ein Pfandrecht erworben hat. Das Zahlungsverbot ist mit Zustellnachweis zuzustellen, wobei die Zustellung an einen Ersatzempfänger zulässig ist.

(3) Die Pfändung ist mit Zustellung des Zahlungsverbotes an den Drittschuldner als bewirkt anzusehen.

(4) Der Drittschuldner kann das Zahlungsverbot anfechten oder bei der Abgabenbehörde die Unzulässigkeit der Vollstreckung nach den darüber bestehenden Vorschriften geltend machen.

*(BGBl I 2019/104)*

(5) Ein für die gepfändete Forderung bestelltes Handpfand kann in Verwahrung genommen werden.

**§ 66.** Wird auf eine Geldforderung Vollstreckung geführt, die dem Abgabenschuldner wider die Republik Österreich oder gegen eine juristische Person des öffentlichen Rechts gebührt, so ist das Zahlungsverbot der Stelle, die zur Anweisung der betreffenden Zahlung berufen ist, und auch dem Organe (Kasse oder Rechnungsdepartement, Rechnungsabteilung), das zur Liquidierung der dem Abgabenschuldner gebührenden Zahlung berufen ist, zuzustellen. Mit der Zustellung des Zahlungsverbotes an die anweisende Stelle ist die Pfändung als bewirkt anzusehen. Inwiefern das liquidierende Organ infolge eines empfangenen Zahlungsverbotes die Auszahlung fälliger Beträge an den Abgabenschuldner vorläufig zurückzuhalten befugt ist, bestimmt sich nach den dafür bestehenden Vorschriften.

**§ 67.** (1) Die Pfändung von Forderungen aus indossablen Papieren, aus Sparurkunden sowie solchen, deren Geltendmachung sonst an den Besitz des über die Forderung errichteten Papieres gebunden ist, wird dadurch bewirkt, daß der Vollstrecker diese Papiere zufolge Auftrages der Abgabenbehörde unter Aufnahme eines Pfändungsprotokolls (§ 31) an sich nimmt und bei der Abgabenbehörde erlegt.

*(BGBl I 2019/104)*

(2) Für eine spätere Pfändung derselben Forderung gilt die Bestimmung des § 32.

(3) Präsentationen, Protesterhebungen, Notifikationen und sonstige Handlungen zur Erhaltung oder Ausübung der Rechte aus den in Abs. (1) bezeichneten Papieren sind, insolange das Papier bei der Abgabenbehörde erliegt, zufolge Ermächtigung der Abgabenbehörde durch den Vollstrecker an Stelle des Abgabenschuldners vorzunehmen. Die Ermächtigung, solche Handlungen mit Rechtswirksamkeit vorzunehmen, kann dem Vollstrecker von Amts wegen oder auf Antrag des Abgabenschuldners erteilt werden.

*(BGBl I 2019/104)*

(4) Insbesondere kann der Vollstrecker durch die Abgabenbehörde, falls Gefahr im Verzuge ist, ermächtigt werden, die fällige Forderung aus einem derartigen bei der Abgabenbehörde erliegenden Papier einzuziehen. Die eingehenden Beträge sind beim Finanzamt zu hinterlegen; das für die Republik Österreich an der Forderung begründete Pfandrecht erstreckt sich auf diese Forderungseingänge.

*(BGBl I 2019/104)*

(5) Wenn die Einklagung der Forderung zur Unterbrechung der Verjährung oder zur Vermeidung sonstiger Nachteile nötig erscheint, hat das Bezirksgericht, in dessen Sprengel der Abgabenschuldner seinen Wohnsitz oder Sitz (§§ 26 und 27 BAO) hat, auf dessen Antrag zu diesem Zweck einen Kurator zu bestellen.

*(BGBl I 2019/104)*

**§ 68.** (1) Das Pfandrecht, welches durch die Pfändung einer Gehaltsforderung oder einer anderen in fortlaufenden Bezügen bestehenden Forderung erworben wird, erstreckt sich auch auf die nach der Pfändung fällig werdenden Bezüge, das an einer verzinslichen Forderung erwirkte Pfandrecht auf die nach der Pfändung fällig werdenden Zinsen. Wird ein Arbeitsverhältnis oder ein anderes Rechtsverhältnis, das einer in fortlaufenden Bezügen bestehenden Forderung zugrunde liegt, nicht mehr als ein Jahr unterbrochen, so erstreckt sich die Wirksamkeit des Pfandrechtes auch auf die gegen denselben Drittschuldner nach der Unterbrechung entstehenden und fällig werdenden Forderungen. Es gilt auch als Unterbrechung, wenn der Anspruch neuerlich geltend zu machen ist, nicht jedoch, wenn das Arbeitsverhältnis oder sonstige Rechtsverhältnis aufrecht bleibt. Eine Karenzierung ist jedoch keine Unterbrechung.

(2) Durch Pfändung eines Diensteinkommens wird insbesondere auch dasjenige Einkommen getroffen, welches der Abgabenschuldner infolge einer Erhöhung seiner Bezüge, infolge Übertragung eines neuen Amtes, Versetzung in ein anderes Amt oder infolge Versetzung in den Ruhestand erhält. Diese Bestimmung findet jedoch auf den Fall der Änderung des Dienstgebers keine Anwendung. Sinkt das Arbeitseinkommen unter den unpfändbaren Betrag, übersteigt es aber wieder diesen Betrag, so erstreckt sich die Wirksamkeit des Pfandrechts auch auf die erhöhten Bezüge. Diese Bestimmungen gelten hinsichtlich der Erhöhung der Bezüge und des Satzes 3 auch für andere Forderungen, die in fortlaufenden Bezügen bestehen.

(3) Ein Pfandrecht wird auch dann begründet, wenn eine Gehaltsforderung oder eine andere in fortlaufenden Bezügen bestehende Forderung zwar nicht im Zeitpunkt der Zustellung des Zahlungsverbots, aber später den unpfändbaren Betrag übersteigt.

**§ 69.** (1) Wird zu verschiedenen Zeiten die Pfändung derselben Forderung erwirkt, so ist für die Beurteilung der Priorität der hiedurch erworbenen Rechte bei Forderungen aus den im § 67 bezeichneten Papieren der Zeitpunkt maßgebend, in dem das Papier vom Vollstrecker in Verwahrung genommen oder die spätere Pfändung auf dem bereits vorhandenen Pfändungsprotokolle angemerkt wurde.

(2) In allen übrigen Fällen richtet sich die Rangordnung der Pfandrechte nach dem Zeitpunkte, in welchem die zugunsten der einzelnen Forderungen erlassenen Zahlungsverbote an den Drittschuldner oder bei Forderungen an die Republik Österreich oder gegen eine andere juristische Person des öffentlichen Rechts an die Stelle gelangt sind, welche zur Anweisung der betreffenden Zahlung berufen ist.

(3) Erfolgt die Besitznahme der im Abs. 1 bezeichneten Papiere gleichzeitig zugunsten mehrerer Forderungen oder kommen mehrere Zahlungsverbote dem Drittschuldner oder bei Forderungen gegen eine juristische Person des öffentlichen Rechts der anweisenden Stelle am nämlichen Tage zu, so stehen die hiedurch begründeten Pfandrechte im Range einander gleich. Bei Unzulänglichkeit des gepfändeten Anspruchs sind sodann die zu vollstreckenden Forderungen samt Nebengebühren nach Verhältnis ihrer Gesamtbeträge zu berichtigen.

(4) Die Verpfändung einer Forderung steht der Begründung eines abgabenbehördlichen Pfandrechtes nicht entgegen. Die Abs. 2 und 3 über die Rangordnung der Pfandrechte sind sinngemäß anzuwenden. Bei einer Gehaltsforderung oder einer anderen in fortlaufenden Bezügen bestehenden Forderung erfasst das vertragliche Pfandrecht nur die Bezüge, die fällig werden, sobald der Anspruch gerichtlich geltend gemacht oder ein Anspruch auf Verwertung besteht und die gerichtliche Geltendmachung bzw. der Verwertungsanspruch dem Drittschuldner angezeigt wurde. Der Drittschuldner hat Zahlungen auf Grund des vertraglichen Pfandrechts erst vorzunehmen, sobald dessen Gläubiger einen Anspruch auf Verwertung hat und dies dem Drittschuldner angezeigt wurde. Die Bestimmungen des § 72 gelten sinngemäß.

*(BGBl I 2019/104)*

**§ 70.** (1) Die Abgabenbehörde kann dem Drittschuldner auftragen, sich binnen vier Wochen darüber zu erklären,

1. ob und inwieweit er die gepfändete Forderung als begründet anerkenne und Zahlung zu leisten bereit sei;
2. ob und von welchen Gegenleistungen seine Zahlungspflicht abhängig sei;
3. ob und welche Ansprüche andere Personen auf die gepfändete Forderung erheben, insbesondere ob eine freiwillige Verpfändung oder eine Übertragung vorliegt;
4. ob und wegen welcher Ansprüche zugunsten anderer Gläubiger an der Forderung ein Pfandrecht bestehe, auch wenn das Verfahren nach § 291 c Abs. 2 EO eingestellt wurde;
5. ob und von welchem Gläubiger sowie bei welchem Gerichte die gepfändete Forderung eingeklagt sei;
6. bei beschränkt pfändbaren Geldforderungen: entsprechend den Angaben des Abgabenschuldners, ob und in welcher Höhe diesen Unterhaltspflichten treffen sowie ob und in welcher Höhe die Unterhaltsberechtigten ein eigenes Einkommen beziehen;
7. bei Arbeitsentgelt: ob der Arbeitnehmer Anspruch auf einen Teil des Entgelts gegen einen Dritten hat, wenn ja, welcher Teil und von wem.

*(BGBl I 2019/104)*

(2) Hat der Drittschuldner seine Pflichten nach Abs. 1 schuldhaft nicht, vorsätzlich oder grob fahrlässig unrichtig oder unvollständig erfüllt, so ist dem Drittschuldner trotz Obsiegens im Drittschuldnerprozeß (§ 308 EO) der Ersatz der Kosten des Verfahrens aufzuerlegen. § 43 Abs. 2 ZPO gilt sinngemäß. Überdies haftet der Drittschuldner der Abgabenbehörde für den Schaden, der dadurch entsteht, daß er seine Pflichten schuldhaft überhaupt nicht, vorsätzlich oder grob fahrlässig unrichtig oder unvollständig erfüllt hat. Diese Folgen sind dem Drittschuldner bei Zustellung des Auftrages bekanntzugeben.

*(BGBl I 2019/104)*

(3) Wurde eine wiederkehrende Forderung gepfändet, so hat der Drittschuldner die Abgabenbehörde von der nach wie vor bestehenden Beendigung des der Forderung zugrunde liegenden Rechtsverhältnisses innerhalb einer Woche nach Ende des Monats, der dem Monat folgt, in dem das Rechtsverhältnis beendet wurde, zu verständigen. Abs. 2 ist anzuwenden, wobei die Haftung auf 1 000 Euro je Bezugsende beschränkt ist.

*(BGBl I 2019/104)*

(4) Die für den Drittschuldner mit der Abgabe der Erklärung verbundenen Kosten sind einstweilen von der Republik Österreich zu tragen. Sie gelten als Kosten des Vollstreckungsverfahrens. § 302 Abs. 1 EO ist anzuwenden.

### Überweisung

**§ 71.** (1) Die gepfändete Geldforderung ist der Republik Österreich nach Maßgabe des für sie begründeten Pfandrechtes unter Bedachtnahme auf § 73 zur Einziehung zu überweisen. Wenn an den Drittschuldner ein Auftrag im Sinne des § 70 erging, ist mit der Überweisung bis zum Ablaufe der Äußerungsfrist zu warten.

(2) Gründet sich die Forderung auf ein durch Indossament übertragbares Papier, auf eine Sparurkunde oder ist sonst deren Geltendmachung an den Besitz des über die Forderung errichteten Papiers gebunden, so ist die Überweisung nur im Gesamtbetrag der gepfändeten Forderung zulässig. Dasselbe gilt, wenn die gepfändete Forderung aus anderen Gründen in Ansehung der Übertragung oder Geltendmachung nicht teilbar ist.

(3) Die Überweisung geschieht durch Zustellung des Überweisungsbescheides an den Drittschuldner, bei Forderungen aus indossablen Papieren aber, bei Forderungen aus einer Sparurkunde sowie bei Forderungen, deren Geltendmachung sonst an den Besitz des über die Forderung errichteten Papieres gebunden ist, durch Übergabe des mit der erforderlichen schriftlichen Übertragungserklärung versehenen Papiers. Diese Übertragungserklärung ist durch die Abgabenbehörde oder in ihrem Auftrag vom Vollstrecker abzugeben.

*(BGBl I 2019/104)*

(4) Der Abgabenschuldner hat die zur Geltendmachung der überwiesenen Forderung nötigen Auskünfte zu erteilen und die über die Forderung vorhandenen Urkunden herauszugeben.

**§ 72.** (1) Wird die zur Einziehung überwiesene Forderung auch von anderen Personen in Anspruch genommen, so ist der Drittschuldner bei Vorliegen einer unklaren Sach- und Rechtslage befugt und auf Begehren eines Überweisungsgläubigers verpflichtet, den Betrag der Forderung samt Nebengebühren nach Maßgabe ihrer Fälligkeit zugunsten aller dieser Personen beim Exekutionsgericht unter Bedachtnahme auf § 80 Abs. 6, in Ermangelung eines solchen bei Gericht zu hinterlegen (§ 1425 ABGB).

(2) Falls wegen Bezahlung der Forderung gegen den Drittschuldner Klagen anhängig gemacht wurden, kann dieser nach Bewirkung des Erlages beim Prozeßgerichte beantragen, aus dem Rechtsstreite entlassen zu werden.

**§ 73.** (1) Die Überweisung zur Einziehung ermächtigt die Republik Österreich, namens des Abgabenschuldners vom Drittschuldner die Entrichtung des im Überweisungsbescheid bezeichneten Betrages nach Maßgabe des Rechtsbestandes der gepfändeten Forderung und des Eintrittes ihrer Fälligkeit zu begehren, den Eintritt der Fälligkeit durch Einmahnung oder Kündigung herbeizuführen, alle zur Erhaltung und Ausübung des Forderungsrechtes notwendigen Präsentationen, Protesterhebungen, Notifikationen und sonstigen Handlungen vorzunehmen, Zahlung zur Befriedigung des Abgabenanspruches und in Anrechnung auf denselben in Empfang zu nehmen, die nicht rechtzeitig und ordnungsmäßig bezahlte Forderung gegen den Drittschuldner in Vertretung des Abgabenschuldners einzuklagen und das für die überwiesene Forderung begründete Pfandrecht geltend zu machen. Der Überweisungsbescheid ermächtigt jedoch die Republik Österreich nicht, auf Rechnung des Abgabenschuldners über die zur Einziehung überwiesene Forderung Vergleiche zu schließen, dem Drittschuldner seine Schuld zu erlassen oder die Entscheidung über den Rechtsbestand der Forderung Schiedsrichtern zu übertragen.

(2) Einwendungen, welche aus den zwischen der Republik Österreich und dem Drittschuldner bestehenden rechtlichen Beziehungen entspringen, können der Klage nicht entgegengestellt werden.

(3) Eine vom Abgabenschuldner vorgenommene Abtretung der überwiesenen Forderung ist auf die durch die Überweisung begründeten Befugnisse der Republik Österreich und insbesondere auf deren Recht, die Leistung des Forderungsgegenstandes zu begehren, ohne Einfluß.

(4) Durch die Zahlung des Drittschuldners wird die Forderung bis zur Höhe des nach Maßgabe des Pfandrechtes gebührenden Betrages getilgt.

(5) Der Drittschuldner wird nach Verhältnis der von ihm an den Überweisungsgläubiger geleisteten Zahlung von seiner Verbindlichkeit befreit.

(6) Die dem Drittschuldner erteilten Zahlungsbestätigungen haben dieselbe Wirkung, als wenn sie vom Abgabenschuldner selbst ausgegangen wären.

**§ 74.** (1) Die Republik Österreich, die die überwiesene Forderung einklagt, hat dem Abgabenschuldner, wenn dessen Wohnort bekannt und im Inlande befindlich ist, gerichtlich den Streit zu verkünden.

(2) Die Verzögerung der Beitreibung einer zur Einziehung überwiesenen Forderung sowie die Unterlassung der Streitverkündigung macht den Überweisungsgläubiger, dem die Forderung überwiesen wurde, für allen dem Abgabenschuldner sowie den übrigen auf dieselbe Forderung Vollstreckung führenden Gläubigern dadurch verursachten Schaden haftbar.

## IV. Abschnitt
## Vollstreckung auf Ansprüche auf Herausgabe und Leistung beweglicher körperlicher Sachen

### Pfändung

**§ 75.** (1) Die Pfändung von Ansprüchen des Abgabenschuldners, welche die Herausgabe und Leistung beweglicher körperlicher Sachen zum Gegenstande haben, erfolgt nach den Vorschriften der §§ 65 bis 67.

(2) Auf die weiteren Vollstreckungsschritte haben die Vorschriften der §§ 69 ff. unter Berücksichtigung der folgenden Bestimmungen sinngemäße Anwendung zu finden.

### Beitreibung

**§ 76.** (1) Wurde ein Anspruch auf Herausgabe oder Leistung von beweglichen körperlichen Sachen zur Einziehung überwiesen, so hat der Drittschuldner nach Fälligkeit des Anspruches die Sache dem Vollstrecker herauszugeben.

(2) Auf die Verwertung der geleisteten Sache finden die Bestimmungen über den Verkauf gepfändeter beweglicher Sachen Anwendung.

(3) Für die Verwendung des Verkaufserlöses gilt § 51 sinngemäß.

(4) § 72 gilt auch in bezug auf Ansprüche auf Herausgabe und Leistung beweglicher körperlicher Sachen.

### Ausschluß von Rechtsmitteln

**§ 77.** (1) Ein Rechtsmittel ist unstatthaft gegen Bescheide, welche

1. dem Abgabenschuldner nach der Pfändung die Verfügung über das gepfändete Recht und das für die gepfändete Forderung bestellt Pfand untersagen (§ 65 Abs. 1 und 5);
2. dem Drittschuldner die Abgabe einer Erklärung nach § 70 auftragen;
3. die Überweisung der gepfändeten Forderung verfügen (§ 71 Abs. 3).

(2) In betreff der Beschlüsse, durch welche die Verwahrung von Gegenständen angeordnet oder ein Verwahrer ernannt wird, gelten die Bestimmungen des § 52.

## II. Teil
## Sicherung

**§ 78.** (1) Auf Grund eines Sicherstellungsauftrages (§ 232 der Bundesabgabenordnung) kann zur Sicherung von Abgaben und Abgabenstrafen schon vor Eintritt der Rechtskraft oder vor Ablauf der für die Leistung bestimmten Frist die Vornahme von Vollstreckungshandlungen angeordnet werden.

(2) Zur Sicherung kann nur die Pfändung und Verwahrung beweglicher körperlicher Sachen und die Pfändung grundbücherlich nicht sichergestellter Geldforderungen und von Ansprüchen auf Herausgabe und Leistung beweglicher körperlicher Sachen vorgenommen werden. Wäre mit der Verzögerung der Geltendmachung der gepfändeten Forderung oder des gepfändeten Anspruches eine Gefährdung der Einbringlichkeit oder der Verlust von Regressrechten gegen dritte Personen verbunden, so kann die Überweisung zur Einziehung ausgesprochen werden. Auf Grund der verfügten Einziehung eingehende Beträge oder herausgegebene oder geleistete Sachen sind von der Abgabenbehörde in Verwahrung zu nehmen. Eine Verrechnung auf die Abgabenschulden und eine Verwertung der Sachen ist erst nach Eintritt der Vollstreckbarkeit und Wegfall von Einbringungshemmnissen (§ 230 BAO) zulässig. § 41a bleibt unberührt.

*(BGBl I 2019/104)*

(3) Im übrigen sind die Bestimmungen des I. Teiles sinngemäß anzuwenden. Das Bundesministerium für Finanzen kann hinsichtlich der Gebühren und Kosten des Sicherstellungsverfahrens von den Grundsätzen des § 26 abweichende Anordnungen über die Voraussetzungen des Eintrittes der Zahlungspflicht treffen.

## III. Teil
## Zusammentreffen einer finanzbehördlichen mit einer gerichtlichen Vollstreckung

*(BGBl I 2019/104)*

**I. Abschnitt**
**Vollstreckung auf bewegliche körperliche Sachen**

**§ 79.** (1) Die Pfändung erfolgt durch die Abgabenbehörde oder das Gericht getrennt nach den hiefür geltenden Vorschriften.

*(BGBl I 2019/104)*

(2) Sobald die Abgabenbehörde von einem bei Gericht anhängigen Verwertungsverfahren auf bewegliche körperliche Sachen verständigt ist, hat sie ihr Verwertungsverfahren, soweit es die gleichen Sachen betrifft, abzubrechen und dessen weitere Durchführung dem Gericht zu überlassen. Der Abgabenschuldner ist hiervon zu verständigen. Im Fall der Ergebnislosigkeit des gerichtlichen Verwertungsverfahrens kann die Abgabenbehörde ihr Verfahren fortsetzen.

*(BGBl I 2019/104)*

(3) Die Berücksichtigung abgabenbehördlicher Pfandrechte im gerichtlichen Verwertungsverfahren und die Verwendung des Verkaufserlöses durch das Gericht erfolgt ebenso nach den Vorschriften des § 567 der Geschäftsordnung für die Gerichte I. und II. Instanz (Geo.), BGBl. Nr. 264/1951, wie der Erlag des Verkaufserlöses durch die Abgabenbehörden betreffend einen Gegenstand, an dem ein gerichtliches Pfandrecht begründet war.

*(BGBl I 2019/104)*

(4) (aufgehoben)

*(BGBl I 2019/104)*

**II. Abschnitt**
**Vollstreckung auf grundbücherlich nicht sichergestellte Geldforderungen und auf Ansprüche auf Herausgabe und Leistung beweglicher körperlicher Sachen**

**§ 80.** (1) Die Pfändung erfolgt durch die Abgabenbehörde oder das Gericht getrennt nach den hiefür geltenden Vorschriften.

*(BGBl I 2019/104)*

(2) Insoweit eine Forderung zur Einziehung einem Gläubiger überwiesen wurde, ist eine neuerliche Überweisung an einen anderen Gläubiger unstatthaft.

(3) Jeder Gläubiger, für den die Forderung gepfändet ist, kann auf seine Kosten einem Rechtsstreit des Überweisungsgläubigers gegen den Drittschuldner als Nebenintervenient beitreten. Die Entscheidung, welche in diesem Rechtsstreit über die in der Klage geltend gemachte Forderung gefällt wird, ist für und gegen sämtliche Gläubiger wirksam, zu deren Gunsten die Pfändung der Forderung erfolgt.

(4) Im Falle der Verzögerung der Beitreibung kann überdies jeder andere auf dieselbe Forderung Exekution führende Gläubiger den Antrag stellen, daß die Überweisung der Forderung an den säumigen Gläubiger aufgehoben und behufs Einziehung der gepfändeten Forderung vom Exekutionsgerichte ein Kurator bestellt werde. Vor der Entscheidung über einen solchen Antrag ist der betreibende Gläubiger einzuvernehmen, dem die Forderung überwiesen wurde.

(5) Von Amts wegen oder auf Antrag kann zur Einziehung der Forderung ein Kurator vom Exekutionsgerichte bestellt werden, wenn dieselbe Forderung nach Teilbeträgen verschiedenen Gläubigern zur Einziehung überwiesen wird und sich diese über die Bestellung eines gemeinsamen Bevollmächtigten nicht einigen. Das weitere Verfahren bestimmt sich nach **„§ 315 Abs. 1 EO“**.

*(BGBl I 2019/104, BGBl I 2022/108 ab 20.7.2022)*

(6) Erlegt der Drittschuldner den Betrag zu Gericht (§ 307 EO), so sind abgabenbehördliche Pfandrechte in dem im abgabenbehördlichen Vollstreckungsverfahren begründeten Rang bei der Verteilung durch das Gericht auf Anmelden zu berücksichtigen.

*(BGBl I 2019/104)*

**§ 81.** Auf die Verwertung einer an den Vollstrecker herausgegebenen beweglichen körperlichen Sache gemäß § 76 findet § 79 Abs. 2 und 3 sinngemäß Anwendung.

*(BGBl I 2019/104)*

**§ 82.** (aufgehoben)

*(BGBl I 2019/104)*

**§ 83.** (aufgehoben)

**III. Hauptstück**
**Zusammentreffen mehrerer nichtgerichtlicher Vollstreckungen**

**I. Teil**
**Allgemeine Grundsätze**

**§ 84.** Trifft eine abgabenbehördliche Vollstreckung im Sinn des I. und II. Teiles des II. Hauptstückes mit einer anderen nichtgerichtlichen Vollstreckung zusammen, so gelten die folgenden Bestimmungen.

*(BGBl I 2019/104)*

**II. Teil**
**Vollstreckung auf bewegliche körperliche Sachen**

**§ 85.** (1) Die Pfändung erfolgt durch die Abgabenbehörde oder die andere nichtgerichtliche Vollstreckungsbehörde getrennt nach den hiefür geltenden Vorschriften.

*(BGBl I 2019/104)*

(2) Soweit die Abgabenbehörde und die andere Vollstreckungsbehörde (Abs. 1) nicht eine andere Vereinbarung treffen, führt jene Vollstreckungsbehörde die Verwertung durch, die das Verwertungsverfahren als erste angeordnet hat.

*(BGBl I 2019/104)*

(3) Bei der Verwendung des Verkaufserlöses durch die Abgabenbehörde oder die andere Vollstreckungsbehörde gemäß Abs. 1 sind die Pfandrechte in dem im Vollstreckungsverfahren begründeten Rang zu berücksichtigen.

*(BGBl I 2019/104)*

(4) Hat eine Vollstreckungsbehörde im Sinne des § 2 Abs. 2 lit. b bewegliche körperliche Sachen gepfändet, hat sie hiervon das Bezirksgericht, in dessen Sprengel die Pfändung vorgenommen wurde (§ 18 Z 4 EO) durch Übersendung des Pfändungsprotokolls oder eines kurzen Auszuges daraus zu verständigen. § 8 Abs. 1 und 3 sind auch von den Vollstreckungsbehörden gemäß § 2 Abs. 2 lit. b zu beachten.

*(BGBl I 2019/104, BGBl I 2022/108 ab 20.7.2022)*

(5) Vor Einleitung eines Verwertungsverfahrens haben die in § 2 Abs. 2 lit. b bezeichneten Vollstreckungsbehörden und die für den Abgabenschuldner zuständige Abgabenbehörde einander zu verständigen, wobei die Verständigungspflicht jene Behörde trifft, die das Verwertungsverfahren einleiten will. Hat die jeweils andere Behörde an dem zu verwertenden Gegenstand ein Pfandrecht erworben, so haben beide Behörden hinsichtlich der Durchführung des Verwertungsverfahrens eine Vereinbarung zu treffen, die dem Abgabenschuldner zur Kenntnis zu bringen ist.

*(BGBl I 2019/104)*

(6) Bei der Verwendung des Verwertungserlöses sind Pfandrechte der jeweils anderen Behörde nach ihrem Rang zu berücksichtigen.

*(BGBl I 2019/104)*

(7) Im Fall der Ergebnislosigkeit des von einer Behörde eingeleiteten Verwertungsverfahrens kann die jeweils andere Behörde ihr Verwertungsverfahren fortsetzen.

*(BGBl I 2019/104)*

## III. Teil
## Vollstreckung auf grundbücherlich nicht sichergestellte Geldforderungen und auf Ansprüche auf Herausgabe und Leistung beweglicher körperlicher Sachen

**§ 86.** (1) Die Pfändung erfolgt durch die Abgabenbehörde oder die andere Vollstreckungsbehörde (§ 85 Abs. 1) getrennt nach den hiefür geltenden Vorschriften.

*(BGBl I 2019/104)*

(2) Insoweit eine Forderung zur Einziehung einem Gläubiger überwiesen wurde, ist eine neuerliche Überweisung an einen anderen Gläubiger unstatthaft.

(3) § 85 ist sinngemäß anzuwenden.

*(BGBl I 2019/104)*

## IV. Hauptstück
## Ersatzvornahme, unmittelbarer Zwang und Verwertung sonstiger Pfandrechte an beweglichen Sachen

**§ 86a.** (1) Wenn der nach den Abgabenvorschriften zu einer Arbeits- oder Naturalleistung Verpflichtete dieser Pflicht nicht oder nicht vollständig nachgekommen ist, so kann die mangelnde Leistung nach vorheriger Androhung auf Gefahr und Kosten des Verpflichteten bewerkstelligt werden (Ersatzvornahme).

(2) Die Abgabenbehörde kann in einem solchen Fall dem Verpflichteten die Vorauszahlung der voraussichtlichen Kosten gegen nachträgliche Verrechnung auftragen.

**§ 86b.** Sofern die Abgabenvorschriften nicht anderes bestimmen, kann der einer behördlichen Anordnung entsprechende Zustand durch Anwendung unmittelbaren Zwanges hergestellt werden, wenn die Anordnung auf andere Weise nicht oder nicht rechtzeitig durchsetzbar wäre.

**§ 87.** Die Verwertung von beweglichen Sachen, die nach Abgabenvorschriften für eine Abgabenschuld haften oder als Sicherheit dienen, hat unter sinngemäßer Anwendung der Vorschriften über die Verwertung beweglicher körperlicher Sachen (§§ 37 bis 52) zu erfolgen.

## V. Hauptstück
## Übergangs- und Schlußbestimmungen

**§ 88.** Die im Zeitpunkt des Wirksamkeitsbeginnes dieses Bundesgesetzes anhängigen Vollstreckungsverfahren sind nach den Vorschriften dieses Bundesgesetzes weiter zu führen.

**§ 89.** Mit dem Wirksamkeitsbeginn dieses Bundesgesetzes werden aufgehoben

1. die nach dem 13. März 1938 eingeführten reichsrechtlichen Vorschriften über das Verfahren zur Einbringung und Sicherung von Abgaben, insbesondere
   a) die §§ 325 bis 380 der Abgabenordnung vom 22. Mai 1931, Deutsches R.G.Bl. I S. 161;
   b) die Verordnung über die Kosten des Mahn- und Zwangsverfahrens nach der Reichsabgabenordnung vom 21. April 1923, Deutsches R.G.Bl. I S. 259, in der durch Artikel XVI, § 2, der Zweiten Steuernotverordnung vom 19. Dezember 1923, Deutsches R.G.Bl. I S. 1205, und durch die Verordnungen vom 22. November 1924, Deutsches R.G.Bl. I S. 755, vom 5. November 1925, Deutsches R.G.Bl. I S. 387, und vom 12. Juli 1941, Deutsches R.G.Bl. I S. 385, geänderten Fassung;
   c) die Beitreibungsordnung vom 23. Juni 1923, Reichsministerialblatt S. 595;
   d) die Geschäftsanweisung für die Vollziehungsbeamten der Reichsfinanzverwaltung vom 31. Oktober 1932, Reichsministerialblatt S. 696.
2. die landesrechtlichen Vorschriften, die bei den durch eigene Organe der Länder, der Stadt Wien, der Gemeindeverbände und der Gemeinden eingehobenen Abgaben dieser Körperschaften das bei der Einbringung und Sicherung einzuhaltende Verfahren regeln.

*(BGBl I 2019/104)*

(2) (aufgehoben)

*(BGBl I 2019/104)*

**§ 90.** (1) Der Zeitpunkt des Inkrafttretens der §§ 1 bis 89 dieses Bundesgesetzes wird durch Verordnung des Bundesministeriums für Finanzen bestimmt.

(2) Die Durchführungsvorschriften können von dem der Kundmachung dieses Bundesgesetzes folgenden Tag an erlassen werden; sie treten frühestens in dem gemäß Abs. (1) durch Verordnung zu bestimmenden Zeitpunkt in Kraft.

**§ 90a.** (1) Soweit in diesem Bundesgesetz auf Bestimmungen anderer Bundesgesetze verwiesen wird, sind diese in ihrer jeweils geltenden Fassung anzuwenden.

(2) Es treten in Kraft oder werden aufgehoben die §§ 53, 54, 59, 60, 64, 68, 70 und 72 sowie die §§ 55, 56, 57, 58, 61, 62 und 63 in der Fassung dieses Bundesgesetzes, BGBl. Nr. 457/1992, mit 1. März 1992.

(3) Vollstreckungsverfahren, die zum Zeitpunkt des Inkrafttretens des Bundesgesetzes BGBl. Nr. 457/1992 anhängig sind, sind nach den Vorschriften dieses Bundesgesetzes weiterzuführen.

(4) § 26 Abs. 1 lit. b in der Fassung des Bundesgesetzes BGBl. I Nr. 144/2001 ist anzuwenden, wenn der Anspruch auf die Gebühren nach § 26 Abs. 1 nach dem 31. Dezember 2001 entstanden ist. § 29 Z 6 in der Fassung des Bundesgesetzes BGBl. I Nr. 58/2001 ist anzuwenden, wenn Vollstreckungshandlungen nach dem 31. Dezember 2001 gesetzt werden.

(5) § 68 Abs. 1 in der Fassung des Bundesgesetzes BGBl. I Nr. 161/2005 ist anzuwenden, wenn das Arbeitsverhältnis oder sonstige Rechtsverhältnis, das einer in fortlaufenden Bezügen bestehenden Forderung zugrunde liegt, nach dem Inkrafttreten des Bundesgesetzes BGBl. I Nr. 161/2005 beendet wird oder die Karenz nach diesem Zeitpunkt beginnt.

(6) § 68 Abs. 2 in der Fassung des Bundesgesetzes BGBl. I Nr. 161/2005 ist anzuwenden, wenn das Arbeitseinkommen nach dem Inkrafttreten des Bundesgesetzes BGBl. I Nr. 161/2005 absinkt.

(7) § 68 Abs. 3 in der Fassung des Bundesgesetzes BGBl. I Nr. 161/2005 ist anzuwenden, wenn die Zustellung des Zahlungsverbotes nach dem Inkrafttreten des Bundesgesetzes BGBl. I Nr. 161/2005 erfolgt.

(8) § 26 Abs. 1 in der Fassung BGBl. I Nr. 99/2007 ist anzuwenden, wenn die gebührenpflichtige Amtshandlung nach dem 31. Dezember 2007 vorgenommen worden ist.

(9) § 2 Abs. 1 zweiter Satz in der Fassung des Bundesgesetzes BGBl. I Nr. 20/2009 tritt mit 1. Jänner 2010 in Kraft.

(10) Die §§ 26 Abs. 3, 37 Abs. 4 und 5, 38, 39, 42, 43, 43a, 43b, 43c, 43d, 44, 45, 46 Abs. 1, 46a, 46b, 46c, 47, 48, 48a, 49, 51, 51a, 51b, 51c, 70 Abs. 3 und 4 und 77 Abs. 1 jeweils in der Fassung des Bundesgesetzes BGBl. I Nr. 151/2009 treten mit 1. Jänner 2010 in Kraft. Vor dem 1. Jänner 2010 eingeleitete Verkaufsverfahren sind nach den vor Inkrafttreten des Bundesgesetzes, BGBl. I Nr. 151/2009 maßgeblichen Bestimmungen zu beenden. § 70 Abs. 3 idF BGBl. I Nr. 151/2009 ist anzuwenden, wenn das Rechtsverhältnis nach dem 31. Dezember 2009 beendet wird.

(11) § 5 in der Fassung des Bundesgesetzes BGBl. I Nr. 14/2012, tritt mit 1. Jänner 2014 in Kraft.

(12) Die §§ 23 samt Überschrift, 23a samt Überschrift und 42 Abs. 3 in der Fassung des Bundesgesetzes BGBl. I Nr. 117/2016 treten mit 1. Juni 2017 in Kraft.

*(BGBl I 2016/117)*

(13) § 25 Abs. 3 und § 44 Abs. 6, jeweils in der Fassung des Materien-Datenschutz-Anpassungsgesetzes 2018, BGBl. I Nr. 32/2018, treten mit 25. Mai 2018 in Kraft.

*(BGBl I 2018/32)*

(14) § 2 Abs. 2 lit. c, § 3, § 5 Abs. 1 und 2, § 7 Abs. 1, § 8 Abs. 1 und 6, § 10, § 12 Abs. 1 und 2, § 13, § 14 Abs. 2 und 5, § 15 Abs. 2, § 16, § 19 Abs. 1 und 3, § 20, § 23 Abs. 2, § 25 Abs. 1, § 28, § 30 Abs. 1, § 31 Abs. 4 und 5, § 34 Abs. 1, § 36, § 40 Abs. 1, § 42 Abs. 1, § 43 Abs. 2 und 5, § 43a, § 43c Abs. 2, 44 Abs. 5 Z 2 und 3, § 45 Abs. 1, § 46c, § 48 Abs. 3 und 4, 50 Abs. 1, 2 und 5, § 51 Abs. 1, § 51a, § 54, § 59, § 60, § 64 Abs. 3, § 65 Abs. 1 und 4, § 67 Abs. 1, 3, 4 und 5, § 69 Abs. 4, § 70 Abs. 1 bis 3, § 71 Abs. 3, § 78 Abs. 2, § 79 Abs. 1 bis 4, § 80 Abs. 1, 5 und 6, § 81, § 82, § 84, § 85, § 86 Abs. 1 und 3, § 89 und 91, der Kurztitel, die Überschriften sämtlicher Hauptstücke, Teile und Abschnitte sowie die Überschriften der §§ 4, 5, 12, 13, 14, 15, 16, 21, 24, 25, 26, 27, 28, 31, 33, 34, 36, 37, 53, 59, 60, 64, 65, 71, 75, 76, 77, 78, 79, 80, 84, 85, 86, 86a und 88, jeweils in der Fassung des Bundesgesetzes BGBl. I Nr. 104/2019, treten mit 1. Juli 2020 in Kraft.

*(BGBl I 2019/104)*

**§ 91.** Mit der Vollziehung dieses Bundesgesetzes ist der Bundesminister für Finanzen im Einvernehmen mit Bundesministern für Inneres und für Verfassung, Reformen, Deregulierung und Justiz betraut.

*(BGBl I 2019/104)*

# 19. Finanzstrafgesetz

## Inhaltsverzeichnis

# 19/1. Finanzstrafgesetz

**Finanzstrafgesetz**, BGBl 1958/129 idF

**1** BGBl 1959/21
**2** BGBl 1959/92
**3** BGBl 1960/111
**4** BGBl 1961/194
**5** BGBl 1969/145
**6** BGBl 1972/224
**7** BGBl 1974/223
**8** BGBl 1975/335
**9** BGBl 1975/381
**10** BGBl 1976/259
**11** BGBl 1979/168
**12** BGBl 1982/201
**13** BGBl 1984/113
**14** BGBl 1984/530
**15** BGBl 1984/532
**16** BGBl 1985/517
**17** BGBl 1985/571
**18** BGBl 1986/325
**19** BGBl 1987/312
**20** BGBl 1987/579
**21** BGBl 1988/109
**22** BGBl 1988/233
**23** BGBl 1988/414
**24** BGBl 1988/599
**25** BGBl 1988/677
**26** BGBl 1989/375
**27** BGBl 1990/465
**28** BGBl 1991/699
**29** BGBl 1992/449
**30** BGBl 1993/91
**31** BGBl 1993/526
**32** BGBl 1993/532
**33** BGBl 1993/799
**34** BGBl 1994/681
**35** BGBl 1994/1045 (VfGH)
**36** BGBl 1996/201 (StruktAnpG 1996)
**37** BGBl 1996/421
**38** BGBl 1996/757
**39** BGBl I 1998/30 (Art 42)
**40** BGBl I 1999/28 (AbgÄG 1998)
**41** BGBl I 1999/55
**42** BGBl I 1999/164
**43** BGBl I 2000/26 (BudgetbegleitG 2000)
**44** BGBl I 2000/138
**45** BGBl I 2001/59 (EuroStUG 2001)
**46** BGBl I 2001/144 (AbgÄG 2001)
**47** BGBl I 2002/97 (AbgRmRefG)
**48** BGBl I 2003/124 (AbgÄG 2003)
**49** BGBl I 2004/26 (5. ZollR-DG-Novelle)
**50** BGBl I 2004/57 (StReformG 2005)
**51** BGBl I 2004/180 (AbgÄG 2004)
**52** BGBl I 2005/103 (WuBG 2005)
**53** BGBl I 2005/161 (AbgÄG 2005)
**54** BGBl I 2006/99 (BetrbG 2006)
**55** BGBl I 2007/44 (FinStrGNov. 2007)
**56** BGBl I 2007/93
**57** BGBl I 2007/99 (AbgSiG 2007)
**58** BGBl I 2008/85 (SchenkMG 2008)
**59** BGBl I 2009/20 (AbgVRefG)
**60** BGBl I 2010/9
**61** BGBl I 2010/54 (GSpG-Nov 2008)
**62** BGBl I 2010/104 (FinStrG-Nov 2010)
**63** BGBl I 2012/51 (VerwG-Nov 2012)
**64** BGBl I 2012/112 (AbgÄG 2012)
**65** BGBl I 2013/14 (FVwGG 2012)
**66** BGBl I 2013/33 (Verwg-AusfG 2013)
**67** BGBl I 2013/70 (Verwg-AnpG)
**68** BGBl I 2013/155 (FinStrG-Nov 2013)
**69** BGBl I 2014/13 (AbgÄG 2014)
**70** BGBl I 2014/65 (FinStrG-Nov 2014)
**71** BGBl I 2014/105 (2. AbgÄG 2014)
**72** BGBl I 2015/118 (StRefG 2015/16)
**73** BGBl I 2015/163 (AbgÄG 2015)
**74** BGBl I 2016/77 (EU-AbgÄG 2016)
**75** BGBl I 2017/136 (WiEReG)
**76** BGBl I 2017/163 (VfGH)
**77** BGBl I 2018/32 (Mat-DS-AnpG 2018)
**78** BGBl I 2018/62 (JStG 2018)
**79** BGBl I 2019/62 (EU-FinAnpG 2019)
**80** BGBl I 2019/91 (AbgÄG 2020)
**81** BGBl I 2019/104 (FORG)
**83** BGBl I 2020/16 (2. Covid-19-Gesetz)
**84** BGBl I 2020/23 (3. Covid-19-Gesetz)
**85** BGBl I 2020/96 (KonStG 2020)
**86** BGBl I 2020/99 (2. FORG)
**87** BGBl I 2021/3 (COVID-19-StMG)
**88** BGBl I 2021/52 (2. COVID-19-StMG)
**89** BGBl I 2021/94 (StrEU-AG 2021)
**90** BGBl I 2021/227
**91** BGBl I 2022/108 (AbgÄG 2022)

## GLIEDERUNG

## STICHWORTVERZEICHNIS

**Bundesgesetz vom 26. Juni 1958, betreffend das Finanzstrafrecht und das Finanzstrafverfahrensrecht (Finanzstrafgesetz – FinStrG.)**

## Erster Abschnitt
## Finanzstrafrecht

### I. Hauptstück
### Allgemeiner Teil

#### Allgemeine Bestimmungen

**§ 1.** (1) Finanzvergehen sind die in den §§ 33 bis 52 mit Strafe bedrohten Taten (Handlungen oder Unterlassungen) natürlicher Personen. Finanzvergehen sind auch andere ausdrücklich mit Strafe bedrohte Taten, wenn sie in einem Bundesgesetz als Finanzvergehen oder als Finanzordnungswidrigkeiten bezeichnet sind.

(2) Nach Maßgabe des § 28a sind auch Verbände im Sinne des Verbandsverantwortlichkeitsgesetzes für Finanzvergehen verantwortlich.

(3) Vorsätzliche Finanzvergehen, die mit einer zwingend zu verhängenden Freiheitsstrafe von mehr als drei Jahren bedroht sind, sind Verbrechen im Sinne des § 17 Abs. 1 StGB.

**§ 2.** (1) Abgaben im Sinne dieses Artikels sind:

a) die bundesrechtlich geregelten und die durch unmittelbar wirksame Rechtsvorschriften der Europäischen Union geregelten öffentlichen Abgaben sowie die bundesrechtlich geregelten Beiträge an öffentliche Fonds und an Körperschaften des öffentlichen Rechts, die nicht Gebietskörperschaften sind, soweit diese Abgaben und Beiträge bei Erhebung im Inland von Abgabenbehörden des Bundes zu erheben sind;

b) die Grundsteuer und die Lohnsummensteuer;

c) die in einem anderen Mitgliedstaat der Europäischen Union zu erhebende Einfuhrumsatzsteuer oder durch Rechtsvorschriften der Europäischen Union harmonisierte Verbrauchsteuern, sofern der Abgabenanspruch in Zusammenhang mit einem in diesem Staat begangenen Finanzvergehen, das im Inland verfolgt wird, entstanden ist;

*(BGBl I 2019/62)*

d) Umsatzsteuer, die in einem anderen Mitgliedstaat der Europäischen Union in Zusammenhang mit einem grenzüberschreitenden Umsatzsteuerbetrug (§ 40) entstanden ist, wenn die Tat im Inland verfolgt wird.

*(BGBl I 2019/62)*

(2) Die Stempel- und Rechtsgebühren und die Konsulargebühren sind – mit Ausnahme der Wettgebühren nach § 33 TP 17 Abs. 1 Z 1 GebG 1957 – keine Abgaben im Sinne des Abs. 1.

(3) Monopol im Sinne dieses Artikels ist das Tabakmonopol.

**§ 3.** (1) Die Bestimmungen dieses Hauptstückes sind, soweit sich aus ihnen nicht anderes ergibt, unabhängig davon anzuwenden, ob das Finanzvergehen vom Gericht oder von der Finanzstrafbehörde zu ahnden ist.

(2) Wo in diesem Bundesgesetz von Gerichten die Rede ist, sind darunter die ordentlichen Gerichte zu verstehen.

#### Allgemeine Voraussetzungen der Strafbarkeit

**§ 4.** (1) Eine Strafe wegen eines Finanzvergehens darf nur verhängt werden, wenn die Tat schon zur Zeit ihrer Begehung mit Strafe bedroht war.

(2) Die Strafe richtet sich nach dem zur Zeit der Tat geltenden Recht, es sei denn, dass das zur Zeit der Entscheidung des Gerichtes erster Instanz oder der Finanzstrafbehörde geltende Recht in seiner Gesamtauswirkung für den Täter günstiger wäre.

**§ 5.** (1) Ein Finanzvergehen ist nur strafbar, wenn es im Inland begangen worden ist.

(2) Ein Finanzvergehen ist im Inland begangen, wenn der Täter im Inland gehandelt hat oder hätte handeln sollen oder wenn der dem Tatbild entsprechende Erfolg im Inland eingetreten ist oder nach der Vorstellung des Täters hätte eintreten sollen. Wird das Finanzvergehen nicht im Inland, aber im Zollgebiet der Europäischen Union begangen und im Inland entdeckt oder wird es von einem österreichischen Staatsangehörigen im Ausland begangen oder wird es gegenüber einem auf Grund eines zwischenstaatlichen Vertrages im Ausland einschreitenden Organ einer Abgabenbehörde begangen, so gilt es als im Inland begangen.

(3) Niemand darf wegen eines Finanzvergehens an einen fremden Staat ausgeliefert werden, und eine von einer ausländischen Behörde wegen eines solchen Vergehens verhängte Strafe darf im Inland nicht vollstreckt werden, es sei denn, dass in zwischenstaatlichen Verträgen oder in Bundesgesetzen anderes vorgesehen ist.

#### Keine Strafe ohne Schuld

**§ 6.** Strafbar ist nur, wer schuldhaft handelt.

#### Zurechnungsunfähigkeit

**§ 7.** (1) Wer zur Zeit der Tat wegen einer Geisteskrankheit, wegen Schwachsinns, wegen einer tiefgreifenden Bewußtseinsstörung oder wegen einer anderen schweren, einem dieser Zustände gleichwertigen seelischen Störung unfähig ist, das Unrecht seiner Tat einzusehen oder nach dieser Einsicht zu handeln, handelt nicht schuldhaft.

(2) Nicht strafbar ist, wer zur Zeit der Tat das 14. Lebensjahr noch nicht vollendet hat.

(3) Ist der Täter zur Zeit der Tat zwar 14, aber noch nicht 18 Jahre alt, so ist er nicht strafbar, wenn er aus bestimmten Gründen noch nicht reif genug ist, das Unrecht der Tat einzusehen oder nach dieser Einsicht zu handeln.

#### Vorsatz, Fahrlässigkeit

**§ 8.** (1) Vorsätzlich handelt, wer einen Sachverhalt verwirklichen will, der einem gesetzlichen Tatbild entspricht; dazu genügt es, daß der Täter diese Verwirklichung ernstlich für möglich hält und sich mit ihr abfindet.

(2) Fahrlässig handelt, wer die Sorgfalt außer acht läßt, zu der er nach den Umständen verpflichtet und nach seinen geistigen und körperlichen Verhältnissen befähigt ist und die ihm zuzumuten ist, und deshalb nicht erkennt, daß er einen Sachverhalt verwirklichen könne, der einem gesetzlichen Tatbild entspricht. Fahrlässig handelt auch, wer es für möglich hält, daß er einen solchen Sachverhalt verwirkliche, ihn aber nicht herbeiführen will.

(3) Grob fahrlässig handelt, wer ungewöhnlich und auffallend sorgfaltswidrig handelt, sodass der Eintritt eines dem gesetzlichen Tatbild entsprechenden Sachverhaltes als geradezu wahrscheinlich vorhersehbar war.

*(BGBl I 2015/118)*

### Schuldausschließungsgründe und Rechtfertigungsgründe

**§ 9.** Dem Täter wird weder Vorsatz noch Fahrlässigkeit zugerechnet, wenn ihm bei einer Tat ein entschuldbarer Irrtum unterlief, der ihn das Vergehen oder das darin liegende Unrecht nicht erkennen ließ; ist der Irrtum unentschuldbar, so ist dem Täter grobe Fahrlässigkeit zuzurechnen. Dem Täter wird Fahrlässigkeit auch dann nicht zugerechnet, wenn ihm bei der Tat eine entschuldbare Fehlleistung unterlief.

*(BGBl I 2015/118)*

**§ 10.** Eine Tat ist nicht strafbar, wenn sie durch Notstand (§ 10 StGB) entschuldigt oder, obgleich sie dem Tatbild eines Finanzvergehens entspricht, vom Gesetz geboten oder erlaubt ist.

### Behandlung aller Beteiligten als Täter

**§ 11.** Nicht nur der unmittelbare Täter begeht das Finanzvergehen, sondern auch jeder, der einen anderen dazu bestimmt, es auszuführen, oder der sonst zu seiner Ausführung beiträgt.

**§ 12.** Waren an der Tat mehrere beteiligt, so ist jeder von ihnen nach seiner Schuld zu bestrafen.

### Strafbarkeit des Versuches

**§ 13.** (1) Die Strafdrohungen für vorsätzliche Finanzvergehen gelten nicht nur für die vollendete Tat, sondern auch für den Versuch und für jede Beteiligung an einem Versuch.

(2) Die Tat ist versucht, sobald der Täter seinen Entschluß, sie auszuführen oder einen anderen dazu zu bestimmen (§ 11), durch eine der Ausführung unmittelbar vorangehende Handlung betätigt.

(3) Der Versuch und die Beteiligung daran sind nicht strafbar, wenn die Vollendung der Tat nach der Art der Handlung oder des Gegenstands, an dem die Tat begangen wurde, unter keinen Umständen möglich war.

### Rücktritt vom Versuch

**§ 14.** (1) Der Täter wird wegen des Versuches oder der Beteiligung daran nicht bestraft, wenn er die Ausführung aufgibt oder, falls mehrere daran beteiligt sind, verhindert oder wenn er den Erfolg abwendet. Ein Rücktritt vom Versuch ist bei Betretung auf frischer Tat ausgeschlossen.

(2) Straffreiheit tritt nicht ein, wenn zum Zeitpunkt des Rücktritts vom Versuch

a) Verfolgungshandlungen (Abs. 3) gesetzt waren und dies dem Täter, einem anderen an der Tat Beteiligten oder einem Hehler bekannt war oder

b) anläßlich der Durchführung eines Zollverfahrens bereits eine Erklärung über ein- oder auszuführende Waren abgegeben wurde.

(3) Verfolgungshandlung ist jede nach außen erkennbare Amtshandlung eines Gerichtes, einer Staatsanwaltschaft, einer Finanzstrafbehörde, des Bundesfinanzgerichtes oder eines im § 89 Abs. 2 genannten Organs, die sich gegen eine bestimmte Person als den eines Finanzvergehens Verdächtigen, Beschuldigten oder Angeklagten richtet, und zwar auch dann, wenn das Gericht, die Staatsanwaltschaft, die Finanzstrafbehörde, das Bundesfinanzgericht oder das Organ zu dieser Amtshandlung nicht zuständig war, die Amtshandlung ihr Ziel nicht erreicht oder die Person, gegen die sie gerichtet war, davon keine Kenntnis erlangt hat.

### Freiheitsstrafen

**§ 15.** (1) Die Freiheitsstrafe beträgt mindestens einen Tag. Über Jugendliche (§ 7 Abs. 3) darf eine Freiheitsstrafe nicht verhängt werden.

(2) Bei Finanzvergehen, die nicht mit einer zwingend zu verhängenden Freiheitsstrafe bedroht sind, darf auf eine solche nur erkannt werden, wenn es ihrer bedarf, um den Täter von weiteren Finanzvergehen abzuhalten oder der Begehung von Finanzvergehen durch andere entgegenzuwirken.

(3) Bei Finanzvergehen, deren Ahndung nicht dem Gericht vorbehalten ist, darf eine Freiheitsstrafe nur in den Fällen des § 58 Abs. 2 lit. a verhängt werden; sie darf das Höchstmaß von drei Monaten nicht übersteigen.

(4) Bei Finanzvergehen, die mit einer zwingend zu verhängenden Freiheitsstrafe bedroht sind, sind die §§ 37 und 41 StGB sinngemäß mit der Maßgabe anzuwenden, dass die an Stelle der Freiheitsstrafe zu verhängende Geldstrafe mit bis zu 500 000 Euro zu bemessen ist.

### Geldstrafen

**§ 16.** Die Mindestgeldstrafe beträgt 20 Euro Die Geldstrafen fließen dem Bund zu.



### Strafe des Verfalls

**§ 17.** (1) Auf die Strafe des Verfalls darf nur in den im II. Hauptstück dieses Abschnittes vorgesehenen Fällen erkannt werden.

(2) Dem Verfall unterliegen:

a) die Sachen, hinsichtlich derer das Finanzvergehen begangen wurde, samt Umschließungen;

b) die zur Begehung des Finanzvergehens benützten Beförderungsmittel und Behältnisse, wie Koffer, Taschen u. dgl., wenn diese Gegenstände mit besonderen Vorrichtungen versehen waren, welche die Begehung des Finanzvergehens erleichtert haben;

c) soweit dies im II. Hauptstück dieses Abschnittes besonders vorgesehen ist,
   1. die Geräte und Vorrichtungen, die zur Erzeugung der in lit. a erwähnten Sachen bestimmt gewesen oder benützt worden sind,
   2. die Rohstoffe, Hilfsstoffe und Halbfabrikate, die zur Erzeugung der in lit. a erwähnten Sachen bestimmt gewesen sind, samt Umschließungen,
   3. die zur Begehung des Finanzvergehens benützten Beförderungsmittel, wenn in ihnen Gegenstände des Finanzvergehens an Stellen verborgen waren, die für die Verwahrung üblicherweise nicht bestimmt sind, oder wenn das betreffende Finanzvergehen wegen der Beschaffenheit der beförderten Sachen ohne Benützung von Beförderungsmitteln nicht hätte begangen werden können.

Beförderungsmittel, die dem allgemeinen Verkehr dienen und unabhängig von den Weisungen des Fahrgastes oder Benützers verkehren, unterliegen nicht dem Verfall.

(3) Die im Abs. 2 genannten Gegenstände sind für verfallen zu erklären, wenn sie zur Zeit der Entscheidung im Eigentum oder Miteigentum des Täters oder eines anderen an der Tat Beteiligten stehen. Weisen andere Personen ihr Eigentum an den Gegenständen nach, so ist auf Verfall nur dann zu erkennen, wenn diesen Personen vorzuwerfen ist, daß sie

a) zumindest in auffallender Sorglosigkeit dazu beigetragen haben, daß mit diesen Gegenständen das Finanzvergehen begangen wurde, oder
b) beim Erwerb der Gegenstände die deren Verfall begründenden Umstände kannten oder aus auffallender Sorglosigkeit nicht kannten.

Hiebei genügt es, wenn der Vorwurf zwar nicht den Eigentümer des Gegenstands, aber eine Person trifft, die für den Eigentümer über den Gegenstand verfügen kann.

(4) Monopolgegenstände unterliegen dem Verfall ohne Rücksicht darauf, wem sie gehören. Dies gilt auch für Behältnisse und Beförderungsmittel der im Abs. 2 lit. b bezeichneten Art, es sei denn, daß deren Eigentümer nicht an der Tat beteiligt war, ihn auch sonst kein Vorwurf im Sinne des Abs. 3 trifft und die besonderen Vorrichtungen vor der Entscheidung entfernt werden können; die Kosten haben der Täter und die anderen an der Tat Beteiligten zu ersetzen.

(5) Wird auf Verfall erkannt, so sind nachgewiesene Pfandrechte oder Zurückbehaltungsrechte dritter Personen an den für verfallen erklärten Gegenständen anzuerkennen, wenn diese Personen kein Vorwurf im Sinne des Abs. 3 trifft.

(6) Stünde der Verfall zur Bedeutung der Tat oder zu dem den Täter treffenden Vorwurf außer Verhältnis, so tritt an die Stelle des Verfalls nach Maßgabe des § 19 die Strafe des Wertersatzes. Dies gilt nicht für Beförderungsmittel und Behältnisse der im Abs. 2 lit. b bezeichneten Art, deren besondere Vorrichtungen nicht entfernt werden können, und für Monopolgegenstände, bei welchen auf Grund ihrer Beschaffenheit oder sonst auf Grund bestimmter Tatsachen zu besorgen ist, dass mit ihnen gegen Monopolvorschriften verstoßen wird.

(7) Das Eigentum an den für verfallen erklärten Gegenständen geht mit der Rechtskraft der Entscheidung auf den Bund über; Rechte dritter Personen erlöschen, sofern sie nicht gemäß Abs. 5 anerkannt wurden.

**§ 18.** Ist der Verfall angedroht, so ist nach Maßgabe der Bestimmungen des § 17 im selbständigen Verfahren (§§ 148, 243) auf Verfall zu erkennen,

a) wenn sowohl der Täter als auch andere an der Tat Beteiligte unbekannt sind,
b) wenn der Täter oder andere an der Tat Beteiligte zwar bekannt, aber unbekannten Aufenthalts sind und im übrigen die Voraussetzungen des § 147 für die Durchführung einer mündlichen Verhandlung oder des § 427 StPO für die Durchführung einer Hauptverhandlung nicht gegeben sind.

### Strafe des Wertersatzes

**§ 19.** (1) Statt auf Verfall ist auf die Strafe des Wertersatzes zu erkennen,

a) wenn im Zeitpunkt der Entscheidung feststeht, daß der Verfall unvollziehbar wäre,
b) wenn auf Verfall nur deshalb nicht erkannt wird, weil das Eigentumsrecht einer anderen Person berücksichtigt wird,
c) in den Fällen des § 17 Abs. 6 erster Satz.

(2) Neben dem Verfall ist auf Wertersatz zu erkennen, wenn im Zeitpunkt der Entscheidung noch nicht feststeht, ob der Verfall vollziehbar sein wird, oder wenn Rechte dritter Personen (§ 17 Abs. 5) anerkannt werden.

(3) Die Höhe des Wertersatzes entspricht dem gemeinen Wert, den die dem Verfall unterliegenden Gegenstände im Zeitpunkt der Begehung des Finanzvergehens hatten; ist dieser Zeitpunkt nicht feststellbar, so ist der Zeitpunkt der Aufdeckung des Finanzvergehens maßgebend. Soweit der Wert nicht ermittelt werden kann, ist auf Zahlung eines dem vermutlichen Wert entsprechenden Wertersatzes zu erkennen. Werden Rechte dritter Personen im Sinne des § 17 Abs. 5 anerkannt, so ist der Wertersatz in der Höhe der anerkannten Forderung auszusprechen; er darf aber nur mit dem Betrag eingefordert werden, der zur Befriedigung der anerkannten Forderung aus dem Verwertungserlös aufgewendet wird.

(4) Der Wertersatz ist allen Personen, die als Täter, andere an der Tat Beteiligte oder Hehler vorsätzlich Finanzvergehen hinsichtlich der dem

Verfall unterliegenden Gegenstände begangen haben, anteilsmäßig aufzuerlegen.

(5) Stünde der Wertersatz (Abs. 3) oder der Wertersatzanteil (Abs. 4) zur Bedeutung der Tat oder zu dem den Täter treffenden Vorwurf außer Verhältnis, so ist von seiner Auferlegung ganz oder teilweise abzusehen.

(6) Ist der Wertersatz aufzuteilen (Abs. 4) oder ist vom Wertersatz ganz oder teilweise abzusehen (Abs. 5), so sind hiefür die Grundsätze der Strafbemessung (§ 23) anzuwenden.

(7) Der Wertersatz fließt dem Bund zu.

### Ersatzfreiheitsstrafen

**§ 20.** (1) Wird auf eine Geldstrafe oder auf Wertersatz erkannt, so ist zugleich die für den Fall der Uneinbringlichkeit an deren Stelle tretende Ersatzfreiheitsstrafe festzusetzen.

(2) Die gemäß Abs. 1 anstelle einer Geldstrafe und eines Wertersatzes festzusetzenden Ersatzfreiheitsstrafen dürfen bei Finanzvergehen, deren Ahndung dem Gericht vorbehalten ist, das Höchstmaß von je einem Jahr, wenn jedoch die Geldstrafdrohung das Zweifache des Betrages, nach dem sich sonst die Strafdrohung richtet, übersteigt, das Höchstmaß von je eineinhalb Jahren und wenn dieser Betrag 500.000 Euro übersteigt, das Höchstmaß von je zwei Jahren nicht übersteigen; bei Finanzvergehen, deren Ahndung in den Fällen des § 58 Abs. 2 lit. a dem Spruchsenat vorbehalten ist, dürfen die Ersatzfreiheitsstrafen das Höchstmaß von je drei Monaten und bei den übrigen Finanzvergehen das Höchstmaß von je sechs Wochen nicht übersteigen.

### Zusammentreffen strafbarer Handlungen

**§ 21.** (1) Hat jemand durch eine Tat oder durch mehrere selbständige Taten mehrere Finanzvergehen derselben oder verschiedener Art begangen und wird über diese Finanzvergehen gleichzeitig erkannt, so ist auf eine einzige Geldstrafe, Freiheitsstrafe oder Geld- und Freiheitsstrafe zu erkennen. Neben diesen Strafen ist auf Verfall oder Wertersatz zu erkennen, wenn eine solche Strafe auch nur für eines der zusammentreffenden Finanzvergehen angedroht ist.

(2) Die einheitliche Geld- oder Freiheitsstrafe ist jeweils nach der Strafdrohung zu bestimmen, welche die höchste Strafe androht. Es darf jedoch keine geringere Strafe als die höchste der in den zusammentreffenden Strafdrohungen vorgesehenen Mindeststrafen verhängt werden. Hängen die zusammentreffenden Strafdrohungen von Wertbeträgen ab, so ist für die einheitliche Geldstrafe die Summe dieser Strafdrohungen maßgebend. Ist in einer der zusammentreffenden Strafdrohungen Geldstrafe, in einer anderen Freiheitsstrafe oder sind auch nur in einer von ihnen Geld- und Freiheitsstrafen nebeneinander angedroht, so ist, wenn beide Strafen zwingend vorgeschrieben sind, auf eine Geldstrafe und auf eine Freiheitsstrafe zu erkennen. Ist eine von ihnen nicht zwingend angedroht, so kann sie verhängt werden.

(3) Wird jemand, der bereits wegen eines Finanzvergehens bestraft worden ist, wegen eines anderen Finanzvergehens bestraft, für das er nach der Zeit der Begehung schon in dem früheren Verfahren hätte bestraft werden können, so ist eine Zusatzstrafe zu verhängen. Diese darf das Höchstmaß der Strafe nicht übersteigen, die für die nun zu bestrafende Tat angedroht ist. Die Summe der Strafen darf jeweils die Strafen nicht übersteigen, die nach den Abs. 1 und 2 zulässig und bei gemeinsamer Bestrafung zu verhängen wären. Wäre bei gemeinsamer Bestrafung keine höhere als die in der früheren Entscheidung ausgesprochene Strafe zu verhängen, so ist von einer Zusatzstrafe abzusehen.

(4) Ist die Zusatzstrafe (Abs. 3) im verwaltungsbehördlichen Finanzstrafverfahren zu verhängen, so ist es ohne Einfluß, ob die vorangegangene Bestrafung durch eine Finanzstrafbehörde anderer sachlicher oder örtlicher Zuständigkeit oder durch das Gericht erfolgt ist. Wird die Zusatzstrafe durch ein Gericht verhängt, so hat dieses auch die vorangegangene Bestrafung durch eine Finanzstrafbehörde zu berücksichtigen.

**§ 22.** (1) Hat jemand durch eine Tat oder durch mehrere selbständige Taten Finanzvergehen und strafbare Handlungen anderer Art begangen und wird über diese vom Gericht gleichzeitig erkannt, so sind die Strafen für die Finanzvergehen nach Maßgabe des § 21 gesondert von den Strafen für die anderen strafbaren Handlungen zu verhängen.

(2) Ist ein Finanzvergehen auf betrügerische Weise oder durch Täuschung begangen worden, so ist die Tat ausschließlich nach diesem Bundesgesetz zu ahnden.

(3) Sind von einem Täter Finanzvergehen und im Zusammenhang damit strafbare Handlungen nach § 223 StGB oder § 293 StGB begangen worden, so sind ausschließlich die Finanzvergehen zu ahnden.

(4) Hat jemand strafbare Handlungen nach §§ 163a oder 163b StGB ausschließlich im Zusammenhang mit einer Abgabenhinterziehung (§ 33) begangen, indem er eine wesentliche Information wirtschaftlich nachteilig falsch oder unvollständig darstellt, so ist nur das Finanzvergehen zu bestrafen.

*(BGBl I 2015/163)*

### Strafbemessung; Anrechnung der Vorhaft

**§ 23.** (1) Grundlage für die Bemessung der Strafe ist die Schuld des Täters.

(2) Bei der Bemessung der Strafe sind die Erschwerungs- und die Milderungsgründe, soweit sie nicht schon die Strafdrohung bestimmen, gegeneinander abzuwägen. Dabei ist darauf Bedacht zu nehmen, ob es dem Täter darauf angekommen ist, sich oder einem Verband, als dessen Entscheidungsträger er gehandelt hat, durch die wiederkehrende Begehung der Tat eine nicht nur geringfügige fortlaufende Einnahme zu verschaffen. Eine wiederkehrende Begehung liegt vor, wenn der Täter bereits zwei solche Taten begangen hat oder einmal wegen einer solchen Tat bestraft worden ist. Ebenso ist bei der Bemessung der Strafe darauf

Bedacht zu nehmen, ob die Verkürzung oder der Abgabenausfall endgültig oder nur vorübergehend hätte eintreten sollen. Im Übrigen gelten die §§ 32 bis 35 StGB sinngemäß.

*(BGBl I 2019/62)*

(3) Bei Bemessung der Geldstrafe sind auch die persönlichen Verhältnisse und die wirtschaftliche Leistungsfähigkeit des Täters zu berücksichtigen.

(4) Bei Finanzvergehen, deren Strafdrohung sich nach einem Wertbetrag richtet, hat die Bemessung der Geldstrafe mit mindestens einem Zehntel des Höchstmaßes der angedrohten Geldstrafe zu erfolgen. Die Bemessung einer diesen Betrag unterschreitenden Geldstrafe aus besonderen Gründen ist zulässig, wenn die Ahndung der Finanzvergehen nicht dem Gericht obliegt.

(5) Die verwaltungsbehördliche und die gerichtliche Verwahrung sowie die verwaltungsbehördliche und die gerichtliche Untersuchungshaft sind auf die Strafe anzurechnen, wenn der Täter die Haft

a) in dem Verfahren wegen des Finanzvergehens, für das er bestraft wird, oder

b) sonst nach der Begehung dieser Tat wegen des Verdachts eines Finanzvergehens oder, bei Anrechnung durch das Gericht, wegen des Verdachts einer anderen mit Strafe bedrohten Handlung

erlitten hat, jedoch in beiden Fällen nur, soweit die Haft nicht bereits auf eine andere Strafe angerechnet oder der Verhaftete dafür entschädigt worden ist. Wird auf mehrere Strafen erkannt, so hat die Anrechnung zunächst auf diejenigen Strafen zu erfolgen, die nicht bedingt nachgesehen werden, im übrigen zunächst auf die Freiheitsstrafe, sodann auf die Geldstrafe und schließlich auf den Wertersatz.

(6) Für die Anrechnung der Vorhaft auf die Geldstrafe und den Wertersatz sind die an deren Stelle tretenden Ersatzfreiheitsstrafen maßgebend.

(7) Hat der Täter für die Tat, derentwegen er im Inland bestraft wird, schon im Ausland eine Strafe verbüßt, so ist sie auf die im Inland verhängte Strafe anzurechnen.

### Sonderbestimmungen für Jugendstraftaten

**§ 24.** (1) Für Jugendstraftaten **„(§ 1 Abs. 1 Z 3 Jugendgerichtsgesetz 1988 – JGG, BGBl. Nr. 599/1988)“**, die vom Gericht zu ahnden sind, gelten neben den Bestimmungen dieses Hauptstückes die §§ 5 Z 6, 7, 8 Abs. 1 und 2, und §§ 12 bis 16 des Jugendgerichtsgesetzes 1988 mit der Maßgabe, dass § 204 StPO nicht anzuwenden ist.

*(BGBl I 2022/108 ab 20.7.2022)*

(2) Für Jugendstraftaten, die von der Finanzstrafbehörde zu ahnden sind, gelten die §§ 5 Z 6 und 13 bis 15 des Jugendgerichtsgesetzes 1988 sinngemäß.

### Absehen von der Strafe; Verwarnung

**§ 25.** (1) Die Finanzstrafbehörde hat von der Einleitung oder von der weiteren Durchführung eines Finanzstrafverfahrens und von der Verhängung einer Strafe abzusehen, wenn das Verschulden des Täters geringfügig ist und die Tat keine oder nur unbedeutende Folgen nach sich gezogen hat. Sie hat jedoch dem Täter mit Bescheid eine Verwarnung zu erteilen, wenn dies geboten ist, um ihn von weiteren Finanzvergehen abzuhalten.

(2) Unter den im Abs. 1 angeführten Voraussetzungen können die Behörden und Ämter der Bundesfinanzverwaltung von der Erstattung einer Anzeige (§ 80) absehen.

### Bedingte Strafnachsicht; bedingte Entlassung; nachträgliche Milderung der Strafe

**§ 26.** (1) Für die bedingte Nachsicht der durch die Gerichte für Finanzvergehen verhängten Geldstrafen, Wertersätze und Freiheitsstrafen sowie für die bedingte Entlassung aus einer solchen Freiheitsstrafe gelten die §§ 43, 43 a, 44 Abs. 1, 46, 48 bis 53, 55 und 56 StGB sinngemäß. Die Strafe des Verfalls darf nicht bedingt nachgesehen werden. Eine Geldstrafe darf nur bis zur Hälfte bedingt nachgesehen werden. Der nicht bedingt nachgesehene Teil der Geldstrafe muss jedoch mindestens 10% des strafbestimmenden Wertbetrages betragen.

(2) War mit dem Finanzvergehen eine Abgabenverkürzung oder ein sonstiger Einnahmenausfall verbunden, so hat das Gericht dem Verurteilten die Weisung zu erteilen, den Betrag, den er schuldet oder für den er zur Haftung herangezogen werden kann, zu entrichten. Wäre die unverzügliche Entrichtung für den Verurteilten unmöglich oder mit besonderen Härten verbunden, so ist ihm hiefür eine angemessene Frist zu setzen, die ein Jahr nicht übersteigen darf.

(3) Für die nachträgliche Milderung der durch die Gerichte für Finanzvergehen verhängten Strafen gilt § 31a StGB sinngemäß.

*(BGBl I 2018/62)*

### Entzug von Berechtigungen

**§ 27.** Wird wegen eines Finanzvergehens vom Gericht eine Freiheitsstrafe verhängt, so kann dem Bestraften eine auf Grund eines Bundesgesetzes erlangte Berechtigung zur Ausübung einer wirtschaftlichen Tätigkeit von der auch sonst für die Entziehung einer solchen Berechtigung zuständigen Behörde für eine bestimmte Zeit oder auf Dauer entzogen werden, wenn die Berechtigung zur Begehung der Tat mißbraucht worden ist. Der in anderen Bundesgesetzen auf Grund einer Bestrafung wegen eines Finanzvergehens vorgesehene Entzug von Berechtigungen wird hiedurch nicht berührt.

### Haftung

**§ 28.** (1) (aufgehoben)

(2) Wurde in Vertretungsfällen von einem gesetzlichen oder von einem behördlich oder rechtsgeschäftlich bestellten Vertreter im Rahmen seiner Tätigkeit für den Vertretenen ein Finanzvergehen begangen, so haftet der Vertretene für die über den Vertreter verhängte Geldstrafe und den ihm auferlegten Wertersatz nur dann, wenn ihn ein Verschulden im Sinne des Abs. 4 trifft.

(3) Dienstgeber haften für Geldstrafen und Wertersätze, die einem ihrer Dienstnehmer wegen eines Finanzvergehens auferlegt werden, wenn der Dienstnehmer das Vergehen im Rahmen seiner dienstlichen Obliegenheiten begangen hat und den Dienstgeber hieran ein Verschulden (Abs. 4) trifft.

(4) Ein Verschulden nach Abs. 2 und 3 liegt vor, wenn der Vertretene oder der Dienstgeber

a) sich bei der Auswahl oder Beaufsichtigung des Vertreters oder Dienstnehmers auffallender Sorglosigkeit schuldig machte,
b) vom Finanzvergehen des Vertreters oder Dienstnehmers wußte und es nicht verhinderte, obwohl ihm die Verhinderung zuzumuten war, oder
c) vom Finanzvergehen, dessen Verhinderung ihm zuzumuten gewesen wäre, aus auffallender Sorglosigkeit nicht wußte.

(5) Die Haftung gemäß Abs. 2 und 3 wird bei juristischen Personen und Vermögensmassen, die keine eigene Rechtspersönlichkeit besitzen, aber abgabepflichtig sind, durch das Verschulden (Abs. 4) auch nur einer Person begründet, die einem mit der Geschäftsführung oder mit der Überwachung der Geschäftsführung betrauten Organ angehört; bei Personenvereinigungen genügt das Verschulden eines Mitglieds der Vereinigung, das durch Gesetz oder Vertrag zur Führung der Geschäfte berufen ist. Die Haftung tritt auch dann ein, wenn das Verschulden jemanden trifft, der nicht dem vorgenannten Personenkreis angehört, dem aber für den Gesamtbetrieb oder für das betreffende Sachgebiet die Verantwortung übertragen ist.

(6) Die Personenvereinigung haftet gemäß Abs. 2 und 3 mit ihrem Vermögen. Soweit Wertersätze in diesem Vermögen nicht Deckung finden, haftet darüber hinaus jedes Mitglied der Personenvereinigung mit seinem privaten Vermögen für den Teil des Wertersatzes, der seiner Beteiligung an der Personenvereinigung anteilsmäßig entspricht.

(7) Die Haftung nach den Abs. 2 und 3 darf nur in Anspruch genommen werden, wenn die Geldstrafen oder Wertersätze aus dem beweglichen Vermögen des Bestraften nicht eingebracht werden können. Der Einbringungsversuch kann unterbleiben, wenn Einbringungsmaßnahmen offenkundig aussichtlos sind. Insoweit Einbringungsmaßnahmen beim Haftenden erfolglos blieben, sind die entsprechenden Ersatzfreiheitsstrafen am Bestraften zu vollziehen.

(8) Bei Gesamtrechtsnachfolge geht die Haftung nach Abs. 2 und 3 und die sich daraus ergebenden Rechte und Pflichten auf den Rechtsnachfolger über. Ein solcher Haftungsübergang tritt auch bei den keine Gesamtrechtsnachfolge begründenden Umgründungen nach dem Umgründungssteuergesetz ein.

(9) Die Haftung nach Abs. 2 und 3 darf nur in Anspruch genommen werden, wenn keine Verbandsgeldbuße nach § 28a zu verhängen ist.

### Verantwortlichkeit von Verbänden

**§ 28a.** (1) Für vom Gericht zu ahndende Finanzvergehen von Verbänden (§ 1 Abs. 2) gelten die Bestimmungen des 1. und 2. Abschnittes des Verbandsverantwortlichkeitsgesetzes; die Verbandsgeldbuße ist, sofern in den Tatbeständen nicht anderes bestimmt wird, jedoch nach der für die Finanzvergehen, für die der Verband verantwortlich ist, angedrohten Geldstrafe, unter den Voraussetzungen des § 15 Abs. 2 jedoch nach dem 1,5-fachen dieser angedrohten Geldstrafe, zu bemessen. Im Übrigen gelten die Bestimmungen dieses Abschnittes, soweit sie nicht ausschließlich auf natürliche Personen anwendbar sind.

(2) Für von der Finanzstrafbehörde zu ahndende Finanzvergehen von Verbänden sind die §§ 2, 3, 4 Abs. 1, 5, 10, 11 und 12 Abs. 2 des Verbandsverantwortlichkeitsgesetzes sinngemäß anzuwenden. Die Verbandsgeldbuße ist nach der für das Finanzvergehen, für das der Verband verantwortlich ist, angedrohten Geldstrafe zu bemessen. Im Übrigen gelten die Bestimmungen dieses Abschnittes, soweit sie nicht ausschließlich auf natürliche Personen anwendbar sind.

### Selbstanzeige

**§ 29.** (1) Wer sich eines Finanzvergehens schuldig gemacht hat, wird insoweit straffrei, als er seine Verfehlung darlegt (Selbstanzeige). Die Darlegung hat, wenn die Handhabung der verletzten Abgaben- oder Monopolvorschriften dem Zollamt Österreich obliegt, gegenüber diesem, sonst gegenüber einem Finanzamt oder dem Amt für Betrugsbekämpfung zu erfolgen. Sie ist bei Betretung auf frischer Tat ausgeschlossen.

*(BGBl I 2019/104)*

(2) War mit einer Verfehlung eine Abgabenverkürzung oder ein sonstiger Einnahmenausfall verbunden, so tritt die Straffreiheit nur insoweit ein, als der Behörde ohne Verzug die für die Feststellung der Verkürzung oder des Ausfalls bedeutsamen Umstände offen gelegt werden, und binnen einer Frist von einem Monat die sich daraus ergebenden Beträge, die vom Anzeiger geschuldet werden, oder für die er zur Haftung herangezogen werden kann, tatsächlich mit schuldbefreiender Wirkung entrichtet werden. Die Monatsfrist beginnt bei selbst zu berechnenden Abgaben (§§ 201 und 202 BAO) mit der Selbstanzeige, in allen übrigen Fällen mit der Bekanntgabe des Abgaben- oder Haftungsbescheides zu laufen und kann durch Gewährung von Zahlungserleichterungen (§ 212 BAO) auf höchstens zwei Jahre verlängert werden. Lebt die Schuld nach Entrichtung ganz oder teilweise wieder auf, so bewirkt dies unbeschadet der Bestimmungen des § 31 insoweit auch das Wiederaufleben der Strafbarkeit.

(3) Straffreiheit tritt nicht ein,

a) wenn zum Zeitpunkt der Selbstanzeige Verfolgungshandlungen (§ 14 Abs. 3) gegen den Anzeiger, gegen andere an der Tat Beteiligte oder gegen Hehler gesetzt waren,

b) wenn zum Zeitpunkt der Selbstanzeige die Tat hinsichtlich ihrer objektiven Tatbestandsmerkmale bereits ganz oder zum Teil entdeckt und dies dem Anzeiger bekannt war oder die Entdeckung der Verletzung einer zollrechtlichen Verpflichtung hinsichtlich ihrer objektiven Tatbestandsmerkmale unmittelbar bevorstand und dies dem Anzeiger bekannt war, oder

c) wenn bei einem vorsätzlich begangenen Finanzvergehen die Selbstanzeige anläßlich einer finanzbehördlichen Nachschau, Beschau, Abfertigung oder Prüfung von Büchern oder Aufzeichnungen nicht schon bei Beginn der Amtshandlung erstattet wird, oder

d) bereits einmal hinsichtlich desselben Abgabenanspruches, ausgenommen Vorauszahlungen, eine Selbstanzeige erstattet worden ist.

(4) Ungeachtet der Straffreiheit ist auf Verfall von Monopolgegenständen zu erkennen. Dies gilt auch für Behältnisse und Beförderungsmittel der im § 17 Abs. 2 lit. b bezeichneten Art, es sei denn, daß die besonderen Vorrichtungen entfernt werden können; die Kosten hat der Anzeiger zu ersetzen. Ein Wertersatz ist nicht aufzuerlegen.

(5) Die Selbstanzeige wirkt nur für den Anzeiger und für die Personen, für die sie erstattet wird.

(6) Werden Selbstanzeigen anlässlich einer finanzbehördlichen Nachschau, Beschau, Abfertigung oder Prüfung von Büchern oder Aufzeichnungen nach deren Anmeldung oder sonstigen Bekanntgabe erstattet, tritt strafbefreiende Wirkung hinsichtlich vorsätzlich oder grob fahrlässig begangener Finanzvergehen nur unter der weiteren Voraussetzung insoweit ein, als auch eine mit einem Bescheid der Abgabenbehörde festzusetzende Abgabenerhöhung unter sinngemäßer Anwendung des Abs. 2 entrichtet wird. Die Abgabenerhöhung beträgt 5 % der Summe der sich aus den Selbstanzeigen ergebenden Mehrbeträgen. Übersteigt die Summe der Mehrbeträge 33 000 Euro, ist die Abgabenerhöhung mit 15 %, übersteigt die Summe der Mehrbeträge 100 000 Euro, mit 20 % und übersteigt die Summe der Mehrbeträge 250 000 Euro, mit 30 % zu bemessen. Insoweit Straffreiheit nicht eintritt, entfällt die Verpflichtung zur Entrichtung der Abgabenerhöhung, dennoch entrichtete Beträge sind gutzuschreiben. Die Abgabenerhöhung gilt als Nebenanspruch im Sinne des § 3 Abs. 2 lit. a BAO.

(7) Wird eine Selbstanzeige betreffend Vorauszahlungen an Umsatzsteuer im Zuge der Umsatzsteuerjahreserklärung erstattet, bedarf es keiner Zuordnung der Verkürzungsbeträge zu den einzelnen davon betroffenen Voranmeldungszeiträumen.

**§ 30.** (1) Zeigen vom Täter oder von anderen an der Tat Beteiligten verschiedene Personen, denen das Eigentumsrecht oder ein Pfand- oder Zurückbehaltungsrecht an einem verfallsbedrohten Gegenstand zusteht, die Straftat spätestens zu dem Zeitpunkt, bis zu dem auch noch eine Selbstanzeige mit strafbefreiender Wirkung möglich wäre, bei der zuständigen Behörde an (§ 29), so ist ungeachtet des Umstandes, daß diese Personen ein Vorwurf im Sinne des § 17 Abs. 3 trifft, ihr Eigentumsrecht zu berücksichtigen oder ihr Pfand- oder Zurückbehaltungsrecht anzuerkennen. § 29 Abs. 4 gilt sinngemäß.

(2) Eine Haftung nach § 28 tritt dann nicht ein, wenn die Straftat spätestens zu dem Zeitpunkt, bis zu dem auch noch eine Selbstanzeige mit strafbefreiender Wirkung möglich wäre (§ 29), vom Vertretenen oder Dienstgeber bei der zuständigen Behörde (§ 29 Abs. 1) angezeigt wird. Bei Personenvereinigungen genügt es, wenn diese Anzeige von einem Mitglied der Personenvereinigung erstattet wird.

(3) Wird die im § 15 BAO vorgeschriebene Anzeige innerhalb der dort vorgeschriebenen Frist ordnungsgemäß erstattet, so ist sie einer Selbstanzeige derjenigen, welche die im § 15 BAO bezeichnete Erklärung abzugeben unterlassen oder unrichtig oder unvollständig abgegeben haben, gleichzuhalten; die Bestimmungen des § 29 gelten sinngemäß.

### Strafaufhebung in besonderen Fällen (Verkürzungszuschlag)

**§ 30a.** (1) Die Abgabenbehörden sind berechtigt, eine Abgabenerhöhung von 10 % der im Zuge einer abgabenrechtlichen Überprüfungsmaßnahme festgestellten Nachforderungen, soweit hinsichtlich der diese begründenden Unrichtigkeiten der Verdacht eines Finanzvergehens besteht, festzusetzen, sofern dieser Betrag für ein Jahr (einen Veranlagungszeitraum) insgesamt 10 000 Euro, in Summe jedoch 33 000 Euro nicht übersteigt, sich der Abgabe- oder Abfuhrpflichtige spätestens 14 Tage nach Festsetzung der Abgabennachforderung mit dem Verkürzungszuschlag einverstanden erklärt oder diesen beantragt und er auf die Erhebung eines Rechtsmittels gegen die Festsetzung der Abgabenerhöhung wirksam verzichtet. Werden die Abgabenerhöhung und die dieser zugrunde liegenden Abgabennachforderungen innerhalb eines Monats nach deren Festsetzung tatsächlich mit schuldbefreiender Wirkung zur Gänze entrichtet, so tritt Straffreiheit hinsichtlich der im Zusammenhang mit diesen Abgabennachforderungen begangenen Finanzvergehen ein. Ein Zahlungsaufschub darf nicht gewährt werden.

(2) Werden mehrere Überprüfungsmaßnahmen gleichzeitig oder in unmittelbarer Folge durchgeführt, so ist die Summe aller Verkürzungsbeträge für die Zulässigkeit der Festsetzung einer Abgabenerhöhung nach Abs. 1 maßgeblich.

(3) Tritt wegen Nichteinhaltung der Erfordernisse des Abs. 1 Straffreiheit nicht ein, so entfällt ab diesem Zeitpunkt die Verpflichtung zur Entrichtung der Abgabenerhöhung. Allenfalls bis dahin entrichtete Beträge sind gutzuschreiben.

(4) Im Falle einer nachträglichen Herabsetzung der Abgabenschuld hat die Berechnung der Abgabenerhöhung unter rückwirkender Berücksichtigung des Herabsetzungsbetrages zu erfolgen.

(5) Die Festsetzung einer Abgabenerhöhung nach Abs. 1 ist im Zusammenhang mit Eingangs-

und Ausgangsabgaben sowie mit Finanzvergehen, die mit einer Mindestgeldstrafe bedroht sind, unzulässig.

(6) Die Festsetzung einer Abgabenerhöhung ist weiters ausgeschlossen, wenn hinsichtlich der betroffenen Abgaben bereits ein Finanzstrafverfahren anhängig ist, eine Selbstanzeige vorliegt oder es einer Bestrafung bedarf, um den Täter von der Begehung weiterer Finanzvergehen abzuhalten.

(7) Die Festsetzung der Abgabenerhöhung stellt keine Verfolgungshandlung dar. Die strafrechtliche Verfolgung einer weiteren, hinsichtlich derselben Abgabenart und desselben Erhebungszeitraumes bewirkten Abgabenverkürzung oder einer Nichtentrichtung (Nichtabfuhr) von Selbstbemessungsabgaben wird dadurch nicht gehindert.

(8) Die Abgabenerhöhung gilt als Nebenanspruch im Sinne des § 3 BAO.

(9) Ungeachtet der Straffreiheit ist auf Verfall von Monopolgegenständen zu erkennen. Dies gilt auch für Behältnisse und Beförderungsmittel der im § 17 Abs. 2 lit. b bezeichneten Art, es sei denn, dass die besonderen Vorrichtungen entfernt werden können; die Kosten hat der Abgabepflichtige zu ersetzen. Ein Wertersatz ist nicht aufzuerlegen.

### Verjährung der Strafbarkeit

**§ 31.** (1) Die Strafbarkeit eines Finanzvergehens erlischt durch Verjährung. Die Verjährungsfrist beginnt, sobald die mit Strafe bedrohte Tätigkeit abgeschlossen ist oder das mit Strafe bedrohte Verhalten aufhört. Gehört zum Tatbestand ein Erfolg, so beginnt die Verjährungsfrist erst mit dessen Eintritt zu laufen. Sie beginnt aber nie früher zu laufen als die Verjährungsfrist für die Festsetzung der Abgabe, gegen die sich die Straftat richtet.

(2) Die Verjährungsfrist beträgt für Finanzordnungswidrigkeiten nach §§ 49 bis 49d drei Jahre, für andere Finanzordnungswidrigkeiten ein Jahr und für die übrigen Finanzvergehen fünf Jahre.

*(BGBl I 2018/62, BGBl I 2019/91)*

(3) Begeht der Täter während der Verjährungsfrist ein vorsätzliches Finanzvergehen, auf das § 25 oder § 191 StPO nicht anzuwenden ist, so tritt die Verjährung nicht ein, bevor auch für diese Tat die Verjährungsfrist abgelaufen ist.

(4) In die Verjährungsfrist werden nicht eingerechnet:

a) die Zeit, während der nach einer gesetzlichen Vorschrift die Verfolgung nicht eingeleitet oder fortgesetzt werden kann;

b) die Zeit, während der wegen der Tat gegen den Täter ein Strafverfahren bei der Staatsanwaltschaft, bei Gericht, bei einer Finanzstrafbehörde oder beim Bundesfinanzgericht geführt wird;

c) die Zeit von der Einbringung einer Beschwerde an den Verfassungsgerichtshof oder einer Revision an den Verwaltungsgerichtshof bezüglich des Finanzstrafverfahrens oder der mit diesem im Zusammenhang stehenden Abgaben- oder Monopolverfahren bis zur deren Erledigung;

d) die Probezeit nach § 203 Abs. 1 StPO sowie die Fristen zur Zahlung eines Geldbetrages samt allfälliger Schadensgutmachung und zur Erbringung gemeinnütziger Leistungen samt allfälligem Tatfolgenausgleich (§§ 200 Abs. 2 und 3, 201 Abs. 1 und 3 StPO)

(5) Bei Finanzvergehen, für deren Verfolgung die Finanzstrafbehörde zuständig ist, erlischt die Strafbarkeit jedenfalls, wenn seit dem Beginn der Verjährungsfrist zehn Jahre und gegebenenfalls die in Abs. 4 lit. c genannte Zeit verstrichen sind. Bei Finanzvergehen nach § 49a FinStrG erlischt die Strafbarkeit jedenfalls, wenn dieser Zeitraum ab dem Ende der Anzeigefrist gemäß § 121a Abs. 4 BAO oder der Mitteilungsfrist nach § 109b Abs. 6 EStG 1988 verstrichen ist.

(6) Die Bestimmungen der Abs. 1 bis 5 gelten dem Sinne nach auch für die Nebenbeteiligten (§ 76) und für das selbständige Verfahren (§§ 148 und 243).

### Verjährung der Vollstreckbarkeit

**§ 32.** (1) Die Vollstreckbarkeit von Strafen wegen Finanzvergehen erlischt durch Verjährung. Die Frist für die Verjährung beginnt mit der Rechtskraft der Entscheidung, in der auf die zu vollstreckende Strafe erkannt worden ist. Sie beträgt fünf Jahre.

(2) Wird gegen den Bestraften in der Verjährungsfrist auf eine neue Strafe wegen eines Finanzvergehens erkannt, so tritt die Verjährung der Vollstreckbarkeit nicht ein, bevor nicht auch die Vollstreckbarkeit dieser Strafe erloschen ist.

(3) In die Verjährungsfrist werden nicht eingerechnet:

a) die Probezeit im Fall einer bedingten Nachsicht der Strafe oder im Fall einer bedingten Entlassung;

b) Zeiten, für die dem Bestraften ein Aufschub des Vollzuges einer Freiheitsstrafe, es sei denn wegen Vollzugsuntauglichkeit, oder der Zahlung einer Geldstrafe oder eines Wertersatzes gewährt worden ist;

c) Zeiten, in denen der Bestrafte auf behördliche Anordnung angehalten worden ist;

d) Zeiten, in denen sich der Bestrafte im Ausland aufgehalten hat;

e) Zeiten von der Einbringung einer Beschwerde an den Verfassungsgerichtshof oder einer Revision an den Verwaltungsgerichtshof bezüglich des Strafverfahrens bis zu deren Erledigung.



(4) Der Vollzug der Freiheitsstrafe unterbricht die Verjährung. Hört die Unterbrechung auf, ohne daß der Bestrafte endgültig entlassen wird, so beginnt die Verjährungsfrist unbeschadet der Bestimmungen des Abs. 3 von neuem zu laufen.

(5) Die Bestimmungen der Abs. 1 und 3 gelten dem Sinne nach auch für den Haftungsbeteiligten (§ 76 lit. b).

## II. Hauptstück
## Besonderer Teil

### Abgabenhinterziehung

**§ 33.** (1) Der Abgabenhinterziehung macht sich schuldig, wer vorsätzlich unter Verletzung einer abgabenrechtlichen Anzeige-, Offenlegungs- oder Wahrheitspflicht eine Abgabenverkürzung bewirkt.

(2) Der Abgabenhinterziehung macht sich weiters schuldig, wer vorsätzlich

a) unter Verletzung der Verpflichtung zur Abgabe von dem § 21 des Umsatzsteuergesetzes 1994 entsprechenden Voranmeldungen eine Verkürzung von Umsatzsteuer (Vorauszahlungen oder Gutschriften) oder

b) unter Verletzung der Verpflichtung zur Führung von dem § 76 des Einkommensteuergesetzes 1988 sowie dazu ergangener Verordnungen entsprechenden Lohnkonten eine Verkürzung von Lohnsteuer, Dienstgeberbeiträgen zum Ausgleichsfonds für Familienbeihilfen oder Zuschlägen zum Dienstgeberbeitrag

bewirkt und dies nicht nur für möglich, sondern für gewiß hält.

(3) Eine Abgabenverkürzung nach Abs. 1 oder 2 ist bewirkt,

a) mit Bekanntgabe des Bescheides oder Erkenntnisses, mit dem bescheidmäßig festzusetzende Abgaben zu niedrig festgesetzt wurden oder wenn diese infolge Unkenntnis der Abgabenbehörde von der Entstehung des Abgabenanspruches mit dem Ablauf der gesetzlichen Erklärungsfrist (Anmeldefrist, Anzeigefrist) nicht festgesetzt werden konnten,

*(BGBl I 2018/62)*

b) wenn Abgaben, die selbst zu berechnen sind, ganz oder teilweise nicht entrichtet (abgeführt) wurden,

c) mit Bekanntgabe des Bescheides oder Erkenntnisses, mit dem Abgabengutschriften, die bescheidmäßig festzusetzen sind, zu Unrecht oder zu hoch festgesetzt wurden,

*(BGBl I 2018/62)*

d) wenn Abgabengutschriften, die nicht bescheidmäßig festzusetzen sind, zu Unrecht oder zu hoch geltend gemacht wurden,

e) wenn eine Abgabe zu Unrecht erstattet oder vergütet oder eine außergewöhnliche Belastung zu Unrecht abgegolten wurde, oder

f) wenn auf einen Abgabenanspruch zu Unrecht ganz oder teilweise verzichtet oder eine Abgabenschuldigkeit zu Unrecht ganz oder teilweise nachgesehen wurde.

(4) Der Abgabenhinterziehung macht sich ferner schuldig, wer vorsätzlich eine Abgabenverkürzung dadurch bewirkt, daß er Sachen, für die eine Abgabenbegünstigung gewährt wurde, zu einem anderen als jenem Zweck verwendet, der für die Abgabenbegünstigung zur Bedingung gemacht war, und es unterläßt, dies der Abgabenbehörde vor der anderweitigen Verwendung anzuzeigen.

(5) Die Abgabenhinterziehung wird mit einer Geldstrafe bis zum Zweifachen des für den Strafrahmen maßgeblichen Verkürzungsbetrages (der ungerechtfertigten Abgabengutschrift) geahndet. Dieser umfasst nur jene Abgabenbeträge (ungerechtfertigte Gutschriften), deren Verkürzung im Zusammenhang mit den Unrichtigkeiten bewirkt wurde, auf die sich der Vorsatz des Täters bezieht. Neben der Geldstrafe ist nach Maßgabe des § 15 auf Freiheitsstrafe bis zu vier Jahren zu erkennen.

*(BGBl I 2019/62)*

(6) Betrifft die Abgabenhinterziehung eine Verbrauchsteuer, so ist auf Verfall nach Maßgabe des § 17 zu erkennen. Der Verfall umfaßt auch die Rohstoffe, Hilfsstoffe, Halbfabrikate, Geräte und Vorrichtungen.

### Grob fahrlässige Abgabenverkürzung

**§ 34.** (1) Der grob fahrlässigen Abgabenverkürzung macht sich schuldig, wer die im § 33 Abs. 1 bezeichnete Tat grob fahrlässig begeht; § 33 Abs. 3 gilt entsprechend.

(2) Der grob fahrlässigen Abgabenverkürzung macht sich auch schuldig, wer die im § 33 Abs. 4 bezeichnete Tat grob fahrlässig begeht.

(3) Die grob fahrlässige Abgabenverkürzung wird mit einer Geldstrafe bis zum Einfachen des maßgeblichen Verkürzungsbetrages (der ungerechtfertigten Abgabengutschrift) geahndet. § 33 Abs. 5 zweiter Satz ist sinngemäß anzuwenden.

*(BGBl I 2015/118)*

### Schmuggel und Hinterziehung von Eingangs- oder Ausgangsabgaben

**§ 35.** (1) Des Schmuggels macht sich schuldig, wer

a) eingangsabgabepflichtige Waren vorsätzlich vorschriftswidrig in das Zollgebiet der Union verbringt oder der zollamtlichen Überwachung entzieht oder

b) ausgangsabgabepflichtige Waren vorsätzlich vorschriftswidrig aus dem Zollgebiet der Union verbringt.

*(BGBl I 2015/163)*

(2) Der Hinterziehung von Eingangs- oder Ausgangsabgaben macht sich schuldig, wer, ohne den Tatbestand des Abs. 1 zu erfüllen, vorsätzlich unter Verletzung einer zollrechtlichen Anzeige-, Offenlegungs- oder Wahrheitspflicht eine Verkürzung von Eingangs- oder Ausgangsabgaben bewirkt. Die Abgabenverkürzung ist bewirkt, wenn eine entstandene Eingangs- oder Ausgangsabgabenschuld bei ihrer Entstehung nicht oder zu niedrig festgesetzt wird und in den Fällen des § 33 Abs. 3 lit. b bis f.

(3) Der Hinterziehung von Eingangs- oder Ausgangsabgaben macht sich ferner schuldig, wer vorsätzlich eine Verkürzung einer solchen Abgabe dadurch bewirkt, daß er eingangs- oder ausgangsabgabepflichtige Waren vorschriftswidrig im Zollgebiet der Union befördert, veredelt, lagert, vorü-

bergehend verwahrt, verwendet oder verwertet, und es unterläßt, dies dem Zollamt vorher anzuzeigen.

*(BGBl I 2015/163)*

(4) Der Schmuggel wird mit einer Geldstrafe bis zum Zweifachen des auf die Waren entfallenden Abgabenbetrages, die Hinterziehung von Eingangs- oder Ausgangsabgaben mit einer Geldstrafe bis zum Zweifachen des Verkürzungsbetrages geahndet. Der Geldstrafe ist an Stelle des Regelzollsatzes der Präferenzzollsatz zugrunde zu legen, wenn der Beschuldigte nachweist, daß die Voraussetzungen für dessen Inanspruchnahme gegeben waren. Neben der Geldstrafe ist nach Maßgabe des § 15 auf Freiheitsstrafe bis zu zwei Jahren, übersteigt der strafbestimmende Wertbetrag 100 000 Euro, auf Freiheitsstrafe bis zu vier Jahren zu erkennen. Auf Verfall ist nach Maßgabe des § 17 zu erkennen.

*(BGBl I 2019/62)*

(5) Umsatz- und Verbrauchsteuern sind mit jenen Beträgen dem strafbestimmenden Wertbetrag zugrunde zu legen, die bei Entstehung der Steuerschuld im Inland anzusetzen wären, es sei denn, der Beschuldigte weist deren Höhe durch einen rechtskräftigen Bescheid des zur Abgabenerhebung zuständigen anderen Mitgliedstaates der Europäischen Union nach.

### Verzollungsumgehung; grob fahrlässige Verkürzung von Eingangs- oder Ausgangsabgaben

**§ 36.** (1) Der Verzollungsumgehung macht sich schuldig, wer die im § 35 Abs. 1 bezeichnete Tat grob fahrlässig begeht.

*(BGBl I 2015/118)*

(2) Der grob fahrlässigen Verkürzung von Eingangs- oder Ausgangsabgaben macht sich schuldig, wer die im § 35 Abs. 2 und 3 bezeichneten Taten grob fahrlässig begeht.

*(BGBl I 2015/118)*

(3) Die Verzollungsumgehung wird mit einer Geldstrafe bis zum Einfachen des auf die Ware entfallenden Abgabenbetrages, die grob fahrlässige Verkürzung von Eingangs- oder Ausgangsabgaben mit einer Geldstrafe bis zum Einfachen des Verkürzungsbetrages geahndet. § 35 Abs. 4 zweiter Satz und § 35 Abs. 5 sind anzuwenden.

*(BGBl I 2015/118)*

### Abgabenhehlerei

**§ 37.** (1) Der Abgabenhehlerei macht sich schuldig, wer vorsätzlich

a) eine Sache oder Erzeugnisse aus einer Sache, hinsichtlich welcher ein Schmuggel, eine Verzollungsumgehung, eine Verkürzung von Verbrauchsteuern oder von Eingangs- oder Ausgangsabgaben begangen wurde, kauft, zum Pfand nimmt oder sonst an sich bringt, verheimlicht oder verhandelt;

b) den Täter eines in lit. a bezeichneten Finanzvergehens nach der Tat dabei unterstützt, um eine Sache oder Erzeugnisse aus einer Sache, hinsichtlich welcher das Finanzvergehen begangen wurde, zu verheimlichen oder zu verhandeln.

(2) Die Abgabenhehlerei wird mit einer Geldstrafe bis zum Zweifachen des Verkürzungsbetrages an Verbrauchsteuern oder an Eingangs- oder Ausgangsabgaben geahndet, die auf die verhehlten Sachen oder die Sachen, die in den verhehlten Erzeugnissen enthalten sind, entfallen. Neben der Geldstrafe ist nach Maßgabe des § 15 auf Freiheitsstrafe bis zu zwei Jahren, übersteigt der strafbestimmende Wertbetrag 100 000 Euro, auf Freiheitsstrafe bis zu vier Jahren zu erkennen. Auf Verfall ist nach Maßgabe des § 17 zu erkennen.

*(BGBl I 2019/62)*

(3) Wer eine der im Abs. 1 bezeichneten Taten grob fahrlässig begeht, ist nur mit Geldstrafe bis zum Einfachen des Verkürzungsbetrages (Abs. 2) zu bestrafen.

*(BGBl I 2019/62)*

(4) § 35 Abs. 4 zweiter Satz und § 35 Abs. 5 sind anzuwenden.

(5) Die Abgabenhehlerei ist auch dann strafbar, wenn die Person, die den Schmuggel, die Verzollungsumgehung oder die Verkürzung von Verbrauchsteuern oder von Eingangs- oder Ausgangsabgaben begangen hat, nicht bestraft werden kann.

**§ 38.** (aufgehoben)

*(BGBl I 2015/163, BGBl I 2019/62)*

### Strafe bei Begehung als Mitglied einer Bande oder unter Gewaltanwendung

**§ 38a.** (1) Wer, ohne den Tatbestand des § 39 zu erfüllen,

a) die Abgabenhinterziehung, den Schmuggel, die Hinterziehung von Eingangs- oder Ausgangsabgaben oder die Abgabenhehlerei nach § 37 Abs. 1 als Mitglied einer Bande von mindestens drei Personen, die sich zur Tatbegehung verbunden haben, unter Mitwirkung (§ 11) eines anderen Bandenmitglieds begeht;

b) einen Schmuggel begeht, bei dem er oder mit seinem Wissen ein anderer an der Tat Beteiligter eine Waffe oder ein anderes Mittel bei sich führt, wobei es ihm darauf ankommt, damit den Widerstand einer Person zu überwinden oder zu verhindern,

ist nach Abs. 2 zu bestrafen.

(2) Ist die Ahndung der in Abs. 1 genannten Finanzvergehen

a) ausschließlich dem Gericht vorbehalten, ist auf Freiheitsstrafe bis zu fünf Jahren zu erkennen. Neben einer Freiheitsstrafe von bis zu vier Jahren kann eine Geldstrafe bis zu 1,5 Millionen Euro verhängt werden. Verbände sind mit einer Verbandsgeldbuße bis zum Dreifachen des strafbestimmenden Wertbetrages zu bestrafen;

b) nicht dem Gericht vorbehalten, ist auf Geldstrafe bis zum Dreifachen des Betrages, nach dem sich sonst die Strafdrohung richtet, zu erkennen. Daneben ist nach Maßgabe des

§ 15 auf Freiheitsstrafe bis zu drei Monaten zu erkennen.

Außerdem sind die Bestimmungen der §§ 33, 35 und 37 über den Verfall anzuwenden; der Verfall umfasst auch die Beförderungsmittel im Sinne des § 17 Abs. 2 lit. c Z 3.

(3) Die Strafdrohung gilt nur für diejenigen Beteiligten, deren Vorsatz die im Abs. 1 bezeichneten erschwerenden Umstände umfasst.

### Abgabenbetrug

**§ 39.** (1) Des Abgabenbetruges macht sich schuldig, wer ausschließlich durch das Gericht zu ahndende Finanzvergehen der Abgabenhinterziehung, des Schmuggels, der Hinterziehung von Eingangs- oder Ausgangsabgaben oder der Abgabenhehlerei nach § 37 Abs. 1

a) unter Verwendung falscher oder verfälschter Urkunden, falscher oder verfälschter Daten oder anderer solcher Beweismittel mit Ausnahme unrichtiger nach abgaben-, monopol- oder zollrechtlichen Vorschriften zu erstellenden Abgabenerklärungen, Anmeldungen, Anzeigen, Aufzeichnungen und Gewinnermittlungen oder

b) unter Verwendung von Scheingeschäften oder anderen Scheinhandlungen (§ 23 BAO) oder

   *(BGBl I 2015/118)*

c) unter Verwendung automatisationsunterstützt erstellter, aufgrund abgaben- oder monopolrechtlicher Vorschriften zu führender Bücher oder Aufzeichnungen, welche durch Gestaltung oder Einsatz eines Programms, mit dessen Hilfe Daten verändert, gelöscht oder unterdrückt werden können, beeinflusst wurden

   *(BGBl I 2015/118)*

begeht.

(2) Eines Abgabenbetruges macht sich auch schuldig, wer ohne den Tatbestand des Abs. 1 zu erfüllen, durch das Gericht zu ahndende Finanzvergehen der Abgabenhinterziehung dadurch begeht, dass er Vorsteuerbeträge geltend macht, denen keine Lieferungen oder sonstigen Leistungen zugrunde liegen, um dadurch eine Abgabenverkürzung zu bewirken.

(3)

a) Wer einen Abgabenbetrug begeht, ist mit Freiheitsstrafe bis zu fünf Jahren zu bestrafen. Neben einer vier Jahre nicht übersteigenden Freiheitsstrafe kann eine Geldstrafe bis zu 1,5 Millionen Euro verhängt werden. Verbände sind mit einer Verbandsgeldbuße bis zu fünf Millionen Euro zu bestrafen.

b) Wer einen Abgabenbetrug mit einem 500 000 Euro übersteigenden strafbestimmenden Wertbetrag begeht, ist mit Freiheitsstrafe von einem bis zu zehn Jahren zu bestrafen. Neben einer acht Jahre nicht übersteigenden Freiheitsstrafe kann eine Geldstrafe bis zu 2,5 Millionen Euro verhängt werden. Verbände sind mit einer Verbandsgeldbuße bis zu acht Millionen Euro zu bestrafen.

Außerdem sind die Bestimmungen der §§ 33, 35 und 37 über den Verfall anzuwenden; der Verfall umfasst auch die Beförderungsmittel im Sinne des § 17 Abs. 2 lit. c Z 3.

*(BGBl I 2019/62)*

### Grenzüberschreitender Umsatzsteuerbetrug

**§ 40.** (1) Eines grenzüberschreitenden Umsatzsteuerbetrugs macht sich schuldig, wer vorsätzlich ein grenzüberschreitendes Betrugssystem, in welchem Lieferungen oder sonstige Leistungen ganz oder zum Teil ausgeführt oder vorgetäuscht werden, schafft oder sich daran beteiligt, indem er

a) falsche, unrichtige oder unvollständige Umsatzsteuererklärungen oder Unterlagen verwendet oder vorlegt, oder

b) umsatzsteuerrelevante Informationen unter Verletzung einer gesetzlichen Verpflichtung verschweigt, oder

c) unter Einreichung von richtigen Umsatzsteuererklärungen betrügerisch einen Einnahmenausfall an Umsatzsteuer herbeiführt, wobei geschuldete Umsatzsteuer nicht spätestens am Fälligkeitstag entrichtet wird oder unrechtmäßig Umsatzsteuergutschriften geltend gemacht werden,

und der Einnahmenausfall an Umsatzsteuer im Gemeinschaftsgebiet (§ 1 Abs. 3 Umsatzsteuergesetz 1994) insgesamt mindestens zehn Millionen Euro beträgt.

(2) Der grenzüberschreitende Umsatzsteuerbetrug ist mit Freiheitsstrafe von einem bis zu zehn Jahren zu ahnden. Neben einer acht Jahre nicht übersteigenden Freiheitsstrafe kann eine Geldstrafe bis zu 2,5 Millionen Euro verhängt werden. Verbände sind mit einer Verbandsgeldbuße bis zu acht Millionen Euro zu bestrafen.

(3) Umsatzsteuern sind der Berechnung des Einnahmenausfalls mit jenen Beträgen zugrunde zu legen, die bei Entstehung der Steuerschuld im Inland anzusetzen wären, es sei denn, der Beschuldigte weist deren Höhe durch einen rechtskräftigen Bescheid des zur Abgabenerhebung zuständigen anderen Mitgliedstaates der Europäischen Union nach.

*(BGBl I 2019/62)*

### Strafschärfung bei Rückfall

**§ 41.** (1) Ist der Täter schon zweimal wegen eines der in den §§ 33, 35 oder 37 Abs. 1 bezeichneten Finanzvergehen bestraft worden und wurden die Strafen wenigstens zum Teil, wenn auch nur durch Anrechnung einer Vorhaft, vollzogen, so kann, wenn er nach Vollendung des neunzehnten Lebensjahres neuerlich ein solches Finanzvergehen begeht, das Höchstmaß der angedrohten Freiheitsstrafe bei Finanzvergehen, für deren Verfolgung die Finanzstrafbehörde zuständig ist, das der angedrohten Geldstrafe um die Hälfte überschritten werden.

(2) Eine frühere Strafe bleibt außer Betracht, wenn seit ihrem Vollzug bis zur folgenden Tat mehr als fünf Jahre vergangen sind. In diese Frist werden Zeiten, in denen der Bestrafte auf behördliche Anordnung angehalten worden ist, nicht eingerechnet. Ist die Strafe nur durch Anrechnung einer Vorhaft vollzogen worden, so beginnt die Frist erst mit Rechtskraft der Entscheidung.

(3) Die Strafschärfung gilt nur für diejenigen Beteiligten, bei denen die Voraussetzungen des Abs. 1 vorliegen.

**§ 42.** (aufgehoben)

### Verbotene Herstellung von Tabakwaren

**§ 43.** (1) Der verbotenen Herstellung von Tabakwaren (§§ 2 f. Tabaksteuergesetz 1995) macht sich schuldig, wer vorsätzlich ohne die nach dem Tabaksteuergesetz 1995 erforderliche Bewilligung gewerblich im Steuergebiet Tabakwaren herstellt.

(2) Der verbotenen Herstellung von Tabakwaren macht sich auch schuldig, wer mit dem Vorsatz, sich oder einem anderen die Begehung der in Abs. 1 mit Strafe bedrohten Handlung zu ermöglichen, Räumlichkeiten, Anlagen, Geräte und Vorrichtungen, Rohstoffe, Hilfsstoffe, Halbfabrikate oder Verpackungen, die nach ihrer besonderen Beschaffenheit dazu bestimmt sind, Tabakwaren zu erzeugen, zu bearbeiten oder zu verarbeiten, errichtet, anfertigt, von einem anderen übernimmt, sich oder einem anderen verschafft, einem anderen überlässt oder sonst besitzt.

(3) Die verbotene Herstellung von Tabakwaren wird mit einer Geldstrafe bis zu 100 000 Euro geahndet. Auf Verfall ist nach Maßgabe des § 17 zu erkennen; er umfasst auch die Geräte, Vorrichtungen, Rohstoffe, Hilfsstoffe, Halbfabrikate und Verpackungen.

(4) Wer die im Abs. 1 bezeichnete Tat fahrlässig begeht, ist mit Geldstrafe bis zu 50 000 Euro zu bestrafen.

### Vorsätzliche Eingriffe in Monopolrechte

**§ 44.** (1) Des vorsätzlichen Eingriffes in Monopolrechte macht sich schuldig, wer zu seinem oder eines anderen Vorteil vorsätzlich die in den Vorschriften über das Tabakmonopol enthaltenen Gebote oder Verbote hinsichtlich des Handels mit Monopolgegenständen verletzt; hievon ausgenommen ist der Handel mit Tabakerzeugnissen, für die Tabaksteuer entrichtet wurde oder die von der Tabaksteuer befreit sind.

(2) Der vorsätzliche Eingriff in Monopolrechte wird mit einer Geldstrafe bis zum Einfachen der Bemessungsgrundlage geahndet. Die Bemessungsgrundlage ist für Monopolgegenstände, für die ein Kleinverkaufspreis festgesetzt ist, nach diesem, für andere Monopolgegenstände nach dem Kleinverkaufspreis der nach Beschaffenheit und Qualität am nächsten kommenden Monopolgegenstände und, wenn ein solcher Vergleich nicht möglich ist, nach dem gemeinen Wert zu berechnen.

(3) Auf Verfall ist nach Maßgabe des § 17 zu erkennen; er umfasst auch die Rohstoffe, Hilfsstoffe, Halbfabrikate, Geräte und Vorrichtungen.

### Grob fahrlässige Eingriffe in Monopolrechte

**§ 45.** (1) Des grob fahrlässigen Eingriffes in Monopolrechte macht sich schuldig, wer die im § 44 bezeichneten Handlungen und Unterlassungen grob fahrlässig begeht.

*(BGBl I 2019/62)*

(2) Der grob fahrlässige Eingriff in Monopolrechte wird mit einer Geldstrafe bis zur Hälfte der Bemessungsgrundlage nach § 44 Abs. 2 geahndet.

*(BGBl I 2019/62)*

*(BGBl I 2019/62)*

### Monopolhehlerei

**§ 46.** (1) Der Monopolhehlerei macht sich schuldig, wer vorsätzlich

a) Monopolgegenstände oder Erzeugnisse aus Monopolgegenständen, hinsichtlich welcher in Monopolrechte eingegriffen wurde, kauft, zum Pfand nimmt oder sonst an sich bringt, verheimlicht oder verhandelt,

b) den Täter eines in lit. a bezeichneten Finanzvergehens nach der Tat dabei unterstützt, eine Sache oder Erzeugnisse aus einer Sache, hinsichtlich welcher das Finanzvergehen begangen wurde, zu verheimlichen oder zu verhandeln.

(2) Die Monopolhehlerei wird mit einer Geldstrafe bis zum Einfachen der Bemessungsgrundlage (§ 44 Abs. 2) geahndet. Auf Verfall ist nach Maßgabe des § 17 zu erkennen.

(3) Wer eine der im Abs. 1 bezeichneten Taten grob fahrlässig begeht, ist mit einer Geldstrafe bis zur Hälfte der Bemessungsgrundlage (§ 44 Abs. 2) zu bestrafen.

*(BGBl I 2019/62)*

(4) Die Monopolhehlerei ist ohne Rücksicht darauf strafbar, ob der Eingriff in Monopolrechte geahndet werden kann.

### Strafschärfung bei Rückfall

**§ 47.** (1) Ist der Täter schon zweimal wegen eines der in den §§ 44 oder 46 Abs. 1 bezeichneten Finanzvergehen bestraft worden und wurden die Strafen wenigstens zum Teil, wenn auch nur durch Anrechnung einer Vorhaft, vollzogen, so kann, wenn er nach Vollendung des neunzehnten Lebensjahres neuerlich ein solches Finanzvergehen begeht, das Höchstmaß der angedrohten Geldstrafe um die Hälfte überschritten werden. FinStrG

*(BGBl I 2015/163)*

(2) Eine frühere Strafe bleibt außer Betracht, wenn seit ihrem Vollzug bis zur folgenden Tat mehr als fünf Jahre vergangen sind. In diese Frist werden Zeiten, in denen der Bestrafte auf behördliche Anordnung angehalten worden ist, nicht eingerechnet. Ist die Strafe nur durch Anrechnung einer Vorhaft

vollzogen worden, so beginnt die Frist erst mit Rechtskraft der Entscheidung.

(3) Die Strafschärfung gilt nur für diejenigen Beteiligten, bei denen die Voraussetzungen des Abs. 1 vorliegen.

### Verletzung der Verschlußsicherheit

**§ 48.** (1) Der Verletzung der Verschlußsicherheit macht sich schuldig, wer vorsätzlich oder fahrlässig

a) Verschlußmittel oder Nämlichkeitszeichen, die in einem Abgaben- oder Monopolverfahren oder in einem verwaltungsbehördlichen Finanzstrafverfahren angelegt oder anerkannt wurden, beschädigt, ablöst oder unwirksam macht;

b) Räume, Anlagen, Umschließungen oder Vorrichtungen, die durch Verschlußmittel gesichert sind, die in einem Abgaben- oder Monopolverfahren oder in einem verwaltungsbehördlichen Finanzstrafverfahren angelegt oder anerkannt wurden, so verändert, daß die Verschlußsicherheit nicht mehr gegeben ist;

c) Beförderungsmittel, die nach den zollrechtlichen Vorschriften zur Beförderung von Waren unter Zollverschluß zugelassen wurden, so verändert, daß die Voraussetzungen für eine solche Zulassung nicht mehr gegeben sind;

d) Beförderungsmittel, die mit geheimen oder schwer zu entdeckenden, zur Aufnahme von Waren geeigneten Räumen oder mit geheimen oder schwer zu entdeckenden Zugängen versehen sind, entgegen den zollrechtlichen Vorschriften verwendet.

(2) Die Tat wird mit einer Geldstrafe geahndet, deren Höchstmaß bei vorsätzlicher Begehung 20 000 Euro, bei fahrlässiger Begehung 5 000 Euro beträgt. Die Tat unterliegt nicht der gesonderten Verfolgung nach § 272 StGB.

### Herbeiführung unrichtiger Präferenznachweise

**§ 48a.** (1) Der Herbeiführung unrichtiger Präferenznachweise macht sich schuldig, wer

1. in einem Verfahren zur Erteilung eines Präferenznachweises oder
2. bei Ausstellung eines Präferenznachweises oder einer Lieferantenerklärung oder
3. in einem Nachprüfungsverfahren

vorsätzlich oder fahrlässig unrichtige oder unvollständige Angaben macht oder unrichtige oder unvollständige Unterlagen vorlegt.

(2) Die Tat wird mit einer Geldstrafe geahndet, deren Höchstmaß bei vorsätzlicher Begehung 40 000 Euro, bei fahrlässiger Begehung 4 000 Euro beträgt. Die Tat unterliegt nicht der gesonderten Verfolgung nach § 228 StGB.

### Verletzung von Verpflichtungen im Barmittelverkehr

*(BGBl I 2021/227)*

**§ 48b.** (1) Der Verletzung von Verpflichtungen im Barmittelverkehr macht sich schuldig, wer vorsätzlich oder fahrlässig

1. entgegen Artikel 3 der Verordnung (EU) 2018/1672 des Europäischen Parlaments und des Rates vom 23. Oktober 2018 über die Überwachung von Barmitteln, die in die Union oder aus der Union verbracht werden, und zur Aufhebung der Verordnung (EG) Nr. 1889/2005 (ABl. Nr. L 284 vom 12.11.2018 S 6-21) Barmittel nicht, nicht richtig oder nicht vollständig anmeldet oder nicht für eine Kontrolle zur Verfügung stellt oder
2. entgegen Artikel 4 der Verordnung (EU) 2018/1672 eine Offenlegungserklärung nicht, nicht richtig, nicht vollständig oder nicht rechtzeitig abgibt oder
3. den Pflichten nach § 17b Abs. 1 oder Abs. 2 Zollrechts-Durchführungsgesetz (ZollR-DG), BGBl. Nr. 659/1994, nicht, nicht richtig, nicht vollständig oder nicht fristgerecht nachkommt.

*(BGBl I 2021/227)*

(2) Die Tat wird mit Geldstrafe geahndet, deren Höchstmaß bei vorsätzlicher Begehung 100 000 Euro, bei fahrlässiger Begehung 10 000 Euro beträgt.

### Finanzordnungswidrigkeiten

**§ 49.** (1) Einer Finanzordnungswidrigkeit macht sich schuldig, wer vorsätzlich

a) Abgaben, die selbst zu berechnen sind, insbesondere Vorauszahlungen an Umsatzsteuer, nicht spätestens am fünften Tag nach Fälligkeit entrichtet oder abführt, es sei denn, daß der zuständigen Abgabenbehörde bis zu diesem Zeitpunkt die Höhe des geschuldeten Betrages bekanntgegeben wird; im übrigen ist die Versäumung eines Zahlungstermines für sich allein nicht strafbar;

b) durch Abgabe unrichtiger Voranmeldungen (§ 21 des Umsatzsteuergesetzes 1994) ungerechtfertigte Abgabengutschriften geltend macht.

(2) Die Finanzordnungswidrigkeit wird mit einer Geldstrafe geahndet, deren Höchstmaß die Hälfte des nicht oder verspätet entrichteten oder abgeführten Abgabenbetrages oder der geltend gemachten Abgabengutschrift beträgt.

**§ 49a.** (1) Einer Finanzordnungswidrigkeit macht sich schuldig, wer es vorsätzlich unterlässt, die gemäß § 121a BAO anzeigepflichtigen Vorgänge anzuzeigen. Die Finanzordnungswidrigkeit wird mit einer Geldstrafe bis zu 10% des gemeinen Wertes des durch die nicht angezeigten Vorgänge übertragenen Vermögens geahndet.

(2) Straffreiheit einer Selbstanzeige tritt unbeschadet der in § 29 Abs. 3 genannten Gründe auch dann nicht mehr ein, wenn eine solche erst mehr als ein Jahr ab dem Ende der Anzeigefrist des § 121a Abs. 4 BAO erstattet wird.

(3) Ebenso macht sich einer Finanzordnungswidrigkeit schuldig, wer, ohne hiedurch den Tatbestand eines mit strengerer Strafe bedrohten Finanzvergehens zu erfüllen, es vorsätzlich unterlässt, eine dem § 109b EStG 1988 entsprechende Mitteilung zu erstatten. Die Finanzordnungswidrigkeit wird mit einer Geldstrafe bis zu 10 % des mitzuteilenden Betrages, höchstens jedoch bis zu 20 000 Euro, geahndet.

**§ 49b.** (1) Einer Finanzordnungswidrigkeit macht sich schuldig, wer vorsätzlich die Verpflichtung zur Übermittlung des länderbezogenen Berichts gemäß § 8 Abs. 1 des Bundesgesetzes über die standardisierte Verrechnungspreisdokumentation (VPDG), BGBl. I Nr. 77/2016, dadurch verletzt, dass

1. die Übermittlung nicht fristgerecht erfolgt oder
2. meldepflichtige Punkte der **Anlage 1**, **Anlage 2** oder **Anlage 3** zum VPDG nicht oder unrichtig übermittelt werden,

und ist mit Geldstrafe bis zu 50 000 Euro zu bestrafen.

(2) Wer die Tat nach Abs. 1 grob fahrlässig begeht, ist mit Geldstrafe bis zu 25 000 Euro zu bestrafen. Die fahrlässige Übermittlung unrichtiger Daten ist nach dieser Bestimmung nicht strafbar.

(3) § 29 ist nicht anzuwenden.

*(BGBl I 2016/77)*

**§ 49c.** (1) Einer Finanzordnungswidrigkeit macht sich schuldig, wer vorsätzlich eine Pflicht nach den Bestimmungen des 2. Teils des EU-Meldepflichtgesetzes (EU-MPfG), BGBl. Nr. 91/2019, dadurch verletzt, dass

1. eine Meldung nicht oder nicht vollständig erstattet wird, oder
2. die Meldepflicht nicht fristgerecht erfüllt wird, oder
3. unrichtige Informationen (§§ 16 und 17 EU-MPfG) gemeldet werden, oder
4. den Pflichten nach § 11 EU-MPfG nicht oder nicht vollständig nachgekommen wird.

(2) Die Finanzordnungswidrigkeit wird mit einer Geldstrafe bis zu 50 000 Euro geahndet.

(3) Wer die Tat nach Abs. 1 grob fahrlässig begeht, ist mit Geldstrafe bis zu 25 000 Euro zu bestrafen.

(4) § 29 ist nicht anzuwenden.

*(BGBl I 2019/91)*

**§ 49d.** (1) Einer Finanzordnungswidrigkeit macht sich schuldig, wer vorsätzlich die Pflicht zur Führung, Aufbewahrung oder Übermittlung von Aufzeichnungen nach § 18 Abs. 11 oder 12 Umsatzsteuergesetz 1994 verletzt.

Die Finanzordnungswidrigkeit wird mit einer Geldstrafe bis zu 50 000 Euro geahndet.

(2) Wer die Tat nach Abs. 1 grob fahrlässig begeht, ist mit Geldstrafe bis zu 25 000 Euro zu bestrafen.

*(BGBl I 2019/91)*

**§ 50.** (1) Einer Finanzordnungswidrigkeit macht sich schuldig, wer vorsätzlich unter Verletzung der abgabenrechtlichen Offenlegungs- oder Wahrheitspflicht für die Entrichtung von Abgabenschuldigkeiten ungerechtfertigt Zahlungserleichterungen erwirkt.

(2) Die Finanzordnungswidrigkeit wird mit einer Geldstrafe bis zu 5 000 Euro geahndet.

**§ 51.** (1) Einer Finanzordnungswidrigkeit macht sich schuldig, wer, ohne hiedurch den Tatbestand eines anderen Finanzvergehens zu erfüllen, vorsätzlich

a) eine abgaben- oder monopolrechtliche Anzeige-, Offenlegungs- oder Wahrheitspflicht verletzt,
b) eine abgaben- oder monopolrechtliche Verwendungspflicht verletzt,
c) eine abgaben- oder monopolrechtliche Pflicht zur Führung oder Aufbewahrung von Büchern oder sonstigen Aufzeichnungen oder zur Einrichtung technischer Sicherheitsvorkehrungen verletzt,
*(BGBl I 2015/118)*
d) eine abgaben- oder monopolrechtliche Pflicht zur Ausstellung oder Aufbewahrung von Belegen verletzt,
e) Maßnahmen der in den Abgaben- oder Monopolvorschriften vorgesehenen Zollaufsicht oder sonstigen amtlichen oder abgabenbehördlichen Aufsicht und Kontrolle erschwert oder verhindert oder die Pflicht, an solchen Maßnahmen mitzuwirken, verletzt,
f) eine zollrechtliche Gestellungspflicht verletzt oder
*(BGBl I 2015/118)*
g) wer ein abgabenrechtliches Verbot zur Leistung oder Entgegennahme von Barzahlungen verletzt.
*(BGBl I 2015/118)*

(2) Die Finanzordnungswidrigkeit wird mit einer Geldstrafe bis zu 5 000 Euro geahndet.

**§ 51a.** (1) Einer Finanzordnungswidrigkeit macht sich schuldig, wer, ohne hiedurch den Tatbestand eines anderen Finanzvergehens zu erfüllen, vorsätzlich abgaben- oder monopolrechtlich zu führende Bücher, Aufzeichnungen oder Aufzeichnungssysteme, die automatisationsunterstützt geführt werden, durch Gestaltung oder Einsatz eines Programms, mit dessen Hilfe Daten verändert, gelöscht oder unterdrückt werden können, verfälscht.

(2) Die Finanzordnungswidrigkeit wird mit einer Geldstrafe bis zu 25 000 Euro geahndet.

*(BGBl I 2015/118)*



### Selbstverschuldete Berauschung

**§ 52.** (1) Der selbstverschuldeten Berauschung macht sich schuldig, wer sich vorsätzlich oder fahrlässig durch den Genuß von Alkohol oder den Gebrauch eines anderen berauschenden Mittels in einen die Zurechnungsfähigkeit ausschließenden Rausch versetzt und im Rausch eine Handlung begeht, die ihm außer diesem Zustand als Finanzvergehen zugerechnet würde.

(2) Die selbstverschuldete Berauschung wird mit einer Geldstrafe bis zu 2 000 Euro geahndet; die Geldstrafe darf jedoch nicht höher bemessen werden, als sie das Gesetz für das im Rausch begangene Finanzvergehen androht. Daneben ist nach Maßgabe des § 17 auf Verfall zu erkennen; der Umfang des Verfalls richtet sich nach den Strafbestimmungen des Finanzvergehens, das dem Berauschten nicht zugerechnet werden kann.

## Zweiter Abschnitt
## Finanzstrafverfahren

### Erster Unterabschnitt
### Gemeinsame Bestimmungen

#### Abgrenzung der gerichtlichen von der finanzstrafbehördlichen Zuständigkeit

**§ 53.** (1) Das Gericht ist zur Ahndung von Finanzvergehen zuständig, wenn das Finanzvergehen vorsätzlich begangen wurde und der maßgebliche Wertbetrag, nach dem sich die Strafdrohung richtet (strafbestimmender Wertbetrag) 100 000 Euro übersteigt oder wenn die Summe der maßgeblichen strafbestimmenden Wertbeträge aus mehreren zusammentreffenden vorsätzlich begangenen Finanzvergehen 100 000 Euro übersteigt und alle diese Vergehen in die sachliche Zuständigkeit derselben Finanzstrafbehörde fielen. Zusammentreffen können nur Finanzvergehen, über die noch nicht rechtskräftig entschieden wurde.

*(BGBl I 2019/104)*

(1a) Zur Ahndung des grenzüberschreitenden Umsatzsteuerbetrugs (§ 40) ist stets das Gericht zuständig.

*(BGBl I 2019/62)*

(2) Im Abs. 1 tritt an die Stelle des Wertbetrages von 100 000 Euro der Wertbetrag von 50 000 Euro in den Fällen

a) des Schmuggels und der Hinterziehung von Eingangs- oder Ausgangsabgaben (§ 35),

b) der Abgabenhehlerei nach § 37 Abs. 1 mit Sachen oder mit Erzeugnissen aus Sachen, hinsichtlich derer ein Schmuggel, eine Verzollungsumgehung oder eine Verkürzung von Eingangs- oder Ausgangsabgaben begangen wurde.

(3) Ist das Gericht nach den Abs. 1, 1a oder 2 zur Ahndung von Finanzvergehen zuständig, so ist es auch zur Ahndung von mit diesen zusammentreffenden anderen Finanzvergehen zuständig, wenn alle diese Vergehen in die sachliche Zuständigkeit derselben Finanzstrafbehörde fielen.

*(BGBl I 2019/104, BGBl I 2020/99)*

(4) Die Zuständigkeit des Gerichts zur Ahndung von Finanzvergehen des Täters begründet auch dessen Zuständigkeit zur Ahndung von Finanzvergehen der anderen vorsätzlich an der Tat Beteiligten. Wird jemand nach dieser Bestimmung ausschließlich wegen eines sonst in die Zuständigkeit der Finanzstrafbehörde fallenden Finanzvergehens rechtskräftig verurteilt, so sind mit dieser Verurteilung nicht die Folgen einer gerichtlichen Verurteilung, sondern nur die einer Ahndung durch die Finanzstrafbehörde verbunden; dies ist im Urteil festzustellen.

(5) Finanzordnungswidrigkeiten und die selbstverschuldete Berauschung (§ 52) hat das Gericht niemals zu ahnden.

(6) Finanzvergehen, deren Ahndung nicht dem Gericht zukommt, sind von den Finanzstrafbehörden zu ahnden.

(7) Hat sich jemand durch dieselbe Tat einer strafbaren Handlung schuldig gemacht, die dem Gericht, und eines Finanzvergehens, das der Finanzstrafbehörde zufällt, so hat das Gericht die gerichtlich strafbare Handlung, die Finanzstrafbehörde das Finanzvergehen gesondert zu ahnden; die Bestimmungen des Abs. 3 und des § 22 Abs. 2 und 3 werden hievon nicht berührt. Die vorangegangene rechtskräftige Bestrafung ist bei der Bemessung der Geldstrafe und der Freiheitsstrafe angemessen zu berücksichtigen.

(8) Kann eine Prüfung, ob das Gericht nach den Abs. 1 bis 4 zur Ahndung des Finanzvergehens zuständig sei, noch nicht vorgenommen werden, so hat die Finanzstrafbehörde alle zur Sicherung der Beweise erforderlichen Maßnahmen zu treffen. Solche Maßnahmen der Finanzstrafbehörde sind wegen Unzuständigkeit nicht anfechtbar, wenn sich später die gerichtliche Zuständigkeit herausstellt.

**§ 54.** (1) Findet die Finanzstrafbehörde nach Einleitung des Finanzstrafverfahrens, dass für die Ahndung des Finanzvergehens das Gericht zuständig ist, so hat sie das Strafverfahren nach den Bestimmungen des Dritten Unterabschnittes weiter zu führen und hievon den Beschuldigten und die gemäß § 122 dem Verfahren zugezogenen Nebenbeteiligten zu verständigen; Personen, die sich in vorläufiger Verwahrung oder in Untersuchungshaft der Finanzstrafbehörde befinden, sind dem Gericht zu übergeben. Zugleich ist das verwaltungsbehördliche Finanzstrafverfahren vorläufig einzustellen.

(2) Über die Beschlagnahme von Gegenständen und über Sicherstellungsmaßnahmen ist der Staatsanwaltschaft unverzüglich zu berichten (§ 100 Abs. 2 Z 2 StPO). Sie gelten als gemäß § 110 StPO sichergestellt.

(3) (aufgehoben)

(4) Wird ein Strafverfahren wegen eines Finanzvergehens ohne Berichte der Finanzstrafbehörde (§ 100 Abs. 2 StPO) sowohl bei der Staatsanwaltschaft oder bei Gericht als auch bei der Finanzstrafbehörde geführt, so hat die Finanzstrafbehörde, sobald sie davon Kenntnis erlangt, nach den Abs. 1 und 2 vorzugehen.

*(BGBl I 2018/62)*

(5) Wird durch die Staatsanwaltschaft das Ermittlungsverfahren gemäß § 202 Abs. 1 eingestellt oder wird das gerichtliche Verfahren rechtskräftig durch eine Entscheidung, die auf der Ablehnung der Zuständigkeit beruht (Unzuständigkeitsentscheidung), beendet, so hat die Finanzstrafbehörde

das Finanzstrafverfahren fortzusetzen; einer Bestrafung darf aber kein höherer strafbestimmender Wertbetrag zugrunde gelegt werden, als er der finanzstrafbehördlichen Zuständigkeit entspricht.

*(BGBl I 2018/62)*

(6) Wird das gerichtliche Verfahren anders als durch Unzuständigkeitsentscheidung rechtskräftig beendet, so hat die Finanzstrafbehörde ihr Verfahren endgültig einzustellen.

*(BGBl I 2018/62)*

**§ 55.** (aufgehoben)

## Zweiter Unterabschnitt Verwaltungsbehördliches Finanzstrafverfahren

### I. Hauptstück

### A. Allgemeine Bestimmungen

**§ 56.** (1) Eine Bestrafung wegen eines Finanzvergehens, ein Verfall im selbständigen Verfahren (§ 18), eine Inanspruchnahme aus der Haftung gemäß § 28 und eine Verhängung einer Verbandsgeldbuße gemäß § 28a dürfen nur auf Grund eines nach den folgenden Vorschriften durchgeführten Verfahrens erfolgen.

(2) Für Anbringen, Niederschriften, Aktenvermerke, Vorladungen, Erledigungen, Fristen sowie Zwangs- und Ordnungsstrafen gelten, soweit dieses Bundesgesetz nicht anderes bestimmt, die Bestimmungen des 3. Abschnittes sowie § 114 Abs. 3 der Bundesabgabenordnung sinngemäß. Eine automationsunterstützte Übermittlung von Anbringen an die Finanzstrafbehörde ist nur insoweit zulässig, als dies in einer Verordnung des Bundesministers für Finanzen unter Bestimmung der Übermittlungsmodalität ausdrücklich zugelassen wird.

*(BGBl I 2015/163)*

(3) Für Zustellungen gelten das Zustellgesetz, BGBl. Nr. 200/1982, und sinngemäß die Bestimmungen des 3. Abschnittes der Bundesabgabenordnung. Zustellungen in Verfahren nach den §§ 147 und 148 können auch durch öffentliche Bekanntmachung nach § 25 des Zustellgesetzes erfolgen.

(4) Zwangs- und Ordnungsstrafen fließen dem Bund zu.

(5) Für Verfahren wegen Finanzvergehen gegen Verbände gelten die Bestimmungen über das verwaltungsbehördliche Finanzstrafverfahren, soweit sie nicht ausschließlich auf natürliche Personen anwendbar sind, mit folgender Maßgabe:

1. Der Verband hat in dem gegen ihn und auch in dem gegen den beschuldigten Entscheidungsträger oder Mitarbeiter geführten Verfahren die Rechte eines Beschuldigten (belangter Verband); auch die der Tat verdächtigen Entscheidungsträger und Mitarbeiter haben in beiden Verfahren die Rechtsstellung eines Beschuldigten.
2. Soweit sich die im ersten Satz dieses Absatzes genannten Verfahrensvorschriften auf Verdächtige, Beschuldigte oder Strafen beziehen, sind darunter der belangte Verband oder die Verbandsgeldbuße zu verstehen.
3. Verfahren gegen den Beschuldigten und den belangten Verband sind in der Regel gemeinsam zu führen.

   *(BGBl I 2019/104)*
4. Die Finanzstrafbehörde kann von der Verfolgung eines Verbandes absehen, wenn in Abwägung der Schwere der Tat, des Gewichts der Pflichtverletzung oder des Sorgfaltsverstoßes, der Folgen der Tat und der zu erwartenden Höhe der Verbandsgeldbuße eine Verfolgung und Sanktionierung verzichtbar erscheint, es sei denn, dass die Verfolgung geboten ist, um der Begehung von Taten im Rahmen der Tätigkeit anderer Verbände entgegenzuwirken oder wegen eines sonstigen besonderen öffentlichen Interesses.

#### Ton- und Bildaufnahme

**§ 56a.** (1) Eine Tonaufnahme oder eine Bild- und Tonaufnahme einer Vernehmung ist zulässig, wenn die vernommene Person ausdrücklich darüber informiert worden ist und die Vernehmung zur Gänze aufgenommen wird. Die Aufnahme ist auf einem geeigneten Medium zu speichern und zum Akt zu nehmen.

(2) **„Im Falle einer Aufnahme nach Abs. 1 ist eine Niederschrift zu erstellen. Dies kann auch vereinfacht in Form einer schriftlichen Zusammenfassung des Inhalts der Vernehmung erfolgen.“** Die Zusammenfassung hat zumindest zu enthalten:

1. die Bezeichnung der Behörde und der an der Amtshandlung beteiligten Personen,
2. Ort, Zeit und Gegenstand der Amtshandlung,
3. Zusammenfassung des Inhalts von Aussagen,
4. andere wesentliche Vorgänge während der Amtshandlung,
5. allenfalls gestellte Anträge,
6. die Unterschriften der vernommenen Personen. Wird eine Unterschrift verweigert oder unterbleibt sie aus anderen Gründen, so sind die hiefür maßgebenden Umstände zu vermerken.

Gestellte Fragen sind nur soweit aufzunehmen, als dies für das Verständnis der Antworten erforderlich ist.

*(BGBl I 2022/108 ab 20.7.2022)*

(3) Soweit dies für die Beurteilung der Sache und der Ergebnisse der Amtshandlung erforderlich ist oder eine vernommene Person es verlangt, ist ihre Aussage wörtlich wieder zu geben. Über dieses Recht ist die vernommene Person zu belehren.

FinStrG

#### Vernehmung mittels technischer Einrichtung zur Ton- und Bildübertragung

**§ 56b.** (1) Eine Vernehmung kann aus verfahrensökonomischen Gründen unter Verwendung einer technischen Einrichtung zur Tonübertragung oder Ton- und Bildübertragung erfolgen. Die zu vernehmende Person ist in die Amtsräumlichkeit zu laden, in welcher die Tonübertragung oder Ton- und Bildübertragung vorgenommen werden soll.

*(BGBl I 2020/99)*

(1a) Ist die zu vernehmende Person wegen Krankheit, Gebrechlichkeit oder wegen eines sonstigen begründeten Hindernisses nicht in der Lage, der Ladung nachzukommen, kann die Vernehmung unter Verwendung einer technischen Einrichtung zur Tonübertragung oder Ton- und Bildübertragung jeweils in Anwesenheit eines Organs der Finanzstrafbehörde auch außerhalb einer Amtsräumlichkeit erfolgen.

*(BGBl I 2020/99)*

(2) Hält sich die einzuvernehmende Person im Ausland auf, ist eine Vernehmung unter Verwendung einer technischen Einrichtung zur Tonübertragung oder Ton- und Bildübertragung nur zulässig, wenn die zuständige ausländische Behörde Amts- oder Rechtshilfe leistet.

*(BGBl I 2020/99)*

(3) Wird von der Vernehmung auch eine Tonaufnahme oder eine Ton- und Bildaufnahme angefertigt, gilt § 56a sinngemäß. In Fällen des Abs. 1a kann die Unterschrift der vernommenen Person entfallen und ist dieser eine Abschrift der Niederschrift zuzustellen. Diesfalls kann die vernommene Person innerhalb von zwei Wochen ab Zustellung Einwendungen zur Niederschrift erheben.

*(BGBl I 2020/99)*

**§ 57.** (1) Finanzvergehen sind von Amts wegen zu verfolgen.

(2) Die Finanzstrafbehörde und ihre Organe haben ihr Amt unparteilich und unvoreingenommen auszuüben und jeden Anschein der Befangenheit zu vermeiden. Sie haben die zur Belastung und die zur Verteidigung des Beschuldigten dienenden Umstände mit der gleichen Sorgfalt zu ermitteln.

(3) Jeder Beschuldigte ist durch die Finanzstrafbehörde sobald wie möglich über das gegen ihn geführte Ermittlungsverfahren und den gegen ihn bestehenden Tatverdacht sowie über seine wesentlichen Rechte im Verfahren (§§ 77, 79, 83, 84, 113, 114, 125, 151 und 152) zu informieren. Dies darf nur so lange unterbleiben, als besondere Umstände befürchten lassen, dass ansonsten der Zweck der Ermittlungen gefährdet wäre, insbesondere weil Ermittlungen oder Beweisaufnahmen durchzuführen sind, deren Erfolg voraussetzt, dass der Beschuldigte keine Kenntnis von den gegen ihn geführten Ermittlungen hat. Das gleiche gilt, wenn sich durch im Zuge des Ermittlungsverfahrens hervortretende Umstände eine Änderung des Tatverdachtes ergibt. Auch alle anderen vom Finanzstrafverfahren betroffenen Personen sind über ihre wesentlichen Rechte zu belehren. Die Informationen und Belehrungen können auch mündlich erteilt werden, worüber erforderlichenfalls ein Aktenvermerk aufzunehmen ist.

(4) Soweit es im Interesse eines fairen Verfahrens und der Wahrung der Verteidigungsrechte eines Beschuldigten, der sich in der Verfahrenssprache nicht hinreichend verständigen kann, erforderlich ist, ist ihm mündliche Übersetzungshilfe durch Beistellung eines Dolmetschers zu leisten; dies gilt insbesondere für die Rechtsbelehrung, für Beweisaufnahmen, an denen der Beschuldigte teilnimmt, und für Verhandlungen. Ist der Beschuldigte gehörlos, hochgradig hörbehindert oder stumm, so ist ein Dolmetscher für die Gebärdensprache beizuziehen, sofern sich der Beschuldigte in dieser verständigen kann. Über die Erforderlichkeit einer Übersetzungshilfe entscheidet der Leiter der Amtshandlung. Gegen die Nichtgewährung von Übersetzungshilfe ist ein abgesondertes Rechtsmittel nicht zulässig. Im Rechtsmittel gegen die Strafentscheidung können auch die Verteidigungsrechte beeinträchtigende Mängel in der Qualität der Übersetzungshilfe geltend gemacht werden, sofern im Verfahren nicht ohnedies Abhilfe geschaffen worden ist.

(4a) Ist Übersetzungshilfe gemäß Abs. 4 zu leisten, gilt in Verfahren, in denen die Durchführung der mündlichen Verhandlung und die Fällung des Erkenntnisses gemäß § 58 Abs. 2 einem Spruchsenat obliegt, sowie im Rechtsmittelverfahren darüber hinaus Folgendes:

a) Mündliche Übersetzungshilfe ist auch für den Kontakt des Beschuldigten mit seinem Verteidiger zu leisten, sofern dies im Interesse einer zweckentsprechenden Verteidigung erforderlich ist. Dazu ist auf Antrag in unmittelbarem Zusammenhang mit einer mündlichen Verhandlung oder sonstigen Amtshandlung, an der der Beschuldigte teilnimmt, ein Dolmetscher am Ort der Amtshandlung zur Verfügung zu stellen. Ein diesbezüglicher Antrag ist spätestens eine Woche vor Beginn der Amtshandlung einzubringen.

b) Für die Verteidigung wesentliche Aktenstücke sind innerhalb einer angemessenen Frist schriftlich zu übersetzen. Als für die Verteidigung wesentlich gelten jedenfalls die Festnahmeanordnung, die Verhängung der Untersuchungshaft, die Stellungnahme des Amtsbeauftragten, die schriftliche Ausfertigung des noch nicht rechtskräftigen Erkenntnisses und ein gegen das Erkenntnis vom Amtsbeauftragen erhobenes Rechtsmittel. Sofern es den in Abs. 4 genannten Interessen nicht widerspricht, darf die schriftliche Übersetzung durch eine bloß auszugsweise Darstellung, durch mündliche Übersetzung oder, wenn der Beschuldigte durch einen Verteidiger vertreten ist, auch durch mündliche Zusammenfassung ersetzt werden. Auf Antrag des Beschuldigten sind ihm weitere konkret zu bezeichnende Aktenstücke schriftlich zu übersetzen, soweit die Erforderlichkeit einer Übersetzung im Sinne des Abs. 4 begründet wird oder offenkundig ist. Ein Verzicht des Beschuldigten auf schriftliche Übersetzung ist nur zulässig, wenn er zuvor über sein Recht und die Folgen des Verzichts belehrt wurde. Belehrung und Verzicht sind schriftlich festzuhalten.

(5) Die Finanzstrafbehörde darf bei der Ausübung von Befugnissen und bei der Aufnahme von Beweisen nur soweit in Rechte von Personen eingreifen, als dies gesetzlich ausdrücklich vorgesehen und zur Aufgabenerfüllung erforderlich ist. Jede dadurch bewirkte Rechtsgutbeeinträchtigung muss in einem angemessenen Verhältnis zum Gewicht des Finanzvergehens, zum Grad des Verdachts und zum angestrebten Erfolg stehen. Unter mehreren zielführenden Ermittlungshandlungen und Zwangsmaßnahmen hat die Finanzstrafbehörde jene zu ergreifen, welche die Rechte der Betroffenen am Geringsten beeinträchtigen. Gesetzlich eingeräumte Befugnisse sind in jeder Lage des Verfahrens in einer Art und Weise auszuüben, die unnötiges Aufsehen vermeidet, die Würde der betroffenen Personen achtet und deren Rechte und schutzwürdigen Interessen wahrt.

(6) Das Finanzstrafverfahren ist stets zügig und ohne unnötige Verzögerung durchzuführen und innerhalb angemessener Frist zu beenden. Verfahren, in denen ein Beschuldigter in Haft gehalten wird, sind mit besonderer Beschleunigung zu führen. Ist eine Finanzstrafbehörde mit der Vornahme einer Verfahrenshandlung säumig, so kann der Beschuldigte bei dieser Finanzstrafbehörde den an das Bundesministerium für Finanzen gerichteten Antrag stellen, es möge der Finanzstrafbehörde für die Vornahme der Verfahrenshandlung eine angemessene Frist setzen. Hat die Finanzstrafbehörde die versäumte Verfahrenshandlung bis zur Entscheidung über den Antrag durchgeführt, so gilt der Antrag als zurückgezogen. Der Antrag ist innerhalb von zwei Jahren ab Eintritt der Verpflichtung der Behörde zur Vornahme der Verfahrenshandlung zu stellen. Wegen der Säumigkeit eines Spruchsenates oder eines Vorsitzenden des Spruchsenates ist ein Fristsetzungsantrag nicht zulässig.

(7) Bis zum gesetzlichen Nachweis seiner Schuld gilt der eines Finanzvergehens Verdächtige als unschuldig.

(8) Nach rechtswirksamer Beendigung eines Finanzstrafverfahrens ist die neuerliche Verfolgung desselben Verdächtigen wegen derselben Tat unzulässig. Die Bestimmungen über die Wiederaufnahme des Verfahrens und die Wiedereinsetzung in den vorigen Stand sowie die Fortführung des Verfahrens nach § 170 bleiben hievon unberührt.

## B. Datenschutz

### Grundsätze

**§ 57a.** (1) Für die Verarbeitung personenbezogener Daten zum Zweck der Verhütung, Ermittlung, Aufdeckung oder Verfolgung von Finanzvergehen sowie des Vollzuges von nach diesem Bundesgesetz verhängten Strafen gelten die Bestimmungen dieses Bundesgesetzes. Die Bestimmungen des dritten Hauptstückes des Datenschutzgesetzes (DSG), BGBl. Nr. 165/1999, sind nur dann anzuwenden, wenn in diesem Bundesgesetz ausdrücklich darauf verwiesen wird. Die §§ 36 Abs. 2, 46 bis 49, 50 Abs. 1, 2, 4 und 5 sowie 51 bis 59 DSG sind anzuwenden. Auf die Übermittlung personenbezogener Daten auf Grundlage völkerrechtlicher Übereinkommen, die vor dem 6. Mai 2016 abgeschlossen wurden und zu diesem Zeitpunkt mit dem Recht der Europäischen Union vereinbar waren, sind die §§ 58 und 59 DSG nicht anzuwenden.

(2) Die ganz oder teilweise automatisierte sowie die nichtautomatisierte Verarbeitung personenbezogener Daten durch die Finanzstrafbehörden, die für sie tätigen Organe oder durch den Bundesminister für Finanzen ist zulässig, wenn sie für Zwecke der Finanzstrafrechtspflege oder sonst zur Erfüllung ihrer Aufgaben erforderlich ist.

(3) Die Verarbeitung personenbezogener Daten zu einem anderen Zweck als zu demjenigen, zu dem sie erhoben oder erfasst wurden, ist nur zulässig, wenn dies für die in Abs. 2 genannten Zwecke, insbesondere auch für Zwecke der Abgabenerhebung, der Betrugsbekämpfung oder der Aufsicht oder für statistische Zwecke oder das Risikomanagement, erforderlich ist.

(4) Soweit möglich ist zwischen faktenbasierten und auf persönlichen Einschätzungen beruhenden personenbezogenen Daten zu unterscheiden.

(5) Besondere Kategorien personenbezogener Daten im Sinne des § 39 DSG dürfen insoweit verarbeitet werden, als dies für finanzstrafrechtliche Zwecke unbedingt erforderlich ist.

(6) Die §§ 31 bis 35 DSG gelten sinngemäß. Die von den Spruchsenaten oder deren Vorsitzenden und die vom Bundesfinanzgericht im Rahmen der richterlichen Tätigkeit vorgenommenen Datenverarbeitungen unterliegen nicht der Aufsicht der Datenschutzbehörde.

(7) Für die Verarbeitung personenbezogener Daten, die in den Anwendungsbereich der Verordnung (EU) 2016/679 zum Schutz natürlicher Personen bei der Verarbeitung personenbezogener Daten, zum freien Datenverkehr und zur Aufhebung der Richtlinie 95/46/EG (Datenschutz-Grundverordnung), ABl. Nr. L 119 vom 4.5.2016 S. 1, fällt, sind die §§ 48d bis 48g BAO sinngemäß anzuwenden.

### Informationspflicht und Auskunftsrecht

**§ 57b.** (1) Die zu erteilende Information hat zu enthalten:

1. den Namen und die Kontaktdaten des Verantwortlichen,
2. die Kontaktdaten des Datenschutzbeauftragten,
3. die Zwecke, für die die personenbezogenen Daten verarbeitet werden,
4. das Bestehen eines Beschwerderechts bei der Datenschutzbehörde sowie deren Kontaktdaten,
5. das Bestehen eines Rechts auf Auskunft und Berichtigung oder Löschung personenbezogener Daten sowie
6. die Rechtsgrundlage der Verarbeitung.

Diese Information ist auf der Homepage des Bundesministeriums für Finanzen zu veröffentlichen.

(2) Soweit in diesem Bundesgesetz nicht anderes bestimmt ist, ist das Recht auf Auskunft nur unter den Voraussetzungen des § 79 zu gewähren.

**Berichtigung personenbezogener Daten**

**§ 57c.** (1) Das Recht auf Berichtigung, Aktualisierung oder Vervollständigung personenbezogener Daten, die in einer behördlichen Erledigung oder einer Niederschrift enthalten sind, besteht nur insoweit, als dies in diesem Bundesgesetz vorgesehen ist.

(2) Mit Ausnahme des Inhalts von Beweismitteln sind in den nicht von Abs. 1 erfassten Fällen unrichtige, unrichtig gewordene oder unvollständige personenbezogene Daten von Amts wegen oder auf Antrag der betroffenen Person unverzüglich richtig zu stellen oder zu vervollständigen. Ist eine nachträgliche Änderung mit dem Dokumentationszweck unvereinbar, hat eine Berichtigung, Aktualisierung oder Vervollständigung mittels eines ergänzenden Vermerks zu erfolgen, soweit in diesem Bundesgesetz nicht anderes bestimmt ist. Ist die Berichtigung, Aktualisierung oder Vervollständigung nicht möglich, ist dies zu vermerken.

**Fristen für die Aufbewahrung und Löschung personenbezogener Daten**

**§ 57d.** (1) Soweit in diesem Bundesgesetz nicht anderes bestimmt ist, ist zehn Jahre nach Absehen von der Einleitung, rechtskräftiger Einstellung des Strafverfahrens oder nach Eintritt der Tilgung zu prüfen, ob die Aufbewahrung personenbezogener Daten weiterhin erforderlich ist. Ergibt diese Prüfung, dass die Aufbewahrung der personenbezogenen Daten weiterhin erforderlich ist, so sind sie nach Wegfall des Aufbewahrungsgrundes, längstens jedoch nach Ablauf von sechzig Jahren ab Erfassung zu löschen. Ist die weitere Aufbewahrung der personenbezogenen Daten nicht erforderlich, sind sie zu löschen. Ist die Löschung nicht möglich oder mit den Dokumentationszwecken unvereinbar, so ist an geeigneter Stelle ein ergänzender Vermerk aufzunehmen.

(2) Sofern gesetzlich nicht ausdrücklich anderes angeordnet ist, sind die Protokolldaten (§ 50 DSG) drei Jahre lang aufzubewahren. Davon darf in jenem Ausmaß abgewichen werden, als der von der Protokollierung betroffene Datenbestand zulässigerweise früher gelöscht oder länger aufbewahrt wird.

**Datenschutzbeschwerde**

**§ 57e.** (1) Wer behauptet, durch ein Mitglied des Spruchsenates in Ausübung dessen richterlicher Tätigkeit in seinem Recht auf Datenschutz verletzt zu sein, kann die Feststellung dieser Verletzung durch das Bundesfinanzgericht begehren (Datenschutzbeschwerde).

(2) Auf den erforderlichen Inhalt der Beschwerde und das Verfahren sind § 24a Abs. 2 bis 4 Bundesfinanzgerichtsgesetz (BFGG) sowie die §§ 62 Abs. 2 zweiter und dritter Satz, 150 Abs. 3, 155, 156 Abs. 1 bis 4, 157, 158 erster Satz, 160, 161 Abs. 1 erster Satz, 162 und 163 sinngemäß anzuwenden.

**II. Hauptstück**
**Behörden des verwaltungsbehördlichen Finanzstrafverfahrens und organisatorische Bestimmungen zum Beschwerdeverfahren**

**A. Zuständigkeit**

**§ 58.** (1) Zur Durchführung des Finanzstrafverfahrens sind zuständig:

a) für Finanzvergehen, die bei oder im Zusammenhang mit der Ein-, Aus- oder Durchfuhr von Waren begangen werden sowie für Abgabenhehlerei und Monopolhehlerei, und für Finanzvergehen, durch welche sonst Abgaben- oder Monopolvorschriften oder andere Rechtsvorschriften, deren Handhabung der Zollverwaltung oder ihren Organen obliegt, verletzt werden, das Zollamt Österreich als Finanzstrafbehörde;
b) für alle übrigen Finanzvergehen das Amt für Betrugsbekämpfung als Finanzstrafbehörde;
c) in den Fällen des § 52 jene Finanzstrafbehörde, die für die Verfolgung des dem Berauschten nicht zurechenbaren Finanzvergehens zuständig wäre.

Dem Vorstand der Finanzstrafbehörde obliegt die Erstellung der jeweiligen Geschäftsverteilung. Diese ist auf der Internet-Seite des Bundesministeriums für Finanzen zu veröffentlichen.

*(BGBl I 2019/104)*

(2) Die Durchführung der mündlichen Verhandlung und die Fällung des Erkenntnisses obliegt, soweit nicht gerichtliche Zuständigkeit gemäß § 53 gegeben ist, einem Spruchsenat (§ 65) als Organ der Finanzstrafbehörde,

a) wenn der strafbestimmende Wertbetrag bei den im § 53 Abs. 2 bezeichneten Finanzvergehen 10 000 Euro, bei allen übrigen Finanzvergehen 33 000 Euro übersteigt,

   *(BGBl I 2019/62)*
b) wenn der Beschuldigte oder ein Nebenbeteiligter die Fällung des Erkenntnisses durch einen Spruchsenat beantragt. Im Fall eines vorausgegangenen vereinfachten Verfahrens (§ 143) ist ein solcher Antrag im Einspruch gegen die Strafverfügung, in den übrigen Fällen bis zum Beginn der mündlichen Verhandlung oder, wenn eine solche gemäß § 125 Abs. 3 nicht stattfindet, bis zur Abgabe der Verzichtserklärung zu stellen.

(3) Die Finanzstrafbehörden sind im Rahmen ihrer sachlichen Zuständigkeit auch zur Leistung von Amts- und Rechtshilfe zuständig, wenn die Amts- oder Rechtshilfehandlung in ihrem Amtsbereich oder in Ermangelung eines solchen im Bereich der ihnen übergeordneten Finanzlandesdirektionen

*(BGBl I 2018/62)*

**§ 59.** Zur Durchführung der mündlichen Verhandlung und zur Fällung des Erkenntnisses ist hinsichtlich des Täters und anderer an der Tat Beteiligten sowie jener Personen, welche sich einer Hehlerei mit Beziehung auf das Finanzvergehen schuldig gemacht haben, mit Ausnahme jener, die keinen Einspruch gegen die Strafverfügung erhoben haben, ein Spruchsenat berufen, wenn die Voraussetzungen des § 58 Abs. 2 auch nur hinsichtlich einer dieser Personen zutreffen.

*(BGBl I 2019/104)*

**§ 60.** (aufgehoben)

*(BGBl I 2019/104)*

**§ 61.** (1) Liegen einem Täter mehrere Taten zur Last oder haben sich an derselben Tat mehrere Personen beteiligt oder stehen die Taten mehrerer Personen sonst in einem engen Zusammenhang und ist in allen diesen Fällen dieselbe Finanzstrafbehörde zur Durchführung des Strafverfahrens zuständig, so hat die Finanzstrafbehörde die Strafverfahren wegen aller Taten zu verbinden.

(2) Von einer Verbindung nach Abs. 1 kann abgesehen werden, wenn dies zur Vermeidung von Verzögerungen oder Erschwerungen des Verfahrens oder zur Verkürzung der Verwahrung oder der Untersuchungshaft eines Beschuldigten dienlich scheint.

**§ 62.** (1) Über Beschwerden entscheidet das Bundesfinanzgericht.

(2) Die Durchführung der mündlichen Verhandlung und die Entscheidung über die Beschwerde obliegt einem Senat des Bundesfinanzgerichtes,

a) wenn die Beschwerde sich gegen ein Erkenntnis oder einen sonstigen Bescheid eines Spruchsenates richtet,

b) wenn der Beschuldigte oder ein Nebenbeteiligter dies in der Beschwerde gegen ein Erkenntnis oder in der Beschwerde gegen einen Bescheid gemäß § 149 Abs. 4 begehrt.

Die Durchführung des Beschwerdeverfahrens vor der mündlichen Verhandlung obliegt dem Senatsvorsitzenden. Diesem obliegt auch die Entscheidung über die Beschwerde, wenn eine mündliche Verhandlung aus den Gründen des § 160 Abs. 1 nicht stattfindet und die Parteien des Beschwerdeverfahrens Gelegenheit hatten, dazu Stellung zu nehmen.

*(BGBl I 2015/163)*

(3) Die Entscheidung über alle anderen Rechtsmittel obliegt einem Richter eines Senates für Finanzstrafrecht beim Bundesfinanzgericht als Einzelrichter.

**§ 63.** (aufgehoben)

**§ 64.** (1) Die Finanzstrafbehörden haben ihre Zuständigkeit von Amts wegen wahrzunehmen. Untersuchungshandlungen sind nicht deswegen anfechtbar, weil sie von einer unzuständigen Behörde vorgenommen wurden.

*(BGBl I 2019/104)*

(2) Der Spruchsenat hat auch dann das Verfahren zu Ende zu führen, wenn sich im Zuge der mündlichen Verhandlung ergibt, daß die im § 58 Abs. 2 umschriebenen Voraussetzungen für seine Entscheidungsbefugnis nicht gegeben sind. Ergibt sich jedoch, daß das Gericht oder ein anderer Senat zuständig wäre, so hat der Senat seine Nichtzuständigkeit auszusprechen.

(3) Wenn zwei Spruchsenate die Zuständigkeit zur Durchführung der mündlichen Verhandlung und zur Entscheidung in demselben Strafverfahren in Anspruch nehmen oder ablehnen, so hat jener Senat das Verfahren weiterzuführen, der zuerst mit der Sache befasst wurde.

### B. Spruchsenate und Senate für Finanzstrafrecht beim Bundesfinanzgericht

#### 1. Spruchsenate

**§ 65.** (1) Spruchsenate haben als Organe des Amtes für Betrugsbekämpfung und des Zollamtes Österreich in Feldkirch, Graz, Innsbruck, Klagenfurt, Linz, Salzburg und Wien zu bestehen.

*(BGBl I 2019/104)*

(2) Zur organisatorischen Abwicklung der Spruchsenatsverfahren sind jeweils Geschäftsstellen einzurichten.

*(BGBl I 2019/104)*

**§ 66.** (1) **(Verfassungsbestimmung)** Die Mitglieder der Spruchsenate und des unabhängigen Finanzsenates sind in Ausübung ihres Amtes an keine Weisungen gebunden.

Die Spruchsenate bestehen aus drei Mitgliedern. Den Vorsitz im Spruchsenat führt ein Richter des Dienststandes, die weiteren Mitglieder sind ein Finanzbeamter der Verwendungsgruppe A oder A1 oder ein Finanzbediensteter der Entlohnungsgruppe a oder v1 als Behördenbeisitzer und ein Laienbeisitzer.

**§ 67.** (1) Die Personen, die als Mitglieder der Spruchsenate herangezogen werden können, sind vom Bundespräsidenten zu bestellen; hiebei ist jene Finanzstrafbehörde zu bezeichnen, für deren Senate sie in Betracht kommen.

*(BGBl I 2019/104)*

(2) Die Personen, die gemäß Abs. 1 zur Bestellung als Laienbeisitzer vorgeschlagen werden, sind aus dem Kreis der von den gesetzlichen Berufsvertretungen in die Senate beim Bundesfinanzgericht entsendeten Mitglieder zu entnehmen.

(3) Die Bestellung gemäß Abs. 1 gilt jeweils für die Dauer von sechs Jahren. Eine Wiederbestellung ist zulässig. Die infolge Ablaufes der Amtsdauer ausscheidenden Senatsmitglieder haben bis zur Wiederbesetzung der Stellen im Amt zu bleiben.

**§ 68.** (1) Vor Ablauf jedes Jahres sind für die Dauer des nächsten Jahres unter Berücksichtigung des voraussichtlichen Bedarfes die Anzahl der Spruchsenate, deren Vorsitzende und die übrigen Mitglieder sowie die Reihenfolge, in der diese im Falle der Verhinderung des zunächst berufenen Senatsmitgliedes einzutreten haben, zu bestimmen. Jedes Mitglied kann auch mehreren Senaten angehören.

(2) Bei der Einrichtung der Spruchsenate ist jeweils vorzusehen

a) mindestens ein Senat, dessen Laienbeisitzer von gesetzlichen Berufsvertretungen selbständiger Berufe entsendet sind, und
b) mindestens ein Senat, dessen Laienbeisitzer von gesetzlichen Berufsvertretungen unselbständiger Berufe entsendet sind.

(3) Die Geschäfte sind für jedes Jahr im Voraus unter die Senate so zu verteilen, dass die Durchführung des Verfahrens und die Fällung der Entscheidung bei selbständig berufstätigen Beschuldigten einem nach Abs. 2 lit. a zusammengesetzten Senat oder dessen Mitglied und bei unselbständig berufstätigen Beschuldigten einem nach Abs. 2 lit. b zusammengesetzten Senat oder dessen Mitglied obliegt. Die Zuordnung zu einer Berufsgruppe bleibt bei Pensionierung oder Arbeitslosigkeit bestehen. Wird gegen einen Beschuldigten, der beiden oder keiner der vorgenannten Berufsgruppen angehört, oder wird im selben Verfahren gegen mehrere Beschuldigte verhandelt, die verschiedenen der vorgenannten Berufsgruppen angehören, so obliegt die Führung des Verfahrens einem nach Abs. 2 lit. a zusammengesetzten Senat; gleiches gilt, wenn gegen ein Mitglied eines zur gesetzlichen Vertretung berufenen Organs einer juristischen Person (§ 36 Abs. 2 Z 1 des Arbeitsverfassungsgesetzes) oder gegen einen leitenden Angestellten (§ 36 Abs. 2 Z 3 des Arbeitsverfassungsgesetzes) wegen eines im Rahmen dieser Funktion begangenen Finanzvergehens verhandelt wird.

(4) Soweit dies für den ordentlichen Geschäftsgang erforderlich ist, kann die Zusammensetzung der Senate und deren Geschäftsverteilung für den Rest des Jahres geändert werden, wenn Veränderungen im Stand der Senatsmitglieder eingetreten sind oder wenn dies wegen Überlastung eines Senates oder einzelner Mitglieder notwendig ist.

(5) Bedarf die Zusammensetzung der Senate und deren Geschäftsverteilung in den folgenden Jahren keiner Änderung, so bleibt die nach Abs. 1 bis 4 bestimmte Zusammensetzung und Geschäftsverteilung bis zu ihrer Änderung in Kraft.

(6) Die Zusammensetzung der Spruchsenate und deren Geschäftsverteilung hat der Vorstand der Finanzstrafbehörde, bei der die Spruchsenate eingerichtet sind, zu bestimmen.

**§ 69.** Die Zusammensetzung der Senate und deren Geschäftsverteilung sind auf der Internet-Seite des Bundesministeriums für Finanzen (www.bmf.gv.at) zu veröffentlichen. Sie sind auch zur Einsicht in der jeweils gemäß § 65 Abs. 2 eingerichteten Geschäftsstelle aufzulegen oder an einer dortigen Amtstafel anzuschlagen.

*(BGBl I 2019/104)*

**§ 70.** (1) Die Tätigkeit der Richter in den Spruchsenaten stellt eine Nebentätigkeit im Sinne der dienstrechtlichen Vorschriften dar; hiefür gebührt den Richtern eine angemessene Vergütung. Die Bemessung der Vergütung obliegt dem Amt für Betrugsbekämpfung und dem Zollamt Österreich für die bei ihnen eingerichteten Senate. Gegen die Bemessung der Vergütung ist nach Maßgabe der dienstrechtlichen Vorschriften die Beschwerde an das Bundesverwaltungsgericht zulässig.

*(BGBl I 2019/104)*

(2) Die Laienbeisitzer haben Anspruch auf Vergütung der Reise(Fahrt)auslagen und der Aufenthaltskosten, die ihnen durch ihre Tätigkeit in den Spruchsenaten erwachsen. Sie haben ferner Anspruch auf Entschädigung für die durch diese Tätigkeit verursachte Zeitversäumnis. Hinsichtlich der Höhe der Vergütungen und Entschädigungen und hinsichtlich der Voraussetzungen, unter denen sie zu leisten sind, sind die für Schöffen im gerichtlichen Strafverfahren geltenden Bestimmungen anzuwenden. Die Bemessung der Vergütung obliegt dem Amt für Betrugsbekämpfung und dem Zollamt Österreich für die bei ihnen eingerichteten Spruchsenate.

*(BGBl I 2019/104)*

**§ 71.** Die Angelobung der Mitglieder der Spruchsenate ist durch den Vorstand der Finanzstrafbehörde, bei der der Senat eingerichtet ist, nach den Angelobungsbestimmungen des Bundesfinanzgerichtsgesetzes (BFGG), BGBl. I Nr. 14/2012, vorzunehmen.

### 2. Senate für Finanzstrafrecht beim Bundesfinanzgericht

**§ 71a.** (1) Beim Bundesfinanzgericht haben Senate für Finanzstrafrecht zu bestehen.

(2) Die Senate für Finanzstrafrecht beim Bundesfinanzgericht bestehen aus vier Mitgliedern. Den Vorsitz führt ein dazu aus dem Kreis der Richter des Bundesfinanzgerichtes nach den Bestimmungen des BFGG bestellter Vorsitzender. Die weiteren Mitglieder sind ein Richter des Bundesfinanzgerichtes und zwei fachkundige Laienrichter.

(3) Für die Bestellung der Personen, die als fachkundige Laienrichter herangezogen werden können, ist § 67 sinngemäß anzuwenden. Die Bestellung der übrigen Mitglieder richtet sich nach den Bestimmungen des BFGG.

(4) Für die vom Bundesfinanzgericht zu erlassende Geschäftsverteilung der Senate für Finanzstrafrecht ist § 68 sinngemäß anzuwenden. Die Veröffentlichung richtet sich nach den Bestimmungen des BFGG.

(5) Die fachkundigen Laienrichter der Senate für Finanzstrafrecht beim Bundesfinanzgericht haben Anspruch auf Vergütung gemäß § 70. Die Bemessung obliegt dem Bundesfinanzgericht.

### C. Befangenheit von Organen

**§ 72.** (1) Die Organe der Finanzstrafbehörden und des Bundesfinanzgerichtes haben sich der Ausübung ihres Amtes zu enthalten und ihre Vertretung zu veranlassen:

a) wenn es sich um ihre eigene Finanzstrafsache oder um jene eines ihrer Angehörigen (§ 72 StGB) oder jene einer Person unter ihrer gesetzlichen Vertretung handelt;

*(BGBl I 2018/62)*

b) wenn sie als Vertreter des Beschuldigten oder eines Nebenbeteiligten bestellt sind oder innerhalb der letzten fünf Jahre bestellt waren, als Zeugen oder Sachverständige vernommen wurden oder vernommen werden sollen oder als Anzeiger aufgetreten sind;

c) als Mitglieder eines Spruchsenates in jenen Strafsachen, in denen sie im Untersuchungsverfahren, insbesondere auch nach den §§ 85 Abs. 2, 86 Abs. 1, 89 Abs. 5 und 93 Abs. 1, oder in dem damit im Zusammenhang stehenden Abgabenverfahren tätig waren;

d) bei der Entscheidung über Rechtsmittel in jenen Strafsachen, in denen sie im Untersuchungsverfahren, insbesondere auch nach den §§ 85 Abs. 7, 87 Abs. 2, 89 Abs. 6 und 93 Abs. 7, oder in dem damit im Zusammenhang stehenden Abgabenverfahren tätig waren oder an der Erlassung des angefochtenen Erkenntnisses (Bescheides) mitgewirkt haben;

e) wenn sonstige wichtige Gründe vorliegen, die geeignet sind, ihre volle Unbefangenheit in Zweifel zu ziehen.

(2) Bei Gefahr im Verzug hat, wenn die Vertretung durch ein anderes Organ nicht sogleich bewirkt werden kann, auch das befangene Organ die unaufschiebbaren Amtshandlungen vorzunehmen; dies gilt nicht in den im Abs. 1 lit. a bezeichneten Fällen.

**§ 73.** Dem Beschuldigten, den Nebenbeteiligten und dem Amtsbeauftragten steht in jeder Lage des Verfahrens das Recht zu, am Verfahren beteiligte Organe der Finanzstrafbehörde und des Bundesfinanzgerichtes mit der Begründung abzulehnen, daß Umstände der im § 72 bezeichneten Art vorliegen.

**§ 74.** (1) Die Ablehnung ist, wenn sie sich auf ein Mitglied oder den Schriftführer eines Senates bezieht, beim Vorsitzenden des Senates binnen drei Tagen nach Zustellung der Vorladung zur mündlichen Verhandlung geltend zu machen. Über die Ablehnung entscheidet in Abwesenheit des Abgelehnten der Senat. Bei Stimmengleichheit gibt die Stimme des Vorsitzenden den Ausschlag. Werden der Vorsitzende oder wenigstens zwei Mitglieder eines Spruchsenates abgelehnt, so entscheidet über die Ablehnung der Vorstand der Finanzstrafbehörde, bei der der Spruchsenat eingerichtet ist; werden der Vorsitzende oder wenigstens zwei Mitglieder eines Senates für Finanzstrafrecht beim Bundesfinanzgericht abgelehnt, so entscheidet über die Ablehnung der Präsident des Bundesfinanzgerichtes. Der über die Ablehnung ergehende Bescheid oder Beschluss ist dem Antragsteller spätestens vor Beginn der mündlichen Verhandlung zu eröffnen.

(2) Kommen erst nach Ablauf der Frist von drei Tagen ab Zustellung der Vorladung zum ersten Termin der mündlichen Verhandlung Umstände hervor, die die Befangenheit eines Senatsmitgliedes oder des Schriftführers begründen können, ist die Ablehnung unverzüglich nach Kenntnis eines Ablehnungsgrundes, spätestens jedoch bis zum Ende der Beweisaufnahme in der mündlichen Verhandlung geltend zu machen. In diesem Fall entscheidet über die Ablehnung der Senat selbst.

(3) In allen übrigen Fällen ist die Ablehnung spätestens vor Beginn der Amtshandlung, durch die sich der Beschuldigte oder Nebenbeteiligte wegen Befangenheit des Organes beschwert erachtet, und zwar im Verfahren bei der Finanzstrafbehörde bei deren Vorstand, im Verfahren beim Bundesfinanzgericht bei dessen Präsidenten geltend zu machen. Die Entscheidung obliegt im Verfahren bei der Finanzstrafbehörde deren Vorstand, im Verfahren beim Bundesfinanzgericht dessen Präsidenten. Wird der Vorstand der Finanzstrafbehörde abgelehnt, entscheidet das Bundesministerium für Finanzen. Wird der Präsident des Bundesfinanzgerichtes abgelehnt, so entscheidet die gemäß § 5 Abs. 3 BFGG berufene Vertretung.

(4) Gegen die gemäß Abs. 1 bis 3 über die Ablehnung ergehenden Entscheidungen ist ein abgesondertes Rechtsmittel nicht zulässig. Wird die Ablehnung als begründet anerkannt, so hat sich der Abgelehnte von diesem Zeitpunkt an der Ausübung seines Amtes zu enthalten.

### D. Rechtsschutzbeauftragter

**§ 74a.** (1) Zur Wahrnehmung des besonderen Rechtsschutzes im verwaltungsbehördlichen Finanzstrafverfahren ist beim Bundesminister für Finanzen ein Rechtsschutzbeauftragter mit zwei Stellvertretern eingerichtet. Sie sind bei der Besorgung der ihnen nach dem Finanzstrafgesetz zukommenden Aufgaben unabhängig und weisungsfrei. Sie unterliegen der Amtsverschwiegenheit und der abgabenrechtlichen Geheimhaltungspflicht (§ 48a BAO).

(2) Der Rechtsschutzbeauftragte und seine Stellvertreter müssen besondere Kenntnisse und Erfahrungen auf dem Gebiet der Grund- und Freiheitsrechte aufweisen und mindestens fünf Jahre in einem Beruf tätig gewesen sein, in dem der Abschluss des Studiums der Rechtswissenschaften Berufsvoraussetzung ist. Beamte des Dienststandes und Vertragsbedienstete des Bundesministeriums für Finanzen sowie dessen nachgeordneter Dienststellen, Richter und Staatsanwälte des Dienststandes, Rechtsanwälte, die in die Liste der Rechtsanwälte eingetragen sind, und andere Personen, die vom Amt eines Geschworenen oder Schöffen ausgeschlossen oder zu diesem nicht zu berufen sind (§§ 2 und 3 des Geschworenen- und Schöffengesetzes 1990) dürfen nicht bestellt werden.

(3) Die Bestellung des Rechtsschutzbeauftragten und seiner Stellvertreter erlischt bei Verzicht, im Todesfall oder mit Wirksamkeit der Neu- oder Wiederbestellung. Bei Vorliegen von Befangenheitsgründen im Sinne des § 72 Abs. 1 hat sich der Rechtsschutzbeauftragte von dem Zeitpunkt, zu dem ihm der Grund bekannt geworden ist, des Einschreitens in der Sache zu enthalten.



(4) Der Rechtsschutzbeauftragte und seine Stellvertreter haben gleiche Rechte und Pflichten. Sie werden vom Bundesminister für Finanzen nach Anhörung der Präsidenten des Nationalrates sowie der

Präsidenten des Verfassungsgerichtshofes und des Verwaltungsgerichtshofes auf die Dauer von fünf Jahren bestellt. Wiederbestellungen sind zulässig.

(5) Der Bundesminister für Finanzen stellt dem Rechtsschutzbeauftragten die zur Bewältigung der administrativen Tätigkeit notwendigen Personal- und Sacherfordernisse zur Verfügung. Dem Rechtsschutzbeauftragten und seinen Stellvertretern gebührt für die Erfüllung ihrer Aufgaben eine Entschädigung. Der Bundesminister für Finanzen ist ermächtigt, mit Verordnung Pauschalsätze für die Bemessung dieser Entschädigung festzusetzen.

*(BGBl I 2015/118)*

**§ 74b.** (1) Die Finanzstrafbehörden sind verpflichtet, den Rechtsschutzbeauftragten über Auskunftsverlangen (§ 99 Abs. 3a) und die Information Betroffener darüber ehestmöglich zu informieren. Dem Rechtschutzbeauftragten obliegt die Prüfung der nach diesem Absatz erstatteten Meldungen. Dem Rechtsschutzbeauftragten steht gegen die Anordnung nach § 99 Abs. 3a Beschwerde an das Bundesfinanzgericht zu; dieses Recht erlischt mit dem Ablauf der Beschwerdefrist des Beschuldigten.

(2) Wurde gemäß § 99 Abs. 6 die Zustellung an den Beschuldigten und die Verfügungsberechtigten vorläufig aufgeschoben, ist dies dem Rechtsschutzbeauftragten unter Anschluss der Anordnung samt Auskunftsersuchen unverzüglich mitzuteilen. Dem Rechtsschutzbeauftragten steht in diesem Fall gegen die Anordnung nach § 99 Abs. 6 erster Satz Beschwerde an das Bundesfinanzgericht zu. Die Beschwerdefrist (§ 150 Abs. 2) beginnt mit dem Einlangen der Mitteilung zu laufen.

(3) Die Finanzstrafbehörden haben dem Rechtsschutzbeauftragten bei der Wahrnehmung seiner Aufgaben jederzeit Einblick in alle erforderlichen Unterlagen und Aufzeichnungen zu gewähren, ihm auf Verlangen Abschriften (Ablichtungen) einzelner Aktenstücke unentgeltlich auszufolgen und alle erforderlichen Auskünfte zu erteilen; insofern kann ihm gegenüber die Amtsverschwiegenheit und die abgabenrechtliche Geheimhaltungspflicht nicht geltend gemacht werden.

(4) Der Rechtsschutzbeauftragte erstattet dem Bundesminister für Finanzen jährlich bis spätestens 31. März des Folgejahres einen Bericht über seine Tätigkeit und Wahrnehmungen im Rahmen seiner Aufgabenerfüllung nach dem Finanzstrafgesetz.

*(BGBl I 2015/118)*

## III. Hauptstück
## Beschuldigte, Nebenbeteiligte und deren Vertretung; Akteneinsicht

**§ 75.** Beschuldigter ist die im Verdacht eines Finanzvergehens stehende Person (Verdächtiger) vom Zeitpunkt der Verständigung über die Einleitung des Strafverfahrens (§ 83 Abs. 2) oder der ersten Vernehmung gemäß § 83 Abs. 3 bis zum rechtskräftigen Abschluß des Strafverfahrens. Die für den Beschuldigten geltenden Bestimmungen sind auch auf den Verdächtigen anzuwenden, wenn gegen ihn schon vor der Einleitung des Strafverfahrens eine Verfolgungshandlung (§ 14 Abs. 3) gerichtet wurde.

**§ 76.** Nebenbeteiligte sind

a) vom Beschuldigten verschiedene Personen, denen das Eigentumsrecht oder ein Pfand- oder Zurückbehaltungsrecht an der verfallsbedrohten Sache zusteht (Verfallsbeteiligte). Verfallsbeteiligt ist auch, wer ein solches Recht behauptet;

b) Personen, die nach § 28 zur Haftung herangezogen werden können (Haftungsbeteiligte).

**§ 77.** (1) Beschuldigte haben das Recht, in jeder Lage des Verfahrens den Beistand eines Verteidigers in Anspruch zu nehmen oder über ausdrückliche Erklärung sich selbst zu verteidigen. Die Erklärung ist in der Niederschrift über die Vernehmung festzuhalten. Sie ist für das weitere Verfahren nicht bindend. Beschuldigte können sich durch Verteidiger auch vertreten lassen, soweit nicht ihr persönliches Erscheinen ausdrücklich gefordert wird. Als Verteidiger sind die in § 48 Abs. 1 Z 5 StPO genannten Personen sowie Steuerberater zugelassen. Bevollmächtigte Gesellschaften dürfen nur durch selbständig berufsbefugte natürliche Personen handeln. Nicht zugelassen sind Personen, gegen die ein Verfahren wegen Beteiligung an demselben Finanzvergehen oder wegen Begünstigung hinsichtlich dieses Finanzvergehens anhängig ist. Nebenbeteiligte können sich durch voll handlungsfähige Personen (Bevollmächtigte) vertreten lassen, soweit nicht ihr persönliches Erscheinen ausdrücklich gefordert wird. Widersprechen Erklärungen des Beschuldigten jenen des Verteidigers, so gelten die Erklärungen des Beschuldigten; Entsprechendes gilt für einander widersprechende Erklärungen des Nebenbeteiligten und des Bevollmächtigten.

*(BGBl I 2016/77, BGBl I 2018/62)*

(2) Die Vorschriften der Bundesabgabenordnung über die Bevollmächtigung gelten mit Ausnahme von § 83 Abs. 4 sinngemäß.

(3) Ist in Verfahren, in denen die Durchführung der mündlichen Verhandlung und die Fällung des Erkenntnisses gemäß § 58 Abs. 2 einem Spruchsenat obliegt, der Beschuldigte außerstande, ohne Beeinträchtigung des für ihn und seine Familie, für deren Unterhalt er zu sorgen hat, zu einer einfachen Lebensführung notwendigen Unterhalts die Kosten der Verteidigung zu tragen, so hat die Finanzstrafbehörde auf Antrag des Beschuldigten, wenn und soweit dies im Interesse der Rechtspflege, vor allem im Interesse einer zweckentsprechenden Verteidigung, erforderlich ist, dem Beschuldigten für das gesamte Verfahren oder für einzelne Verfahrenshandlungen einen Verteidiger beizugeben, dessen Kosten er nicht zu tragen hat.

(3a) Im Falle der Entscheidung über die Verwahrung nach § 85 oder einer Untersuchungshaft nach § 86 hat die Finanzstrafbehörde dem im Sinne des § 77 Abs. 3 bedürftigen Beschuldigten auf dessen Antrag einen Verteidiger beizugeben, dessen Kosten er nicht zu tragen hat.

*(BGBl I 2019/62)*

(4) Ist ein Verteidiger beizugeben, so hat die Finanzstrafbehörde dies der Kammer der Steuerberater und Wirtschaftsprüfer mitzuteilen, damit diese einen Steuerberater als Verteidiger bestelle. Von der Bestellung hat die Kammer die Finanzstrafbehörde zu verständigen. Die Kosten der Verteidigung trägt die Kammer.

*(BGBl I 2018/62)*

(5) Mehreren Beschuldigten eines Verfahrens kann ein gemeinsamer Verteidiger beigegeben werden, doch ist für eine abgesonderte Verteidigung der Beschuldigten zu sorgen, bei denen sich ein Widerstreit der Interessen zeigt.

(6) Beantragt der Beschuldigte die Beigabe eines Verteidigers innerhalb einer für eine Verfahrenshandlung offenstehenden Frist, so beginnt diese Frist mit der Zustellung der Mitteilung, wen die Kammer als Verteidiger bestellt hat, oder des Bescheides, mit dem der Antrag abgewiesen wurde, von neuem zu laufen.

(7) Die Beigabe eines Verteidigers ist zu widerrufen, wenn die Voraussetzungen des Abs. 3 nicht mehr gegeben sind oder wenn sich herausstellt, daß die seinerzeit angenommenen Voraussetzungen nicht gegeben waren.

**§ 78.** (1) In der mündlichen Verhandlung sind Personen, die als Zeugen für diese Verhandlung geladen sind, als Verteidiger nicht zugelassen. Im Untersuchungsverfahren kann die Finanzstrafbehörde Personen, die als Zeugen vernommen wurden, sowie Personen, die als Zeugen geladen sind oder deren Vernehmung als Zeugen beantragt ist, als Verteidiger ausschließen, wenn dies zur Ermittlung des Sachverhaltes geboten ist. Gegen einen solchen Bescheid ist die Beschwerde (§ 152) zulässig.

(2) Im Untersuchungsverfahren darf die Finanzstrafbehörde den Verteidiger von der Teilnahme an Beweisaufnahmen, die eine spätere Wiederholung nicht zulassen, nicht, von der Teilnahme an anderen Beweisaufnahmen nur dann ausschließen, wenn besondere Umstände befürchten lassen, daß durch die Beteiligung die weitere Untersuchung erschwert werden könnte. Gegen den Ausschluß des Verteidigers ist ein abgesondertes Rechtsmittel zulässig.

(3) Der verhaftete Beschuldigte kann sich mit seinem Verteidiger verständigen, ohne dabei überwacht zu werden.

*(BGBl I 2016/77)*

**§ 79.** (1) Die Finanzstrafbehörde hat dem Beschuldigten und den Nebenbeteiligten in jeder Lage des Verfahrens und auch nach dessen Abschluß die Einsicht und Abschriftnahme der Akten oder Aktenteile zu gestatten, deren Kenntnis zur Geltendmachung oder Verteidigung ihrer finanzstrafrechtlichen oder abgabenrechtlichen Interessen oder zur Erfüllung solcher Pflichten erforderlich ist; sie kann ihnen statt dessen auch Abschriften (Ablichtungen) ausfolgen. Sind Beschuldigte oder Nebenbeteiligte blind oder hochgradig sehbehindert und nicht durch Verteidiger oder Bevollmächtigte vertreten, so hat ihnen die Finanzstrafbehörde auf Verlangen den Inhalt der Akten oder Aktenteile durch Verlesung oder nach Maßgabe der vorhandenen technischen Möglichkeiten in sonst geeigneter Weise zur Kenntnis zu bringen.

(2) Von der Akteneinsicht ausgenommen sind Beratungsprotokolle, Amtsvorträge, Erledigungsentwürfe und sonstige Schriftstücke (Mitteilungen anderer Behörden, Meldungen, Berichte und dergleichen), deren Einsichtnahme eine Schädigung berechtigter Interessen dritter Personen herbeiführen würde.

(3) Im Untersuchungsverfahren können Aktenstücke vorläufig von der Einsichtnahme ausgenommen werden, wenn besondere Umstände befürchten lassen, daß durch eine sofortige Kenntnisnahme die Untersuchung erschwert werden könnte; die Einsichtnahme ist jedoch noch vor Abschluß des Untersuchungsverfahrens zu gestatten.

(4) Gegen die Verweigerung der Akteneinsicht ist ein abgesondertes Rechtsmittel nicht zulässig.

## IV. Hauptstück
## Aufdeckung und Verfolgung der Finanzvergehen

### A. Anzeigen und Einleitung des Strafverfahrens

**§ 80.** (1) Die Behörden und Ämter der Bundesfinanzverwaltung haben, wenn sich innerhalb ihres dienstlichen Wirkungsbereiches ein Verdacht auf das Vorliegen eines Finanzvergehens ergibt, hievon die gemäß § 58 zuständige Finanzstrafbehörde zu verständigen, soweit sie nicht selbst als solche einzuschreiten haben. Überdies sind die Abgabenbehörden ermächtigt, der zuständigen Finanzstrafbehörde die Ergebnisse von Prüfungs-, Kontroll- und Überwachungsmaßnahmen zur finanzstrafrechtlichen Würdigung und Verarbeitung der Daten zu übermitteln.

*(BGBl I 2018/32)*

(2) Die Finanzstrafbehörden sowie der Bundesminister für Finanzen sind berechtigt, für finanzstrafrechtliche Zwecke oder sonst zur Erfüllung ihrer Aufgaben in alle Daten der Abgabenbehörden und der Finanzstrafbehörden Einsicht zu nehmen und diese zu verarbeiten.

*(BGBl I 2018/32)*

**§ 81.** Alle Dienststellen der Gebietskörperschaften mit behördlichem Aufgabenbereich, die Österreichische Gesundheitskasse und das Arbeitsmarktservice sind verpflichtet, die entweder von ihnen selbst wahrgenommenen oder sonst zu ihrer Kenntnis gelangten Finanzvergehen der nächsten Finanzstrafbehörde mitzuteilen.

*(BGBl I 2018/100)*

**§ 82.** (1) Die Finanzstrafbehörde hat die ihr gemäß §§ 80 oder 81 zukommenden Verständigungen und Mitteilungen darauf zu prüfen, ob genügende Verdachtsgründe für die Einleitung eines Finanzstrafverfahrens gegeben sind. Das gleiche gilt, wenn sie in anderer Weise, insbesondere aus eigener Wahrnehmung vom Verdacht eines Finanzvergehens Kenntnis erlangt. Die Prüfung ist nach den für die Feststellung des maßgebenden Sachverhalts im Untersuchungsverfahren geltenden Bestimmungen vorzunehmen.

(2) Ergibt diese Prüfung, dass für die Ahndung des Finanzvergehens das Gericht zuständig ist, so hat die Finanzstrafbehörde das Strafverfahren nach den Bestimmungen des Dritten Unterabschnittes zu führen.

(3) Ergibt die Prüfung gemäß Abs. 1, daß die Durchführung des Strafverfahrens nicht in die Zuständigkeit des Gerichtes fällt, so hat die Finanzstrafbehörde das Strafverfahren einzuleiten. Von der Einleitung eines Strafverfahrens hat sie nur dann abzusehen und darüber einen Aktenvermerk mit Begründung aufzunehmen,

a) wenn die Tat mangels ausreichender Anhaltspunkte voraussichtlich nicht erwiesen werden kann,

b) wenn die Tat kein Finanzvergehen bildet,

c) wenn der Verdächtige die ihm zur Last gelegte Tat nicht begangen hat oder Umstände vorliegen, welche die Tat rechtfertigen, die Schuld des Täters ausschließen, die Strafbarkeit ausschließen oder aufheben,

d) wenn Umstände vorliegen, welche die Verfolgung des Täters hindern, oder

e) wenn die Tat im Ausland begangen und der Täter dafür schon im Ausland gestraft worden ist und nicht anzunehmen ist, daß die Finanzstrafbehörde eine strengere Strafe verhängen werde.

**§ 83.** (1) Die Einleitung des Strafverfahrens ist aktenkundig zu machen.

(2) Von der Einleitung des Strafverfahrens ist der Verdächtige unter Bekanntgabe der zur Last gelegten Tat sowie der in Betracht kommenden Strafbestimmung unverzüglich zu verständigen. In den Fällen der §§ 85 und 93 kann die Verständigung auch anläßlich der ersten Vernehmung durch die Finanzstrafbehörde erfolgen.

*(BGBl I 2015/118)*

(3) Der Einleitung eines Strafverfahrens ist die erste Vernehmung einer Person als Beschuldigter durch eine andere Dienststelle der Finanzverwaltung als durch die Finanzstrafbehörde gleichzuhalten.

**§ 84.** (1) Dem Beschuldigten ist vor Beginn der ersten Vernehmung mitzuteilen, welcher Tat er verdächtig ist; er ist im Sinne des Abs. 2 und darüber zu informieren, dass er berechtigt sei, sich zur Sache zu äußern oder nicht auszusagen und sich zuvor mit einem Verteidiger zu beraten~~, soweit dieser Kontakt nicht gemäß § 78 Abs. 3 beschränkt werden kann~~. Der Beschuldigte ist auch darauf aufmerksam zu machen, dass seine Aussage seiner Verteidigung dienen, aber auch als Beweis gegen ihn Verwendung finden könne.

*(BGBl I 2022/108 ab 20.7.2022)*

(2) Der Beschuldigte hat das Recht, seiner Vernehmung einen Verteidiger beizuziehen. Der Verteidiger darf sich an der Vernehmung beteiligen, indem er nach deren Abschluss oder nach thematisch zusammenhängenden Abschnitten ergänzende Fragen an den Beschuldigten richtet oder Erklärungen abgibt. Während der Vernehmung darf sich der Beschuldigte nicht mit dem Verteidiger über die Beantwortung einzelner Fragen beraten. Von der Beiziehung eines Verteidigers darf nur abgesehen werden, soweit dies auf Grund besonderer Umstände unbedingt erforderlich erscheint, um eine erhebliche Gefährdung der Ermittlungen oder eine Beeinträchtigung von Beweismitteln abzuwenden. In diesem Fall ist dem Beschuldigten sogleich oder innerhalb von 24 Stunden eine Begründung bekanntzugeben. Gegen die Absehung von der Beiziehung eines Verteidigers ist eine Beschwerde an das Bundesfinanzgericht zulässig.

*(BGBl I 2016/77)*

(3) Beschuldigte und Nebenbeteiligte sind bei Beginn ihrer ersten Vernehmung über Vor- und Zunamen, Tag und Ort der Geburt, Staatsbürgerschaft, Familienstand, Beschäftigung und Wohnort, die Beschuldigten überdies über Vermögens-, Einkommens- und Familienverhältnisse sowie über allfällige Vorstrafen wegen Finanzvergehen zu befragen. Sind die Angaben hierüber schon in den Akten enthalten, so sind sie zur Anerkennung oder Richtigstellung vorzuhalten.

(4) Beschuldigte und Nebenbeteiligte dürfen zur Beantwortung der an sie gestellten Fragen nicht gezwungen werden. Sie dürfen nicht durch Zwangsmittel, Drohungen, Versprechungen oder Vorspiegelungen zu Äußerungen genötigt oder bewogen werden. Die Stellung von Fragen, in welchen eine nicht zugestandene Tatsache als bereits zugestanden angenommen wird, ist nicht zulässig. Fragen, wodurch Umstände vorgehalten werden, die erst durch die Antwort festgestellt werden sollen, dürfen erst dann gestellt werden, wenn die Befragten nicht in anderer Weise zu einer Erklärung über dieselben geführt werden konnten; die Fragen sind in solchen Fällen wörtlich in die Niederschrift über die Vernehmung aufzunehmen. Beschuldigte und Nebenbeteiligte dürfen nicht durch Zwangsstrafen zur Herausgabe von Tatgegenständen und Beweismitteln verhalten werden.

(5) Der Vernehmung ist ein Dolmetscher gemäß § 57 Abs. 4 beizuziehen, wenn der Beschuldigte oder ein Nebenbeteiligter der Verhandlungssprache nicht hinreichend kundig, gehörlos, hochgradig hörbehindert oder stumm ist.

### B. Festnahme, Vorführung, vorläufige Verwahrung und Untersuchungshaft

**§ 85.** (1) Die Finanzstrafbehörde kann zum Zweck der Vorführung und vorläufigen Verwahrung die Festnahme des eines vorsätzlichen Finanzvergehens, mit Ausnahme einer Finanzordnungswidrigkeit, Verdächtigen anordnen:

a) wenn der Verdächtige auf frischer Tat betreten oder unmittelbar nach Begehung eines Finanzvergehens mit Gegenständen betreten wird, die vom Finanzvergehen herrühren oder sonst auf seine Beteiligung an dem Finanzvergehen hinweisen;

b) wenn er flüchtig ist oder sich verborgen hält oder wenn auf Grund bestimmter Tatsachen die Gefahr besteht, er werde wegen der Größe der ihm mutmaßlich bevorstehenden Strafe oder aus anderen Gründen flüchten oder sich verborgen halten;

c) wenn er andere an der Tat Beteiligte, Hehler, Zeugen oder Sachverständige zu beeinflussen, die Spuren der Tat zu beseitigen oder sonst die Ermittlung der Wahrheit zu erschweren versucht hat oder wenn auf Grund bestimmter Tatsachen die Gefahr besteht, er werde dies versuchen; oder

d) wenn auf Grund bestimmter Tatsachen anzunehmen ist, er werde das ihm angelastete versuchte Finanzvergehen ausführen oder in unmittelbarer Folge ein weiteres gleichartiges Finanzvergehen begehen.

(2) Die Anordnung der Festnahme bedarf eines Bescheides des Vorsitzenden des Spruchsenates, dem gemäß § 58 Abs. 2 unter den dort vorgesehenen Voraussetzungen die Durchführung der mündlichen Verhandlung und die Fällung des Erkenntnisses obliegen würde. Auf Grund dieser Anordnung sind die Organe der Finanzstrafbehörden, des Zollamtes Österreich und des öffentlichen Sicherheitsdienstes zur Festnahme der verdächtigen Personen befugt. Der Bescheid muß sogleich bei der Festnahme oder doch innerhalb der nächsten 24 Stunden dem Festgenommenen zugestellt werden.

*(BGBl I 2019/104)*

(3) Ausnahmsweise kann die Festnahme durch die im Abs. 2 genannten Organe auch ohne schriftliche Anordnung vorgenommen werden

a) in den Fällen des Abs. 1 lit. a sowie

b) in den Fällen des Abs. 1 lit. b bis d, wenn die Einholung der schriftlichen Anordnung wegen Gefahr im Verzug nicht tunlich ist.

Dem Festgenommenen sind die Gründe für die Festnahme und für die Annahme von Gefahr im Verzug mündlich bekanntzugeben.

(3a) Der Beschuldigte ist sogleich oder unmittelbar nach seiner Festnahme schriftlich in einer für ihn verständlichen Sprache und Art über seine Rechte (§§ 57 Abs. 3 und 85 Abs. 4 und 6) und darüber zu informieren, dass er berechtigt ist, Beschwerde gegen die Anordnung der Festnahme zu erheben und jederzeit seine Freilassung zu beantragen und Zugang zu ärztlicher Betreuung zu erhalten (§§ 66 bis 74 StVG). Ist die schriftliche Belehrung in einer Sprache, die der Beschuldigte versteht, nicht verfügbar, so ist er mündlich unter Beziehung eines Dolmetschers zu belehren und ihm die schriftliche Übersetzung nachzureichen. Über die Erteilung der Belehrung ist ein Aktenvermerk aufzunehmen.

(4) Jeder Festgenommene ist unverzüglich der zuständigen Finanzstrafbehörde vorzuführen und von dieser sofort, spätestens aber binnen 24 Stunden nach der Übergabe, zur Sache und zu den Voraussetzungen der Verwahrung zu vernehmen. Nimmt der Festgenommene sein Recht auf Beiziehung eines Verteidigers in Anspruch, so ist die Vernehmung bis zum Eintreffen des Verteidigers aufzuschieben, es sei denn, dass damit eine unangemessene Verlängerung der Anhaltung verbunden wäre. Ergibt sich, daß kein Grund zu seiner weiteren Verwahrung vorhanden ist, oder ist der Zweck der Verwahrung durch die Anwendung eines oder mehrerer gelinderer Mittel (§ 88 Abs. 1) oder durch eine Sicherheitsleistung (§ 88 Abs. 2) erreicht, so ist er sogleich freizulassen; sonst aber hat die Finanzstrafbehörde spätestens vor Ablauf von 48 Stunden nach der Festnahme zu veranlassen, daß die Untersuchungshaft (§ 86) verhängt wird.

*(BGBl I 2016/77)*

(5) Bei der Festnahme, Vorführung und vorläufigen Verwahrung ist mit möglichster Schonung der Person und der Ehre des Festgenommenen vorzugehen.

(6) Dem Festgenommenen ist ohne unnötigen Aufschub zu gestatten, eine von ihm namhaft gemachte Person von der Festnahme zu verständigen. Bestehen gegen eine Verständigung durch den Festgenommenen selbst Bedenken, so hat die Finanzstrafbehörde die Verständigung vorzunehmen. Handelt es sich bei dem Festgenommenen um einen Ausländer, hat er das Recht seine konsularische oder diplomatische Vertretung von der Festnahme unterrichten zu lassen und mit dieser Kontakt aufzunehmen. Dem Festgenommenen ist weiters zu gestatten, mit einer Person, die gemäß § 77 Abs. 1 als Verteidiger zugelassen ist, Kontakt aufzunehmen und diese zu bevollmächtigen. ~~Von der Festnahme eines Jugendlichen ist der gesetzliche Vertreter oder ein Angehöriger ohne unnötigen Aufschub zu verständigen, es sei denn, dass der Jugendliche dem aus einem triftigen Grund widerspricht.~~

*(BGBl I 2016/77, BGBl I 2018/62, BGBl I 2022/108 ab 20.7.2022)*

(7) (aufgehoben)

**§ 86.** (1) Die Untersuchungshaft ist vom Vorsitzenden des Spruchsenates zu verhängen, dem gemäß § 58 Abs. 2 unter den dort vorgesehenen Voraussetzungen die Durchführung der mündlichen Verhandlung und die Fällung des Erkenntnisses obliegen würde. Sie darf nur verhängt werden, wenn der Verwahrte auch nach seiner Vernehmung dringend eines vorsätzlichen Finanzvergehens, mit Ausnahme einer Finanzordnungswidrigkeit, verdächtig bleibt und auf Grund bestimmter Tatsachen die Gefahr besteht, er werde auf freiem Fuße

a) wegen der Größe der ihm mutmaßlich bevorstehenden Strafe oder aus anderen Gründen flüchten oder sich verborgen halten (Fluchtgefahr),

b) andere an der Tat Beteiligte, Hehler, Zeugen oder Sachverständige zu beeinflussen, die Spuren der Tat zu beseitigen oder sonst die Ermittlung der Wahrheit zu erschweren versuchen (Verdunkelungsgefahr) oder c) das ihm angelastete versuchte Finanzvergehen ausführen (Ausführungsgefahr) oder in unmittelbarer Folge ein weiteres gleichartiges Finanzvergehen begehen (Begehungsgefahr).

(2) Fluchtgefahr ist jedenfalls nicht anzunehmen, wenn der Beschuldigte sich in geordneten Lebensverhältnissen befindet und einen festen Wohnsitz im Inland hat, es sei denn, daß er bereits Anstalten zur Flucht getroffen hat.

**§ 87.** (1) Die Verhängung der Untersuchungshaft bedarf eines Bescheides. In der Begründung sind insbesondere auch die Tatsachen anzugeben, auf Grund derer die Finanzstrafbehörde das Vorliegen eines oder mehrerer der im § 86 Abs. 1 angeführten Haftgründe angenommen hat. Dieser Bescheid samt Begründung ist dem Beschuldigten sofort bekanntzugeben und binnen 24 Stunden auch schriftlich zuzustellen. Die mündliche Bekanntgabe ist in einer Niederschrift festzuhalten.

(2) (aufgehoben)

(3) Alle am Finanzstrafverfahren in amtlicher Eigenschaft teilnehmenden Personen sind verpflichtet, auf die möglichste Abkürzung der Haft hinzuwirken.

(4) Die Untersuchungshaft ist aufzuheben, sobald ihre Voraussetzungen nicht mehr vorliegen. Die Untersuchungshaft ist auch aufzuheben, sobald ihre Dauer im Verhältnis zu den zu erwartenden Strafen offenbar unangemessen ist. Sie darf einen Monat, bei Fluchtgefahr zwei Monate nicht übersteigen.

(5) Über Enthaftungsanträge hat der Vorsitzende des Spruchsenates (§ 86 Abs. 1) unverzüglich zu entscheiden. Erachtet die Finanzstrafbehörde, daß dem Enthaftungsantrag zu entsprechen ist, so hat sie auch ohne Befassung des Vorsitzenden des Spruchsenates die Untersuchungshaft aufzuheben.

(6) (aufgehoben)

(7) Die vorläufige Verwahrung und die Untersuchungshaft sind in dem dem Ort der Festnahme nächstgelegenen Haftraum der Sicherheitsbehörden oder in der nächstgelegenen Justizanstalt, jedoch möglichst abgesondert von Häftlingen der polizeilichen und gerichtlichen Strafrechtspflege, zu vollziehen. Für die Behandlung der verwahrten oder verhafteten Personen in Justizanstalten gelten die Bestimmungen über den Vollzug der Untersuchungshaft gemäß §§ 182 bis 189 StPO sinngemäß mit der Maßgabe, dass die der Staatsanwaltschaft oder dem Gericht übertragenen Aufgaben der zuständigen Finanzstrafbehörde zukommen. Entscheidungen nach § 16 Abs. 2 Z 2, 4 und 5 des Strafvollzugsgesetzes (§ 189 Abs. 2 StPO) stehen dem im § 86 Abs. 1 bezeichneten Vorsitzenden des Spruchsenates zu. Für die Behandlung der verwahrten oder verhafteten Personen in den Hafträumen der Sicherheitsbehörden gelten die einschlägigen Bestimmungen des Verwaltungsstrafgesetzes mit der Maßgabe, dass der Vollzug der Verwahrung und Untersuchungshaft so vorzunehmen ist, dass keine Verdunkelungsgefahr (§ 86 Abs. 1 lit. b) besteht.

*(BGBl I 2020/99)*

**§ 88.** (1) Die Untersuchungshaft darf nicht verhängt oder aufrechterhalten werden, wenn die Haftzwecke auch durch Anwendung eines oder mehrerer gelinderer Mittel erreicht werden können. Als gelindere Mittel sind anwendbar:

a) das Gelöbnis des Beschuldigten, bis zur rechtskräftigen Beendigung des Finanzstrafverfahrens weder zu flüchten noch sich verborgen zu halten noch sich ohne Genehmigung der Finanzstrafbehörde von seinem Aufenthaltsort zu entfernen;
b) das Gelöbnis, keinen Versuch zu unternehmen, die Untersuchung zu vereiteln;
c) die Weisung, jeden Wechsel des Aufenthaltsortes anzuzeigen oder sich in bestimmten Zeitabständen bei der Finanzstrafbehörde oder bei einer anderen Stelle zu melden;
d) die vorübergehende Abnahme der Reisepapiere;
e) die vorübergehende Abnahme der zur Führung eines Fahrzeuges nötigen Papiere.

Die Anwendung gelinderer Mittel ist aufzuheben, sobald ihre Voraussetzungen nicht mehr vorliegen.

(2) Eine vorläufige Verwahrung oder Untersuchungshaft wegen Fluchtverdachtes (§ 85 Abs. 1 lit. b und § 86 Abs. 1 lit. a) muß gegen Sicherheitsleistung und gegen Ablegung der im Abs. 1 lit. a und b erwähnten Gelöbnisse auf Verlangen unterbleiben oder aufgehoben werden. Die Sicherheitssumme ist mit Rücksicht auf die Folgen des Finanzvergehens, die Verhältnisse des Beschuldigten und das Vermögen des die Sicherheit Leistenden festzusetzen.

(3) Die Sicherheitssumme ist entweder in barem Geld oder in solchen Wertpapieren, die nach den bestehenden Gesetzen zur Anlage der Gelder von Minderjährigen oder sonstigen schutzberechtigten Personen verwendet werden dürfen, nach dem Börsenkurs des Erlagstages berechnet, bei der Finanzstrafbehörde zu hinterlegen oder durch Pfandbestellung auf unbewegliche Güter oder durch taugliche Bürgen (§ 1374 ABGB), die sich zugleich als Zahler verpflichten (§ 1357 ABGB), sicherzustellen. Kann eine solche Sicherheit nicht oder nur schwer beschafft werden, so kann auch eine andere im § 222 BAO im Abgabenverfahren vorgesehene Sicherheitsleistung zugelassen werden.

*(BGBl I 2018/62)*

(4) Wird die geleistete Sicherheit unzureichend, so ist sie zu ergänzen oder es ist eine anderweitige Sicherheit zu leisten; die Abs. 2 und 3 gelten sinngemäß.

(5) Die Sicherheitssumme ist von der Finanzstrafbehörde mit Bescheid für verfallen zu erklären, wenn der Beschuldigte flüchtet oder sich verbirgt oder wenn er einer den Verfall der Sicherheit androhenden Vorladung unentschuldigt keine Folge leistet. Die verfallene Sicherheitssumme ist nach den für Abgaben geltenden Vorschriften einzubringen; sie fließt dem Bund zu.

(6) Wenn der Beschuldigte Anstalten zur Flucht trifft oder wenn neue Umstände hervorkommen, die seine Festnahme erfordern, so ist ungeachtet der Sicherheitsleistung die gemäß Abs. 2 unterbliebene vorläufige Verwahrung anzuordnen oder die Untersuchungshaft zu verhängen; eine aufgehobene Verwahrung oder Untersuchungshaft ist fortzusetzen.

(7) Die Sicherheitssumme wird, sofern sie nicht bereits nach Abs. 5 für verfallen erklärt wurde, frei,

a) wenn die Voraussetzungen für die vorläufige Verwahrung oder für die Untersuchungshaft nicht mehr vorliegen,

b) wenn der Beschuldigte gemäß Abs. 6 festgenommen wurde,

c) wenn das Finanzstrafverfahren ohne Verhängung einer Freiheitsstrafe rechtskräftig beendet wurde oder

d) wenn der Vollzug einer verhängten Freiheitsstrafe begonnen hat.

### C. Beschlagnahme

**§ 89.** (1) Die Finanzstrafbehörde hat mit Bescheid die Beschlagnahme von verfallsbedrohten Gegenständen und von Gegenständen, die als Beweismittel in Betracht kommen, anzuordnen, wenn dies zur Sicherung des Verfalls oder zur Beweissicherung geboten ist. Der Bescheid ist dem anwesenden Inhaber des in Beschlag zu nehmenden Gegenstandes bei der Beschlagnahme zuzustellen; ist der Inhaber nicht anwesend, so ist der Bescheid nach § 23 des Zustellgesetzes zu hinterlegen.

(2) Bei Gefahr im Verzug sind neben den Organen der Finanzstrafbehörden auch die Organe der Abgabenbehörden und des öffentlichen Sicherheitsdienstes berechtigt, die im Abs. 1 bezeichneten Gegenstände auch dann in Beschlag zu nehmen, wenn eine Anordnung der Finanzstrafbehörde nicht vorliegt. In diesem Fall sind dem anwesenden Inhaber die Gründe für die Beschlagnahme und für die Annahme von Gefahr im Verzug mündlich bekanntzugeben und in einer Niederschrift festzuhalten. Die beschlagnahmten Gegenstände sind, falls nicht nach § 90 Abs. 1 zweiter Satz vorgegangen wird, der zuständigen Finanzstrafbehörde abzuführen.

(3) Beweismittel, auf die sich eine gesetzlich anerkannte Pflicht zur Verschwiegenheit erstreckt, unterliegen bei dem zur Verschwiegenheit Verpflichteten der Beschlagnahme nur,

a) soweit begründeter Verdacht besteht, daß dieser selbst Beteiligter, Hehler oder Begünstigender in bezug auf das Finanzvergehen ist, oder

b) wenn es sich um Bücher oder Aufzeichnungen nach den §§ 124 bis 130 BAO oder um dazugehörende Belege oder um solche Gegenstände, welche zur Begehung des Finanzvergehens bestimmt waren oder diese erleichtert haben oder die aus dem Finanzvergehen herrühren, handelt.

(4) In den Fällen des Abs. 3 lit. b unterliegen Gegenstände, die zum Zwecke der Beratung oder Verteidigung des Beschuldigten durch eine gemäß § 77 Abs. 1 als Verteidiger zugelassene Person zu deren Information von dieser oder vom Beschuldigten hergestellt wurden, in keinem Fall der Beschlagnahme, auch wenn sich diese Gegenstände in der Verfügungsmacht des Beschuldigten oder anderer an der Tat Beteiligten befinden. Bei Kreditinstituten und den im § 38 Abs. 4 des Bankwesengesetzes genannten Unternehmen unterliegen Gegenstände, die Geheimnisse im Sinne des § 38 Abs. 1 des genannten Gesetzes betreffen, der Beschlagnahme nur für Finanzvergehen, für die das Bankgeheimnis gemäß § 38 Abs. 2 Z 1 des genannten Gesetzes oder in Amtshilfefällen gem. § 2 Abs. 2 ADG aufgehoben ist und für vorsätzliche Finanzvergehen, ausgenommen Finanzordnungswidrigkeiten, die mit Finanzvergehen, für die das Bankgeheimnis aufgehoben ist, unmittelbar zusammenhängen.

*(BGBl I 2016/77)*

(5) Behauptet der zur Verschwiegenheit Verpflichtete oder der Beschuldigte, daß die Voraussetzungen für eine Beschlagnahme nach Abs. 3 und 4 nicht vorliegen, oder ist er bei der Beschlagnahme nicht anwesend, so ist der Gegenstand ohne weitere Untersuchung unter Siegel zu nehmen und ohne Verzug dem Vorsitzenden des Spruchsenates vorzulegen, dem gemäß § 58 Abs. 2 unter den dort vorgesehenen Voraussetzungen die Durchführung der mündlichen Verhandlung und die Fällung des Erkenntnisses obliegen würde. Der Vorsitzende des Spruchsenates hat mit Bescheid festzustellen, ob die Beweismittel der Beschlagnahme unterliegen.

*(BGBl I 2018/62)*

(6) (aufgehoben)

(7) Von der Beschlagnahme verfallsbedrohter Gegenstände kann abgesehen und eine bereits erfolgte Beschlagnahme solcher Gegenstände kann aufgehoben werden, wenn ein Geldbetrag erlegt wird, der dem Wert dieser Gegenstände entspricht (Freigabe). Der Geldbetrag tritt an die Stelle dieser Gegenstände und unterliegt nach Maßgabe des § 17 dem Verfall. Eine Freigabe hat insbesondere zu unterbleiben,

a) solange die Gegenstände auch für Beweiszwecke benötigt werden,

b) wenn es sich um Monopolgegenstände oder andere Gegenstände handelt, die gesetzlichen Verkehrsbeschränkungen unterliegen,

c) wenn eine gesetzwidrige Verwendung der Gegenstände zu besorgen ist,

d) wenn die Gegenstände auch in einem anderen Verfahren beschlagnahmt sind oder wenn die ihnen in einem anderen Verfahren drohende Beschlagnahme aktenkundig ist.

(8) Verschlossene Briefe oder andere verschlossene Schriftstücke dürfen nur in den Fällen einer Hausdurchsuchung oder Festnahme beschlagnahmt und eröffnet werden.

(9) Postsendungen, die im Gewahrsam der Post sind, dürfen nur beschlagnahmt werden,

a) in den Fällen einer Hausdurchsuchung oder Festnahme, wenn es sich um Sendungen handelt, die der Beschuldigte abschickt oder die an ihn gerichtet werden, oder
b) wenn bezüglich des Inhalts der Sendungen der Verdacht eines Schmuggels oder einer Hinterziehung von Eingangs- oder Ausgangsabgaben besteht.

**§ 90.** (1) Die beschlagnahmten Gegenstände sind amtlich zu verwahren. Bereitet die amtliche Verwahrung Schwierigkeiten, so sind die Gegenstände einer dritten Person in Verwahrung zu geben; sie können aber auch dem bisherigen Inhaber belassen werden, wenn hiedurch der Zweck der Beschlagnahme nicht gefährdet wird. In solchen Fällen ist ein Verbot zu erlassen, über die Gegenstände zu verfügen, wobei hinsichtlich der Benützung, Pflege und Wertsicherung der Gegenstände die erforderlichen Bedingungen und Auflagen festzulegen sind. Die Gegenstände können auch durch amtliche Verschlüsse gesichert werden.

(2) Unterliegen die beschlagnahmten Gegenstände raschem Verderben oder einer erheblichen Wertminderung oder lassen sie sich nur mit unverhältnismäßigen Kosten aufbewahren, so können sie von der Finanzstrafbehörde wie finanzbehördlich gepfändete Gegenstände verwertet werden; in Grenznähe beschlagnahmte Gegenstände, die raschem Verderben unterliegen, können auch von Organen der Zollstelle im kurzen Weg bestmöglich verwertet werden. Der Beschuldigte und der Eigentümer sind tunlichst vor der Verwertung zu verständigen. Der Erlös tritt an die Stelle der veräußerten Gegenstände und unterliegt nach Maßgabe des § 17 dem Verfall. Die Verwertung wegen unverhältnismäßiger Aufbewahrungskosten unterbleibt, wenn rechtzeitig ein zur Deckung dieser Kosten ausreichender Betrag erlegt wird.

*(BGBl I 2019/104)*

(3) Die Verwertung nach Abs. 2 hat jedoch solange zu unterbleiben, als die verfallsbedrohten Gegenstände für Beweiszwecke benötigt werden.

**§ 91.** (1) In allen Fällen, in denen beschlagnahmte Gegenstände abgenommen werden, ist dem bisherigen Inhaber eine Bestätigung auszustellen, in der die Gegenstände nach ihren wesentlichen Merkmalen, wie Stückzahl, Gewicht, Maß und Gattung, genau zu verzeichnen sind.

(2) Beschlagnahmte Gegenstände sind unverzüglich zurückzugeben, wenn die Aufrechterhaltung der Beschlagnahme nicht gerechtfertigt ist.

**§ 92.** Beschlagnahmte Geschäftsbücher, Aufzeichnungen und Belege sind dem Eigentümer oder einer von diesem hiezu bevollmächtigten Person auf Verlangen zur Einsicht zugänglich zu machen, sofern hiedurch die Tatbestandsermittlung nicht beeinträchtigt und das Verfahren nicht ungebührlich verzögert wird. Die Abschriftnahme ist zu bewilligen, wenn nicht Verdunklungsgefahr oder Verabredungsgefahr besteht. Gegen die Verweigerung der Einsichtnahme oder der Abschriftnahme ist ein abgesondertes Rechtsmittel nicht zulässig.

### D. Hausdurchsuchung und Personendurchsuchung

**§ 93.** (1) Die Durchführung einer Hausdurchsuchung (Abs. 2) oder einer Personendurchsuchung (Abs. 3) bedarf einer mit Gründen versehenen schriftlichen Anordnung des Vorsitzenden des Spruchsenates, dem gemäß § 58 Abs. 2 unter den dort vorgesehenen Voraussetzungen die Durchführung der mündlichen Verhandlung und die Fällung des Erkenntnisses obliegen würde. Die Anordnung richtet sich an die mit der Durchführung betraute Finanzstrafbehörde. Eine Kopie dieser Anordnung ist einem anwesenden Betroffenen bei Beginn der Durchsuchung auszuhändigen. Ist kein Betroffener anwesend, so ist die Kopie nach § 23 des Zustellgesetzes zu hinterlegen. Wurde jedoch die Anordnung vorerst mündlich erteilt, weil die Übermittlung der schriftlichen Ausfertigung an die mit der Durchsuchung beauftragten Organe wegen Gefahr im Verzug nicht abgewartet werden konnte, so ist die Kopie innerhalb der nächsten 24 Stunden zuzustellen.

(2) Hausdurchsuchungen, das sind Durchsuchungen von Wohnungen und sonstigen zum Hauswesen gehörigen Räumlichkeiten sowie von Wirtschafts-, Gewerbe- oder Betriebsräumen, dürfen nur dann vorgenommen werden, wenn begründeter Verdacht besteht, daß sich darin eine eines Finanzvergehens, mit Ausnahme einer Finanzordnungswidrigkeit, verdächtige Person aufhält oder daß sich daselbst Gegenstände befinden, die voraussichtlich dem Verfall unterliegen oder die im Finanzstrafverfahren als Beweismittel in Betracht kommen.

(3) Personen dürfen nur dann durchsucht werden, wenn hohe Wahrscheinlichkeit für die Innehabung von Gegenständen der in Abs. 2 bezeichneten Art spricht oder die zu durchsuchende Person eines Finanzvergehens verdächtig ist.

(4) Ist wegen Gefahr im Verzug die Einholung weder einer schriftlichen noch einer mündlichen Anordnung gemäß Abs. 1 möglich, so stehen die im Abs. 2 und 3 geregelten Befugnisse den im § 89 Abs. 2 genannten Organen ausnahmsweise auch ohne Anordnung zu. In diesem Fall sind dem anwesenden Betroffenen die Gründe für die Durchsuchung und für die Annahme von Gefahr im Verzug mündlich bekanntzugeben und in einer Niederschrift festzuhalten.

(5) Auf Verlangen des Betroffenen sind der Hausdurchsuchung oder Personendurchsuchung bis zu zwei von ihm namhaft gemachte Personen seines Vertrauens, die nicht der gleichen oder einer damit im Zusammenhang stehenden Straftat verdächtig sind, zuzuziehen. Bei einer Durchsuchung in Abwesenheit des Betroffenen ist, wenn dieser nicht selbst Wohnungsinhaber ist, der Wohnungsinhaber, in dessen Abwesenheit ein Wohnungsgenosse, berechtigt, die Zuziehung der Vertrauenspersonen zu verlangen. Mit der Durchsuchung ist bis zum Eintreffen der Vertrauenspersonen zuzuwarten, sofern hiedurch nicht die Amtshandlung unangemessen verzögert oder ihr Erfolg gefährdet wird. Vertrauenspersonen haben sich jeder Einmengung in eine Hausdurchsuchung oder Personendurch-

suchung zu enthalten, widrigenfalls sie entfernt werden können.

(6) Über das Ergebnis der Durchsuchung ist eine Niederschrift aufzunehmen. Dem Betroffenen ist auf sein Verlangen sogleich oder doch binnen der nächsten 24 Stunden eine Bescheinigung über die Vornahme der Durchsuchung, deren Gründe und deren Ergebnis auszufolgen.

(7) Jeder, der durch die Durchsuchung in seinem Hausrecht betroffen ist, ist berechtigt, sowohl gegen die Anordnung als auch gegen die Durchführung der Durchsuchung Beschwerde an das Bundesfinanzgericht zu erheben.

**§ 94.** (1) Hausdurchsuchungen sind mit möglichster Schonung unter Vermeidung unnötigen Aufsehens und jeder nicht unumgänglichen Belästigung oder Störung der Betroffenen vorzunehmen.

(2) Dem Betroffenen ist vor Beginn der Durchsuchung Gelegenheit zu geben, das Gesuchte herauszugeben oder sonst die Gründe für die Durchsuchung zu beseitigen. Hievon kann abgesehen werden, wenn Gefahr im Verzug ist.

(3) Der Inhaber der Räumlichkeiten, die durchsucht werden sollen, ist aufzufordern, der Durchsuchung beizuwohnen. Er ist verpflichtet, dem die Durchsuchung vornehmenden Organ Räume und Behältnisse auf Verlangen zu öffnen und die darin aufbewahrten Gegenstände vorzuweisen.

(4) Ist der Inhaber der zu durchsuchenden Räumlichkeiten verhindert oder abwesend, so ist ein erwachsenes Mitglied seiner Familie und in dessen Ermangelung eine andere erwachsene Person aufzufordern, der Amtshandlung beizuwohnen.

(5) Wird die Öffnung der zu durchsuchenden Räume oder Behältnisse verweigert, so kann sie das mit der Durchsuchung befaßte Organ entweder selbst öffnen oder aber die Öffnung durch andere Personen veranlassen.

**§ 95.** Zur Personendurchsuchung ist die zu durchsuchende Person auf ihr Verlangen in die nächste Amtsräumlichkeit der Bundesfinanzverwaltung oder der nächsten Sicherheitsdienststelle vorzuführen. Diese Vorführung hat stets einzutreten, wenn die Herausgabe der am Körper oder in der Kleidung verborgenen Gegenstände oder die Vornahme der Durchsuchung am Betretungsort untunlich erscheint. Personen dürfen nur von Personen desselben Geschlechts und nicht im Beisein von Personen des anderen Geschlechts durchsucht werden. § 94 Abs. 2 gilt sinngemäß.

*(BGBl I 2019/104)*

**§ 96.** Werden die gesuchten Beweismittel vorgefunden, so sind sie zu beschlagnahmen, ohne daß es hiezu einer besonderen Anordnung bedarf. Andere Beweismittel, die auf die Begehung eines Finanzvergehens schließen lassen, sind nur dann in Beschlag zu nehmen, wenn Gefahr im Verzug ist. Im übrigen sind die für Beschlagnahmen geltenden Bestimmungen anzuwenden.

### E. Gemeinsame Bestimmungen

**§ 97.** Die den Organen des Zollamtes Österreich zur Ausübung ihres Dienstes in den Zollvorschriften eingeräumten Befugnisse bleiben unberührt.

*(BGBl I 2019/104)*

## V. Hauptstück
## Beweise und deren Durchführung

### A. Beweismittel

#### 1. Allgemeines

**§ 98.** (1) Als Beweismittel im Finanzstrafverfahren kommt unbeschadet des Abs. 4 alles in Betracht, was zur Feststellung des maßgebenden Sachverhalts geeignet und nach der Lage des einzelnen Falles zweckdienlich ist.

(2) Tatsachen, die bei der Behörde offenkundig sind und solche, für deren Vorhandensein das Gesetz eine Vermutung aufstellt, bedürfen keines Beweises.

(3) Die Finanzstrafbehörde hat unter sorgfältiger Berücksichtigung der Ergebnisse des Verfahrens nach freier Überzeugung zu beurteilen, ob eine Tatsache erwiesen ist oder nicht; bleiben Zweifel bestehen, so darf die Tatsache nicht zum Nachteil des Beschuldigten oder der Nebenbeteiligten als erwiesen angenommen werden.

(4) Beweismittel, die unter Verletzung der Bestimmungen des § 84 Abs. 4 erster und letzter Satz, des § 89 Abs. 3, 4, 8 oder 9, des § 103 lit. a bis c oder des § 106 Abs. 2 gewonnen wurden, dürfen zur Fällung des Erkenntnisses (der Strafverfügung) zum Nachteil des Beschuldigten oder der Nebenbeteiligten nicht herangezogen werden.

(5) Die Kriminalpolizei, Staatsanwaltschaften und Gerichte sind unter den Bedingungen des § 76 Abs. 4 erster und zweiter Satz StPO ermächtigt, nach der StPO erlangte personenbezogene Daten, die für die Durchführung eines Finanzstrafverfahrens erforderlich sind, den Finanzstrafbehörden für Zwecke der Finanzstrafrechtspflege zu übermitteln.

*(BGBl I 2015/118)*

**§ 99.** (1) Die Finanzstrafbehörde ist berechtigt, von jedermann Auskunft für Zwecke des Finanzstrafverfahrens zu verlangen. Die Auskunft ist wahrheitsgemäß nach bestem Wissen und Gewissen zu erteilen. Die Verpflichtung zur Auskunftserteilung schließt die Verbindlichkeit in sich, Urkunden, Daten in allgemein lesbarer Form und andere Unterlagen, die für das Finanzstrafverfahren von Bedeutung sind, vorzulegen oder die Einsichtnahme in diese zu gestatten. Im übrigen gelten die §§ 102 bis 106 und § 108 sinngemäß. Soweit dies der zur Auskunft verpflichteten Person zumutbar ist, sind elektronische Daten in einem allgemein gebräuchlichen Dateiformat in strukturierter Form so zu übermitteln, dass diese elektronisch weiterverarbeitet werden können.



(2) Die Finanzstrafbehörde ist auch befugt, zur Klärung des Sachverhaltes Nachschauen und Prüfungen im Sinne der Abgaben- oder Monopolvorschriften anzuordnen oder selbst durchzufüh-

ren. Die mit einer solchen Maßnahme betrauten Organe der Abgabenbehörden haben insoweit auch die Befugnisse der Organe der Finanzstrafbehörden. Führen Organe der Finanzstrafbehörden die Nachschau oder Prüfung selbst durch, haben sie insoweit auch die Befugnisse der Organe der Abgabenbehörden. Das Ergebnis einer durch die Finanzstrafbehörde durchgeführten Nachschau oder Prüfung ist der Abgabenbehörde zur Wahrnehmung der dieser obliegenden Aufgaben zu übermitteln. Die einschränkenden Bestimmungen des § 148 Abs. 3 und 5 BAO gelten für Prüfungen gemäß diesem Absatz nicht.

*(BGBl I 2019/104, BGBl I 2020/99)*

(3) Die Finanzstrafbehörde ist ferner berechtigt, für Zwecke des Finanzstrafverfahrens von den Betreibern öffentlicher Telekommunikationsdienste Auskunft über Namen, Anschrift und **„Nutzernummer"** eines bestimmten Anschlusses zu verlangen. Die ersuchte Stelle ist verpflichtet, diese Auskunft unverzüglich und kostenlos zu erteilen.

*(BGBl I 2022/108 ab 20.7.2022)*

(3a) Bei Verdacht auf ein gemäß § 58 Abs. 2 lit. a in die Zuständigkeit des Spruchsenates fallendes vorsätzliches Finanzvergehen, ausgenommen Finanzordnungswidrigkeiten, ist die Finanzstrafbehörde auf Anordnung des Vorsitzenden des Spruchsenates, dem gemäß § 58 Abs. 2 die Durchführung der mündlichen Verhandlung und die Fällung des Erkenntnisses obliegen würde, berechtigt, von Betreibern öffentlicher Telekommunikationsdienste **„(§ 160 Abs. 3 Z 1 Telekommunikationsgesetz 2021 – TKG 2021, BGBl. I Nr. 190/2021)"** und sonstigen Diensteanbietern (§ 3 Z 2 E-Commerce-Gesetz – ECG, BGBl. I Nr. 152/2001) auch folgende Auskünfte zu verlangen:

1. die Internetprotokolladresse (IP-Adresse) zu einer bestimmten Nachricht und den Zeitpunkt ihrer Übermittlung, soweit dies für eine Auskunft nach Z 2 erforderlich ist;
2. Namen und Anschrift eines Benutzers, dem eine IP-Adresse zu einem bestimmten Zeitpunkt zugewiesen war,

wenn die dafür erforderlichen Daten zum Zeitpunkt der Anfrage noch rechtmäßig verarbeitet werden **„(§ 167 Abs. 1 und 5 TKG 2021)"**. ~~§ 99 Abs. 5 TKG 2003 ist sinngemäß anzuwenden.~~

Die ersuchte Stelle ist verpflichtet, die Auskunft unverzüglich und kostenlos zu erteilen. Die Anordnung des Vorsitzenden des Spruchsenates hat schriftlich und mit einer Begründung versehen zu ergehen. Nach Beendigung der Ermittlungsmaßnahme hat die Finanzstrafbehörde die Anordnung des Vorsitzenden des Spruchsenates dem Beschuldigten und den von der Durchführung der Ermittlungsmaßnahme Betroffenen unverzüglich zuzustellen. Die Zustellung kann jedoch aufgeschoben werden, solange durch sie der Zweck dieses oder eines damit zusammenhängenden anderen Strafverfahrens gefährdet wäre und dies notwendig und verhältnismäßig ist. Der Beschuldigte und jeder durch die Ermittlungsmaßnahme Betroffene ist berechtigt, gegen die Anordnung Beschwerde an das Bundesfinanzgericht zu erheben.

*(BGBl I 2015/118, BGBl I 2022/108 ab 20.7.2022)*

(3b) ~~Für Auskünfte gemäß Abs. 3a ist § 94 Abs. 4 TKG 2003 sinngemäß anzuwenden, soweit die auskunftsverpflichtete Stelle über einen technischen Zugang zur zentralen Durchlaufstelle verfügt.~~ Die näheren Bestimmungen im Hinblick auf die zugangsberechtigten Behörden, die Datenfelder sowie die Protokollierung über die Durchlaufstelle sind durch den Bundesminister für Verkehr, Innovation und Technologie im Einvernehmen mit den Bundesministern für Finanzen, für Inneres und für Justiz in der Datensicherheitsverordnung – TKG-DSVO, BGBl. II Nr. 402/2011, festzusetzen.

*(BGBl I 2015/118, BGBl I 2022/108 ab 20.7.2022)*

(4) Die Finanzstrafbehörde ist weiters berechtigt, für Zwecke des Finanzstrafverfahrens von den Betreibern von Post- und Paketdiensten Auskünfte über Post- und Paketsendungen zu verlangen. Die ersuchte Stelle ist verpflichtet, diese Auskunft unverzüglich und kostenlos zu erteilen.

*(BGBl I 2015/118)*

(5) Die Finanzstrafbehörden sind berechtigt, zur Identitätsfeststellung einer Person, die eines Finanzvergehens verdächtig ist oder als Zeuge (Auskunftsperson) in Betracht kommt, deren Namen, Geburtsdatum, Geburtsort, Beruf und Wohnanschrift zu ermitteln. Sie ist auch befugt, deren Größe festzustellen und sie zu fotografieren, soweit dies zur Identitätsfeststellung erforderlich ist. Soweit es für die Aufklärung von gemäß § 58 Abs. 2 lit. a in die Zuständigkeit eines Spruchsenates fallenden Finanzvergehen, deren Verfolgung in die Zuständigkeit des Zollamtes Österreich fällt, zweckdienlich ist, ist die Finanzstrafbehörde auch befugt, von Beschuldigten, von denen auf Grund bestimmter Tatsachen angenommen werden kann, dass sie Spuren hinterlassen haben, Papillarlinienabdrücke abzunehmen. Deren zwangsweise Durchsetzung unterliegt in besonderem Maße dem Grundsatz der Verhältnismäßigkeit und ist mit möglichster Schonung der Person vorzunehmen. Jede Person ist verpflichtet, in angemessener Weise an der Feststellung ihrer Identität mitzuwirken. Auf Aufforderung ist ihr der Anlass der Identitätsfeststellung mitzuteilen. Ein erkennungsdienstlicher Abgleich der abgenommenen Papillarlinienabdrücke mit Datenbanken ist unzulässig. Nach rechtskräftiger Erledigung des Finanzstrafverfahrens, in dem die nach dieser Bestimmung abgenommenen Papillarlinienabdrücke als Beweismittel dienten, sind diese zu vernichten.

*(BGBl I 2015/118, BGBl I 2019/104)*

(6) Ersuchen um Auskünfte im Sinne des § 38 Abs. 2 Z 1 des Bankwesengesetzes – BWG, BGBl. Nr. 532/1993, ausgenommen die Einsicht in das Kontenregister (§ 4 Abs. 1 Kontenregister- und Konteneinschaugesetz – KontRegG, BGBl I Nr. 116/2015) bedürfen einer Anordnung des Vorsitzenden des Spruchsenates, dem gemäß § 58 Abs. 2 die Durchführung der mündlichen Verhandlung und die Fällung des Erkenntnisses obliegen würde. Die

Anordnung samt Auskunftsersuchen ist dem Kredit- oder Finanzinstitut, dem Beschuldigten sowie den aus der Geschäftsverbindung verfügungsberechtigten Personen zuzustellen, sobald diese der Finanzstrafbehörde bekannt geworden sind. Die Ausfertigung an das Kredit- oder Finanzinstitut hat keine Begründung zu enthalten. Die Zustellung an den Beschuldigten und die Verfügungsberechtigten kann aufgeschoben werden, solange durch sie der Zweck der Ermittlungen gefährdet wäre. Hierüber ist das Kredit- oder Finanzinstitut zu informieren, das die Anordnung und alle mit ihr verbundenen Tatsachen und Vorgänge gegenüber Kunden und Dritten geheim zu halten hat. Kredit- oder Finanzinstitute und deren Mitarbeiter sind verpflichtet, die verlangten Auskünfte zu erteilen sowie Urkunden und Unterlagen einsehen zu lassen und herauszugeben. Dies hat auf einem elektronischen Datenträger in einem allgemein gebräuchlichen Dateiformat in strukturierter Form so zu erfolgen, dass die Daten elektronisch weiterverarbeitet werden können. Gegen die Anordnung des Vorsitzenden des Spruchsenates steht dem Beschuldigten und den aus der Geschäftsverbindung verfügungsberechtigten Personen das Rechtsmittel der Beschwerde zu. Insoweit das Bundesfinanzgericht die Unzulässigkeit der Anordnung feststellt, unterliegen die dadurch erlangten Auskünfte dem Verwertungsverbot im Sinne des § 98 Abs. 4.

*(BGBl I 2015/118)*

**§ 100.** Den Organen der in den §§ 80 und 81 bezeichneten Dienststellen ist es untersagt, auf die Gewinnung von Verdachtsgründen gegen eine Person oder auf deren Überführung dadurch hinzuwirken, daß diese zur Begehung, Fortsetzung oder Vollendung eines Finanzvergehens verleitet oder durch insgeheim bestellte Personen zu Geständnissen verlockt wird, die sodann der Finanzstrafbehörde hinterbracht werden.

### 2. Urkunden

**§ 101.** Die Beweiskraft von öffentlichen und Privaturkunden ist nach den Vorschriften der §§ 292 bis 294, 296, 310 und 311 ZPO zu beurteilen.

### 3. Zeugen

**§ 102.** (1) Soweit sich aus diesem Bundesgesetz nicht anderes ergibt, ist jedermann verpflichtet, als Zeuge über alle ihm bekannten, für ein Finanzstrafverfahren maßgebenden Tatsachen auszusagen.

(2) Wenn die Finanzstrafbehörde das persönliche Erscheinen des Zeugen für erforderlich erachtet, hat sie ihn vorzuladen. In der Vorladung ist anzugeben, was den Gegenstand der Vernehmung bildet und welche Beweismittel und Gegenstände (Abs. 4) mitzubringen sind. Die Bekanntgabe des Gegenstandes der Vernehmung hat insoweit zu unterbleiben, als besondere Umstände die Befürchtung rechtfertigen, daß hiedurch die Untersuchung erschwert werden könnte. Gegebenenfalls kann nach § 56b vorgegangen werden.

*(BGBl I 2018/62)*

(3) Wenn die Finanzstrafbehörde das persönliche Erscheinen des Zeugen nicht für erforderlich erachtet, kann die Aussage des Zeugen auch schriftlich eingeholt und abgegeben werden.

(4) Soweit jemand als Zeuge zur Aussage verpflichtet ist, hat er auf Verlangen der Finanzstrafbehörde auch Schriftstücke, Urkunden, die einschlägigen Stellen seiner Geschäftsbücher und Daten in allgemein lesbarer Form zur Einsicht vorzulegen, die sich auf bestimmt zu bezeichnende Tatsachen beziehen; er hat Gegenstände, die er für den Beschuldigten verwahrt, vorzulegen und Einsicht in verschlossene Behältnisse zu gewähren, die er dem Beschuldigten überlassen hat.

**§ 103.** Als Zeugen dürfen nicht vernommen werden:

a) Personen, die zur Mitteilung ihrer Wahrnehmungen unfähig sind oder die zur Zeit, auf die sich ihre Aussage beziehen soll, zur Wahrnehmung der zu beweisenden Tatsache unfähig waren;

b) Geistliche darüber, was ihnen in der Beichte oder sonst unter dem Siegel geistlicher Amtsverschwiegenheit zur Kenntnis gelangt ist;

c) Organe des Bundes und der übrigen Gebietskörperschaften, wenn sie durch ihre Aussage das ihnen obliegende Amtsgeheimnis verletzen würden, insofern sie der Pflicht zur Geheimhaltung nicht entbunden sind;

d) in jedem Finanzstrafverfahren die Nebenbeteiligten des Verfahrens.

**§ 104.** (1) Die Aussage darf von einem Zeugen verweigert werden:

a) wenn er ein Angehöriger (§ 72 StGB) des Beschuldigten oder eines Nebenbeteiligten des Finanzstrafverfahrens ist;

*(BGBl I 2018/62)*

b) über Fragen, deren Beantwortung dem Zeugen oder seinen Angehörigen, seinem gesetzlichen Vertreter oder einer Person unter seiner gesetzlichen Vertretung die Gefahr einer strafgerichtlichen oder finanzstrafbehördlichen Verfolgung zuziehen würde;

*(BGBl I 2018/62)*

c) über Fragen, deren Beantwortung dem Zeugen oder einer der in lit. b genannten Personen unmittelbar einen bedeutenden Vermögensnachteil bringen oder zur Schande gereichen würde, es sei denn, daß der Auskunft voraussichtlich für das Verfahren entscheidende Bedeutung zukommt und die Finanzstrafbehörde unter Hinweis darauf vom Zeugen die Auskunft verlangt;

d) über Fragen, die der Zeuge nicht beantworten könnte, ohne eine ihm obliegende gesetzlich anerkannte Pflicht zur Verschwiegenheit, von der er nicht gültig entbunden wurde, zu verletzen oder ein Kunst- oder technisches Betriebsgeheimnis zu offenbaren.

(2) Die zur berufsmäßigen Parteienvertretung befugten Personen und ihre Hilfskräfte können

die Zeugenaussage auch darüber verweigern, was ihnen in ihrer Eigenschaft als Vertreter der Partei über diese zur Kenntnis gelangt ist.

(3) Will ein Zeuge die Aussage verweigern, so hat er die Gründe seiner Weigerung glaubhaft zu machen.

**§ 105.** Einem Zeugen, der einer Vorladung, ohne durch Krankheit, Gebrechlichkeit oder ein sonstiges begründetes Hindernis entschuldigt zu sein, nicht Folge leistet oder die Auskunft ohne zutreffende Berufung auf einen gesetzlichen Weigerungsgrund verweigert oder seinen Verpflichtungen gemäß § 102 Abs. 4 nicht nachkommt, kann die Finanzstrafbehörde, abgesehen von Zwangsstrafen, den Ersatz aller durch seine Säumnis oder Weigerung verursachten Barauslagen durch Bescheid auferlegen. Das gleiche gilt in den Fällen des § 104 Abs. 1 lit. c, wenn die Finanzstrafbehörde vom Zeugen die Auskunft verlangt, dieser sie aber verweigert. Wenn es die Finanzstrafbehörde zur Feststellung des maßgeblichen Sachverhaltes (§ 115) für geboten hält, kann der Zeuge auf Grund einer schriftlichen Anordnung der Finanzstrafbehörde durch die im § 89 Abs. 2 genannten Organe zwangsweise vorgeführt werden, wenn dies in der Vorladung angedroht war. Die Sicherheitsdienststellen haben den Vorführungsersuchen der Finanzstrafbehörden zu entsprechen.

**§ 106.** (1) Jeder Zeuge ist zu Beginn seiner Vernehmung über die für die Vernehmung maßgebenden persönlichen Verhältnisse zu befragen, erforderlichenfalls über die gesetzlichen Weigerungsgründe zu belehren und zu ermahnen, daß er die Wahrheit anzugeben habe und nichts verschweigen dürfe; er ist auch auf die strafrechtlichen Folgen einer falschen Aussage aufmerksam zu machen. Entsprechendes gilt bei Einholung einer Zeugenauskunft auf schriftlichem Weg.

(2) Zeugen dürfen, abgesehen von Zwangsstrafen, zur Beantwortung der an sie gestellten Fragen nicht gezwungen werden.

(3) Fragen, durch welche dem Zeugen Tatumstände vorgehalten werden, welche erst durch seine Antwort festgestellt werden sollen, sind möglichst zu vermeiden und, wenn sie gestellt werden müssen, in der Niederschrift über die Vernehmung ersichtlich zu machen.

**§ 107.** (1) Hält die Finanzstrafbehörde die eidliche Einvernahme eines Zeugen über bestimmte Tatsachen von besonderer Tragweite für unbedingt erforderlich, so kann der Zeuge unter Beiziehung eines Schriftführers, außerhalb der mündlichen Verhandlung durch den Leiter der Finanzstrafbehörde oder durch einen ihr zugewiesenen rechtskundigen Bediensteten, in der mündlichen Verhandlung durch den Verhandlungsleiter eidlich vernommen werden. Die Bestimmungen des Gesetzes vom 3. Mai 1868, RGBl. Nr. 33, zur Regelung des Verfahrens bei den Eidesablegungen vor Gericht finden sinngemäß Anwendung.

(2) Zeugen, die im Untersuchungsverfahren vereidigt worden sind, sind bei ihrer Vernehmung in einer mündlichen Verhandlung an den abgelegten Eid zu erinnern.

(3) Nicht vereidigt werden dürfen Personen,

a) die selbst überwiesen sind oder im Verdacht stehen, daß sie die strafbare Handlung, wegen der sie vernommen werden, begangen oder daran teilgenommen haben oder an ihr mitschuldig sind,
b) die sich wegen eines Verbrechens in Untersuchung befinden oder wegen eines solchen zu einer Freiheitsstrafe verurteilt sind, die sie noch zu verbüßen haben,
c) die schon einmal wegen falschen Zeugnisses oder falschen Eides verurteilt worden sind,
d) die zur Zeit ihrer Vernehmung das 14. Lebensjahr noch nicht vollendet haben,
e) die an einer erheblichen Schwäche des Wahrnehmungs- oder Erinnerungsvermögens leiden,
f) die mit dem Beschuldigten oder den Nebenbeteiligten in einer Feindschaft leben, die mit Rücksicht auf die Persönlichkeit der Beteiligten und die sonstigen Begleitumstände der Feindschaft geeignet ist, die volle Glaubwürdigkeit auszuschließen,
g) die bei ihrer Auskunftserteilung wesentliche Umstände angegeben haben, deren Unwahrheit bewiesen ist und worüber sie nicht einen bloßen Irrtum nachweisen können.

**§ 108.** (1) Zeugen haben Anspruch auf Ersatz von Reise- und Aufenthaltskosten und auf Entschädigung für Zeitversäumnis unter den gleichen Voraussetzungen und im gleichen Ausmaß wie Zeugen im gerichtlichen Verfahren **„sowie Anspruch auf Ersatz von notwendigen Barauslagen“**. Der Ersatzanspruch ist bei sonstigem Verlust binnen zwei Wochen nach der Vernehmung bei der Behörde geltend zu machen, welche die Einvernahme durchgeführt hat. Hierüber ist der Zeuge zu belehren.

*(BGBl I 2022/108 ab 20.7.2022)*

(2) Über den Anspruch entscheidet die vernehmende Behörde, bei Einvernahmen durch einen Senat die Finanzstrafbehörde, bei der der Senat gebildet ist.

### 4. Sachverständige und Dolmetscher

**§ 109.** (1) Wird die Aufnahme eines Beweises durch Sachverständige notwendig, so sind die für Gutachten der erforderlichen Art öffentlich bestellten Sachverständigen beizuziehen.

(2) Die Finanzstrafbehörde kann aber ausnahmsweise auch andere geeignete Personen als Sachverständige heranziehen, wenn es mit Rücksicht auf die Besonderheit des Falles geboten erscheint.

(3) Der Bestellung zum Sachverständigen hat Folge zu leisten, wer zur Erstattung von Gutachten der erforderlichen Art öffentlich bestellt ist oder wer die Wissenschaft, die Kunst oder die Tätigkeit, deren Kenntnis die Voraussetzung der Begutach-

tung ist, öffentlich als Erwerb ausübt oder zu deren Ausübung öffentlich angestellt oder ermächtigt ist.

(4) Auf Antrag des Beschuldigten oder eines Nebenbeteiligten ist aus zutreffenden wichtigen Gründen ein weiterer Sachverständiger beizuziehen.

**§ 110.** (1) Aus den Gründen, welche einen Zeugen zur Verweigerung der Aussage berechtigen (§ 104), kann die Enthebung von der Bestellung als Sachverständiger begehrt werden.

(2) Öffentlich Bedienstete sind überdies auch dann als Sachverständige zu entheben oder nicht beizuziehen, wenn ihnen die Tätigkeit als Sachverständige von ihren Vorgesetzten aus dienstlichen Gründen untersagt wird oder wenn sie durch besondere Anordnungen der Pflicht, sich als Sachverständige verwenden zu lassen, enthoben sind.

(3) Die Bestimmungen der §§ 72 bis 74 gelten sinngemäß; Beschuldigte und Nebenbeteiligte können Sachverständige auch ablehnen, wenn sie Umstände glaubhaft machen, die die Fachkunde des Sachverständigen in Zweifel stellen.

**§ 111.** Ist der Sachverständige für die Erstattung von Gutachten der erforderlichen Art im allgemeinen vereidigt, so genügt die Erinnerung an den geleisteten Eid. Ist er noch nicht vereidigt, so hat er, falls es die Finanzstrafbehörde wegen der besonderen Tragweite des Falles für erforderlich hält, vor Beginn der Beweisaufnahme den Sachverständigeneid zu leisten. Bei der Vereidigung sind die Bestimmungen des § 107 Abs. 1 und 2 sinngemäß anzuwenden.

**§ 112.** (1) Sachverständige haben Anspruch auf Ersatz der Reise- und Aufenthaltskosten sowie der notwendigen Barauslagen, auf Entschädigung für Zeitversäumnis und auf Entlohnung ihrer Mühewaltung unter den gleichen Voraussetzungen und im gleichen Ausmaß wie Sachverständige im gerichtlichen Verfahren.

(2) Der Ersatzanspruch ist bei sonstigem Verlust binnen zwei Wochen ab Erstattung des Gutachtens oder, wenn dieses entfällt, nach Entlassung des Sachverständigen mündlich oder schriftlich bei der Behörde geltend zu machen, bei der der Sachverständige vernommen worden ist. Hierüber ist der Sachverständige zu belehren.

(3) § 108 Abs. 2 gilt sinngemäß.

**§ 112a.** Für Ersatzansprüche von Dolmetschern gilt § 112 sinngemäß.

### 5. Augenschein

**§ 113.** (1) Zur Aufklärung der Sache kann die Finanzstrafbehörde auch einen Augenschein, nötigenfalls mit Beiziehung von Sachverständigen, vornehmen und mittels Ton- oder Bildaufnahme dokumentieren. Der Beschuldigte und die Nebenbeteiligten sind beizuziehen, wenn dies zweckdienlich ist. In allen übrigen Fällen sind sie von der Anberaumung eines Augenscheines rechtzeitig mit dem Hinweis zu verständigen, daß ihnen die Teilnahme freisteht. Ein bereits bestellter Verteidiger ist von der Vornahme des Augenscheines zu verständigen. Die Beteiligung am Augenschein kann ihm nicht versagt werden. Der Beschuldigte, der dem Augenschein nicht zugezogen wird und keinen Verteidiger bestellt hat, kann beantragen, daß dem Augenschein eine Person seines Vertrauens beigezogen wird.

*(BGBl I 2018/62)*

(2) Die Finanzstrafbehörde hat darüber zu wachen, daß die Vornahme eines Augenscheines nicht zur Verletzung eines Kunst-, Geschäfts- oder Betriebsgeheimnisses mißbraucht werde.

### B. Durchführung der Beweise

**§ 114.** (1) Im Finanzstrafverfahren sind alle Beweise aufzunehmen, die die Finanzstrafbehörde zur Erforschung der Wahrheit für erforderlich hält. Erforderlichenfalls ist der Beweisaufnahme ein Dolmetscher beizuziehen.

(2) Der Beschuldigte und die Nebenbeteiligten können die Durchführung bestimmter Beweise und die Vereidigung vorgeladener Zeugen beantragen. Diesen Anträgen ist stattzugeben, falls dies im Interesse der Wahrheitsfindung notwendig erscheint. Findet die Finanzstrafbehörde, daß dem gestellten Antrag nicht stattzugeben sei, so hat sie die Ablehnung samt Gründen zu verkünden und protokollarisch festzuhalten. Gegen die Ablehnung ist ein abgesondertes Rechtsmittel nicht zulässig.

(3) Der Beschuldigte und die Nebenbeteiligten dürfen von der Anwesenheit und Mitwirkung bei Beweisaufnahmen, die eine spätere Wiederholung nicht zulassen, nicht ausgeschlossen werden. Von anderen Beweisaufnahmen dürfen sie nur dann ausgeschlossen werden, wenn besondere Umstände gegen ihre Beteiligung sprechen. Dem Beschuldigten und den Nebenbeteiligten ist jedoch auch in diesem Fall noch vor Abschluß des Untersuchungsverfahrens Gelegenheit zu geben, von den durchgeführten Beweisen und vom Ergebnis der Beweisaufnahme Kenntnis zu nehmen und sich dazu zu äußern. Von Beweisaufnahmen, von denen der Beschuldigte und die Nebenbeteiligten nicht ausgeschlossen sind, sind sie zu verständigen. Gegen den Ausschluß des Beschuldigten oder der Nebenbeteiligten ist ein abgesondertes Rechtsmittel nicht zulässig.

(4) Das Ergebnis der Beweisaufnahmen (Abs. 1 und 2) ist in einer Niederschrift festzuhalten, in der auch durchgeführte Vereidigungen ersichtlich zu machen sind; für diese Niederschrift gelten § 87 Abs. 3 bis 6 und § 88 BAO sinngemäß. Der vernommenen Person ist auf ihr spätestens unmittelbar nach Beginn der Beweisaufnahme gestelltes Verlangen eine Ausfertigung der Niederschrift auszufolgen, wenn nicht besondere Umstände befürchten lassen, daß durch die Ausfolgung die Untersuchung erschwert werden könnte.



## VI. Hauptstück
## Gang des Verfahrens

### A. Untersuchungsverfahren

**§ 115.** Die Finanzstrafbehörde hat im Untersuchungsverfahren den für die Erledigung der Strafsache maßgebenden Sachverhalt von Amts wegen festzustellen und dem Beschuldigten sowie den Nebenbeteiligten Gelegenheit zu geben, ihre Rechte und rechtlichen Interessen geltend zu machen.

**§ 116.** (1) Die Finanzstrafbehörde hat den Beschuldigten zur Vernehmung vorzuladen oder ihn aufzufordern, sich bis zu einem bestimmten Zeitpunkt schriftlich zu rechtfertigen. Dies kann gelegentlich der Verständigung von der Einleitung des Strafverfahrens geschehen.

(2) Ist bereits eine Beschuldigtenvernehmung gemäß § 83 Abs. 3 erfolgt, so kann eine Vorladung oder Aufforderung zur schriftlichen Rechtfertigung unterbleiben.

**§ 117.** (1) In der Vorladung des Beschuldigten und in der Aufforderung zur schriftlichen Rechtfertigung sind die zur Last gelegte Tat sowie die in Betracht kommende Strafbestimmung zu bezeichnen. Der Beschuldigte ist auch aufzufordern, die seiner Verteidigung dienlichen Beweismittel mitzubringen oder der Behörde so rechtzeitig anzuzeigen, daß sie zur Vernehmung noch herbeigeschafft werden können.

(2) Ein Beschuldigter, der einer Vorladung, mit der sein persönliches Erscheinen ausdrücklich gefordert wurde, nicht entsprochen hat, ohne durch Krankheit, Behinderung oder ein sonstiges begründetes Hindernis vom Erscheinen abgehalten zu sein, kann, wenn dies zur Feststellung des maßgebenden Sachverhaltes (§ 115) geboten ist, auf Grund einer schriftlichen Anordnung der Finanzstrafbehörde durch die im § 89 Abs. 2 genannten Organe zwangsweise vorgeführt werden, wenn dies in der Vorladung angedroht war. Die Sicherheitsdienststellen haben den Vorführungsersuchen der Finanzstrafbehörde zu entsprechen.

**§ 118.** Ist eine Vorladung zur Beschuldigtenvernehmung oder eine Aufforderung zur schriftlichen Rechtfertigung im Sinne des § 116 Abs. 1 im Interesse der Wahrheitsfindung untunlich, so kann die Finanzstrafbehörde hievon Abstand nehmen; es muß jedoch auch in diesem Fall dem Beschuldigten Gelegenheit zur Rechtfertigung gegeben werden.

**§ 119.** Zur Untersuchung des Sachverhaltes kann die Finanzstrafbehörde Ermittlungen und Beweisaufnahmen jeder Art selbst durchführen oder andere Dienststellen der Bundesfinanzverwaltung um deren Durchführung ersuchen.

**§ 120.** (1) Die Finanzstrafbehörde ist berechtigt, zum Zwecke der Finanzstrafrechtspflege die Unterstützung aller Behörden und öffentlichen Dienststellen des Bundes, der Länder und der Gemeinden sowie anderer durch Gesetz eingerichteter Körperschaften und Anstalten des öffentlichen Rechts sowie der Oesterreichischen Nationalbank in Bezug auf ihre Aufgaben nach dem Devisengesetz 2004, BGBl. I Nr. 123/2003, unmittelbar in Anspruch zu nehmen. Solchen Ersuchen ist ehest möglich zu entsprechen oder es sind entgegenstehende Hindernisse unverzüglich bekannt zu geben. Erforderlichenfalls ist Akteneinsicht zu gewähren.

*(BGBl I 2015/118)*

(2) Ersuchen der Finanzstrafbehörde, die sich auf Straftaten einer bestimmten Person beziehen, dürfen mit dem Hinweis auf bestehende gesetzliche Verpflichtungen zur Verschwiegenheit oder darauf, daß es sich um automationsunterstützt verarbeitete personenbezogene Daten handelt, nur dann abgelehnt werden, wenn diese Verpflichtungen Abgabenbehörden gegenüber ausdrücklich auferlegt sind oder wenn der Beantwortung überwiegende öffentliche Interessen entgegenstehen, die im einzelnen anzuführen und zu begründen sind.

*(BGBl I 2015/118)*

(3) Die im § 158 Abs. 4 BAO den Abgabenbehörden eingeräumten Befugnisse stehen auch den Finanzstrafbehörden und dem Bundesminister für Finanzen für Zwecke des Finanzstrafverfahrens oder sonst zur Erfüllung ihrer Aufgaben zu. Darüber hinaus sind die Finanzstrafbehörden berechtigt, die gemäß § 57 Abs. 1 Z 1 bis 6, 10 bis 11 und 12 des Sicherheitspolizeigesetzes – SPG, BGBl. Nr. 566/1991, die zur Sachenfahndung gemäß § 57 Abs. 2 SPG, die gemäß § 22b Abs. 2 des Passgesetzes 1992, BGBl. Nr. 839/1992 sowie die gemäß § 55 Abs. 4 des Waffengesetzes 1996 – WaffG, BGBl. I Nr. 12/1997, soweit Waffenverbote betroffen sind, verarbeiteten Daten für Zwecke der Finanzstrafrechtspflege einzusehen, soweit dies für die Durchführung eines Finanzstrafverfahrens wegen des Verdachtes auf ein gemäß § 58 Abs. 2 lit. a in die Zuständigkeit eines Spruchsenates fallendes Finanzvergehen erforderlich ist. Die Einsichtnahme hat zu unterbleiben, wenn im Einzelfall schutzwürdige Geheimhaltungsinteressen (§ 1 Abs. 1 DSG) die mit der Einsichtnahme verfolgten Zwecke überwiegen.

*(BGBl I 2015/118, BGBl I 2018/32)*

(4) Auf den Verkehr mit ausländischen Behörden sowie Dienststellen und Einrichtungen der Europäischen Union sind völkerrechtliche Verträge, unmittelbar wirksame Rechtsvorschriften der Europäischen Union, das EU-Amtshilfegesetz (EU-AHG), BGBl. I Nr. 112/2012, das Zollrechts-Durchführungsgesetz (ZollR-DG), BGBl. Nr. 659/1994 sowie das Finanzstrafzusammenarbeitsgesetz (FinStrZG), BGBl. I Nr. 105/2014 anzuwenden.

*(BGBl I 2018/62)*

(5) Soweit dies zur Durchführung von Abgaben- oder Monopolverfahren erforderlich ist, haben die Finanzstrafbehörden Daten an die Abgabenbehörden und die Monopolbehörde zu übermitteln.

*(BGBl I 2018/32)*

**§ 121.** Kommt der Beschuldigte im Verlauf des Untersuchungsverfahrens einer Vorladung oder sonstigen amtlichen Aufforderung nicht nach, so hindert dies nicht den weiteren Ablauf des Untersuchungsverfahrens; § 115 wird hiedurch nicht berührt.

**§ 122.** (1) Die Finanzstrafbehörde hat Verfallsbeteiligte sowie Haftungsbeteiligte, deren Haftung in Anspruch genommen werden soll, dem Verfahren zuzuziehen, wenn ihr Aufenthalt bekannt ist. Ist ihr Aufenthalt unbekannt, so ist, wenn die Wichtigkeit der Sache es erfordert, für sie ein Kurator zu bestellen; für die Bestellung gilt § 147 sinngemäß. Den zugezogenen Nebenbeteiligten ist die Person des Beschuldigten und die diesem zur Last gelegte Tat bekanntzugeben; Verfallsbeteiligten auch der verfallsbedrohte Gegenstand.

(2) Von der Zuziehung nach Abs. 1 kann abgesehen werden, wenn dies zur Vermeidung von Verzögerungen oder Erschwerungen des Verfahrens oder zur Verkürzung der Verwahrung oder der Untersuchungshaft des Beschuldigten dienlich scheint. In solchen Fällen ist die Entscheidung über den Verfall oder Wertersatz sowie über die Rechte des Verfallsbeteiligten oder über die Inanspruchnahme des Haftungsbeteiligten einem abgesonderten Verfahren (§ 149) vorzubehalten.

(3) § 121 gilt sinngemäß auch für Nebenbeteiligte.

**§ 123.** (1) Die Finanzstrafbehörde ist berechtigt, Vorfragen, die als Hauptfragen von anderen Verwaltungsbehörden oder von den Gerichten zu entscheiden wären, nach der über die maßgebenden Verhältnisse gewonnenen eigenen Anschauung zu beurteilen und diese Beurteilung ihrer Entscheidung zugrunde zu legen.

(2) An Entscheidungen der Gerichte, mit denen im Finanzstrafverfahren auftauchende privatrechtliche Vorfragen als Hauptfragen entschieden worden sind, sind die Finanzstrafbehörden nicht gebunden, es sei denn, daß in dem Verfahren, in dem die Entscheidung ergangen ist, bei der Ermittlung des Sachverhaltes von Amts wegen vorzugehen war.

**§ 124.** (1) Wenn im Zuge des Untersuchungsverfahrens festgestellt wird, daß die dem Beschuldigten zur Last gelegte Tat nicht erwiesen werden kann oder daß einer der im § 82 Abs. 3 lit. b bis e genannten Gründe vorliegt, so hat die Finanzstrafbehörde das Strafverfahren mit Bescheid einzustellen. Ausfertigungen des Bescheides sind dem Beschuldigten und den gemäß § 122 dem Verfahren zugezogenen Nebenbeteiligten zuzustellen. Gegen diesen Bescheid ist ein Rechtsmittel unzulässig. Der Beschuldigte hat nach Ablauf von sechs Monaten ab der Einleitung des Finanzstrafverfahrens oder der Rechtskraft der Entscheidung über einen solchen Antrag das Recht, die Einstellung des Untersuchungsverfahrens aus den oben genannten Gründen zu beantragen. Die Abweisung dieses Antrags hat mit Bescheid zu erfolgen. Nach Abschluss des Untersuchungsverfahrens noch unerledigte Anträge auf Einstellung oder Beschwerden gegen Abweisungsbescheide sind gegenstandslos.

(2) Obliegt die Durchführung der mündlichen Verhandlung und die Fällung des Erkenntnisses einem Spruchsenat (§ 58 Abs. 2), so hat der Vorstand der Finanzstrafbehörde einen Amtsbeauftragten zu bestellen. Als Amtsbeauftragter kann auch ein Organ der Finanzstrafbehörde tätig werden, das vom Vorstand der Finanzstrafbehörde ständig mit der Funktion eines Amtsbeauftragten betraut wurde. Der Amtsbeauftragte hat die Akten dem Spruchsenat mit seiner schriftlichen Stellungnahme zu den Ergebnissen des Untersuchungsverfahrens zuzuleiten. Die Stellungnahme hat insbesondere die deutliche Beschreibung der dem Beschuldigten zur Last gelegten Tat unter Angabe der anzuwendenden Strafvorschrift und des strafbestimmenden Wertbetrages zu enthalten und die Beweismittel zu bezeichnen. Ausfertigungen der Stellungnahme sind dem Beschuldigten und den gemäß § 122 dem Verfahren zugezogenen Nebenbeteiligten zuzustellen.

### B. Mündliche Verhandlung; Beschlußfassung der Spruchsenate

**§ 125.** (1) Stellt der Vorsitzende des Spruchsenates, dem gemäß § 124 Abs. 2 die Akten zugeleitet wurden, fest, dass Ergänzungen des Untersuchungsverfahrens erforderlich sind, so kann er diese anordnen. Stellt er hingegen, allenfalls auch erst nach Ergänzung des Untersuchungsverfahrens, fest, dass die Voraussetzungen für das Tätigwerden des Spruchsenates nicht gegeben sind, so hat er dies mit Bescheid auszusprechen; dieser Bescheid ist dem Beschuldigten, dem gemäß § 122 dem Verfahren zugezogenen Nebenbeteiligten und dem Amtsbeauftragten zuzustellen und kann von diesen mit Beschwerde angefochten werden. Andernfalls hat der Vorsitzende des Spruchsenates die mündliche Verhandlung so anzuberaumen, dass in der Regel zwischen der Zustellung der Vorladungen und dem Tag der mündlichen Verhandlung ein Zeitraum von wenigstens zwei Wochen liegt. Zur mündlichen Verhandlung sind unter Bekanntgabe der Namen der Senatsmitglieder, des Schriftführers und des Amtsbeauftragten der Beschuldigte und die gemäß § 122 dem Verfahren zugezogenen Nebenbeteiligten vorzuladen. Ist der Beschuldigte durch einen Verteidiger vertreten, so ist diesem die Anberaumung der mündlichen Verhandlung bekannt zu geben. Dem Amtsbeauftragten ist im Verfahren vor dem Spruchsenat Akteneinsicht und Parteiengehör zu gewähren.

(2) Obliegt die Durchführung der mündlichen Verhandlung und die Fällung des Erkenntnisses nicht einem Spruchsenat, so hat die Finanzstrafbehörde die mündliche Verhandlung nach Maßgabe des Abs. 1 anzuberaumen. Das gleiche gilt, wenn der Spruchsenat festgestellt hat, daß die Voraussetzungen für sein Tätigwerden nicht gegeben sind; in diesem Fall darf der Bestrafung bei den im § 53 Abs. 2 bezeichneten Finanzvergehen kein 10 000 Euro, bei allen übrigen Finanzvergehen kein 33 000 Euro übersteigender strafbestimmender Wertbetrag (§ 58 Abs. 2 lit. a) zugrunde gelegt werden.

*(BGBl I 2020/99)*

(3) Die mündliche Verhandlung unterbleibt, wenn der Beschuldigte und die gemäß § 122 dem Verfahren zugezogenen Nebenbeteiligten sowie der Amtsbeauftragte auf die Durchführung einer solchen verzichtet haben. Von der Durchführung einer mündlichen Verhandlung kann abgesehen werden, wenn das Verfahren einzustellen ist.

*(BGBl I 2019/91)*

**„(4) Unterbleibt nach Abs. 3 eine mündliche Verhandlung vor einem Spruchsenat, kann der Vorsitzende die Beratung und Beschlussfassung des Senates unter Verwendung geeigneter technischer Kommunikationsmittel veranlassen. Der Vorsitzende kann außerdem die Beratung und Beschlussfassung durch die Einholung der Zustimmung der anderen Senatsmitglieder zu einem Entscheidungsentwurf im Umlaufwege ersetzen, wenn keines dieser Mitglieder widerspricht.“**

*(BGBl I 2022/108 ab 20.7.2022)*

**§ 126.** Kommt der Beschuldigte oder ein Nebenbeteiligter einer Vorladung zu einer gemäß § 125 anberaumten mündlichen Verhandlung oder einer sonstigen amtlichen Aufforderung nicht nach, ohne durch Krankheit, Behinderung oder ein sonstiges begründetes Hindernis abgehalten zu sein, so hindert dies nicht die Durchführung der mündlichen Verhandlung und die Fällung des Erkenntnisses auf Grund der Verfahrensergebnisse. **„Darüber ist der Beschuldigte oder der Nebenbeteiligte in der Vorladung zu informieren.“** Der Beschuldigte kann jedoch unter den Voraussetzungen des § 117 Abs. 2 vorgeführt werden, wobei die Unterstützung durch die Organe des öffentlichen Sicherheitsdienstes in Anspruch genommen werden kann.

*(BGBl I 2022/108 ab 20.7.2022)*

**§ 127.** (1) Die mündliche Verhandlung wird vom Vorsitzenden des Spruchsenates, in den Fällen des § 125 Abs. 2 von einem Einzelbeamten der Finanzstrafbehörde geleitet (Verhandlungsleiter). Der mündlichen Verhandlung ist ein Schriftführer und wenn der Beschuldigte oder ein Nebenbeteiligter der Verhandlungssprache nicht hinreichend kundig, gehörlos, hochgradig hörbehindert oder stumm ist, ein Dolmetscher gemäß § 57 Abs. 4 beizuziehen. Der Verhandlungsleiter kann, wenn er es für notwendig erachtet, die mündliche Verhandlung vertagen.

(2) Die mündliche Verhandlung vor dem Spruchsenat ist öffentlich. Die Öffentlichkeit ist auszuschließen:

a) wenn der Beschuldigte und die gemäß § 122 dem Verfahren zugezogenen Nebenbeteiligten es übereinstimmend verlangen;

b) von Amts wegen oder auf Antrag des Amtsbeauftragten, des Beschuldigten, eines Nebenbeteiligten oder eines Zeugen, wenn und solange zur Aufklärung des Finanzvergehens Verhältnisse oder Umstände des Beschuldigten, des Nebenbeteiligten oder des Zeugen erörtert werden müssen, die unter die Geheimhaltungspflicht nach § 48 a BAO fallen „;“

*(BGBl I 2022/108 ab 20.7.2022)*

**„c) von Amts wegen oder auf Antrag des jugendlichen Beschuldigten (§ 1 Abs. 1 Z 2 JGG) oder dessen gesetzlichen Vertreters bzw. der Vertrauensperson (§ 182 Abs. 1) oder der in § 182 Abs. 5 genannten Person, wenn dies in einem Verfahren gegen einen jugendlichen Beschuldigten in dessen Interesse geboten ist.“**

*(BGBl I 2022/108 ab 20.7.2022)*

(3) Obliegt die Durchführung der mündlichen Verhandlung einem Einzelbeamten, so ist sie nicht öffentlich.

(4) Ist die mündliche Verhandlung nicht öffentlich oder ist die Öffentlichkeit ausgeschlossen, so haben der Beschuldigte und die Nebenbeteiligten das Recht, zur Verhandlung zwei an der Sache nicht beteiligte Personen ihres Vertrauens beizuziehen. Personen, die im Verfahren als Zeugen oder Sachverständige in Betracht kommen, dürfen als Vertrauenspersonen nicht beigezogen werden.

(5) Sachverständige können, wenn es zur Erforschung der Wahrheit zweckdienlich erscheint, der Verhandlung schon vor Erstattung ihres Gutachtens zugezogen werden.

(6) Der Verhandlungsleiter hat dafür zu sorgen, daß Erörterungen, die das Verfahren ohne Nutzen für die Aufklärung der Sache verzögern würden, unterbleiben. Er erteilt das Wort und kann es bei Mißbrauch entziehen; ihm obliegt die Erhaltung der Ruhe und Ordnung im Verhandlungsraum. Dabei ist er befugt, den Beschuldigten ausnahmsweise während der Vernehmung eines Mitbeschuldigten oder eines Zeugen aus dem Verhandlungssaal zu entfernen. Er muß ihn aber, sobald er ihn nach seiner Wiederzulassung über den in seiner Abwesenheit verhandelten Gegenstand vernommen hat, von allem in Kenntnis setzen, was in seiner Abwesenheit vorgebracht wurde, insbesondere von den Aussagen, die inzwischen gemacht worden sind. Der Verhandlungsleiter kann die vorübergehende oder endgültige Entfernung eines Zeugen gestatten oder anordnen.

(7) Personen, die die mündliche Verhandlung stören oder durch ungeziemendes Benehmen den Anstand verletzen, sind vom Verhandlungsleiter zu ermahnen; bleibt die Ermahnung erfolglos, so kann ihnen nach vorausgegangener Androhung das Wort entzogen, ihre Entfernung aus dem Verhandlungsraum verfügt und über sie eine Ordnungsstrafe bis zu 700 Euro verhängt werden. Wird die Ordnungsstrafe vom Vorsitzenden des Spruchsenates verhängt, ist ein Rechtsmittel nicht zulässig. Bei Entfernung eines Beschuldigten kann die Verhandlung in seiner Abwesenheit fortgesetzt werden. Bei Entfernung eines Verteidigers oder Bevollmächtigten ist dem Beschuldigten oder den Nebenbeteiligten auf Antrag eine angemessene Frist zur Bestellung eines anderen Verteidigers oder Bevollmächtigten einzuräumen.

(8) Macht sich ein Parteienvertreter, der der Disziplinargewalt einer Standesbehörde unterliegt, des im Abs. 7 umschriebenen Verhaltens schuldig, so ist keine Ordnungsstrafe zu verhängen, sondern die Anzeige an die zuständige Standesbehörde zu erstatten. Die sonstigen im Abs. 7 vorgesehenen Maßnahmen können auch in diesen Fällen vom Verhandlungsleiter getroffen werden.

(9) Fernseh- und Hörfunkaufnahmen und -übertragungen sowie Film- und Fotoaufnahmen von

Verhandlungen sind unzulässig. Tonaufnahmen sind nur über Anordnung des Verhandlungsleiters für die Abfassung der Niederschrift zulässig. Diese sind jedenfalls bis zur Rechtskraft der Entscheidung aufzubewahren. Darüber hinaus sind Vernehmungen von Zeugen mittels technischer Einrichtungen gemäß § 56b über Anordnung des Verhandlungsleiters zulässig.

*(BGBl I 2018/62)*

**§ 128.** (1) Der Verhandlungsleiter hat den Sachverhalt und die Ergebnisse des Untersuchungsverfahrens vorzutragen, falls nicht die mündliche Verhandlung sofort nach Abschluß des Untersuchungsverfahrens stattfindet. Er hat hiezu den Beschuldigten zu vernehmen und von diesem beantragte ergänzende Beweisaufnahmen unter Bedachtnahme auf die Bestimmungen des § 114 Abs. 2 sowie jene weiteren Beweisaufnahmen durchzuführen, die er für die Klärung des Sachverhaltes für erforderlich erachtet, wobei auch die §§ 119, 120 und 123 anzuwenden sind. Der Verhandlungsleiter kann jedoch zu diesem Zweck auch die Ergänzung des Untersuchungsverfahrens anordnen.

(2) Bei der Durchführung von Beweisaufnahmen steht dem Beschuldigten und den Nebenbeteiligten ein Fragerecht zu, doch kann der Verhandlungsleiter Fragen zurückweisen, die ihm unangemessen erscheinen.

(3) Auf Antrag des Beschuldigten sind bei der mündlichen Verhandlung jene im Untersuchungsverfahren aufgenommenen Beweise, bei deren Aufnahme er nicht zugegen war, in seiner Anwesenheit zu wiederholen. Gegen die Ablehnung des Antrages ist ein abgesondertes Rechtsmittel nicht zulässig.

(4) Wird in einer gemäß § 125 Abs. 2 durchgeführten mündlichen Verhandlung befunden, daß die Durchführung der Verhandlung und die Fällung des Erkenntnisses einem Spruchsenat obliege, so ist die Verhandlung abzubrechen; für das weitere Verfahren gilt § 124 Abs. 2 sinngemäß.

**§ 129.** Der mündlichen Verhandlung vor dem Spruchsenat haben alle Mitglieder des Senates und der Amtsbeauftragte (§ 124 Abs. 2) beizuwohnen. Der Amtsbeauftragte nimmt an den Beratungen des Senates nicht teil.

**§ 130.** (1) Für den Ablauf der mündlichen Verhandlung vor dem Spruchsenat gelten die Bestimmungen des § 128 mit der Maßgabe, daß

a) die Darstellung des Sachverhaltes und der Ergebnisse des Untersuchungsverfahrens dem Behördenbeisitzer obliegt, der dem Senat angehört;

b) der Amtsbeauftragte Beweisanträge stellen kann;

c) das Recht der Fragestellung auch den Mitgliedern des Spruchsenates und dem Amtsbeauftragten zusteht.

(2) Nach Beendigung der Beweisaufnahmen erhält zuerst der Amtsbeauftragte das Wort, um die Ergebnisse der Beweisführung zusammenzufassen und hinsichtlich der Schuld des Beschuldigten sowie wegen der gegen ihn anzuwendenden Strafbestimmungen Anträge zu stellen und zu begründen. Einen bestimmten Antrag über Art und Höhe der Strafe hat der Amtsbeauftragte nicht zu stellen.

(3) Dem Beschuldigten und den Nebenbeteiligten steht das Recht zu, auf die Ausführungen des Amtsbeauftragten zu antworten. Findet dieser hierauf etwas zu erwidern, so gebührt dem Beschuldigten jedenfalls das Schlußwort. Sodann hat der Verhandlungsleiter den Schluß der mündlichen Verhandlung bekanntzugeben.

**§ 131.** (1) Jeder Abstimmung eines Senates hat eine Beratung voranzugehen, an der alle Mitglieder des Senates teilzunehmen haben. Der Schriftführer ist beizuziehen.

(2) Der Laienbeisitzer gibt seine Stimme als erster ab; ihm folgt der Behördenbeisitzer. Der Vorsitzende stimmt zuletzt.

(3) Zu jedem Beschluß eines Senates ist mehr als die Hälfte der Stimmen erforderlich.

(4) Teilen sich die Stimmen in mehr als zwei verschiedene Meinungen, sodaß keine dieser Meinungen die erforderliche Mehrheit für sich hat, hat der Vorsitzende die Erreichung eines Beschlusses dadurch zu versuchen, daß er die Frage teilt und über die Teilfragen abstimmen läßt. Bleibt dieser Versuch erfolglos, so wird die dem Beschuldigten nachteiligste Stimme der zunächst minder nachteiligen zugezählt.

(5) Gehen die Ansichten darüber auseinander, welche von zwei Meinungen für den Beschuldigten minder nachteilig ist, so ist darüber besonders abzustimmen.

**§ 132.** (1) Über die Zuständigkeit des Senates, über die Notwendigkeit von Ergänzungen des Verfahrens und über Vorfragen muß immer zuerst abgestimmt werden. Entscheidet sich die Mehrheit der Stimmen dahin, daß ungeachtet der über die Vorfrage erhobenen Zweifel zur Hauptentscheidung zu schreiten sei, so ist auch das in der Minderheit gebliebene Mitglied des Senates verpflichtet, über die Hauptsache mitabzustimmen.

(2) Bei der Entscheidung über die Hauptsache ist die Frage, ob der Beschuldigte der ihm zur Last gelegten Tat schuldig sei, immer von der Frage über die Strafe zu sondern und vor dieser Frage zur Abstimmung zu bringen. Liegen dem Beschuldigten mehrere strafbare Taten zur Last, so muß über jede einzelne Tat ein eigener Beschluß über die Schuld oder Nichtschuld des Beschuldigten gefaßt werden. Die Abstimmung über die Strafe hat sich auf jene strafbaren Taten zu beschränken, deren der Beschuldigte für schuldig erklärt worden ist. Hiebei steht es einem Senatsmitglied, das den Beschuldigten wegen einer ihm zur Last gelegten strafbaren Tat nicht schuldig gefunden hat, frei, auf Grund des über die Schuldfrage gefaßten Beschlusses seine Stimme über die Strafe abzugeben oder sich der Abstimmung zu enthalten. Enthält ein Senatsmitglied sich der Abgabe der Stimme über die Frage der Strafe, so ist seine Stimme so zu zählen, als ob es der für den Beschuldigten günstigeren Meinung beigetreten wäre.

**§ 133.** Über die Beratung und Abstimmung des Senates ist eine gesonderte Niederschrift aufzunehmen, die vom Vorsitzenden und vom Schriftführer zu unterfertigen ist. Beratung und Abstimmung des Senates sind geheim.

**§ 134.** Im Verfahren vor dem Spruchsenat hat der Vorsitzende nach Schluß der mündlichen Verhandlung auf Grund der Ergebnisse der Beratung und Abstimmung das Erkenntnis öffentlich zu verkünden und hiebei die wesentlichen Entscheidungsgründe bekanntzugeben. War die Öffentlichkeit der mündlichen Verhandlung ausgeschlossen, so ist sie auch bei der Bekanntgabe der Entscheidungsgründe des Erkenntnisses auszuschließen, soweit dabei Verhältnisse oder Umstände zur Sprache kommen, die unter die Geheimhaltungspflicht nach § 48 a BAO fallen. Im Verfahren vor dem Einzelbeamten ist die Verkündung des Erkenntnisses nicht öffentlich; das Erkenntnis kann auch der schriftlichen Ausfertigung vorbehalten werden. Nach mündlicher Verkündung des Erkenntnisses hat der Verhandlungsleiter Belehrung über das Erfordernis der Anmeldung einer Beschwerde zu erteilen.

**§ 135.** (1) Der Ablauf der mündlichen Verhandlung ist durch den Schriftführer, erforderlichenfalls nach den Angaben des Verhandlungsleiters, festzuhalten. Die Niederschrift hat zu enthalten

a) die Bezeichnung der Finanzstrafbehörde, den Namen des Verhandlungsleiters, im Verfahren vor einem Spruchsenat die Namen der Mitglieder des Spruchsenates und des Amtsbeauftragten; den Namen des Schriftführers;
b) Vor- und Zunamen, Tag und Ort der Geburt, Staatsbürgerschaft, Familienstand, Beschäftigung und Wohnort des Beschuldigten und, soweit solche am Strafverfahren beteiligt sind, auch Vor- und Zunamen, Beschäftigung und Wohnort der Nebenbeteiligten;
c) die Namen der als Verteidiger und Bevollmächtigte auftretenden Personen;
d) die deutliche Bezeichnung der dem Beschuldigten zur Last gelegten Tat;
e) die Rechtfertigung oder das Geständnis des Beschuldigten;
f) die wesentlichen Aussagen der Zeugen und Sachverständigen und die sonstigen Beweisaufnahmen;
g) wenn das Erkenntnis nach Schluß der mündlichen Verhandlung verkündet worden ist, dessen Inhalt und die wesentlichen Gründe, sonst den Vorbehalt der schriftlichen Ausfertigung.

(2) Alle Angaben in der Niederschrift sind mit möglichster Kürze abzufassen. Soweit die in Abs. 1 lit. b bis f bezeichneten Angaben bereits schriftlich im Akt niedergelegt sind, genügt in der Niederschrift ein kurzer Hinweis auf die bezüglichen Aktenstücke. Liegen die Voraussetzungen des § 141 Abs. 3 vor, so kann sich der Inhalt der Niederschrift auf die in Abs. 1 lit. a bis d und g genannten Bestandteile beschränken. Wurde nach § 56b vorgegangen, ist dies in der Niederschrift festzuhalten.

*(BGBl I 2018/62)*

(3) Die Verhandlungsniederschrift ist vom Verhandlungsleiter und vom Schriftführer zu unterfertigen. Dem Beschuldigten und den Nebenbeteiligten ist auf Verlangen eine Ausfertigung dieser Niederschrift auszufolgen.

### C. Inhalt des Erkenntnisses

**§ 136.** (1) Wenn einer der im § 82 Abs. 3 lit. b bis e genannten Gründe vorliegt oder wenn die dem Beschuldigten zur Last gelegte Tat nicht erwiesen werden kann, ist im Erkenntnis die Einstellung des Strafverfahrens auszusprechen. Sonst ist im Erkenntnis über Schuld und Strafe zu entscheiden.

(2) Im Verfahren vor dem Spruchsenat kann dieser im Spruch des Erkenntnisses aussprechen, dass im Falle einer nach § 15 Abs. 3 verhängten Freiheitsstrafe eine Anhaltung im elektronisch überwachten Hausarrest (§ 156b StVG) zur Gänze oder für einen bestimmten Zeitraum nicht in Betracht kommt, wenn auf Grund bestimmter Tatsachen anzunehmen ist, dass eine solche Anhaltung nicht genügen werde, um den Bestraften von weiteren strafbaren Handlungen abzuhalten, oder es ausnahmsweise der Vollstreckung der Strafe in einer Anstalt bedarf, um der Begehung strafbarer Handlungen durch andere entgegen zu wirken. Dabei sind insbesondere die Art der Tat, die Person des Täters, der Grad seiner Schuld, sein Vorleben und sein Verhalten nach der Tat zu berücksichtigen.

**§ 137.** Die Urschrift und die Ausfertigung des Erkenntnisses haben zu enthalten:

a) Die Bezeichnung der Finanzstrafbehörde; wenn eine mündliche Verhandlung stattgefunden hat, die Namen des Verhandlungsleiters und des Schriftführers; bei Erkenntnissen eines Spruchsenates auch die Namen der Senatsmitglieder und des Amtsbeauftragten;
b) Vor- und Zunamen, Tag und Ort der Geburt sowie Beschäftigung und Wohnort des Beschuldigten; Vor- und Zunamen sowie Wohnort der Nebenbeteiligten; die Namen des Verteidigers und der Bevollmächtigten;
c) den Spruch;
d) die Begründung;
e) die Rechtsmittelbelehrung und die Zahlungsaufforderung;
f) im Verfahren vor einem Spruchsenat die Unterschrift des Vorsitzenden; in den übrigen Fällen, wenn eine mündliche Verhandlung stattgefunden hat, die Unterschrift des Verhandlungsleiters, sonst die Unterschrift des Vorstandes der Finanzstrafbehörde oder des Amtsorgans, das durch diesen mit der Befugnis, Straferkenntnisse zu erlassen, betraut wurde; an die Stelle der Unterschrift kann die Beglaubigung der Kanzlei treten, dass die Ausfertigung mit der Urschrift übereinstimmt und diese die eigenhändig beigesetzte Unter-

schrift aufweist; Ausfertigungen in Form von elektronischen Dokumenten müssen an Stelle der Unterschrift oder Beglaubigung mit einer Amtssignatur (§ 19 E Government-Gesetz) versehen sein; Ausfertigungen in Form von Ausdrucken von mit einer Amtssignatur versehenen elektronischen Dokumenten oder von Kopien solcher Ausdrucke brauchen keine weiteren Voraussetzungen erfüllen;
*(BGBl I 2018/62)*

g) das Datum der mündlichen Verkündung, sonst das Datum der Unterfertigung.

*(BGBl I 2018/62)*

**§ 138.** (1) Der Spruch hat, soweit er auf Einstellung lautet, die dem Beschuldigten zur Last gelegte Tat zu bezeichnen und die Einstellung des Strafverfahrens anzuordnen.

(2) Der Spruch hat, soweit er nicht auf Einstellung lautet, zu enthalten:

a) die Bezeichnung der Tat, die als erwiesen angenommen wird;

b) die angewendete Strafvorschrift;

c) den Ausspruch über die Strafe; in den Fällen des § 24 Abs. 2 den Ausspruch über den Aufschub der Strafe;

d) die Anrechnung einer allfälligen vorläufigen Verwahrung oder Untersuchungshaft (§ 23 Abs. 5) oder einer im Ausland verbüßten Strafe (§ 23 Abs. 7);

e) den Ausspruch über den Kostenersatz (§ 185);

f) die allfällige Feststellung, daß bestimmte Personen den Verfall gegen sich gelten zu lassen haben;

g) die allfällige Entscheidung darüber, welche Pfand- oder Zurückbehaltungsrechte Dritter an für verfallen erklärten Gegenständen anerkannt oder nicht anerkannt werden, in welcher Höhe die gesicherten Forderungen anerkannt werden und welcher Rang ihnen zukommt; werden sie anerkannt, so ist auch auszusprechen, daß der festgesetzte Wertersatz (§ 19 Abs. 3) nur mit dem Betrag einzufordern ist, der zur Befriedigung der anerkannten Forderungen aus dem Verwertungserlös aufgewendet wird;

h) die allfällige Feststellung, daß eine Haftungspflicht für die verhängte Geldstrafe und den auferlegten Wertersatz gemäß § 28 gegeben ist, und die Nennung der Haftungsbeteiligten;

i) in den Fällen des § 122 Abs. 2 den Vorbehalt der Entscheidung.

**§ 139.** Die Begründung hat sich auf alle Teile des Spruches (§ 138) zu erstrecken; sie hat in gedrängter Darstellung, aber mit voller Bestimmtheit anzugeben, welche Tatsachen die Finanzstrafbehörde als erwiesen oder als nicht erwiesen angenommen hat und aus welchen Gründen dies geschehen ist, ferner, von welchen Erwägungen sie bei der Würdigung der vorgebrachten Einwendungen und bei der Entscheidung von Rechtsfragen geleitet wurde.

**§ 140.** (1) Die Rechtsmittelbelehrung hat anzugeben, ob gegen das Erkenntnis eine Beschwerde zulässig ist oder nicht und bejahendenfalls, innerhalb welcher Frist und bei welcher Behörde sie einzubringen ist. Die Rechtsmittelbelehrung hat, wenn ein Rechtsmittel zulässig ist, darauf hinzuweisen, daß dieses begründet werden muß.

(2) Enthält das Erkenntnis keine Rechtsmittelbelehrung oder keine Angaben über die Rechtsmittelfrist oder erklärt es zu Unrecht ein Rechtsmittel für unzulässig, so wird die Rechtsmittelfrist nicht in Lauf gesetzt.

(3) Ist in dem Erkenntnis eine längere als die gesetzliche Frist angegeben, so ist das innerhalb der angegebenen Frist eingebrachte Rechtsmittel rechtzeitig.

(4) Enthält das Erkenntnis keine oder eine unrichtige Angabe über die Behörde, bei welcher das Rechtsmittel einzubringen ist, so ist das Rechtsmittel richtig eingebracht, wenn es bei der Behörde, die das Erkenntnis ausgefertigt hat, oder bei der angegebenen Behörde eingebracht wurde.

(5) In der Zahlungsaufforderung ist der Beschuldigte aufzufordern, die Geldstrafe, den Wertersatz und die Kosten bei Fälligkeit zu bezahlen; die Aufforderung hat den Hinweis zu enthalten, daß bei Nichtzahlung die Zwangsvollstreckung durchgeführt und bei Uneinbringlichkeit der Geldstrafe und des Wertersatzes die Ersatzfreiheitsstrafe vollzogen werden muß.

**§ 141.** (1) Das Erkenntnis ist schriftlich auszufertigen. Ausfertigungen des Erkenntnisses sind dem Beschuldigten, den gemäß § 122 dem Verfahren zugezogenen Nebenbeteiligten und dem Amtsbeauftragten zuzustellen.

(2) Ist in einem Gesetz vorgesehen, daß die Bestrafung wegen eines Finanzvergehens den Verlust eines Rechtes nach sich zieht oder nach sich ziehen könnte, so hat die Finanzstrafbehörde die rechtskräftige Bestrafung der in Betracht kommenden Stelle bekanntzugeben. Sofern dieser Stelle nicht schon nach anderen gesetzlichen Bestimmungen eine Ausfertigung des Erkenntnisses zugestellt werden muß, ist ihr auf ihr Ersuchen eine Ausfertigung zu übersenden.

(3) Waren alle zur Erhebung einer Beschwerde berechtigten Personen bei der mündlichen Verkündung des Erkenntnisses anwesend oder vertreten und wurde ein Rechtsmittel nicht fristgerecht angemeldet (§ 150 Abs. 4), kann eine vereinfachte schriftliche Ausfertigung des Erkenntnisses ergehen. Diese hat die in § 137 angeführten Elemente mit Ausnahme der Begründung zu enthalten.



### D. Sonderbestimmung für Freiheitsstrafen

**§ 142.** (1) Wurde im Erkenntnis eine Freiheitsstrafe verhängt und besteht Fluchtgefahr, so kann der Verhandlungsleiter über den Beschuldigten bis zur Rechtskraft des Erkenntnisses, jedoch längstens auf die Dauer der im Erkenntnis angeordneten Freiheitsstrafe, die Haft verhängen.

(2) (aufgehoben)

(3) Die Bestimmungen der §§ 87 und 88 gelten sinngemäß.

**E. Vereinfachtes Verfahren**

**§ 143.** (1) Die Finanzstrafbehörde kann ein Strafverfahren ohne mündliche Verhandlung und ohne Fällung eines Erkenntnisses durch Strafverfügung beenden, wenn der Sachverhalt nach Ansicht der Finanzstrafbehörde durch die Angaben des Beschuldigten oder durch das Untersuchungsergebnis, zu dem der Beschuldigte Stellung zu nehmen Gelegenheit hatte, ausreichend geklärt ist; ist der Sachverhalt schon durch das Ermittlungsergebnis des Abgabenverfahrens oder des Vorverfahrens (§ 82 Abs. 1), zu welchem der Täter Stellung zu nehmen Gelegenheit hatte, ausreichend geklärt, so kann das Finanzvergehen auch ohne Durchführung eines Untersuchungsverfahrens durch Strafverfügung geahndet werden (vereinfachtes Verfahren).

(2) Für die Zuziehung von Nebenbeteiligten gilt § 122.

(3) Eine Strafverfügung ist ausgeschlossen,

a) wenn die Durchführung der mündlichen Verhandlung und die Fällung des Erkenntnisses gemäß § 58 Abs. 2 einem Spruchsenat obliegt,

b) wenn die Voraussetzungen für ein Verfahren gegen Personen unbekannten Aufenthaltes (§ 147) oder für ein selbständiges Verfahren (§ 148) gegeben sind.

**§ 144.** Für die Strafverfügung und deren Zustellung gelten die Bestimmungen sinngemäß, die für die nicht auf Einstellung lautenden Erkenntnisse gelten (§§ 137, 138 Abs. 2, 140 Abs. 2 bis 5 und 141). Statt der Rechtsmittelbelehrung ist die Belehrung über das Einspruchsrecht zu geben.

**§ 145.** (1) Der Beschuldigte und die Nebenbeteiligten können gegen die Strafverfügung binnen einem Monat nach der Zustellung bei der Finanzstrafbehörde, die die Strafverfügung erlassen hat, Einspruch erheben; sie können zugleich die der Verteidigung und der Wahrung ihrer Rechte dienlichen Beweismittel vorbringen.

(2) Durch die rechtzeitige Einbringung eines Einspruches tritt die Strafverfügung außer Kraft. Das Verfahren ist nach den Bestimmungen der §§ 115 bis 142 durchzuführen. In diesem Verfahren hat die Finanzstrafbehörde auf den Inhalt der außer Kraft getretenen Strafverfügung keine Rücksicht zu nehmen und kann auch eine andere Entscheidung fällen. Erheben nur Nebenbeteiligte rechtzeitig Einspruch, so ist in einem abgesonderten Verfahren (§ 149) über ihre Rechte zu entscheiden.

(3) Auf die Erhebung eines Einspruches kann schriftlich oder zur Niederschrift verzichtet werden. Vor Erlassung der Strafverfügung kann ein Verzicht rechtswirksam nur abgegeben werden, wenn aus der Verzichtserklärung hervorgeht, daß dem Verzichtenden im Zeitpunkt ihrer Abgabe der Inhalt der zu erwartenden Strafverfügung bekannt war. Wurde der Verzicht nicht von einem berufsmäßigen Parteienvertreter oder im Beisein eines solchen abgegeben, so kann er binnen drei Tagen schriftlich oder zur Niederschrift widerrufen werden.

(4) Die Finanzstrafbehörde hat den Einspruch durch Bescheid zurückzuweisen, wenn er unzulässig ist oder nicht fristgerecht eingebracht wurde.

(5) Ist ein Einspruch nicht mehr zulässig, so hat die Strafverfügung die Wirkung eines rechtskräftigen Erkenntnisses.

**§ 146. „(1) Das Zollamt Österreich kann bei geringfügigen Finanzvergehen durch Strafverfügung Geldstrafen nach Maßgabe der Strafsätze der §§ 33 bis 37, 44 bis 46, 48 bis 48b und 51 sowie des § 91 Alkoholsteuergesetz 2022 – AlkStG 2022, BGBl. I Nr. 227/2021 und des § 11 Mineralölsteuergesetz 2022 – MinStG 2022, BGBl. I Nr. 227/2021, jedoch nur bis zu einem Höchstausmaß von 3 000 Euro, verhängen und, soweit dies in den §§ 33, 35, 37, 44 und 46 sowie in § 91 AlkStG 2022 und in § 11 MinStG 2022 vorgesehen ist, den Verfall aussprechen (vereinfachte Strafverfügung). Eine solche Strafverfügung darf nur erlassen werden, wenn sich der Beschuldigte nach Bekanntgabe der in Aussicht genommenen Strafe mit der Erlassung der vereinfachten Strafverfügung einverstanden erklärt und auf die Erhebung eines Einspruchs schriftlich verzichtet. Ein Einspruchsverzicht kann binnen drei Tagen schriftlich oder zur Niederschrift widerrufen werden. Kosten des Strafverfahrens sind nicht zu ersetzen.“**

*(BGBl I 2019/104, BGBl I 2022/108 ab 20.7.2022)*

**„(2) Als geringfügige Finanzvergehen gelten:**

1. **Finanzordnungswidrigkeiten nach § 51;**
2. **die Finanzvergehen nach den §§ 33, 35 und 37 Abs. 1, sofern der strafbestimmende Wertbetrag oder die Summe der strafbestimmenden Wertbeträge (§ 53 Abs. 1) 1 500 Euro nicht übersteigt; als strafbestimmender Wertbetrag hat der auf die Ware entfallende Abgabenbetrag oder der hinterzogene Abgabenbetrag zu gelten;**
3. **die Finanzvergehen nach den §§ 34, 36, 37 Abs. 3 und 44 bis 46, sofern der strafbestimmende Wertbetrag oder die Summe der strafbestimmenden Wertbeträge (§ 53 Abs. 1) 3 000 Euro nicht übersteigt; als strafbestimmender Wertbetrag hat der auf die Ware entfallende Abgabenbetrag oder der verkürzte Abgabenbetrag bzw. das Einfache der Bemessungsgrundlage gemäß § 44 Abs. 2 zu gelten;**
4. **die Finanzvergehen nach den §§ 48 und 48a, sofern durch die Tat weder Abgaben hinterzogen noch verkürzt wurden;**
5. **das Finanzvergehen nach § 48b, sofern die Barmittel den Betrag von 30 000 Euro nicht übersteigen;**
6. **die Finanzvergehen nach § 91 AlkStG 2022 und § 11 MinStG 2022, sofern die hinterzogenen Abgaben den Betrag von 1 500 Euro**

**oder die verkürzten Abgaben den Betrag von 3 000 Euro nicht übersteigen."**

*(BGBl I 2015/163, BGBl I 2022/108 ab 20.7.2022)*

### F. Verfahren gegen Personen unbekannten Aufenthaltes

**§ 147.** Ist der Aufenthalt einer Person, die eines Finanzvergehens verdächtig ist, unbekannt, so hat die Finanzstrafbehörde dennoch den für die Erledigung der Strafsache maßgeblichen Sachverhalt von Amts wegen festzustellen und den Verdächtigen auszuforschen. Eine mündliche Verhandlung darf aber nur durchgeführt werden, wenn feststeht, daß der Verdächtige von der Einleitung des Strafverfahrens oder einer anderen gegen ihn gerichteten Verfolgungshandlung (§ 14 Abs. 3) persönlich Kenntnis erlangt hat. Wenn die Wichtigkeit der Sache es erfordert, so hat die Finanzstrafbehörde durch ein in ihrem Amtsbereich gelegenes Bezirksgericht einen Kurator bestellen zu lassen. Dieser Kurator hat im Verfahren die Rechte und rechtlichen Interessen des Beschuldigten wahrzunehmen. Seine Kosten sind vom Beschuldigten zu tragen. In diesem Verfahren sind im übrigen die Bestimmungen dieses Unterabschnittes anzuwenden.

### G. Selbständiges Verfahren

**§ 148.** Soll gemäß § 18 im selbständigen Verfahren auf Verfall erkannt werden, so sind die Verfahrensbestimmungen dieses Unterabschnittes, mit Ausnahme des § 147, sinngemäß anzuwenden. Die mündliche Verhandlung hat jedoch zu unterbleiben, wenn die Fällung des Erkenntnisses nicht dem Spruchsenat obliegt.

### H. Abgesondertes Verfahren

**§ 149.** (1) Ein abgesondertes Verfahren ist durchzuführen

a) von Amts wegen oder auf Antrag eines Nebenbeteiligten, wenn dessen Zuziehung gemäß § 122 Abs. 2 unterblieben ist,

b) auf Antrag eines Verfallsbeteiligten, wenn dieser dem Verfahren, in welchem auf Verfall erkannt wurde, ohne sein Verschulden nicht zugezogen war,

c) von Amts wegen in den Fällen des § 145 Abs. 2 letzter Satz.

(2) In den Fällen des Abs. 1 lit. a ist die gemäß § 122 Abs. 2 vorbehaltene Entscheidung zu fällen.

(3) In den Fällen des Abs. 1 lit. b und c ist über die Rechte des Verfallsbeteiligten und über die Inanspruchnahme des Haftungsbeteiligten zu entscheiden. Wird der Verfall aufgehoben oder ein Pfand- oder Zurückbehaltungsrecht anerkannt, so ist auf den vom Bestraften zu leistenden Wertersatz zu erkennen. Andernfalls ist auszusprechen, daß der verfallsbeteiligte Eigentümer den Verfall gegen sich gelten zu lassen habe oder daß die Pfand- oder Zurückbehaltungsrechte nicht anerkannt werden.

(4) Für das abgesonderte Verfahren gelten die Bestimmungen dieses Unterabschnittes mit der Maßgabe, daß die Entscheidung mit Bescheid zu ergehen hat. Der Bestrafte des vorangegangenen Verfahrens hat die Stellung eines Beschuldigten.

(5) Nach Ablauf von drei Jahren, von der Rechtskraft der Entscheidung im vorangegangenen Verfahren an gerechnet, ist ein Antrag auf Durchführung des abgesonderten Verfahrens nicht mehr zulässig.

## VII. Hauptstück
## Beschwerde; Wiederaufnahme des Verfahrens, Wiedereinsetzung in den vorigen Stand

### A. Beschwerde

#### 1. Allgemeines

**§ 150.** (1) Rechtsmittel im Finanzstrafverfahren ist die Beschwerde an das Bundesfinanzgericht.

(2) Die Rechtsmittelfrist beträgt einen Monat. Sie beginnt mit der Zustellung des angefochtenen Erkenntnisses oder sonstigen Bescheides, bei Beschwerden gegen die Ausübung unmittelbarer finanzstrafbehördlicher Befehls- und Zwangsgewalt mit deren Kenntnis, sofern der Beschwerdeführer aber durch den Verwaltungsakt behindert war, von seinem Beschwerderecht Gebrauch zu machen, ab dem Wegfall dieser Behinderung.

(3) Die Beschwerde ist bei der Behörde einzubringen, die das angefochtene Erkenntnis (den Bescheid) erlassen hat oder deren Säumigkeit behauptet wird. Sie gilt auch als rechtzeitig eingebracht, wenn sie innerhalb der Beschwerdefrist beim Bundesfinanzgericht eingebracht worden ist. Dies gilt für eine Beschwerde gegen die Ausübung unmittelbarer finanzstrafbehördlicher Befehls- und Zwangsgewalt sinngemäß; eine solche Beschwerde kann auch bei der Finanzstrafbehörde eingebracht werden, in deren Bereich der angefochtene Verwaltungsakt gesetzt worden ist. Die Einbringung bei einer anderen Stelle gilt, sofern nicht § 140 Abs. 4 anzuwenden ist, nur dann als rechtzeitig, wenn die Beschwerde noch vor Ablauf der Beschwerdefrist einer zuständigen Behörde oder dem Bundesfinanzgericht zukommt.

(4) Wurde ein Erkenntnis mündlich verkündet, so ist die Erhebung einer Beschwerde dagegen innerhalb einer Woche bei der Behörde, die das anzufechtende Erkenntnis erlassen hat, schriftlich oder mündlich zu Protokoll anzumelden. Eine angemeldete Beschwerde ist innerhalb der Frist gemäß Abs. 2 einzubringen. Eine nicht oder verspätet angemeldete Beschwerde ist zurückzuweisen, es sei denn, sie wurde von einer gemäß § 151 Abs. 1 berechtigten Person eingebracht, die bei der mündlichen Verhandlung weder anwesend noch vertreten war.



**§ 151.** (1) Zur Erhebung einer Beschwerde gegen Erkenntnisse sind berechtigt:

a) der Beschuldigte, soweit das Erkenntnis nicht auf Einstellung lautet;

b) wenn das Erkenntnis von einem Spruchsenat gefällt worden ist, auch der Amtsbeauftragte;

c) wenn der Spruch Feststellungen oder Entscheidungen der im § 138 Abs. 2 lit. f bis i bezeichneten Art enthält, auch die hievon betroffenen Nebenbeteiligten.

(2) Die rechtzeitig eingebrachte Beschwerde gegen Erkenntnisse hat aufschiebende Wirkung, ausgenommen in den Fällen der gemäß § 142 Abs. 1 wegen Fluchtgefahr verhängten Haft.

**§ 152.** (1) Eine Beschwerde gegen alle sonstigen im Finanzstrafverfahren ergehenden Bescheide sowie gegen die Ausübung unmittelbarer finanzstrafbehördlicher Befehls- und Zwangsgewalt ist zulässig, soweit nicht ein Rechtsmittel für unzulässig erklärt ist. Gegen das Verfahren betreffende Anordnungen ist, soweit nicht ein Rechtsmittel für zulässig erklärt ist, eine abgesonderte Beschwerde nicht zulässig; sie können erst mit einer Beschwerde gegen das das Verfahren abschließende Erkenntnis (Bescheid) angefochten werden. Zur Erhebung der Beschwerde ist derjenige berechtigt, an den der angefochtene Bescheid ergangen ist oder der behauptet, durch die Ausübung unmittelbarer finanzstrafbehördlicher Befehls- und Zwangsgewalt in seinen Rechten verletzt worden zu sein sowie bei einem Bescheid eines Spruchsenates oder eines Spruchsenatsvorsitzenden auch der Amtsbeauftragte.

(2) Der Beschwerde nach Abs. 1 kommt eine aufschiebende Wirkung kraft Gesetzes nicht zu. Die Behörde, deren Bescheid angefochten wird, hat jedoch auf Antrag des Beschwerdeführers die aufschiebende Wirkung zuzuerkennen, wenn durch die Vollziehung des Bescheides ein nicht wieder gutzumachender Schaden eintreten würde und nicht öffentliche Rücksichten die sofortige Vollziehung gebieten. Gegen die Verweigerung der aufschiebenden Wirkung ist eine abgesonderte Beschwerde nicht zulässig; bei Bescheiden eines Spruchsenatsvorsitzenden entscheidet dieser über den Antrag.

(3) Eine Beschwerde wegen Verletzung der Entscheidungspflicht (Säumnisbeschwerde) nach Art. 130 Abs. 1 Z 3 B-VG ist nur zulässig, wenn über Anträge, die dieses Bundesgesetz im verwaltungsbehördlichen Finanzstrafverfahren vorsieht, innerhalb von sechs Monaten nicht entschieden worden ist. Die Frist läuft von dem Tag, an dem der Antrag bei der zuständigen Finanzstrafbehörde eingelangt ist. Das Bundesfinanzgericht hat der säumigen Finanzstrafbehörde aufzutragen, innerhalb einer Frist bis zu drei Monaten über den Antrag zu entscheiden und dem Bundesfinanzgericht den Bescheid oder die entsprechenden Aktenteile in Kopie vorzulegen oder anzugeben, warum eine Verletzung der Entscheidungspflicht nicht vorliegt. Die Frist kann einmal verlängert werden, wenn die Finanzstrafbehörde das Vorliegen von in der Sache gelegenen Gründen nachzuweisen vermag, die eine fristgerechte Erlassung des Bescheides oder Vornahme der Verfahrenshandlung unmöglich machen. Ist die Finanzstrafbehörde innerhalb der gesetzten Frist tätig geworden, ist das Verfahren über die Säumnisbeschwerde einzustellen, andernfalls geht die Zuständigkeit zur Entscheidung über den nicht erledigten Antrag auf das Bundesfinanzgericht über.

**§ 153.** (1) Die Beschwerde gegen Erkenntnisse (Bescheide) hat zu enthalten:

a) die Bezeichnung des Erkenntnisses (Bescheides), gegen das sie sich richtet;
b) die Erklärung, in welchen Punkten das Erkenntnis (der Bescheid) angefochten wird;
c) die Erklärung, welche Änderungen beantragt werden;
d) eine Begründung;
e) wenn neue Tatsachen oder neue Beweismittel vorgebracht werden, deren Bezeichnung.

(2) Beschwerden des Amtsbeauftragten sind in so vielen Ausfertigungen einzubringen, daß auch jedem Beschuldigten und Nebenbeteiligten des Verfahrens eine Ausfertigung zugestellt werden kann.

(3) Die Beschwerde gegen die Ausübung unmittelbarer finanzstrafbehördlicher Befehls- und Zwangsgewalt hat zu enthalten:

a) die Bezeichnung des angefochtenen Verwaltungsaktes;
b) soweit dies zumutbar ist, eine Angabe darüber, welches Organ den angefochtenen Verwaltungsakt gesetzt hat;
c) den Sachverhalt;
d) die Gründe, auf die sich die Behauptung der Rechtswidrigkeit stützt;
e) das Begehren, den angefochtenen Verwaltungsakt für rechtswidrig zu erklären;
f) die Angaben, die zur Beurteilung der fristgerechten Einbringung der Beschwerde erforderlich sind.

(4) Die Säumnisbeschwerde hat zu enthalten:

a) die Bezeichnung der Behörde, deren Entscheidung in der Rechtssache verlangt wurde;
b) den Sachverhalt;
c) die bestimmte Bezeichnung des Rechtes, in dem der Beschwerdeführer verletzt zu sein behauptet;
d) ein bestimmtes Begehren;
e) die Glaubhaftmachung, dass die sechsmonatige Frist (§ 152 Abs. 3) abgelaufen ist.

**§ 154.** Ein Rechtsmittel ist nicht mehr zulässig, wenn nach Verkündung oder Zustellung des Erkenntnisses (Bescheides) ausdrücklich auf ein Rechtsmittel verzichtet wurde. Der Verzicht ist der Behörde, die das Erkenntnis (den Bescheid) erlassen hat, schriftlich bekanntzugeben oder zu Protokoll zu erklären. Wurde der Verzicht nicht von einem berufsmäßigen Parteienvertreter oder im Beisein eines solchen abgegeben, so kann er binnen drei Tagen schriftlich oder zur Niederschrift widerrufen werden.

**§ 155.** Rechtsmittel können ganz oder teilweise zurückgenommen werden. Die Zurücknahme ist bis zur Unterzeichnung der Rechtsmittelentscheidung, falls aber mündlich verhandelt wird, bis zum

Schluß der mündlichen Verhandlung zulässig. Die Zurücknahme ist schriftlich bekanntzugeben oder zu Protokoll zu erklären. Sie hat für den Rechtsmittelwerber im Umfang der Zurücknahme den Verlust des Rechtsmittels zur Folge.

**2. Beschwerdeverfahren**

**§ 156.** (1) Die Finanzstrafbehörde hat eine Beschwerde, die gegen ein von ihr erlassenes Erkenntnis (einen Bescheid) oder gegen die Ausübung unmittelbarer finanzstrafbehördlicher Befehls- und Zwangsgewalt oder wegen Verletzung der Entscheidungspflicht eingebracht worden ist, durch Bescheid zurückzuweisen, wenn die Beschwerde nicht zulässig ist oder nicht fristgerecht eingebracht wurde.

(2) Wenn eine Beschwerde nicht den im § 153 umschriebenen Erfordernissen entspricht oder wenn sie ein Formgebrechen aufweist, so hat die Finanzstrafbehörde dem Beschwerdeführer die Behebung der Mängel mit dem Hinweis aufzutragen, dass die Beschwerde nach fruchtlosem Ablauf einer gleichzeitig zu bestimmenden angemessenen Frist als zurückgenommen gilt.

(3) Liegt ein Anlass zur Zurückweisung nach Abs. 1 oder zur Erteilung eines Auftrages nach Abs. 2 nicht vor oder sind etwaige Formgebrechen oder inhaltliche Mängel behoben, so ist die Beschwerde ungesäumt dem Bundesfinanzgericht unter Anschluss eines Vorlageberichtes vorzulegen. Der Vorlagebericht hat jedenfalls eine Stellungnahme zu den im Beschwerdeverfahren strittigen Tat- und Rechtsfragen sowie allfällige Anträge der Finanzstrafbehörde zu enthalten. Ausfertigungen der Beschwerde des Amtsbeauftragten (§ 153 Abs. 2) sind dem Beschuldigten und den gemäß § 122 dem Verfahren zugezogenen Nebenbeteiligten zuzustellen.

(4) Das Bundesfinanzgericht hat zunächst zu prüfen, ob ein von der Finanzstrafbehörde nicht aufgegriffener Grund zur Zurückweisung oder für einen Auftrag zur Mängelbehebung vorliegt, und hat erforderlichenfalls selbst sinngemäß nach den Abs. 1 und 2 mit Beschluss vorzugehen.

(5) Die Bestimmungen der Abs. 1 bis 4 gelten sinngemäß für Beschwerden gegen Bescheide des Bundesministeriums für Finanzen.

**§ 157.** Soweit für das Beschwerdeverfahren nicht besondere Regelungen getroffen werden, sind die für das verwaltungsbehördliche Finanzstrafverfahren geltenden Bestimmungen sinngemäß anzuwenden. Das Bundesfinanzgericht hat insoweit dieselben Befugnisse wie die Finanzstrafbehörden. Über Ersatzansprüche von Zeugen, Dolmetschern und Sachverständigen entscheidet der Einzelrichter, in Senatsverfahren der Vorsitzende. Für die vom Bundesfinanzgericht mit Beschluss festzusetzenden Zwangs-, Ordnungs- und Mutwillensstrafen sowie deren Einhebung und zwangsweise Einbringung gilt § 287 BAO sinngemäß. Die Bestimmung des § 131 ist mit der Maßgabe sinngemäß anzuwenden, dass die fachkundigen Laienrichter ihre Stimmen in alphabetischer Reihenfolge abgeben.

*(BGBl I 2015/163)*

**§ 158.** Das Bundesfinanzgericht kann eine Finanzstrafbehörde um Amtshilfe ersuchen. Beweisaufnahmen, die schon im verwaltungsbehördlichen Verfahren durchgeführt worden sind, müssen im Beschwerdeverfahren nur wiederholt werden, sofern dies zur Ermittlung des wahren Sachverhaltes notwendig ist.

**§ 159.** Die Bestellung des Amtsbeauftragten gemäß § 124 Abs. 2 gilt auch für das Beschwerdeverfahren. Ist die Bestellung eines anderen Amtsbeauftragten erforderlich oder zweckmäßig oder ist noch kein Amtsbeauftragter bestellt worden, so hat der Vorstand der Finanzstrafbehörde anlässlich der Vorlage der Beschwerde an das Bundesfinanzgericht einen Amtsbeauftragten für das Beschwerdeverfahren zu bestellen. Ist das Bundesministerium für Finanzen belangte Behörde, so ist dieses Partei im Beschwerdeverfahren, ein Amtsbeauftragter ist diesfalls nicht zu bestellen.

*(BGBl I 2018/62)*

**§ 160.** (1) Über Beschwerden ist nach vorangegangener mündlicher Verhandlung zu entscheiden, es sei denn, die Beschwerde ist zurückzuweisen oder der angefochtene Bescheid bereits aufgrund der Aktenlage, das Verfahren einzustellen aufzuheben oder es ist nach § 161 Abs. 4 vorzugehen.

*(BGBl I 2015/163)*

(2) Das Bundesfinanzgericht kann von der Durchführung einer mündlichen Verhandlung absehen, wenn

a) in der Beschwerde nur eine unrichtige rechtliche Beurteilung behauptet wird oder
b) nur die Höhe der Strafe bekämpft wird oder
c) im angefochtenen Bescheid eine 500 Euro nicht übersteigende Geldstrafe verhängt wurde oder
d) sich die Beschwerde nicht gegen ein Erkenntnis richtet

und keine Partei die Durchführung einer mündlichen Verhandlung in der Beschwerde beantragt hat. Ein solcher Antrag kann nur mit Zustimmung der anderen Parteien zurückgezogen werden.

(3) Das Bundesfinanzgericht kann von der Durchführung oder Fortsetzung einer mündlichen Verhandlung absehen, wenn die Parteien ausdrücklich darauf bis zum Beginn der (fortgesetzten) Verhandlung verzichten.

(4) Die mündliche Verhandlung ist öffentlich. Die Öffentlichkeit ist unter den Voraussetzungen des § 127 Abs. 2 auszuschließen. Die §§ 127 Abs. 4 und 134 sind sinngemäß anzuwenden.

**„(5) Unterbleibt nach Abs. 2 oder 3 eine mündliche Verhandlung vor einem Senat für Finanzstrafrecht beim Bundesfinanzgericht, kann der Vorsitzende die Beratung und Beschlussfassung des Senates unter Verwendung geeigneter technischer Kommunikationsmittel veranlassen. Der Vorsitzende kann außerdem**

**die Beratung und Beschlussfassung durch die Einholung der Zustimmung der anderen Senatsmitglieder zu einem Entscheidungsentwurf im Umlaufwege ersetzen, wenn keines dieser Mitglieder widerspricht.“**

*(BGBl I 2022/108 ab 20.7.2022)*

**3. Entscheidungen über Beschwerden**

**§ 161.** (1) Das Bundesfinanzgericht hat, sofern die Beschwerde nicht gemäß § 156 mit Beschluss zurückzuweisen ist, grundsätzlich in der Sache selbst mit Erkenntnis zu entscheiden. Es ist berechtigt, sowohl im Spruch als auch hinsichtlich der Begründung des Erkenntnisses seine Anschauung an die Stelle jener der Finanzstrafbehörde zu setzen und das angefochtene Erkenntnis (den Bescheid) abzuändern oder aufzuheben, den angefochtenen Verwaltungsakt für rechtswidrig zu erklären oder die Beschwerde als unbegründet abzuweisen.

(2) Anerkennt das Bundesfinanzgericht das Eigentumsrecht eines Verfallsbeteiligten, so ist der Verfall aufzuheben und auf den vom Täter, von den anderen an der Tat Beteiligten und vom Hehler zu leistenden Wertersatz zu erkennen, wobei diesen Personen die Stellung eines Beschuldigten zukommt, auch wenn sie selbst keine Beschwerde erhoben haben; werden Pfand- oder Zurückbehaltungsrechte anerkannt, so ist gleichfalls auf Wertersatz zu erkennen.

(3) Eine Änderung des angefochtenen Erkenntnisses zum Nachteil des Beschuldigten oder der Nebenbeteiligten ist nur bei Anfechtung durch den Amtsbeauftragten zulässig. Überzeugt sich das Bundesfinanzgericht aus Anlass der Beschwerde, dass zum Nachteil eines anderen Beschuldigten oder Nebenbeteiligten, welcher keine Beschwerde eingebracht hat, das Gesetz unrichtig angewendet wurde, so hat es so vorzugehen, als wäre auch von diesen Personen eine Beschwerde eingebracht worden.

(4) Das Bundesfinanzgericht kann auch die Aufhebung des angefochtenen Erkenntnisses (Bescheides) unter Zurückverweisung der Sache an die Finanzstrafbehörde mit Beschluss verfügen, wenn es umfangreiche Ergänzungen des Untersuchungsverfahrens für erforderlich hält; die Finanzstrafbehörde ist im weiteren Verfahren an die in dem zurückverweisenden Beschluss niedergelegte Rechtsanschauung gebunden. Für das neue verwaltungsbehördliche Erkenntnis gelten die Abs. 2 und 3 sinngemäß.

(5) Säumnisbeschwerden sind mit Erkenntnis abzuweisen, wenn die Verspätung nicht auf ein überwiegendes Verschulden der Finanzstrafbehörde zurückzuführen ist.

**§ 162.** (1) Erkenntnisse des Bundesfinanzgerichtes haben im Namen der Republik zu ergehen.

(2) Die Urschrift und die Ausfertigung eines Erkenntnisses oder Beschlusses haben soweit zutreffend zu enthalten:

a) den Namen des Richters; wenn eine mündliche Verhandlung stattgefunden hat, die Namen des Verhandlungsleiters und des Schriftführers; bei Entscheidungen eines Senates auch die Namen des Senatsvorsitzenden, der übrigen Senatsmitglieder und des Amtsbeauftragten;

b) Vor- und Zunamen des Beschwerdeführers; den Namen seines Verteidigers (Bevollmächtigten);

c) die Bezeichnung des angefochtenen Bescheides oder des sonstigen angefochtenen Verwaltungsaktes;

d) den Spruch;

e) die Begründung;

f) die Zahlungsaufforderung;

g) im Verfahren vor einem Senat die Unterschrift des Vorsitzenden, in den übrigen Fällen die Unterschrift des Mitgliedes des Bundesfinanzgerichtes, das die Rechtsmittelentscheidung erlassen hat; an die Stelle der Unterschrift kann die Beglaubigung der Kanzlei treten, dass die Ausfertigung mit der Urschrift übereinstimmt und diese die eigenhändig beigesetzte Unterschrift aufweist; Ausfertigungen in Form von elektronischen Dokumenten müssen an Stelle der Unterschrift oder Beglaubigung mit einer Amtssignatur (§ 19 E-Government-Gesetz) versehen sein; Ausfertigungen in Form von Ausdrucken von mit einer Amtssignatur versehenen elektronischen Dokumenten oder von Kopien solcher Ausdrucke brauchen keine weiteren Voraussetzungen erfüllen;

*(BGBl I 2018/62)*

h) das Datum der mündlichen Verkündung, sonst das Datum der Unterfertigung.

*(BGBl I 2018/62)*

(3) Der Spruch hat die Entscheidung in der Sache und die Entscheidung über die Kosten oder die Aufhebung des angefochtenen Erkenntnisses (Bescheides) unter Zurückverweisung der Sache an die Finanzstrafbehörde oder die Aufhebung der Entscheidung wegen Unzuständigkeit der Finanzstrafbehörde sowie den Ausspruch über die Zulässigkeit einer Revision an den Verwaltungsgerichtshof zu enthalten. Im Übrigen gelten für den Spruch, die Begründung und die Zahlungsaufforderung die §§ 138 und 139 sowie § 140 Abs. 5 sinngemäß.

(4) Ausfertigungen von Erkenntnissen haben eine Belehrung über die Möglichkeit der Erhebung einer Beschwerde an den Verfassungsgerichtshof und einer ordentlichen oder außerordentlichen Revision an den Verwaltungsgerichtshof zu enthalten. Das Verwaltungsgericht hat ferner hinzuweisen:

a) auf die bei der Einbringung einer solchen Beschwerde bzw. Revision einzuhaltenden Fristen;

b) auf die gesetzlichen Erfordernisse der Einbringung einer solchen Beschwerde bzw. Revision durch einen bevollmächtigten Rechtsanwalt (bei Beschwerden) bzw. durch einen bevollmächtigten Rechtsanwalt oder Wirtschaftstreuhänder (bei Revisionen);

c) auf die für eine solche Beschwerde bzw. Revision zu entrichtenden Eingabengebühren.

**§ 163.** (1) Das Erkenntnis des Bundesfinanzgerichtes ist schriftlich auszufertigen. Ausfertigungen sind dem Amtsbeauftragten des Beschwerdeverfahrens, der Finanzstrafbehörde als der belangten Behörde des Beschwerdeverfahrens, dem Beschuldigten und den gemäß § 122 dem Verfahren zugezogenen Nebenbeteiligten zuzustellen. Ist das Bundesministerium für Finanzen belangte Behörde, so sind Ausfertigungen des Erkenntnisses diesem sowie dem Beschwerdeführer zuzustellen.

*(BGBl I 2019/91)*

(2) § 141 Abs. 2 gilt entsprechend.

**§ 164.** (aufgehoben)

## B. Wiederaufnahme des Verfahrens und Wiedereinsetzung in den vorigen Stand

### 1. Wiederaufnahme des Verfahrens

**§ 165.** (1) Die Wiederaufnahme eines durch Erkenntnis (Bescheid, Rechtsmittelentscheidung) abgeschlossenen Finanzstrafverfahrens ist auf Antrag oder von Amts wegen zu verfügen, wenn ein ordentliches Rechtsmittel gegen die Entscheidung nicht oder nicht mehr zulässig ist und

a) die Entscheidung durch Fälschung einer Urkunde, falsches Zeugnis oder eine andere gerichtlich strafbare Tat herbeigeführt oder sonstwie erschlichen worden ist oder

b) Tatsachen oder Beweismittel neu hervorkommen, die im abgeschlossenen Verfahren nicht geltend gemacht werden konnten, oder

c) die Entscheidung von Vorfragen abhängig war und nachträglich über eine solche Vorfrage von der hiefür zuständigen Behörde (Gericht) in wesentlichen Punkten anders entschieden wurde oder

d) der Abgabenbetrag, der der Ermittlung des strafbestimmenden Wertbetrages zugrunde gelegt wurde, nachträglich nach den Bestimmungen des Abgabenverfahrens geändert wurde oder

e) die strafbefreiende Wirkung einer Selbstanzeige gemäß § 29 Abs. 2 außer Kraft getreten ist

und die Kenntnis dieser Umstände allein oder in Verbindung mit dem sonstigen Ergebnis des Verfahrens voraussichtlich eine im Spruch anders lautende Entscheidung herbeigeführt hätte.

(2) In den Fällen des Abs. 1 lit. b bis d darf die Wiederaufnahme des Verfahrens von Amts wegen nur verfügt werden, wenn das abgeschlossene Verfahren durch Einstellung beendet worden ist.

(3) Antragsberechtigt sind die Beschuldigten und die Nebenbeteiligten des abgeschlossenen Finanzstrafverfahrens, die letzteren jedoch nur, wenn der Spruch der Entscheidung Feststellungen der im § 138 Abs. 2 lit. f bis h bezeichneten Art enthält. Wurde das Verfahren durch ein Erkenntnis eines Spruchsenates oder eine Beschwerdeentscheidung des Bundesfinanzgerichtes abgeschlossen, so steht auch dem Amtsbeauftragten das Recht zu, eine Wiederaufnahme unter den Voraussetzungen des Abs. 2 zu beantragen.

(4) Der Antrag auf Wiederaufnahme ist innerhalb von drei Monaten von dem Zeitpunkt an, in dem der Antragsteller nachweislich von dem Wiederaufnahmsgrund Kenntnis erlangt hat, bei der Finanzstrafbehörde einzubringen, die im abgeschlossenen Verfahren die Entscheidung erlassen hat. Falls das Bundesfinanzgericht die das Verfahren abschließende Entscheidung erlassen hat, ist der Antrag auf Wiederaufnahme innerhalb der im ersten Satz genannten Frist bei diesem einzubringen.

(5) Dem Antrag auf Wiederaufnahme kommt eine aufschiebende Wirkung kraft Gesetzes nicht zu. Die Behörde, die über den Antrag zu entscheiden hat, hat diesem jedoch die aufschiebende Wirkung zuzuerkennen, wenn durch die Vollziehung der im abgeschlossenen Verfahren ergangenen Entscheidung ein nicht wiedergutzumachender Schaden eintreten würde und nicht öffentliche Rücksichten die sofortige Vollziehung gebieten. Obliegt dem Bundesfinanzgericht die Entscheidung über den Antrag, so hat dieses über die aufschiebende Wirkung mit Beschluss zu erkennen.

(6) Sind seit der Rechtskraft der Entscheidung im abgeschlossenen Verfahren die im § 31 Abs. 2 genannten Fristen verstrichen, so ist die Einbringung eines Antrages auf Wiederaufnahme oder die Wiederaufnahme des Verfahrens von Amts wegen ausgeschlossen. Im übrigen steht ein Ablauf der Verjährungsfrist nach Rechtskraft der Entscheidung im abgeschlossenen Verfahren einer Bestrafung im wiederaufgenommenen Verfahren nicht entgegen.

**§ 166.** (1) Die Entscheidung über die Wiederaufnahme steht der Finanzstrafbehörde zu, die die Entscheidung im abgeschlossenen Verfahren gefällt hat. Die Entscheidung über die Wiederaufnahme steht dem Bundesfinanzgericht mit Beschluss zu, wenn dieses die das Verfahren abschließende Entscheidung gefällt hat.

(2) In dem die Wiederaufnahme bewilligenden oder anordnenden Bescheid oder Beschluss ist auszusprechen, inwieweit das Verfahren wiederaufzunehmen ist. Durch diesen Bescheid oder Beschluss wird der weitere Rechtsbestand der Entscheidung des abgeschlossenen Verfahrens nicht berührt. Die die Wiederaufnahme verfügende Finanzstrafbehörde oder das die Wiederaufnahme verfügende Bundesfinanzgericht hat jedoch die Vollziehung der im abgeschlossenen Verfahren ergangenen Entscheidung auszusetzen, wenn durch sie ein nicht wiedergutzumachender Schaden eintreten würde und nicht öffentliche Rücksichten die sofortige Vollziehung gebieten. Gegen die Verfügung der Wiederaufnahme ist eine Beschwerde oder Revision nicht zulässig.

(3) Durch die Wiederaufnahme tritt die Strafsache, wenn über sie bereits durch das Bundesfinanzgericht abgesprochen wurde, in den Stand des Beschwerdeverfahrens, in allen übrigen Fällen in den Stand des Untersuchungsverfahrens zurück.

Frühere Erhebungen und Beweisaufnahmen, die durch die Wiederaufnahmsgründe nicht betroffen werden, sind nicht zu wiederholen.

(4) Im wiederaufgenommenen Verfahren ist unter gänzlicher oder teilweiser Aufhebung der früheren Entscheidung insoweit in der Sache selbst zu entscheiden, als die frühere Entscheidung nicht mehr für zutreffend befunden wird. Kommt eine Entscheidung in der Sache selbst nicht in Betracht, so ist das wiederaufgenommene Verfahren durch Bescheid, im Verfahren vor dem Bundesfinanzgericht durch Beschluss einzustellen.

(5) Wird im wiederaufgenommenen Verfahren das Eigentumsrecht eines Verfallsbeteiligten anerkannt, so ist der Verfall aufzuheben und auf den vom Täter, von den anderen an der Tat Beteiligten und vom Hehler zu leistenden Wertersatz zu erkennen; werden Pfand- oder Zurückbehaltungsrechte anerkannt, so ist gleichfalls auf Wertersatz zu erkennen.

(6) Ist die Wiederaufnahme des Verfahrens über Antrag bewilligt worden, so darf die Entscheidung im wiederaufgenommenen Verfahren nicht ungünstiger lauten als die Entscheidung des früheren Verfahrens. Überzeugt sich die Finanzstrafbehörde oder das Bundesfinanzgericht aus Anlass der Wiederaufnahme, dass auch ein anderer Beschuldigter oder Nebenbeteiligter antragsberechtigt gewesen wäre (§ 165 Abs. 3), so hat es so vorzugehen, als wäre auch von diesen Personen ein Antrag auf Wiederaufnahme des Verfahrens eingebracht worden.

### 2. Wiedereinsetzung in den vorigen Stand

**§ 167.** (1) Gegen die Versäumung einer Frist oder einer mündlichen Verhandlung ist auf Antrag des Beschuldigten oder der Nebenbeteiligten eines anhängigen oder abgeschlossenen Finanzstrafverfahrens die Wiedereinsetzung in den vorigen Stand zu bewilligen, wenn der Antragsteller durch die Versäumung einen Rechtsnachteil erleidet und glaubhaft macht, daß er durch ein unvorhergesehenes oder unabwendbares Ereignis verhindert war, die Frist einzuhalten oder zur Verhandlung zu erscheinen. Daß dem Beschuldigten oder dem Nebenbeteiligten ein Verschulden an der Versäumung zur Last liegt, hindert die Bewilligung der Wiedereinsetzung nicht, wenn es sich nur um einen minderen Grad des Versehens handelt.

(2) Der Antrag auf Wiedereinsetzung muss binnen Monatsfrist nach Aufhören des Hindernisses bei der Finanzstrafbehörde oder beim Bundesfinanzgericht gestellt werden, je nachdem, ob die Frist bei der Finanzstrafbehörde oder beim Bundesfinanzgericht wahrzunehmen war oder dort die Verhandlung stattfinden sollte. Diese sind auch jeweils zur Entscheidung über den Antrag berufen. Das Bundesfinanzgericht entscheidet mit Beschluss. War die Frist beim Spruchsenat wahrzunehmen oder sollte die Verhandlung vor dem Spruchsenat stattfinden, entscheidet der Vorsitzende des Spruchsenates über den Wiedereinsetzungsantrag.

(3) Im Fall der Versäumung einer Frist hat der Antragsteller die versäumte Handlung gleichzeitig mit dem Wiedereinsetzungsantrag nachzuholen.

(4) Die Behörde, die über den Wiedereinsetzungsantrag zu entscheiden hat, kann diesem aufschiebende Wirkung beilegen.

(5) Der Wiedereinsetzungsantrag kann nicht auf Umstände gestützt werden, die schon früher für unzureichend befunden worden sind, um die Verlängerung der versäumten Frist oder die Verlegung der versäumten Verhandlung zu bewilligen.

**§ 168.** (1) Durch die Bewilligung der Wiedereinsetzung tritt das Verfahren in die Lage zurück, in der es sich vor dem Eintreten der Versäumung befunden hat.

(2) Durch den Antrag auf Wiedereinsetzung gegen die Versäumung einer mündlichen Verhandlung wird die Frist zur Anfechtung des infolge der Versäumung erlassenen Erkenntnisses nicht verlängert.

(3) Ist Wiedereinsetzung wegen Versäumung einer mündlichen Verhandlung beantragt und gegen das Erkenntnis Beschwerde eingelegt, so ist auf die Erledigung der Beschwerde erst einzugehen, wenn der Antrag auf Wiedereinsetzung zurückgewiesen oder abgewiesen worden ist.

(4) Nach Ablauf eines Jahres, vom Ende der versäumten Frist oder vom Zeitpunkt der versäumten Verhandlung an gerechnet, ist ein Antrag auf Wiedereinsetzung nicht mehr zulässig.

### C. Besondere Bestimmungen

**§ 169.** Die Finanzstrafbehörde, vertreten durch den Amtsbeauftragten, kann gegen eine Entscheidung des Bundesfinanzgerichtes Revision gemäß Art. 133 B-VG an den Verwaltungsgerichtshof erheben. Dies kann sowohl zugunsten als auch zum Nachteil der durch die Entscheidung Betroffenen geschehen. Die Revisionsfrist beginnt mit der Zustellung der Entscheidung an den Amtsbeauftragten zu laufen.

**§ 170.** (1) Die Behörde, welche die Entscheidung erlassen hat, kann bis zum Eintritt der Verjährung der Strafbarkeit in der Entscheidung unterlaufene Schreib- und Rechenfehler oder andere offenbar auf einem ähnlichen Versehen beruhende tatsächliche Unrichtigkeiten berichtigen.

(2) Die Oberbehörde kann Entscheidungen der Finanzstrafbehörden in Ausübung des Aufsichtsrechtes aus den Gründen des § 289 Abs. 1 lit. a bis d BAO aufheben. Entscheidungen der Spruchsenate oder deren Vorsitzenden dürfen in Ausübung des Aufsichtsrechtes nicht aufgehoben werden.

(3) Die Senate des Bundesfinanzgerichtes oder ein Richter des Bundesfinanzgerichtes können eine von ihnen erlassene Entscheidung unbeschadet der sich aus Abs. 1 ergebenden Befugnisse aus den Gründen des § 289 BAO ändern oder aufheben, wenn sie mit Revision beim Verwaltungsgerichtshof oder mit Beschwerde beim Verfassungsgerichtshof angefochten ist.

(4) Durch die Aufhebung einer Entscheidung tritt das Verfahren in die Lage zurück, in der es sich vor Erlassung der aufgehobenen Entscheidung befunden hat. Die Behörde, deren Entscheidung aufgehoben wurde, ist an die Rechtsansicht der aufhebenden Behörde gebunden. Eine Strafentscheidung darf jedoch für den Beschuldigten nicht nachteiliger sein als die aufgehobene Entscheidung. Maßnahmen gemäß Abs. 2 und 3 sind nur innerhalb eines Jahres nach Eintritt der Rechtskraft der Entscheidung zulässig. Auf die Ausübung der der Behörde gemäß Abs. 1 bis 3 zustehenden Rechte steht niemandem ein Anspruch zu.

## VIII. Hauptstück
## Fälligkeit, Einhebung, Sicherung und Einbringung der Geldstrafen und Wertersätze; Vollziehung des Verfalles; Verwertung verfallener Gegenstände

**§ 171.** (1) Geldstrafen und Wertersätze werden mit Ablauf eines Monats nach Rechtskraft der Entscheidung fällig. Tritt die Fälligkeit an einem Samstag, Sonntag, gesetzlichen Feiertag, Karfreitag oder 24. Dezember ein, so gilt als Fälligkeitstag der nächste Tag, der nicht einer der vorgenannten Tage ist.

(2) Die Finanzstrafbehörde hat verfallene Gegenstände, die sich nicht in ihrer Verwahrung befinden, dem, der sie in seinem Gewahrsam hat, erforderlichenfalls auch zwangsweise abzunehmen. Die Organe des öffentlichen Sicherheitsdienstes haben hiebei über Ersuchen Unterstützung zu gewähren.

(3) Wurde neben dem Verfall auf Wertersatz erkannt, weil im Zeitpunkt der Entscheidung noch nicht feststand, ob der Verfall vollziehbar sein wird (§ 19 Abs. 2 erster Fall), so wird der Wertersatz fällig, wenn die verfallenen Gegenstände nicht in den Gewahrsam der Finanzstrafbehörde gebracht werden können. Kann nur ein Teil der verfallenen Gegenstände in den Gewahrsam der Finanzstrafbehörde gebracht werden, so hat diese durch Bescheid den Betrag zu bestimmen, der als Wertersatz für die nicht zustandegebrachten Gegenstände vom Bestraften einzuheben ist; für die Fälligkeit dieses Wertersatzes gilt Abs. 1 sinngemäß.

(4) Wurde neben dem Verfall auf Wertersatz erkannt, weil Pfand- oder Zurückbehaltungsrechte dritter Personen anerkannt worden sind (§ 19 Abs. 2 zweiter Fall), so hat die Finanzstrafbehörde die verfallenen Gegenstände zu verwerten und die gesicherten Forderungen aus dem Erlös zu befriedigen. Sind hiebei die Forderungen mehrerer Gläubiger zu befriedigen, so ist bei unzureichendem Verwertungserlös der Rang der Pfand- oder Zurückbehaltungsrechte zu berücksichtigen. Forderungen mit gleichem Rang, die im Erlös keine Deckung finden, sind im Verhältnis ihrer Höhe zu befriedigen. Der Betrag, der zur Befriedigung der gesicherten Forderungen aufgewendet worden ist, ist mit Bescheid vom Bestraften als Wertersatz einzufordern; für die Fälligkeit dieses Wertersatzes gilt Abs. 1 sinngemäß.

(5) Für die Fälligkeit von Zwangs- und Ordnungsstrafen gelten die Bestimmungen der Bundesabgabenordnung.

**§ 172.** (1) Die Einhebung, Sicherung und Einbringung der Geldstrafen und Wertersätze sowie der Zwangs- und Ordnungsstrafen und die Geltendmachung der Haftung obliegt den Finanzstrafbehörden, die dazu auch Amtshilfe durch Abgabenbehörden in Anspruch nehmen können. Hiebei gelten, soweit dieses Bundesgesetz nicht anderes bestimmt, die Bundesabgabenordnung und die Abgabenexekutionsordnung sinngemäß.

(2) Ein Sicherstellungsauftrag darf erst nach Einleitung des Finanzstrafverfahrens (§ 82 Abs. 3 und § 83 Abs. 3) erlassen werden.

**§ 173.** Stirbt der Beschuldigte vor Eintritt der Rechtskraft des Erkenntnisses (der Strafverfügung), so ist das Strafverfahren einzustellen. Stirbt der Bestrafte nach Rechtskraft des Erkenntnisses (der Strafverfügung), so geht die Verbindlichkeit zur Entrichtung von Geldstrafen, Wertersätzen und Kosten nicht auf die Erben über.

**§ 174.** (1) Verfallene Gegenstände sind unter sinngemäßer Anwendung der Bestimmungen der Abgabenexekutionsordnung über die Verwertung gepfändeter beweglicher Sachen zu verwerten. Sie können aber auch, wenn sie nicht nach § 171 Abs. 4 zu verwerten sind, für die Deckung des Sachaufwandes des Bundes verwendet werden. Gegenstände, die weder verwertet noch verwendet werden können, sind zu vernichten.

(2) In Grenznähe für verfallen erklärte Sachen, die raschem Verderben unterliegen, sind von Organen der Zollstellen auf kurzem Weg bestmöglich zu verwerten.

*(BGBl I 2019/104)*

## IX. Hauptstück
## Vollzug der Freiheitsstrafen (Ersatzfreiheitsstrafen)

**§ 175.** (1) Die Freiheitsstrafen sind in den gerichtlichen Gefangenenhäusern und in den Strafvollzugsanstalten zu vollziehen. Der Vollzug in einer Strafvollzugsanstalt ist jedoch nur in unmittelbarem Anschluß an eine gerichtliche Freiheitsstrafe und mit Zustimmung des Bestraften zulässig. Soweit dieses Bundesgesetz nicht besondere Bestimmungen enthält, sind für den Vollzug die Bestimmungen des Strafvollzugsgesetzes über den Vollzug von Freiheitsstrafen, deren Strafzeit achtzehn Monate nicht übersteigt, mit folgender Maßgabe sinngemäß anzuwenden, soweit dies nicht zu Anlaß und Dauer der Freiheitsstrafe außer Verhältnis steht:

a) §§ 31 Abs. 2, 32, 45 Abs. 1, 54 Abs. 3, 115, 127, 128, 132 Abs. 4 und 149 Abs. 1 und 4 des Strafvollzugsgesetzes sind nicht anzuwenden;
b) soweit Häftlinge eine Arbeitsvergütung zu erhalten haben, ist ihnen diese nach Abzug des Vollzugskostenbeitrages (§ 32 Abs. 2 erster Fall und Abs. 3 des Strafvollzugsgesetzes) zur Gänze als Hausgeld gutzuschreiben;

c) wird eine Freiheitsstrafe in einer Strafvollzugsanstalt vollzogen, so bleiben die im Strafvollzug gewährten Vergünstigungen und Lockerungen auch für den Vollzug der Freiheitsstrafe aufrecht.

(2) Ist eine Freiheitsstrafe zu vollziehen, so hat die Finanzstrafbehörde den auf freiem Fuß befindlichen rechtskräftig Bestraften schriftlich aufzufordern, die Strafe binnen einem Monat nach der Zustellung der Aufforderung anzutreten. Die Aufforderung hat die Bezeichnung des zuständigen gerichtlichen Gefangenenhauses (§ 9 des Strafvollzugsgesetzes) und die Androhung zu enthalten, daß der Bestrafte im Falle seines Ausbleibens vorgeführt wird. Kommt der Bestrafte dieser Aufforderung nicht nach, so hat ihn die Finanzstrafbehörde durch Anwendung unmittelbaren Zwanges zum Strafantritt vorführen zu lassen; sie ist berechtigt, hiebei die Unterstützung der Organe des öffentlichen Sicherheitsdienstes in Anspruch zu nehmen. An Stelle der Aufforderung zum Strafantritt ist die sofortige Vorführung zu veranlassen, wenn Fluchtgefahr (§ 86 Abs. 1 lit. a und Abs. 2) besteht. Kann die Vorführung nicht vollzogen werden, weil der Bestrafte flüchtig oder sein Aufenthalt unbekannt ist, ist die Finanzstrafbehörde befugt, eine Sachenfahndung und Personenfahndung zur Festnahme zu veranlassen. Den Finanzstrafbehörden sind die erforderlichen Daten aus der von den Sicherheitsbehörden geführten zentralen Informationssammlung zu übermitteln.

(3) Die Finanzstrafbehörde hat zugleich den Leiter des zuständigen gerichtlichen Gefangenenhauses oder der Strafvollzugsanstalt um den Vollzug der Freiheitsstrafe zu ersuchen.

(4) Eine gemäß § 142 Abs. 1 verhängte Haft ist beim Strafvollzug zu berücksichtigen.

(5) Personen, die eine Freiheitsstrafe verbüßen, dürfen sich angemessen beschäftigen. Mit ihrer Zustimmung dürfen sie zu einer ihren Fähigkeiten und Kenntnissen entsprechenden Tätigkeit herangezogen werden.

(6) Wird gegen die Verhängung einer Freiheitsstrafe Beschwerde an den Verfassungsgerichtshof oder Revision an den Verwaltungsgerichtshof eingebracht, so ist mit dem Vollzug dieser Strafe bis zur Entscheidung des Gerichtshofes zuzuwarten, es sei denn, daß Fluchtgefahr (§ 86 Abs. 1 lit. a und Abs. 2) besteht.

**§ 176.** (1) Ist ein dem Wesen der Freiheitsstrafe entsprechender Strafvollzug wegen einer Krankheit oder Verletzung, wegen Invalidität oder eines sonstigen körperlichen oder geistigen Schwächezustandes des Bestraften nicht durchführbar, so hat die Finanzstrafbehörde den Strafvollzug so lange aufzuschieben, bis dieser Zustand aufgehört hat.

(2) Ist die bestrafte Person schwanger oder hat sie entbunden, so hat die Finanzstrafbehörde den Strafvollzug bis zum Ablauf der sechsten Woche nach der Entbindung und darüber hinaus solange aufzuschieben, als sich das Kind in der Pflege der Bestraften befindet, höchstens aber bis zum Ablauf eines Jahres nach der Entbindung. Die Strafe ist jedoch zu vollziehen, sobald es die Bestrafte selbst verlangt, vom Strafvollzug keine Gefährdung ihrer Gesundheit oder des Kindes zu besorgen und ein dem Wesen der Freiheitsstrafe entsprechender Vollzug durchführbar ist.

(3) Stellt sich nachträglich heraus, daß der Strafvollzug wegen eines der in den Abs. 1 und 2 bezeichneten Umstände aufzuschieben gewesen wäre und bestehen die den Aufschub begründenden Umstände fort, so sind die Abs. 1 und 2 dem Sinne nach anzuwenden.

(4) Auf Antrag des Standeskörpers darf aus militärdienstlichen Gründen eine Freiheitsstrafe nicht vollzogen werden

a) an Soldaten, die den Grundwehrdienst oder die ersten sechs Monate des Ausbildungsdienstes leisten,

b) an Soldaten, die dem Bundesheer auf Grund eines Dienstverhältnisses angehören, im Falle eines Einsatzes des Bundesheeres nach § 2 Abs. 1 des Wehrgesetzes oder im Falle der unmittelbaren Vorbereitung dieses Einsatzes.

**§ 177.** (1) Auf Antrag des Bestraften kann die Finanzstrafbehörde bei Vorliegen triftiger Gründe den Strafvollzug aufschieben. Triftige Gründe liegen insbesondere dann vor, wenn durch den unverzüglichen Strafantritt der Erwerb des Bestraften oder der Unterhalt seiner schuldlosen Familie gefährdet würde oder wenn der Aufschub zur Ordnung von Familienangelegenheiten dringend geboten ist. Der Aufschub darf das unbedingt notwendige Maß nicht überschreiten; er soll in der Regel nicht mehr als sechs Monate betragen. Die Bewilligung kann an die Leistung einer Sicherheit geknüpft werden; § 88 Abs. 3 bis 5 und Abs. 7 lit. d gilt sinngemäß mit der Maßgabe, daß die Sicherheit auch für verfallen zu erklären ist, wenn der Bestrafte die Strafe aus seinem Verschulden nicht rechtzeitig antritt.

(2) Anträgen auf Aufschub des Vollzuges kommt eine aufschiebende Wirkung kraft Gesetzes nicht zu. Die Finanzstrafbehörde hat jedoch auf Antrag des Bestraften die aufschiebende Wirkung zuzuerkennen, wenn durch den sofortigen Vollzug ein nicht wiedergutzumachender Schaden eintreten würde und nicht öffentliche Rücksichten den Vollzug gebieten.

(3) Gegen Bescheide, mit denen ein Antrag auf Aufschub des Strafvollzuges abgewiesen wird, ist die Beschwerde an das Bundesfinanzgericht zulässig.

**§ 178.** Der Aufschub des Strafvollzuges ist durch die Finanzstrafbehörde zu widerrufen, wenn sich herausstellt, daß die Voraussetzungen für seine Bewilligung nicht zugetroffen haben. Der Bestrafte ist aufzufordern, die Strafe unverzüglich anzutreten; im übrigen gilt § 175 Abs. 2 zweiter und dritter Satz sinngemäß. Der Aufschub ist auch zu widerrufen, wenn der Bestrafte versucht, sich dem Strafvollzug durch Flucht zu entziehen, oder wenn begründete Besorgnis besteht, daß er dies versuchen werde; in diesen Fällen gilt § 175 Abs. 2 vierter Satz sinngemäß.

**§ 179.** (1) Die Bestimmungen für den Vollzug von Freiheitsstrafen gelten auch für den Vollzug von Ersatzfreiheitsstrafen.

(2) Die Ersatzfreiheitsstrafe darf nur in dem Umfang vollzogen werden, der dem nicht bezahlten oder nicht eingebrachten Teil der Geldstrafe oder des Wertersatzes entspricht. Das gleiche gilt auch dann, wenn die Bezahlung oder Einbringung der Geldstrafe oder des Wertersatzes erst nach Strafantritt erfolgt.

(3) Der Vollzug einer Ersatzfreiheitsstrafe hat zu unterbleiben, wenn der Bestrafte gemeinnützige Leistungen (§ 3a StVG) erbringt. Darüber ist er in der Aufforderung zum Strafantritt zu informieren, wobei ihm auch das Ausmaß der zu erbringenden gemeinnützigen Leistungen mitzuteilen ist. Eine Gleichschrift dieser Mitteilung darf auch einer in der Sozialarbeit erfahrenen Person (§ 29b des Bewährungshilfegesetzes, BGBl. Nr. 146/1969) übermittelt werden. § 3a Abs. 1 bis 4 StVG und § 29b Bewährungshilfegesetz sind mit der Maßgabe sinngemäß anzuwenden, dass an Stelle des Gerichtes die Finanzstrafbehörde tritt. Die Vermittlung gemeinnütziger Leistungen hat nur über Ersuchen des Bestraften zu erfolgen.

## X. Hauptstück
## Sonderbestimmungen für das Verfahren gegen Jugendliche

**§ 180. „(1) Die Finanzstrafbehörden sollen sich in Strafverfahren gegen Jugendliche (§ 1 Abs. 1 Z 2 JGG) nach Möglichkeit der Mithilfe der öffentlichen Unterrichts- und Erziehungsanstalten und der mit der Jugendfürsorge betrauten Behörden (Kinder- und Jugendhilfe) sowie solcher Personen und Körperschaften bedienen, die in der Jugendfürsorge tätig sind und sich den Behörden zur Verfügung stellen (Jugendgerichtshilfe). Die Mithilfe kann insbesondere in der Erhebung der persönlichen Verhältnisse des Jugendlichen, in der Fürsorge für seine Person und in dem Beistand bestehen, dessen er im Verfahren bedarf. Strafverfahren wegen einer Jugendstraftat (§ 24 Abs. 2) sind ohne Verzug sowie unter besonderer Berücksichtigung von Alter und Reifegrad des Beschuldigten durchzuführen.“**

*(BGBl I 2019/62, BGBl I 2022/108 ab 20.7.2022)*

(2) Soweit es zur Wahrung der Verteidigungsrechte des Jugendlichen unter Berücksichtigung der Schwere des Finanzvergehens erforderlich ist, ist einem jugendlichen Beschuldigten vor der Vernehmung von Amts wegen ein Verteidiger **„für das gesamte Verfahren“** beizugeben, dessen Kosten er nicht zu tragen hat. Dies gilt insbesondere, wenn der gesetzliche Vertreter nicht bekannt, nicht erreichbar oder an der strafbaren Tat beteiligt ist oder der gesetzliche Vertreter außerstande ist (§ 77 Abs. 3), die Kosten der Verteidigung zu tragen. **„Die Beigabe des Verteidigers bleibt aufrecht, auch wenn der jugendliche Beschuldigte im Laufe des Verfahrens das achtzehnte Lebensjahr überschreitet.“**

*(BGBl I 2019/62, BGBl I 2022/108 ab 20.7.2022)*

**„(3) Der jugendliche Beschuldigte ist unbeschadet des § 57 Abs. 3 sobald wie möglich zu informieren über:**

1. **das Recht auf Ausschluss der Öffentlichkeit (§ 127 Abs. 2 lit. c),**
2. **das Recht auf Unterstützung durch einen Verteidiger gemäß Abs. 2,**
3. **die Information des gesetzlichen Vertreters bzw. der Vertrauensperson (§ 182 Abs. 1),**
4. **die Möglichkeit der Begleitung durch den gesetzlichen Vertreter bzw. die Vertrauensperson (§ 182 Abs. 2).“**

*(BGBl I 2022/108 ab 20.7.2022)*

**„§ 181. Jugendliche dürfen weder nach § 85 festgenommen noch darf über sie eine Untersuchungshaft nach § 86 verhängt werden.“**

*(BGBl I 2019/62, BGBl I 2022/108 ab 20.7.2022)*

**§ 182. „(1) Die Finanzstrafbehörde hat den gesetzlichen Vertreter eines jugendlichen Beschuldigten von den dem Beschuldigten gemäß § 180 Abs. 3 zukommenden Rechten, von den ihm in seiner Eigenschaft als gesetzlicher Vertreter im Finanzstrafverfahren zukommenden Rechten, von der Einleitung des Strafverfahrens und vom Erkenntnis (von der Strafverfügung) zu verständigen. Sofern der gesetzliche Vertreter nicht bekannt oder nicht erreichbar ist, oder dessen Verständigung dem Wohl des Jugendlichen abträglich wäre oder das Strafverfahren erheblich gefährden könnte, kann der jugendliche Beschuldigte anstelle des gesetzlichen Vertreters eine andere geeignete Person benennen (Vertrauensperson). Dieser Person kommen für die Zeit, während der die genannten Voraussetzungen vorliegen, die Rechte des gesetzlichen Vertreters zu. Wird keine Vertrauensperson benannt, hat die Finanzstrafbehörde unter Berücksichtigung des Wohles des jugendlichen Beschuldigten eine solche zu bestellen und den Jugendlichen darüber zu informieren.“**

*(BGBl I 2022/108 ab 20.7.2022)*

**„(2) Der gesetzliche Vertreter bzw. die Vertrauensperson ist in jeder Lage des Verfahrens berechtigt, den jugendlichen Beschuldigten zu begleiten. Die förmliche Vernehmung des jugendlichen Beschuldigten ist mittels Ton- und Bildaufnahme (§ 56a) zu dokumentieren, soweit der jugendliche Beschuldigte keinen Verteidiger beizieht oder kein Verteidiger beizugeben ist und auch kein gesetzlicher Vertreter bzw. keine Vertrauensperson anwesend ist. Eine Dokumentation ausschließlich mittels einer Niederschrift ist zulässig, wenn eine Ton- und Bildaufnahme aufgrund eines unüberwindbaren technischen Problems nicht möglich ist, sofern angemessene Anstrengungen zur Behebung des Problems unternommen wurden, und eine Verschiebung der Vernehmung unangemessen wäre.“**

*(BGBl I 2019/62, BGBl I 2022/108 ab 20.7.2022)*

**„(3) Ist die mündliche Verhandlung nicht öffentlich oder ist die Öffentlichkeit ausgeschlossen, so können der Verhandlung neben dem gesetzlichen Vertreter bzw. der Vertrauensperson auch die Erziehungsberechtigten, Vertreter der Kinder- und Jugendhilfe und der Jugendgerichtshilfe sowie ein allenfalls bestellter Bewährungshelfer beiwohnen.“**

*(BGBl I 2019/62, BGBl I 2022/108 ab 20.7.2022)*

(4) Der gesetzliche Vertreter eines jugendlichen Beschuldigten hat das Recht, auch gegen den Willen des Beschuldigten zu dessen Gunsten Beweisanträge zu stellen und innerhalb der dem Beschuldigten offenstehenden Frist Einspruch gegen eine Strafverfügung zu erheben, Rechtsmittel einzulegen und Anträge auf Wiedereinsetzung in den vorigen Stand oder auf Wiederaufnahme des Verfahrens zu stellen. Ein Rechtsmittelverzicht oder ein Einspruchsverzicht des jugendlichen Beschuldigten bedarf der Mitunterfertigung des gesetzlichen Vertreters **„bzw. der Vertrauensperson“** oder des gemäß § 180 bestellten Verteidigers.

*(BGBl I 2022/108 ab 20.7.2022)*

(5) Ist der Finanzstrafbehörde bekannt, daß die Pflege und Erziehung des jugendlichen Beschuldigten vom Pflegschaftsgericht einer anderen Person als dem gesetzlichen Vertreter übertragen ist, so sind die in den Abs. 1 bis 4 angeführten Rechte auch dieser Person einzuräumen.

*(BGBl I 2019/62)*

**§ 183.** Die Finanzstrafbehörde hat dem Pflegschaftsgericht **„sowie der Kinder- und Jugendhilfe“** eine Abschrift des Erkenntnisses (der Strafverfügung) zu übersenden und Umstände mitzuteilen, die eine pflegschaftsbehördliche Maßnahme erfordern.

*(BGBl I 2022/108 ab 20.7.2022)*

**§ 184.** Für Personen, die zum Zeitpunkt des Antrittes einer Ersatzfreiheitsstrafe das 18. Lebensjahr noch nicht vollendet haben, gelten die Bestimmungen des Jugendgerichtsgesetzes 1988 über den Jugendstrafvollzug sinngemäß.

## XI. Hauptstück
## Kosten des Strafverfahrens und des Strafvollzuges

**§ 185.** (1) Die vom Bestraften zu ersetzenden Kosten umfassen:

a) einen Pauschalbetrag als Beitrag zu den Kosten des Finanzstrafverfahrens (Pauschalkostenbeitrag); dieser Beitrag ist mit 10 v.H. der verhängten Geldstrafe zu bemessen; bei Freiheitsstrafen ist der Beitrag für einen Tag Freiheitsstrafe mit 5 Euro zu bemessen; der Pauschalbetrag darf 500 Euro nicht übersteigen;

b) die der Finanzstrafbehörde und dem Bundesfinanzgericht erwachsenen Barauslagen für Beweisaufnahmen und andere Verfahrensmaßnahmen, soweit sie nicht gemäß § 105 einem säumigen Zeugen aufzuerlegen sind; bei einer Mehrheit von Bestraften sind diese Barauslagen nach dem Verhältnis der verhängten Geldstrafen aufzuteilen;

c) die Barauslagen für die Beförderung und Aufbewahrung von beschlagnahmten Gegenständen, für die Beförderung und Bewachung von Personen sowie die Kosten der vorläufigen Verwahrung und der Untersuchungshaft;

d) die Kosten des Strafvollzuges.

Die in lit. b und c bezeichneten Kosten sind nur insoweit zu ersetzen, als sie den Pauschalkostenbeitrag übersteigen. Die Kosten für die Beiziehung eines Dolmetschers sind nicht zu berücksichtigen, wenn die Beiziehung notwendig war, weil der Beschuldigte der Verhandlungssprache nicht hinreichend kundig, gehörlos oder hochgradig hörbehindert war.

(2) Nebenbeteiligte, die von Feststellungen der im § 138 Abs. 2 lit. f bis h bezeichneten Art betroffen werden, haben folgende durch sie veranlaßte Kosten zu ersetzen:

a) die der Finanzstrafbehörde und dem Bundesfinanzgericht erwachsenen Barauslagen für Beweisaufnahmen und andere Verfahrensmaßnahmen, soweit sie nicht gemäß § 105 einem säumigen Zeugen aufzuerlegen sind;

b) Barauslagen für die Beförderung und Aufbewahrung von beschlagnahmten Gegenständen.

Die Kosten für die Beiziehung eines Dolmetschers sind nicht zu berücksichtigen, wenn die Beiziehung notwendig war, weil der Nebenbeteiligte der Verhandlungssprache nicht hinreichend kundig, gehörlos oder hochgradig hörbehindert war.

(3) Die im Abs. 1 lit. a bis c und im Abs. 2 bezeichneten Kosten sind, wenn möglich, in der Strafentscheidung festzusetzen. Stehen Kosten nach Abs. 1 lit. b und c und nach Abs. 2 im Zeitpunkt dieser Entscheidung noch nicht fest, so sind sie in einem gesonderten Bescheid vorzuschreiben; in einer Beschwerde gegen diesen Bescheid kann nur die ziffernmäßige Höhe des auferlegten Kostenersatzes angefochten werden.

(4) Die in den Abs. 1 und 2 bezeichneten Kosten, ausgenommen die Kosten des Vollzuges einer Freiheitsstrafe (Ersatzfreiheitsstrafe), werden mit Ablauf eines Monats nach Rechtskraft der Entscheidung, mit der die Kosten festgesetzt wurden, fällig; § 171 Abs. 1 Satz 2 gilt entsprechend.

(5) Die Einhebung, Sicherung und Einbringung der Kosten, ausgenommen jener für den Vollzug einer Freiheitsstrafe (Ersatzfreiheitsstrafe), obliegt den Finanzstrafbehörden. Hiebei gelten, soweit dieses Bundesgesetz nicht anderes bestimmt, die Bundesabgabenordnung und die Abgabenexekutionsordnung sinngemäß. § 172 ~~Abs. 2~~ gilt entsprechend.

*(BGBl I 2022/108 ab 20.7.2022)*

(6) Außer dem Fall des § 175 Abs. 1 lit. b haben Personen, an denen eine Freiheitsstrafe (Ersatzfreiheitsstrafe) vollzogen wird, für jeden Tag einen Beitrag zu den Kosten des Vollzuges in der im § 32 Abs. 2 zweiter Fall des Strafvollzugsgesetzes

bestimmten Höhe zu leisten, für Stunden den entsprechenden Teil. Die Verpflichtung zur Leistung eines solchen Kostenbeitrages entfällt, soweit diese Personen daran, daß sie zu keiner Tätigkeit im Sinne des § 175 Abs. 5 herangezogen werden können oder daß sie im Rahmen ihrer Heranziehung zu einer solchen Tätigkeit eine zufriedenstellende Arbeitsleistung nicht erbracht haben, weder ein vorsätzliches noch ein grob fahrlässiges Verschulden trifft. Den Kostenbeitrag hat das Vollzugsgericht nach Beendigung des Strafvollzuges zu bestimmen und seine Eintreibung nach den für die Einbringung der Kosten des Vollzuges gerichtlicher Strafen geltenden gesetzlichen Vorschriften zu veranlassen; hievon ist abzusehen, wenn die um den Vollzug ersuchende Finanzstrafbehörde mitteilt, daß der Bestrafte offenbar nicht in der Lage ist, einen Kostenbeitrag zu leisten, oder wenn das Gericht auf Grund der ihm bekannten Verhältnisse des Bestraften den Kostenbeitrag in sinngemäßer Anwendung des § 391 StPO für uneinbringlich erklärt.

(7) Für die Kosten des Strafverfahrens und des Strafvollzuges wegen einer Jugendstraftat **„(§ 1 Abs. 1 Z 3 JGG)“** gelten die §§ 45 und 60 des Jugendgerichtsgesetzes 1988.

*(BGBl I 2022/108 ab 20.7.2022)*

(8) Wird einem Antrag auf Wiederaufnahme des Finanzstrafverfahrens nicht stattgegeben, so gelten hinsichtlich des Kostenersatzes die Abs. 1 bis 5 und 7 sinngemäß.

## XII. Hauptstück
## Tilgung

**§ 186.** (1) Bestrafungen durch Finanzstrafbehörden gelten mit Ablauf der im Abs. 3 genannten Fristen als getilgt. Mit der Tilgung erlöschen, sofern gesetzlich nicht anderes bestimmt ist, die kraft Gesetzes mit der Bestrafung verbundenen Folgen. Dies gilt auch für Bestrafungen durch das Bundesfinanzgericht oder den Verwaltungsgerichtshof.

(2) Getilgte Bestrafungen dürfen bei der Strafbemessung nicht berücksichtigt und in Auskünfte an Gerichte oder andere Behörden nicht aufgenommen werden. Der Bestrafte ist nicht verpflichtet, getilgte Bestrafungen auf Befragen vor Gericht oder einer anderen Behörde anzugeben.

(3) Die Tilgungsfrist beginnt, sobald die Strafen vollzogen oder nachgesehen worden sind oder die Vollstreckbarkeit verjährt ist. Sie beträgt drei Jahre bei Bestrafungen wegen Finanzordnungswidrigkeiten und fünf Jahre bei Bestrafungen wegen aller übrigen Finanzvergehen.

(4) Wird jemand rechtskräftig wegen eines Finanzvergehens bestraft, bevor eine oder mehrere frühere Bestrafungen wegen Finanzvergehen getilgt sind, so tritt die Tilgung aller Bestrafungen nur gemeinsam und zwar erst mit dem Ablauf der Tilgungsfrist ein, die am spätesten endet.

## XIII. Hauptstück
## Gnadenrecht

**§ 187.** (1) Bei Vorliegen berücksichtigungswürdiger Umstände kann das Bundesministerium für Finanzen über Ansuchen des Bestraften durch die Finanzstrafbehörden verhängte Strafen ganz oder teilweise nachsehen oder Freiheitsstrafen in Geldstrafen umwandeln. Unter denselben Voraussetzungen können über Ansuchen verfallene Gegenstände und Beförderungsmittel dem früheren Eigentümer ohne Entgelt oder gegen Leistung eines Geldbetrages freigegeben werden.

(2) Die gnadenweise Nachsicht von durch das Bundesfinanzgericht oder den Verwaltungsgerichtshof verhängten Strafen steht nur dem Bundespräsidenten über Vorschlag der Bundesregierung oder des von ihr ermächtigten Bundesministers für Finanzen zu (Art. 65 Abs. 2 lit. c, Art. 67 Abs. 1 B-VG). Ansuchen um gnadenweise Nachsicht sind beim Bundesministerium für Finanzen einzubringen. Bei den Finanzstrafbehörden oder beim Bundesfinanzgericht einlangende Gesuche sind unverzüglich an das Bundesministerium für Finanzen weiterzuleiten. Eine vom Bundespräsidenten ausgesprochene gnadenweise Nachsicht ist dem Bestraften vom Bundesministerium für Finanzen mitzuteilen. Dieses hat den Bestraften auch zu verständigen, wenn das Gnadengesuch erfolglos bleibt.

(3) Ein Recht auf gnadenweise Nachsicht besteht nicht.

## XIV. Hauptstück
## Entschädigung

**§ 188.** (1) Der Bund hat für Schäden, die durch ein verwaltungsbehördliches Finanzstrafverfahren entstanden sind, dem Geschädigten auf dessen Verlangen nach Maßgabe der folgenden Bestimmungen Entschädigung in Geld zu leisten. Der Entschädigungsanspruch wegen des Entzugs der persönlichen Freiheit umfasst auch eine angemessene Entschädigung für die durch die Festnahme oder die Anhaltung erlittene Beeinträchtigung. Bei der Beurteilung der Angemessenheit sind die Dauer der Anhaltung sowie die persönlichen Verhältnisse der geschädigten Person und deren Änderung durch die Festnahme oder Anhaltung zu berücksichtigen.

(2) Der Entschädigungsanspruch besteht,

a) wenn der Geschädigte gesetzwidrig in vorläufige Verwahrung oder in Untersuchungshaft genommen oder in einer solchen Haft gehalten worden ist;

b) wenn der Geschädigte in vorläufige Verwahrung oder in Untersuchungshaft genommen worden ist und in der Folge das Strafverfahren eingestellt wurde;

c) wenn an dem Geschädigten eine Freiheitsstrafe oder eine Ersatzfreiheitsstrafe vollzogen worden ist und nach Wiederaufnahme des Strafverfahrens oder sonst nach Aufhebung der Entscheidung das Verfahren eingestellt oder über den Geschädigten eine kürzere

Freiheitsstrafe (Ersatzfreiheitsstrafe) als die bereits verbüßte verhängt wurde;

d) wenn in der Entscheidung auf Verfall erkannt worden ist und im abgesonderten Verfahren (§ 149) oder nach Wiederaufnahme des Strafverfahrens oder sonst nach Aufhebung der Entscheidung nicht mehr auf Verfall erkannt wurde und eine Rückgabe des Verfallsgegenstandes nicht mehr möglich ist; in Höhe des dadurch entstandenen vermögensrechtlichen Nachteils.

(3) Der Entschädigungsanspruch ist ausgeschlossen,

a) wenn der Geschädigte den Verdacht, der den Freiheitsentzug oder den Verfall begründete, vorsätzlich herbeigeführt hat;

b) in den Fällen des Abs. 2 lit. a und b, soweit eine Anrechnung der Vorhaft (§ 23 Abs. 4) auf eine Strafe erfolgt ist;

c) in den Fällen des Abs. 2 lit. b und c, wenn die Verfolgung lediglich deshalb ausgeschlossen war, weil der Geschädigte die Tat im Zustand der Zurechnungsunfähigkeit begangen hat;

d) in den Fällen des Abs. 2 lit. c und d, wenn an die Stelle der aufgehobenen Entscheidung lediglich deshalb eine für den Geschädigten günstigere getreten ist, weil inzwischen das Gesetz geändert worden ist.

(4) Abgesehen von den Fällen des Abs. 3 lit. a kann der Entschädigungsanspruch wegen eines Mitverschuldens nach § 1304 des Allgemeinen Bürgerlichen Gesetzbuchs (ABGB), JGS Nr. 936/1811, eingeschränkt oder ausgeschlossen werden, wenn die geschädigte Person an ihrer Festnahme oder Anhaltung ein Verschulden trifft.

(5) In den Fällen des Abs. 2 lit. b und c kann die Haftung des Bundes gemindert oder ausgeschlossen werden, soweit ein Ersatz unter Bedachtnahme auf die Verdachtslage zur Zeit der Festnahme oder Anhaltung, auf die Haftgründe und auf die Gründe, die zur Einstellung des Verfahrens geführt haben, unangemessen wäre. Wird jedoch hinsichtlich einer geschädigten Person in einem Finanzstrafverfahren gemäß § 136 im Erkenntnis die Einstellung des Strafverfahrens ausgesprochen, so kann dabei die Verdachtslage nicht berücksichtigt werden.

(6) Die Haftung des Bundes kann jedoch im Fall des Abs. 2 lit. a weder ausgeschlossen noch gemindert werden, wenn die Festnahme oder Anhaltung unter Verletzung der Bestimmungen des Art. 5 der Europäischen Menschenrechtskonvention, BGBl. Nr. 210/1958, oder des Bundesverfassungsgesetzes über den Schutz der persönlichen Freiheit, BGBl. Nr. 684/1988, erfolgte.

**§ 189.** Der Entschädigungsanspruch kann durch Exekutions- oder Sicherungsmaßnahmen nicht getroffen werden, außer zugunsten einer Forderung auf Leistung des gesetzlichen Unterhaltes oder auf Ersatz von Unterhaltsaufwendungen, die der Geschädigte nach dem Gesetz zu machen gehabt hätte (§ 1042 ABGB). Soweit Exekutions- und Sicherungsmaßnahmen ausgeschlossen sind, ist auch jede Verpflichtung und Verfügung des Geschädigten durch Abtretung, Anweisung, Verpfändung oder durch ein anderes Rechtsgeschäft unter Lebenden ohne rechtliche Wirkung.

**§ 190.** (1) Der Geschädigte hat zunächst den Bund zur Anerkennung der von ihm begehrten Entschädigung schriftlich aufzufordern. Die Aufforderung ist an die Finanzprokuratur zu richten. Das im § 192 Abs. 1 genannte Gericht hat dem Geschädigten für das Aufforderungsverfahren nach den Bestimmungen der ZPO über die Verfahrenshilfe einen Rechtsanwalt beizugeben.

(2) Kommt dem Geschädigten die Erklärung der Finanzprokuratur nicht binnen sechs Monaten zu, nachdem diese die Aufforderung erhalten hat, oder wird innerhalb dieser Frist die Entschädigung zur Gänze oder zum Teil verweigert, so kann der Geschädigte den Entschädigungsanspruch durch Klage gegen den Bund geltend machen.

**§ 191.** Der Entschädigungsanspruch verjährt in drei Jahren. Die Verjährungsfrist beginnt nach Ablauf des Jahres, in dem sämtliche den Entschädigungsanspruch begründenden Voraussetzungen (§ 188 Abs. 2) vorlagen.

**§ 192.** (1) Zur Entscheidung über Rechtsstreitigkeiten, die einen Entschädigungsanspruch betreffen, ist das mit der Ausübung der Gerichtsbarkeit in bürgerlichen Rechtssachen betraute Landesgericht ausschließlich zuständig, in dessen Sprengel der einen Entschädigungsanspruch bewirkende Freiheitsentzug oder Verfallsausspruch erfolgt ist. Ist eine örtliche Zuständigkeit im Inland nicht begründet, so ist das Landesgericht für Zivilrechtssachen Wien zuständig.

(2) Die Gerichtsbarkeit wird unbeschadet des § 7 a der Jurisdiktionsnorm ohne Rücksicht auf den Wert des Streitgegenstandes durch Senate ausgeübt.

**§ 193.** (1) Entschädigungen nach diesem Hauptstück unterliegen keiner bundesgesetzlich geregelten Abgabe.

(2) Vergleiche, die zwischen dem Bund und dem Geschädigten über einen Entschädigungsanspruch abgeschlossen werden, unterliegen keiner Stempel- und Rechtsgebühr.

(3) Über den Entschädigungsanspruch nach diesem Hauptstück hinausgehende Ansprüche auf Grund des Amtshaftungsgesetzes, BGBl. Nr. 20/1949, bleiben unberührt.

**§ 194.** (1) Wird zum Nachteil des Geschädigten das Finanzstrafverfahren wiederaufgenommen, so ist die Erklärung nach § 190 Abs. 2 oder die Zahlung der anerkannten Entschädigung bis zur rechtskräftigen Beendigung des wiederaufgenommenen Strafverfahrens aufzuschieben. Hievon hat die Finanzprokuratur den Geschädigten in Kenntnis zu setzen. Vor Eintritt der Rechtskraft der Entscheidung im wiederaufgenommenen Strafverfahren kann der Entschädigungsanspruch nicht durch Klage geltend gemacht werden. Ist ein solcher Rechtsstreit bereits anhängig, so hat das Gericht (§ 192) das Verfahren zu unterbrechen.

(2) Nach Rechtskraft der Entscheidung im wiederaufgenommenen Strafverfahren sind die nach Abs. 1 aufgeschobenen Rechtshandlungen nachzuholen, das unterbrochene Gerichtsverfahren aufzunehmen oder bereits geleistete Entschädigungsbeträge zurückzufordern, es sei denn, daß der Geschädigte diese Beträge gutgläubig verbraucht hat.

## XV. Hauptstück
## Finanzstrafregister

**§ 194a.** Zum Zweck der Evidenthaltung der verwaltungsbehördlichen Finanzstrafverfahren hat das Amt für Betrugsbekämpfung für das gesamte Bundesgebiet ein Finanzstrafregister zu führen.

*(BGBl I 2019/104)*

**§ 194b.** (1) In das Finanzstrafregister sind aufzunehmen:

- die persönlichen Daten des Beschuldigten, das sind Namen, frühere Namen und Aliasnamen, Titel, Anschrift, Geburtsdatum und -ort, Staatsangehörigkeit, Geschlecht, Beruf bzw. Tätigkeit, Sozialversicherungsnummer,
- die Daten des belangten Verbandes,
- die Daten des Finanzvergehens,
- die Daten der Verfahrenseinleitung, der Abtretung an eine andere Finanzstrafbehörde und des ersten Berichts an die Staatsanwaltschaft,
- die Daten der das Strafverfahren abschließenden Entscheidung,
- die Daten des Strafvollzuges und der Ausübung des Gnadenrechts,
- das Datum des Tilgungseintritts.

(2) Die Finanzstrafbehörden haben die nach Abs. 1 erforderlichen Daten der von ihnen geführten Verfahren laufend dem Finanzstrafregister zu übermitteln.

(3) Vor Beginn der Führung des Finanzstrafregisters (§ 194 e Abs. 1) angefallene Daten nach Abs. 1 sind nur dann in das Finanzstrafregister aufzunehmen, wenn zu diesem Zeitpunkt die ab der Rechtskraft der Strafentscheidung zu berechnenden Tilgungsfristen nach § 186 Abs. 3 und 4 noch nicht abgelaufen sind.

**§ 194c.** (1) Unrichtige, unrichtig gewordene oder unvollständige Daten sind nach den Bestimmungen des § 57c zu berichtigen.

(2) Die erfassten Daten sind spätestens zwei Jahre nach rechtskräftiger Einstellung des Strafverfahrens, nach Eintritt der Tilgung oder nach Kenntnis des Todes des Beschuldigten zu löschen. Unzulässig aufgenommene Daten sind auf begründeten Antrag der betroffenen Person oder von Amts wegen unverzüglich zu löschen.

**§ 194d.** (1) Auskünfte aus dem Finanzstrafregister sind für finanzstrafrechtliche Zwecke allen Finanzstrafbehörden, Strafgerichten und Staatsanwaltschaften, dem Bundesfinanzgericht sowie dem Bundesministerium für Finanzen zu erteilen. Nur den Finanzstrafbehörden, dem Bundesfinanzgericht und dem Bundesministerium für Finanzen sind auch Auskünfte zu erteilen, wenn eine Bestrafung bereits getilgt ist.

(2) Anderen inländischen Stellen sind über rechtskräftige, noch nicht getilgte Bestrafungen Auskünfte zu erteilen, sofern eine gesetzliche Verpflichtung zur Auskunftserteilung besteht oder die Stellen Gesetze zu vollziehen haben, die an eine Bestrafung wegen eines Finanzvergehens Rechtsfolgen knüpfen. Ausländischen Stellen dürfen Auskünfte über die Daten von Bestraften und von Finanzvergehen nur insoweit erteilt werden, als diesen Stellen Amtshilfe gewährt werden kann.

(3) Die betroffene Person hat das Recht, auf begründeten Antrag Auskunft über die im Finanzstrafregister über sie erfassten Daten zu erlangen. Wird dem Antrag ganz oder teilweise nicht entsprochen, so sind dem Antragsteller die Gründe hiefür schriftlich mitzuteilen. Diese Mitteilung hat nicht in Bescheidform zu ergehen, jedoch eine Information über das Recht auf eine Beschwerde an die Datenschutzbehörde zu enthalten.

*(BGBl I 2018/32)*

**§ 194e.** (1) Das Finanzstrafregister ist automationsunterstützt zu führen. Der Bundesminister für Finanzen hat den Beginn der Führung nach den technisch-organisatorischen Gegebenheiten mit Verordnung festzulegen.

(2) Mit der Führung des Finanzstrafregisters ist die Bundesrechenzentrum GmbH beauftragt. Die Bundesrechenzentrum GmbH hat den Finanzstrafbehörden, dem Bundesfinanzgericht und dem Bundesministerium für Finanzen im Umfang der gemäß § 194 d eingeräumten Berechtigungen einen direkten Zugang zum Finanzstrafregister einzurichten.

*(BGBl I 2018/32)*

## Dritter Unterabschnitt
## Sonderbestimmungen für das Verfahren wegen gerichtlich strafbarer Finanzvergehen

### 1. Allgemeines

**§ 195.** (1) Soweit im Folgenden nicht etwas Besonderes vorgeschrieben ist, gelten für das Verfahren wegen gerichtlich strafbarer Finanzvergehen die Bestimmungen der Strafprozessordnung. Bei Zuständigkeit der Europäischen Staatsanwaltschaft gelten die Verordnung (EU) 2017/1939 zur Durchführung einer Verstärkten Zusammenarbeit zur Errichtung der Europäischen Staatsanwaltschaft (EUStA), ABl. Nr. L 283 vom 31.10.2017 S. 1, in ihrer jeweils geltenden Fassung, sowie die Bestimmungen des Bundesgesetzes zur Durchführung der Europäischen Staatsanwaltschaft (EUStA-DG).

*(BGBl I 2021/94)*

(2) Die besonderen Vorschriften dieses Unterabschnittes gelten auch für das Verfahren wegen einer Tat, die zugleich den Tatbestand eines Finanzvergehens und den einer gerichtlich strafbaren Handlung anderer Art erfüllt.

(3) Für Verfahren wegen Finanzvergehen gegen Verbände gelten, soweit im Folgenden nicht etwas Besonderes vorgeschrieben ist, die Bestimmungen

des 3. Abschnittes des Verbandsverantwortlichkeitsgesetzes.

(4) Soweit personenbezogene Daten durch die Finanzstrafbehörden, die für sie tätigen Organe oder durch den Bundesminister für Finanzen verarbeitet werden, sind die Bestimmungen der §§ 57a bis 57d über die Verarbeitung personenbezogener Daten sinngemäß anzuwenden.

*(BGBl I 2018/32)*

**§ 196.** (1) Bei der Aufklärung und Verfolgung gerichtlich strafbarer Finanzvergehen werden die Finanzstrafbehörden im Dienste der Strafrechtspflege (Art. 10 Abs. 1 Z 6 B-VG) tätig. Die in der Strafprozessordnung der Kriminalpolizei zukommenden Aufgaben und Befugnisse haben bei gerichtlich strafbaren Finanzvergehen an Stelle der Sicherheitsbehörden die Finanzstrafbehörden und ihre Organe wahrzunehmen.

*(BGBl I 2018/62)*

(2) Nur wenn die Finanzstrafbehörden oder ihre Organe nicht rechtzeitig einschreiten können oder das aufzuklärende Finanzvergehen auch den Tatbestand einer gerichtlich strafbaren Handlung erfüllt, die kein Finanzvergehen ist, haben auf Anordnung der Staatsanwaltschaft die Sicherheitsbehörden einzuschreiten.

*(BGBl I 2018/62)*

(3) Wo in den folgenden Bestimmungen die Finanzstrafbehörde genannt wird, ist darunter die Behörde zu verstehen, der das verwaltungsbehördliche Finanzstrafverfahren wegen eines Finanzvergehens zustünde, wenn dieses nicht von den Gerichten zu ahnden wäre.)

*(BGBl I 2019/104)*

(4) Auch im Ermittlungsverfahren wegen gerichtlich strafbarer Finanzvergehen stehen der Finanzstrafbehörde die in den §§ 99 Abs. 1 bis 4 und 120 Abs. 3 eingeräumten Befugnisse zu und, wenn es sich bei der Finanzstrafbehörde um das Zollamt Österreich handelt, die dem Zollamt Österreich und seinen Organen in den Zollvorschriften eingeräumten Befugnisse. § 120 Abs. 4 gilt sinngemäß.

*(BGBl I 2018/62, BGBl I 2019/104)*

### 2. Ergänzungen der Strafprozeßordnung

#### Zu § 31

**§ 196a.** Das Hauptverfahren wegen gerichtlich strafbarer Finanzvergehen obliegt dem Landesgericht als Schöffengericht.

*(BGBl I 2019/104, BGBl I 2020/99)*

#### Zu § 25

**§ 197.** (1) Für das Ermittlungsverfahren wegen gerichtlich strafbarer Finanzvergehen ist die Staatsanwaltschaft örtlich zuständig (§ 25 StPO), in deren Sprengel der Beschuldigte seinen Wohnsitz gemäß § 1 Abs. 7 Meldegesetz 1991 hat oder zuletzt hatte. Fehlt es an einem solchen Ort oder kann er nicht festgestellt werden, so ist jene Staatsanwaltschaft zuständig, in deren Sprengel der Beschuldigte seinen gewöhnlichen Aufenthalt hat oder zuletzt hatte. Fehlt es auch an einem solchen Ort oder kann er nicht festgestellt werden, so ist jene Staatsanwaltschaft zuständig, in deren Sprengel das Finanzvergehen ausgeführt wurde oder ausgeführt werden sollte. Kann danach keine Zuständigkeit festgestellt werden, so ist jene Staatsanwaltschaft zuständig, in deren Sprengel die Tat entdeckt oder der Beschuldigte betreten wurde.

(2) Die Staatsanwaltschaft, die zuerst von einem gerichtlich strafbaren Finanzvergehen Kenntnis erlangt, hat das Ermittlungsverfahren so lange zu führen, bis die Zuständigkeit einer anderen Staatsanwaltschaft nach Abs. 1 festgestellt werden kann.

(3) Im Übrigen ist § 25 Abs. 4, 5 und 7 StPO sinngemäß anzuwenden.

*(BGBl I 2019/104, BGBl I 2020/99)*

#### Zu § 36

**§ 198.** (1) Für das Hauptverfahren wegen gerichtlich strafbarer Finanzvergehen ist das Gericht örtlich zuständig (§ 36 StPO), in dessen Sprengel der Beschuldigte zum Zeitpunkt des Beginns des Strafverfahrens (§ 1 Abs. 2 StPO) seinen Wohnsitz gemäß § 1 Abs. 7 Meldegesetz 1991 hatte oder davor zuletzt gehabt hatte. Fehlt es an einem solchen Ort oder kann er nicht festgestellt werden, so ist jenes Gericht zuständig, in dessen Sprengel der Beschuldigte zum Zeitpunkt des Beginns des Strafverfahrens (§ 1 Abs. 2 StPO) seinen gewöhnlichen Aufenthalt hatte oder davor zuletzt gehabt hatte. Fehlt es auch an einem solchen Ort oder kann er nicht festgestellt werden, so ist jenes Gericht zuständig, in dessen Sprengel das Finanzvergehen ausgeführt wurde oder ausgeführt werden sollte. Kann danach keine Zuständigkeit festgestellt werden, so ist jenes Gericht zuständig, in dessen Sprengel die Tat entdeckt oder der Beschuldigte betreten wurde.

(2) Kann nach Abs. 1 eine örtliche Zuständigkeit des Gerichts nicht bestimmt werden, so ist jenes Gericht zuständig, an dessen Sitz sich die Staatsanwaltschaft befindet, die Anklage einbringt.

*(BGBl I 2020/99)*

#### Zum 3. Hauptstück

**§ 199.** (1) Der Beschuldigte kann zur Unterstützung seines Verteidigers einen Steuerberater beiziehen.

*(BGBl I 2018/62)*

(2) Für den Steuerberater gelten § 57, § 58 Abs. 1, 3 und 4 und § 60 StPO sinngemäß. Er kann gleich einem Verteidiger an mündlichen Verhandlungen teilnehmen. Zu Anträgen und Willenserklärungen für den Vertretenen und zur Ausführung von Rechtsmitteln ist er nicht berechtigt.

*(BGBl I 2018/62)*

(3) Haftungsbeteiligte im Sinne des § 64 StPO sind auch Personen, die für Wertersätze (§ 19) haften.

### Zu den §§ 67 bis 70

**§ 200.** (1) Der Finanzstrafbehörde kommt in dem nicht von ihr geführten Ermittlungsverfahren sowie im Haupt- und im Rechtsmittelverfahren wegen Finanzvergehen kraft Gesetzes die Stellung eines Privatbeteiligten zu.

(2) Außer den Rechten des Opfers, des Privatbeteiligten und des Subsidiaranklägers hat die Finanzstrafbehörde noch folgende Rechte:

a) Sie kann im gleichen Umfang wie die Staatsanwaltschaft gerichtliche Entscheidungen bekämpfen und die Wiederaufnahme des Strafverfahrens verlangen;

b) Ihre Nichtigkeitsbeschwerde bedarf nicht der Unterschrift eines Verteidigers.

c) Die Anberaumung von Haftverhandlungen (§§ 175 und 176 StPO), die Freilassung des Beschuldigten und die Anberaumung von mündlichen Verhandlungen im Rechtsmittelverfahren ist ihr mitzuteilen.

d) Ihre Vertreter können bei den Haftverhandlungen und bei den mündlichen Verhandlungen im Rechtsmittelverfahren das Wort ergreifen und Anträge stellen.

e) Die Akteneinsicht (§ 68 StPO) darf nicht verweigert oder beschränkt werden.

(3) Die Vermutung des Rücktrittes von der Verfolgung (§ 72 Abs. 2 und 3 StPO) ist gegenüber der Finanzstrafbehörde als Ankläger ausgeschlossen.

(4) Die besonderen Rechte der Finanzstrafbehörde erstrecken sich auch auf gerichtlich strafbare Handlungen, die keine Finanzvergehen sind, aber mit solchen in derselben Tat zusammentreffen.

### Zu den §§ 81 bis 83

**§ 200a.** Der Finanzstrafbehörde sind gerichtliche Erledigungen und andere Schriftstücke, die ihr nach den Bestimmungen dieses Bundesgesetzes mitzuteilen sind, grundsätzlich ohne Zustellnachweis zuzustellen. Die Ladung zur Hauptverhandlung, gerichtliche Erledigungen und andere Schriftstücke, gegen die der Finanzstrafbehörde ein Rechtsmittel oder ein Rechtsbehelf zusteht, sind ihr mit Zustellnachweis (§§ 13 bis 20 des Zustellgesetzes) zuzustellen oder durch Telefax oder im elektronischen Rechtsverkehr (§ 89a GOG) zu übermitteln.

### Zu § 108

**§ 201.** Ein Antrag auf Einstellung gemäß § 108 Abs. 1 Z 2 StPO darf frühestens sechs Monate ab dem ersten an die Staatsanwaltschaft erstatteten Bericht (§ 100 Abs. 2 StPO) gestellt werden.

### Zum 10. Hauptstück

**§ 202.** (1) Die Staatsanwaltschaft hat das Ermittlungsverfahren gemäß § 190 StPO insoweit einzustellen, als eine Zuständigkeit der Gerichte im Hauptverfahren nicht gegeben wäre (§ 53). Eine Einstellung wegen Unzuständigkeit der Gerichte zur Ahndung des Finanzvergehens hat ohne Rücksicht darauf zu erfolgen, ob auch aus anderen Gründen von der Verfolgung abzusehen wäre.

(2) Die Finanzstrafbehörde ist hiervon zu verständigen (§ 194 StPO).

*(BGBl I 2019/91)*

### Zum 11. Hauptstück

**§ 202a.** Vor einer Mitteilung nach den §§ 200 Abs. 4, 201 Abs. 4 oder 203 Abs. 3 StPO hat die Staatsanwaltschaft oder das Gericht die Finanzstrafbehörde zu hören.

**§ 203.** Ein Vorgehen nach §§ 198 bis 209 StPO und nach § 19 VbVG ist in Finanzstrafsachen vorbehaltlich der Sonderbestimmungen für Jugendstrafsachen (§ 24) nicht zulässig.

*(BGBl I 2015/163)*

**§ 204.** (aufgehoben)

### Zu den §§ 195 und 196

**§ 205.** Hat die Staatsanwaltschaft von der Verfolgung eines Finanzvergehens abgesehen und das Ermittlungsverfahren eingestellt, so ist die Finanzstrafbehörde berechtigt, die Fortführung des Ermittlungsverfahrens nach § 195 StPO zu beantragen. Ein Pauschalkostenbeitrag nach § 196 Abs. 2 StPO ist ihr nicht aufzuerlegen.

### Zu den §§ 109 bis 115

**§ 206.** (1) Die Staatsanwaltschaft hat von der Anordnung der Sicherstellung und von einem Antrag auf Beschlagnahme verfallsbedrohter Gegenstände abzusehen und eine bereits erfolgte Beschlagnahme solcher Gegenstände aufzuheben, wenn ein Geldbetrag erlegt wird, der dem Wert dieser Gegenstände entspricht (Freigabe). Der Geldbetrag tritt an die Stelle dieser Gegenstände und unterliegt nach Maßgabe des § 17 dem Verfall.

(2) Eine Freigabe gemäß Abs. 1 hat insbesondere zu unterbleiben,

a) solange die Gegenstände auch für Beweiszwecke benötigt werden,

b) wenn es sich um Monopolgegenstände oder andere Gegenstände handelt, die gesetzlichen Verkehrsbeschränkungen unterliegen,

c) wenn eine gesetzwidrige Verwendung der Gegenstände zu besorgen ist,

d) wenn die Gegenstände auch in einem anderen Verfahren beschlagnahmt sind oder wenn die ihnen in einem anderen Verfahren drohende Beschlagnahme aktenkundig ist.



**§ 207.** (1) Verfallsbedrohte Gegenstände, die von raschem Verderb oder erheblicher Wertminderung bedroht sind oder sich nur mit unverhältnismäßigen Kosten aufbewahren lassen, kann das Gericht durch die Finanzstrafbehörde verwerten lassen. Die Verwertung wegen unverhältnismäßiger Aufbewahrungskosten unterbleibt, wenn rechtzeitig ein zur Deckung dieser Kosten ausreichender Betrag erlegt wird. Für die Verwertung der Gegenstände durch die Finanzstrafbehörde gilt § 90 Abs. 2 sinngemäß.

(2) Ein Verfallsausspruch erfaßt an Stelle der verwerteten Gegenstände deren Erlös.

(3) Die Verwertung nach dem ersten Absatz hat jedoch so lange zu unterbleiben, als die verfallsbedrohten Gegenstände für Beweiszwecke benötigt werden.

**§ 207a.** (1) Eine Sicherstellung gemäß § 109 Z 1 und § 110 Abs. 1 Z 3 StPO und eine Beschlagnahme gemäß § 109 Z 2 und § 115 Abs. 1 Z 3 StPO ist auch zur Sicherung der Geldstrafe und des Ausspruches der Haftung gemäß § 28 zulässig.

(2) In dem Beschluss, mit dem eine Beschlagnahme bewilligt wird, ist ein Geldbetrag zu bestimmen, durch dessen Erlag die Vollziehung der Beschlagnahme gehemmt wird. Nach dem Erlag ist die Beschlagnahme auf Antrag des Betroffenen aufzuheben. Der Geldbetrag ist so zu bestimmen, dass darin die voraussichtliche Geldstrafe, der voraussichtliche Wertersatz oder der Wert eines verfallsbedrohten Gegenstandes Deckung findet.

(3) Folgt eine Beschlagnahme auf eine Sicherstellungsmaßnahme der Finanzstrafbehörde, so bleibt deren Rangordnung für die gerichtliche Sicherstellung gewahrt.

(4) Gegen den Beschluss, mit dem eine Beschlagnahme abgelehnt wird, steht auch der Finanzstrafbehörde die Beschwerde nach § 87 StPO zu.

### Zu § 155

**§ 208.** Im Strafverfahren wegen eines Finanzvergehens haben Zeugen und Sachverständige auch über Verhältnisse und Umstände auszusagen, die unter die Geheimhaltungspflicht nach § 48 a BAO fallen.

### Zu § 213

**§ 209.** Jede Anklageschrift wegen eines Finanzvergehens ist auch der Finanzstrafbehörde zuzustellen; die Staatsanwaltschaft hat hierauf Bedacht zu nehmen und dem Gerichte auch eine Ausfertigung der Anklageschrift für die Finanzstrafbehörde zu überreichen.

### Zu § 215

**§ 210.** (1) Erachtet das Oberlandesgericht bei der Entscheidung über den Einspruch gegen eine Anklage wegen Finanzvergehens, daß die Gerichte zur Ahndung nicht zuständig seien, so hat es der Anklage keine Folge zu geben und das Verfahren wegen Unzuständigkeit einzustellen.

(2) Unter den Voraussetzungen des Abs. 1 ist eine Unzuständigkeitsentscheidung ohne Rücksicht darauf zu fällen, ob der Anklage auch aus anderen Gründen nicht Folge gegeben werden könnte.

(3) Erfüllt die Anklagetat auch den Tatbestand einer gerichtlich strafbaren Handlung, die kein Finanzvergehen ist, so hat die Einstellung des Strafverfahrens wegen des Finanzvergehens keinen Einfluß auf die Zulässigkeit der Anklage im übrigen.

(4) Das Oberlandesgericht hat in der Einspruchsentscheidung darzulegen, aus welchen Gründen es die gerichtliche Zuständigkeit zur Ahndung des Finanzvergehens ablehne. Ist diese Zuständigkeit im Anklageeinspruch ausdrücklich angefochten, so hat es auch darzulegen, aus welchen Gründen es sie annehme.

(5) Eine Einspruchsentscheidung, in der die gerichtliche Zuständigkeit zur Ahndung des Finanzvergehens abgelehnt wird, ist der Finanzstrafbehörde auch zuzustellen, wenn sie nicht als Ankläger statt der Staatsanwaltschaft einschreitet.

(6) Eine Einspruchsentscheidung, die die gerichtliche Zuständigkeit zur Ahndung des Finanzvergehens ausspricht, bindet das Gericht im weiteren Verfahren nicht.

(7) Nach der Einstellung des Strafverfahrens wegen eines Finanzvergehens durch das Oberlandesgericht kann das gerichtliche Verfahren wegen dieses Vergehens nur fortgesetzt werden, wenn die Wiederaufnahme nach § 220 bewilligt worden ist.

### Zu § 227

**§ 211.** (1) Tritt die Staatsanwaltschaft außerhalb einer Hauptverhandlung von der Anklage eines Finanzvergehens zurück, so hat sie die Gründe hiefür sogleich der Finanzstrafbehörde mitzuteilen.

(2) Für den Rücktritt von der Anklage in der Hauptverhandlung gilt dies dann, wenn die Finanzstrafbehörde in der Verhandlung nicht vertreten ist.

**§ 212.** (1) Außerhalb der Hauptverhandlung hat die Staatsanwaltschaft, statt die Anklage wegen Unzuständigkeit des Gerichtes zur Ahndung eines Finanzvergehens zurückzuziehen, die Zuständigkeitsentscheidung des Landesgerichts (§ 32 Abs. 3 StPO) einzuholen.

(2) Das Landesgericht hat sich in seinem Beschluss auf die Entscheidung zu beschränken, ob dem Gericht die Ahndung der Tat als Finanzvergehen zukomme. Es hat im Beschluss darzulegen, aus welchen Gründen es die gerichtliche Zuständigkeit annehme oder ablehne.

(3) Der Beschluss des Landesgerichts kann von der Staatsanwaltschaft, der Finanzstrafbehörde und dem Beschuldigten mit Beschwerde an das Oberlandesgericht angefochten werden; für die Beschwerde steht eine Frist von vierzehn Tagen seit der Zustellung des Beschlusses offen.

(4) Ein Beschluss des Landesgerichts oder des Oberlandesgerichts, der die gerichtliche Zuständigkeit ausspricht, bindet das Gericht im weiteren Verfahren nicht.

(5) Nach rechtskräftiger Ablehnung der Zuständigkeit kann ein Strafverfahren nur geführt werden, wenn die Wiederaufnahme nach § 220 bewilligt worden ist.

(6) Auch wenn die Staatsanwaltschaft in der Hauptverhandlung zur Überzeugung kommt, daß die Gerichte zur Ahndung eines Finanzvergehens nicht zuständig seien, darf sie der gerichtlichen Zuständigkeitsentscheidung nicht durch den Rücktritt von der Anklage vorgreifen.

**Zu den §§ 229 und 268**

**§ 213.** (1) Die Öffentlichkeit der Hauptverhandlung über die Anklage wegen eines Finanzvergehens ist auch auszuschließen,

a) wenn der Angeklagte und die Nebenbeteiligten es übereinstimmend verlangen,

b) von Amts wegen oder auf Antrag der Staatsanwaltschaft, der Finanzstrafbehörde, des Angeklagten, eines Nebenbeteiligten oder eines Zeugen, wenn und solange zur Aufklärung des Finanzvergehens Verhältnisse oder Umstände des Angeklagten, eines Nebenbeteiligten oder eines Zeugen, die unter die Geheimhaltungspflicht nach § 48 a BAO fallen, erörtert werden müssen.

(2) War die Öffentlichkeit der Hauptverhandlung nach Abs. 1 ausgeschlossen, so ist sie auch bei der Verkündung der Urteilsentscheidungsgründe auszuschließen, soweit dabei Verhältnisse oder Umstände im Sinne des Abs. 1 zur Sprache kommen.

**Zu § 259**

**§ 214.** (1) Der Freispruch wegen Unzuständigkeit der Gerichte zur Ahndung eines Finanzvergehens steht der Verurteilung wegen einer anderen strafbaren Handlung nicht entgegen, deren sich der Angeklagte durch dieselbe Tat schuldig gemacht hat.

(2) Ein Freispruch wegen Unzuständigkeit ist zu fällen, wenngleich ein Schuldspruch auch aus anderen Gründen nicht gefällt werden kann.

(3) (aufgehoben)

(4) Nach rechtskräftigem Freispruch wegen Unzuständigkeit kann das Finanzvergehen nur dann gerichtlich verfolgt und geahndet werden, wenn die Wiederaufnahme nach § 220 bewilligt worden ist.

**Zu § 260**

**§ 215.** (1) Im Strafurteil ist auch auszusprechen,

a) welche vom Angeklagten verschiedene Person durch einen Verfall ihr Eigentum verliere;

b) welche Pfand- und Zurückbehaltungsrechte Dritter an verfallenen Gegenständen anerkannt oder abgelehnt würden, in welcher Höhe die gesicherten Forderungen anerkannt würden und welcher Rang ihnen zukomme;

c) welche Personen für die Geldstrafe und den Wertersatz nach § 28 hafteten und

d) daß die Strafe, die wegen desselben Finanzvergehens in einem verwaltungsbehördlichen Finanzstrafverfahren verhängt und vollstreckt worden ist, auf die gerichtliche Strafe für die Vergehen angerechnet werde.

(2) Werden Pfand- oder Zurückbehaltungsrechte Dritter an verfallenen Gegenständen anerkannt, so ist im Urteil auch auszusprechen, daß der festgesetzte Wertersatz (§ 19 Abs. 3) nur mit dem Betrag einzufordern sei, der zur Befriedigung der anerkannten Forderungen aus dem Verwertungserlös aufgewendet wird (§ 229 Abs. 3).

**§ 216.** (aufgehoben)

**Zu § 270**

**§ 217.** In die Urteilsausfertigung sind auch die Namen der Nebenbeteiligten (§ 76) und ihrer Vertreter aufzunehmen.

**Zu den §§ 281 und 283**

**§ 218.** Enthält ein Urteil gesonderte Strafen für Finanzvergehen und strafbare Handlungen anderer Art (§ 22), so ist die Zulässigkeit der Rechtsmittel gegen den Strafausspruch auch gesondert zu beurteilen.

**Zu den §§ 284, 285 und 294**

**§ 219.** (1) War die Finanzstrafbehörde bei der Urteilsverkündung nicht vertreten, so ist ihr eine Urteilsausfertigung zuzustellen. Die Frist zur Anmeldung von Rechtsmitteln läuft dann von der Urteilszustellung, die Frist zur Ausführung des Rechtsmittels von dessen Anmeldung an. War die Finanzstrafbehörde bei der Urteilsverkündung nicht vertreten und sind die Voraussetzungen des § 270 Abs. 4 StPO den anderen Beteiligten gegenüber erfüllt, kann auch eine gekürzte Urteilsausfertigung zugestellt werden. In diesem Falle ist nach fristgerechter Rechtsmittelanmeldung eine Urteilsausfertigung gemäß § 270 Abs. 2 StPO zuzustellen, womit die Frist zur Ausführung des Rechtsmittels in Gang gesetzt wird.

(2) Die Beschwerdeschrift (§ 285 Abs. 1 StPO), die Anmeldung der Berufung, die die Berufungsgründe enthält, und die rechtzeitig eingebrachte Ausführung (§ 294 Abs. 2 StPO) sind auch der Finanzstrafbehörde mitzuteilen; dieser steht das Recht zu, binnen vier Wochen ihre Gegenausführungen zu überreichen.

**Zum 16. Hauptstück**

**§ 220.** (1) Auch wenn die gerichtliche Zuständigkeit zur Ahndung eines Finanzvergehens rechtskräftig abgelehnt oder wegen gerichtlicher Unzuständigkeit der Anklage keine Folge gegeben oder der Angeklagte freigesprochen worden ist, kann das Strafverfahren wegen dieses Vergehens nur nach Wiederaufnahme eingeleitet oder fortgesetzt werden.

(2) Die Wiederaufnahme ist zu bewilligen, wenn sich neue Tatsachen oder Beweise ergeben, die für die gerichtliche Zuständigkeit sprechen. Auf Finanzvergehen, die der Beschuldigte (Angeklagte) nach der Fällung einer Unzuständigkeitsentscheidung in erster Instanz begangen hat, kann die Wiederaufnahme nicht gegründet werden.



(3) Der Wiederaufnahme wegen eines Finanzvergehens steht nicht entgegen, daß die Tat als strafbare Handlung anderer Art verfolgt wurde oder noch verfolgt wird.

(4) Durch die Bewilligung der Wiederaufnahme tritt das Verfahren wegen des Finanzvergehens auch dann in den Stand des Ermittlungsverfahrens, wenn die Tat bereits als eine andere mit gerichtlicher Strafe bedrohte Handlung verfolgt wird und das Verfahren schon weiter gediehen ist.

(5) Berechtigt zum Antrag auf Wiederaufnahme sind die Staatsanwaltschaft und die Finanzstrafbehörde.

**§ 221.** (1) Wenn nach der rechtskräftigen Verurteilung des Angeklagten wegen eines Finanzvergehens neue Tatsachen oder Beweise beigebracht werden, die für die Zuständigkeit der Finanzstrafbehörde zur Ahndung des Vergehens sprechen, so hat das Landesgericht (§ 32 Abs. 3 StPO) über die gerichtliche Zuständigkeit zu entscheiden.

(2) Lehnt das Landesgericht (§ 32 Abs. 3 StPO) die gerichtliche Zuständigkeit ab, so hat es das Urteil im Schuld- und Strafausspruch wegen des Finanzvergehens aufzuheben.

(3) Im Übrigen sind die Bestimmungen des § 212 Abs. 2 bis 5 anzuwenden.

**§ 222.** Die Wiederaufnahme ist auch zu bewilligen, wenn nach rechtskräftiger Verurteilung neue Tatsachen oder Beweise beigebracht werden, aus denen sich ergibt, daß das Gericht seinem Urteil einen zu hohen strafbestimmenden Wertbetrag zugrunde gelegt hat.

**§ 223.** Neuen Tatsachen und Beweisen stehen bei einer Wiederaufnahme zugunsten des Verurteilten rechtskräftige Entscheidungen und Verfügungen der Abgabenbehörden gleich, die von den Strafurteilen, wenn auch nicht in der Tatsachengrundlage, so doch in der rechtlichen Beurteilung abweichen.

**§ 224.** (1) Läßt die Wiederaufnahmsbewilligung einen Teil des Schuldspruches wegen eines oder mehrerer Finanzvergehen unberührt, so darf das Gericht die Fortsetzung des Verfahrens wegen Unzuständigkeit zur Ahndung dieser Vergehen nie ablehnen. Es hat daher im neuen Urteil die Strafe für das eine oder die mehreren Finanzvergehen zu bestimmen, deren der Verurteilte auch nach der Wiederaufnahme des Verfahrens schuldig erkannt geblieben ist, wenngleich sie sonst von der Finanzstrafbehörde zu ahnden wären.

(2) Hat das Gericht die Strafe für Finanzvergehen, zu deren Ahndung die Finanzstrafbehörde zuständig wäre, nach dem ersten Absatz bestimmt, so sind mit dieser Bestrafung nicht die Folgen einer gerichtlichen Verurteilung, sondern nur die einer Ahndung durch die Finanzstrafbehörde verbunden; dies ist im Urteil festzustellen.

(3) Die Bestimmungen der Abs. 1 und 2 sind dem Sinne nach anzuwenden, wenn die Wiederaufnahmsbewilligung zwar den strafbestimmenden Wertbetrag unberührt läßt, aber Gründe für die Zuständigkeit der Finanzstrafbehörde sprechen.

**§ 225.** (aufgehoben)

**§ 226.** Werden neue Tatsachen und Beweismittel, die gegen die gerichtliche Zuständigkeit sprechen, während eines Rechtsmittelverfahrens beigebracht, so entscheidet das Rechtsmittelgericht endgültig, ob die gerichtliche Zuständigkeit zur Ahndung des Finanzvergehens gegeben sei.

### Zu § 381

**§ 227.** (1) Zu den Kosten des Strafverfahrens gehören auch die Auslagen, die der Finanzstrafbehörde als Privatbeteiligtem oder Ankläger an Stelle der Staatsanwaltschaft erwachsen; sie fallen nicht unter die Pauschalkosten.

(2) Die Kosten, die der Bundesfinanzverwaltung im Dienste der Strafjustiz erwachsen, sind bei der Bestimmung des Pauschalkostenbeitrages zu berücksichtigen, soweit sie nicht nach § 381 Abs. 1, Z 3, 4 oder 5 StPO besonders zu ersetzen sind.

*(BGBl I 2019/104)*

(3) Der Bundesfinanzverwaltung werden nur Barauslagen und außerdem die Kosten erstattet, die der Finanzprokuratur nach § 8 Abs. 1 des Finanzprokuraturgesetzes, BGBl. I Nr. 110/2008, gebühren.

*(BGBl I 2020/99)*

### Zu § 390

**§ 228.** Die Finanzstrafbehörde kann als Privatbeteiligter oder Ankläger an Stelle der Staatsanwaltschaft nicht zum Ersatz der Strafverfahrenskosten verurteilt werden.

### Zu § 393 a

**§ 228a.** Wird der Angeklagte lediglich wegen Unzuständigkeit der Gerichte zur Ahndung eines Finanzvergehens freigesprochen, so gilt für den Ersatzanspruch § 393 a Abs. 2 StPO dem Sinne nach.

### Zu § 408

**§ 229.** (1) Das Gericht hat verfallene Gegenstände, die sich nicht in amtlicher Verwahrung befinden, dem, der sie in seinem Gewahrsam hat, erforderlichenfalls auch zwangsweise abzunehmen. Wurde neben dem Verfall auf Wertersatz erkannt, weil im Zeitpunkt der Entscheidung noch nicht feststand, ob der Verfall vollziehbar sein wird (§ 19 Abs. 2 erster Fall), und können die verfallenen Gegenstände nicht in amtlichen Gewahrsam gebracht werden, so ist vom Verurteilten Wertersatz einzufordern. Kann nur ein Teil der verfallenen Gegenstände in amtlichen Gewahrsam gebracht werden, so hat das Gericht mit Beschluß den Betrag zu bestimmen, der als Wertersatz für die nicht zustande gebrachten Gegenstände einzuheben ist. Nach Rechtskraft des Beschlusses ist der festgesetzte Betrag als Wertersatz einzufordern.

(2) Die Verwertung verfallener Gegenstände ist der Finanzstrafbehörde zu überlassen.

(3) Wurde neben dem Verfall auf Wertersatz erkannt, weil Pfand- oder Zurückbehaltungsrechte Dritter an den verfallenen Gegenständen anerkannt worden sind (§ 19 Abs. 2 zweiter Fall), so hat das Gericht die verfallenen Gegenstände zu verwerten, die gesicherten Forderungen aus dem Erlös zu befriedigen und den Betrag, der zur Befriedigung der Forderungen aufgewendet worden ist, als Wertersatz einzufordern.

(4) Sind nach dem Abs. 3 die Forderungen mehrerer Gläubiger zu befriedigen, so ist bei unzureichendem Verwertungserlös der Rang der Pfand- und Zurückbehaltungsrechte zu berücksichtigen (§ 215 Abs. 1 lit. b). Forderungen mit gleichem

Rang, die im Erlös keine Deckung finden, sind im Verhältnis ihrer Höhe zu befriedigen. Gegen den Verteilungsbeschluß steht dem Betroffenen die Beschwerde an das Oberlandesgericht offen; die Beschwerde ist binnen vierzehn Tagen einzubringen. Personen, die am Verfahren nicht beteiligt waren, steht es frei, ihr besseres Recht im Zivilrechtsweg geltend zu machen.

### Zu den §§ 409 und 409 a

**§ 230.** (1) Die Geldstrafe kann auch nach dem Antritt der Ersatzfreiheitsstrafe bezahlt werden. Sie verringert sich im Verhältnis zu dem verbüßten Teil der Ersatzfreiheitsstrafe. Wird nicht die ganze hiernach aushaftende Geldstrafe bezahlt, so ist die Ersatzfreiheitsstrafe im Verhältnis des geschuldeten Restes weiter zu vollziehen.

(2) Die Bestimmungen der §§ 409 und 409 a StPO, des § 12 des Gerichtlichen Einbringungsgesetzes 1962, in der jeweils geltenden Fassung, und des ersten Absatzes gelten auch für den Wertersatz.

### Zu § 197 und zum 20. Hauptstück

**§ 231.** Flüchtig ist, wer sich der inländischen Gerichtsbarkeit dadurch entzieht, daß er sich im Ausland aufhält oder im Inland verbirgt. Wie ein Flüchtiger wird auch behandelt, wer sonst unauffindbar ist.

**§ 232.** Flüchtigen Beschuldigten ist im Verfahren von Amts wegen ein Verteidiger zu bestellen.

**§ 233.** (1) Besteht hinreichend Verdacht, dass sich ein Flüchtiger eines Finanzvergehens schuldig gemacht habe, so hat das Gericht auf Antrag der Staatsanwaltschaft zur Sicherung der Geldstrafe, des Verfalls und des Wertersatzes eine Beschlagnahme gemäß §§ 109 Z 2 und 115 Abs. 1 Z 3 StPO anzuordnen, wenn zu befürchten ist, dass andernfalls die Einbringung gefährdet oder wesentlich erschwert würde.

(2) § 207a Abs. 2 bis 4 gilt dem Sinne nach.

**§ 234.** (aufgehoben)

**§ 235.** Die Zustellung von Gerichtsstücken an den Flüchtigen gilt als bewirkt, sobald sie seinem Verteidiger zugestellt sind.

### Zu § 444

**§ 236.** Soweit in diesem Bundesgesetz nicht anderes bestimmt ist, gilt § 444 StPO dem Sinne nach auch für die Nebenbeteiligten (§ 76).

**§ 237.** Hat eine Person, die als Nebenbeteiligter in Betracht kommt, ihren Wohnsitz im Ausland oder hält sie sich nicht nur vorübergehend im Ausland auf, so hat ihr das Gericht, ohne daß dadurch der Fortgang des Verfahrens gehindert würde, anheim zu stellen, einen im Inland wohnhaften Bevollmächtigten zu nennen. Zugleich hat das Gericht sie zu belehren, daß in diesem Fall von der Nennung des Bevollmächtigten an nur dieser am Verfahren beteiligt werde, daß es dem Nebenbeteiligten jedoch unbenommen sei, selbst bei Gericht zu erscheinen und seine Rechte zu vertreten.

**§ 238.** Der Staatsanwaltschaft und allen anderen Verfahrensbeteiligten steht die Berufung zu:

a) gegen die ausdrückliche oder stillschweigende Entscheidung darüber, ob ein Nebenbeteiligter das Eigentum an den verfallsbedrohten Gegenständen verliere, ob ein Pfand- oder Zurückbehaltungsrecht eines Nebenbeteiligten an einem verfallsbedrohten Gegenstand anerkannt werde oder ob ein Nebenbeteiligter für die Geldstrafe oder den Wertersatz hafte;
b) gegen den Ausspruch über den Rang und die Höhe der gesicherten Forderung.

**§ 239.** Soweit der Staatsanwaltschaft, der Finanzstrafbehörde, den betroffenen Nebenbeteiligten und dem Angeklagten die Berufung nach § 238 zusteht, können sie auch die Wiederaufnahme des Verfahrens begehren.

**§ 240.** (1) Hat die Wiederaufnahme Erfolg zugunsten eines Nebenbeteiligten, so ist er vom Bund für vermögensrechtliche Nachteile zu entschädigen, die ihm durch das vorangegangene Verfahren und Urteil entstanden sind. Sein Anspruch gegen den Bund geht auf den Verurteilten, der ihm den Schaden ersetzt hat, oder dessen Rechtsnachfolger über.

(2) Für die Auseinandersetzung zwischen dem Entschädigungswerber und dem Bund sind die Vorschriften der §§ 9 und 12 des Strafrechtlichen Entschädigungsgesetzes 2005 (StEG 2005), BGBl. I Nr. 125/2004 sinngemäß anzuwenden.

**§ 241.** Nebenbeteiligte können nur zum Ersatz der Strafverfahrenskosten verurteilt werden, die ohne ihr Einschreiten nicht entstanden wären.

**§ 242.** (1) Hat das Gericht mit Urteil ausgesprochen, daß eine vom Angeklagten verschiedene Person durch den Verfall ihr Eigentum verliere, ist in dem Urteil die Anerkennung eines Pfand- oder Zurückbehaltungsrechtes unterblieben oder die Haftung für die Geldstrafe oder den Wertersatz ausgesprochen worden, so ist auf Antrag des Betroffenen über den Verfall, das Pfand- oder Zurückbehaltungsrecht oder die Haftung gleichfalls in mündlicher Verhandlung mit Ergänzungsurteil zum Hauptnrteil zu entscheiden. Antragsberechtigt ist der Betroffene, wenn er ohne seine oder seines Bevollmächtigten Schuld durch einen unabwendbaren Umstand daran gehindert war, am Verfahren teilzunehmen. Der Antrag kann nur binnen sechs Wochen nach Wegfall des Hindernisses und niemals später als drei Jahre nach Rechtskraft des Urteils gestellt werden.

(2) Wird in dem Ergänzungsurteil der Verfall aufgehoben oder ein Pfand- oder Zurückbehaltungsrecht eines Dritten anerkannt, so hat das Gericht zugleich auf den vom Verurteilten zu leistenden entsprechenden Wertersatz zu erkennen.

(3) Wenn in dem nachträglichen Verfahren zu entscheiden ist, ob ein Nebenbeteiligter sein Eigentum an dem verfallen erklärten Gegenstand verloren habe, sind auch die Personen der Verhandlung zuzuziehen, die im Hauptnrteil schuldig gesprochen worden sind; sie haben auch in dem nachträglichen Verfahren die Stellung eines Beschuldigten (Angeklagten).

(4) Weist das Gericht den Antrag zurück, das nachträgliche Verfahren einzuleiten, so kann der betroffene Nebenbeteiligte die Beschwerde an das Oberlandesgericht erheben; hiefür steht eine Frist von vierzehn Tagen seit Zustellung des ablehnenden Beschlusses offen.

(5) Die Zulässigkeit des nachträglichen Verfahrens kann nur mit Berufung gegen das Ergänzungsurteil angefochten werden.

(6) Für das nachträgliche Verfahren gelten die Vorschriften über die Hauptverhandlung, das Urteil, dessen Anfechtung und Vollziehung, die Wiederaufnahme des Verfahrens und die Entschädigung für vermögensrechtliche Nachteile.

### Zu den §§ 445 und 446

**§ 243.** Die §§ 445 und 446 StPO gelten dem Sinne nach auch für den Verfall nach § 18 mit der Maßgabe, dass bei einem Freispruch wegen gerichtlicher Unzuständigkeit zur Ahndung des Finanzvergehens eine Entscheidung des Gerichts über den Verfall nicht zulässig ist.

**§ 244.** Die Bestimmungen über die Wiederaufnahme des Strafverfahrens gelten dem Sinne nach auch für das selbständige Verfahren.

**§ 245.** (1) Werden die Täter oder andere an der Tat Beteiligte später entdeckt, aber des Finanzvergehens nicht schuldig erkannt, so sind jene Personen, die durch den Verfall vermögensrechtliche Nachteile erlitten haben (Abs. 3), vom Bund für vermögensrechtliche Nachteile zu entschädigen.

(2) Klagsberechtigt sind die früheren Eigentümer der verfallenen Gegenstände und Personen, deren Pfand- oder Zurückbehaltungsrechte an den verfallenen Gegenständen nicht anerkannt worden sind.

(3) Für die Auseinandersetzung zwischen dem Entschädigungswerber und dem Bund sind die §§ 9 und 12 des Strafrechtlichen Entschädigungsgesetzes 2005 (StEG 2005), BGBl. I Nr. 125/2004, dem Sinne nach anzuwenden.

**§§ 246. und 247.** (aufgehoben)

## Artikel II
## Gerichtlich strafbare Handlungen, die keine Finanzvergehen sind

### Begünstigung

**§ 248.** (1) Wer einen anderen, der ein Finanzvergehen begangen hat, das von der Finanzstrafbehörde zu ahnden ist, der Verfolgung oder der Vollstreckung der Strafe absichtlich ganz oder zum Teil entzieht, ist vom Gericht mit Freiheitsstrafe bis zu einem Jahr oder mit Geldstrafe bis zu 360 Tagessätzen zu bestrafen.

(2) § 299 Abs. 2 bis 4 StGB gilt dem Sinne nach.

**§ 249.** (aufgehoben)

### Falsche Verdächtigung

**§ 250.** (1) Wer einen anderen dadurch der Gefahr einer behördlichen Verfolgung aussetzt, daß er ihn eines von der Finanzstrafbehörde zu verfolgenden Finanzvergehens mit Ausnahme der Finanzordnungswidrigkeiten falsch verdächtigt, ist, wenn er weiß (§ 5 Abs. 3 StGB), daß die Verdächtigung falsch ist, vom Gericht mit Freiheitsstrafe bis zu einem Jahr oder mit Geldstrafe bis zu 360 Tagessätzen zu bestrafen.

(2) § 297 Abs. 2 StGB gilt dem Sinne nach.

### Verletzung der abgabenrechtlichen Geheimhaltungspflicht

**§ 251.** (1) Wer als Beamter (§ 74 Abs. 1 Z 4 StGB) oder als ehemaliger Beamter die abgabenrechtliche Geheimhaltungspflicht verletzt (§ 48 a Abs. 2 BAO), ist, wenn die Tat nicht nach einer anderen Bestimmung mit strengerer Strafe bedroht ist, vom Gericht nach § 310 StGB zu bestrafen.

(2) Vor der Entscheidung, ob die Offenbarung oder Verwertung im zwingenden öffentlichen Interesse gelegen war (§ 48 a Abs. 4 lit. b BAO), hat das Gericht das Bundesministerium für Finanzen zu hören.

**§ 252.** (1) Wer, ohne Beamter oder ehemaliger Beamter zu sein, die abgabenrechtliche Geheimhaltungspflicht verletzt (§ 48 a Abs. 3 BAO), ist vom Gericht nach § 121 Abs. 1 StGB zu bestrafen.

(2) Wer die Tat begeht, um sich oder einem anderen einen Vermögensvorteil zuzuwenden oder einem anderen einen Nachteil zuzufügen, ist vom Gericht nach § 121 Abs. 2 StGB zu bestrafen.

(3) § 251 Abs. 2 ist anzuwenden.

(4) Der Täter ist nur auf Verlangen des in seinem Interesse an der Geheimhaltung Verletzten zu verfolgen.

**§ 253.** (aufgehoben)

### Bestimmungen für den Bereich des landesgesetzlichen und kommunalsteuerlichen Abgabenstrafrechts

**§ 254.** (1) Für den Bereich des landesgesetzlichen und kommunalsteuerlichen Abgabenstrafrechts gelten § 29 sinngemäß und das Verwaltungsstrafgesetz 1991 – VStG, BGBl. Nr. 52/1991.

(2) Abs. 1 gilt nicht für jene Fälle, in denen zur Durchführung des Strafverfahrens eine Finanzstrafbehörde des Bundes zuständig ist. In diesen Fällen gelten für das verwaltungsbehördliche und das verwaltungsgerichtliche Verfahren die verfahrensrechtlichen Bestimmungen des Art. I.

**§ 255.** (aufgehoben)

### Übergangs- und Schlußbestimmungen

**§ 256.** Soweit in diesem Bundesgesetz auf Bestimmungen anderer Bundesgesetze verwiesen wird, sind diese Bestimmungen in ihrer jeweils geltenden Fassung anzuwenden.

### Umsetzung von Unionsrecht

**§ 257.** (1) Mit den §§ 57 Abs. 4 und 4a, 84 Abs. 5 und 127 Abs. 1 dieses Bundesgesetzes wird die Richtlinie 2010/64/EU über das Recht auf Dolmetschleistungen und Übersetzungen in Strafverfahren, ABl. Nr. L 280 vom 26.10.2010 S. 1, umgesetzt.

(2) Mit den §§ 57 Abs. 3 und 85 Abs. 3a dieses Bundesgesetzes wird die Richtlinie 2012/13/EU über das Recht auf Belehrung und Unterrichtung in Strafverfahren, ABl. Nr. L 142 vom 01.06.2012 S. 1, umgesetzt.

(3) Mit den §§ 77 Abs. 1, 78 Abs. 3, 84 Abs. 2, 85 Abs. 4 und 6 sowie 89 Abs. 4 dieses Bundesgesetzes wird die Richtlinie 2013/48/EU über das Recht auf Zugang zu einem Rechtsbeistand in Strafverfahren und in Verfahren zur Vollstreckung des Europäischen Haftbefehls sowie über das Recht auf Benachrichtigung eines Dritten bei Freiheitsentzug und das Recht auf Kommunikation mit Dritten und mit Konsularbehörden während des Freiheitsentzugs, ABl. Nr. L 294 vom 6.11.2013 S. 1, umgesetzt.

(4) Mit den §§ 57a bis 57e, § 80, § 120 Abs. 3 und 5, § 194c, § 194d Abs. 3, § 194e Abs. 2 und 195 Abs. 4 dieses Bundesgesetzes wird die Richtlinie (EU) 2016/680 zum Schutz natürlicher Personen bei der Verarbeitung personenbezogener Daten durch die zuständigen Behörden zum Zwecke der Verhütung, Ermittlung, Aufdeckung oder Verfolgung von Straftaten oder der Strafvollstreckung sowie zum freien Datenverkehr und zur Aufhebung des Rahmenbeschlusses 2008/977/JI des Rates, ABl. Nr. L 119 vom 4.5.2016 S. 89, für den Bereich des Finanzstrafrechtes umgesetzt.

*(BGBl I 2018/32, BGBl I 2019/91)*

(5) Mit den §§ 2, 35 Abs. 4, 37 Abs. 2, 40 und 53 Abs. 1a dieses Bundesgesetzes wird die Richtlinie (EU) 2017/1371 über die strafrechtliche Bekämpfung von gegen die finanziellen Interessen der Union gerichtetem Betrug, ABl. Nr. L 198 vom 28.7.2017 S. 29, für den Bereich des Finanzstrafrechtes umgesetzt.

*(BGBl I 2019/62)*

(6) Mit § 77 Abs. 3a dieses Bundesgesetzes wird die Richtlinie (EU) 2016/1919 über Prozesskostenhilfe für Verdächtige und beschuldigte Personen in Strafverfahren sowie für gesuchte Personen in Verfahren zur Vollstreckung eines Europäischen Haftbefehls, ABl. Nr. L 297 vom 04.11.2016 S. 1, für den Bereich des Finanzstrafrechtes umgesetzt.

*(BGBl I 2019/62)*

(7) Mit den §§ 180, 181 und 182 dieses Bundesgesetzes wird die Richtlinie (EU) 2016/800 über Verfahrensgarantien in Strafverfahren für Kinder, die Verdächtige oder beschuldigte Personen in Strafverfahren sind, ABl. Nr. L 132 vom 21.05.2016 S. 1, für den Bereich des Finanzstrafrechtes umgesetzt.

*(BGBl I 2019/62)*

(8) Mit § 49c dieses Bundesgesetzes wird die Richtlinie (EU) 2018/822 des Rates vom 25. Mai 2018 zur Änderung der Richtlinie 2011/16/EU bezüglich des verpflichtenden automatischen Informationsaustauschs im Bereich der Besteuerung über meldepflichtige grenzüberschreitende Gestaltungen, ABl. Nr. L 139 vom 5.6.2018 S. 1-13 für den Bereich des Finanzstrafrechtes umgesetzt.

*(BGBl I 2019/91)*

*(BGBl I 2016/77)*

**§§ 258. bis 261.** (aufgehoben)

**§ 262.** Durch § 264 dieses Bundesgesetzes nicht ausdrücklich aufgehobene Bestimmungen der Abgaben- und Monopolvorschriften gelten insoweit sinngemäß abgeändert, als sie mit den Bestimmungen des Artikels I dieses Bundesgesetzes im Zusammenhang stehen.

**§ 263.** Wo in bundesgesetzlichen Bestimmungen auf Vorschriften hingewiesen wird, die durch dieses Bundesgesetz ersetzt werden, treten an deren Stelle sinngemäß die Bestimmungen dieses Bundesgesetzes.

**§ 264.** Mit dem Wirksamkeitsbeginn dieses Bundesgesetzes werden aufgehoben:

1. § 4 Abs. 2 Z 5 und die §§ 22, 391 bis 419 sowie 477 der Abgabenordnung vom 22. Mai 1931, Deutsches RGBl. I S. 161, in der durch das Gesetz vom 4. Juli 1939, Deutsches RGBl. I S. 1181, geänderten Fassung;
2. die §§ 110 a, 119 bis 128 und § 132 des Gesetzes über das Branntweinmonopol vom 8. April 1922, Deutsches RGBl. I S. 405, in der durch das Gesetz vom 25. März 1939, Deutsches RGBl. I S. 604, geänderten Fassung;
3. das Strafgesetz über Gefällsübertretungen vom 11. Juli 1835, PolGesSlg. Bd. 63 Nr. 112;
4. die §§ 8 und 20 bis 26 des Bundesgesetzes vom 13. Juli 1949, BGBl. Nr. 186, über das Tabakmonopol;
5. a) die §§ 24 bis 36 des Lottopatentes vom 13. März 1813 in der Fassung der Kaiserlichen Entschließungen vom 26. Juni 1841 und 28. April 1853; diese Bestimmungen bleiben jedoch insoweit in Geltung, als sie gesetzliche Grundlage der Wertausspielungsverordnung, BGBl. Nr. 68/1928, in der Fassung der Wertausspielungsnovelle, BGBl. Nr. 541/1933, sind;
   b) § 4 des Gesetzes über die Einführung der Klassenlotterie vom 3. Jänner 1913, RGBl. Nr. 94, in der Fassung des Bundesgesetzes vom 29. Februar 1924, BGBl. Nr. 64;
   c) § 9 Abs. 1 der Wertausspielungsverordnung, BGBl. Nr. 68/1928, in der Fassung der Wertausspielungsnovelle, BGBl. Nr. 541/1933;
   d) § 14 der Spielbankverordnung, BGBl. Nr. 463/1933;
   e) §§ 6 und 7 des Sporttoto-Gesetzes, BGBl. Nr. 55/1949, und § 6 des Pferdetoto-Gesetzes, BGBl. Nr. 129/1952;
   f) die §§ 7 und 8 des Gesetzes vom 7. November 1862, RGBl. Nr. 85, betreffend das Promessengeschäft mit Anlehenslosen;
   g) § 5 des Gesetzes vom 30. Juni 1878, RGBl. Nr. 90, enthaltend einige Bestimmungen über die Veräußerung von

Staats- und anderen Losen oder deren Gewinsthoffnung;

h) die §§ 6 und 7 des Gesetzes vom 28. März 1889, RGBl. Nr. 32, betreffend die Schuldverschreibungen mit Prämien, ferner die Ankündigung und Anempfehlung verbotener Lose und Lotterien;

6. § 34 Abs. 3 des Gebührengesetzes 1957, BGBl. Nr. 267.

**§ 265.** (1) Dieses Bundesgesetz tritt am 1. Jänner 1959, die Regelung der Abs. 3 und 6 jedoch am 30. Juni 1958 in Kraft.

(1a) § 176 Abs. 4 lit. a in der Fassung des Bundesgesetzes BGBl. I Nr. 30/1998 tritt mit 1. Jänner 1998 in Kraft.

(1b) Die §§ 62, 65, 67, 68, 70, 71, 74, 152, 157, 159, 162, 169, 170 in der Fassung des Bundesgesetzes BGBl. I Nr. 97/2002 treten mit 1. Jänner 2003 in Kraft und sind auf alle an diesem Tag unerledigten Rechtsmittel anzuwenden. Die zu diesem Zeitpunkt bestellten Mitglieder der Spruchsenate bleiben bis zum Ablauf ihrer Bestellungsdauer im Amt. Die als Mitglieder der Berufungssenate bestellten Laienbeisitzer gelten als für den unabhängigen Finanzsenat bestellt und bleiben bis zum Ablauf ihrer Bestellungsdauer im Amt. Die Maßnahmen, die für eine unverzügliche Aufnahme der Tätigkeit des unabhängigen Finanzsenates erforderlich sind, dürfen bereits von dem der Kundmachung des Bundesgesetzes BGBl. I Nr. 97/2002 folgenden Tag an getroffen werden.

(1c) (aufgehoben)

(1d) § 58 Abs. 1 lit. e und § 65 Abs. 1 lit. a in der Fassung des Bundesgesetzes BGBl. I Nr. 124/2003 treten mit 1. Jänner 2004 in Kraft. § 5 Abs. 2, § 58 Abs. 1 lit. a und Abs. 3, § 68 Abs. 5, § 70, § 71, § 85 Abs. 2, § 89 Abs. 2, § 95, § 97, § 181 Abs. 3, § 197 Abs. 1, 3 und 5 und § 227 Abs. 2 in der Fassung des Bundesgesetzes BGBl. I Nr. 124/2003 treten mit 1. Mai 2004 in Kraft. Die von den Präsidenten der Finanzlandesdirektionen gemäß § 85 Abs. 2 vorgenommenen Bestellungen von Organen der Finanzämter bleiben von der Änderung dieser Bestimmung unberührt.

(1e) § 48b und § 146 Abs. 1 in der Fassung des Bundesgesetzes BGBl. I Nr. 26/2004 treten mit 1. Mai 2004 in Kraft.

(1f) § 65 Abs. 1 lit. a und § 194a in der Fassung des Bundesgesetzes BGBl. I Nr. 180/2004 treten mit 1. Jänner 2005 in Kraft.

(1g) § 38 Abs. 1 in der Fassung des Bundesgesetzes BGBl. I Nr. 103/2005 tritt mit 1. Jänner 2006 in Kraft.

(1h) Die §§ 68 und 99 Abs. 4 in der Fassung des Bundesgesetzes BGBl. I Nr. 161/2005 treten mit 1. Jänner 2006 in Kraft. § 28 Abs. 1 in der vor Inkrafttreten des Bundesgesetzes BGBl. I Nr. 161/2005 geltenden Fassung ist auf vor Inkrafttreten des Bundesgesetzes BGBl. I Nr. 161/2005 begangene Finanzvergehen weiter anzuwenden.

(1i) Die §§ 58 Abs. 1 lit. a, b und 65 Abs. 1 lit. b sowie 146 Abs. 1 jeweils in der Fassung des Bundesgesetzes BGBl. I Nr. 99/2006 treten mit 1. März 2007 in Kraft. § 58 Abs. 1 lit. g in der Fassung des Bundesgesetzes BGBl. I Nr. 99/2006 tritt mit Ablauf des 28. Februar 2007 außer Kraft.

(1j) Die §§ 5 Abs. 3, 6, 24 Abs. 1, 31 Abs. 3 und 4, 32 Abs. 3, 53 Abs. 1 und 4, 54, 57, 77 Abs. 1, 78 Abs. 3, 82 Abs. 2, 83 Abs. 2, 84, 85 Abs. 2, 87 Abs. 7, 89 Abs. 4, 114 Abs. 3, 124 Abs. 2, 195 Abs. 1, 196, 196a, 199 Abs. 2, 200, 201, 202, 202a, 205, 206 Abs. 1, 207 Abs. 1, 207a, 209, 212, 220, 221 Abs. 1 und 2, 233 und 251 Abs. 1 sowie die Überschriften vor den §§ 25, 196a, 199, 200, 200a, 201, 202, 202a, 205, 206, 208, 209, 210 und 220 und die Überschrift des Dritten Unterabschnittes jeweils in der Fassung des Bundesgesetzes BGBl. I Nr. 44/2007 treten mit 1. Jänner 2008 in Kraft. Die §§ 6 Abs. 2, 25 Abs. 3, 54 Abs. 3, 197, 198, 203, 204 und 214 Abs. 3 sowie die Überschriften vor den §§ 197 und 203 treten mit Ablauf des 31. Dezember 2007 außer Kraft.

(1k) § 232 sowie die Überschriften vor den §§ 220, 231 und 246 treten mit 1. Jänner 2008 in Kraft.

(1l) § 176 Abs. 4 lit. a in der Fassung BGBl. I Nr. 99/2007 tritt mit 1. Jänner 2008 in Kraft.

(1m) Die §§ 31 Abs. 2, § 49a und § 58 Abs. 1 lit. c jeweils in der Fassung des Bundesgesetzes BGBl. I Nr. 85/2008 treten mit 1. August 2008 in Kraft.

(1n) § 58 Abs. 1 lit. e in der Fassung des Bundesgesetzes BGBl. I. Nr. 9/2010 tritt mit 1. Juli 2010 in Kraft.

(1o) § 2 Abs. 2 in der Fassung des Bundesgesetzes, BGBl. I Nr. 54/2010, tritt mit 1. Jänner 2011 in Kraft.

(1p) Die Änderungen im Finanzstrafgesetz in der Fassung des Bundesgesetzes, BGBl. I Nr. 104/2010, treten mit 1. Jänner 2011 in Kraft. Dabei gilt: Die §§ 38, 39, 40 und 44 in der vor Inkrafttreten des Bundesgesetzes BGBl. I Nr. 104/2010 geltenden Fassung sind auf vor Inkrafttreten des Bundesgesetzes BGBl. I Nr. 104/2010 begangene Finanzvergehen weiterhin anzuwenden. Auf zum 1. Jänner 2011 anhängige Rechtsmittel gegen Bescheide über die Einleitung eines Finanzstrafverfahrens ist § 83 Abs. 2 in der Fassung dieses Bundesgesetzes nicht anzuwenden.

*(BGBl I 2017/163)*

(1q) **(Verfassungsbestimmung)** § 66 in der Fassung des Bundesgesetzes BGBl. I Nr. 51/2012 tritt mit 1. Jänner 2014 in Kraft.

(1r) § 58 Abs. 1 lit. g, § 65 Abs. 1 lit. a und § 194a jeweils in der Fassung des Bundesgesetzes BGBl. I Nr. 112/2012 treten mit 1. Jänner 2013 in Kraft.

(1s) Die §§ 30a Abs. 5, 33 Abs. 3 lit. a und c, 46 Abs. 1 lit. a, 54 Abs. 2, 199 Abs. 3, 200 Abs. 2 lit. a, 210 Abs. 1, 4, 5 und 7, 211 Abs. 1, 213 Abs. 1 lit. b, 227 Abs. 1, 228, 229 Abs. 4, 238, 239, 240 Abs. 2, 242 Abs. 4 und 245 sowie die Überschrift vor § 213 jeweils in der Fassung des BGBl. I Nr. 14/2012 treten mit dem der Kundmachung des BGBl. I Nr. 14/2012 folgenden Tag in Kraft; zugleich treten § 229 Abs. 1 vierter Satz und § 246 außer Kraft. Die

§§ 3, 4 Abs. 2, 14 Abs. 3, 31 Abs. 4 lit. b, 57 Abs. 6, 58 Abs. 1, 2 und 3, 59 Abs. 1, 2 und 3, 60 Abs. 1, 61 Abs. 1, 62, 64 Abs. 3, 65 Abs. 2, 66 Abs. 2, 67, 68 Abs. 1, 2 und 6, 69, 70 Abs. 2, 71, 71a, 72 Abs. 1, 74 Abs. 1 und 3, 80, 81, 82 Abs. 1 und 3, 83 Abs. 2 und 3, 85 Abs. 1 und 4, 87 Abs. 1 und 7, 88 Abs. 1 lit. a und c, Abs. 3 und 5, 90 Abs. 2, 93 Abs. 7, 95, 99 Abs. 6, 102 Abs. 4, 115, 116 Abs. 1, 117 Abs. 2, 118, 119, 120 Abs. 1, 122 Abs. 1, 123 Abs. 1, 124 Abs. 1 und 2, 125 Abs. 2, 127 Abs. 1, 130 Abs. 1 lit. a, 131 Abs. 2, 134, 135 Abs. 1 lit. a, 137 lit. a, 139, 140 Abs. 1, 141 Abs. 2 und 3, 143 Abs. 1, 145 Abs. 1, 2 und 4, 147, 150 Abs. 1, 3 und 4, 151 Abs. 1 und 2, 152, 153 Abs. 1, 2 und 4, 156, 157, 158, 159, 160, 161, 162, 163 Abs. 1, 165 Abs. 3, 4 und 5, 166 Abs. 1, 2, 3, 4 und 6, 167 Abs. 2, 168 Abs. 3, 169, 170 Abs. 2 und 3, 171 Abs. 2, 172 Abs. 1, 175 Abs. 2, 176 Abs. 1, 177 Abs. 1 und 3, 178, 180 Abs. 2, 185 Abs. 5, 187, 194a, 194d Abs. 1, 196 Abs. 3 und 207 Abs. 1 sowie die Überschriften vor den §§ 62, 65, 71a, 156, 161, und die Überschrift des VII. Hauptstückes und dessen Ziffer A jeweils in der Fassung des Bundesgesetzes BGBl. I Nr. 14/2012 treten mit 1. Jänner 2014 in Kraft; zugleich treten die §§ 63, 85 Abs. 7, 87 Abs. 2, Abs. 5 zweiter Satz und Abs. 6, 89 Abs. 6, 142 Abs. 2 und 164 außer Kraft. Dabei gilt:

a) Die zum 31. Dezember 2013 beim unabhängigen Finanzsenat als Finanzstrafbehörde zweiter Instanz anhängigen Rechtsmittel sind vom Bundesfinanzgericht als Beschwerden im Sinne des Art. 130 Abs. 1 B-VG zu erledigen und wirken bereits gestellte Anträge auch gegenüber dem Bundesfinanzgericht. Die Ausfertigung von noch vor dem 1. Jänner 2014 verkündeten Rechtsmittelentscheidungen hat jedoch noch im Namen des unabhängigen Finanzsenates als Finanzstrafbehörde zweiter Instanz nach den zum 31. Dezember 2013 geltenden Verfahrensbestimmungen zu erfolgen. Nach dem 31. Dezember 2013 wirksam werdende Erledigungen des unabhängigen Finanzsenates als Finanzstrafbehörde zweiter Instanz gelten als Erledigungen des Bundesfinanzgerichtes.

b) Die gemäß § 71a Abs. 4 iVm § 68 zu erlassende Geschäftsverteilung für das Jahr 2014 kann bereits vor dem 1. Jänner 2014 durch den Präsidenten des Bundesfinanzgerichtes mit Wirksamkeit bis zum Inkrafttreten einer nach den Bestimmungen des Organisationsgesetzes zustande gekommenen Geschäftsverteilung provisorisch erlassen werden. Sie hat vorzusehen, dass die am 31. Dezember 2013 beim unabhängigen Finanzsenat als Finanzstrafbehörde zweiter Instanz anhängigen Rechtsmittel tunlichst denselben Personen als Richter des Bundesfinanzgerichtshofes, bei Senatszuständigkeit Senaten mit denselben Vorsitzenden zugewiesen werden.

c) Bis zum 31. Dezember 2013 vorgenommene Bestellungen gemäß § 67 in der vor dem Bundesgesetz BGBl. I Nr. 14/2012 geltenden Fassung gelten als für das Bundesfinanzgericht bis 31. Dezember 2017 erfolgt.

(1t) § 254 Abs. 1 in der Fassung des Bundesgesetzes BGBl. I Nr. 33/2013 tritt mit 1. Jänner 2014 in Kraft.

(1u) Die §§ 67 Abs. 2, 70 Abs. 1, 71a Abs. 1 und 73 jeweils in der Fassung des Bundesgesetzes BGBl. I Nr. 70/2013 treten mit 1. Jänner 2014 in Kraft.

(1v) Wurde eine Erklärung über die Bereitschaft zur Erbringung von gemeinnützigen Leistungen vor Inkrafttreten des § 179 Abs. 3 FinStrG in der Fassung BGBl. I Nr. 155/2013 gegenüber der Finanzstrafbehörde abgegeben, so beginnt die Monatsfrist gemäß § 3a Abs. 2 StVG zur Erreichung eines Einvernehmens mit einer geeigneten Einrichtung erst ab der Kontaktaufnahme mit einem Vermittler gemäß § 3a Abs. 1 StVG, spätestens jedoch mit Inkrafttreten dieses Bundesgesetzes zu laufen.

(1w) § 29 Abs. 3 und 6 treten mit 1. Oktober 2014 in Kraft. § 29 in der Fassung des Bundesgesetzes BGBl. I Nr. 65/2014 ist auf Selbstanzeigen, die nach dem 30. September 2014 erstattet werden, anzuwenden.

(1x) Die §§ 8 Abs. 3, 9, 34, 36, 39 Abs. 1 lit. b und c, 51 Abs. 1 lit. c, f und g, 51a, 58, 74a, 74b, 83 Abs. 2, 99 Abs. 3a bis 6 und 120 Abs. 1 bis 3 in der Fassung des Bundesgesetzes BGBl. I Nr. 118/2015 treten mit 1. Jänner 2016 in Kraft. § 98 Abs. 5 in der Fassung des Bundesgesetzes BGBl. I Nr. 118/2015 tritt mit Ablauf des Tages der Kundmachung in Kraft.

*(BGBl I 2015/118)*

(1y) Die §§ 22 Abs. 4, 38 und 203, jeweils in der Fassung des Bundesgesetzes BGBl. I Nr. 163/2015, treten mit 1. Jänner 2016 in Kraft. Der § 35 in der Fassung des Bundesgesetzes BGBl. I Nr. 163/2015 tritt am 1. Mai 2016 in Kraft. Die §§ 47 Abs. 1, 146 Abs. 2 lit. b, 157 und 160 Abs. 1 treten am Tag nach der Kundmachung in Kraft.

*(BGBl I 2015/163)*

(1z) Die Überschrift vor § 56, §§ 57a bis 57d samt Überschriften und Unterhauptstücksüberschrift, § 80, § 120 Abs. 3 und 5, § 194c, § 194d Abs. 3, § 194e Abs. 2, § 195 Abs. 4 sowie § 257 Abs. 4, jeweils in der Fassung des Materien-Datenschutz-Anpassungsgesetzes 2018, BGBl. I Nr. 32/2018, treten mit 25. Mai 2018 in Kraft.

*(BGBl I 2018/32)*

(2) § 60 tritt mit Ablauf des 31. Dezember 2020 außer Kraft. Die §§ 29 Abs. 1, 53 Abs. 1 und 3, 56 Abs. 5 Z 3, 58 Abs. 1, 59, 64 Abs. 1, 65, 67 Abs. 1, 69, 70 Abs. 1 und 2, 85 Abs. 2, 90 Abs. 2, 95, 97, 99 Abs. 2 und 5, 146 Abs. 1, 174 Abs. 2, 194a, 196 Abs. 3 und 4, die Überschrift vor § 196a, 197, und 227 Abs. 2 jeweils in der Fassung des Bundesgesetzes BGBl. I Nr. 104/2019 treten mit 1. Jänner 2021 in Kraft. Dabei gilt:

a) Das Amt für Betrugsbekämpfung als Finanzstrafbehörde tritt mit 1. Jänner 2021 an die Stelle des zum 31. Dezember 2020 jeweils zuständigen Finanzamtes als Finanzstrafbehörde. Das Zollamt Österreich als Finanzstrafbehörde tritt an die Stelle des zum 31. Dezember 2020 jeweils zuständigen Zollamtes als Finanzstrafbehörde. Die zum 31. Dezember 2020 bei den Finanzstrafbehörden anhängigen Verfahren sind von den gemäß § 58 Abs. 1 in der Fassung BGBl. I Nr. 104/2019 zuständigen Finanzstrafbehörden fortzuführen.

*(BGBl I 2020/23)*

b) Ausfertigungen der vor dem 1. Jänner 2021 verkündeten, jedoch noch nicht zugestellten Erkenntnisse einer Finanzstrafbehörde haben im Namen der im Zeitpunkt der Verkündigung zuständigen Finanzstrafbehörde zu erfolgen. Nach dem 31. Dezember 2020 wirksam werdende Erledigungen der zum 31. Dezember 2020 zuständigen Finanzstrafbehörden gelten als Erledigungen der Finanzstrafbehörden gemäß § 58 Abs. 1 in der Fassung des Bundesgesetzes BGBl. I Nr. 104/2019.

*(BGBl I 2020/23)*

c) Die gemäß § 58 Abs. 1 zu erlassende Geschäftsverteilung ab 1. Jänner 2021 kann bereits vor dem 1. Jänner 2021 durch den Vorstand der gemäß § 58 in der Fassung des Bundesgesetzes BGBl. I Nr. 104/2019 zuständigen Finanzstrafbehörde erlassen werden.

*(BGBl I 2020/23)*

d) Die zum 31. Dezember 2020 gemäß § 67 bestellten Mitglieder der Spruchsenate gelten jeweils bis zum Ende ihrer jeweiligen Funktionsperiode als für die Spruchsenate nach § 65 in der Fassung des Bundesgesetzes BGBl. I Nr. 104/2019 bestellt.

*(BGBl I 2020/23)*

e) Die zum 31. Dezember 2020 bereits einem Spruchsenat zugeleiteten Akten fallen in die Zuständigkeit eines in der Stadt bestehenden Spruchsenates, in der sich die Geschäftsstelle des bisher zuständigen Spruchsenates befunden hat. Die nach § 68 vor Ablauf des Jahres 2019 für das Jahr 2020 erlassene Geschäftsverteilung gilt bis 31. Dezember 2020. Die Geschäftsverteilung für das Jahr 2021 kann bereits vor dem 1. Jänner 2021 durch den Vorstand der gemäß § 58 in der Fassung des Bundesgesetzes BGBl. I Nr. 104/2019 zuständigen Finanzstrafbehörde erlassen werden und hat vorzusehen, dass die zum 31. Dezember 2020 bereits einem Spruchsenat zugeleiteten Akten tunlichst denselben Personen als Vorsitzenden der Spruchsenate, bei Senatszuständigkeit Senaten mit denselben Vorsitzenden zugewiesen werden.

*(BGBl I 2020/23)*

f) Die zum 31. Dezember 2020 gemäß § 124 oder § 159 durch den Vorstand der Finanzstrafbehörde bestellten Amtsbeauftragten gelten jeweils als vom Vorstand der Finanzstrafbehörde in der Fassung des Bundesgesetzes BGBl. I Nr. 104/2019 bestellt.

*(BGBl I 2020/23)*

g) und h) (aufgehoben)

*(BGBl I 2020/23, BGBl I 2020/99)*

i) Wird in einer Rechtsvorschrift des Bundes, eines Landes oder einer Gemeinde die Bezeichnung „Amt für Betrugsbekämpfung als Finanzstrafbehörde“ oder „Zollamt Österreich als Finanzstrafbehörde“ verwendet, ist darunter bis zum Ablauf des 31. Dezember 2020 jene Einrichtung zu verstehen, die aufgrund des Finanzstrafgesetzes in der Fassung vor dem Bundesgesetz BGBl. I Nr. 104/2019 zuständig gewesen ist.

*(BGBl I 2020/23)*

*(BGBl I 2019/104, BGBl I 2020/23)*

(2a) § 53 Abs. 3, § 99 Abs. 2, die Überschrift vor § 196a sowie § 197, jeweils in der Fassung des Bundesgesetzes BGBl. I Nr. 104/2019, treten nicht in Kraft. § 265 Abs. 2 lit. g und h treten außer Kraft.

*(BGBl I 2020/99)*

(2b) § 53 Abs. 3, § 56b Abs. 1, 1a, 2 und 3, § 87 Abs. 7, § 99 Abs. 2, die Überschrift vor § 196a, sowie die §§ 197 und 198 samt Überschriften, jeweils in der Fassung des Bundesgesetzes BGBl. I Nr. 99/2020, treten mit 1. Jänner 2021 in Kraft.

*(BGBl I 2020/99)*

(2c) Hinsichtlich der Zuständigkeit des Spruchsenates nach § 58 Abs. 2 lit. a für Finanzvergehen, die vor dem 1. Jänner 2021 begangen wurden, tritt durch das Inkrafttreten des § 58 Abs. 1 in der Fassung des Bundesgesetzes BGBl. I Nr. 104/2019 keine Änderung zu der am 31. Dezember 2020 geltenden Rechtslage ein, wenn einem Spruchsenat ausschließlich aufgrund des Inkrafttretens von Bestimmungen des Finanz-Organisationsreformgesetzes, BGBl. I Nr. 104/2019, oder des 2. Finanz-Organisationsreformgesetzes, BGBl. I Nr. 99/2020, oder auch beider Gesetze, die Durchführung der mündlichen Verhandlung und Fällung des Erkenntnisses obläge.

*(BGBl I 2020/99)*

(2d) Hinsichtlich der Zuständigkeit zur Ahndung von Finanzvergehen, die vor dem 1. Jänner 2021 begangen wurden, tritt durch das Inkrafttreten der §§ 53 Abs. 1 und 58 Abs. 1 in der Fassung des Bundesgesetzes BGBl. I Nr. 104/2019 keine Änderung zu der am 31. Dezember 2020 geltenden Rechtslage ein, wenn das Gericht ausschließlich aufgrund des Inkrafttretens von Bestimmungen des Finanz-Organisationsreformgesetzes, BGBl. I Nr. 104/2019, oder des 2. Finanz-Organisationsreformgesetzes, BGBl. I Nr. 99/2020, oder auch beider Gesetze, zu deren Ahndung zuständig wäre.

*(BGBl I 2020/99)*

(2e) Hinsichtlich der Zuständigkeit zur Ahndung von mit gerichtlich zu ahndenden Finanzvergehen zusammentreffenden anderen Finanzvergehen, die vor dem 1. Jänner 2021 begangen wurden, tritt durch das Inkrafttreten des § 53 Abs. 3 in der Fassung des Bundesgesetzes BGBl. I Nr. 99/2020 keine Änderung zu der am 31. Dezember 2020 geltenden Rechtslage ein, wenn das Gericht ausschließlich aufgrund des Inkrafttretens von Bestimmungen des Finanz-Organisationsreformgesetzes, BGBl. I Nr. 104/2019, oder des 2. Finanz-Organisationsreformgesetzes, BGBl. I Nr. 99/2020, oder auch beider Gesetze, zu deren Ahndung zuständig wäre.

*(BGBl I 2020/99)*

(2f) Hinsichtlich der örtlichen Zuständigkeit der Staatsanwaltschaft oder des Gerichts für zum 31. Dezember 2020 bei diesen anhängigen Finanzstrafverfahren tritt durch das Inkrafttreten der §§ 197 und 198 samt Überschriften in der Fassung des Bundesgesetzes BGBl. I Nr. 99/2020 keine Änderung ein.

*(BGBl I 2020/99)*

(2g) In zum Ablauf des 31. Dezember 2020 bereits anhängigen Finanzstrafverfahren können Anbringen nach diesem Zeitpunkt auch noch unter Verwendung der Bezeichnung der bis zum 31. Dezember 2020 zuständig gewesenen Finanzstrafbehörde sowie unter Verwendung der bis zu diesem Zeitpunkt kundgemachten Anschrift dieser Finanzstrafbehörde wirksam eingebracht werden.

*(BGBl I 2020/99)*

(3) § 49c in der Fassung des Bundesgesetzes BGBl. I Nr. 91/2019 tritt mit 1. Juli 2020 in Kraft. § 49d in der Fassung des Bundesgesetzes BGBl. I Nr. 91/2019 tritt mit 1. Jänner 2020 in Kraft.

*(BGBl I 2019/91)*

**Sonderregelungen aufgrund der Maßnahmen zur Bekämpfung von COVID-19**

**§ 265a.** (1) Der Lauf der Einspruchsfrist (§ 145 Abs. 1), der Rechtsmittelfrist (§ 150 Abs. 2), der Frist zur Anmeldung einer Beschwerde (§ 150 Abs. 4), der Frist zur Einbringung eines Antrages auf Wiederaufnahme des Verfahrens (§ 165 Abs. 4), der Frist zur Stellung eines Antrages auf Wiedereinsetzung in den vorigen Stand (§ 167 Abs. 2) sowie der Frist auf Erhebung von Einwendungen zur Niederschrift (§ 56b Abs. 3) wird jeweils unterbrochen, wenn die Frist mit Ablauf des 16. März 2020 noch nicht abgelaufen war oder der Beginn des Fristenlaufs in die Zeit von 16. März 2020 bis zum Ablauf des 30. April 2020 fällt. Die genannten Fristen beginnen mit 1. Mai 2020 neu zu laufen.

*(BGBl I 2020/23)*

(2) Die Finanzstrafbehörde kann jedoch im jeweiligen Verfahren aussprechen, dass eine Frist nicht für die in Abs. 1 festgelegte Dauer unterbrochen wird. Diesfalls hat sie gleichzeitig eine neue angemessene Frist festzusetzen.

(3) Nach Abs. 2 ist nur vorzugehen, wenn nach sorgfältiger Abwägung aller Umstände die Fortsetzung des Verfahrens zur Abwendung einer Gefahr für Leib und Leben, Sicherheit und Freiheit oder zur Abwehr eines erheblichen und unwiederbringlichen Schadens einer Partei dringend geboten ist und nicht das Interesse der Allgemeinheit an der Verhütung und Bekämpfung der Verbreitung von COVID-19 sowie der Schutz der Aufrechterhaltung eines geordneten Verwaltungsbetriebes die Einzelinteressen überwiegen.

~~(3a) Unterbleibt bis 30. September 2020 eine mündliche Verhandlung vor einem Spruchsenat (§ 125 Abs. 3) oder vor einem Senat für Finanzstrafrecht beim Bundesfinanzgericht (§ 160 Abs. 2 und 3), kann der Vorsitzende die Beratung und Beschlussfassung des Senates unter Verwendung geeigneter technischer Kommunikationsmittel veranlassen. Der Vorsitzende kann außerdem die Beratung und Beschlussfassung durch die Einholung der Zustimmung der anderen Mitglieder des Senates zu einem Entscheidungsentwurf im Umlaufwege ersetzen, wenn keines dieser Mitglieder widerspricht.~~

*(BGBl I 2020/23, BGBl I 2022/108 ab 20.7.2022)*

(4) Solange Maßnahmen zur Verhinderung der Verbreitung von COVID-19 aufrecht sind, längstens jedoch bis 30. Juni 2022, gilt für Vernehmungen, mündliche Verhandlungen, Beweisaufnahmen und sonstige Amtshandlungen:

a) Der Leiter einer Amtshandlung kann unter Berücksichtigung der jeweiligen Gefährdungslage und der örtlichen Gegebenheiten gegenüber den an der Amtshandlung teilnehmenden Personen Maßnahmen anordnen, die zur Verhinderung der Verbreitung von COVID-19 erforderlich und zweckmäßig erscheinen. Der Leiter der Amtshandlung hat für die Einhaltung dieser Maßnahmen zu sorgen. Bei einer mündlichen Verhandlung oder Vernehmung einer Person sollen tunlichst Schutzmaßnahmen angeordnet werden, die die Mimik der an der Amtshandlung beteiligten Personen nicht verbergen.

   *(BGBl I 2021/52)*

b) Ist die Anwesenheit der im Finanzstrafverfahren Beteiligten zur Aufrechterhaltung einer geordneten Finanzstrafrechtspflege nicht unbedingt erforderlich, kann die Behörde in jenen Fällen, in denen nicht das Gericht zur Ahndung des Finanzvergehens zuständig ist, Vernehmungen und Beweisaufnahmen auch unter Verwendung geeigneter technischer Einrichtungen zur Tonübertragung oder Ton- und Bildübertragung durchführen; § 56b Abs. 3 gilt sinngemäß. Ebenso können mündliche Verhandlungen auch unter Verwendung geeigneter technischer Einrichtungen zur Ton- und Bildübertragung durchgeführt werden. In diesen Fällen ist eine Niederschrift lediglich vom Verhandlungsleiter und gegebenenfalls vom Schriftführer zu unterfertigen.

   *(BGBl I 2021/52)*

*(BGBl I 2020/96, BGBl I 2021/3, BGBl I 2021/52, BGBl I 2021/227)*

(5) (aufgehoben)

*(BGBl I 2021/227)*

*(BGBl I 2020/16)*

**§ 266.** (1) Das Bundesministerium für Finanzen kann die zur Vollziehung dieses Bundesgesetzes erforderlichen Verordnungen schon vor den im **„§ 265 Abs. 1“** genannten Zeitpunkten erlassen. Solche Verordnungen treten jedoch frühestens mit dem gemäß **„§ 265 Abs. 1“** in Betracht kommenden Wirksamkeitsbeginn ihrer gesetzlichen Grundlage in Kraft.

*(BGBl I 2022/108 ab 20.7.2022)*

(2) Im Art. I des Bundesgesetzes vom 17. Dezember 1957, BGBl. Nr. 286, betreffend die Verlängerung der Geltungsdauer des Bundesgesetzes, womit der Dritte Teil der Abgabenordnung abgeändert und das gerichtliche Steuerstrafverfahren geregelt wird, treten an die Stelle der Worte 30. Juni 1958 die Worte 31. Dezember 1958.

(3) Mit der Vollziehung dieses Bundesgesetzes sind betraut:

a) Hinsichtlich des § 67 Abs. 1 die Bundesregierung;

b) hinsichtlich der übrigen Bestimmungen mit Ausnahme des Abs. 3 des vorliegenden Paragraphen nach Maßgabe des Bundesministeriengesetzes 1986, BGBl. Nr. 76, alle Bundesminister.

(4) Für die Vollziehung des Abs. 3 gilt der Art. III § 6 des Bundesgesetzes vom 17. Dezember 1956, BGBl. Nr. 248, womit der Dritte Teil der Abgabenordnung abgeändert und das gerichtliche Steuerstrafverfahren geregelt wird, sinngemäß.

## 19/1/1.

## BGBl 1994/681

### Artikel X
### Finanzstrafgesetz

Z 1 bis 28 (eingearbeitet)

29. Auf die Hinterziehung von Einnahmen des Branntweinmonopols oder des Salzmonopols, auf die fahrlässige Verkürzung von Einnahmen des Branntweinmonopols oder des Salzmonopols sowie auf Finanzvergehen betreffend den Branntweinaufschlag und den Monopolausgleich und die im § 114 des Alkohol-Steuer- und Monopolgesetzes genannten Vorschriften ist unabhängig vom Zeitpunkt ihrer Begehung das Finanzstrafgesetz in der bis zum Inkrafttreten dieses Artikels geltenden Fassung weiterhin anzuwenden.

30. Der Artikel X tritt gleichzeitig mit dem Vertrag über den Beitritt der Republik Österreich zur Europäischen Union[a] in Kraft.

[a] Somit ab 1.1.1995.

## 19/1/2.

# Sozialbetrugsbekämpfungsgesetz

BGBl I 2015/113 idF BGBl I 2019/104

### Gliederung



**Bundesgesetz zur Verbesserung der Sozialbetrugsbekämpfung (Sozialbetrugsbekämpfungsgesetz – SBBG)**

Der Nationalrat hat beschlossen:

## 1. Abschnitt
## Allgemeine Bestimmungen

### Zweck des Gesetzes

**§ 1.** Zweck des Gesetzes ist die Verstärkung der Abwehr, Verhinderung und Verfolgung von Sozialbetrug (Sozialbetrugsbekämpfung) und damit die Sicherstellung, dass selbständige und unselbständige Erwerbstätigkeiten zu vorschriftsgemäßen Bedingungen im Sinne des Schutzes der Arbeitnehmer/innen, des Sozialsystems und des fairen Wettbewerbs ausgeübt werden. Illegale Verhaltensweisen insbesondere in Verbindung mit Erwerbstätigkeiten – entsprechend ihren wirtschaftlichen und sozialen Folgen – sollen durch verbesserte Koordination und wirksame Kontrollen der zuständigen Behörden und Einrichtungen bekämpft werden.

### Anwendungsbereich

**§ 2.** Sozialbetrug im Sinne dieses Bundesgesetzes bezeichnet alle Verhaltensweisen, die eine Verletzung von Pflichten zum Gegenstand haben, die Dienstnehmern/Dienstnehmerinnen, Dienstgebern/Dienstgeberinnen versicherungspflichtigen Selbständigen im Zusammenhang mit der Erbringung oder Ausführung von Dienst- oder Werkleistungen und Beziehern/Bezieherinnen von Versicherungs-, Sozial- oder sonstige Transferleistungen auferlegt sind und die der Sicherung des Sozialversicherungsbeitrags-, des Steuer- sowie des Zuschlagsaufkommens nach dem Bauarbeiter-Urlaubs- und Abfertigungsgesetzes (BUAG), BGBl. Nr. 414/1972, und dem Insolvenz-Entgeltsicherungsgesetz 1977 (IESG), BGBl. Nr. 324/1977, und dem Bezug von Versicherungs-, Sozial- oder sonstige Transferleistungen dienen, insbesondere, wenn

1. der/die Dienstgeber/in vorsätzlich Beiträge eines/einer Dienstnehmers/in zur Sozialversicherung dem berechtigten Versicherungsträger vorenthält, oder
2. jemand die Anmeldung einer Person zur Sozialversicherung in dem Wissen, dass die in Folge der Anmeldung auflaufenden Sozialversicherungsbeiträge nicht vollständig geleistet werden sollen, vornimmt, vermittelt oder in Auftrag gibt, oder
3. jemand die Meldung einer Person zur Bauarbeiter-Urlaubs- und Abfertigungskasse (BUAK) in dem Wissen, dass die in Folge der Meldung auflaufenden Zuschläge nicht vollständig geleistet werden sollen, vornimmt, vermittelt oder in Auftrag gibt, oder
4. Personen gewerbsmäßig zur selbstständigen oder unselbstständigen Erwerbstätigkeit ohne die erforderliche Anmeldung zur Sozialversicherung oder ohne die erforderliche Gewerbeberechtigung angeworben, vermittelt oder überlassen werden, oder
5. eine größere Zahl illegal erwerbstätiger Personen (Z 4) beschäftigt oder mit der selbstständigen Durchführung von Arbeiten beauftragt wird, oder
6. Personen zur Sozialversicherung mit dem Vorsatz angemeldet werden, Versicherungs-, Sozial- oder sonstige Transferleistungen zu beziehen, obwohl diese keine unselbstständige Erwerbstätigkeit aufnehmen.

## 2. Abschnitt
## Behördenkooperation

### Kooperations- und Informationsstellen

**§ 3.** (1) Die Sozialbetrugsbekämpfung obliegt den in diesem Gesetz aufgezählten Behörden oder Einrichtungen (im Folgenden Kooperations- und Informationsstellen genannt) im Rahmen ihres gesetzmäßigen Wirkungsbereichs.

FinStrG

(2) Als Kooperationsstellen im Sinne dieses Bundesgesetzes gelten

1. das Amt für Betrugsbekämpfung und die Abgabenbehörden,
   *(BGBl I 2019/104)*
2. der Träger der Krankenversicherung im Sinne des § 23 Abs. 1 des Allgemeinen Sozialversicherungsgesetzes (ASVG), BGBl. Nr.

189/1955 (im Folgenden Träger der Krankenversicherung),

*(BGBl I 2018/100)*

3. die Bauarbeiter-Urlaubs- und Abfertigungskasse,
4. die Insolvenz-Entgelt-Fonds-Service GmbH und
5. die Sicherheitsbehörden

(3) Als Informationsstellen im Sinne dieses Bundesgesetzes gelten

1. die Bezirksverwaltungsbehörden,
2. die Gewerbebehörden,
3. die Arbeitsinspektion und
4. das Arbeitsmarktservice.

### Zusammenarbeit

**§ 4.** (1) Die Kooperations- und Informationsstellen haben im Rahmen ihres gesetzmäßigen Wirkungsbereichs zur Sozialbetrugsbekämpfung zusammenzuwirken und sich gegenseitig zu unterstützen.

(2) Die Kooperations- und Informationsstellen sind verpflichtet,

1. einen Verdacht auf Sozialbetrug den zuständigen Kooperationsstellen möglichst frühzeitig zu melden,
2. für den regelmäßigen Informations- und Erfahrungsaustausch mit anderen Kooperations- und Informationsstellen zu sorgen, und
3. ihre Ermittlungen und Amtshandlungen bei der Verfolgung von Verstößen nach Möglichkeit aufeinander abzustimmen sowie bei Sachverhaltsermittlungen und Kontrollen koordiniert vorzugehen.

(3) Zur Erleichterung der Kontaktaufnahme und der Umsetzung der in Abs. 2 genannten Verpflichtungen haben das Amt für Betrugsbekämpfung, die Träger der Krankenversicherung, die Bauarbeiter-Urlaubs- und Abfertigungskasse und die Sicherheitsbehörden jeweils einen/eine Sozialbetrugsbekämpfungsbeauftragte/n für jedes Bundesland zu bestellen.

*(BGBl I 2019/104)*

(4) Für Zwecke der Sozialbetrugsbekämpfung wird ein Beirat unter der Leitung des Bundesministeriums für Arbeit, Soziales und Konsumentenschutz eingerichtet, dem jeweils ein/e Vertreter/in des Bundesministeriums für Finanzen, des Bundesministeriums für Inneres, des Bundesministeriums für Justiz, des Bundesministeriums für Gesundheit, des Bundesministeriums für Wissenschaft, Forschung und Wirtschaft, des Dachverbandes der Sozialversicherungsträger, der Bauarbeiter-Urlaubs- und Abfertigungskasse und die Insolvenz-Entgelt-Fonds-Service GmbH angehören.

*(BGBl I 2018/100)*

(5) Aufgabe des Beirats ist die Verbesserung der Bekämpfung des Sozialbetrugs. Dazu zählen insbesondere:

1. Diskussion allgemeiner Probleme im Zusammenhang mit der Sozialbetrugsbekämpfung,
2. Erörterung von Trends und Entwicklungen sowie Erarbeitung und Bewertung möglicher Maßnahmen zur Verbesserung der Sozialbetrugsbekämpfung (wie etwa eine Weiterentwicklung von Ermittlungsmethoden)
3. Festlegung gemeinsamer Prioritäten in der Sozialbetrugsbekämpfung; Entwicklung eines gemeinsamen Aktionsplans zur verbesserten Bekämpfung von Sozialbetrug,
4. Festlegung von Empfehlungen für den Aufgabenbereich der Sozialbetrugsbekämpfungsbeauftragten gemäß Abs. 3,
5. Festlegung von Handlungsleitfäden sowie Ablaufbeschreibungen, um die Zusammenarbeitsverpflichtungen des Abs. 2 in spezifischen Konstellationen zu konkretisieren.

(6) Der Beirat hat jährlich mindestens zweimal zusammenzutreten. Er ist vom/von der Vorsitzenden des Beirates einzuberufen. Der Bundesminister für Arbeit, Soziales und Konsumentenschutz hat den Beirat innerhalb von sechs Monaten nach Inkrafttreten des Bundesgesetzes einzuberufen und den Vorsitz zu führen.

(7) Beschlüsse sind mit der absoluten Mehrheit der Stimmen aller Mitglieder des Beirates zu fassen. Bei Stimmengleichheit entscheidet die Stimme des/der Vorsitzenden. Das Nähere über die Sitzungen und die Beschlussfassung hat die vom Beirat zu beschließende Geschäftsordnung zu bestimmen. Für die Beschlussfassung der Geschäftsordnung und jede ihrer Änderungen ist eine Mehrheit von mindestens zwei Dritteln der Stimmen aller Mitglieder des Beirates erforderlich.

(8) Der Beirat kann Vertreter/innen der Bundesarbeitskammer, der Wirtschaftskammer Österreich und des Österreichischen Gewerkschaftsbundes und der Vereinigung der Österreichischen Industrie sowie andere Experten/Expertinnen anhören. Für die im Abs. 5 Z 3 genannten Aufgaben des Beirates haben die angeführten Interessenvertretungen ein Anhörungsrecht.

### Sozialbetrugsdatenbank – Datenaustausch

**§ 5.** (1) Zur Bekämpfung von Sozialbetrug im Sinne der §§ 153c bis 153e des Strafgesetzbuches (StGB), BGBl. Nr. 60/1974, haben bei Vorliegen eines Sozialbetrugsverdachts nach diesen Bestimmungen die Kooperationsstellen und die Staatsanwaltschaften einander alle für dessen Prüfung erforderlichen Informationen und Daten zur Verfügung zu stellen, soweit deren Kenntnis für die Erfüllung der gesetzmäßigen Aufgaben der jeweiligen Kooperationsstelle oder Staatsanwaltschaft im Rahmen ihrer gesetzmäßigen Zuständigkeit erforderlich ist. Der Datenaustausch hat über die Datenbank gemäß Abs. 2 zu erfolgen und ist auf die im Abs. 2 genannten Datenarten beschränkt.

(2) Das Bundesministerium für Finanzen hat zum Zweck des Erfassens und der erleichterten Ermittlung von Sozialbetrugsfällen nach den §§ 153c bis 153e StGB eine Sozialbetrugsdatenbank zu

führen. In dieser Datenbank werden die Daten über natürliche und juristische Personen verarbeitet, wenn sich Anhaltspunkte für das Vorliegen von Sozialbetrug im Sinne der §§ 153c bis 153e StGB ergeben. Die in Frage kommenden Datenarten sind:

1. (früherer) Familienname, Geburtsname, Aliasnamen, Vornamen, Sozialversicherungsnummer und Geburtsdatum, Steuernummer, Umsatzsteuer-Identifikationsnummer, sonstige Geschäftszahl, Geburtsort, Geschlecht, Staatsangehörigkeit, Aufenthalts- und Arbeitsberechtigungen, ausgeübte Tätigkeit sowie Entlohnung,

   *(BGBl I 2016/44, BGBl I 2016/120)*
2. bei Unternehmen: Firmennamen, Betriebsnamen, Firmensitz, Betriebssitz, Betriebsstätten, Firmenbuchnummer, Steuernummer, Umsatzsteuer-Identifikationsnummer, ZVR-Zahl, Gewerberegisternummer, DG-Nummer, Beitragskontonummer, sonstige Geschäftszahl, Struktur des Betriebes (zB Konzern-, Stamm-, Filialbetrieb), Betriebsgegenstand, Branchenzugehörigkeit, sowie Personaldaten gemäß Z 1 der das Unternehmen vertretenden Person, bei der Anhaltspunkte für das Vorliegen von Sozialbetrug bestehen,

   *(BGBl I 2016/44)*
3. (aufgehoben)

   *(BGBl I 2019/104)*
4. die Darlegung der Anhaltspunkte für das Vorliegen von Sozialbetrug,
5. Schriftverkehr mit den Kooperationsstellen sowie weiteren Personen, Unternehmen und Behörden in Zusammenhang mit Ermittlungen sowie Zeitpunkt der Einleitung und der Zeitpunkt der Erledigung des Verfahrens durch das Amt für Betrugsbekämpfung und Zeitpunkt und die Art der Erledigung durch das Gericht oder die Staatsanwaltschaft,

   *(BGBl I 2019/104)*
6. sonstige erfoderliche Beweismittel (Niederschriften mit Zeugen, Beschuldigten, Dokumente, Rechnungen)
7. Daten zu den einschlägigen Straftatbeständen sowie Höhe der nicht entrichteten Lohn- und Sozialabgaben, Zeitraum der Beschäftigung oder der sich aus der Sozialversicherungsanmeldung ergebende Beschäftigungszeitraum.

(3) Die Bundesrechenzentrum GmbH wird mit dem Betrieb der Datenbank gemäß Abs. 2 betraut. Diese gilt als Auftragsverarbeiter im Sinne von Art. 4 Z 8 der Verordnung (EU) 2016/679 zum Schutz natürlicher Personen bei der Verarbeitung personenbezogener Daten, zum freien Datenverkehr und zur Aufhebung der Richtlinie 95/46/EG (Datenschutz-Grundverordnung), ABl. Nr. L 119 vom 4.5.2016 S. 1, (im Folgenden: DSGVO) sowie im Sinne des § 36 Abs. 2 Z 9 des Datenschutzgesetzes (DSG), BGBl. I Nr. 165/1999. Die Datenbank ist derart auszugestalten, dass eine Weitergabe von Daten gemäß Abs. 2 auf konkrete Kooperationsstellen und Staatsanwaltschaften beschränkt werden kann und den Anforderungen der Art. 24, 25 und 32 DSGVO sowie den §§ 50 und 54 DSG entspricht.

*(BGBl I 2018/32)*

(4) Der Zeitpunkt der Aufnahme der Datenbank gemäß Abs. 2 sowie Näheres über die Vorgangsweise bei der in den Abs. 1, 2, 5 und 7 vorgesehenen Verarbeitung von Daten in Hinblick auf die für die jeweilige Verarbeitung notwendigen Protokollierungen und Datensicherheitsmaßnahmen sind vom Bundesminister für Finanzen durch Verordnung festzulegen. Für die Verarbeitung von Daten gemäß den Abs. 1, 2, 5 und 7 hat die Verordnung Regelungen im Sinne der Art. 24, 25 und 32 DSGVO und der §§ 50 und 54 DSG, insbesondere über Protokollierungen und Datensicherheitsmaßnahmen vorzusehen.

*(BGBl I 2018/32)*

(5) Der Informations- und Datenaustausch erfolgt zwischen den Kooperationsstellen und den Staatsanwaltschaften über die Datenbank gemäß Abs. 2. Dabei haben die einzelnen Kooperationsstellen und die einzelnen Staatsanwaltschaften im Zusammenhang mit dem Erfassen der Daten und der dem Erfassen gleich zu haltenden Verarbeitung unter Berücksichtigung der Erforderlichkeit nach Abs. 1 die Entscheidung zu treffen, welche Daten an welche andere Kooperationsstelle oder Staatsanwaltschaft weitergeben wird. Zum Zwecke der Durchführung von konkreten Ermittlungen, Amtshandlungen und Maßnahmen bei der Bekämpfung von Sozialbetrug im Sinne der §§ 153c bis 153e StGB sind die Kooperationsstellen und die Staatsanwaltschaften berechtigt, in die Sozialbetrugsdatenbank auf automationsunterstütztem Weg Einsicht zu nehmen.

(6) Die Kooperationsstellen und die Staatsanwaltschaften sind für die Datenbank gemeinsam Verantwortliche im Sinne des Art. 26 DSGVO und des § 47 DSG. Die Pflichten zur Wahrung der Betroffenenrechte treffen jene Einrichtung, die die Ermittlungen führt, werden solche nicht geführt diejenige, die den Fall in der Datenbank angelegt hat. Ab Anhängigkeit des Strafverfahrens (§ 1 Abs. 2 StPO) ist nach den Bestimmungen der StPO vorzugehen. Für die Datenbank nimmt das Bundesministerium für Finanzen die sonstigen Pflichten des Verantwortlichen unbeschadet der Haftungsbestimmungen des Art. 82 DSGVO und des § 29 DSG wahr.

*(BGBl I 2018/32)*

(7) In der Datenbank gemäß Abs. 2 verarbeitete personenbezogene Daten eines konkreten Sozialbetrugsverdachts sind nach Ablauf von fünf Jahren nach der Verarbeitung des ersten Datums in der Sozialbetrugsdatenbank zu löschen. Personenbezogene Daten von nach den §§ 153c bis 153e StGB Verurteilten sind nach Ablauf von zehn Jahren ab der Verurteilung zu löschen. Sofern ersichtlich ist, dass sich der Sozialbetrugsverdacht nicht bestätigt, sind die Daten unverzüglich zu löschen. Diese Löschungsverpflichtungen gelten auch für die bei den Kooperationsstellen direkt verwendeten Daten. Die den Kooperationsstellen in anderen Rechts-

vorschriften eingeräumten datenschutzrechtlichen Ermächtigungen und auferlegten datenschutzrechtlichen Pflichten werden jedoch nicht berührt.

*(BGBl I 2018/32)*

**Ermittlungsbefugnisse der Organe des Amtes für Betrugsbekämpfung**

**§ 6.** (1) Die Staatsanwaltschaft kann bei der Verfolgung von Straftaten nach den §§ 153c bis 153e StGB die Hilfe des Amtes für Betrugsbekämpfung und seiner Organe in Anspruch nehmen.

*(BGBl I 2019/104)*

(2) Die im Abs. 1 genannten Behörden und Organe der Bundesfinanzverwaltung sind im Rahmen ihrer Aufgaben verpflichtet, Ermittlungen zu jedem ihnen zur Kenntnis gelangten Anfangsverdacht betreffend Straftaten nach den §§ 153c bis 153e StGB zu führen. In diesem Umfang werden sie im Dienste der Strafrechtspflege (Art. 10 Abs. 1 Z 6 B-VG) tätig und haben die in der Strafprozessordnung den Sicherheitsbehörden zukommenden Aufgaben und Befugnisse unter sinngemäßer Anwendung des § 196 Abs. 4 des Finanzstrafgesetzes, BGBl. Nr. 129/1958, wahrzunehmen.

*(BGBl I 2019/104)*

**Privatbeteiligung**

**§ 7.** Den Trägern der Krankenversicherung und dem Amt für Betrugsbekämpfung kommen im Ermittlungsverfahren sowie im Haupt- und Rechtsmittelverfahren nach den §§ 153c bis 153e StGB kraft Gesetzes im Rahmen ihres jeweiligen Zuständigkeitsbereichs die Stellung eines Privatbeteiligten zu.

*(BGBl I 2019/104)*

**3. Abschnitt**
**Maßnahmen gegen Scheinunternehmen**

**Verfahren zur Feststellung des Scheinunternehmens**

**§ 8.** (1) Scheinunternehmen ist ein Unternehmen, das vorrangig darauf ausgerichtet ist,

1. Lohnabgaben, Beiträge zur Sozialversicherung, Zuschläge nach dem BUAG oder Entgeltansprüche von Arbeitnehmer/inne/n zu verkürzen, oder
2. Personen zur Sozialversicherung anzumelden, um Versicherungs-, Sozial- oder sonstige Transferleistungen zu beziehen, obwohl diese keine unselbstständige Erwerbstätigkeit aufnehmen.

(2) Ein Verdacht auf Vorliegen eines Scheinunternehmens ist gegeben, wenn die Anhaltspunkte bei einer Gesamtbetrachtung ihrem Gewicht, ihrer Bedeutung und ihrem wahren wirtschaftlichen Gehalt nach berechtigte Zweifel begründen, ob

1. die Anmeldung zur Sozialversicherung oder die Meldung bei der Bauarbeiter-Urlaubs- und Abfertigungskasse vom Vorsatz getragen ist, die in Folge der Anmeldung oder Meldung auflaufenden Lohn- und Sozialabgaben oder Zuschläge nach dem BUAG zur Gänze zu entrichten, oder
2. die Anmeldung zur Sozialversicherung vom Vorsatz getragen ist, dass die angemeldeten Personen eine unselbstständige Erwerbstätigkeit aufnehmen.

Das Amt für Betrugsbekämpfung hat die Ermittlungen hinsichtlich des Verdachtes auf Vorliegen eines Scheinunternehmens im Sinne dieser Bestimmung durchzuführen.

*(BGBl I 2019/104)*

(3) Anhaltspunkte für einen Verdacht auf Vorliegen eines Scheinunternehmens sind insbesondere:

1. Auffälligkeiten im Rahmen einer Risiko- und Auffälligkeitsanalyse nach § 42b ASVG oder vergleichbaren Instrumenten,
2. Unauffindbarkeit von für das Unternehmen tätigen Personen, die dem angegebenen Geschäftszweig entsprechen, an der der Bundesfinanzverwaltung oder dem Träger der Krankenversicherung nach dem ASVG zuletzt bekannt gegebenen Adresse oder der im Firmenbuch eingetragenen Geschäftsanschrift,
   *(BGBl I 2019/104)*
3. Unmöglichkeit des Herstellens eines persönlichen Kontakts zu dem/der Rechtsträger/in oder dessen/deren organschaftlichen Vertreters/Vertreterin über die im Firmenbuch eingetragenen Geschäftsanschrift oder die der Bundesfinanzverwaltung oder dem Träger der Krankenversicherung nach dem ASVG zuletzt bekannt gegebene Adresse,
   *(BGBl I 2019/104)*
4. Verwendung falscher oder verfälschter Urkunden oder Beweismittel durch die dem Unternehmen zuzurechnenden Personen,
5. Nichtvorhandensein von dem angegebenen Geschäftszweig angemessenen Betriebsmitteln oder Betriebsvermögen,
6. Vorliegen nicht bloß geringer Rückstände an Sozialversicherungsbeiträgen im Zeitpunkt einer Anmeldung des/der Dienstnehmers/Dienstnehmerin zur Sozialversicherung.

(4) Für die Feststellung der Scheinunternehmerschaft ist das Amt für Betrugsbekämpfung zuständig, welches bei Verdacht auf Vorliegen eines Scheinunternehmens diesen dessen Rechtsträger/in schriftlich mitzuteilen hat. Zum Zwecke der Klärung des Sachverhalts nach § 7 Abs. 1a Insolvenz-Entgeltsicherungsgesetz (IESG), BGBl. Nr. 324/1977, hat das Amt für Betrugsbekämpfung die IEF-Service GmbH über das Bestehen eines Verdachts im Sinne des ersten Satzes schriftlich zu informieren.

*(BGBl I 2019/104)*

(5) Die Zustellung dieser Mitteilung hat nach dem 3. Abschnitt des Zustellgesetzes (ZustG), BGBl. Nr. 200/1982, elektronisch ohne Zustellnachweis zu erfolgen. Dabei gelten § 35 Abs. 6 zweiter Satz ZustG, § 35 Abs. 7 und, soweit er

sich auf eine elektronische Zustelladresse bezieht, § 37 ZustG nicht.

*(BGBl I 2017/64)*

(6) Ist die elektronische Zustellung nicht möglich, hat die physische Zustellung an die der Abgabenbehörde zuletzt bekannt gegebene Adresse und an eine allfällig im Firmenbuch eingetragene Geschäftsanschrift, die als Abgabestellen im Sinne des § 2 Z 4 ZustG gelten, ohne Zustellnachweis zu erfolgen. Die physische Zustellung wird auch dann bewirkt, wenn die Voraussetzungen des ZustG in Bezug auf die Anwesenheit des/der Empfängers/Empfängerin oder eines/einer Vertreters/Vertreterin nicht vorliegen oder das Dokument – insbesondere wegen Unauffindbarkeit des/der Empfängers/Empfängerin – nicht in eine für die Abgabestelle bestimmte Abgabeeinrichtung eingelegt oder an der Abgabestelle zurückgelassen werden konnte. Bei Zustellung durch einen Zustelldienst oder ein Organ einer Gemeinde gilt die Zustellung am dritten Werktag nach Übergabe an den Zustelldienst oder die Gemeinde als bewirkt. § 26 Abs. 2 zweiter Satz ZustG ist nicht anzuwenden.

(7) Gegen den mitgeteilten Verdacht kann binnen einer Woche ab Zustellung Widerspruch beim Amt für Betrugsbekämpfung erhoben werden. Der Widerspruch kann nur durch persönliche Vorsprache des/der Rechtsträgers/Rechtsträgerin oder dessen/deren organschaftlichen Vertreters/Vertreterin erfolgen.

*(BGBl I 2019/104)*

(8) Wird kein Widerspruch erhoben, hat das Amt für Betrugsbekämpfung mit Bescheid festzustellen, dass das Unternehmen, hinsichtlich dessen ein Verdacht nach Abs. 2 vorliegt, als Scheinunternehmen gilt. Für die Zustellung dieses Bescheids gelten die Abs. 5 und 6. Der rechtskräftige Bescheid ist allen Kooperationsstellen, der Gewerbebehörde und dem Auftragnehmerkataster Österreich zu übermitteln; dasselbe gilt für allfällige spätere Änderungen betreffend die Feststellung als Scheinunternehmen.

*(BGBl I 2019/104)*

(9) Wird Widerspruch erhoben, hat das Amt für Betrugsbekämpfung nach Durchführung eines Ermittlungsverfahrens mit Bescheid festzustellen, dass das Unternehmen, hinsichtlich dessen ein Verdacht nach Abs. 2 vorliegt, als Scheinunternehmen gilt, oder das Verfahren einzustellen. Die Feststellung als Scheinunternehmen gilt als wichtiger Grund im Sinne des § 102 der Bundesabgabenordnung (BAO), BGBl. Nr. 194/1961. Für die Zustellung dieses Bescheids gilt die der Bundesfinanzverwaltung zuletzt bekannt gegebene Adresse als Abgabestelle im Sinne des § 2 Z 4 ZustG. Die physische Zustellung wird auch dann bewirkt, wenn die Voraussetzungen des ZustG in Bezug auf die Anwesenheit des/der Empfängers/Empfängerin oder eines/einer Vertreters/Vertreterin nicht vorliegen oder die schriftliche Verständigung von der Hinterlegung – insbesondere wegen Unauffindbarkeit des/der Empfängers/Empfängerin – nicht in eine für die Abgabestelle bestimmte Abgabeeinrichtung eingelegt, an der Abgabestelle zurückgelassen oder an der Eingangstüre angebracht werden konnte. Der rechtskräftige Bescheid oder das Erkenntnis des Verwaltungsgerichts ist allen Kooperationsstellen, der Gewerbebehörde und dem Auftragnehmerkataster Österreich zu übermitteln; dasselbe gilt für allfällige spätere Änderungen betreffend die Feststellung als Scheinunternehmen.

*(BGBl I 2019/104)*

(10) Das Bundesministerium für Finanzen hat eine Liste der rechtskräftig festgestellten Scheinunternehmen im Internet zu veröffentlichen (Identität, Firmenbuchnummer und Geschäftsanschrift des Scheinunternehmens). Veröffentlichungen, die sich auf natürliche Personen beziehen, sind nach Ablauf von fünf Jahren nach der Veröffentlichung zu löschen.

*(BGBl I 2018/32)*

(11) Handelt es sich beim Scheinunternehmen um einen im Firmenbuch eingetragene/n Rechtsträger/in, so ist der rechtskräftige Bescheid oder das Erkenntnis des Verwaltungsgerichts vom Amt für Betrugsbekämpfung auch dem zuständigen Firmenbuchgericht zu übermitteln; dasselbe gilt für allfällige spätere Änderungen betreffend die Feststellung als Scheinunternehmen. Das Gericht hat aufgrund einer solchen Mitteilung von Amts wegen die Eintragung gemäß § 3 Abs. 1 Z 15a des Firmenbuchgesetzes (FBG), BGBl. Nr. 10/1991, vorzunehmen oder zu löschen. Handelt es sich beim Scheinunternehmen um eine Kapitalgesellschaft, so hat das Amt für Betrugsbekämpfung beim zuständigen Firmenbuchgericht gegebenenfalls auch einen Antrag auf Löschung der Gesellschaft wegen Vermögenslosigkeit gemäß § 40 FBG zu stellen.

*(BGBl I 2019/104)*

(12) Auf das Verfahren sind die Vorschriften der BAO sinngemäß mit den vorgenannten und folgenden Besonderheiten anzuwenden:

1. Für die Mitteilung nach Abs. 4 gilt § 93 Abs. 3 bis 6 BAO sinngemäß. Weiters ist darauf hinzuweisen, dass im Falle der Erhebung des Widerspruchs das ordentliche Verfahren eingeleitet wird.
2. Die Frist für die Einbringung einer Beschwerde nach § 243 BAO beträgt eine Woche. § 245 Abs. 3 BAO gilt nicht.
3. Die Frist für den Antrag auf Wiedereinsetzung nach § 308 Abs. 3 BAO beträgt zwei Wochen. Soweit die Frist zur Erhebung des Widerspruchs gegen den mitgeteilten Verdacht nach Abs. 7 versäumt wurde, hat die persönliche Vorsprache innerhalb der Frist für den Antrag auf Wiedereinsetzung zu erfolgen. Die Frist nach § 309 BAO beträgt sechs Wochen.
4. Gegen Bescheide nach den Abs. 8 und 9 sind Beschwerden an das Bundesfinanzgericht zulässig. Die Beschwerde ist beim Amt für Betrugsbekämpfung einzubringen.

*(BGBl I 2016/44, BGBl I 2019/104)*



### Haftung für Entgelt

**§ 9.** Ab der rechtskräftigen Feststellung des

Scheinunternehmens haftet der/die Auftrag gebende Unternehmer/in, wenn er/sie zum Zeitpunkt der Auftragserteilung wusste oder wissen musste, dass es sich beim Auftrag nehmenden Unternehmen um ein Scheinunternehmen nach § 8 handelt, zusätzlich zum Scheinunternehmen als Bürg/e/in und Zahler/in nach § 1357 des Allgemeinen Bürgerlichen Gesetzbuches (ABGB), JGS Nr. 946/1811, für Ansprüche auf das gesetzliche, durch Verordnung festgelegte oder kollektivvertragliche Entgelt für Arbeitsleistungen im Rahmen der Beauftragung der beim Scheinunternehmen beschäftigten Arbeitnehmer/innen.

## 4. Abschnitt Schlussbestimmungen

### Verweisungen

**§ 10.** Soweit in diesem Bundesgesetz auf Bestimmungen anderer Bundesgesetze verwiesen wird, sind diese in ihrer jeweils geltenden Fassung anzuwenden.

### Vollziehung

**§ 11.** Mit der Vollziehung dieses Bundesgesetzes sind betraut, hinsichtlich

1. der §§ 1, 2, 3, 4, 5 Abs. 1 und 3 der Bundesminister für Arbeit, Soziales und Konsumentenschutz, der Bundesminister für Finanzen, die Bundesministerin für Inneres, der Bundesminister für Justiz, die Bundesministerin für Gesundheit und der Bundesminister für Wissenschaft, Forschung und Wirtschaft,
2. des § 5 Abs. 2 der Bundesminister für Finanzen,
3. des § 6 der Bundesminister für Finanzen und der Bundesminister für Justiz,
4. des § 7 der Bundesminister für Justiz,
5. des § 8 der Bundesminister für Finanzen und der Bundesminister für Arbeit, Soziales, und Konsumentenschutz und
6. des § 9 der Bundesminister für Arbeit, Soziales und Konsumentenschutz.

### Inkrafttreten

**§ 12.** (1) Dieses Bundesgesetz tritt mit 1. Jänner 2016 in Kraft.

(2) Die Überschrift zu § 5, § 5 Abs. 3, 4, 6 und 7 sowie § 8 Abs. 10 in der Fassung des Materien-Datenschutz-Anpassungsgesetzes 2018, BGBl. I Nr. 32/2018, treten mit 25. Mai 2018 in Kraft. § 12 Abs. 1 in der Fassung des genannten Bundesgesetzes tritt mit dem auf die Kundmachung folgenden Tag in Kraft.

*(BGBl I 2018/32)*

(3) Die §§ 3 Abs. 2 und 4 Abs. 4 in der Fassung des Bundesgesetzes BGBl. I Nr. 100/2018 treten mit 1. Jänner 2020 in Kraft.

*(BGBl I 2018/100)*

(4) § 3 Abs. 2 Z 1, § 4 Abs. 3, § 5 Abs. 2 Z 5, § 6 Abs. 1 samt Überschrift, § 7, § 8 Abs. 2, Abs. 3 Z 2 und 3, Abs. 4, Abs. 7 bis 9, Abs. 11 und Abs. 12 Z 4, jeweils in der Fassung des Bundesgesetzes BGBl. I Nr. 104/2019, treten mit 1. Juli 2020 in Kraft. § 5 Abs. 2 Z 3 tritt mit Ablauf des 30. Juni 2020 außer Kraft.

*(BGBl I 2019/104)*

## 19/2.

## Verbandsverantwortlichkeitsgesetz

BGBl I 2005/151 idF BGBl I 2016/26

### Gliederung



**Bundesgesetz über die Verantwortlichkeit von Verbänden für Straftaten (Verbandsverantwortlichkeitsgesetz – VbVG)**

### 1. Abschnitt Anwendungsbereich und Begriffsbestimmungen

#### Verbände

**§ 1.** (1) Dieses Bundesgesetz regelt, unter welchen Voraussetzungen Verbände für Straftaten verantwortlich sind und wie sie sanktioniert werden, sowie das Verfahren, nach dem die Verantwortlichkeit festgestellt und Sanktionen auferlegt werden. Straftat im Sinne dieses Gesetzes ist eine nach einem Bundes- oder Landesgesetz mit gerichtlicher Strafe bedrohte Handlung; auf Finanzvergehen ist dieses Bundesgesetz jedoch nur insoweit anzuwenden, als dies im Finanzstrafgesetz, BGBl. Nr. 129/1958, vorgesehen ist.

(2) Verbände im Sinne dieses Gesetzes sind juristische Personen sowie eingetragene Personengesellschaften und Europäische wirtschaftliche Interessenvereinigungen.

(3) Keine Verbände im Sinne dieses Gesetzes sind

1. die Verlassenschaft;
2. Bund, Länder, Gemeinden und andere juristische Personen, soweit sie in Vollziehung der Gesetze handeln;
3. anerkannte Kirchen, Religionsgesellschaften und religiöse Bekenntnisgemeinschaften, soweit sie seelsorgerisch tätig sind.

#### Entscheidungsträger und Mitarbeiter

**§ 2.** (1) Entscheidungsträger im Sinne dieses Gesetzes ist, wer

1. Geschäftsführer, Vorstandsmitglied oder Prokurist ist oder aufgrund organschaftlicher oder rechtsgeschäftlicher Vertretungsmacht in vergleichbarer Weise dazu befugt ist, den Verband nach außen zu vertreten,
2. Mitglied des Aufsichtsrates oder des Verwaltungsrates ist oder sonst Kontrollbefugnisse in leitender Stellung ausübt, oder
3. sonst maßgeblichen Einfluss auf die Geschäftsführung des Verbandes ausübt.

(2) Mitarbeiter im Sinne dieses Gesetzes ist, wer

1. auf Grund eines Arbeits-, Lehr- oder anderen Ausbildungsverhältnisses,
2. auf Grund eines dem Heimarbeitsgesetz 1960, BGBl. Nr. 105/1961, unterliegenden oder eines arbeitnehmerähnlichen Verhältnisses,
3. als überlassene Arbeitskraft (§ 3 Abs. 4 des Arbeitskräfteüberlassungsgesetzes – AÜG, BGBl. Nr. 196/1988) oder
4. auf Grund eines Dienst- oder sonst eines besonderen öffentlichrechtlichen Rechtsverhältnisses

Arbeitsleistungen für den Verband erbringt.

## 2. Abschnitt
## Verbandsverantwortlichkeit – Materiellrechtliche Bestimmungen

### Verantwortlichkeit

**§ 3.** (1) Ein Verband ist unter den weiteren Voraussetzungen des Abs. 2 oder des Abs. 3 für eine Straftat verantwortlich, wenn

1. die Tat zu seinen Gunsten begangen worden ist oder
2. durch die Tat Pflichten verletzt worden sind, die den Verband treffen.

(2) Für Straftaten eines Entscheidungsträgers ist der Verband verantwortlich, wenn der Entscheidungsträger als solcher die Tat rechtswidrig und schuldhaft begangen hat.

(3) Für Straftaten von Mitarbeitern ist der Verband verantwortlich, wenn

1. Mitarbeiter den Sachverhalt, der dem gesetzlichen Tatbild entspricht, rechtswidrig verwirklicht haben; der Verband ist für eine Straftat, die vorsätzliches Handeln voraussetzt, nur verantwortlich, wenn ein Mitarbeiter vorsätzlich gehandelt hat; für eine Straftat, die fahrlässiges Handeln voraussetzt, nur, wenn Mitarbeiter die nach den Umständen gebotene Sorgfalt außer acht gelassen haben; und
2. die Begehung der Tat dadurch ermöglicht oder wesentlich erleichtert wurde, dass Entscheidungsträger die nach den Umständen gebotene und zumutbare Sorgfalt außer acht gelassen haben, insbesondere indem sie wesentliche technische, organisatorische oder personelle Maßnahmen zur Verhinderung solcher Taten unterlassen haben.

(4) Die Verantwortlichkeit eines Verbandes für eine Tat und die Strafbarkeit von Entscheidungsträgern oder Mitarbeitern wegen derselben Tat schließen einander nicht aus.

### Verbandsgeldbuße

**§ 4.** (1) Ist ein Verband für eine Straftat verantwortlich, so ist über ihn eine Verbandsgeldbuße zu verhängen.

(2) Die Verbandsgeldbuße ist in Tagessätzen zu bemessen. Sie beträgt mindestens einen Tagessatz.

(3) Die Anzahl der Tagessätze beträgt bis zu

180,
– wenn die Tat mit lebenslanger oder Freiheitsstrafe bis zu zwanzig Jahren bedroht ist,

155,
– wenn die Tat mit Freiheitsstrafe bis zu fünfzehn Jahren bedroht ist,

130,
– wenn die Tat mit Freiheitsstrafe bis zu zehn Jahren bedroht ist,

100,
– wenn die Tat mit Freiheitsstrafe bis zu fünf Jahren bedroht ist,

85,
– wenn die Tat mit Freiheitsstrafe bis zu drei Jahren bedroht ist,

70,
– wenn die Tat mit Freiheitsstrafe bis zu zwei Jahren bedroht ist,

55,
– wenn die Tat mit Freiheitsstrafe bis zu einem Jahr bedroht ist,

40
– in allen übrigen Fällen.

(4) Der Tagessatz ist nach der Ertragslage des Verbandes unter Berücksichtigung von dessen sonstiger wirtschaftlicher Leistungsfähigkeit zu bemessen. Er ist mit einem Betrag festzusetzen, der dem 360. Teil des Jahresertrages entspricht oder diesen um höchstens ein Drittel über- oder unterschreitet, mindestens jedoch mit 50 und höchstens mit 10.000 Euro. Dient der Verband gemeinnützigen, humanitären oder kirchlichen Zwecken (§§ 34 bis 47 der Bundesabgabenordnung, BGBl. Nr. 194/1961) oder ist er sonst nicht auf Gewinn gerichtet, so ist der Tagessatz mit mindestens 2 und höchstens 500 Euro festzusetzen.

### Bemessung der Verbandsgeldbuße

**§ 5.** (1) Bei der Bemessung der Anzahl der Tagessätze hat das Gericht Erschwerungs- und Milderungsgründe, soweit sie nicht schon die Höhe der angedrohten Geldbuße bestimmen, gegeneinander abzuwägen.

(2) Die Anzahl ist insbesondere umso höher zu bemessen,

1. je größer die Schädigung oder Gefährdung ist, für die der Verband verantwortlich ist;
2. je höher der aus der Straftat vom Verband erlangte Vorteil ist;
3. je mehr gesetzwidriges Verhalten von Mitarbeitern geduldet oder begünstigt wurde.

(3) Die Anzahl ist insbesondere geringer zu bemessen, wenn

1. der Verband schon vor der Tat Vorkehrungen zur Verhinderung solcher Taten getroffen oder Mitarbeiter zu rechtstreuem Verhalten angehalten hat;
2. der Verband lediglich für Straftaten von Mitarbeitern verantwortlich ist (§ 3 Abs. 3);
3. er nach der Tat erheblich zur Wahrheitsfindung beigetragen hat;
4. er die Folgen der Tat gutgemacht hat;
5. er wesentliche Schritte zur zukünftigen Verhinderung ähnlicher Taten unternommen hat;
6. die Tat bereits gewichtige rechtliche Nachteile für den Verband oder seine Eigentümer nach sich gezogen hat.

### Bedingte Nachsicht der Verbandsgeldbuße

**§ 6.** (1) Wird ein Verband zu einer Verbandsgeldbuße von nicht mehr als 70 Tagessätzen verurteilt, so ist die Buße unter Bestimmung einer Probezeit von mindestens einem und höchstens drei Jahren, gegebenenfalls unter Erteilung von Weisungen (§ 8), bedingt nachzusehen, wenn anzunehmen ist, dass dies genügen werde, um von der Begehung weiterer Taten, für die der Verband verantwortlich ist (§ 3), abzuhalten, und es nicht der Vollstreckung der Geldbuße bedarf, um der Begehung von Taten im Rahmen der Tätigkeit anderer Verbände entgegenzuwirken. Dabei sind insbesondere die Art der Tat, das Gewicht der Pflichtverletzung oder des Sorgfaltsverstoßes, frühere Verurteilungen des Verbandes, die Verlässlichkeit der Entscheidungsträger und die nach der Tat von dem Verband gesetzten Maßnahmen zu berücksichtigen.

(2) Wird die Nachsicht nicht widerrufen, so ist die Geldbuße endgültig nachzusehen. Fristen, deren Lauf beginnt, sobald die Geldbuße vollstreckt ist, sind in einem solchen Fall ab Rechtskraft des Urteils zu berechnen.

### Bedingte Nachsicht eines Teiles der Verbandsgeldbuße

**§ 7.** Wird ein Verband zu einer Verbandsgeldbuße verurteilt und treffen die Voraussetzungen des § 6 auf einen Teil der Buße zu, so ist dieser Teil, mindestens aber ein Drittel und höchstens fünf Sechstel, unter Bestimmung einer Probezeit von mindestens einem und höchstens drei Jahren, gegebenenfalls unter Erteilung von Weisungen (§ 8), bedingt nachzusehen.

### Weisungen

**§ 8.** (1) Wird einem Verband die Verbandsgeldbuße ganz oder zum Teil bedingt nachgesehen, so kann ihm das Gericht Weisungen erteilen.

(2) Dem Verband ist als Weisung aufzutragen, den aus der Tat entstandenen Schaden nach Kräften gutzumachen, soweit dies noch nicht erfolgt ist.

(3) Im Übrigen können dem Verband mit dessen Zustimmung als Weisungen technische, organisatorische oder personelle Maßnahmen aufgetragen werden, um der Begehung weiterer Taten, für die der Verband verantwortlich ist (§ 3), entgegenzuwirken.

### Widerruf der bedingten Nachsicht der Verbandsgeldbuße

**§ 9.** (1) Wird der Verband wegen der Verantwortlichkeit für eine während der Probezeit begangene Tat verurteilt, so hat das Gericht die bedingte Nachsicht der Buße zu widerrufen und die Buße oder den Teil der Buße vollziehen zu lassen, wenn dies in Anbetracht der neuerlichen Verurteilung zusätzlich zu dieser geboten erscheint, um die Begehung weiterer Taten, für die der Verband verantwortlich ist (§ 3), zu verhindern. Eine Tat, die in der Zeit zwischen der Entscheidung erster Instanz und der Rechtskraft der Entscheidung über die Gewährung der bedingten Nachsicht begangen worden ist, steht einer in der Probezeit begangenen Tat gleich.

(2) Befolgt der Verband eine Weisung trotz förmlicher Mahnung nicht, so hat das Gericht die bedingte Nachsicht zu widerrufen und die Buße oder den Teil der Buße vollziehen zu lassen, wenn dies nach den Umständen geboten erscheint, um die Begehung weiterer Taten, für die der Verband verantwortlich ist (§ 3), zu verhindern.

(3) Wird in den Fällen der Abs. 1 und 2 die bedingte Nachsicht nicht widerrufen, so kann das Gericht die Probezeit bis auf höchstens fünf Jahre verlängern und neue Weisungen erteilen.

(4) Wird der Verband in Anwendung von § 31 StGB nachträglich zu einer Zusatzgeldbuße verurteilt, so kann das Gericht die bedingte Nachsicht der Buße zur Gänze oder zum Teil widerrufen und die Buße oder den Teil der Buße vollziehen lassen, soweit die Geldbußen bei gemeinsamer Aburteilung nicht bedingt nachgesehen worden wären. Wird die bedingte Nachsicht nicht widerrufen, so dauert jede der zusammentreffenden Probezeiten bis zum Ablauf der Probezeit, die zuletzt endet, jedoch nicht länger als fünf Jahre.

### Rechtsnachfolge

**§ 10.** (1) Werden die Rechte und Verbindlichkeiten des Verbandes im Wege der Gesamtrechtsnachfolge auf einen anderen Verband übertragen, so treffen die in diesem Bundesgesetz vorgesehenen Rechtsfolgen den Rechtsnachfolger. Über den Rechtsvorgänger verhängte Rechtsfolgen wirken auch für den Rechtsnachfolger.

(2) Der Gesamtrechtsnachfolge ist Einzelrechtsnachfolge gleichzuhalten, wenn im Wesentlichen die selben Eigentumsverhältnisse am Verband bestehen und der Betrieb oder die Tätigkeit im Wesentlichen fortgeführt wird.

(3) Besteht mehr als ein Rechtsnachfolger, so kann eine über den Rechtsvorgänger verhängte Geldbuße gegen jeden Rechtsnachfolger vollstreckt werden. Andere Rechtsfolgen können einzelnen Rechtsnachfolgern zugeordnet werden, soweit dies deren Tätigkeitsbereich entspricht.

### Ausschluss eines Rückgriffs

**§ 11.** Für Sanktionen und Rechtsfolgen, die den Verband auf Grund dieses Bundesgesetzes treffen, ist ein Rückgriff auf Entscheidungsträger oder Mitarbeiter ausgeschlossen.

### Anwendung der allgemeinen Strafgesetze

**§ 12.** (1) Im Übrigen gelten die allgemeinen Strafgesetze auch für Verbände, soweit sie nicht ausschließlich auf natürliche Personen anwendbar sind.

(2) Macht das Gesetz die Geltung österreichischer Strafgesetze für im Ausland begangene Taten vom Wohnsitz oder Aufenthalt des Täters im Inland oder von dessen österreichischer Staatsbürgerschaft abhängig, so ist für Verbände der Sitz des Verbandes oder der Ort des Betriebes oder der Niederlassung maßgebend.



(3) Die Frist für die Verjährung der Vollstreckbarkeit beträgt

fünfzehn Jahre,

– wenn auf Geldbuße von mehr als 100 Tagessätzen erkannt worden ist, zehn Jahre,

– wenn auf Geldbuße von mehr als 50, aber nicht mehr als 100 Tagessätzen erkannt worden ist,

fünf Jahre

– in allen übrigen Fällen.

## 3. Abschnitt
## Verfahren gegen Verbände

### Einleitung des Verfahrens

**§ 13.** (1) Sobald sich auf Grund bestimmter Tatsachen der Verdacht ergibt, dass ein Verband für eine von Amts wegen zu verfolgende Straftat verantwortlich sein könnte (§ 3), hat die Staatsanwaltschaft Ermittlungen zur Feststellung dieser Verantwortlichkeit einzuleiten oder einen Antrag auf Verhängung einer Verbandsgeldbuße bei Gericht einzubringen. Der Verband hat im Verfahren die Rechte des Beschuldigten (belangter Verband).

(2) Ist eine Straftat nur auf Verlangen des Opfers zu verfolgen, so ist § 71 der Strafprozessordnung 1975 (StPO), BGBl. Nr. 631/1975, anzuwenden.

### Anwendung der Bestimmungen über das Strafverfahren

**§ 14.** (1) Für Verfahren auf Grund dieses Bundesgesetzes gelten die allgemeinen Vorschriften über das Strafverfahren, soweit sie nicht ausschließlich auf natürliche Personen anwendbar sind und sich aus den folgenden Bestimmungen nichts anderes ergibt.

(2) Verfahren gegen Verbände gelten im Sinne der Bestimmungen des Gerichtsorganisationsgesetzes, des Staatsanwaltschaftsgesetzes und der Geschäftsordnung für die Gerichte I. und II. Instanz als Strafsachen.

(3) Die Begriffe „strafbare Handlung", „Vergehen" und „Verbrechen" in den in Abs. 1 und 2 genannten Bestimmungen sind als Bezugnahme auf Straftaten zu verstehen, für die der Verband verantwortlich sein könnte (§ 3); die Begriffe „Beschuldigter" und „Angeklagter" als Bezugnahme auf den belangten Verband (§ 13); der Begriff „Strafe" als Bezugnahme auf die Verbandsgeldbuße.

### Zuständigkeit

**§ 15.** (1) Die Zuständigkeit der Staatsanwaltschaft oder des Gerichts für die der Straftat verdächtige natürliche Person begründet auch die Zuständigkeit für das Verfahren gegen den belangten Verband, wobei die Ermittlungsverfahren von derselben Staatsanwaltschaft und die Hauptverfahren vom selben Gericht gemeinsam zu führen sind (§§ 26, 37 StPO). Dem Verband kommen auch im Verfahren gegen die natürliche Person die Rechte des Beschuldigten zu.

(2) Unter den Voraussetzungen des § 27 StPO ist auch eine getrennte Führung der Verfahren zulässig. Ist dies der Fall, sind die §§ 25 Abs. 2 und 36 Abs. 3 StPO mit der Maßgabe anzuwenden, dass sich die Zuständigkeit nach dem Sitz des belangten Verbandes, besteht ein solcher im Inland nicht, nach dem Ort des Betriebes oder der Niederlassung richtet. Kann auf diese Weise eine inländische Zuständigkeit nicht begründet werden, so ist für das Ermittlungsverfahren die Staatsanwaltschaft Wien und für das Hauptverfahren das Landesgericht für Strafsachen Wien oder das Bezirksgericht Innere Stadt Wien zuständig.

### Zustellung und notwendige Verteidigung

**§ 16.** (1) Die Verständigung darüber, dass ein Ermittlungsverfahren geführt wird (§ 50 StPO), der Antrag auf Verhängung einer Geldbuße, die Ladung zur Hauptverhandlung in erster Instanz, das Abwesenheitsurteil sowie Verständigungen und Mitteilungen nach den §§ 200 Abs. 4, 201 Abs. 1 und 4 sowie 203 Abs. 1 und 3 StPO sind dem belangten Verband selbst zu eigenen Handen eines Mitglieds des zur Vertretung nach außen berufenen Organs zuzustellen.

(2) Stehen sämtliche Mitglieder des zur Vertretung nach außen befugten Organs selbst im Verdacht, die Straftat begangen zu haben, so hat das Gericht dem belangten Verband von Amts wegen einen Verteidiger beizugeben. Dieser hat auch die nach der Art des Verbandes erforderlichen Schritte zur Bewirkung einer ordnungsgemäßen Vertretung des Verbandes zu setzen, wie die Verständigung oder Einberufung von geeigneten Organen, Eigentümern oder Mitgliedern. Die Bestellung endet mit dem Einschreiten eines Vertreters oder eines gewählten Verteidigers.

(3) Wurde einem belangten Verband wirksam zugestellt, so gilt im Anwendungsbereich von § 10 auch die Bekanntgabe an den Rechtsnachfolger als erfolgt.

### Vernehmung als Beschuldigter

**§ 17.** (1) Die Entscheidungsträger des Verbandes sowie jene Mitarbeiter, die im Verdacht stehen, die Straftat begangen zu haben, oder wegen der Straftat bereits verurteilt sind, sind als Beschuldigte zu laden und zu vernehmen. § 455 Abs. 2 und 3 StPO ist anzuwenden.

(2) Dem Entscheidungsträger oder Mitarbeiter ist vor Beginn der Vernehmung mitzuteilen, welche Straftat dem Verband zur Last gelegt wird. Sodann ist er darüber zu belehren, dass er berechtigt sei, sich zur Sache zu äußern oder nicht auszusagen und sich zuvor mit einem Verteidiger zu beraten. Er ist auch darauf aufmerksam zu machen, dass seine Aussage seiner Verteidigung und jener des belangten Verbandes dienen, aber auch als Beweis gegen ihn und gegen den Verband Verwendung finden könne.

### Verfolgungsermessen

**§ 18.** (1) Die Staatsanwaltschaft kann von der Verfolgung eines Verbandes absehen oder zurücktreten, wenn in Abwägung der Schwere der Tat, des Gewichts der Pflichtverletzung oder des Sorgfaltsverstoßes, der Folgen der Tat, des Verhaltens des Verbandes nach der Tat, der zu erwartenden Höhe einer über den Verband zu verhängenden Geldbuße sowie allfälliger bereits eingetretener oder unmittelbar absehbarer rechtlicher Nachteile des Verbandes oder seiner Eigentümer aus der Tat eine Verfolgung und Sanktionierung verzichtbar erscheint. Dies ist insbesondere der Fall, wenn Ermittlungen oder Verfolgungsanträge mit einem beträchtlichen Aufwand verbunden wären, der offenkundig außer Verhältnis zur Bedeutung der Sache oder zu den im Fall einer Verurteilung zu erwartenden Sanktionen stünde.

(2) Von der Verfolgung darf jedoch nicht abgesehen oder zurückgetreten werden, wenn diese

1. wegen einer vom Verband ausgehenden Gefahr der Begehung einer Tat mit schweren Folgen, für die der Verband verantwortlich sein könnte,
2. um der Begehung von Taten im Rahmen der Tätigkeit anderer Verbände entgegenzuwirken, oder
3. sonst wegen besonderen öffentlichen Interesses

geboten erscheint.

### Rücktritt von der Verfolgung (Diversion)

**§ 19.** (1) Steht auf Grund hinreichend geklärten Sachverhalts fest, dass eine Einstellung des Verfahrens nach den §§ 190 bis 192 StPO oder ein Vorgehen nach § 18 nicht in Betracht kommt, und liegen die in § 198 Abs. 2 Z 1 und 3 StPO genannten Voraussetzungen vor, so hat die Staatsanwaltschaft von der Verfolgung eines belangten Verbandes wegen der Verantwortlichkeit für eine Straftat zurückzutreten, wenn der Verband den aus der Tat entstandenen Schaden gut macht sowie andere Tatfolgen beseitigt und dies unverzüglich nachweist und wenn die Verhängung einer Verbandsgeldbuße im Hinblick auf

1. die Zahlung eines Geldbetrages, der in Höhe von bis zu 50 Tagessätzen zuzüglich der im Fall einer Verurteilung zu ersetzenden Kosten des Verfahrens festzusetzen ist (§ 200 StPO),
2. eine zu bestimmende Probezeit von bis zu drei Jahren, soweit möglich und zweckmäßig in Verbindung mit der ausdrücklich erklärten Bereitschaft des Verbandes, eine oder mehrere der in § 8 Abs. 3 genannten Maßnahmen zu ergreifen (§ 203 StPO), oder
3. die ausdrückliche Erklärung des Verbandes, innerhalb einer zu bestimmenden Frist von höchstens sechs Monaten unentgeltlich bestimmte gemeinnützige Leistungen zu erbringen (§ 202 StPO),

nicht geboten erscheint, um der Begehung von Straftaten, für die der Verband verantwortlich gemacht werden kann (§ 3), und der Begehung von Straftaten im Rahmen der Tätigkeit anderer Verbände entgegenzuwirken. § 202 Abs. 1 StPO ist nicht anzuwenden.

(2) Nach Einbringung des Antrags auf Verhängung einer Verbandsgeldbuße wegen Begehung einer strafbaren Handlung, die von Amts wegen zu verfolgen ist, hat das Gericht Abs. 1 sinngemäß anzuwenden und das Verfahren gegen den Verband unter den für die Staatsanwaltschaft geltenden Voraussetzungen bis zum Schluss der Hauptverhandlung mit Beschluss einzustellen (§ 199 StPO).

### Einstweilige Verfügungen

**§ 20.** Ist ein belangter Verband dringend verdächtig, für eine bestimmte Straftat verantwortlich zu sein, und ist anzunehmen, dass über ihn eine Verbandsgeldbuße verhängt werden wird, so hat das Gericht auf Antrag der Staatsanwaltschaft zur Sicherung der Geldbuße eine Beschlagnahme gemäß §§ 109 Z 2 und 115 Abs. 1 Z 3 StPO anzuordnen, wenn und soweit auf Grund bestimmter Tatsachen zu befürchten ist, dass andernfalls die Einbringung gefährdet oder wesentlich erschwert würde. Im Übrigen ist § 115 Abs. 4 bis 6 StPO anzuwenden.

### Antrag auf Verhängung einer Verbandsgeldbuße

**§ 21.** (1) Das Hauptverfahren wird durch den Antrag auf Verhängung einer Verbandsgeldbuße eingeleitet, auf den im Verfahren vor dem Landesgericht als Geschworenen- oder Schöffengericht die Bestimmungen über die Anklageschrift, im Verfahren vor dem Landesgericht als Einzelrichter oder dem Bezirksgericht jedoch die Bestimmungen über den Strafantrag anzuwenden sind. In jedem Fall ist jedoch der Sachverhalt zusammenzufassen und zu beurteilen, aus dem sich die Verantwortlichkeit des Verbandes (§ 3) ergibt.

(2) Der Antrag auf Verhängung einer Verbandsgeldbuße ist mit der Anklageschrift oder dem Strafantrag gegen natürliche Personen zu verbinden, wenn die Verfahren gemeinsam geführt werden können (§ 15 Abs. 1).

(3) Kann das Verfahren gegen den belangten Verband nicht gemeinsam mit jenem gegen die natürliche Person geführt werden, so hat der Ankläger einen selbstständigen Antrag auf Verhängung einer Verbandsgeldbuße zu stellen. Über einen solchen Antrag hat das Gericht in einem selbstständigen Verfahren nach öffentlicher mündlicher Verhandlung durch Urteil zu entscheiden.

### Hauptverhandlung und Urteil

**§ 22.** (1) Wird die Hauptverhandlung gegen den belangten Verband und eine natürliche Person gemeinsam geführt (§ 15 Abs. 1), so hat das Gericht im Anschluss an das Beweisverfahren, das für beide Verfahren gemeinsam durchgeführt wird, zunächst nur die Schlussvorträge betreffend die natürliche Person zuzulassen und dann das Urteil über die natürliche Person zu verkünden.



(2) Im Fall eines Schuldspruches sind in fortgesetzter Hauptverhandlung Schlussvorträge zu den Voraussetzungen einer Verantwortlichkeit des Verbandes sowie den für die Bemessung einer Geldbuße und die Festsetzung anderer Sanktionen maßgeblichen Umständen zu halten. Danach verkündet das Gericht das Urteil über den Verband.

(3) Im Fall des Freispruchs muss der Ankläger binnen drei Tagen bei Verlust des Verfolgungs-

rechts erklären, ob in einem selbstständigen Verfahren über die Verhängung einer Verbandsgeldbuße entschieden werden soll. Stellt der Ankläger diesen Antrag, so hat das Gericht nach Abs. 2 vorzugehen.

(4) Das Urteil über den Verband hat im Fall einer Verurteilung bei sonstiger Nichtigkeit auszusprechen, für welche Straftat der Verband auf Grund welcher Umstände für verantwortlich befunden wird; im Übrigen ist § 260 Abs. 1 Z 3 bis 5 StPO anzuwenden.

(5) Die Urteilsausfertigung muss die in § 270 Abs. 2 StPO sowie in Abs. 4 angeführten Inhalte haben.

**Hauptverhandlung und Urteil in Abwesenheit**

**§ 23.** Ist der belangte Verband in der Hauptverhandlung nicht vertreten, so kann das Gericht die Hauptverhandlung durchführen, die Beweise aufnehmen und das Urteil fällen, jedoch bei sonstiger Nichtigkeit nur dann, wenn die Ladung zur Hauptverhandlung wirksam zugestellt wurde und in der Ladung diese Rechtsfolgen angedroht wurden. Das Urteil ist in diesem Fall dem Verband in seiner schriftlichen Ausfertigung zuzustellen.

**Rechtsmittel**

**§ 24.** Gegen Urteile, die über einen Verband ergangen sind, stehen – auch im Falle des selbstständigen Verfahrens – die in der StPO gegen Urteile vorgesehenen Rechtsmittel und Rechtsbehelfe offen.

**Verfahren bei Widerruf einer bedingten Nachsicht**

**§ 25.** Für einen Widerruf der bedingten Nachsicht nach § 9 Abs. 1 ist § 494a StPO mit der Maßgabe anzuwenden, dass das Bezirksgericht als erkennendes Gericht nur zuständig ist, wenn die Buße oder deren Teil 55 Tagessätze nicht übersteigt; der Einzelrichter beim Landesgericht nur, wenn die Buße oder deren Teil 100 Tagessätze nicht übersteigt.

**Verständigung der zuständigen Verwaltungs- oder Aufsichtsbehörde**

**§ 26.** (1) Die Staatsanwaltschaft hat die für den betroffenen Tätigkeitsbereich eines Verbandes zuständige Verwaltungs- oder Aufsichtsbehörde von einem Ermittlungsverfahren gegen einen Verband und dessen Beendigung durch Einstellung oder Rücktritt von der Verfolgung zu verständigen (§§ 194 und 208 Abs. 4 StPO); im Übrigen hat das Gericht die Behörde über die Beendigung des Strafverfahrens zu verständigen und eine Ausfertigung des Beschlusses, mit dem das Verfahren eingestellt wird, oder des Urteils zu übermitteln.

(2) Die Staatsanwaltschaft oder das Gericht kann die Behörde (Abs. 1) ersuchen, an der Überwachung der Einhaltung einer Weisung oder einer Maßnahme nach § 19 Abs. 1 Z 2 mitzuwirken.

**Vollstreckung von Verbandsgeldbußen**

**§ 27.** (1) Nach Eintritt der Rechtskraft der Entscheidung hat das Gericht den Verband schriftlich aufzufordern, die Verbandsgeldbuße binnen 14 Tagen zu zahlen, widrigenfalls sie zwangsweise eingetrieben würde. Kommt der Verband dieser Aufforderung nicht nach, so ist die gerichtliche Einbringung nach dem Gerichtlichen Einbringungsgesetz zu veranlassen. § 409 Abs. 2 zweiter Satz StPO ist sinngemäß anzuwenden.

*(BGBl I 2016/26)*

(2) Ist absehbar, dass der Verband die Folgen der Tat gutmachen werde und dass dadurch die Voraussetzungen einer nachträglichen Milderung der Geldbuße erfüllt sein werden, so kann der Vorsitzende auf Antrag die Zahlung der Geldbuße zur Gänze oder zum Teil für höchstens sechs Monate aufschieben.

(3) Träfe die unverzügliche Zahlung der Verbandsgeldbuße den Verband unbillig hart, so kann der Vorsitzende auf Antrag mit Beschluss angemessenen Aufschub durch Raten gewähren, wobei die letzte Rate spätestens nach zwei Jahren zu zahlen ist und alle noch offenen Teilbeträge fällig werden, wenn der Verband mit zwei Raten im Verzug ist.

**4. Abschnitt**
**Schlussbestimmungen**

**In-Kraft-Treten**

**§ 28.** (1) Dieses Bundesgesetz tritt mit 1. Jänner 2006 in Kraft.

(2) Die Bestimmungen der §§ 1 Abs. 2, 13 Abs. 2, 14 Abs. 3, 15 Abs. 1 und 2, 16 Abs. 1, 17 Abs. 1, 19 Abs. 1 und 2, 20, 21 Abs. 2, 23, 25 und 26 Abs. 1 und 2 in der Fassung des Bundesgesetzes BGBl. I Nr. 112/2007 treten mit 1. Jänner 2008 in Kraft.

(3) § 27 Abs. 1 in der Fassung des Bundesgesetzes BGBl. I Nr. 26/2016 tritt mit 1. August 2016 in Kraft.

*(BGBl I 2016/26)*

**Verweisungen**

**§ 29.** (1) Verweisungen in diesem Gesetz auf andere Rechtsvorschriften des Bundes sind als Verweisungen auf die jeweils geltende Fassung zu verstehen.

(2) Soweit in diesem Gesetz personenbezogene Bezeichnungen nur in männlicher Form angeführt sind, beziehen sie sich auf Frauen und Männer in gleicher Weise. Bei der Anwendung auf bestimmte Personen ist die jeweils geschlechtsspezifische Form zu verwenden.

**Vollziehung**

**§ 30.** Mit der Vollziehung dieses Bundesgesetzes ist die Bundesministerin für Justiz betraut.

## 19/3.

## Finanzstrafzusammenarbeitsgesetz

BGBl I 2014/105 idF BGBl I 2020/23

### Gliederung



**Bundesgesetz über die internationale Zusammenarbeit in Finanzstrafsachen (Finanzstrafzusammenarbeitsgesetz – FinStrZG)**

Der Nationalrat hat beschlossen:

### 1. Abschnitt
### Allgemeine Bestimmungen

#### Anwendungsbereich

**§ 1.** (1) Dieses Bundesgesetz regelt

1. die internationale Amts- und Rechtshilfe in Finanzstrafsachen und in Angelegenheiten der Betrugsbekämpfung, soweit sie nicht in die Zuständigkeit der ordentlichen Gerichte fällt oder die abgabenrechtliche Amtshilfe betroffen ist;
2. die Vollstreckung
   a) von finanzstrafrechtlichen Entscheidungen nicht gerichtlicher Behörden anderer Mitgliedstaaten der Europäischen Union in Österreich und
   b) von Entscheidungen österreichischer Finanzstrafbehörden in einem anderen Mitgliedstaat der Europäischen Union.

(2) Mit diesem Bundesgesetz werden folgende Rechtsakte der Europäischen Union umgesetzt:

1. Rahmenbeschluss 2005/214/JI über die Anwendung des Grundsatzes der gegenseitigen Anerkennung von Geldstrafen und Geldbußen, ABl. Nr. L 76 vom 22.03.2005 S. 16, zuletzt geändert durch den Rahmenbeschluss 2009/299/JI, ABl. Nr. L 81 vom 27.03.2009 S. 24;
2. Rahmenbeschluss 2006/960/JI über die Vereinfachung des Austauschs von Informationen und Erkenntnissen zwischen den Strafverfolgungsbehörden der Mitgliedstaaten der Europäischen Union, ABl. Nr. L 386 vom 29.12.2006 S. 89, in der Fassung der Berichtigung ABl. Nr. L 75 vom 15.03.2007 S. 26;
3. Richtlinie 2014/41/EU des Europäischen Parlaments und des Rates vom 3. April 2014 über die Europäische Ermittlungsanordnung in Strafsachen, ABl. Nr. L 130, 01.05.2014, S. 1-36 (im Folgenden Richtlinie 2014/41/EU).

### Begriffsbestimmungen

**§ 2.** Im Sinne dieses Bundesgesetzes bedeutet

1. „Betrugsbekämpfung“ alle Maßnahmen zur Verhinderung, Aufdeckung und Verfolgung von Zuwiderhandlungen gegen die von den Abgabenbehörden zu vollziehenden Rechtsvorschriften;
2. „zuständige Strafverfolgungsbehörde“ eine nationale Polizei-, Zoll- oder sonstige Behörde eines anderen Mitgliedstaates der Europäischen Union, die nach nationalem Recht befugt ist, Straftaten oder kriminelle Aktivitäten aufzudecken, zu verhüten und aufzuklären und in Verbindung mit diesen Tätigkeiten öffentliche Gewalt auszuüben und Zwangsmaßnahmen zu ergreifen. Behörden oder Stellen, die sich speziell mit Fragen der nationalen Sicherheit befassen, sind davon nicht umfasst.

2a. „vorhandene Informationen“ alle Arten von Daten aus einem inländischen Abgaben- oder Finanzstrafverfahren sowie sonstige Daten, die bei den zuständigen Behörden oder privaten Einrichtungen vorhanden sind, soweit die Finanzstrafbehörden in einem vergleichbaren innerstaatlichen Fall ohne das Ergreifen von Zwangsmaßnahmen Zugang zu diesen Daten haben;

2b. „Europäische Ermittlungsanordnung“ eine Entscheidung, die von einer Justizbehörde oder einem richterlichen Organ eines Mitgliedstaats zur Durchführung einer oder mehrerer Ermittlungsmaßnahmen in einem anderen Mitgliedstaat oder zur Übermittlung von Ermittlungsergebnissen und Beweismitteln erlassen oder validiert wird;

2c. „Anordnungsstaat“ den Mitgliedstaat, dessen Behörde die Europäische Ermittlungsanordnung erlassen hat;

2d. „Anordnungsbehörde“ den Richter, das Gericht, den Ermittlungsrichter oder den Staatsanwalt, von welchem die Europäische Ermittlungsanordnung erlassen wurde oder jede andere Behörde, die nach dem Recht des Anordnungsstaats für die Erlassung einer Europäischen Ermittlungsanordnung zuständig ist, vorausgesetzt die Europäische Ermittlungsanordnung wurde von einem Richter, einem Gericht, einem Ermittlungsrichter oder einem Staatsanwalt genehmigt;

2e. „Vollstreckungsbehörde“ die Behörde, die für die Entscheidung über die Vollstreckung zuständig ist;

3. „Entscheidung im Sinne des 4. Abschnitts“
   a) eine rechtskräftige Entscheidung gegen eine natürliche Person oder einen Verband im Sinne des § 1 Abs. 2 und 3 VbVG über die Zahlung einer Geldstrafe oder Geldbuße,
      aa) von einer nicht gerichtlichen Behörde des Entscheidungsstaats in Bezug auf eine nach dessen Recht strafbare Handlung getroffen wurde, vorausgesetzt, dass die betreffende Person die Möglichkeit hatte, die Sache vor ein auch in Strafsachen zuständiges Gericht zu bringen, oder
      bb) von einer nicht gerichtlichen Behörde des Entscheidungsstaats in Bezug auf Handlungen getroffen wurde, die nach dessen Recht als Zuwiderhandlung gegen Rechtsvorschriften geahndet wurden, vorausgesetzt, dass die betreffende Person die Möglichkeit hatte, die Sache vor ein auch in Strafsachen zuständiges Gericht zu bringen;
   b) im Anwendungsbereich des 2. Unterabschnitts auch eine rechtskräftige Entscheidung über die Zahlung einer Geldstrafe oder Geldbuße durch eine natürliche Person oder einen Verband, die getroffen wurde
      aa) von einem Spruchsenat, oder
      bb) von einem auch in Strafsachen zuständigen Gericht und sich auf eine unter lit. a oder lit. b, sublit. aa) fallende Entscheidung bezieht;
4. „Geldstrafe oder Geldbuße“ die Verpflichtung zur Zahlung
   a) eines in einer Entscheidung festgesetzten Geldbetrags;
   b) einer in derselben Entscheidung festgesetzten Entschädigung für die Opfer, wenn das Opfer im Rahmen des Verfahrens keine zivilrechtlichen Ansprüche geltend machen konnte und das Gericht in Ausübung seiner strafrechtlichen Zuständigkeit tätig wurde;

c) von Geldbeträgen für die Kosten der zu der Entscheidung führenden Gerichts- und Verwaltungsverfahren;
d) von in derselben Entscheidung festgesetzten Geldbeträgen an eine öffentliche Kasse oder eine Organisation zur Unterstützung von Opfern.

Der Begriff „Geldstrafen oder Geldbuße“ umfasst weder Anordnungen über die Einziehung, den Verfall oder die Konfiskation von Tatwerkzeugen oder Erträgen aus Straftaten noch Anordnungen zivilrechtlicher Natur, die sich aus Schadenersatzansprüchen und Klagen auf Wiederherstellung des früheren Zustands ergeben und gemäß der Verordnung (EU) Nr. 1215/2012 über die gerichtliche Zuständigkeit und die Anerkennung und Vollstreckung von Entscheidungen in Zivil- und Handelssachen, ABl. Nr. L 351 vom 20.12.2012 S. 1, geändert durch die Verordnung (EU) Nr. 566/2013, ABl. Nr. L 167 vom 19.06.2013 S. 29, vollstreckbar sind;

5. „Bestrafter“ die natürliche Person oder den Verband, gegen die oder gegen den die Entscheidung ergangen ist;

[6. nicht vergeben]

7. „Mitgliedstaat“ einen Mitgliedstaat der Europäischen Union;
8. „Entscheidungsstaat“ den Mitgliedstaat, in dem eine Entscheidung ergangen ist;
9. „Vollstreckungsstaat“ den Mitgliedstaat, dem eine Entscheidung oder Europäische Ermittlungsanordnung zum Zweck der Vollstreckung übermittelt wurde;
10. „Bescheinigung“ die Bescheinigung nach Art. 4 des Rahmenbeschlusses 2005/214/JI;
11. „Zentrale Behörde“ der Bundesminister für Finanzen oder dessen bevollmächtigte Vertreter.

## 2. Abschnitt
## Grundsätze

### Amts- und Rechtshilfe

**§ 3.** (1) Die Finanzstrafbehörden sind berechtigt, zur Durchführung der Finanzstrafrechtspflege zwischenstaatliche Amts- und Rechtshilfe auf Grund gesetzlicher Vorschriften, völkerrechtlicher Vereinbarungen sowie unmittelbar wirksamer Rechtsvorschriften der Europäischen Union zu leisten oder um diese zu ersuchen. Ein Ersuchen nach diesem Bundesgesetz darf nur gestellt werden, wenn einem gleichartigen Ersuchen des anderen Staates entsprochen werden könnte.

(2) Amtshilfe im Sinne des Abs. 1 ist jede Unterstützung, die zwischen Finanzstrafbehörden und ausländischen Verwaltungsbehörden zur Verhinderung, Aufdeckung und Verfolgung von Finanzvergehen gewährt wird.

(3) Rechtshilfe im Sinne des Abs. 1 ist jede Unterstützung, die in einer finanzstrafrechtlichen Angelegenheit zwischen Finanzstrafbehörden und anderen als in Abs. 2 genannten ausländischen Behörden aufgrund der in Abs. 1 genannten Rechtsgrundlagen gewährt wird. Als eine solche ausländische Behörde ist ein Gericht, eine Staatsanwaltschaft oder eine Verwaltungsbehörde, gegen deren Entscheidung ein auch in Strafsachen zuständiges Gericht angerufen werden kann, zu verstehen.

(4) Die Bestimmungen dieses Bundesgesetzes finden nur insoweit Anwendung, als in völkerrechtlichen Vereinbarungen oder unmittelbar wirksamen Rechtsvorschriften der Europäischen Union nicht anderes bestimmt ist. Soweit in diesem Bundesgesetz nicht anderes bestimmt ist, sind die Bestimmungen des Finanzstrafgesetzes (FinStrG), BGBl. Nr. 129/1958, anzuwenden.

### Zuständigkeit

**§ 4.** (1) Die Zuständigkeit für die Erledigung eines Amts- oder Rechtshilfeersuchens richtet sich nach § 58 Abs. 3 des Finanzstrafgesetzes (FinStrG), BGBl. Nr. 129/1958.

(2) Im Falle eingehender Ersuchen kann die zentrale Behörde Amts- oder Rechtshilfehandlungen selbst vornehmen oder eine sachlich zuständige Finanzstrafbehörde zu deren Durchführung bestimmen, wenn die Amts- oder Rechtshilfehandlungen im Amtsbereich mehrerer Finanzstrafbehörden vorzunehmen sind oder eine zuständige Finanzstrafbehörde nicht festgestellt werden kann oder dies zur Vermeidung von Verzögerungen oder Erschwerungen des Verfahrens zweckmäßig ist.

### Durchführung von Amts- und Rechtshilfehandlungen

**§ 4a.** (1) Einem Ersuchen darf nur entsprochen werden, wenn die öffentliche Ordnung oder andere wesentliche Interessen der Republik Österreich nicht verletzt werden und als gewährleistet angenommen werden kann, dass auch der ersuchende Staat einem gleichartigen österreichischen Ersuchen entsprechen würde.

(2) Die Republik Österreich trägt alle Kosten, die in ihrem Hoheitsgebiet im Zusammenhang mit der Durchführung von Amts- und Rechtshilfehandlungen entstehen. Werden die Kosten als unverhältnismäßig oder außergewöhnlich hoch angesehen, so kann der ersuchende Staat zum Zwecke der Teilung der Kosten konsultiert werden. Dem ersuchenden Staat ist der als außergewöhnlich hoch erachtete Teil der Kosten bekannt zu geben. Kann keine Einigung erzielt werden, ist der ersuchende Staat unter Setzung einer angemessenen Frist aufzufordern, sich mit der Tragung des Teils der Kosten einverstanden zu erklären, widrigenfalls angenommen werden würde, dass das Ersuchen oder die Europäische Ermittlungsanordnung im Hinblick auf diese Maßnahme zurückgezogen wird. Sachverständigengebühren hat stets der ersuchende Staat zu tragen.

(3) Die Finanzstrafbehörde führt die Amts- oder Rechtshilfehandlung in derselben Weise durch, wie sie im Rahmen eines innerstaatlichen Finanzstrafverfahrens durchzuführen wäre. Die Durch-

führung ist so lange aufzuschieben, als der Zweck laufender Ermittlungen andernfalls gefährdet wäre. Daten und Beweismittel, die im Rahmen der Durchführung einer Amts- oder Rechtshilfehandlung erhoben werden, dürfen für Zwecke der Finanzstrafrechtspflege und der Abgabenerhebung verarbeitet werden.

**Mitwirkung im Ausland; Rechtsstellung und zivilrechtliche Verantwortlichkeit**

**§ 4b.** (1) Soweit dies in völkerrechtlichen Vereinbarungen oder Rechtsvorschriften der Europäischen Union vorgesehen ist, sind die Finanzstrafbehörden für Zwecke der Finanzstrafrechtspflege berechtigt, an Amts- und Rechtshilfehandlungen im Ausland mitzuwirken.

(2) Soweit dies in den in Abs. 1 genannten Rechtsgrundlagen vorgesehen ist, ist die Anwesenheit bei oder die Mitwirkung an Amts- und Rechtshilfehandlungen im Inland von Organen ausländischer Behörden auf Ersuchen zu bewilligen, sofern dadurch nicht wesentliche Verfahrensgrundsätze, die öffentliche Ordnung oder andere wesentliche Interessen der Republik Österreich verletzt werden. Den ausländischen Organen kommt keine Strafverfolgungsbefugnis im Inland zu; die Vornahme selbständiger Ermittlungen oder Verfahrenshandlungen durch diese ist unzulässig. Die Anwesenheit bei oder die Mitwirkung an Amts- und Rechtshilfehandlungen im Inland hat unter Leitung der zuständigen Finanzstrafbehörde zu erfolgen. Hinsichtlich der Rechtsstellung der ausländischen Organe und der zivilrechtlichen Verantwortlichkeit gilt § 55k EU-JZG sinngemäß.

**Informationsaustausch ohne Ersuchen**

**§ 4c.** (1) Ist dies in völkerrechtlichen Vereinbarungen oder Rechtsvorschriften der Europäischen Union vorgesehen, sind die Finanzstrafbehörden ermächtigt, auch ohne ein diesbezügliches Ersuchen mit den zuständigen Behörden des anderen Staates vorhandene Informationen auszutauschen, wenn

1. die Informationen vorsätzlich begangene Finanzvergehen, ausgenommen Finanzordnungswidrigkeiten, betreffen,
2. eine Übermittlung dieser Informationen an eine Finanzstrafbehörde, ein inländisches Gericht oder an eine inländische Staatsanwaltschaft auch ohne Ersuchen zulässig wäre, und
3. auf Grund bestimmter Tatsachen anzunehmen ist, dass durch den Inhalt der Informationen
   a) ein Finanzstrafverfahren in dem anderen Staat eingeleitet werden kann,
   b) ein bereits eingeleitetes Finanzstrafverfahren gefördert wird oder
   c) eine Straftat von erheblicher Bedeutung verhindert oder eine unmittelbare und ernsthafte Gefahr für die öffentliche Sicherheit abgewehrt werden kann.

(2) Vor der Übermittlung von Informationen, die der Staatsanwaltschaft berichtet wurden (§ 100 Strafprozeßordnung 1975 – StPO, BGBl. Nr. 631/1975), ist diese um Genehmigung zu ersuchen.

**3. Abschnitt**
**Informationsaustausch zwischen Strafverfolgungsbehörden in Umsetzung des Rahmenbeschlusses 2006/960/JI des Rates**

**Übermittlung von Informationen und Ergebnissen einer Ermittlung**

**§ 5.** (1) Die Finanzstrafbehörden sind berechtigt, auf Ersuchen einer zuständigen Strafverfolgungsbehörde eines anderen Mitgliedstaats der Europäischen Union vorhandene Informationen ohne Vorliegen eines Rechtshilfeersuchens zu übermitteln oder um diese zu ersuchen, wenn sich das Ersuchen auf vorsätzlich begangene Finanzvergehen, ausgenommen Finanzordnungswidrigkeiten, bezieht.

(1a) Bezieht sich das Ersuchen auf Informationen, die der Staatsanwaltschaft berichtet wurden (§ 100 StPO), so ist diese um Genehmigung zu ersuchen.

(2) In die Erledigung des Auskunftsersuchens hat die Finanzstrafbehörde eine Erklärung über die Zustimmung zur Verwendung der übermittelten Informationen und Ergebnisse einer Ermittlung als Beweismittel in einem Strafverfahren im ersuchenden Mitgliedstaat aufzunehmen. Informationen oder sonstige Ergebnisse aus einem inländischen Finanzstrafverfahren, die durch Ermittlungshandlungen und Beweisaufnahmen erlangt wurden, die einen Bescheid oder eine Anordnung des Vorsitzenden des Spruchsenates, dem gemäß § 58 Abs. 2 die Durchführung der mündlichen Verhandlung und die Fällung des Erkenntnisses obliegen würde, erfordern, dürfen nur aufgrund eines Rechtshilfeersuchens übermittelt werden, wenn sie als Beweismittel in einem Strafverfahren verwendet werden sollen.

(3) Die Abs. 1 und 2 sind auch auf die Übermittlung von Informationen und Ergebnissen einer Ermittlung an zuständige Strafverfolgungsbehörden jener Staaten anzuwenden, welche die Bestimmungen des Schengen-Besitzstandes auf Grund eines Assoziierungsübereinkommens mit der Europäischen Union über die Umsetzung, Anwendung und Entwicklung des Schengen-Besitzstandes anwenden.

**Verweigerung der Datenübermittlung**

**§ 6.** Die Datenübermittlung nach § 5 hat zu unterbleiben, wenn

1. dadurch der Zweck laufender Ermittlungen oder die Sicherheit von Personen gefährdet erscheint oder
2. die Zurverfügungstellung der Daten unverhältnismäßig wäre oder die Daten für die Zwecke, für die sie übermittelt werden sollen, nicht erforderlich sind oder
3. wesentliche nationale Sicherheitsinteressen beeinträchtigt wären.

### Verwendung der übermittelten Daten

**§ 7.** (1) Daten, die von einer ausländischen Strafverfolgungsbehörde an eine Finanzstraf- oder Abgabenbehörde übermittelt wurden, dürfen nur für die Zwecke, für die sie übermittelt wurden, verwendet werden. Für einen anderen Zweck oder als Beweismittel in einem Finanzstrafverfahren dürfen sie nur verwendet werden, wenn der übermittelnde Staat zugestimmt hat. Bedingungen des übermittelnden Staates in Bezug auf die Verwendung der Daten sind zu beachten. Die übermittelten Daten unterliegen denselben datenschutzrechtlichen Vorschriften wie Daten, die im Inland erlangt wurden.

(2) Auf Ersuchen des übermittelnden Mitgliedstaates hat die Finanzstrafbehörde über die Verwendung der übermittelten Daten Auskunft zu erteilen.

### Befugnisse der Abgabenbehörde

**§ 8.** Die Abgabenbehörde kann im Einvernehmen mit der Finanzstrafbehörde für Zwecke der Betrugsbekämpfung die zuständigen Strafverfolgungsbehörden anderer Mitgliedstaaten der Europäischen Union um die Übermittlung von Daten und Ergebnissen einer Ermittlung im Sinne des § 5 Abs. 1 ersuchen.

## 3a. Abschnitt
## Europäische Ermittlungsanordnung

### 1. Unterabschnitt
### Vollstreckung einer Europäischen Ermittlungsanordnung

### Empfangsbestätigung

**§ 8a.** (1) Der Empfang der Europäischen Ermittlungsanordnung ist unter Verwendung des Formblatts laut Anlage 4 dieses Bundesgesetzes binnen einer Woche nach Einlangen zu bestätigen.

(2) Die Europäische Ermittlungsanordnung ist auf ihre Vollständigkeit zu prüfen. Die Anordnungsbehörde ist unter Setzung einer Frist um Berichtigung zu ersuchen, wenn infolge unvollständiger, widersprüchlicher oder sonst offensichtlich unrichtiger Angaben oder mangels Verwendung der vorgesehenen Sprache oder des Formblatts laut Anlage 3 dieses Bundesgesetzes über die Vollstreckung der Europäischen Ermittlungsanordnung nicht entschieden werden kann.

(3) Wurde die Europäische Ermittlungsanordnung nicht von einer Justizbehörde im Sinne des § 2 Z 2d erlassen oder genehmigt, ist sie an den Anordnungsstaat zurückzustellen.

### Entscheidung über die Vollstreckung

**§ 8b.** (1) Soweit in diesem Abschnitt nicht anderes bestimmt ist, entscheidet die Finanzstrafbehörde über die Vollstreckung einer Europäischen Ermittlungsanordnung binnen 30 Tagen. Ist die Einhaltung der Frist nicht möglich, unterrichtet sie den Anordnungsstaat unverzüglich über die Verzögerung und deren voraussichtlichen Dauer. Das Ergebnis der Entscheidung über die Vollstreckung, einschließlich allfälliger Ablehnungs- oder Hinderungsgründe, ist dem Anordnungsstaat unverzüglich zur Kenntnis zu bringen.

(2) Die Vollstreckung einer Europäischen Ermittlungsanordnung ist unzulässig, wenn

1. die Durchführung der Ermittlungsmaßnahme oder Beweisaufnahme gegen Bestimmungen über die Immunität verstoßen würde, wobei gegebenenfalls die notwendigen Anträge zu stellen sind und eine allfällige Aufhebung der Immunität abzuwarten ist;
2. wesentliche nationale Sicherheitsinteressen gefährdet wären;
3. die Ermittlungsmaßnahme in einem vergleichbaren innerstaatlichen Fall nicht zulässig wäre; wurde die Europäische Ermittlungsanordnung jedoch in einem Verfahren erlassen, das nach dem Recht des Anordnungsstaats von einer Justizbehörde geführt wird, ist nach § 8c Abs. 1 vorzugehen, wobei die in § 8c Abs. 2 genannten Ermittlungsmaßnahmen stets durchzuführen sind;
4. sie das Recht, wegen derselben Straftat nicht zweimal strafrechtlich verfolgt oder bestraft zu werden, verletzen würde, es sei denn, dass der Europäischen Ermittlungsanordnung ein Antrag des Beschuldigten auf Durchführung bestimmter Ermittlungsmaßnahmen oder Aufnahme bestimmter Beweise im Verfahren vor der Anordnungsbehörde zu Grunde liegt;
5. sich die Europäische Ermittlungsanordnung auf eine strafbare Handlung bezieht, die außerhalb des Hoheitsgebietes des Anordnungsstaats und ganz oder teilweise im Inland begangen worden sein soll, und diese Handlung im Inland keine Straftat darstellt;
6. berechtigte Gründe für die Annahme bestehen, dass sie die in Art. 6 des Vertrags über die Europäische Union anerkannten Grundsätze oder die durch die Charta der Grundrechte der Europäischen Union gewährten Rechte verletzen würde;
7. die Handlung, aufgrund deren die Europäische Ermittlungsanordnung erlassen wurde, nach dem innerstaatlichen Recht kein Finanzvergehen darstellt; es sei denn, die zugrunde liegende Handlung wird von der Anordnungsbehörde als Straftat im Sinne der Anlage 1 angegeben und die Straftat ist im Anordnungsstaat mit einer Freiheitsstrafe, deren Obergrenze mindestens drei Jahre beträgt, oder mit Freiheitsstrafe verbundenen vorbeugenden Maßnahmen in dieser Dauer bedroht; oder es betrifft eine Ermittlungsmaßnahme gemäß § 8c Abs. 2.

(3) Die Vollstreckung darf nicht aus dem Grund abgelehnt werden, dass das innerstaatliche Recht nicht dieselbe Art von Abgaben oder abgabenrechtliche Bestimmungen derselben Art enthält wie das Recht des Anordnungsstaats.

**Rückgriff auf eine andere Ermittlungsmaßnahme**

**§ 8c.** (1) Ist die in der Europäischen Ermittlungsanordnung angegebene Ermittlungsmaßnahme in einem vergleichbaren innerstaatlichen Fall unzulässig und wird das Verfahren im anderen Mitgliedstaat jedoch von einer Justizbehörde geführt oder wären durch den Rückgriff auf eine andere Ermittlungsmaßnahme, mit der das gleiche Ergebnis erzielt werden kann, die Rechte des Betroffenen weniger beeinträchtigt, greift die Finanzstrafbehörde nach Möglichkeit auf eine andere Ermittlungsmaßnahme zurück. Steht keine andere solche Ermittlungsmaßnahme zur Verfügung, ist der Anordnungsbehörde unter Angabe der Gründe mitzuteilen, dass es nicht möglich ist, die Europäische Ermittlungsanordnung zu vollstrecken.

(2) Unbeschadet § 8b Abs. 2 gilt Abs. 1 nicht für folgende Ermittlungsmaßnahmen, die stets durchzuführen sind:

1. die Erlangung von vorhandenen Informationen, Ermittlungsergebnissen oder Beweismitteln;
2. die Einvernahme von Auskunftspersonen, Zeugen, Sachverständigen oder Beschuldigten, soweit nicht ein nach innerstaatlichem Recht bestehendes Vernehmungsverbot dadurch umgangen oder ein Aussageverweigerungsrecht verletzt würde;
3. die Identifizierung von Inhabern eines bestimmten Telefonanschlusses;
4. die Identifizierung von Inhabern einer bestimmten IP-Adresse.

**Vollstreckung**

**§ 8d.** (1) Die Finanzstrafbehörde führt die in der Europäischen Ermittlungsanordnung angegebene Ermittlungsmaßnahme in derselben Weise durch, als wäre sie im Rahmen eines innerstaatlichen Finanzstrafverfahrens durchzuführen.

(2) Die Ermittlungsmaßnahme ist so bald als möglich, jedenfalls binnen 90 Tagen nach Entscheidung über die Vollstreckung durchzuführen. Die Durchführung der Ermittlungsmaßnahme oder Übermittlung der Beweismittel ist so lange aufzuschieben, als der Zweck der Europäischen Ermittlungsanordnung oder laufender Ermittlungen andernfalls gefährdet wäre oder die Beweismittel in einem innerstaatlichen Verfahren benötigt werden.

(3) Die in der Europäischen Ermittlungsanordnung angegebenen Form- oder Verfahrensvorschriften sowie Fristen sind einzuhalten, soweit diese nicht im Widerspruch zu den innerstaatlichen Rechtsgrundsätzen stehen. Können diese oder die Frist gemäß Abs. 2 nicht eingehalten werden oder erscheinen im Einzelfall weitere Maßnahmen erforderlich, ist die Anordnungsbehörde hiervon zu unterrichten.

**Übermittlung der Beweismittel**

**§ 8e.** (1) Die im Zuge der Vollstreckung der Europäischen Ermittlungsanordnung erlangten Beweismittel sind ohne unnötige Verzögerung an die zuständige Behörde des Anordnungsstaats zu übermitteln, wenn nicht angegeben wurde, dass sie im Inland verbleiben sollen. Gegebenenfalls können sie unmittelbar an die bei der Vollstreckung der Europäischen Ermittlungsanordnung mitwirkenden Organe ausländischer Behörden übergeben werden.

(2) Die Übermittlung kann bis zur Entscheidung über ein gemäß § 8f eingebrachtes Rechtsmittel in Abwägung der Dringlichkeit des von der zuständigen Behörde des Anordnungsstaats geführten Verfahrens aufgeschoben werden. Die Übermittlung ist jedenfalls aufzuschieben, wenn dem Rechtsmittelwerber durch diese ein schwerer und unwiederbringlicher Schaden entstünde.

(3) Im Fall der Vernehmung mittels technischer Einrichtung zur Wort- und Bildübertragung oder im Wege einer Telefonkonferenz ist der Vollstreckungsbehörde das gemäß § 8i Abs. 4 erstellte Protokoll zu übermitteln.

(4) Gegebenenfalls ist die zuständige Behörde des Anordnungsstaats unter Setzung einer Frist aufzufordern, die Beweismittel nach deren Verwendung zurück zu übermitteln.

**Rechtsmittel**

**§ 8f.** (1) Die Anordnung der Ermittlungsmaßnahme kann nur im Anordnungsstaat gemäß dessen Recht angefochten werden; dies auch dann, wenn das innerstaatliche Recht eine gesonderte Anordnung vorsieht.

(2) Auf Beschwerden gegen die Durchführung von Ermittlungsmaßnahmen sind die Bestimmungen des FinStrG anzuwenden.

(3) Die Anordnungsbehörde ist über nach Abs. 2 eingebrachte Rechtsmittel unverzüglich zu informieren.

## 2. Unterabschnitt
## Anordnung einer Europäischen Ermittlungsanordnung

**Erlassung und Genehmigung einer Europäischen Ermittlungsanordnung**

**§ 8g.** (1) Die Finanzstrafbehörden sind für Zwecke des Finanzstrafverfahrens berechtigt, eine Europäische Ermittlungsanordnung zu erlassen, wenn dies erforderlich und verhältnismäßig ist und die Ermittlungsmaßnahme in einem vergleichbaren innerstaatlichen Fall zulässig wäre.

(2) Für die Erlassung der Europäischen Ermittlungsanordnung oder die Ergänzung einer solchen ist das Formblatt laut Anlage 3 zu verwenden.

(3) Sofern der Vollstreckungsstaat nicht die Erklärung abgegeben hat, eine Europäische Ermittlungsanordnung auch in deutscher Sprache zu akzeptieren, ist diese in eine der Amtssprachen des Vollstreckungsstaats oder in eine vom Vollstreckungsstaat angegebene andere Sprache zu übersetzen.

(4) Der Vorsitzende des Spruchsenates, dem gemäß § 58 Abs. 2 FinStrG die Durchführung der mündlichen Verhandlung und die Fällung des Er-

kenntnisses obliegen würde, hat die Europäische Ermittlungsanordnung bei Vorliegen der in Abs. 1 genannten Voraussetzungen zu genehmigen, wobei mit dieser Genehmigung eine allfällig erforderliche Anordnung des Vorsitzenden des Spruchsenates als erteilt gilt. Die Erlassung einer Europäischen Ermittlungsanordnung durch das Bundesfinanzgericht bedarf keiner solchen Genehmigung.

(5) Erforderlichenfalls ist der Europäischen Ermittlungsanordnung eine Rechtsbelehrung und eine Information für die Vollstreckungsbehörde anzuschließen, zu welchem Zeitpunkt die Rechtsbelehrung zu erteilen ist.

#### Rechtsmittel

**§ 8h.** (1) Die Anordnung einer Ermittlungsmaßnahme durch eine Finanzstrafbehörde kann mittels Beschwerde in gleicher Weise angefochten werden wie dies gegen die Ermittlungsmaßnahme im Inland zulässig wäre.

(2) Die Vollstreckungsbehörde ist über nach Abs. 1 eingebrachte Rechtsmittel unverzüglich zu informieren.

(3) Wird die Durchführung der angeordneten Ermittlungsmaßname im Vollstreckungsstaat angefochten, ist die Entscheidung darüber so zu berücksichtigen, als wäre sie im Inland ergangen.

### 3. Unterabschnitt
### Bestimmte Ermittlungsmaßnahmen

#### Vernehmung mittels technischer Einrichtung zur Wort- und Bildübertragung oder im Wege einer Telefonkonferenz

**§ 8i.** (1) Die Erlassung und Vollstreckung einer Europäischen Ermittlungsanordnung zum Zweck der Vernehmung von im Hoheitsgebiet des Vollstreckungsstaats aufhältigen Zeugen oder Sachverständigen mittels technischer Einrichtung zur Wort- und Bildübertragung oder im Wege einer Telefonkonferenz ist zulässig. Die Vernehmung von Beschuldigten im Wege einer Telefonkonferenz ist unzulässig, eine Vernehmung mittels technischer Einrichtung zur Wort- und Bildübertragung bedarf deren Zustimmung.

(2) Zeugen, Sachverständige oder Beschuldigte sind vor der Vernehmung nach dem Recht des Anordnungsstaats und nach dem Recht des Vollstreckungsstaats zu belehren. Anlässlich der Vernehmung ist die Identität der zu vernehmenden Person festzustellen. Bei Bedarf ist ein Dolmetscher beizuziehen.

(3) Die Vernehmung wird unter Leitung der zuständigen Behörde des Anordnungsstaats nach dessen Recht durchgeführt. Die Finanzstrafbehörde hat bei der Durchführung der Vernehmung auf die Einhaltung der wesentlichen innerstaatlichen Rechtsgrundsätze zu achten.

(4) Die Vollstreckungsbehörde erstellt ein Protokoll, das Angaben zu Datum, Ort der Vernehmung, zur Identität der vernommenen Person, zur Identität und zur Funktion aller anderen im Vollstreckungsstaat an der Vernehmung teilnehmenden Personen, einer allfälligen Vereidigung und den technischen Rahmenbedingungen enthält.

(5) Wird die Aussage trotz Aussagepflicht verweigert oder falsch ausgesagt, gelten die Rechtsvorschriften des Vollstreckungsstaats.

#### Informationen über Konten und Depots

**§ 8j.** (1) Eine Europäische Ermittlungsanordnung kann erlassen werden, um alle verfügbaren Informationen darüber zu erlangen, ob Personen oder Verbände, gegen die ein Strafverfahren geführt wird, ein oder mehrere Konten oder Depots gleich welcher Art bei einem im Hoheitsgebiet des Vollstreckungsstaats niedergelassenen Kreditinstitut unterhalten oder kontrollieren. Wird in der Europäischen Ermittlungsanordnung ausdrücklich darum ersucht, erstreckt sich diese Informationsverpflichtung auch auf Konten oder Depots, für die die genannten Personen oder Verbände vertretungsbefugt sind.

(2) In der Europäischen Ermittlungsanordnung sind die Gründe auszuführen, weshalb die erbetenen Auskünfte wahrscheinlich von wesentlichem Wert sind und weshalb angenommen wird, dass Konten oder Depots bei Kreditinstituten des Vollstreckungsstaats betroffen sind. Darüber hinaus sind alle sonstigen verfügbaren Informationen zur Erlangung der Auskünfte mitzuteilen.

(3) Im Fall eines eingehenden Ersuchens sind die Anordnung und alle mit ihr verbundenen Tatsachen und Vorgänge in jedem Fall gegenüber Kunden und Dritten geheim zu halten.

#### Informationen über Bank- und sonstige Finanzgeschäfte

**§ 8k.** (1) Eine Europäische Ermittlungsanordnung kann erlassen werden, um alle verfügbaren Angaben über bestimmte bei Kredit- oder Finanzinstituten geführte Konten, Depots und Finanzgeschäfte zu erlangen, die während eines bestimmten Zeitraums über ein oder mehrere in der Europäischen Ermittlungsanordnung angeführte Konten oder Depots getätigt wurden, einschließlich der Angaben über sämtliche Überweisungs- und Empfängerkonten. In der Europäischen Ermittlungsanordnung sind die Gründe anzuführen, weshalb die erbetenen Auskünfte als relevant erachtet werden.

(2) Im Fall eines eingehenden Ersuchens hat das Kredit- oder Finanzinstitut die Anordnung und alle mit ihr verbundenen Tatsachen und Vorgänge gegenüber Kunden und Dritten geheim zu halten. Die Zustellung der Anordnung samt Auskunftsersuchen an den Beschuldigten und an die Verfügungsberechtigten hat zu unterbleiben, sofern in der Europäischen Ermittlungsanordnung nicht anderes angegeben ist.



#### Vorläufige Maßnahmen

**§ 8l.** (1) Eine Europäische Ermittlungsanordnung kann zur Durchführung von Maßnahmen erlassen werden, mit welchen die Vernichtung, Veränderung, Entfernung, Übertragung oder Veräußerung von Gegenständen, die als Beweismittel dienen können, vorläufig verhindert wird (Beschlagnahme).

(2) Die Vollstreckungsbehörde entscheidet unverzüglich nach Eingang der Europäischen Ermittlungsanordnung über die Maßnahme und teilt diese Entscheidung der Anordnungsbehörde mit.

(3) In der Europäischen Ermittlungsanordnung ist anzugeben, ob die Beweismittel an den Anordnungsstaat zu übermitteln sind oder im Vollstreckungsstaat verbleiben sollen. In letzterem Fall gibt die Anordnungsbehörde den Zeitpunkt der Aufhebung der Maßnahme oder den voraussichtlichen Zeitpunkt der Vorlage des Ersuchens um Übermittlung der Beweismittel an.

(4) Im Fall eines eingehenden Ersuchens hat anstelle des Bescheides gemäß § 89 Abs. 1 FinStrG eine Mitteilung zu ergehen.

## 4. Abschnitt
## Vollstreckung finanzstrafrechtlicher Entscheidungen

### 1. Unterabschnitt
### Vollstreckung von Entscheidungen anderer Mitgliedstaaten in Österreich

#### Anzuwendendes Verfahrensrecht und Zuständigkeit

**§ 9.** (1) Soweit sich aus den Bestimmungen dieses Unterabschnitts nicht anderes ergibt, ist auf das Verfahren zur Vollstreckung von Entscheidungen anderer Mitgliedstaaten in Österreich das FinStrG anzuwenden.

(2) Zur Entgegennahme von Vollstreckungsersuchen ist die zentrale Behörde berufen.

(3) Die Durchführung der Vollstreckung obliegt für Strafentscheidungen betreffend Zoll- oder Verbrauchsteuerdelikte sowie sonstige Vergehen in Zusammenhang mit vom Zollamt Österreich zu vollziehenden Rechtsvorschriften dem Zollamt Österreich als Finanzstrafbehörde, sonst dem Amt für Betrugsbekämpfung als Finanzstrafbehörde.

*(BGBl I 2019/104, BGBl I 2020/23)*

(4) (aufgehoben)

*(BGBl I 2019/104, BGBl I 2020/23)*

(5) Ist eine österreichische Finanzstrafbehörde, die eine zur Vollstreckung übermittelte Entscheidung erhält, nicht zuständig, die erforderlichen Maßnahmen für deren Vollstreckung zu treffen, so ist diese Entscheidung von Amts wegen der zuständigen Behörde oder dem gemäß § 53b Abs. 1 und 2 EU-JZG zuständigen Gericht zu übermitteln.

#### Unzulässigkeit der Vollstreckung

**§ 10.** (1) Die Finanzstrafbehörde (Vollstreckungsbehörde) hat die Vollstreckung der Entscheidung zu verweigern, wenn die Bescheinigung nicht vorliegt, unvollständig ist oder der Entscheidung offensichtlich nicht entspricht. Als Unvollständigkeit gilt auch, wenn nicht zusammen mit der Bescheinigung die Entscheidung oder eine beglaubigte Abschrift der Entscheidung übermittelt wird oder wenn eine Übersetzung der Bescheinigung in die deutsche Sprache fehlt, es sei denn der Entscheidungsstaat hat die Erklärung abgegeben, als Vollstreckungsstaat Bescheinigungen auch in deutscher Sprache zu akzeptieren.

(2) Die Vollstreckungsbehörde hat die Vollstreckung der Entscheidung auch dann zu verweigern, wenn

1. der Bestrafte im Inland weder über Vermögen verfügt noch Einkommen bezieht, noch sich in der Regel im Inland aufhält oder dort einen Sitz hat,
2. gegen den Bestraften wegen derselben Tat eine rechtskräftige Entscheidung im Inland ergangen oder eine in einem anderen Staat als dem Entscheidungsstaat oder Österreich ergangene Entscheidung bereits vollstreckt worden ist,
3. sich die Entscheidung auf eine Tat bezieht, die nach österreichischem Recht keine strafbare Handlung darstellen würde, sofern es sich nicht um einen in der Liste in Anlage 1 aufgezählten Fall handelt,
4. die Vollstreckbarkeit der Entscheidung nach österreichischem Recht verjährt ist und die Entscheidung sich auf eine Tat bezieht, für die österreichisches Strafrecht gilt,
5. sich die Entscheidung auf eine Tat bezieht,
   a) die im Inland oder an Bord eines österreichischen Schiffes oder Luftfahrzeuges begangen worden ist oder
   b) die nicht im Hoheitsgebiet des Entscheidungsstaats begangen worden ist, sofern nach österreichischem Recht im Ausland begangene Taten gleicher Art nicht strafbar sind,
6. nach österreichischem Recht Immunitäten bestehen, die einer Vollstreckung entgegenstehen,
7. die Entscheidung gegen eine natürliche Person ergangen ist, die nach österreichischem Recht zur Zeit der Tat unmündig war,
8. dem Bestraften im Entscheidungsstaat oder im Inland Amnestie oder Begnadigung gewährt worden ist,
9. laut Bescheinigung der Bestrafte
   a) im Fall eines schriftlichen Verfahrens nicht persönlich oder über einen nach dem Recht des Entscheidungsstaats befugten Vertreter von seinem Recht, die Entscheidung anzufechten, und von den Fristen, die für dieses Rechtsmittel gelten, gemäß den Rechtsvorschriften des Entscheidungsstaats unterrichtet worden ist, oder
   b) nicht persönlich zu der Verhandlung, die zu der Entscheidung geführt hat, erschienen ist, es sei denn, aus der Bescheinigung geht hervor, dass der Bestrafte im Einklang mit den Verfahrensvorschriften des Entscheidungsstaates

aa) fristgerecht durch persönliche Ladung oder auf andere Weise von Zeit und Ort der Verhandlung, die zu der Entscheidung geführt hat, tatsächlich Kenntnis erlangt hat und darüber belehrt worden ist, dass die Entscheidung in seiner Abwesenheit ergehen kann; oder

bb) in Kenntnis der anberaumten Verhandlung einen selbst gewählten oder beigegebenen Verteidiger mit seiner Vertretung in der Verhandlung betraut hat und von diesem in der Verhandlung tatsächlich vertreten wurde; oder

cc) nach Zustellung der in Abwesenheit ergangenen Entscheidung und nach Belehrung über das Recht, die Neudurchführung der Verhandlung zu beantragen oder ein Rechtsmittel zu ergreifen und auf diesem Weg eine neuerliche Prüfung des Sachverhalts, auch unter Berücksichtigung neuer Beweise, in seiner Anwesenheit und eine Aufhebung der ursprünglich ergangenen Entscheidung zu erreichen, ausdrücklich erklärt hat, keine Neudurchführung der Verhandlung zu beantragen oder kein Rechtsmittel zu ergreifen, oder innerhalb der bestehenden Fristen keine Neudurchführung der Verhandlung beantragt oder kein Rechtsmittel ergriffen hat; oder

c) im Verfahren nicht persönlich erschienen ist, es sei denn, aus der Bescheinigung geht hervor, dass er nach ausdrücklicher Unterrichtung über das Verfahren und die Möglichkeit, bei der Verhandlung persönlich zu erscheinen, ausdrücklich erklärt hat, auf das Recht auf mündliche Anhörung zu verzichten und die Entscheidung nicht anzufechten.

10. die verhängte Geldstrafe oder Geldbuße unter 70 Euro oder dem Gegenwert dieses Betrags liegt oder

11. wenn objektive Anhaltspunkte dafür vorliegen, dass die Entscheidung unter Verletzung von Grundrechten oder allgemeinen Rechtsgrundsätzen gemäß Art. 6 des Vertrags über die Europäische Union zustande gekommen ist.

(3) Die Vollstreckungsbehörde hat die Vollstreckung der Entscheidung zu verweigern, soweit

1. die Republik Österreich den Anwendungsbereich des Rahmenbeschlusses 2005/214/JI in einer gemäß Art. 20 Abs. 2 dieses Rahmenbeschlusses abgegebenen Erklärung beschränkt hat oder

2. im Hinblick auf eine vom Entscheidungsstaat gemäß dieser Bestimmung abgegebene Erklärung Gegenseitigkeit fehlt.

(4) Bevor die Vollstreckungsbehörde in den in Abs. 1 und Abs. 2 Z 4, 9 und 11 genannten Fällen die Vollstreckung einer Entscheidung ganz oder teilweise verweigert, hat sie sich auf geeignete Art und Weise mit der zuständigen Behörde des Entscheidungsstaats ins Einvernehmen zu setzen und diese gegebenenfalls unter Setzung einer angemessenen Frist um die unverzügliche Übermittlung aller erforderlichen zusätzlichen Angaben zu ersuchen.

(5) Alle Fälle der Unzulässigkeit gemäß Abs. 2 Z 11 sind dem Bundesminister für Finanzen zu berichten.

### Vollstreckung

**§ 11.** (1) Liegt keiner der in § 10 Abs. 1 bis 3 genannten Unzulässigkeitsgründe vor, ist die Übernahme der Vollstreckung mit Bescheid festzustellen. Dieser Bescheid hat die Bezeichnung der Behörde, deren Entscheidung vollstreckt wird, deren Aktenzeichen, die Bezeichnung der strafbaren Handlung, die angewendeten Rechtsvorschriften des Entscheidungsstaates sowie eine Vollstreckbarkeitserklärung zu enthalten und den zu vollstreckende Betrag anzuführen. Dieser Bescheid ist Exekutionstitel für das finanzstrafbehördliche und gerichtliche Exekutionsverfahren.

(2) Der zu vollstreckende Geldbetrag ist von der Vollstreckungsbehörde in Euro anzugeben. Ist die zu zahlende Geldstrafe oder Geldbuße in der zu vollstreckenden Entscheidung nicht in Euro angegeben, so ist der zu vollstreckende Geldbetrag zu dem am Tag der Verhängung der Geldstrafe oder Geldbuße geltenden Wechselkurs in Euro umzurechnen.

(3) Bezieht sich die Entscheidung nachweislich auf Taten, die nicht im Hoheitsgebiet des Entscheidungsstaats begangen worden sind, und unterliegen diese Taten dem Geltungsbereich der österreichischen Strafgesetze, so ist der zu vollstreckende Betrag auf das nach österreichischem Recht zulässige Höchstmaß herabzusetzen.

(4) Einer gegen diesen Bescheid eingebrachten Beschwerde (§ 152 FinStrG) kommt aufschiebende Wirkung insoweit zu, als bis zur rechtskräftigen Entscheidung darüber nur Maßnahmen zur Sicherung der zu vollstreckenden Geldstrafe vorgenommen werden dürfen.

(5) Die Vollstreckung einer Entscheidung kann für die Zeit ausgesetzt werden, die für die Anfertigung ihrer Übersetzung benötigt wird.



### Anrechnung geleisteter Zahlungen

**§ 12.** Kann der Verpflichtete den Nachweis für eine teilweise oder vollständig geleistete Zahlung in einem Staat erbringen, so hat sich die Vollstreckungsbehörde nach dem Verfahren des § 10 Abs. 4 mit der zuständigen Behörde des Entscheidungsstaats ins Einvernehmen zu setzen. Jeder in einem Staat in welcher Weise auch immer eingetriebene Teil der Geldstrafe oder Geldbuße ist voll auf den einzutreibenden Geldbetrag anzurechnen.

### Ersatzfreiheitsstrafe

**§ 13.** (1) Hat der Entscheidungsstaat in der Bescheinigung die Anordnung einer Ersatzfreiheitsstrafe zugelassen, so ist dies als Grundlage für deren Vollzug in dem gemäß § 11 zu erlassenden Bescheid unter der Voraussetzung der Gegenseitigkeit festzustellen.

(2) Hat eine Feststellung nach Abs. 1 zu erfolgen und ist in einer zu vollstreckenden Entscheidung, mit der eine Geldstrafe oder Geldbuße ausgesprochen wurde, nicht bereits eine Ersatzfreiheitsstrafe festgesetzt, so ist gleichzeitig für den Fall der Uneinbringlichkeit der Geldstrafe oder Geldbuße eine Ersatzfreiheitsstrafe festzusetzen. Die Höhe der Ersatzfreiheitsstrafe darf ein in der Bescheinigung angegebenes Höchstmaß nicht überschreiten. Im Übrigen ist § 20 FinStrG mit der Maßgabe sinngemäß anzuwenden, dass eine Ersatzfreiheitsstrafe die Dauer von sechs Wochen nicht überschreiten darf. Wurde in der zu vollstreckenden Entscheidung eine höhere Ersatzfreiheitsstrafe festgesetzt, so ist deren Dauer auf sechs Wochen herabzusetzen.

(3) § 179 FinStrG ist sinngemäß anzuwenden.

### Beendigung der Vollstreckung

**§ 14.** Unterrichtet die zuständige Behörde des Entscheidungsstaats die Vollstreckungsbehörde über eine Entscheidung oder Maßnahme, auf Grund deren die Vollstreckbarkeit der Entscheidung erlischt oder darüber, dass die Vollstreckung Österreich aus anderen Gründen wieder entzogen wird, so ist die Vollstreckung zu beenden.

### Erlös aus der Vollstreckung

**§ 15.** Sofern nicht eine anders lautende Vereinbarung mit dem Entscheidungsstaat getroffen worden ist, fließt der Erlös aus der Vollstreckung dem Bund zu.

### Unterrichtung des Entscheidungsstaats

**§ 16.** Die Finanzstrafbehörde hat die zuständige Behörde des Entscheidungsstaats unverzüglich in einer Form, die einen schriftlichen Nachweis ermöglicht,

1. über die Übermittlung der Entscheidung an die zuständige Behörde oder an das zuständige Gericht gemäß § 9 Abs. 5,
2. über die Verweigerung der Vollstreckung einer Entscheidung gemäß § 10 zusammen mit einer Begründung,
3. über die in ihrer Gesamtheit oder in Teilen aus den in § 11 Abs. 3, § 12 oder in sonstigen Rechtsvorschriften genannten Gründen nicht erfolgte Vollstreckung der Entscheidung,
4. über die Vollstreckung der Entscheidung, sobald sie abgeschlossen ist, und
5. über die Anordnung (Festsetzung) einer Ersatzfreiheitsstrafe gemäß § 13 zu unterrichten.

### Kosten

**§ 17.** Ein Ersatz für entstehende Kosten darf von anderen Mitgliedstaaten nicht gefordert werden.

## 2. Unterabschnitt
## Vollstreckung von österreichischen Entscheidungen in einem anderen Mitgliedstaat

### Voraussetzungen

**§ 18.** Entscheidungen österreichischer Finanzstrafbehörden können in einem anderen Mitgliedstaat vollstreckt werden, wenn eine Vollstreckung im Inland nicht möglich ist oder mit einem unverhältnismäßigen Aufwand verbunden wäre.

### Übermittlung der Entscheidung

**§ 19.** (1) Die Finanzstrafbehörde (Vollstreckungsbehörde) hat die Entscheidung oder eine beglaubigte Abschrift der Entscheidung zusammen mit einer Bescheinigung der zuständigen Behörde eines Mitgliedstaats zu übermitteln, in dem die mit dieser Entscheidung bestrafte natürliche Person oder der Verband, über Vermögen verfügt, Einkommen bezieht oder sich in der Regel aufhält bzw. seinen eingetragenen Sitz hat. Die Übermittlung sowie sämtliche offiziellen Mitteilungen erfolgen im Wege der zentralen Behörde.

(2) Für die Bescheinigung ist das Formblatt in Anlage 2 zu verwenden; sie ist von der Vollstreckungsbehörde zur Bestätigung der Richtigkeit ihres Inhalts zu unterzeichnen. Sofern der Vollstreckungsstaat nicht die Erklärung abgegeben hat, Bescheinigungen auch in deutscher Sprache zu akzeptieren, ist die Bescheinigung in die Amtssprache oder eine der Amtssprachen des Vollstreckungsstaats oder, wenn der Vollstreckungsstaat die Erklärung abgegeben hat, eine Übersetzung in eine oder mehrere andere Amtssprachen der Europäischen Union zu akzeptieren, in eine dieser Amtssprachen zu übersetzen.

(3) Die Übermittlung gemäß Abs. 1 hat in einer Form zu erfolgen, die einen schriftlichen Nachweis unter Bedingungen ermöglicht, die dem Vollstreckungsstaat die Feststellung der Echtheit gestattet. Das Original oder eine beglaubigte Abschrift der Entscheidung und das Original der Bescheinigung sind dem Vollstreckungsstaat auf Wunsch im Postweg zuzusenden, es sei denn, es handelt sich dabei um ein elektronisch gefertigtes Dokument.

(4) Die Vollstreckungsbehörde darf die Entscheidung jeweils nur einem Vollstreckungsstaat übermitteln.

(5) Ist weder der Vollstreckungsbehörde noch der zentralen Behörde bekannt, welche Behörde im Vollstreckungsstaat zuständig ist, so haben sie zu versuchen, diese beim Vollstreckungsstaat mit allen zur Verfügung stehenden Mitteln – auch über die Kontaktstellen des Europäischen Justiziellen Netzes – in Erfahrung zu bringen.

### Beendigung der Vollstreckung

**§ 20.** (1) Die Vollstreckungsbehörde hat die zuständige Behörde des Vollstreckungsstaats unverzüglich über jede Entscheidung oder Maßnahme zu unterrichten, auf Grund deren die Vollstreckbarkeit der Entscheidung erlischt.

(2) Die Vollstreckungsbehörde hat dem Vollstreckungsstaat die Vollstreckung wieder zu entziehen, wenn die Voraussetzungen nach § 18 weggefallen sind.

**Folgen der Übermittlung**

**§ 21.** (1) Vorbehaltlich des Abs. 2 darf die Vollstreckungsbehörde keine Vollstreckung einer gemäß § 19 übermittelten Entscheidung vornehmen.

(2) Die Vollstreckungsbehörde ist erst wieder vollstreckungsberechtigt,

1. wenn im Vollstreckungsstaat eine Begnadigung oder Amnestie dazu geführt hat, dass die Vollstreckung unterbleibt,
2. wenn die Vollstreckung im Vollstreckungsstaat nicht möglich ist, ab Erhalt der diesbezüglichen Verständigung,
3. wenn der Vollstreckungsstaat die Vollstreckung verweigert, es sei denn die Verweigerung ist auf den in § 10 Abs. 2 Z 2 genannten Grund gestützt worden, oder
4. wenn sie den Vollstreckungsstaat davon unterrichtet hat, dass sie ihm die Vollstreckung der Entscheidung gemäß § 20 Abs. 2 wieder entzogen hat.

(3) Erhält nach Übermittlung einer Entscheidung gemäß § 19 eine österreichische Behörde einen Geldbetrag, den der Bestrafte freiwillig auf Grund der Entscheidung gezahlt hat, so teilt sie dies der zuständigen Behörde im Vollstreckungsstaat unverzüglich mit. § 12 ist sinngemäß anzuwenden.

## 5. Abschnitt
## Schlussbestimmungen

**Verhältnis zu anderen Übereinkünften und Vereinbarungen**

**§ 22.** (1) Hinsichtlich Verfahren auf Grundlage einer Rechtsvorschrift der Europäischen Union ist die Anwendung sonstiger völkerrechtlicher Vereinbarungen ausgeschlossen; es sei denn, diese würden zu einer Vereinfachung oder Erleichterung der zwischenstaatlichen Zusammenarbeit führen.

(2) Die Bestimmungen des Abschnitts 3a ersetzen im Verhältnis zu den Mitgliedstaaten der Europäischen Union, die durch die Richtlinie 2014/41/EU gebunden sind, die entsprechenden Bestimmungen

1. des Europäischen Übereinkommens über die Rechtshilfe in Strafsachen vom 20. April 1959, BGBl. Nr. 41/1969, sowie die zugehörigen beiden Zusatzprotokolle und die nach Artikel 26 jenes Übereinkommens geschlossenen zweiseitigen Vereinbarungen;
2. des Übereinkommens zur Durchführung des Übereinkommens von Schengen, BGBl. III Nr. 90/1997; sowie
3. des Übereinkommens über die Rechtshilfe in Strafsachen zwischen den Mitgliedstaaten der Europäischen Union, BGBl. III Nr. 65/2005, und das zugehörige Protokoll.

**Verweisungen**

**§ 23.** Soweit in diesem Bundesgesetz auf Bestimmungen anderer Bundesgesetze verwiesen wird, sind diese in ihrer jeweils geltenden Fassung anzuwenden.

**Aufhebung des EU-FinStrVG**

**§ 24.** Mit Inkrafttreten dieses Bundesgesetzes wird das EU-Finanzstrafvollstreckungsgesetz (EU-FinStrVG), BGBl. I Nr. 19/2009, aufgehoben.

**Inkrafttreten**

**§ 24a.** § 9 in der Fassung des Bundesgesetzes BGBl. I Nr. 104/2019 tritt mit 1. Jänner 2021 in Kraft.

*(BGBl I 2019/104, BGBl I 2020/23)*

**Vollziehung**

**§ 25.** Mit der Vollziehung dieses Bundesgesetzes sind betraut:

1. hinsichtlich der Abschnitte 3a und 4 der Bundesminister für Finanzen im Einvernehmen mit dem Bundesminister für Verfassung, Reformen, Deregulierung und Justiz;
2. der Bundesminister für Finanzen.

## Anlage 1
## Liste von Straftaten, bei denen die beiderseitige Strafbarkeit nicht geprüft wird

- Beteiligung an einer kriminellen Vereinigung,
- Terrorismus,
- Menschenhandel,
- sexuelle Ausbeutung von Kindern und Kinderpornografie,
- illegaler Handel mit Drogen und psychotropen Stoffen,
- illegaler Handel mit Waffen, Munition und Sprengstoffen,
- Korruption,
- Betrugsdelikte, einschließlich Betrug zum Nachteil der finanziellen Interessen der Europäischen Union im Sinne des Übereinkommens vom 26. Juli 1995 über den Schutz der finanziellen Interessen der Europäischen Gemeinschaften,
- Wäsche von Erträgen aus Straftaten,
- Geldfälschung, einschließlich der Euro-Fälschung,
- Cyberkriminalität,
- Umweltkriminalität, einschließlich des illegalen Handels mit bedrohten Tierarten oder mit bedrohten Pflanzen- und Baumarten,
- Beihilfe zur illegalen Einreise und zum illegalen Aufenthalt,
- vorsätzliche Tötung, schwere Körperverletzung,
- illegaler Handel mit Organen und menschlichem Gewebe,

- Entführung, Freiheitsberaubung und Geiselnahme,
- Rassismus und Fremdenfeindlichkeit,
- Diebstahl in organisierter Form oder mit Waffen,
- illegaler Handel mit Kulturgütern, einschließlich Antiquitäten und Kunstgegenstände,
- Betrug,
- Erpressung und Schutzgelderpressung,
- Nachahmung und Produktpiraterie,
- Fälschung von amtlichen Dokumenten und Handel damit,
- Fälschung von Zahlungsmitteln,
- illegaler Handel mit Hormonen und anderen Wachstumsförderern,
- illegaler Handel mit nuklearen und radioaktiven Substanzen,
- Handel mit gestohlenen Kraftfahrzeugen,
- Vergewaltigung,
- Brandstiftung,
- Verbrechen, die in die Zuständigkeit des Internationalen Strafgerichtshofs fallen,
- Flugzeug- und Schiffsentführung,
- Sabotage,
- gegen die den Straßenverkehr regelnden Vorschriften verstoßende Verhaltensweise, einschließlich Verstößen gegen Vorschriften über Lenk- und Ruhezeiten und des Gefahrgutrechts,
- Warenschmuggel,
- Verletzung von Rechten an geistigem Eigentum,
- Bedrohungen von Personen und Gewalttaten gegen sie, einschließlich Gewalttätigkeit bei Sportveranstaltungen,
- Sachbeschädigung,
- Diebstahl,
- Straftatbestände, die in Erfüllung unionsrechtlicher Verpflichtungen vom Entscheidungsstaat festgelegt wurden.

*(Anlagen 2 bis 4 nicht abgedruckt)*

# 20. UNTERNEHMENSGESETZBUCH

## Inhaltsverzeichnis

# 20/1. Unternehmensgesetzbuch

**Unternehmensgesetzbuch**, dRGBl S 1897/219 idF

| | | |
|---|---|---|
| **1** DRGBl 1902 S 218 | **2** DRGBl 1904 S 167 | **3** DRGBl 1908 S 307 |
| **4** DRGBl 1913 S 90 | **5** DRGBl 1924 S I 44 | **6** DRGBl 1925 I S 9 |
| **7** DRGBl 1927 I S 337 | **8** DRGBl 1929 II S 759 | **9** DRGBl 1933 I S 520 |
| **10** DRGBl 1937 I S 166 | **11** DRGBl 1937 I S 891 | **12** DRGBl 1937 I S 897 |
| **13** DRGBl 1937 I S 1026 | **14** DRGBl 1938 I S 1149 | **15** DRGBl 1938 I S 1188 |
| **16** DRGBl 1938 I S 1428 (3. EVO, GBlÖ 1938/520) | **17** DRGBl 1938 I S 1999 (4. EVO, GBlÖ 1939/86) | **18** DRGBl 1939 I S 23 |
| **19** DRGBl 1939 I S 1383 | **20** DRGBl 1944 I S 42 | **21** StGBl 1945/184 (WV 1985/201) |
| **22** StGBl 1945/187 | **23** StGBl 1945/231 | **24** BGBl 1946/21 |
| **25** BGBl 1954/213 | **26** BGBl 1960/153 | **27** BGBl 1964/196 |
| **28** BGBl 1967/170 | **29** BGBl 1973/577 | **30** BGBl 1974/422 |
| **31** BGBl 1976/91 | **32** BGBl 1977/163 | **33** BGBl 1979/140 |
| **34** BGBl 1981/174, | **35** BGBl 1982/370 | **36** BGBl 1988/180 |
| **37** BGBl 1989/343 | **38** BGBl 1990/459 | **39** BGBl 1990/475 |
| **40** BGBl 1991/10 | **41** BGBl 1993/458 | **42** BGBl 1994/153 |
| **43** BGBl 1996/262 | **44** BGBl 1996/304 | **45** BGBl I 1997/106 |
| **46** BGBl I 1997/114 | **47** BGBl I 1998/125 | **48** BGBl I 1998/158 |
| **49** BGBl I 1999/49 | **50** BGBl I 1999/187 | **51** BGBl I 2000/61 |
| **52** BGBl I 2000/142 | **53** BGBl I 2001/41 | **54** BGBl I 2001/42 |
| **55** BGBl I 2001/97 | **56** BGBl I 2001/98 | **57** BGBl I 2002/108 |
| **58** BGBl I 2002/118 | **59** BGBl I 2003/71 | **60** BGBl I 2003/118 |
| **61** BGBl I 2004/14 | **62** BGBl I 2004/161 (ReLÄG 2004) | **63** BGBl I 2005/59 (GesRÄG 2005) |
| **64** BGBl I 2005/120 (HaRÄG) | **65** BGBl I 2006/75 (ÜbRÄG 2006) | **66** BGBl I 2006/103 (PuG) |
| **67** BGBl I 2007/72 (GesRÄG 2007) | **68** BGBl I 2008/70 (URÄG 2008) | **69** BGBl I 2009/71 (AktRÄG 2009) |
| **70** BGBl I 2009/140 (RÄG 2010) | **71** BGBl I 2010/58 (IRÄ-BG) | **72** BGBl I 2010/111 (BudBG 2011) |
| **73** BGBl I 2012/35 | **74** BGBl I 2013/50 (ZVG) | **75** BGBl I 2014/83 (GesbR-RG) |
| **76** BGBl I 2015/22 (RÄG 2014) | **77** BGBl I 2015/163 (AbgÄG 2015) | **78** BGBl I 2016/43 (APRÄG 2016) |
| **79** BGBl I 2017/20 (NaDiVeG) | **80** BGBl I 2017/107 | **81** BGBl I 2018/17 |
| **82** BGBl I 2018/58 (ErwSchAG-Justiz) | **83** BGBl I 2019/46 (Anti-Gold-Plating-G 2019) | **84** BGBl I 2019/63 (AktRÄG 2019) |
| **85** BGBl I 2021/86 (GREx) | | |

## GLIEDERUNG



UGB

## STICHWORTVERZEICHNIS

Die auf das Stichwort folgenden Zahlen bezeichnen den (die) Paragraphen des UGB bzw den (die) Artikel der EVHGB (4. Einführungsverordnung). In diesem Stichwortverzeichnis wurde dem Bereich „Rechnungslegung“ besonderes Augenmerk geschenkt.



UGB

**I**



**J**



**K**

**Bundesgesetz über besondere zivilrechtliche Vorschriften für Unternehmen (Unternehmensgesetzbuch – UGB)**

## Erstes Buch
## Allgemeine Bestimmungen

### Erster Abschnitt
### Begriffe und Anwendungsbereich

#### Unternehmer und Unternehmen

**§ 1.** (1) Unternehmer ist, wer ein Unternehmen betreibt.

(2) Ein Unternehmen ist jede auf Dauer angelegte Organisation selbständiger wirtschaftlicher Tätigkeit, mag sie auch nicht auf Gewinn gerichtet sein.

(3) Soweit in der Folge der Begriff des Unternehmers verwendet wird, erfasst er Unternehmerinnen und Unternehmer gleichermaßen.

#### Unternehmer kraft Rechtsform

**§ 2.** Aktiengesellschaften, Gesellschaften mit beschränkter Haftung, Erwerbs- und Wirtschaftsgenossenschaften, Versicherungsvereine auf Gegenseitigkeit, Sparkassen, Europäische wirtschaftliche Interessenvereinigungen (EWIV), Europäische Gesellschaften (SE) und Europäische Genossenschaften (SCE) sind Unternehmer kraft Rechtsform.

#### Unternehmer kraft Eintragung

**§ 3.** Personen, die zu Unrecht ins Firmenbuch eingetragen sind und unter ihrer Firma handeln, gelten als Unternehmer kraft Eintragung.

#### Anwendungsbereich des Ersten Buches, Wahlmöglichkeit

**§ 4.** (1) Das Erste Buch ist auf Unternehmer im Sinn der §§ 1 bis 3 anzuwenden.

(2) Angehörige der freien Berufe sind von der Anwendung der folgenden Abschnitte des Ersten Buches ausgenommen. Sie können sich jedoch durch Eintragung in das Firmenbuch freiwillig dem Ersten Buch unterstellen, sofern dem keine berufsrechtlichen Sonderbestimmungen entgegenstehen.

(3) Auch Land- und Forstwirte sind von der Anwendung der folgenden Abschnitte des Ersten Buches ausgenommen. Sie können sich mit ihrem Unternehmen oder mit einem zu ihrer Land- oder

Forstwirtschaft zählenden Nebengewerbe in das Firmenbuch eintragen lassen und damit ebenfalls freiwillig dem Ersten Buch unterstellen.

**Anwendungsbereich der weiteren Bücher**

**§ 5.** Der Anwendungsbereich des Zweiten Buches ergibt sich für offene Gesellschaften aus § 105, für Kommanditgesellschaften aus § 161 und für stille Gesellschaften aus § 179. Der Anwendungsbereich des Dritten Buches ergibt sich aus § 189, der des Vierten Buches aus § 343, für dessen Achten Abschnitt aber aus § 455, und der des Fünften Buches aus den §§ 1 bis 3.

**Öffentlichrechtliche Bestimmungen**

**§ 6.** Durch Vorschriften des öffentlichen Rechtes, nach denen die Befugnis zur unternehmerischen Tätigkeit ausgeschlossen oder von gewissen Voraussetzungen abhängig gemacht ist, wird die Anwendung dieses Gesetzbuchs nicht berührt.

## Zweiter Abschnitt
## Firmenbuch

**Führung des Firmenbuchs**

**§ 7.** Das Firmenbuch wird von den Gerichten geführt.

**Eintragung**

**§ 8.** (1) Unternehmerisch tätige natürliche Personen, die nach § 189 der Pflicht zur Rechnungslegung unterliegen, sind verpflichtet, sich in das Firmenbuch eintragen zu lassen. Andere Einzelunternehmer sind dazu berechtigt. Eine freiwillige Eintragung ist auf Antrag wieder zu löschen.

(2) Die Eintragung von Unternehmern kraft Rechtsform, offenen Gesellschaften, Kommanditgesellschaften und anderen Rechtsträgern wird in den für sie geltenden Sonderbestimmungen geregelt.

(3) Betreiben mehrere Personen ein Unternehmen in der Rechtsform einer Gesellschaft bürgerlichen Rechts (§§ 1175 ff. ABGB) und überschreitet die Gesellschaft den Schwellenwert des § 189, so sind sie zur Eintragung der Gesellschaft als offene Gesellschaft oder als Kommanditgesellschaft verpflichtet.

**Das Firmenbuch betreffende Einsichtnahmen, Auszüge und Bestätigungen**

**§ 9.** (1) Zur Einsicht in das Hauptbuch und in die zur Urkundensammlung eingereichten Schriftstücke ist jedermann befugt.

(2) Von den Eintragungen im Hauptbuch und den zur Urkundensammlung eingereichten Schriftstücken können Auszüge (Ausdrucke) gefordert werden. Der Auszug ist zu beglaubigen, sofern nicht auf die Beglaubigung verzichtet wird.

(3) Soweit dies nicht durch Auszüge aus dem Firmenbuch ersichtlich ist, kann der Nachweis, wer der Inhaber einer in das Firmenbuch eingetragenen Firma ist, Behörden gegenüber durch eine Bestätigung des Gerichts über die Eintragung geführt werden. Das Gleiche gilt vom Nachweis der Befugnis zu im Firmenbuch eingetragenen Vertretungen sowie davon, dass bezüglich des Gegenstandes einer Eintragung weitere Eintragungen nicht vorhanden sind oder dass eine bestimmte Eintragung nicht erfolgt ist.

(4) (aufgehoben)

**Veröffentlichungen**

**§ 10.** (1) Eintragungen im Firmenbuch und sonstige vom Firmenbuchgericht vorzunehmende Veröffentlichungen sind in der Ediktsdatei (§ 89j GOG) und im „Amtsblatt zur Wiener Zeitung“ bekannt zu machen. Soweit nicht das Gesetz etwas anderes vorschreibt, werden die Eintragungen ihrem ganzen Inhalt nach veröffentlicht. Mit dem im § 89j Abs. 1 letzter Satz GOG genannten Zeitpunkt gilt die Bekanntmachung als vorgenommen; die Bekanntmachung muss zumindest einen Monat lang abfragbar bleiben.

(2) Die Veröffentlichungen im „Amtsblatt zur Wiener Zeitung“ sind tunlichst innerhalb eines Zeitraumes von zwei Monaten nach Erteilung der Druckgenehmigung in leicht lesbarer Schrift vorzunehmen; sie können in einer Beilage zum Blatt zusammengefasst werden. Der betroffene Rechtsträger hat das Entgelt für die Veröffentlichung an die Wiener Zeitung GmbH zu bezahlen. Der Bundeskanzler hat durch Verordnung Höchstsätze für diese Entgelte festzusetzen. Diese Höchstsätze müssen sich an marktüblichen Einschaltungskosten orientieren.

**Anmeldungen**

**§ 11.** (1) Die Anmeldungen zur Eintragung in das Firmenbuch sowie die zur Aufbewahrung bei Gericht bestimmten Zeichnungen von Unterschriften sind in der Regel schriftlich in öffentlich beglaubigter Form einzureichen.

(2) Die gleiche Form ist für eine Vollmacht zur Anmeldung erforderlich. Rechtsnachfolger eines Beteiligten haben die Rechtsnachfolge soweit tunlich durch öffentliche Urkunden nachzuweisen.

**Inländische Zweigniederlassungen ausländischer Rechtsträger**

**§ 12.** (1) Liegt die Hauptniederlassung oder der Sitz eines Rechtsträgers im Ausland, so ist der Rechtsträger in das Firmenbuch einzutragen, wenn er im Inland eine Zweigniederlassung hat.

(2) Bei der Anmeldung ist das Bestehen des Rechtsträgers als solchen nachzuweisen. In die Anmeldung sind die in das Firmenbuch einzutragenden Tatsachen aufzunehmen.



(3) In das Firmenbuch einzutragen sind die Angaben gemäß § 3 FBG sowie die für einen Rechtsträger im FBG vorgesehenen besonderen Eintragungen. Weiters sind in das Firmenbuch die Tätigkeit der Zweigniederlassung, das Personalstatut des Rechtsträgers (§§ 9, 10 IPR-Gesetz, BGBl. Nr. 304/1978), sowie sofern das Personalstatut eine Registereintragung vorsieht das Register, bei dem der Rechtsträger geführt wird, und die Nummer

der Eintragung in dieses Register einzutragen. Personen, die nicht auf Grund des Gesetzes befugt sind, den Rechtsträger zu vertreten, sind nur dann in das Firmenbuch einzutragen, wenn sich die Vertretungsbefugnis auf die inländische Zweigniederlassung erstreckt.

(4) Für die Anmeldungen, Zeichnungen, Einreichungen, Eintragungen und Bekanntmachungen gelten im übrigen, soweit nicht das ausländische Recht Abweichungen nötig macht, sinngemäß die für einen derartigen Rechtsträger bestehenden inländischen Vorschriften.

### Verlegung der Hauptniederlassung oder des Sitzes

**§ 13.** (1) Wird die Hauptniederlassung oder der Sitz eines Rechtsträgers im Inland verlegt, so ist die Verlegung beim Gericht der bisherigen Hauptniederlassung oder des bisherigen Sitzes anzumelden. Führt die Sitzverlegung zu einer Änderung der Zuständigkeit (§ 120 JN), so hat dies das Gericht der bisherigen Hauptniederlassung oder des bisherigen Sitzes dem Gericht der neuen Hauptniederlassung oder des neuen Sitzes mitzuteilen und diese Tatsache im Firmenbuch einzutragen. Der Mitteilung sind die Anmeldung sowie die bei dem bisher zuständigen Gericht aufbewahrten Akten und Urkunden (Urkundensammlung) beizufügen.

(2) Das Gericht der neuen Hauptniederlassung oder des neuen Sitzes hat zu prüfen, ob die Hauptniederlassung oder der Sitz ordnungsgemäß verlegt und § 29 beachtet ist. Ist dies der Fall, so hat es die Verlegung sowie allenfalls mit der Anmeldung der Sitzverlegung verbundene weitere Anmeldungen einzutragen.

### Geschäftspapiere und Bestellscheine

**§ 14.** (1) In das Firmenbuch eingetragene Unternehmer haben auf allen Geschäftsbriefen und Bestellscheinen, die auf Papier oder in sonstiger Weise an einen bestimmten Empfänger gerichtet sind, sowie auf ihren Webseiten die Firma, die Rechtsform, den Sitz und die Firmenbuchnummer des Unternehmers, gegebenenfalls den Hinweis, dass sich der Unternehmer in Liquidation befindet, sowie das Firmenbuchgericht anzugeben. Bei einer offenen Gesellschaft oder Kommanditgesellschaft, bei der kein unbeschränkt haftender Gesellschafter eine natürliche Person ist, sind diese Angaben auf den Geschäftsbriefen, Bestellscheinen und Webseiten der Gesellschaft auch über die unbeschränkt haftenden Gesellschafter zu machen. Einzelunternehmer haben auch ihren Namen anzugeben, wenn er sich von der Firma unterscheidet. Genossenschaften haben auch die Art ihrer Haftung anzugeben.

(2) Werden bei einer Kapitalgesellschaft auf Geschäftsbriefen, Bestellscheinen und Webseiten Angaben über das Kapital der Gesellschaft gemacht, so müssen in jedem Fall das Grund- und Stammkapital sowie bei der Aktiengesellschaft, wenn auf die Aktien der Ausgabebetrag nicht vollständig, bei der Gesellschaft mit beschränkter Haftung, wenn nicht alle in Geld zu leistenden Einlagen eingezahlt sind, der Gesamtbetrag der ausstehenden Einlagen angegeben werden.

(3) Auf Geschäftsbriefen, Bestellscheinen und Webseiten, die von einer inländischen Zweigniederlassung eines Unternehmers mit ausländischer Hauptniederlassung oder mit ausländischem Sitz benützt werden, sind außer den Angaben nach Abs. 1 und 2 die Firma, die Firmenbuchnummer der Zweigniederlassung und das Firmenbuchgericht anzugeben.

(4) Der Angaben nach Abs. 1 und 2 bedarf es nicht bei Mitteilungen oder Berichten, die im Rahmen einer bestehenden Geschäftsverbindung ergehen und für die üblicherweise Vordrucke verwendet werden, in denen lediglich die im Einzelfall erforderlichen besonderen Angaben eingefügt zu werden brauchen. Diese Regelung gilt nicht für Bestellscheine.

(5) Wer als Unternehmer diesen Verpflichtungen nicht nachkommt, ist dazu vom Firmenbuchgericht durch eine Zwangsstrafe anzuhalten.

### Publizität des Firmenbuchs

**§ 15.** (1) Solange eine in das Firmenbuch einzutragende Tatsache nicht eingetragen und bekannt gemacht ist, kann sie von demjenigen, in dessen Angelegenheiten sie einzutragen war, einem Dritten nicht entgegengesetzt werden, es sei denn, daß sie diesem bekannt war.

(2) Ist die Tatsache eingetragen und bekanntgemacht worden, so muß ein Dritter sie gegen sich gelten lassen. Dies gilt nicht bei Rechtshandlungen, die innerhalb von 15 Tagen nach der Bekanntmachung vorgenommen werden, sofern der Dritte beweist, daß er die Tatsache weder kannte noch kennen mußte.

(3) Wer eine unrichtige Eintragung veranlasst oder eine, wenn auch nicht von ihm veranlasste, wohl aber von ihm als unrichtig erkannte oder für ihn als unrichtig erkennbare Eintragung aus Verschulden nicht löschen lässt, muss die unrichtige Eintragung dem Dritten gegenüber im Geschäftsverkehr gegen sich gelten lassen, sofern er nicht beweist, dass der Dritte nicht im Vertrauen auf die Eintragung gehandelt hat oder deren Unrichtigkeit kannte oder grob fahrlässig nicht kannte.

(4) § 3 bleibt unberührt.

### Gerichtliche Feststellungen

**§ 16.** (1) Ist durch eine rechtskräftige oder vollstreckbare Entscheidung des Prozeßgerichts die Verpflichtung zur Mitwirkung bei einer Anmeldung zum Firmenbuch oder ein Rechtsverhältnis, bezüglich dessen eine Eintragung zu erfolgen hat, gegen einen von mehreren bei der Vornahme der Anmeldung Beteiligten festgestellt, so genügt zur Eintragung die Anmeldung der übrigen Beteiligten. Wird die Entscheidung, auf Grund deren die Eintragung erfolgt ist, aufgehoben, so ist dies auf Antrag eines der Beteiligten in das Firmenbuch einzutragen.

(2) Ist durch eine rechtskräftige oder vollstreckbare Entscheidung des Prozeßgerichts die Vor-

nahme einer Eintragung für unzulässig erklärt, so darf die Eintragung nicht gegen den Widerspruch desjenigen erfolgen, welcher die Entscheidung erwirkt hat.

## Dritter Abschnitt
## Firma

### Begriff

**§ 17.** (1) Die Firma ist der in das Firmenbuch eingetragene Name eines Unternehmers, unter dem er seine Geschäfte betreibt und die Unterschrift abgibt.

(2) Ein Unternehmer kann in Verfahren vor Gerichten oder Verwaltungsbehörden seine Firma als Parteibezeichnung führen und mit seiner Firma als Partei bezeichnet werden. Für Einzelunternehmer gilt dies nicht in Strafverfahren.

### Eigenschaften der Firma

**§ 18.** (1) Die Firma muss zur Kennzeichnung des Unternehmers geeignet sein und Unterscheidungskraft besitzen.

(2) Die Firma darf keine Angaben enthalten, die geeignet sind, über geschäftliche Verhältnisse, die für die angesprochenen Verkehrskreise wesentlich sind, irrezuführen. Im Verfahren vor dem Firmenbuchgericht wird die Eignung zur Irreführung nur berücksichtigt, wenn sie ersichtlich ist.

### Zwingende Rechtsformzusätze

**§ 19.** (1) Bei in das Firmenbuch eingetragenen Unternehmern muss die Firma, auch wenn sie nach den §§ 21, 22, 24 oder nach anderen gesetzlichen Vorschriften fortgeführt wird, enthalten:

1. bei Einzelunternehmern die Bezeichnung „eingetragener Unternehmer“ oder „eingetragene Unternehmerin“ oder eine allgemein verständliche Abkürzung dieser Bezeichnung, insbesondere „e.U.“;
2. bei einer offenen Gesellschaft die Bezeichnung „offene Gesellschaft“ oder eine allgemein verständliche Abkürzung dieser Bezeichnung, insbesondere „OG“;
3. bei einer Kommanditgesellschaft die Bezeichnung „Kommanditgesellschaft“ oder eine allgemein verständliche Abkürzung dieser Bezeichnung, insbesondere „KG“;
4. bei Angehörigen eines freien Berufes, soweit die berufsrechtlichen Vorschriften für die Firma nichts anderes vorsehen, einen Hinweis auf den ausgeübten freien Beruf. An die Stelle der Bezeichnung „offene Gesellschaft“ kann die Bezeichnung „Partnerschaft“ oder – sofern die Firma nicht die Namen aller Gesellschafter enthält – der Zusatz „und (&) Partner“, an die Stelle der Bezeichnung „Kommanditgesellschaft“ die Bezeichnung „Kommandit-Partnerschaft“ treten.

(2) Wenn in einer offenen Gesellschaft oder einer Kommanditgesellschaft keine natürliche Person unbeschränkt haftet, muss dieser Umstand aus der Firma erkennbar sein, auch wenn sie nach den §§ 21, 22, 24 oder nach anderen gesetzlichen Vorschriften fortgeführt wird.

### Unzulässige Verwendung fremder Namen

**§ 20.** In die Firma eines Einzelunternehmers oder einer eingetragenen Personengesellschaft darf der Name einer anderen Person als des Einzelunternehmers oder eines unbeschränkt haftenden Gesellschafters nicht aufgenommen werden.

### Fortführung bei Namensänderung

**§ 21.** Wird der Name einer in der Firma genannten Person geändert, so kann die bisherige Firma fortgeführt werden.

### Fortführung bei Unternehmenserwerb

**§ 22.** (1) Wer ein bestehendes Unternehmen unter Lebenden oder von Todes wegen erwirbt, darf für das Unternehmen die bisherige Firma, auch wenn sie den Namen des bisherigen Unternehmers enthält, mit oder ohne Beifügung eines das Nachfolgeverhältnis andeutenden Zusatzes fortführen, wenn der bisherige Unternehmer oder dessen Erben in die Fortführung der Firma ausdrücklich einwilligen.

(2) Wird das Unternehmen auf Grund eines Nießbrauchs, eines Pachtvertrags oder eines ähnlichen Verhältnisses übernommen, so finden diese Vorschriften entsprechende Anwendung.

### Verbot der Leerübertragung

**§ 23.** Die Firma kann nicht ohne das Unternehmen, für das sie geführt wird, veräußert werden.

### Fortführung bei Änderungen im Gesellschafterbestand

**§ 24.** (1) Tritt ein neuer Gesellschafter in eine Gesellschaft ein oder scheidet ein Gesellschafter aus einer solchen aus, so kann ungeachtet dieser Veränderung die bisherige Firma fortgeführt werden.

(2) Bei Ausscheiden eines Gesellschafters, dessen Name in der Firma enthalten ist, bedarf es zur Fortführung der Firma der ausdrücklichen Einwilligung des Gesellschafters oder seiner Erben.

**§§ 25. bis 27.** (aufgehoben)

### Anmeldung der Firma

**§ 28.** Die Anmeldung zum Firmenbuch erfolgt bei dem Gericht, in dessen Sprengel sich der Sitz des Unternehmens befindet. Der Unternehmer hat in der Anmeldung die in § 3 Z 2 bis 4, 5, 8 und 16, gegebenenfalls auch die in § 3 Z 6, 9, 11 und 15 und § 4 Z 2 und 3 FBG genannten Tatsachen anzugeben und seine Namensunterschrift zur Aufbewahrung bei Gericht zu zeichnen.



### Unterscheidbarkeit der Firma

**§ 29.** (1) Jede neue Firma muß sich von allen an demselben Orte oder in derselben Gemeinde bereits bestehenden und in das Firmenbuch eingetragenen Firmen deutlich unterscheiden.

(2) Hat ein Unternehmer mit einem bereits eingetragenen Unternehmer die gleichen Vornamen und den gleichen Familiennamen und will auch er sich dieser Namen als seiner Firma bedienen, so muß er der Firma einen Zusatz beifügen, durch den sie sich von der bereits eingetragenen Firma deutlich unterscheidet.

(3) Besteht an dem Orte oder in der Gemeinde, wo eine Zweigniederlassung errichtet wird, bereits eine gleiche eingetragene Firma, so muß der Firma für die Zweigniederlassung ein der Vorschrift des Abs. 2 entsprechender Zusatz beigefügt werden.

(4) (aufgehoben)

### Änderung der Firma, Unternehmensbeendigung

**§ 30.** (1) Eine Änderung der Firma oder ihrer Inhaber sowie die Verlegung des Sitzes an einen anderen Ort sind nach den Vorschriften des § 28 zur Eintragung in das Firmenbuch anzumelden.

(2) Das gleiche gilt, wenn die Firma erlischt. Kann die Anmeldung des Erlöschens einer eingetragenen Firma durch die hierzu Verpflichteten nicht auf dem in § 24 FBG bezeichneten Wege innerhalb von zwei Monaten ab Rechtskraft der Verhängung der Zwangsstrafe herbeigeführt werden, so hat das Gericht das Erlöschen von Amts wegen einzutragen.

### Insolvenzverfahren

**§ 31.** (1) Die Insolvenzgesetze bestimmen, inwieweit im Insolvenzverfahren ergangene Entscheidungen einzutragen sind. § 10 und § 15 sind nicht anzuwenden.

(2) Für die Zwangsverwaltung gilt § 342 EO.

(3) Die nach Abs. 1 und 2 einzutragenden Personen haben ihre Unterschrift persönlich zur Aufbewahrung bei Gericht zu zeichnen oder die Zeichnung in beglaubigter Form einzureichen. Wird eine allgemeine Zeichnung der Unterschrift in beglaubigter Form in die Urkundensammlung des Firmenbuchs oder ein anderes Urkundenarchiv nach §§ 91c und 91d GOG eingestellt, so reicht der Hinweis auf diese Zeichnung.

*(BGBl I 2021/86)*

### Eintragung des Genehmigungsvorbehalts oder des Vertreters der Verlassenschaft

*(BGBl I 2018/58)*

**§ 32.** (1) Ist für einen in das Firmenbuch eingetragenen Einzelunternehmer oder einen vertretungsbefugten Gesellschafter einer offenen Gesellschaft oder Kommanditgesellschaft ein Genehmigungsvorbehalt (§ 242 Abs. 2 ABGB) angeordnet, der die Führung eines Unternehmens oder die Ausübung von Gesellschafterrechten ganz oder teilweise umfasst, so ist dieser von Amts wegen in das Firmenbuch einzutragen. § 15 ist nicht anzuwenden.

*(BGBl I 2018/58)*

(2) Stirbt ein im Firmenbuch eingetragener Einzelunternehmer oder ein vertretungsbefugter Gesellschafter einer offenen Gesellschaft oder Kommanditgesellschaft, so ist auf Antrag einzutragen, wer berechtigt ist, die Verlassenschaft zu vertreten.

(3) Für die nach den vorstehenden Absätzen einzutragenden Personen gilt § 31 Abs. 3 sinngemäß.

**§ 32a.** (aufgehoben)

### Anmeldung einer juristischen Person

**§ 33.** (1) Soll eine juristische Person in das Firmenbuch eingetragen werden, ist sie von sämtlichen vertretungsbefugten Organwaltern (Vorstand) zur Eintragung anzumelden.

(2) Der Anmeldung sind die Satzung der juristischen Person und die Urkunden über die Bestellung des Vorstandes in Urschrift oder in öffentlich beglaubigter Abschrift beizufügen. Bei der Eintragung sind die Firma und der Sitz der juristischen Person, und die Mitglieder des Vorstandes anzugeben. Besondere Bestimmungen der Satzung über die Befugnis des Vorstandes zur Vertretung der juristischen Person oder über die Zeitdauer des Unternehmens sind gleichfalls einzutragen.

(3) Die Errichtung einer Zweigniederlassung ist durch den Vorstand unter Beifügung einer öffentlich beglaubigten Abschrift der Satzung anzumelden.

(4) Die Abs. 1 bis 3 finden keine Anwendung, soweit Sondervorschriften bestehen.

### Anmeldung und Eintragung von Änderungen

**§ 34.** (1) Jede Änderung der nach § 33 Abs. 2 einzutragenden Tatsachen oder der Satzung, die Auflösung der juristischen Person, falls sie nicht die Folge der Eröffnung des Konkursverfahrens ist, sowie die Personen der Liquidatoren und die besonderen Bestimmungen über ihre Vertretungsbefugnis sind zur Eintragung in das Firmenbuch anzumelden.

(2) Bei der Eintragung einer Änderung der Satzung genügt, soweit nicht die Änderung die im § 33 Abs. 2 bezeichneten Angaben betrifft, die Bezugnahme auf die bei dem Gericht eingereichten Urkunden über die Änderung.

(3) Die Anmeldung hat durch den Vorstand oder, sofern die Eintragung erst nach der Anmeldung der ersten Liquidatoren geschehen soll, durch die Liquidatoren zu erfolgen.

(4) Die Eintragung gerichtlich bestellter Vorstandsmitglieder oder Liquidatoren geschieht von Amtswegen.

(5) Im Falle eines Insolvenzverfahrens finden die Vorschriften des § 31 Anwendung.

### Unterschriftenzeichnung

**§ 35.** Die Mitglieder des Vorstandes und die Liquidatoren einer juristischen Person haben ihre Unterschrift zur Aufbewahrung bei dem Gerichte zu zeichnen.

**Ehepakte von Unternehmern**

**§ 36.** (1) Die dem Ehegatten eines Unternehmers, dessen Firma im Firmenbuch eingetragen ist, durch Ehepakte eingeräumten Vermögensrechte können, um den Unternehmensgläubigern gegenüber wirksam zu sein, in das Firmenbuch eingetragen werden, die Ehepakte mögen schon vor oder erst nach der Eintragung der Firma geschlossen worden sein. Jeder der Ehegatten kann die Ehepakte zur Eintragung in das Firmenbuch anmelden.

(2) In das Firmenbuch sind nur das Datum der eingereichten Ehepakte oder ihrer Änderungen sowie der Name und das Geburtsdatum des Ehegatten einzutragen.

(3) Aus Ehepakten gegen einen Unternehmer entspringende Rechte sind einem Unternehmensgläubiger gegenüber unwirksam, wenn dessen Forderung vor Eintragung der Ehepakte in das Firmenbuch entstanden ist.

(4) Abs. 3 gilt nicht, soweit die aus Ehepakten entspringenden Rechte dem Gläubiger vor Entstehung der Forderung bekannt waren oder soweit es sich um Rechte aus Ehepakten handelt, die schon vor Entstehung der Forderung in einem öffentlichen Buch eingetragen waren.

(5) Abs. 1 bis 4 gelten auch für die unbeschränkt haftenden Gesellschafter einer offenen Gesellschaft oder Kommanditgesellschaft.

**Unbefugter Firmengebrauch**

**§ 37.** Wer in seinen Rechten dadurch verletzt wird, daß ein anderer eine Firma unbefugt gebraucht, kann von diesem die Unterlassung des Gebrauchs der Firma verlangen. Ein nach sonstigen Vorschriften begründeter Anspruch auf Schadensersatz bleibt unberührt.

## Vierter Abschnitt
## Unternehmensübergang

**Übernahme der Rechtsverhältnisse des Veräußerers durch den Erwerber, Haftung von Veräußerer und Erwerber**

**§ 38.** (1) Wer ein unter Lebenden erworbenes Unternehmen fortführt, übernimmt, sofern nichts anderes vereinbart ist, zum Zeitpunkt des Unternehmensübergangs die unternehmensbezogenen, nicht höchstpersönlichen Rechtsverhältnisse des Veräußerers mit den bis dahin begründeten Rechten und Verbindlichkeiten. Für unternehmensbezogene Verbindlichkeiten des Veräußerers bestellte Sicherheiten bleiben für diese Verbindlichkeiten aufrecht. Der Veräußerer haftet nach Maßgabe des § 39 für die unternehmensbezogenen Verbindlichkeiten fort.

(2) Der Dritte kann der Übernahme seines Vertragsverhältnisses binnen dreier Monate nach Mitteilung davon sowohl gegenüber dem Veräußerer als auch gegenüber dem Erwerber widersprechen; in der Mitteilung ist er auf das Widerspruchsrecht hinzuweisen. Dies gilt auch für den Besteller einer für unternehmensbezogene Verbindlichkeiten des Veräußerers gewährten Sicherheit. Im Falle eines wirksamen Widerspruchs besteht das Vertragsverhältnis mit dem Veräußerer fort.

(3) Wurde dem Dritten nicht nachweislich mitgeteilt, ob das Vertragsverhältnis vom Erwerber übernommen wurde, oder kann dieser Übernahme noch widersprochen werden, so kann er sowohl gegenüber dem Veräußerer als auch gegenüber dem Erwerber auf das Vertragsverhältnis bezogene Erklärungen abgeben und seine Verbindlichkeiten erfüllen. Dies gilt auch für den Besteller einer für unternehmensbezogene Verbindlichkeiten des Veräußerers gewährten Sicherheit.

(4) Werden unternehmensbezogene Rechtsverhältnisse des Veräußerers vom Erwerber nicht übernommen, so haftet er dennoch für die damit verbundenen Verbindlichkeiten. Dies gilt auch, wenn der Erwerber nur einzelne Verbindlichkeiten des Veräußerers nicht übernimmt. Eine davon abweichende Vereinbarung über die Haftung ist einem Dritten gegenüber nur wirksam, wenn sie beim Unternehmensübergang in das Firmenbuch eingetragen, auf verkehrsübliche Weise bekannt gemacht oder dem Dritten vom Veräußerer oder vom Erwerber mitgeteilt wurde.

(5) Wird ein Unternehmen im Weg eines Zwangsvollstreckungsverfahrens, eines Insolvenzverfahrens oder einer Überwachung des Schuldners durch einen Treuhänder der Gläubiger erworben, so finden diese Bestimmungen keine Anwendung.

(5a) Nicht als Erwerb eines Unternehmens im Sinn des Abs. 1 gilt die Fortführung im Weg der Pacht, der Leihe, der Fruchtnießung, des Rechtes des Gebrauchs und der Beendigung dieser Verträge. Auch in diesen Fällen kann jedoch ein Dritter oder ein Sicherheitenbesteller gegenüber dem neuen Unternehmer Erklärungen in Bezug auf ein zum früheren Unternehmer bestehendes, unternehmensbezogenes und nicht höchstpersönliches Vertragsverhältnis abgeben und seine Verbindlichkeiten erfüllen, solange ihm die Fortführung des Unternehmens im Weg der Pacht, der Leihe, der Fruchtnießung, des Rechtes des Gebrauchs oder der Beendigung dieser Verträge nicht bekannt ist.

(6) Eine durch andere Bestimmungen begründete Haftung oder Übernahme von Rechtsverhältnissen durch den Erwerber bleibt unberührt.

**Begrenzung der Haftung des Veräußerers, Frist**

**§ 39.** Übernimmt der Erwerber des Unternehmens unternehmensbezogene Rechtsverhältnisse des Veräußerers mit den bis zum Unternehmensübergang begründeten Rechten und Verbindlichkeiten, so haftet der Veräußerer für diese Verbindlichkeiten nur, soweit sie vor Ablauf von fünf Jahren nach dem Unternehmensübergang fällig werden. Ansprüche daraus verjähren innerhalb der für die jeweilige Verbindlichkeit geltenden Verjährungsfrist, längstens jedoch in drei Jahren.

### Rechtsstellung des Erben bei Unternehmensfortführung

**§ 40.** (1) Wird ein zu einem Nachlass gehörendes Unternehmen von dem Erben fortgeführt, so haftet er für die unternehmensbezogenen Verbindlichkeiten unbeschadet seiner Haftung als Erbe unbeschränkt.

(2) Die unbeschränkte Haftung tritt nicht ein, wenn die Fortführung des Unternehmens spätestens drei Monate nach Einantwortung eingestellt oder die Haftung in sinngemäßer Anwendung des § 38 Abs. 4 ausgeschlossen wird. Ist der Erbe nicht geschäftsfähig und ist für ihn kein gesetzlicher Vertreter bestellt, so endet diese Frist nicht vor dem Ablauf von drei Monaten seit der Bestellung eines gesetzlichen Vertreters oder seit dem Eintritt der Geschäftsfähigkeit des Erben.

**§§ 41. bis 47.** (aufgehoben)

## Fünfter Abschnitt
## Prokura und Handlungsvollmacht.

### Erteilung der Prokura

**§ 48.** (1) Die Prokura kann nur von einem in das Firmenbuch eingetragenen Unternehmer oder seinem gesetzlichen Vertreter und nur mittels ausdrücklicher Erklärung erteilt werden.

(2) Die Erteilung kann an mehrere Personen gemeinschaftlich erfolgen (Gesamtprokura).

### Umfang der Prokura

**§ 49.** (1) Die Prokura ermächtigt zu allen Arten von gerichtlichen und außergerichtlichen Geschäften und Rechtshandlungen, die der Betrieb eines Unternehmens mit sich bringt. Für diese bedarf es keiner besonderen Vollmacht nach § 1008 ABGB.

(2) Zur Veräußerung und Belastung von Grundstücken ist der Prokurist nur ermächtigt, wenn ihm diese Befugnis besonders erteilt ist.

### Unbeschränkbarkeit der Prokura

**§ 50.** (1) Eine Beschränkung des Umfanges der Prokura ist Dritten gegenüber unwirksam.

(2) Dies gilt insbesondere von der Beschränkung, daß die Prokura nur für gewisse Geschäfte oder gewisse Arten von Geschäften oder nur unter gewissen Umständen oder für eine gewisse Zeit oder an einzelnen Orten ausgeübt werden soll.

(3) Eine Beschränkung der Prokura auf den Betrieb einer von mehreren Niederlassungen des Unternehmers ist Dritten gegenüber nur wirksam, wenn die Niederlassungen unter verschiedenen Firmen betrieben werden. Eine Verschiedenheit der Firmen im Sinne dieser Vorschrift wird auch dadurch begründet, daß für eine Zweigniederlassung der Firma ein Zusatz beigefügt wird, der sie als Firma der Zweigniederlassung bezeichnet.

### Zeichnung des Prokuristen

**§ 51.** Der Prokurist hat in der Weise zu zeichnen, daß er der Firma seinen Namen mit einem die Prokura andeutenden Zusatze beifügt.

### Widerruflichkeit und Unübertragbarkeit der Prokura

**§ 52.** (1) Die Prokura ist ohne Rücksicht auf das der Erteilung zu Grunde liegende Rechtsverhältnis jederzeit widerruflich, unbeschadet des Anspruchs auf die vertragsmäßige Vergütung.

(2) Die Prokura ist nicht übertragbar.

(3) Die Prokura erlischt nicht durch den Tod des Unternehmers.

### Eintragung der Prokura

**§ 53.** (1) Die Erteilung der Prokura ist vom Unternehmer zur Eintragung in das Firmenbuch anzumelden. Ist die Prokura als Gesamtprokura erteilt, so muß auch dies zur Eintragung angemeldet werden.

(2) Der Prokurist hat seine Namensunterschrift mit einem die Prokura andeutenden Zusatz zur Aufbewahrung bei Gericht zu zeichnen.

(3) Das Erlöschen der Prokura ist in gleicher Weise wie die Erteilung zur Eintragung anzumelden.

### Umfang der Handlungsvollmacht

**§ 54.** (1) Ist jemand ohne Erteilung der Prokura zum Betrieb eines Unternehmens oder zur Vornahme einer bestimmten zu einem Unternehmen gehörigen Art von Geschäften oder zur Vornahme einzelner zu einem Unternehmen gehöriger Geschäfte ermächtigt, so erstreckt sich die Vollmacht (Handlungsvollmacht) auf alle Geschäfte und Rechtshandlungen, die der Betrieb eines derartigen Unternehmens oder die Vornahme derartiger Geschäfte gewöhnlich mit sich bringt; dies umfasst auch den Abschluss von Schiedsvereinbarungen. Für solche Geschäfte und Rechtshandlungen bedarf es keiner besonderen Vollmacht nach § 1008 ABGB.

(2) Zur Veräußerung oder Belastung von Grundstücken, zur Eingehung von Wechselverbindlichkeiten, zur Aufnahme von Darlehen und zur Prozessführung ist der Handlungsbevollmächtigte nur ermächtigt, wenn ihm eine solche Befugnis besonders erteilt ist.

### Beschränkbarkeit der Handlungsvollmacht

**§ 55.** Sonstige Beschränkungen der Handlungsvollmacht braucht ein Dritter nur dann gegen sich gelten zu lassen, wenn er sie kannte oder kennen musste.

### Ladenvollmacht

**§ 56.** Wer in einem Laden oder in einem offenen Warenlager angestellt ist, gilt als ermächtigt zu Verkäufen und Empfangnahmen, die in einem derartigen Laden oder Warenlager gewöhnlich geschehen.

### Zeichnung des Handlungsbevollmächtigten

**§ 57.** Der Handlungsbevollmächtigte hat sich bei der Zeichnung jedes eine Prokura andeutenden Zusatzes zu enthalten; er hat mit einem das

Vollmachtsverhältnis ausdrückenden Zusatze zu zeichnen.

**Widerruflichkeit und Übertragbarkeit der Handlungsvollmacht**

**§ 58.** (1) Die Handlungsvollmacht ist unbeschadet des Anspruchs auf die vertragsmäßige Vergütung jederzeit widerruflich, sofern sich aus dem ihrer Erteilung zugrunde liegenden Rechtsverhältnis nicht das Gegenteil ergibt.

(2) Die Handlungsvollmacht ist nur mit Zustimmung des Unternehmers auf einen anderen übertragbar.

(3) Die Handlungsvollmacht erlischt im Zweifel nicht durch den Tod des Unternehmers.

## Sechster Abschnitt
## Handlungsgehilfen und Handlungslehrlinge

**§§ 59. bis 83.** (keine Geltung in Österreich)

## Siebenter Abschnitt
## Handlungsagenten

**§§ 84. bis 92.** (keine Geltung in Österreich)

## Achter Abschnitt
## Handelsmakler

**§§ 93. bis 104.** (aufgehoben)

# Zweites Buch
# Offene Gesellschaft, Kommanditgesellschaft und stille Gesellschaft

## Erster Abschnitt
## Offene Gesellschaft

### Erster Titel
### Errichtung der Gesellschaft

**Begriff**

**§ 105.** Eine offene Gesellschaft ist eine unter eigener Firma geführte Gesellschaft, bei der die Gesellschafter gesamthandschaftlich verbunden sind und bei keinem der Gesellschafter die Haftung gegenüber den Gesellschaftsgläubigern beschränkt ist. Die offene Gesellschaft ist rechtsfähig. Sie kann jeden erlaubten Zweck einschließlich freiberuflicher und land- und forstwirtschaftlicher Tätigkeit haben. Ihr gehören mindestens zwei Gesellschafter an.

**Anmeldung zum Firmenbuch**

**§ 106.** Die Gesellschaft ist bei dem Gericht, in dessen Sprengel sie ihren Sitz hat, zur Eintragung in das Firmenbuch anzumelden. Die Anmeldung hat die in § 3 Z 2 bis 4, 5, 7, 8 und 16, gegebenenfalls auch die in § 3 Z 6, 9, 11 und 15 und § 4 Z 2, 3, 5 und 7 FBG genannten Tatsachen zu enthalten.

**Anmeldeverpflichtete, Musterzeichnung**

**§ 107.** (1) Die Anmeldungen sind von sämtlichen Gesellschaftern zu bewirken.

(2) Die Gesellschafter, welche die Gesellschaft vertreten sollen, haben ihre Namensunterschrift zur Aufbewahrung bei Gericht zu zeichnen.

### Zweiter Titel.
### Rechtsverhältnis der Gesellschafter untereinander

**Gestaltungsfreiheit**

**§ 108.** Die Rechtsverhältnisse der Gesellschafter untereinander richten sich nach dem Gesellschaftsvertrag; die Vorschriften der §§ 109 bis 122 finden nur insoweit Anwendung, als nicht durch den Gesellschaftsvertrag anderes bestimmt ist.

**Beteiligungsverhältnisse und Beiträge der Gesellschafter, Nachschüsse**

**§ 109.** (1) Soweit die Gesellschafter nichts anderes vereinbart haben, bestimmt sich ihre Beteiligung an der Gesellschaft nach dem Verhältnis des Wertes der vereinbarten Einlagen (Kapitalanteil). Im Zweifel sind die Gesellschafter zu gleichen Teilen beteiligt.

(2) Soweit nichts anderes vereinbart ist, sind die Gesellschafter im gleichen Ausmaß zur Mitwirkung an der Förderung des Gesellschaftszwecks verpflichtet. Der Beitrag eines Gesellschafters kann sich auch auf die Leistung von Diensten beschränken (Arbeitsgesellschafter).

(3) Die Gesellschafter sind nicht verpflichtet, Nachschüsse zur vertraglich zugesagten Einlage zu leisten.

(4) Auch ohne Vereinbarung im Gesellschaftsvertrag können die Gesellschafter mit Stimmenmehrheit die Leistung von Nachschüssen im Verhältnis ihrer Kapitalanteile beschließen, wenn die Fortführung der Gesellschaft sonst nicht möglich wäre. Ein Gesellschafter, der dem Beschluss nicht zugestimmt hat und den Nachschuss nicht leistet, kann innerhalb angemessener Frist aus der Gesellschaft austreten oder aufgrund einer Klage der übrigen Gesellschafter vom Gericht ausgeschlossen werden. Auf das Austrittsrecht kann im Vorhinein nicht verzichtet werden. Für die Auseinandersetzung mit dem ausgetretenen oder ausgeschlossenen Gesellschafter und für die Ermittlung seiner Beteiligung an schwebenden Geschäften ist der Zeitpunkt der Beschlussfassung über die Nachschusspflicht maßgeblich.

**Ersatz für Aufwendungen und Verluste; Herausgabepflicht**

**§ 110.** (1) Macht der Gesellschafter in den Gesellschaftsangelegenheiten Aufwendungen, die er den Umständen nach für erforderlich halten darf, oder erleidet er unmittelbar durch seine Geschäftsführung oder aus Gefahren, die mit ihr untrennbar verbunden sind, Verluste, so ist ihm die Gesellschaft zum Ersatz verpflichtet.

(2) Aufgewendetes Geld hat die Gesellschaft von der Zeit der Aufwendungen an zu verzinsen.

(3) Ein Gesellschafter kann für die Aufwendungen, die zur Erledigung der Gesellschaftsangele-

genheiten nötig sind, von der Gesellschaft einen Vorschuss verlangen.

(4) Er hat alles, was er zur Führung der Geschäfte erhält und was er aus der Geschäftsführung erlangt, an die Gesellschaft herauszugeben.

**Verzinsungspflicht**

**§ 111.** (1) Ein Gesellschafter, der seine Geldeinlage nicht zur rechten Zeit einzahlt oder eingenommenes Gesellschaftsgeld nicht zur rechten Zeit an die Gesellschaftskasse abliefert oder unbefugt Geld aus der Gesellschaftskasse für sich entnimmt, hat Zinsen von dem Tage an zu entrichten, an welchem die Zahlung oder die Ablieferung hätte geschehen sollen oder die Herausnahme des Geldes erfolgt ist.

(2) Die Geltendmachung eines weiteren Schadens ist nicht ausgeschlossen.

**Mitwirkung, Interessenwahrung, Gleichbehandlung, Wettbewerbsverbot**

**§ 112.** (1) Die Gesellschafter haben unter Wahrung ihrer Rechte an der gesellschaftlichen Willensbildung und den zu treffenden Maßnahmen nach Kräften und mit gebotener Sorgfalt mitzuwirken, den Zweck und den Gegenstand der Gesellschaft redlich zu fördern und alles zu unterlassen, was den Gesellschaftsinteressen schadet. Die Gesellschafter sind unter gleichen Voraussetzungen gleich zu behandeln.

(2) Ein Gesellschafter darf ohne Einwilligung der anderen Gesellschafter weder im Geschäftszweig der Gesellschaft Geschäfte machen noch an einer anderen gleichartigen Gesellschaft als unbeschränkt haftender Gesellschafter teilnehmen.

(3) Die Einwilligung zur Teilnahme an einer anderen Gesellschaft gilt als erteilt, wenn den übrigen Gesellschaftern bei Eingehung der Gesellschaft bekannt ist, daß der Gesellschafter an einer anderen Gesellschaft als unbeschränkt haftender Gesellschafter teilnimmt, und gleichwohl die Aufgabe dieser Beteiligung nicht ausdrücklich bedungen wird.

**Verletzung des Wettbewerbsverbots**

**§ 113.** (1) Verletzt ein Gesellschafter die ihm nach § 112 Abs. 2 obliegende Verpflichtung, so kann die Gesellschaft Schadensersatz fordern; sie kann statt dessen von dem Gesellschafter verlangen, daß er die für eigene Rechnung gemachten Geschäfte als für Rechnung der Gesellschaft eingegangen gelten lasse und die aus Geschäften für fremde Rechnung bezogene Vergütung herausgebe oder seinen Anspruch auf die Vergütung abtrete.

(2) Über die Geltendmachung dieser Ansprüche beschließen die übrigen Gesellschafter.

(3) Die Ansprüche verjähren in drei Monaten von dem Zeitpunkt an, in welchem die übrigen Gesellschafter von dem Abschlusse des Geschäfts oder von der Teilnahme des Gesellschafters an der anderen Gesellschaft Kenntnis erlangen; sie verjähren ohne Rücksicht auf diese Kenntnis in fünf Jahren von ihrer Entstehung an.

(4) Das Recht der Gesellschafter, die Auflösung der Gesellschaft zu verlangen, wird durch diese Vorschriften nicht berührt.

**Geschäftsführung**

**§ 114.** (1) Zur Führung der Geschäfte der Gesellschaft sind alle Gesellschafter berechtigt und verpflichtet.

(2) Ist im Gesellschaftsvertrage die Geschäftsführung einem Gesellschafter oder mehreren Gesellschaftern übertragen, so sind die übrigen Gesellschafter von der Geschäftsführung ausgeschlossen.

(3) Ein geschäftsführender Gesellschafter ist verpflichtet, der Gesellschaft die erforderlichen Nachrichten zu geben, auf Verlangen über den Stand der Geschäfte Auskunft zu erteilen und Rechenschaft abzulegen.

(4) Ein Gesellschafter darf im Zweifel die Führung der Geschäfte nicht einem Dritten übertragen. Ist die Übertragung gestattet, so hat er nur ein ihm bei der Übertragung zur Last fallendes Verschulden zu vertreten. Das Verschulden eines Gehilfen hat er in gleichem Umfang zu vertreten wie eigenes Verschulden.

**Weisungsgebundenheit**

**§ 115.** (1) Steht die Geschäftsführung allen oder mehreren Gesellschaftern zu, so ist jeder von ihnen allein zu handeln berechtigt; widerspricht jedoch ein anderer geschäftsführender Gesellschafter der Vornahme einer Handlung, so muß diese unterbleiben.

(2) Ist im Gesellschaftsvertrage bestimmt, daß die Gesellschafter, denen die Geschäftsführung zusteht, nur zusammen handeln können, so bedarf es für jedes Geschäft der Zustimmung aller geschäftsführenden Gesellschafter, es sei denn, daß Gefahr im Verzug ist.

(3) Ist ein Gesellschafter an die Weisungen der übrigen Gesellschafter gebunden, so kann er von den ihm erteilten Weisungen abweichen, wenn er den Umständen nach annehmen darf, dass die übrigen Gesellschafter bei Kenntnis der Sachlage die Abweichung billigen würden. Er hat die Abweichung den übrigen Gesellschaftern anzuzeigen und ihre Entscheidung abzuwarten, wenn nicht Gefahr im Verzug ist.

**Umfang der Geschäftsführungsbefugnis**

**§ 116.** (1) Die Befugnis zur Geschäftsführung erstreckt sich auf alle Handlungen, die der gewöhnliche Geschäftsbetrieb der Gesellschaft mit sich bringt.

(2) Zur Vornahme von Handlungen, die darüber hinausgehen, ist ein einstimmiger Beschluss aller Gesellschafter erforderlich.

(3) Zur Bestellung eines Prokuristen bedarf es der Zustimmung aller geschäftsführenden Gesellschafter, es sei denn, daß Gefahr im Verzug ist. Der Widerruf der Prokura kann von jedem der zur

Erteilung oder zur Mitwirkung bei der Erteilung befugten Gesellschafter erfolgen.

### Entzug und Kündigung der Geschäftsführungsbefugnis

**§ 117.** (1) Die Befugnis zur Geschäftsführung kann einem Gesellschafter aufgrund einer Klage aller übrigen Gesellschafter durch gerichtliche Entscheidung entzogen werden, wenn ein wichtiger Grund vorliegt; ein solcher Grund ist insbesondere grobe Pflichtverletzung oder Unfähigkeit zur ordnungsmäßigen Geschäftsführung.

(2) Ein Gesellschafter kann die Geschäftsführung kündigen, wenn ein wichtiger Grund vorliegt. Auf dieses Recht kann nicht verzichtet werden.

(3) Die Geschäftsführung darf nur in der Art gekündigt werden, dass die Gesellschafter für die Führung der Geschäfte anderweitig Vorsorge treffen können, es sei denn, dass ein wichtiger Grund für die unzeitige Kündigung vorliegt. Kündigt der Gesellschafter ohne solchen Grund zur Unzeit, so hat er der Gesellschaft den daraus entstehenden Schaden zu ersetzen.

### Kontrollrecht der Gesellschafter

**§ 118.** (1) Ein Gesellschafter kann sich, auch wenn er von der Geschäftsführung ausgeschlossen ist, von den Angelegenheiten der Gesellschaft persönlich unterrichten, die Bücher und Schriften der Gesellschaft einsehen und sich aus ihnen einen Jahresabschluss oder, wenn nach den Vorschriften des Dritten Buches keine Pflicht zur Rechnungslegung besteht, eine sonstige Abrechnung anfertigen oder die Vorlage eines solchen Abschlusses oder einer solchen Abrechnung fordern.

(2) Eine Vereinbarung, durch die dieses Recht ausgeschlossen oder beschränkt wird, ist unwirksam.

### Beschlussfassung

**§ 119.** (1) Gesellschafterbeschlüsse erfordern die Zustimmung aller zur Mitwirkung bei der Beschlussfassung berufenen Gesellschafter.

(2) Hat nach dem Gesellschaftsvertrag die Mehrheit der Stimmen zu entscheiden, so bestimmt sie sich nach den abgegebenen gültigen Stimmen. Das Stimmgewicht entspricht den Beteiligungsverhältnissen. Sind nicht alle Gesellschafter am Kapital beteiligt, wird die Mehrheit nach Köpfen berechnet. Arbeitsgesellschafter, denen der Gesellschaftsvertrag einen am Wert ihrer Arbeit orientierten Kapitalanteil zubilligt, gelten als am Kapital beteiligt.

### Gewinn und Verlust

**§ 120.** Am Schluß jedes Geschäftsjahrs wird auf Grund des Jahresabschlusses oder, wenn nach den Vorschriften des Dritten Buches keine Pflicht zur Rechnungslegung besteht, nach den Ergebnissen einer sonstigen Abrechnung der Gewinn oder der Verlust des Jahres ermittelt und für jeden Gesellschafter sein Anteil daran berechnet.

### Verteilung von Gewinn und Verlust

**§ 121.** (1) Sofern alle Gesellschafter in gleichem Ausmaß zur Mitwirkung verpflichtet sind, wird der Gewinn und Verlust eines Geschäftsjahres den Gesellschaftern im Verhältnis ihrer Kapitalanteile zugewiesen (§ 109 Abs. 1). Enthält der Gesellschaftsvertrag eine abweichende Bestimmung nur über den Anteil am Gewinn oder über den Anteil am Verlust, so gilt sie im Zweifel für Gewinn und Verlust.

(2) Sind die Gesellschafter nicht in gleichem Ausmaß zur Mitwirkung verpflichtet, so ist dies bei der Zuweisung des Gewinns angemessen zu berücksichtigen.

(3) Arbeitsgesellschaftern ohne Kapitalanteil ist ein den Umständen nach angemessener Betrag des Jahresgewinns zuzuweisen. Der diesen Betrag übersteigende Teil des Jahresgewinns wird sodann den Gesellschaftern im Verhältnis ihrer Beteiligung zugewiesen.

(4) Die Gesellschafterstellung steht der Vereinbarung eines Entgelts für der Gesellschaft geleistete Dienste nicht entgegen.

### Gewinnausschüttung und Entnahmen

**§ 122.** (1) Jeder Gesellschafter hat Anspruch auf Auszahlung seines Gewinnanteils. Der Anspruch kann jedoch nicht geltend gemacht werden, soweit die Auszahlung zum offenbaren Schaden der Gesellschaft gereicht, die Gesellschafter ein anderes beschließen oder der Gesellschafter vereinbarungswidrig seine Einlage nicht geleistet hat.

(2) Im Übrigen ist ein Gesellschafter nicht befugt, ohne Einwilligung der anderen Gesellschafter Entnahmen zu tätigen.

## Dritter Titel
## Rechtsverhältnis der Gesellschaft zu Dritten

### Entstehung der Gesellschaft

**§ 123.** (1) Die offene Gesellschaft entsteht mit der Eintragung in das Firmenbuch.

(2) Handeln Gesellschafter oder zur Vertretung der Gesellschaft bestellte Personen nach Errichtung, aber vor Entstehung der Gesellschaft in deren Namen, so werden alle Gesellschafter daraus berechtigt und verpflichtet. Dies gilt auch dann, wenn ein handelnder Gesellschafter nicht, nicht allein oder nur beschränkt vertretungsbefugt ist, der Dritte den Mangel der Vertretungsmacht aber weder kannte noch kennen musste. Die Gesellschaft tritt mit Eintragung in das Firmenbuch in die Rechtsverhältnisse ein.



### Gesamthandbindung der Gesellschafter

**§ 124.** (1) Soweit im Gesellschaftsvertrag nichts anderes bestimmt ist, kann ein Gesellschafter nicht ohne Zustimmung aller Gesellschafter über seinen Gesellschaftsanteil verfügen.

(2) Gegen eine Forderung, die zum Gesellschaftsvermögen gehört, kann der Schuldner nicht eine ihm gegen einen einzelnen Gesellschafter zustehende Forderung aufrechnen.

(3) Die Ansprüche, die den Gesellschaftern aus dem Gesellschaftsverhältnis gegeneinander oder gegen die Gesellschaft zustehen, sind nicht übertragbar und nicht pfändbar. Ausgenommen sind die einem Gesellschafter aus der Geschäftsführung zustehenden Ansprüche, soweit deren Befriedigung vor der Auseinandersetzung verlangt werden kann, sowie die Ansprüche auf einen Gewinnanteil oder auf das, was dem Gesellschafter bei der Auseinandersetzung zukommt.

### Vertretung der Gesellschaft

**§ 125.** (1) Zur Vertretung der Gesellschaft ist jeder Gesellschafter befugt (Einzelvertretung), wenn er nicht durch den Gesellschaftsvertrag davon ausgeschlossen ist.

(2) Im Gesellschaftsvertrag kann bestimmt werden, dass alle oder mehrere Gesellschafter nur in Gemeinschaft zur Vertretung der Gesellschaft ermächtigt sein sollen (Gesamtvertretung). Die zur Gesamtvertretung berechtigten Gesellschafter können einzelne von ihnen zur Vornahme bestimmter Geschäfte oder bestimmter Arten von Geschäften ermächtigen. Ist der Gesellschaft gegenüber eine Willenserklärung abzugeben, so genügt jedenfalls die Abgabe gegenüber einem der zur Mitwirkung bei der Vertretung befugten Gesellschafter (passive Einzelvertretung).

(3) Im Gesellschaftsvertrag kann bestimmt werden, dass die Gesellschafter, wenn nicht mehrere zusammen handeln, nur in Gemeinschaft mit einem Prokuristen zur Vertretung der Gesellschaft ermächtigt sein sollen (gemischte Gesamtvertretung). Die Vorschriften des Abs. 2 zweiter und dritter Satz finden in diesem Fall entsprechende Anwendung.

(4) Der Ausschluss eines Gesellschafters von der Vertretung, die Anordnung einer Gesamtvertretung oder einer gemischten Gesamtvertretung sowie jede Änderung in der Vertretungsmacht eines Gesellschafters ist von sämtlichen Gesellschaftern zur Eintragung in das Firmenbuch anzumelden.

### Umfang der Vertretungsmacht

**§ 126.** (1) Die Vertretungsmacht der Gesellschafter erstreckt sich auf alle gerichtlichen und außergerichtlichen Geschäfte und Rechtshandlungen einschließlich der Veräußerung und Belastung von Grundstücken sowie der Erteilung und des Widerrufs einer Prokura.

(2) Eine Beschränkung des Umfanges der Vertretungsmacht ist Dritten gegenüber unwirksam; dies gilt insbesondere von der Beschränkung, daß sich die Vertretung nur auf gewisse Geschäfte oder Arten von Geschäften erstrecken oder daß sie nur unter gewissen Umständen oder für eine gewisse Zeit oder an einzelnen Orten stattfinden soll.

(3) In Betreff der Beschränkung auf den Betrieb einer von mehreren Niederlassungen der Gesellschaft finden die Vorschriften des § 50 Abs. 3 entsprechende Anwendung.

### Entziehung der Vertretungsmacht

**§ 127.** Die Vertretungsmacht kann einem Gesellschafter aufgrund einer Klage aller übrigen Gesellschafter durch gerichtliche Entscheidung entzogen werden, wenn ein wichtiger Grund vorliegt; ein solcher Grund ist insbesondere grobe Pflichtverletzung oder Unfähigkeit zur ordnungsmäßigen Vertretung der Gesellschaft.

### Unbeschränkte Haftung der Gesellschafter

**§ 128.** Die Gesellschafter haften für die Verbindlichkeiten der Gesellschaft den Gläubigern als Gesamtschuldner unbeschränkt. Eine entgegenstehende Vereinbarung ist Dritten gegenüber unwirksam.

### Einwendungen des Gesellschafters

**§ 129.** (1) Wird ein Gesellschafter wegen einer Verbindlichkeit der Gesellschaft in Anspruch genommen, so kann er Einwendungen, die nicht in seiner Person begründet sind, nur insoweit geltend machen, als sie von der Gesellschaft erhoben werden können.

(2) Der Gesellschafter kann die Befriedigung des Gläubigers verweigern, solange der Gesellschaft das Recht zusteht, das ihrer Verbindlichkeit zu Grunde liegende Rechtsgeschäft anzufechten oder ihre Verbindlichkeit durch Aufrechnung mit einer fälligen Forderung zu erfüllen.

(3) (aufgehoben)

(4) Aus einem gegen die Gesellschaft gerichteten vollstreckbaren Schuldtitel findet die Zwangsvollstreckung gegen die Gesellschafter nicht statt.

### Haftung des eintretenden Gesellschafters

**§ 130.** (1) Wer in eine bestehende Gesellschaft eintritt, haftet gleich den anderen Gesellschaftern nach Maßgabe der §§ 128, 129 für die vor seinem Eintritt begründeten Verbindlichkeiten der Gesellschaft, ohne Unterschied, ob die Firma geändert wird oder nicht.

(2) Eine entgegenstehende Vereinbarung ist Dritten gegenüber unwirksam.

## Vierter Titel.
## Auflösung der Gesellschaft und Ausscheiden von Gesellschaftern.

### Auflösungsgründe

**§ 131.** Die offene Gesellschaft wird aufgelöst:

1. durch den Ablauf der Zeit, für welche sie eingegangen ist;
2. durch Beschluß der Gesellschafter;
3. durch die rechtskräftige Eröffnung des Konkursverfahrens über das Vermögen der Gesellschaft, durch die Abänderung der Bezeichnung Sanierungsverfahren in Konkursverfahren oder durch die rechtskräftige Nichteröffnung oder Aufhebung des Insolvenzverfahrens mangels kostendeckenden Vermögens;
   *(BGBl I 2015/22)*

4. durch den Tod eines Gesellschafters, sofern sich aus dem Gesellschaftsvertrag nichts anderes ergibt;
5. durch die rechtskräftige Eröffnung des Konkursverfahrens über das Vermögen eines Gesellschafters, durch die Abänderung der Bezeichnung Sanierungsverfahren in Konkursverfahren oder durch die rechtskräftige Nichteröffnung oder Aufhebung des Insolvenzverfahrens mangels kostendeckenden Vermögens;
   *(BGBl I 2015/22)*
6. durch Kündigung oder durch gerichtliche Entscheidung.

**Kündigung eines Gesellschafters**

**§ 132.** (1) Die Kündigung eines Gesellschafters kann, wenn die Gesellschaft für unbestimmte Zeit eingegangen ist, nur für den Schluß eines Geschäftsjahrs erfolgen; sie muß mindestens sechs Monate vor diesem Zeitpunkte stattfinden.

(2) Eine Vereinbarung, durch die das Kündigungsrecht ausgeschlossen oder in anderer Weise als durch angemessene Verlängerung der Kündigungsfrist erschwert wird, ist nichtig.

**Auflösung durch gerichtliche Entscheidung**

**§ 133.** (1) Aufgrund der Klage eines Gesellschafters kann die Auflösung der Gesellschaft vor dem Ablaufe der für ihre Dauer bestimmten Zeit oder bei einer für unbestimmte Zeit eingegangenen Gesellschaft ohne Kündigung durch gerichtliche Entscheidung ausgesprochen werden, wenn ein wichtiger Grund vorliegt.

(2) Ein solcher Grund ist insbesondere vorhanden, wenn ein anderer Gesellschafter eine ihm nach dem Gesellschaftsvertrag obliegende wesentliche Verpflichtung vorsätzlich oder aus grober Fahrlässigkeit verletzt oder wenn die Erfüllung einer solchen Verpflichtung unmöglich wird.

(3) Eine Vereinbarung, durch welche das Recht des Gesellschafters, die Auflösung der Gesellschaft zu verlangen, ausgeschlossen oder diesen Vorschriften zuwider beschränkt wird, ist nichtig.

**Gesellschaft auf Lebenszeit, Befristung**

**§ 134.** Eine Gesellschaft, die für die Lebenszeit eines Gesellschafters eingegangen ist oder nach dem Ablaufe der für ihre Dauer bestimmten Zeit stillschweigend fortgesetzt wird, steht im Sinne der Vorschriften der §§ 132, 133 einer für unbestimmte Zeit eingegangenen Gesellschaft gleich.

**§ 135.** (aufgehoben)

*(BGBl I 2021/86)*

**§ 136.** (aufgehoben)

**Auseinandersetzung mit dem ausscheidenden Gesellschafter**

**§ 137.** (1) Dem ausscheidenden Gesellschafter sind die Gegenstände, die er der Gesellschaft zur Benutzung überlassen hat, zurückzugeben. Für einen durch Zufall abhanden gekommenen oder verschlechterten Gegenstand kann er keinen Ersatz verlangen.

(2) Dem ausscheidenden Gesellschafter ist in Geld auszuzahlen, was er bei der Auseinandersetzung erhielte, wenn die Gesellschaft zur Zeit seines Ausscheidens aufgelöst worden wäre. Der Wert des Gesellschaftsvermögens ist, soweit erforderlich, durch Schätzung zu ermitteln.

(3) Der ausscheidende Gesellschafter ist von den Gesellschaftsschulden zu befreien, für die er den Gläubigern haftet. Ist eine Schuld noch nicht fällig, so kann ihm die Gesellschaft Sicherheit leisten statt ihn zu befreien.

(4) Verbleibt dem ausscheidenden Gesellschafter eine Verbindlichkeit aus dem Gesellschaftsverhältnis, so ist er verpflichtet, einen Ausgleich in entsprechender Höhe an die Gesellschaft zu zahlen.

**Beteiligung des Ausscheidenden an schwebenden Geschäften**

**§ 138.** (1) Der ausgeschiedene Gesellschafter nimmt am Gewinn und am Verlust teil, der sich aus den zur Zeit seines Ausscheidens schwebenden Geschäften ergibt. Die Gesellschaft ist berechtigt, diese Geschäfte so zu beenden, wie es ihr am vorteilhaftesten erscheint.

(2) Der ausgeschiedene Gesellschafter kann am Schluss jedes Geschäftsjahrs Rechenschaft über die inzwischen beendeten Geschäfte, Auszahlung des ihm gebührenden Betrages und Auskunft über den Stand der noch schwebenden Geschäfte verlangen.

**Fortsetzung mit den Erben**

**§ 139.** (1) Ist im Gesellschaftsvertrag bestimmt, dass im Fall des Todes eines Gesellschafters die Gesellschaft mit seinen Erben fortgesetzt werden soll, so besteht sie nach dem Tod dieses Gesellschafters mit seiner Verlassenschaft und nach deren Einantwortung mit den Erben fort. Jeder Erbe kann sein Verbleiben in der Gesellschaft davon abhängig machen, dass ihm unter Belassung des bisherigen Gewinnanteils die Stellung eines Kommanditisten eingeräumt und der auf ihn fallende Teil der Einlage des Erblassers als seine Kommanditeinlage anerkannt wird.

(2) Nehmen die übrigen Gesellschafter einen dahingehenden Antrag des Erben nicht an, so ist dieser befugt, ohne Einhaltung einer Kündigungsfrist sein Ausscheiden aus der Gesellschaft zu erklären.

(3) Die in Abs. 1 und 2 bezeichneten Rechte können von den Erben nur innerhalb einer Frist von drei Monaten nach der Einantwortung der Verlassenschaft geltend gemacht werden. Ist ein Erbe nicht geschäftsfähig und ist für ihn kein gesetzlicher Vertreter bestellt, so läuft diese Frist erst ab der Bestellung eines solchen oder ab dem Eintritt der Geschäftsfähigkeit des Erben.



(4) Scheidet [innerhalb der Frist des Abs. 3][a] der Erbe aus der Gesellschaft aus oder wird innerhalb der Frist die Gesellschaft aufgelöst oder dem Erben die Stellung eines Kommanditisten eingeräumt, so haftet er für die bis dahin entstandenen Gesellschaftsschulden nur nach Maßgabe der die Haftung

des Erben für die Nachlaßverbindlichkeiten betreffenden Vorschriften des bürgerlichen Rechtes.

[a] Siehe Art 7 Nr. 17 EVHGB

(5) Der Gesellschaftsvertrag kann die Anwendung der Vorschriften der Abs. 1 bis 4 nicht ausschließen; es kann jedoch für den Fall, daß der Erbe sein Verbleiben in der Gesellschaft von der Einräumung der Stellung eines Kommanditisten abhängig macht, sein Gewinnanteil anders als der des Erblassers bestimmt werden.

### Ausschluss statt Auflösung

**§ 140.** (1) Tritt in der Person eines Gesellschafters ein Umstand ein, der nach § 133 für jeden der übrigen Gesellschafter das Recht begründet, die Auflösung der Gesellschaft zu verlangen, so kann vom Gericht aufgrund einer Klage aller übrigen Gesellschafter anstatt der Auflösung der Gesellschaft der Ausschluss dieses Gesellschafters aus der Gesellschaft ausgesprochen werden. Der Ausschließungsklage steht nicht entgegen, dass nach der Ausschließung nur ein Gesellschafter verbleibt.

(2) Für die Auseinandersetzung zwischen der Gesellschaft oder dem allein verbleibenden Gesellschafter (Abs. 1 letzter Satz) und dem ausgeschlossenen Gesellschafter ist die Vermögenslage der Gesellschaft in dem Zeitpunkt maßgebend, in dem die Klage auf Ausschließung erhoben wird.

### Fortsetzungsbeschluss

**§ 141.** (1) Die Gesellschafter können bei Auflösung der Gesellschaft, wenn sie nicht in Folge der Eröffnung des Konkursverfahrens über das Vermögen der Gesellschaft eintritt (§ 144), deren Fortbestand beschließen. In den Fällen des § 131 Z 4, 5 oder 6 erster Fall steht dieses Recht den verbleibenden Gesellschaftern zu. In diesen Fällen scheidet der Gesellschafter, in dessen Person der Auflösungsgrund eingetreten ist, infolge des Fortsetzungsbeschlusses aus der Gesellschaft aus.

(2) Im Fall der Kündigung nach § 339 Abs. 1 EO scheidet der betreffende Gesellschafter mit dem Ende des Geschäftsjahrs aus der Gesellschaft aus, in den übrigen Fällen mit dem Wirksamwerden des Beschlusses.

*(BGBl I 2021/86)*

(3) Im Fall der Eröffnung des Konkursverfahrens über das Vermögen eines Gesellschafters ist Abs. 1 mit der Maßgabe anzuwenden, dass eine Erklärung gegenüber dem Masseverwalter zu erfolgen hat und der Schuldner mit dem Zeitpunkt der Konkurseröffnung als aus der Gesellschaft ausgeschieden gilt.

### Übergang des Gesellschaftsvermögens

**§ 142.** (1) Verbleibt nur noch ein Gesellschafter, so erlischt die Gesellschaft ohne Liquidation. Das Gesellschaftsvermögen geht im Weg der Gesamtrechtsnachfolge auf diesen über.

(2) Der ausscheidende Gesellschafter ist in sinngemäßer Anwendung der §§ 137 und 138 abzufinden.

### Anmeldung von Auflösung und Ausscheiden

**§ 143.** (1) Die Auflösung der Gesellschaft ist, wenn sie nicht in Folge der Eröffnung des Konkursverfahrens über das Vermögen der Gesellschaft eintritt, von sämtlichen Gesellschaftern zur Eintragung in das Firmenbuch anzumelden.

(2) Das Gleiche gilt von dem Ausscheiden eines Gesellschafters aus der Gesellschaft.

(3) Ist anzunehmen, dass der Tod eines Gesellschafters die Auflösung oder das Ausscheiden zur Folge gehabt hat, so kann die Eintragung auch ohne Mitwirkung der Erben bei der Anmeldung erfolgen, soweit einer solchen Mitwirkung besondere Hindernisse entgegenstehen.

### Fortsetzung nach Insolvenz der Gesellschaft

**§ 144.** (1) Ist die Gesellschaft durch die Eröffnung des Konkursverfahrens über ihr Vermögen aufgelöst, das Insolvenzverfahren aber durch Bestätigung eines Sanierungsplans (§ 152 IO) oder mit Einverständnis der Gläubiger (§ 123b IO) aufgehoben worden, so können die Gesellschafter die Fortsetzung der Gesellschaft beschließen.

(2) Die Fortsetzung ist von sämtlichen Gesellschaftern zur Eintragung in das Firmenbuch anzumelden.

## Fünfter Titel.
## Liquidation der Gesellschaft.

### Notwendigkeit der Liquidation

**§ 145.** (1) Nach der Auflösung der Gesellschaft findet die Liquidation statt, sofern nicht eine andere Art der Auseinandersetzung von den Gesellschaftern vereinbart oder über das Vermögen der Gesellschaft das Insolvenzverfahren eröffnet ist.

(2) Ist die Gesellschaft durch Kündigung nach § 339 Abs. 1 EO oder durch die Eröffnung des Konkursverfahrens über das Vermögen eines Gesellschafters aufgelöst, so kann die Liquidation nur mit Zustimmung des Verwalters oder des Masseverwalters unterbleiben.

*(BGBl I 2021/86)*

### Bestellung der Liquidatoren

**§ 146.** (1) Die Liquidation erfolgt, sofern sie nicht durch Beschluß der Gesellschafter oder durch den Gesellschaftsvertrag einzelnen Gesellschaftern oder anderen Personen übertragen ist, durch sämtliche Gesellschafter als Liquidatoren. Mehrere Erben eines Gesellschafters haben einen gemeinsamen Vertreter zu bestellen.

(2) Auf Antrag eines Beteiligten kann aus wichtigen Gründen die Ernennung von Liquidatoren durch das Gericht erfolgen, in dessen Sprengel die Gesellschaft ihren Sitz hat; das Gericht kann in einem solchen Falle Personen zu Liquidatoren ernennen, die nicht zu den Gesellschaftern gehören. Als Beteiligter gilt außer den Gesellschaftern im Falle des § 338 Abs. 1 EO auch der Verwalter, durch den die Kündigung erfolgt ist.

*(BGBl I 2021/86)*

(3) Ist über das Vermögen eines Gesellschafters das Konkursverfahren eröffnet oder das Sanierungsverfahren eröffnet und dem Gesellschafter die Eigenverwaltung entzogen, so tritt der Insolvenzverwalter an die Stelle des Gesellschafters.

### Abberufung von Liquidatoren

**§ 147.** Die Abberufung von Liquidatoren geschieht durch einstimmigen Beschluß der nach § 146 Abs. 2, 3 Beteiligten; sie kann auf Antrag eines Beteiligten aus wichtigen Gründen auch durch das Gericht erfolgen.

### Anmeldung der Liquidatoren

**§ 148.** (1) Die Liquidatoren sind von sämmtlichen Gesellschaftern zur Eintragung in das Firmenbuch anzumelden. Das Gleiche gilt von jeder Änderung in den Personen der Liquidatoren oder in ihrer Vertretungsmacht. Im Fall des Todes eines Gesellschafters kann, wenn anzunehmen ist, dass die Anmeldung den Tatsachen entspricht, die Eintragung auch ohne Mitwirkung der Erben bei der Anmeldung erfolgen, soweit einer solchen Mitwirkung besondere Hindernisse entgegenstehen.

(2) Die Eintragung gerichtlich bestellter Liquidatoren sowie die Eintragung der gerichtlichen Abberufung von Liquidatoren geschieht von Amtswegen.

(3) Die Liquidatoren haben ihre Namensunterschrift zur Aufbewahrung bei Gericht zu zeichnen.

### Rechte und Pflichten der Liquidatoren; Auseinandersetzung

**§ 149.** (1) Die Liquidatoren haben die laufenden Geschäfte zu beenden, die Forderungen einzuziehen, das übrige Vermögen in Geld umzusetzen und die Gläubiger zu befriedigen; zur Beendigung schwebender Geschäfte können sie auch neue Geschäfte eingehen. Die Liquidatoren vertreten die Gesellschaft gerichtlich und außergerichtlich.

(2) Den Gesellschaftern sind die Gegenstände, die sie der Gesellschaft zur Benutzung überlassen haben, zurückzugeben. Für einen durch Zufall abhanden gekommenen oder verschlechterten Gegenstand können sie keinen Ersatz verlangen.

### Mehrere Liquidatoren

**§ 150.** (1) Sind mehrere Liquidatoren vorhanden, so können sie die zur Liquidation gehörenden Handlungen nur in Gemeinschaft vornehmen, sofern nicht bestimmt ist, daß sie einzeln handeln können; eine solche Bestimmung ist zur Eintragung in das Firmenbuch anzumelden.

(2) Durch die Vorschrift des Abs. 1 wird nicht ausgeschlossen, daß die Liquidatoren einzelne von ihnen zur Vornahme bestimmter Geschäfte oder bestimmter Arten von Geschäften ermächtigen. Ist der Gesellschaft gegenüber eine Willenserklärung abzugeben, so findet die Vorschrift des § 125 Abs. 2 Satz 3 entsprechende Anwendung.

### Unbeschränkbarkeit der Befugnisse

**§ 151.** Eine Beschränkung des Umfanges der Befugnisse der Liquidatoren ist Dritten gegenüber unwirksam.

### Bindung an Weisungen

**§ 152.** Die Liquidatoren haben, auch wenn sie gerichtlich bestellt sind, den in Bezug auf die Geschäftsführung einstimmig beschlossenen Anordnungen der gemäß § 146 Abs. 2 und 3 Beteiligten Folge zu leisten.

### Unterschrift

**§ 153.** Die Liquidatoren haben ihre Unterschrift in der Weise abzugeben, daß sie der bisherigen, als Liquidationsfirma zu bezeichnenden Firma ihren Namen beifügen.

### Liquidationsbilanz; Zuweisung des Liquidationsgewinnes oder verlustes

**§ 154.** (1) Die Liquidatoren haben bei dem Beginne sowie bei der Beendigung der Liquidation eine Bilanz aufzustellen.

(2) Die Zuweisung eines Liquidationsgewinns oder -verlustes richtet sich nach der Beteiligung der Gesellschafter (§ 109).

### Verteilung des Gesellschaftsvermögens; Ausgleich unter den Gesellschaftern

**§ 155.** (1) Das nach Berücksichtigung der Schulden verbleibende Vermögen der Gesellschaft ist von den Liquidatoren nach dem Verhältnis der Beteiligung der Gesellschafter unter Berücksichtigung ihrer Guthaben und Verbindlichkeiten aus dem Gesellschaftsverhältnis, wie sie sich aufgrund der Schlussbilanz ergeben, unter die Gesellschafter zu verteilen.

(2) Das während der Liquidation entbehrliche Geld wird vorläufig verteilt. Zur Deckung noch nicht fälliger oder streitiger Verbindlichkeiten sowie zur Sicherung der den Gesellschaftern bei der Schlußverteilung zukommenden Beträge ist das Erforderliche zurückzubehalten. Die Vorschriften des § 122 Abs. 1 finden während der Liquidation keine Anwendung.

(3) Entsteht über die Verteilung des Gesellschaftsvermögens Streit unter den Gesellschaftern, so haben die Liquidatoren die Verteilung bis zur Entscheidung des Streites auszusetzen.

(4) Reicht das Gesellschaftsvermögen zur Deckung der Guthaben von Gesellschaftern aus dem Gesellschaftsverhältnis nicht aus, so sind die übrigen Gesellschafter ihnen gegenüber verpflichtet, für den Betrag im Verhältnis ihrer Verbindlichkeiten aus dem Gesellschaftsverhältnis aufzukommen. Kann von einem Gesellschafter der auf ihn entfallende Betrag nicht erlangt werden, so wird der Ausfall auf die übrigen Gesellschafter wie ein Verlust verteilt.

**Rechtsverhältnis der bisherigen Gesellschafter untereinander**

**§ 156.** Bis zur Beendigung der Liquidation kommen in Bezug auf das Rechtsverhältnis der bisherigen Gesellschafter unter einander sowie der Gesellschaft zu Dritten die Vorschriften des zweiten und dritten Titels zur Anwendung, soweit sich nicht aus dem gegenwärtigen Titel oder aus dem Zwecke der Liquidation ein anderes ergibt.

**Anmeldung des Erlöschens; Einsichtsrecht**

**§ 157.** (1) Nach der Beendigung der Liquidation ist das Erlöschen der Firma von den Liquidatoren zur Eintragung in das Firmenbuch anzumelden.

(2) Die Bücher und Papiere der aufgelösten Gesellschaft werden einem der Gesellschafter oder einem Dritten in Verwahrung gegeben. Der Gesellschafter oder der Dritte wird in Ermangelung einer Verständigung durch das Gericht bestimmt, in dessen Sprengel die Gesellschaft ihren Sitz hat.

(3) Die Gesellschafter und deren Erben behalten das Recht auf Einsicht und Benutzung der Bücher und Papiere.

**Andere Art der Auseinandersetzung**

**§ 158.** Vereinbaren die Gesellschafter statt der Liquidation eine andere Art der Auseinandersetzung, so finden, solange noch ungeteiltes Gesellschaftsvermögen vorhanden ist, im Verhältnisse zu Dritten die für die Liquidation geltenden Vorschriften entsprechende Anwendung.

## Sechster Titel
## Zeitliche Begrenzung der Haftung

**Ansprüche gegen einen Gesellschafter**

**§ 159.** (1) Die Ansprüche gegen einen Gesellschafter aus Verbindlichkeiten der Gesellschaft verjähren in fünf Jahren nach der Auflösung der Gesellschaft, sofern nicht der Anspruch gegen die Gesellschaft einer kürzeren Verjährung unterliegt.

(2) Die Verjährung beginnt mit dem Ende des Tages, an welchem die Auflösung der Gesellschaft in das Firmenbuch des für den Sitz der Gesellschaft zuständigen Gerichts eingetragen wird.

(3) Wird der Anspruch des Gläubigers gegen die Gesellschaft erst nach der Eintragung fällig, so beginnt die Verjährung mit dem Zeitpunkt der Fälligkeit.

(4) Die Unterbrechung der Verjährung gegenüber der aufgelösten Gesellschaft wirkt auch gegenüber den Gesellschaftern, die der Gesellschaft zur Zeit der Auflösung angehört haben.

**Begrenzung der Haftung des ausscheidenden Gesellschafters, Frist**

**§ 160.** (1) Scheidet ein Gesellschafter aus der Gesellschaft aus, so haftet er für ihre bis dahin begründeten Verbindlichkeiten nur, soweit sie vor Ablauf von fünf Jahren nach dem Ausscheiden fällig sind. Ansprüche daraus verjähren innerhalb der für die jeweilige Verbindlichkeit geltenden Verjährungsfrist, längstens jedoch in drei Jahren.

(2) Die Frist beginnt mit dem Ende des Tages, an dem das Ausscheiden des Gesellschafters in das Firmenbuch eingetragen wird.

(3) Werden Forderungen eines Gläubigers für Leistungen, die er noch vor Ausscheiden des Gesellschafters erbracht hat, erst nach Ablauf von fünf Jahren fällig, so ist der Gläubiger vom Ausscheiden des Gesellschafters zu verständigen. Bei Vorliegen eines wichtigen Grundes kann der Gläubiger vom ausscheidenden Gesellschafter die Sicherstellung seiner Ansprüche verlangen; auf dieses Recht ist er in der Verständigung hinzuweisen. Wird seinem Verlangen nicht entsprochen, so findet Abs. 1 keine Anwendung.

(4) Wird ein Gesellschafter Kommanditist, so sind für die Begrenzung seiner Haftung für die im Zeitpunkt der Eintragung der Änderung in das Firmenbuch entstandenen Verbindlichkeiten die Abs. 1 bis 3 entsprechend anzuwenden. Dies gilt auch, wenn er in der Gesellschaft oder einem ihr als Gesellschafter angehörenden Unternehmen geschäftsführend tätig wird. Seine Haftung als Kommanditist bleibt unberührt.

## Zweiter Abschnitt.
## Kommanditgesellschaft.

**Begriff, Anwendung der Vorschriften über die offene Gesellschaft**

**§ 161.** (1) Eine Kommanditgesellschaft ist eine unter eigener Firma geführte Gesellschaft, bei der die Haftung gegenüber den Gesellschaftsgläubigern bei einem Teil der Gesellschafter auf einen bestimmten Betrag (Haftsumme) beschränkt ist (Kommanditisten), beim anderen Teil dagegen unbeschränkt ist (Komplementäre).

(2) Soweit dieser Abschnitt nichts anderes bestimmt, finden auf die Kommanditgesellschaft die für die offene Gesellschaft geltenden Vorschriften Anwendung.

**Anmeldung zum Firmenbuch**

**§ 162.** (1) Die Anmeldung hat die in § 3 Z 2 bis 4, 5, 7, 8 und 16 sowie in § 4 Z 6, gegebenenfalls auch die in § 3 Z 6, 9, 11 und 15 und in § 4 Z 2, 3, 5 und 7 FBG genannten Tatsachen zu enthalten.

(2) Sofern der Eintritt eines Kommanditisten unter der Bedingung der Eintragung in das Firmenbuch erfolgt, hat auch der Eintretende an der Anmeldung mitzuwirken.

(3) Diese Vorschriften finden im Falle des Eintritts eines Kommanditisten in eine bestehende Personengesellschaft und im Falle des Ausscheidens eines Kommanditisten aus einer Kommanditgesellschaft entsprechende Anwendung.

**Rechtsverhältnis der Gesellschafter untereinander**

**§ 163.** Für das Verhältnis der Gesellschafter unter einander gelten in Ermangelung abweichender Bestimmungen des Gesellschaftsvertrags die besonderen Vorschriften der §§ 164 bis 169.

**Geschäftsführung**

**§ 164.** Die Kommanditisten sind von der Führung der Geschäfte der Gesellschaft ausgeschlossen; sie können einer Handlung der unbeschränkt haftenden Gesellschafter nicht widersprechen, es sei denn, daß die Handlung über den gewöhnlichen Betrieb des Unternehmens der Gesellschaft hinausgeht. Die Vorschriften des § 116 Abs. 3 bleiben unberührt.

**Wettbewerbsverbot**

**§ 165.** § 112 Abs. 2 und 3 sowie § 113 finden auf die Kommanditisten keine Anwendung.

*(BGBl I 2021/86)*

**Kontrollrecht**

**§ 166.** (1) Der Kommanditist ist berechtigt, die abschriftliche Mitteilung des Jahresabschlusses oder, wenn nach den Vorschriften des Dritten Buches keine Pflicht zur Rechnungslegung besteht, einer sonstigen Abrechnung zu verlangen und dessen Richtigkeit unter Einsicht der Bücher und Schriften zu prüfen.

(2) Die im § 118 dem von der Geschäftsführung ausgeschlossenen Gesellschafter eingeräumten weiteren Rechte stehen dem Kommanditisten nicht zu.

(3) Auf Antrag eines Kommanditisten kann das Gericht, wenn wichtige Gründe vorliegen, die Mitteilung einer Bilanz oder sonstiger Aufklärungen sowie die Vorlegung der Bücher und Schriften jederzeit anordnen.

**Berechnung von Gewinn und Verlust**

**§ 167.** Soweit der Gesellschaftsvertrag nichts anderes vorsieht, ist den unbeschränkt haftenden Gesellschaftern zunächst ein ihrer Haftung angemessener Betrag des Jahresgewinns zuzuweisen. Im Übrigen ist für den diesen Betrag übersteigenden Teil des Jahresgewinns sowie für den Verlust eines Geschäftsjahrs § 121 anzuwenden.

**Gewinnausschüttung**

**§ 168.** (1) Der Kommanditist kann die Auszahlung des Gewinnes nicht verlangen, soweit die bedungene Einlage nicht geleistet ist oder durch dem Kommanditisten zugewiesene Verluste oder die Auszahlung des Gewinnes unter den auf sie geleisteten Betrag gemindert würde. Im Übrigen findet § 122 Anwendung.

(2) Der Kommanditist ist nicht verpflichtet, den bezogenen Gewinn wegen späterer Verluste zurückzuzahlen.

**Keine Teilnahme am Ausgleich unter den Gesellschaftern**

**§ 169.** Soweit der Kommanditist die bedungene Einlage geleistet hat, sind § 137 Abs. 4 und § 155 Abs. 4 auf ihn nicht anzuwenden.

**Vertretung**

**§ 170.** Der Kommanditist ist als solcher nicht befugt, die Gesellschaft zu vertreten.

**Haftung des Kommanditisten**

**§ 171.** (1) Der Kommanditist haftet den Gläubigern der Gesellschaft bis zur Höhe der im Firmenbuch eingetragenen Haftsumme unmittelbar; die Haftung ist ausgeschlossen, soweit die Einlage geleistet ist. Auf Verlangen hat der Kommanditist den Gläubigern über die Höhe der geleisteten Einlage binnen angemessener Frist Auskunft zu geben.

(2) Ist über das Vermögen der Gesellschaft das Insolvenzverfahren eröffnet, so übt während dessen Dauer der Masse- oder Sanierungsverwalter das Recht der Gesellschaftsgläubiger nach Abs. 1 aus.

**Umfang der Haftung**

**§ 172.** (1) Auf eine nicht eingetragene Erhöhung der aus dem Firmenbuch ersichtlichen Haftsumme können sich die Gläubiger nur berufen, wenn die Erhöhung in gehöriger Weise kundgemacht oder ihnen von der Gesellschaft mitgeteilt worden ist.

(2) Eine Vereinbarung der Gesellschafter, durch die einem Kommanditisten die Einlage erlassen oder gestundet wird, ist den Gläubigern gegenüber unwirksam.

(3) Soweit die Einlage eines Kommanditisten zurückgezahlt wird, gilt sie den Gläubigern gegenüber als nicht geleistet. Das Gleiche gilt, soweit ein Kommanditist Gewinnanteile entnimmt, obwohl frühere Verlustzuweisungen noch nicht durch spätere Gewinne ausgeglichen wurden. Ein Kommanditist, der seine Einlage geleistet und in der Folge nicht zurückerhalten hat, haftet für Verringerungen der Einlage durch Nachfolger nicht.

(4) Was ein Kommanditist im guten Glauben als Gewinn bezieht, ist er in keinem Fall zurückzuzahlen verpflichtet.

**Haftung bei Eintritt als Kommanditist**

**§ 173.** (1) Wer in eine bestehende eingetragene Personengesellschaft als Kommanditist eintritt, haftet nach Maßgabe der §§ 171, 172 für die vor seinem Eintritte begründeten Verbindlichkeiten der Gesellschaft, ohne Unterschied, ob die Firma geändert wird oder nicht.

(2) Eine entgegenstehende Vereinbarung ist Dritten gegenüber unwirksam.

**Herabsetzung der Haftsumme**

**§ 174.** Eine Herabsetzung der Haftsumme eines Kommanditisten ist, solange sie nicht in das Firmenbuch eingetragen ist, den Gläubigern gegenüber unwirksam; Gläubiger, deren Forderungen zur Zeit der Eintragung begründet waren, brauchen die Herabsetzung nicht gegen sich gelten zu lassen.

**Anmeldung der Änderung einer Haftsumme**

**§ 175.** Die Erhöhung sowie die Herabsetzung einer Haftsumme sind durch sämtliche Gesellschafter zur Eintragung in das Firmenbuch anzumelden. § 24 FBG ist nicht anzuwenden.

### Haftungsumfang vor Eintragung der Gesellschaft, bei Eintritt in diese

**§ 176.** (1) Handeln Gesellschafter oder zur Vertretung der Gesellschaft bestellte Personen nach Errichtung, aber vor Entstehung der Gesellschaft in deren Namen, so haftet der Kommanditist für die in der Zeit bis zur Eintragung begründeten Verbindlichkeiten der Gesellschaft bis zur Höhe seiner Haftsumme. Dies gilt auch dann, wenn ein handelnder Gesellschafter nicht, nicht allein oder nur beschränkt vertretungsbefugt ist, der Dritte den Mangel der Vertretungsmacht aber weder kannte noch kennen musste.

(2) Tritt ein Kommanditist in eine bestehende Personengesellschaft ein, so findet Abs. 1 für die in der Zeit zwischen seinem Eintritt und seiner Eintragung in das Firmenbuch begründeten Verbindlichkeiten der Gesellschaft entsprechende Anwendung. § 171 Abs. 1 gilt sinngemäß.

### Tod des Kommanditisten

**§ 177.** Der Tod eines Kommanditisten hat die Auflösung der Gesellschaft nicht zur Folge.

### Ausscheiden des einzigen Komplementärs

**§ 178.** Würde der einzige Komplementär aufgrund einer Bestimmung des Gesellschaftsvertrags oder durch die Ausübung eines ihm im Gesellschaftsvertrag eingeräumten Kündigungsrechts aus der Gesellschaft ausscheiden, so tritt diese Rechtsfolge nur ein, wenn die verbleibenden Kommanditisten vereinbaren, dass sie die Gesellschaft fortsetzen und wenigstens einer von ihnen die Stellung eines Komplementärs übernimmt, oder wenn der einzige verbleibende Kommanditist erklärt, das Gesellschaftsvermögen im Weg der Gesamtrechtsnachfolge (§ 142) zu übernehmen. Ansonsten ist die Gesellschaft stattdessen aufgelöst und wird unter Beteiligung des Komplementärs abgewickelt.

## Dritter Abschnitt
## Stille Gesellschaft

### Begriff und Wesen der stillen Gesellschaft

**§ 179.** (1) Wer sich als stiller Gesellschafter am Unternehmen oder Vermögen eines anderen mit einer Vermögenseinlage beteiligt, hat die Einlage so zu leisten, dass sie in das Vermögen des anderen übergeht.

(2) Aus den Geschäften, die im Betrieb des Unternehmens geschlossen werden oder das Vermögen betreffen, an dem die Beteiligung besteht, wird allein der Inhaber berechtigt und verpflichtet.

### Einlage des stillen Gesellschafters;

**§ 180.** Zur Erhöhung der vereinbarten oder zur Ergänzung der durch Verlust verminderten Einlage ist der stille Gesellschafter nicht verpflichtet.

### Gewinn und Verlust

**§ 181.** (1) Ist der Anteil des stillen Gesellschafters am Gewinn und Verlust nicht bestimmt, so gilt ein den Umständen nach angemessener Anteil als bedungen.

(2) Im Gesellschaftsvertrag kann bestimmt werden, daß der stille Gesellschafter nicht am Verlust beteiligt sein soll; seine Beteiligung am Gewinn kann nicht ausgeschlossen werden.

(3) Ist im Gesellschaftsvertrag nur der Anteil am Gewinn oder am Verlust bestimmt, so gilt die Bestimmung im Zweifel für Gewinn und Verlust.

### Gewinn- oder Verlustberechnung

**§ 182.** (1) Am Schluß jedes Geschäftsjahres ist der Gewinn oder Verlust zu berechnen und der auf den stillen Gesellschafter fallende Gewinn auszuzahlen.

(2) Der stille Gesellschafter nimmt an dem Verlust nur bis zum Betrag seiner eingezahlten oder rückständigen Einlage teil. Er ist nicht verpflichtet, den bezogenen Gewinn wegen späterer Verluste zurückzuzahlen; jedoch wird, solange seine Einlage durch Verlust vermindert ist, der jährliche Gewinn zur Deckung des Verlustes verwendet.

(3) Der Gewinn, der von dem stillen Gesellschafter nicht behoben wird, vermehrt dessen Einlage nicht, sofern nicht ein anderes vereinbart ist.

### Kontrollrecht des stillen Gesellschafters

**§ 183.** (1) Der stille Gesellschafter ist berechtigt, die abschriftliche Mitteilung des Jahresabschlusses oder, wenn nach den Vorschriften des Dritten Buches keine Pflicht zur Rechnungslegung besteht, einer sonstigen Abrechnung zu verlangen und dessen Richtigkeit unter Einsicht der Bücher und Schriften zu prüfen.

(2) Die im § 118 dem von der Geschäftsführung ausgeschlossenen Gesellschafter eingeräumten weiteren Rechte stehen dem stillen Gesellschafter nicht zu.

(3) Auf Antrag des stillen Gesellschafters kann das Gericht, wenn wichtige Gründe vorliegen, die Mitteilung eines Status oder sonstiger Aufklärungen sowie die Vorlage der Bücher und Schriften jederzeit anordnen.

### Kündigung der Gesellschaft; Tod des stillen Gesellschafters

**§ 184.** (1) Auf die Kündigung der Gesellschaft durch einen Gesellschafter oder nach § 339 Abs. 1 EO finden die Vorschriften der §§ 132 und 134 entsprechende Anwendung. Wenn ein wichtiger Grund vorliegt, kann jeder Gesellschafter die Gesellschaft, mag sie auch auf bestimmte Zeit eingegangen sein, ohne Einhaltung einer Frist jederzeit kündigen. Eine Vereinbarung, durch die dieses Kündigungsrecht ausgeschlossen oder beschränkt wird, ist nichtig.

*(BGBl I 2021/86)*

(2) Durch den Tod des stillen Gesellschafters wird die Gesellschaft nicht aufgelöst.

### Andere Auflösungsgründe

**§ 185.** (1) Wird der vereinbarte Zweck erreicht oder seine Erreichung unmöglich, so endet die stille Gesellschaft, auch wenn sie auf bestimmte Zeit eingegangen worden und diese Zeit noch nicht abgelaufen ist.

(2) Die stille Gesellschaft wird ferner durch die Eröffnung des Konkursverfahrens über das Vermögen eines Gesellschafters und, wenn der Gesellschaftsvertrag nichts anderes bestimmt, durch den Tod des Inhabers des Unternehmens oder Vermögens aufgelöst. § 136 über die Fürsorgepflicht beim Tod oder Konkurs eines Gesellschafters ist sinngemäß anzuwenden.

*(BGBl I 2016/43)*

### Auseinandersetzung

**§ 186.** (1) Nach der Auflösung der Gesellschaft hat sich der Inhaber des Unternehmens oder Vermögens mit dem stillen Gesellschafter auseinanderzusetzen und dessen Guthaben in Geld zu berichtigen.

*(BGBl I 2016/43)*

(2) Die zur Zeit der Auflösung schwebenden Geschäfte werden von dem Inhaber des Unternehmens oder Vermögens abgewickelt. Der stille Gesellschafter nimmt teil an dem Gewinn oder Verlust, der sich aus diesen Geschäften ergibt.

*(BGBl I 2016/43)*

(3) Er kann am Schluß jedes Geschäftsjahrs Rechenschaft über die inzwischen beendigten Geschäfte, Auszahlung des ihm gebührenden Betrags und Auskunft über den Stand der noch schwebenden Geschäfte verlangen.

### Konkurs des Inhabers

**§ 187.** (1) Wird über das Vermögen des Inhabers des Unternehmens oder Vermögens das Konkursverfahren eröffnet, so kann der stille Gesellschafter wegen der Einlage, soweit sie den Betrag des auf ihn fallenden Anteils am Verlust übersteigt, seine Forderung als Insolvenzgläubiger geltend machen.

*(BGBl I 2016/43)*

(2) Ist die Einlage zum Zeitpunkt der Eröffnung des Konkursverfahrens noch nicht zur Gänze geleistet worden, so hat sie der stille Gesellschafter bis zu dem Betrag, welcher zur Deckung seines Anteils am Verlust erforderlich ist, zur Insolvenzmasse einzuzahlen.

### Anfechtung im Insolvenzverfahren

**§ 188.** (1) Ist auf Grund einer in dem letzten Jahr vor der Eröffnung des Insolvenzverfahrens zwischen dem Inhaber des Unternehmens oder Vermögens und dem stillen Gesellschafter getroffenen Vereinbarung diesem die Einlage ganz oder teilweise zurückgewährt oder sein Anteil an dem entstandenen Verlust ganz oder teilweise erlassen worden, so kann die Rückgewähr oder der Erlaß vom Masse- oder Sanierungsverwalter angefochten werden. Es begründet keinen Unterschied, ob die Rückgewähr oder der Erlaß unter Auflösung der Gesellschaft stattgefunden hat oder nicht.

*(BGBl I 2016/43)*

(2) Die Anfechtung ist ausgeschlossen, wenn das Insolvenzverfahren in Umständen seinen Grund hat, die erst nach der Vereinbarung der Rückgewähr oder des Erlasses eingetreten sind.

(3) Die Vorschriften der Insolvenzordnung über die Geltendmachung der Anfechtung und deren Wirkung finden Anwendung.

## Drittes Buch
## Rechnungslegung

## Erster Abschnitt
## Allgemeine Vorschriften

### Erster Titel
### Buchführung, Inventarerrichtung

### Anwendungsbereich

**§ 189.** (1) Soweit in der Folge nichts anderes bestimmt wird, ist das Dritte Buch anzuwenden auf:

1. Kapitalgesellschaften;

   *(BGBl I 2015/22)*

2. eingetragene Personengesellschaften, bei denen

   a. alle unmittelbaren oder mittelbaren Gesellschafter mit ansonsten unbeschränkter Haftung tatsächlich nur beschränkt haftbar sind, weil sie entweder Kapitalgesellschaften im Sinn des Anhangs I der Richtlinie 2013/34/EU über den Jahresabschluss, den konsolidierten Abschluss und damit verbundene Berichte von Unternehmen bestimmter Rechtsformen und zur Änderung der Richtlinie 2006/43/EG des Europäischen Parlaments und des Rates und zur Aufhebung der Richtlinien 78/660/EWG und 83/349/EWG, ABl. Nr. L 182 vom 29. 6. 2013 S. 19, in der Fassung der Richtlinie 2014/102/EU des Rates vom 7. November 2014, ABl. Nr. L 334 vom 21. 11. 2014, S. 86 (im Folgenden: Bilanz-Richtlinie), sind oder Gesellschaften sind, die nicht dem Recht eines Mitgliedstaats der Europäischen Union oder eines Vertragsstaats des Abkommens über den Europäischen Wirtschaftsraum unterliegen, aber über eine Rechtsform verfügen, die einer in Anhang I der Richtlinie 2013/34/EU genannten vergleichbar ist; als Kapitalgesellschaften im Sinn des Anhangs I der Bilanz-Richtlinie gelten auch solche, die mittels delegierter Rechtsakte der Kommission im Sinn des Art. 1 Abs. 2 dieser Richtlinie als solche erklärt werden; oder

      *(BGBl I 2016/43)*

b. kein unbeschränkt haftender Gesellschafter eine natürliche Person oder eine Personengesellschaft mit einer natürlichen Person als unbeschränkt haftendem Gesellschafter ist oder bei denen sich die Verbindung von Gesellschaften in dieser Art fortsetzt, und die unternehmerisch tätig sind;

*(BGBl I 2016/43)*

*(BGBl I 2016/43)*

3. alle anderen mit Ausnahme der in Abs. 4 genannten Unternehmer, die hinsichtlich der einzelnen einheitlichen Betriebe jeweils mehr als 700 000 Euro Umsatzerlöse im Geschäftsjahr erzielen.

*(BGBl I 2015/22)*

(2) Die Rechtsfolgen des Schwellenwertes (Abs. 1 Z 3) treten ein:

1. ab dem zweitfolgenden Geschäftsjahr, wenn der Schwellenwert in zwei aufeinanderfolgenden Geschäftsjahren überschritten wird; sie entfallen ab dem folgenden Geschäftsjahr, wenn er in zwei aufeinanderfolgenden Geschäftsjahren nicht mehr überschritten wird;
2. jedoch schon ab dem folgenden Geschäftsjahr, wenn der Schwellenwert um mindestens 300 000 Euro überschritten wird oder wenn bei Gesamt- oder bei Einzelrechtsnachfolge in den Betrieb oder Teilbetrieb eines Unternehmens der Rechtsvorgänger zur Rechnungslegung verpflichtet war, es sei denn, dass der Schwellenwert für den übernommenen Betrieb oder Teilbetrieb in den letzten zwei aufeinanderfolgenden Geschäftsjahren nicht erreicht wurde; sie entfallen ab dem folgenden Geschäftsjahr, wenn er bei Aufgabe eines Teilbetriebs um mindestens die Hälfte unterschritten wird.

*(BGBl I 2015/22)*

(3) Rechnungslegungsrechtliche Sonderbestimmungen gehen der Anwendung dieses Gesetzes vor.

(4) Das Dritte Buch ist nicht anzuwenden auf Angehörige der freien Berufe, Land- und Forstwirte sowie Unternehmer, deren Einkünfte im Sinne des § 2 Abs. 4 Z 2 EStG 1988 im Überschuss der Einnahmen über die Werbungskosten liegen, auch wenn ihre Tätigkeit im Rahmen einer eingetragenen Personengesellschaft ausgeübt wird, es sei denn, dass es sich um eine Personengesellschaft im Sinn des Abs. 1 Z 2 handelt.

### Begriffsbestimmungen

**§ 189a.** Für das Dritte Buch gelten folgende Begriffsbestimmungen:

1. Unternehmen von öffentlichem Interesse:
   a. Unternehmen, deren übertragbare Wertpapiere zum Handel an einem geregelten Markt eines Mitgliedstaats der Europäischen Union oder eines Vertragsstaats des Abkommens über den Europäischen Wirtschaftsraum im Sinn des Art. 4 Abs. 1 Nr. 21 der Richtlinie 2014/65/EU über Märkte für Finanzinstrumente sowie zur Änderung der Richtlinien 2002/92/EG und 2011/61/EU, ABl. Nr. L 173 vom 12. 6. 2014 S. 349, zugelassen sind;
   b. Kapitalgesellschaften, die Kreditinstitute im Sinn des Art. 4 Abs. 1 Nr. 1 der Verordnung (EU) Nr. 575/2013 über Aufsichtsanforderungen an Kreditinstitute und Wertpapierfirmen und zur Änderung der Verordnung (EU) Nr. 646/2012, ABl. Nr. L 176 vom 27. 6. 2013 S. 1 – mit Ausnahme der in Artikel 2 Abs. 5 der Richtlinie 2013/36/EU über den Zugang zur Tätigkeit von Kreditinstituten und die Beaufsichtigung von Kreditinstituten und Wertpapierfirmen, zur Änderung der Richtlinie 2002/87/EG und zur Aufhebung der Richtlinien 2006/48/EG und 2006/49/EG, ABl. Nr. L 176 vom 27. 6. 2013 S. 338, genannten Kreditinstitute – sind;
   c. Kapitalgesellschaften, die Versicherungsunternehmen im Sinn des Art. 2 Abs. 1 der Richtlinie 91/674/EWG über den Jahresabschluss und den konsolidierten Abschluss von Versicherungsunternehmen, ABl. Nr. L 374 vom 31. 12. 1991 S. 7, sind oder
   d. Unternehmen, die ungeachtet ihrer Rechtsform in einem Bundesgesetz unter Verweis auf diese Bestimmung als solche bezeichnet werden;
2. Beteiligung: Anteile an einem anderen Unternehmen, die dazu bestimmt sind, dem eigenen Geschäftsbetrieb durch Herstellung einer dauernden Verbindung zu diesem Unternehmen zu dienen; dabei ist es gleichgültig, ob die Anteile in Wertpapieren verbrieft sind oder nicht; es wird eine Beteiligung an einem anderen Unternehmen vermutet, wenn der Anteil am Kapital 20% beträgt oder darüber liegt; § 244 Abs. 4 und 5 über die Berechnung der Anteile ist anzuwenden; die Beteiligung als unbeschränkt haftender Gesellschafter an einer Personengesellschaft gilt stets als Beteiligung;
3. beizulegender Wert: der Betrag, den ein Erwerber des gesamten Unternehmens im Rahmen des Gesamtkaufpreises für den betreffenden Vermögensgegenstand oder die betreffende Schuld ansetzen würde; dabei ist davon auszugehen, dass der Erwerber das Unternehmen fortführt;
4. beizulegender Zeitwert: der Börsenkurs oder Marktpreis; im Fall von Finanzinstrumenten, deren Marktpreis sich als Ganzes nicht ohne weiteres ermitteln lässt, der aus den Marktpreisen der einzelnen Bestandteile des Finanzinstruments oder dem Marktpreis für ein gleichartiges Finanzinstrument abgeleitete Wert; falls sich bei Finanzinstrumenten

ein verlässlicher Markt nicht ohne weiteres ermitteln lässt, der mit Hilfe allgemein anerkannter Bewertungsmodelle und methoden bestimmte Wert, sofern diese Modelle und Methoden eine angemessene Annäherung an den Marktpreis gewährleisten;

*(BGBl I 2019/46)*

5. Umsatzerlöse: die Beträge, die sich aus dem Verkauf von Produkten und der Erbringung von Dienstleistungen nach Abzug von Erlösschmälerungen und der Umsatzsteuer sowie von sonstigen direkt mit dem Umsatz verbundenen Steuern ergeben;
6. Mutterunternehmen: ein Unternehmen, das ein oder mehrere Tochterunternehmen im Sinn des § 244 beherrscht;
7. Tochterunternehmen: ein Unternehmen, das von einem Mutterunternehmen im Sinn des § 244 unmittelbar oder mittelbar beherrscht wird;
8. verbundene Unternehmen: zwei oder mehrere Unternehmen innerhalb einer Gruppe, wobei eine Gruppe das Mutterunternehmen und alle Tochterunternehmen bilden;
9. assoziiertes Unternehmen: ein Unternehmen, an dem ein anderes Unternehmen eine Beteiligung hält und dessen Geschäfts- und Finanzpolitik durch das andere Unternehmen maßgeblich beeinflusst wird; es wird vermutet, dass ein Unternehmen einen maßgeblichen Einfluss auf ein anderes Unternehmen ausübt, sofern jenes Unternehmen 20% oder mehr der Stimmrechte der Aktionäre oder Gesellschafter dieses Unternehmens besitzt;
10. wesentlich: der Status von Informationen, wenn vernünftigerweise zu erwarten ist, dass ihre Auslassung oder fehlerhafte Angabe Entscheidungen beeinflusst, die Nutzer auf der Grundlage des Jahres- oder Konzernabschlusses treffen. Die Wesentlichkeit ist von der Größe oder der spezifischen Eigenschaft des Postens oder der Fehlerhaftigkeit der Angabe abhängig. Selbst wenn ein einzelner Posten für sich genommen als unwesentlich angesehen werden kann, können mehrere unwesentliche gleichartige Posten zusammen als wesentlich gelten;
11. Investmentunternehmen:
    a. Unternehmen, deren einziger Zweck darin besteht, ihre Mittel in Wertpapieren oder Immobilien verschiedener Art oder in anderen Werten anzulegen mit dem einzigen Ziel, das Risiko der Investitionen zu verteilen und ihre Aktionäre oder Gesellschafter an dem Gewinn aus der Verwaltung ihres Vermögens zu beteiligen;
    b. Unternehmen, die mit Unternehmen nach lit. a mit festem Kapital verbunden sind, sofern der einzige Zweck dieser verbundenen Unternehmen darin besteht, voll eingezahlte Anteile, die von den Unternehmen nach lit. a ausgegeben worden sind, zu erwerben, unbeschadet des Artikels 22 Absatz 1 Buchstabe h der Richtlinie 2012/30/EU zur Koordinierung der Schutzbestimmungen, die in den Mitgliedstaaten den Gesellschaften im Sinne des Artikels 54 Absatz 2 des Vertrages über die Arbeitsweise der Europäischen Union im Interesse der Gesellschafter sowie Dritter für die Gründung der Aktiengesellschaft sowie für die Erhaltung und Änderung ihres Kapitals vorgeschrieben sind, um diese Bestimmungen gleichwertig zu gestalten, ABl. Nr. L 315 vom 14. 11. 2012 S. 74;
12. Beteiligungsgesellschaft: Unternehmen, deren einziger Zweck darin besteht, Beteiligungen an anderen Unternehmen zu erwerben sowie die Verwaltung und Verwertung dieser Beteiligungen wahrzunehmen, ohne dass sie unmittelbar oder mittelbar in die Verwaltung dieser Unternehmen eingreifen, unbeschadet der Rechte, die ihnen in ihrer Eigenschaft als Anteilsinhaber zustehen.

*(BGBl I 2015/22)*

### Führung der Bücher

**§ 190.** (1) Der Unternehmer hat Bücher zu führen und in diesen seine unternehmensbezogenen Geschäfte und die Lage seines Vermögens nach den Grundsätzen ordnungsmäßiger Buchführung ersichtlich zu machen. Die Buchführung muss so beschaffen sein, dass sie einem sachverständigen Dritten innerhalb angemessener Zeit einen Überblick über die Geschäftsvorfälle und über die Lage des Unternehmens vermitteln kann. Die Geschäftsvorfälle müssen sich in ihrer Entstehung und Abwicklung verfolgen lassen.

(2) Bei der Führung der Bücher und bei den sonst erforderlichen Aufzeichnungen hat sich der Unternehmer einer lebenden Sprache zu bedienen. Werden Abkürzungen, Zahlen, Buchstaben oder Symbole verwendet, so muss im Einzelfall deren Bedeutung eindeutig festliegen.

(3) Die Eintragungen in Büchern und die sonst erforderlichen Aufzeichnungen müssen vollständig, richtig, zeitgerecht und geordnet vorgenommen werden.

(4) Eine Eintragung oder eine Aufzeichnung darf nicht in einer Weise verändert werden, dass der ursprüngliche Inhalt nicht mehr feststellbar ist. Auch darf durch eine Veränderung keine Ungewissheit darüber entstehen, ob eine Eintragung oder Aufzeichnung ursprünglich oder zu einem späteren Zeitpunkt gemacht wurde.



(5) Der Unternehmer kann zur ordnungsmäßigen Buchführung und zur Aufbewahrung seiner Geschäftsbriefe (§ 212 Abs. 1) Datenträger benützen. Hierbei muss die inhaltsgleiche, vollständige und geordnete, hinsichtlich der in § 212 Abs. 1 genannten Schriftstücke auch die urschriftgetreue Wiedergabe bis zum Ablauf der gesetzlichen Auf-

bewahrungsfristen jederzeit gewährleistet sein. Werden solche Schriftstücke auf elektronischem Weg übertragen, so muss ihre Lesbarkeit in geeigneter Form gesichert sein. Soweit die Schriftstücke nur auf Datenträgern vorliegen, entfällt das Erfordernis der urschriftgetreuen Wiedergabe.

### Inventar

**§ 191.** (1) Der Unternehmer hat zu Beginn seines Unternehmens die diesem gewidmeten Vermögensgegenstände und Schulden genau zu verzeichnen und deren Wert anzugeben (Inventar).

(2) Er hat für den Schluß eines jeden Geschäftsjahrs ein solches Inventar aufzustellen.

### Inventurverfahren

**§ 192.** (1) Die Vermögensgegenstände sind im Regelfall im Weg einer körperlichen Bestandsaufnahme zu erfassen.

(2) Bei der Inventur für den Schluß eines Geschäftsjahrs bedarf es einer körperlichen Bestandsaufnahme der Vermögensgegenstände für diesen Zeitpunkt nicht, soweit durch Anwendung eines den Grundsätzen ordnungsmäßiger Buchführung entsprechenden anderen Verfahrens gesichert ist, daß der Bestand der Vermögensgegenstände nach Art, Menge und Wert auch ohne die körperliche Bestandsaufnahme für diesen Zeitpunkt festgestellt werden kann.

(3) In dem Inventar für den Schluß eines Geschäftsjahrs müssen Vermögensgegenstände nicht verzeichnet werden, wenn

1. der Unternehmer ihren Bestand auf Grund einer körperlichen Bestandsaufnahme oder auf Grund eines gemäß Abs. 2 zulässigen anderen Verfahrens nach Art, Menge und Wert in einem besonderen Inventar verzeichnet hat, das für einen Tag innerhalb der letzten drei Monate vor oder der ersten beiden Monate nach dem Schluß des Geschäftsjahrs aufgestellt ist, und
2. auf Grund des besonderen Inventars durch Anwendung eines den Grundsätzen ordnungsmäßiger Buchführung entsprechenden Fortschreibungs- oder Rückrechnungsverfahrens gesichert ist, daß der am Schluß des Geschäftsjahrs vorhandene Bestand der Vermögensgegenstände für diesen Zeitpunkt ordnungsgemäß bewertet werden kann.

(4) Bei der Inventur darf der Bestand von Vermögensgegenständen nach Art, Menge und Wert auch mit Hilfe anerkannter mathematischstatistischer Methoden auf Grund von Stichproben ermittelt werden. Das Verfahren muß den Grundsätzen ordnungsmäßiger Buchführung entsprechen. Der Aussagewert des auf diese Weise aufgestellten Inventars muß dem Aussagewert eines auf Grund einer körperlichen Bestandsaufnahme aufgestellten Inventars gleichkommen.

## ZWEITER TITEL
## Eröffnungsbilanz, Jahresabschluß

### Pflicht zur Aufstellung

**§ 193.** (1) Der Unternehmer hat zu Beginn seines Unternehmens eine Eröffnungsbilanz nach den Grundsätzen ordnungsmäßiger Buchführung aufzustellen.

(2) Er hat sodann für den Schluß eines jeden Geschäftsjahrs in den ersten neun Monaten des Geschäftsjahrs für das vorangegangene Geschäftsjahr einen Jahresabschluß aufzustellen.

(3) Die Dauer des Geschäftsjahrs darf zwölf Monate nicht überschreiten.

(4) Der Jahresabschluß besteht aus der Bilanz und der Gewinn- und Verlustrechnung; er ist in Euro und in deutscher Sprache unbeschadet der volksgruppenrechtlichen Bestimmungen in der jeweils geltenden Fassung aufzustellen.

### Unterzeichnung

**§ 194.** Der Jahresabschluß ist vom Unternehmer unter Beisetzung des Datums zu unterzeichnen. Sind mehrere unbeschränkt haftende Gesellschafter vorhanden, so haben sie alle zu unterzeichnen.

### Inhalt des Jahresabschlusses

**§ 195.** Der Jahresabschluß hat den Grundsätzen ordnungsmäßiger Buchführung zu entsprechen. Er ist klar und übersichtlich aufzustellen. Er hat dem Unternehmer ein möglichst getreues Bild der Vermögens- und Ertragslage des Unternehmens zu vermitteln.

### Vollständigkeit, Verrechnungsverbot

**§ 196.** (1) Der Jahresabschluß hat sämtliche Vermögensgegenstände, Rückstellungen, Verbindlichkeiten, Rechnungsabgrenzungsposten, Aufwendungen und Erträge zu enthalten, soweit gesetzlich nichts anderes bestimmt ist.

(2) Posten der Aktivseite dürfen nicht mit Posten der Passivseite, Aufwendungen dürfen nicht mit Erträgen, Grundstücksrechte nicht mit Grundstückslasten verrechnet werden.

### Wirtschaftlicher Gehalt

*(BGBl I 2019/46)*

**§ 196a.** Die Posten des Jahresabschlusses sind unter Berücksichtigung des wirtschaftlichen Gehalts der betreffenden Geschäftsvorfälle oder der betreffenden Vereinbarungen zu bilanzieren und darzustellen.

*(BGBl I 2015/22, BGBl I 2019/46)*

### Bilanzierungsverbote

**§ 197.** (1) Aufwendungen für die Gründung des Unternehmens und für die Beschaffung des Eigenkapitals dürfen nicht als Aktivposten in die Bilanz eingestellt werden.

(2) Für immaterielle Gegenstände des Anlagevermögens, die nicht entgeltlich erworben wurden, darf ein Aktivposten nicht angesetzt werden.

**Inhalt der Bilanz**

**§ 198.** (1) In der Bilanz sind das Anlage- und das Umlaufvermögen, das Eigenkapital, die Rückstellungen, die Verbindlichkeiten sowie die Rechnungsabgrenzungsposten gesondert auszuweisen und unter Bedachtnahme auf die Grundsätze des § 195 aufzugliedern.

*(BGBl I 2015/22)*

(2) Als Anlagevermögen sind die Gegenstände auszuweisen, die bestimmt sind, dauernd dem Geschäftsbetrieb zu dienen.

(3) (aufgehoben)

(4) Als Umlaufvermögen sind die Gegenstände auszuweisen, die nicht bestimmt sind, dauernd dem Geschäftsbetrieb zu dienen.

(5) Als Rechnungsabgrenzungsposten sind auf der Aktivseite Ausgaben vor dem Abschlußstichtag auszuweisen, soweit sie Aufwand für eine bestimmte Zeit nach diesem Tag sind.

(6) Als Rechnungsabgrenzungsposten sind auf der Passivseite Einnahmen vor dem Abschlußstichtag auszuweisen, soweit sie Ertrag für eine bestimmte Zeit nach diesem Tag sind.

(7) Ist der Rückzahlungsbetrag einer Verbindlichkeit zum Zeitpunkt ihrer Begründung höher als der Ausgabebetrag, so ist der Unterschiedsbetrag in den Rechnungsabgrenzungsposten auf der Aktivseite aufzunehmen und gesondert auszuweisen. Der eingesetzte Betrag ist durch planmäßige jährliche Abschreibung zu tilgen.

*(BGBl I 2015/22)*

(8) Für Rückstellungen gilt folgendes:

1. Rückstellungen sind für ungewisse Verbindlichkeiten und für drohende Verluste aus schwebenden Geschäften zu bilden, die am Abschlußstichtag wahrscheinlich oder sicher, aber hinsichtlich ihrer Höhe oder des Zeitpunkts ihres Eintritts unbestimmt sind.
2. Rückstellungen dürfen außerdem für ihrer Eigenart nach genau umschriebene, dem Geschäftsjahr oder einem früheren Geschäftsjahr zuzuordnende Aufwendungen gebildet werden, die am Abschlußstichtag wahrscheinlich oder sicher, aber hinsichtlich ihrer Höhe oder des Zeitpunkts ihres Eintritts unbestimmt sind. Derartige Rückstellungen sind zu bilden, soweit dies den Grundsätzen ordnungsmäßiger Buchführung entspricht.
3. Andere Rückstellungen als die gesetzlich vorgesehenen dürfen nicht gebildet werden. Eine Verpflichtung zur Rückstellungsbildung besteht nicht, soweit es sich um nicht wesentliche Beträge handelt.

   *(BGBl I 2015/22)*
4. Rückstellungen sind insbesondere zu bilden für
   a) Anwartschaften auf Abfertigungen,
   b) laufende Pensionen und Anwartschaften auf Pensionen,
   c) Kulanzen, nicht konsumierten Urlaub, Jubiläumsgelder, Heimfallasten und Produkthaftungsrisken,
   d) auf Gesetz oder Verordnung beruhende Verpflichtungen zur Rücknahme und Verwertung von Erzeugnissen.

(9) Bestehen zwischen den unternehmensrechtlichen und den steuerrechtlichen Wertansätzen von Vermögensgegenständen, Rückstellungen, Verbindlichkeiten und Rechnungsabgrenzungsposten Differenzen, die sich in späteren Geschäftsjahren voraussichtlich abbauen, so ist bei einer sich daraus insgesamt ergebenden Steuerbelastung diese als Rückstellung für passive latente Steuern in der Bilanz anzusetzen. Sollte sich eine Steuerentlastung ergeben, so haben mittelgroße und große Gesellschaften im Sinn des § 189 Abs. 1 Z 1 und 2 lit. a diese als aktive latente Steuern (§ 224 Abs. 2 D) in der Bilanz anzusetzen; kleine Gesellschaften im Sinn des § 189 Abs. 1 Z 1 und 2 dürfen dies nur tun, soweit sie die unverrechneten Be- und Entlastungen im Anhang aufschlüsseln. Für künftige steuerliche Ansprüche aus steuerlichen Verlustvorträgen können aktive latente Steuern in dem Ausmaß angesetzt werden, in dem ausreichende passive latente Steuern vorhanden sind oder soweit überzeugende substantielle Hinweise vorliegen, dass ein ausreichendes zu versteuerndes Ergebnis in Zukunft zur Verfügung stehen wird; diesfalls sind in die Angabe nach § 238 Abs. 1 Z 3 auch die substantiellen Hinweise, die den Ansatz rechtfertigen, aufzunehmen.

*(BGBl I 2015/22)*

(10) Die Bewertung der Differenzen nach Abs. 9 ergibt sich aus der Höhe der voraussichtlichen Steuerbe- und entlastung nachfolgender Geschäftsjahre; der Betrag ist nicht abzuzinsen. Eine Saldierung aktiver latenter Steuern mit passiven latenten Steuern ist nicht vorzunehmen, soweit eine Aufrechnung der tatsächlichen Steuererstattungsansprüche mit den tatsächlichen Steuerschulden rechtlich nicht möglich ist. Latente Steuern sind nicht zu berücksichtigen, soweit sie entstehen

1. aus dem erstmaligen Ansatz eines Geschäfts(Firmen)werts; oder
2. aus dem erstmaligen Ansatz eines Vermögenswerts oder einer Schuld bei einem Geschäftsvorfall, der
   a) keine Umgründung im Sinn des § 202 Abs. 2 oder Übernahme im Sinn des § 203 Abs. 5 ist, und
   b) zum Zeitpunkt des Geschäftsvorfalls weder das bilanzielle Ergebnis vor Steuern noch das zu versteuernde Ergebnis (den steuerlichen Verlust) beeinflusst;
3. in Verbindung mit Anteilen an Tochterunternehmen, assoziierten Unternehmen oder Gemeinschaftsunternehmen im Sinn des § 262 Abs. 1, wenn das Mutterunternehmen in der Lage ist, den zeitlichen Verlauf der Auflösung der temporären Differenzen zu steuern, und es wahrscheinlich ist, dass sich die temporäre

Differenz in absehbarer Zeit nicht auflösen wird.

Die ausgewiesenen Posten sind aufzulösen, soweit die Steuerbe- oder entlastung eintritt oder mit ihr nicht mehr zu rechnen ist. Der Aufwand oder Ertrag aus der Veränderung bilanzierter latenter Steuern ist in der Gewinn- und Verlustrechnung gesondert unter dem Posten „Steuern vom Einkommen und vom Ertrag“ auszuweisen.

*(BGBl I 2015/22)*

### Haftungsverhältnisse

**§ 199.** Unter der Bilanz sind Verbindlichkeiten aus der Begebung und Übertragung von Wechseln, Bürgschaften, Garantien sowie sonstigen vertraglichen Haftungsverhältnissen, soweit sie nicht auf der Passivseite auszuweisen sind, zu vermerken, auch wenn ihnen gleichwertige Rückgriffsforderungen gegenüberstehen.

### Inhalt der Gewinn- und Verlustrechnung

**§ 200.** In der Gewinn- und Verlustrechnung sind die Erträge und Aufwendungen unter Bedachtnahme auf die Grundsätze des § 195 aufzugliedern. Der Jahresüberschuß (Jahresfehlbetrag) und der Bilanzgewinn (Bilanzverlust) sind gesondert auszuweisen.

## DRITTER TITEL
## Ansatz und Bewertung

*(BGBl I 2015/22)*

### Allgemeine Grundsätze

**§ 201.** (1) Die Bewertung hat den Grundsätzen ordnungsmäßiger Buchführung zu entsprechen.

(2) Insbesondere gilt folgendes:

1. Die auf den vorhergehenden Jahresabschluß angewendeten Bilanzierungs- und Bewertungsmethoden sind beizubehalten.

   *(BGBl I 2015/22)*
2. Bei der Bewertung ist von der Fortführung des Unternehmens auszugehen, solange dem nicht tatsächliche oder rechtliche Gründe entgegenstehen.
3. Die Vermögensgegenstände und Schulden sind zum Abschlußstichtag einzeln zu bewerten.
4. Der Grundsatz der Vorsicht ist einzuhalten, insbesondere sind
   a) nur die am Abschlußstichtag verwirklichten Gewinne auszuweisen,
   b) erkennbare Risken und drohende Verluste, die in dem Geschäftsjahr oder einem früheren Geschäftsjahr entstanden sind, zu berücksichtigen, selbst wenn die Umstände erst zwischen dem Abschlußstichtag und dem Tag der Aufstellung des Jahresabschlusses bekannt geworden sind,
   c) Wertminderungen unabhängig davon zu berücksichtigen, ob das Geschäftsjahr mit einem Gewinn oder einem Verlust abschließt.
5. Aufwendungen und Erträge des Geschäftsjahrs sind unabhängig vom Zeitpunkt der entsprechenden Zahlungen im Jahresabschluß zu berücksichtigen.
6. Die Eröffnungsbilanz des Geschäftsjahrs muß mit der Schlußbilanz des vorhergehenden Geschäftsjahrs übereinstimmen.
7. Ist die Bestimmung eines Wertes nur auf Basis von Schätzungen möglich, so müssen diese auf einer umsichtigen Beurteilung beruhen. Liegen statistisch ermittelbare Erfahrungswerte aus gleich gelagerten Sachverhalten vor, so sind diese zu berücksichtigen.

   *(BGBl I 2015/22)*

*(BGBl I 2015/22)*

(3) Ein Abweichen von diesen Grundsätzen ist nur bei Vorliegen besonderer Umstände und unter Beachtung der in § 195 dritter Satz beschriebenen Zielsetzung, bei Gesellschaften im Sinn des § 189 Abs. 1 Z 1 und 2 nur unter Beachtung der in § 222 Abs. 2 erster Satz umschriebenen Zielsetzung zulässig. Die angeführten Gesellschaften haben die Abweichung im Anhang anzugeben, zu begründen und ihren Einfluss auf die Vermögens-, Finanz- und Ertragslage des Unternehmens darzulegen.

*(BGBl I 2015/22)*

### Bewertung von Einlagen und Zuwendungen sowie Entnahmen

**§ 202.** (1) Einlagen und Zuwendungen sowie Entnahmen sind mit dem Wert anzusetzen, der ihnen im Zeitpunkt ihrer Leistung beizulegen ist, soweit sich nicht aus der Nutzungsmöglichkeit im Unternehmen ein geringerer Wert ergibt. Werden Betriebe oder Teilbetriebe eingelegt oder zugewendet, so gilt § 203 Abs. 5 sinngemäß.

(2) Bei Umgründungen (Verschmelzungen, Umwandlungen, Einbringungen, Zusammenschlüssen, Realteilungen und Spaltungen) gilt folgendes:

1. Abweichend von Abs. 1 dürfen die Buchwerte aus dem letzten Jahresabschluß oder einer Zwischenbilanz, die nach den auf den letzten Jahresabschluß angewandten Bilanzierungs- und Bewertungsmethoden zu erstellen ist, fortgeführt werden. Der Stichtag der zugrundegelegten Bilanz darf höchstens neun Monate vor der Anmeldung zum Firmenbuch liegen; ist eine Anmeldung zum Firmenbuch nicht vorgesehen, so ist der Tag des Abschlusses der zugrundeliegenden Vereinbarung maßgeblich. War der Rechtsvorgänger (der Übertragende) zur Führung von Büchern nicht verpflichtet, dürfen die steuerrechtlichen Werte angesetzt werden.
2. Übersteigt der Gesamtbetrag der Gegenleistung die fortgeführten Werte nach Z 1, so darf der Unterschiedsbetrag unter die Posten des Anlagevermögens aufgenommen werden; der Gesamtbetrag der Gegenleistung ergibt sich aus dem Gesamtausgabebetrag der neuen

Anteile, dem Buchwert eigener oder untergehender Anteile und den baren Zuzahlungen.

3. Jener Teil des Unterschiedsbetrags, der den Aktiven und Passiven des übertragenen Vermögens zugeordnet werden kann, ist als Umgründungsmehrwert gesondert auszuweisen; auf diesen Wert sind die für Vermögensgegenstände und Schulden geltenden Bestimmungen anzuwenden. Ein danach verbleibender Restbetrag darf als Firmenwert angesetzt werden.

### Wertansätze für Gegenstände des Anlagevermögens; Anschaffungs- und Herstellungskosten

**§ 203.** (1) Gegenstände des Anlagevermögens sind mit den Anschaffungs- oder Herstellungskosten, vermindert um Abschreibungen gemäß § 204, anzusetzen.

(2) Anschaffungskosten sind die Aufwendungen, die geleistet werden, um einen Vermögensgegenstand zu erwerben und ihn in einen betriebsbereiten Zustand zu versetzen, soweit sie dem Vermögensgegenstand einzeln zugeordnet werden können. Zu den Anschaffungskosten gehören auch die Nebenkosten sowie die nachträglichen Anschaffungskosten. Anschaffungspreisminderungen sind abzusetzen.

(3) Herstellungskosten sind die Aufwendungen, die für die Herstellung eines Vermögensgegenstandes, seine Erweiterung oder für eine über seinen ursprünglichen Zustand hinausgehende wesentliche Verbesserung entstehen. Bei der Berechnung der Herstellungskosten sind auch angemessene Teile dem einzelnen Erzeugnis nur mittelbar zurechenbarer fixer und variabler Gemeinkosten in dem Ausmaß, wie sie auf den Zeitraum der Herstellung entfallen, einzurechnen. Sind die Gemeinkosten durch offenbare Unterbeschäftigung überhöht, so dürfen nur die einer durchschnittlichen Beschäftigung entsprechenden Teile dieser Kosten eingerechnet werden. Aufwendungen für Sozialeinrichtungen des Betriebes, für freiwillige Sozialleistungen, für betriebliche Altersversorgung und Abfertigungen dürfen eingerechnet werden. Kosten der allgemeinen Verwaltung und des Vertriebes dürfen nicht in die Herstellungskosten einbezogen werden.

*(BGBl I 2015/22)*

(4) Zinsen für Fremdkapital, das zur Finanzierung der Herstellung von Gegenständen des Anlage- oder des Umlaufvermögens verwendet wird, dürfen im Rahmen der Herstellungskosten angesetzt werden, soweit sie auf den Zeitraum der Herstellung entfallen. Die Anwendung dieses Wahlrechts ist im Anhang anzugeben; mittelgroße und große Gesellschaften (§ 221 Abs. 2 und 3) haben außerdem im Anhang den insgesamt nach dieser Bestimmung im Geschäftsjahr aktivierten Betrag anzugeben.

*(BGBl I 2015/22)*

(5) Als Geschäfts(Firmen)wert ist der Unterschiedsbetrag anzusetzen, um den die Gegenleistung für die Übernahme eines Betriebes die Werte der einzelnen Vermögensgegenstände abzüglich der Schulden im Zeitpunkt der Übernahme übersteigt. Die Abschreibung des Geschäfts(Firmen)werts ist planmäßig auf die Geschäftsjahre, in denen er voraussichtlich genutzt wird, zu verteilen. In Fällen, in denen die Nutzungsdauer des Geschäfts(Firmen)werts nicht verlässlich geschätzt werden kann, ist der Geschäfts(Firmen)wert über 10 Jahre gleichmäßig verteilt abzuschreiben. Im Anhang ist der Zeitraum zu erläutern, über den der Geschäfts(Firmen)wert abgeschrieben wird.

*(BGBl I 2015/22)*

### Abschreibungen im Anlagevermögen

**§ 204.** (1) Die Anschaffungs- oder Herstellungskosten sind bei den Gegenständen des Anlagevermögens, deren Nutzung zeitlich begrenzt ist, um planmäßige Abschreibungen zu vermindern. Der Plan muß die Anschaffungs- oder Herstellungskosten auf die Geschäftsjahre verteilen, in denen der Vermögensgegenstand voraussichtlich wirtschaftlich genutzt werden kann.

(1a) Anschaffungs- oder Herstellungskosten geringwertiger Vermögensgegenstände des abnutzbaren Anlagevermögens dürfen im Jahr ihrer Anschaffung oder Herstellung voll abgeschrieben werden.

*(BGBl I 2015/22)*

(2) Gegenstände des Anlagevermögens sind bei voraussichtlich dauernder Wertminderung ohne Rücksicht darauf, ob ihre Nutzung zeitlich begrenzt ist, außerplanmäßig auf den niedrigeren am Abschlussstichtag beizulegenden Wert abzuschreiben. Bei Finanzanlagen dürfen solche Abschreibungen auch vorgenommen werden, wenn die Wertminderung voraussichtlich nicht von Dauer ist.

*(BGBl I 2015/22, BGBl I 2019/46)*

**§ 205.** (aufgehoben)

*(BGBl I 2015/22)*

### Wertansätze für Gegenstände des Umlaufvermögens

**§ 206.** (1) Gegenstände des Umlaufvermögens sind mit den Anschaffungs- oder Herstellungskosten, vermindert um Abschreibungen gemäß § 207, anzusetzen.

(2) Auf die Feststellung der Anschaffungs- und Herstellungskosten ist § 203 Abs. 2 bis 4 sinngemäß anzuwenden.

(3) Führt in Ausnahmefällen das Verbot der Einbeziehung von Kosten der allgemeinen Verwaltung und des Vertriebs (§ 203 Abs. 3 letzter Satz) dazu, dass ein möglichst getreues Bild der Vermögens-, Finanz- und Ertragslage auch mit zusätzlichen Anhangangaben (§ 222 Abs. 2) nicht vermittelt werden kann, so können bei Aufträgen, deren Ausführung sich über mehr als zwölf Monate erstreckt, angemessene Teile der Verwaltungs- und Vertriebskosten angesetzt werden, falls eine verlässliche Kostenrechnung vorliegt und soweit aus der weiteren Auftragsabwicklung keine Verluste drohen. Die Anwendung dieser Bestimmung ist

im Anhang anzugeben und zu begründen und ihr Einfluss auf die Vermögens-, Finanz- und Ertragslage der Gesellschaft darzulegen; gleichzeitig ist der insgesamt über die Herstellungskosten hinaus angesetzte Betrag anzugeben.

*(BGBl I 2015/22)*

### Abschreibungen auf Gegenstände des Umlaufvermögens

**§ 207.** Bei Gegenständen des Umlaufvermögens sind Abschreibungen vorzunehmen, um sie mit dem Wert anzusetzen, der sich aus dem niedrigeren Börsenkurs oder Marktpreis am Abschlussstichtag ergibt. Ist ein Börsenkurs oder Marktpreis nicht festzustellen und übersteigen die Anschaffungs- oder Herstellungskosten den beizulegenden Wert, so ist der Vermögensgegenstand auf diesen Wert abzuschreiben.

*(BGBl I 2015/22, BGBl I 2019/46)*

### Wertaufholung

**§ 208.** (1) Wird bei einem Vermögensgegenstand eine Abschreibung gemäß § 204 Abs. 2 oder § 207 vorgenommen und stellt sich in einem späteren Geschäftsjahr heraus, daß die Gründe dafür nicht mehr bestehen, so ist der Betrag dieser Abschreibung im Umfang der Werterhöhung unter Berücksichtigung der Abschreibungen, die inzwischen vorzunehmen gewesen wären, zuzuschreiben.

(2) Abs. 1 gilt nicht bei Abschreibungen des Geschäfts(Firmen)werts.

*(BGBl I 2015/22)*

(3) (aufgehoben)

*(BGBl I 2015/22)*

### Bewertungsvereinfachungsverfahren

**§ 209.** (1) Gegenstände des Sachanlagevermögens sowie Roh-, Hilfs- und Betriebsstoffe können, wenn sie regelmäßig ersetzt werden und ihr Gesamtwert nicht wesentlich ist, mit einem gleichbleibenden Wert angesetzt werden, sofern ihr Bestand voraussichtlich in seiner Größe, seinem Wert und seiner Zusammensetzung nur geringen Veränderungen unterliegt. Jedoch ist mindestens alle fünf Jahre eine Bestandsaufnahme durchzuführen. Ergibt sich dabei eine wesentliche Änderung des mengenmäßigen Bestandes, so ist insoweit der Wert anzupassen.

*(BGBl I 2015/22)*

(2) Gleichartige Gegenstände des Finanzanlage- und des Vorratsvermögens, Wertpapiere (Wertrechte) sowie andere gleichartige oder annähernd gleichwertige bewegliche Vermögensgegenstände können jeweils zu einer Gruppe zusammengefaßt und mit dem gewogenen Durchschnittswert angesetzt werden. Soweit es den Grundsätzen ordnungsmäßiger Buchführung entspricht, kann für den Wertansatz gleichartiger Vermögensgegenstände des Vorratsvermögens unterstellt werden, daß die zuerst oder zuletzt angeschafften oder hergestellten Vermögensgegenstände zuerst oder in einer sonstigen bestimmten Folge verbraucht oder veräußert worden sind.

**§ 210.** (aufgehoben)

### Wertansätze von Passivposten

**§ 211.** (1) Verbindlichkeiten sind zu ihrem Erfüllungsbetrag, Rentenverpflichtungen zum Barwert der zukünftigen Auszahlungen anzusetzen. Rückstellungen sind mit dem Erfüllungsbetrag anzusetzen, der bestmöglich zu schätzen ist. Rückstellungen für Pensionen oder vergleichbare langfristig fällige Verpflichtungen sind mit dem sich nach versicherungsmathematischen Grundsätzen ergebenden Betrag anzusetzen. Für Rückstellungen für Abfertigungsverpflichtungen, Jubiläumsgeldzusagen oder vergleichbare langfristig fällige Verpflichtungen kann der Betrag auch durch eine finanzmathematische Berechnung ermittelt werden, sofern dagegen im Einzelfall keine erheblichen Bedenken bestehen.

*(BGBl I 2019/46)*

(2) Rückstellungen mit einer Restlaufzeit von mehr als einem Jahr sind mit einem marktüblichen Zinssatz abzuzinsen. Bei Rückstellungen für Abfertigungsverpflichtungen, Pensionen, Jubiläumsgeldzusagen oder vergleichbare langfristig fällige Verpflichtungen kann ein durchschnittlicher Marktzinssatz angewendet werden, der sich bei einer angenommenen Restlaufzeit von 15 Jahren ergibt, sofern dagegen im Einzelfall keine erheblichen Bedenken bestehen.

*(BGBl I 2015/22)*

## VIERTER TITEL
## Aufbewahrung und Vorlage von Unterlagen

### Aufbewahrungspflicht, Aufbewahrungsfrist

**§ 212.** (1) Der Unternehmer hat seine Bücher, Inventare, Eröffnungsbilanzen, Jahresabschlüsse samt den Lageberichten, Konzernabschlüsse samt den Konzernlageberichten, empfangene Geschäftsbriefe, Abschriften der abgesendeten Geschäftsbriefe und Belege für Buchungen in den von ihm gemäß § 190 zu führenden Büchern (Buchungsbelege) sieben Jahre lang geordnet aufzubewahren; darüber hinaus noch solange, als sie für ein anhängiges gerichtliches oder behördliches Verfahren, in dem der Unternehmer Parteistellung hat, von Bedeutung sind.

*(BGBl I 2015/22)*

(2) Die Frist läuft vom Schluß des Kalenderjahrs an, für das die letzte Bucheintragung vorgenommen, das Inventar aufgestellt, die Eröffnungsbilanz und der Jahresabschluß festgestellt, der Konzernabschluß aufgestellt oder der Geschäftsbrief empfangen oder abgesendet worden ist.

### Vorlage im Rechtsstreit

**§ 213.** (1) Im Laufe eines Rechtsstreits kann das Gericht auf Antrag oder von Amts wegen die Vorlage der Bücher einer Partei anordnen.

(2) Die Vorschriften der Zivilprozeßordnung über die Verpflichtung des Prozeßgegners zur Vorlage von Urkunden bleiben unberührt.

**Auszug bei Vorlage im Rechtsstreit**

**§ 214.** Werden in einem Rechtsstreit Bücher vorgelegt, so ist in sie, soweit sie den Streitpunkt betreffen, unter Zuziehung der Parteien Einsicht zu nehmen und geeignetenfalls ein Auszug davon anzufertigen. Der übrige Inhalt der Bücher ist dem Gericht insoweit offenzulegen, als es zur Prüfung ihrer ordnungsmäßigen Führung notwendig ist.

**Vorlage bei Vermögensauseinandersetzungen**

**§ 215.** Bei Vermögensauseinandersetzungen, insbesondere in Erbschafts-, Gütergemeinschafts- und Gesellschaftsteilungssachen, darf das Gericht die Vorlage der Bücher zur Kenntnisnahme von ihrem ganzen Inhalt anordnen.

**Vorlage von Unterlagen auf Datenträgern**

**§ 216.** Wer Eintragungen oder Aufbewahrungen in der Form des § 190 Abs. 5 vorgenommen hat muß, soweit er zur Einsichtgewährung verpflichtet ist, auf seine Kosten innerhalb angemessener Frist diejenigen Hilfsmittel zur Verfügung stellen, die notwendig sind, um die Unterlagen lesbar zu machen, und, soweit erforderlich, die benötigte Anzahl ohne Hilfsmittel lesbarer, dauerhafter Wiedergaben beibringen.

*(BGBl I 2015/22)*

**§§ 217. bis 220.** (nicht vergeben)

## ZWEITER ABSCHNITT
## Ergänzende Vorschriften für Kapitalgesellschaften

*(BGBl I 2015/22)*

### ERSTER TITEL
### Größenklassen

**Umschreibung**

**§ 221.** (1) Kleine Kapitalgesellschaften sind solche, die mindestens zwei der drei nachstehenden Merkmale nicht überschreiten:

1. 5 Millionen Euro Bilanzsumme;
2. 10 Millionen Euro Umsatzerlöse in den zwölf Monaten vor dem Abschlussstichtag;
3. im Jahresdurchschnitt 50 Arbeitnehmer.

*(BGBl I 2015/22)*

(1a) Kleinstkapitalgesellschaften sind kleine Kapitalgesellschaften, die keine Investmentunternehmen oder Beteiligungsgesellschaften sind und mindestens zwei der drei nachstehenden Merkmale nicht überschreiten:

1. 350.000 Euro Bilanzsumme;
2. 700.000 Euro Umsatzerlöse in den zwölf Monaten vor dem Abschlussstichtag;
3. im Jahresdurchschnitt 10 Arbeitnehmer.

*(BGBl I 2015/22)*

(2) Mittelgroße Kapitalgesellschaften sind solche, die mindestens zwei der drei in Abs. 1 bezeichneten Merkmale überschreiten und mindestens zwei der drei nachstehenden Merkmale nicht überschreiten:

1. 20 Millionen Euro Bilanzsumme;
2. 40 Millionen Euro Umsatzerlöse in den zwölf Monaten vor dem Abschlussstichtag;
3. im Jahresdurchschnitt 250 Arbeitnehmer.

*(BGBl I 2015/22)*

(3) Große Kapitalgesellschaften sind solche, die mindestens zwei der drei in Abs. 2 bezeichneten Merkmale überschreiten. Ein Unternehmen von öffentlichem Interesse (§ 189a Z 1) gilt stets als große Kapitalgesellschaft.

*(BGBl I 2015/22)*

(4) Die Rechtsfolgen der Größenmerkmale (Abs. 1 bis Abs. 3 erster Satz) treten ab dem folgenden Geschäftsjahr ein, wenn diese Merkmale an den Abschlussstichtagen von zwei aufeinanderfolgenden Geschäftsjahren überschritten beziehungsweise nicht mehr überschritten werden. Im Falle der Neugründung und Umgründung (Verschmelzung, Umwandlung, Einbringung, Zusammenschluss, Realteilung oder Spaltung) außer bei einer rechtsformwechselnden Umwandlung treten die Rechtsfolgen bereits ein, wenn die Größenmerkmale am ersten Abschlussstichtag nach der Neugründung oder Umgründung vorliegen; dies gilt auch bei der Aufgabe eines Betriebes oder eines Teilbetriebes, wenn die Größenmerkmale um mindestens die Hälfte unterschritten werden.

*(BGBl I 2015/22)*

(4a) Aktiengesellschaften, die Mutterunternehmen (§ 189a Z 6) sind, haben die Schwellenwerte nach den Abs. 1 bis 2 auf konsolidierter oder aggregierter Basis zu berechnen.

*(BGBl I 2015/22)*

(5) Eine Personengesellschaft im Sinn des § 189 Abs. 1 Z 2 unterliegt hinsichtlich der in den §§ 222 bis 227, § 229 Abs. 1 bis 3, §§ 231 bis 243c und §§ 268 bis 285 geregelten Tatbestände den der Rechtsform ihres unbeschränkt haftenden Gesellschafters entsprechenden Rechtsvorschriften; ist dieser keine Kapitalgesellschaft, so gelten die Vorschriften für Gesellschaften mit beschränkter Haftung. Dies gilt bei Unternehmen von öffentlichem Interesse im Sinn des § 189a Z 1 lit. a und d auch für die Einrichtung eines Aufsichtsrates sowie eines Prüfungsausschusses. Die Einordnung in die Größenklassen nach Abs. 1 bis 4a, 6 und 7 erfolgt nach den maßgeblichen Kennzahlen der Personengesellschaft selbst.

*(BGBl I 2015/22, BGBl I 2016/43)*

(6) Der Durchschnitt der Arbeitnehmeranzahl bestimmt sich nach der Arbeitnehmeranzahl an den jeweiligen Monatsletzten innerhalb des Geschäftsjahrs.

(7) Der Bundesminister für Justiz wird ermächtigt, in Umsetzung von Rechtsvorschriften der Europäischen Union durch Verordnung an Stelle

der in Abs. 1 bis 2 angeführten Merkmale andere Zahlen festzusetzen.

*(BGBl I 2015/22)*

## ZWEITER TITEL
## Allgemeine Vorschriften über den Jahresabschluss, den Lagebericht sowie den Corporate Governance-Bericht und den Bericht über Zahlungen an staatliche Stellen

*(BGBl I 2015/22)*

### Inhalt des Jahresabschlusses

**§ 222.** (1) Die gesetzlichen Vertreter einer Kapitalgesellschaft haben in den ersten fünf Monaten des Geschäftsjahrs für das vorangegangene Geschäftsjahr den um den Anhang erweiterten Jahresabschluss, einen Lagebericht sowie gegebenenfalls einen Corporate Governance-Bericht und einen Bericht über Zahlungen an staatliche Stellen aufzustellen und den Mitgliedern des Aufsichtsrats vorzulegen. Der Jahresabschluss, der Lagebericht sowie der Corporate Governance-Bericht und der Bericht über Zahlungen an staatliche Stellen sind von sämtlichen gesetzlichen Vertretern zu unterzeichnen.

*(BGBl I 2015/22)*

(2) Der Jahresabschluß hat ein möglichst getreues Bild der Vermögens-, Finanz- und Ertragslage des Unternehmens zu vermitteln. Wenn dies aus besonderen Umständen nicht gelingt, sind im Anhang die erforderlichen zusätzlichen Angaben zu machen.

(3) Führt in Ausnahmefällen die Anwendung einer in diesem Bundesgesetz festgelegten Rechnungslegungsvorschrift dazu, dass ein möglichst getreues Bild der Vermögens-, Finanz- und Ertragslage des Unternehmens auch mit zusätzlichen Angaben nach Abs. 2 nicht vermittelt werden kann, so kann durch Verordnung angeordnet werden, dass die betreffende Bestimmung insoweit nicht anzuwenden ist, als dies erforderlich ist, um ein möglichst getreues Bild der Vermögens-, Finanz- und Ertragslage des Unternehmens zu vermitteln. Eine solche Verordnung ist vom Bundesminister für Justiz im Einvernehmen mit dem Bundesminister für Finanzen zu erlassen; sie hat die Ausnahmefälle zu definieren und vorzugeben, in welcher Art und welchem Ausmaß von der Bestimmung abgewichen werden muss, sowie die erforderlichen Anhangangaben zu regeln.

*(BGBl I 2015/22)*

### Allgemeine Grundsätze für die Gliederung

**§ 223.** (1) Die einmal gewählte Form der Darstellung, insbesondere die Gliederung der aufeinanderfolgenden Bilanzen und Gewinn- und Verlustrechnungen, ist beizubehalten. Ein Abweichen von diesem Grundsatz ist nur unter Beachtung der im § 222 Abs. 2 umschriebenen Zielsetzung zulässig. Die Abweichungen sind im Anhang anzugeben und zu begründen.

(2) Im Jahresabschluß ist zu jedem Posten der entsprechende Betrag des vorangegangenen Geschäftsjahrs zumindest in vollen 1 000 Euro anzugeben; dies gilt auch für die gesondert anzumerkenden Posten. Sind die Beträge nicht vergleichbar, so ist dies im Anhang anzugeben und zu erläutern. Wird der Vorjahresbetrag angepaßt, so ist auch dies im Anhang anzugeben und zu erläutern.

(3) Betreibt eine Gesellschaft mehrere Geschäftszweige und bedingt dies die Gliederung des Jahresabschlusses nach verschiedenen Gliederungsvorschriften, so hat die Gesellschaft den Jahresabschluß nach der für den wirtschaftlich bedeutendsten Geschäftszweig vorgeschriebenen Gliederung aufzustellen und nach der für seine anderen Geschäftszweige jeweils vorgeschriebenen Gliederung zu ergänzen. Gesellschaften, die nicht klein sind, haben die Ergänzung im Anhang anzugeben und zu begründen.

*(BGBl I 2015/22)*

(4) Eine weitere Untergliederung der Posten ist zulässig; dabei ist jedoch die vorgeschriebene Gliederung zu beachten. Zusätzliche Posten und Zwischensummen dürfen hinzugefügt werden, wenn ihr Inhalt nicht von einem vorgeschriebenen Posten gedeckt wird. Die Aufnahme weiterer zusätzlicher Posten ist geboten, soweit es zur Erreichung der im § 222 Abs. 2 umschriebenen Zielsetzung erforderlich ist. Die Postenbezeichnungen sind auf die tatsächlichen Inhalte zu verkürzen.

*(BGBl I 2015/22)*

(5) Fällt ein Vermögensgegenstand oder eine Verbindlichkeit unter mehrere Posten der Bilanz, so ist die Zugehörigkeit auch zu anderen Posten bei dem Posten, unter dem der Ausweis erfolgt ist, zu vermerken oder im Anhang anzugeben, wenn dies zur Aufstellung eines klaren und übersichtlichen Jahresabschlusses erforderlich ist.

(6) Die mit arabischen Zahlen versehenen Posten der Bilanz und die mit Buchstaben gekennzeichneten Posten der Gewinn- und Verlustrechnung können zusammengefaßt werden, wenn

1. sie einen Betrag enthalten, der für die Vermittlung eines möglichst getreuen Bildes der Vermögens-, Finanz- und Ertragslage der Gesellschaft nicht wesentlich ist, oder
2. dadurch die Klarheit der Darstellung verbessert wird; in diesem Fall müssen die zusammengefaßten Posten jedoch im Anhang ausgewiesen werden.

(7) Ein Posten der Bilanz oder der Gewinn- und Verlustrechnung, der keinen Betrag ausweist, braucht nicht angeführt zu werden, es sei denn, daß im vorangegangenen Geschäftsjahr unter diesem Posten ein Betrag ausgewiesen wurde.

(8) Gliederung und Bezeichnung der mit arabischen Zahlen versehenen Posten der Bilanz und der Gewinn- und Verlustrechnung sind zu ändern, wenn dies wegen Besonderheiten der Kapitalgesellschaft zur Aufstellung eines klaren und übersichtlichen Jahresabschlusses erforderlich ist. Der Bundesminister für Justiz kann im Einvernehmen mit dem in seinem Wirkungsbereich berührten

Bundesminister verbindliche Formblätter durch Verordnung festlegen.

## DRITTER TITEL
## Bilanz

### Gliederung

**§ 224.** (1) In der Bilanz sind, unbeschadet einer weiteren Gliederung, die in den Abs. 2 und 3 angeführten Posten gesondert und in der vorgeschriebenen Reihenfolge auszuweisen.

(2) Aktivseite:

A. Anlagevermögen:

I. Immaterielle Vermögensgegenstände:

1. Konzessionen, gewerbliche Schutzrechte und ähnliche Rechte und Vorteile sowie daraus abgeleitete Lizenzen;
2. Geschäfts(Firmen)wert;
3. geleistete Anzahlungen;

II. Sachanlagen:

1. Grundstücke, grundstücksgleiche Rechte und Bauten, einschließlich der Bauten auf fremdem Grund;
2. technische Anlagen und Maschinen;
3. andere Anlagen, Betriebs- und Geschäftsausstattung;
4. geleistete Anzahlungen und Anlagen in Bau;

III. Finanzanlagen:

1. Anteile an verbundenen Unternehmen;
2. Ausleihungen an verbundene Unternehmen;
3. Beteiligungen;
4. Ausleihungen an Unternehmen, mit denen ein Beteiligungsverhältnis besteht;
5. Wertpapiere (Wertrechte) des Anlagevermögens;
6. sonstige Ausleihungen.

B. Umlaufvermögen:

I. Vorräte:

1. Roh-, Hilfs- und Betriebsstoffe;
2. unfertige Erzeugnisse;
3. fertige Erzeugnisse und Waren;
4. noch nicht abrechenbare Leistungen;
5. geleistete Anzahlungen;

II. Forderungen und sonstige Vermögensgegenstände:

1. Forderungen aus Lieferungen und Leistungen;
2. Forderungen gegenüber verbundenen Unternehmen;
3. Forderungen gegenüber Unternehmen, mit denen ein Beteiligungsverhältnis besteht;
4. sonstige Forderungen und Vermögensgegenstände;

III. Wertpapiere und Anteile:

1. Anteile an verbundenen Unternehmen;
2. sonstige Wertpapiere und Anteile;

IV. Kassenbestand, Schecks, Guthaben bei Kreditinstituten.

C. Rechnungsabgrenzungsposten

D. Aktive latente Steuern

*(BGBl I 2015/22)*

(3) Passivseite:

A. Eigenkapital

I. eingefordertes Nennkapital (Grund-, Stammkapital);

II. Kapitalrücklagen:

1. gebundene;
2. nicht gebundene;

III. Gewinnrücklagen:

1. gesetzliche Rücklage;
2. satzungsmäßige Rücklagen;
3. andere Rücklagen (freie Rücklagen);

IV. Bilanzgewinn (Bilanzverlust),

B. Rückstellungen

1. Rückstellungen für Abfertigungen;
2. Rückstellungen für Pensionen;
3. Steuerrückstellungen;
4. sonstige Rückstellungen.

C. Verbindlichkeiten

1. Anleihen, davon konvertibel;
2. Verbindlichkeiten gegenüber Kreditinstituten;
3. erhaltene Anzahlungen auf Bestellungen;
4. Verbindlichkeiten aus Lieferungen und Leistungen;
5. Verbindlichkeiten aus der Annahme gezogener Wechsel und der Ausstellung eigener Wechsel;
6. Verbindlichkeiten gegenüber verbundenen Unternehmen;
7. Verbindlichkeiten gegenüber Unternehmen, mit denen ein Beteiligungsverhältnis besteht;
8. sonstige Verbindlichkeiten,

davon aus Steuern,

davon im Rahmen der sozialen Sicherheit.

D. Rechnungsabgrenzungsposten.

*(BGBl I 2016/43)*

### Vorschriften zu einzelnen Posten der Bilanz

**§ 225.** (1) Ist das Eigenkapital durch Verluste aufgebraucht, so lautet dieser Posten „negatives Eigenkapital“. Im Anhang ist zu erläutern, ob eine Überschuldung im Sinne des Insolvenzrechts vorliegt.

(2) Forderungen und Verbindlichkeiten gegenüber verbundenen Unternehmen und gegenüber Unternehmen, mit denen ein Beteiligungsverhältnis besteht, sind in der Regel als solche jeweils gesondert auszuweisen. Werden sie unter anderen Posten ausgewiesen, so ist dies zu vermerken.

(3) Der Betrag der Forderungen mit einer Restlaufzeit von mehr als einem Jahr ist bei jedem gesondert ausgewiesenen Posten in der Bilanz anzumerken. Sind unter dem Posten „sonstige Forderungen und Vermögensgegenstände” Erträge enthalten, die erst nach dem Abschlussstichtag

zahlungswirksam werden, so haben Gesellschaften, die nicht klein sind, diese Beträge im Anhang zu erläutern, wenn diese Information wesentlich ist.

*(BGBl I 2015/22)*

(4) Wechsel dürfen als Wertpapiere nur ausgewiesen werden, wenn dem Unternehmen nicht die der Ausstellung zugrunde liegende Forderung zusteht; anderenfalls haben Gesellschaften, die nicht klein sind, bei Forderungen die wechselmäßige Verbriefung im Anhang anzugeben.

(5) Anteile an Mutterunternehmen sind je nach ihrer Zweckbestimmung im Anlagevermögen oder im Umlaufvermögen in einem gesonderten Posten „Anteile an Mutterunternehmen" auszuweisen. In gleicher Höhe ist auf der Passivseite eine Rücklage gesondert auszuweisen. Diese Rücklage darf durch Umwidmung frei verfügbarer Kapital- und Gewinnrücklagen gebildet werden, soweit diese einen Verlustvortrag übersteigen. Sie ist insoweit aufzulösen, als diese Anteile aus dem Vermögen ausscheiden oder für sie ein niedrigerer Betrag angesetzt wird.

*(BGBl I 2015/22)*

(6) Der Betrag der Verbindlichkeiten mit einer Restlaufzeit von bis zu einem Jahr und der Betrag der Verbindlichkeiten mit einer Restlaufzeit von mehr als einem Jahr sind bei den Posten C 1 bis 8 jeweils gesondert und für diese Posten insgesamt anzugeben. Erhaltene Anzahlungen auf Bestellungen sind, soweit Anzahlungen auf Vorräte nicht von einzelnen Posten der Vorräte offen abgesetzt werden, unter den Verbindlichkeiten gesondert auszuweisen. Sind unter dem Posten „sonstige Verbindlichkeiten" Aufwendungen enthalten, die erst nach dem Abschlussstichtag zahlungswirksam werden, so haben Gesellschaften, die nicht klein sind, diese Beträge im Anhang zu erläutern, wenn diese Information wesentlich ist.

*(BGBl I 2015/22)*

(7) Gesellschaften, die nicht klein sind, haben bei Grundstücken den Grundwert in der Bilanz anzumerken oder im Anhang anzugeben.

*(BGBl I 2015/22)*

### Entwicklung des Anlagevermögens, Pauschalwertberichtigung

**§ 226.** (1) Im Anhang ist die Entwicklung der einzelnen Posten des Anlagevermögens darzustellen. Dabei sind für die verschiedenen Posten des Anlagevermögens jeweils gesondert anzugeben:

1. die Anschaffungs- oder Herstellungskosten zum Beginn und Ende des Geschäftsjahrs;
2. die Zu- und Abgänge sowie Umbuchungen im Laufe des Geschäftsjahrs;
3. die kumulierten Abschreibungen zu Beginn und Ende des Geschäftsjahrs;
4. die Ab- und Zuschreibungen des Geschäftsjahrs;
5. die Bewegungen in Abschreibungen im Zusammenhang mit Zu- und Abgängen sowie Umbuchungen im Laufe des Geschäftsjahrs und
6. der im Laufe des Geschäftsjahrs aktivierte Betrag, wenn Zinsen gemäß § 203 Abs. 4 aktiviert werden.

*(BGBl I 2015/22)*

(2) (aufgehoben)

*(BGBl I 2015/22)*

(3) Werden Vermögensgegenstände des Anlagevermögens im Hinblick auf ihre Geringwertigkeit im Jahre ihrer Anschaffung oder Herstellung vollständig abgeschrieben, dann dürfen diese Vermögensgegenstände als Abgang behandelt werden.

*(BGBl I 2015/22)*

(4) Ein Geschäfts(Firmen)wert ist in die Darstellung der Entwicklung des Anlagevermögens aufzunehmen. Ein voll abgeschriebener Geschäfts(Firmen)wert ist als Abgang zu behandeln.

(5) Gesellschaften, die nicht klein sind, haben den Betrag einer Pauschalwertberichtigung zu Forderungen für den entsprechenden Posten der Bilanz im Anhang anzugeben. Einzelwertberichtigungen zum Umlaufvermögen sind vom entsprechenden Aktivposten abzusetzen.

*(BGBl I 2015/22)*

### Ausleihungen

**§ 227.** Forderungen mit einer Laufzeit von mindestens fünf Jahren sind jedenfalls als Ausleihungen auszuweisen. Gesellschaften, die nicht klein sind, haben Ausleihungen mit einer Restlaufzeit bis zu einem Jahr im Anhang anzugeben.

*(BGBl I 2015/22)*

**§ 228.** (aufgehoben)

*(BGBl I 2015/22)*

### Eigenkapital

**§ 229.** (1) Beim eingeforderten Nennkapital sind auch der Betrag der übernommenen Einlagen („Nennkapital") und das einbezahlte Nennkapital anzugeben. Gesellschaften, die eine Gründungsprivilegierung in Anspruch nehmen (§ 10b GmbHG), haben zusätzlich jenen Betrag auszuweisen, den die Gesellschafter nach § 10b Abs. 4 GmbHG nicht zu leisten verpflichtet sind. Der eingeforderte, aber noch nicht eingezahlte Betrag ist unter den Forderungen gesondert auszuweisen und entsprechend zu bezeichnen.

*(BGBl I 2015/22, BGBl I 2016/43)*

(1a) Der Nennbetrag oder, falls ein solcher nicht vorhanden ist, der rechnerische Wert von erworbenen eigenen Anteilen ist offen vom Nennkapital abzuziehen. Der Unterschiedsbetrag zwischen dem Nennbetrag oder dem rechnerischen Wert dieser Anteile und ihren Anschaffungskosten ist mit den nicht gebundenen Kapitalrücklagen und den freien Gewinnrücklagen (§ 224 Abs. 3 A II Z 2 und III Z 3) zu verrechnen. Aufwendungen, die Anschaffungsnebenkosten sind, sind Aufwand des Geschäftsjahrs. In die gebundenen Rücklagen ist ein Betrag einzustellen, der dem Nennbetrag beziehungsweise dem rechnerischen Wert der erworbenen eigenen Anteile entspricht. § 192 Abs. 5 AktG ist anzuwenden.

*(BGBl I 2015/22, BGBl I 2016/43)*

(1b) Nach der Veräußerung der eigenen Anteile entfällt der Abzug nach Abs. 1a erster Satz. Ein den Nennbetrag oder den rechnerischen Wert übersteigender Differenzbetrag aus dem Veräußerungserlös ist bis zur Höhe des mit den frei verfügbaren Rücklagen nach Abs. 1a zweiter Satz verrechneten Betrags in die jeweiligen Rücklagen einzustellen. Ein darüber hinausgehender Differenzbetrag ist in die Kapitalrücklage gemäß Abs. 2 Z 1 einzustellen. Die Nebenkosten der Veräußerung sind Aufwand des Geschäftsjahrs. Die Rücklage nach Abs. 1a vierter Satz ist aufzulösen.

*(BGBl I 2015/22, BGBl I 2016/43)*

(2) Als Kapitalrücklage sind auszuweisen:

1. der Betrag, der bei der ersten oder einer späteren Ausgabe von Anteilen für einen höheren Betrag als den Nennbetrag oder den dem anteiligen Betrag des Grundkapitals entsprechenden Betrag über diesen hinaus erzielt wird;
2. der Betrag, der bei der Ausgabe von Schuldverschreibungen für Wandlungsrechte und Optionsrechte zum Erwerb von Anteilen erzielt wird;
3. der Betrag von Zuzahlungen, die Gesellschafter gegen Gewährung eines Vorzugs für ihre Anteile leisten;
4. die Beträge, die bei der Kapitalherabsetzung gemäß den §§ 185, 192 Abs. 5 AktG und § 59 GmbHG zu binden sind;
5. der Betrag von sonstigen Zuzahlungen, die durch gesellschaftsrechtliche Verbindungen veranlaßt sind.

(3) Als Gewinnrücklagen dürfen nur Beträge ausgewiesen werden, die im Geschäftsjahr oder in einem früheren Geschäftsjahr aus dem Jahresüberschuß gebildet worden sind.

*(BGBl I 2015/22)*

(4) Aktiengesellschaften und große Gesellschaften mit beschränkter Haftung (§ 221 Abs. 3) haben gemäß den folgenden Abs. 5 bis 7 gebundene Rücklagen auszuweisen, die aus der gebundenen Kapitalrücklage und der gesetzlichen Rücklage bestehen.

*(BGBl I 2015/22)*

(5) In die gebundene Kapitalrücklage sind die in Abs. 2 Z 1 bis 4 genannten Beträge einzustellen. Der Gesamtbetrag der gebundenen Teile der Kapitalrücklage ist in dieser gesondert auszuweisen.

(6) In die gesetzliche Rücklage ist ein Betrag einzustellen, der mindestens dem zwanzigsten Teil des um einen Verlustvortrag geminderten Jahresüberschusses entspricht, bis der Betrag der gebundenen Rücklagen insgesamt den zehnten oder den in der Satzung bestimmten höheren Teil des Nennkapitals erreicht hat.

*(BGBl I 2015/22)*

(7) Die gebundenen Rücklagen dürfen nur zum Ausgleich eines ansonsten auszuweisenden Bilanzverlustes aufgelöst werden. Der Verwendung der gesetzlichen Rücklage steht nicht entgegen, dass freie, zum Ausgleich von Wertminderungen und zur Deckung von sonstigen Verlusten bestimmte Rücklagen vorhanden sind.

**§ 230.** (aufgehoben)

*(BGBl I 2015/22)*

## VIERTER TITEL
## Gewinn- und Verlustrechnung

### Gliederung

**§ 231.** (1) Die Gewinn- und Verlustrechnung ist in Staffelform nach dem Gesamtkostenverfahren oder dem Umsatzkostenverfahren aufzustellen. In ihr sind unbeschadet einer weiteren Gliederung die nachstehend bezeichneten Posten in der angegebenen Reihenfolge gesondert auszuweisen, sofern nicht eine abweichende Gliederung vorgeschrieben ist.

(2) Bei Anwendung des Gesamtkostenverfahrens sind auszuweisen:

1. Umsatzerlöse;
2. Veränderung des Bestands an fertigen und unfertigen Erzeugnissen sowie an noch nicht abrechenbaren Leistungen;
3. andere aktivierte Eigenleistungen;
4. sonstige betriebliche Erträge, wobei Gesellschaften, die nicht klein sind, folgende Beträge aufgliedern müssen::
   a) Erträge aus dem Abgang vom und der Zuschreibung zum Anlagevermögen mit Ausnahme der Finanzanlagen;
   b) Erträge aus der Auflösung von Rückstellungen,
   c) übrige;

   *(BGBl I 2015/22)*
5. Aufwendungen für Material und sonstige bezogene Herstellungsleistungen:
   a) Materialaufwand,
   b) Aufwendungen für bezogene Leistungen;
6. Personalaufwand:
   a) Löhne und Gehälter, wobei Gesellschaften, die nicht klein sind, Löhne und Gehälter getrennt voneinander ausweisen müssen;
   b) soziale Aufwendungen, davon Aufwendungen für Altersversorgung, wobei Gesellschaften, die nicht klein sind, folgende Beträge zusätzlich gesondert ausweisen müssen:
      aa) Aufwendungen für Abfertigungen und Leistungen an betriebliche Mitarbeitervorsorgekassen;
      bb) Aufwendungen für gesetzlich vorgeschriebene Sozialabgaben sowie

vom Entgelt abhängige Abgaben und Pflichtbeiträge;

*(BGBl I 2015/22)*

7. Abschreibungen:
   a) auf immaterielle Gegenstände des Anlagevermögens und Sachanlagen,
   b) auf Gegenstände des Umlaufvermögens, soweit diese die im Unternehmen üblichen Abschreibungen überschreiten;
8. sonstige betriebliche Aufwendungen, wobei Gesellschaften, die nicht klein sind, Steuern, soweit sie nicht unter Z 18 fallen, gesondert ausweisen müssen;

   *(BGBl I 2015/22)*
9. Zwischensumme aus Z 1 bis 8;
10. Erträge aus Beteiligungen,

    davon aus verbundenen Unternehmen;
11. Erträge aus anderen Wertpapieren und Ausleihungen des Finanzanlagevermögens,

    davon aus verbundenen Unternehmen;
12. sonstige Zinsen und ähnliche Erträge,

    davon aus verbundenen Unternehmen;
13. Erträge aus dem Abgang von und der Zuschreibung zu Finanzanlagen und Wertpapieren des Umlaufvermögens;
14. Aufwendungen aus Finanzanlagen und aus Wertpapieren des Umlaufvermögens, davon haben Gesellschaften, die nicht klein sind, gesondert auszuweisen:
    a) Abschreibungen
    b) Aufwendungen aus verbundenen Unternehmen;

    *(BGBl I 2015/22)*
15. Zinsen und ähnliche Aufwendungen, davon betreffend verbundene Unternehmen;
16. Zwischensumme aus Z 10 bis 15;
17. Ergebnis vor Steuern (Zwischensumme aus Z 9 und Z 16);

    *(BGBl I 2015/22)*
18. Steuern vom Einkommen und vom Ertrag;

    *(BGBl I 2015/22)*
19. Ergebnis nach Steuern;

    *(BGBl I 2015/22)*
20. sonstige Steuern, soweit nicht unter den Posten 1 bis 19 enthalten;

    *(BGBl I 2015/22)*
21. Jahresüberschuss/Jahresfehlbetrag;

    *(BGBl I 2015/22)*
22. Auflösung von Kapitalrücklagen;

    *(BGBl I 2015/22)*
23. Auflösung von Gewinnrücklagen;

    *(BGBl I 2015/22)*
24. Zuweisung zu Gewinnrücklagen;

    *(BGBl I 2015/22)*
25. Gewinnvortrag/Verlustvortrag aus dem Vorjahr;
26. Bilanzgewinn (Bilanzverlust).

    *(BGBl I 2015/22)*

27.–29. (aufgehoben)

*(BGBl I 2015/22)*

(3) Bei Anwendung des Umsatzkostenverfahrens sind auszuweisen:

1. Umsatzerlöse;
2. Herstellungskosten der zur Erzielung der Umsatzerlöse erbrachten Leistungen;
3. Bruttoergebnis vom Umsatz;
4. Vertriebskosten;

   *(BGBl I 2015/22)*
5. allgemeine Verwaltungskosten;

   *(BGBl I 2015/22)*
6. sonstige betriebliche Erträge, wobei Gesellschaften, die nicht klein sind, folgende Beträge aufgliedern müssen:
   a) Erträge aus dem Abgang vom und der Zuschreibung zum Anlagevermögen mit Ausnahme der Finanzanlagen,
   b) Erträge aus der Auflösung von Rückstellungen,
   c) übrige;

   *(BGBl I 2015/22)*
7. sonstige betriebliche Aufwendungen;
8. Zwischensumme aus Z 1 bis 7;
9. Erträge aus Beteiligungen,

   davon aus verbundenen Unternehmen;
10. Erträge aus anderen Wertpapieren und Ausleihungen des Finanzanlagevermögens,

    davon aus verbundenen Unternehmen;
11. sonstige Zinsen und ähnliche Erträge,

    davon aus verbundenen Unternehmen;
12. Erträge aus dem Abgang von und der Zuschreibung zu Finanzanlagen und Wertpapieren des Umlaufvermögens;
13. Aufwendungen aus Finanzanlagen und aus Wertpapieren des Umlaufvermögens, davon haben Gesellschaften, die nicht klein sind, gesondert auszuweisen:
    a) Abschreibungen
    b) Aufwendungen aus verbundenen Unternehmen;

    *(BGBl I 2015/22)*
14. Zinsen und ähnliche Aufwendungen, davon betreffend verbundene Unternehmen;
15. Zwischensumme aus Z 9 bis 14;
16. Ergebnis vor Steuern (Zwischensumme aus Z 8 und Z 15);

    *(BGBl I 2015/22)*
17. Steuern vom Einkommen und vom Ertrag;

    *(BGBl I 2015/22)*
18. Ergebnis nach Steuern;

    *(BGBl I 2015/22)*

19. sonstige Steuern, soweit nicht unter den Posten 1 bis 18 enthalten;
*(BGBl I 2015/22)*
20. Jahresüberschuss/Jahresfehlbetrag;
*(BGBl I 2015/22)*
21. Auflösung von Kapitalrücklagen;
*(BGBl I 2015/22)*
22. Auflösung von Gewinnrücklagen;
*(BGBl I 2015/22)*
23. Zuweisung zu Gewinnrücklagen;
*(BGBl I 2015/22)*
24. Gewinnvortrag/Verlustvortrag aus dem Vorjahr;
*(BGBl I 2015/22)*
25. Bilanzgewinn (Bilanzverlust).
*(BGBl I 2015/22)*
26.–28. (aufgehoben)
*(BGBl I 2015/22)*

(4) Die Bildung von Zwischensummen (mit Ausnahme jener nach Abs. 2 Z 19 beziehungsweise Abs. 3 Z 18) darf bei kleinen Gesellschaften unterbleiben.
*(BGBl I 2015/22)*

(5) Alternativ zum Ausweis in der Gewinn- und Verlustrechnung können Veränderungen der Kapital- und Gewinnrücklagen auch im Anhang ausgewiesen werden. In diesem Fall endet die Gewinn- und Verlustrechnung mit dem Posten „Jahresüberschuss/Jahresfehlbetrag".
*(BGBl I 2015/22)*

### Vorschriften zu einzelnen Posten der Gewinn- und Verlustrechnung

**§ 232.** (1) (aufgehoben)
*(BGBl I 2015/22)*

(2) Als Bestandsveränderungen sind außer Änderungen der Menge auch solche des Wertes zu berücksichtigen.
*(BGBl I 2015/22)*

(3) Ist die Gesellschaft vertraglich verpflichtet, ihren Gewinn oder Verlust ganz oder teilweise an andere Personen zu überrechnen, so ist der überrechnete Betrag unter entsprechender Bezeichnung vor dem Posten gemäß § 231 Abs. 2 Z 25 oder § 231 Abs. 3 Z 24 gesondert auszuweisen.

(4) (aufgehoben)
*(BGBl I 2015/22)*

(5) Außerplanmäßige Abschreibungen gemäß § 204 Abs. 2 sind gesondert auszuweisen.

**§ 233.** (aufgehoben)
*(BGBl I 2015/22)*

### Steuern

**§ 234.** Im Posten „Steuern vom Einkommen und vom Ertrag" sind die Beträge auszuweisen, die das Unternehmen als Steuerschuldner vom Einkommen und Ertrag zu entrichten hat. Gesellschaften, die nicht klein sind, haben Erträge aus Steuergutschriften und aus der Auflösung von nicht bestimmungsgemäß verwendeten Steuerrückstellungen gesondert auszuweisen, soweit sie wesentlich (§ 189a Z 10) sind.
*(BGBl I 2015/22)*

### Beschränkung der Ausschüttung

**§ 235.** (1) Gewinne dürfen nicht ausgeschüttet werden, soweit sie durch Umgründungen unter Ansatz des beizulegenden Wertes entstanden sind und
1. aus der Auflösung von Kapitalrücklagen stammen,
2. nicht als Kapitalrücklage ausgewiesen werden können, oder
3. der beizulegende Wert für eine Gegenleistung angesetzt wurde.

Dies gilt sinngemäß für einen Übergang des Gesellschaftsvermögens gemäß § 142. Die ausschüttungsgesperrten Beträge vermindern sich insoweit, als der Unterschiedsbetrag zwischen Buchwert und dem höheren beizulegenden Wert in der Folge insbesondere durch planmäßige oder außerplanmäßige Abschreibungen gemäß den §§ 204 und 207 oder durch Buchwertabgänge vermindert wird. Dies gilt unabhängig von der Auflösung einer zugrunde liegenden Kapitalrücklage.
*(BGBl I 2015/163)*

(2) Bei Aktivierung latenter Steuern gemäß § 198 Abs. 9 dürfen außerdem Gewinne nur ausgeschüttet werden, soweit die danach verbleibenden jederzeit auflösbaren Rücklagen zuzüglich eines Gewinnvortrags und abzüglich eines Verlustvortrags dem aktivierten Betrag mindestens entsprechen.
*(BGBl I 2015/22)*

## FÜNFTER TITEL
## Anhang und Lagebericht

### Erläuterung der Bilanz und der Gewinn- und Verlustrechnung

**§ 236.** Im Anhang sind die Bilanz und die Gewinn- und Verlustrechnung sowie die darauf angewandten Bilanzierungs- und Bewertungsmethoden so zu erläutern, dass ein möglichst getreues Bild der Vermögens-, Finanz- und Ertragslage des Unternehmens vermittelt wird. Eine kleine Gesellschaft braucht keine über die Anforderungen in diesem Bundesgesetz hinausgehenden Anhangangaben zu machen, soweit auf sie keine Rechnungslegungsvorschriften für Unternehmen bestimmter Rechtsformen anwendbar sind, die auf Rechtsakten der Europäischen Union beruhen. Die Anhangangaben sind in der Reihenfolge der Darstellung der Posten in der Bilanz und in der Gewinn- und Verlustrechnung zu machen.
*(BGBl I 2015/22)*

### Inhalt des für alle Gesellschaften geltenden Anhangs

**§ 237.** (1) Jede Gesellschaft hat im Anhang zusätzlich zu den aufgrund anderer Bestimmungen in diesem Bundesgesetz vorgesehenen Angaben folgende Angaben zu machen:

1. die Bilanzierungs- und Bewertungsmethoden; diese umfassen insbesondere die Bewertungsgrundlagen für die verschiedenen Posten, eine Angabe zur Übereinstimmung dieser Bilanzierungs- und Bewertungsmethoden mit dem Konzept der Unternehmensfortführung und wesentliche Änderungen der Bilanzierungs- und Bewertungsmethoden; diese Angaben enthalten auch die Grundlagen für die Umrechnung in Euro, soweit den Posten Beträge zugrunde liegen, die auf eine andere Währung lauten oder ursprünglich gelautet haben;
2. an Stelle des Vermerks unter der Bilanz der Gesamtbetrag der Haftungsverhältnisse (§ 199) sowie sonstiger wesentlicher finanzieller Verpflichtungen, die nicht auf der Passivseite auszuweisen sind, auch wenn ihnen gleichwertige Rückgriffsforderungen gegenüberstehen, sowie Art und Form jeder gewährten dinglichen Sicherheit; etwaige Pensionsverpflichtungen und Verpflichtungen gegenüber verbundenen oder assoziierten Unternehmen sind gesondert zu vermerken;
3. die Beträge der den Mitgliedern des Vorstands und des Aufsichtsrats gewährten Vorschüsse und Kredite unter Angabe der Zinsen, der wesentlichen Bedingungen und der gegebenenfalls zurückgezahlten oder erlassenen Beträge sowie die zugunsten dieser Personen eingegangenen Haftungsverhältnisse. Diese Angaben sind zusammengefasst für jede dieser Personengruppen zu machen;
4. der Betrag und die Wesensart der einzelnen Ertrags- oder Aufwandsposten von außerordentlicher Größenordnung oder von außerordentlicher Bedeutung;
5. der Gesamtbetrag der Verbindlichkeiten mit einer Restlaufzeit von mehr als fünf Jahren sowie der Gesamtbetrag der Verbindlichkeiten, für die dingliche Sicherheiten bestellt sind, unter Angabe von Art und Form der Sicherheit;
6. die durchschnittliche Zahl der Arbeitnehmer während des Geschäftsjahrs;
7. Name und Sitz des Mutterunternehmens der Gesellschaft, das den Konzernabschluss für den kleinsten Kreis von Unternehmen aufstellt.

(2) Kleine Aktiengesellschaften haben zusätzlich die Angabe nach § 238 Abs. 1 Z 11 im Anhang zu machen.

*(BGBl I 2015/22)*

### Anhangangaben für mittelgroße und große Gesellschaften

**§ 238.** (1) Mittelgroße und große Gesellschaften haben im Anhang zusätzlich anzugeben:

1. für jede Kategorie derivativer Finanzinstrumente:
   a) Art und Umfang der Finanzinstrumente,
   b) den beizulegenden Zeitwert der betreffenden Finanzinstrumente, soweit sich dieser gemäß § 189a Z 4 verlässlich ermitteln lässt, unter Angabe der angewandten Bewertungsmethode sowie eines gegebenenfalls vorhandenen Buchwertes und des Bilanzpostens, in welchem der Buchwert erfasst ist;
2. für zum Finanzanlagevermögen gehörende Finanzinstrumente, die über ihrem beizulegenden Zeitwert ausgewiesen werden, wenn eine außerplanmäßige Abschreibung gemäß § 204 Abs. 2 zweiter Satz unterblieben ist:
   a) den Buchwert und den beizulegenden Zeitwert der einzelnen Vermögensgegenstände oder angemessener Gruppierungen sowie
   b) die Gründe für das Unterlassen einer Abschreibung gemäß § 204 Abs. 2 und jene Anhaltspunkte, die darauf hindeuten, dass die Wertminderung voraussichtlich nicht von Dauer ist;
3. auf welchen Differenzen oder steuerlichen Verlustvorträgen die latenten Steuern beruhen und mit welchen Steuersätzen die Bewertung erfolgt ist; weiters sind die im Laufe des Geschäftsjahrs erfolgten Bewegungen der latenten Steuersalden anzugeben;
4. Name und Sitz anderer Unternehmen, an denen die Gesellschaft oder für deren Rechnung eine andere Person eine Beteiligung (§ 189a Z 2) hält; außerdem sind die Höhe des Anteils am Kapital, das Eigenkapital und das Ergebnis des letzten Geschäftsjahrs dieser Unternehmen anzugeben, für das ein Jahresabschluss vorliegt;
5. das Bestehen von Genussscheinen, Genussrechten, Wandelschuldverschreibungen, Optionsscheinen, Optionen, Besserungsscheinen oder vergleichbaren Wertpapieren oder Rechten, unter Angabe der Zahl und der Rechte, die sie verbriefen;
6. Name, Sitz und Rechtsform der Unternehmen, deren unbeschränkt haftender Gesellschafter die Gesellschaft ist;
7. Name und Sitz des Mutterunternehmens der Gesellschaft, das den Konzernabschluss für den größten Kreis von Unternehmen aufstellt;
8. im Fall der Offenlegung der von den Mutterunternehmen nach Z 7 und § 237 Abs. 1 Z 7 aufgestellten Konzernabschlüsse die Orte, wo diese erhältlich sind;
   *(BGBl I 2016/43)*
9. den Vorschlag zur Verwendung des Ergebnisses oder gegebenenfalls die Verwendung des Ergebnisses;
10. Art, Zweck und finanzielle Auswirkungen der nicht in der Bilanz enthaltenen und auch nicht gemäß § 237 Abs. 1 Z 2 anzugebenden Geschäfte, sofern die Risiken und Vorteile, die aus solchen Geschäften entstehen, wesentlich sind und die Offenlegung derartiger

Risiken und Vorteile für die Beurteilung der Finanzlage der Gesellschaft notwendig ist;

11. Art und finanzielle Auswirkungen wesentlicher Ereignisse nach dem Abschlussstichtag, die weder in der Gewinn- und Verlustrechnung noch in der Bilanz berücksichtigt sind;
12. Geschäfte der Gesellschaft mit nahe stehenden Unternehmen und Personen im Sinn der gemäß der Verordnung (EG) Nr. 1606/2002 des Europäischen Parlaments und des Rates vom 19. Juli 2002 betreffend die Anwendung internationaler Rechnungslegungsstandards, ABl. Nr. L 2002/243, S. 1, übernommenen internationalen Rechnungslegungsstandards, einschließlich Angaben zu deren Wertumfang, zu der Art der Beziehung mit den nahe stehenden Unternehmen und Personen sowie weiterer Angaben zu den Geschäften, die für die Beurteilung der Finanzlage der Gesellschaft notwendig sind, sofern diese Geschäfte wesentlich und unter marktunüblichen Bedingungen abgeschlossen worden sind. Angaben über Einzelgeschäfte können nach Geschäftsarten zusammengefasst werden, sofern für die Beurteilung der Auswirkungen dieser Geschäfte auf die Finanzlage der Gesellschaft keine getrennten Angaben benötigt werden. Geschäfte zwischen verbundenen Unternehmen sind ausgenommen, wenn die an den Geschäften beteiligten Tochterunternehmen unmittelbar oder mittelbar in hundertprozentigem Anteilsbesitz ihres Mutterunternehmens stehen;
13. bei Anwendung des Umsatzkostenverfahrens (§ 231 Abs. 3) die Aufwendungen des Geschäftsjahrs für Material und sonstige bezogene Herstellungsleistungen, gegliedert gemäß § 231 Abs. 2 Z 5, und den Personalaufwand des Geschäftsjahrs, gegliedert gemäß § 231 Abs. 2 Z 6;
14. die Aufgliederung der nach § 237 Abs. 1 Z 2 anzugebenden Haftungsverhältnisse und Erläuterungen dazu; überdies sind wesentliche Verpflichtungen aus der Nutzung von in der Bilanz nicht ausgewiesenen Sachanlagen (§ 224 Abs. 2 A II) gesondert anzugeben, wobei der Betrag der Verpflichtungen des folgenden Geschäftsjahrs und der Gesamtbetrag der folgenden fünf Jahre anzugeben ist;
15. Rückstellungen, die in der Bilanz nicht gesondert ausgewiesen werden, wenn sie einen erheblichen Umfang haben; diese Rückstellungen sind zu erläutern;
16. den in der Bilanz nicht gesondert ausgewiesenen Betrag der Einlagen von stillen Gesellschaftern;
17. bei der Anwendung einer Bewertungsmethode gemäß § 209 Abs. 2 die Unterschiedsbeträge für die jeweilige Gruppe, wenn die Bewertung im Vergleich zu einer Bewertung auf der Grundlage des letzten vor dem Abschlussstichtag bekannten Börsenkurses oder Marktpreises einen wesentlichen Unterschied aufweist;
18. die auf das Geschäftsjahr entfallenden Aufwendungen für den Abschlussprüfer, aufgeschlüsselt nach den Aufwendungen für die Prüfung des Jahresabschlusses, für andere Bestätigungsleistungen, für Steuerberatungsleistungen und für sonstige Leistungen. Diese Angabe kann unterbleiben, wenn das Unternehmen in einen Konzernabschluss einbezogen und eine derartige Information darin enthalten ist;
19. in der Bilanz ausgewiesene immaterielle Vermögensgegenstände, die von einem verbundenen Unternehmen oder von einem Gesellschafter mit einer Beteiligung (§ 189a Z 2) erworben wurden;
20. die Beziehungen zu verbundenen Unternehmen; hiebei ist auch über Verträge zu berichten, die die Gesellschaft verpflichten, ihren Gewinn oder Verlust ganz oder teilweise an andere Personen zu überrechnen oder einen solchen von anderen Personen zu übernehmen;
21. die im § 231 Abs. 2 Z 10 und Abs. 3 Z 9 enthaltenen Erträge sowie die im § 231 Abs. 2 Z 14 und Abs. 3 Z 13 enthaltenen Aufwendungen aus Gewinngemeinschaften.

(2) Als derivative Finanzinstrumente im Sinn des Abs. 1 Z 1 gelten auch Verträge über den Erwerb oder die Veräußerung von Waren, bei denen jede der Vertragsparteien zur Abgeltung in bar oder durch ein anderes Finanzinstrument berechtigt ist, es sei denn, der Vertrag wurde geschlossen, um einen für den Erwerb, die Veräußerung oder den eigenen Gebrauch erwarteten Bedarf abzusichern, sofern diese Zweckwidmung von Anfang an bestand und nach wie vor besteht und der Vertrag mit der Lieferung der Ware als erfüllt gilt. Bei der Anwendung allgemein anerkannter Bewertungsmodelle und methoden (§ 189a Z 4) sind die zentralen Annahmen anzugeben, die jeweils der Bestimmung des beizulegenden Zeitwertes zugrunde gelegt wurden.

(3) Mittelgroße Gesellschaften dürfen die Angaben gemäß Abs. 1 Z 12 auf diejenigen Geschäfte beschränken, die mit ihren Gesellschaftern, die eine Beteiligung (§ 189a Z 2) halten, mit Unternehmen, an denen die Gesellschaft selbst beteiligt ist, oder mit den Mitgliedern des Vorstands oder des Aufsichtsrats geschlossen werden.

*(BGBl I 2015/22)*

UGB

### Pflichtangaben über Organe und Arbeitnehmer

**§ 239.** (1) Der Anhang von mittelgroßen und großen Gesellschaften hat über Organe und Arbeitnehmer insbesondere anzuführen:

1. die Aufgliederung der durchschnittlichen Zahl der Arbeitnehmer während des Geschäftsjahrs nach Arbeitern und Angestellten;
   *(BGBl I 2015/22)*

2. die im Posten § 231 Abs. 2 Z 6 lit. b sublit. aa oder in der entsprechenden Angabe gemäß § 238 Abs. 1 Z 13 enthaltenen Aufwendungen für Abfertigungen oder einen Hinweis, dass der Betrag nur mehr aus Leistungen an betriebliche Mitarbeitervorsorgekassen besteht;
*(BGBl I 2015/22)*
3. die Aufwendungen für Abfertigungen und Pensionen, getrennt nach solchen für Vorstandsmitglieder und leitende Angestellte gemäß § 80 Abs. 1 AktG 1965 und für andere Arbeitnehmer;
4. die Bezüge der Mitglieder des Vorstands, des Aufsichtsrats oder ähnlicher Einrichtungen gesondert für jede Personengruppe, und zwar:
   a) die für die Tätigkeit im Geschäftsjahr gewährten Gesamtbezüge (Gehälter, Gewinnbeteiligungen, Aufwandsentschädigungen, Versicherungsentgelte, Provisionen und Nebenleistungen jeder Art). In die Gesamtbezüge sind auch Bezüge einzurechnen, die nicht ausgezahlt, sondern in Ansprüche anderer Art umgewandelt oder zur Erhöhung anderer Ansprüche verwendet werden. Erhalten Mitglieder des Vorstands von verbundenen Unternehmen für ihre Tätigkeit für das Unternehmen oder für ihre Tätigkeit als gesetzliche Vertreter oder Angestellte des verbundenen Unternehmens Bezüge, so sind diese Bezüge gesondert anzugeben;
   b) die Gesamtbezüge (Abfindungen, Ruhegehälter, Hinterbliebenenbezüge und Leistungen verwandter Art) der früheren Mitglieder der bezeichneten Organe und ihrer Hinterbliebenen; lit. a ist entsprechend anzuwenden.
5. a) Anzahl und Aufteilung der insgesamt und der im Geschäftsjahr eingeräumten Optionen auf Arbeitnehmer und leitende Angestellte sowie auf die namentlich anzuführenden Organmitglieder; anzugeben sind die jeweils beziehbare Anzahl an Aktien sowie der Ausübungspreis oder die Grundlagen oder die Formel seiner Berechnung, die Laufzeit sowie zeitliche Ausübungsfenster, die Übertragbarkeit der Optionen, eine allfällige Behaltefrist für bezogene Aktien und die Art der Bedienung der Optionen;
   b) Anzahl, Aufteilung und Ausübungspreis der im Geschäftsjahr ausgeübten Optionen auf Arbeitnehmer und leitende Angestellte sowie auf die namentlich anzuführenden Organmitglieder;
   c) bei Gesellschaften nach § 189a Z 1 lit. a überdies den jeweiligen Schätzwert (allenfalls Bandbreite des Schätzwerts) der eingeräumten Optionen zum Bilanzstichtag sowie den Wert der im Geschäftsjahr ausgeübten Optionen zum Zeitpunkt der Ausübung.
   *(BGBl I 2015/22)*

*(BGBl I 2015/22)*

(2) Im Anhang einer großen oder mittelgroßen Gesellschaft sind alle im Geschäftsjahr tätigen Mitglieder des Vorstands und des Aufsichtsrats, auch wenn sie im Geschäftsjahr oder später ausgeschieden sind, mit dem Familiennamen und mindestens einem ausgeschriebenen Vornamen anzugeben. Der Vorsitzende des Aufsichtsrats, seine Stellvertreter und ein etwaiger Vorsitzender des Vorstands sind als solche zu bezeichnen.

*(BGBl I 2015/22)*

### Anhangangaben für große Gesellschaften

**§ 240.** Große Gesellschaften haben im Anhang zusätzlich die Aufgliederung der Umsatzerlöse nach Tätigkeitsbereichen sowie nach geographisch bestimmten Märkten anzugeben, soweit sich, unter Berücksichtigung der Organisation des Verkaufs von Erzeugnissen und der Erbringung von Dienstleistungen, die Tätigkeitsbereiche und geographisch bestimmten Märkte untereinander erheblich unterscheiden. Die Umsatzerlöse brauchen jedoch nicht aufgegliedert zu werden, soweit die Aufgliederung nach vernünftiger unternehmerischer Beurteilung geeignet ist, dem Unternehmen einen erheblichen Nachteil zuzufügen; die Anwendung dieser Ausnahmeregelung ist im Anhang zu erwähnen.

*(BGBl I 2015/22)*

### Pflichtangaben bei Aktiengesellschaften

**§ 241.** Im Anhang von großen oder mittelgroßen Aktiengesellschaften sind auch Angaben zu machen über

1. den auf jede Aktiengattung entfallenden Betrag des Grundkapitals, bei Nennbetragsaktien die Nennbeträge und die Zahl der Aktien jedes Nennbetrags, bei Stückaktien deren Zahl sowie, wenn mehrere Gattungen bestehen, die Zahl der Aktien jeder Gattung;
2. den Bestand und den Zugang an Aktien, die ein Aktionär für Rechnung der Gesellschaft oder eines verbundenen Unternehmens oder ein verbundenes Unternehmen als Gründer oder Zeichner oder in Ausübung eines bei einer bedingten Kapitalerhöhung eingeräumten Umtausch- oder Bezugsrechts übernommen hat; sind solche Aktien im Geschäftsjahr verwertet worden, so ist auch über die Verwertung unter Angabe des Erlöses und der Verwendung des Erlöses zu berichten;
3. Aktien, die aus einer bedingten Kapitalerhöhung oder einem genehmigten Kapital im Geschäftsjahr gezeichnet wurden;
4. das genehmigte Kapital;
5. den Betrag des unter den Verbindlichkeiten ausgewiesenen nachrangigen Kapitals;

6. das Bestehen einer wechselseitigen Beteiligung (§ 189a Z 2) unter Angabe des beteiligten Unternehmens.

*(BGBl I 2015/22)*

### Unterlassen von Angaben

**§ 242.** (1) Kleinstkapitalgesellschaften brauchen keinen Anhang aufzustellen, wenn sie die nach § 237 Abs. 1 Z 2 und 3 geforderten Angaben unter der Bilanz machen. Bei Kleinstkapitalgesellschaften wird davon ausgegangen, dass der nach den Bestimmungen dieses Bundesgesetzes erstellte Jahresabschluss ein möglichst getreues Bild der Vermögens-, Finanz- und Ertragslage gemäß § 222 Abs. 2 vermittelt, weshalb § 222 Abs. 2 zweiter Satz und § 222 Abs. 3 keine Anwendung finden.

(2) Bei allen anderen Kapitalgesellschaften können die Angaben gemäß § 238 Abs. 1 Z 4 unterbleiben, soweit sie

1. nicht wesentlich (§ 189a Z 10) sind oder
2. nach vernünftiger unternehmerischer Beurteilung geeignet sind, dem Unternehmen oder dem anderen Unternehmen einen erheblichen Nachteil zuzufügen, wobei in diesem Fall die Anwendung dieser Ausnahmeregelung im Anhang erwähnt werden muss.

Die Angabe des Eigenkapitals und des Jahresergebnisses kann unterbleiben, wenn das Unternehmen, über das gemäß § 238 Abs. 1 Z 4 zu berichten ist, seinen Jahresabschluss nicht offenzulegen hat und es von der berichtenden Gesellschaft nicht beherrscht wird.

*(BGBl I 2016/43)*

(3) Bei der Berichterstattung gemäß § 238 Abs. 1 Z 20 brauchen Einzelheiten nicht angegeben zu werden, soweit die Angaben nach vernünftiger unternehmerischer Beurteilung geeignet sind, dem Unternehmen oder einem verbundenen Unternehmen einen erheblichen Nachteil zuzufügen. Die Anwendung der Ausnahmeregelung ist im Anhang anzugeben.

(4) Betreffen die Aufschlüsselungen gemäß § 239 Abs. 1 Z 3 und 4 weniger als drei Personen, so dürfen sie bei Gesellschaften, die nicht zur Aufstellung eines Coporate Governance-Berichts nach § 243c verpflichtet sind, unterbleiben.

*(BGBl I 2017/20, BGBl I 2019/63)*

*(BGBl I 2015/22)*

### Lagebericht

**§ 243.** (1) Im Lagebericht sind der Geschäftsverlauf, einschließlich des Geschäftsergebnisses, und die Lage des Unternehmens so darzustellen, dass ein möglichst getreues Bild der Vermögens-, Finanz- und Ertragslage vermittelt wird, und die wesentlichen Risiken und Ungewissheiten, denen das Unternehmen ausgesetzt ist, zu beschreiben.

(2) Der Lagebericht hat eine ausgewogene und umfassende, dem Umfang und der Komplexität der Geschäftstätigkeit angemessene Analyse des Geschäftsverlaufs, einschließlich des Geschäftsergebnisses, und der Lage des Unternehmens zu enthalten. Abhängig von der Größe des Unternehmens und von der Komplexität des Geschäftsbetriebs hat die Analyse auf die für die jeweilige Geschäftstätigkeit wichtigsten finanziellen Leistungsindikatoren einzugehen und sie unter Bezugnahme auf die im Jahresabschluss ausgewiesenen Beträge und Angaben zu erläutern.

(3) Der Lagebericht hat auch einzugehen auf

1. die voraussichtliche Entwicklung des Unternehmens;
2. Tätigkeiten im Bereich Forschung und Entwicklung;
3. den Bestand an eigenen Anteilen der Gesellschaft, die sie, ein verbundenes Unternehmen oder eine andere Person für Rechnung der Gesellschaft oder eines verbundenen Unternehmens erworben oder als Pfand genommen hat; dabei sind die Zahl dieser Anteile, der auf sie entfallende Betrag des Grundkapitals sowie ihr Anteil am Grundkapital, für erworbene Anteile ferner der Zeitpunkt des Erwerbs und die Gründe für den Erwerb anzugeben. Sind solche Anteile im Geschäftsjahr erworben oder veräußert worden, so ist auch über den Erwerb oder die Veräußerung unter Angabe der Zahl dieser Anteile, des auf sie entfallenden Betrags des Grundkapitals, des Anteils am Grundkapital und des Erwerbs- oder Veräußerungspreises sowie über die Verwendung des Erlöses zu berichten;
4. bestehende Zweigniederlassungen der Gesellschaft;
5. die Verwendung von Finanzinstrumenten, sofern dies für die Beurteilung der Vermögens-, Finanz- und Ertragslage wesentlich ist; diesfalls sind anzugeben
   a) die Risikomanagementziele und -methoden, einschließlich der Methoden zur Absicherung aller wichtigen Arten geplanter Transaktionen, die im Rahmen der Bilanzierung von Sicherungsgeschäften angewandt werden, und
   b) bestehende Preisänderungs-, Ausfall-, Liquiditäts- und Cashflow-Risiken.

*(BGBl I 2015/22)*

(4) Kleine Gesellschaften mit beschränkter Haftung (§ 221 Abs. 1) brauchen den Lagebericht nicht aufzustellen.

(5) Für große Kapitalgesellschaften, die nicht der Pflicht nach § 243b unterliegen, umfasst die Analyse nach Abs. 2 letzter Satz auch die wichtigsten nichtfinanziellen Leistungsindikatoren, einschließlich Informationen über Umwelt- und Arbeitnehmerbelange. Abs. 3 bleibt unberührt.

*(BGBl I 2017/20)*

**§ 243a.** (1) Eine Aktiengesellschaft, deren Aktien zum Handel auf einem geregelten Markt im Sinn des § 1 Z 2 Börsegesetz 2018 – BörseG 2018, BGBl. I Nr. 107/2017, zugelassen sind oder die ausschließlich andere Wertpapiere als Aktien auf einem solchen Markt emittiert und deren Aktien mit Wissen der Gesellschaft über ein multilaterales Handelssystem im Sinn des § 1 Z 24 Wertpapieraufsichtsgesetz 2018 – WAG 2018, BGBl. I Nr. 107/2017, gehandelt werden, hat im Lagebericht überdies anzugeben:

1. die Zusammensetzung des Kapitals einschließlich der Aktien, die nicht auf einem geregelten Markt im Sinne des § 1 Z 2 Börsegesetz 2018 – BörseG 2018, BGBl. I Nr. 107/2017, gehandelt werden, sowie gegebenenfalls die Angabe der verschiedenen Aktiengattungen und zu jeder Aktiengattung die Angabe der mit dieser Gattung verbundenen Rechte und Pflichten sowie des Anteils dieser Gattung am Gesellschaftskapital;

   *(BGBl I 2017/107)*
2. alle Beschränkungen, die Stimmrechte oder die Übertragung von Aktien betreffen, auch wenn sie in Vereinbarungen zwischen Gesellschaftern enthalten sind, soweit sie dem Vorstand der Gesellschaft bekannt sind;
3. direkte oder indirekte Beteiligungen am Kapital, die zumindest 10 vom Hundert betragen;
4. die Inhaber von Aktien mit besonderen Kontrollrechten und eine Beschreibung dieser Rechte;
5. die Art der Stimmrechtskontrolle bei einer Kapitalbeteiligung der Arbeitnehmer, wenn sie das Stimmrecht nicht unmittelbar ausüben;
6. die sich nicht unmittelbar aus dem Gesetz ergebenden Bestimmungen über die Ernennung und Abberufung der Mitglieder des Vorstands und des Aufsichtsrats und über die Änderung der Satzung der Gesellschaft;
7. die sich nicht unmittelbar aus dem Gesetz ergebenden Befugnisse der Mitglieder des Vorstands, insbesondere hinsichtlich der Möglichkeit, Aktien auszugeben oder zurückzukaufen;
8. alle bedeutenden Vereinbarungen, an denen die Gesellschaft beteiligt ist und die bei einem Kontrollwechsel in der Gesellschaft infolge eines Übernahmeangebots wirksam werden, sich ändern oder enden, sowie ihre Wirkungen; ausgenommen hiervon sind Vereinbarungen, deren Bekanntmachung der Gesellschaft erheblich schaden würde, es sei denn, die Gesellschaft ist zur Bekanntgabe derartiger Informationen aufgrund anderer Rechtsvorschriften ausdrücklich verpflichtet;
9. Bestand und wesentlicher Inhalt von Entschädigungsvereinbarungen zwischen der Gesellschaft und ihren Vorstands- und Aufsichtsratsmitgliedern oder Arbeitnehmern für den Fall eines öffentlichen Übernahmeangebots.

*(BGBl I 2017/107)*

(2) Eine Gesellschaft nach § 189a Z 1 lit. a hat im Lagebericht darüber hinaus die wichtigsten Merkmale des internen Kontroll- und des Risikomanagementsystems im Hinblick auf den Rechnungslegungsprozess zu beschreiben.

*(BGBl I 2015/22)*

**Nichtfinanzielle Erklärung, nichtfinanzieller Bericht**

**§ 243b.** (1) Große Kapitalgesellschaften, die Unternehmen von öffentlichem Interesse sind und an den Abschlussstichtagen das Kriterium erfüllen, im Jahresdurchschnitt (§ 221 Abs. 6) mehr als 500 Arbeitnehmer zu beschäftigen, haben in den Lagebericht an Stelle der Angaben nach § 243 Abs. 5 eine nichtfinanzielle Erklärung aufzunehmen.

(2) Die nichtfinanzielle Erklärung hat diejenigen Angaben zu enthalten, die für das Verständnis des Geschäftsverlaufs, des Geschäftsergebnisses, der Lage der Gesellschaft sowie der Auswirkungen ihrer Tätigkeit erforderlich sind und sich mindestens auf Umwelt-, Sozial- und Arbeitnehmerbelange, auf die Achtung der Menschenrechte und auf die Bekämpfung von Korruption und Bestechung beziehen. Die Analyse hat die nichtfinanziellen Leistungsindikatoren unter Bezugnahme auf die im Jahresabschluss ausgewiesenen Beträge und Angaben zu erläutern.

(3) Die Angaben nach Abs. 2 haben zu umfassen:

1. eine kurze Beschreibung des Geschäftsmodells der Gesellschaft;
2. eine Beschreibung der von der Gesellschaft in Bezug auf die in Abs. 2 genannten Belange verfolgten Konzepte;
3. die Ergebnisse dieser Konzepte;
4. die angewandten Due-Diligence-Prozesse;
5. die wesentlichen Risiken, die wahrscheinlich negative Auswirkungen auf diese Belange haben werden, und die Handhabung dieser Risiken durch die Gesellschaft, und zwar
   a. soweit sie aus der eigenen Geschäftstätigkeit der Gesellschaft entstehen und,
   b. wenn dies relevant und verhältnismäßig ist, soweit sie aus ihren Geschäftsbeziehungen, ihren Erzeugnissen oder ihren Dienstleistungen entstehen;
6. die wichtigsten nichtfinanziellen Leistungsindikatoren, die für die konkrete Geschäftstätigkeit von Bedeutung sind.

Verfolgt die Gesellschaft in Bezug auf einen oder mehrere der in Abs. 2 genannten Belange kein Konzept, hat die nichtfinanzielle Erklärung eine klare Begründung hiefür zu enthalten.

(4) In Ausnahmefällen können Informationen über künftige Entwicklungen oder Belange, über die Verhandlungen geführt werden, weggelassen werden, soweit

1. eine solche Angabe nach vernünftiger unternehmerischer Beurteilung geeignet ist, der Geschäftslage der Gesellschaft ernsthaft zu schaden, und
2. eine solche Nichtaufnahme ein den tatsächlichen Verhältnissen entsprechendes Verständnis des Geschäftsverlaufs, des Geschäftsergebnisses, der Lage der Gesellschaft sowie der Auswirkungen ihrer Tätigkeit nicht verhindert.

(5) Die Gesellschaft kann sich bei der Erstellung der nichtfinanziellen Erklärung auf nationale, unionsbasierte oder internationale Rahmenwerke stützen; wenn sie hiervon Gebrauch macht, hat sie anzugeben, auf welche Rahmenwerke sie sich stützt. Bei der Anwendung solcher Rahmenwerke ist sicherzustellen, dass die Anforderungen nach Abs. 2 und Abs. 3 erfüllt sind.

(6) Eine Gesellschaft ist von der Pflicht zur Erstellung einer nichtfinanziellen Erklärung im Lagebericht befreit, wenn sie einen gesonderten nichtfinanziellen Bericht erstellt, der zumindest die Anforderungen nach Abs. 2 bis Abs. 5 erfüllt. Dieser ist von den gesetzlichen Vertretern aufzustellen, von sämtlichen gesetzlichen Vertretern zu unterzeichnen, den Mitgliedern des Aufsichtsrats vorzulegen, von diesem zu prüfen und gemeinsam mit dem Lagebericht nach § 277 offenzulegen.

(7) Eine Gesellschaft ist auch dann von der Pflicht zur Erstellung einer nichtfinanziellen Erklärung befreit, wenn sie und ihre Tochterunternehmen in den Konzernlagebericht oder gesonderten konsolidierten nichtfinanziellen Bericht eines Mutterunternehmens mit Sitz in einem Mitgliedstaat der Europäischen Union oder einem Vertragsstaat des Abkommens über den Europäischen Wirtschaftsraum einbezogen sind, der nach den Anforderungen der Bilanz-Richtlinie erstellt und offengelegt wurde, und wenn sie im Anhang des Jahresabschlusses angibt, bei welchem Unternehmen sie in den Konzernlagebericht oder gesonderten konsolidierten nichtfinanziellen Bericht einbezogen ist und wo dieser erhältlich ist.

*(BGBl I 2017/20)*

### Corporate Governance-Bericht

**§ 243c.** (1) Eine Aktiengesellschaft, deren Aktien zum Handel auf einem geregelten Markt im Sinn des § 1 Z 2 BörseG 2018 zugelassen sind oder die ausschließlich andere Wertpapiere als Aktien auf einem solchen Markt emittiert und deren Aktien mit Wissen der Gesellschaft über ein multilaterales Handelssystem im Sinn des § 1 Z 24 WAG 2018 gehandelt werden, hat einen Corporate Governance-Bericht aufzustellen, der zumindest die folgenden Angaben enthält:

1. die Nennung eines in Österreich oder am jeweiligen Börseplatz allgemein anerkannten Corporate Governance Kodex;
2. die Angabe, wo dieser öffentlich zugänglich ist;
3. soweit sie von diesem abweicht, eine Erklärung, in welchen Punkten und aus welchen Gründen diese Abweichung erfolgt;
4. wenn sie beschließt, keinem Kodex im Sinn der Z 1 zu entsprechen, eine Begründung hiefür.

*(BGBl I 2017/107, BGBl I 2018/17)*

(2) In diesem Bericht sind anzugeben:

1. die Zusammensetzung und die Arbeitsweise des Vorstands und des Aufsichtsrats sowie seiner Ausschüsse;
2. welche Maßnahmen zur Förderung von Frauen im Vorstand, im Aufsichtsrat und in leitenden Stellungen (§ 80 AktG) der Gesellschaft gesetzt wurden;
3. soweit es sich auch ohne Anwendung des § 221 Abs. 3 zweiter Satz um eine große Aktiengesellschaft handelt, eine Beschreibung des Diversitätskonzepts, das im Zusammenhang mit der Besetzung des Vorstands und des Aufsichtsrats der Gesellschaft in Bezug auf Aspekte wie Alter, Geschlecht, Bildungs- und Berufshintergrund verfolgt wird, der Ziele dieses Diversitätskonzepts sowie der Art und Weise der Umsetzung dieses Konzepts und der Ergebnisse im Berichtszeitraum; wird kein derartiges Konzept angewendet, so ist dies zu begründen.

*(BGBl I 2019/63)*

*(BGBl I 2015/22, BGBl I 2017/20)*

### Bericht über Zahlungen an staatliche Stellen

**§ 243d.** (1) Große Gesellschaften und Unternehmen von öffentlichem Interesse, die in der mineralgewinnenden Industrie oder auf dem Gebiet des Holzeinschlags in Primärwäldern tätig sind, haben jährlich einen Bericht über Zahlungen an staatliche Stellen zu erstellen. Gesellschaften, bei denen die Zahlungen an staatliche Stellen im konsolidierten Bericht eines Mutterunternehmens mit Sitz in einem Mitgliedstaat der Europäischen Union oder einem Vertragsstaat des Abkommens über den Europäischen Wirtschaftsraum enthalten sind, der nach den Anforderungen des Art. 44 der Bilanz-Richtlinie erstellt und offengelegt wurde, sind davon befreit, wenn sie im Anhang des Jahresabschlusses angeben, bei welchem Unternehmen sie in den konsolidierten Bericht einbezogen sind und wo dieser erhältlich ist.

(2) Als Tätigkeit in der mineralgewinnenden Industrie ist eine Tätigkeit auf dem Gebiet der Exploration, Prospektion, Entdeckung, Weiterentwicklung und Gewinnung von Mineralien, Erdöl- oder Erdgasvorkommen oder anderen Stoffen in den Wirtschaftszweigen zu verstehen, die in Abschnitt B Abteilungen 05 bis 08 von Anhang I der Verordnung (EG) Nr. 1893/2006 des Europäischen Parlaments und des Rates vom 20. Dezember 2006 zur Aufstellung der statistischen Systematik der Wirtschaftszweige NACE Revision 2 und zur Änderung der Verordnung (EWG) Nr. 3037/90 des Rates sowie einiger Verordnungen der EG über bestimmte Bereiche der Statistik, ABl. Nr. L 393 vom 30. 12. 2006 S. 1, aufgeführt sind. Primärwälder sind natürlich regenerierte Wälder mit einheimischen Arten, in denen es keine deutlich sichtbaren Anzeichen für menschliche Eingriffe gibt und die ökologischen Prozesse nicht wesentlich gestört sind.



(3) Im Bericht sind Geld- und Sachleistungen auszuweisen, die für die Tätigkeit in der mineralgewinnenden Industrie oder auf dem Gebiet des Holzeinschlags in Primärwäldern an eine staatliche Stelle je Geschäftsjahr geleistet werden. Staat-

liche Stellen sind nationale, regionale oder lokale staatliche Behörden oder von solchen kontrollierte Abteilungen, Agenturen oder im Sinn des § 244 beherrschte Unternehmen. Es ist der Gesamtwert der Leistungen im Geschäftsjahr je staatlicher Stelle anzugeben und zusätzlich aufzugliedern, welcher Gesamtbetrag jeweils entfällt auf

1. Produktionszahlungsansprüche,
2. Steuern, die auf die Erträge, die Produktion oder die Gewinne von Unternehmen erhoben werden, ausgenommen Steuern, die auf den Verbrauch erhoben werden (wie etwa Umsatzsteuern), Lohnsteuern oder vom Umsatz abhängige Steuern,
3. Nutzungsentgelte,
4. Dividenden,
5. Unterzeichnungs-, Entdeckungs- und Produktionsboni,
6. Lizenz-, Miet- und Zugangsgebühren sowie sonstige Gegenleistungen für Lizenzen und/ oder Konzessionen und
7. Beiträge für die Verbesserung der Infrastruktur.

(4) Wenn die Leistungen für ein bestimmtes Projekt gewidmet sind, ist anzugeben, welcher Teil der gemäß Abs. 3 anzugebenden Beträge auf das Projekt entfällt. Zusätzlich ist der Gesamtwert der Leistungen für das Projekt anzugeben. Als Projekt ist die Gesamtheit der operativen Tätigkeiten anzusehen, die sich nach einer einzigen Vereinbarung oder nach mehreren inhaltlich miteinander verbundenen Vereinbarungen richten, welche die Grundlage für die Leistungen nach Abs. 3 bildet oder bilden.

(5) Leistungen, deren Gegenwert im Geschäftsjahr unter 100.000 Euro liegt, müssen nicht ausgewiesen werden. Im Falle einer bestehenden Vereinbarung über regelmäßige Leistungen ist auf den Gesamtbetrag der verbundenen regelmäßigen Leistungen im Berichtszeitraum abzustellen. Wenn bei einer Aufgliederung nach Art der Leistung und nach Projekten einzelne Leistungen wegen Unterschreitens der Grenze von 100.000 Euro nicht ausgewiesen werden, sodass die Summe der aufgegliederten Einzelleistungen den anzugebenden Gesamtbetrag nicht erreicht, so ist gesondert auf die Inanspruchnahme dieser Erleichterung hinzuweisen. Hat eine zur Erstellung eines Berichts verpflichtete Gesellschaft in einem Berichtszeitraum an keine staatliche Stelle berichtspflichtige Zahlungen geleistet, so hat sie im Bericht nur anzugeben, dass eine Geschäftstätigkeit in der mineralgewinnenden Industrie oder auf dem Gebiet des Holzeinschlags in Primärwäldern ausgeübt wurde, ohne dass berichtspflichtige Zahlungen geleistet wurden.

(6) Bei der Angabe der Leistungen wird auf den Inhalt der betreffenden Zahlung oder Tätigkeit und nicht auf deren Form Bezug genommen. Zahlungen und Tätigkeiten dürfen nicht künstlich mit dem Ziel aufgeteilt oder zusammengefasst werden, die Anwendung dieser Bestimmung zu umgehen. Soweit Sachleistungen erbracht werden, sind ihr Wert und, wenn möglich, ihr Umfang anzugeben. Ergänzende Erläuterungen sind beizufügen, um darzulegen, wie ihr Wert festgelegt worden ist.

(7) Ist eine staatliche Stelle stimmberechtigter Anteilsinhaber der Gesellschaft, so müssen gezahlte Dividenden oder Gewinnanteile nur berücksichtigt werden, wenn sie

1. nicht unter denselben Bedingungen wie an andere Anteilsinhaber mit vergleichbaren Anteilen gleicher Gattung gezahlt wurden oder
2. anstelle von Produktionsrechten oder Nutzungsentgelten gezahlt wurden.

(8) Unternehmen, die einen Bericht nach gleichwertigen Berichtspflichten eines Drittlands erstellen und gemäß § 277 offenlegen, sind von der Erstellung eines Berichts nach Abs. 1 ausgenommen. Ob die Berichtspflichten eines Drittlands gleichwertig sind, ist nach den aufgrund des Art. 47 der Bilanz-Richtlinie ergangenen Durchführungsrechtsakten zu beurteilen.

*(BGBl I 2017/20)*

## DRITTER ABSCHNITT
## Konzernabschluss, Konzernlagebericht, konsolidierter Corporate Governance-Bericht und konsolidierter Bericht über Zahlungen an staatliche Stellen

*(BGBl I 2015/22)*

### ERSTER TITEL
### Anwendungsbereich

#### Pflicht zur Aufstellung

**§ 244.** (1) Stehen Unternehmen unter der einheitlichen Leitung einer Kapitalgesellschaft (Mutterunternehmen) mit Sitz im Inland, so haben die gesetzlichen Vertreter des Mutterunternehmens einen Konzernabschluss, einen Konzernlagebericht sowie gegebenenfalls einen konsolidierten Corporate Governance-Bericht aufzustellen sowie dem Aufsichtsrat und der Hauptversammlung (Generalversammlung) des Mutterunternehmens innerhalb der für die Vorlage des Jahresabschlusses geltenden Fristen vorzulegen. Der Konzernabschluss, der Konzernlagebericht sowie der konsolidierte Corporate Governance-Bericht sind von sämtlichen gesetzlichen Vertretern zu unterzeichnen und der Haupt- oder Generalversammlung zusammen mit dem Jahresabschluss des Mutterunternehmens vorzulegen. Soweit in den folgenden Bestimmungen der Konzernlagebericht erwähnt wird, erfasst dieser Begriff gegebenenfalls auch den konsolidierten Corporate Governance-Bericht.

*(BGBl I 2015/22, BGBl I 2017/20)*

(2) Eine Kapitalgesellschaft mit Sitz im Inland ist stets zur Aufstellung eines Konzernabschlusses und eines Konzernlageberichtes verpflichtet (Mutterunternehmen), wenn ihr bei einem Unternehmen (Tochterunternehmen)

1. die Mehrheit der Stimmrechte der Gesellschafter zusteht,

2. das Recht zusteht, die Mehrheit der Mitglieder des Verwaltungs-, Leitungs- oder Aufsichtsorgans zu bestellen oder abzuberufen, und sie gleichzeitig Gesellschafter ist oder
3. das Recht zusteht, einen beherrschenden Einfluß auszuüben, oder
4. auf Grund eines Vertrages mit einem oder mehreren Gesellschaftern des Tochterunternehmens das Recht zur Entscheidung zusteht, wie Stimmrechte der Gesellschafter, soweit sie mit ihren eigenen Stimmrechten zur Erreichung der Mehrheit aller Stimmen erforderlich sind, bei Bestellung oder Abberufung der Mehrheit der Mitglieder des Leitungs- oder eines Aufsichtsorgans auszuüben sind.

(3) Eine Personengesellschaft im Sinn des § 189 Abs. 1 Z 2 unterliegt hinsichtlich der in den §§ 244 bis 267b geregelten Tatbestände den der Rechtsform ihres unbeschränkt haftenden Gesellschafters entsprechenden Rechtsvorschriften; ist dieser keine Kapitalgesellschaft, so gelten die Vorschriften für Gesellschaften mit beschränkter Haftung.

*(BGBl I 2015/22)*

(4) Als Rechte, die einem Mutterunternehmen zustehen, gelten auch die Rechte eines anderen Tochterunternehmens oder von Personen, die für Rechnung des Mutterunternehmens oder eines anderen Tochterunternehmens handeln. Abzuziehen sind die Rechte, die mit Anteilen verbunden sind, die

1. vom Mutterunternehmen oder einem Tochterunternehmen für Rechnung einer anderen Person gehalten werden oder
2. als Sicherheit gehalten werden, sofern diese Rechte nach Weisung des Sicherungsgebers oder, wenn ein Kreditinstitut die Anteile als Sicherheit für eine Kreditgewährung hält, im Interesse des Sicherungsgebers ausgeübt werden.

*(BGBl I 2015/22)*

(5) Bei Ermittlung der Mehrheit der Stimmrechte sind von der Zahl aller Stimmrechte die Stimmrechte aus eigenen Anteilen abzuziehen, die dem Tochterunternehmen selbst, einem seiner Tochterunternehmen oder einer anderen Person für Rechnung dieser Unternehmen gehören.

(6) (aufgehoben)

*(BGBl I 2015/22)*

(7) Bei Meinungsverschiedenheiten über das Vorliegen einer Verpflichtung zur Aufstellung des Konzernabschlusses, des Konzernlageberichts und des konsolidierten Berichts über Zahlungen an staatliche Stellen entscheidet der für den Sitz des Unternehmens zuständige, zur Ausübung der Gerichtsbarkeit in Handelssachen berufene Gerichtshof erster Instanz im Verfahren außer Streitsachen. Vom Mutter- als auch vom Tochterunternehmen sind antragsberechtigt: jedes Vorstands- und Aufsichtsratsmitglied, der Abschlußprüfer und eine Minderheit, deren Anteile den zwanzigsten Teil des Nennkapitals oder den anteiligen Betrag von 700 000 Euro erreichen. Diese Regelung gilt sinngemäß für Personengesellschaften im Sinn des § 189 Abs. 1 Z 2.

*(BGBl I 2015/22, BGBl I 2016/43)*

### Befreiende Konzernabschlüsse und Konzernlageberichte

**§ 245.** (1) Ein Mutterunternehmen (§ 189a Z 6), das österreichischem Recht unterliegt, braucht bei Erfüllung der Voraussetzungen des Abs. 2 keinen Teilkonzernabschluss samt Konzernlagebericht aufzustellen (befreites Unternehmen), wenn es in den Konzernabschluss eines übergeordneten Mutterunternehmens (befreiender Konzernabschluss) einbezogen ist und

1. das übergeordnete Mutterunternehmen dem Recht eines Mitgliedstaats der Europäischen Union oder eines Vertragsstaats des Abkommens über den Europäischen Wirtschaftsraum unterliegt und entweder
   a. sämtliche Anteile am befreiten Unternehmen besitzt oder
   b. mindestens 90% der Anteile am befreiten Unternehmen besitzt und die anderen Anteilsinhaber der Befreiung zugestimmt haben oder
   c. weder der Aufsichtsrat noch eine qualifizierte Minderheit, deren Anteile 10% des Nennkapitals oder den anteiligen Betrag von 1 400 000 Euro erreichen, spätestens sechs Monate vor dem Ablauf des Konzerngeschäftsjahrs die Aufstellung des Teilkonzernabschlusses verlangen oder
2. das übergeordnete Mutterunternehmen nicht dem Recht eines Mitgliedstaats der Europäischen Union oder eines Vertragsstaats des Abkommens über den Europäischen Wirtschaftsraum unterliegt und weder der Aufsichtsrat noch eine qualifizierte Minderheit, deren Anteile 5% des Nennkapitals oder den anteiligen Betrag von 700 000 Euro erreichen, spätestens sechs Monate vor dem Ablauf des Konzerngeschäftsjahres die Aufstellung des Teilkonzernabschlusses verlangen.

(2) Der Konzernabschluss und der Konzernlagebericht des übergeordneten Mutterunternehmens haben nur befreiende Wirkung nach Abs. 1, wenn alle nachstehenden Voraussetzungen erfüllt sind:

1. das befreite Unternehmen sowie alle seine Tochterunternehmen sind unbeschadet des § 249 in den befreienden Konzernabschluss einbezogen;
2. Konzernabschluss und Konzernlagebericht wurden nach dem für das übergeordnete Mutterunternehmen maßgeblichen Recht im Einklang mit der Bilanz-Richtlinie oder nach den gemäß der Verordnung (EG) Nr. 1606/2002 angenommenen internationalen Rechnungslegungsstandards aufgestellt; im Fall des Abs. 1 Z 2 reicht es aus, wenn Konzernabschluss und Konzernlagebericht den nach der Bilanz-Richlinie erstellten Unterlagen oder internationalen Rechnungslegungsstandards, die

gemäß der Verordnung (EG) Nr. 1569/2007 der Kommission über die Einrichtung eines Mechanismus zur Festlegung der Gleichwertigkeit der von Drittstaatemittenten angewandten Rechnungslegungsgrundsätze gemäß den Richtlinien 2003/71/EG und 2004/109/EG ABl. Nr. L 340 vom 22. 12. 2007 S. 66, festgelegt wurden, gleichwertig sind;

3. der befreiende Konzernabschluss eines übergeordneten Mutterunternehmens nach Abs. 1 Z 2 wurde von einem nach dem anzuwendenden Recht zugelassenen Abschlussprüfer geprüft;
4. der Anhang des Jahresabschlusses des befreiten Unternehmens enthält Angaben über den Namen und den Sitz des übergeordneten Mutterunternehmens, das den befreienden Konzernabschluss aufstellt, sowie einen Hinweis auf die Befreiung von der Verpflichtung, einen Konzernabschluss und einen Konzernlagebericht aufzustellen;
5. der befreiende Konzernabschluss und der Konzernlagebericht des übergeordneten Mutterunternehmens werden unverzüglich in deutscher Sprache oder in einer in internationalen Finanzkreisen gebräuchlichen Sprache beim Firmenbuchgericht offengelegt (§ 280 Abs. 2) und dem Aufsichtsrat sowie der nächsten ordentlichen Hauptversammlung (Generalversammlung) vorgelegt.

(3) Die Befreiung nach Abs. 1 darf nicht in Anspruch genommen werden, wenn das befreite Unternehmen eine Gesellschaft im Sinn des § 189a Abs. 1 lit. a ist.

*(BGBl I 2015/22)*

### Konzernabschlüsse nach international anerkannten Rechnungslegungsgrundsätzen

**§ 245a.** (1) Ein Mutterunternehmen, das nach Art. 4 der Verordnung (EG) Nr. 1606/2002 betreffend die Anwendung internationaler Rechnungslegungsstandards dazu verpflichtet ist, den Konzernabschluss nach den internationalen Rechnungslegungsstandards aufzustellen, die nach Art. 3 der Verordnung übernommen wurden, hat dabei § 193 Abs. 4 zweiter Halbsatz und § 194 sowie von den Vorschriften des zweiten bis neunten Titels § 247 Abs. 3, § 265 Abs. 2 bis 4, § 267, § 267a und § 267b anzuwenden; der Konzernanhang ist außerdem um die Angaben nach § 237 Abs. 1 Z 6 in Verbindung mit § 266 Z 4, § 237 Abs. 1 Z 3 und § 239 Abs. 1 Z 4 in Verbindung mit § 266 Z 2 sowie § 238 Abs. 1 Z 10 und Z 18 zu ergänzen.

*(BGBl I 2015/22, BGBl I 2019/46)*

(2) Ein Mutterunternehmen, das nicht unter Abs. 1 fällt, kann den Konzernabschluss nach den Rechnungslegungsvorschriften in Abs. 1 aufstellen.

(3) Ein Mutterunternehmen, das einen Konzernabschluss nach den in Abs. 1 bezeichneten Rechnungslegungsstandards aufstellt, hat bei der Offenlegung ausdrücklich darauf hinzuweisen, dass es sich um einen nach den in Abs. 1 bezeichneten Rechnungslegungsstandards aufgestellten Konzernabschluss und Konzernlagebericht handelt.

### Größenabhängige Befreiungen

**§ 246.** (1) Ein Mutterunternehmen ist von der Pflicht, einen Konzernabschluß und einen Konzernlagebericht aufzustellen, befreit, wenn

1. am Abschlußstichtag seines Jahresabschlusses und am vorhergehenden Abschlußstichtag mindestens zwei der drei nachstehenden Merkmale zutreffen:
   a) Die Bilanzsummen in den Bilanzen des Mutterunternehmens und der Tochterunternehmen, die in den Konzernabschluß einzubeziehen wären, übersteigen insgesamt nicht 24 Millionen Euro.
   b) Die Umsatzerlöse des Mutterunternehmens und der Tochterunternehmen, die in den Konzernabschluß einzubeziehen wären, übersteigen in den zwölf Monaten vor dem Abschlußstichtag insgesamt nicht 48 Millionen Euro.
   c) Das Mutterunternehmen und die Tochterunternehmen, die in den Konzernabschluß einzubeziehen wären, haben in den zwölf Monaten vor dem Abschlußstichtag im Jahresdurchschnitt nicht mehr als 250 Arbeitnehmer beschäftigt; oder
2. am Abschlußstichtag eines von ihm aufzustellenden Konzernabschlusses und am vorhergehenden Abschlußstichtag mindestens zwei der drei nachstehenden Merkmale zutreffen:
   a) Die Bilanzsumme übersteigt nicht 20 Millionen Euro.
   b) Die Umsatzerlöse in den zwölf Monaten vor dem Abschlußstichtag übersteigen nicht 40 Millionen Euro.
   c) Das Mutterunternehmen und die in den Konzernabschluß einbezogenen Tochterunternehmen haben in den zwölf Monaten vor dem Abschlußstichtag im Jahresdurchschnitt nicht mehr als 250 Arbeitnehmer beschäftigt.

*(BGBl I 2015/22)*

(2) Die Rechtsfolgen der Merkmale gemäß Abs. 1 Z 1 und 2 treten, wenn diese Merkmale an den Abschlußstichtagen von zwei aufeinanderfolgenden Geschäftsjahren zutreffen, ab dem folgenden Geschäftsjahr ein.

(3) Abs. 1 ist nicht anzuwenden, wenn eines der verbundenen Unternehmen ein Unternehmen von öffentlichem Interesse (§ 189a Z 1) ist.

*(BGBl I 2015/22)*

(4) § 221 Abs. 7 gilt sinngemäß für die in Abs. 1 Z 1 und 2 angeführten Merkmale.

## ZWEITER TITEL
## Umfang der einzubeziehenden Unternehmen (Konsolidierungskreis)

### Einzubeziehende Unternehmen, Vorlage- und Auskunftspflichten

**§ 247.** (1) In den Konzernabschluß sind das Mutterunternehmen und alle Tochterunternehmen ohne Rücksicht auf den Sitz der Tochterunternehmen einzubeziehen, sofern die Einbeziehung nicht gemäß § 249 unterbleibt.

(2) Hat sich die Zusammensetzung der in den Konzernabschluß einbezogenen Unternehmen im Laufe des Geschäftsjahrs wesentlich geändert, so sind in den Konzernabschluß Angaben aufzunehmen, die es ermöglichen, die aufeinanderfolgenden Konzernabschlüsse sinnvoll zu vergleichen. Dieser Verpflichtung kann auch dadurch entsprochen werden, daß die entsprechenden Beträge des vorhergehenden Konzernabschlusses an die Änderung angepaßt werden.

(3) Die Tochterunternehmen haben dem Mutterunternehmen ihre Jahresabschlüsse, Lageberichte, Konzernabschlüsse, Konzernlageberichte und, wenn eine Prüfung des Jahresabschlusses oder des Konzernabschlusses stattgefunden hat, die Prüfungsberichte sowie, wenn ein Zwischenabschluß aufzustellen ist, einen auf den Stichtag des Konzernabschlusses aufgestellten Abschluß unverzüglich einzureichen. Das Mutterunternehmen kann von jedem Tochterunternehmen alle Aufklärungen und Nachweise verlangen, welche die Aufstellung des Konzernabschlusses und des Konzernlageberichts erfordert.

**§ 248.** (aufgehoben)

### Verzicht auf die Einbeziehung

**§ 249.** (1) Ein Tochterunternehmen braucht in den Konzernabschluss nicht einbezogen zu werden, wenn

1. die für die Aufstellung des Konzernabschlusses erforderlichen Angaben nicht ohne unverhältnismäßige Verzögerungen oder ohne unverhältnismäßig hohe Kosten zu erhalten sind, wobei auf die Größe des Unternehmens Bedacht zu nehmen ist; oder
2. die Anteile an dem Tochterunternehmen ausschließlich zum Zwecke ihrer Weiterveräußerung gehalten werden; oder
3. erhebliche und andauernde Beschränkungen die Ausübung der Rechte des Mutterunternehmens in Bezug auf das Vermögen oder die Geschäftsführung dieses Unternehmens nachhaltig beeinträchtigen.

(2) Wenn die Einbeziehung eines Tochterunternehmens nicht wesentlich ist, braucht es nicht in den Konzernabschluss einbezogen zu werden. Trifft dies auf mehrere Tochterunternehmen zu, so sind sie dann in den Konzernabschluss einzubeziehen, wenn sie zusammen wesentlich sind. Für ein Mutterunternehmen, das ausschließlich Tochterunternehmen hat, deren Einbeziehung entweder für sich und zusammengenommen nicht wesentlich ist oder die aufgrund von Abs. 1 nicht einbezogen zu werden brauchen, entfällt die Pflicht zur Aufstellung eines Konzernabschlusses und eines Konzernlageberichts.

(3) Der Ausschluss der in Abs. 1 bezeichneten Unternehmen ist im Konzernanhang, falls kein Konzernabschluss aufzustellen ist, im Anhang des Jahresabschlusses der Muttergesellschaft anzugeben und zu begründen.

*(BGBl I 2015/22)*

## DRITTER TITEL
## Inhalt und Form des Konzernabschlusses

### Inhalt

**§ 250.** (1) Der Konzernabschluss besteht aus der Konzernbilanz, der Konzern-Gewinn- und Verlustrechnung, dem Konzernanhang, der Konzernkapitalflussrechnung und einer Darstellung der Komponenten des Eigenkapitals und ihrer Entwicklung. Er kann um die Segmentberichterstattung erweitert werden.

(2) Der Konzernabschluß hat den Grundsätzen ordnungsmäßiger Buchführung zu entsprechen. Er ist klar und übersichtlich aufzustellen. Er hat ein möglichst getreues Bild der Vermögens-, Finanz- und Ertragslage des Konzerns zu vermitteln. Wenn dies aus besonderen Umständen nicht gelingt, sind im Konzernanhang die erforderlichen zusätzlichen Angaben zu machen.

(3) Im Konzernabschluß ist die Vermögens-, Finanz- und Ertragslage der einbezogenen Unternehmen so darzustellen, als ob diese Unternehmen insgesamt ein einziges Unternehmen wären. Die auf den vorhergehenden Konzernabschluß angewandten Zusammenfassungs(Konsolidierungs)methoden sind beizubehalten. Ein Abweichen von diesem Grundsatz ist nur bei Vorliegen besonderer Umstände und unter Beachtung der in Abs. 2 dritter Satz umschriebenen Zielsetzung zulässig; im Konzernanhang ist die Abweichung anzugeben, zu begründen und ihr Einfluss auf die Vermögens-, Finanz- und Ertragslage des Konzerns darzulegen.

*(BGBl I 2015/22)*

### Anzuwendende Vorschriften; Erleichterungen

**§ 251.** (1) Auf den Konzernabschluß sind, soweit seine Eigenart keine Abweichung bedingt oder in den folgenden Vorschriften nichts anderes bestimmt ist, § 193 Abs. 3 und 4 zweiter Halbsatz, §§ 194 bis 211, §§ 223 bis 227, § 229 Abs. 1 bis 3, §§ 231 bis 234 und §§ 237 bis 241 über den Jahresabschluß und die für die Rechtsform und den Geschäftszweig der in den Konzernabschluß einbezogenen Unternehmen mit dem Sitz im Geltungsbereich dieses Gesetzes geltenden Vorschriften entsprechend anzuwenden.

*(BGBl I 2015/22)*

(2) In der Gliederung der Konzernbilanz dürfen die Vorräte in einem Posten zusammengefasst werden, wenn die Aufgliederung nicht wesentlich ist.

*(BGBl I 2015/22)*

(3) Der Konzernanhang und der Anhang des Jahresabschlusses des Mutterunternehmens dürfen zusammengefaßt werden. In diesem Falle müssen der Konzernabschluß und der Jahresabschluß des Mutterunternehmens gemeinsam offengelegt und dürfen auch die Prüfungsberichte und die Bestätigungsvermerke zusammengefaßt werden.

### Stichtag für die Aufstellung

**§ 252.** (1) Der Konzernabschluß ist auf den Stichtag des Jahresabschlusses des Mutterunternehmens oder auf den hievon abweichenden Stichtag der Jahresabschlüsse der bedeutendsten oder der Mehrzahl der in den Konzernabschluß einbezogenen Unternehmen aufzustellen; die Abweichung vom Abschlußstichtag des Mutterunternehmens ist im Konzernanhang anzugeben und zu begründen.

(2) Die Jahresabschlüsse der in den Konzernabschluß einbezogenen Unternehmen sollen auf den Stichtag des Konzernabschlusses aufgestellt werden. Liegt der Abschlußstichtag eines Unternehmens um mehr als drei Monate vor oder nach dem Stichtag des Konzernabschlusses, so ist dieses Unternehmen auf Grund eines auf den Stichtag und den Zeitraum des Konzernabschlusses aufgestellten Zwischenabschlusses in den Konzernabschluß einzubeziehen.

*(BGBl I 2015/22)*

(3) Wird bei abweichenden Abschlußstichtagen ein Unternehmen nicht auf der Grundlage eines auf den Stichtag und den Zeitraum des Konzernabschlusses aufgestellten Zwischenabschlusses einbezogen, so sind Vorgänge von besonderer Bedeutung für die Vermögens-, Finanz- und Ertragslage eines in den Konzernabschluß einbezogenen Unternehmens, die zwischen dem Abschlußstichtag dieses Unternehmens und dem Abschlußstichtag des Konzernabschlusses eingetreten sind, in der Konzernbilanz und der Konzern-Gewinn- und Verlustrechnung zu berücksichtigen oder im Konzernanhang anzugeben.

## VIERTER TITEL
## Vollständige Zusammenfassung der Jahresabschlüsse verbundener Unternehmen (Vollkonsolidierung)

### Grundsätze, Vollständigkeitsgebot

**§ 253.** (1) In dem Konzernabschluß ist der Jahresabschluß des Mutterunternehmens mit den Jahresabschlüssen der Tochterunternehmen zusammenzufassen. An die Stelle der dem Mutterunternehmen gehörenden Anteile an den einbezogenen Tochterunternehmen treten die Vermögensgegenstände, Rückstellungen, Verbindlichkeiten und Rechnungsabgrenzungsposten der Tochterunternehmen, soweit sie nach dem Recht des Mutterunternehmens bilanzierbar sind und die Eigenart des Konzernabschlusses keine Abweichungen bedingt oder in den folgenden Vorschriften nichts anderes bestimmt ist.

*(BGBl I 2015/22)*

(2) Die Vermögensgegenstände, aktiven latenten Steuern, Rückstellungen, Verbindlichkeiten und Rechnungsabgrenzungsposten sowie die Erträge und Aufwendungen der in den Konzernabschluß einbezogenen Unternehmen sind unabhängig von ihrer Berücksichtigung in den Jahresabschlüssen dieser Unternehmen vollständig aufzunehmen, soweit nach dem Recht des Mutterunternehmens nicht ein Bilanzierungsverbot oder ein Bilanzierungswahlrecht besteht. Nach dem Recht des Mutterunternehmens zulässige Bilanzierungswahlrechte dürfen im Konzernabschluß unabhängig von ihrer Ausübung in den Jahresabschlüssen der in den Konzernabschluß einbezogenen Unternehmen ausgeübt werden.

*(BGBl I 2015/22, BGBl I 2016/43)*

(3) (aufgehoben)

*(BGBl I 2015/22)*

### Zusammenfassung von Eigenkapital und Beteiligungen (Kapitalkonsolidierung)

**§ 254.** (1) Der Wertansatz der dem Mutterunternehmen gehörenden Anteile an einem in den Konzernabschluss einbezogenen Tochterunternehmen wird mit dem auf diese Anteile entfallenden Betrag des Eigenkapitals des Tochterunternehmens verrechnet. Das Eigenkapital ist mit dem Betrag anzusetzen, der dem beizulegenden Zeitwert der in den Konzernabschluss aufzunehmenden Vermögensgegenstände, Rückstellungen, Verbindlichkeiten und Rechnungsabgrenzungsposten zu dem für die Verrechnung gemäß Abs. 2 gewählten Zeitpunkt entspricht. Das anteilige Eigenkapital darf nicht mit einem Betrag angesetzt werden, der die Anschaffungskosten des Mutterunternehmens für die Anteile an dem einbezogenen Tochterunternehmen überschreitet. Wenn die Anschaffungskosten den Buchwert des anteiligen Eigenkapitals unterschreiten, so ist der Buchwert anzusetzen.

*(BGBl I 2015/22)*

(2) Die Verrechnung gemäß Abs. 1 wird auf der Grundlage der Wertansätze zum Zeitpunkt des Erwerbs der Anteile oder der erstmaligen Einbeziehung des Tochterunternehmens in den Konzernabschluß oder, beim Erwerb der Anteile zu verschiedenen Zeitpunkten, zu dem Zeitpunkt, zu dem das Unternehmen Tochterunternehmen geworden ist, durchgeführt. Der gewählte Zeitpunkt ist im Konzernanhang anzugeben.

(3) Ein bei der Verrechnung entstehender Unterschiedsbetrag ist in der Konzernbilanz, wenn er auf der Aktivseite entsteht, als Geschäfts(Firmen)wert und, wenn er auf der Passivseite entsteht, als Unterschiedsbetrag aus der Zusammenfassung von Eigenkapital und Beteiligungen (Kapitalkonsolidierung) auszuweisen. Dieser Posten und wesentliche Änderungen gegenüber dem Vorjahr sind im Anhang zu erläutern. Werden Unterschiedsbeträge der Aktivseite mit solchen der Passivseite verrechnet, so sind die verrechneten Beträge im Anhang anzugeben.

*(BGBl I 2015/22)*

(4) Anteile an dem Mutterunternehmen, die diesem oder einem in den Konzernabschluß ein-

bezogenen Tochterunternehmen gehören, sind in der Konzernbilanz als eigene Anteile zu behandeln.

*(BGBl I 2016/43)*

**Zusammenfassung von Forderungen und Schulden verbundener Unternehmen (Schuldenkonsolidierung)**

**§ 255.** (1) Ausleihungen und andere Forderungen, Rückstellungen und Verbindlichkeiten aus Beziehungen zwischen den in den Konzernabschluß einbezogenen Unternehmen sowie entsprechende Rechnungsabgrenzungsposten sind wegzulassen.

(2) Abs. 1 braucht nicht angewendet zu werden, soweit die wegzulassenden Beträge nicht wesentlich (§ 189a Z 10) sind.

*(BGBl I 2015/22)*

**Behandlung der Zwischenergebnisse**

**§ 256.** (1) In den Konzernabschluß zu übernehmende Vermögensgegenstände, die ganz oder teilweise auf Lieferungen oder Leistungen zwischen in den Konzernabschluß einbezogenen Unternehmen beruhen, sind in der Konzernbilanz mit dem Betrag anzusetzen, zu dem sie in der auf den Stichtag des Konzernabschlusses aufgestellten Bilanz dieses Unternehmens anzusetzen wären, wenn die in den Konzernabschluß einbezogenen Unternehmen auch rechtlich ein einziges Unternehmen bildeten.

(2) Abs. 1 braucht nicht angewendet zu werden, soweit die Behandlung der Zwischenergebnisse nicht wesentlich (§ 189a Z 10) ist.

*(BGBl I 2015/22)*

**Zusammenfassung von Aufwendungen und Erträgen verbundener Unternehmen (Aufwands- und Ertragskonsolidierung)**

**§ 257.** (1) In der Konzern-Gewinn- und Verlustrechnung sind

1. bei den Umsatzerlösen die Erlöse aus Lieferungen und Leistungen zwischen den in den Konzernabschluß einbezogenen Unternehmen mit den auf sie entfallenden Aufwendungen zu verrechnen, soweit sie nicht als Erhöhung des Bestands an fertigen und unfertigen Erzeugnissen oder als andere aktivierte Eigenleistungen auszuweisen sind,
2. andere Erträge aus Lieferungen und Leistungen zwischen den in den Konzernabschluß einbezogenen Unternehmen mit den auf sie entfallenden Aufwendungen zu verrechnen, soweit sie nicht als andere aktivierte Eigenleistungen auszuweisen sind.

(2) Aufwendungen und Erträge brauchen nicht gemäß Abs. 1 weggelassen zu werden, soweit die wegzulassenden Beträge nicht wesentlich (§ 189a Z 10) sind.

*(BGBl I 2015/22)*

**Steuerabgrenzung**

**§ 258.** Führen Maßnahmen, die nach den Vorschriften des dritten Abschnitts durchgeführt worden sind, zu Differenzen zwischen den unternehmensrechtlichen und den steuerrechtlichen Wertansätzen der Vermögensgegenstände, Schulden oder Rechnungsabgrenzungsposten und bauen sich diese Differenzen in späteren Geschäftsjahren voraussichtlich wieder ab, so ist eine sich insgesamt ergebende Steuerbelastung als Rückstellung für passive latente Steuern und eine sich insgesamt ergebende Steuerentlastung als aktive latente Steuern in der Konzernbilanz anzusetzen. Differenzen aus dem erstmaligen Ansatz eines nach § 254 Abs. 3 verbleibenden Unterschiedsbetrages bleiben unberücksichtigt. Unberücksichtigt bleiben auch Differenzen, die sich zwischen dem steuerrechtlichen Wertansatz einer Beteiligung an einem Tochterunternehmen, einem assoziierten Unternehmen oder einem Gemeinschaftsunternehmen im Sinn des § 262 Abs. 1 und dem unternehmensrechtlichen Wertansatz des im Konzernabschluss angesetzten Nettovermögens ergeben, wenn das Mutterunternehmen in der Lage ist, den zeitlichen Verlauf der Auflösung der temporären Differenzen zu steuern, und es wahrscheinlich ist, dass sich die temporäre Differenz in absehbarer Zeit nicht auflösen wird. Eine Saldierung ist nicht vorzunehmen, soweit eine Aufrechnung der tatsächlichen Steuererstattungsansprüche mit den tatsächlichen Steuerschulden rechtlich nicht möglich ist. § 198 Abs. 10 ist entsprechend anzuwenden. Die Posten dürfen mit den Posten nach § 198 Abs. 9 zusammengefasst werden. Die Steuerabgrenzung braucht nicht vorgenommen zu werden, soweit sie nicht wesentlich ist.

*(BGBl I 2015/22)*

**Anteile anderer Gesellschafter**

**§ 259.** (1) In der Konzernbilanz ist für die nicht dem Mutterunternehmen oder einem einbezogenen Tochterunternehmen gehörenden Anteile an den in den Konzernabschluss einbezogenen Tochterunternehmen ein Ausgleichsposten für die Anteile der anderen Gesellschafter in Höhe ihres Anteils am nach den Vorschriften des § 254 Abs. 1 ermittelten Eigenkapital unter dem Posten „nicht beherrschende Anteile“ innerhalb des Eigenkapitals gesondert auszuweisen.

*(BGBl I 2015/22, BGBl I 2016/43)*

(2) In der Konzern-Gewinn- und Verlustrechnung ist der im Jahresergebnis enthaltene, anderen Gesellschaftern zustehende Gewinn und der auf sie entfallende Verlust nach dem Posten „Jahresüberschuß/Jahresfehlbetrag“ unter entsprechender Bezeichnung gesondert auszuweisen.

**FÜNFTER TITEL**
**Bewertungsvorschriften**

UGB

**Einheitliche Bewertung**

**§ 260.** (1) Die in den Konzernabschluß gemäß § 253 Abs. 2 übernommenen Vermögensgegenstände und Schulden der in den Konzernabschluß einbezogenen Unternehmen sind nach den auf den Jahresabschluß des Mutterunternehmens anwendbaren Bewertungsmethoden einheitlich zu bewerten; zulässige Bewertungswahlrechte können im Konzernabschluß unabhängig von ihrer

Ausübung in den Jahresabschlüssen der in den Konzernabschluß einbezogenen Unternehmen ausgeübt werden. Abweichungen von den auf den Jahresabschluß des Mutterunternehmens angewandten Bewertungsmethoden sind im Konzernanhang anzugeben und zu begründen.

(2) Sind in den Konzernabschluß aufzunehmende Vermögensgegenstände oder Schulden des Mutterunternehmens oder der Tochterunternehmen in den Jahresabschlüssen dieser Unternehmen nach Methoden bewertet worden, die sich von denen unterscheiden, die auf den Konzernabschluß anzuwenden sind oder die von den gesetzlichen Vertretern des Mutterunternehmens in Ausübung von Bewertungswahlrechten auf den Konzernabschluß angewendet werden, so sind die abweichend bewerteten Vermögensgegenstände oder Schulden nach den auf den Konzernabschluß angewandten Bewertungsmethoden neu zu bewerten und mit den neuen Wertansätzen in den Konzernabschluß zu übernehmen. Wertansätze, die auf Sondervorschriften für Kreditinstitute oder Versicherungsunternehmen beruhen, sind beizubehalten; auf die Anwendung dieser Ausnahme ist im Konzernanhang hinzuweisen. Eine einheitliche Bewertung nach dem ersten Satz braucht nicht vorgenommen zu werden, soweit ihre Auswirkungen nicht wesentlich (§ 189a Z 10) sind. Darüber hinaus ist ein Abweichen bei Vorliegen besonderer Umstände und unter Beachtung der in § 250 Abs. 2 dritter Satz umschriebenen Zielsetzung zulässig; im Konzernanhang ist die Abweichung anzugeben, zu begründen und ihr Einfluss auf die Vermögens-, Finanz- und Ertragslage des Konzerns darzulegen.

*(BGBl I 2015/22)*

(3) (aufgehoben)

**Behandlung des Unterschiedsbetrags**

**§ 261.** (1) Die Abschreibung eines nach § 254 Abs. 3 auszuweisenden Geschäfts(Firmen)werts richtet sich nach § 203 Abs. 5.

*(BGBl I 2015/22)*

(2) Ein gemäß § 254 Abs. 3 auf der Passivseite auszuweisender Unterschiedsbetrag darf ergebniswirksam aufgelöst werden, soweit

1. eine zum Zeitpunkt des Erwerbs der Anteile oder der erstmaligen Zusammenfassung der Jahresabschlüsse verbundener Unternehmen (Konsolidierung) erwartete ungünstige Entwicklung der künftigen Ertragslage des Unternehmens eingetreten ist oder zu diesem Zeitpunkt erwartete Aufwendungen zu berücksichtigen sind oder
2. am Abschlußstichtag feststeht, daß er einem verwirklichten Gewinn entspricht.

*(BGBl I 2015/22)*

## SECHSTER TITEL
## Anteilmäßige Zusammenfassung der Jahresabschlüsse verbundener Unternehmen (anteilmäßige Konsolidierung)

**Begriff**

**§ 262.** (1) Führt ein in einen Konzernabschluß einbezogenes Mutter- oder Tochterunternehmen ein anderes Unternehmen gemeinsam mit einem oder mehreren nicht in den Konzernabschluß einbezogenen Unternehmen, so darf das andere Unternehmen in den Konzernabschluß entsprechend den Anteilen am Kapital einbezogen werden, die dem Mutter- oder dem Tochterunternehmen gehören.

(2) Auf die anteilmäßige Zusammenfassung der Jahresabschlüsse verbundener Unternehmen (anteilmäßige Konsolidierung) sind die §§ 250 bis 258, 260 und 261 entsprechend anzuwenden.

## SIEBENTER TITEL
## Assoziiertes Unternehmen

*(BGBl I 2015/22)*

**Befreiung**

*(BGBl I 2015/22)*

**§ 263.** (1) Die Beteiligung an einem assoziierten Unternehmen ist in der Konzernbilanz unter einem besonderen Posten mit entsprechender Bezeichnung auszuweisen.

*(BGBl I 2015/22)*

(2) Auf eine Beteiligung an einem assoziierten Unternehmen brauchen Abs. 1 und § 264 nicht angewendet zu werden, wenn die Beteiligung nicht wesentlich (§ 189a Z 10) ist.

*(BGBl I 2015/22)*

**Wertansatz der Beteiligung und Behandlung des Unterschiedsbetrags**

**§ 264.** (1) Eine Beteiligung an einem assoziierten Unternehmen ist in der Konzernbilanz beim erstmaligen Ansatz mit dem Buchwert gemäß den §§ 198 bis 242 anzusetzen. Der Unterschiedsbetrag zwischen dem Buchwert und dem anteiligen Eigenkapital des assoziierten Unternehmens ist bei erstmaliger Anwendung in der Konzernbilanz oder im Konzernanhang gesondert auszuweisen.

*(BGBl I 2015/22)*

(2) Der Unterschiedsbetrag gemäß Abs. 1 zweiter Satz ist den Wertansätzen von Vermögensgegenständen und Schulden des assoziierten Unternehmens insoweit zuzuordnen, als deren beizulegender Zeitwert höher oder niedriger ist als ihr Buchwert. Der nach dem ersten Satz zugeordnete Unterschiedsbetrag ist entsprechend der Behandlung der Wertansätze dieser Vermögensgegenstände und Schulden im Jahresabschluss des assoziierten Unternehmens im Konzernabschluss fortzuführen, abzuschreiben oder aufzulösen. Auf einen nach Zuordnung nach dem ersten Satz verbleibenden Unterschiedsbetrag ist § 261 entsprechend anzuwenden.

*(BGBl I 2015/22)*

(3) Der Wertansatz der Beteiligung und die Unterschiedsbeträge werden auf der Grundlage der Wertansätze zum Zeitpunkt des Erwerbs der Anteile oder der erstmaligen Einbeziehung des assoziierten Unternehmens in den Konzernabschluß oder beim Erwerb der Anteile zu verschiedenen

Zeitpunkten zu dem Zeitpunkt, zu dem das Unternehmen assoziiertes Unternehmen geworden ist, ermittelt. Der gewählte Zeitpunkt ist im Konzernanhang anzugeben.

*(BGBl I 2015/22)*

(4) Der gemäß Abs. 1 ermittelte Wertansatz einer Beteiligung ist in den Folgejahren um den Betrag der Eigenkapitalveränderungen, die den dem Mutterunternehmen gehörenden Anteilen am Kapital des assoziierten Unternehmens entsprechen, zu erhöhen oder zu vermindern; auf die Beteiligung entfallende Gewinnausschüttungen sind abzusetzen. In der Konzern-Gewinn- und Verlustrechnung ist das auf Beteiligungen an assoziierten Unternehmen entfallende Ergebnis unter einem gesonderten Posten auszuweisen.

*(BGBl I 2015/22)*

(5) Wendet das assoziierte Unternehmen in seinem Jahresabschluß vom Konzernabschluß abweichende Bewertungsmethoden an, so können abweichend bewertete Vermögensgegenstände oder Schulden für die Zwecke der Abs. 1 bis 4 nach den auf den Konzernabschluß angewandten Bewertungsmethoden bewertet werden. Wird die Bewertung nicht angepaßt, so ist dies im Konzernanhang anzugeben. § 256 über die Behandlung der Zwischenergebnisse ist entsprechend anzuwenden, soweit die für die Beurteilung maßgeblichen Sachverhalte bekannt oder zugänglich sind. Die Zwischenergebnisse dürfen auch anteilig entsprechend den dem Mutterunternehmen gehörenden Anteilen am Kapital des assoziierten Unternehmens weggelassen werden.

*(BGBl I 2015/22)*

(6) Es ist jeweils der letzte Jahresabschluß des assoziierten Unternehmens zu Grunde zu legen. Stellt das assoziierte Unternehmen einen Konzernabschluß auf, so ist von diesem und nicht vom Jahresabschluß des assoziierten Unternehmens auszugehen.

*(BGBl I 2015/22)*

## ACHTER TITEL
## Konzernanhang

### Erläuterung der Konzernbilanz und der Konzern-Gewinn- und Verlustrechnung, Angaben zum Beteiligungsbesitz

**§ 265.** (1) Im Konzernanhang sind die Konzernbilanz und die Konzern-Gewinn- und Verlustrechnung sowie die darauf angewandten Bilanzierungs- und Bewertungsmethoden so zu erläutern, daß ein möglichst getreues Bild der Vermögens-, Finanz- und Ertragslage des Konzerns vermittelt wird. Insbesondere sind anstelle der Angabe nach § 237 Abs. 1 Z 1 anzugeben:

1. die auf die Posten der Konzernbilanz und der Konzern-Gewinn- und Verlustrechnung angewandten Bilanzierungs- und Bewertungsmethoden;
2. die Grundlagen für die Umrechnung in Euro, sofern der Konzernabschluß Posten enthält, denen Beträge zugrunde liegen, die auf fremde Währung lauten oder ursprünglich auf fremde Währung lauteten;
3. Änderungen der Bilanzierungs-, Bewertungs- und Zusammenfassungs(Konsolidierungs)methoden; diese sind zu begründen und ihr Einfluß auf die Vermögens-, Finanz- und Ertragslage des Konzerns ist gesondert darzustellen.

*(BGBl I 2015/22)*

(2) Im Konzernanhang sind ferner anstelle der Angabe nach § 238 Abs. 1 Z 4 anzugeben:

1. Name und Sitz der in den Konzernabschluß einbezogenen Unternehmen, der Anteil am Kapital der Tochterunternehmen, der dem Mutterunternehmen und den in den Konzernabschluß einbezogenen Tochterunternehmen gehört oder für Rechnung dieser Unternehmen von einer anderen Person gehalten wird, sowie der zur Einbeziehung in den Konzernabschluß verpflichtende Sachverhalt, sofern die Einbeziehung nicht auf einer der Kapitalbeteiligung entsprechenden Mehrheit der Stimmrechte beruht. Diese Angaben sind auch für Tochterunternehmen zu machen, die gemäß § 249 nicht einbezogen worden sind;
2. Name und Sitz der assoziierten Unternehmen, der Anteil am Kapital der assoziierten Unternehmen, der dem Mutterunternehmen und den in den Konzernabschluß einbezogenen Tochter unternehmen gehört oder für Rechnung dieser Unternehmen von einer anderen Person gehalten wird. Die Anwendung des § 263 Abs. 2 ist jeweils anzugeben und zu begründen;

   *(BGBl I 2015/22)*
3. Name und Sitz der Unternehmen, die gemäß § 262 nur anteilmäßig in den Konzernabschluß einbezogen worden sind, der Tatbestand, aus dem sich die Anwendung dieser Vorschrift ergibt, sowie der Anteil am Kapital dieser Unternehmen, der dem Mutterunternehmen und den in den Konzernabschluß einbezogenen Tochterunternehmen gehört oder für Rechnung dieser Unternehmen von einer anderen Person gehalten wird;
4. Name und Sitz anderer als der unter den Z 1 bis 3 bezeichneten Unternehmen, bei denen das Mutterunternehmen, ein Tochterunternehmen oder für Rechnung eines dieser Unternehmen eine andere Person eine Beteiligung (§ 189a Z 2) besitzt, unter Angabe des Anteils am Kapital sowie der Höhe des Eigenkapitals und des Ergebnisses des letzten Geschäftsjahrs, für das ein Abschluß aufgestellt worden ist. Diese Angaben brauchen nicht gemacht zu werden, wenn sie nicht wesentlich (§ 189a Z 10) sind. Das Eigenkapital und das Ergebnis brauchen nicht angegeben zu werden, wenn das in Anteilsbesitz stehende Unternehmen seinen Jahresabschluß nicht offenzulegen hat und das Mutterunternehmen, das Tochterunternehmen oder die andere

Person weniger als die Hälfte der Anteile an diesem Unternehmen besitzt.

*(BGBl I 2015/22)*

*(BGBl I 2015/22)*

(3) Die in Abs. 2 verlangten Angaben können insoweit unterlassen werden, soweit die Angaben nach vernünftiger unternehmerischer Beurteilung geeignet sind, dem Mutterunternehmen, einem Tochterunternehmen oder einem anderen in Abs. 2 bezeichneten Unternehmen einen erheblichen Nachteil zuzufügen. Die Anwendung der Ausnahmeregelung ist im Konzernanhang anzugeben.

(4) Die Angaben gemäß Abs. 2 dürfen statt im Anhang auch in einer Aufstellung des Anteilsbesitzes gesondert gemacht werden. Die Aufstellung ist Bestandteil des Anhangs. Auf die besondere Aufstellung des Anteilsbesitzes und den Ort ihrer Hinterlegung ist im Anhang hinzuweisen.

### Weitere Angaben

**§ 266.** Bei den Angaben, die gemäß § 251 Abs. 1 in Verbindung mit den §§ 237 bis 240 zu machen sind, gelten folgende Besonderheiten:

1. die Angabe nach § 238 Abs. 1 Z 9 hat sich auf das Ergebnis des Mutterunternehmens zu beziehen;

   *(BGBl I 2016/43)*
2. bei den Angaben nach § 237 Abs. 1 Z 3 und nach § 239 Abs. 1 Z 4 ist nur die Höhe der Beträge anzugeben, die das Mutterunternehmen und seine Tochterunternehmen den Mitgliedern des Vorstands, des Aufsichtsrats oder ähnlicher Einrichtungen des Mutterunternehmens gewährt haben. § 239 Abs. 1 Z 4 lit. a dritter Satz bleibt unberücksichtigt. § 242 Abs. 4 ist sinngemäß anzuwenden. Außer den Bezügen für das Geschäftsjahr sind die weiteren Bezüge anzugeben, die im Geschäftsjahr gewährt, bisher aber in keinem Konzernabschluss angegeben worden sind;

   *(BGBl I 2016/43)*
3. bei der Angabe nach § 237 Abs. 1 Z 5 ist auf Verbindlichkeiten Bedacht zu nehmen, für die von den in den Konzernabschluss einbezogenen Unternehmen dingliche Sicherheiten bestellt sind;
4. bei den Angaben nach § 237 Abs. 1 Z 6 und § 239 Abs. 1 Z 1 und 3 ist auf die Beschäftigten der in den Konzernabschluss einbezogenen Unternehmen Bezug zu nehmen; die durchschnittliche Zahl der Arbeitnehmer von gemäß § 262 nur anteilig einbezogenen Unternehmen ist gesondert anzugeben;
5. bei der Angabe von Geschäften von in den Konzernabschluss einbezogenen Unternehmen und mit nahe stehenden Unternehmen und Personen (§ 238 Abs. 1 Z 12) werden Geschäfte, die bei der Konsolidierung weggelassen werden, nicht berücksichtigt; § 238 Abs. 3 ist nicht anzuwenden;
6. die Angaben nach § 238 Abs. 1 Z 15 bis 17 und 19 bis 21, § 239 Abs. 1 Z 2 und Z 5 und § 241 Z 2, 4, 5 und 6 können unterbleiben.

*(BGBl I 2015/22)*

## NEUNTER TITEL
## Konzernlagebericht, konsolidierter Corporate Governance-Bericht

*(BGBl I 2015/22)*

### Konzernlagebericht

*(BGBl I 2016/43)*

**§ 267.** (1) Im Konzernlagebericht sind der Geschäftsverlauf, einschließlich des Geschäftsergebnisses, und die Lage des Konzerns so darzustellen, dass ein möglichst getreues Bild der Vermögens-, Finanz- und Ertragslage vermittelt wird, und die wesentlichen Risiken und Ungewissheiten, denen der Konzern ausgesetzt ist, zu beschreiben.

(2) Der Konzernlagebericht hat eine ausgewogene und umfassende, dem Umfang und der Komplexität der Geschäftstätigkeit angemessene Analyse des Geschäftsverlaufs, einschließlich des Geschäftsergebnisses, und der Lage des Konzerns zu enthalten. Abhängig von der Größe des Konzerns und von der Komplexität des Geschäftsbetriebs der einbezogenen Unternehmen hat die Analyse auf die für die jeweilige Geschäftstätigkeit wichtigsten finanziellen und nichtfinanziellen Leistungsindikatoren, einschließlich Informationen über Umwelt- und Arbeitnehmerbelange, einzugehen und sie unter Bezugnahme auf die im Konzernabschluss ausgewiesenen Beträge und Angaben zu erläutern.

(3) Der Konzernlagebericht hat auch einzugehen auf

1. die voraussichtliche Entwicklung des Konzerns;
2. Tätigkeiten des Konzerns im Bereich Forschung und Entwicklung;
3. den Bestand an Aktien an dem Mutterunternehmen, die das Mutterunternehmen oder ein Tochterunternehmen oder eine andere Person für Rechnung eines dieser Unternehmen erworben oder als Pfand genommen hat; dabei sind die Zahl dieser Aktien, der auf sie entfallende Betrag des Grundkapitals sowie ihr Anteil am Grundkapital anzugeben. Sind solche Aktien im Geschäftsjahr erworben oder veräußert worden, so ist auch über den Erwerb oder die Veräußerung unter Angabe der Zahl dieser Aktien, des auf sie entfallenden Betrags des Grundkapitals, des Anteils am Grundkapital und des Erwerbs- oder Veräußerungspreises sowie über die Verwendung des Erlöses zu berichten;
4. für das Verständnis der Lage der in den Konzernabschluss einbezogenen Unternehmen wesentliche Zweigniederlassungen des Mutterunternehmens und der Tochterunternehmen;

5. die Verwendung von Finanzinstrumenten, sofern dies für die Beurteilung der Vermögens-, Finanz- und Ertragslage wesentlich (§ 189a Z 10) ist; diesfalls sind anzugeben
   a) die Risikomanagementziele und -methoden, einschließlich der Methoden zur Absicherung aller wichtigen Arten geplanter Transaktionen, die im Rahmen der Bilanzierung von Sicherungsgeschäften angewandt werden, und
   b) bestehende Preisänderungs-, Ausfall-, Liquiditäts- und Cashflow-Risiken.

*(BGBl I 2015/22)*

(3a) Bei einem Mutterunternehmen, dessen Aktien zum Handel auf einem geregelten Markt im Sinn des § 1 Z 2 BörseG 2018 zugelassen sind oder das ausschließlich andere Wertpapiere als Aktien auf einem solchen Markt emittiert und dessen Aktien mit Wissen der Gesellschaft über ein multilaterales Handelssystem im Sinne des § 1 Z 24 WAG 2018 gehandelt werden, hat der Konzernlagebericht auch die Angaben nach § 243a Abs. 1 zu enthalten.

*(BGBl I 2017/107)*

(3b) Bei einem Mutterunternehmen nach § 189a Z 1 lit. a hat der Konzernlagebericht auch die Angaben nach § 243a Abs. 2 zu enthalten. Diese haben sich auf das interne Kontroll- und das Risikomanagementsystem des Konzerns im Zusammenhang mit der Aufstellung des Konzernabschlusses zu beziehen.

*(BGBl I 2015/22)*

(4) § 251 Abs. 3 über die Zusammenfassung von Konzernanhang und Anhang ist entsprechend anzuwenden.

### Konsolidierte nichtfinanzielle Erklärung, konsolidierter nichtfinanzieller Bericht

**§ 267a.** (1) Unternehmen von öffentlichem Interesse, die Mutterunternehmen sind und an den Abschlussstichtagen das Kriterium erfüllen, im Jahresdurchschnitt (§ 221 Abs. 6) auf konsolidierter Basis mehr als 500 Arbeitnehmer zu beschäftigen, haben, wenn sie nicht von der Aufstellung eines Konzernabschlusses nach § 246 Abs. 1 befreit sind, in den Konzernlagebericht an Stelle der Analyse der nichtfinanziellen Leistungsindikatoren nach § 267 Abs. 2 eine konsolidierte nichtfinanzielle Erklärung aufzunehmen.

(2) Die konsolidierte nichtfinanzielle Erklärung hat diejenigen Angaben zu enthalten, die für das Verständnis des Geschäftsverlaufs, des Geschäftsergebnisses, der Lage des Konzerns sowie der Auswirkungen seiner Tätigkeit erforderlich sind und sich mindestens auf Umwelt-, Sozial- und Arbeitnehmerbelange, auf die Achtung der Menschenrechte und auf die Bekämpfung von Korruption und Bestechung beziehen. Die Analyse hat die nichtfinanziellen Leistungsindikatoren unter Bezugnahme auf die im Konzernabschluss ausgewiesenen Beträge und Angaben zu erläutern.

(3) Die Angaben nach Abs. 2 haben zu umfassen:

1. eine kurze Beschreibung des Geschäftsmodells des Konzerns;
2. eine Beschreibung der vom Konzern in Bezug auf diese Belange verfolgten Konzepte;
3. die Ergebnisse dieser Konzepte;
4. die angewandten Due-Diligence-Prozesse;
5. die wesentlichen Risiken, die wahrscheinlich negative Auswirkungen auf diese Belange haben werden, und die Handhabung dieser Risiken durch den Konzern, und zwar
   a. soweit sie aus der eigenen Geschäftstätigkeit des Konzerns entstehen und,
   b. wenn dies relevant und verhältnismäßig ist, soweit sie aus seinen Geschäftsbeziehungen, seinen Erzeugnissen oder seinen Dienstleistungen entstehen;
6. die wichtigsten nichtfinanziellen Leistungsindikatoren, die für die konkrete Geschäftstätigkeit von Bedeutung sind.

Verfolgt der Konzern in Bezug auf einen oder mehrere dieser Belange kein Konzept, hat die konsolidierte nichtfinanzielle Erklärung eine klare und begründete Erläuterung zu enthalten, warum dies der Fall ist.

(4) In Ausnahmefällen können Informationen über künftige Entwicklungen oder Belange, über die Verhandlungen geführt werden, weggelassen werden, soweit

1. eine solche Angabe nach vernünftiger unternehmerischer Beurteilung geeignet ist, der Geschäftslage des Konzerns ernsthaft zu schaden, und
2. eine solche Nichtaufnahme ein den tatsächlichen Verhältnissen entsprechendes Verständnis des Geschäftsverlaufs, des Geschäftsergebnisses, der Lage des Konzerns sowie der Auswirkungen seiner Tätigkeit nicht verhindert.

(5) Das Mutterunternehmen kann sich bei der Erstellung der konsolidierten nichtfinanziellen Erklärung auf nationale, unionsbasierte oder internationale Rahmenwerke stützen; wenn es hiervon Gebrauch macht, hat es anzugeben, auf welche Rahmenwerke es sich stützt. Bei der Anwendung solcher Rahmenwerke ist sicherzustellen, dass die Anforderungen nach Abs. 2 und Abs. 3 erfüllt sind.

(6) Die konsolidierte nichtfinanzielle Erklärung kann als gesonderter konsolidierter nichtfinanzieller Bericht erstellt werden. Der gesonderte konsolidierte nichtfinanzielle Bericht ist von den gesetzlichen Vertretern aufzustellen, von sämtlichen gesetzlichen Vertretern zu unterzeichnen, dem Aufsichtsrat vorzulegen und von diesem zu prüfen, sowie gemeinsam mit dem konsolidierten Lagebericht nach § 280 offenzulegen.



(7) Ein Mutterunternehmen (§ 189a Z 6), das österreichischem Recht unterliegt, ist von der Verpflichtung zur Aufstellung einer konsolidierten nichtfinanziellen Erklärung befreit, wenn dieses Mutterunternehmen (befreites Unternehmen) und seine Tochterunternehmen in den Konzernlagebe-

richt oder gesonderten konsolidierten nichtfinanziellen Bericht eines anderen Unternehmens einbezogen sind, der im Einklang mit der Bilanz-Richtlinie aufgestellt wurde. Ist das Mutterunternehmen zwar nach § 245 von der Aufstellung eines Teilkonzernabschlusses und Teilkonzernlageberichts befreit, nicht aber von der konsolidierten nichtfinanziellen Erklärung, hat es einen gesonderten konsolidierten nichtfinanziellen Bericht nach Abs. 6 aufzustellen.

*(BGBl I 2017/20)*

### Konsolidierter Corporate-Governance Bericht

**§ 267b.** Ein Mutterunternehmen, dessen Aktien zum Handel auf einem geregelten Markt im Sinn des § 1 Z 2 BörseG 2018 zugelassen sind oder das ausschließlich andere Wertpapiere als Aktien auf einem solchen Markt emittiert und dessen Aktien mit Wissen des Unternehmens über ein multilaterales Handelssystem im Sinn des § 1 Z 24 WAG 2018 gehandelt werden, hat einen konsolidierten Corporate Governance-Bericht aufzustellen, der die in § 243c vorgeschriebenen Angaben enthält, wobei die erforderlichen Anpassungen vorzunehmen sind, um die Lage der insgesamt in die Konsolidierung einbezogenen Unternehmen bewerten zu können. § 251 Abs. 3 ist entsprechend anzuwenden.

*(BGBl I 2015/22, BGBl I 2017/20, BGBl I 2017/107)*

## ZEHNTER TITEL

### Konsolidierter Bericht über Zahlungen an staatliche Stellen

**§ 267c.** (1) Die gesetzlichen Vertreter eines großen (§ 221 Abs. 3) Mutterunternehmens (§ 189a Z 6) haben, wenn es selbst oder eines seiner Tochterunternehmen in der mineralgewinnenden Industrie oder auf dem Gebiet des Holzeinschlags in Primärwäldern tätig ist, auch wenn die Aufstellung des Konzernabschlusses im Einzelfall wegen der Anwendung des § 249 unterbleibt, jährlich einen konsolidierten Bericht über Zahlungen an staatliche Stellen nach den Vorgaben des § 243d aufzustellen und dem Aufsichtsrat und der Hauptversammlung (Generalversammlung) des Mutterunternehmens innerhalb der für die Vorlage des Jahresabschlusses geltenden Fristen vorzulegen. Der konsolidierte Bericht ist von sämtlichen gesetzlichen Vertretern zu unterzeichnen und der Hauptversammlung zusammen mit dem Jahresabschluss des Mutterunternehmens vorzulegen. Er hat sich nur auf Leistungen zu erstrecken, die sich aus der Geschäftstätigkeit in der mineralgewinnenden Industrie oder auf dem Gebiet des Holzeinschlags in Primärwäldern ergeben.

*(BGBl I 2017/20)*

(2) Von der Erstellung eines konsolidierten Berichts über Zahlungen an staatliche Stellen sind Mutterunternehmen befreit, die gemäß § 246 von der Aufstellung eines Konzernabschlusses befreit sind oder Tochterunternehmen eines Unternehmens sind, das dem Recht eines anderen Mitgliedstaats der Europäischen Union oder eines Vertragsstaat des Abkommens über den Europäischen Wirtschaftsraum unterliegt. Von der Einbeziehung eines Tochterunternehmens in den konsolidierten Bericht über Zahlungen an staatliche Stellen kann unter den Voraussetzungen des § 249 Abs. 1 abgesehen werden, wenn das Tochterunternehmen aus diesen Gründen auch nicht in den Konzernabschluss einbezogen wird. Schließlich sind Mutterunternehmen befreit, die einen konsolidierten Bericht nach gleichwertigen Berichtspflichten eines Drittlands erstellen und gemäß § 277 offenlegen. Ob die Berichtspflichten eines Drittlands gleichwertig sind, ist nach den aufgrund des Art. 47 der Bilanz-Richtlinie ergangenen Durchführungsrechtsakten zu beurteilen.

*(BGBl I 2017/20)*

# VIERTER ABSCHNITT
## Vorschriften über die Prüfung, Offenlegung, Veröffentlichung und Zwangsstrafen

## ERSTER TITEL
### Abschlußprüfung

### Pflicht zur Abschlußprüfung

**§ 268.** (1) Der Jahresabschluß und der Lagebericht von Kapitalgesellschaften sind durch einen Abschlußprüfer zu prüfen. Dies gilt nicht für kleine Gesellschaften mit beschränkter Haftung (§ 221 Abs. 1), sofern diese nicht auf Grund gesetzlicher Vorschriften einen Aufsichtsrat haben müssen. Hat die erforderliche Prüfung nicht stattgefunden, so kann der Jahresabschluß nicht festgestellt werden. Umstände, die in einem Verfahren nach § 270 Abs. 3 geltend gemacht werden können, hindern die Gültigkeit der Prüfung nur, wenn ein solches Verfahren zur Bestellung eines anderen Abschlussprüfers geführt hat.

(2) Der Konzernabschluß und der Konzernlagebericht von Gesellschaften sind durch einen Abschlußprüfer zu prüfen, bevor sie dem Aufsichtsrat der Muttergesellschaft vorgelegt werden.

(3) (aufgehoben)

*(BGBl I 2015/22)*

(4) Abschlussprüfer (Konzernabschlussprüfer) können Wirtschaftsprüfer oder Wirtschaftsprüfungsgesellschaften sein.

### Gegenstand und Umfang der Prüfung

**§ 269.** (1) Die Prüfung des Jahresabschlusses und des Konzernabschlusses hat sich darauf zu erstrecken, ob die gesetzlichen Vorschriften und ergänzende Bestimmungen des Gesellschaftsvertrags oder der Satzung beachtet worden sind. In die Prüfung des Jahresabschlusses ist die Buchführung einzubeziehen.

(1a) Für die Abschlussprüfung von Gesellschaften von öffentlichem Interesse im Sinn des § 189a Z 1 lit. a und lit. d gelten die Bestimmungen des Ersten Titels des Vierten Abschnitts, soweit nicht die Verordnung (EU) Nr. 537/2014 über spezifische Anforderungen an die Abschlussprüfung bei Unternehmen von öffentlichem Interesse und zur Aufhebung des Beschlusses 2005/909/EG, ABl. Nr. L 158 vom 27.05.2014 S. 77, in der Fassung der Berichtigung ABl. Nr. L 170 vom 11.06.2014 S. 66, anzuwenden ist.

*(BGBl I 2016/43)*

(2) Der Abschlussprüfer des Konzernabschlusses trägt die volle Verantwortung für den Bestätigungsvermerk zum Konzernabschluss sowie gegebenenfalls für den zusätzlichen Bericht an den Prüfungsausschuss gemäß Art. 11 der Verordnung (EU) Nr. 537/2014. Er hat auch die im Konzernabschluss zusammengefassten Jahresabschlüsse daraufhin zu prüfen, ob sie den Grundsätzen ordnungsmäßiger Buchführung entsprechen und ob die für die Übernahme in den Konzernabschluss maßgeblichen Vorschriften beachtet worden sind. Wenn in den Konzernabschluss einbezogene Unternehmen von anderen Abschlussprüfern geprüft werden, hat der Konzernabschlussprüfer deren Tätigkeit in geeigneter Weise zu überwachen, soweit dies für die Prüfung des Konzernabschlusses maßgeblich ist.

*(BGBl I 2016/43)*

(3) Der Lagebericht und der Konzernlagebericht von Kapitalgesellschaften sind darauf zu prüfen, ob der Lagebericht mit dem Jahresabschluss und der Konzernlagebericht mit dem Konzernabschluss in Einklang stehen und ob der Lagebericht und Konzernlagebericht nach den geltenden rechtlichen Anforderungen aufgestellt wurden. Gegenstand der Abschlussprüfung ist auch, ob eine nach § 243b oder § 267a erforderliche nichtfinanzielle Erklärung oder ein solcher Bericht und ob ein nach § 243c oder § 267b erforderlicher Corporate Governance-Bericht aufgestellt worden sind.

*(BGBl I 2017/20)*

(4) Werden der Jahresabschluss, der Konzernabschluss, der Lagebericht oder der Konzernlagebericht nach Vorlage des Prüfungsberichts geändert, so ist die Änderung dem Abschlussprüfer bekanntzugeben, der sie mit ihren Auswirkungen zu prüfen hat. Über das Ergebnis der Prüfung ist zu berichten; der Bestätigungsvermerk ist gemäß § 274 entsprechend zu ergänzen und erforderlichenfalls zu ändern.

(5) Die Abschlussprüfung umfasst keine Zusicherung des künftigen Fortbestands der geprüften Gesellschaft oder der Wirtschaftlichkeit oder Wirksamkeit der bisherigen oder zukünftigen Geschäftsführung.

*(BGBl I 2016/43)*

*(BGBl I 2015/22)*

### Internationale Prüfungsstandards

**§ 269a.** Wenn und soweit die Europäische Kommission internationale Prüfungsstandards übernommen hat, sind Abschlussprüfungen und Konzernabschlussprüfungen unter Beachtung dieser Grundsätze durchzuführen.

### Bestellung und Abberufung des Abschlußprüfers

**§ 270.** (1) Der Abschlussprüfer des Jahresabschlusses wird von den Gesellschaftern gewählt; den Abschlussprüfer des Konzernabschlusses wählen die Gesellschafter des Mutterunternehmens. Wenn ein Aufsichtsrat besteht, hat dieser einen Vorschlag für die Wahl des Abschlussprüfers zu erstatten. Eine Vereinbarung, die die Wahlmöglichkeiten auf bestimmte Kategorien oder Listen von Abschlussprüfern beschränkt, ist nichtig. Die Aufsichtsratsmitglieder sind zur Teilnahme an der Hauptversammlung (Generalversammlung), die über die Bestellung des Abschlussprüfers zu entscheiden hat, einzuladen. Der Abschlussprüfer soll jeweils vor Ablauf des Geschäftsjahrs gewählt werden, auf das sich seine Prüfungstätigkeit erstreckt. Der Aufsichtsrat hat unverzüglich nach der Wahl mit dem gewählten Prüfer den Vertrag über die Durchführung der Abschlussprüfung abzuschließen und das Entgelt zu vereinbaren. Falls kein Aufsichtsrat besteht, wird die Gesellschaft durch ihre gesetzlichen Vertreter vertreten. Das Entgelt hat in einem angemessenen Verhältnis zu den Aufgaben des Prüfers und dem voraussichtlichen Umfang der Prüfung zu stehen. Der Prüfungsvertrag und die Höhe des vereinbarten Entgelts dürfen an keinerlei Voraussetzungen oder Bedingungen geknüpft werden und nicht davon abhängen, ob der Prüfer neben der Prüfungstätigkeit zusätzliche Leistungen für die geprüfte Gesellschaft erbringt.

*(BGBl I 2016/43)*

(1a) Ein Wirtschaftsprüfer oder eine Wirtschaftsprüfungsgesellschaft, der oder die in einen Wahlvorschlag aufgenommen werden soll, hat vor Erstattung dieses Wahlvorschlags durch den Aufsichtsrat beziehungsweise vor der Wahl durch die Gesellschafter eine nach Leistungskategorien gegliederte Aufstellung über das für das vorangegangene Geschäftsjahr von der Gesellschaft erhaltene Entgelt vorzulegen und über seine (ihre) Einbeziehung in das durch das Abschlussprüfer-Aufsichtsgesetz (BGBl I Nr. 43/2016) eingerichtete System der externen Qualitätssicherung und die aufrechte Registrierung zu berichten. Darüber hinaus hat er (sie) alle Umstände darzulegen und zu dokumentieren, die seine (ihre) Befangenheit oder Ausgeschlossenheit begründen könnten sowie jene Schutzmaßnahmen, die getroffen worden sind, um eine unabhängige und unbefangene Prüfung sicherzustellen. Sofern aufgrund gesetzlicher Verpflichtung ein Prüfungsausschuss besteht, ist diesem schriftlich zu berichten.

*(BGBl I 2016/43)*

(2) Als Abschlußprüfer des Konzernabschlusses gilt, wenn kein anderer Prüfer bestellt wird, der Prüfer als bestellt, der für die Prüfung des in den Konzernabschluß einbezogenen Jahresabschlusses des Mutterunternehmens bestellt worden ist, wenn er die Voraussetzungen gemäß § 268 Abs. 4 erfüllt. Erfolgt die Einbeziehung auf Grund eines Zwischenabschlusses, so gilt, wenn kein anderer Prüfer bestellt wird, der Prüfer als bestellt, der für die Prüfung des letzten vor dem Konzernabschlußstichtag aufgestellten Jahresabschlusses des Mutterunternehmens bestellt worden ist.

(3) Auf Antrag der gesetzlichen Vertreter, des Aufsichtsrats, von Gesellschaftern, deren Anteile zusammen fünf Prozent der Stimmrechte

oder des Nennkapitals oder den anteiligen Betrag von 350 000 Euro erreichen, oder der Abschlussprüferaufsichtsbehörde, hat der zur Ausübung der Gerichtsbarkeit in Handelssachen berufene Gerichtshof erster Instanz im Verfahren außer Streitsachen nach Anhörung der Beteiligten und des gewählten Prüfers einen anderen Abschlussprüfer zu bestellen, wenn dies aus einem in der Person des gewählten Prüfers liegenden wichtigen Grund geboten erscheint, insbesondere wenn ein Ausschlussgrund vorliegt oder sonst die Besorgnis einer Befangenheit besteht. Der Antrag ist binnen einem Monat nach dem Tag der Wahl des Abschlussprüfers zu stellen; Gesellschafter können den Antrag nur stellen, wenn sie gegen die Wahl des Abschlussprüfers bei der Beschlussfassung Widerspruch erklärt haben. Wird ein Ausschluss- oder Befangenheitsgrund erst nach der Wahl bekannt oder tritt er erst nach der Wahl ein, ist der Antrag binnen einem Monat nach dem Tag zu stellen, an dem der Antragsberechtigte Kenntnis davon erlangt hat oder ohne grobe Fahrlässigkeit hätte erlangen können. Stellen Aktionäre den Antrag, so haben sie glaubhaft zu machen, dass sie seit mindestens drei Monaten vor dem Tag der Hauptversammlung Inhaber der Aktien sind. Zur Glaubhaftmachung genügt eine eidesstättige Erklärung vor einem Notar. Unterliegt die Gesellschaft einer staatlichen Aufsicht, so kann auch die Aufsichtsbehörde den Antrag stellen. Der Antrag kann nach Erteilung des Bestätigungsvermerks, im Fall einer Nachtragsprüfung nach § 269 Abs. 4 nach Ergänzung des Bestätigungsvermerks, nicht mehr gestellt werden. Wegen eines Verstoßes gegen §§ 271 Abs. 1 bis 5, 271a oder 271b kann weder eine Nichtigkeits- noch eine Anfechtungsklage erhoben werden.

*(BGBl I 2015/22, BGBl I 2016/43)*

(4) Ist der Abschlußprüfer bis zum Ablauf des Geschäftsjahrs nicht gewählt worden, so hat der für den Sitz des Mutterunternehmens zuständige, zur Ausübung der Gerichtsbarkeit in Handelssachen berufene Gerichtshof erster Instanz im Verfahren außer Streitsachen auf Antrag der gesetzlichen Vertreter, mindestens zweier Mitglieder des Aufsichtsrats oder eines Gesellschafters den Abschlußprüfer zu bestellen. Gleiches gilt, wenn ein gewählter Abschlußprüfer den Abschluss des Prüfungsvertrags abgelehnt hat, weggefallen ist oder am rechtzeitigen Abschluß der Prüfung verhindert ist und ein anderer Abschlußprüfer nicht gewählt worden ist. Die gesetzlichen Vertreter sind verpflichtet, den Antrag zu stellen. Die Bestellung des Abschlußprüfers ist unanfechtbar.

(5) Der vom Gericht bestellte Abschlußprüfer hat Anspruch auf Ersatz der notwendigen baren Auslagen und auf angemessene Entlohnung für seine Tätigkeit.

(6) Der Abschlußprüfer kann den Prüfungsvertrag nur aus wichtigem Grund kündigen. Als wichtiger Grund ist es nicht anzusehen, wenn Meinungsverschiedenheiten zwischen Gesellschaft und Abschlußprüfer bestehen. Die Kündigung bedarf der Schriftform und ist zu begründen. Der Abschlußprüfer hat über das Ergebnis seiner bisherigen Prüfung zu berichten. § 273 ist entsprechend anzuwenden. Die zu prüfende Gesellschaft kann den Prüfungsvertrag nicht kündigen. Liegt auf Seiten des Prüfers ein wichtiger Grund vor, der seine Abberufung rechtfertigt, so ist Abs. 3 entsprechend anzuwenden.

(7) Kündigt der Abschlussprüfer den Prüfungsvertrag gemäß Abs. 6 oder wird dieser aus anderen Gründen beendet, so ist ein Abschlussprüfer von den Gesellschaftern unverzüglich zu wählen. Der bisherige Abschlußprüfer hat seinen Bericht unverzüglich dem Vorstand und den Mitgliedern des Aufsichtsrats vorzulegen.

*(BGBl I 2016/43)*

**Höchstlaufzeit der fortlaufenden Bestellung bei Gesellschaften von öffentlichem Interesse**

**§ 270a.** Sofern bei Gesellschaften im Sinn des § 189a Z 1 lit. a und lit. d die fortlaufende Bestellung des Abschlussprüfers erstmalig für ein Geschäftsjahr erfolgt ist, das zwischen dem 17. Juni 2003 und dem 15. Juni 2014 begonnen hat, so verlängert sich die Höchstlaufzeit seiner fortlaufenden Bestellung gemäß Art. 17 Abs. 1 Unterabs. 2 der Verordnung (EU) Nr. 537/2014,

1. auf 20 Jahre, wenn der Wahl für das erste nach dem 16. Juni 2016 beginnende zu prüfende Geschäftsjahr, mit dem die Höchstlaufzeit des Art. 17 Abs. 1 Unterabs. 2 der Verordnung (EU) Nr. 537/2014 überschritten ist, ein im Einklang mit Art. 16 Abs. 2 bis 5 dieser Verordnung durchgeführtes öffentliches Ausschreibungsverfahren vorausgeht;
2. auf 24 Jahre, wenn ab dem ersten nach dem 16. Juni 2016 beginnenden zu prüfenden Geschäftsjahr, mit welchem die Höchstlaufzeit des Art. 17 Abs. 1 Unterabs. 2 der Verordnung (EU) Nr. 537/2014 überschritten ist, mehrere Abschlussprüfer gemeinsam bestellt werden.

*(BGBl I 2016/43)*

**Befangenheit und Ausgeschlossenheit**

**§ 271.** (1) Ein Wirtschaftsprüfer darf die Abschlussprüfung nicht durchführen, wenn während des zu prüfenden Geschäftsjahres oder bis zur Abgabe des Bestätigungsvermerks Gründe, insbesondere Beziehungen geschäftlicher, finanzieller oder persönlicher Art, vorliegen, nach denen die Besorgnis der Befangenheit besteht.

*(BGBl I 2016/43)*

(2) Ein Wirtschaftsprüfer ist als Abschlussprüfer ausgeschlossen, wenn er während des zu prüfenden Geschäftsjahres oder bis zur Abgabe des Bestätigungsvermerks

1. Anteile an der zu prüfenden Gesellschaft oder an einem Unternehmen besitzt, das mit dieser Gesellschaft verbunden ist oder an dieser mindestens 20 von Hundert der Anteile besitzt, oder auf Erwerb, Verwaltung und Veräußerung derartiger Anteile maßgeblichen Einfluss hat;

2. gesetzlicher Vertreter oder Mitglied des Aufsichtsrats oder Arbeitnehmer der zu prüfenden Gesellschaft oder eines Unternehmens ist, das mit dieser Gesellschaft verbunden ist oder an dieser mindestens 20 von Hundert der Anteile besitzt, oder diese Tatbestände innerhalb von 24 Monaten vor dem Beginn des zu prüfenden Geschäftsjahrs erfüllt hat;
3. über keine Registrierung gemäß § 52 APAG verfügt;

   *(BGBl I 2016/43)*
4. bei der zu prüfenden Gesellschaft oder für die zu prüfende Gesellschaft
   a) bei der Führung der Bücher oder der Aufstellung des zu prüfenden Jahresabschlusses über die Prüfungstätigkeit hinaus mitgewirkt hat,
   b) bei der internen Revision mitgewirkt hat,
   c) Managementaufgaben übernommen hat oder in das Treffen von Entscheidungen, insbesondere über die Auswahl der gesetzlichen Vertreter oder der im Bereich der Rechnungslegung leitenden Angestellten, einbezogen war,
   d) Bewertungsleistungen oder versicherungsmathematische Dienstleistungen erbracht hat, die sich auf den zu prüfenden Jahresabschluss nicht nur unwesentlich auswirken;

   *(BGBl I 2016/43)*
5. gesetzlicher Vertreter, Mitglied des Aufsichtsrats oder Gesellschafter einer juristischen Person oder einer Personengesellschaft, Arbeitnehmer einer natürlichen oder juristischen Person oder einer Personengesellschaft ist, sofern die natürliche oder juristische Person, die Personengesellschaft oder einer ihrer Gesellschafter gemäß Z 4 nicht Abschlussprüfer der zu prüfenden Gesellschaft sein darf;
6. bei der Prüfung eine Person beschäftigt, die gemäß Z 1, 2, 4 oder 5 nicht Abschlussprüfer sein darf;
7. in den letzten fünf Jahren jeweils mindestens 30 von Hundert der Gesamteinnahmen aus seiner beruflichen Tätigkeit aus der Prüfung und Beratung der zu prüfenden Gesellschaft oder von mit dieser verbundenen Unternehmen oder von Unternehmen, an denen die zu prüfende Gesellschaft mindestens 20 von Hundert der Anteile besitzt, bezogen hat, wenn dies auch im laufenden Geschäftsjahr zu erwarten ist.

*(BGBl I 2016/43)*

(3) Ein Wirtschaftsprüfer ist als Abschlussprüfer ferner ausgeschlossen, wenn er seinen Beruf zusammen mit einer gemäß Abs. 2 Z 1, 2, 4, 5, 6 oder 7 ausgeschlossenen Person ausübt oder gemeinsam mit dieser im Rahmen gemeinsamer Berufsausübung die Voraussetzung des Abs. 2 Z 7 erfüllt.

(4) Eine Wirtschaftsprüfungsgesellschaft gilt bei der Abschlussprüfung als befangen, wenn der den Bestätigungsvermerk unterzeichnende Wirtschaftsprüfer oder eine für ihn tätige Person, die eine maßgeblich leitende Funktion bei der Prüfung ausübt, nach Abs. 1 befangen ist. Eine Wirtschaftsprüfungsgesellschaft ist von der Abschlussprüfung ausgeschlossen, wenn sie selbst, einer ihrer gesetzlichen Vertreter, ein Gesellschafter, ein mit ihr verbundenes Unternehmen oder eine von ihr bei der Prüfung beschäftigte Person nach Abs. 2 Z 1, 2, 4, 5, 6 oder 7 ausgeschlossen ist, oder einer ihrer Gesellschafter an einer ausgeschlossenen Gesellschaft beteiligt ist, oder jemand, der zumindest mittelbar an der Wirtschaftsprüfungsgesellschaft beteiligt ist, auch an einer ausgeschlossenen Gesellschaft mit mehr als fünf von Hundert zumindest mittelbar beteiligt ist. Eine Wirtschaftsprüfungsgesellschaft ist ferner ausgeschlossen, wenn sie über keine Registrierung gemäß § 52 APAG verfügt.

*(BGBl I 2016/43)*

(5) Die Abs. 1 bis 4 sind auf den Konzernabschlussprüfer sinngemäß anzuwenden.

(6) Weiß der Abschlussprüfer, dass er ausgeschlossen oder befangen ist, so gebührt ihm für dennoch erbrachte Leistungen kein Entgelt. Dies gilt auch, wenn er seine Ausgeschlossenheit erkennen hätte müssen oder wenn er grob fahrlässig seine Befangenheit nicht erkannt hat.

### Ausschlussgründe bei fünffach großen Gesellschaften und Gesellschaften von öffentlichem Interesse

*(BGBl I 2016/43)*

**§ 271a.** (1) Ein Wirtschaftsprüfer ist als Abschlussprüfer einer großen Gesellschaft, bei der das Fünffache eines der in Euro ausgedrückten Größenmerkmale einer großen Gesellschaft (§ 221 Abs. 3 erster Satz in Verbindung mit Abs. 4 bis 6) überschritten wird, neben den in § 271 Abs. 2 genannten Gründen ausgeschlossen, wenn er

1. in den letzten fünf Jahren jeweils mindestens 15 von Hundert der Gesamteinnahmen aus seiner beruflichen Tätigkeit aus der Prüfung und Beratung der zu prüfenden Gesellschaft oder von mit dieser verbundenen Unternehmen oder von Unternehmen, an denen die zu prüfende Gesellschaft mindestens 20 von Hundert der Anteile besitzt, bezogen hat, wenn dies auch im laufenden Geschäftsjahr zu erwarten ist;
2. in dem zu prüfenden Geschäftsjahr über die Prüfungstätigkeit hinaus für die zu prüfende Gesellschaft Rechts- oder Steuerberatungsleistungen erbracht hat, die über das Aufzeigen von Gestaltungsalternativen hinausgehen und die sich auf den Jahresabschluss nicht nur unwesentlich auswirken;
3. in dem zu prüfenden Geschäftsjahr für die zu prüfende Gesellschaft bei der Entwicklung, Installation und Einführung von Rechnungslegungsinformationssystemen mitgewirkt hat;

4. einen Bestätigungsvermerk gemäß § 274 über die Prüfung des Jahresabschlusses der Gesellschaft bereits in sieben Fällen gezeichnet hat; dies gilt nicht nach einer Unterbrechung der Prüfungstätigkeit für zumindest drei aufeinander folgende Geschäftsjahre.

*(BGBl I 2016/43)*

*(BGBl I 2016/43)*

(2) Ein Wirtschaftsprüfer ist als Abschlussprüfer einer in Abs. 1 genannten Gesellschaft neben den in § 271 Abs. 2 und 3 genannten Gründen ferner ausgeschlossen, wenn er seinen Beruf zusammen mit einer gemäß Abs. 1 Z 2 oder 3 ausgeschlossenen Person ausübt oder gemeinsam mit dieser im Rahmen gemeinsamer Berufsausübung die Voraussetzung des Abs. 1 Z 1 erfüllt.

(3) Eine Wirtschaftsprüfungsgesellschaft ist von der Abschlussprüfung einer in Abs. 1 genannten Gesellschaft neben den in § 271 Abs. 4 genannten Gründen ausgeschlossen, wenn sie selbst, einer ihrer gesetzlichen Vertreter, ein Gesellschafter, ein mit ihr verbundenes Unternehmen oder eine von ihr bei der Prüfung beschäftigte Person nach Abs. 1 ausgeschlossen ist, oder einer ihrer Gesellschafter an einer ausgeschlossenen Gesellschaft beteiligt ist, oder jemand, der zumindest mittelbar an der Wirtschaftsprüfungsgesellschaft beteiligt ist, auch an einer ausgeschlossenen Gesellschaft mit mehr als fünf von Hundert zumindest mittelbar beteiligt ist. Abs. 1 Z 4 findet dabei mit der Maßgabe Anwendung, dass von der Prüfung der den Bestätigungsvermerk unterzeichnende Wirtschaftsprüfer nach Abs. 1 Z 4 ausgeschlossen wäre; dies gilt sinngemäß für eine für ihn tätige Person, die eine maßgeblich leitende Funktion bei der Prüfung ausübt.

(4) Die Abs. 1 bis 3 sind auf den Konzernabschlussprüfer sinngemäß anzuwenden. Ausgeschlossen sind darüber hinaus Personen, die gemäß Abs. 1 Z 4 von der Prüfung eines bedeutenden verbundenen Unternehmens ausgeschlossen sind, sowie Wirtschaftsprüfungsgesellschaften, die gemäß Abs. 3 in Verbindung mit Abs. 1 Z 4 von der Prüfung eines bedeutenden verbundenen Unternehmens ausgeschlossen sind.

(5) Abweichend von Abs. 1 bis 4 ist ein Wirtschaftsprüfer oder eine Wirtschaftsprüfungsgesellschaft als Abschlussprüfer einer Gesellschaft von öffentlichem Interesse nach den in § 271 Abs. 2 genannten Gründen ausgeschlossen, sofern sich nicht aus der Verordnung (EU) Nr. 537/2014 oder den Abs. 6 und Abs. 7 anderes ergibt.

*(BGBl I 2016/43)*

(6) Abweichend von Art. 5 Abs. 1 Unterabs. 2 der Verordnung (EU) Nr. 537/2014 darf der Abschlussprüfer in Gesellschaften im Sinn des § 189a Z 1 lit. a und lit. d Steuerberatungsleistungen gemäß Art. 5 Abs. 1 Unterabs. 2 lit. a (i) und (iv) bis (vii) Verordnung (EU) Nr. 537/2014 oder Bewertungsleistungen gemäß Art. 5 Abs. 1 Unterabs. 2 lit. f Verordnung (EU) Nr. 537/2014 erbringen, wenn

1. diese Leistungen in dem Geschäftsjahr, für dessen Schluss der zu prüfende Jahresabschluss aufzustellen ist, einzeln oder zusammen keine direkten oder nur unwesentliche Auswirkungen auf die geprüften Abschlüsse haben,
2. der Prüfungsausschuss diese Leistungen unter Bedachtnahme auf die Unabhängigkeit des Abschlussprüfers und die angewendeten Schutzmaßnahmen genehmigt und
3. der Abschlussprüfer die Auswirkungen dieser Leistungen auf den zu prüfenden Jahresabschluss im zusätzlichen Bericht an den Prüfungsausschuss darstellt und erläutert.

*(BGBl I 2016/43)*

(7) Die Abschlussprüferaufsichtsbehörde kann den Abschlussprüfer einer Gesellschaft im Sinn des § 189a Z 1 lit. a und lit. d auf dessen Antrag ausnahmsweise und unter Bedachtnahme auf seine weiter bestehende Unabhängigkeit von den Anforderungen des Art. 4 Abs. 2 Unterabs. 1 der Verordnung (EU) Nr. 537/2014 für höchstens zwei Geschäftsjahre ausnehmen. Der weitere Zeitraum gemäß Art. 4 Abs. 3 Unterabs. 2 der Verordnung (EU) Nr. 537/2014 darf ein Jahr nicht überschreiten.

*(BGBl I 2016/43)*

**Befangenheit und Ausgeschlossenheit im Netzwerk**

**§ 271b.** (1) Ein Netzwerk liegt vor, wenn Personen bei ihrer Berufsausübung zur Verfolgung gemeinsamer wirtschaftlicher Interessen für eine gewisse Dauer zusammenwirken.

(2) Ein Abschlussprüfer ist befangen, wenn bei einem Mitglied seines Netzwerks die Voraussetzungen des § 271 Abs. 1, Abs. 2 Z 1, 2, 5 oder 6, oder des § 271a Abs. 1 Z 3 vorliegen, sofern nicht durch Schutzmaßnahmen sichergestellt ist, dass das Netzwerkmitglied auf das Ergebnis der Abschlussprüfung keinen Einfluss nehmen kann. Er ist ausgeschlossen, wenn bei einem Mitglied seines Netzwerks die Voraussetzungen des § 271 Abs. 2 Z 4 oder des § 271a Abs. 1 Z 2 vorliegen. Ist das Netzwerkmitglied keine natürliche Person, so sind § 271 Abs. 4 zweiter Satz und § 271a Abs. 3 sinngemäß anzuwenden.

(3) Abs. 2 ist auf den Konzernabschlussprüfer sinngemäß anzuwenden.

**Befristetes Tätigkeitsverbot**

**§ 271c.** (1) Der Abschlussprüfer, der Konzernabschlussprüfer, der Abschlussprüfer eines bedeutenden verbundenen Unternehmens und der den jeweiligen Bestätigungsvermerk unterzeichnende Wirtschaftsprüfer dürfen innerhalb eines Jahres, in einer Gesellschaft von öffentlichem Interesse im Sinn des § 189a Z 1 lit. a und lit. d sowie in einer großen Gesellschaft mit den Merkmalen des § 271a Abs. 1 innerhalb von zwei Jahren nach Zeichnung des Bestätigungsvermerks weder eine Organfunktion noch eine leitende Stellung (§ 80 AktG) einnehmen.

*(BGBl I 2016/43)*

(1a) Mitarbeiter und Mitgesellschafter eines Abschlussprüfers sowie alle anderen natürlichen Personen, deren Leistungen der Abschlussprüfer in Anspruch nehmen oder kontrollieren kann, dürfen dann, wenn sie selbst zugelassene Abschlussprüfer sind, innerhalb eines Jahres nach ihrer unmittelbaren Beteiligung an der Abschlussprüfung einer Gesellschaft weder eine Organfunktion noch eine leitende Stellung (§ 80 AktG) in dieser Gesellschaft einnehmen.

*(BGBl I 2016/43)*

(2) Wenn eine der in Abs. 1 und Abs. 1a genannten Personen eine Organfunktion einnimmt, gilt sie als nicht bestellt. Ihr gebührt für dennoch erbrachte Leistungen kein Entgelt; das gilt auch für die Einnahme einer leitenden Stellung.

*(BGBl I 2016/43)*

### Vorlagepflicht, Auskunftsrecht

**§ 272.** (1) Die gesetzlichen Vertreter der Gesellschaft haben dem Abschlußprüfer den Jahresabschluß und den Lagebericht unverzüglich nach der Aufstellung vorzulegen. Sie haben ihm zu gestatten, die Bücher und Schriften der Gesellschaft sowie die Vermögensgegenstände und Schulden zu prüfen.

(2) Der Abschlußprüfer kann von den gesetzlichen Vertretern alle Aufklärungen und Nachweise verlangen, die er für eine sorgfältige Prüfung als notwendig ansieht. Er hat diese Rechte sowie die gemäß Abs. 1 auch schon vor Aufstellung des Jahresabschlusses. Soweit er es für eine sorgfältige Prüfung als notwendig ansieht, hat der Abschlußprüfer diese Rechte auch gegenüber Mutter- und Tochterunternehmen.

(3) Die gesetzlichen Vertreter einer Gesellschaft, die einen Konzernabschluß aufzustellen hat, haben dem Abschlußprüfer des Konzernabschlusses den Konzernabschluß, den Konzernlagebericht, die Jahresabschlüsse, Lageberichte und, wenn eine Prüfung stattgefunden hat, die Prüfungsberichte des Mutterunternehmens und der Tochterunternehmen vorzulegen. Der Abschlußprüfer hat die Rechte gemäß Abs. 1 und Abs. 2 bei dem Mutterunternehmen und den Tochterunternehmen, die Rechte gemäß Abs. 2 auch gegenüber den Abschlußprüfern des Mutterunternehmens und der Tochterunternehmen.

(4) Ist die Kapitalgesellschaft als Tochterunternehmen in den Konzernabschluss eines Mutterunternehmens einbezogen, das seinen Sitz nicht in einem Mitgliedstaat der Europäischen Union oder in einem anderen Vertragsstaat des Abkommens über den Europäischen Wirtschaftsraum hat, so kann der Prüfer nach Abs. 2 zur Verfügung gestellte Unterlagen an den Abschlussprüfer des Konzernabschlusses weitergeben, soweit diese für die Prüfung des Konzernabschlusses des Mutterunternehmens erforderlich sind.

*(BGBl I 2016/43)*

### Prüfungsbericht

**§ 273.** (1) Der Abschlussprüfer hat über das Ergebnis der Prüfung schriftlich zu berichten. Im Bericht ist insbesondere festzustellen, ob die Buchführung, der Jahresabschluss, der Lagebericht, der Konzernabschluss und der Konzernlagebericht den gesetzlichen Vorschriften entsprechen und die nichtfinanzielle Erklärung oder der gesonderte nichtfinanzielle Bericht (§ 243b), der Corporate Governance-Bericht (§ 243c), die konsolidierte nichtfinanzielle Erklärung oder der gesonderte konsolidierte nichtfinanzielle Bericht (§ 267a) und der konsolidierte Corporate-Governance Bericht (§ 267b) aufgestellt worden sind sowie ob die gesetzlichen Vertreter die verlangten Aufklärungen und Nachweise erbracht haben. Im Prüfungsbericht zum Konzernabschluss ist auch festzustellen, ob die für die Übernahme in den Konzernabschluss maßgeblichen Vorschriften beachtet worden sind. Die Posten des Jahresabschlusses sind aufzugliedern und zu erläutern. Nachteilige Veränderungen der Vermögens-, Finanz- und Ertragslage gegenüber dem Vorjahr und Verluste, die das Jahresergebnis nicht unwesentlich beeinflusst haben, sind anzuführen und zu erläutern. Werden Tatsachen nach Abs. 2 und 3 nicht festgestellt, so ist dies im Bericht ausdrücklich festzuhalten.

*(BGBl I 2016/43, BGBl I 2017/20)*

(2) Stellt der Abschlussprüfer bei Wahrnehmung seiner Aufgaben Tatsachen fest, die den Bestand des geprüften Unternehmens oder Konzerns gefährden oder seine Entwicklung wesentlich beeinträchtigen können oder die schwerwiegende Verstöße der gesetzlichen Vertreter oder von Arbeitnehmern gegen Gesetz, Gesellschaftsvertrag oder Satzung erkennen lassen, so hat er darüber unverzüglich zu berichten. Darüber hinaus hat er unverzüglich über wesentliche Schwächen bei der internen Kontrolle des Rechnungslegungsprozesses zu berichten.

(3) Der Abschlussprüfer hat auch unverzüglich zu berichten, wenn bei der Prüfung des Jahresabschlusses das Vorliegen der Voraussetzungen für die Vermutung eines Reorganisationsbedarfs (§ 22 Abs. 1 Z 1 URG) festgestellt wird; im Bericht sind in diesem Fall die Eigenmittelquote (§ 23 URG) und die fiktive Schuldentilgungsdauer (§ 24 URG) anzugeben.

(4) Der Abschlussprüfer hat diese Berichte zu unterzeichnen und den gesetzlichen Vertretern sowie den Mitgliedern des Aufsichtsrats vorzulegen. Ist bei einem unbeschränkt haftenden Gesellschafter einer unternehmerisch tätigen eingetragenen Personengesellschaft im Sinn des § 221 Abs. 5 ein Aufsichtsrat eingerichtet, so hat der Abschlussprüfer den Bericht hinsichtlich der Personengesellschaft auch den Mitgliedern dieses Aufsichtsrats vorzulegen.



### Bestätigungsvermerk

**§ 274.** (1) Der Abschlussprüfer hat das Ergebnis seiner Prüfung in einem Bestätigungsvermerk zusammenzufassen. Der Bestätigungsvermerk umfasst

1. eine Einleitung, die zumindest das Unternehmen angibt, dessen Jahresabschluss beziehungsweise Konzernabschluss Gegenstand der Abschlussprüfung ist, weiters den Abschlussstichtag und den Abschlusszeitraum sowie die Rechnungslegungsgrundsätze, nach denen der Abschluss aufgestellt wurde,
2. eine Beschreibung der Art und des Umfanges der Abschlussprüfung, die zumindest Angaben über die Prüfungsgrundsätze enthält, nach denen die Abschlussprüfung durchgeführt wurde, sowie
3. ein Prüfungsurteil, das entweder ein uneingeschränktes, ein eingeschränktes oder ein negatives ist und zweifelsfrei Auskunft darüber gibt, ob nach Auffassung des Abschlussprüfers der Jahresabschluss oder Konzernabschluss den gesetzlichen Vorschriften entspricht und unter Beachtung der maßgeblichen Rechnungslegungsgrundsätzen ein möglichst getreues Bild der Vermögens-, Finanz- und Ertragslage des Unternehmens oder des Konzerns vermittelt.

(2) Ist der Abschlussprüfer nicht in der Lage, ein Prüfungsurteil abzugeben, so hat er dies im Bestätigungsvermerk anzugeben.

(3) Im Bestätigungsvermerk ist auf alle anderen Umstände zu verweisen, auf die der Abschlussprüfer in besonderer Weise aufmerksam gemacht hat, ohne das Prüfungsurteil einzuschränken.

(4) Der Bestätigungsvermerk muss eine Erklärung zu etwaigen wesentlichen Unsicherheiten in Verbindung mit den Ereignissen oder Gegebenheiten enthalten, die erhebliche Zweifel an der Fähigkeit des Unternehmens zur Fortführung der Unternehmenstätigkeit aufwerfen können.

(5) Der Bestätigungsvermerk umfasst ferner

1. ein Urteil darüber, ob der Lagebericht oder Konzernlagebericht
   a. mit dem Jahresabschluss beziehungsweise Konzernabschluss des betreffenden Geschäftsjahres in Einklang steht,
   b. nach den geltenden rechtlichen Anforderungen aufgestellt wurde und
   c. gegebenenfalls zutreffende Angaben nach § 243a enthält sowie
2. eine Erklärung, ob angesichts der bei der Prüfung gewonnenen Erkenntnisse und des gewonnenen Verständnisses über das Unternehmen und sein Umfeld wesentliche fehlerhafte Angaben im Lagebericht beziehungsweise Konzernlagebericht festgestellt wurden, wobei auf die Art dieser fehlerhaften Angaben einzugehen ist.

(6) Wurde die Abschlussprüfung von mehr als einem Abschlussprüfer durchgeführt, so haben sie sich auf die Ergebnisse der Abschlussprüfung zu einigen und einen gemeinsamen Bestätigungsvermerk und ein gemeinsames Prüfungsurteil zu erteilen. Bei Uneinigkeit hat jeder Abschlussprüfer ein eigenes Urteil in einem gesonderten Absatz des Bestätigungsvermerks abzugeben und die Gründe für die Uneinigkeit darzulegen.

(7) Der Bestätigungsvermerk ist vom Abschlussprüfer unter Angabe des Datums und des Ortes der Niederlassung zu unterzeichnen. Wird eine Abschlussprüfung von einer Prüfungsgesellschaft durchgeführt, so ist der Bestätigungsvermerk zumindest vom verantwortlichen Abschlussprüfer zu unterzeichnen. Sind mehr als ein Abschlussprüfer gleichzeitig beauftragt worden, so ist der Bestätigungsvermerk von allen verantwortlichen Abschlussprüfern zu unterzeichnen, welche die Abschlussprüfung durchgeführt haben.

(8) Der Bestätigungsvermerk ist schriftlich zu verfassen und hat die Ergebnisse der Prüfung deutlich und in übersichtlicher Form darzustellen. Der Bestätigungsvermerk ist auch in den Prüfungsbericht (§ 273) aufzunehmen.

*(BGBl I 2015/22)*

### Verantwortlichkeit des Abschlußprüfers

**§ 275.** (1) Der Abschlussprüfer, seine Gehilfen und die bei der Prüfung mitwirkenden gesetzlichen Vertreter einer Prüfungsgesellschaft sind zur Verschwiegenheit verpflichtet. Sie dürfen nicht unbefugt Geschäfts- und Betriebsgeheimnisse verwerten, die sie bei ihrer Tätigkeit erfahren haben. Wer vorsätzlich oder fahrlässig seine Pflichten verletzt, ist der Gesellschaft und, wenn ein verbundenes Unternehmen geschädigt worden ist, auch diesem zum Ersatz des daraus entstehenden Schadens verpflichtet. Mehrere Personen haften als Gesamtschuldner. Der Abschlussprüfer hat dem nachfolgenden Abschlussprüfer auf schriftliches Verlangen Zugang zu den relevanten Informationen über das geprüfte Unternehmen und über die zuletzt durchgeführte Abschlussprüfung zu gewähren.

*(BGBl I 2016/43)*

(2) Der Abschlussprüfer ist zur gewissenhaften und unparteiischen Prüfung verpflichtet. Verletzt er vorsätzlich oder fahrlässig diese Pflicht, so ist er der Gesellschaft und, wenn ein verbundenes Unternehmen geschädigt worden ist, auch diesem zum Ersatz des daraus entstehenden Schadens verpflichtet. Mehrere Abschlussprüfer haften als Gesamtschuldner. Die Ersatzpflicht ist bei Fahrlässigkeit bei der Prüfung einer kleinen oder mittelgroßen Gesellschaft (§ 221 Abs. 2) mit zwei Millionen Euro, bei Prüfung einer großen Gesellschaft (§ 221 Abs. 3) mit vier Millionen Euro, bei Prüfung einer großen Gesellschaft, bei der das Fünffache eines der in Euro ausgedrückten Größenmerkmale einer großen Gesellschaft überschritten wird, mit acht Millionen Euro und bei Prüfung einer großen Gesellschaft, bei der das Zehnfache eines der in Euro ausgedrückten Größenmerkmale einer großen Gesellschaft überschritten wird, mit zwölf Millionen Euro beschränkt; § 221 Abs. 4 bis 6 gilt sinngemäß. Diese Beschränkungen für eine Prüfung gelten auch, wenn an ihr mehrere Abschlussprüfer beteiligt gewesen oder mehrere

zum Ersatz verpflichtende Handlungen begangen worden sind, und ohne Rücksicht darauf, ob andere Beteiligte vorsätzlich gehandelt haben. Sie gelten jedoch nicht für den Abschlussprüfer, der in Kenntnis oder in grob fahrlässiger Unkenntnis seiner Befangenheit oder Ausgeschlossenheit gehandelt hat.

(3) Die Verpflichtung zur Verschwiegenheit besteht, wenn eine Prüfungsgesellschaft Abschlußprüfer ist, auch gegenüber dem Aufsichtsrat der Prüfungsgesellschaft und dessen Mitgliedern.

(4) Die Ersatzpflicht nach diesen Vorschriften kann durch Vertrag weder ausgeschlossen noch beschränkt werden.

(5) Die Ansprüche aus diesen Vorschriften verjähren in fünf Jahren.

### Meinungsverschiedenheiten zwischen Gesellschaft und Abschlußprüfer

**§ 276.** Bei Meinungsverschiedenheiten zwischen dem Abschlußprüfer und der Gesellschaft über die Auslegung und Anwendung von gesetzlichen Vorschriften sowie von Bestimmungen des Gesellschaftsvertrags oder der Satzung über den Jahresabschluß, Lagebericht, Konzernabschluß oder Konzernlagebericht entscheidet auf Antrag des Abschlußprüfers oder der gesetzlichen Vertreter der Gesellschaft ausschließlich der für den Sitz des Unternehmens zuständige, zur Ausübung der Gerichtsbarkeit in Handelssachen berufene Gerichtshof erster Instanz im Verfahren außer Streitsachen.

## ZWEITER TITEL
## Offenlegung, Veröffentlichung und Vervielfältigung, Prüfung durch das Firmenbuchgericht

### Offenlegung

**§ 277.** (1) Die gesetzlichen Vertreter von Kapitalgesellschaften haben den Jahresabschluss und den Lagebericht sowie gegebenenfalls den gesonderten nichtfinanziellen Bericht, den Corporate Governance-Bericht und den Bericht über Zahlungen an staatliche Stellen nach seiner Behandlung in der Hauptversammlung (Generalversammlung), jedoch spätestens neun Monate nach dem Bilanzstichtag, mit dem Bestätigungsvermerk beim Firmenbuchgericht des Sitzes der Kapitalgesellschaft einzureichen; innerhalb derselben Frist sind der Bericht des Aufsichtsrats und der Beschluss über die Verwendung des Ergebnisses einzureichen. Werden zur Wahrung dieser Frist der Jahresabschluss und der Lagebericht sowie gegebenenfalls der gesonderte nichtfinanzielle Bericht, der Corporate Governance-Bericht und der Bericht über Zahlungen an staatliche Stellen ohne die anderen Unterlagen eingereicht, so sind der Bericht des Aufsichtsrats nach seinem Vorliegen, die Beschlüsse nach der Beschlussfassung und der Vermerk nach der Erteilung unverzüglich einzureichen. Wird der Jahresabschluss bei nachträglicher Prüfung oder Feststellung geändert, so ist auch diese Änderung einzureichen.

*(BGBl I 2015/22, BGBl I 2017/20)*

(2) Der Vorstand einer großen Aktiengesellschaft (§ 221 Abs. 3) hat die Veröffentlichung des Jahresabschlusses unmittelbar nach seiner Behandlung in der Hauptversammlung, jedoch spätestens neun Monate nach dem Bilanzstichtag, mit dem Bestätigungsvermerk im „Amtsblatt zur Wiener Zeitung" zu veranlassen. Der Nachweis über die Veranlassung dieser Veröffentlichung ist gleichzeitig mit den in Abs. 1 bezeichneten Unterlagen beim Firmenbuchgericht einzureichen. Bei der Veröffentlichung ist das Firmenbuchgericht und die Firmenbuchnummer anzugeben. Dies gilt auch für allfällige Änderungen (Abs. 1 letzter Satz).

*(BGBl I 2015/22)*

(3) In der Offenlegung und der Veröffentlichung können alle Posten in vollen 1 000 Euro angegeben werden, nach Maßgabe der Wesentlichkeit (§ 189a Z 10) auch in größeren Einheiten.

*(BGBl I 2015/22)*

(4) Die gesetzlichen Vertreter von Kapitalgesellschaften haben spätestens mit den Einreichungen gemäß Abs. 1 und 2 oder auf dem Jahresabschluss selbst anzugeben, in welche der Größenklassen des § 221 Abs. 1 bis 3 die Gesellschaft unter Bedachtnahme auf § 221 Abs. 4 im betreffenden Geschäftsjahr einzuordnen ist und gegebenenfalls, dass die Gesellschaft die Kriterien der § 243b Abs. 1 oder § 243c Abs. 1 erfüllt.

*(BGBl I 2017/20)*

(5) Sonstige Veröffentlichungs- und Informationspflichten bleiben unberührt.

(6) Die Unterlagen nach Abs. 1 sind elektronisch einzureichen, in die Urkundensammlung des Firmenbuchs aufzunehmen und gemäß §§ 33 f. FBG öffentlich zugänglich zu machen. Überschreiten die Umsatzerlöse in den zwölf Monaten vor dem Abschlussstichtag des einzureichenden Jahresabschlusses nicht 70 000 Euro, kann der Jahresabschluss auch in Papierform eingereicht werden. Die Umsatzerlöse sind gleichzeitig mit der Einreichung bekannt zu geben. In Papierform eingereichte Jahresabschlüsse müssen für die Aufnahme in die Datenbank des Firmenbuchs geeignet sein. Der Bundesminister für Justiz kann durch Verordnung nähere Bestimmungen über die äußere Form der Jahresabschlüsse festlegen.

*(BGBl I 2015/22)*

(7) Nach der Aufnahme der Jahresabschlüsse in die Datenbank des Firmenbuchs hat sie das Gericht in elektronischer Form der Wirtschaftskammer Österreich, der Österreichischen Bundesarbeitskammer und der Präsidentenkonferenz der Landwirtschaftskammern Österreichs (Landwirtschaftskammer Österreich – LKÖ) zur Verfügung zu stellen; dies gilt jedoch nicht für die Jahresabschlüsse von kleinen Gesellschaften mit beschränkter Haftung (§ 221 Abs. 1).

(8) Die Oesterreichische Nationalbank ist berechtigt, von der BundesrechenzentrumGmbH die elektronische Übermittlung elektronisch eingereichter Jahresabschlüsse gegen kostendeckendes Entgelt zu verlangen, soweit sie diese Daten zur

Erfüllung der ihr gesetzlich oder gemeinschaftsrechtlich zugewiesenen Aufgaben benötigt. Sie ist weiters berechtigt, die Daten an die Bundesanstalt Statistik Österreich weiterzugeben, soweit diese die Daten zur Erfüllung der ihr gesetzlich oder gemeinschaftsrechtlich zugewiesenen Aufgaben benötigt.

### Offenlegung für kleine Gesellschaften mit beschränkter Haftung

**§ 278.** (1) Auf kleine Gesellschaften mit beschränkter Haftung (§ 221 Abs. 1) ist § 277 mit der Maßgabe anzuwenden, dass die gesetzlichen Vertreter nur die Bilanz und den Anhang, bei Kleinstkapitalgesellschaften nur die Bilanz ohne die Angaben nach § 242 Abs. 1 erster Satz, einzureichen haben. Die offenzulegende Bilanz braucht nur die in § 224 Abs. 2 und 3 mit Buchstaben und römischen Zahlen versehenen Posten zu enthalten, wobei beim Posten nach § 224 Abs. 2 B II alle zusammengefassten Forderungen mit einer Restlaufzeit von mehr als einem Jahr und beim Posten nach § 224 Abs. 3 C alle zusammengefassten Verbindlichkeiten mit einer Restlaufzeit von mehr als einem Jahr gesondert anzugeben sind; die Angaben nach § 229 Abs. 1 erster bis dritter Satz sind zu machen. Ist die Gesellschaft gemäß § 268 Abs. 1 prüfungspflichtig, so ist auch der Bestätigungsvermerk einzureichen.

*(BGBl I 2015/22, BGBl I 2019/46)*

(2) Der Bundesminister für Justiz hat durch Verordnung ein Formblatt festzulegen, dessen Verwendung zur Erfüllung der Verpflichtung gemäß Abs. 1 ausreichend ist.

### Offenlegung für kleine und mittelgroße Aktiengesellschaften und mittelgroße Gesellschaften mit beschränkter Haftung

**§ 279.** Für die Offenlegung kleiner und mittelgroßer Aktiengesellschaften (§ 221 Abs. 1 und Abs. 2) und mittelgroßer Gesellschaften mit beschränkter Haftung (§ 221 Abs. 2) gilt Folgendes:

1. Die offenzulegende Bilanz braucht nur die in § 224 Abs. 2 und 3 mit Buchstaben und römischen Zahlen bezeichneten, zusätzlich jedoch die folgenden Posten zu enthalten: auf der Aktivseite die Posten A I 2, A II 1, 2, 3 und 4, A III 1, 2, 3 und 4, B II 2 und 3, B III 1, auf der Passivseite die Posten B 1 und 2 und C 1, 2, 6 und 7. Forderungen mit einer Restlaufzeit von mehr als einem Jahr sind bei den Posten nach § 224 Abs. 2 B II 2 und 3 gesondert auszuweisen, ebenso Verbindlichkeiten mit einer Restlaufzeit von mehr als einem Jahr bei den Posten nach § 224 Abs. 3 C 1, 2, 6 und 7. Die Angaben nach § 229 sind zu machen.
2. Die Posten des § 231 Abs. 2 Z 1 bis 3 und 5 und Abs. 3 Z 1 bis 3 dürfen zu einem Posten unter der Bezeichnung „Rohergebnis" zusammengefasst werden.

*(BGBl I 2015/22)*

### Offenlegung des Konzernabschlusses

**§ 280.** (1) Die gesetzlichen Vertreter einer Gesellschaft, die einen Konzernabschluss aufzustellen hat, haben den Konzernabschluss und den Konzernlagebericht sowie gegebenenfalls den gesonderten konsolidierten nichtfinanziellen Bericht, den konsolidierten Corporate Governance-Bericht und den konsolidierten Bericht über Zahlungen an staatliche Stellen mit dem Bestätigungsvermerk gleichzeitig mit dem Jahresabschluss beim Firmenbuchgericht des Sitzes der Gesellschaft einzureichen. § 277 Abs. 3 und Abs. 6 erster Satz gelten sinngemäß. § 277 Abs. 2 ist für die Veröffentlichung des Konzernabschlusses sinngemäß anzuwenden, wenn ein Tochterunternehmen eine große Aktiengesellschaft mit Sitz im Inland ist.

*(BGBl I 2015/22, BGBl I 2017/20)*

(2) Ist ein Tochterunternehmen in einen ausländischen Konzernabschluß mit befreiender Wirkung gemäß § 245 Abs. 1 einbezogen, so hat es diesen in deutscher Sprache oder in einer in internationalen Finanzkreisen gebräuchlichen Sprache bei dem zuständigen Firmenbuchgericht zu hinterlegen; das gleiche gilt, falls eine große Kapitalgesellschaft in einen ausländischen Konzernabschluß einbezogen ist.

*(BGBl I 2015/22)*

### Offenlegung der Zweigniederlassungen ausländischer Kapitalgesellschaften

**§ 280a.** Bei Zweigniederlassungen von ausländischen Kapitalgesellschaften haben die Vertreter der Zweigniederlassung die Unterlagen der Rechnungslegung, die nach dem für die Hauptniederlassung der Gesellschaft maßgeblichen Recht erstellt, geprüft und offengelegt worden sind, gemäß den §§ 277, 281 und 282 in deutscher Sprache offenzulegen.

### Form und Inhalt der Unterlagen bei der Offenlegung, Veröffentlichung und Vervielfältigung

**§ 281.** (1) Bei der vollständigen oder teilweisen Offenlegung des Jahresabschlusses und des Konzernabschlusses und bei der Veröffentlichung oder Vervielfältigung in anderer Form auf Grund des Gesellschaftsvertrags oder der Satzung sind der Jahresabschluß und der Konzernabschluß so wiederzugeben, daß sie den für ihre Aufstellung maßgeblichen Vorschriften entsprechen; sie haben in diesem Rahmen vollständig und richtig zu sein. Wurde der Jahresabschluß oder der Konzernabschluß auf Grund gesetzlicher Vorschriften durch einen Abschlußprüfer geprüft, so ist jeweils der vollständige Wortlaut des Bestätigungsvermerks wiederzugeben; wird der Jahresabschluß wegen der Inanspruchnahme von Erleichterungen nur teilweise offengelegt und bezieht sich der Bestätigungsvermerk auf den vollständigen Jahresabschluß, so ist hierauf hinzuweisen.

*(BGBl I 2015/22)*

(2) Werden der Jahresabschluß oder der Konzernabschluß in Veröffentlichungen und Ver-

vielfältigungen, die nicht durch Gesetz, Gesellschaftsvertrag oder Satzung vorgeschrieben sind, nicht in der gemäß Abs. 1 vorgeschriebenen Form wiedergegeben, so ist jeweils in einer Überschrift darauf hinzuweisen, daß es sich nicht um eine der gesetzlichen Form entsprechende Veröffentlichung handelt. Ein Bestätigungsvermerk darf nicht beigefügt werden. Im Fall einer verpflichtenden Abschlussprüfung ist jedoch über den Inhalt des Bestätigungsvermerks zu dem in gesetzlicher Form erstellten Jahresabschluss oder Konzernabschluss einschließlich der Angaben nach § 274 Abs. 3 zu berichten. Ferner ist anzugeben, bei welchem Firmenbuch und in welcher Nummer des Bekanntmachungsblattes die Offenlegung erfolgt oder daß die Offenlegung noch nicht erfolgt ist.

*(BGBl I 2015/22)*

(3) In den Dokumenten, die den Jahresabschluss und den Konzernabschluss enthalten, sind die in § 14 Abs. 1 erster Satz vorgeschriebenen Informationen anzugeben.

*(BGBl I 2015/22)*

## DRITTER TITEL
## Prüfungspflicht und Zwangsstrafen

### Prüfungspflicht des Firmenbuchgerichts

**§ 282.** (1) Das Gericht hat zu prüfen, ob die gemäß §§ 277 bis 281 offenzulegenden Unterlagen vollzählig zum Firmenbuch eingereicht und ob, soweit Veröffentlichungen vorgeschrieben sind, diese veranlaßt worden sind.

(2) Gibt die Prüfung gemäß Abs. 1 Anlaß zu der Annahme, daß von der Größe der Gesellschaft abhängige Vorschriften nicht hätten in Anspruch genommen werden dürfen, so kann das Gericht zu seiner Unterrichtung von der Gesellschaft innerhalb einer angemessenen Frist die Mitteilung der Bilanzsumme, der Umsatzerlöse gemäß § 189a Z 5 und der durchschnittlichen Zahl der Arbeitnehmer gemäß § 221 Abs. 6 verlangen. Unterläßt die Gesellschaft die fristgemäße Mitteilung, so gelten die Vorschriften als zu Unrecht in Anspruch genommen.

(2a) Das Gericht kann eine Gesellschaft zu folgenden Erklärungen auffordern:

1. ob sie oder eines ihrer Tochterunternehmen im Sinn des § 243d Abs. 2 in der mineralgewinnenden Industrie oder auf dem Gebiet des Holzeinschlages in Primärwäldern tätig ist;
2. ob ihre übertragbaren Wertpapiere zum Handel an einem geregelten Markt im Sinne des § 189a Z 1 lit. a zugelassen sind.

Die Aufforderung ist zu begründen. Zur Abgabe einer Erklärung ist eine angemessene Frist zu setzen. Gibt die Gesellschaft innerhalb der Frist keine Erklärung ab, so wird vermutet, dass die Gesellschaft bei Unterlassen einer Erklärung nach Z 1 in den Anwendungsbereich des § 243d beziehungsweise des § 267c und bei Unterlassen einer Erklärung nach Z 2 in den Anwendungsbereich des § 243b beziehungsweise des § 267a fällt.

*(BGBl I 2015/22, BGBl I 2016/43, BGBl I 2017/20)*

(3) Ist eine gebotene Veröffentlichung unterblieben, so hat das Gericht diese Tatsache ohne Durchführung eines Verbesserungsverfahrens auf Kosten der Gesellschaft bekanntzumachen, wenn dies ein Gesellschafter, Gläubiger, Betriebsrat (Zentralbetriebsrat) oder eine gesetzliche Interessenvertretung beantragt. Die Antragsberechtigung ist glaubhaft zu machen. Ein späterer Wegfall der Antragsberechtigung ist unschädlich. Der Antrag kann nicht zurückgenommen werden.

### Zwangsstrafen

**§ 283.** (1) Die gesetzlichen Vertreter der Gesellschaft sind, unbeschadet der allgemeinen unternehmensrechtlichen Vorschriften, zur zeitgerechten Befolgung der §§ 277 und 280 vom Gericht durch Zwangsstrafen von 700 Euro bis 3 600 Euro, bei Kleinstkapitalgesellschaften (§ 221 Abs. 1a) von 350 Euro bis 1 800 Euro anzuhalten. Die Zwangsstrafe ist nach Ablauf der Offenlegungsfrist zu verhängen. Sie ist wiederholt zu verhängen, soweit die genannten Organe ihren Pflichten nach je weiteren zwei Monaten noch nicht nachgekommen sind. Eine Gesellschaft ist als Kleinstkapitalgesellschaft im Sinn dieser Bestimmung anzusehen, wenn sie die gesetzlichen Vertreter zuletzt in plausibler Weise als solche eingestuft haben (§ 277 Abs. 4), es sei denn, es liegen Hinweise vor, dass die Schwellenwerte mittlerweile überschritten wurden. Ansonsten wird eine Kleinstkapitalgesellschaft nur über rechtzeitigen Einwand der Partei als solche behandelt, wobei § 282 Abs. 2 anzuwenden ist.

*(BGBl I 2015/22)*

(2) Ist die Offenlegung nach Abs. 1 nicht bis zum letzten Tag der Offenlegungsfrist erfolgt, so ist – sofern die Offenlegung nicht bis zum Tag vor Erlassung der Zwangsstrafverfügung bei Gericht eingelangt ist – ohne vorausgehendes Verfahren durch Strafverfügung eine Zwangsstrafe von 700 Euro, bei Kleinstkapitalgesellschaften (§ 221 Abs. 1a) von 350 Euro zu verhängen. Von der Verhängung einer Zwangsstrafverfügung kann abgesehen werden, wenn das in Abs. 1 genannte Organ offenkundig durch ein unvorhergesehenes oder unabwendbares Ereignis an der fristgerechten Offenlegung gehindert war. In diesem Fall kann – soweit bis dahin noch keine Offenlegung erfolgt ist – mit der Verhängung der Zwangsstrafverfügung bis zum Ablauf von vier Wochen nach Wegfall des Hindernisses, welches der Offenlegung entgegenstand, zugewartet werden. Zwangsstrafverfügungen sind wie Klagen zuzustellen. Gegen die Zwangsstrafverfügung kann das jeweilige Organ binnen 14 Tagen Einspruch erheben, andernfalls erwächst die Zwangsstrafverfügung in Rechtskraft. Im Einspruch sind die Gründe für die Nichtbefolgung der in Abs. 1 genannten Pflichten anzuführen. Gegen die Versäumung der Einspruchsfrist kann Wiedereinsetzung in den vorigen Stand bewilligt werden (§ 21 AußStrG). Ist der Einspruch verspätet

oder fehlt ihm jegliche Begründung, so ist er mit Beschluss zurückzuweisen.

*(BGBl I 2015/22)*

(3) Mit der rechtzeitigen Erhebung des begründeten Einspruchs tritt die Zwangsstrafverfügung außer Kraft. Über die Verhängung der Zwangsstrafe ist im ordentlichen Verfahren mit Beschluss zu entscheiden. Ist nicht mit Einstellung des Zwangsstrafverfahrens vorzugehen, so kann – ohne vorherige Androhung – eine Zwangsstrafe von 700 Euro bis 3 600 Euro, bei Kleinstkapitalgesellschaften (§ 221 Abs. 1a) von 350 Euro bis 1 800 Euro verhängt werden. Gegen die Verhängung einer Zwangsstrafe im ordentlichen Verfahren steht dem jeweiligen Organ ein Rechtsmittel zu (§§ 45 ff. AußStrG).

*(BGBl I 2015/22)*

(4) Ist die Offenlegung innerhalb von zwei Monaten nach Ablauf des letzten Tages der Offenlegungsfrist noch immer nicht erfolgt, so ist durch Strafverfügung eine weitere Zwangsstrafe von 700 Euro, bei Kleinstkapitalgesellschaften (§ 221 Abs. 1a) von 350 Euro zu verhängen. Das Gleiche gilt bei Unterbleiben der Offenlegung für jeweils weitere zwei Monate; wird gegen eine solche Zwangsstrafverfügung Einspruch erhoben, so ist der Beschluss über die verhängte Zwangsstrafe zu veröffentlichen. Zwischen dem Tag der Erlassung einer Zwangsstrafverfügung nach diesem Absatz und dem Tag der Erlassung einer vorangegangenen Zwangsstrafverfügung, die denselben Adressaten und denselben Bilanzstichtag betrifft, müssen mindestens sechs Wochen liegen.

*(BGBl I 2015/22)*

(5) Richtet sich die Zwangsstrafverfügung gemäß Abs. 4 gegen ein in Abs. 1 genanntes Organ einer mittelgroßen (§ 221 Abs. 2) Kapitalgesellschaft, so erhöhen sich die damit zu verhängenden Zwangsstrafen sowie die in Abs. 1 und 3 angedrohten Zwangsstrafen im ordentlichen Verfahren jeweils auf das Dreifache. Wird das Zwangsstrafenverfahren gegen ein in Abs. 1 genanntes Organ einer großen (§ 221 Abs. 3) Kapitalgesellschaft geführt, so erhöhen sich diese Beträge jeweils auf das Sechsfache. Als Grundlage für die Größenklasse kann der zuletzt vorgelegte Jahresabschluss herangezogen werden.

(6) Die Zwangsstrafen sind auch dann zu vollstrecken, wenn die Bestraften ihrer Pflicht nachkommen oder deren Erfüllung unmöglich geworden ist.

(7) Die den gesetzlichen Vertretern in den §§ 277 und 280 auferlegten Pflichten treffen auch die Gesellschaft. Kommt die Gesellschaft diesen Pflichten durch ihre Organe nicht nach, so ist gleichzeitig auch mit der Verhängung von Zwangsstrafen unter sinngemäßer Anwendung der Abs. 1 bis 6 auch gegen die Gesellschaft vorzugehen.

*(BGBl I 2015/22)*

**§ 284.** Die gesetzlichen Vertreter der Gesellschaft und die Gesellschaft selbst sind, unbeschadet der allgemeinen unternehmensrechtlichen Vorschriften, zur Befolgung der §§ 222 Abs. 1, 244, 245, 247, 270, 272, 281 und 283, die Aufsichtsratsmitglieder zur Befolgung des § 270 und im Fall einer inländischen Zweigniederlassung einer ausländischen Kapitalgesellschaft die für diese im Inland vertretungsbefugten Personen zur Befolgung des § 280a vom Gericht durch Zwangsstrafen bis zu 3 600 Euro anzuhalten. § 24 Abs. 2 bis 5 FBG ist anzuwenden.

*(BGBl I 2015/22)*

### Ausnahmen, Stundung und Nachlass

**§ 285.** (1) Während der Dauer eines Insolvenzverfahrens mit Ausnahme eines Sanierungsverfahrens mit Eigenverwaltung sind keine Zwangsstrafverfügungen nach § 283 zu erlassen. Rechte von Gesellschaftern und Dritten, die Offenlegung einzufordern, bleiben unberührt.

(2) Auf Antrag des Adressaten einer Zwangsstrafe kann das Firmenbuchgericht den Zeitpunkt der Entrichtung einer Zwangsstrafe auch über mehr als sechs Monate hinausschieben (Stundung) oder die Entrichtung in Raten bewilligen, wenn die sofortige oder die sofortige volle Entrichtung der Strafe für den Antragsteller mit besonderer Härte verbunden wäre und die Einbringlichkeit der Zwangsstrafe durch den Aufschub nicht gefährdet wird. Die Entrichtung in Raten darf nur mit der Maßgabe gestattet werden, dass alle noch aushaftenden Teilbeträge sofort fällig werden, wenn der Zahlungspflichtige mit mindestens zwei Raten in Verzug ist.

(3) Auf Antrag des Adressaten einer Zwangsstrafe kann das Firmenbuchgericht bis zur vollständigen Entrichtung eine Zwangsstrafe ganz oder teilweise nachlassen, wenn alle folgenden Voraussetzungen vorliegen:

1. die Einbringung ist für den Antragsteller mit besonderer Härte verbunden,
2. alle Offenlegungspflichten sind inzwischen erfüllt oder ihre Erfüllung ist für den Antragsteller nicht mehr möglich,
3. dem Antragsteller oder seinen vertretungsbefugten Organen ist nur ein geringes Verschulden an dem Verstoß zur Last zu legen, und
4. es bedarf der Einbringung nicht oder nicht in voller Höhe, um den Adressaten oder andere Unternehmen zur künftigen zeitgerechten Offenlegung anzuhalten.

*(BGBl I 2015/22)*

**§§ 286. bis 342.** (aufgehoben)

## Viertes Buch
## Unternehmensbezogene Geschäfte

### Erster Abschnitt
### Allgemeine Vorschriften

### Anwendungsbereich

**§ 343.** (1) Das Vierte Buch ist auf Unternehmer im Sinn der §§ 1 bis 3 sowie auf juristische Personen des öffentlichen Rechts anzuwenden.

(2) Unternehmensbezogene Geschäfte sind alle Geschäfte eines Unternehmers, die zum Betrieb seines Unternehmens gehören.

(3) Geschäfte, die eine natürliche Person vor Aufnahme des Betriebes ihres Unternehmens zur Schaffung der Voraussetzungen dafür tätigt, gelten noch nicht als unternehmensbezogene Geschäfte.

### Vermutung unternehmensbezogener Geschäfte

**§ 344.** Die von einem Unternehmer vorgenommenen Rechtsgeschäfte gelten im Zweifel als zum Betrieb seines Unternehmens gehörig.

### Einseitig unternehmensbezogene Geschäfte

**§ 345.** Auf ein Rechtsgeschäft, das für einen der beiden Teile ein unternehmensbezogenes Geschäft ist, kommen die Vorschriften des Vierten Buchs für beide Teile zur Anwendung, soweit sich aus diesen Vorschriften nicht ein anderes ergibt.

### Gebräuche im Geschäftsverkehr

**§ 346.** Unter Unternehmern ist in Hinblick auf die Bedeutung und Wirkung von Handlungen und Unterlassungen auf die im Geschäftsverkehr geltenden Gewohnheiten und Gebräuche Rücksicht zu nehmen.

### Sorgfaltspflicht

**§ 347.** Wer aus einem Geschäft, das auf seiner Seite unternehmensbezogen ist, einem anderen zur Sorgfalt verpflichtet ist, hat für die Sorgfalt eines ordentlichen Unternehmers einzustehen.

### Haftung als Gesamtschuldner

**§ 348.** Verpflichten sich mehrere Unternehmer gemeinschaftlich zu einer teilbaren Leistung, so haften sie im Zweifel als Gesamtschuldner.

### Schadenersatz

**§ 349.** Unter Unternehmern umfasst der zu ersetzende Schaden auch den entgangenen Gewinn.

**§ 350.** (aufgehoben)

### Verkürzung über die Hälfte

**§ 351.** Zulasten eines Unternehmers kann die Anwendung des § 934 ABGB vertraglich ausgeschlossen werden.

**§ 352.** (aufgehoben)

### Unanwendbarkeit von § 1335 ABGB

**§ 353.** § 1335 ABGB ist auf Geldforderungen gegen einen Unternehmer nicht anzuwenden.

### Entgeltlichkeit

**§ 354.** (1) Ist in einem Geschäft kein Entgelt bestimmt und auch nicht Unentgeltlichkeit vereinbart, so gilt ein angemessenes Entgelt als bedungen.

(2) Für Darlehen, Vorschüsse, Auslagen und andere Verwendungen können vom Tag der Leistung an Zinsen berechnet werden.

### Kontokorrent

**§ 355.** (1) Vereinbart jemand mit einem Unternehmer, mit dem er in Geschäftsverbindung steht, dass die aus der Verbindung entspringenden beiderseitigen Ansprüche und Leistungen nebst Zinsen in Rechnung gestellt und in regelmäßigen Zeitabschnitten durch Verrechnung und Feststellung des für den einen oder anderen Teil sich ergebenden Überschusses ausgeglichen werden (laufende Rechnung, Kontokorrent), so treten, soweit nicht ein anderes vereinbart ist, die in den folgenden Bestimmungen geregelten Rechtswirkungen ein.

(2) Die Rechnungsperiode beträgt ein Jahr.

(3) Zum Ende der Rechnungsperiode kommt es zur Verrechnung der beiderseitigen Ansprüche und Leistungen nebst Zinsen. Die §§ 1415 und 1416 ABGB sind anzuwenden.

(4) Jeder Teil hat gegen den anderen einen Anspruch auf Feststellung des Rechnungsabschlusses. Liegt ein festgestellter Rechnungsabschluss vor, so kann derjenige, dem daraus ein Überschuss zusteht, sich zur Begründung seines Anspruchs auch auf diesen berufen. Die Einwendung des anderen Teils, der Gläubiger werde dadurch ungerechtfertigt bereichert, bleibt unberührt. Derjenige, dem beim Rechnungsabschluss ein Überschuss gebührt, kann vom Tag des Abschlusses an Zinsen vom Überschuss verlangen, auch soweit in der Rechnung Zinsen enthalten sind.

(5) Die laufende Rechnung kann im Zweifel auch während der Dauer einer Rechnungsperiode jederzeit mit der Wirkung gekündigt werden, dass derjenige, dem nach der Rechnung ein Überschuss gebührt, dessen Zahlung beanspruchen kann.

(6) Das Sich-Berufen auf einen Rechnungsabschluss, der unter Verwendung einer gegen ein gesetzliches Verbot oder gegen die guten Sitten verstoßenden Bedingung in Allgemeinen Geschäftsbedingungen oder Formblättern für Verträge aufgestellt wurde, steht einem Sich-Berufen auf eine solche Bedingung im Sinn des § 28 Abs. 1 letzter Satz KSchG gleich.

### Sicherheiten

**§ 356.** (1) Wird eine Forderung, die durch Pfand, Bürgschaft oder in anderer Weise gesichert ist, in die laufende Rechnung aufgenommen, so wird der Gläubiger durch die Anerkennung des Rechnungsabschlusses nicht gehindert, aus der Sicherheit insoweit Befriedigung zu suchen, soweit die gesicherte Forderung nach § 355 Abs. 3 fortbesteht.

(2) Haftet ein Dritter für eine in die laufende Rechnung aufgenommene Forderung als Gesamtschuldner, so findet auf die Geltendmachung der Forderung gegen ihn die Vorschrift des Abs. 1 entsprechende Anwendung.



### Pfändung des Saldos

**§ 357.** Hat der Gläubiger eines Beteiligten die Pfändung und Überweisung des Anspruchs auf dasjenige erwirkt, was seinem Schuldner als Überschuß aus der laufenden Rechnung zukommt, so können dem Gläubiger gegenüber Schuldposten, die nach der Pfändung durch neue Geschäfte entstehen, nicht in Rechnung gestellt werden. Geschäfte, die auf Grund eines schon vor der Pfändung bestehenden Rechtes oder einer schon vor diesem Zeitpunkte bestehenden Verpflichtung des Drittschuldners vorgenommen werden, gelten nicht als neue Geschäfte im Sinne dieser Vorschrift.

**§§ 358. bis 362.** (aufgehoben)

### Unternehmerische Wertpapiere

**§ 363.** (1) Anweisungen, die auf einen Unternehmer über die Leistung von Geld, Wertpapieren oder anderen vertretbaren Sachen ausgestellt sind, ohne daß darin die Leistung von einer Gegenleistung abhängig gemacht ist, können durch Indossament übertragen werden, wenn sie an Order lauten. Dasselbe gilt von Verpflichtungsscheinen, die von einem Unternehmer über Gegenstände der bezeichneten Art an Order ausgestellt sind, ohne daß darin die Leistung von einer Gegenleistung abhängig gemacht ist.

(2) Ferner können Konnossemente der Verfrachter, Ladescheine der Frachtführer, Lagerscheine der staatlich zur Ausstellung solcher Urkunden ermächtigten Anstalten sowie Transportversicherungspolizzen durch Indossament übertragen werden, wenn sie an Order lauten.

### Indossament

**§ 364.** (1) Durch das Indossament gehen alle Rechte aus dem indossierten Papier auf den Indossatar über.

(2) Dem legitimierten Inhaber der Urkunde kann der Schuldner nur solche Einwendungen entgegensetzen, welche die Gültigkeit seiner Erklärung in der Urkunde betreffen oder sich aus dem Inhalte der Urkunde ergeben oder ihm unmittelbar gegen den Inhaber zustehen.

(3) Der Schuldner ist nur gegen Aushändigung der quittierten Urkunde zur Leistung verpflichtet.

### Anwendung des Wechselrechts; Aufgebotsverfahren; Kraftloserklärung

**§ 365.** (1) Hinsichtlich der Form des Indossaments, der Legitimation des Inhabers und der Prüfung der Legitimation sowie der Verpflichtung des Inhabers zur Herausgabe finden die Vorschriften der Art. 13, 14, 16 und 40 des Wechselgesetzes entsprechende Anwendung.

(2) Ist die Urkunde vernichtet oder abhanden gekommen, so unterliegt sie der Kraftloserklärung im Wege des Aufgebotsverfahrens. Ist das Aufgebotsverfahren eingeleitet, so kann der Berechtigte, wenn er bis zur Kraftloserklärung eine Sicherheit bestellt, vom Schuldner Leistung nach Maßgabe der Urkunde verlangen.

(3) Das Aufgebotsverfahren und die Aufgebotsfrist richten sich nach den für Wechsel geltenden Vorschriften, soweit nicht für einzelne Arten der in § 363 bezeichneten Urkunden Sondervorschriften bestehen.

**§ 366.** (aufgehoben)

### Gutgläubiger Erwerb gesetzlicher Pfandrechte

**§ 367.** Das gesetzliche Pfandrecht des Kommissionärs, des Spediteurs, des Lagerhalters und des Frachtführers steht hinsichtlich des Schutzes des guten Glaubens einem gemäß § 456 ABGB durch Vertrag erworbenen Pfandrecht gleich.

### Pfandverwertung

**§ 368.** (1) Ist eine Verpfändung auf der Seite des Pfandgläubigers und des Pfandbestellers ein unternehmensbezogenes Geschäft, so tritt an die Stelle der in § 466b Abs. 1 ABGB bestimmten Frist von einem Monat eine solche von einer Woche.

(2) Diese Vorschrift findet auf das gesetzliche Pfandrecht des Kommissionärs, des Spediteurs, des Lagerhalters und des Frachtführers entsprechende Anwendung, auf das Pfandrecht des Spediteurs und des Frachtführers auch dann, wenn der Speditions- oder Frachtvertrag nur auf ihrer Seite ein unternehmensbezogenes Geschäft ist.

### Zurückbehaltungsrecht

**§ 369.** (1) Ein Unternehmer hat für die fälligen Forderungen, die ihm gegen einen anderen Unternehmer aus den zwischen ihnen geschlossenen unternehmensbezogenen Geschäften zustehen, ein Zurückbehaltungsrecht an den beweglichen Sachen und Wertpapieren des Schuldners, die mit dessen Willen auf Grund von unternehmensbezogenen Geschäften in seine Innehabung gelangt sind, sofern er sie noch innehat, insbesondere mittels Konnossements, Ladescheins oder Lagerscheins darüber verfügen kann. Das Zurückbehaltungsrecht ist auch dann begründet, wenn das Eigentum an dem Gegenstand vom Schuldner auf den Gläubiger übergegangen ist oder von einem Dritten für den Schuldner auf den Gläubiger übertragen wurde, aber auf den Schuldner zurückzuübertragen ist.

(2) Einem dinglich berechtigten Dritten gegenüber besteht das Zurückbehaltungsrecht nicht.

(3) Das Zurückbehaltungsrecht ist ausgeschlossen, wenn die Zurückbehaltung des Gegenstandes der von dem Schuldner vor oder bei der Übergabe erteilten Anweisung oder der von dem Gläubiger übernommenen Verpflichtung, in einer bestimmten Weise mit dem Gegenstande zu verfahren, widerstreitet.

(4) Der Schuldner kann die Ausübung des Zurückbehaltungsrechts durch Sicherheitsleistung abwenden. Die Sicherheitsleistung durch Bürgen ist ausgeschlossen.

### Außerordentliches Zurückbehaltungsrecht

**§ 370.** (1) Das Zurückbehaltungsrecht kann auch wegen nicht fälliger Forderungen geltend gemacht werden:

1. wenn über das Vermögen des Schuldners das Konkursverfahren eröffnet ist oder der Schuldner seine Zahlungen eingestellt hat;

2. wenn eine Zwangsvollstreckung in das Vermögen des Schuldners ohne Erfolg versucht ist.

(2) Der Geltendmachung des Zurückbehaltungsrechts steht die Anweisung des Schuldners oder die Übernahme der Verpflichtung, in einer bestimmten Weise mit dem Gegenstande zu verfahren, nicht entgegen, sofern die im Abs. 1 Nr. 1, 2 bezeichneten Tatsachen erst nach der Übergabe des Gegenstandes oder nach der Übernahme der Verpflichtung dem Gläubiger bekannt werden.

### Befriedigungsrecht

**§ 371.** (1) Der Gläubiger ist kraft des Zurückbehaltungsrechts befugt, sich aus dem zurückbehaltenen Gegenstande für seine Forderung zu befriedigen. Der Gläubiger hat gegenüber einem an dem Gegenstand nach der Entstehung des Zurückbehaltungsrechts durch Pfändung entstandenen Pfandrecht in Ansehung der Befriedigung aus dem Gegenstand den Vorrang.

(2) Die Befriedigung erfolgt nach den für das Pfandrecht geltenden Vorschriften. An die Stelle der in § 466b Abs. 1 ABGB bestimmten Frist von einem Monat tritt eine solche von einer Woche.

(3) Sofern die Befriedigung nicht im Wege der Zwangsvollstreckung stattfindet, ist sie erst zulässig, nachdem der Gläubiger einen vollstreckbaren Titel für sein Recht auf Befriedigung gegen den Eigentümer oder, wenn der Gegenstand ihm selbst gehört, gegen den Schuldner erlangt hat; in dem letzteren Falle finden die den Eigentümer betreffenden Vorschriften des ABGB über die Befriedigung auf den Schuldner entsprechende Anwendung. In Ermangelung des vollstreckbaren Titels ist der Verkauf des Gegenstandes nicht rechtmäßig.

(4) (aufgehoben)

### Eigentumsfiktion und Rechtskraftwirkung bei Befriedigungsrecht

**§ 372.** In Ansehung der Befriedigung aus dem zurückbehaltenen Gegenstande gilt zu Gunsten des Gläubigers der Schuldner, sofern er beim Erwerb der Innehabung des Gläubigers der Eigentümer des Gegenstandes war, auch weiter als Eigentümer, sofern nicht der Gläubiger weiß, daß der Schuldner nicht mehr Eigentümer ist.

## Zweiter Abschnitt
## Warenkauf

### Annahmeverzug

**§ 373.** (1) Ist der Käufer mit der Annahme der Ware im Verzuge, so kann der Verkäufer die Ware auf Gefahr und Kosten des Käufers in einem öffentlichen Lagerhaus oder sonst in sicherer Weise hinterlegen.

(2) Er ist ferner befugt, nach vorgängiger Androhung die Ware durch einen dazu befugten Unternehmer öffentlich versteigern zu lassen; er kann, wenn die Ware einen Börsen- oder Marktpreis hat, nach vorgängiger Androhung den Verkauf auch aus freier Hand durch einen dazu befugten Unternehmer zum laufenden Preis bewirken. Ist die Ware dem Verderb ausgesetzt und Gefahr im Verzuge, so bedarf es der vorgängigen Androhung nicht; dasselbe gilt, wenn die Androhung aus anderen Gründen untunlich ist.

(3) Der Selbsthilfeverkauf erfolgt für Rechnung des säumigen Käufers.

(4) Der Verkäufer und der Käufer können bei der öffentlichen Versteigerung mitbieten.

(5) Im Falle der öffentlichen Versteigerung hat der Verkäufer den Käufer von der Zeit und dem Orte der Versteigerung vorher zu benachrichtigen; von dem vollzogenen Verkaufe hat er bei jeder Art des Verkaufs dem Käufer unverzüglich Nachricht zu geben. Im Falle der Unterlassung ist er zum Schadenersatze verpflichtet. Die Benachrichtigungen dürfen unterbleiben, wenn sie untunlich sind.

### Anwendbarkeit der bürgerlich-rechtlichen Bestimmungen

**§ 374.** Durch die Vorschriften des § 373 werden die Befugnisse nicht berührt, welche dem Verkäufer nach anderen Bestimmungen zustehen, wenn der Käufer im Verzuge der Annahme ist.

**§ 375.** (aufgehoben)

### Schadenersatz wegen Nichterfüllung

**§ 376.** (1) Wird Schadenersatz wegen Nichterfüllung verlangt und hat die Ware einen Börsen- oder Marktpreis, so kann der Unterschied des Kaufpreises und des Börsen- oder Marktpreises zur Zeit und am Orte der geschuldeten Leistung gefordert werden.

(2) Das Ergebnis eines anderweit vorgenommenen Verkaufs oder Kaufes kann, falls die Ware einen Börsen- oder Marktpreis hat, dem Ersatzanspruche nur zu Grunde gelegt werden, wenn der Verkauf oder Kauf sofort nach dem Ablaufe der bedungenen Leistungszeit oder Leistungsfrist bewirkt ist. Der Verkauf oder Kauf muß, wenn er nicht in öffentlicher Versteigerung geschieht, durch einen zu solchen Verkäufen oder Käufen oder zu einer öffentlichen Versteigerung befugten Unternehmer zum laufenden Preise erfolgen.

(3) Auf den Verkauf durch öffentliche Versteigerung findet die Vorschrift des § 373 Abs. 4 Anwendung. Von dem Verkauf oder Kaufe hat der Gläubiger den Schuldner unverzüglich zu benachrichtigen; im Falle der Unterlassung ist er zum Schadenersatz verpflichtet.

### Mängelrüge

**§ 377.** (1) Ist der Kauf für beide Teile ein unternehmensbezogenes Geschäft, so hat der Käufer dem Verkäufer Mängel der Ware, die er bei ordnungsgemäßem Geschäftsgang nach Ablieferung durch Untersuchung festgestellt hat oder feststellen hätte müssen, binnen angemessener Frist anzuzeigen.



(2) Unterlässt der Käufer die Anzeige, so kann er Ansprüche auf Gewährleistung (§§ 922 ff. ABGB), auf Schadenersatz wegen des Mangels

selbst (§ 933a Abs. 2 ABGB) sowie aus einem Irrtum über die Mangelfreiheit der Sache (§§ 871 f. ABGB) nicht mehr geltend machen.

(3) Zeigt sich später ein solcher Mangel, so muss er ebenfalls in angemessener Frist angezeigt werden; andernfalls kann der Käufer auch in Ansehung dieses Mangels die in Abs. 2 bezeichneten Ansprüche nicht mehr geltend machen.

(4) Zur Erhaltung der Rechte des Käufers genügt die rechtzeitige Absendung der Anzeige; dies gilt auch dann, wenn die Anzeige dem Verkäufer nicht zugeht.

(5) Der Verkäufer kann sich auf diese Vorschrift nicht berufen, wenn der Käufer beweist, dass der Verkäufer den Mangel vorsätzlich oder grob fahrlässig verursacht oder verschwiegen hat, oder wenn es sich um einen Viehmangel handelt, für den eine Vermutungsfrist (§ 925 ABGB) besteht.

### Rügeobliegenheit bei Falschlieferung oder Mengenfehlern

**§ 378.** Die Vorschriften des § 377 finden auch dann Anwendung, wenn eine andere als die bedungene Ware oder eine andere als die bedungene Menge von Waren geliefert ist, sofern die gelieferte Ware nicht offensichtlich von der Bestellung so erheblich abweicht, daß der Verkäufer die Genehmigung des Käufers als ausgeschlossen betrachten mußte.

### Aufbewahrungspflicht

**§ 379.** (1) Ist der Kauf für beide Teile ein unternehmensbezogenes Geschäft, so ist der Käufer, wenn er die ihm von einem anderen Orte übersendete Ware beanstandet, verpflichtet, für ihre einstweilige Aufbewahrung zu sorgen.

(2) Er kann die Ware, wenn sie dem Verderb ausgesetzt und Gefahr im Verzug ist, unter Beobachtung der Vorschriften des § 373 verkaufen lassen.

**§ 380.** (aufgehoben)

### Anwendungsbereich

**§ 381.** (1) Die in diesem Abschnitte für den Kauf von Waren getroffenen Vorschriften gelten auch für den Kauf von Wertpapieren.

(2) Sie finden auch auf Werkverträge über die Herstellung körperlicher beweglicher Sachen und Tauschverträge über körperliche bewegliche Sachen Anwendung.

**§ 382.** (aufgehoben)

## Dritter Abschnitt. Kommissionsgeschäft.

### Kommissionär, Kommissionsvertrag

**§ 383.** (1) Kommissionär ist, wer es übernimmt, Waren oder Wertpapiere für Rechnung eines anderen (des Kommittenten) in eigenem Namen zu kaufen oder zu verkaufen. Die Vorschriften dieses Abschnitts gelten auch für andere Geschäfte, insbesondere Werklieferungen, die ein Unternehmer für Rechnung eines anderen im eigenen Namen zu schließen übernimmt.

(2) Kommissionsagent ist, wer von einem Kommittenten ständig mit Kommissionsgeschäften betraut ist. Die Vorschriften über das Kommissionsgeschäft finden auf das Verhältnis des Kommissionsagenten zu den Kunden Anwendung. Auf das Verhältnis zwischen Kommissionsagenten und Kommittenten sind die Vorschriften des Handelsvertretergesetzes anzuwenden.

### Pflichten des Kommissionärs

**§ 384.** (1) Der Kommissionär ist verpflichtet, das übernommene Geschäft mit der Sorgfalt eines ordentlichen Unternehmers auszuführen; er hat hierbei das Interesse des Kommittenten wahrzunehmen und dessen Weisungen zu befolgen.

(2) Er hat dem Kommittenten die erforderlichen Nachrichten zu geben, insbesondere von der Ausführung der Kommission unverzüglich Anzeige zu machen; er ist verpflichtet, dem Kommittenten über das Geschäft Rechenschaft abzulegen und ihm dasjenige herauszugeben, was er aus der Geschäftsbesorgung erlangt hat.

(3) Der Kommissionär haftet dem Kommittenten für die Erfüllung des Geschäfts, wenn er ihm nicht zugleich mit der Anzeige von der Ausführung der Kommission den Dritten namhaft macht, mit dem er das Geschäft abgeschlossen hat.

### Weisungen des Kommittenten

**§ 385.** (1) Handelt der Kommissionär nicht gemäß den Weisungen des Kommittenten, so ist er diesem zum Ersatze des Schadens verpflichtet; der Kommittent braucht das Geschäft nicht für seine Rechnung gelten zu lassen.

(2) Der Kommissionär ist berechtigt, von den Weisungen des Kommittenten abzuweichen, wenn er den Umständen nach annehmen darf, daß dieser bei Kenntnis der Sachlage die Abweichung billigen würde. Der Kommissionär hat vor der Abweichung dem Kommittenten Anzeige zu machen und seine Entschließung abzuwarten, wenn nicht mit dem Aufschub Gefahr verbunden ist.

### Preisgrenzen

**§ 386.** (1) Hat der Kommissionär unter dem ihm gesetzten Preise verkauft oder hat er den ihm für den Einkauf gesetzten Preis überschritten, so muß der Kommittent, falls er das Geschäft als nicht für seine Rechnung abgeschlossen zurückweisen will, dies unverzüglich auf die Anzeige von der Ausführung des Geschäfts erklären; anderenfalls gilt die Abweichung von der Preisbestimmung als genehmigt.

(2) Erbietet sich der Kommissionär zugleich mit der Anzeige von der Ausführung des Geschäfts zur Deckung des Preisunterschieds, so ist der Kommittent zur Zurückweisung nicht berechtigt. Der Anspruch des Kommittenten auf den Ersatz eines den Preisunterschied übersteigenden Schadens bleibt unberührt.

### Vorteilhafterer Abschluss

**§ 387.** (1) Schließt der Kommissionär zu vorteilhafteren Bedingungen ab, als sie ihm von dem Kommittenten gesetzt worden sind, so kommt dies dem Kommittenten zustatten.

(2) Dies gilt insbesondere, wenn der Preis, für welchen der Kommissionär verkauft, den von dem Kommittenten bestimmten niedrigsten Preis übersteigt oder wenn der Preis, für welchen er einkauft, den von dem Kommittenten bestimmten höchsten Preis nicht erreicht.

### Beschädigtes oder mangelhaftes Kommissionsgut

**§ 388.** (1) Befindet sich das Gut, welches dem Kommissionär zugesendet ist, bei der Ablieferung in einem beschädigten oder mangelhaften Zustande, der äußerlich erkennbar ist, so hat der Kommissionär die Rechte gegen den Frachtführer oder Schiffer zu wahren, für den Beweis des Zustandes zu sorgen und dem Kommittenten unverzüglich Nachricht zu geben; im Falle der Unterlassung ist er zum Schadensersatze verpflichtet.

(2) Ist das Gut dem Verderb ausgesetzt oder treten später Veränderungen an dem Gute ein, die dessen Entwertung befürchten lassen, und ist keine Zeit vorhanden, die Verfügung des Kommittenten einzuholen, oder ist der Kommittent in der Erteilung der Verfügung säumig, so kann der Kommissionär den Verkauf des Gutes nach Maßgabe der Vorschriften des § 373 bewirken.

### Hinterlegung, Selbsthilfeverkauf

**§ 389.** Unterläßt der Kommittent über das Gut zu verfügen, obwohl er dazu nach Lage der Sache verpflichtet ist, so hat der Kommissionär die nach § 373 dem Verkäufer zustehenden Rechte.

### Haftung des Kommissionärs für das Gut

**§ 390.** (1) Der Kommissionär ist für den Verlust und die Beschädigung des in seiner Verwahrung befindlichen Gutes verantwortlich, es sei denn, daß der Verlust oder die Beschädigung auf Umständen beruht, die durch die Sorgfalt eines ordentlichen Unternehmers nicht abgewendet werden konnten.

(2) Der Kommissionär ist wegen der Unterlassung der Versicherung des Gutes nur verantwortlich, wenn er von dem Kommittenten angewiesen war, die Versicherung zu bewirken.

### Untersuchungs- und Rügepflicht; Aufbewahrung, Notverkauf

**§ 391.** Ist eine Einkaufskommission erteilt, die für beide Teile ein unternehmensbezogenes Geschäft ist, so finden in Bezug auf die Verpflichtung des Kommittenten, das Gut zu untersuchen und dem Kommissionär von den entdeckten Mängeln Anzeige zu machen, sowie in Bezug auf die Sorge für die Aufbewahrung des beanstandeten Gutes und auf den Verkauf bei drohendem Verderbe die für den Käufer geltenden Vorschriften der §§ 377 bis 379 entsprechende Anwendung. Der Anspruch des Kommittenten auf Abtretung der Rechte, die dem Kommissionär gegen den Dritten zustehen, von welchem er das Gut für Rechnung des Kommittenten gekauft hat, wird durch eine verspätete Anzeige des Mangels nicht berührt.

### Forderungen aus dem Ausführungsgeschäft

**§ 392.** (1) Forderungen aus einem Geschäfte, das der Kommissionär abgeschlossen hat, kann der Kommittent dem Schuldner gegenüber erst nach der Abtretung geltend machen.

(2) Jedoch gelten solche Forderungen, auch wenn sie nicht abgetreten sind, im Verhältnisse zwischen dem Kommittenten und dem Kommissionär oder dessen Gläubigern als Forderungen des Kommittenten.

### Vorschuss oder Kredite an Dritte

**§ 393.** (1) Wird von dem Kommissionär ohne Zustimmung des Kommittenten einem Dritten ein Vorschuß geleistet oder Kredit gewährt, so handelt der Kommissionär auf eigene Gefahr.

(2) Soweit am Ort des Geschäfts nach den im Geschäftsverkehr geltenden Gewohnheiten und Gebräuchen die Stundung des Kaufpreises üblich ist, ist mangels einer anderen Bestimmung des Kommittenten auch der Kommissionär dazu berechtigt.

(3) Verkauft der Kommissionär unbefugt auf Kredit, so ist er verpflichtet, dem Kommittenten sofort als Schuldner des Kaufpreises die Zahlung zu leisten. Wäre beim Verkaufe gegen bar der Preis geringer gewesen, so hat der Kommissionär nur den geringeren Preis und, wenn dieser niedriger ist als der ihm gesetzte Preis, auch den Unterschied nach § 386 zu vergüten.

### Delkredere

**§ 394.** (1) Der Kommissionär hat für die Erfüllung der Verbindlichkeit des Dritten, mit dem er das Geschäft für Rechnung des Kommittenten abschließt, einzustehen, wenn dies von ihm übernommen oder am Orte seiner Niederlassung üblich ist.

(2) Der Kommissionär, der für den Dritten einzustehen hat, ist dem Kommittenten für die Erfüllung im Zeitpunkte des Verfalls unmittelbar insoweit verhaftet, als die Erfüllung aus dem Vertragsverhältnisse gefordert werden kann. Er kann eine besondere Vergütung (Delkredereprovision) beanspruchen.

### Wechselindossament

**§ 395.** Ein Kommissionär, der den Ankauf eines Wechsels übernimmt, ist verpflichtet, den Wechsel, wenn er ihn indossiert, in üblicher Weise und ohne Vorbehalt zu indossieren.



### Provision des Kommissionärs; Ersatz von Aufwendungen

**§ 396.** (1) Der Kommissionär kann die Provision fordern, wenn das Geschäft zur Ausführung gekommen ist. Ist das Geschäft nicht zur Ausführung gekommen, so hat er gleichwohl den Anspruch auf die Auslieferungsprovision, sofern eine solche ortsgebräuchlich ist; auch kann er die

Provision verlangen, wenn die Ausführung des von ihm abgeschlossenen Geschäfts nur aus einem in der Person des Kommittenten liegenden Grunde unterblieben ist.

(2) Der Kommittent ist zum Ersatz der Aufwendungen verpflichtet, die der Kommissionär zum Zweck der Ausführung des Auftrags gemacht hat und den Umständen nach für erforderlich halten durfte. Zu diesem Ersatz gehört auch die Vergütung für die Benutzung der Lagerräume und der Beförderungsmittel des Kommissionärs.

**Gesetzliches Pfandrecht**

**§ 397.** Der Kommissionär hat an dem Kommissionsgute, sofern er es im Besitze hat, insbesondere mittelst Konnossements, Ladescheins oder Lagerscheins darüber verfügen kann, ein Pfandrecht wegen der auf das Gut verwendeten Kosten, der Provision, der auf das Gut gegebenen Vorschüsse und Darlehen, der mit Rücksicht auf das Gut gezeichneten Wechsel oder in anderer Weise eingegangenen Verbindlichkeiten sowie wegen aller Forderungen aus laufender Rechnung in Kommissionsgeschäften.

**Befriedigung aus eigenem Kommissionsgut**

**§ 398.** Der Kommissionär kann sich, auch wenn er Eigentümer des Kommissionsguts ist, für die im § 397 bezeichneten Ansprüche nach Maßgabe der für das Pfandrecht geltenden Vorschriften aus dem Gute befriedigen.

**Befriedigung aus Forderungen**

**§ 399.** Aus den Forderungen, welche durch das für Rechnung des Kommittenten geschlossene Geschäft begründet sind, kann sich der Kommissionär für die im § 397 bezeichneten Ansprüche vor dem Kommittenten und dessen Gläubigern befriedigen.

**Selbsteintritt des Kommissionärs**

**§ 400.** (1) Die Kommission zum Einkauf oder zum Verkaufe von Waren, die einen Börsen- oder Marktpreis haben, sowie von Wertpapieren, bei denen ein Börsen- oder Marktpreis amtlich festgestellt wird, kann, wenn der Kommittent nicht ein anderes bestimmt hat, von dem Kommissionär dadurch ausgeführt werden, daß er das Gut, welches er einkaufen soll, selbst als Verkäufer liefert oder das Gut, welches er verkaufen soll, selbst als Käufer übernimmt.

(2) Im Falle einer solchen Ausführung der Kommission beschränkt sich die Pflicht des Kommissionärs, Rechenschaft über die Abschließung des Kaufes oder Verkaufs abzulegen, auf den Nachweis, daß bei dem berechneten Preise der zur Zeit der Ausführung der Kommission bestehende Börsen- oder Marktpreis eingehalten ist. Als Zeit der Ausführung gilt der Zeitpunkt, in welchem der Kommissionär die Anzeige von der Ausführung zur Absendung an den Kommittenten abgegeben hat.

(3) Ist bei einer Kommission, die während der Börsen- oder Marktzeit auszuführen war, die Ausführungsanzeige erst nach dem Schlusse der Börse oder des Marktes zur Absendung abgegeben, so darf der berechnete Preis für den Kommittenten nicht ungünstiger sein als der Preis, der am Schlusse der Börse oder des Marktes bestand.

(4) Bei einer Kommission, die zu einem bestimmten Kurse (erster Kurs, Mittelkurs, letzter Kurs) ausgeführt werden soll, ist der Kommissionär ohne Rücksicht auf den Zeitpunkt der Absendung der Ausführungsanzeige berechtigt und verpflichtet, diesen Kurs dem Kommittenten in Rechnung zu stellen.

(5) Bei Wertpapieren und Waren, für welche der Börsen- oder Marktpreis amtlich festgestellt wird, kann der Kommissionär im Falle der Ausführung der Kommission durch Selbsteintritt dem Kommittenten keinen ungünstigeren Preis als den amtlich festgestellten in Rechnung stellen.

**Deckungsgeschäft bei Selbsteintritt**

**§ 401.** (1) Auch im Falle der Ausführung der Kommission durch Selbsteintritt hat der Kommissionär, wenn er bei Anwendung pflichtmäßiger Sorgfalt die Kommission zu einem günstigeren als dem nach § 400 sich ergebenden Preise ausführen konnte, dem Kommittenten den günstigeren Preis zu berechnen.

(2) Hat der Kommissionär vor der Absendung der Ausführungsanzeige aus Anlaß der erteilten Kommission an der Börse oder am Markte ein Geschäft mit einem Dritten abgeschlossen, so darf er dem Kommittenten keinen ungünstigeren als den hierbei vereinbarten Preis berechnen.

**Unabdingbarkeit**

**§ 402.** Die Vorschriften des § 400 Abs. 2 bis 5 und des § 401 können nicht durch Vertrag zum Nachteile des Kommittenten abgeändert werden.

**Provision und Kosten bei Selbsteintritt**

**§ 403.** Der Kommissionär, der das Gut selbst als Verkäufer liefert oder als Käufer übernimmt, ist zu der gewöhnlichen Provision berechtigt und kann die bei Kommissionsgeschäften sonst regelmäßig vorkommenden Kosten berechnen.

**Gesetzliches Pfandrecht bei Selbsteintritt**

**§ 404.** Die Vorschriften der §§ 397, 398 finden auch im Falle der Ausführung der Kommission durch Selbsteintritt Anwendung.

**Ausführungsanzeige und Selbsteintritt; Widerruf der Kommission**

**§ 405.** (1) Zeigt der Kommissionär die Ausführung der Kommission an, ohne ausdrücklich zu bemerken, daß er selbst eintreten wolle, so gilt dies als Erklärung, daß die Ausführung durch Abschluß des Geschäfts mit einem Dritten für Rechnung des Kommittenten erfolgt sei.

(2) Eine Vereinbarung zwischen dem Kommittenten und dem Kommissionär, daß die Erklärung darüber, ob die Kommission durch Selbsteintritt oder durch Abschluß mit einem Dritten ausgeführt

sei, später als am Tage der Ausführungsanzeige abgegeben werden dürfe, ist nichtig.

(3) Widerruft der Kommittent die Kommission und geht der Widerruf dem Kommissionär zu, bevor die Ausführungsanzeige zur Absendung abgegeben ist, so steht dem Kommissionär das Recht des Selbsteintritts nicht mehr zu.

**§ 406.** (aufgehoben)

## Vierter Abschnitt. Speditionsgeschäft.

### Spediteur, Anwendung des 3. Abschnitts

**§ 407.** (1) Spediteur ist, wer es übernimmt, Güterversendungen durch Frachtführer oder durch Verfrachter von Seeschiffen für Rechnung eines anderen (des Versenders) in eigenem Namen zu besorgen.

(2) Auf die Rechte und Pflichten des Spediteurs finden, soweit dieser Abschnitt keine Vorschriften enthält, die für den Kommissionär geltenden Vorschriften, insbesondere die Vorschriften der §§ 388 bis 390 über die Empfangnahme, die Aufbewahrung und die Versicherung des Gutes, Anwendung.

### Pflichten des Spediteurs

**§ 408.** (1) Der Spediteur hat die Versendung, insbesondere die Wahl der Frachtführer, Verfrachter und Zwischenspediteure, mit der Sorgfalt eines ordentlichen Unternehmers auszuführen; er hat hierbei das Interesse des Versenders wahrzunehmen und dessen Weisungen zu befolgen.

(2) Der Spediteur ist nicht berechtigt, dem Versender eine höhere als die mit dem Frachtführer oder dem Verfrachter bedungene Fracht zu berechnen.

### Fälligkeit der Provision

**§ 409.** Der Spediteur hat die Provision zu fordern, wenn das Gut dem Frachtführer oder dem Verfrachter zur Beförderung übergeben ist.

### Gesetzliches Pfandrecht

**§ 410.** Der Spediteur hat wegen der Fracht, der Provision, der Auslagen und Verwendungen sowie wegen der auf das Gut gegebenen Vorschüsse ein Pfandrecht an dem Gute, sofern er es noch im Besitze hat, insbesondere mittelst Konnossements, Ladescheins oder Lagerscheins darüber verfügen kann.

### Zwischenspediteur

**§ 411.** (1) Bedient sich der Spediteur eines Zwischenspediteurs, so hat dieser zugleich die seinem Vormanne zustehenden Rechte, insbesondere dessen Pfandrecht, auszuüben.

(2) Soweit der Vormann wegen seiner Forderung von dem Nachmanne befriedigt wird, geht die Forderung und das Pfandrecht des Vormanns auf den Nachmann über. Dasselbe gilt von der Forderung und dem Pfandrecht des Frachtführers, soweit der Zwischenspediteur ihn befriedigt.

### Selbsteintritt des Spediteurs

**§ 412.** (1) Der Spediteur ist, wenn nicht ein anderes bestimmt ist, befugt, die Beförderung des Gutes selbst auszuführen.

(2) Macht er von dieser Befugnis Gebrauch, so hat er zugleich die Rechte und Pflichten eines Frachtführers oder Verfrachters; er kann die Provision, die bei Speditionsgeschäften sonst regelmäßig vorkommenden Kosten sowie die gewöhnliche Fracht verlangen.

### Spedition zu festen Spesen; Sammelladung

**§ 413.** (1) Hat sich der Spediteur mit dem Versender über einen bestimmten Satz der Beförderungskosten geeinigt, so hat er ausschließlich die Rechte und Pflichten eines Frachtführers. Er kann in einem solchen Falle Provisionen nur verlangen, wenn es besonders vereinbart ist.

(2) Bewirkt der Spediteur die Versendung des Gutes zusammen mit den Gütern anderer Versender auf Grund eines für seine Rechnung über eine Sammelladung geschlossenen Frachtvertrags, so finden die Vorschriften des Abs. 1 Anwendung, auch wenn eine Einigung über einen bestimmten Satz der Beförderungskosten nicht stattgefunden hat. Der Spediteur kann in diesem Falle eine den Umständen nach angemessene Fracht, höchstens aber die für die Beförderung des einzelnen Gutes gewöhnliche Fracht verlangen.

### Verjährung

**§ 414.** (1) Die Ansprüche gegen den Spediteur wegen Verlustes, Minderung, Beschädigung oder verspäteter Ablieferung des Gutes verjähren in einem Jahre. Die Verjährungsfrist kann durch Vertrag verlängert werden.

(2) Die Verjährung beginnt im Falle der Beschädigung oder Minderung mit dem Ablaufe des Tages, an welchem die Ablieferung stattgefunden hat, im Falle des Verlustes oder der verspäteten Ablieferung mit dem Ablaufe des Tages, an welchem die Ablieferung hätte bewirkt sein müssen.

(3) Die im Abs. 1 bezeichneten Ansprüche können nach der Vollendung der Verjährung nur aufgerechnet werden, wenn vorher der Verlust, die Minderung, die Beschädigung oder die verspätete Ablieferung dem Spediteur angezeigt oder die Anzeige an ihn abgesendet worden ist. Der Anzeige an den Spediteur steht es gleich, wenn gerichtliche Beweisaufnahme zur Sicherung des Beweises beantragt oder in einem zwischen dem Versender und dem Empfänger oder einem späteren Erwerber des Gutes wegen des Verlustes, der Minderung, der Beschädigung oder der verspäteten Ablieferung anhängigen Rechtsstreite dem Spediteur der Streit verkündet wird.



(4) Diese Vorschriften finden keine Anwendung, wenn der Spediteur den Verlust, die Minderung, die Beschädigung oder die verspätete Ablieferung des Gutes vorsätzlich herbeigeführt hat.

**§ 415.** (aufgehoben)

## Fünfter Abschnitt.
## Lagergeschäft.

### Lagerhalter

**§ 416.** Lagerhalter ist, wer die Lagerung und Aufbewahrung von Gütern übernimmt.

### Rechte und Pflichten des Lagerhalters

**§ 417.** (1) Auf die Rechte und Pflichten des Lagerhalters in Ansehung der Empfangnahme, Aufbewahrung und Versicherung des Gutes finden die für den Kommissionär geltenden Vorschriften der §§ 388 bis 390 Anwendung.

(2) Treten Veränderungen an dem Gute ein, welche dessen Entwertung befürchten lassen, so hat der Lagerhalter den Einlagerer hiervon unverzüglich zu benachrichtigen. Versäumt er dies, so hat er den daraus entstehenden Schaden zu ersetzen.

### Besichtigung während der Geschäftszeit

**§ 418.** Der Lagerhalter hat dem Einlagerer die Besichtigung des Gutes, die Entnahme von Proben und die zur Erhaltung des Gutes notwendigen Handlungen während der Geschäftsstunden zu gestatten.

### Sammellagerung

**§ 419.** (1) Im Falle der Lagerung vertretbarer Sachen ist der Lagerhalter zu ihrer Vermischung mit anderen Sachen von gleicher Art und Güte nur befugt, wenn ihm dies ausdrücklich gestattet ist.

(2) Der Lagerhalter erwirbt auch in diesem Falle nicht das Eigentum des Gutes; aus dem durch die Vermischung entstandenen Gesamtvorrate kann er jedem Einlagerer den ihm gebührenden Anteil ausliefern, ohne daß er hierzu der Genehmigung der übrigen Beteiligten bedarf.

(3) Ist das Gut in der Art hinterlegt, daß das Eigentum auf den Lagerhalter übergehen und dieser verpflichtet sein soll, Sachen von gleicher Art, Güte und Menge zurückzugewähren, so finden die Vorschriften dieses Abschnitts keine Anwendung.

### Lagerkosten

**§ 420.** (1) Der Lagerhalter hat Anspruch auf das bedungene oder ortsübliche Lagergeld sowie auf Erstattung der Auslagen für Fracht und Zölle und der sonst für das Gut gemachten Aufwendungen, soweit er sie den Umständen nach für erforderlich halten durfte.

(2) Von den hiernach dem Lagerhalter zukommenden Beträgen (Lagerkosten) sind die baren Auslagen sofort zu erstatten. Die sonstigen Lagerkosten sind nach dem Ablaufe von je drei Monaten seit der Einlieferung oder, wenn das Gut in der Zwischenzeit zurückgenommen wird, bei der Rücknahme zu erstatten; wird das Gut teilweise zurückgenommen, so ist nur ein entsprechender Teil zu berichtigen, es sei denn, daß das auf dem Lager verbleibende Gut zur Sicherung des Lagerhalters nicht ausreicht.

### Gesetzliches Pfandrecht

**§ 421.** Der Lagerhalter hat wegen der Lagerkosten ein Pfandrecht an dem Gute, solange er es im Besitze hat, insbesondere mittels Konnossements, Ladescheins oder Lagerscheins darüber verfügen kann.

### Rücknahme des Gutes

**§ 422.** (1) Der Lagerhalter kann nicht verlangen, daß der Einlagerer das Gut vor dem Ablaufe der bedungenen Lagerzeit und, falls eine solche nicht bedungen ist, daß er es vor dem Ablaufe von drei Monaten nach der Einlieferung zurücknehme. Ist eine Lagerzeit nicht bedungen oder behält der Lagerhalter nach dem Ablaufe der bedungenen Lagerzeit das Gut auf dem Lager, so kann er die Rücknahme nur nach vorgängiger Kündigung unter Einhaltung einer Kündigungsfrist von einem Monate verlangen.

(2) Der Lagerhalter ist berechtigt, die Rücknahme des Gutes vor dem Ablaufe der Lagerzeit und ohne Einhaltung einer Kündigungsfrist zu verlangen, wenn ein wichtiger Grund vorliegt.

### Verjährung

**§ 423.** Auf die Verjährung der Ansprüche gegen den Lagerhalter wegen Verlustes, Minderung, Beschädigung oder verspäteter Ablieferung des Gutes finden die Vorschriften des § 414 entsprechende Anwendung. Im Falle des gänzlichen Verlustes beginnt die Verjährung mit dem Ablaufe des Tages, an welchem der Lagerhalter dem Einlagerer Anzeige von dem Verluste macht.

### Übergabe des Lagerscheins

**§ 424.** Ist von dem Lagerhalter ein Lagerschein ausgestellt, der durch Indossament übertragen werden kann, so hat, wenn das Gut von dem Lagerhalter übernommen ist, die Übergabe des Lagerscheins an denjenigen, welcher durch den Schein zur Empfangnahme des Gutes legitimiert wird, für den Erwerb von Rechten an dem Gute dieselben Wirkungen wie die Übergabe des Gutes.

## Sechster Abschnitt.
## Frachtgeschäft.

### Frachtführer

**§ 425.** Frachtführer ist, wer es übernimmt, die Beförderung von Gütern zu Lande oder auf Flüssen oder sonstigen Binnengewässern auszuführen.

### Frachtbrief

**§ 426.** (1) Der Frachtführer kann die Ausstellung eines Frachtbriefs verlangen.

(2) Der Frachtbrief soll enthalten:

1. den Ort und den Tag der Ausstellung;
2. den Namen und den Wohnort des Frachtführers;
3. den Namen dessen, an welchen das Gut abgeliefert werden soll (des Empfängers);
4. den Ort der Ablieferung;

5. die Bezeichnung des Gutes nach Beschaffenheit, Menge und Merkzeichen;
6. die Bezeichnung der für eine zoll- oder steueramtliche Behandlung oder polizeiliche Prüfung nötigen Begleitpapiere;
7. die Bestimmung über die Fracht sowie im Falle ihrer Vorausbezahlung einen Vermerk über die Vorausbezahlung;
8. die besonderen Vereinbarungen, welche die Beteiligten über andere Punkte, namentlich über die Zeit, innerhalb welcher die Beförderung bewirkt werden soll, über die Entschädigung wegen verspäteter Ablieferung und über die auf dem Gute haftenden Nachnahmen, getroffen haben;
9. die Unterschrift des Absenders; eine im Wege der mechanischen Vervielfältigung hergestellte Unterschrift ist genügend.

(3) Der Absender haftet dem Frachtführer für die Richtigkeit und die Vollständigkeit der in den Frachtbrief aufgenommenen Angaben.

### Begleitpapiere

**§ 427.** Der Absender ist verpflichtet, dem Frachtführer die Begleitpapiere zu übergeben, welche zur Erfüllung der Zoll-, Steuer- oder Polizeivorschriften vor der Ablieferung an den Empfänger erforderlich sind. Er haftet dem Frachtführer, sofern nicht diesem ein Verschulden zur Last fällt, für alle Folgen, die aus dem Mangel, der Unzulänglichkeit oder der Unrichtigkeit der Papiere entstehen.

### Lieferfrist; Verhinderung der Beförderung

**§ 428.** (1) Ist über die Zeit, binnen welcher der Frachtführer die Beförderung bewirken soll, nichts bedungen, so bestimmt sich die Frist, innerhalb deren er die Reise anzutreten und zu vollenden hat, nach dem Ortsgebrauche. Besteht ein Ortsgebrauch nicht, so ist die Beförderung binnen einer den Umständen nach angemessenen Frist zu bewirken.

(2) Wird der Antritt oder die Fortsetzung der Reise ohne Verschulden des Absenders zeitweilig verhindert, so kann der Absender von dem Vertrage zurücktreten; er hat jedoch den Frachtführer, wenn diesem kein Verschulden zur Last fällt, für die Vorbereitung der Reise, die Wiederausladung und den zurückgelegten Teil der Reise zu entschädigen. Über die Höhe der Entschädigung entscheidet der Ortsgebrauch; besteht ein Ortsgebrauch nicht, so ist eine den Umständen nach angemessene Entschädigung zu gewähren.

### Haftung des Frachtführers

**§ 429.** (1) Der Frachtführer haftet für den Schaden, der durch Verlust oder Beschädigung des Gutes in der Zeit von der Annahme bis zur Ablieferung oder durch Versäumung der Lieferzeit entsteht, es sei denn, daß der Verlust, die Beschädigung oder die Verspätung auf Umständen beruht, die durch die Sorgfalt eines ordentlichen Frachtführers nicht abgewendet werden konnten.

(2) Für den Verlust oder die Beschädigung von Kostbarkeiten, Kunstgegenständen, Geld und Wertpapieren haftet der Frachtführer nur, wenn ihm diese Beschaffenheit oder der Wert des Gutes bei der Übergabe zur Beförderung angegeben worden ist.

(3) Sondergesetzliche Haftungsansprüche bleiben unberührt.

### Umfang des Ersatzes

**§ 430.** (1) Muß auf Grund des Frachtvertrags von dem Frachtführer für gänzlichen oder teilweisen Verlust des Gutes Ersatz geleistet werden, so ist der gemeine Handelswert und in dessen Ermangelung der gemeine Wert zu ersetzen, welchen Gut derselben Art und Beschaffenheit am Orte der Ablieferung in dem Zeitpunkte hatte, in welchem die Ablieferung zu bewirken war; hiervon kommt in Abzug, was in Folge des Verlustes an Zöllen und sonstigen Kosten sowie an Fracht erspart ist.

(2) Im Falle der Beschädigung ist der Unterschied zwischen dem Verkaufswerte des Gutes im beschädigten Zustand und dem gemeinen Handelswert oder dem gemeinen Werte zu ersetzen, welchen das Gut ohne die Beschädigung am Orte und zur Zeit der Ablieferung gehabt haben würde; hiervon kommt in Abzug, was infolge der Beschädigung an Zöllen und sonstigen Kosten erspart ist.

(3) Ist der Schaden durch Vorsatz oder grobe Fahrlässigkeit des Frachtführers herbeigeführt, so kann Ersatz des vollen Schadens gefordert werden.

### Haftung für Gehilfen

**§ 431.** Der Frachtführer hat ein Verschulden seiner Leute und ein Verschulden anderer Personen, deren er sich bei der Ausführung der Beförderung bedient, in gleichem Umfange zu vertreten wie eigenes Verschulden.

### Mehrere aufeinanderfolgende Frachtführer

**§ 432.** (1) Übergibt der Frachtführer zur Ausführung der von ihm übernommenen Beförderung das Gut einem anderen Frachtführer, so haftet er für die Ausführung der Beförderung bis zur Ablieferung des Gutes an den Empfänger.

(2) Der nachfolgende Frachtführer tritt dadurch, daß er das Gut mit dem ursprünglichen Frachtbrief annimmt, diesem gemäß in den Frachtvertrag ein und übernimmt die selbständige Verpflichtung, die Beförderung nach dem Inhalte des Frachtbriefs auszuführen.

(3) Hat auf Grund dieser Vorschriften einer der beteiligten Frachtführer Schadensersatz geleistet, so steht ihm der Rückgriff gegen denjenigen zu, welcher den Schaden verschuldet hat. Kann dieser nicht ermittelt werden, so haben die beteiligten Frachtführer den Schaden nach dem Verhältnis ihrer Anteile an der Fracht gemeinsam zu tragen, soweit nicht festgestellt wird, daß der Schaden nicht auf ihrer Beförderungsstrecke entstanden ist.



### Verfügungsrecht des Absenders

**§ 433.** (1) Der Absender kann den Frachtführer anweisen, das Gut anzuhalten, zurückzugeben oder an einen anderen als den im Frachtbriefe bezeichneten Empfänger auszuliefern. Die Mehrkosten, die durch eine solche Verfügung entstehen, sind dem Frachtführer zu erstatten.

(2) Das Verfügungsrecht des Absenders erlischt, wenn nach der Ankunft des Gutes am Orte der Ablieferung der Frachtbrief dem Empfänger übergeben oder von dem Empfänger Klage gemäß § 435 gegen den Frachtführer erhoben wird. Der Frachtführer hat in einem solchen Falle nur die Anweisungen des Empfängers zu beachten; verletzt er diese Verpflichtung, so ist er dem Empfänger für das Gut verhaftet.

### Rechte des Empfängers vor der Ankunft des Gutes

**§ 434.** Der Empfänger ist vor der Ankunft des Gutes am Orte der Ablieferung dem Frachtführer gegenüber berechtigt, alle zur Sicherstellung des Gutes erforderlichen Maßregeln zu ergreifen und dem Frachtführer die zu diesem Zwecke notwendigen Anweisungen zu erteilen. Die Auslieferung des Gutes kann er vor dessen Ankunft am Orte der Ablieferung nur fordern, wenn der Absender den Frachtführer dazu ermächtigt hat.

### Rechte des Empfängers nach der Ankunft des Gutes

**§ 435.** Nach der Ankunft des Gutes am Orte der Ablieferung ist der Empfänger berechtigt, die durch den Frachtvertrag begründeten Rechte gegen Erfüllung der sich daraus ergebenden Verpflichtungen in eigenem Namen gegen den Frachtführer geltend zu machen, ohne Unterschied, ob er hierbei in eigenem oder in fremdem Interesse handelt. Er ist insbesondere berechtigt, von dem Frachtführer die Übergabe des Frachtbriefs und die Auslieferung des Gutes zu verlangen. Dieses Recht erlischt, wenn der Absender dem Frachtführer eine nach § 433 noch zulässige entgegenstehende Anweisung erteilt.

### Zahlungspflicht des Empfängers

**§ 436.** Durch Annahme des Gutes und des Frachtbriefs wird der Empfänger verpflichtet, dem Frachtführer nach Maßgabe des Frachtbriefs Zahlung zu leisten.

### Ablieferungshindernisse

**§ 437.** (1) Ist der Empfänger des Gutes nicht zu ermitteln oder verweigert er die Annahme oder ergibt sich ein sonstiges Ablieferungshindernis, so hat der Frachtführer den Absender unverzüglich hiervon in Kenntnis zu setzen und dessen Anweisungen einzuholen.

(2) Ist dies den Umständen nach nicht tunlich oder der Absender mit der Erteilung der Anweisung säumig oder die Anweisung nicht ausführbar, so ist der Frachtführer befugt, das Gut in einem öffentlichen Lagerhaus oder sonst in sicherer Weise zu hinterlegen. Er kann, falls das Gut dem Verderben ausgesetzt und Gefahr im Verzug ist, das Gut auch gemäß § 373 Abs. 2 bis 4 verkaufen lassen.

(3) Von der Hinterlegung und dem Verkaufe des Gutes hat der Frachtführer den Absender und den Empfänger unverzüglich zu benachrichtigen, es sei denn, daß dies untunlich ist; im Falle der Unterlassung ist er zum Schadensersatze verpflichtet.

### Erlöschen der Ansprüche gegen den Frachtführer

**§ 438.** (1) Ist die Fracht nebst den sonst auf dem Gute haftenden Forderungen bezahlt und das Gut angenommen, so sind alle Ansprüche gegen den Frachtführer aus dem Frachtvertrag erloschen.

(2) Diese Vorschrift findet keine Anwendung, soweit die Beschädigung oder Minderung des Gutes vor dessen Annahme durch amtlich bestellte Sachverständige festgestellt ist.

(3) Wegen einer Beschädigung oder Minderung des Gutes, die bei der Annahme äußerlich nicht erkennbar ist, kann der Frachtführer auch nach der Annahme des Gutes und der Bezahlung der Fracht in Anspruch genommen werden, wenn der Mangel in der Zeit zwischen der Übernahme des Gutes durch den Frachtführer und der Ablieferung entstanden ist und die Feststellung des Mangels durch amtlich bestellte Sachverständige unverzüglich nach der Entdeckung und spätestens binnen einer Woche nach der Annahme beantragt wird. Ist dem Frachtführer der Mangel unverzüglich nach der Entdeckung und binnen der bezeichneten Frist angezeigt, so genügt es, wenn die Feststellung unverzüglich nach dem Zeitpunkte beantragt wird, bis zu welchem der Eingang einer Antwort des Frachtführers unter regelmäßigen Umständen erwartet werden darf.

(4) Die Kosten einer von dem Empfangsberechtigten beantragten Feststellung sind von dem Frachtführer zu tragen, wenn ein Verlust oder eine Beschädigung ermittelt wird, für welche der Frachtführer Ersatz leisten muß.

(5) Der Frachtführer kann sich auf diese Vorschriften nicht berufen, wenn er den Schaden durch Vorsatz oder grobe Fahrlässigkeit herbeigeführt hat.

### Verjährung

**§ 439.** Auf die Verjährung der Ansprüche gegen den Frachtführer wegen Verlustes, Minderung, Beschädigung oder verspäteter Ablieferung des Gutes finden die Vorschriften des § 414 entsprechende Anwendung. Dies gilt nicht für die im § 432 Abs. 3 bezeichneten Ansprüche.

### Anwendung des Beförderungsvertrages im internationalen Straßengüterverkehr (CMR)

**§ 439a.** (1) Auf den Abschluß und die Ausführung des Vertrages über die entgeltliche Beförderung von Gütern auf der Straße ausgenommen Umzugsgut mittels Fahrzeugen, die Haftung des Frachtführers, Reklamationen und das Rechtsverhältnis zwischen aufeinanderfolgenden Frachtführern sind die Art. 2 bis 30 und 32 bis 41 des Übereinkommens vom 19. Mai 1956, BGBl. Nr. 138/1961, über den Beförderungsvertrag im internationalen Straßengüterverkehr (CMR) in der Fassung des Protokolls vom 5. Juli 1978, BGBl. Nr. 192/1981, in der für Österreich jeweils geltenden Fassung auch dann anzuwenden, wenn der vertragliche Ort der Übernahme und der vertragliche Ort der Ablieferung des Gutes im Inland liegen.

(2) Im Sinne des Abs. 1 sind unter Fahrzeugen Kraftfahrzeuge, Sattelkraftfahrzeuge, Anhänger und Sattelanhänger gemäß Art. I lit. p, q, r und u des Übereinkommens über den Straßenverkehr, BGBl. Nr. 289/1982, zu verstehen.

### Gesetzliches Pfandrecht

**§ 440.** (1) Der Frachtführer hat wegen aller durch den Frachtvertrag begründeten Forderungen, insbesondere der Fracht- und Liegegelder, der Zollgelder und anderer Auslagen, sowie wegen der auf das Gut geleisteten Vorschüsse ein Pfandrecht an dem Gute.

(2) Das Pfandrecht besteht, solange der Frachtführer das Gut noch im Besitze hat, insbesondere mittelst Konnossements, Ladescheins oder Lagerscheins darüber verfügen kann.

(3) Auch nach der Ablieferung dauert das Pfandrecht fort, sofern der Frachtführer es binnen drei Tagen nach der Ablieferung gerichtlich geltend macht und das Gut noch im Besitze des Empfängers ist.

(4) Die Androhung des Pfandverkaufs und die übrigen in § 466b ABGB genannten Benachrichtigungen sind an den Empfänger zu richten. Ist dieser nicht zu ermitteln oder verweigert er die Annahme des Gutes, so hat die Androhung und Benachrichtigung gegenüber dem Absender zu erfolgen.

### Rechte und Pflichten des letzten Frachtführers

**§ 441.** (1) Der letzte Frachtführer hat, falls nicht im Frachtbrief ein anderes bestimmt ist, bei der Ablieferung auch die Forderungen der Vormänner sowie die auf dem Gute haftenden Nachnahmen einzuziehen und die Rechte der Vormänner, insbesondere auch das Pfandrecht, auszuüben. Das Pfandrecht der Vormänner besteht so lange als das Pfandrecht des letzten Frachtführers.

(2) Wird der vorhergehende Frachtführer von dem nachfolgenden befriedigt, so gehen seine Forderung und sein Pfandrecht auf den letzteren über.

(3) In gleicher Art gehen die Forderung und das Pfandrecht des Spediteurs auf den nachfolgenden Spediteur und den nachfolgenden Frachtführer über.

### Haftung des abliefernden Frachtführers

**§ 442.** Der Frachtführer, welcher das Gut ohne Bezahlung abliefert und das Pfandrecht nicht binnen drei Tagen nach der Ablieferung gerichtlich geltend macht, ist den Vormännern verantwortlich. Er wird, ebenso wie die vorhergehenden Frachtführer und Spediteure, des Rückgriffs gegen die Vormänner verlustig. Der Anspruch gegen den Empfänger bleibt in Kraft.

### Rang mehrerer Pfänder

**§ 443.** (1) Bestehen an demselben Gut mehrere nach den §§ 397, 410, 421, 440 begründete Pfandrechte, so geht unter denjenigen Pfandrechten, welche durch die Versendung oder durch die Beförderung des Gutes entstanden sind, das später entstandene dem früher entstandenen vor.

(2) Diese Pfandrechte haben sämmtlich den Vorrang vor dem nicht aus der Versendung entstandenen Pfandrechte des Kommissionärs und des Lagerhalters sowie vor dem Pfandrechte des Spediteurs und des Frachtführers für Vorschüsse.

### Ladeschein

**§ 444.** Über die Verpflichtung zur Auslieferung des Gutes kann von dem Frachtführer ein Ladeschein ausgestellt werden.

### Inhalt des Ladescheins

**§ 445.** (1) Der Ladeschein soll enthalten:

1. den Ort und den Tag der Ausstellung;
2. den Namen und den Wohnort des Frachtführers;
3. den Namen des Absenders;
4. den Namen desjenigen, an welchen oder an dessen Order das Gut abgeliefert werden soll; als solcher gilt der Absender, wenn der Ladeschein nur an Order gestellt ist;
5. den Ort der Ablieferung;
6. die Bezeichnung des Gutes nach Beschaffenheit, Menge und Merkzeichen;
7. die Bestimmung über die Fracht und über die auf dem Gute haftenden Nachnahmen sowie im Falle der Vorausbezahlung der Fracht einen Vermerk über die Vorausbezahlung.

(2) Der Ladeschein muß von dem Frachtführer unterzeichnet sein.

(3) Der Absender hat dem Frachtführer auf Verlangen eine von ihm unterschriebene Abschrift des Ladescheins auszuhändigen.

### Ladeschein und Frachtvertrag

**§ 446.** (1) Der Ladeschein entscheidet für das Rechtsverhältnis zwischen dem Frachtführer und dem Empfänger des Gutes; die nicht in den Ladeschein aufgenommenen Bestimmungen des Frachtvertrags sind dem Empfänger gegenüber unwirksam, sofern nicht der Ladeschein ausdrücklich auf sie Bezug nimmt.

(2) Für das Rechtsverhältnis zwischen dem Frachtführer und dem Absender bleiben die Bestimmungen des Frachtvertrags maßgebend.



### Legitimation durch Ladeschein

**§ 447.** (1) Zum Empfange des Gutes legitimiert ist derjenige, an welchen das Gut nach dem Ladeschein abgeliefert werden soll oder auf welchen der Ladeschein, wenn er an Order lautet, durch Indossament übertragen ist.

(2) Der zum Empfange Legitimierte hat schon vor der Ankunft des Gutes am Ablieferungsorte

die Rechte, welche dem Absender in Ansehung der Verfügung über das Gut zustehen, wenn ein Ladeschein nicht ausgestellt ist.

(3) Der Frachtführer darf einer Anweisung des Absenders, das Gut anzuhalten, zurückzugeben oder an einen anderen als den durch den Ladeschein legitimierten Empfänger auszuliefern, nur Folge leisten, wenn ihm der Ladeschein zurückgegeben wird; verletzt er diese Verpflichtung, so ist er dem rechtmäßigen Besitzer des Ladescheins für das Gut verhaftet.

#### Frachtgut gegen Ladeschein

**§ 448.** Der Frachtführer ist zur Ablieferung des Gutes nur gegen Rückgabe des Ladescheins, auf dem die Ablieferung des Gutes bescheinigt ist, verpflichtet.

#### Ladeschein und nachfolgende Frachtführer

**§ 449.** Im Falle des § 432 Abs. 1 wird der nachfolgende Frachtführer, der das Gut auf Grund des Ladescheins übernimmt, nach Maßgabe des Scheines verpflichtet.

#### Wirkungen der Übergabe des Ladescheins

**§ 450.** Die Übergabe des Ladescheins an denjenigen, welcher durch den Schein zur Empfangnahme des Gutes legitimiert wird, hat, wenn das Gut von dem Frachtführer übernommen ist, für den Erwerb von Rechten an dem Gute dieselben Wirkungen wie die Übergabe des Gutes.

**§ 451.** Auf die Beförderung von Briefen und briefähnlichen Sendungen sind nicht die Bestimmungen des sechsten Abschnitts (Frachtgeschäft), sondern jene des allgemeinen Zivil- und Unternehmensrechts anzuwenden.

**§§ 452. und 453.** (aufgehoben)

### Siebenter Abschnitt
### Investitionsersatz

**§ 454.** (1) Ein Unternehmer, der an einem vertikalen Vertriebsbindungssystem als gebundener Unternehmer oder als selbständiger Handelsvertreter (§ 1 HVertrG) teilnimmt, hat bei Beendigung des Vertragsverhältnisses mit dem bindenden Unternehmer Anspruch auf Ersatz von Investitionen, die er nach dem Vertriebsbindungsvertrag für einen einheitlichen Vertrieb zu tätigen verpflichtet war, soweit sie bei der Vertragsbeendigung weder amortisiert noch angemessen verwertbar sind.

(2) Der Anspruch besteht nicht, wenn

a) der gebundene Unternehmer das Vertragsverhältnis gekündigt oder vorzeitig aufgelöst hat, es sei denn, dass dafür ein dem bindenden Unternehmer zurechenbarer wichtiger Grund vorlag,

b) der bindende Unternehmer das Vertragsverhältnis aus einem dem gebundenen Unternehmer zurechenbaren wichtigen Grund gekündigt oder vorzeitig aufgelöst hat oder

c) der gebundene Unternehmer gemäß einer Vereinbarung mit dem bindenden Unternehmer die Rechte und Pflichten, die er nach dem Vertrag hat, einem Dritten überbindet.

(3) Der gebundene Unternehmer verliert den Anspruch, wenn er dem bindenden Unternehmer nicht innerhalb eines Jahres nach Beendigung des Vertragsverhältnisses mitgeteilt hat, dass er seine Rechte geltend macht.

(4) Ansprüche nach Abs. 1 können zum Nachteil des gebundenen Unternehmers im Voraus durch Vereinbarung weder aufgehoben noch beschränkt werden.

(5) Der Ausgleichsanspruch nach § 24 HVertrG bleibt von dieser Bestimmung unberührt.

### Achter Abschnitt
### Zahlungsverzug

#### Anwendungsbereich

**§ 455.** Dieser Abschnitt gilt für Rechtsgeschäfte zwischen Unternehmern sowie für Rechtsgeschäfte zwischen einem Unternehmer und einer juristischen Person des öffentlichen Rechts.

#### Verzugszinsen

**§ 456.** Bei der Verzögerung der Zahlung von Geldforderungen beträgt der gesetzliche Zinssatz 9,2 Prozentpunkte über dem Basiszinssatz. Dabei ist der Basiszinssatz, der am ersten Kalendertag eines Halbjahres gilt, für das jeweilige Halbjahr maßgebend. Soweit der Schuldner für die Verzögerung aber nicht verantwortlich ist, hat er nur die in § 1000 Abs. 1 ABGB bestimmten Zinsen zu entrichten.

#### Dauer von Abnahme- oder Überprüfungsverfahren

**§ 457.** Die Dauer eines gesetzlich oder vertraglich vorgesehenen Abnahme- oder Überprüfungsverfahrens zur Feststellung der vertragsgemäßen Leistungserbringung darf höchstens 30 Tage ab dem Empfang der Ware oder der Erbringung der Dienstleistung betragen. Die Vereinbarung einer längeren Frist kann nur ausdrücklich getroffen werden und ist nur zulässig, soweit dies für den Gläubiger nicht grob nachteilig ist.

#### Entschädigung für Betreibungskosten

**§ 458.** Bei der Verzögerung der Zahlung von Geldforderungen ist der Gläubiger berechtigt, als Entschädigung für etwaige Betreibungskosten vom Schuldner einen Pauschalbetrag von 40 Euro zu fordern. Für den Ersatz von Betreibungskosten, die diesen Pauschalbetrag übersteigen, ist § 1333 Abs. 2 ABGB anzuwenden.

#### Grob nachteilige Vertragsbestimmungen oder Geschäftspraktiken

**§ 459.** (1) Eine Vertragsbestimmung über den Zahlungstermin, die Zahlungsfrist, den Verzugszinssatz oder die Entschädigung für Betreibungskosten ist nichtig, wenn sie für den Gläubiger grob nachteilig ist. Ebenso wenig können aus einer diese Fragen betreffenden Geschäftspraktik rechtliche

Wirkungen abgeleitet werden, wenn sie für den Gläubiger grob nachteilig ist.

(2) Für die Beurteilung der groben Nachteiligkeit einer Vertragsbestimmung oder Geschäftspraktik ist insbesondere zu berücksichtigen, inwieweit diese von der Übung des redlichen Verkehrs abweicht, ob es einen sachlichen Grund für diese Abweichung gibt und um welche Vertragsleistung es sich handelt. Bei einer zu Lasten des Gläubigers vereinbarten Vertragsbestimmung über eine von § 456 abweichende Höhe der Verzugszinsen oder über eine von § 458 erster Satz abweichende Höhe des pauschalen Entschädigungsbetrags ist auch zu berücksichtigen, ob es einen sachlichen Grund für diese Abweichung gibt.

(3) Die Vereinbarung einer Zahlungsfrist von bis zu 60 Tagen ist keinesfalls grob nachteilig.

(4) Der Ausschluss von Verzugszinsen ist jedenfalls grob nachteilig.

(5) Der Ausschluss der Entschädigung für Betreibungskosten nach § 458 gilt als grob nachteilig, sofern er nicht ausnahmsweise nach den Umständen des jeweiligen Rechtsgeschäfts sachlich gerechtfertigt ist.

### Verbandsklage

**§ 460.** (1) Ein Unternehmer, der im geschäftlichen Verkehr ohne sachliche Rechtfertigung grob nachteilige Vertragsbestimmungen im Sinn des § 459 verwendet oder grob nachteilige Geschäftspraktiken in diesem Sinn ausübt, kann von Vereinigungen zur Förderung wirtschaftlicher Interessen von Unternehmern auf Unterlassung geklagt werden, soweit diese Vereinigungen Interessen vertreten, die durch die Handlung berührt werden. Der Unterlassungsanspruch kann auch von der Wirtschaftskammer Österreich und der Präsidentenkonferenz der Landwirtschaftskammern Österreichs geltend gemacht werden. Die §§ 24, 25 Abs. 3 bis 7 und 26 UWG 1984 sind sinngemäß anzuwenden.

(2) Die Gefahr einer Verwendung derartiger Vertragsbestimmungen oder einer Ausübung derartiger Geschäftspraktiken besteht nicht mehr, wenn der Unternehmer nach Abmahnung durch eine nach Abs. 1 klagebefugte Vereinigung binnen angemessener Frist eine mit angemessener Konventionalstrafe (§ 1336 ABGB) besicherte Unterlassungserklärung abgibt.

**§§ 461. bis 473.** (aufgehoben)

## Fünftes Buch.
## Seehandel.

**§§ 474. bis 905.** (nicht abgedruckt)

### Inkrafttreten

**§ 906.** (1) § 17 Abs. 2 in der Fassung des Bundesgesetzes BGBl. I Nr. 158/1998 tritt mit 1. Jänner 1999 in Kraft.

(2) Die durch das Bundesgesetz BGBl. I Nr. 61/2000 geänderten Schwellenwerte des § 221 Abs. 1 und 2 und des § 246 Abs. 1 sind erstmals auf Geschäftsjahre anzuwenden, die nach dem 31. Dezember 1999 beginnen.

(3) Die §§ 10, 15 Abs. 2, 32 Abs. 1, 162 und 283 Abs. 2 in der Fassung des Bundesgesetzes BGBl. I Nr. 142/2000 treten mit 1. Jänner 2002 in Kraft.

(4) § 223 Abs. 2 sowie § 277 Abs. 3, 4, 7 und 8 in der Fassung des Bundesgesetzes BGBl. I Nr. 41/2001 treten mit 1. Mai 2001 in Kraft. Werden Einreichungen gemäß §§ 277 bis 281 für Geschäftsjahre, die spätestens am 31. Dezember 2002 enden, im Weg des elektronischen Rechtsverkehrs vorgenommen, so verlängert sich die Frist des § 277 Abs. 1 auf zwölf Monate.

(5) § 239 Abs. 1 Z 5 in der Fassung des Bundesgesetzes BGBl. I Nr. 42/2001 tritt am 1. Mai 2001 in Kraft und ist auf danach endende Geschäftsjahre anzuwenden.

(6) § 271 Abs. 2 Z 9 und Abs. 4 Z 2 sowie § 275 Abs. 1 und 2 in der Fassung des Bundesgesetzes BGBl. I Nr. 97/2001 treten am 1. Jänner 2002 in Kraft. § 271 Abs. 2 Z 9 und Abs. 4 Z 2 ist auf Prüfungen von Geschäftsjahren anzuwenden, die nach dem 31. Dezember 2005 beginnen und § 275 Abs. 1 und Abs. 2 auf Prüfungen von Geschäftsjahren, die nach dem 31. Dezember 2001 beginnen. Auf die Prüfung von Geschäftsjahren, die nicht erst nach dem 31. Dezember 2005 beginnen, ist § 275 Abs. 2 mit der Maßgabe anzuwenden, dass im vierten Satz der Betrag von zwei Millionen Euro durch den Betrag von einer Million Euro zu ersetzen ist. Sofern in den Bestimmungen über andere Prüfungen auf § 275 verwiesen wird, ist § 275 Abs. 1 und 2 in der Fassung des BGBl. I Nr. 97/2001 anzuwenden, wenn der Prüfungsbericht nach dem 31. Dezember 2002 erstattet wird; für Berichte, die bis zum 31. Dezember 2006 erstattet werden, gilt dies mit der Maßgabe, dass im vierten Satz des Abs. 2 der Betrag von zwei Millionen Euro durch den Betrag von einer Million Euro zu ersetzen ist.

(7) § 352 und die Aufhebung des § 353 in der Fassung des Bundesgesetzes BGBl. I Nr. 118/2002 treten mit 1. August 2002 in Kraft.

(8) Rückstellungen im Sinne von § 198 Abs. 8 Z 4 lit. d für Verpflichtungen zur Rücknahme und Verwertungen von Altfahrzeugen gemäß § 5 der auf Grund von § 14 Abs. 1 des Abfallwirtschaftsgesetzes 2002, BGBl. I Nr. 102/2002, erlassenen Altfahrzeugeverordnung vom 6. November 2002, BGBl. II Nr. 407/2002, sind erstmals im Jahresabschluss für das nach dem 5. November 2002 endende Geschäftsjahr zu bilden. Soweit sich diese Verpflichtungen auf Fahrzeuge beziehen, die vor dem 1. Juli 2002 in Verkehr gebracht wurden, darf der Unterschiedsbetrag zwischen der nach § 198 Abs. 8 Z 4 lit. d anzusetzenden Rückstellung und dem Betrag, der sich bei Ansammlung der Rückstellung in gleichmäßig bemessenen Jahresraten ergibt, als gesonderter Aktivposten, der in der Bilanz unter der Bezeichnung „Abgrenzungsposten gemäß § 906 Abs. 8 HGB" vor dem Anlagevermögen auszuweisen ist, in die Bilanz aufgenommen werden. Dabei ist ein Ansammlungszeitraum zugrundezulegen, der mit dem nach dem 5. November

2002 endenden Geschäftsjahr beginnt und mit dem letzten vor dem 1. Jänner 2007 endenden Geschäftsjahr endet. Durch den Ansatz des Aktivpostens darf der ausschüttbare Gewinn nicht erhöht werden.

(9) § 454 in der Fassung des Bundesgesetzes BGBl. I Nr. 71/2003 ist auf Investitionen anzuwenden, zu denen der gebundene Unternehmer zur Durchführung des Vertriebsbindungsvertrags nach In-Kraft-Treten dieser Bestimmung verpflichtet wird. Bereits bestehende Ansprüche bleiben unberührt.

(10) Die §§ 237a, 242 Abs. 2, 243 Abs. 2 Z 5, 266 Z 9 und 10, 267 Abs. 2 Z 4 in der Fassung des Bundesgesetzes BGBl. I Nr. 118/2003 treten am 1. Jänner 2004 in Kraft und sind auf Geschäftsjahre anzuwenden, die nach dem 31. Dezember 2003 beginnen.

(11) Die §§ 221 Abs. 1 bis 3 und 7, 228 Abs. 3, 243, 245 Abs. 5, 245a, 246 Abs. 1 und 3, 247 Abs. 1, 250 Abs. 1, 265 Abs. 2 Z 1, 267 und 274 in der Fassung des Bundesgesetzes BGBl. I Nr. 161/2004 treten mit 1. Jänner 2005 in Kraft. Sie sind für Geschäftsjahre anzuwenden, die nach dem 31. Dezember 2004 beginnen. Für den Eintritt der Rechtsfolgen der §§ 221 Abs. 1 und 2, sowie 246 Abs. 1 sind die geänderten Größenmerkmale auch für Beobachtungszeiträume nach §§ 221 Abs. 4 und 246 Abs. 2 anzuwenden, die vor diesem Zeitpunkt liegen. Die §§ 248 und 260 Abs. 3 treten mit 1. Jänner 2005 außer Kraft.

(12) Art. 4 der Verordnung (EG) Nr. 1606/2002 betreffend die Anwendung internationaler Rechnungslegungsstandards, Abl. Nr. L 243 vom 11.9.2002 S.1, muss von Unternehmen, von denen lediglich Schuldtitel zum Handel an einem geregelten Markt im Sinne des § 1 Abs. 2 BörseG zugelassen sind, erst für Geschäftsjahre angewendet werden, die nach dem 31. Dezember 2006 beginnen. Dasselbe gilt für Unternehmen, deren Wertpapiere zum öffentlichen Handel in einem Nichtmitgliedstaat der EU zugelassen sind und die zu diesem Zweck seit einem Geschäftsjahr, das vor dem 11. September 2002 begonnen hat, international anerkannte Rechnungslegungsstandards anwenden. In diesen Fällen ist § 245a HGB in der Fassung des Bundesgesetzes BGBl. I Nr. 49/1999 weiterhin anwendbar. In dieser Fassung ist § 245a auch auf nicht zu einem Konzernabschluss nach international anerkannten Rechnungslegungsgrundsätzen verpflichtete Mutterunternehmen bis zu Geschäftsjahren, die nach dem 31. Dezember 2006 beginnen, weiterhin anwendbar.

(13) § 268 Abs. 1, § 270 Abs. 1, 3 und 5, § 271, § 271a und § 275 Abs. 2 in der Fassung des Bundesgesetzes BGBl. I Nr. 59/2005 treten mit 1. Jänner 2006 in Kraft und sind auf die Bestellung zur Prüfung und auf die Prüfung von Geschäftsjahren anzuwenden, die nach dem 31. Dezember 2005 beginnen. Sofern in Bestimmungen über andere Prüfungen auf § 275 verwiesen wird, ist § 275 in der Fassung des BGBl. I Nr. 59/2005 anzuwenden, wenn der Prüfungsbericht nach dem 31. Dezember 2005 erstattet wird. § 271 Abs. 2 Z 3 ist in Fällen, in denen ein Gesellschafter weniger als 20 von Hundert der Stimmrechte an einer Prüfungsgesellschaft besitzt, erst auf die Bestellung zur Prüfung von Geschäftsjahren anzuwenden, die nach dem 31. Dezember 2007 beginnen.

(14) Die §§ 1 bis 24, 28 bis 40, 48 bis 58, 105 bis 180, 185 bis 195, 198, 205, 207, 211 bis 215, 221, 225, 228, 229, 237, 241, 244, 265, 266, 268, 273, 283, 343 bis 349, 351 bis 357, 363 bis 365, 367 bis 374, 376 bis 379, 381, 383 bis 405, 407 bis 414, 416 bis 439, 440 bis 450, 486a, 739a und 793 in der Fassung des Handelsrechts-Änderungsgesetzes, BGBl. I Nr. 120/2005, treten mit 1. Jänner 2007 in Kraft. Die §§ 25 bis 27, 32a, 358 bis 362, 366, 375, 380, 382, 406, 415, 451 bis 453, 489 bis 510 und 679 bis 699 treten mit Ablauf des 31. Dezember 2006 außer Kraft. Soweit im folgenden nichts anderes bestimmt ist, sind auf Sachverhalte, die sich vor diesem Zeitpunkt ereignet haben, die bisher geltenden Bestimmungen weiter anzuwenden. Die §§ 270 Abs. 3, 271a Abs. 1 und 275 Abs. 2 in der Fassung des Handelsrechts-Änderungsgesetzes, BGBl. I Nr. 120/2005, treten mit 1. Jänner 2006 in Kraft.

(15) § 243a und § 267 Abs. 3a treten mit 20. Mai 2006 in Kraft und sind auf Jahresabschlüsse (Konzernabschlüsse) für Geschäftsjahre anzuwenden, die nach dem 31. Dezember 2005 beginnen.

(16) § 32 und § 189 Abs. 1 Z 2 und Abs. 2 Z 2 in der Fassung des Bundesgesetzes BGBl. I Nr. 103/2006 treten am 1. Jänner 2007 in Kraft. §§ 277, 281 und 283 in der Fassung des Bundesgesetzes BGBl. I Nr. 103/2006 treten am 1. Juli 2006 in Kraft; § 277 Abs. 6 erster bis dritter Satz in der Fassung des Bundesgesetzes BGBl. I Nr. 103/2006 gilt erstmals für Einreichungen für Geschäftsjahre, die am 31. Dezember 2007 enden.

(17) §§ 221, 243a, 245, 246, 267 und 906 Abs. 12 in der Fassung des Bundesgesetzes BGBl. I Nr. 72/2007 treten am 15. Dezember 2007 in Kraft.

(18) Die §§ 38, 221, 222, 237, 242, 243a, 243b, 245a, 246, 266, 267, 268, 269, 269a, 270, 271, 271a, 271b, 271c, 273, 274, 275, 277 und 451 in der Fassung des Bundesgesetzes BGBl. I Nr. 70/2008 treten mit 1. Juni 2008 in Kraft. § 38 Abs. 5a ist auf Unternehmensübergänge aufgrund eines nach dem 31. Mai 2008 vereinbarten oder beendeten Pacht-, Leih-, Fruchtnießungsvertrags und Vertrags über das Recht des Gebrauchs anzuwenden. Auf davor aufgrund des Abschlusses oder der Beendigung eines Pacht-, Leih-, Fruchtnießungsvertrags und Vertrags über das Recht des Gebrauchs erfolgte Unternehmensübergänge sind die bisher geltenden Bestimmungen weiter anzuwenden. §§ 221 Abs. 1 und 2 sowie 246 Abs. 1 sind auf Geschäftsjahre anzuwenden, die nach dem 31. Dezember 2007 beginnen. Für den Eintritt der Rechtsfolgen der §§ 221 Abs. 1 und 2, sowie 246 Abs. 1 sind die geänderten Größenmerkmale auch für Beobachtungszeiträume nach §§ 221 Abs. 4 und 246 Abs. 2 anzuwenden, die vor diesem Zeitpunkt liegen. Die §§ 222, 237, 242, 243a, 243b, 245a, 266, 267 und 277 sind auf Geschäftsjahre anzuwenden, die nach dem 31. Dezember 2008 beginnen. Die §§ 268, 269, 269a, 270, 271, 271a, 271b, 273, 274 und 275 sind auf die Bestellung zur Prüfung und auf die Prüfung

von Geschäftsjahren anzuwenden, die nach dem 31. Dezember 2008 beginnen; § 271 Abs. 2 Z 3 und Abs. 4 letzter Satz ist abweichend davon auf Abschlussprüfer, die sich nach § 4 Abs. 2 A-QSG in einem Abstand von jeweils sechs Jahren einer externen Qualitätsprüfung unterziehen müssen, für die Bestellung zum Abschlussprüfer für Geschäftsjahre anzuwenden, die nach dem 31. Dezember 2011 beginnen; dies gilt auch dann, wenn solche Abschlussprüfer erstmals zum Abschlussprüfer eines Unternehmens im Sinn von § 4 Abs. 1 Z 1 A-QSG bestellt werden. Die §§ 271c und 451 sind auf nach dem 31. Mai 2008 geschlossene Verträge anzuwenden. Auf davor geschlossene Verträge sind die bisher geltenden Bestimmungen weiter anzuwenden.

(19) Die §§ 229 Abs. 4 bis 7, 243b Abs. 2, 244 Abs. 1 und 275 Abs. 1 in der Fassung des Aktienrechts-Änderungsgesetzes 2009, BGBl. I Nr. 71/2009, treten mit 1. August 2009 in Kraft. § 243b Abs. 2 ist auf Geschäftsjahre anzuwenden, die nach dem 31. Dezember 2009 beginnen.

(20) § 189 Abs. 1 Z 2 und Abs. 2 Z 2 in der Fassung des Bundesgesetzes BGBl. I Nr. 140/2009 treten mit 1. Jänner 2010 in Kraft und sind in dieser Fassung auf Jahresabschlüsse für Geschäftsjahre anzuwenden, die nach dem 31. Dezember 2009 beginnen. Für den Eintritt und den Entfall der Rechtsfolgen des § 189 Abs. 1 Z 2 sind die geänderten Werte auch für Beobachtungszeiträume nach § 189 Abs. 2 anzuwenden, die vor diesem Zeitpunkt liegen.

(21) Die §§ 198 Abs. 3, 203 Abs. 5, 207, 210, 226 Abs. 1 und 2, 231 Abs. 2 Z 7 lit. a, 249 Abs. 2 und 261 Abs. 1 in der Fassung des Bundesgesetzes BGBl. I Nr. 140/2009 treten mit 1. Jänner 2010 in Kraft und sind auf Jahresabschlüsse (Konzernabschlüsse) für Geschäftsjahre anzuwenden, die nach dem 31. Dezember 2009 beginnen. Für Aktivposten nach § 198 Abs. 3, die in Geschäftsjahren, die vor dem 1. Jänner 2010 begonnen haben, ausgewiesen worden sind, sind die §§ 198 Abs. 3, 210, 226 Abs. 1 und 2 und 231 Abs. 2 Z 7 lit. a in der bis dahin geltenden Fassung weiter anzuwenden.

(22) Die §§ 34 Abs. 1 und Abs. 5, 38 Abs. 5, 131 Z 3 und 5, 136 Abs. 2, 141 Abs. und 3, 143 Abs. 1, 144 Abs. 1, 145 Abs. 1 und 2, 146 Abs. 3, 171 Abs. 2, 187 Abs. 1 und 2, die Überschrift vor § 188, § 188 Abs. 1 und 2 sowie §§ 370 Abs. 1, 888 und 889 Abs. 1 in der Fassung des Bundesgesetzes BGBl. I Nr. 58/2010 treten mit 1. August 2010 in Kraft. § 144 Abs. 1 in der Fassung des Bundesgesetzes BGBl. I Nr. 58/2010 ist anzuwenden, wenn das Insolvenzverfahren nach dem 30. Juni 2010 eröffnet oder wieder aufgenommen (§ 158 Abs. 2 IO) wurde.

(23) § 283 in der Fassung des Budgetbegleitgesetzes 2011, BGBl. I Nr. 111/2010, tritt mit 1. Jänner 2011 in Kraft. § 283 in der Fassung des genannten Bundesgesetzes ist auf Verstöße gegen die in § 283 Abs. 1 genannten Pflichten anzuwenden, die nach dem 1. Jänner 2011 gesetzt werden oder fortdauern. Hat die Offenlegungsfrist vor dem 1. März 2011 geendet und ist die Offenlegung nicht bis zum 28. Februar 2011 erfolgt, so ist mit einer Zwangsstrafverfügung nach § 283 Abs. 2 in der Fassung des Budgetbegleitgesetzes 2011 gegen das offenlegungspflichtige Organ sowie die Gesellschaft vorzugehen. Erst bei Unterbleiben der Offenlegung für jeweils weitere zwei Monate nach dem 28. Februar 2011 kommen die Bestimmungen des § 283 Abs. 4 und 5 jeweils in der Fassung des genannten Bundesgesetzes zur Anwendung. In Ansehung von Säumnissen der jeweiligen Organe vor dem 1. Jänner 2011 ist § 283 in der bis dahin geltenden Fassung anzuwenden.

(24) § 241 Abs. 4 und § 243b Abs. 2 Z 2 und 3 in der Fassung des 2. Stabilitätsgesetzes 2012, BGBl. I Nr. 35/2012, treten mit 1. Juli 2012 in Kraft und sind auf Geschäftsjahre anzuwenden, die nach dem 31. Dezember 2011 begonnen haben.

(25) § 5 und der Achte Abschnitt des Vierten Buches mit den §§ 455 bis 460 jeweils in der Fassung des Zahlungsverzugsgesetzes, BGBl. I Nr. 50/2013, die Änderung der Abschnittsbezeichnung vor § 454 durch dieses Bundesgesetz sowie die Aufhebung des § 352 durch dieses Bundesgesetz treten mit 16. März 2013 in Kraft. Die genannten Bestimmungen sind in der Fassung des Zahlungsverzugsgesetzes auf Verträge anzuwenden, die ab dem 16. März 2013 geschlossen werden. Auf Verträge, die vor dem 16. März 2013 geschlossen wurden, sind die bisherigen Bestimmungen weiter anzuwenden.

(26) § 38 Abs. 1, § 39, § 108, § 109, § 112, § 113 Abs. 1, § 116 Abs. 1 und 2, § 117 Abs. 1, § 118 Abs. 2, § 119, § 121, § 127, § 129 Abs. 2, § 131 Z 3 und Z 6, § 133 Abs. 1, § 135, § 140 Abs. 1, § 141 Abs. 1 und Abs. 2, § 160 Abs. 1, § 178, § 179 und § 454 Abs. 1 in der Fassung des GesbR-Reformgesetzes, BGBl. I Nr. 83/2014, treten mit 1. Jänner 2015 in Kraft. § 129 Abs. 3 und § 136 treten mit Ablauf des 31. Dezember 2014 außer Kraft. Soweit im Folgenden nichts anderes bestimmt ist, sind auf Sachverhalte, die sich vor dem 1. Jänner 2015 ereignet haben, die Bestimmungen in ihrer Fassung vor dem GesbR-Reformgesetz weiter anzuwenden.

(27) Unbeschadet des Vorrangs gesellschaftsvertraglicher Vereinbarungen (§ 108) gelten § 109, § 119 und § 121 in der Fassung des GesbR-Reformgesetzes, BGBl. I Nr. 83/2014, ab 1. Juli 2016 für Gesellschaften, die vor dem 1. Jänner 2015 errichtet wurden, wenn bis zum Ablauf des 30. Juni 2016 keiner der Gesellschafter gegenüber den übrigen Gesellschaftern erklärt, die Anwendung des zuvor geltenden Rechts beibehalten zu wollen. Ab 1. Jänner 2022 gelten die § 109, § 119 und § 121 in der Fassung des GesbR-Reformgesetzes, BGBl. I Nr. 83/2014, unbeschadet des Vorrangs gesellschaftsvertraglicher Vereinbarungen (§ 108) jedenfalls auch für Gesellschaften, die vor dem 1. Jänner 2015 errichtet wurden.



(28) § 189 Abs. 1, 2 und 4, § 189a, § 196a, § 198 Abs.1 und 7 bis 10, § 201 Abs. 2 und 3, § 203 Abs. 3 bis 5, § 204 Abs. 1a und 2, § 206 Abs. 3, § 207, § 208 Abs. 2, § 209 Abs. 1, § 211, § 212 Abs. 1, § 216, § 221 Abs. 1 bis 5 und 7, § 222 Abs. 1 und 3, § 223 Abs. 3 und 4, § 224 Abs. 2 und 3, § 225 Abs. 3 bis 7, § 226 Abs. 1, 3 und 5, § 227, § 229 Abs. 1 bis

1b, 3, 4 und 6, § 231 Abs. 2 bis 5, § 232 Abs. 2 und 3, §§ 234 bis 238, § 239 Abs. 1 und 2, § 240 bis 242, § 243 Abs. 3, § 243a Abs. 2, § 243c, § 244 Abs. 1, 3, 4 und 7, § 245, § 245a Abs. 1, § 246 Abs. 1 und 3, § 249, § 250 Abs. 3, § 251 Abs. 1 und 2,§ 253 Abs. 1 und 2, § 254 Abs. 1 und 3, § 255 Abs. 2, § 256 Abs. 2, § 257 Abs. 2, § 258, § 259 Abs. 1, § 260 Abs. 2, § 261 Abs. 1 und 2, § 263 Abs. 1 und 2, § 264, § 265 Abs. 1 und 2, § 266, § 267 Abs. 3 und 3b, § 267a, § 267b, § 269, § 270 Abs. 3, § 274, § 277 Abs. 1 bis 3 und 6, § 278 Abs. 1, § 279, § 280, § 281, § 282 Abs. 2a, § 283, § 284 und § 285 in der Fassung des Bundesgesetzes BGBl. I Nr. 22/2015 treten mit 20. Juli 2015 in Kraft. Sie sind, soweit im Folgenden nichts Abweichendes angeordnet wird, erstmalig auf Unterlagen der Rechnungslegung für Geschäftsjahre anzuwenden, die nach dem 31. Dezember 2015 beginnen. § 205, § 208 Abs. 3, § 226 Abs. 2, § 228, § 230, § 232 Abs. 1 und 4, § 233, § 244 Abs. 6, § 253 Abs. 3 und § 268 Abs. 3 treten mit 20. Juli 2015 außer Kraft. Auf Unterlagen der Rechnungslegung für Geschäftsjahre, die vor dem 1. Jänner 2016 begonnen haben, sind die Bestimmungen in der Fassung vor dem Bundesgesetzes BGBl. I Nr. 22/2015 weiterhin anzuwenden. Unternehmen nach § 243c oder § 267b können einen Bericht oder einen konsolidierten Bericht über Zahlungen an staatliche Stellen bereits für jene Geschäftsjahre erstellen, die nach dem 31. Dezember 2014 beginnen; in diesem Fall wenden sie § 243c oder § 267b in der Fassung des Bundesgesetzes BGBl. I Nr. 22/2015 an.

*(BGBl I 2015/22)*

(29) Für den Eintritt der Rechtsfolgen des § 221 Abs. 1, 1a und 2 sowie des § 246 Abs. 1 sind die geänderten Größenmerkmale auch für Beobachtungszeiträume nach § 221 Abs. 4 und § 246 Abs. 2 anzuwenden, die vor dem 1. Jänner 2016 liegen.

*(BGBl I 2015/22)*

(30) Wurde ein Disagio nach § 198 Abs. 7 in der Fassung vor dem Bundesgesetz BGBl. I Nr. 22/2015 nicht als aktiver Rechnungsabgrenzungsposten bilanziert, so unterbleibt die Bildung eines aktiven Rechnungsabgrenzungsposten für diese Verbindlichkeit, bis diese nicht mehr ausgewiesen wird. § 203 Abs. 3 findet erstmals auf Herstellungsvorgänge Anwendung, die in Geschäftsjahren begonnen wurden, die nach dem 31. Dezember 2015 beginnen. Auf Herstellungsvorgänge, die vor dem 1. Jänner 2016 begonnen wurden, ist § 203 Abs. 3 in der bisherigen Fassung anzuwenden. § 203 Abs. 5 und § 261 Abs. 1 in der Fassung des Bundesgesetzes BGBl. I Nr. 22/2015 sind nur auf Geschäfts(Firmen)werte anzuwenden, die nach dem 31. Dezember 2015 gebildet werden. Auf Geschäfts(Firmen)werte, die vor dem 1. Jänner 2016 gebildet wurden, sind diese Bestimmungen in der bisherigen Fassung anzuwenden.

*(BGBl I 2015/22)*

(31) Unversteuerte Rücklagen, die nach § 205 in der Fassung vor dem Bundesgesetz BGBl. I Nr. 22/2015 gebildet wurden, sind, soweit die darin enthaltenen passiven latenten Steuern nicht den Rückstellungen zuzuführen sind, im Geschäftsjahr, das nach dem 31. Dezember 2015 beginnt, unmittelbar in die Gewinnrücklagen einzustellen.

*(BGBl I 2015/22)*

(32) Ist bei einem Vermögensgegenstand eine Abschreibung gemäß § 204 Abs. 2 oder § 207 vorgenommen worden und wurde von der Zuschreibung aufgrund des § 208 Abs. 2 in der Fassung vor dem Bundesgesetz BGBl. I Nr. 22/2015 bisher abgesehen, so ist, wenn die Gründe für die Abschreibung nicht mehr bestehen, im Geschäftsjahr, das nach dem 31. Dezember 2015 beginnt, eine Zuschreibung vorzunehmen. Wird nach § 124b Z 270 des Einkommensteuergesetzes 1988 steuerlich eine Zuschreibungsrücklage gebildet, kann der in dieser Rücklage erfasste Betrag in der Bilanz unter den passiven Rechnungsabgrenzungsposten gesondert ausgewiesen und entsprechend den Vorgaben des § 124b Z 270 des Einkommensteuergesetzes 1988 aufgelöst werden.

*(BGBl I 2015/22)*

(33) Soweit auf Grund der geänderten Bewertung von langfristigen Verpflichtungen, die die Bildung einer Rückstellung erforderlich machen, und auf Grund des Ansatzes von latenten Steuern aus der erstmaligen Anwendung des § 198 Abs. 9 und 10 und § 258 in der Fassung des Bundesgesetzes BGBl. I Nr. 22/2015 eine Zuführung zu den Rückstellungen erforderlich ist, ist dieser Betrag, beginnend mit dem Jahr der Zuführung, über längstens fünf Jahre gleichmäßig verteilt nachzuholen. Der Unterschiedsbetrag ermittelt sich als Differenzbetrag zwischen dem bei der erstmaligen Anwendung zu Beginn des Geschäftsjahres sich ergebenden Betrag und dem im vorausgegangenen Abschluss ausgewiesenen Betrag. Es ist zulässig, die gebotene Rückstellung in Abschlüssen für Geschäftsjahre, die nach dem 31. Dezember 2015 beginnen, voll in die Bilanz einzustellen. In diesem Fall kann in der Bilanz unter den aktiven Rechnungsabgrenzungsposten der sich gegenüber der nach dem ersten Satz gebotenen Rückstellung in den einzelnen Jahren ergebende Unterschiedsbetrag gesondert ausgewiesen werden. Latente Steuern aus der erstmaligen Anwendung des § 198 Abs. 10 Z 2 und § 254 in Verbindung mit § 258 sind nicht über die Gewinn- und Verlustrechnung nachzuerfassen.

*(BGBl I 2015/22, BGBl I 2016/43)*

(34) Soweit die erstmalige Anwendung des § 211 in der Fassung des Bundesgesetzes BGBl. I Nr. 22/2015 eine Auflösung der Rückstellungen erforderlich macht oder auf Grund der erstmaligen Anwendung des § 198 Abs. 9 und 10 und § 258 in der Fassung des Bundesgesetzes BGBl. I Nr. 22/2015 der Ansatz aktiver latenter Steuern erforderlich ist, ist dieser Betrag, beginnend mit dem Jahr der erstmaligen Anwendung dieser Bestimmungen, über längstens fünf Jahre gleichmäßig zu verteilen. Der Unterschiedsbetrag ermittelt sich als Differenzbetrag zwischen dem bei der erstmaligen Anwendung zu Beginn des Geschäftsjahres sich ergebenden Betrag und dem im vorausgangenen Abschluss ausgewiesenen Betrag. Es ist

zulässig, den gebotenen Betrag in Abschlüssen für Geschäftsjahre, die nach dem 31. Dezember 2015 beginnen, in vollem Umfang zu bilanzieren. In diesem Fall kann eine Verteilung über längstens fünf Jahre erfolgen, indem der Unterschiedsbetrag zwischen dem vollen Umfang des Betrags und dem nach dem ersten Satz zumindest zu berücksichtigenden Betrag unter den passiven Rechnungsabgrenzungsposten gesondert ausgewiesen wird. Latente Steuern aus der erstmaligen Anwendung des § 254 in Verbindung mit § 258 sind nicht über die Gewinn- und Verlustrechnung nachzuerfassen.

*(BGBl I 2015/22, BGBl I 2016/43)*

(35) Gesellschaften, die in Konzernabschlüssen für Geschäftsjahre, die vor dem 1. Jänner 2016 begonnen haben, die Kapitalkonsolidierung nach § 254 Abs. 1 Z 1 in der Fassung vor dem Bundesgesetz BGBl. I Nr. 22/2015 durchgeführt haben, können diese Methode beibehalten; diesfalls ist § 254 Abs. 1, 2 und 3 in der bisherigen Fassung weiterhin anzuwenden. Der Wechsel auf die Konsolidierungsmethode nach § 254 Abs. 1 in der Fassung des Bundesgesetzes BGBl. I Nr. 22/2015 ist im Sinn des § 250 Abs. 3 dritter Satz gerechtfertigt; die Auswirkungen auf die Vermögens-, Finanz- und Ertragslage sind im Konzernanhang darzustellen.

*(BGBl I 2015/22)*

(36) Ändern sich bei der erstmaligen Anwendung der Bestimmungen nach dem Bundesgesetz BGBl. I Nr. 22/2015 die bisherige Form der Darstellung oder die bisher angewandten Bewertungsmethoden, so sind § 201 Abs. 2 Z 1 und § 223 Abs. 1 bei der erstmaligen Aufstellung eines Jahres- oder Konzernabschlusses nach den geänderten Vorschriften nicht anzuwenden. Sind bei der erstmaligen Anwendung der Bestimmungen nach dem Bundesgesetz BGBl. I Nr. 22/2015 im Vergleich zum Jahresabschluss des Vorjahres Angaben einem anderen Posten zuzuordnen als bisher, so sind die Vorjahresbeträge (§ 223 Abs. 2) so zu berechnen, als wären die Bestimmungen nach der neuen Rechtslage schon im Vorjahr angewandt worden, soweit das im Einzelfall zur Herstellung der im § 222 Abs. 2 genannten Zielsetzung erforderlich und praktikabel ist. Soweit die Beträge nicht vergleichbar sind, sind die entsprechenden Anhangangaben zu machen.

*(BGBl I 2015/22, BGBl I 2016/43)*

(37) §§ 283, 284 und 285 sind auf Verstöße gegen die in § 283 Abs. 1 und § 284 genannten Pflichten anzuwenden, die nach dem 19. Juli 2015 gesetzt werden oder fortdauern. Anträge auf Stundung und Nachlass können ab dem 20. Juli 2015 bei allen Zwangsstrafen gestellt werden; auf bereits anhängige Anträge auf Stundung und Nachlass ist § 285 in der Fassung des Bundesgesetzes BGBl. I Nr. 22/2015 sinngemäß anzuwenden.

*(BGBl I 2015/22)*

(38) § 269, § 270 Abs. 3 und § 274 sind in der Fassung des Bundesgesetzes BGBl. I Nr. 22/2015 auf die Abschlussprüfung von Geschäftsjahren anzuwenden, die nach dem 31. Dezember 2015 beginnen. § 268 Abs. 3 tritt mit 20. Juli 2015 außer Kraft; auf die Abschlussprüfung von Geschäftsjahren, die vor dem 1. Jänner 2016 begonnen haben, sind die Bestimmungen in der Fassung vor dem Bundesgesetzes BGBl. I Nr. 22/2015 weiterhin anzuwenden."

*(BGBl I 2015/22)*

(39) Durch die §§ 189 Abs. 1 Z 1 und 2, 189a, 195 Abs. 2, 196, 198, 201, 203 bis 211, 221 bis 227, 231 bis 269, 274 und 277 bis 284 in der Fassung des Bundesgesetzes BGBl. I Nr. 22/2015 wird die Richtlinie 2013/34/EU über den Jahresabschluss, den konsolidierten Abschluss und damit verbundene Berichte von Unternehmen bestimmter Rechtsformen und zur Änderung der Richtlinie 2006/43/EG des Europäischen Parlaments und des Rates und zur Aufhebung der Richtlinien 78/660/EWG und 83/349/EWG, ABl. Nr. L 182 vom 29.06.2013 S. 19, zuletzt geändert durch die Richtlinie 2014/102/EU, ABl. Nr. L 334 vom 21.11.2014 S. 86, umgesetzt.

*(BGBl I 2016/43)*

(40) § 131 in der Fassung des Bundesgesetzes BGBl. I Nr. 22/2015 tritt mit 1. Jänner 2015 in Kraft.

*(BGBl I 2015/163, BGBl I 2016/43)*

(41) § 235 Abs. 1 in der Fassung des Bundesgesetzes BGBl. I Nr. 163/2015 tritt mit 1. Jänner 2016 in Kraft. § 235 Abs. 1 Z 2 und 3 in der Fassung des Bundesgesetzes BGBl. I Nr. 163/2015 sind auf nach dem 31. Mai 2015 beschlossene Umgründungsvorgänge anzuwenden und gelten für Ausschüttungsbeschlüsse nach dem 31. Dezember 2015. § 235 Abs. 1 in der Fassung des Bundesgesetzes BGBl. I Nr. 163/2015 ist auf nach dem 31. Mai 2015 stattfindende Übergänge des Gesellschaftsvermögens gemäß § 142 anzuwenden und gilt für Ausschüttungsbeschlüsse nach dem 31. Dezember 2015.

*(BGBl I 2015/163, BGBl I 2016/43)*

(42) § 189 Abs. 1 Z 2, § 221 Abs. 5, § 224 Abs. 3, § 229 Abs. 1 bis 1b, § 238 Abs. 1 Z 8, § 242 Abs. 2, § 244 Abs. 7, § 253 Abs. 2, § 254 Abs. 4, § 259 Abs. 1, § 266 Z 1 und 2, § 282 Abs. 2 und § 906 Abs. 33, 34 und 36 in der Fassung des Bundesgesetzes BGBl. I Nr. 43/2016 treten mit 20. Juli 2015 in Kraft; die Anwendbarkeit richtet sich nach Abs. 28.

*(BGBl I 2016/43)*

(43) § 269 Abs. 1a, Abs. 2 und Abs. 5, § 270 Abs. 1, Abs. 1a, Abs. 3 und Abs. 7, § 270a, § 271 Abs. 1 und Abs. 2 mit Ausnahme der Z 3, § 271a Abs.1 erster Satz und Abs. 5 bis 7, § 271c, § 272 Abs. 4, § 273 Abs. 1 und § 275 Abs. 1 in der Fassung des Bundesgesetzes BGBl. I Nr. 43/2016 treten mit 17. Juni 2016 in Kraft. § 271 Abs. 2 Z 3 und Abs. 4 in der Fassung des Bundesgesetzes BGBl. I Nr. 43/2016 treten mit 1. Oktober 2016 in Kraft. §§ 269 Abs. 2, 271c und 275 Abs. 1 sind erstmals auf die Abschlussprüfung von Geschäftsjahren anzuwenden, die nach dem 16. Juni 2016 beginnen. § 271a Abs. 1 Z 4 in der Fassung des Bundesgesetzes BGBl. I 43/2016 ist erstmals auf die Abschlussprüfung von Geschäftsjahren anzuwenden, die nach dem 16. Juni 2016 beginnen; wurde vor dessen Anwendbarkeit die Prüfungstätigkeit für zumindest

zwei Geschäftsjahre unterbrochen, so ist diese Unterbrechung einer dreijährigen gleichzuhalten.

*(BGBl I 2016/43)*

(44) § 242 Abs. 4, § 243 Abs. 5, § 243b, § 243c, § 243d, § 244, § 267a, § 267b, § 267c, § 269 Abs. 3, § 273 Abs. 1, § 277 Abs. 1 und Abs. 4, § 280 Abs. 1 und § 282 Abs. 2a in der Fassung des Bundesgesetzes BGBl. I Nr. 20/2017 treten mit 6. Dezember 2016 in Kraft. Sie sind erstmalig auf Unterlagen der Rechnungslegung für Geschäftsjahre anzuwenden, die nach dem 31. Dezember 2016 beginnen.

*(BGBl I 2017/20)*

(45) Durch § 243b, § 243c, § 267a, § 267b, § 269 Abs. 3, § 273 Abs. 1, § 277 Abs. 1 und 4, § 280 Abs. 1 und § 282 Abs. 2a in der Fassung des Bundesgesetzes BGBl. I Nr. 20/2017 wird die Richtlinie 2014/95/EU zur Änderung der Richtlinie 2013/34/EU im Hinblick auf die Angabe nichtfinanzieller und die Diversität betreffender Informationen durch bestimmte große Unternehmen und Gruppen, ABl. Nr. L 330 vom 22.10.2014, S. 1, umgesetzt.

*(BGBl I 2017/20)*

(46) § 243a Abs. 1, § 243c Abs. 1, § 267 Abs. 3a und § 267b in der Fassung des Bundesgesetzes BGBl. I Nr. 107/2017 treten mit 3. Jänner 2018 in Kraft.

*(BGBl I 2017/107)*

(47) § 243c Abs. 1 in der Fassung des Bundesgesetzes BGBl. I Nr. 17/2018 tritt mit 3. Jänner 2018 in Kraft.

*(BGBl I 2018/17)*

(48) § 32 in der Fassung des Bundesgesetzes BGBl. I Nr. 58/2018, tritt mit 1. August 2018 in Kraft.

*(BGBl I 2018/58)*

(49) § 196a samt Überschrift, § 211 Abs. 1 und § 278 Abs. 1 in der Fassung des Bundesgesetzes BGBl. I Nr. 46/2019 treten mit 1. Juli 2019 in Kraft. Sie sind erstmalig auf Unterlagen der Rechnungslegung für Geschäftsjahre anzuwenden, die nach dem 31. Dezember 2018 beginnen.

*(BGBl I 2019/46, BGBl I 2021/86)*

(49) § 242 Abs. 4 und § 243c Abs. 2 in der Fassung des Aktienrechts-Änderungsgesetzes 2019, BGBl. I Nr. 63/2019, treten mit 10. Juni 2019 in Kraft. Die Angaben zu den Gesamtbezügen der einzelnen Vorstandsmitglieder und zu den Grundsätzen der Vergütungspolitik können erstmals im Corporate Governance-Bericht über jenes Geschäftsjahr unterbleiben, das nach dem 10. Juni 2019 beginnt.

*(BGBl I 2019/63)*

(50) § 242 Abs. 4 und § 243c Abs. 2 in der Fassung des Aktienrechts-Änderungsgesetzes 2019, BGBl. I Nr. 63/2019, treten mit 10. Juni 2019 in Kraft. Die Angaben zu den Gesamtbezügen der einzelnen Vorstandsmitglieder und zu den Grundsätzen der Vergütungspolitik können erstmals im Corporate Governance-Bericht über jenes Geschäftsjahr unterbleiben, das nach dem 10. Juni 2019 beginnt.

*(BGBl I 2021/86)*

(51) § 31 Abs. 3, § 141 Abs. 2, § 145 Abs. 2, § 146 Abs. 2, 165 und § 184 Abs. 1 in der Fassung der Gesamtreform des Exekutionsrechts – GREx, BGBl. I Nr. 86/2021 treten mit 1. Juli 2021 in Kraft. § 135 tritt mit Ablauf des 30. Juni 2021 außer Kraft.

*(BGBl I 2021/86)*

**Übergangsbestimmungen zum Handelsrechts-Änderungsgesetz**

**§ 907.** (1) Kaufleute im Sinne des Ersten Abschnitts des Ersten Buches des HGB gelten mit In-Kraft-Treten des Handelsrechts-Änderungsgesetzes, BGBl. I Nr. 120/2005, als Unternehmer im Sinne von § 1 in der Fassung dieses Gesetzes.

(2) Vor dem 1. Jänner 2007 entstandene offene Handelsgesellschaften, offene Erwerbsgesellschaften und Kommanditerwerbsgesellschaften gelten unbeschadet der Abs. 8 bis 14 mit 1. Jänner 2007 als offene Gesellschaften bzw. Kommanditgesellschaften. Sofern ihr Gegenstand auf eine unternehmerische Tätigkeit gerichtet ist, gelten sie ab diesem Zeitpunkt als Unternehmer im Sinne von § 1 in der Fassung des Handelsrechts-Änderungsgesetzes, BGBl. I Nr. 120/2005.

(3) Vordrucke von Geschäftspapieren und Bestellscheinen sowie Webseiten haben bei Kapitalgesellschaften spätestens ab 1. Jänner 2007, bei anderen Unternehmern spätestens ab 1. Jänner 2010 den Bestimmungen des § 14 in der Fassung des Handelsrechts-Änderungsgesetzes, BGBl. I Nr. 120/2005, zu entsprechen. Bis dahin finden ansonsten die bisher geltenden Bestimmungen Anwendung.

(4) Vor dem 1. Jänner 2007 in das Firmenbuch eingetragene Firmen können mit folgender Maßgabe weitergeführt werden:

1. Eingetragene Einzelunternehmer haben spätestens ab dem 1. Jänner 2010 im Geschäftsverkehr ihrer Firma den in § 19 Abs. 1 Z 1 in der Fassung des Handelsrechts-Änderungsgesetzes, BGBl. I Nr. 120/2005, bezeichneten Rechtsformzusatz beizufügen und die Änderung bis zu diesem Zeitpunkt zur Eintragung ins Firmenbuch anzumelden.
2. Eingetragene Personengesellschaften haben spätestens ab dem 1. Jänner 2010 im Geschäftsverkehr ihrer Firma die in § 19 Abs. 1 Z 2 und 3 in der Fassung des Handelsrechts-Änderungsgesetzes, BGBl. I Nr. 120/2005, bezeichneten Rechtsformzusätze beizufügen und die Änderung bis zu diesem Zeitpunkt zur Eintragung im Firmenbuch anzumelden. Eine offene Handelsgesellschaft, die zum Zeitpunkt des In-Kraft-Tretens des Handelsrechts-Änderungsgesetzes, BGBl. I Nr. 120/2005, den Rechtsformzusatz „OHG" in ihrer Firma führt, kann diesen beibehalten.
3. Auf Anmeldungen zur Eintragung in das Firmenbuch, die ausschließlich die Aufnah-

me der nach den § 19 Abs. 1 Z 1 bis 3 in der Fassung des Handelsrechts-Änderungsgesetzes, BGBl. I Nr. 120/2005, vorgeschriebenen Rechtsformzusätze in eine Firma zum Gegenstand haben, ist § 11 FBG anzuwenden. Solche Anmeldungen sowie Firmenbucheintragungen, die auf Grund dieser Anmeldungen vorgenommen werden, sind von den Gerichtsgebühren befreit, wenn die Anmeldung vor dem 1. Jänner 2010 beim Firmenbuchgericht eingelangt ist. Wird in der Eingabe, die die Anmeldung enthält, darüber hinaus noch die Vornahme weiterer Eintragungen begehrt, so ist für die Eingabe die Eingabengebühr nach Tarifpost 10 Z I lit. a GGG und sind für diese Eintragungen die Eintragungsgebühren nach Tarifpost 10 Z I lit. b oder c GGG zu entrichten; hingegen ist auch in diesen Fällen die Aufnahme des Rechtsformzusatzes in die Firma von der Eintragungsgebühr nach Tarifpost 10 Z I lit. b Z 1 GGG befreit.

4. Entspricht der Unternehmer der genannten Verpflichtung nicht, werden ab dem 1. Jänner 2010 keine weiteren Eintragungen in das Firmenbuch vorgenommen.
5. Bestehende Personengesellschaften, die nicht im Firmenbuch eingetragen sind, sind bis zum 1. Jänner 2010 unter Berücksichtigung von § 19 Abs. 1 Z 2 zur Eintragung in das Firmenbuch anzumelden.
6. In der Eintragung ist auf die Anpassung an die Bestimmungen dieses Bundesgesetzes hinzuweisen.

(5) Für neu einzutragende Firmenwortlaute gilt:

1. Ein zur Eintragung in das Firmenbuch angemeldeter Firmenwortlaut, der nicht den Bestimmungen der §§ 18 ff. in der Fassung des Handelsrechts-Änderungsgesetzes, BGBl. I Nr. 120/2005, entspricht, kann nach In-Kraft-Treten dieses Bundesgesetzes nicht mehr in das Firmenbuch eingetragen werden.
2. Ein vor In-Kraft-Treten des Handelsrechts-Änderungsgesetzes, BGBl. I Nr. 120/2005, zur Eintragung in das Firmenbuch angemeldeter Firmenwortlaut, der bereits den damit geänderten Bestimmungen der §§ 18 ff. entspricht, kann nach In-Kraft-Treten dieses Bundesgesetzes in das Firmenbuch eingetragen werden.

(6) Die §§ 38 und 39 in der Fassung des Handelsrechts-Änderungsgesetzes, BGBl. I Nr. 120/2005, sind auf nach dem 31. Dezember 2006 vereinbarte Unternehmensübergänge anzuwenden.

(7) § 40 in der Fassung des Handelsrechts-Änderungsgesetzes, BGBl. I Nr. 120/2005, ist auf die Fortführung eines Unternehmens durch den Erben anzuwenden, wenn der Erbanfall nach dem 31. Dezember 2006 liegt.

(8) Sofern in der Folge nichts anderes bestimmt wird, sind die Bestimmungen des Zweiten Buches in der Fassung des Handelsrechts-Änderungsgesetzes, BGBl. I Nr. 120/2005, auch auf Gesellschaften anzuwenden, die vor dem 1. Jänner 2007 errichtet wurden.

(9) § 123 in der Fassung des Handelsrechts-Änderungsgesetzes, BGBl. I Nr. 1202005, ist auf nach dem 31. Dezember 2006 errichtete Personengesellschaften anzuwenden. Sofern unter den Gesellschaftern nichts anderes vereinbart wurde, gilt dies auch für die §§ 109, 119, 120, 121 Abs. 1 und 2, 122 Abs. 1, 124 Abs. 1, 137 Abs. 4, 141 Abs. 1 erster Satz, 154 Abs. 2, 155 Abs. 1 und 4 sowie 167 bis 169. Auf vor diesem Zeitpunkt errichtete Gesellschaften sind die bisher geltenden Bestimmungen weiter anzuwenden.

(10) § 136 Abs. 1 in der Fassung des Handelsrechts-Änderungsgesetzes, BGBl. I Nr. 120/2005, ist auf die einstweilige Fortführung von Geschäften anzuwenden, wenn die Gesellschaft nach dem 31. Dezember 2006 durch den Tod eines Gesellschafters aufgelöst würde. Liegt der Tod des Gesellschafters vor diesem Zeitpunkt, so ist die bisher geltende Bestimmung weiter anzuwenden.

(11) § 139 Abs. 3 in der Fassung des Handelsrechts-Änderungsgesetzes, BGBl. I Nr. 120/2005, ist auch auf Erben anzuwenden, denen die Verlassenschaft innerhalb von drei Monaten vor dem 1. Jänner 2007 eingeantwortet wurde. Wurde die Verlassenschaft vor diesem Zeitpunkt eingeantwortet, so ist die bisher geltende Bestimmung weiter anzuwenden.

(12) § 149 in der Fassung des Handelsrechts-Änderungsgesetzes, BGBl. I Nr. 120/2005 ist auf Liquidatoren anzuwenden, die nach dem 31. Dezember 2006 bestellt werden. Auf vor diesem Zeitpunkt bestellte Liquidatoren ist die bisher geltende Bestimmung weiter anzuwenden.

(13) § 160 in der Fassung des Handelsrechts-Änderungsgesetzes, BGBl. I Nr. 120/2005, ist auf vor dem 1. Jänner 2007 entstandene Verbindlichkeiten anzuwenden, wenn das Ausscheiden eines Gesellschafters oder sein Wechsel in die Rechtsstellung eines Kommanditisten nach diesem Zeitpunkt vereinbart wurde. Auf vor diesem Zeitpunkt getroffene Vereinbarungen über das Ausscheiden eines Gesellschafters oder einen Wechsel in die Rechtsstellung eines Kommanditisten sind die bisher geltenden Bestimmungen weiter anzuwenden.

(14) § 176 in der Fassung des Handelsrechts-Änderungsgesetzes, BGBl. I Nr. 120/2005, ist auf nach dem 31. Dezember 2006 errichtete Kommanditgesellschaften anzuwenden. Für die Haftung eines Kommanditisten einer vor diesem Zeitpunkt errichteten Kommanditgesellschaft ist die bisher geltende Bestimmung weiter anzuwenden.

(15) § 178 in der Fassung des Handelsrechts-Änderungsgesetzes, BGBl. I Nr. 120/2005, ist auf nach dem 31. Dezember 2006 vorgenommene rechtsgeschäftliche Handlungen im Namen einer unternehmerisch tätigen Gesellschaft bürgerlichen Rechts anzuwenden.



(16) Für Unternehmer, die vor dem 1. Jänner 2007 nicht zur Rechnungslegung verpflichtet waren, sind ab diesem Stichtag die Beobachtungszeiträume des § 189 Abs. 2 für den Eintritt der Rechtsfolgen des § 189 Abs. 1 Z 2 maßgeblich. Für Unternehmer, die vor dem 1. Jänner 2007 rech-

nungslegungspflichtig waren, sind für den Eintritt und den Entfall der Rechtsfolgen des § 189 Abs. 1 Z 2 auch Beobachtungszeiträume maßgeblich, die vor dem 1. Jänner 2007 liegen. Für die Beurteilung der Rechnungslegungspflicht vor dem 1. Jänner 2007 sind im Zweifel die Umsatzgrenzen des § 125 Abs. 1 lit. a BAO in der bis 31. Dezember 2006 anzuwendenden Fassung heranzuziehen.

(17) Vor dem 1. Jänner 2007 eingetragene Erwerbsgesellschaften und Kommanditerwerbsgesellschaften, bei denen kein unbeschränkt haftender Gesellschafter eine natürliche Person ist, sind erstmals für Geschäftsjahre gemäß § 189 Abs. 1 Z 1 rechnungslegungspflichtig, die nach dem 31. Dezember 2007 beginnen. Zugleich beginnen die Beobachtungszeiträume gemäß § 221 Abs. 4 Z 1 und § 246 Abs. 2.

(18) Die mit dem Handelsrechts-Änderungsgesetz, BGBl. I Nr. 120/2005, geänderten Bestimmungen des Vierten Buches (§§ 343 bis 450) sind auf nach dem 31. Dezember 2006 abgeschlossene Rechtsgeschäfte anzuwenden.

(19) Auf vor dem 1. Jänner 2007 errichtete Reedereien sowie vereinbarte Verbodmungen sind die bisher geltenden Bestimmungen weiter anzuwenden.

**§ 908.** (aufgehoben)

*(BGBl I 2016/43)*

### Vollziehungsklausel

**§ 909.** Mit der Vollziehung dieses Bundesgesetzes ist der Bundesminister für Justiz betraut.

## 20/2.

# Mitarbeiterbeteiligungsstiftungsgesetz 2017 – MitarbeiterBetStG 2017 (Art 6)

BGBl I 2017/105

Die verbindliche Vorgabe der planmäßigen Abgabe von Aktien einer Arbeitgebergesellschaft im Sinne des § 4d Abs. 5 Z 1 EStG 1988 an die Begünstigten einer Mitarbeiterbeteiligungsstiftung im Sinne des § 4d Abs. 4 EStG durch die Arbeitgebergesellschaften (Mitarbeiterbeteiligungsprogramm) begründet keinen beherrschenden Einfluss auf die Mitarbeiterbeteiligungsstiftung im Sinne des § 244 Abs. 2 Z 3 UGB.

# 21. BANKWESEN

## Inhaltsverzeichnis

# 21/1. Bankwesengesetz (Auszug)

**Bankwesengesetz**, BGBl 1993/532 idF BGBl I 2022/36

## IX. Bankgeheimnis

**§ 38.** (1) Kreditinstitute, ihre Gesellschafter, Organmitglieder, Beschäftigte sowie sonst für Kreditinstitute tätige Personen dürfen Geheimnisse, die ihnen ausschließlich auf Grund der Geschäftsverbindungen mit Kunden oder auf Grund des § 75 Abs. 3 anvertraut oder zugänglich gemacht worden sind, nicht offenbaren oder verwerten (Bankgeheimnis). Werden Organen von Behörden sowie der Oesterreichischen Nationalbank bei ihrer dienstlichen Tätigkeit Tatsachen bekannt, die dem Bankgeheimnis unterliegen, so haben sie das Bankgeheimnis als Amtsgeheimnis zu wahren, von dem sie nur in den Fällen des Abs. 2 entbunden werden dürfen. Die Geheimhaltungsverpflichtung gilt zeitlich unbegrenzt.

(2) Die Verpflichtung zur Wahrung des Bankgeheimnisses besteht nicht

1. in einem Strafverfahren gegenüber den Staatsanwaltschaften und Gerichten nach Maßgabe der §§ 116, 210 Abs. 3 der Strafprozeßordnung 1975 – StPO, BGBl. Nr. 631/1975, und in einem Strafverfahren wegen vorsätzlicher Finanzvergehen, ausgenommen Finanzordnungswidrigkeiten, gegenüber den Finanzstrafbehörden nach Maßgabe der §§ 89, 99 Abs. 6 des Finanzstrafgesetzes – FinStrG, BGBl. Nr. 129/1958;

   *(BGBl I 2015/116)*
2. im Falle der Verpflichtung zur Auskunftserteilung nach § 41 Abs. 1 und 2 und § 93 Abs. 2 letzter Satz;
3. im Falle des Todes des Kunden gegenüber dem Abhandlungsgericht und Gerichtskommissär;
4. wenn der Kunde minderjährig oder sonst pflegebefohlen ist, gegenüber dem Vormundschafts- oder Pflegschaftsgericht;
5. wenn der Kunde der Offenbarung des Geheimnisses ausdrücklich und schriftlich zustimmt;
6. für allgemein gehaltene banküblich Auskünfte über die wirtschaftliche Lage eines Unternehmens, wenn dieses der Auskunftserteilung nicht ausdrücklich widerspricht;
7. soweit die Offenbarung zur Klärung von Rechtsangelegenheiten aus dem Verhältnis zwischen Kreditinstitut und Kunden erforderlich ist;
8. hinsichtlich der Meldepflicht des § 25 Abs. 1 des Erbschafts- und Schenkungssteuergesetzes;
9. im Fall der Verpflichtung zur Auskunftserteilung an die FMA gemäß dem WAG und dem BörseG;

   *(BGBl I 2015/116)*
10. für Zwecke des automatischen Informationsaustausches von Informationen über Finanzkonten gemäß dem Gemeinsamer Meldestandard-Gesetz – GMSG, BGBl. I Nr. 116/2015;

    *(BGBl I 2015/116)*
11. gegenüber Abgabenbehörden des Bundes auf ein Auskunftsverlangen gemäß § 8 des Kontenregister- und Konteneinschaugesetzes – KontRegG, BGBl. I Nr. 116/2015;

    *(BGBl I 2015/116)*
12. hinsichtlich der Übermittlungspflicht des § 3 KontRegG und der Auskunftserteilung nach § 4 KontRegG;

    *(BGBl I 2015/116)*
13. Hinsichtlich der Meldepflicht der §§ 3 und 5 des Kapitalabfluss-Meldegesetzes, BGBl. I Nr. 116/2015;

    *(BGBl I 2015/116, BGBl I 2021/25)*
14. hinsichtlich der Informationsbereitstellung gemäß § 16 Abs. 6 FM-GwG und des Informationsaustausches gemäß § 22 Abs. 2 und § 24 Abs. 6 FM-GwG jeweils zur Verhinderung der Geldwäscherei oder Terrorismusfinanzierung.

    *(BGBl I 2021/25)*

(3) Ein Kreditinstitut kann sich auf das Bankgeheimnis insoweit nicht berufen, als die Offenbarung des Geheimnisses zur Feststellung seiner eigenen Abgabepflicht erforderlich ist.

(4) Die Bestimmungen der Abs. 1 bis 3 gelten auch für Finanzinstitute und Unternehmen der Vertragsversicherung bezüglich § 75 Abs. 3 und für Einlagensicherungseinrichtungen bezüglich der Informationen gemäß § 93 Abs. 2 letzter Satz.

(5) **(Verfassungsbestimmung)** Die Abs. 1 bis 4 können vom Nationalrat nur in Anwesenheit von mindestens der Hälfte der Abgeordneten und mit einer Mehrheit von zwei Dritteln der abgegebenen Stimmen abgeändert werden.

(6) Ist für die Erbringung von Bankgeschäften mit dem Kunden die Verwendung von Fernkommunikationsmitteln vereinbart, so kann das Schriftlichkeitserfordernis für die Entbindung vom Bankgeheimnis durch den Kunden gemäß Abs. 2 Z 5 abweichend von § 886 ABGB durch die starke Kundenauthentifizierung gemäß § 4 Z 28 ZaDiG 2018 erfüllt werden.

*(BGBl I 2017/107, BGBl I 2018/18)*

**§ 101.** (1) Wer Tatsachen des Bankgeheimnisses offenbart oder verwertet, um sich oder einem anderen einen Vermögensvorteil zu verschaffen oder um einem anderen einen Nachteil zuzufügen, ist vom Gericht mit Freiheitsstrafe bis zu einem Jahr oder mit Geldstrafe bis zu 360 Tagessätzen zu bestrafen.

(2) Der Täter ist im Falle des Abs. 1 nur mit Ermächtigung des in seinem Interesse an der Geheimhaltung Verletzten zu verfolgen.

**§ 107.** (88) § 38 Abs. 2 Z 1 in der Fassung des Bundesgesetzes, BGBl. I Nr. 116/2015, tritt mit 1. Jänner 2016 in Kraft.

*(BGBl I 2015/116)*

(89) **(Verfassungsbestimmung)** § 38 Abs. 2 Z 11 und 12 in der Fassung des Bundesgesetzes BGBl. I Nr. 116/2015 sind erstmals für Zeiträume ab 1. März 2015 anzuwenden.

*(BGBl I 2015/116)*

(97a) § 1 Abs. 2 Z 7 und Abs. 3, § 9 Abs. 7 und 8, § 34 Abs. 2, Einleitungsteil des § 37 Abs. 1, § 37 Abs. 1 Z 2 und Abs. 2, § 38 Abs. 6, § 69a Abs. 8, § 75 Abs. 1 Z 1 sowie § 103j Abs. 1 und 2 in der Fassung des Bundesgesetzes BGBl. I Nr. 17/2018 treten mit 1. Juni 2018 in Kraft.

*(BGBl I 2018/17)*

(98) Das Inhaltsverzeichnis, § 3 Abs. 3 Z 1, § 3 Abs. 4a Z 1, § 3 Abs. 7 lit. c, § 75 samt Überschrift und § 105 Abs. 15 in der Fassung des Bundesgesetzes BGBl. I Nr. 150/2017 treten mit 1. September 2018 in Kraft. § 74a samt Überschrift tritt mit Ablauf des 31. August 2018 außer Kraft.

*(BGBl I 2017/150)*

(99) § 3 Abs. 4a Z 1 und Abs. 7 lit. c, § 39 Abs. 5 und 6 Z 1, § 42 Abs. 1, § 63a Abs. 4, § 73 Abs. 1 Z 11 und Abs. 1b, § 73a in der Fassung des Bundesgesetzes BGBl. I Nr. 36/2018 treten mit 1. September 2018 in Kraft. § 28a Abs. 5a bis 5c, § 39 Abs. 6 Z 2 und 3, § 39d Abs. 5, § 98 Abs. 2 Z 7, § 103w sowie § 105 Abs. 17 in der Fassung des Bundesgesetzes BGBl. I Nr. 36/2018 treten mit 1. Jänner 2019 in Kraft.

*(BGBl I 2018/36)*

(100) § 69 Abs. 1 in der Fassung des Bundesgesetzes BGBl. I Nr. 76/2018 tritt mit 1. Jänner 2019 in Kraft.

*(BGBl I 2018/76)*

(101) § 21 Abs. 4, 5 und 6, § 98 Abs. 5d, § 99c Abs. 6, § 99d Abs. 1, 2 und 3, § 99f und § 103v in der Fassung des Bundesgesetzes BGBl. I Nr. 112/2018 treten ein Monat nach der Kundmachung im Bundesgesetzblatt in Kraft.

*(BGBl I 2018/112)*

(102) Das Inhaltsverzeichnis, die Überschrift vor § 35, § 35 Abs. 1 sowie § 98 Abs. 3 Z 10 und Abs. 5b Z 7 in der Fassung des Bundesgesetzes BGBl. I Nr. 46/2019 treten mit 1. Juli 2019 in Kraft. § 35 Abs. 3 tritt mit Ablauf des 30. Juni 2019 außer Kraft.

*(BGBl I 2019/46)*

(103) § 38 Abs. 2 Z 14 in der Fassung des Bundesgesetzes BGBl. I Nr. 25/2021 tritt mit 1. März 2021 in Kraft.

*(BGBl I 2021/25)*

# 21/2. Kontenregister- und Konteneinschaugesetz

**Kontenregister- und Konteneinschaugesetz**, BGBl I 2015/116 idF

| | | |
|---|---|---|
| **1** BGBl I 2016/77 (EU-AbgÄG 2016) | **2** BGBl I 2016/118 | **3** BGBl I 2017/107 |
| **4** BGBl I 2018/62 (JStG 2018) | **5** BGBl I 2020/99 (2. FORG) | **6** BGBl I 2021/25 |
| **7** BGBl I 2021/148 | **8** BGBl I 2022/108 (AbgÄG 2022) | |

## GLIEDERUNG



**Bundesgesetz über die Einrichtung eines Kontenregisters und die Konteneinschau (Kontenregister- und Konteneinschaugesetz – KontRegG)**

### 1. Teil
### Kontenregister

### Einrichtung des Kontenregisters

**§ 1.** (1) Der Bundesminister für Finanzen hat für das gesamte Bundesgebiet ein Register (Kontenregister) zur Erfüllung von Aufgaben im öffentlichen Interesse, zur Durchführung von Strafverfahren, verwaltungsbehördlichen Finanzstrafverfahren, der Erhebung der Abgaben des Bundes und für den internationalen Informationsaustausch in Steuerangelegenheiten, sowie zur Verhinderung der Geldwäscherei und Terrorismusfinanzierung und zur Durchführung internationaler Sanktionsmaßnahmen zu führen. Im Kontenregister sind enthalten:

1. Konten im Einlagengeschäft (§ 1 Abs. 1 Z 1 des Bankwesengesetzes – BWG, BGBl. Nr. 532/1993),
2. Konten im Girogeschäft (§ 1 Abs. 1 Z 2 BWG),
3. Konten im Bauspargeschäft (§ 1 Abs. 1 Z 12 BWG),
4. Konten im Kreditgeschäft (§ 1 Abs. 1 Z 3 BWG), wenn diese Konten durch die internationale Kontonummer (International Bank Account Number, IBAN) identifizierte Zahlungskonten im Sinne der Verordnung (EU) Nr. 260/2012 zur Festlegung der technischen Vorschriften und der Geschäftsanforderungen für Überweisungen und Lastschriften in Euro, ABl. Nr. L 94 vom 30.3.2012 S. 22, sind,
5. Zahlungskonten zur Erbringung von Zahlungsdiensten (§ 1 Abs. 2 Z 7 BWG), wenn diese Konten durch die IBAN identifizierte Zahlungskonten im Sinne der Verordnung (EU) Nr. 260/2012 sind,
6. Depots im Depotgeschäft (§ 1 Abs. 1 Z 5 BWG) der Kreditinstitute und
7. Schließfächer von Kreditinstituten und von gewerblichen Schließfachanbietern, die Finanzinstitute nach § 1 Abs. 2 Z 6 BWG sind.

*(BGBl I 2018/62, BGBl I 2021/25)*

(2) Kreditinstitute im Sinne dieses Bundesgesetzes sind:

1. Kreditinstitute gemäß § 1 Abs. 1 BWG ausgenommen Betriebliche Vorsorgekassen gemäß Betriebliches Mitarbeiter- und Selbständigenvorsorgegesetz – BMSVG, BGBl. I Nr. 100/2002,
2. Zweigstellen von CRR-Kreditinstituten gemäß § 9 BWG, von CRR-Finanzinstituten gemäß § 11 BWG oder von Tochterunternehmen von CRR-Finanzinstituten gemäß § 13 BWG, die berechtigt sind, im Inland Tätigkeiten gemäß den Nr. 1 oder 12 des Anhangs I der Richtlinie

2013/36/EU, über den Zugang zur Tätigkeit von Kreditinstituten und die Beaufsichtigung von Kreditinstituten und Wertpapierfirmen, zur Änderung der Richtlinie 2002/87/EG und zur Aufhebung der Richtlinien 2006/48/EG und 2006/49/EG, ABl. Nr. L 176 vom 27.06.2013 S. 338, zuletzt geändert durch die Richtlinie 2014/59/EU, ABl. Nr. L 173 vom 12.06.2014 S. 190, zu erbringen sowie

3. Zweigstellen von Wertpapierfirmen gemäß § 17 des Wertpapieraufsichtsgesetzes 2018 – WAG 2018, BGBl. I Nr. 107/2017, die berechtigt sind, im Inland Nebendienstleistungen gemäß Nr. 1 des Abschnitts B des Anhangs I der Richtlinie 2004/39/EG, über Märkte für Finanzinstrumente, zur Änderung der Richtlinien 85/611/EWG und 93/6/EWG und der Richtlinie 2000/12/EG und zur Aufhebung der Richtlinie 93/22/EWG, ABl. Nr. L 145 vom 30.04.2004 S. 1, zuletzt geändert durch die Richtlinie 2010/78/EU, ABl. Nr. L 331 vom 15.12.2010 S. 120, in der Fassung der Berichtigung ABl. Nr. L 54 vom 22.02.2014 S. 23, zu erbringen.

*(BGBl I 2017/107)*

(3) Schließfächer im Sinne dieses Bundesgesetzes sind Schließfächer, die hohen Sicherheitsstandards durch Zugangsbeschränkungen unterliegen und zum Zweck der Verwahrung von Wertgegenständen auf unbefristete Zeit oder für die Dauer von mindestens einer Woche auf der Grundlage von Verträgen oder Nutzungsvereinbarungen von Kreditinstituten und gewerblichen Schließfachanbietern vermietet werden. Ein Mitverschluss durch das Kreditinstitut oder den gewerblichen Schließfachanbieter ist keine zwingende Voraussetzung für die Qualifikation als Schließfach.

*(BGBl I 2021/25)*

(4) Finanzinstitute im Sinne dieses Bundesgesetzes sind Finanzinstitute gemäß § 1 Abs. 2 Z 6 und 7 BWG.

*(BGBl I 2021/25)*

### Inhalt des Kontenregisters

**§ 2.** (1) In das Kontenregister sind folgende Daten betreffend die in § 1 Abs. 1 angeführten Konten, Depots und Schließfächer aufzunehmen:

1. bei natürlichen Personen als Kunden das bereichsspezifische Personenkennzeichen für Steuern und Abgaben (bPK SA); sofern das bPK SA über das Stammzahlenregister nicht ermittelt werden konnte, sind Vorname, Zuname, Geburtsdatum, Adresse und Ansässigkeitsstaat aufzunehmen;
2. bei Rechtsträgern als Kunden die Stammzahl des Unternehmens gemäß § 6 Abs. 3 des E Government-Gesetzes – E-GovG, BGBl. I Nr. 10/2004, oder ein Ordnungsbegriff, mit dem diese Stammzahl ermittelt werden kann; sofern die Stammzahl bzw. der Ordnungsbegriff über das Unternehmensregister nicht ermittelt werden konnte, sind Name, Adresse und Ansässigkeitsstaat aufzunehmen;

**„3. allfällige gegenüber dem Kreditinstitut hinsichtlich des Kontos oder des Depots vertretungsbefugte Personen, Treugeber und wirtschaftliche Eigentümer gemäß § 2 des Wirtschaftliche Eigentümer Registergesetzes – WiEReG, BGBl. I Nr. 136/2017, wobei Z 1 bis 2 sinngemäß anzuwenden sind, sowie die IBAN (Kontonummer) bzw. Depotnummer;“**

*(BGBl I 2021/25, BGBl I 2022/108 ab 20.7.2022)*

**„4. eine eindeutige Nummer bei Schließfächern und, sofern der Mieter des Schließfaches eine juristische Person ist, gegenüber dem Kreditinstitut oder dem gewerblichen Schließfachanbieter hinsichtlich des Schließfaches vertretungsbefugte Personen und wirtschaftliche Eigentümer gemäß § 2 WiEReG, wobei Z 1 bis 2 sinngemäß anzuwenden sind,“**

*(BGBl I 2021/25, BGBl I 2022/108 ab 20.7.2022)*

5. der Tag der Eröffnung und der Auflösung des Kontos bzw. des Depots,
6. die Bezeichnung des meldepflichtigen Kreditinstitutes oder Finanzinstitutes,

*(BGBl I 2021/25)*

7. bei Schließfächern Beginn und Dauer des Mietzeitraums.

*(BGBl I 2021/25)*

(2) Bei Sparurkunden im Sinne des § 31 Abs. 3 BWG ist der identifizierte Kunde als Kontoinhaber zu melden. Sparkonten gemäß § 7 Abs. 10 Finanzmarkt-Geldwäschegesetz – FM-GwG, BGBl. I Nr. 118/2016, und Depots gemäß § 7 Abs. 8 FM-GwG sind dann zu melden, wenn eine Identitätsfeststellung des Kunden gemäß den Bestimmungen des FM-GwG erfolgt ist.

*(BGBl I 2016/118)*

(3) Für Zwecke der Abgabenerhebung und im Zusammenhang mit dem Abgleich der Grunddatenverwaltung der Finanzverwaltung mit den im Kontenregister gespeicherten Daten sind die Abgabenbehörden berechtigt, auf automationsgestütztem Weg in das automationsgestützt geführte Ergänzungsregister für sonstige Betroffene (§ 6 Abs. 4 E-GovG) Einsicht zu nehmen.

(4) Sofern bei natürlichen Personen das bPK SA übermittelt wurde, dürfen im Kontenregister auch folgende personenbezogene Daten gespeichert werden, und zwar Vorname, Zuname, Geburtsdatum, Geschlecht, Adresse und Ansässigkeitsstaat.

*(BGBl I 2018/62)*

(5) Sofern bei Rechtsträgern die Stammzahl des Unternehmens oder ein Ordnungsbegriff, mit dem diese Stammzahl ermittelt werden kann, übermittelt wurde, dürfen im Kontenregister auch folgende Daten gespeichert werden, und zwar Name, Adresse, Ansässigkeitsstaat sowie Ordnungsbegriffe für die Entität: Kennziffer des Unternehmensregisters (KUR), Firmenbuchnummer, Vereinsregisterzahl, Ordnungsnummer im Ergänzungsregister für sonstige Betroffene, Global Location Number (GLN).

(6) Anlässlich der Abfrage einer natürlichen Person oder eines Rechtsträgers im Kontenregister durch eine Abgabenbehörde darf auch die Steuernummer dieser Person oder dieses Rechtsträgers verarbeitet werden.

*(BGBl I 2020/99)*

(7) Zu den meldepflichtigen Kreditinstituten dürfen auch die Internationale Bankleitzahl (Bank Identifier Code, BIC) sowie die IBAN gespeichert werden.

*(BGBl I 2021/25)*

(8) Bei vertretungsbefugten Personen darf auch die Art der Vertretungsbefugnis gespeichert werden. Dabei handelt es sich um folgende Kategorien: vertretungsbefugt, zeichnungsberechtigt, Masseverwalter, Erwachsenenvertreter, Vorsorgebevollmächtigter, Eltern für minderjährige Kinder.

*(BGBl I 2018/62)*

(9) Zu den Konten, Depots und Schließfächern dürfen die Ordnungsbegriffe des Kreditinstituts gespeichert werden (Ordnungsnummer und die Art der Ordnungsnummer).

*(BGBl I 2016/77, BGBl I 2021/25)*

**Übermittlungen der meldepflichtigen Kredit- und Finanzinstitute**

**§ 3.** (1) Die meldepflichtigen Kredit- und Finanzinstitute haben die nach § 2 erforderlichen Daten laufend dem Kontenregister elektronisch zu übermitteln. Anstatt der in § 2 Abs. 1 Z 1 angeführten bPK SA ist diese als verschlüsseltes bereichsspezifisches Personenkennzeichen für Steuern und Abgaben (vbPK SA) von den meldepflichtigen Kredit- und Finanzinstituten zu übermitteln.

(1a) Die Übermittlungspflicht der meldepflichtigen Kreditinstitute hinsichtlich der in § 1 Abs. 1 Z 1 bis 3 und Z 6 angeführten Konten und Depots beginnt mit der durch Verordnung festgelegten Inbetriebnahme des Kontenregisters. Die erstmalige Übermittlung hat die Daten (§ 2) mit Stand zum 1. März 2015 sowie die bis zum Datum der Inbetriebnahme erfolgten Eröffnungen und Auflösungen zu umfassen. Für die am 1. März 2015 aufrechten Konten und Depots gilt dieser Tag als Tag der Eröffnung (§ 2 Abs. 1 Z 5).

(1b) Die Übermittlungspflicht der meldepflichtigen Kredit- und Finanzinstitute hinsichtlich der in § 1 Abs. 3 angeführten Schließfächer beginnt mit dem durch Verordnung (§ 6) festgelegten Datum. Die erstmalige Übermittlung hat die Daten der Mietverhältnisse (§ 2) mit Stand zum 1. Jänner 2021 zu umfassen. Für die am 1. Jänner 2021 aufrechten Mietverhältnisse gilt dieser Tag als Tag des Beginns des Mietverhältnisses.

(1c) Insoweit meldepflichtige Konten im Kreditgeschäft der Kreditinstitute und meldepflichtige Zahlungskonten von Finanzinstituten zur Erbringung von Zahlungsdiensten (§ 1 Abs. 1 Z 4 und 5) bestehen, beginnt die Übermittlungspflicht mit dem durch Verordnung festgelegtem Datum. Die erstmalige Übermittlung hat die Daten (§ 2) mit Stand zum 1. Jänner 2021 zu umfassen. Für die am 1. Jänner 2021 aufrechten Konten gilt dieser Tag als Tag der Eröffnung.

(2) Zum Zweck der Datenübermittlung an das Kontenregister sind die meldepflichtigen Kredit- und Finanzinstitute berechtigt, wie Auftraggeber des öffentlichen Bereichs gemäß § 10 Abs. 2 E-GovG die Ausstattung ihrer Datenanwendungen mit verschlüsselten bereichsspezifischen Personenkennzeichen für Steuern und Abgaben von der Stammzahlenregisterbehörde zu verlangen. Sofern es sich um Daten gemäß § 2 Abs. 1 Z 2 handelt, sind die meldepflichtigen Kredit- und Finanzinstitute berechtigt, diese Daten über das Unternehmensregister zu ermitteln. In diesem Zusammenhang anfallende Kosten inklusive jener der Stammzahlenregisterbehörde und der Bundesanstalt Statistik Österreich sind vom Kreditinstitut bzw. vom Finanzinstitut zu tragen.

(3) Finanzinstitute im Sinne dieses Bundesgesetzes haben sich elektronisch zu registrieren, um die erforderlichen Berechtigungen für Übermittlungen an das Kontenregister zu erhalten.

(4) Die Kontrolle der Einhaltung der Vorschriften der Abs. 1b und 1c obliegt dem zuständigen Finanzamt.

**„(5) Die meldepflichtigen Kredit- und Finanzinstitute sind verpflichtet geeignete Kontrollmaßnahmen zu ergreifen, um die Einhaltung dieser Meldepflichten gemäß § 3 und die Vollständigkeit der Daten im Sinne von § 2 sicherzustellen.“**

*(BGBl I 2022/108 ab 20.7.2022)*

*(BGBl I 2021/25)*

## 2. Teil
## Einsicht in das Kontenregister

### Auskünfte aus dem Kontenregister

**§ 4.** (1) Auskünfte aus dem Kontenregister sind im Wege elektronischer Einsicht zu erteilen:

1. für strafrechtliche Zwecke den Staatsanwaltschaften und den Strafgerichten,
2. für finanzstrafrechtliche Zwecke überdies den Finanzstrafbehörden und dem Bundesfinanzgericht,
3. wenn es im Interesse der Abgabenerhebung zweckmäßig und angemessen ist, für abgabenrechtliche Zwecke den Abgabenbehörden des Bundes und dem Bundesfinanzgericht,
4. für die Zwecke der Verhinderung und Bekämpfung der Geldwäscherei und damit zusammenhängender Vortaten sowie der Terrorismusfinanzierung der Geldwäschemeldestelle gemäß § 4 Abs. 2 Z 1 und 2 des Bundeskriminalamt-Gesetzes – BKA-G, BGBl. I Nr. 22/2002 und der Direktion Staatsschutz und Nachrichtendienst gemäß § 1 Abs. 3 des Staatsschutz- und Nachrichtendienst-Gesetzes – SNG, BGBl. I Nr. 5/2016;

   *(BGBl I 2021/25, BGBl I 2021/148)*
5. für Zwecke der Verhinderung der Geldwäscherei und der Terrorismusfinanzierung

gemäß § 25 Abs. 1 FM-GwG, der Finanzmarktaufsichtsbehörde;

*(BGBl I 2021/25)*

6. für Zwecke der Verhütung, Aufdeckung, Untersuchung oder Verfolgung von Straftaten im Sinne des Anhangs I der Verordnung (EU) Nr. 2016/794 über die Agentur der Europäischen Union für die Zusammenarbeit auf dem Gebiet der Strafverfolgung (Europol) ABl. Nr. L 135 vom 24.05.2016 S. 53, dem Bundeskriminalamt, dem Bundesamt zur Korruptionsprävention und Korruptionsbekämpfung und der Direktion Staatsschutz und Nachrichtendienst;

*(BGBl I 2021/25, BGBl I 2021/148)*

7. für sanktionenrechtliche Zwecke der Oesterreichischen Nationalbank und dem Bundesminister für Inneres.

*(BGBl I 2021/25)*

(1a) Die Geldwäschemeldestelle hat dem Europäischen Polizeiamt (Europol) im Rahmen seiner Zuständigkeiten für Zwecke der Aufgabenerfüllung von Europol und nach Bundes- und Landesgesetzen für die Verhinderung von Geldwäscherei und Terrorismusfinanzierung zuständigen Behörden auf deren Ersuchen Auskünfte aus dem Kontenregister zugänglich zu machen, sofern letztere die Auskünfte für die Zwecke der Verhinderung der Geldwäscherei und Terrorismusfinanzierung benötigen. Die Geldwäschemeldestelle hat die Auskünfte gemäß Abs. 1 Z 4 oder Z 6 einzuholen und auf einem sicheren Übertragungsweg zu übermitteln.

*(BGBl I 2021/25)*

(2) Suchbegriffe dürfen nur konkrete Personen, Konten oder Schließfächer sein.

*(BGBl I 2021/25)*

(3) Jede Abfrage und Übermittlung personenbezogener Daten aus dem Kontenregister ist so zu protokollieren, dass eine Zuordnung der Abfrage oder Übermittlung zu einem bestimmten Organwalter möglich ist. Die Protokollaufzeichnungen sind zehn Jahre aufzubewahren und dann zu löschen.

(3a) Die Erteilung von Auskünften an die in Abs. 1 genannten Behörden darf nur im Einzelfall erfolgen und ist dem innerhalb der jeweils zuständigen Behörde eigens zur Wahrnehmung dieser Aufgaben benannten und ermächtigten Personal vorbehalten. Diese Behörden haben sicherzustellen, dass das abfrageberechtigte Personal in Bezug auf die Vertraulichkeit und den Datenschutz hochprofessionell arbeitet und in hohem Maße integer und ausreichend qualifiziert ist.

*(BGBl I 2021/25)*

(4) Betroffene Personen und Unternehmer haben das Recht auf Auskunft, welche sie betreffende Daten in das Kontenregister aufgenommen wurden. Die Abfrage kann über FinanzOnline erfolgen.

(5) Außerhalb einer Außenprüfung sind im Verfahren zur Veranlagung der Einkommensteuer, der Körperschaftsteuer und der Umsatzsteuer Auskünfte aus dem Kontenregister nicht zulässig, es sei denn, dass die Abgabenbehörde Bedenken gegen die Richtigkeit der Abgabenerklärung hat, Ermittlungen gemäß § 161 Abs. 2 der Bundesabgabenordnung – BAO, BGBl. Nr. 194/1961 einleitet und der Abgabepflichtige vorher Gelegenheit zur Stellungnahme hatte. Die Würdigung der Stellungnahme ist aktenkundig zu machen.

*(BGBl I 2021/25)*

(6) Über eine durchgeführte Kontenregistereinsicht der Abgabenbehörde ist der Abgabepflichtige über FinanzOnline zu informieren.

(7) **(Verfassungsbestimmung)** Abs. 1 und Abs. 1a können vom Nationalrat nur in Anwesenheit von mindestens der Hälfte der Abgeordneten und mit einer Mehrheit von zwei Dritteln der abgegebenen Stimmen abgeändert werden.

*(BGBl I 2021/25)*

### Führung des Kontenregisters

**§ 5.** (1) Das Kontenregister ist automationsunterstützt zu führen. Die erfassten Daten sind zehn Jahre ab Ablauf des Jahres der Auflösung des Kontos bzw. Depots aufzubewahren.

(2) Der Bundesminister für Finanzen ist Verantwortlicher gemäß Art. 4 Z 7 DSGVO für das Kontenregister. Er hat dessen Einrichtung und Betrieb zu gewährleisten. Er hat sicherzustellen, dass sein Personal, das in Vollziehung dieses Bundesgesetzes tätig ist – auch in Fragen der Vertraulichkeit und des Datenschutzes – in Bezug auf seine Integrität hohen Maßstäben genügt und entsprechend qualifiziert ist und mit hohem professionellen Standard arbeitet.

*(BGBl I 2018/62, BGBl I 2021/25)*

(3) Die Bundesrechenzentrum Gesellschaft mit beschränkter Haftung (BRZ GmbH) ist für das Kontenregister gesetzliche Auftragsverarbeiterin im Sinne des Art. 4 Z 8 DSGVO.

*(BGBl I 2018/62)*

(4) Die statistischen Auswertungen über die protokollierten Abfragen und Auskünfte nach § 4 Abs. 3 sind den zuständigen Behörden (§ 4 Abs. 1) zu übermitteln.

*(BGBl I 2021/25)*

**„(5) Der Bundesminister für Finanzen ist berechtigt im Kontenregister enthaltene Konten, Depots oder Schließfächer von Kreditinstituten, deren Konzession zurückgenommen wurde (§ 6 BWG) oder erloschen ist (§ 7 BWG) oder denen mit Beschluss die Zulassung als Kreditinstitut gemäß Artikel 4 Absatz 1 Buchstabe a und Artikel 14 Absatz 5 der Verordnung (EU) Nr. 1024/2013 und den Artikeln 80 und 83 der Verordnung (EU) Nr. 468/2014 in Verbindung mit Artikel 18 Buchstabe e der Richtlinie 2013/36/EU und des BWG entzogen wurde, mit dem Datum der Rechtskraft des Beschlusses oder Bescheids als aufgelöst zu kennzeichnen. Für den Fall der Beendigung des Geschäftsbetriebs von Zweigstellen von CRR-Kreditinstituten im Inland oder von Finanzinstituten gemäß § 1**

**Abs. 2 Z 6 und 7 BWG ist der Bundesminister für Finanzen berechtigt im Kontenregister enthaltene Konten, Depots oder Schließfächer mit dem Datum der Beendigung des Geschäftsbetriebes als aufgelöst zu kennzeichnen.“**

*(BGBl I 2022/108 ab 20.7.2022)*

**Verordnungsermächtigung**

**§ 6.** (1) Der Bundesminister für Finanzen hat mit Verordnung das Verfahren der Übermittlung (§ 3) und der Auskunftserteilung (§§ 4 und 8) im Wege von FinanzOnline einschließlich der elektronischen Protokollierung der Abfragen durch die berechtigten Behörden sowie die Bereitstellung statistischer und protokollierter Daten aus dem Kontenregister an die berechtigten Behörden in organisatorischer und technischer Hinsicht näher zu regeln.

*(BGBl I 2021/25)*

(2) Der Bundesminister für Finanzen hat mit Verordnung die Verfahren nach Abs. 1 hinsichtlich der Daten gemäß § 1 Abs. 1 Z 4, 5 und 7 sowie das Verfahren der Registrierung nach § 3 Abs. 3 gesondert zu regeln.

*(BGBl I 2021/25)*

**Strafbestimmungen**

**§ 7.** (1) Wer die **„Pflichten“** des § 3 vorsätzlich verletzt, macht sich eines Finanzvergehens schuldig und ist mit einer Geldstrafe bis zu 200 000 Euro zu bestrafen.

*(BGBl I 2022/108 ab 20.7.2022)*

(2) Wer die Tat nach Abs. 1 grob fahrlässig begeht, ist mit einer Geldstrafe bis zu 100 000 Euro zu bestrafen.

(3) Die Finanzvergehen nach Abs. 1 und Abs. 2 hat das Gericht niemals zu ahnden.

(4) (aufgehoben)

*(BGBl I 2016/77)*

**3. Teil**
**Konteneinschau und Rechtsschutz**

**Auskunftsverlangen an Kreditinstitute**

**§ 8.** (1) Die Abgabenbehörde ist berechtigt, in einem Ermittlungsverfahren nach Maßgabe des § 165 der Bundesabgabenordnung – BAO, BGBl. Nr. 194/1961, über Tatsachen einer Geschäftsverbindung, von Kreditinstituten Auskunft zu verlangen, wenn

1. begründete Zweifel an der Richtigkeit der Angaben des Abgabepflichtigen bestehen, oder im Fall, dass der Abgabepflichtige trotz Aufforderung keine Angaben macht oder gemacht hat, Grund zur Annahme besteht, dass der Abgabepflichtige Angaben machen müsste, um Bestand und Umfang seiner Abgabepflicht offen zu legen,

   *(BGBl I 2021/25)*

2. zu erwarten ist, dass die Auskunft geeignet ist, die Zweifel aufzuklären und
3. zu erwarten ist, dass der mit der Auskunftserteilung verbundene Eingriff in die schutzwürdigen Geheimhaltungsinteressen des Kunden des Kreditinstitutes nicht außer Verhältnis zu dem Zweck der Ermittlungsmaßnahme steht.

*(BGBl I 2018/62)*

(2) Auskunftsverlangen bedürfen der Schriftform und sind vom Leiter der Abgabenbehörde zu unterfertigen. Auskunftsverlangen der Finanzämter oder des Zollamtes können auch vom Fachbereichsleiter oder der Fachbereichsleiterin unterfertigt werden. Auskunftsverlangen des Amtes für Betrugsbekämpfung sind, soweit sie im Abgabenverfahren erfolgen, durch die Fachbereichsleiterin oder den Fachbereichsleiter der aktenführenden Abgabenbehörde zu unterfertigen. Auskunftsersuchen und ihre Begründung sind im Abgabenakt zu dokumentieren.

*(BGBl I 2021/25)*

(3) Außerhalb einer Außenprüfung sind im Verfahren zur Veranlagung der Einkommensteuer, der Körperschaftsteuer und der Umsatzsteuer Auskunftsverlangen (Abs. 1) nicht zulässig, es sei denn, dass – nach Ausräumung von Zweifeln durch einen Ergänzungsauftrag nach § 161 Abs. 1 BAO – die Abgabenbehörde Bedenken gegen die Richtigkeit der Abgabenerklärung hat, Ermittlungen gemäß § 161 Abs. 2 BAO einleitet und der Abgabepflichtige vorher Gelegenheit zur Stellungnahme hatte. Die Würdigung der Stellungnahme ist aktenkundig zu machen. § 8 Abs. 1 gilt sinngemäß.

*(BGBl I 2021/25)*

(4) Wenn der Abgabepflichtige nicht Inhaber des Kontos, sondern vertretungsbefugt, Treugeber oder wirtschaftlicher Eigentümer ist, darf ein schriftliches Auskunftsverlangen erst dann gestellt werden, wenn der Inhaber des Kontos vorher Gelegenheit zur Stellungnahme hatte. Die Würdigung der Stellungnahme ist aktenkundig zu machen. § 8 Abs. 1 gilt sinngemäß.

**Besonderer Rechtsschutz**

**§ 9.** (1) **(Verfassungsbestimmung)** Das Bundesfinanzgericht entscheidet durch Einzelrichter mit Beschluss über die Bewilligung einer Konteneinschau.

*(BGBl I 2021/25)*

(2) Auskunftsverlangen (§ 8) bedürfen der Bewilligung durch das Bundesfinanzgericht. Dazu hat die Abgabenbehörde folgende Unterlagen elektronisch vorzulegen:

1. als Nachweis betreffend die Wahrung des Parteiengehörs zu § 8 Abs. 1 Z 1 die Niederschrift über Anhörung des Abgabepflichtigen oder den diesbezüglichen Schriftverkehr, wenn es aus Gründen, die beim Abgabepflichtigen liegen, nicht zu einer Anhörung gekommen ist; in den Fällen des § 8 Abs. 4 auch die Würdigung der Stellungnahme der Person, die nicht Partei des Abgabenverfahrens ist,

   *(BGBl I 2018/62, BGBl I 2021/25)*

2. das gemäß § 8 Abs. 2 der Abgabenbehörde unterfertigte Auskunftsverlangen, und

*(BGBl I 2021/25)*

3. die Begründung.

(3) Das Bundesfinanzgericht prüft auf Basis des vorgelegten Auskunftsverlangens das Vorliegen der Voraussetzungen für eine Konteneinschau nach diesem Gesetz. Die Entscheidung ist tunlichst binnen 3 Tagen zu treffen.

(4) **(Verfassungsbestimmung)** Gegen den Beschluss des Bundesfinanzgerichts nach Abs. 1 kann ein Rekurs eingelegt werden, über den das Bundesfinanzgericht durch einen Senat entscheidet. § 288 BAO ist sinngemäß anzuwenden.

(5) Entscheidet das Bundesfinanzgericht nach Abs. 4 dass die Konteneinschau zu Unrecht bewilligt wurde, dann gilt bezüglich der bei dieser Konteneinschau gewonnenen Beweise ein Verwertungsverbot in dem Abgabenverfahren, in dem das Auskunftsverlangen gestellt wurde.

## 4. Teil
## Rechtsschutzbeauftragter

### Pflichten der Abgabenbehörde gegenüber dem Rechtsschutzbeauftragten

**§ 10.** (1) Zur Wahrnehmung des besonderen Rechtsschutzes im Abgabenverfahren im Zusammenhang mit Auskünften aus dem Kontenregister (§ 4 Abs. 1 Z 3) hat die Abgabenbehörde gegenüber dem gemäß § 74a FinStrG bestellten Rechtsschutzbeauftragten bei der Wahrnehmung seiner Aufgaben folgende Pflichten:

1. jederzeit Einblick in alle erforderlichen Unterlagen und Aufzeichnungen zu gewähren,
2. ihm auf Verlangen Abschriften (Ablichtungen) einzelner Aktenstücke unentgeltlich auszufolgen
3. ihm die Protokollaufzeichnungen der Kontenregisterabfragen (§ 4 Abs. 3) zugänglich zu machen und
4. alle erforderlichen Auskünfte zu erteilen.

(2) Die Abgabenbehörde kann sich gegenüber dem Rechtsschutzbeauftragten weder auf die Amtsverschwiegenheit (Art. 20 Abs. 3 B-VG) noch auf die abgabenrechtliche Geheimhaltungspflicht (§ 48a BAO) berufen.

### Pflichten des Rechtsschutzbeauftragten

**§ 11.** Der gemäß § 74a FinStrG bestellte Rechtsschutzbeauftragte hat folgende Pflichten:

1. Dem Rechtsschutzbeauftragten obliegt die Prüfung der Protokollaufzeichnungen der Kontenregisterabfragen (§ 4 Abs. 3).
2. Der Rechtsschutzbeauftragte hat dem Bundesminister für Finanzen jährlich bis spätestens 31. März des Folgejahres einen Bericht über seine Tätigkeit und Wahrnehmungen im Rahmen seiner Aufgabenerfüllung nach diesem Gesetz zu übermitteln.

## 5. Teil
## Schlussbestimmungen

### Verweis auf andere Rechtsvorschriften

**§ 12.** Soweit in diesem Bundesgesetz auf Bestimmungen anderer Bundesgesetze verwiesen wird, sind diese in ihrer jeweils geltenden Fassung anzuwenden.

### Personenbezogene Bezeichnungen

**§ 13.** Soweit sich die in diesem Bundesgesetz verwendeten Bezeichnungen auf natürliche Personen beziehen, gilt die gewählte Form für beide Geschlechter.

### Vollziehung

**§ 14.** Mit der Vollziehung dieses Bundesgesetzes ist der Bundesminister für Finanzen betraut.

### Inkrafttreten

**§ 15.** (1) § 2 Abs. 2 zweiter Satz in der Fassung des Bundesgesetzes BGBl. I Nr. 118/2016 tritt mit 1. Jänner 2017 in Kraft.

*(BGBl I 2016/118, BGBl I 2017/107)*

(2) § 1 Abs. 2 Z 3 in der Fassung des Bundesgesetzes BGBl. I Nr. 107/2017 tritt mit 3. Jänner 2018 in Kraft.

*(BGBl I 2017/107)*

(3) § 1 Abs. 1, § 2 Abs. 4 und Abs. 8, § 3 Abs. 2 erster Satz, § 5 Abs. 2 erster Satz, § 5 Abs.3, § 8 Abs. 1 Z 1 und § 9 Abs. 2 Z 1 in der Fassung des Bundesgesetzes BGBl. I Nr. 62/2018 treten mit 25. Mai 2018 in Kraft.

*(BGBl I 2018/62)*

(4) § 2 Abs. 6 in der Fassung des Bundesgesetzes BGBl. I Nr. 99/2020 tritt mit 1. Juli 2020 in Kraft.

*(BGBl I 2020/99)*

(5) **(Verfassungsbestimmung)** § 4 Abs. 7 und § 9 Abs. 1 in der Fassung des Bundesgesetzes BGBl. I Nr. 25/2021 treten mit dem der Kundmachung folgenden Tag in Kraft.

*(BGBl I 2021/25)*

(6) § 1 Abs. 1, 3 und 4, § 2 Abs. 1 Einleitungssatz, Abs. 1 Z 3, 4, 6 und 7, § 2 Abs. 7 und 9, § 3 mitsamt Überschrift, § 4 Abs. 1 Z 3 bis 6, Abs. 1a, 2, 3a und 5, § 5 Abs. 2 und 4, § 6 Abs. 1 und 2, § 8 Abs. 1 Z 1, Abs. 3 erster Satz, § 9 Abs. 2 Z 1 in der Fassung des Bundesgesetzes BGBl. I Nr. 25/2021 treten mit dem der Kundmachung folgenden Tag in Kraft.

*(BGBl I 2021/25)*

(7) § 8 Abs. 2 und § 9 Abs. 2 Z 2 in der Fassung des Bundesgesetzes BGBl. I Nr. 25/2021 treten mit 1. Jänner 2021 in Kraft.

*(BGBl I 2021/25)*

## 21/2/1.

# Kontenregister-Durchführungsverordnung

BGBl II 2016/92 idF BGBl II 2020/579

**Verordnung des Bundesministers für Finanzen zur Durchführung des Kontenregister- und Konteneinschaugesetzes (Kontenregister-Durchführungsverordnung – KontReg-DV)**

Auf Grund von § 3 Abs. 1 und § 6 des Kontenregister- und Konteneinschaugesetzes – (KontRegG), BGBl. I Nr. 116/2015, wird verordnet:

### Verfahren

**§ 1.** (1) Diese Verordnung trifft nähere Regelungen für die elektronische Übertragung von Daten der Kreditinstitute an den Bundesminister für Finanzen.

(2) Die elektronische Übermittlung der Daten hat nach der FinanzOnline-Verordnung 2006, (FonV 2006), BGBl. II Nr. 97/2006, in der jeweils geltenden Fassung, im Verfahren FinanzOnline (https://finanzonline.bmf.gv.at) zu erfolgen. Die Übermittlung ist nur zulässig im Weg der Datenstromübermittlung und im Weg eines Webservices.

### Teilnehmer

**§ 2.** (1) Teilnehmer sind die Kreditinstitute nach § 1 Abs. 2 KontRegG. Die Teilnehmer können sich zur Datenübermittlung eines Dienstleisters (insbesondere eines Rechenzentrums) bedienen, den sie dem Bundesminister für Finanzen namhaft zu machen haben. Die Beendigung des Dienstleistungsverhältnisses ist dem Bundesminister für Finanzen unverzüglich mitzuteilen. In gleicher Weise haben die Kreditinstitute die Stammzahlenregisterbehörde sowie die Bundesanstalt Statistik Österreich davon zu verständigen.

(2) Der Bundesminister für Finanzen kann im Einzelfall den Dienstleister ablehnen oder ihn bei sinngemäßer Anwendung des § 6 FonV 2006 ausschließen.

### Datenübermittlung

**§ 3.** (1) Die elektronisch zu übermittelnden Daten sind:

1. die im § 2 Abs. 1 in Verbindung mit § 3 Abs. 1 zweiter Satz KontRegG bezeichneten Daten, wobei als Bezeichnung des Kreditinstituts ihr Bank Identifier Code („BIC“) anzugeben ist, und
2. zum Zweck der Identifikation des Kreditinstituts in FinanzOnline dessen Steuernummer.

*(BGBl II 2020/579)*

(2) Bei Gemeinschaftskonten von Miteigentumsgemeinschaften und bei Konten von Wohnungseigentümergemeinschaften sind die wirtschaftlichen Eigentümer nur zu melden, wenn ihr jeweiliger Anteil mehr als 25 % beträgt. Dies gilt auch dann, wenn es sich um ein Anderkonto handelt.

(3) Bei nach Inbetriebnahme (Abs. 6 Z 1) neu angelegten Anderkonten sind auch die Namen aller Treugeber zu übermitteln. Bis zum 31. Jänner 2017 hat das Kreditinstitut dem Bundesminister für Finanzen die Anzahl jener Anderkonten zu melden, die vor der Inbetriebnahme bereits bestanden haben und hinsichtlich derer dem Kreditinstitut kein Treugeber bekannt gegeben worden ist. Bei Sammelanderkonten der Rechtsanwälte, Notare und Wirtschaftstreuhänder sowie bei Verlassenschafts-, Pflegschafts- und Insolvenzanderkonten müssen Treugeber nicht gemeldet werden.

(4) Bei Vorlage von Dispositionsscheinen für Verfügungen betreffend Wertpapierkonten und Geschäftsbeziehungen gemäß § 40 Abs. 5 erster Satz BWG müssen ab dem Datum der Inbetriebnahme des Kontenregisters (Abs. 6) die Identitäten der Vorleger im Rahmen bestehender elektronischer Systeme festgehalten werden.

(5) Die Strukturen für die Datenübermittlung sind im Internet unter https://www.bmf.gv.at zu veröffentlichen.

(6) Für die Datenübermittlungen gilt:

1. Die Inbetriebnahme des Kontenregisters erfolgt mit 10. August 2016.
2. Erstübermittlung: Ab der Inbetriebnahme des Kontenregisters und bis spätestens zum Ablauf des 30. September 2016 ist als Initiallieferung der Datenbestand zum 1. März 2015 zu übermitteln. Die Übermittlung hat auch die vom 1. März 2015 bis einschließlich 31. Juli 2016 erfolgten Änderungen im Datenbestand, welche mit Ablauf des 31. Juli 2016 im Vergleich zum 1. März 2015 noch bestehen (Stichtagsvergleich), sowie die Eröffnungen und Auflösungen zu umfassen. Die Bundesrechenzentrum Gesellschaft mit beschränkter Haftung (BRZ GmbH) hat als gesetzliche Dienstleisterin für den Bundesminister für Finanzen den Empfang von Datenübermittlungen zu Testzwecken ab dem 25. Mai 2016 und für Echtübermittlungen ab der Inbetriebnahme des Kontenregisters technisch zu ermöglichen.
3. Folgeübermittlung: Die Übermittlung der Daten hinsichtlich der nach dem 31. Juli 2016 eingetretenen Änderungen im Datenbestand sowie hinsichtlich der Eröffnungen und Auflösungen von Konten ist bis zum 25. Tag des folgenden Kalendermonates vorzunehmen und hat alle angefallenen Änderungen zu umfassen. Fällt der 25. Tag auf einen Samstag, Sonntag, gesetzlichen Feiertag oder auf den Karfreitag, so ist die Übermittlung der Daten am nächsten Tag, der nicht einer der vorgenannten Tage ist, vorzunehmen. Folgeübermittlungen betreffend August 2016 sind spätestens am 26. September 2016 vorzunehmen, wenn die Erstübermittlung vor dem 16. September 2016 erfolgt ist. Alle anderen Folgeübermittlungen betreffend August und September 2016 sind spätestens am 25. Oktober 2016 vorzunehmen.

4. Korrekturübermittlung: Auf Änderungen sowie erkannte Unrichtigkeiten in Bezug auf einen bereits übermittelten Datensatz ist Z 3 sinngemäß anzuwenden.

**Auskünfte aus dem Kontenregister**

**§ 4.** (1) Die Auskünfte aus dem Kontenregister durch elektronische Einsicht, ausgenommen die Einsicht durch die Staatsanwaltschaften und Strafgerichte, die Abgabenbehörden, die Finanzstrafbehörden und das Bundesfinanzgericht, erfolgen im Verfahren FinanzOnline (https://finanzonline.bmf.gv.at und beginnen mit dem 5. Oktober 2016.

(2) Den betroffenen Personen und Unternehmen, die Teilnehmer an FinanzOnline sind, ist die Auskunft, welche sie betreffenden Daten übermittelt und in das Kontenregister aufgenommen sind, ausschließlich in FinanzOnline zu ermöglichen. Eine solche Abfrage steht nur dem Teilnehmer an FinanzOnline im Sinn des § 2 Abs. 1 FonV 2006 zu. Parteienvertretern im Sinn des § 2 Abs. 2 FonV 2006 und anderen Teilnehmern an FinanzOnline steht in Bezug auf die Daten Dritter kein Abfragerecht zu.

(3) Die Übermittlung der Information über eine durchgeführte Kontenregistereinsicht der Abgabenbehörde hat an den betroffenen Teilnehmer an FinanzOnline im Sinn des § 2 Abs. 1 FonV 2006 und im Fall erteilter Bevollmächtigung nach § 90a der Bundesabgabenordnung, BGBl. Nr. 194/1961, in der jeweils geltenden Fassung an seinen Parteienvertreter im Sinn des § 2 Abs. 2 Z 1 FonV 2006, nicht jedoch an andere Parteienvertreter im Sinn des § 2 Abs. 2 FonV 2006 oder an andere Teilnehmer an FinanzOnline zu erfolgen. Die Übermittlung der Information an den Parteienvertreter hat erst ab dem Vorliegen der technischen und organisatorischen Voraussetzungen zu erfolgen.

**21/2/2.**

# 2. Kontenregister-Durchführungsverordnung

BGBl II 2021/176 idF BGBl I 2021/148

**2. Verordnung des Bundesministers für Finanzen zur Durchführung des Kontenregister- und Konteneinschaugesetzes (2. Kontenregister-Durchführungsverordnung – 2. KontReg-DV)**

Auf Grund von § 3 Abs. 1b, 1c und § 6 des Kontenregister- und Konteneinschaugesetzes (KontRegG), BGBl. I Nr. 116/2015 zuletzt geändert durch das Bundesgesetz BGBl. I Nr. 25/2021, wird verordnet:

**Verfahren**

**§ 1.** (1) Diese Verordnung trifft nähere Regelungen für die elektronische Übertragung von Daten der meldepflichtigen Kredit- und Finanzinstitute hinsichtlich der in § 1 Abs. 1 und 3 KontRegG angeführten meldepflichtigen Konten im Kreditgeschäft der Kreditinstitute und meldepflichtigen Zahlungskonten von Finanzinstituten zur Erbringung von Zahlungsdienstleistungen sowie der Schließfächer an den Bundesminister für Finanzen.

(2) Die elektronische Übermittlung der Daten hat nach der FinanzOnline-Verordnung 2006, (FOnV 2006), BGBl. II Nr. 97/2006, in der jeweils geltenden Fassung, im Verfahren FinanzOnline (https://finanzonline.bmf.gv.at) zu erfolgen. Die Übermittlung ist nur zulässig im Weg der Datenstromübermittlung und im Weg eines Webservice.

**Teilnehmer**

**§ 2.** (1) Teilnehmer sind die Kredit- und Finanzinstitute nach § 1 Abs. 2 und 4 KontRegG. Finanzinstitute nach § 1 Abs. 2 Z 6 des Bankwesengesetzes – BWG, BGBl. Nr. 532/1993, (gewerbliche Schließfachanbieter) haben sich elektronisch unter Verwendung des Formulars Schliess 1 entsprechend der Anlage A zu registrieren, um die erforderlichen Berechtigungen für Übermittlungen an das Kontenregister zu erhalten. Die Teilnehmer können sich zur Datenübermittlung eines Auftragsverarbeiters (insbesondere eines Rechenzentrums) bedienen, den sie dem Bundesminister für Finanzen namhaft zu machen haben. Die Beendigung des Dienstleistungsverhältnisses ist dem Bundesminister für Finanzen unverzüglich mitzuteilen. In gleicher Weise haben die Kreditinstitute die Stammzahlenregisterbehörde sowie die Bundesanstalt Statistik Österreich davon zu verständigen.

(2) Der Bundesminister für Finanzen kann im Einzelfall den Auftragsverarbeiter ablehnen oder ihn bei sinngemäßer Anwendung des § 6 FOnV 2006 ausschließen.

**Datenübermittlung**

**§ 3.** (1) Die elektronisch zu übermittelnden Daten sind die in § 2 Abs. 1 in Verbindung mit § 3 Abs. 1b und 1c KontRegG bezeichneten Daten, wobei als Bezeichnung des Kredit- oder Finanzinstituts ihr Bank Identifier Code („BIC“) anzugeben ist.

(2) Ausschließlich zum Zweck der Identifikation in FinanzOnline ist die Steuernummer des Kredit- oder Finanzinstituts zu übermitteln.

(3) Die Strukturen für die Datenübermittlung sind im Internet unter https://www.bmf.gv.at zu veröffentlichen.

(4) Für die Datenübermittlungen gilt:

1. Erstübermittlung: die Daten sind mit Stand zum 1. Jänner 2021 bis spätestens zum Ablauf des 31. Mai 2021 als Initiallieferung zu übermitteln.
2. Folgeübermittlung: Die Übermittlung der Daten hinsichtlich der nach dem 1. Jänner 2021 eingetretenen Änderungen im Datenbestand sowie hinsichtlich der Eröffnungen und Auflösungen von Konten nach § 1 oder des Beginns und der Beendigung des Mietzeitraums von Schließfächern ist bis zum 25. Tag des folgenden Kalendermonates vorzunehmen und hat alle angefallenen Änderungen zu umfassen. Fällt der 25. Tag auf einen Samstag, Sonntag, gesetzlichen Feiertag oder auf den Karfreitag, so ist die Übermittlung der Daten am nächsten Tag, der nicht einer der vorgenannten Tage ist, vorzunehmen.
3. Korrekturübermittlung: Auf Änderungen sowie erkannte Unrichtigkeiten in Bezug auf einen bereits übermittelten Datensatz ist Z 2 sinngemäß anzuwenden.

(5) Bei Ander- und sonstigen Treuhandkonten, auf die eine Verordnung gemäß § 8 Abs. 5 des Finanzmarkt-Geldwäschegesetzes – FM-GwG, BGBl. I Nr. 118/2016, oder § 95 BWG angewandt wird, sowie bei Ander- und sonstigen Treuhandkonten, auf die vereinfachte Sorgfaltspflichten auf risikoorientierter Grundlage gemäß § 6 Abs. 5 FM-GwG angewandt werden, kann die Meldung des Treugebers oder der Treugeber unterbleiben.

### Auskünfte aus dem Kontenregister

**§ 4.** Die Auskünfte aus dem Kontenregister durch elektronische Einsicht werden der Geldwäschemeldestelle, des Bundesamtes für Verfassungsschutz und Terrorismusbekämpfung, der Finanzmarktaufsichtsbehörde, dem Bundeskriminalamt, dem Bundesamt zur Korruptionsprävention und Korruptionsbekämpfung, der Oesterreichischen Nationalbank und dem Bundesminister für Inneres im Weg des jeweiligen Portalverbund-Stammportals gewährt.

Hinweis (wird nicht ausgedruckt): Speichern können Sie mit dem Adobe Speicherbutton links oben. Importieren können Sie mit dem Importier-Service auf www.bmf.gv.at beim jeweiligen Formular.

An das Finanzamt

Eingangsvermerk

*BITTE BEACHTEN SIE:*

*Dieses Formular wird maschinell gelesen, füllen Sie es daher nur mittels Tastatur und Bildschirm aus.* ***Eine handschriftliche Befüllung ist unbedingt zu vermeiden.*** *Betragsangaben in EURO und Cent (rechtsbündig). Eintragungen* ***außerhalb der Eingabefelder*** *können maschinell nicht gelesen werden.*

**Datenschutzerklärung** auf bmf.gv.at/datenschutz oder auf Papier in allen Finanz- und Zolldienststellen

BITTE DIESES GRAUE FELD NICHT BESCHRIFTEN

## Registrierung – Gewerbliche Schließfachanbieter

**Schließfachanbieter**

FIRMA

Firmenbuchnummer

Rechtsform (z.B. GmbH, AG, KG, OG)

ANSCHRIFT (Straße, Haus-Nr., Tür-Nr.)

Postleitzahl

ORT

Homepage der/des Gewerbetreibenden

Steuernummer

Registrierungsnummer Datenübermittlung Sonderausgaben

UID-Nummer

ÖNACE

**Ort der Geschäftsleitung** (Befindet sich der Ort der Geschäftsleitung nicht im Inland, bitte den Firmensitz anführen.)

ANSCHRIFT (Straße, Haus-Nr., Tür-Nr.)

Postleitzahl

ORT

**Anzahl der Schließfächer**

Anzahl der Schließfächer

bmf.gv.at

Bundesministerium Finanzen

Im gesamten Formular werden weibliche Formen wie z.B. „Vertreterin" aus Gründen der Textökonomie nicht explizit genannt.

**Schliess 1-PDF** Bundesministerium für Finanzen

Schliess 1, Seite 1, Version vom 28.09.2020

**Teilbetrieb/Betriebsstätte** (Weiterer Standort eines Schließfachsafes)

FIRMA

ANSCHRIFT (Straße, Haus-Nr., Tür-Nr.)

Postleitzahl

ORT

**Angaben zu den Vorstandsmitgliedern bzw. den Geschäftsführern**

FAMILIEN- ODER NACHNAME

VORNAME

Geburtsdatum (TTMMJJJJ)

ANSCHRIFT (Straße, Haus-Nr., Tür-Nr.)

Postleitzahl

ORT

Beteiligt am Unternehmen (nur bei GmbH) in %

Funktion (z.B. Vorstand, Geschäftsführer, Prokurist...)

**Zur Identitätsprüfung wird Führerschein, Reisepass, Personalausweis, Moped-, Lehrling-, Schülerausweis, edu.card oder Behindertenpass benötigt.**

☐ Führerschein ☐ Lehrlingsausweis ☐ edu.card

☐ Reisepass ☐ Schülerausweis ☐ Behindertenpass

☐ Personalausweis ☐ Mopedausweis

Nummer des Dokuments

Datum der Ausstellung des Dokuments (TTMMJJJJ)

Unterschrift, firmenmäßige Zeichnung

**Übernahmebestätigung für Zugangskennungen und Erstinformation.**

Datum (TTMMJJJJ) D

Unterschrift

**Nur vom Finanzamt auszufüllen**

☐ Antrag erledigt

**Schliess 1-PDF**

Schliess 1, Seite 2, Version vom 28.09.2020

BWG
KontRegG
KapitalAbfl
GMSG

# 21/3. Kapitalabfluss-Meldegesetz

**Kapitalabfluss-Meldegesetz**, BGBl I 2015/116 idF

**1** BGBl I 2016/77 (EU-AbgÄG 2016) **2** BGBl I 2018/17 **3** BGBl I 2018/62 (JStG 2018)
**4** BGBl I 2019/104 (FORG)

## GLIEDERUNG



**Bundesgesetz über die Meldepflicht von Kapitalabflüssen und von Kapitalzuflüssen (Kapitalabfluss-Meldegesetz)**

### Begriffsbestimmungen

**§ 1.** Im Sinne dieses Bundesgesetzes bedeutet:

1. Kreditinstitut: ein Kreditinstitut gemäß § 1 Abs. 2 des Kontenregistergesetzes – KontRegG, BGBl. I Nr. 116/2015.
2. Zahlungsinstitut: ein Zahlungsinstitut gemäß § 7 Abs. 1 des Zahlungsdienstegesetzes 2018 – ZaDiG 2018, BGBl. I Nr. 17/2018 oder eine Zweigstelle eines Zahlungsinstitutes gemäß § 27 ZaDiG 2018.
   *(BGBl I 2018/17)*
3. Kapitalabfluss:
   a) die Auszahlung und Überweisung von Sicht-, Termin- und Spareinlagen,
   b) die Auszahlung und Überweisung im Rahmen der Erbringung von Zahlungsdiensten gemäß § 1 Abs. 2 ZaDiG 2018 oder im Zusammenhang mit dem Verkauf von Bundesschätzen,
   *(BGBl I 2018/17)*
   c) die Übertragung von Eigentum an Wertpapieren (§ 1 Abs. 1 des Depotgesetzes, BGBl. Nr. 424/1969, und § 3 Abs. 2 Z 13 des Investmentfondsgesetzes 2011 – InvFG 2011, BGBl. I Nr. 77/2011) mittels Schenkung im Inland sowie
   d) die Verlagerung von Wertpapieren in ausländische Depots.
4. Kapitalzufluss:
   a) die Einzahlung und Überweisung von Sicht-, Termin- und Spareinlagen,
   b) die Einzahlung und Überweisung im Rahmen der Erbringung von Zahlungsdiensten gemäß § 1 Abs. 2 ZaDiG 2018 oder im Zusammenhang mit dem Verkauf von Bundesschätzen,
   *(BGBl I 2018/17)*
   c) die Übertragung von Eigentum an Wertpapieren (§ 1 Abs. 1 des Depotgesetzes, BGBl. Nr. 424/1969, und § 3 Abs. 2 Z 13 des Investmentfondsgesetzes 2011 – InvFG 2011, BGBl. I Nr. 77/2011) mittels Schenkung sowie
   d) die Verlagerung von Wertpapieren in inländische Depots.

## 1. Teil
## Kapitalabfluss-Meldepflicht

### Meldepflicht

**§ 2.** Kreditinstitute, Zahlungsinstitute und die Österreichische Bundesfinanzierungsagentur (ÖBFA) sind verpflichtet, hohe Kapitalabflüsse nach Maßgabe dieses Bundesgesetzes an den Bundesminister für Finanzen zur Überprüfung der Einhaltung der abgabenrechtlichen Vorschriften zu melden.
*(BGBl I 2018/62)*

### Umfang der Meldepflicht

**§ 3.** (1) Meldepflichtig sind Kapitalabflüsse von Beträgen von mindestens 50 000 Euro von Konten oder Depots natürlicher Personen. Ausgenommen von dieser Meldepflicht sind Kapitalabflüsse von Geschäftskonten von Unternehmern und von Anderkonten von Rechtsanwälten, Notaren oder Wirtschaftstreuhändern. Die Umwidmung eines bestehenden Kontos in ein Geschäftskonto sowie die Überweisung von einem Privatkonto auf ein Geschäftskonto stellen Kapitalabflüsse nach § 1 Z 3 dar.

(2) Eine Meldepflicht tritt unabhängig davon ein, ob der Kapitalabfluss in einem einzigen Vorgang oder in mehreren Vorgängen, zwischen denen eine Verbindung offenkundig gegeben ist, getätigt wird. Schadenersatzansprüche können aus dem Umstand, dass ein Meldepflichtiger gemäß § 1 oder ein dort Beschäftigter in fahrlässiger Unkenntnis, dass es sich nicht um eine verbundene Transaktion nach diesem Absatz handelt, diese als eine verbundene Transaktion nach diesem Absatz meldet, nicht erhoben werden.

(3) Die Meldung hat zu enthalten:

1. das verschlüsselte bereichsspezifische Personenkennzeichen für Steuern und Abgaben (vbPK SA); sofern das vbPK SA über das Stammzahlenregister nicht ermittelt werden konnte, sind Vorname, Zuname, Geburtsdatum, Adresse und Ansässigkeitsstaat aufzunehmen;
2. die Konto- oder Depotnummer und den jeweiligen Betrag.

(4) Zum Zweck der Datenübermittlung sind die Meldepflichtigen gemäß § 1 berechtigt, wie Verantwortliche des öffentlichen Bereichs gemäß § 10 Abs. 2 des E-Government-Gesetzes – E-GovG, BGBl. I Nr. 10/2004, die Ausstattung ihrer Datenverarbeitung mit vbPK SA von der Stammzahlenregisterbehörde zu verlangen. In diesem Zusammenhang anfallende Kosten inklusive jener der Stammzahlenregisterbehörde sind vom Meldepflichtigen gemäß § 1 zu tragen.

*(BGBl I 2018/62)*

(5) Sofern ein Meldepflichtiger aus Anlass eines Kapitalabflusses von mindestens 50 000 Euro von Geschäftskonten von Unternehmern eine Meldung zur Bekämpfung der Geldwäsche an die Geldwäschemeldestelle des Bundeskriminalamtes (§ 4 Abs. 2 des Bundeskriminalamt-Gesetzes – BKAG, BGBl. I Nr. 22/2002) erstattet, hat die Geldwäschemeldestelle diese Meldung an das Bundesministerium für Finanzen weiterzuleiten.

### Meldezeitraum

**§ 4.** (1) Die Meldung ist jeweils bis zum letzten Tag des auf den Kapitalabfluss folgenden Monats abzugeben. Die Meldepflicht für den Zeitraum 1. Jänner 2016 bis 31. Dezember 2016 ist bis 31. Jänner 2017 wahrzunehmen.

(2) **(Verfassungsbestimmung)** Die Meldepflicht ist erstmalig für den Zeitraum vom 1. März 2015 bis 31. Dezember 2015 wahrzunehmen, wobei die Meldung spätestens bis 31. Oktober 2016 zu erstatten ist.

## 2. Teil
## Kapitalzufluss-Meldepflicht

### Meldepflicht

**§ 5.** Kreditinstitute, Zahlungsinstitute und die Österreichische Bundesfinanzierungsagentur (ÖBFA) sind verpflichtet, hohe Kapitalzuflüsse aus der Schweizerischen Eidgenossenschaft und dem Fürstentum Liechtenstein nach Maßgabe dieses Bundesgesetzes an den Bundesminister für Finanzen zur Überprüfung der Einhaltung der abgabenrechtlichen Vorschriften zu melden, soweit sie in den in § 7 angeführten Zeiträumen erfolgten.

*(BGBl I 2018/62)*

### Umfang der Meldepflicht

**§ 6.** (1) Meldepflichtig sind Kapitalzuflüsse von mindestens 50 000 Euro auf Konten oder Depots von

1. natürlichen Personen; ausgenommen von dieser Meldepflicht sind Kapitalzuflüsse auf Geschäftskonten von Unternehmern;
2. liechtensteinischen Stiftungen und stiftungsähnlichen Anstalten; im Zweifel kann der Meldepflichtige davon ausgehen, dass eine Anstalt stiftungsähnlich ist.

(2) Sofern ein Kapitalzufluss von mindestens 50 000 Euro auf ein Konto oder Depot im Meldezeitraum vorliegt, so sind auch alle anderen im Meldezeitraum erfolgten Zuflüsse in die Meldung aufzunehmen.

(3) Die Meldung hat zu enthalten:

1. das verschlüsselte bereichsspezifische Personenkennzeichen für Steuern und Abgaben (vbPK SA); sofern das vbPK SA über das Stammzahlenregister nicht ermittelt werden konnte, sind Vorname, Zuname, Geburtsdatum, Adresse und Ansässigkeitsstaat aufzunehmen;
2. die Konto- oder Depotnummer und
3. den jeweiligen Betrag.

(4) Zum Zweck der Datenübermittlung sind die Meldepflichtigen gemäß § 5 berechtigt, wie Verantwortliche des öffentlichen Bereichs gemäß § 10 Abs. 2 des E-Government-Gesetzes – E-GovG, BGBl. I Nr. 10/2004, die Ausstattung ihrer Datenverarbeitung mit vbPK SA von der Stammzahlenregisterbehörde zu verlangen. In diesem Zusammenhang anfallende Kosten inklusive jener der Stammzahlenregisterbehörde sind vom Meldepflichtigen gemäß § 5 zu tragen.

*(BGBl I 2018/62)*

### Meldezeitraum

**§ 7.** (1) **(Verfassungsbestimmung)** Die Meldepflicht ist wahrzunehmen:

1. für Kapitalzuflüsse aus der Schweizerischen Eidgenossenschaft für den Zeitraum von 1. Juli 2011 bis 31. Dezember 2012,
2. für Kapitalzuflüsse aus dem Fürstentum Liechtenstein für den Zeitraum von 1. Jänner 2012 bis 31. Dezember 2013.

(2) Die Meldungen sind spätestens bis 31. Dezember 2016 zu erstatten.

### 3. Teil
### Nachversteuerung von meldepflichtigen Kapitalzuflüssen

#### Einmalzahlung

**§ 8.** (1) Inhaber von Konten oder Depots, auf denen gemäß § 6 meldepflichtige Kapitalzuflüsse verbucht wurden, können bis einschließlich 31. März 2016 dem meldepflichtigen Kreditinstitut unwiderruflich schriftlich mitteilen, die Nachversteuerung dieser Vermögenswerte im Wege einer Einmalzahlung mit Abgeltungswirkung vorzunehmen. Sie haben für deren Begleichung den erforderlichen Geldbetrag bereitzustellen.

(2) Die Einmalzahlung beträgt 38 % der meldepflichtigen Vermögenswerte. Sie ist von dem meldepflichtigen Kreditinstitut bis spätestens 30. September 2016 einzubehalten und abzuführen; über die erfolgten Einmalzahlungen ist innerhalb eines Monats nach Ablauf dieser Frist dem für die Erhebung der Körperschaftsteuer zuständigen Finanzamt eine Anmeldung zu übermitteln.

(3) Über die erfolgte Einmalzahlung hat das Kreditinstitut eine Bescheinigung an die Konto- oder Depotinhaber auszustellen, die folgende Angaben zu enthalten hat:

1. die Identität (Name und Geburtsdatum oder Bezeichnung) und Wohnsitz oder Sitz der Konto- oder Depotinhaber;
2. die Identität (Name und Geburtsdatum oder Bezeichnung) und Wohnsitz oder Sitz der Verfügungsberechtigten;
3. die Identität (Name und Geburtsdatum oder Bezeichnung) und Wohnsitz oder Sitz der Inhaber jener Konten oder Depots, von denen aus der meldepflichtige Zufluss erfolgt ist;
4. soweit bekannt, deren österreichische Steuernummer und/oder Sozialversicherungsnummer;

   *(BGBl I 2019/104)*
5. den BIC-Code des Kreditinstitutes;
6. die Kundennummer (Kunden-, Konto- oder Depot-Nummer, IBAN-Code);
7. den Betrag der Einmalzahlung und Berechnungsgrundlage einschließlich der übertragenen Wirtschaftsgüter.

(4) Mit der vollständigen Gutschrift der Einmalzahlung auf dem Abgabenkonto des Kreditinstitutes gelten die Erbschaftssteuer- und Schenkungssteuer und die Ansprüche auf die gemeinschaftlichen Bundesabgaben gemäß § 8 Abs. 1 erster und dritter Fall des Finanzausgleichsgesetzes 2008 – FAG 2008, BGBl. I Nr. 103/2007, sowie die Stiftungseingangssteuer- und Versicherungssteueransprüche als abgegolten. Die Abgeltungswirkung gilt für alle Gesamtschuldner der betroffenen Abgaben. Sie umfasst vor dem Zufluss entstandene Abgabenansprüche betreffend die genannten Abgaben, soweit ihnen Sachverhalte zugrunde liegen, die zur Bildung von Vermögenswerten geführt haben, deren Zufluss im Inland der Meldepflicht nach § 6 unterliegt, im Betrag bis zur Höhe der Bemessungsgrundlage der Einmalzahlung. Gleichzeitig entfällt die Meldeverpflichtung gemäß § 6 für den zugrundeliegenden Zufluss.

(5) Die Abgeltungswirkung nach Abs. 4 tritt nicht ein, soweit

1. die Vermögenswerte aus einer Vortat zur Geldwäscherei gemäß § 165 Abs. 1 des Strafgesetzbuches – StGB, BGBl Nr. 60/1974, mit Ausnahme des § 33 iVm §§ 38a oder 39 des Finanzstrafgesetzes – FinStrG, BGBl Nr. 129/1958 herrühren oder
2. zum Zeitpunkt der Mitteilung gemäß Abs. 1
   a) einer Abgaben- oder Finanzstrafbehörde bereits konkrete Hinweise auf nicht versteuerte Vermögenswerte, die der Meldepflicht unterliegen, vorlagen und dies dem Verfügungsberechtigten bekannt war;
   b) abgabenrechtliche Ermittlungen geführt werden oder
   c) diesbezüglich bereits Verfolgungshandlungen (§ 29 Abs. 3 lit. a FinStrG) gesetzt worden sind.

In diesen Fällen wird eine geleistete Einmalzahlung als freiwillige Zahlung auf die geschuldeten Steuern der verfügungsberechtigten Person behandelt. § 214 Abs. 1 der Bundesabgabenordnung – BAO, BGBl Nr. 194/1961 gilt sinngemäß.

(6) Abs. 4 hat keine Auswirkung auf die Berechnung der Grundlage der Mehrwertsteuereigenmittel nach der Verordnung (EWG, Euratom) Nr. 1553/89 über die endgültige einheitliche Regelung für die Erhebung der Mehrwertsteuereigenmittel.

(7) Insoweit gemäß Abs. 4 und 5 Abgabenansprüche abgegolten sind, tritt Strafbefreiung hinsichtlich damit zusammenhängender Finanzvergehen ein.

#### Bedeckung

**§ 9.** (1) Verfügen die Konto- oder Depotinhaber nicht über einen ausreichenden Geldbetrag auf einem Konto des meldepflichtigen Kreditinstitutes, so muss dieses den Konto- oder Depotinhabern schriftlich unter Setzung einer Frist von längstens vier Wochen, längstens aber bis zum 29. September 2016, auffordern, einen ausreichenden Geldbetrag bereitzustellen. Zugleich sind die Konto- oder Depotinhaber auf die Verpflichtung zur Meldung des Kapitalzuflusses hinzuweisen.

(2) Kann das Kreditinstitut wegen fehlender flüssiger Mittel die Einmalzahlung nicht vollständig einbehalten, hat das Kreditinstitut nach Ablauf

der Frist gemäß Abs. 1 seiner Meldeverpflichtung nach § 6 nachzukommen.

**Selbstanzeige**

**§ 10.** (1) Wird Selbstanzeige (§ 29 FinStrG) wegen Finanzvergehen erstattet, denen ein Sachverhalt zugrunde liegt, der zur Bildung von Vermögenswerten geführt hat, deren Zufluss gemäß § 6 meldepflichtig ist, ist insoweit § 29 Abs. 3 lit. d FinStrG nicht anzuwenden.

(2) Für Selbstanzeigen gemäß Abs. 1 tritt strafbefreiende Wirkung nur insoweit ein, als auch eine Abgabenerhöhung entrichtet wird. § 29 Abs. 6 FinStrG gilt sinngemäß.

## 4. Teil
## Gemeinsame Bestimmungen und Schlussbestimmungen

**Verordnungsermächtigung**

**§ 11.** Der Bundesminister für Finanzen hat mit Verordnung das Verfahren der Übermittlung der Meldungen im Wege von Finanz-Online nach den §§ 3 und 6 in organisatorischer und technischer Hinsicht zu regeln.

**Verfahren bei der Abgabenbehörde**

**§ 12.** (1) Die Abgabenbehörden haben einlangende Meldungen von Kapitalabflüssen (§ 3) der elektronischen Dokumentation gemäß § 114 Abs. 2 BAO hinzuzufügen; daneben dürfen die Meldungen ausschließlich für eine Analyse für Zwecke der Betrugsbekämpfung unter Abgleich der über den Steuerpflichtigen im Abgabenakt vorhandenen Daten und für damit in Zusammenhang stehende allgemeine Aufsichtsmaßnahmen nach §§ 143 und 144 BAO oder Außenprüfungen nach § 147 BAO herangezogen werden. Die Bestimmungen des Finanzstrafgesetzes bleiben davon unberührt.

(2) Die Abgabenbehörden haben einlangende Meldungen von Kapitalzuflüssen (§ 6) der elektronischen Dokumentation gemäß § 114 Abs. 2 BAO hinzuzufügen und im Sinne des § 115 Abs. 1 BAO lückenlos zu prüfen. Die Bestimmungen des Finanzstrafgesetzes bleiben davon unberührt.

**Strafbestimmungen**

**§ 13.** (1) Wer die Meldepflichten der §§ 3 und 6 vorsätzlich verletzt, macht sich eines Finanzvergehens schuldig und ist mit einer Geldstrafe bis zu 200 000 Euro zu bestrafen.

(2) Wer die Tat nach Abs. 1 grob fahrlässig begeht, ist mit einer Geldstrafe bis zu 100 000 Euro zu bestrafen.

(3) Die Finanzvergehen nach Abs. 1 und Abs. 2 hat das Gericht niemals zu ahnden.

(4) (aufgehoben)

*(BGBl I 2016/77)*

**Verweis auf andere Rechtsvorschriften**

**§ 14.** Soweit in diesem Bundesgesetz auf Bestimmungen anderer Bundesgesetze verwiesen wird, sind diese in ihrer jeweils geltenden Fassung anzuwenden.

**Personenbezogene Bezeichnungen**

**§ 15.** Soweit sich die in diesem Bundesgesetz verwendeten Bezeichnungen auf natürliche Personen beziehen, gilt die gewählte Form für beide Geschlechter.

**Außerkrafttreten**

**§ 16.** Meldungen nach diesem Bundesgesetz sind letztmalig für Kapitalabflüsse im Dezember 2022 zu erstatten.

**Vollziehung**

**§ 17.** Mit der Vollziehung dieses Bundesgesetzes ist der Bundesminister für Finanzen betraut.

**Inkrafttreten**

**§ 18.** (1) § 1 Abs. 2, § 1 Z 3 lit. b und § 1 Z 4 lit. b in der Fassung des Bundesgesetzes BGBl. I Nr. 17/2018 treten mit 1. Juni 2018 in Kraft.

*(BGBl I 2018/62)*

(2) § 2, § 3 Abs. 4 erster Satz, § 5 und § 6 Abs. 4 erster Satz in der Fassung des Bundesgesetzes BGBl. I Nr. 62/2018 treten mit 25. Mai 2018 in Kraft.

*(BGBl I 2018/62)*

(3) § 8 Abs. 3 Z 4 in der Fassung des Bundesgesetzes BGBl. I Nr. 104/2019, tritt mit 1. Juli 2020 in Kraft.

*(BGBl I 2019/104)*

## 21/3/1.

# Kapitalabfluss-Durchführungsverordnung

BGBl II 2016/91 idF BGBl II 2020/579

**Verordnung des Bundesministers für Finanzen zur Durchführung des Kapitalabfluss-Meldegesetzes (Kapitalabfluss-Durchführungsverordnung – KapAbfl-DV)**

Auf Grund des § 11 des Kapitalabfluss-Meldegesetzes, BGBl. I Nr. 116/2015, wird verordnet:

### Verfahren

**§ 1.** (1) Diese Verordnung trifft nähere Regelungen für die elektronische Übertragung von Daten der Kreditinstitute, Zahlungsinstitute und der Österreichischen Bundesfinanzierungsagentur (ÖBFA) an den Bundesminister für Finanzen.

(2) Die elektronische Übermittlung der Daten hat nach der FinanzOnline-Verordnung 2006, (FonV 2006), BGBl. II Nr. 97/2006, in der jeweils geltenden Fassung, im Verfahren FinanzOnline (https://finanzonline.bmf.gv.at) zu erfolgen. Die Übermittlung ist nur zulässig im Weg der Datenstromübermittlung und im Weg eines Webservices.

### Teilnehmer

**§ 2.** (1) Teilnehmer sind die Kreditinstitute und die Zahlungsinstitute (§ 1 Z 1 und 2 des Kapitalabfluss-Meldegesetzes), sowie die ÖBFA. Die Teilnehmer können sich zur Datenübermittlung eines Dienstleisters (insbesondere eines Rechenzentrums) bedienen, den sie dem Bundesminister für Finanzen namhaft machen müssen. Die Beendigung des Dienstleistungsverhältnisses ist dem Bundesminister für Finanzen unverzüglich mitzuteilen. In gleicher Weise haben die Kreditinstitute die Stammzahlenregisterbehörde sowie die Bundesanstalt Statistik Österreich davon zu verständigen.

(2) Der Bundesminister für Finanzen kann im Einzelfall den Dienstleister ablehnen oder ihn bei sinngemäßer Anwendung des § 6 FonV 2006 ausschließen.

### Ermittlung und Übermittlung der Daten

**§ 3.** (1) Die elektronisch zu übermittelnden Daten sind

1. bei Kapitalabflüssen die im § 3 Abs. 3 des Kapitalabfluss-Meldegesetzes bezeichneten Daten einschließlich des Betrages,
2. bei Kapitalzuflüssen die im § 6 Abs. 3 des Kapitalabfluss-Meldegesetzes bezeichneten Daten einschließlich des Betrages, sowie
3. in den Fällen der Z 1 und 2 als Bezeichnung des Kreditinstituts, Zahlungsinstituts bzw. der ÖBFA sein bzw. ihr Bank Identifier Code („BIC“), sowie zum Zweck der Identifikation in FinanzOnline seine bzw. ihre Steuernummer,

   *(BGBl II 2020/579)*
4. in den Fällen der Z 1 und 2 bei vermögensverwaltenden Personengesellschaften die Firmennamen.

(2) Für die Ermittlung von Kapitalabflüssen und Kapitalzuflüssen gilt:

1. Die Übertragung von Eigentum an Wertpapieren im Inland ist als Kapitalabfluss meldepflichtig, wenn eine Depotübertragung mittels freier Lieferung erfolgt und es sich nicht um bloße Eigenüberträge handelt.
2. Meldepflichtige Kapitalzuflüsse auf Depots sind wie folgt zu ermitteln:
   a) Bei Vorliegen von Kapitalzuflüssen von jeweils unter 50 000 Euro aus der Schweizerischen Eidgenossenschaft oder dem Fürstentum Liechtenstein auf einem inländischen Bankkonto, ist zu überprüfen, ob relevante Zuflüsse auf einem Depot desselben Inhabers vorliegen. Hinsichtlich der Herkunft der Zuflüsse ist dabei auf die liefernden Kreditinstitute (auftraggebende Kreditinstitute) abzustellen.
   b) Erfolgt eine Meldung aufgrund eines Kapitalzuflusses von mindestens 50 000 Euro auf einem Konto, kann eine gesonderte Meldung von Zuflüssen auf Depots unterbleiben.

(3) Bei Einmalzahlung für Zuflüsse (§ 8 des Kapitalabfluss-Meldegesetzes) sind verbleibende Zuflüsse, für die keine Einmalzahlung vorgenommen wird, zu melden, auch wenn diese Zuflüsse unter 50 000 Euro liegen.

(4) Die Strukturen für die Datenübermittlung sind im Internet unter https://www.bmf.gv.at zu veröffentlichen.

(5) Für die Datenübermittlungen gilt:

1. Datenübermittlungen in Bezug auf Kapitalabflüsse sind nicht vor dem Vorliegen der jeweiligen technischen und organisatorischen Voraussetzungen zulässig, doch hat die Bundesrechenzentrum Gesellschaft mit beschränkter Haftung (BRZ GmbH) als gesetzliche Dienstleisterin für den Bundesminister für Finanzen den Empfang von Datenübermittlungen spätestens ab folgenden Terminen technisch zu ermöglichen:
   a) für Kapitalabflüsse im Zeitraum 1. März 2015 bis 31. Dezember 2015 ab dem 5. Oktober 2016,
   b) für Kapitalabflüsse im Zeitraum 1. Jänner 2016 bis 31. Dezember 2016 ab dem 1. Jänner 2017,
   c) für laufende Meldungen von Kapitalabflüssen ab dem 1. Jänner 2017 jeweils ab dem ersten Tag des auf den Kapitalabfluss folgenden Monats.

2. Verbundene Transaktionen: Kapitalabflüsse, die als eine verbundene Transaktion im Sinn des Kapitalabfluss-Meldegesetzes anzusehen sind, sind quartalsweise zusammenzurechnen und gelten im gesamten zusammengerechneten Betrag mit Ultimo des Kalenderquartals als abgeflossen, in welchem die Summe den Betrag von 50 000 Euro erstmals oder neuerlich erreicht.
3. Datenübermittlungen in Bezug auf Kapitalzuflüsse aus der Schweizerischen Eidgenossenschaft und aus dem Fürstentum Liechtenstein sind nicht vor dem Vorliegen der jeweiligen technischen und organisatorischen Voraussetzungen zulässig, doch hat die BRZ GmbH als gesetzliche Dienstleisterin für den Bundesminister für Finanzen den Empfang von Datenübermittlungen spätestens ab dem 1. Dezember 2016 technisch zu ermöglichen. Dies gilt auch für die Übermittlung von Änderungen sowie erkannte Unrichtigkeiten in Bezug auf einen bereits übermittelten Datensatz.

# 21/4. Gemeinsamer Meldestandard-Gesetz

**Gemeinsamer Meldestandard-Gesetz**, BGBl I 2015/116 idF

**1** BGBl I 2015/163 (AbgÄG 2015)
**2** BGBl I 2016/77 (EU-AbgÄG 2016)
**3** BGBl I 2016/118
**4** BGBl I 2018/62 (JStG 2018)
**5** BGBl I 2019/91 (AbgÄG 2020)
**6** BGBl I 2019/104 (FORG)
**7** BGBl I 2020/96 (KonStG 2020)

## GLIEDERUNG

**Bundesgesetz zur Umsetzung des gemeinsamen Meldestandards für den automatischen Austausch von Informationen über Finanzkonten (Gemeinsamer Meldestandard-Gesetz – GMSG)**

## 1. Hauptstück
## Allgemeine Bestimmungen

### Umsetzung von Unionsrecht und der mehrseitigen Vereinbarung

**§ 1.** (1) Dieses Bundesgesetz regelt die Durchführung der Amtshilfe zwischen Österreich und den anderen Mitgliedstaaten der Europäischen Union (Mitgliedstaaten) im Rahmen des globalen Standards für den automatischen Informationsaustausch über Finanzkonten in Steuersachen auf Grund der Richtlinie 2011/16/EU über die Zusammenarbeit der Verwaltungsbehörden im Bereich der Besteuerung und zur Aufhebung der Richtlinie 77/799/EWG, ABl. Nr. L 64 vom 11.03.2011 S. 1, zuletzt geändert durch die Richtlinie (EU) 822/2018, ABl. Nr. L 139 vom 05.06.2018 S. 1 (im Folgenden: Amtshilferichtlinie).

*(BGBl I 2020/96)*

(2) Dieses Bundesgesetz regelt weiters die Durchführung der Amtshilfe zwischen Österreich und anderen Staaten, die nicht Mitgliedstaaten sind, im Rahmen des globalen Standards für den automatischen Informationsaustausch über Finanzkonten in Steuersachen.

*(BGBl I 2018/62)*

### Anwendung der Meldepflichten

**§ 2.** Die Bestimmungen dieses Bundesgesetzes betreffend die Identifikation von meldepflichtigen Konten und die Meldung der entsprechenden Finanzinformationen sind ungeachtet anderer gesetzlicher Bestimmungen anzuwenden.

### Allgemeine Meldepflichten

**§ 3.** (1) Vorbehaltlich des § 6 meldet jedes meldende Finanzinstitut für jedes meldepflichtige Konto dieses meldenden Finanzinstitutes dem zuständigen Finanzamt die folgenden Informationen:

1. von jeder meldepflichtigen Person, die Kontoinhaber ist
   a) Name,
   b) Adresse,
   c) Ansässigkeitsstaat(en),
   d) ausländische Steueridentifikationsnummer(n), sowie
   *(BGBl I 2018/62)*
   e) Geburtsdatum und Geburtsort (bei natürlichen Personen),
2. von jedem Rechtsträger, der Kontoinhaber ist und für den nach Anwendung der Verfahren zur Erfüllung der Sorgfaltspflichten nach den §§ 33 bis 53 eine oder mehrere beherrschende Person(en) ermittelt wurden, die meldepflichtige Personen sind
   a) Name,
   b) Adresse,
   c) Ansässigkeitsstaat(en) und (sofern vorhanden) andere Ansässigkeitsstaaten und
   d) ausländische Steueridentifikationsnummer(n);
   *(BGBl I 2018/62)*
   e) sowie von jeder meldepflichtigen Person
      aa) Name,
      bb) Adresse,
      cc) Ansässigkeitsstaat(en)
      dd) ausländische Steueridentifikationsnummer(n), sowie
      *(BGBl I 2018/62)*
      ee) Geburtsdatum und Geburtsort.

*(BGBl I 2019/91)*

(1a) Das zuständige Finanzamt ist das Finanzamt für Großbetriebe.

*(BGBl I 2019/104)*

(2) Weiters sind die folgenden Informationen zu melden:

1. die Kontonummer oder deren funktionale Entsprechung, wenn keine Kontonummer vorhanden ist;
2. der Name und die österreichische Steueridentifikationsnummer des meldenden Finanzinstituts;
3. der Kontosaldo oder -wert (einschließlich des Barwerts oder Rückkaufwerts bei rückkaufsfähigen Versicherungs- oder Rentenversicherungsverträgen) zum Ende des betreffenden Kalenderjahrs oder, wenn das Konto im Laufe des Jahres beziehungsweise Zeitraums aufgelöst wurde, die Auflösung des Kontos.

(3) Zusätzlich zu den in den Abs. 1 und 2 angeführten Informationen sind bei Verwahrkonten zu melden:

1. der Gesamtbruttobetrag der Zinsen, der Gesamtbruttobetrag der Dividenden und der Gesamtbruttobetrag anderer Einkünfte, die mittels der auf dem Konto vorhandenen Vermögenswerte erzielt und jeweils auf das Konto (oder in Bezug auf das Konto) im Laufe des Kalenderjahrs eingezahlt oder dem Konto gutgeschrieben wurden, sowie
2. die Gesamtbruttoerlöse aus der Veräußerung oder dem Rückkauf von Finanzvermögen, die während des Kalenderjahrs auf das Konto eingezahlt oder dem Konto gutgeschrieben wurden und für die das meldende Finanzinstitut als Verwahrstelle, Makler, Bevollmächtigter oder anderweitig als Vertreter für den Kontoinhaber tätig war.

(4) Zusätzlich zu den in den Abs. 1 und 2 angeführten Informationen ist bei Einlagenkonten der Gesamtbruttobetrag der Zinsen, die während des Kalenderjahrs auf das Konto eingezahlt oder dem Konto gutgeschrieben wurden, zu melden.

(5) Zusätzlich zu den in den Abs. 1 und 2 angeführten Informationen ist bei allen anderen Konten, die nicht unter Abs. 3 oder 4 fallen, der Gesamtbruttobetrag, der in Bezug auf das Konto während des Kalenderjahrs an den Kontoinhaber gezahlt oder ihm gutgeschrieben wurde und für den das meldende Finanzinstitut Schuldner oder Verpflichteter ist, einschließlich der Gesamthöhe aller Einlösungsbeträge, die während des Kalenderjahrs an den Kontoinhaber geleistet wurden, zu melden.

*(BGBl I 2019/91)*

(6) In den gemeldeten Informationen muss die Währung genannt werden, auf die die Beträge lauten.

### Zeitpunkt, Form und Übermittlung der Meldung

**§ 4.** (1) Meldende Finanzinstitute haben die Meldung jeweils bis Ende des Monates Juli eines Kalenderjahres für den davor liegenden Meldezeitraum zu übermitteln. Die Übermittlung hat elektronisch zu erfolgen. Der Bundesminister für Finanzen wird ermächtigt, den Inhalt und das Verfahren der elektronischen Übermittlung mit Verordnung festzulegen. Die Meldung gilt als Abgabenerklärung.

*(BGBl I 2018/62)*

(2) § 112 Abs. 2 ist sinngemäß anzuwenden.

(3) Die meldenden Finanzinstitute melden dem zuständigen Finanzamt nur Informationen betreffend jene Staaten und Jurisdiktionen, die

*(BGBl I 2019/91)*

1. teilnehmende Staaten gemäß § 91 Z 1 und Z 3 sind, oder
2. teilnehmende Staaten gemäß § 91 Z 2 sind, welche entweder die in § 7 der mehrseitigen Vereinbarung vom 29. Oktober 2014, BGBl. III Nr. 182/2017, über den automatischen Austausch von Informationen über Finanzkonten (OECD-MCAA) geforderten Voraussetzungen erfüllen oder ein anderes bilaterales Übereinkommen abgeschlossen haben. Eine Liste dieser Staaten und Jurisdiktionen findet sich in der Verordnung des Bundesministers für Finanzen zu § 91 Z 2 GMSG über die Liste der teilnehmenden Staaten in der jeweils gültigen Fassung.

*(BGBl I 2018/62)*

*(BGBl I 2018/62)*

### Identifikation von meldepflichtigen Konten und Information der zu meldenden Personen

**§ 5.** (1) Zur Durchführung dieses Bundesgesetzes ist jedes meldende Finanzinstitut verpflichtet, die in § 3 bzw. § 12 genannten Informationen für alle Kontoinhaber und sonstigen Kunden hinsichtlich aller bestehenden Konten und aller Neukonten zu ermitteln, zu erfassen, zu speichern und zu verarbeiten, unabhängig davon, ob es sich bei dem Kontoinhaber oder dem sonstigen Kunden um eine meldepflichtige Person im Sinne dieses Gesetzes handelt.

*(BGBl I 2018/62)*

(2) Jedes meldende Finanzinstitut teilt vor der erstmaligen Übermittlung der Informationen an das zuständige Finanzamtgemäß § 3 jeder betroffenen Person in allgemeiner Form mit oder macht dieser zugänglich, dass die gemäß diesem Gesetz ermittelten Informationen, soweit aufgrund dieses Bundesgesetzes erforderlich, an das Finanzamt übermittelt werden.

*(BGBl I 2019/91)*

(3) Jedes meldepflichtige Finanzinstitut hat die gemäß diesem Bundesgesetz übermittelten Informationen 5 Jahre nach Ablauf des Meldezeitraumes, auf den sich diese Informationen beziehen, zu löschen.

*(BGBl I 2018/62)*

### Entfall von Meldepflichten

**§ 6.** (1) Ungeachtet des § 3 Abs. 1 müssen die Steueridentifikationsnummer(n) oder das Geburtsdatum in Bezug auf meldepflichtige Konten, die bestehende Konten sind, nicht gemeldet werden, wenn diese Steueridentifikationsnummer(n) beziehungsweise dieses Geburtsdatum nicht in den Unterlagen des meldenden Finanzinstituts enthalten sind und nicht nach innerstaatlichem Recht oder anderen Rechtsinstrumenten der Union von diesem meldenden Finanzinstitut zu erfassen sind. Ein meldendes Finanzinstitut ist jedoch verpflichtet, angemessene Anstrengungen zu unternehmen, um bei bestehenden Konten die Steueridentifikationsnummer(n) und das Geburtsdatum bis zum Ende des zweiten Kalenderjahrs, das dem Jahr folgt, in dem bestehende Konten als meldepflichtige Konten identifiziert wurden, zu beschaffen.

*(BGBl I 2019/91)*

(2) Ungeachtet des § 3 Abs. 1 ist die Steueridentifikationsnummer nicht zu melden, wenn vom betreffenden Ansässigkeitsstaat keine Steueridentifikationsnummer ausgegeben wird.

(3) Ungeachtet des § 3 Abs. 1 ist der Geburtsort nicht zu melden, es sei denn,

1. das meldende Finanzinstitut hat oder hatte ihn nach innerstaatlichem Recht zu beschaffen und zu melden oder das meldende Finanzinstitut hat oder hatte ihn nach einem geltenden oder am 5. Jänner 2015 geltenden Rechtsinstrument der Union zu beschaffen und zu melden und
2. er ist in den elektronisch durchsuchbaren Daten des meldenden Finanzinstituts verfügbar.

## 2. Hauptstück
## Allgemeine Sorgfaltspflichten

### Meldepflichtiges Konto

**§ 7.** (1) Ein Konto gilt ab dem Tag als meldepflichtiges Konto, an dem es nach den Verfahren zur Erfüllung der Sorgfaltspflichten in den §§ 7 bis

53 als solches identifiziert wird und, sofern nichts anderes vorgesehen ist, müssen die Informationen in Bezug auf ein meldepflichtiges Konto jährlich in dem Kalenderjahr gemeldet werden, das dem Jahr folgt, auf das sich die Informationen beziehen.

(2) Der Saldo oder Wert eines Kontos wird zum letzten Tag des Kalenderjahrs ermittelt.

(3) Ist eine Saldo- oder Wertgrenze zum letzten Tag eines Kalenderjahrs zu ermitteln, so muss der betreffende Saldo oder Wert zum letzten Tag des Meldezeitraums ermittelt werden, der mit diesem Kalenderjahr oder innerhalb dieses Kalenderjahrs endet.

**Inanspruchnahme von Dienstleistern**

**§ 8.** Jedes meldende Finanzinstitut kann zur Erfüllung der ihm auferlegten Melde- und Sorgfaltspflichten Dienstleister in Anspruch nehmen. In diesem Fall bleibt das meldende Finanzinstitut für die Erfüllung seiner Pflichten verantwortlich.

**Freiwillige Anwendung strengerer Standards**

**§ 9.** Jedes meldende Finanzinstitut kann

1. die für Neukonten geltenden Verfahren zur Erfüllung der Sorgfaltspflichten auf bestehende Konten anwenden oder
2. die für Konten von hohem Wert geltenden Verfahren zur Erfüllung der Sorgfaltspflichten auf Konten von geringem Wert anwenden.

## 3. Hauptstück
## Sorgfaltspflichten bei bestehenden Konten natürlicher Personen

### 1. Abschnitt
### Identifizierung von Konten von geringem Wert

**Geltungsbereich des Abschnittes**

**§ 10.** Die in den §§ 11 bis 16 geregelten Verfahren gelten für Konten von geringem Wert.

**Wohnsitzadresse**

**§ 11.** (1) Liegt dem meldenden Finanzinstitut anhand der erfassten Belege eine aktuelle Wohnsitzadresse der natürlichen Person vor, die Kontoinhaber ist, kann das meldende Finanzinstitut die natürliche Person, die Kontoinhaber ist, zur Feststellung, ob diese Person, die Kontoinhaber ist, eine meldepflichtige Person ist, als in dem Staat steuerlich ansässig behandeln, in dem die Adresse liegt.

*(BGBl I 2019/91)*

(2) Jedenfalls kann das meldende Finanzinstitut eine meldepflichtige Person als in einem Staat steuerlich ansässig behandeln, wenn die in den Kontoeröffnungsunterlagen erfasste Wohnsitzadresse in jenem Staat gelegen ist, der den in Abs. 1 genannten erfassten Beleg ausgestellt hat, sofern es sich dabei um die aktuelle Wohnsitzadresse handelt.

*(BGBl I 2019/91)*

(3) Das meldende Finanzinstitut kann von einer in Österreich gelegenen aktuellen Wohnsitzadresse ausgehen, wenn im Rahmen der Kundenidentifizierung aufgrund von Verfahren zur Bekämpfung der Geldwäsche (AML/KYC) ein von einer österreichischen Behörde ausgestellter Lichtbildausweis vorgelegt wurde und keine auf einen anderen Staat hinweisende aktuelle Wohnsitzadresse vorliegt.

*(BGBl I 2019/91)*

**Suche in elektronischen Datensätzen**

**§ 12.** Verlässt sich das meldende Finanzinstitut hinsichtlich einer aktuellen Wohnsitzadresse der natürlichen Person, die Kontoinhaber ist, nicht auf erfasste Belege nach § 11, muss das meldende Finanzinstitut seine elektronisch durchsuchbaren Daten auf folgende Indizien überprüfen und die §§ 13 bis 16 anwenden:

1. Identifizierung des Kontoinhabers als Ansässiger eines teilnehmenden Staates,
2. aktuelle Postadresse oder Wohnsitzadresse (einschließlich einer Postfachadresse) in einem teilnehmenden Staat,
3. eine oder mehrere Telefonnummern in einem teilnehmenden Staat und keine Telefonnummer in Österreich,
4. Dauerauftrag (ausgenommen bei Einlagenkonten) für Überweisungen auf ein in einem teilnehmenden Staat geführtes Konto,
5. aktuell gültige, an eine Person mit Adresse in einem teilnehmenden Staat erteilte Vollmacht oder Zeichnungsberechtigung oder
6. ein Postlagerungsauftrag oder eine c/o-Adresse in einem teilnehmenden Staat, sofern dem meldenden Finanzinstitut keine andere Adresse des Kontoinhabers vorliegt.

**Änderung der Gegebenheiten und des Kontowerts**

**§ 13.** (1) Werden bei der elektronischen Suche keine Indizien im Sinne von § 12 festgestellt, sind keine weiteren Maßnahmen erforderlich, bis eine Änderung der Gegebenheiten eintritt, die dazu führt, dass dem Konto ein oder mehrere Indizien zugeordnet werden können oder das Konto zu einem Konto von hohem Wert wird.

(2) Hat sich ein meldendes Finanzinstitut auf die in § 11 geregelte Überprüfung der Wohnsitzadresse verlassen und tritt eine Änderung der Gegebenheiten ein, aufgrund welcher dem meldenden Finanzinstitut bekannt ist oder bekannt sein müsste, dass die ursprünglichen Belege (oder andere gleichwertige Dokumente) nicht zutreffend oder unglaubwürdig sind, so muss das meldende Finanzinstitut entweder bis zum letzten Tag des maßgeblichen Kalenderjahres oder 90 Kalendertage nach Mitteilung oder Feststellung einer solchen Änderung der Gegebenheiten – je nachdem, welches Datum später ist – eine Selbstauskunft und neue Belege beschaffen, um die steuerliche(n) Ansässigkeit(en) des Kontoinhabers festzustellen. Kann das meldende Finanzinstitut bis zu diesem Datum keine Selbstauskunft und keine neuen Belege beschaffen, so muss es die in den §§ 12 bis 16

beschriebene Suche in elektronischen Datensätzen durchführen.

### Vorliegen von Indizien

**§ 14.** Werden bei der elektronischen Suche Indizien im Sinne von § 12 Z 1 bis 5 festgestellt oder tritt eine Änderung der Gegebenheiten ein, die dazu führt, dass dem Konto ein oder mehrere Indizien zugeordnet werden können, muss das meldende Finanzinstitut den Kontoinhaber als steuerlich ansässige Person in jedem teilnehmenden Staat, für den ein Indiz identifiziert wird, betrachten, es sei denn, es entscheidet sich für die Anwendung von § 16 und eine der dort genannten Ausnahmen trifft auf dieses Konto zu.

### Sonderbestimmungen bei Postlagerungsauftrag oder c/o-Adresse

**§ 15.** Werden bei der elektronischen Suche ein Postlagerungsauftrag oder eine c/o-Adresse und keine andere Adresse und keine der in § 12 Z 1 bis 5 angeführten Indizien für den Kontoinhaber festgestellt, wendet das meldende Finanzinstitut in der jeweils geeignetsten Reihenfolge die Suche in Papierunterlagen gemäß § 19 an oder versucht, vom Kontoinhaber eine Selbstauskunft oder Belege zu beschaffen, um die steuerliche(n) Ansässigkeit(en) des Kontoinhabers festzustellen. Wird bei der Suche in Papierunterlagen kein Indiz festgestellt und ist der Versuch, eine Selbstauskunft oder Belege zu beschaffen erfolglos, meldet gemäß § 4 das meldende Finanzinstitut demgemäß § 3 Abs. 1 zuständigen Finanzamt das Konto als nicht dokumentiertes Konto.

*(BGBl I 2019/91)*

### Widerlegung der Ansässigkeit in einem teilnehmenden Staat

**§ 16.** Ungeachtet der Feststellung von Indizien nach § 12 ist ein meldendes Finanzinstitut berechtigt aber nicht verpflichtet, einen Kontoinhaber in den folgenden Fällen nicht als in einem teilnehmenden Staat ansässige Person zu betrachten:

1. Die Daten des Kontoinhabers enthalten eine aktuelle Postadresse oder Wohnsitzadresse in jenem teilnehmenden Staat, eine oder mehrere Telefonnummern in jenem teilnehmenden Staat (und keine Telefonnummer in Österreich) oder einen Dauerauftrag (bei Finanzkonten mit Ausnahme von Einlagenkonten) für Überweisungen auf ein in einem teilnehmenden Staat geführtes Konto und das meldende Finanzinstitut beschafft die nachstehenden Dokumente oder hat diese bereits geprüft und erfasst:
   a) eine Selbstauskunft des Kontoinhabers über seine(n) Ansässigkeitsstaat(en), die jenen teilnehmenden Staat nicht umfassen, und
   b) Belege für den nicht meldepflichtigen Status des Kontoinhabers.
2. Die Daten des Kontoinhabers beinhalten eine aktuell gültige, an eine Person mit Adresse in jenem teilnehmenden Staat erteilte Vollmacht oder Zeichnungsberechtigung und das meldende Finanzinstitut beschafft die nachstehenden Dokumente oder hat diese bereits geprüft und erfasst:
   a) eine Selbstauskunft des Kontoinhabers über seine(n) Ansässigkeitsstaat(en) oder andere(n) Ansässigkeitsstaat(en), die diesen teilnehmenden Staat nicht umfassen, oder
   b) Belege für den nicht meldepflichtigen Status des Kontoinhabers.

## 2. Abschnitt
## Identifizierung von Konten von hohem Wert

### Geltungsbereich des Abschnittes

**§ 17.** Die in den §§ 18 bis 26 geregelten erweiterten Überprüfungsverfahren gelten für Konten von hohem Wert.

### Suche in elektronischen Datensätzen

**§ 18.** Bei Konten von hohem Wert muss das meldende Finanzinstitut seine elektronisch durchsuchbaren Daten auf die in § 12 angeführten Indizien überprüfen.

### Suche in Papierunterlagen

**§ 19.** Enthalten die elektronisch durchsuchbaren Datenbanken des meldenden Finanzinstituts Felder für alle in § 20 genannten Informationen und erfassen diese, ist keine weitere Suche in den Papierunterlagen erforderlich. Sind in den elektronischen Datenbanken nicht alle diese Informationen erfasst, so muss das meldende Finanzinstitut bei Konten von hohem Wert auch die aktuelle Kundenstammakte und, soweit die Informationen dort nicht enthalten sind, die folgenden kontobezogenen, vom meldenden Finanzinstitut innerhalb der letzten fünf Jahre beschafften Unterlagen auf die in § 12 genannten Indizien überprüfen:

1. die neuesten für dieses Konto erfassten Belege,
2. den neuesten Kontoeröffnungsvertrag beziehungsweise die neuesten Kontoeröffnungsunterlagen,
3. die neuesten vom meldenden Finanzinstitut aufgrund von Verfahren zur Bekämpfung der Geldwäsche (AML/KYC) oder für sonstige aufsichtsrechtliche Zwecke beschafften Unterlagen,
4. derzeit gültige Vollmacht oder Zeichnungsberechtigung und
5. derzeit gültiger Dauerauftrag für Überweisungen (ausgenommen bei Einlagenkonten).

### Ausnahme von der Suche in Papierunterlagen

**§ 20.** Ein meldendes Finanzinstitut ist nicht zur Suche in Papierunterlagen gemäß § 19 verpflichtet, soweit seine elektronisch durchsuchbaren Informationen Folgendes enthalten:

1. den Ansässigkeitsstatus des Kontoinhabers,

2. die derzeit beim meldenden Finanzinstitut hinterlegte Wohnsitzadresse und Postadresse des Kontoinhabers,
3. gegebenenfalls die derzeit beim meldenden Finanzinstitut hinterlegte(n) Telefonnummer(n) des Kontoinhabers,
4. im Fall von Finanzkonten, bei denen es sich nicht um Einlagenkonten handelt, Angaben dazu, ob Daueraufträge für Überweisungen von diesem Konto auf ein anderes Konto vorliegen (einschließlich eines Kontos bei einer anderen Zweigniederlassung des meldenden Finanzinstituts oder einem anderen Finanzinstitut),
5. Angaben dazu, ob für den Kontoinhaber aktuell ein Postlagerungsauftrag oder eine c/o-Adresse vorliegt, und
6. Angaben dazu, ob eine Vollmacht oder Zeichnungsberechtigung für das Konto vorliegt.

### Nachfrage beim Kundenbetreuer

**§ 21.** Zusätzlich zur Suche in elektronischen Datensätzen und Papierunterlagen gemäß § 18 und § 19 muss ein meldendes Finanzinstitut das einem Kundenbetreuer zugewiesene Konto von hohem Wert (einschließlich der mit diesem Konto von hohem Wert zusammengefassten Finanzkonten) als meldepflichtiges Konto betrachten, wenn dem Kundenbetreuer tatsächlich bekannt ist, dass der Kontoinhaber eine meldepflichtige Person ist.

### Folgen der Feststellung von Indizien

**§ 22.** (1) Werden bei der in diesem Abschnitt beschriebenen erweiterten Überprüfung von Konten von hohem Wert keine der in § 12 angeführten Indizien festgestellt und wird das Konto nicht aufgrund von § 21 als Konto einer meldepflichtigen Person identifiziert, sind keine weiteren Maßnahmen erforderlich, bis eine Änderung der Gegebenheiten eintritt, die dazu führt, dass dem Konto ein oder mehrere Indizien zugeordnet werden.

(2) Werden hingegen bei der in diesem Abschnitt beschriebenen erweiterten Überprüfung von Konten von hohem Wert Indizien gemäß § 12 Z 1 bis 5 festgestellt oder tritt anschließend eine Änderung der Gegebenheiten ein, die dazu führt, dass dem Konto ein oder mehrere Indizien zugeordnet werden, so muss das meldende Finanzinstitut das Konto für jeden teilnehmenden Staat, für den ein Indiz festgestellt wird, als meldepflichtiges Konto betrachten, es sei denn, es entscheidet sich für die Anwendung von § 16 und eine der in § 16 genannten Ausnahmen trifft auf dieses Konto zu.

(3) Werden bei der in diesem Abschnitt beschriebenen erweiterten Überprüfung von Konten von hohem Wert ein Postlagerungsauftrag oder eine c/o-Adresse festgestellt und keine andere Adresse und keine der in § 12 Z 1 bis 5 angeführten Indizien für den Kontoinhaber festgestellt, muss das meldende Finanzinstitut vom Kontoinhaber eine Selbstauskunft oder Belege beschaffen, um die steuerliche(n) Ansässigkeit(en) des Kontoinhabers festzustellen. Kann das meldende Finanzinstitut keine Selbstauskunft oder Belege beschaffen, muss es das Konto dem zuständigen Finanzamt als nicht dokumentiertes Konto gemäß § 4 melden.

*(BGBl I 2019/91)*

### Änderung zu einem Konto von hohem Wert

**§ 23.** Bei einem bestehenden Konto natürlicher Personen, das zum 30. September 2016 kein Konto von hohem Wert ist, zum letzten Tag eines darauffolgenden Kalenderjahrs jedoch ein Konto von hohem Wert ist, muss das meldende Finanzinstitut die in diesem Abschnitt beschriebenen erweiterten Überprüfungsverfahren für dieses Konto innerhalb des auf das Kalenderjahr, in dem das Konto ein Konto von hohem Wert wird, folgende Kalenderjahr abschließen. Wird das Konto aufgrund dieser Überprüfung als meldepflichtiges Konto identifiziert, so muss das meldende Finanzinstitut die erforderlichen kontobezogenen Informationen für das Jahr, in dem das Konto als meldepflichtiges Konto identifiziert wird, und für die Folgejahre jährlich melden, es sei denn, der Kontoinhaber ist keine meldepflichtige Person mehr.

### Wiederholung der Überprüfung

**§ 24.** Führt ein meldendes Finanzinstitut die in diesem Abschnitt genannten erweiterten Überprüfungsverfahren für ein Konto von hohem Wert durch, so ist es in den Folgejahren nicht verpflichtet, für dasselbe Konto von hohem Wert diese Verfahren erneut durchzuführen, abgesehen von der Nachfrage beim Kundenbetreuer gemäß § 21, es sei denn, es handelt sich um ein nicht dokumentiertes Konto, bei dem das meldende Finanzinstitut diese Verfahren jährlich erneut durchzuführen hat, bis das Konto nicht mehr undokumentiert ist.

### Änderung der Gegebenheiten

**§ 25.** (1) Tritt bei einem Konto von hohem Wert eine Änderung der Gegebenheiten ein, die dazu führt, dass dem Konto ein oder mehrere in § 12 beschriebene Indizien zugeordnet werden, so muss das meldende Finanzinstitut das Konto für jeden teilnehmenden Staat, für den ein Indiz festgestellt wird, als meldepflichtiges Konto betrachten, es sei denn, es entscheidet sich für die Anwendung von § 16 und eine der in diesem genannten Ausnahmen trifft auf dieses Konto zu.

(2) Das meldende Finanzinstitut kann im Fall einer Änderung der Gegebenheiten zur Widerlegung der Ansässigkeit in einem teilnehmenden Staat gemäß § 16 ein Konto von hohem Wert für einen Zeitraum von 90 Kalendertagen ab dem Zeitpunkt, an dem die Änderung der Gegebenheiten eingetreten ist, so behandeln, wie wenn keine Änderung der Gegebenheiten eingetreten wäre.

### Erkennung der Änderung von Gegebenheiten

**§ 26.** Ein meldendes Finanzinstitut muss Verfahren einrichten, mit denen sichergestellt wird, dass die Kundenbetreuer Änderungen der Gegebenheiten bei einem Konto erkennen. Wird ein Kundenbetreuer beispielsweise benachrichtigt, dass der Kontoinhaber eine neue Postadresse in einem teilnehmenden Staat hat, so muss das meldende Finanzinstitut die neue Adresse als eine Änderung der Gegebenheiten betrachten und ist, sofern es sich für die Anwendung von § 16 entscheidet, dazu verpflichtet, die entsprechenden Unterlagen vom Kontoinhaber zu beschaffen.

### 3. Abschnitt
### Überprüfungszeitraum

**Zeitpunkt der erstmaligen Überprüfung**

**§ 27.** Die Überprüfung von bestehenden Konten von hohem Wert natürlicher Personen muss bis zum 31. Dezember 2017 abgeschlossen sein. Die Überprüfung von bestehenden Konten von geringerem Wert natürlicher Personen muss bis zum 31. Dezember 2018 abgeschlossen sein. Hinsichtlich teilnehmender Staaten, für die erstmals für den Meldezeitraum 2018 die in § 3 genannten Informationen zu erfassen sind, verschieben sich diese Fristen jedoch auf den 31. Dezember 2018 für bestehende Konten von hohem Wert und auf den 31. Dezember 2019 für bestehende Konten von geringerem Wert.

*(BGBl I 2018/62)*

**Dauer der Meldepflicht von Konten**

**§ 28.** Ein bestehendes Konto natürlicher Personen, das nach diesem Hauptstück als meldepflichtiges Konto identifiziert wurde, gilt in allen Folgejahren als meldepflichtiges Konto, es sei denn, der Kontoinhaber ist keine meldepflichtige Person mehr.

## 4. Hauptstück
## Sorgfaltspflichten bei Neukonten natürlicher Personen

**Geltungsbereich des Abschnittes**

**§ 29.** Die in den §§ 30 bis 32 geregelten Verfahren gelten für die Identifizierung meldepflichtiger Konten unter den Neukonten natürlicher Personen.

**Selbstauskunft**

**§ 30.** (1) Bei Neukonten natürlicher Personen muss das meldende Finanzinstitut bei Kontoeröffnung eine Selbstauskunft beschaffen, die Bestandteil der Kontoeröffnungsunterlagen sein kann und anhand derer das meldende Finanzinstitut die steuerliche(n) Ansässigkeit(en) des Kontoinhabers feststellen kann, sowie die Plausibilität dieser Selbstauskunft anhand der vom meldenden Finanzinstitut bei Kontoeröffnung beschafften Informationen, einschließlich der aufgrund von Verfahren zur Bekämpfung der Geldwäsche (AML/KYC) erfassten Unterlagen, bestätigen.

(2) Eine Kontoeröffnung darf nur bei Vorliegen der Selbstauskunft erfolgen.

**Ansässigkeit in einem teilnehmenden Staat**

**§ 31.** Geht aus der Selbstauskunft hervor, dass der Kontoinhaber in einem teilnehmenden Staat steuerlich ansässig ist, so muss das meldende Finanzinstitut das Konto als meldepflichtiges Konto betrachten und die Selbstauskunft auch die Steueridentifikationsnummer des Kontoinhabers in dem teilnehmenden Staat (vorbehaltlich des § 6 Abs. 2) sowie das Geburtsdatum enthalten.

**Änderung der Gegebenheiten**

**§ 32.** (1) Tritt bei einem Neukonto natürlicher Personen eine Änderung der Gegebenheiten ein, aufgrund derer dem meldenden Finanzinstitut bekannt ist oder bekannt sein müsste, dass die ursprüngliche Selbstauskunft nicht zutreffend oder unglaubwürdig ist, so darf es sich nicht auf die ursprüngliche Selbstauskunft verlassen und muss eine gültige Selbstauskunft beschaffen, aus der die steuerliche(n) Ansässigkeit(en) des Kontoinhabers hervorgeht bzw. hervorgehen.

(2) Das meldende Finanzinstitut kann im Fall einer Änderung der Gegebenheiten bis zur Beschaffung einer gültigen Selbstauskunft ein Neukonto für einen Zeitraum von längstens 90 Kalendertagen ab dem Zeitpunkt, an dem die Änderung der Gegebenheiten eingetreten ist, so behandeln, wie wenn keine Änderung der Gegebenheiten eingetreten wäre.

## 5. Hauptstück
## Sorgfaltspflichten bei bestehenden Konten von Rechtsträgern

### 1. Abschnitt
### Überprüfungs-, Identifizierungs- und Meldepflicht von Konten

**Geltungsbereich des Abschnittes**

**§ 33.** Die in den §§ 34 bis 39 geregelten Verfahren gelten für die Identifizierung meldepflichtiger Konten unter den bestehenden Konten von Rechtsträgern.

**Konten im Gegenwert von höchstens 250 000 US-Dollar**

**§ 34.** Sofern sich das meldende Finanzinstitut nicht entweder für alle oder jeweils für eine eindeutig identifizierte Gruppe bestehender Konten von Rechtsträgern anderweitig entscheidet, muss ein bestehendes Konto von Rechtsträgern, das zum 30. September 2016 einen Gesamtkontosaldo oder -wert im Gegenwert von höchstens 250 000 US-Dollar aufweist, nicht als meldepflichtiges Konto überprüft, identifiziert oder gemeldet werden, bis der Gesamtkontosaldo oder -wert zum letzten Tag eines darauffolgenden Kalenderjahrs diesen Betrag übersteigt.

**Überprüfungspflichtige Konten**

**§ 35.** Ein bestehendes Konto von Rechtsträgern mit einem Gesamtkontosaldo oder -wert im Gegenwert von mehr als 250 000 US-Dollar zum 30. September 2016 und ein bestehendes Konto von Rechtsträgern, dessen Gesamtkontosaldo oder -wert zum 30. September 2016 diesen Betrag nicht übersteigt, zum letzten Tag eines darauffolgenden Kalenderjahrs jedoch diesen Betrag übersteigt, muss nach den in den §§ 37 bis 39 festgelegten Verfahren gemeldet werden.

**Meldepflichtige Konten**

**§ 36.** Von den bestehenden Konten im Sinne des § 35 gelten nur diejenigen Konten als meldepflichtige Konten, die von einem oder mehreren Rechtsträgern gehalten werden, die meldepflichtige Personen sind, oder von passiven NFEs mit einer oder mehreren beherrschenden Personen, die meldepflichtige Personen sind.

**Verpflichtende Überprüfungsverfahren**

**§ 37.** Bei den bestehenden Konten gemäß § 35 muss ein meldendes Finanzinstitut die Überprüfungsverfahren gemäß § 38 und § 39 durchführen, um festzustellen, ob eine oder mehrere meldepflichtige Person(en) oder passive NFEs mit einer oder mehreren beherrschenden Person(en), die meldepflichtige Personen sind, Kontoinhaber ist/sind.

**Feststellung, ob der Rechtsträger eine meldepflichtige Person ist**

**§ 38.** (1) Das meldende Finanzinstitut muss die zu aufsichtsrechtlichen Zwecken oder für die Kundenbetreuung verwahrten Informationen (einschließlich der aufgrund von Verfahren zur Bekämpfung der Geldwäsche (AML/KYC) erhobenen Informationen) auf Hinweise überprüfen, dass der Kontoinhaber in einem teilnehmenden Staat ansässig ist. Für diesen Zweck gilt ein Gründungsort, ein Sitz oder eine Adresse in einem teilnehmenden Staat als Hinweis, dass der Kontoinhaber in einem teilnehmenden Staat ansässig ist.

(2) Weisen die Informationen darauf hin, dass der Kontoinhaber in einem teilnehmenden Staat ansässig ist, so muss das meldende Finanzinstitut das Konto als meldepflichtiges Konto betrachten, es sei denn, das meldende Finanzinstitut beschafft vom Kontoinhaber eine Selbstauskunft oder stellt anhand von in seinem Besitz befindlichen oder öffentlich verfügbaren Informationen in vertretbarer Weise fest, dass es sich bei dem Kontoinhaber nicht um eine meldepflichtige Person handelt.

**Feststellung, ob der Rechtsträger ein bestimmter passiver NFE ist**

**§ 39.** Bei einem Kontoinhaber eines bestehenden Kontos von Rechtsträgern (einschließlich eines Rechtsträgers, der eine meldepflichtige Person ist), muss das meldende Finanzinstitut feststellen, ob der Kontoinhaber ein passiver NFE mit einer oder mehreren beherrschenden Person(en) ist, bei denen es sich um meldepflichtige Personen handelt. Handelt es sich bei einer beherrschenden Person eines passiven NFE um eine meldepflichtige Person, so ist das Konto als meldepflichtiges Konto zu betrachten. Bei diesen Feststellungen muss das meldende Finanzinstitut die in den Z 1 bis 3 angeführten Leitlinien in der jeweils geeignetsten Reihenfolge befolgen.

1. Feststellung, ob der Kontoinhaber ein passiver NFE ist: Zur Feststellung, ob der Kontoinhaber ein passiver NFE ist, muss das meldende Finanzinstitut eine Selbstauskunft des Kontoinhabers zum Nachweis seines Status beschaffen, es sei denn, das meldende Finanzinstitut kann anhand von in seinem Besitz befindlichen oder öffentlich verfügbaren Informationen in vertretbarer Weise feststellen, dass der Kontoinhaber ein aktiver NFE ist oder ein anderes Finanzinstitut als ein Investmentunternehmen gemäß § 59 Abs. 1 Z 2, bei dem es sich nicht um ein Finanzinstitut eines teilnehmenden Staates handelt.
2. Feststellung der beherrschenden Personen eines Kontoinhabers: Zur Feststellung der beherrschenden Personen eines Kontoinhabers kann sich ein meldendes Finanzinstitut auf die aufgrund von Verfahren zur Bekämpfung der Geldwäsche (AML/KYC) erhobenen und verwahrten Informationen verlassen.
3. Feststellung, ob eine beherrschende Person eines passiven NFE eine meldepflichtige Person ist: Zur Feststellung, ob eine beherrschende Person eines passiven NFE eine meldepflichtige Person ist, kann sich ein meldendes Finanzinstitut auf Folgendes verlassen:
   a) bei einem bestehenden Konto von Rechtsträgern, dessen Inhaber ein oder mehrere NFE(s) ist/sind und dessen Gesamtkontosaldo oder -wert einen Betrag im Gegenwert von 1 000 000 US-Dollar nicht übersteigt, auf die aufgrund von Verfahren zur Bekämpfung der Geldwäsche (AML/KYC) erfassten und verwahrten Informationen oder
   b) auf eine Selbstauskunft des Kontoinhabers oder dieser beherrschenden Person aus dem/den teilnehmende Staat(en) oder anderen Staat(en), in dem/denen die beherrschende Person steuerlich ansässig ist.

**2. Abschnitt**
**Überprüfungszeitraum**

**Konten im Gegenwert von mehr als 250 000 US-Dollar**

**§ 40.** Die Überprüfung bestehender Konten von Rechtsträgern mit einem Gesamtkontosaldo oder -wert eines Betrags im Gegenwert von mehr als 250 000 US-Dollar zum 30. September 2016 muss bis 31. Dezember 2018 abgeschlossen sein.

**Konten im Gegenwert von höchstens 250 000 US-Dollar**

**§ 41.** Die Überprüfung bestehender Konten von Rechtsträgern, deren Gesamtkontosaldo oder -wert zum 30. September 2016 einen Betrag im Gegenwert von 250 000 US-Dollar nicht übersteigt, zum 31. Dezember eines Folgejahres jedoch diesen Betrag übersteigt, muss innerhalb des Kalenderjahrs nach dem Jahr, in dem der Gesamtkontosaldo oder -wert diesen Betrag übersteigt, abgeschlossen sein.

### Änderung der Gegebenheiten

**§ 42.** Tritt bei bestehenden Konten von Rechtsträgern eine Änderung der Gegebenheiten ein, aufgrund derer dem meldenden Finanzinstitut bekannt ist oder bekannt sein müsste, dass die Selbstauskunft oder andere kontobezogene Unterlagen nicht zutreffend oder unglaubwürdig sind, so muss es den Status des Kontos nach den in den §§ 37 bis 39 festgelegten Verfahren neu bestimmen. Dazu muss das meldende Finanzinstitut bis zum letzten Tag eines Kalenderjahres oder 90 Kalendertage nach Mitteilung oder Feststellung einer solchen Änderung der Gegebenheiten – je nachdem, welches Datum später ist – entweder eine neue Selbstauskunft oder eine schlüssige Erklärung sowie gegebenenfalls Unterlagen, die die Plausibilität der bisherigen Selbstauskunft oder der bisherigen Unterlagen unterstützen, beschaffen. Diese Bestimmung findet auf Neukonten von Rechtsträgern sinngemäß Anwendung.

*(BGBl I 2018/62, BGBl I 2019/91)*

## 6. Hauptstück
## Sorgfaltspflichten bei Neukonten von Rechtsträgern

### Geltungsbereich des Hauptstückes

**§ 43.** Die in den §§ 44 bis 46 geregelten Verfahren gelten für die Identifizierung meldepflichtiger Konten unter den Neukonten von Rechtsträgern.

### Überprüfungsverfahren

**§ 44.** (1) Bei Neukonten von Rechtsträgern muss ein meldendes Finanzinstitut die Überprüfungsverfahren gemäß §§ 45 und 46 durchführen, um festzustellen, ob das Konto von einer oder mehreren meldepflichtige Person(en) oder von passiven NFEs mit einer oder mehreren beherrschenden Person(en), die meldepflichtige Personen sind, gehalten wird.

(2) Eine Kontoeröffnung darf nur bei Vorliegen der Selbstauskunft erfolgen.

### Feststellung, ob der Rechtsträger eine meldepflichtige Person ist

**§ 45.** (1) Das meldende Finanzinstitut muss eine Selbstauskunft, die Bestandteil der Kontoeröffnungsunterlagen sein kann und anhand derer das meldende Finanzinstitut die steuerliche(n) Ansässigkeit(en) des Kontoinhabers ermitteln kann, beschaffen und die Plausibilität dieser Selbstauskunft anhand der vom meldenden Finanzinstitut bei Kontoeröffnung beschafften Informationen, einschließlich der aufgrund von Verfahren zur Bekämpfung der Geldwäsche (AML/KYC) erfassten Unterlagen bestätigen. Erklärt der Rechtsträger, es liege keine steuerliche Ansässigkeit vor, so kann sich das meldende Finanzinstitut zur Bestimmung der Ansässigkeit des Kontoinhabers auf die Adresse des Hauptsitzes des Rechtsträgers verlassen.

(2) Enthält die Selbstauskunft Hinweise darauf, dass der Kontoinhaber in einem teilnehmenden Staat ansässig ist, so muss das meldende Finanzinstitut das Konto als meldepflichtiges Konto betrachten, es sei denn, das meldende Finanzinstitut stellt anhand der in seinem Besitz befindlichen oder öffentlich verfügbaren Informationen in vertretbarer Weise fest, dass es sich bei dem Kontoinhaber nicht um eine meldepflichtige Person im Sinne dieses Gesetzes handelt.

### Feststellung, ob der Rechtsträger ein bestimmter passiver NFE ist

**§ 46.** Bei einem Kontoinhaber eines Neukontos von Rechtsträgern (einschließlich eines Rechtsträgers, der eine meldepflichtige Person ist), muss das meldende Finanzinstitut feststellen, ob der Kontoinhaber ein passiver NFE mit einer oder mehreren beherrschenden Person(en) ist, bei denen es sich um meldepflichtige Personen handelt. Handelt es sich bei einer beherrschenden Person eines passiven NFE um eine meldepflichtige Person, so ist das Konto als meldepflichtiges Konto zu betrachten. Bei diesen Feststellungen soll das meldende Finanzinstitut die Z 1 bis 3 in der jeweils geeignetsten Reihenfolge befolgen.

1. Feststellung, ob der Kontoinhaber ein passiver NFE ist: Zur Feststellung, ob der Kontoinhaber ein passiver NFE ist, muss sich das meldende Finanzinstitut auf eine Selbstauskunft des Kontoinhabers zum Nachweis seines Status verlassen, es sei denn, das meldende Finanzinstitut kann anhand von in seinem Besitz befindlichen oder öffentlich verfügbaren Informationen in vertretbarer Weise feststellen, dass der Kontoinhaber ein aktiver NFE ist oder ein anderes Finanzinstitut als ein Investmentunternehmen gemäß § 59 Abs. 1 Z 2, bei dem es sich nicht um ein Finanzinstitut eines teilnehmenden Staates handelt.
2. Feststellung der beherrschenden Personen eines Kontoinhabers: Zur Feststellung der beherrschenden Personen eines Kontoinhabers kann sich ein meldendes Finanzinstitut auf die aufgrund von Verfahren zur Bekämpfung der Geldwäsche (AML/KYC) erhobenen und verwahrten Informationen verlassen.
3. Feststellung, ob eine beherrschende Person eines passiven NFE eine meldepflichtige Person ist: Zur Feststellung, ob eine beherrschende Person eines passiven NFE eine meldepflichtige Person ist, kann sich ein meldendes Finanzinstitut nur auf eine Selbstauskunft des Kontoinhabers oder dieser beherrschenden Person verlassen.

## 7. Hauptstück
## Besondere Sorgfaltsvorschriften im Zusammenhang mit der Anwendung von Vorschriften des 3. bis 6. Hauptstückes

### Verlass auf Selbstauskünfte und Belege

**§ 47.** Ein meldendes Finanzinstitut darf sich nicht auf eine Selbstauskunft oder auf Belege verlassen, wenn ihm bekannt ist oder bekannt sein müsste, dass die Selbstauskunft oder die Belege nicht zutreffend oder unglaubwürdig sind.

### Alternative Verfahren für Versicherungsverträge

**§ 48.** (1) Für Finanzkonten begünstigter natürlicher Personen
1. eines rückkaufsfähigen Versicherungsvertrags oder
2. eines Rentenversicherungsvertrags oder für
3. rückkaufsfähige Gruppenversicherungsverträge (Abs. 2) oder
4. Gruppenrentenversicherungsverträge (Abs. 3)

sind alternative Verfahren (§§ 49 und 50) vorgesehen.

(2) Der Ausdruck „rückkaufsfähiger Gruppenversicherungsvertrag" bezeichnet einen rückkaufsfähigen Versicherungsvertrag, der
1. eine Deckung für natürliche Personen vorsieht, die über einen Arbeitgeber, einen Berufsverband, eine Arbeitnehmerorganisation oder eine andere Vereinigung oder Gruppe angeschlossen sind, und
2. für jedes Mitglied der Gruppe (oder Mitglied einer Kategorie innerhalb dieser Gruppe) die Zahlung eines Versicherungsbeitrags vorsieht, der unabhängig von den Gesundheitsmerkmalen der natürlichen Person – mit Ausnahme von Alter, Geschlecht und Tabakkonsum des Mitglieds (oder der Mitgliederkategorie) der Gruppe – festgelegt wird.

(3) Der Ausdruck „Gruppenrentenversicherungsvertrag" bezeichnet einen Rentenversicherungsvertrag, bei dem die Anspruchsberechtigten natürliche Personen sind, die über einen Arbeitgeber, einen Berufsverband, eine Arbeitnehmerorganisation oder eine andere Vereinigung oder Gruppe angeschlossen sind.

### Rückkaufsfähige Versicherungsverträge und Rentenversicherungsverträge

**§ 49.** Ein meldendes Finanzinstitut kann davon ausgehen, dass eine begünstigte natürliche Person (mit Ausnahme des Eigentümers) eines rückkaufsfähigen Versicherungsvertrags oder eines Rentenversicherungsvertrags, die eine Todesfallleistung erhält, keine meldepflichtige Person ist und dieses Finanzkonto als ein nicht meldepflichtiges Konto betrachten, es sei denn, dem meldenden Finanzinstitut ist bekannt oder müsste bekannt sein, dass der Begünstigte eine meldepflichtige Person ist. Einem meldenden Finanzinstitut müsste bekannt sein, dass ein Begünstigter eines rückkaufsfähigen Versicherungsvertrags oder eines Rentenversicherungsvertrags eine meldepflichtige Person ist, wenn die vom meldenden Finanzinstitut erhobenen und dem Begünstigten zugeordneten Informationen Indizien im Sinne der §§ 11 bis 16 enthalten. Ist einem meldenden Finanzinstitut tatsächlich bekannt oder müsste ihm bekannt sein, dass der Begünstigte eine meldepflichtige Person ist, so muss das meldende Finanzinstitut die Verfahren in §§ 11 bis 16 einhalten.

### Rückkaufsfähige Gruppenversicherungsverträge und Gruppenrentenversicherungsverträge

**§ 50.** Ein meldendes Finanzinstitut kann ein Finanzkonto, das den Anteil eines Mitglieds an einem rückkaufsfähigen Gruppenversicherungsvertrag oder einem Gruppenrentenversicherungsvertrag darstellt, bis zu dem Zeitpunkt, zu dem die Zahlung eines Betrags an den Arbeitnehmer/Inhaber des Versicherungsscheins oder Begünstigten fällig wird, als ein nicht meldepflichtiges Konto behandeln, sofern das Finanzkonto, das den Anteil eines Mitglieds an einem rückkaufsfähigen Gruppenversicherungsvertrag oder einem Gruppenrentenversicherungsvertrag darstellt, die folgenden Anforderungen erfüllt:
1. der rückkaufsfähige Gruppenversicherungsvertrag oder der Gruppenrentenversicherungsvertrag ist auf einen Arbeitgeber ausgestellt und erstreckt sich auf mindestens 25 Arbeitnehmer oder Versicherungsscheininhaber,
2. die Arbeitnehmer/Versicherungsscheininhaber haben Anspruch auf einen ihrem Anteil entsprechenden Vertragswert und dürfen Begünstigte benennen, an die die Leistungen im Falle des Ablebens des Arbeitnehmers zu zahlen sind, und
3. der an einen Arbeitnehmer/Versicherungsscheininhaber oder Begünstigten zu zahlende Gesamtbetrag beträgt höchstens einen Betrag im Gegenwert von 1 000 000 US-Dollar.

### Zusammenfassung von Konten natürlicher Personen

**§ 51.** (1) Für die Zwecke der Bestimmung des Gesamtsaldos oder -werts von Finanzkonten einer natürlichen Person muss ein meldendes Finanzinstitut alle von ihm geführten Finanzkonten zusammenfassen, jedoch nur insoweit, als die computergestützten Systeme des meldenden Finanzinstituts die Finanzkonten durch Verweis auf ein Datenelement wie eine Kundennummer oder Steueridentifikationsnummer miteinander verknüpfen und eine Zusammenfassung der Kontosalden oder -werte ermöglichen.

(2) Für die Zwecke der Anwendung der Zusammenfassungsvorschrift des Abs. 1 wird jedem Inhaber eines gemeinsamen Finanzkontos der gesamte Saldo oder Wert des gemeinsamen Finanzkontos zugerechnet.

### Zusammenfassung von Konten von Rechtsträgern

**§ 52.** (1) Für die Zwecke der Bestimmung des Gesamtsaldos oder -werts von Finanzkonten von Rechtsträgern muss ein meldendes Finanzinstitut alle von ihm geführten Finanzkonten berücksichtigen, jedoch nur insoweit, als die computergestützten Systeme des meldenden Finanzinstituts die Finanzkonten durch Verweis auf ein Datenelement wie eine Kundennummer oder Steueridentifikationsnummer miteinander verknüpfen und eine

Zusammenfassung der Kontosalden oder -werte ermöglichen.

(2) Für die Zwecke der Anwendung der Zusammenfassungsvorschrift des Abs. 1 wird jedem Inhaber eines gemeinsamen Finanzkontos der gesamte Saldo oder Wert des gemeinsamen Finanzkontos zugerechnet.

**Zusammenfassungsvorschrift für Kundenbetreuer**

**§ 53.** Für die Zwecke der Bestimmung des Gesamtsaldos oder -werts von Finanzkonten einer Person zur Feststellung, ob es sich bei einem Finanzkonto um ein Konto von hohem Wert handelt, ist ein meldendes Finanzinstitut im Fall von Finanzkonten, bei denen einem Kundenbetreuer bekannt ist oder bekannt sein müsste, dass sie unmittelbar oder mittelbar derselben Person gehören, dieselbe Person über sie verfügt oder sie von derselben Person (außer in treuhänderischer Eigenschaft) eröffnet wurden, auch verpflichtet, alle diese Konten zusammenzufassen.

## 8. Hauptstück
## Begriffsbestimmungen

### 1. Abschnitt
### Der Begriff „meldendes Finanzinstitut"

**Meldendes Finanzinstitut**

**§ 54.** (1) Der Ausdruck „meldendes Finanzinstitut" bedeutet ein österreichisches Finanzinstitut, bei dem es sich nicht um ein nicht meldendes Finanzinstitut handelt.

(2) Der Ausdruck „österreichisches Finanzinstitut" bedeutet

1. ein in Österreich ansässiges Finanzinstitut, jedoch nicht Zweigniederlassungen dieses Finanzinstituts, die sich außerhalb Österreichs befinden, oder
2. eine Zweigniederlassung eines nicht in Österreich ansässigen Finanzinstituts, wenn diese sich in Österreich befindet.

**Finanzinstitut eines teilnehmenden Staats**

**§ 55.** (1) Der Ausdruck „Finanzinstitut eines teilnehmenden Staats" bedeutet

1. ein in einem teilnehmenden Staat ansässiges Finanzinstitut, jedoch nicht Zweigniederlassungen dieses Finanzinstituts, die sich außerhalb dieses teilnehmenden Staats befinden, oder
2. eine Zweigniederlassung eines nicht in einem teilnehmenden Staat ansässigen Finanzinstituts, wenn diese sich in diesem teilnehmenden Staat befindet.

(2) Ein Finanzinstitut ist in einem teilnehmenden Staat „ansässig", wenn es der Hoheitsgewalt dieses teilnehmenden Staats untersteht (das heißt, der teilnehmende Staat kann die Meldepflichten des Finanzinstituts durchsetzen). Im Allgemeinen untersteht ein Finanzinstitut, wenn es in einem teilnehmenden Staat steuerlich ansässig ist, der Hoheitsgewalt dieses teilnehmenden Staats und ist somit Finanzinstitut eines teilnehmenden Staats. Ein Trust, der ein Finanzinstitut ist, gilt (unabhängig davon, ob er in einem teilnehmenden Staat steuerlich ansässig ist) als der Hoheitsgewalt eines teilnehmenden Staats unterstehend, wenn einer oder mehrere seiner Treuhänder in diesem teilnehmenden Staat ansässig sind, es sei denn, der Trust meldet alle gemäß dieser Richtlinie meldepflichtigen Informationen über von dem Trust geführte meldepflichtige Konten an einen anderen teilnehmenden Staat, weil er in diesem anderen teilnehmenden Staat steuerlich ansässig ist. Hat ein Finanzinstitut (mit Ausnahme von Trusts) jedoch keine steuerliche Ansässigkeit (zum Beispiel weil es als steuerlich transparent gilt oder in einem Staat niedergelassen ist, der keine Einkommensteuer erhebt), so gilt es als der Hoheitsgewalt eines teilnehmenden Staats unterstehend und ist somit ein Finanzinstitut eines teilnehmenden Staats, wenn folgende Voraussetzungen erfüllt sind:

1. es ist nach dem Recht des teilnehmenden Staats eingetragen,
2. es hat den Ort seiner Geschäftsleitung (einschließlich der tatsächlichen Geschäftsleitung) in dem teilnehmenden Staat, oder
3. es unterliegt der Finanzaufsicht in dem teilnehmenden Staat.

Ist ein Finanzinstitut (mit Ausnahme von Trusts) in zwei oder mehr teilnehmenden Staaten ansässig, so gelten die Melde- und Sorgfaltspflichten des Staats, in dem es die Finanzkonten führt.

**Finanzinstitut**

**§ 56.** Der Ausdruck „Finanzinstitut" bedeutet ein Verwahrinstitut (§ 57), ein Einlageninstitut (§ 58), ein Investmentunternehmen (§ 59) oder eine spezifizierte Versicherungsgesellschaft (§ 61).

**Verwahrinstitut**

**§ 57.** Der Ausdruck „Verwahrinstitut" bedeutet einen Rechtsträger, dessen Geschäftstätigkeit im Wesentlichen darin besteht, für fremde Rechnung Finanzvermögen zu verwahren. Die Geschäftstätigkeit eines Rechtsträgers besteht im Wesentlichen darin, für fremde Rechnung Finanzvermögen zu verwahren, wenn die dem Verwahren von Finanzvermögen und damit zusammenhängenden Finanzdienstleistungen zuzurechnenden Bruttoeinkünfte des Rechtsträgers mindestens 20 % der Bruttoeinkünfte des Rechtsträgers entsprechen, und zwar entweder

1. während des dreijährigen Zeitraums, der am 31. Dezember (oder dem letzten Tag eines nicht einem Kalenderjahr entsprechenden Abrechnungszeitraums) vor dem Bestimmungsjahr endet, oder
2. während des Zeitraums des Bestehens des Rechtsträgers,

je nachdem, welcher Zeitraum kürzer ist.

### Einlageninstitut

**§ 58.** Der Ausdruck „Einlageninstitut" bedeutet einen Rechtsträger, der im Rahmen gewöhnlicher Bankgeschäfte oder einer ähnlichen Geschäftstätigkeit Einlagen entgegennimmt.

### Investmentunternehmen

**§ 59.** (1) Der Ausdruck „Investmentunternehmen" bedeutet einen Rechtsträger,

1. der gewerblich vorwiegend eine oder mehrere der folgenden Tätigkeiten für einen Kunden ausübt:
   a) Handel mit Geldmarktinstrumenten (zum Beispiel Schecks, Wechsel, Einlagenzertifikate, Derivate), Devisen, Wechselkurs-, Zins- und Indexinstrumenten, übertragbaren Wertpapieren oder Warentermingeschäfte,
   b) individuelle und kollektive Vermögensverwaltung oder
   c) sonstige Arten der Anlage oder Verwaltung von Finanzvermögen oder Kapital im Auftrag Dritter

   oder
2. dessen Bruttoeinkünfte vorwiegend der Anlage oder Wiederanlage von Finanzvermögen oder dem Handel damit zuzurechnen sind, wenn der Rechtsträger von einem anderen Rechtsträger verwaltet wird, bei dem es sich um ein Einlageninstitut, ein Verwahrinstitut, eine spezifizierte Versicherungsgesellschaft oder ein Investmentunternehmen im Sinne der Z 1 handelt. Ein Rechtsträger wird von einem anderen Rechtsträger verwaltet, wenn letzterer selbst oder über einen Dienstleister für den verwalteten Rechtsträger die in Abs. 1 lit a bis c angeführten Tätigkeiten durchführt und dabei über das vollständige Ermessen verfügt, das Finanzvermögen des anderen Rechtsträgers zu verwalten.

   *(BGBl I 2019/91)*

(2) Ein Rechtsträger übt gewerblich vorwiegend eine oder mehrere Tätigkeiten im Sinne des Abs. 1 Z 1 aus beziehungsweise die Bruttoeinkünfte eines Rechtsträgers sind vorwiegend der Anlage oder Wiederanlage von Finanzvermögen oder dem Handel damit im Sinne von Abs. 1 Z 2 zuzurechnen, wenn die den entsprechenden Tätigkeiten zuzurechnenden Bruttoeinkünfte des Rechtsträgers mindestens 50 % der Bruttoeinkünfte des Rechtsträgers entsprechen, und zwar entweder

1. während des dreijährigen Zeitraums, der am 31. Dezember des Jahres vor dem Bestimmungsjahr endet, oder
2. während des Zeitraums des Bestehens des Rechtsträgers,

je nachdem, welcher Zeitraum kürzer ist.

(3) Der Ausdruck „Investmentunternehmen" umfasst nicht einen Rechtsträger, bei dem es sich aufgrund der Erfüllung der Kriterien in § 95 Z 4 bis 7 um einen aktiven NFE handelt.

(4) Abs. 1 bis 3 sind auf eine Weise auszulegen, die mit dem ähnlichen Wortlaut der Definition von „Finanzinstitut" in den Empfehlungen der Arbeitsgruppe Finanzielle Maßnahmen gegen Geldwäsche („Financial Action Task Force on Money Laundering" – FATF) vereinbar ist.

### Finanzvermögen

**§ 60.** (1) Der Ausdruck „Finanzvermögen" umfasst

1. Wertpapiere, wie zum Beispiel Anteile am Aktienkapital einer Kapitalgesellschaft, Beteiligungen oder wirtschaftliches Eigentum an den Beteiligungen an einer in Streubesitz befindlichen oder börsennotierten Personalgesellschaft oder einem Trust sowie Obligationen, Anleihen, Schuldverschreibungen oder sonstige Schuldurkunden,
2. Beteiligungen an Personengesellschaften, Warengeschäften, Swaps (wie zum Beispiel Zinsswaps, Währungsswaps, Basisswaps, Zinscaps, Zinsfloors, Warenswaps, Aktienswaps, Aktienindexswaps und ähnliche Vereinbarungen),
3. Versicherungs- oder Rentenversicherungsverträge oder
4. Beteiligungen (darunter börsengehandelte und nicht börsengehandelte Termingeschäfte und Optionen) an Wertpapieren, Beteiligungen an Personengesellschaften, Warengeschäften, Swaps oder Versicherungs- oder Rentenversicherungsverträgen.

(2) Der Ausdruck „Finanzvermögen" umfasst keine nicht fremdfinanzierten unmittelbaren Immobilienbeteiligungen.

### Spezifizierte Versicherungsgesellschaft

**§ 61.** Der Ausdruck „spezifizierte Versicherungsgesellschaft" bedeutet einen Rechtsträger, bei dem es sich um eine Versicherungsgesellschaft (oder die Holdinggesellschaft einer Versicherungsgesellschaft) handelt, die einen rückkaufsfähigen Versicherungsvertrag oder einen Rentenversicherungsvertrag abschließt oder zur Leistung von Zahlungen in Bezug auf einen solchen Vertrag verpflichtet ist.

## 2. Abschnitt
## Der Begriff „nicht meldendes Finanzinstitut"

### Nicht meldendes Finanzinstitut

**§ 62.** Der Ausdruck „nicht meldendes Finanzinstitut" bedeutet ein Finanzinstitut, bei dem es sich um Folgendes handelt:

1. einen staatlichen Rechtsträger, eine internationale Organisation oder eine Zentralbank, außer bei Zahlungen, die aus einer Verpflichtung in Zusammenhang mit gewerblichen Finanzaktivitäten stammen, die denen einer spezifizierten Versicherungsgesellschaft, eines Verwahr- oder eines Einlageninstituts entsprechen,

2. einen Altersvorsorgefonds mit breiter Beteiligung, einen Altersvorsorgefonds mit geringer Beteiligung, einen Pensionsfonds eines staatlichen Rechtsträgers, einer internationalen Organisation oder einer Zentralbank oder einen qualifizierten Kreditkartenanbieter,
3. einen sonstigen Rechtsträger, bei dem ein geringes Risiko besteht, dass er zur Steuerhinterziehung missbraucht wird und der im Wesentlichen ähnliche Eigenschaften wie die in Z 1 und Z 2 genannten Rechtsträger aufweist, sofern sein Status als nicht meldendes Finanzinstitut dem Zweck dieses Gesetzes nicht entgegensteht. Der Bundesminister für Finanzen ist ermächtigt mit Verordnung festzulegen, welche Rechtsträger diese Voraussetzungen erfüllen.

   *(BGBl I 2019/91)*
4. einen ausgenommenen Organismus für gemeinsame Anlagen oder
5. einen Trust, soweit der Treuhänder des Trusts ein meldendes Finanzinstitut ist und sämtliche nach dem 1. Hauptstück zu meldenden Informationen zu sämtlichen meldepflichtigen Konten des Trusts meldet.

### Staatlicher Rechtsträger

**§ 63.** (1) Der Ausdruck „staatlicher Rechtsträger" bedeutet die Regierung eines teilnehmenden Staats oder anderen Staates, eine Gebietskörperschaft eines teilnehmenden Staats oder anderen Staates (wobei es sich unter anderen um einen Gliedstaat, eine Provinz, einen Landkreis oder eine Gemeinde handeln kann) oder eine Behörde oder Einrichtung, die sich im Alleineigentum eines teilnehmenden Staats oder anderen Staates oder einer oder mehrerer Gebietskörperschaften befindet (jeweils ein „staatlicher Rechtsträger"). Diese Kategorie besteht aus den wesentlichen Instanzen, beherrschten Rechtsträgern und Gebietskörperschaften eines teilnehmenden Staats oder anderen Staates.

(2) Eine „wesentliche Instanz" eines teilnehmenden Staats oder anderen Staates bedeutet unabhängig von ihrer Bezeichnung eine Person, eine Organisation, eine Behörde, ein Amt, einen Fonds, eine Einrichtung oder eine sonstige Stelle, die eine Regierungsbehörde eines teilnehmenden Staats oder anderen Staates ist. Die Nettoeinkünfte der Regierungsbehörde müssen ihrem eigenen Konto oder sonstigen Konten des teilnehmenden Staats oder anderen Staates gutgeschrieben werden, ohne dass ein Teil davon einer Privatperson zugutekommt. Eine wesentliche Instanz umfasst nicht eine natürliche Person, bei der es sich um einen in seiner Eigenschaft als Privatperson handelnden Regierungsvertreter, Beamten oder Verwalter handelt.

(3) Ein „beherrschter Rechtsträger" bedeutet einen Rechtsträger, der formal von dem teilnehmenden Staat oder anderen Staat getrennt ist oder auf andere Weise eine eigenständige juristische Person ist, sofern

1. der Rechtsträger sich unmittelbar oder über einen oder mehrere beherrschte Rechtsträger im Alleineigentum und unter der Beherrschung eines oder mehrerer staatlicher Rechtsträger befindet,
2. die Nettoeinkünfte des Rechtsträgers seinem eigenen Konto oder den Konten eines oder mehrerer staatlicher Rechtsträger gutgeschrieben werden, ohne dass ein Teil seiner Einkünfte einer Privatperson zugutekommt,
3. die Vermögenswerte des Rechtsträgers bei seiner Auflösung einem oder mehreren staatlichen Rechtsträgern zufallen.

(4) Einkünfte kommen nicht Privatpersonen zugute, wenn es sich bei diesen Personen um die vorgesehenen Begünstigten eines Regierungsprogramms handelt und die Programmaktivitäten für die Allgemeinheit im Interesse des Gemeinwohls ausgeübt werden oder sich auf die Verwaltung eines Regierungsbereichs beziehen. Ungeachtet der vorstehenden Bestimmungen gelten Einkünfte jedoch als Einkünfte, die Privatpersonen zugutekommen, wenn sie aus über einen staatlichen Rechtsträger ausgeübten gewerblichen Tätigkeiten, wie zum Beispiel Geschäftsbankengeschäften, stammen, bei denen Finanzdienstleistungen an Privatpersonen erbracht werden.

### Internationale Organisation

**§ 64.** Der Ausdruck „internationale Organisation" bedeutet eine internationale Organisation oder eine in ihrem Alleineigentum stehende Behörde oder Einrichtung. Diese Kategorie umfasst eine zwischenstaatliche Organisation (einschließlich einer übernationalen Organisation),

1. die hauptsächlich aus Regierungen besteht,
2. die mit Österreich oder einem teilnehmenden Staat ein Sitzabkommen oder im Wesentlichen ähnliches Abkommen geschlossen hat und
3. deren Einkünfte nicht Privatpersonen zugutekommen.

### Zentralbank

**§ 65.** Der Ausdruck „Zentralbank" bedeutet ein Institut, das auf Grund des Gesetzes oder einer staatlichen Genehmigung neben der Regierung Österreichs oder eines teilnehmenden Staates die oberste Behörde für die Ausgabe von als Währung vorgesehenen Zahlungsmitteln ist. Dieses Institut kann eine von der Regierung Österreichs oder eines teilnehmenden Staates getrennte Einrichtung umfassen, die ganz oder teilweise im Eigentum Österreichs oder eines teilnehmenden Staates stehen kann.

### Altersvorsorgefonds mit breiter Beteiligung

**§ 66.** Der Ausdruck „Altersvorsorgefonds mit breiter Beteiligung" bedeutet einen Fonds zur Gewährung von Altersvorsorge- und Invaliditätsleistungen sowie Leistungen im Todesfall oder einer Kombination dieser Leistungen als Gegenleistung für erbrachte Leistungen an Begünstigte, die derzeitige oder ehemalige Arbeitnehmer (oder von ihnen bestimmte Personen) eines oder mehrerer Arbeitgeber sind, sofern der Fonds

1. nicht einen einzigen Begünstigten hat, der Anspruch auf mehr als 5 % der Vermögenswerte des Fonds hat,
2. staatlicher Regelung unterliegt und Informationen an die Steuerbehörden übermittelt und
3. mindestens eine der folgenden Voraussetzungen erfüllt:
   a) der Fonds ist aufgrund seines Status als Altersvorsorgeplan grundsätzlich von der Ertragsteuer auf Kapitaleinkünfte befreit oder die Besteuerung entsprechender Erträge erfolgt nachgelagert beziehungsweise zu einem ermäßigten Satz;
   b) der Fonds bezieht mindestens 50 % seiner Gesamtbeiträge (mit Ausnahme von Vermögensübertragungen von anderen in § 66 bis 68 genannten Plänen oder in § 87 Z 1 genannten Altersvorsorgekonten) von den Arbeitgebern;
   c) Ausschüttungen oder Entnahmen aus dem Fonds dürfen nur bei Eintritt konkreter Ereignisse im Zusammenhang mit Ruhestand, Invalidität oder Tod vorgenommen werden (mit Ausnahme von aus einem Altersvorsorgeplan an andere in § 66 bis 68 genannte Altersvorsorgefonds oder in § 87 Z 1 genannte Altersvorsorgekonten übertragene Ausschüttungen), andernfalls finden Sanktionen Anwendung, oder
   d) die Arbeitnehmerbeiträge an den Fonds (mit Ausnahme bestimmter zugelassener Ausgleichsbeiträge) werden durch das Erwerbseinkommen des Arbeitnehmers begrenzt oder dürfen – unter Anwendung der in § 51 bis § 53 genannten Vorschriften für die Zusammenfassung von Konten und die Währungsumrechnung – jährlich einen Betrag im Gegenwert von 50 000 US-Dollar nicht übersteigen.

### Altersvorsorgefonds mit geringer Beteiligung

**§ 67.** Der Ausdruck „Altersvorsorgefonds mit geringer Beteiligung" bedeutet einen Fonds zur Gewährung von Altersvorsorge- und Invaliditätsleistungen sowie Leistungen im Todesfall als Gegenleistung für erbrachte Leistungen an Begünstigte, die derzeitige oder ehemalige Arbeitnehmer (oder von ihnen bestimmte Personen) eines oder mehrerer Arbeitgeber sind sofern

1. weniger als 50 Personen am Fonds beteiligt sind,
2. ein oder mehrere Arbeitgeber in den Fonds einzahlen, bei denen es sich nicht um Investmentunternehmen oder passive NFEs handelt,
3. die Arbeitnehmer- und Arbeitgeberbeiträge an den Fonds (mit Ausnahme von Vermögensübertragungen von in § 87 Z 1 genannten Altersvorsorgekonten) durch das Erwerbseinkommen beziehungsweise die Vergütung des Arbeitnehmers begrenzt werden,
4. nicht im teilnehmenden Staat des Fonds ansässige Beteiligte auf höchstens 20 % der Vermögenswerte des Fonds Anspruch haben und
5. der Fonds staatlicher Regelung unterliegt und Informationen an die Steuerbehörden übermittelt.

### Pensionsfonds eines staatlichen Rechtsträgers, einer internationalen Organisation oder einer Zentralbank

**§ 68.** Der Ausdruck „Pensionsfonds eines staatlichen Rechtsträgers, einer internationalen Organisation oder einer Zentralbank" bedeutet einen von einem staatlichen Rechtsträger, einer internationalen Organisation oder einer Zentralbank errichteten Fonds zur Gewährung von Altersvorsorge- und Invaliditätsleistungen sowie Leistungen im Todesfall an Begünstigte oder Beteiligte, bei denen es sich um derzeitige oder ehemalige Arbeitnehmer (oder von ihnen bestimmte Personen) oder um Personen handeln kann, die keine derzeitigen oder ehemaligen Arbeitnehmer sind, falls die Leistungen diesen Begünstigten und Beteiligten als Gegenleistung für ihre dem staatlichen Rechtsträger, der internationalen Organisation oder der Zentralbank persönlich geleisteten Dienste gewährt werden.

### Qualifizierter Kreditkartenanbieter

**§ 69.** Der Ausdruck „qualifizierter Kreditkartenanbieter" bedeutet ein Finanzinstitut, das folgende Voraussetzungen erfüllt:

1. Das Finanzinstitut gilt nur als Finanzinstitut, weil es ein Kreditkartenanbieter ist, der Einlagen nur akzeptiert, wenn ein Kunde eine Zahlung leistet, die einen in Bezug auf die Karte fälligen Saldo übersteigt, und die Überzahlung nicht unverzüglich an den Kunden zurücküberwiesen wird.
2. Spätestens ab dem 1. Oktober 2016 setzt das Finanzinstitut Maßnahmen und Verfahren um, die entweder verhindern, dass ein Kunde eine Überzahlung in Höhe eines Betrags im Gegenwert von mehr als 50 000 US-Dollar leistet, oder sicherstellen, dass jede Überzahlung eines Kunden, die über diesem Betrag liegt, dem Kunden innerhalb von 60 Tagen zurückerstattet wird, wobei in beiden Fällen die Vorschriften für die Zusammenfassung von Konten (§ 51 bis § 53) und für die Währungsumrechnung (§ 106) gelten. Überzahlungen von Kunden in diesem Sinne umfassen nicht Guthaben im Zusammenhang mit strittigen Abbuchungen, schließen jedoch Guthaben infolge der Rückgabe von Waren ein.

### Ausgenommener Organismus für gemeinsame Anlagen

**§ 70.** (1) Der Ausdruck „ausgenommener Organismus für gemeinsame Anlagen" bedeutet ein Investmentunternehmen, das als Organismus für gemeinsamen Anlagen der Aufsicht untersteht, sofern sämtliche Beteiligungen an dem Organismus für gemeinsamen Anlagen von natürlichen Personen oder Rechtsträgern, die keine meldepflichtigen Personen sind, oder über diese gehalten werden, mit Ausnahme eines passiven NFE mit beherrschenden Personen, die meldepflichtige Personen sind.

(2) Ein Investmentunternehmen, das als Organismus für gemeinsame Anlagen der Aufsicht untersteht, gilt auch dann nach Abs. 1 als ausgenommener Organismus für gemeinsame Anlagen, wenn der Organismus für gemeinsame Anlagen effektive Inhaberanteile ausgibt, sofern

1. der Organismus für gemeinsame Anlagen nach dem 30. September 2016 keine effektiven Inhaberanteile ausgegeben hat oder ausgibt,
2. der Organismus für gemeinsame Anlagen bei Rückkauf alle diese Anteile einzieht,
3. der Organismus für gemeinsame Anlagen die in den §§ 7 bis 53 angeführten Verfahren zur Erfüllung der Sorgfaltspflichten durchführt und alle meldepflichtigen Informationen zu diesen Anteilen meldet, wenn diese zum Einlösen oder zu sonstiger Zahlung vorgelegt werden, und
4. der Organismus für gemeinsame Anlagen über Maßnahmen und Verfahren verfügt, um sicherzustellen, dass die betreffenden Anteile so bald wie möglich und auf jeden Fall vor dem 1. Januar 2018 eingelöst werden oder nicht mehr verkehrsfähig sind.

## 3. Abschnitt
## Der Begriff „Finanzkonto“

### Finanzkonto

**§ 71.** (1) Der Ausdruck „Finanzkonto“ bedeutet ein von einem Finanzinstitut geführtes Konto und umfasst ein Einlagenkonto, ein Verwahrkonto und

1. im Fall eines Investmentunternehmens Eigen- und Fremdkapitalbeteiligungen an dem Finanzinstitut. Ungeachtet der vorstehenden Bestimmung umfasst der Ausdruck „Finanzkonto“ keine Eigen- und Fremdkapitalbeteiligungen an einem Rechtsträger, der nur als Investmentunternehmen gilt, weil er für den Zweck der Anlage oder Verwaltung von Finanzvermögen, das bei einem anderen Finanzinstitut als diesem Rechtsträger im Namen eines Kunden eingezahlt wurde, für oder im Auftrag dieses Kunden
   a) Anlageberatung erbringt oder
   b) Vermögenswerte verwaltet,
2. im Fall eines nicht unter Z 1 beschriebenen Finanzinstituts Eigen- und Fremdkapitalbeteiligungen an dem Finanzinstitut, sofern die Beteiligungskategorie zur Vermeidung der Meldepflicht nach § 3 bis § 6 eingeführt wurde, sowie
3. von einem Finanzinstitut ausgestellte oder verwaltete rückkaufsfähige Versicherungsverträge und Rentenversicherungsverträge, mit Ausnahme von nicht mit einer Kapitalanlage verbundenen und nicht übertragbaren sofortigen Leibrenten, die auf natürliche Personen lauten und eine Altersvorsorge- oder Invaliditätsleistung monetisieren, die aufgrund eines Kontos erbracht wird, bei dem es sich um ein ausgenommenes Konto handelt.

(2) Der Ausdruck „Finanzkonto“ umfasst keine Konten, bei denen es sich um ausgenommene Konten im Sinne von § 87 handelt.

### Einlagenkonto

**§ 72.** Der Ausdruck „Einlagenkonto“ umfasst Geschäfts-, Giro-, Spar- und Terminkonten sowie Konten, die durch Einlagenzertifikate, Sparbriefe, Investmentzertifikate, Schuldtitel oder vergleichbare Instrumente verbrieft sind, die von einem Finanzinstitut im Rahmen gewöhnlicher Bankgeschäfte oder einer ähnlichen Geschäftstätigkeit geführt werden. Ein Einlagenkonto umfasst auch Beträge, die von einer Versicherungsgesellschaft aufgrund eines garantierten Kapitalanlagevertrags oder einer ähnlichen Vereinbarung zur Zahlung oder Gutschrift von Zinsen auf diese Beträge gehalten werden.

### Verwahrkonto

**§ 73.** Der Ausdruck „Verwahrkonto“ bedeutet ein Konto (nicht jedoch einen Versicherungsvertrag oder Rentenversicherungsvertrag), in dem Finanzvermögen zugunsten eines Dritten verwahrt wird.

### Eigenkapitalbeteiligung

**§ 74.** Der Ausdruck „Eigenkapitalbeteiligung“ bedeutet im Fall einer Personengesellschaft, die ein Finanzinstitut ist, entweder eine Kapital- oder eine Gewinnbeteiligung an der Personengesellschaft. Im Fall eines Trusts, der ein Finanzinstitut ist, gilt eine Eigenkapitalbeteiligung als von einer Person gehalten, die als Treugeber oder Begünstigter des gesamten oder eines Teils des Trusts betrachtet wird, oder von einer sonstigen natürlichen Person, die den Trust tatsächlich beherrscht. Eine meldepflichtige Person gilt als Begünstigter eines Trusts, wenn sie berechtigt ist, unmittelbar oder mittelbar (zum Beispiel durch einen Bevollmächtigten) eine Pflichtausschüttung aus dem Trust zu erhalten, oder unmittelbar oder mittelbar eine freiwillige Ausschüttung aus dem Trust erhalten kann.

### Versicherungsvertrag

**§ 75.** Der Ausdruck „Versicherungsvertrag“ bedeutet einen Vertrag (nicht jedoch einen Rentenversicherungsvertrag), bei dem sich der Versicherungsgeber bereit erklärt, bei Eintritt eines konkreten Ereignisses im Zusammenhang mit einem Todesfall-, Krankheits-, Unfall-, Haftungs- oder Sachschadenrisiko einen Betrag zu zahlen.

### Rentenversicherungsvertrag

**§ 76.** Der Ausdruck „Rentenversicherungsvertrag“ bedeutet einen Vertrag, bei dem sich der Versicherungsgeber bereit erklärt, für einen vollständig oder teilweise anhand der Lebenserwartung einer oder mehrerer natürlicher Personen ermittelten Zeitraum Zahlungen zu leisten. Der Ausdruck umfasst auch einen Vertrag, der nach dem Recht, den Vorschriften oder der Rechtsübung des teilnehmenden Staats oder anderen Staates, in dem er ausgestellt wurde, als Rentenversicherungsvertrag gilt und bei dem sich der Versicherungsgeber bereit erklärt, für eine bestimmte Anzahl von Jahren Zahlungen zu leisten.

### Rückkaufsfähiger Versicherungsvertrag

**§ 77.** Der Ausdruck „rückkaufsfähiger Versicherungsvertrag" bedeutet einen Versicherungsvertrag (nicht jedoch einen Rückversicherungsvertrag zwischen zwei Versicherungsgesellschaften) mit einem Barwert.

### Barwert

**§ 78.** (1) Der Ausdruck „Barwert" bedeutet

1. den Betrag, zu dessen Erhalt der Versicherungsnehmer nach Rückkauf oder Kündigung des Vertrags berechtigt ist (ohne Minderung wegen einer Rückkaufgebühr oder eines Polizzendarlehens ermittelt), oder
2. den Betrag, den der Versicherungsnehmer im Rahmen des Vertrags oder in Bezug auf den Vertrag als Darlehen aufnehmen kann,

je nachdem, welcher Betrag höher ist.

(2) Ungeachtet des Abs. 1 umfasst der Ausdruck „Barwert" nicht einen aufgrund eines Versicherungsvertrags wie folgt zahlbaren Betrag:

1. ausschließlich aufgrund des Todes einer natürlichen Person, die über einen Lebensversicherungsvertrag verfügt,
2. in Form einer Leistung bei Personenschaden oder Krankheit oder einer sonstigen Leistung zur Entschädigung für einen bei Eintritt des Versicherungsfalls erlittenen wirtschaftlichen Verlust,
3. in Form einer Rückerstattung einer aufgrund eines Versicherungsvertrags (nicht jedoch eines an Kapitalanlagen gebundenen Lebens- oder Rentenversicherungsvertrags) bereits gezahlten Prämie (abzüglich Versicherungsgebühren unabhängig von deren tatsächlicher Erhebung) bei Vertragsaufhebung oder -kündigung, Verringerung des Risikopotenzials während der Vertragslaufzeit oder Berichtigung einer Fehlbuchung oder eines vergleichbaren Fehlers in Bezug auf die Vertragsprämie,
4. in Form einer an den Versicherungsnehmer zahlbaren Dividende (nicht jedoch eines Schlussüberschussanteils), sofern die Dividende aus einem Versicherungsvertrag stammt, bei dem nur Leistungen nach Z 2 zu zahlen sind, oder
5. in Form einer Rückerstattung einer Prämienvorauszahlung oder eines Prämiendepots für einen Versicherungsvertrag mit mindestens jährlich fälliger Prämienzahlung, sofern die Höhe der Prämienvorauszahlung oder des Prämiendepots die nächste vertragsgemäß fällige Jahresprämie nicht übersteigt.

### Bestehendes Konto

**§ 79.** Der Ausdruck „bestehendes Konto" bedeutet

1. ein Finanzkonto, das zum 30. September 2016 von einem meldenden Finanzinstitut geführt wird;
2. jedes Finanzkonto eines Kontoinhabers, ungeachtet des Zeitpunkts der Eröffnung dieses Finanzkontos, wenn
   a) der Kontoinhaber auch Inhaber eines Finanzkontos bei dem meldenden Finanzinstitut (oder einem verbundenen Rechtsträger in demselben teilnehmenden Staat wie das meldende Finanzinstitut) ist, das ein bestehendes Konto nach Z 1 ist;
   b) das meldende Finanzinstitut (und gegebenenfalls der verbundene Rechtsträger in demselben teilnehmenden Staat wie das meldende Finanzinstitut) diese beiden Finanzkonten und alle weiteren Finanzkonten des Kontoinhabers, die als bestehende Konten nach dieser Ziffer behandelt werden, für die Zwecke der Erfüllung der in § 47 genannten Anforderungen in Bezug auf den Kenntnisstand und für die Zwecke der Ermittlung des Saldos oder Werts eines der Finanzkonten bei der Anwendung eines der kontospezifischen Schwellenwerte als ein einziges Finanzkonto behandelt;
   c) das meldende Finanzinstitut in Bezug auf ein Finanzkonto, das den Verfahren zur Bekämpfung der Geldwäsche (AML/KYC) unterliegt, die Anforderungen dieser Verfahren in Bezug auf das Finanzkonto erfüllen darf, indem es sich auf die Verfahren zur Bekämpfung der Geldwäsche (AML/KYC) verlässt, die für das unter Z 1 beschriebene bestehende Konto durchgeführt wurden, und
   d) die Eröffnung des Finanzkontos – außer für die Zwecke dieses Gesetzes – keine Bereitstellung neuer, zusätzlicher oder geänderter Kundeninformationen durch den Kontoinhaber erfordert.

### Neukonto

**§ 80.** Der Ausdruck „Neukonto" bedeutet ein von einem meldenden Finanzinstitut geführtes Finanzkonto, das am oder nach dem 1. Oktober 2016 eröffnet wird, sofern es nicht als bestehendes Konto gemäß § 79 Z 2 behandelt wird.

### Bestehendes Konto natürlicher Personen

**§ 81.** Der Ausdruck „bestehendes Konto natürlicher Personen" bedeutet ein bestehendes Konto, dessen Inhaber eine natürliche Person ist oder mehrere natürliche Personen sind.

**Neukonto natürlicher Personen**

**§ 82.** Der Ausdruck „Neukonto natürlicher Personen“ bedeutet ein Neukonto, dessen Inhaber eine natürliche Person ist oder mehrere natürliche Personen sind.

**Bestehendes Konto von Rechtsträgern**

**§ 83.** Der Ausdruck „bestehendes Konto von Rechtsträgern“ bedeutet ein bestehendes Konto, dessen Inhaber ein Rechtsträger ist oder mehrere Rechtsträger sind.

**Konto von geringem Wert**

**§ 84.** Der Ausdruck „Konto von geringem Wert“ bedeutet ein bestehendes Konto natürlicher Personen mit einem Gesamtsaldo oder -wert in Höhe eines Betrags im Gegenwert von höchstens 1 000 000 US-Dollar zum 30. September 2016.

**Konto von hohem Wert**

**§ 85.** Der Ausdruck „Konto von hohem Wert“ bedeutet ein bestehendes Konto natürlicher Personen mit einem Gesamtsaldo oder -wert in Höhe eines Betrags im Gegenwert von mehr als 1 000 000 US-Dollar zum 30. September 2016 oder 31. Dezember eines Folgejahres.

**Neukonto von Rechtsträgern**

**§ 86.** Der Ausdruck „Neukonto von Rechtsträgern“ bedeutet ein Neukonto, dessen Inhaber ein Rechtsträger ist oder mehrere Rechtsträger sind.

**Ausgenommenes Konto**

**§ 87.** Der Ausdruck „ausgenommenes Konto“ bedeutet eines der folgenden Konten:

1. ein Altersvorsorgekonto, das folgende Voraussetzungen erfüllt:
   a) Das Konto untersteht als persönliches Altersvorsorgekonto der Aufsicht oder ist Teil eines registrierten oder der Aufsicht unterstehenden Altersvorsorgeplans für die Gewährung von Renten- und Pensionsleistungen (einschließlich Invaliditätsleistungen und Leistungen im Todesfall).
   b) Das Konto ist steuerbegünstigt (das heißt, auf das Konto eingezahlte Beiträge, die andernfalls steuerpflichtig wären, sind von den Bruttoeinkünften des Kontoinhabers abziehbar oder ausgenommen oder werden mit einem ermäßigten Steuersatz besteuert, oder die mit dem Konto erzielten Kapitalerträge werden nachgelagert oder mit einem ermäßigten Steuersatz besteuert).
   c) In Bezug auf das Konto besteht eine Pflicht zur Informationsübermittlung an die Steuerbehörden.
   d) Entnahmen sind an das Erreichen eines bestimmten Ruhestandsalters, Invalidität oder den Todesfall geknüpft oder es werden bei Entnahmen vor Eintritt dieser Ereignisse Vorschusszinsen fällig.
   e) Entweder
      – die jährlichen Beiträge sind auf einen Betrag im Gegenwert von höchstens 50 000 US-Dollar begrenzt oder
      – für das Konto gilt eine auf die gesamte Lebenszeit bezogene Beitragsgrenze in Höhe eines Betrags im Gegenwert von höchstens 1 000 000 US-Dollar,

      wobei in beiden Fällen die Vorschriften für die Zusammenfassung von Konten (§§ 51 bis 53) und für die Währungsumrechnung (§ 106) gelten.

   Ein Finanzkonto, das die in lit. e genannte Voraussetzung grundsätzlich erfüllt, wird diese auch dann erfüllen, wenn auf das Finanzkonto Vermögenswerte oder Geldbeträge von einem oder mehreren Finanzkonten, die die Voraussetzungen nach Z 1 oder 2, oder von einem oder mehreren Altersvorsorge- oder Pensionsfonds, die die Voraussetzungen nach den §§ 66 bis 68 erfüllen, übertragen werden können;
2. ein Konto, das folgende Voraussetzungen erfüllt:
   a) Das Konto untersteht als Anlageinstrument für andere Zwecke als die Altersvorsorge der Aufsicht und wird regelmäßig an einer anerkannten Börse gehandelt oder das Konto untersteht als Sparinstrument für andere Zwecke als die Altersvorsorge der Aufsicht.
   b) Das Konto ist steuerbegünstigt (das heißt, auf das Konto eingezahlte Beiträge, die andernfalls steuerpflichtig wären, sind von den Bruttoeinkünften des Kontoinhabers abziehbar oder ausgenommen oder werden mit einem ermäßigten Steuersatz besteuert, oder die mit dem Konto erzielten Kapitalerträge werden nachgelagert oder mit einem ermäßigten Steuersatz besteuert).
   c) Entnahmen sind an die Erfüllung bestimmter Kriterien geknüpft, die in Zusammenhang mit dem Zweck des Anlage- oder Sparkontos (beispielsweise Gewährung von ausbildungsbezogenen oder medizinischen Leistungen) stehen, oder es werden bei Entnahmen vor Erfüllung dieser Kriterien Vorschusszinsen fällig.
   d) Die jährlichen Beiträge sind auf einen Betrag im Gegenwert von höchstens 50 000 US-Dollar begrenzt, wobei die Vorschriften für die Zusammenfassung von Konten (§§ 51 bis 53) und für die Währungsumrechnung (§ 106) gelten.

   Ein Finanzkonto, das die in lit. d genannte Voraussetzung grundsätzlich erfüllt, wird diese auch dann erfüllen, wenn auf das Finanzkonto Vermögenswerte oder Geldbeträge von einem oder mehreren Finanzkonten, die die Voraussetzungen nach Z 1 oder 2 erfüllen, oder von einem oder mehreren Altersvorsorge- oder Pensionsfonds, die die Voraussetzungen der §§ 66 bis 68 erfüllen, übertragen werden können;

3. einen Lebensversicherungsvertrag mit einer Versicherungszeit, die vor Vollendung des 90. Lebensjahres der versicherten natürlichen Person endet, sofern der Vertrag folgende Voraussetzungen erfüllt:
   a) Während der Vertragslaufzeit oder bis zur Vollendung des 90. Lebensjahres des Versicherten – je nachdem, welcher Zeitraum kürzer ist – sind mindestens jährlich regelmäßige Prämien fällig, die im Laufe der Zeit nicht sinken.
   b) Der Vertrag besitzt keinen Vertragswert, auf den eine Person ohne Kündigung des Vertrags (durch Entnahme, Beleihung oder auf andere Weise) zugreifen kann.
   c) Der bei Vertragsaufhebung oder -kündigung auszahlbare Betrag (mit Ausnahme einer Leistung im Todesfall) kann die Gesamthöhe der für den Vertrag gezahlten Prämien abzüglich der Summe aus den Gebühren für Todesfall- und Krankheitsrisiko und Aufwendungen (unabhängig von deren tatsächlicher Erhebung) für die Vertragslaufzeit beziehungsweise -laufzeiten sowie sämtlichen vor Vertragsaufhebung oder -kündigung ausgezahlten Beträgen nicht übersteigen.
   d) Der Inhaber des Vertrags ist kein entgeltlicher Erwerber;

4. ein Konto, dessen ausschließlicher Inhaber ein Nachlass ist, sofern die Unterlagen zu diesem Konto eine Kopie des Testaments oder der Sterbeurkunde des Verstorbenen enthalten;

5. ein Konto, das eingerichtet wird im Zusammenhang mit
   a) einer gerichtlichen Verfügung oder einem Gerichtsurteil;
   b) einem Verkauf, einem Tausch oder einer Vermietung eines unbeweglichen oder beweglichen Vermögensgegenstands, sofern das Konto folgende Voraussetzungen erfüllt:
      aa) Das Konto wird ausschließlich mit einer Anzahlung, einer Einlage in einer zur Sicherung einer unmittelbar mit der Transaktion verbundenen Verpflichtung angemessenen Höhe oder einer ähnlichen Zahlung finanziert oder mit Finanzvermögen, das im Zusammenhang mit dem Verkauf, dem Tausch oder der Vermietung des Vermögensgegenstands auf das Konto eingezahlt wird.
      bb) Das Konto wird nur zur Sicherung der Verpflichtung des Käufers zur Zahlung des Kaufpreises für den Vermögensgegenstand, der Verpflichtung des Verkäufers zur Begleichung von Eventualverbindlichkeiten beziehungsweise der Verpflichtung des Vermieters oder Mieters zur Begleichung von Schäden im Zusammenhang mit dem Mietobjekt nach dem Mietvertrag eingerichtet und genutzt.
      cc) Die Vermögenswerte des Kontos, einschließlich der daraus erzielten Einkünfte, werden bei Verkauf, Tausch oder Übertragung des Vermögensgegenstands beziehungsweise Ende des Mietvertrags zugunsten des Käufers, Verkäufers, Vermieters oder Mieters ausgezahlt oder auf andere Weise verteilt (auch zur Erfüllung einer Verpflichtung einer dieser Personen).
      dd) Das Konto ist nicht ein im Zusammenhang mit einem Verkauf oder Tausch von Finanzvermögen eingerichtetes Margin-Konto oder ähnliches Konto.
      ee) Das Konto steht nicht in Verbindung mit einem Konto gemäß Z 6;
   c) einer Verpflichtung eines Finanzinstituts, das ein durch Immobilien besichertes Darlehen verwaltet, zur Zurücklegung eines Teils einer Zahlung ausschließlich zur Ermöglichung der Entrichtung von Steuern oder Versicherungsbeiträgen im Zusammenhang mit den Immobilien zu einem späteren Zeitpunkt oder
   d) einer Verpflichtung eines Finanzinstituts ausschließlich zur Ermöglichung der Entrichtung von Steuern zu einem späteren Zeitpunkt;

6. ein Einlagenkonto, das folgende Voraussetzungen erfüllt:
   a) Das Konto besteht ausschließlich, weil ein Kunde eine Zahlung leistet, die einen in Bezug auf eine Kreditkarte oder eine sonstige revolvierende Kreditfazilität fälligen Saldo übersteigt, und die Überzahlung nicht unverzüglich an den Kunden zurücküberwiesen wird.
   b) Spätestens ab dem 1. Oktober 2016 setzt das Finanzinstitut Maßnahmen und Verfahren um, die entweder verhindern, dass ein Kunde eine Überzahlung in Höhe eines auf die Landeswährung jedes teilnehmenden Staats lautenden Betrags im Gegenwert von mehr als 50 000 US-Dollar leistet, oder sicherstellen, dass jede Überzahlung eines Kunden, die über diesem Betrag liegt, dem Kunden

innerhalb von 60 Tagen zurückerstattet wird. In beiden Fällen ist § 106 anzuwenden. Überzahlungen von Kunden in diesem Sinne umfassen nicht Guthaben im Zusammenhang mit strittigen Abbuchungen, schließen jedoch Guthaben infolge der Rückgabe von Waren ein.

7. ein ruhendes Konto. Ein ruhendes Konto ist ein Konto, ausgenommen ein Rentenversicherungsvertrag, mit einem den Gegenwert von 1 000 US-Dollar nicht überschreitenden Wert, das folgende Voraussetzungen erfüllt:
   a) ein Konto mit einem den Gegenwert von 1 000 US-Dollar nicht überschreitenden Wert, das folgende Voraussetzungen erfüllt:
      – Der Kontoinhaber hat innerhalb der letzten drei Jahre keine Transaktion hinsichtlich dieses Kontos oder eines anderen, mit diesem Konto gemäß § 51 zusammengefassten Konto, beim meldenden Finanzinstitut veranlasst;
      – der Kontoinhaber ist innerhalb der letzten sechs Jahre mit dem meldenden Finanzinstitut betreffend das ruhende Konto oder ein anderes, mit diesem Konto gemäß § 51 zusammengefassten Konto, nicht in Kontakt getreten; und,
      – im Fall eines rückkaufsfähigen Versicherungsvertrags, ist das meldende Finanzinstitut nicht mit dem Kontoinhaber hinsichtlich dieses Kontos oder eines anderen, mit diesem Konto gemäß § 51 zusammengefassten Kontos innerhalb der letzten sechs Jahre in Kontakt getreten.
   b) (aufgehoben)

   *(BGBl I 2016/118, BGBl I 2019/91)*

   Jedes meldende Finanzinstitut kann auf ruhende Konten auch die Bestimmungen für meldepflichtige Konten anwenden; und

   *(BGBl I 2019/91)*

8. ein sonstiges Konto, bei dem ein geringes Risiko besteht, dass es zur Steuerhinterziehung missbraucht wird, das im Wesentlichen ähnliche Eigenschaften wie die in Z 1 bis 6 beschriebenen Konten aufweist, sofern sein Status als ausgenommenes Konto dem Zweck dieses Gesetzes nicht entgegensteht. Der Bundesminister für Finanzen wird ermächtigt mit Verordnung festzulegen, welche Konten diese Voraussetzungen erfüllen. Jedes meldende Finanzinstitut kann auf ausgenommene Konten auch die Bestimmungen für meldepflichtige Konten anwenden.

   *(BGBl I 2019/91)*

## 4. Abschnitt
## Der Begriff „meldepflichtiges Konto"

### Meldepflichtiges Konto

**§ 88.** Der Ausdruck „meldepflichtiges Konto" bedeutet ein von einem meldenden Finanzinstitut eines teilnehmenden Staates geführtes Finanzkonto, dessen Inhaber eine oder mehrere meldepflichtige Person(en) oder ein passiver NFE, der von einer oder mehreren meldepflichtigen Person(en) beherrscht wird, ist oder sind, sofern es nach den in den §§ 7 bis 53 beschriebenen Verfahren zur Erfüllung der Sorgfaltspflichten als solches identifiziert wurde.

### Meldepflichtige Person

**§ 89.** Der Ausdruck „meldepflichtige Person" bedeutet eine Person eines teilnehmenden Staates, jedoch nicht

1. eine Kapitalgesellschaft, deren Aktien regelmäßig an einer oder mehreren anerkannten Wertpapierbörsen gehandelt werden,
2. eine Kapitalgesellschaft, die ein verbundener Rechtsträger einer Kapitalgesellschaft nach Z 1 ist,
3. einen staatlichen Rechtsträger,
4. eine internationale Organisation,
5. eine Zentralbank oder
6. ein Finanzinstitut.

### Person eines teilnehmenden Staats

**§ 90.** Der Ausdruck „Person eines teilnehmenden Staats" bedeutet eine natürliche Person oder einen Rechtsträger, die beziehungsweise der nach dem Steuerrecht eines beliebigen teilnehmenden Staats in diesem ansässig ist, oder einen Nachlass eines Erblassers, der in einem beliebigen anderen teilnehmenden Staat ansässig war. In diesem Sinne gilt ein Rechtsträger, bei dem keine steuerliche Ansässigkeit vorliegt, beispielsweise eine Personengesellschaft, eine Limited Liability Partnership oder ein ähnliches Rechtsgebilde, als in dem Staat ansässig, in dem sich der Ort seiner tatsächlichen Geschäftsleitung befindet.

### Teilnehmender Staat

**§ 91.** Der Ausdruck „teilnehmender Staat" bedeutet:

1. einen anderen Mitgliedstaat der Europäischen Union;
2. einen anderen Staat, mit dem ein Abkommen besteht, wonach der andere Staat die in § 3 genannten Informationen übermittelt. Der Bundesminister für Finanzen wird ermächtigt, im Einvernehmen mit dem Hauptausschuss des Nationalrats mit Verordnung festzulegen, welche Staaten als teilnehmende Staaten gemäß der mehrseitigen Vereinbarung vom 29. Oktober 2014 (OECD-MCAA), BGBl. III Nr. 182/2017, oder einem anderen bilateralen Übereinkommen anzusehen sind und welche teilnehmenden Staaten die Voraussetzungen

des § 7 OECD-MCAA erfüllen. Die Liste der Staaten, die gemäß dieser Verordnung als teilnehmende Staaten anzusehen sind, wird der Europäischen Kommission mitgeteilt.

*(BGBl I 2018/62)*

3. einen anderen Staat,
   a) mit dem die Europäische Union ein Abkommen geschlossen hat, wonach der andere Staat die in § 3 und § 6 genannten Informationen übermittelt, und
   b) der in einer von der Europäischen Kommission veröffentlichten Liste angeführt ist.

### Beherrschende Personen

**§ 92.** (1) Der Ausdruck „beherrschende Personen" bedeutet die natürlichen Personen, die einen Rechtsträger beherrschen.

(2) Im Fall eines Trusts bedeutet dieser Ausdruck den oder die Treugeber, den oder die Treuhänder, (gegebenenfalls) den Protektor oder die Protektoren, den oder die Begünstigten oder die Begünstigtenklasse(n) sowie jede/alle sonstige(n) natürliche(n) Person(en), die den Trust tatsächlich beherrscht bzw. beherrschen.

(3) Im Fall eines Rechtsgebildes, das kein Trust ist, bedeutet dieser Ausdruck Personen in gleichwertigen oder ähnlichen Positionen wie den in Abs. 2 erwähnten.

(4) Der Ausdruck „beherrschende Personen" ist auf eine Weise auszulegen, die mit den FATF-Empfehlungen vereinbar ist.

### NFE (Non-Financial Entity)

**§ 93.** Der Ausdruck „NFE" bedeutet einen Rechtsträger, der kein Finanzinstitut ist.

### Passiver NFE

**§ 94.** Der Ausdruck „passiver NFE" bedeutet

a) einen NFE, der kein aktiver NFE ist, oder
b) ein Investmentunternehmen gemäß § 59 Abs. 1 Z 2, das kein Finanzinstitut eines teilnehmenden Staats ist.

### Aktiver NFE

**§ 95.** Der Ausdruck „aktiver NFE" bedeutet einen NFE, der eines der folgenden Kriterien erfüllt:

1. Weniger als 50 % der Bruttoeinkünfte des NFE im vorangegangenen Kalenderjahr sind passive Einkünfte und weniger als 50 % der Vermögenswerte, die sich während des vorangegangenen Kalenderjahrs im Besitz des NFE befanden, sind Vermögenswerte, mit denen passive Einkünfte erzielt werden oder erzielt werden sollen.
2. Die Aktien des NFE werden regelmäßig an einer anerkannten Wertpapierbörse gehandelt oder der NFE ist ein verbundener Rechtsträger eines Rechtsträgers, dessen Aktien regelmäßig an einer anerkannten Wertpapierbörse gehandelt werden.
3. Der NFE ist ein staatlicher Rechtsträger, eine internationale Organisation, eine Zentralbank oder ein Rechtsträger, der im Alleineigentum einer oder mehrerer der vorgenannten Institutionen steht.
4. Im Wesentlichen alle Tätigkeiten des NFE bestehen im (vollständigen oder teilweisen) Besitzen der ausgegebenen Aktien einer oder mehrerer Tochtergesellschaften, die eine andere Geschäftstätigkeit als die eines Finanzinstituts ausüben, sowie in der Finanzierung und Erbringung von Dienstleistungen für diese Tochtergesellschaften, mit der Ausnahme, dass ein Rechtsträger nicht die Kriterien für diesen Status erfüllt, wenn er als Anlagefonds tätig ist (oder sich als solchen bezeichnet), wie zum Beispiel ein Beteiligungskapitalfonds, ein Wagniskapitalfonds, ein Fonds für fremdfinanzierte Übernahmen („Leveraged-Buyout-Fonds") oder ein Anlageinstrument, dessen Zweck darin besteht, Gesellschaften zu erwerben oder zu finanzieren und anschließend Anteile an diesen Gesellschaften als Anlagevermögen zu halten.
5. Der NFE betreibt noch kein Geschäft und hat auch in der Vergangenheit kein Geschäft betrieben, legt jedoch Kapital in Vermögenswerten an mit der Absicht, ein anderes Geschäft als das eines Finanzinstituts zu betreiben; der NFE fällt jedoch nach dem Tag, der auf einen Zeitraum von 24 Monaten nach dem Gründungsdatum des NFE folgt, nicht unter diese Ausnahmeregelung.
6. Der NFE war in den vergangenen fünf Jahren kein Finanzinstitut und veräußert derzeit seine Vermögenswerte oder führt eine Umstrukturierung durch mit der Absicht, eine andere Tätigkeit als die eines Finanzinstituts fortzusetzen oder wieder aufzunehmen.
7. Die Tätigkeit des NFE besteht vorwiegend in der Finanzierung und Absicherung von Transaktionen mit oder für verbundene Rechtsträger, die keine Finanzinstitute sind, und er erbringt keine Finanzierungs- oder Absicherungsleistungen für Rechtsträger, die keine verbundenen Rechtsträger sind, mit der Maßgabe, dass der Konzern dieser verbundenen Rechtsträger vorwiegend eine andere Geschäftstätigkeit als die eines Finanzinstituts ausübt.
8. Der NFE erfüllt alle der folgenden Anforderungen:
   a) Er wird in seinem Ansässigkeitsstaat ausschließlich für religiöse, gemeinnützige, wissenschaftliche, künstlerische, kulturelle, sportliche oder erzieherische Zwecke errichtet und betrieben, oder er wird in seinem Ansässigkeitsstaat errichtet und betrieben und ist ein Berufsverband, eine Vereinigung von Geschäftsleuten, eine Handelskammer, ein Arbeitnehmerverband, ein Landwirtschafts- oder Gartenbauverband, eine

Bürgervereinigung oder eine Organisation, die ausschließlich zur Wohlfahrtsförderung betrieben wird.

b) Er ist in seinem Ansässigkeitsstaat von der Steuer auf Einkommen befreit.

c) Er hat keine Anteilseigner oder Mitglieder, die Eigentums- oder Nutzungsrechte an seinen Einkünften oder Vermögenswerten haben.

d) Nach dem geltenden Recht des Ansässigkeitsstaats oder den Gründungsunterlagen des NFE dürfen seine Einkünfte und Vermögenswerte nicht an eine Privatperson oder einen nicht gemeinnützigen Rechtsträger ausgeschüttet oder zu deren Gunsten verwendet werden, außer in Übereinstimmung mit der Ausübung der gemeinnützigen Tätigkeit des NFE, als Zahlung einer angemessenen Vergütung für erbrachte Leistungen oder als Zahlung in Höhe des Marktwerts eines vom NFE erworbenen Vermögensgegenstands.

e) Nach dem geltenden Recht des Ansässigkeitsstaats oder den Gründungsunterlagen des NFE müssen bei seiner Abwicklung oder Auflösung alle seine Vermögenswerte an einen staatlichen Rechtsträger oder eine andere gemeinnützige Organisation verteilt werden oder fallen der Regierung des Ansässigkeitsstaats des NFE oder einer seiner Gebietskörperschaften anheim.

## 5. Abschnitt
## Sonstige Begriffsbestimmungen

### Kontoinhaber

**§ 96.** Der Ausdruck Kontoinhaber bedeutet die Person, die vom kontoführenden Finanzinstitut als Inhaber eines Finanzkontos geführt oder identifiziert wird. Eine Person, die kein Finanzinstitut ist und als Treuhänder, Vertreter, Verwahrer, Bevollmächtigter, Unterzeichner, Anlageberater oder Intermediär zugunsten oder für Rechnung einer anderen Person ein Finanzkonto unterhält, gilt nicht als Kontoinhaber im Sinne dieses Gesetzes, stattdessen gilt die andere Person als Kontoinhaber. Im Fall eines rückkaufsfähigen Versicherungsvertrags oder eines Rentenversicherungsvertrags ist der Kontoinhaber jede Person, die berechtigt ist, auf den Barwert zuzugreifen oder den Begünstigten des Vertrags zu ändern. Kann niemand auf den Barwert zugreifen oder den Begünstigten des Vertrags ändern, so ist der Kontoinhaber jede Person, die im Vertrag als Eigentümer genannt ist, und jede Person, die nach den Vertragsbedingungen einen unverfallbaren Zahlungsanspruch hat. Bei Fälligkeit eines rückkaufsfähigen Versicherungsvertrags oder eines Rentenversicherungsvertrags gilt jede Person, die vertragsgemäß einen Anspruch auf Erhalt einer Zahlung hat, als Kontoinhaber.

*(BGBl I 2016/118, BGBl I 2019/91)*

### Verfahren zur Bekämpfung der Geldwäsche (AML/KYC)

**§ 97.** Der Ausdruck „Verfahren zur Bekämpfung der Geldwäsche (AML/KYC)“ bedeutet die Verfahren eines meldenden Finanzinstituts zur Erfüllung der Sorgfaltspflichten gegenüber Kunden nach den Auflagen zur Geldwäschebekämpfung und ähnlichen Vorschriften, denen dieses meldende Finanzinstitut auf Grund bundesgesetzlicher Regelungen unterliegt.

### Rechtsträger

**§ 98.** (1) Der Ausdruck „Rechtsträger“ bedeutet eine juristische Person oder ein Rechtsgebilde wie zum Beispiel eine Kapitalgesellschaft, eine Personengesellschaft, einen Trust oder eine Stiftung.

(2) Ein Rechtsträger, wie eine Personengesellschaft, eine Limited Liability Partnership oder ein ähnliches Rechtsgebilde, bei dem keine steuerliche Ansässigkeit nach § 90 vorliegt, gilt als in dem Staat ansässig, in dem sich der Ort seiner tatsächlichen Geschäftsleitung befindet. Zu diesem Zweck gelten juristische Personen oder Rechtsgebilde als einer Personengesellschaft und einer Limited Liability Partnership „ähnlich“, wenn sie in einem teilnehmenden Staat nach dessen Steuerrecht nicht als steuerpflichtige Rechtsträger behandelt werden. Um jedoch (angesichts des breiten Geltungsbereichs des Begriffs „beherrschende Personen“ bei Trusts) Doppelmeldungen zu vermeiden, kann ein Trust, der ein passiver NFE ist, nicht als ähnliches Rechtsgebilde gelten.

### Verbundener Rechtsträger

**§ 99.** Ein Rechtsträger ist ein „verbundener Rechtsträger“ eines anderen Rechtsträgers, wenn

1. einer der beiden Rechtsträger den anderen beherrscht,
2. die beiden Rechtsträger der gleichen Beherrschung unterliegen oder
3. die beiden Rechtsträger Investmentunternehmen im Sinne des § 59 Abs. 1 Z 2 sind, eine gemeinsame Geschäftsleitung haben und diese Geschäftsleitung die Sorgfaltspflichten solcher Investmentunternehmen einhält.

Für diesen Zweck umfasst Beherrschung unmittelbares oder mittelbares Eigentum an mehr als 50 % der Stimmrechte und des Wertes eines Rechtsträgers.

### Steueridentifikationsnummer

**§ 100.** Der Ausdruck „Steueridentifikationsnummer“ bedeutet die Identifikationsnummer eines Steuerpflichtigen (oder die funktionale Entsprechung, wenn keine Steueridentifikationsnummer vorhanden ist).

### Belege

**§ 101.** (1) Der Ausdruck „Belege“ umfasst insbesondere folgende Dokumente:

1. eine Ansässigkeitsbescheinigung, ausgestellt von einer autorisierten staatlichen Stelle (bei-

spielsweise einer Regierung oder einer ihrer Behörden oder einer Gemeinde) des teilnehmenden Staates oder anderen Staates, in dem der Zahlungsempfänger ansässig zu sein behauptet;

2. bei einer natürlichen Person einen von einer autorisierten staatlichen Stelle (beispielsweise einer Regierung oder einer ihrer Behörden oder einer Gemeinde) ausgestellten gültigen Ausweis, der den Namen der natürlichen Person enthält und normalerweise zur Feststellung der Identität verwendet wird;
3. bei einem Rechtsträger ein von einer autorisierten staatlichen Stelle (beispielsweise einer Regierung oder einer ihrer Behörden oder einer Gemeinde) ausgestelltes amtliches Dokument, das den Namen des Rechtsträgers enthält sowie entweder die Adresse seines Hauptsitzes in dem teilnehmenden Staat oder anderen Staat, in dem er ansässig zu sein behauptet, oder den teilnehmenden Staat oder anderen Staat, in dem der Rechtsträger eingetragen oder gegründet wurde;
4. einen geprüften Jahresabschluss, eine Kreditauskunft eines Dritten, einen Insolvenzantrag oder einen Bericht der Börsenaufsichtsbehörde.

(2) Was bestehende Konten von Rechtsträgern angeht, so kann ein meldendes Finanzinstitut als Beleg jede Einstufung in seinen Unterlagen in Bezug auf den Kontoinhaber verwenden, die auf der Grundlage eines standardisierten Branchenkodierungssystems (Abs. 3) ermittelt wurde, welches das meldende Finanzinstitut im Einklang mit seiner üblichen Geschäftspraxis für die Zwecke von Verfahren zur Bekämpfung der Geldwäsche (AML/KYC) oder zu anderen gesetzlichen Zwecken (außer zu Steuerzwecken) dokumentiert und vor dem Datum eingeführt hat, an dem das Finanzkonto als bestehendes Konto eingestuft wurde, sofern dem meldenden Finanzinstitut nicht bekannt ist oder nicht bekannt sein müsste, dass diese Einstufung nicht zutreffend oder unglaubwürdig ist.

(3) Der Ausdruck „standardisiertes Branchenkodierungssystem“ bedeutet ein Kodierungssystem, das zur Einstufung von Einrichtungen nach Art der Geschäftstätigkeit zu anderen Zwecken als zu Steuerzwecken verwendet wird.

(4) Für Zwecke des Abs. 1 Z 3 ist die Adresse des Hauptsitzes des Rechtsträgers im Allgemeinen der Ort, an dem sich seine tatsächliche Geschäftsleitung befindet. Die Adresse des Finanzinstituts, bei dem der Rechtsträger ein Konto führt, ein Postfach oder eine reine Postadresse, ist nicht die Adresse des Hauptsitzes des Rechtsträgers, es sei denn, diese Adresse ist die einzige, die von dem Rechtsträgers verwendet wird, und erscheint als eingetragene Adresse des Rechtsträgers in dessen Geschäftsdokumenten. Ferner ist eine Adresse, die mit der Anweisung angegeben wird, den gesamten Schriftverkehr postlagernd an diese Adresse zu richten, nicht die Adresse des Hauptsitzes des Rechtsträgers.

### Änderung der Gegebenheiten

**§ 102.** Eine „Änderung der Gegebenheiten“ umfasst jede Änderung, die die Aufnahme neuer für den Status einer Person relevanter Informationen zur Folge hat oder in anderer Weise im Widerspruch zum Status dieser Person steht. Zudem umfasst eine Änderung der Gegebenheiten jede Änderung oder Aufnahme von Informationen zum Konto des Kontoinhabers (einschließlich der Aufnahme, Ersetzung oder jeder anderen Änderung eines Kontoinhabers) oder jede Änderung oder Aufnahme von Informationen zu jedem mit einem solchen Konto verbundenen Konto (unter Anwendung der Vorschriften für die Zusammenfassung von Konten gemäß den §§ 51 bis 53), wenn sich diese Änderung oder Aufnahme von Informationen auf den Status des Kontoinhabers auswirkt.

### Geführte Konten

**§ 103.** Im Allgemeinen ist davon auszugehen, dass Konten von folgenden Finanzinstituten geführt werden:
1. Verwahrkonten von dem Finanzinstitut, das das Vermögen auf dem Konto verwahrt (einschließlich Finanzinstituten, die Vermögen als Makler für einen Kontoinhaber bei diesem Institut verwahren);
2. Einlagenkonten von dem Finanzinstitut, das verpflichtet ist, Zahlungen in Bezug auf das Konto zu leisten (mit Ausnahme von Vertretern von Finanzinstituten, unabhängig davon, ob dieser Vertreter ein Finanzinstitut ist);
3. Eigen- oder Fremdkapitalbeteiligungen an einem Finanzinstitut in Form eines Finanzkontos von diesem Finanzinstitut;
4. Rückkaufsfähige Versicherungsverträge oder Rentenversicherungsverträge von dem Finanzinstitut, das verpflichtet ist, Zahlungen in Bezug auf den Vertrag zu leisten.

### Elektronisch durchsuchbare Daten

**§ 104.** Unter elektronisch durchsuchbaren Daten sind Informationen zu verstehen, die ein meldendes Finanzinstitut in der Kundenstammakte oder in vergleichbaren Akten hält und die in Form einer elektronischen Datenbank, die Standardabfragen in Programmiersprachen wie z. B. Structured Query Language (SQL) ermöglicht, gehalten werden. Informationen, Daten und Dateien, die in Form eines Bilderkennungssystems gespeichert sind (.pdf oder gescannte Dokumente) gelten nicht als elektronisch durchsuchbare Daten.

### Kundenstammakte

**§ 105.** Die Kundenstammakte umfasst die Stammdateien eines meldenden Finanzinstituts, die für Zwecke der Informationen über den Kontoinhaber geführt werden, wie zum Beispiel Informationen, die für die Kontaktaufnahme mit dem Kontoinhaber oder die Erfüllung von Verfahren zur Bekämpfung der Geldwäsche (AML/KYC) verwendet werden.

### Währungsumrechnung

**§ 106.** Für Zwecke dieses Bundesgesetzes sind für die Währungsumrechnung die von der Europäischen Zentralbank veröffentlichten Wechselkurse (Euro foreign exchange reference rates) zum maßgeblichen Stichtag heranzuziehen. Wird von der Europäischen Zentralbank für eine Währung kein Wechselkurs veröffentlicht, so ist der letzte, vor dem jeweils maßgeblichen Stichtag veröffentlichte Kassenwert heranzuziehen.

## 9. Hauptstück
## Strafbestimmungen

### Verletzung der Meldepflicht

**§ 107.** (1) Wer vorsätzlich eine Meldeverpflichtung nach § 3 dadurch verletzt, dass

1. eine Meldung nicht fristgerecht erstattet wird, oder
2. meldepflichtige Personen nicht gemeldet werden, oder
3. Angaben, die zur Identifikation einer Person, insbesondere Angaben zum Namen, zur Adresse oder zum Geburtsdatum, erforderlich sind nicht oder unrichtig gemeldet werden, oder
4. Angaben zur Ansässigkeit oder zum zu meldenden Betrag nicht oder unrichtig gemeldet werden, macht sich eines Finanzvergehens schuldig und ist mit Geldstrafe bis zu 200 000 Euro zu bestrafen.

(2) Wer die Tat nach Abs. 1 grob fahrlässig begeht, ist mit Geldstrafe bis zu 100 000 Euro zu bestrafen.

### Verletzung der Sorgfaltsverpflichtung

**§ 108.** (1) Wer, ohne den Tatbestand des § 107 zu verwirklichen, vorsätzlich die Sorgfaltsverpflichtungen nach den Hauptstücken 3 bis 7 verletzt, macht sich eines Finanzvergehens schuldig und ist mit Geldstrafe bis zu 20 000 Euro zu bestrafen.

(2) Wer die Tat nach Abs. 1 grob fahrlässig begeht, ist mit Geldstrafe bis zu 10 000 Euro zu bestrafen.

### Missbrauch

**§ 108a.** (1) Durch Missbrauch von Gestaltungsmöglichkeiten des privaten Rechts kann die Meldepflicht nicht umgangen werden.

(2) Missbrauch liegt vor, wenn eine rechtliche Gestaltung, die einen oder mehrere Schritte umfassen kann, oder eine Abfolge rechtlicher Gestaltungen im Hinblick auf die wirtschaftliche Zielsetzung unangemessen ist. Unangemessen sind solche Gestaltungen, die unter Außerachtlassung der damit verbundenen Umgehung einer Meldung gemäß § 3 nicht mehr sinnvoll erscheinen, weil der wesentliche Zweck in der Vermeidung der Meldung gemäß § 3 besteht.

(3) Wird ein meldendes Finanzinstitut von einem behördlich festgestellten „Missbrauch" informiert, so ist die Meldung gemäß § 3 so zu erstellen, wie sie bei einer den wirtschaftlichen Vorgängen, Tatsachen und Verhältnissen angemessenen rechtlichen Gestaltung zu erstellen wäre.

*(BGBl I 2019/91)*

### Ausschluss der gerichtlichen Verfolgung

**§ 109.** Die Finanzvergehen nach den §§ 107 und 108 hat das Gericht niemals zu ahnden.

### Kontrollmaßnahmen der meldenden Finanzinstitute

**§ 110.** (1) Meldende Finanzinstitute haben geeignete Kontrollmaßnahmen zu ergreifen, um die Einhaltung der Meldeverpflichtung gemäß § 3 und der Sorgfaltspflichten nach den Hauptstücken 3 bis 7 dieses Gesetzes sicherzustellen.

(2) Die meldenden Finanzinstitute berichten der zuständigen Abgabenbehörde aus Anlass von Maßnahmen gemäß § 144, § 147 und § 153a BAO über die Kontrollmaßnahmen gemäß Abs. 1.

*(BGBl I 2019/91)*

### Zuständigkeit für die Kontrolle der Einhaltung der Sorgfalts- und Meldeverpflichtungen

**§ 111.** Die Kontrolle der Einhaltung der Vorschriften der §§ 3 bis 53 obliegt dem zuständigen Finanzamt. Hierbei sind die für die Erhebung der Abgaben geltenden Bestimmungen, wie insbesondere die Bundesabgabenordnung – BAO, BGBl. Nr. 194/1961, sinngemäß anzuwenden. Die Meldungen (§ 3) gelten als Abgabenerklärungen.

*(BGBl I 2019/91)*

## 10. Hauptstück
## Übermittlung und Weiterleitung der Informationen

### Übermittlung der gemeldeten Informationen an ausländische Behörden

**§ 112.** (1) Der Bundesminister für Finanzen übermittelt jährlich innerhalb von neun Monaten nach Ablauf des Kalenderjahres, auf das sich die Informationen beziehen, nach einem automatisierten Verfahren der zuständigen Behörde jedes teilnehmenden Staats folgende Informationen:

1. Name, Adresse, Steueridentifikationsnummer(n) sowie Geburtsdatum und -ort (bei natürlichen Personen) jeder meldepflichtigen Person, die Inhaber des Kontos ist, sowie bei einem Rechtsträger, der Kontoinhaber ist und für den nach Anwendung von Verfahren zur Erfüllung der Sorgfaltspflichten nach den Anlagen eine oder mehrere beherrschende Personen ermittelt wurden, die meldepflichtige Personen sind, Name, Adresse und Steueridentifikationsnummer(n) des Rechtsträgers sowie Name, Adresse, Steueridentifikationsnummer(n), Geburtsdatum und -ort jeder meldepflichtigen Person,
2. Kontonummer (oder funktionale Entsprechung, wenn keine Kontonummer vorhanden),

3. Name und (gegebenenfalls) Identifikationsnummer des meldenden Finanzinstituts,
4. Kontosaldo oder -wert (einschließlich des Barwerts oder Rückkaufwerts bei rückkaufsfähigen Versicherungs- oder Rentenversicherungsverträgen) zum Ende des betreffenden Kalenderjahrs oder, wenn das Konto im Laufe des Jahres beziehungsweise Zeitraums aufgelöst wurde, die Auflösung des Kontos,
5. bei Verwahrkonten:
   a) Gesamtbruttobetrag der Zinsen, Gesamtbruttobetrag der Dividenden und Gesamtbruttobetrag anderer Einkünfte, die mittels der auf dem Konto vorhandenen Vermögenswerte erzielt und jeweils auf das Konto (oder in Bezug auf das Konto) im Laufe des Kalenderjahrs eingezahlt oder dem Konto gutgeschrieben wurden, sowie
   b) Gesamtbruttoerlöse aus der Veräußerung oder dem Rückkauf von Finanzvermögen, die während des Kalenderjahrs auf das Konto eingezahlt oder dem Konto gutgeschrieben wurden und für die das meldende Finanzinstitut als Verwahrstelle, Makler, Bevollmächtigter oder anderweitig als Vertreter für den Kontoinhaber tätig war,
6. bei Einlagenkonten der Gesamtbruttobetrag der Zinsen, die während des Kalenderjahrs auf das Konto eingezahlt oder dem Konto gutgeschrieben wurden, und
7. bei allen anderen Konten, die nicht unter Z 5 oder Z 6 aufgeführt sind, der Gesamtbruttobetrag, der in Bezug auf das Konto während des Kalenderjahrs an den Kontoinhaber gezahlt oder ihm gutgeschrieben wurde und für den das meldende Finanzinstitut Schuldner ist, einschließlich der Gesamthöhe aller Einlösungsbeträge, die während des Kalenderjahrs an den Kontoinhaber geleistet wurden.

(2) Die nach Abs. 1 zu übermittelnden Informationen beziehen sich auf Besteuerungszeiträume ab dem 1. Jänner 2017. Abweichend davon sind in Bezug auf Neukonten im Sinne der §§ 82 und 86 bereits Informationen erfasst, die den Zeitraum zwischen 1. Oktober 2016 und 31. Dezember 2016 betreffen.

(3) Ungeachtet des Abs. 1 erfolgt eine Übermittlung der Informationen gemäß § 3 nur an die zuständige Behörde jener teilnehmenden Staaten gemäß § 91 Z 2, welche die in § 7 der mehrseitigen Vereinbarung vom 29. Oktober 2014, BGBl. III Nr. 182/2017, über den automatischen Austausch von Informationen über Finanzkonten (OECD-MCAA) geforderten Voraussetzungen erfüllen.

*(BGBl I 2018/62)*

### Weiterleitung ausländischer Informationen an die zuständigen Abgabenbehörden

**§ 113.** Von teilnehmenden Staaten im Rahmen des nach diesem Bundesgesetz vorgesehenen automatischen Informationsaustausches eingehende Informationen werden vom Bundesminister für Finanzen ein Mal jährlich an die zuständigen Abgabenbehörden weiter geleitet.

## 11. Hauptstück Schlussbestimmungen

### Verweise auf andere Rechtsvorschriften

**§ 114.** Soweit in diesem Bundesgesetz auf Bestimmungen anderer Bundesgesetze verwiesen wird, sind diese in ihrer jeweils geltenden Fassung anzuwenden.

### Personenbezogene Bezeichnungen

**§ 115.** Soweit sich die in diesem Bundesgesetz verwendeten Bezeichnungen auf natürliche Personen beziehen, gilt die gewählte Form für beide Geschlechter.

### Vollziehung

**§ 116.** Mit der Vollziehung dieses Bundesgesetzes ist der Bundesminister für Finanzen betraut.

### Inkrafttreten

**§ 117.** (1) Dieses Bundesgesetz tritt mit 1. Jänner 2016 in Kraft.

*(BGBl I 2015/163, BGBl I 2016/118)*

(2) § 87 Z 7 lit. b und § 96 in der Fassung des Bundesgesetzes BGBl. I Nr. 118/2016 treten mit 1. Jänner 2017 in Kraft.

*(BGBl I 2016/118)*

(3) § 5 Abs. 1 in der Fassung des BGBl. I Nr. 62/2018 tritt mit 1. Jänner 2019 in Kraft.

*(BGBl I 2018/62)*

(4) § 4 Abs. 3, § 5 Abs. 2, § 11 Abs. 2, § 11 Abs. 3, § 15, § 22 Abs. 3 und § 111, jeweils in der Fassung des Bundesgesetzes BGBl. I Nr. 91/2019, treten mit 1. Jänner 2020 in Kraft.

*(BGBl I 2019/91)*

(5) § 3 Abs. 1a in der Fassung des Bundesgesetzes BGBl. I Nr. 104/2019 tritt mit 1. Juli 2020 in Kraft.

*(BGBl I 2019/104)*

## 21/4/1.

# GMSG-DV

BGBl II 2015/439 idF BGBl II 2019/339

**Verordnung des Bundesministers für Finanzen zur Durchführung des Gemeinsamen Meldestandard-Gesetzes (GMSG-DV)**

Aufgrund des § 62 Z 3 und des § 87 Z 8 des Bundesgesetzes zur Umsetzung des gemeinsamen Meldestandards für den automatischen Austausch von Informationen über Finanzkonten (Gemeinsamer Meldestandard-Gesetz – GMSG, BGBl. I Nr. 116/2015) wird verordnet:

**§ 1.** Unbeschadet der bereits von § 62 Z 1, 2, 4 oder 5 GMSG erfassten Fälle sind von der Meldepflicht ausgenommen:

1. Betriebliche Vorsorgekassen im Sinne des Betrieblichen Mitarbeiter- und Selbständigenvorsorgegesetzes – BMSVG, BGBl. I Nr. 100/2002 in der Fassung des Bundesgesetzes BGBl. I Nr. 62/2019;
2. die OeKB CSD GmbH;
3. Kapitalanlagegesellschaften für Immobilien im Sinne des Immobilien-Investmentfondsgesetzes – ImmoInvFG, BGBl. I Nr. 80/2003 in der Fassung des Bundesgesetzes BGBl. I Nr. 62/2019;
4. die Oesterreichische Kontrollbank Aktiengesellschaft;
5. die Österreichische Bundesfinanzierungsagentur GmbH (OeBFA) im Sinne des Bundesfinanzierungsgesetzes, BGBl. Nr. 763/1992 in der Fassung des Bundesgesetzes BGBl. I Nr. 107/2017;
6. Pensionskassen im Sinne des Pensionskassengesetzes – PKG, BGBl. Nr. 281/1990 in der Fassung des Bundesgesetzes BGBl. I Nr. 81/2018, oder des Betriebspensionsgesetzes – BPG, BGBl. Nr. 282/1990 in der Fassung des Bundesgesetzes BGBl. I Nr. 100/2018;
7. Verwaltungsgesellschaften im Sinne des Investmentfondsgesetzes 2011 – InvFG 2011, BGBl. I Nr. 77/2011 in der Fassung des Bundesgesetzes BGBl. I Nr. 62/2019.

*(BGBl II 2019/339)*

**§ 2.** Unbeschadet der bereits von § 87 Z 1 bis 6 GMSG erfassten Fälle sind von der Meldepflicht ausgenommen:

1. Abfertigungs- und Jubiläumsgeldauslagerungsversicherungen;
2. Begräbniskostenversicherungen;
3. Betriebliche Kollektivversicherungen im Sinne der §§ 93 bis 98 des Versicherungsaufsichtsgesetzes 2016 – VAG 2016, BGBl. I Nr. 34/2015 in der Fassung des Bundesgesetzes BGBl. I Nr. 26/2019;
4. Konten von Wohnungseigentümergemeinschaften und Miteigentumsgemeinschaften im Sinne des Wohnungseigentumsgesetzes 2002 – WEG 2002, BGBl. I Nr. 70/2002 in der Fassung des Bundesgesetzes BGBl. I Nr. 58/2018;
5. Bauspareinlagen im Sinne des § 1 Abs. 1 des Bausparkassengesetzes – BSpG, BGBl. I Nr. 532/1993 in der Fassung des Bundesgesetzes BGBl. I Nr. 107/2017;
6. Pensionszusatzversicherungen im Sinne des § 108b des Einkommensteuergesetzes 1988 – EStG 1988, BGBl. I Nr. 400/1988 in der Fassung des Bundesgesetzes BGBl. I Nr. 83/2018;
7. Risikoversicherungen, bei denen der Eintritt des Versicherungsfalls ungewiss ist;
8. Treuhandkonten (Anderkonten), deren Treuhänder ein befugter Parteienvertreter (Rechtsanwalt, Notar oder Wirtschaftstreuhänder) ist, sofern es sich um ein Sammelanderkonto handelt, das den standesrechtlichen Bestimmungen, denen der befugte Parteienvertreter unterliegt, entsprechend eingerichtet, geführt und geschlossen wird oder sofern das Konto der Verwahrung von Geldern gemäß § 1 iVm § 104 Notariatsordnung – NO, RGBl. Nr. 75/1871 in der Fassung des Bundesgesetzes BGBl. I Nr. 61/2019, dient oder sofern das Konto im Zusammenhang mit einem der in § 87 Z 5 GMSG angeführten Zwecke eingerichtet ist. Davon ausgenommen sind Treuhandkonten, die der Verwaltung von Vermögenswerten dienen;
9. Versicherungen im Rahmen der Zukunftssicherung im Sinne des § 3 Abs. 1 Z 15 lit. a EStG 1988 in der Fassung des Bundesgesetzes BGBl. I Nr. 83/2018;
10. Versicherungen und Pensionsinvestmentfonds im Rahmen der Zukunftsvorsorge im Sinne der §§ 108g bis 108i EStG 1988 in der Fassung des Bundesgesetzes BGBl. I Nr. 83/2018.

*(BGBl II 2019/339)*

**§ 3.** Diese Verordnung tritt mit 1. Jänner 2016 in Kraft.

(2) § 1 und § 2, jeweils in der Fassung BGBl. II Nr. 339/2019, treten mit 1.1.2020 in Kraft.

*(BGBl II 2019/339)*

## 21/4/2. VO zu § 91 Z 2 GMSG

## GMSG-Teilnehmerstaaten

BGBl II 2022/194

**Verordnung des Bundesministers für Finanzen zu § 91 Z 2 GMSG über die Liste der teilnehmenden Staaten**

Auf Grund des § 91 Z 2 des Gemeinsamer Meldestandard-Gesetzes, BGBl. I Nr. 116/2015, zuletzt geändert durch das Bundesgesetz BGBl. I Nr. 96/2020, wird im Einvernehmen mit dem Hauptausschuss des Nationalrats verordnet:

**§ 1.** Die folgenden Staaten, die bis einschließlich 31. Jänner 2022 dem OECD-MCAA vom 29. Oktober 2014, BGBl. III Nr. 182/2017, beitraten, sind teilnehmende Staaten im Sinne des § 91 Z 2 GMSG:

1. Albanien
2. Anguilla
3. Antigua und Barbuda
4. Argentinien
5. Aruba
6. Australien
7. Aserbaidschan
8. Bahamas
9. Bahrain
10. Barbados
11. Belize
12. Bermuda
13. Brasilien
14. Britische Jungferninseln
15. Brunei Darussalam
16. Cayman Islands
17. Chile
18. China
19. Cook Islands
20. Costa Rica
21. Curaçao
22. Dominica
23. Ecuador
24. Färöer Inseln
25. Ghana
26. Gibraltar
27. Grenada
28. Grönland
29. Guernsey
30. Hongkong
31. Indien
32. Indonesien
33. Island
34. Israel
35. Isle of Man
36. Jamaika
37. Japan
38. Jersey
39. Kanada
40. Kasachstan
41. Katar
42. Kenia
43. Kolumbien
44. Korea, Republik
45. Kuwait
46. Libanon
47. Liberia
48. Macau
49. Malaysia
50. Malediven
51. Marokko
52. Marshall-Inseln
53. Mauritius
54. Mexiko
55. Moldau
56. Montserrat
57. Nauru
58. Neukaledonien
59. Neuseeland
60. Niederlande, soweit nicht vom Anwendungsbereich der Richtlinie 2011/16/EU über die Zusammenarbeit der Verwaltungsbehörden im Bereich der Besteuerung und zur Aufhebung der Richtlinie 77/99/EWG, ABl. Nr. L 64 vom 11.03.2011 S.1, zuletzt geändert durch die Richtlinie (EU) 2020/876, ABl. Nr. L 204 vom 26.06.2020 S. 46, umfasst
61. Nigeria
62. Niue
63. Norwegen
64. Oman
65. Pakistan
66. Panama
67. Peru
68. Russland*
69. Saint Kitts und Nevis
70. Saint Lucia
71. Saint Vincent und die Grenadinen
72. Samoa
73. Saudi Arabien
74. Seychellen
75. Singapur
76. Sint Maarten
77. Südafrika
78. Türkei
79. Turks und Caicos Inseln
80. Uganda
81. Uruguay
82. Vanuatu
83. Vereinigte Arabische Emirate
84. Vereinigtes Königreich

**§ 2.** Folgende teilnehmenden Staaten erfüllen gemäß § 91 Z 2 GMSG die Voraussetzungen des § 7 OECD-MCAA:

1. Albanien
2. Antigua und Barbuda
3. Argentinien
4. Australien
5. Aserbaidschan
6. Barbados
7. Brasilien
8. Chile
9. China
10. Cook Islands
11. Costa Rica
12. Curaçao
13. Ecuador
14. Färöer Inseln
15. Gibraltar
16. Grenada
17. Grönland
18. Guernsey
19. Hongkong
20. Indien
21. Indonesien
22. Island
23. Israel
24. Isle of Man
25. Japan
26. Jersey
27. Kanada
28. Kasachstan
29. Kolumbien
30. Korea, Republik
31. Malaysia
32. Mauritius
33. Mexiko
34. Neuseeland
35. Niederlande, soweit nicht vom Anwendungsbereich der Richtlinie 2011/16/EU über die Zusammenarbeit der Verwaltungsbehörden im Bereich der Besteuerung und zur Aufhebung der Richtlinie 77/99/EWG, ABl. Nr. L 64 vom 11.03.2011 S.1, zuletzt geändert durch die Richtlinie (EU) 2020/876, ABl. Nr. L 204 vom 26.06.2020 S. 46, umfasst.
36. Nigeria
37. Norwegen
38. Pakistan
39. Panama
40. Peru
41. Russland*
42. Saint Lucia
43. Saudi Arabien
44. Seychellen
45. Singapur
46. Südafrika
47. Türkei
48. Uruguay
49. Vereinigtes Königreich

**§ 3.** Diese Verordnung tritt am 1. Mai 2022 in Kraft.

**§ 4.** Die Verordnung BGBl. II Nr. 248/2021 tritt am 1. Mai 2022 außer Kraft.

* Mit Stand vom 23. März 2022 ist der Informationsaustausch mit Russland aufgrund des Übereinkommens über die gegenseitige Amtshilfe in Steuersachen (Amtshilfekonvention) suspendiert.

# 22/1. EU-Meldepflichtgesetz

**EU-Meldepflichtgesetz – EU-MPfG**, BGBl I 2019/91 idF

**1** BGBl I 2020/96 (KonStG 2020)

**2** BGBl I 2022/108 (AbgÄG 2022)

## GLIEDERUNG



**Bundesgesetz über den verpflichtenden automatischen Informationsaustausch über meldepflichtige grenzüberschreitende Gestaltungen im Bereich der Besteuerung (EU-Meldepflichtgesetz – EU-MPfG)**

Der Nationalrat hat beschlossen:

### 1. Teil
### Allgemeine Bestimmungen

#### Umsetzung von Unionsrecht

**§ 1.** Mit diesem Bundesgesetz wird die Richtlinie (EU) 2018/822 zur Änderung der Richtlinie (EU) 2011/16 bezüglich des verpflichtenden automatischen Informationsaustausches im Bereich der Besteuerung über meldepflichtige grenzüberschreitende Gestaltungen, ABl. Nr. L 139 vom 05.06.2018 S. 1, in österreichisches Recht umgesetzt.

#### Anwendungsbereich

**§ 2.** (1) Dieses Bundesgesetz legt die Pflicht zur Meldung von Gestaltungen (§ 3 Z 6) innerhalb eines bestimmten Zeitraumes und den automatischen Informationsaustausch der bei der österreichischen zuständigen Behörde (§ 3 Z 12) eingelangten Meldungen mit den zuständigen Behörden aller anderen Mitgliedstaaten der Europäischen Union mithilfe eines unionsweiten Zentralverzeichnisses (§ 22) fest.

(2) Soweit dieses Bundesgesetz nichts anderes bestimmt, finden das EU-Amtshilfegesetz – EU-AHG, BGBl. I Nr. 112/2012 und die Bundesabgabenordnung – BAO, BGBl. Nr. 194/1961 sinngemäße Anwendung.

#### Begriffsbestimmungen

**§ 3.** Für die Zwecke dieses Bundesgesetzes bedeutet der Ausdruck

1. „Drittland“ ein Land, das kein Mitgliedstaat der Europäischen Union ist;
2. „grenzüberschreitende Gestaltung“ eine Gestaltung, die entweder mehr als einen Mitgliedstaat oder mindestens einen Mitgliedstaat und mindestens ein Drittland betrifft, wobei mindestens eine der folgenden Bedingungen erfüllt sein muss:
   a) Nicht alle an der Gestaltung beteiligten Personen sind im selben Hoheitsgebiet steuerlich ansässig,
   b) eine oder mehrere an der Gestaltung beteiligten Personen sind gleichzeitig in mehreren Hoheitsgebieten steuerlich ansässig,
   c) eine oder mehrere an der Gestaltung beteiligten Personen üben in einem anderen Hoheitsgebiet über eine dort gelegene Betriebsstätte eine Geschäftstätigkeit aus und die Gestaltung stellt ganz oder teilweise die durch die Betriebsstätte ausgeübte Geschäftstätigkeit dar,
   d) eine oder mehrere an der Gestaltung beteiligten Personen üben in einem anderen Hoheitsgebiet eine Tätigkeit aus, ohne dort steuerlich ansässig zu sein oder eine Betriebsstätte zu begründen oder
   e) eine solche Gestaltung hat möglicherweise Auswirkungen auf den automatischen Informationsaustausch über Finanzkonten oder die Identifizierung der wirtschaftlichen Eigentümer;

   Der Begriff „grenzüberschreitende Gestaltung“ umfasst auch eine Gestaltung, die aus einem Schritt oder mehreren Schritten besteht, bezieht sich auch auf einen Teil oder mehrere Teile einer grenzüberschreitenden Gestaltung oder eine Reihe von grenzüberschreitenden Gestaltungen.
3. „Intermediär“ eine Person
   a) die eine meldepflichtige Gestaltung konzipiert, vermarktet, organisiert, zur Umsetzung bereitstellt oder die Umsetzung einer solchen Gestaltung verwaltet oder
   b) die – unter Berücksichtigung der relevanten Fakten und Umstände, der verfügbaren Informationen und des einschlägigen Fachwissens und Verständnisses, die für die Erbringung solcher Dienstleistungen erforderlich sind – weiß oder vernünftigerweise wissen müsste, dass sie unmittelbar oder mittelbar Hilfe, Unterstützung oder Beratung im Hinblick auf die Konzeption, Vermarktung, Organisation, Bereitstellung zur Umsetzung oder Verwaltung der Umsetzung einer meldepflichtigen Gestaltung geleistet hat

   und die zusätzlich eine der folgenden Bedingungen erfüllt:
   – sie hat in Österreich ihren Wohnsitz, ihren gewöhnlichen Aufenthalt, ihren Sitz oder ihren Ort der Geschäftsleitung,
   – sie ist in keinem anderen Mitgliedstaat steuerlich ansässig und erbringt über eine in Österreich gelegene Betriebsstätte Dienstleistungen im Zusammenhang mit der meldepflichtigen Gestaltung,
   – sie ist in keinem anderen Mitgliedstaat steuerlich ansässig und unterliegt in Österreich den einschlägigen berufs- oder gewerberechtlichen Vorschriften oder
   – sie ist in keinem anderen Mitgliedstaat steuerlich ansässig und ist Mitglied eines österreichischen Berufsverbandes für juristische, steuerliche oder beratende Dienstleistungen;

   Jede Person hat das Recht, Nachweise zu erbringen, wonach sie nicht wusste oder vernünftigerweise nicht wissen konnte, dass sie an einer meldepflichtigen Gestaltung beteiligt war. Diese Person kann zu diesem Zweck alle relevanten Fakten und Umstände, sowie verfügbaren Informationen und ihr einschlägiges Fachwissen und Verständnis geltend machen.
4. „marktfähige Gestaltung“ eine grenzüberschreitende Gestaltung, die konzipiert, vermarktet oder zur Umsetzung bereitgestellt wird oder umsetzungsbereit ist, ohne dass sie an einen relevanten Steuerpflichtigen angepasst werden muss;
5. „maßgeschneiderte Gestaltung“ eine grenzüberschreitende Gestaltung, die keine marktfähige Gestaltung ist;
6. „meldepflichtige Gestaltung“ eine Gestaltung im Sinne des § 4;
7. „Mitgliedstaat“ ein Mitgliedstaat der Europäischen Union;
8. „Person“ eine Person im Sinne des § 2 Abs. 1 Z 12 EU-AHG;
9. „relevanter Steuerpflichtiger“ eine Person
   a) der eine meldepflichtige Gestaltung zur Umsetzung bereitgestellt wird,
   b) die bereit ist, eine meldepflichtige Gestaltung umzusetzen oder
   c) die den ersten Schritt einer meldepflichtigen Gestaltung umgesetzt hat;
10. „Steuervorteil“ liegt vor, insoweit in Österreich oder in einem anderen Mitgliedstaat oder in einem Drittland durch eine meldepflichtige Gestaltung (Z 6)
    a) die Entstehung des Abgabenanspruchs verhindert oder ganz oder teilweise in einen anderen Besteuerungszeitraum verschoben wird,
    b) sich die Bemessungsgrundlage oder der Abgabenanspruch ganz oder teilweise verringert oder
    c) eine Abgabe ganz oder teilweise erstattet oder vergütet wird;

11. „verbundenes Unternehmen" eine Person, die mit einer oder mehreren anderen Personen auf mindestens eine der folgenden Arten verbunden ist:
    a) Eine Person ist an der Geschäftsleitung einer anderen Person insofern beteiligt, als sie erheblichen Einfluss auf diese ausüben kann,
    b) eine Person ist über eine Holdinggesellschaft, die über mehr als 25 % der Stimmrechte verfügt, an der Kontrolle einer anderen Person beteiligt,
    c) eine Person ist über ein Eigentumsrecht, das mittelbar, durch Multiplikation der Beteiligungsquoten an den nachgeordneten Unternehmen, oder unmittelbar mehr als 25 % des Kapitals beträgt, am Kapital einer anderen Person beteiligt oder
    d) eine Person hat Anspruch auf mindestens 25 % der Gewinne einer anderen Person;

    Für Zwecke dieser Ziffer wird eine Person, die in Bezug auf die Stimmrechte oder die Kapitalbeteiligung an einem Unternehmen gemeinsam mit einer anderen Person handelt, so behandelt, als würde sie eine Beteiligung an allen Stimmrechten oder dem gesamten Kapital dieses Unternehmens halten, die bzw. das von der anderen Person gehalten wird. Eine Person mit einer Stimmrechtsbeteiligung von mehr als 50 % gilt als Halter von 100 % der Stimmrechte. Eine natürliche Person, ihr Ehepartner und ihre Verwandte in aufsteigender oder absteigender gerader Linie werden als einzige Person behandelt.

    **„Falls mehr als eine Person gemäß den lit. a bis d an der Geschäftsleitung, der Kontrolle, dem Kapital oder den Gewinnen derselben Person beteiligt ist, gelten alle betroffenen Personen als verbundene Unternehmen.**

    **Falls dieselben Personen gemäß den lit. a bis d an der Geschäftsleitung, der Kontrolle, dem Kapital oder den Gewinnen von mehr als einer Person beteiligt sind, gelten alle betroffenen Personen als verbundene Unternehmen."**

    *(BGBl I 2022/108 ab 20.7.2022)*

12. „zuständige Behörde" ist aus österreichischer Sicht die in § 3 Abs. 1 EU-AHG genannte Behörde und aus Sicht eines anderen Mitgliedstaates die Behörde, die als solche von diesem Mitgliedstaat benannt worden ist.

## 2. Teil
## Meldepflicht

### 1. Hauptstück
### Sachliche Meldepflicht

#### Meldepflichtige Gestaltung

**§ 4.** Eine marktfähige oder maßgeschneiderte grenzüberschreitende Gestaltung ist gemäß § 5 oder § 6 meldepflichtig, sofern sie ein Risiko der Steuervermeidung oder der Umgehung der Meldepflicht des Gemeinsamen Meldestandards (§ 5 Z 5) oder der Verhinderung der Identifizierung des wirtschaftlichen Eigentümers aufweist und

1. ihr erster Schritt zwischen 25. Juni 2018 und 30. Juni 2020 umgesetzt worden ist,
2. ihr erster Schritt ab 1. Juli 2020 umgesetzt wird oder
3. sie ab 1. Juli 2020 konzipiert, vermarktet, organisiert, zur Umsetzung bereitgestellt oder verwaltet wird.

#### Unbedingt meldepflichtige Gestaltungen

**§ 5.** Nach Maßgabe des § 4 sind folgende Gestaltungen meldepflichtig:

1. Gestaltungen, die abzugsfähige grenzüberschreitende Zahlungen zwischen zwei oder mehreren verbundenen Unternehmen umfassen, wenn mindestens eine der folgenden Bedingungen erfüllt ist:
    a) Der Empfänger dieser Zahlung ist steuerlich in keinem Hoheitsgebiet ansässig oder
    b) der Empfänger dieser Zahlung ist steuerlich in einem Hoheitsgebiet ansässig und dieses Hoheitsgebiet wird in der Liste jener Drittländer, die von den Mitgliedstaaten gemeinsam oder im Rahmen der Organisation für wirtschaftliche Zusammenarbeit und Entwicklung (OECD) als nicht-kooperierende Länder eingestuft worden sind, geführt;
2. Gestaltungen, die dazu dienen, die Abschreibung eines Vermögenswertes in mehr als einem Hoheitsgebiet herbeizuführen;
3. Gestaltungen, die dazu dienen, eine Befreiung von der Doppelbesteuerung für dieselben Einkünfte oder dasselbe Vermögen in mehr als einem Hoheitsgebiet herbeizuführen;
4. Gestaltungen, die die Übertragung von Vermögenswerten vorsehen und bei denen es einen wesentlichen Unterschied hinsichtlich des in den beteiligten Hoheitsgebieten für den Vermögenswert anzusetzenden Wertes gibt;
5. Gestaltungen, die zur Umgehung der Meldepflicht gemäß den Rechtsvorschriften zur Umsetzung der Richtlinie 2014/107/EU zur Änderung der Richtlinie 2011/16/EU bezüglich der Verpflichtung zum automatischen Austausch von Informationen im Bereich der Besteuerung, ABl. Nr. L 359 vom 16.12.2014 S. 1, oder gemäß gleichwertiger Abkommen über den automatischen Informationsaustausch über Finanzkonten (Gemeinsamer Meldestandard) führen können oder sich das Fehlen derartiger Rechtsvorschriften zunutze machen, wobei diese Gestaltungen zumindest Folgendes umfassen:
    a) Die Nutzung eines Kontos, eines Produktes oder einer Vermögensanlage, das bzw. die kein Finanzkonto im Sinne des

§ 71 des Gemeinsamen Meldestandard-Gesetzes – GMSG, BGBl. I Nr. 116/2015, ist oder vorgibt kein Finanzkonto zu sein, jedoch Merkmale aufweist, die im Wesentlichen denen eines Finanzkontos entsprechen,

b) die Übertragung eines Finanzkontos im Sinne des § 71 GMSG oder von Vermögenswerten in ein Hoheitsgebiet oder das Einbeziehen eines Hoheitsgebietes, das nicht an den automatischen Informationsaustausch mit dem Hoheitsgebiet, in dem der relevante Steuerpflichtige ansässig ist, gebunden ist,

c) die Neueinstufung von Einkünften und Vermögen als Produkte oder Zahlungen, die nicht der Meldepflicht des Gemeinsamen Meldestandards unterliegen,

d) die Übertragung oder Umwandlung eines Finanzinstitutes im Sinne des § 56 GMSG oder eines Finanzkontos im Sinne des § 71 GMSG oder der darin enthaltenen Vermögenswerte in ein Finanzinstitut, Finanzkonto oder in Vermögenswerte, die nicht der Meldepflicht des Gemeinsamen Meldestandards unterliegen,

e) die Einbeziehung von Rechtspersonen, Gestaltungen oder Strukturen, die die Meldung gemäß dem Gemeinsamen Meldestandard ausschließen oder vorgeben auszuschließen oder

f) Gestaltungen, die Verfahren zur Erfüllung der Sorgfaltspflichten aushöhlen oder Schwächen in diesen Verfahren ausnutzen, die Finanzinstitute im Sinne des § 56 GMSG zur Erfüllung ihrer Meldepflicht bezüglich Informationen über Finanzkonten im Sinne des § 71 GMSG anwenden, einschließlich der Einbeziehung von Hoheitsgebieten mit ungeeigneten oder schwachen Regelungen für die Durchsetzung von Vorschriften gegen Geldwäsche oder mit schwachen Transparenzanforderungen für juristische Personen oder Rechtsvereinbarungen;

6. Gestaltungen mit einer intransparenten Kette an rechtlichen oder wirtschaftlichen Eigentümern durch die Einbeziehung von Personen, Rechtsvereinbarungen oder Strukturen,

a) die keine wesentliche wirtschaftliche Tätigkeit ausüben, die mit angemessener Ausstattung sowie angemessenen personellen Ressourcen, Vermögenswerten und Räumlichkeiten einhergeht,

b) die in anderen Hoheitsgebieten eingetragen, ansässig oder niedergelassen sind oder verwaltet oder kontrolliert werden als dem Hoheitsgebiet, in dem ein oder mehrere der wirtschaftlichen Eigentümer der von diesen Personen, Rechtsvereinbarungen oder Strukturen gehaltenen Vermögenswerte ansässig sind und

c) sofern die wirtschaftlichen Eigentümer dieser Personen, Rechtsvereinbarungen oder Strukturen gemäß den Bestimmungen der Richtlinie (EU) 2015/849 zur Verhinderung der Nutzung des Finanzsystems zum Zwecke der Geldwäsche und der Terrorismusfinanzierung, zur Änderung der Verordnung (EU) Nr. 648/2012 und zur Aufhebung der Richtlinie 2005/60/EG und der Richtlinie 2006/70/EG, ABl. L 141 vom 05.06.2015, S. 73, nicht identifizierbar gemacht werden;

7. Verrechnungspreisgestaltungen, die unilaterale Safe-Harbor-Regeln nutzen;

8. Verrechnungspreisgestaltungen mit Übertragung von schwer zu bewertenden immateriellen Vermögenswerten. Der Begriff „schwer zu bewertende immaterielle Vermögenswerte" umfasst immaterielle Vermögenswerte oder Rechte an immateriellen Vermögenswerten, für die im Zeitpunkt ihrer Übertragung zwischen verbundenen Unternehmen

a) keine ausreichend verlässlichen Vergleichswerte vorliegen und

b) für die im Zeitpunkt der Transaktion die Prognosen voraussichtlicher Cashflows oder die vom übertragenen immateriellen Vermögenswert erwarteten abzuleitenden Einkünfte oder die der Bewertung des immateriellen Vermögenswertes zugrunde gelegten Annahmen höchst unsicher sind, weshalb der letztendliche Erfolg des immateriellen Vermögenswertes im Zeitpunkt der Übertragung nur schwer absehbar ist;

9. Verrechnungspreisgestaltungen, bei denen eine konzerninterne grenzüberschreitende Übertragung von Funktionen, Risiken oder Vermögenswerten stattfindet, wenn der erwartete jährliche Gewinn vor Zinsen und Steuern (EBIT) des bzw. der Übertragenden über einen Zeitraum von drei Jahren nach der Übertragung weniger als 50 % des jährlichen EBIT des bzw. der Übertragenden beträgt, der erwartet worden wäre, wenn die Übertragung nicht stattgefunden hätte.

**Bedingt meldepflichtige Gestaltungen**

**§ 6.** Sofern der Hauptvorteil oder einer der Hauptvorteile, den eine Person unter Berücksichtigung aller relevanten Fakten und Umstände vernünftigerweise von der Gestaltung erwarten kann, die Erlangung eines Steuervorteils ist (Bedingung), sind nach Maßgabe des § 4 folgende Gestaltungen meldepflichtig:

1. Gestaltungen, bei denen der relevante Steuerpflichtige oder eine andere an der Gestaltung beteiligte Person sich verpflichtet, eine Vertraulichkeitsklausel einzuhalten, der zufolge gegenüber anderen vom relevanten Steuer-

pflichtigen beauftragten Intermediären oder den Abgabenbehörden nicht offengelegt werden darf, auf welche Weise aufgrund der Gestaltung ein Steuervorteil erlangt wird;

2. Gestaltungen, bei denen der Intermediär Anspruch auf eine Vergütung (bzw. Zinsen, Vergütung der Finanzkosten und sonstiger Kosten) für die Gestaltung hat und diese Vergütung in Bezug auf Folgendes festgesetzt wird:
   a) Der Betrag des aufgrund der Gestaltung erlangten Steuervorteils oder
   b) ob durch die Gestaltung tatsächlich ein Steuervorteil erlangt wird; dies wäre mit der Verpflichtung des Intermediärs verbunden, die Vergütung ganz oder teilweise zurückzuerstatten, falls der mit der Gestaltung beabsichtigte Steuervorteil nicht oder nur teilweise erzielt wird;
3. Gestaltungen, deren Dokumentation oder Struktur im Wesentlichen standardisiert und für mehr als einen relevanten Steuerpflichtigen verfügbar ist, ohne dass sie für die Umsetzung wesentlich individuell angepasst werden muss;
4. Gestaltungen, bei denen eine an der Gestaltung beteiligte Person Schritte unternimmt, um ein verlustbringendes Unternehmen zu erwerben, die Haupttätigkeit dieses Unternehmens zu beenden und dessen Verluste dafür zu nutzen, ihre Steuerbelastung zu verringern, wobei dies auch die Übertragung dieser Verluste in ein anderes Hoheitsgebiet oder die raschere Nutzung dieser Verluste beinhalten kann;

   *(BGBl I 2020/96)*
5. Gestaltungen, bei denen Einkünfte in Vermögen, Schenkungen oder andere niedriger besteuerte oder steuerbefreite Arten von Einnahmen umgewandelt werden;
6. Gestaltungen, bei denen mithilfe von zwischengeschalteten Unternehmen ohne primäre wirtschaftliche Funktion oder von Transaktionen, die sich gegenseitig aufheben oder ausgleichen oder die ähnliche Merkmale aufweisen, zirkuläre Vermögensverschiebungen vorgenommen werden;
7. Gestaltungen, die abzugsfähige grenzüberschreitende Zahlungen zwischen zwei oder mehreren verbundenen Unternehmen umfassen und mindestens eine der folgenden Voraussetzungen in lit. a bis c erfüllen, wobei aus der bloßen Tatsache, dass eine der nachfolgenden Gestaltungen gewählt worden ist, nicht auf die Erfüllung der Bedingung geschlossen werden kann:
   a) der Empfänger dieser Zahlung ist steuerlich in einem Hoheitsgebiet ansässig und dieses Hoheitsgebiet erhebt keine Körperschaftsteuer oder hat einen Körperschaftsteuersatz von null oder nahe null,
   b) die Zahlung wird im Hoheitsgebiet, in dem der Empfänger dieser Zahlung steuerlich ansässig ist, steuerlich nicht erfasst oder ist vollständig von der Steuer befreit oder
   c) die Zahlung kommt im Hoheitsgebiet, in dem der Empfänger dieser Zahlung steuerlich ansässig ist, in den Genuss eines präferentiellen Steuerregimes.

## 2. Hauptstück
## Persönliche Meldepflicht

### 1. Abschnitt
### Meldepflicht des Intermediärs

#### Meldung einer meldepflichtigen Gestaltung

**§ 7.** (1) Der Intermediär (§ 3 Z 3) ist verpflichtet, alle ihm bekannten, in seinem Besitz oder unter seiner Kontrolle befindlichen Informationen (§ 16 oder § 17) über eine meldepflichtige Gestaltung an die österreichische zuständige Behörde gemäß § 18 Abs. 1 zu übermitteln.

(2) Im Fall einer marktfähigen meldepflichtigen Gestaltung hat der Intermediär – zusätzlich zu Abs. 1 – alle drei Monate, neue Informationen gemäß § 17 Abs. 2, sofern sie nicht bereits gemäß Abs. 1 gemeldet worden sind, im Rahmen einer Folgemeldung gemäß § 18 Abs. 1 zu übermitteln.

**„(3)[a] Jeder meldende Intermediär hat jeden relevanten Steuerpflichtigen vor der ersten Meldung über die Meldepflicht in Kenntnis zu setzen. Darüber hinaus hat jeder meldende Intermediär vor jeder Meldung jedem relevanten Steuerpflichtigen die zu meldenden, auf den Steuerpflichtigen bezogenen Informationen, so rechtzeitig mitzuteilen, dass die betroffene Person ihre Datenschutzrechte wahrnehmen kann. In jedem Fall hat die Information vor der geplanten Meldung zu erfolgen.“**

*(BGBl I 2022/108 ab 1.1.2023)*

[a] Tritt mit 1. Jänner 2023 in Kraft.

#### Frist für die Meldung

**§ 8.** (1) Der Intermediär gemäß § 3 Z 3 lit. a hat die Informationen über eine meldepflichtige Gestaltung innerhalb von 30 Tagen, beginnend an dem Tag,

1. der dem Tag der Bereitstellung der meldepflichtigen Gestaltung zur Umsetzung folgt,
2. der dem Tag folgt, an dem der relevante Steuerpflichtige bereit ist, die meldepflichtige Gestaltung umzusetzen oder
3. an dem der relevante Steuerpflichtige den ersten Schritt zur Umsetzung der meldepflichtigen Gestaltung gesetzt hat

zu melden, wobei der frühest mögliche Zeitpunkt maßgebend ist.

(2) Der Intermediär gemäß § 3 Z 3 lit. b hat die Informationen über eine meldepflichtige Gestaltung innerhalb von 30 Tagen, beginnend an dem der unmittelbaren oder mittelbaren Hilfe, Unter-

stützung oder Beratung folgenden Tag, gemäß § 18 Abs. 1 zu melden.

(3) Sofern die Frist nach Abs. 1 oder 2 noch nicht verstrichen ist, beginnt die Frist von 30 Tagen – abweichend von Abs. 1 oder 2 – mit dem Tag, der dem Tag folgt, an dem der Intermediär vom relevanten Steuerpflichtigen von seiner gesetzlichen Verschwiegenheitspflicht entbunden worden ist.

(4) Abweichend von Abs. 1 bis 3 sind meldepflichtige Gestaltungen gemäß § 4 Z 1 bis zum 31. August 2020 zu melden.

### Meldepflicht in mehreren Mitgliedstaaten

**§ 9.** (1) Ist der Intermediär zur Meldung in Österreich und in einem oder mehreren anderen Mitgliedstaaten verpflichtet, ist er von der Meldepflicht in Österreich befreit, wenn er den Nachweis erbringt, dass er die ihm bekannten, in seinem Besitz oder unter seiner Kontrolle befindlichen Informationen gemäß § 16 oder § 17 bereits in dem anderen Mitgliedstaat bzw. in den anderen Mitgliedstaaten gemeldet hat.

(2) Er hat als Nachweis innerhalb von 30 Tagen ab dem Entstehen der Meldepflicht (§ 8) oder ab der Meldung in dem anderen Mitgliedstaat bzw. in den anderen Mitgliedstaaten die von dem anderen Mitgliedstaat bzw. den anderen Mitgliedstaaten vergebene Referenznummer an die österreichische zuständige Behörde gemäß § 18 Abs. 2 zu übermitteln.

### Meldung mehrerer Intermediäre

**§ 10.** (1) Sind an einer meldepflichtigen Gestaltung

1. mehr als ein Intermediär im Sinne des § 3 Z 3 oder
2. mindestens ein Intermediär gemäß § 3 Z 3 und ein oder mehrere Intermediäre eines oder mehrerer anderer Mitgliedstaaten

beteiligt, unterliegt jeder beteiligte Intermediär im Sinne des § 3 Z 3 der Meldepflicht (§ 7) und hat in einem solchen Fall die ihm bekannten, in seinem Besitz oder unter seiner Kontrolle befindlichen Informationen gemäß § 16 oder § 17 über eine meldepflichtige Gestaltung zu melden.

(2) Ein Intermediär ist von seiner Meldepflicht gemäß Abs. 1 nur dann befreit, wenn er den Nachweis erbringt, dass die ihm bekannten, in seinem Besitz oder unter seiner Kontrolle befindlichen Informationen gemäß § 16 oder § 17 bereits durch einen anderen beteiligten Intermediär im Sinne des § 3 Z 3 oder durch einen beteiligten Intermediär eines anderen Mitgliedstaates gemeldet worden sind. Er hat als Nachweis innerhalb von 30 Tagen ab dem Entstehen der Meldepflicht (§ 8) oder ab der Meldung durch den anderen beteiligten Intermediär die an diesen anderen beteiligten Intermediär vergebene Referenznummer an die österreichische zuständige Behörde gemäß § 18 Abs. 2 zu übermitteln.

### Befreiung von der Meldepflicht

**§ 11.** (1) Ein Intermediär gemäß § 3 Z 3 ist von seiner Meldepflicht (§ 7) befreit, wenn er in Österreich einer gesetzlichen Verschwiegenheitspflicht unterliegt und der Intermediär von seiner Verschwiegenheitspflicht nicht entbunden worden ist. Das gilt nicht, wenn der Intermediär nicht im Rahmen der für seinen Beruf geltenden gesetzlichen Bestimmungen tätig wird.

(2) Ist der Intermediär gemäß Abs. 1 von seiner Meldepflicht befreit, hat er unverzüglich einen anderen beteiligten Intermediär im Sinne des § 3 Z 3 oder eines anderen Mitgliedstaates von seiner Befreiung zu informieren.

(3) Jeder gemäß Abs. 1 befreite Intermediär hat alle relevanten Steuerpflichtigen unverzüglich von seiner Befreiung und den Übergang der Meldepflicht (§ 12) zu informieren. Hierbei hat der Intermediär dem bzw. den jeweiligen relevanten Steuerpflichtigen alle ihm bekannten, in seinem Besitz oder unter seiner Kontrolle befindlichen den relevanten Steuerpflichtigen betreffenden Informationen (§ 16 oder § 17) über eine meldepflichtige Gestaltung mitzuteilen.

(4) Der Intermediär hat über Aufforderung unverzüglich einen Nachweis über die erfolgte Information gemäß Abs. 2 oder 3 zu übermitteln.

## 2. Abschnitt
## Meldepflicht des relevanten Steuerpflichtigen

### Übergang der Meldepflicht

**§ 12.** Der relevante Steuerpflichtige (§ 3 Z 9) ist verpflichtet, alle ihm bekannten, in seinem Besitz oder unter seiner Kontrolle befindlichen Informationen (§ 16 oder § 17) über eine meldepflichtige Gestaltung an die österreichische zuständige Behörde gemäß § 18 Abs. 1 zu übermitteln,

1. wenn weder ein Intermediär im Sinne des § 3 Z 3 noch ein Intermediär eines anderen Mitgliedstaates vorhanden ist oder
2. soweit der relevante Steuerpflichtige gemäß § 11 Abs. 3 informiert worden ist.

### Frist für die Meldung

**§ 13.** (1) Der relevante Steuerpflichtige hat die Informationen über eine meldepflichtige Gestaltung innerhalb von 30 Tagen, beginnend an dem Tag

1. nach dem ihm die meldepflichtige Gestaltung zur Umsetzung bereitgestellt worden ist,
2. der dem Tag folgt, an dem er bereit ist, die meldepflichtige Gestaltung umzusetzen,
3. an dem er den ersten Schritt zur Umsetzung der meldepflichtigen Gestaltung gesetzt hat oder
4. nach dem er gemäß § 11 Abs. 3 informiert worden ist

zu melden, wobei der frühest mögliche Zeitpunkt maßgebend ist.

(2) Abweichend von Abs. 1 sind meldepflichtige Gestaltungen gemäß § 4 Z 1 bis zum 31. August 2020 zu melden.

### Ort der Meldung

**§ 14.** (1) Der relevante Steuerpflichtige ist zur Meldung einer meldepflichtigen Gestaltung (§ 12) an die österreichische zuständige Behörde verpflichtet, sofern

1. er seinen Wohnsitz, gewöhnlichen Aufenthalt, Sitz oder Ort der Geschäftsleitung in Österreich hat oder
2. er in keinem anderen Mitgliedstaat steuerlich ansässig ist, dieser jedoch
   a) in Österreich eine Betriebsstätte hat, der durch die meldepflichtige Gestaltung ein Steuervorteil entsteht oder
   b) in Österreich Einkünfte oder Gewinne erzielt oder eine Tätigkeit ausübt, ohne steuerlich ansässig zu sein oder eine Betriebsstätte zu begründen.

(2) Ist der relevante Steuerpflichtige zur Meldung in Österreich und in einem oder mehreren anderen Mitgliedstaaten verpflichtet, ist er von der Meldepflicht in Österreich nur dann befreit, wenn er den Nachweis erbringt, dass er die ihm bekannten, in seinem Besitz oder unter seiner Kontrolle befindlichen Informationen gemäß § 16 oder § 17 bereits in dem anderen Mitgliedstaat bzw. in den anderen Mitgliedstaaten gemeldet hat. Er hat als Nachweis innerhalb von 30 Tagen ab dem Entstehen der Meldepflicht (§ 13) oder ab der Meldung in dem anderen Mitgliedstaat bzw. in den anderen Mitgliedstaaten die von dem anderen Mitgliedstaat bzw. den anderen Mitgliedstaaten vergebene Referenznummer an die österreichische zuständige Behörde gemäß § 18 Abs. 2 zu übermitteln.

### Meldung mehrerer relevanter Steuerpflichtiger

**§ 15.** (1) Obliegt die Meldepflicht gemäß § 12 mehr als einem relevanten Steuerpflichtigen (§ 3 Z 9), hat jener relevante Steuerpflichtige an die österreichische zuständige Behörde gemäß § 18 Abs. 1 zu melden, der die meldepflichtige Gestaltung mit einem Intermediär gemäß § 3 Z 3 oder mit einem Intermediär eines anderen Mitgliedstaates vereinbart hat.

(2) Abweichend von Abs. 1 hat jener relevante Steuerpflichtige, der die Umsetzung der meldepflichtigen Gestaltung verwaltet oder der den ersten Schritt einer meldepflichtigen Gestaltung umgesetzt hat, diese an die österreichische zuständige Behörde gemäß § 18 Abs. 1 zu melden.

(3) Ein relevanter Steuerpflichtiger ist nur dann von seiner Meldepflicht gemäß Abs. 1 oder 2 befreit, wenn er den Nachweis erbringt, dass die ihm bekannten, in seinem Besitz oder unter seiner Kontrolle befindlichen Informationen gemäß § 16 oder § 17 bereits durch einen anderen relevanten Steuerpflichtigen gemeldet worden sind. Er hat als Nachweis innerhalb von 30 Tagen ab dem Entstehen der Meldepflicht (§ 13) oder ab der Meldung durch den anderen relevanten Steuerpflichtigen die an diesen anderen relevanten Steuerpflichtigen vergebene Referenznummer an die österreichische zuständige Behörde gemäß § 18 Abs. 2 zu übermitteln.

## 3. Hauptstück
## Inhalt und Form der Meldung

### Inhalt der Meldung einer meldepflichtigen Gestaltung

**§ 16.** (1) Die Meldung einer meldepflichtigen Gestaltung hat Folgendes zu enthalten:

1. Angaben zu allen beteiligten Intermediären und allen relevanten Steuerpflichtigen, einschließlich
   a) Angaben zu deren Namen, Geburtsdatum, Geburtsort, steuerlicher Ansässigkeit und Steueridentifikationsnummer bei natürlichen Personen oder
   b) Angaben zu deren Namen, Sitz oder Ort der Geschäftsleitung, steuerlicher Ansässigkeit und Steueridentifikationsnummer bei juristischen Personen oder Personenvereinigungen,
2. die Angabe aller verbundenen Unternehmen des bzw. der relevanten Steuerpflichtigen,
3. Einzelheiten zu den betroffenen Gestaltungsmerkmalen (§ 5 oder 6),
4. eine Zusammenfassung des Inhalts der meldepflichtigen Gestaltung,
5. sofern vorhanden eine Bezeichnung der meldepflichtigen Gestaltung, unter welcher die Gestaltung allgemein bekannt ist,
6. eine abstrakte Beschreibung der relevanten Geschäftstätigkeiten, sofern diese Beschreibung nicht zur Preisgabe eines Handels-, Gewerbe- oder Berufsgeheimnisses oder eines Geschäftsverfahrens führt oder die Preisgabe dieser Informationen die öffentliche Ordnung verletzen würde,
7. sofern vorhanden das Datum, an dem der erste Schritt zur Umsetzung der meldepflichtigen Gestaltung gemacht worden ist oder gemacht werden soll,
8. Einzelheiten zu den nationalen Vorschriften, die die Grundlage der meldepflichtigen Gestaltung bilden,
9. sofern vorhanden den Wert der meldepflichtigen Gestaltung,
10. die Angabe des Mitgliedstaates der steuerlichen Ansässigkeit des bzw. der relevanten Steuerpflichtigen,
11. die Angabe aller Mitgliedstaaten, die von der meldepflichtigen Gestaltung betroffen sind und
12. Angaben zu allen anderen Personen, die von der meldepflichtigen Gestaltung betroffen sind oder potenziell betroffen sind, einschließlich des Mitgliedstaates ihrer steuerlichen Ansässigkeit.

(2) Die Informationen gemäß Abs. 1 können in deutscher oder englischer Sprache übermittelt werden. Die Informationen gemäß Abs. 1 Z 3 bis 6 sind jedenfalls in englischer Sprache zu übermitteln.

**Inhalt der Meldung einer marktfähigen meldepflichtigen Gestaltung**

**§ 17.** (1) Im Fall einer marktfähigen meldepflichtigen Gestaltung hat die Erstmeldung alle verfügbaren Informationen gemäß § 16 Abs. 1 zu enthalten. § 16 Abs. 2 ist anzuwenden.

(2) Die gemäß § 7 Abs. 2 zu übermittelnde Folgemeldung hat eine periodische Aktualisierung der Informationen gemäß § 16 Abs. 1 Z 1 bis 2, Z 7 und Z 10 bis 12 und die Angabe einer bei der Erstmeldung (Abs. 1) von der zuständigen Behörde vergebenen Referenznummer zu enthalten.

**Form der Meldung**

**§ 18.** (1) Die Übermittlung der Meldung einer meldepflichtigen Gestaltung hat elektronisch über FinanzOnline zu erfolgen. Ist die elektronische Übermittlung über FinanzOnline mangels technischer Voraussetzungen oder mangels Teilnahmeberechtigung unzumutbar, hat die Übermittlung unter Verwendung des amtlichen Formulars zu erfolgen.

(2) Die Übermittlung des Nachweises über eine bereits erfolgte Meldung im Sinne des § 9 Abs. 2, § 10 Abs. 2, § 14 Abs. 2 oder § 15 Abs. 3 hat elektronisch über FinanzOnline zu erfolgen. Ist die elektronische Übermittlung über FinanzOnline mangels technischer Voraussetzungen oder mangels Teilnahmeberechtigung unzumutbar, hat die Übermittlung gemäß §§ 85 ff BAO zu erfolgen.

*(BGBl I 2020/96)*

## 3. Teil
## Verarbeitung der gemeldeten Informationen

**Bedeutung der Meldung für das Abgabenverfahren**

**§ 19.** Das Ausbleiben einer Reaktion einer Abgabenbehörde auf die Meldung einer meldepflichtigen Gestaltung lässt keinen Rückschluss auf deren abgabenrechtliche Beurteilung zu. Insbesondere ist die Meldung kein Anbringen im Sinne des § 85 BAO.

**Datenschutz**

**§ 20.** (1) Die Verarbeitung personenbezogener Daten, die auf Grundlage dieses Bundesgesetzes zwischen Österreich und den anderen Mitgliedstaaten ausgetauscht worden sind, durch die österreichische zuständige Behörde ist zulässig, wenn sie für Zwecke der Durchführung der Verfahren nach diesem Bundesgesetz erforderlich ist.

(2) Darüber hinaus dürfen die in Abs. 1 genannten personenbezogenen Daten von anderen Dienststellen der Bundesfinanzverwaltung für Zwecke der Abgabenerhebung, der Finanzstrafrechtspflege, des automationsunterstützten Risikomanagements, der Betrugsbekämpfung und zu Ermittlungs-, Kontroll-, Überwachungs-, Aufsichts- oder Prüfungsmaßnahmen verarbeitet werden.

**Informationsaustausch**

**§ 21.** (1) Die österreichische zuständige Behörde tauscht die bei ihr eingelangten Meldungen über meldepflichtige Gestaltungen mit den anderen zuständigen Behörden aller anderen Mitgliedstaaten im Wege des automatischen Informationsaustausches aus, wobei **„sie"** die eingelangten Meldungen in das Zentralverzeichnis der Europäischen Union (§ 22) hochlädt und speichert.

*(BGBl I 2022/108 ab 20.7.2022)*

(2) Bis das Zentralverzeichnis funktionsfähig ist, erfolgt der Informationsaustausch gemäß § 17 Abs. 4 EU-AHG.

(3) Der Informationsaustausch gemäß Abs. 1 erfolgt innerhalb eines Monats nach Ablauf des Quartals, in dem eine Meldung an die zuständige Behörde übermittelt worden ist und enthält alle Informationen gemäß § 16 oder § 17. Der erste Informationsaustausch findet somit bis spätestens 31. Oktober 2020 statt.

**Zugang der Mitgliedstaaten zum Zentralverzeichnis der Europäischen Union**

**§ 22.** (1) Die österreichische zuständige Behörde hat neben den zuständigen Behörden aller anderen Mitgliedstaaten vollen Zugang zu dem Zentralverzeichnis der Europäischen Union und zu den in diesem Zentralverzeichnis hochgeladenen und gespeicherten Informationen.

(2) Andere Dienststellen der Bundesfinanzverwaltung haben Zugang zu den in dem Zentralverzeichnis hochgeladenen und gespeicherten Informationen, insoweit es für Zwecke im Sinne des § 20 Abs. 2 erforderlich ist.

**Zugang der Europäischen Kommission zum Zentralverzeichnis der Europäischen Union**

**§ 23.** Die Europäische Kommission hat eingeschränkten Zugang zu dem Zentralverzeichnis der Europäischen Union und zu den in diesem Zentralverzeichnis hochgeladenen und gespeicherten Informationen. Insbesondere hat sie keinen Zugang zu den Informationen gemäß § 16 Abs. 1 Z 1 bis 2 und 4 bis 6 sowie 12.

## 4. Teil
## Schlussbestimmungen

**Verweisungen**

**§ 24.** Soweit in diesem Bundesgesetz auf Bestimmungen anderer Bundesgesetze verwiesen wird, sind diese in ihrer jeweils geltenden Fassung anzuwenden.

**Sprachliche Gleichbehandlung**

**§ 25.** Soweit in diesem Bundesgesetz personenbezogene Bezeichnungen nur in männlicher Form angeführt sind, beziehen sie sich auf Frauen und Männer in gleicher Weise. Bei der Anwendung auf bestimmte Personen ist die jeweils geschlechtsspezifische Form zu verwenden.

**Vollziehung**

**§ 26.** Mit der Vollziehung dieses Bundesgesetzes ist der Bundesminister für Finanzen betraut.

**Inkrafttreten**

**§ 27.** Dieses Bundesgesetz tritt mit 1. Juli 2020 in Kraft. **„§ 7 Abs. 3 ist erstmals ab dem 1. Jänner 2023 anzuwenden."**

*(BGBl I 2022/108)*

# 23/1. Allgemeines Sozialversicherungsgesetz Auszug (u.a. zu § 48b BAO)

**Allgemeines Sozialversicherungsgesetz**, BGBl 1955/189 idF BGBl I 2022/108

### Vollversicherung

**§ 4.** (1) In der Kranken-, Unfall- und Pensionsversicherung sind auf Grund dieses Bundesgesetzes versichert (vollversichert), wenn die betreffende Beschäftigung weder gemäß den §§ 5 und 6 von der Vollversicherung ausgenommen ist, noch nach § 7 nur eine Teilversicherung begründet:

1. die bei einem oder mehreren Dienstgebern beschäftigten Dienstnehmer;
2. die in einem Lehrverhältnis stehenden Personen (Lehrlinge);
3. die im Betrieb der Eltern, Großeltern, Wahl- oder Stiefeltern ohne Entgelt regelmäßig beschäftigten Kinder, Enkel, Wahl- oder Stiefkinder, die das 17. Lebensjahr vollendet haben und keiner anderen Erwerbstätigkeit hauptberuflich nachgehen, alle diese, soweit es sich nicht um eine Beschäftigung in einem land- oder forstwirtschaftlichen oder gleichgestellten Betrieb (§ 27 Abs. 2) handelt;
4. die zum Zwecke der vorgeschriebenen Ausbildung für den künftigen, abgeschlossene Hochschulbildung erfordernden Beruf nach Abschluß dieser Hochschulbildung beschäftigten Personen, wenn die Ausbildung nicht im Rahmen eines Dienst- oder Lehrverhältnisses erfolgt, jedoch mit Ausnahme der Volontäre;
5. Schülerinnen/Schüler an Schulen für Gesundheits- und Krankenpflege und Auszubildende in Lehrgängen nach dem Gesundheits- und Krankenpflegegesetz (GuKG), BGBl. I Nr. 108/1997, Schülerinnen/Schüler und Auszubildende **„in Schulen und Lehrgängen“** nach dem Medizinische Assistenzberufe-Gesetz (MABG), BGBl. I Nr. 89/2012, sowie Studierende an einer medizinisch-technischen Akademie nach dem MTD-Gesetz, BGBl. Nr. 460/1992;

   *(BGBl I 2022/15 ab 1.7.2022)*
6. Vorstandsmitglieder (Geschäftsleiter) von Aktiengesellschaften, Sparkassen, Landeshypothekenbanken sowie Versicherungsvereinen auf Gegenseitigkeit und hauptberufliche Vorstandsmitglieder (Geschäftsleiter) von Kreditgenossenschaften, alle diese, soweit sie auf Grund ihrer Tätigkeit als Vorstandsmitglied (GeschäftsleiterIn) nicht schon nach Z 1 in Verbindung mit Abs. 2 pflichtversichert sind;
7. die Heimarbeiter und die diesen nach den jeweiligen gesetzlichen Vorschriften über die Heimarbeit arbeitsrechtlich gleichgestellten Personen;
8. Personen, denen im Rahmen beruflicher Maßnahmen der Rehabilitation nach den §§ 198 oder 303 berufliche Ausbildung gewährt wird, wenn die Ausbildung nicht auf Grund eines Dienst- oder Lehrverhältnisses erfolgt;
9. Fachkräfte der Entwicklungshilfe nach § 2 des Entwicklungshelfergesetzes, BGBl. Nr. 574/1983;
10. Personen, die an einer Eignungsausbildung im Sinne der §§ 2b bis 2d des Vertragsbedienstetengesetzes 1948, BGBl. Nr. 86, teilnehmen;
11. die Teilnehmer/innen des Freiwilligen Sozialjahres, des Freiwilligen Umweltschutzjahres, des Gedenkdienstes oder des Friedens- und Sozialdienstes im Ausland nach dem Freiwilligengesetz, BGBl. I Nr. 17/2012;
12. Personen, die eine Geldleistung gemäß § 4 des Militärberufsförderungsgesetzes, BGBl. Nr. 524/1994, beziehen;
13. geistliche Amtsträger der Evangelischen Kirchen AB und HB hinsichtlich der Seelsorgetätigkeit und der sonstigen Tätigkeit, die sie in Erfüllung ihrer geistlichen Verpflichtung ausüben, zum Beispiel des Religionsunterrichtes, ferner Lehrvikare, Pfarramtskandidaten, Diakonissen und die Mitglieder der evangelischen Kirchenleitung, letztere soweit sie nicht ehrenamtlich tätig sind;
14. die den Dienstnehmern im Sinne des Abs. 4 gleichgestellten Personen.

(2) Dienstnehmer im Sinne dieses Bundesgesetzes ist, wer in einem Verhältnis persönlicher und wirtschaftlicher Abhängigkeit gegen Entgelt beschäftigt wird; hiezu gehören auch Personen, bei deren Beschäftigung die Merkmale persönlicher und wirtschaftlicher Abhängigkeit gegenüber den Merkmalen selbständiger Ausübung der Erwerbstätigkeit überwiegen. Als Dienstnehmer gelten jedenfalls Personen, die mit Dienstleistungsscheck nach dem Dienstleistungsscheckgesetz (DLSG), BGBl. I Nr. 45/2005, entlohnt werden. Als Dienstnehmer gilt jedenfalls auch, wer nach § 47 Abs. 1 in Verbindung mit Abs. 2 EStG 1988 lohnsteuerpflichtig ist, es sei denn, es handelt sich um

1. Bezieher von Einkünften nach § 25 Abs. 1 Z 4 lit. a oder b EStG 1988 oder
2. Bezieher von Einkünften nach § 25 Abs. 1 Z 4 lit. c EStG 1988, die in einem öffentlich-rechtlichen Verhältnis zu einer Gebietskörperschaft stehen oder

3. Bezieher/innen von Geld- oder Sachleistungen nach dem Freiwilligengesetz.

(3) (aufgehoben)

(4) Den Dienstnehmern stehen im Sinne dieses Bundesgesetzes Personen gleich, die sich auf Grund freier Dienstverträge auf bestimmte oder unbestimmte Zeit zur Erbringung von Dienstleistungen verpflichten, und zwar für

1. einen Dienstgeber im Rahmen seines Geschäftsbetriebes, seiner Gewerbeberechtigung, seiner berufsrechtlichen Befugnis (Unternehmen, Betrieb usw.) oder seines statutenmäßigen Wirkungsbereiches (Vereinsziel usw.), mit Ausnahme der bäuerlichen Nachbarschaftshilfe,
2. eine Gebietskörperschaft oder eine sonstige juristische Person des öffentlichen Rechts bzw. die von ihnen verwalteten Betriebe, Anstalten, Stiftungen oder Fonds (im Rahmen einer Teilrechtsfähigkeit),

wenn sie aus dieser Tätigkeit ein Entgelt beziehen, die Dienstleistungen im wesentlichen persönlich erbringen und über keine wesentlichen eigenen Betriebsmittel verfügen; es sei denn,

a) dass sie auf Grund dieser Tätigkeit bereits nach § 2 Abs. 1 Z 1 bis 3 GSVG oder § 2 Abs. 1 BSVG oder nach § 2 Abs. 1 und 2 FSVG versichert sind oder
b) dass es sich bei dieser Tätigkeit um eine (Neben-)Tätigkeit nach § 19 Abs. 1 Z 1 lit. f B-KUVG handelt oder
c) dass eine selbständige Tätigkeit, die die Zugehörigkeit zu einer der Kammern der freien Berufe begründet, ausgeübt wird oder
d) dass es sich um eine Tätigkeit als Kunstschaffender, insbesondere als Künstler im Sinne des § 2 Abs. 1 des Künstler-Sozialversicherungsfondsgesetzes, handelt.

(5) (aufgehoben)

(6) Eine Pflichtversicherung gemäß Abs. 1 schließt für dieselbe Tätigkeit (Leistung) eine Pflichtversicherung gemäß Abs. 4 aus.

(7) (aufgehoben)

**§ 5.** (1) Von der Vollversicherung nach § 4 sind – unbeschadet einer nach § 7 oder nach § 8 eintretenden Teilversicherung – ausgenommen:

1. Die Kinder, Enkel, Wahlkinder, Stiefkinder und Schwiegerkinder eines selbständigen Landwirtes im Sinne des § 2 Abs. 1 Z 1 des Bauern-Sozialversicherungsgesetzes, wenn sie hauptberuflich in dessen land(forst)wirtschaftlichem Betrieb beschäftigt sind;
2. Dienstnehmer und ihnen gemäß § 4 Abs. 4 gleichgestellte Personen, ferner Heimarbeiter und ihnen gleichgestellte Personen sowie die im § 4 Abs. 1 Z 6 genannten Personen, wenn das ihnen aus einem oder mehreren Beschäftigungsverhältnissen im Kalendermonat gebührende Entgelt den Betrag gemäß Abs. 2 nicht übersteigt (geringfügig beschäftigte Personen);
3. a) Dienstnehmer hinsichtlich einer Beschäftigung in einem öffentlich-rechtlichen oder unkündbaren privatrechtlichen Dienstverhältnis zum Bund, zu einem Bundesland, einem Bezirk oder einer Gemeinde sowie zu von diesen Körperschaften verwalteten Betrieben, Anstalten, Stiftungen oder Fonds, ferner die dauernd angestellten Dienstnehmer der gesetzlich anerkannten Religionsgesellschaften und die dauernd angestellten Dienstnehmer und die Vorstandsmitglieder der Salzburger Sparkasse sowie deren Rechtsnachfolger, alle diese, wenn
   aa) ihnen aus ihrem Dienstverhältnis die Anwartschaft auf Ruhe- und Versorgungsgenüsse, die den Leistungen der betreffenden Unfall- und Pensionsversicherung gleichwertig sind – im Falle des Vorbereitungsdienstes spätestens mit Ablauf dieses Dienstes – zusteht und
   bb) sie im Erkrankungsfalle Anspruch auf Weiterzahlung ihrer Dienstbezüge durch mindestens sechs Monate haben;

   *(BGBl I 2016/18)*

   b) nicht schon unter lit. a fallende Dienstnehmer hinsichtlich einer Beschäftigung in einem Dienstverhältnis, das die Krankenversicherung nach den Vorschriften über die Krankenversicherung öffentlich Bediensteter bei der Versicherungsanstalt öffentlich Bediensteter, Eisenbahnen und Bergbau begründet, wenn ihnen aus ihrem Dienstverhältnis die Anwartschaft auf Ruhe- und Versorgungsgenüsse, die den Leistungen der betreffenden Unfall- und Pensionsversicherung gleichwertig sind – im Falle des Vorbereitungsdienstes spätestens mit Ablauf dieses Dienstes – zusteht;

   *(BGBl I 2018/100)*

   c) nicht schon unter lit. a und b fallende Dienstnehmer hinsichtlich einer Beschäftigung in einem Dienstverhältnis (Beschäftigungsverhältnis), das die Krankenversicherung nach den Vorschriften über die Krankenversicherung öffentlich Bediensteter bei der Versicherungsanstalt öffentlich Bediensteter, Eisenbahnen und Bergbau begründet;

   *(BGBl I 2018/100)*

3a. Bedienstete des Bundes,
   a) deren Dienstverhältnis gemäß dem Vertragsbedienstetengesetz 1948 nach Ablauf des 31. Dezember 1998 begründet wird oder
   b) auf deren öffentlich-rechtliches Dienstverhältnis gemäß § 136b Abs. 4 des Beamten-Dienstrechtsgesetzes 1979

die für Vertragsbedienstete des Bundes geltenden besoldungs- und sozialversicherungsrechtlichen Vorschriften anzuwenden sind;

3b. Bedienstete der Länder, Gemeindeverbände und Gemeinden,
   a) deren auf einer dem Vertragsbedienstetengesetz 1948 gleichartigen landesgesetzlichen Regelung beruhendes Dienstverhältnis nach Ablauf des 31. Dezember 2000 begründet wird oder
   b) auf deren öffentlich-rechtliches Dienstverhältnis nach einer dem § 136b Abs. 4 BDG 1979 gleichartigen landesgesetzlichen Regelung die für Vertragsbedienstete geltenden besoldungs- und sozialversicherungsrechtlichen Vorschriften anzuwenden sind;

3c. die zur Fremdsprachenassistenz nach § 3a des Lehrbeauftragtengesetzes, BGBl. Nr. 656/1987, bestellten Personen;

4. Universitäts(Hochschul)assistenten, soweit sie nicht unter Z 3 fallen, und die Angestellten des Dorotheums, soweit sie im pragmatischen Dienstverhältnis stehen oder der vom Vorstand des Dorotheums erlassenen und vom Kuratorium genehmigten Dienstordnung unterliegen;

5. die ArbeitnehmerInnen der Universitäten nach dem Universitätsgesetz 2002, BGBl. I Nr. 120;

6. die ständigen Arbeiter des Hauptmünzamtes, die den Bestimmungen über die Ruhe- und Versorgungsgenüsse der Münzarbeiterschaft sowie deren Hinterbliebenen unterstellt sind;

7. Priester der Katholischen Kirche hinsichtlich der Seelsorgetätigkeit und der sonstigen Tätigkeit, die sie in Erfüllung ihrer geistlichen Verpflichtung ausüben, zum Beispiel des Religionsunterrichtes, ferner Angehörige der Orden und Kongregationen der Katholischen Kirche sowie der Anstalten der Evangelischen Diakonie, alle diese Personen, wenn sie nicht in einem Dienstverhältnis zu einer anderen Körperschaft (Person) als ihrer Kirche bzw. deren Einrichtungen (Orden, Kongregation, Anstalt der Evangelischen Diakonie) stehen;

8. Notariatskandidaten/Notariatskandidatinnen hinsichtlich einer Beschäftigung, welche die Einbeziehung in die Vorsorge nach dem Notarversorgungsgesetz begründet, sowie Rechtsanwaltsanwärter/innen;

   *(BGBl I 2018/100)*

9. (freie) Dienstnehmer/innen und Lehrlinge, die einem Betrieb, für den zum 31. Dezember 2019 eine Betriebskrankenkasse errichtet war, zugehörig sind, wenn und solange sie im Erkrankungsfall gegenüber einer auf Betriebsvereinbarung beruhenden betrieblichen Gesundheitseinrichtung nach den §§ 5a und 5b Anspruch auf Leistungen haben, die den Leistungen nach diesem Bundesgesetz gleichartig oder zumindest annähernd gleichwertig sind;

   *(BGBl I 2018/100)*

10. den Heimarbeitern nach den jeweiligen gesetzlichen Vorschriften über die Heimarbeit gleichgestellte Zwischenmeister (Stückmeister), die als solche in der Gewerblichen Selbständigenkrankenversicherung versichert sind;

11. Präsenz- oder Ausbildungsdienst Leistende nach dem Wehrgesetz 2001, BGBl. I Nr. 146;

12. in einem befristeten öffentlich-rechtlichen Dienstverhältnis ohne Pensionsanwartschaft zu einem Land (zur Gemeinde Wien) stehende Mitglieder eines Landesverwaltungsgerichtes, wenn sie zum Zweck der Ausübung dieser Mitgliedschaft in einem pensionsversicherungsfreien Dienstverhältnis gegen Entfall der Bezüge beurlaubt sind (Karenzurlaub) und die Zeit dieses Karenzurlaubes für den Ruhegenuß wirksam ist;

13. (aufgehoben)

   *(BGBl I 2017/66)*

14. Rechtsanwälte hinsichtlich einer Beschäftigung, die die Teilnahme an der Versorgungseinrichtung einer Rechtsanwaltskammer begründet;

15. die nach § 2 Abs. 1 Z 3 FSVG pflichtversicherten ZiviltechnikerInnen;

16. Personen in einem Ausbildungsverhältnis nach § 4 Abs. 1 Z 5, wenn
   a) sie nach § 8 Abs. 1 Z 2 lit. b in der Pensionsversicherung teilversichert sind,
   b) ihre Ausbildung im Rahmen eines der Vollversicherung unterliegenden Dienstverhältnisses nach **„§§ 25 oder 26g“** MABG durchgeführt wird oder

      *(BGBl I 2022/15 ab 1.7.2022)*

   c) sie ihre Ausbildung zu einem Pflegeassistenzberuf (§ 82 GuKG) an einer Schule im Sinne des Schulorganisationsgesetzes, BGBl. Nr. 242/1962, oder an einer Privatschule im Sinne des Privatschulgesetzes, BGBl. Nr. 244/1962, absolvieren;

   *(BGBl I 2016/44, BGBl I 2016/75)*

17. die nach § 2 Abs. 2a Z 3 FSVG pflichtversicherten Ärzte und Ärztinnen.

   *(BGBl I 2019/20)*

17.[a)] die Zusteller/innen von Zeitungen und sonstigen Druckwerken **„;“**[b)]

   *(BGBl I 2019/8, BGBl I 2022/60 ab 1.1.2023)*

[a)] Ab 1. Jänner 2023: „18.“.
[b)] Tritt mit 1. Jänner 2023 in Kraft.

**„19.[a)] die Arbeitnehmer/innen nach dem GeoSphere Austria-Gesetz (GSAG), BGBl. I Nr. 60/2022.“**

   *(BGBl I 2022/60 ab 1.1.2023)*

[a)] Tritt mit 1. Jänner 2023 in Kraft.

(2) Ein Beschäftigungsverhältnis gilt als geringfügig, wenn daraus im Kalendermonat kein höheres Entgelt als 425,70 € [a] gebührt. An die Stelle dieses Betrages tritt ab Beginn jedes Beitragsjahres (§ 242 Abs. 10) der unter Bedachtnahme auf § 108 Abs. 6 mit der jeweiligen Aufwertungszahl (§ 108a Abs. 1) vervielfachte Betrag.

*(BGBl I 2015/79, BGBl I 2017/125)*

[a] Gemäß BGBl II 2019/348 für das Jahr 2020: 460,66 €.

(3) Kein geringfügiges Beschäftigungsverhältnis liegt vor, wenn

1. das im Kalendermonat gebührende Entgelt den in Abs. 2 genannten Betrag nur deshalb nicht übersteigt, weil infolge Arbeitsmangels im Betrieb die sonst übliche Zahl von Arbeitsstunden nicht erreicht wird (Kurzarbeit) oder die für mindestens einen Monat oder auf unbestimmte Zeit vereinbarte Beschäftigung im Lauf des betreffenden Kalendermonates begonnen oder geendet hat oder unterbrochen wurde;
2. es sich um eine Beschäftigung als HausbesorgerIn nach dem Hausbesorgergesetz, BGBl. Nr. 16/1970, handelt, außer während der Zeit eines Beschäftigungsverbotes nach den §§ 3 und 5 des Mutterschutzgesetzes 1979 (MSchG), BGBl. Nr. 221/1979, oder einer Karenz nach dem MSchG oder dem Väter-Karenzgesetz (VKG), BGBl. Nr. 651/1989, oder bei Anspruch auf Wochengeld.

*(BGBl I 2015/79)*

**Teilversicherung von im § 4 genannten Personen**

**§ 7.** Nur in den nachstehend angeführten Versicherungen sind von den im § 4 genannten Personen auf Grund dieses Bundesgesetzes versichert (teilversichert):

1. in der Kranken- und Unfallversicherung hinsichtlich der nachstehend bezeichneten Beschäftigungsverhältnisse:
   a) die ständigen Arbeiter der „Austria Tabakwerke A. G.“, die dem für diese Arbeiter geltenden Provisionsstatut unterstellt sind;
   b) die angelobten Arbeiter der „Österreichischen Staatsdruckerei“, die der für diese Arbeiter geltenden Vorschrift über die Ruhe- und Versorgungsgenüsse in der jeweils geltenden Fassung unterstellt sind;
   c) Personen, die bei der Post- und Telegraphenverwaltung in einem vertraglichen Dienstverhältnis stehen und Teilnehmer am ehemaligen Provisionsfonds für Postboten und ihre Hinterbliebenen, BGBl. Nr. 375/1926, waren, sofern sie in die Provisionsanwartschaft des Bundes rückübernommen wurden;
   d) die provisionsberechtigten ständigen Forstarbeiter der Österreichischen Bundesforste;
   e) die RechtsanwaltsanwärterInnen und die angestellten Rechtsanwälte/Rechtsanwältinnen, ausgenommen GesellschafterInnen-GeschäftsführerInnen einer Rechtsanwaltsgesellschaft mit beschränkter Haftung sowie Rechtsanwälte/Rechtsanwältinnen, die einer Versorgungseinrichtung nach § 50 Abs. 4 der Rechtsanwaltsordnung angehören;
   f) (aufgehoben)
   g) die angestellten Geschäftsführer von Ziviltechnikergesellschaften im Sinne des Ziviltechnikerkammergesetzes 1993.
2. in der Unfall- und Pensionsversicherung
   a) (aufgehoben)
   b) die gemäß § 5 Abs. 1 Z 10 von der Vollversicherung ausgenommenen Zwischenmeister (Stückmeister);
   c) die nach § 5 Abs. 1 Z 9 von der Vollversicherung ausgenommenen Personen;
3. in der Unfallversicherung hinsichtlich der nachstehend bezeichneten Tätigkeiten (Beschäftigungsverhältnisse):
   a) die im § 5 Abs. 1 Z 2 von der Vollversicherung ausgenommenen Beschäftigten;
   b) (aufgehoben)
   c) die öffentlichen Verwalter, soweit sie unmittelbar vor ihrer Bestellung zu öffentlichen Verwaltern ausschließlich selbständig erwerbstätig gewesen sind;
   d) (aufgehoben)
4. in der Pensionsversicherung, wenn das ihnen aus einem oder mehreren Beschäftigungsverhältnissen im Sinne der lit. a bis o[a] im Kalendermonat gebührende Entgelt den im § 5 Abs. 2 genannten Betrag übersteigt

[a] Ab 1. Jänner 2023 statt „lit. a bis o“: „lit. a bis p“.

   a) die Vertragsbediensteten des Bundes, deren Dienstverhältnis gemäß dem Vertragsbedienstetengesetz 1948 nach Ablauf des 31. Dezember 1998 begründet wird;
   b) (aufgehoben)
   c) Bedienstete der Länder, Gemeindeverbände und Gemeinden,
      aa) deren auf einer dem Vertragsbedienstetengesetz 1948 gleichartigen landesgesetzlichen Regelung beruhendes Dienstverhältnis nach Ablauf des 31. Dezember 2000 begründet wird oder
      bb) auf deren öffentlich-rechtliches Dienstverhältnis nach einer dem § 136b Abs. 4 BDG 1979 gleichartigen landesgesetzlichen Regelung die für Vertragsbedienstete geltenden besoldungs- und sozialversicherungsrechtlichen Vorschriften anzuwenden sind;

cc) deren Dienstverhältnis auf dem Landesvertragslehrpersonengesetz 1966 (LVG), BGBl. Nr. 172/1966, mit Ausnahme der Lehrer/innen des Bundeslandes Wien, oder auf dem Land- und forstwirtschaftlichen Landesvertragslehrpersonengesetz (LLVG), BGBl. Nr. 244/1969, beruht und nach Ablauf des 31. Dezember 2000 begründet wird;

*(BGBl I 2021/197)*

d) die Bediensteten der Versicherungsanstalt öffentlich Bediensteter, Eisenbahnen und Bergbau;

e) die ArbeitnehmerInnen der Universitäten nach dem Universitätsgesetz 2002;

f) Dienstnehmer hinsichtlich einer Beschäftigung in einem Dienstverhältnis zu einer der im § 5 Abs. 1 Z 3 lit. a bezeichneten Gebietskörperschaften sowie von solchen Körperschaften verwalteten Betrieben, Anstalten, Stiftungen und Fonds oder zu einem anderen Dienstgeber – ausgenommen die unkündbaren Bediensteten der Versicherungsanstalt öffentlich Bediensteter, Eisenbahnen und Bergbau sowie die Mitglieder von unabhängigen Verwaltungssenaten gemäß § 5 Abs. 1 Z 12 –, wenn

aa. sie in dieser Beschäftigung nach den Vorschriften über die Krankenversicherung öffentlich Bediensteter versichert sind oder wenn ihnen durch eine eigene Krankenfürsorgeeinrichtung des Dienstgebers mindestens die Leistungen der Krankenversicherung öffentlich Bediensteter gesichert sind und

bb. ihnen aus ihrem Dienstverhältnis keine Anwartschaft auf Ruhe- und Versorgungsgenüsse im Sinne des § 5 Abs. 1 Z 3 lit. b und des § 6 zusteht;

g. die bei Eisenbahnen im Sinne des 1. Teiles des Eisenbahngesetzes 1957, BGBl. Nr. 60, Beschäftigten, soweit diese Eisenbahnen – unabhängig von der Rechtsform des Betriebes bzw. Unternehmens – dem öffentlichen Verkehr dienen und Personen oder Sachgüter befördern;

h. Beschäftigte von Schlaf- und Speisewagenbetrieben;

i. Beschäftigte in einem Betrieb, an dem ein Unternehmen im Sinne der lit. f oder lit. g zu mehr als 25% beteiligt ist oder auf maßgebliche Aufgaben der Geschäftsführung wesentlichen Einfluss hat, und zwar unabhängig von der Rechtsform dieses Betriebes; umfasst sind sowohl Eigenbetriebe als auch solche Hilfseinrichtungen, die dem Bau, Betrieb und Verkehr dienen und in einer organisatorischen oder rechtlichen sowie funktionalen Verbindung zum Eisenbahnunternehmen stehen;

j. am 31. Dezember 2003 bei den Österreichischen Bundesbahnen beschäftigte Dienstnehmer/innen, auch wenn ihre Dienstverhältnisse nach dem 31. Dezember 2003 infolge eines (auch mehrmaligen) Betriebsüberganges auf ein anderes Unternehmen übergehen oder solange sie bei einem der in Art. I des Bundesbahnstrukturgesetzes 2003 genannten Unternehmen oder einer Rechtsnachfolgerin eines dieser Unternehmen oder bei einem Unternehmen, das durch Maßnahmen der Umgründung im Rahmen des bestehenden Gesellschaftsrechts aus einer der Gesellschaften hervorgegangen ist, beschäftigt sind;

k. in knappschaftlichen Betrieben (§ 15 Abs. 2 und 3) Beschäftigte;

l. nach § 15 Abs. 4 zur knappschaftlichen Pensionsversicherung gehörende Personen;

m. Beschäftigte jener Betriebe, für deren Beschäftigte die Betriebskrankenkasse Pengg am 31. Dezember 2001 die Pflichtversicherung in der Krankenversicherung durchgeführt hat;

n. die Bediensteten der WIENER LINIEN GmbH & Co KG sowie die dieser Gesellschaft zur Dienstleistung zugewiesenen, in einem bis 31. Dezember 2000 durch Vertrag begründeten Dienstverhältnis zur Gemeinde Wien stehenden Beschäftigten;

o. Lehrlinge und Dienstnehmer/innen nach § 4 Abs. 4, sofern sie nach den Vorschriften über die Krankenversicherung öffentlich Bediensteter bei der Versicherungsanstalt öffentlich Bediensteter, Eisenbahnen und Bergbau versichert sind **„;“**[a)]

*(BGBl I 2022/60 ab 1.1.2023)*

---
[a)] Tritt mit 1. Jänner 2023 in Kraft.

**„p)**[a)] **die Arbeitnehmer/innen nach dem GSAG.“**

*(BGBl I 2022/60 ab 1.1.2023)*

---
[a)] Tritt mit 1. Jänner 2023 in Kraft.

### Sonstige Teilversicherung

**§ 8.** (1) Nur in den nachstehend angeführten Versicherungen sind überdies auf Grund dieses Bundesgesetzes versichert (teilversichert):

1. in der Krankenversicherung

a) die Bezieher einer Pension aus der Pensionsversicherung nach diesem Bundesgesetz und die Bezieher von Übergangsgeld gemäß § 306, wenn die Pension gemäß § 86 Abs. 3 Z 2 letzter Satz nicht angefallen ist und sie nicht gemäß § 4 Abs. 1 Z 8 versichert sind, mit Ausnahme

aa) der im § 1 Abs. 1 Z 18 B-KUVG genannten Personen und

bb) der nach § 4 B-KUVG versicherten Personen, soweit ihre Pension nach diesem Bundesgesetz einen Bestandteil des Ruhe(Versorgungs)bezuges bildet, der von einer im § 4 zweiter Satz B-KUVG genannten Einrichtung gewährt wird;

cc) der Personen, die einem Betrieb, für den zum 31. Dezember 2019 eine Betriebskrankenkasse errichtet war, zugehörig waren, wenn und solange sie im Erkrankungsfall gegenüber einer auf Betriebsvereinbarung beruhenden betrieblichen Gesundheitseinrichtung nach den §§ 5a und 5b Anspruch auf Leistungen haben, die den Leistungen nach diesem Bundesgesetz gleichartig oder zumindest annähernd gleichwertig sind;

b) die Bezieher einer laufenden Geldleistung aus der zusätzlichen Pensionsversicherung bei den im § 479 genannten Instituten, sofern sie nicht bereits nach lit. a versichert sind,

c) Personen, die aufgrund des Wehrgesetzes 2001 Präsenz- oder Ausbildungsdienst leisten – ausgenommen die in lit. e genannten Personen – soweit sie nicht nach diesem oder einem anderen Bundesgesetz in der Krankenversicherung pflichtversichert sind,

d) die BezieherInnen von Rehabilitationsgeld (§ 143a) mit Ausnahme der im § 1 Abs. 1 Z 17 bis 19 und 21 bis 23 B-KUVG genannten Personen,

e) Ausbildungsdienst Leistende nach dem Wehrgesetz 2001 ab dem 13. Monat des Ausbildungsdienstes,

f) BezieherInnen von Kinderbetreuungsgeld nach dem Kinderbetreuungsgeldgesetz (KBGG), BGBl. I Nr. 103/2001, wenn nach § 28 KBGG ein Krankenversicherungsträger nach diesem Bundesgesetz zuständig ist,

g) Bezieher von Familienzeitbonus nach dem Familienzeitbonusgesetz (FamZeitbG), BGBl. I Nr. 53/2016, wenn nach § 4 FamZeitbG ein Krankenversicherungsträger nach diesem Bundesgesetz zuständig ist,

die unter lit. a, b und d genannten Personen jedoch nur, wenn und solange sie sich ständig im Inland aufhalten;

2. in der Pensionsversicherung

a) Personen, die Wochengeld beziehen oder deren Anspruch auf Wochengeld ruht;

b) Personen, die eine Geldleistung nach dem Arbeitslosenversicherungsgesetz 1977 (AlVG), BGBl. Nr. 609, nach dem Sonderunterstützungsgesetz (SUG), BGBl. Nr. 642/1973, oder nach dem Überbrückungshilfengesetz (ÜHG), BGBl. Nr. 174/1963, oder eine Beihilfe zur Deckung des Lebensunterhaltes nach dem Arbeitsmarktservicegesetz (AMSG), BGBl. Nr. 313/1994, rechtmäßig beziehen, wenn sie nicht nach § 4 Abs. 1 Z 8 pflichtversichert sind, oder Notstandshilfe oder erweiterte Überbrückungshilfe ausschließlich wegen Anrechnung des Einkommens des Partners oder der Partnerin nicht beziehen oder deren Anspruch auf Arbeitslosengeld ausschließlich nach § 16 Abs. 1 lit. l AlVG ruht;

c) die BezieherInnen von Krankengeld, Rehabilitationsgeld und Wiedereingliederungsgeld;

d) Personen, die nach dem Wehrgesetz 2001

aa) Präsenz- oder Ausbildungsdienst leisten, ausgenommen die in sublit. bb genannten Personen,

bb) Ausbildungsdienst leisten, ab dem 13. Monat des Ausbildungsdienstes,

wenn sie zuletzt nach diesem Bundesgesetz pensionsversichert oder noch nicht pensionsversichert waren;

e) Personen, die auf Grund des Zivildienstgesetzes ordentlichen oder außerordentlichen Zivildienst leisten, wenn sie zuletzt nach diesem Bundesgesetz pensionsversichert oder noch nicht pensionsversichert waren;

f) Personen, die Übergangsgeld nach diesem Bundesgesetz beziehen, wenn sie nicht nach § 4 Abs. 1 Z 8 pflichtversichert sind;

g) Personen, die ihr Kind (§ 227a Abs. 2) in den ersten 48 Kalendermonaten nach der Geburt oder im Fall einer Mehrlingsgeburt ihre Kinder in den ersten 60 Kalendermonaten nach der Geburt tatsächlich und überwiegend im Sinne des § 227a Abs. 4 bis 6 im Inland erziehen, wenn sie zuletzt nach diesem Bundesgesetz pensionsversichert oder noch nicht pensionsversichert waren;

h) die Wissenschaftlichen (Künstlerischen) MitarbeiterInnen (in Ausbildung) nach § 6 des Bundesgesetzes über die Abgeltung von wissenschaftlichen und künstlerischen Tätigkeiten an Universitäten und Universitäten der Künste, BGBl. Nr. 463/1974;

i) die zur Fremdsprachenassistenz nach § 3a des Lehrbeauftragtengesetzes bestellten Personen;

j) pflegeteilzeitbeschäftigte Personen, die ein aliquotes Pflegekarenzgeld nach § 21c des Bundespflegegeldgesetzes beziehen, wenn sie auf Grund des Dienstverhältnisses, in dem Pflegeteilzeit vereinbart wurde, der Pflichtversicherung in der Pensionsversicherung unterliegen;

k) die Bezieher des Familienzeitbonus nach dem Familienzeitbonusgesetz, wenn sie zuletzt nach diesem Bundesgesetz pensionsversichert oder noch nicht pensionsversichert waren;

3. in der Unfallversicherung hinsichtlich der nachstehend bezeichneten Tätigkeiten (Beschäftigungsverhältnisse):

a) alle selbständig Erwerbstätigen, die
– Mitglieder einer Wirtschaftskammer oder
– in der Kranken- oder Pensionsversicherung gemäß § 2 Abs. 1 Z 4 GSVG pflichtversichert oder
– in der Krankenversicherung gemäß § 3 Abs. 1 Z 2 GSVG pflichtversichert

sind; ferner die Gesellschafter/Gesellschafterinnen einer offenen Gesellschaft, die unbeschränkt haftenden Gesellschafter/Gesellschafterinnen einer Kommanditgesellschaft und die zu Geschäftsführern bestellten Gesellschafter einer Gesellschaft mit beschränkter Haftung, sofern diese Gesellschaften Mitglieder einer Kammer der gewerblichen Wirtschaft sind;

b) (aufgehoben)

c) die Teilnehmer an Umschulungs-, Nachschulungs- und sonstigen beruflichen Ausbildungslehrgängen der Gebietskörperschaften, des Arbeitsmarktservice, des Bundesamtes für Soziales und Behindertenwesen, der Sozialversicherungsträger sowie der gesetzlichen beruflichen Vertretungen der Dienstgeber und Dienstnehmer, soweit die Schulung nicht im Rahmen eines Dienst- oder Lehrverhältnisses durchgeführt wird, sowie die Lehrenden bei solchen Lehrgängen, desgleichen die Volontäre, ferner Personen, die in einer Einrichtung untergebracht sind, die der medizinischen Rehabilitation oder Gesundheitsvorsorge dient;

d) Angehörige der Orden und Kongregationen der Katholischen Kirche sowie der Anstalten der Evangelischen Diakonie in ihrer Tätigkeit in einem land(forst)wirtschaftlichen Betrieb ihres Ordens, ihrer Kongregation bzw. ihrer Anstalt;

e) die Versicherungsvertreter/innen in den Verwaltungskörpern der Sozialversicherungsträger – ausgenommen die Verwaltungskörper der Versicherungsanstalt öffentlich Bediensteter, Eisenbahnen und Bergbau – und des Dachverbandes in Ausübung der ihnen auf Grund ihrer Funktion obliegenden Pflichten;

f) (aufgehoben)

g) Einzelorgane und Mitglieder von Kollektivorganen der gesetzlichen beruflichen Vertretungen sowie der kollektivvertragsfähigen Berufsvereinigungen der Dienstnehmer und der Dienstgeber, der Landwirtschaftskammern, der Kammer der Wirtschaftstreuhänder, des Österreichischen Hebammengremiums, des Tiroler Skilehrerverbandes, des Salzburger Berufs-Schi- und Snowboardlehrerverbandes, des Vorarlberger Schilehrerverbandes, der Tierärztekammer und der Österreichischen Zahnärztekammer, die aufgrund der diese Vertretung regelnden Vorschriften bzw. aufgrund des Statuts der Berufsvereinigung gewählt oder sonst bestellt sind, in Ausübung der ihnen aufgrund ihrer Funktion obliegenden Pflichten, soweit nicht eine landesgesetzliche Regelung über Unfallfürsorge besteht;

h) Schüler an Schulen im Sinne des Schulorganisationsgesetzes, BGBl. Nr. 242/1962, an Schulen zur Ausbildung von Leibeserziehern und Sportlehrern im Sinne des Bundesgesetzes BGBl. Nr. 140/1974, an Privatschulen im Sinne des Privatschulgesetzes, BGBl. Nr. 244/1962, an land- und forstwirtschaftlichen Schulen im Sinne des Land- und forstwirtschaftlichen Bundesschulgesetzes, BGBl. Nr. 175/1966, an Forstfachschulen im Sinne des Forstgesetzes 1975, BGBl. Nr. 440, an land- und forstwirtschaftlichen Berufsschulen im Sinne des Bundesgesetzes betreffend die Grundsätze für land- und forstwirtschaftliche Berufsschulen, BGBl. Nr. 319/1975, an land- und forstwirtschaftlichen Fachschulen im Sinne des Bundesgesetzes betreffend die Grundsätze für land- und forstwirtschaftliche Fachschulen, BGBl. Nr. 320/1975, sowie an land- und forstwirtschaftlichen Privatschulen im Sinne des land- und forstwirtschaftlichen Privatschulgesetzes, BGBl. Nr. 318/1975;

i) Personen im Sinne des § 3 Abs. 1 Z 1 bis 7 und 9 und des § 4 des Studienförderungsgesetzes 1992, BGBl. Nr. 305, die im Rahmen des für die betreffende Studienart vorgeschriebenen normalen Studienganges inskribiert (zum Studium zugelassen) sind, Hörer (Lehrgangsteilnehmer) der Diplomatischen Akademie in Wien sowie Personen, die zur Studienberechtigungsprüfung im Sinne des Studienberechtigungsgesetzes, BGBl. Nr. 292/1985, zugelassen sind, und Personen, die sich auf Prüfungen zwecks

Zulassung zu einem Fachhochschul-Studiengang vorbereiten und zwecks Vorbereitung auf diese Prüfungen Kurse bzw. Lehrgänge an Universitäten, Hochschulen, Einrichtungen der Erwachsenenbildung, privaten Werkmeisterschulen mit Öffentlichkeitsrecht, Einrichtungen, die Fachhochschul-Studiengänge durchführen, oder staatlich organisierte Lehrgänge besuchen; zum Studien(Lehr)gang zählt auch ein angemessener Zeitraum für die Vorbereitung auf die Ablegung der entsprechenden Abschlußprüfungen und auf die Erwerbung eines akademischen Grades;

j) Mitglieder (Ersatzmitglieder) der Bundesförderungs- und -prüfungskommission nach § 8 des Bundesministeriengesetzes 1973, BGBl. Nr. 389, der Kommission nach § 7 des Landwirtschaftsgesetzes, BGBl. Nr. 299/1976, des Beirates nach § 12 des Bundesgesetzes über das land- und forstwirtschaftliche Betriebsinformationssystem, BGBl. Nr. 448/1980, und der amtlichen Weinkostkommissionen nach § 57 des Weingesetzes 1999, BGBl. I Nr. 141, in Ausübung ihrer Funktion, soweit sie nicht aufgrund anderer bundesgesetzlicher Bestimmungen unfallversichert sind;

k) fachkundige und fachmännische Laienrichter/Laienrichterinnen in der ordentlichen Gerichtsbarkeit, an den Verwaltungsgerichten sowie am Bundesfinanzgericht, sowie Schöffen und Geschworene in Ausübung dieser Tätigkeit und bei der Teilnahme an Schulungen (Informationsveranstaltungen) für diese Tätigkeit;

l) Kinder, die im letzten Jahr vor Schulpflicht eine institutionelle Kinderbetreuungseinrichtung im Sinne des Art. 3 Z 1 der Vereinbarung gemäß Art. 15a B-VG über die Einführung der halbtägigen kostenlosen und verpflichtenden frühen Förderung in institutionellen Kinderbetreuungseinrichtungen, BGBl. I Nr. 99/2009, im Ausmaß von 16 Stunden oder mehr besuchen;

m) die in den von den Ländern anerkannten Einrichtungen der Beschäftigungstherapie tätigen Personen mit Behinderung;

4. in der Kranken- und Unfallversicherung Zivildienstleistende im Sinne des Zivildienstgesetzes, BGBl. Nr. 187/1974;

4a. in der Kranken- und Unfallversicherung die Teilnehmer/Teilnehmerinnen am Freiwilligen Integrationsjahr nach dem Freiwilligengesetz (FreiwG), BGBl. I Nr. 17/2012; Pflichtversicherung in der Krankenversicherung tritt nur ein, wenn die Teilnehmer/Teilnehmerinnen nicht auf Grund anderer gesetzlicher Bestimmungen oder der Verordnung nach § 9 in diesem Versicherungszweig versichert sind.

5. in der Kranken- und Pensionsversicherung die BezieherInnen eines Überbrückungsgeldes nach § 13l des Bauarbeiter-Urlaubs- und Abfertigungsgesetzes.

(1a) Abs. 1 Z 2 lit. d, e und g ist nicht auf Personen in einem pensionsversicherungsfreien Dienstverhältnis (§ 308 Abs. 2) anzuwenden, die

1. nach dem 31. Dezember 1954 geboren sind und vor dem 1. Jänner 2005 in das pensionsversicherungsfreie Dienstverhältnis aufgenommen wurden;
2. nach dem 31. Dezember 2004 oder nach § 136b des Beamten-Dienstrechtsgesetzes 1979 in das pensionsversicherungsfreie Dienstverhältnis aufgenommen wurden.

(1b) Abs. 1 Z 1 lit. g und Z 2 lit. k ist nicht auf Personen anzuwenden, deren Pflichtversicherung nach § 11 Abs. 3 lit. b weiter besteht.

(2) Die Bestimmungen des Abs. 1 Z 3 lit. a finden keine Anwendung

a) auf die nach § 4 Abs. 1 Z 7 und § 7 Z 2 lit. b versicherten, den Heimarbeitern nach den jeweiligen gesetzlichen Vorschriften über die Heimarbeit gleichgestellten Zwischenmeister (Stückmeister), sofern ihre Kammermitgliedschaft ausschließlich auf der ihrer Tätigkeit als Zwischenmeister (Stückmeister) zugrunde liegenden Gewerbeberechtigung beruht;
b) (aufgehoben)
c) auf Verpächter von Betrieben für die Dauer der Verpachtung sowie auf Personen, die das Ruhen ihres Gewerbebetriebes angezeigt haben, für die Dauer des Ruhens;
d) auf Personen, die das 15. Lebensjahr noch nicht vollendet haben;
e) auf Personen, die auf Grund der im Abs. 1 Z 3 lit. a genannten Tätigkeit bereits nach § 4 Abs. 1 Z 1 der Vollversicherung oder nach § 7 Z 3 lit. a der Teilversicherung in der Unfallversicherung unterliegen.

(3) Eine Pflichtversicherung nach Abs. 1 Z 1 lit. a bleibt auch für die Dauer einer Versagung nach § 307b aufrecht.

(4) Abs. 1 Z 3 lit. c ist nicht auf Personen anzuwenden, die als Volontäre an einem Programm der Europäischen Union zur Förderung der Mobilität junger Menschen teilnehmen.

(5) (aufgehoben)

(6) Schüler an berufsbildenden Schulen sind nur dann gemäß Abs. 1 Z 3 lit. h pflichtversichert, wenn sie nicht bereits auf Grund eines Lehr- oder Ausbildungsverhältnisses (§ 4 Abs. 1 Z 2 oder 4) bzw. gemäß Abs. 1 Z 3 lit. c oder gemäß § 4 Abs. 1 Z 8 dieses Bundesgesetzes bzw. gemäß § 3 Abs. 1 Z 2 des Bauern-Sozialversicherungsgesetzes pflichtversichert sind.

**Meldung von Änderungen und der monatlichen Beitragsgrundlagen**

**§ 34.** (1) Die Dienstgeber haben während des Bestandes der Pflichtversicherung jede für diese Versicherung bedeutsame Änderung, die nicht von der Meldung nach Abs. 2 umfasst ist, innerhalb von sieben Tagen dem zuständigen Krankenversicherungsträger zu melden. Jedenfalls zu melden ist der Wechsel des Abfertigungssystems nach § 47 des Betrieblichen Mitarbeiter- und Selbständigenvorsorgegesetzes (BMSVG), BGBl. I Nr. 100/2002, oder nach vergleichbaren österreichischen Rechtsvorschriften.

(2) Die Meldung der monatlichen Beitragsgrundlagen hat nach Ablauf eines jeden Beitragszeitraumes mittels elektronischer Datenfernübertragung (§ 41 Abs. 1 und 4) zu erfolgen; die Frist für die Vorlage der monatlichen Beitragsgrundlagenmeldung endet mit dem 15. des Folgemonats. Wird ein Beschäftigungsverhältnis nach dem 15. des Eintrittsmonats aufgenommen, endet die Frist für die Meldung der monatlichen Beitragsgrundlage mit dem 15. des übernächsten Monats. Dies gilt auch bei Wiedereintritt des Entgeltanspruches nach dem 15. des Wiedereintrittsmonats. Davon abweichend kann für Versicherte nach § 4 Abs. 4 die Meldung der nach § 44 Abs. 8 ermittelten Beitragsgrundlage bis zum 15. des der Entgeltleistung folgenden Kalendermonats erfolgen.

*(BGBl I 2018/30)*

(3) Werden die monatlichen Beitragsgrundlagen nicht oder nicht vollständig übermittelt, so können bis zu ihrer (vollständigen) Übermittlung die Beitragsgrundlagen des Vormonats fortgeschrieben werden. Liegen solche nicht vor, so ist der Träger der Krankenversicherung berechtigt, die Beitragsgrundlagen unter Heranziehung von Daten anderer Versicherungsverhältnisse beim selben Dienstgeber oder, wenn diese nicht vorliegen, von Daten der Versicherungsverhältnisse bei gleichartigen oder ähnlichen Betrieben festzusetzen.

*(BGBl I 2015/79)*

(4) Berichtigungen der Beitragsgrundlagen können – wenn die Beiträge nicht durch den Träger der Krankenversicherung nach § 58 Abs. 4 dem Beitragsschuldner/der Beitragsschuldnerin vorgeschrieben werden – innerhalb von zwölf Monaten nach Ablauf des Zeitraumes, für den die Beitragsgrundlagenmeldung gilt, ohne nachteilige Rechtsfolgen vorgenommen werden.

*(BGBl I 2018/30)*

(5) Werden die Beiträge vom Träger der Krankenversicherung nach § 58 Abs. 4 dem Beitragsschuldner/der Beitragsschuldnerin vorgeschrieben, so ist die monatliche Beitragsgrundlagenmeldung erstmals für jenen Beitragszeitraum, in dem die Beschäftigung aufgenommen wurde, zu übermitteln. In der Folge ist eine monatliche Beitragsgrundlagenmeldung nur dann zu erstatten, wenn eine Änderung der Beitragsgrundlage (§§ 44 und 54) erfolgt. Abweichend von Abs. 2 endet die Frist für die Vorlage der monatlichen Beitragsgrundlagenmeldung mit dem Siebenten des Monats, der dem Monat der Anmeldung zur Pflichtversicherung oder der Änderung der Beitragsgrundlage folgt. Für Versicherte nach § 4 Abs. 4 kann die Meldung der nach § 44 Abs. 8 ermittelten Beitragsgrundlage bis zum Siebenten des der Entgeltleistung folgenden Kalendermonats erfolgen.

*(BGBl I 2015/79, BGBl I 2018/30)*

(6) Die Dienstgeber haben die Adresse der Arbeitsstätte am 31. Dezember oder am letzten Beschäftigungstag des Jahres zu melden. Die Meldung hat mittels elektronischer Datenfernübertragung bis Ende Februar des folgenden Kalenderjahres zu erfolgen.

*(BGBl I 2017/66)*

**Sozialversicherungsprüfung**

**§ 41a.** (1) Die Österreichische Gesundheitskasse hat die Einhaltung aller für das Versicherungsverhältnis maßgebenden Tatsachen zu prüfen (Sozialversicherungsprüfung). Hierzu gehört insbesondere

1. die Prüfung der Einhaltung der Meldeverpflichtungen in allen Versicherungs- und Beitragsangelegenheiten und der Beitragsabrechnung,
2. die Prüfung der Grundlagen von Geldleistungen (Krankengeld, Wochengeld, Arbeitslosengeld usw.),
3. die Beratung in Fragen von Melde-, Versicherungs- und Beitragsangelegenheiten.

Für die Sozialversicherungsprüfung gelten die für Außenprüfungen maßgeblichen Vorschriften der Bundesabgabenordnung.

*(BGBl I 2018/98, BGBl I 2019/104, BGBl I 2020/5)*

(2) Gemeinsam mit der Sozialversicherungsprüfung ist von der Österreichischen Gesundheitskasse auch die Lohnsteuerprüfung (§ 86 EStG 1988) durchzuführen. Bei der Durchführung der Lohnsteuerprüfung ist das Prüfungsorgan der Österreichischen Gesundheitskasse als Organ des Finanzamtes tätig und unterliegt dessen fachlicher Weisung. Das für die Erhebung der Lohnsteuer zuständige Finanzamt ist von der Prüfung sowie auf Anfrage vom Stand des Prüfungsverfahrens zu unterrichten; nach Abschluss der Außenprüfung ist es vom Inhalt des Prüfungsberichtes oder der aufgenommenen Niederschrift zu verständigen. Das Finanzamt ist an das Prüfungsergebnis nicht gebunden.

*(BGBl I 2018/37, BGBl I 2018/98, BGBl I 2019/104)*

(3) Gemeinsam mit der Sozialversicherungsprüfung ist von der Österreichischen Gesundheitskasse auch die Kommunalsteuerprüfung (§ 14 des Kommunalsteuergesetzes 1993, BGBl. Nr. 819/1993) durchzuführen. Bei der Durchführung der Kommunalsteuerprüfung ist das Prüfungsorgan der Österreichischen Gesundheitskasse als Organ der erhebungsberechtigten Gemeinde tätig und unterliegt deren fachlicher Weisung. Die erhebungsberechtigte Gemeinde ist von der Prüfung sowie auf Anfrage vom Stand des Prüfungsverfahrens zu unterrichten; nach Abschluss der Außenprüfung ist sie vom Inhalt des Prüfungsberichtes oder der

aufgenommenen Niederschrift zu verständigen. Die Gemeinde ist an das Prüfungsergebnis nicht gebunden.

*(BGBl I 2018/98)*

(4) Der Prüfungsauftrag ist von der Österreichischen Gesundheitskasse zu erteilen.

*(BGBl I 2018/98)*

(5) Die Österreichische Gesundheitskasse hat den Finanzämtern und den Gemeinden alle für das Versicherungsverhältnis und die Beitragsentrichtung bedeutsamen Daten zur Verfügung zu stellen. Diese Daten dürfen nur in der Art und dem Umfang verarbeitet werden, als dies zur Wahrnehmung der gesetzlich übertragenen Aufgaben eine wesentliche Voraussetzung ist.

*(BGBl I 2020/54)*

**Auskünfte zwischen Versicherungsträgern und Dienstgebern**

**§ 42.** (1) Auf Anfrage des Versicherungsträgers haben

1. die Dienstgeber,
2. Personen, die Geld- bzw. Sachbezüge gemäß § 49 Abs. 1 und 2 leisten oder geleistet haben, unabhängig davon, ob der Empfänger als Dienstnehmer tätig war oder nicht,
3. sonstige meldepflichtige Personen und Stellen (§ 36),
4. im Fall einer Bevollmächtigung nach § 35 Abs. 3 oder § 36 Abs. 2 auch die Bevollmächtigten,

längstens binnen 14 Tagen wahrheitsgemäß Auskunft über alle für das Versicherungsverhältnis maßgebenden Umstände zu erteilen. Weiters haben sie den gehörig ausgewiesenen Bediensteten der Versicherungsträger während der Betriebszeit Einsicht in alle Geschäftsbücher und Belege sowie sonstigen Aufzeichnungen zu gewähren, die für das Versicherungsverhältnis von Bedeutung sind. Die Versicherungsträger sind überdies ermächtigt, den Dienstgebern alle Informationen über die bei ihnen beschäftigten oder beschäftigt gewesenen Dienstnehmer zu erteilen, soweit die Dienstgeber diese Informationen für die Erfüllung der Verpflichtungen benötigen, die ihnen in sozialversicherungs- und arbeitsrechtlicher Hinsicht aus dem Beschäftigungsverhältnis der bei ihnen beschäftigten oder beschäftigt gewesenen Dienstnehmer erwachsen.

(1a) Besteht der begründete Verdacht auf das Vorliegen eines Verhaltens, das Sozialbetrug im Sinne des § 2 SBBG darstellt, oder auf das Vorliegen eines Scheinunternehmens nach § 8 SBBG, so sind

1. die Bediensteten der Versicherungsträger berechtigt,
   a) zur Durchführung ihrer Aufgaben die Betriebsstätten sowie die Aufenthaltsräume der DienstnehmerInnen zu betreten;
   b) die zur Durchführung ihrer Aufgaben erforderlichen Auskünfte von allen auf der Betriebsstätte anwesenden Personen, die mit Arbeiten an der Betriebsstätte beschäftigt sind, einzuholen;
2. die DienstnehmerInnen verpflichtet, auf Verlangen der Bediensteten der Versicherungsträger ihre Ausweise oder sonstigen Unterlagen zur Feststellung ihrer Identität vorzuzeigen;
3. die Dienstgeber oder ihre Bevollmächtigten verpflichtet, den Bediensteten der Versicherungsträger die zur Durchführung ihrer Aufgaben erforderlichen Auskünfte zu erteilen.

Der Dienstgeber hat dafür zu sorgen, dass bei seiner Abwesenheit von der Betriebsstätte eine dort anwesende Person den Bediensteten der Versicherungsträger die erforderlichen Auskünfte nach Z 3 erteilt und Einsicht in die erforderlichen Unterlagen gewährt.

(2) Die Bezirksverwaltungsbehörde kann auf Antrag des Versicherungsträgers die nach Abs. 1 auskunftspflichtigen Personen (Stellen) zur Erfüllung der dort angeführten Pflichten verhalten. Entstehen durch diese Maßnahmen der Bezirksverwaltungsbehörde dem Versicherungsträger besondere Auslagen (Kosten von Sachverständigen, Buchprüfern, Reiseauslagen u. dgl.), so kann die Bezirksverwaltungsbehörde diese Auslagen auf Antrag des Versicherungsträgers der auskunftspflichtigen Person (Stelle) auferlegen, wenn sie durch Vernachlässigung der ihr auferlegten Pflichten entstanden sind. Diese Auslagen sind wie Beiträge einzutreiben.

(3) Reichen die zur Verfügung stehenden Unterlagen für die Beurteilung der für das Versicherungsverhältnis maßgebenden Umstände nicht aus, so ist der Versicherungsträger berechtigt, diese Umstände aufgrund anderer Ermittlungen oder unter Heranziehung von Daten anderer Versicherungsverhältnisse bei demselben Dienstgeber sowie von Daten gleichartiger oder ähnlicher Betriebe festzustellen. Der Versicherungsträger kann insbesondere die Höhe von Trinkgeldern, wenn solche in gleichartigen oder ähnlichen Betrieben üblich sind, anhand von Schätzwerten ermitteln.

(4) Die Versicherungsträger sind berechtigt, die zuständigen Behörden zu verständigen, wenn sie im Rahmen ihrer Tätigkeit zu dem begründeten Verdacht gelangen, daß eine Übertretung arbeitsrechtlicher, gewerberechtlicher oder steuerrechtlicher Vorschriften vorliegt.

**Auskunftspflicht der Versicherungsträger**

**§ 43a.** (1) Der zuständige Krankenversicherungsträger (§ 23 Abs. 1) hat auf Anfrage der Beteiligten im Sinne des § 42 Abs. 1 Z 1 bis 4 schriftlich darüber Auskunft zu geben, ob und inwieweit im einzelnen Fall die Vorschriften über das Melde-, Versicherungs- und Beitragswesen anzuwenden sind. Die Auskunft hat mit Rücksicht auf die Auswirkungen für den Versicherten tunlichst innerhalb der in § 42 Abs. 1 genannten Frist zu erfolgen.

(2) Die Österreichische Gesundheitskasse hat der Landwirtschaftskammer Österreich auf ihre Anfrage zur Erfüllung der gesetzlichen Beobach-

tungspflicht der Arbeitgeberzusammenschlüsse nach § 415 des Landarbeitsgesetzes 2021, BGBl. I Nr. 78/2021, schriftlich längstens binnen 14 Tagen Auskunft zu geben über die Anzahl der Dienstnehmer/innen von Arbeitgeberzusammenschlüssen und die Summe der Beitragsgrundlagen aufgeschlüsselt nach Bundesländern.

*(BGBl I 2021/78)*

**Gegenseitige Verwaltungshilfe**

**§ 321.** (1) Die Versicherungsträger und die Abgabenbehörden sind verpflichtet, bei der Erfüllung ihrer Aufgaben einander zu unterstützen; sie haben insbesondere Ersuchen, die zu diesem Zweck an sie ergehen, im Rahmen ihrer sachlichen und örtlichen Zuständigkeit zu entsprechen und auch unaufgefordert anderen Versicherungsträgern und Abgabenbehörden alle Mitteilungen zukommen zu lassen, die für deren Geschäftsbetrieb von Wichtigkeit sind. Die Versicherungsträger haben Anträge und Meldungen, die bei ihnen für andere Versicherungsträger einlangen, fristwahrend weiterzuleiten. Die Verpflichtung zur gegenseitigen Hilfe bezieht sich auch auf die Übermittlung von personenbezogenen Datenim automationsunterstützten Datenverkehr zwischen den Versicherungsträgern, die zur Durchführung des Melde- und Beitragsverfahrens, zur Erbringung von Leistungen sowie zur Durchsetzung von Ersatzansprüchen notwendig sind.

*(BGBl I 2018/37)*

(2) Die Bestimmungen des Abs. 1 sind entsprechend auf die Beziehungen der Versicherungsträger zum Dachverband und zur Sozialversicherungsanstalt der Selbständigen anzuwenden.

(3) Gewährt ein Träger der Unfallversicherung einem Berechtigten, der eine Pension aus der Pensionsversicherung bezieht, Rente oder Anstaltspflege aus der Unfallversicherung oder treten Änderungen hierin ein, so ist der Träger der Pensionsversicherung unverzüglich zu benachrichtigen.

**Rechts- und Verwaltungshilfe**

**§ 360.** (1) Die Verwaltungsbehörden und die Gerichte sind verpflichtet, den im Vollzug dieses Bundesgesetzes an sie ergehenden Ersuchen der Versicherungsträger und des Dachverbandes im Rahmen ihrer sachlichen und örtlichen Zuständigkeit zu entsprechen. In gleicher Weise haben die Versicherungsträger (der Dachverband) den Verwaltungsbehörden und den Gerichten Verwaltungshilfe zu leisten.

*(BGBl I 2018/100)*

(2) Barauslagen, die der ersuchten Stelle aus der Hilfeleistung erwachsen, mit Ausnahme von Portokosten, sind von der ersuchenden Stelle zu erstatten.

(3) Die Sozialversicherungsträger und der Dachverband sind berechtigt, auf automationsunterstütztem Weg Einsicht in das Grundbuch, das Adressregister, das zentrale Gewerberegister und das Firmenbuch zu nehmen, soweit dies zur Erfüllung der ihnen übertragenen Aufgaben, insbesondere zur Erbringung von Leistungen und zur Durchführung des Versicherungs-, Melde- und Beitragswesens, notwendig ist. Die Berechtigung zur Einsicht in das Grundbuch umfaßt auch die Einsichtnahme in das Personenverzeichnis. Die Berechtigung zur Einsicht in das Firmenbuch umfaßt auch die bundesweite Suche nach im Zusammenhang mit den Rechtsträgern gespeicherten Personen.

*(BGBl I 2018/100)*

(4) (aufgehoben)

(5) Die Personenstandsbehörde hat der Österreichischen Gesundheitskasse – möglichst in automationsunterstützter Form – folgende Personenstandsfälle mitzuteilen:

1. Geburten und Vermerke über Annahmen an Kindes statt,
2. Vermerke über verwaltungsbehördliche Namensänderungen sowie Namensänderungen auf Grund zivilrechtlicher Vorgänge,
3. Eheschließungen oder Begründungen von eingetragenen Partnerschaften und Vermerke über Auflösungen von Ehen oder eingetragenen Partnerschaften,
4. Todesfälle.

*(BGBl I 2018/100)*

(6) Die Sozialversicherungsträger und der Dachverband haben zur Sicherung der Unverwechselbarkeit und Richtigkeit der von ihnen verarbeiteten personenbezogenen Daten sowie zur Durchführung ihrer Verfahren das Recht, das Verfahren der Meldebehörden nach § 14 Abs. 2 des Meldegesetzes 1991 in Anspruch zu nehmen. Sie sind verpflichtet, bei Änderungen (Feststellung, Richtigstellung usw.) von Familiennamen, Vornamen, Geschlechtsangabe, Staatsbürgerschaft und Geburtsdaten sowie der ZMR-Zahl (§ 16 Meldegesetz 1991) mit dem Zentralen Melderegister beim Bundesminister für Inneres zum Zwecke der Führung der Gleichsetzungstabelle (§ 16b Meldegesetz 1991 in der Fassung des Artikels II des Bundesgesetzes BGBl. I Nr. 28/2001) zusammenzuarbeiten und dort geänderte personenbezogene Daten zu verarbeiten, soweit dies zur eindeutigen Identifizierung einer Person notwendig ist. Leistungsansprüche, Anwartschaften oder deren Veränderungen können aus solchen Änderungen nicht abgeleitet werden. Abfragen der Sozialversicherungsträger und des Dachverbandes aus dem Zentralen Melderegister sind auch nach dem Auswahlkriterium der Anschrift (Wohnadresse) zulässig, und zwar zur Überprüfung von Angaben über das Vorliegen eines gemeinsamen Haushaltes, soweit dies für die Feststellung eines Leistungsanspruches notwendig ist. Die Ergebnisse solcher Abfragen stellen lediglich einen Anhaltspunkt bei der Ermittlung des Tatbestandes des gemeinsamen Haushaltes dar.

*(BGBl I 2016/120, BGBl I 2018/37, BGBl I 2018/100)*

(7) Die Abgabenbehörden und ihre Organe haben in ihrem Wirkungsbereich an der Vollziehung der sozialversicherungsrechtlichen Bestimmungen mitzuwirken. Soweit Organe der Abgabenbehörden Maßnahmen im Sinne des ersten Satzes setzen, ist

ihr Handeln dem zuständigen Krankenversicherungsträger zuzurechnen.

*(BGBl I 2019/104)*

**Mitwirkung der Abgabenbehörden des Bundes**

**§ 459a.** (1) Die Abgabenbehörden des Bundes haben den Trägern der Pensionsversicherung nach Maßgabe des Abs. 3 folgende Daten von land(forst) wirtschaftlichem Vermögen (§ 29 des Bewertungsgesetzes) zu übermitteln:

1. Ordnungsbegriff und Lagebeschreibung der wirtschaftlichen Einheit,
2. Name (Familienname und Vorname) des Eigentümers der wirtschaftlichen Einheit mit Geburtsdatum und Anschrift sowie dessen Eigentumsanteil an der wirtschaftlichen Einheit,

   *(BGBl I 2016/120)*
3. Ausmaß des Einheitswertes und die im Bescheid ausgewiesenen Berechnungsgrundlagen,
4. Art und Rechtsgrundlage der Änderung des Einheitswertes, Stichtag der Rechtswirksamkeit sowie Ausfertigungsdatum des Bescheides,
5. Name und Anschrift eines allfälligen Zustellungsbevollmächtigten,
6. Berechnungsgrundlagen bei Gesamtflächenänderungen, die gemäß § 21 Abs. 1 Z 1 lit. a des Bewertungsgesetzes zu keiner Wertfortschreibung führen.

(2) Die übermittelten Daten dürfen nur zur Feststellung des Bestandes und des Umfanges von Leistungen nach diesem Bundesgesetz verwendet werden.

(3) Das Verfahren der Übermittlung und der Zeitpunkt der erstmaligen Übermittlung von in Abs. 1 genannten Daten sind vom Bundesminister für Finanzen im Einvernehmen mit dem Bundesminister für Arbeit und Soziales nach Maßgabe der technisch-organisatorischen Möglichkeiten zu bestimmen.

**Mitwirkung der Abgabenbehörden des Bundes hinsichtlich des Bezuges einer Familienbeihilfe**

**§ 459b.** (1) Die Abgabenbehörden des Bundes haben den Trägern der Sozialversicherung nach Maßgabe des Abs. 3 folgende Daten zu übermitteln:

Name (Familienname und Vorname), Versicherungsnummer und Anschrift

1. der Person, für die Anspruch auf Familienbeihilfe nach § 2 Abs. 1 lit. b, c und f sowie nach § 8 Abs. 4 bis 7 des Familienlastenausgleichsgesetzes 1967 besteht, und
2. des Anspruchsberechtigten gemäß § 2 Abs. 2 des Familienlastenausgleichsgesetzes 1967.

*(BGBl I 2016/120)*

(2) Die übermittelten Daten dürfen nur zur Feststellung des Bestandes und des Umfanges von Leistungen nach diesem Bundesgesetz verwendet werden.

(3) Das Verfahren der Übermittlung und der Zeitpunkt der erstmaligen Übermittlung von den in Abs. 1 genannten Daten sind vom Bundesminister für Finanzen im Einvernehmen mit dem Bundesminister für Umwelt, Jugend und Familie und dem Bundesminister für Arbeit und Soziales nach Maßgabe der technisch-organisatorischen Möglichkeiten zu bestimmen.

**Mitwirkung der Abgabenbehörden des Bundes hinsichtlich des Bezuges ausländischer Renten (§ 73a)**

**§ 459g.** (1) Die Abgabenbehörden des Bundes haben den Trägern der Sozialversicherung nach Maßgabe des Abs. 3 zu Personen, die eine ausländische Rente (§ 73a Abs. 1) beziehen oder eine solche bezogen haben und die Anspruch auf Leistungen eines Krankenversicherungsträgers haben, aus den bei ihnen vorhandenen und aus einer Abgabenerklärung unmittelbar ableitbaren Daten folgende Angaben zu übermitteln:

1. Namen (Familienname und Vorname), Anschrift, Geburtsdatum, in- und ausländische Sozialversicherungsnummer;

   *(BGBl I 2016/120)*
2. Art und Höhe der ausländischen Rentenbezüge;
3. rentenauszahlende Stelle.

(2) Die übermittelten Daten dürfen nur zur Feststellung des Bestandes und des Umfanges von Leistungen und für die Feststellung von Beitragspflichten nach diesem Bundesgesetz verwendet werden.

(3) Das Verfahren der Übermittlung sowie der Zeitpunkt der erstmaligen Übermittlung der in Abs. 1 genannten Daten sind vom Bundesminister für Finanzen im Einvernehmen mit dem Bundesminister für Arbeit, Soziales und Konsumentenschutz nach Maßgabe der technisch-organisatorischen Möglichkeiten festzulegen. Die Datenübermittlungen sind vollständig in elektronischer Form im Wege des Dachverbandes vorzunehmen.

*(BGBl I 2018/100)*

**Grundsätze der Sachverhaltsfeststellung**

**§ 539a.** (1) Für die Beurteilung von Sachverhalten nach diesem Bundesgesetz ist in wirtschaftlicher Betrachtungsweise der wahre wirtschaftliche Gehalt und nicht die äußere Erscheinungsform des Sachverhaltes (z.B. Werkvertrag, Dienstvertrag) maßgebend.

(2) Durch den Mißbrauch von Formen und durch Gestaltungsmöglichkeiten des bürgerlichen Rechtes können Verpflichtungen nach diesem Bundesgesetz, besonders die Versicherungspflicht, nicht umgangen oder gemindert werden.

(3) Ein Sachverhalt ist so zu beurteilen, wie er bei einer den wirtschaftlichen Vorgängen, Tatsachen und Verhältnissen angemessenen rechtlichen Gestaltung zu beurteilen gewesen wäre.

(4) Scheingeschäfte und andere Scheinhandlungen sind für die Feststellung eines Sachverhaltes nach diesem Bundesgesetz ohne Bedeutung. Wird durch ein Scheingeschäft ein anderes Rechtsgeschäft verdeckt, so ist das verdeckte Rechtsgeschäft für die Beurteilung maßgebend.

(5) Die Grundsätze, nach denen

1. die wirtschaftliche Betrachtungsweise,
2. Scheingeschäfte, Formmängel und Anfechtbarkeit sowie
3. die Zurechnung

nach den §§ 21 bis 24 der Bundesabgabenordnung für Abgaben zu beurteilen sind, gelten auch dann, wenn eine Pflichtversicherung und die sich daraus ergebenden Rechte und Pflichten nach diesem Bundesgesetz zu beurteilen sind.

# Teuerungs-Entlastungspaket

## Artikel 1
## Änderung des Einkommensteuergesetzes 1988

**Das Einkommensteuergesetz 1988, BGBl. Nr. 400/1988, zuletzt geändert durch das Bundesgesetz BGBl. I Nr. 63/2022, wird wie folgt geändert:**

***1. In § 33 Abs. 6 Z 2 wird der Betrag „25 250" durch den Betrag „25 500" ersetzt.***

**EB:** Um sicherzustellen, dass Steuerpflichtige, die Anspruch auf den erhöhten Pensionistenabsetzbetrag haben, bei jeder Höhe der Einkünfte zumindest im gleichen Umfang entlastet sind wie Steuerpflichtige, die den (nicht erhöhten) Pensionistenabsetzbetrag beziehen, soll die obere Grenze der Einschleifung des erhöhten Pensionistenabsetzbetrages an jene des (nicht erhöhten) Pensionistenabsetzbetrages angeglichen werden. Dies soll ab dem Jahr 2023 gelten.

***2. In § 33 Abs. 7 wird jeweils der Betrag „450" durch den Betrag „550" ersetzt.***

**EB:** Der Kindermehrbetrag soll rückwirkend bereits bei der Veranlagung für das Kalenderjahr 2022 auf 550 Euro pro Kind erhöht werden. Es soll somit nicht zu einer gestaffelten (2022: 350 Euro, ab 2023: 450 Euro), sondern zu einer einmaligen und umfassenderen Erhöhung des Kindermehrbetrages kommen. Die Erweiterung des Kreises der Bezieher des Kindermehrbetrags, die mit dem Ökosozialen Steuerreformgesetz 2022 eingeführt wurde, soll wie bereits vorgesehen für Veranlagungen des Kalenderjahres 2022 gelten.

***3. § 124b wird wie folgt geändert:***

***a) Z 392 lautet:***

**„392. § 33 Abs. 3a Z 1 in der Fassung des Bundesgesetzes BGBl. I Nr. 10/2022 ist für Kalendermonate ab Jänner 2022 anzuwenden. Wurde für derartige Lohnzahlungszeiträume der höhere Familienbonus Plus noch nicht berücksichtigt, hat der Arbeitgeber für seine Arbeitnehmer eine Aufrollung gemäß § 77 Abs. 3 so bald wie möglich, jedoch spätestens bis 30. September 2022 durchzuführen, sofern die technischen und organisatorischen Möglichkeiten dazu vorliegen."**

**EB:** Die mit dem Ökosozialen Steuerreformgesetz 2022 beschlossene Erhöhung des Familienbonus Plus für alle Kinder, für die ein Anspruch auf Familienbeihilfe besteht, soll statt mit 1. Juli 2022 bereits rückwirkend mit 1. Jänner 2022 in Kraft treten. Die Arbeitgeber sollen dabei verpflichtet werden, bis Ende September 2022 für die bereits vergangenen Monate eine Aufrollung durchzuführen, damit die Entlastung möglichst früh bei den betroffenen Familien wirksam wird, eine entsprechende Aufrollungsverpflichtung wurde bereits für die Tarifsenkung sowie die Erhöhung der Absetzbeträge im Ökosozialen Steuerreformgesetz 2022 vorgesehen.

***b) Z 394 lit. b lautet:***

**„b) § 33 Abs. 7 in der Fassung des Bundesgesetzes BGBl. I Nr. xx/2022 tritt nach BGBl. I Nr. 10/2022 in Kraft und ist erstmalig bei der Veranlagung für das Kalenderjahr 2022 anzuwenden."**

***c) Nach Z 405 werden folgende Ziffern 406 bis 408 angefügt:***

**„406. § 33 Abs. 6 Z 2 in der Fassung des BGBl. I Nr. xx/2022 ist erstmalig anzuwenden, wenn**

**– die Einkommensteuer veranlagt wird, bei der Veranlagung für das Kalenderjahr 2023,**

**– die Einkommensteuer (Lohnsteuer) durch Abzug eingehoben oder durch Veranlagung festgesetzt wird, für Lohnzahlungszeiträume, die nach dem 31. Dezember 2022 enden.**

**407. Hat ein Steuerpflichtiger Anspruch auf einen der Absetzbeträge nach § 33 Abs. 5 oder 6, steht ihm für das Kalenderjahr 2022 ein Teuerungsabsetzbetrag in Höhe von 500 Euro zu. Für die Berücksichtigung des Teuerungsabsetzbetrages gilt:**

**a) Bei Anspruch auf den Verkehrsabsetzbetrag steht der Teuerungsabsetzbetrag bis zu einem Einkommen von 18 200 Euro im Kalenderjahr zu und vermindert sich zwischen Einkommen von 18 200 Euro und 24 500 Euro gleichmäßig einschleifend auf null. Abweichend von § 33 Abs. 8 Z 2 sind für das Kalenderjahr 2022 70 % der Werbungskosten im Sinne des § 16 Abs. 1 Z 3 lit. a (ausgenommen Betriebsratsumlagen) und des § 16 Abs. 1 Z 4 und 5, höchstens aber 1 550 Euro, rückzuerstatten.**

**b) Bei Anspruch auf einen der Absetzbeträge gemäß § 33 Abs. 6 steht der Teuerungsabsetzbetrag bis zu laufenden Pensionseinkünften von 20 500 Euro im Kalenderjahr zu und vermindert sich zwischen laufenden Pensionseinkünften von 20 500 Euro und 25 500 Euro gleichmäßig einschleifend auf null. Abweichend von § 33 Abs. 8 Z 3 sind für das Kalenderjahr 2022 100 % der Werbungskosten im Sinne des § 16 Abs. 1 Z 4, höchstens aber 1 050 Euro, rückzuerstatten. Bei Anspruch auf einen Pensionistenabsetzbetrag ist der Teuerungsabsetzbetrag zusätzlich zu den Absetzbeträgen gemäß § 66 Abs. 1 bei der Berechnung der Lohnsteuer zu berücksichtigen. Die pensionsauszahlende Stelle hat für die Pensionsbezieher eine Aufrollung gemäß § 77 Abs. 3 so bald wie möglich, jedoch spätestens bis 30. September 2022 durchzuführen.**

**EB:** Für Steuerpflichtige, denen der Verkehrsabsetzbetrag nach § 33 Abs. 5 oder ein Pensionistenabsetzbetrag nach § 33 Abs. 6 zusteht, soll einmalig für das Kalenderjahr 2022 ein Teuerungsabsetzbetrag in Höhe von 500 Euro eingeführt werden. Der Teuerungsabsetzbetrag soll zur Gänze im Rahmen der Veranlagung rückerstattet werden. Dazu sollen sowohl die Grenzwerte hinsichtlich der prozentuellen Entlastung als auch hinsichtlich der maximalen Rückerstattung entsprechend angepasst werden. Die übrigen Bestimmungen hinsichtlich der Möglichkeit, eine SV-Rückerstattung zu erhalten und ihrer Berechnung (z. B. Begrenzung mit Steuer unter null, Anrechnung steuerfreier Ausgleichs- und Ergänzungszulagen) sollen auch im Kalenderjahr 2022 unverändert gelten.

Der Teuerungsabsetzbetrag soll jenen Steuerpflichtigen, denen der Verkehrsabsetzbetrag nach § 33 Abs. 5 zusteht, bis zu einem Einkommen von 18.200 Euro in voller Höhe zukommen und sich ab einem Einkommen von 18.200 Euro bis 24.500 Euro gleichmäßig einschleifend auf null reduzieren. Ergibt sich beim Steuerpflichtigen unter Inanspruchnahme des Teuerungsabsetzbetrages eine Einkommensteuer unter null, sollen 70% der Werbungskosten im Sinn des § 16 Abs. 1 Z 3 lit. a (ausgenommen Betriebsratsumlagen) und § 16 Abs. 1 Z 4, höchstens aber 1.550 Euro jährlich, rückerstattet werden (SVRückerstattung). Damit erhöht sich bei Arbeitnehmern im Kalenderjahr 2022 der maximale Betrag an SVRückerstattung um 500 Euro und das maximale prozentuelle Ausmaß der Rückerstattung um 15 Prozentpunkte auf 70%.

Der Teuerungsabsetzbetrag soll für Steuerpflichtige, denen ein Pensionistenabsetzbetrag nach § 33 Abs. 6 zusteht, bis zu laufenden Pensionseinkünften von 20.500 Euro in voller Höhe zukommen und sich ab Pensionseinkünften von 20.500 Euro bis 25.500 Euro gleichmäßig einschleifend auf null reduzieren. Ergibt sich beim Steuerpflichtigen unter Inanspruchnahme des Teuerungsabsetzbetrages eine Einkommensteuer unter null, sollen 100% der Werbungskosten im Sinn des § 16 Abs. 1 Z 4, höchstens aber 1.050 Euro jährlich, rückerstattet werden (SV-Rückerstattung). Damit erhöht sich bei Pensionisten im Kalenderjahr 2022 der maximale Betrag an SV-Rückerstattung um 500 Euro und das maximale prozentuelle Ausmaß der Rückerstattung um bis zu 20 Prozentpunkte auf 100%.

Bei Pensionsbeziehern soll der Teuerungsabsetzbetrag in der Lohnverrechnung berücksichtigt werden, wobei für die bereits vergangenen Monate des Jahres 2022 bis Ende September eine Aufrollung durchzuführen ist. Um den administrativen Aufwand für die Arbeitgeber möglichst gering zu halten und eine weitere zusätzliche Komplexität in der Lohnverrechnung zu vermeiden, sollen aktive Arbeitnehmer, die Anspruch auf den Verkehrsabsetzbetrag haben, den Teuerungsabsetzbetrag im Rahmen der Veranlagung erhalten.

**408. a) Zulagen und Bonuszahlungen, die der Arbeitgeber in den Kalenderjahren 2022 und 2023 aufgrund der Teuerung zusätzlich gewährt (Teuerungsprämie), sind**

**– bis 2 000 Euro pro Jahr steuerfrei und zusätzlich – bis 1 000 Euro pro Jahr steuerfrei, wenn die Zahlung aufgrund einer lohngestaltenden Vorschrift gemäß § 68 Abs. 5 Z 1 bis 7 erfolgt.**

**Es muss sich dabei um zusätzliche Zahlungen handeln, die üblicherweise bisher nicht gewährt wurden. Sie erhöhen nicht das Jahressechstel gemäß § 67 Abs. 2 und werden nicht auf das Jahressechstel angerechnet.**

**b) Werden in den Kalenderjahren 2022 und 2023 sowohl eine Gewinnbeteiligung gemäß § 3 Abs. 1 Z 35 als auch eine Teuerungsprämie ausbezahlt, sind diese nur insoweit steuerfrei, als sie insgesamt den Betrag von 3 000 Euro pro Jahr nicht übersteigen. Eine steuerfrei gewährte Gewinnbeteiligung kann im Kalenderjahr 2022 rückwirkend als Teuerungsprämie behandelt werden.**

**c) Soweit Zulagen und Bonuszahlungen nicht durch lit. a erfasst werden, sind sie nach dem Tarif zu versteuern.“**

**EB:** Zahlt der Arbeitgeber einem Arbeitnehmer in den Jahren 2022 und 2023 auf Grund der gestiegenen Preise zusätzlichen Arbeitslohn, soll diese Maßnahme steuerlich entlastet werden: Derartige zusätzliche Zahlungen sollen als „Teuerungsprämie“ in den Kalenderjahren 2022 und 2023 bis zu einem Betrag von insgesamt 3 000 Euro pro Jahr steuerfrei sein. Die Zahlungen dürfen üblicherweise bisher nicht gewährt worden sein; Belohnungen die aufgrund von Leistungsvereinbarungen gezahlt werden, fallen daher nicht unter diese Befreiung. Im Lichte der bereits eingetretenen Preissteigerung setzt die Steuerbefreiung bis 2 000 Euro nur eine zusätzliche Zahlung in den Jahren 2022 und 2023 voraus, ist aber sonst an keine weiteren Voraussetzungen geknüpft. Das volle Ausmaß der Befreiung von 3.000 Euro soll nur dann ausgeschöpft werden können, wenn die 2 000 Euro übersteigende Zahlung aufgrund einer lohngestaltendenden Vorschrift gemäß § 68 Abs. 5 Z 1 bis 7 geleistet wird.

Eine Teuerungsprämie soll jedoch zusammen mit einer Gewinnbeteiligung (§ 3 Abs. 1 Z 35) nur im Ausmaß von insgesamt 3 000 Euro pro Jahr steuerfrei bleiben. Nach Gewährung einer steuerfreien Teuerungsprämie kann eine Mitarbeitergewinnbeteiligung nur mehr im verbleibenden Ausmaß bis 3 000 Euro steuerfrei ausbezahlt werden. Umgekehrt kann nach Gewährung einer steuerfreien Gewinnbeteiligung eine Teuerungsprämie ebenfalls nur mehr im verbleibenden Ausmaß bis 3 000 Euro steuerfrei pro Jahr ausbezahlt werden.

Es soll aber möglich sein, dass der Arbeitgeber eine im Kalenderjahr 2022 gewährte Gewinnbeteiligung im Jahr 2022 nachträglich zu einer Teuerungsprämie umqualifiziert. Diese Möglichkeit soll deshalb eingeräumt werden, weil die Teuerungsprämie neben der Befreiung von der Einkommensteuer, auch von der Sozialversicherung sowie von Lohnnebenkosten – wie insbesondere Kommunalsteuer und DB – befreit werden soll.

**Artikel 2**
**Änderung des Familienlastenausgleichsgesetzes 1967**

**Das Familienlastenausgleichsgesetz 1967, BGBl. Nr. 376/1967, zuletzt geändert durch das Bundesgesetz BGBl. I Nr. 43/2022, wird wie folgt geändert:**

***1. Dem § 8 wird folgender Abs. 10 angefügt:***

**„(10) Die Familienbeihilfe erhöht sich für den August 2022 um eine Einmalzahlung von 180 Euro für jedes Kind. “**

**EB:** Mit einer Einmalzahlung von 180 Euro für jedes Kind, die gemeinsam mit der Familienbeihilfe für August 2022 ausgezahlt werden soll, sollen Familien wegen der allgemeinen Teuerung finanziell entlastet werden.

***2. In § 41 Abs. 4 wird am Ende der lit. g der Punkt durch einen Beistrich ersetzt und folgende lit. h angefügt:***

**„h) die in § 124b Z 408 lit. a des Einkommensteuergesetzes 1988 genannten Zulagen und Bonuszahlungen, die aufgrund der Teuerung zusätzlich gewährt werden (Teuerungsprämie).“**

**EB:** Zulagen und Bonuszahlungen, die der Arbeitgeber aufgrund der gestiegenen Preise zusätzlich leistet, sollen in den Kalenderjahren 2022 und 2023 bis 3.000 Euro pro Jahr von der Einkommensteuer befreit werden, sofern zumindest 1.000 Euro davon aufgrund einer lohngestaltendenden Vorschrift gemäß § 68 Abs. 5 Z 1 bis 7 EStG 1988 geleistet werden. Es muss sich dabei um zusätzliche Zahlungen handeln, die üblicherweise bisher nicht gewährt wurden (vgl. § 124b Z 408 lit. a EStG 1988). Sind die Voraussetzungen für die Einkommensteuerbefreiung erfüllt, dann soll die Teuerungsprämie in den Kalenderjahren 2022 und 2023 auch vom Dienstgeberbeitrag befreit sein. § 124b Z 408 lit. b EStG 1988 sieht die Möglichkeit vor, im Kalenderjahr 2022 eine gewährte (beitragspflichtige) Mitarbeitergewinnbeteiligung gemäß § 3 Abs. 1 Z 35 EStG 1988 in eine Teuerungsprämie umzuwandeln. Insoweit dies erfolgt, entfällt rückwirkend die Beitragspflicht.

***3. Dem § 55 wird folgender Abs. 54 angefügt:***

**„(54) § 8 Abs. 10 und § 41 Abs. 4 lit. h, jeweils in der Fassung des Bundesgesetzes BGBl. I Nr. XX/2022, treten mit dem der Kundmachung des genannten Bundesgesetzes folgenden Tag in Kraft.“**

**Artikel 3**
**Änderung des Kommunalsteuergesetzes 1993**

**Das Kommunalsteuergesetz 1993, BGBl. Nr. 819/1993, zuletzt geändert durch das Bundesgesetz BGBl. I Nr. 3/2021, wird wie folgt geändert:**

***In § 16 wird folgender Abs. 15 eingefügt:***

**„(15) Steuerfreie Zulagen und Bonuszahlungen gemäß § 124b Z 408 lit. a EStG 1988 (Teuerungsprämie) sind von der Kommunalsteuer befreit.“**

**EB:** Zulagen und Bonuszahlungen, die der Arbeitgeber aufgrund der gestiegenen Preise zusätzlich leistet, sollen in den Kalenderjahren 2022 und 2023 bis 3.000 Euro pro Jahr von der Einkommensteuer befreit werden, sofern zumindest 1.000 Euro davon aufgrund einer lohngestaltendenden Vorschrift gemäß § 68 Abs. 5 Z 1 bis 7 EStG 1988 geleistet werden. Es muss sich dabei um zusätzliche Zahlungen handeln, die üblicherweise bisher nicht gewährt wurden (vgl. § 124b Z 408 lit. a EStG 1988). Sind die Voraussetzungen für die Einkommensteuerbefreiung erfüllt, dann soll die Teuerungsprämie in den Kalenderjahren 2022 und 2023 auch vom Dienstgeberbeitrag befreit sein. § 124b Z 408 lit. b EStG 1988 sieht die Möglichkeit vor, im Kalenderjahr 2022 eine gewährte (beitragspflichtige) Mitarbeitergewinnbeteiligung gemäß § 3 Abs. 1 Z 35 EStG 1988 in eine Teuerungsprämie umzuwandeln. Insoweit dies erfolgt, entfällt rückwirkend die Beitragspflicht.

# Abgabenänderungsgesetz 2022 – AbgÄG 2022

**Artikel 1**
**Änderung des Einkommensteuergesetzes 1988**

**Das Einkommensteuergesetz 1988, BGBl. Nr. 400/1988, zuletzt geändert durch das Bundesgesetz BGBl. I Nr. 63/2022, wird wie folgt geändert:**

**1. § 3 Abs. 1 wird wie folgt geändert:**

***a) In Z 35 wird nach dem ersten Satz folgender Satz eingefügt:***

**„Bei mehreren Arbeitgebern steht die Befreiung insgesamt nur bis zu 3 000 Euro pro Arbeitnehmer im Kalenderjahr zu.“**

**EB:** In § 3 Abs. 1 Z 35 soll im Zusammenhang mit der steuerfreien Mitarbeitergewinnbeteiligung gesetzlich klargestellt werden, dass der einzelne Arbeitnehmer im Kalenderjahr nicht mehr als 3 000 Euro an steuerfreier Gewinnbeteiligung erhalten kann. Insbesondere bei mehreren Arbeitgebern im Jahr könnte es zu einer Überschreitung des Maximalbetrages kommen. In diesen Fällen ist dann § 41 Abs. 1 Z 14 zu beachten und es soll im Rahmen einer Pflichtveranlagung zu einer Nachversteuerung des übersteigenden Betrages kommen.

***b) In Z 36 wird nach dem Wort* „Zuwendungen“ *die Wortfolge* „sowie geldwerte Vorteile gemäß Z 13 lit. a zweiter Teilstrich“ *eingefügt.***

**EB:** Die Befreiungsbestimmung für nach § 718 Abs. 9 ASVG errichtete Privatstiftungen soll um jene Gesundheitsförderungsmaßnahmen (zielgerichtete, wirkungsorientierte Gesundheitsförderungen und präventive Maßnahmen), die Arbeitgeber im Rahmen des § 3 Abs. 1 Z 13a EStG 1988 steuerfrei erbringen können, erweitert werden.

***c) Nach Z 37 werden folgende Ziffern 38 und 39 angefügt:***

**„38. Zuschüsse oder sonstige Leistungen, auf die kein Rechtsanspruch besteht, der auf Grund des § 2 Abs. 2 Z 6 des Arbeitsverfassungsgesetzes, BGBl. Nr. 22/1974, kollektivvertraglich begründeten gemeinsamen Einrichtungen der Sozialpartner für das Bewachungsgewerbe sowie für das Denkmal-, Fassaden- und Gebäudereinigungsgewerbe, sowie vergleichbarer Einrichtungen, nach Maßgabe folgender Bestimmungen:**

**a) Die Zuschüsse oder sonstigen Leistungen werden aktiven beziehungsweise ehemaligen Arbeitnehmern in folgenden Fällen gewährt:**

**– Bei Arbeitslosigkeit bis zu einem Gesamtbetrag von 1 500 Euro pro Arbeitnehmer und Kalenderjahr;**

**– für nachweislich nach Ende eines Arbeitsverhältnisses absolvierte Weiterbildungen und Umschulungen bis zu einem Gesamtbetrag von 1 500 Euro pro Arbeitnehmer und Kalenderjahr oder**

**– bei einem mindestens 24 Tage andauernden Krankenstand, der während eines Arbeitsverhältnisses begonnen hat, bis zu einem Gesamtbetrag von 4 000 Euro pro Arbeitnehmer und Kalenderjahr.**

**b) Im Todesfall des Arbeitnehmers in Folge eines Arbeitsunfalles werden die Zuschüsse oder sonstigen Leistungen einem Angehörigen bis zu einem Gesamtbetrag von 5 000 Euro im Kalenderjahr gewährt.**

**c) In sachlich begründeten besonderen berufsspezifischen Härtefällen werden Zuschüsse an Arbeitnehmer oder an deren Angehörige bis zu einem Gesamtbetrag von 5 000 Euro pro Einzelfall gewährt.**

**d) Der kollektivvertragliche Beitrag des Arbeitgebers an die Einrichtung darf höchstens 0,5 vH des gebührenden Entgelts (Geld- und Sachbezüge) und der Sonderzahlungen, jeweils gemäß § 49 ASVG, auch über die ASVG-Höchstbeitragsgrundlage hinaus, betragen.**

**Die diese Zuschüsse oder sonstigen Leistungen gewährende Einrichtung hat bis 31. Jänner des Folgejahres dem Finanzamt des Empfängers des Zuschusses oder der sonstigen Leistung eine Mitteilung zu übersenden, die neben Namen und Anschrift des Empfängers des Zuschusses oder der sonstigen Leistung seine Sozialversicherungsnummer und die Höhe der Zuschüsse oder sonstigen Leistungen enthalten muss. Diese Mitteilung kann entfallen, wenn die entsprechenden Daten durch Datenträgeraustausch übermittelt werden.**

**39. Einkünfte natürlicher Personen aus der Einspeisung von bis zu 12 500 kWh elektrischer Energie aus Photovoltaikanlagen, wenn die Engpassleistung der jeweiligen Anlage die Grenze von 25 kWp nicht überschreitet.“**

**EB:** Zuschüsse oder sonstige Leistungen (zB für Weiterbildungs- oder Umschulungsmaßnahmen) der kollektivvertraglich begründeten gemeinsamen Einrichtungen der Sozialpartner für das Bewachungsgewerbe und für das Denkmal-, Fassaden- und Gebäudereinigungsgewerbe (die bestehenden Einrichtungen werden als „Sozialfonds“ bezeichnet), die nach dem 30. Juni 2022 ausbezahlt werden und auf die kein Rechtsanspruch besteht, sollen bis zu den im Gesetz festgelegten Obergrenzen im Kalenderjahr des Zuflusses von der Einkommensteuer befreit werden. Die Beiträge des Arbeitgebers an die Einrichtungen der Sozialpartner sollen dabei nicht mehr als 0,5 Prozent der allgemeinen Beitragsgrundlage gemäß § 49 ASVG betragen dürfen. Wenn in anderen Kollektivverträgen vergleichbare Einrichtungen geschaffen werden, sollen auch deren Leistungen, soweit sie den weiteren Voraussetzungen genügen, steuerfrei bleiben können.

Diese Zuschüsse oder sonstigen Leistungen sollen aktiven bzw. ehemaligen Arbeitnehmern der im Gesetz genannten Branchen steuerfrei gewährt werden können. Arbeitslosenunterstützung, Weiterbildungsunterstützung und Krankenstandsunterstützung können in einem Kalenderjahr kumulativ – innerhalb der jeweils geltenden Grenze – in Anspruch genommen werden. Im Todesfall des Arbeitnehmers in Folge eines Arbeitsunfalles sollen einem Angehörigen unabhängig von den Zuschüssen oder sonstigen Leistungen gemäß lit. a Zuschüsse bis zu einem Gesamtbetrag von 5.000 Euro im Kalenderjahr (§ 25 BAO) steuerfrei gewährt werden können. In sachlich begründeten besonderen berufsspezifischen Härtefällen, sollen die Zuschüsse –ebenfalls kumulativ zu etwaigen weiteren Leistungen gemäß lit. a bis c – an Arbeitnehmer oder an deren Angehörige bis zu einem Gesamtbetrag von 5.000 Euro pro Einzelfall steuerfrei gewährt werden können.

Um die Nachvollziehbarkeit der steuerfrei gewährten Zuschüsse sicherzustellen und einen unverhältnismäßigen Aufwand zu vermeiden, sollen die Einrichtungen verpflichtet werden, dem Finanzamt des Empfängers der steuerfreien Leistungen Name, Anschrift und Sozialversicherungsnummer des Empfängers sowie die Höhe der Leistung bis zum 31. Jänner des Folgejahres mitzuteilen.

**EB:** Einkünfte aus der Einspeisung von elektrischer Energie aus Photovoltaikanlagen (§ 5 Abs. 1 Z 3 EAG) in das öffentliche Netz stellen grundsätzlich Einkünfte aus Gewerbebetrieb iSd § 23 dar, die jedenfalls steuerpflichtig sind, sofern der Veranlagungsfreibetrag von 730 Euro überschritten wird. Aufgrund der steigenden Energiepreise sehen sich viele Steuerpflichtige, die eine Photovoltaikanlage primär zur privaten Eigenversorgung (idR als Überschusseinspeiser) errichtet haben, nun erstmals mit der Frage der richtigen steuerlichen Behandlung sowie der Abgabe einer Steuererklärung konfrontiert.

Zur Förderung der erneuerbaren Energie und der Energieunabhängigkeit und um den Verwaltungsaufwand für Privatpersonen zu verringern, soll für solche Fälle eine Steuerbefreiung geschaffen werden: Dabei sollen Einkünfte aus der Einspeisung von höchstens 12.500 kWh elektrischer Energie aus Photovoltaikanlagen künftig steuerfrei sein. Bei Überschreiten der 12.500 kWh soll eine anteilige Befreiung zur Anwendung kommen (im Sinne eines Freibetrages). Die Einschränkung auf Anlagen mit einer Engpassleistung von 25 kWp (auch bei mehreren Eigentümern) soll dabei typisierend sicherstellen, dass es sich lediglich um private Anlagen handelt, die primär zur Eigenversorgung und nicht für gewerbliche Zwecke errichtet worden sind.

Durch die Anknüpfung an Kilowattstunden und Kilowatt Peak (kWh und kWp) kann der Steuerpflichtige leicht erkennen, ob er in die Steuerpflicht fällt, ohne dafür eine Gewinnermittlung durchführen zu müssen.

Der Freibetrag bezieht sich auf den einzelnen Steuerpflichtigen. Wird eine Anlage von mehreren Personen betrieben, steht der Freibetrag somit mehrmals zu. Ist andererseits ein Steuerpflichtiger an mehreren Anlagen beteiligt, steht ihm der Freibetrag nur einmal zu.

Die Befreiung bezieht sich auf sämtliche Einkünfte aus der Einspeisung, sofern die maximale Erzeugungsmenge der Anlage nicht überschritten wird; sie steht somit nicht betriebsbezogen zu. Werden Einkünfte aus der Einspeisung im Rahmen einer gemeinsamen kommerziellen Anlage erzielt, ist die Befreiung im Rahmen des Feststellungsverfahrens gemäß § 188 BAO (noch) nicht zu berücksichtigen. Der Gewinnanteil ist somit ungekürzt festzustellen und die Befreiung sodann im Rahmen des Einkommensteuerverfahrens des Beteiligten zu berücksichtigen.

*Beispiele:*

1. *A installiert auf seinem Eigenheim eine Photovoltaikanlage mit 16 kWp. Damit werden 16.000 kWh Strom produziert. 12.000 kWh davon verbraucht er für den privaten Eigenbedarf selbst, der Rest (4.000 kWh) wird ins öffentliche Netz eingespeist. Sämtliche Einkünfte aus der Einspeisung sind steuerfrei.*
2. *Der Landwirt B installiert auf Freiflächen seines Betriebes eine Photovoltaikanlage mit 60 kWp. Da die Engpassleistung der Anlage die Grenze von 25 kWp übersteigt, steht die Befreiung nicht zu.*
3. *C hat bereits auf seinem Eigenheim in Niederösterreich eine Photovoltaikanlage mit 15 kWp installiert. Nun rüstet er auch sein Ferienhaus in Salzburg mit einer weiteren Photovoltaikanlage mit 15 kWp aus. Aus beiden Anlagen werden in Summe 14.000 kWh ins öffentliche Netz eingespeist. C steht die Befreiung für beide Anlagen dem Grunde nach zu, weil diese jeweils die Engpassleistung von 25 kWp nicht übersteigen. Der „Freibetrag" steht allerdings nur einmal pro Steuerpflichtigem zu, sodass die Einkünfte aus der Einspeisung von 1.500 kWh steuerpflichtig sind.*

Die Befreiung soll bereits ab der Veranlagung 2022 zur Anwendung kommen.

**EB:** Betriebsausgaben sind gemäß § 4 Abs. 4 die Aufwendungen oder Ausgaben, die durch den Betrieb veranlasst sind. Bei Netzkarten für den öffentlichen Verkehr, die sowohl für betrieblich veranlasste als auch private Fahrten genutzt werden (können), hat eine Aufteilung der Kosten zu erfolgen. Die dazu ergangene Rsp des VwGH (Erk. vom 27.3.1996, 92/13/0205) verlangt eine Erfassung der privaten und beruflichen Fahrten, um die Aufteilung vornehmen zu können; das bedeutet einen beträchtlichen Verwaltungsaufwand für die betroffenen Steuerpflichtigen (Führung eines Fahrtenbuchs). Im Hinblick auf die zunehmende Bedeutung des öffentlichen Verkehrs (Klimaticket) erscheint bereits aus Gründen der Verwaltungsvereinfachung und Rechtssicherheit eine Neuregelung geboten.

Im Lichte der mit dem Klimaticket verfolgten Zielsetzung, die Nutzung des öffentlichen Verkehrs zu forcieren, wurde mit der steuerfreien Zurverfügungstellung des „Job-Tickets" für Arbeitnehmer (§ 26 Z 5 lit. b) bereits ein steuerlicher Anreiz gesetzt, Netzkarten Arbeitnehmern zur Verfügung zu stellen. Es erscheint daher auch unter diesem Gesichtspunkt zielführend, Selbständigen ebenfalls einen steuerlichen Anreiz zu bieten, um im Wege einer Wochen-, Monats- oder Jahresnetzkarte verstärkt den öffentlichen Verkehr an Stelle des Individualverkehrs für betriebliche Zwecke zu nutzen.

Auf Grund des zweiten Satzes der Neuregelung sollen 50 % der Ausgaben für eine Wochen-, Monatsoder Jahreskarte für Massenbeförderungsmittel pauschal als Betriebsausgaben abgesetzt werden können, sofern diese (auch) für betriebliche Fahrten verwendet wird. Aufpreise für Familienkarten, für die Übertragbarkeit der Wochen-, Monats- oder Jahreskarte (Mitnutzung durch andere Personen), für die Mitnahme von Hunden oder Fahrrädern sowie Aufpreise für die Nutzung der 1. Klasse für Einzelfahrten sind von dieser Pauschalregelung nicht erfasst.

Die Möglichkeit, der Berücksichtigung als Betriebsausgaben die tatsächlichen Kosten für Netzkarten zu Grunde zu legen, bleibt nach dem ersten Satz unberührt. In diesem Fall ist – entsprechend der bisherigen Praxis – der betriebliche Nutzungsanteil in Bezug auf sämtliche Kosten zu ermitteln und glaubhaft zu machen. Sind Fahrt- und Reisekosten schon bislang im Rahmen einer Betriebsausgabenpauschalierung abgegolten, ergeben sich durch die Neuregelung keine Änderungen (keine zusätzliche Abzugsfähigkeit als Betriebsausgabe).

Aus umsatzsteuerlicher Sicht muss für den Vorsteuerabzug die tatsächliche unternehmerische Nutzung nachgewiesen werden. Unternehmer können jedoch nach der Rsp des EuGH (C-415/98, *Bakcsi*, Rz 26) gemischt genutzte Leistungen zu 100 % dem Privatvermögen zuordnen, was zur Folge hat, dass dann kein Vorsteuerabzug geltend gemacht werden kann. In diesem Fall sind ertragsteuerlich die Ausgaben inklusive Umsatzsteuer (brutto) maßgebend, sodass bei Inanspruchnahme der Pauschalregelung 50 % der Kosten der Wochen-, Monats- oder Jahreskarte inkl. USt als Betriebsausgaben abgezogen werden können.

*Beispiel 1:*

*A erzielt Einkünfte aus selbständiger Arbeit und ist nicht zum Vorsteuerabzug berechtigt. Er kauft sich für das Kalenderjahr 2022:*

**– ein Klimaticket Classic Familie um 1.205 Euro (das entspricht dem Preis für ein Klimaticket Classic von 1.095 Euro und einem Familienaufschlag von 110 Euro), das er auch betrieblich nutzt**

**– für Fahrten mit den ÖBB ein Upgrade für die 1. Klasse um 1.355 Euro,**

**– ein Businessplatz-Abo (Sitzplatzreservierungen) bei den ÖBB für 50 Stück um 450 Euro, wobei 30 Stück auf berufliche Fahrten entfallen.**

*Von der Pauschalregelung erfasst sind die Ausgaben für das Klimaticket Classic iHv 1.095 Euro sowie das Upgrade für die 1. Klasse um 1.355 Euro. Es sind daher 50 % dieser Ausgaben, somit 1.225 Euro ohne Nachweis als Betriebsausgabe absetzbar. Weiters absetzbar sind bei Glaubhaftmachung der beruflichen Veranlassung die Kosten der Sitzplatzreservierungen für 30 Fahrten um 270 Euro (9 Euro/Fahrt * 30).*

*Beispiel 2:*

*Die freiberuflich tätige und zum Vorsteuerabzug berechtigte B aus Salzburg kauft sich das Klimaticket Salzburg PLUS um 465 Euro (inklusive 10 % USt). Dieses ist im Gegensatz zum Klimaticket Salzburg (365 Euro, inklusive 10 % USt) übertragbar.*

*Als Betriebsausgaben sind im Rahmen der Pauschalregelung 50 % der Ausgaben für das Klimaticket Salzburg abzugsfähig. B verzichtet auf den Vorsteuerabzug, somit sind 182,50 Euro absetzbar.*

*Beispiel 3:*

*C wohnt in Linz und hat dort einen Gewerbebetrieb. Er ist nicht zum Vorsteuerabzug berechtigt. Für Fahrten zwischen Wohnung und Betrieb und für private Fahrten kauft er ein Mega-Ticket (Jahreskarte) der Linz Linien um 285 Euro. Aus Anlass von Kundenbesuchen in anderen Städten bezahlt er für Zugfahrkarten (1. und 2. Klasse), Sitzplatzreservierungen und Busfahrten insgesamt 2.527 Euro.*

*Im Rahmen der Pauschalregelung sind 50% der Ausgaben für das Mega-Ticket der Linz Linien, somit 142,50 Euro absetzbar. Die gesamten Fahrtkosten aus Anlass der betrieblichen Reisen sind daneben absetzbar.*

***2. In § 4 Abs. 4 wird nach Z 4 folgende Z 5 eingefügt:***

**„5. Die Ausgaben für eine Wochen-, Monats- oder Jahreskarte für Massenbeförderungsmittel, soweit die Fahrten durch den Betrieb veranlasst sind. Ohne weiteren Nachweis können 50 % der aufgewendeten Kosten für eine nicht übertragbare Wochen-, Monats- oder Jahreskarte für Einzelpersonen geltend gemacht werden, wenn glaubhaft gemacht wird, dass diese Karte auch für betrieblich veranlasste Fahrten verwendet wird.“**

**EB:** Betriebsausgaben sind gemäß § 4 Abs. 4 die Aufwendungen oder Ausgaben, die durch den Betrieb veranlasst sind. Bei Netzkarten für den öffentlichen Verkehr, die sowohl für betrieblich veranlasste als auch private Fahrten genutzt werden (können), hat eine Aufteilung der Kosten zu erfolgen. Die dazu ergangene Rsp des VwGH (Erk. vom 27.3.1996, 92/13/0205) verlangt eine Erfassung der privaten und beruflichen Fahrten, um die Aufteilung vornehmen zu können; das bedeutet einen beträchtlichen Verwaltungsaufwand für die betroffenen Steuerpflichtigen (Führung eines Fahrtenbuchs). Im Hinblick auf die zunehmende Bedeutung des öffentlichen Verkehrs (Klimaticket) erscheint bereits aus Gründen der Verwaltungsvereinfachung und Rechtssicherheit eine Neuregelung geboten.

Im Lichte der mit dem Klimaticket verfolgten Zielsetzung, die Nutzung des öffentlichen Verkehrs zu forcieren, wurde mit der steuerfreien Zurverfügungstellung des „Job-Tickets“ für Arbeitnehmer (§ 26 Z 5 lit. b) bereits ein steuerlicher Anreiz gesetzt, Netzkarten Arbeitnehmern zur Verfügung zu stellen. Es erscheint daher auch unter diesem Gesichtspunkt zielführend, Selbständigen ebenfalls einen steuerlichen Anreiz zu bieten, um im Wege einer Wochen-, Monats- oder Jahresnetzkarte verstärkt den öffentlichen Verkehr an Stelle des Individualverkehrs für betriebliche Zwecke zu nutzen.

Auf Grund des zweiten Satzes der Neuregelung sollen 50 % der Ausgaben für eine Wochen-, Monatsoder Jahreskarte für Massenbeförderungsmittel pauschal als Betriebsausgaben abgesetzt werden können, sofern diese (auch) für betriebliche Fahrten verwendet wird. Aufpreise für Familienkarten, für die Übertragbarkeit der Wochen-, Monats- oder Jahreskarte (Mitnutzung durch andere Personen), für die Mitnahme von Hunden oder Fahrrädern sowie Aufpreise für die Nutzung der 1. Klasse für Einzelfahrten sind von dieser Pauschalregelung nicht erfasst.

Die Möglichkeit, der Berücksichtigung als Betriebsausgaben die tatsächlichen Kosten für Netzkarten zu Grunde zu legen, bleibt nach dem ersten Satz unberührt. In diesem Fall ist – entsprechend der bisherigen Praxis – der betriebliche Nutzungsanteil in Bezug auf sämtliche Kosten zu ermitteln und glaubhaft zu machen. Sind Fahrt- und Reisekosten schon bislang im Rahmen einer Betriebsausgabenpauschalierung abgegolten, ergeben sich durch die Neuregelung keine Änderungen (keine zusätzliche Abzugsfähigkeit als Betriebsausgabe).

Aus umsatzsteuerlicher Sicht muss für den Vorsteuerabzug die tatsächliche unternehmerische Nutzung nachgewiesen werden. Unternehmer können jedoch nach der Rsp des EuGH (C-415/98, *Bakcsi*, Rz 26) gemischt genutzte Leistungen zu 100 % dem Privatvermögen zuordnen, was zur Folge hat, dass dann kein Vorsteuerabzug geltend gemacht werden kann. In diesem Fall sind ertragsteuerlich die Ausgaben inklusive Umsatzsteuer (brutto) maßgebend, sodass bei Inanspruchnahme der Pauschalregelung 50 % der Kosten der Wochen-, Monats- oder Jahreskarte inkl. USt als Betriebsausgaben abgezogen werden können.

*Beispiel 1:*

*A erzielt Einkünfte aus selbständiger Arbeit und ist nicht zum Vorsteuerabzug berechtigt. Er kauft sich für das Kalenderjahr 2022:*

**– ein Klimaticket Classic Familie um 1.205 Euro (das entspricht dem Preis für ein Klimaticket Classic von 1.095 Euro und einem Familienaufschlag von 110 Euro), das er auch betrieblich nutzt**

**– für Fahrten mit den ÖBB ein Upgrade für die 1. Klasse um 1.355 Euro,**

**– ein Businessplatz-Abo (Sitzplatzreservierungen) bei den ÖBB für 50 Stück um 450 Euro, wobei 30 Stück auf berufliche Fahrten entfallen.**

*Von der Pauschalregelung erfasst sind die Ausgaben für das Klimaticket Classic iHv 1.095 Euro sowie das Upgrade für die 1. Klasse um 1.355 Euro. Es sind daher 50 % dieser Ausgaben, somit 1.225 Euro ohne Nachweis als Betriebsausgabe absetzbar. Weiters absetzbar sind bei Glaubhaftmachung der beruflichen Veranlassung die Kosten der Sitzplatzreservierungen für 30 Fahrten um 270 Euro (9 Euro/Fahrt * 30).*

*Beispiel 2:*

*Die freiberuflich tätige und zum Vorsteuerabzug berechtigte B aus Salzburg kauft sich das Klimaticket Salzburg PLUS um 465 Euro (inklusive 10 % USt). Dieses ist im Gegensatz zum Klimaticket Salzburg (365 Euro, inklusive 10 % USt) übertragbar.*

*Als Betriebsausgaben sind im Rahmen der Pauschalregelung 50 % der Ausgaben für das Klimaticket Salzburg abzugsfähig. B verzichtet auf den Vorsteuerabzug, somit sind 182,50 Euro absetzbar.*

*Beispiel 3:*

*C wohnt in Linz und hat dort einen Gewerbebetrieb. Er ist nicht zum Vorsteuerabzug berechtigt. Für Fahrten zwischen Wohnung und Betrieb und für private Fahrten kauft er ein Mega-Ticket (Jahreskarte) der Linz Linien um 285 Euro. Aus Anlass von Kundenbesuchen in anderen Städten bezahlt er für Zugfahrkarten (1. und 2. Klasse), Sitzplatzreservierungen und Busfahrten insgesamt 2.527 Euro.*

*Im Rahmen der Pauschalregelung sind 50% der Ausgaben für das Mega-Ticket der Linz Linien, somit 142,50 Euro absetzbar. Die gesamten Fahrtkosten aus Anlass der betrieblichen Reisen sind daneben absetzbar.*

***3. § 4a wird wie folgt geändert:***

***a) In Abs. 2 Z 3 lautet lit. e:***

**„e) Die dem Tierschutzgesetz, BGBl. I Nr. 118/2004, entsprechende Betreuung von Tieren im Rahmen eines behördlich genehmigten Tierheimes (einschließlich Tierasyl oder Gnadenhof; § 4 Z 9 und 9b Tierschutzgesetz) in einem Mitgliedstaat der Europäischen Union oder in einem Staat des Europäischen Wirtschaftsraumes. Das Tierheim muss eine eigenständige wirtschaftliche Einrichtung einer Körperschaft im Sinne des Abs. 5 darstellen. Die Führung des Tierheimes muss den Anforderungen der Tierschutz-Sonderhaltungsverordnung, BGBl. II Nr. 139/2018, entsprechen."**

**EB:** In § 4a Abs. 2 Z 3 lit. e sollen eine Klarstellung nach einer Änderung des Tierschutzgesetzes durch BGBl. I Nr. 61/2017 und eine Verweisanpassung erfolgen. Inhaltlich soll sich dadurch aber keine Änderung ergeben.

***b) In Abs. 4a Z 3 wird die Wortfolge* „im Tätigkeitsbereich" *durch das Wort* „unter" *ersetzt.***

**EB:** Die Anpassung soll aufgrund der Novellierung des Transparenzdatenbankgesetzes erfolgen.

***4. § 16 Abs. 1 Z 6 lit. i lautet:***

**„i) Liegen bei einem Arbeitnehmer die Voraussetzungen für die Berücksichtigung eines Pendlerpauschales vor, gilt bezüglich § 26 Z 5 Folgendes:**

**aa) Nutzt der Arbeitnehmer an der Mehrzahl der Arbeitstage im Lohnzahlungszeitraum einen Werkverkehr gemäß § 26 Z 5 lit. a, steht ein Pendlerpauschale nur für jene Wegstrecke zu, die nicht von § 26 Z 5 lit. a umfasst ist. Kostenbeiträge des Arbeitnehmers für die Beförderung im Werkverkehr stellen Werbungskosten dar. Das zustehende Pendlerpauschale und ein zu leistender Kostenbeitrag sind dabei insgesamt mit der Höhe des sich aus lit. c, d oder e ergebenden Betrages für die Gesamtstrecke zwischen Wohnung und Arbeitsstätte begrenzt.**

**bb) Bei Zuwendungen gemäß § 26 Z 5 lit. b vermindert sich das Pendlerpauschale gemäß lit. c, d oder e um die vom Arbeitgeber getragenen Kosten. Die Zuwendungen sind verhältnismäßig auf den gesamten Zeitraum der Gültigkeit der Wochen-, Monats- oder Jahreskarte zu verteilen.“**

**EB:** In § 16 Abs. 1 6 lit. i EStG ist bei Vorliegen von nicht steuerbaren Zuwendungen im Sinne des § 26 Z 5 zwischen Werkverkehr mit Fahrzeugen in der Art eines Massenbeförderungsmittels (§ 26 Z 5 lit. a) und Übernahme der Kosten für eine Wochen-, Monats- oder Jahreskarte (§ 26 Z 5 lit. b) zu unterscheiden. Dies folgt zwingend daraus, dass § 26 Z 5 lit. b nicht auf die Strecke zwischen Wohnung und Arbeitsstätte abstellt und eine teilweise Übernahme der Kosten ermöglicht.

In sublit. aa) soll das Zusammenwirken von Pendlerpauschale und Werkverkehr mit Fahrzeugen in der Art eines Massenbeförderungsmittels geregelt werden:

Nutzt der Arbeitnehmer an der Mehrzahl der Arbeitstage im Lohnzahlungszeitraum die Beförderung im Werkverkehr gemäß § 26 Z 5 lit. a und muss er trotz des bestehenden Werkverkehrs eine bestimmte Wegstrecke zwischen Wohnung und Einstiegsstelle zurücklegen, steht ihm für diese Teilstrecke das Pendlerpauschale zu.

Muss der Arbeitnehmer für den Werkverkehr bezahlen, sind diese Kosten als Werbungskosten abzugsfähig, allerdings nur bis zur maximalen Höhe des in seinem konkreten Fall in Frage kommenden Pendlerpauschales der gesamten Strecke von der Wohnung zur Arbeitsstätte. Für jenen Teil der Fahrtstrecke, für den ein Werkverkehr (wenn auch mit einem Kostenbeitrag des Arbeitnehmers) zur Verfügung steht, steht kein Pendlereuro zu.

Dies entspricht der bisherigen Regelung hinsichtlich des Werkverkehrs gemäß § 26 Z 5.

*Beispiel 1 (den Beispielen sind die Werte des § 16 Abs. 1 Z 6 lit. c, d und e ohne die befristete Erhöhung des § 124b Z 395 zu Grunde gelegt):*

*A fährt an 17 Tagen im Monat zum Arbeitsort, an 12 dieser Tage nutzt er den bestehenden Werkverkehr. Von der Wohnung zur Arbeitsstätte mit über 60 km Entfernung würde ein großes Pendlerpauschale zustehen, von der Wohnung bis zur Einstiegsstelle (38 km) würde ein kleines Pendlerpauschale zustehen.*

*Da dem Arbeitnehmer an der Mehrzahl der Arbeitstage im Lohnzahlungszeitraum den Werkverkehr nutzt, kann A für die Strecke Wohnung – Einstiegsstelle Werkverkehr ein kleines Pendlerpauschale geltend machen (696 EUR/Jahr), der Pendlereuro steht für eine Strecke von 38 km zu.*

*Variante a):*

*A muss für den Werkverkehr einen Kostenbeitrag iHv 20 EUR pro Monat leisten. Er kann diesen Beitrag als allgemeine Werbungskosten zusätzlich zum kleinen Pendlerpauschale geltend machen; diese Werbungskosten dürfen gemeinsam mit dem erhaltenen kleinen Pendlerpauschale (für die Strecke Wohnort – Einstiegsstelle Werkverkehr) betraglich nicht ein ohne Werkverkehr zustehendes Pendlerpauschale für die gesamte Strecke Wohnung – Arbeitsstätte (3.672 EUR/Jahr) übersteigen.*

*Variante b):*

*A übernimmt eine andere Schicht, weshalb er den Werkverkehr nur mehr an 7 der 17 Arbeitstage nutzt. Er erhält daher das große Pendlerpauschale sowie den Pendlereuro für die gesamte Strecke Wohnung – Arbeitsstätte.*

In sublit. bb) soll die Berechnungsweise des Pendlerpauschales für jene Fälle geregelt werden, wenn der Arbeitgeber dem Arbeitnehmer ein Ticket unentgeltlich zur Verfügung stellt oder einen Kostenanteil eines Tickets übernimmt (Wochen-, Monats- oder Jahreskarte gemäß § 26 Z 5 lit. b EStG).

Das Pendlerpauschale soll in einem ersten Schritt so berechnet werden, als ob keine Zurverfügungstellung nach § 26 Z 5 EStG vorliege: Ausschlaggebend für die Höhe des Pendlerpauschales soll demnach die zurückzulegende Strecke Wohnung – Arbeitsstätte sein.

Damit es zu keiner ungerechtfertigten Überförderung kommt, ist der vom Arbeitgeber zugewendete Wert des Tickets nach § 26 Z 5 EStG vom Pendlerpauschale des Arbeitnehmers abzuziehen.

Um die Nachvollziehbarkeit zu gewährleisten, ist der zugewendete Betrag gemäß § 26 Z 5 lit. b bereits nach geltender Rechtslage im Lohnkonto einzutragen.

Der Wert eines für mehrere Monate gültigen Tickets soll dabei gleichmäßig auf die Monate der Gültigkeit zu verteilen sein.

*Beispiel 2 (den Beispielen sind die Werte des § 16 Abs. 1 Z 6 lit. c, d und e ohne die befristete Erhöhung des § 124b Z 395 zu Grunde gelegt):*

*A pendelt von ihrem Wohnort Mattersburg an 19 Arbeitstagen zu ihrer Arbeitsstätte in Wien; es steht A laut Pendlerrechner ein kleines Pendlerpauschale iHv 2.016 EUR pro Jahr (168 EUR pro Monat) sowie der Pendlereuro iHv 142 EUR pro Jahr zu.*

*Variante a):*

*Der Arbeitgeber wendet ihr ab Jänner 2023 die Kosten einer Wiener Jahreskarte im Wert von 365 EUR zu. As Arbeitgeber berücksichtigt das Pendlerpauschale in der laufenden Lohnverrechnung; mit der Übernahme der Kosten des Wiener Jahrestickets ist ab Jänner 1/12 (= 30,42 EUR) vom monatlichen Pendlerpauschale abzuziehen (168 – 365/12). Somit erhält A monatlich 137,58 EUR an Pendlerpauschale, der Pendlereuro steht für die gesamte Strecke ungekürzt zu.*

*Variante b):*

*A erhält von ihrem Arbeitgeber das Klimaticket für das gesamte Bundesgebiet iHv 1.095 EUR. Ihr steht daher ein Pendlerpauschale iHv 921 EUR/Jahr (=2.016 – 1.095) zu, der jährliche Pendlereuro iHv 142 EUR steht für die gesamte Strecke Wohnung-Arbeitsstätte zu.*

*Variante c):*

*Der Arbeitgeber übernimmt 500 EUR der Kosten für ein VOR Klimaticket MetropolRegion (915 EUR), die restlichen 415 EUR muss A selbst begleichen.*

*A steht daher ein Pendlerpauschale von 1.516 EUR/Jahr (=2.016 – 500) und ein Pendlereuro für die gesamte Strecke Wohnung-Arbeitsstätte iHv 142 EUR zu.*

*Variante d):*

*Der Arbeitgeber übernimmt 800 Euro der Kosten für ein VOR Klimaticket MetropolRegion (915 EUR). Dieses ist von Juli 2023 bis einschließlich Juni 2024 gültig. Die Zuwendung in Höhe von 800 Euro wird im Juli 2023 an A geleistet. Die restlichen 115 Euro der Kosten für das VOR Klimaticket MetropolRegion muss A selbst begleichen.*

*Die Zuwendung von 800 Euro ist verhältnismäßig auf den Zeitraum der Gültigkeit zu verteilen. Da sowohl im Jahr 2023 als auch 2024 jeweils für sechs Monate eine Kostenübernahme stattfindet, ist die Zuwendung in beiden Jahren je zur Hälfte vom Pendlerpauschale abzuziehen:*

*A steht daher in beiden Jahren ein Pendlerpauschale von 1.616 EUR/Jahr (=2.016 – 400) und ein Pendlereuro für die gesamte Strecke Wohnung-Arbeitsstätte iHv 142 EUR zu.*

***5. § 19 wird wie folgt geändert:***

***a) In Abs. 1 Z 2 lautet der erste Teilstrich:***

**„– Nachzahlungen von Pensionen, über deren Bezug bescheidmäßig abgesprochen wird, Bezüge gemäß § 25 Abs. 1 Z 1 lit. c, das Rehabilitationsgeld gemäß § 143a ASVG und das Wiedereingliederungsgeld gemäß § 143d ASVG,“**

***b) In Abs. 1 Z 2 wird nach dem ersten Teilstrich folgender Teilstrich eingefügt:***

**„– das versicherungsmäßige Arbeitslosengeld, das Umschulungsgeld gemäß § 39b AlVG und die Notstandshilfe oder an deren Stelle tretende Ersatzleistungen,“**

***c) In Abs. 2 wird nach dem zweiten Satz folgender Satz eingefügt:***

**„Rückzahlungen von Einnahmen gemäß Abs. 1 Z 2 erster und zweiter Teilstrich gelten in dem Kalenderjahr als abgeflossen, für das der Anspruch bestand bzw. für das sie getätigt wurden.“**

**EB:** Die Besteuerung von Rehabilitationsgeld und Krankengeld (§ 25 Abs. 1 Z 1 lit. c) ist derzeit so gestaltet, dass es bei längeren Verfahrensdauern und geballten Zahlungen für die Anspruchsberechtigten zu Steuernachzahlungen kommen kann. Aus diesem Grund sollen das Rehabilitationsgeld sowie das Krankengeld nicht im Jahr des Zuflusses zu besteuern sein, sondern dem Jahr zugerechnet werden, für das der Anspruch besteht. Diese Regelung soll gleichermaßen für das Wiedereingliederungsgeld gelten.

Da beispielsweise bis zur Entscheidung über das Rehabilitationsgeld in vielen Fällen ein Vorschuss des AMS geleistet wird, sollen auch das versicherungsmäßige Arbeitslosengeld, das Umschulungsgeld, die Notstandshilfe oder an deren Stelle tretende Ersatzleistungen in dem Kalenderjahr, für das der Anspruch besteht bzw. für das sie getätigt werden, als zugeflossen gelten.

Die Zurechnung zum Anspruchsjahr soll ebenso für Rückzahlungen der genannten Leistungen gelten.

Die Änderungen sollen für Zahlungen, Nachzahlungen und Rückzahlungen ab 1. Jänner 2022 gelten.

Um beim Übergang vom Zufluss- zum Anspruchsprinzip steuerliche Nachteile zu vermeiden, soll für Rückzahlungen eine Übergangsregelung geschaffen werden. Wenn bei einer Rückzahlung das Kalenderjahr, für das der Anspruch bestand bzw. für das die Zahlung getätigt worden ist, nicht mit dem Kalenderjahr der steuerlichen Berücksichtigung der Einnahmen übereinstimmt, kann die Rückzahlung dem Jahr der Versteuerung zugerechnet werden (z. B. Zufluss 2021 für das Jahr 2020, Versteuerung im Zuflussjahr 2021, Rückzahlung August 2022; ohne Übergangsregelung wäre die Rückzahlung dem Anspruchsjahr 2020 zuzurechnen, aufgrund der Übergangsregelung kann die Rückzahlung dem Jahr der steuerlichen Berücksichtigung 2021 zugerechnet werden). Die Neuregelung soll bei offenen Veranlagungsfällen auch über Antrag des Steuerpflichtigen möglich sein. Ist lediglich das Jahr des Zuflusses noch nicht rechtskräftig veranlagt, das Anspruchsjahr hingegen schon, soll die antragsgemäße Umstellung auf das Anspruchsprinzip für die vorangegangenen Jahre ein rückwirkendes Ereignis gemäß § 295a BAO darstellen, sodass dann sämtliche Zahlungen und Rückzahlungen entsprechend der neuen Rechtslage dem Anspruchsjahr zugeordnet werden können. Wenn z. B. im Jahr 2020 Rehabilitationsgeld für die Jahre 2018 und 2019 nachgezahlt wird, soll ein Antrag auf Anwendung der Neuregelung auch dann möglich sein, wenn lediglich das Jahr 2020 noch nicht rechtskräftig veranlagt ist.

***6. § 22 wird wie folgt geändert:***

***a) Z 1 lit. a dritter Satz lautet:***

**„Stipendien stellen keinen wirtschaftlichen Einkommensersatz dar, soweit sie jährlich insgesamt nicht höher sind als die Studienbeihilfe nach Selbsterhalt gemäß § 31 Abs. 4 des Studienförderungsgesetzes 1992.“**

**EB:** Aufgrund einer Novellierung des Studienförderungsgesetzes 1992 (BGBl. I Nr. 75/2022) soll der Verweis ab dem 1. September 2022 angepasst werden. Die bisherige Freigrenze (715 Euro) soll durch einen Freibetrag (aktuell: 923 Euro) ersetzt werden. Der über diesen Grundbetrag gemäß § 31 Abs. 4 StudFG 1992 hinausgehende Teil soll als Einkünfte aus selbständiger Arbeit gelten.

***b) In Z 1 lit. b wird im letzten Satz die Wortfolge* „sowie Einkünfte als Vertretungsarzt gemäß § 2 Abs. 2a Z 3 Freiberuflichen-Sozialversicherungsgesetz – FSVG, BGBl. Nr. 624/1978“ *durch die Wortfolge* „sowie Einkünfte als Notarzt oder Vertretungsarzt ge-**

**mäß § 2 Abs. 2a Z 2 oder Z 3 Freiberuflichen-Sozialversicherungsgesetz – FSVG, BGBl. Nr. 624/1978"** ***ersetzt.***

**EB:** In § 22 Z 1 lit. b wurde im Rahmen des Steuerreformgesetzes 2020 normiert, dass freiberufliche Vertretungsärzte, die unter die Pflichtversicherung nach dem Freiberuflichen-Sozialversicherungsgesetz (FSVG) fallen, steuerlich Einkünfte aus freiberuflicher Tätigkeit beziehen. Dies soll nunmehr auch für Notärzte gelten, indem ein Verweis auf freiberufliche Notärzte aufgenommen wird, die unter die Pflichtversicherung nach dem FSVG fallen. Durch die Ergänzung soll gesetzlich normiert werden, dass eine Tätigkeit als Notarzt im Sinne des § 49 Abs. 3 Z 26a ASVG (Tätigkeiten als Notarzt im landesgesetzlich geregelten Rettungsdienst, sofern diese Tätigkeit weder den Hauptberuf noch die Hauptquelle der Einnahmen bildet), die eine freiberufliche Tätigkeit im Sinne des § 2 Abs. 2a Z 2 FSVG darstellt, auch eine freiberufliche Tätigkeit im Rahmen des Einkommensteuergesetzes darstellt und es sich somit um Einkünfte aus selbständiger Arbeit handelt. Die Ergänzung soll für alle offenen Veranlagungsfälle zur Anwendung kommen.

***c) In Z 2 wird nach dem Wort*** **„Kraftfahrzeuges"** ***die Wortfolge samt Satzzeichen*** **„, Kraftrades oder Fahrrades"** ***eingefügt.***

**EB:** Mit dem StRefG 2020 wurde § 15 Abs. 2 Z 2 erweitert, sodass auch Krafträder und Fahrräder der begünstigten Sachbezugsbewertung zugänglich sind. Die parallele gesetzliche Anpassung in § 22 Z 2 soll nunmehr nachgeholt werden.

***7. In § 26 Z 5 lit. b wird der erste Satz durch folgende Sätze ersetzt:***

**„Die Zurverfügungstellung einer Wochen-, Monats- oder Jahreskarte für ein Massenbeförderungsmittel durch den Arbeitgeber für seine Arbeitnehmer, sofern die Karte zumindest am Wohn- oder Arbeitsort gültig ist. Dies gilt auch, wenn der Arbeitgeber die Kosten einer solchen Karte zumindest teilweise übernimmt."**

**EB:** Es soll klargestellt werden, dass nicht nur die Übernahme der Kosten für ein Öffi-Ticket (Wochen-, Monats- oder Jahreskarte) keinen steuerbaren Bezug aus nichtselbständiger Arbeit darstellt, sondern dass auch ein den Bedingungen des § 26 Z 5 lit. b entsprechendes Ticket durch den Arbeitgeber nicht steuerbar zur Verfügung gestellt werden kann. Dies entspricht der bisherigen Verwaltungspraxis.

Darüber hinaus soll auch ein Pflichtveranlagungstatbestand für jene Fälle vorgesehen werden, in denen ein Öffi-Ticket gewährt wurde, das die gesetzlich vorgesehenen Voraussetzungen nicht erfüllt oder dem Arbeitnehmer Kosten für ein Öffi-Ticket in einer nicht zustehenden Höhe ersetzt wurden. Dies kann beispielsweise der Fall sein, wenn der Arbeitnehmer gegenüber dem Arbeitgeber unrichtige Angaben gemacht hat oder mehrere Arbeitgeber für dasselbe Ticket einen insgesamt die Kosten übersteigenden Beitrag geleistet haben.

***8. § 27 wird wie folgt geändert:***

***a) Abs. 6 Z 1 lit. b lautet:***

**„b) Als tatsächliche Veräußerung gilt auch ein späterer Wegzug oder die spätere Überführung des Wirtschaftsgutes oder Derivates in einen Staat, der von lit. a nicht erfasst ist."**

**EB:** Zur Vermeidung von Gestaltungen im Zusammenhang mit der Berücksichtigung von im Ausland eingetretenen Wertminderungen soll die mit dem StRefG 2020 geschaffene Möglichkeit wieder entfallen, die nichtfestgesetzte Steuerschuld auf Antrag freiwillig festzusetzen.

***b) In Abs. 6 Z 2 wird folgender sechster Teilstrich angefügt:***

**„– Bei der Übertragung im Zuge einer Umgründung im Sinne des Umgründungssteuergesetzes, wenn der Steuerpflichtige die depotführende Stelle beauftragt, dem zuständigen Finanzamt innerhalb eines Monats seinen Namen, seine Steuer- oder Sozialversicherungsnummer, die übertragenen Wirtschaftsgüter, deren Anschaffungskosten und gegebenenfalls jene Stelle mitzuteilen, auf die die Übertragung erfolgt. Bei der Übertragung von einer ausländischen depotführenden Stelle auf ein anderes Depot hat die Mitteilung an das Finanzamt durch den Steuerpflichtigen selbst zu erfolgen."**

**EB:** Nach derzeitiger Rechtslage besteht auch bei Depotentnahmen oder -übertragungen in Zusammenhang mit Umgründungen im Sinne des Umgründungssteuergesetzes (UmgrStG) Steuerpflicht bzw. ist in solchen Fällen dem Grunde nach ein Kapitalertragsteuerabzug vorzunehmen, obwohl das UmgrStG eine Realisierung stiller Reserven hinsichtlich der Tauschbesteuerung grundsätzlich unterdrückt.

*Beispiel:*

*Die natürliche Person A bringt einen Kapitalanteil iSd § 12 Abs. 2 Z 3 UmgrStG an der inländischen BAG in die inländische C-GmbH ein und erhält dafür Anteile an der C-GmbH. Die Aktien an der B-AG werden vom inländischen Depot von A auf das inländische Depot der C-GmbH übertragen.*

*Obwohl § 17 Abs. 1 UmgrStG anzuwenden ist und eine Übertragung zu Anschaffungskosten erfolgt, löst die Depotübertragung eine Realisierung gemäß § 27 Abs. 6 Z 2 aus, weil es sich weder um eine Übertragung auf ein Depot desselben Steuerpflichtigen, noch um eine unentgeltliche Übertragung handelt. Daher kann keiner der bisherigen Ausnahmetatbestände erfüllt werden.*

Diese Realisierung soll künftig vermieden werden, indem § 27 Abs. 6 Z 2 ein sechster Teilstrich angefügt wird, wonach eine Ausnahme von der Entnahmebesteuerung auch dann vorliegt, wenn es sich um eine Übertragung im Zuge einer Umgründung im Sinne des UmgrStG handelt. Ob es dabei hinsichtlich der betroffenen Wirtschaftsgüter nach dem UmgrStG auch tatsächlich zum Ansatz der Anschaffungskosten bzw. zur Buchwertfortführung kommt, soll nicht relevant sein, weil es andernfalls ohnehin zu einer steuerpflichtigen Tauschbesteuerung im Veranlagungsweg kommt. Zur Sicherstellung dieser Erfassung im Rahmen der Veranlagung soll als zusätzliche Voraussetzung vorgesehen werden, dass die (inländische) depotführende Stelle vom Bankgeheimnis entbunden und vom Steuerpflichtigen beauftragt wird, dem zuständigen

Finanzamt innerhalb eines Monats alle relevanten Daten mitzuteilen. Sollte es sich um eine ausländische depotführende Stelle handeln, soll der Steuerpflichtige diese Mitteilung zur Vermeidung der Steuerpflicht selbst vorzunehmen können.

Damit die depotführende Stelle den Kapitalertragsteuerabzug unterlassen und eine entsprechende Mitteilung an das Finanzamt durchführen kann, soll ihr das Vorliegen einer Umgründung im Sinne des UmgrStG glaubhaft gemacht werden. Dazu dient insbesondere ein notariell beglaubigter Beschluss bzw. Vertrag oder ein Notariatsakt über die Umgründung. Da sich die Pflicht zum Abzug von Kapitalertragsteuer nach Maßgabe des § 93 Abs. 3 und § 93 Abs. 5 erster Teilstrich – anders als der materiell-rechtliche Grundtatbestand in § 27 Abs. 6 Z 2 – auch auf den betrieblichen Bereich erstreckt, soll dies auch für Umgründungen möglich sein, die sich auf Betriebsvermögen beziehen.

Die Neuregelung soll mit 1. Jänner 2023 in Kraft treten.

***9. In § 27a Abs. 2 Z 7 wird der Verweis* „§ 95 Abs. 2 Z 2 lit. b oder lit. c“ *durch den Verweis* „§ 95 Abs. 2 Z 4“ *ersetzt.***

**EB:** Der Verwaltungsgerichtshof hat es jüngst (VwGH 8.3.2022, Ro 2019/15/0184) als Verstoß gegen die Dienstleistungsfreiheit gewertet, dass ausländische auszahlende Stellen keine der Kapitalertragsteuer entsprechende Steuer gemäß § 27a Abs. 2 Z 7 EStG 1988 einheben und den besonderen Steuersatz in Höhe von 27,5% nicht vermitteln können. Aus unionsrechtlichen Gründen müsse daher nach dem VwGH der besondere Steuersatz im Rahmen der Veranlagung für sämtliche Einkünfte aus unverbrieften Derivaten zur Anwendung kommen können, wenn diese über eine ausländische auszahlende Stelle abgewickelt werden. Erfolgt die Abwicklung über eine inländische auszahlende Stelle, sei die Anwendbarkeit des Sondersteuersatzes weiterhin von der freiwilligen Einbehaltung einer der Kapitalertragsteuer entsprechenden Steuer abhängig.

Um eine Gleichstellung aller Steuerpflichtigen zu gewährleisten, sollen künftig neben inländischen auszahlenden Stellen gemäß Z 2 lit. b und lit. c auch vergleichbare ausländische auszahlende Stellen (insbesondere ausländische Kreditinstitute) eine der Kapitalertragsteuer vergleichbare Steuer für Einkünfte aus unverbrieften Derivaten einbehalten können. Dazu sollen die bestehenden Regelungen für ausländische Wertpapierfirmen nunmehr weiter ausgedehnt werden, wobei durch die Notwendigkeit eines inländischen steuerlichen Vertreters und dessen Einbeziehung in die Haftung gemäß Abs. 1 die korrekte Einbehaltung und Abfuhr der Abzugssteuer sichergestellt werden soll. Die Einschränkung auf Länder mit umfassender Amtshilfe soll zudem wie bisher eine Überprüfung der Voraussetzungen im Ausland sicherstellen.

Durch die Erweiterung des KESt-Systems soll damit künftig auch für ausländische auszahlende Stellen eine haftungssichere Abfuhr der Steuer sichergestellt werden und damit unionsrechtskonform der besondere Steuersatz wiederum nur in jenen Fällen zur Anwendung kommen, in denen auch (im In- oder Ausland) tatsächliche einer der Kapitalertragsteuer vergleichbare Steuer einbehalten wird.

***10. § 28 Abs. 3 Z 3 zweiter Satz lautet:***

**„§ 8 Abs. 2 dritter und vierter Satz gilt entsprechend.“**

**EB:** Es soll ein Redaktionsversehen beseitigt werden.

***11. § 33 Abs. 4 Z 3 lautet:***

**„3. Steuerpflichtigen, die für ein Kind den gesetzlichen Unterhalt leisten, steht ein Unterhaltsabsetzbetrag von 29,20 Euro monatlich zu. Dabei gilt:**

**a) Der Unterhaltsabsetzbetrag steht zu, wenn das Kind nicht dem Haushalt des Steuerpflichtigen zugehört (§ 2 Abs. 5 Familienlastenausgleichsgesetz 1967) und weder ihm noch seinem von ihm nicht dauernd getrennt lebenden (Ehe-)Partner Familienbeihilfe für das Kind gewährt wird.**

**b) Leistet ein Steuerpflichtiger für mehr als ein nicht haushaltszugehöriges Kind den gesetzlichen Unterhalt, steht für das zweite Kind ein Absetzbetrag von 43,80 Euro und für jedes weitere Kind ein Absetzbetrag von jeweils 58,40 Euro monatlich zu.**

**c) Erfüllen mehrere Personen in Bezug auf ein Kind die Voraussetzungen für den Unterhaltsabsetzbetrag, steht der Absetzbetrag nur einmal zu.**

**d) Wird die Unterhaltsverpflichtung im Kalenderjahr nicht zur Gänze erfüllt, steht der Unterhaltsabsetzbetrag nur für jene Monate zu, für die rechnerisch die volle Unterhaltsleistung erfüllt wurde, wobei vorrangig die zeitlich am weitesten zurückliegende Unterhaltsverpflichtung getilgt wird.**

**e) Nachzahlungen von gesetzlichen Unterhaltsleistungen sind ausschließlich im Kalenderjahr der Zahlung zu berücksichtigen.“**

**EB:** § 33 Abs. 4 Z 3 lit. a bis c entsprechen der geltenden Regelung, die Bestimmung soll jedoch neu und übersichtlicher strukturiert werden.

Mit der Ergänzung in § 33 Abs. 4 Z 3 lit. d und e soll die steuerliche Behandlung von unregelmäßigen bzw. nachgezahlten Unterhaltsleistungen gesetzlich klargestellt werden und die bisherige Verwaltungsmeinung aufgenommen werden (vgl. LStR 2002 Rz 799), da der monatliche Unterhaltsabsetzbetrag im Spannungsfeld zwischen dem tatsächlich geleisteten Unterhalt und dem Familienbonus Plus steht, für dessen Anspruch er Voraussetzung ist. Die Tilgungsreihenfolge innerhalb eines Kalenderjahres wird für die Berücksichtigung des Unterhaltsabsetzbetrages und in Folge des Familienbonus Plus gesetzlich nun so ausgestaltet, dass zunächst die älteste offene Unterhaltsverpflichtung getilgt wird, danach die nächstälteste usw. Es kommt dabei nicht darauf an, zu welchem Zeitpunkt im Jahr die (Nach-)Zahlungen getätigt wurden. Bei unregelmäßigen Zahlungen innerhalb eines Kalenderjahres ist demnach das Kalenderjahr rechnerisch von Beginn des Jahres bzw. von Beginn der Unterhaltsverpflichtung an aufzufüllen.

*Beispiel:*

*A ist verpflichtet 200 Euro im Monat an Unterhalt für das Kind an die Kindesmutter B zu zahlen. Er zahlt unregelmäßig, dh in 5 Monaten die vollen 200 Euro, in 4 Monaten zahlt er gar nichts, und in 3 Monaten zahlt er nur 100 Euro. In Summe zahlt er daher insgesamt im Kalenderjahr 1 300 Euro (statt 2 400 Euro). Rechnerisch werden die 1 300 Euro nun auf die Monate der Unterhaltsverpflichtung angerechnet, dh beginnend ab Jänner erfüllt A seine Unterhaltsverpflichtung für sechs Monate. A steht der Unterhaltsabsetzbetrag in diesem Jahr daher für sechs Monate (Jänner bis Juni) zu.*

Dieselbe Systematik gilt für Nachzahlungen nach Ablauf eines Kalenderjahres. Nachzahlungen, mit welchen nach Ablauf des Kalenderjahres offene Unterhaltsverpflichtungen aus dem Vorjahr bzw. den Vorjahren bezahlt werden, können daher für den Unterhaltsabsetzbetrag in den Vorjahren nicht berücksichtigt werden.

*Beispiel:*

*A zahlt in den ersten Monaten im Jahr 2022 unregelmäßig und nur für drei Monate den vereinbarten Unterhalt an die Kindesmutter B. Im Dezember 2022 zahlt er für weitere drei Monate nach, im Februar 2023 leistet er noch zwei Nachzahlungen.*

*A steht der Unterhaltsabsetzbetrag im Jahr 2022 für sechs Monate (Jänner bis Juni) zu, entsprechend der sechs in diesem Jahr tatsächlich geleisteten Unterhaltszahlungen. Die Nachzahlungen im Februar 2023 können für das Jahr 2022 nicht berücksichtigt werden, diese sind nur in dem Jahr der Zahlung relevant, also für den Unterhaltsabsetzbetrag im Kalenderjahr 2023.*

***12. § 37 wird wie folgt geändert:***

***a) Abs. 4 Z 7 lit. b lautet:***

**„b) Wegfall der Voraussetzung für die Verteilung sowie Betriebsveräußerung, Betriebsaufgabe oder Veräußerung oder Aufgabe der Betätigung, aus der zu verteilende Einkünfte stammen;“**

**EB:** Die Gründe, aus denen die Verteilung auf drei Jahre bei bestimmten Einkünften aus Land- und Forstwirtschaft endet, sind in Z 7 taxativ aufgezählt. Neben den dort genannten Endigungsgründen ist eine (weitere) Verteilung aber auch dann nicht mehr möglich, wenn eine Anwendungsvoraussetzung für die Verteilung wegfällt. Das ist insbesondere bei bisher verteilten Einkünften ab dem Zeitpunkt der Fall, ab dem die Einkünfte durch Vollpauschalierung ermittelt werden und damit gemäß Z 1 aus dem Anwendungsbereich der Verteilungsregelung ausscheiden (genereller Wechsel in die Vollpauschalierung oder partieller Wechsel in Bezug auf bestimmte Teileinkünfte, zB bei Einkünften aus Forstwirtschaft oder Weinbau).

Mit der Änderung soll dieser wesentliche Endigungsgrund in den Katalog der Z 7 aufgenommen werden. Ohne die Änderung sind die bisher offenen Drittelbeträge nachhängig weiter zu berücksichtigen, sodass – wenn nicht gleichzeitig ein Widerruf erfolgt – zwei Drittelbeträge im ersten Jahr der Nichtanwendung der Verteilung und ein Drittelbetrag im zweiten Jahr zu berücksichtigen wären.

Diese Nacherfassung weicht von der Regelung der Z 8 ab. Im Ergebnis besteht daher nach derzeitiger Rechtslage neben den durch Z 8 ermöglichten drei unterschiedlichen Varianten der zeitlichen Nacherfassung der offenen Drittelbeträge (gleichteilige Verteilung auf zwei Jahre, vier Jahre oder gesamte Erfassung im Beendigungsjahr) noch ein weiterer davon abweichender Anwendungsfall.

Ein sachlicher Grund dafür ist nicht ersichtlich; mit der Änderung soll daher eine Lücke geschlossen werden. Die Aufnahme in den Katalog der Z 7 gewährleistet, dass auch auf diesen Fall das für die Beendigung generell vorgesehene Regime der Z 8 anwendbar ist und trägt so der Verwaltungsvereinfachung Rechnung.

***b) In Abs. 9 wird die Wortfolge* „§ 10 Abs. 2 Z 5 des Umsatzsteuergesetzes 1994“ *durch die Wortfolge* „§ 10 Abs. 3 Z 4 des Umsatzsteuergesetzes 1994“ *ersetzt.***

**EB:** Es soll ein Redaktionsversehen beseitigt werden.

***13. § 41 wird wie folgt geändert:***

***a) Abs. 1 Z 6 lautet:***

**„6. ein Pendlerpauschale gemäß § 16 Abs. 1 Z 6 berücksichtigt wurde, aber die Voraussetzungen nicht vorlagen oder ein nicht zustehender Betrag berücksichtigt wurde,“**

**EB:** Es soll klargestellt werden, dass nicht nur die Übernahme der Kosten für ein Öffi-Ticket (Wochen-, Monats- oder Jahreskarte) keinen steuerbaren Bezug aus nichtselbständiger Arbeit darstellt, sondern dass auch ein den Bedingungen des § 26 Z 5 lit. b entsprechendes Ticket durch den Arbeitgeber nicht steuerbar zur Verfügung gestellt werden kann. Dies entspricht der bisherigen Verwaltungspraxis.

Darüber hinaus soll auch ein Pflichtveranlagungstatbestand für jene Fälle vorgesehen werden, in denen ein Öffi-Ticket gewährt wurde, das die gesetzlich vorgesehenen Voraussetzungen nicht erfüllt oder dem Arbeitnehmer Kosten für ein Öffi-Ticket in einer nicht zustehenden Höhe ersetzt wurden. Dies kann beispielsweise der Fall sein, wenn der Arbeitnehmer gegenüber dem Arbeitgeber unrichtige Angaben gemacht hat oder mehrere Arbeitgeber für dasselbe Ticket einen insgesamt die Kosten übersteigenden Beitrag geleistet haben.

**EB:** Der Pflichtveranlagungstatbestand hinsichtlich des Pendlerpauschales soll an jenen für den Familienbonus Plus sowie der Absetzbeträge in § 41 Abs. 1 Z 5 angepasst werden, sodass zukünftig in all jenen Fällen, in denen ein Pendlerpauschale zu Unrecht oder in einer falschen Höhe berücksichtigt wurde, eine Pflichtveranlagung durchgeführt wird. Dies führt insbesondere hinsichtlich der Berechnung des Pendlerpauschales gemäß § 16 Abs. 1 Z 6 lit. i zu einer Vereinfachung sowohl für die Arbeitnehmer als auch die Finanzverwaltung.

***b) In Abs. 1 Z 13 entfällt die Wortfolge* „von mehreren Arbeitgebern“.**

**EB:** Es wird ein Redaktionsversehen bereinigt. Ein Pflichtveranlagungstatbestand soll auch dann gegeben sein, wenn das Homeoffice-Pauschale von einem Arbeitgeber in einer insgesamt nicht zustehenden Höhe steuerfrei belassen wurde.

***c) In Abs. 1 werden folgende Ziffern 14 und 15 angefügt:***

**„14. im Kalenderjahr mehr als 3 000 Euro Gewinnbeteiligung gemäß § 3 Abs. 1 Z 35 steuerfrei berücksichtigt wurde,**

**15. gemäß § 26 Z 5 lit. b eine Wochen-, Monats- oder Jahreskarte für ein Massenbeförderungsmittel zur Verfügung gestellt wurde oder Kosten einer solchen Karte übernommen wurden, aber die Voraussetzungen nicht vorlagen oder ein nicht zustehender Betrag unversteuert belassen wurde.“**

**EB:** In § 3 Abs. 1 Z 35 soll im Zusammenhang mit der steuerfreien Mitarbeitergewinnbeteiligung gesetzlich klargestellt werden, dass der einzelne Arbeitnehmer im Kalenderjahr nicht mehr als 3 000 Euro an steuerfreier Gewinnbeteiligung erhalten kann. Insbesondere bei mehreren Arbeitgebern im Jahr könnte es zu einer Überschreitung des Maximalbetrages kommen. In diesen Fällen ist dann § 41 Abs. 1 Z 14 zu beachten und es soll im Rahmen einer Pflichtveranlagung zu einer Nachversteuerung des übersteigenden Betrages kommen.

***d) In Abs. 2 Z 2 lit. a 2. Teilstrich wird nach dem Wort* „Steuergutschrift“ *die Wortfolge* „von zumindest fünf Euro“ *eingefügt.***

**EB:** Aus verwaltungsökonomischen Gründen soll eine antragslose Arbeitnehmerveranlagung unterbleiben können, wenn sie zu einer Gutschrift führen würde, die lediglich einen Bagatellbetrag ausmacht. Da § 242 Abs. 2 BAO vorsieht, dass Guthaben unter fünf Euro nicht von Amts wegen zurückzuzahlen sind, soll dieser Betrag als Untergrenze für die Durchführung einer antragslosen Arbeitnehmerveranlagung herangezogen werden.

Weiters sollen im Rahmen der antragslosen Arbeitnehmerveranlagung auch jene pauschalen Sonderausgaben für die thermisch-energetische Sanierung von Gebäuden und „Heizkesseltausch“ berücksichtigt werden, für die eine Datenübermittlung gemäß § 40g TDBG 2012 erfolgt.

Die Änderung soll erstmalig bei der Veranlagung 2022 anzuwenden sein.

***e) In Abs. 2 Z 2 lit. a 3. Teilstrich wird der Verweis* „§ 18 Abs. 8“ *durch den Verweis* „§ 18 Abs. 1 Z 10 und Abs. 8“ *ersetzt.***

***f) In Abs. 2 Z 2 werden die bisherigen lit. d und lit. e zu lit. e und lit. f und folgende lit. d wird neu eingefügt:***

**„d) Wurde der Bescheid aus der antragslosen Veranlagung aufgrund nachträglich übermittelter Daten im Sinne von lit. a dritter Teilstrich durch einen neuen Bescheid ersetzt, der die Steuergutschrift gegenüber dem bisherigen Bescheid erhöht, sind lit. c und lit. e auch auf diesen Bescheid anzuwenden. Dies gilt nicht, wenn Abs. 1 zur Anwendung kommt.“**

**EB:** Erhöht eine nachträgliche Übermittlung von Daten betreffend Sonderausgaben, Behinderung oder eines Lohnzettels die Gutschrift aus einer bereits erfolgten antragslosen Arbeitnehmerveranlagung, soll auch dieser Sachbescheid, der an die Stelle des ersten Bescheides aus der antragslosen Arbeitnehmerveranlagung tritt, einer Veranlagung auf Antrag des Steuerpflichtigen innerhalb der Frist von fünf Jahren gemäß lit. c zugänglich sein. Die nachträgliche Änderung und Erhöhung der Gutschrift erfolgt regelmäßig ohne Zutun des Steuerpflichtigen oder in Folge einer Fehlerkorrektur, die beispielsweise von einer übermittlungspflichtigen Organisation (vgl. § 18 Abs. 8) durchgeführt wird.

Zugeschnitten ist diese Möglichkeit demnach auf jene Fälle, in denen es zur automatischen Übermittlung der Daten an das Finanzamt kommt, wie nach§ 18 Abs. 1 Z 10, § 18 Abs. 8 und der dazu ergangenen Sonderausgaben-Datenübermittlungsverordnung, § 35 Abs. 8 und § 84 (vgl. § 41 Abs. 2 Z 2 lit. a dritter Teilstrich).

*Beispiel:*

*Der antragslose Bescheid betreffend das Kalenderjahr 2021 ergeht im August 2022. Anfang September 2022 wird der Finanzverwaltung nachträglich eine Spende aus dem Jahr 2021 im Wege einer automatischen Meldung der Spendenorganisation übermittelt. Der antragslos ergangene Bescheid wird aufgrund der nachträglich eingegangenen Meldung im Rahmen der verfahrensrechtlichen Vorschriften durch einen neuen Bescheid ersetzt, der zu einer zusätzlichen Gutschrift führt. Der Steuerpflichtige kann innerhalb der Fünfjahresfrist eine Abgabenerklärung abgeben. In diesem Fall ist der zuletzt ergangene Bescheid aufzuheben und über die Abgabenerklärung zu entscheiden.*

Die Möglichkeit zur Bescheidänderung innerhalb der fünfjährigen Frist (lit. c) oder zur ersatzlosen Bescheidaufhebung (lit. e) besteht allerdings nicht, wenn der neue Bescheid im Verhältnis zum bisherigen antraglos ergangenen Bescheid die Steuergutschrift vermindert. Dies wäre etwa der Fall, wenn eine Spendendatenübermittlung nachträglich korrigiert wird und einen geringeren Spendenbetrag ausweist, sodass die aus der neuen Arbeitnehmerveranlagung resultierende Gutschrift gegenüber dem Erstbescheid verringert wird. In diesem Fall gelten für den neuen Bescheid die normale Regelungen der BAO über Bescheidänderungen. Lit. c (Bescheidänderung innerhalb von fünf Jahren) und lit. e (Antrag auf ersatzlose Behebung) gelten aber nicht.

*Beispiel:*

*Der antragslose Bescheid betreffend das Kalenderjahr 2021 ergeht im August 2022. Anfang September 2022 wird eine Spendendatenübermittlung dahingehend korrigiert, dass an die Stelle des übermittelten Betrages von 1.000 Euro der korrekte Betrag von 100 Euro tritt. Diese Änderung führt im Wege einer Wiederaufnahme des Verfahrens zu einem neuen Bescheid, aus dem sich gegenüber dem geänderten Bescheid eine Nachforderung ergibt (Rückgängigmachung der wegen der fehlerhaften Datenübermittlung zu hohen Steuergutschrift). Dieser Bescheid kann im Rahmen der allgemeinen Regelungen der BAO geändert werden; insbesondere steht eine Beschwerde gegen diesen Bescheid zu.*

Die Möglichkeit zur Bescheidänderung innerhalb der fünfjährigen Frist soll weiters dann nicht bestehen, wenn der Bescheidänderung ein Pflichtveranlagungstatbestand (Abs. 1) zu Grunde liegt (zB wegen Übermittlung eines zusätzlichen Lohnzettels gemäß § 41 Abs. 1 Z 2). Auf diesen Bescheid sind ebenfalls die allgemeinen Vorschriften der BAO betreffend Bescheidänderungen anzuwenden.

Die Änderung soll erstmalig bei der Veranlagung 2022 anzuwenden sein.

***14. § 42 wird wie folgt geändert:***

***a) In Abs. 1 entfällt am Anfang der Z 3, 4 und 5 jeweils das Wort „wenn".***

***b) In Abs. 1 Z 3 wird der Verweis auf* „§ 41 Abs. 1 Z 1, 2, 5, 6 oder 7" *durch den Verweis auf* „§ 41 Abs. 1 Z 1, 2, 5, 6, 7, 12, 13, 14 oder 15" *ersetzt.***

**EB:** Es sollen Redaktionsversehen bereinigt und in Z 3 die Verweise auf § 41 Abs. 1 aktualisiert werden.

***15. In § 46 Abs. 1 wird in Z 3 am Ende der Punkt durch einen Beistrich ersetzt und folgende Z 4 angefügt:***

**„4. bei unbeschränkt Steuerpflichtigen die durch Steuerabzug vom Arbeitslohn (Lohnsteuer) einbehaltenen Beträge, die auf jenen Teil des Arbeitslohns entfallen, der bei der Berechnung der Einkommensteuer unter Berücksichtigung eines Abkommens zur Vermeidung der Doppelbesteuerung oder einer Maßnahme gemäß § 48 Abs. 5 BAO aus der inländischen Steuerbemessungsgrundlage auszuscheiden ist."**

**EB:** Für unbeschränkt Steuerpflichtige mit DBA-befreiten Einkünften ist es bisher gesetzlich nicht vorgesehen, die vom Arbeitgeber dafür einbehaltene und abgeführte Lohnsteuer im Veranlagungswege zu erstatten, da es sich nicht um einbehaltene Steuer, die auf veranlagte Einkünfte entfällt, handelt. Die Steuerpflichtigen müssen daher, um zu viel einbehaltene Lohnsteuer rückerstattet zu bekommen, zwei verschiedene Verfahrenswege (Veranlagungsverfahren gemäß § 39 und Erstattungsverfahren gemäß § 240 BAO) beschreiten. Mit der Erweiterung des § 46 Abs. 1 soll es bei unbeschränkt Steuerpflichtigen künftig möglich sein, die vom Arbeitgeber einbehaltene Lohnsteuer im Rahmen der Veranlagung gemäß § 39 auf die Einkommensteuerschuld anzurechnen, auch wenn die dem Lohnsteuerabzug zu Grunde liegenden Einkünfte nicht in die Veranlagung einfließen, da sie aufgrund eines Doppelbesteuerungsabkommens oder gemäß § 48 Abs. 5 BAO aus der inländischen Steuerbemessungsgrundlage auszuscheiden sind.

Mit dieser Änderung ist eine Verfahrensbeschleunigung durch Reduktion der Komplexität verbunden. Sie soll eine Prozessoptimierung und eine Verwaltungsvereinfachung sowohl für die Bürgerinnen und Bürger als auch für die Verwaltung bewirken, weil nunmehr eine Steuererstattung in einem einheitlichen Veranlagungsverfahren erfolgen kann. Die Ergänzung soll auf alle offenen Verfahren anzuwenden sein.

***16. In § 84 wird in Abs. 3 am Ende folgender Satz angefügt:***

**„Ein in Folge einer Lohnsteuerprüfung gemäß § 86 erstellter Lohnzettel stellt ein rückwirkendes Ereignis im Sinn des § 295a der Bundesabgabenordnung dar."**

**EB:** Die Korrektur eines Lohnzettels stellt nach ständiger Rechtsprechung keinen Wiederaufnahmegrund nach § 303 BAO dar. Insbesondere, wenn sich auf Grund der Ergebnisse einer Prüfung der Lohnabgaben und Beiträge die Notwendigkeit einer Anpassung der Lohnzettel ergibt, kann dies wegen der einschlägigen Verfahrensabläufe und –fristen dazu führen, dass die Ergebnisse dieser Prüfung nicht oder nur bei einem Teil der Arbeitnehmer korrekt Niederschlag finden. Durch die gesetzliche Verankerung eines ausdrücklichen Verfahrenstitels können auch der personelle sowie finanzielle und zeitliche Aufwand in der Umsetzung der Prüfergebnisse sowohl für die betroffenen Arbeitgeber als auch für die Finanzverwaltung erheblich reduziert werden. Zudem erhöht es für die betroffenen Arbeitnehmer die Rechtssicherheit, wenn lediglich diejenigen Teile eines bereits erlassenen Bescheides abgeändert werden, die von den Prüfungsergebnissen umfasst waren und nicht – wie etwa im Falle einer Wiederaufnahme nach § 303 BAO – der gesamte vorher ergangene Bescheid aufgehoben werden muss. Daher soll die Übermittlung eines korrigierten Lohnzettels in Folge einer Prüfung der lohnabhängigen Abgaben und Beiträge – unabhängig davon, ob diese durch den PLB, die Gesundheitskasse oder eine Gemeinde durchgeführt wurde – ein rückwirkendes Ereignis im Sinne des § 295a BAO darstellen.

***17. In § 93 Abs. 5 wird im dritten Teilstrich der Punkt durch einen Strichpunkt ersetzt und folgender vierter Teilstrich angefügt:***

**„– eine Übertragung im Sinne des § 27 Abs. 6 Z 2 sechster Teilstrich vorliegt, wenn der Schuldner der Kapitalertragsteuer (§ 95 Abs. 1) der depotführenden oder auszahlenden Stelle (§ 95 Abs. 2 Z 2) anhand geeigneter Unterlagen (insbesondere notariell beurkundeter Beschluss bzw. Vertrag oder Notariatsakt über die Umgründung) das Vorliegen einer Umgründung nach dem Umgründungssteuergesetz glaubhaft macht."**

**EB:** Nach derzeitiger Rechtslage besteht auch bei Depotentnahmen oder -übertragungen in Zusammenhang mit Umgründungen im Sinne des Umgründungssteuergesetzes (UmgrStG) Steuerpflicht bzw. ist in solchen Fällen dem Grunde nach ein Kapitalertragsteuerabzug vorzunehmen, obwohl das UmgrStG eine Realisierung stiller Reserven hinsichtlich der Tauschbesteuerung grundsätzlich unterdrückt.

*Beispiel:*

*Die natürliche Person A bringt einen Kapitalanteil iSd § 12 Abs. 2 Z 3 UmgrStG an der inländischen BAG in die inländische C-GmbH ein und erhält dafür Anteile an der C-GmbH. Die Aktien an der B-AG werden vom inländischen Depot von A auf das inländische Depot der C-GmbH übertragen.*

*Obwohl § 17 Abs. 1 UmgrStG anzuwenden ist und eine Übertragung zu Anschaffungskosten erfolgt, löst die Depotübertragung eine Realisierung gemäß § 27 Abs. 6 Z 2 aus, weil es sich weder um eine Übertragung auf ein Depot desselben Steuerpflichtigen, noch um eine unentgeltliche Übertragung handelt. Daher kann keiner der bisherigen Ausnahmetatbestände erfüllt werden.*

Diese Realisierung soll künftig vermieden werden, indem § 27 Abs. 6 Z 2 ein sechster Teilstrich angefügt wird, wonach eine Ausnahme von der Entnahmebesteuerung auch dann vorliegt, wenn es sich um eine Übertragung im Zuge einer Umgründung im Sinne des UmgrStG handelt. Ob es dabei hinsichtlich der betroffenen Wirtschaftsgüter nach dem UmgrStG auch tatsächlich zum Ansatz der Anschaffungskosten bzw. zur Buchwertfortführung kommt, soll nicht relevant sein, weil es andernfalls ohnehin zu einer steuerpflichtigen Tauschbesteuerung im Veranlagungsweg kommt. Zur Sicherstellung dieser Erfassung im Rahmen der Veranlagung soll als zusätzliche Voraussetzung vorgesehen werden, dass die (inländische) depotführende Stelle vom Bankgeheimnis entbunden und vom Steuerpflichtigen beauftragt wird, dem zuständigen Finanzamt innerhalb eines Monats alle relevanten Daten mitzuteilen. Sollte es sich um eine ausländische depotführende Stelle handeln, soll der Steuerpflichtige diese Mitteilung zur Vermeidung der Steuerpflicht selbst vorzunehmen können.

Damit die depotführende Stelle den Kapitalertragsteuerabzug unterlassen und eine entsprechende Mitteilung an das Finanzamt durchführen kann, soll ihr das Vorliegen einer Umgründung im Sinne des UmgrStG glaubhaft gemacht werden. Dazu dient insbesondere ein notariell beglaubigter Beschluss bzw. Vertrag oder ein Notariatsakt über die Umgründung. Da sich die Pflicht zum Abzug von Kapitalertragsteuer nach Maßgabe des § 93 Abs. 3 und § 93 Abs. 5 erster Teilstrich – anders als der materiell-rechtliche Grundtatbestand in § 27 Abs. 6 Z 2 – auch auf den betrieblichen Bereich erstreckt, soll dies auch für Umgründungen möglich sein, die sich auf Betriebsvermögen beziehen.

Die Neuregelung soll mit 1. Jänner 2023 in Kraft treten.

***18. § 95 wird wie folgt geändert:***

***a) In Abs. 1 wird der Verweis* „Abs. 2 Z 2 lit. c“ *durch den Verweis* „Abs. 2 Z 4“ *ersetzt.***

***b) In Abs. 2 Z 2 wird im Einleitungssatz nach der Wortfolge* „und bei Einkünften aus Derivaten“ *die Wortfolge samt Satzzeichen* „, ausgenommen jenen der Z 4“ *angefügt und die lit. c entfällt.***

***c) In Abs. 2 wird folgende Z 4 angefügt:***

**„4. Bei Einkünften aus nicht verbrieften Derivaten:**

**a) Die inländische auszahlende Stelle gemäß Z 2 lit. b;**

**b) Eine Wertpapierfirma im Sinne des § 3 WAG 2018, die sich für den Einbehalt und die Abfuhr einer der Kapitalertragsteuer entsprechenden Steuer eines konzessionierten Zahlungsdienstleisters im Sinne des § 7 ZaDiG 2018, eines E-Geldinstitutes im Sinne des § 3 Abs. 2 E-Geldgesetz oder eines zum Abzug einer der Kapitalertragsteuer vergleichbaren Steuer sonst Berechtigten bedient.**

**Dies gilt auch im Falle einer/eines ausländischen mit einer inländischen vergleichbaren auszahlenden Stelle oder einer Wertpapierfirma bzw. eines Zahlungsdienstleisters, sofern mit deren Ansässigkeitsstaat umfassende Amtshilfe besteht und ein steuerlicher Vertreter bestellt ist. Als steuerlicher Vertreter kann nur ein inländischer Wirtschaftstreuhänder oder eine Person bestellt werden, die vergleichbare fachliche Qualifikationen dem zuständigen Finanzamt nachweist.“**

**EB:** Der Verwaltungsgerichtshof hat es jüngst (VwGH 8.3.2022, Ro 2019/15/0184) als Verstoß gegen die Dienstleistungsfreiheit gewertet, dass ausländische auszahlende Stellen keine der Kapitalertragsteuer entsprechende Steuer gemäß § 27a Abs. 2 Z 7 EStG 1988 einheben und den besonderen Steuersatz in Höhe von 27,5% nicht vermitteln können. Aus unionsrechtlichen Gründen müsse daher nach dem VwGH der besondere Steuersatz im Rahmen der Veranlagung für sämtliche Einkünfte aus unverbrieften Derivaten zur Anwendung kommen können, wenn diese über eine ausländische auszahlende Stelle abgewickelt werden. Erfolgt die Abwicklung über eine inländische auszahlende Stelle, sei die Anwendbarkeit des Sondersteuersatzes weiterhin von der freiwilligen Einbehaltung einer der Kapitalertragsteuer entsprechenden Steuer abhängig.

Um eine Gleichstellung aller Steuerpflichtigen zu gewährleisten, sollen künftig neben inländischen auszahlenden Stellen gemäß Z 2 lit. b und lit. c auch vergleichbare ausländische auszahlende Stellen (insbesondere ausländische Kreditinstitute) eine der Kapitalertragsteuer vergleichbare Steuer für Einkünfte aus unverbrieften Derivaten einbehalten können. Dazu sollen die bestehenden Regelungen für ausländische Wertpapierfirmen nunmehr weiter ausgedehnt werden, wobei durch die Notwendigkeit eines inländischen steuerlichen Vertreters und dessen Einbeziehung in die Haftung gemäß Abs. 1 die korrekte Einbehaltung und Abfuhr der Abzugssteuer sichergestellt werden soll. Die Einschränkung auf Länder mit umfassender Amtshilfe soll zudem wie bisher eine Überprüfung der Voraussetzungen im Ausland sicherstellen.

Durch die Erweiterung des KESt-Systems soll damit künftig auch für ausländische auszahlende Stellen eine haftungssichere Abfuhr der Steuer sichergestellt werden und damit unionsrechtskonform der besondere Steuersatz wiederum nur in jenen Fällen zur Anwendung kommen, in denen auch (im In- oder Ausland) tatsächliche einer der Kapitalertragsteuer vergleichbare Steuer einbehalten wird.

***19. § 96 wird wie folgt geändert:***

***a) Abs. 4 lautet:***

**„(4) Der Abzugsverpflichtete hat dem Empfänger der Kapitalerträge eine Bescheinigung über die Höhe der Einkünfte und des Steuerbetrages, über den Zahlungstag, über die Zeit, für welche die Einkünfte gezahlt worden sind, und über das Finanzamt, an das der Steuerbetrag abgeführt worden ist, zu erteilen. Die Höhe der Einkünfte gemäß § 98 Abs. 1 Z 5 lit. b und der darauf entfallende Steuerbetrag sind gesondert auszuweisen. Die Verpflichtung des Abzugsverpflichteten entfällt, wenn die Kapitalerträge für seine Rechnung durch ein Kreditinstitut gezahlt werden und wenn über die Zahlung eine der Bescheinigung gleichartige Bestätigung erteilt wird.“**

***b) Es wird folgender Abs. 5 angefügt:***

**„(5) Der Abzugsverpflichtete hat dem Empfänger der Kapitalerträge auf dessen Verlangen eine Steuerbescheinigung (Steuerreporting) zu erteilen. Diese hat die für den Steuerpflichtigen relevanten Daten über die ihn betreffenden Geschäftsfälle und das für ihn verwaltete Kapitalvermögen eines Kalenderjahres zu enthalten. Dies betrifft insbesondere**

**– die Höhe der positiven und negativen Einkünfte, untergliedert nach § 27 Abs. 2, Abs. 3, Abs. 4 und Abs. 4a;**

**– die Höhe der Ausschüttungen und ausschüttungsgleichen Erträge gemäß § 186 des Investmentfondsgesetzes 2011 und § 40 des Immobilien-Investmentfondsgesetzes;**

**– die Höhe der insgesamt im Rahmen des Verlustausgleichs gemäß § 93 Abs. 6 berücksichtigten negativen Einkünfte;**

**– die Höhe der für den Verlustausgleich im Rahmen der Veranlagung zur Verfügung stehenden Verluste;**

**– die einbehaltene und gutgeschriebene Kapitalertragsteuer;**

**– die berücksichtigten ausländischen Quellensteuern;**

**– die Anwendung von § 93 Abs. 4 sowie**

**– allfällige Änderungen der Depotinhaberschaft.**

**Der Bundesminister für Finanzen wird ermächtigt, die Art der Übermittlung, die Spezifikationen (Form, Struktur und Inhalt) und Merkmale zur Überprüfung der Echtheit der Steuerbescheinigung im Wege einer Verordnung näher zu bestimmen.“**

**EB:** Die Praxis hat gezeigt, dass die bisherigen Verlustausgleichsbescheinigungen gemäß § 96 Abs. 4 Z 2 nicht für alle Zwecke eine ausreichend detaillierte Darstellung der bezogenen Kapitalerträge sowie der darauf entfallenden Kapitalertragsteuer geben. Außerdem sind solche Bescheinigungen nicht für Depots auszustellen, die vom automatischen Verlustausgleich durch die depotführenden Stellen ausgenommen waren, wodurch diese Steuerpflichtigen regelmäßig vor Nachweisproblemen im Rahmen der Erklärung dieser Einkünfte im Rahmen der Veranlagung stehen. Zudem haben die uneinheitliche Darstellung und die automatische Übermittlung dieser Bescheinigungen an alle Steuerpflichtigen zum Teil zu Unklarheiten und Unsicherheiten geführt. Daher soll das bestehende System der Verlustausgleichsbescheinigung auf neue Beine gestellt werden und in einen eigenen Abs. 5 verschoben werden. Die Bescheinigung nach § 96 Abs. 4 Z 1 soll von dieser Änderung unberührt in Abs. 4 verbleiben.

Im Rahmen dieser Neugestaltung soll auch die bisherige verpflichtende automatische Übermittlung der Verlustausgleichsbescheinigungen entfallen und stattdessen durch auf Verlangen des Steuerpflichtigen verpflichtend auszustellendes, umfangreicheres jährliches Steuerreporting durch die depotführenden Stellen ersetzt werden. Der Grobumfang dieses Steuerreportings wird durch § 96 Abs. 5 vorgegeben, wonach insbesondere

- die Höhe der positiven und negativen Einkünfte, untergliedert nach § 27 Abs. 2, Abs. 3, Abs. 4 und Abs. 4a,
- die Höhe der Ausschüttungen und ausschüttungsgleichen Erträge gemäß § 186 des Investmentfondsgesetzes 2011 und § 40 des Immobilien-Investmentfondsgesetzes,
- die Höhe der insgesamt im Rahmen des Verlustausgleichs gemäß § 93 Abs. 6 berücksichtigten negativen Einkünfte,
- die Höhe der für den Verlustausgleich im Rahmen der Veranlagung zur Verfügung stehenden Verluste;
- die einbehaltene und gutgeschriebene Kapitalertragsteuer,
- die berücksichtigten ausländischen Quellensteuern,
- die Anwendung von § 93 Abs. 4 sowie
- allfällige Änderungen der Depotinhaberschaft

enthalten sein sollen. Der genaue Umfang, die Art der Übermittlung sowie Merkmale zur Überprüfung der Echtheit dieser Steuerreportings sollen im Wege einer Verordnung näher präzisiert werden können, um eine möglichst einheitliche und für die Adressaten mit möglichst geringem Aufwand nützliche Darstellung zu gewährleisten.

***20. § 108c wird wie folgt geändert:***

***a) In Abs. 2 Z 1 wird im letzten Satz nach dem Wort*** **„Forschungsaufwendungen(-ausgaben)“** ***die Wortfolge*** **„sowie die Berücksichtigung eines fiktiven Unternehmerlohnes für eine nachweislich in Forschung und experimenteller Entwicklung ausgeübte Tätigkeit“** ***eingefügt.***

**EB:** Derzeit steht für die Forschungsleistung, die von einem Einzelunternehmer, einem Gesellschafter einer Personengesellschaft oder einem unentgeltlich tätigen Gesellschafter einer Kapitalgesellschaft (im Wege einer Nutzungseinlage) erbracht wird, keine Forschungsprämie zu, weil hier die eigene Forschungsleistung in der Bemessungsgrundlage nicht berücksichtigt wird. Das betrifft insbesondere Start-Ups und kleine Unternehmen. Um diese Unternehmen besser zu unterstützen, soll es möglich sein, in der die Bemessungsgrundlage regelnden Forschungsprämienverordnung vorzusehen, dass ein fiktiver Unternehmerlohn berücksichtigt werden kann. Voraussetzung dafür ist ein Nachweis für die Tätigkeit im Bereich der FuE, aus dem die Höhe des berücksichtigten Betrages eindeutig nachvollziehbar ableitbar ist.

*Beispiel:*

*Im Rahmen des von A betriebenen Einzelunternehmens wird auch prämienbegünstigte angewandte Forschung durchgeführt. A beschäftigt dafür die Mitarbeiter B und C, die teilweise in FuE tätig sind. Daneben arbeitet auch A selbst teilweise bei FuE-Projekten mit.*

*Die Abzugsfähigkeit des Lohnaufwandes für die Mitarbeiter B und C setzt eine aussagekräftige Dokumentation ihrer für FuE erbrachten Tätigkeiten als Grundlage für die Berücksichtigung des anteiligen Lohnaufwandes in der Bemessungsgrundlage für die Forschungsprämie voraus.*

*A arbeitet im Ausmaß von 423 Stunden in FuE. Darüber wird eine aussagekräftige Dokumentation geführt. Da sie einen tauglichen Nachweis für die FuE-Tätigkeit begründet, kann für die 423 Stunden ein fiktiver Unternehmerlohn berücksichtigt werden.*

Durch diese Maßnahme sollen die Rahmenbedingungen insbesondere für jene Gründer, die forschend im Unternehmen tätig sind, verbessert werden.

***b) Abs. 3 lautet:***

**„(3) Die Prämien können jeweils für ein Kalenderjahr beantragt werden. Die Bemessungsgrundlage für die Prämie für das Kalenderjahr ist aus den Forschungsaufwendungen(-ausgaben) aus dem/den Wirtschaftsjahr(en) zu ermitteln, das/die in dem Kalenderjahr endet/enden. Die Antragsfrist beginnt mit dem Ablauf des (letzten) Wirtschaftsjahres und endet vier Jahre nach dem Beginn. Die Antragstellung hat elektronisch im Wege von FinanzOnline zu erfolgen.“**

**EB:** Nach derzeitiger Rechtslage kann die Forschungsprämie spätestens bis zum Eintritt der Rechtskraft des betreffenden Einkommensteuer-, Körperschaftsteuer- oder Feststellungsbescheides (§ 188 der Bundesabgabenordnung) geltend gemacht werden. Der Eintritt der Rechtkraft ist nicht auf den erstmaligen Eintritt der Rechtskraft beschränkt; dementsprechend kann die Prämie nicht nur bis zum Ablauf der Beschwerdefrist, sondern darüber hinaus in allen Fällen, in denen bereits rechtskräftige Steuerbescheide aus dem Rechtsbestand ausscheiden und neue Bescheide erlassen werden (insbesondere im Falle einer Wiederaufnahme des Verfahrens nach § 303 BAO), geltend gemacht werden.

Die Verknüpfung der Antragsfrist mit der Erlassung des Einkommensteuer-, Körperschaftsteuer- oder Feststellungsbescheides erscheint vor dem Hintergrund sinnvoll, die Prüfung des Prämienantrages mit der Prüfung der Steuererklärung zu verbinden. In der Praxis geht dies aber weitestgehend ins Leere, da Prämienanträge regelmäßig früher eingereicht werden als die Steuererklärungen, bei denen für steuerlich vertretene Abgabepflichtige weitreichende Abgabefristen vorgesehen sind. Antragsteller, bei denen ein Rechtskraftdurchbrechungstatbestand gegeben ist, werden zudem gegenüber solchen begünstigt, bei denen dies nicht zutrifft.

Die Antragsfrist für die Forschungsprämie soll daher von der Rechtskraft des Einkommensteuer-, Körperschaftsteuer- oder Feststellungsbescheides entkoppelt werden. Damit wird auch dem Umstand besonders Rechnung getragen, dass das Prämienverfahren ein von der Steuerveranlagung bzw. Einkünftefeststellung abgesondertes Verfahren ist.

Am Zeitraum für die Prämiengewährung (jeweils das Kalenderjahr) und an der Erfassung der prämienbegünstigten Forschungsaufwendungen in der Bemessungsgrundlage (jeweils das Wirtschaftsjahr) soll gegenüber der bisherigen bewährten Praxis keine Änderung eintreten. Wie bisher erfolgt daher die Antragstellung und Gewährung der Prämie für ein bestimmtes Kalenderjahr; in der Bemessungsgrundlage sind dabei die prämienbegünstigten Forschungsaufwendungen aus dem/den Wirtschaftsjahr(en) zu erfassen, die in dem betreffenden Kalenderjahr enden. Die zeitliche Zuordnung erfolgt somit analog der Regelung für die Steuerveranlagung (§ 39 iVm § 2 Abs. 5 EStG 1988).

*Beispiel:*

*Das abweichende Wirtschaftsjahr 01/02 beginnt am 1.7.01 und endet am 30.6.02. Am 1.7.02 beginnt das abweichende Wirtschaftsjahr 02/03, das am 30.6.03 endet.*

- Die Forschungsprämie für das Kalenderjahr 02 erfasst die prämienbegünstigten Forschungsaufwendungen des abweichenden Wirtschaftsjahres 01/02.
- Die Forschungsprämie für das Kalenderjahr 03 erfasst die prämienbegünstigten Forschungsaufwendungen des abweichenden Wirtschaftsjahres 02/03.

Unverändert beginnt die Antragsfrist mit dem Ablauf des Wirtschaftsjahres, dem die in der Bemessungsgrundlage erfassten Aufwendungen (Ausgaben) und Kosten zuzuordnen sind. Endet in dem Kalenderjahr ein weiteres Wirtschaftsjahr, beginnt der Fristenlauf mit dem Ablauf des zweiten Wirtschaftsjahres.

Die Frist soll aber – abweichend von der bisherigen Regelung – stets vier Jahre nach dem Beginn enden. Entsprechend § 108 Abs. 2 BAO endet die Frist daher bei einem Regelwirtschaftsjahr mit Ablauf des vierten Kalenderjahres, bei einem abweichenden Wirtschaftsjahr mit Ablauf von vier Jahren, bemessen vom jeweiligen Bilanzstichtag. Maßnahmen, die die Einkommensteuer-, Körperschaftsteuer- oder Einkünftefeststellung betreffen, haben auf den Fristenlauf keine Auswirkung. Nachträgliche Änderungen in Bezug auf die zuerkannte Prämie sind – unverändert – nach Maßgabe des Abs. 4 im Rahmen der Bescheiderlassung gemäß § 201 BAO zu beurteilen.

*Fortsetzung des Beispiels:*

*Das abweichende Wirtschaftsjahr 01/02 beginnt am 1.7.01 und endet am 30.6.02. Am 1.7.02 beginnt das abweichende Wirtschaftsjahr 02/03, das am 30.6.03 endet.*

- Die Antragsfrist für die Forschungsprämie für das Jahr 02 beginnt am 1.7.02 und endet am 30.06.06.
- Die Antragsfrist für die Forschungsprämie für das Jahr 03 beginnt am 1.7.03 und endet am 30.06.07.

***c) In Abs. 4 lautet der erste Satz:***

**„Die Prämien sind auf dem Abgabenkonto gut zu schreiben, es sei denn, es wird ein Bescheid gemäß § 201 BAO oder gemäß Abs. 4a erlassen.“**

***d) Nach Abs. 4 wird folgender Abs. 4a eingefügt:***

**„(4a) Das Finanzamt kann auf Antrag die Forschungsprämie für eigenbetriebliche Forschung und experimentelle Entwicklung hinsichtlich eines sachverhaltsmäßig abgegrenzten Teiles des Prämienantrages (ein Forschungsprojekt, mehrere Forschungsprojekte und/oder ein Forschungsschwerpunkt, mehrere Forschungsschwerpunkte) mit gesondertem Bescheid festsetzen, wenn damit zu rechnen ist, dass sich andernfalls die Entscheidung über den Prämienantrag erheblich verzögert. Der Antrag hat zu enthalten:**

**1. Die im Gutachten der FFG verwendete Nummer und den Titel des Forschungsprojektes bzw. des Forschungsschwerpunktes, auf die er sich bezieht.**

**2. Die darauf entfallende Bemessungsgrundlage und die Höhe der Forschungsprämie, die gesondert festgesetzt werden soll.**

**Die Forschungsprämie, die auf den nicht auf diese Weise erledigten Antrag entfällt, ist ebenfalls mit einem gesonderten Bescheid oder mit mehreren gesonderten Bescheiden festzusetzen.“**

**EB:** Prämienanträge umfassen regelmäßig mehrere Forschungsprojekte oder Forschungsschwerpunkte. Im Zuge der Prüfung der Forschungsprämie ergibt sich häufig, dass einem Antrag nur in Bezug auf ein oder wenige Projekt(e)/Schwerpunkt(e) nicht vollinhaltlich entsprochen werden kann. Da nach derzeitiger Rechtslage über den Prämienantrag nur einheitlich abgesprochen werden kann, muss der gesamte Antrag entscheidungsreif sein, um über ihn entscheiden zu können. Dadurch kann sich die Auszahlung der Prämie für den unstrittigen Teil unter Umständen erheblich verzögern.

Mit der Neuregelung soll die Möglichkeit eines Teilabspruches und damit einer Teilauszahlung in Bezug auf den unstrittigen Teil des Antrages geschaffen werden. Folgende Umstände sind dafür maßgebend:

1. Eine Teilentscheidung ist nur in Bezug auf abgegrenzte Sachverhalte möglich, das sind Forschungsprojekte und/oder Forschungsschwerpunkte. Sachverhaltsteile darunter können nicht Gegenstand einer Teilentscheidung sein; es kann somit immer nur ein ganzes Projekt oder ein ganzer Schwerpunkt bzw. ein Projekt aus einem Schwerpunkt herausgelöst werden und zum Gegenstand der Teilentscheidung gemacht werden.

Eine einzelne strittige Rechtsfrage, die ein/mehrere Projekt(e)/Schwerpunkt(e) betrifft, kann keiner gesonderten Teilentscheidung vorbehalten werden; es ist somit nicht möglich, über den Prämienantrag dahingehend zu entscheiden, dass die Prämie in einer Höhe festgesetzt wird, die sich ergibt, wenn man von der beantragten Prämie den Teil herausschält, der von der strittige Rechtsfrage betroffen ist.

2. Voraussetzung ist, dass damit zu rechnen ist, dass sich ohne derartige Teilerledigung die Gesamterledigung „erheblich verzögert“. Die offene Formulierung trägt dem Umstand Rechnung, dass es sich bei den Anwendungsfällen regelmäßig um solche handelt, deren abschließende Beurteilung nicht verlässlich absehbar ist (Erstellung von vielfach gegenläufigen Gutachten und deren abschließende Beurteilung).
3. Die erstmalige Teilentscheidung erfolgt nur auf Antrag. Ob eine Teilentscheidung erfolgt, liegt im Ermessen der Abgabenbehörde (§ 20 BAO). Bei der Ausübung des Ermessens werden zwei Parameter maßgebend sein, nämlich die abzuschätzende Dauer bis zur Gesamterledigung und die Höhe der Prämie.
4. Mehrere (verschiedene Projekte/Schwerpunkte betreffende) Anträge und Bescheide sind möglich. Im Bescheid ist klar zum Ausdruck zu bringen, über welchen Sachverhalt abgesprochen wird (Bezeichnung der Projekte/Schwerpunkte) und dass die darauf entfallende Prämie festgesetzt wird. Wird dem Antrag nicht entsprochen, ist er mit anfechtbarem Bescheid abzuweisen.
5. Jede Teilentscheidung setzt die Prämie hinsichtlich des davon betroffenen Sachverhaltsteiles fest. Es handelt sich dabei um keine Festsetzung gemäß § 201 BAO, sondern eine solche auf Grundlage des § 108c EStG 1988. Die Teilentscheidungen mit jeweils gesonderten Bescheiden sind jeweils rechtlich voneinander unabhängig.
6. Der herausgelöste Rest des Prämienantrages ist sodann ebenfalls durch eine oder mehrere bescheidmäßige Teilentscheidung(en) zu erledigen. Eine Teilfestsetzung, die sämtliche nicht erledigten Projekte/Schwerpunkte des Prämienantrages umfasst, kann erst erfolgen, sobald der gesamte vom Festsetzungsbescheid nicht erfasste Sachverhalt entscheidungsreif ist. Um zu gewährleisten, dass der Prämienantrag auch nur in Bezug auf einzelne vom Teilfestsetzungsbescheid nicht erfasste Projekte/Schwerpunkte erledigt werden kann, soll der nicht erledigte Teil des Antrages auch durch mehrere bescheidmäßige Teilfestsetzungen erledigt werden können. Jede weitere Teilfestsetzung kann beantragt werden oder von Amts wegen erfolgen.

7. Die Regelung ist auch in einem Folgeverfahren (Beschwerdeverfahren, Neufestsetzung im Rahmen einer Wiederaufnahme des Verfahrens) anwendbar.

Die Neuregelung soll in Bezug auf die Berücksichtigung eines fiktiven Unternehmerlohnes und die Antragsfrist auf Prämien anzuwenden sein, die das Kalenderjahr 2022 betreffen und nach dem 30. Juni 2022 erstmalig beantragt werden. Dementsprechend entfaltet sie für bereits davor beantragte Prämien für das Jahr 2022, deren Bemessungsgrundlage aus einem abweichenden Wirtschaftsjahr 2021/2022 abgeleitet wurde, keine Wirkung. Die restlichen Regelungen sollen mit der Verlautbarung im BGBl in Kraft treten; das gewährleistet, dass ab diesem Zeitpunkt Abs. 4a (Teilbescheid) auf offene Prämienverfahren anwendbar ist.

***e) In Abs. 9 wird im ersten Satz nach der Wortfolge* „glaubhaft gemacht" *und nach dem Wort* „nachgewiesen" *jeweils das Wort* „wird" *eingefügt.***

**EB:** Es wird ein Redaktionsversehen bereinigt.

***21. § 124b wird wie folgt geändert:***

***a) In Z 300 entfällt im zweiten Satz die Wortfolge samt Satzzeichen* „ , wobei auch ein Antrag auf Festsetzung der nicht festgesetzten Steuerschuld als Veräußerung gilt.".**

***b) In Z 351 wird die Wortfolge* „oder 2021" *durch die Wortfolge samt Satzzeichen* „ , 2021 oder 2022" *ersetzt.***

**EB:** Die mit dem 3. und 18. COVID-19-Gesetz (BGBl. 1 Nr. 23/2020, BGBl. 1 Nr. 44/2020) eingeführte und mit dem 19. COVID-19-Gesetz (BGBl. 1 Nr. 48/2020) verlängerte Begünstigungsvorschrift für Ärzte iSd § 36b Ärztegesetz 1998 soll vor dem Hintergrund der andauernden COVID-19-Pandernie abermals verlängert werden. Die Begünstigung soll daher ebenso für Ärzte zur Anwendung gelangen, die (auch) im Jahr 2022 während der COVID-19-Pandemie als Ärzte gemäß § 36b Ärztegesetz 1998 tätig werden.

***c) In Z 364 erster Satz wird die Wortfolge* „Im Kalenderjahr 2020 und 2021" *durch die Wortfolge* „In den Kalenderjahren 2020, 2021 und 2022" *ersetzt.***

**EB:** § 124b Z 364 soll unverändert auch im Kalenderjahr 2022 zur Anwendung kommen und für Zeiten der Kurzarbeit soll – unabhängig davon, wie lange der Arbeitnehmer in Kurzarbeit war – bei der Berechnung des Jahressechstels ein pauschaler Zuschlag von 15% berücksichtigt werden.

***d) In Z 372 wird in lit. a und lit. b jeweils die Wortfolge* „die vor dem 1. Jänner 2021 enden" *durch die Wortfolge* „die vor dem 1. Jänner 2021 beginnen" *ersetzt.***

Die Inkrafttretensbestimmung für pauschale Forderungswertberichtigungen und pauschale Rückstellungen führt bei Steuerpflichtigen mit einem abweichenden Wirtschaftsjahr zu einer unbeabsichtigten Regelungslücke im Hinblick auf die Berücksichtigung von „Altbeständen" pauschaler Forderungswertberichtigungen und Rückstellungen. Daher sollen lit. a und lit. b jeweils dahingehend berichtigt werden, dass auch Altbestände aus einem abweichenden Wirtschaftsjahr 2020/2021 einer Verteilung über die nachfolgenden fünf Wirtschaftsjahre im Sinne des § 124b Z 372 lit. c zugänglich sind.

***e) Nach Ziffer 395 werden folgende Ziffern 396 bis 405 angefügt:***

**„396. § 3 Abs. 1 Z 38 in der Fassung des Bundesgesetzes BGBl. I Nr. xx/2022 ist erstmalig auf Zuschüsse und sonstige Leistungen anzuwenden, die nach dem 30. Juni 2022 ausbezahlt werden.**

**397. § 3 Abs. 1 Z 39 und § 4 Abs. 4 Z 5, jeweils in der Fassung des Bundesgesetzes BGBl. I Nr. xx/2022, sind erstmalig bei der Veranlagung für das Kalenderjahr 2022 anzuwenden.**

**398. § 16 Abs. 1 Z 6 lit. i in der Fassung des Bundesgesetzes BGBl. I Nr. xx/2022 ist erstmalig anzuwenden, wenn die Einkommensteuer (Lohnsteuer) durch Abzug eingehoben oder durch Veranlagung festgesetzt wird, für Lohnzahlungszeiträume, die nach dem 31. Dezember 2022 enden.**

**399. § 19 Abs. 1 Z 2 und Abs. 2 in der Fassung des Bundesgesetzes BGBl. I Nr. xx/2022 ist für Zahlungen und Rückzahlungen ab 1. Jänner 2022 anzuwenden und über Antrag des Steuerpflichtigen auf alle offenen Veranlagungsverfahren. Eine Änderung auf Antrag des Steuerpflichtigen in einem offenen Veranlagungsverfahren betreffend das Kalenderjahr der Zahlung oder Rückzahlung stellt hinsichtlich der Kalenderjahre, für die der Anspruch besteht, ein rückwirkendes Ereignis gemäß § 295a BAO dar. Wurde eine Zahlung nicht in dem Kalenderjahr steuerlich berücksichtigt, für das die Zahlung getätigt wurde, kann eine Rückzahlung abweichend von § 19 Abs. 2 in dem Kalenderjahr als abgeflossen gelten, in dem die Zahlung steuerlich berücksichtigt worden ist.**

**400. § 22 Z 1 lit. a dritter Satz tritt mit 1. September 2022 in Kraft.**

**401. § 22 Z 1 lit. b in der Fassung des Bundesgesetzes BGBl. I Nr. xx/2022 ist auf alle zum Zeitpunkt der Kundmachung des Bundesgesetzes BGBl. I Nr. xx/2022 nicht rechtskräftig veranlagten Fälle anzuwenden.**

**402. § 27 Abs. 6 Z 2 sechster Teilstrich und § 93 Abs. 5, jeweils in der Fassung des Bundesgesetzes BGBl. I Nr. xx/2022, treten mit 1. Jänner 2023 in Kraft.**

**403. § 41 Abs. 1 Z 6, 13, 14 und 15, § 41 Abs. 2 Z 2 sowie § 42 Abs. 1 Z 3 in der Fassung des Bundesgesetzes BGBl. I Nr. xx/2022 sind erstmalig bei der Veranlagung für das Kalenderjahr 2022 anzuwenden.**

**404. § 96 Abs. 4 und 5 in der Fassung des Bundesgesetzes BGBl. I Nr. xx/2022 tritt am 1. Jänner 2024 in Kraft und ist erstmals auf Steuerbescheinigungen anzuwenden, die für das Kalenderjahr 2024 ausgestellt werden.**

**405. § 108c Abs. 2 Z 1 und Abs. 3 in der Fassung des Bundesgesetzes BGBl. I Nr. xx/2022 ist erstmalig auf Prämien anzuwenden, die das Kalenderjahr 2022 betreffen und nach dem 30. Juni 2022 erstmalig beantragt werden.“**

## Artikel 2
## Änderung des Körperschaftsteuergesetzes 1988

**Das Körperschaftsteuergesetz 1988, BGBl. Nr. 401/1988, zuletzt geändert durch das Bundesgesetz BGBl. I Nr. 10/2022, wird wie folgt geändert:**

***1. § 11 Abs. 1 Z 2 entfällt.***

**EB:** Die Bestimmung wird gestrichen, zumal diese seit 1.1.1997 inhaltsleer ist.

***2. In § 13 Abs. 1 Z 4 zweiter Satz wird nach der Wortfolge* „gemäß § 4b“ *die Wortfolge* „des Einkommensteuergesetzes 1988“ *angefügt.***

**EB:** In Abs. 1 Z 4 zweiter Satz soll ein Redaktionsversehen beseitigt werden.

***3. § 21 Abs. 1 Z 1a lautet:***

**„1a. Beschränkt Steuerpflichtigen, die in einem Mitgliedstaat der Europäischen Union oder einem Staat des Europäischen Wirtschaftsraumes ansässig sind, ist die Kapitalertragsteuer für die von ihnen bezogenen Einkünfte gemäß § 27 Abs. 2 Z 1 lit. a, b und c des Einkommensteuergesetzes 1988 auf Antrag zurückzuzahlen, soweit die Kapitalertragsteuer nicht auf Grund eines Doppelbesteuerungsabkommens im Ansässigkeitsstaat angerechnet werden kann. Dies gilt auch für beschränkt Steuerpflichtige, die in einem anderen Staat ansässig sind, mit dem eine umfassende Amtshilfe besteht, wenn diese weniger als zu einem Zehntel am Kapital des Abzugsverpflichteten (§ 95 Abs. 2 Z 1 lit. a Einkommensteuergesetz 1988) beteiligt sind. Der Steuerpflichtige hat den Nachweis zu erbringen, dass die Kapitalertragsteuer ganz oder teilweise nicht angerechnet werden kann.“**

**EB:** Aufgrund der aktuellen Judikatur des VwGH (11.9.2020, Ra 2020/13/0006) erscheint die räumliche Einschränkung der Rückerstattungsmöglichkeit der Kapitalertragsteuer für Portfoliodividenden auf Körperschaften, die in einem EU- oder EWR-Staat ansässig sind, mit der Kapitalverkehrsfreiheit nicht vollumfänglich vereinbar. Daher soll § 21 Abs. 1 Z 1a um einen Satz ergänzt werden, um sicherzustellen, dass auch beschränkt steuerpflichtigen Körperschaften, die in Drittstaaten ansässig sind, die Rückerstattung der Kapitalertragsteuer auf Antrag ermöglicht wird.

Allerdings soll der räumliche Anwendungsbereich auf jene Drittstaaten eingeschränkt werden, mit denen im Verhältnis zu Österreich umfassende Amtshilfe besteht. Dadurch besteht für die Abgabenbehörden die Möglichkeit, die vom Steuerpflichtigen im Rückerstattungsverfahren erhaltenen Informationen von den ausländischen Behörden verifizieren zu lassen. Diese Einschränkung erscheint auch im Lichte der Rechtsprechung des EuGH als gerechtfertigt (vgl. etwa EuGH 26.2.2019, C-135/17, X Rz 94 ff; EuGH 10.2.2011, verb. Rs C-436/08 und C-437/08, *Haribo und Salinen* Rz 69). Zudem soll die Rückerstattung nur dann zustehen, wenn die Beteiligung am Kapital weniger als ein Zehntel beträgt, weil die Kapitalverkehrsfreiheit schon dem Grunde nach nur Portfolioinvestitionen schützt (vgl. etwa EuGH 12.12.2006, C-446/04, *Test Claimants in the FII Group Litigation* Rz 58 ff; EuGH 10.2.2011, verb. Rs C-436/08 und C-437/08, *Haribo und Salinen* Rz 105 ff).

***4. In § 24 Abs. 3 Z 1 erster Satz entfällt die Wortfolge* „der Körperschaftsteuer“.**

**EB:** Es soll ein Redaktionsversehen beseitigt werden.

***5. In § 24a Abs. 1 Z 3 erster Satz wird die Wortfolge* „und beschränkt steuerpflichtigen ausländischen Gruppenträgers (§ 9 Abs. 3 fünfter Teilstrich)“ *gestrichen.***

**EB:** Die Wortfolge kann entfallen, weil bereits § 24a Abs. 1 Z 2 die Feststellung des Ergebnisses eines beschränkt steuerpflichtigen Gruppenträgers regelt.

## Artikel 3
## Änderung des Umgründungssteuergesetzes

**Das Umgründungssteuergesetz, BGBl. Nr. 699/1991, zuletzt geändert durch das Bundesgesetz BGBl. I Nr. 10/2022, wird wie folgt geändert:**

***1. § 17 Abs. 1a wird wie folgt geändert:***

***a) Im ersten Satz wird die Wortfolge* „§ 27a Abs. 3 Z 1 lit. b letzter Satz des Einkommensteuergesetzes 1988“ *durch die Wortfolge* „§ 27a Abs. 3 Z 2 lit. b letzter Satz des Einkommensteuergesetzes 1988“ *ersetzt.***

***b) Es wird folgender letzter Satz angefügt:***

**„Als tatsächliche Veräußerung der Gegenleistung gilt auch, wenn die eingebrachten Kapitalanteile von der übernehmenden Gesellschaft veräußert werden oder sonst aus**

**deren Betriebsvermögen ausscheiden und in diesem Zusammenhang ein Wegzug oder eine unentgeltliche Übertragung der Gegenleistung durch den Steuerpflichtigen erfolgt; diesfalls ist § 27 Abs. 6 Z 1 lit. a des Einkommensteuergesetzes 1988 nicht anzuwenden."**

**EB:** Im ersten Satz des § 17 Abs. 1a soll eine Verweisanpassung vorgenommen und dadurch ein Redaktionsversehen beseitigt werden.

Mit dem StRefG 2020 wurde das Sonderregime Anteilstausch gemäß § 16 Abs. 1a erweitert: Aufgrund von § 16 Abs. 1a iVm § 17 Abs. 1a können steuerhängige Kapitalanteile durch natürliche Personen und beschränkt Steuerpflichtige gemäß Art. III in EU/EWR-Körperschaften eingebracht werden, ohne dass es dadurch zwingend zu einer sofortigen Besteuerung der stillen Reserven in den übertragenen Kapitalanteilen oder zur Anwendbarkeit des Ratenzahlungskonzepts kommt. § 17 Abs. 1a ermöglicht es diesen Einbringenden, die anlässlich der Einschränkung des Besteuerungsrechtes der Republik Österreich entstehende Steuerschuld in den eingebrachten Kapitalanteilen auf Antrag in deren Einkommen- oder Körperschaftsteuererklärung vorläufig nicht festzusetzen. Erst im Falle der tatsächlichen Veräußerung, des sonstigen Ausscheidens oder des steuerneutralen Untergangs der dem Einbringenden gewährten Gegenleistungsanteile kommt es derzeit zu einer Festsetzung der Steuerschuld im eingebrachten Vermögen, wobei die Regelungen des § 27 Abs. 6 Z 1 lit. a bis c EStG 1988 sinngemäß anzuwenden sind.

Nunmehr soll § 17 Abs. 1a um einen weiteren Festsetzungstatbestand erweitert werden, um unerwünschte Gestaltungen durch die Kombination von Einbringungs- und Wegzugsmaßnahmen zu verhindern: Künftig soll es auch in jenen Fällen zur Festsetzung kommen, in denen lediglich die eingebrachten Anteile durch die übernehmende Körperschaft veräußert werden (bzw. aus deren Betriebsvermögen ausscheiden), aber durch einen im zeitlichen Zusammenhang verwirklichten Wegzug des Steuerpflichtigen bzw. eine unentgeltliche Übertragung der Gegenleistung auch die Besteuerungsmöglichkeit auf dieser Ebene eingeschränkt wird. Für den neuen Festsetzungstatbestand ist es unerheblich, ob die Veräußerung oder das sonstige Ausscheiden der vormals eingebrachten Kapitalanteile vor oder nach dem Wegzug bzw. der Übertragung der Gegenleistung erfolgt; entscheidend ist ein zeitlicher und sachlicher Zusammenhang.

Die Neuregelung soll auch im Hinblick auf bereits bestehende Nichtfestsetzungen aufgrund eines Anteilstausches gemäß § 17 Abs. 1a idF vor dem AbgÄG 2022 gelten.

***2. Im 3. Teil Z 30 entfällt der letzte Satz.***

**EB:** Zur Vermeidung von Gestaltungen im Zusammenhang mit der Berücksichtigung von im Ausland eingetretenen Wertminderungen soll die mit dem StRefG 2020 geschaffene Möglichkeit wieder entfallen, die nichtfestgesetzte Steuerschuld auf Antrag freiwillig festzusetzen.

## Artikel 4
## Änderung des Stiftungseingangssteuergesetzes

**Das Stiftungseingangssteuergesetz, BGBl. I Nr. 85/2008, zuletzt geändert durch das Bundesgesetz BGBl. I Nr. 104/2019, wird wie folgt geändert:**

***§ 5 Z 8 mit dem Wortlaut*** **„§ 2 Abs. 1 lit. b und § 4 in der Fassung des Bundesgesetzes BGBl. I Nr. 104/2019 tritt mit 1. Juli 2020 in Kraft."** ***erhält die Ziffernbezeichnung*** **„9.".**

**EB:** Mit der Änderung wird ein Redaktionsversehen beseitigt, indem die letzte Ziffer des § 5 die zutreffende Bezifferung „9." erhält.

## Artikel 5
## Änderung des Umsatzsteuergesetzes 1994

**Das Umsatzsteuergesetz 1994, BGBl. Nr. 663/1994, zuletzt geändert durch das Bundesgesetz BGBl. I Nr. 10/2022, wird wie folgt geändert:**

***1. In § 6 Abs. 1 Z 3 lit. d wird nach der Wortfolge*** **„Beförderungen von Personen mit"** ***das Wort samt Satzzeichen*** **„Eisenbahnen,"** ***eingefügt.***

**EB:** Aus ökologischen Gründen und als Schritt zur Steigerung der Wettbewerbsfähigkeit internationaler Bahnverbindungen sollen grenzüberschreitende Beförderungen von Personen mit Eisenbahnen für den österreichischen Streckenteil von der Umsatzsteuer befreit werden.

Es soll wie bei grenzüberschreitenden Beförderungen von Personen mit Schiffen und Luftfahrzeugen kein Ausschluss vom Vorsteuerabzug eintreten.

Insofern entfällt auch der Ausweis des Steuersatzes gem. § 11 Abs. 10 UStG 1994.

Diese Maßnahme soll ab dem 1.1.2023 gelten.

***2. § 6 Abs. 1 Z 6 lit. c lautet:***

**„c) die Lieferungen, ausgenommen Lieferungen neuer Fahrzeuge im Sinne des Art. 1 Abs. 8 des Anhanges, und die sonstigen Leistungen an**

**– die im Gebiet eines anderen Mitgliedstaates errichteten ständigen diplomatischen Missionen, berufskonsularischen Vertretungen und zwischenstaatlichen Einrichtungen sowie deren Mitglieder,**

**– die im Gebiet eines anderen Mitgliedstaates stationierten Streitkräfte der Vertragsparteien des Nordatlantikvertrages, soweit sie nicht an die Streitkräfte dieses Mitgliedstaates ausgeführt werden, wenn diese Umsätze für den Gebrauch oder Verbrauch dieser**

**Streitkräfte, ihres zivilen Begleitpersonals oder für die Versorgung ihrer Kasinos oder Kantinen bestimmt sind und wenn diese Streitkräfte der gemeinsamen Verteidigungsanstrengung dienen,**

**– die Streitkräfte anderer Mitgliedstaaten, wenn diese Streitkräfte an einer Verteidigungsanstrengung teilnehmen, die zur Durchführung einer Tätigkeit der Union im Rahmen der Gemeinsamen Sicherheits- und Verteidigungspolitik unternommen wird und, wenn die Umsätze entweder für den Gebrauch oder Verbrauch durch die Streitkräfte anderer Mitgliedstaaten oder ihr ziviles Begleitpersonal oder für die Versorgung ihrer Kasinos oder Kantinen bestimmt sind, und**

**– die im Gebiet eines anderen Mitgliedstaates stationierten Streitkräfte eines Mitgliedstaates, wenn diese Streitkräfte an einer Verteidigungsanstrengung teilnehmen, die zur Durchführung einer Tätigkeit der Union im Rahmen der Gemeinsamen Sicherheits- und Verteidigungspolitik unternommen wird und, wenn die Umsätze für den Gebrauch oder Verbrauch durch die Streitkräfte eines anderen Mitgliedstaats als die des Bestimmungsmitgliedstaats selbst oder ihr ziviles Begleitpersonal oder für die Versorgung ihrer Kasinos oder Kantinen bestimmt sind.**

**Für die Steuerbefreiung sind die in dem anderen Mitgliedstaat geltenden Voraussetzungen maßgebend. Die Voraussetzungen der Steuerbefreiung müssen vom Unternehmer dadurch nachgewiesen werden, dass ihm der Abnehmer eine von der zuständigen Behörde des anderen Mitgliedstaates oder, wenn er hiezu ermächtigt ist, eine selbst ausgestellte Bescheinigung auf amtlichem Vordruck aushändigt. Der Bundesminister für Finanzen kann durch Verordnung bestimmen, wie der Unternehmer die übrigen Voraussetzungen nachzuweisen hat;“**

***3. In § 6 Abs. 4 Z 10 wird am Ende das Satzzeichen „.“ durch das Satzzeichen „ ;“ ersetzt und folgende Z 11 angefügt:***

**„11. der Gegenstände durch die Streitkräfte anderer Mitgliedstaaten für den eigenen Gebrauch oder Verbrauch oder für den ihres zivilen Begleitpersonals oder für die Versorgung ihrer Kasinos oder Kantinen, wenn diese Streitkräfte an einer Verteidigungsanstrengung teilnehmen, die zur Durchführung einer Tätigkeit der Union im Rahmen der Gemeinsamen Sicherheits- und Verteidigungspolitik unternommen wird.“**

**EB:** Aufgrund der Richtlinie (EU) 2019/2235, ABl. Nr. L 336 vom 30.12.2019 S. 10, soll eine Mehrwertsteuerbefreiung für Lieferungen von Gegenständen oder Dienstleistungen eingeführt werden, die für den Gebrauch oder Verbrauch durch die Streitkräfte eines Mitgliedstaats oder ihr ziviles Begleitpersonal oder für die Versorgung ihrer Kasinos oder Kantinen bestimmt sind, wenn diese Streitkräfte einer Verteidigungsanstrengung außerhalb ihres Mitgliedstaats dienen, die zur Durchführung einer Tätigkeit der Union im Rahmen der GSVP unternommen wird. Lieferungen von Gegenständen oder Dienstleistungen für die Streitkräfte des Mitgliedstaats, in dem die Gegenstände geliefert bzw. die Dienstleistungen erbracht werden, sollen von der Mehrwertsteuerbefreiung ausgeschlossen sein.

Die neu vorgeschlagenen § 6 Abs. 1 Z 6 lit. c 3. und 4. Gedankenstrich UStG 1994 beruhen auf Art. 151 Abs. 1 lit. ba bzw. bb der Richtlinie 2006/112/EG und sollen grds. jegliche Lieferungen und sonstigen Leistungen von der Umsatzsteuer befreien, sofern deren Leistungsort im Inland liegt.

Die Ausnahme von der Befreiung für neue Fahrzeuge beruht auf Art. 2 Abs. 1 lit. b Z ii iVm Art. 3 Abs. 1 iVm Art. 151 Abs. 1 lit. ba und bb der Richtlinie 2006/112/EG.

*Beispiel:*

*Die Personenbeförderung im Inland von ausländischen Streitkräften, die an einer Verteidigungsanstrengung außerhalb ihres Mitgliedstaates teilnehmen, ist von der Umsatzsteuer befreit.*

Darüber hinaus ist eine Mehrwertsteuerbefreiung für die Einfuhr von Gegenständen durch die Streitkräfte eines Mitgliedstaats vorgesehen, wenn die Gegenstände für den Gebrauch oder Verbrauch durch diese Streitkräfte oder ihr ziviles Begleitpersonal oder für die Versorgung ihrer Kasinos oder Kantinen bestimmt sind und wenn diese Streitkräfte einer Verteidigungsanstrengung außerhalb ihres Mitgliedstaats dienen, die zur Durchführung einer Tätigkeit der Union im Rahmen der GSVP unternommen wird.

Die Befreiung von der Umsatzsteuer für die Einfuhr von Gegenständen gem. des neu vorgeschlagenen § 6 Abs. 4 Z 11 UStG 1994 beruht auf Art. 143 Abs. 1 lit. ga der Richtlinie 2006/112/EG.

Das Verbringen von Gegenständen durch inländische Streitkräfte, die von diesen gem. der Richtlinie (EU) 2019/2235 steuerfrei erworben oder eingeführt wurden, soll gem. Art. 1 Abs. 3 Z 2 einem innergemeinschaftlichen Erwerb gleichgestellt werden. Damit soll ein unversteuerter Verbrauch vermieden werden. Die Bestimmung beruht auf Art. 22 1. UA der Richtlinie 2006/112/EG.

Die Bemessungsgrundlage für das Verbringen soll sich nach Art. 4 Abs. 2 UStG 1994 bestimmen. Die Bestimmung soll geändert werden, um die Bemessungsgrundlage für das Verbringen eines Gegenstandes gem. Art. 1 Abs. 3 Z 1 und Z 2 UStG 1994 zu regeln.

Art. 1 Abs. 10 UStG 1994 soll samt Überschrift geändert werden, um zu normieren, dass ein innergemeinschaftlicher Erwerb neben den derzeitig festgelegten Ausnahmen nicht vorliegt, wenn ein Gegenstand bei einer Lieferung aus dem Gebiet eines anderen Mitgliedstaates in das Inland gelangt und die Erwerber Streitkräfte anderer Mitgliedstaaten sind, die im Inland an einer Verteidigungsanstrengung teilnehmen, die zur Durchführung einer Tätigkeit der Union im Rahmen der Gemeinsamen Sicherheits- und Verteidigungspolitik unternommen wird.

Die Bestimmung in Z 3 beruht auf Art. 2 Abs. 1 lit. b Z ii iVm Art. 3 Abs. 1 lit. a iVm Art. 151 Abs. 1 lit. ba und bb der Richtlinie 2006/112/EG. Da kein innergemeinschaftlicher Erwerb im Bestimmungsmitgliedstaat vorliegt, fehlt eine der Voraussetzungen für das Vorliegen einer innergemeinschaftlichen Lieferung im Ursprungsmitgliedstaat.

Wie die Befreiung von der Mehrwertsteuer für Verteidigungsanstrengungen im Rahmen der NATO sollen die Befreiungen für Verteidigungsanstrengungen, die zur Durchführung einer Tätigkeit der Union im Rahmen der GSVP unternommen werden, einen begrenzten Anwendungsbereich haben. Diese Befreiungen sollen nur für Situationen gelten, in denen die Streitkräfte Aufgaben wahrnehmen, die unmittelbar mit einer Verteidigungsanstrengung im Rahmen der GSVP verbunden sind, und sollen auf zivile Missionen im Rahmen der GSVP keine Anwendung finden. Gegenstände oder Dienstleistungen, die für den Gebrauch oder Verbrauch durch Zivilpersonal bereitgestellt werden, sollen daher nur dann unter die Ausnahmen fallen, wenn es sich um das zivile Begleitpersonal von Streitkräften handelt, die Aufgaben ausführen, welche unmittelbar mit einer Verteidigungsanstrengung im Rahmen der GSVP außerhalb ihres Mitgliedstaats zusammenhängen. Aufgaben, zu deren Erfüllung ausschließlich Zivilpersonal oder zivile Fähigkeiten eingesetzt werden, sollen nicht als Verteidigungsanstrengungen betrachtet werden. Unter keinen Umständen sollen die Befreiungen auch für Gegenstände oder Dienstleistungen gelten, die die Streitkräfte für den Gebrauch oder Verbrauch durch die Truppen oder das Zivilpersonal erwerben, das sie innerhalb ihres eigenen Mitgliedstaats begleitet.

Unter Verteidigungsanstrengungen, die zur Durchführung einer Tätigkeit der Union im Rahmen der GSVP unternommen werden, fallen militärische Missionen und Operationen, Tätigkeiten von Gefechtsverbänden, der gegenseitige Beistand, Projekte im Rahmen der Ständigen Strukturierten Zusammenarbeit (SSZ) sowie Tätigkeiten der Europäischen Verteidigungsagentur (European Defence Agency — EDA). Darunter sollten jedoch nicht Tätigkeiten im Rahmen der Solidaritätsklausel nach Artikel 222 des Vertrags über die Arbeitsweise der Europäischen Union und andere bilaterale oder multilaterale Tätigkeiten der Mitgliedstaaten fallen, die nicht mit Verteidigungsanstrengungen, die zur Durchführung einer Tätigkeit der Union im Rahmen der GSVP unternommen werden, in Zusammenhang stehen.

Die Bescheinigung über die Befreiung von der Mehrwertsteuer erfolgt entsprechend der unmittelbar anzuwendenden Durchführungsverordnung (EU) 2022/432.

Diese Maßnahmen sollen ab dem 1.7.2022 gelten.

***4. In § 19 Abs. 1 zweiter Satz wird der Klammerausdruck* „(ausgenommen die entgeltliche Duldung der Benützung von Bundesstraßen und die in § 3a Abs. 11a genannten Leistungen)“ *durch den Klammerausdruck* „(ausgenommen die entgeltliche Duldung der Benützung von Bundesstraßen, die in § 3a Abs. 11a genannten Leistungen sowie die Vermietung von Grundstücken)“ *ersetzt.***

**EB:** Aufgrund des Urteils des EuGH vom 3.6.2021, Rs C-931/19, Titanium Ltd., gelten Unternehmer, die ein im Inland gelegenes Grundstück besitzen und steuerpflichtig vermieten, nur dann als inländische Unternehmer, wenn sie im Inland bzw. bei der Immobilie über eigenes Personal für die Leistungserbringung im Zusammenhang mit der Vermietung verfügen, das zu autonomem Handeln befähigt.

Dieser Umstand führt bei Vermietungen an Unternehmer insbesondere dazu, dass aufgrund des Übergangs der Steuerschuld auf den Leistungsempfänger gemäß § 19 Abs. 1 zweiter Satz UStG 1994, das Vorsteuererstattungsverfahren statt des Veranlagungsverfahrens zur Anwendung kommt. Darüber hinaus besteht im Vorsteuererstattungsverfahren auch keine Möglichkeit, die Überrechnung eines Vorsteuerguthabens auf das Abgabenkonto des Leistungserbringers durchzuführen.

Vor diesem Hintergrund soll es durch die Anpassung von § 19 Abs. 1 zweiter Satz UStG 1994 bei der Vermietung von Grundstücken durch Unternehmer, die im Inland weder ihr Unternehmen betreiben noch eine an der Leistungserbringung beteiligte Betriebsstätte haben, nicht zum Übergang der Steuerschuld kommen, wodurch – wie vor dem Urteil des EuGH in der Rs *Titanium Ltd.* – der leistende (vermietende) Unternehmer Steuerschuldner sein und seine Umsätze im Veranlagungsverfahren erklären soll. Durch die Änderung soll somit in ihrer Wirkung hinsichtlich der Frage der Steuerschuldnerschaft und der daraus resultierenden Rechtsfolgen jene Situation wiederhergestellt werden, wie sie vor dem zitierten Urteil des EuGH bestanden hat.

*Beispiel:*

*D (Wohnsitz und gewöhnlicher Aufenthalt in Deutschland) vermietet ein im Inland gelegenes Geschäftslokal an eine Immobilienbetreibergesellschaft und übt die Option zur Steuerpflicht gemäß § 6 Abs. 2 UStG 1994 aus.*

*Lösung:*

*Da es gemäß § 19 Abs. 1 zweiter Satz UStG 1994 bei der Vermietung an die Immobilienbetreibergesellschaft nicht zum Übergang der Steuerschuld kommt, hat D die Umsätze im Veranlagungsverfahren zu erklären. Vorsteuerbeträge sind ebenfalls im Veranlagungsverfahren geltend zu machen.*

***5. In der Überschrift zu § 25b Abs. 1 wird die Wortfolge* „Im Inland ansässige Unternehmer“ *gestrichen.***

**EB:** Es erfolgt eine Beseitigung redaktioneller Versehen.

***6. § 27 wird wie folgt geändert:***

***a) In Abs. 4 wird im zweiten Klammerausdruck die Wortfolge* „ausgenommen die in § 3a Abs. 11a genannten Leistungen“ *durch die Wortfolge* „ausgenommen die entgeltliche Duldung der Benützung von Bundesstraßen, die in § 3a Abs. 11a genannten Leistungen, die Vermietung von Grundstücken“ *ersetzt.***

**EB:** Zur Verringerung der Risiken und Verwaltungskosten für Unternehmer und juristische Personen des öffentlichen Rechts soll die Einbehaltungs- und Abfuhrverpflichtung der Umsatzsteuer durch den Empfänger entsprechend den Ausnahmen in § 19 Abs. 1 zweiter Satz UStG 1994 bei sonstigen Leistungen angepasst werden. Somit soll es auch bei der entgeltlichen Duldung der Benützung von Bundesstraßen sowie Vermietung von Grundstücken – wie es bereits bisher bei den in § 3a Abs. 11a UStG 1994 genannten Leistungen der Fall ist – zu keiner Einbehaltungs- und Abfuhrverpflichtung kommen.

***b) Nach Abs. 8 wird folgender Abs. 9 angefügt:***

**„(9) Nimmt ein Unternehmer die Sonderregelung gemäß Art. 25a in Anspruch, gelten Abs. 7 und 8 unabhängig vom Lieferort für alle Lieferungen gemäß Art. 25a Abs. 1 Z 2. Für Lieferungen im Sinne des Art. 25a Abs. 1 Z 2, die im Inland ausgeführt werden und für die die Sonderregelung gemäß Art. 369a bis 369k der Richtlinie 2006/112/EG in einem anderen Mitgliedstaat in Anspruch genommen wird, ist es abweichend von Abs. 8 ausreichend, wenn der Steuervertreter im Sinne des Art. 204 der Richtlinie 2006/112/EG die entsprechenden Vorschriften dieses Mitgliedstaates erfüllt.“**

**EB:** Die Anforderungen an einen Fiskalvertreter bei Nutzung der Sonderregelung gemäß Art. 25a UStG 1994 sollen sich nach den Regelungen des Mitgliedstaates der Identifizierung und nur subsidiär nach denen des Bestimmungslandes richten.

*Beispiel:*

*Ein Drittlandsunternehmer, der über keine Niederlassung im Gemeinschaftsgebiet verfügt (und auch nicht nach § 27 Abs. 7 vorletzter Satz UStG 1994 von der Verpflichtung ausgenommen ist), muss für die Verwendung der Sonderregelung gemäß Art. 25a UStG 1994 für seine innergemeinschaftlichen Versandhandelsumsätze mit Österreich als Mitgliedstaat der Identifizierung einen Fiskalvertreter beauftragen und bekanntgeben, der die Anforderungen des § 27 Abs. 8 UStG 1994 erfüllt.*

*Verwendet ein Drittlandsunternehmer die Sonderregelung mit einem anderen Mitgliedstaat als Mitgliedstaat der Identifizierung, ist er für seine innergemeinschaftlichen Versandhandelsumsätze nach Österreich verpflichtet, einen Fiskalvertreter in Österreich zu bestellen. Besteht im Mitgliedstaat der Identifizierung ebenfalls die Verpflichtung einen Steuervertreter im Sinne des Art. 204 der Richtlinie 2006/112/EG zu bestellen, soll es aber genügen, wenn der Steuervertreter die entsprechenden Vorschriften dieses Mitgliedstaates erfüllt.*

*Würde der Unternehmer sein Unternehmen im Gemeinschaftsgebiet betreiben oder hätte er eine Niederlassung im Gemeinschaftsgebiet, besteht keine Pflicht zur Bestellung eines Fiskalvertreters.*

***7. § 28 wird wie folgt geändert:***

***a) In Abs. 54 wird die Wortfolge* „1. Juli 2022“ *durch die Wortfolge* „1. Juli 2023“ *ersetzt.***

**EB:** Aufgrund der anhaltenden COVID-19-Krise soll für die Lieferungen und die innergemeinschaftlichen Erwerbe von Schutzmasken der Steuersatz von 0% bis zum 30. Juni 2023 beibehalten werden.

***b) Nach Abs. 57 wird folgender Abs. 58 angefügt:***

**„(58)**

**1. § 6 Abs. 1 Z 6 lit. c und Abs. 4 Z 10 und 11, Art. 1 Abs. 3 Z 2 und Abs. 10 sowie Art. 4 Abs. 2 jeweils in der Fassung des Bundesgesetzes BGBl. I Nr. XX/2022, treten mit 1. Juli 2022 in Kraft und sind erstmals auf Umsätze und sonstige Sachverhalte anzuwenden, die nach dem 30. Juni 2022 ausgeführt werden bzw. sich ereignen.**

**2. § 6 Abs. 1 Z 3 lit. d, § 27 Abs. 9 und Art. 25 jeweils in der Fassung des Bundesgesetzes BGBl. I Nr. XX/2022, treten mit 1. Jänner 2023 in Kraft und sind erstmals auf Umsätze und sonstige Sachverhalte anzuwenden, die nach dem 31. Dezember 2022 ausgeführt werden bzw. sich ereignen.“**

***8. Art. 1 wird wie folgt geändert:***

***a) In Art. 1 Abs. 3 Z 1 lit. a wird nach der Wortfolge* „Art. 3 Abs. 3“ *die Wortfolge* „oder § 3 Abs. 8a“ *eingefügt.***

**EB:** Es soll klargestellt werden, dass entsprechend Art. 17 Abs. 2 lit. a der Richtlinie 2006/112/EG bei einem Einfuhr-Versandhandel bei dem sich der Lieferort nach § 3 Abs. 8a UStG 1994 bestimmt, kein dem innergemeinschaftlichen Erwerb gleichgestelltes Verbringen vorliegt.

***b) Nach Art. 1 Abs. 3 Z 1 wird folgende Z 2 angefügt:***

**„2. das Verbringen eines Gegenstandes in das Inland, der nicht gemäß den allgemeinen Besteuerungsbedingungen des Binnenmarkts eines Mitgliedstaats gekauft wurde, durch die inländischen Streitkräfte, die an einer Verteidigungsanstrengung teilnehmen, die zur Durchführung einer Tätigkeit der Union im Rahmen der Gemeinsamen Sicherheits- und Verteidigungspolitik unternommen wird, zum Gebrauch oder Verbrauch dieser Streitkräfte oder ihres zivilen Begleitpersonals.“**

***c) Art. 1 Abs. 10 lautet samt Überschrift:***

***„Erwerb durch diplomatische Missionen, zwischenstaatliche Einrichtungen und Streitkräfte im Rahmen der Gemeinsamen Sicherheits- und Verteidigungspolitik***

**(10) Ein innergemeinschaftlicher Erwerb im Sinne des Abs. 1 liegt nicht vor, wenn ein Gegenstand bei einer Lieferung aus dem Gebiet eines anderen Mitgliedstaates in das**

**Inland gelangt und die Erwerber folgende Einrichtungen sind, soweit sie nicht Unternehmer sind oder den Gegenstand nicht für ihr Unternehmen erwerben:**

**1. im Inland ansässige ständige diplomatische Missionen und berufskonsularische Vertretungen oder**

**2. im Inland ansässige zwischenstaatliche Einrichtungen oder**

**3. Streitkräfte anderer Mitgliedstaaten, die im Inland an einer Verteidigungsanstrengung teilnehmen, die zur Durchführung einer Tätigkeit der Union im Rahmen der Gemeinsamen Sicherheits- und Verteidigungspolitik unternommen wird.**

**Diese Einrichtungen gelten nicht als Erwerber im Sinne des Abs. 2 Z 2. Die Abs. 7 bis 9 bleiben unberührt."**

***9. In Art. 4 Abs. 2 wird die Wortfolge* „Art. 1 Abs. 3 Z 1" *durch die Wortfolge* „Art. 1 Abs. 3" *ersetzt.***

**EB:** Aufgrund der Richtlinie (EU) 2019/2235, ABl. Nr. L 336 vom 30.12.2019 S. 10, soll eine Mehrwertsteuerbefreiung für Lieferungen von Gegenständen oder Dienstleistungen eingeführt werden, die für den Gebrauch oder Verbrauch durch die Streitkräfte eines Mitgliedstaats oder ihr ziviles Begleitpersonal oder für die Versorgung ihrer Kasinos oder Kantinen bestimmt sind, wenn diese Streitkräfte einer Verteidigungsanstrengung außerhalb ihres Mitgliedstaats dienen, die zur Durchführung einer Tätigkeit der Union im Rahmen der GSVP unternommen wird. Lieferungen von Gegenständen oder Dienstleistungen für die Streitkräfte des Mitgliedstaats, in dem die Gegenstände geliefert bzw. die Dienstleistungen erbracht werden, sollen von der Mehrwertsteuerbefreiung ausgeschlossen sein.

Die neu vorgeschlagenen § 6 Abs. 1 Z 6 lit. c 3. und 4. Gedankenstrich UStG 1994 beruhen auf Art. 151 Abs. 1 lit. ba bzw. bb der Richtlinie 2006/112/EG und sollen grds. jegliche Lieferungen und sonstigen Leistungen von der Umsatzsteuer befreien, sofern deren Leistungsort im Inland liegt.

Die Ausnahme von der Befreiung für neue Fahrzeuge beruht auf Art. 2 Abs. 1 lit. b Z ii iVm Art. 3 Abs. 1 iVm Art. 151 Abs. 1 lit. ba und bb der Richtlinie 2006/112/EG.

*Beispiel:*

*Die Personenbeförderung im Inland von ausländischen Streitkräften, die an einer Verteidigungsanstrengung außerhalb ihres Mitgliedstaates teilnehmen, ist von der Umsatzsteuer befreit.*

Darüber hinaus ist eine Mehrwertsteuerbefreiung für die Einfuhr von Gegenständen durch die Streitkräfte eines Mitgliedstaats vorgesehen, wenn die Gegenstände für den Gebrauch oder Verbrauch durch diese Streitkräfte oder ihr ziviles Begleitpersonal oder für die Versorgung ihrer Kasinos oder Kantinen bestimmt sind und wenn diese Streitkräfte einer Verteidigungsanstrengung außerhalb ihres Mitgliedstaats dienen, die zur Durchführung einer Tätigkeit der Union im Rahmen der GSVP unternommen wird.

Die Befreiung von der Umsatzsteuer für die Einfuhr von Gegenständen gem. des neu vorgeschlagenen § 6 Abs. 4 Z 11 UStG 1994 beruht auf Art. 143 Abs. 1 lit. ga der Richtlinie 2006/112/EG.

Das Verbringen von Gegenständen durch inländische Streitkräfte, die von diesen gem. der Richtlinie (EU) 2019/2235 steuerfrei erworben oder eingeführt wurden, soll gem. Art. 1 Abs. 3 Z 2 einem innergemeinschaftlichen Erwerb gleichgestellt werden. Damit soll ein unversteuerter Verbrauch vermieden werden. Die Bestimmung beruht auf Art. 22 1. UA der Richtlinie 2006/112/EG.

Die Bemessungsgrundlage für das Verbringen soll sich nach Art. 4 Abs. 2 UStG 1994 bestimmen. Die Bestimmung soll geändert werden, um die Bemessungsgrundlage für das Verbringen eines Gegenstandes gem. Art. 1 Abs. 3 Z 1 und Z 2 UStG 1994 zu regeln.

Art. 1 Abs. 10 UStG 1994 soll samt Überschrift geändert werden, um zu normieren, dass ein innergemeinschaftlicher Erwerb neben den derzeitig festgelegten Ausnahmen nicht vorliegt, wenn ein Gegenstand bei einer Lieferung aus dem Gebiet eines anderen Mitgliedstaates in das Inland gelangt und die Erwerber Streitkräfte anderer Mitgliedstaaten sind, die im Inland an einer Verteidigungsanstrengung teilnehmen, die zur Durchführung einer Tätigkeit der Union im Rahmen der Gemeinsamen Sicherheits- und Verteidigungspolitik unternommen wird.

Die Bestimmung in Z 3 beruht auf Art. 2 Abs. 1 lit. b Z ii iVm Art. 3 Abs. 1 lit. a iVm Art. 151 Abs. 1 lit. ba und bb der Richtlinie 2006/112/EG. Da kein innergemeinschaftlicher Erwerb im Bestimmungsmitgliedstaat vorliegt, fehlt eine der Voraussetzungen für das Vorliegen einer innergemeinschaftlichen Lieferung im Ursprungsmitgliedstaat.

Wie die Befreiung von der Mehrwertsteuer für Verteidigungsanstrengungen im Rahmen der NATO sollen die Befreiungen für Verteidigungsanstrengungen, die zur Durchführung einer Tätigkeit der Union im Rahmen der GSVP unternommen werden, einen begrenzten Anwendungsbereich haben. Diese Befreiungen sollen nur für Situationen gelten, in denen die Streitkräfte Aufgaben wahrnehmen, die unmittelbar mit einer Verteidigungsanstrengung im Rahmen der GSVP verbunden sind, und sollen auf zivile Missionen im Rahmen der GSVP keine Anwendung finden. Gegenstände oder Dienstleistungen, die für den Gebrauch oder Verbrauch durch Zivilpersonal bereitgestellt werden, sollen daher nur dann unter die Ausnahmen fallen, wenn es sich um das zivile Begleitpersonal von Streitkräften handelt, die Aufgaben ausführen, welche unmittelbar mit einer Verteidigungsanstrengung im Rahmen der GSVP außerhalb ihres Mitgliedstaats zusammenhängen. Aufgaben, zu deren Erfüllung ausschließlich Zivilpersonal oder zivile Fähigkeiten eingesetzt werden, sollen nicht als Verteidigungsanstrengungen betrachtet werden. Unter keinen Umständen sollen die Befreiungen auch für Gegenstände oder Dienstleistungen gelten, die die Streitkräfte für den Gebrauch oder Verbrauch durch die Truppen oder das Zivilpersonal erwerben, das sie innerhalb ihres eigenen Mitgliedstaats begleitet.

Unter Verteidigungsanstrengungen, die zur Durchführung einer Tätigkeit der Union im Rahmen der GSVP unternommen werden, fallen militärische Missionen und Operationen, Tätigkeiten von Gefechtsverbänden, der gegenseitige Beistand, Projekte im Rahmen der Ständigen Strukturierten Zusammenarbeit (SSZ) sowie Tätigkeiten der Europäischen Verteidigungsagentur (European Defence Agency — EDA). Darunter sollten jedoch nicht Tätigkeiten im Rahmen der Solidaritätsklausel nach Artikel 222 des Vertrags über die Arbeitsweise der Europäischen Union und andere bilaterale oder multilaterale Tätigkeiten der Mitgliedstaaten fallen, die nicht mit Verteidigungsanstrengungen, die zur Durchführung einer Tätigkeit der Union im Rahmen der GSVP unternommen werden, in Zusammenhang stehen.

Die Bescheinigung über die Befreiung von der Mehrwertsteuer erfolgt entsprechend der unmittelbar anzuwendenden Durchführungsverordnung (EU) 2022/432.

Diese Maßnahmen sollen ab dem 1.7.2022 gelten.

***10. Art. 25 lautet samt Überschrift:***

**„Dreiecksgeschäft**

***Begriff***

**Art. 25. (1) Ein Dreiecksgeschäft liegt vor, wenn bei einem Reihengeschäft (§ 3 Abs. 15) die in Abs. 3 genannten Voraussetzungen erfüllt werden.**

***Ort des innergemeinschaftlichen Erwerbs beim Dreiecksgeschäft***

**(2) Der innergemeinschaftliche Erwerb im Sinne des Art. 3 Abs. 8 zweiter Satz gilt als besteuert, wenn der Unternehmer, der den innergemeinschaftlichen Erwerb bewirkt (Erwerber), nachweist, dass ein Dreiecksgeschäft vorliegt und dass er seiner Erklärungspflicht gemäß Abs. 6 nachgekommen ist. Kommt der Unternehmer seiner Erklärungspflicht nicht nach, fällt die Steuerfreiheit rückwirkend weg.**

***Steuerbefreiung beim innergemeinschaftlichen Erwerb von Gegenständen***

**(3) Der innergemeinschaftliche Erwerb ist unter folgenden Voraussetzungen von der Umsatzsteuer befreit:**

**a) Der Erwerber betreibt im Inland weder sein Unternehmen noch hat er dort eine Betriebstätte;**

**b) der Erwerber verwendet für den Erwerb eine Umsatzsteuer-Identifikationsnummer, die weder eine inländische noch eine des Mitgliedstaates ist, aus dem die Gegenstände stammen;**

**c) der Erwerb erfolgt für Zwecke einer anschließenden Lieferung des Erwerbers im Inland an einen Unternehmer oder eine juristische Person, der bzw. die für Zwecke der Umsatzsteuer im Inland erfasst ist (Abnehmer);**

**d) die Steuer für die anschließende Lieferung wird gemäß Abs. 5 vom Abnehmer geschuldet.**

***Rechnungsausstellung durch den Erwerber***

**(4) Die Rechnungsausstellung richtet sich nach den Vorschriften des Mitgliedstaates, von dem aus der Erwerber sein Unternehmen betreibt. Wird die Lieferung von der Betriebsstätte des Erwerbers ausgeführt, ist das Recht des Mitgliedstaates maßgebend, in dem sich die Betriebsstätte befindet. Rechnet der Leistungsempfänger, auf den die Steuerschuld übergeht, mittels Gutschrift ab, richtet sich die Rechnungsausstellung nach den Vorschriften des Mitgliedstaates, in dem die Lieferung ausgeführt wird. Sind für die Rechnungsausstellung die Vorschriften dieses Bundesgesetzes maßgebend, muss die Rechnung zusätzlich folgende Angaben enthalten:**

**– einen ausdrücklichen Hinweis auf das Vorliegen eines innergemeinschaftlichen Dreiecksgeschäftes und die Steuerschuldnerschaft des Abnehmers,**

**– die Umsatzsteuer-Identifikationsnummer, unter der der Erwerber den innergemeinschaftlichen Erwerb und die nachfolgende Lieferung der Gegenstände bewirkt hat, und**

**– die Umsatzsteuer-Identifikationsnummer des Abnehmers.**

***Steuerschuldner***

**(5) Bei einem Dreiecksgeschäft wird die Steuer vom Abnehmer der steuerpflichtigen Lieferung geschuldet, wenn die vom Erwerber ausgestellte Rechnung dem Abs. 4 entspricht.**

***Pflichten des Erwerbers***

**(6) Zur Erfüllung seiner Erklärungspflicht im Sinne des Abs. 2 hat der Erwerber in der Zusammenfassenden Meldung folgende Angaben zu machen:**

**– die Umsatzsteuer-Identifikationsnummer im Inland, unter der er den innergemeinschaftlichen Erwerb und die nachfolgende Lieferung der Gegenstände bewirkt hat;**

**– die Umsatzsteuer-Identifikationsnummer des Abnehmers der vom Erwerber bewirkten nachfolgenden Lieferung, die diesem im Bestimmungsmitgliedstaat der versandten oder beförderten Gegenstände erteilt worden ist;**

**– für jeden einzelnen dieser Abnehmer die Summe der Entgelte der auf diese Weise vom Erwerber im Bestimmungsmitgliedstaat der versandten oder beförderten Gegenstände bewirkten Lieferungen. Diese Beträge sind für den Meldezeitraum gemäß Art. 21 Abs. 3 anzugeben, in dem die Steuerschuld entstanden ist.**

***Pflichten des Abnehmers***

**(7) Bei der Berechnung der Steuer gemäß § 20 ist dem ermittelten Betrag der nach Abs. 5 geschuldete Betrag hinzuzurechnen."**

**EB:** Zur Vermeidung von Disparitäten im Verhältnis mit anderen Mitgliedstaaten und zur Reduzierung der Rechtsbefolgungskosten für Unternehmer soll Art. 25 UStG 1994 an die Leitlinie des Mehrwertsteuerausschusses (Leitlinie aus der 113. Sitzung des Mehrwertsteuerausschusses vom 3. Juni 2019, Dokument D – taxud.c.1(2019)7899573 – 975) und die in den „Explanatory notes" der Kommission (Europäische Kommission, Erläuterungen zu den Änderungen der EU-Mehrwertsteuervorschriften in Bezug auf Konsignationslagerregelungen, Reihengeschäfte und die Steuerbefreiung für innergemeinschaftliche Lieferungen von Gegenständen („Quick Fixes 2020"), 72 ff) vertretene Ansicht angepasst werden. Demnach soll die Vereinfachungsregel für Dreiecksgeschäfte auch innerhalb von Reihengeschäften mit mehr als drei Personen Anwendung finden können.

Es kann wie bisher immer nur einer der am Reihengeschäft beteiligten Unternehmer potenziell in den Genuss der Vereinfachung für Dreiecksgeschäfte kommen, und zwar der Steuerpflichtige innerhalb der Reihe, der den innergemeinschaftlichen Erwerb tätigt, also der Empfänger der bewegten Lieferung ist.

Für Zwecke dieser Bestimmung wird dieser Empfänger als Erwerber bezeichnet.

*Beispiel 1:*

*Der in Österreich ansässige Unternehmer Ö bestellt beim in Deutschland ansässigen Unternehmer D dort nicht vorrätige Werkzeugteile. D gibt die Bestellung weiter an den in Frankreich ansässigen Unternehmer F mit der Bitte, sie direkt zu Ö nach Österreich auszuliefern. Weil auch F die Werkzeugteile nicht auf Lager hat, bestellt er sie beim in Spanien ansässigen Unternehmer SP und befördert sie auf seine Rechnung an Ö. F tritt mit seiner spanischen UID Nummer auf, alle anderen Unternehmer jeweils unter der UID Nummer ihres Landes.*

*Lösung:*

*Zwischen SP, F, D und Ö liegt ein Reihengeschäft gemäß § 3 Abs. 15 Z 5 UStG 1994 vor. Da F als Zwischenhändler mit seiner spanischen UID Nummer auftritt, wird die Beförderung gemäß § 3 Abs. 15 Z 1 UStG 1994 seiner Lieferung an D zugeordnet, womit D einen innergemeinschaftlichen Erwerb in Österreich verwirklicht. Liegen die Voraussetzung des Art. 25 Abs. 3 UStG 1994 vor, ist dieser innergemeinschaftliche Erwerb von D in Österreich steuerfrei und die Steuerschuld für die Lieferung von D an Ö geht auf Ö über.*

*Beispiel 2:*

*Wie Beispiel 1, nur tritt D mit seiner österreichischen UID Nummer auf und alle anderen Unternehmer jeweils unter der UID Nummer ihres Landes.*

*Lösung:*

*Zwischen SP, F, D und Ö liegt ein Reihengeschäft gemäß § 3 Abs. 15 Z 5 UStG 1994 vor. Da F als Zwischenhändler nicht mit einer UID Nummer des Abgangsmitgliedstaates auftritt, wird die Beförderung gemäß § 3 Abs. 15 Z 1 UStG 1994 der Lieferung von SP an ihn zugeordnet, womit F einen innergemeinschaftlichen Erwerb in Österreich verwirklicht. Liegen die Voraussetzung des Art. 25 Abs. 3 UStG 1994 vor, ist dieser innergemeinschaftliche Erwerb von F in Österreich steuerfrei und die Steuerschuld für die Lieferung von F an D geht auf D über.*

***11. In Art. 25a Abs. 15 wird vor der Wortfolge* „sonstige Leistungen" *die Wortfolge* „Lieferungen oder" *eingefügt.***

**EB:** Es erfolgt eine Beseitigung redaktioneller Versehen.

## Artikel 6
## Änderung des Gebührengesetzes 1957

**Das Gebührengesetz 1957, BGBl. Nr. 267/1957, zuletzt geändert durch das Bundesgesetz BGBl. I Nr. 227/2021, wird wie folgt geändert:**

***1. In § 3 Abs. 2 Z 2 erster Satz wird nach der Wortfolge* „Tarifpost 9 Abs. 5" *das Wort* „und" *durch einen Beistrich ersetzt und nach der Wortfolge* „Tarifpost 16 Abs. 5" *die Wortfolge samt Satzzeichen* „, Tarifpost 20 Abs. 6, Tarifpost 21 Abs. 9 und Tarifpost 22 Abs. 7" *eingefügt.***

**EB:** Für die Bewilligung und Beantragung von Außenlandungen und Außenabflügen fallen derzeit gemäß Tarifpost 382 der Bundesverwaltungsabgabenverordnung 1983 (BVwAbgV) Bundesverwaltungsabgaben sowie Gebühren nach dem Gebührengesetz 1957 an. Aus Gründen der Kostentransparenz und der Verwaltungsvereinfachung sowie zur Sicherstellung eines einheitlichen Verwaltungsvollzuges soll zukünftig ausschließlich eine Erledigungsgebühr für die Bewilligung einer Außenlandung und eines Außenabfluges gemäß § 9 Abs. 2 LFG sowie für die Bewilligung des Abwerfens von Sachen gemäß § 133 Abs. 2 LFG eingehoben werden. Zudem soll aufgrund der ergangenen Rechtsprechung des VwGH (vgl. VwGH 19. 12. 2013, 2013/03/0125 zur TP 382 BVwAbgV) die Höhe der Gebühr pro bewilligten Ort und Zeitraum – unabhängig von der Anzahl der bewilligten Luftfahrzeuge – gedeckelt werden. Die Bewilligung eines alternativen Ortes oder Zeitraumes (Ersatzort bzw. Ersatztermin) soll von der erteilten Bewilligung (Ursprungsort bzw. Ursprungstermin) umfasst werden, sodass zB für die Bewilligung einer Außenlandung und eines Außenabfluges an einem Wochenende oder an einem darauffolgenden Ersatzwochenende nur einmalig 23 Euro anfallen sollen. Zur Abgeltung des für die Behörden entstandenen Aufwandes sollen die Länder für die erteilten Bewilligungen Pauschalbeträge erhalten, die den jetzigen Bundesverwaltungsabgaben entsprechen.

**EB:** Seit 1. Jänner 2022 wird der Ausweis für das Personenbeförderungsgewerbe mit Pkw (Taxi) in Scheckkartenformat ausgegeben (vgl. BGBl. II Nr. 408/2020). Im Interesse einer Verwaltungsvereinfachung und einer Gebührentransparenz sollen die Gebühren und die Verwaltungsabgaben des Bundes zusammengefasst werden. Es soll einerseits eine Eingabengebühr für jedes Ansuchen um Ausstellung eines Ausweises für Personenbeförderungsgewerbe mit Pkw (Taxi) und andererseits eine Erledigungsgebühr für die positive Erledigung des Ansuchens anfallen. Die Gebührenschuld für das Ansuchen soll mit Einbringung des Antrages entstehen. Die Gebührenschuld für die Ausstellung des Ausweises soll mit dessen Hinausgabe entstehen. Um allerdings mehrere Behördenwege des Antragstellers zu vermeiden, soll eine Vorauszahlung in Höhe der Erledigungsgebühr bereits bei Antragstellung entrichtet werden, wenn die positive Erledigung des Ansuchens aufgrund der Aktenlage im Zeitpunkt der Antragstellung wahrscheinlich ist. Das Finanzamt Österreich soll auf Antrag die vorausgezahlten Gebühren erstatten, wenn kein Ausweis für das Personenbeförderungsgewerbe mit Pkw (Taxi) ausgestellt wurde. Zur Abgeltung des für die Behörden entstandenen Aufwandes (insbesondere die Herstellungskosten der Scheckkarte) sollen die Länder einen Pauschalbetrag erhalten.

Die Wiederausfolgung des Ausweises für Personenbeförderungsgewerbe mit Pkw (Taxi) erfolgt gemäß § 13 Abs. 2 der Betriebsordnung für den nichtlinienmäßigen Personenverkehr (BO 1994), BGBl. Nr. 951/1993. Die Höhe der Gebühr orientiert sich an der Gebühr für die Wiederausfolgung des Führerscheines nach Ablauf der Entziehungsdauer gemäß § 14 TP 16 Abs. 2 Z 2 GebG. Da die Wiederausfolgung eine Amtshandlung ist, entsteht die Gebührenschuld gemäß § 11 Abs. 1 Z 3 GebG mit Beginn der Amtshandlung und ist Gebührenschuldner gemäß § 13 Abs. 1 Z 3 GebG derjenige, in dessen Interesse die Amtshandlung erfolgt.

**EB:** Mit Richtlinie 2018/645/EU vom 18. April 2018 wurde die Richtlinie 2003/59/EG über die Grundqualifikation und Weiterbildung der Fahrer bestimmter Kraftfahrzeuge für den Güter- oder Personenkraftverkehr geändert. In Österreich wurde der Fahrerqualifizierungsnachweis für Berufskraftfahrer bisher durch Eintragung des Unionscodes „95“ in den österreichischen Führerschein ausgestellt, wenn eine Bescheinigung über eine Grundqualifikationsprüfung oder 35-stündige Weiterbildung vorgelegt wurde.

Einem Berufskraftfahrer aus einem anderen Mitgliedstaat, der im benachbarten EU-Ausland wohnhaft ist, aber in Österreich arbeitet und hier auch seine Weiterbildung absolviert, konnte mangels österreichischem Führerschein der Unionscode von den österreichischen Behörden nicht eingetragen werden bzw. konnte ihm kein Fahrerqualifizierungsnachweis ausgestellt werden, wenn die Behörden seines Wohnsitzmitgliedstaates die österreichische Weiterbildungsbescheinigung nicht anerkannt haben, was sie laut Richtlinie auch nicht müssen. Durch Änderung der Richtlinie muss nun ein Mitgliedstaat, der den Unionscode nicht auf den Führerschein vermerken kann, dem Fahrer einen Fahrerqualifizierungsnachweis im Scheckkartenformat ausstellen. Dieser hat hinsichtlich der Sicherheitsmerkmale einem Führerschein zu entsprechen.

Auch gegenüber Drittstaatenlenkern im Personenkraftverkehr besteht die Verpflichtung, einen Fahrerqualifizierungsnachweis im Scheckkartenformat bei Vorlage der erforderlichen Bescheinigungen auszustellen.

Für das Ansuchen um Ausstellung eines Fahrerqualifizierungsnachweises soll ausschließlich eine pauschalierte Eingabengebühr anfallen, die sämtliche Gebühren und Bundesverwaltungsabgaben im Verfahren abdecken soll. Die Gebührenschuld soll mit der Einbringung des Antrages entstehen. Dies hat zur Folge, dass die Eingabengebühr sofort mit Einbringung des Antrages entrichtet werden soll. Zur Abgeltung des für die Behörden entstandenen Aufwandes (insbesondere die Herstellungskosten der Scheckkarte) sollen die Länder einen Pauschalbetrag erhalten.

***2. In § 13 Abs. 4 wird nach dem zweiten Satz folgender Satz eingefügt:***

**„Ist die Anbringung des Vermerkes auf der Schrift selbst nicht möglich, muss die Gebührenentrichtung aus dem Verwaltungsakt nachvollziehbar sein.“**

**EB:** Um die Nachvollziehbarkeit der Gebührenentrichtung sicherzustellen, ist nach derzeitiger Rechtslage von der Behörde auf jeder gebührenpflichtigen Schrift ein Vermerk über die Höhe der entrichteten oder der zu entrichtenden Gebühr anzubringen. Aufgrund der zunehmenden Digitalisierung der Verwaltung werden vermehrt elektronische Akte geführt. Ist die Anbringung des Vermerks auf der Schrift selbst nicht möglich (etwa bei elektronischen Akten), soll die Gebührenentrichtung, zB durch exakte Kanzleiverfügungen, aus dem Verwaltungsakt nachvollziehbar sein.

***3. In § 14 Tarifpost 5 Abs. 1 wird die Wortfolge* „(einem Protokolle)“ *durch die Wortfolge* „(einem Protokoll)“ *ersetzt und nach Abs. 1 folgender Abs. 1a eingefügt:***

**„(1a) Beilagen, die auf elektronischem Wege einer gebührenpflichtigen Eingabe (einem Protokoll) beigelegt werden, je Beilage .................................................................. 3,90 Euro“**

**EB:** § 11 Abs. 2 GebG bestimmt, dass automationsunterstützt oder in jeder anderen technisch möglichen Weise eingebrachte Eingaben und Beilagen sowie Erledigungen, Ausfertigungen, Protokolle und Zeugnisse den entsprechenden Schriften gleichstehen. Die Höhe der Beilagengebühr ist von der Anzahl der Bogen abhängig; nach der Definition des § 5 Abs. 2 GebG ist unter Bogen Papier zu verstehen, dessen Seitengröße das Ausmaß von zweimal 210 mm X 297 mm nach einer oder nach beiden Richtungen nicht überschreitet. Diese Definition kann allerdings auf digitale Beilagen (zB PDF-Anhang einer E-Mail) nicht übertragen werden, da diese keine Längenmaße besitzen. In der Vergangenheit ist es daher vermehrt zu unterschiedlichen Auslegungen durch die vollziehenden Behörden gekommen. Zur Sicherstellung eines einheitlichen Vollzuges soll zukünftig betreffend Beilagen, die auf elektronischem Wege einer gebührenpflichtigen Eingabe (einem Protokoll) beigelegt werden, je Beilage (unabhängig von deren Größe) eine Pauschalgebühr in Höhe von 3,90 Euro eingehoben werden. Dies entspricht der pauschalen Annahme eines (Zahlwort) Bogens. Dies führt sowohl zu einer Kostenreduktion (3,90 Euro statt bis zu 21,80 Euro) als auch zu einer Verwaltungsentlastung.

***4. In § 14 Tarifpost 6 Abs. 3 lit. c wird nach der Wortfolge* „von 61,50 Euro“ *die Wortfolge samt Satzzeichen* „, bei Personen, die bei der Antragstellung das 16. Lebensjahr noch nicht vollendet haben, von 26,30 Euro,“ *eingefügt.***

**EB:** In Umsetzung des Artikels 18 Abs. 1 lit. g und h des Abkommens über den Austritt des Vereinigten Königreichs Großbritannien und Nordirland aus der Europäischen Unionen und der Europäischen Atomgemeinschaft wurde mit BGBl. I Nr. 3/2021 eine erhöhte Eingabengebühr in Höhe von 61,50 Euro für das Ansuchen um Erteilung oder Neuausstellung des Aufenthaltstitels „Artikel 50 EUV“ beschlossen.

Die Höhe dieser Gebühr entspricht dabei den Kosten für den Personalausweis gemäß § 14 Tarifpost 9 Abs. 2 Z 1, wobei derzeit keine differenzierten Gebührensätze für einerseits Erwachsene und andererseits Minderjährige anfallen. Um die Höhe der Gebühren für Ansuchen um Erteilung oder Neuausstellung des Aufenthaltstitels „Artikel 50 EUV“ vollständig den Gebühren für Personalausweise anzugleichen, soll für Personen, die das 16. Lebensjahr noch nicht vollendet haben, rückwirkend mit 1. Jänner 2021 eine reduzierte Gebühr in Höhe von 26,30 Euro anfallen.

***5. In § 14 Tarifpost 6 Abs. 5 Z 11 wird die Wortfolge* „Universitäten, Pädagogischen Hochschulen“ *durch die Wortfolge* „hochschulischen postsekundären Bildungseinrichtungen im Sinne des § 1 Abs. 1 des Hochschul-Qualitätssicherungsgesetzes, BGBl. I Nr. 74/2011,“ *ersetzt.***

**EB:** Es soll klargestellt werden, dass Eingaben im Studien- und Prüfungswesen sowie Zeugnisse in Studienangelegenheiten im Bereich der hochschulischen postsekundären Bildungseinrichtungen im Sinne des § 1 Abs. 1 des Hochschul-Qualitätssicherungsgesetzes (insbesondere auch Privatuniversitäten und Fachhochschulen) von der Eingabengebühr gemäß § 14 Tarifpost 6 und von der Zeugnisgebühr gemäß § 14 Tarifpost 14 befreit sind.

***6. In § 14 Tarifpost 8 Abs. 6 zweiter Satz wird nach der Wortfolge* „durch eine Behörde eines Landes“ *die Wortfolge* „oder einer Gemeinde“ *eingefügt; im letzten Satz wird die Wortfolge* „Aufenthaltstitel (Abs. 4)“ *durch die Wortfolge* „auf Antrag erteilte Aufenthaltstitel (Abs. 4 Z 1)“ *ersetzt.***

**EB:** Es soll klargestellt werden, dass der pauschale Abgeltungsbetrag gemäß § 14 Tarifpost 8 Abs. 6 auch einer Gemeinde zusteht, wenn anstelle einer Behörde eines Landes, eine Behörde einer Gemeinde tätig wird.

Bei von Amts wegen erteilten Aufenthaltstiteln, die nicht im Interesse des Gebührenschuldners liegen, kann dieser derzeit die Aushändigung dadurch verhindern, indem er die anfallenden Gebühren nicht entrichtet. Die Aushändigung eines Aufenthaltstitels, der von Amts wegen erteilt wird, soll daher zukünftig auch dann möglich sein, wenn die Gebühren noch nicht entrichtet wurden.

***7. In § 14 Tarifpost 11 entfallen die Klammerausdrücke* „(§ 21 Abs. 1 WaffG)“, „(§ 23 Abs. 2 WaffG)“, „(§ 17 Abs. 3 WaffG)“, „(§ 21 Abs. 2 WaffG)“, „(§ 23 Abs. 2 WaffG)“, „(§ 17 Abs. 3 WaffG)“ *und* „(§ 35 Abs. 3 WaffG)“.**

**EB:** Durch das Streichen der Verweise in § 14 Tarifpost 11 sollen Auslegungsfragen im Zusammenhang mit dem Waffengesetz 1996 beseitigt werden und es soll ua klargestellt werden, dass von § 14 Tarifpost 11 Abs. 1 Z 1 bzw. Abs. 2 Z 1 alle Waffenbesitzkarten bzw. alle Waffenpässe im Sinne des Waffengesetzes 1996 erfasst sind.

***8. § 14 Tarifpost 12 samt Überschrift lautet:***

**„Tarifpost**

**12 Ausländerbeschäftigungsverfahren**

**(1) Antragsgebühr**

**1. Ansuchen um Ausstellung der in Abs. 2 Z 1 angeführten Schrift ........ 26 Euro**

**2. Ansuchen um Ausstellung der in Abs. 2 Z 2 bis Z 9 angeführten Schriften ...... 20 Euro**

**3. Ansuchen um Registrierung als Stammsaisonier gemäß § 5 Abs. 6a des Ausländerbeschäftigungsgesetzes (AuslBG), BGBl. Nr. 218/1975 ........ 20 Euro**

**(2) Erledigungsgebühr**

**1. Ausstellung einer Entsendebestätigung gemäß § 18 Abs. 12 AuslBG ........ 8 Euro**

**2. Ausstellung einer Sicherungsbescheinigung gemäß § 11 AuslBG ........ 14 Euro**

**3. Ausstellung einer Entsendebewilligung gemäß § 18 Abs. 1 AuslBG........ 12 Euro**

**4. Ausstellung einer Beschäftigungsbewilligung gemäß §§ 4 und 5 AuslBG........ 12 Euro**

**5. Ausstellung einer Bestätigung gemäß § 3 Abs. 8 AuslBG ........ 20 Euro**

**6. Schriftliche Feststellung gemäß § 2 Abs. 4 AuslBG, dass ein wesentlicher Einfluss auf die Geschäftsführung der Gesellschaft durch den Gesellschafter tatsächlich persönlich ausgeübt wird ........ 6 Euro**

**7. Ausstellung einer Anzeigebestätigung für Au-Pair-Kräfte gemäß § 1 Z 10 der Ausländerbeschäftigungsverordnung, BGBl. Nr. 609/1990, in der Fassung der Verordnung BGBl. II Nr. 263/2019 ........ 12 Euro**

**8. Ausstellung einer Anzeigebestätigung gemäß § 3 Abs. 5 AuslBG für Ausländer, die als Volontäre, Ferial- oder Berufspraktikanten oder Praktikanten beschäftigt werden ..................... 12 Euro**

**9. Ausstellung einer Anzeigebestätigung gemäß § 18 Abs. 3 AuslBG für Ausländer, die eine Schulungs- bzw. Aus- und Weiterbildungsmaßnahme absolvieren ..................... 12 Euro**

**10. Ausstellung einer Bestätigung über die Registrierung als Stammsaisonier gemäß § 5 Abs. 6a AuslBG ..................... 15 Euro**

**11. Von Amts wegen ausgestellte Beschäftigungsbewilligung gemäß § 4c Abs. 1 AuslBG ..................... 7 Euro**

**12. Von Amts wegen ausgestellter Befreiungsschein gemäß § 4c Abs. 2 AuslBG ..................... 90 Euro**

**13. Von Amts wegen ausgestellte Beschäftigungsbewilligung gemäß § 19 Abs. 7 AuslBG ..................... 7 Euro**

**(3) Die Gebührenschuld für Anträge gemäß Abs. 1 entsteht mit Zustellung der das Verfahren in einer Instanz abschließenden schriftlichen Erledigung. Die Gebührenschuld für die Ausstellung der Schriften gemäß Abs. 2 entsteht mit deren Hinausgabe.**

**(4) Gebührenschuldner ist in den Fällen des Abs. 1 derjenige, in dessen Interesse der Antrag gestellt wird. Gebührenschuldner ist in den Fällen des Abs. 2 derjenige, für den oder in dessen Interesse die Erledigung ausgestellt wird.**

**(5) Anträge gemäß Abs. 1 sind von der Gebührenpflicht des § 14 Tarifpost 6 befreit. Schriften gemäß Abs. 2 sind von der Gebührenpflicht des § 14 Tarifpost 2 und 14 befreit.**

**(6) Die Ausstellung der in Abs. 2 angeführten Schriften und die in diesen Verfahren vorgenommenen Amtshandlungen sowie die Vornahme der in Abs. 2 angeführten Amtshandlungen sind von den Verwaltungsabgaben des Bundes befreit."**

**EB:** Im Interesse einer Verwaltungsvereinfachung und einer Gebührentransparenz sollen die Gebühren und die Verwaltungsabgaben des Bundes, die in den in § 14 Tarifpost 12 Abs. 2 GebG angeführten Verfahren anfallen, zusammengefasst und im Vergleich zu der bislang bestehenden Regelung kostenneutral pauschaliert werden. Die bisher getrennte Vergebührung jeder einzelnen Schrift soll entfallen. Für positive Erledigungen soll zukünftig eine Antrags- und Erledigungsgebühr, für negative Erledigungen bloß eine Antragsgebühr anfallen. Die Gebührenschuld für Anträge gemäß § 14 Tarifpost 12 Abs. 1 GebG soll mit Zustellung der das Verfahren in einer Instanz abschließenden schriftlichen Erledigung entstehen. Die Gebührenschuld für Erledigungen gemäß § 14 Tarifpost 12 Abs. 2 GebG soll mit Hinausgabe, also mit der Aushändigung oder Übersendung an die Person, die aus der amtlichen Ausfertigung unmittelbare Rechte ableiten kann, entstehen. Schriften und Amtshandlungen, die nicht in § 14 Tarifpost 12 Abs. 2 GebG angeführt sind, sollen wie bisher der Gebührenpflicht unterliegen.

***9. In § 14 Tarifpost 14 Abs. 2 Z 6 wird die Wortfolge* „Universitäten, der Pädagogischen Hochschulen" *durch die Wortfolge* „hochschulischen postsekundären Bildungseinrichtungen im Sinne des § 1 Abs. 1 des Hochschul-Qualitätssicherungsgesetzes, BGBl. I Nr. 74/2011," *ersetzt.***

**EB:** Es soll klargestellt werden, dass Eingaben im Studien- und Prüfungswesen sowie Zeugnisse in Studienangelegenheiten im Bereich der hochschulischen postsekundären Bildungseinrichtungen im Sinne des § 1 Abs. 1 des Hochschul-Qualitätssicherungsgesetzes (insbesondere auch Privatuniversitäten und Fachhochschulen) von der Eingabengebühr gemäß § 14 Tarifpost 6 und von der Zeugnisgebühr gemäß § 14 Tarifpost 14 befreit sind.

***10. In § 14 Tarifpost 16 Abs. 1 Z 4 wird die Wortfolge* „§§ 20 Abs. 4 oder 21 Abs. 2 FSG, BGBl. I Nr. 120/1997, in der jeweils geltenden Fassung," *durch die Wortfolge* „§ 17a Abs. 2 FSG, BGBl. I Nr. 120/1997," *ersetzt; § 14 Tarifpost 16 Abs. 2 Z 1 entfällt; In § 14 Tarifpost 16 Abs. 4 wird der Verweis* „Abs. 1 bis 3" *durch den Verweis* „Abs. 1 und 2" *ersetzt und in § 14 Tarifpost 16 Abs. 5 entfällt die Wortfolge* „oder den Mopedausweis".**

**EB:** Es soll eine Verweisanpassung betreffend die Verlängerung der Lenkberechtigung für die Klassen C(C1), CE(C1E), D(D1) und DE(D1E) ohne inhaltlicher Änderung der Befreiungsbestimmung erfolgen. Zudem soll § 14 Tarifpost 16 Abs. 2 Z 1 entfallen, da mit Einführung des Scheckkartenführerscheins keine Änderungen oder Ergänzungen mehr technisch vorgenommen werden können und der Tatbestand somit nicht mehr verwirklicht werden kann. Schließlich soll eine Rechtsbereinigung hinsichtlich des Mopedausweises erfolgen.

***11. § 14 Tarifpost 19 samt Überschrift lautet:***

**„Tarifpost**

**19 Grenzüberschreitende Abfallverbringung**

**(1) Erledigungsgebühr**

**1. Genehmigung einer Ein- und/oder Ausfuhr gemäß § 69 Abs. 1 des Abfallwirtschaftsgesetzes 2002 (AWG 2002), BGBl. I Nr. 102/2002, mit Bescheid ..................... 400 Euro**

**2. Genehmigung einer Durchfuhr gemäß § 69 Abs. 1 AWG 2002, mit Bescheid ..................... 100 Euro**

**3. Vorabzustimmung gemäß § 71a AWG 2002, mit Bescheid ............................... 850 Euro**

**4. Änderung einer Genehmigung gemäß § 69 Abs. 1 oder § 71a AWG 2002, mit Bescheid ............................................................................................................................ 100 Euro**

**(2) Die Gebührenschuld für Erledigungen gemäß Abs. 1 entsteht mit deren Hinausgabe.**

**(3) Gebührenschuldner ist derjenige, für den oder in dessen Interesse die Erledigung ausgestellt wird.**

**(4) Die Ansuchen um Ausstellung der in Abs. 1 angeführten Schriften sind von der Gebührenpflicht des § 14 Tarifpost 6 befreit.**

**(5) Die Ausstellung der in Abs. 1 angeführten Schriften und die Vornahme der darin angeführten Amtshandlungen sind von den Verwaltungsabgaben des Bundes befreit.“**

**EB:** Die bisherige Rechtslage sieht für Verwaltungskosten im Zusammenhang mit einer Genehmigung von grenzüberschreitenden Abfallverbringungen sowohl eine gewichtsabhängige Abgabe nach der Bundesverwaltungsabgabenverordnung 1983 (BVwAbgV) als auch eine eingaben- sowie bogenabhängige Gebühr nach dem GebG vor. Diese zersplitterte und mit erheblichem Verwaltungsaufwand verbundene Rechtslage soll durch eine eigene Tarifpost im GebG bereinigt werden, in der die im Zusammenhang mit grenzüberschreitenden Abfallverbringungen anfallenden Kosten in Form von Pauschalgebühren abgegolten werden sollen. Im Sinne der Verwaltungsvereinfachung und Deregulierung soll zugleich mit der Befreiung von der Abgabe gemäß Tarifpost 451 der BvwAbgV sowie der Eingabengebühr gemäß § 14 Tarifpost 6 GebG künftig nur mehr eine Erledigungsgebühr in Verfahren betreffend grenzüberschreitende Abfallverbringungen anfallen. Diese Neuregelung entspricht im Wesentlichen der bisherigen Gebühren- und Abgabensituation und dient insbesondere durch den Wegfall der komplexen und zeitaufwendigen Berechnung der Bundesverwaltungsabgaben und der Gebühren der Verwaltungsökonomie, Gebührentransparenz und Effizienzsteigerung.

***12. § 14 Tarifpost 20 samt Überschrift lautet:***

**„Tarifpost**

**20 Zivilluftfahrtwesen**

**(1) Erledigungsgebühr**

**1. Bewilligung einer Außenlandung und eines Außenabfluges gemäß § 9 Abs. 2 des Luftfahrtgesetzes (LFG), BGBl. Nr. 253/1957, je Bewilligung für einen Ort und einen Zeitraum ............................................................................................................................ 23 Euro**

**jedoch nicht mehr als 115 Euro**

**2. Bewilligung des Abwerfens von Sachen gemäß § 133 Abs. 2 LFG, je Bewilligung für einen Ort und einen Zeitraum ............................................................................ 43,90 Euro**

**jedoch nicht mehr als 131,70 Euro**

**(2) Die Gebührenschuld für Erledigungen gemäß Abs. 1 entsteht mit deren Hinausgabe.**

**(3) Gebührenschuldner ist derjenige, für den oder in dessen Interesse die Erledigung ausgestellt wird.**

**(4) Die Ansuchen um Ausstellung der in Abs. 1 angeführten Schriften sind von der Gebührenpflicht des § 14 Tarifpost 6 befreit.**

**(5) Die Ausstellung der in Abs. 1 angeführten Schriften und die Vornahme der darin angeführten Amtshandlungen sind von den Verwaltungsabgaben des Bundes befreit.**

**(6) Erfolgt die Bewilligung gemäß Abs. 1 Z 1 und Z 2 durch eine Behörde eines Landes, steht dieser Gebietskörperschaft je Bewilligung ein Pauschalbetrag zu. Dieser beträgt in den Fällen**

**1. des Abs. 1 Z 1 ............................................................................................ 6,50 Euro**

**jedoch nicht mehr als 32,50 Euro**

**2. des Abs. 1 Z 2 .......................................................................................... 21,80 Euro**

**jedoch nicht mehr als 65,40 Euro“**

**EB:** Für die Bewilligung und Beantragung von Außenlandungen und Außenabflügen fallen derzeit gemäß Tarifpost 382 der Bundesverwaltungsabgabenverordnung 1983 (BVwAbgV) Bundesverwaltungsabgaben sowie Gebühren nach dem Gebührengesetz 1957 an. Aus Gründen der Kostentransparenz und der Verwaltungsvereinfachung sowie zur Sicherstellung eines einheitlichen Verwaltungsvollzuges soll zukünftig ausschließlich eine Erledigungsgebühr für die Bewilligung einer Außenlandung und eines Außenabfluges gemäß § 9 Abs. 2 LFG sowie für die Bewilligung des Abwerfens von Sachen gemäß § 133 Abs. 2 LFG eingehoben werden. Zudem soll aufgrund der ergangenen Rechtsprechung des VwGH (vgl. VwGH 19. 12. 2013, 2013/03/0125 zur TP 382 BVwAbgV) die Höhe der Gebühr pro bewilligten Ort und Zeitraum – unabhängig von der Anzahl der bewilligten Luftfahrzeuge – gedeckelt werden. Die Bewilligung eines alternativen Ortes oder Zeitraumes (Ersatzort bzw. Ersatztermin) soll von der erteilten Bewilligung (Ursprungsort bzw. Ursprungstermin) umfasst werden, sodass zB für die Bewilligung einer Außenlandung und eines Außenabfluges an einem Wochenende oder an einem darauffolgenden Ersatzwochenende nur einmalig 23 Euro anfallen sollen. Zur Abgeltung des für die Behörden entstandenen Aufwandes sollen die Länder für die erteilten Bewilligungen Pauschalbeträge erhalten, die den jetzigen Bundesverwaltungsabgaben entsprechen.

***13. § 14 Tarifpost 21 samt Überschrift lautet:***

**„Tarifpost**

**21 Ausweise für Personenbeförderungsgewerbe mit Pkw (Taxi)**

**(1) Ansuchen um Ausstellung eines Ausweises für Personenbeförderungsgewerbe mit Pkw (Taxi) gemäß §§ 4 und 5 der Betriebsordnung für den nichtlinienmäßigen Personenverkehr (BO 1994), BGBl. Nr. 951/1993, in der Fassung der Verordnung BGBl. II Nr. 408/2020 .......... 40 Euro**

**(2) Ausstellung eines Ausweises für Personenbeförderungsgewerbe mit Pkw (Taxi) gemäß §§ 4 und 5 der Betriebsordnung für den nichtlinienmäßigen Personenverkehr (BO 1994), BGBl. Nr. 951/1993, in der Fassung der Verordnung BGBl. II Nr. 408/2020..... Euro**

**(3) Wiederausfolgung des Ausweises für Personenbeförderungsgewerbe mit Pkw (Taxi) .......... 40 Euro**

**(4) Die Gebührenschuld für das Ansuchen um Ausstellung eines Ausweises für Personenbeförderungsgewerbe mit Pkw (Taxi) entsteht mit der Einbringung des Antrages. Die Gebührenschuld für die Ausstellung des Ausweises für Personenbeförderungsgewerbe mit Pkw (Taxi) entsteht mit dessen Hinausgabe.**

**(5) Gebührenschuldner ist im Falle des Abs. 1 der Antragsteller und im Falle des Abs. 2 derjenige, für den oder in dessen Interesse der Ausweis ausgestellt wird.**

**(6) Ist eine positive Erledigung des Ansuchens um Ausstellung eines Ausweises für Personenbeförderungsgewerbe mit Pkw (Taxi) aufgrund der Aktenlage im Zeitpunkt der Antragstellung wahrscheinlich, hat die Behörde vom Gebührenschuldner bei Überreichung des Ansuchens eine Vorauszahlung der Gebühr gemäß Abs. 2 zu verlangen. Die Vorauszahlung ist auf Antrag zu erstatten, wenn keine Gebührenschuld entsteht. § 241 Abs. 2 und 3 BAO gelten sinngemäß. Die Behörde darf den Ausweis für Personenbeförderungsgewerbe mit Pkw (Taxi) nur nach erfolgter Entrichtung der Gebühr aushändigen.**

**(7) Die Ansuchen um Ausstellung und Wiederausfolgung eines Ausweises für Personenbeförderungsgewerbe mit Pkw (Taxi) sind von der Gebührenpflicht des § 14 Tarifpost 6 befreit. Der Ausweis für Personenbeförderungsgewerbe mit Pkw (Taxi) ist von der Gebührenpflicht des § 14 Tarifpost 14 befreit.**

**(8) Die Ausstellung eines Ausweises für Personenbeförderungsgewerbe mit Pkw (Taxi) und die in diesem Verfahren vorgenommenen Amtshandlungen sowie die Wiederausfolgung des Ausweises für Personenbeförderungsgewerbe mit Pkw (Taxi) sind von den Verwaltungsabgaben des Bundes befreit.**

**(9) Erfolgt die Ausstellung eines Ausweises für Personenbeförderungsgewerbe mit Pkw (Taxi) durch eine Behörde eines Landes, steht dieser Gebietskörperschaft je Ausweis ein Pauschalbetrag von 30 Euro zu.“**

**EB:** Seit 1. Jänner 2022 wird der Ausweis für das Personenbeförderungsgewerbe mit Pkw (Taxi) in Scheckkartenformat ausgegeben (vgl. BGBl. II Nr. 408/2020). Im Interesse einer Verwaltungsvereinfachung und einer Gebührentransparenz sollen die Gebühren und die Verwaltungsabgaben des Bundes zusammengefasst werden. Es soll einerseits eine Eingabengebühr für jedes Ansuchen um Ausstellung eines Ausweises für Personenbeförderungsgewerbe mit Pkw (Taxi) und andererseits eine Erledigungsgebühr für die positive Erledigung des Ansuchens anfallen. Die Gebührenschuld für das Ansuchen soll mit Einbringung des Antrages entstehen. Die Gebührenschuld für die Ausstellung des Ausweises soll mit dessen Hinausgabe entstehen. Um allerdings mehrere Behördenwege des Antragstellers zu vermeiden, soll eine Vorauszahlung in Höhe der Erledigungsgebühr bereits bei Antragstellung entrichtet werden, wenn die positive Erledigung des Ansuchens aufgrund der Aktenlage im Zeitpunkt der Antragstellung wahrscheinlich ist. Das Finanzamt Österreich soll auf Antrag die vorausgezahlten Gebühren erstatten, wenn kein Ausweis für das Personenbeförderungsgewerbe mit Pkw (Taxi) ausgestellt wurde. Zur Abgeltung des für die Behörden entstandenen Aufwandes (insbesondere die Herstellungskosten der Scheckkarte) sollen die Länder einen Pauschalbetrag erhalten.

Die Wiederausfolgung des Ausweises für Personenbeförderungsgewerbe mit Pkw (Taxi) erfolgt gemäß § 13 Abs. 2 der Betriebsordnung für den nichtlinienmäßigen Personenverkehr (BO 1994), BGBl. Nr. 951/1993. Die Höhe der Gebühr orientiert sich an der Gebühr für die Wiederausfolgung des Führerscheines nach Ablauf der Entziehungsdauer gemäß § 14 TP 16 Abs. 2 Z 2 GebG. Da die Wiederausfolgung eine Amtshandlung ist, entsteht die Gebührenschuld gemäß § 11 Abs. 1 Z 3 GebG mit Beginn der Amtshandlung und ist Gebührenschuldner gemäß § 13 Abs. 1 Z 3 GebG derjenige, in dessen Interesse die Amtshandlung erfolgt.

***14. § 14 Tarifpost 22 samt Überschrift lautet:***

**„Tarifpost**

**22 Fahrerqualifizierungsnachweise**

**(1) Ansuchen um Ausstellung eines Fahrerqualifizierungsnachweises gemäß § 14 Abs. 3 der Grundqualifikations- und Weiterbildungsverordnung – Berufskraftfahrer (GWB), BGBl. II Nr. 139/2008, in der Fassung der Verordnung BGBl. II Nr. 531/2021 50 Euro**

**(2) Die Gebührenschuld entsteht mit der Einbringung des Antrages.**

**(3) Gebührenschuldner ist der Antragsteller.**

**(4) Der Antrag auf Ausstellung eines Fahrerqualifizierungsnachweises ist von der Gebührenpflicht des § 14 Tarifpost 6 befreit. Der Fahrerqualifizierungsnachweis ist von der Gebührenpflicht des § 14 Tarifpost 14 befreit.**

**(5) Die Ausstellung eines Fahrerqualifizierungsnachweises und die in diesem Verfahren vorgenommenen Amtshandlungen sind von den Verwaltungsabgaben des Bundes befreit.**

**(6) Die Behörde darf den Fahrerqualifizierungsnachweis nur nach erfolgter Entrichtung der Gebühr aushändigen.**

**(7) Erfolgt die Ausstellung eines Fahrerqualifizierungsnachweises durch eine Behörde eines Landes, steht dieser Gebietskörperschaft je Nachweis ein Pauschalbetrag von 20 Euro zu.“**

**EB:** Mit Richtlinie 2018/645/EU vom 18. April 2018 wurde die Richtlinie 2003/59/EG über die Grundqualifikation und Weiterbildung der Fahrer bestimmter Kraftfahrzeuge für den Güter- oder Personenkraftverkehr geändert. In Österreich wurde der Fahrerqualifizierungsnachweis für Berufskraftfahrer bisher durch Eintragung des Unionscodes „95“ in den österreichischen Führerschein ausgestellt, wenn eine Bescheinigung über eine Grundqualifikationsprüfung oder 35-stündige Weiterbildung vorgelegt wurde.

Einem Berufskraftfahrer aus einem anderen Mitgliedstaat, der im benachbarten EU-Ausland wohnhaft ist, aber in Österreich arbeitet und hier auch seine Weiterbildung absolviert, konnte mangels österreichischem Führerschein der Unionscode von den österreichischen Behörden nicht eingetragen werden bzw. konnte ihm kein Fahrerqualifizierungsnachweis ausgestellt werden, wenn die Behörden seines Wohnsitzmitgliedstaates die österreichische Weiterbildungsbescheinigung nicht anerkannt haben, was sie laut Richtlinie auch nicht müssen. Durch Änderung der Richtlinie muss nun ein Mitgliedstaat, der den Unionscode nicht auf den Führerschein vermerken kann, dem Fahrer einen Fahrerqualifizierungsnachweis im Scheckkartenformat ausstellen. Dieser hat hinsichtlich der Sicherheitsmerkmale einem Führerschein zu entsprechen.

Auch gegenüber Drittstaatenlenkern im Personenkraftverkehr besteht die Verpflichtung, einen Fahrerqualifizierungsnachweis im Scheckkartenformat bei Vorlage der erforderlichen Bescheinigungen auszustellen.

Für das Ansuchen um Ausstellung eines Fahrerqualifizierungsnachweises soll ausschließlich eine pauschalierte Eingabengebühr anfallen, die sämtliche Gebühren und Bundesverwaltungsabgaben im Verfahren abdecken soll. Die Gebührenschuld soll mit der Einbringung des Antrages entstehen. Dies hat zur Folge, dass die Eingabengebühr sofort mit Einbringung des Antrages entrichtet werden soll. Zur Abgeltung des für die Behörden entstandenen Aufwandes (insbesondere die Herstellungskosten der Scheckkarte) sollen die Länder einen Pauschalbetrag erhalten.

***15. In § 33 Tarifpost 5 Abs. 5 wird nach Z 5 folgende Z 6 angefügt:***

**„6. Das Finanzamt Österreich hat Bestandnehmern, zu deren Geschäftstätigkeit laufend der Abschluss von Rechtsgeschäften im Sinne dieser Tarifpost gehört und die Gewähr für die ordnungsgemäße Einhaltung der Gebührenvorschriften bieten, auf Antrag zu bewilligen, dass die auf die Bestandverträge entfallenden Hundertsatzgebühren selbst berechnet und bis zum 15. Tag (Fälligkeitstag) des dem Entstehen der Gebührenschuld zweitfolgenden Monats an das Finanzamt Österreich entrichtet werden. Bestandnehmer, die von der Befugnis zur Selbstberechnung Gebrauch machen wollen, haben beim Finanzamt Österreich die Zuteilung einer Steuernummer zu beantragen. Es sind die Bestimmungen des § 3 Abs. 4a über die Führung von Aufschreibungen sowie die Bestimmungen des § 3 Abs. 4b und 4c sinngemäß anzuwenden. Macht der Bestandnehmer von seiner Befugnis zur Selbstberechnung Gebrauch, erlischt die Verpflichtung zur Selbstberechnung des Bestandgebers gemäß Z 1.“**

**EB:** Mangels Anwendbarkeit von § 3 Abs. 4 GebG dürfen nach derzeitiger Rechtslage Bestandnehmer, zu deren Geschäftstätigkeit laufend (monatlich) der Abschluss von Bestandverträgen gehört, keine Selbstberechnung durchführen. Dies betrifft beispielsweise Anbieter von Außenwerbung, die eine große Anzahl an Flächen für Plakatwerbung anmieten, die Gebühren dafür aber nicht selbst berechnen dürfen.

Ähnliches gilt für Sendemastenbetreiber, die ebenfalls von der Selbstberechnung der Bestandvertragsgebühr für die angemieteten Flächen ausgeschlossen sind. Oftmals werden diese Flächen von Privatpersonen zur Verfügung gestellt, die in der Regel Gebühren nicht selbst berechnen. Die Selbstberechnung führt allerdings sowohl bei den Gebührenschuldnern als auch in der Finanzverwaltung zur Verringerung von administrativen Arbeitsschritten, sodass in § 33 Tarifpost 5 Abs. 5 Z 6 GebG die Befugnis zur Selbstberechnung für Bestandnehmer geschaffen werden soll. Im Gegensatz zur Verpflichtung zur Selbstberechnung durch den Bestandgeber gemäß § 33 Tarifpost 5 Abs. 5 Z 1 GebG handelt es sich in diesem Fall lediglich um eine Berechtigung des Bestandnehmers. Macht der Bestandnehmer von dieser Berechtigung Gebrauch, soll für dieses Rechtsgeschäft die Verpflichtung zur Selbstberechnung des Bestandgebers gemäß § 33 Tarifpost 5 Abs. 5 Z 1 GebG entfallen.

***16. § 34 Abs. 1 lautet:***

**„(1) Die Organe der Gebietskörperschaften haben den Gebührenschuldner über die Rechtsgrundlage und die Höhe der zu entrichtenden Gebühren zu informieren sowie die bei ihnen anfallenden Schriften und Amtshandlungen auf die Einhaltung der Vorschriften dieses Bundesgesetzes zu überprüfen. Stellen sie hiebei eine Verletzung der Gebührenvorschriften fest, so haben sie hierüber einen Befund aufzunehmen und diesen dem Finanzamt Österreich zu übermitteln. Die näheren Bestimmungen über die**

**Informationspflicht, die Befundaufnahme sowie über die Übermittlung des Befundes werden durch Verordnung getroffen.“**

**EB:** Aus Gründen der Transparenz soll zukünftig vorgesehen werden, dass die Organe der Gebietskörperschaften in Vollziehung des Gebührengesetzes 1957 den Gebührenschuldner über die Rechtsgrundlage und Höhe der zu entrichtenden Gebühren zwingend informieren müssen. Ergänzend soll die Verordnungsermächtigung zur näheren Regelung der Befundaufnahme erweitert werden.

***17. In § 37 Abs. 45 wird das Datum* „30. Juni 2022“ *durch das Datum* „31. Dezember 2022“ *sowie die Daten* „1. Juli 2022“ *jeweils durch das Datum* „1. Jänner 2023“ *ersetzt.***

**EB:** Die Befreiungsbestimmung betreffend Schriften, Amtshandlungen und Rechtsgeschäfte im Zusammenhang mit der COVID-19-Krisensituation würde mit 30. Juni 2022 auslaufen. Aufgrund der anhaltenden Pandemie soll die Befreiungsbestimmung bis 31. Dezember 2022 verlängert werden.

***18. In § 37 wird nach Abs. 45 folgender Abs. 46 angefügt:***

**„(46)**

**1. § 14 Tarifpost 6 Abs. 3 lit. c, in der Fassung des Bundesgesetzes BGBl. I Nr. xx/2022, tritt mit 1. Jänner 2021 in Kraft.**

**2. § 14 Tarifpost 19, in der Fassung des Bundesgesetzes BGBl. I Nr. xx/2022, tritt mit 1. August 2022 in Kraft und ist auf Ansuchen anzuwenden, die nach dem 31. Juli 2022 gestellt werden sowie auf Erledigungen anzuwenden, deren Ansuchen nach dem 31. Juli 2022 gestellt werden.**

**3. § 3 Abs. 2 Z 2 und § 34 Abs. 1, jeweils in der Fassung des Bundesgesetzes BGBl. I Nr. xx/2022, treten mit 1. Oktober 2022 in Kraft.**

**4. § 14 Tarifpost 5 Abs. 1, in der Fassung des Bundesgesetzes BGBl. I Nr. xx/2021, tritt mit 1. Oktober 2022 in Kraft und ist auf Beilagen anzuwenden, die nach dem 30. September 2022 eingebracht werden.**

**5. § 14 Tarifpost 12, Tarifpost 20, Tarifpost 21 und Tarifpost 22, in der Fassung des Bundesgesetzes BGBl. I Nr. xx/2022, tritt mit 1. Oktober 2022 in Kraft und ist auf Ansuchen anzuwenden, die nach dem 30. September 2022 gestellt werden sowie auf Erledigungen anzuwenden, deren Ansuchen nach dem 30. September 2022 gestellt werden.“**

**EB:** Die Änderungen sollen überwiegend mit 1. Oktober 2022 in Kraft treten. Die Änderung betreffend Personen, die um Erteilung oder Neuausstellung eines Aufenthaltstitels „Artikel 50 EUV“ ansuchen und das 16. Lebensjahr noch nicht vollendet haben, soll rückwirkend mit 1. Jänner 2021 in Kraft treten. Die Tarifpost 19 soll bereits mit 1. August 2022 in Kraft treten. Die übrigen Bestimmungen sollen mit Ablauf des Tages ihrer Kundmachung in Kraft treten.

***19. In § 38 erhält der bisherige Text die Absatzbezeichnung* „(1)“*; die Wortfolge* „das Bundesministerium“ *wird durch die Wortfolge* „der Bundesminister“ *ersetzt und folgender Abs. 2 angefügt:***

**„(2) Soweit in diesem Bundesgesetz auf Bestimmungen anderer Bundesgesetze verwiesen wird, sind diese in ihrer jeweils geltenden Fassung anzuwenden.“**

**EB:** Es soll die Vollzugsklausel berichtigt und eine generelle Verweisungsbestimmung im Gebührengesetz 1957 normiert werden.

## Artikel 8
## Änderung des Kraftfahrzeugsteuergesetzes 1992

**Das Kraftfahrzeugsteuergesetz 1992, BGBl. Nr. 449/1992, zuletzt geändert durch das Bundesgesetz BGBl. I Nr. 99/2020, wird wie folgt geändert:**

***1. § 2 Abs. 1 Z 9 lautet:***

**„9. Kraftfahrzeuge, die auf Grund ihres Antriebes (insbesondere Elektro oder Wasserstoff) einen $CO_2$-Emissionswert von 0 g/km aufweisen;“**

**EB:** Mit BGBl. I Nr. 18/2021 wurde die Befreiung für Elektrofahrzeuge in § 3 Abs. 1 Z 1 NoVAG 1991 technologieneutral angepasst. Um einen Gleichklang der Befreiungsbestimmung des KfzStG mit jener des NoVAG sicherzustellen, soll analog die Befreiungsbestimmung für Elektrofahrzeuge in § 2 Abs. 1 Z 9 technologieneutral formuliert werden.

***2. In § 5 Abs. 1 Z 2 lit. a wird nach der Wortfolge* „der Klasse M1,“ *die Wortfolge* „ausgenommen Wohnmobile der Aufbauart „SA“, bei denen das Basisfahrzeug ein Kraftfahrzeug der Klasse N ist,“ *eingefügt.***

**EB:** Nach derzeitiger Rechtslage werden Wohnmobile, je nach Höhe ihres Gewichtes und der damit zusammenhängenden Verpflichtung den CO2-Ausstoß nach dem WLTP Messverfahren zu ermitteln, unterschiedlich besteuert. Je nach Ausgestaltung und dahinterliegender kraftfahrrechtlicher Einstufung, die auch durch den Fahrzeughersteller gestaltet werden kann, kommt ein unterschiedliches Ausmaß der Besteuerung zustande. Um die Bemessungsgrundlage und den Steuersatz für Wohnmobile zu vereinheitlichen und Gestaltungen zu vermeiden, soll die Kraftfahrzeugsteuer für Wohnmobile künftig ausschließlich nach der Leistung des Verbrennungsmotors in Kilowatt gemäß § 5 Abs. 1 Z 2 lit. b und somit unabhängig davon, ob ein CO2-Wert nach WLTP vorliegt, bemessen werden. Dies gilt ausschließlich für Wohnmobile, bei denen ein Basisfahrzeug der Klasse N mit einem Wohnmobilaufbau vervollständigt wird. Dadurch wird auch ein Gleichklang mit anderen technisch gleichartigen leichten Nutzfahrzeugen der Klasse N sichergestellt. Es ist zu beachten, dass die Änderungen im Kraftfahrzeugsteuergesetz 1992 die Änderungen im Versicherungssteuergesetz 1953 nachbilden und für die Kraftfahrzeugsteuer allenfalls im Rahmen der widerrechtlichen Verwendung zur Anwendung kommen.

***3. In § 5 Abs. 2 Teilstrich 4 wird die Wortfolge* „gemäß Abs. 1 Z 2 lit. b sublit. bb" *durch die Wortfolge* „gemäß Abs. 1 Z 2 lit. a sublit. bb" *ersetzt.***

**EB:** Mit den Änderungen in § 5 Abs. 2 Teilstrich 4 soll ein Redaktionsversehen korrigiert werden.

***4. In § 11 Abs. 1 wird nach Z 11 folgende Z 12 angefügt:***

**„12. § 2 Abs. 1 Z 9, § 5 Abs. 1 Z 2 lit. a und § 5 Abs. 2 Teilstrich 4, jeweils in der Fassung des Bundesgesetzes BGBl. I Nr. xx/2022, treten mit 1. Jänner 2023 in Kraft."**

**EB:** Da es sich bei der Kraftfahrzeugsteuer um eine Kalenderjahr bezogene Abgabe handelt, sollen die Änderungen mit 1. Jänner 2023 in Kraft treten.

## Artikel 9
## Änderung des Versicherungssteuergesetzes 1953

**Das Versicherungssteuergesetz, BGBl. Nr. 133/1953, zuletzt geändert durch das Bundesgesetz BGBl. I Nr. 104/2019, wird wie folgt geändert:**

***1. § 4 Abs. 3 Z 6 lautet:***

**„6. Kraftfahrzeuge, die auf Grund ihres Antriebes (insbesondere Elektro oder Wasserstoff) einen $CO_2$-Emissionswert von 0 g/km aufweisen;"**

**EB:** Mit BGBl. I Nr. 18/2021 wurde die Befreiung für Elektrofahrzeuge in § 3 Abs. 1 Z 1 NoVAG 1991 technologieneutral angepasst. Um daher einen Gleichklang der Befreiungsbestimmung des VersStG mit jener des NoVAG sicherzustellen, soll auch die Befreiungsbestimmung für Elektrofahrzeuge in § 4 Abs. 3 Z 6 technologieneutral formuliert werden.

***2. In § 5 Abs. 1 Z 3 lit. b wird nach der Wortfolge* „bei Kraftfahrzeugen der Klasse M1 mit einem höchsten zulässigen Gesamtgewicht bis 3,5 Tonnen," *die Wortfolge* „ausgenommen Wohnmobile der Aufbauart „SA", bei denen das Basisfahrzeug ein Kraftfahrzeug der Klasse N ist," *eingefügt.***

***3. In § 6 Abs. 3 Z 1 lit. b wird nach der Wortfolge* „Kraftfahrzeugen der Klasse M1 mit einem höchsten zulässigen Gesamtgewicht bis 3,5 Tonnen," *die Wortfolge* „ausgenommen Wohnmobile der Aufbauart „SA", bei denen das Basisfahrzeug ein Kraftfahrzeug der Klasse N ist," *eingefügt.***

**EB:** Nach derzeitiger Rechtslage werden Wohnmobile, je nach Höhe ihres Gewichtes und der damit zusammenhängenden Verpflichtung den $CO_2$-Ausstoß nach dem WLTP Messverfahren zu ermitteln, unterschiedlich besteuert. Je nach Ausgestaltung und dahinterliegender kraftfahrrechtlicher Einstufung, die auch durch den Fahrzeughersteller gestaltet werden kann, kommt ein unterschiedliches Ausmaß der Besteuerung zustande. Um die Bemessungsgrundlage und den Steuersatz für Wohnmobile zu vereinheitlichen und Gestaltungen zu vermeiden, soll die Kraftfahrzeugsteuer für Wohnmobile künftig ausschließlich nach der Leistung des Verbrennungsmotors in Kilowatt gemäß § 5 Abs. 1 Z 3 lit. c und somit unabhängig davon, ob ein CO2-Wert nach WLTP vorliegt, bemessen werden. Dies gilt ausschließlich für Wohnmobile, bei denen ein Basisfahrzeug der Klasse N mit einem Wohnmobilaufbau vervollständigt wird. Dadurch wird auch ein Gleichklang mit anderen technisch gleichartigen leichten Nutzfahrzeugen der Klasse N sichergestellt.

***4. In § 12 Abs. 3 wird nach Z 32 folgende Z 33 angefügt:***

**„33. § 4 Abs. 3 Z 6, § 5 Abs. 1 Z 3 lit. b und § 6 Abs. 3 Z 1 lit. b, jeweils in der Fassung des Bundesgesetzes BGBl. I Nr. xx/2022, treten mit 1. Juni 2023 in Kraft und sind auf Zahlungen des Versicherungsentgeltes anzuwenden, die**

**a) nach dem 31. Mai 2023 fällig werden und Versicherungszeiträume betreffen, die nach dem 31. Mai 2023 liegen;**

**b) vor dem 1. Juni 2023 fällig geworden sind und soweit diese Versicherungszeiträume betreffen, die nach dem 31. Mai 2023 liegen.**

**c) Der Versicherer und der Bevollmächtigte hat die bereits fällig gewesene motorbezogene Versicherungssteuer gemäß lit. b zu korrigieren und beim Versicherungsnehmer nachzuerheben oder diesem rückzuerstatten. Im Falle einer Nacherhebung ist die motorbezogene Versicherungssteuer spätestens am 15. August 2023 (Fälligkeitstag) zu entrichten. Im Falle einer Rückerstattung kann der selbst berechnete Rückerstattungsbetrag vom Gesamtsteuerbetrag abgesetzt werden."**

**EB:** Die Änderungen sollen mit 1. Juni 2023 in Kraft treten und auf Versicherungszeiträume angewendet werden, die nach dem 31. Mai 2023 liegen, wobei die Änderung alle ab 1. Oktober 2020 erstzugelassenen Wohnmobile betrifft. Damit soll die technische und organisatorische Umsetzung der Maßnahme ermöglicht werden. Wurde die Prämie bereits im Vorhinein entrichtet, muss das Versicherungsunternehmen die motorbezogene Versicherungssteuer entsprechend der Änderung nacherheben oder an den Versicherungsnehmer rückerstatten. Als Fälligkeitstag für eine allfällige Nacherhebung soll der 15. August festgelegt werden. Erstattungsbeträge sollen vom Versicherer im Rahmen der Selbstberechnung vom Gesamtsteuerbetrag abgezogen werden können.

**Artikel 10**
**Änderung des Normverbrauchsabgabegesetzes**

**Das Normverbrauchsabgabegesetz, BGBl. Nr. 695/1991, zuletzt geändert durch das Bundesgesetz BGBl. I Nr. 208/2021, wird wie folgt geändert:**

***1. § 2 Abs. 1 Z 2 lautet:***

**„2. Schwere vierrädrige Kraftfahrzeuge (Klasse L7e) mit einem Hubraum von mehr als 125 Kubikzentimetern;“**

**EB:** Bei der Reform und Neuordnung des NoVAG durch BGBl. I Nr. 18/2021 wurde übersehen, dass die bisherige Befreiung gem. § 3 Z 2 lit. a NoVAG idF BGBl. I Nr. 99/2020 nicht nur auf Kraftfahrzeuge der Klasse L2, sondern auch auf Grund einer Änderung der kraftfahrrechtlichen Einteilung der Kraftfahrzeuge auf Kraftfahrzeuge der Klasse L6 anzuwenden war. Da es sich in beiden Fällen um Kleinkraftfahrzeuge handelt, deren Höchstgeschwindigkeit mit 45 km/h begrenzt ist, erscheint die Gleichbehandlung geboten. Durch die Streichung der leichten vierrädrigen Kraftfahrzeugen der Klasse L6e in § 2 Abs. 1 Z 2 soll dieses Redaktionsversehen korrigiert und der Gleichklang wiederhergestellt werden.

***2. In § 3 Abs. 1 Z 2 wird die Wortfolge* „gemäß § 1 Z 3 lit. b“ *durch die Wortfolge* „gemäß § 1 Z 3“ *ersetzt.***

**EB:** Mit den Änderungen in § 3 Abs. 1 Z 2 und in § 13 Abs. 2 soll jeweils ein Redaktionsversehen korrigiert werden.

***3. In § 3 Abs. 2 Z 2 lit. a wird nach dem bisherigen letzten Satz folgender Satz angefügt:***

**„Wird das zuständige Finanzamt über den Übergang der Steuerschuld nicht in Kenntnis gesetzt, bleibt neben dem Empfänger der Leistung der Unternehmer Abgabenschuldner (Gesamtschuldner gemäß § 6 Abs. 1 BAO).“**

**EB:** Durch die Ergänzung in § 3 Abs. 2 Z 2 lit. a soll festgelegt werden, dass in jenen Fällen, in denen bei der Lieferung an eine Person, die die Befreiung für Menschen mit Behinderungen in Anspruch nimmt, die Steuerschuld des liefernden Unternehmers nicht erlischt, wenn dieser unterlässt, die Sperre des Kraftfahrzeuges in der Genehmigungsdatenbank nach § 30a Kraftfahrgesetz 1967 zu veranlassen oder das zuständige Finanzamt über den Übergang der Steuerschuld in Kenntnis zu setzen.

***4. In § 3 Abs. 3 wird folgende Z 8 angefügt:***

**„8. Kraftfahrzeuge, die ausschließlich zu Erprobungs- und Entwicklungszwecken durch unternehmerisch tätige Fahrzeughersteller oder Fahrzeugentwickler verwendet werden“**

**EB:** Durch Aufnahme einer neuen Befreiungsbestimmung sollen Kraftfahrzeuge, die ausschließlich zu Erprobungs- und Entwicklungszwecken durch Fahrzeughersteller oder Fahrzeugentwickler verwendet werden, von der Normverbrauchsabgabe befreit werden. Schon bisher unterlagen diese Kraftfahrzeuge faktisch nicht der Normverbrauchsabgabe, da diese bei Beendigung der Verwendung in gleicher Höhe rückerstattet wurde. Um den unnötigen Verwaltungsaufwand zu verhindern und die Rechtssicherheit zu stärken, soll eine Befreiungsbestimmung geschaffen werden. Da diese in die bestehende Systematik der anderen Befreiungsbestimmungen eingebettet wird, ist ein reibungsloser Ablauf sichergestellt, wodurch Missbrauch effektiv verhindert werden kann.

***5. In § 13 Abs. 2 wird die Wortfolge* „§ 3 Z 4 lit. c“ *durch die Wortfolge* „§ 3 Abs. 4 Z 3“ *ersetzt.***

**EB:** Mit den Änderungen in § 3 Abs. 1 Z 2 und in § 13 Abs. 2 soll jeweils ein Redaktionsversehen korrigiert werden.

***6. In § 15 wird nach Abs. 25 folgender Abs. 26 angefügt:***

**„(26) § 2 Abs. 1 Z 2, § 3 Abs. 1 Z 2, § 3 Abs. 2 Z 2 lit. a, § 3 Abs. 3 Z 8 und § 13 Abs. 2, jeweils in der Fassung des Bundesgesetzes BGBl. I Nr. xx/2022, treten mit 1. September 2022 in Kraft.“**

**EB:** Die Änderungen sollen mit 1. September 2022 in Kraft treten und damit auf NoVA-Tatbestände Anwendung finden, die ab dem 1. September 2022 verwirklicht werden.

**Artikel 12**
**Änderung des Elektrizitätsabgabegesetzes**

**Das Elektrizitätsabgabegesetz, BGBl. Nr. 201/1996, zuletzt geändert durch das Bundesgesetz BGBl. I Nr. 63/2022, wird wie folgt geändert:**

***1. § 2 Abs. 1 Z 5 lautet:***

**„5. aus erneuerbaren Energieträgern von Eisenbahnunternehmen selbst erzeugter Bahnstrom, soweit dieser nachweislich von ihnen selbst oder von anderen Eisenbahnunternehmen zum Antrieb und Betrieb von Schienenfahrzeugen verwendet wird. Eisenbahnunternehmen im Sinne dieses Bundesgesetzes sind Betreiber von öffentlichen Eisenbahnen nach § 1 Z 1 des Eisenbahngesetzes 1957, BGBl. Nr. 60/1957, einschließlich**

**Eisenbahnunternehmen, die Eisenbahnverkehrsdienste auf solchen Bahnen erbringen. Bahnstrom ist elektrische Energie, soweit diese von Eisenbahnunternehmen zum Antrieb und Betrieb von Schienenfahrzeugen verwendet wird. Als selbst erzeugt gelten auch jene Mengen von Bahnstrom, die innerhalb eines Unternehmens im Sinne des § 3 Abs. 4 des Kommunalsteuergesetzes 1993, BGBl. Nr. 819/1993, oder eines vergleichbaren Unternehmens erzeugt und an andere Konzerngesellschaften geliefert werden.“**

**EB:** Die geltenden Bahnstrombegünstigungen erstrecken sich nur auf Eisenbahnunternehmen, die Bahnstrom im engeren Sinn (elektrische Energie mit einer Nennfrequenz von 16,7 Hertz) einsetzen und die Haupt- und Nebenbahnen im Sinne des § 4 des Eisenbahngesetzes 1957, BGBl. Nr. 60 betreiben. Straßenbahnen im Sinne des Eisenbahngesetzes 1957 – einschließlich Untergrundbahnen und bestimmte Oberleitungs-Omnibusse (siehe § 1 Z 1 und § 5 des Eisenbahngesetzes 1957) – sind von der Inanspruchnahme der Begünstigung ausgeschlossen, wie auch Haupt- oder Nebenbahnen, die andere elektrische Energie als Bahnstrom im engeren Sinn einsetzen. Diese Beschränkungen sollen entfallen. Nicht erfasst werden sollen Seilbahnen, bei denen es sich nicht um öffentliche Eisenbahnen im Sinne des Eisenbahngesetzes handelt (siehe insb. §§ 1 und 2 des Seilbahngesetzes 2003, BGBl. I Nr. 103/2003).

Bereits mit Wirkung ab 1. Jänner 2022 sollen alle Betreiber von öffentlichen Eisenbahnen nach § 1 Z 1 des Eisenbahngesetzes 1957, einschließlich Eisenbahnunternehmen, die Eisenbahnverkehrsdienste auf solchen Bahnen erbringen, die Steuerbefreiung nach § 2 Abs. 1 Z 5 sowie weitere Bahnstrombegünstigungen nach § 4 Abs. 3 in Anspruch nehmen können. Die Definition von Bahnstrom soll für Zwecke des Elektrizitätsabgabegesetzes nicht nur Bahnstrom im engeren Sinn umfassen, sondern auch elektrische Energie mit anderer Nennfrequenz als 16,7 Hertz oder Gleichstrom, soweit diese von Eisenbahnunternehmen zum Antrieb und unmittelbar zum Betrieb von Schienenfahrzeugen verwendet wird.

***2. In § 2 Abs. 2 entfallen der zweite und der vierte Satz.***

***3. In § 4 entfallen Abs. 3 letzter Satz und Abs. 4.***

***4. § 5 Abs. 5 lautet:***

**„(5) Die Erhebung der Abgabe obliegt dem für die Erhebung der Umsatzsteuer des Abgabenschuldners zuständigen Finanzamt. Abweichend davon obliegt sie**

**1. in jenen Fällen, in denen der Netzbetreiber die Abgabe entrichtet, dem für die Erhebung der Umsatzsteuer des Netzbetreibers zuständigen Finanzamt;**

**2. in den Fällen des § 2 Abs. 1 Z 1 und 2 dem für die Erhebung der Umsatzsteuer des Verwenders der elektrischen Energie zuständigen Finanzamt;**

**3. in den Fällen des § 4 Abs. 3 zweiter Satz dem für die Erhebung der Umsatzsteuer des Eisenbahnunternehmens zuständigen Finanzamt.“**

***5. § 5 werden folgende Abs. 8 und 9 angefügt:***

**„(8) Anträge auf Vergütung nach § 2 Abs. 1 Z 1 und 2 sowie § 4 Abs. 3 sind nur für volle Kalendermonate zulässig und bei sonstigem Verlust des Anspruchs bis zum Ablauf des auf die Verwendung folgenden Kalenderjahrs bei dem nach Abs. 5 zuständigen Finanzamt zu stellen.**

**(9) Der Bundesminister für Finanzen wird ermächtigt, durch Verordnung das Verfahren für die Inanspruchnahme der Steuerbegünstigungen nach § 2 Abs. 1 Z 1, Z 2, Z 3 und Z 5 sowie nach § 4 Abs. 3 insbesondere betreffend Antragstellung und Nachweise näher zu regeln.“**

**EB:** Eigene, stärker vereinheitlichte Vergütungsregelungen scheinen in Anbetracht der durch die letzten Novellen gestiegenen Anwendungsfälle zweckmäßig. Zudem sollen Zuständigkeitsfragen klargestellt werden, um künftig Rechtsunsicherheiten zu vermeiden.

***6. § 7 werden folgende Abs. 13 und 14 angefügt:***

**„(13) § 2 Abs. 1 Z 5 und § 4 Abs. 3 in der Fassung des Bundesgesetzes BGBl. I Nr. xx/2022 sind vorbehaltlich der zeitgerechten Erfüllung allfälliger EU-rechtlicher, insbesondere beihilfenrechtlicher Verpflichtungen und unter Berücksichtigung der Regelungen nach Abs. 11 und 12 auf Vorgänge nach dem 30. Juni 2022 anzuwenden. Abs. 8 zweiter und dritter Satz gilt sinngemäß.**

**(14) Vorbehaltlich der zeitgerechten Erfüllung allfälliger EU-rechtlicher, insbesondere beihilfenrechtlicher Verpflichtungen und unter Berücksichtigung der Regelungen nach Abs. 11 und 12 kann die Steuerbefreiung nach § 2 Abs. 1 Z 5 in der Fassung des Bundesgesetzes BGBl. I Nr. xx/2022 sowie eine Steuerbegünstigung nach § 4 Abs. 3 bereits für Zeiträume nach dem 31. Dezember 2021 in Anspruch genommen werden**

**1. von Eisenbahnunternehmen, auf die nach § 2 Abs. 1 Z 5 in der Fassung des Bundesgesetzes BGBl. I Nr. xx/2022, nicht jedoch nach § 2 Abs. 1 Z 5 in der Fassung des Bundesgesetzes BGBl. I Nr. 18/2021, eine Befreiung von der Elektrizitätsabgabe oder der ermäßigte Steuersatz nach § 4 Abs. 3 in der Fassung des Bundesgesetzes BGBl. I Nr. 18/2021 (auch in Vergütungsfällen) Anwendung findet, sowie**

**2. für Mengen an Bahnstrom nach § 2 Abs. 1 Z 5 3. Satz in der Fassung des Bundesgesetzes BGBl. I Nr. xx/2022, die nach § 2 Abs. 1 Z 5 erster Halbsatz in der Fassung des Bundesgesetzes BGBl. I Nr. 18/2021 nicht erfasst werden.**

**Soweit für nach § 2 Abs. 1 Z 5 in der Fassung des Bundesgesetzes BGBl. I Nr. xx/2022 befreiten Bahnstrom die Abgabe bereits entrichtet wurde, erfolgt die Befreiung im Wege einer Vergütung an das Eisenbahnunternehmen unter Anwendung der für sonstige Vergütungsfälle vorgesehenen Verfahren. Abs. 8 zweiter und dritter Satz gilt sinngemäß."**

**EB:** Der Anwendungsbereich der Bahnstrombegünstigungen soll auf 1. Jänner 2022 rückwirkend ausgeweitet werden. Soweit die Gewährung einer Begünstigung in Form einer Befreiung nicht mehr möglich ist, weil die Abgabe bereits entrichtet wurde, soll eine steuerliche Entlastung im Vergütungsweg ermöglicht werden. Dabei sollen die für sonstige Bahnstromvergütungen anwendbaren Verfahren zur Anwendung gelangen.

Zu berücksichtigen sind dabei die ab 1. Mai 2022 anwendbare, mit 30. Juni 2023 befristete, Absenkung der Steuersätze auf das EU-Mindestbesteuerungsniveau sowie die damit in Zusammenhang stehende Aussetzung der Steuervergütung nach § 4 Abs. 3 zweiter Satz.

Die geltende Begünstigung wurde mit 1. Juli 2021 nach der Verordnung (EU) Nr. 651/2014 zur Feststellung der Vereinbarkeit bestimmter Gruppen von Beihilfen mit dem Binnenmarkt in Anwendung der Artikel 107 und 108 des Vertrags über die Arbeitsweise der Europäischen Union, ABl. Nr. L 187 vom 26.6.2014 S.1, zuletzt geändert durch Verordnung (EU) Nr. 2021/1237, ABl. Nr. L 270 vom 29.7.2021 S. 39 (AGVO) freigestellt. Die freigestellte Beihilfenmaßnahme wurde im Beihilfenregister der EK unter der Nummer SA.62635 (2021/X) verzeichnet. Die Ausweitung des Anwendungsbereichs erfordert eine weitere Freistellung.

## Artikel 14
## Änderung der Bundesabgabenordnung

**Die Bundesabgabenordnung, BGBl. Nr. 194/1961, zuletzt geändert durch das Bundesgesetz BGBl. I Nr. 228/2021, wird wie folgt geändert:**

***1. § 3 Abs. 2 lit. b lautet:***

**„b) der Verspätungszuschlag, die Anspruchszinsen, die Beschwerdezinsen und die Umsatzsteuerzinsen,"**

**EB:** Der EuGH hat im Urteil vom 12. Mai 2021 in der Rechtssache C-844/19 ausgesprochen, dass Art. 90 Abs. 1 und Art. 183 der Richtlinie 2006/112/EG des Rates vom 28. November 2006 über das gemeinsame Mehrwertsteuersystem in Verbindung mit dem Grundsatz der steuerlichen Neutralität dahin auszulegen sind, dass eine Erstattung, die sich aus einer Berichtigung der Steuerbemessungsgrundlage nach Art. 90 Abs. 1 dieser Richtlinie ergibt, ebenso wie eine Erstattung eines Vorsteuerüberschusses nach Art. 183 dieser Richtlinie zu verzinsen ist, wenn sie nicht innerhalb einer angemessenen Frist erfolgt. Die Entscheidungen des VwGH vom 30. 6. 2021, Ro 2017/15/0035, und vom 7. 9. 2021, Ro 2018/15/0026, bejahen grundsätzlich einen Zinsenanspruch in Bezug auf Vorsteuer-Überschüsse und trachten diesen im Wege einer „Rechtsanalogie zur Auflösung des derzeit bestehenden Normenkonflikts zwischen nationalem Recht und (nicht unmittelbar anwendbarem) Unionsrecht" (VwGH 30. 6. 2021, Ro 2017/15/0035) insoweit zu lösen, als der in den Zinstatbeständen der §§ 205, 205a und 212a BAO enthaltene Zinssatz von 2 % zur Anwendung gelangen soll. Um Rechtssicherheit zu gewährleisten, soll mit § 205c BAO eine eigenständige Verzinsungsregelung für den Bereich der Umsatzsteuer geschaffen werden, die den im Urteil des EuGH postulierten Voraussetzungen entspricht. Die Fälle der Vorsteuererstattung an ausländische Unternehmer gemäß § 21 Abs. 9 UStG 1994 sind weder nach dem Wortlaut noch nach dem Sinn und Zweck des § 205c von dessen Anwendungsbereich erfasst. Für diese Fälle ist eine Säumnisabgeltung gemäß § 3 Abs. 9 bis 11 der Verordnung BGBl. Nr. 279/1995 in der Fassung BGBl. II Nr. 16/2021 vorgesehen.

In Abs. 1 und 2 werden daher die Tatbestände sowie die Zeiträume geregelt, an welche sich Umsatzsteuerzinsen knüpfen. Abs. 1 Z 1 lit. a regelt die Verzinsung von in Umsatzsteuervoranmeldungen erklärten Überschüssen, die verspätet, jedoch letztlich in der geltend gemachten Höhe auf dem Abgabenkonto verbucht werden. Hinsichtlich dieser Überschüsse wird eine Verzinsung für den Fall vorgesehen, dass die Gutschrift des entsprechenden Betrages nicht innerhalb einer Frist von 90 Tagen nach Einreichung der Voranmeldung erfolgt. Abs. 1 Z 2 lit. a erfasst verspätet eingereichte Umsatzsteuervoranmeldungen mit Vorauszahlungen. Diese verspätete Einreichung von Voranmeldungen mit Zahllast, welche unverändert verbucht werden, unterliegen der Verzinsung ab dem 91. Tag nach der Fälligkeit der Vorauszahlung.

*Beispiel 1: Die Y AG reicht am 15. 3. 2023 die UVA für Jänner 2023 mit einem Überschuss von 20.000 Euro ein. Das Finanzamt verbucht diese Gutschrift am 22. 9. 2023 in Höhe des gemeldeten Betrages. Gemäß § 205c Abs. 1 Z 1 lit. a sind von 14. 6. (91. Tag nach Einlangen der UVA) bis 22. 9. 2023 (Verbuchung auf Abgabenkonto) Umsatzsteuerzinsen für 20.000 Euro zu gewähren.*

*Beispiel 2: Die X GmbH reicht am 29. 1 . 2023 die UVA für August 2022 mit einer Zahllast von 20.000 Euro ein. Gemäß § 205c Abs. 1 Z 2 lit. a sind für den Zeitraum zwischen 16. 1. 2023 (91. Tag nach Fälligkeit der UVA) und 29. 1. 2023 (Einlangen der UVA) Umsatzsteuerzinsen vorzuschreiben.*

Abs. 1 Z 1 lit. b regelt von der Voranmeldung abweichende Festsetzungen, Abs. 1 Z 1 lit. c die Festsetzung von Gutschriften im Umsatzsteuerjahresbescheid. Eine Verzinsung bis zur Höhe des geltend gemachten Überschusses soll erfolgen, wenn eine Gutschrift im Rahmen einer Abgabenfestsetzung später als 90 Tage nach Einreichung der Voranmeldung vorgenommen wird. Resultiert eine Gutschrift aus der Umsatzsteuerjahreserklärung (Abs. 1 Z 1 lit. c), so wird der Beginn des Zinsenlaufes an den 91. Tag nach Einreichung der Umsatzsteuerjahreserklärung geknüpft.

*Beispiel 1: Die Y AG reicht am 15. 3. 2023 die UVA für Jänner 2023 mit einem Überschuss von 20.000 Euro ein. Das Finanzamt setzt am 22. 9. 2023 eine Gutschrift in Höhe von 13.000 Euro fest.*

*Gemäß § 205c Abs. 1 Z 1 lit. b sind von 14. 6. (91. Tag nach Einlangen der UVA) bis 22. 9. 2023 Umsatzsteuerzinsen für 13.000 Euro zu gewähren.*

*Beispiel 2: Die X GmbH reicht am 29. 3. 2023 die Umsatzsteuerjahreserklärung für das Jahr 2022 mit einem Überschuss von 20.000 Euro ein. Der Bescheid ergeht am 20. 7. 2023. Gemäß § 205c Abs. 1 Z 1 lit. c sind für den Zeitraum zwischen 28. 6. (91. Tag nach Einlangen der USt-Jahreserklärung) und 20. 7. 2023 (Bekanntgabe Bescheid) Umsatzsteuerzinsen zu gewähren.*

Abs. 1 Z 2 lit. b bezieht Nachforderungen, die aus einer Festsetzung resultieren, in das Verzinsungsregime mit ein. Das Unterlassen der Einreichung von Voranmeldungen bzw. die darin zu niedrig erklärte Umsatzsteuer mit anschließender Festsetzung (Abs. 1 Z 2 lit. b) ist im Sinne des Gleichklangs der Bestimmung ebenso zu erfassen. Abs. 1 Z 2 lit. b legt als Anknüpfungspunkt dahingehend den 91. Tag nach Fälligkeit der Vorauszahlung fest.

Abs. 1 Z 2 lit. c bezieht Nachforderungen, die aus dem Umsatzsteuerjahresbescheid resultieren, in das Verzinsungsregime mit ein. Das Unterlassen der Einreichung von Jahreserklärungen bzw. die darin zu niedrig erklärte Umsatzsteuer ist im Sinne des Gleichklangs der Bestimmung ebenso zu erfassen. Abs. 1 Z 2 lit. c legt als Anknüpfungspunkt dahingehend den 1. Oktober des Folgejahres fest (in Analogie zu den Anspruchszinsen gemäß § 205 Abs. 1 BAO).

*Beispiel 1: Die AB OG reicht am 15. 10. 2022 die UVA für August 2022 mit einem Überschuss von 20 000 Euro ein. Das Finanzamt setzt am 22. 2. 2023 eine Nachforderung in Höhe von 10 000 Euro fest.*

*Gemäß § 205c Abs. 1 Z 2 lit. b sind von 16. 1. 2023 (91. Tag nach Fälligkeit der UVA) bis 22. 2. 2023 (Bekanntgabe Bescheid) Umsatzsteuerzinsen für 10 000 Euro zu leisten.*

*Beispiel 2: Die X GmbH reicht am 29. 7. 2023 die Umsatzsteuerjahreserklärung für das Jahr 2022 mit einer Zahllast von 5 000 Euro ein. Der Bescheid ergeht am 20. 10. 2023. Gemäß § 205c Abs. 1 Z 2 lit. C sind für den Zeitraum zwischen 1. 10. und 20. 10. 2023 Umsatzsteuerzinsen für die 5 000 Euro zu leisten.*

Die Bezugnahme auf Erkenntnisse in Abs. 1 Z 1 lit. b und lit. c, Z 2 lit. b und c betrifft jene Erkenntnisse, die seitens des BFG aufgrund des Übergangs der Entscheidungspflicht in Folge einer Säumnisbeschwerde (§ 284 Abs. 3 BAO) ergehen.

Schließlich sollen auch Unterschiedsbeträge, die aus nachträglichen Bescheidänderungen – etwa einer weiteren Festsetzung, einer Aufhebung gemäß § 299 BAO, einer Wiederaufnahme nach § 303 BAO oder auch einer Beschwerdeerledigung (Beschwerdevorentscheidung oder Erkenntnis) – resultieren, der Verzinsung zugänglich sein (Abs. 2). In Anlehnung an § 205 Abs. 1 BAO wird daher eine Umsatzsteuerverzinsung vorgesehen, wenn sich aus einem Abgabenbescheid oder einer Beschwerdeerledigung im Vergleich zu einer vorangegangenen Festsetzung ein Unterschiedsbetrag (Differenzbetrag) an Umsatzsteuer ergibt.

Die Erlassung des Umsatzsteuerjahresbescheides bildet eine Zäsur, die Folge der Vorschriften in § 21 Abs. 3 und 4 UStG 1994 ist. Demnach ist eine Festsetzung von Umsatzsteuer nur so lange zulässig, als noch kein einen Voranmeldungszeitraum beinhaltender Veranlagungsbescheid erlassen wurde. Der Unternehmer wird gemäß § 21 Abs. 4 UStG 1994 nach Ablauf des Kalenderjahres zur Umsatzsteuer veranlagt, im Rahmen derer eine Steuererklärung über alle das Kalenderjahr betreffenden Voranmeldungszeiträume einzureichen ist. Durch die Erlassung eines Umsatzsteuerjahresbescheides wird ein zuvor ergangener Festsetzungsbescheid außer Kraft gesetzt und kann folglich ab der Erlassung des Veranlagungsbescheides keine Rechtswirkungen mehr entfalten (siehe dazu VwGH 26. 1. 2017, Ra 2014/15/0040, RS1). Ebenso ist mit der Erlassung des Umsatzsteuerjahresbescheides ein Außerkrafttreten eines zuvor in Bezug auf einen Festsetzungsbescheid ergangenen Erkenntnisses verbunden (vgl. VwGH 26. 1. 2017, Ra 2014/15/0040, RS4).

In Berücksichtigung dessen ist bei nachträglichen Bescheidänderungen zwischen dem Zeitraum vor und nach Erlassung eines Umsatzsteuerjahresbescheides zu differenzieren. Demnach sind Unterschiedsbeträge in Form von Gutschriften an Umsatzsteuer, die sich aus Änderungsbescheiden vor Erlassung eines Umsatzsteuerjahresbescheides ergeben, ab dem 91. Tag nach Einreichung der Voranmeldung zu verzinsen (Abs. 2 Z 1 lit. a). Handelt es sich jedoch um Überschüsse aus einer Umsatzsteuerjahreserklärung, so ist der 91. Tag nach Einreichung ebendieser von Relevanz (Abs. 2 Z 1 lit. b). Der Zinsenlauf endet in beiden Fällen mit der Bekanntgabe des Bescheides bzw. Erkenntnisses.

*Beispiel 1: Die A GmbH reicht am 15. 3. 2023 die UVA für Jänner 2023 mit einem Überschuss von 10.000 Euro ein. Am 22. 6. 2023 ergeht ein Festsetzungsbescheid, aus dem eine Gutschrift von 3.000 Euro resultiert. Gemäß § 205c Abs. 1 Z 1 lit. b werden Umsatzsteuerzinsen für den Zeitraum 14. 6. bis 22. 6. 2023 für den Überschussbetrag festgesetzt. Gegen den Festsetzungsbescheid wird Beschwerde erhoben; das BFG gibt am 30. 11. 2023 teilweise statt, woraus sich ein Überschuss von 7.000 Euro ergibt. Gemäß § 205c Abs. 2 Z 1 lit. a ist der Differenzbetrag von 4.000 Euro ab 14. 6. 2023 bis zur Bekanntgabe des Erkenntnisses zu verzinsen.*

*Beispiel 2: Die Z KG reicht am 20. 1. 2023 ihre Umsatzsteuerjahreserklärung für 2021 ein, die einen Überschuss von 15.000 Euro ausweist. Der Veranlagungsbescheid ergeht am 10. 2. 2023 mit einer Gutschrift von 7.000 Euro. Einer dagegen erhobenen Beschwerde wird in der am 9. 9. 2023 ergangenen BVE voll stattgegeben. Der Unterschiedsbetrag von 8.000 Euro ist daher gemäß § 205c Abs. 2 Z 1 lit. B beginnend mit 21. 4. 2023 (91. Tag nach Einlangen der Umsatzsteuerjahreserklärung) bis zum 9. 9. 2023 (Bekanntgabe Bescheid) zu verzinsen.*

*Beispiel 3: Die XY GmbH & Co KG reicht am 15. 3. 2023 die UVA für Jänner 2023 mit einem Überschuss von 100.000 Euro ein. Am 24. 6. 2023 erfolgt eine Festsetzung mit einer Gutschrift von 50.000 Euro. Gemäß § 205c Abs. 1 Z 1 lit. b ist der Betrag von 50.000 Euro von 14. 6. (91. Tag nach Einlangen der UVA) bis 24. 6. 2023 zu verzinsen. Gegen die Festsetzung erhebt das Unternehmen Beschwerde unter Verzicht der Erlassung einer Beschwerdevorentscheidung. Das Finanzamt legt die Beschwerde dem BFG vor, dieses entscheidet am 29. 11. 2023 mit abweisendem Erkenntnis. Mangels Differenzbetrages kommt es zu keiner Verzinsung. Im Dezember 2023 erhebt das Unternehmen Revision, der VwGH entscheidet stattgebend und hebt das Erkenntnis des BFG auf. Am 30. 11. 2024 entscheidet das BFG im zweiten Rechtsgang zugunsten der Abgabepflichtigen, woraus eine Gutschrift von 50.000 Euro resultiert. Dieser Betrag ist beginnend mit 14. 6. 2023 (91. Tag nach Einlangen der UVA) bis 30. 11. 2024 (Bekanntgabe Erkenntnis) gemäß § 205c Abs. 2 Z 1 lit. a zu verzinsen.*

*Beispiel 4: Die XY GmbH & Co KG reicht am 15. 3. 2023 die UVA für Jänner 2023 mit einem Überschuss von 100 000 Euro ein. Am 24. 6. 2023 erfolgt eine Festsetzung mit einer Gutschrift von 50 000 Euro. Gemäß § 205c Abs. 1 Z 1 lit. b ist der Betrag von 50 000 Euro von 14. 6. (91. Tag nach Einlangen der UVA) bis 24. 6. 2023 zu verzinsen. Gegen die Festsetzung erhebt das Unternehmen Beschwerde unter Verzicht der Erlassung einer Beschwerdevorentscheidung. Das Finanzamt legt die Beschwerde dem BFG vor. Am 15. 6. 2024 reicht das Unternehmen die Umsatzsteuerjahreserklärung – beinhaltend die unveränderten Werte der UVA Jänner 2023 – ein. Diese wird am 30. 6. 2024 veranlagt, es kommt zu keiner Gutschrift. Das BFG entscheidet am 29. 11. 2024 mit abweisendem Erkenntnis und setzt die Umsatzsteuer mit einer Nachforderung von 15 000 Euro fest. Diese Nachforderung ist gemäß § 205c Abs. 2 Z 2 lit. b zwischen 1. 10. 2024 und 29. 11. 2024 zu verzinsen. Im Dezember 2024 erhebt das Unternehmen Revision, der VwGH entscheidet stattgebend und hebt das Erkenntnis des BFG auf. Am 30. 11. 2025 entscheidet das BFG im zweiten Rechtsgang zugunsten der Abgabepflichtigen, woraus eine Gutschrift von 35 000 Euro resultiert. Dieser Betrag ist beginnend mit 14. 9. 2024 (91. Tag nach Einlangen der USt-Jahreserklärung) bis 30. 11. 2025 (Bekanntgabe Erkenntnis) gemäß § 205c Abs. 2 Z 1 lit. b zu verzinsen.*

*Beispiel 5: Die XY GmbH & Co KG reicht am 8. 8. 2023 die Umsatzsteuerjahreserklärung für 2022 mit einer Zahllast von 5 000 Euro ein. Der Veranlagungsbescheid ergeht am 20. 10. 2023. Gemäß § 205c Abs. 1 Z 2 lit. c werden für den Zeitraum zwischen 1. 10. 2023 und 20. 10. 2023 Umsatzsteuerzinsen vorgeschrieben. Am 25. 3. 2024 kommt es zu einer Aufhebung des Umsatzsteuerjahresbescheides gemäß § 299 BAO. Der neu erlassene Bescheid weist eine Nachforderung an Umsatzsteuer 2022 von 75 000 Euro aus. Dieser Betrag ist gemäß § 205c Abs. 2 Z 2 lit. b zwischen 1. 10. 2023 und 25. 3. 2024 zu verzinsen.*

Der Abgabenanspruch für Umsatzsteuerzinsen entsteht dem § 4 Abs. 1 BAO zufolge

**– im Fall von Abs. 1 Z 1 lit. a mit der Verbuchung des Gutschriftsbetrages auf dem Abgabenkonto;**

**– im Fall von Abs. 1 Z 2 lit. a mit dem Einlangen der Voranmeldung;**

**– in allen anderen Fällen mit der Bekanntgabe des Bescheides bzw. Erkenntnisses.**

Zinsenbescheide setzen nicht die materielle Richtigkeit des Umsatzsteuerbescheides – wohl aber einen solchen Bescheid – voraus. Solche Bescheide sind daher (ebenso wie etwa Säumniszuschläge) nicht mit der Begründung anfechtbar, der Umsatzsteuerbescheid sei rechtswidrig. Im Interesse der faktischen Effizienz des Rechtsschutzes wird die Festsetzung von Umsatzsteuerzinsen als mittelbar von der Festsetzung der Umsatzsteuer abhängig (im Sinn des § 212a Abs. 1 BAO) anzusehen sein; daher kommt eine Aussetzung der Einhebung von Umsatzsteuerzinsen wegen einer gegen den Umsatzsteuerbescheid eingebrachten Beschwerde in Betracht. Zweckmäßigerweise sind Umsatzsteuerzinsen gleichzeitig mit der jeweils maßgebenden Umsatzsteuersteuer festzusetzen. Die Fälligkeit von Nachforderungszinsen ergibt sich aus § 210 Abs. 1 BAO (somit ein Monat ab Zustellung des Zinsenbescheides). Gutschriften aus Zinsenbescheiden werden mit dem Tag der Zustellung des zur Gutschrift führenden Bescheides wirksam.

Aufgrund der sich aus § 21 Abs. 3 und 4 ergebenden Außerkraftsetzung eines Festsetzungsbescheides durch einen Umsatzsteuerjahresbescheid erscheint es erforderlich, zur Abfederung sich daraus ergebender und in Widerspruch zum Prinzip der Neutralität der Mehrwertsteuer auftretender Fallkonstellationen eine Antragsmöglichkeit vorzusehen, einen zusätzlichen Umsatzsteuerzinsbescheid zu erlassen. Es soll daher in Abs. 3 ermöglicht werden, binnen Jahresfrist ab Erlassung eines Umsatzsteuer-Zinsenbescheides einen Antrag auf eine zusätzliche Festsetzung von Umsatzsteuerzinsen für den Zeitraum ab dem 91. Tag nach Einreichung der betreffenden Voranmeldung bis zum 90. Tag nach Einreichung der Umsatzsteuerjahreserklärung zu beantragen. Sofern keine bescheidmäßige Festsetzung der Umsatzsteuerzinsen erfolgte – bspw aufgrund der Unterschreitung der Betragsgrenze gemäß Abs. 5 – ist auf die Bekanntgabe des Umsatzsteuerjahresbescheides abzustellen. Im Rahmen einer solchen weiteren Festsetzung von Umsatzsteuerzinsen ist vom Abgabepflichtigen aufzuschlüsseln, wann und in welcher Höhe der betreffende Überschuss erstmals erklärt wurde sowie ob danach allenfalls Gutschriften erfolgten (etwa im Rahmen einer Festsetzung mit einer Gutschrift auf Basis eines niedrigeren als dem erklärten Überschuss). Dies ist erforderlich, weil im Rahmen der Jahresveranlagung eine Kompensation der monatlichen Überschüsse und Zahllasten stattfindet und es bei Abweichungen von in den einzelnen Umsatzsteuervoranmeldungen gemeldeten Beträgen von Seiten der Abgabenbehörde nicht mehr möglich ist, dies automatisiert im Rahmen der Zinsberechnung nachzuvollziehen. Weiters gibt es Fälle, in welchen Beschwerde gegen einen Festsetzungsbescheid erhoben wird, danach – noch vor Erledigung der Beschwerde – eine Jahresveranlagung erfolgt und die Beschwerde gegen den Festsetzungsbescheid daher gemäß § 253 BAO gegen den Umsatzsteuerjahresbescheid gerichtet ist (Weitergeltung). Gegen den Umsatzsteuerjahresbescheid besteht allerdings auch ein separates Beschwerderecht, sodass im Rahmen dessen weitere Beschwerdepunkte einfließen können, die die ursprüngliche Festsetzung gar nicht betreffen. Ergeht in einer solchen Konstellation schließlich die Beschwerdeerledigung betreffend Jahresumsatzsteuer, bedarf eine Anpassung der Umsatzsteuerverzinsung in Bezug auf diese ursprüngliche Beschwerde gegen die Festsetzung daher eines Antrages, um die Festsetzung von Gutschriftszinsen auf die sie auslösende UVA rückführen zu können.

*Beispiel: Die ABC GmbH gibt die UVA für März 2023 am 15. 5. 2023 mit einem Überschuss von 10 000 Euro ab. Das Finanzamt setzt die Umsatzsteuer mit einem Gutschriftsbetrag von 2 000 Euro am 20. 9. 2023 fest. Gemäß § 205c Abs. 1 Z 1 lit. b werden für den Zeitraum 14. 8. 2023 bis 20. 9. 2023 Umsatzsteuerzinsen für die 2 000 Euro festgesetzt. Dagegen erhebt die ABC GmbH Beschwerde, dieser wird in der Beschwerdevorentscheidung vom 30. 11. 2023 allerdings nicht stattgegeben. Daher wird ein Vorlageantrag eingebracht. Am 20. 1. 2024 reicht die ABC GmbH die Umsatzsteuerjahreserklärung für 2023 unter Berücksichtigung des in der UVA für März erklärten Überschusses von 1 .000 Euro ein. Das Finanzamt setzt aufgrund eines weiteren Sachverhaltes am 20. 7. 2024 die Umsatzsteuer mit 3 000 Euro fest, woraus nach Gegenüberstellung mit den bereits im Festsetzungsbescheid gewährten 2 000 Euro eine Gutschrift von 1 000 Euro resultiert. Gemäß § 205c Abs. 2 Z 1 lit. b werden Umsatzsteuerzinsen für den Zeitraum 20. 4. 2024 bis 20. 7. 2024 festgesetzt. Das Bundesfinanzgericht entscheidet über die Beschwerde – welche sich gemäß § 253 BAO nunmehr gegen den Umsatzsteuerjahresbescheid richtet – am 10. 6. 2025 und gibt dieser statt. In Folge dessen werden gemäß § 205c Abs. 2 Z 1 lit. B Umsatzsteuerzinsen auf Basis des Unterschiedsbetrages von 7. 000 Euro betreffend den Zeitraum 20. 4. 2024 bis 10. 6. 2025 festgesetzt. In Folge dieses Bescheides stellt die ABC GmbH am 20. 7. 2025 einen Antrag gemäß § 205c Abs. 3 BAO, auf Basis dessen Umsatzsteuerzinsen für den Unterschiedsbetrag von 7 000 Euro für den Zeitraum 14. 8. 2023 (91. Tag nach Einreichung der betreffenden UVA) bis zum 90. Tag nach Einlangen der Umsatzsteuerjahreserklärung am 19. April 2024, zuerkannt werden.*

Abs. 4 soll gewährleisten, dass Umsatzsteuerzinsen in Bezug auf Gutschriften für jene Fälle gewährt werden, in welchen die Verbuchung von Umsatzsteuervoranmeldungen aufgrund behördlicher Prüfmaßnahmen verspätet durchgeführt wird. Kommt der Abgabepflichtige seiner Mitwirkungsverpflichtung nicht zeitgerecht nach, indem er Unterlagen, die von der Abgabenbehörde angefordert werden, nicht innerhalb der vorgesehenen (oder allenfalls verlängerten) Frist vorlegt, so ist die Verspätung von ihm zu vertreten und die Abgabenbehörde kann eine Verzinsung für den Zeitraum der Verspätung von der Verzinsung ausnehmen.

*Beispiel: Der Einzelunternehmer Mustermann reicht die UVA für Juli 2023 am 15. 9. 2023 mit einem Überschuss von 10 000 Euro ein. Das Finanzamt Österreich versendet am 30. 9. 2023 einen Vorhalt, mit dem die Vorlage eines Beleges für geltend gemachte Vorsteuer bis 3. 11. 2023 abverlangt wird. Herr Mustermann legt die geforderte Rechnung erst am 5. 2. 2024 vor. Der in der UVA geltend gemachte Überschuss wird als Gutschrift am 7. 2. 2024 verbucht. Aufgrund des Umstandes, dass die Verspätung durch den Abgabepflichtigen verursacht wurde, werden gemäß § 205c Abs. 4 BAO für den Zeitraum zwischen 15. 12. 2023 (91 Tage nach Einreichung der UVA) und 5. 2. 2024 keine Gutschriftszinsen festgesetzt.*

Abs. 5 regelt wie § 205 Abs. 2 BAO die Höhe der Verzinsung sowie die in allen Verzinsungsbestimmungen der BAO gleichartige Betragsgrenze von 50 Euro im Zusammenhang mit der Zinsenfestsetzung.

§ 323 Abs. 75 sieht hinsichtlich des Inkrafttretens der Umsatzsteuerverzinsung vor, dass § 205c BAO mit dem der Kundmachung folgenden Tag in Kraft tritt und im Falle von Gutschriften gemäß § 205c Abs. 1 Z 1 lit. a und lit. b und Abs. 2 Z 1 lit. a BAO auf alle zu diesem Zeitpunkt offene Verfahren anzuwenden ist. Somit sind die folgenden Neuregelungen mit dem der Kundmachung folgenden Tag anzuwenden:

- Gutschriften aus UVA, die bloß verspätet – aber in unveränderter Höhe gebucht werden,
- Gutschriften im Rahmen von Festsetzungen (zB Vorsteuer in niedrigerer Höhe als in der UVA gemeldet) oder
- Gutschriften iZm Folgebescheiden (solange noch keine Veranlagung der Umsatzsteuer erfolgt ist).

Im Falle von Nachforderungen gemäß § 205c Abs. 1 Z 2 lit. a und b BAO sowie § 205c Abs. 2 Z 2 lit. A BAO sind die Neuregelungen erstmals auf jene Fälle anzuwenden, in welchen der Fälligkeitstag (§ 21 Abs. 1 UStG 1994) nach dem Inkrafttreten des Gesetzes liegt. Das betrifft:

- Zahllasten aus UVAs, die verspätet eingereicht werden
- Nachforderungen im Rahmen von unterjährigen Festsetzungen (vor Ergehen des Jahresbescheides)
- Nachforderungen iZm Folgebescheiden (solange noch keine Veranlagung der Umsatzsteuer erfolgt ist).

Im Falle von Nachforderungen auf Grund der Veranlagung gemäß § 205c Abs. 1 Z 2 lit. c BAO sowie § 205c Abs. 2 Z 2 lit. b BAO gelangen die Neuregelungen erstmals auf Jahresumsatzsteuerbescheide betreffend das Jahr 2022 zu Anwendung. Betroffen sind:

- Nachforderungen aus Umsatzsteuerjahresbescheiden 2022
- Nachforderungen aus Folgebescheiden, wenn bereits ein Umsatzsteuerjahresbescheid ergangen ist.

Im Falle von Gutschriften gemäß § 205c Abs. 1 Z 1 lit. c und Abs. 2 Z 1 lit. b BAO gelangen die Neuregelungen auf alle Jahresumsatzsteuerbescheide zu Anwendung, die am Tag nach der Kundmachung dieses Bundesgesetzes noch nicht in Rechtskraft erwachsen sind.

***2. Nach § 48i wird folgende Unterabschnittsüberschrift und anschließend folgender § 48j eingefügt:***

**„G. Verwendung technischer Einrichtungen zur Wort- und Bildübertragung**

**§ 48j. (1) Mündliche Verhandlungen, Erörterungstermine, Vernehmungen, (Schluss-)Besprechungen, Nachschauen, Außenprüfungen, Augenscheine und sonstige Beweisaufnahmen können unter Verwendung geeigneter technischer Einrichtungen zur Wort- und Bildübertragung durchgeführt werden.**

**(2) Soweit von der Möglichkeit gemäß Abs. 1 Gebrauch gemacht wird, ist den Personen, die der Amtshandlung beigezogen werden, Gelegenheit zu geben, unter Verwendung der technischen Einrichtungen zur Wort- und Bildübertragung an der betreffenden Amtshandlung teilzunehmen. Sind der Amtshandlung Parteien beizuziehen, sind diese aufzufordern, bekanntzugeben, ob ihnen solche technischen Einrichtungen zur Wort- und Bildübertragung zur Verfügung stehen; ist dies nicht der Fall, kann ein Antrag gestellt werden, von der Inanspruchnahme des Abs. 1 abzusehen, andernfalls kann die Amtshandlung auch in ihrer Abwesenheit durchgeführt werden. Diesfalls ist den Parteien, die aus diesem Grund an der Amtshandlung nicht teilnehmen können, in sonst geeigneter Weise Gelegenheit zu geben, ihre Rechte auszuüben bzw. bei der Feststellung des Sachverhalts mitzuwirken.**

**(3) Wird eine Amtshandlung unter Verwendung technischer Einrichtungen zur Wort- und Bildübertragung durchgeführt, braucht eine Niederschrift abweichend von § 87 Abs. 4 erster Satz und § 275 Abs. 7 letzter Satz außer vom Leiter der Amtshandlung von keiner weiteren Person unterschrieben zu werden. In diesem Fall ist § 87 Abs. 6 mit der Maßgabe sinngemäß anzuwenden, dass statt der Verwendung von Schallträgern ein Mitschnitt der Wort- und Bildübertragung zulässig ist."**

**EB:** Die aufgrund der COVID-19-Pandemie in § 323c Abs. 4 Z 2 bis 4 BAO befristet eingeführte Möglichkeit zum Einsatz technischer Einrichtungen zur Wort- und Bildübertragung soll unbefristet weitergeführt werden. In der vorgeschlagenen Fassung soll allerdings der Anwendungsbereich auf Außenprüfungen und Nachschauen ausgedehnt werden. Weiters soll der Partei, wenn sie nicht über die entsprechenden technischen Möglichkeiten verfügt – anders als bisher – eine Antragsmöglichkeit eingeräumt werden, von der Verwendung technischer Einrichtungen zur Wort- und Bildübertragung Abstand zu nehmen. Wie bisher soll auch in der Zukunft kein Rechtsanspruch auf eine Amtshandlung unter Verwendung technischer Einrichtungen zur Wort- und Bildübertragung bestehen; diese anzubieten liegt ausschließlich im Ermessen der Behörde. Diese hat auch die technischen und organisatorischen Voraussetzungen festzulegen, die die Verwendung der angebotenen technischen Einrichtungen erfordert (zB in der Vorladung).

***3. In § 52 entfällt in Abs. 1 die Bezeichnung „(1)" und Abs. 2 entfällt.***

***4. In § 54 Abs. 2 wird das Wort „auch" durch folgende Wortfolge ersetzt:* „die in die Zuständigkeit einer anderen Abgabenbehörde des Bundes fallenden notwendigen Amtshandlungen vornehmen; insbesondere können sie" *und folgender Satz angefügt:***

**„Die zuständige Abgabenbehörde des Bundes ist von den vorgenommenen Amtshandlungen unverzüglich zu informieren."**

**EB:** Mit dem Finanz-Organisationsreformgesetz – FORG, BGBl. I Nr. 104/2019, wurden sowohl in § 52 Abs. 2 BAO als auch in § 54 Abs. 2 BAO Regelungen über das Vorgehen bei Gefahr im Verzug vorgesehen. Durch die vorgeschlagene Neuregelung wird die Vorgangsweise bei Gefahr im Verzug abschließend in § 54 Abs. 2 BAO normiert; § 52 Abs. 2 BAO kann daher entfallen.

***5. In § 54a Abs. 1 erster Satz wird nach der Wortfolge* „Finanzamt für Großbetriebe" *die Wortfolge samt Satzzeichen* „, das Amt für den nationalen Emissionszertifikatehandel im Zollamt Österreich" *eingefügt.***

**EB:** Mit der vorgeschlagenen Änderung soll die Erbringung von Unterstützungsleistungen durch Organe des Finanzamtes Österreich auch auf das Amt für den nationalen Emissionszertifikatehandel (§ 28 NEHG) ausgedehnt werden.

***6. In § 54a wird nach Abs. 5 folgender Abs. 6 angefügt:***

**„(6) Die Offenbarung von Verhältnissen oder Umständen gegenüber Organen einer Einrichtung der Bundesfinanzverwaltung, die zur Erledigung von Aufgaben, die mehrere Abgabenbehörden betreffen, ämterübergreifend zusammenarbeiten, dient der Durchführung eines Abgabenverfahrens im Sinn von § 48a Abs. 4 lit. a und § 48e Abs. 1 Z 4 lit. a."**

**EB:** In der Bundesfinanzverwaltung sollen hinkünftig für spezielle Fragestellungen bzw. Fallkonstellationen, die typischer Weise mehrere Abgabenbehörden betreffen, eine behördenübergreifende Zusammenarbeit bzw. ein Informationsaustausch ermöglicht werden. Diese Maßnahme dient auch dazu, die Herausbildung von Spezialisierung und Expertentum innerhalb der verschiedenen Abgabenbehörden zu unterstützen.

***7. § 56 wird wie folgt geändert:***

***a) In Abs. 3 entfällt das Wort „Österreich".***

***b) Abs. 4 entfällt.***

**EB:** Das Finanzamt für Großbetriebe soll – wie bereits das Finanzamt Österreich – die Möglichkeit erhalten, Bereichsleitungen zu installieren.

***8. In § 61 Abs. 1 Z 1wird der Strichpunkt durch einen Punkt ersetzt und danach folgender Satz angefügt:***

**„Das Unterschreiten dieser Grenze ist unbeachtlich,**

**a) wenn ein Insolvenzverfahren mangels kostendeckenden Vermögens rechtskräftig nicht eröffnet wird,**

**b) wenn es zu einer Liquidation im Rahmen eines Insolvenzverfahrens kommt,**

**c) wenn ein Konkursverfahren nach § 123a oder § 139 IO aufgehoben wird oder**

**d) bis zur rechtskräftigen Bestätigung eines Sanierungsplans."**

**EB:** Mit der vorgeschlagenen Änderung soll sichergestellt werden, dass es nur in solchen Fällen zu einem Übergang der Zuständigkeit auf das Finanzamt Österreich kommt, in denen dies aufgrund der Fortführung des Unternehmens auch sinnvoll ist. In all jenen Situationen, in welchen Unternehmen liquidiert werden, besteht dieses Erfordernis nicht. Aus verwaltungsökonomischer Sicht ist es auch geboten, in Sanierungsverfahren erst dann einen Zuständigkeitsübergang zu normieren, wenn der Sanierungsplan rechtskräftig ist. Vor diesem Zeitpunkt könnte das Sanierungsverfahren immer noch in ein Konkursverfahren übergehen oder es können Anfechtungsprozesse zu führen sein, die ebenfalls zweckmäßiger Weise noch von der ursprünglich zuständigen Abgabenbehörde beendet werden sollen.

***9. In § 61 Abs. 1 Z 6 wird vor dem Strichpunkt folgende Wortfolge eingefügt:* „sowie der Stiftungseingangssteuer unterliegende Vermögensmassen“**

**EB:** Mit der vorgeschlagenen Änderung soll sichergestellt werden, dass bei ausländischen Stiftungen und vergleichbaren Vermögensmassen die Zuständigkeit für die Erhebung der Körperschaftsteuer mit der Zuständigkeit für die Erhebung der Stiftungseingangssteuer zusammen fällt.

***10. In § 86a Abs. 1 lautet der erste Satz:***

**„Anbringen können im Wege automationsunterstützter Datenübertragung oder in jeder anderen technisch möglichen Weise eingereicht werden, soweit es durch Verordnung des Bundesministers für Finanzen zugelassen wird.“**

**EB:** Anbringen gemäß § 85 BAO (sowohl schriftliche als auch mündliche Anbringen) sollen automationsunterstützt bzw. auf sonst geeignete technische Weise (zB auch durch Video-Kommunikation) eingebracht werden können, wenn eine Verordnung des Bundesministers für Finanzen dies zulässt. Eine Verwendung von Telegraphen bzw. Fernschreibern erscheint nicht mehr zeitgemäß und kann daher entfallen.

***11. In § 90 Abs. 1 erster Satz wird vor dem Wort* „Akten“ *die Wortfolge* „ihre Sache betreffenden“ *eingefügt und die Wortfolge samt Satzzeichen* „ , deren Kenntnis zur Geltendmachung oder Verteidigung ihrer abgabenrechtlichen Interessen oder zur Erfüllung abgabenrechtlicher Pflichten erforderlich ist“ *entfällt.***

**EB:** Mit der vorgesehenen Änderung wird die Berechtigung zur Akteneinsicht an § 17 Abs. 1 AVG, BGBl. Nr. 51/1991, angeglichen. Parteien soll das Recht auf Akteneinsicht in eigener Sache unabhängig von einem (abgaben-)rechtlichen Interesse zustehen. Damit wird zugleich eine Rechtsunklarheit beseitigt, weil es – entgegen der gesetzlichen Anordnung des § 90 Abs. 1 BAO in der bisher geltenden Fassung – nach der Judikatur des Verwaltungsgerichtshofes (siehe insbesondere das Erkenntnis vom 29. Mai 2018, Ro 2017/15/0021) für die Berechtigung des Antrags auf Akteneinsicht auf ein gesondertes abgabenrechtliches Interesse der Partei nicht ankommt.

***12. In § 91 Abs. 1 wird folgender Satz angefügt:***

**„In der Vorladung kann die Abgabenbehörde anstelle des Erscheinens die Verwendung technischer Einrichtungen zur Wort- und Bildübertragung nach Maßgabe des § 48j anbieten.“**

**EB:** Die aufgrund der COVID-19-Pandemie in § 323c Abs. 4 Z 2 bis 4 BAO befristet eingeführte Möglichkeit zum Einsatz technischer Einrichtungen zur Wort- und Bildübertragung soll unbefristet weitergeführt werden. In der vorgeschlagenen Fassung soll allerdings der Anwendungsbereich auf Außenprüfungen und Nachschauen ausgedehnt werden. Weiters soll der Partei, wenn sie nicht über die entsprechenden technischen Möglichkeiten verfügt – anders als bisher – eine Antragsmöglichkeit eingeräumt werden, von der Verwendung technischer Einrichtungen zur Wort- und Bildübertragung Abstand zu nehmen. Wie bisher soll auch in der Zukunft kein Rechtsanspruch auf eine Amtshandlung unter Verwendung technischer Einrichtungen zur Wort- und Bildübertragung bestehen; diese anzubieten liegt ausschließlich im Ermessen der Behörde. Diese hat auch die technischen und organisatorischen Voraussetzungen festzulegen, die die Verwendung der angebotenen technischen Einrichtungen erfordert (zB in der Vorladung).

***13. § 105 lautet:***

**„§ 105. § 25 Abs. 1 ZustG gilt mit der Maßgabe, dass an die Stelle der Kundmachung an der Amtstafel einer Einrichtung der Bundesfinanzverwaltung die elektronische Veröffentlichung auf der Website des Bundesministeriums für Finanzen tritt.“**

**EB:** Derzeit sieht § 25 Abs. 1 ZustG vor, dass die Zustellung erfolgen kann, indem mittels (physischen) Aushangs an der Amtstafel kundgemacht wird, dass ein zuzustellendes Dokument bei der Abgabenbehörde liegt, falls die Abgabestelle einer Person oder einer Mehrheit von Personen der Abgabenbehörde nicht bekannt ist. Dieser physische Aushang soll durch eine Veröffentlichung auf der Website des Bundesministeriums für Finanzen ersetzt werden.

***14. Die zweite Unterabschnittsüberschrift im 4. Abschnitt lautet:***

**„B. Auskunftsbescheid, Forschungsbestätigung und multilaterale Risikobewertung“**

***15. § 118 wird wie folgt geändert:***

***a) In Abs. 10 lit. e entfällt der Ausdruck* „iSd UGB“ *und wird nach dem Ausdruck* „gemäß § 244 iVm § 246 UGB“ *die Wortfolge* „oder einer vergleichbaren Bestimmung ausländischen Rechts“ *eingefügt.***

***b) In Abs. 10 lautet der letzte Satz:***

**„Für die Höhe des Beitrages ist die Summe ihrer Umsatzerlöse maßgebend, soweit nicht mindestens ein Antragsteller Teil eines Konzerns ist (lit. e zweiter Fall).“**

**EB:** Für die Festlegung der Höhe des Verwaltungsbeitrages soll in Zukunft nicht nur auf den Konzernbegriff gemäß § 244 Abs. 1 UGB abgestellt werden, sondern auch auf vergleichbare ausländische Bestimmungen (vgl. § 18 deutsches Aktiengesetz).

***16. Nach § 118a wird folgender § 118b samt Überschrift eingefügt:***

**„Multilaterale Risikobewertung**

**§ 118b. (1) Das Finanzamt für Großbetriebe kann gemeinsam mit ausländischen Steuerverwaltungen als leitende oder mitwirkende Steuerverwaltung an multilateralen Verfahren**

**zur Bewertung grenzüberschreitender ertragsteuerlicher Risiken teilnehmen. Die Teilnahme als leitende Steuerverwaltung erfolgt auf Antrag eines Unternehmers mit Sitz in Österreich. Die Teilnahme als mitwirkende Steuerverwaltung erfolgt auf Einladung der leitenden ausländischen Steuerverwaltung.**

**EB:** Die multilaterale Risikobewertung erfolgt ausschließlich durch das Finanzamt für Großbetriebe. Die Teilnahme erfolgt im Ermessen des Finanzamts für Großbetriebe, es gibt daher keinen Rechtsanspruch. Soll das Finanzamt für Großbetriebe als leitende Steuerverwaltung teilnehmen, wird das Verfahren durch einen Antrag eines inländischen Unternehmers ins Gang gesetzt. Soll das Finanzamt für Großbetriebe hingegen an einem durch eine andere Steuerverwaltung geleiteten Verfahren teilnehmen, ist ein Antrag nicht erforderlich.

Gegenstand des Verfahrens zur multilateralen Risikobewertung sind ausschließlich ertragsteuerliche Risiken, wie etwa Verrechnungspreise, Quellensteuern, hybride Gestaltungen und ähnliches.

**(2) Der Antrag kann für einen oder mehrere Abgabepflichtige gestellt werden. Wird der Antrag für mehrere Abgabepflichtige gestellt, ist er vom obersten inländischen Unternehmer der Beteiligungskette zu stellen. Er hat sämtliche in das Verfahren einzubeziehende inländische Unternehmer und einen Vorschlag, welche ausländischen Steuerverwaltungen mitwirken und welche Risiken bewertet werden sollen, zu enthalten. Er ist von den gesetzlichen Vertretern aller im Antrag angeführten inländischen Unternehmer zu bestätigen. Die letzte Bestätigung bestimmt den Zeitpunkt der Antragstellung. Alle einzubeziehenden inländischen Unternehmer haben eine Zustimmung gemäß § 48a Abs. 4 lit. c zu erteilen und die Verarbeitung personenbezogener Daten zum Zweck der multilateralen Risikobewertung zur Kenntnis zu nehmen. Der Bundesminister für Finanzen kann mit Verordnung festlegen, dass die Antragstellung ausschließlich über FinanzOnline zulässig ist.**

**EB:** Die multilaterale Risikobewertung soll die Bewertung grenzüberschreitender Besteuerungsrisiken großer Unternehmen ermöglichen. Solche Unternehmen haben oft eine Konzernstruktur. Um eine umfassende, effiziente und einheitliche Bewertung zu ermöglichen, kann die multilaterale Risikobewertung sowohl in Bezug auf einzelne als auch auf mehrere Abgabepflichtige durchgeführt werden.

Wird die multilaterale Risikobewertung für mehrere Abgabepflichtige beantragt, ist der Antrag vom obersten inländischen Unternehmer der Beteiligungskette zu stellen. Stehen aus österreichischer Sicht mehrere Unternehmer auf der höchsten Hierarchiestufe nebeneinander, kann ein beliebiger von ihnen den Antrag stellen. Die weiteren einzubeziehenden Unternehmer sind im Antrag anzuführen.

Der Antragsteller hat einen Vorschlag abzugeben, welche weiteren Steuerverwaltungen mitwirken und welche Risiken bewertet werden sollen. Dieser Vorschlag ist aber für die leitende Steuerverwaltung nicht bindend. Beispielsweise könnte sie generell alle im länderbezogenen Bericht genannten Steuerverwaltungen, die am ICAP- bzw. ETACA-Verfahren teilnehmen, einladen.

Der letzte Satz des Abs. 2 ermächtigt den Bundesminister für Finanzen mit Verordnung festzulegen, dass die Antragstellung ausschließlich im Verfahren FinanzOnline zulässig ist. Dies dient der Vereinfachung des Verfahrens, insbesondere in Zusammenhang mit Anträgen, die für mehrere Abgabepflichtige gestellt werden. Der Antrag ist von den weitern im Antrag angeführten Unternehmern zu bestätigen. Der Zeitpunkt der Antragstellung wird durch die letzte Bestätigung bestimmt.

Ein Kernelement der multilateralen Risikobewertung ist ein umfassender Informationsaustausch zwischen den teilnehmenden Steuerverwaltungen. Da es sich bei der multilateralen Risikobewertung nicht unmittelbar um ein Abgabenverfahren handelt und diese auf Freiwilligkeit beruht, ist die Erteilung einer Zustimmung gemäß § 48a BAO notwendig. Weiters soll eine Erklärung vorgesehen werden, dass die Verarbeitung personenbezogener Daten für Zwecke der Multilateralen Risikobewertung zur Kenntnis genommen wird. Nachdem die Datenverarbeitung in § 118b Abs. 2 und 6 ohnehin bereits aufgrund einer gesetzliche Rechtsgrundlage gemäß Art. 6 Abs. 1 lit. c bzw. e DSGVO vorgesehen wird, ist eine datenschutzrechtliche Einwilligung gemäß Art. 4 Z 7 DSGVO nicht notwendig.

Der Antrag richtet sich auf die Durchführung der multilateralen Risikobewertung und die Ausstellung eines Risikobewertungsberichtes (Abs. 7).

**(3) Sämtliche im Antrag angeführten Unternehmer müssen in einem länderbezogenen Bericht gemäß § 2 Z 6 VPDG, der für das zweitvorangegangene Wirtschaftsjahr übermittelt worden (§ 8 VPDG) oder eingegangen ist (§ 12 VPDG), angeführt sein. Über keinen im Antrag angeführten Unternehmer darf in den fünf Jahren vor der Antragstellung wegen eines in den letzten sieben Jahren vor der Antragstellung vorsätzlich oder grob fahrlässig begangenen Finanzvergehens rechtskräftig eine Strafe oder Verbandsgeldbuße verhängt worden sein.**

**EB:** Die Teilnahme an der multilateralen Risikobewertung steht Abgabepflichtigen offen, die Teil einer multinationalen Unternehmensgruppe sind, für die aufgrund ihres Gesamtumsatz von mindestens 750 Millionen Euro ein länderbezogener Bericht zu erstellen ist (§ 2 Z 6 in Verbindung mit § 3 Abs. 1 VPDG). Für solche Abgabepflichtige ist aufgrund von § 61 Abs. 1 Z 3 BAO immer das Finanzamt für Großbetriebe zuständig. Das Abstellen auf diese Umsatzgrenze ist darauf zurückzuführen, dass ICAP und ETACA grundsätzlich auf Unternehmen mit Pflicht zur Erstellung eines länderbezogenen Berichts abzielen. Durch diese Abgrenzung wird außerdem die Notwendigkeit eines Zuständigkeitswechsels vom Finanzamt Österreich zum Finanzamt für Großbetriebe ausgeschlossen.

Da es sich bei der multilateralen Risikobewertung um eine Bewertung grenzüberschreitender Besteuerungsrisiken handelt, wird eine Teilnahme nur für Abgabepflichtige infrage kommen, welche auch grenzüberschreitend tätig sind. Eine solche grenzüberschreitende Tätigkeit kann sich beispielsweise aus einer Konzernstruktur oder aus in anderen Staaten unterhaltenen Betriebsstätten ergeben.

Weil die multilaterale Risikobewertung ein Vertrauensverhältnis zwischen dem Abgabepflichtigen und der Abgabenbehörde voraussetzt, müssen alle Unternehmer, für die die multilaterale Risikobewertung beantragt wird, seit fünf Jahren finanzstrafrechtlich „unbescholten" sein. Über die vom Antrag angeführten Unternehmer darf keine rechtskräftige Verbandsgeldbuße wegen eines in den letzten sieben Jahren vor der Antragstellung vorsätzlich oder grob fahrlässig begangenen Finanzvergehens verhängt worden sein.

**(4) Bei der Prüfung des Antrags ist die Eignung der einzubeziehenden Unternehmer für die multilaterale Risikobewertung zu beurteilen; dabei sind insbesondere zu berücksichtigen:**

**1. die zu erwartende Kooperationsbereitschaft,**

**2. deren wirtschaftliche Bedeutung in Österreich,**

**3. ob ein Steuerkontrollsystem (§ 153b Abs. 6) eingerichtet ist,**

**4. die Kriterien des § 153c Abs. 2 Z 2 und 3,**

**5. die Kapazitäten des Finanzamtes für Großbetriebe sowie**

**6. die Anzahl teilnahmebereiter ausländischer Steuerverwaltungen.**

**EB:** Die Teilnahme an der multilateralen Risikobewertung ist nur sinnvoll und zweckmäßig, wenn die einzubeziehenden Unternehmer auch eine entsprechende Eignung aufweisen. Im Gegensatz zu Abs. 3 handelt es sich bei den Kriterien des Abs. 4 nicht um zwingende Ausschlusskriterien. Die Eignung der Unternehmer ist vielmehr in Gesamtschau aller relevanten, nicht abschließend aufgezählten Gesichtspunkte zu beurteilen.

Die multilaterale Risikobewertung kann nur erfolgreich sein, wenn die einzubeziehenden Unternehmer dem Finanzamt für Großbetriebe auch eine entsprechende Kooperationsbereitschaft entgegenbringen.

Zeigt sich bereits bei der Antragsprüfung, dass diese Bereitschaft nicht in ausreichendem Ausmaß vorliegt, muss die Eignung der betroffenen Unternehmer hinterfragt werden.

Ist die wirtschaftliche Bedeutung der Unternehmer in Österreich, vor allem verglichen mit anderen Staaten, oder das Volumen der grenzüberschreitenden Transaktionen nur gering, ist darauf zu achten, ob der zu erwartende Mehrwert, der aus der multilateralen Risikobewertung gewonnen werden kann, die damit verbundene Ressourcenbindung aufwiegen kann.

Ist bei den einzubeziehenden Unternehmern ein Steuerkontrollsystem eingerichtet, kann grundsätzlich davon ausgegangen werden, dass genügend gesicherte Daten vorliegen, um eine rasche Bewertung der Besteuerungsrisiken durchführen zu können.

Die Kriterien des § 153c Abs. 2 Z 2 und 3 BAO können Aufschluss über die Vertrauenswürdigkeit der einzubeziehenden Unternehmer geben.

Bei der Entscheidung über die Teilnahme an der multilateralen Risikobewertung hat das Finanzamt für Großbetriebe auch seine eigenen Kapazitäten in Betracht zu ziehen. Eine Teilnahme kann daher auch verweigert werden, wenn keine ausreichenden Ressourcen vorhanden sind.

Das ICAP-Handbuch sieht vor, dass das Verfahren nur durchzuführen ist, sofern zumindest 3 Steuerverwaltungen daran teilnehmen. Gleichzeitig hat sich in den Pilotphasen gezeigt, dass auch eine zu große Anzahl an teilnehmenden Steuerverwaltungen kontraproduktiv sein kann. Als ideal wird eine Anzahl von vier bis acht Steuerverwaltungen angesehen.

**(5) Nach positivem Abschluss der Antragsprüfung ist der oberste Unternehmer der Beteiligungskette über die teilnahmebereiten ausländischen Steuerverwaltungen und den beabsichtigten Umfang der multilateralen Risikobewertung zu informieren. Er hat der Fortführung der multilateralen Risikobewertung innerhalb der gesetzten Frist zuzustimmen, ansonsten gilt der Antrag als zurückgenommen. Liegen dagegen die Voraussetzungen für die multilaterale Risikobewertung nicht vor, ist der Antrag mit Bescheid abzuweisen.**

**EB:** Da die Teilnahme an der multilateralen Risikoanalyse auf Freiwilligkeit beruht, ist für den Eintritt in die Risikobewertungsphase laut ICAP-Handbuch die Zustimmung des Unternehmens erforderlich. Das Unternehmen ist nach positiver Prüfung des Antrags darüber in Kenntnis zu setzen, welche Steuerverwaltungen zur Teilnahme an der multilateralen Risikobewertung bereit sind, welche Besteuerungsrisiken bewertet bzw. ob und welche Risiken aus dem Verfahren ausgenommen werden sollen, für welche Perioden die Risikobewertung erfolgt, für welchen künftigen Zeitraum die Bewertung weiter gelten soll, welcher Zeitrahmen für die Risikobewertung angepeilt wird und welche zusätzlichen Unterlagen vom Unternehmen vorzulegen sind.

Die Rückziehungsfiktion führt zum Erlöschen der Entscheidungspflicht und dient somit der Vereinfachung des Verfahrens.

**(6) Die Kriterien der Abs. 3 und 4 sind bei der Entscheidung über die Teilnahme an einer multilateralen Risikobewertung als mitwirkende Steuerverwaltung zu berücksichtigen. Eine Teilnahme ist nur möglich, wenn alle einzubeziehenden inländischen Unternehmer eine Zustimmung gemäß § 48a Abs. 4 lit. c erteilt haben und die Verarbeitung personenbezogener Daten zur Kenntnis genommen haben.**

**EB:** Die Entscheidung über die Teilnahme als mitwirkende Steuerverwaltung orientiert sich an denselben Kriterien, die für die Entscheidung über einen Antrag eines inländischen Unternehmens maßgeblich sind.

Weigern sich die betroffenen Unternehmer eine Zustimmung nach § 48a BAO zu erteilen bzw. die Verarbeitung personenbezogener Daten zum Zwecke der multilateralen Risikobewertung zur Kenntnis zu nehmen, kann keine ausreichende Kooperationsbereitschaft angenommen werden. In diesem Fall kann eine Teilnahme jedenfalls nicht erfolgen.

**(7) Zum Abschluss der multilateralen Risikobewertung ist ein Risikobewertungsbericht aus der Sicht des Finanzamtes für Großbetriebe zu erstellen. Dieser hat jedenfalls zu enthalten:**

**1. die am Verfahren beteiligten Unternehmer und Steuerverwaltungen,**

**2. die verfahrensgegenständlichen Risiken,**

**3. die verfahrensrelevanten Zeiträume,**

**4. die Bewertung der verfahrensgegenständlichen Risiken entweder als gering oder als nicht gering bzw. nicht bewertbar, sowie**

**5. eine Aussage zur Bedeutung einer Einstufung als geringes Risiko.**

**Dieser Risikobewertungsbericht ist allen von der multilateralen Risikobewertung betroffenen inländischen Unternehmern zu übermitteln. Gleichzeitig ist der Antragsteller vom Abschluss der multilateralen Risikobewertung zu informieren. Das Finanzamt für Großbetriebe kann zusätzlich einen einheitlichen Bericht auf der Grundlage der Risikobewertung der teilnehmenden Steuerverwaltungen erstellen. Der Risikobewertungsbericht und der einheitliche Bericht können in englischer Sprache verfasst werden.**

**EB:** Zum Abschluss der multilateralen Risikobewertung wird ein Risikobewertungsbericht erstellt. Als Herzstück enthält der Bericht die Bewertung der verfahrensgegenständlichen Risiken. Dafür sind drei Kategorien möglich: entweder sind die Risiken als gering oder als nicht gering einzustufen, oder es wird festgehalten, dass eine Bewertung nicht möglich war. Diese Beurteilung trifft jede Steuerverwaltung aus ihrer eigenen Perspektive. Die teilnehmenden Steuerverwaltungen müssen daher nicht zwingend zu einem einheitlichen Ergebnis kommen. Da die Arbeitssprache bei einem Verfahren zur multilateralen Risikobewertung in aller Regel Englisch sein wird, kann auch der Risikobewertungsbericht in englischer Sprache verfasst werden. Dadurch werden die mit einer Übersetzung verbundenen Kosten und Auslegungsprobleme vermieden. Wird ein Risiko als gering bewertet, ist dies laut ICAP-Handbuch mit der Zusage verbunden, dass die Steuerverwaltung nicht beabsichtigt, betreffend die vom Verfahren umfassten Besteuerungszeiträume (covered periods) weitere Ressourcen zur Kontrolle dieses Risikos aufzuwenden. Diese Zusage gilt zusätzlich für eine vereinbarte Anzahl künftiger Besteuerungszeiträume.

Bei einer wesentlichen Abweichung vom der Bewertung zugrunde gelegten Sachverhalt verliert die Zusage ihre Wirkung. Die Bewertung als geringes Risiko verhindert aber weder die Erlassung eines Prüfungsauftrags für die betroffenen Zeiträume, noch wird ein späterer zu erlassender Bescheid in irgendeiner Weise präjudiziert.

ICAP und ETACA unterscheiden sich hinsichtlich der formalen Ausgestaltung des Risikobewertungsberichts. Abs. 7 bildet eine Rechtsgrundlage für alle möglichen Varianten.

Im ICAP-Verfahren erstellt jede Steuerverwaltung einen eigenen Risikobewertungsbericht, den sie an die leitende Steuerverwaltung übermittelt. Das Unternehmen (die oberste Gesellschaft) wird anschließend durch die leitende Steuerverwaltung schriftlich über den Abschluss der multilateralen Risikobewertung informiert und bekommt die Risikobewertungsberichte übermittelt. Es ist jedoch auch möglich, dass die Übermittlung des Risikobewertungsberichts durch die einzelnen Steuerverwaltungen entweder an die oberste Gesellschaft, oder alternativ an die lokalen Einheiten im jeweiligen Staat erfolgt. Die konkrete Vorgehensweise ist in der Auswahlphase zu vereinbaren.

Im ETACA-Verfahren ist die Ausstellung eines einheitlichen Berichtes vorgesehen, in der die Positionen aller teilnehmenden Steuerverwaltungen dargestellt werden. Insbesondere unterschiedliche Bewertungen sind dabei näher zu erläutern. Die teilnehmenden Steuerverwaltungen können zusätzlich zum einheitlichen Bericht einen separaten Bericht ausstellen.

Die Übermittlung kann, je nach Vereinbarung, auch durch eine ausländische Steuerverwaltung auf völkerrechtlicher Grundlage erfolgen.

**(8) Im Rahmen der multilateralen Risikobewertung erfolgte Offenlegungen verhindern weder eine spätere Wiederaufnahme des Verfahrens (§ 303) noch die strafbefreiende Wirkung einer Selbstanzeige (§ 29 des Finanzstrafgesetzes – FinStrG, BGBl. Nr. 129/1958).“**

**EB:** Im Zuge der multilateralen Risikobewertung sind zahlreiche Unterlagen zu übermitteln und auszutauschen. Die mögliche Verhinderung einer Wiederaufnahme des Verfahrens, sowohl zu Gunsten als auch zu Lasten des Abgabepflichtigen, soll verhindert werden, ebenso sollen die teilnehmenden Unternehmer nach Abschluss weiterhin Selbstanzeigen mit strafbefreiender Wirkung einbringen können.

Das Risiko in Zusammenhang mit Wiederaufnahmen und Selbstanzeigen soll ausgeschlossen werden, sodass alle Beteiligten ohne Bedenken an der multilateralen Risikobewertung teilnehmen können.

**EB:** Mit dem International Compliance Assurance Programme (ICAP) der OECD wurde auf internationaler Ebene ein Instrument geschaffen, das eine gemeinsame Bewertung grenzüberschreitender Besteuerungsrisiken durch mehrere betroffene Steuerverwaltungen gemeinsam mit dem betroffenen Unternehmen ermöglicht. Das Verfahren wird in einem auf der Webseite der OECD verfügbaren Handbuch umfassend beschrieben (https://www.oecd.org/tax/forum-on-tax-administration/publicationsand-products/international-compliance-assurance-programme-handbook-for-tax-administrations-andmne-groups.htm). Auf Ebene der Europäischen Union wurde das ab März 2022 in der Pilotphase befindliche, dem ICAP sehr ähnliche, European Trust and Cooperation Approach (ETACA) entwickelt.

Das Verfahren wird in einem auf der Webseite der Europäischen Kommission verfügbaren Handbuch umfassend beschrieben (https://ec.europa.eu/taxation_customs/eu-cooperative-complianceprogramme/european-trust-and-cooperation-approach-etaca-pilot-project-mnes_en). Österreich hat sich an ICAP bereits in dessen zweiter Pilotphase beteiligt und ist nach deren Abschluss auch dem Regelverfahren beigetreten. Die Pilotierung des ETACA erfolgt ebenfalls unter österreichischer Beteiligung. Auf nationaler Ebene wird nunmehr eine verfahrensrechtliche Grundlage für die Teilnahme der österreichischen Finanzverwaltung an beiden Programmen geschaffen.

Die multilaterale Risikobewertung ermöglicht die gemeinsame Analyse und Bewertung von grenzüberschreitenden Besteuerungsrisiken durch ein Zusammenwirken der teilnehmenden Steuerverwaltungen und des teilnehmenden multinationalen Unternehmens (das ICAP-Handbuch verwendet den breiten Begriff der multi national enterprise group – MNE group). Das Unternehmen gewährt durch die Offenlegung von Unterlagen einen zeitnahen Einblick in seine Tätigkeit und seine Steuergestaltung. Die teilnehmenden Steuerverwaltungen diskutieren ihre jeweiligen Ergebnisse untereinander. Sie erlangen dadurch einen umfassenderen Überblick über das Unternehmen, als dies im Rahmen lediglich bilateraler Verfahren möglich wäre. Ein weiterer Vorteil der multilateralen Risikobewertung ist die zeitliche Nähe des Verfahrens zu den Zeiträumen in denen die wirtschaftlichen Entscheidungen getroffen werden. Dadurch kann das multinationale Unternehmen allenfalls notwendige Korrekturen umgehend und nicht erst nach vielen Jahren durchführen. Der Vorteil für das Unternehmen liegt somit in der Erlangung einer gewissen Besteuerungs- und Planungssicherheit ohne rechtliche Verbindlichkeit. Insbesondere haben die Aussagen im Risikobewertungsbericht keinerlei präjudizielle Wirkung für eine spätere Bescheiderlassung oder ein späteres Verständigungsverfahren.

Das ICAP-Handbuch Rz 69 stellt es den teilnehmenden Steuerverwaltungen frei, auf Basis ihrer jeweiligen innerstaatlichen Möglichkeiten während des Prozesses der multilateralen Risikobewertung auch eine rechtsverbindliche Abklärung von Einzelfragen („issue resolution“) zu ermöglichen. Gegen eine solche Vorgehensweise spricht abgesehen vom engen zeitlichen Rahmen für das ICAP-Verfahren vor allem die OECD-Vorgabe, dass die – für das ICAP Verfahren zuständige – Prüfungseinheit von der Einheit, die ein Verständigungsverfahren zu führen hat, organisatorisch zu trennen ist (vgl. Mindeststandard 2.3. des Action 14 Berichts der OECD aus 2015). Daher bietet § 118b BAO keine Rechtsgrundlage für ein solches eingeschobenes Verfahren.

Die Teilnahme erfolgt für alle Beteiligten – somit auch für das Finanzamt für Großbetriebe – auf freiwilliger Basis.

Das Verfahren ist insbesondere durch eine straffe zeitliche Gestaltung geprägt, es soll im Regelfall innerhalb von 28 bis 36 Wochen abgeschlossen sein.

Eine besondere Rolle kommt jener Steuerverwaltung zu, in deren Hoheitsbereich sich die oberste Gesellschaft des Unternehmens befindet. Diese leitende Steuerverwaltung fungiert als Schnittstelle zwischen dem Unternehmen und den mitwirkenden Steuerverwaltungen. Sie koordiniert das Verfahren und sorgt für dessen effiziente Abwicklung. Der Begriff des „obersten inländischen Unternehmers der Beteiligungskette“ ist im Sinne der Unterlagen für das ICAP bzw. das ETACA-Verfahren auszulegen und meint jede „ultimate parent entity“.

Die multilaterale Risikobewertung ist in drei Phasen geteilt:

In der ersten Phase, der Auswahlphase, tritt die oberste Gesellschaft des Unternehmens an die für sie zuständige, in der Folge leitende Steuerverwaltung heran, übermittelt die für die Auswahl erforderlichen Unterlagen (selection documentation package) und ersucht um Durchführung der multilateralen Risikobewertung. An die Stelle der leitenden Steuerverwaltung kann auch eine andere Steuerverwaltung treten, wenn die eigentlich zuständige Steuerverwaltung nicht willens oder (rechtlich) nicht in der Lage ist, ein Verfahren zur multilateralen Risikobewertung zu leiten. In der Praxis wird die Abhaltung einer informellen Vorsondierung vor der tatsächlichen Antragstellung, in der zwischen Unternehmen und leitender Steuerverwaltung über die wichtigsten Voraussetzungen gesprochen wird, sinnvoll sein. Die leitende Steuerverwaltung prüft nach Antragstellung zunächst für sich, ob eine multilaterale Risikobewertung möglich ist. Falls ja, tritt sie an jene anderen Steuerverwaltungen heran, deren Teilnahme zweckmäßig ist. Im Rahmen einer oder mehrerer multilateraler Besprechungen zwischen den Steuerverwaltungen wird der angestrebte Umfang des Verfahrens (zu behandelnde Risiken, relevante Perioden, etc.) abgestimmt und festgelegt. Stimmt das Unternehmen den Rahmenbedingungen zu, tritt das Verfahren in die zweite Phase. Die Auswahlphase soll in vier bis acht Wochen abgeschlossen werden.

Zum Start der zweiten Phase, der Risikobewertungsphase, wird vom Unternehmen ein weiteres Unterlagenpaket (main documentation package) übermittelt. Diese Unterlagen werden zunächst von allen Steuerverwaltungen separat gesichtet. Nach etwa vier Wochen werden multilaterale Besprechungen zwischen den Steuerverwaltungen abgehalten, in denen die zur Verfügung gestellten Unterlagen, erste Schlussfolgerungen, den einzelnen Steuerverwaltungen vorliegende Informationen zum Unternehmen sowie die zu behandelnden Besteuerungsrisiken thematisiert werden. Typischerweise wird zumindest eine Besprechung stattfinden, an der zusätzlich auch Vertreter des Unternehmens teilnehmen. Die Risikobewertungsphase soll in etwa 20 Wochen, jedenfalls aber innerhalb von maximal 36 Wochen abgeschlossen werden.

Im Zentrum der dritten Phase, der Ergebnisphase, steht der Risikobewertungsbericht (outcome letter). In diesem wird das Unternehmen über die Teilnehmer und den Umfang des multilateralen Risikobewertungsverfahrens, sowie über die Bewertung der verfahrensgegenständlichen Risiken informiert. Diese Phase soll in vier bis acht Wochen abgeschlossen werden.

Die multilaterale Risikobewertung ist als flexibles Verfahren gestaltet, in dem viele Details zur Abwicklung von Fall zu Fall zwischen den Beteiligten vereinbart werden können. Die Bestimmungen des § 118b BAO regeln aus diesem Grund auch lediglich den Beginn und den Abschluss des Verfahrens. Die eigentliche Risikobewertung in der zweiten Phase und der damit zusammenhängende, weitreichende Informationsaustausch erfolgen hingegen auf Grundlagen des internationalen Steuerrechts. Das ICAP-Handbuch empfiehlt in erster Linie das Übereinkommen über die gegenseitige Amtshilfe in Steuersachen.

Abhängig vom konkreten Verfahren und dessen Teilnehmern, können jedoch auch andere Rechtsgrundlagen, wie etwa das EU-AHG oder Doppelbesteuerungsabkommen, herangezogen werden.

***17. In § 126 Abs. 3 wird nach der Wortfolge* „für die Ermittlung der“ *die Wortfolge* „nicht endbesteuerten Einkünfte aus Kapitalvermögen, der“ *eingefügt.***

**EB:** Derzeit besteht für Einkünfte aus Kapitalvermögen keine allgemeine Verpflichtung, Aufzeichnungen zu führen. Daher ist eine Überprüfung von Angaben in der Einkommensteuererklärung bzw. von im Wege der Amtshilfe eingelangten Mitteilungen nur schwer möglich. Gleichzeitig hat aufgrund des technologischen Fortschritts eine Kapitalveranlagung im Ausland oder in andere nicht vom Kapitalertragsteuerabzug umfasste Produkte (wie zB Kryptowährungen) an praktischer Bedeutung gewonnen.

Mit der Ergänzung des § 126 Abs. 3 BAO soll daher eine Aufzeichnungspflicht für nicht endbesteuerte Kapitalerträge eingeführt werden. Als nicht endbesteuert gelten Kapitalerträge, bei denen die Steuer nicht durch den Abzug der Kapitalertragsteuer abgegolten ist (§ 97 Abs. 1 EStG 1988). Gleichzeitig soll damit eine Vorgabe hinsichtlich einer Strukturierung der Einzelaufzeichnungen gemacht werden (§ 131 Abs. 1 zweiter Unterabsatz BAO). Die Aufzeichnungen und die den Aufzeichnungen zugrunde liegenden Belege sollen mindestens sieben Jahre lang aufzubewahren sein (§ 132 Abs. 1 erster Satz BAO). Schließlich soll sich aus der Verpflichtung zur Führung von Aufzeichnungen auch die Möglichkeit zur Vornahme einer Außenprüfung ergeben (§ 147 Abs. 1 BAO). Damit soll eine zeitgemäße Überprüfbarkeit von ausländischen Kapitaleinkünften einschließlich einer behaupteten Steuerbefreiung ermöglicht werden.

***18. In § 133 Abs. 2 wird der Klammerausdruck* „(§ 31 Abs. 4 Z 1 ASVG)“ *durch den Klammerausdruck* „(§ 30c Abs. 1 Z 1 ASVG)“ *ersetzt.***

**EB:** Die Änderung dient der Anpassung an die aktuelle Rechtslage.

***19. In § 146a entfällt die Wortfolge* „der Bundes“.**

**EB:** Mit der vorgeschlagenen Änderung soll die Einschränkung auf die Abgabenbehörden des Bundes entfallen.

***20. § 148 wird wie folgt geändert:***

***a) In Abs. 3 lit. c wird der Punkt durch einen Strichpunkt ersetzt und es werden folgende lit. d und e angefügt:***

**„d) zur Durchführung der noch erforderlichen Ermittlungen nach einer Aufhebung und Zurückverweisung der Sache gemäß § 278 Abs. 1;**

**e) aufgrund eines Amts- oder Rechtshilfeersuchens oder einer grenzüberschreitenden Zusammenarbeit nach dem Recht der Europäischen Union.“**

**EB:** Die Ergänzung der Durchbrechungsgründe für das Wiederholungsverbot um die lit. e führt zu einer Angleichung mit dem Katalog des Abs. 3a, der die begleitende Kontrolle betrifft. Die Erweiterung ist vor allem im Hinblick auf die aufgrund der Richtlinie (EU) 2021/514 ausgeweiteten Möglichkeiten zu gleichzeitigen Prüfungen bzw. gemeinsamen Prüfungen angezeigt.

***b) Abs. 3a Z 5 lautet:***

**„5. in den Fällen des § 148 Abs. 3 lit. c und d,“**

**EB:** Nach § 278 Abs. 2 BAO tritt bei Aufhebung des angefochtenen Bescheides durch das Verwaltungsgericht das Verfahren in die Lage zurück, in der es sich vor Erlassung dieses Bescheides befunden hat. Daraus folgt, dass diese Aufhebung lediglich in das Verfahren vor Bescheiderlassung, jedoch nicht in das Verfahren vor Abschluss einer Außenprüfung zurückführt. Damit ist zwar das Beschwerdeverfahren beendet, doch können auf Veranlassung des Verwaltungsgerichts zusätzliche Ermittlungen durchzuführen sein. Angesichts dessen sowie des Umstandes, dass auch verjährungsrechtlich das Beschwerdeverfahren im Fall des § 278 Abs. 1 BAO noch weiter wirkt (§ 209a Abs. 5 BAO), stellt dies eine planwidrige Lücke dar, weshalb der Katalog des § 148 Abs. 3 BAO um den Tatbestand der Aufhebung von Bescheiden durch das Verwaltungsgericht gemäß § 278 Abs. 1 BAO wegen unterlassener und somit noch durchzuführender Ermittlungen ergänzt werden soll.

***21. In § 153b Abs. 3 entfallen die Wortfolgen* „bzw. vom Einfluss ausübenden Unternehmer“ *sowie* „gemäß § 22 Abs. 1 Z 2 PSG“.**

**EB:** Die unterschiedliche Formulierung des § 153b Abs. 1 und des § 153b Abs. 3 BAO hat zu verschiedenen Interpretationen geführt. Die Änderung dient der Klarstellung, indem der Inhalt des Abs. 3 an die Formulierung des Abs. 1 angeglichen wird.

***22. In § 158 wird nach Abs. 4f folgender Abs. 4g eingefügt:***

**„(4g) Die Abgabenbehörden des Bundes sind berechtigt, automationsunterstützt in die Daten der Finanzstrafbehörden Einsicht zu nehmen und diese zu verarbeiten für Zwecke der**

**1. Vorbereitung und Kontrolle von Buchungen auf Abgabenkonten;**

**2. Vorbereitung und Durchführung von Nachschauen und Außenprüfungen nach § 99 Abs. 2 FinStrG;**

**3. Beurteilung von Vorfragen;**

**4. Einhebung, Sicherung und Einbringung von Abgaben und von nach dem FinStrG festgesetzten Geldstrafen, Wertersätzen, Kosten des Strafverfahrens sowie Zwangs- und Ordnungsstrafen;**

**5. Vorbereitung der Geltendmachung einer Haftung.“**

**EB:** Für Zwecke der Abgabenerhebung wird den Abgabenbehörden die Möglichkeit zur Einsicht in Daten der Finanzstrafbehörden eingeräumt. Im Einklang mit datenschutzrechtlichen Bestimmungen (Prinzipien der Datenminimierung und Zweckbindung) ist eine Einsichtnahme nur zu den ausdrücklich angeführten Zwecken zulässig.

***23. § 160 Abs. 1 wird wie folgt geändert:***

***a) Im ersten Satz wird nach dem Wort*** **„Grunderwerbsteuer“** ***der Beistrich durch das Wort*** **„sowie“** ***ersetzt und es entfällt die Wortfolge samt Satzzeichen*** **„ ,sowie der Erbschafts- und Schenkungssteuer“*.***

***b) Im letzten Satz wird nach der Wortfolge*** **„Grunderwerbsteuergesetzes 1987“** ***der Beistrich durch das Wort*** **„oder“** ***ersetzt und es entfällt die Wortfolge*** **„oder § 23a Abs. 6 des Erbschafts- und Schenkungssteuergesetzes 1955“*.***

**EB:** Die Änderungen dienen der Anpassung an die aktuelle Rechtslage.

***24. § 183 Abs. 3 wird wie folgt geändert:***

***a) Am Ende des vorletzten Satzes wird der Punkt durch einen Beistrich ersetzt und folgender Satzteil angefügt:***

**„ , im Verfahren vor dem Verwaltungsgericht überdies dann, wenn das Beweisanbot der Parteien der Verfahrensförderungspflicht (§ 270 Abs. 2) widerspricht“.**

***b) Vor dem letzten Satz wird folgender Satz eingefügt:***

**„Von der Aufnahme eines im Vorlageantrag gestellten Beweisantrages darf das Verwaltungsgericht nicht mit der Begründung absehen, dass der Beweisantrag der Verfahrensförderungspflicht (§ 270 Abs. 2) widerspricht.“**

**EB:** Die zeitliche Begrenzung des Berücksichtigungsgebots neuer Tatsachen, Beweise und Anträge im Falle einer durchgeführten mündlichen Verhandlung mit deren Schließung iSd § 277 Abs. 4 BAO und somit auch mit der Verkündung des Beschlusses, dass die Entscheidung der schriftlichen Ausfertigung vorbehalten bleibt, soll einen Beitrag gegen verfahrensverschleppende Maßnahmen darstellen. Wird die mündliche Verhandlung vertagt (§ 277 Abs. 4 erster Fall BAO), so wird sie nicht geschlossen, weshalb diesfalls auch zukünftig kein Neuerungsverbot greift. Die ausdrückliche Normierung einer für das verwaltungsgerichtliche Verfahren geltende Verfahrensförderungspflicht in § 270 Abs. 2 BAO soll zusätzlich und insbesondere in allen Verfahren, in denen keine mündliche Verhandlung durchgeführt wird, verfahrensbeschleunigend wirken. Dieselbe Regelung findet sich derzeit bereits in § 39 Abs. 2a AVG.

Damit einhergehend soll ein nur für das verwaltungsgerichtliche Verfahren geltender spezieller Ablehnungstatbestand für solche Beweisanbote normiert werden, die der in § 270 Abs. 2 BAO normierten Verfahrensförderungspflicht widersprechen. Während der auch für das abgabenbehördliche Verfahren geltende Ablehnungstatbestand der Verschleppungsabsicht eine mitunter schwierige Feststellung der subjektiven Tatseite erfordert und die mutmaßliche Verschleppungsabsicht je nach Einzelfall in einem Spannungsverhältnis zur amtswegigen Ermittlungspflicht nach § 115 Abs. 4 BAO steht (zB VwGH 9.10.2016, Ra 2016/15/0058), liegt ein Verstoß gegen die Verfahrensförderungspflicht iSd § 270 Abs. 2 BAO (bereits) dann vor, wenn aus objektiver Sicht keine sachlichen Gründe dafür vorliegen, dass im Verfahren eingebrachte Beweisanträge nicht schon bereits in einem früheren Verfahrensstadium, etwa bereits im abgabenbehördlichen Verfahren oder spätestens nach Bekanntgabe des Vorlageberichts (§ 265 Abs. 3 BAO) eingebracht hätten werden können (zB VwGH 24.1.1996, 94/13/0152).

Ein im Vorlageantrag gestellter Beweisantrag gilt jedenfalls als rechtzeitig.

***25. § 191 wird wie folgt geändert:***

***a) In Abs. 3 entfällt der Ausdruck*** **„Einheitliche“*.***

**EB:** § 191 Abs. 5 BAO (in Übereinstimmung mit § 188 Abs. 5 und § 281 Abs. 3 BAO) über die Teilwirksamkeit einheitlicher und gesonderter Feststellungsbescheide gilt nur für Feststellungen von Einkünften (§ 188 BAO) und nicht auch für Feststellungen von Einheitswerten (§ 186 BAO) oder die Erlassung von Beschwerdeerledigungen (§ 281 BAO). Um derartige Feststellungs- bzw. Beschwerdeverfahren zu beschleunigen und Verfahrensfehler zu vermeiden, soll § 191 Abs. 3 BAO generell auf Feststellungsbescheide abstellen sowie – aufgrund der Ergänzung des § 191 um einen Abs. 6 – der Abs. 5 dieser Norm sinngemäße Anwendung finden, wenn einzelne der am Verfahren beteiligten Personen bei Bekanntgabe des Feststellungsbescheides rechtlich nicht mehr existent oder handlungsunfähig sind. Der Feststellungsbescheid ist, um in solchen Fällen Wirksamkeit zu erlangen, dem Rechtsnachfolger oder im Falle der Handlungsunfähigkeit dem gesetzlichen Vertreter nachträglich zuzustellen. Diese in § 191 Abs. 6 BAO getroffene Regelung soll entsprechend auch für das Beschwerdeverfahren in § 281 BAO vorgesehen werden.

***b) In Abs. 5 wird der Klammerausdruck*** **„(zB infolge Sachwalterbestellung)“** ***durch den Klammerausdruck*** **„(zB infolge eines Genehmigungsvorbehalts bei Bestellung eines gerichtlichen Erwachsenenvertreters)“*.***

**EB:** Die Anpassung des Klammerausdrucks erfolgt aufgrund der Änderungen durch das 2. Erwachsenenschutz-Gesetz – ErwSchG, BGBl. I Nr. 59/2017.

***c) Nach Abs. 5 wird folgender Abs. 6 angefügt:***

**„(6) Abs. 5 gilt sinngemäß für Feststellungsbescheide gemäß § 186 Abs. 2, wenn einzelne der am Gegenstand der Feststellung beteiligte Personen bei Bekanntgabe (§ 97) des Feststellungsbescheides rechtlich nicht mehr existent oder handlungsunfähig sind. Diesfalls muss der Feststellungsbescheid dem Rechtsnachfolger oder dem gesetzlichen Vertreter der nicht handlungsfähigen Person nachträglich bekannt gegeben werden, um ihm gegenüber wirksam zu werden.“**

**EB:** § 191 Abs. 5 BAO (in Übereinstimmung mit § 188 Abs. 5 und § 281 Abs. 3 BAO) über die Teilwirksamkeit einheitlicher und gesonderter Feststellungsbescheide gilt nur für Feststellungen von Einkünften (§ 188 BAO) und nicht auch für Feststellungen von Einheitswerten (§ 186 BAO) oder die Erlassung von Beschwerdeerledigungen (§ 281 BAO). Um derartige Feststellungs- bzw. Beschwerdeverfahren zu beschleunigen und Verfahrensfehler zu vermeiden, soll § 191 Abs. 3 BAO generell auf Feststellungsbescheide abstellen sowie – aufgrund der Ergänzung des § 191 um einen Abs. 6 – der Abs. 5 dieser Norm sinngemäße Anwendung finden, wenn einzelne der am Verfahren beteiligten Personen bei Bekanntgabe des Feststellungsbescheides rechtlich nicht mehr existent oder handlungsunfähig sind. Der Feststellungsbescheid ist, um in solchen Fällen Wirksamkeit zu erlangen, dem Rechtsnachfolger oder im Falle der Handlungsunfähigkeit dem gesetzlichen Vertreter nachträglich zuzustellen. Diese in § 191 Abs. 6 BAO getroffene Regelung soll entsprechend auch für das Beschwerdeverfahren in § 281 BAO vorgesehen werden.

***26. § 200 wird wie folgt geändert:***

***a) In Abs. 1 wird nach dem ersten Satz folgender Satz eingefügt:***

**„Die Abgabe kann auch dann vorläufig festgesetzt werden, wenn die Abgabepflicht oder der Umfang der Abgabepflicht auf Grund einer noch ausstehenden Entscheidung einer Rechtsfrage in einem bereits anhängigen Beschwerdeverfahren, welches die gleiche Partei (§ 78) betrifft, noch ungewiss ist.“**

***b) Abs. 2 lautet:***

**„(2) Wenn die Ungewissheit beseitigt oder das Rechtsmittel rechtskräftig entschieden ist, ist die vorläufige durch eine endgültige Festsetzung zu ersetzen. Ergibt sich aus der Beseitigung der Ungewissheit oder der rechtskräftigen Entscheidung des Rechtsmittels kein Grund für eine Berichtigung der vorläufigen Festsetzung, so ist ein Bescheid zu erlassen, der den vorläufigen zum endgültigen Abgabenbescheid erklärt.“**

**EB:** Die Möglichkeit zur Erlassung von vorläufigen Bescheiden durch die Abgabenbehörden soll zukünftig auch in jenen Fällen möglich sein, in denen die Abgabenpflicht oder der Umfang der Abgabenpflicht aufgrund einer noch ausstehenden Entscheidung einer Rechtsfrage in einem bereits anhängigen Beschwerdeverfahren, das die gleiche Partei betrifft, noch ungewiss ist.

Ist das anhängige Beschwerdeverfahren rechtskräftig entschieden, ist die vorläufige Abgabenfestsetzung durch eine endgültige zu ersetzen bzw. hat eine Endgültigkeitserklärung zu erfolgen.

***27. § 200 Abs. 3 entfällt.***

***28. In § 202 Abs. 2 entfällt die Wortfolge* „zu Unrecht“ *und wird der Verweis auf* „§ 240 Abs. 3“ *durch den Verweis auf* „§ 240 Abs. 3 oder 4“ *ersetzt.***

**EB:** Mit § 48 und § 295 Abs. 2a BAO in der Fassung BGBl. I Nr. 62/2019 wurde die Umsetzung von Verständigungs- und Schiedsverfahren neu geregelt. Demzufolge wird das Ergebnis eines solchen Verfahrens in einem Grundlagenbescheid festgestellt, von welchem die Änderung der betroffenen Einkommen- oder Körperschaftsteuerbescheide abgeleitet werden können. Diese Möglichkeit der Umsetzung besteht in solchen Abgabenverfahren nicht, in denen kein Bescheid erging – insbesondere, wenn Lohnsteuer, Kapitalertragsteuer oder Abzugsteuer gemäß § 99 EStG 1988 einbehalten und keine Veranlagung vorgenommen wurde. Diese Lücke soll mit der Einführung von § 240 Abs. 4 BAO geschlossen werden.

Bislang wurde auf Rückzahlungsanträge aufgrund von Doppelbesteuerungsabkommen – mangels eigener verfahrensrechtlicher Antragsgrundlage – § 240 Abs. 3 BAO angewendet. Mit § 240 Abs. 4 BAO soll nun eine eigene Bestimmung geschaffen werden, die explizit die Rückzahlung von Abzugsteuern regelt, wenn Einkünfte aufgrund eines Doppelbesteuerungsabkommens ganz oder teilweise von einer inländischen Abzugsteuer zu entlasten sind. Sie gilt auch für solche Doppelbesteuerungsabkommen, die verfahrensrechtliche Bestimmungen für die Rückzahlung von Abzugsteuern enthalten (zB die Abkommen mit Deutschland oder der Schweiz). Wird der Abgabepflichtige veranlagt, weil er dazu verpflichtet ist oder weil er einen Antrag auf Veranlagung gestellt hat, oder müsste er sich aufgrund eines Pflichtveranlagungstatbestands (zB § 42 oder § 102 Abs. 1 EStG 1988) veranlagen lassen, ist die Abzugsteuer im Rahmen der Veranlagung auszugleichen. Ist dagegen ein Ausgleich im Rahmen der Veranlagung nicht möglich, beispielsweise beim Vorliegen DBA-befreiter Einkünfte im Rahmen der beschränkten Steuerpflicht, kann der entsprechende Betrag gemäß § 240 Abs. 4 BAO zurückgezahlt werden. Dasselbe gilt, wenn kein Pflichtveranlagungstatbestand vorliegt und kein Antrag auf Veranlagung gestellt wird, obwohl das möglich wäre. Auch in diesem Fall ist eine Rückzahlung auf der Grundlage von § 240 Abs. 4 BAO möglich – einerseits aus Effizienzgründen, andererseits um mögliche aus einer Veranlagung resultierende Nachteile für den Abgabepflichtigen zu vermeiden.

Die Rückzahlung ist grundsätzlich auch dann möglich, wenn die Abzugsteuer im Haftungsweg abgeführt wurde. Diesfalls ist jedoch vom Abgabepflichtigen nachzuweisen, dass er die Abgabenbelastung auch tatsächlich wirtschaftlich getragen hat.

Die Frist für den Rückzahlungsantrag wird im zweiten Satz geregelt und gilt unabhängig davon, ob ein Doppelbesteuerungsabkommen, aus dem sich die Berechtigung zur Entlastung ergibt, eine kürzere Frist vorsieht. Diese Regelung dient der Vereinfachung der Abwicklung der Rückerstattungsverfahren und geht anderslautenden, kürzeren Rückerstattungsfristen in Doppelbesteuerungsabkommen vor. Die Frist für die Stellung eines Rückzahlungsantrages stellt auf das Jahr der Einbehaltung ab. Wird die Abzugsteuer im Haftungsweg abgeführt, kann der Abgabepflichtige den Rückzahlungsantrag daher bis zum Ablauf des fünften Kalenderjahres stellen, in dem die Haftungsinanspruchnahme erfolgt.

Im dritten Satz wird die Umsetzung von Verständigungsverfahren bei Abzugsteuern geregelt. Wurden Abzugsteuern einbehalten und ergibt sich aus einem Verständigungs- oder Schiedsverfahren, dass Österreich kein oder nur ein eingeschränktes Besteuerungsrecht hat, ist die zu viel einbehaltene Steuer im Wege eines Rückzahlungsverfahrens zu erstatten. Dabei gilt nicht die Frist von fünf Jahren gerechnet vom Jahr der Einbehaltung, sondern eine einjährige Frist gerechnet vom Zeitpunkt der Bekanntgabe eines Bescheides gemäß § 48 Abs. 2 oder 4 BAO. Eine Rückzahlung ist demnach auch unabhängig davon möglich, ob das dem Rückzahlungsantrag zugrundeliegende Doppelbesteuerungsabkommen eine dem Art. 25 Abs. 2 letzter Satz des OECD-Musterabkommens entsprechende Bestimmung enthält, der zufolge die Verständigungsregelung ungeachtet der Fristen des innerstaatlichen Rechts der Vertragsstaaten durchzuführen ist. Dies entspricht auch dem Grundgedanken des § 295 Abs. 2a BAO, auf Basis dessen ein Bescheid zur Umsetzung eines Verständigungsverfahrens ungeachtet des Eintritts der Rechtskraft oder der Verjährung aufgehoben oder abgeändert werden kann.

Die Regelung gilt ab 1. Jänner 2023 und ist auf Vorausmeldungen anzuwenden, die nach dem 31. Dezember 2022 gestellt werden. Sie hat keine Auswirkung auf vor dem 1. Jänner 2023 gestellte Rückzahlungsanträge aufgrund von Doppelbesteuerungsabkommen, auf welche § 240 Abs. 3 BAO anzuwenden war.

Aufgrund der umfangreichen organisatorischen und IT-technischen Vorarbeiten, die für die Umsetzung der neuen Bestimmung erforderlich sind, soll die Neuregelung erst auf Anträge angewendet werden, die nach dem 31. Dezember 2022 erfolgen bzw. gestellt werden.

***29. In § 203 entfällt das Wort samt Klammerausdruck „(Stempelmarken)“.***

**EB:** Die Änderungen dienen der Anpassung an die aktuelle Rechtslage.

***30. In § 204 Abs. 4 entfällt nach dem Wort „Zinsen“ die Wortfolge „, hinsichtlich derer der Abgabenanspruch laufend entsteht,“.***

**EB:** Die Änderung soll sicherstellen, dass alle in der BAO vorgesehenen Zinsen mit einem Tageszinssatz zu berechnen sind.

***31. § 205 wird wie folgt geändert:***

***a) In Abs. 1 lit. c wird der Verweis auf „§ 240 Abs. 3“ durch den Verweis auf „§ 240 Abs. 3 oder 4“ ersetzt.***

**EB:** Mit § 48 und § 295 Abs. 2a BAO in der Fassung BGBl. I Nr. 62/2019 wurde die Umsetzung von Verständigungs- und Schiedsverfahren neu geregelt. Demzufolge wird das Ergebnis eines solchen Verfahrens in einem Grundlagenbescheid festgestellt, von welchem die Änderung der betroffenen Einkommen- oder Körperschaftsteuerbescheide abgeleitet werden können. Diese Möglichkeit der Umsetzung besteht in solchen Abgabenverfahren nicht, in denen kein Bescheid erging – insbesondere, wenn Lohnsteuer, Kapitalertragsteuer oder Abzugsteuer gemäß § 99 EStG 1988 einbehalten und keine Veranlagung vorgenommen wurde. Diese Lücke soll mit der Einführung von § 240 Abs. 4 BAO geschlossen werden.

Bislang wurde auf Rückzahlungsanträge aufgrund von Doppelbesteuerungsabkommen – mangels eigener verfahrensrechtlicher Antragsgrundlage – § 240 Abs. 3 BAO angewendet. Mit § 240 Abs. 4 BAO soll nun eine eigene Bestimmung geschaffen werden, die explizit die Rückzahlung von Abzugsteuern regelt, wenn Einkünfte aufgrund eines Doppelbesteuerungsabkommens ganz oder teilweise von einer inländischen Abzugsteuer zu entlasten sind. Sie gilt auch für solche Doppelbesteuerungsabkommen, die verfahrensrechtliche Bestimmungen für die Rückzahlung von Abzugsteuern enthalten (zB die Abkommen mit Deutschland oder der Schweiz). Wird der Abgabepflichtige veranlagt, weil er dazu verpflichtet ist oder weil er einen Antrag auf Veranlagung gestellt hat, oder müsste er sich aufgrund eines Pflichtveranlagungstatbestands (zB § 42 oder § 102 Abs. 1 EStG 1988) veranlagen lassen, ist die Abzugsteuer im Rahmen der Veranlagung auszugleichen. Ist dagegen ein Ausgleich im Rahmen der Veranlagung nicht möglich, beispielsweise beim Vorliegen DBA-befreiter Einkünfte im Rahmen der beschränkten Steuerpflicht, kann der entsprechende Betrag gemäß § 240 Abs. 4 BAO zurückgezahlt werden. Dasselbe gilt, wenn kein Pflichtveranlagungstatbestand vorliegt und kein Antrag auf Veranlagung gestellt wird, obwohl das möglich wäre. Auch in diesem Fall ist eine Rückzahlung auf der Grundlage von § 240 Abs. 4 BAO möglich – einerseits aus Effizienzgründen, andererseits um mögliche aus einer Veranlagung resultierende Nachteile für den Abgabepflichtigen zu vermeiden.

Die Rückzahlung ist grundsätzlich auch dann möglich, wenn die Abzugsteuer im Haftungsweg abgeführt wurde. Diesfalls ist jedoch vom Abgabepflichtigen nachzuweisen, dass er die Abgabenbelastung auch tatsächlich wirtschaftlich getragen hat.

Die Frist für den Rückzahlungsantrag wird im zweiten Satz geregelt und gilt unabhängig davon, ob ein Doppelbesteuerungsabkommen, aus dem sich die Berechtigung zur Entlastung ergibt, eine kürzere Frist vorsieht. Diese Regelung dient der Vereinfachung der Abwicklung der Rückerstattungsverfahren und geht anderslautenden, kürzeren Rückerstattungsfristen in Doppelbesteuerungsabkommen vor. Die Frist für die Stellung eines Rückzahlungsantrages stellt auf das Jahr der Einbehaltung ab. Wird die Abzugsteuer im Haftungsweg abgeführt, kann der Abgabepflichtige den Rückzahlungsantrag daher bis zum Ablauf des fünften Kalenderjahres stellen, in dem die Haftungsinanspruchnahme erfolgt.

Im dritten Satz wird die Umsetzung von Verständigungsverfahren bei Abzugsteuern geregelt. Wurden Abzugsteuern einbehalten und ergibt sich aus einem Verständigungs- oder Schiedsverfahren, dass Österreich kein oder nur ein eingeschränktes Besteuerungsrecht hat, ist die zu viel einbehaltene Steuer im Wege eines Rückzahlungsverfahrens zu erstatten. Dabei gilt nicht die Frist von fünf Jahren gerechnet vom Jahr der Einbehaltung, sondern eine einjährige Frist gerechnet vom Zeitpunkt der Bekanntgabe eines Bescheides gemäß § 48 Abs. 2 oder 4 BAO. Eine Rückzahlung ist demnach auch unabhängig davon möglich, ob das dem Rückzahlungsantrag zugrundeliegende Doppelbesteuerungsabkommen eine dem Art. 25 Abs. 2 letzter Satz des OECD-Musterabkommens entsprechende Bestimmung enthält, der zufolge die Verständigungsregelung ungeachtet der Fristen des innerstaatlichen Rechts der Vertragsstaaten durchzuführen ist. Dies entspricht auch dem Grundgedanken des § 295 Abs. 2a BAO, auf Basis dessen ein Bescheid zur Umsetzung eines Verständigungsverfahrens ungeachtet des Eintritts der Rechtskraft oder der Verjährung aufgehoben oder abgeändert werden kann.

Die Regelung gilt ab 1. Jänner 2023 und ist auf Vorausmeldungen anzuwenden, die nach dem 31. Dezember 2022 gestellt werden. Sie hat keine Auswirkung auf vor dem 1. Jänner 2023 gestellte Rückzahlungsanträge aufgrund von Doppelbesteuerungsabkommen, auf welche § 240 Abs. 3 BAO anzuwenden war.

Aufgrund der umfangreichen organisatorischen und IT-technischen Vorarbeiten, die für die Umsetzung der neuen Bestimmung erforderlich sind, soll die Neuregelung erst auf Anträge angewendet werden, die nach dem 31. Dezember 2022 erfolgen bzw. gestellt werden.

***b) In Abs. 5 wird nach dem letzten Satz folgender Satz angefügt:***

**„Bei im Abzugsweg zu erhebenden Steuern findet eine Verzinsung von Gutschriften nur insoweit statt, als die betreffenden Abgaben entrichtet wurden."**

**EB:** Die in Abs. 5 vorgesehene Anknüpfung an die tatsächliche Entrichtung von Abfuhrabgaben soll sicherstellen, dass Gutschriftszinsen nur für jene Zeiträume anfallen, in welchen tatsächlich ein Zinsnachteil gegeben ist.

***32. In § 205a Abs. 3 wird folgender Satz angefügt:***

**„Zinsen sind nicht festzusetzen, insoweit Anspruchszinsen gemäß § 205 oder Umsatzsteuerzinsen gemäß § 205c für den selben Zeitraum anfallen."**

**EB:** In Abs. 3 soll die Subsidiarität von Beschwerdezinsen im Verhältnis zu Umsatzsteuer- und Anspruchszinsen festgelegt werden.

***33. Nach § 205b wird folgender § 205c samt Überschrift eingefügt:***

**„Umsatzsteuerzinsen**

**§ 205c. (1) Mit Umsatzsteuerzinsen zu verzinsen ist**

**1. im Fall von Gutschriften:**

**a) ein in einer Voranmeldung erklärter Überschuss ab dem 91. Tag nach Einlangen der Voranmeldung bis zur Verbuchung des Überschusses auf dem Abgabenkonto;**

**b) eine Gutschrift aufgrund einer Abgabenfestsetzung, insoweit der Überschuss in der Voranmeldung geltend gemacht wurde, ab dem 91. Tag nach Einlangen der Voranmeldung bis zur Bekanntgabe des Bescheides bzw. Erkenntnisses;**

**c) eine Gutschrift aufgrund einer Abgabenfestsetzung infolge der Umsatzsteuerjahreserklärung, insoweit der Überschuss in der Umsatzsteuerjahreserklärung geltend gemacht wurde, ab dem 91. Tag nach Einlangen der Umsatzsteuerjahreserklärung bis zur Bekanntgabe des Bescheides bzw. Erkenntnisses.**

**2. im Fall von Nachforderungen:**

**a) eine Vorauszahlung, die sich aus einer verspätet eingereichten Voranmeldung ergibt, ab dem 91. Tag nach Fälligkeit der Vorauszahlung bis zum Einlangen der Voranmeldung;**

**b) eine Nachforderung aufgrund einer Abgabenfestsetzung ab dem 91. Tag nach Fälligkeit der Vorauszahlung bis zur Bekanntgabe des Bescheides bzw. Erkenntnisses;**

**c) eine Nachforderung aufgrund einer Abgabenfestsetzung infolge der Umsatzsteuerjahreserklärung ab dem 1. Oktober des Folgejahres bis zur Bekanntgabe des Bescheides bzw. Erkenntnisses.**

**(2) Weiters sind Unterschiedsbeträge an Umsatzsteuer, die sich aus der Differenz eines Festsetzungsbescheides oder Umsatzsteuerjahresbescheides und einem nachträglichen Bescheid oder Erkenntnis ergeben, zu verzinsen:**

**1. im Fall von Gutschriften**

**a) solange ein den Voranmeldungszeitraum beinhaltender Veranlagungsbescheid (§ 21 Abs. 4 UStG 1994) noch nicht erlassen wurde, ab dem 91. Tag nach Einlangen der Voranmeldung bis zur Bekanntgabe des Bescheides bzw. Erkenntnisses,**

**b) danach ab dem 91. Tag nach Einlangen der Umsatzsteuerjahreserklärung bis zur Bekanntgabe des Bescheides bzw. Erkenntnisses;**

**2. im Fall von Nachforderungen**

**a) solange ein den Voranmeldungszeitraum beinhaltender Veranlagungsbescheid (§ 21 Abs. 4 UStG 1994) noch nicht erlassen wurde, ab dem 91. Tag nach Fälligkeit der Vorauszahlung bis zur Bekanntgabe des Bescheides bzw. Erkenntnisses,**

**b) danach ab dem 1. Oktober des Folgejahres bis zur Bekanntgabe des Bescheides bzw. des Erkenntnisses.**

**Gutschriften sind nur insoweit zu verzinsen, als der Überschuss in der Voranmeldung oder der Umsatzsteuerjahreserklärung geltend gemacht wurde.**

**(3) Abgabepflichtige können in Fällen des Abs. 2 innerhalb eines Jahres ab Bekanntgabe des zuletzt ergangenen Bescheides, mit dem Umsatzsteuerzinsen festgesetzt werden, zusätzlich eine Verzinsung im Sinn des Abs. 1 Z 1 lit. b ab dem 91. Tag nach Einlangen der Voranmeldung bis zum 90. Tag nach Einlangen der Umsatzsteuerjahreserklärung beantragen. Wurden die Umsatzsteuerzinsen nicht festgesetzt, ist der Antrag innerhalb eines Jahres ab Bekanntgabe des Umsatzsteuerjahresbescheides zu stellen. Der Antrag ist über FinanzOnline einzubringen und hat zu enthalten:**

**1. den Voranmeldungszeitraum,**

**2. die erstmalige Erklärung und**

**3. bereits erfolgte Gutschriften des Überschusses.**

**(4) Eine Festsetzung von Umsatzsteuerzinsen für Überschüsse bzw. Gutschriften im Sinne des Abs. 1 Z 1 und des Abs. 2 Z 1 kann für Zeiträume versagt werden, in welchen der Abgabepflichtige seiner Mitwirkungsverpflichtung zur Erteilung von Auskünften oder Vorlage von Unterlagen im Rahmen der Prüfung einer Voranmeldung oder Umsatzsteuerjahreserklärung nicht innerhalb der durch die Abgabenbehörde gesetzten Frist nachkommt.**

**(5) Die Umsatzsteuerzinsen betragen pro Jahr 2 Prozent über dem Basiszinssatz. Umsatzsteuerzinsen, die den Betrag von 50 Euro nicht erreichen, sind nicht festzusetzen.“**

**EB:** Der EuGH hat im Urteil vom 12. Mai 2021 in der Rechtssache C-844/19 ausgesprochen, dass Art. 90 Abs. 1 und Art. 183 der Richtlinie 2006/112/EG des Rates vom 28. November 2006 über das gemeinsame Mehrwertsteuersystem in Verbindung mit dem Grundsatz der steuerlichen Neutralität dahin auszulegen sind, dass eine Erstattung, die sich aus einer Berichtigung der Steuerbemessungsgrundlage nach Art. 90 Abs. 1 dieser Richtlinie ergibt, ebenso wie eine Erstattung eines Vorsteuerüberschusses nach Art. 183 dieser Richtlinie zu verzinsen ist, wenn sie nicht innerhalb einer angemessenen Frist erfolgt. Die Entscheidungen des VwGH vom 30. 6. 2021, Ro 2017/15/0035, und vom 7. 9. 2021, Ro 2018/15/0026, bejahen grundsätzlich einen Zinsenanspruch in Bezug auf Vorsteuer-Überschüsse und trachten diesen im Wege einer „Rechtsanalogie zur Auflösung des derzeit bestehenden Normenkonflikts zwischen nationalem Recht und (nicht unmittelbar anwendbarem) Unionsrecht“ (VwGH 30. 6. 2021, Ro 2017/15/0035) insoweit zu lösen, als der in den Zinstatbeständen der §§ 205, 205a und 212a BAO enthaltene Zinssatz von 2 % zur Anwendung gelangen soll. Um Rechtssicherheit zu gewährleisten, soll mit § 205c BAO eine eigenständige Verzinsungsregelung für den Bereich der Umsatzsteuer geschaffen werden, die den im Urteil des EuGH postulierten Voraussetzungen entspricht. Die Fälle der Vorsteuererstattung an ausländische Unternehmer gemäß § 21 Abs. 9 UStG 1994 sind weder nach dem Wortlaut noch nach dem Sinn und Zweck des § 205c von dessen Anwendungsbereich erfasst. Für diese Fälle ist eine Säumnisabgeltung gemäß § 3 Abs. 9 bis 11 der Verordnung BGBl. Nr. 279/1995 in der Fassung BGBl. II Nr. 16/2021 vorgesehen.

In Abs. 1 und 2 werden daher die Tatbestände sowie die Zeiträume geregelt, an welche sich Umsatzsteuerzinsen knüpfen. Abs. 1 Z 1 lit. a regelt die Verzinsung von in Umsatzsteuervoranmeldungen erklärten Überschüssen, die verspätet, jedoch letztlich in der geltend gemachten Höhe auf dem Abgabenkonto verbucht werden. Hinsichtlich dieser Überschüsse wird eine Verzinsung für den Fall vorgesehen, dass die Gutschrift des entsprechenden Betrages nicht innerhalb einer Frist von 90 Tagen nach Einreichung der Voranmeldung erfolgt. Abs. 1 Z 2 lit. a erfasst verspätet eingereichte Umsatzsteuervoranmeldungen mit Vorauszahlungen. Diese verspätete Einreichung von Voranmeldungen mit Zahllast, welche unverändert verbucht werden, unterliegen der Verzinsung ab dem 91. Tag nach der Fälligkeit der Vorauszahlung.

*Beispiel 1: Die Y AG reicht am 15. 3. 2023 die UVA für Jänner 2023 mit einem Überschuss von 20.000 Euro ein. Das Finanzamt verbucht diese Gutschrift am 22. 9. 2023 in Höhe des gemeldeten Betrages. Gemäß § 205c Abs. 1 Z 1 lit. a sind von 14. 6. (91. Tag nach Einlangen der UVA) bis 22. 9. 2023 (Verbuchung auf Abgabenkonto) Umsatzsteuerzinsen für 20.000 Euro zu gewähren.*

*Beispiel 2: Die X GmbH reicht am 29. 1 . 2023 die UVA für August 2022 mit einer Zahllast von 20.000 Euro ein. Gemäß § 205c Abs. 1 Z 2 lit. a sind für den Zeitraum zwischen 16. 1. 2023 (91. Tag nach Fälligkeit der UVA) und 29. 1. 2023 (Einlangen der UVA) Umsatzsteuerzinsen vorzuschreiben.*

Abs. 1 Z 1 lit. b regelt von der Voranmeldung abweichende Festsetzungen, Abs. 1 Z 1 lit. c die Festsetzung von Gutschriften im Umsatzsteuerjahresbescheid. Eine Verzinsung bis zur Höhe des geltend gemachten Überschusses soll erfolgen, wenn eine Gutschrift im Rahmen einer Abgabenfestsetzung später als 90 Tage nach Einreichung der Voranmeldung vorgenommen wird. Resultiert eine Gutschrift aus der Umsatzsteuerjahreserklärung (Abs. 1 Z 1 lit. c), so wird der Beginn des Zinsenlaufes an den 91. Tag nach Einreichung der Umsatzsteuerjahreserklärung geknüpft.

*Beispiel 1: Die Y AG reicht am 15. 3. 2023 die UVA für Jänner 2023 mit einem Überschuss von 20.000 Euro ein. Das Finanzamt setzt am 22. 9. 2023 eine Gutschrift in Höhe von 13.000 Euro fest.*

*Gemäß § 205c Abs. 1 Z 1 lit. b sind von 14. 6. (91. Tag nach Einlangen der UVA) bis 22. 9. 2023 Umsatzsteuerzinsen für 13.000 Euro zu gewähren.*

*Beispiel 2: Die X GmbH reicht am 29. 3. 2023 die Umsatzsteuerjahreserklärung für das Jahr 2022 mit einem Überschuss von 20.000 Euro ein. Der Bescheid ergeht am 20. 7. 2023. Gemäß § 205c Abs. 1 Z 1 lit. c sind für den Zeitraum zwischen 28. 6. (91. Tag nach Einlangen der USt-Jahreserklärung) und 20. 7. 2023 (Bekanntgabe Bescheid) Umsatzsteuerzinsen zu gewähren.*

Abs. 1 Z 2 lit. b bezieht Nachforderungen, die aus einer Festsetzung resultieren, in das Verzinsungsregime mit ein. Das Unterlassen der Einreichung von Voranmeldungen bzw. die darin zu niedrig erklärte Umsatzsteuer mit anschließender Festsetzung (Abs. 1 Z 2 lit. b) ist im Sinne des Gleichklangs der Bestimmung ebenso zu erfassen. Abs. 1 Z 2 lit. b legt als Anknüpfungspunkt dahingehend den 91. Tag nach Fälligkeit der Vorauszahlung fest.

Abs. 1 Z 2 lit. c bezieht Nachforderungen, die aus dem Umsatzsteuerjahresbescheid resultieren, in das Verzinsungsregime mit ein. Das Unterlassen der Einreichung von Jahreserklärungen bzw. die darin zu niedrig erklärte Umsatzsteuer ist im Sinne des Gleichklangs der Bestimmung ebenso zu erfassen. Abs. 1 Z 2 lit. c legt als Anknüpfungspunkt dahingehend den 1. Oktober des Folgejahres fest (in Analogie zu den Anspruchszinsen gemäß § 205 Abs. 1 BAO).

*Beispiel 1: Die AB OG reicht am 15. 10. 2022 die UVA für August 2022 mit einem Überschuss von 20 000 Euro ein. Das Finanzamt setzt am 22. 2. 2023 eine Nachforderung in Höhe von 10 000 Euro fest.*

*Gemäß § 205c Abs. 1 Z 2 lit. b sind von 16. 1. 2023 (91. Tag nach Fälligkeit der UVA) bis 22. 2. 2023 (Bekanntgabe Bescheid) Umsatzsteuerzinsen für 10 000 Euro zu leisten.*

*Beispiel 2: Die X GmbH reicht am 29. 7. 2023 die Umsatzsteuerjahreserklärung für das Jahr 2022 mit einer Zahllast von 5 000 Euro ein. Der Bescheid ergeht am 20. 10. 2023. Gemäß § 205c Abs. 1 Z 2 lit. C sind für den Zeitraum zwischen 1. 10. und 20. 10. 2023 Umsatzsteuerzinsen für die 5 000 Euro zu leisten.*

Die Bezugnahme auf Erkenntnisse in Abs. 1 Z 1 lit. b und lit. c, Z 2 lit. b und c betrifft jene Erkenntnisse, die seitens des BFG aufgrund des Übergangs der Entscheidungspflicht in Folge einer Säumnisbeschwerde (§ 284 Abs. 3 BAO) ergehen.

Schließlich sollen auch Unterschiedsbeträge, die aus nachträglichen Bescheidänderungen – etwa einer weiteren Festsetzung, einer Aufhebung gemäß § 299 BAO, einer Wiederaufnahme nach § 303 BAO oder auch einer Beschwerdeerledigung (Beschwerdevorentscheidung oder Erkenntnis) – resultieren, der Verzinsung zugänglich sein (Abs. 2). In Anlehnung an § 205 Abs. 1 BAO wird daher eine Umsatzsteuerverzinsung vorgesehen, wenn sich aus einem Abgabenbescheid oder einer Beschwerdeerledigung im Vergleich zu einer vorangegangenen Festsetzung ein Unterschiedsbetrag (Differenzbetrag) an Umsatzsteuer ergibt.

Die Erlassung des Umsatzsteuerjahresbescheides bildet eine Zäsur, die Folge der Vorschriften in § 21 Abs. 3 und 4 UStG 1994 ist. Demnach ist eine Festsetzung von Umsatzsteuer nur so lange zulässig, als noch kein einen Voranmeldungszeitraum beinhaltender Veranlagungsbescheid erlassen wurde. Der Unternehmer wird gemäß § 21 Abs. 4 UStG 1994 nach Ablauf des Kalenderjahres zur Umsatzsteuer veranlagt, im Rahmen derer eine Steuererklärung über alle das Kalenderjahr betreffenden Voranmeldungszeiträume einzureichen ist. Durch die Erlassung eines Umsatzsteuerjahresbescheides wird ein zuvor ergangener Festsetzungsbescheid außer Kraft gesetzt und kann folglich ab der Erlassung des Veranlagungsbescheides keine Rechtswirkungen mehr entfalten (siehe dazu VwGH 26. 1. 2017, Ra 2014/15/0040, RS1). Ebenso ist mit der Erlassung des Umsatzsteuerjahresbescheides ein Außerkrafttreten eines zuvor in Bezug auf einen Festsetzungsbescheid ergangenen Erkenntnisses verbunden (vgl. VwGH 26. 1. 2017, Ra 2014/15/0040, RS4).

In Berücksichtigung dessen ist bei nachträglichen Bescheidänderungen zwischen dem Zeitraum vor und nach Erlassung eines Umsatzsteuerjahresbescheides zu differenzieren. Demnach sind Unterschiedsbeträge in Form von Gutschriften an Umsatzsteuer, die sich aus Änderungsbescheiden vor Erlassung eines Umsatzsteuerjahresbescheides ergeben, ab dem 91. Tag nach Einreichung der Voranmeldung zu verzinsen (Abs. 2 Z 1 lit. a). Handelt es sich jedoch um Überschüsse aus einer Umsatzsteuerjahreserklärung, so ist der 91. Tag nach Einreichung ebendieser von Relevanz (Abs. 2 Z 1 lit. b). Der Zinsenlauf endet in beiden Fällen mit der Bekanntgabe des Bescheides bzw. Erkenntnisses.

*Beispiel 1: Die A GmbH reicht am 15. 3. 2023 die UVA für Jänner 2023 mit einem Überschuss von 10.000 Euro ein. Am 22. 6. 2023 ergeht ein Festsetzungsbescheid, aus dem eine Gutschrift von 3.000 Euro resultiert. Gemäß § 205c Abs. 1 Z 1 lit. b werden Umsatzsteuerzinsen für den Zeitraum 14. 6. bis 22. 6. 2023 für den Überschussbetrag festgesetzt. Gegen den Festsetzungsbescheid wird Beschwerde erhoben; das BFG gibt am 30. 11. 2023 teilweise statt, woraus sich ein Überschuss von 7.000 Euro ergibt. Gemäß § 205c Abs. 2 Z 1 lit. a ist der Differenzbetrag von 4.000 Euro ab 14. 6. 2023 bis zur Bekanntgabe des Erkenntnisses zu verzinsen.*

*Beispiel 2: Die Z KG reicht am 20. 1. 2023 ihre Umsatzsteuerjahreserklärung für 2021 ein, die einen Überschuss von 15.000 Euro ausweist. Der Veranlagungsbescheid ergeht am 10. 2. 2023 mit einer Gutschrift von 7.000 Euro. Einer dagegen erhobenen Beschwerde wird in der am 9. 9. 2023 ergangenen BVE voll stattgegeben. Der Unterschiedsbetrag von 8.000 Euro ist daher gemäß § 205c Abs. 2 Z 1 lit. B beginnend mit 21. 4. 2023 (91. Tag nach Einlangen der Umsatzsteuerjahreserklärung) bis zum 9. 9. 2023 (Bekanntgabe Bescheid) zu verzinsen.*

*Beispiel 3: Die XY GmbH & Co KG reicht am 15. 3. 2023 die UVA für Jänner 2023 mit einem Überschuss von 100.000 Euro ein. Am 24. 6. 2023 erfolgt eine Festsetzung mit einer Gutschrift von 50.000 Euro. Gemäß § 205c Abs. 1 Z 1 lit. b ist der Betrag von 50.000 Euro von 14. 6. (91. Tag nach Einlangen der UVA) bis 24. 6. 2023 zu verzinsen. Gegen die Festsetzung erhebt das Unternehmen Beschwerde unter Verzicht der Erlassung einer Beschwerdevorentscheidung. Das Finanzamt legt die Beschwerde dem BFG vor, dieses entscheidet am 29. 11. 2023 mit abweisendem Erkenntnis. Mangels Differenzbetrages kommt es zu keiner Verzinsung. Im Dezember 2023 erhebt das Unternehmen Revision, der VwGH entscheidet stattgebend und hebt das Erkenntnis des BFG auf. Am 30. 11. 2024 entscheidet das BFG im zweiten Rechtsgang zugunsten der Abgabepflichtigen, woraus eine Gutschrift von 50.000 Euro resultiert. Dieser Betrag ist beginnend mit 14. 6. 2023 (91. Tag nach Einlangen der UVA) bis 30. 11. 2024 (Bekanntgabe Erkenntnis) gemäß § 205c Abs. 2 Z 1 lit. a zu verzinsen.*

*Beispiel 4: Die XY GmbH & Co KG reicht am 15. 3. 2023 die UVA für Jänner 2023 mit einem Überschuss von 100 000 Euro ein. Am 24. 6. 2023 erfolgt eine Festsetzung mit einer Gutschrift von 50 000 Euro. Gemäß § 205c Abs. 1 Z 1 lit. b ist der Betrag von 50 000 Euro von 14. 6. (91. Tag nach Einlangen der UVA) bis 24. 6. 2023 zu verzinsen. Gegen die Festsetzung erhebt das Unternehmen Beschwerde unter Verzicht der Erlassung einer Beschwerdevorentscheidung. Das Finanzamt legt die Beschwerde dem BFG vor. Am 15. 6. 2024 reicht das Unternehmen die Umsatzsteuerjahreserklärung – beinhaltend die unveränderten Werte der UVA Jänner 2023 – ein. Diese wird am 30. 6. 2024 veranlagt, es kommt zu keiner Gutschrift. Das BFG entscheidet am 29. 11. 2024 mit abweisendem Erkenntnis und setzt die Umsatzsteuer mit einer Nachforderung von 15 000 Euro fest. Diese Nachforderung ist gemäß § 205c Abs. 2 Z 2 lit. b zwischen 1. 10. 2024 und 29. 11. 2024 zu verzinsen. Im Dezember 2024 erhebt das Unternehmen Revision, der VwGH entscheidet stattgebend und hebt das Erkenntnis des BFG auf. Am 30. 11. 2025 entscheidet das BFG im zweiten Rechtsgang zugunsten der Abgabepflichtigen, woraus eine Gutschrift von 35 000 Euro resultiert. Dieser Betrag ist beginnend mit 14. 9. 2024 (91. Tag nach Einlangen der USt-Jahreserklärung) bis 30. 11. 2025 (Bekanntgabe Erkenntnis) gemäß § 205c Abs. 2 Z 1 lit. b zu verzinsen.*

*Beispiel 5: Die XY GmbH & Co KG reicht am 8. 8. 2023 die Umsatzsteuerjahreserklärung für 2022 mit einer Zahllast von 5 000 Euro ein. Der Veranlagungsbescheid ergeht am 20. 10. 2023. Gemäß § 205c Abs. 1 Z 2 lit. c werden für den Zeitraum zwischen 1. 10. 2023 und 20. 10. 2023 Umsatzsteuerzinsen vorgeschrieben. Am 25. 3. 2024 kommt es zu einer Aufhebung des Umsatzsteuerjahresbescheides gemäß § 299 BAO. Der neu erlassene Bescheid weist eine Nachforderung an Umsatzsteuer 2022 von 75 000 Euro aus. Dieser Betrag ist gemäß § 205c Abs. 2 Z 2 lit. b zwischen 1. 10. 2023 und 25. 3. 2024 zu verzinsen.*

Der Abgabenanspruch für Umsatzsteuerzinsen entsteht dem § 4 Abs. 1 BAO zufolge

**– im Fall von Abs. 1 Z 1 lit. a mit der Verbuchung des Gutschriftsbetrages auf dem Abgabenkonto;**

**– im Fall von Abs. 1 Z 2 lit. a mit dem Einlangen der Voranmeldung;**

**– in allen anderen Fällen mit der Bekanntgabe des Bescheides bzw. Erkenntnisses.**

Zinsenbescheide setzen nicht die materielle Richtigkeit des Umsatzsteuerbescheides – wohl aber einen solchen Bescheid – voraus. Solche Bescheide sind daher (ebenso wie etwa Säumniszuschläge) nicht mit der Begründung anfechtbar, der Umsatzsteuerbescheid sei rechtswidrig. Im Interesse der faktischen Effizienz des Rechtsschutzes wird die Festsetzung von Umsatzsteuerzinsen als mittelbar von der Festsetzung der Umsatzsteuer abhängig (im Sinn des § 212a Abs. 1 BAO) anzusehen sein; daher kommt eine Aussetzung der Einhebung von Umsatzsteuerzinsen wegen einer gegen den Umsatzsteuerbescheid eingebrachten Beschwerde in Betracht. Zweckmäßigerweise sind Umsatzsteuerzinsen gleichzeitig mit der jeweils maßgebenden Umsatzsteuersteuer festzusetzen. Die Fälligkeit von Nachforderungszinsen ergibt sich aus § 210 Abs. 1 BAO (somit ein Monat ab Zustellung des Zinsenbescheides). Gutschriften aus Zinsenbescheiden werden mit dem Tag der Zustellung des zur Gutschrift führenden Bescheides wirksam.

Aufgrund der sich aus § 21 Abs. 3 und 4 ergebenden Außerkraftsetzung eines Festsetzungsbescheides durch einen Umsatzsteuerjahresbescheid erscheint es erforderlich, zur Abfederung sich daraus ergebender und in Widerspruch zum Prinzip der Neutralität der Mehrwertsteuer auftretender Fallkonstellationen eine Antragsmöglichkeit vorzusehen, einen zusätzlichen Umsatzsteuerzinsbescheid zu erlassen. Es soll daher in Abs. 3 ermöglicht werden, binnen Jahresfrist ab Erlassung eines Umsatzsteuer-Zinsenbescheides einen Antrag auf eine zusätzliche Festsetzung von Umsatzsteuerzinsen für den Zeitraum ab dem 91. Tag nach Einreichung der betreffenden Voranmeldung bis zum 90. Tag nach Einreichung der Umsatzsteuerjahreserklärung zu beantragen. Sofern keine bescheidmäßige Festsetzung der Umsatzsteuerzinsen erfolgte – bspw aufgrund der Unterschreitung der Betragsgrenze gemäß Abs. 5 – ist auf die Bekanntgabe des Umsatzsteuerjahresbescheides abzustellen. Im Rahmen einer solchen weiteren Festsetzung von Umsatzsteuerzinsen ist vom Abgabepflichtigen aufzuschlüsseln, wann und in welcher Höhe der betreffende Überschuss erstmals erklärt wurde sowie ob danach allenfalls Gutschriften erfolgten (etwa im Rahmen einer Festsetzung mit einer Gutschrift auf Basis eines niedrigeren als dem erklärten Überschuss). Dies ist erforderlich, weil im Rahmen der Jahresveranlagung eine Kompensation der monatlichen Überschüsse und Zahllasten stattfindet und es bei Abweichungen von in den einzelnen Umsatzsteuervoranmeldungen gemeldeten Beträgen von Seiten der Abgabenbehörde nicht mehr möglich ist, dies automatisiert im Rahmen der Zinsberechnung nachzuvollziehen. Weiters gibt es Fälle, in welchen Beschwerde gegen einen Festsetzungsbescheid erhoben wird, danach – noch vor Erledigung der Beschwerde – eine Jahresveranlagung erfolgt und die Beschwerde gegen den Festsetzungsbescheid daher gemäß § 253 BAO gegen den Umsatzsteuerjahresbescheid gerichtet ist (Weitergeltung). Gegen den Umsatzsteuerjahresbescheid besteht allerdings auch ein separates Beschwerderecht, sodass im Rahmen dessen weitere Beschwerdepunkte einfließen können, die die ursprüngliche Festsetzung gar nicht betreffen. Ergeht in einer solchen Konstellation schließlich die Beschwerdeerledigung betreffend Jahresumsatzsteuer, bedarf eine Anpassung der Umsatzsteuerverzinsung in Bezug auf diese ursprüngliche Beschwerde gegen die Festsetzung daher eines Antrages, um die Festsetzung von Gutschriftszinsen auf die sie auslösende UVA rückführen zu können.

*Beispiel: Die ABC GmbH gibt die UVA für März 2023 am 15. 5. 2023 mit einem Überschuss von 10 000 Euro ab. Das Finanzamt setzt die Umsatzsteuer mit einem Gutschriftsbetrag von 2 000 Euro am 20. 9. 2023 fest. Gemäß § 205c Abs. 1 Z 1 lit. b werden für den Zeitraum 14. 8. 2023 bis 20. 9. 2023 Umsatzsteuerzinsen für die 2 000 Euro festgesetzt. Dagegen erhebt die ABC GmbH Beschwerde, dieser wird in der Beschwerdevorentscheidung vom 30. 11. 2023 allerdings nicht stattgegeben. Daher wird ein Vorlageantrag eingebracht. Am 20. 1. 2024 reicht die ABC GmbH die Umsatzsteuerjahreserklärung für 2023 unter Berücksichtigung des in der UVA für März erklärten Überschusses von 1 .000 Euro ein. Das Finanzamt setzt aufgrund eines weiteren Sachverhaltes am 20. 7. 2024 die Umsatzsteuer mit 3 000 Euro fest, woraus nach Gegenüberstellung mit den bereits im Festsetzungsbescheid gewährten 2 000 Euro eine Gutschrift von 1 000 Euro resultiert. Gemäß § 205c Abs. 2 Z 1 lit. b werden Umsatzsteuerzinsen für den Zeitraum 20. 4. 2024 bis 20. 7. 2024 festgesetzt. Das Bundesfinanzgericht entscheidet über die Beschwerde – welche sich gemäß § 253 BAO nunmehr gegen den Umsatzsteuerjahresbescheid richtet – am 10. 6. 2025 und gibt dieser statt. In Folge dessen werden gemäß § 205c Abs. 2 Z 1 lit. B Umsatzsteuerzinsen auf Basis des Unterschiedsbetrages von 7. 000 Euro betreffend den Zeitraum 20. 4. 2024 bis 10. 6. 2025 festgesetzt. In Folge dieses Bescheides stellt die ABC GmbH am 20. 7. 2025 einen Antrag gemäß § 205c Abs. 3 BAO, auf Basis dessen*

*Umsatzsteuerzinsen für den Unterschiedsbetrag von 7 000 Euro für den Zeitraum 14. 8. 2023 (91. Tag nach Einreichung der betreffenden UVA) bis zum 90. Tag nach Einlangen der Umsatzsteuerjahreserklärung am 19. April 2024, zuerkannt werden.*

Abs. 4 soll gewährleisten, dass Umsatzsteuerzinsen in Bezug auf Gutschriften für jene Fälle gewährt werden, in welchen die Verbuchung von Umsatzsteuervoranmeldungen aufgrund behördlicher Prüfmaßnahmen verspätet durchgeführt wird. Kommt der Abgabepflichtige seiner Mitwirkungsverpflichtung nicht zeitgerecht nach, indem er Unterlagen, die von der Abgabenbehörde angefordert werden, nicht innerhalb der vorgesehenen (oder allenfalls verlängerten) Frist vorlegt, so ist die Verspätung von ihm zu vertreten und die Abgabenbehörde kann eine Verzinsung für den Zeitraum der Verspätung von der Verzinsung ausnehmen.

*Beispiel: Der Einzelunternehmer Mustermann reicht die UVA für Juli 2023 am 15. 9. 2023 mit einem Überschuss von 10 000 Euro ein. Das Finanzamt Österreich versendet am 30. 9. 2023 einen Vorhalt, mit dem die Vorlage eines Beleges für geltend gemachte Vorsteuer bis 3. 11. 2023 abverlangt wird. Herr Mustermann legt die geforderte Rechnung erst am 5. 2. 2024 vor. Der in der UVA geltend gemachte Überschuss wird als Gutschrift am 7. 2. 2024 verbucht. Aufgrund des Umstandes, dass die Verspätung durch den Abgabepflichtigen verursacht wurde, werden gemäß § 205c Abs. 4 BAO für den Zeitraum zwischen 15. 12. 2023 (91 Tage nach Einreichung der UVA) und 5. 2. 2024 keine Gutschriftszinsen festgesetzt.*

Abs. 5 regelt wie § 205 Abs. 2 BAO die Höhe der Verzinsung sowie die in allen Verzinsungsbestimmungen der BAO gleichartige Betragsgrenze von 50 Euro im Zusammenhang mit der Zinsenfestsetzung.

§ 323 Abs. 75 sieht hinsichtlich des Inkrafttretens der Umsatzsteuerverzinsung vor, dass § 205c BAO mit dem der Kundmachung folgenden Tag in Kraft tritt und im Falle von Gutschriften gemäß § 205c Abs. 1 Z 1 lit. a und lit. b und Abs. 2 Z 1 lit. a BAO auf alle zu diesem Zeitpunkt offene Verfahren anzuwenden ist. Somit sind die folgenden Neuregelungen mit dem der Kundmachung folgenden Tag anzuwenden:

- Gutschriften aus UVA, die bloß verspätet – aber in unveränderter Höhe gebucht werden,
- Gutschriften im Rahmen von Festsetzungen (zB Vorsteuer in niedrigerer Höhe als in der UVA gemeldet) oder
- Gutschriften iZm Folgebescheiden (solange noch keine Veranlagung der Umsatzsteuer erfolgt ist).

Im Falle von Nachforderungen gemäß § 205c Abs. 1 Z 2 lit. a und b BAO sowie § 205c Abs. 2 Z 2 lit. A BAO sind die Neuregelungen erstmals auf jene Fälle anzuwenden, in welchen der Fälligkeitstag (§ 21 Abs. 1 UStG 1994) nach dem Inkrafttreten des Gesetzes liegt. Das betrifft:

- Zahllasten aus UVAs, die verspätet eingereicht werden
- Nachforderungen im Rahmen von unterjährigen Festsetzungen (vor Ergehen des Jahresbescheides)
- Nachforderungen iZm Folgebescheiden (solange noch keine Veranlagung der Umsatzsteuer erfolgt ist).

Im Falle von Nachforderungen auf Grund der Veranlagung gemäß § 205c Abs. 1 Z 2 lit. c BAO sowie § 205c Abs. 2 Z 2 lit. b BAO gelangen die Neuregelungen erstmals auf Jahresumsatzsteuerbescheide betreffend das Jahr 2022 zu Anwendung. Betroffen sind:

- Nachforderungen aus Umsatzsteuerjahresbescheiden 2022
- Nachforderungen aus Folgebescheiden, wenn bereits ein Umsatzsteuerjahresbescheid ergangen ist.

Im Falle von Gutschriften gemäß § 205c Abs. 1 Z 1 lit. c und Abs. 2 Z 1 lit. b BAO gelangen die Neuregelungen auf alle Jahresumsatzsteuerbescheide zu Anwendung, die am Tag nach der Kundmachung dieses Bundesgesetzes noch nicht in Rechtskraft erwachsen sind.

***34. § 212a wird wie folgt geändert:***

***a) Nach Abs. 2a wird folgender Abs. 2b eingefügt:***

**„(2b) Der Antrag auf Aussetzung der Einhebung ist zurückzuweisen, wenn**

**1. keine Beschwerde eingebracht wurde,**

**2. der Bescheid keine Nachforderung im Sinne des Abs. 1 ausweist,**

**3. er nach Ergehen einer Entscheidung des Verwaltungsgerichts im Beschwerdeverfahren eingebracht wird oder**

**4. zum Zeitpunkt der Antragstellung ein Insolvenzverfahren anhängig ist.“**

***b) Abs. 9 lautet wie folgt:***

**„(9) Ab dem Zeitpunkt des Einlangens eines Antrages auf Aussetzung der Einhebung sind**

**1. bis zu dessen Ab- oder Zurückweisung oder**

**2. bei Bewilligung für die Dauer des Zahlungsaufschubes**

**Aussetzungszinsen in Höhe von zwei Prozent über dem jeweils geltenden Basiszinssatz pro Jahr zu entrichten. Im Fall der nachträglichen Herabsetzung der Abgabenschuld bis zur Verfügung des Ablaufes (Abs. 5, Abs. 5a) anlässlich der rechtskräftigen Erledigung der Bescheidbeschwerde (Abs. 1) hat die Berechnung der Aussetzungszinsen unter rückwirkender Berücksichtigung des Herabsetzungsbetrages zu erfolgen. Aussetzungszinsen, die den Betrag von 50 Euro nicht erreichen, sind nicht festzusetzen.“**

**EB:** In Abs. 2b sollen Gründe für die Zurückweisung eines Antrages auf Aussetzung der Einhebung statuiert werden, zumal sich in der Praxis gezeigt hat, dass derartige Anträge häufig auch dann eingebracht werden, wenn eine Beschwerde entweder gar nicht eingebracht wurde oder der zugrunde liegende Bescheid keine Nachforderung ausweist; auch kommt es zu Anträgen nach Ergehen einer Entscheidung des Verwaltungsgerichts, sodass eine Aussetzung der Einhebung in den genannten Fällen von vornherein nicht möglich ist. Ebenso wie bei Zurückweisungen aufgrund Abs. 3 lösen auch solche nach Abs. 2b keine Nachfrist im Sinne des Abs. 7 zweiter Satz aus (vgl. dazu auch RAE 2014, Rz 535).

In Abs. 2b Z 4 soll geregelt werden, dass ein Antrag auf Aussetzung der Einhebung zurückzuweisen ist, wenn bereits bei Beantragung der Aussetzung der Einhebung ein Insolvenzverfahren anhängig ist. Die Wirkung der Eröffnung eines Insolvenzverfahrens besteht unter anderem darin, dass gemäß § 10 IO Exekutionssperre eintritt sowie nach den §§ 128 ff IO eine quotenmäßige Befriedigung der Insolvenzgläubiger vorgesehen ist. Überdies vertritt der VwGH in ständiger Rechtsprechung, dass den insolvenzrechtlichen Aufrechnungsvorschriften Vorrang gegenüber jenen des Abgabenrechts zukommt (so etwa VwGH 21. 11. 2013, 2011/15/0188). Daraus folgert das BFG in laufender Rechtsprechung, dass die Gewährung einer Aussetzung der Einhebung eine Maßnahme im Rahmen der Abgabeneinhebung bildet, Einhebungsschritte nach Insolvenzeröffnung allerdings nicht mehr in Betracht kommen (so BFG 31. 8. 2020, RV/7102188/2020; BFG 27. 1. 2016, RV/5200007/2014; UFS 6. 9. 2011, RV/0096-W/09).

Hinsichtlich der faktischen Effizienz des Rechtsschutzes ergibt sich daraus kein Nachteil für die Abgabepflichtigen, zumal nach Aufhebung eines Insolvenzverfahrens erneut eine Aussetzung der Einhebung beantragt werden kann.

In Abs. 9 soll eine Regelung betreffend die nachträgliche Herabsetzung der Aussetzungszinsen getroffen werden; siehe in diesem Zusammenhang BFG 16.2.2022, RS/7100073/2021 und BFG 18.2.2022, RS/7100016/2022. Zielsetzung des § 212a BAO ist die Vermeidung der Belastung des Beschwerdeführers mit den Folgen einer potentiell rechtswidrigen behördlichen Entscheidung bis zur endgültigen Erledigung des Rechtsmittels. Die gesetzlich vorgesehene Zinsanpassung kann somit nur eine Herabsetzung jener („der") Abgabenschuld betreffen, deren Höhe von der Erledigung der Bescheidbeschwerde (Abs. 1) unmittelbar oder mittelbar abhängt und deren Einhebung für die Dauer des Beschwerdeverfahrens über Antrag des Beschwerdeführers ausgesetzt worden ist. Sonstige Gutschriften dürfen nur auf Verlangen des Beschwerdeführers zur Tilgung ausgesetzter Abgabenschuldigkeiten verwendet werden (Abs. 6). Im Fall einer solchen Antragstellung verringern sie den ausgesetzten Betrag und wirken sich zinsmindernd aus. Dieses Antragsrecht kann nur während der aufrechten Aussetzungsbewilligung ausgeübt werden. Falls erst nach dem rechtskräftigen Abschluss des Beschwerdeverfahrens auf Grund sonstiger Maßnahmen (§§ 293 ff BAO) geänderte Abgabenfestsetzungen im Rahmen von für sich beschwerde- und aussetzungsfähigen Abgabenverfahren ergehen, gebietet es der mit § 212a BAO verfolgte effektive Rechtsschutz nicht, eine rückwirkende Zinsaufrollung durchzuführen, zumal der durch die seinerzeitige Aussetzung herbeigeführte Zahlungsaufschub tatsächlich konsumiert wurde. Herabsetzungen der strittigen Abgabenschuld während des Beschwerdeverfahrens (etwa durch ersetzende Bescheide) wirken sich auf die Zinsenberechnung bemessungsgrundlagenvermindernd aus. Darüber hinaus sind Aussetzungszinsen, die auf Grund der Verfügung des Ablaufes der Aussetzung anlässlich einer über die Bescheidbeschwerde (Abs. 1) ergehenden Beschwerdevorentscheidung festgesetzt wurden, im Fall einer Herabsetzung oder Aufhebung der Abgabenschuld durch Erkenntnis nach Einbringung eines Vorlageantrages entsprechend herabzusetzen oder aufzuheben.

Durch die deutlichere Definition des Zeitraums in den Z 1 und 2 sind die letzten beiden Sätze des geltenden Abs. 9 nicht mehr erforderlich.

***35. In § 218 tritt an Stelle der Wortfolge* „§ 34 Abs. 2 Zahlungsdienstegesetz – ZaDiG, BGBl. I Nr. 66/2009, oder Erstattung gemäß § 45 ZaDiG" *die Wortfolge* „§ 58 Abs. 3 des Zahlungsdienstegesetzes 2018 – ZaDiG 2018, BGBl. I Nr. 17/2018, oder Erstattung gemäß § 70 ZaDiG 2018".**

**EB:** Die Änderungen betreffen lediglich die Anpassung von Verweisen auf das nun geltende Zahlungsdienstegesetz 2018.

***36. § 227 Abs. 3 entfällt.***

***37. In § 227a Z 1 entfällt die Wortfolge samt Satzzeichen* „, bei Einziehung des Abgabenbetrages durch Postauftrag mit der Vorweisung des Postauftrages".**

***38. In § 230 Abs. 1 entfällt die Wortfolge samt Satzzeichen* „, bei Einziehung durch Postauftrag erst zwei Wochen nach Absendung des Postauftrages oder bei früherem Rücklangen des nicht eingelösten Postauftrages".**

**EB:** Aufgrund der Streichung des Postauftrages in § 211 Abs. 1 lit. e BAO durch das Jahressteuergesetz 2018 – JStG 2018, BGBl. I Nr. 104/2018, ist auch die Anpassung der §§ 227, 227a und 230 Abs. 1 BAO erforderlich.

***39. § 238 Abs. 3 lit. b lautet:***

**„b) die Einbringung auf Grund eines Aussetzungsantrages oder einer Beschwerde gegen die Abweisung eines Aussetzungsantrages gemäß § 230 Abs. 2 oder 6 gehemmt ist, oder"**

**EB:** Nach § 238 Abs. 3 lit. b BAO idgF ist die Verjährung gehemmt, solange die Einhebung einer Abgabe ausgesetzt ist. Die derzeit geltende Bestimmung berücksichtigt nicht, dass eine Hemmung der Einbringung (§ 230 BAO) bereits durch einen Antrag auf Aussetzung der Einhebung herbeigeführt wird.

Auch Bescheidbeschwerden gegen die Abweisung solcher Aussetzungsanträge und Vorlageanträgen gegen Aussetzungsanträge abweisende Beschwerdevorentscheidungen kommt gemäß § 212a Abs. 4 BAO die Wirkung der Einbringungshemmung zu. Um etwaige Fristsetzungsanträge gemäß § 38 VwGG gering zu halten, soll daher die Verjährungshemmung auf jene Zeiträume erweitert werden, in denen Einbringungsmaßnahmen auf Grund von Aussetzungsanträgen und Beschwerden gegen die Abweisung derartiger Anträge gesetzlich ausgeschlossen sind.

***40. In § 239 Abs. 2 wird die Wortfolge* „der die der Höhe nach festgesetzten Abgabenschuldigkeiten" *durch die Wortfolge* „der die Höhe jener Abgabenschuldigkeiten" *ersetzt.***

**EB:** Der Entfall der Bezugnahme auf festgesetzte Abgabenschuldigkeiten soll eine gleichmäßige Erfassung aller Abgabenschuldigkeiten ermöglichen, unabhängig davon, ob es sich dabei um Festsetzungs- oder Selbstbemessungsabgaben handelt.

***41. § 240 wird wie folgt geändert:***

***a) In Abs. 3 lautet der letzte Satz:***

**„Soweit nicht § 61 Abs. 4 anzuwenden ist, ist für die Rückzahlung jene Abgabenbehörde zuständig, der die Erhebung der betroffenen Abgabe obliegt."**

**EB:** Mit der vorgesehenen Änderung soll klargestellt werden, dass die Sonderzuständigkeit des Finanzamtes für Großbetriebe gemäß § 61 Abs. 4 BAO – zB für Rückzahlungen aufgrund völkerrechtlicher Verträge (Z 1) oder für Rückzahlungen mangels Erfüllung der Voraussetzungen des § 98 Abs. 1 EStG 1988 (Z 2) die Zuständigkeit der Abgabenbehörde, die für die Erhebung der zurückzuzahlenden Abgabe zuständig ist, verdrängt.

***b) Nach Abs. 3 wird folgender Abs. 4 angefügt:***

**„(4) Auf Antrag des Abgabepflichtigen hat die Rückzahlung des einbehaltenen und entrichteten Betrages aufgrund eines Abkommens zur Vermeidung der Doppelbesteuerung insoweit zu erfolgen, als nicht ein Ausgleich im Wege der Veranlagung erfolgt ist oder zu erfolgen hat. Der Antrag kann ungeachtet allfälliger im Abkommen vereinbarter kürzerer Fristen bis zum Ablauf des fünften Kalenderjahres, das auf das Jahr der Einbehaltung folgt, gestellt werden. Abweichend davon und ungeachtet der Verjährung ist der Antrag bis zum Ablauf eines Jahres nach Bekanntgabe des Bescheides zulässig, wenn der Rückzahlungsanspruch auf einem Bescheid gemäß § 48 Abs. 2 oder 4 beruht. Im Haftungsweg nachgeforderte Beträge sind nur insoweit rückzuzahlen, als sie dem Abzugsverpflichteten (§ 78, § 95 Abs. 2 oder § 100 Abs. 2 EStG 1988) vom Abgabepflichtigen ersetzt wurden."**

**EB:** Mit § 48 und § 295 Abs. 2a BAO in der Fassung BGBl. I Nr. 62/2019 wurde die Umsetzung von Verständigungs- und Schiedsverfahren neu geregelt. Demzufolge wird das Ergebnis eines solchen Verfahrens in einem Grundlagenbescheid festgestellt, von welchem die Änderung der betroffenen Einkommen- oder Körperschaftsteuerbescheide abgeleitet werden können. Diese Möglichkeit der Umsetzung besteht in solchen Abgabenverfahren nicht, in denen kein Bescheid erging – insbesondere, wenn Lohnsteuer, Kapitalertragsteuer oder Abzugsteuer gemäß § 99 EStG 1988 einbehalten und keine Veranlagung vorgenommen wurde. Diese Lücke soll mit der Einführung von § 240 Abs. 4 BAO geschlossen werden.

Bislang wurde auf Rückzahlungsanträge aufgrund von Doppelbesteuerungsabkommen – mangels eigener verfahrensrechtlicher Antragsgrundlage – § 240 Abs. 3 BAO angewendet. Mit § 240 Abs. 4 BAO soll nun eine eigene Bestimmung geschaffen werden, die explizit die Rückzahlung von Abzugsteuern regelt, wenn Einkünfte aufgrund eines Doppelbesteuerungsabkommens ganz oder teilweise von einer inländischen Abzugsteuer zu entlasten sind. Sie gilt auch für solche Doppelbesteuerungsabkommen, die verfahrensrechtliche Bestimmungen für die Rückzahlung von Abzugsteuern enthalten (zB die Abkommen mit Deutschland oder der Schweiz). Wird der Abgabepflichtige veranlagt, weil er dazu verpflichtet ist oder weil er einen Antrag auf Veranlagung gestellt hat, oder müsste er sich aufgrund eines Pflichtveranlagungstatbestands (zB § 42 oder § 102 Abs. 1 EStG 1988) veranlagen lassen, ist die Abzugsteuer im Rahmen der Veranlagung auszugleichen. Ist dagegen ein Ausgleich im Rahmen der Veranlagung nicht möglich, beispielsweise beim Vorliegen DBA-befreiter Einkünfte im Rahmen der beschränkten Steuerpflicht, kann der entsprechende Betrag gemäß § 240 Abs. 4 BAO zurückgezahlt werden. Dasselbe gilt, wenn kein Pflichtveranlagungstatbestand vorliegt und kein Antrag auf Veranlagung gestellt wird, obwohl das möglich wäre. Auch in diesem Fall ist eine Rückzahlung auf der Grundlage von § 240 Abs. 4 BAO möglich – einerseits aus Effizienzgründen, andererseits um mögliche aus einer Veranlagung resultierende Nachteile für den Abgabepflichtigen zu vermeiden.

Die Rückzahlung ist grundsätzlich auch dann möglich, wenn die Abzugsteuer im Haftungsweg abgeführt wurde. Diesfalls ist jedoch vom Abgabepflichtigen nachzuweisen, dass er die Abgabenbelastung auch tatsächlich wirtschaftlich getragen hat.

Die Frist für den Rückzahlungsantrag wird im zweiten Satz geregelt und gilt unabhängig davon, ob ein Doppelbesteuerungsabkommen, aus dem sich die Berechtigung zur Entlastung ergibt, eine kürzere Frist vorsieht. Diese Regelung dient der Vereinfachung der Abwicklung der Rückerstattungsverfahren und geht anderslautenden, kürzeren Rückerstattungsfristen in Doppelbesteuerungsabkommen vor. Die Frist für die Stellung eines Rückzahlungsantrages stellt auf das Jahr der Einbehaltung ab. Wird die Abzugsteuer im Haftungsweg abgeführt, kann der Abgabepflichtige den Rückzahlungsantrag daher bis zum Ablauf des fünften Kalenderjahres stellen, in dem die Haftungsinanspruchnahme erfolgt.

Im dritten Satz wird die Umsetzung von Verständigungsverfahren bei Abzugsteuern geregelt. Wurden Abzugsteuern einbehalten und ergibt sich aus einem Verständigungs- oder Schiedsverfahren, dass Österreich kein oder nur ein eingeschränktes Besteuerungsrecht hat, ist die zu viel einbehaltene Steuer im Wege eines Rückzahlungsverfahrens zu erstatten. Dabei gilt nicht die Frist von fünf Jahren gerechnet vom Jahr der Einbehaltung, sondern eine einjährige Frist gerechnet vom Zeitpunkt der Bekanntgabe eines Bescheides gemäß § 48 Abs. 2 oder 4 BAO. Eine Rückzahlung ist demnach auch unabhängig davon möglich, ob das dem Rückzahlungsantrag zugrundeliegende Doppelbesteuerungsabkommen eine dem Art. 25 Abs. 2 letzter Satz des OECD-Musterabkommens entsprechende Bestimmung enthält, der zufolge die Verständigungsregelung ungeachtet der Fristen des innerstaatlichen Rechts der Vertragsstaaten durchzuführen ist. Dies entspricht auch dem Grundgedanken des § 295 Abs. 2a BAO, auf Basis dessen ein Bescheid zur Umsetzung eines Verständigungsverfahrens ungeachtet des Eintritts der Rechtskraft oder der Verjährung aufgehoben oder abgeändert werden kann.

Die Regelung gilt ab 1. Jänner 2023 und ist auf Vorausmeldungen anzuwenden, die nach dem 31. Dezember 2022 gestellt werden. Sie hat keine Auswirkung auf vor dem 1. Jänner 2023 gestellte Rückzahlungsanträge aufgrund von Doppelbesteuerungsabkommen, auf welche § 240 Abs. 3 BAO anzuwenden war.

Aufgrund der umfangreichen organisatorischen und IT-technischen Vorarbeiten, die für die Umsetzung der neuen Bestimmung erforderlich sind, soll die Neuregelung erst auf Anträge angewendet werden, die nach dem 31. Dezember 2022 erfolgen bzw. gestellt werden.

***42. § 240a Abs. 1 erster Satz lautet:***

**„Beschränkt Steuerpflichtige haben vor der Stellung eines Antrags auf Rückzahlung (Zurückzahlung) oder Erstattung (Zurückerstattung) der von Abfuhrpflichtigen einbehaltenen Lohnsteuer, Kapitalertragsteuer oder Abzugsteuer gemäß § 99 EStG 1988 auf der Grundlage von § 94 Z 2 oder Z 10, § 98, § 99, § 99a Abs. 8 EStG 1988 oder § 21 Abs. 1 Z 1a KStG 1988 oder § 240 Abs. 3 oder Abs. 4 eine Vorausmeldung bei dem für die Rückzahlung oder Erstattung zuständigen Finanzamt abzugeben."**

**EB:** In § 240a Abs. 1 BAO sollen einerseits die Verweise in eine klarere Form gefasst werden. Das Rückzahlungsregime des § 240a BAO soll durch die Aufnahme des § 99a Abs. 8 EStG 1988 um die Rückzahlung von Quellensteuern auf Lizenzgebühren erweitert werden. Eine Änderung der Antragsfrist, welche gemäß der spezielleren Norm des § 99a Abs. 8 EStG 1988 weiterhin fünf Jahre ab dem Zeitpunkt der Lizenzgebührenzahlung beträgt, geht damit nicht einher. Aufgrund der umfangreichen organisatorischen und IT-technischen Vorarbeiten, die für die Umsetzung betreffend Lizenzgebühren erforderlich sind, soll die Neuregelung erst auf Vorausmeldungen angewendet werden, die nach dem 31. Dezember 2022 abgegeben werden.

***43. In § 241 Abs. 2 entfällt das Wort samt Klammerausdruck „(Stempelmarken)".***

**EB:** Die Änderungen dienen der Anpassung an die aktuelle Rechtslage.

***44. In § 241a entfällt die Wortfolge „aufgrund abgabenrechtlicher Vorschriften".***

**EB:** Die Änderung dient der Klarstellung, zumal in der Literatur auf die Widersprüchlichkeit des Wortlautes hingewiesen worden ist. Dies ändert nichts an der Grundintention der Vorschrift, einen abgabenverfahrensrechtlichen Titel für die Rückforderung rechtsgrundlos erlangter Rückzahlungen oder Erstattungen zu bilden.

***45. § 244 erster Satz lautet wie folgt:***

**„Gegen nur das Verfahren betreffende Verfügungen ist weder ein abgesondertes Rechtsmittel noch ein Antrag gemäß § 299 zulässig."**

**EB:** Der Ausschluss einer gesonderten Anfechtung von Verfahren betreffenden Verfügungen (zB Vorladung gemäß § 91 Abs. 4 BAO, Prüfungsauftrag gemäß § 148 Abs. 4 BAO, Auftrag zur begleitenden Kontrolle gemäß § 153f BAO) soll um den Anwendungsfall des § 299 BAO („Aufhebung von Bescheiden") erweitert werden.

***46. In § 269 wird nach Abs. 2 folgender Abs. 2a eingefügt:***

**„(2a) Der Bundesminister für Finanzen wird ermächtigt, mit Verordnung die Voraussetzungen und das Verfahren für die Möglichkeit einer Abgabenberechnung durch die Amtspartei (§ 265 Abs. 5) festzulegen."**

**EB:** In § 269 Abs. 2a BAO wird eine Verordnungsermächtigung des Bundesministers für Finanzen geschaffen, die die Möglichkeit einer Übertragung der Abgabenberechnung auf die Amtspartei gemäß § 265 Abs. 5 BAO vorsieht. Die Möglichkeit, die Abgabenberechnung auf eine Abgabenbehörde übertragen zu können, wird als ein wesentlicher Beitrag zur Beschleunigung des verwaltungsgerichtlichen Verfahrens angesehen.

Die Verordnungsermächtigung soll es dem Bundesminister für Finanzen ermöglichen, nähere Details der Übertragung der Abgabenberechnung zu regeln, insbesondere betreffend die konkreten abgabenbezogenen Anwendungsbereiche von Berechnungsaufträgen, weil sich gezeigt hat, dass vor allem im Bereich der Einkommensteuerberechnung (zB bei Vorliegen von geänderten Einkünften aus nichtselbständiger Arbeit) die größten Praxisprobleme vorliegen und hier keine zuverlässigen Abgabenberechnungen unter den gegebenen IT-Rahmenbedingungen durch das BFG durchgeführt werden können.

***47. § 270 wird wie folgt geändert:***

***a) Der bisherige Text des § 270 erhält die Absatzbezeichnung „(1)" und der letzte Satz lautet:***

**„Dies gilt nach Maßgabe des Abs. 2 sinngemäß für dem Verwaltungsgericht durch eine Partei oder sonst zur Kenntnis gelangte Umstände; im Falle einer durchgeführten mündlichen Verhandlung jedoch nur bis zu deren Schließung (§ 277 Abs. 4)."**

***b) Nach Abs. 1 wird folgender Abs. 2 angefügt:***

**„(2) Jede Partei hat ihr Vorbringen so rechtzeitig und vollständig zu erstatten, dass das Verfahren möglichst rasch durchgeführt werden kann (Verfahrensförderungspflicht)."**

**EB:** Die zeitliche Begrenzung des Berücksichtigungsgebots neuer Tatsachen, Beweise und Anträge im Falle einer durchgeführten mündlichen Verhandlung mit deren Schließung iSd § 277 Abs. 4 BAO und somit auch mit der Verkündung des Beschlusses, dass die Entscheidung der schriftlichen Ausfertigung vorbehalten bleibt, soll einen Beitrag gegen verfahrensverschleppende Maßnahmen darstellen. Wird die mündliche Verhandlung vertagt (§ 277 Abs. 4 erster Fall BAO), so wird sie nicht geschlossen, weshalb diesfalls auch zukünftig kein Neuerungsverbot greift. Die ausdrückliche Normierung einer für das verwaltungsgerichtliche Verfahren geltende Verfahrensförderungspflicht in § 270 Abs. 2 BAO soll zusätzlich und insbesondere in allen Verfahren, in denen keine mündliche Verhandlung durchgeführt wird, verfahrensbeschleunigend wirken. Dieselbe Regelung findet sich derzeit bereits in § 39 Abs. 2a AVG.

Damit einhergehend soll ein nur für das verwaltungsgerichtliche Verfahren geltender spezieller Ablehnungstatbestand für solche Beweisanbote normiert werden, die der in § 270 Abs. 2 BAO normierten Verfahrensförderungspflicht widersprechen. Während der auch für das abgabenbehördliche Verfahren geltende Ablehnungstatbestand der Verschleppungsabsicht eine mitunter schwierige Feststellung der subjektiven Tatseite erfordert und die mutmaßliche Verschleppungsabsicht je nach Einzelfall in einem Spannungsverhältnis zur amtswegigen Ermittlungspflicht nach § 115 Abs. 4 BAO steht (zB VwGH 9.10.2016, Ra 2016/15/0058), liegt ein Verstoß gegen die Verfahrensförderungspflicht iSd § 270 Abs. 2 BAO (bereits) dann vor, wenn aus objektiver Sicht keine sachlichen Gründe dafür vorliegen, dass im Verfahren eingebrachte Beweisanträge nicht schon bereits in einem früheren Verfahrensstadium, etwa bereits im abgabenbehördlichen Verfahren oder spätestens nach Bekanntgabe des Vorlageberichts (§ 265 Abs. 3 BAO) eingebracht hätten werden können (zB VwGH 24.1.1996, 94/13/0152).

Ein im Vorlageantrag gestellter Beweisantrag gilt jedenfalls als rechtzeitig.

***48. In § 276 wird nach Abs. 2 folgender Abs. 3 angefügt:***

**„(3) Obliegt die Entscheidung über Beschwerden dem Senat, kann der Senatsvorsitzende die Beratung und Beschlussfassung des Senates unter Verwendung geeigneter technischer Kommunikationsmittel veranlassen. Der Senatsvorsitzende kann außerdem die Beratung und Beschlussfassung durch die Einholung der Zustimmung der anderen Mitglieder des Senates zu einem Entscheidungsentwurf im Umlaufweg ersetzen, wenn keines dieser Mitglieder widerspricht."**

**EB:** Die aufgrund der COVID-19-Pandemie in § 323c Abs. 4 Z 5 BAO befristet eingeführte Möglichkeit zum Einsatz technischer Einrichtungen zur Wort- und Bildübertragung für Beratungen und Beschlussfassungen des Senates soll unbefristet übernommen werden.

***49. In § 281 werden folgende Abs. 4 und 5 angefügt:***

**„(4) Abs. 3 gilt sinngemäß für Feststellungsbescheide gemäß § 186 Abs. 2, wenn einzelne der am Gegenstand der Feststellung beteiligten Personen bei Bekanntgabe (§ 97) des Feststellungsbescheides nicht oder nicht mehr rechtlich existent oder nicht oder nicht mehr handlungsfähig im Sinne des Abs. 3 sind.**

**(5) Eine einheitliche Entscheidung gemäß Abs. 1 unterbleibt auch dann, wenn eine oder mehrere Personen, die einer Beschwerde gemäß § 257 beigetreten sind, nicht oder nicht mehr rechtlich existent oder nicht oder nicht mehr handlungsfähig im Sinne des Abs. 3 sind. Dies steht der Wirksamkeit als Erkenntnis nicht entgegen. Ein solches Erkenntnis wirkt lediglich gegenüber den übrigen Parteien oder beigetretenen Personen."**

**EB:** § 191 Abs. 5 BAO (in Übereinstimmung mit § 188 Abs. 5 und § 281 Abs. 3 BAO) über die Teilwirksamkeit einheitlicher und gesonderter Feststellungsbescheide gilt nur für Feststellungen von Einkünften (§ 188 BAO) und nicht auch für Feststellungen von Einheitswerten (§ 186 BAO) oder die Erlassung von Beschwerdeerledigungen (§ 281 BAO). Um derartige Feststellungs- bzw. Beschwerdeverfahren zu beschleunigen und Verfahrensfehler zu vermeiden, soll § 191 Abs. 3 BAO generell auf Feststellungsbescheide abstellen sowie – aufgrund der Ergänzung des § 191 um einen Abs. 6 – der Abs. 5 dieser Norm sinngemäße Anwendung finden, wenn einzelne der am Verfahren beteiligten Personen bei Bekanntgabe des Feststellungsbescheides rechtlich nicht mehr existent oder handlungsunfähig sind. Der Feststellungsbescheid ist, um in solchen Fällen Wirksamkeit zu erlangen, dem Rechtsnachfolger oder im Falle der Handlungsunfähigkeit dem gesetzlichen Vertreter nachträglich zuzustellen. Diese in § 191 Abs. 6 BAO getroffene Regelung soll entsprechend auch für das Beschwerdeverfahren in § 281 BAO vorgesehen werden.

***50. In § 295 Abs. 4 erster Satz wird nach dem Wort* „aufzuheben" *die Wortfolge* „oder insoweit abzuändern, als sie sich auf das Dokument stützen" *eingefügt und es wird folgender Satz angefügt:***

**„Der Antrag hat folgendes zu enthalten:**

**1. die Bezeichnung des Bescheides, der abgeändert oder aufgehoben werden soll;**

**2. die Bezeichnung des Bescheides oder Beschlusses, mit dem die Bescheidbeschwerde im Feststellungsverfahren zurückgewiesen wurde;**

**3. die Angaben, die zur Beurteilung der Rechtzeitigkeit des Antrages erforderlich sind."**

**EB:** Die Aufhebung nach der zuletzt durch BGBl. I Nr. 3/2021 geänderten Bestimmung soll für alle Bescheide gelten, die auf den Nichtbescheid gestützt sind (vgl. AB 492 BlgNR 27 GP. 19). Sie soll daher auch Fälle erfassen, in denen nicht der letztgültige, sondern ein diesem vorgelagerter Bescheid vom Nichtbescheid abgeleitet wurde. Die praktische Umsetzung führte in diesem Bereich zu Anwendungsproblemen (Erforderlichkeit mehrerer hintereinander gestellter Anträge und Aufhebungen, Verjährungshindernisse und fehlender Verfahrenstitel für die an die Stelle des aufgehobenen Bescheides tretende Abgabenfestsetzung). Daher soll die Neuregelung zur Klarstellung und vereinfachten Durchführung um die Abänderungsmöglichkeit erweitert werden, um den vom Nichtbescheid umfassten Inhalt aus dem Bescheid eliminieren zu können, ohne ihn zur Gänze aufzuheben. Davon betroffen sind insbesondere Fälle, in denen es sich beim zuletzt im Rechtsbestand befindlichen Bescheid um einen Änderungsbescheid (§ 295 Abs. 1 BAO) auf Grund einer anderen, wirksam festgestellten Gewinn- oder Verlusttangente handelt oder um einen neuen Sachbescheid im Zuge einer Wiederaufnahme des Verfahrens (§ 303 BAO), einer Bescheidaufhebung (§ 299 BAO) oder nach einer vorläufigen Festsetzung (§ 200 BAO). Aus dem Wortlaut der Vorschrift ergibt sich für die Abgabenbehörde eine eingeschränkte Abänderungsbefugnis und für den Abgabepflichtigen eine eingeschränkte Anfechtungsbefugnis.

Zudem erfolgt eine Ergänzung des Abs. 4 um die für die Antragstellung notwendigen Inhaltserfordernisse.

***51. In § 323 werden folgende Abs. 73 bis 75 angefügt:***

**„(73) § 48j, § 54a Abs. 1, § 91 Abs. 1 sowie § 276 Abs. 3, jeweils in der Fassung des Bundesgesetzes BGBl. I Nr. xx/2022, treten mit 1. Juli 2022 in Kraft. § 183 Abs. 3 und § 270 sind erstmals auf Beschwerdevorlagen bzw. Beschwerdeeingänge nach dem 31. August 2022 anzuwenden. § 105, § 118 Abs. 10, § 148 Abs. 3 lit. e sowie § 212a Abs. 2b und 9, jeweils in der Fassung des Bundesgesetzes BGBl. I Nr. xx/2022, treten mit 1. Jänner 2023 in Kraft. § 126 Abs. 3 in der Fassung des Bundesgesetzes BGBl. I Nr. xx/2022 tritt mit 1. Jänner 2023 in Kraft und ist auf Zuflüsse anzuwenden, die nach dem 1. Jänner 2023 erfolgen.**

**(74) § 202 Abs. 2, § 205 Abs. 1 lit. c, § 240 Abs. 4 sowie § 240a Abs. 1, jeweils in der Fassung des Bundesgesetzes BGBl. I Nr. xx/2022, treten mit 1. Jänner 2023 in Kraft und sind erstmals auf Vorausmeldungen bzw. Anträge anzuwenden, die nach dem 31. Dezember 2022 erfolgen bzw. gestellt werden.**

**(75) § 205c in der Fassung des Bundesgesetzes BGBl. I Nr. xx/2022 tritt mit dem der Kundmachung folgenden Tag in Kraft und ist im Falle von Gutschriften gemäß § 205c Abs. 1 Z 1 lit. a und lit. b und Abs. 2 Z 1 lit. a auf alle zu diesem Zeitpunkt offenen Verfahren anzuwenden. Im Falle von Nachforderungen gemäß § 205c Abs. 1 Z 2 lit. a und b sowie § 205c Abs. 2 Z 2 lit. a ist § 205c in der Fassung des Bundesgesetzes BGBl. I Nr. xx/2022 erstmalig auf Fälle anzuwenden, in welchen der Fälligkeitstag (§ 21 Abs. 1 UStG 1994) nach dem Inkrafttreten dieser Norm liegt. Auf Nachforderungen auf Grund der Veranlagung gemäß § 205c Abs. 1 Z 2 lit. c sowie § 205c Abs. 2 Z 2 lit. b ist § 205c in der Fassung des Bundesgesetzes BGBl. I Nr. xx/2022 erstmalig auf Jahresumsatzsteuerbescheide betreffend das Jahr 2022 anzuwenden. § 205c Abs. 1 Z 1 lit. c und Abs. 2 Z 1 lit. b in der Fassung des Bundesgesetzes BGBl. I Nr. xx/2022 sind auf alle Jahresumsatzsteuerbescheide anzuwenden, die am Tag nach der Kundmachung dieses Bundesgesetzes noch nicht in Rechtskraft erwachsen sind.“**

***52. § 323c Abs. 4 lautet:***

**„(4) Unter Berücksichtigung der jeweiligen Gefährdungslage kann der Leiter der Amtshandlung gegenüber den an der Amtshandlung teilnehmenden Personen Maßnahmen zum Zweck der Verhinderung der Verbreitung von COVID-19 anordnen. Der Leiter der Amtshandlung hat für die Einhaltung dieser Maßnahmen zu sorgen. Ein Verstoß gegen diese Maßnahmen gilt als Störung der Amtshandlung gemäß § 112 Abs. 2. Wird gegen diese Maßnahmen im Zuge einer mündlichen Verhandlung verstoßen, hat der Ausschluss der betreffenden Person unter sinngemäßer Anwendung des § 274 Abs. 4 zweiter Satz zu erfolgen.“**

## Artikel 15
## Änderung der Abgabenexekutionsordnung

**Die Abgabenexekutionsordnung – AbgEO, BGBl. Nr. 104/1949, zuletzt geändert durch das Bundesgesetz BGBl. I Nr. 104/2019, wird wie folgt geändert:**

***1. Nach § 6 wird folgender § 6a eingefügt:***

**„§ 6a. Wer sich durch einen Vorgang des Vollstreckungsvollzugs, insbesondere durch eine Amtshandlung des Vollstreckers für beschwert erachtet, kann dagegen eine Vollzugsbeschwerde bei der Vollstreckungsbehörde erheben. Die Vollzugsbeschwerde ist innerhalb von 14 Tagen nach Kenntnis vom Vollstreckungsvollzug einzubringen.“**

**EB:** Anders als die Exekutionsordnung – EO, RGBl. Nr. 79/1896, mit § 68 EO kennt die AbgEO keine eigenständige Regelung einer Vollzugsbeschwerde. Die Existenz dieses Instituts wird von der Judikatur bislang aus dem in § 18 Z 5 AbgEO normierten Aufschiebungsgrund abgeleitet (vgl. dazu ua VwGH 17. 12. 1993, 92/15/0117; VwGH 27. 8. 2008, 2008/15/0113). Demnach kann eine Aufschiebung der Vollstreckung auf Antrag bewilligt werden, wenn gegen einen Vorgang des Vollstreckungsvollzuges Beschwerde geführt wird. Um diese Regelungslücke zu schließen, soll eine eigenständige, dem § 68 EO nachgebildete, Vollzugsbeschwerde für das abgabenbehördliche Vollstreckungsverfahren vorgesehen werden. Damit wird auch im Bereich der AbgEO klargestellt, dass für Beschwerden gegen den Vollstreckungsvollzug eine Maßnahmenbeschwerde gemäß § 283 BAO ausgeschlossen ist.

Verfassungsrechtlich ist dieser Rechtsbehelf als Beschwerde wegen Rechtswidrigkeit eines Verhaltens einer Verwaltungsbehörde in Vollziehung der Gesetze im Sinn des Art. 130 Abs. 2 Z 1 B-VG anzusehen.

***2. In § 8 Abs. 5 wird die Wortfolge* „Telegraphen-, Telephonunternehmungen“ *durch das Wort* „Fernmeldeunternehmungen“ *ersetzt.***

**EB:** Die Änderung dient der sprachlichen Anpassung an Art. XI Einführungsgesetz zur Exekutionsordnung (EGEO.), BGBl. Nr. 6/1953 (WV).

***3. § 10 lautet:***

**„§ 10. Exekutionshandlungen gegen Personen, die in Österreich aufgrund des Völkerrechts Immunität genießen, sowie auf Exekutionsobjekte und in Räumlichkeiten solcher Personen dürfen nur mit Zustimmung des Bundesministeriums für europäische und internationale Angelegenheiten vorgenommen werden.“**

**EB:** Die Bestimmung soll an den Wortlaut des § 31 EO angepasst werden, um die Begrifflichkeit der modernen Völkerrechtswissenschaft zu übernehmen. Immunität genießen neben ausländischen Staatsoberhäuptern, Regierungschefs und Ministern samt Familie und Gefolge, die sich offiziell in Österreich aufhalten, auch Diplomaten und ihre zum Haushalt gehörenden Familienangehörigen, Konsuln und bestimmtes diplomatisches Personal. Genaue Abgrenzungen und Definitionen enthalten das Wiener Übereinkommen über diplomatische Beziehungen, BGBl. Nr. 66/1966, und das Wiener Übereinkommen über konsularische Beziehungen, BGBl. Nr. 318/1969. Nach diesen beiden Übereinkommen und anderen Abkommen sind auch Gebäude, Gebäudeteile und Gelände, aber auch Fahrzeuge, die den immunen Personen zur Erfüllung ihrer Aufgaben dienen, der Vollstreckung entzogen, sofern nicht auf die Immunität verzichtet wird.

***4. § 12 Abs. 4 lautet:***

**„(4) Wird den Einwendungen rechtskräftig stattgegeben, ist die Vollstreckung unter gleichzeitiger Aufhebung bestehender Pfändungspfandrechte einzustellen. Erfolgt die Einstellung wegen hemmender Tatsachen, sind nur jene Pfändungspfandrechte aufzuheben, die nach Eintritt der Hemmungswirkung erworben wurden.“**

**EB:** § 12 Abs. 1 AbgEO handelt von Einwendungen, die gegen den zu vollstreckenden Abgabenanspruch erhoben werden dürfen, wenn zeitlich nach Ausstellung des Rückstandsausweises Umstände eingetreten sind, die den Abgabenanspruch aufheben oder hemmen. Zu den Einwendungen, die den Abgabenanspruch aufheben, zählt nach der BAO primär die Entrichtung der geschuldeten Abgaben. Als weitere, den Anspruch aufhebende Tatsachen kommen die Löschung der Abgabenschuldigkeiten (§ 235 Abs. 2 BAO), die Nachsicht (§ 236 BAO) sowie die Einbringungsverjährung (§ 238 BAO) in Betracht.

Durch die Neuformulierung der Einstellung in Abs. 4 mit dem Bezug auf Pfändungspfandrechte (somit Pfandrechte, die aufgrund zwangsweiser Pfandrechtsbegründung durch die Abgabenbehörde erwirkt wurden), die nach Eintritt der anspruchshemmenden Wirkung der eingewendeten Maßnahme begründet wurden, soll verdeutlicht werden, dass ab Eintritt der Hemmungswirkung auf den betreffenden Rückstandsausweis keine (weiteren) Vollstreckungsmaßnahmen mehr gestützt werden dürfen. Ein bereits davor zu Recht eingeleitetes Vollstreckungsverfahren darf bloß nicht fortgesetzt werden.

Vollstreckungsakte, welche vor Eintritt der Hemmungswirkung bereits in Vollzug gesetzt waren (etwa der Erwerb von Pfändungspfandrechten) bleiben aufrecht, weil die nach Ausstellung des Rückstandsausweises ausgelöste Hemmung nicht zurückwirkt. Entscheidend ist, wann die hemmende Tatsache wirksam wurde. Erst ab diesem Zeitpunkt entfällt für die betreffende Abgabenforderung das weitere Beitreibungsrecht.

***5. § 13 samt Überschrift lautet:***

**„Einwendungen gegen den Exekutionstitel**

**§ 13. (1) Wenn der Abgabenschuldner behauptet, dass ein Exekutionstitel (§ 4) aus Gründen, die bereits im Zeitpunkt seiner Ausfertigung vorgelegen sind, zu Unrecht ausgestellt wurde, hat er seine Einwendungen bei der Abgabenbehörde (§ 12 Abs. 2) geltend zu machen.**

**(2) § 12 Abs. 3 ist sinngemäß anzuwenden; wenn den Einwendungen rechtskräftig stattgegeben wird, ist die Vollstreckung unter gleichzeitiger Aufhebung aller bis dahin vollzogenen Vollstreckungsakte einzustellen.“**

**EB:** Die Änderung der Überschrift des § 13 wurde bereits von Reeger/Stoll, Die Abgabenexekutionsordnung 49, empfohlen, da der eigentliche Sinn der Bestimmung in Einwendungen gegen den Exekutionstitel besteht, wohingegen Beschwerden gegen die Durchführung der Vollstreckung Gegenstand einer Vollzugsbeschwerde sind, die nunmehr in § 6a geregelt wird. Die Regelung der Einwendung gemäß § 13 Abs. 1 soll auch sprachlich an die vom gerichtlichen Exekutionsverfahren verschiedenen Umstände im abgabenbehördlichen Vollstreckungsverfahren angepasst werden. Eine Bestreitung der Vollstreckbarkeit ist gleichzeitig immer eine Bestreitung des Umstandes, dass ein Rückstandsausweis zu Recht ausgestellt wurde. Voraussetzungen für die Ausstellung eines Rückstandsausweises sind, dass

- keine Hemmung der Einbringung (§ 230 BAO) vorliegt, unabhängig davon, ob von vornherein keine Hemmung bestanden hat oder ob eine zunächst eingetretene Hemmung weggefallen ist,
- keine Aussetzung der Einhebung (§ 212a BAO) vorliegt,
- keine Aussetzung der Einbringung (§ 231 BAO) vorliegt,
- § 242 BAO nicht anzuwenden ist, wonach Kleinbeträge unter 20 Euro nicht zu vollstrecken sind und
- keine anderen gesetzlichen Bestimmungen der Vollstreckung entgegenstehen – etwa eine zuerkannte aufschiebende Wirkung gemäß § 85 VfGG bzw. § 30 VwGG.

Abs. 2 soll – wie auch die bisherige Bestimmung zunächst auf § 12 Abs. 3 AbgEO verweisen. In weiterer Folge soll klargestellt werden, dass im Fall der stattgebenden Erledigung eines Antrages nach Abs. 2 die Einstellung zwar unter gleichzeitiger Aufhebung aller bis dahin vollzogenen Vollstreckungsakte erfolgt, dieser jedoch ex nunc-Wirkung zukommt (vgl. dazu Jakusch in Angst/Oberhammer, EO3 § 39 EO, Rz 88 (Stand 1. 7. 2015, rdb.at)). Die Einstellung stellt den contrarius actus zur Exekutionsbewilligung dar, der Vollzug der Exekution – und zwar der Anlassexekution – wird widerrufen. Aufhebbar sind nur solche Vollzugsakte (Vollstreckungsmaßnahmen), die im Zeitpunkt der Einstellung noch weiter wirksam sind; dabei handelt es sich um noch bestehende Pfändungspfandrechte. Mit der Aufhebung erhält der Abgabepflichtige wieder das volle Verfügungsrecht über die Exekutionsobjekte. Bestimmte „Vollstreckungsakte" im Sinne von „stattgefundenen tatsächlichen Vorgängen" (darunter fällt z. B. die Wohnungsöffnung oder die Aufnahme eines Vermögensverzeichnisses) sind irreversibel. Aufgrund dessen kann auch die Verwertung einer Pfandsache nicht mehr rückgängig gemacht werden. Das heißt, nicht alle („bis dahin vollzogenen") „Vollstreckungsakte" (oder „-maßnahmen") können rückwirkend beseitigt werden. Da aber Einwendung nach § 13 AbgEO nur bis zur Beendigung der Anlassexekution erhoben werden können (vgl. BFG 14. 11. 2019, RV/7500653/2018; Hinweis auf *Liebeg*, AbgEO, § 13 Rz 23) und die Anlassexekution mit der Verwertung der Pfandsache (z. B. Versteigerung der gepfändeten Fahrnisse, Zahlung des Drittschuldners aufgrund des Überweisungsbescheides) beendet ist (zur Beendigung der Exekution siehe auch OGH 30. 4. 1986, 3 Ob 27/86; RIS-Justiz RS0001114; RS0001034), sohin nach Verwertung der Pfandsache die Aufhebung des Pfändungspfandrechtes nicht mehr verfügt werden kann, soll mit der Formulierung „unter gleichzeitiger Aufhebung aller bis dahin vollzogenen Vollstreckungsakte" bloß klargestellt werden, dass

- bereits aufgelaufene Gebühren und Barauslagen entfallen (vgl. VwGH 27. 1. 1994, 92/15/0176; UFS 3. 10. 2005, RV/1156-L/04) und
- allenfalls der Tatbestand des § 241 Abs. 1 erster Halbsatz BAO erfüllt ist (zumal ua die Stattgabe von Einwendungen gem. § 13 AbgEO die Berechtigung zu einem Antrag nach § 241 Abs. 1 BAO auslöst, siehe dazu auch RAE, Rz 1943).

***6. § 14 wird wie folgt geändert:***

***a) In Abs. 2 wird nach dem Wort* „Gegenstand" *die Wortfolge* „unter gleichzeitiger Aufhebung aller bis dahin vollzogenen Vollstreckungsakte" *eingefügt.***

***b) In Abs. 4 wird nach dem Wort* „Vollstreckung" *die Wortfolge* „gemäß Abs. 2" *eingefügt.***

**EB:** Da auch die Einstellung in Folge eines Widerspruchs einer dritten Person die Wirkungen einer Einstellung nach § 13 AbgEO entfaltet, sollen die Abs. 2 und 4 dahingehend ergänzt werden.

***7. In § 15 entfällt Abs. 2 und die Absatzbezeichnung* „(1)".**

**EB:** Nach der Judikatur des VwGH bildet die Vollstreckbarkeitsklausel stets einen Teil des Rückstandsausweises, weshalb Anträge auf Aufhebung der Vollstreckbarkeit eines Rückstandsausweises gleichzeitig als Bestreitung der Richtigkeit des Rückstandsausweises gewertet werden (vgl. dazu VwGH 21. 3. 2005, 2004/17/0168). Für die in § 15 Abs. 2 normierte Antragsbefugnis auf eine gesonderte Aufhebung der Vollstreckbarkeitsklausel bleibt daher angesichts der in § 13 bestehenden Möglichkeit einer Einwendung bzw. des amtswegigen Vorgehens, so sich die Ausstellung des Rückstandsausweises als unzulässig herausstellt, keine praktische Anwendung mehr.

***8. Vor § 16 entfällt die Abschnittsüberschrift.***

***9. § 16 samt Überschrift lautet:***

**„Einstellung der Vollstreckung aus sonstigen Gründen**

**§ 16. (1) Die Vollstreckung ist auf Antrag oder von Amts wegen einzustellen, wenn**

**1. der betriebene Anspruch getilgt wurde;**

**2. der ihr zugrunde liegende Exekutionstitel zum Zeitpunkt seiner Ausfertigung zu Unrecht ausgestellt wurde;**

**3. die Vollstreckung auf Sachen oder Forderungen geführt wird, die nach den geltenden Vorschriften der Vollstreckung überhaupt oder einer abgesonderten Vollstreckung entzogen sind oder die vernichtet wurden;**

**4. die Vollstreckung gegen eine Gemeinde oder eine als öffentlich und gemeinnützig erklärte Anstalt gemäß § 8 Abs. 3 für unzulässig erklärt wurde;**

**5. Anfechtungsansprüche im Zusammenhang mit einem Insolvenzverfahren zu Recht geltend gemacht wurden;**

**6. sich nicht erwarten lässt, dass die Fortsetzung oder Durchführung der Vollstreckung einen die Kosten dieser Vollstreckung übersteigenden Ertrag ergeben wird;**

**7. die Exekution ohne das Bestehen eines Exekutionstitels durchgeführt wurde oder**

**8. die Vollstreckbarerklärung eines ausländischen Exekutionstitels rechtskräftig aufgehoben wurde oder**

**9. eine Ablöse für ein Pfandrecht an einer beweglichen Sache entrichtet wurde.**

**(2) Die Einstellung gemäß Z 1, 5, 6, 8 und 9 erfolgt unter gleichzeitiger Aufhebung bestehender Pfändungspfandrechte, jene gemäß Z 2, 3, 4 und 7 unter gleichzeitiger Aufhebung aller bis dahin vollzogenen Vollstreckungsakte.**

**(3) Macht der Drittschuldner bei der Abgabenbehörde die Unzulässigkeit der Vollstreckung (§ 65 Abs. 4) geltend, gilt dies als Antrag auf Einstellung derselben."**

**EB:** Entsprechend der Anpassungen in den §§ 12 bis 14 AbgEO soll auch in § 16 Abs. 1 eine Adaptierung der Bestimmungen über die Einstellung der Vollstreckung erfolgen. Hinsichtlich der Wirkung der Einstellung differenziert Abs. 2 daher dahingehend, ob die Exekutionsführung zunächst zu Recht stattgefunden hat oder ob ein Exekutionstitel entweder gar nicht oder zu Unrecht bestanden hat. Die in Abs. 1 angeführten Gründe für die Einstellung der Exekution waren bislang stark an § 39 EO angelehnt; nunmehr soll durch die Neuformulierung deutlicher den Erfordernissen des abgabenbehördlichen Vollstreckungsverfahrens Rechnung getragen werden. Der Inhalt des bisherigen Abs. 2 wird unverändert in den neuen Abs. 3 übernommen.

***10. § 17 wird wie folgt geändert:***

***a) Vor § 17 wird folgende Überschrift eingefügt:***

**„Einschränkung der Vollstreckung“**

***b) In Abs. 1 wird die Wortfolge* „§§ 12 bis 16“ *durch die Wortfolge* „§§ 12 bis 14 oder 16“ *ersetzt.***

**EB:** Die Änderungen in § 17 sind bloß formaler Natur (Einfügen einer Überschrift, Verweisanpassung).

***11. § 18 wird wie folgt geändert:***

***a) Vor § 18 wird folgende Überschrift eingefügt:***

**„Aufschiebung der Vollstreckung“**

***b) In Z 5 wird nach dem Wort* „Beschwerde“ *der Klammerausdruck* „(§ 6a)“ *eingefügt.***

Neben dem Einfügen einer Überschrift vor § 18 und einer Verweisanpassung in Z 5 soll die bisherige Z 6 entfallen, zumal diese aufgrund des Wegfalls des § 15 Abs. 2 obsolet wird.

***12. § 19 Abs. 2 lautet:***

**„(2) Im Falle einer Hemmung der Einbringung (§ 230 BAO) kann die Abgabenbehörde auf Antrag oder von Amts wegen unbeschadet einer verfügten Überweisung (§ 71) für die Dauer der Hemmung eine Herabsetzung des Überweisungsbetrages oder eine Aussetzung der Überweisung verfügen. Der Drittschuldner ist über die Herabsetzung zu verständigen. § 74 Abs. 2 ist nicht anzuwenden.“**

Eine Folge der bisher in § 16 Abs. 1 angeordneten Einstellung unter Aufhebung aller bis dahin vollzogenen Vollstreckungsakte auch bei Vorliegen anspruchshemmender Tatsachen ist der Verlust erworbener Pfandrechte. Es soll daher in Anlehnung an die §§ 311 und 311a EO hinsichtlich hemmender Tatsachen insoweit eine Anpassung erfolgen, als in diesen Fällen der Verlust von Pfandrechten, die vor Eintritt der Hemmung erworben wurden, vermieden wird, indem unbeschadet einer aufrechten Pfändung und Überweisung eine Herabsetzung des Überweisungsbetrages bzw. eine Aussetzung der Überweisung für die Dauer des Vorliegens eines Hemmungstatbestandes nach § 230 BAO vorgesehen wird. Aufgrund des Umstandes, dass die vorübergehende Herabsetzung des Überweisungsbetrages eine dem Aufschub der Exekution gleichartige Wirkung entfaltet, soll die Regelung in systematischer Weise in § 19 eingefügt werden.

Dem bisherigen Abs. 2, der § 43 Abs. 2 EO nachgebildet war, kommt im abgabenbehördlichen Vollstreckungsverfahren keine Bedeutung zu (vgl. dazu auch BFG vom 30. 4. 2020, RV/7103014/2017), weshalb die Bestimmung ersatzlos entfallen soll.

***13. § 26 Abs. 6 wird wie folgt geändert:***

***a) Abs. 6 lautet:***

**„(6) Im Falle einer Einstellung nach § 13 Abs. 2, § 14 Abs. 2 oder § 16 Abs. 1 Z 2, 3, 4 oder 7 sind Gebührenfestsetzungen gemäß Abs. 1 und 3 aufzuheben.“**

***b) Abs. 7 und 8 entfallen.***

**EB:** Die Anpassungen in den Regelungen über die Einwendungen im Vollstreckungsverfahren in den §§ 12 bis 16 AbgEO erfordern auch eine entsprechende Adaptierung des § 26 Abs. 6 AbgEO, zumal ausschließlich mit Einstellungen in den taxativ erwähnten Fällen auch die Aufhebung der korrespondierenden Nebengebührenbescheide einhergehen soll.

***14. In § 53 entfallen die Verweise samt Satzzeichen* „292g,“ *und* „ , 292j“.**

***15. In § 80 Abs. 5 wird der Verweis* „§ 315 EO“ *durch den Verweis* „§ 315 Abs. 1 EO“ *ersetzt.***

***16. In § 85 Abs. 4 entfällt der Klammerausdruck* „(§ 18 Z 4 EO)“.**

**EB:** Die vorgeschlagenen Änderungen dienen zur Anpassung an die seit in Kraft treten der Gesamtreform des Exekutionsrechts, BGBl. I Nr. 86/2021, geltende Rechtslage.

## Artikel 16
## Änderung des Bundesfinanzgerichtsgesetzes

**Das Bundesfinanzgerichtsgesetz, BGBl. I Nr. 14/2013, zuletzt geändert durch das Bundesgesetz BGBl. I Nr. 87/2021, wird wie folgt geändert:**

***1. In § 1 Abs. 3 wird folgende Z 6 angefügt:***

**„6. Entscheidungen über Vollzugsbeschwerden gemäß § 6a der Abgabenexekutionsordnung, BGBl. Nr. 104/1949.“**

**EB:** § 6a AbgEO sieht eine Vollzugsbeschwerde vor. Diese richtet sich gegen ein faktisches Handeln eines Organs, das beim Vollzug der Exekution einschreitet, soweit es sich als Maßnahme des Exekutionsvollzuges darstellt. Vorbild für diesen Rechtsbehelf ist § 68 der Exekutionsordnung – EO, RGBl. Nr. 79/1896. Verfassungsrechtlich ist dieser Rechtsbehelf als Beschwerde wegen Rechtswidrigkeit eines Verhaltens einer Verwaltungsbehörde in Vollziehung der Gesetze im Sinn des Art. 130 Abs. 2 Z 1 B-VG anzusehen. Die vorgeschlagene Bestimmung soll die verfassungsrechtlich erforderliche bundesgesetzliche Grundlage für die Zuständigkeit des Bundesfinanzgerichts zur Entscheidung über Vollzugsbeschwerden schaffen.

*2. § 5 Abs. 2 erster Satz lautet:*

**„Die Präsidentin oder der Präsident wird bei ihren oder seinen Aufgaben nach Maßgabe der von ihr oder ihm zu erlassenden Geschäftseinteilung für Justizverwaltungssachen von der Vizepräsidentin oder dem Vizepräsidenten, den Leiterinnen oder Leitern der Außenstellen, den Kammervorsitzenden und erforderlichenfalls mit deren Zustimmung von sonstigen Richterinnen oder Richter des Bundesfinanzgerichtes unterstützt und vertreten."**

**EB:** Zusätzlich zu der bereits bisher bestehenden Möglichkeit, Richterinnen oder Richter in bestimmten Funktionen mit Agenden der Justizverwaltung zu betrauen, sollen auch sonstige Richterinnen oder Richter im Sinne des § 3 Abs. 1 Z 3 BFGG (ohne bestimmte Funktion) mit Justizverwaltungsaufgaben betraut werden können. Der Vorschlag führt zu einer Angleichung an § 3 Abs. 2 BVwGG bzw. § 43 Abs. 1 GOG. Mit diesem Vorschlag wird die Umsetzung der Schlussempfehlung Nr. 3 des Rechnungshofes anlässlich der Prüfung des Bundesfinanzgerichtes (Bericht Bund 2021/1, Seite 65) ermöglicht.

*3. § 9 Abs. 7 zweiter Satz lautet:*

**„Im Übrigen sind auf die Geschäftsführung des Geschäftsverteilungsausschusses die Bestimmungen des RStDG über die Personalsenate sinngemäß anzuwenden."**

**EB:** Im Sinne einer Angleichung der Justizverwaltungsgremien in den einzelnen Bundesgerichten (vgl. die Begründung zum IA des StRefG 2020 [Art. 14 BFGG] 984/A BlgNR. 26. GP 69) soll § 9 dahingehend geändert werden, dass auch für den Geschäftsverteilungsausschuss des Bundesfinanzgerichtes subsidiär die Bestimmungen des Richter- und Staatsanwaltsdienstrechtsgesetzes – RStDG über die Personalsenate sinngemäß anzuwenden sind (vgl. § 10 Abs. 2 BFGG und § 11 Abs. 2 BVwGG).

***4. In § 9 Abs. 7a wird die Wortfolge* „Bis zum Ablauf des 31. Dezember 2021 kann die Leiterin oder der Leiter der Sitzung" *durch die Wortfolge* „Die Leiterin oder der Leiter der Sitzung kann" *ersetzt.***

**EB:** Die aufgrund der COVID-19-Pandemie befristet eingeführte Möglichkeit zum Einsatz technischer Kommunikationsmittel für das Verfahren im Geschäftsverteilungsausschuss soll unbefristet übernommen werden. Ein entsprechendes Vorhaben ist in einem parallelen Gesetzgebungsvorhaben auch für das RStDG vorgesehen (siehe dazu die Erläuterungen zum Entwurf der Dienstrechts-Novelle 2022 betreffend § 47 Abs. 6 RStDG, 193/ME 27. GP, Seite 23).

*5. § 13 wird wie folgt geändert:*

***a) In Abs. 12 entfällt die Wortfolge* „zur allgemeinen Einsicht am Sitz (§ 2 Abs. 1) und an allen Außenstellen (§ 2 Abs. 2) aufzulegen und".**

***b) In Abs. 15 entfällt die Wortfolge* „durch Anschlag an der Amtstafel zu veröffentlichen und".**

**EB:** Die Geschäftsverteilung und die Geschäftsverteilungsübersicht sollen ab 1.1.2023 ausschließlich auf der Homepage des Bundesfinanzgerichtes (elektronische Amtstafel) kundgemacht werden und nicht mehr physisch zur Einsicht bereitgehalten werden müssen.

*6. In § 24 wird nach Abs. 7 folgender Abs. 8 angefügt:*

**„(8) § 25 Abs. 1 ZustG gilt mit der Maßgabe, dass an die Stelle der Kundmachung an der Amtstafel des Bundesfinanzgerichtes die elektronische Veröffentlichung auf der Website des Bundesfinanzgerichtes tritt."**

**EB:** Derzeit sieht § 25 Abs. 1 ZustG auch für das Verwaltungsgericht vor, dass die Zustellung erfolgen kann indem mittels (physischen) Aushangs an der Amtstafel kundgemacht wird, dass ein zuzustellendes Dokument bei Gericht liegt, falls die Abgabestelle einer Person oder einer Mehrheit von Personen dem Gericht nicht bekannt ist. Dieser physische Aushang soll durch eine Veröffentlichung auf der Website des BFG ersetzt werden. Damit wird ein Gleichklang mit einem entsprechenden Vorschlag für das Abgabeverfahren in der BAO hergestellt.

*7. Dem § 27 wird folgender Abs. 8 angefügt:*

**„(8) § 13 Abs. 12 und 15 und § 24 Abs. 8, jeweils in der Fassung des Bundesgesetzes BGBl. I Nr. xx/2022, treten mit 1. Jänner 2023 in Kraft."**

**Artikel 17**

**Änderung des Bundesgesetzes über die Schaffung eines Amtes für Betrugsbekämpfung**

**Das Bundesgesetz über die Schaffung eines Amtes für Betrugsbekämpfung (ABBG), BGBl. I Nr. 99/2019, zuletzt geändert durch das Bundesgesetz BGBl. I Nr. 228/2021, wird wie folgt geändert:**

*1. § 2 Abs. 4 Z 3 lautet:*

**„3. bei Erfüllung von Aufgaben der Zentralstelle Internationale Zusammenarbeit gemäß § 3 Z 4 lit. A und c."**

**EB:** Eine Anpassung der Abgrenzung betreffend die Stellung als Organ der Abgabenbehörde ist aufgrund der Änderungen von Aufgaben und Befugnissen der Zentralstelle Internationale Zusammenarbeit erforderlich.

***2. § 3 Z 3 lit. b lautet:***

**„b) die Wahrnehmung der Rechte und Pflichten im Dienste der Strafrechtspflege gemäß § 196 Abs. 1 FinStrG,“**

***3. In § 3 Z 3 lit. d wird das Wort* „angeordneten“ *durch das Wort* „durchzuführenden“ *ersetzt.***

***4. In § 3 Z 3 lit. g wird das Wort* „Ermittlungshandlungen“ *durch die Wortfolge* „Ermittlungs- und Prüfungshandlungen“ *ersetzt.***

**EB:** Der bisherige Wortlaut des § 3 Z 3 lit. b greift zu kurz, zumal sich die Formulierung bloß auf eine einzelne Maßnahme bezieht. Aufgrund des Umstandes, dass auch die Steuerfahndung finanzstrafbehördliche Tätigkeiten im Sinne der Erfüllung kriminalpolizeilicher Aufgaben gemäß § 196 Abs. 1 FinStrG übernehmen kann, soll eine entsprechende Anpassung der lit. b im Sinne eines Gleichklangs mit § 3 Z 1 lit. b erfolgen.

Die Anpassung des § 3 Z 3 lit. d dient der Beseitigung von Interpretationsunterschieden in der Praxis und soll klarstellen, dass von der Steuerfahndung selbst durchgeführte Prüfungsmaßnahmen nach § 99 Abs. 2 FinStrG keiner Anordnung durch das Amt für Betrugsbekämpfung bedürfen, zumal dies die Erfüllung eigener Aufgaben betrifft.

Eine Ergänzung des § 3 Z 3 lit. g um den Begriff „Prüfungshandlungen“ dient der Klarstellung im Zusammenhang mit der Anpassung des § 3 Z 3 lit. d sowie § 4 Abs. 2.

***5. Im Einleitungssatz des § 3 Z 4 wird die Wortfolge* „den Abgaben- oder Finanzstrafbehörden“ *durch die Wortfolge* „dem Bundesminister für Finanzen, den Abgaben- oder Finanzstrafbehörden“ *ersetzt.***

***6. In § 3 Z 4 lit. c entfällt der Punkt am Ende des Satzes und es wird folgende Wortfolge samt Satzzeichen angefügt:***

**„, und daraus folgend die Gewinnung von für die Erhebung von Abgaben maßgebenden Daten sowie im Rahmen der Verarbeitung im Wege der Geldwäschemeldestelle (§ 4 Abs. 2 Z 1 Bundeskriminalamt-Gesetz – BKA-G, BGBl. I Nr. 22/2002) ein- und ausgehender Geldwäscheverdachtsmeldungen.“**

**EB:** Die bislang in § 2 Abs. 4 Z 3 enthaltene Bezugnahme auf Aufgaben, die dem Bundesminister für Finanzen vorbehalten sind, soll aus Gründen der Verständlichkeit in den Einleitungssatz des § 3 Z 4 verschoben werden.

Eine Ergänzung des § 3 Z 4 lit. c ist insofern erforderlich, als auf Grund von im Rahmen von EUROFISC erhaltenen Informationen Handlungen notwendig werden, die nicht direkt auf die Verordnung (EU) Nr. 904/2010 über die Zusammenarbeit der Verwaltungsbehörden und die Betrugsbekämpfung auf dem Gebiet der Mehrwertsteuer, ABl. Nr. L 268 vom 12.10.2010 S. 1, zuletzt geändert durch die Verordnung (EU) 2018/1909, ABl. Nr. L 311 vom 07.12.2018 S. 1, gestützt werden können. Darüber hinaus werden durch die Geldwäschemeldestelle auf Grund von § 81 FinStrG Geldwäscheverdachtsmeldungen dem Amt für Betrugsbekämpfung übermittelt . Um die Arbeitsabläufe im Zusammenhang mit der Überprüfung dieser Informationen verfahrensökonomisch und rasch zu organisieren sowie nicht erforderliche Schnittstellen zu vermeiden, bedarf es der Ergänzung des Aufgabenkatalogs der Zentralstelle Internationale Zusammenarbeit.

***7. In § 4 Abs. 1 wird die Wortfolge* „§ 3 Z 2 lit. a, b und e sowie § 3 Z 3 lit. g“ *durch die Wortfolge* „§ 3 Z 2 lit. a, b und e, § 3 Z 3 lit. g sowie § 3 Z 4 lit. a und c“ *ersetzt.***

***8. Der erste Satz des § 4 Abs. 2 lautet:***

**„Zur Gewinnung von für die Erhebung von Abgaben maßgebenden Daten können von den Organen des Amtes für Betrugsbekämpfung in Erfüllung ihrer Aufgaben gemäß § 3 Z 2 lit. a, b und e, § 3 Z 2 lit. G sowie § 3 Z 4 lit. a und c allgemeine Aufsichtsmaßnahmen (§§ 143 und 144 BAO) und Ersuchen um Beistand (§ 158 und § 159 BAO), im Falle des § 3 Z 3 lit. g und Z 4 lit. a und c auch Außenprüfungen (§ 147 ff BAO) vorgenommen werden.“**

**EB:** Den Organen des Amtes für Betrugsbekämpfung werden zur Gewinnung von maßgebenden Daten (bedeutenden tatsächlichen und rechtlichen Verhältnissen) für Zwecke der Abgabenerhebung Befugnisse eingeräumt.

Entsprechend der Aufgaben im Bereich der internationalen Amts- und Rechtshilfe in Abgabensachen einschließlich EUROFISC sowie auch im Zusammenhang mit der Bearbeitung der durch die Geldwäschemeldestelle übermittelten Informationen ist eine Anpassung der Befugnisse der zuständigen Organe des Amtes für Betrugsbekämpfung erforderlich. Dem Central Liaison Office in der Zentralstelle Internationale Zusammenarbeit obliegt die Durchführung der Amts- und Rechtshilfe in Abgabensachen, welche ihr auf Basis der in § 2 Abs. 4 Amtshilfe-Durchführungsgesetz – ADG, BGBl. I Nr. 102/2009 enthaltenen Ermächtigung des Bundesministers für Finanzen durch § 3 Abs. 4 in der Fassung des 2. Finanz-Organisationsreformgesetzes – 2. FORG, BGBl. I Nr. 99/2020, übertragen wurden. Dies ist umfassend zu verstehen, sodass darunter sowohl die Aufgabenerfüllung im Rahmen unionsrechtlicher Rechtsgrundlagen als auch eine im Zusammenhang mit völkerrechtlichen Verträgen – wie Doppelbesteuerungsabkommen, Amts- bzw. Rechtshilfeverträgen in Abgabensachen oder auch das Übereinkommen über die gegenseitige Amtshilfe in Steuersachen – umfasst ist. Um zu gewährleisten, dass die Erledigung von Amts- bzw. Rechtshilfeersuchen und die Bearbeitung von Geldwäsche-Verdachtsmeldungen rasch und unter Vermeidung unnötiger Schnittstellen erfolgen kann, sollen abgabenbehördliche Routinetätigkeiten in diesem Kontext, wie die Abfrage von Datenbanken, die Befragung von Auskunftspersonen oder auch die Vornahme von Nachschauen oder Prüfungsmaßnahmen durch die Organe des Amtes für Betrugsbekämpfung selbst erledigt werden können. Dadurch ist es effizienter möglich, dem gesetzlichen Beschleunigungsgebot sowie den Fristen, zu deren Einhaltung sich Österreich auf EU-Ebene sowie aufgrund anderer internationaler Vereinbarungen verpflichtet hat, zu entsprechen. Die Bündelung der speziellen Kenntnisse mit den allgemeinen Befugnissen in einer Hand wird einen weiteren Effizienzgewinn nach sich ziehen. Im Zusammenhang mit der in § 2 Abs. 4 Z 3 geänderten Abgrenzung im Hinblick auf die Tätigkeit von Organen des Amtes für Betrugsbekämpfung als Organe der Abgabenbehörde sowie der Änderung der Aufgabenzuweisungen in § 3 Z 4 ist auch eine Adaptierung der Befugnisnormen in § 4 Abs. 1 und 2 vorzunehmen.

## Artikel 18
## Änderung des Bundesgesetzes über die Prüfung lohnabhängiger Abgaben und Beiträge

**Das Bundesgesetz über die Prüfung lohnabhängiger Abgaben und Beiträge – PLABG, BGBl. I Nr. 98/2018, zuletzt geändert durch das Bundesgesetz BGBl. I Nr. 99/2020, wird wie folgt geändert:**

***1. Der Text des § 3 erhält die Bezeichnung „(1)", am Ende des Abs. 1 wird ein Punkt angefügt und es wird folgender Abs. 2 angefügt:***

**„(2) In Rechtsmittelverfahren, denen eine Prüfung gemäß Abs. 1 Z 1 oder eine Maßnahme gemäß Abs. 1 Z 2 vorausgegangen ist, können die Organe des Prüfdienstes für Lohnabgaben und Beiträge das Finanzamt unterstützen. Dies umfasst auch die Vertretung des Finanzamtes bei mündlichen Verhandlungen (§ 274 BAO) sowie Erörterungsterminen (§ 269 Abs. 3 BAO)."**

***2. In § 5 Abs. 1 Z 2 wird der Punkt durch einen Strichpunkt ersetzt und folgende Z 3 angefügt:***

**„3. bei den Tätigkeiten gemäß § 3 Abs. 2 als Organ des für die Erhebung der Lohnsteuer zuständigen Finanzamtes tätig."**

**EB:** Im Rahmen der Erhebung von lohnabhängigen Abgaben besteht in der Bundesfinanzverwaltung die organisatorische Besonderheit, dass die Lohnsteuerprüfung nicht von Bediensteten des zuständigen Finanzamtes sondern von solchen des Prüfdienstes für Lohnabgaben und Beiträge durchgeführt wird. Mit der nunmehr vorgesehenen Änderung soll innerhalb der Bundesfinanzverwaltung einerseits eine Verbesserung des personellen Ressourceneinsatzes erreicht und andererseits die Abwicklung von Verfahren effizienter gestaltet werden. Organe des Prüfdienstes verfügen über einschlägige Fachexpertise und Fallkenntnis. In Rechtsmittelverfahren, denen Prüfungs-, Aufsichts- oder Erhebungsmaßnahmen durch Organe des Prüfdienstes vorausgegangen sind, wird daher eine Unterstützung des Finanzamtes durch diese Organe ermöglicht. Die Unterstützung kann beispielsweise im Wege der Mithilfe bei der Klärung von Sachverhalts- und Rechtsfragen oder bei der Erstellung von Beschwerdevorentscheidungen, Stellungnahmen oder Revisionen erfolgen. Darüber hinaus ist auch die Vertretung des Finanzamtes in Verhandlungen vor dem Bundesfinanzgericht von der Unterstützungstätigkeit umfasst. Dabei wird das Organ des Prüfdienstes als Organ des Finanzamtes tätig und ist damit auch fachlich weisungsunterworfen.

***3. In § 9 wird folgender Abs. 4 angefügt:***

**„(4) Im Rahmen der Durchführung der Prüfung lohnabhängiger Abgaben und Beiträge sowie der Durchführung von allgemeinen Aufsichts- und Erhebungsmaßnahmen für Zwecke der Erhebung von lohnabhängigen Abgaben kann auf Ausfertigungen von Erledigungen gemäß § 94 und § 95 BAO sowie auf Niederschriften und Prüfungsberichten anstelle der Behördenbezeichnung der Prüfdienst für Lohnabgaben und Beiträge angeführt werden, wenn auf die Zurechnung gemäß § 5 Abs. 1 hingewiesen wird."**

**EB:** Mit der vorgeschlagenen Sonderregelung werden die organisatorischen und verfahrensrechtlichen Besonderheiten des PLABG mit den in § 96 Abs. 1 und § 87 Abs. 3 lit. b BAO normierten Vorgaben der Behördenbezeichnung auf Ausfertigungen und Niederschriften in Einklang gebracht.

## Artikel 19
## Änderung des Finanzstrafgesetzes

**Das Finanzstrafgesetz, BGBl. Nr. 129/1958, zuletzt geändert durch das Bundesgesetz BGBl. I Nr. 227/2021, wird wie folgt geändert:**

***1. In § 24 Abs. 1 wird der Klammerausdruck*** **„(§ 1 Z 3 des Jugendgerichtsgesetzes 1988)"** ***durch den Klammerausdruck*** **„(§ 1 Abs. 1 Z 3 Jugendgerichtsgesetz 1988 – JGG, BGBl. Nr. 599/1988)"** ***ersetzt.***

**EB:** Die Zitierung der Fundstelle soll jeweils an die aktuelle Gesetzeslage angepasst werden.

***2. § 56a Abs. 2 wird der erste Satz durch folgende Sätze ersetzt:***

**„Im Falle einer Aufnahme nach Abs. 1 ist eine Niederschrift zu erstellen. Dies kann auch vereinfacht in Form einer schriftlichen Zusammenfassung des Inhalts der Vernehmung erfolgen."**

**EB:** Die Bestimmung soll klarstellen, dass auch im Falle einer Tonaufnahme oder Bild- und Tonaufnahme einer Vernehmung eine Niederschrift anzufertigen ist, wobei so wie bisher eine vereinfachte Form zulässig ist.

***3. In § 84 Abs. 1 entfällt die Wortfolge*** **„ , soweit dieser Kontakt nicht gemäß § 78 Abs. 3 beschränkt werden kann"*****.***

**EB:** Die Einschränkung des Kontakts mit dem Verteidiger ist in § 78 Abs. 3 nicht mehr vorgesehen, sodass der entsprechende Verweis entfallen soll.

***4. In § 85 Abs. 6 entfällt der letzte Satz.***

**EB:** Bereits durch die mit BGBl. I Nr. 62/2019 erfolgte Umsetzung der Richtlinie (EU) 2016/800 über Verfahrensgarantien in Strafverfahren für Kinder, die Verdächtige oder beschuldigte Personen in Strafverfahren sind, wurde in § 181 der Freiheitsentzug nach den §§ 85 und 86 bei Jugendlichen im Bereich des verwaltungsbehördlichen Finanzstrafverfahrens ausgeschlossen. Aus grammatikalischen Überlegungen und Gründen der Kongruenz soll § 181 neu formuliert werden. Der Entfall der entsprechenden Verständigungspflichten in § 85 Abs. 6 stellt eine redaktionelle Bereinigung dar.

***5. In § 99 Abs. 3 wird das Wort* „Teilnehmernummer" *durch das Wort* „Nutzernummer" *ersetzt.***

***6. In § 99 Abs. 3a wird der Klammerausdruck* „(§ 92 Abs. 3 Z 1 Telekommunikationsgesetz 2003 – TKG 2003, BGBl. I Nr. 70/2003)" *durch den Klammerausdruck* „(§ 160 Abs. 3 Z 1 Telekommunikationsgesetz 2021 – TKG 2021, BGBl. I Nr. 190/2021)" *ersetzt.***

***7. In § 99 Abs. 3a wird nach der Wortfolge* „wenn die dafür erforderlichen Daten zum Zeitpunkt der Anfrage noch rechtmäßig verarbeitet werden" *der Klammerausdruck* „(§ 167 Abs. 1 und 5 TKG 2021)" *eingefügt.***

***8. In § 99 Abs. 3a entfällt der Satz* „§ 99 Abs. 5 TKG 2003 ist sinngemäß anzuwenden.".**

***9. In § 99 Abs. 3b entfällt der erste Satz.***

**EB:** Die Bestimmungen des § 99 Abs. 3 und 3a sollen an die terminologischen Änderungen aufgrund der Neuerlassung des Telekommunikationsgesetzes (Telekommunikationsgesetz 2021 – TKG 2021, BGBl. I Nr. 190/2021) angepasst werden.

§ 99 Abs. 3b soll aus folgenden redaktionellen Gründen geändert werden:

Die Bestimmungen des § 94 Abs. 4 TKG 2003, auf die der derzeitige Abs. 3b verweist, finden sich nunmehr in § 162 Abs. 2 sowie in § 171 Abs. 4 und 6 TKG 2021. Eines neuerlichen Verweises auf die sinngemäße Anwendung bedarf es nicht, da das TKG 2021 ausdrückliche Regelungen betreffend die Auskunftserteilung nach § 99 Abs. 3a enthält.

***10. In § 108 Abs. 1 erster Satz wird nach der Wortfolge* „gerichtlichen Verfahren" *die Wortfolge* „sowie Anspruch auf Ersatz von notwendigen Barauslagen" *eingefügt.***

**EB:** Durch die Bestimmung soll der Anspruch der Zeugen auf den Ersatz der notwendigen Barauslagen ausdrücklich geregelt werden.

***11. In § 125 wird nach Abs. 3 folgender Abs. 4 angefügt:***

**„(4) Unterbleibt nach Abs. 3 eine mündliche Verhandlung vor einem Spruchsenat, kann der Vorsitzende die Beratung und Beschlussfassung des Senates unter Verwendung geeigneter technischer Kommunikationsmittel veranlassen. Der Vorsitzende kann außerdem die Beratung und Beschlussfassung durch die Einholung der Zustimmung der anderen Senatsmitglieder zu einem Entscheidungsentwurf im Umlaufwege ersetzen, wenn keines dieser Mitglieder widerspricht."**

**EB:** Mit dem 3. COVID-19-Gesetz, BGBl. I Nr. 23/2020, wurde in § 265a Abs. 3a für die Fälle, in denen bis 30. September 2020 eine mündliche Verhandlung vor einem Spruchsenat oder vor einem Senat für Finanzstrafrecht beim Bundesfinanzgericht unterbleibt, die Beschlussfassung in den Senaten sowohl unter Einsatz geeigneter technischer Kommunikationsmittel als auch im Umlaufweg ermöglicht. Da sich diese Möglichkeit aus Praktikabilitätsgründen bewährt hat, soll eine entsprechende Regelung in das Dauerrecht übernommen werden. Die Möglichkeit des Umlaufbeschlusses stellt vor allem eine verfahrensbeschleunigende Maßnahme dar und trägt zur Kostenersparnis bei. Die Bestimmung des § 265a Abs. 3a kann somit entfallen.

***12. In § 126 wird nach dem ersten Satz folgender Satz eingefügt:***

**„Darüber ist der Beschuldigte oder der Nebenbeteiligte in der Vorladung zu informieren."**

**EB:** Mit dieser Bestimmung soll die mittels standardisiertem Formular bereits geübte Praxis, Beschuldigte sowie Nebenbeteiligte über die Folgen ihres Nichterscheinens zur Verhandlung zu informieren, gesetzlich verankert werden.

***13. In § 127 Abs. 2 wird in lit. b der Punkt durch einen Strichpunkt ersetzt und nach lit. b folgende lit. C angefügt:***

**„c) von Amts wegen oder auf Antrag des jugendlichen Beschuldigten (§ 1 Abs. 1 Z 2 JGG) oder dessen gesetzlichen Vertreters bzw. der Vertrauensperson (§ 182 Abs. 1) oder der in § 182 Abs. 5 genannten Person, wenn dies in einem Verfahren gegen einen jugendlichen Beschuldigten in dessen Interesse geboten ist."**

**EB:** Es soll die Möglichkeit geschaffen werden, die Öffentlichkeit von der mündlichen Verhandlung auszuschließen, wenn es sich beim Beschuldigten zum Zeitpunkt der mündlichen Verhandlung um einen Jugendlichen im Sinne des § 1 Abs. 1 Z 2 JGG handelt.

***14. § 146 Abs. 1 lautet:***

**„(1) Das Zollamt Österreich kann bei geringfügigen Finanzvergehen durch Strafverfügung Geldstrafen nach Maßgabe der Strafsätze der §§ 33 bis 37, 44 bis 46, 48 bis 48b und 51 sowie des § 91 Alkoholsteuergesetz 2022 – AlkStG 2022, BGBl. I Nr. 227/2021 und des**

**§ 11 Mineralölsteuergesetz 2022 – MinStG 2022, BGBl. I Nr. 227/2021, jedoch nur bis zu einem Höchstausmaß von 3 000 Euro, verhängen und, soweit dies in den §§ 33, 35, 37, 44 und 46 sowie in § 91 AlkStG 2022 und in § 11 MinStG 2022 vorgesehen ist, den Verfall aussprechen (vereinfachte Strafverfügung). Eine solche Strafverfügung darf nur erlassen werden, wenn sich der Beschuldigte nach Bekanntgabe der in Aussicht genommenen Strafe mit der Erlassung der vereinfachten Strafverfügung einverstanden erklärt und auf die Erhebung eines Einspruchs schriftlich verzichtet. Ein Einspruchsverzicht kann binnen drei Tagen schriftlich oder zur Niederschrift widerrufen werden. Kosten des Strafverfahrens sind nicht zu ersetzen.“**

***15. § 146 Abs. 2 lautet:***

**„(2) Als geringfügige Finanzvergehen gelten:**

**1. Finanzordnungswidrigkeiten nach § 51;**

**2. die Finanzvergehen nach den §§ 33, 35 und 37 Abs. 1, sofern der strafbestimmende Wertbetrag oder die Summe der strafbestimmenden Wertbeträge (§ 53 Abs. 1) 1 500 Euro nicht übersteigt; als strafbestimmender Wertbetrag hat der auf die Ware entfallende Abgabenbetrag oder der hinterzogene Abgabenbetrag zu gelten;**

**3. die Finanzvergehen nach den §§ 34, 36, 37 Abs. 3 und 44 bis 46, sofern der strafbestimmende Wertbetrag oder die Summe der strafbestimmenden Wertbeträge (§ 53 Abs. 1) 3 000 Euro nicht übersteigt; als strafbestimmender Wertbetrag hat der auf die Ware entfallende Abgabenbetrag oder der verkürzte Abgabenbetrag bzw. das Einfache der Bemessungsgrundlage gemäß § 44 Abs. 2 zu gelten;**

**4. die Finanzvergehen nach den §§ 48 und 48a, sofern durch die Tat weder Abgaben hinterzogen noch verkürzt wurden;**

**5. das Finanzvergehen nach § 48b, sofern die Barmittel den Betrag von 30 000 Euro nicht übersteigen;**

**6. die Finanzvergehen nach § 91 AlkStG 2022 und § 11 MinStG 2022, sofern die hinterzogenen Abgaben den Betrag von 1 500 Euro oder die verkürzten Abgaben den Betrag von 3 000 Euro nicht übersteigen.“**

**EB:** Die Anhebung des Strafmaßes auf 3 000 bzw. 1 500 Euro und damit auch der Grenzen der strafbestimmenden Wertbeträge sowie die Ausweitung der Deliktsgruppen sollen einerseits verfahrensbeschleunigend wirken und andererseits das Zollamt Österreich entlasten. Da das Zollamt Österreich als Finanzstrafbehörde bei einem Überschreiten der in dieser Bestimmung angeführten Betragsgrenzen ein ordentliches Finanzstrafverfahren durchzuführen hat, sollen höhere Betragsgrenzen dem Zollamt Österreich die Möglichkeit schaffen, vermehrt vereinfachte Strafverfügungen zu erlassen.

So sollen die strafbestimmenden Wertbeträge dem jeweiligen Strafmaß angepasst werden und bei Monopoldelikten die Bemessungsgrundlage nach § 44 Abs. 2 maßgeblich sein. Durch diese Anpassung und die Ausweitung der in Abs. 2 angeführten geringfügigen Finanzvergehen sollen Ressourcen für umfangreiche und komplexe Finanzstraffälle gewonnen werden. Die Verletzung der Verschlusssicherheit und die Herbeiführung unrichtiger Präferenznachweise sollen nur dann mittels vereinfachter Strafverfügung erledigt werden können, wenn durch das Finanzvergehen weder Abgaben hinterzogen noch verkürzt wurden. Verletzungen von Verpflichtungen im Barmittelverkehr sollen dann vereinfacht erledigt werden können, wenn die Barmittel, welche im Sinne der Verordnung (EU) 2018/1672 des Europäischen Parlaments und des Rates vom 23. Oktober 2018 über die Überwachung von Barmitteln, die in die Union oder aus der Union verbracht werden, und zur Aufhebung der Verordnung (EG) Nr. 1889/2005 (ABl. Nr. L 284 vom 12.11.2018 S 6-21) nicht rechtmäßig angemeldet oder offengelegt wurden oder bei welchen die Auskunfts- oder Offenlegungspflicht nach § 17b Zollrechts-Durchführungsgesetz verletzt wurde, den Betrag von 30 000 Euro nicht übersteigen. § 91 Alkoholsteuergesetz 2022 (AlkStG 2022) und § 11 Mineralölsteuergesetz 2022 (MinStG 2022) sollen dann als geringfügiges Finanzvergehen im Sinne des Abs. 2 gelten, wenn die durch diese Taten begangenen Abgaben- bzw. Mineralölsteuerhinterziehungen oder Abgaben- bzw. Mineralölsteuerverkürzungen den Betrag von 3 000 bzw. 1 500 Euro nicht übersteigen. Die in § 11 Abs. 3 MinStG 2022 angeführten Mindestgeldstrafen – bei Mineralölsteuerhinterziehungen 2 000 Euro, bei Mineralölsteuerverkürzungen 500 Euro – sind jedenfalls zu beachten. Auch aufgrund der Ausweitung der Strafbefugnis soll nunmehr für Beschuldigte die Möglichkeit eröffnet werden, den Einspruchsverzicht zu widerrufen. In diesem Fall ist ein Finanzstrafverfahren durchzuführen.

***16. In § 160 wird nach Abs. 4 folgender Abs. 5 angefügt:***

**„(5) Unterbleibt nach Abs. 2 oder 3 eine mündliche Verhandlung vor einem Senat für Finanzstrafrecht beim Bundesfinanzgericht, kann der Vorsitzende die Beratung und Beschlussfassung des Senates unter Verwendung geeigneter technischer Kommunikationsmittel veranlassen. Der Vorsitzende kann außerdem die Beratung und Beschlussfassung durch die Einholung der Zustimmung der anderen Senatsmitglieder zu einem Entscheidungsentwurf im Umlaufwege ersetzen, wenn keines dieser Mitglieder widerspricht.“**

**EB:** Mit dem 3. COVID-19-Gesetz, BGBl. I Nr. 23/2020, wurde in § 265a Abs. 3a für die Fälle, in denen bis 30. September 2020 eine mündliche Verhandlung vor einem Spruchsenat oder vor einem Senat für Finanzstrafrecht beim Bundesfinanzgericht unterbleibt, die Beschlussfassung in den Senaten sowohl unter Einsatz geeigneter technischer Kommunikationsmittel als auch im Umlaufweg ermöglicht. Da sich diese Möglichkeit aus Praktikabilitätsgründen bewährt hat, soll eine entsprechende Regelung in das Dauerrecht übernommen werden. Die Möglichkeit des Umlaufbeschlusses stellt vor allem eine verfahrensbeschleunigende Maßnahme dar und trägt zur Kostenersparnis bei. Die Bestimmung des § 265a Abs. 3a kann somit entfallen.

***17. § 180 Abs. 1 lautet:***

**„(1) Die Finanzstrafbehörden sollen sich in Strafverfahren gegen Jugendliche (§ 1 Abs. 1 Z 2 JGG) nach Möglichkeit der Mithilfe der öffentlichen Unterrichts- und Erziehungsanstalten und der mit der Jugendfürsorge betrauten Behörden (Kinder- und Jugendhilfe) sowie solcher Personen und Körperschaften bedienen, die in der Jugendfürsorge tätig sind und sich den Behörden zur Verfügung stellen (Jugendgerichtshilfe). Die Mithilfe kann insbesondere in der Erhebung der persönlichen Verhältnisse des Jugendlichen, in der Fürsorge für seine Person und in dem Beistand bestehen, dessen er im Verfahren bedarf. Strafverfahren wegen einer Jugendstraftat (§ 24 Abs. 2) sind ohne Verzug sowie unter besonderer Berücksichtigung von Alter und Reifegrad des Beschuldigten durchzuführen.“**

**EB:** Die Änderungen sind aufgrund von Anpassungen an die aktuelle Terminologie (vgl. Bundes-Kinder- und Jugendhilfegesetz) erforderlich.

Da die bisherige Terminologie („Finanzstrafverfahren gegen Jugendliche“) in der Literatur zu unterschiedlichen Auslegungen geführt hat, in welchem konkreten Zeitpunkt auf das Alter abgestellt werden muss, soll durch den Verweis auf § 24 Abs. 2 klargestellt werden, dass auf den Zeitpunkt der Tatbegehung abzustellen ist.

***18. In § 180 Abs. 2 wird nach dem Wort* „Verteidiger“ *die Wortfolge* „für das gesamte Verfahren“ *eingefügt. Nach dem letzten Satz wird folgender Satz angefügt:***

**„Die Beigabe des Verteidigers bleibt aufrecht, auch wenn der jugendliche Beschuldigte im Laufe des Verfahrens das achtzehnte Lebensjahr überschreitet.“**

**EB:** Diese Änderung soll klarstellen, dass die einem Jugendlichen gewährte Beigabe eines Verfahrenshilfeverteidigers für das gesamte Verfahren und nicht nur für einzelne Verfahrenshandlungen gilt. Zudem soll eine solche Beigabe auch bei Überschreiten des achtzehnten Lebensjahres aufrecht bleiben.

***19. Dem § 180 wird folgender Abs. 3 angefügt:***

**„(3) Der jugendliche Beschuldigte ist unbeschadet des § 57 Abs. 3 sobald wie möglich zu informieren über:**

**1. das Recht auf Ausschluss der Öffentlichkeit (§ 127 Abs. 2 lit. c),**

**2. das Recht auf Unterstützung durch einen Verteidiger gemäß Abs. 2,**

**3. die Information des gesetzlichen Vertreters bzw. der Vertrauensperson (§ 182 Abs. 1),**

**4. die Möglichkeit der Begleitung durch den gesetzlichen Vertreter bzw. die Vertrauensperson (§ 182 Abs. 2).“**

Diese Aufzählung an Informationsrechten für jugendliche Beschuldigte soll der Kodifizierung einer bereits geübten Praxis dienen.

***20. § 181 lautet:***

**„§ 181. Jugendliche dürfen weder nach § 85 festgenommen noch darf über sie eine Untersuchungshaft nach § 86 verhängt werden.“**

**EB:** Bereits durch die mit BGBl. I Nr. 62/2019 erfolgte Umsetzung der Richtlinie (EU) 2016/800 über Verfahrensgarantien in Strafverfahren für Kinder, die Verdächtige oder beschuldigte Personen in Strafverfahren sind, wurde in § 181 der Freiheitsentzug nach den §§ 85 und 86 bei Jugendlichen im Bereich des verwaltungsbehördlichen Finanzstrafverfahrens ausgeschlossen. Aus grammatikalischen Überlegungen und Gründen der Kongruenz soll § 181 neu formuliert werden. Der Entfall der entsprechenden Verständigungspflichten in § 85 Abs. 6 stellt eine redaktionelle Bereinigung dar.

***21. § 182 Abs. 1 lautet:***

**„(1) Die Finanzstrafbehörde hat den gesetzlichen Vertreter eines jugendlichen Beschuldigten von den dem Beschuldigten gemäß § 180 Abs. 3 zukommenden Rechten, von den ihm in seiner Eigenschaft als gesetzlicher Vertreter im Finanzstrafverfahren zukommenden Rechten, von der Einleitung des Strafverfahrens und vom Erkenntnis (von der Strafverfügung) zu verständigen. Sofern der gesetzliche Vertreter nicht bekannt oder nicht erreichbar ist, oder dessen Verständigung dem Wohl des Jugendlichen abträglich wäre oder das Strafverfahren erheblich gefährden könnte, kann der jugendliche Beschuldigte anstelle des gesetzlichen Vertreters eine andere geeignete Person benennen (Vertrauensperson). Dieser Person kommen für die Zeit, während der die genannten Voraussetzungen vorliegen, die Rechte des gesetzlichen Vertreters zu. Wird keine Vertrauensperson benannt, hat die Finanzstrafbehörde unter Berücksichtigung des Wohles des jugendlichen Beschuldigten eine solche zu bestellen und den Jugendlichen darüber zu informieren.“**

Diese Ergänzung soll einerseits klarstellen, dass der gesetzliche Vertreter sowohl von den Rechten, die dem jugendlichen Beschuldigten zustehen, als auch von den ihm in seiner Eigenschaft als gesetzlicher Vertreter zukommenden Rechten informiert wird.

Andererseits soll es einem jugendlichen Beschuldigten möglich sein, neben dem Verfahrenshilfeverteidiger eine weitere Vertrauensperson zur Seite zu haben. Sofern der Jugendliche keine geeignete Person nennt, soll eine solche von der Finanzstrafbehörde bestellt werden. Die Finanzstrafbehörde soll zweckmäßiger Weise eine in Jugendstrafsachen betraute Person der Kinder- und Jugendhilfe bestellen. Eine Bestellung soll auch dann erfolgen, wenn dem jugendlichen Beschuldigten von Amts wegen ein Verteidiger beizugeben ist.

Zudem soll klargestellt werden, dass die Vertrauensperson einem Rechtsmittel- oder Einspruchsverzicht eines jugendlichen Beschuldigten zuzustimmen und diesen ebenfalls zu unterfertigen hat.

***22. § 182 Abs. 2 lautet:***

**„(2) Der gesetzliche Vertreter bzw. die Vertrauensperson ist in jeder Lage des Verfahrens berechtigt, den jugendlichen Beschuldigten zu begleiten. Die förmliche Vernehmung des jugendlichen Beschuldigten ist mittels Ton- und Bildaufnahme (§ 56a) zu dokumentieren, soweit der jugendliche Beschuldigte keinen Verteidiger beizieht oder kein Verteidiger beizugeben ist und auch kein gesetzlicher Vertreter bzw. keine Vertrauensperson anwesend ist. Eine Dokumentation ausschließlich mittels einer Niederschrift ist zulässig, wenn eine Ton- und Bildaufnahme aufgrund eines unüberwindbaren technischen Problems nicht möglich ist, sofern angemessene Anstrengungen zur Behebung des Problems unternommen wurden, und eine Verschiebung der Vernehmung unangemessen wäre."**

**EB:** Durch diese adaptierte Regelung soll von einer zwingenden Ton- und Bildaufnahme Abstand genommen werden können. Die Dokumentation der förmlichen Vernehmung mittels Ton- und Bildaufnahme soll erfolgen, wenn die Vernehmung in Abwesenheit des gesetzlichen Vertreters bzw. der Vertrauensperson oder ohne Beiziehung bzw. Beigabe eines (Verfahrenshilfe-)Verteidigers erfolgt. In Fällen einer nicht notwendigen Verteidigung erscheint eine generelle Pflicht zur Aufzeichnung der Vernehmung in Ton und Bild als überschießend. Sofern die technischen Voraussetzungen in den Vernehmungsräumen eine Ton- und Bildaufnahme nicht ermöglichen, jedoch angemessene Anstrengungen zur Behebung des Problems unternommen wurden und eine Verschiebung der Vernehmung unangemessen wäre, soll ebenfalls von einer audiovisuellen Vernehmung Abstand genommen werden können. Eine Niederschrift ist jedenfalls auszufertigen.

***23. § 182 Abs. 3 lautet:***

**„(3) Ist die mündliche Verhandlung nicht öffentlich oder ist die Öffentlichkeit ausgeschlossen, so können der Verhandlung neben dem gesetzlichen Vertreter bzw. der Vertrauensperson auch die Erziehungsberechtigten, Vertreter der Kinder- und Jugendhilfe und der Jugendgerichtshilfe sowie ein allenfalls bestellter Bewährungshelfer beiwohnen."**

**EB:** Die Änderungen sind aufgrund von Anpassungen an die aktuelle Terminologie (vgl. Bundes-Kinder- und Jugendhilfegesetz) erforderlich.

Da die bisherige Terminologie („Finanzstrafverfahren gegen Jugendliche") in der Literatur zu unterschiedlichen Auslegungen geführt hat, in welchem konkreten Zeitpunkt auf das Alter abgestellt werden muss, soll durch den Verweis auf § 24 Abs. 2 klargestellt werden, dass auf den Zeitpunkt der Tatbegehung abzustellen ist.

***24. In § 182 Abs. 4 wird nach der Wortfolge* „Mitunterfertigung des gesetzlichen Vertreters" *die Wortfolge* „bzw. der Vertrauensperson" *eingefügt.***

Diese Ergänzung soll einerseits klarstellen, dass der gesetzliche Vertreter sowohl von den Rechten, die dem jugendlichen Beschuldigten zustehen, als auch von den ihm in seiner Eigenschaft als gesetzlicher Vertreter zukommenden Rechten informiert wird.

Andererseits soll es einem jugendlichen Beschuldigten möglich sein, neben dem Verfahrenshilfeverteidiger eine weitere Vertrauensperson zur Seite zu haben. Sofern der Jugendliche keine geeignete Person nennt, soll eine solche von der Finanzstrafbehörde bestellt werden. Die Finanzstrafbehörde soll zweckmäßiger Weise eine in Jugendstrafsachen betraute Person der Kinder- und Jugendhilfe bestellen. Eine Bestellung soll auch dann erfolgen, wenn dem jugendlichen Beschuldigten von Amts wegen ein Verteidiger beizugeben ist.

Zudem soll klargestellt werden, dass die Vertrauensperson einem Rechtsmittel- oder Einspruchsverzicht eines jugendlichen Beschuldigten zuzustimmen und diesen ebenfalls zu unterfertigen hat.

***25. In § 183 wird nach dem Wort* „Pflegschaftsgericht" *die Wortfolge* „sowie der Kinder- und Jugendhilfe" *eingefügt.***

**EB:** Diese Ergänzung soll sicherstellen, dass nicht nur dem Pflegschaftsgericht eine Abschrift des Erkenntnisses (bzw. der Strafverfügung) zu übersenden ist, sondern auch der Kinder- und Jugendhilfe.

Eine Übermittlung erscheint zur Wahrung der Rechte des Jugendlichen erforderlich, wobei die Einfügung dieser Verpflichtung der Durchbrechung der abgabenrechtlichen Geheimhaltungspflicht dienen soll. Da nach dem Gesetzeswortlaut auch Umstände, die eine pflegschaftsbehördliche Maßnahme erfordern, mitzuteilen sind, soll der Kinder- und Jugendhilfe jedenfalls eine Mitteilung erstattet werden, also auch in jenen Fällen, in denen der Jugendliche nicht bestraft wurde.

***26. In § 185 Abs. 5 entfällt die Zeichenfolge* „Abs. 2".**

**EB:** Mit diesen Änderungen sollen Redaktionsversehen bereinigt werden:

**EB:** Gemäß § 172 Abs. 1 kann für die Einhebung, Sicherung und Einbringung der Geldstrafen und Wertersätze sowie der Zwangs- und Ordnungsstrafen und die Geltendmachung der Haftung die Amtshilfe durch Abgabenbehörden in Anspruch genommen werden. Daher soll der entsprechende Verweis im Hinblick auf die Kosten des Strafverfahrens richtiggestellt werden.

***27. In § 185 Abs. 7 wird der Klammerausdruck* „(§ 1 Z 3 des Jugendgerichtsgesetzes 1988)" *durch den Klammerausdruck* „(§ 1 Abs. 1 Z 3 JGG)" *ersetzt.***

**EB:** Die Zitierung der Fundstelle soll jeweils an die aktuelle Gesetzeslage angepasst werden.

***28. § 265a Abs. 3a entfällt.***

**EB:** Mit dem 3. COVID-19-Gesetz, BGBl. I Nr. 23/2020, wurde in § 265a Abs. 3a für die Fälle, in denen bis 30. September 2020 eine mündliche Verhandlung vor einem Spruchsenat oder vor einem Senat für Finanzstrafrecht beim Bundesfinanzgericht unterbleibt, die Beschlussfassung in den Senaten sowohl unter Einsatz geeigneter technischer Kommunikationsmittel als auch im Umlaufweg ermöglicht. Da sich diese Möglichkeit aus Praktikabilitätsgründen bewährt hat, soll eine entsprechende Regelung in das Dauerrecht übernommen werden. Die Möglichkeit des Umlaufbeschlusses stellt vor allem eine verfahrensbeschleunigende Maßnahme dar und trägt zur Kostenersparnis bei. Die Bestimmung des § 265a Abs. 3a kann somit entfallen.

***29. In § 266 Abs. 1 wird die Zeichenfolge* „Abs. 1" *jeweils durch die Zeichenfolge* „§ 265 Abs. 1" *ersetzt.***

**EB:** Mit diesen Änderungen sollen Redaktionsversehen bereinigt werden:

**EB:** Mit dem Jahressteuergesetz 2018 – JStG 2018, BGBl. I Nr. 62/2018, wurden die Abs. 2, 3, 5 und 6 des § 265 als neuer § 266 Abs. 1, 2, 3, und 4 angefügt. Der geltende § 266 Abs. 1 ermöglicht die Erlassung der zur Vollziehung des FinStrG erforderlichen Verordnungen schon vor den in „Abs. 1" genannten Zeitpunkten. Hierbei handelt es sich um ein Redaktionsversehen, gemeint ist „§ 265 Abs. 1".

Durch diesen Einschub soll das Redaktionsversehen bereinigt werden.

## Artikel 20
## Änderung des Kontenregister- und Konteneinschaugesetzes

**Das Kontenregister- und Konteneinschaugesetz, BGBl. I Nr. 77/2016, zuletzt geändert durch das Bundesgesetz BGBl. I Nr. 148/2021, wird wie folgt geändert:**

***1. Das Inhaltsverzeichnis wird hinsichtlich § 3 wie folgt geändert:***

**„§ 3. Übermittlungen der meldepflichtigen Kredit- und Finanzinstitute"**

**EB:** Mit dieser Bestimmung sollen im Inhaltsverzeichnis die Änderungen aus vorangegangenen Novellierungen nachvollzogen werden.

***2. § 2 Abs. 1 Z 3 und 4 lauten:***

**„3. allfällige gegenüber dem Kreditinstitut hinsichtlich des Kontos oder des Depots vertretungsbefugte Personen, Treugeber und wirtschaftliche Eigentümer gemäß § 2 des Wirtschaftliche Eigentümer Registergesetzes – WiEReG, BGBl. I Nr. 136/2017, wobei Z 1 bis 2 sinngemäß anzuwenden sind, sowie die IBAN (Kontonummer) bzw. Depotnummer;**

**4. eine eindeutige Nummer bei Schließfächern und, sofern der Mieter des Schließfaches eine juristische Person ist, gegenüber dem Kreditinstitut oder dem gewerblichen Schließfachanbieter hinsichtlich des Schließfaches vertretungsbefugte Personen und wirtschaftliche Eigentümer gemäß § 2 WiEReG, wobei Z 1 bis 2 sinngemäß anzuwenden sind,"**

**EB:** Die Änderungen sollen der Bereinigung eines Redaktionsversehens dienen.

***3. In § 3 wird folgender Abs. 5 angefügt:***

**„(5) Die meldepflichtigen Kredit- und Finanzinstitute sind verpflichtet geeignete Kontrollmaßnahmen zu ergreifen, um die Einhaltung dieser Meldepflichten gemäß § 3 und die Vollständigkeit der Daten im Sinne von § 2 sicherzustellen."**

**EB:** Mit dieser Bestimmung sollen die Kreditinstitute zum Ergreifen von Qualitätssicherungsmaßnahmen verpflichtet werden. Kreditinstitute haben die nach § 2 erforderlichen Daten primär als verschlüsseltes bereichsspezifisches Personenkennzeichen für Steuern und Abgaben (vbPK SA) zu übermitteln. Dennoch befinden sich aktuell im Kontenregister über 9 Millionen Einträge von natürlichen Personen mit Ersatzdaten (teilweise unvollständige, unrichtig eingetragene Vornamen, Nachnamen, Geburtsdaten, etc.), die nicht eindeutig den Subjektdaten der Finanzverwaltung zugeordnet werden können. Die Regelung soll den Zweck verfolgen, dass Kreditinstitute geeignete Kontrollmaßnahmen ergreifen und solche Ersatzdaten einer Überprüfung insbesondere in Hinblick auf Vollständigkeit, Aktualität und Plausibilität unterzogen werden, um so einen Abgleich mit dem Stammzahlenregister zu ermöglichen und die Daten als vbPK SA an das Kontenregister zu melden. Das Ziel soll ein möglichst hoher Anteil an Daten mit vbPK SA – Ausstattung im Kontenregister sein. Dennoch wird es weiterhin mit Ersatzdaten gemeldete Subjekte im Kontenregister geben, weil eine Stammzahl nicht berechnet werden konnte, da es sich z. B. um Altkundenbestand oder Kunden die nicht im ZMR/ERnP erfasst sind, handelt. Diese Kontrollmaßnahmen sind zweckmäßig, weil die Erstattung unrichtiger oder unvollständiger Meldungen zu Strafen für meldende Kreditinstitute führen können. Die Kontrollmaßnahmen sind zudem geeignet, wesentlich zur Sicherstellung der Einhaltung der Meldeverpflichtungen nach dem KontRegG beizutragen.

Die Kontrollmaßnahmen haben dem Umfang und der Komplexität der Geschäftstätigkeit des meldenden Kreditinstituts Rechnung zu tragen. Die für die inhaltliche Richtigkeit und Vollständigkeit der Meldung gemäß § 3 maßgeblichen Prozesse sind im Rahmen der Kontrollmaßnahmen zu überprüfen. Die Kontrollmaßnahmen haben eine regelmäßig indizierte/initiierte Überprüfung der meldepflichtigen Konten und Depots, der Kunden für die Meldungen mittels Ersatzdaten erstattet wurden, sowie der zugehörigen Dokumentation zu beinhalten.

***4. In § 5 wird folgender Abs. 5 angefügt:***

**„(5) Der Bundesminister für Finanzen ist berechtigt im Kontenregister enthaltene Konten, Depots oder Schließfächer von Kreditinstituten, deren Konzession zurückgenommen wurde (§ 6 BWG) oder erloschen ist (§ 7 BWG) oder denen mit Beschluss die Zulassung als Kreditinstitut gemäß Artikel 4 Absatz 1 Buchstabe a und Artikel 14 Absatz 5 der Verordnung (EU) Nr. 1024/2013 und den Artikeln 80 und 83 der Verordnung (EU) Nr. 468/2014 in Verbindung mit Artikel 18 Buchstabe e der Richtlinie 2013/36/EU und des BWG entzogen wurde, mit dem Datum der Rechtskraft des Beschlusses oder Bescheids als aufgelöst zu kennzeichnen. Für den Fall der Beendigung des Geschäftsbetriebs von Zweigstellen von CRR-Kreditinstituten im Inland oder von Finanzinstituten gemäß § 1 Abs. 2 Z 6 und 7 BWG ist der Bundesminister für Finanzen berechtigt im Kontenregister enthaltene Konten, Depots oder Schließfächer mit dem Datum der Beendigung des Geschäftsbetriebes als aufgelöst zu kennzeichnen.“**

**EB:** Der Bundesminister für Finanzen soll die Berechtigung erhalten, im Kontenregister enthaltene Konten, Depots oder Schließfächer von Kreditinstituten, deren Konzession zurückgenommen oder entzogen wurde oder erloschen ist, als aufgelöst zu kennzeichnen. Das Kontenregister folgt dem Grundsatz, dass nur jene Daten darin abgebildet werden, die von Kredit- oder Finanzinstituten gemeldet werden. Mit Beendigung der Konzession erlischt das Kreditinstitut und damit seine Meldeverpflichtungen.

Insbesondere bei Konkurseröffnung über das Vermögen von Kreditinstituten und der damit einhergehenden Beendigung der Konzession können vor allem aktive (bestehende) Konten und Depots faktisch nicht mehr als beendet oder aufgelöst gemeldet werden. Das Kontenregister würde mit der Darstellung von aktiven Konten die Existenz eines Kreditinstitutes suggerieren. Erst mit der Kennzeichnung dieser Konten und Depots als aufgelöst durch den Bundesminister für Finanzen kann die Symmetrie zwischen Kontenregister und aufgelöstem Kreditinstitut wiederhergestellt werden. Ebenso soll im Fall der Einstellung des inländischen Geschäftsbetriebs von Zweigstellen ohne Untergang des dahinterstehenden ausländischen CRR-Kreditinstitutes oder die Beendigung der Geschäftstätigkeit eines Zahlungsdienstleisters oder gewerblichen Schließfachanbieters der Bundesminister für Finanzen die Berechtigung erhalten, im Kontenregister enthaltene Schließfächer als aufgelöst zu kennzeichnen.

***5. In § 7 Abs. 1 wird das Wort* „Übermittlungspflicht“ *durch das Wort* „Pflichten“ *ersetzt.***

**EB:** Durch die Änderung soll klargestellt werden, dass sämtliche Pflichten des § 3 von den Strafbestimmungen umfasst sind.

## Artikel 22
## Änderung des EU-Besteuerungsstreitbeilegungsgesetzes

**Das EU-Besteuerungsstreitbeilegungsgesetz – EU-BStbG, BGBl. I Nr. 62/2019, wird wie folgt geändert:**

***1. In § 17 wird nach Abs. 1 folgender Abs. 1a eingefügt:***

**„(1a) Sind in einem Mängelbehebungsverfahren gemäß § 85 Abs. 2 BAO nicht alle inhaltlichen Mängel einer Streitbeilegungsbeschwerde fristgerecht behoben worden, gilt der Zurücknahmebescheid als Zurückweisung der Beschwerde im Sinne dieses Abschnittes.“**

**EB:** Art. 6 Abs. 1 lit. a der Richtlinie (EU) 2017/1852 über Verfahren zur Beilegung von Besteuerungsstreitigkeiten in der Europäischen Union, ABl. Nr. L 265 vom 14.10.2017 S. 1, setzt für die Beantragung der Einsetzung des Beratenden Ausschusses die Zurückweisung der Beschwerde gemäß Art. 5 Abs. 1 der Richtlinie voraus. Art. 5 Abs. 1 lit. a der Richtlinie sieht die Zurückweisung der Streitbeilegungsbeschwerde auch für jene Fälle vor, bei denen erforderliche Informationen nach Art. 3 Abs. 3 der Richtlinie fehlen. Im Ergebnis soll daher auch bei einer Formalentscheidung über eine inhaltlich mangelhafte Beschwerde ein Antrag auf Einsetzung des Beratenden Ausschusses möglich sein.

Die vorliegende Gesetzesänderung trägt dieser Richtlinienvorgabe im Rahmen der Systematik des EU-BStbG Rechnung: Ein Antrag auf Zulassung der Streitbeilegungsbeschwerde durch den Beratenden Ausschuss gemäß § 17 Abs. 1 EU-BStbG soll auch bei Zurücknahmebescheiden möglich sein, wenn im Mängelbehebungsverfahren nicht alle inhaltlichen Mängel einer Streitbeilegungsbeschwerde fristgerecht behoben worden sind. In diesem Fall gilt der Zurücknahmebescheid als Zurückweisung der Streitbeilegungsbeschwerde, womit die Grundvoraussetzung für einen Antrag auf Zulassung der Streitbeilegungsbeschwerde durch den Beratenden Ausschuss erfüllt ist.

**2. In § 39 Abs. 3 wird die Wortfolge *„abweichend von Abs. 3“* durch die Wortfolge *„abweichend von Abs. 2“* ersetzt.**

**EB:** Es soll ein Redaktionsversehen beseitigt werden.

***3. In § 73 Z 2 lit. a wird die Wortfolge* „der Bundesminister für Finanzen“ *durch die Wortfolge* „die österreichische zuständige Behörde“ *ersetzt.***

**EB:** Im EU-BStbG wird durchgängig die „österreichische zuständige Behörde“ angesprochen. Wer diese zuständige Behörde ist, ergibt sich aus § 3 Abs. 1 Z 9. Um die gewählte Technik lückenlos anzuwenden wird die einzige Ausnahme, nämlich § 73 Z 2 lit. a, umformuliert.

**Artikel 23**
**Änderung des EU-Meldepflichtgesetzes**

**Das EU-Meldepflichtgesetz, BGBl. I Nr. 91/2019, zuletzt geändert durch das Bundesgesetz BGBl. I Nr. 96/2020, wird wie folgt geändert:**

***1. In § 3 Z 11 wird folgender Schlussteil angefügt:***

**„Falls mehr als eine Person gemäß den lit. a bis d an der Geschäftsleitung, der Kontrolle, dem Kapital oder den Gewinnen derselben Person beteiligt ist, gelten alle betroffenen Personen als verbundene Unternehmen. Falls dieselben Personen gemäß den lit. a bis d an der Geschäftsleitung, der Kontrolle, dem Kapital oder den Gewinnen von mehr als einer Person beteiligt sind, gelten alle betroffenen Personen als verbundene Unternehmen.“**

**EB:** Mit dieser Änderung soll die Definition der „verbundenen Unternehmen“ präzisiert werden. Es soll klargestellt werden, dass mehrere Personen als „verbundene Unternehmen“ qualifiziert werden, sofern sie an der Geschäftsleitung, der Kontrolle, dem Kapital oder den Gewinnen derselben Person beteiligt sind und zumindest eine der Voraussetzungen der lit. a) bis d) erfüllt ist. Der Wortlaut entspricht jenem des Art. 3 Nummer 23 der DAC6.

***2. In § 7 wird folgender Abs. 3 angefügt:***

**„(3) Jeder meldende Intermediär hat jeden relevanten Steuerpflichtigen vor der ersten Meldung über die Meldepflicht in Kenntnis zu setzen. Darüber hinaus hat jeder meldende Intermediär vor jeder Meldung jedem relevanten Steuerpflichtigen die zu meldenden, auf den Steuerpflichtigen bezogenen Informationen, so rechtzeitig mitzuteilen, dass die betroffene Person ihre Datenschutzrechte wahrnehmen kann. In jedem Fall hat die Information vor der geplanten Meldung zu erfolgen.“**

**EB:** Abs. 3 soll Art. 25 Abs. 4 lit. a) und b) der Amtshilferichtlinie umsetzen. Jeder Intermediär soll verpflichtet sein, jeden relevanten Steuerpflichtigen vor der ersten Meldung über die Meldepflicht in Kenntnis zu setzen. Diese Information über die Meldepflicht soll für jeden relevanten Steuerpflichtigen einmalig und vor der ersten Informationsübermittlung – und nicht jedes Jahr – erfolgen. Sie soll generell die Art und den Umfang der abstrakt zu meldenden Informationen enthalten. Eine Mitteilung über die Datenschutzerklärung des Intermediäres kann als ausreichend angesehen werden. Zur Gewährleistung datenschutzrechtlicher Interessen (Auskunfts- und Einsichtsrechte) soll in Umsetzung von Art. 25 Abs. 4 lit. b) der Amtshilferichtlinie gemäß Satz 2 jeder Intermediär vor jeder Meldung einer meldepflichtigen Gestaltung verpflichtet werden, den relevanten Steuerpflichtigen die zu meldenden personenbezogenen Informationen rechtzeitig mitzuteilen.

***3. In § 21 Abs. 1 wird das Wort* „dieses“ *durch* „sie“ *ersetzt.***

**EB:** Es soll ein Redaktionsversehen beseitigt werden.

***4. In § 27 wird folgender Satz angefügt.***

**„§ 7 Abs. 3 ist erstmals ab dem 1. Jänner 2023 anzuwenden.“**

**EB:** Gemäß § 27 soll § 7 Abs. 3 mit 1. Jänner 2023 in Kraft treten, womit Art. 2 der DAC7 umgesetzt werden soll.